〔唐〕杜佑撰

通典

第一册

卷一—卷一二

中華書局

圖書在版編目(CIP)數據

通典:全12册/(唐)杜佑撰;王文錦等點校. —北京:中華書局,2016. 4(2024. 11重印)
(中國史學基本典籍叢刊)
ISBN 978-7-101-11426-3

Ⅰ.通… Ⅱ.①杜…②王… Ⅲ.典章制度-中國-唐代 Ⅳ.D69

中國版本圖書館CIP數據核字(2015)第309184號

責任編輯:李 勉
責任印製:陳麗娜

中國史學基本典籍叢刊
通 典
(全十二册)
杜 佑 撰
王文錦 王永興 劉俊文 徐庭雲 謝 方 點校
*
中 華 書 局 出 版 發 行
(北京市豐臺區太平橋西里38號 100073)
http://www.zhbc.com.cn
E-mail:zhbc@zhbc.com.cn
河北新華第一印刷有限責任公司印刷
*
880×1230毫米 1/32 · 179½印張 · 24插頁 · 3095千字
2016年4月第1版 2024年11月第9次印刷
印數:7101-7900册 定價:880.00元

ISBN 978-7-101-11426-3

再版説明

王文錦、王永興、劉俊文、徐庭雲、謝方諸位先生點校的通典一書，於一九八八年首次出版，嘉惠學界，裨益讀者，是治中國古代制度史的必備書目。

應讀者需求，書局決定重排再版此書。原書首次重印時，王文錦先生曾對全書的内容作了修訂補充，個别錯字，在原紙型上作了挖改處理，其他訂補，因無法利用原紙型挖改，故按原書順序，依次作出訂補，匯成通典補校附録於書後。我們利用這次電腦重新排版的機會，將補校的内容依序放入正文和校勘記，以便讀者更好地使用。

中華書局編輯部

二〇一五年十二月

目録

第二册

選舉典凡六卷

職官典凡二十二卷

卷二十六　職官八……七一七

第三册

第五册

卷九十五　禮五十五　沿革五十五

卷九十六　禮五十六　沿革五十六

卷九十九　禮五十九　沿革五十九

卷一百　禮六十　沿革六十

卷一百一　禮六十一　沿革六十一

卷一百二　禮六十二　沿革六十二

卷一百三　禮六十三　沿革六十三

卷一百四　禮六十四　沿革六十四

卷一百十八　禮七十八　開元禮纂類十三　吉禮十

卷一百十九　禮七十九　開元禮纂類十四　吉禮十一

卷一百二十二　禮八十二　開元禮纂

卷一百二十五 禮八十五 開元禮纂

第八册

卷一百三十　禮九十　開元禮纂類二

卷一百三十七　禮九十七　開元禮纂類三十二　凶禮四……三四八五

卷一百三十九　禮九十九　開元禮纂類三十四　凶禮六……三五二五

樂典凡七卷

第九册

第十册

刑法典凡八卷

州郡典凡十四卷

第十一册

卷一百七十九　州郡九……四七一五

卷一百八十四　州郡十四……四八九七

邊防典凡十六卷

第十二册

點校前言

通典二百卷，唐杜佑編撰。杜佑字君卿（公元七三四——八一二年），京兆萬年人。出身於高門望族，青年時代以門蔭入仕，歷任京官、外官，做到嶺南、淮南節度使，德宗、順宗、憲宗三朝宰相，多年掌管財政。他是唐代中期的重要政治家、理財家和史學家。

杜佑一生，從縣丞做到宰相，熟悉政治上的得失，尤其長期判度支，掌管錢穀鹽鐵，了解財政上的利弊。他的豐富的政治閱歷，對完成通典一書大有助益。杜佑勤奮嗜學，「雖位將相，手不釋卷，質明視事，接對賓客，夜則燈下讀書，孜孜不怠」。唐憲宗說他「博聞强學，知歷代沿革之要」（舊唐書本傳）。杜佑嗜學有異於書生，他是以政治家眼光讀書的，「不好章句之學」（通典自序），而「以富國安人之術爲己任」（舊唐書本傳）。他的通典就是在經邦致用的思想指引下編纂的。

杜佑編纂通典，實受劉秩政典的啓發。開元末期，史學家劉知幾之子劉秩，採經史百家之言，分門別類，撰成政典三十五卷，大爲時人贊賞。杜佑對此書詳加揣摩，深受啓迪，猶以爲條目未盡，遂決定擴充改寫。代宗大曆年間，杜佑做淮南節度使從事時，即已着手編纂，經三十餘年，至德宗貞元十七年（公元八〇一年），他本人任淮南節度使時，才大功告成，名曰通典，獻給了朝廷。他在進通典表中說：「自頃纂修，年涉三紀。」可知他爲編纂此書，傾注了半生的心力。

通典全書共二百卷，分爲九門：食貨十二卷，選舉六卷，職官二十二卷，禮一百卷，樂七卷，兵十五卷，刑法八卷，州郡十四卷，邊防十六卷。每門中又分列若干題目，每題之下即按朝代順序記述。這九門的排列次序，反映了杜佑的政治觀點。他在通典自序中說，「治道之平在乎行教化，行教化之本在乎足衣食」。他認爲倉廩實、衣食足而後教化可行。又接着說，「行教化在乎設官職，設官職在乎審官才，審官才在乎精選舉，制禮以端其俗，定樂以和其心」。「故職官設而後興禮樂焉，教化隳然後用刑罰焉，列州郡俾分領焉，置邊防遏戎狄焉」。從九門的排列和杜佑的說明中，可以清楚地看出他的編纂用意：國家的經濟措施、選舉制度、政府機構三者至關重要，所以食貨、選舉、職官置於前；禮樂是維護統治的軟手段，兵刑是維護統治的硬手段，不可或缺，所以居於中；而全國的行政區劃以及四方鄰國，又都關繫國家的穩定和安全，所以州郡、邊防殿於後。杜佑將全書九個門類結成一個完整的體系，而把經濟、選才兩門放在首要位置，這是他的卓識。

通典各門的體裁是從紀傳體史書中的「志」發展而成的。紀傳體史書的志，本有它的局限性：「苟不追敍前代，則原委不明；追敍太多，則繁複取厭。況各史非皆有志，有志之史，其篇目亦互相出入，遇有闕遺，見斯滯矣，於是乎有統括史志之必要。」（梁啓超中國歷史研究法）通典的出現，便彌補了史志的局限當代、原委不明的缺陷。它能讓讀者看清典章制度的來龍去脈、歷史沿革。這種新體裁很有影響，此後鄭樵的通志略、馬端臨的文獻通考，都是承用這種體裁而加以推廣擴充的。

還應該指出的是：杜佑對紀傳體史書志的門類，都經過甄别選擇，並不全部襲用。不僅五行、釋老在通典中没有地位，就連天文、律曆也因爲與政治的直接關繫不大，同樣摒而不録。我們從通典對史志門類的取捨，也不難窺見杜佑的編纂意圖。

通典記載典章制度，往往援引前人具有參考價值的議論。杜佑本人也每在篇首冠以序言，篇中遇有需要進一步解釋或申明己見的地方，特標出「説曰」、「議曰」、「評曰」。通典卷四二有這樣一條注：「凡義有經典文字其理深奥者，則於其後説之以發明，皆云『説曰』；凡義有先儒各執其理，並有通據而未明者，則議之，皆云『議曰』；凡先儒各執其義，所引據理有優劣者，則評之，皆云『評曰』。他皆同此。」這條注是條凡例，作者明確規定和揭示了自己全書發表言論的不同情況。這些序、説、議、評，都是探討杜佑思想的重要資料。

通典包容的史料相當豐富。四庫全書總目提要稱其「博取五經羣史及漢魏六朝人文集奏疏之有裨得失者，每事以類相從，凡歷代沿革，悉爲記載，詳而不煩，簡而有要，原原本本，皆爲有用之實學，非徒資記問者可比。考唐以前之掌故者，兹編其淵海矣」。杜佑當時所見到的書籍，有不少今已亡佚，幸虧經通典引述，許多資料才得以保存。例如最不爲人矚目的禮典，其中就保留了大量三國六朝人的文章。這些文字，是研究三國六朝社會的重要史料。清人嚴可均纂輯全上古三代秦漢三國六朝文一書時，其三國六朝文中，很多篇章或片段就是從通典禮典中輯録的。

通典對待史料，不是簡單的迻録，而大都經過精心的剪裁編纂。以禘祫二禮爲例，因遭秦火，禮文殘闕，自西漢以來，就没有完整的記載。杜佑根據經記及古注的零碎材料，參照崔靈恩的三禮義宗，重新編寫，雖不無可議之處，畢竟使讀者對這兩種早期天子諸侯最隆重的宗廟祭禮，獲得了比較完整的印象。再如，杜佑在禮典中將唐代官書開元禮一百五十卷，用以類相從、禮異加注的方式，縮編爲三十五卷。又如刑法三，以一卷篇幅節録了唐代重要法典唐律疏議的主要内容。許多地方都顯示了杜佑出色的提要鈎玄、删繁就簡的能力。

通典記述典章制度歷史沿革的時限是：上自唐虞三代，下迄天寶之末，必要時也上溯軒轅，下探肅代。雖是各代兼顧，總的説來，還是對於唐代有所側重。這個略古詳今的原則，是由杜佑在進通典表中提出的「將施有政，用乂邦家」這一著述宗旨決定的。

通典的體例，一般是以某項事物爲題，然後按時代順序記述其制度沿革、有關的史事和議論。而兵典的敍例則有異於是。兵典是每一題或數題之前，先摘引孫子十三篇中的用兵理論，再取歷史戰例加以印證，標題差不多都是戰術方面的，如「以逸待勢」、「聲東擊西」、「攻其必救」之類，而於古今兵制，涉及較少。儘管兵典的體例與全書不盡相符，屬於變例，不過與杜佑經邦致用的著述方針並不抵牾。

通典這部有創造性的巨著一經問世，就「大傳於時，禮樂刑政之源，千載如指諸掌，大爲士君子所稱」（舊唐書本傳）。我們認爲，通典之所以受到當時和後世的重視，大致可以歸結爲六點：宗旨明確，體系完整，體裁更新，議論切實，資料豐富，編排得當。

通典是我國歷史上第一部典章制度通史，在舊史書中佔有重要地位。杜佑以一人之力完成這部巨著，實在是一項卓越的貢獻。由於書大，涉及面廣，個人學力精力畢竟有限，自然也難免有這樣那樣的缺漏和失誤。四庫提要已經舉出一些例子。其實尚不止此，比如禮典中的失誤，清末經學家孫詒讓在周禮正義中多有駁正，僅於春官疏中就指出了十三處。州郡典各州郡四至八到的方位、里數以及距兩京的里數，與實際情況每有不合，難盡憑信。書中的議論也有頗成問題者，如卷一六四刑法二中，對於梁武帝用法優借朝士、急於庶人，有這樣一條評論：「議曰：按法用刑，誠難差異。然酌於人情，通於物理，衣冠之與黎蒸，如草木之有秀茂。若戮一士族，雖或無冤，如摧茂林，薙翹秀，或覩其疹瘁，則多傷惘之懷，使人離心，皆如崩角。若戮一匹庶，縱或小屈，如斬叢撥，蹂荒蕪，未覺其彫殘，乃鮮嗟嘆之議。」杜佑竟視殺戮無辜小民如刈草菅然，應該説，這種階級偏見已經達到荒謬的地步了。

此外，我們在點校中還發現數百處編撰上的失誤失實的地方，已在校勘記裏分別指出，這裏就不舉例了。還有更多的地方是因明清人擅改舊文而致誤者，這類不能算在杜佑頭上的錯誤，我們都據古本一一校正了。

以上只是我個人的一些看法。下面簡單談談我們校理此書的一些情況。

一九七八年，中華書局領導將通典禮典一百卷的點校任務交給了我。一九八〇年，又約王永興、劉俊文、徐庭雲、謝方四位先生承擔或參加其他各典的點校工作，並讓我負責全書的整理工作。

我們見到的通典版本共有八種。一、北宋本：這是前幾年日本古典研究會據日本宫内廳書陵部藏本影印的。缺了二十三卷，用朝鮮寫本補配了二十卷。二、傅增湘校本：傅氏曾得南宋紹興刊本，取明嘉靖無刊記本對校，用朱筆校在明本上，現存北京圖書館。傅氏所得南宋本，也不是足本，今下落不明。三、宋刻元遞修本：殘本，現存北京圖書館。四、明人抄宋本：抄得潦草，缺文也多。現存北京圖書館。以上四本屬於一個系統，彼此文字差異不多。錯字雖不少，然大體說來，都錯得樸實，擅改舊文而致誤者甚少。五、明嘉靖無刊記本：現存北京圖書館，我們在校勘記中稱之爲明刻本。此本與宋元本有文字差異，多是誤刻或擅改古本所致，非另有承受。六、明人王德溢、吴鵬校刻本：亦刻於嘉靖年間，於古本竄易尤多。中華書局圖書館存有此本。七、武英殿本：即清乾隆十二年校刻的所謂欽定通典。此本基本上是據王吴本校刻的，又有許多改動。八、浙江書局本：這是清末浙江書局根據武英殿本翻刻的。以上四本改正了古本不少錯字，但擅改舊文從而失誤失真的地方很多，尤其是後三本。

我們現以浙江書局本爲底本，取北宋本、傅校本、明刻本、殿本通校，而以遞修本、明抄本、王吴本參校。我們重視版本校，也重視他校。有關點校的具體做法，另見後面的點校凡例。

一九八四年，各典的點校初稿陸續完成。以後覆校和整理加工又用了將近三年的時間，方才定稿。各典的點校者是：食貨典十二卷：王永興點校。選舉典六卷：劉俊文點校。職官典二十二卷：一至九卷，徐庭雲點校；十至二十二卷，王永興點校。禮典一百卷：王文錦點校。樂典七卷：劉俊文點校。兵典十五卷：劉俊文點校。刑法典八卷：劉俊文點校。州郡典十四卷：王文錦點校。邊防典十六卷：一至四卷，謝方點校；五至十六卷，王文錦點校。全書的覆校定稿和編輯整理工作均由王文錦擔任。

最後還有四點需要交代。一、殿本、局本删去了杜佑的進通典表，增加了清高宗弘曆的御製重刻通典序，並開列了校刻通典諸臣職名，現據北宋本回補了杜佑的進通典表，而將弘曆序和校刻職名表附録於書後。二、本書目録和各卷前的細目，原都被清人删去，正文前只有個簡目，現據古本校補復原，删掉簡目。三、四庫全書總目提要對通典的評價可供參考，現附録於書後。四、局本後面原附有乾隆四十二年王太岳等奉敕纂輯的通典考證，鑒於此項考證不甚謹嚴，由王文錦詳加勘覆，逐條繫以按語，改名通典考證覈實，附在全書最後。

我們花費了八九年的時間，前後校勘了兩次，熱切希望整理出個質量較高的點校本來。惟限於人力學力，錯點誤校想必不少，敬請讀者和專家批評指正。

王文錦

一九八六年冬

通典點校凡例

王文錦

一　標點

一　與標點二十四史的方法大致相同。

二　不用圓括、破折、删節、疑嘆等符號。

三　方括號限用於校記數碼。

四　頓號限用於並列名詞而易引起誤解者。習慣連稱如堯舜、文武、魏晉、隋唐之類，分别加專名號，兩個專名之間不加頓號。

五　通典引文，多經節略，無論長短，概加引號。

六　所引原著已佚，無從查對，偶有起訖不明者，引號從略。

七　凡謚號尊稱，意在專指者，均加專名號。

八　星名神名一般不加專名號。

二　分段

一　原書每朝之上冠以圓圈，今改爲逐朝起段，删去圓圈。

二　每節文字開始之朝代名稱，酌用黑體；朝代之間一般不再空行。

三　凡遇記事較多的朝代，隨宜分段，避免過於零碎。

四　通典輯録的文字，凡篇幅不長，本身不必再分段的，即採用一般分段形式，起訖加引號。文字較長，本身須一再分段的，即採用「另起低四格，轉行低兩格」的形式，以便閲讀。

三　底本和取校範圍

一　用浙江書局刻本爲底本。

二　版本校以日本影印北宋本、傅增湘校南宋本爲主，通校明嘉靖無刊記本、清武英殿本，參校宋刻元遞修本、明人抄宋本、明王德溢吴鵬刻本。

三　通典取材廣泛，凡引用經史諸子前人言論及古注，都盡可能查對。唐代官書、新舊唐書、唐宋類書、通鑑、通考等書都盡量參校。

四　前人校勘成果以及本局點校有關各史的校勘記都參考酌採。

四 校例

一 凡筆畫小誤,不見字書,顯係誤刻者,一律逕改,不出校記。

二 凡日曰淆亂,己巳混同,諸如此類者,亦隨手改正,不作説明。

三 凡局本不誤,他本誤者,一般不出校記。

四 凡局本誤他本皆不誤者,校記作「某原訛某,據諸本改」。脱衍倒文作同樣處理。若有一本誤同局本,校文則須一一稱舉有關各本。

五 凡宋元古本文字可通,而明清本擅加修改者,一般都恢復古本之舊,校記作「某原作某,據北宋本、傅校本、遞修本、明抄本改」。補删乙正亦同。

六 凡據宋元古本删補「之」、「也」之類不影響文意的虚字,一般不出校記。

七 凡宋元古本文字確屬難於索解,而明清本文義優長者,則不據古本回改,出校保存古本異文,以供學者參考。

八 凡通典不誤,他書誤者,一般不出校記。

九 凡通典節引他書而不失原意者,盡量保持杜纂原貌,一般不據他書改動通典。必要時酌列他書異文。

一〇 凡通典採擇他書而編寫失誤,難於改補者,即出校指出,而通典正文一般不作改動。

一一　凡通典輯録他書顯係抄刻失誤者，酌予改正出校。

一二　凡脱訛衍倒，確有實據，必須補改删乙者，一律出校，必要時説明校改理由。

一三　凡疑有脱訛衍倒而無堅實理據者，不做補改删乙，必要時出校存疑。

一四　通典所避唐諱、家諱，偶有礙於理解文義者，出校指出，不據古籍回改。

一五　局本據古籍改唐諱和杜氏家諱者，一律據古本恢復唐諱和杜氏家諱，以存通典之舊觀，各於首見處出校説明，餘皆逕改。

一六　局本例避清諱，有失通典原貌，一律據古本回改，各於清諱首見處出校説明，餘皆逕改。

一七　没有十分把握就不採用理校的方法改動原文。比較有把握又非改不可的，出校説明理由。

一八　有充足理由斷定爲錯簡無可置疑者，移正後出校説明。一般不輕易移動原文。

一九　校記力求文簡意明，力避枝蔓模糊。不作校勘範圍以外的考證。

二〇　本書總目和各卷細目都被清人删去，今據古本目録，參閲正文，校補復原，以便尋檢。

進通典表

臣佑言：臣聞太上立德，不可庶幾；其次立功，道行當代；〔一〕其次立言，見志後學。由是往哲，遞相祖述，將施有政，用乂邦家。臣本以門資，幼登宦序，〔二〕仕非遊藝，才不逮人，徒懷自强，頗翫墳籍。雖履歷叨幸，或職劇務殷，竊惜光陰，未嘗輟廢。〔三〕夫孝經、尚書、詩、禮、易、傳，〔四〕皆父子君臣之要道，十倫五教之宏綱，如日月之下臨，天地之大德，百王是式，終古攸遵。然率多記言，〔五〕罕存法制，愚管窺測，豈達精深，〔六〕輒肆荒唐，〔七〕試爲臆度。〔八〕每念懵學，冀探政經，〔九〕略觀歷代衆賢高論，〔一〇〕多陳紊失之弊，或闕匡拯之方。臣既庸淺，寧詳損益，未原其始，莫暢其終。尚賴周氏典禮，秦皇蕩滅不盡，或有繁雜，且用准憑。〔一一〕至於往昔是非，可爲今來龜鑑，〔一二〕布在方策，亦粗研尋。自頃纂修，年涉三紀，〔一三〕識寡思拙，心昧詞蕪。圖籍寔多，事目非少，將謂功畢，有愧乖疎，〔一四〕固不足發揮大猷，但微臣竭愚盡慮。〔一五〕凡二百卷，〔一六〕不敢不具上獻，庶明鄙志所之。塵黷聖聽，兢惶無措。謹奉表以聞。臣誠惶誠恐，頓首頓首，謹言。〔一七〕

貞元十年〔一八〕　月　日表上

校勘記

〔一〕道行當代　「道」舊唐書本傳三九八七頁作「遂」。

〔二〕幼登宦序　「宦」本傳作「官」。

〔三〕未嘗輟廢　「輟」本傳作「輕」。

〔四〕詩禮易傳　本傳作「毛詩周易三傳」。

〔五〕然率多記言　本傳無「率」。

〔六〕豈達精深　本傳作「莫達高深」。

〔七〕輒肆荒唐　「唐」本傳作「虛」。

〔八〕試爲臆度　「試」本傳作「誠」。

〔九〕冀探政經　「冀」本傳作「莫」。

〔一〇〕衆賢高論　「高」本傳作「著」。

〔一一〕或有繁雜且用准憑　本傳「或」作「縱」，「憑」作「繩」。

〔一二〕可爲今來龜鑑　「今來」本傳作「來今」。

〔一三〕年涉三紀　「涉」本傳作「踰」。

〔一四〕有愧乖疎　「有」本傳作「罔」。

〔一五〕但微臣竭愚盡慮　本傳作「但竭愚盡慮而已」。

〔一六〕凡二百卷　本傳「凡」上尚有「書凡九門」四字。

〔一七〕謹奉表以聞臣誠惶誠恐頓首頓首謹言　本傳無此十六字。

〔一八〕貞元十年　本傳「十」下有「七」。

通典序〔一〕

左補闕李　翰　撰〔二〕

儒家者流，博而寡要，勞而少功，何哉？其患在於習之不精，知之不明，入而不得其門，行而不由其道。何以徵之？夫五經羣史之書，大不過本天地，設君臣，明十倫五教之義，陳政刑賞罰之柄，述禮樂制度之統，究治亂興亡之由。立邦之道，盡於此矣。非此典者，謂之無益世教，〔三〕則聖人不書，學者不覽，懼人冗煩而無所從也。〔四〕先師宣尼，祖述堯舜，憲章文武，七十子之徒，宣明大義，〔五〕三代之道，百世可師。而諸子云云，猥復制作，由其門則其教已備，反其道則其人可誅。而學者以多閱爲廣見，以異端爲博聞，是非紛然，塞胸滿腹，〔六〕澒洞茫昧，而無條貫。或舉其中而不知其本，原其始而不要其終。高談有餘，待問則泥。雖驅馳百家，日誦萬字，學彌廣而志彌惑，聞愈多而識愈疑，此所以勤苦而難成，殆非君子進德修業之意也。今通典之作，昭昭乎其警學者之羣迷歟！〔七〕以爲君子致用，在乎經邦，經邦在乎立事，立事在乎師古，師古在乎隨時。必參今古之宜，〔八〕窮始終之要，〔九〕始可以度其古，終可以行於今，問而辨之，端如貫珠，舉而行之，審如中鵠。夫然，故施於文學，可爲通儒，施於政事，可建皇極。故採五經羣史，上自黄帝，至於我唐天寶之末，〔一〇〕每事以類相從，舉其始終，歷代沿革廢置及當時羣士論議得失，靡不條載，附之於事。如人支脈，散綴於體。凡有八門，勒成二百卷，〔一一〕號曰通典。非聖人之書，乖聖人微旨，不取焉，惡煩雜也。事非經國禮法程制，〔一二〕亦所不録，棄無益也。若使學者得而觀之，不出户知天下，未從政達人情，罕更事知時變，爲功易而速，爲學精而要。其道甚直而不徑，〔一三〕其文甚詳而不煩，推而通，放而準，語備而理盡，例明而事中，舉而措之，如指諸掌，不假從師聚學，而區以別矣。非聰明獨見之士，孰能修之。淮南元戎之佐曰尚書主客郎京兆杜公君卿，雅有遠度，志於邦典，〔一四〕篤學好古，生而知之。以大曆之始，實纂斯典，累紀而成。〔一五〕杜公亦自爲序引，各冠篇首。或前史有闕，申高見發明，以示勸戒，用存景行。〔一六〕近代學士，多有撰集，其最著者御覽、藝文、玉燭之類，網羅古今，博則博矣，然率多文章之事，記問之學，至於刊列百度，緝熙王猷，至精至純，〔一七〕其道不雜，比於通典，非其倫也。於戲！今之人賤近而貴遠，昧微而睹著，得之者甚鮮，知之者甚稀，可爲長太息也。翰嘗有斯志，約乎舊史，圖之不早，竟爲善述者所先，故頗詳旨趣，而爲之序。庶將來君子，知吾道之不誣。〔一八〕

校勘記

〔一〕通典序　原「序」上有「原」，清人所增，今據北宋本删。

〔二〕左補闕李翰撰　「左」上原有「唐」，清人所增，今據北宋本删。

〔三〕無益世教　文苑英華卷七三七「世」作「代」，疑是，通典亦例避太宗諱。

〔四〕懼人冗煩而無所從也　「人」原脱，據北宋本補。按：文苑英華卷七三七亦有「人」，而「冗」作「冗」。

〔五〕宣明大義　文苑英華卷七三七「宣」上有「常」。

〔六〕塞胸滿腹　四字原脱，據北宋本及文苑英華卷七三七補。

〔七〕其警學者之羣迷歟　文苑英華卷七三七作「其警覺羣迷歟」。

〔八〕必參今古之宜　「今古」原倒，據北宋本及文苑英華卷七三七乙。

〔九〕窮始終之要　「始終」原倒，據北宋本乙。文苑英華卷七三七「要」作「妙」。

〔一〇〕至於我唐天寶之末　「我」原作「有」，清人擅改。今據北宋本及文苑英華卷七三七改回。

〔一一〕勒成二百卷　此五字原脱，據北宋本及文苑英華卷七三七補。

〔一二〕事非經國禮法程制　文苑英華卷七三七作「事非經世緯俗程制」。

〔一三〕其道甚直而不徑　原脱「甚」，據北宋本及文苑英華卷七三七補。

〔一四〕志於邦典　文苑英華卷七三七「邦典」作「興邦」。

〔一五〕累紀而成 「紀」原作「年」，清人妄改。今據北宋本及文苑英華卷七三七改回。

〔一六〕杜公亦自爲序引各冠篇首或前史有闕申高見發明以示勸戒用存景行 朝鮮本、殿本以及文苑英華卷七三七同。北宋本脱此二十九字。

〔一七〕至精至純 「純」原作「粹」，據北宋本改。

〔一八〕知吾道之不誣 「誣」下原有「也左補闕李翰序」七字，清人擅增，今據北宋本删。

通典卷第一〔一〕

京兆杜佑字君卿纂〔二〕

佑少嘗讀書，而性且蒙固，不達術數之藝，不好章句之學。所纂通典，實采羣言，徵諸人事，將施有政。夫理道之先在乎行教化，教化之本在乎足衣食。易稱聚人曰財。洪範八政，一曰食，二曰貨。管子曰：「倉廩實知禮節，衣食足知榮辱。」夫子曰：「既富而教。」斯之謂矣。夫行教化在乎設職官，設職官在乎審官才，審官才在乎精選舉，制禮以端其俗，立樂以和其心，此先哲王致治之大方也。故職官設然後興禮樂焉，教化隳然後用刑罰焉，列州郡俾分領焉，置邊防遏戎敵焉。〔三〕是以食貨爲之首，十二卷。選舉次之，六卷。職官又次之，二十二卷。禮又次之，百卷。樂又次之，七卷。刑又次之，大刑用甲兵，十五卷。其次五刑，八卷。州郡又次之，十四卷。邊防末之。十六卷。或覽之者庶知篇第之旨也。本初纂録，止於天寶之末，其有要須議論者，亦便及以後之事。

食貨

第一、〔四〕田制上
第二、田制下　水利田　屯田
第三、鄉黨土斷、版籍並附
第四、賦税上
第五、賦税中
第六、賦税下
第七、歷代盛衰户口　丁中
第八、錢幣上
第九、錢幣下
第十、漕運　鹽鐵
第十一、鬻爵　榷酤　算緡　雜税　平準均輸附
第十二、輕重

食貨一

田制上唐　周　秦　漢　後漢　晉　宋　後魏〔五〕

穀者，人之司命也；地者，穀之所生也；人者，君之所治也。有其穀則國用備，辨其地則人食足，察其人則徭役均。知此三者，謂之治政。夫地載而不棄也，一著而不遷也，安固而不動，〔六〕則莫不生殖。聖人因之設井邑，列比閭，使察黎民之數，賦役之制，昭然可見也。自秦孝公用商鞅計，乃隳經界，立阡陌。雖獲一時之利，而兼并踰僭興矣。降秦以後，阡陌既弊，又爲隱覈，隱覈在乎權宜，〔七〕權宜憑乎簿書。簿書既廣，必藉衆功，藉衆功則政由羣吏，政由羣吏則人無所信矣。夫行不信之法，委政於衆多之胥，欲紀人事之衆寡，明地利之多少，雖申商督刑，撓首總算，亦不可得而詳矣。不變斯道而求理者，未之有也。夫春秋之義，諸侯不得專封，大夫不得專地。若使豪人占田過制，富等公侯，是專封也；賣買由己，〔八〕是專地也。欲無流宂，〔九〕不亦難乎！

陶唐以前，法制簡略，不可得而詳也。及堯遭洪水，天下分絶，使禹平水土，別九州，其分別疆理所在，具州郡篇。冀州，厥土惟白壤，無塊曰壤。厥田惟中中。田第五。兗州，厥土黑墳，色黑而墳起。厥田惟中下。第六。青州，厥土白墳，厥田惟上下。第三。徐州，厥土赤埴墳，土黏曰埴。厥田惟上中。第二。揚州，厥土惟塗泥，地泉濕。厥田惟下下。第九。荊州，厥土惟塗泥，厥田惟下中。第八。荊河豫州，厥土惟壤，下土墳壚，高者壤，下者壚。壚，疎也。厥田惟中上。第四。梁州，厥土青黎，色青黑，沃壤也。厥田惟下上。第七。雍州，厥土惟黃壤，厥田惟上上。第一。九州之地，定墾者九百一十萬八千二十頃。虞夏殷三代凡千餘載，其閒定墾，書册不存，無以詳焉。

周文王在岐，今扶風郡岐山縣。用平土之法，以爲治人之道，地著爲本，地著謂安土。故建司馬法：「六尺爲步，步百爲畝，畝百爲夫，夫三爲屋，屋三爲井，井十爲通，通十爲成，成十爲終，終十爲同，同方百里，同十爲封，封十爲畿，畿方千里。故丘有戎馬一匹，〔一〇〕牛三頭，甸有戎馬四匹，兵車一乘，牛十二頭，甲士三人，步卒七十二人。一同百里，提封萬井，戎馬四百匹，車百乘，此卿大夫采地之大者，是謂百乘之家。一封三百六十六里，提封十萬井，定出賦六萬四千井，戎馬四千匹，車千乘，此諸侯之大者，謂之千乘之國。天子之畿內，方千里，提封百萬井，定出賦六十四萬井，戎馬四萬匹，兵車萬乘，戎卒七十二萬人，故曰萬乘之主。」小司徒之職，「乃均土地以稽其人民，而周知其數。上地家七人，可任也者家三人。中地家六人，可任也者二家五人。下地家五人，可任也者家二人。鄭玄曰：〔一一〕「均、平也。周猶徧也。一家男女七人以上，則授之以上地，所養者衆也。男女五人以下，則授之以下地，所養者寡也。正以七人、六人、五人爲率者，有夫有婦，然後爲家，自二人以至于十爲九等，七、六、五者爲其中。可任，謂丁强任力役之事者，出老者一人，其餘男女强弱相半，其大數。」乃經土地，而井牧其田野。九夫爲井，四井爲邑，四邑爲丘，四丘爲甸，四甸爲縣，四縣爲都，以任地事而令貢賦，凡稅斂之事。」此謂造都鄙也。采地制井田，異於鄉遂，重立國，小司徒爲經之。立其五溝五塗之界，其制似井之字，〔一二〕因取名焉。謂隰皋之地，九夫爲牧，二牧而當一井。〔一三〕今造都鄙，授民田，有不易，有一易，有再易，通率二而當一，是之謂井牧。昔夏少康在虞，思有田一成，有衆一旅。一旅之衆而田一成，則井牧之法，先古然矣。九夫爲井者，方一里，九夫所治之田也。四井爲邑，方二里；四邑爲丘，方四里；四丘爲甸，甸方八里，旁加一里，則方十里，爲一成。積百井九百夫，其中六十四井五百七十六夫出田稅，三十六井三百二十四夫治洫。四甸爲縣，方二十里，四縣爲都，方四十里，四都方八十里，旁加十里，乃得方百里，爲一同也。積萬井九萬夫，其四千九十六井三萬六千八百六十四夫出田稅，二千三百四井二萬七百三十六夫治洫，三千六百井三萬二千四百夫治澮，井田之法，備於一同。今止於都者，采地食者，皆四之一。其制三等，百里之國凡四都，一都之田稅入於王。五十里之國凡四縣，一縣之田稅入於王。二十五里之國凡四甸，一甸之田稅入於王。地事謂農牧衡虞也，貢謂九穀山澤之材也，賦謂出車徒給徭役也。任土之法，以物地事，授地職，而待其政令。任土者，任其力勢所能生育，且以制貢賦也。物，物色之，以知其所宜之事而授農牧衡虞，使職之。以廛里任國中之地，以場圃任園地，以宅田、士田、賈田任近郊之地，以官田、牛田、賞田、牧田任遠郊之地，以公邑之田任甸地，以家邑之田任稍地，以小都之田任縣地，以大都之田任畺地。謂廛里者，若今云邑居里矣。〔一四〕廛，民居之區域也。里，居也。圃樹果蓏之屬，〔一五〕季秋於中爲場。樊圃謂之園。〔一六〕宅田者，致仕之家所受之田也。〔一七〕士相見禮曰：「宅者在邦，則曰市井之臣；在野，則曰草茅之臣。」士讀爲仕，仕者亦受田，〔一八〕所謂圭田也。孟子曰：「自卿以下，必有圭田，圭田五十畝。」賈田，在市賈人其家所受田也。官田，庶人在官者其家所受田也。牛田，牧田，畜牧者之家所受田也。賞田者，賞賜之田。公邑謂六遂餘地，天子使大夫治之，自此以外皆然。家邑，大夫之采地；小都，卿之采地；大都，公之采地，王子弟所食邑也。疆五百里，王畿界也。皆言任者，地之形實不方平如圖，受田邑者遠近不得盡如制，其所生育職貢，〔一九〕取正於是耳。民受田，上田夫百畝，中田夫二百畝，下田夫三百畝。歲耕種者爲不易上田，休一歲者爲一易中田，休二歲者爲再易下田，三歲更耕之，自爰其處。爰，於也。更謂三歲即改與別家佃，以均厚薄。〔二〇〕農民户人已受田，其家衆男爲餘夫，亦以口受田如比。比，例也。必寐反。士工商家受田，五口乃當農夫一人。口二十畝。〔二一〕此謂平土可以爲法者也。若山林藪澤原陵淳鹵之地，淳，盡也，澤鹵之田不生穀。各以肥磽多少爲差。磽，磽确，謂瘠薄之田。民年二十受田，六十歸田。七十以上，上所養也；十歲以下，上所長也；十一以上，〔二二〕上所强也。勉强勸之，令習事。

孟子曰：「夫仁政必自經界始。經界不正，井地不均，穀禄不平，是故暴君汚吏必慢其經界。經界既正，分田制禄可坐而定也。」

秦孝公任商鞅，鞅以三晉地狹人貧，三晉，韓趙魏三卿，今河東道之地。秦地廣人寡，故草不盡墾，地利不盡出。於是誘三晉之人，利其田宅，復三代無知兵事，而務本於内，而使秦人應敵於外。故廢井田，制阡陌，任其所耕，不限多少。孝公十二年之制。數年之間，國富兵强，天下無敵。

漢孝文時，民近戰國，皆多背本趨末。賈誼說上曰：「古之治天下，至孅至悉，故其畜積足恃。今背本而趨末，遊食者甚衆，是天下之大殘也。本，農桑也。末，工商也。言人已棄農而務工商矣，其食米粟者又甚衆也。殘謂傷害。漢之爲漢，幾四十年矣，幾，近也。公私之積，猶可哀痛。言年載已多，而無儲積。即不幸有方二三千里之旱，國胡以相恤？卒然邊境有急，數十萬之衆，〔二三〕國胡以餽之？兵旱相乘，天下大屈。今毆人而歸之農，皆著於本，使天下各食其力，末伎遊食之民轉而緣南畝，言皆趨農作。則畜積足而人樂其所矣。」帝感誼言，始開籍田，躬耕以勸百姓。

詔曰：〔二四〕「夫度田非益寡，而計民未加益，度謂量計。以口量地，其於古猶有餘，而食之甚不足者，其咎安在？無乃百姓之從事於末以害農者蕃，蕃，多也。爲酒醪以靡穀者多，靡，散也。靡讀曰縻。六畜之食焉者衆與？細大之義，吾未能得其中。竹仲反。其與丞相列侯吏二千石博士議之，有可以佐百姓者，率意遠思，無有所隱也。」

晁錯復說上曰：〔二五〕「聖王在上而民不凍飢者，非能耕而食之，織而衣之，食讀曰飼。爲開其資財之道也。故堯禹有九年之水，湯有七年之旱，而國亡捐瘠者，捐，謂人饑相棄捐也。

瘠，瘦病也。言無相棄捐而瘦病者。以畜積多而備先具也。今海内爲一，土地人民之衆不避湯、禹，加以亡天災數年之水旱，而畜積未及者，何也？地有遺利，民有餘力，生穀之土未盡墾，山澤之利未盡出也，遊食之民未盡歸農也。民貧則姦邪生，貧生於不足，不足生於不農，不農則不地著，不地著則離鄉輕家。民如鳥獸，雖有高城深池，嚴法重刑，猶不能禁也。夫寒之於衣，不待輕暖；苟禦風霜，不求靡麗。飢之於食，不待甘旨；旨，美也。飢寒至身，不顧廉恥。夫腹飢不得食，膚寒不得衣，雖慈父不能保其子，君安能以有其民哉！明主知其然也，故務民於農桑，〔二六〕薄賦斂，〔二七〕廣畜積，以實倉廩，備水旱，故民可得而有也。是故明君貴五穀而賤金玉。今農夫五口之家，其服役者不下二人，服，事也。其能耕者不過百畝，百畝之收不過百石。春耕夏耘，秋穫冬藏，伐薪樵，治官府，給徭役。春不得避風塵，夏不得避暑熱，秋不得避陰雨，冬不得避寒凍，四時之閒亡日休息。又私自送往迎來，弔死問疾，養孤長幼在其中。勤苦如此，尚復被水旱之災，急政暴賦，賦斂不時，朝令而暮改。當具有者半價而賣，〔二八〕本直千錢者，〔二九〕價得五百。亡者取倍稱之息，取一償二爲倍稱。稱，舉也。〔三〇〕今俗所謂舉錢。〔三一〕於是有賣田宅、鬻子孫以償責者矣。方今之務，莫若使民務農而已矣。欲民務農，在於貴粟；貴粟之道，在於使民以粟爲賞罰。」帝從之。其後務敦農本，倉廩充實。

孝景元年，制曰：「閒者歲比不登，民多乏食，夭絕天年，朕甚痛之。郡國或磽陿，〔三二〕無所農桑繫畜；或地饒廣，薦草莽，草稠曰薦，草深曰莽。水泉利，而不得徙。其議民欲徙寬大地者，聽之。」後元三年，詔曰：「農，天下之本也。黃金珠玉，飢不可食，寒不可衣，以爲幣用，不識其終始。閒歲或不登，意爲末者衆，農民寡也。其令郡國務勸農桑，益種樹，可得衣食物。」

孝武外事四夷，內興功利，役費並興，而民去本。董仲舒說上曰：「春秋它穀不書，至於麥禾不成，則書之，以此見聖人於五穀最重麥與禾也。今關中俗不好種麥，是歲失春秋之所重，而損生民之具也。願陛下幸詔大司農，使關中民益種宿麥，令毋後時。」宿麥，謂苗經冬。仲舒又說上曰：「秦用商鞅之法，改帝王之制，除井田，民得賣買，〔三三〕富者田連阡陌，貧者無立錐之地。漢興，循而未改。古井田法雖難卒音猝行，宜少近古，限民名田，以贍不足，名田，占田也。各爲立限，不使富者過制，則貧弱之家可足也。塞并兼之路，然後可善治也。」竟不能用。

元狩三年，遣謁者勸有水災郡種宿麥，〔三四〕舉吏人能假貸貧人者以名聞。及末年，帝悔征伐之事，乃封丞相田千秋爲富民侯。下詔曰：「方今之務，在於力農。」以趙過爲搜粟都尉。過能爲代田，一晦三甽，甽，壟也，音工犬反，字或作畎。歲代處，故曰代田，代，易也。古法也。后稷始甽田，以二耜爲耦，併兩耜而耕。廣尺深尺曰甽，長終畝。一畝三甽，一夫三百甽，而播種於甽中。播，布也。種謂穀子。苗生葉以上，稍耨隴草，耨，鉏也。因隤其土以附苗根。隤謂下之。音頹。故其詩曰：「或芸或芓，黍稷儗儗。」音擬。小雅甫田之詩。儗儗，盛貌。芓音子。芸，除草也。芓，附根也。言苗稍壯，每耨輒附根，比必寐反盛暑，隴盡而根深，能風與旱，能讀曰耐。故儗儗而盛也。其耕耘下種田器，皆有便巧。率十二夫爲田一井一屋，故畝五頃，九夫爲井，三夫爲屋。夫百畝，於古爲十二頃。古百步爲畝，漢時二百四十步爲畝，古千二百畝，則得今五頃也。用耦犂，二牛三人，一歲之收常過縵田畝一斛以上，縵田，謂不甽者。音莫幹反。善者倍之。善爲甽者，又過縵田二斛以上。過使教田太常、三輔，太常主諸陵，有民，故亦課田種。〔三五〕大農置工巧奴與從事，爲作田器。二千石遣令長、三老、力田及里父老善田者受田器，學耕種養苗狀。爲法意狀。民或苦少牛，無以趨澤，趨讀曰趣，及也。澤，雨之潤澤。故平都令光教過以人輓音晚犂。輓，引也。史失光姓。過奏光以爲丞，教民相與庸輓犂。庸，功也。言換功共作也。義與傭賃同。率多人者田日三十畮，少者十三畮，以故田多墾闢。過試以離宮卒田其宮壖而緣反地，離宮，別處之宮，非天子所常居也。壖，餘也。宮壖地，謂外垣之內，內垣之外也。諸緣河壖地，廟垣壖地，其義皆同。守離宮卒，閑而無事，因令於壖地爲田。課得穀皆多其旁田畮一斛以上。令命家田三輔公田。令，使也。命者，教也。令離宮卒教其家田公田也。又教邊郡及居延城。居延，張掖縣也。時有甲卒也。是後邊城、河東、弘農、三輔、太常民皆便代田，用力少而得穀多。至孝昭時，流民稍還，田野益闢，頗有畜積。

孝宣地節三年，詔曰：「郡國宮館，勿復修治。流民還歸者，假公田，貸種食。」種，五穀種。

孝元初元元年，以三輔、太常、郡國公田及苑可省者振業貧民，江海陂湖園池屬少府者以假貧民，勿租賦。建昭五年，詔曰：「方春農桑興，百姓勠力自盡之時也。故是月勞農勸桑，〔三六〕無使後時。今不良之吏，覆按小罪，徵召證按，興不急之事，以妨百姓，使失一時之作，亡終歲之功，公卿其明察申敕之。」

孝成帝之時，張禹占鄭白之渠四百餘頃，他人兼并者類此，而人彌困。陽朔四年正月，詔曰：「夫洪範八政，以食爲首，斯誠家給刑錯之本也。先帝劭農，薄其租稅，寵其強力，令與孝弟同科。閒者，民彌惰怠，鄉本者少，趨末者衆，將何以矯之？方東作時，其令二千石勉勸農桑，出入阡陌，致勞來之。書不云乎，『服田力嗇，乃亦有秋』。其勗之哉！」

孝哀即位，師丹輔政，建言：「古之聖王莫不設井田，然後治乃可平。孝文皇帝承亡周亂秦兵革之後，天下空虛，故務勸農桑，帥以節儉，民始充實，未有并兼之害，故不爲民田及奴婢爲限。今累世承平，豪富吏民訾數鉅萬，而貧弱逾困。蓋君子爲政，貴因循而重改作，所以有改者，將以救急也。亦未可詳，宜略爲限。」天子下其議。丞相孔光、大司空何武奏請：「諸侯王、列侯皆得名田國中。列侯在長安，公主名田縣道，及關内侯、吏民名田皆毋過三十頃。諸侯王奴婢二百人，列侯、公主百人，關内侯、吏民三十人。期盡三年，犯者没入官。」時田宅奴婢賈爲減賤，丁、傅用事，董賢隆貴，皆不便也。詔書且須後，須，待也。遂寢不行。孝平元始元年，置大司農部丞十三人，人部一州，勸農桑。二年，定墾田八百二十七萬五百三十頃。蓋紀漢盛時之數。據元始二年户一千二百二十三萬三千，每户合得田六十七畝百四十六步有奇。

王莽篡位，下令曰：「古者設井田，則國給人富而頌聲作。此唐虞之道，三代所遵行也。秦爲無道，壞聖制，廢井田，是以兼并起，貪鄙生，强者規田以千數，弱者曾無立錐之居。」於是「更名天下田曰『王田』，奴婢曰『私屬』，皆不得買賣。其男口不盈八而田過一井者，分餘田與九族鄰里鄉黨。故無田今當受田者，如制度。敢有非井田聖制、無法惑衆者，投諸四裔」。於是農商失業，食貨俱廢，百姓涕泣於市道。坐賣買田宅奴婢，自諸侯卿大夫至於庶人，抵罪者不可勝數。經二年餘，中郎區博諫曰：「井田雖聖王法，其廢已久。周道既衰，而人不從。秦順人心，改之可以獲大利，故滅廬井而置阡陌，遂王諸夏，訖今海内未厭其弊。今欲違人心，追復千載絶迹，雖堯舜復生，而無百年之漸，不能行也。」莽知人愁，乃以許賣。〔三七〕其後百姓日以凋弊。

後漢之初，百姓虚耗，率土遺黎，十纔一二。光武建武十五年，詔下州郡檢覆墾田頃畝及户口年紀。河南尹張伋及諸郡守十餘人，坐度田不實下獄死。順帝建康元年，定墾田六百八十九萬六千二百七十一頃五十六畝九十四步。據建康元年户九百九十四萬六千九百九十，每户合得田七十畝有奇。

荀悦論曰：「昔文帝十三年六月，詔除人田租。且古者十一而税，以爲天下之中正。今漢人田，或百一而税，可謂鮮矣。然豪富强人占田逾多，其賦太半，官收百一之税，而人輸豪强太半之賦。官家之惠，優於三代，豪强之暴，酷於亡秦，是以惠不下通，而威福分於豪人也。今不正其本，而務除租税，適足以資富强也。孝武皇帝時董仲舒嘗言，宜限人占田。至哀帝時，乃限人占田不得過三十頃，雖有其制，卒難施行。然三十頃又不平矣。且夫井田之制，不宜於人衆之時，田廣人寡，苟爲可也。然欲廢之於寡，立之於衆，土地布列在豪强，〔三八〕卒而革之，並有怨心，則生紛亂，制度難行。由是觀之，若高祖初定天下，光武中興之後，人衆稀少，立之易矣。既未悉備井田之法，宜以口數占田爲之立限。人得耕種，不得賣買，以贍貧弱，以防兼并，且爲制度張本，不亦宜乎！雖古今異制，損益隨時，然紀綱大略，其致一也。」

崔寔政論曰：「昔聖人分口耕耦地，各相副適，使人飢飽不變，勞逸齊均。富者不足僭差，貧者無所企慕。始暴秦隳壞法度，制人之財，既無綱紀，〔三九〕而乃尊奬并兼之人。烏氏以牧豎致財，寵比諸侯；寡婦清以攻丹殖業，禮以國賓。於是巧猾之萌，遂肆其意。上家累巨億之貲，斥地侔封君之土，行苞苴以亂執政，養劒客以威黔首。專殺不辜，號無市死之子。生死之奉，多擬人主。故下户踦𨃷，無所跱足，乃父子低首，奴事富人，躬帥妻孥，爲之服役。故富者席餘而日熾，貧者躡短而歲踧，歷代爲虜，猶不贍於衣食，生有終身之勤，死有暴骨之憂，歲小不登，流離溝壑，嫁妻賣子。其所以傷心腐藏、失生人之樂者，蓋不可勝陳。故古有移人通財，以贍蒸黎。今青、徐、兖、冀，後漢青州，今北海、濟南、淄川、東牟、高密、平原等郡地。徐州，今東海、琅邪、彭城、臨淮、廣陵等郡地。兖州，今陳留、靈昌、濮陽、東平、濟陽、濟陰、魯等郡地。冀州，今魏郡、鄴郡、鉅鹿、清河、常山、趙郡、博陵、信都、景城等郡地。人稠土狹，不足相供。而三輔左右及涼、幽州，内附近郡，涼州，今安定、彭原之北、天水、隴西並其地。幽州，今上谷、范陽之北，東至遼東並其地。皆土曠人稀，厥田宜稼，悉不墾發。〔四〇〕小人之情，安土重遷，寧就飢餒，無適樂土之慮。故人之爲言瞑也，謂瞑瞑無所知。猶羣羊聚畜，須主者牧養處置，置之茂草，則肥澤繁息，置之磽鹵，則零丁耗減。是以景帝六年，下詔郡國，〔四一〕令人得去磽狹，就寬肥。至武帝，遂徙關東貧人於隴西、北地、西河、上郡、會稽，隴西，今隴西、天水、金城、會寧、安鄉等郡地。北地，今安定、彭原、安化、平原、靈武、五原等郡地。西河，今銀川、新秦、〔四二〕西河、昌化等郡地。上郡，今延安、咸寧、洛交、中部等郡地。會稽，今浙江東晉陵郡以東，直至信安、永嘉郡地。凡七十二萬五千口。後加徙猾吏於關內。今宜復遵故事，徙貧人不能自業者於寬地，此亦開草闢土，振人之術也。」

仲長統昌言曰：「遠州縣界至數千，而諸夏有十畝共桑之迫。遠州有曠野不發之田，代俗安土有死無去。君長不使，誰能自往緣邊之地。亦可因罪徙人，便以守禦。」

晉武帝泰始八年，司徒石苞奏：「州郡農桑未有殿最之制，宜增掾屬令史，有所循行。」〔四三〕帝從之。苞既明勸課，百姓安之。平吴之後，有司奏：「王公以國爲家，京城不宜復有田宅。今未暇作諸國邸，當使城中有往來之處，近郊有芻槀之田。今可限之，國王公侯，京城得有宅一處。近郊田，大國十五頃，次國十頃，小國七頃。城内無宅城外有者，皆聽留之。」男子一人占田七十畝，女子三十畝。其丁男課田五十畝，丁女二十畝，次丁男半之，女則不課。其官第一品五十頃，每品減五頃以爲差，第九品十頃。而又各以品之高卑蔭其親屬，多者及九族，少者三代。宗室、國賓、先賢之後士人子孫亦如之。而又得蔭人以爲衣食客及佃客，量其官品以爲差降。〔四四〕自西晉則有蔭客之制，至東晉其數更加，具賦稅上篇。

宋孝武帝大明初，羊希爲尚書左丞。時揚州刺史西陽王子尚上言：「山湖之禁，雖有舊科，人俗相因，替而不奉，熂許氣反山封水，保爲家利。自頃以來，頹弛日甚。富强者兼嶺而占，貧弱者薪蘇無託。至漁採之地，亦又如兹。斯實害理之深弊。請損益舊條，更申恒制。」有司檢壬辰詔書：「擅占山澤，强盜律論，贓一丈以上皆棄市。」〔四五〕希以「壬辰之制，其禁嚴刻，事既難遵，理與時弛。而占山封水，漸染復滋，更相因仍，便成先業，一朝頓去，易致怨嗟。今更刊革，立制五條。凡是山澤，先恒熂爈力居反。種養竹木雜果爲林仍，〔四六〕及陂湖江海魚梁鰌鮆七由反，即移反。場恒加工修作者，〔四七〕聽不追奪。〔四八〕官品第一、第二品，聽占山三頃。第三、第四品，二頃五十畝。第五、第六品，二頃。第七、第八品，一頃五十畝。第九品及百姓，一頃。〔四九〕皆依定格，條上貲簿。若先已占山，不得更占。先占闕少，依限占足。〔五〇〕若非前條舊業，一不得禁。有犯者，水土一尺以上，並計贓，依常盜律論。〔五一〕除晉咸康二年壬辰之科」。從之。

時山陰縣人多田少，孔靈符表請徙無貲之家於餘姚、鄮、莫侯反鄞銀音三縣界，墾起湖田。〔五二〕餘姚，今會稽郡縣。鄮、鄞則今餘姚郡地。帝令公卿博議，咸曰：「夫訓農修政，有國所同。土著之人，習翫日久，如京師無田，不聞徙居他縣。尋山陰豪族富室，頃畝不少，貧者肆力，非爲無處。又緣湖居人，魚鴨爲業，小人習始既難，勸之未易。遠廢之疇，方翦荊棘，率課窮乏，其事彌難，資徙粗立，徐行無晚。」帝違衆議，徙人並成良業。

後魏明帝永興中，頻有水旱。神瑞二年，又不熟，於是分簡尤貧者就食山東。敕有司勸課田農曰：「前志有之，人生在勤，勤則不匱。凡庶人不畜者祭無牲，不耕者祭無盛，不樹者死無槨，不蠶者衣無帛，不績者喪無縗。教行三農，生殖九穀。」自是人皆力勤，歲數豐穰，畜牧滋息。

景穆帝初爲太子監國，〔五三〕曾令有司課畿内之人，使無牛家以人牛力相貿，墾殖鋤耨。其有牛家與無牛家一人種田二十畝，償以耘鋤功七畝，如是爲差。至與老小無牛家種田七畝，老小者償以鋤功二畝。皆以五口下貧家爲率。各列家別口數、所種頃畝，明立簿目。所種者於地首標題姓名，以辨播殖之功。

孝文太和元年三月，詔曰：「去年牛疫，死傷太半，〔五四〕今東作既興，人須肆業。〔五五〕有牛者加勤於常歲，無牛者倍庸於餘年。一夫制理四十畝，中男二十畝。無令人有餘力，地有遺利。」時李安世上疏曰：「臣聞量地畫野，〔五六〕經國大式，邑地相參，致理之本。井稅之興，其來日久，田萊之數，制之以限。蓋欲使土不曠功，人罔遊力。雄擅之家，不獨膏腴之美；單陋之夫，亦有頃畝之分。竊見州郡之人，或因年儉流移，棄賣田宅，漂居異鄉，事涉數代。三長既立，始返舊墟，廬井荒涼，〔五七〕桑榆改植。事已歷遠，易生假冒，彊宗豪族，肆其侵淩，遠認魏晉之家，〔五八〕近引親舊之驗。〔五九〕年載稍久，鄉老所惑，羣證雖多，莫可取據。各附親知，互有長短，兩證徒具，聽者猶疑，爭訟遷延，連紀不判。良疇委而不開，柔桑枯而不採，欲令家豐歲儲，人給資用，其可得乎！愚謂今雖桑井難復，宜更均量，審其徑術，令分藝有準，力業相稱。細人獲資生之利，豪右靡餘地之盈。無私之澤，乃播均於兆庶，如阜如山，可有積於比户矣。又所争之田，宜限年斷，事久難明，悉屬今主。然後虚詐之人，絶於覬覦，守分之士，免於淩奪。」帝深納之，均田之制起於此矣。

九年，下詔均給天下人田：諸男夫十五以上，受露田四十畝，不栽樹者謂之露田。婦人二十畝，奴婢依良。丁牛一頭受田三十畝，限四牛。所授之田率倍之，三易之田再倍之，以供耕休及還受之盈縮。人年及課則受田，老免及身没則還田，奴婢、牛隨有無以還受。諸桑田不在還受之限，但通入倍田分。於分雖盈，没則還田，〔六〇〕不得以充露田之數，不足者以露田充倍。諸初受田者，男夫一人給田二十畝，課蒔餘，種桑五十樹，棗五株，榆三根。非桑之土，夫給一畝，依法課蒔榆、棗。奴各依良。限三年種畢，不畢，奪其不畢之地。於桑榆地分雜蒔餘果及多種桑榆者不禁。〔六一〕諸應還之田，不得種桑榆棗果，種者以違令論，地入還分。諸桑田皆爲代業，身終不還，恒從見口。有盈者無受無還，不足者受種如法。盈者得賣其盈，不足者得買所不足。不得賣其分，亦不得買過所足。諸麻布之土，男夫及課，別給麻田十畝，婦人五畝，奴婢依良，皆從還受之法。諸有舉户老小殘疾無受田者，年十一以上及疾者，〔六二〕各授以半夫田。年踰七十者不還所受。寡婦守志者，雖免課亦授婦田。〔六三〕諸還受人田，恒以正月。若始受田而身亡及賣買奴婢、牛者，皆至明年正月乃得還受。諸土廣人稀之處，隨力所及，官借人種蒔。後有來居者，依法封授。諸地狹之處，有進丁受田而不樂遷者，〔六四〕則以其家桑田爲正田分，又不足不給倍田，又不足家內人別減分。無桑之鄉，準此爲法。樂遷者聽逐空荒，不限異州他郡，唯不聽避勞就逸。其地足之處，不得無故而移。諸人有新居者，三口給地一畝，以爲居室，奴婢五口給一畝。男女十五以上，因其地分，口課種菜五分畝之一。諸一人之分，正從正，倍從倍，不得隔越他畔。進丁受田者，恒從所近。若同時俱受，先貧後富。再倍之田，放此爲法。諸遠流配謫無子孫及戶絶者，墟宅、桑榆盡爲公田，以供授受。授受之次，給其所親，未給之間，亦借其所親。諸宰人之官，各隨近給公田：〔六五〕刺史十五頃，太守十頃，治中、別駕各八頃，縣令、郡丞六頃。更代相付。賣者坐如律。職分田起於此。

校勘記

〔一〕通典卷第一　原無「第」，據北宋本、傅校本、遞修本、明抄本、明刻本補。以後逕補不出校。

〔二〕京兆杜佑字君卿纂　原「京」上有「唐」，「佑」下脱「字」，據北宋本、傅校本、遞修本、明抄本删補。

〔三〕戎畝　「畝」原作「狄」，據北宋本、傅校本、遞修本、明抄本改。

〔四〕第一　北宋本、傅校本、遞修本、明抄本、明刻本、王吳本無「第」字。下同。

〔五〕唐周秦漢後漢晉宋後魏　此等題下朝代名稱，北宋本、傅校本、遞修本、明抄本、明刻本無，乃後人所加。下同。

〔六〕安固而不動　「安」原訛「國」，據北宋本、傅校本、遞修本、明抄本、明刻本、王吴本改。

〔七〕又爲隱覈隱覈在乎權宜　「爲」原訛「謂」，下「隱覈」涉上而脱，據北宋本、傅校本、明抄本、明刻本改補。

〔八〕賣買由己　「賣買」原倒，據北宋本、明抄本乙。

〔九〕欲無流冗　「冗」原作「竄」，後人擅改。今據北宋本、傅校本、遞修本、明抄本、明刻本改回。按：漢書成帝紀有「關東流冗者衆」之語。

〔一〇〕故丘有戎馬一匹　「丘」原作「邱」，清人避孔子諱改。今據北宋本、傅校本、遞修本、明刻本、王吴本改回。以後逕改。

〔一一〕鄭玄　「玄」原作「元」，清人避康熙諱改。今據北宋本、傅校本、遞修本、明抄本、明刻本、王吴本改回。以後逕改。

〔一二〕其制似井之字　原脱「之」，據北宋本、傅校本、遞修本、明抄本補。按：周禮小司徒注、册府元龜（下簡稱册府）卷四九五五九一八頁引周禮注俱有「之」。

〔一三〕二牧而當一井　原脱「牧」，據北宋本、傅校本、遞修本、明抄本、明刻本補。

〔一四〕若今云邑居里矣　「邑居里」，周禮載師注作「邑里居」。阮元周禮校勘記云：「岳本、嘉靖本作『邑居里』。按：當作『若今云邑居矣』。『里』，衍文。下云『民之邑居在都城者』可證。」

〔一五〕圃樹果蓏之屬　「圃」原訛「園」，據北宋本、傅校本、遞修本、明刻本改。按：周禮載師注作「圃」。

〔一六〕樊圃謂之園　「謂」原訛「爲」，據周禮載師注改。

〔一七〕致仕　「仕」原訛「士」，據北宋本、傅校本、遞修本、明抄本、明刻本、王吴本改。按：周禮載師注作「仕」。

〔一八〕仕者亦受田　原脱「者」，據北宋本、傅校本、遞修本、明抄本、明刻本補。按：周禮載師注有「者」。

〔一九〕其所生育職貢　「職」，周禮載師注作「賦」。

〔二〇〕即改與別家佃以均厚薄　原脱「改」，據北宋本補。按：册府卷四九五五九一八頁引通典有「改」。

〔二一〕口二十畝　「口」下原有「田」，據北宋本删。按：册府卷四九五五九一八頁引通典亦無「田」字。

〔二二〕十一以上　「一」原訛「二」，據北宋本改。按：漢書食貨志上一一二〇頁、册府卷四九五五九一八頁均作「一」。

〔二三〕數十萬之衆　按：漢書食貨志上一一二九頁「十」下尚有「百」字。

〔二四〕詔曰　按：漢書文帝紀，文帝始開籍田在其即位後二年正月，而此詔則頒於後元二年三月，二者相隔十六年。通典於此「詔曰」上未曾繫年，而與上文「始開籍田躬耕以勸百姓」連書，則似事發同時矣。

〔二五〕晁錯復説上曰　原脱「上」，據漢書食貨志上一一三〇頁補。

〔二六〕故務民於農桑　原脱「民於」，據北宋本、傅校本、遞修本、明抄本、明刻本補。按：漢書食貨志上一一三一頁有「民於」。

〔二七〕薄賦斂　「賦」原作「税」，據北宋本改。按：漢書食貨志上一一三一頁作「賦」。

〔二八〕當具有者　「具」原訛「其」，據北宋本、傅校本、遞修本改。按：漢書食貨志上一一三一頁作「具」。

〔二九〕本直千錢者　「錢」原作「金」，據漢書食貨志上師古注一一三三頁改。

〔三〇〕稱舉也　「稱」原涉上而脱，據北宋本、傅校本、遞修本、明抄本補。按：漢書食貨志上師古注一一三三頁有「稱」。

〔三一〕今俗所謂舉錢　「舉錢」原作「舉債」，後人擅改。今據北宋本、傅校本、遞修本、明抄本、王吴本改回。按漢書食貨志上師古注一一三三頁作「舉錢」。

〔三二〕郡國或磽陿　原「或」下衍「地」，據北宋本、傅校本、明抄本删。按：漢書景帝紀一三九頁無「地」。

〔三三〕民得賣買　「賣買」原倒，據北宋本乙。按：漢書食貨志上一一三七頁作「賣買」。

〔三四〕遣謁者勸有水災郡種宿麥　「有水災郡」原脱，據漢書武帝紀一七七頁補。

〔三五〕故亦課田種　「課」原訛「謂」，據漢書食貨志上蘇林注一一四〇頁及王吴本改。

〔三六〕勞農勸桑　「桑」漢書元帝紀二九六頁作「民」，通典避太宗諱改。

〔三七〕乃以許賣　原作「乃許買賣」，後人擅改。今據北宋本、傅校本、遞修本、明刻本、王吴本改回。

〔三八〕土地布列在豪强　「地」原作「田」，據北宋本改。

〔三九〕既無綱紀　「綱紀」原作「紀綱」，據北宋本乙。

〔四〇〕悉不墾發　「墾發」原訛「肯墾」，據北宋本、傅校本、遞修本、明抄本、明刻本改。

〔四一〕下詔郡國　原脱「下」，據北宋本、傅校本、遞修本、明抄本補。

〔四二〕新秦　「秦」原訛「泰」，據北宋本、傅校本、遞修本、明抄本改。按：新秦郡屬關内道，見新唐書地理志一九七五頁。

〔四三〕有所循行　「循行」原訛「巡幸」，據晉書食貨志七八七頁改。

〔四四〕量其官品以爲差降　「其」原訛「給」，據北宋本、傅校本、明抄本、明刻本改。

〔四五〕贓一丈以上皆棄市　「丈」原訛「貫」，「上」原訛「下」，據北宋本、傅校本、遞修本、明抄本、明刻本改。按：宋書羊希傳一五三七頁、南史羊希傳九三五頁、册府卷四九五五九二三頁引宋書均作「丈」「上」。

〔四六〕先恒熂爈種養竹木雜果爲林仍　原脱「養」，「雜」原訛「薪」，據宋書羊希傳一五三七頁、南史羊希傳九三五頁補改。按：「仍」南史作「芿」，古今字。集韻：「芿，草不剪也。」林仍猶林薄也。

〔四七〕及陂湖江海魚梁鰌鮆場　「鮆」原訛「[illegible]」，並脱「場」，據宋書羊希傳一五三七頁、南史羊希傳九三五頁改補。按：册府卷四九五五九二三頁引宋書亦作「鮆」，有「場」。

〔四八〕聽不追奪　「奪」原訛「舊」，據宋書羊希傳一五三七頁、南史羊希傳九三五頁改。

〔四九〕第九品及百姓一頃　「及」原作「與」，據北宋本改。按：宋書羊希傳一五三七頁、南史羊希傳九三五頁均作「及」。

〔五〇〕先占闕少依限占足　原脱「闕少依限占」五字，據宋書羊希傳一五三七頁、南史羊希傳九三五頁補。

〔五一〕依常盜律論　原脱「律」，據宋書羊希傳一五三七頁、南史羊希傳九三五頁補。按：册府卷四九五五九二三頁亦有「律」字。謂依處置常盜之律條論罪也。

〔五二〕孔靈符表請徙無貲之家於餘姚鄮莫侯反鄞銀音三縣界墾起湖田　「銀音」原脱，據北宋本、傅校本、遞修本、明抄本補。原脱「界」，據宋書孔靈符傳一五三三頁補。「起」原作「開」，據北宋本、傅校本、明抄本、明刻本改。按：宋書孔靈符傳亦作「起」。

〔五三〕景穆帝初爲太子監國　「景穆」原訛「太武」，據魏書世祖紀下一〇七—一〇九頁訂正。按：彼紀云：「恭宗景穆皇帝諱晃，太武皇帝之長子也。延和元年春正月丙午，立爲皇太子。及長好讀經史，皆通大義。太武西征涼州，詔恭宗監國。」又載「初，恭宗監國，曾令有司課畿内之民，使無牛家以人牛力相貿」云云，與通典下文所引俱同。

〔五四〕死傷太半　原脱「傷」，據魏書高祖紀上一四四頁補。

〔五五〕人須肄業　「肄」原作「肆」，據魏書高祖紀上一四四頁改。

〔五六〕量地畫野　「地」原訛「人」，據魏書李安世傳一一七六頁改。按：册府卷四九五五九二三頁亦作「地」。周禮縣師：「凡造都邑，量其地，辨其物，而制其域。」禮記王制：「量地遠近，興事任力。」

〔五七〕荒涼　「涼」魏書李安世傳一一七六頁作「毀」。

〔五八〕遠認魏晉之家　「魏晉」原倒，據北宋本、傅校本、遞修本、明抄本、明刻本、王吴本乙。按：魏書李安世傳一一七六頁、册府卷四九五五九二四頁均作「魏晉」。

〔五九〕近引親舊之驗　「引」原訛「因」，據北宋本、傅校本、明抄本、明刻本改。按：魏書李安世傳一一七六頁、册府卷四九五五九二四頁作「引」。

〔六〇〕沒則還田　此四字原脱，據魏書食貨志二八五三頁補。

〔六一〕依法課蒔榆棗奴各依良限三年種畢不畢奪其不畢之地於桑榆地分雜蒔餘果及多種桑榆者不禁　「榆棗奴各依良限三年種畢不畢奪其不畢之地於桑榆地分雜蒔」二十六字，原涉上「蒔」而脱，據魏書食貨志二八五三頁、册府卷四九五五九二三頁補。

〔六二〕及疾者　原「疾」上有「廢」，據北宋本删。按：魏書食貨志二八五四頁作「及癃者」，通典避玄宗嫌名而改「疾」。「廢」是後人臆增。

〔六三〕亦授婦田　「授」原作「受」，據北宋本、傅校本、遞修本、明抄本、明刻本改。按：魏書食貨志二八五四頁作「授」。

〔六四〕進丁受田　「受」原作「授」，據北宋本改。按：魏書食貨志二八五四頁、册府卷四九五五九二四頁均作「受」。

〔六五〕各隨近給公田　「近」原訛「匠」，據册府卷五〇五六〇六四頁改。

王永興點校　王文錦覆校

通典卷第二

食貨二

田制下　水利田　屯田

田制下 北齊　後周　隋　大唐

北齊給授田令，仍依魏朝。每年十月普令轉授成丁而授，丁老而退，不聽賣易。文宣帝天保八年，議徙冀、定、瀛無田之人，謂之樂遷，於幽州寬鄉以處之。秦漢州郡則大，魏晉年代又遠，改移分析，或未易知，以此要有解釋。近代制置，今多因習，則不假繁敘，他皆類此。武成帝河清三年詔：每歲春月，各依鄉土早晚，課人農桑。自春及秋，男子十五以上，皆布田畝。〔一〕蠶桑之月，婦女十五以上，皆營蠶桑。孟冬，刺史聽審邦教之優劣，〔二〕定殿最之科品。人有人力無牛，或有牛無人力者，須令相便，皆得納種。使地無遺利，人無遊手。又令男子率以十八受田，輸租調，二十充兵，六十免力役，六十六退田，免租調。京城四面諸坊之外，〔三〕三十里内爲公田。受公田者，三縣代遷户執事官一品以下，〔四〕逮於羽林武賁，各有差。其外畿郡，華人官第一品以下，羽林武賁以上，各有差。職事及百姓請墾田者，名爲永業田。奴婢受田者，親王止三百人，嗣王二百人，第二品嗣王以下及庶姓王百五十人，正三品以上及皇宗百人，七品以上八十人，八品以下至庶人六十人。〔五〕奴婢限外不給田者，皆不輸。其方百里外及州人，一夫受露田八十畝，婦人四十畝，奴婢依良人，限數與在京百官同。〔六〕丁牛一頭受田六十畝，限止四牛。每丁給永業二十畝，爲桑田。其田中種桑五十根，榆三根，棗五根，不在還受之限。非此田者，悉入還受之分。土不宜桑者，給麻田，如桑田法。

關東風俗傳曰：「其時强弱相淩，恃勢侵奪，富有連畛亙陌，貧無立錐之地。昔漢氏募人徙田，恐遺墾課，令就良美。而齊氏全無斟酌，雖有當年權格，時蹔施行，争地文案有三十年不了者，此由授受無法者也。其賜田者，謂公田及諸横賜之田。魏令，職分公田，不問貴賤，一人一頃，以供芻秣。自宣武出獵以來，始以永賜，得聽賣買。遷鄴之始，濫職衆多，所得公田，悉從貨易。又天保之代，曾遥壓首人田，以充公簿。比武平以後，横賜諸貴及外戚佞寵之家，亦以盡矣。又河渚山澤有可耕墾肥饒之處，〔七〕悉是豪勢，或借或請，編户之人不得一壟。糾賞者，依令，口分之外知有買匿，聽相糾列，還以此地賞之。至有貧人，實非賸長買匿者，苟貪錢貨，詐吐壯丁口分，以與糾人，亦既無田，即便逃走。〔八〕帖賣者，〔九〕帖荒田七年，熟田五年，錢還地還，依令聽許。露田雖復不聽賣買，賣買亦無重責。貧户因王課不濟，率多貨賣田業，至春困急，輕致藏走。亦有懶惰之人，〔一〇〕雖存田地，不肯肆力，在外浮遊。三正賣其口田，以供租課。比來頻有還人之格，欲以招慰逃散。假使蹔還，即賣所得之地，地盡還走，雖有還名，終不肯住，正由縣聽其賣帖田園故也。廣占者，依令，奴婢請田亦與良人相似。以無田之良口，比有地之奴牛。宋世良天保中獻書，請以富家牛地先給貧人，其時朝列，稱其合理。」宋孝王撰。

後周文帝霸政之初，創置六官。司均掌田里之政令。凡人口十以上宅五畝，口七以上宅四畝，〔一一〕口五以下宅三畝。有室者田百四十畝，丁者田百畝。

隋文帝令，自諸王以下至於都督，皆給永業田，各有差。多者至百頃，少者至四十畝。〔一二〕其丁男、中男永業露田，皆遵後齊之制。並課樹以桑榆及棗。其園宅率三口給一畝，〔一三〕奴婢則五口給一畝。〔一四〕京官又給職分田，一品者給田五頃，至五品則爲田三頃，其下每品以五十畝爲差，至九品爲一頃。外官亦各有職分田。又給公廨田以供用。開皇九年，任墾田千九百四十萬四千二百六十七頃。隋開皇中，户總八百九十萬七千五百三十六。按定墾之數，每户合墾田二頃餘也。開皇十二年，文帝以天下户口歲增，京輔及三河地少而人衆，衣食不給，議者咸欲徙就寬鄉。帝乃發使四出，〔一五〕均天下之田。其狹鄉，每丁纔至二十畝，老小又少焉。至大業中，天下墾田五千五百八十五萬四千四十頃。按其時有户八百九十萬七千五百三十六，〔一六〕則每户合得墾田五頃餘，恐本史之非實。

大唐開元二十五年令：田廣一步、長二百四十步爲畝，百畝爲頃。自秦漢以降，即二百四十步爲畝，非獨始於國家，蓋具令文耳。國家程式雖則具存，今所存纂録，〔一七〕不可悉載，但取其朝夕要切，冀易精詳，乃臨事不惑。丁男給永業田二十畝，口分田八十畝，其中男年十八以上亦依丁男給，老男、篤疾、廢疾各給口分田四十畝，寡妻妾各給口分田三十畝，先永業者，通充口分之數。黄、小、中、丁男女及老男、篤疾、廢疾、寡妻妾當户者，〔一八〕各給永業田二十畝，口分田二十畝。應給寬鄉，並依所定數；若狹鄉新受者，〔一九〕減寬鄉口分之半。其給口分田者，易田則倍給。寬鄉三易以上者，仍依鄉法易給。〔二〇〕其永業田，親王百頃，職事官正一品六十頃，郡王及職事官從一品各五十頃，國公若職事官正二品各四十頃，郡公若職事官從二品各三十五頃，縣公若職事官正三品各二十五頃，職事官從三品二十頃，侯若職事官正四品各十四頃，〔二一〕伯若職事官從四品各十頃，子若職事官正五品各八頃，男若職事官從五品各五頃，上柱國三十頃，柱國二十五頃，上護軍二十頃，護軍十五頃，上輕車都尉十頃，輕車都尉七頃，上騎都尉六頃，騎都尉四頃，驍騎尉、飛騎尉各八十畝，雲騎尉、武騎尉各六十畝。其散官五品以上同職事給，兼有官爵及勳俱應給者，唯從多，不並給。若當家口分之外，先有地非狹鄉者，並即迴受，有賸追收，不足者更給。諸永業田皆傳子孫，不在收授之限，即子孫犯除名者，所承之地亦不追。每畝課種桑五十根以上，榆棗各十根以上，三年種畢。鄉土不宜者，任以所宜樹充。所給五品以上永業田，皆不得狹鄉受，任於寬鄉隔越射無主荒地充。即買蔭賜田充者，雖狹鄉亦聽。其六品以下永業，即聽本鄉取還公田充，願於寬鄉取者亦聽。應賜人田，非指的處所者，不得狹鄉給。其應給永業人，若官爵之内有解免者，從所解者追。即解免不盡者，隨所降品追。其除名者，依口分例給，自外及有賜田者並追。若當家之内有官爵及少口分應受者，並聽迴給，有賸追收。其因官爵應得永業，未請及未足而身亡者，子孫不合追請也。諸襲爵者，唯得承父祖永業，不合別請。若父祖未請及未足而身亡者，減始受封者之半給。其州縣界内所部受田，〔三〕悉足者爲寬鄉，不足者爲狹鄉。諸狹鄉田不足者，聽於寬鄉遙受。應給園宅地者，良口三口以下給一畝，每三口加一畝，賤口五口給一畝，每五口加一畝，並不入永業口分之限。其京城及州郡縣郭下園宅，不在此例。諸京官文武職事職分田：一品一十二頃，二品十頃，三品九頃，四品七頃，五品六頃，六品四頃，七品三頃五十畝，八品二頃五十畝，九品二頃，並去京城百里内給。其京兆、河南府及京縣官人職分田亦準此。即百里外給者亦聽。諸州及都護府、親王府官人職分田：二品一十二頃，三品一十頃，四品八頃，五品七頃，六品五頃，京畿縣亦準此。七品四頃，八品三頃，九品二頃五十畝。鎮戍關津岳瀆及在外監官五品五頃，六品三頃五十畝，七品三頃，八品二頃，九品一頃五十畝。三衞中郎將、上府折衝都尉各六頃，中府五頃五十畝，下府及郎將各五頃，上府果毅都尉四頃，中府三頃五十畝，下府三頃，上府長史、别將各三頃，中府、下府各二頃五十畝。親王府典軍五頃五十畝，副典軍四頃，千牛備身左右、太子千牛備身各三頃。親王府文武官隨府出藩者，於在所處給。諸軍上折衝府兵曹二頃，中府、下府各一頃五十畝。其外軍校尉一頃二十畝，旅帥一頃，〔二三〕隊正副各八十畝，皆於領側州縣界内給。〔二四〕其校尉以下在本縣及去家百里内領者不給。諸驛封田皆隨近給，每馬一匹給地四十畝。若驛側有牧田之處，〔二五〕匹各減五畝。其傳送馬，每匹給田二十畝。諸庶人有身死家貧無以供葬者，聽賣永業田，即流移者亦如之。樂遷就寬鄉者，并聽賣口分。賣充住宅、邸店、碾磑者，雖非樂遷，亦聽私賣。諸買地者，不得過本制，雖居狹鄉，亦聽依寬制，其賣者不得更請。凡賣買，皆須經所部官司申牒，年終彼此除附。若無文牒輒賣買，財没不追，地還本主。諸以工商爲業者，永業口分田各減半給之，在狹鄉者並不給。諸因王事没落外藩不還，有親屬同居，其身分之地，六年乃追。身還之日，隨便先給。即身死王事者，其子孫雖未成丁，身分地勿追。其因戰傷及篤疾廢疾者，亦不追減，聽終其身也。諸田不得貼賃及質，違者財没不追，地還本主。若從遠役外任，無人守業者，聽貼賃及質。其官人永業田及賜田，欲賣及貼賃者，皆不在禁限。諸給口分田，務從便近，不得隔越。若因州縣改易，隸地入他境及犬牙相接者，聽依舊受。其城居之人，本縣無田者，聽隔縣受。雖有此制，開元之季，天寶以來，法令弛寬，〔二六〕兼并之弊，有踰於漢成哀之閒。又田令，在京諸司及天下州府縣監、〔二七〕折衝府、鎮戍、關津、嶽瀆等公廨田、職分田，各有差。諸職分陸田限三月三十日，稻田限四月三十日，以前上者並入後人，以後上者入前人。其麥田以九月三十日爲限。若前人自耕未種，後人酬其功直；已自種者，准租分法。其價六斗以下者，依舊定；以上者，不得過六斗。並取情願，不得抑配。親王出藩者，給地一頃作園。若城內無可開拓者，於近城便給。如無官田，取百姓地充，其地給好地替。

天寶中應受田一千四百三十萬三千八百六十二頃十三畝。按十四年有户八百九十萬餘，計定墾之數，每户合一頃六十餘畝。至建中初，分遣黜陟使按比墾田田數，都得百十餘萬頃。

水利田 周 秦 漢 後漢 晉 東晉 宋 後魏 大唐

魏文侯使李悝作盡地力之教，以爲地方百里，提封九萬頃，除山澤邑居參分去一，爲田六百萬畝。理田勤謹則畝益三斗，不勤則損亦如之。地方百里之增減，輒爲粟百八十萬石。必雜五種，以備災害。力耕數耘，收穫如寇盜之至。謂促遽之甚，恐爲風雨損之。還廬樹桑，還，遶也。菜茹有畦，瓜瓠果蓏，木實曰果，草實曰蓏。茹，所食之菜。畦，區也。殖於疆埸。〔二八〕至曾孫襄王，以史起爲鄴令，起進曰：「魏氏之行田也以百畝，賦田之法，一夫百畝。鄴獨二百畝，是田惡也。漳水在其旁，西門豹爲鄴令不知用，是不知也。」〔二九〕於是，遂引漳水溉鄴，〔三〇〕以富魏之河内。民歌之曰：「鄴有賢令兮爲史公，決漳水兮灌鄴旁，終古瀉鹵兮生稻粱。」瀉鹵，即斥鹵也，鹵，鹹苦也，謂鹹鹵之地。〔三一〕史記云西門豹引漳水溉鄴，誤。

其後，韓聞秦之好興事，欲疲之，無令東伐。乃使水工鄭國閒説秦，令鑿涇水，自仲山西抵瓠口爲渠，並蒲浪反北山，東注洛，三百餘里，欲以溉田。中作而覺，秦欲殺國，國曰：「始臣爲閒，然渠成亦秦之利也。」秦以爲然，卒使就渠。渠就，用注填閼之水，溉澤鹵之地四萬餘頃，〔三二〕收皆畝一鍾。於是關中爲沃野，無凶年，命曰鄭國渠。閼讀與淤同。〔三三〕

秦平天下，以李冰爲蜀守，冰壅江水作堋，部用反。穿二江成都中，雙過郡下，以通舟船，因以溉灌諸郡，於是蜀沃野千里，號爲陸海。

漢文帝以文翁爲蜀郡太守，穿煎洩羊朱反口，溉灌繁田千七百頃，人獲其饒。

武帝元光中，大司農鄭當時言：「引渭穿渠，起長安，並南山下，至河三百餘里。渠下民田萬餘頃，又可得以溉田，益肥關中之地，得穀。」天子以爲然，令齊水工徐伯表，巡行表記之。悉發卒數萬人穿漕渠，三歲而通。渠下民頗得以溉田矣。

其後，河東守番係請「穿渠引汾溉皮氏、汾陰下，引河溉汾陰、蒲坂下，皮氏，今龍門縣地，屬絳郡。汾陰，今寶鼎縣地。蒲坂，今河東縣地。並屬河東郡。度可得五千頃。五千頃故盡河壖棄地，民茭牧其中耳，今溉田之，度可得穀二百萬石以上」。天子以爲然，發卒數萬人作渠田。數歲，河移徙，渠不利，則田者不能償種。久之，河東渠田廢，與越人，令少府以爲稍入。時越人有徙者，以田與之，其租税入少府也。稍，漸也。其入未多，故謂之稍。

其後莊熊羆言：「臨晉民即今馮翊縣也。願穿洛以溉重泉以東萬餘頃重泉在今馮翊郡界，今有乾坑，即熊羆之所穿渠。〔三四〕故惡地。誠得水，可令畝十石。」於是爲發卒萬餘人穿渠，自徵音懲引洛水至商顏下。徵在馮翊，即今郡之澄城縣。商顏，今馮翊縣界。岸善崩，洛水岸。乃鑿井，深者四十餘丈。往往爲井，井下相通行水。水穨以絶商顏，下流曰穨。東至山嶺十餘里閒。井渠之開自此始。穿渠得龍骨，故名曰龍首渠。作之十餘歲，渠頗通，猶未得其饒。

是時，用事者争言水利。朔方、西河、河西、酒泉皆引河及川谷以溉田。而關中輔渠、〔三五〕靈軹引諸水，汝南、九江引淮，東海引鉅定，澤名。泰山下引汶水，皆穿渠爲溉田，各萬餘頃。佗小渠陂山通道，不可勝言。

自鄭國渠起，至元鼎六年，百三十六歲，而倪寬爲左内史，奏請穿鑿六輔渠，在鄭國渠之裹，今尚謂之輔渠，亦曰六渠。以益溉鄭國傍高仰之田。素不得鄭國之溉灌者。仰謂上向。帝曰：「農，天下之本也。泉流灌寖，所以育五穀也。左、右內史地，名山川原甚衆，細民未知其利，故爲通溝瀆，畜陂澤，所以備旱也。今內史稻田租挈重，不與郡同，租挈，收田租之約令。〔三六〕郡謂四方諸郡。〔三七〕其議減。令吏民勉農，盡地利，平徭行水，勿使失時。」平徭者，均齊渠堰之力役，謂俱得水之利。

後十六歲，趙中大夫白公此時無公爵，蓋相呼尊老之稱也。復奏穿渠，引涇水，首起谷口，尾入櫟音藥陽，谷口，今雲陽縣治谷是。注渭中，袤二百里，溉田四千五百餘頃，因名曰白渠。〔三八〕民得其饒，歌之曰：「田於何所？池陽、谷口。鄭國在前，白渠起後。鄭國興於秦時，故云前也。舉鍤爲雲，決渠爲雨。鍤，鍬。涇水一石，其泥數斗。且溉且糞，長我禾黍。水停淤泥，可以當糞。衣食京師，億萬之口。」言此兩渠饒也。

元帝建昭中，邵信臣爲南陽太守，於穰縣理南六十里造鉗盧陂，累石爲隄，傍開六石門以節水勢。澤中有鉗盧王池，因以爲名。用廣溉灌，歲歲增多，至三萬頃，人得其利。及後漢杜詩爲太守，復修其業。時歌之曰：「前有邵父，後有杜母。」

後漢章帝建初中，王景爲廬江太守。郡部安豐縣有楚孫叔敖所起芍陂，先是荒廢，景重修之，境內豐給。其陂徑百里，灌田萬頃。芍音鵲。今壽春郡安豐縣界。

順帝永和五年，馬臻爲會稽太守，始立鏡湖，築塘周迴三百十里，灌田九千餘頃，至今人獲其利。

晉武帝咸寧元年，詔曰：「今年霖雨過差，又有蟲災。潁川、襄城，自春以來，略不下種，深以爲慮。主者何以爲百姓計。」當陽侯杜元凱上疏曰：「臣輒思惟，今者水災，東南特劇，非但五穀不收，居業并損。〔三九〕下田所在渟汙，高地皆多墝埆，百姓困窮，方在來年。雖詔書切告長吏二千石爲之設計，而不廓開大制，〔四〇〕定其趣舍之宜，恐徒文具，所益蓋薄。當今秋夏蔬食之時，而百姓已有不贍，前至冬春，野無青草，則必指仰官穀，以爲生命。此乃一方之大事，不可不早爲思慮。臣愚謂既以水爲田，〔四一〕當恃魚菜螺蜯，而洪波汎濫，〔四二〕貧弱者終不能得。今者宜大壞兗及荆河州東界兗州東界，今濟陽、濟陰、東平、魯郡之閒。荆河州東界，今汝南、汝陰、譙郡之閒也。諸陂，〔四三〕隨其所歸而宣導之。令饑者盡得水産之饒，百姓不出境界之内，朝暮野食，此目下日給之益也。水去之後，填淤之田，畝收數鍾。至春大種五穀，五穀必豐，此又明年之益也。」杜君又言：「諸欲修水田者，皆以火耕水耨爲便，非不爾也。然此施於新田草萊，與百姓居相絶離者耳。往者東南草創人稀，故得火田之利。頃來户口日增，而陂堨歲決，良田變生蒲葦，人居沮澤之際，水陸失宜，放牧絶種，樹木立枯，皆陂之害也。陂多則土薄水淺，潦不下潤。故每有水雨，〔四四〕輒復横流，延及陸田。言者不思其故，因云此土不可陸種。臣計漢之户口，以驗今之陂處，皆陸業也。其或有舊堰，則堅完修固，非今所謂當爲人害也。臣見尚書胡威啟宜壞陂，其言懇至。臣又見宋漢侯相應遵上便宜，〔四五〕求壞泗陂，徙運道。時下都督度支共處當，各據所見，不從遵言。臣按遵上事，運道東詣壽春，有舊渠，可不由泗陂出。〔四六〕泗陂在彼地界，壞地凡萬三千餘頃，傷敗成業。遵縣領應佃二千六百口，可謂至少，而猶患地狹，〔四七〕不足肆力，此皆水之爲害也。當所共卹，而都督度支方復執異，非所見之難，直以不同害理也。〔四八〕人心所見既不同，利害之情又有異，軍家之與郡縣，士大夫之與百姓，其意莫有同者，此皆偏其利以忘其害，此理之所以未盡，而事之所以多患也。臣又按，荆河州界中度支所領佃者，〔四九〕州郡大軍雜士，凡用水田七千五百餘頃耳。計三年之儲，不過二萬餘頃。以常理言之，無爲多積無用之水。況於今者水潦瓫溢，大爲災害，臣以爲宜發明詔，勑刺史二千石，漢氏舊堰及山谷私家小陂，皆當修繕以積水。其諸魏氏以來所造立及諸因雨決溢蒲葦馬腸陂之類，皆決瀝之。長吏二千石躬先勸功，〔五〇〕諸食力之人並一時附功令，比及水凍，得粗枯涸。其所修功實之人，皆以俾之。〔五一〕其舊陂堰溝渠當有所補塞者，比尋求微跡，〔五二〕一如漢時故事，早爲部分列上，須冬閒東南休兵交代，各留一月以佐之。夫川瀆有常流，地形有定體，漢氏居人衆多，猶以無患，今因其所患而宣瀉之，跡古事以明近，大理昭然，可坐論而得。〔五三〕臣不勝愚意，嘗竊謂最是今日之實益也。」朝廷從之。

東晉張闓音開爲晉陵内史，時所部四縣並以旱失田，闓乃立曲阿新豐塘，今丹陽郡丹陽縣界。溉田八百餘頃，每歲豐稔。葛洪爲其頌，乃徵入拜大司農。

宋文帝元嘉七年，劉義欣爲荆河刺史，鎮壽陽。今壽春郡也。于時土境荒毁，〔五四〕百姓離散。義欣綱維補緝，隨宜經理。芍陂良田萬頃，隄堰久壞，秋夏常苦旱。義欣遣諮議參軍殷肅循行修理，有舊溝引淠匹詣反水入陂，〔五五〕淠，水名，在汝南。伐木開榛，水得通涇，〔五六〕由是遂豐稔。

後魏刁雍爲薄骨律鎮將，至鎮，上表曰：「富平西三十里，薄骨律鎮，今靈武郡。富平，今迴樂縣。有艾山，南北二十六里，東西四十五里，鑿以通河，似禹舊迹。其兩岸作溉田大渠，廣十餘步，山南引水入此渠中。計昔時高於河水不過一丈，河水激急，沙土漂流。今日此渠高於河水二丈三尺，又河水侵射，往往崩頽。渠既高懸，水不得上，雖復諸處按舊引水，水亦難求。今艾山北，河中有洲渚，〔五七〕水分爲二。西河小狹，水廣百四十步。臣今請入來年正月，於河西高渠之北八里，分河之下五里，平地鑿渠，〔五八〕廣十五步，深五尺，築其兩岸，令高一丈。北行四十里，還入古之高渠，即修高渠而北，〔五九〕復八十里，合百二十里，大有良田。計用四千人，四十日功，渠得成就。所欲鑿新渠口，河下五尺，水不得入。今求從小河東南岸斜斷到西北岸，計長二百七十步，廣十步，高二丈，〔六〇〕絶斷小河。二十日功，計得成畢，合計用功六十日。小河之水盡入新渠，水則充足，溉官私田四萬餘頃。旬日之間，則水一徧，水凡四溉，穀得成實。」從之，公私獲其利。

裴延儁爲幽州刺史，范陽郡有舊督亢渠，〔六一〕徑五十里。漁陽燕郡有故戾陵諸堰，〔六二〕廣袤三十里。皆廢毀多時，莫能修復，水旱不調，人多饑餒。延儁自度水形營造，未幾而就，溉田萬餘頃，爲利十倍。

大唐貞觀十八年，李襲稱爲揚州大都府長史，〔六三〕乃引雷陂水，又築句城塘，以溉田八百餘頃，百姓獲其利。徽拜太府卿，人至今賴之。

永徽六年，雍州長史長孫祥奏言：「往日鄭、白渠溉田四萬餘頃，今爲富商大賈競造碾磑，堰遏費水，渠流梗澀，止溉一萬許頃。請修營此渠，以便百姓。至於鹹鹵，亦堪爲水田。」高宗曰：「疏導渠流，使通溉灌，濟泼炎旱，〔六四〕應大利益。」太尉無忌對曰：「白渠水帶泥淤，灌田益其肥美。又渠水發源本高，向下枝分極衆。若使流至同州，則水饒足。比爲碾磑用水，洩渠水隨入滑；加以壅遏耗竭，所以得利遂少。」於是遣祥等分檢渠上碾磑，皆毁之。至大曆中，水田纔得六千二百餘頃。

屯田 漢 魏 晉 東晉 齊 後魏 北齊 隋 大唐

漢昭帝始元二年，詔發習戰射士詣朔方，調徒釣反故吏將子亮反屯田張掖郡。調，發選之也。故吏，前爲官職者。令其部率習戰射士於張掖爲屯田。〔六五〕

孝宣帝神爵元年，遣後將軍趙充國將兵擊先零羌。充國以擊虜殄滅爲期，乃欲罷騎兵屯田，以待其弊。奏曰：「臣所將吏士馬牛食，月用糧穀十九萬九千六百三十斛，鹽千六百九十三斛，茭藁二十五萬二百八十六石。石，百二十斤。難久不解，徭役不息。又恐他夷卒有不虞之變。且羌虜易以計破，難用兵碎也，故臣愚心以爲擊之不便。計度臨羌東至浩音告亹，〔六六〕音門。即金城郡廣武縣地。臨羌在今西平郡也。羌虜故田及公田，民所未墾，可二千頃以上。願罷騎兵，留弛刑應募，及淮陽、汝南步兵與吏私從者，合凡萬二百八十一人，用穀月二萬七千三百六十三斛，鹽三百八斛，分屯要害處。冰解漕下，繕鄉亭，浚溝渠，漕下，以水運木而下也。繕，補也。理湟音皇陿音陜。〔六七〕以西道橋七十所，令可至鮮水左右。田事出，賦人二十畝。田事出，謂至春人出營田也。賦謂班與之。至四月草生，發郡騎及屬國胡騎伉健各千，倅馬什二，就草，倅，副也。什二者，千騎則與副馬二百匹也。爲田者遊兵。以充入金城郡，益積蓄，省大費。今大司農所轉穀至者，足支萬人一歲食。謹上田處及器用簿，唯陛下裁許之。」

上報曰：「如將軍之計。」充國又奏曰：「今留步士萬人屯田，地勢平易，臣愚以爲屯田內有亡費之利，外有守禦之備。騎兵雖罷，虜見萬人留田爲必禽之具，其土崩歸德，宜不久矣。」詔罷兵，〔六八〕獨充國留屯田，大獲地利。明年遂破先零。

魏武既破黄巾，欲經略四方，而苦軍食不足。羽林監潁川棗祗建置屯田，於是以任峻爲典農中郎將，募百姓屯田於許下，今潁川郡許昌縣也。得穀百萬斛。郡國例置田官，數年之中，所在積粟，倉廩皆滿。

廢帝齊王芳正始四年，司馬宣王督諸軍伐吴，時欲廣田畜穀，爲滅賊資。乃使鄧艾行陳、項以東至壽春。自今淮陽郡項城縣以東至壽春郡。艾以爲田良水少，不足以盡地利，宜開河渠，可以大積軍糧，又通漕運之道，乃著濟河論以喻其指。又以爲：「昔破黄巾，因爲屯田，積穀於許都以制四方。今三隅已定，事在淮南，每大軍征舉，運兵過半，功費巨億，以爲大役。陳、蔡之閒，土下田良，可省許昌左右諸稻田，并水東下。令淮北屯二萬人，淮南三萬人，十二分休，常有四萬人且田且守。〔六九〕水豐，常收三倍於西，計除衆費，歲完五百萬斛以爲軍資。六七年閒，可積三千萬斛於淮上，此則十萬之衆五年之食也。以此乘吴，無往而不克矣。」宣王善之，皆如艾計。遂北臨淮水，自鍾離而南，横石以西，盡沘旁脂反水四百餘里，〔七〇〕五里置一營，營六十人，〔七一〕且田且守。兼循廣淮陽、百尺二渠，上引河流，下通淮、潁。大理諸陂於潁南北，穿渠三百餘里，溉田二萬頃，〔七二〕淮南、淮北皆相連接。自壽春到京師，農官兵田，雞犬之聲，阡陌相屬。每東南有事，大軍興衆，汎舟而下，達於江淮，資食有儲，而無水害，艾所建也。

晉羊祜爲征南大將軍，鎮襄陽。吴石城守去襄陽七百餘里，每爲邊害，祜患之，竟以詭計令吴罷守。於是戍邏減半，分以墾田八百餘頃，大獲其利。祜之始至也，軍無百日之糧，及至季年，有十年之積。

太康元年平吴之後，當陽侯杜元凱在荆州，今襄陽郡。修邵信臣遺蹟，邵信臣所作鉗盧陂、六門堰，並今南陽郡穰縣界，時爲荆州所統。激用滍音蚩淯音育諸水以浸原田萬餘頃，分疆刊石，使有定分，公私同利。衆庶賴之，號曰「杜父」。舊水道唯沔、漢達江陵千數百里，北無通路。又巴丘湖，沅湘之會，表裏山川，寔爲險固，荆蠻之所恃也。預乃開楊口，〔七三〕起夏水達巴陵千餘里，夏水、楊口在今江陵縣界。巴陵即今郡。內瀉長江之險，外通零、桂之漕。零陵、桂陽並郡。南土歌之曰：「後世無叛由杜翁，孰識智名與勇功。」

東晉元帝督課農功，二千石長吏以入穀多少爲殿最。其非宿衛要任，皆令赴農，〔七四〕使軍各自佃作，〔七五〕即以爲廩。大興中，三吴大饑，後軍將軍應詹上表曰：「魏武帝用棗祗、韓浩之議，廣建屯田，又於征伐之中，分帶甲之士，隨宜開墾，故下不甚勞，大功剋舉。閒者流人奔東吳，東吳今儉，皆已還返。江西良田，曠廢來久，〔七六〕火耕水耨，爲功差易。宜簡流人，興復農官，功勞報賞，皆如魏氏故事。一年中與百姓，二年分稅，三年計賦稅以使之。公私兼濟，則倉庾盈億，可計日而待之。」

穆帝升平初，荀羡爲北部都尉，〔七七〕鎮下邳，今臨淮郡縣。屯田於東陽之石鼈，亦在今臨淮郡界。公私利之。

齊高帝敕桓崇祖修理芍陂田，曰：「卿但努力營田，自然平殄虜寇。昔魏置典農，而中都足食；晉開汝潁，而河汴委儲。卿宜勉之。」

後魏孝文帝太和十一年大旱，十二年，祕書丞李彪上表：〔七八〕「請別立農官，取州郡户十分之一爲屯田人。相水陸之宜，料頃畝之數，以贓贖雜物市牛科給，令其肆力。一夫之田，歲責六十斛，甄其正課并征戍雜役。〔七九〕行此二事，數年之中則穀積而人足矣。」帝覽而善之，尋施行焉。自此公私豐贍，雖有水旱，不爲害也。

北齊廢帝乾明中，尚書左丞蘇珍芝又議修石鼈等屯，歲收數十萬石，〔八〇〕自是淮南軍防糧足。

孝昭帝皇建中平州刺史嵇曄建議，開幽州督亢舊陂，今范陽郡范陽縣界。長城左右營屯，歲收稻粟數十萬石，北境得以周贍。〔八一〕又於河内置懷義等屯，以給河南之費。自是稍止轉輸之勞。

武成帝河清三年詔：「緣邊城守堪墾食者營屯田，置都子使以統之。一子使當田五十頃，歲終課其所入，以論褒貶。」

隋文帝開皇三年，突厥犯塞，吐谷渾寇邊，轉輸勞弊，乃令朔方總管趙仲卿於長城以北大興屯田。

大唐開元二十五年令：諸屯隸司農寺者，每三十頃以下、二十頃以上爲一屯。隸州鎮諸軍者，每五十頃爲一屯。應置者，皆從尚書省處分。其舊屯重置者，一依承前封疆爲定。新置者，並取荒閑無籍廣占之地。其屯雖料五十頃，易田之處各依鄉原量事加數。據其屯官取勳官五品以上及武散官并前資邊州縣府鎮戍八品以上文武官內，簡堪者充。據所收斛斗等級爲功優。諸屯田應用牛之處，山原川澤，土有硬軟，至於耕墾用力不同。土軟處每一頃五十畝配牛一頭，彊硬處一頃二十畝配牛一頭。即當屯之內有硬有軟，亦準此法。其稻田每八十畝配牛一頭。諸營田若五十頃外更有地剩配丁牛者，所收斛斗皆準頃畝折除。其大麥、蕎麥、乾蘿蔔等，準粟計折斛斗，以定等級。

天寶八年，天下屯收百九十一萬三千九百六十石，〔八三〕關內五十六萬三千八百一十石，河北四十萬三千二百八十石，河東二十四萬五千八百八十石，河西二十六萬八十八石，隴右四十四萬九百二石。後上元中於楚州古謝陽湖置洪澤屯，壽州置芍陂屯，厥田沃壤，大獲其利。

校勘記

〔一〕男子十五以上皆布田畝　原「布」上有「營蠶桑孟冬」，係涉下文而衍，據隋書食貨志六七八頁、册府卷四九五五五九二五頁删。

〔二〕刺史聽審邦教之優劣　原脱「邦」，據隋書食貨志六七八頁補。

〔三〕京城四面諸坊之外　「坊」原訛「方」，據隋書食貨志六七七頁、册府卷四九五五五九二五頁改。

〔四〕執事官一品以下　「執」原作「職」，據隋書食貨志六七七頁及北宋本、傅校本、遞修本、明抄本改。按：册府卷四九五五五九二五頁也作「執」。

〔五〕八品以下至庶人　「下」原訛「上」，據隋書食貨志六七七頁、册府卷四九五五五九二五頁及王吴本改。

〔六〕限數與在京百官同　原「與」下衍「者」，據隋書食貨志六七七頁、册府卷四九五五五九二五頁删。

〔七〕有可耕墾肥饒之處　「可」原訛「司」，據北宋本、傅校本、遞修本、明抄本、明刻本、王吴本改。按：册府卷四九五五五九二五頁亦作「可」。

〔八〕即便逃走　「便」原訛「使」，據北宋本、傅校本、遞修本、明抄本、明刻本、王吴本改。按：册府卷四九五五五九二五頁也作「便」。

〔九〕帖賣者　册府卷四九五五五九二五頁同。北宋本、傅校本、遞修本、明抄本「帖」作「怗」，下同。

〔一〇〕亦有懶惰之人　原脱「有」，據北宋本、傅校本、遞修本、明抄本、明刻本、王吴本補。按：册府卷四九五五九二五頁有「有」。

〔一一〕口七以上宅四畝　疑「七」係「六」字之訛。

〔一二〕隋文帝令自諸王以下至於都督皆給永業田各有差多者至百頃少者至四十畝　「四十畝」原訛作「三十頃」，據隋書食貨志六八〇頁改。按：隋書百官志載高祖置勳官十一等，最高者爲上柱國，最低者爲都督。唐勳官制即本於此。唐之上柱國相當於隋之上柱國，得永業田三十頃。唐之武騎尉相當於隋之都督，得永業田六十畝。據此可知隋之都督與上柱國等級懸殊，兩者受田畝數決不能相近。

〔一三〕其園宅率三口給一畝　「園」原訛「田」，據隋書食貨志六八〇頁改。

〔一四〕奴婢則五口給一畝　此八字原涉上而脱，據隋書食貨志六八〇頁補。

〔一五〕帝乃發使四出　原「四」下衍「方」，據北宋本、傅校本、遞修本、明抄本、明刻本删。按：隋書食貨志六八二頁無「方」字。

〔一六〕户八百九十萬七千五百三十六　「三」隋書地理志上八〇八頁作「四」，册府卷四九五五九二六頁作「二」。

〔一七〕今所存纂録　「存」原訛「在」，據北宋本改。

〔一八〕黄小中丁男女　「女」原訛「子」，據北宋本、傅校本、遞修本、明抄本、明刻本改。按：册府卷四九五五九二七頁也作「女」。

〔一九〕若狹鄉新受者　「新」原作「所」，據北宋本改。按：册府卷四九五五九二七頁也作「新」。

〔二〇〕寬鄉三易以上者仍依鄉法易給　按：上文「易田則倍給」，即一易之田倍給，則三易之田自應再倍給。魏書食貨志云「三易之田再倍之」，可資參證。疑此「易給」有誤。

〔二一〕侯若職事官正四品各十四頃　下「四」字，新唐書食貨志五一三九四頁作「二」，册府卷四九五五九二七頁作「五」。

〔二二〕其州縣界内所部受田　原「縣」字誤重，「所」下衍「有」，據唐六典三、册府卷四九五五九二八頁删。

〔二三〕旅帥　「帥」原訛「師」，今改。按：旅帥見舊唐書職官志三諸府條下一九〇六頁。

〔二四〕領側　「側」原作「所」，據北宋本、傅校本、遞修本、明抄本、明刻本改。

〔二五〕若驛側有牧田之處　「田」原訛「馬」，據北宋本、傅校本、遞修本、明抄本、明刻本改。按：册府卷四九五五九二八頁也作「田」。

〔二六〕法令弛寬　「寬」原作「壞」，據北宋本改。按：册府卷四九五五九二八頁作「寬弛」。

〔二七〕天下州府縣監　原訛作「天下府州縣兼」，據北宋本、傅校本、遞修本、明抄本、明刻本乙改。

〔二八〕必雜五種至殖於疆場　「場」原訛「塲」，據北宋本改。按：漢書食貨志上一一二〇頁追述「先王制土處民富而教之之大略」中，有此段文字，事在戰國之前。通典編置於「李悝作受地力之教」中，誤。

〔二九〕是不知也　北宋本、傅校本、遞修本、明抄本、明刻本、王吴本無此四字，殿本、局本據漢書溝洫志一六七七頁增補。

〔三〇〕於是遂引漳水溉鄴　「於是」下北宋本、傅校本、遞修本、明抄本、明刻本、王吳本有「以史起爲鄴令」六字，與上文重複，爲殿本、局本所删。

〔三一〕謂鹹鹵之地　原脱「鹵」，據漢書溝洫志師古注一六七八頁補。

〔三二〕溉澤鹵之地　「澤」原作「舄」，據史記河渠書一四〇八頁及北宋本、傅校本、遞修本、明抄本、明刻本、王吳本改。

〔三三〕閼讀與淤同　原脱「讀」，據北宋本、傅校本、遞修本、明刻本、王吳本補。

〔三四〕即熊羆之所穿渠　「即」原作「是」，據傅校本、明抄本、明刻本、王吳本改。北宋本作「而」。

〔三五〕輔渠　「輔」原作「湋」，北宋本、傅校本、遞修本、明抄本、明刻本、王吳本作「輔」，與史記河渠書一四一四頁合，據改。

〔三六〕租挈收田租之約令　「令」原訛「今」，據北宋本、傅校本、遞修本、明抄本、明刻本改。按：漢書溝洫志顔注一六八五頁、册府卷四九六五九三七頁均作「令」。

〔三七〕郡謂四方諸郡　「謂」原作「爲」，據北宋本改。按：漢書溝洫志顔注一六八五頁作「謂」。

〔三八〕因名曰白渠　原脱「曰」，據北宋本、傅校本、遞修本、明抄本、王吳本補。按：漢書溝洫志一六八五頁有「曰」字。

〔三九〕居業并損　「業」原訛「積」，據北宋本、傅校本、遞修本、明抄本、明刻本、王吳本改。按：晉書食貨志七八七頁作「業」。

〔四〇〕而不廓開大制　原脱「而」，據北宋本、傅校本、遞修本、明抄本、明刻本、王吴本補。按：晉書食貨志七八七頁也有「而」。

〔四一〕既以水爲田　「田」晉書食貨志七八七頁作「困」。

〔四二〕洪波汎濫　「濫」原作「溢」，據北宋本改。按：晉書食貨志七八七頁作「濫」。

〔四三〕荆河州東界諸陂　按：「荆河州」即「豫州」，通典避代宗諱改。尚書禹貢：「荆河惟豫州。」

〔四四〕每有水雨　「水雨」原作「雨水」，據晉書食貨志七八八頁及北宋本乙。

〔四五〕臣又見宋漢侯相應遵上便宜　晉書食貨志七八九頁無「漢」字。

〔四六〕可不由泗陂出　晉書食貨志七八九頁無「出」字。

〔四七〕而猶患地狹　「猶」原訛「無」，據晉書食貨志七八九頁改。

〔四八〕直以不同害理也　原脱「同」，據晉書食貨志七八九頁補。

〔四九〕荆河州界中度支所領佃者　「中」晉書食貨志七八九頁作「二」。

〔五〇〕長吏二千石躬先勸功　「功」原訛「戒」，據晉書食貨志七八九頁及傅校本、遞修本、明刻本、王吴本改。按：北宋本、明抄本作「切」，顯係「功」之形訛。

〔五一〕皆以俾之　「俾」原訛「畀」，據北宋本改。按：晉書食貨志七八九頁作「俾」。

〔五二〕比尋求微跡　「比」晉書食貨志七八九頁作「皆」。

〔五三〕可坐論而得　晉書食貨志七九〇頁同。北宋本、傅校本、遞修本、明抄本、明刻本、王吴本「論而」作

「而論」。

〔五四〕于時土境荒毁　「于時」原作「於是」，據北宋本、傅校本、明抄本、明刻本、王吴本改。按：宋書宗室傳一四六五頁作「于時」。

〔五五〕有舊溝引淠水入陂　「有」原作「因」，據北宋本、傅校本、遞修本、明抄本、明刻本、王吴本改。按：宋書宗室傳一四六五頁作「有」。

〔五六〕水得通涇　「涇」宋書宗室傳一四六五頁作「注」。

〔五七〕今艾山北河中有洲渚　原脱「河」，據魏書刁雍傳八六七頁補。按：册府卷四九七五九四七頁引通典亦有「河」字。

〔五八〕平地鑿渠　原脱「地」，據魏書刁雍傳八六七頁補。按：册府卷四九七五九四七頁亦有「地」字。

〔五九〕即修高渠而北　「修」魏書刁雍傳八六七頁、册府卷四九七五九四七頁作「循」。

〔六〇〕高二丈　「丈」原訛「尺」，據北宋本、傅校本、遞修本、明抄本、明刻本、王吴本改。按：魏書刁雍傳八六八頁、册府卷四九七五九四七頁均作「丈」。

〔六一〕范陽郡有舊督亢渠　「督亢」原訛脱作「沈」，據魏書裴延儁傳一五二九頁補改。

〔六二〕漁陽燕郡有故戾陵諸堰　原脱「陵」，據魏書裴延儁傳一五二九頁補。

〔六三〕李襲稱　即李襲譽，通典避代宗嫌名而改爲「稱」。彼修水利事見舊唐書李襲志傳二三三二頁。

〔六四〕濟泼炎旱　「泼」原作「汲」，據北宋本、傅校本、遞修本改。按：明抄本、王吴本作「沃」。

〔六五〕令其部率習戰射士於張掖爲屯田　「部」原訛「郡」，又脫「習」「田」二字。據漢書昭帝紀顏注二二一頁改補。

〔六六〕計度臨羌東至浩亹　「亹」原訛「璺」，據北宋本改。按：漢書趙充國傳二九二六頁作「亹」。亹音門，峽中兩岸對出若門也。璺音問，器皿裂縫也。二字音義俱殊。

〔六七〕音陝　「陝」原作「夾」，據北宋本、傅校本、遞修本、明抄本改。

〔六八〕詔罷兵　漢書趙充國傳二九九二頁同。北宋本、傅校本、遞修本、明抄本、明刻本作「詔罷其見萬人留田」，王吳本無「見」。

〔六九〕常有四萬人且田且守　「田」原作「耕」，據北宋本、傅校本、遞修本、明抄本、明刻本、王吳本改。下同。

〔七〇〕自鍾離而南橫石以西盡沘水四百餘里　「而」原作「西」，據晉書食貨志七八五頁改。「沘」原訛「泚」，據晉書及北宋本、王吳本改。按：水無名「泚」者。

〔七一〕五里置一營營六十人　原上脫「五里」，下脫一「營」，據晉書食貨志七八五頁補。

〔七二〕溉田二萬頃　「二」原訛「三」，據北宋本、傅校本、明抄本、明刻本改。按：晉書食貨志七八五頁作「二」。

〔七三〕楊口　「楊」原作「揚」，據北宋本、傅校本改。按：晉書杜預傳一〇三一頁也作「楊」。

〔七四〕其非宿衞要任皆令赴農　原脫「非」，據晉書食貨志七九一頁補。按：册府卷五〇三六〇三三頁亦有「非」。

〔七五〕使軍各自佃作　原脱「作」，據晉書食貨志七九一頁補。按：册府卷五〇三六〇三三頁有「作」。

〔七六〕江西良田曠廢來久　「來」原作「未」，據北宋本改。按：晉書食貨志各本原亦作「來」。來者，表示某種事態之時間延伸。

〔七七〕荀羡爲北部都尉　「部」晉書食貨志七九二頁作「府」。

〔七八〕後魏孝文帝太和十一年大旱十二年祕書丞李彪上表　原脱「孝」，「太和」原訛「大統」，今據史補訂。按：「大統」乃西魏文帝年號，非北魏孝文帝之年號也。魏書高祖紀下一六二頁太和十一年詔云「春旱至今，野無青草」。食貨志二八五六頁云太和「十一年，大旱，京都民飢」。下載有司上言即此李彪上表也。李彪表全文見魏書本傳，此係節引。李彪後魏孝文帝時朝官，卒於景明二年，過三十三年始有西魏文帝建元大統之事。

〔七九〕甄其正課并征戍雜役　魏書食貨志二八五七頁同。而李彪傳一三八六頁「甄」作「蠲」，義長。

〔八〇〕歲收數十萬石　隋書食貨志六七六頁無「十」字。

〔八一〕北境得以周贍　「北」原訛「比」，據北宋本、傅校本、遞修本、明抄本、王吳本改。按：隋書食貨志六七七頁作「北」。按：上言幽州，則「北境」是。

〔八二〕天下屯收　原「收」下衍「者」，據北宋本删。

王永興點校　王文錦覆校

通典卷第三

食貨三

鄉黨土斷　版籍並附○上古〔一〕　周　東晉〔二〕　宋　齊　梁　陳　後魏　北齊　隋　大唐

昔黄帝始經土設井以塞諍端，立步制畝以防不足，使八家爲井，井開四道而分八宅，鑿井於中。一則不洩地氣，二則無費一家，三則同風俗，四則齊巧拙，五則通財貨，六則存亡更守，七則出入相司，〔三〕八則嫁娶相媒，九則無有相貸，十則疾病相救。是以情性可得而親，生産可得而均，均則欺陵之路塞，親則鬬訟之心弭。既牧之於邑，故井一爲鄰，鄰三爲朋，朋三爲里，里五爲邑，邑十爲都，都十爲師，師十爲州。夫始分之於井則地著，計之於州則數詳。迄乎夏殷，不易其制。

周制：大司徒令五家爲比，使之相保；五比爲閭，使之相受；四閭爲族，使之相葬；五族爲黨，使之相救；五黨爲州，使之相賙；五州爲鄉，使之相賓。鄭玄曰：「此所以勸民者也。使之者，皆謂立其長而教令使之。保，猶任也。救，救凶災也。賓，賓客其賢者也。受者，宅舍有故相受寄託也。賙者，謂禮物不備相給足也。閭二十五家，族百家，黨五百家，州二千五百家，鄉萬二千五百家。」此總謂郊內者也。及三年則大比，大比則受邦國之比要。大比，謂使天下更簡閱人數及其財物也。受邦國之比要，則亦受鄉遂矣。鄭司農云：「五家爲比，故以比爲名。今時八月按比是也。要謂其簿。」遂人掌邦之野，郊外曰野。此野謂甸稍縣都。以土地之圖經田野，造縣鄙形體之法。五家爲鄰，五鄰爲里，四里爲酇，作管反。五酇爲鄙，五鄙爲縣，五縣爲遂，皆有地域溝樹之。使各掌其政令刑禁，以歲時稽其人民，而授之田野，簡其兵器，教之稼穡。經、形體，皆謂制分界也。鄰、里、酇、鄙、縣、遂猶郊內比、閭、族、黨、州、鄉也。鄭司農云：「田野之居，其比伍之名與國中異制，故五家爲鄰。」鄭玄謂異其名者，示相變耳。遂之軍法、追胥、起徒役如六鄉。〔四〕里有序而鄉有庠，序以明教，〔五〕庠則行禮而視化焉。夫均其厚薄則生產平，統之於鄙則其數舉，〔六〕家於鄉遂則其户可詳，五人爲伍則人之衆寡可知。故管子曰：「欲理其國者必先知其人，欲知其人者必知其地。」自昭穆之後，王室中衰，井田廢壞，不足以紀人之衆寡。宣王是以料人於太原，由茲道失之。

齊桓公用管仲，管仲曰：「夫善牧者，非以城郭也，輔之以什，司之以伍。伍無非其里，什無非其家，〔七〕故奔亡者無所匿，遷徙者無所容。不求而得，不召而來，故人無流亡之意，吏無備追之憂。故主政可行於人，人心可繫於主。」是以制國，郊內則以五家爲軌，軌十爲里，里四爲連，連十爲鄉，鄉五爲帥，國內十五鄉，自五至帥。郊外則三十家爲邑，邑十爲卒，〔八〕卒十爲鄉，鄉三爲縣，縣十爲屬。屬有五，自五至屬各有官長，以司其事，以寓軍政焉。〔九〕而齊遂霸。

徐偉長中論曰：「夫治平在庶功興，庶功興在事役均，事役均在民數周，民數周爲國之本也。先王周知其萬民衆寡之數，乃分九職焉。九職既分，則劬勞者可見，勤惰者可聞也，〔一○〕然而事役不均者未之有也。事役既均，故上盡其心而人竭其力，〔一一〕然而庶功不興者未之有也。庶功既興，故國家殷富，大小不匱，百姓休和，下無怨疾焉，〔一二〕然而治不平者未之有也。故泉有源，治有本，道者審本而已矣。故周禮，孟冬，司寇獻民數於王，王拜受之，登於天府，内史、司會、冢宰貳之。其重之也如是。今之爲政者，未之知卹已也。譬猶無田而欲樹藝，雖有農夫，安能措其强力乎！是以先王制六鄉六遂之法，所以維持其民而爲之綱目也。使其鄰比相保愛，〔一三〕賞罰相延及，故出入存亡臧否逆順可得而知也。及亂君之爲政也，户口漏於國版，夫家脱於聯伍，避役逋逃者有之，弃損者有之，浮食者有之。〔一四〕於是姦心競生而僞端並作，小則濫竊，大則攻劫，嚴刑峻令不能救也。人數者，庶事之所自出也，莫不取正焉。以分田里，以令貢賦，以造器用，以制禄食，以起田役，以作軍旅，國以建典，家以立度，五禮用修，九刑用措，其唯審人數乎？」

東晉哀帝興寧二年三月庚戌，〔一五〕天下所在土斷。

孝武時，范甯陳時政曰：「昔中原喪亂，流寓江左，庶有旋反之期，故許其挾注本郡。

自爾漸久，人安其業，丘壠墳柏，皆以成行，無本邦之名，而有安土之實。今宜正其封疆，土斷人户，明考課之科，修閭伍之法。難者必曰：『人各有桑土之懷，下役之慮。』斯誠并兼之所執，〔一六〕而非通理之篤論也。古者失地之君，猶臣所寓之主，列國之臣，亦有違適之禮。〔一七〕隨會仕秦，致稱春秋；樂毅宦燕，〔一八〕見褒良史。且今普天之人，原其氏出，皆隨代移遷，何至於今而獨不可。」帝善之。

安帝義熙九年，宋公劉裕緣人居土，上表曰：「臣聞先王制理，〔一九〕九土攸序，分境畫野，〔二〇〕各安其居。故井田之制，三代以崇。〔二一〕秦革其政，漢遂不改，富強兼并，於是爲弊。在漢西京，大遷田、景之族，以實關中。即以三輔爲鄉閭，不復係之於齊、楚。九服不擾，所託成舊。自永嘉播越，爰託淮、海，朝運匡復之算，人懷思本之心，經略之圖，日不暇給。是以寧人綏理，猶有未遑。及至大司馬桓温，以人無定本，傷理爲深，庚戌土斷，以一其業。於時財阜國豐，實由於此。自兹迄今，彌歷年載，畫一之制，漸用頹弛。雜居流寓，閭伍不修，王化所以未純，人瘼所以猶在。自非改調，無以濟理。夫人情滯常，難與慮始。謂父母之邦以爲桑梓者，誠以生焉，敬愛所託。請依庚戌土斷之科，庶存其本，稍與事著。然後率之以仁義，鼓之以威聲，〔二二〕超大江而跨黄河，撫九州而復舊土。則戀本之志，乃速申於當年，在始暫勤，要終必易。」於是依界土斷，唯徐、兖、青三州人居晉陵者，不在斷限。

諸流寓郡縣，多被併省。

宋孝武大明中，王玄謨請土斷雍州諸僑郡縣。今襄陽、漢東等郡也。

齊高帝建元二年，詔朝臣曰：「黄籍，人之大紀，國之理端。自頃氓僞已久，乃至竊注爵位，盜易年月，或户存而文書已絶，或人在而反記死叛，〔二三〕停私而云隸役，身强而稱六疾，皆政之巨蠹，教之深疵。比年雖却改籍書，終無得實。若約之以刑，則人僞已遠；若綏之以德，又未易可懲。諸賢並深明理體，各獻嘉謀，以何科算能革斯弊也？」

虞玩之上表曰：「宋元嘉二十七年八條取人，孝建元年書籍，衆巧之所始也。元嘉中，故光禄大夫傅崇，年出七十，猶手自書籍，躬加隱校。崇何必有石建之慎，高柔之勤，蓋以時屬休明，服道修身故耳。古之共理天下，唯良二千石，今欲求理取正，〔二四〕其在勤明令長。凡受籍，縣不加檢勘，但封送州。州檢得實，方却歸縣。〔二五〕吏貪其賂，人肆其奸，奸彌深而却彌多，賂逾厚而答逾緩。自泰始三年至元徽四年，揚州等九郡黄籍，共却七萬一千餘户。於今十一年矣，而所正者猶未四萬。神州奥區，尚或如此，江、湘諸郡，倍不可念。愚謂宜以元嘉二十七年籍爲正。人惰法既久，今建元元年書籍，〔二六〕宜更立明科，一聽首悔。迷而不返，依制必戮。使官長審自檢校，切令明洗，然後上州，永以爲正。若有虚昧，州縣同咎。今户口多少，不減元嘉，而版籍頓闕，弊亦有以。自孝建以來，入勳者衆，其中操干戈衛社稷者，三分殆無一焉。尋蘇峻平後，庾亮就温嶠求勳簿，而嶠不與，以爲陶侃所上，多非實録。物之懷私，無代不有，宋末落紐，此巧尤多。又有改注籍狀，詐入仕流，昔爲人役者，今反役人。又生不長髮，便謂爲道。〔二七〕或抱子并居，竟不編户。遷徙去來，公違土斷。屬役無滿，〔二八〕流亡不歸。法令必行，自然競反。爲理不患無制，患在不行，不患不行，患在不久。」帝省表，納之。乃別置校籍官，置令史，限人一日得數巧，以防懈怠。

至武帝永明八年，謫巧者戍緣淮各十年，百姓怨咨。帝乃詔曰：「既往之愆，不足追咎，自宋昇明以前，皆聽復注。其有謫役邊疆，各許還本。自此後有犯，嚴加其罰。」

梁武帝時所司奏，南徐、江、郢逋兩年黄籍不上。尚書令沈約上言曰：「晉咸和初，蘇峻作亂，版籍焚燒。此後起咸和三年以至乎宋，〔二九〕並皆詳實，朱筆隱注，紙連悉縫。而尚書上省庫籍，唯有宋元嘉中以來，以爲宜檢之日，即事所須故也。晉代舊籍，並在下省左人曹，謂之晉籍，有東西二庫。〔三〇〕既不係尋檢，主者不復經懷，狗牽鼠齧，雨濕沾爛，解散於地，又無扃縢。此籍精詳，實宜保惜，位高官卑，〔三一〕皆可依按。宋元嘉二十七年，始以七條徵發。既立此科，苟有迴避，姦僞互起，歲月滋廣，以至於齊。於是東堂校籍，置郎令史以掌之，而簿籍於此大壞矣。凡粗有衣食者，莫不互相因依，競行姦貨，落除卑注，更書新籍，通官榮爵，隨意高下。以新換故，不過用一萬許錢，昨日卑微，今日仕伍。凡此姦巧，並出愚下，不辨年號，不識官階。或注義熙在寧康之前，或以崇安在元興之後。〔三二〕此時無此府，此年無此國。元興唯有三年，而猥稱四年。又詔書甲子，不與長曆相應。如此詭謬，萬緒千端。校籍諸郎亦所不覺，不才令史更何可言。且籍字既細，難爲眼力，尋求巧僞，莫知所在，徒費日月，未有實驗。假令兄弟三人，分爲三籍，卻一籍父祖官，其二初不被卻，同堂從祖以下固自不論，諸如此例，難可悉數。或有應卻而不卻，不須卻而卻。所卻既多，理無悉當。懷冤抱屈，非止百千，投辭請訴，充曹牣府，既難領理，交興人怨。於是悉聽復注，普停洗卻，既蒙復注，則莫不成官。此蓋核籍不精之巨弊也。臣謂宋齊二代，士庶不分，雜役減闕，職由於此。自元嘉以來，籍多假僞。景平以前，既不係檢，凡此諸籍，得無巧換。今雖遺落，所存尚多，宜有徵驗，可得信實。其永初、景平籍，宜移還上省。竊以爲晉籍所餘，須加寶愛，若不切心留意，〔三三〕則還復散失矣。不識胄胤，〔三四〕非謂衣冠，凡諸此流，罕知其祖。假稱高曾，莫非巧僞，質諸文籍，姦事立露，懲覆矯詐，爲益實弘。又上省籍庫，雖直郎題掌，而盡日料校，唯令史獨入，籍既重寶，不可專委羣細。若入庫檢籍之時，直郎、直都，應共監視。寫籍皆於郎、都目前，並加掌置，私寫私換，可以永絕。事畢郎出，仍自題名。臣又以爲，巧僞既多，並稱人士，百役不及，高卧私門，致命公私闕乏，是事不舉。宜選史傳學士諳究流品者，爲左人郎、左人尚書，專共校勘。所作卑姓雜譜，〔三五〕以晉籍及宋永初景平籍在下省者，對共讎校。若譜注通籍有卑雜，則條其巧謬，下在所科罰。」帝以是留意譜籍，詔御史中丞王僧孺改定百家譜。由是有令史書吏之職，譜局因此而嚴。〔三六〕

始晉太元中，員外散騎侍郎賈弼好簿狀，大披羣族，所撰十八州百一十六郡，合七百一十二卷，士庶略無遺闕。其子孫代傳其業。宋王弘、劉湛並好其書。弘日對千客，而不犯一人諱。湛爲選曹，始撰百家譜以助銓序，傷於寡略。齊王儉復加，〔三七〕得繁省之衷。僧孺爲八十卷，東南諸族則爲一部，〔三八〕不在百家之數。

陳文帝天嘉初，詔曰：「自頃編户播遷，良可哀惕。其亡鄉失土逐食流移者，今年内隨其適樂，來歲不問僑舊，悉令著籍，同土斷之例。」

後魏初不立三長，唯立宗主督護，所以人多隱冒，五十、三十家方爲一户，謂之蔭附。蔭附者皆無官役，豪强徵斂，倍於公賦矣。

孝文太和十年，給事中李沖以三正理人，所由來遠，於是刱三長之制，曰：「宜準古，五家立一鄰長，五鄰立一里長，五里立一黨長，黨長取鄉人强謹者。〔三九〕鄰長復一夫，里長二，黨長三。所復復征戍，餘若人。〔四〇〕三長三載亡愆則陟用之一等。」太后覽而稱善，引見公卿議之。中書令鄭羲、祕書令高祐等曰：「沖求立三長者，乃欲混天下爲一法，言似可用，事實難行。」太尉元丕曰：「臣謂此法若行，公私有益。」咸稱方今有事之月，〔四一〕校比人户，新舊未分，人心勞怨。請過今秋，至冬閑月，徐乃遣使，於事爲宜。沖曰：「『人可使由之，不可使知之。』若不因調時，百姓徒知立長校户之勤，未見均徭省賦之益，心必生怨。宜及課調之月，令知賦税之均。既識其事，又得其利，因人之欲，爲之易行。」著作郎傅思益進曰：「人俗既異，險易不同，九品差調，爲日已久，一朝改法，恐成擾亂。」太后曰：「立三長，則課有常準，賦有恒分，苞蔭之户可出，僥倖之人可止，何爲而不可？」遂立三長，公私便之。

北齊令人居十家爲鄰比，〔四二〕五十家爲閭，〔四三〕百家爲族黨。一黨之内則有黨族一人，〔四四〕副黨一人，閭正二人，鄰長十人，合有十四人，共領百家而已。至於城邑，一坊僑舊或有千户以上，唯有里正二人，里吏二人。里吏不常置。隅老四人，非是官府，私充事力，坊事亦得取濟。若論外黨，便是煩多。

時宋孝王撰關東風俗傳，曰：「昔六國之亡，豪族處處而有，秦氏失馭，競起爲亂。及漢高徙諸大姓齊、田、楚、景之輩以實關中，蓋所以强本弱末之計也。文宣之代，政令嚴猛，羊、畢諸豪，頗被徙逐。至若瀛、冀諸劉，清河張、宋，并州王氏，濮陽侯族，諸如此輩，一宗近將萬室，煙火連接，比屋而居。獻武初在冀郡，大族蝟起應之。侯景之反，河南侯氏幾爲大患，有同劉元海、石勒之衆也。凡種類不同，心意亦異，若遇間隙，先爲亂階。時宋世良獻書，以爲『魏氏十姓八氏三十六姓，皆非齊代腹心，請令散配郡國無士族之處，給地與人。一則令其就彼仕宦，全其門户，二則分其氣勢，使無異圖』。文宣不納。數年之後，乃濫戮諸元。與其酷暴誅夷，未若防其萌漸，分隸諸郡。」

隋文帝受禪，頒新令：五家爲保，保五爲閭，閭四爲族，皆有正。畿外置里正，比閭正，黨長比族正，以相檢察。蘇威奏置五百家鄉正，令理人閒詞訟。李德林以爲：「本廢鄉官判事，爲其里閭親識，剖斷不平，今令鄉正專理五百家，恐爲害更甚。且今時吏部總選人物，天下不過數百縣，於六七百萬户内銓簡數百縣令，猶不能稱才，迺欲於一鄉之内選一人能理五百家者，〔四五〕必恐難得。又即要荒小縣有不至五百家者，復不可令兩縣共管一鄉。」勅内外羣官，就東宮會議。自皇太子以下，多從德林議。蘇威又言廢郡，德林語之云：「修令時，公何不論廢郡爲便。令纔出，其可改乎！」然高熲同威之議，遂置之。十年，虞慶則等於關東諸道巡省使還，〔四六〕並奏云：「五百家鄉正專理詞訟，不便於人，黨與愛憎，公行貨賄。」乃廢之。

大唐令：諸户以百户爲里，五里爲鄉，四家爲鄰，五家爲保。〔四七〕每里置正一人，若山谷阻險，地遠人稀之處，聽隨便量置。掌按比户口，課植農桑，檢察非違，催驅賦役。在邑居者爲坊，别置正一人，掌坊門管鑰，督察姦非，並免其課役。在田野者爲村，别置村正一人。其村滿百家，增置一人，掌同坊正。其村居如滿十家者，隸入大村，〔四八〕不須别置村正。天下户爲九等，三年一造户籍，凡三本，一留縣，一送州，一送户部。常留三比在州縣，五比送省。儀鳳二年二月勅，自今以後裝潢省籍及州縣籍也。〔四九〕諸里正，縣司選勳官六品以下白丁清平强幹者充。其次爲坊正。若當里無人，聽於比鄰里簡用。其村正取白丁充，無人處，里正等並通取十八以上中男、殘疾等充。

校勘記

〔一〕上古　從「上古」到「大唐」等朝代名稱，北宋本、傅校本、遞修本、明抄本、明刻本無，爲後人所增。

〔二〕東晉　原脱「東」，據王吴本補。

〔三〕出入相司　「司」原訛「同」，據北宋本、傅校本、遞修本、明抄本、明刻本、王吴本改。按：「司」與「伺」通，察視也。

〔四〕軍法　「法」原訛「旅」，據北宋本、傅校本、遞修本、明抄本、王吴本改。按：周禮遂人注作「法」。

〔五〕序以明教　「明」原訛「名」，據北宋本、傅校本、遞修本、明抄本、明刻本、王吴本改。

〔六〕統之於鄙則其數舉　「鄙」北宋本、明抄本、明刻本作「都」。

〔七〕伍無非其里什無非其家　按管子禁藏篇作：「伍無非其人，人無非其里，里無非其家。」通典所引蓋誤本。

〔八〕邑十爲卒　「卒」管子小匡篇作「率」。下同。

〔九〕以寓軍政焉　原脱「以」，據北宋本、傅校本、遞修本、明抄本、明刻本、王吴本補。

〔一〇〕劬勞者可見勤惰者可聞也　「勤」徐幹中論民數篇作「怠」，義長。

〔一一〕上盡其心　「上」徐幹中論民數篇作「民」。

〔一二〕下無怨疾焉　「疾」徐幹中論民數篇作「疢」。

〔一三〕使其鄰比相保愛　「愛」原訛「受」，據北宋本、傅校本、遞修本、明抄本、明刻本、王吴本改。按：徐幹中論民數篇作「愛」。

〔一四〕弃損者有之浮食者有之　此二句原涉上而脱，據徐幹中論民數篇補。

〔一五〕東晉哀帝興寧二年三月庚戌　「興寧二年」原訛「崇和元年」，今據史書訂改。按：晉書哀帝紀云：「興寧二年三月庚戌朔，大閱户人，嚴法禁，稱爲庚戌制。」通鑑卷一〇一三一九四頁晉哀帝興寧二年云「三月，庚戌朔，大閱户口，令所在土斷，嚴其法制，謂之庚戌制。」

〔一六〕斯誠并兼之所執　「誠」原訛「成」，據晉書范甯傳一九八六頁改。

〔一七〕亦有違適之禮　「禮」原訛「理」，據北宋本、傅校本、明抄本、明刻本、王吴本改。按：晉書范甯傳一九八六頁作「禮」。

〔一八〕樂毅宦燕　「宦」原訛「逭」，據晉書范甯傳一九八六頁改。

〔一九〕先王制理　「理」宋書武帝紀中二九頁作「治」，通典避高宗諱改。下同。

〔二〇〕分境畫野　「野」宋書武帝紀中二九頁作「疆」。

〔二一〕三代以崇　「崇」宋書武帝紀中三〇頁作「隆」，通典避玄宗諱改。

〔二二〕鼓之以威聲　「聲」宋書武帝紀中三〇頁作「武」。

〔二三〕或人在而反記死叛　「叛」原訛「版」，據南史虞玩之傳一一七八頁改。謂人現存而籍注死叛也。

〔二四〕今欲求理取正　原脱「取」，據南齊書虞玩之傳六〇八頁補。

〔二五〕州檢得實方卻歸縣　「實」原作「知」，文義不確，據南齊書虞玩之傳六〇九頁改。

〔二六〕今建元元年書籍　下「元」原訛「二」，據南齊書虞玩之傳六〇九頁改。按：南齊書高帝紀下三五頁建元元年冬十月辛巳詔云：「若四州士庶，本鄉淪陷，簿籍不存，尋校無所，可聽州郡保押，從實除奏。」

〔二七〕便謂爲道　原「道」下有「人」，後人妄增，今據北宋本、傅校本、遞修本、明抄本、明刻本、王吳本删。

〔二八〕屬役無滿　「滿」原訛「漏」，據南齊書虞玩之傳六〇九頁改。

〔二九〕咸和三年　「三」南史王僧孺傳一四六一頁作「二」。

〔三〇〕有東西二庫　「有」原訛「自」，據北宋本、傅校本、遞修本、明抄本、明刻本、王吳本改。按：南史王僧孺傳一四六一頁亦作「有」。

〔三一〕位高官卑　南史王僧孺傳一四六一頁作「位宦高卑」，義長。

〔三二〕崇安　「崇」南史王僧孺傳一四六二頁作「隆」，通典避玄宗諱改。

〔三三〕若不切心留意　「心」北宋本、傅校本、明抄本、明刻本作「以」。

〔三四〕不識胄胤　「胤」原作「允」，清人避雍正諱改。今據北宋本、傅校本、遞修本、明抄本、明刻本、王吳本改回。以後逕改，一般不再出校。

〔三五〕所作卑姓雜譜　「作」原訛「貴」，據北宋本改。按：傅校本、遞修本、明抄本、王吳本作「責」，亦誤。

〔三六〕譜局因此而嚴　「嚴」原作「置」，後人妄改。今據北宋本改回。

〔三七〕齊王儉復加　南史王僧孺傳一四六二頁「加」下有「去取」。

〔三八〕東南諸族則爲一部　「則」原作「别」，據北宋本、傅校本、遞修本、明抄本、王吳本改。

〔三九〕黨長取鄉人强謹者　魏書食貨志二八五五頁無「黨」，義長。

〔四〇〕所復復征戍餘若人　上「復」原訛「取」，據魏書食貨志二八五五頁改。按：此言惟蠲除三長征戍，餘課調與民同。

〔四一〕咸稱方今有事之月　原脱「咸稱」，據魏書李沖傳一一八〇頁補。按：元丕語止於「公私有益」。「方今有事之月」云云，乃衆公卿意見。

〔四二〕十家爲鄰比　「鄰比」，隋書食貨志六七七頁作「比鄰」。

〔四三〕五十家爲閭　隋書食貨志六七七頁「閭」下有「里」。

〔四四〕黨族一人　「族」疑當作「正」字。

〔四五〕迺欲於一鄉之内選一人　原脱「於」，據北宋本、傅校本、明抄本、明刻本、王吴本補。

〔四六〕虞慶則等　原脱「等」，據隋書李德林傳一二〇〇頁補。

〔四七〕五家爲保　「五」原訛「三」，據北宋本、王吴本改。按：唐六典卷三載開元七年户令作「五」。

〔四八〕其村居如滿十家者隸入大村　疑「如」下脱「不」。

〔四九〕裝潢省籍及州縣籍也　原訛作「省黄籍及州縣籍也」。按：唐會要卷八云：「儀鳳二年二月二十四日敕，自今已後，裝潢省籍及州縣籍。」據改。

王永興點校　王文錦覆校

通典卷第四

食貨四

賦税上唐〔一〕殷　周　秦　漢　魏　晉　宋

古之有天下者，未嘗直取之於人。其所以制賦税者，謂公田什之一及工商衡虞之人，〔二〕税以供郊廟社稷、天子奉養、百官禄食也，賦以給車馬甲兵士徒賜予也。〔三〕言人君唯於田及山澤可以制財賄耳。其工商雖有技巧之作，行販之利，是皆浮食不敦其本，蓋欲抑損之義也。古者，宅不毛有里布，地不耕有屋粟，人無職事出夫家之征。言宅不毛者出一里二十五家之泉，〔四〕田不耕者出三家之税粟，人雖有閒無職事，猶出夫税家税。夫税者謂田畝之税，家税者謂出士徒車輦給繇役也。蓋皆罰其惰，務令歸農。是故歷代至今，猶計田取租税。古者人君上歲役不過三日，是故歷代至今，雖加至二十日，數倍多古制，猶以庸爲名。既免其役，日收庸絹三尺，共當六丈，更調二丈，則每丁壯當兩匹矣。夫調者，猶存古井田調發兵車名耳，此豈直斂人之財者乎！什一者，天下之正中，多乎則大桀小桀，寡乎則大貊小貊。故什一行而頌聲作，二不足而碩鼠興。古之聖王以義爲利，不以利爲利，寧積於人，無藏府庫，百姓不足，君孰與足。是故鉅橋盈而殷喪，成皋溢而秦亡。記曰：「人散則財聚，財散則人聚。」此之謂也。漢武攘四夷，平百越，邊用益廣，杼軸其空。於是置平糴，〔五〕立均輸，起漕運，興鹽鐵，開鬻爵，設榷酤，收算緡，納雜税，更造錢幣，蓄貨長財。雖經費獲濟，而下無聊矣。夫文繁則質衰，末盈則本虧，反散淳朴之風，〔六〕導成貪叨之行，是以惡其啟端也。賢良文學，辯論甚詳，然處昇平之代，是古則理高；居多務之時，非今則事闕。一臧一否，故悉存焉。

陶唐制：冀州，厥賦唯上上錯。孔安國曰：「賦謂土地所生，以供天子。上上，第一。錯，雜。雜出第二之賦。」〔七〕兖州，厥賦貞，貞，正也。州第九，賦正與九相當。〔八〕厥貢漆、絲，厥篚織文。地宜漆林，又宜桑蠶。織文，錦綺之屬，盛之筐篚而貢。青州，厥賦中上，第四。厥貢鹽、絺，海物惟錯，絺，細葛。錯，雜，非一種。岱畎絲、枲、鈆、松、怪石，畎，谷也。怪異好石似玉者。岱山之谷出此五物，皆貢之。厥篚檿絲。檿桑蠶絲中琴瑟絃。檿，於斂反。徐州，厥賦中中，第五。厥貢惟土五色，王者封五色土爲社，建諸侯，則各割其方色土與之，使立社。燾以黄土，苴以白茅。茅取其絜，黄取王者覆四方。泗濱浮磬，淮夷蠙珠暨魚，泗水涯水中見石，可以爲磬。蠙珠，珠名，淮夷二水出蠙珠及美魚。厥篚玄纖縞。玄，黑繒。縞，白繒。纖，細也。纖在中，明二物皆細。揚州，厥賦下上上錯，賦第七，雜出第六。厥貢惟金三品，金、銀、銅。瑶琨篠簜，瑶琨皆美玉。篠，竹箭簜，大竹。齒革羽毛惟木，齒，象牙。革，犀皮。羽，鳥羽。毛，旄牛尾。木，楩梓豫章。厥篚織貝，織，細紵。貝，水物。厥包橘柚錫貢。小曰橘，大曰柚，其所包裹而致者。錫命乃貢，言不常。荆州，厥賦上下，第三。厥貢羽、毛、齒、革，惟金三品，杶、榦、栝、柏，榦，柘也。柏葉松身曰栝。礪、砥、砮、丹，砥細於礪，皆磨石也。砮，石中矢鏃。丹，硃類。惟箘、簵、楛，三邦底貢厥名，箘、簵，美竹。楛，中矢榦。三物皆出雲夢之澤。近澤三國常致貢之，其名天下稱善。包橘柚。匭菁、茅，匭，匣也。菁以爲菹，茅以縮酒。厥篚玄纁、璣、組，此州染玄纁色善，故貢之。璣，珠類。組，綬類。九江納錫大龜。尺二寸曰大龜，出九江水中。龜不常用，錫命而納之。豫州，厥賦錯上中，賦第二，又雜出第一。厥貢漆、枲、絺、紵，厥篚纖纊，纊，細綿。錫貢磬錯。治玉石曰錯，治磬錯。梁州，厥賦下中三錯，賦第八，雜出第七第九，三等也。厥貢璆、鐵、銀、鏤、砮、磬，璆，玉名。鏤，剛鐵也。熊、羆、狐、貍織皮。貢四獸之皮，織金罽。雍州，厥賦中下，第六。厥貢惟球、琳、琅玕。球、琳皆玉名。琅玕，石似珠。禹定九州，量遠近制五服，任土作貢，分田定稅，十一而賦，萬國以康。故天子之國內五百里甸服：爲天子服理田。〔九〕百里賦納總，禾稾曰總，供飼馬。二百里納銍，所銍刈謂禾穗。〔一〇〕三百里納秸服，秸，稾也。服稾役。四百里粟，五百里米。所納精者少，麤者多。其外五百里曰侯服：侯，候也。斥候而服事。百里采，供王事，不主一。二百里男邦，男，任也。三百里諸侯。同爲王者斥候。又其外五百里曰綏服：服王者政教。三百里揆文教，度王者文教而行之。二百里奮武衛。奮武衛，天子所以安也。又其外五百里曰要服：要束以文教。三百里夷，守平常之教。二百里蔡。蔡，法也。法三百里而差簡。又其外五百里曰荒服：言荒，又簡略。三百里蠻，以文德蠻來之，不制以法。二百里流。流，移也，言政教隨其俗。堯命禹理水，因別九州，遂定貢賦。虞舜之化，及夏禹革命，不聞改作，蓋因也。

殷以天子之地，百里之內以供官。千里之內曰甸，以爲御。千里之外曰流，設方伯以爲屬。公田藉而不稅，稅，均取也。七十而助。助者，藉也，借力理公田也。是以其求也寡，其供也易。降及辛紂，暴虐，厚賦以實鹿臺，大斂以積巨橋。

周武王既誅紂，發其財，散其粟，反其失而人安。於是分九畿，方千里曰王畿。其外曰侯畿，亦曰服。其貢祀物。又外曰甸畿，其貢嬪物。任嬪以女事，貢布帛。又外曰男畿，其貢器物。任土以飭材事。又外曰采畿，其貢服物。絺纊也。又外曰衛畿，其貢財物。龜貝之具。又外曰蠻畿，又外曰夷畿，要服也，其貢貨物。絲枲。又外曰鎮畿，又外曰藩畿，藩，限也。自侯、甸、男、采、衛、蠻、夷、鎮、藩，各相去五百里爲限。其來朝之歲，具禮朝覲篇也。此荒服也，具職官封建篇。謂之蕃國，世一見，各以其所貴寶爲贄。司徒職，以歲時登其夫家之衆寡，辨其可任者。國中自七尺以及六十，野自六尺以及六十有五皆征之。其捨者：國中貴者、賢者、能者、服公事者、老者、疾者皆捨。以歲時入其書。鄭玄曰：「登，成也，定也。國中，城郭中也。鄭司農云：『征之者，給公上事也。捨者，謂有復除捨不收役事也。貴者，謂若今宗室及關內侯皆復也。服公事者，謂若今吏有復除也。老者，謂若今八十、九十復羨卒也。疾者，謂若今癃不可事者，復之。」玄謂入其書者，言於大司徒。」凡任地，國宅無征，園廛二十而一，近郊十一，遠郊二十而三，甸、稍、縣、都皆無過十二。唯其漆林之征二十而五。征，稅也，言征者以供國政也。任地，謂任土地以起稅賦也。國宅，凡官所有宮室吏所治者也。周稅輕近而重遠，近者多役也。園廛亦輕之者，廛無穀，園少利也。凡宅不毛者有里布，凡田不耕者出屋粟，凡民無職事者出夫家之征。宅不毛者，謂不樹桑麻也，罰以一里二十五家之泉。空田者，罰以三家之稅粟，以供吉凶二服及喪器也。民雖有閒無職事者，猶出夫稅、家稅也。夫稅者，百畝之稅。〔一一〕家稅者，出士徒車輦給繇役。掌國中及四郊之人民六畜之數，〔一二〕以任其力，待其政令，以時徵其賦。自廛里至遠郊也，掌六畜數者，農事之本也。賦謂九賦及九貢。凡任民，任農以耕事，貢九穀。任圃以樹事，貢草木。任工以飭材事，貢器物。任商以市事，貢貨賄。任牧以畜事，貢鳥獸。任嬪以女事，貢布帛。任衡以山事，貢其物。任虞以澤事，貢其物。貢草木，謂葵、韭、果、蓏之屬。凡庶民不畜者祭無牲，不耕者祭無盛，不樹者無槨，不蠶者不帛，不績者不縗。〔一三〕掌罰其家事也。盛，黍稷也。槨，周棺也。不帛，不得衣帛也。不縗，喪不得衣縗也。皆所以恥不勉也。又因其比鄰，以五人爲伍，五伍爲兩，四兩爲卒，五卒爲旅，五旅爲師，五師爲軍，以起軍旅，以作田役。夫役人歲不過三日。任其土，所以紀地宜也。分五服，設九畿，所以別遠近也。五人爲伍，所以知衆寡也。因井廬以定賦稅，稅謂公田什一及工商衡虞之入也。賦謂計口發財，稅謂收其田入也。〔一四〕什一，謂什取其一也。工商衡虞雖不墾殖，亦取其税者，工有伎巧之作，商有行販之利，〔一五〕衡虞取山澤之財產。賦謂供車馬甲兵士徒之役，充實府庫賜予之用。税給郊社宗廟百神之祀，天子奉養百官禄食庶事之費。皆因其所工，不求其所拙。農人納其穫，工女效其織，是以黔首安本而易贍，下足而上有餘也。

魯宣公十五年，初税畝。公羊傳曰：「初者何？始也。税畝者何？履畝而税也。宣公無恩信於民，民不肯盡力於公田，故履踐按行，擇其善畝穀最好者税取之。〔一六〕初税畝何以書？譏。何譏爾？譏始履畝而税也。何譏乎始履畝而税？據用田賦，不言初亦不言税畝。古者什一而藉。什一以借民力，以什與民，自取其一爲公田。古者曷爲什一而藉？據數非一。什一者，天下之中正也，什一行而頌聲作矣。」頌聲者，太平歌頌之聲，帝王之高致也。春秋經傳數萬，指意無窮，至此獨言頌聲作者，民以食爲本也。是故聖人制井田之法而口分之，一夫一婦受田百畝，以養父母妻子。五口爲一家，公田十畝，即所謂什一而税也。廬舍二畝半。凡爲田一頃十二畝半。八家而九頃，共爲一井，故曰井田也。〔一七〕穀梁傳曰：「私田稼不善則非吏，非，責也。吏，田畯也。言吏急民，使不得營私田。公田稼不善則非民。民勤私也。初税畝者，非公之去公田而履畝十取一也，以公之與民爲已悉矣。」悉謂盡其力。

左傳成公元年三月，作丘甲。周禮：九夫爲井，〔一八〕四井爲邑，四邑爲丘。丘十六井，出戎馬一匹，牛三頭。四丘爲甸，甸六十四井，出長轂一乘，戎馬四匹，牛十二頭，甲士三人，步卒七十二人。此甸所賦。今魯使丘出之，譏重斂，故書。

哀公十二年春，用田賦。公羊傳曰：「何以書？據當賦稅，爲何書。譏。何譏爾？譏始用田賦也。」田，謂一井之田。賦者，斂取其財物也。言用田賦者，若今漢家斂民錢以田爲率矣。不言井者，城郭里巷亦有井，嫌悉賦之。禮，稅民公田，不過什一。軍賦十井，不過一乘。哀公外慕彊吳，空盡國儲，故復用田賦過什一。公問於有若：「年饑，用不足，如之何？」對曰：「盍徹乎。」公曰：「二，吾猶不足，如之何其徹也？」有若曰：「百姓足，君孰與不足；百姓不足，君孰與足。」古什取一，時什取二。又問孔子，孔子曰：「薄賦斂則人富。」公曰：「若是，寡人貧矣。」對曰：「愷悌君子，人之父母。未見子富而父貧也。」

管子曰：「地之生財有時，人之用力有倦，而人君之欲無窮。以有時與有倦，養無窮之君，而度量不生於其閒，度量不生，則賦役無限也。則下上相疾也。」

孟獻子曰：「畜馬乘不察於雞豚，伐冰之家不畜牛羊，百乘之家不畜聚斂之臣。與其有聚斂之臣，寧有盜臣。此謂國不以利爲利，以義爲利也。」

孟子曰：「夏后氏五十而貢，殷人七十而助，周人百畝而徹。其實皆什一也。徹者，徹也。助者，藉也。詩曰：『雨我公田，遂及我私。』唯助爲有公田，由此觀之，雖周亦助也。」又曰：「尊賢使能，則天下之士皆悅，而願立於其朝矣。市廛而不征，法而不廛，則天下之商皆悅，而願藏於其市矣。廛，市宅也。古者無征，衰世征之。王制曰：「市廛而不稅。」周禮曰：「國宅無征。」

法而不廛者，當以什一之法征其地耳，不當征其廛宅也。關譏而不征，則天下之行旅皆悅，而願出於其路矣。言關禁異服異語耳，不征稅也。周禮曰「關市之賦」，司關門之征，猶譏。王制不譏，謂文王以前也。文王亦不征也。耕者助而不稅，則天下之農皆悅，而願耕於其野矣。助者，井田什一助佐公家理公田，不橫稅賦若履畝之類也。〔一九〕廛無夫里之布，則天下之人皆悅，而願爲之氓矣。」里，居也。布，錢也。夫，一夫也。周禮曰，「宅不毛者有里布，田不耕者有屋粟」，凡人無職事者出夫家之征。衰代緣是賦之重。故孟子欲使反古，寬廛夫，〔二〇〕去里布，則人皆樂爲之也。

白圭問孟子曰：「吾欲二十而稅一，何如？」孟子曰：「子之道，貉道也。萬室之國而一人陶，則可乎？」曰：「不可。器不足用也。」「夫貉，五穀不生，唯黍生之。無城郭宮室宗廟祭祀之禮，無諸侯幣帛饔飧，無百官有司，故二十取一而足也。今居中國，去人倫，無君子，如之何其可也？」

孫武曰：「夫帝王處四海之內，居五千里之中，焉能盡專其利，是以分建諸侯，以其利而利之，使食其土毛之實，役其民氓之故。賦稅無轉徙之勞，徭役無怨曠之歎。」

魏文侯時，租賦曾倍於常，〔二一〕或有賀者。文侯曰：「今户口不加，而租賦歲倍，此由課多也。譬如彼治治，令大則薄，令小則厚，治人亦如之。夫貪其賦稅不愛人，是虞人反裘而負薪也。徒惜其毛，而不知皮盡而毛無所附。」

秦孝公十二年，初爲賦。納商鞅説，開阡陌，制貢賦之法。始皇建守，罷侯，貴以自奉。提封之内，撮粟尺布，一夫之役，盡專於己。徂春歷秋，往還萬里，是所得者至寡，所苦者至大。人用無聊，海内咸怨。夫夏之貢，殷之助，周之藉，皆十而取一，蓋因地而税。秦則不然，舍地而税人，故地數未盈，其税必備。是以貧者避賦役而逃逸，富者務兼并而自若。加之以内興工作，外攘夷狄，收泰半之賦，發閭左之戍，竭天下之資財以奉其政，猶未足以贍其欲也。二世承之，不變其失，反更益之。海内愁怨，遂用潰畔。

漢高帝接秦之敝，諸侯竝起，民失作業而大饑饉，凡米石五千。上於是約法省禁，輕田租，什五而税一，量吏禄，度官用，以賦於民。纔取足。而山川園池市肆租税之入，〔二二〕自天子以至封君湯沐邑，皆各爲私奉養，不領於天下之經費。言各收其所賦税以自供，不入國朝之倉廩府庫也。經，常也。又令賈人不得衣絲乘車，重租税以困辱之。四年八月，初爲算賦。漢儀注：「人年十五以上至五十六出賦錢，人百二十爲一算，爲治庫兵車馬。」〔二三〕

孝惠元年，減田租，復十五税一。漢家初十五税一，儉於周，〔二四〕中閒廢，今復之。六年，令女子年十五以上至三十不嫁，〔二五〕五算。國語：越王句踐令國中女子年十七不嫁者，〔二六〕父母有罪，欲人民繁息也。漢律：人出一算，算百二十錢，唯賈人與奴婢倍算。今使五算，罪讁之也。

孝文人賦四十，丁男三年而一事。如淳曰：「常賦歲百二十，歲一事。時天下之人多，故出賦四十，三歲而一事。」鼂錯說上，〔二七〕令人入粟得以拜爵，邊食足支五歲，可令入粟郡縣，足支一歲以上，可時赦，勿收農人租。如此德澤加於萬人。帝從其言。後天下充實，乃下詔賜人十二年租稅之半。〔二八〕十三年，詔曰：「農，天下之本，務莫大焉。今勤身從事，而有租稅之賦，是謂本末者無以異也。本，農也。末，賈也。言農與賈俱出租，無異也，故除田租。其於勸農之道未備。其除田之租稅。」其時亦以倉廩豐實之故也。

孝景帝二年，令人半出田租，〔二九〕三十而稅一。時上溢而下有餘。又禮高年，九十者一子不事，八十者二算不事。一子不事，蠲其賦役。二算不事，免二口之算賦。令天下男子年二十始傅。〔三〇〕舊法二十三，此二十，更爲異制。

孝武即位，董仲舒說上曰：「古者稅民不過什一，其求易供；使民不過三日，其力易足。至秦則不然，用商鞅之法，又加月爲更卒，已復爲正。一歲屯戍，一歲力役，三十倍於古。更卒，謂給郡縣一月而更者也。正卒，謂給中都官也。率計令人一歲之中，〔三一〕屯戍及力役之事，三十倍多於古也。田租、口賦、鹽鐵之利，二十倍於古。秦賣鹽鐵貴，故下民受其困也。既收田租，又出口賦，而官更奪鹽鐵之利。率計令人一歲之中，失其資產，二十倍多於古。或耕豪民之田，見稅什五。言貧人自無田而耕墾豪富貴家田，十分之中以五輸本田主也。故貧民常衣牛馬之衣，而食犬彘之食矣。」建元元年，制：八十復二算，九十復甲卒。二算，二口之算也。復甲卒，不在革車之賦。〔三二〕

孝昭始元六年秋七月，罷榷酤官，令民得以律占租。律，諸當占租者，家長身各以其物占，占不以實，家長不身自書，皆罰金二斤，沒入所不自占物及賈錢縣官也。顔師古曰：「占謂自隱度其實，定其辭也。占音章贍反。蓋武帝時賦斂繁多，律外而取，今始復舊。」元鳳二年，三輔、太常郡得以菽粟當賦。太常主諸陵，別治其縣，〔三三〕爵秩如三輔郡矣。元帝永光五年，令各屬所在郡也。〔三四〕諸應出賦算租稅者，皆聽以菽粟當錢物也。四年，〔三五〕三年以前逋更賦未入者，皆勿收；更有三品：有卒更，有踐更，有過更。古者正卒無常人，皆當迭爲之。一月一更，是爲卒更也。貧者欲得顧更錢者，次直者出錢顧之，月二千，是爲踐更也。天下人皆直戍邊三日，亦名爲更，律所謂繇戍也。雖丞相子亦在戍邊之調。不可人人自行三日戍，又行者當自戍三日，不可往便還，因便住一歲一更。〔三六〕諸不行者，出錢三百入官，官以給戍者，是謂過更也。此漢初因秦法而行之也。後遂改易，有謫乃戍邊一歲耳。毋收四年、五年口賦。〔三七〕漢儀注：「民年七歲至十四出口賦錢，人二十三。二十錢以食天子，其三錢者，武帝加口錢以補車騎馬。」〔三八〕六年，詔曰：「夫穀賤傷農，今三輔減賤，減，少。其令以菽粟當今年賦。」元平元年，詔曰：「天下以農桑爲本。日者省用，罷不急官，減外繇，耕桑者益衆，而百姓未能家給，朕甚愍焉。其減口賦錢。」有司奏請減什三，上許之。

孝宣帝甘露二年，減民算三十。

孝成建始二年，減天下賦錢算四十。本算百二十，今減四十爲八十。

孝平元始元年，詔天下女徒已論歸家，顧出錢月三百。〔三九〕謂女徒論罪已定，竝放歸家，不親役之，但令一月出錢三百以顧人也。

王莽簒位，下令曰：「漢氏減輕田租，三十而稅一，常有更賦，罷音皮癃咸出，雖老病者皆復出口算也。而豪民侵陵，分田劫假。分田，謂貧者無田而取富人田耕種，共分其所收也。假亦謂貧人賃富人之田也。劫者，富人劫奪其稅，侵欺之也。厥名三十，實什稅五也。富者驕而爲邪，貧者窮而爲姦，俱陷於辜，刑用不措。今更名天下之田曰王田。」又以周官稅人，凡田不耕爲不殖，出三夫之稅。城郭中宅不樹藝者爲不毛，出三夫之布。樹藝謂種果木及蔬菜也。人浮游無事，出夫布一匹，其不能出者，宂作縣官，衣食之。宂，散。又分裂州郡，改職作官。邊兵二十餘萬，仰縣官衣食，用度不足，數橫斂賦。又一切調上公以下諸有奴婢者，率一口出錢三千六百，天下愈愁。

後漢光武建武中，田租三十稅一。有產子者復以三年之算也。明帝即位，人無橫徭，天下安寧。時穀貴，尚書張林上言：「穀所以貴，由錢賤故也。可盡封錢，一取布帛爲租，以通天下之用。」從之。

魏武初平袁紹鄴都，令收田租畝粟四升，戶絹二匹，緜二斤，餘不得擅興。

晉武帝平吳之後，制戶調之式：丁男之戶，歲輸絹三匹，緜三斤，女及次丁男爲戶者半輸。其諸邊郡或三分之二，遠者三分之一。夷人輸賨在公反布，戶一匹，遠者或一丈；不課田者輸義米，戶三斛，遠者五斗，〔四〇〕極遠者輸算錢，人二十八文。

成帝咸和五年，始度百姓田，取十分之一，率畝税米三升。是後頻年水旱，田税不至。〔四一〕咸康初，算田税米，〔四二〕空懸五十餘萬斛，尚書諸曹以下免官。〔四三〕

哀帝即位，乃減田租，畝收二升。

孝武帝太元二年，除度定田收租之制。王公以下口税三斛，〔四四〕唯蠲在役之身。八年，又增税米口五石。

前燕慕容皝在柳城，以牧牛給貧家，田於苑中，公收其八，二分入私。有牛無地者，亦田苑中，公收其七，三分入私。記室參軍封裕諫曰：「且魏晉雖道消之代，猶削百姓不至於七八。〔四五〕將官牛田者，官得六分，〔四六〕百姓得四分，私牛而得田者，與中分，百姓安之，人皆悦樂。臣猶曰非明王之道。」蜀李雄賦丁歲穀三斛，女丁半之，調絹不過數丈，綿數兩。事少役稀，百姓富實，門閭不閉，無相侵盜矣。

宋文帝元嘉中，始興太守徐豁上表曰：〔四七〕「武吏年滿十六，便課米六十斛，〔四八〕十五以下至十三，〔四九〕皆課三十斛，一户内隨丁多少，悉皆輸米。且十三歲兒，未堪田作，或是單迥，便自逃匿，〔五〇〕户口歲減，實此之由。宜更量課限，使得存立。今若減其米課，雖有交損，考之將來，理有深益。」詔善之也。

孝武帝大明五年，制天下人户歲輸布四匹。

校勘記

〔一〕唐　自此以下之朝代名稱，北宋本、傅校本、遞修本、明抄本、明刻本無。

〔二〕及工商衡虞之入　漢書食貨志上一一二〇頁及遞修本、殿本同。北宋本、傅校本、明抄本、明刻本、王吴本「入」作「人」。下同。

〔三〕賦以給車馬甲兵士徒賜予也　「甲兵」原倒，據漢書食貨志上一一二〇頁乙正。下同。

〔四〕宅不毛者出一里二十五家之泉　「泉」原訛「布」，據北宋本、傅校本、遞修本、明抄本改。按：周禮載師注及下文注均作「泉」。

〔五〕平糴　「糴」原訛「糶」，據北宋本、傅校本、遞修本、明抄本改。

〔六〕反散淳朴之風　明刻本、殿本同。北宋本、傅校本、遞修本、明抄本「反」作「及」。

〔七〕雜出第二之賦　「雜」原涉上而脱，據北宋本補。按：尚書禹貢僞孔傳及史記夏本紀集解引皆有「雜」。

〔八〕賦正與九相當　「當」原訛「同」，據北宋本、傅校本、遞修本、明抄本、明刻本改。按：尚書禹貢僞孔傳作「當」。

〔九〕爲天子服理田　「理」原訛「甸」，據北宋本、傅校本、遞修本、明抄本改。按：尚書禹貢僞孔傳及史記夏本紀集解引均作「治」，通典避高宗諱改。

〔一〇〕所銍刈謂禾穗　原脱「所」，據史記夏本紀集解引僞孔傳增。

〔一一〕夫税者百畝之税　「畝」原訛「家」，據北宋本改。按：周禮載師鄭注作「畝」。

〔一二〕掌國中及四郊之人民六畜之數　原脱「掌」，據周禮閭師補。

〔三〕不蠶者不帛不績者不縗　原前「者」下有「衣」，後「者」下有「喪」，清人妄增。今據北宋本、傅校本、遞修本、明抄本、明刻本、王吴本删。按：周禮閭師即無「衣」、「喪」二字。

〔四〕税謂收其田入也　「入」原訛「租」，據北宋本、傅校本、遞修本、明抄本、明刻本改。按：漢書食貨志上師古注一一二〇頁作「入」。

〔五〕商有行販之利　「行」原訛「興」，據北宋本改。按：漢書食貨志上師古注一一二〇頁作「行」。

〔六〕擇其善畝穀最好者税取之　原脱「税」，據北宋本、傅校本、遞修本、明抄本、王吴本補。按：公羊傳宣公十五年何注有「税」。

〔七〕故曰井田也　原涉上而脱「故曰井」，今據公羊傳宣公十五年何注補。

〔八〕九夫爲井　原「井」上有「一」，據北宋本、傅校本、明抄本、明刻本、王吴本删。按：左傳成公元年杜注無「一」字。

〔九〕不横税賦若履畝之類也　原上脱「賦」，「類」下衍「者」，據北宋本、王吴本補删。按：孟子公孫丑上趙注即有「賦」無「者」。

〔一〇〕寬廛夫　「廛」原作「田」，據北宋本、傅校本、明抄本、明刻本、王吴本改。按：孟子公孫丑上趙注作「獨」，杜佑蓋以意改之也。

〔一一〕租賦曾倍於常　「曾」原作「增」，據北宋本、傅校本、遞修本改。

〔一二〕而山川園池市肆租税之入　「税」原作「賦」，據北宋本、王吴本改。按：史記平準書一四一八頁、漢書食貨志上一一二七頁作「稅」。

〔二三〕爲治庫兵車馬　「兵」原訛「并」，據漢書高帝紀如淳注四六頁改。

〔二四〕儉於周　「周」原訛「用」，據北宋本、傅校本、遞修本、明抄本、明刻本改。按：漢書惠帝紀鄧展注八七頁作「周」。

〔二五〕令女子年十五以上至三十不嫁　「五」原訛「六」，據北宋本、傅校本、遞修本、明抄本、王吳本改。按：漢書惠帝紀九一頁作「五」。

〔二六〕女子年十七不嫁者　原脱「者」，據北宋本、王吳本補。

〔二七〕晁錯説上　「説上」原倒，據漢書食貨志上一一三〇頁乙。

〔二八〕乃下詔賜人十二年租稅之半　「二」原訛「一」，據漢書文帝紀一二四頁、食貨志上一一三五頁改。

〔二九〕孝景帝二年令人半出田租　此事漢書景帝紀一四〇頁繫於元年五月，而食貨志上一一三五頁謂孝景二年也。

〔三〇〕令天下男子年二十始傅　「傅」原訛「傳」，據史記孝景本紀四三九頁、漢書景帝紀一四一頁改。按：史記索隱曰：「音附。荀悦云：『傅，正卒也。』」漢書高帝紀上注三七頁服虔曰：「傅音附。」師古曰：「傅，著也。言著名籍，給公家徭役也。」

〔三一〕率計今人一歲之中　「今」原作「令」，據北宋本改。

〔三二〕不在革車之賦　「賦」原訛「式」，據漢書武帝紀張晏注一五六頁及明抄本、王吳本改。北宋本、傅校本、遞修本誤作「武」。按：張晏注「在」作「豫」，通典避代宗諱而改作「在」。

〔三三〕別治其縣　原脱「縣」，據北宋本、王吴本補。按：漢書昭帝紀如淳注二二八頁有「縣」。

〔三四〕令各屬所在郡也　「也」原訛「邑」，據北宋本改。按：漢書昭帝紀如淳注二二八頁作「也」。

〔三五〕四年　原脱，據漢書昭帝紀二二九頁訂補。

〔三六〕因便住一歲一更　「便住」原訛脱作「作」，明刻本、殿本同。今據北宋本、傅校本、遞修本、明抄本改補。按：漢書昭帝紀如淳注二三〇頁作「便住」。

〔三七〕毋收四年五年口賦　原脱訛作「四年出口賦」，今據漢書昭帝紀二二九頁補改。

〔三八〕民年七歲至十四出口賦錢人二十三二十錢以食天子其三錢者武帝加口錢以補車騎馬　兩「三」字原皆訛「二」，據北宋本、傅校本、遞修本、明抄本、明刻本改。按：漢書昭帝紀如淳注二三〇頁皆作「三」。

〔三九〕詔天下女徒已論歸家顧出錢月三百　「出」漢書平帝紀三五一頁作「山」，如淳曰：「已論者，罪已定也。令甲，女子犯罪，作如徒六月，顧山遣歸。説以爲當於山伐木，聽使入錢顧功直，故謂之顧山。」杜氏蓋以意改之。

〔四〇〕户三斛遠者五斗　「户」原脱，「斗」原訛「十」，據晉書食貨志七九〇頁及北宋本、明抄本補改。

〔四一〕田税不至　「税」晉書食貨志七九二頁作「收」。

〔四二〕咸康初算田税米　晉書食貨志七九二頁「算」下有「度」。

〔四三〕尚書諸曹以下免官　「諸曹」晉書食貨志七九二頁作「褚裒」，而成帝紀一八〇頁作「謝褒」。

〔四四〕王公以下　「王公」原倒，據晉書食貨志七九二頁乙。

〔四五〕不至於七八　「七」原訛「十」，據北宋本、傅校本、遞修本、明抄本、王吳本改。按：晉書慕容皝載記二八二三頁作「七」。

〔四六〕官得六分　原脱「官」，據晉書慕容皝載記二八二三頁補。

〔四七〕徐豁　「徐」原訛「孫」，據北宋本改。按：宋書良吏傳二二六六頁作「徐」。

〔四八〕便課米六十斛　「六十」原倒，據北宋本、傅校本、遞修本、明抄本、明刻本乙。按：宋書良吏傳二二六六頁作「六十」。

〔四九〕十五以下　「十五」原倒，據宋書良吏傳二二六六頁及傅校本、明刻本乙。

〔五〇〕便自逃匿　「自」原訛「是」，據北宋本、王吳本改。按：宋書良吏傳二二六六頁作「自」。

王永興點校　王文錦覆校

通典卷第五

食貨五

賦税中齊　梁〔一〕　後魏　北齊　後周　隋〔二〕

齊高帝初，竟陵王子良上表曰：「宋文帝元嘉中，皆責成郡縣，孝武徵求急速，以郡縣遲緩，始遣臺使，自此公役勞擾。〔三〕凡此輩使人，既非詳慎，貪險崎嶇，以求此役。朝辭禁門，情態即異，暮宿村縣，威福便行，驅迫郵傳，侮折守宰。瞻郭覩境，飛下嚴符，但稱行臺，未明所督，攝總曹署，震驚郡邑。深村遠里，俄刻十催。〔四〕或尺布之逋，曲以當匹；百錢餘税，且增爲千。諺云質作尚方，〔五〕寄繫東冶。百姓駭迫，不堪其命。恣意贓賄，無人敢言。貧薄禮輕，〔六〕即生謗讟。愚謂凡諸檢課，宜停遣使，明下符旨，審定期限，如有違越，隨事糾坐，則政有恆典，人無怨咨。」子良又啟曰：「今所在穀價雖和，室家飢嗛，〔七〕苦簟反。縑纊雖賤，駢門躶質。而守宰務在裒刻，圍桑品屋，以准貲課。致令斬樹發瓦，以充重賦，破人敗産，要利一時。東郡使人，年無常限，郡縣相承，准令上直。每至州臺使命，切求縣急，乃有畏失嚴期，自殘軀命，亦有斬絶手足，以避傜役。守長不務先富人，而唯言益國，豈有人貧於下而國富於上耶？又泉鑄歲遠，類多翦鑿，江東大錢，十不一在。公家所受，必須輪郭。遂買本一千，加子七百，猶求請無地。且錢布相半，〔八〕爲制永久，或聞長宰須令輸錢，〔九〕進違舊科，退容姦利，欲人康泰，豈可得乎！」又啟曰：「諸賦税所應納錢，〔一〇〕不限大小，但令所在兼折布帛，若雜物是軍國所須者，〔一一〕聽隨價准直，不必盡令送錢。於公不虧其用，在私實荷其渥。昔晉氏初遷，江左草剏，絹布所直，十倍於今。賦調多少，因時增減。永初中，官布一匹，直錢一千，而人所輸，聽爲九百。漸及元嘉，物價轉賤，私貨則匹直六百，官受則匹准五百。所以每欲優人，必爲降落。今入官好布，匹下百餘，其四人所送者，猶依舊制。昔爲刻上，今爲刻下，甿庶空儉，豈不由之。救人拯弊，莫過減賦。略其目前小利，取其長久大益，無患人貲不殷，國用不阜也。」

武帝時，〔一二〕豫章王嶷上表曰：「宋氏以來，州郡秩俸及雜供給，多隨土所出，無有定准。〔一三〕夫理在夙均，政由一典。伏尋郡縣長尉俸禄之制，雖有定科，而其餘資給，復由風俗，東北異源，西南各序，習以爲常，因而弗變。順之則固匪通規，澄之則靡不入罪。豈約法明章，先令後刑之謂也。臣謂宜使所在，各條件公田秩俸迎送舊典之外，守宰相承，有何供課。尚書精加勘覆，務存優衷，事在可通，隨宜頒下，四方永爲恆制。」帝從之。

自東晉寓居江左，百姓南奔者，並謂之僑人，往往散居，無有土著。而江南之俗，火耕水耨，土地卑濕，無有蓄積之資。諸蠻陬俚洞，霑沐王化者，各隨輕重收財物，以裨國用。又嶺外酋帥，因生口、翡翠、明珠、犀象之饒，雄於鄉曲者，朝廷多因而署之，以收其利。歷宋齊梁陳，皆因而不改。其軍國所須雜物，隨土所出，臨時折課市取，乃無恒法定令。列州郡縣，制其任土所出，以爲徵賦。其無貫之人，不樂州縣編户者，〔一四〕謂之浮浪人，樂輸亦無定數任量，惟所輸終優於正課焉。都下人多爲諸王公貴人左右、佃客、典計、衣食客之類，皆無課役。官品第一第二佃客無過四十户，每品減五户，至第九品五户。其佃穀皆與大家量分。其典計，官品第一第二置三人，第三第四置二人，第五第六及公府參軍、殿中監、監軍、長史、司馬、部曲督、關外侯、材官、議郎以上，一人，皆通在佃客數中。官品第六以上，并得衣食客三人，第七第八二人，第九品及轝輦、〔一五〕跡禽、前驅、强弩司馬、〔一六〕羽林郎、殿中冗從武賁、〔一七〕殿中虎賁、持椎斧武騎虎賁、〔一八〕持鈒色立反冗從虎賁、命中武賁武騎，〔一九〕一人。其客皆注家籍。其課，丁男調布絹各二丈，絲三兩，綿八兩，禄絹八尺，禄綿三兩二分，租米五石，禄米二石。〔二〇〕丁女並半之。男年十六亦半課，年十八正課，六十六免課。其男丁，每歲役不過二十日。其田，畝税米二升。〔二一〕蓋大率如此。其度量三升當今一升，秤則三兩當今一兩，尺則一尺二寸當今一尺。今謂即時。

自梁武帝末侯景之亂，國用常褊，京官文武，月别唯得廩食，〔二二〕多遥帶一郡縣官而取其禄秩焉。揚、徐等大州，比令僕班。揚州督王畿，理在建康，徐州督重鎮，理在京口，並外官刺史最重者。尚書令、僕射，官品第三也。寧、桂等小州，比參軍班。寧州理建寧，今雲南郡。桂州理始安，今郡。並外官刺史最輕者。府參軍，官品第六也。丹陽郡、〔二三〕吴郡、會稽等郡，並同太子詹事、尚書班。丹陽郡理建康，吴郡、會稽即今郡，並列郡最重者。詹事、尚書，官品第三也。高涼、晉康等小郡，三班而已。高涼、〔二四〕晉康即今郡，並列郡最輕者。梁武帝定九品後，其内官更爲十八班，以班多者爲貴。同班者則以居下爲劣，則與品第高下不倫，當是其時更以清濁爲差耳。本史既略，不可詳也。大縣六班，〔二五〕小縣兩轉方至一班，品第既殊，不可委載。其州郡縣禄米絹布絲綿，當處輸臺傳倉庫。若給刺史守令等，先准其所部文武人物多少，由敕而裁。凡如此禄秩，既通所部兵士給之，其家得蓋少。諸王諸主出閤就第，婚冠所須及衣裳服飾并酒米魚鮭香油紙燭等，並官給之。王及主壻外禄者不給，解任還京，仍亦公給。〔二六〕

後魏道武帝天興中，詔採諸漏户，令輸綸綿。自後諸逃户占爲紬繭羅縠者甚衆，於是雜營户帥偏於天下，不隷守宰，賦役不同，户口錯亂。景穆帝即位，〔二七〕一切罷之，以屬郡縣。

魏令：〔二八〕每調一夫一婦帛一匹，粟二石。人年十五以上未娶者，四人出一夫一婦之調；奴任耕、婢任績者，八口當未娶者四；耕牛二十頭當奴婢八。〔二九〕其麻布之鄉，一夫一婦布一匹，下至牛，〔三〇〕以此爲降。大率十匹中五匹爲公調，二匹爲調外費，三匹爲内外百官俸。人年八十以上，聽一子不從役。孤獨病老篤貧不能自存者，三長内迭養食之。〔三一〕

舊制，人間所織絹布，皆幅廣二尺二寸，長四十尺爲一匹，六十尺爲一端。後乃漸至濫惡，不依尺度。

孝文帝延興三年秋，更立嚴制，令一準前式，違者罪各有差。冬十月，詔州郡人十丁取一以充行，〔三二〕户收租五十石，〔三三〕以備軍糧。〔三四〕

太和八年，始准古班百官之禄，以品第各有差。先是，天下户以九品混通，户調帛二匹，絮二斤，絲一斤，粟二十石。又入帛一匹二丈，〔三五〕委之州庫，以供調外之費。至是，户增帛三匹，粟二石九斗，以爲官司之禄。復增調外帛滿二匹，所調各隨其土所出。其司、冀、雍、華、定、相、泰、〔三六〕洛、荆河、〔三七〕懷、兖、陝、徐、青、齊、濟、南河、〔三八〕東兖、〔三九〕東徐等州，貢綿絹及絲，其餘郡縣少桑蠶處，皆以麻布充。

孝明帝時，張普惠上疏曰：「伏聞尚書奏復綿麻之調，遵先皇之令軌，復高祖之舊典。仰惟高祖廢大斗，去長尺，改重秤，所以愛百姓，從薄賦。知軍國須綿麻之用，故立幅度之規，〔四〇〕億兆荷輕賦之饒，不憚於綿麻而已，〔四一〕故歌舞以供其賦，奔走以役其勤，天子信於上，億兆樂於下。自茲以降，漸漸長闊，百姓怨嗟，聞於朝野。宰輔不尋其本，知天下之怨綿麻，不察其幅廣、度長、秤重、斗大，革其所弊，存其可存，〔四二〕而特放綿麻之調，以悅天下之心。此所謂悅之不以道，愚臣所以未悅者也。尚書既知國少綿麻，不惟法度之翻易，人言之可畏，便欲去天下之大信，弃已行之成詔，遵前之非，遂後之失，奏求還復綿麻，以充國用。不思庫中大有綿麻，而羣官共竊利之。〔四三〕愚臣以爲於理未盡。何者？今官人請調度造衣物，必度量，絹布匹有尺丈之盈，猶不計其廣，絲綿斤兩兼百銖之賸，未聞依律罪州郡者。若一匹之濫，一斤之惡，則鞭户主，連及三長。此所謂教人以貪也。今百官請俸，只樂其長闊，并欲厚重，無復准極。得長闊厚重者，便云其州能調，絹布精闊且長，橫發美稱，以亂視聽。此百司所以仰負聖明者也。今若必復綿麻，謂宜先令四海知其所由，明立嚴禁，復本幅度，新綿麻之典，依太和之税。其在庫絹布并及絲綿不依典制者，請遣一尚書與太府卿、左右藏令，依今官度官秤，計其斤兩廣長，折給請俸之人。總常俸之數，年俸所出，以布綿麻，〔四四〕亦應周其一歲之用。使天下知二聖之心，愛人惜法，如此則高祖之軌中興於神龜，〔四五〕明明慈信昭布於無窮，孰不幸甚。」

正光後，國用不足，乃先折天下六年租調而徵之，百姓怨苦。有司奏斷百官常給之酒，計一歲所省米五萬三千五十四斛九斗，〔四六〕糵穀六千九百六十斛，麴三十萬五百九十九斤。其四時郊廟、百神羣祀，依式供營。遠蕃客使，不在斷限。爾後寇賊轉衆，諸將出征，相繼奔敗，所亡器械資糧，不可勝數，而關西喪失尤甚，帑藏空竭。有司又奏，内外百官及諸蕃客廩食及肉悉三分減一，〔四七〕計歲終省肉百五十九萬九千八百五十六斤、米五萬三千九百三十二石。孝昌二年冬，税京師田租畝五升，借賃公田者畝一斗。

莊帝即位，因人貧富，爲租輸三等九品之制，千里内納粟，千里外納米，上三品户入京師，中三品入他州要倉，下三品入本州。〔四八〕

靖帝天平初，諸州調絹不依舊式。興和三年，各班海内，悉以四十尺爲度，天下利焉。元象、興和之中，頻歲大穰，穀斛至九錢。法網寬弛，百姓多離舊居，闕於徭賦矣。〔四九〕齊神武秉政，乃命孫騰、高崇之分責無籍之户，〔五〇〕得六十餘萬，於是僑居者各勒還本屬，〔五一〕是後租調之入有加焉。及侯景背叛，河南之地，困於兵革。尋而侯景亂梁，乃命行臺辛術略有淮南之地。其新附州郡〔五二〕，羈縻輕税而已。

北齊文宣受禪，多所草刱。六坊内從者，更加簡練，每一人必當百人，任其臨陣必死，然後取之，謂之百保鮮卑。又簡華人之勇力絶倫者，謂之勇士，以備邊要。始立九等之户，富者税其錢，貧者役其力。後南征，頻歲陷没，士馬死者以數十萬計。重以修創臺殿，〔五三〕所役甚廣，兼并户口，益多隱漏。〔五四〕舊制，未娶者輸半牀租調。有妻者輸一牀，無者半牀。陽翟一郡，户至數萬，籍多無妻。有司劾之，帝以爲生事，不許。由是姦欺尤甚，户口租調，十亡六七。是時用度轉廣，賜予無節，府藏之積，不足以供，乃減百官之禄，徹軍人常廩，并省州郡縣鎮戍之職。又制刺史守宰行兼者，並不給幹，南齊以有僮幹，〔五五〕若今驅使門僕之類。以節國用之費焉。

河清三年，定令：乃率以十八受田，輸租調，二十充兵，六十免力役，六十六退田，免租調。率人一牀，調絹一匹，綿八兩，凡十斤綿中折一斤作絲，墾租二石，義租五斗。奴婢各准良人之半。牛調二尺，〔五六〕墾租一斗，義租五升。墾租送臺，義租納郡，以備水旱。墾租皆依貧富爲三梟。其賦税常調，則少者直出上户，中者及中户，多者及下户。上梟輸遠處，〔五七〕中梟輸次遠，下梟輸當州倉。三年一校。租入臺者，五百里内輸粟，五百里外輸米。入州鎮者，輸粟。人欲輸錢者，准上絹收錢。是時頻歲大水，州郡多遇沈溺，穀價騰踴，朝廷遣使開倉以糴之，而百姓無益，飢饉尤甚矣。

後主天統中，勞役鉅萬，財用不給，乃減朝士禄料，斷諸曹糧膳及九州軍人常賜以供之。〔五八〕武平之後，權幸並進，賜予無限，乃料境内六等富人，調令出錢。

後周文帝霸府初開，制：司賦掌賦均之政令。〔五九〕凡人自十八至六十四，與輕疾者，皆賦之。其賦之法：有室者，歲不過絹一匹，綿八兩，粟五斛；丁者半之。其非桑土，有室者，布一匹，麻十斤；丁者又半之。豐年則全賦，中年半之，下年一之，皆以時徵焉。若艱凶札，則不徵其賦。司役掌力役之政令。凡人自十八至五十九，皆任於役。豐年不過三旬，中年則二旬，下年則一旬。起徒役，無過家一人。有年八十者，一子不從役；百年者，家不從役；廢疾非人不養者，一人不從役。若凶札，又無力征。

武帝保定元年，改八丁兵爲十二丁兵，率歲一月役。建德二年，改軍士爲侍官，募百姓充之，除其縣籍，是後夏人半爲兵矣。

宣帝時，發山東諸州兵，增一月功爲四十五日役，以起洛陽宮。并移相州六府於洛陽，稱東京六府。

隋文帝霸府初開，尉遲迥、王謙、司馬消難相次阻兵，興師誅討，賞費鉅萬。及受禪，又遷都，發山東丁，毁造宮室。仍依周制，役丁爲十二番，匠則六番。丁男一牀，租粟三石。桑土調以絹絁，麻土調以布。絹絁以匹，加綿三兩；布以端，加麻三斤。單丁及僕隸各半之。有品爵及孝子、順孫、義夫、節婦，並免課役。

開皇三年，減十二番每歲爲二十日役，〔六〇〕減調絹一匹爲二丈。初，蘇威父綽在西魏，〔六一〕以國用不足，爲征稅之法，頗稱爲重。既而歎曰：「今所爲者，正如張弓，非平代法也。後之君子，誰能弛乎！」威聞其言，每以爲己任。至是，威爲納言，奏減賦役，務從輕典，帝悉從之。時百姓承平漸久，雖遭水旱，而户口歲增。諸州調物，每歲河南自潼關，河北自蒲坂，至於京師，相屬於路，晝夜不絶者數月。帝又躬行節儉。九年，親御朱雀門，勞凱旋師，因行慶賞頒給，所費三百餘萬段。帝以江表初定，給復十年，自餘諸州並免當年租賦。〔六二〕十年五月，又以宇内無事，益寬徭賦，〔六三〕百姓年五十者，輸庸停防。〔六四〕十一年，江南反，越國公楊素討平之。師還，賜物甚廣。其餘出師命賞，亦莫不優崇。十二年，有司上言，庫藏皆滿。帝曰：「朕既薄賦於人，又大經賜用，何得爾也？」對曰：「用處常出，納處常入。略計每年賜用至數百萬段，曾無減損。」乃更開左藏之院，搆屋以受之。詔曰：「既富而教，方知廉恥，寧積於人，無藏府庫。河北、河東今年田租，三分減一，兵減半，功調全免。」十四年，關中大旱，人饑，帝幸洛陽，因令百姓就食。從官並准見口賑給，不以官位爲限。

開皇八年五月，〔六五〕高熲奏，諸州無課調處及課州管户數少者，官人禄力，承前以來，恆出隨近之州。今請於所管内計户徵税。帝從之。先是京官及諸州，並給公廨錢，迴易生利，以給公用。十四年六月，〔六六〕工部尚書蘇孝慈等以爲，所在官司，因循往昔，皆以公廨錢物出舉興生，惟利是求，煩擾百姓，奏皆給地以營農，迴易取利皆禁止。十七年十一月，〔六七〕詔外内諸司公廨在市迴易及諸處興生並聽之，唯禁出舉收利。

煬帝即位，户口益多，府庫盈溢，乃除婦人及奴婢、部曲之課。其後將事遼、碣，增置軍府，埽地爲兵，租賦之人益減矣。又頻出朔方，西征吐谷渾，三度討高麗，〔六八〕飛芻輓粟，水陸艱弊。又東西巡幸，無時休息，六宮及禁衛行從常十萬人，皆仰給州縣，天下怨叛，以至於亡。

校勘記

〔一〕梁　原作「東晉」，今據正文内容改。

〔二〕隋　以上朝代名稱，北宋本、傅校本、遞修本、明抄本、明刻本無。

〔三〕宋文帝元嘉中皆責成郡縣孝武徵求急速以郡縣遲緩始遣臺使自此公役勞擾　按：南齊書武十七王傳六九二頁、南史齊武帝諸子傳一一〇一頁此三十一字乃史家敍述之詞。通典闌入蕭子良表中，誤。

〔四〕俄刻十催　「俄」原作「頃」，據北宋本、傅校本、遞修本、明抄本、明刻本、王吴本改。

〔五〕譴云質作尚方　「譴」原訛「謫」，據諸本改。按：南齊書武十七王傳六九二頁作「譴」。

〔六〕貧薄禮輕　南齊書武十七王傳六九二頁作「禮輕貨薄」。

〔七〕室家飢嗛　「室家」南齊書武十七王傳六九六頁作「比室」。

〔八〕且錢布相半　「布」南齊書武十七王傳六九六頁作「帛」。

〔九〕須令輸錢　「錢」南齊書武十七王傳六九六頁作「直」。

〔一〇〕諸賦稅所應納錢　「賦稅」原倒，據北宋本、王吳本乙。

〔一一〕若雜物是軍國所須者　原脱「若」，據北宋本、傅校本、遞修本、明抄本、王吳本補。

〔一二〕武帝時　原「武」上有「追」，據北宋本、傅校本、遞修本、明抄本删。

〔一三〕宋氏以來州郡秩俸及雜供給多隨土所出無有定准　「州郡」原倒，據北宋本、傅校本、明抄本、明刻本、王吳本乙。按：南齊書豫章文獻王傳四〇九頁、南史豫章文獻王傳一〇六二頁，此二十一字乃史家敍述之詞，通典闌入蕭嶷表中，誤。

〔一四〕不樂州縣編户者　原脱「户」，據隋書食貨志六七四頁補。

〔一五〕第九品及轝輦　原脱「及」，「轝」訛「舉」，據隋書食貨志六七四頁補改。

〔一六〕强弩司馬　「强弩」上隋書食貨志六七四頁有「由基」，通典蓋避玄宗諱而有意省略。

〔一七〕殿中冗從武賁　此六字原涉下而脱，據隋書食貨志六七四頁補。

〔一八〕持椎斧　「椎」原訛「雄」，北宋本、傅校本、遞修本訛「推」，今據隋書食貨志六七四頁及明抄本改。

〔一九〕命中武賁武騎　「武賁」原脱，據隋書食貨志六七四頁補。

〔二〇〕禄米二石　此四字原脱，據隋書食貨志六七四頁補。

〔二一〕畝稅米二升　「升」隋書食貨志六七四頁作「斗」。下文「三升當今一升」亦然。

〔二二〕月別唯得廩食　「別」原訛「例」，據北宋本、傅校本、遞修本、明抄本、明刻本、王吳本改。按：隋書食貨志六七五頁作「別」。

〔一三〕丹陽郡　「郡」原無，據北宋本、傅校本、明刻本、王吳本補。

〔一四〕高涼　「涼」原訛「梁」，據正文改。

〔一五〕大縣六班　「縣」原訛「郡」，據隋書食貨志六七五頁改。

〔一六〕王及主壻外祿者不給解任還京仍亦公給　隋書食貨志六七五頁同。北宋本、傅校本、遞修本、明抄本、明刻本、王吳本並脫「不給解任還京仍亦公給」十字。

〔一七〕景穆帝即位　按：景穆帝拓跋晃，道武帝拓跋燾之太子也。晃死於正平元年六月，而燾死於正平二年三月，晃以太子終，平生未嘗爲帝。其子文成帝拓跋濬即位，追尊之景穆皇帝。通典書「景穆帝即位」，非。

〔一八〕魏令　自此至「三長内迭養食之」，此段文字見魏書食貨志二八五五頁太和十年李沖上言中，下移「太和八年」段後始合，杜氏編排失次。

〔一九〕耕牛二十頭當奴婢八　原脫「二」，據魏書食貨志二八五五頁、册府卷四八七五八二六頁補。

〔二〇〕下至牛　「牛」原訛「半」，據魏書食貨志二八五五頁、册府卷四八七五八二六頁改。

〔二一〕三長内迭養食之　原訛作「亦一人不從役」，今據魏書食貨志二八五五頁改正。

〔二二〕冬十月詔州郡人十丁取一以充行　「冬十月」原作「四年」，誤。按：魏書高祖紀上一三九頁此事繫於延興三年冬十月，據改。又按：疑杜氏原稿本作「同年」，傳寫者訛「同」爲「四」耳。

〔三三〕户收租五十石　「五十」原倒，據北宋本、傅校本、遞修本、明抄本、明刻本乙。按：魏書高祖紀上一三九頁作「五十」。

〔三四〕以備軍糧　「軍」原訛「年」，據魏書高祖紀上一三九頁改。

〔三五〕又入帛一匹二丈　「入」原訛「人」，據北宋本改。按：魏書食貨志二八五二頁作「入」。

〔三六〕泰　「泰」原訛「秦」，魏書食貨志各本同。標點本魏書校改爲「泰」，今從之。詳彼校勘記〔二〕二八六七頁。

〔三七〕荆河　指代豫州，通典避代宗諱改。按：尚書禹貢：「荆河惟豫州。」

〔三八〕南河　指代南豫，通典避代宗諱改。

〔三九〕東兖　原涉下而脱，據魏書食貨志二八五二頁補。按：北宋本、傅校本、遞修本、明抄本、明刻本有「東」脱「兖」。

〔四〇〕故立幅度之規　魏書張普惠傳一七三六頁「立」作「云」，「規」作「間」。

〔四一〕不憚於綿麻而已　「憚」原作「但」，清人臆改。今據北宋本、傅校本、明抄本、明刻本、王吴本改回。按：魏書張普惠傳一七三六頁作「適」，通鑑卷一四八四六三六頁作「啻」。

〔四二〕存其可存　原作「存其所可」，清人擅改。今據北宋本、傅校本、遞修本、明抄本、明刻本，王吴本改回。按：魏書張普惠傳一七三六頁作「存其所存」。

〔四三〕羣官　「羣」原訛「都」，北宋本訛「郡」，據魏書張普惠傳一七三六頁、通鑑卷一四八四六三六頁改。

〔四四〕以布綿麻　「布」原訛「市」，據魏書張普惠傳一七三七頁改。

〔四五〕高祖之軌　「軌」原訛「執」，據魏書張普惠傳一七三七頁改。

〔四六〕九斗　魏書食貨志二八六一頁「斗」作「升」。

〔四七〕三分減一　「三」魏書食貨志二八六一頁作「二」。

〔四八〕莊帝即位至下三品入本州　按：「因人貧富」至「下三品入本州」二十三字，見魏書食貨志二八五二頁「顯祖即位」節中。通典將獻文帝政事置於莊帝名下，可謂張冠李戴。改莊帝爲獻文帝，且上移此段於「道武帝天興中」段後，始合。

〔四九〕徭賦　「賦」原作「役」，據北宋本、傅校本、遞修本、明抄本、明刻本改。按：隋書食貨志六七六頁作「賦」。

〔五〇〕高崇之　即高隆之，通典避玄宗諱改。

〔五一〕各勒還本屬　原脱「屬」，據隋書食貨志六七六頁補。

〔五二〕其新附州郡　原脱「新」，據隋書食貨志六七六頁補。

〔五三〕重以修創臺殿　「重」原訛作「武成」，據隋書食貨志六七六頁改。按：以下所載政事均見北齊書文宣帝紀，與武成帝無關。

〔五四〕兼并户口益多隱漏　隋書食貨志六七六頁原作：「而帝刑罰酷濫，吏道因而成姦，豪黨兼并，户口益多隱漏。」杜氏未詳辨句讀，率爾截取最後八字，遂致不辭。

〔五五〕南齊以有僮幹　原脱「以」，據北宋本、傅校本、遞修本、明抄本、明刻本、王吳本補。按：「以」「已」通用。

〔五六〕牛調二尺　「尺」原訛「丈」，據隋書食貨志六七八頁改。按：敦煌文書西魏大統十三年瓜州効穀計帳户籍（斯六一三背）亦作「二尺」，可資參證。

〔五七〕上梟輸遠處　句上原有「户」，係涉上文而衍，據隋書食貨志六七八頁、册府卷四八九五八二七頁删。

〔五八〕斷諸曹糧膳　原脱「斷」，據隋書食貨志六七九頁補。

〔五九〕司賦掌賦均之政令　「賦均」隋書食貨志六七九頁作「功賦」。

〔六〇〕減十二番每歲爲二十日役　下「二」原訛「三」，據隋書食貨志六八一頁改。按：十二番役，原役三十天，今役二十日，故云「減」。

〔六一〕蘇威父綽在西魏　原「魏」下有「世」，據隋書蘇威傳一一八五頁删。按：通典例避太宗諱，杜氏原稿必無「世」字。

〔六二〕並免當年租賦　「賦」原作「税」，後人臆改。今據北宋本、傅校本、遞修本、明抄本、明刻本改回。按：隋書食貨志六八二頁作「賦」。

〔六三〕益寬徭賦　原「徭」下衍「役」，據北宋本、傅校本、遞修本、明抄本、明刻本、王吳本删。按：隋書食貨志六八二頁無「役」字。

〔六四〕輸庸停防　「防」原訛「放」，據北宋本、傅校本、遞修本、明抄本、明刻本、王吳本改。按：隋書食貨志六八二頁作「防」。

〔六五〕開皇八年五月　原作「十八年五月」，誤。據隋書食貨志六八五頁改。册府卷五〇五六〇六六頁作「八年五月」。按：此下記官人禄力之事，與前不同。隋志「八年」上再標「開皇」，明更端另起也。

〔六六〕十四年六月　原脱「十四年」，據隋書食貨志六八五頁補。

〔六七〕十七年十一月　原脱「十七年」，據隋書食貨志六八六頁補。

〔六八〕三度討高麗　原脱「討」，據北宋本、傅校本、遞修本、明抄本、王吴本補。

王永興點校　王文錦覆校

通典卷第六

食貨六

賦税下 大唐〔一〕

大唐武德元年，詔曰：「宗緒之情，義越常品，宜加惠澤，以明等級。諸宗姓有官者，宜在同列之上；未有職任者，不在徭役之限。」〔二〕二年制：每一丁租二石。〔三〕若嶺南諸州則税米：上户一石二斗，次户八斗，下户六斗；若夷獠之户，皆從半輸。蕃人内附者，上户丁税錢十文，次户五文，下户免之；附經二年者，上户丁輸羊二口，次户一口，下户三户共一口。凡水旱蟲霜爲災，十分損四分以上免租，損六以上免租調，損七以上課役俱免。〔四〕六年三月令：天下户量其資産，定爲三等。至九年三月，詔：天下户立三等，未盡升降，宜爲九等。〔五〕

貞觀二年四月，户部尚書韓仲良奏：「王公以下墾田，畝納二升，其粟麥粳稻之屬，〔六〕各依土地，貯之州縣，以備凶年。」

永徽五年二月敕：二年一定户。

龍朔三年秋七月制：衞士八等以下，每年五十八放令出軍，仍免庸調。

武太后長安元年十月詔：天下諸州，王公以下，宜准往例税户。至大曆四年正月制，〔七〕一例加税。其見任官一品至九品，〔八〕同上上至下下户等級之數，并寄田、寄莊及前資勳蔭寄住家，一切並税。蓋近如晉宋土斷之類也。上上户四千，每等減五百，至下中七百，下下户至於五百。

開元八年二月，制曰：「頃者以庸調無憑，好惡須准，故遣作樣，以頒諸州，令其好不得過精，惡不得至濫。任土作貢，〔九〕防源斯在。而諸州送物，作巧生端，苟欲副於斤兩，遂則加其丈尺，有至五丈爲疋者，理甚不然。闊尺八寸，長四丈，同文共軌，其事久行。立樣之時，已載此數。若求兩而加尺，甚暮四而朝三。宜令所司簡閱，有踰於比年常例、尺丈過多者，奏聞。」二十二年五月敕：「定户之時，百姓非商户郭外居宅及每丁一牛，不得將入貨財數。其雜匠及幕士并諸色同類有番役合免征行者，〔一〇〕一户之内，四丁以上，任此色役不得過兩人；〔一一〕三丁以上，不得過一人。」二十五年定令：「諸課户一丁租調，准武德二年之制。其調絹絁布，並隨鄉土所出。絹絁各二丈，布則二丈五尺。輸絹絁者綿三兩，輸布者麻三斤。其絹絁爲疋，布爲端，綿爲屯，麻爲綟。若當户不成疋端屯綟者，皆隨近合成。其調麻每年支料有餘，折一斤輸粟一斗，與租同受。其江南諸州租，並迴造納布。准令，布帛皆闊尺八寸、長四丈爲疋，布五丈爲端，綿六兩爲屯，絲五兩爲絢，麻三斤爲綟。諸丁匠不役者收庸，無絹之鄉，絁布參疋。」〔一二〕日別絁、絹各三尺，〔一三〕布則三尺七寸五分。三月敕：「關内諸州庸調資課，並宜准時價變粟取米，送至京，逐要支用。〔一四〕其路遠處不可運送者，宜所在收貯，便充隨近軍糧。其河南、河北有不通水利，〔一五〕宜折租造絹，以代關中調課。」

天寶元年正月赦文：「如聞百姓之内，有户高丁多，苟爲規避，父母見在，乃別籍異居，宜令州縣勘會。一家之中，有十丁以上者，放兩丁征行賦役；五丁以上者，放一丁。即令同籍共居，以敦風教。其侍丁、孝假者，免差科。」〔一六〕

建中元年制：「百姓及客等，〔一七〕約丁産，定等第，均率作，年支兩稅。其應稅斛斗，據大曆十四年見佃青苗地額均稅。夏稅六月内納畢，秋稅十一月内納畢。其舊租庸及諸色名目，一切並停。」

凡權衡度量之制：度，以北方秬黍中者一黍之廣爲分，十分爲寸，十寸爲尺，一尺二寸爲大尺，〔一八〕十尺爲丈。量，以秬黍中者容千二百爲龠，二龠爲合，〔一九〕十合爲升，十升爲斗，三升爲大升，三斗爲大斗，〔二〇〕十斗爲斛。權衡，以秬黍中者百黍之重爲銖，二十四銖爲兩，三兩爲大兩，十六兩爲斤。調鍾律，測晷景，合湯藥及冠冕制，用小升、小兩，自餘公私用大升、大兩。諸課役，每年計帳至尚書省，度支配來年事，限十月三十日以前奏訖。若須折受餘物，亦先支料，同時處分。若是軍國所須、〔二一〕庫藏見無者，録狀奏聞，不得便即科下。諸庸調物，每年八月上旬起輸，三十日内畢。九月上旬各發本州，庸調車舟未發間有身死者，〔二二〕其物卻還。其運腳出庸調之家，任和雇送達。所須裹束調度，折庸調充，隨物輸納。諸租，准州土收穫早晚，斟量路程嶮易遠近，次第分配。本州收穫訖發遣，十一月起輸，正月三十日内納畢。若江南諸州從水路運送，冬月水淺，上埭艱難者，四月以後運送，五月三十日内納了。〔二三〕其輸本州者，十二月三十日内納畢。若無粟之鄉，輸稻麥，隨熟即輸，不拘此限。即納當州未入倉窖及外配未上道有身死者，并卻還。應貯米處，折粟一斛，輸米六斗。其雜折皆隨土毛，准當鄉時價。諸邊遠州有夷獠雜類之所，應輸課役者，隨事斟量，不必同之華夏。諸任官應免課役者，皆待蠲符至，然後注免。符雖未至，驗告身灼然實者，亦免。其雜任被解應附者，皆依本司解時日月據徵。諸春季附者課役並徵，夏季附者免課從役，秋季附者俱免。其詐冒隱避以免課役，不限附之早晚，皆徵發當年課役。〔二四〕逃亡者附亦同之。諸人居狹鄉樂遷就寬鄉者，去本居千里外復三年，五百里外復二年，三百里外復一年。一遷之後，不得更移。〔二五〕諸没落外蕃得還者，一年以上復三年，二年以上復四年，三年以上復五年。外蕃之人投化者復十年。諸部曲、奴婢放附户貫復三年。諸孝子、順孫、義夫、節婦志行聞於鄉閭者，申尚書省奏聞，表其門閭，同籍悉免課役。諸丁匠歲役工二十日，有閏之年加二日。須留役者，滿十五日免調，三十日租調俱免，從日少者見役日折免。通正役並不過五十日。正役謂二十日庸也。

天寶三年制：每歲庸調徵收，延至九月三十日。五年制：天下百姓單貧交不存濟者租庸，〔二六〕每鄉通放三十丁。其年五月，停郡縣官白直課錢，〔二七〕但計數多少，同料錢加稅充用。即應差丁充白直并停。

按天寶中天下計帳，户約有八百九十餘萬，其稅錢約得二百餘萬貫。大約高等少，下等多，今一例爲八等以下户計之。其八等户所稅四百五十二，九等户則二百二十二。今通以二百五十爲率。自七載至十四載六七年閒，與此大數，或多少加減不同，所以言約，他皆類此。其地稅約得千二百四十餘萬石。兩漢每户所墾田不過七十畝，〔二八〕今亦准此約計數。課丁八百二十餘萬，其庸調租等約出絲綿郡縣計三百七十餘萬丁，庸調輸絹約七百四十餘萬疋，每丁計兩疋。綿則百八十五萬餘屯，每丁三兩，六兩爲屯，則兩丁合成一屯。租粟則七百四十餘萬石。每丁兩石。約出布郡縣計四百五十餘萬丁，庸調輸布約千三十五萬餘端。每丁兩端一丈五尺，十丁則二十三端也。其租：約百九十餘萬丁江南郡縣，折納布約五百七十餘萬端。大約八等以下户計之，八等折租，每丁三端一丈，九等則二端二丈，今通以三端爲率。二百六十餘萬丁江北郡縣，納粟約五百二十餘萬石。大凡都計租稅庸調，每歲錢粟絹綿布約得五千二百三十餘萬端疋屯貫石，〔二九〕諸色資課及句剥所獲不在其中，據天寶中度支每歲所入端屯疋貫石都五千七百餘萬，計稅錢地稅庸調折租得五千三百四十餘萬端疋屯，〔三〇〕其資課及句剥等當合得四百七十餘萬。其度支歲計，粟則二千五百餘萬石，三百萬折充絹布，添入兩京庫。三百萬迴充米豆，供尚食及諸司官廚等料，並入京倉。四百萬江淮迴造米轉入京，充官禄及諸司糧料。五百萬留當州官禄及遞糧。一千萬諸道節度軍糧及貯備當州倉。布絹綿則二千七百餘萬端屯疋，千三百萬入西京，一百萬入東京，千三百萬諸道兵賜及和糴，并遠小州使充官料郵驛等費。〔三一〕錢則二百餘萬貫。百四十萬諸道州官課料及市驛馬，六十餘萬添充諸軍州和糴軍糧。

自開元中及於天寶，開拓邊境，多立功勳，每歲軍用日增。其費糴米粟則三百六十萬疋段，〔三二〕朔方、河西各八十萬，隴右百萬，伊西、北庭八萬，安西十二萬，河東節度及羣牧使各四十萬。給衣則五百二十萬，〔三三〕朔方百二十萬，隴右百五十萬，河西百萬，伊西、北庭四十萬，安西五十萬，〔三四〕河東節度四十萬，羣牧二十萬。〔三五〕別支計則二百一十萬，河東五十萬，幽州、劍南各八十萬。餽軍食則百九十萬石。河東五十萬，幽州、劍南各七十萬。大凡一千二百六十萬，〔三六〕開元以前每歲邊夷戎所用不過二百萬貫，自後經費日廣，以至於此。而錫賚之費此不與焉。其時錢穀之司，唯務割剥，迴殘賸利，名目萬端，府藏雖豐，閭閻困矣。尚書省度支，總天下經費。自安禄山反，至德、乾元之際，置度支使。永泰之後，度支罷使，置轉運使以掌其外。度支以掌於內。建中初，又罷轉運使，復歸度支。分命黜陟使往諸道收户口及錢穀名數，每歲天下共斂三千餘萬貫，其二千五十餘萬貫以供外費，九百五十餘萬貫供京師；稅米麥共千六百餘萬石，其二百餘萬石供京師，千四百萬石給充外費。

天下諸郡每年常貢，按令文，諸郡貢獻皆盡當土所出，〔三七〕准絹爲價，不得過五十疋，並以官物充市。所貢至薄，其物易供，聖朝恒制，在於斯矣。〔三八〕其有加於此數者，蓋修令後續配，〔三九〕亦折租賦，不別徵科。

京兆府貢葵草薦　地骨白皮　酸棗仁

華陰郡貢鷂子十聯　烏鶻五聯　伏苓三十八斤　細辛四斤　伏神三十八斤　今華州

馮翊郡貢白裹皺文皮二十一領〔四〇〕　今同州

扶風郡貢龍鬚蓆十領　今岐州

新平郡貢翦刀十具　蛇膽十斤　蓽豆㯽豆五石　白火筯二十具　今邠州

安定郡貢龍鬚蓆十領　今涇州

彭原郡貢五色龍鬚蓆十領　莞菁　菴蕳子　亭長　假蘇　荆芥　今寧州

汧陽郡貢龍鬚蓆六領　今隴州

中部郡貢龍鬚蓆六領　今坊州

洛交郡貢龍鬚蓆六領　今鄜州

朔方郡貢白氈十領　今夏州

安化郡貢麝香二十五顆　今慶州

靈武郡貢鹿角膠　代赭　花蓯蓉　白鵰翎　今靈州

榆林郡貢青鹿角兩具　徐長卿十斤　赤芍藥十斤　今勝州

延安郡貢麝香三十顆　今延州

咸寧郡貢麝香一顆　今丹州

銀川郡貢女稽布五端　今銀州

平涼郡貢九尺白氈十領　今原州

九原郡貢野馬胯皮二十一片　白麥麵　印盛鹽〔四一〕　今豐州

會寧郡貢駝毛褐兩段　今會州

五原郡貢鹽山四十顆　今鹽州

新秦郡貢青地鹿角二具〔四二〕　鹿角三十具　今麟州

單于都護府貢生野馬胯皮總十二片

安北都護府貢生野馬胯皮二十一片

太原府貢鋼鏡兩面〔四三〕　甘草三十一斤　礬石三十斤　龍骨三十斤　蒲萄粉屑　栢子仁

上黨郡貢人參三百小兩〔四四〕　墨三梃　今潞州

河東郡貢綾絹扇四面　龍骨二十斤　棗八千顆　鳳栖梨三千五百顆　今蒲州

絳郡貢粱穀二十石〔四五〕　墨千四百七十梃　白縠五百疋　梨三千顆　今絳州

平陽郡貢蠟燭三十條　今晉州

西河郡貢龍鬚蓆十領　石膏五十斤　消石五十斤　今汾州

弘農郡貢麝香十顆　硯瓦十具〔四六〕　今虢州

高平郡貢白石英五十小兩　人參三十兩　今澤州

大寧郡貢胡女布五端　今隰州

昌化郡貢胡女布五端　今石州

文城郡貢蠟二百斤　今慈州

陽城郡貢龍鬚蓆六領　今沁州

定襄郡貢豹尾十枚〔四七〕　今忻州

樂平郡貢人參三十兩　今儀州

雁門郡貢白鵰翎五具〔四八〕　熟青二十兩　熟緑二十兩　今代州

樓煩郡貢麝香十顆　今嵐州

安邊郡貢松子一石　今蔚州

馬邑郡貢白鵰翎五具　今朔州

河南府貢瓷器十五事

陝郡貢栢子仁、瓜樓根各三十斤　今陝州

陳留郡貢絹二十疋　今汴州

滎陽郡貢絹二十疋　麻黄二十斤　今鄭州

臨汝郡貢絁二十疋　今汝州

睢陽郡貢絹二十疋　今宋州

靈昌郡貢綾二十疋並方文　今滑州

潁川郡貢絹十疋　蔗心蓆六領　今許州

譙郡貢絹二十疋　今亳州

濮陽郡貢絹二十疋　今濮州

濟陰郡貢蛇床子二十斤　絹二十疋　今曹州

北海郡貢棗兩石　仙文綾十疋　今青州

淮陽郡貢絹十疋　今陳州

汝南郡貢鸂鶒綾十疋　今豫州

東平郡貢絹二十疋　今鄆州

淄川郡貢防風五十斤　進理石五斤　今淄州

臨淄郡貢絲葛十五疋　今齊州

魯郡貢鏡花綾十疋　紫石英二十二兩〔四九〕　今兗州

彭城郡貢絹二十疋　今徐州

臨淮郡貢綿二十屯　貲布十疋　今泗州

汝陰郡貢絹二十屯　今潁州

東海郡貢楚布十疋　今海州

濟陽郡貢阿膠二百小斤　鹿角膠三十小斤　今濟州

瑯琊郡貢紫石英二十兩　今沂州

高密郡貢貲布十端　牛黄一斤　海蛤二十兩　今密州

東牟郡貢牛黄百二十八銖　水葱蓆六領　今登州

范陽郡貢綾二十疋　今幽州

河内郡貢平紗十疋　今懷州

魏郡貢白綿紬八疋　白平紬八疋　今魏州

汲郡貢綿三百兩　今衞州

鄴郡貢紗十疋　鳳翮蓆六領　胡粉百團〔五〇〕　今相州〔五一〕

廣平郡貢平紬十疋　今洺州

清河郡貢氈十領　今貝州

信都郡貢絹二十疋　綿二十屯　今冀州

平原郡貢絹二十疋　今德州

饒陽郡貢絹二十疋　今深州

河閒郡貢絹三十疋　今瀛州

東萊郡貢牛黄百二十二兩　今萊州

景城郡〔五二〕貢細簟四領　細柳箱八十合　糖蟹二十三坩　鱧鮬三百五十梃　今滄州

常山郡貢梨六百顆　羅二十疋　今恆州

博陵郡貢細綾千二百七十疋　兩窠細綾十五疋　瑞綾二百五十五疋　大獨窠綾二十五疋　獨窠綾十疋　今定州

趙郡貢錦五十疋　今趙州

鉅鹿郡貢絲布十疋　今邢州

博平郡貢紬十疋　今博州

文安郡貢綿三百兩　今莫州

上谷郡貢墨二百梃　今易州

樂安郡貢絹十疋　今棣州

北平郡貢蔓荆子四斤　今平州

密雲郡貢人參五斤　今檀州

嬀川郡貢麝香十顆　今嬀州

漁陽郡貢鹿角膠十斤　今薊州

柳城郡貢麝香十顆　今營州

歸德郡貢豹尾三枚〔五三〕　今燕州

安東都護府貢人參五斤

武威郡貢野馬皮五張　白小麥十石　今涼州

天水郡貢龍鬚席六領　芎藭四十斤　今秦州

安西都護府貢硇砂五十斤〔五四〕　緋氈五領

北庭都護府貢陰牙角五隻　速藿角十隻　阿魏截根二十斤

交河郡貢氎布十端　今西州

晉昌郡貢草豉子　野馬皮　黄礬　絳礬　胡桐淚〔五五〕　今瓜州

西平郡貢牸羊角十隻〔五六〕　今鄯州

隴西郡貢麝香十顆　秦膠〔五七〕　今渭州

燉煌郡貢碁子二十具　石膏　今沙州

酒泉郡貢肉蓯蓉二十斤　柏脈二十斤〔五八〕　野馬皮兩張　今肅州

金城郡貢麝香十顆　鼧鼥鼠六頭　今蘭州

安鄉郡貢麝香二十顆　今河州

同谷郡貢蠟燭十條　今成州

和政郡貢龍鬚蓆六領並青黃色　今岷州

武都郡貢蠟燭十條　蜜蠟〔五九〕　羚羊角　今武州

臨洮郡貢麝香十顆　今洮州

懷道郡貢麩金十兩　散金十兩　今宕州

寧塞郡貢麩金六兩　大黃　戎鹽　今廓州

合川郡貢麝香二十顆　今疊州

張掖郡貢野馬皮十張　枸杞子六斗　葉二十斤　今甘州

伊吾郡貢陰牙角五隻　胡桐淚二十五斤　今伊州

廣陵郡貢蕃客錦袍五十領　錦被五十張　半臂錦百段　新加錦袍二百領　青銅鏡十面　莞蓆十領　獨窠細綾十疋　蛇床子七斗〔六〇〕　蛇床仁一斗　鐵精一斤　兔絲子一斤　白芒十五斤〔六一〕　空青三兩　造水牛皮甲千領并袋　今揚州

安陸郡貢青紵十五疋　今安州

弋陽郡貢葛十疋　生石斛六十斤　今光州

義陽郡貢葛十疋　今申州

廬江郡貢絲布十疋　石斛六十斤　今廬州

蘄春郡貢白紵布十五端〔六二〕　烏蛇脯　今蘄州

同安郡貢蠟五十斤〔六三〕　石斛六十斤　今舒州

歷陽郡貢麻布十疋　今和州

鍾離郡貢絲布十疋　今濠州

壽春郡貢絲布十疋　生石斛五十斤　今壽州

齊安郡貢紫紵布十端　䖟虫二斤　今黄州

淮陰郡貢貲布十疋　今楚州

漢陽郡貢麻貲布十疋　今沔州

江陵郡貢白方文綾二十疋　橘皮九十斤　梔子五斤　貝母七斤〔六四〕　覆盆子三斤　石龍芮一斤　烏梅肉十斤　今荆州

永陽郡貢紵練布十五疋　今滁州〔六五〕

襄陽郡貢五盛碎石文庫路真二具〔六六〕　十盛花庫路真二具〔六七〕　今襄州

南陽郡貢絲布十疋　今鄧州

淮安郡貢絹十疋〔六八〕　今唐州

上洛郡貢麝香三十顆　今商州

安康郡貢麩金五兩　乾漆六斤　杜仲二十斤　椒目十斤　黄蘗六斤　枳實六斤　枳殼十四斤　茶芽一斤　椒子一石　雷丸五兩　今金州

武當郡貢麝香二十顆　今均州

房陵郡貢麝香二十顆　雷丸　石膏　蒼礬石　今房州

漢東郡貢綾十疋　葛五疋　覆盆子　今隋州

南浦郡貢金五兩　今萬州

澧陽郡貢柑子四百顆　橘子七百顆　龜子綾十疋　五入簟四領〔六九〕　恒山八斤〔七〇〕　蜀漆一斤　今澧州

雲安郡貢蠟百斤　今夔州

竟陵郡貢白紵布一端　今復州

武陵郡貢紵練布十端　今朗州

夷陵郡貢茶二百五十斤　柑子二千顆　五加皮二斤〔七一〕　杜若二斤　芒硝四十斤　鬼臼二斤　蠟百斤　今峽州

南賓郡貢蘇薰蓆四領　綿紬五疋　今忠州

富水郡貢白紵布十端　今郢州

巴東郡貢蠟四十斤　今歸州

漢中郡貢紅花百斤　燕脂一升　今梁州

通川郡貢綿紬三疋　蜂香五斤　藥子二百顆　今通州

順政郡貢蠟六十斤　今興州

巴川郡貢牡丹皮十斤　藥子二百顆　今合州

清化郡貢綿紬十疋　今巴州

洋川郡貢白交梭十疋〔七二〕　今洋州

河池郡貢蠟百斤　今鳳州

益昌郡貢絲布十疋　今利州

咸安郡貢綿紬十疋　今蓬州

盛山郡貢蠟四十斤　車前子一升〔七三〕　今開州

始寧郡貢綿紬十疋　今壁州〔七四〕

南平郡貢葛五疋　今渝州

符陽郡貢蠟五十斤　藥子二百顆　今集州

潾山郡貢紬十疋〔七五〕　買子木十斤，子一升　今渠州

丹陽郡貢方文綾七疋　水文綾八疋　今潤州

晉陵郡貢細青紵布十疋　今常州

吴郡貢絲葛十疋　白石脂三十斤　蛇床子仁三升〔七六〕　鯔魚皮三十頭　鮍魚鯌五十頭〔七七〕　壓胞七升〔七八〕　肚魚五十頭　春子五升〔七九〕　嫩藕三百段　今蘇州

餘杭郡貢白編綾十疋　橘子二千顆　蜜薑二石〔八〇〕　今杭州

會稽郡貢朱砂十兩〔八一〕　白編綾十疋　交梭十疋　輕調十疋　今越州

餘姚郡貢附子百枚　今明州

東陽郡貢紙六千張　綿六百兩　葛粉二十石　今婺州

新定郡貢交梭二十疋　竹簟一合　今睦州

信安郡貢綿百屯　紙六千張　今衢州

吴興郡貢紵布三十端　今湖州

臨海郡貢鮫魚皮百張　乾薑百斤　乳柑六千顆　金漆五升三合　今台州

永嘉郡貢鮫魚皮三十張　今温州

新安郡貢紵布十五端　竹簟一合　今歙州

長樂郡貢蕉二十疋〔八二〕　海蛤一斤〔八三〕　今福州

清源郡貢綿二百兩　今泉州

建安郡貢蕉二十疋　練十疋　今建州

臨汀郡貢蠟燭二十條　今汀州

漳浦郡貢鮫魚皮二十張　甲香五斤　今漳州

潮陽郡貢蕉十疋　蚺虵膽十枚　鮫魚皮十張　甲香五斤　石井　銀石　水馬　今潮州

宣城郡貢白紵布十疋　今宣州

豫章郡貢葛五十疋　柑子六千顆　今洪州

鄱陽郡貢麩金十兩　簟一合　今饒州

長沙郡貢葛十五疋　今潭州

南康郡貢竹布二十疋　今虔州

零陵郡貢葛十疋　石鷰二百顆　今永州

臨川郡貢葛布十疋　箭簳百萬莖　今撫州

桂陽郡貢白紵布十疋　今郴州〔八四〕

廬陵郡貢白紵布二十端　陟釐十斤　今吉州

潯陽郡〔八五〕貢葛十疋　生石斛十斤　今江州

江華郡貢零陵香百斤　白布十端　今道州

衡陽郡貢麩金十四兩　今衡州

江夏郡貢銀五十兩　今鄂州

宜春郡貢白紵布十疋　今袁州

巴陵郡貢白紵布十疋　今岳州

邵陽郡貢銀二十兩　今邵州

蜀郡貢單絲羅二十疋　高紵衫段二十疋　今益州

唐安郡貢羅二十疋　今蜀州

濛陽郡貢交梭二十疋　今彭州

德陽郡貢彌布十疋　紵布十疋　今漢州

通義郡貢麩金八兩　柑子不限多少　今眉州

梓潼郡貢綾十六疋　今梓州

巴西郡貢雙紃二十疋　今綿州

普安郡貢絲布十疋　蘇薰蓆六領　今劒州

閬中郡貢重連綾二十疋　今閬州

資陽郡貢麩金七兩　柑子不限多少　今資州

臨邛郡貢絲布十疋　今邛州

通化郡貢麝香六十枚　扇香十枚〔八六〕　齊香十枚　顆香二十枚〔八七〕　今茂州

交川郡貢麝香三十枚〔八八〕　當歸七斤　羌活五斤　野狐尾五枚　今松州

越巂郡貢絲布十疋　進刀子靶六十枚　今巂州

南溪郡貢葛十疋　六月進荔枝煎　今戎州

遂寧郡貢樗蒲綾十五疋　乾天門冬百一十斤　今遂州

南充郡貢絲布十疋　今果州

仁壽郡貢細葛五疋　今陵州

犍爲郡貢麩金五兩　今嘉州

盧山郡貢金　落雁木　今雅州

瀘川郡貢葛十疋　今瀘州

陽安郡貢綿紬十疋　柑子不限多少　今簡州

安岳郡貢葛十疋　天門冬煎四斗　今普州

洪源郡貢蜀椒一石　今黎州〔八九〕

陰平郡貢麝香二十顆　白蜜一石　今文州

同昌郡貢麝香十顆　今扶州

江油郡〔九〇〕貢麩金六兩　羚羊角六具　今龍州

臨翼郡貢麝香三十四顆　犛牛尾五斤　當歸十斤　今翼州

歸誠郡〔九一〕貢麝香六顆　犛牛尾五斤　當歸二十斤　今悉州

靜川郡貢麝香六顆　當歸十斤　羌活十斤　犛牛尾五斤　今靜州

恭化郡貢麝香十五顆〔九二〕　當歸十斤　羌活十斤　今恭州

維川郡貢麝香二十顆　犛牛尾十斤　今維州

和義郡貢班布六疋　今榮州

雲山郡貢麝香十顆　黑犛牛尾二斤〔九三〕　今奉州

蓬山郡貢麝香十顆　當歸十斤　羌活十斤　今柘州

黔中郡貢蠟五十斤（九四）　今黔州

盧溪郡貢光明砂四斤　今辰州

靈溪郡貢朱砂十斤　茶芽一百斤（九五）　今溪州

潭陽郡貢麩金八兩　今巫州

盧陽郡貢光明砂一斤　今錦州

清江郡貢黃連一斤（九六）　蠟十斤　黃子二百顆　今施州

涪陵郡貢連頭獠布十段　今涪州

寧夷郡貢蠟五十斤　今思州

義泉郡貢蠟燭十條　今夷州

龍標郡（九七）貢蠟二十斤　今業州

南川郡貢布五端　今南州

南海郡貢生沉香七十斤　甲香三十斤　石斛二十斤　鼊皮三十斤（九八）　蚺蛇膽五枚　詹糖香二十五斤（九九）　藤簟二合　竹簟五領　今廣州

始安郡貢銀百兩　今桂州

安南都護府貢蕉十端　檳榔二千顆　鋌魚皮二十斤〔一〇〇〕　蚺蛇膽二十枚　翠毛二百合〔一〇一〕

普寧郡貢朱砂二十斤　水銀二十斤　今容州

始興郡貢鍾乳二十四斤十二兩二分　竹子布十五疋　石斛二十斤　今韶州

臨賀郡貢銀三十兩　今賀州

連山郡貢細布十疋　鍾乳十兩　今連州

高要郡貢銀二十兩　今端州

平樂郡貢銀二十兩　今昭州

新興郡貢銀五十兩　蕉五疋　今新州

南潘郡貢銀二十兩　今潘州

陵水郡貢銀二十兩　今辨州〔一〇二〕

高涼郡貢銀二十兩　蚺蛇膽二枚　今高州

海康郡貢絲電四疋　今雷州

臨江郡貢銀二十兩　今龔州

潯江郡貢銀二十兩　今潯州

蒙山郡貢麩金十兩　今蒙州

開江郡貢班布五端　今富州

修德郡〔一〇三〕貢銀二十兩　今嚴州

臨封郡貢銀二十兩　石斛十小斤　今封州

南陵郡貢銀二十兩　石斛十小斤　今春州

招義郡貢銀二十兩　今羅州

日南郡貢象牙二根　犀角四根　沈香二十斤　金薄黄屑四石　今驩州

定川郡貢銀二十兩　今牢州

懷德郡貢銀二十兩　今竇州

寧浦郡貢銀二十兩　今横州

象郡貢銀二十兩　今象州

開陽郡貢石斛三斤　銀二十兩　今瀧州

感義郡貢銀二十兩〔一〇四〕　今藤州

平琴郡貢銀二十兩　今平琴州

合浦郡貢銀二十兩　今廉州

連城郡貢銀二十兩　今義州

玉山郡貢玳瑁二具　鼊皮六十斤　翠毛三百合　甲香二斤　今陸州

寧仁郡貢銀二十兩　今黨州

懷澤郡貢細白紵布十端　今貴州

龍城郡貢銀二十兩　今柳州

銅陵郡〔一〇五〕貢石斛二十小斤　銀二十兩　今勤州

海豐郡貢五色藤鏡匣一具　蚺蛇膽三枚　甲煎二兩〔一〇六〕　鯅魚皮三　箋臺一　今循州

晉康郡貢銀二十兩　今康州

恩平郡貢銀二十兩　今恩州

珠崖郡〔一〇七〕貢銀二十兩　真珠二斤　玳瑁一具　今崖州

萬安郡貢銀二十兩　今萬安州

延德郡貢藤盤一〔一〇八〕　今振州

校勘記

〔一〕大唐　北宋本、傅校本、明抄本、明刻本無此二字。

〔二〕大唐武德元年詔曰至不在徭役之限　檢舊唐書高祖紀八頁、新唐書高祖紀八頁、通鑑卷一八七五八四〇頁知此優惠宗室詔頒于武德二年二月丙戌。此云「元年」，誤。又按：新唐書云武德二年二月乙酉，初定租庸調法。通鑑亦置初定租庸調法於優惠宗室詔前。通典此詔在前，而「二年制，每一丁租二石」在後，時序不合。

〔三〕二年制每一丁租二石　按：册府卷四八七五八二八頁云：「唐高祖武德二年制，每一丁租二石，絹二疋，綿三兩，自兹以外，不得横有調斂。」唐會要卷八三、通鑑卷一八七五八四〇頁同。通典但云「每一丁租二石」，過于簡略。

〔四〕若嶺南諸州則税米至損七以上課役俱免　原「六」「七」字下俱有「分」，今據北宋本、傅校本、明抄本、王吴本删。按：此一節賦役令乃武德七年所定，見舊唐書食貨志上二〇八八頁、册府卷四八七五八二八頁。通典繫於武德二年下，誤。武德五年，嶺南諸州方先後歸唐，有關嶺南諸州令文，自不能於武德二年制定。又按：此項賦役令文，册府謂定於三月，唐會要卷八三謂定於三月二十九日，通鑑卷一九〇五九八二頁謂定於四月。

〔五〕至九年三月至宜爲九等　唐會要卷八五、册府卷四八六五八〇九頁同。舊唐書太宗紀四五頁、通鑑卷一九四六一一〇頁皆繫此詔於貞觀九年三月庚寅。

〔六〕其粟麥粳稻之屬　原脱「粳」，據舊唐書食貨志下二一二三頁、唐會要卷八八補。按：本書卷一二亦有「粳」字。

〔七〕至大曆四年正月制　原「制」下衍「下」，據北宋本删。

〔八〕一品至九品　「至」下原有「於」，據北宋本、傅校本、明抄本删。

〔九〕任土作貢　「土」原訛「士」，據北宋本、王吴本改。按：舊唐書食貨志上二〇九〇頁、唐會要卷八三均作「土」。

〔一〇〕幕士　「幕」原訛「募」，據北宋本、傅校本、明抄本、王吴本改。按：舊唐書食貨志上二〇九〇頁、唐會要卷八三均作「幕」。

〔一一〕任此色役　「色」原訛「免」，據舊唐書食貨志上二〇九〇頁、唐會要卷八三改。

〔一二〕無絹之鄉絁布參乥　「參乥」原作「三尺」，係後人妄改。今據北宋本改回。按：「乥」乃「派」之本字。參派者，分别徵收之謂也。

〔一三〕日別絁絹各三尺　原脱「日別」，據北宋本、傅校本補。

〔一四〕送至京逐要支用　「逐」原訛「遂」，據舊唐書食貨志上二〇九〇頁、唐會要卷八三、册府卷四八七五八二九頁改。

〔一五〕河南河北　原倒作「河北河南」，據舊唐書食貨志上二〇九〇頁、唐會要卷八三、册府卷四八七五八二九頁乙。

〔一六〕其侍丁孝假者免差科　「孝」原訛「老」，「假者」原倒，今據舊唐書食貨志上二〇九一頁、唐會要卷八三、册府卷四八七五八三〇頁、唐大詔令集卷四改元天寶赦改乙。按：改元天寶赦云：「侍丁者令其養老，孝假者矜其在喪。」

〔一七〕百姓及客等　「等」唐會要卷八三作「户」。

〔一八〕一尺二寸爲大尺　原涉上而脱，據唐六典卷三、舊唐書職官志二一八二七頁補。

〔一九〕二籥爲合　「二」原訛「合」，據北宋本、傅校本、明抄本、明刻本、王吴本改。按：唐六典卷三及舊唐書食貨志上二〇八九頁、職官志二一八二七頁均作「二」。

〔二〇〕三升爲大升三斗爲大斗　原脱，據舊唐書食貨志上二〇八九頁補。

〔二一〕若是軍國所須　原脱「是」，據北宋本、傅校本、明抄本、明刻本、王吴本補。「須」原訛「輸」，據諸本改。

〔二二〕庸調車舟未發間　「庸」原作「租」，據北宋本、傅校本、明抄本改。

〔二三〕五月三十日内納了　「了」原作「完」，據北宋本、傅校本、明抄本改。

〔二四〕皆徵發當年課役　「發當」原誤倒，今乙正。按：凡向民間徵集夫役及物品以給公用，謂之徵發。北史魏宣武帝紀：「詔諸州蠲停徭役，不得横有徵發。」可證。

〔二五〕不得更移　「得」原訛「復」，據北宋本改。

〔二六〕天下百姓單貧交不存濟者租庸　「交不」原作「不能」，後人擅改。今據北宋本、傅校本、明刻本、王吴本改回。

〔二七〕停郡縣官白直課錢　「白」原訛「日」，據唐會要卷九一改。下同。按：白直是唐代色役名目之一。

〔二八〕兩漢每户所墾田不過七十畝　「兩」原作「西」，據北宋本、傅校本、明抄本、明刻本改。

〔二九〕五千二百三十餘萬端疋屯貫石　「三」原訛「二」，據册府卷四八七五八三〇頁改。按：上文各類稅收數字之和爲五千二百三十餘萬。

〔三〇〕計稅錢地稅庸調折租得五千三百四十餘萬端疋屯　此句疑有脱誤。按：歲入中包括租，「庸」上蓋脱「租」，此數字即正文之大凡都計數字，「三」當作「二」，「四」當作「三」。五千二百三十餘萬與下文四百七十餘萬之和，正爲五千七百餘萬。據上文例，「屯」下應有「貫石」。

〔三一〕并遠小州使充官料郵驛等費　「使」原作「便」，據北宋本改。

〔三二〕三百六十萬疋段　「六」北宋本、傅校本、明抄本、明刻本、王吴本作「四」。按：計注文數字之和，作「六」是。

〔三三〕給衣則五百二十萬　「二」原作「三」，據北宋本、傅校本、明抄本、明刻本、王吴本改。

〔三四〕安西五十萬　「五」原作「三」，據北宋本、王吴本改。

〔三五〕羣牧二十萬　「二」原作「五」，據北宋本改。「羣」北宋本、傅校本同，明抄本、明刻本、王吴本作「郡」。

〔三六〕大凡一千二百六十萬　「一」北宋本、傅校本、明抄本、明刻本、王吴本均作「二」。按：上文四項數字之和應爲一千二百八十萬。

〔三七〕諸郡貢獻皆盡當土所出　「盡」原作「取」，據北宋本、傅校本、明抄本、王吴本改。

〔三八〕聖朝恒制在於斯矣　「恒」原作「常」，「在於斯矣」，原倒作「於斯在矣」，據北宋本、傅校本、明抄本、王吴本改乙。

〔三九〕其有加於此數者蓋修令後續配　「數者蓋修令後續配」八字原脱，據北宋本、傅校本、明抄本、王吴本補。

〔四〇〕二十一領　「二」原作「三」，據北宋本、傅校本、明抄本、明刻本改。

〔四一〕印盛鹽　新唐書地理志一九七六頁無「盛」字。

〔四二〕青地鹿角　「地」新唐書地理志一九七五頁作「他」。

〔四三〕貢鋼鏡兩面　「鋼」原作「銅」，據北宋本改。

〔四四〕貢人參三百小兩　「三」原作「二」，據北宋本、傅校本、明抄本、明刻本、王吴本改。

〔四五〕粱穀　「粱」原訛「梁」，據北宋本改。

〔四六〕硯瓦　新唐書地理志二九八六頁作「瓦硯」。

〔四七〕豹尾十枚　「豹」北宋本、王吴本作「豺」。

〔四八〕白鵰翎　「鵰」原訛「雁」，據北宋本改。按：新唐書地理志三一〇〇六頁也作「鵰」。

〔四九〕紫石英二十二兩　後「二」原作「五」，據北宋本、傅校本改。

〔五〇〕胡粉百團　「團」原作「圓」，據北宋本、傅校本、明抄本、王吴本改。

〔五一〕相州　原脱「州」，據諸本補。

〔五二〕景城郡　景城郡及注文二十七字原在常山郡及注文十二字後，今據北宋本、傅校本、明抄本、明刻本、王吴本移前。

〔五三〕貢豹尾三枚　北宋本「豹」作「豺」，「枚」作「枝」。明抄本、王吴本作「犲」。

〔五四〕硇砂　「硇」原訛「碙」，據北宋本改。

〔五五〕胡桐淚　「淚」新唐書地理志四一〇四五頁作「律」。下同。

〔五六〕牸羊　「牸」原訛「特」，據諸本改。

〔五七〕秦膠　元和郡縣志卷三九九八三頁、新唐書地理志四一〇四一頁作「秦艽」。

〔五八〕柏脈二十斤　「柏」原訛「相」，又脱「斤」，據北宋本改補。按：新唐書地理志四一〇四五頁作「柏脈根」。

〔五九〕蜜蠟　「蜜」原訛「密」，據北宋本、傅校本、明刻本、王吴本改。

〔六〇〕蛇床子七斗　「七」原作「一」，據北宋本、傅校本、明抄本、明刻本改。

〔六一〕白芒十五斤　「芒」疑當作「芷」。蓋「芒」「芷」形近而誤。本草綱目卷一四白芷條，集解引蘇頌曰：「所在有之，吴地尤多。」

〔六二〕貢白紵布十五端　「端」原作「疋」，據北宋本、明抄本、王吴本改。

〔六三〕貢蠟五十斤　「貢」原訛「貲」，據諸本改。

〔六四〕貝母七斤　「七」原作「十」，據北宋本改。

〔六五〕今滁州　「滁」北宋本、明刻本作「條」，傅校本、明抄本、王吴本作「滌」，殿本作「淅」，並誤。

〔六六〕貢五盛碎石文庫路真二具　「石」原訛「古」，據北宋本、明抄本、明刻本、王吴本改。新唐書地理志四一〇三〇頁作「石」。又,新唐志「盛」作「乘」。下同。

〔六七〕十盛花庫路真二具　原「盛」字處爲空白,今據諸本補字。

〔六八〕貢絹十疋　「十」原訛「千」,據北宋本、王吴本改。

〔六九〕五入簟四領　原在「恆山八斤」後,今據北宋本、傅校本、明抄本、王吴本移前。

〔七〇〕恆山八斤　「八」原作「一」,據北宋本改。

〔七一〕五加皮二斤　「加」北宋本、傅校本作「茄」。

〔七二〕貢白交梭十疋　「白交梭」原訛脱作「白梭」,今據新唐書地理志四洋州條一〇三四頁改。按:此種絲織品,蓋以交梭方法織成,故據以名之。除新唐書地理志外,元和郡縣圖志亦屢見「交梭」之名,如卷二五睦州條六〇七頁、卷二六越州條六二八頁即是。下文「交梭」亦據改作「交梭」,不再出校。

〔七三〕車前子一升　「升」原作「斤」,據北宋本、傅校本、明抄本、明刻本改。

〔七四〕壁州　「壁」原訛「璧」,據北宋本改。

〔七五〕貢紬十疋　原「紬」上有「綿」,據北宋本、傅校本、明抄本、王吴本删。

〔七六〕蛇床子仁三斤　原脱「仁」,據北宋本、王吴本補。

〔七七〕鮍魚鯺五十頭　「鯺」原訛「腊」,據北宋本、傅校本、明抄本改。

〔七八〕墅胞七升　「墅」原作「鴨」,「升」原作「斤」,據北宋本、傅校本、明刻本改。王吴本也作「墅」。

〔七九〕春子五升　「春」新唐書地理志五一〇五八頁作「魚」,疑是。

〔八〇〕蜜薑二石 「薑」原訛「姜」，「二」原作「十」，據北宋本改。傅校本、明抄本也作「薑」。

〔八一〕貢朱砂十兩 原「十」上有「一」，據北宋本、王吴本删。

〔八二〕貢蕉二十疋 原「蕉」下有「布」，據北宋本、王吴本删。下同。

〔八三〕海蛤一斤 「斤」原作「升」，據北宋本、王吴本改。

〔八四〕郴州 「郴」原訛「彬」，據北宋本、傅校本、明抄本改。

〔八五〕潯陽郡 「潯」北宋本、傅校本、明抄本、明刻本作「尋」，殿本、局本作「皋」，均誤。據王吴本改。按：元和郡縣圖志卷二八江州條六七五頁、新唐書地理志五一〇六八頁均作「潯」。

〔八六〕扇香十枚 原在「齊香十枚」後，今據北宋本、傅校本、明抄本、王吴本移前。

〔八七〕顆香二十枚 「二」原作「三」，據北宋本、傅校本、明抄本、明刻本、王吴本改。

〔八八〕貢麝香三十枚 「枚」原作「顆」，據北宋本、王吴本改。

〔八九〕黎州 「黎」原訛「當」，據通典考證改。

〔九〇〕江油郡 「江油」原倒，據元和郡縣志卷三三、太平寰宇記卷八四乙。

〔九一〕歸誠郡 「誠」原訛「城」，據卷一七六改正。

〔九二〕貢麝香十五顆 「十五」原作「二十」，據北宋本改。

〔九三〕黑氂牛尾二斤 「黑」原作「墨」，據北宋本、王吴本改。

〔九四〕貢蠟五十斤 原作「貢朱砂十斤」，據北宋本、傅校本、明抄本改。

〔九五〕茶芽一百斤　「一」原作「二」，據北宋本改。

〔九六〕貢黄連一斤　「一」原作「十」，據北宋本改。

〔九七〕龍標郡　「標」原訛「溪」，據卷一八三改正。

〔九八〕鼊皮三十斤　「鼊」原作「鼉」，據北宋本改。下同。

〔九九〕詹糖香二十五斤　「糖」原訛「沈」，據北宋本改。按：新唐書地理志七上一〇九五頁作「糖」。

〔一〇〇〕鮏魚皮二十斤　原脱「鮏」，「斤」作「張」，據北宋本補改。

〔一〇一〕翠毛二百合　「毛」傅校本、明抄本作「尾」。

〔一〇二〕辨州　「辨」原訛「辯」，據北宋本、傅校本、明抄本、王吴本改。

〔一〇三〕修德郡　「修」原作「循」，據北宋本、傅校本、明抄本、明刻本、王吴本改。

〔一〇四〕貢銀二十兩　「二」原作「一」，據北宋本、傅校本、明抄本、明刻本、王吴本改。

〔一〇五〕銅陵郡　「銅」原訛「同」，據卷一八四改。

〔一〇六〕甲煎二兩　原脱「甲」，據北宋本補。

〔一〇七〕珠崖郡　「珠」原訛「朱」，據卷一八四改。

〔一〇八〕貢藤盤一　原脱「一」，據北宋本、傅校本補。

王永興點校　王文錦覆校

通典卷第七

食貨七

歷代盛衰戶口　丁中

歷代盛衰戶口周　秦[一]　漢　後漢　魏　晉　宋　齊　梁　陳　後魏　北齊　後周　隋　大唐

三皇以前尚矣，靡可得而詳也。孔子稱堯曰大哉，舜曰盡善，禹曰無閒。以三聖之德，地方不過數千里，故君臣歌德，含氣之類，各得其宜。禹平水土，爲九州，人口千三百五十五萬三千九百二十三。塗山之會，諸侯承唐虞之盛，執玉帛者萬國。男女耕織，不奪其時，故公家有三十年之積，私家有九年之儲。及其衰也，弃稷不務，續有有窮、孔甲之亂，[二]遭桀行暴，諸侯相兼，逮湯受命，其能存者三千餘國，方於塗山，十損其七。其後紂作淫虐，厚賦以實鹿臺，大斂以積巨橋，人庶苦而無憀，天下去之。

周武王致商之罪，罔有敵於我師，一戎衣天下大定，垂拱而天下治，定五等之封，凡千七百七十三國。又減湯時千三百國，人衆之損亦如之。周公相成王，致理刑措，人口千三百七十萬四千九百二十三，此周之極盛也。及昭王南征不還，穆王荒耄，加以幽之亂，〔三〕平王東遷，三十餘年。莊王十三年，齊桓公二年，五千里外非天子之御。自太子公侯以下至於庶人，凡千一百八十四萬一千九百二十三人。其後諸侯相并，尚有千二百國。春秋二百四十二年之中，弒君三十六，亡國五十二，諸侯更相征伐，奔走不保社稷者，不可勝數。齊桓救其難，孔子定其文，至於戰國，存者十餘。於是縱横短長之說，相奪於時，〔四〕殘人詐力之兵，動以萬計。伊闕之敗，斬首二十四萬。長平之戰，血流漂鹵。周之列國，唯秦、楚、燕而已。齊及三晉，皆以篡亂。衛雖得存，不絶如綫。音線。然考蘇、張之說，計秦及山東六國戎卒，〔五〕尚踰五百餘萬，推人口數尚當千餘萬。〔六〕

秦兼諸侯，所殺三分居二，〔七〕猶以餘力北築長城四十餘萬，南戍五嶺五十餘萬，阿房、驪山七十餘萬。〔八〕十餘年間，〔九〕百姓死没，相踵於路。陳、項又肆其酷烈，新安之坑，二十餘萬，彭城之戰，睢水不流。

漢高帝定天下，人之死傷亦數百萬，是以平城之卒不過三十萬，方之六國，十分無三。〔一〇〕孝文偃武修文，與人休息，嘗欲作露臺，召工計之，〔一一〕直百金，曰：「百金，中人十家之産。吾奉先帝宮室，常恐羞之。」乃止。孝景承平，賦役減省，三十而税一，人人自愛。

每有詔命頒下鄉閭，垂白戴老扶疾策杖以聽之，思一見太平。至武帝元狩中，六十餘年，人衆大增，太倉之粟紅腐而不食，都内之錢貫朽而不校。孝武帝乘其資稸，乃厲兵馬以攘戎狄，廓地遐廣，征伐不休，十數年閒，天下之衆，亦減半矣。末年追悔，故下哀痛之詔，封丞相富人侯。〔一二〕昭宣之後，罷戰務農，户口漸益。元帝時，貢禹上書曰：「古者宮女不過九人，秣馬不過八疋。高祖、孝文、孝景皇帝，修古節儉，〔一三〕宮女不過十餘，廐馬不過百餘疋。故時齊三服官輸物不過十笥。〔一四〕方今齊三服官作工各數千人，歲費數鉅萬。蜀廣漢主金銀器，歲各用五百萬，三工官官費五千萬，織室亦然。廐馬食粟將萬疋。百姓重困，請從省儉。」帝多采納之。至孝平元始二年，人户千二百二十三萬三千，口五千九百五十九萬四千九百七十八，〔一五〕此漢之極盛也。及王莽篡位，續以更始、赤眉之亂，率土遺黎，十纔二三。

後漢光武建武中，兵革漸息。至中元二年，户四百二十七萬六百三十四，口二千一百萬七千八百二十。明、章之後，天下無事，務在養民。至於孝和，人户滋殖。桓帝永壽三年，户千六十七萬七千九百六十，口五千六百四十八萬六千八百五十六。〔一六〕靈帝遭黄巾爲寇，獻帝遇董卓稱亂，大焚宮廟，劫御西遷，是以興平、建安之際，海内荒殘，人户所存，十無一二。

魏武據中原，劉備割巴蜀，孫權盡有江東之地。三國鼎立，戰爭不息。劉備章武元年，有户二十萬，男女口九十萬。及平蜀，得户二十八萬，口九十四萬，帶甲將士十萬二千，吏四萬，通計户九十四萬三千四百二十三，口五百三十七萬二千八百八十一。除平蜀所得，當時魏氏唯有户六十六萬三千四百二十三，口有四百四十三萬二千八百八十一。孫權赤烏五年，有户五十二萬，男女口二百三十萬。〔一七〕

晉武帝太康元年，平吴，收其圖籍，户五十三萬，吏三萬二千，兵二十三萬，男女口二百三十萬，後宫五千餘人。九州攸同，大抵編户二百四十五萬九千八百四十，〔一八〕口千六百一十六萬三千八百六十三，此晉之極盛也。蜀劉禪炎興元年，則魏常道鄉公景元四年，歲次癸未，是歲魏滅蜀。至晉武帝太康元年，歲次庚子，凡一十八年。户增九十八萬六千三百八十一，口增八百四十九萬九百八十二。則當三國鼎峙之時，天下通計户百四十七萬三千四百二十三，口七百六十七萬二千八百八十一，以奉三主，斯以勤矣。後趙石勒，據有河北，初文武官上疏，請依劉備在蜀，魏王在鄴故事，魏王即曹公，以河內、魏、汲等十一郡，〔一九〕并前趙國合二十四，户二十九萬爲趙國。前秦苻堅滅前燕慕容暐，入鄴，閱其名籍，户二百四十五萬八千九百六十九，口九百九十八萬七千九百三十五。〔二〇〕徙關東豪傑及諸雜夷十萬户於關中。〔二一〕平燕定蜀之稱，僞代之盛也。時關隴清晏，百姓豐樂，自長安至於諸州，〔二二〕二十里一亭，四十里一驛，〔二三〕旅行者取給於途，工商資販於道。

宋武帝北取南燕，平廣固，南燕，慕容超。廣固，即今北海郡。西滅後秦，平關洛，後秦，姚泓。長河以南，盡爲宋有。帝素節儉，有司嘗奏東西堂施局腳牀，用銀塗釘，帝以爲費，使用直腳牀，釘用鐵。公主出適，遣送不過二十萬，無錦繡金玉之費。文帝勵精臨人，江左數代帝王莫及，所以稱元嘉之理，比前漢之文、景焉。既而國富兵彊，更務經略。元嘉二十七年，後魏主太武帝以數十萬衆南伐，河上屯戍，相次覆敗。魏師至瓜步而還。宋之財力，自此衰耗。今按本史，孝武大明八年，户九十萬六千八百七十，口四百六十八萬五千五百一。

齊氏六王，年代短促，其户口未詳。

梁武之初，亦稱爲理，及精華耗竭，貪地邀功，侯景逆亂，竟以幽斃。元帝慘虐，骨肉相殘，纔及三年，便至覆滅，墳籍亦同灰燼。户口不能詳究。

陳武帝，荆州之西，既非我有，淮肥之内，力不能加。宣帝勤恤人隱，時稱令主，閲其本史，户六十萬。而末年窮兵黷武，遠事經略，吴明徹全軍隻輪不返，鋭卒利器，從此殲焉。至後主滅亡之時，隋家所收户五十萬，口二百萬。

後魏起自陰山，盡有中夏。孝文遷都河洛，定禮崇儒。明帝正光以前，時惟全盛，户口之數，比夫晉太康倍而餘矣。按晉武帝太康元年平吴後，大凡户二百四十五萬九千八百，口千六百一十六萬三千八百六十三。今云倍而餘者，是其盛時則户有至五百餘萬矣。及爾朱之亂，政移臣下，或廢或立，甚於弈碁，遂分爲東西二國，皆權臣擅命，戰争不息，人户流離，官司文簿，又多散弃。今按舊史，户三百三十七萬五千三百六十八。其時以征伐不息，唯河北三數大郡，多千户以下，復通新附之郡，小者户纔二十，口百而已。

北齊承魏末喪亂，與周人抗衡，雖開拓淮南，而郡縣褊小。文宣受禪，性多暴虐，而能委政宰輔楊遵彥，十數年閒，亦稱爲理。故其時以爲主昏於上，政清於下。及武成、後主，俱是僻王。至崇國諱改之化三年，爲周師所滅。〔二四〕有户三百三萬二千五百二十八，口二千萬六千八百八十。

後周閔、明二帝，主祭而已，俱以弒崩。武帝誅戮權臣，誅宇文護。方覽庶政，躬儉節用，〔二五〕考覈名實，五六年內，平蕩燕齊。滅高齊。嗣子昏虐，亡不旋踵。按大象中，有户三百五十九萬，口九百萬九千六百四。

隋文帝始以外戚，遂受託孤，不踰數年，便享大位，克勤理道，克儉資費。至於六宮之內，常服浣濯之衣，供御故弊，隨令補用，非享燕，所食不過一肉。有司嘗進乾薑，用布袋盛，帝以爲費，大加譴責。後進香藥，復以氈袋盛，因笞所司，以爲後誡。其時宇內稱理，倉庫盈溢。至開皇九年平陳，帝親於朱雀門勞師行賞，自門外列布帛之積，達於南郭，〔二六〕以次頒給，所費三百餘萬段，而不加賦於人。煬帝大業五年，户八百九十萬七千五百三十六，〔二七〕口四千六百一萬九千九百五十六，此隋之極盛也。後周靜帝末授隋禪，有户三百九十九萬九千六百四。〔二八〕至開皇九年平陳，得户五十萬，及是纔二十六七年，〔二九〕直增四百八十萬七千九百三十二。承其全實，遂恣荒淫。登極之初，即建洛邑，每月役丁二百萬人。導洛至河及淮，又引沁水達河北，通涿郡，築長城東西千餘里，皆徵百萬餘人。丁男不充，以婦人兼，役而死者大半。及親征吐谷渾，駐軍青海，遇雨雪，士卒死者十二三。又三駕東征遼澤，皆興百餘萬衆，餽運者倍之。又逆徵數年之賦，窮侈極奢，舉天下之人，十分九爲盜賊。身喪國滅，實自取之，蓋資我唐之速有天下也。

大唐貞觀户不滿三百萬。三年，户部奏，中國人因塞外來歸及突厥前後降附、開四夷爲州縣，獲男女一百二十餘萬口。十四年，侯君集破高昌，得三郡，五縣、二十二城，户八千四十六，口三萬七千三十一，馬四千三百匹。〔三〇〕

永徽三年，〔三一〕户部尚書高履行奏：「去年進户一十五萬。」高宗以天下進户既多，謂無忌曰：「比來國家無事，户口稍多，三二十年，足堪殷實。」因問隋有幾户，今有幾户。履行奏：「隋大業中户八百七十萬，〔三二〕今户三百八十萬。」永徽去大業末三十六年。

顯慶二年十月，上幸許、汝州，問中書令杜正倫曰：「此閒田地極寬，百姓太少。」因又問隋有幾户。正倫奏：「大業初有八百餘萬户，〔三三〕末年離亂，至武德有二百餘萬户。」

總章元年十月，司空李勣破高麗國，虜其王，下城百七十，户六十九萬七千二百。二年，徙高麗民三萬，配江淮以南、山南、京西。〔三四〕

初，自貞觀以後，太宗勵精爲理，至八年、九年，頻至豐稔，米斗四五錢，馬牛布野，外户動則數月不閉。至十五年，米每斗值兩錢。麟德三年，米每斗直五文。〔三五〕永淳元年，京師大雨，饑荒，米每斗四百錢，加以疾疫，死者甚衆。

武太后、孝和朝，太平公主、武三思、悖逆庶人，恣情奢縱，造罔極寺、太平觀、香山寺、昭成寺，遂使農功虚費，府庫空竭矣。

睿宗景雲初，又造金仙、玉真二觀，補闕辛替否上書極諫，不從。二年，監察御史韓琬陳時政上疏曰：「臣竊聞永淳之初，尹元貞任岐州雍縣令，〔三六〕界内婦人修路，御史彈免之。頃年婦人役，修平道路，蓋其常也。調露之際，劉憲任懷州河内縣尉，父思立在京身亡，選人有通索闕者，於時選司以名教所不容，頃者以爲見譏後人矣。頃年國家和市，所由以刻剥爲公，雖以和市爲名，而實抑奪其價，殊不知民足官孰與不足矣。往年兩京及天下州縣，學生、佐史、里正、坊正每一員闕，先擬者輒十人；頃年差人以充，猶致亡逸。往年選司從容安閑，而以禮數見待；頃年選司無復曩時接引，但如仇敵估道爾。往年效官交替者，必儲蓄什物以待之；頃年替人，必諠競爲隙，互執省符，紛然不已。往年召募之徒，人百其勇，争以自效；頃年差點勒遣，逃亡相繼。若此者，臣粗言之，不可勝數。即知政令風化，漸已弊也。」

開元四年，山東諸州大蝗。紫微令姚崇奏言：「臣聞毛詩云：『秉彼蟊賊，以付炎火。』

又漢光武詔曰：『勉順時政，勸督農桑，去彼螟蜮，以及蟊賊。』此並除蝗之義也。又蝗既解飛，〔三七〕夜必投火，臣請切勒所在夜中設火，〔三八〕火邊掘大坑，且焚且瘞，除之可盡。」乃遣使分道驅除瘞埋，朝臣多言不可。玄宗以問崇，崇對曰：「常人執文，不識通變。凡事有違經而合道者，亦有反道而適權者。〔三九〕魏時山東有蝗傷稼，緣小忍不除，遂使苗稼總盡，人至相食。後秦時有蝗，禾稼及木草俱盡，牛馬至相噉毛尾。今山東蝗蟲，所在充滿，儻不救其收穫，百姓豈免流離，〔四〇〕事屬安危，不可膠柱。縱使除之不盡，猶勝養以成災。若驅逐不得，臣在身官爵，並請削除。」玄宗許之。黄門監盧懷慎謂崇曰：「蝗是天災，豈可制以人事。外議籍籍，咸以爲殺蟲太多，有傷和氣，〔四一〕猶可停罷。」崇曰：「楚王吞蛭，厥疾用瘳。叔敖斷蛇，其福乃降。趙宣子至賢也，恨用其犬。孔宣父將聖也，不愛其羊。皆志在安人，思不失禮。今既救人殺蟲，天道固應助順。若因此致禍，崇請以身當之。」懷慎更不能答。崇令埋瘞之，累月方盡。其後漸豐熟。

八年，天下户口逃亡，色役僞濫，朝廷深以爲患。

九年正月，監察御史宇文融陳便宜，奏請檢察僞濫兼逃户及籍外賸田。〔四二〕於是令融充使推句，獲僞勳及諸色役甚衆，特加朝散大夫，再遷兵部員外兼侍御史。融遂奏置勸農判官，長安尉裴寬等二十九人，並攝御史分往天下。慕容珣、王冰、張均、宋希玉、宋詢、〔四三〕韋洽、〔四四〕

薛佀、喬夢松、王誘、徐楚璧、徐鍔、裴寬、崔希逸、〔四五〕邊沖寂、〔四六〕班景倩、郭廷倩、元將茂、劉日正、〔四七〕王燾、于孺卿、王忠翼、何千里、梁勛、盧怡、〔四八〕庫狄履温、賈晉、李登、盛廙等，皆知名士。判官得人，於此爲盛，其後多至顯秩。所在檢責田疇，招攜户口。其新附客户，則免其六年賦調，但輕税入官。陽翟縣尉皇甫憬、左拾遺楊相如並上疏，盛陳煩擾不便。寬等皆當時才彦，使還，得户八十餘萬，田亦稱是。憬遂貶爲衢州盈川尉。融拜御史中丞。

融又上言：「天下所檢責客户，除兩州計會歸本貫以外，便令所在編附。年限向滿，須准居人，更合所有優矜，〔四九〕即此輩徼幸，若徵課税，即目擊未堪。〔五〇〕竊料天下諸州，不可一例處置，且請從寬鄉有賸田州作法。竊計有賸田者減三四十州，〔五一〕取其賸田，通融支給。其賸地者三分請取其一分以下。其浮户，請任其親戚鄉里相就，每十户以上，共作一坊。每户給五畝充宅，并爲造一兩口室宇，開巷陌，立閭伍，種桑棗，築園蔬，使緩急相助，親隣不失。丁別量給五十畝以上爲私田，任其自營種。率十丁於近坊更共給一頃，以爲公田，共令營種。每丁一月役功三日，計十丁一年共得三百六十日。營公田一頃，不啻得之，計平收一年不減百石，便納隨近州縣。除役功三十六日外，更無租税。既是營田户，且免征行，安堵有餘，必不流散。官司每丁納收十石，其粟更不別支用，每至不熟年，斗別二十價，然後支用。計一丁年還出兩丁以上，〔五二〕亦與正課不殊。則官收其役，不爲矜縱，人緩其税，又得安舒，倉廩日殷，久長爲便。其狹鄉無謄地客多者，雖此法未該，准式許移窄就寬，不必要須留住。若寬鄉安置得所，人皆悦慕，則三兩年後，皆可改圖，弃地盡作公田，狹鄉總移寬處，倉儲既益，水旱無憂矣。」

至十三年封泰山，米斗至十三文，青、齊穀斗至五文。自後天下無貴物，兩京米斗不至二十文，麪三十二文，絹一疋二百一十二文。〔五三〕東至宋、汴，西至岐州，夾路列店肆待客，酒饌豐溢。每店皆有驢賃客乘，倏忽數十里，謂之驛驢。南詣荆、襄，北至太原、范陽，西至蜀川、涼府，皆有店肆，以供商旅。遠適數千里，不持寸刃。二十年，户七百八十六萬一千二百三十六，口四千五百四十三萬一千二百六十五。

天寶元年，户八百三十四萬八千三百九十五，口四千五百三十一萬一千二百七十二。〔五四〕自十三載以後，安禄山爲范陽節度，多有進奉，駝馬生口，〔五五〕不曠旬月，郡縣供熟食酒肉草料。楊國忠任用之後，即與鑾王閤羅鳳結釁，徵關輔、河南、京兆人討之，去者萬不一全，連枷赴役，郡縣供食。於是當路店肆多藏閉，以懼撓亂，驢馬車牛，悉被虜奪，不酬其直，數年閒，因漸減耗。

十三載，京城秋霖，米價騰貴，官出太倉米，分爲十場出糶。其所在川谷泛溢，京城坊市牆宇崩壞向盡。東京瀍洛又溢，隄壞，飄損十九坊居人邑屋。二十日，〔五六〕遣京城諸坊人家，於門前作泥人，長三尺，左手指天，右手指地，十月方霽。

十四載，管户總八百九十一萬四千七百九，應不課户三百五十六萬五千五百一，應課户五百三十四萬九千二百八十。管口總五千二百九十一萬九千三百九，不課口四千四百七十萬九百八十八，課口八百二十萬八千三百二十一。此國家之極盛也。按後漢自建武初至桓帝永壽三年，凡百三十年，有户千六十七萬。按自周武帝建德六年平齊，至隋文帝開皇九年滅陳，凡十四年，然後車書混一，甲兵方息。至大業二年，凡十八年，有户八百九十萬。我國家自武德初至天寶末，凡百三十八年，可以比崇漢室，而人户纔比於隋氏，蓋有司不以經國馭遠爲意，法令不行，所在隱漏之甚也。肅宗乾元三年，見到帳百六十九州，應管户總百九十三萬三千一百三十四。〔五七〕不課户總百一十七萬四千五百九十二，課户七十五萬八千五百八十二。管口總千六百九十九萬三百八十六，不課口千四百六十一萬九千五百八十七，課口二百三十七萬七百九十九。自天寶十四年至乾元三年，損户總五百九十八萬二千五百八十四，不課户損二百三十九萬一千九百九，課户損三百五十九萬六百七十五；損口總三千五百九十二萬八千七百二十三，〔五八〕不課口損三千七十一萬三百一，〔五九〕課口損五百二十一萬八千四百三十二。户至大曆中，唯有百三十萬户。〔六〇〕建中初，命黜陟使往諸道按比户口，約都得土户百八十餘萬，客户百三十餘萬。

丁中 漢　晉　宋　北齊　隋　大唐〔六一〕

漢孝景二年，令天下男子年二十而始傅。傅音附。傅，著也。著名籍，給公家繇役。

晉武帝平吴後，有司奏，男女年十六以上至六十爲正丁；〔六二〕十五以下至十三、六十一以上至六十五爲次丁；〔六三〕十二以下六十六以上爲老、小，不事。

宋文帝元嘉中，王弘上言：〔六四〕「舊制，人年十三半役，〔六五〕十六全役，當以十三以上能自營私及公，故以充役。考之見事，猶或未盡，體有彊弱，不皆稱年。〔六六〕循吏恤隱，可無甚患，庸愚守宰，必有勤劇，況値苛政，豈可稱言。至令逃竄求免，〔六七〕胎孕不育，乃避罪憲，實亦由兹。〔六八〕今皇化惟新，四方無事，役名之宜，應存消息。十五至十六，宜爲半丁，〔六九〕十七爲全丁。」帝從之。

北齊武成河清三年，〔七〇〕乃令男子十八以上六十五以下爲丁，十六以上十七以下爲中，六十六以上爲老，十五以下爲小。

隋文帝頒新令，男女三歲以下爲黃，十歲以下爲小，十七以下爲中。十八以上爲丁，以從課役。六十爲老，乃免。開皇三年，乃令人以二十一成丁。煬帝即位，户口益多，男子以二十二成丁。高熲奏以人閒課稅，雖有定分，年常徵納，除注恆多，長吏肆情，文帳出没，既無定簿，難以推校。乃爲輸籍之様，請徧下諸州，每年正月五日，縣令巡人，各隨近五黨三黨共爲一團，依様定户上下。帝從之，自是姦無所容矣。

大唐武德七年定令，男女始生爲黃，四歲爲小，十六爲中，二十一爲丁，六十爲老。神龍元年，韋皇后求媚於人，上表，請天下百姓年二十二成丁，五十八免役，〔七一〕制從之。韋庶人誅後，復舊。

玄宗天寶三載十二月制，自今以後，百姓宜以十八以上爲中男，二十三以上成丁。

按開元二十五年户令云：「諸户主皆以家長爲之。户内有課口者爲課户，無課口者爲不課户。諸視流内九品以上官及男年二十以上、老男、廢疾、妻妾、部曲、客女、奴婢，皆爲不課户。〔七二〕無夫者爲寡妻妾。餘准舊令。諸年八十及篤疾，給侍丁一人，九十二人，百歲三人，〔七三〕皆先盡子孫，次取近親，〔七四〕皆先輕色。無近親外取白丁者，人取家内中男者，并聽。諸以子孫繼絶應析户者，〔七五〕非年十八以上不得析，即所繼處有母在，雖小亦聽析出。諸户欲析出口爲户及首附口爲户者，非成丁皆不合析。應分者不用此令。諸户計年將入丁、老、疾應徵免課役及給侍者，皆縣令貌形狀以爲定簿。一定以後，不須更貌，若有姦欺者，聽隨事貌定，以附於實。」

九載制：〔七六〕「天下雖三載定户，每載亦有團貌，自今以後，計其轉年合入中男、成丁、五十九者，任退團貌。」〔七七〕廣德元年制，天下「百姓二十五成丁，〔七八〕五十五入老。」〔七九〕

論曰：「昔賢云：『倉廩實知禮節，衣食足知榮辱。』夫子適衛，冉子僕。曰：『美哉庶矣。既庶矣，又何加焉？』曰：『富之。』『既富矣，又何加焉？』曰：『教之。』故知國足則政康，〔八〇〕家足則教從，反是而理者，未之有也。夫家足不在於逃税，國足不在於重斂。若逃税則不土著而人貧，重斂則多養羸而國貧，不其然矣。管子曰：「以正户籍，謂之養羸。」羸者，大賈蓄家也。正數之户既避其賦役，則至浮浪，以大賈蓄家之所役屬，〔八一〕自收其利也。三王以前，井田定賦。秦革周制，漢因秦法。魏晉以降，名數雖繁，亦有良規，不救時弊。昔東晉之宅江南也，慕容、苻、姚，迭居中土，人無定本，傷理爲深，遂有庚戌土斷之令。財豐俗阜，實由於兹。其後法制廢弛，舊弊復起，義熙之際，重舉而行，已然之效，著在前志。隋受周禪，得户三百六十萬。開皇九年平陳，又收户五十萬。洎於大業二年，干戈不用，惟十八載，有户八百九十萬矣。自平陳後，又加四百八十餘萬。其時承西魏喪亂，周齊分據，暴君慢吏，賦重役勤，人不堪命，多依豪室，禁網隳紊，姦僞尤滋。高熲覩流冗之病，建輸籍之法。於是定其名，輕其數，使人知爲浮客，被彊家收太半之賦，爲編甿奉公上，蒙輕減之征。浮客，謂避公税，依强豪作佃家也。昔漢文三年，除人田租，荀悦論曰：「古者什一而税，天下之中正。漢家或百而税一，可謂至輕矣，而豪强占田踰多，浮客輸大半之賦。公家之惠，優於三代，豪强之暴，酷於亡秦，是惠不下通，威福分於豪人也。不正其本，適足以資富强矣。」高熲設輕税之法，浮客悉自歸於編户，隋代之盛，實由於斯。先敷其信，後行其令，烝庶懷惠，姦無所容。隋氏資儲遍於天下，人俗康阜，熲之力焉。功規蕭、葛，道亞伊、吕，近代以來未之有也。隋氏西京太倉，東京含嘉倉、洛口倉，華州永豐倉，陝州太原倉，儲米粟多者千萬石，少者不減數百萬石。天下義倉又皆充滿。京都及并州庫布帛各數千萬，而錫賚勳庸，並出豐厚，亦魏晉以降之未有。國家貞觀中有户三百萬，至天寶末百三十餘年，纔如隋氏之數。聖唐之盛，邁於西漢，約計天下編户合踰元始之間，而名籍所少三百餘萬。自貞觀以後，加五百九十萬，其時天下户都有八百九十餘萬也。漢武黷兵，人户減半，末年追悔，方息征伐。其後至平帝元始二年，經七十餘載，〔八二〕有户千二百二十餘萬。大唐百三十餘年中，〔八三〕雖時起兵戎，都不至減耗，而浮浪日衆，版圖不收。若比量漢時，〔八四〕實合有加數，約計天下人户少猶可有千三四百萬矣。直以選賢授任，多在藝文，才與職乖，法因事弊。隳循名責實之義，闕考言詢事之道。崇秩之所至，〔八五〕美價之所歸，不無輕薄之曹，浮華之伍。習程典，親簿領，謂之淺俗；務根本，去枝葉，目以迂濶。風流相尚，奔競相驅，職事委於羣胥，貨賄行於公府，而至此也。自建中初，天下編甿百三十萬，賴分命黜陟，重爲案比，收入公税，增倍而餘。諸道加出百八十萬，共得三百一十萬。〔八六〕遂令賦有常規，人知定制，貪冒之吏，莫得生姦，狡猾之甿，皆被其籍，誠適時之令典，拯弊之良圖。舊制，百姓供公上，計丁定庸調及租，其税户雖兼出王公以下，比之二三十分唯一耳。自兵興以後，經費不充，〔八七〕於是徵斂多名，且無恒數，貪吏横恣，因緣爲姦，法令莫得檢制，烝庶不知告訴。其丁狡猾者，即多規避，或假名入仕，〔八八〕或託跡爲僧，或占募軍伍，或依倍豪族，〔八九〕兼諸色役，萬端蠲除。鈍劣者即被徵輸，困竭日甚。建中新令，並入兩税，恒額既立，加益莫由，浮浪悉收，規避無所。而使臣制置各殊，或有輕重未一，仍屬多故，兵革薦興，浮冗之輩，今則衆矣。徵輸之數，亦以闕矣。舊額既在，見人漸艱，詳今日之宜，酌晉隋故事，版圖可增其倍，征繕自減其半。賦既均一，人知税輕，免流離之患，益農桑之業，安人濟用，莫過於斯矣。計諸道簿帳所收，可有二百五十餘萬户。按歷代户口，多不過五，少不減三，約計天下，除有兵馬多處食鹽，是知見在之數。若採晉、隋舊典制置，〔九〇〕可得五百萬矣。以五百萬户共出二百五十萬户税，自然各減半數。古之爲理也，在於周知人數，乃均其事役，則庶功以興，國富家足，教從化被，風齊俗和。夫然，故災沴不生，悖亂不起。所以周官有比、閭、族、黨、州、鄉、縣、遂之制，維持其政，綱紀其人。孟冬司徒獻民數於王，王拜而受之，其敬之守之如此之重也。及理道乖方，版圖脱漏，人如鳥獸，飛走莫制。家以之乏，國以之貧，姦宄漸興，傾覆不悟。斯政之大者遠者，將求理平之道，非無其本歟？」〔九一〕

校勘記

〔一〕秦　原無，據正文内容增。

〔二〕續有有窮孔甲之亂　下「有」原訛「二」，今訂改。按：蓋杜氏原稿作「マ」，表示「有」字重疊，抄胥不查，誤寫作「二」。

〔三〕加以幽之亂　原「幽」下有「厲」，據北宋本、傅校本、明抄本删。

〔四〕相奪於時　原脱「時」，據後漢書郡國志一劉昭注引帝王世紀（三三八七頁）補。

〔五〕計秦及山東六國戎卒　原脱「秦」，據北宋本、傅校本、明抄本、明刻本補。按：後漢書郡國志一劉昭注引帝王世紀三三八七頁有「秦」。

〔六〕尚當千餘萬　「千」原訛「十」，據諸本改。按：後漢書郡國志一注引帝王世紀三三八七頁作「千」。

〔七〕所殺三分居二　「二」原作「一」，據後漢書郡國志一注引帝王世紀三三八八頁改。

〔八〕驪山七十餘萬　原脱「餘」，據後漢書郡國志一注引帝王世紀三三八八頁補。

〔九〕十餘年閒　原訛作「三十年閒」，據後漢書郡國志一注引帝王世紀三三八八頁改。按：上文「北築長城」云云，皆秦併六國後所爲，至始皇末年，不過十一二年。

〔一〇〕十分無三　後漢書郡國志一注引帝王世紀三三八八頁作「五損其二」。

〔一一〕召工計之　「工」原作「匠」，據北宋本、傅校本、明抄本、明刻本、王吴本改。

〔一二〕富人侯　「人」漢書食貨志上一一三八頁作「民」。通典避太宗諱改。

〔一三〕修古節儉　「修」原作「循」，據北宋本、傅校本、明抄本、明刻本改。

〔一四〕故時齊三服官輸物不過十笥　「三」原訛「王」，據北宋本、傅校本、明抄本改。下同。按：漢書貢禹傳三〇七〇頁作「三」。

〔一五〕至孝平元始二年人户千二百二十三萬三千口五千九百五十九萬四千九百七十八　與漢書地理志下一六四〇頁合。後漢書郡國志一劉昭注引帝王世紀三三八八頁則作「民户千三百二十三萬三千六百一十二，口五千九百一十九萬四千九百七十八人」。

〔一六〕桓帝永壽三年户千六十七萬七千九百六十口五千六百四十八萬六千八百五十六　與晉書地理志

上四一四頁合。後漢書郡國志一劉昭注引帝王世紀三三八八頁作「户千六百七萬九百六，口五千六萬六千八百五十六人」。

〔一七〕男女口二百三十萬　「三」晉書地理志上四一四頁作「四」。

〔一八〕大抵編户二百四十五萬九千八百四十　原脱後「十」，據晉書地理志上四一五頁補。

〔一九〕以河内魏汲等十一郡　「一」原訛「二」，據北宋本、傅校本、明抄本改。按：晉書石勒載記上二七三〇頁作「一」。

〔二〇〕口九百九十八萬　原「口」下衍「九千」，據晉書苻堅載記上二八九三頁删。

〔二一〕十萬户　「户」原訛「口」，據晉書苻堅載記上二八九三頁改。

〔二二〕自長安至於諸州　「州」原訛「路」，據北宋本、傅校本、明刻本改。按：晉書苻堅載記上二八九五頁作「州」。

〔二三〕四十里一驛　原脱「驛」，據晉書苻堅載記上二八九五頁補。

〔二四〕崇化三年爲周師所滅　高緯年號爲隆化，通典避玄宗諱改「隆」爲「崇」。按：高緯於武平七年十二月丁巳改元隆化，翌日，高延宗即帝位，改元德昌。明年正月乙亥朔，高恆即帝位，改元承光。正月壬辰（十八日），周師入鄴；己亥（二十六），擒高緯，齊亡。北齊十九天中三次改元，高緯自改元至被俘，不過四十三天。通典云「崇化三年，爲周所滅」，不確。

〔二五〕躬儉節用　「躬」原作「恭」，據北宋本、傅校本、明抄本、明刻本、王吴本改。

〔二六〕達於南郭　「達」原訛「圍」，據隋書食貨志六八二頁改。

〔二七〕煬帝大業五年户八百九十萬七千五百三十六　「五年」原作「二年」，據隋書地理志上八〇八頁改。通鑑亦繫此户數於大業五年。按：隋志唯「三」作「四」，與此小異耳。

〔二八〕三百九十九萬九千六百四　上「九」原訛「五」，據北宋本、傅校本、明抄本、明刻本、王吴本改。

〔二九〕及是纔二十六七年　按：開皇盡二十年，仁壽盡四年，加大業五年，應云「二十八九年」。

〔三〇〕口三萬七千三十一馬四千三百匹　原「口」下脱「三」，「馬」下脱「四」。據舊唐書高昌傳五二九五頁、唐會要卷九五、册府卷一〇〇〇一一七四〇頁補。

〔三一〕永徽三年　「三」原訛「元」，據舊唐書高宗紀上七〇頁、唐會要卷八四、通鑑卷一九九六二七九頁、册府卷四八六五八〇九頁改。

〔三二〕户八百七十萬　「七」原訛「九」，據北宋本、傅校本、明抄本、明刻本、王吴本改。按：舊唐書高宗紀上七〇頁亦作「七」。

〔三三〕大業初有八百餘萬户　「初」原訛「所」，據北宋本、傅校本、明抄本、明刻本、王吴本改。

〔三四〕二年徙高麗民三萬配江淮以南山南京西　舊唐書高宗紀下九二頁云：「移高麗户二萬八千八百」，「量配於江淮以南及山南、并、涼以西諸州空閑處安置」。

〔三五〕米每斗直五文　「直」原訛「折」，據北宋本、傅校本、明抄本、明刻本、王吴本改。

〔三六〕岐州雍縣令　「岐」原訛「陜」，據北宋本改。

〔三七〕又蝗既解飛　「又」原訛「及」，據北宋本、傅校本、明抄本、明刻本改。

〔三八〕臣請切勒所在夜中設火　「勒」原訛「敕」，據北宋本、傅校本、明抄本、明刻本改。

〔三九〕凡事有違經而合道者亦有反道而適權者　原脱作「凡事有違經合道而適權者」，據舊唐書姚崇傳三〇二四頁補。

〔四〇〕百姓豈免流離　「豈」原作「未」，據北宋本、傅校本、明抄本、王吴本改。

〔四一〕咸以爲殺蟲太多有傷和氣　「蟲」原作「蝗」，據北宋本改。「有傷和氣」倒作「和氣有傷」，據北宋本、傅校本、明抄本、王吴本乙。

〔四二〕奏請檢察僞濫　原脱「請」，據北宋本、傅校本、明抄本、明刻本、王吴本補。

〔四三〕宋詢　「詢」原訛「珣」，據北宋本、王吴本改。此人見唐郎官石柱題名考卷三。

〔四四〕韋洽　「洽」原訛「治」，據北宋本、明刻本改。此人見唐郎官石柱題名考卷二。

〔四五〕崔希逸　「崔」原訛「岑」，據北宋本、傅校本改。此人見唐郎官石柱題名考卷三。

〔四六〕邊沖寂　「沖」原訛「仲」，據北宋本、傅校本改。此人見唐御史臺精舍題名考卷一。

〔四七〕劉日正　「日」原訛「白」，據北宋本、傅校本改。此人見唐郎官石柱題名考卷三。

〔四八〕盧怡　「怡」原訛「恰」，據北宋本、傅校本、明抄本改。此人見唐郎官石柱題名考卷四。

〔四九〕更合所有優矜　「合」原作「令」，「有」原作「在」，據北宋本，傅校本、明抄本，明刻本改。

〔五〇〕即目擊未堪　原脱「即」，據北宋本、傅校本、明抄本、明刻本、王吴本補。

〔五一〕竊計有賸田者減三四十州　疑「減」上脱「不」字。

〔五二〕計一丁年還出兩丁以上　下「丁」北宋本、明抄本作「千」，傅校本作「石」。

〔五三〕絹一疋二百一十二文　原脱後「二」，據北宋本、傅校本、明抄本、明刻本、王吴本補。

〔五四〕户八百三十四萬八千三百九十五口四千五百三十一萬一千二百七十二　册府卷四八六五八一二頁同。舊唐書玄宗紀下二一六頁、通鑑卷二一五六八五六頁均作「户八百五十二萬五千七百六十三，口四千八百九十萬九千八百」。關於户數唐會要卷八四與册府卷四八六注引或説皆謂「計户八百五十三萬五千七百六十三」，多出舊紀、通鑑一萬户。

〔五五〕駞馬生口　「生」原作「牲」，據北宋本、傅校本、明抄本、明刻本、王吴本改。

〔五六〕二十日　原脱「日」，據北宋本、傅校本、明抄本、明刻本補。

〔五七〕一百三十四　「三」原作「七」，據北宋本、傅校本、明抄本、明刻本、王吴本改。

〔五八〕三千五百九十二萬八千七百二十三　兩「二」原皆作「三」，據北宋本、明抄本、王吴本改。

〔五九〕七十一萬三百一　上「一」原作「二」，據北宋本、王吴本改。

〔六〇〕唯有百三十萬户　「三」原作「二」，據北宋本、傅校本改。

〔六一〕大唐　以上朝代名稱，北宋本、傅校本、明抄本、明刻本無。

〔六二〕男女年十六以上至六十爲正丁　「女」原訛「子」，據晉書食貨志七九〇頁改。按：西晉男女皆有占田課田，皆輸調絹綿，故有丁男丁女之稱。

〔六三〕六十一以上至六十五爲次丁　原脱「一」，據晉書食貨志七九〇頁補。

〔六四〕宋文帝元嘉中王弘上言　原訛作「宋孝武大明中王敬弘上言」。今據宋書王弘傳一三二二頁、南史王弘傳五七二頁訂改。按：上言改革丁中制度者爲王弘，非王敬弘，其時間當在元嘉六年至八年之間。

〔六五〕人年十三半役　「三」原訛「二」，據宋書王弘傳一三二一頁、南史王弘傳五七二頁改。

〔六六〕不皆稱年　「年」原訛「耳」，據宋書王弘傳一三二二頁改。

〔六七〕至令逃竄求免　「令」原訛「今」，據宋書王弘傳一三二二頁改。

〔六八〕實亦由兹　「兹」原作「此」，據北宋本、傅校本、明抄本、王吴本改。

〔六九〕宜爲半丁　「宜」原訛「且」，據北宋本改。按：宋書王弘傳一三二二頁也作「宜」。

〔七〇〕河清三年　「河清」原倒，今乙正。按：北齊武成帝年號爲「河清」。

〔七一〕請天下百姓年二十二成丁五十八免役　册府卷四八六五八一〇頁同。舊唐書韋庶人傳二一七二頁、新唐書韋皇后傳三四八七頁、通鑑卷二〇八六六五九三頁下「二」作「三」，「八」作「九」。

〔七二〕男年二十以上老男廢疾妻妾部曲客女奴婢皆爲不課户　此句蓋有訛誤。「上」當作「下」，「疾」下疑脱「篤疾寡」三字。「爲」「户」恐係衍文。

〔七三〕給侍丁一人九十二人百歲三人　原脱「丁」，「三」原訛「五」，據唐六典卷三補改。

〔七四〕次取近親　原作「聽取先親」，文義難解。據唐六典卷三改正。

〔七五〕應析户者　「析」原訛「折」，據北宋本、傅校本、明抄本改。下同。

〔七六〕九載制　「載」原作「年」，據唐會要卷八五、册府卷四八六五八一二頁改。

〔七七〕五十九者任退團貌　原脱「九」，「退」訛「追」，據唐會要卷八五、册府卷四八六五八一二頁補改。

〔七八〕天下百姓二十五成丁　原脱「天下」，據北宋本、傅校本、明抄本、明刻本、王吴本補。

〔七九〕五十五入老　原脱「入」，據册府卷四八六五八一二頁補。

〔八〇〕故知國足則政康　「故」原訛「固」，據北宋本、王吴本改。

〔八一〕以大賈蓄家之所役屬　「以」原作「爲」，據北宋本、傅校本、明抄本、明刻本、王吴本改。

〔八二〕經七十餘載　原脱「經」，據北宋本、王吴本補。

〔八三〕大唐百三十餘年中　原脱「大」，據北宋本、傅校本、王吴本補。

〔八四〕若比量漢時　「比」原訛「此」，據北宋本、傅校本、王吴本改。

〔八五〕崇秩之所至　「秩」原訛「佚」，據北宋本、傅校本、王吴本改。

〔八六〕三百一十萬　「一」原作「二」，據北宋本改。

〔八七〕經費不充　「充」原訛「完」，據北宋本、王吴本改。

〔八八〕假名入仕　「仕」原訛「任」，據北宋本、王吴本改。

〔八九〕或依倍豪族　「倍」原作「信」，據北宋本、傅校本改。

〔九〇〕若採晉隋舊典　「若」原訛「者」，據北宋本、傅校本、王吳本改。

〔九一〕非無其本歟　原脱「無」，據北宋本、傅校本、王吳本補。

王永興點校　王文錦覆校

通典卷第八

食貨八

錢幣上周〔一〕　秦　漢　後漢　晉

貨幣之興遠矣，夏商以前，幣爲三品。珠玉爲上幣，黃金爲中幣，白金爲下幣，白金爲銀。太公立九府圜法。周景以母子相權。秦用黃金銅錢爲上下二等。漢興爲八銖，或爲莢錢，或作白金，或作赤仄，八銖五分，迭廢迭用。王莽又設錯刀金銀龜貝凡數十品。公孫述始作鐵錢。魏文帝穀帛相貿。劉備以一當百。孫權以一當千。理道陵夷，則有鵝眼、綫環之別；〔二〕王綱解紐，又有風飄、水浮之異。名目繁雜，不能徧舉，細徵損益，可略而言。原夫立錢之意，誠深誠遠。凡萬物不可以無其數，既有數，乃須設一物而主之。其金銀則滯於爲器爲飾，穀帛又苦於荷擔斷裂，唯錢但可貿易流注，〔三〕不住如泉。若穀帛爲市，非獨提挈斷裂之弊，且難乎銖兩分寸之用。歷代錢貨，五銖爲中，一品獨行，實臻其要。今錢雖微重於古之五銖，大小斤兩，便於時矣。

太公既立之於周，退行之於齊，曰：「知開塞之術者，其取天下如化，是謂政之大端也。」又管仲曰：「三幣握之，非有補於温飽也，捨之非有切於飢寒也，先王以守財物、以御人事而平天下也。命之曰衡，衡者，使物一高一下，不得有常，故與奪貧富，皆在君上，是以人戴君如日月，親君若父母，用此道也。夫生殖衆則國富而人安，農桑寡則人貧而國危。使物之重輕，由令之緩急。權制之術，實在乎錢，鍵其多門，利出一孔，摧抑浮浪，歸趣農桑，可致時雍，躋於仁壽，豈止於富國强兵者哉！」具輕重篇。其後言事者，或惜銅愛工，改作小錢，或重號其價，以求贏利，是皆昧經通之遠旨，令盜鑄滋甚，弃南畝日多，雖禁以嚴刑，死罪日報，不能止也。昔賢有云：「銅不布下，乃權歸於上。」誠爲篤論，固有國之切務，救弊之良算也。況當今人疲賦重，康俗濟用，莫先於斯矣。自昔言貨幣者，在於圖史，無之，皆不達其要，〔四〕唯漢賈生、國朝劉録事秩，頗詳其旨。

自神農列鄽於國，以聚貨帛，日中爲市，以交有無。虞夏商之幣，金爲三品，或黄或白，或赤或錢，或布或刀，或龜貝。凡貨金錢布帛之用，夏殷以前，其詳靡記。

周制：以商通貨，以賈易物。太公又立九府圜法。周官制太府、〔五〕玉府、內府、外府、泉府、天府、職內、職幣、職金，皆掌財幣之官，故云九府。圜，謂均而通也。〔六〕黄金方寸，而重一斤。錢圜函方，外圜而内孔方。輕重以銖。黄金以斤爲名，錢以銖爲重也。布帛廣二尺二寸爲幅，長四丈爲疋。故貨寶於金，利於刀，流於泉，流行如泉。布於布，布於民閒。束於帛。束，聚也。

周景王時，患錢輕，將更鑄大錢。錢者金幣之名，先曰泉，後曰錢。大於舊錢，其價重也。班固以爲文曰寶貨。唐注國語云：〔七〕「徑一寸二分，重十二銖，文曰大泉五十。」未詳孰是，故兩存焉。古者天降災戾，戾，惡氣也。一曰：戾，至也。於是乎量資幣、權輕重以救民。〔八〕民患輕，則爲之作重幣以行之，於是有母權子而行，民皆得焉。若不堪重，則多作輕而行之，亦不廢重，於是乎有子權母而行，小大利之。民患幣重，則多作輕錢而行之，亦不廢去重者，言重者行其貴，輕者行其賤。今王廢輕而作重，民失其資，能無匱乎。民若匱，王用將有所乏，乏將厚取於民，民不給，將有遠志，謂去其本居而散亡。〔九〕是離民也。且絕民用以實王府，猶塞川原爲潢洿也，原謂水泉之本。潢音黄，洿音烏。竭亡日矣，王其圖之。」弗聽，卒鑄大錢，文曰「寶貨」，肉好皆有周郭，内郭爲好，外郭爲肉。韋昭曰：「肉，錢形也。好，孔也。」以勸農贍不足，百姓蒙利焉。單旗雖有此言，王終自鑄錢，果有便，故百姓蒙利。

管子曰：「人君鑄錢立幣，人庶之通施也。錢幣無補於饑寒之用，人君所立，以均制財物，通交有無，使人之所求，各得其欲。人有若干百千之數矣，〔一〇〕然而人事不及、用不足者何？利有所藏也。人事謂常費也。言人之所有多少，各隨其分而自足。君上不能均調其事，則豪富并藏財貨，專擅其利，是故人之常費不給，以致匱乏。然則人君非能分并財利而調人事也，則君雖自爲鑄幣而無已，乃使人下相役耳，惡能以爲理乎？」言人君若不能權其利門，制其輕重，雖鑄幣無限極而與人，徒使豪富侵奪貧弱，終不能致理也。惡音烏。又曰：「湯七年旱，禹五年水，人之無饘，饘，糜也。饘，章延反。有賣子者。湯以莊山之金鑄幣而贖人之無饘賣子者，〔一一〕禹以歷山之金鑄幣以救人之困。夫玉起於禺音虞氏，金起於汝漢，珠起於赤野。〔一二〕東西南北去周七八千里，水絕壤斷，舟車不能通。爲其途之遠，其至之難，故託用於其重。以珠玉爲上幣，以黃金爲中幣，以刀布爲下幣。三幣，握之則非有補於煖也，食之則非有補於飽也，先王以守財物、以御人事而平天下也。是以命之曰衡。衡者，使物一高一下，不得有調也。」若五穀與萬物平，則人無其利。故設上中下之幣而行輕重之術，使一高一下，乃可權制利門，悉歸於上。

楚莊王以爲幣輕，更以小爲大，百姓不便，皆去其業。孫叔敖爲相，市令言於相曰：「市亂，人莫安其處，行不定。」叔敖白於王，遂令復如故，而百姓乃安也。

荀卿曰：「北海則有走馬吠犬焉，然而中國得而畜使之。南海則有羽翮齒革繒菁焉，〔一三〕然而中國得而賦之。東海則有紫蛤魚鹽焉，然而中國得而衣食之。西海則有皮革文純焉，〔一四〕然而中國得而用之。故天之所覆，地之所載，財貨流通，無不盡致其用，四海之內，若一家也。凡理，亡者使有，利者使阜，害者使亡，靡者使微。王之所寶者六，聖人能制議百姓，以輔相國家，則寶之；玉足以庇癊嘉穀，使無水旱之災，則寶之；龜足以獻臧否，則寶之；珠足以禦火災，則寶之；金足以禦兵亂，則寶之；山林藪澤足以備財用，則寶之。」

秦一中國之幣爲二等，〔一五〕黃金以鎰爲名，上幣。二十兩爲鎰。改周一斤之制，更以鎰爲金之名數。銅錢質如周錢，文曰「半兩」，重如其文，爲下幣。言錢之形質如周錢，唯文異耳。而珠玉龜貝銀錫之屬，爲器飾寶藏，不爲幣，然各隨時而輕重無常。

漢興，以爲秦錢重難用，更令民鑄莢錢。如榆莢也。錢重銖，半徑五分，文曰「漢興」。黃金一斤。復周之制，更以斤名金。〔一六〕

高后二年，行八銖。秦錢文曰「半兩」，即八銖也。初，漢以其太重，更鑄榆莢，人患太輕，至此復行八銖錢。

六年，行五分錢。徑五分，所謂莢錢。

孝文五年，爲錢益多而輕，乃更鑄四銖錢，其文爲「半兩」。除盜鑄錢令，使民放鑄。

賈誼諫曰：「法使天下公得顧租鑄銅錫爲錢，敢雜以鉛鐵爲他巧者，其罪黥。顧租，謂顧庸之直，或租其本。然鑄錢之情，非殽雜爲巧則不可得贏，而殽之甚微，爲利甚厚。微謂精妙也。其術精妙，不可覺知，而得利甚厚，故令人輕犯之，姦不可止也。夫事有召禍而法有起姦，今令細民操造幣之勢，操，持也。各隱屏而鑄作，因欲禁其厚利微姦，雖黥罪日報，其勢不止。報，論也。夫懸法以誘民，使入陷阱，孰積於此！曩禁鑄錢，死罪積下；下，報也。積累下報論之也。〔一七〕今公鑄錢，黥罪積下。爲法若此，上何賴焉？賴，利也，恃也。又民用錢，郡縣不同，或用輕錢，百加若干，時錢重四銖，法錢百枚，當重一斤十六銖。輕則以錢足之若干枚，令滿平也。若干，且設數之言也。干猶箇，謂當如此箇數耳。或用重錢，平稱不受。用重錢，則平稱有餘，不能受也。法錢不立，依法之錢也。吏急而壹之乎，則大爲煩苛而力不能勝；縱而弗呵乎，則市肆異用，錢文大亂。呵，責怒也。苟非其術，何鄉而可哉！今農事弃捐而采銅者日蕃，釋其耒耨，冶鎔炊炭，鎔，形容也，謂作錢模也。姦錢日多，五穀不爲多。言皆采銅鑄錢，廢其農業，故五穀不爲多。國知患此，吏議必曰禁之，禁之不得其術，其傷必大。令禁鑄錢則錢必重，重則其利深，盜鑄如雲而起，弃市之罪又不足以禁矣。姦數不勝而法禁數潰，銅使之然也。故銅布於天下，則人鑄錢者大抵必雜以鉛鐵，黥人日繁，一禍也。僞錢無止，錢用不信，人愈相疑，二禍也。采銅者弃其田疇，鑄者捐其農事，五穀不爲多，則隣於飢，三禍也。故不禁鑄錢則錢常亂，〔一八〕黥罪日積，是陷阱也。且農事不爲，有類爲災，故人鑄錢不可不禁，四禍也。上禁鑄錢，必以死罪。鑄錢者禁，則錢必還重，則盜鑄者起，則死罪又復積矣，其禍五也。故銅布於天下，其爲禍博矣。今博禍可除，而七福可致也。何謂七福？上收銅勿令布，則民不鑄錢，黥罪不積，一矣。僞錢不蕃，民不相疑，二矣。采銅鑄作者反於耕田，三矣。銅畢歸於上，上挾銅積以御輕重，銅積謂多積銅。錢輕則以術斂之，重則以術散之，貨物必平，四矣。以作兵器，古者以銅爲兵也，秦銷鋒鏑鑄金人十二是也。以假貴臣，多少有制，用別貴賤，五矣。以臨萬貨，以調盈虛，以收奇羨，奇，殘餘。羨，饒溢。則官富實而末民困，六矣。末謂工商之業也。制吾弃財，以與匈奴逐争其民，則敵必壞，〔一九〕七矣。末業既困，農人敦本，倉廩實，布帛有餘，則招胡人，多來降附，故言制吾弃財也。弃財，謂可弃之財。逐，競也。今久退七福而行博禍，臣誠傷之。」上不聽。是時，吳以諸侯即山鑄錢，富埒天子，埒，等也。所鑄文字與四銖同，微重耳。後卒叛逆。鄧通，大夫也，以鑄錢文字稱兩同四銖。財過王者。故吳、鄧錢布天下。

孝武帝有事於四夷，又徙平民七十萬口於新秦中，用度廣，出御府錢以贍不足，而冶鑄或累萬金，不佐公家之急。於是天子與公卿議，更造錢幣以贍用，而摧浮淫并兼之徒。是時禁苑有白鹿而少府多銀錫。自孝文更造四銖錢，至是歲四十餘年。從建元以來用少，縣官往往即多銅山而鑄錢，民閒亦盜鑄，不可勝數，錢益多而輕，鑄錢者多，故錢輕，輕亦賤也。物益少而貴。民但鑄錢，不作餘物故也。〔二〇〕有司言曰：「古者皮幣，諸侯以聘享。金有三等，黄金爲上，白金爲中，赤金爲下。今半兩錢法重四銖，文爲半兩，實重四銖。而姦或盜磨錢質而取鋊，民盜磨錢質而取鋊。鋊，銅屑也。磨錢漫面以取其屑，更以鑄錢。西京黄圖敍曰「民磨錢取屑」是也。鋊音浴。錢益輕薄而物貴，則遠方用幣，煩費不省。」乃以白鹿皮方尺，緣以藻繢，一作「紫繢」，繡繪五采而爲。爲皮幣，直四十萬。王侯宗室朝覲聘享必以皮幣薦璧，然後得行。管子曰：「桓公朝周，請天子號令諸侯，以石璧賀獻。」此亦鹿皮銀錫爲幣之義也。諸具輕重篇。又造銀錫爲白金，雜鑄銀錫以爲白金。以爲天用莫如龍，地用莫如馬，人用莫如龜。故白金三品，其一曰重八兩，圜之，其文龍，名曰「白選」，或名「白撰」。直三千。二曰以重差小，方之，其文馬，直五百。以半斤之重差爲三品，此重六兩，則下品重四兩。三曰復小，橢之，其文龜，直三百。橢，圜而長。令縣官銷半兩錢，更鑄三銖錢，文如其重。盜鑄諸金錢罪皆死，而吏民之盜鑄白金者不可勝數。有司言三銖錢輕，易姦詐，乃更請郡國鑄五銖錢，周郭其下，〔二一〕令不可磨取鋊焉。周匝爲郭，文漫皆有。自造白金、五銖錢後五歲，〔二二〕赦吏民之坐盜鑄金錢死者數十萬人，其不發覺相殺者不可勝計，赦自出者百餘萬人。然不能半自出，天下大抵無慮皆鑄金錢矣。抵，歸也。大歸猶言大凡也。無慮亦謂大率無小計慮也。犯法者衆，吏不能盡誅，於是遣博士褚大、徐偃等分行郡國，舉并兼之徒、守相爲利者劾之。時張湯用事。初，帝既與湯造白鹿皮幣，以問大司農顏異，對曰：「今王侯朝賀以蒼璧，直數千，而皮薦反四十萬，本末不相稱。」上不悦。會有人告異以他議事，下湯理異。〔二三〕異與客語，客語初令下有不便者，異不應，微反脣。湯奏異見令不便，不入言而腹誹，遂誅。於是公卿大夫多諂諛取容。郡國多姦鑄錢，錢多輕，而公卿請令京師鑄官赤仄，以赤銅爲其郭。今錢見有赤側者，不知作法云何。一當五，賦官用非赤仄不得行。充賦及給官用，皆令以赤側。白金稍賤，民不寶用，縣官以令禁之，無益，歲餘終廢不行。其後二歲，赤仄錢賤，民巧法用之，不便，又廢。於是悉禁郡國無鑄錢，〔二四〕專令上林三官鑄，錢既多，而令天下非三官錢不得行。漢武帝元鼎二年，初置水衡都尉，掌上林苑，屬官有上林均輸、鍾官、辨銅令，然則上林三官，其是此三令乎？ 諸郡國前所鑄錢皆廢銷之，輸入其銅三官。而民之鑄錢益少，計其費不能相當，唯真工大姦乃盜爲之。

宣帝時，貢禹言：「鑄錢采銅，一歲十萬人不耕，民坐盜鑄陷刑者多。富人藏錢滿室，猶無厭足。民心動摇，弃本逐末，耕者不能半，姦邪不可禁，原起於錢。疾其末者絶其本，宜罷采珠玉金銀鑄錢之官，毋復以爲幣，除其販賣租銖之律。租銖，謂計其賣物價，平其錙銖而收租也。租税禄賜皆以布帛及穀，使百姓壹意農桑。」議者以爲交易待錢，布帛不可尺寸分裂，禹議亦寢。

自孝武元狩五年三官初鑄五銖錢，至平帝元始中，成錢二百八十億萬餘云。

王莽居攝，變漢制，以周錢有子母相權，於是始造大錢，徑一寸二分，重十二銖，文曰「大錢五十」。又造契刀、錯刀。契刀，環如大錢，身形如刀，長二寸，文曰「契刀五百」。錯刀，以黄金錯，其文曰「一刀直五千」。此錢今並尚在，形質及文與漢書相合，無差錯也。 與五銖錢凡四品，並行。

莽即真，以爲書「劉」字有金刀，乃罷錯刀、契刀及五銖錢，而更作金、銀、龜、貝、錢、布之品，名曰「寶貨」。小錢，徑六分，重一銖，文曰「小錢直一」。次七分，三銖，曰「么錢一十」。幺，小也。次八分，五銖，曰「幼錢二十」。次九分，七銖，曰「中錢三十」。次一寸，九銖，曰「壯錢四十」。因前「大錢五十」，是爲錢貨六品。直各如其文。黄金重一斤，直錢萬。朱提銀重八兩爲一流，直一千五百八十。朱提，縣名，屬犍爲，出善銀。朱音殊，提音上支反。他銀一流直千。是爲銀貨二品。元龜岠冉長尺二寸，冉，龜甲緣也。岠，至也。度背兩邊緣尺二寸也。〔二五〕直二千一百六十，爲大貝十朋。兩貝爲朋。朋直二百一十六，元龜十朋，故二千一百六十。公龜九寸，直五百，爲壯貝十朋。侯龜七寸以上，直三百，爲幺貝十朋。子龜五寸以上，直百，爲小貝十朋。是爲龜寶四品。大貝四寸八分以上，二枚爲一朋，直二百一十六。壯貝三寸六分以上，二枚爲一朋，直五十。幺貝二寸四分以上，二枚爲一朋，直三十。小貝寸二分以上，二枚爲一朋，直十。不盈寸二分，漏度不得爲朋，率枚直錢三。是爲貝貨五品。大布、次布、第布、壯布、中布、差布、厚布、幼布、幺布、小布。小布長寸五分，〔二六〕重十五銖，文曰「小布一百」。自小布以上，各相長一分，相重一銖，文各爲其布名，直各加一百。上至大布，長二寸四分，重一兩，而直千錢矣。是爲布貨十品。布亦錢。凡寶貨五物，六名，二十八品。鑄作錢布，皆用銅，殽以鏈錫，許慎云：「鏈，銅屬也。」然則以鏈及錫雜銅而爲錢也。〔二七〕鏈音連。文質周郭放漢五銖錢云。放，依。其金銀與他物雜，色不純好，龜不盈五寸，貝不盈六分，皆不得爲寶貨。元龜爲蔡，非四民所得居，有者入太卜受直。

其後百姓憒亂，其貨不行，民私以五銖錢市買，莽患之，下詔「敢挾五銖錢者爲惑衆，投諸四裔」。於是農商失業，食貨俱廢，民涕泣於市道。坐賣買田宅奴婢、鑄錢抵罪者，自公卿大夫至庶人不可稱數。莽知民愁，迺但行小錢直一與大錢五十，二品並行，龜貝布屬遂廢。

莽天鳳元年，復申下金銀龜貝之貨，頗增減其價直，而罷大小錢。改作貨布，長二寸五分，廣一寸，首長八分有奇，廣八分，其圓好徑二分半，足枝長八分，閒廣二分，其文右曰「貨」，左曰「布」，重二十五銖，直貨泉二十五。貨泉徑一寸，重五銖，文右曰「貨」，左曰「泉」，枚直一。與貨布二品並行。又以大錢行久，罷之，恐民挾不止，迺令民且獨行大錢，與新貨泉俱枚直一，並行，盡六年，毋得復挾大錢矣。每壹易錢，民用破業而大陷刑。莽以私鑄錢死及非沮寶貨投四裔，犯法者多，不可勝行，迺更輕其法：私鑄作泉布者，與妻子沒爲官奴婢；吏及比伍知而不舉告，與同罪；比音頻未反。非沮寶貨，民罰作一歲，吏免官。犯者愈衆，及五人相坐皆沒入，郡國檻車鐵瑣，傳送長安鍾官，鍾官，主鑄錢者。愁苦死者十六七。

漢錢舊用五銖，自王莽改革，百姓皆不便之。及公孫述廢銅錢，置鐵官鑄鐵錢，百姓貨幣不行。〔二八〕皇甫謐高士傳曰：郭泰過史弼，送迎輒再屈腰，泰一傳揖而去。弼門人怪而問之，弼曰：「鐵錢也，故以二當一耳。」時童謡曰：「黄牛白腹，五銖當復。」好事者竊言：「王莽稱黄，述欲繼之，故稱白腹，五銖漢貨，言漢當復并天下。」

後漢光武除王莽貨泉。自莽亂後，貨幣雜用布帛金粟。建武十六年，馬援上書曰：「富國之本，在於食貨，宜如舊鑄五銖錢。」帝從之，於是復鑄五銖錢，天下以爲便。

及章帝時，穀價貴，縣官經用不足，朝廷憂之。尚書張林言：「今非但穀貴，百物皆貴，此錢賤故爾。宜令天下悉以布帛爲租，市買皆用之，封錢勿出，如此則百物皆賤矣。」帝用其言，少時復止。

和帝時，有上書言，人以貨輕錢薄，故致貧困，宜改鑄大錢。事下四府羣僚及太學能言之士。孝廉劉陶上議曰：「當今之憂，不在於貨，在乎民飢。蓋民可百年無貨，不可一朝有飢，故食爲至急也。議者不達農殖之本，多言鑄冶之便，或欲因緣行詐以賈國利，國利將盡，取者争競，造鑄之端，於是乎生。蓋萬人鑄之，一人奪之，猶不能給，況今一人鑄之，則萬人奪之乎！夫欲民殷財阜，要在止役禁奪，則百姓不勞而足。陛下欲鑄錢齊貨以救其弊，此猶養魚沸鼎之中，棲鳥烈火之上。」帝竟不鑄錢。

及靈帝作五銖錢，而有四出道，連於邊緣，有識者尤之曰：「豈非京師破壞，此四出散於四方乎？」

至董卓焚宮室，乃劫鑾駕，西幸長安，悉壞五銖錢，更鑄小錢，大五分。盡取洛陽及長安銅人飛廉之屬充鼓鑄。其錢無輪郭文章，不便時人，由是貨輕而物貴，穀一斛至錢數百萬。

曹公爲相，於是罷之，還用五銖。是時不鑄錢既久，貨本不多，又更無增益，故穀賤而已。

魏文帝黄初二年，罷五銖錢，使百姓以穀帛爲市買。至明帝代，錢廢穀用既久，人間巧僞漸多，競溼穀以要利，作薄絹以爲市。雖處以嚴刑，而不能禁也。司馬芝等舉朝大議，以爲用錢非徒豐國，亦所以省刑，今若更鑄五銖，於事爲便。帝乃更立五銖錢，至晉用之，不聞有所改創。蜀先主劉備攻劉璋，與士衆約：「若事定，府庫百姓，孤無取焉。」及拔成都，士衆皆捨干戈，赴諸庫藏取寶物，軍用不足，備甚憂之。西曹掾劉巴曰：「易耳，但當鑄錢，一直百錢，平諸物價，令吏爲官市。」備從之，數月之閒，府庫充實。文曰直百，亦有勒爲五銖者，大小秤兩如一焉。並徑七分，重四銖。吴孫權嘉平五年，鑄大錢，一當五百，文曰「大泉五百」，徑一寸三分，重十二銖。而使吏人輸銅，計鑄畢，設盜鑄之科。赤烏元年，鑄一當千大錢，徑一寸四分，重十六銖。故吕蒙定荆州，孫權賜錢一億。錢既太貴，但有空名，人閒患之。後權令曰：「往日鑄大錢，云以廣貨，故聽之。今聞人意不以爲便，其省之，鑄爲器物，官勿復出也。私家有者，並以輸藏，平畀其直。〔二九〕勿有所枉。」

晉元帝過江，用孫氏赤烏舊錢，輕重雜行。大者謂之比輪，中者謂之四文。吴興沈充又鑄小錢，謂之沈郎錢。錢既不多，由是稍貴。

孝武帝太元三年，詔曰：「錢，國之重寶，小人貪利，銷壞無已，監司當以爲意。〔三〇〕廣州夷人，寶貴銅鼓，而州境素不出銅，聞官私賈人皆貪比輪錢斤兩差重，以入廣州，貨與夷人，鑄敗作鼓。其重爲禁制，得者科罪。」

安帝元興中，桓玄輔政，立議欲廢錢用穀帛。孔琳之議曰：「洪範八政，貨爲食次，豈不以交易之所資，爲用之至要者乎？若使百姓用力於爲錢，則是妨爲生之業，禁之可也。今農自務穀，工自務器，各肆其業，〔三一〕何嘗致勤於錢。故聖王制無用之貨，以通有用之財，既無毁敗之費，又省運致之苦，〔三二〕此錢所以嗣功龜貝，歷代不廢者也。穀帛本充於衣食，今分以爲貨，則致損甚多。又勞毁於商販之手，耗弃於割截之用，此之爲弊，著於目前。故鍾繇曰：『巧僞之人，競溼穀以要利，制薄絹以充資。』〔三三〕魏代制以嚴刑，弗能禁也。是以司馬芝以爲用錢非徒豐國，亦所以省刑。錢之不用，由於兵亂積久，自致於廢，〔三四〕有由而然，漢末是也。今既用而廢之，則百姓頓亡其利。今計度天下之穀，以周天下之食，或倉庫充溢，或糧靡斗儲，以相資通，則貧者仰富，致之之道，實假於錢。一朝斷之，便爲弃物，是有錢無糧之人，皆坐而飢困，此斷之又立弊也。且據今用錢之處不爲貧，用穀之處不爲富，又人習來久，革之怨惑。語曰：『利不百，不易業。』況又錢便於穀也。魏明帝時，錢廢穀用，四十年矣。〔三五〕以不便於人，乃舉朝大議，精才達政之士，莫不以宜復用錢，下無異情，朝無異論。彼尚捨穀帛而用錢，足以明穀帛之弊，著於已試也。代或謂魏氏不用錢久，積藏巨萬，故欲行之，利公富國。斯殆不然。晉文取舅犯之謀，〔三六〕而先成季之信，以爲雖有一時之勳，不如萬代之益。於時名賢在列，君子盈朝，大謀天下之利害，將定經國之要術。若穀實便錢，義不昧當時之近利，而廢永用之通業，斷可知矣。斯實由困而思革，改而更張耳。近孝武之末，天下無事，時和年豐，百姓樂業，穀帛殷阜，幾乎家給人足，驗之事實，錢又不妨人也。愚謂救弊之術，無取於廢錢。」朝議多同琳之，故玄議不行。

沈約曰：「人生所資，〔三七〕曰食與貨，貨以通幣，食爲人天。是以九棘播於農皇，十朋興於上代。昔醇人未離，〔三八〕情嗜疏寡，奉生贍己，事有異同。一夫躬耕，則餘餐委室；疋婦務織，則兼衣被體。雖貿遷之道，通用濟乏，龜貝之益，爲功蓋輕。而事有訛變，姦弊大起。昏作役苦，故穡人去而從商。商子事逸，〔三九〕末業流而浸廣。泉幣所通，非復始造之意也。於是競收罕至之珍，遠蓄未名之貨。明珠翠羽，無足而馳；綵罽文犀，飛不待翼。天下蕩蕩，咸以弃本爲事。豐衍則同多稔之資，饑凶又減田家之蓄。錢雖盈尺，且不療饑於堯年；貝或如山，〔四〇〕信無救渴於湯代。其爲疵病，亦已深矣。固宜一罷錢貨，專用穀帛，使人知役生之路，非此莫由。夫千疋爲貨，事難於懷璧；萬斛爲市，未易於越鄉。斯可使末伎自禁，遊食知反。而年代推移，人興事替，〔四一〕或庫盈朽貫而高廩未充，或家有藏鏹而良疇罕闢。若事改一朝，廢而莫用，交易所寄，朝夕無待。雖致乎要術，而非可卒行。先宜削華止僞，還醇返古，抵璧幽峯，捐珠清壑。然後驅一代之人，反耕桑之路，使縑粟羨溢，〔四二〕同於水火。既而蕩滌圜法，〔四三〕銷鑄無遺，立制垂統，永傳於後。比屋稱仁，豈伊唐代。桓玄知其始而不覺其終，琳之覩其末而不統其本，豈慮開塞，將一往之談可然乎。」前涼張軌太府參軍索輔言於軌曰：「古以金貝皮幣爲貨，息穀帛量度之耗。二漢制五銖錢，通易不滯。晉泰始中，河西荒廢，遂不用錢。裂疋以爲段數，縑布既壞，市易又難，徒壞女工，不任衣用，弊之甚也。今中州雖亂，此方全安，宜復五銖，以濟通變之會。」軌納之，立制准布用錢，錢遂大行，人賴其利。

校勘記

〔一〕周　自此以下之朝代名稱，北宋本、傅校本、明抄本、明刻本無。

〔二〕則有鵝眼綖環之別　「綖」原作「綖」，據北宋本、傅校本、明抄本、明刻本、王吴本改。

〔三〕唯錢但可貿易流注　原脱「但」，據北宋本、傅校本、明抄本、明刻本、王吴本補。

〔四〕在於圖史無之皆不達其要　「無之」原作「形模」，據北宋本、傅校本、明抄本、明刻本、王吴本改。

〔五〕周官制太府　「制」原作「有」，據北宋本改。

〔六〕謂均而通也　「均」原訛「内」，據北宋本、傅校本改。

〔七〕唐注國語　「唐」原作「韋」，據北宋本、傅校本、明抄本、明刻本、王吴本改。

〔八〕以救民　原「救」上有「振」，據北宋本、傅校本、明抄本、明刻本删。按：漢書食貨志下一一五一頁無「振」字。

〔九〕謂去其本居而散亡　原脱「亡」，據北宋本、王吴本補。按：漢書食貨志下師古注一一五二頁、册府卷四九九注五九七五頁均有「亡」。

〔一〇〕人有若干百千之數矣　「干」原訛「千」，「千」原訛「十」，據管子國蓄篇改。

〔一〕而贖人之無饘賣子者　北宋本、傅校本、明抄本、明刻本、王吴本「贖」下有「贖猶用」小字注文三字。

〔二〕珠起於赤野　管子揆度篇同。北宋本、傅校本、明抄本、明刻本、王吴本「野」作「墅」。

〔三〕南海則有羽翮齒革繒菁焉　原脱「繒菁」，據北宋本、傅校本、明抄本補。

〔四〕西海則有皮革文純焉　「純」原作「旄」，據北宋本、傅校本、明抄本、明刻本、王吴本改。

〔五〕秦一中國之幣爲二等　原作「秦兼天下幣爲二等」，清人擅改，今據北宋本、傅校本、明抄本、明刻本、王吴本改回。

〔六〕更以斤名金　原作「更以斤爲名」，據北宋本、傅校本、明抄本改。

〔七〕積累下報論之也　「積累」原倒，據漢書食貨志下蘇林注一一五四頁乙。

〔八〕故不禁鑄錢則錢常亂　下「錢」原脱，據新書銅布篇補。

〔九〕則敵必壞　「壞」漢書食貨志下一一五六頁作「懷」。

〔一〇〕不作餘物故也　「也」原訛「少」，據漢書食貨志下如淳注一一六三頁改。按：北宋本無「也」。

〔一一〕周郭其下　「下」漢書食貨志下一一六五頁作「質」。

〔一二〕自造白金五銖錢後五歲　原脱「自」，據漢書食貨志下一一六八頁補。

〔一三〕會有人告異以他議事下湯理異　「議事」原誤倒，據漢書食貨志下一一六八頁及北宋本、傅校本、明抄本乙。

〔一四〕於是悉禁郡國無鑄錢　原脱「無」，據漢書食貨志下一一六九頁及北宋本、傅校本、明抄本、明刻本補。

〔二五〕度背兩邊緣尺二寸也　「背」原作「甲」，據北宋本改。按：漢書食貨志下孟康注一一七八頁作「背」。

〔二六〕小布長寸五分　「小布」原涉上而脱，據漢書食貨志下一一七八頁補。

〔二七〕以鏈及錫雜銅而爲錢也　原脱「錫」，據漢書食貨志師古注一一七九頁補。

〔二八〕百姓貨幣不行　北宋本、傅校本無「不」字。

〔二九〕平畀其直　「平」原訛「計」，據北宋本、傅校本、明抄本、明刻本、王吴本改。

〔三〇〕監司當以爲意　「司」原訛「可」，據諸本改。

〔三一〕各肄其業　「肄」原訛「隸」，據宋書孔琳之傳一五五九頁改。

〔三二〕又省運致之苦　「致」宋書孔琳之傳一五五九頁作「置」。

〔三三〕制薄絹以充資　「資」原訛「貨」，據北宋本改。按：宋書孔琳之傳一五五九頁作「資」。

〔三四〕自致於廢　宋書孔琳之傳一五五九頁同。北宋本、傅校本、明抄本、明刻本、王吴本「自致」作「用之」。

〔三五〕魏明帝時錢廢穀用四十年矣　「穀用」原倒，據宋書孔琳之傳一五六〇頁乙。又，「四」孔琳之傳作「三」。按：上文言「魏文帝黄初二年，罷五銖錢，使百姓以穀帛爲市買。至明帝代，錢廢穀用既久」。黄初二年至明帝時，僅六七年。孔傳云「三十餘年」，通典引作「四十餘年」，均與史不合。

〔三六〕晉文取舅犯之謀　「取」宋書孔琳之傳一五六〇頁作「後」。

〔三七〕人生所資　「資」宋書孔琳之傳一五六五頁作「貴」。

〔三八〕昔醇人未離　「離」原作「漓」，據北宋本改。按：宋書孔琳之傳一五六五頁作「離」。

〔三九〕商子事逸　「子」原作「工」，據北宋本、傅校本、明抄本改。按：宋書孔琳之傳一五六五頁作「子」。

〔四〇〕貝或如山　「山」宋書孔琳之傳一五六五頁作「輪」。

〔四一〕人興事替　原作「人事興替」，據北宋本乙。

〔四二〕使縑粟羨溢　原脱「使」，據宋書孔琳之傳一五六五頁補。

〔四三〕既而蕩滌圜法　「法」原訛「洪」，據北宋本、傅校本、王吳本改。

王永興點校　王文錦覆校

通典卷第九

食貨九

錢幣下宋〔一〕 齊 梁 陳 後魏 北齊 後周 隋 大唐

宋文帝元嘉七年，立錢署，鑄四銖錢，〔二〕文曰「四銖」，重如其文。人間頗盜鑄，多翦鑿古錢取銅，帝甚患之。録尚書江夏王義恭建議，以一大錢當兩，以防翦鑿，〔三〕議者多同之。何尚之議曰：「夫泉貝之興，以估貨爲本，事存交易，〔四〕豈假數多。〔五〕數少則幣重，〔六〕數多則物重，多少雖異，濟用不殊。況復以一當兩，徒崇虚價者也。凡栫制改法，宜順人情，未有違衆矯物而可久也。泉布廢興，議自前代，赤仄白金，俄而罷息，六貨潰亂，人泣於市。良由事不晝一，難用遵行。夫錢之形，大小多品，直云大錢，則未知其格。若止於四銖五銖，則文皆古篆，既非庸下所識，加或漫滅，〔七〕尤難分明，公私交亂，争訟必起，此最是深疑者也。命旨兼慮翦鑿日多，以致銷盡。鄙意復謂殆無此嫌，人巧雖密，要有蹤蹟，用錢貨銅，事可尋檢，直由糾察不精，致使立制以來，發覺者寡。今雖有懸金之名，竟無酬與之實。若申明舊科，擒獲即報，畏法希賞，不日息矣。」

中領軍沈演之以爲：「龜貝行於上古，泉刀興自周代，皆所以阜財通利，實國富人者也。但採鑄久廢，喪亂累仍，糜散湮滅，何可勝計。晉遷江南，疆境未廓，或土習其風，錢不普用。今封略開廣，聲教遐暨，金鏹布洽，爰逮邊荒，用彌廣而貨愈狹。加復競竊翦鑿，銷毀滋繁，刑雖重禁，姦弊方密。肆力之甿徒勤，不足以供贍。誠由貨貴物賤，常調未革。愚謂若以大錢當兩，則國傳難朽之寶，家贏一倍之利，不俟加憲，巧源自絕。」上從演之議，遂以一錢當兩，行之經時，公私非便，乃罷。

時言事者，多以錢貨減少，國用不足，欲禁私銅，以充官鑄五銖。范泰又陳曰：「夫貨存貿易，不在多少。昔日之貴，今者之賤，〔八〕彼此共之，其揆一也。但令官人均通，則無患不足。若使必資貨廣以收國用者，〔九〕則龜貝之屬，自古而行。銅之爲器，在用也博矣。鍾律所通者遠，機衡所揆者大。器有要用，則貴賤同資，物有適宜，則家國共急。今毀必資之器，而爲無施之錢，於貨則功不補勞，在用則君人俱困，校之以實，損多益少。良由階根未固，〔一〇〕意存遠略。伏願思可久之道，賒欲速之情，〔一一〕則嘉謨日陳，聖慮可廣。」

先是元嘉中，鑄四銖錢，輪郭形制，與古五銖同價無利，百姓不資盜鑄。孝武孝建初，鑄四銖，文曰「孝建」，一邊爲「四銖」，其後稍去「四銖」，專爲「孝建」。三年，尚書右丞徐爰議曰：「貨薄人貧，公私俱罄，不有革造，將至大乏。〔一二〕宜應式遵古典，〔一三〕收銅繕鑄，納贖刊刑，著在往策。今宜以銅贖刑，隨罪爲品。」詔可之。所鑄錢形式薄小，輪郭不成就。於是人閒盜鑄者雲起，雜以鉛錫，並不牢固。又翦鑿古錢，以取其銅，錢既轉小，稍違官式。雖重制嚴刑，人吏官長坐死免者相係，而盜鑄彌甚。百物踊貴，人患苦之。乃立品格，薄小無輪郭者，悉加禁斷。

時議者又以銅轉難得，欲鑄二銖錢。顏竣曰：「議者將謂官藏空虛，宜更改變，〔一四〕天下銅少，宜減錢式，以救災弊，振國弔人。愚以爲不然。今鑄二銖，恣行新細，於官無解於乏，而人姦巧大興，天下之貨，將糜碎至盡。空立嚴禁，而利深難絕，不過一二年閒，其弊不可復救。此其不可一也。今鎔鑄獲利，不見有頓得一二倍之理，〔一五〕縱復得此，必待彌年。又不可二也。人懲大錢之改，兼畏近日新禁，市井之閒，必生紛擾，富商得志，貧人困窮。又不可三也。況又未見其利，而衆弊如此。失算當時，取誚百代。」上不聽。

廢帝景和元年，〔一六〕鑄二銖錢，文曰「景和」，形式轉細。官錢每出，人閒即模效之，而大小厚薄皆不及也。無輪郭，不磨鑪，如今之翦鑿者，〔一七〕謂之來子，〔一八〕尤薄輕者謂之荇葉，市井通用之。永光元年，〔一九〕沈慶之啓通私鑄，由是錢貨亂改，一千錢長不盈三寸，大小稱此，謂之鵝眼錢。劣於此者，謂之綖環錢。入水不沈，隨手破碎，市井不復斷數。〔二〇〕

十萬錢不盈一掬，斗米一萬，商貨不行。

明帝泰始初，唯禁鵞眼、綖環，其餘皆通用，復禁人鑄，官署亦廢工，尋又普斷，唯用古錢。

齊高帝建元四年，奉朝請孔覬上書曰：「三吴國之關閫，比歲被水潦而糴不貴，是天下錢少，非穀穰賤，此不可不察也。鑄錢之弊，在輕重屢變。重錢患難用，而難用爲無累；輕錢弊盜鑄，而盜鑄爲禍深。人所盜鑄嚴法不禁者，由上鑄錢惜銅愛工也。惜銅愛工也者，謂錢無用之器，以通交易，務欲令輕而數多，使省工而易成，不詳慮其患也。自漢鑄五銖錢，至宋文帝歷五百餘年，〔二一〕制度有廢興而不變五銖者，其輕重可法，得貨之宜也。以爲宜開置錢府，〔二二〕方督貢金，〔二三〕大興鎔鑄，錢重五銖，一依漢法。府庫以實，國用有儲，乃量俸禄，薄賦税，則家給人足。頃盜鑄新錢者，皆效作翦鑿，不鑄大錢也。磨澤淄染，始皆類故，交易之後，渝變還新。良人不習淄染，不復行矣。所賣鬻者，皆徒失其物。盜鑄者復賤買新錢，淄染更用，反復生詐，循環起姦，明主尤所宜禁而不可長也。若官錢已布於人，使嚴斷翦鑿，小輕破缺無周郭者，悉不得行。官錢細小者，稱合銖兩，銷以爲大。利貧良之人，塞姦巧之路。錢貨既均，遠近若一，百姓樂業，市道無争，衣食滋殖矣。」時議者以爲錢貨轉少，宜更廣鑄，重其銖兩，以防人姦。上乃使諸州大市銅，會上崩乃止。

武帝時，竟陵王子良上表曰：「頃錢貴物賤，殆欲兼倍，凡在觸類，莫不如兹。稼穡艱劬，斛直數十，機杼勤苦，疋纔三百。所以然者，實亦有由。年常歲調，既有定期，僮卹所上，〔二四〕咸是見直。東閒錢多翦鑿，鮮復完者，公家所受，必須圓大，以兩代一，困於無所，鞭捶質繫，益致無聊。」

梁初，唯京師及三吴、荆、郢、江、湘、梁、益用錢，其餘州郡則雜以穀帛交易，交、廣之域則全以金銀爲貨。荆州，今巴東、夷陵、雲安郡地。郢州，今江夏、齊安、竟陵、漢陽、富水郡地。江州今潯陽、鄱陽、章郡、〔二五〕廬陵、臨川郡地。湘州，今湘川之地。梁州，今漢川之地。益州，今蜀川之地。交、廣，今嶺南道之地。武帝乃鑄錢，肉好周郭，文曰「五銖」，重四銖三參二黍，其百文則重一斤二兩。又别鑄，除其肉郭，謂之公式女錢，徑一寸，文曰「五銖」，重如新鑄五銖，二品並行。百姓或私以古錢交易者，其五銖徑一寸一分，重八銖，文曰「五銖」，三吴屬縣行之。女錢徑一寸，重五銖，無輪郭，郡縣皆通用。太平百錢二種，並徑一寸，重四銖，源流本一，但文字古今之殊耳，文並曰「太平百錢」。定平一百，五銖，徑六分，重一銖半，文曰「定平一百」。〔二六〕稚錢五銖，徑一分半，重四銖，文曰「五銖」，〔二七〕源出於五銖，但狹小，東境謂之稚錢。五朱錢，〔二八〕徑七分半，重三銖半，文曰「五朱」，源出稚錢，但稍遷異，以銖爲朱耳，三吴行之，差少於餘錢。又有對文錢，其源未聞。豐貨錢，徑一寸，重四銖，代人謂之富錢，藏之令人富也。布泉錢，徑一寸，〔二九〕重四銖半，代謂之男錢，云婦人佩之即生男也。此等輕重不一。天子頻下詔書，非新鑄二種之錢，並不許用，而趨利之徒，私用轉甚。至普通中，乃議盡罷銅錢，更鑄鐵錢。人以鐵賤易得，〔三〇〕並皆私鑄。及大同以後，所在鐵錢，遂如丘山，物價騰貴。交易者以車載錢，不復計數，而唯論貫。商旅姦詐，因之以求利。自破嶺以東，〔三一〕八十爲陌，名曰東錢。江、郢以上，七十爲陌，名曰西錢。京師以九十爲陌，名曰長錢。大同元年，天子乃詔通用足陌，詔下而人不從，錢陌益少。至於末年，遂以三十五爲陌。

陳初，承梁喪亂之後，鐵錢不行。始梁末有兩柱錢及鵞眼錢，於時人雜用，其價同，但兩柱重而鵞眼輕，私家多鎔鑄，又間以錫鐵，〔三二〕兼以粟帛爲貨。文帝天嘉五年，改鑄五銖。初出，一當鵞眼十。〔三三〕宣帝太建十一年，又鑄大貨六銖，以一當五銖之十，與五銖並行，後還當一。人皆不便，乃相與訛言曰：「六銖錢有不利縣官之象。」未幾而帝崩，遂廢六銖而行五銖，竟至陳亡。其嶺南諸州，多以鹽米布交易，俱不用錢。

後魏初至太和，錢貨無所用也。孝文帝始詔天下用錢。十九年，公鑄粗備，文曰「太和五銖」，詔京師及諸州鎮皆通行之。內外百官禄，皆准絹給錢，疋爲錢二百。在所遣錢工備爐冶，人有欲鑄，聽就鑄之。銅必精鍊，無所和雜。

宣武帝永平三年冬，又鑄五銖錢。京師及諸州鎮或不用，或有止用古錢，不行新鑄，致商賈不通，貿遷頗隔。〔三四〕延昌三年，有司奏，長安驪山今昭應縣是。有銀鑛，二石得銀七兩。其秋，恆州時恆州，今代郡安邊、馬邑。又上言，白登山今馬邑郡界。有銀鑛，八石得銀七兩、錫三百餘斤，其色潔白，有踰上品。詔並置銀官，常令采鑄。又漢中今郡地。舊有金戶千餘家，常於漢水沙淘金，〔三五〕年終輸之。後臨淮王彧爲梁州刺史，奏罷之。

孝明帝熙平初，尚書令任城王澄上言：「夏殷之政，九州貢金，以定五品，周仍其舊。太公立九府之法，於是圜貨始行，定銖兩之楷。齊桓循用，以霸諸侯。降及秦始、漢文，遂有輕重之異。吳濞、鄧通之錢，收利徧於天下，河南之地，猶甚多焉。逮於孝武，乃造五銖，其中毀鑄，隨利改易，〔三六〕故使錢有小大之品。〔三七〕竊尋太和之錢，孝文留心刱制，後與五銖並行，此乃不刊之式。臣竊聞之，君子行禮，不求變俗，因其所宜，順而致用。太和五銖，雖利於京邑之肆，而不入徐揚之市。徐今彭城、瑯琊郡地。揚今壽春郡地。土貨既殊，貿鬻亦異，便於荆郢之邦者，則礙於兗徐之域。〔三八〕荆今南陽郡地，郢今汝南郡地，兗今魯郡、東平郡地。致使貧人有重困之切，王道貽隔化之訟。去永平三年，敕不行之錢，雖有常禁，其先用之處，權可聽行，至來年末悉令斷之。〔三九〕暨延昌二年，徐州人儉，刺史啓奏求行土錢，旨聽權依舊用。謹尋不行之錢，律有明式，指謂鵞眼、環鑿，更無餘禁。計河南諸州，今所行者，悉非制限。昔來繩禁，愚竊惑焉。又河北州鎮，既無新造五銖，設有舊者，而復禁斷，並不行使。專以單絲之縑，〔四〇〕疎縷之布，狹幅促度，不中常式，裂疋爲尺，以濟有無。〔四一〕至今徒成杼軸之勞，〔四二〕不免飢寒之苦。良由分截布帛，壅塞錢貨，實非救恤凍餒，子育黎元。謹惟自古以來，錢品不一，前後累代，易變無常。〔四三〕且錢之爲名，欲泉流不已。臣之愚意，謂今之太和與新鑄五銖及諸古錢方俗所便用者，雖有大小之異，并得通行。貴賤之差，自依鄉價。庶貨環海內，公私無壅。其不行之錢及盜鑄、毁大爲小、僞不如法者，據律罪之。」詔曰：「錢行已久，今東南有事，且可依舊。」

澄又奏：「謹詳周禮，外府掌邦布之出入。布猶泉也，藏曰泉，流曰布。然則錢之興也，始於一品，欲令代匠均同，圜流無極。爰曁周景，降逮亡新，〔四四〕易鑄相尋，參差百品。遂令接境乖商，連邦隔貿。今謹重參量，以爲太和五銖，乃大魏之通貨，不朽之恆模，寧可專貿於京邑，〔四五〕不行於天下！但今戎馬在郊，江疆未一，東南之州，依舊爲便。至於京西京北域內州鎮未用錢處，行之則不足爲難，塞之則有乖通典。何者？布帛不可尺寸而裂，五穀則有負擔之難，錢之爲用，貫鏹相屬，不假斗斛之器，不勞秤尺之平，濟代之宜，便利於此。〔四六〕請並下諸方州鎮，其太和及新鑄五銖并古錢內外全好者，〔四七〕不限大小，悉聽行之。鷰眼、環鑿，依律而禁。河南州鎮先用錢者，既聽依舊，不在斷限。唯太和、五銖二錢得用公造新者。其餘雜種，一用古錢。生新之類，普同禁約。諸方之錢，通用京師。其聽依舊之處，與太和錢及新造五銖並行。〔四八〕若盜鑄錢者，罪重常憲。既欲均齊物品，廛井斯和，若不繩以嚴法，無以肅兹違犯。」詔從之。而河北諸州，舊少錢貨，猶以他物交易，錢略不入於市。

二年冬，尚書崔亮奏：「弘農郡銅青谷有銅鑛，計一斗得銅五兩四銖。葦池谷鑛，一斗得銅五兩。鸞帳山鑛，一斗得銅四兩。河內郡王屋山今王屋縣〔四九〕鑛，一斗得銅八兩。南青州苑燭山、〔五〇〕齊州商山，並是往昔銅官，舊跡見在。謹按鑄錢方興，用銅處廣，既有冶利，並宜開鑄。」〔五一〕詔從之。自後所行之錢，人多私鑄，錢稍小薄，價用彌賤。建義初，〔五二〕重制盜鑄之禁，開糾賞之格。

孝莊帝初，私鑄者益更薄小，乃至風飄水浮，米斗幾直一千。祕書郎楊侃奏曰：「昔馬援在隴西，嘗上書求復五銖錢，事下三府，不許。及援入爲武賁中郎，〔五三〕親對光武，釋其趨向，〔五四〕事始施行。臣頃在雍州，亦表陳其事，聽人與官並鑄五銖錢，使人樂爲而俗弊得改。旨下尚書八座，不許。以今況昔，爲理不殊。求取臣前表，經御披析。」〔五五〕侃乃隨宜剖說，帝從之，乃鑄五銖錢。

御史中尉高恭之又奏曰：「四民之業，錢貨爲本，救弊改鑄，王政所先。自頃以來，私鑄薄濫，官司糾繩，掛網非一。在今銅價，八十一文得銅一斤，私造薄錢，斤踰二百。既示之以深利，又隨之以重刑，得罪者雖多，姦鑄者彌衆。今錢徒有五銖之文，而無二銖之實，薄甚榆莢，上貫便破，置之水上，殆欲不沈。此乃因循有漸，科防不切，朝廷失之，彼復何罪。昔漢文以五分錢小，改鑄四銖，至孝武復改三銖爲半兩，此皆以大易小，以重代輕也。論今據古，宜改鑄大錢，文載年號，以記其始。則一斤所成七十六文。銅價至賤，五十有餘，其中人功、食料、錫炭、鉛沙，縱復私營，不能自潤。直置無利，應自息心，況復嚴刑廣設。以臣測之，必當錢貨永通，公私獲允。」後遂用楊侃計。

永安二年秋，詔更鑄，文曰「永安五銖」。〔五六〕官自立鑪，亦聽人就鑄，起自九月至三年正月而止。官欲貴錢，〔五七〕乃出藏絹，分遣使人於三市賣之，〔五八〕絹疋止錢二百，而私市者猶三百。利之所在，盜鑄彌衆，巧僞既多，輕重非一，四方州鎮，用各不同。

時鑄錢都將長史高謙之，〔五九〕即高恭之兄，字道讓。上表求鑄三銖錢曰：「蓋錢貨之立，本以通有無，便交易。故錢之輕重，時代不同。太公爲周置九府圜法，至景王時更鑄大錢。秦兼海內，錢重半兩。漢興，以秦錢重，改鑄筴錢，至孝文五年，復爲四銖。孝武時，悉復銷壞，更鑄三銖，至元狩中，變爲五銖。又造赤仄，以一當五。王莽攝政，錢有六等：大錢重十二銖，次九銖，次七銖，次五銖，次三銖，次一銖。魏文帝罷五銖錢，〔六〇〕至明帝復立。孫權江左鑄大錢，一當五百。權赤烏五年，復鑄大錢，一當千。輕重大小，莫不隨時而變。

竊以食貨之要，八政爲首，聚財之貴，貽訓典文。是以昔之帝王，乘天地之饒，御海內之富，莫不腐紅粟於太倉，藏朽貫於泉府，儲畜既盈，〔六一〕人無困弊，可以寧謐四極，如身使臂者矣。昔孝武外事四夷，遂虛國用。鹽鐵既興，錢幣屢改，少府遂豐，上林饒積。外闢百蠻，不增賦者，皆計利之由也。今羣妖未息，四郊多壘，徵稅既煩，千金日費，資儲漸耗，財用將竭，誠楊氏獻說之秋，桑、兒言利之日。夫西京之盛，錢猶屢改，並行小大，子母相權。況今寇難未除，州郡淪沒，人物凋零，軍國用少，別鑄小錢，〔六二〕可以富益，何損於政，何妨於人也。且政興不以錢大，政衰不以錢小，唯貴公私得所，政化無虧，既行之於古，亦宜效之於今矣。昔禹遭大水，以歷山之金鑄錢，救人之困。湯遭大旱，以莊山之金鑄錢，贖人之賣子者。今百姓窮悴，甚於曩日，欽明之主豈得垂拱而觀之哉！臣今此鑄，以濟交乏，五銖之錢，任使並用，行之無損，國得其益。」詔將從之，事未就，會卒。

北齊神武霸政之初，猶用永安五銖。遷鄴已後，百姓私鑄，體制漸別，遂各以爲名。有雍州青赤，梁州生厚、緊錢、吉錢，〔六三〕河陽生澀、天柱、赤牽之稱。冀州之北，錢皆不行，交貿者皆以絹布。神武乃收境內之銅及錢，仍依舊文更鑄，流之四境。未幾之間，漸復細薄，姦僞競起。

武定六年，文襄王以錢文五銖，名須稱實，宜秤錢一文重五銖者，聽入市用。計一百文重一斤四兩二十銖，自餘皆準此爲數。其京邑二市，天下州鎮郡縣之市，各置二秤，懸於市門。私人所用之秤，皆準市秤以定輕重。凡有私鑄，悉不禁斷，但重五銖，然後聽用。若入市之錢，不重五銖，或雖重五銖而多雜鉛鑞，並不聽用。若輒以小薄雜錢入市，有人糾獲，其錢悉入告者。其薄小之錢，若便禁斷，恐人交乏絶，畿内五十日，外州百日爲限。羣官參議，咸以爲時穀頗貴，請待有年，王從之而止。

文宣受東魏禪，除永安之錢，改鑄常平五銖，重如其文。其錢甚貴，而製造甚精。其錢未行，私鑄已興，一二年間，即有濫惡，雖殺戮不能止。乃令市增長銅價，由此利薄，私鑄少止。至乾明、皇建之間，往往私鑄。鄴中用錢，有赤郭、〔六四〕青熟、細眉、赤生之異。河南所用，有青薄鉛錫之别。青、齊、徐、兖、梁、荆河等州，輩類各殊。武平以後，私鑄轉甚，或以生鐵和銅，至於齊亡，卒不能禁。

後周之初，尚用魏錢。及武帝保定元年，乃更鑄布泉之錢，以一當五，與五銖並行。梁益之境，又雜用古錢交易。河西諸郡，或用西域金銀之錢，漢書西域傳，罽賓國以金銀爲錢，〔六五〕文爲騎馬，幕爲人面。幕即漫也。烏弋山離國之錢，與罽賓國同，文爲人頭，幕爲騎馬，加金銀飾其仄。〔六六〕安息亦以銀爲錢，文爲王面，幕爲夫人面，王死即更鑄。大月氏亦同。而官不禁。建德三年，更鑄五行大布錢，以一當十，大收商賈之利，與布泉錢並行。四年，又以邊境之錢，人多盜鑄，乃禁五行大布不得出入四關。布泉之錢聽入而不聽出。〔六七〕五年，以布泉漸賤而人不用，遂廢之。初令私鑄者絞，〔六八〕從者遠配爲户。齊平以後，山東之人，猶雜用齊氏舊錢。至宣帝大成元年，〔六九〕又鑄永通萬國錢，以一當十，〔七〇〕與五行大布、五銖，凡三品並用。

隋文帝開皇元年，以天下錢貨輕重不一，乃更鑄新錢，背面肉好，皆有周郭，文曰「五銖」，而重如其文。每錢一千，重四斤二兩。後魏食貨志云「齊文襄令錢一文重五銖者，聽入市用」。計一百錢重一斤四兩二十銖，則一千錢重十二斤以上，〔七一〕而隋代五銖錢一千重四斤二兩，當是大小秤之差耳。是時，錢既雜出，〔七二〕百姓或私有鎔鑄。〔七三〕三年，詔四面諸關，各付百錢爲樣，從關外來，勘樣相似，然後得過。樣不同者，則壞以爲銅，入官。詔行新錢以後，前代舊錢，有五行大布、永通萬國及齊常平，〔七四〕所在勿用。以其貿易不止，四年，詔仍舊不禁者，〔七五〕縣令奪半年禄。然百姓習用既久，猶不能絶。五年，詔又嚴其制。自是錢貨始一，所在流布，百姓便之。是時見用之錢，皆須和以錫鑞，錫鑞既賤，求利者多，私鑄之錢，不可禁約。其年，詔乃禁出錫鑞之處，並不得私有采取。十年，詔晉王廣聽於揚州立五鑪鑄錢。其後姦猾稍多，漸磨鑢錢郭，取銅私鑄，又雜以鉛錫，遞相倣效，錢遂輕薄，乃下惡錢之禁。京師及諸州邸肆之上，皆令立榜，置樣爲准，不中樣者不入於市。十八年，詔漢王諒聽於并州立五鑪鑄錢。又江南人間錢少，晉王廣又請於鄂州白紵山有銅鑛處鑄錢，於是詔聽置十鑪鑄錢。又詔蜀王秀於益州立五鑪鑄錢。是時錢益濫惡，乃令有司檢天下邸肆見錢，非官鑄者皆毀之，其銅入官。而京師以惡錢貿易，爲吏所執，有死者。數年之間，私鑄頗息。

大業以後，王綱弛紊，巨姦大猾，遂多私鑄，錢轉薄惡，初每千猶重二斤，〔七六〕後漸輕至一斤。或翦鐵鍱、裁皮、糊紙以爲錢，相雜用之。貨賤物貴，以至於亡。

大唐武德四年，廢五銖錢，鑄「開通元寶」錢。每十錢重一兩，計一千重六斤四兩，歐陽詢爲文書，含八分及隸體。每兩二十四銖，則一錢重二銖半以下，古秤比今秤三之一也，則今錢爲古秤之七銖以上，古五銖則加重二銖以上。輕重大小，最爲折衷，遠近便之。後盜鑄漸起。

顯慶五年，以天下惡錢轉多，所在官爲市取，五文惡錢，酬一好錢。其年，又改以好錢一文，易惡錢二文。

乾封元年，造「乾封泉寶」錢，直開元錢十。周年以後，舊錢並廢。〔七七〕二年詔，開元錢依舊施行，乾封錢貯。

儀鳳四年四月，令東都出遠年糙米及粟，就市糶，斗別納惡錢百文。其惡錢令少府、司農相知，即令鑄破。其厚重合斤兩者，任將行用。時米粟漸貴，議爲鑄錢漸多，所以錢賤而物貴，於是權停少府監鑄錢，尋而復舊。

永淳元年五月敕：「私鑄錢造意人及句合頭首者，並處絞，仍先決杖一百。從及居停主人加役流，各決杖六十。若家人共犯，坐其家長；老疾不坐者，則罪歸其以次家長。〔七八〕其鑄錢處，鄰保配徒一年；里正、坊正、村正各決六十。若有糾告者，即以所鑄錢毀破并銅物等賞糾人。同犯自首免罪，依例酬賞。」

武太后長安中，又令懸樣於市，令百姓依樣用錢。俄又簡擇艱難，交易留滯，又降敕，非鐵錫銅蕩穿穴者，並許行用。〔七九〕其熟銅、排斗、沙澀厚大者，皆不許簡。〔八〇〕自是盜鑄蜂起，濫惡益衆。江淮之南，盜鑄尤甚，或就陂湖巨海深山之中鼓鑄。

神龍、先天之際，兩京用錢尤甚濫惡。其郴、衡私鑄小錢，〔八一〕纔有輪郭，及鐵錫之屬，亦堪行用。乃有買錫，以錢模之，〔八二〕斯須盈千，便齎用之。

開元五年，宋璟知政事，奏請一切禁斷惡錢。六年正月詔，又切禁斷天下惡錢，不堪行用者，并銷破覆鑄。由是四民擾駭，穀帛踴貴。二月又敕：「古者聚萬方之貨，設九府之法，以通天下，以便生人。若輕重得中，則利可和義；若真僞相雜，則官失其守。頃者用錢，不論此道，〔八三〕深恐貧寠日困，姦豪歲滋，所以申明舊章，懸設諸樣，欲其人安俗阜，禁止令行。」

十七年制曰：〔八四〕「古者作錢，以通有無之鄉，以平小大之價，以全服用之物，以濟單貧之資。錢之所利，人之所急，然絲布財穀，四民爲本，〔八五〕若本賤末貴，則人弃賤而務貴。

故有盜鑄者，冒嚴刑而不悔，藏鏹者非倍息而不出。今天下泉貨益少，幣帛頗輕，欲使天下流通，焉可得也。且銅者餧不可食，寒不可衣，既不堪於器用，又不同於寶物，〔八六〕唯以鑄錢，使其流布。宜令所在加鑄，委按察使申明格文，禁斷私賣銅錫。仍禁造銅器，所有采銅錫鉛，〔八七〕官爲市取，勿抑其價，務利於人。」

二十年九月，制曰：「綾羅絹布雜貨等，交易皆合通用。如闤市肆，〔八八〕必須見錢，深非道理。自今以後，與錢貨兼用，違者准法罪之。」〔八九〕

二十二年三月，敕：「布帛不可以尺寸爲交易，菽粟不可以抄勺貿有無。古之爲錢，以通貨幣。頃雖官鑄，所入無幾，約工計本，勞費又多，公私之閒，給用不贍，永言其弊，豈無變通。往者漢文之時，已有放鑄之令，雖見非於賈誼，亦無廢於賢君。古往今來，代革時異。亦欲不禁私鑄，其理如何？」

中書侍郎張九齡奏請不斷鑄錢。上令百官詳議。黄門侍郎、平章事裴耀卿、黄門侍郎李林甫、河南少尹蕭炅等皆曰：「錢者通貨，〔九〇〕有國之權，是以歷代禁之，以絶姦濫。今若一啓此門，但恐小人弃農逐利，而濫惡更甚，於事不便。」

左監門衛録事參軍劉秩上議曰：「古者以珠玉爲上幣，黄金爲中幣，刀布爲下幣。今之錢，即古之下幣也。今若捨之，任人自鑄，則上無以御下，下無以事上，其不可一也。夫物賤則傷農，錢輕則傷賈。故善爲國者，觀物之貴賤，錢之輕重，夫物重則錢輕，錢輕由乎物多，多則作法收之使少；少則重，重則作法布之使輕。輕重之本，必由乎是，奈何而假於人？其不可二也。夫鑄錢不雜以鉛鐵則無利，雜以鉛鐵則惡，如不重禁，不足以懲息。〔九一〕且方今塞其私鑄之路，〔九二〕人猶冒死以犯之，況啓其源而欲人之從令乎！是設陷穽而誘之入，其不可三也。夫許人鑄錢，無利則人不鑄，有利則人去南畝者衆，去南畝者衆則草不墾，草不墾又鄰於寒餒，〔九三〕其不可四也。夫人富溢則不可以賞勸，貧餒則不可以威禁。故法令不行，人之不理，皆由貧富之不齊也。若許其鑄錢，則貧者必不能爲，臣恐貧者彌貧，而服役於富室，〔九四〕富室乘之而益恣。昔漢文之時，吴濞，諸侯也，富埒天子，鄧通，大夫也，財侔王者：此皆鑄錢之所致。必欲許其私鑄，是與人利權，其不可五也。今必以錢重而傷本，工費而利寡，〔九五〕則臣願言其失，以效愚計。夫錢重者，由人鑄日滋於前，而爐不加於舊。又公錢重，與銅之價頗等，故盜鑄者破重錢以爲輕錢，禁寬則行，禁嚴則止，止則弃矣。此錢之所以少也。夫鑄錢用不贍者，〔九六〕由乎銅貴，銅貴之由，在於采用者衆。夫銅之爲兵則不如鐵，以爲器則不如漆，禁之無害，陛下何不禁於人？禁於人則銅無所用，銅無所用則益賤，賤則錢之用給矣。夫銅不布下，則盜鑄者無因而鑄，無因而鑄則公錢不破，人不犯死刑，錢又日增，不復利矣。〔九七〕是一舉而四美兼也。」時公卿羣官皆建議以爲不便，事既不行，但勑郡縣嚴斷惡錢而已。

至天寶之初，〔九八〕兩京用錢稍好，米粟豐賤。數載之後，漸又濫惡。府縣不許好錢加價迴博，令好惡通用。富商姦人，漸收好錢，潛將往江淮南，每一錢貨得私鑄惡錢五文，假託公錢，將入京私用。京城錢日加碎惡，鵝眼、鐵錫、古文、綖環之類，每貫重不過三四斤。

十一載二月勑：「泉貨之用，所以通有無；輕重之權，所以禁踰越。故周立九府之法，漢備三官之制。永言適便，必在從宜。〔九九〕如聞京城行用之錢，頗多濫惡，所資懲革，絶其訛謬。然安人在於存養，化俗期於變通，法若從寬，事堪持久。宜令所司即出錢三數十萬貫，分於兩市，百姓間應交易所用不堪久行用者，官爲換取，仍限一月日內使盡。庶單貧無患，商旅必通。其過限輒敢違犯者，一事以上，並作條件處分。」是時京城百姓，久用惡錢，制下之後，頗相驚擾。時又令於龍興觀南街開場，出左藏庫內排斗錢，許市人博換，貧弱者又爭次不得。俄又宣勑，除鐵錫、銅沙、穿穴、古文，餘並依舊行用，久之乃定。

乾元元年，有司以甲兵未息，給用猶費，奏鑄「乾元重寶」錢。每貫十斤，一文當開元通寶錢一十文。又鑄重稜錢，每貫重二十斤，一文當開通五十文。皆鑄錢使第五琦所奏也。〔一〇〇〕姦猾之人，多破用舊錢，〔一〇一〕私鑄新錢，雖獲深利，隨遭重刑，公私不便，尋總停廢，還用開元通寶錢。人間無復有乾元、重稜二錢者，蓋並鑄爲器物矣。按天寶中，諸州凡置九十九鑪鑄錢。絳州三十鑪，揚、潤、宣、鄂、蔚各十鑪，益、鄧、郴各五鑪，洋州三鑪，定州一鑪。約每鑪役丁匠三十人。每年除六月七月停作，餘十月作十番。每鑄約用銅二萬一千二百一十斤，〔一〇二〕白鑞三千七百九斤，黑錫五百四十斤。約每貫錢用銅鑞錫價約七百五十文，丁匠在外。每鑪計鑄錢三千三百貫，約一歲計鑄錢三十二萬七千餘貫文。〔一〇三〕

校勘記

〔一〕宋　自此以下朝代名稱，北宋本、傅校本、明抄本、明刻本無。

〔二〕立錢署鑄四銖錢　「署」原訛作「置法」，下脱「錢」，據宋書文帝紀七九頁、南史宋本紀中四一頁、册府卷五〇〇五九八四頁改補。

〔三〕以防翦鑿　宋書何尚之傳一七三五頁同。北宋本、傅校本、明抄本、明刻本、王吴本「翦」作「穿」。

〔四〕事存交易　「存」原作「在」，據宋書何尚之傳一七三五頁、册府卷五〇〇五九八四頁改。

〔五〕豈假數多　「數多」原倒，據宋書何尚之傳一七三五頁乙。

〔六〕數少則幣重　「重」原訛「輕」，據通鑑卷一二五三九三一頁改。

〔七〕加或漫滅　「加」原訛「如」，據北宋本、傅校本、明抄本改。按：宋書何尚之傳一七三五頁作「加」。

〔八〕今者之賤　「者」原作「日」，據北宋本、傅校本、明抄本、明刻本、王吴本改。按：宋書范泰傳一六一八頁作「者」。

〔九〕若使必資貨廣以收國用者　原脱「貨」，據宋書范泰傳一六一八頁補。

〔一〇〕良由階根未固　「階」宋書范泰傳一六一八頁作「基」，通典避玄宗諱改。

〔一一〕賒欲速之情　「賒」原訛「贖」，據宋書范泰傳一六一八頁改。

〔一二〕將至大乏　原作「將大空乏」，據宋書顏竣傳一九六一頁改。　按：北宋本、傅校本、明抄本、明刻本、王吳本作「將大乏」，清人臆增「空」字。

〔一三〕宜應式遵古典　原脱「宜」，據北宋本、傅校本、明抄本、明刻本、王吳本補。

〔一四〕宜更改變　「更」原作「速」，據北宋本、傅校本、明抄本改。

〔一五〕不見有頓得一二倍之理　「倍」宋書顏竣傳一九三六頁作「億」。

〔一六〕廢帝景和元年　「元」原訛「二」，據史訂改。　按：景和爲廢帝劉子業年號，只有元年，無二年。

〔一七〕不磨鑪如今之翦鑿者　原脱「鑪如今之」四字，據宋書顏竣傳一九六三頁補。

〔一八〕謂之來子　「來」原作「萊」，據北宋本、傅校本、明抄本、明刻本、王吳本改。　按：宋書顏竣傳一九六三頁作「耒」。

〔一九〕永光元年　按：宋書前廢帝紀一四四頁永光元年秋八月癸酉，改元爲景和元年。　永光、景和爲同一年，而永光在前，景和在後。　上文既舉景和，則此不應復稱永光。

〔二〇〕市井不復斷數　「斷」宋書顏竣傳一九六三頁作「料」。

〔二一〕自漢鑄五銖錢至宋文帝歷五百餘年　原脱「歷」，下「五」訛「四」，據南齊書劉悛傳六五二頁補改。

〔二二〕以爲宜開置錢府　原脱「宜」，據南齊書劉悛傳六五二頁補。

〔二三〕方督貢金　「督」南齊書劉悛傳六五二頁作「牧」。

〔二四〕僮衈所上　「衈」原訛「賃」，據北宋本、傅校本、明抄本、明刻本改。

〔二五〕章郡　即豫章郡。通典避代宗諱而省稱章郡。

〔二六〕文曰定平一百　北宋本、傅校本、明抄本、明刻本、王吴本無「百」字。

〔二七〕文曰五銖　「銖」原訛「朱」，據諸本改。

〔二八〕五朱錢　「朱」原訛「銖」，據諸本改。

〔二九〕徑一寸　原脱「徑」，據上文例增。

〔三〇〕鐵賤易得　「賤」原訛「錢」，據北宋本、傅校本、明抄本、明刻本改。

〔三一〕自破嶺以東　「破」原訛「陂」，據北宋本、傅校本、明抄本、明刻本、王吴本改。按：隋書食貨志六九〇頁作「破」。

〔三二〕又間以錫鐵　「鐵」原訛「錢」，據隋書食貨志六九〇頁改。

〔三三〕一當鵞眼十　原「眼」下有「之」，據北宋本、傅校本、明抄本、明刻本、王吴本删。

〔三四〕京師及諸州鎮或不用至貿遷頗隔　此二十八字上，魏書食貨志二八六三頁尚有「肅宗初」三字。按：此下杜佑纂入「延昌三年」銀礦、沙金二事。爲照應與上文「永平三年冬」之時間順序，乃於此删「肅宗初」三字，遂使「京師及諸州鎮或不用」云云遥繫於「永平三年冬」下。誤將此項史事提前七年。

〔三五〕常於漢水沙淘金　原作「汰沙金」，據魏書食貨志二八五七頁改。按：北宋本、傅校本、明抄本、明刻本、王吳本脱作「沙金」，清人臆補「汰」字。

〔三六〕隨利改易　「利」原作「時」，據北宋本、傅校本、明抄本改。按：魏書食貨志二八六三頁作「利」。

〔三七〕錢有小大之品　「小大」原倒，據北宋本乙。按：魏書食貨志二八六三頁作「小大」。

〔三八〕則礙於兖徐之域　「徐」魏書食貨志二八六四頁作「豫」，通典避代宗諱改「徐」。

〔三九〕至來年末悉令斷之　魏書食貨志二八六四頁無「來」字。

〔四〇〕專以單絲之縑　原脱「專」，據魏書食貨志二八六四頁及北宋本、傅校本、明抄本、明刻本補。

〔四一〕以濟有無　「有無」原倒，據魏書食貨志二八六四頁及北宋本、傅校本、明抄本、明刻本、王吳本乙。

〔四二〕至今徒成杼軸之勞　「今」原作「令」，據魏書食貨志二八六四頁及北宋本、傅校本、明刻本、王吳本改。

〔四三〕前後累代易變無常　原作「前後歷代交易無常」，後人妄改。今據魏書食貨志二八六四頁及北宋本、傅校本、明抄本、明刻本改回。

〔四四〕降逮亡新　「新」原訛「秦」，據魏書食貨志二八六四頁及傅校本改。

〔四五〕寧可專貿於京邑　「貿」原訛「貨」，據魏書食貨志二八六五頁改。

〔四六〕便利於此　魏書食貨志二八六五頁作「謂爲深允」。

〔四七〕新鑄五銖　原脱「五銖」，據魏書食貨志二八六五頁補。

〔四八〕太和錢及新造五銖並行　原脱「及」，據魏書食貨志二八六五頁及北宋本補。

〔四九〕今王屋縣　「王屋」原訛「玉山」，據元和郡縣圖志卷五、新唐書地理志二九二四頁改。元和郡縣圖志云：「王屋山，在縣北十五里。」新唐志云：「王屋，有王屋山。」按：北宋本、傳校本、明刻本訛作「王山」。

〔五〇〕南青州　原「南」下衍「有」，據魏書食貨志二八六五頁删。

〔五一〕並宜開鑄　「宜」原訛「許」，據魏書食貨志二八六五頁及北宋本、傳校本、明抄本、明刻本改。

〔五二〕建義初　原訛作「於初乃」，據魏書食貨志二八六五頁改。按：北宋本、傳校本、明抄本、明刻本、王吳本作「建初」，脱「義」字，清人遂妄改作「於初乃」。

〔五三〕入爲武賁中郎　「武」魏書楊侃傳一二八四頁作「虎」，通典避李虎諱改。

〔五四〕釋其趨向　魏書楊侃傳一二八四頁作「申釋其趣」。

〔五五〕經御披析　「析」原訛「折」，據魏書楊侃傳一二八四頁及北宋本改。

〔五六〕文曰永安五銖　原「銖」下衍「錢」，據魏書食貨志二八六五頁删。

〔五七〕官欲貴錢　原訛作「官欲知貴賤」，據魏書食貨志二八六六頁改。

〔五八〕分遣使人於三市賣之　「三」魏書食貨志二八六六頁作「二」。

〔五九〕鑄錢都將長史　「將」原訛「督」，據魏書高謙之傳一七一一頁改。

〔六〇〕魏文帝罷五銖錢　原脱「錢」，據魏書高謙之傳一七一一頁補。

〔六一〕儲畜既盈　四字原脱，據魏書高謙之傳一七一一頁及北宋本、傳校本、明抄本、明刻本補。

〔六二〕別鑄小錢　「別」原訛「則」，據魏書高謙之傳一七一二頁改。

〔六三〕吉錢　隋書食貨志六九〇頁同。北宋本、傅校本、明抄本、明刻本、王吴本作「古錢」。

〔六四〕赤郭　隋書食貨志六九一頁作「赤熟」。

〔六五〕以金銀爲錢　原脱「金」，據漢書西域傳上三八八五頁補。

〔六六〕加金銀飾其仄　按：漢書西域傳上三八八九頁作「以金銀飾杖」。杖，兵器也。以金銀飾杖，乃另爲一事。通典誤謂錢幣兩面圖案之側加以金銀之飾。錢幣既是金銀所鑄，焉能復加金銀之飾？其誤甚明。

〔六七〕聽入而不聽出　「出」原訛「日」，據隋書食貨志六九一頁改。

〔六八〕初令私鑄者絞　原脱「令」，據隋書食貨志六九一頁補。

〔六九〕至宣帝大成元年　「宣帝大成」原作「静帝大象」，誤。據北宋本、明刻本改。

〔七〇〕以一當十　「十」原訛「千」，據隋書食貨志六九一頁、册府卷五〇〇五九九三頁改。

〔七一〕重十二斤以上　「二」原訛「一」，據北宋本、傅校本、明抄本改。

〔七二〕錢既雜出　「雜」原作「新」，據北宋本、傅校本、明刻本、王吴本改。

〔七三〕或私有鎔鑄　「鎔」原訛「鎔」，據諸本改。

〔七四〕及齊常平　原脱「齊」，據隋書食貨志六九二頁及北宋本、傅校本、明抄本、明刻本補。

〔七五〕詔仍舊不禁者　「仍」原作「依」，據北宋本、傅校本、明抄本改。

〔七六〕初每千猶重二斤　原脱「初」，「猶」訛「宜」，據隋書食貨志六九二頁補改。按：北宋本、傅校本、王吴本「猶」字不誤。

〔七七〕周年以後舊錢並廢　原脱「舊錢並」，據舊唐書食貨志上二〇九五頁、唐會要卷八九補。

〔七八〕則罪歸其以次家長　原脱「其」，據北宋本、傅校本、明抄本補。

〔七九〕並許行用　「行」原訛「令」，據舊唐書食貨志上二〇九六頁及北宋本、傅校本、明抄本改。

〔八〇〕皆不許簡　原「簡」下有「擇」，後人擅增。今據舊唐書食貨志上二〇九六頁及北宋本删。

〔八一〕其郴衡私鑄小錢　原脱「郴衡」，據舊唐書食貨志上二〇九六頁、新唐書食貨志四一三八四頁補。

〔八二〕乃有買錫以錢模之　按：舊唐書食貨志上二〇九六頁作「乃有買錫鎔銷，以錢模夾之」。通典苟簡，有失原意。

〔八三〕不論此道　原訛作「不倫比後」，據舊唐書食貨志上二〇九六頁改。按：北宋本唯「論」訛「倫」。

〔八四〕十七年制曰　「七」原訛「一」，據唐大詔令集卷一一二禁鑄造銅器詔、册府卷五〇一五九九六頁改。按：通鑑卷二一三亦繫禁鑄造銅器詔於開元十七年八月辛巳。

〔八五〕四民爲本　「四」原作「人」，清人擅改。今據北宋本、傅校本、明抄本、明刻本、王吳本改回。按：唐大詔令集卷一一二禁鑄造銅器詔「民」作「者」。

〔八六〕又不同於寶物　原脱「又」，據唐大詔令集卷一一二禁鑄造銅器詔、册府卷五〇一五九九六頁補。

〔八七〕所有采銅錫鉛　「有」原訛「在」，又脱「錫」字，據唐大詔令集卷一一二禁鑄造銅器詔、册府卷五〇一五九九六頁改補。按：北宋本、傅校本、明抄本「有」字不誤。

〔八八〕如關市肆　「關」原作「聞」，據北宋本、傅校本、明抄本、明刻本、王吴本改。

〔八九〕違者准法罪之　原「違」下衍「法」，據北宋本及册府卷五〇一五九九六頁删。

〔九〇〕錢者通貨　「貨」原訛「寶」，據舊唐書食貨志上二〇九七頁及北宋本、傅校本、明抄本改。

〔九一〕不足以懲息　「息」唐會要卷八九作「惡」。

〔九二〕且方今塞其私鑄之路　原脱「且」，據舊唐書食貨志上二〇九八頁及北宋本補。

〔九三〕草不墾又隣於寒餒　原「又」上有「則」，後人臆增。今據舊唐書食貨志上二〇九八頁及北宋本删。

〔九四〕而服役於富室　「服」原訛「復」，據舊唐書食貨志上二〇九八頁及北宋本、傅校本改。

〔九五〕工費而利寡　「工」原訛「貨」，據舊唐書食貨志上二〇九八頁及北宋本改。

〔九六〕夫鑄錢用不贍者　舊唐書食貨志上二〇九八頁同。北宋本、傅校本、明抄本、明刻本、王吴本無「鑄」字。

〔九七〕不復利矣　「不」原訛「未」，據北宋本、傅校本、明抄本、明刻本、王吴本改。

〔九八〕至天寶之初　「之初」原作「初年」，據北宋本、傅校本、明抄本改。

〔九九〕必在從宜　「從」原作「隨」，後人擅改。今據北宋本、傅校本、明抄本改回。

〔一〇〇〕皆鑄錢使第五琦所奏也　北宋本、傅校本、明抄本無此十字注文。

〔一〇一〕多破用舊錢　原誤作「多用破錢」，據北宋本、傅校本、明抄本改補。

〔一〇二〕二百一十斤　「一」原作「二」，據北宋本改。

〔一〇三〕三十二萬七千餘貫文 「三」原訛「二」，據諸本改。按：每歲鑪鑄錢三千三百貫，九十九鑪則鑄三十二萬七千餘貫。

王永興點校　王文錦覆校

通典卷第十

食貨十

漕運　鹽鐵

漕運秦〔一〕　漢　魏　晉　後魏　隋　大唐

管子曰："粟行三百里，則國無一年之積；粟行四百里，則國無二年之積；粟行五百里，則衆有飢色。"孫武曰："千里饋糧，士有飢色。食敵一鍾，當吾二十鍾。"是言粟不可推移，則糴之者無利，糶之處受害。按：禹貢："百里賦納總，二百里納銍，三百里納秸服，四百里納粟，五百里米。"則物重而麤者爲近賦，物輕而精者爲遠賦。若數千百里漕運，其費百倍。

秦欲攻匈奴，運糧，使天下飛芻輓粟，運載芻藁，令疾至，故曰飛芻也。輓粟，謂引車船也。〔二〕音晚。起於黄、腄、直瑞反，又音誰。琅琊負海之郡，轉輸北河，黄、腄二縣，並在東萊。言自東萊及琅琊緣海諸郡，皆令轉輸至北河也。黄即今黄縣，腄即今文登縣，並今東牟郡縣。琅琊，今高密琅琊郡地。北河今朔方之北河也。

率三十鍾而致一石。六斛四斗爲鍾。計其道路所費，凡用百九十二斛乃得一石。

漢興，高皇帝時，漕轉山東之粟，以給中都官，歲不過數十萬石。謂京師之官府。

孝文時，賈誼上疏曰：「天子都長安，而以淮南東道爲奉地，鏹道數千，不輕致輸，郡或乃越諸侯而遠調均發徵，至無狀也。古者天子之地方千里，中之而爲都，輸將繇使，其遠者不在五百里而至。公侯地百里，中之而爲都，輸將繇使，遠者不在五十里而至。輸者不苦其繇，繇者不傷其費，故遠方人安。及秦，不能分人寸地，欲自有之，輸將起海上而來，一錢之賦，數十錢之費，不輕而致也。上之所得甚少，而人之苦甚多也。」帝不能用。

孝武建元中，通西南夷，作者數萬人，千里負擔饋糧，率十餘鍾致一石。〔三〕其後東滅朝鮮，置滄海郡，人徒之費，擬西南夷。又衞青擊匈奴，取河南地，今朔方之地。復興十餘萬人築衞朔方，轉漕甚遠，自山東咸被其勞。

元光中，大司農鄭當時言於帝曰：「異時關東運粟漕水從渭中上，〔四〕度六月而罷，而渭水道九百餘里，時有難處。引渭穿渠，起長安，傍南山下，至河三百餘里，徑，易漕，度可三月罷，此損漕省卒。」天子以爲然，發卒穿漕渠以漕運，大便利。

其後番係言，漕從山東西，歲百餘萬石，更底柱之險，敗亡甚多而亦頗費。〔五〕穿渠引汾，溉皮氏、汾陰下，引河溉汾陰、蒲坂下，皮氏，今絳郡龍門縣。汾陰、蒲坂，今河東郡寶鼎、河東二縣。

度可得五千頃。故盡河壖弃地，壖，而緣反，謂緣河邊地。度可得穀二百萬石以上。穀從渭上，與關中無異，而底柱之東，可無復漕。」天子又以爲然，渠田數歲，河移徙，渠不到，〔六〕田者不能償種。久之，河東渠田廢。語在田制上篇。

其後人有上書，欲通褒斜道褒、斜，二水名。褒水東流南入沔，〔七〕今漢中郡褒城縣。斜水北流入渭，今武功縣及扶風郡。及漕，事下御史大夫張湯。湯聞其事，〔八〕因言「抵蜀從故道，多坂迴遠，今穿褒斜道，少坂，近四百里。而褒水通沔，斜水通渭，皆可以行船漕。漕從南陽上沔入褒，褒絕水至斜，〔九〕閒百餘里，以車轉，從斜入渭。〔一〇〕如此漢中之穀可致，山東從沔無限，便於底柱之漕。且褒、斜材木竹箭之饒，擬於巴蜀。」天子然之，拜湯子昂爲漢中守，〔一一〕發數萬人作褒斜道五百餘里。道果便近，而水多湍石，不可漕。

孝宣即位，百姓安土，歲數豐穰，穀石五錢，農人少利。時耿壽昌以善爲算，能商功利，得幸於上。商，度也。五鳳中，奏言：「故事，歲漕關東穀四百萬斛以給京師，用卒六萬人。宜糴三輔、弘農、河東、上黨、太原等郡穀，三輔，今京兆、扶風、馮翊郡地。弘農，今陝郡地。河東，今河東絳郡、平陽郡地。上黨，今高平、上黨、樂平、平陽、〔一二〕燕城。太原，今太原、西河郡地。足供京師，可以省關東漕卒過半。」天子從其計。御史大夫蕭望之奏言：「壽昌欲近糴漕關內之穀，築倉理船，費直二萬萬餘，萬萬，億也。有動衆之功，恐生旱氣，人被其災。壽昌習於商功分銖之事，其深計遠慮，誠未足任，宜且如故。」帝不聽，漕事果便。

魏齊王正始二年，〔一三〕司馬宣王使鄧艾行陳、項以東至壽春。自今淮陽郡以至於今壽春郡。艾以爲「田良水少，不足以盡地利，宜開河渠，可以大積軍糧，又通運漕之道」。宣王從之，乃開廣漕渠，東南有事，興衆泛舟而下，達於江淮。資食有儲而無水害，艾所建也。語在屯田篇。蜀相諸葛孔明出軍至祁山，今扶風縣，始以木牛運。其後又出斜谷，以流馬運。按亮集，督軍廲力、杜叡、滿元、胡忠推意作一腳木牛，其法方腹曲頭，〔一四〕一腳四足，頭入領中，舌着於腹。載多而行少，宜住，可大用，不可小使。特行者數十里，羣行者二十里。曲者爲牛頭，雙者爲牛腳，橫者爲牛領，轉者爲牛足，覆者爲牛背，方者爲牛腹，垂者爲牛舌，曲者爲牛肋，刻者爲牛齒，立者爲牛角，細者爲牛鞅，攝者爲牛鞦軸。〔一五〕牛御雙轅，人行六尺，牛行四步。載一歲糧，日行二十里，而人不大勞，牛不飲食。流馬法曰：「尺寸之數，肋長三尺五寸，廣三寸，厚二寸二分，左右同。前軸孔分墨去頭四寸，徑中二寸。前腳孔分墨去頭四寸，徑中二寸。前腳孔分墨去前軸孔四寸五分，長一寸五分，廣一寸。前扛孔去前腳孔分墨二寸七分，孔長二寸，廣一寸。後軸孔去前扛孔分墨一尺五寸，大小與前同。後扛孔去腳孔分墨二寸二分。〔一六〕後扛孔分墨四寸五分。前扛長一尺八寸，廣二寸，厚一寸五分。後扛與等板方囊二枚，板厚八分，長二尺七寸，高一尺六寸五分，廣一尺六寸。枚受米二斛三斗。〔一七〕從上扛孔去肋下七寸，前後同。上扛孔去下扛孔分墨一尺三寸。孔長一寸五分，廣七分，八孔同。前後四腳，廣二寸，厚一寸五分。形制如象，靬長四寸，〔一八〕徑面四寸三分。孔徑中三腳扛，長二尺一寸，廣一寸五分，厚一寸四分，扛同。」〔一九〕

晉武帝泰始十年，鑿陝南山，決河東注洛，以通運漕。雖有此詔，〔二〇〕竟未成功。懷帝永嘉元年，修千金堨於許昌，以通運。堨，烏割反，擁也。成帝咸和六年，以海賊寇抄，運漕不繼，發王公以下千餘丁，〔二一〕各運米六斛。穆帝時，頻有大軍，糧運不繼，制王公以下十三户共借一人，助度支運。

後魏自徐揚内附之後，徐州今彭城，揚州今壽州。仍代經略江淮，於是轉運中州，以實邊鎮，百姓疲於道路。有司請於水運之次，隨便置倉，乃於小平、石門、白馬津、漳涯、黑水、濟州、陳郡、大梁凡八所，各立邸閣。每軍國有須，應機漕引，自此費役微省。

時三門都將薛欽上言：「計京西水次汾華二州，恒農、河北、河東、正平、〔二二〕平陽等郡，年常綿絹及貲麻，皆折公物，僱車牛送京，道險人弊，費公損私。略計華州一車，官酬絹八疋三丈九尺，別有私人僱價布八十疋；〔二三〕河東一車，官酬絹五疋二丈，別有私人僱價布五十疋。自餘州郡，雖未練多少，推之遠近，應不減此。今求車取僱絹三疋，市材造船，不勞採斫。〔二四〕計船一艘，舉十三車，車取三疋，合有三十九疋。僱作手并匠及船上雜具食直，足以成船。計一船賸絹七十八疋，布七百八十疋。又租車一乘，官格二十斛成載，〔二五〕私人僱價，遠者五斗、布一疋，近者一石、布一疋。准其私費，〔二六〕一車布遠者八十疋，〔二七〕近者四十疋。造船一艘，計舉七百石，准其僱價，應有千四百疋。今取布三百疋造船一艘，并船上覆理雜事，計一船有賸布千一百疋。又其造船之處，皆須鋸材人功，并削船茹，依功多少，即給當州郡門兵，不假更召。汾州有租調之處，〔二八〕去汾不過百里，華州去河不滿六十，並令計程，依舊酬價，車送船所。船之所運，唯達灞陂。其陸路從灞陂至倉門，〔二九〕調一車傭絹一疋，租一車布五疋，則於公私爲便。」

尚書度支郎中朱元旭計稱：「今校薛欽之說，雖跡驗未彰，而指況甚善。所云以船代車，是策之長者。若以門兵造舟，〔三〇〕便爲闕彼防城，〔三一〕無容全依。宜令取傭車之物，市材就作，及倉庫所須，悉以營辦。七月之始，十月初旬，〔三二〕令州郡綱典各受租調於所在，然後付之。十車之中，〔三三〕留車士四人佐其守護。粟帛上船之日，隨運至京，將共監慎，如有耗損，同其陪徵。河中缺失，專歸運司。輸京之時，聽其即納，不得雜合，違失常體。必使量上數下，謹其受入，自餘一如其例。計底柱之難，號爲天險，迅驚千里，未易其功。然既陳便利，無容輒抑。若效充其說，則附例酬庸；如其不驗，徵填所損。今始開剏，不可懸生減折，且依請營立。一年之後，須知贏費。歲遣御史，校其虛實，脫有乖越，別更量裁。」

尚書崔休：〔三四〕「按欽所列，實允事宜；郎中之計，備盡公理。但舟檝所通，遠近必至，苟利公私，不宜止在前件。昔人乃遠通褒斜以利關中之漕，〔三五〕南達交廣以增京洛之饒。況乃漳洹夷路，洹音桓。河濟平流，而不均彼省煩，同兹巨益？請諸通水之處，皆宜率同此式。縱復五百、三百里，車運水次，校計利饒，猶爲不少。其欽所列州郡，如請興造，東路諸州，皆先通水運，今年租調，悉用舟檝。若船數有闕，〔三六〕且賃假充事，比之僦車，交成息耗。〔三七〕其先未通流，宜遣檢行，閑月修葺，使理有可通，必無擁滯。如此則發召匪多，爲益實廣，一爾暫勞，久安永逸。」詔從之，而未能盡行也。

孝文太和七年，薄骨律鎮將刁雍上表曰：「奉詔高平、安定、統萬薄骨律鎮，今靈武郡。高平，今平涼郡。〔三八〕安定即今郡。統萬，今朔方郡也。及臣所守四鎮，出車五千乘，運屯穀五十萬斛付沃野鎮，以供軍糧。臣鎮去沃野八百里，道多深沙，輕車往來，猶以爲難。設令載穀二十石，每至深沙，必致滯陷。又穀在河西，轉至沃野，越渡大河計車五千乘，運十萬斛，百餘日乃得一返，大廢生人耕墾之業，車牛艱阻，難可全至，一歲不過二運，〔三九〕五十萬斛乃經三年。臣聞鄭、白之渠，遠引淮海之粟，泝流數千，周年乃得一至，猶稱國有儲糧，人用安樂。求於⿰山牽⿰山屯山在今平涼郡高平縣，今笄頭山。〔四〇〕語訛亦曰汧屯山，即⿰山牽⿰山屯山。河水之次，造船二百艘。二船爲一舫，一船勝穀二千斛，〔四一〕一舫十人，計須千人。臣鎮內之兵，率皆習水。一運二十萬斛，方舟順流，五日而至，自沃野牽上，十日還到，合六十日得一返。從三月至九月三返，運送六十萬斛。計用人工，輕於車運十倍有餘，不費牛力，又不廢田。」詔曰：「知欲造船運穀，一冬即成，〔四二〕大省人力，既不費牛，又不廢田，甚善。非但一運，自可永以爲式。」

隋文帝開皇三年，以京師倉廩尚虛，議爲水旱之備，詔於蒲、陝、虢、熊、伊、洛、鄭、懷、邵、〔四三〕衞、汴、許、汝等水次十三州，熊州，今福昌縣。伊州，今陸渾縣。邵州今絳郡垣縣。餘並今郡。置募運米丁；又於衛州置黎陽倉，洛州置河陽倉，[四四]陝州置常平倉，華州置廣通倉，衛、陝、華並今郡。轉相灌注。漕關東及汾、晉之粟，以給京師。又遣倉部侍郎韋瓚向蒲、陝以東募人能於洛陽運米四十石，經底柱之險，達於常平者，免其征戍。其後以渭水多沙，流有深淺，漕者苦之。

四年，詔宇文愷率水工鑿渠，引渭水，自大興城即今西京城也。東至潼關，三百餘里，名曰廣通渠。轉運通利，關内賴之。

煬帝大業元年，發河南諸郡男女百餘萬，開通濟渠，自西苑引穀、洛水達於河，又引河通於淮海，自是天下利於轉輸。四年，又發河北諸郡百餘萬衆，開永濟渠，引沁水南達於河，北通涿郡。今范陽郡。涿，竹角反。自是丁男不供，始以婦人從役。五年，於西域之地，置西海、鄯善、且末等郡，逐吐谷渾得其地，並在今酒泉、張掖、晉昌郡之北。今悉爲北狄之地。鄯音善。且，子餘反。謫天下罪人，配爲戍卒，大開屯田，發四方諸郡運糧以給之。七年冬，大會涿郡。分江淮南兵配驍衛大將軍來護兒，别以舟師濟滄海，舳艫數百里，並載軍糧，期與大兵會於平壤。高麗所都。

大唐咸亨三年，於岐州陳倉縣東南開渠，引渭水入昇原渠，通船栰至京故城。栰音伐。京故城，即長安城。漢惠帝所築，在今大興城之西北苑中。

開元十八年，玄宗問朝集使利害之事，宣州刺史裴耀卿上便宜曰：「江南戶口稍廣，倉庫所資，唯出租庸，更無征防。緣水陸遥遠，轉運艱辛，功力雖勞，倉儲不益。竊見每州所送租及庸調等，本州正月二月上道，至揚州入斗門，即逢水淺，已有阻礙，須停留一月以上。三月四月以後，始渡淮入汴，多屬汴河乾淺，又船運停留。至六月七月後，始至河口，即逢黄河水漲，不得入河。又須停一兩月，待河水小，始得上河。入洛即漕路乾淺，船艘隘鬧，般載停滯，備極艱辛。計從江南至東都，停滯日多，得行日少，糧食既皆不足，折欠因此而生。又江南百姓，不習河水，皆轉雇河師水手，更爲損費。伏見國家舊法，往代成規，擇制便宜，以垂長久。河口元置武牢倉，江南船不入黄河，即於倉内便貯。鞏縣置洛口倉，從黄河不入漕洛，[四五]即於倉内安置。爰及河陽倉、栢崖倉、太原倉、永豐倉、渭南倉，節級取便，例皆如此。水通則隨近運轉，不通則且納在倉，不滯遠船，不憂欠耗，比於曠年長運，利便一倍有餘。今若且置武牢、洛口等倉，江南船至河口，即卻還本州，更得其船充運，并取所減腳錢，更運江淮變造義倉，每年剩得一二百萬石。即數年之外，倉廩轉加。其江淮義倉，多爲下溼，不堪久貯，若無船運，[四六]三兩年色變，即給貸費散，公私無益。」疏奏不省。

至二十一年，耀卿爲京兆尹，京師雨水害稼，穀價踴貴。耀卿奏曰：

伏以陛下仁聖至深，憂勤庶務，小有飢乏，降詔哀矜，躬親支計，救其危急。今既大駕東巡，百司扈從，諸州及三輔先有所貯，且隨見在發重臣分道振給，計可支一二年。從東都廣漕運，以實關輔，待稍充實，車駕西還，即事無不濟。

臣以國家帝業本在京師，萬國朝宗，百代不易之所。但爲秦中地狹，收粟不多，儻遇水旱，便即匱乏。往者貞觀、永徽之際，禄廩數少，每年轉運，不過一二十萬石，所用便足，以此車駕久得安居。今昇平日久，國用漸廣，每年陝洛漕運，數倍於前，支猶不給。陛下數幸東都，以就貯積，爲國大計，不憚劬勞，皆爲憂人而行，豈是故欲來往。若能更廣陝運支入京，倉廩常有二三年糧，即無憂水旱。今日天下輸丁約有四百萬人，每丁支出錢百文，充陝洛運腳，五十文充營窖等用，貯納司農及河南府、陝州，以充其費。租米則各隨遠近，任自出腳送納。

東都至陝，河路艱險，既用陸腳，無由廣致。若能開通河漕，變陸爲水，則所支有餘，動盈萬計。且江南租船，所在候水，始敢進發。吴人不便河漕，由是所在停留，日月既淹，遂生隱盗。臣請於河口置一倉，納江東租米，〔四七〕便放船迴。〔四八〕從河口即分入河洛，官自僱船載運。河運者至三門之東，置一倉。既屬水險，即於河岸傍山車運十數里，至三門之西，又置一倉。每運至倉，〔四九〕即般下貯納。水通即運，水細便止。

漸至太原倉，泝河入渭，更無停留，所省巨萬。臣常任濟、定、冀等三州刺史，詢訪故事，前漢都關内，年月稍久，及隋亦在京師，緣河皆有舊倉，所以國用常贍。若依此行用，利便實深。」

上大悅，尋以耀卿爲黄門侍郎、同中書門下平章事，敕鄭州刺史及河南少尹蕭炅，自江淮至京以來，檢古倉節級貯納。仍以耀卿爲轉運都使。於是始置河陰縣及河陰倉，河清縣置栢崖倉，三門東置集津倉，三門西置三門倉。開三門北山十八里，陸行以避湍險。自江淮西北泝鴻溝，悉納河陰倉。自河陰候水調浮，〔五〇〕漕送含嘉倉，又取曉習河水者，遞送納於太原倉，所謂北運也。自太原倉浮渭以實關中。凡三年，運七百萬石，省脚三十萬貫。〔五一〕耀卿罷相後，緣北運險澀，〔五二〕頗有欺隱，議者又言其不便，事又停廢。

二十七年，河南採訪使、汴州刺史齊澣以江淮漕運經淮水波濤有沈損，遂開廣濟渠下流，自泗州虹縣至楚州淮陰縣北十八里，合於淮，不踰時畢功。既而以水流浚急，行旅艱險，旋即停廢，卻由舊河。

二十九年，陝州刺史李齊物避三門河路急峻，於其北鑿石渠通運船，爲漫流，河泥旋填淤塞，不可漕而止。

天寶二年，〔五三〕左常侍兼陝州刺史韋堅開漕河，自苑西引渭水，因古渠至華陰入渭，引永豐倉及三門倉米以給京師，名曰廣運潭。以堅爲天下轉運使。灞、滻二水會於漕渠，每夏大雨，〔五四〕輒皆填淤。大曆之後，漸不通舟。天寶中，每歲水陸運米二百五十萬石入關。舊於河南路運至陝郡太原倉，又運至永豐倉及京太倉。開元初，河南尹李傑始爲陸運使，從含嘉倉至太原倉，置八遞場，相去每長四十里。每歲冬初起，運八十萬石，後至一百萬石。每遞用車八百乘，分爲前後，交兩月而畢。其後漸加，至天寶七載，滿二百五十萬石。〔五五〕每遞用車千八百乘，自九月至正月畢。天寶九載九月，河南尹裴迥以遞重恐傷牛，於是以遞場爲交場，兩遞簡擇近水處爲宿場，分官押之，兼防其盜竊。大曆後，水陸運每歲四十萬石入關。

鹽鐵 周〔五六〕　漢　後漢　陳　後魏　後周　隋　大唐

管子曰：「海王之國，海王者，言以負海之利而王其業。王音于況反。謹正鹽筴。正，稅也。音征。十口之家，十人食鹽，百口之家，百人食鹽。終月大男食鹽五升少半，少半，猶劣薄也。大女食鹽三升少半，吾子食鹽二升少半，吾子，謂小男小女也。此其大曆也。曆，數。鹽百升而釜，鹽十二兩七銖一黍十分之一爲升，當米六合四勺也。百升之鹽，七十六斤十二兩十九銖二絫爲釜，當米六斗四升。今鹽之重，升加分强，釜五十也；分强，半强也。今使鹽官稅其鹽之重，每一斗加半合爲强而取之，則一釜之鹽，得五十合而謂之强。升加一强，釜百也；升加二强，釜二百也。鍾二千，十釜之鹽，七百六十八斤爲鍾，當米六斛四斗是。十鍾二萬，百鍾二十萬，千鍾二百萬。萬乘之國，人數開口千萬也。舉其大數而言之也。開口，謂大男大女之所食鹽也。禺筴之商，日二百萬，禺讀爲偶。偶，對也。商，計也。對其大男大女食鹽者之口數而立筴，以計所稅之鹽，一日計二百萬，合爲二百鍾。十日二千萬，一月六千萬，萬乘之國，正九百萬也。〔五七〕萬乘之國，大男大女食鹽者千萬人，而稅之，鹽一日二百鍾，十日二千鍾，一月六千鍾也。今又施其稅數，以千萬人如九百萬人之數，則所稅之鹽一日百八十鍾，十日千八百鍾，一月五千四百鍾。月人三十錢之籍，爲錢三千萬。又變其五千四百鍾之鹽而籍其錢，計一月每人人籍錢三十，凡千萬人，爲錢三萬萬矣。以此籍之數而比其常籍，則當一國而有三千萬人矣。〔五八〕今吾非籍之諸君吾子，而有二國之籍者六千萬。諸君，謂老男老女也。六十以上爲老男，五十以上爲老女也。既不籍於老男老女，又不籍於小男小女，〔五九〕乃能以千萬人而當三千萬人者，蓋鹽官之利耳。鹽官之利既然，則鐵官之利可知也。鹽官之利當一國而三千萬人，鐵官之利當一國而三千萬人焉，故能有二國之籍者六千萬人耳。其常籍人之數，〔六〇〕猶在此外。使君施令曰：吾將籍於諸君吾子，則必囂號，令天給之鹽筴，〔六一〕則百倍歸於上，人無以避此者，數也。今鐵官之數曰：一女必有一鍼一刀，若其事立。若猶然後。耕者必有一耒一耜一銚，若其事立。大鋤謂之銚，羊昭反。行服連輂名，所以載作器，人挽者。軺羊昭反輂居玉反者，大車駕馬。必有一斤一鋸一錐一鑿，若其事立。不爾而成事者，天下無有。今鍼之重加一也，〔六二〕三十鍼一人之籍。鍼之重，每十分加一分，爲强而取之，則一女之籍得三十鍼也矣。刀之重加六，五六三十，五刀一人之籍也。刀之重，每十分加六分，以爲强而取之，五六爲三十也，則一女之籍得五刀。耜鐵之重加七，三耜鐵一人之籍也。

耜鐵之重，每十分加七分，以爲强而取之，則一農之籍得三耜鐵也。其餘輕重皆准此而行，其器彌重，其加彌多。然則舉臂勝音升事，無不服籍者。」

桓公曰：「然則國無山海不王乎？」

管子曰：「因人之山海，假之名有海之國，雖無海而假名有海，則亦雖無山而假名有山。售鹽於吾國。彼國有鹽而糶於吾國爲售耳。釜十五吾受而官出之以百，受，取也。假令彼鹽平價釜當十錢者，吾又加五錢而取之，所以來之也。既得彼鹽，則令吾國鹽官又出而糶之，釜以百錢也。我未與其本事也，與，用也。本事，本鹽也。受人之事，以重相推，以重相推，謂加五錢之類也。推猶度也。此人用之數也。」彼人所有而皆爲我用也。

又曰：「齊有渠展之鹽，渠展，齊地，泲水所流入海之處，可煑鹽之所也，故曰渠展之鹽。請君伐菹薪，草枯曰菹。采居反。煑水爲鹽，煑海水。正音征而積之。十月始正，至於正月，成三萬六千鍾，〔六三〕下令曰：孟春既至，農事且起，大夫無得繕冢墓，理宮室，立臺榭，築牆垣。北海之衆無得聚庸庸，功也。而煑鹽。北海之衆，謂北海煑鹽之人。本意禁人煑鹽，下令託以農事，慮有妨奪，先自大夫起，欲人不知其機，斯爲權術。此則坐長十倍，以令糶之。梁、趙、宋、衛、濮陽彼盡餽食之國，本國自無鹽，遠餽而食。無鹽則腫，守圉之國，圉與禦同，古通用。用鹽獨甚。」桓公乃使糶之，得成金萬斤。

漢孝武中年，大興征伐，財用匱竭，於是大農上鹽鐵丞孔僅、東郭咸陽言：「山海，天地之藏，皆宜屬少府，陛下弗私，以屬大農佐賦。願募民自給費，因官器作煑鹽，官與牢盆。牢，價直也，今世人言僱手牢。牢盆，煑鹽盆也。浮食奇民欲擅管山海之貨，若人執倉庫之管籥。以致富羡，羡，饒也。役利細民。其沮事之議，沮，才據反。不可勝聽。敢私鑄鐵器煑鹽者，釱左趾，〔六四〕釱音徒計反，足鉗也。没其器物。郡不出鐵者置小鐵官，鑄故鐵。使屬在所縣。」使僅、咸陽乘傳，舉行天下鹽鐵，舉，皆也。普天之下皆行之。作官府，主煑鑄及出納。除故鹽鐵家富者爲吏，吏益多賈人矣。

卜式爲御史大夫，元鼎六年。見郡國多不便縣官作鐵器苦惡，謂作鐵器民患苦其不好。價貴，或强令民買之，而船有算，商者少，物貴，乃因孔僅言船算事。上不說。

又董仲舒說上曰：「今鹽鐵之利二十倍於古，人必病之。」

孝昭元始六年，令郡國舉賢良文學之士，問以民所疾苦，教化之要。皆對曰：「願罷鹽鐵酒榷均輸官，無與天下争利，示以儉節，然後教化可興。」

御史大夫桑弘羊難詰難議者之言。以爲：「此國家大業，所以制四夷、安邊足用之本。往者豪强之家，得管山海之利，采石鼓鑄煑鹽，一家聚衆或至千餘人。〔六五〕大抵盡放流之人，〔六六〕遠去鄉里，弃墳墓，依倚大家，相聚深山窮澤之中，成姦僞之業。家人有寶器，尚猶柙而藏之，況天地之山海乎？〔六七〕夫權利之處，必在山澤，非豪人不能通其利。異時鹽鐵未籠，布衣有朐邴，人君有吴王，專山澤之饒，薄賦其人，贍窮乏以成私威，積而逆節之心作。今縱人於權利，罷鹽鐵以資强暴，遂其貪心，衆邪羣聚，私門成黨，則强禦日以不制，而并兼之徒姦形成矣。鹽鐵之利，佐百姓之急，奉軍旅之費，不可廢也。」

文學曰：「人庶藏於家，諸侯藏於國，天子藏於海内，是以王者不蓄，下藏於人，遠浮利，務民之義。義禮立則人化上。〔六八〕若是，雖湯武生存於代，無所容其慮。工商之事，歐冶之任，何姦之能成？三桓專魯，六卿分晉，不以鹽冶。〔六九〕故權利深者不在山海，在朝廷；一家害百家，在蕭牆，不在朐邴。」

大夫曰：「山海有禁而人不傾，貴賤有平而人不疑，縣官設衡立準而人得其所，雖使五尺童子適市，莫之能欺。今罷之，則豪人擅其用而專其利也。」

文學曰：「山海者，財用之寶路也；鐵器者，農夫之死士也。死士用則仇讐滅，田野闢而五穀熟；寶路開則百姓贍而人用給，人用給則富國，而教之以禮，禮行則道有讓，〔七〇〕而人懷敦朴以相接而莫相利也。夫秦、楚、燕、齊，士力不同，剛柔異氣，巨小之用，倨勾之宜，〔七一〕黨殊俗異，各有所便。縣官籠而一之，則鐵器失其宜而農人失其便，器用不便則農夫罷於野而草萊不闢，草萊不闢則人困乏也。」

大夫曰：「昔商君理秦也，設百倍之利，收山澤之稅，國富人彊，蓄積有餘，是以征伐敵國，攘地斥境，不賦百姓，軍師以贍。故利用不竭而人不知，地盡西河而人不苦。今鹽鐵之利，所以佐百姓之急，奉軍旅之費，務於積蓄，以備乏絕，所給甚衆，有益於用，〔七二〕無害於人。」

文學曰：「昔文帝之時，無鹽鐵之利而人富，當今有之而百姓困乏，未見利之所利而見其所害。且利非從天來，不由地出，所出於人閒，而爲之百倍，〔七三〕此計之失者也。夫李梅實多者，來年爲之衰，新穀熟，舊穀爲之虧。自天地不能滿盈，而況於人乎？〔七四〕故利於彼者，必耗於此，猶陰陽之不並曜，〔七五〕晝夜之代長短也。商鞅峭七叫反法長利，秦人不聊生，相與哭孝公，其後秦日以危。利蓄而怨積，地廣而禍搆，惡在利用不竭乎？」

於是丞相奏曰：「賢良文學不明縣官事，猥以鹽鐵爲不便，宜罷郡國榷酤，關內鐵官。〔七六〕奏可。〔七七〕於是利復流下，庶人休息。

孝元時，嘗罷鹽鐵官，三年而復之。

後漢章帝時，〔七八〕尚書張林上言：「鹽，食之急者，〔七九〕雖貴，人不得不須，官可自鬻。」

獻帝建安初，關中百姓流入荆州者十餘萬家。荆州，今襄陽南。及聞本土安寧，皆企願思歸，而無以自業。於是衛覬議以爲：「鹽者，國之大寶，自喪亂以來，放散，今宜如舊置使者監賣，〔八〇〕以其直益市犂牛，百姓歸者以供給之。勸耕積粟，以豐殖關中。遠者聞之，必多競還。」〔八一〕魏武於是遣謁者僕射監鹽官，移司隸校尉居弘農，流人果還，關中豐實。

陳文帝天嘉二年，太子中庶子虞荔、御史中丞孔奂以國用不足，奏立煮海鹽稅，從之。

後魏宣武時，河東郡有鹽池，舊立官司以收稅利。先是罷之，〔八二〕而人有富彊者專擅其用，貧弱者不得資益。延興末，復立監司，量其貴賤，節其賦入，公私兼利。孝明即位，復罷其禁，與百姓共之。自後豪貴之家復乘勢占奪，近池之人又輒障恪。神龜初，太師、高陽王雍，太傅、清河王懌等奏，請依先朝，禁之爲便，於是復置監官以監檢焉。其後更罷更立，至於永熙。自遷鄴後，於滄、瀛、幽、青四州之境，傍海煮鹽。滄州置竈一千四百八十四，瀛州置竈四百五十二，幽州置竈百八十，青州置竈五百四十六，又於邯鄲置竈四，計終歲合收鹽二十萬九千七百八斛四斗，〔八三〕軍國所資，得以周贍矣。

後周文帝霸政之初，置掌鹽之政令。一曰散鹽，煮海以成之。二曰盬鹽，〔八四〕引池以化之。三曰形鹽，掘地以出之。四曰飴鹽，於戎以取之。凡盬鹽形鹽每地爲之禁，〔八五〕百姓取之皆稅焉。

隋開皇三年，通鹽池鹽井，並與百姓共之。

大唐開元元年十一月，〔八六〕左拾遺劉彤論鹽鐵上表曰：〔八七〕「臣聞漢孝武之時，外討戎夷，内興宫室，殫費之甚，實倍當今。〔八八〕然而古費多而貨有餘，今用少而財不足者，何也？豈非古取山澤而今取貧人哉！取山澤，則公利厚而人歸於農；取貧人，則公利薄而人去其業。故先王作法也，山海有官，虞衡有職，輕重有術，禁發有時，一則專農，二則饒國。夫煮海爲鹽，採山鑄錢，〔八九〕伐木爲室，農餘之輩也。〔九〇〕寒而無衣，飢而無食，傭賃自資者，窮苦之流也。若能收山海厚利，奪農餘之人，調斂重徭，〔九一〕免窮苦之子，所謂損有餘而益不足，帝王之道，可不謂然乎？臣願陛下詔鹽鐵伐木等官收興利，貨於人，〔九二〕則不及數年，府有餘儲矣。然後下寬大之令，蠲窮獨之徭，可以惠羣生，可以柔荒服。雖戎狄未服，堯湯水旱，無足虞也。」玄宗令宰臣議其可否，咸以鹽鐵之利，甚益國用，遂令將作大匠姜師度、户部侍郎强循俱攝御史中丞，與諸道按察使檢責海内鹽鐵之課。

二十五年倉部格：「蒲州鹽池，令州司監當租分與有力之家營種之，課收鹽。每年上中下畦通融收一萬石，仍差官人檢校。若陂渠穿穴，所須功力，先以營種之家人丁充。若破壞過多量力不濟者，聽役隨近人夫。」

又屯田格：「幽州鹽屯，每屯配丁五十人，一年收率滿二千八百石以上，準營田第二等，二千四百石以上準第三等，二千石以上準第四等。大同横野軍鹽屯配兵五十人，每屯一年收率千五百石以上準第二等，千二百石以上準第三等，九百石以上準第四等。〔九三〕又成州長道縣鹽井一所，並節級有賞罰。蜀道陵、綿等十州鹽井總九十所，每年課鹽都當錢八千五十八貫。陵州鹽井一所，課都當錢二千六十一貫。〔九四〕綿州井四所，都當錢二百九十二貫。資州井六十八所，〔九五〕都當錢一千八十三貫。瀘州井五所，都當錢一千八百五十貫。榮州井十二所，〔九六〕都當錢四百貫。梓州都當錢七百一十七貫。遂州四百一十五貫。閬州一千七百貫。普州二百七貫。果州二十六貫。若閏月，共計加一月課，隨月徵納，任以錢銀兼納。〔九七〕其銀兩別常以二百價爲估。其課依都數納官，欠即均徵竈户。」自兵興，上元以後，天下出鹽，各置鹽司，節級權利，每歲所入九百餘萬貫文。

校勘記

〔一〕秦　自此以下朝代名稱，北宋本、傅校本、明抄本、明刻本無。

〔二〕輓粟謂引車船也　「船」原作「兩」，據北宋本、傅校本、明抄本改。

〔三〕率十餘鍾致一石　「率」原訛「至」，據漢書食貨志下一一五八頁及北宋本改。

〔四〕異時關東運粟漕水從渭中上　「運粟漕水」原作「漕粟」，據北宋本、傅校本、明抄本、明刻本、王吴本改。

〔五〕敗亡甚多而亦頗費　「亦頗」原作「煩」，據北宋本、傅校本、明抄本、明刻本、王吴本補改。

〔六〕渠田數歲河移徙渠不到　原「渠田」上有「發卒作」三字，「到」原作「利」，據北宋本、傅校本、明抄本、明刻本、王吴本删改。

〔七〕褒水東流南入沔 「南入」原作「入於」，據北宋本、傅校本、明抄本、明刻本改。

〔八〕湯聞其事 「聞」原作「問」，據北宋本、傅校本、明刻本、王吴本改。

〔九〕褒絶水至斜 原「褒」下衍「之」，據漢書溝洫志一六八一頁删。

〔一〇〕從斜入渭 「入」原作「下」，據北宋本、傅校本、明抄本、明刻本、王吴本改。

〔一一〕拜湯子昂爲漢中守 「昂」原訛「卬」，據北宋本、傅校本、明抄本、明刻本、王吴本改。按：漢書溝洫志一六八一頁作「卬」。「昂」「卬」同。

〔一二〕平陽 原倒作「陽平」，誤。據北宋本、傅校本、明抄本、明刻本、王吴本乙正。

〔一三〕魏齊王正始二年 「二」原作「四」，誤。通鑑卷七四二三五二頁繫此事於正始二年，今據改。按：三國志鄧艾傳七七六頁有「正始二年，乃開廣漕渠」之語。

〔一四〕方腹曲頭 三國志諸葛亮傳裴注九二八頁同。北宋本、傅校本、明抄本、明刻本、王吴本「頭」作「脛」。

〔一五〕攝者爲牛鞦軸 原脱「牛」，「軸」訛「勒」，據北宋本、傅校本補改。按：三國志諸葛亮傳裴注九二八頁與北宋本同。

〔一六〕後扛孔去腳孔分墨二寸二分 下「二」字，三國志諸葛亮傳裴注九二八頁作「七」。

〔一七〕枚受米二斛三斗 「枚」原訛作「收板」，據北宋本删改。

〔一八〕軒長四寸 「軒」原訛「軒」，據三國志諸葛亮傳裴注九二八頁及北宋本、傅校本改。

〔一九〕扛同　原「同」下有「前」，後人臆增。今據北宋本、傅校本、明抄本刪。

〔二〇〕雖有此詔　「詔」原作「議」，據北宋本改。

〔二一〕發王公以下千餘丁　晉書食貨志七九二頁無「千」字。

〔二二〕正平　原脱，據魏書食貨志二八五八頁補。

〔二三〕八十疋　「八」魏書食貨志二八五八頁作「六」。

〔二四〕不勞採斫　「斫」原作「砍」，據北宋本、傅校本、明抄本改。

〔二五〕官格二十斛成載　「二」魏書食貨志二八五八頁作「四」。

〔二六〕准其私費　「准」原訛「淮」，據諸本改。下同。

〔二七〕一車布遠者八十疋　原「布」上衍「有」，據魏書食貨志二八五八頁刪。

〔二八〕汾州有租調之處　原「租」下有「庸」，據魏書食貨志二八五九頁刪。

〔二九〕倉門　魏書食貨志二八五九頁作「倉庫」。

〔三〇〕若以門兵造舟　「舟」原作「船」，據北宋本、傅校本、明抄本改。

〔三一〕便爲闕彼防城　「城」魏書食貨志二八五九頁作「禦」。通典避代宗嫌名改作「城」。

〔三二〕十月初旬　魏書食貨志二八五九頁同。北宋本「十」作「七」。

〔三三〕十車之中　「中」原訛「牛」，據魏書食貨志二八五九頁及北宋本改。

〔三四〕崔休　「休」原訛「林」，據魏書食貨志二八五九頁及北宋本、傅校本改。

〔三五〕以利關中之漕　原脱「以」，據魏書食貨志二八六〇頁補。

〔三六〕若船數有闕　「數」原訛「所」，據魏書食貨志二八六〇頁改。

〔三七〕交成息耗　「成」原訛「代」，據魏書食貨志二八六〇頁及北宋本、傅校本、明抄本、明刻本、王吴本改。

〔三八〕高平今平涼郡　「涼」，北宋本、傅校本、明抄本、明刻本、王吴本作「原」，誤。

〔三九〕一歲不過二運　「二」原訛「三」，據魏書刁雍傳八六八頁改。按：每次運十萬斛，五十萬斛乃經三年。是一歲不過二運。

〔四〇〕笄頭山　「笄」原作「算」，據傅校本改。

〔四一〕一船勝穀二千斛　原脱「穀」，據魏書刁雍傳八六八頁補。

〔四二〕一冬即成　原脱「成」，據魏書刁雍傳八六八頁補。

〔四三〕邵　「邵」原訛「汾」，據隋書食貨志六八三頁改。下同。按：北宋本、傅校本、明抄本、明刻本、王吴本作「郊」，亦誤。

〔四四〕洛州置河陽倉　六字原脱，據隋書食貨志六八三頁補。

〔四五〕從黄河不入漕洛　原作「船從黄河不入洛水」，清人竄改。今據舊唐書食貨志下二一一四頁及北宋本、傅校本、明抄本、明刻本、王吴本改回。

〔四六〕若無船運　「船」原作「般」，據舊唐書食貨志下二一一五頁、册府卷四九八五九六七頁及王吴本改。

〔四七〕納江東租米　「東」原訛「南」，據舊唐書食貨志下二一一五頁及北宋本、傅校本、明抄本、明刻本、王吴本改。

〔四八〕便放船迴　原作「便令江南船迴」，據北宋本、傅校本、明抄本、明刻本、王吳本改。按：北宋本等「放」訛「於」，據舊唐書食貨志下二一一五頁訂改。

〔四九〕每運至倉　「至」原訛「置」，據舊唐書食貨志下二一一五頁、册府卷四九八五九六七頁及王吳本改。

〔五〇〕候水調浮　「調浮」原作「漲涸」，清人妄改。今據北宋本、傅校本、明抄本、明刻本、王吳本改回。按：册府卷四九八五九六七頁也作「調浮」。

〔五一〕省腳三十萬貫　「三」舊唐書食貨志下二一一六頁作「四」。

〔五二〕緣北運險澀　「北」原作「邊」，據册府卷四九八五九六七頁改。

〔五三〕天寶二年　「二」原訛「三」，據舊唐書玄宗紀二一六頁、唐會要卷八七訂改。按：通鑑卷二一五謂廣運潭成於天寶二年三月。

〔五四〕每夏大雨　「夏」原訛「憂」，據北宋本、傅校本改。

〔五五〕至天寶七載滿二百五十萬石　「載」「滿」原作「年」「運」，後人擅改。今據北宋本改回。下「載」字同。

〔五六〕周　自此以下朝代名稱，北宋本、傅校本、明抄本、明刻本無。

〔五七〕萬乘之國正九百萬也　「國」原脱，據管子海王篇補。

〔五八〕則當一國　原脱「則」，據管子海王篇尹注及北宋本補。

〔五九〕又不籍於小男小女　原兩「小」均作「少」，據管子海王篇尹注及北宋本、傅校本、明抄本、明刻本改。

〔六〇〕其常籍人之數　「人」原訛「入」，據管子海王篇尹注及北宋本改。

〔六一〕令天給之鹽筴　「令天」管子海王篇作「今天」。

〔六二〕今鍼之重加一也　「今」管子海王篇作「令」。

〔六三〕成三萬六千鍾　原脱「六千」，據管子輕重甲篇補。

〔六四〕鈦左趾　「鈦」原訛「鈦」，據漢書食貨志下一一六六頁改。下同。

〔六五〕一家聚衆　原脱「衆」，據鹽鐵論復古篇補。

〔六六〕大抵盡放流之人　「放流」原倒，據鹽鐵論復古篇及北宋本乙。

〔六七〕況天地之山海乎　「天地」鹽鐵論禁耕篇作「人主」。

〔六八〕遠浮利務民之義義禮立則人化上　鹽鐵論禁耕篇同。北宋本作「遠乎利務之義禮立而人怨上」。

〔六九〕不以鹽冶　「鹽冶」，鹽鐵論禁耕篇作「鹽鐵」。

〔七〇〕禮行則道有讓　原作「教之以禮則行道有讓」，據北宋本、傅校本、明抄本、明刻本、王吴本删改。

〔七一〕倨勾之宜　「倨勾」鹽鐵論禁耕篇作「居局」。

〔七二〕有益於用　「用」鹽鐵論非鞅篇作「國」。

〔七三〕所出於人間而爲之百倍　「所出」原作「一取」，「爲」原作「謂」，據北宋本、王吴本改。

〔七四〕而況於人乎　鹽鐵論非鞅篇「人」下有「事」。

〔七五〕猶陰陽之不並曜　原脱「曜」，據鹽鐵論非鞅篇補。

〔七六〕宜罷郡國榷酤關内鐵官　鹽鐵論鹽鐵取下篇同。北宋本、傅校本、明抄本、明刻本、王吴本「酤」下有「酒」，「鐵」下無「官」。

〔七七〕奏可　原作「詔曰可」，後人妄改。今據北宋本、傅校本、明抄本、明刻本改回。按：鹽鐵論鹽鐵取下篇即作「奏可」。

〔七八〕後漢章帝時　「章」原訛「明」，據後漢書朱暉傳一四六〇頁訂改。

〔七九〕鹽食之急者　原「鹽」下衍「鐵」，據後漢書朱暉傳一四六〇頁删。

〔八〇〕今宜如舊置使者監賣　「如」原作「依」，據三國志衞覬傳六一〇頁改。按：北宋本脱「如」，後人臆補「依」字。

〔八一〕必多競還　原作「必多還境」，後人擅改。今據北宋本、傅校本、明抄本、明刻本改回。

〔八二〕先是罷之　「先是」魏書食貨志二八六二頁作「是時」，册府卷四九三五八九四頁作「既而」。

〔八三〕八斛四斗　魏書食貨志二八六三頁作「二斛四升」。

〔八四〕二曰鹽鹽　「鹽」原訛「監」，據隋書食貨志六七九頁改。下同。

〔八五〕凡鹽鹽形鹽每地爲之禁　原脱「形鹽」，「地」訛「池」，據隋書食貨志六七九頁補改。

〔八六〕開元元年十一月　「一」原訛「二」，據北宋本、傅校本改。按：唐會要卷八八、册府卷四九三五八九六頁均作「一」。

〔八七〕劉彤論鹽鐵上表曰　原「上」在「鹽」上，據唐會要卷八八乙正。

〔八八〕實倍當今　「實」原作「十」，據北宋本、傅校本、明刻本改。按：舊唐書食貨志上二一〇七頁、册府卷四九三五八九六頁作「實百當今」，唐會要卷八八作「什百當今」。

〔八九〕採山鑄錢　「錢」原作「金」，據舊唐書食貨志上二一〇七頁、唐會要卷八八、册府卷四九三五八九六頁改。

〔九〇〕農餘之輩也　「農」原訛「豊」，據北宋本、傅校本、明抄本、明刻本、王吴本改。下同。按：舊唐書食貨志上二一〇七頁、册府卷四九三五八九六頁均作「農」。

〔九一〕調斂重徭　原「調」上有「寬」，後人妄增。據北宋本删。按：册府卷四九三五八九六頁也無「寬」字。

〔九二〕收興利貨於人　原作「各收其利貿遷於人」，據北宋本、傅校本、明抄本、明刻本、王吴本删改。

〔九三〕九百石以上　原脱「以上」，據北宋本、傅校本、明抄本、明刻本補。

〔九四〕課都當錢二千六十一貫　原脱「錢」，據傅校本、明刻本及册府卷四九三五八九七頁補。

〔九五〕資州井六十八所　「六」原訛「二」，據北宋本改。按：册府卷四九三五八九七頁作「六」。

〔九六〕榮州井十二所　「二」原訛「三」，據北宋本、傅校本、明抄本改。按：册府卷四九三五八九七頁作「二」。

〔九七〕任以錢銀兼納　「銀」原訛「糧」，據北宋本改。按：册府卷四九三五八九七頁作「銀」。

王永興點校　王文錦覆校

通典卷第十一

食貨十一

鬻爵　榷酤　算緡　雜稅　平準均輸附

鬻爵漢[一]　後漢　晉　後魏　大唐

漢孝文時，鼂錯說上曰：「欲人務農，在於貴粟；貴粟之道，在於使人以粟爲賞罰。今募天下入粟縣官，得以拜爵，得以除罪。如此，富人有爵，農人有錢，粟有所渫。渫，散也，先列反。夫能入粟以受爵，皆有餘者也；取於有餘以供上用，則貧人之賦可損，所謂以有餘補不足，令出而人利者也。順於人心，所補者三：一曰主用足，二曰民賦少，三曰勸農功。爵者，上之所擅，出於口而無窮；粟者，人之所種，生於地而不乏。夫得高爵與免罪，人之所甚欲也。使天下入粟於邊，以受爵免罪，不過三歲，塞下之粟必多矣。」於是從錯言，令人入粟邊，六百石爵上造，第二等爵。稍增至四千石爲五大夫，第九等爵。萬二千石爲大庶長，第十八等爵。各以多少級數爲差。錯復奏言：「陛下幸使天下入粟塞下以拜爵，甚大惠也。竊恐塞卒之食，不足用大洩天下粟。邊食足以支五歲，可令入粟郡縣矣。入諸郡縣，以備凶災。足支一歲以上，可時赦，勿收農人租。如此，德澤加於萬人矣。」從之。

孝景時，上郡以西旱，復修賣爵令，而裁其價以招人，裁謂減省。及徒復作，得輸粟於縣官以除罪。

孝武元朔元年，外事四夷，内興功利，國用空竭，乃募人能入奴婢得以終身復，爲郎增秩及入羊爲郎，〔二〕始於此。五年，有司議，令人得買爵及贖禁錮，免臧罪；〔三〕請置賞官，名曰武功爵。茂陵中書有武功爵：〔四〕一級曰造士，〔五〕二級曰閑輿衛，三級曰良士，四級曰元戎士，五級曰官首，六級曰秉鐸，七級曰千夫，八級曰樂卿，九級曰執戎，十級曰政戾庶長，十一級曰軍衛，此武帝所制以寵軍功也。顔師古云：「此下云級十七萬，凡直三十餘萬金。〔六〕所引茂陵書止十一級，則計數不足，與本文乖矣。或者茂陵書説之不盡乎。」級十七萬，凡直三十餘萬金。諸買武功爵官首者，試補吏，先除千夫，如五大夫。五大夫，舊二十等爵之第九級也，至此以上，始免徭役，故每先選以爲吏。千夫者，武功十一等爵之第七也，亦得免役，今則先除爲吏，比於五大夫也。其有罪，又減二等。爵得至樂卿，樂卿者，武功爵第八，言買爵唯得至第八。以崇軍功。軍功多用超等，大者封侯、卿大夫，小者郎。吏道雜而多端，則官職耗廢矣。元鼎初，豪富皆爭匿財，不助縣官，唯卜式數求入財。天子乃超拜式爲中郎，賜爵左庶長，田十頃，告天下，以風百姓。始令吏得入粟補官，郎至六百石。〔七〕後桑弘羊請令民得入粟補官及罪人贖。〔八〕令民能入粟甘泉各有差，以復終身。所忠又言：「世家子弟富人或鬭鷄走狗，弋獵博戲，亂齊人。」乃徵諸犯令，相引數千人，名曰「株送徒」，入財者得補郎。

後漢孝安永初三年，天下水旱，用度不足，三公奏請，令吏人入穀得關内侯。

靈帝懸鴻都之牓，開賣官之路，公卿以降，悉有等差。廷尉崔烈入錢五百萬，以買司徒。其子鈞曰：「大人不當爲三公，論者嫌其銅臭。」則刺史二千石遷除，皆責助理宮室錢，大都至二三千萬。錢不畢，至自殺。羊續爲太尉，時拜三公者，皆輸東園禮錢千萬，〔九〕令中使督之，名爲「左騶」。其所往，輒迎致禮，厚加贈賂。續乃坐使人於單席上，舉緼袍以示之。

晉武帝太康三年，問劉毅曰：「卿以吾可方漢何主也？」對曰：「桓靈之主。」帝曰：「吾雖德不及古人，猶克己爲理，南平吳會，一同天下。方之桓靈，不亦甚乎？」對曰：「桓靈賣官，錢入官庫。陛下賣官，錢入私門。以此言之，乃不如也。」

後魏莊帝初，〔一〇〕承喪亂之後，倉廩虛罄，遂班入粟之制。輸粟八千碩，賞散侯；六千碩，散伯；四千碩，散子；三千碩，散男。職人輸七百碩，賞一大階，授以實官。白人輸五百碩，聽依第出身；千碩，加一大階。諸沙門有輸粟四千碩入京倉者，授本州統，各有差。

大唐至德二年七月，宣諭使侍御史鄭叔清奏：「承前諸使下召納錢物，〔一一〕多給空名告身，雖假以官，賞其忠義，〔一二〕猶未盡才能。今皆量文武才藝，兼情願穩便，據條格擬同申奏聞，便寫告身。諸道士、女道士、僧、尼如納錢，請準敕迴授餘人，并情願還俗，授官勳邑號等，亦聽。如無人迴授及不願還俗者，準法不合畜奴婢、田宅、資財，既助國納錢，不可更拘常格。其所有資財能率十分納三分助國，餘七分並任終身自蔭，身歿之後，亦任迴與近親。又準敕，納錢百千文，與明經出身，如曾受業，粗通帖策，修身慎行，鄉曲所知者，量減二十千文。如先經舉送，到省落第，灼然有憑，帖策不甚寥落者，減五十千文。若粗識文字者，準元敕處分。未曾讀學，不識文字者，加三十千。應授職事官并勳階邑號及贈官等，〔一三〕有合蔭子孫者，如户内兼蔭丁中三人以上免課役者，加一百千文。每加一丁中，累加三十千文。其商賈，準令所在收税，如能據所有資財十分納四助軍者，便與終身優復。如於敕條外有悉以家産助國，嘉其竭誠，待以非次。如先出身及官資，並量資歷好惡，各據本條格例，節級優加擬授。如七十以上情願授致仕官者，〔一四〕每色内量十分減一分錢。」

時屬幽寇内侮，天下多虞，軍用不充，權爲此制，尋即停罷。

榷酤 漢 陳 隋 大唐

漢孝武天漢三年，初榷酒酤。韋昭曰：「以木渡水曰榷。謂禁人酤釀，獨官開置，如道路設木爲榷者，〔一五〕獨取利。」顏師古曰：「榷者，步渡橋，爾雅謂之石杠，今之略彴是也。禁閉其事，總利入官，而下無由以得，若渡水之榷。彴音酌。」

孝昭始元末，丞相車千秋奏罷酒酤，賣酒升四錢。〔一六〕

孝元時，賈捐之上書曰：「昔孝文時，天下人賦四十，丁男三年而一事。今天下人賦數百，造鹽鐵榷酒之利，以佐用度，猶不能足，而人困矣。」

王莽時，羲和魯匡言：「名山大澤，鹽鐵錢布帛，五均賒貸，斡在縣官，〔一七〕斡，謂主領之，音管。唯酒酤獨未斡。酒者，天之美祿，帝王所以頤養天下，享祀祈福，扶衰養疾。百禮之會，非酒不行。故詩曰『亡酒酤我』，酤，買也。言王於族人恩厚，要在燕飫，〔一八〕無酒則買而飲之也。論語云『酤酒市脯不食』，二者非相反也。夫詩據承平之代，酒酤在官，和旨便人，可以相御也。旨，美也。御，進也。論語孔子當周衰亂，酒酤在人，薄惡不誠，是以疑而弗食。今絕天下之酒，則無以行禮相養；放而無限，則費財傷人。請法古，令官作酒，以二千五百石爲一均，率開一壚以賣，壚，謂賣酒之區也，〔一九〕以其一邊高，形如鍛家壚，〔二〇〕故取其名也。讎五十釀爲準。〔二一〕一釀用麤米二斛，麴一斛，得成酒六斛六斗。各以其市，月朔米麴三斛，并計其賈而參分之，參，三。以其一爲酒一斛之平。除米麴本賈，計其利而什分之，以其七入官，其三及糟酨灰炭酨，酢漿也。酨，才代反。給工器薪樵之費。」而人愈怨。

陳文帝天嘉中，虞荔等以國用不足，奏請榷酤，從之。

隋文帝開皇三年，罷酒坊，與百姓共之。

大唐廣德二年十二月敕，天下州各量定酤酒户，隨月納稅。除此外，不問官私，一切禁斷。大曆六年二月，量定三等，逐月稅錢，並充布絹進奉。建中三年制，禁人酤酒，官司置店自酤，〔三二〕收利以助軍費。

算緡 漢　晉　宋　齊　梁　陳〔三三〕

漢孝武元狩四年，自作皮幣鑄白金後，商賈以幣之變，多積貨逐利。於是公卿言：「商賈滋衆，貧者蓄積無有，皆仰縣官。異時算軺車賈人緡錢皆有差，請算如故。緡，絲也，以貫錢。一貫千錢，出二十爲算也。詩云：「維絲伊緡。」軺，小車。諸賈人末作貰貸賣買，居邑貯積諸物，貰，賒也。貸，假與。及商以取利者，雖無市籍，各以其物自占，占，隱度也，各隱度其財物多少，而爲名簿送之於官也。占，音之贍反。率緡錢二千而算一。率計有二千錢者，則出一算也。諸作有租及鑄，以手力所作而賣也。率緡錢四千算一。非吏比者、三老、北邊騎士，軺車一算。比，例也。身非爲吏之例，非爲三老，非爲北邊騎士，而有軺車，皆令出一算也。商賈人軺車二算。商賈人有軺車，又使多出一算，〔二四〕重其賦也。船五丈以上一算。匿不自占，占不悉，戍邊一歲，没入緡錢。悉，盡也。有能告者，以其半畀之。」有不輸稅者，令人得告言，〔二五〕以半與之也。天子既下緡錢令而尊卜式，百姓終莫分財佐縣官，於是楊可告緡徧天下。楊可，人姓名。按義縱傳云：「時楊可方受告緡，縱以爲此亂人，部吏捕其爲可使者。」楊可據令而發動之，故天下皆被告也。商賈居積及工巧之家，非桑農所出，謂之緡。茂陵中書有緡田奴婢是也。中家以上大抵皆遇告。憲司理之，〔二六〕獄少反者。理匿緡獄，少有反者。反，音幡，謂從輕而出。乃分遣御史、廷尉正監分曹分曹，言曹輩而出爲使也。往，往即理郡國緡錢。就其所在而理也。得民財物以億計，奴婢以千萬數，〔二七〕田大縣數百頃，小縣百餘頃，宅亦如之。於是商賈中家以上大抵破。人偷甘食好衣，不事蓄藏之產業，〔二八〕而縣官以鹽鐵緡錢之故，用少饒矣。初，大農管鹽鐵官布多，置水衡，欲以主鹽鐵。及楊可告緡，上林財物衆，乃令水衡主上林。上林既充滿，益廣。乃分緡錢諸官，而水衡、少府、大農、太僕各置農官，往往即郡縣比没入田田之。即，就也。比，謂比者没入也。其没入奴婢，分諸苑養狗馬禽獸，及與諸官。官益雜置多，謂新置官員分掌。徒奴婢衆，而下河漕度四百萬碩，及官自糴乃足。其後令吏得入粟補官及罪人贖，入粟甘泉，不復告緡。

晉自過江，至於梁陳，凡貨賣奴婢、馬牛、田宅，有文券，率錢一萬輸估四百入官，賣者三百，買者一百。無文券者，隨物所堪，亦百分收四，〔二九〕名爲散估。歷宋齊梁陳，如此以爲常。〔三〇〕以人競商販，不爲田業，故使均輸，欲爲懲勵。雖以此爲辭，其實利在侵削。此亦算緡之類。

雜税

漢　後漢　宋　齊　梁　陳〔三一〕　後魏　北齊　後周　隋　大唐

漢高帝十一年，令諸侯王、通侯常以十月朝獻，〔三二〕及郡各以其口數率，人歲六十三錢，以給獻費。

孝武元光六年冬，初算商車。始税商賈船車，令出算也。太初四年冬，行回中，徙弘農都尉理武關，税出入者，以給官吏卒食。

孝昭元鳳二年，〔三三〕令郡國無斂今年馬口錢。往時有馬口出斂錢，今省之。所謂租及六畜。〔三四〕

宣帝時，耿壽昌奏請增海租三倍，天子從其計。御史大夫蕭望之奏言：「故御史屬徐宮，御史大夫屬也。家在東萊，言往年加海租，魚不出。長老皆言，武帝時縣官嘗自漁，海魚不出，後予人，〔三五〕魚乃出。夫陰陽之感，物類相應，萬事盡然，宜且如故。」上不聽。

王莽令諸取鳥獸魚鼈百蟲於山林水澤及畜牧者，嬪婦桑蠶織紝紡績補縫，工匠醫巫卜祝及他方技商販賈人坐肆列里區謁舍，區謁舍，若客館。皆各自占所爲於其在所之縣官，除其本，計其利，十一分之，而以其一爲貢。末年，盜賊羣起，匈奴侵寇，大募天下囚徒人，名曰猪突豨勇。一切稅吏人，貲三十而取一。

後漢靈帝時，南宮災。中常侍張讓、趙忠等說帝，令斂天下田稅十錢，〔三六〕以治宮室。

蜀李雄薄賦，其人口出錢四十文，〔三七〕巴人謂賦爲賨，因爲名焉，〔三八〕賨之名舊矣。其賦錢四十，〔三九〕則始於李雄也。

宋元嘉二十七年，後魏南侵，軍旅大起，用度不充，王公妃主及朝士牧守各獻金帛等物，以助國用。下及富室小人，亦有獻私財數千萬者。揚、南徐、兗、江四州富有之家貲滿五十萬，僧尼滿二十萬者，並四分借一。〔四〇〕過此率計，事息即還。

齊武帝時，王敬則爲東揚州刺史，〔四一〕理今會稽郡也。〔四二〕以會稽邊帶湖海，人無士庶，皆保塘陂。敬則以功力有餘，悉評斂爲錢，〔四三〕以送臺庫，帝納之。竟陵王子良上表曰：「臣昔忝會稽，〔四四〕粗閑物俗，塘丁所上，本不入官。良由陂湖宜壅，橋路須通，均夫訂佗頂反〔四五〕直，人自爲用。若甲分毀壞，則年一脩改；乙限堅完，則終歲無役。今乃通課此直，悉以還臺，租賦之外，更生一調。致令塘路崩蕪，湖源洩散，害人損政，實此爲劇。建元初，軍用殷廣，浙東五郡，丁稅一千，乃質賣妻子，以充此限，所逋尚多，尋蒙蠲原。而此年租課，三分逋一，明知徒足擾人，實自弊國。愚謂課塘丁一條，宜還復舊。」

自東晉至陳，都西有石頭津，〔四六〕東有方山津，各置津主一人，賊曹一人，〔四七〕直水五人，以檢察禁物及亡叛者。荻炭魚薪之類過津者，〔四八〕並十分稅一以入官。淮水北有大市百餘，〔四九〕小市十餘所，大市備置官司，〔五〇〕稅斂既重，時甚苦之。

後魏明帝孝昌二年，稅市入者，〔五一〕人一錢。其店舍又爲五等，收稅有差。

北齊黄門侍郎顔之推奏請立關市邸店之稅，開府鄧長顒贊成之，後主大悅。於是以其所入以供御府聲色之費，軍國之用不在此焉。稅僧尼令曰：「僧尼坐受供養，游食四方，損害不少，雖有薄斂，何足爲也。」〔五二〕

後周閔帝初，除市門稅。及宣帝即位，復興入市之稅，每人一錢。

隋文帝登庸，又除入市之稅。

大唐開元十八年，御史大夫李朝隱奏請薄百姓一年稅錢充本，〔五三〕依舊令高户及典正等捉，隨月收利，將供官人料錢。自天寶末年，盜賊奔突，克復之後，府庫一空。又所在屯師，用度不足，於是遣御史康雲閒出江淮，陶鋭往蜀漢，豪商富户，皆籍其家資，所有財貨畜産，或五分納一，謂之「率貸」，所收巨萬計。蓋權時之宜。其後諸道節度使、觀察使多率稅商賈，以充軍資雜用，或於津濟要路及市肆閒交易之處，計錢至一千以上者，皆以分數稅之。自是商旅無利，多失業矣。上元中，敕江淮堰埭商旅牽船過處，〔五四〕準斛斗納錢，〔五五〕謂之埭程。大曆初，諸州府應稅青苗錢，每畝十文，充百司手力資課。〔五六〕三年十月十六日，臺司奏，緣兵馬未散，百司支計不給，每畝更加五文。

貞元九年制，天下出茶州，商人販者，十分稅一。

平準 均輸附○周 漢 後漢

周制，司市掌市之理教政刑，量度禁令，鄭玄曰：「量，豆區斗斛之屬。度，丈尺也。」以次敍分地而經市，次謂吏所治舍，思次、介次也。若今市亭然。敍肆，行列也。經，界也。以陳肆辨物而平市，陳猶列也。辨物，物異肆也。肆異則市平。以政令禁物靡而均市，物靡者，易售而無用，禁之則市均。鄭衆云：「靡謂侈靡。」以商賈阜貨而行布，通物曰商，居賣曰賈。阜猶盛也。以量度成賈而徵儥，徵，召。儥，買也。物有定價，則買者來。儥音鬻。以質劑結信而止訟，質劑，謂兩書一札而別之，若今下手書，言保物要還矣。〔五七〕大市以質，小市以劑。音子隨反。以賈人禁僞而除詐，賈人，胥師、賈師之屬也。必以賈人爲之者，知物之情僞與實詐爾。以泉府同貨而斂賒。〔五八〕同，共也。同者，謂人貨不售，則爲斂而買之。人無貨，則賒貰而與之。大市日仄而市，百族爲主；朝市朝時而市，商賈爲主；夕市夕時而市，販夫販婦爲主。仄，日昳也。市者，雜聚之處。言主者，謂其多者。百族謂百姓也。必容來去。商賈家於城市。販夫販婦，朝資夕賣。因其便而分爲三時之市，所以了物極衆也。凡理市之貨賄，六畜珍異，亡者使有，利者使阜，害者使亡，靡者使微。利，利於人，謂物實厚者也。害，害於人，謂物行苦者也。使有，使阜，起其賈以徵之也。使亡，使微，抑其賈以卻之也。侈靡細好，使富人好奢，微之而已。鄭衆云：「亡者使有，無此物則開利其道，使之有。」凡通貨賄，以璽節出入之。璽節印章，〔五九〕如今斗檢封矣，使人執之，以通商。以出貨賄者，王之司市也。以內貨賄者，邦國之司市也。國凶荒札喪，則市無征而作布泉矣。〔六〇〕有災害物貴，市不可以稅，爲人乏困也。金銅無凶年，因物貴大鑄泉，〔六一〕以饒人。凡市，僞飾之禁在人者十有二，在商者十有二，在賈者十有二，在工者十有二。鄭玄曰：「王制云：『用器不中度，兵車不中度，布帛精粗不中數，幅度廣狹不中量，〔六二〕姦色亂正色，五穀不時，果實未熟，木不中伐，禽獸魚鼈不中殺，皆不鬻於市。』亦其類也。於四十八，則未聞數十二焉。」〔六三〕凡天患，〔六四〕禁貴儥者，使有恒賈。恒，常也，謂若貯米穀棺木而睹久雨而有疫病者，貴賣之。因災害阨人，使之重困，故令有常賈也。四時之珍異亦如之。薦宗廟之物也。

漢武帝征伐四夷，國用空竭，興利之官自此始也。〔六五〕桑弘羊爲大農中丞，管諸會計事，稍稍置均輸以通貨物矣。謂諸當所輸於官者，皆令輸其土地所饒，平其所在時價，官更於他處賣之。輸者既便，而官有利。漢書百官表，大司農屬有平準令。元封元年，弘羊爲治粟都尉，領大農，盡管天下鹽鐵。以諸官各自市，相與爭物，以故騰躍，而天下賦輸或不償其僦費，乃請置大農部丞數十人，分部主郡國，各往往置均輸鹽鐵官，令遠方各以其物如異時商賈所轉販者爲賦，而相灌輸。置平準於京師，都受天下委輸。召工官理車諸器，皆仰給大農。大農諸官盡籠天下之貨物，貴則賣之，賤則買之。如此，富商大賈無所牟大利，牟，取也。則反本，而萬物不得騰踴。故抑天下之物，名曰「平準」。天子以爲然而許之。時南越初置郡，數反，發南方吏卒往誅之，開歲萬餘人。帝數行幸，所過賞賜，用帛百餘萬疋，錢金以鉅萬計，皆取足大農。諸均輸一歲之中，帛得五百萬疋，人不益賦而天下用饒。

孝昭即位，霍光輔政，令郡國舉賢良文學之士，使丞相御史相與語，問以人所疾苦。

文學曰：「理人之道，防淫佚之原，廣教道之端，〔六六〕抑末利而開仁義，無示以利，然後教化可興而風俗可移也。今郡國有均輸，與人争利，散敦厚之樸，成貪鄙之行，是以百姓就本寡而趨末衆。夫末修則人侈，本修則人懿，〔六七〕懿則財用足，侈則饑寒生。願罷均輸以進本退末。」

大夫曰：「匈奴背叛，數爲寇暴，備之則勞中國，不備則侵盜不止。先帝哀邊人之愁苦，爲虜所俘，乃修鄣塞，飾烽燧屯戍以備之。邊用不足，故置均輸，蓄貨長財，以助邊費。今議者欲罷之，是內空府庫之藏，外乏執備之用，罷之不便。夫國有沃野之饒，而人不足於食者，器械不備也。有山海之貨，而人不足於財者，商工不備也。隴西之丹砂毛羽，荆揚之皮革骨象，江南之柟梓竹箭，燕齊之魚鹽氈裘，兗、荆河之漆絲絺紵，〔六八〕養生奉終之具也。待商而通，待工而成。故聖人作爲舟檝之用，以通川谷；服牛駕馬，以達陵陸；致遠窮深，所以交庶物而便百姓也。」

文學曰：「有國有家者，不患貧而患不安，故天子不言多少，諸侯不言利害，大夫不言得失。蓄仁義以風之，勵德行以化之，是以近者親附，遠者説德。〔六九〕王者行仁政，無敵於天下，惡用費哉！夫導人以德則人歸厚，示人以利則人俗薄，俗薄則背義而趨利，趨利則百姓交於道而接於市。夫排困市井，防塞利門，而民猶爲非，況上爲之利乎！傳曰：『諸侯好利則大夫鄙，大夫鄙則士貪，士貪則庶人盜。』是開利孔，爲人罪梯也。夫古之賦稅於人也，因其所工，不求其拙。農人納其穫，工女效其織。今釋其所有，責其所無，百姓賤賣貨物以便上求。閒者郡國或令作布絮，吏恣留難，與之爲市。吏之所入，非獨齊陶之縑、蜀漢之布也，〔七〇〕亦人閒之所爲耳。行姦賣平，農人重苦，女工再稅，未見輸之均也。縣官猥發，闔門擅市，則萬物並收；並收則物騰踊，騰踊則商賈牟利。自市則吏容姦，豪吏富商，積貨儲物，以待其急。輕賈姦吏，收賤以取貴，未見準之平也。蓋古之均輸，所以齊勞逸而便貢輸，非以爲利而賈物也。」

大夫曰：「往者郡國諸侯，各以其物貢輸，往來煩難，〔七一〕物多苦惡，不償其費。故郡置輸官，以相給運，而便遠方之貢，故曰均輸。開委府於京師，以籠貨物，賤則買，貴則賣，是以縣官不失實，商賈無所牟利，故命曰平準。準平則民不失職，均輸則人不勞，故平準均輸所以平萬物而便百姓也。古之立國家者，開本末之塗，通有無之用。故易曰『通其變』，使人不倦。故工不出則農用乏，商不出則寶貨絶。農用乏則穀不殖，寶貨絶則財用匱。

故均輸所以通委財而周緩急，〔七二〕是以先帝開均輸以足人財。王者塞天財，〔七三〕禁關市，執準守時，以輕重御人。豐年則貯積以備乏絶，凶年歲儉則行幣物，流有餘而拯不足也。往者財用不足，戰士或不得禄。〔七四〕今山東被災，賴均輸之蓄，倉廩之積，戰士以奉，饑人以振，故均輸之蓄，非所以賈萬人而專奉兵師之用，亦所以振困乏而備水旱也。古之聖賢理家非一室，富國非一道。理家養生必於農，則舜不甄陶，而伊尹不爲庖。故善爲國者，以末易本，以虚易實。今山澤之材，均輸之藏，所以御輕重而役諸侯也。」

司馬遷曰：

夫山西饒材、竹、穀、纑、旄、玉石，〔七五〕穀纑，紵屬，可以爲布。旄，罽之屬。纑音盧。山東多魚、鹽、漆、絲、聲色，江南多柟、梓、薑、桂、金、錫、連、音蓮，鈆之未鍊者。丹砂、犀、象、瑇瑁、珠璣、齒、革，龍門、碣石北多馬、牛、羊、旃裘、筋、角，銅鐵則千里往往山出棊置，〔七六〕此其大較也。皆中國人之所喜好，謡俗被服飲食奉生送死之具也。故待農而食之，虞而出之，工而成之，商而通之。此寧有政教發徵期會哉？人各任其能，竭其力，以得所欲。故物賤之徵貴，貴之徵賤，各勸其業，樂其事，若水之趨下，日夜無休時，不召而自來，不求而人出之。豈非道之所符，符，謂合於道也。而自然之驗邪？

周書曰：「農不出則乏其食，工不出則乏其事，商不出則三寶絶，虞不出則財匱少而山澤不辟矣。」此四者，人所衣食之原也。原大則饒，原小則鮮。上則富國，下則富家。貧富之道，莫之奪予，巧者有餘，拙者不足也。

越王句踐用范蠡、計然。計然，蠡師文子。計然曰：「知鬬則修備，時用則知物，二者形則萬貨之情可得而觀已。故歲在金，穰；水，毁；木，饑；火，旱。旱則資舟，水則資車，物之理也。六歲穰，六歲旱，十二歲一大饑。夫糶，二十病農，九十病末。末病則財不出，農病則草不闢矣。上不過八十，下不減三十，則農末俱利。平糶齊物，關市不乏，理國之道也。論其有餘不足，則知貴賤。貴上極則反賤，賤下極則反貴。貴出如糞土，賤取如珠玉。財幣欲其行如流水。」

魏文侯時，李悝務盡地力，而白圭樂觀時變，故人棄我取，人取我予。夫歲熟取穀，與之絲、漆；繭出取帛絮，與之食，率歲倍。欲長錢，取下穀；長石斗，取上種。能薄飲食，忍嗜欲，節衣服，與用事僮僕同苦樂，趨時若猛獸鷙鳥之發。故曰：「吾理生產，猶伊尹、呂尚之謀國，孫吳之用兵，商鞅之行法也。」

自汧、雍以東至河華，膏壤沃野千里，自虞夏之貢，以爲上田。而公劉適邠，太王、王季在岐，文王作酆，武王理鎬，〔七七〕故其人猶有先王之遺風，好稼穡，殖五穀。及秦文、繆居雍，隙音卻，地居隴蜀之關要，故曰隙。隙爲要路之閒。隴蜀之貨物而多賈。獻公徙櫟邑，〔七八〕左馮翊。北鄰戎翟，東通三晉。孝、昭理咸陽，〔七九〕因以漢都，長安諸陵，四方輻湊並至而會，地小人衆，故其人益玩巧而事末。南則巴蜀。巴蜀亦沃野，地饒巵、薑、丹砂、石、銅、鐵，邛都出銅，臨邛出鐵。竹木之器。南御滇僰，〔八〇〕蒲北反〔八一〕僰僮；西近邛筰，在各反〔八二〕筰馬、旄牛。然四塞，棧道千里，無所不通，唯褒斜綰轂其口，在漢中。以所多易所鮮。天水、隴西、北地、上郡與關中同俗，然西有羌中之利，北有戎狄之畜，畜牧爲天下饒。然地亦窮險，唯京師要其道。故關中地於天下三分之一，而人衆不過什三；然量其富，什居其六。

昔唐人都河東，堯都晉陽也。殷人都河內，周人都河南。夫三河在天下之中，若鼎足，王者所更居也，建國各數百千歲。土地小狹人衆，〔八三〕都國諸侯所聚會，故其俗纖儉習事。楊、平陽楊及平陽，在趙之西。陳西賈秦翟，〔八四〕北賈種、代，石北也，石邑縣，在常山。地邊胡，數被寇。人矜懻忮，懻音冀，忮音之致反。今以土名强直爲懻中。好氣，任俠爲姦，不事農商。然迫近北夷，師旅亟往，中國委輸，時有奇羨。其人羯羠不均，羯，九竭反，羠音兕，皆健羊名。自全晉之時，固已患其僄匹妙反悍，〔八五〕而武靈王益厲之，其謡俗猶有趙之風也。

諺曰：「百里不販樵，千里不販糴。」居之一歲，種之以穀；十歲，樹之以木；百歲，來之以德。〔八六〕德者，人物之謂也。今有無秩祿之奉、爵邑之入，而樂與之比者，命曰「素封」。封者食租稅，歲率户二百，千户之君則二十萬，朝覲聘享出其中。庶民農工商賈率亦歲萬息二千，百萬之家即二十萬，而更繇租賦出其中。衣食之欲，恣所好美矣。故曰陸地牧馬二百蹄，五十四。牛千蹄角，百六十七頭，馬貴而牛賤，以此爲率。千足羊，二百五十頭。澤中千足彘，水居千石魚陂，魚以斤兩爲計。山居千章之萩，萩木所以爲轅也，音秋。安邑千樹棗，燕、秦千樹栗，蜀、漢、江陵千樹橘，淮北滎南河濟之閒千樹萩，〔八七〕陳、夏千畝漆，齊、魯千畝桑麻，渭川千畝竹，〔八八〕及名國萬家之城，帶郭千畝，畝鍾之田，六斛四斗。若千畝卮茜，音倩，其花染繒赤黄色。千畦薑韭：千畦，二十五畝。畦，猶隴也。此其人皆與千户侯等。然是富給之資也，不窺市井，不行異邑，坐而待收，身有處士之義而取給焉。若至家貧親老，妻子耎弱，歲時無以祭祀進醵，渠略反。徐廣曰：「會聚飲食。」飲食被服不足以自通，如此不慙恥，則無所比矣。是以無財作力，少有鬬智，既饒争時，此其大經也。今理生不待危身取給，則賢人勉焉。是故本富爲上，末富次之，姦富最下。無巖處奇士之行，而長貧賤，好語仁義，亦足羞也。

凡編户之人，富相什則卑下之，伯則畏憚之，千則役，萬則僕，物之理也。夫用貧求富，農不如工，工不如商，刺繡文不如倚市門，此言末業，貧者之資也。通邑大都，酤一歲千釀，醯醬千瓨，〔八九〕長頸甖也。漿千甔，甖缶也，〔九〇〕都甘反。屠牛羊彘千皮，穀糶千鍾，薪稾千車，船長千丈，木千章，漢書音義曰：「洪洞方稾。〔九一〕章，材也。舊將作大匠掌材者曰章曹掾也。」竹竿萬箇，其軺車百乘，馬車也。牛車千兩，木器髹徐廣曰：「音休，漆也。」者千枚，銅器千鈞，三十斤爲一鈞。〔九二〕素木、鐵器若卮茜千石，石，百二十斤。素木，素器。馬蹄躈千，躈音口弔反。牛千足，羊彘千雙，〔九三〕僮手指千，僮，奴婢。古者無空手，皆有作務，作務須手指，〔九四〕故曰手指，以別馬牛蹄角也。筋角丹砂千斤，其帛絮細布千鈞，文采千疋，荅布皮革千石，〔九五〕荅音土合反，荅布，白疊也。漆千斗，糵麴鹽豉千荅，〔九六〕或作台，〔九七〕器名有瓵。孫叔敖云：「瓵，瓦器，受斗六升。」合爲瓵乎？〔九八〕鮐鮆千斤，鮐音台。鮆音自泚反。鯫千石，鮑千鈞，鯫音在垢反。棗栗千石者三之，狐貂裘千皮，羔羊裘千石，旃席千具，他果菜千種，子貸金錢千貫，節駔會，駔音祖朗反。〔九九〕駔，儈也。會亦儈也。〔一〇〇〕節，節物貴賤也。謂除估儈，利比於千乘之家也。貪賈三之，廉賈五之。貪賈，未當賣而賣，未可買而買，故得利少，而十得三。廉賈，貴乃賣，賤乃買，故十得五。此亦比千乘之家，其大率也。

吳楚七國兵起時，長安中列侯封君行從軍旅，〔一〇一〕齎貸子錢，子錢家以爲侯邑國在關東，關東成敗未決，莫肯與。唯無鹽氏出捐千金貸，其息什之。三月，吳楚平。一歲之中，則無鹽氏息什倍，用此富埒關中。關中宿商大賈，大底盡諸田，田嗇、田蘭。

韋家栗氏，安陵、杜杜氏，安陵及杜二縣，各有杜也。亦巨萬。此其章章尤異者也，皆非有爵邑俸禄弄法犯姦而富也，盡推理去就，〔一〇二〕與時俯仰，獲其贏利，以末致財，用本守之，以武一切，用文持之，變化有概，故足術也。若至力農畜，工虞商賈，爲權利以成富，不可勝數。

夫纖嗇筋力，理生之正道也，而富者必用奇勝。田農，〔一〇三〕拙業也，而秦楊以蓋一州；〔一〇四〕掘冢，姦事也，而曲叔以起；〔一〇五〕博戲，惡業也，而秙發用之富；行賈，丈夫賤行也，而雍樂成以饒；販脂，辱處也，而雍伯千金；「雍」一作「翁」。賣醬，〔一〇六〕小業也，而張氏千萬；洒削，薄伎也，理刀劍名。而郅氏鼎食；胃脯，簡微也，而濁氏連騎；馬醫，淺方也，而張里擊鍾。此皆誠壹之所致也。

由是觀之，富無經業，則貨無常主，能者輻湊，不肖者瓦解。千金之家比一都之君，巨萬乃與王者同樂，豈所謂「素封」者耶？非也？

王莽篡位，國師公劉歆言，周有泉府之官，收不售，與欲得，言賣不售者，官爲收取之。無而欲得者，官出與之。易所謂「理財正辭，禁人爲非」者也。莽乃下詔曰：「夫周禮有賒貸，〔一〇七〕周禮泉府之職曰：「凡賒者，祭祀無過旬日，喪紀無過三月。凡民之貸者，〔一〇八〕與其有司辨而授之，以國服爲之息。」謂人以祭祀、喪紀故從官賒買物，〔一〇九〕不過旬日及三月而償之。其從官貸物者，共其所屬吏定價而後與之，各以其國服事之稅而輸息也，謂若受園廛之田而貸萬錢者，一周之月，出息五百也。貸音土得反。樂語有五均，〔一一〇〕樂語，樂元語。河間獻王所傳，道五均事。按其文：「天子取諸侯之土以立五均，〔一一一〕則市無二價，四時常均，〔一一二〕强者不得困弱，富者不得要貧，則公家有餘息，恩及小人也。」傳記各有斡焉。〔一一三〕斡音管也。今開賒貸，張五均，設諸斡者，所以齊衆庶、抑并兼也。」〔一一四〕遂於長安及五都立五均官，更名長安東西市令及雒陽、邯鄲、臨淄、宛、成都邯鄲，故趙郡，今廣平郡縣。臨淄，故齊郡，今北海郡縣。宛，今南陽縣。兼雒陽、成都，所謂五都也。市長皆爲五均司市。〔一一五〕東市稱京，西市稱畿，雒陽稱中，餘四都各用東西南北爲稱，皆置交易丞五人，錢府丞一人。工商能采金銀銅連錫、〔一一六〕登龜取貝者，登，進也。龜有靈，故言登也。皆自占司市錢府，順時氣而取之。各以其所采取之物，自隱實於司市錢府也。占音之贍反。

諸司市常以四仲月，實定所掌，爲物上中下之價，各自用爲其市平，無拘他所。衆人買賣五穀布帛絲綿之物，〔一一七〕周於人用而不售者，均官有以考檢厥實，用其本價取之，無令折錢。萬物卬貴，過平一錢，卬，物價起也，音五岡反。則以平價賣與人。其價低賤減平者，聽人自相與市，以防貴庾者。庾，積也。以防人積物待貴也。人欲祭祀喪紀而無用者，錢府以所入工商之貢但賒之。但，空也。空賒與之，不取息利。〔一一八〕祭祀無過旬，喪紀無過三月。人或乏絶，欲貸以理産業者，均授之，除其費，計所得受息，無過歲什一。均謂各依先後之次也，除其費，謂衣食之費已用者。

羲和置命士，督五均六斡，郡有數人，皆用富賈。雒陽薛子仲、張長叔，〔一一九〕臨淄姓偉等，姓姓，名偉也。乘傳求利，交錯天下。因與郡縣通姦，多張空簿，簿，計簿也。府藏不實，百姓愈病。莽知人苦之，復下詔曰：「夫鹽，食肴之將；爲食肴之將帥。酒，百藥之長，嘉會之好；鐵，田農之本；名山大澤，饒衍之藏；五均賖貸，百姓所取，平仰以給贍；仰，音牛向反。錢布銅冶，通行有無，備人用也。此六者，非編户齊人所能家作，必仰於市，雖貴數倍，不得不買。豪人富賈，即要貧弱。先聖知其然也，故斡之。每一斡爲設科條防禁，犯者罪至死。」姦吏猾人並侵衆庶，各不安生。

後漢章帝時，尚書張林上言：「宜自交趾、益州上計吏來市珍寶，收採其利，武帝時所謂均輸也。」〔一二〇〕謂租賦并僱運之直，官總取而官轉輸於京，故曰均輸。詔議之。尚書僕射朱暉奏曰：「按王制：『天子不言有無，諸侯不言多少，食禄之家不與百姓争利。』今均輸之法，與賈販無異，鹽利歸官，則下人窮怨，布帛爲租，則吏多姦盜。〔一二一〕誠非明主所當宜行。」〔一二二〕帝不從。其後用度益奢。

校勘記

〔一〕漢　自此以下朝代名稱，北宋本、傅校本、遞修本、明抄本、明刻本無。

〔二〕及入羊爲郎　原「羊」下有「馬」，據漢書食貨志下一一五八頁刪。按：册府卷五〇九六一〇四頁亦無「馬」字。

〔三〕免臧罪　漢書食貨志下一一五九頁同。北宋本、傅校本、遞修本、明抄本、明刻本、王吳本「臧」作「減」，册府卷五〇九六一〇四頁同。

〔四〕茂陵中書　「中書」原倒，據北宋本、傅校本、遞修本、明抄本乙。按：漢書食貨志下臣瓚注一一六〇頁、册府卷五〇九注六一〇四頁均作「中書」。

〔五〕一級曰造士　「士」原訛「十」，據諸本改。按：漢書食貨志下臣瓚注一一六〇頁、册府卷五〇九注六一〇四頁均作「士」。

〔六〕凡直三十餘萬金　漢書食貨志下師古注一一六〇頁同。北宋本、傅校本、遞修本、明抄本、明刻本、王吳本「三」作「四」。

〔七〕始令吏得入粟補官郎至六百石　漢書食貨志下一一六八頁置此二句於「桑弘羊爲大司農中丞」之後，與此不同。

〔八〕及罪人贖　「人」漢書食貨志下一一七五頁作「以」。下同。

〔九〕皆輸東園禮錢千萬　原脱「皆」，據北宋本、傅校本、遞修本、明抄本、明刻本補。

〔一〇〕後魏莊帝初　原作「後魏明帝孝昌二年初」，誤。今據魏書食貨志二八六一頁、册府卷五〇九六一〇八頁删改。按：此係通典鈔録魏志時，涉上文「孝昌二年冬」而誤者。

〔一一〕承前諸使下召納錢物　「召」原訛「詔」，據北宋本改。按：册府卷五〇九六一〇九頁作「召」。

〔一二〕賞其忠義　「忠」原訛「惠」，據北宋本、傅校本、遞修本、明抄本、明刻本、王吳本改。按：册府卷五〇九六一〇九頁作「忠」。

〔一三〕并勳階邑號　原脱「邑」，據册府卷五〇九六一〇九頁補。

〔一四〕七十以上　原脱「上」，據册府卷五〇九六一〇九頁補。

〔一五〕如道路設木爲榷者　原脱「設」，據漢書武帝紀韋昭注二〇四頁補。

〔一六〕賣酒升四錢　「升」原訛「斗」，據漢書昭帝紀二二四頁、册府卷五〇四六〇四〇頁改。

〔一七〕斡在縣官　「斡」原訛「幹」，據北宋本、傅校本、遞修本、明抄本改。下同。按：漢書食貨志下一一八二頁作「斡」。

〔一八〕要在燕飫　「飫」原訛「飲」，據北宋本改。按：漢書食貨志下師古注一一八二頁作「飫」。

〔一九〕壚謂賣酒之區也　原脱「謂」，據北宋本、傅校本、遞修本、明抄本補。

〔二〇〕形如鍛家壚　原脱「鍛家」，據漢書食貨志下師古注一一八三頁、册府卷五〇四六〇四〇頁補。

〔二一〕讐五十釀爲準　原句上有「月」，據漢書食貨志下一一八二頁、册府卷五〇四六〇四〇頁删。

〔二二〕官司置店自酤　原脱「自酤」，據北宋本、傅校本、遞修本、明抄本、明刻本、王吳本補。

〔二三〕晉宋齊梁陳　原作「晉以後」，清人擅改。今據北宋本、傅校本、遞修本、明抄本、明刻本、王吳本改回。

〔二四〕又使多出一算　「一」原訛「二」，據北宋本改。按：漢書食貨志下如淳注一一六七頁作「一」。

〔二五〕令人得告言　原脱「言」，據北宋本、傅校本、遞修本、明抄本補。

〔二六〕憲司理之　「憲」原作「有」，據北宋本、傅校本、遞修本、明抄本、明刻本、王吳本改。

〔二七〕奴婢以千萬數　漢書食貨志下一一七〇頁同。北宋本、傅校本、遞修本、明抄本「千」作「十」。

〔二八〕不事蓄藏之産業　漢書食貨志下一一七〇頁無「産」字。

〔二九〕亦百分收四　「分」原訛「文」，據北宋本、傅校本、遞修本、明抄本、明刻本改。按：隋書食貨志六八九頁作「分」。

〔三〇〕如此以爲常　「以」原訛「亦」，據北宋本、傅校本、遞修本、明抄本、明刻本改。按：隋書食貨志六八九頁作「以」。

〔三一〕梁陳　原作「東晉」，清人擅改。今據北宋本、傅校本、遞修本、明抄本、明刻本改回。

〔三二〕令諸侯王通侯常以十月朝獻　原脱「王通侯」三字，據漢書高帝紀下七〇頁及北宋本、傅校本、遞修本、明抄本、明刻本補。

〔三三〕孝昭元鳳二年　「二」原訛「六」，據漢書昭帝紀二二八頁改。

〔三四〕所謂租及六畜　「所謂」原作「武帝時」，後人擅改。今據漢書昭帝紀如淳注二二八頁及北宋本、傅校本、遞修本、明抄本改回。

〔三五〕後予人　原作「後復與民」，據北宋本、傅校本、遞修本、明抄本删改。

〔三六〕令斂天下田税十錢　「田税」原訛「口四」，據北宋本、傅校本、遞修本、明抄本改。按：後漢書靈帝紀三五一頁作「税天下田畝十錢」。後漢書張讓傳二五三五頁作「令斂天下田畝税十錢」。晉書食貨志七八一頁作「收天下田畝十錢」。

〔三七〕其人口出錢四十文　原脱「其人」，據北宋本、傅校本、遞修本、明抄本、明刻本、王吴本補。

〔三八〕因爲名焉　四字原脱，據北宋本、傅校本、遞修本、明抄本、明刻本、王吴本補。

〔三九〕賨之名舊矣其賦錢四十　「矣其」原作「焉」，據北宋本、傅校本、遞修本、明抄本、明刻本、王吴本改補。

〔四〇〕並四分借一　「借」北宋本、傅校本作「换」。

〔四一〕王敬則爲東揚州刺史　按：南齊書王敬則傳四八二頁、南史王敬則傳一一三〇頁齊永明二年，王敬則爲會稽太守，非東揚州刺史。評斂帶海人民塘役餘錢，其官爲會稽太守，非東揚州刺史。

〔四二〕理今會稽郡也　「理」原訛「在」，據北宋本、傅校本、明抄本改。

〔四三〕悉評斂爲錢　「評」原作「課」，據北宋本、傅校本、遞修本改。按：南齊書王敬則傳四八二頁、南史王敬則傳一〇三〇頁作「評」。

〔四四〕臣昔忝會稽　原脱「昔」，據南齊書王敬則傳四八二頁補。

〔四五〕佗頂反　「佗」原作「陀」，據北宋本改。

〔四六〕都西有石頭津　原脱「都」，據隋書食貨志六八九頁補。

〔四七〕賊曹　「賊」原訛「賦」，據北宋本、傅校本、遞修本、明抄本改。按：隋書食貨志六八九頁作「賊」。

〔四八〕荻炭魚薪之類過津者　「過」原作「出」，據隋書食貨志六八九頁改。按：北宋本、傅校本、明抄本、明刻本、王吳本訛「小」。

〔四九〕淮水北有大市百餘　「百」原訛「自」，據隋書食貨志六八九頁、册府卷五〇四六〇四六頁及王吳本改。

〔五〇〕大市備置官司　「大市」原脱，據隋書食貨志六八九頁、册府卷五〇四六〇四六頁補。

〔五一〕税市入者　「市入」原倒，據北宋本、傅校本、遞修本、王吳本乙。

〔五二〕何足爲也　「爲」原作「怪」，據北宋本、傅校本、明抄本、明刻本、王吳本改。

〔五三〕御史大夫李朝隱奏請薄百姓一年税錢充本　「薄」唐會要卷九三作「籍」。按：廣雅釋言：「薄，致也。」釋詁：「薄，聚也。」通典作「薄」未必誤。册府卷五〇六六〇七一頁亦作「薄」。

〔五四〕江淮堰埭　「埭」原訛「塘」，據北宋本、傅校本、遞修本改。

〔五五〕準斛斗納錢　原脱「斗」，據北宋本、傅校本、明抄本、明刻本補。

〔五六〕充百司手力資課　「手」原作「工」，據北宋本改。

〔五七〕言保物要還矣　原脱「言」，據周禮司市注補。

〔五八〕以泉府同貨而斂賒　按：周禮司市此句上尚有「以刑罰禁虣而去盜」八字。

〔五九〕璽節印章　「節」原訛「即」，據北宋本、傅校本、遞修本、明抄本、明刻本改。按：周禮司市注作「節」。

〔六〇〕而作布泉矣　原脱「泉矣」，據北宋本、傅校本、遞修本、明抄本、明刻本、王吴本補。

〔六一〕大鑄泉　「泉」原作「錢」，據周禮司市注及北宋本、傅校本、遞修本、明抄本改。

〔六二〕幅度廣狹不中量　「度」原作「之」，據北宋本、遞修本、明抄本改。

〔六三〕則未聞數十二焉　原脱「數十二」，據周禮司市注補。

〔六四〕凡天患　此句上原有「賈師掌其次之貨賄之理辨其物而均平之展其成而奠其賈然後令市」二十八字，係清人據周禮增入，非通典之舊，今據北宋本、傅校本、遞修本、明抄本、明刻本、王吴本删。

〔六五〕興利之官　「官」原作「臣」，據北宋本、傅校本、遞修本、明抄本、明刻本、王吴本改。

〔六六〕廣教道之端　「教道」鹽鐵論本議篇作「道德」。

〔六七〕本脩則人懿　「懿」鹽鐵論本議篇作「慤」。下同。

〔六八〕兖荆河之漆絲絺紵　「荆河」鹽鐵論本議篇作「豫」，通典避代宗諱改。

〔六九〕遠者説德　「德」鹽鐵論本議篇作「服」。

〔七〇〕齊陶之縑　「齊」原訛「濟」，據北宋本改。按：鹽鐵論本議篇作「齊」。

〔七一〕往來煩難　「難」鹽鐵論本議篇作「雜」。

〔七二〕周緩急　「周」鹽鐵論本議篇作「調」。

〔七三〕王者塞天財　「天財」原作「兼并」，據鹽鐵論力耕篇及北宋本、傳校本、遞修本、明抄本改。

〔七四〕往者財用不足戰士或不得祿　原作「往時戰士或不得祿」。北宋本、傳校本、遞修本、明抄本、明刻本、王吳本作「戰士或不得祿」。今據鹽鐵論力耕篇增補。

〔七五〕材竹穀纑　「材」原作「林」，「穀」原訛「榖」，據史記貨殖列傳三二五二頁改。按：明刻本「材」字不誤，北宋本「穀」字不誤。

〔七六〕銅鐵則千里往往山出棊置　史記貨殖列傳三二五四頁同。北宋本、傳校本、遞修本、明抄本、明刻本、王吳本「棊置」作「異珍」。

〔七七〕武王理鎬　「理」原作「都」，據北宋本、傳校本、遞修本、明抄本改。按：史記貨殖列傳三二六一頁作「治」，通典避高宗諱改。

〔七八〕獻公徙櫟邑　「公」原作「孝」，據史記貨殖列傳三二六一頁改。

〔七九〕孝昭理咸陽　「孝」原訛「武」，史記貨殖列傳同。標點本史記貨殖列傳三二六一頁據梁玉繩說，改「武」爲「孝」。今從之。

〔八〇〕滇僰　「僰」原訛「[illegible]」，據北宋本、傳校本、遞修本、明抄本改。下同。按史記貨殖列傳三二六一頁作「僰」。

〔八一〕蒲北反　「蒲」原訛「滿」，據北宋本改。

〔八二〕在各反　「在」原訛「右」，據北宋本、傳校本、遞修本、明抄本改。

〔八三〕土地小狹人衆　「狹」原作「民」，據北宋本、傅校本、遞修本、明抄本改。

〔八四〕楊平陽陳西賈秦翟　史記貨殖列傳索隱三二六三頁云：「『陳』蓋衍字，以下有『楊平陽陳掾』，此因衍也。」

〔八五〕固已患其儇匹妙反悍　原脱「固」，「妙」訛「抄」，據北宋本補改。

〔八六〕百歲來之以德　史記貨殖列傳三二七一頁同。北宋本、傅校本、遞修本、明抄本、明刻本、王吴本作「一生脩之以德」。

〔八七〕淮北滎南　原作「淮北常山以南」，據漢書貨殖傳三六八六頁改。按：北宋本、傅校本、遞修本、明抄本「滎」下衍「山」。

〔八八〕渭川千畝竹　原「渭」上有「汧」，據史記貨殖列傳三二七二頁、漢書貨殖傳三六八六頁删。

〔八九〕醯醬千瓨　「瓨」原訛「坻」，據北宋本改。按：史記貨殖列傳三二七四頁、漢書貨殖傳三六七八頁均作「瓨」。

〔九〇〕甖缶　「甖」原訛「甀」，據北宋本改。

〔九一〕洪洞方槀　「槀」原訛「言」，據史記貨殖列傳集解引漢書音義三二七四頁改。按：北宋本、傅校本、遞修本、明抄本、明刻本、王吴本脱「槀」，清人臆補「言」字。

〔九二〕三十斤爲一鈞　「三」原訛「二」，據北宋本、傅校本、遞修本、明抄本改。按：史記貨殖列傳集解三二七五頁、漢書貨殖傳孟康注三六八八頁均作「三」。

〔九三〕羊彘千雙　「雙」原訛「隻」，據北宋本、傅校本、遞修本、明抄本、明刻本改。按：史記貨殖列傳三二七四頁、漢書貨殖傳三六八七頁作「雙」。

〔九四〕作務須手指　原脱「作」，據北宋本、傅校本、遞修本、明抄本補。原脱「指」，據史記貨殖列傳集解引漢書音義三二七五頁、漢書貨殖傳孟康注三六八八頁補。

〔九五〕荅布皮革千石　「荅」原作「搨」，據北宋本、傅校本、遞修本、明抄本、明刻本、王吴本改。注文同。

〔九六〕蘗麴鹽豉千荅　「荅」原作「瓻」，據北宋本、傅校本、遞修本、明抄本、明刻本、王吴本改。按：史記貨殖列傳三二七四頁作「荅」。

〔九七〕或作台　「台」原作「合」，據北宋本改。按：史記貨殖列傳集解三二七六頁作「台」。

〔九八〕合爲瓻乎　「乎」原作「也」，據北宋本改。

〔九九〕駔音祖朗反　「朗」原訛「即」，據北宋本改。按：史記貨殖列傳集解三二七七頁作「朗」。

〔一〇〇〕會亦儈也　此四字原脱，據北宋本、傅校本、遞修本、明抄本、王吴本補。

〔一〇一〕行從軍旅　原脱「行」，據北宋本、傅校本、遞修本、明抄本、王吴本補。按：史記貨殖列傳三二八〇頁有「行」字。

〔一〇二〕盡推理去就　「推理」，史記貨殖列傳三二八一頁作「椎埋」。

〔一〇三〕田農　「農」原訛「畝」，據北宋本、傅校本、遞修本、明抄本、明刻本、王吴本改。

〔一〇四〕秦楊　「楊」原作「陽」，據北宋本、傅校本、遞修本、明抄本、王吴本改。

〔一〇五〕而曲叔以起　「曲」原作「田」，據北宋本、傅校本、遞修本、明抄本、明刻本、王吴本改。

〔一〇六〕賣醬　「醬」原作「漿」，據北宋本、傅校本、遞修本、明抄本、明刻本、王吴本改。

〔一〇七〕夫周禮有賒貸　「賒」原訛「餘」，據北宋本、傅校本、遞修本、王吴本改。

〔一〇八〕凡民之貸者　原脱「凡」，據周禮泉府補。

〔一〇九〕謂人以祭祀喪紀故從官賒買物　「故」原訛「之」，據北宋本改。按：漢書食貨志下師古注一一八〇頁作「故」。

〔一一〇〕樂語有五均　原脱「有」，據北宋本、傅校本、遞修本、明抄本補。按：漢書食貨志下一一八〇頁有「有」字。

〔一一一〕取諸侯之土　「土」原訛「二」，北宋本訛「工」。據漢書食貨志下臣瓚注一一八〇頁改。

〔一一二〕四時常均　「時」漢書食貨志下臣瓚注一一八〇頁作「民」，通典避太宗諱改。

〔一一三〕傳記各有斡焉　「斡焉」原訛「幹馬」，據漢書食貨志下一一八〇頁改。按：北宋本、傅校本、遞修本、明抄本「斡」字不誤。下「斡」逕改「斡」。

〔一一四〕抑并兼也　「并兼」原倒，據漢書食貨志下一一八〇頁及北宋本、傅校本、遞修本、明抄本乙。

〔一一五〕市長皆爲五均司市　漢書食貨志下一一八〇頁「司市」下有「稱師」二字。

〔一一六〕金銀銅連錫　原脱「連」，據北宋本、傅校本、遞修本、明抄本補。按：漢書食貨志下一一八〇頁有「連」字。

〔一七〕布帛絲綿之物　「之」原訛「衣」，據漢書食貨志下一一八一頁改。

〔一八〕不取息利　「息利」原倒，據北宋本、傅校本、遞修本、明抄本、明刻本乙。按：漢書食貨志下師古注一一八二頁作「息利」。

〔一九〕張長叔　「叔」原訛「督」，據漢書食貨志下一一八三頁改。

〔二〇〕武帝時所謂均輸也　原脫「時」，據後漢書朱暉傳一四六〇頁補。

〔二一〕則吏多姦盜　原作「則利吏姦盜」，據後漢書朱暉傳一四六〇頁改。按：北宋本、傅校本、遞修本、明抄本作「則吏姦盜」。

〔二二〕誠非明主所當宜行　原脫「當」，據北宋本、傅校本、遞修本、明抄本、明刻本、王吳本補。按：後漢書朱暉傳一四六〇頁有「當」字。

王永興點校　王文錦覆校

通典卷第十二

食貨十二

輕重平糴 常平 義倉○周 戰國〔一〕 漢 後漢 晉 宋 齊 後魏 北齊 後周 隋 大唐

太公爲周立九府圜法，解在錢幣篇。太公退又行之於齊。

至管仲相桓公，通輕重之權曰：「歲有凶穰，故穀有貴賤；令有緩急，故物有輕重。上令急於求米，則民重米；緩於求米，則民輕米。所緩則賤，所急則貴。人君不理，則畜賈游於市，謂賈人之多蓄積也。乘民之不給，百倍其本矣。給，足也，以十取百。故萬乘之國必有萬金之賈，千乘之國必有千金之賈者，利有所并也。國多失利，則臣不盡忠，士不盡死矣。計本量委則足矣，委，積也。然而民有飢餓者，穀有所藏也。謂富人多藏穀也。民有餘則輕之，故人君斂之以輕；民不足則重之，故人君散之以重。民輕之之時，官爲斂糴；民重之之時，官爲散之。凡輕重斂散之以時，即準平，守準平，使萬室之邑必有萬鍾之藏，藏鏹千萬；六斛四斗爲鍾。鏹，錢貫。千室之邑必有千鍾之藏，藏鏹百萬。春以奉耕，夏以奉耘，奉謂供奉。耒耜、器械、種饟、糧食必取贍焉。

故大賈畜家不得豪奪吾民矣。」豪謂輕侮之。

管子曰：「夫物多則賤，寡則貴，散則輕，聚則重。人君知其然，故視國之羨羨，餘也，羊見反。不足而御其財物。穀賤則以幣與食，布帛賤則以幣與衣，視物之輕重而御之以準，故貴賤可調，而君得其利，則古之理財賦，未有不通其術焉。」穀賤以幣與食，布帛賤以幣與衣者，「與」當爲「易」，隨其所賤而以幣易取之，則輕重貴賤由君上也。周易損卦六五云：「或益之十朋之龜，弗克違，元吉。」沙門一行注曰：「十朋者，國之守龜，象社稷之臣，能執承順之道，以奉其君。龜之爲物，則生人之重寶，〔二〕爲國之本，損而奉上，則國以之存；損而益下，則人以之存。言於法，〔三〕則調盈虛御輕重中和之要，若伊尹、太公、管仲之所執。」夫龜者，上達神祇之情，下乃不言而信於人也。斯故往昔用之爲幣，則一行深知其道矣。〔四〕

齊桓公問於管子曰：「自燧人以來，其大會可得而聞乎？」〔五〕對曰：「燧人以來，未有不以輕重爲天下也。共工之王，帝共工氏，繼女媧有天下。水處什之七，陸處什之三，乘天勢以隘制天下。至於黄帝之王，謹逃其爪牙，不利其器。藏祕鋒芒，不以示人，行機權之道，使人日用而不知。燒山林，破增藪，焚沛澤，沛，大澤也。一説水草兼處曰沛。逐禽獸，實以益人，然後天下可得而牧也。至於堯舜之王，所以化海内者，北用禺氏之玉，禺氏，西北戎名，玉之所出。南貴江漢之珠，其勝禽獸之仇，〔六〕以大夫隨之。」勝猶益也。〔七〕禽獸之仇者，使其逐禽獸，如從仇讎也。以大夫隨之者，使其大夫散邑粟財物，隨山澤之人，求其禽獸之皮。公曰：「何謂也？」對曰：「令諸侯之子將委質者，諸國君之子，若衛公子開方、魯公子季友之類。皆以雙武之皮，〔八〕雙武之皮以爲裘。卿大夫豹飾，卿大夫，上大夫也。袖謂之飾。列大夫豹幨，列大夫，中大夫也。襟謂之幨，音昌詹反。大夫散其邑粟與其財物，以市武豹之皮，故山林之人刺其猛獸，刺音七亦反。若從親戚之仇。此君冕服於朝，而猛獸勝於外，大夫以散其財物，萬人得受其流，此堯舜之數也。」言堯舜嘗用此數。〔九〕

管子曰：「夫富能奪，貧能與，乃可以爲天下。富者能奪，抑其利，貧者能贍，恤其乏，乃可君人。〔一〇〕國有十年之蓄因之蓄積，〔一一〕常餘十年。而不足於食，皆以其技能冀君之祿也。〔一二〕故人君挾其食，據有餘而制不足，故人無不繫於上也。食者，人之司命，言人君唯以食能制其事，所以人無不繫於號令。且君引錣錣，籌也，丁劣反。量用，耕田發草，上得其數矣。人之所食，人有若干步畝之數，計本量委委，積。則足矣。然而人有飢餓不食音嗣者何也？穀有所藏也。言一國之內耕墾之數，君悉知。凡人計口授田，〔一三〕家族多少，足以自給。而人乏於食者，謂豪富之家收藏其穀故。然則人君不能散積聚，均羨餘也。不足，則君雖強本趨耕，本則務農。趨讀爲促。乃使人下相役耳，惡音烏能以爲理？」人君若不能散豪富之積，〔一四〕均有餘以贍不足，雖務農事，督促播植，適所以益令豪富驅役細人，終不能致理。〔一五〕所謂須有制度於其間，兼輕重之術。

管子曰：「利出於一孔者，凡言利者，不必貨利，慶賞威刑皆是。其國無敵；出二孔者，其兵不詘，詘與屈同。屈，窮也，求物反。出三孔者，不可以舉兵；出四孔者，其國必亡。先王知其然，故塞人之養，養，利也。羊向反。隘其利途。故予之在君，予音與。奪之在君，貧之在君，富之在君，故人之戴上如日月，親君若父母。凡將爲國，不通於輕重，不可以守人，不能調通人利，不可以語制爲大理。分地若一，强者能守；分財若一，智者能收。智有什倍人之功，以一取什。愚有不賡賡猶償也。〔一六〕音庚。本之事，然而人君不能調，故人有相百倍之生也。〔一七〕夫人富則不可以祿使也，貧則不可以罰威也。〔一八〕法令之不行，萬人之不理，貧富之不齊也。且天下者處茲行茲，謂塞利途。若此而天下可一也。夫天下者，使之不使，用之不用。故善爲天下者，無曰使之，〔一九〕使不得不使；無曰用之，用不得不用。使其不知其所以然，若巨橋之粟貴糴，〔二〇〕則設重泉戍之類是。故善爲國者，天下下我高，天下輕我重，天下多我寡，然後可以朝天下。」常以數傾之，若服魯梁綈之類是。〔二一〕

桓公問曰：「不籍而贍國，爲之有道乎？」管子曰：「軌守其時，有官天財，何求於人。泰春、泰夏、泰秋、泰冬，泰猶當也。令之所止，令之所發，令之所止，令之所發，謂山澤之所禁發。此物之高下之時，此人之所以相并兼之時也。君素爲四備以守之，〔二二〕泰春人之且所用者，泰夏人之且所用者，泰秋人之且所用者，泰冬人之且所用者，皆已廩之矣。」廩，藏也。言四時人之所要，皆先備之，所謂耒耜、器械、種饟、糧食必取贍焉，則豪人大賈不得擅其利。

桓公曰：「行幣乘馬之數柰何。」即臣乘馬，〔二三〕所謂篋乘馬者，臣猶實也。篋者，以幣爲篋，而洩重射輕。管子對曰：「士受資以幣，大夫受邑以幣，人馬受食以幣，則一國穀貲在上，幣貲在下，國穀什倍數也。皮革、筋角、羽毛、竹箭、器械、財物苟合於國器君用者，皆有矩券於上，矩券，常券。君實鄉州藏焉。周制，萬二千五百家爲鄉，二千五百家爲州。齊雖霸國，尚用周制。曰某月日苟從責者，責讀爲債。鄉決州決，故曰就庸，一日而決。國筴出於穀軌，國之筴，貨幣乘馬者也。」貲，價也。言應合受公家之所給，〔二四〕皆與之幣，則穀之價君上權之，其幣在下，故穀倍重。其有皮革之類堪於所用者，所在鄉州有其數，若今官曹簿帳。人有負公家之債，若耒耜種糧之類者，官司如要器用，〔二五〕若皮革之類者，則與其準納。如要功庸者，令就役，一日除其簿書耳。此蓋君上一切權之也。詳輕重之本旨，摧抑富商兼并之家，隘塞利門，則與奪貧富，悉由號令，然可易爲理也。此篇經秦焚書，潛蓄人間。自漢興，晁、賈、桑、耿諸子，猶有言其術者，其後絶少尋覽，無人注解，或編斷簡蠹，或傳訛寫謬，年代綿遠，詳正莫由。今且梗槩粗知，固難得捜摘其文字。凡閲古人之書，〔二六〕蓋欲發明新意，隨時制事，其道無窮，而況機權之術，千變萬化，若一二模楷，則同刻舟膠柱耳，他皆類此。

桓公問於管子曰：「吾欲守國財而無税於天下，〔二七〕而外因天下，可乎？」對曰：「昔武王有巨橋之粟，貴糴之數，〔二八〕武王即勝殷，得巨橋粟，欲使糴貴。巨橋倉在今廣平郡曲周縣也。立重泉之戍。戍，名也。假設此戍名，〔二九〕欲人憚役而競收粟也。重，丈恭反。令曰：『人自有百鼓之粟者不行。』〔三〇〕鼓，十二斛也。人舉所最粟，舉，盡也。最，聚也，子外反。以避重泉之戍。而國穀二什倍，巨橋之粟亦二什倍。武王以巨橋之粟二什倍而市繒帛，軍五歲無籍衣於人；以巨橋之粟二什倍而衡黃金，衡，平也。終身無籍於人。」

桓公曰：「與天子提衡争秩於諸侯，提，持也。合衆弱以事一强者，謂之衡。秩，次也。爲之有道乎？」管子曰：「唯籍於號令爲可。請以令發師置屯籍農，屯，戍也。發師置戍，人有粟者則不行。十鍾之家不行，六斛四斗爲鍾。百鍾之家不行，千鍾之家不行，行者不能百之一，千之十，而囷窌之數囷，丘倫反。窌，力救反。皆見於上矣。君按囷窌之數，令之曰：『國貧而用不足，請以平價取之，子皆按囷窌而不得抯損焉。』抯猶謂減其數。〔三一〕君直幣之輕重以決其數。直猶當也。謂決其積粟之數。〔三二〕使無券契之責，分之曰券，合之曰契。責讀曰債。使百姓皆稱貸於君，則無契券之債。則積藏囷窌之粟皆歸於君。」

桓公曰：「齊西水潦而人飢，齊東豐庸而糴賤，〔三三〕庸，用也。謂豐稔而足用。欲以東之賤被西之貴，爲之有道乎？」管子曰：「今齊西之粟釜五鍾爲釜。百泉，則鏂二十也。斗二升八合曰鏂。烏侯反。泉，錢也。齊東之粟釜十泉，則鏂二錢也。請以令籍人三十泉，得以五穀菽粟決其籍。若此，則西出三斗而決其籍，東出三釜而決其籍，然則釜十之粟皆實於倉廩。西之人飢者得食，寒者得衣，若此則東西之相被，遠近之準平矣。」君下令税人三十錢，準以五穀，令齊西之人納三斗，東之人納三釜，以振西之人，則東西俱平矣。管子智用無窮，以區區之齊一匡天下，〔三四〕本仁祖義，成其霸業，所行權術，因機而發，〔三五〕非爲常道。故别篇云「偏行而不盡」也。

桓公曰：「糴賤，寡人恐五穀之歸於諸侯，寡人欲爲萬民藏之，爲此有道乎？」管子曰：「今者夷吾過市，有新成囷京者二家，大囷曰京。〔三六〕君請式璧而聘之。」式，用也。璧，石璧也。聘，問也。使玉人刻石爲璧，尺萬泉，八寸者八千，七寸者七千是也。賜之以璧，仍存問之。行令半年，萬民舍其業而爲囷京以藏菽粟者過半。

管子謂桓公曰：「北郭有掘闕得龜者，〔三七〕掘，穿也，求物反。〔三八〕穿地至泉曰闕，求月反。〔三九〕此檢數百里之地也。檢，猶比也。以此龜爲用者，其數可比百里之地。〔四〇〕令過之平盤之中。令，力呈反。過之，猶置之也。平盤者，大盤也。君請起十乘之使，百金之提，起，發也。提，裝也。使，色吏反。命北郭得龜之家曰：〔四一〕「賜若服中大夫。」若，汝也。中大夫，齊爵也。曰：「東海之子類於龜，東海之子，其狀類龜，假言此龜東海之子耳。東海之子者，海神之子也。託舍於若，託舍，猶寄居也。賜若大夫之服，〔四二〕以終而身，而，若也。勞若以百金。勞，賜也。之龜爲無貲，之，是也。是龜至寶而無貲也。無貲，無價也。而藏諸泰臺，泰臺，高臺也。立珤曰無貲。」立龜爲珤，號曰無貲。還四年，伐孤竹。還四年，後四年。丁氏之家粟丁氏，齊之富人，所謂丁惠也。可食三軍之師行五月。食音飼。下以意取。行五月，經五月。召丁氏而命之曰：「吾有無貲之珤，吾今將有大事，請以珤爲質，〔四三〕音致。下皆同。以假子之邑粟。」即家粟也。丁氏北鄉再拜，革築室賦籍藏龜。革，更也。賦，敷也。籍，席也，才夜反。孤竹之役，丁氏之粟中食三軍五月之食。中，當也。丁仲反。下皆同。

桓公曰：「吾欲西朝天子而賀獻不足，爲此有數乎？」管子曰：「請以令城陰里，城者，築城也。陰里，齊地也。使其牆三重而門九襲。襲亦重也。〔四四〕欲其事密而人不知，又先託築城。〔四五〕因使玉人刻石爲璧，刻石，刻其菑石。〔四六〕尺者萬泉，八寸者八千，七寸者七千，珪中四千，丁仲反。瑗中五百。」好倍肉曰瑗。璧之數已具，管子西見天子曰：「弊邑之君欲率諸侯而朝先王之廟，觀於周室，請以令使天下諸侯，不以彤弓石璧者，彤弓，朱弓也，非齊之所出。蓋不可獨言石璧，兼以彤弓者，猶藏其機。不得入朝。」天子許之。天下諸侯載黃金珠玉、五穀、文采布帛輸齊，〔四七〕輸，音式樹反。以收石璧。石璧流而之天下，天下財物流而之齊，〔四八〕故國八歲而無籍，陰里之謀也。

桓公曰：「吾欲殺商賈之利，而益農夫之事，爲此有道乎？」管子對曰：「請重粟之價，若是則田野大闢，而農夫勸其事矣。請以令使卿藏千鍾，大夫藏五百鍾，列大夫藏百鍾，列大夫，中大夫也。富商蓄賈藏五十鍾，內可以爲國委，於僞反。外可以益農夫矣。」

桓公曰：「崢丘之戰，崢丘，地名，未聞，一説即葵丘。人多稱貸負息以給上之急，寡人欲復業産，業産者，本業也。此何以洽？」洽，通也。言百姓爲戎事失其本業，今欲復之，何以通於此也。管子曰：「唯繆數爲可耳。」〔四九〕繆讀曰謬，〔五〇〕假此術以陳其事也。令表稱貸之家，〔五一〕表，旌也皆堊白其門而高其閭，亦所以貴重之。」使八使者式璧而聘之，〔五二〕以給鹽菜之用。令使者齎石璧而與，仍存問之，謙言鹽菜之用。稱貸之家皆齊首稽顙問曰：「何以得此？」使者曰：「君令曰：寡人聞之，詩曰：

『愷悌君子，民之父母。』寡人有峥丘之戰，吾聞子假貸吾貧萌，〔五三〕萌與氓同。使有以給，子之力也。」稱貸之家皆折其券而削其書，舊執之券皆折毁之，所書之債皆削除之，不用。發其積藏，出其財物以振貧。國中大給，峥丘之謀也。

桓公曰：「魯梁之於齊也，蠭螫也。〔五四〕蠭，古蜂字。螫音尸亦反。〔五五〕言魯梁二國，常爲齊患也。吾欲下魯梁，何行而可？」管子對曰：「魯梁之民俗爲綈，徒奚反。〔五六〕繒之厚者謂之綈。公服綈，令左右服之，人從而服之，因令齊勿敢爲，必仰於魯梁，則是魯梁釋其農事而作綈矣。」桓公即爲服於泰山之陽，魯梁二國在泰山之南，故爲服於此，近其境也，欲魯梁人速知之。十日而服之。管子告魯梁之賈人曰：「子爲我致綈千匹，賜子金三百斤，子十至而金三千斤，則是魯梁不賦於人，財用足也。」魯梁之君聞之，則教其人爲綈，十三月，魯梁郭中之人，〔五七〕道路揚塵，十步不相見，絏繑而踵相隨，絏繑謂連續也。絏，息列反。繑，丘喬反。車轂齺、騎連伍而行。齺，齺也，士角反。言其車轂往來相齺，而騎東西連而行，皆趨綈利耳。〔五八〕管子曰：「魯梁可下矣。公宜服帛，率民去綈，閉關無與魯梁通使。」後十月，魯梁人餓餒相及，〔五九〕相及，猶相繼。應聲之正，無以給上。應聲之正，謂急速之賦。正音征。魯梁之君即令其人去綈修農，穀不可以三月而得。魯梁之人糴十百，穀斗千錢。齊糴十錢。穀斗十錢。周月，〔六〇〕魯梁之民歸齊者十之六。

管子曰：「夫人予音與則憙，奪則怒，先王知其然，故見予之形，見，賢遍反。而不見奪之理，可使由之，不可使知之。故民愛可洽於上也。〔六一〕洽，通也。租籍者，所以强求，在工商曰租籍。强音其兩反。租税者，所慮而請也。在農曰租税。慮，猶計也。請，求也。〔六二〕王霸之君，〔六三〕去丘吕反其所以强求，廢其所慮而請，故天下樂雅教反從也。春賦以斂繒帛，夏貸以收秋實，蓋方春蠶，家闕乏，而賦與之，約收其繒帛也。方夏，農人闕乏，亦賦與之，約取其穀實也。是故人無廢事，〔六四〕而國無失利也。人之所乏，君悉與之，〔六五〕則豪富商人不得擅其利。凡五穀者，萬物之主也。穀貴則萬物必賤，穀賤則萬物必貴。兩者爲敵，則不俱平，故人君御穀物之秩相勝，而操事於其不平之間，秩，積也。食爲人天，故五穀之要，可與萬物爲敵，其價常不俱平。所以人君視兩事之委積，可彼此相勝，輕重於其間，則國利不散也。故萬民無籍而國利歸於君也。夫以室廡籍謂之毁成，小曰室，大曰廡，音武。是使人毁壞廬室。以六畜籍謂之止生，畜，許救反。〔六六〕是使人不競牧養也。以田畝籍謂之禁耕，是止其耕稼也。以正人籍謂之離情，正數之人，若丁壯也。離情，謂離心也。以正户籍謂之養贏。贏謂大賈蓄家也。〔六七〕正數之户既避其籍，〔六八〕則至浮浪爲大賈蓄家之所役屬，增其利耳。五者不可畢用，故王者偏行而不盡。〔六九〕故天子籍於幣，諸侯籍於食。中歲之穀，石十錢，大男食四石，月有四十之籍；大女食三石，月有三十之籍；吾子食二石，月有二十之籍。歲凶穀石二十，則大男有八十之籍，大女有六十之籍，吾子有四十之籍。六十爲大男，五十爲大女，吾子爲小男小女也。按古之石，準今之三斗三升三合。平歲每石税十錢，凶歲税二十者，非必税其人，謂於操事輕重之閒，約收其利也。〔七〇〕是人君非發號令收畜而户籍也，〔七一〕彼人君守其本委謹，〔七二〕而男女諸君吾子無不服籍者也。」畜，斂也。委，所委積之物也。謹，嚴也。言人君不用下令稅斂於人，但嚴守利途，輕重在我，則無所逃其稅也。〔七三〕

齊之北澤燒火，獵而行火曰燒，式照反。光照堂下。管子入賀曰：「田野闢，農夫必有百倍之利矣。」是歲租稅九月而具。桓公問管子曰：〔七四〕「此何故也？」對曰：〔七五〕「萬乘、千乘之國，不能無薪而炊，今北澤燒，莫之續，則是農夫得居裝而賣其薪蕘，大曰薪，小曰蕘。一束十倍，則春有以事耜，夏有以決芸，耘同。此租稅所以九月而具也。」

桓公問管子曰：「終身有天下而勿失，有道乎？」對曰：「請勿施於天下，獨施之於吾國。國之廣狹，壤之肥墝，有數；終歲食餘，有數。彼守國者，守穀而已矣。曰某縣之壤廣若干，某縣之壤狹若干，國之廣狹肥墝，人之所食多少，其數君素皆知之。則必積委幣，委，蓄也。各於縣州里積蓄錢幣，〔七六〕所謂萬室之邑，必有萬鍾之藏，藏鏹千萬；千室之邑，必有千鍾之藏，藏鏹百萬。於是縣州里受公錢。公錢即積委之幣。泰秋國穀去參之一。〔七七〕去，減也，丘呂反。君下令謂郡縣屬大夫里邑，皆籍粟入若干，穀重一也，以藏於上者，一其穀價而收藏之。國穀三分則二分在上矣。言先貯幣於縣邑，當秋時，下令收糴也。則魏李悝行平糴之法，上熟糴三捨一，中熟糴二捨一，下熟中分之，蓋出於此。今言去三之一者，約中熟爲準耳。泰春國穀倍重數也，泰夏賦穀以理田土，〔七八〕泰秋田穀之存子者若干，今上斂穀以幣，人曰無幣，以穀，則人之三有歸於上矣。言當春穀貴之時，計其價以穀賦與人，秋則斂其幣，雖設此令，本意收其穀，人既無幣，請輸穀，故歸於上。重之相因，時之化舉，無不爲國筴。重之相因，若春時穀貴與穀也。時之化舉，若秋時穀賤收穀也。因時之輕重，無不以術權之。則彼諸侯之穀十，吾國穀二十，則諸侯穀歸吾國矣。諸侯穀二十，吾國穀十，則吾國穀歸於諸侯矣。故善爲天下者。謹守重流，重流，謂嚴守穀價，不使流散。而天下不吾洩矣。洩，散也。吾穀不散出。彼重之相歸，如水之就下。吾國歲非凶也，以幣藏之，故國穀倍重。諸侯之穀至也，是藏一分而致諸侯之一分也。利不奪於天下。大夫不得以富侈以重藏輕，國常有十國之筴也。此以輕重御天下之道也。」

魏文侯相李悝曰：「糴甚貴傷人，此人謂士工商。〔七九〕甚賤傷農，人傷則離散，農傷則國貧，故甚貴與甚賤，其傷一也。善爲國者，使人無傷而農益勸。今一夫挾五口，治田百畝，歲收畝一石半，爲粟百五十石。除十一之稅十五石，餘百三十五石。食，人月一石半，五人終歲爲粟九十石，餘有四十五石。石三十，爲錢千三百五十。除社閭嘗新春秋之祠用錢三百，餘千五十。衣，人率用錢三百，五人終歲用千五百，不足四百五十。少四百五十，不足。不幸疾病死喪之費及上賦斂，又未與此。此農夫所以常困，有不勸耕之心，而令糴至於甚貴者也。是故善平糴者，必謹觀歲有上中下熟。上熟其收自四，餘四百石；平歲百畝收百五十石，今大熟四倍，收六百石。計人食終歲長四百石，〔八〇〕官糴三百石，此爲糴三舍一也。中熟自三，餘三百石；自三，四百五十石也。終歲長三百石，官糴二百石，此爲糴二而舍一也。下熟自倍，餘百石。自倍，收三百石，終歲長百石，官糴其五十石，云下熟糴一，謂中分百石之一也。〔八二〕小飢則收百石，平歲百畝之收，收百五十石，今小飢收百石，收三分之二也。中飢七十石，收二分之一也。大飢三十石。收五之一也。以此推之，大小中飢之率。故大熟則上糴三而舍一，中熟則糴二，下熟則糴一，使人適足，價平則止。小飢則發小熟之所斂，官以斂藏出糶。中飢則發中熟之所斂，大飢則發大熟之所斂，而糶之。故雖遇飢饉水旱，糴不貴而人不散，取有餘而補不足也。」行之魏國，國以富彊。

漢宣帝時，歲數豐穰，穀至石五錢，農人少利。大司農中丞耿壽昌請令邊郡皆築倉，以穀賤時增其價而糴以利農，穀貴時減價而糶，名曰「常平倉」，人便之。上乃下詔賜壽昌爵關內侯。元帝即位，罷之。

後漢明帝永平五年，作常平倉。

晉武帝欲平一江表，時穀賤而布帛貴，帝欲立平糴法，用布帛市穀，以爲糧儲。議者謂軍資尚少，不宜以貴易賤。泰始二年，帝乃下詔曰：「古人權量國用，取贏散滯，有輕重平糴之法。此事久廢，希習其宜，而官蓄未廣。言者異同，未能達通其制。更令國寶散於穰歲而上不收，貧人困於荒年而國無備，豪人富商挾輕資，蘊重積，以管其利，故農夫苦其業而末作不可禁也。今宜通糴，主者平議，具爲條制。」然事未行，至四年，乃立常平倉，豐則糴，儉則糶，以利百姓。

宋文帝元嘉中，三吴水潦，穀貴人飢。彭城王義康立議，以「東土災荒，人凋穀踊，富商蓄米，日成其價。宜班下所在，隱其虛實，令積蓄之家，聽留一年儲，餘皆勒使糶貨，〔八二〕爲制平價，此所謂常道行於百代，權宜用於一時也。又緣淮歲豐，邑地沃壤，麥既已登，黍粟行就。可折其估賦，仍就交市，三吴飢人，即以貸給，使強壯轉運，以贍老弱。」並未施行，人賴之矣。〔八三〕

齊武帝永明中，天下米穀布帛賤，上欲立常平倉，市積爲儲。六年，詔出上庫錢五千萬，〔八四〕於京師市米，買絲綿紋絹布。〔八五〕揚州出錢千九百一十萬，揚州，理建業，今江寧縣也。〔八六〕南徐州二百萬，〔八七〕南徐州，理京口，今丹陽郡。各於郡所市糴。南荆河州二百萬，南荆河州，理壽春，今郡。市絲綿紋絹布米大麥。〔八八〕江州五百萬，江州，理潯陽，今郡。市米胡麻。荆州五百萬。荆州，理南郡，今江陵。郢州三百萬，郢州，理江夏，今郡。皆市絹、綿、布、米、大小豆、大麥、胡麻。〔八九〕湘州二百萬，湘州，理長沙，今郡。市米、布、蠟。司州二百五十萬，司州，理汝南，今義陽郡。西荆河州二百五十萬，西荆河州，理歷陽，今郡。南兗州二百五十萬，南兗州，理廣陵，今郡。雍州五百萬，雍州，理襄陽，今郡。市絹綿布米。〔九〇〕使臺傳並於所在市易。

後魏孝文時，〔九一〕祕書丞李彪上表曰：「昔之哲王，莫不殷勤稼穡，〔九二〕故堯湯水旱，人無菜色，蓋由備之也。漢家乃設常平，魏氏以兵糧制屯田，軍國取濟。光武一畝不實，罪及牧守。皆明君恤人若此。今山東飢，京師儉，臣以爲宜析州郡常調九分之二，京都度支歲用之餘，〔九三〕各立官司。年豐糴積於倉，時儉則減私之十二糶之。〔九四〕如此，人必力田以買官絹，又務貯錢以取官粟，年豐則常積，歲凶則直給。」明帝神龜、正光之際，自徐揚內附之後，徐，今彭城郡。揚，今壽春郡。收內兵資，與人和糴，積爲邊備也。

北齊河清中，令諸州郡皆別置富人倉。初立之日，準所領中下戶口數，得支一年之糧，〔九五〕逐當州穀價賤時，斟量割當年義租充入。齊制，歲每人出墾租二石，義租五斗，墾租送臺，義租納郡，以備水旱。穀貴，下價糶之，賤則還用所糶之物，依價糴貯。

後周文帝刱制六官，司倉掌辨九穀之物，以量國用。足，蓄其餘，以待凶荒；不足，則止餘用。用足，則以粟貸人，春頒秋斂。

隋文帝開皇三年，衞州置黎陽倉，洛州置河陽倉，〔九六〕陝州置常平倉，華州置廣通倉，轉相灌注，漕關東及汾、晉之粟，以給京師。京師置常平監。

五年，工部尚書長孫平奏：「古者三年耕而餘一年之積，九年作而有三年之儲，雖水旱爲災，人無菜色，皆由勸導有方，蓄積先備。請令諸州百姓及軍人勸課當社，共立義倉。收穫之日，隨其所得，勸課出粟及麥，於當社造倉窖貯之。即委社司，執帳檢校，每年收積，勿使損敗。若時或不熟，當社有饑饉者，即以此穀振給。」自是諸州儲峙委積。

至十五年，以義倉貯在人閒，多有費損，詔曰：「本置義倉，止防水旱，百姓之徒，不思久計，輕爾費損，於後乏絶。又北境諸州，異於餘處，靈、夏、甘、瓜等十一州，所有義倉雜種，並納本州。若人有旱儉少糧，先給雜種及遠年粟。」

十六年，又詔，秦、渭、河、廓、豳、隴、涇、寧、原、敷、丹、延、綏、銀等州社倉，並於當縣安置。又詔，社倉準上中下三等稅，上户不過一石，中户不過七斗，下户不過四斗。

大唐武德五年，廢常平監。八年敕，諸州斗秤，京太府校。

貞觀初，尚書左丞戴胄上言曰：「水旱凶災，前聖之所不免。國無九年儲蓄，禮經之所明誡。今喪亂之後，户口凋殘，每歲租米，未實倉廩，〔九七〕隨即出給，纔供當年。若遇凶災，將何振恤？故隋開皇立制，天下之人，節級輸粟，名爲社倉。終於文皇，得無饑饉。及大業中，國用不足，並取社倉，以充官費，故至末塗，無以支給。今請自王公以下，爰及衆庶，計所墾田稼穡頃畝，每至秋熟，準其見苗，〔九八〕以理勸課，盡令出粟。〔九九〕稻麥之鄉，亦同此稅。各納所在，爲立義倉。年穀不登，百姓饑饉，當所州縣，隨便取給。」太宗曰：「既爲百姓，先作儲貯，官爲舉掌，以備凶年。非朕所須，横生賦斂，利人之事，深是可嘉。宜下有司，議立條制。」户部尚書韓仲良奏：「王公以下墾田，畝納二升。其粟麥粳稻之屬，各依土地。〔一〇〇〕貯之州縣，以備凶年。」制從之。　自是天下州縣始置義倉，每有饑饉，則開倉振給。

高宗永徽二年九月，〔一〇一〕頒新格：「義倉據地取稅，實是勞煩，宜令率户出粟，〔一〇二〕上上户五石，餘各有差。」六年，京東西市置常平倉。高宗、武太后數十年間，義倉不許雜用，其後公私窘迫，貸義倉支用。自中宗神龍之後，天下義倉，費用向盡。

開元二十五年定式：「王公以下，每年户別據所種田，畝別稅粟二升，以爲義倉。其商賈户若無田及不足者，上上户稅五石，上中以下遞減各有差。諸出給雜種準粟者，稻穀一斗五升當粟一斗。其折納糙米者，稻三石折納糙米一石四斗。

天寶八年，凡天下諸色米都九千六百六萬二千二百二十石。

和糴一百一十三萬九千五百三十石：

關內五十萬九千三百四十七石，

河東十一萬二百二十九石，

河西三十七萬一千七百五十石，

隴右十四萬八千二百四石。〔一〇三〕

諸色倉糧總千二百六十五萬六千六百二十石：

北倉六百六十一萬六千八百四十石，

太倉七萬一千二百七十石，

含嘉倉五百八十三萬三千四百石，

太原倉二萬八千一百四十石，

永豐倉八萬三千七百二十石，

龍門倉二萬三千二百五十石。

正倉總四千二百一十二萬六千一百八十四石：

關内道百八十二萬一千五百一十六石，

河北道百八十二萬一千五百一十六石，〔一〇四〕

河東道三千五十八萬九千百八十石，〔一〇五〕

河西道七十萬二千六十五石，

隴右道三十七萬二千七百八十石，

劍南道二十二萬三千九百四十石，

河南道五百八十二萬五千四百一十四石，

淮南道六十八萬八千二百五十二石，

江南道九十七萬八千八百二十五石，

山南道十四萬三千八百八十二石。〔一〇六〕

義倉總六千三百一十七萬七千六百六十石：

關内道五百九十四萬六千二百一十二石，

河北道千七百五十四萬四千六百石，

河東道七百三十萬九千六百一十石，

河西道三十八萬八千四百三石，

隴右道三十萬三十四石，

劒南道百七十九萬七千二百二十八石，

河南道千五百四十二萬九千七百六十三石，

淮南道四百八十四萬八百七十二石，

江南道六百七十三萬九千二百七十石，

山南道二百八十七萬一千六百六十八石。〔一〇七〕

常平倉總四百六十萬二千二百二十石：

關内道三十七萬五千五百七十石，〔一〇八〕

河北道百六十六萬三千七百七十八石，

河東道五十三萬五千三百八十六石，

河西道三萬一千九十石，〔一〇九〕

隴右道四萬二千八百五十石，

劒南道七萬七百四十石，

河南道一百二十一萬二千四百六十四石，

淮南道八萬一千一百五十二石，

山南道四萬九千一百九十石，

江南道闕。

論曰：昔我國家之全盛也，約計歲之恒賦，錢穀布帛五千餘萬，其數具食貨賦稅篇下。經費之外，常積羨餘。遇百姓不足，而每有蠲恤。〔一一〇〕自天寶之始，邊境多功，寵錫既崇，給用殊廣，出納之職，支計屢空。於是言利之臣繼進，而道行矣。〔一一一〕割剥爲務，岐路多端。〔一一二〕每歲所入，增數百萬。既而隴右有青海之師，范陽有天門之役，朔方布思之背叛，劒南羅鳳之憑陵，或全軍不返，或連城而陷。先之以師旅，因之以薦饑，凶逆承隙構兵，〔一一三〕兩京無藩籬之固，蓋是人事，豈唯天時。緬惟高祖、太宗，開國刱業，作程垂訓，薄賦輕徭，澤及萬方，黎人懷惠。是以肅宗中興之績，周月而能成之，雖神算睿謀，〔一一四〕舉無遺策，戎臣介夫，能竭其力，抑亦累聖積仁之所致也。夫德厚則感深，感深則難揺，人心所繫，故速戡大難，少康、平王是也。若斂厚則情離，情離則易動，人心已去，故遂爲獨夫，殷辛、胡亥是也。今甲兵未息，經費尚繁，重則人不堪，輕則用不足，酌古之要，適今之宜，〔一一五〕既弊而思變，乃澤流無竭。夫欲人之安也，在於薄斂，斂之薄也，在於節用。若用之不節，寧斂之欲薄，〔一一六〕其可得乎？先在省不急之費，定經用之數，使下之人，〔一一七〕知上有憂恤之心，取非獲已，自然樂其輸矣。古之取於人也，唯食土之毛，謂什一而稅；役人之力，謂一歲三日。未有直斂人之財，而得其無怨，況取之不薄，令之不均乎！自燧人氏逮於三王，皆通輕重之法，以制國用，以抑兼并，致財足而食豐，人安而政洽，誠爲邦之所急，理道之所先，豈常才之士而能達也。民者，瞑也，可使由之，不可使因之。〔一一八〕審其衆寡，量其優劣，饒贍之道，自有其術。歷觀制作之者，〔一一九〕固非易遇其人。周之興也得太公，齊之霸也得管仲，魏之富也得李悝，秦之強也得商鞅，後周有蘇綽，隋氏有高熲。此六賢者，上以成王業，興霸圖，次以富國強兵，立事可法。其漢代桑弘羊、耿壽昌之輩，皆起自賈豎，雖本於求利，猶事有成績。自茲以降，雖無代無人，其餘經邦正俗，興利除害，懷濟時之略，〔一二〇〕韞致理之機者，蓋不可多見矣。農者，有國之本也。先使各安其業，是以隨其受田，税其所植。焉可徵求貨幣，捨其所有而責其所無者哉！天下農人，皆當糴鬻，豪商富室，乘急賤收，旋致罄竭，更仍貴糴，〔二一〕往復受弊，無有已時，欲其安業，不可得也。故晁錯曰：「欲民務農，在於貴粟，貴粟之道，在於使民以粟爲賞罰。如此農民有錢，粟有所洩。」謂官以法收取之也。〔二二〕誠如是，則天下之田盡闢，〔二三〕天下之倉盡盈。然後行其軌數，度其輕重，化以王道，扇之和風，率循禮義之方，皆登仁壽之域，斯不以難矣。〔二四〕在昔堯湯，水旱作沴，〔二五〕而人無捐瘠，以國有儲蓄。若賦斂之數重，黎庶之力竭，而公府之積，無經歲之用，不幸有一二千里水旱蟲霜，或一方興師動衆，廢於藝殖，寧免賦闕而用乏，人流而國危者哉！

校勘記

〔一〕戰國　原脱，據北宋本、傅校本、明抄本、明刻本、王吳本補。

〔二〕則生人之重寶　「生」原訛「主」，據北宋本、明抄本、王吳本改。

〔三〕言於法　「言」原作「明」，清人妄改。今據北宋本、傅校本、遞修本、明抄本、王吳本改回。

〔四〕斯故往昔用之爲幣　「昔」原訛「者」，據北宋本、傅校本、遞修本、明抄本改。

〔五〕其大會可得而聞乎　「大」原訛「要」，據北宋本、傅校本、遞修本改。按：管子揆度篇作「大」。

〔六〕其勝禽獸之仇　原脱「其勝」，據北宋本、遞修本、明抄本、王吴本補。按：管子揆度篇有「其勝」。

〔七〕勝猶益也　四字原脱，據北宋本、傅校本、遞修本、明抄本、明刻本、王吴本補。按：管子揆度篇尹注有此四字。

〔八〕皆以雙武之皮　「武」原作「虎」，據北宋本、傅校本、遞修本、明抄本、明刻本改。下同。按：通典諱「虎」爲「武」。

〔九〕嘗用此數　「嘗」原作「常」，據北宋本改。

〔一〇〕乃可君人　「君人」原作「爲君」，據北宋本、明抄本改。

〔一一〕因之蓄積　「因」原訛「用」，據北宋本、傅校本、遞修本、明抄本改。

〔一二〕冀君之禄也　「冀」管子國蓄篇作「望」。通典避家諱改。

〔一三〕凡人計口授田　「授」原作「受」，據北宋本、傅校本、遞修本、明抄本改。

〔一四〕人君若不能散豪富之積　原脱「若」，據北宋本、傅校本、遞修本、明抄本補。

〔一五〕終不能致理　「致」原訛「治」，據北宋本、傅校本、遞修本、明抄本改。按：管子國蓄篇尹注作「致」。

〔一六〕賡猶償也　「償」原訛「賞」，據北宋本、傅校本、遞修本、明抄本改。按：管子國蓄篇尹注作「償」。

〔一七〕然而人君不能調故人有相百倍之生也　「故人有相百倍之生」原脱，據管子國蓄篇補。

〔一八〕貧則不可以罰威也　「罰威」原倒，據管子國蓄篇乙。

〔一九〕無曰使之　「曰」原訛「日」，據管子揆度篇改。下同。

〔二〇〕貴糴　「糴」原作「糶」，據北宋本、傅校本、遞修本、明抄本、明刻本、王吳本改。

〔二一〕若服魯梁綈之類是　「類」原訛「數」，「是」下有「也」，據北宋本、傅校本、遞修本改删。

〔二二〕君素爲四備以守之　原「素」下衍「之」，據北宋本、傅校本、遞修本、明抄本、明刻本、王吳本删。

〔二三〕即臣乘馬　「臣」原訛「筐」，據北宋本、傅校本、遞修本、明抄本改。下「臣猶實也」同。按：管子山至數篇尹注作「臣」。

〔二四〕言應合受公家之所給　原脱「家」，據北宋本、傅校本、遞修本、明抄本補。按：管子山至數篇尹注有「家」字。

〔二五〕官司如要器用　「器」原訛「其」，據北宋本、傅校本、遞修本、明抄本改。按：管子山至數篇尹注作「器」。

〔二六〕凡閱古人之書　「閱」原訛「問」，據北宋本、王吳本改。

〔二七〕吾欲守國財而無税於天下　原脱「財」，據管子地數篇補。

〔二八〕貴糴之數　「糴」原訛「糶」，據北宋本、傅校本、遞修本、明抄本、明刻本改。按：管子地數篇作「糴」。

〔二九〕假設此戍名　原脱「此」，據北宋本、傅校本、遞修本、明抄本補。按：管子地數篇尹注有「此」字。

〔三〇〕人自有百鼓之粟者不行　「鼓」原訛「穀」，據管子地數篇改。注同。按：册府卷五〇二六〇一〇頁亦作「鼓」。

〔三一〕挹猶謂減其數　「減」原訛「滅」，據北宋本改。按：管子輕重乙篇尹注作「減」。

〔三二〕謂決其積粟之數　原脱「決」，據北宋本、傅校本、遞修本、明抄本補。按：管子輕重乙篇尹注有「決」。

〔三三〕齊東豐庸而糴賤　管子輕重丁篇「糴」作「糶」。

〔三四〕一匡天下　原脱「一」，據北宋本、明抄本、王吴本補。按：管子輕重丁篇尹注及册府卷五〇二六〇一〇頁均有「一」。

〔三五〕因機而發　「因機」原作「有因」，據北宋本、傅校本、遞修本、明抄本改。按：管子輕重丁篇尹注及册府卷五〇二注六〇一〇頁均作「因機而發」。

〔三六〕大囷曰京　「大」原訛「太」，據北宋本、傅校本、遞修本、明抄本、明刻本、王吴本改。按：管子輕重丁篇尹注作「大」。

〔三七〕北郭有掘闕得龜者　「郭」原訛「郊」，據北宋本、傅校本、遞修本、明抄本、明刻本、王吴本改。按：管子山權數篇作「郭」。

〔三八〕求物反　「反」原訛「及」，據北宋本、傅校本、遞修本、明抄本、王吴本改。按：管子山權數篇尹注作「反」。

〔三九〕求月反　「月」原訛「曰」，據北宋本、傅校本、遞修本、明抄本改。按：管子山權數篇尹注作「月」。

〔四〇〕以此龜爲用者其數可比百里之地　「此」原訛「比」，「可」原訛「百」，據管子山權篇尹注及北宋本、傅校本、遞修本、明抄本改。

〔四一〕命北郭得龜之家曰　此八字原脱，據管子山權數篇補。

〔四二〕賜若大夫之服　此六字原脱，據管子山權數篇補。

〔四三〕請以珤爲質　「質」原訛「貲」，據北宋本改。按：管子山權數篇作「質」。

〔四四〕襲亦重也　原「亦」在「也」下，據北宋本、傅校本、遞修本、明抄本乙。

〔四五〕又先託築城　「託」原訛作「記其」，據管子輕重丁篇尹注及北宋本、王吴本删改。

〔四六〕刻其菑石　「菑」原訛「美」，據管子輕重丁篇尹注及北宋本、傅校本、遞修本改。按：明刻本、王吴本作「留」。

〔四七〕載黄金珠玉　「載」原訛「戴」，據北宋本、傅校本、遞修本、明抄本、王吴本改。按：管子輕重丁篇作「載」。

〔四八〕天下財物流而之齊　「天下」原涉上而脱，據管子輕重丁篇及北宋本、王吴本補。

〔四九〕唯繆數爲可耳　「繆」原訛「膠」，據管子輕重丁篇及北宋本、傅校本、遞修本、明抄本、明刻本改。

〔五〇〕繆讀曰謬　原訛作「膠讀曰繆」，據管子輕重丁篇尹注及北宋本、傅校本、遞修本、明抄本、明刻本乙改。

〔五一〕令表稱貸之家　「令」原訛「今」，據管子輕重丁篇及北宋本改。

〔五二〕使八使者　「八」原訛「入」，據管子輕重丁篇及北宋本、傅校本、遞修本、明抄本、明刻本、王吴本改。

〔五三〕吾聞子假貸吾貧萌　原脱「子」，據管子輕重丁篇補。

〔五四〕蠭螫也　原脱「也」，據管子輕重戊篇及北宋本、傅校本、遞修本、明抄本補。

〔五五〕螫音尸亦反　「尸」原訛「尺」，據管子輕重戊篇尹注及北宋本改。

〔五六〕徒奚反　「徒」原訛「陵」，據管子輕重戊篇尹注及北宋本改。

〔五七〕魯梁郭中之人　「郭」原訛「國」，據管子輕重戊篇改。按：北宋本、傅校本、遞修本、明抄本作「廓」，字同。

〔五八〕皆趨綈利耳　原脱「綈」，據管子輕重戊篇尹注及北宋本、傅校本、遞修本、明抄本、明刻本補。

〔五九〕餓餒相及　「餓」原作「饑」，據管子輕重戊篇及北宋本、傅校本、遞修本、明抄本改。

〔六〇〕周月　管子輕重戊篇作「二十四月」。

〔六一〕故民愛可洽於上也　「愛」原訛「憂」，據管子國蓄篇及北宋本、傅校本、遞修本改。

〔六二〕請求也　「請」下原有「猶」，後人臆增。今據管子國蓄篇尹注及北宋本、傅校本、遞修本、明抄本删。

〔六三〕王霸之君　「王」原訛「五」，據管子國蓄篇及北宋本、明抄本改。

〔六四〕是故人無廢事　原「人」下衍「君」，據管子國蓄篇及北宋本、傅校本、遞修本、明抄本、明刻本删。

〔六五〕君悉與之　「悉」原訛「即」，管子國蓄篇尹注及北宋本、傅校本、遞修本、明抄本改。

〔六六〕許救反　「救」原訛「牧」，據管子國蓄篇尹注及北宋本、傅校本、遞修本、明抄本改。

〔六七〕贏謂大賈蓄家也　原脱「謂」，據管子國蓄篇尹注及北宋本、傅校本、遞修本、明抄本補。

〔六八〕既避其籍　「既」原訛「已」，據管子國蓄篇尹注及北宋本改。

〔六九〕故王者偏行而不盡　原「者」下有「當」，據管子國蓄篇删。按：北宋本、傅校本、明抄本、明刻本作「故王者偏行行而不盡」。

〔七〇〕約收其利也　「收」原訛「放」，據管子國蓄篇尹注及北宋本、傅校本、遞修本、明抄本改。

〔七一〕是人君非發號令收嗇而户籍也　「嗇」原作「穡」，據管子國蓄篇及北宋本、傅校本、遞修本、明抄本改。注同。

〔七二〕彼人君守其本委謹　「彼」原訛「使」，據管子國蓄篇及北宋本、傅校本、遞修本、明抄本、明刻本改。

〔七三〕則無所逃其税也　「所逃」原作「不遂」，後人妄改者。今據管子國蓄篇尹注及北宋本改正。

〔七四〕桓公問管子曰　原脱「問管子」，據北宋本、傅校本、遞修本、明抄本、明刻本、王吴本補。

〔七五〕對曰　原作「管子曰」，據北宋本、傅校本、遞修本、明抄本、明刻本、王吴本改。

〔七六〕積蓄錢幣　「幣」原作「帛」，據管子山至數篇尹注及北宋本、傅校本、遞修本、明抄本、王吴本改。

〔七七〕泰秋國穀去參之一　原脱「泰」，據管子山至數篇補。

〔七八〕以理田土　「田土」原倒，據管子山至數篇及北宋本、傅校本、遞修本、明抄本乙正。

〔七九〕此人謂士工商　「士」原訛「世」，據漢書食貨志上韋昭注一一二五頁及北宋本、王吴本改。

〔八〇〕計人食終歲長四百石　原脱「食」，據漢書食貨志上張晏注一一二五頁補。

〔八一〕謂中分百石之一也　原「謂」下衍「之」，據漢書食貨志上張晏注一一二六頁及北宋本删。

〔八二〕餘皆勒使糴貨　「勒」原作「敕」，據北宋本改。

〔八三〕人賴之矣　原無此四字，據北宋本、傅校本、遞修本、明抄本、明刻本、王吴本補。

〔八四〕詔出上庫錢五千萬　册府卷五〇二六〇一八頁同。北宋本、明抄本「千」作「十」。

〔八五〕買絲綿紋絹布　「紋」册府卷五〇二六〇一八頁作「綾」。下同。

〔八六〕今江寧縣也　「縣」原作「郡」，據北宋本改。

〔八七〕南徐州二百萬　「二」册府卷五〇二六〇一九頁作「三」。

〔八八〕大麥　「大」册府卷五〇二六〇一九頁作「菽」。

〔八九〕大麥胡麻　册府卷五〇二六〇一九頁無「麥」字。

〔九〇〕市絹綿布米　册府卷五〇二六〇一九頁於此句下尚有「南兗州兼大麥大豆」八字。

〔九一〕後魏孝文時　「文」原訛「莊」，今據魏書訂改。按：李彪傳載彪上表一三八五頁，高祖孝文帝覽而善之一三八九頁。食貨志二八五六頁繫此表於太和十二年。

〔九二〕莫不殷勤稼穡　「殷」原作「克」，據北宋本、傅校本、遞修本、明抄本改。

〔九三〕京都度支歲用之餘　原「京」下衍「師」，據魏書李彪傳一三八五頁、食貨志二八五六頁删。

〔九四〕時儉則減私之十二糴之　原脱「時」，據北宋本、傅校本、遞修本補。按：魏書李彪傳一三八六頁作「時儉則加私之二糴之於人」。食貨志二八五六頁作「時儉則加私之一糴之於民」。

〔九五〕得支一年之糧　原脱「支」，據隋書食貨志六七八頁補。

〔九六〕洛洲置河陽倉　六字原脱，據隋書食貨志六八三頁補。

〔九七〕未實食廩　「未」原作「不」，據北宋本、傅校本、遞修本、明抄本改。

〔九八〕準其見苗　原作「準見田苗」，據北宋本、傅校本、遞修本、明抄本、王吴本改。

〔九九〕盡令出粟　「粟」原作「穀」，據北宋本、明抄本改。按：舊唐書食貨志下二一二三頁作「粟」。

〔一〇〇〕各依土地　「土地」原倒，據北宋本、明抄本乙。按：舊唐書食貨志下二一二三頁作「土地」。

〔一〇一〕永徽二年九月　「九」舊唐書食貨志下二一二三頁作「六」。唐會要卷八八作「永徽二年閏九月六日」。

〔一〇二〕宜令率户出粟　原脱「率」，據舊唐書食貨志下二一二三頁、唐會要卷八八補。

〔一〇三〕十四萬八千二百四石　「二」原訛「一」，據北宋本、傅校本、遞修本、明抄本改。

〔一〇四〕五百一十六石　「一」原作「四」，據北宋本、傅校本、遞修本、明抄本改。

〔一〇五〕三千五十八萬　「千」原訛「百」，據諸本改。

〔一〇六〕十四萬三千八百八十二石　按：以上十道正倉糧數累計爲四千三百一十六萬七千三百七十石，比前載總數多出一百零四萬一千一百八十六石。

〔一〇七〕二百八十七萬一千六百六十八石　按：以上十道義倉糧數累計爲六千三百一十六萬七千六百六十石，較前載總數少一萬石。

〔一〇八〕五千五百七十石　「五」原作「三」，據北宋本改。

〔一〇九〕三萬一千九十石　原涉上河北道誤作「百六十六萬三千七百七十八石」，今據北宋本、傅校本、遞修本、明抄本改。

〔一〇〕而每有蠲恤　原「每」下衍「月」，「恤」又訛「息」，據北宋本、傅校本、遞修本、明抄本刪改。

〔一一〕而道行矣　原脱「矣」，據文苑英華卷七四七三九〇六頁補。

〔一二〕岐路多端　此四字原脱，據文苑英華卷七四七三九〇六頁補。

〔一三〕承隙構兵　「構」原訛「恃」，據北宋本、傅校本、遞修本、明抄本改。按：文苑英華卷七四七三九〇六頁作「構」。

〔一四〕雖神算睿謀　原「雖」上有「是」，據北宋本刪。按：文苑英華卷七四七三九〇六頁無「是」。

〔一五〕適今之宜　「適」原作「通」，據北宋本、傅校本、遞修本、明抄本改。

〔一六〕寧斂之欲薄　「寧」原作「而」，據北宋本、傅校本、遞修本、明抄本改。按：文苑英華卷七四七三九〇六頁作「寧」。

〔一七〕使下之人　原「下」上有「天」，後人臆增。今據北宋本刪。按：文苑英華卷七四七三九〇六頁無「天」。

〔一八〕不可使因之　「因」原作「知」，據北宋本、傅校本、遞修本改。按：文苑英華卷七四七三九〇六頁作「因」。

〔一九〕歷觀制作之者　「者」原訛「旨」，據北宋本、傅校本、遞修本、明抄本、明刻本、王吴本改。按：文苑英華卷七四七三九〇六頁作「者」。

〔二〇〕懷濟時之略　「時」原作「世」，據北宋本改。按：文苑英華卷七四七三九〇六頁作「時」。

〔二一〕更仍貴糴　「糴」原作「糶」，據文苑英華卷七四七三九〇七頁改。

〔二二〕謂官以法收取之也　原訛作「謂官以治之也」，據文苑英華卷七四七三九〇七頁改補。按：北宋本作「謂官以法之也」，亦誤。

〔二三〕則天下之田盡闢　「則」北宋本、傅校本、遞修本作「利」。

〔二四〕斯不以難矣　「以」原作「爲」，據北宋本、傅校本、遞修本、明抄本改。

〔二五〕水旱作沴　原「水」上衍「之」，據北宋本、傅校本、明抄本删。

王永興點校　王文錦覆校

〔唐〕杜佑撰

通典

第十册

卷一六三—卷一七七

中華書局

通典卷第一百六十三

刑法一

刑法序　刑制上

刑法序〔一〕

前志曰："夫人，有生萬物之最靈者也。然而爪牙不足供其欲，趨走不足避其害，無毛羽以禦寒暑，〔二〕必役物以爲養，任智而不恃力者也。故不仁愛則不能羣，不能羣則不能勝物。羣而聚之，〔三〕是爲君矣；歸而往之，是爲王矣。人既羣居，不能無喜怒交争之情，乃有刑罰輕重之理興矣。刑於百度，〔四〕其最遠乎！"又曰："聖人因天討而作五刑。大刑用甲兵，次用斧鉞；中刑用刀鋸，次用鑽鑿；薄刑用鞭扑。大者陳諸原野，小者致之市朝。"又曰："鞭扑無弛於家，刑罰無廢於國，征伐無偃於天下；但用之有本末，行之有次第爾。"〔五〕歷觀前躅，善用則治，不善用則亂。在乎無私絶濫，不在乎寬之與峻。又病斟酌以意，變更屢作。今捃掇經史，該貫年代，若前賢有誤，雖後學敢言，亦庶幾成一家之書爾。前代搢紳之徒，多設三皇之言，又不載其刑法，故以五帝爲首云。

第一　刑制上
第二　刑制中
第三　刑制下
第四　雜議上
第五　雜議下
第六　肉刑議　詳讞　決斷　考訊附
第七　守正　赦宥　禁屠殺贖生附
第八　寬恕　囚繫　舞系　峻酷　開元格〔六〕

刑制上〔七〕黃帝　虞　夏　殷　周　秦　漢　後漢　魏

黃帝以兵定天下，此刑之大者。陶唐以前，未聞其制。

虞舜聖德聰明，〔八〕建法曰：「象以典刑，象，法也。法用常刑，用不越法。流宥五刑，宥，寬也。以流放之法寬五刑。鞭作官刑，以鞭爲治官事之刑。扑作教刑，扑，榎楚也。不勤道業則撻之。金作贖刑。

誤而入刑，出黃金以贖。眚災肆赦，怙終賊刑。眚，過也。災，害也。賊，殺也。過而有害，當緩赦也。怙姦自終，當刑殺之。欽哉，欽哉，惟刑之恤哉！」舜陳典刑之義，勑天下敬之，憂不得其中也。於是流共工於幽洲，幽洲，北裔。水中可居者曰洲。放驩兜於崇山，黨於共工，故放之崇山。崇山，南裔。竄三苗於三危，〔九〕三苗，國名，縉雲氏之後，時爲諸侯。三危，西裔。殛鯀於羽山，羽山，東裔也，在海畔。按司馬遷曰：「舜流四凶於四裔，以禦魑魅。」此一明四凶不死也。又，舜典云「流宥五刑」者，五刑中有死，既以流放代死，此二明四凶不死也。又舜典言，舜美臯陶作士曰：「五流有宅。」孔安國注云：「五流有宅者，謂不忍加刑，則流放之，若四凶。」此三明四凶不死也。按洪範：「鯀則殛死，禹乃嗣興。」〔一〇〕或者謂便殺之，所以辨鯀至羽山而自死者也。四罪而天下咸服。又「五流有宅，五宅三居。謂不忍加刑，則流放之，若四凶也。五流各有所居之差，〔一一〕有三等之居，大罪四裔，次九州之外，次千里之外也。惟明克允。」言咎繇能明五刑，施之遠近。前古五帝之代，〔一二〕據左氏載晉叔向所言，夏有亂政而作禹刑，商有亂政而作湯刑，周有亂政而作九刑，三辟之興，皆叔世也。〔一三〕言九刑，以墨一、劓二、剕三、宮四、大辟五，又流六、贖七、鞭八、扑九，故曰九刑也。三辟者，言三王始用五刑之法，故謂之三辟也。班固又云：「五帝畫象而人知禁。禹承堯、舜之後，自以德衰，始制肉刑，湯、武順而行之，以俗薄於唐、虞故也。」而孝經緯亦云：「五帝畫象，三王肉刑。畫象者，上罪黑蒙赭衣，中罪赭衣雜屨，下罪雜屨而已。」若如三家之言，則前五帝皆同畫象，不用肉刑矣。佑以爲不然。〔一四〕何也？按舜典云：「流宥五刑。」五刑者，以傷刻肌肉，亦謂之肉。蓋書美大舜以流放之寬，代刀鋸之毒。若如三家之言，五帝不用五刑矣，則帝舜何得言以流放代之？足明帝舜以前行五刑，明矣。其後舜又贊美臯陶曰「汝作士，五刑有服。」又知帝舜初立之時，暫廢五刑，後又用耳。且尚書經正聖哲所傳，左氏、班書向恐而不據，其讖緯之言，同不足徵也。〔一五〕荀卿曰：「肉刑者，蓋百王之所同，未有知其所由來者矣。」誠哉是言。

夏啟即位，有扈不道，誓衆曰：「不用命，戮於社。」載社主有奔北者，則戮之主前。以社主陰，陰主殺。後又作禹刑。

殷作湯刑。晉叔向曰：「夏、殷作刑，皆叔世也。」言晚時。洎紂無道，迺重刑辟，有炮烙之刑。具峻酷篇。

周秋官之職之三典，〔一六〕「正月之吉，始和布刑於邦國都鄙。乃懸刑象之法於象魏，使萬人觀之，浹日而斂。」〔一七〕正月朔日布五刑於天下，又懸書，重之。浹日，十日也。又「執旌節以宣布於四方，而憲邦之刑禁。」憲，表也。刑禁者，國之五禁，所以左右刑罰者。司寇正月布刑於天下，又懸其書於象魏，布憲則以旌節出宣令之，亦懸書於門閭及都鄙邦國。刑者王政所重，故丁寧焉。「一曰刑新國，用輕典；新國，新闢土、立君之國。用輕法，爲其未習教也。二曰刑平國，用中典；承平守成之國。用中典者，常行之法也。三曰刑亂國，用重典」。亂國，篡弒叛逆。「凡盜賊軍，鄉邑及家人殺之無罪。謂盜賊羣輩若軍，共攻盜鄉邑家人者，殺之無罪。若今無故入人室宅廬舍，上人車船牽引人，欲犯法者，其時格殺無罪。凡報仇讎者，書於士，殺無罪」。謂同國不避者，將報之，必先言於士，無罪也。士，主獄官也。「凡殺其親者，焚之；殺王之親者，辜之。親，緦服以內。焚，燒也。辜之言枯也，謂磔之。凡殺人者，踣諸市，肆之三日」。〔一八〕踣，謂斃之，音妨付反。「傷人見血不以告者，攘獄者，遏訟者，告而誅之」。謂吏人相殺傷見血耳。攘獄者，距不受也。遏訟者，遏止訟者也。坐爲賊盜者，「其孥，男子入於罪隸，女子入於舂槀。舂人、槀人，此二官之役。今之奴婢，古之罪人，箕子爲之奴。罪隸，奴也，從坐没入縣官者。凡有爵者，與七十者，與未齔者，皆不爲奴」。有爵，謂命士以上也。齔，毁齒也。五刑之法，「墨罪五百，劓罪五百，宫罪五百，刖罪五百，殺罪五百」，〔一九〕凡二千五百，所謂刑平邦用中典者也。「墨者使守門，黥面人，無妨禁衞也。劓者守關，以醜貌遠之也。宫者守内，人道既絶，於事便也。刖者守囿，驅禽獸，無急行。髡者守積」。王之同族，不處宫刑，是不翦其類也，但髡頭而已。凡王族皆於隱處罰之，故使守積。音恣。

穆王享國百年，耄荒，孔安國曰：「王即位過四十年，而耄亂忽荒。言百年大期，〔二〇〕雖老而能用賢以揚名。」命吕侯度作刑。度時代所宜也。訓夏贖刑：穆王命吕侯作書，訓暢夏禹贖刑之法。〔二一〕從輕也。墨罰之屬千，劓罰之屬千，剕罰之屬五百，宫罰之屬三百，大辟之罰其屬二百，五刑之屬三千。多於初制五百章。其後，又作九刑。正刑五及流、贖、鞭、扑。

孔子曰：「大罪有五，而殺人爲下。逆天地者，罪及五代；誣鬼神者，罪及四代；逆人倫者，罪及三代；亂教化者，罪及二代；手殺人者，罪止其身。」又曰：「析言破律，亂名改作，執左道以亂政者，殺；作淫聲，造異服，設怪伎奇器以盪上心者，殺；行僞而固，言僞而辯，學非而博，順非而澤，以惑衆者，殺；假於鬼神、時日、卜筮以疑人者，殺。此四誅者，不待時，不以聽。」

春秋時，子產相鄭，〔二二〕鑄刑書。鑄刑法於鼎。晉叔向遺書強非之，〔二三〕子產報曰：「吾以救世弊也。」具雜議篇上。

秦文公二十年，法初有三族罪。張晏曰：「父母、兄弟、妻子。」如淳曰：「父族、母族、妻族。」武公三年，誅三父等而夷三族，以其殺出子。寧公子三人，長武公，爲太子；次德公；次出子。寧公卒，大庶長弗忌、威壘、三父廢太子，而立出子爲君。後三父等復共殺出子，立武公。

孝公初，衛鞅請變法令，令人爲什伍，而相牧司連坐。〔二四〕不告姦者腰斬，告姦者與斬敵首同賞，匿姦者與降敵同罰。人有二男以上不分異者，倍其賦。有軍功者，各以率受上爵。〔二五〕爲私鬬者，各以輕重被刑大小。戮力本業，耕織致粟帛多者，復其身。事末利及怠而貧者，舉以爲收孥。宗室非有軍功論，不得爲屬籍。明尊卑爵秩等級，各以差次名田宅、臣妾。衣服以家次。有功者尊榮，〔二六〕無功者雖富無所芬華。令既具，未布。恐人之不信己，乃立三丈之木於國都市南門，募人有能徙置北門者與十金。人怪之，莫敢徙。復曰：「能徙者與五十金。」有一人徙之，輒與五十金，以明不欺。秦人初言令不便者以千數。於是太子犯法，衛鞅曰：「法之不行，自上犯之。」將法太子。太子，君嗣也，不可施刑，刑其傅公子虔，黥其師公孫賈。明日，秦人皆趨令。〔二七〕令初下，有言令不便者，有來言令便者，衛鞅曰：「此皆亂化之人也。」盡遷於邊城。其後人莫敢議令。甘龍、杜摯極非之。

具雜議上篇。〔二八〕令之初作，一日臨渭，刑七百餘人，百姓皆苦之。居三年，道不拾遺，山無盜賊，家給人足，勇於公戰，怯於私鬬，秦人大治而大悅。魏文侯師李悝撰次諸國法，著法經，皆罪名之制也，商君受之以相秦。具魏代語中。

始皇即位，遣將成蟜擊趙，反，死屯留，軍吏皆斬，及戮其屍。士卒死者，皆戮其屍。其後，嫪毐作亂，敗，其徒二十人皆梟首。懸首於木上，曰梟。車裂以徇，〔二九〕滅其宗。輕者為鬼薪。取薪給宗廟，為鬼薪。律曰：「鬼薪作三歲。」後又體解荊軻。及平六國，制夫人藏詩書及偶語，〔三〇〕棄市；禁人聚語，畏其謗也。以古非今者，族；吏見知不舉與同罪。令下三十日不燒，黥為城旦。律說：論決為髡鉗，輸邊，築長城。城旦，四歲刑也。燕人盧生竊言「始皇樂以刑殺為威」，因亡去。始皇聞之怒，諸生在咸陽者四百六十餘人，皆坑之。其後東郡星隕為石，或刻其石曰：「始皇死。」始皇盡誅石旁人。

胡亥立，以趙高為郎中令，更變律令，有罪者相坐收族。又羣盜起，胡亥責李斯，斯懼，上書請行督責，刑者相半。其後趙高譖斯，具五刑，腰斬，夷三族。具峻酷篇。

漢高帝初入咸陽，約法三章，曰：「殺人者死，傷人及盜抵罪。」傷人有曲直，盜賊有多少，故言抵。抵，至也，當也。蠲削秦法，兆人大悅。然大辟尚有三族之誅，三族，注已具上。先黥、劓，斬左右趾，笞殺，梟其首，葅其骨肉於市。葅，為醢也。其誹謗詈詛，又先斷舌。故謂之具五刑。

彭越、韓信之屬，皆受此戮。其後又制曰：「有耐罪以上，請之。」應劭曰：「此輕罪不髡，其耏鬢曰耐」。杜林以爲法度之字當從寸，故改耏爲耐。言耐罪以上，皆當先請也。顏師古曰：「耐，頰傍毛也，音而。」後以三章之法，不足禦姦，禦，止。遂令蕭何攈摭秦法，攈摭謂收拾。攈音九問反。摭音之石反。取其宜於時者，作律九章。漢承秦制，蕭何定律，除參夷連坐之罪，增部主見知之條，益事律興、廏、户三篇，〔三一〕合爲九篇。叔孫通益律所不及，傍章十八篇。又制：「獄疑者，各讞所屬官長，皆移廷尉，廷尉不能決，具爲奏，附所當比律令以聞。」

惠帝二年，制曰：「今法有誹謗妖言之罪，過誤之言，以爲妖言。是使衆臣不敢盡情，而上無由聞過失也。其除之。」〔三二〕又制：「上造以上及内外公孫耳孫，有罪當刑及當城旦舂者，皆耐爲鬼薪、白粲。上造，爵滿十六者也。内外公孫，謂王侯内外孫也。〔三三〕耳孫，玄孫之子也，言已遠，但耳聞之也。今以上造有功勞，内外孫有骨血屬婕，〔三四〕施德布惠，故事從其輕也。城旦，旦起行理城。〔三五〕舂者，婦人不豫外徭，但舂作米。皆四歲刑也。今皆就鬼薪、白粲。鬼薪，已具上。白粲，坐擇米，使正白爲粲。皆三歲刑也。〔三六〕人年七十已上若不滿十歲，有罪當刑者，完之。」不加肉刑髡鬄也。〔三七〕若，參及之言也。〔三八〕謂七十以上及不滿十歲以下，皆完。除挾書律。挾，藏也。秦律：「敢挾書者，棄市。」

吕太后初，除三族罪。

文帝制：「人有犯法已論，其父母妻子同産坐之及收孥，律令宜除之。孥，子也。秦法，一人有罪收其家。罪疑者與人。」從輕斷之。於是刑罰大省，〔三九〕斷獄四百。具寬恕篇。又感齊女淳于緹縈之言，除肉刑，定律曰：「諸當完者，完爲城旦舂；以完易髡，以笞代劓，以釱左右趾代刖。今既曰完矣，不復云以完代完，此當言髡者完之矣。當黥者，髡鉗爲城旦舂；當劓者，笞三百；當斬左趾者，笞五百；當斬右趾，及殺人先自告，謂殺人而自首得免罪者也。及吏受賕枉法，〔四〇〕謂曲公法而受賂者。〔四一〕守縣官財物而即盜之，今律所謂主守自盜者。已論命復有笞罪者，皆棄市。命者，名也，成其罪也。殺人害重，受賕、盜物，贓汙之身，故此三罪，已被論名而又犯笞，亦皆棄市。罪人獄已決，完爲城旦舂，滿三歲爲鬼薪白粲。鬼薪白粲一歲，爲隸臣妾。隸臣妾一歲，免爲庶人。男子爲隸臣，女子爲隸妾。鬼薪白粲滿一歲，爲隸臣妾。〔四二〕隸臣妾滿二歲，爲司寇。司寇一歲，及作如司寇二歲，皆免爲庶人。罪降爲司寇，故一歲。正司寇，故二歲。其亡逃及有罪耐已上，不用此令。」在本罪中又重犯者也。具肉刑議篇。是後，外有輕刑之名，內實殺人。斬右趾者又當死。〔四三〕斬左趾者笞五百，當劓者笞三百，率多死。斬右趾者棄市，故入於死。以笞五百代斬左趾，笞三百代劓，笞數既多，亦不活也。

景帝制：「改定律：笞五百曰三百，笞三百曰二百。」猶尚不全。「自今吏及諸有秩，受其官屬所監、所理、所行、所將，〔四四〕行，謂按察。夏孟反。〔四五〕其與飲食計償費，勿論。計所費而償其直，勿論罪。他物，若買故賤，賣故貴，皆坐贓爲盜。他物，謂非飲食。吏遷徙免罷，受其故官屬所將監治送財物，〔四六〕奪爵為士伍，免之。謂奪其爵，令為士伍，又免其官職，即今律所謂「除名」也。士伍者，言從士卒之伍。無爵，罰金二斤，沒入所受。有能捕告，畀其所受贓」。畀，與也。以所受之贓與捕告者。其後，罷磔曰棄市。先此，諸死刑皆磔之於市，今罷之。若妖逆，則磔之。磔謂張其尸也。具寬恕篇。復下詔曰：「長老，人所尊敬也；鰥寡，人所哀憐也。其著令：年八十以上，八歲以下，孕者未乳，乳，產。師、侏儒，樂師，瞽者。侏儒，短人，不能走。當鞫繫者，頌繫之。頌讀曰容。容寬不桎梏。罪死欲腐者，許之。」如腐木不生實矣。六年，定鑄錢偽黃金棄市律。又以笞者或至死未畢，復減笞三百曰二百，笞二百曰百。其定箠令，箠，策也，所以擊者也。箠長五尺，其本大一寸，其末薄半寸，皆平其節。「笞臀，先時笞背。畢一罪乃得更人」。更人，更易行笞人。自是笞者得全。然死刑既重，而生刑又輕，人易犯之。

孝武徵發煩數，人窮犯法，遂令張湯、趙禹條定法令，作見知故縱、監臨部主之法，見知人犯法不告為故縱，而所監臨部主有罪并連坐。緩深故之罪，孝武欲急刑，吏深害及故入人罪者，皆寬緩之。急縱出之誅。吏釋罪人，疑以為縱出，則急誅之。律令凡三百五十九章，蕭何本定律九篇，叔孫通又加十八篇，張湯又撰越宮律二十七篇，趙禹撰朝律六篇，合為六十篇。大辟四百九條，千八百八十二事，死罪決事比萬三千四百七十二事。比，以例相比況。文書既繁，主者不能徧睹，或罪同而論異。具舞紊篇。

孝宣制：〔四七〕「子首匿父母，妻匿夫，孫匿大父母，皆勿坐。凡首匿者，言爲謀首而藏匿罪人。其父母匿子，夫匿妻，大父母匿孫，罪殊死，皆上請。」宣帝患刑法不一，置廷平四人平之。具雜議篇。

成帝鴻嘉初，又定令：「年未滿七歲，賊鬬殺人及犯殊死者，上請廷尉以聞，得減死。」合於三赦幼弱老眊之人。〔四八〕皆法令稍定，近古而便人者也。

哀帝綏和二年，除誹謗詆欺法。

平帝元始中，制曰：「前詔有司，復貞婦，歸女徒，誠欲以防邪僻，全貞信。及眊悼之人，人八十曰眊，言老昏暗也；七歲曰悼，言未成人，若死亡，可哀悼。刑罰所不加，聖王之所制也。惟苛暴吏多拘繫犯法者親屬婦女、老弱。其明敕百僚：婦女非身犯法，及男子年八十以上、七歲以下，家非坐不道，〔四九〕詔所名捕，他皆無得繫。名捕，謂下詔特所捕也。其當驗者，即驗問。就其所居而問之。定著令。」王莽居攝，翟義、劉信起兵討莽，莽敗之，夷三族。其後陳良、終帶叛入匈奴，莽求得，行焚如之刑。具峻酷篇。

後漢光武留心庶獄，然自王莽篡位之後，舊章不存，法網弛縱，無以懲肅。梁統上疏曰：「臣竊見元帝初元五年，輕殊死刑三十四事，哀帝建平元年，輕殊死刑八十一事，其四十二事手殺人者減死一等。〔五〇〕自後人輕犯法，吏易殺人。臣愚以爲刑罰不苟務輕，〔五一〕務其中也。是以五帝有流、殛、放、殺之誅，三王有大辟、刻肌之刑，所以爲除殘去亂也。高帝定法，傳之後代。文帝遭代康平，因時施恩，省去肉刑、相坐之法，天下幾平。武帝值中國全盛，征伐遠方，百姓罷弊，豪傑犯禁，姦吏弄法，故重遁匿之科，〔五二〕著知縱之律。宣帝履道握要，〔五三〕以御海内，臣下奉憲，不失繩墨，天下稱安。孝元、孝哀即位日淺，丞相王嘉等便以數年之間，〔五四〕虧除先帝舊約，穿令斷律，〔五五〕凡百餘事。臣取其尤妨政者，條奏。伏請擇其善者而從之，定不易之典。」時廷尉議，以爲崇刑峻法，非明王急務，遂罷之。

章帝時，郭躬條奏，請重文可從輕者四十一事，〔五六〕著於令。陳寵又代躬爲廷尉，帝納寵言，制除鉆鑽諸慘酷之科，解妖惡之禁，又除文致之請讞五十餘事，〔五七〕著於令。寵復鉤校律令，刑法溢於甫刑者，〔五八〕奏除之，鉤，猶勘也，音工侯反。溢，出也。曰：「今律令，犯死刑者六百一十，耐罪千六百九十八，贖罪以下二千六百八十一，溢於甫刑千九百八十九，其四百一十大辟，千五百耐罪，〔五九〕七十九贖罪。請令三公、廷尉集平律令，可施行者，大辟二百，耐罪、贖罪二千八百，合爲三千。其餘千九百八十九事，悉可詳除。」會寵得罪，遂罷。並具寬恕篇。

安帝永初中，法稍苛繁，人不堪之，陳寵子忠復爲尚書，略依寵意，奏上三十三條，〔六〇〕爲決事比，比，例也，必寐反。〔六一〕以省請讞之弊。又上除蠶室刑；西漢文、景已除宮刑，〔六二〕今復除蠶室刑者，是當時雖有文而未悉斷，武帝時，司馬遷犯法，下蠶室，即其事矣，今申明除之。解贓吏三代禁錮；狂易殺人，得減重論；狂易，謂狂而易性也。母子兄弟相代死，聽，赦所代者。〔六三〕

獻帝初，應劭又删定律令，撰具律本章句、尚書舊事、廷尉版令、決事比例、司徒都目、五曹詔書及春秋折獄，凡二百五十篇。又集議駁三十篇，以類相從，凡八十二事。於是舊事存焉。

曹公秉政，欲復肉刑，陳羣深陳其便，鍾繇亦贊成之，孔融、王修不同其議，遂止。具肉刑議篇。於是乃定甲子科，犯釱左右趾者易以木械，〔六四〕是時乏鐵，故易以木焉。又以漢律太重，故令依律論者聽得科半，使從半減也。〔六五〕

魏文帝受禪後，有大女劉朱，撾子婦酷暴，前後三婦自殺，論朱減死作尚方，因是下怨毒殺人減死之令。〔六六〕

明帝改士庶罰金之令，男聽以罰代金，〔六七〕婦人加笞還從鞭督之例，以其形體裸露故也。〔六八〕時所用舊律，其文起自魏文侯師李悝。悝撰次諸國法，〔六九〕著法經，以爲王者之政，莫急於盜賊，故其律始於盜、賊；盜賊須劾捕，故著囚、捕二篇；〔七〇〕其輕狡、越城、博戲、借假不廉、淫侈、踰制以爲雜律一篇；又以具律具其加減；〔七一〕是故所著六篇而已，然皆罪名之制也。商君傳習，以爲秦相。漢承其制，蕭何定律，除參夷連坐之罪，增部主見知之條，益事律興、廄、户三篇，〔七二〕合爲九篇。叔孫通益律所不及，傍章十八篇，張湯越宮律二十七篇，趙禹朝律六篇，合六十篇。又漢時決事，集爲令甲以下三百餘篇，又司徒鮑昱撰嫁娶辭訟決爲法比都目，凡九百六卷。代有增損，輕重乖異。而通條連句，上下相蒙，雖大體異篇，實相採入。盜律有賊傷之例，賊律有盜章之文，興律有上獄之法，廄律有逮捕之事，若此之比，錯糅無常。後人生意，各爲章句，叔孫宣、郭令卿、馬融、鄭玄諸儒章句十有餘家，家數十萬言。〔七三〕凡斷罪所當由用者，合二萬六千二百七十二條，七百七十三萬二千二百餘言，言數益繁，覽者益難。天子於是詔，但得用鄭氏章句，不得雜用餘家。衞覬又奏曰：「刑法者，國家之所貴重，而私議之所輕賤；獄吏者，百姓之所懸命，而選用者之所卑下。請置律博士，轉相教授。」然而律文煩廣，事比衆多，離本依末，決獄之吏如廷尉獄吏范洪受囚絹二丈，附輕法論之；獄吏劉象受屬偏考囚張茂物故，附重法論之。洪、象雖皆棄市，而輕枉者相繼。其後，天子又下詔改刑制，命陳羣、劉邵等删約舊科，傍采漢律，定爲魏法，制新律十八篇，州郡令四十五篇，尚書官令、軍中令，合百八十餘篇。其序略曰：

舊律所以難知者，由於六篇篇少故也。篇少則文荒，文荒則事寡，事寡則罪漏。故集罪例以爲刑名，冠於律首。

盜律有劫掠、恐喝、和賣買人，科有持質，皆非盜事，故分以爲劫掠律。賊律有欺謾、詐僞、踰封、矯制，囚律有詐僞生死，令丙有詐自復免，〔七四〕事類衆多，故分爲詐律。賊律有賊伐樹木、殺傷人畜産及諸亡印，金布律有毁傷亡失縣官財物，故分爲毁亡律。囚律有告劾、傳覆，廄律有告反逮受，〔七五〕科有登聞道辭，故分爲告劾律。〔七六〕囚律有繫囚、鞫獄、斷獄之法，〔七七〕興律有上獄之事，科有考事報讞，宜别爲篇，故分爲繫訊、斷獄律。盜律有受所監臨受財枉法，雜律有假借不廉，令乙有呵人受錢，〔七八〕科有使者驗賂，其事相類，故分爲請賕律。〔七九〕盜律又有教辱强賊，興律有擅興徭役，具律有出賣呈，〔八〇〕科有擅作修舍事，故分爲擅興律。興律有乏徭稽留，賊律有儲峙不辦，廄律有乏軍之興，及舊典有奉詔不謹、不承用詔書，漢氏施行有小愆乏及不如令，〔八一〕輒劾以不承用詔書之罪腰斬，〔八二〕不宜復爲法，〔八三〕故復别爲之留律。秦代舊有廄置、乘傳、副車、食廚，漢初承秦不改，後以費廣稍省，故後漢但設騎置，故除廄律，取其可用合科者，以爲郵驛令。〔八四〕其告反逮驗，别入告劾律。上言變事，以爲變事令。以驚事告急，〔八五〕與興律烽燧及科令者，〔八六〕以爲驚事律。盜律有還贓畀主，金布律有罰贖入責以呈黄金爲償，〔八七〕科有平庸坐贓事，以爲償贓律。蓋律之初制，無免坐之文，張湯、趙禹始作監臨部主、見知故縱之例。其見知而故不舉劾者與同罪，失不舉劾各以贖論，其不見不知不坐也，是以文約而例通。科之爲制，每條有違科，不覺不知，從坐之免不復分別，而免坐繁多；宜總爲免例，以省科文，故更制定其由例，以爲免坐律。諸律令中有教制，本條無從坐之文者，皆從此取法也。凡所定增十三篇，就故五篇，合十八篇，於正律九篇爲增，於旁章科令爲省矣。

更依古義，制爲五刑。其死刑有三，髡刑有四，完刑、作刑各三，贖刑十一，罰金六，雜抵罪七，凡三十有七名，〔八八〕以爲律首。又改賊律，以言語及犯宗廟園陵，謂之大逆無道，腰斬，家屬從坐，不及祖父母、孫。至於謀反大逆，臨時捕之，或污瀦，或梟菹，夷其三族，不在律令，所以嚴絶惡跡也。〔八九〕賊鬬殺人，以劾而亡，許依古義，聽子弟得追殺之。會赦及過誤相殺，不得報讎，所以止殺害也。殺繼母與親母同，〔九〇〕防繼假之隙也。除異子之科，使父子無異財也。毆兄姊加至五歲刑，以明教化也。囚徒誣告人反，罪及親屬，異於善人，所以累之使省刑息誣也。改投書棄市之科，所以輕刑也。正篡囚棄市之罪，斷凶强爲義之蹤也。二歲刑以上，除家人乞鞫之制，省所煩獄也。〔九一〕改諸郡不得自擇伏日，所以齊風俗也。

斯皆魏代所改，〔九二〕其大略如是。

司馬景王輔政時，犯大逆者，其法誅及已出之女。毌丘儉之誅，其子甸妻荀氏應坐死，其族兄顗通表魏帝，以乞其命。詔聽離婚。荀氏所生女芝，爲潁川太守劉子元妻，〔九三〕亦坐死，以懷姙繫獄。荀氏辭詣司隸校尉何曾乞恩，求没爲官婢，以贖芝命。曾哀之，使主簿程咸上議曰：「臣以爲女人有三從之義，無自專之道，出適他族，降父母之服，所以明外成之節也。而父母有罪則追刑，夫黨見誅又隨戮，一人之身，内外受辟。今女既嫁，則爲異姓之妻；如或産育，則爲他族之母。無辜受戮，傷孝子之心。且男既不得罪於他族，而女獨嬰戮於二門。臣以爲在室宜從父之誅，既醮可隨夫之罰。」於是有詔改定律令。

司馬文王繼秉魏政，患前代律令煩雜，陳羣、劉邵雖經改革，而科網太密，〔九四〕於是命賈充、鄭沖、荀顗、荀勖、羊祜、王業、杜友、杜元凱、裴楷、周雄、郭頎、成公綏、柳軌、榮邵等定法令，就漢九章增十一篇，仍其族類，正其體號，改舊律爲刑名、法例，辨囚律爲告劾、繫訊、斷獄，分盜律爲請賕、〔九五〕詐僞、水火、毁亡，因事類爲衞宫、違制，撰周官爲諸侯律，合二十篇，〔九六〕六百三十條，二萬七千六百五十七言。蠲其苛穢，歸於益時。〔九七〕其餘未宜除者，若軍事、田農、酤酒，未得皆從人心，權設其法，太平當除，故不入律，悉以爲令。施行制度，以此設教，違令有罪則入律也。其常事品式章程，各還其府，爲故事。減梟斬族誅從坐之條，除謀反適養母出女嫁皆不復還坐父母棄市，省禁錮相告之條，去捕亡、亡没爲官奴婢之制。輕過誤老小女人當罰金、杖者，皆令半之。重姦伯叔母之令，棄市。淫寡女，三歲刑。崇嫁娶之要，一以下娉爲正，不理私約。峻禮教之防，准五服以制罪也。凡律令合二千九百二十六條，十二萬六千三百言，〔九八〕六十卷。故事三十卷。

校勘記

〔一〕刑法序　原無「法序」，今訂補。按：北宋本、傅校本、明抄本作「刑法第一序」，明刻本作「刑法一」，王吳本作「刑制序」。

〔二〕無毛羽以禦寒暑　「禦」下原有「其」，北宋本、傅校本有「之」，明刻本有「於」，俱是衍文。今據漢書刑法志一〇七九頁及王吳本删。

〔三〕羣而聚之　漢書刑法志一〇七九頁作「從之成羣」。

〔四〕刑於百度　「刑」北宋本作「則」。

〔五〕行之有次第爾　「次第」漢書刑法志一〇九一頁作「逆順」。

〔六〕開元格　「格」下原有「附」，據北宋本、傅校本、明抄本、明刻本卷一七〇卷目删。

〔七〕刑制上　此題右上方原有「刑一」二字，單占一行，今據北宋本、傅校本、明抄本、明刻本、王吳本删。

〔八〕虞舜聖德聰明　「虞」原脱，據北宋本、傅校本、明抄本、明刻本、王吳本補。

〔九〕竄三苗於三危　「竄」原脱，據諸本補。

〔一〇〕洪範鯀則殛死禹乃嗣興　「洪範」及「乃」北宋本、傅校本、明抄本、明刻本、王吳本作「左氏傳」及

「則」。按：左傳襄公二十一年作「鯀殛而禹興」，節引洪範。

〔一一〕五流各有所居之差　「差」原訛「地」，據尚書舜典僞孔傳及北宋本、傳校本、明抄本、明刻本改。

〔一二〕前古五帝之代　「前古」北宋本、傳校本、明抄本、明刻本作「古前」。

〔一三〕夏有亂政而作禹刑商有亂政而作湯刑周有亂政而作九刑三辟之興皆叔世也　原脱，訛作「夏亂政而作九刑三辟之刑興皆叔世也」，今據左傳昭公六年補刪。

〔一四〕不用肉刑矣佑以爲不然　「矣佑」原作「其後」，後人妄改。今據北宋本改回。

〔一五〕左氏班書向恐而不據其讖緯之言同不足徵也　「向恐」原作「何忽」，「同」原作「固」，據北宋本改。傳校本、明抄本、明刻本「向」字不誤。按：恐，疑也。

〔一六〕周秋官之職之三典　下「之」原作「建」，後人擅改，今據北宋本改回。

〔一七〕浹日而斂　「日」原訛「旬」，據周禮大司寇改。注同。

〔一八〕凡殺人者踣諸市肆之三日　「凡」與「肆之」原脱，據周禮掌戮增補。

〔一九〕殺罪五百　「殺」原訛「髡」，據周禮司刑改。

〔二〇〕言百年大期　「期」原作「其」，據尚書呂刑僞孔傳改。

〔二一〕訓暢夏禹贖刑之法　「暢」原訛「揚」，據尚書呂刑僞孔傳及北宋本、傳校本、明抄本改。

〔二二〕子產相鄭　原「鄭」下有「國」，清人擅增。今據北宋本、傳校本、明抄本、明刻本、王吳本刪。

〔二三〕叔向遺書強非之　「強」原作「以」，清人擅改。今據北宋本、傳校本、明抄本、明刻本、王吳本改回。

〔二四〕而相牧司連坐　「牧」原訛「收」，據史記商君傳二二三〇頁改。按：索隱云：「牧司謂相糾發也。」

〔二五〕各以率受上爵　「率」原訛「律」，據史記商君傳二二三〇頁改。

〔二六〕有功者尊榮　「尊」史記商君傳二二三〇頁作「顯」，通典避中宗諱改。

〔二七〕秦人皆趨令　「令」下北宋本、傅校本、明抄本、明刻本、王吳本有「行之」。按：史記商君傳二二三一頁此句下有「行之十年，秦民大悅」。「行之」本屬下，杜佑誤讀。

〔二八〕具雜議上篇　「上篇」原倒，據北宋本、傅校本、明抄本、明刻本、王吳本乙。

〔二九〕車裂以徇　「以」原無，據史記秦始皇本紀二二七頁增補。

〔三〇〕制夫人藏詩書及偶語　「夫」原作「曰」，據北宋本、傅校本、明抄本改。

〔三一〕益事律興廄户三篇　「興」上原衍「擅」，據晉書刑法志九二二頁、唐六典卷六注、唐律疏議卷一刪。按：疏議卷一六云：「漢相蕭何創爲興律，魏以擅事附之，名爲擅興律。晉後去擅爲興。又至高齊，改爲興擅律。隋開皇改爲擅興律。」

〔三二〕惠帝二年制曰今法有誹謗妖言之罪是使衆臣不敢盡情而上無由聞過失也其除之　「惠」原作「文」，從北宋本改。按：詳上下文，前云高帝，後云吕后，此自當作惠帝。然此制見漢書文帝紀一一八頁，杜佑誤繫於惠帝名下耳。

〔三三〕内外公孫謂王侯内外孫也　「内外公孫謂王」原脱，據漢書惠帝紀應劭注八七頁補。

〔三四〕内外孫有骨血屬嫤　「血」原作「肉」，「嫤」原脱，據漢書惠帝紀應劭注八七頁改補。

〔三五〕旦起行理城　「旦」原涉上而脱，據漢書惠帝紀應劭注八七頁補。

〔三六〕皆三歲刑也　「三」原訛「二」，據漢書惠帝紀應劭注八七頁及王吴本改。按：鬼薪白粲爲三歲刑，見漢舊儀。

〔三七〕不加肉刑髡鬄也　「鬄」下原衍「剃」，據漢書惠帝紀孟康注八八頁删。

〔三八〕若參及之言也　「參」漢書惠帝紀師古注八八頁作「預」，通典避代宗諱改。

〔三九〕於是刑罰大省　「罰」原訛「法」，據漢書刑法志一〇九七頁及北宋本、傅校本、明抄本、明刻本改。

〔四〇〕及吏受賕枉法　「賕」原作「贓」，據漢書刑法志一〇九九頁及北宋本、傅校本、明刻本、王吴本改。下同。

〔四一〕謂曲公法而受賂者　原脱「公」，據漢書刑法志師古注一一〇〇頁補。按：北宋本、傅校本有「公」無「法」。

〔四二〕鬼薪白粲滿一歲爲隸臣妾　「一」原作「三」。標點本漢書刑法志師古注一一〇〇頁據王先謙説改作「一」，今從改。

〔四三〕斬右趾者又當死　「死」原訛「刑」，據漢書刑法志一〇九九頁、册府卷六〇九七三一八頁改。

〔四四〕受其官屬所監所理所行所將　「所監」原脱，據漢書景帝紀一四〇頁、册府卷六〇九七三一八頁補。

〔四五〕夏孟反　「夏孟」原作「下更」，據北宋本、傅校本、明抄本、明刻本、王吴本改。

〔四六〕受其故官屬所將監治送財物　「送」原脱，據漢書景帝紀一四〇頁及北宋本、傅校本、明抄本、明刻本、王吳本補。

〔四七〕孝宣制　「宣」北宋本、傅校本、明抄本、明刻本、王吳本作「昭」，誤。以下制文見漢書宣帝紀二五一頁。

〔四八〕合於三赦幼弱老眊之人　「幼」北宋本、傅校本、明抄本、明刻本作「劣」。

〔四九〕家非坐不道　「家」原脱，據漢書平帝紀三五六頁補。

〔五〇〕其四十二事手殺人者減死一等　「死」原脱，據後漢書梁統傳並李注引東觀記一一六六頁、晉書刑法志九一八頁及王吳本補。

〔五一〕刑罰不苟務輕　「罰」原作「法」，據北宋本改。按：晉書刑法志九一八頁作「罰」。

〔五二〕故重遁匿之科　「遁」原作「首」，據北宋本、傅校本、明抄本、明刻本、王吳本改。按：晉書刑法志九一八頁作「遁」。

〔五三〕宣帝履道握要　「握」原脱，據晉書刑法志九一八頁補。

〔五四〕孝元孝哀即位日淺丞相王嘉等便以數年之間　「孝元孝哀」晉書刑法志九一八頁作「孝成孝哀」，而後漢書梁統傳一一六七頁作「哀平」。按：漢書王嘉傳三四八八頁説王嘉於哀帝建平三年代平當爲丞相，則作「哀平」爲是。此云「孝元孝哀」，乃杜佑編寫失誤。

〔五五〕穿令斷律　「穿」原訛「定」，據晉書刑法志九一八頁改。

〔五六〕請重文可從輕者四十一事　後漢書郭躬傳一五四四頁同。北宋本、傅校本、明抄本「四」作「三」。

〔五七〕又除文致之請讞五十餘事　「之」原脱，據後漢書陳寵傳一五四九頁、晉書刑法志九一九頁補。北宋本、傅校本、明抄本、明刻本、王吳本「請」作「詰」。

〔五八〕刑法溢於甫刑者　「刑」原訛「條」，據北宋本、王吳本改。按：晉書刑法志九二〇頁作「刑」。

〔五九〕千五百耐罪　「百」下原衍「七」，據後漢書陳寵傳一五五四頁、晉書刑法志九二〇頁删。

〔六〇〕奏上三十三條　「三十三」王吳本及後漢書陳寵傳一五五六頁、通考卷一六四均作「二十三」。

〔六一〕必寐反　「寐」原訛「寤」，據北宋本、王吳本改。按：後漢書陳寵傳李賢注即作「寐」。

〔六二〕西漢文景已除宫刑　「已」原訛「只」，據北宋本、傅校本、明抄本改。

〔六三〕母子兄弟相代死聽赦所代者　後漢書陳忠傳一五五六頁同。北宋本、傅校本、明抄本、明刻本、王吳本無「聽」及「所」。

〔六四〕犯釱左右趾者易以木械　「犯」原訛「記」，據晉書刑法志九二二頁、册府卷六一〇七三三三頁改。

〔六五〕使從半減也　「從」原脱，據晉書刑法志九二二頁、册府卷六一〇七三三三頁補。

〔六六〕因是下怨毒殺人減死之令　「怨」原訛「愁」，據晉書刑法志九二三頁改。

〔六七〕男聽以罰代金　晉書刑法志九二二頁、册府卷六一〇七三三四頁作「男聽以罰金」。

〔六八〕以其形體裸露故也　「形」原訛「刑」，據諸本改。

〔六九〕悝撰次諸國法　「悝」原涉上而脱，據晉書刑法志九二二頁、册府卷六一〇七三三四頁補。

〔七〇〕盗賊須劾捕故著囚捕二篇　「盗賊」原涉上而脱，據晉書刑法志九二二頁、册府卷六一〇七三三四頁補。

按：「須勑捕」北宋本、傅校本、明抄本、明刻本、王吴本訛作「頃刻追捕」。「囚」原訛「網」，據北宋本、傅校本、明刻本、王吴本改。按：唐律疏議卷二九、唐六典卷六注、御覽卷六三八二八五六頁均作「囚」。

〔七一〕又以具律具其加減　「具律」原訛「其律」，據晉書刑法志九二三頁、唐六典卷六注改。按：北宋本、傅校本、明抄本、明刻本、王吴本脱此二字。

〔七二〕益事律興廏户三篇　「興」上原衍「擅」，據晉書刑法志九二三頁删。

〔七三〕家數十萬言　「家」原涉上而脱，據晉書刑法志九二三頁、册府卷六一〇七三二四頁補。

〔七四〕令丙有詐自復免　「令丙有」原脱，據晉書刑法志九二四頁、册府卷六一〇七三二四頁補。

〔七五〕廏律有告反逮受　晉書刑法志九二四頁同。北宋本、傅校本、明抄本、明刻本、王吴本「反」作「及」。册府卷六一〇七三二四頁「告反」作「獄之」。

〔七六〕故分爲告劾律　「劾」原脱，據北宋本、傅校本、明抄本、明刻本、王吴本補。按：晉書刑法志九二四頁、册府卷六一〇七三二四頁均有「劾」。

〔七七〕囚律有繫囚鞫獄斷獄之法　「斷獄」原脱，據晉書刑法志九二四頁補。

〔七八〕令有呵人受錢　「有」下原衍「所」，據晉書刑法志九二四頁、册府卷六一〇七三二四頁删。

〔七九〕故分爲請賕律　「賕」原訛「贓」，據晉書刑法志九二四頁及北宋本、傅校本、明抄本、明刻本、王吴本改。按：册府卷六一〇七三二四頁也作「賕」。

〔八〇〕具律有出賣呈　「具」原訛「其」，據晉書刑法志九二四頁及北宋本改。

〔八一〕漢氏施行有小愆乏及不如令　「乏及」晉書刑法志九二四頁、册府卷六一〇七三二四頁作「之反」。王吳本「乏」作「之」。

〔八二〕輒劾以不承用詔書之罪腰斬　「之罪」晉書刑法志九二四頁、册府卷六一〇七三二四頁作「乏軍」。

〔八三〕不宜復爲法　晉書刑法志九二四頁此句上有「又減以丁酉詔書丁酉詔書漢文所下」十五字。

〔八四〕以爲郵驛令　「驛」原訛「騎」，據晉書刑法志九二五頁、册府卷六一〇七三二五頁改。

〔八五〕以驚事告急　「驚」原作「警」，據晉書刑法志九二五頁及北宋本、傅校本、明抄本改。下同。

〔八六〕與興律烽燧及科令者　沈家本律目考疑「令」爲「合」之訛。

〔八七〕以呈黄金爲償　「償」晉書刑法志九二五頁作「價」。

〔八八〕凡三十有七名　「名」原訛「各」，據晉書刑法志九二五頁、册府卷六一〇七三二五頁改。

〔八九〕所以嚴絶惡跡也　「跡」北宋本、傅校本、明抄本、明刻本作「路」。

〔九〇〕殺繼母與親母同　「與」原訛「於」，據北宋本、傅校本、明抄本、明刻本、王吳本改。

〔九一〕省所煩獄也　「省所」原誤作「所以省」，據晉書刑法志九二六頁、册府卷六一〇七三二五頁删乙。

〔九二〕斯皆魏代所改　「斯」原作「此」，據北宋本、傅校本、明抄本、明刻本、王吳本改。

〔九三〕潁川太守　「潁」原訛「穎」，諸本訛「頴」，據晉書刑法志九二六頁改。

〔九四〕而科網太密　「太」晉書刑法志九二七頁、册府卷六一〇七三二六頁作「本」。

〔九五〕分盜律爲請賕　「賕」原訛「贓」，據北宋本、傅校本、明抄本、明刻本、王吳本改。

〔九六〕合二十篇　晉書刑法志九二七頁、册府卷六一〇七三二六頁同。北宋本、王吳本「二」作「三」。

〔九七〕歸於益時　「歸」北宋本、傅校本、明抄本作「存」。

〔九八〕凡律令合二千九百二十六條十二萬六千三百言　「二千」原訛「三千」，「三百」原訛「二百」，據晉書刑法志九二七頁及北宋本改。

劉俊文點校　王文錦覆校

通典卷第一百六十四

刑法二〔一〕

刑制中晉 東晉 宋 齊 梁 陳 後魏 北齊 後周 隋

晉武帝泰始三年，賈充等修律令成，帝親自臨講，使裴楷執讀。四年正月，大赦天下，乃頒新律。其後，明法掾張斐又注律，〔二〕表上之，其要曰：

律始於刑名者，所以定罪制也；終於諸侯者，所以畢其政也。

刑名所以經略罪法之輕重，〔三〕正加減之等差，明發衆篇之多義，補其章條之不足，較舉上下綱領。其犯盜賊、詐僞、請賕者，〔四〕則求罪於此，作役、水火、畜養、守備之細事，皆求之作本名。告訊爲之心舌，捕繫爲之手足，斷獄爲之定罪，名例齊其法制。〔五〕自始及終，往而不窮，變動無常，周流四極，上下無方，不離於法律之中。

其知而犯之謂之「故」，意不以爲然謂之「失」，〔六〕違忠欺上謂之「謾」，背信藏巧謂之「詐」，虧禮廢節謂之「不敬」，兩訟相趣謂之「鬬」，兩和相害謂之「戲」，無變斬擊謂之「賊」，〔七〕不意誤犯謂之「過」，〔八〕逆節絶理謂之「不道」，陵上僭貴謂之「惡逆」，將害未發謂之「戕」，倡首先言謂之「造意」，二人對議謂之「謀」，制衆建計謂之「率」，不和謂之「强」，攻惡謂之「略」，三人謂之「羣」，取非其物謂之「盜」，貨財之利謂之「贓」：凡二十者，律義之較名也。

夫律者，當慎其變，審其理。若不承用詔書，無故失之刑，當從贖。謀反之同伍，實不知情，當從刑。此故失之變也。卑與尊鬬，皆爲賊。鬬之加兵刃水火中，不得爲戲，戲之重也。向人室廬道逕射，不得爲過，失之禁也。都城人衆中走馬殺人，當爲賊，〔九〕賊之似也。過失似賊，戲似鬬，鬬而殺傷傍人又似誤，盜傷縛守似强盜，呵人取財似受賕，囚辭所連似告劾，〔一〇〕諸勿聽治似故縱，持質似恐喝：如此之比，爲無常之格也。

五刑不簡，正於五罰，五罰不服，正於五過，意善功惡，以金贖之。故律制，生罰不過十四等，〔一一〕死刑不過三，徒加不過六，囚加不過五，累作不過十一歲，累笞不過千二百，刑等不過一歲，金等不過四兩。月贖不計日，日作不拘月，歲數不疑閏。不以加至死，并死不復加。不可累者，故有并數；不可并數，乃累其加。以加論者，但得其加；與加同者，連得其本。不在次者，不以通論。以人得罪與人同，以法得罪與法同。侵生害死，不可齊其防；親疏公私，不可常其教。禮樂崇於上，故降其刑；刑法閑於下，〔一二〕故全其法。是故尊卑敍，仁義明，九族親，王道平也。

律有事狀相似而罪名相涉者，若加威勢下手取財爲强盜，不自知亡爲縛守，將中有惡言爲恐喝，不以罪名呵爲呵人，以罪名呵爲受賕，刼召其財爲持質：此六者，以威勢得財而名殊者也。即不求自與爲受求，所監求而後取爲盜贓，輸入呵受爲留難，斂人財物積藏於官爲擅賦，加毆擊之爲戮辱：諸如此類，皆爲以威勢得財而罪相似者也。

夫刑者，司理之官；理者，求情之機；情者，心神之使。心感則情動於中，而形於言，暢於四支，發於事業。是故姦人心愧而面赤，內怖而色奪。論罪者務本其心，審其情，精其事，近取諸身，遠取諸物，然後乃可以正刑。仰手似乞，俯手似奪，捧手似謝，擬手似訴，拱臂似自首，攘臂似格鬭，矜莊似威，怡悅似福，喜怒憂懼，〔一三〕貌在聲色；姦貞猛弱，候在視息。出口有言當爲告，下手有禁當爲賊，喜子殺怒子當爲戲，怒子殺喜子當爲賊：諸如此類，自非至精不能極其理也。

律之名例，非正文而分明也。若八十，非殺傷人，他皆勿論，即誣告謀反者反坐。十歲，不得告言人；即奴婢捍主，主得謁殺之。〔一四〕賊燔人廬舍積聚，盜贓五疋以上，棄市；即燔宮府積聚盜，亦當與同。毆人，教令者與同罪；即令人毆其父母，不可與行者同得重也。若得遺物强取强乞之類，無還贓法隨例畀之文。法律中諸不敬，違儀失式，及犯罪爲公爲私，贓入身不入身，皆隨事輕重取法，以例求其名也。

夫理者，精玄之妙，不可以一方行也；律者，幽理之奥，不可以一體守也。或計過以配罪，或化略以循常，〔一五〕或隨事以盡情，或取舍以從時，或推重以立防，或引輕以就下。公私廢避之宜，除削重輕之變，皆所以臨時觀釁者。用法執詮者幽於未制之中，采其根芽之微，致之機格之上，稱輕重於毫銖，考輩類於參伍，然後乃可以理直刑正。

夫奉聖典者若操刀執繩，刀妄加則傷物，繩妄彈則侵直。梟首者惡之長，斬刑者罪之大，棄市者死之下，髡作者刑之威，贖罰者誤之誡：王者立此五刑，所以實君子而逼小人也，故爲敕慎之經，皆擬周易有變通之體焉。

夫形而上者謂之道，形而下者謂之器，〔一六〕推而行之謂之通，舉而措之謂之格。〔一七〕刑殺者是冬震曜之象，髡罪者似秋彫落之變，贖失者是春陽悔吝之疵也。五刑成章，輒相依准，法律之義也。

東晉元帝爲丞相，在江東承制。時百度草創，議斷不循法，人立異議，高下無狀。主簿熊遠奏曰：「自軍興以來，臨事改制，朝作夕改，至於主者不敢任法，每輒關諮，委之大官，非爲政之體。若本曹處事不合法令，監司當以法彈違，不得動用開塞，以壞成事。按法蓋齇術，非妙道也，矯割物情，以成法耳。若每隨物情，輒改法制，此爲以情壞法。法之不一，是謂多門，開人事之路，廣私請之端，非先王立法之本意也。凡爲駮議者，若違律令節度，當合經傳及前比故事，〔一八〕不得任情以破成法。愚謂宜令録事更立條制，諸立議者皆當引律令經傳，不得直以情言，無所依准，以虧舊典也。」是時帝以權宜從事，尚未能從。而河東衞展爲晉王大理，考擿故事有不合情者，又上書曰：「今施行詔書，有考子正父死刑，或鞭父母問子所在。近主者所稱庚寅詔書，舉家逃亡家長斬。若家長是逃亡之主，斬之雖重猶可；設子孫犯事，將考父祖逃亡，逃亡是子孫，而父祖嬰其酷。傷順破教，如此者衆。相隱之道離，則君臣之義廢；君臣之義廢，則犯上之姦生矣。今詔書宜除者多，有便於當今，著爲正條，則法差簡易。」元帝令曰：「先自元康以來，事故荐臻，刑禁滋蔓。大理所上，宜朝堂會議，蠲除詔書不可用者，此孤所虚心者也。」

宋文帝時，蔡廓爲侍中，建議以爲：「鞫獄不宜令子孫下辭，明言父祖之罪。虧教傷情，〔一九〕莫此爲大。自今但令家人與囚相見，無乞鞫之訴，〔二〇〕便足以明伏罪，不須責家人下辭。」朝議咸以爲允，從之。

時王弘上疏曰：「主守偷五疋，常偷四十疋，並死，太重。請加主守至十疋，常偷至五十疋。」具寬恕篇。劉秀之爲尚書右僕射，請改定制令，疑部人殺長吏科，議者謂值赦宜加徙送，〔二二〕秀之謂：「律文雖不明部人殺官長之旨，若值赦但止徙送，便與悠悠殺人曾無一異。人敬官長，比之父母，行害之身雖遇赦，謂宜付尚方，窮其天命，家口令補兵。」從之。

謝莊爲都官尚書，奏改定州獄曰：〔二三〕「舊官長竟囚畢，郡遣督郵案驗，仍就施刑。〔二三〕督郵賤吏，非能異於官長，雖有案驗之名，而無研究之實。愚謂此制宜革。自今入重之囚，縣考正畢，以事言郡，并送囚身，委二千石親臨覆辯，必收聲吞釁，然後就戮。若二千石不能決，乃度廷尉。神州統外，移之刺史，刺史有疑，亦歸臺獄。必令死者不怨，生者無恨。」

齊武帝令删定郎王植之集注張、杜舊律，合爲一書，凡千五百三十條。事未施行，其文殆滅。

梁武帝制，依周、漢舊事，有罪者贖。其科，凡在官身犯，罰金。鞭杖杖督之罪，悉入贖停罰。其臺省令史士卒欲贖者，聽之。

時齊時舊郎蔡法度，能言齊王植之律，於是使損益舊本，以爲梁律。天監初，又令王亮等定爲二十篇：一曰刑名，二曰法例，三曰盜劫，四曰賊叛，五曰詐僞，六曰受賕，七曰告劾，八曰討捕，九曰繫訊，十曰斷獄，十一曰雜，十二曰户，十三曰擅興，十四曰毁亡，十五曰衞宫，十六曰水火，十七曰倉庫，十八曰廄，十九曰關市，二十曰違制。其制刑爲十五等之差：棄市以上爲死罪，大罪梟其首，其次棄市。刑二歲以上爲耐罪，言各隨伎能而任使之也。有髡鉗五歲刑，笞二百，收贖絹男子六十疋；又有四歲刑，男子四十八疋；又有三歲刑，男子三十六疋；又有二歲刑，男子二十四疋。罰金一兩以上爲贖罪。贖死者，金二斤，男子十六疋；贖髡鉗五歲刑笞二百者，金一斤十二兩，男子十四疋；贖四歲刑者，金一斤八兩，男子十二疋；贖三歲刑者，金一斤四兩，男子十疋；贖二歲刑者，金一斤，男子八疋；罰金十二兩者，男子六疋；罰金八兩者，男子四疋；罰金四兩者，男子二疋；罰金二兩者，男子一疋；罰金一兩者，男子二丈。女子各半之。五刑不簡，正於五罰；五罰不服，正於五過，以贖論，故爲此十四等之制。〔二四〕又制九等之差：〔二五〕有一歲刑，半歲刑，百日刑，鞭杖一百，鞭杖五十，鞭杖四十，鞭杖三十，〔二六〕鞭杖二十，鞭杖十。又有八等之差：一曰免官，加杖督一百；二曰免官；三曰奪勞百日，杖督一百；四曰杖督一百；五曰杖督五十；六曰杖督四十；〔二七〕七曰杖督二十；八曰杖督十。論加者上就次，當減者下就次。凡繫獄者，不即答款，應加測罰，不得以人士爲隔。若人士犯罰，違捍不款，宜測罰者，先參議牒啟，然後科行。斷食三日，〔二八〕聽家人進粥二升。女及老小，百五十刻乃與粥，滿千刻而止。

因有械、杻、斗械及鉗，〔二九〕並立輕重大小之差，而爲定制。其鞭，有制鞭、法鞭、常鞭，凡三等之差。制鞭，生革廉成；法鞭，生革去廉；常鞭，熟靼之舌反〔三〇〕不去廉。皆作鶴頭紐，長尺一寸。〔三一〕梢長二尺七寸，廣三分，〔三二〕靶長二尺五寸。〔三三〕杖皆用生荆，長六尺。有大杖、法杖、小杖三等之差。大杖大頭圍寸三分，〔三四〕小頭八分半。法杖圍寸三分，〔三五〕小頭五分；小杖圍寸一分，小頭極杪。諸督罰，大罪無過五十、三十，小者二十。當笞二百以上者，笞半，餘半後決，中分鞭杖。老小於律令當行鞭杖罰者，皆半之。其應得法鞭、杖者，以熟靼鞭、小杖。過五十者，稍行之。將吏以上及女人應有罰者，以罰金代之。其以職員應罰及律令指名制罰者，不用此令。其問事諸罰，皆用熟靼鞭、小杖。其制鞭、制杖，法鞭、法杖，〔三六〕自非特詔，皆不得用。詔鞭杖在京師者，皆於雲龍門行。女子懷孕者，勿得決罰。其反、叛、大逆以上，皆斬。父子同產男，無少長，皆棄市。母妻姊妹及應從坐棄市者，〔三七〕妻子女妾同補奚官爲奴婢。資財没官。刼身皆斬，妻子補兵。遇赦降死者，〔三八〕黵面爲刼字，黵音都感反。髡鉗，補冶鎖士終身。其下又讁運配材官冶士、尚方鎖士，〔三九〕皆以輕重差其年數，其重者或終身。士人有禁錮之科，〔四〇〕亦以輕重爲差。其犯清議，則終身不齒。耐罪囚八十以上十歲以下，及孕者、盲者、侏儒當械繫者，及郡國太守相、都尉、關中侯以下亭侯以上之父母妻子，〔四一〕及所坐非死罪除名之罪，〔四二〕二千石以上非檻徵者，並頌繫之。丹陽尹月一詣建康縣，令三官參共録獄，察斷枉直。其尚書當録人之月者，與尚書參共録之。凡定罪二千五百二十九條。又有令三十卷。其後，除贖罪之科。舊獄法，夫有罪，逮妻子；子有罪，逮父母。十一年詔曰：「自今捕謫之家及罪應質作，若年有老小者，〔四三〕可停將送。」十四年，又除黥面之刑。帝優借朝士，有罪多屈法申之，百姓有犯則按法。具舞衮篇。

議曰：夫按法用刑，〔四四〕誠難差異，然酌於人情，通於物理，衣冠之與黎蒸，如草木之有秀茂，若戮一士族，雖或無冤，如摧茂林，薙翹秀，或覩其殄瘁，〔四五〕則多傷憫之懷，使人離心，皆如崩角；若戮一匹庶，縱或小屈，如斬叢撥，蹂荒蕪，未覺其彫殘，乃鮮嗟歎之議。免俗惶駭，不猶愈乎？儻謂不然，立覩其患。武帝深旨，未可爲尤。前志著八議之科，近法有收贖之制，豈比下俚，便令同儕。往事足徵，未可多咎。

陳武帝令尚書删定郎范泉參定律令，〔四六〕又令徐陵等知其事，制律三十卷，科三十卷。〔四七〕其制唯重清議禁錮之科。若搢紳之族，犯虧名教，不孝及內亂者，終身不齒；先與士人爲婚者，〔四八〕許妻家奪之。其獲賊帥、士人惡逆，雖經赦免死付治，〔四九〕聽將妻入役，不爲年數。又存贖罪之律，〔五〇〕復父母緣坐之刑。自餘一用梁法。其有贓驗昭然而不款伏；則上測立。立測者，以土爲垛，高一尺，上圓，劣容囚兩足立。鞭二十，笞三十訖，著兩械及杻，上埰。一上測七刻，日再上。三七日上測，七日一行鞭。〔五一〕凡經鞭杖，合一百五十，得度不承者，免死。其髡鞭五歲刑，降死一等，鏁二重。〔五二〕其五歲刑以下，〔五三〕並鏁一重。五歲四歲刑，若有官，准當二年，餘並居作。其三歲刑，若有官，准當二年，餘一年贖。若公坐過誤，〔五四〕罰金。其二歲刑，有官者，贖論。〔五五〕一歲刑，無官亦贖論。寒庶人，准決鞭杖。〔五六〕囚並著械，徒並著鏁，亦不計階品。〔五七〕死罪將決，乘露車，著三械，加拲手；〔五八〕至市，脱手械及拲手焉。拲，音拱，兩手曰拲。當刑於市者，夜須明，雨須晴；朔日，〔五九〕八節、六齋日，月在張心日，並不得行刑。廷尉寺爲北獄，建康縣爲南獄，並置正監平。又制：常以三月，侍中、吏部尚書、〔六〇〕三公郎、部都令史、三公録冤屈；御史中丞、侍御史、蘭臺令史親行京師諸獄及冶署，理察囚徒冤枉。

後魏起自北方，屬晉室之亂，部落漸盛，其主乃峻刑法，每以軍令從事。人乘寬政，多以違令得罪，死者以萬計。於是國落騷然。其後，當死者，聽其家獻金馬以贖。犯大逆者，親族男女無少長皆斬。男女不以禮交，皆死。人相殺者，聽與死家牛馬四十九頭及送葬器物以平之。無繫訊連逮之坐。〔六一〕盜官物一備五，私物一備十。及道武既平定中原，患舊制太峻，命三公郎王德除其酷法，約定科令。

至太武帝神麚中，詔崔浩定律令。除五歲、四歲刑，增一年刑。大逆不道腰斬，誅其同籍，年十四以下腐刑，女子没縣官。害其親者，轘之。爲蠱毒者，男女皆斬，焚其家。巫蠱者，負羖羊，抱犬，沈諸泉。當刑者贖，貧則加鞭二百。畿内人富者燒炭於山，貧者役於圊溷，女子入舂稾，其痼疾不逮於人，守苑囿。王官階九品，得以官爵除刑。婦人當刑而孕，産後百日乃決。年十四以下，〔六二〕降刑之半，八十及九十非殺人不坐。〔六三〕拷訊不踰四十九。論刑者，部主具狀，〔六四〕公車鞫辭，而三都決之。當死者，定案奏聞，帝親臨問，無異辭怨言乃刑之。諸州國之大辟，〔六五〕皆先讞報乃施行。其後，因官吏贖貨，太延中，詔吏人得舉告牧守之不法。於是兇悖者求得牧宰之失，乃貪暴於閭閻。真君中，以有司斷法不平，詔諸疑獄，皆付中書，依經義論決。初，盜律贓四十疋致大辟，人多慢政，乃減至三疋。十一年，誅崔浩。具峻酷篇。正平初，又令胡方回、游雅改定律制，凡三百七十條，〔六六〕門房之誅四，大辟百四十五，刑二百二十一。

文成帝太安中，以庶士多因酒致酗訟，〔六七〕制禁釀酒，沽、飲皆斬，吉凶賓親則開禁，有日程。〔六八〕增置候官，伺察諸違。犯贓二丈，皆斬。具峻酷篇。又增律七十九章，門房之誅十有三，大辟三十五，刑六十二。至獻文帝，〔六九〕除口誤，開酒禁。

故事，斬皆裸形伏櫍。砧也。孝文太和初，〔七〇〕制不令裸形。又令高閭修改舊文，隨例增減，凡八百三十二章，門房之誅十有六，大辟之罪二百三十五，刑三百七十七，除羣行剽刼首謀門誅，律重者止梟首。時法官及州縣多爲重枷，復以縋石懸於囚頸，傷肉至骨，〔七一〕勒以誣服，吏以爲能。帝聞而傷之，乃制：「非大逆有明證而不款辭者，〔七二〕不得大枷。」律：「枉法十疋，義贓二百疋，〔七三〕大辟。」既頒禄制，更定義贓一疋，〔七四〕枉法無多少，皆死。賕謁之路殆絶。帝哀矜庶獄，罪人多全命徙邊。其後，又詔：「犯死罪，若父母、祖父母年老，更無成丁子孫，又無周親者，仰按後列奏以待報，著之令。」〔七五〕

宣武帝正始初，尚書令高肇等奏曰：〔七六〕「杖之小大，鞭之長短，令有定式，但枷之輕重，先無成制。請造大枷長丈三尺，〔七七〕喉下長丈，通頬木各方五寸，以擬大逆外叛。」自是枷杖之制，頗有定准。法例律：「五等爵及在官品令從第五以上，皆當刑二歲。〔七八〕免官者，三載之後聽仕，降先階一等。」邢巒奏：「官人若有罪本除名，〔七九〕以職當刑，猶有餘資，得降階而敍。至於五等封爵，除刑若盡，永即甄削，便同之除名，於例實爽。愚謂至王公以下，有封邑，罪除名，三年之後，宜各降本爵一等，王及郡公降爲縣公，公爲侯，侯爲伯，伯爲子，子爲男，至於縣男則降爲鄉男。五等爵者，並依此而降，至於散男。其鄉男、散男，無可降授者，三年之後，聽依其本品之資出身。」從之。

齊神武秉東魏政，遷都於鄴，羣盜頗起，遂立嚴制：諸强盜殺人者，首從皆斬，妻子、同籍配爲樂户。其不殺人，及贓不滿五疋，魁首斬，從者死，妻子亦爲樂户。小盜贓滿十疋以上，魁首死，妻子配驛，從者流。

北齊文宣帝受禪後，命羣官刊定魏朝麟趾格。又議造齊律，積年不成。其決獄猶依魏舊。〔八〇〕

武成帝河清三年，尚書令、趙郡王叡等，奏上齊律十二篇：一曰名例，二曰禁衞，三曰婚户，〔八一〕四曰擅興，五曰違制，六曰詐僞，〔八二〕七曰鬭訟，八曰賊盜，九曰捕斷，十曰毁損，十一曰廄牧，十二曰雜。其定罪九百四十九條。又上新令三十卷，〔八三〕大抵採魏、晉故事。其制，刑名五：一曰死，重者轘之，轘音患。其次梟首，並陳屍三日，無市者列於鄉亭；其次斬刑，殊身首；其次絞刑，死而不殊。凡四等。二曰流刑，謂論犯可死，原情可降，鞭笞各百，髡之，投於邊裔，以爲兵卒，未有道里之差；其不合遠配者，男子長徒，女子配舂，並六年。三曰刑罪，即耐罪也。有五歲、四歲、三歲、二歲、一歲之差，凡五等。各加鞭百。其五歲者，又加笞八十，四歲者六十，三歲者四十，二歲者二十，一歲者無笞。並鏁輸作左校而不髡。〔八四〕無保者鉗之。婦人配舂及掖庭織。四曰鞭，有百、八十、六十、五十、四十之差，凡五等。五曰杖，有三十、二十、一十之差，凡三等。當加者上就次，當減者下就次。贖罪舊以金，〔八五〕皆代以中絹，死百疋，流九十二疋，刑五歲七十八疋，四歲六十四疋，三歲五十疋，二歲三十六疋。各通鞭笞論。一歲無笞，則通鞭二十四疋。鞭杖每十，贖絹一疋，至鞭百則絹十疋。無絹之鄉，皆准絹收錢。自贖笞十以上至死，又爲十五等之差。當加減次，如正決法。合贖者，謂流内官及爵秩比視、老小閹癡并過失之屬。犯罰絹一疋及杖十以上，皆名爲罪人。盜及殺人而亡者，即懸名注籍，甄其一房配驛户。宗室則不注盜，不入奚官，不加宫刑。自犯流罪以下合贖者，及婦人犯刑以下，侏儒、篤疾、殘廢非犯死罪，皆頌繫之。罪刑年者鏁，無鏁以枷，〔八六〕流罪以上加杻械，死罪者桁之。桁，户郎反。決流刑鞭笞者，鞭其背。五十，一易執鞭人。鞭鞘皆用熟皮，削去廉稜。鞭瘡長一尺。笞者笞臀，而不中易人。杖長三尺五寸，大頭逕二分半，小頭逕一分半。決三十以下者，杖長四尺，大頭逕三分，小頭逕二分。在官犯罪，鞭杖十爲一負，閑局六負爲一殿，平局八負爲一殿，繁局十負爲一殿，加於殿者，復計爲負焉。又列重罪十條：一曰反逆，二曰大逆，三曰叛，四曰降，五曰惡逆，六曰不道，七曰不敬，八曰不孝，九曰不義，十曰内亂。其犯十者，〔八七〕不在八議論贖之限。是後法令明審，科條簡要，又勑仕門子弟，常講習之，故齊人多曉法律。其不可爲定法者，別制權令二卷，與之並行。具舞紊篇。

後周文帝秉西魏政令，有司斟酌今古通變，修撰新律。

革命後，武帝保定三年，司憲大夫拓拔迪奏新律，謂之大律，凡二十五篇：一曰刑名，二曰法例，三曰祀享，四曰朝會，五曰婚姻，六曰户禁，七曰水火，八曰興繕，九曰衞宮，十曰市廛，十一曰鬭競，十二曰刼盗，十三曰賊叛，十四曰毁亡，十五曰違制，十六曰關津，十七曰諸侯，十八曰廄牧，十九曰雜犯，二十曰詐僞，二十一曰請求，二十二曰告言，二十三曰逃亡，二十四曰繫訊，二十五曰斷獄。大凡定罪千五百三十七條。〔八八〕其制罪：一曰杖刑五，自十至五十。二曰鞭刑五，自六十至於百。三曰徒刑五，徒一年者鞭六十，笞十；徒二年者，鞭七十，笞二十；徒三年者，鞭八十，笞三十；徒四年者，鞭九十，笞四十；徒五年者，鞭百，笞五十。四曰流刑五，流衞服，去皇畿二千五百里者，鞭百，笞六十；流要服，去皇畿三千里者，鞭百，笞七十；流荒服，去皇畿三千五百里者，鞭百，笞八十；流鎮服，去皇畿四千里者，鞭百，笞九十；流藩服，去皇畿四千五百里者，鞭百，笞百。五曰死刑五，一曰磬，二曰絞，三曰斬，四曰梟，五曰裂。五刑之屬各有五，合二十五等。不立十惡之目，而重惡逆不道、大不敬、不孝、不義、内亂之罪也。凡惡逆，肆之三日。盗賊羣攻鄉邑及入人家者，殺之無罪。若報讐者，造於法造，七報反。而自殺之，不坐。經爲盗者，注其籍，唯皇宗則否。凡死罪枷而拲，流罪枷而梏，徒罪枷，鞭罪桎，杖罪散以待斷。皇族及有爵者，死罪以下鏁之，徒以下散之。獄成將殺者，書其姓名及其罪於拲，而殺之市。唯皇族與有爵者隱獄。其贖杖刑五，金一兩至五兩。贖鞭刑五，金六兩至十兩。贖徒刑，一年金十二兩，二年十五兩，三年一斤二兩，四年一斤五兩，五年一斤八兩。贖流刑，一斤十二兩，俱役六年，不以遠近爲差等。贖死刑，金二斤。鞭者以百爲限。加笞者，合二百止。應加鞭、笞者，皆先笞後鞭。婦人當笞者，聽以贖論。徒輸作者，皆任其所能而役使之。杖十以上，當加者上就次，數滿乃坐。當減者，死罪流藩服，藩服以下俱至徒五年，五年以下各以一等爲差。爲盜賊及謀反、大逆、降、叛、惡逆罪當流者，皆甄一房配爲雜户。其爲盜賊事發逃亡者，懸名注配。若再犯徒、三犯鞭者，一身永配下役。應贖金者，鞭杖十，收中絹一疋；流徒者，依限歲收絹十二疋；死罪者百疋。其贖刑，死罪五旬，流刑四旬，徒刑三旬，鞭刑二旬，杖刑一旬。限外不輸者，歸於法。貧者請而免之。大凡定法千五百三十七條。其大略滋章，條流苛密，比於齊法，煩而不要。又初除復讐之法，犯者以殺論。帝又以齊之舊俗，未改昏政，賊盜姦宄，頗乖憲章。其年，〔八九〕又爲刑書要制以督之。其大抵持杖羣盜一疋以上，不持杖羣盜五疋以上，監臨主掌自盜二十疋以上，盜及詐請官物三十疋以上，正長隱五户及丁五以上，及地頃以上，〔九〇〕皆死。自餘依大律。由是澆詐頗息焉。

宣帝虐忍無度，令撰刑書，謂之刑經聖制。具峻酷篇。

隋文帝初，令高熲等更定新律，其刑名有五：一曰死刑二，有絞，有斬。二曰流刑三，有千里，千五百里，二千里；應配者，千里居作二年，千五百里居作二年半，二千里居作三年。三曰徒刑五，有一年，一年半，二年，二年半，三年。四曰杖刑五，自六十至於百。五曰笞刑五，自十至於五十。而蠲除前代鞭刑及梟首轘裂之法。其流徒之罪，皆減從輕，流役六年改爲五年，徒刑五年改爲三年。唯大逆謀反叛者，父子兄弟皆斬，家口没官。又置十惡之條，多採齊之制，而頗有損益：一曰謀反，二曰謀大逆，三曰謀叛，四曰惡逆，五曰不道，六曰大不敬，七曰不孝，八曰不睦，九曰不義，十曰内亂。十惡及故殺人獄成者，〔九一〕雖會赦，猶除名。其在八議之科及官品第七以上犯罪，皆例減一等。其品第九以上犯者，聽贖。應贖者，皆以銅代絹。銅一斤爲負，負十爲殿。笞十者銅一斤，加至杖百則十斤。徒一年贖銅二十斤，每等則加銅十斤，三年則六十斤矣。流千里贖銅八十斤，每等則加銅十斤，二千里則百斤矣。二死皆贖銅百二十斤。犯私罪以官當徒者，五品以上，一官當徒二年；九品以上，一官當徒一年；當流者，三流同，皆比徒三年。〔九二〕若犯公罪者，徒各加一年，當流者各加一等。其累徒過九年者，流二千里。自前代相承，有司訊考，皆以法外。〔九三〕或有用大棒束杖，車輻鞵底，壓踝杖桄之屬。盡除之。訊囚不得過二百，枷杖大小，咸爲之程品，行杖者不得易人。又勑四方，敦理辭訟。〔九四〕有枉屈縣不理者，令以次經郡及州，至省仍不理，乃詣闕申訴。有所未愜，聽撾登聞鼓，有司録狀奏之。帝又每季親録囚徒。常以秋分之前，省閲諸州申奏罪狀。後因覽刑部奏，斷獄數猶至萬條，以爲律尚嚴密，故人多陷罪。又勑蘇威、牛弘等更定新律，除死罪八十一條，流罪百五十四條，徒、杖等千餘條，〔九五〕定留唯五百條，凡十二卷。一曰名例，二曰衞禁，三曰職制，四曰户婚，五曰廄庫，六曰擅興，七曰賊盜，八曰鬬訟，九曰詐僞，十曰雜律，十一曰捕亡，十二曰斷獄。自是刑網簡要，疏而不失。於是置律博士弟子員。斷決大獄，皆先牒明法，定其罪名，然後依斷。其後，帝以用律者多致踳駁，罪同論異，詔諸州死罪不得便決，悉移大理按覆，事盡，然後上取奏裁。〔九六〕十三年，改徒及流並爲配防。十五年制，死罪者三奏而後決。帝無學，以文法繩下。諸州有主典盜倉粟者，差人馳驛斬之。又於殿前決人，或有盜一錢亦死。具峻酷篇。

煬帝即位，以文帝禁網深刻，又敕修律令，除十惡之條。時斗秤皆小舊二倍，其贖銅亦加三倍爲差，〔九七〕杖百則三十斤矣；徒一年者六十斤，每等加三十斤爲差，三年則百八十斤矣；流無異等，贖二百四十斤；二死同贖三百六十斤。〔九八〕舊制，釁門子弟，不得居宿衞近侍之官。帝下制曰：「諸犯罪被戮之門，周以下親，仍令合仕，聽參宿衞近侍之官。」〔九九〕三年，新律成，凡五百條，爲十八篇。詔施行之，謂之大業律。一曰名例，二曰衞宫，三曰違制，四曰請求，五曰户，六曰婚，七曰擅興，八曰告劾，九曰賊，十曰盜，十一曰鬬，十二曰捕亡，十三曰倉庫，十四曰廄牧，十五曰關市，十六曰雜，十七曰詐僞，十八曰斷獄。其五刑之内，降從輕典者二百餘條。其枷杖、決罰、訊囚之制，並輕於舊。是時百姓久厭苛刻，喜於刑寬。其後，帝外征四夷，内窮嗜慾，兵革歲動，賦斂繁滋，盜賊蜂起，更爲嚴制。

校勘記

〔一〕刑法二　「法」原無，據北宋本、傅校本、明抄本、明刻本、王吴本補。下同。

〔二〕明法掾張斐又注律　「斐」原訛「裴」，據南齊書孔稚珪傳八三五頁、隋書經籍志二九七二頁、北堂書鈔卷四五、御覽卷六三八改。按：晉書刑法志九二八頁作「裴」，㪺注已明其誤。

〔三〕刑名所以經略罪法之輕重　「刑名所以」原作「是以」，據晉書刑法志九二八頁、册府卷六一〇七三二六頁補改。

〔四〕請賕者　「賕」原作「贓」，據晉書刑法志九二八頁及北宋本、傅校本、明刻本、王吴本改。按：本卷「賕」殿本、局本均作「贓」，以下逕改，不再出校。

〔五〕名例齊其法制　晉書刑法志九二八頁無「法」字。

〔六〕意不以爲然謂之失　晉書刑法志九二八頁、册府卷六一〇七三二六頁無「不」字。

〔七〕無變斬擊謂之賊　晉書刑法志九二八頁、册府卷六一〇七三二六頁同。北宋本、傅校本無「斬」，「擊」作「繫」。

〔八〕不意誤犯謂之過　晉書刑法志九二八頁、册府卷六一〇七三二六頁「過」下有「失」。

〔九〕當爲賊　「爲」原作「謂之」，據晉書刑法志九二九頁、册府卷六一〇七三二六頁删改。按：北宋本、王吴本作「當爲之賊」，衍「之」。

〔一〇〕囚辭所連似告劾　「囚」原訛「因」，據晉書刑法志九二九頁改。

〔一一〕生罰不過十四等　「罰」晉書刑法志九二九頁、册府卷六一〇七三二六頁作「罪」。

〔一二〕刑法閑於下　「法」原脱，據晉書刑法志九二九頁、册府卷六一〇七三二六頁補。

〔一三〕喜怒憂懼　「懼」晉書刑法志九三〇頁、册府卷六一〇七三二六頁作「歡」。

〔一四〕主得謁殺之　「謁」原訛「渴」，據北宋本改。按：晉書刑法志九三〇頁、册府卷六一〇七三二七頁均作「謁」。

〔一五〕或化略以循常　「略」原訛「俗」，據晉書刑法志九三〇頁、册府卷六一〇七三二七頁改。

〔一六〕夫形而上者謂之道形而下者謂之器　二「形」原訛「刑」，「器」原訛「變」，據易繫辭、晉書刑法志九三一頁改。

〔一七〕推而行之謂之通舉而措之謂之格　晉書刑法志九三一頁、册府卷六一〇七三二七頁作「化而財之謂之格」。

〔一八〕當合經傳及前比故事　「比」原訛「此」，據北宋本、王吴本改。按：晉書刑法志九三九頁作「比」。

〔一九〕虧教傷情　「情」下原衍「義」，據宋書蔡廓傳一五七〇頁、册府卷六一〇七三二七頁删。

〔二〇〕無乞鞫之訴　「訴」原訛「詞」，據宋書蔡廓傳一五七〇頁、册府卷六一〇七三二七頁改。按：北宋本訛「詳」。

〔二一〕議者謂值赦宜加徙送　「徙」原訛「徒」，「送」原脱，據宋書劉秀之傳二〇七五頁、册府卷六一〇七三二七頁改補。下同。按：北宋本「徙」字不誤。

〔二二〕奏改定州獄曰　「州」宋書謝莊傳二一七二頁作「刑」。

〔二三〕仍就施刑　「刑」原訛「行」，據宋書謝莊傳二一七三頁改。

〔二四〕以贖論故爲此十四等之制　隋書刑法志六九八頁、册府卷六一〇七三二九頁「四」作「五」，「制」作「差」。按：自上文「髡鉗五歲刑笞二百收贖絹男子六十疋」數之，至「罰金一兩者，男子二丈」，適爲十四等，通典未必誤。

〔二五〕又制九等之差　「制」原脱，據隋書刑法志六九八頁、册府卷六一〇七三二九頁補。

〔二六〕鞭杖一百鞭杖五十鞭杖四十鞭杖三十　北宋本脱「鞭杖三十」。隋書刑法志六九八頁、册府卷六一〇七三二九頁「鞭杖一百」上有「鞭杖二百」，而無「鞭杖四十」。

〔二七〕六曰杖督四十　「四」隋書刑法志六九八頁、册府卷六一〇七三三〇頁作「三」。

〔二八〕斷食三日　「食」下原有「者」，據隋書刑法志六九九頁、册府卷六一〇七三三〇頁删。

〔二九〕囚有械杻斗械及鉗　「斗」原訛「升」，據北宋本、傳校本、明抄本、王吴本改。按：隋書刑法志六九九頁、册府卷六一〇七三三〇頁也作「斗」。

〔三〇〕熟靼之舌反　「靼」原訛「靻」，隋書刑法志六九九頁訂改作「靼」，今從改。下同。「之舌」原訛「則古」，據北宋本、傳校本、明抄本、明刻本改。

〔三一〕長尺一寸　「一」原作「二」，據隋書刑法志六九九頁、御覽卷六四九、册府卷六一〇七三三頁改。

〔三二〕廣三分　原訛作「廉三寸」，據御覽卷六四九改。

〔三三〕靶長二尺五寸　「二」原脱，據隋書刑法志六九九頁、御覽卷六四九、册府卷六一〇七三三〇頁補。

〔三四〕大杖大頭圍寸三分　下「大」原脱，據隋書刑法志六九九頁、册府卷六一〇七三三〇頁補。

〔三五〕法杖圍寸三分　「三」原訛「二」，據隋書刑法志六九九頁、册府卷六一〇七三三〇頁改。

〔三六〕法鞭法杖　原「法杖」在上，據隋書刑法志六九九頁、册府卷六一〇七三三〇頁乙。

〔三七〕母妻姊妹及應從坐棄市者　隋書刑法志六九九頁、册府卷六一〇七三三〇頁同。北宋本、傅校本、明抄本、明刻本、王吴本「及」作「未」。

〔三八〕遇赦降死者　「者」原脱，據隋書刑法志六九九頁、册府卷六一〇七三三〇頁補。

〔三九〕其下又謫運配材官冶士尚方鎖士　「運」下原衍「謫」，據隋書刑法志六九九頁、册府卷六一〇七三三〇頁删。

〔四〇〕士人有禁錮之科　「禁錮」原倒，據隋書刑法志七〇〇頁、册府卷六一〇七三三〇頁乙。

〔四一〕關中侯以下亭侯以上之父母妻子　「下」隋書刑法志七〇〇頁作「上」，非。

〔四二〕及所坐非死罪除名之罪　隋書刑法志七〇〇頁「所」下有「生」。

〔四三〕若年有老小者　「小」原作「少」，據北宋本、傅校本、明抄本、明刻本、王吴本改。

〔四四〕夫按法用刑　「夫」原脱，據北宋本、傅校本、明抄本、明刻本、王吴本補。

〔四五〕或覩其殄瘁　「殄」原訛「疹」，據北宋本、傅校本、明抄本、明刻本、王吳本改。

〔四六〕尚書删定郎范泉參定律令　「泉」原訛「杲」，據隋書刑法志七〇二頁、唐六典卷六、册府卷六一一七三三頁改。

〔四七〕制律三十卷科三十卷　隋書刑法志七〇二頁作「制律三十卷，令律四十卷」。唐六典卷六作「律三十卷，令三十卷，科三十卷」。册府卷六一一七三三頁作「制律三十卷，令科四十卷」。

〔四八〕先與士人爲婚者　「士」原脱，據隋書刑法志七〇二頁、册府卷六一一七三三頁補。

〔四九〕雖經赦免死付治　隋書刑法志七〇二頁、册府卷六一一七三三頁無「雖經赦」三字。「治」原訛「治」，據隋志及北宋本改。

〔五〇〕又存贖罪之律　隋書刑法志七〇二頁、册府卷六一一七三三頁同。北宋本、傅校本、明抄本、明刻本、王吳本「又存」作「不在」。按：杜氏「免死付治」上加「雖經赦」，於「又存」改作「不在」，使前後相承，殊不知贖罪云云更端另起，與上無涉也。

〔五一〕七日一行鞭　「日」原脱，據隋書刑法志七〇三頁、册府卷六一一七三三頁及王吳本補。

〔五二〕鏁二重　「二」原訛「三」，據隋書刑法志七〇三頁、册府卷六一一七三三頁改。

〔五三〕其五歲刑以下　「以」原脱，據隋書刑法志七〇三頁、册府卷六一一七三三頁補。

〔五四〕若公坐過誤　「公」原脱，據隋書刑法志七〇三頁、册府卷六一一七三三頁補。

〔五五〕有官者贖論　「論」原脱，據隋書刑法志七〇三頁、册府卷六一一七三三頁補。

〔五六〕准決鞭杖　「准」原訛「唯」，據隋書刑法志七〇三頁及北宋本、王吴本改。

〔五七〕亦不計階品　隋書刑法志七〇三頁同。北宋本「計」作「許」。册府卷六一一七三三二頁無「不」，「計」亦作「許」。

〔五八〕加拲手　「拲」隋書刑法志七〇三頁、唐六典卷六、册府卷六一一七三三二頁並作「壺」。

〔五九〕朔日　隋書刑法志七〇三頁作「晦朔」。

〔六〇〕吏部尚書　隋書刑法志七〇三頁「書」下復有「尚書」。

〔六一〕無繫訊速逮之坐　「之」原訛「人」，據魏書刑罰志二八七三頁、册府卷六一一七三三二頁改。

〔六二〕年十四以下　「下」原脱，據魏書刑罰志二八七四頁、册府卷六一一七三三三頁補。

〔六三〕八十及九十非殺人不坐　册府卷六一一七三三三頁同。魏書刑罰志二八七四頁「九十」作「九歲」。

〔六四〕部主具狀　「具」原訛「言」，據魏書刑罰志二八七四頁、册府卷六一一七三三三頁改。

〔六五〕諸州國之大辟　「國」原訛「囚」，據魏書刑罰志二八七四頁、册府卷六一一七三三三頁改。

〔六六〕凡三百七十條　「七十」魏書刑罰志二八七五頁作「九十一」。

〔六七〕以庶士多因酒致酗訟　「致酗」原倒，據魏書刑罰志二八七五頁及北宋本、傅校本、明抄本、明刻本、殿本乙。

〔六八〕有日程　「日程」原倒，據魏書刑罰志二八七五頁及北宋本、傅校本、明抄本、明刻本。

〔六九〕至獻文帝　「獻」原訛「孝」，據北宋本、傅校本、明抄本、明刻本、王吴本改。

〔七〇〕孝文太和初　「孝文」原脱，據北宋本、傅校本、明抄本、明刻本、王吴本補。

〔七一〕傷肉至骨　「肉」魏書刑罰志二八七七頁作「内」，册府卷六一一七三三四頁作「害」。

〔七二〕而不款辭者　「款」北宋本、王吴本作「疑」。魏書刑罰志二八七七頁「辭」作「辟」。册府卷六一一七三三四頁「款辭」作「疑辟」。

〔七三〕義贓二百疋　「百」原訛「十」，據魏書刑罰志二八七七頁及北宋本、王吴本改。按：册府卷六一一七三三四頁「二百」作「三百」。

〔七四〕義贓一疋　魏書刑罰志二八七七頁同。而册府卷六一一七三三四頁「一疋」作「一百疋」。

〔七五〕著之令　魏書刑罰志二八七八頁「令」下有「格」。

〔七六〕宣武帝正始初尚書令高肇等奏曰　按：魏書刑罰志二八七八頁、世宗紀二〇六頁，高肇等奏枷杖之制乃永平元年七月事。通典繫之於正始初，誤。

〔七七〕請造大枷長丈三尺　「造」原訛「送」，據諸本改。

〔七八〕五等爵及在官品令從第五以上皆當刑二歲　魏書刑罰志二八七九頁、册府卷六一一七三三五頁「爵」上有「列」。「以上皆」，册府同，魏志作「以階」。

〔七九〕邢巒奏官人若有罪本除名　魏書刑罰志二八七九頁「官人若罪本除名」上有「詔議律之制，與八坐門下參論皆以爲」十五字，知此議非邢巒所獨奏。

〔八〇〕其決獄猶依魏舊　「舊」下原衍「式」，據隋書刑法志七〇四頁及傅校本、明刻本删。

〔八一〕婚户　原倒，據隋書刑法志七〇五頁、唐律疏議卷一二、唐六典卷六乙。

〔八二〕詐僞　「僞」原訛「欺」，據隋書刑法志七〇五頁、唐律疏議卷二五、唐六典卷六改。

〔八三〕又上新令三十卷　隋書刑法志七〇五頁、册府卷六一一七三三七頁「三」作「四」，而唐六典卷六云「趙郡王叡等撰令五十卷」。

〔八四〕並鏁輸作左校而不髡　隋書刑法志七〇五頁、册府卷六一一七三三七頁無「作」。

〔八五〕贖罪舊以金　「以」原訛「有」，據隋書刑法志七〇五頁、册府卷六一一七三三七頁改。

〔八六〕無鏁以枷　「無鏁」原脱，據隋書刑法志七〇六頁、册府卷六一一七三三八頁補。

〔八七〕其犯十者　原「十」下有「惡」，後人臆加，今據北宋本、王吴本删。隋書刑法志七〇六頁作「其犯此十者」，亦無「惡」。按：十惡之目，創自開皇律，齊律僅謂十條重罪。

〔八八〕大凡定罪千五百三十七條　「七」原脱，據隋書刑法志七〇九頁、册府卷六一一七三三九頁補。

〔八九〕其年　承上文「其年」當指保定三年。檢隋書刑法志七〇九頁「其年」上有「建德六年，齊平後，帝欲施輕典於新國」等語，則此「其年」實指建德六年也。通典節抄失照。

〔九〇〕正長隱五户及丁五以上及地頃以上　隋書刑法志、通鑑卷一七三五三八五頁同。而周書武帝紀下一〇五頁、北史周本紀下三七〇頁、册府卷六一一七三三九頁「丁五」作「十丁」，「頃」上有「三」。

〔九一〕十惡及故殺人獄成者　隋書刑法志七一二頁、册府卷六一一七三三九頁「十」上有「犯」。

〔九二〕三流同皆比徒三年　隋書刑法志七一二頁、册府卷六一一七三四〇頁無「皆」。

〔九三〕皆以法外　「以」原脱，據隋書刑法志七一二頁、册府卷六一一七三四〇頁補。

〔九四〕敦理辭訟　「敦理」原脱，據隋書刑法志七一二頁、册府卷六一一七三四〇頁補。

〔九五〕徒杖等千餘條　「杖」原脱，據隋書刑法志七一二頁、册府卷六一一七三四〇頁補。

〔九六〕然後上取奏裁　「取奏」原倒，據北宋本、傅校本、明抄本、明刻本、王吴本。按：隋書刑法志七一四頁「取」作「省」。

〔九七〕其贖銅亦加三倍爲差　「三」隋書刑法志七一六頁、册府卷六一一七三四一頁作「二」。按：上文云「杖百則十斤」，下文云「杖百則三十斤矣」，是三倍於前也。

〔九八〕二死同贖三百六十斤　「二」原脱，據隋書刑法志七一六頁、册府卷六一一七三四一頁補。

〔九九〕聽參宿衞近侍之官　「參」隋書刑法志七一六頁作「預」，通典避代宗諱改。

劉俊文點校　王文錦覆校

通典卷第一百六十五

刑法三

刑制下 大唐

大唐高祖起義至京師，約法十二條，唯制殺人、劫盜、背軍、叛逆者死，餘並蠲除之。及受禪，又制五十三條格，入於新律，武德七年頒行之。

至太宗即位，制絞刑之屬五十條，免死，斷右趾。其後，蜀王府法曹參軍裴弘獻又駮律令不便者四十餘事，太宗遂令刪改之。除斷趾法，改爲加役流三千里，〔一〕居作二年。比古死刑，殆除其半。據有司定律五百條，分爲十二卷，於隋代舊律，減大辟入流九十二條，減入徒者七十一條。具寬恕篇。又定令千五百九十條，爲三十卷。貞觀十一年正月，頒行之。又刪武德、貞觀以來勑格三千餘件，定留七百條，以爲格十八卷。國家程式雖則具存，今所纂録不可悉載，取其朝夕要切，簡易精詳，則臨事不惑耳。〔二〕他皆類此。七年十二月，詔：「三品以上犯公罪流、私罪徒，送問日不須追身。」〔三〕

高宗永徽初，又令長孫無忌等撰定格式，舊制不便者，皆隨有無删改。遂分格爲兩部：曹司常務爲留司格，天下所共者爲散頒格。四年，有司又撰律疏三十卷，〔四〕頒天下。麟德二年，重定格式行之。儀鳳二年，又删緝格式行之。及文明元年四月，勑：「律令格式，内外官人退食之暇，各宜尋覽。仍以當司格令，書於廳事之壁，俯仰觀瞻，使免遺忘。」〔五〕貞元二年七月，刑部侍郎韓洄奏：〔六〕「刑部掌律令，定刑名，〔七〕按覆大理及諸州應奏之事，並無爲諸司尋檢格式文。〔八〕比年諸司每有予奪，悉出檢頭，下吏得以生姦，法直因之輕重。又先有勑：當司格令並書於廳事之壁。此則百司皆合自有程式，不惟刑部獨有典章。訛弊日深，事須改正。」勑旨：「宜委諸曹，各以本司雜錢，置所要律令格式。其中要節，仍准舊例，録郎官廳壁。左右丞勾當事畢，日奏其所請，諸司於刑部檢事，待本司寫格令等了日停。」

武太后臨朝，又令有司删定格式，加計帳及勾帳式，通舊式成二十卷。又以武德以來、垂拱以前詔勑便於時者，編爲新格二卷，太后自製序。其二卷之外，别編六卷，〔九〕堪爲當司行用，爲垂拱留司格。時韋方質詳練法理，又委其事咸陽尉王守慎，又有經治之才，故垂拱格、式，識者稱爲詳密。其律唯改二十四條。

神龍中，又删定垂拱格及神龍元年以來制勑，爲散頒格七卷。〔一〇〕又删補舊式爲二十卷，頒於天下。景龍三年八月勑：「應酬功賞，須依格式，格式無文，然始比例。其制勑不言自今以後及永爲常式者，不得舉引爲例。」

景雲初，又勅刪定格式令。太極元年二月奏上，名太極格。開元初，玄宗又令刪定格式令，名爲開元格。六年，又令刪定律令格式，〔一一〕名爲開元後格。至二十五年，又令刪緝舊格式律令及勅，總七千四百八十條。其千三百四條於事非要，並刪除之。二千一百五十條隨文損益，三千五百九十四條仍舊不改，總成律十二卷，疏三十卷，令三十卷，式二十卷，開元新格十卷。又撰格式律令事類四十卷，〔一二〕以類相從，便於省覽。二十五年九月奏上之，勅於尚書都省寫五十本，發使散於天下。略件文要節如後：開元十四年九月勅：「如聞用例破勅及令式，〔一三〕深非道理。自今以後，不得更然。」二十五年九月，兵部尚書同中書門下三品李林甫奏：「今年五月三十日以前制勅，不入新格式者，望並不在行用。」

名例律曰：笞刑五。自十至五十。贖銅從一斤至五斤。杖刑五。自六十至百。其贖銅從六斤至十斤。徒刑五。自一年至三年。其贖從二十斤至六十斤。流刑三。自二千里至三千里。其贖從八十斤至百斤。

十惡：一曰謀反。謂謀危社稷。二曰謀大逆。謂謀毁宗廟、山陵及宮闕。三曰謀叛。謂謀背國從僞。四曰惡逆。謂毆及謀殺祖父母、父母，殺伯叔父母、姑、兄、姊、外祖父母、夫、夫之祖父母、父母。〔一四〕五曰不道。謂殺一家非死罪三人，及支解人，造畜蠱毒、厭魅。六曰大不敬。〔一五〕謂盜大祀神御之物、乘輿服御物；盜及僞造御寶；〔一六〕合和御藥，誤不如本方及封題誤；若造御膳，誤犯食禁；御幸舟船，誤不牢固；〔一七〕

指斥乘輿，情理切害，及對捍制使，而無人臣之禮。七曰不孝。謂告言詛詈祖父母、父母；及祖父母、父在，別籍異財，若供養有缺；居父母喪，身自嫁娶，若作樂，釋服從吉；聞祖父母、父母喪，匿不舉哀；詐稱祖父母、父母死。八曰不睦。謂謀殺及賣緦麻以上親，〔一八〕毆告夫及大功以上尊長、小功尊屬。九曰不義。謂殺本屬府主、刺史、縣令、見受業師；〔一九〕吏卒殺本部五品以上官長；及聞夫喪，匿不舉哀，若作樂，釋服從吉及改嫁。〔二〇〕十曰内亂。謂姦小功以上親、父祖妾，〔二一〕及與和者。

八議：一曰議親。謂皇帝祖免以上親，及太皇太后、皇太后緦麻以上親，〔二二〕皇后小功以上親。二曰議故。謂故舊。三曰議賢。謂有大德行。〔二三〕四曰議能。謂有大才藝。五曰議功。謂有大功勳。六曰議貴。謂職事官三品以上、散官二品以上，及爵一品者。七曰議勤。謂有大勤勞。八曰議賓。謂承先代之後爲國賓者。

諸八議者，犯死罪，皆條所坐及應議之狀，〔二四〕先奏請議，議定，奏裁。議者，原情議罪，稱定刑之律，而不正決之。流罪以下，減一等。其犯十惡者，不用此律。

諸謀反及大逆者，皆斬。父子年十六以上，皆絞。〔二五〕十五以下及母女、妻妾、子妻妾亦同。祖孫、兄弟姊妹若部曲、資財、田宅，並没官。男夫年八十及篤疾，婦人年六十及廢疾者，並免。餘條婦人應緣坐者，〔二六〕准此。伯叔父、〔二七〕兄弟之子，皆流三千里，不限籍之同異。即雖謀反，辭理不能動衆，威力不足率人者，亦皆斬。謂結謀真實而不能爲害者。若自述休徵，假託靈異，謬稱兵馬，虛説反由，傳惑衆人，而無真狀可驗者，自從妖法。父子、母女、妻妾流三千里。資財不在没限。其謀大逆者，絞。

諸口陳欲反之言，心無真實之計，而無狀可尋者，流二千里。

諸謀叛者，絞。已上道者，皆斬。〔二八〕謂協同謀計乃坐，被驅率者，非。餘條被驅率，准此。妻子流二千里。〔二九〕若率部衆百人以上，父母、妻子流三千里。所率雖不滿百人，以故爲害者，以百人以上論。害，爲有所攻擊、擄掠之者。即亡命山澤，不從追喚者，以謀叛論。其抗拒將吏者，以已上道論。〔三〇〕

諸謀殺周親尊長、外祖父母、夫、夫之祖父母者，皆斬。犯姦而姦人殺其夫，所姦妻妾雖不知情，與同罪。謀殺緦麻以上尊長者，流二千里。已傷者，絞。已殺者，皆斬。即尊長謀殺卑幼者，各依故殺罪減二等。已傷者，減一等。〔三一〕已殺者，依故殺法。

諸部曲、奴婢謀殺主者，皆斬。謀殺主之周親及外祖父母者，絞。已傷者，皆斬。

諸妻妾謀殺故夫之祖父母、父母者，流二千里。已傷者，絞。已殺者，皆斬。部曲、奴婢謀殺舊主者，罪亦同。故夫，謂夫亡改嫁。舊主，謂主放爲良者。餘條故夫、舊主准此。〔三二〕

諸告祖父母、父母者，絞。謂非緣坐之罪及謀叛以上而故告者。下條准此。即嫡、繼、慈母殺其父，及所養者殺其本生，並聽告。

諸告周親尊長、外祖父母、夫、夫之祖父母，雖得實，徒二年。其告事重者，減所告罪一等。所犯雖不合論，告之者猶坐。即誣告重者，加所誣罪三等。告大功尊長，告減一等；小功、緦麻，減二等。誣告重者，各加所誣罪一等。即非相容隱，被告者論如律。若告謀反、逆、叛者，各不坐。其相侵犯，自理訴者，聽。下條准此。

諸告緦麻、小功卑幼，雖得實，杖八十；大功以上，遞減一等。誣告重者，周親減所誣罪二等，大功減一等，小功以下以凡人論。即誣告子孫、外孫、子孫之婦妾及己之妾者，各勿論。

諸子孫違犯教令，及供養有缺者，徒二年。謂可從而違，堪供而缺者。須祖父母、父母告，乃坐。

諸部曲、奴婢告主，非謀反、逆、叛者，皆絞。被告者，同首法。告主之周親及外祖父母者，流；大功以下親，徒一年。誣告重者，緦麻加凡人一等；小功、大功，遞加一等。〔三三〕即奴婢訴良，妄稱主壓者，〔三四〕徒三年。部曲，減一等。

諸同居，若大功以上親及外祖父母、外孫，〔三五〕若孫之婦、夫之兄弟及兄弟妻，有罪相爲隱；部曲、奴婢爲主隱：皆勿論。〔三六〕即漏露其事及擿語消息，亦不坐。其小功以下相隱，減凡人三等。〔三七〕若犯謀叛以上，不用此律。

諸居父母喪，生子及兄弟別籍、異財者，徒一年。

諸放部曲爲良，已給放書而壓爲賤者，徒二年。若壓爲部曲及放奴婢爲良而壓爲賤者，各減一等。〔三八〕各還正之。

諸同居卑幼，私輒用財者，十疋笞十，〔三九〕十疋加一等，罪止杖一百。即同居應分，不均平者，計所侵，坐贓論減三等。

諸居父母及夫喪而嫁娶者，〔四〇〕徒三年。妾，減三等。各離之。知而共爲婚姻者，各減五等。不知者，不坐。若居周喪而嫁娶者，杖一百。卑幼，減二等。妾，不坐。

諸居父母喪，與應嫁娶人主婚者，杖一百。

諸謀殺人者，徒三年。已傷者，絞。已殺者，斬。從而加功者，絞；不加功者，流三千里。〔四一〕造意者雖不行，仍爲首。僱人殺者，亦同。即從者不行，減行者一等。餘條不行，皆准此。

諸以毒藥藥人及賣者，絞。謂堪以殺人者。雖毒藥可以療病，買者將與毒人。賣者不知情，〔四二〕不坐。即賣買而未用者，流二千里。〔四三〕脯肉有毒，曾經病人，有餘者速焚之，違者杖九十。若故與人食並出賣令人病者，徒一年。以故致死者，絞。即人自食致死者，從過失殺人法。盜而食者，不坐。

諸有所憎惡，而造厭魅及造符書咒詛，欲以殺人者，各以謀殺論減二等。於周親尊長及外祖父母、夫、夫之祖父母、父母，〔四四〕各不減。以故致死者，〔四五〕各依本殺法。欲疾苦人者，〔四六〕又減二等。即子孫於祖父母、父母，部曲、奴婢於主者，各不減。即於祖父母、父母及主，直求愛媚而厭呪者，流二千里。若涉乘輿者，皆斬。

諸殘害死屍謂焚燒、支解之類。及棄屍水中者，各減鬬殺罪一等。緦麻以上尊長，不減。棄而不失及髠髮若傷者，各又減一等。即子孫於祖父母、父母，部曲、奴婢於主者，各不減。皆謂意在於惡者。

諸穿地得死人不更埋，及於塚墓燻狐狸而燒棺槨者，〔四七〕徒二年。燒屍者，徒三年。緦麻以上尊長，各遞加一等。卑幼，各依凡人遞減一等。〔四八〕若子孫於祖父母、父母，部曲、奴婢於主塚墓燻狐狸者，〔四九〕徒二年。燒棺槨者，流三千里。燒屍者，絞。

諸强盜，謂以威若力而取其財。先强後盜，先盜後强等。若與人藥酒及食，使狂亂取財，亦是。即得闌遺之物，〔五〇〕毆擊財主而不還，及竊盜發覺，〔五一〕棄財逃走，財主追捕，因相拒捍，如此之類，事有因緣者，非强盜。不得財，徒二年。一疋徒三年，二疋加一等，十疋及傷人者絞，〔五二〕殺人者斬。殺傷奴婢亦同。雖非財主，但因盜殺傷者，皆是。〔五三〕其持杖者，雖不得財，流三千里。五疋者，絞。傷人者，斬。

諸竊盜，不得財，笞五十。一尺杖六十，一疋加一等，五疋徒一年，五疋加一等，五十疋加役流。諸監臨主守自盜及盜所監臨財物者，〔五四〕若親王財物而監守自盜，〔五五〕，亦同。加凡盜二等，三十疋絞。本條已有加者，〔五六〕累加之。

諸盜經斷後，仍更行盜，前後三犯徒者，流二千里；三犯流者，絞。〔五七〕三盜，止數赦後爲坐。〔五八〕其於親屬相盜者，〔五九〕不用此律。

諸有事以財行求，得枉法者，坐贓論；不枉法者，〔六〇〕減二等。即同事共與者，首則併贓論，從者依已分法。

諸監臨主司受財而枉法者，〔六一〕一尺杖一百，一疋加一等，十五疋絞。不枉法者，一尺杖九十，一疋加一等，三十疋加役流。〔六二〕無祿者，各減一等。枉法者，二十疋絞；不枉法者，四十疋加役流。

諸監臨之官，受所監臨財物者，〔六三〕一尺笞四十；，一疋加一等；八疋徒一年，〔六四〕八疋加一等；五十疋流二千里。與者，減五等，罪止杖一百。乞取者，加一等。强乞取者，准枉法論。

諸官人因使，於使所受送遺及乞取者，與監臨同。經過處取者，減一等。糾彈之官不減。即強乞取者，〔六五〕各與監臨罪同。

諸貸所監臨財物者，坐贓論。授訖未上，〔六六〕亦同。餘條取受及相犯者，准此。若百日不還，以受所監臨財物論。強者，各加二等。餘條強者，准此。若賣買有賸利者，計利以乞取監臨財物論。強市者，笞五十；有賸利者，〔六七〕計利准枉法論。即斷契有數，違負不還過五十日者，〔六八〕以受所監臨財物論。即借衣服、器玩之屬，經三十日不還者，坐贓論，罪止徒一年。

諸監臨之官，私役所監臨及借奴婢、牛馬駝騾驢、車船、碾磑、邸店之類，各計庸賃，以受所監臨財物論。即役使非供己者，非供己，謂流外官及雜任應供官事者。計庸坐贓論，罪止杖一百。其應供己驅使而收庸直者，〔六九〕罪亦如之。供己求輸庸直者，不坐。若有吉凶，借使所監臨者，不得過二十人，不得過五日。其於親屬，雖過限及受饋、乞貸，〔七〇〕皆勿論。親屬，謂緦麻以上及大功以上婚姻之家。〔七一〕餘條親屬，准此。營公廨借使者，〔七二〕計庸賃，坐贓論減二等。即因市易賸利及懸欠者，亦如之。

諸監臨之官，受猪羊供饋，謂非生者。〔七三〕坐贓論。強者，依強取監臨財物法。

諸率斂所監臨財物，饋遺人，〔七四〕雖不入己，以受所監臨財物論。

諸監臨之官家人，〔七五〕於所部有受乞、借貸、役使、賣買有賸利之屬，各減官人罪

二等。官人知情，與同罪；不知情者，各減家人罪五等。其在官非監臨及家人有犯者，各減監臨及監臨家人一等。〔七六〕

諸去官而受舊官屬、士庶饋與，若乞取、借貸之屬，各減在官時三等。謂家口未離本任所者。

諸因官挾勢及豪強之人乞索者，坐贓論減一等。將送者爲從。親故相與，勿論。

諸監臨主守，以官物私自貸若貸人及貸之者，〔七七〕無文記，以盜論。有文記，准盜論。〔七八〕文記，謂取抄署之類。立判案，減二等。即充公廨及用公廨物，〔七九〕若出付市易而私用者，減一等坐之。雖貸亦同。〔八〇〕餘條公廨，准此。即主守私貸，無文記者，依盜法。所貸之人，不能備償者，徵判署之官。下條私借，亦准此。

諸坐贓致罪者，一尺笞二十，一疋加一等，十疋徒一年，罪止徒三年。謂非監臨主司而因事受財者。〔八一〕與者，減五等。

諸於他人地內得宿藏物，〔八二〕隱而不送者，〔八三〕計合還主之分，坐贓論減三等。若得古器，形制異而不送官者，罪亦如之。

諸鬭毆人者，笞四十。謂以手足擊人者。傷及以他物毆人者，杖六十。見血爲傷。非手足者，〔八四〕其餘皆爲他物，即兵不用刃亦是。傷及拔髮方寸以上，杖八十。若血從耳目出及內損吐血者，〔八五〕各加二等。

諸鬬毆人，折齒、毀缺耳鼻，眇一目及折手足指，〔八六〕眇，謂虧損其明，〔八七〕而猶見物。若破骨及湯火傷人者，徒一年。折二齒二指，以上及髡髮者，〔八八〕徒一年半。

諸鬬以兵刃，〔八九〕斫射人不著者，杖一百。兵刃，謂弓箭、刀矟、矛穳之屬。即毆罪重者，從毆法。〔九〇〕若刃傷，〔九一〕刃謂金鐵，無大小之限，堪以殺人者。〔九二〕及折人肋，眇其兩目，〔九三〕墮人胎，徒二年。墮胎者，謂辜内子死乃坐。〔九四〕諸鬬毆，折跌人支體及瞎其一目者，徒三年。折支者，折骨跌體者，骨蹉跌，〔九五〕失其常處。辜内平復者，各減二等。餘條折跌平復，准此。〔九六〕即損二事以上及因舊患令至篤疾，〔九七〕若斷舌及毀敗人陰陽者，流三千里。

諸鬬毆殺人者，絞。以刃及故殺人者，〔九八〕斬。雖因鬬而用兵刃殺人者，與故殺同。謂人以兵刃逼己，因用兵刃拒而傷殺者，依鬬法。〔九九〕餘條用兵刃，准此。不因鬬，故毆傷人者，加鬬毆傷罪一等。〔一〇〇〕雖因鬬，但絶時而殺傷者，從故殺傷法。謂忿競之後，各已分散，聲不相接，去而復來，是名絶時。

諸保辜者，手足毆傷人限十日，以他物毆傷人者二十日，以刃及湯火傷人者三十日，〔一〇一〕折跌支體及破骨者五十日。毆、傷不相須。餘毆傷及殺傷，各准此。限内死者，各依殺人論。其在限外及雖在限内以他故死者，〔一〇二〕各依本毆傷法。他故，謂別增餘患而死

者。〔一〇三〕

諸同謀共毆傷人者，各以下手重者爲重罪，元謀減一等，從者又減一等。若元謀下手重者，〔一〇四〕餘各減一等。至死者，隨所因爲重罪。其不同謀者，各依所毆傷殺論。〔一〇五〕其事不可分者，以後下手爲重罪。若亂毆傷，不知先後輕重者，以謀首及初鬭者爲重罪，餘各減二等。

諸毆制使若本屬府主、刺史、縣令，〔一〇六〕及吏卒毆本部五品以上官長，〔一〇七〕徒三年。傷者，流二千里。折傷者，絞。折傷，謂折齒以上。若毆六品以下官長，各減三等；減罪輕者，〔一〇八〕加凡鬭一等。死者，斬。詈者，各減毆罪三等。須親自聞之，乃成詈。即毆佐職者，〔一〇九〕徒一年。傷重者，加凡鬭傷一等。死者，斬。

諸造妖書及妖言者，絞。造，謂自造休咎及鬼神之言，妄説吉凶，涉於不順。傳用以惑衆者，亦如之。傳，謂傳言。用，謂用書。其不滿衆者，流三千里。言理無害者，杖一百。即私有妖書，雖不行用，徒二年。〔一一〇〕言理無害者，杖六十。

諸夜無故入人家者，〔一一一〕笞四十。主人登時格殺者，〔一一二〕勿論。若知非侵犯而殺傷者，減鬭殺傷二等。其就拘執而殺傷者，各以鬭殺傷論，〔一一三〕至死者加役流。

諸盜官文書印者，徒二年；餘印，杖一百。謂貪利之而非行用者。餘印，謂印物及畜産者。

諸無官犯罪，有官事發，流罪以下，以贖論。謂從流外及庶人而任流內者，不以官當、除免。犯十惡及五流者，〔一一四〕不用此律。卑官犯罪，遷官事發；在官犯罪，去官事發；或事發去官：犯公罪流以下，各勿論。餘罪，論如律。有官犯罪，無官事發；有蔭犯罪，無蔭事發；無蔭犯罪，有蔭事發：並從官、蔭之法。

諸犯私罪，以官當徒者，私罪，謂私自犯及對制詐不以實，受請枉法之類。〔一一五〕五品以上，一官當徒二年；九品以上，一官當徒一年。若犯公罪，公罪，謂緣公事致罪而無私曲者。各加一年當。以官當流者，三流同比徒四年。其有二官，謂職事官、散官、衛官同爲一官，勳官爲一官。先以高者當，若去官未敍，亦准此。〔一一六〕次以勳官當。行守者，各以本品當，仍各解見任。若有餘罪及更犯者，聽以歷任之官當。歷任，謂降所不至者。其流內官而任流外職犯罪，以流內官當及贖徒一年者，〔一一七〕各解流外任。

諸流配人，在道會赦，〔一一八〕計行程過限者，不得以赦原。謂從上道日總計，行程有違者。有故者，不用此律。若程內逃亡，亦不在免限。〔一一九〕即逃者身死，所隨家口仍准上法聽還。

諸年七十以上，十五以下及廢疾，犯流罪以下，收贖。犯加役流、反逆緣坐流及會赦猶流者，不用此律。至配所，免居作。八十以上，十歲以下及篤疾，犯反逆、殺人應死者，上請；盜及傷人者，亦收贖；有官爵者，各從官當、除免法。〔二〇〕餘皆勿論。九十以上，七歲以下，雖有死罪，不加刑。緣坐應配没者，不用此律。即有人教令，罪其教令者。若有贓應備，受贓者備之。

諸犯罪時雖未老疾，而事發時老疾者，〔二一〕依老疾論。若在徒年限内老疾者，亦如之。犯罪時幼小，事發時長大，依幼小論。

諸以贓入罪，正贓見在者，還官主。轉易得他物及生産蕃育，皆爲見在。已費用者，死及配流勿徵，别犯流及身死者，亦同。〔二二〕餘皆徵之。盗者倍備。若計庸賃爲贓者，亦勿徵。諸平贓者，皆據犯處當時物價及上絹估。平功庸者，計人日爲絹三尺。〔二三〕牛、馬、駝、騾、驢、車亦同。其船及碾磑、邸店之類，〔二四〕亦依犯時價值。庸賃雖多，各不得過其本價。

諸犯罪未發而自首者，原其罪。正贓猶徵如法。其輕罪雖發，因首重罪者，免其重罪。即因問所劾之事，〔二五〕而别言餘罪者，亦如之。即遣人代首，若於法得相容隱者爲首及相告言者，各聽如罪人身自首法。緣坐之罪及謀叛以上，本服周親雖捕告，俱同自首例。〔二六〕其聞首、告，被追不赴者，不得原罪。謂止坐不赴者身。即自首不實及不盡者，以不實、不盡之罪罪之，至死者聽減一等。自首贓數不盡者，止計不盡之數科之。〔二七〕其知人欲告及亡叛而自首者，減罪二等坐之。即亡叛者雖不自首，能還歸本所者，亦同。其於人損傷，因犯殺傷而自首者，得免所因之罪，仍從故殺傷法。本應過失者，聽從本。〔一二八〕於物不可備償，〔一二九〕本物見在，首者聽同免法。即事發逃亡，雖不得首所犯之罪，得減逃亡之坐。〔一三〇〕若越度關及姦，私度亦同。姦，謂犯良人。并私習天文者，並不在自首之例。

諸共犯罪者，以造意爲首，隨從者減一等。若家人共犯，止坐尊長。於法不坐者，歸罪於其次尊長。尊長，謂男夫。〔一三一〕侵損於人者，以凡人首從論。即共監臨主守爲犯，雖造意，仍以監主爲首，〔一三二〕凡人以常從論。

諸二罪以上俱發，以重者論。謂非應累者，唯具條其狀，〔一三三〕不累輕以加重。若重罪應贖，〔一三四〕輕罪應居作、官當者，以居作、官當爲重。等者從一。若一罪先發，已經論決，餘罪後發，其輕若等，勿論；重者，更論之，通計前罪，以充後數。即以贓致罪，頻犯者並累科。若罪法不等者，以重贓併滿輕贓。各倍論。累，謂止累見發之贓。〔一三五〕倍，謂二尺爲一尺。不等，謂以强盗、枉法等贓，併從竊盗、受所監臨之類。即監臨主司，〔一三六〕因事受財，而同事共與，若一事頻受及於所監守頻盗者，〔一三七〕累而不倍。其一事分爲二罪，〔一三八〕罪法若等，則累論；罪法不等，則以重法併滿輕法。罪法等者，謂若貿易官物，〔一三九〕計其等准盗論，計其利以盗論之類。罪法不等者，謂若請官器仗，〔一四〇〕以亡失併從毁傷，以考校不實併從失不實，之類。累併不加重者，止從重論。其應除免、倍、没、備償、罪止者，各盡本法。

諸脱户者，家長徒三年。無課役者，減二等。女户，又減三等。謂一户俱不附貫。〔一四一〕若不由家長，罪其所由。即見在使任者，雖脱户及計口多者，各從漏口法。脱口及增減年狀，謂疾、老、中、小之類。〔一四二〕以免課役，一口徒一年，二口加一等，罪止徒三年。其增減非免課役及漏無課役口者，〔一四三〕四口爲一口，罪止徒一年半。即不滿四口，杖六十。部曲、奴婢亦同。

諸祖父母、父母在，而子孫別籍、異財者，徒三年。別籍、異財不相須。下條准此。若祖父母、父母令別籍及以子孫妄繼人後者，徒二年，子孫不坐。

諸擅發兵，十人以上徒一年，百人徒一年半，二百人加一等，千人絞。謂無警急，又不先言上而輒發兵者。雖即言上，而不待報，猶爲擅。施文書未行，即不坐。〔一四四〕給與者，隨所給人數，減擅發一等。亦謂不先言上待報者。告令發遣即坐。其寇賊卒來，欲有攻襲，即城屯反叛，若賊有内應，急須兵者，得便調發。雖非所屬，比部官司亦得調發給與，並即言上。〔一四五〕各謂急須兵，不容得先言上者。〔一四六〕若不即調發及不即給與者，准所須人數，並與擅發罪同。其不即言上者，亦准所發人數，〔一四七〕減罪一等。若有逃亡、盜賊，權差人夫，足以追捕者，不用此律。

諸主將守城，爲賊所攻，不固守而棄去，及守備不設，爲賊所掩覆者，斬。若連接寇賊，被遣斥候不覺賊來者，徒三年。以故致有覆敗者，〔一四八〕亦斬。

諸主將以下，臨陣先退，若寇賊對陣，捨仗投軍，及棄賊來降而輒殺者，斬。即違犯軍令，軍還以後，在律有條者，依律斷；無條者，勿論。

諸私有禁兵器者，徒一年半。謂非弓、箭、刀、楯、短矛者。弩一張，加二等。甲一領及弩三張，流二千里。甲三領及弩五張，〔一四九〕絞。私造者，各加一等。甲，謂皮、鐵等。具裝與甲同。即得闌遺，過三十日不送官者，同私有法。造未成者，減二等。即私有甲、弩，非全成者，杖一百。餘非全成者，勿論。

諸言告人罪，〔一五〇〕非叛以上者，皆令三審。應受辭牒，官司並具曉示，並得叛坐之情。每審皆別日受辭，若使人在路，不得留待別日受辭者，聽當日三審。官人於審後判記審訖，然後付司。若事有切害者，不在此例。切害，謂殺人、賊盜、逃亡若强姦良人，並及更有急速之類。〔一五一〕不解書者，典爲書之。前人合禁，告人亦禁，辨定放之。即鄰伍告者有死罪，留告人散禁；〔一五二〕流以下，責保參對。誣告人者，各反坐。即糺彈之官挾私彈事不實者，〔一五三〕亦如之。反坐致罪，准前人入罪法。至死而前人未決者，聽減一等。其本應加杖及贖者，止依杖贖法。即誣官人及有蔭者，〔一五四〕依常律。若告二罪以上，重事實，及數事等，但一事實，〔一五五〕除其罪。重事虛，反其所剩。〔一五六〕即罪至所止者，所誣雖多，不反坐。其告二人以上，雖實者多，猶以虛者反坐。謂告二人以上，但一人不實，罪雖輕猶，反其坐。〔一五七〕若上表告人，已經聞奏，事有不實，反坐罪輕者，從上書詐不實論。

諸誣告本屬府主、刺史、縣令者，加所誣罪二等。

諸投匿名書告人罪者，流二千里。謂絶匿姓名及假人姓名，〔一五八〕以避己告者。棄置、懸之，俱是。得書者，皆即焚之。〔一五九〕若將送官司者，徒一年。官司受而爲理者，加二等。被告者，不坐。輒上聞者，徒三年。

諸以赦前事相告言者，以其罪罪之。官司受而爲理者，以故入人罪論。至死者，各加役流。若事須追究者，不用此律。追究，謂婚姻、良賤、赦限外蔽匿、應改正、徵收及追見贓之類。

諸被囚禁，不得告舉他事。其爲獄官酷已者，〔一六〇〕聽之。即年八十以上、十歲以下及篤疾者，聽告謀反、逆、叛、子孫不孝及同居之内爲人侵犯者。餘並不得告。官司受而爲理者，各減所理罪三等。

上元元年十二月，〔一六一〕刑部奏：「准名例律注云：〔一六二〕『獄成，謂贓狀露驗及尚書省斷訖未奏。』疏云：『贓，謂所犯之贓，見獲本物；狀，謂殺人之類，得狀爲驗。雖在州縣，並爲獄成。尚書省斷訖未奏者，謂刑部覆訖未奏，亦爲獄成。』今法官商量，若款自承伏，已經聞奏，及有勑付法，刑名更無可移者，謂同獄成。臣今與法官審加詳議，〔一六三〕仍永爲恒式。」勑旨依。二年六月，刑部奏：「謹按五刑，笞、杖、徒、流、死是也。今准勑除削絞死罪，唯有四刑。〔一六四〕每有思慮，須降死刑，不免還許斬絞。〔一六五〕勑律互用，法理難明。〔一六六〕又應決重杖之人，令式先無分析，京城知是蠹害，決殺者多死；外州見流嶺南，決不至死。決有兩種，法開二門。」勑旨：「斬、絞刑宜依格律處分。」

寶應元年九月，刑部、大理奏：「准式，制勑處分與一頓杖者，決四十；至到與一頓及重杖一頓，並決六十。無文至死者，謂准式處分。又制勑或有令決痛杖一頓者，式文既不載杖數，請准至到與一頓決六十，並不至死。」勑旨依。

建中三年八月，刑部侍郎班宏奏：「其十惡中，惡逆以上四等罪，請准律用刑；其餘及犯別罪，〔一六七〕應合處斬刑，自今以後，並請決重杖一頓處死，以代極法。重杖既是死刑，諸司使不在奏請決重杖限。」勑旨依。

原夫先王之制刑也，本於愛人求理，非徒害人作威。往古朴淳，事簡刑省。唐、虞及於三代刑制，其略可知。令王則輕，〔一六八〕虐后遂重。於善也，則云「罰不及嗣」；其不善也，乃云「罪人以族」。斯則前賢臧否之辨歟？秦法苛峻，天下潰叛。漢祖蠲除，約定三章，大辟之罪猶誅三族。孝文雖罷肉刑，新垣亦罹斯酷。其後顔異陷反唇棄市，楊惲坐諷議腰斬。洎乎曹、馬經綸之際，忤者三族皆夷。後魏有門房之誅。歷代蓋治時少，罕遇輕刑；亂時久，多遭刑重。〔一六九〕國家子育萬姓，輕簡刑章，徵之前代，未有其比。所以幽陵之盜西軼，犬戎之寇東侵，京師傾陷，皇輿巡狩，億兆戮力，大憝旋殲。自海内興戎，今以累紀，征繕未減，杼軸屢空，〔一七〇〕蒸庶無離怨心者，寔由刑輕之故。〔一七一〕或曰：「荀卿有言，代治則刑重，代亂則刑輕。所以治者，乃刑重。所以亂者，乃刑輕。欲求于治，〔一七二〕必用重典。」斯乃一端偏見，諒非適時通論也。夫刑之輕重利害，已粗言之矣。夫「刑者，成也。一成而不可變，故君子盡心焉」。謂之「君子」，則曰賢人；欲求賢人，固不易得。矧天下數百千郡縣，豈得衆多君子乎？佑以爲條章嚴繁，雖決斷必中，似不及條章輕簡，而決斷時漏。〔一七三〕故老氏云：「其政悶悶，其人淳淳；政教寬大悶昧，〔一七四〕似若不明，則人淳淳然而質朴。〔一七五〕其政察察，其人缺缺。」政教苛察，人則應之缺缺然而凋弊。又語曰：「寧失不經。」仁惻之旨也。

校勘記

〔一〕改爲加役流三千里　「改爲」原脱，據舊唐書刑法志二一三六頁、唐會要卷三九、册府卷六一一七三四三頁補。

〔二〕則臨事不惑耳　「惑」原訛「忒」，據北宋本、傅校本、明抄本改。

〔三〕送問日不須追身　「日」北宋本、傅校本、明抄本作「目」。

〔四〕有司又撰律疏三十卷　「又」原脱，據北宋本補。

〔五〕使免遺忘　「使」原作「庶」，據北宋本、傅校本、明抄本改。按：唐會要卷三九作「使」。

〔六〕貞元二年七月刑部侍郎韓洄奏　「元」原訛「觀」，「洄」原訛「回」，據舊唐書韓滉傳三六〇六頁訂改。

〔七〕定刑名　「定」原脱，據唐會要卷三九補。

〔八〕並無爲諸司尋檢格式文　「檢」原脱，據北宋本、傅校本、明抄本、明刻本補。按：唐會要卷三九有「檢」。

〔九〕別編六卷　「別」原訛「新」，據舊唐書刑法志二一四三頁、唐會要卷三九、册府卷六一二七三四六頁改。

〔一〇〕爲散頒格七卷　「七」上原有「皆」，據舊唐書刑法志二一四九頁、唐會要卷三九、册府卷六一二七三四六頁及北宋本、明抄本删。

〔一一〕六年又令删定律令格式　原脱作「又删定律令」，據北宋本、傅校本、明抄本補。

〔一二〕又撰格式律令事類四十卷　「撰」原脱，據舊唐書刑法志二一五〇頁、唐會要卷三九、册府卷六一二七三四八頁補。

〔一三〕如聞用例破敕及令式　「聞」原作「間」，據北宋本、傅校本、明抄本、明刻本改。按：唐會要卷三九也作「聞」。

〔一四〕夫之祖父母父母　「夫」上原有「及」，據北宋本、明抄本刪。

〔一五〕六曰大不敬　「敬」原作「恭」，宋人諱改，今據唐律疏議卷一、唐六典卷六、舊唐書刑法志二一三七頁、册府卷六一二七三四四頁回改。下注原有「犯廟諱改爲恭」六字，亦宋刻所增，今刪。

〔一六〕盜及僞造御寶　「盜」原脱，據唐律疏議卷一、律附音義卷一、宋刑統卷一補。

〔一七〕誤不牢固　「誤」原脱，據北宋本補。按：唐律疏議卷一、律附音義卷一、宋刑統卷一均有「誤」。

〔一八〕謂謀殺及賣緦麻以上親　「賣」原訛「罵」，據北宋本、傅校本、明抄本、明刻本改。按：唐律疏議卷一、律附音義卷一、宋刑統卷一均作「賣」。

〔一九〕謂殺本屬府主刺史縣令見受業師　「殺」上原衍「謀」，「見」原訛「及」，據唐律疏議卷一、律附音義卷一、宋刑統卷一及北宋本、傅校本、明抄本刪改。

〔二〇〕若作樂釋服從吉及改嫁　「若」原訛「及」，「及」原脱，據唐律疏議卷一、律附音義卷一、宋刑統卷一及北宋本、傅校本、明抄本、明刻本改補。

〔二一〕父祖妾　「祖」原脱，據唐律疏議卷一、律附音義卷一、宋刑統卷一及北宋本、傅校本、明抄本、明刻本補。

〔二二〕皇太后緦麻以上親　「皇太后」原涉上而脱，據唐六典卷六、唐律疏議卷一、律附音義卷一、宋刑統卷一補。

〔二三〕謂有大德行　「有」原脱，據北宋本、傅校本、明刻本補。

〔二四〕犯死罪皆條所坐及應議之狀　「罪」及「條所坐」原脱，據唐律疏議卷二、律附音義卷一、宋刑統卷二補。按：北宋本、傅校本、明抄本、明刻本「罪」字未脱。

〔二五〕諸謀反及大逆者皆斬父子年十六以上皆絞　「諸」及「父」原脱，據唐律疏議卷一七、律附音義卷七、宋刑統卷一七補。按：北宋本、傅校本、明抄本、明刻本有「諸」字。

〔二六〕餘條婦人應緣坐者　「條」原訛「律」，「婦人」原脱，據唐律疏議卷一七、律附音義卷七、宋刑統卷一七改補。按：北宋本、傅校本、明抄本、明刻本「條」字不誤。

〔二七〕伯叔父　「父」下原衍「母」，據唐律疏議卷一七、律附音義卷七、宋刑統卷一七删。

〔二八〕已上道者皆斬　「斬」原訛「絞」，據北宋本、傅校本、明抄本、明刻本改。按：唐律疏議卷一七、律附音義卷七、宋刑統卷一七作「斬」。

〔二九〕妻子流二千里　「子」原訛「妾」，據唐律疏議卷一七、律附音義卷七、宋刑統卷一七及北宋本、傅校本、明抄本、明刻本改。下同。

〔三〇〕以已上道論　「已」原脱，據唐律疏議卷一七、律附音義卷七、宋刑統卷一七補。

〔三一〕各依故殺罪減二等已傷者減一等　「罪」及「者」原脱，據唐律疏議卷一七、律附音義卷七、宋刑統卷一七補。按：北宋本、傅校本、明抄本、明刻本「者」字未脱。

〔三二〕餘條故夫舊主准此　「餘」下原衍「舊」，據唐律疏議卷一七、律附音義卷七、宋刑統卷一七删。

〔三三〕小功大功遞加一等　「大功」原脱，據唐律疏議卷二四、律附音義卷八、宋刑統卷二四補。

〔三四〕妄稱主壓者　「妄」原訛「妾」，據北宋本、傅校本、明刻本改。按：唐律疏議卷二四、律附音義卷八、宋刑統卷二四均作「妄」。

〔三五〕若大功以上親　「上」原訛「下」，據唐律疏議卷六、律附音義卷一、宋刑統卷六改。

〔三六〕皆勿論　「皆」上原衍「者」，據北宋本、明抄本删。按：唐律疏議卷六、律附音義卷一、宋刑統卷六均無「者」。

〔三七〕減凡人三等　「三」原訛「一」，據唐律疏議卷六、律附音義卷一、宋刑統卷六改。

〔三八〕各減一等　「各」原脱，據唐律疏議卷一二、律附音義卷四、宋刑統卷一二補。按：此句下各書尚有「即壓爲部曲及放爲部曲而壓爲賤者又各減一等」二十字，疑通典脱録。

〔三九〕十疋笞十　「十疋」原訛「一疋」，據唐律疏議卷一二、律附音義卷四、宋刑統卷一二改。按：敦煌寫本伯三六〇八職制户婚律殘卷亦作「十疋」。

〔四〇〕諸居父母及夫喪而嫁娶者　「及夫」原脱，據唐律疏議卷一三、律附音義卷四、宋刑統卷一三補。按：敦煌寫本伯三六〇八職制户婚律殘卷有「及夫」二字。

〔四一〕從而加功者絞不加功者流三千里　「絞不加功者」原涉上而脱，據唐律疏議卷一七、律附音義卷七、宋刑統卷一七補。

〔四二〕賣者不知情　「賣者」上原衍「皆絞」，據唐律疏議卷一八、律附音義卷七、宋刑統卷一八及北宋本、傅校本、明抄本、明刻本删。

〔四三〕流二千里　「二」原訛「三」，據唐律疏議卷一八、律附音義卷七、宋刑統卷一八及北宋本、傅校本、明抄本、明刻本改。

〔四四〕夫之祖父母父母　「父母」原作「者」，據唐律疏議卷一八、律附音義卷七、宋刑統卷一八改。

〔四五〕以故致死者　「故」原脱，據唐律疏議卷一八、律附音義卷七、宋刑統卷一八補。

〔四六〕欲疾苦人者　「疾」原作「病」，據北宋本、傅校本、明抄本、明刻本改。按：唐律疏議卷一八、律附音義卷七、宋刑統卷一八均作「疾」。

〔四七〕塚墓　「塚」原作「墳」，據北宋本、傅校本、明抄本、明刻本改。按：唐律疏議卷一八、律附音義卷七、宋刑統卷一八均作「塚」。

〔四八〕卑幼各依凡人遞減一等　「依」原訛「以」，據北宋本、傅校本、明抄本、明刻本改。按：唐律疏議卷一八、律附音義卷七、宋刑統卷一八均作「依」。

〔四九〕塚墓　「塚」原脱，據唐律疏議卷一八、律附音義卷七、宋刑統卷一八補。

〔五〇〕即得闌遺之物　「即」原脱，據北宋本、傅校本、明抄本、明刻本補。按：唐律疏議卷一九、律附音義卷七、宋刑統卷一九均有「即」。

〔五一〕及竊盜發覺　「發」原訛「後」，據北宋本、傅校本、明抄本、明刻本改。按：唐律疏議卷一九、律附音義卷七、宋刑統卷一九均作「發」。

〔五二〕十疋及傷人者絞　「人」原脱，據北宋本、傅校本、明抄本、明刻本補。按：唐律疏議卷一九、律附音義卷七、宋刑統卷一九有「人」。

〔五三〕皆是　「皆」原訛「亦」，據北宋本、傅校本、明抄本、明刻本改。

〔五四〕諸監臨主守自盜及盜所監臨財物者　原作「諸監臨者」，脱十一字，據唐律疏議卷一九、律附音義卷七、宋刑統卷一九補。

〔五五〕若親王財物　「親王」原訛「相主」，據唐律疏議卷一九、律附音義卷七、宋刑統卷一九改。按：北宋本、傅校本、明抄本、明刻本、王吴本作「親主」。

〔五六〕本條已有加者　「已」原訛「亦」，據唐律疏議卷一九、律附音義卷七、宋刑統卷一九改。

〔五七〕前後三犯徒者流二千里三犯流者絞　「徒」及下「三」原脱，據唐律疏議卷二〇、律附音義卷七、宋刑統卷二〇補。

〔五八〕三盜止數赦後爲坐　「坐」原訛「主」，據北宋本、傅校本、明抄本、明刻本改。按：唐律疏議卷二〇、宋刑統卷二〇均作「坐」。

〔五九〕其於親屬相盜者　「於」原訛「餘」，據北宋本、傅校本、明抄本、明刻本改。按：唐律疏議卷二〇、宋刑統卷二〇作「於」。

〔六〇〕不枉法者　「不」下原誤衍「得」，據唐律疏議一一及北宋本、傅校本、明抄本、明刻本删。

〔六一〕諸監臨主司　「司」原訛「守」，據唐律疏議卷一一、律附音義卷三、宋刑統卷一一及北宋本、傅校本、明抄本、明刻本改。

〔六二〕三十疋加役流　「三十」上原有「至」，據北宋本、傅校本、明抄本、明刻本、王吴本删。按：唐律疏議卷一一、律附音義卷三、宋刑統卷一一無「至」。

〔六三〕受所監臨財物者　「財」原訛「之」，「者」原脱，據唐律疏議卷一一、律附音義卷三、宋刑統卷一一及北宋本、傅校本、明抄本、明刻本改補。

〔六四〕八疋徒一年　「八」原訛「四」，據唐律疏議卷一一、律附音義卷三、宋刑統卷一一改。按：敦煌寫本伯三六〇八職制户婚律殘卷也作「八」。

〔六五〕即強乞取者　「強」原訛「雖」，據唐律疏議卷一一、律附音義卷三、宋刑統卷一一及北宋本、傅校本、明抄本、明刻本改。

〔六六〕授訖未上　「授訖」原訛「受乞」，據敦煌寫本伯三六〇八職制户婚律殘卷、唐律疏議卷一一、律附音義卷三、宋刑統卷一一改。按：北宋本作「受訖」。

〔六七〕有賸利者　「賸」原脱，據敦煌寫本伯三六〇八職制户婚律殘卷、唐律疏議卷一一、律附音義卷三、宋刑統卷一一補。

〔六八〕違負不還過五十日者　「過」原脱，據敦煌寫本伯三六〇八職制户婚律殘卷、唐律疏議卷一一、律附音義卷三、宋刑統卷一一補。

〔六九〕其應供已驅使而收庸直者　「直」原脱，據北宋本、傅校本、明抄本、明刻本補。按：敦煌寫本伯三六〇八職制户婚律殘卷、唐律疏議卷一一、律附音義卷三、宋刑統卷一一均有「直」。

〔七〇〕其於親屬雖過限及受饋乞貸　「於」原訛「餘」，「饋」原訛「遺」，據唐律疏議卷一一、律附音義卷三、宋刑統卷一一及北宋本、傅校本、明刻本改。按：明抄本、王吳本「饋」字不誤。

〔七一〕大功以上婚姻之家　「家」原訛「屬」，據敦煌寫本伯三六〇八職制户婚律殘卷、唐律疏議卷一一、律附音義卷三、宋刑統卷一一改。

〔七二〕營公廨借使者　「廨」原訛「應」，據北宋本、傅校本、明抄本、明刻本改。按：敦煌寫本伯三六〇八職制户婚律殘卷、唐律疏議卷一一、律附音義卷三、宋刑統卷一一均作「廨」。

〔七三〕謂非生者　「生」原訛「坐」，據北宋本、傅校本、明抄本、明刻本改。按：敦煌寫本伯三六〇八職制户婚律殘卷、唐律疏議卷一一、律附音義卷三、宋刑統卷一一均作「生」。

〔七四〕饋遺人　「遺」原作「送」，據北宋本、傅校本、明抄本改。按：敦煌寫本伯三六〇八職制户婚律殘卷、唐律疏議卷一一、律附音義卷三、宋刑統卷一一也都作「遺」。

〔七五〕諸監臨之官家人　「之官」原脱，據唐律疏議卷一一、宋刑統卷一一補。按：敦煌寫本伯三六〇八職制户婚律殘卷、律附音義卷三作「監臨官家人」。

〔七六〕各減監臨及監臨家人一等　「及監臨」原涉上而脱，據敦煌寫本伯三六〇八職制户婚律殘卷、唐律疏議卷一一、律附音義卷三、宋刑統卷一一補。

〔七七〕若貸人及貸之者　「若貸」下原衍「之」，據北宋本、傅校本、明抄本、明刻本删。按：唐律疏議卷一五、律附音義卷五、宋刑統卷一五均無「之」。

〔七八〕有文記准盜論　此六字原脱，據唐律疏議卷一五、律附音義卷五、宋刑統卷一五補。

〔七九〕即充公廨及用公廨物　「及用公廨」原脱，據唐律疏議卷一五、律附音義卷五、宋刑統卷一五及北宋本、傅校本、明抄本、明刻本補。

〔八〇〕雖貸亦同　「亦」原訛「推」，據北宋本、傅校本、明抄本、明刻本改。按：唐律疏議卷一五、律附音義卷五、宋刑統卷一五也作「亦」。

〔八一〕謂非監臨主司　「司」原作「守」，據北宋本、傅校本、明抄本、明刻本改。按：唐律疏議卷二六、律附音義卷一〇、宋刑統卷二六均作「司」。

〔八二〕諸於他人地内得宿藏物　「諸」下原衍「人」，據北宋本、傅校本、明抄本、明刻本删。按：敦煌寫本李氏舊藏雜律疏殘卷、唐律疏議卷二七、律附音義卷一〇、宋刑統卷二七均無「人」。

〔八三〕隱而不送者　「送」下原衍「官」，據敦煌寫本李氏舊藏雜律疏殘卷、唐律疏議卷二七、律附音義卷一〇、宋刑統卷二七删。

〔八四〕非手足者　「者」原脱，據北宋本、傅校本、明抄本、明刻本補。

〔八五〕若血從耳目出　「出」原脱，據唐律疏議卷二一、律附音義卷八、宋刑統卷二一補。

〔八六〕眇一目及折手足指　「眇」下「折」下原皆衍「人」，據唐律疏議卷二一、律附音義卷八、宋刑統卷二一及北宋本、傅校本、明抄本、明刻本删。

〔八七〕眇謂虧損其明　「明」原訛「目」，據唐律疏議卷二一、律附音義卷八、宋刑統卷二一及北宋本改。

〔八八〕折二齒二指　「二齒」原在下，據唐律疏議卷二一、律附音義卷八、宋刑統卷二一及北宋本、傅校本、明抄本、明刻本乙。

〔八九〕諸鬭以兵刃　「鬭」下原衍「毆」，據唐律疏議卷二一、律附音義卷八、宋刑統卷二一及北宋本、傅校本、明抄本、明刻本删。

〔九〇〕即毆罪重者從毆法　「從毆法」原脱，據唐律疏議卷二一、律附音義卷八、宋刑統卷二一及北宋本、傅校本、明抄本、明刻本補。

〔九一〕若刃傷　「刃」上原有「兵」，後人擅增。據唐律疏議卷二一、律附音義卷八、宋刑統卷二一及北宋本、傅校本、明抄本、明刻本删。

〔九二〕刃謂金鐵無大小之限堪以殺人者　「刃」「以」原脱，據唐律疏議卷二一、律附音義卷八、宋刑統卷二一及北宋本、傅校本、明抄本、明刻本補。

〔九三〕眇其兩目　「其兩」原訛「人」，據唐律疏議卷二一、律附音義卷八、宋刑統卷二一改補。按：前條爲「眇一目」制罪，此條爲「眇其兩目」立法。

〔九四〕謂辜内子死乃坐　「辜」下原有「限」，「死」下原有「者」，據唐律疏議卷二一、律附音義卷八、宋刑統卷二一及北宋本、傅校本、明抄本、明刻本删。

〔九五〕折支者折骨跌體者骨蹉跌　原作「折跌人肢體者謂其骨蹉跌」，北宋本、傅校本、明抄本、明刻本作「折人支者骨跌體者骨蹉跌」，據唐律疏議卷二一、律附音義卷八、宋刑統卷二一改。

〔九六〕餘條折跌平復准此　「折」原訛「損」，據唐律疏議卷二一、律附音義卷八、宋刑統卷二一及北宋本改。

〔九七〕即損二事以上　「即」原訛「及」，據北宋本、傅校本、明抄本、明刻本改。按：唐律疏議卷二一、律附音義卷八、宋刑統卷二一均作「即」。

〔九八〕以刃及故殺人者　「及」原脱，據北宋本、傅校本、明抄本、明刻本、王吴本補。按：唐律疏議卷二一、律附音義卷八、宋刑統卷二一均有「及」。

〔九九〕因用兵刃拒而傷殺者依鬬法　「拒而」原訛「相殺」，「傷」下原脱「殺」，「者」下原衍「皆」，據唐律疏議卷二一、律附音義卷八、宋刑統卷二一及北宋本、傅校本、明抄本、明刻本、王吴本改補。

〔一〇〇〕加鬬毆傷罪一等　「傷」下原衍「人」，據北宋本、傅校本、明抄本、明刻本删。按：唐律疏議卷二一、律附音義卷八、宋刑統卷二一均無「人」。

〔一〇一〕以他物毆傷人者二十日以刃及湯火傷人者三十日　「毆」、「人」、「及湯火」、「人」六字原脱，據唐律疏議卷二一、律附音義卷八、宋刑統卷二一補。按：北宋本、傅校本、明抄本、明刻本、王吴本有「毆」字，有「及」字。

〔一〇二〕其在限外及雖在限内以他故死者　「外」原訛「内」，「下「在」原脱，據唐律疏議卷二一、律附音義卷八、宋刑統卷二一及北宋本、傅校本、明抄本、明刻本、王吴本改補。

〔一〇三〕他故謂別增餘患而死者　「他」上原有「以」，據唐律疏議卷二一、律附音義卷八、宋刑統卷二一及王吴本删。按：北宋本、傳校本、明抄本、明刻本亦無「以」，而「故謂」誤倒。

〔一〇四〕若元謀下手重者　「元謀」原訛「先」，據唐律疏議卷二一、律附音義卷八、宋刑統卷二一改。

〔一〇五〕各依所毆傷殺論　「論」原脱，據唐律疏議卷二一、律附音義卷八、宋刑統卷二一補。

〔一〇六〕諸毆制使若本屬府主刺史縣令　「若」原作「及」，據北宋本、傳校本、明抄本、明刻本改。

〔一〇七〕及吏卒毆本部五品以上官長　「五品以上」原脱，據唐律疏議卷二一、律附音義卷八、宋刑統卷二一補。按：下文云「若毆六品以下官長」，明此當有「五品以上」四字。

〔一〇八〕各減三等減罪輕者　「三」原訛「二」，「者」原訛「重」，據唐律疏議卷二一、律附音議卷八、宋刑統卷二一改。

〔一〇九〕即毆佐職者　「職」原作「貳」，後人擅改，今據北宋本、傳校本、明抄本、明刻本改回。按：唐律疏議卷二一、律附音義卷八、宋刑統卷二一均作「職」。

〔一一〇〕雖不行用徒二年　「行」原脱，「二」原訛「三」，據唐律疏議卷一八、律附音義卷七、宋刑統卷一八補改。按：北宋本、傳校本、明抄本、明刻本「行」字未脱。

〔一一一〕諸夜無故入人家者　「家」下原有「内」，後人擅增。今據唐律疏議卷一八、律附音義卷七、宋刑統卷一八及北宋本、傳校本、明抄本、明刻本删。

〔一一二〕主人登時格殺者　「者」原作「之」，據北宋本、傳校本、明抄本、明刻本改。

〔一一三〕各以鬬殺傷論　「各」原脱，據北宋本補。按：唐律疏議卷一八、律附音義卷七、宋刑統卷一八均有

「各」。

〔一四〕犯十惡及五流者　「犯」原脱，據北宋本、傅校本、明抄本、明刻本補。按：唐律疏議卷二、律附音義卷一、宋刑統卷二均有「犯」。

〔一五〕受請枉法之類　「請」原訛「贓」，據北宋本、明抄本改。按：唐律疏議卷二、律附音義卷一、宋刑統卷二均作「請」。

〔一六〕若去官未敍亦准此　「亦准此」原作「准此例」，據敦煌寫本河字十七號名例律疏殘卷、唐律疏議卷二、律附音義卷一、宋刑統卷二改。

〔一七〕及贖徒一年者　唐律疏議卷二、宋刑統卷二同。按：敦煌寫本河字十七號名例律疏殘卷、律附音義卷一無「一」，疑是。

〔一八〕在道會赦　「會」原脱，據北宋本、傅校本、明抄本、明刻本補。按：唐律疏議卷三、律附音義卷一、宋刑統卷三有「會」。

〔一九〕若程內逃亡亦不在免限　唐律疏議卷三、律附音義卷一、宋刑統卷三作「若程內至配所者亦從赦原逃亡者雖在程內亦不在免限」。

〔二〇〕各從官當除免法　「法」原訛「死」，據唐律疏議卷四、律附音義卷一、宋刑統卷四改。

〔二一〕而事發時老疾者　「時」原脱，據北宋本、傅校本、明抄本、明刻本補。按：唐律疏議卷四、律附音義卷一、宋刑統卷四有「時」字。

〔二二〕亦同　「亦」原脱，據北宋本、傅校本、明抄本、明刻本、王吴本補。下「亦勿徵」同。

〔二三〕計人日爲絹三尺　「尺」原訛「疋」，據北宋本、傅校本、明抄本、明刻本改。按：唐律疏議卷四、律附音義卷一、宋刑統卷四均作「尺」。

〔二四〕其船及碾磑邸店之類　「其」原脱，「邸」原訛「列」，據唐律疏議卷四、律附音義卷一、宋刑統卷四補改。按：北宋本、傅校本、明抄本、明刻本有「其」。

〔二五〕即因問所劾之事　「事」原訛「罪」，據北宋本、傅校本、明抄本、明刻本改。按：唐律疏議卷五、律附音義卷一、宋刑統卷五均作「事」。

〔二六〕俱同自首例　「例」原訛「法」，據唐律疏議卷五、律附音義卷一、宋刑統卷五及北宋本改。

〔二七〕止計不盡之數科之　「數」原訛「贓」，據北宋本、傅校本、明抄本、明刻本改。按：唐律疏議卷五、律附音義卷一、宋刑統卷五作「數」。

〔二八〕聽從本　「本」下原衍「法」，據唐律疏議卷五、律附音義卷一、宋刑統卷五及北宋本、明抄本删。

〔二九〕於物不可備償　「備」原作「陪」，後人擅改，據北宋本、傅校本、明抄本、明刻本改回。按：唐律疏議卷五、律附音義卷一、宋刑統卷五均作「備」。

〔三〇〕得減逃亡之坐　「得」原訛「俱」，據北宋本改。按：唐律疏議卷五、律附音義卷一、宋刑統卷五均作「得」。

〔三一〕尊長謂男夫　「尊長」原涉上而脱，「謂」原作「爲」，據唐律疏議卷五、律附音義卷一、宋刑統卷五補改。按：北宋本作「謂」。

〔一三二〕雖造意仍以監主爲首　「意」下原衍「者」，「主」原作「守」，據唐律疏議卷五、律附音義卷一、宋刑統卷五及北宋本、傅校本、明抄本、明刻本刪改。

〔一三三〕唯具條其狀　「唯具」原訛「准重」，據唐律疏議卷六、律附音義卷一、宋刑統卷六改。按：北宋本作「唯其」，亦誤。

〔一三四〕若重罪應贖　「罪」原脱，據唐律疏議卷六、律附音義卷一、宋刑統卷六補。

〔一三五〕累謂止累見發之贓　「止」原訛「上」，據唐律疏議卷六、律附音義卷一、宋刑統卷六改。

〔一三六〕即監臨主司　「司」原訛「守」，據北宋本、傅校本、明抄本、明刻本改。按：唐律疏議卷六、律附音義卷一、宋刑統卷六均作「司」。

〔一三七〕若一事頻受　「頻」原訛「類」，據唐律疏議卷六、律附音義卷一、宋刑統卷六及北宋本、傅校本、明抄本改。

〔一三八〕其一事分爲二罪　「二罪」原倒，據唐律疏議卷六、律附音義卷一、宋刑統卷六及北宋本、傅校本、明抄本、明刻本乙。

〔一三九〕謂若貿易官物　「貿」原訛「買」，據北宋本改。按：唐律疏議卷六、律附音義卷一、宋刑統卷六均作「貿」。

〔一四〇〕謂若請官器杖　「請」上原衍「詐」，據唐律疏議卷六、律附音義卷一、宋刑統卷六刪。

〔四二〕謂一户俱不附貫　「一」原脱，據北宋本補。按：敦煌寫本伯三六〇八職制户婚律殘卷、唐律疏議卷一二、律附音義卷四、宋刑統卷一二均有「一」。

〔四三〕謂疾老中小之類　「疾老」原倒，據北宋本、傅校本、明刻本。按：敦煌寫本伯三六〇八職制户婚律殘卷、唐律疏議卷一二、律附音義卷四、宋刑統卷一二均作「疾老」。

〔四四〕其增減非免課役　「減」下原衍「等」，據北宋本、明抄本删。按：敦煌寫本伯三六〇八職制户婚律殘卷、唐律疏議卷一二、律附音義卷四、宋刑統卷一二均無「等」字。

〔四五〕施文書未行即不坐　「施」原作「發」，後人擅改，今據北宋本改回。按：唐律疏議卷一六、律附音義卷六、宋刑統卷一六作「文書施行即坐」。

〔四六〕雖非所屬比部官司亦得調發給與並即言上　「非」原訛「有」，「並」原脱，據唐律疏議卷一六、律附音義卷六、宋刑統卷一六改補。按：北宋本、傅校本、明抄本、明刻本「並」字未脱。

〔四七〕不容得先言上者　「者」原脱，據諸本補。

〔四八〕亦准所發人數　「所」原脱，據唐律疏議卷一六、律附音義卷六、宋刑統卷一六補。

〔四九〕以故致有覆敗者　「者」原脱，據北宋本、傅校本、明抄本、明刻本補。

〔五〇〕甲三領及弩五張　「及」原脱，據唐律疏議卷一六、律附音義卷六、宋刑統卷一六及北宋本、傅校本、明抄本、明刻本補。

〔五一〕諸言告人罪　「言」原脱，據北宋本、傅校本、明抄本、明刻本補。按：唐六典卷六有「言」。

〔一五一〕切害謂殺人賊盜逃亡若強姦良人並及更有急速之類　「若」原作「及」，「並」原脱，據北宋本、傅校本、明抄本、明刻本改補。

〔一五二〕留告人散禁　「留」原訛「流」，據北宋本、傅校本、明抄本、明刻本改。

〔一五三〕挾私彈事不實者　「者」原脱，據北宋本、傅校本、明抄本、明刻本補。

〔一五四〕即誣官人及有蔭者　「即」原訛「則」，「誣」下原衍「告」，據唐律疏議卷二三、律附音義卷八、宋刑統卷二三改删。按：北宋本、明抄本無「告」字。

〔一五五〕若告二罪以上重事實及數事等但一事實　「二罪」原訛「二事」，「數事」原訛「數罪」，據吐魯番寫本73TAM223：47(a)殘卷、唐律疏議卷二三、律附音義卷八、宋刑統卷二三及北宋本、傅校本、明抄本、明刻本改。

〔一五六〕反其所剩　「剩」原訛「贖」，據唐律疏議卷二三、律附音義卷八、宋刑統卷二三改。

〔一五七〕罪雖輕猶反其坐　「猶」原脱，據北宋本、傅校本、明抄本、明刻本補。

〔一五八〕謂絶匿姓名及假人姓名　「絶」原脱，據北宋本、傅校本、明抄本、明刻本補。按唐律疏議卷二四、律附音義卷八、宋刑統卷二四均有「絶」。

〔一五九〕得書者皆即焚之　「書」原訛「見」，據北宋本、傅校本、明抄本、明刻本改。按：唐律疏議卷二四、律附音義卷八、宋刑統卷二四均作「書」。

〔一六〇〕其爲獄官酷己者　「爲」原脱，據北宋本、傅校本、明抄本、明刻本補。按：唐律疏議卷二四、律附音義卷八、宋刑統卷二四均有「爲」。

〔一六一〕上元元年十二月　「上元」唐會要卷三九作「乾元」。

〔一六二〕准名例律注云　「注」原訛「法」，按：下引乃名例律「十惡反逆緣坐」條注語，見唐律疏議卷二，今據以訂改。

〔一六三〕臣今與法官審加詳議　「詳」原訛「論」，據北宋本、傅校本、明抄本、明刻本改。按：唐會要卷三九也作「詳」。

〔一六四〕唯有四刑　「唯」原訛「准」，據北宋本、傅校本、明抄本改。按：唐會要卷三九也作「唯」。

〔一六五〕不免還許斬絞　「許」原脱，據北宋本、傅校本、明抄本補。按：唐會要卷三九「許」作「計」。

〔一六六〕法理難明　「明」原訛「容」，後人妄改者，今據北宋本、傅校本、明抄本、明刻本改回。按、唐會要卷三九也作「明」。

〔一六七〕其餘及犯別罪　「及」原訛「各」，據北宋本、傅校本、明抄本、明刻本改。

〔一六八〕令王則輕　「王」原作「主」，據北宋本、傅校本、明抄本改。

〔一六九〕亂時久多遭刑重　原作「亂時多常遭重典」，後人擅改，據北宋本、傅校本、明抄本改回。

〔一七〇〕杼軸屢空　「軸」原訛「柚」，據北宋本、傅校本、明抄本、明刻本改。

〔一七一〕寔由刑輕之故　「寔」原訛「是」，據北宋本、傅校本、明抄本、明刻本改。

〔一七二〕欲求于治　「于」原訛「至」，據北宋本、傅校本、明抄本、明刻本改。

〔一七三〕佑以爲條章嚴繁雖決斷必中似不及條章輕簡而決斷時漏　「嚴繁」原作「繁難」，「雖」原作「而」，「中似」原脱，「時漏」上原有「或」，皆後人妄改者。今據北宋本、傅校本、明抄本、明刻本改回。

〔一七四〕政教寬大悶昧　「教」原訛「效」，據北宋本、傅校本、明抄本、明刻本改。

〔一七五〕則人淳淳然而質朴　原脱一「淳」，據北宋本、傅校本、明抄本補。

劉俊文點校　王文錦覆校

通典卷第一百六十六

刑法四

雜議上 虞 周 秦 漢 後漢 晉 東晉

虞書云：「帝謂皋陶曰：〔一〕汝作士，明于五刑，以弼五教。期于予治。弼，輔。期，當也。歎其能以刑輔教，當於治體。刑期于無刑，人協于中，〔二〕時乃功，懋哉！」雖或行刑，以殺止殺，終無犯者。刑期無所刑，人皆合於大中，是汝之功，勉之。

周制：以八辟麗邦法，附刑罰。辟，法也。麗，附也。易曰：「日月麗乎天。」一曰議親之辟，若今宗室有罪先請是也。二曰議故，故舊不遺，則民不偷。三曰議賢，若今廉吏有罪，先請是也。賢，謂有德行者。四曰議能，能，謂有道藝者。傳曰：「夫謀而鮮過，惠訓不倦者，叔向有焉。社稷之固也，宥之以勸能者。」五曰議功，謂有大勳力立功者。〔三〕六曰議貴，若今吏墨綬，有罪先請是也。七曰議勤，謂憔悴以事國。八曰議賓。謂所不臣者，三恪二代之后。以兩造禁民訟，入束矢於朝，然後聽之。爭財曰訟。兩至，使入束矢，乃治之也。不至，不入束矢，則是自服不直者也。詩曰：「其直如矢。」古者一弓百矢。禮記曰：「刑人不在君側。公族有死罪，即磬於甸人，〔四〕不於市朝者，隱之也。甸人，掌郊野之官。縣縊殺之曰磬。而無宮刑。其刑罪，即纖剸，亦告於甸人。纖讀曰殲。殲，刺也。剸，割也。皆以刀鋸割刺之。〔五〕告讀曰鞫。刑肅而俗弊，則人不歸也。刑人於市，與衆棄之。」又，「考禮正刑，一德以尊天子」。大戴禮曰：「刑法者，〔六〕御人之銜勒也；吏者，轡也；刑者，筴也；天子，御者；内史、太史，左右手也。古者以法爲銜勒，以官爲轡，以刑爲筴，以人爲手，而御天下。公家不畜刑人，大夫不養，士遇之途，不與之言。〔七〕屏諸四方，唯其所之，不及以政，不欲生之故也。」又曰：〔八〕「刑不上大夫者，古之大夫有坐不廉污穢者，則曰『簠簋不飾』；〔九〕淫亂男女無別者，則曰『帷薄不修』；罔上不忠者，則曰『臣節未著』；罷軟不勝任者，則曰『下官不職』；干國之紀者，則曰『行事不請』。此五者，大夫定罪名矣，不忍斥然正以呼之。是故大夫之罪，其在五刑之域者，聞有譴發，〔一〇〕則白冠氂纓，盤水加劒，造乎闕而自請罪，君不使有司執縛牽而加之也。其有大罪者，聞命則北面跪而自裁，君不使人捽引而刑殺之也，捽，才忽反。曰：『子大夫自取之耳！吾遇子有禮矣。』是曰『刑不上大夫』。」

東周之季，王道寖壞，教化不行，子産相鄭而鑄刑書。鑄刑法於鼎。晉叔向非之，曰：遺其書以非之。「昔先王議事以制，不爲刑辟，李奇曰：「先議其犯事，議定然後乃斷其罪，〔一一〕不爲一成之刑著於鼎也。」顏師古曰：「虞舜則象以典刑，流宥五刑；周禮則三典五刑，以詰邦國。非不預設，但不宣露使人知之。」懼民之有争心也，猶不可禁禦，是故閑之以誼，糾之以政，閑，防也。糾，舉也。行之以禮，守之以信，奉之以仁。奉，養也。制爲祿位，以勸其從；勸其從教之心也。嚴斷刑罰，以威其淫。淫，放也。民於是乎可任使也，而不生禍亂。〔一二〕民知有辟，則不忌於上。並有争心，以徵於書，而徼幸以成之，弗可爲矣。辟，法也。爲，治也。權移於法，故人不畏上，因危文以生詐妄，〔一三〕徼幸而成巧，則弗可治也。今吾子制三辟，鑄刑書，孟康曰：「謂夏、殷、周亂政所制三辟也。」〔一四〕將以靖民，不亦難乎！師古曰：「靖，安也。一曰治也。」民知争端矣，將棄禮而徵於書。取證於刑書。錐刀之末，將盡争之，喻微細。亂獄滋豐，賄賂並行。滋，益也。終子之世，鄭其敗乎！」子産報曰：「若吾子之言，僑不材，不能及子孫，吾以救世也。」言雖非長久之法，且救當時之弊。

議曰：古來述作，鮮克無累，或其識未至精，或其言未至公。觀左氏之紀叔向書也，蓋多其義，而美其詞。〔一五〕孟堅從而善之，似不敢異於前志，豈其識或未精乎？按虞舜立法曰：「象以典刑，流宥五刑，鞭作官刑，朴作教刑，金作贖刑，眚災肆赦，怙終賊刑。欽哉，欽哉，惟刑之恤哉！」孔安國注曰：「陣典刑之義，勑天下敬之，憂不得其中。」又按周官司寇，建三典，正月之吉，懸於象魏，使萬人觀之，浹日而斂。〔一六〕漢宣帝患決獄失中，置廷尉平，時鄭昌上疏曰：「聖王立法明刑者，救衰亂之起也。不若删定律令，〔一七〕愚人知所避，姦吏無所弄。」後之論者即云上古議事，不爲刑辟。夫有血氣，必有争心。羣居勝物之始，三皇無爲之代，既有君長焉，則有刑罰焉。其俗至淳，其事至簡，人犯者至少，何必先定刑名，所以因事立制。叔向之言可矣。自五帝以降，法教益繁，虞舜聖哲之君，後賢祖述其道，刑章輕重，亦以素設。周氏三典，懸諸象魏，皆先防抵陷，〔一八〕令避罪辜。是故鄭昌獻疏，蓋以發明其義。當子産相鄭，在東周衰時。王室已卑，諸侯力政，區區鄭國，介於晉、楚，法弛民怠，政隳俗訛，〔一九〕觀時之宜，設救之術，外抗大國，内安疲甿。仲尼兄事，聞死出涕，稱之「遺愛」，非盛德歟！而叔向乃謂赫胥、栗陸御宇之時，徒陳閑誼行禮致治之説，雖虞、夏之盛亦未可，在殷、周之初固不及。研尋反覆，斯言諒同玉巵無當矣。詳左氏之傳，或匪至公。晏嬰、張趯，譏議則別，先儒註釋，亦已昌言。所紀叔向此書，有如曲護晏子也。或曰，按孔祭酒穎達正義云：〔二〇〕「子産鑄刑書，而叔向責之；趙鞅鑄刑鼎，而仲尼譏之。則刑之輕重，不可使人知也。」「聖王雖制刑法，舉其大綱。但共犯一法，情有深淺，臨至時事，〔二一〕議其輕重也」。按孔議附會叔向之書，〔二二〕前已論之矣。又按左傳，晉趙鞅鑄刑鼎，著范宣子所爲刑書焉。仲尼曰：「晉國將守唐叔之所受法度，以經緯其民。文公又爲被廬之法，以爲盟主。今棄是度也，而爲刑鼎，人在鼎矣，何以尊貴？注云：〔二三〕棄禮徵書，故不尊貴。」且夫宣子之刑，〔二四〕夷之蒐，晉國之亂制也。」

又議曰：夫經籍指歸，誠要疏議，固當解釋本文，豈可徒爲臆説。詳左氏載夫子所議，令守晉國舊法，范宣子所爲非善政也，故録本傳以證之。佑誠懵學，輒議前賢。儻遇精鑒達識，庶幾要終原始，幸詳鄙見，竊俟知音。〔二五〕

秦孝公納衛鞅言，欲變法，恐天下議己。衛鞅曰：「疑行無名，疑事無功。〔二六〕且夫有高人之行者，固見非於代；有獨知之慮者，必見敖於人。愚者闇於成事，智者見於未萌。人不可與慮始，而可與樂成。論至德者不和於俗，成大功者不謀於衆。是以聖人苟可以强國，不法其故；苟可以利人，不循其禮。」孝公曰：「善。」甘龍曰：「不然。聖人不易民而教，智者不變法而治。因人立教，不勞而成功；緣法而治者，吏習而人安。」衛鞅曰：「龍之所言，時俗之言也。常人安於習俗，學者溺於所聞。以此兩者居官守法可也，非所與論於法之外也。三代不同禮而王，五伯不同法而霸。智者作法，愚者制焉；賢者更禮，不肖者拘焉。」杜摯曰：「利不百，不變法；功不十，不易業。〔二七〕法古無過，循禮不邪。」衛鞅曰：「治代不一道，便國不必古。〔二八〕故湯、武不循古而王，夏、殷不易禮而亡。反古者不可非，而循禮者不足多。」孝公竟變法令。

漢景帝時，廷尉上囚防年繼母陳論殺防年父，防年因殺陳，〔二九〕依律，殺母以大逆論。帝疑之。武帝時年十二，爲太子，在旁，帝遂問之。太子答曰：「夫『繼母如母』，明不及母，緣父之故，比之於母。今繼母無狀，手殺其父，則下手之日，母恩絶矣。宜與殺人者同，不宜與大逆論。」從之。

宣帝自在閭閻，知刑法不一。於是置廷尉平，秩六百石，員四人。選于定國爲廷尉，黃霸等爲廷平，獄刑號爲平矣。時鄭昌上疏曰：「聖王立法明刑者，非以爲治，救衰亂之起也。今明主躬垂明聽，雖不置廷尉平，獄將自正；若開後嗣，不若刪定律令。律令一定，愚人知所避，姦吏無所弄矣。今不正其本，而置廷平以治其末，政衰聽倦，則廷平招權而爲亂首矣。

薛宣爲丞相時，弟循爲臨菑令，〔三〇〕後母常隨循居官。宣迎後母，循不遣。後母病死，循去官持服。宣謂循三年服少能行之者，兄弟相駮不可，駮者，執意不同，猶如色之間雜。循遂竟服，繇是兄弟不和。後宣免丞相，〔三一〕加特進。久之，哀帝即位，博士申咸給事中，亦東海人，毀宣不供養行喪服，薄於骨肉，前以不忠孝免，不宜復封列侯在朝省。宣子況爲右曹侍郎，數聞其語，賕客楊明，欲令創咸面目，〔三二〕使不居位。創謂傷之。〔三三〕會司隸缺，況恐咸爲之，遂令明遮斫咸宮門外，〔三四〕斷鼻脣，身八創。事下有司議。御史中丞衆等議史失衆姓。奏曰：「況朝臣，父故宰相，封列侯，不相敕承教化，而骨肉相疑，疑咸受循言以謗毀宣。〔三五〕咸所言皆宣行迹，衆人所共見，公家所宜聞。況知咸給事中，恐爲司隸舉奏宣，而公令明等迫切宮闕，〔三六〕要遮創戮近臣於大道人衆中，欲以鬲塞聰明，杜絕論議之端。鬲與隔同。杜，塞也。桀黠無所畏忌，萬衆讙譁，流聞四方，不與凡人忿怒爭鬭同。臣聞敬近臣，爲近主也。禮，下公門，式路馬，過公門則下車，見路馬則撫式，蓋崇敬也。式，車前横木。君畜産且猶敬之。〔三七〕春秋之義，意惡功遂，不免於誅，遂，成也。言舉意不善，雖成功猶加誅。上浸之源不可長也。浸，近也。傷戮大臣，有所逼近也。浸字或作侵，〔三八〕犯也。其義兩通。長音竹兩反。〔三九〕況首爲惡，明手傷，功意俱惡，手傷人爲功，使人傷人爲意。皆大不敬。明當以重論，及況皆棄市。」廷尉直駮議曰：「律曰：『鬭以刃傷人，完爲城旦，〔四〇〕其賊加罪一等，與謀者同罪。』詔書無詆欺成罪。詆，毁也，丁禮反。傳曰：『遇人不以義而見疻者，與痏人之罪鈞，〔四一〕惡不直也。』以杖手毆擊，破其皮，腫起青黑而無創瘢者，律謂之疻痏。遇人不以義爲不直，雖見毆，罪同毆也。疻音移。〔四二〕痏音鮪。咸厚善循，而數稱宣過惡，流聞不誼，〔四三〕不可謂直。言咸爲循而毁宣，是不義而不直。〔四四〕況以故謀傷咸，計謀已定，〔四五〕後聞置司隸，因前謀而趣明，趣讀曰促。非以恐咸爲司隸故造謀也。本爭私變，雖於掖門外傷咸道中，與凡人爭鬭無異。殺人者死，傷人者刑，古今之通道，三代所不易也。孔子曰：『必也正名乎。』名不正，則言不順，至於刑罰不中，而人無所措其手足。措，置也。今以況爲首惡，明手傷爲大不敬，公私無差。春秋之義，原心定罪。原，謂尋其本。原況以父見謗發忿怒，無他大惡。加詆欺，〔四六〕輯音集。小過成大辟，陷死刑，違明詔，恐非法意，不可施行。聖王不以怒增刑，明當以賊傷人不直，以受其財。況與謀者皆爵減完爲城旦。」以其身有爵級，故得減罪而爲完也。況身及同謀之人，〔四七〕從此科。帝以問公卿。丞相孔光、大司空師丹以中丞議是，自將軍以下至博士議郎皆是廷尉。況竟減死罪一等，徙燉煌。宣坐免爲庶人，歸故鄉。

定陵侯淳于長坐大逆誅。長小妻乃始等六人，皆以事未發覺時棄去，〔四八〕或更嫁。及長事發，丞相方進、大司空何武議曰：「令，犯法者各以法時律令論之，〔四九〕此其引令條之文也。法時，謂始犯法之時也。〔五〇〕明有所訖也。訖，止。〔五一〕長犯大逆時，乃始等見爲妻，已有當坐之罪，與身犯法無異。後乃棄去，於法無以解。解，免也。請論。」廷尉孔光駮議，以爲：「大逆無道，父母妻子同産無少長皆棄市，欲懲後犯法者也。懲，創止也。夫婦之道，有義則合，無義則離。長未自知當坐大逆之法，而棄去乃始等，〔五二〕或更嫁，義已絕。而欲以爲長妻論殺之，名不正，不當坐。」有詔光議是。

班固曰：自昭、宣、元、成、哀、平六代之間，斷獄殊死，率歲千餘口而一人，率天下犯罪者，千口而有一人死。〔五三〕耐罪上至右趾，三倍有餘。耐從司寇以上至右趾，〔五四〕千口三人刑。古人有言：「滿堂飲酒，有一人向隅而泣，則一堂不樂。」王者之於天下，猶一堂之上也。故一人不得其平，爲之悽愴。今郡國被刑或冤死者多，此和氣所以未洽者也。原夫獄刑所以蕃者，書云：「伯夷降典，哲人惟刑。」〔五五〕言伯夷下禮法以導人，人習知禮，然後用刑也。言制禮以止刑，〔五六〕猶隄之防溢水也。今隄防淩遲，禮制未立；死刑過制，生刑易犯；飢寒並至，窮斯濫溢；豪桀擅私，〔五七〕爲之囊橐，言容隱姦邪，若囊橐盛物。姦有所隱，則狃而寖廣矣。狃，串習也。〔五八〕寖，漸也。狃音女九反。孔子曰：「古之知法者能省刑，本也；今之知法者不失有罪，末矣。」省，謂減除之。絶於未然，故曰本也。不失有罪，〔五九〕事止聽訟，所以爲末。又曰：「今之聽獄者，求所以殺之；古之聽獄者，求所以生之。」與其殺不辜，寧失有罪。今之獄吏，上下相驅，以刻爲明，深者獲功名，〔六〇〕平者多後患。諺曰：「鬻棺者欲歲之疫。」非憎人欲殺之，利在於人死也。〔六一〕凡此五疾，獄刑所以蕃也。

漢舊事斷獄報重，〔六二〕常盡三冬之月，是時後漢章帝始改用冬初十月而已。〔六三〕元和三年，旱，長水校尉賈宗上言，以爲斷獄不盡三冬，陰氣微弱，陽氣發洩，故招致災旱。帝下公卿議。陳寵議曰：「夫冬至之節，陽氣始萌，故十一月有蘭、射干、芸、荔之應。易通卦驗曰：「十一月廣莫風至，蘭、射干生。」月令：「仲冬，芸生，荔挺出，一陽始生。」天以爲正，周以爲春。正，春，皆始。十一月萬物微而未著，天以爲正，周以爲歲首。十二月陽氣上通，雉雊雞乳，地以爲正，殷以爲春。十二月二陽爻生，雁北嚮，陽氣上通，諸生皆動，萌芽。月令：「季冬，雉雊雞乳。」十三月，陽氣已至，天地已交，〔六四〕萬物皆出，蟄蟲始振，人以爲正，夏以爲春。今正月也，天子迎春東郊，陰陽交合，萬物皆出於地，人始初見，故曰「人以爲正」。月令：「孟春天氣下降，地氣上騰，天地和同，草木萌動，東風解凍，蟄蟲始振。」三微成著，以通三統。統者，統一歲之事。王者三正遞用，〔六五〕周環無窮，故曰通三統。三禮義宗曰：「三微，三正也。

十一月陽氣始施，萬物動於黃泉下，〔六六〕微而未著，其色皆赤。赤者陽氣。故周以天正爲歲，色尚赤，夜半爲朔。十二月萬物始芽，色白。白者陰氣。故殷以地正爲歲，色尚白，雞鳴爲朔。十三月萬物始達，其色皆黑，人得加功以展其業。夏以人正爲歲，色尚黑，平旦爲朔。故曰三微。王者奉以成之，各法其一以改正朔也。」易乾鑿度曰：「三微而成著，三著而體成。」〔六七〕當此之時，天地交，萬物通。周以天元，殷以地元，夏以人元。若以此時行刑，殷、周歲首皆當流血，〔六八〕不合人心，不稽天意。月令曰：『孟冬之月，趣獄刑，〔六九〕無留罪。』按月令及淮南子，皆言季秋趣獄刑，無留罪。今言孟冬，未詳。明大刑畢在立冬也。〔七〇〕又，『仲冬之月，身欲寧，事欲靜』。月令：「仲冬，君子齊戒，身欲寧，事欲靜，以待陰陽之所定。」若以行大刑，不可謂寧靜也。〔七一〕議者或曰：〔七二〕『旱之所由，咎在改律。』臣以爲殷、周斷獄不以三微，而化致康平，無有災害。自元和以前，皆用三冬，而水旱之異，往往爲患。由此言之，災害自爲他應，不以改律。秦爲虐政，四時行刑。漢興，蕭何草律，季秋論囚，論，決也。但避立春之月，〔七三〕不計天地之正，二王之春，〔七四〕實頗有違。」帝納之，遂不復改。

時羣臣上言，古者肉刑嚴重，人畏法令，今憲律輕薄，故姦宄不勝，宜增禁科以防其源。詔下公卿。光禄勳杜林奏曰：「夫人情挫辱，則義節之風損；法防繁多，則苟免之行興。孔子曰：『導之以政，齊之以刑，民免而無恥。導之以德，齊之以禮，有恥且格。』古之明王，深識遠慮，動居其厚，不務多辟，周之五刑，不過三千。大漢初興，詳覽失得，〔七五〕故破矩爲圓，斲雕爲朴，蠲除苛政，更立疎綱，〔七六〕海内歡欣，人懷寬德。及至其後，漸以滋章，吹毛求疵，詆欺無限。果桃菜茹之饋，〔七七〕集以成贓，小事無妨於義，〔七八〕以爲大戮，故國無廉恥，家無完行。至於法不能禁止，〔七九〕爲弊彌深。臣愚以爲宜如舊制，不合翻移。」帝從之。

自建初中，有人侮辱人父者，而其子殺之，帝賞其死刑而降宥之，〔八〇〕自後因以爲比。是時遂定其議，以爲輕侮法。和帝即位，尚書張敏上議曰：「夫輕侮之法，先帝一切之恩，不有成科班之律令也。夫死生之決，宜從上下，猶天之四時，有生有殺。若開容恕，〔八一〕著爲定法者，則是故設姦萌，生長罪隙。孔子曰：『民可使由之，不可使知之。』春秋之義，子不報讎，非子也。而法令不爲之減者，以相殺之路不可開故也。今托義者得減，謬殺者有差，使執憲之吏得設巧詐，非所以遵『在醜不争』之義。〔八二〕又輕侮之比，寖以繁滋，至有四五百科，轉相瞻顧，〔八三〕彌復增甚，難以垂之萬載。臣惟孔子垂經典，皋陶造法律，原其本意，皆欲禁人爲非。未曉輕侮之法將以何禁？必不使人不相輕侮，〔八四〕而更開相殺之路。議者或曰：『平法當先論生。』臣愚以爲天地惟人爲貴，殺人者死，三代通制。今欲趣生，反開殺路，一人不死，天下受弊。記曰：〔八五〕『利一害百，人去城郭。』夫春生秋殺，天道之常。春一物枯即爲災，〔八六〕秋一物榮即爲異。〔八七〕王者體天地，順四時，法聖人，從經律。願陛下留意，廣令評議，天下幸甚。」從之。

晉惠帝之代，政出羣下，每有疑獄，各立私情，刑法不定，獄訟繁滋。尚書裴頠表諫之曰：

夫天下之事多塗，非一司之所管；中才之情易擾，賴恆制而後定。先王知其然也，是以辨方分職，爲之准局。准局既立，各掌其務，刑賞相稱，輕重無二，故下聽有常，羣吏安業也。舊宫掖、陵廟有水火毁傷之變，然後尚書乃躬自奔赴，其非此也，皆止於郎令史而已。刑罰所加，〔八八〕各有常刑。

去元康四年，大風之後，廟闕屋瓦有數枚傾落，免太常荀寓。於時僉謂事輕責重，有違於常。會五年二月天有大風，主者懲懼前事。臣新拜尚書始三日，本曹尚書有疾，權令兼出，按行蘭臺。主者乃瞻視阿棟之閒，求索瓦之不正者，得棟上瓦小斜十五處。或是始瓦時斜，蓋不足言，〔八九〕風起倉卒，臺官更往，〔九〇〕太常按行，不及得周，文書未至之頃，便競相禁止，復興刑獄。〔九一〕

昔漢時有盜高廟玉環者，文帝欲族誅，張釋之但處以死刑，曰：「若侵長陵一抔土，何以復加？」帝從之。大晉垂制，深惟經遠，山陵不封，園邑不飾，墓而不墳，同乎山壤，是以丘坂存其陳草，使齊乎中原矣。雖陵兆尊嚴，唯毁發然後族之，此古典也。

若登踐犯損，失盡敬之道，事止刑罪可也。

去八年，〔九二〕奴聽教加誣周龍燒草，廷尉遂奏族龍，一門八口并命。會龍獄翻，然後得免。考之情理，准之前訓，所處實重。今年八月，陵上荆一枝圍七寸二分者被斫，司徒太常奔走道路，雖知事小，而按劾難測，騷擾驅馳，各競免負，〔九三〕於今太常禁止未解。近日太祝署失火，燒屋三間半。署在廟北，隔道在重壖之内，火即已滅，主者便責尚書不即按行，輒禁止，尚書免，皆在法外。

刑書之文有限，而舛違之故無方，故有臨時議處之制，誠不能皆得循常也。至於此輩，皆爲過當，每相逼迫，不復以理，上替聖朝畫一之德，下損崇禮大臣之體。〔九四〕臣愚以爲犯陵上草木，不應乃用同産畢刑之制。〔九五〕按行奏劾，應有定准，相承務重，體例遂虧。或因餘事，得容淺深。

頌雖有此表，曲議猶不止。劉頌爲三公尚書，又上疏曰：

自近代以來，法漸多門，令甚不一。臣職思其憂。伏惟陛下爲政，每盡善，故事求曲當，曲當則例不得直，盡善故法不得全。何則？夫法者，固以盡理爲法，〔九六〕而上求盡善，則諸下牽文就意，〔九七〕以赴主之所許，是以法不得全。刑書徵文，〔九八〕徵文必有乖於情聽之斷，而上安於曲當，故執平者因文可引，則生二端。是法多門，令不一，則吏不知所守，下不知所避。姦僞者因法之多門，以售其情，所欲淺深，苟斷不一，則居上者難以檢下，於是事同議異，獄犴不平，有傷於法。

古人有言：「人主詳，其政荒；人主期，〔九九〕其事理。」詳匪他意，〔一〇〇〕盡善則法傷，故其政荒也。期者輕重之當，雖不厭情，苟入於文，則循而行之，〔一〇一〕故其事理也。理有窮塞，故使大臣釋滯；事有時宜，故人主權斷。主者守文，若釋之執犯蹕之平也；大臣釋滯，若公孫弘斷郭解之獄也；人主權斷，若漢祖戮丁公之爲也。〔一〇二〕天下萬事，自非斯格，不得出法以意妄議，其餘皆以律令從事。然後法信於下，人聽不惑，吏不容姦，可以言政。人主軌斯格以責羣下，大臣小吏各守其局，則法一矣。

古人有言：「善爲政者，看人設教。」看人設教，制法之謂也。〔一〇三〕又曰「隨時之宜」，當務之謂也。則看人隨時，在大量也，而制其法。法軌既定則行之，行之信如四時，〔一〇四〕執之堅如金石，羣吏豈得在成制之內，復稱隨時之宜，傍引「看人設教」以亂政典哉！何則？始制之初，固已看人而隨時矣。今若設法未盡當，則宜改之。若謂已善，不得盡以爲制，而使奉用之司公得出入以差輕重也。夫人君所與天下共者，〔一〇五〕法也。已令四海，不可以不信爲教。

上古議事以制，不爲刑辟。夏、殷及周，書法象魏。三代之君齊聖，然咸棄曲當之妙鑒，而任徵文之直準，非聖人有殊，所遇異也。今論時敦朴，不及中古，而執平者欲適情之所安，自托於議事以制。臣竊以爲聽言則美，論理則違。然天下至大，〔一〇六〕事務衆雜，時有不得悉循文如令。故臣謂宜立格爲限，使主者守文，死生以之，不敢錯思於成制之外，以差輕重。至如非常之斷，出法賞罰，若漢祖戮楚臣之私己，封趙氏之無功，唯人主專之，非奉職之臣所得擬議。〔一〇七〕然後情求旁請之跡絶，似是而非之奏塞，此蓋齊法之大準也。

夫出法權制，指施一事，〔一〇八〕厭情合聽，可適耳目，誠有臨時當意之快，勝於徵文不允人心也。〔一〇九〕然起爲經制，終年施用，恆得一而失十。故小有所得者，必大有所失；近有所漏者，必遠有所苞。故諳事識體者，善權輕重，不以小害大，不以近妨遠。忍曲當之近適，以全簡直之大準。不牽於凡聽之所安，必守徵文以正例。每臨其事，恆御此心以決斷，此又法之大槩也。

又律法斷罪，皆當以法律令正文，若無正文，依附名例斷之，其正文、名例所不及，皆勿論。法吏以上，所執不同，得爲異議。如律之文，守法之官，唯當奉用律令。至於法律之內，所見不同，乃得爲異議也。今限法曹郎令史，意有不同爲駁，唯得論釋法律，以正所斷，不得援求諸外，論隨時之宜，以明法官守局之分。

詔下其事，侍中、太宰、汝南王亮奏曰：「臣以去太康八年，隨事異議。且周懸象魏之書，漢詠畫一之法，誠以法與時共，義不可二。〔一一〇〕臣以爲宜如頌所啟，爲永久之制。」於是門下屬議曰：「昔先王議事以制，自中古以來，執法斷事，既已立法，誠不宜復求法外小善也。〔一一一〕若以善奪法，則人逐善而不忌法，其害甚於無法也。按啟事，欲令法令斷一，〔一一二〕事無二門，郎令史以下，應復出法駁按，隨以事聞也。」

東晉成帝時，廷尉奏殿中帳施吏邵廣盜官幔三張，〔一一三〕合布三十疋，有司正刑棄市。廣二子，宗年十三，雲年十一，黃幡撾登聞鼓乞恩，辭求自没爲奚官奴，以贖父命。尚書郎朱暎議以爲：〔一一四〕「天下之人，無子者少，一事遂行，便成永制，懼死罪之刑，於此而弛。」時議者以廣爲鉗徒，二兒没入，既足以懲，又使百姓知父子之道，〔一一五〕聖朝有垂恩之仁。可特聽減廣死罪爲五歲刑，宗等付奚官爲奴，而不爲永制。尚書右丞范堅駁之曰：「自淳朴澆散，刑辟乃作，刑之所以止刑，殺之所以止殺。雖時有赦過宥罪，〔一一六〕議獄緩死，未有行不忍而輕易典刑者也。且既許宗等，宥廣死罪，若復有宗比而不求贖父者，豈得不擯絶人倫，同之禽獸邪！〔一一七〕按主者今奏云，唯特聽宗等而不爲永制。臣以爲王者之作，動關盛衰，嚬笑之間，尚慎所加。今之所以宥廣，正以宗等耳。人之愛父，誰不如宗？〔一一八〕今既許宗之請，將來訴者，何獨匪人！特聽之意，未見其益；不以爲例，父興怨讟。此爲施一恩於今，而開萬怨於後也。」從之。

安帝義熙中，劉毅鎮姑熟。嘗出行，〔二九〕而陽陵縣吏陳滿射鳥，箭誤中直帥，雖不傷人，處法棄市。何承天議曰：「獄貴情斷，疑則從輕。昔有驚漢文帝乘輿馬者，張釋之斷以犯蹕，罪止罰金。〔三〇〕何者？明其無心於驚馬也。故不以乘輿之重，而加異制。今滿意在射鳥，非有心於中人。按律『過誤傷人三歲刑』，〔三一〕況不傷乎？」

校勘記

〔一〕帝謂臯陶曰　「曰」原脱，據北宋本、傅校本、明抄本、明刻本、王吴本補。

〔二〕人協于中　「人」原作「民」，據北宋本、傅校本、明抄本、明刻本、王吴本改。下同。按：通典諱「民」爲「人」。

〔三〕謂有大勳力立功者　「力」原作「勞」，據周禮小司寇注及北宋本、傅校本、明抄本、明刻本改。

〔四〕即磬於甸人　「磬」原訛「罄」，據禮記文王世子改。注同。

〔五〕皆以刀鋸割刺之　「皆」原訛「宫」，據北宋本改。

〔六〕刑法者　「法」原作「罰」，據北宋本改。按：大戴禮盛德篇作「德法者」。

〔七〕不與之言　原作「不與言也」，據北宋本、傅校本、明抄本改。

〔八〕又曰　以下引文今大戴禮不見，與漢書賈誼傳、賈誼新書傳篇所載亦不盡同，疑爲大戴禮逸篇中文字。

〔九〕簠簋不飾　「飾」原作「飭」，北宋本作「餝」，俗飾字，據改。

〔一〇〕聞有譴發　「發」原作「何」，據北宋本、傅校本、明抄本、明刻本改。

〔一一〕議定然後乃斷其罪　「然後」原脱，據北宋本補。按：漢書刑法志李奇注一〇九四頁有「然後」。

〔一二〕民於是乎可任使也而不生禍亂　此兩句上原有「懼其未也故誨之以忠聳之以行教之以務使之以和臨之以敬涖之以彊斷之以剛猶求聖哲之上明察之官忠信之長慈惠之師」五十一字，乃後人據漢書刑法志一〇九三頁所增，非通典之舊，今據北宋本、傅校本、明抄本、明刻本删。

〔一三〕因危文以生詐妄　「以」原脱，據北宋本、傅校本、明抄本補補。

〔一四〕謂夏殷周亂政所制三辟也　「所」原訛「以」，據北宋本、傅校本、明抄本、明刻本改。按：漢書刑法志孟康注一〇九五頁作「所」。

〔一五〕蓋多其義而美其詞　「美」原訛「表」，據北宋本、傅校本、明抄本、明刻本、王吴本改。

〔一六〕浹日而斂　「日」原訛「旬」，據周禮大司寇及北宋本、傅校本、明抄本、明刻本改。

〔一七〕不若删定律令　「不若」原作「今宜」，清人擅改。今據北宋本、傅校本、明抄本、明刻本改回。按：漢書刑法志一一〇二頁作「不若」。王吴本作「若不」，誤倒。

〔一八〕皆先防抵陷　「先」原作「以」，「抵」原作「民」，明人擅改。據北宋本、傅校本、明抄本改回。

〔一九〕政𤄊俗訛 「訛」原作「微」，亦明人擅改，據北宋本、傅校本、明抄本改回。

〔二〇〕按孔祭酒穎達正義云 「祭酒」原無，蓋被清人擅删，今據北宋本、傅校本、明抄本、明刻本、王吴本回補。

〔二一〕臨至時事 原作「待至臨事」，明人擅改，今據左傳昭公六年孔疏及北宋本、傅校本、明抄本、明刻本改回。

〔二二〕按孔議附會叔向之書 「附」原脱，「書」原作「言」，據北宋本補改。按：傅校本、明抄本、明刻本、王吴本「附」字未脱。

〔二三〕注云 原脱，據北宋本、傅校本、明抄本、明刻本、王吴本補。

〔二四〕且夫宣子之刑 「夫」原脱，據北宋本、傅校本、明抄本、明刻本、王吴本補。

〔二五〕竊佚知音 原脱，據北宋本、傅校本、明抄本、明刻本、王吴本補。

〔二六〕疑事無功 「功」原訛「成」，據史記商君傳二二二九頁及北宋本、傅校本、明抄本改。

〔二七〕不易業 「業」史記商君傳二二二九頁作「器」。

〔二八〕便國不必古 「必」史記商君傳二二二九頁作「法」。

〔二九〕防年因殺陳 「因」原脱，據北宋本、傅校本、明刻本補。

〔三〇〕弟循爲臨菑令 「循」漢書薛宣傳三三九四頁作「修」，下同。按：「修」（脩）「循」史中每混用，如北魏出帝元脩或作元循。

〔三一〕後宣免丞相　「宣」原脱，據北宋本、王吴本補。

〔三二〕欲令創咸面目　「欲」原訛「欽」，據漢書薛宣傳三三九五頁改。

〔三三〕創謂傷之　「謂」原訛「爲」，據北宋本、傅校本、明抄本、明刻本改。

〔三四〕遂令明遮斫咸宫門外　「明」下原衍「欽」，據漢書薛宣傳三三九五頁删。

〔三五〕疑咸受循言以謗毁宣　「疑」原涉上而脱，據漢書薛宣傳三三九五頁補。

〔三六〕而公令明等迫切宫闕　「等」原訛「欽」，據漢書薛宣傳三三九五頁及北宋本改。

〔三七〕君畜産且猶敬之　「君」原訛作「居處」，據漢書薛宣傳三三九五頁改。

〔三八〕浸字或作侵　原作「浸亦作侵」，北宋本、傅校本、明抄本、明刻本作「浸自作侵」，今據漢書薛宣傳師古注三三九六頁改補。

〔三九〕長音竹兩反　「音」原脱，據北宋本、傅校本、明抄本補。

〔四〇〕鬬以刃傷人完爲城旦　「鬬」原脱，「旦」下原衍「舂」，據漢書薛宣傳三三九五頁補删。按：北宋本、傅校本、明抄本無「舂」，「旦」作「朝」，蓋避睿宗諱而改者。

〔四一〕遇人不以義而見痏者與痏人之罪鈞　「義」原訛「禮」，「痏」原訛「痏」，據漢書薛宣傳三三九五頁改。按：北宋本「義」字不誤。

〔四二〕痏音移　「移」原作「紙」，據北宋本、傅校本改。

〔四三〕流聞不誼　「不誼」原脱，據漢書薛宣傳三三九五頁補。

〔四四〕是不義而不直　「宜」原訛「正」，北宋本訛「止」，據漢書薛宣傳師古注三三九六頁改。

〔四五〕計謀已定　「計謀」原倒，據漢書薛宣傳三三九五頁及北宋本、王吴本乙。

〔四六〕加詆欺　「詆」原訛「誣」，據漢書薛宣傳三三九六頁改。按：漢律有詆欺罪。

〔四七〕況身及同謀之人　「之人」原作「者」，據漢書薛宣傳師古注三三九七頁改。按：北宋本、傅校本、明抄本、明刻本有「之」脱「人」。

〔四八〕皆以事未發覺時棄去　「去」原脱，據漢書孔光傳三三五五頁及北宋本、傅校本、明抄本補。

〔四九〕犯法者各以法時律令論之　下「法」原訛「發」，據漢書孔光傳三三五五頁及北宋本、傅校本、明抄本、明刻本改。

〔五〇〕法時謂始犯法之時也　「法時」原訛作「發」，「始」原訛「其」，據漢書孔光傳師古注三三五六頁改。按：北宋本、傅校本、明抄本、明刻本「法時」不誤，而「始」訛「死」。王吴本覺「死犯法」不詞，遂改作「犯死法」矣。

〔五一〕明有所訖也訖止　「一」「訖」原皆訛訛「記」，「止」原訛「志」，據漢書孔光傳及師古注三三五五頁——三三五六頁改正。

〔五二〕長未自知當坐大逆之法而棄去乃始等　「未自」原倒，「坐」原作「罪」，據漢書孔光傳三三五五頁乙改。「棄去乃始等」原倒作「乃始等棄去」，據漢書孔光傳及北宋本、傅校本、明抄本、明刻本乙正。

〔五三〕千口而有一人死　「口」原脱，據漢書刑法志如淳注一一〇九頁補。

〔五四〕耐從司寇以上至右趾　「耐從司寇」原訛作「從耐罪」，北宋本、傅校本、明抄本、明刻本作「從司寇」，今據漢書刑法志李奇注一一○九頁改補。

〔五五〕哲人惟刑　「哲」原訛「折」，據漢書刑法志一一○九頁及北宋本、傅校本、明抄本改。

〔五六〕言制禮以止刑　「制禮」原倒，據漢書刑法志一一○九頁及北宋本、傅校本、明抄本、明刻本乙。

〔五七〕豪桀擅私　「桀」原作「强」，據漢書刑法志一一○九頁及北宋本、傅校本、明抄本、明刻本改。

〔五八〕串習也　「串」原訛「詐」，據漢書刑法志師古注一一一○頁及北宋本、傅校本、明抄本改。

〔五九〕不失有罪　「有」原訛「其」，據漢書刑法志師古注一一一○頁及北宋本、傅校本、明刻本改。

〔六○〕深者獲功名　「功」原訛「公」，據漢書刑法志一一一○頁及北宋本、傅校本、明抄本、明刻本、王吳本改。

〔六一〕非憎人欲殺之利在於人死也　原「非」下有「以」，「死」下有「故」，據漢書刑法志一一一○頁及北宋本刪。

〔六二〕漢舊事斷獄報重　「漢」上原有「按」，據北宋本、傅校本、明抄本、明刻本刪。

〔六三〕是時後漢章帝始改用冬初十月而已　「是時」及「始」原脱，據後漢書陳寵傳一五五○頁補。按：北宋本、傅校本、明抄本、明刻本、王吳本「是時」未脱。

〔六四〕十三月陽氣已至天地已交　「十三」原作「至正」，兩「已」原俱作「以」，後人擅改，今據後漢書陳寵傳一五五一頁及北宋本、傅校本、明抄本、明刻本改回。下注同。

〔六五〕王者三正遞用　「正」原訛「統」，據後漢書陳寵傳李賢注一五五二頁改。

〔六六〕萬物動於黄泉下　「黄」原脱，據後漢書陳寵傳李賢注引三禮義宗一五一二頁補。

〔六七〕三著而體成　「體成」原倒，據後漢書陳寵傳李賢注引易乾鑿度一五五二頁及北宋本、傅校本、明抄本、明刻本乙。

〔六八〕皆當流血　「當」原作「爲」，據後漢書陳寵傳一五五一頁改。

〔六九〕趣獄刑　「獄刑」原倒，據後漢書陳寵傳一五五一頁乙。注同。

〔七〇〕明大刑畢在立冬也　「畢」原訛「必」，據後漢書陳寵傳一五五一頁改。

〔七一〕若以行大刑　「大」原脱，據後漢書陳寵傳一五五一頁補。

〔七二〕議者或曰　「或」後漢書陳寵傳一五五二頁作「咸」。

〔七三〕但避立春之月　「但」原作「倶」，據北宋本、傅校本、明抄本、明刻本、王吴本改。

〔七四〕二王之春　「二」原訛「三」，據後漢書陳寵傳一五五一頁改。

〔七五〕詳覽失得　「失得」原倒，後漢書杜林傳九三八頁及北宋本、傅校本、明抄本、明刻本乙。

〔七六〕更立疎網　「網」原訛「綱」，據北宋本、傅校本、明抄本、明刻本、王吴本改。

〔七七〕果桃菜茹之饋　「果」及「菜」原脱，據後漢書杜林傳九三八頁補。按：北宋本、傅校本、明抄本有「果」脱「菜」。

〔七八〕小事無妨於義　「小」原脱，據後漢書杜林傳九三八頁補。

〔七九〕家無完行至於法不能禁止　「完」原作「全」，「能」原作「得」，據後漢書杜林傳九三八頁及北宋本改。

〔八〇〕帝貰其死刑而降宥之　「帝」原訛「常」，據北宋本本、傅校本、明抄本、明刻本、王吳本改。

〔八一〕若開容恕　「開」原作「聞」，據北宋本、傅校本、明抄本、明刻本改。

〔八二〕非所以遵在醜不争之義　「遵」後漢書張敏傳一五〇三頁作「導」。

〔八三〕轉相瞻顧　「瞻顧」後漢書張敏傳一五〇三頁作「顧望」，杜氏避家諱改。

〔八四〕必不使人不相輕侮　「使人」原作「能使」，據北宋本、傅校本、明抄本、明刻本、王吳本改。

〔八五〕記曰　「記」原訛「語」，據後漢書張敏傳一五〇三頁及北宋本改。

〔八六〕春一物枯即爲災　「災」原訛「害」，據北宋本、傅校本、明抄本、明刻本、王吳本改。

〔八七〕秋一物榮即爲異　「榮」後漢書張敏傳一五〇三頁作「華」。

〔八八〕刑罰所加　「罰」原作「法」，據晉書刑法志九三四頁及北宋本改。

〔八九〕蓋不足言　「言」原訛「者」，據晉書刑法峙九三四頁及北宋本、傅校本、明抄本、明刻本、王吳本改。

〔九〇〕臺官更往　「更」原訛「吏」，據晉書刑法志九三四頁及北宋本、傅校本、明抄本、明刻本、王吳本改。

〔九一〕便競相禁止復興刑獄　晉書刑法志九三四頁於「止」「復」之間，尚有「臣以權兼暫出，出還便罷，不復得窮其事，而本曹據執，却問無已，臣時具加解遣，而主者畏咎，不從臣言，禁止太常」四十四字，通典删節過當。

〔九二〕去八年　原訛作「去年八月」，據晉書刑法志九三五頁及北宋本、傅校本、明抄本、明刻本删改。

〔九三〕各競免負　「免」原，據晉書刑法志九三五頁及北宋本、傅校本、明抄本、明刻本、王吴本補。

〔九四〕下損崇禮大臣之體　「崇」原作「尊」，後人擅改，今據晉書刑法志九三五頁及北宋本、傅校本、明刻本改回。按：「體」晉志作「望」，杜氏避家諱改。

〔九五〕不應乃用同産畢刑之制　「畢」原訛「異」，據北宋本、傅校本、明抄本改。按：晉書刑法志原亦作「畢」，是。

〔九六〕固以盡理爲法　「法」原訛「當」，據晉書刑法志九三五頁及北宋本、傅校本、明抄本、明刻本、王吴本改。

〔九七〕牽文就意　「意」原訛「義」，據晉書刑法志九三五頁及北宋本改。按：此謂臣下牽引律文以迎合人主心意也。

〔九八〕刑書徵文　「書」原訛「盡」，據晉書刑法志九三五頁及北宋本、傅校本、明刻本改。

〔九九〕人主期　「期」原作「明」，後人擅改，今據晉書刑法志九三六頁及北宋本、傅校本、明抄本、明刻本改回。下同。

〔一〇〇〕詳匪他意　「意」原作「求」，後人擅改，今據北宋本、傅校本、明抄本、明刻本改回。

〔一〇一〕苟入於文則循而行之　「於」原作「無」，清人妄改者。「循」原作「議」，明人妄改者。今據晉書刑法志九三六頁改正。按：北宋本、傅校本、明抄本、明刻本、王吴本「於」字不誤。「循」北宋本、傅校本、明抄本、明刻本作「限」，王吴本作「議」。

〔一〇二〕若漢祖戮丁公之爲也　「祖」原作「主」，據晉書刑法志九三六頁改。按：下文亦作「漢祖」。

〔一〇三〕善爲政者看人設教看人設教制法之謂也　上「看」原訛「因」，下「看人設教」原脱，據晉書刑法志九三六頁及北宋本、傅校本、明抄本、明刻本改補。下同。

〔一〇四〕行之信如四時　「行之」原涉上而脱，據晉書刑法志九三六頁及北宋本、傅校本、明抄本、明刻本補。

〔一〇五〕夫人君所與天下共者　「夫」原脱，據晉書刑法志九三六頁補。按：北宋本、傅校本、明抄本、明刻本有「夫」脱「君」。

〔一〇六〕然天下至大　「至」原訛「之」，據晉書刑法志九三七頁及北宋本改。

〔一〇七〕非奉職之臣所得擬議　「擬議」原倒，據晉書刑法志九三七頁及北宋本、傅校本、明抄本、明刻本乙。

〔一〇八〕指施一事　「指」原訛「措」，據晉書刑法志九三七頁及北宋本改。

〔一〇九〕勝於徵文不允人心也　「於」原訛「如」，據晉書刑法志九三七頁及北宋本、傅校本、明抄本、明刻本改。

〔一一〇〕義不可二　「義」原訛「議」，據晉書刑法志九三八頁改。

〔一一一〕誠不宜復求法外小善也　「復」原脱，據晉書刑法志九三八頁及北宋本、傅校本、明抄本、明刻本、王吴本補。

〔一一二〕欲令法令斷一　上「令」原訛「今」，據晉書刑法志九三八頁及北宋本改。

〔一一三〕廷尉奏殿中帳施吏邵廣盜官幔二張　晉書范堅傳一九八九頁無「施」字，「二」作「三」。

〔一一四〕尚書郎朱映　「郎」原訛「官」，據晉書范堅傳一九八九頁改。

〔二五〕又使百姓知父子之道　「又」原訛「艾」，據晉書范堅傳一九八九頁改。按：「艾」字不改則上文「既」字空設。

〔二六〕雖時有赦過宥罪　「時有」原倒，據晉書范堅傳一九八九頁及北宋本、傅校本、明抄本、明刻本乙。

〔二七〕若復有宗比而不求贖父者豈得不擯絶人倫同之禽獸邪　「父」下原衍「命」，「得」原脱，據晉書范堅傳一九九〇頁及北宋本删補。

〔二八〕誰不如宗　「誰」原作「孰」，清人擅改，據晉書范堅傳一九九〇頁及北宋本、傅校本、明抄本、明刻本、王吴本改回。

〔二九〕嘗出行　「嘗」原訛「常」，據諸本改。

〔三〇〕罪止罰金　「罰」原訛「贖」，據宋書何承天傳一七〇二頁及北宋本、傅校本、明抄本、明刻本、王吴本改。

〔三一〕過誤傷人三歲刑　「過誤」原倒，「歲」下原有「流」，據宋書何承天傳一七〇二頁乙删。按：北宋本、明抄本無「流」字。

劉俊文點校　王文錦覆校

通典卷第一百六十七

刑法五

雜議下宋　梁　後魏　大唐

宋前廢帝景平中，[一]大司馬府軍人朱興妻周，生息男道扶，[二]年三歲，先得癇病，周因其病發，掘地埋之，爲道扶姑雙女所告，正周棄市刑。司空徐羨之議曰：「自然之愛，虎狼猶仁，周之凶忍，宜加明戮。[三]臣以爲法律之外，故尚弘物之理。[四]母之即刑，由子明法，[五]爲子之道，焉有自容之地。雖伏法者當罪，而在宥者匪容。愚謂可特申之遐裔。」[六]詔從之。

文帝元嘉七年，剡縣人黄初妻趙打息載妻王死，後遇赦，王有父母及息男稱，[七]依法徙趙二千里外。[八]司徒左長史傅隆議曰：「禮律之興，蓋本自然。求之情理，非從天墮，非從地出。父子至親，分形同氣，稱之於載，即載之於趙，雖云三代，合之一體，[九]未有能分之者也。[一〇]稱雖創巨痛深，固無讎祖之義，故古人不以父命辭王父命也。若云稱可殺趙，趙當何以處載？〔一一〕若父子孫祖，互相殘戮，懼非先王明罰、皋陶立法之本旨也。〔一二〕向使石厚之子，日磾之孫，砥鋒挺鍔，不與二祖同戴天日，則石碏、秺侯可得純臣於國，孝義於家矣。舊令云：『殺人父母，徙二千里外。』不施父子孫祖明矣。趙當避王周功千里外耳。〔一三〕令云：『凡流徙者，同籍親近欲相隨，聽之。』此又大通情體，〔一四〕因親以教愛者也。趙既流移，〔一五〕載爲人子，何得不從？載從而稱不行，〔一六〕豈名教所許？趙雖内愧終身，稱當沈痛没齒，〔一七〕孫祖之義，自不得絶，事理固然也。」

孝武於元嘉中，出鎮歷陽，沈亮行參征虜將軍事。人有盜發塚者，罪所近村人，〔一八〕與符伍遭劫不赴救同坐。亮議曰：「尋發塚之情，事止竊盜，徒以侵亡犯死，故同之嚴科。夫穿掘之侣，必銜枚以晦其跡；劫掠之黨，〔一九〕必讙呼以威其事。故赴兇赫者易，應潛密者難。〔二〇〕山原爲無人之鄉，丘壠非常途所踐，至於防救，不得比之村鄉。〔二一〕督實効名，理與劫異，則符伍之坐，居宜降矣。又結罰之科，雖有同符之限，而無遠近之斷。夫塚無村界，〔二二〕當以比近坐之，若不域之以界，則數步之内，與十里之外，〔二三〕便應同罹其責。防人之禁，不可不慎。夫止非之憲，〔二四〕宜當其律。愚謂相去百步内赴告不時者，一歲刑。自此以外，差不及咎。」

孔淵之大明中爲尚書比部郎。時安陸應城縣人張江陵與妻吴共駡母黄，黄忿恨自縊死，〔二五〕遇赦。律文：「子殺傷毆父母，梟首；罵詈，棄市。婦謀殺夫之父母，亦棄市。遇赦，免刑，補冶。」〔二六〕江陵罵母，母以之自裁，重於傷毆，〔二七〕若同殺科，則疑重；同傷毆及罵科，〔二八〕則疑輕。准制：唯有打母遇赦猶梟首，〔二九〕無罵母致死遇赦之科。淵之議曰：「夫題里逆心，仁者不入，名且惡之，況乃人事。故毆傷咒詛，法所不原，詈之致盡，〔三〇〕則理無可宥。罰有從輕，蓋疑失善，求之文旨，〔三一〕非此之謂。江陵雖遇赦恩，故合梟首。婦本以義，愛非天屬，〔三二〕黄之所恨，情不在吴，〔三三〕原死補冶，有允正法。」〔三四〕詔如淵之義。

吴興餘杭人薄道舉爲劫，制同籍周親補兵。道舉從弟代公、道生等並爲大功親，非應在補謫之例。法以代公等母存爲周親，則子宜隨母補兵。何承天議曰：「尋劫制，同籍周親補兵，大功不在此例。婦人三從，既嫁從夫，夫死從子。今道舉爲劫，若其叔尚在，制應補謫，妻子營居，固其宜也。但爲劫之時，叔父已殁，代公、道生並是從弟，大功之親，不合補謫。今若以叔母爲周親，令代公隨母補兵，既違大功不謫之制，又失婦人三從之道。由於主者守周親之文，不辨男女之異，遠嫌畏負，以生此疑，懼非聖朝恤刑之旨。謂代公等母子並宜見原。」

吴興武康縣人王廷祖爲劫，父睦以告官。新制：「凡劫，身斬刑，家人棄市。」睦既自告，於法有疑。時尚書何叔度議曰：「設法止姦，本於情理，非謂一人爲劫，〔三五〕闔門應刑。

所以罪及同産，欲開其相告，以出造惡之身。睦父子之至，〔三六〕容可悉共逃亡，而割其天屬，還相縛送，螫毒在手，解腕求全，於情可愍，理亦宜宥。使兇人不容於家，逃刑無所，乃大絶根源也。睦既糾送，則餘人無應復告，並合赦之。」

沛郡相縣唐賜往比村朱起母彭家飲酒還，〔三七〕得病，吐蠱蟲十餘枚。臨死，語妻張，死後刳腹出病。〔三八〕死後，張手自破視，五臟悉糜碎。郡縣以張忍行刳剖，賜子副又不禁駐，〔三九〕事起赦前，法不能決。按律，傷死人四歲刑，妻傷夫五歲刑，子不孝父母棄市，並非科例。三公郎劉勰議：「妻痛遵往言，兒識不及理，〔四〇〕考事原心，非存忍害，謂宜哀矜。」吏部尚書顧覬之議曰：〔四一〕「法移路尸，〔四二〕猶爲不道，況在妻子，而忍行凡人所不行。不宜曲通小情，當以大理爲斷。〔四三〕謂副不孝，張同不道。」詔如覬之議也。

梁武帝天監三年，建康女子任提女坐誘口當死。其子景慈對鞫辭云，〔四四〕母實行此。是時法官虞僧虬啟：「按子之事親，有隱無犯，直躬證父，仲尼爲非。景慈素無防閑之道，死有明目之據，陷親極刑，傷和損俗。凡乞鞫不審，降罪一等。豈得避五歲之刑，忽死母之命。景慈宜加罪辟。」詔流於交州。

後魏宣武帝景明中，〔四五〕冀州人費羊皮母亡，〔四六〕家貧無以葬，賣七歲女子與張迴爲婢，迴轉賣與梁定之而不言狀。〔四七〕按律：「掠人和賣爲奴婢者，死。」迴故買羊皮女，謀以轉賣，依律處絞刑。詔曰：「律稱和賣人者死，〔四八〕謂兩人詐取他財。羊皮賣女，告迴稱良，張迴利賤，知良公買。誠於律俱乖，而各非詐。然迴轉賣之日，應有遲疑，而決從真賣，於情固可處絞刑。」三公郎中崔鴻議曰：「按律，賣子一歲刑，五服内親屬在尊長者死，賣周親及妾與子婦者流。蓋以天性難奪，〔四九〕支屬易遺，又尊卑不同，故殊以死刑。〔五〇〕且買者於彼無天性支屬，罪應一例。〔五一〕明知是良，決便真賣，因此流漂，家人不知，追贖無蹤，〔五二〕永沈賤隸。按其罪狀，與掠無異。」太保、高陽王雍議曰：「檢迴所買，保證明然，處以和掠，實爲乖當。律云：『謀殺人而發覺者流，從者五歲刑。〔五三〕已傷及殺而還蘇者死，從者流。已殺者斬，從而加功者死，不加者流。』〔五四〕詳沈賤之與身死，流漂之與腐骨，一存一亡，爲害孰甚？然賊律殺人有首從之科，盗人、賣買無唱和差等。〔五五〕謀殺之與和掠，同是良人，應爲准例。所以不引殺人減之，降從强盗之一科。縱令謀殺之與强盗，俱得爲例，而以從輕。〔五六〕其義安在？又云：『知人掠盗之物，而故買者，以隨從論。』此明禁暴掠之源，遏姦盗之本，非謂買之於親尊之手，而同之於盗掠之愆。〔五七〕竊謂五服相賣，俱是良人，所以容有差等之罪者，明去掠盗理遠，故從親疎爲差級，尊卑爲輕重。依律：『諸共犯罪者，皆以發意爲首。』明賣買之元有由，〔五八〕魁末之坐宜定。若羊皮不云賣，則迴無買心，則羊皮爲首，迴爲從可也。且既一爲婢，賣與不賣，俱非良人，何必以不賣爲可原，轉鬻爲難恕？

張迴之愆，〔五九〕宜鞭一百。賣子葬親，孝誠可美，〔六〇〕而表賞之議未加，刑罰之科已及，恐非敦風化之謂。」詔曰：「羊皮賣女葬母，孝誠可嘉，便可特原。張迴雖買之於父，〔六一〕不應轉賣，可刑五歲。」

先是，皇族有譴，皆不持訊。〔六二〕時有宗士元顯富犯罪須鞫，宗正約以舊制。尚書李平奏：「以帝宗磐石，〔六三〕周布天下，其屬籍疎遠，蔭官卑末，無良犯憲，理須推究。請立限斷，以爲定式。」詔曰：〔六四〕「雲來綿遠，〔六五〕繁衍代滋，植籍宗氏，而爲不善者，量亦多矣。〔六六〕先朝既無不訊之格，而空相矯恃，以長違暴。〔六七〕諸在議請之外，可悉依常法。」〔六八〕

河東郡人李憐坐行毒藥，按以死坐。其母訴稱：「一身年老，更無周親，例合上請。」檢籍不謬，未及上申，〔六九〕憐母身亡，州斷三年服終後乃行決。主簿李瑒駁曰：〔七〇〕「按法例律：『諸犯死罪，〔七一〕若祖父母、父母年七十以上，無成人子孫，旁無周親者，具狀上請。流者鞭笞，留養其親，終則從流，不在原赦之例。』且憐既懷酖毒之心，〔七二〕母在猶宜闔門投畀，〔七三〕況今已死，給假殯葬，足示仁寬，不合更延。可依律處斬，〔七四〕流其妻子。」詔從之。

神龜中，蘭陵公主駙馬都尉劉輝，坐與河陰縣人張智壽妹容妃、陳慶和妹惠猛姦亂，〔七五〕毆主傷胎，遂逃。門下處奏：容妃、惠猛各入死刑；智壽、慶和並以知情不加防限，〔七六〕處以流坐。詔曰：「容妃、惠猛恕死，髡鞭付宮。餘如奏。」崔纂執曰：「伏見旨募若獲輝者，職人賞二階，白人聽出身進一階，厮役免役，奴婢爲良。按輝無叛逆之罪，未可募同反者。夫王者理天下，不爲喜怒增減，不由親疎改易。〔七七〕按鬭律：『祖父母、父母忿怒，以兵刃殺子孫者，五歲刑；毆殺者四歲刑。若心有愛憎而故殺者，各加一等。』〔七八〕雖王姬下降，貴殊常妻，然人婦之孕，不得非子。又依永平四年先朝舊格，〔七九〕諸刑流及死罪者，皆首判定，然決從者。〔八〇〕且事必因本，若以輝逃避，便應懸處，〔八一〕未有捨其首罪，而成其末愆。按容妃等罪止姦私，〔八二〕律處不越刑坐，何得同宮掖之罪，齊奚官之役？按智壽口訴，妹已適人，已生二女，是他家之母，他人之妻。昔魏晉未除五族之刑，〔八三〕有免子戮母之坐，何曾諍之，〔八四〕謂：『在室之女，從父母之刑；已醮之婦，從夫家之戮。』律許周親相隱，況姦私之醜，豈得使同氣證之。按律，姦罪無相緣之坐。不可借輝之忿，〔八五〕加兄弟之刑。夫刑人於市，與衆棄之；爵人於朝，與衆共之。明不私於天下也。」右僕射游肇又奏如纂言。〔八六〕詔曰：「輝悖法亂理，罪不可縱。厚賞懸募，必冀擒獲。容妃、惠猛與輝私亂，因此耽惑，主致非常。此而不誅，將何懲肅！智壽、慶和初不防禁，招引劉輝，共成淫醜，敗風穢化，豈得同於常人。且古有詔獄，寧復一歸大理。而尚書理本，納言所屬，弗究悖法之淺深，不詳損化之多少，有孤執憲，〔八七〕殊乖任寄！崔纂可免郎，都坐尚書悉奪祿一時。」〔八八〕

三」。〔八九〕大唐律曰「八議」，具刑制下篇。「諸疑獄，法官執見不同者，得爲異議。議不得過

貞觀十四年，尚書左丞韋悰句司農木橦七十價，百姓者四十價，奏其乾沒。上令大理卿孫伏伽亟書司農罪，伏伽曰：「司農無罪。」上驚問之，伏伽曰：「只爲官木橦貴，所以百姓者賤。向使官木橦賤，百姓者無由賤矣。但見司農識大體，而不知其過。」上乃悟，顧謂韋悰曰：「卿識用不逮伏伽遠矣。」遂罷司農罪。

二十一年，刑部奏言：「准律：『謀反大逆，父子皆死，兄弟處流。』此則輕而不懲，望請改重法。」制遣百僚詳議。〔九〇〕司議郎敬播議曰：「昆弟孔懷，人倫雖重，比於父子，情理有殊。生有異室之文，死有别宗之義。今有高官重爵，本蔭唯逮子孫；胙土析珪，〔九一〕餘光不及昆季。豈有不霑其蔭，輒受其辜，背理違情，恐爲太甚。必其反茲春令，踵彼秋荼，〔九二〕創次骨於道德之辰，建深文於刑措之日，〔九三〕臣將不可，物論誰宜！」詔從之。

永徽二年七月，華州刺史蕭齡之，前任廣州都督，受左智遠及馮盎妻等金銀奴婢，〔九四〕詔付羣臣議奏，上怒，令於朝堂處盡。〔九五〕御史大夫唐臨奏曰：「臣聞國家大典，在於刑賞，古先聖王，惟刑是恤。今天下太平，合用堯、舜之典。比來有司多行重法，敍勳必須刻削，論罪務從重科，非是憎惡前人，止欲自爲身計。今議齡之事，有輕有重，重者至流、死，輕

者請除名。〔九六〕以齡之受委大藩，贓罰狼藉，〔九七〕原情取事，死有餘辜。然既遣詳議，終須近法。臣竊以律有八議，並依周禮舊文，矜其異於衆臣，〔九八〕所以特制議法。禮『王族刑於僻處』，所以議親；『刑上大夫』，所以議貴。明知重其親貴，議欲緩刑；非爲嫉其賢能，〔九九〕謀致深法。今議官必於常法之外，議令入重，正與堯舜相反，不可爲萬代法。臣既處法官，敢不以聞。」詔遂配流嶺南。

神龍元年正月，趙冬曦上書曰：「臣聞夫今之律者，昔乃有千餘條。〔一〇〇〕近有隋之姦臣，將弄其法，故著律曰：『犯罪而律無正條者，應出罪則舉重以明輕，應入罪則舉輕以明重。』立夫一言，而廢其數百條。自是迄今，竟無刊革，遂使死生罔由乎法律，〔一〇一〕輕重必因乎愛憎，賞罰者不知其然，舉事者不知其犯。臣恐賈誼見之，必爲慟哭矣！〔一〇二〕夫立法者，貴乎下人盡知，則天下不敢犯耳，何必飾其文義、簡其科條哉？夫條科省則下人難知，文義深則法吏得便。下人難知，則暗陷機穽矣，安得無犯法之人哉！法吏得便，則比附而用之矣，安得無弄法之臣哉！臣請律令格式，〔一〇三〕復更刊定，其科條言罪，直書其事，無假飾文；其以准、加減、比附、原情及舉輕以明重，〔一〇四〕不應爲而爲之類，皆勿用之。使愚夫愚婦聞之必悟，則相率而遠之矣，亦安肯知而故犯哉！苟有犯者，雖貴必坐，則宇宙之內，肅然咸服矣。故曰：『法明則人信，法一則主尊。』書曰：〔一〇五〕『刑期于無刑。』誠哉是言。」

開元十年十一月，前廣州都督裴伷先下獄，中書令張嘉貞奏請決杖。兵部尚書張說進曰：「臣聞刑不上大夫，以其近於君也，故曰『士可殺，不可辱』。臣今秋巡邊，中途聞姜皎朝堂決杖流。皎是三品，亦有微功，不宜決杖廷辱，〔一〇六〕以卒伍待之。且律有八議，勳貴在焉。今伷先不可輕行決罰。」上然其言。嘉貞不悅，〔一〇七〕退而謂說曰：「何言事之深也？」說曰：「宰相者，時來則爲，豈能長據？若貴臣盡當可杖，但恐吾等行當及之。此言非爲伷先，乃爲天下士君子也。」

校勘記

〔一〕宋前廢帝景平中　按：下所載乃晉安帝義熙十四年事，見宋書徐羨之傳一三三〇頁、南史徐羨之傳四三三頁。通典繫之於宋前廢帝景平中，誤。

〔二〕生息男道扶　「生」原作「坐」，據北宋本、傅校本、明抄本、王吴本改。「扶」原作「符」，據宋書徐羨之傳一三三〇頁、南史徐羨之傳四三三頁、册府卷六一五七三八七頁改。下同。

〔三〕宜加明戮　「明」宋書、南史、册府俱作「顯」，通典避中宗諱改。

〔四〕故尚弘物之理　原作「故尚弘通物理」，據宋書徐羨之傳一三三〇頁、册府卷六一五七三八七頁及明刻本改。按：北宋本、王吴本作「故尚弘通物之理」。

〔五〕由子明法　「明」原作「伏」，北宋本、王吳本同。今據宋書徐羨之傳一三三〇頁、南史徐羨之傳四三三頁及明刻本改。

〔六〕而在宥者匪容愚謂可特申之遐裔　「宥」原作「育」，「容」原作「宜」，「申」原作「屏」，皆後人妄加修改者。今據宋書徐羨之傳一三三〇頁、册府卷六一五七三八七頁及北宋本、傅校本、明抄本、明刻本回改。

〔七〕息男稱　宋書傅隆傳一五五〇頁、册府卷六一五七三八六頁此下尚有「息女葉」三字。

〔八〕依法徙趙二千里外　「外」原脱，據宋書傅隆傳一五五〇頁，南史傅隆傳四四四頁、册府卷六一五七三八六頁補。

〔九〕合之一體　宋書傅隆傳一五五〇頁、南史傅隆傳四四四頁、册府卷六一五七三八六頁作「爲體猶一」。

〔一〇〕未有能分之者也　原作「非有分者也」，北宋本作「未有分者也」，據宋書傅隆傳一五五〇頁、册府卷六一五七三八六頁改補。

〔一一〕趙當何以處載　「趙」原涉上而脱，據宋書傅隆傳一五五〇頁及明刻本補。

〔一二〕懼非先王明罰皋陶立法之本旨也　「懼」原訛「俱」，據宋書傅隆傳一五五〇頁、册府卷六一五七三八六頁及北宋本，王吳本改。

〔一三〕趙當避王周功千里外耳　「周功」原作「固當」，明人妄改者，今據北宋本、傅校本、明刻本改回。按：宋書傅隆傳一五五一頁、南史傅隆傳四四四頁、册府卷六一五七三八六頁作「朞功」，通典避玄宗嫌名，「朞」例改「周」。

〔一四〕此又大通情體　「體」原作「理」，北宋本作「禮」，今據宋書傅隆傳一五五一頁、南史傅隆傳四四四頁、册府卷六一五七三八六頁改正。

〔一五〕趙既流移　「移」原脱，據北宋本、傅校本、明抄本、明刻本、王吴本補。按：宋書、南史、册府都有「移」。

〔一六〕載從而稱不行　「從」原作「行」，據宋書傅隆傳一五五一頁、南史傅隆傳四四四頁改。

〔一七〕稱當沈痛没齒　「稱當」原脱，據宋書傅隆傳一五五一頁補。

〔一八〕罪所近村人　「罪」上原衍「有」，據宋書自序二四五〇頁删。

〔一九〕劫掠之黨　「劫掠」原作「強劫」，據宋書自序二四五〇頁及北宋本、傅校本、明抄本、明刻本改。

〔二〇〕故赴兇赫者易應潛密者難　「赴」原脱，「難」下原衍「知」，據宋書自序二四五〇頁補删。按：北宋本、傅校本、明抄本「赴」訛「起」。

〔二一〕不得比之村鄉　「鄉」宋書自序二四五〇頁作「郭」。

〔二二〕夫塚無村界　「塚」原「家」，「界」原訛「甲」，據宋書自序二四五〇頁改。按：「界」北宋本、傅校本、明抄本、王吴本作「押」，亦誤。

〔二三〕與十里之外　「十」原訛「千」，據宋書自序二四五〇頁改。

〔二四〕不可不慎夫止非之憲　「不慎夫」宋書自序二四五〇頁作「頓去」。

〔二五〕黄忿恨自縊死　「黄」原脱，據宋書孔季恭傳一五三四頁、南史孔靖傳七二頁補。

〔二六〕補治　「治」原訛「兵」，據宋書孔季恭傳一五三四頁、南史孔靖傳七二七頁改。下同。按：冊府卷六一五七三八六頁作「治」，顯係「治」之形訛。

〔二七〕重於傷毆　「傷毆」原倒，據北宋本、傳校本、明刻本乙。下同。按：宋書孔季恭傳一五三四頁、南史孔靖傳七二七頁、冊府卷六一五七三八六頁均作「傷毆」。

〔二八〕同傷毆及罵科　「科」原訛「制」，據宋書孔季恭傳一五三四頁、南史孔靖傳七二七頁改。

〔二九〕唯有打母遇赦猶梟首　「打母」原訛作「傷於父母」，據宋書孔季恭傳一五三四頁、南史孔靖傳七二七頁改。按：冊府卷六一五七三八六頁作「打父母」。

〔三〇〕詈之致盡　「盡」原作「死」，據宋書孔季恭傳一五三四頁、南史孔靖傳七二七頁、冊府卷六一五七三八六頁及北宋本、傳校本、明抄本、明刻本改。

〔三一〕罰有從輕蓋疑失善求之文旨　原作「罪疑惟輕經文之旨」，乃明人竄改者。今據宋書孔季恭傳一五三四頁、南史孔靖傳七二七頁、冊府卷六一五七三八六頁及北宋本、傳校本、明抄本、明刻本改回。

〔三二〕愛非天屬　「天」原訛「支」，據宋書孔季恭傳一五三四頁、南史孔靖傳七二七頁、冊府卷六一五七三八六頁改。

〔三三〕情不在吴　「吴」原訛「誤」，據宋書孔季恭傳一五三四頁、南史孔靖傳七二七頁、冊府卷六一五七三八六頁改。

〔三四〕有允正法　「允」原訛「枉」，據宋書孔季恭傳一五三四頁、南史孔靖傳七二七頁、冊府卷六一五七三八六頁改。

〔三五〕非謂一人爲劫　「非謂」原脱，「劫」原作「非」，據宋書何尚之傳一七三三頁、南史何尚之傳七八一頁補改。按：通典删改三字，大失原意。

〔三六〕睦父子之至　「至」原訛「際」，據北宋本、明抄本改。按：宋書何尚之傳一七三三頁、南史何尚之傳七八一頁均作「至」。「之至」明刻本改作「至親」。

〔三七〕往比村朱起母彭家飲酒還　「比」原訛「北」，「母」原脱，據宋書顧覬之傳二〇八〇頁、册府卷六一五七三八七頁改補。按：北宋本、傅校本、明抄本、明刻本、王吴本「母」字未脱。

〔三八〕死後刳腹出病　「刳」原作「剜」，據北宋本、王吴本改。按：宋書顧覬之傳二〇八〇頁、册府卷六一五七三八七頁均作「刳」。

〔三九〕賜子副又不禁駐　「駐」原作「止」，據北宋本、傅校本、明抄本、明刻本、王吴本改。按：宋書顧覬之傳二〇八〇頁、册府卷六一五七三八七頁均作「駐」。

〔四〇〕兒識不及理　「不」宋書顧覬之傳九二一頁、南史顧覬之傳二〇八〇頁、册府卷六一五七三八七頁作「謝」，俱通。

〔四一〕顧覬之　「覬」原訛「凱」，據宋書及南史本傳改。按：册府卷六一五七三八七頁作「顗」。

〔四二〕法移路尸　「路」原訛「露」，據宋書顧顗之傳二〇八〇頁、册府卷六一五七三八七頁改。

〔四三〕當以大理爲斷　「以」原脱，據宋書顧覬之傳二〇八〇頁、册府卷六一五七三八七頁補。

〔四四〕其子景慈對鞫辭云　「其」上原有「召」，據隋書刑法志七〇〇頁及北宋本、明抄本删。

〔四五〕後魏宣帝景明中　按：下所載乃廷昌三年事，見魏書刑罰志二八八〇頁、册府卷六一五七三九四頁。通典繫之於景明中，恐誤。

〔四六〕費羊皮　「羊」原訛「羌」，據魏書刑罰志二八八〇頁及北宋本、明抄本、明刻本、王吴本改。下同。

〔四七〕梁定之　原作「粱之定」，據魏書刑罰志二八八〇頁、册府卷六一五七三九四頁乙。

〔四八〕律稱和賣人者死　「賣」原訛「買」，據魏書刑罰志二八八〇頁、册府卷六一五七三九四頁及北宋本改。

〔四九〕蓋以天性難奪　「以」原脱，據北宋本、傅校本、明抄本、明刻本、王吴本補。

〔五〇〕又尊卑不同故殊以死刑　「故殊以死刑」魏書刑罰志二八八一頁、册府卷六一五七三九四頁作「故罪有異」。按：通典不如魏志明當。

〔五一〕且買者於彼無天性支屬罪應一例　「罪應一例」魏書刑罰志二八八一頁、册府卷六一五七三九四頁作「何故得有差等之理」。

〔五二〕追贖無蹤　「蹤」原作「跡」，據北宋本、傅校本、明抄本、明刻本改。

〔五三〕從者五歲刑　「者」原脱，據魏書刑罰志二八八二頁、册府卷六一五七三九五頁補。

〔五四〕不加者流　「加」下原衍「功」，據魏書刑罰志二八八二頁及北宋本、傅校本、明抄本、明刻本删。

〔五五〕殺人有首從之科盜人賣買無唱和差等　「科」原訛「分」，「賣買」原倒，據魏書刑罰志二八八二頁、册府卷六一五七三九五頁及北宋本改乙。下同。

〔五六〕而以從輕　「以」魏書刑罰志二八八二頁作「似」。

〔五七〕而同之於盜掠之愆　「愆」原訛「僭」，北宋本作「㥶」，同「愆」，據改。按：魏書刑罰志二八八二頁、册府卷六一五七三九五頁作「刑」。

〔五八〕明賣買之元有由　「元」原訛「先」，據魏書刑罰志二八八三頁、册府卷六一五七三九五頁改。

〔五九〕張迴之愆　「愆」原訛「僭」，據魏書刑罰志二八八三頁、册府卷六一五七三九五頁及北宋本改。

〔六〇〕孝誠可美　「孝誠」原倒，據北宋本、傅校本、明抄本、明刻本、王吴本乙。按：魏書刑罰志二八八三頁、册府卷六一五七三九五頁均作「孝誠」。

〔六一〕張迴雖買之於父　「父」下原衍「母」，據魏書刑罰志二八八三頁、册府卷六一五七三九五頁及明刻本删。

〔六二〕皆不持訊　「持」原訛「特」，據魏書刑罰志二八八三頁及北宋本改。

〔六三〕以帝宗磐石　「石」魏書刑罰志二八八三頁作「固」。

〔六四〕詔曰　「詔」上原有「上」，據魏書刑罰志二八八三頁及北宋本、傅校本、明抄本、明刻本删。

〔六五〕雲來綿遠　魏書刑罰志二八八頁同。北宋本、傅校本、明抄本「來」作「漢」，王吴本作「仍」。

〔六六〕量亦多矣　「量」原訛「良」，據魏書刑罰志二八八三頁改。

〔六七〕以長違暴　「違」原訛「爲」，據魏書刑罰志八八三頁改。

〔六八〕可悉依常法　「悉」原脱，據魏書刑罰志二八八三頁及北宋本、傅校本、明抄本、明刻本補。

〔六九〕未及上申　「未」、「上申」原無，爲明人妄删，今據北宋本、傅校本、明抄本、明刻本補回。按：魏書刑罰志二八八五頁、册府卷六一五七三九六頁作「未及判申」。

〔七〇〕李瑒 「瑒」原作「陽」，據魏書刑罰志二八八五頁、册府卷六一五七三九六頁改。

〔七一〕諸犯死罪 「死」原脱，據魏書刑罰志二八八五頁、册府卷六一五七三九六補。

〔七二〕且憐既懷酖毒之心 原「憐」上有「李」，據北宋本、傅校本、明抄本、明刻本删。

〔七三〕母在猶宜闔門投畀 「宜」原脱，據北宋本、傅校本、明抄本、明刻本、王吴本補。

〔七四〕可依律處斬 「律」原脱，據北宋本、傅校本、明抄本、明刻本補。

〔七五〕惠猛 魏書刑罰志二八八六頁作「慧猛」。

〔七六〕不加防限 「防限」原倒，據魏書刑罰志二八八六頁及北宋本、傅校本、明抄本、明刻本、王吴本乙。

〔七七〕夫王者理天下不爲喜怒增減不由親疎改易 「夫」原脱，據北宋本、傅校本、明抄本、明刻本、王吴本補。按：魏書刑罰志二八八六頁首句作「夫律令高皇帝所以治天下」。杜氏節删過當，以致「增減」「改易」無着落。

〔七八〕毆殺者四歲刑若心有愛憎而故殺者各加一等 原脱訛作「毆殺及愛憎而故殺者各加一等」，據魏書刑罰志二八八六頁、册府卷六一五七三九七頁補改。

〔七九〕又依永平四年先朝舊格 「永」原訛「初」，據魏書刑罰志二八八六頁、册府卷六一五七三九七頁改。

〔八〇〕諸刑流及死罪者皆首判定然決從者 「罪」原作「律」，清人竄改；「首」下有「末」，「然決從者」原作「然後處決」，明人竄改。今據北宋本、傅校本、明抄本改正。明刻本「首」下增「罪」，「然」改「後」，雖亦可通，但非杜氏之舊。

〔八一〕便應懸處　「處」原作「募」，明人妄改者。今據魏書刑罰志二八八六頁及北宋本、傅校本、明抄本、明刻本改回。

〔八二〕按容妃等罪止姦私　「按」原脱，據北宋本、王吳本補。按：魏書刑罰志二八八六頁有「按」。

〔八三〕昔魏晉未除五族之刑　「未」原訛「末」，據魏書刑罰志二八八七頁及諸本改。

〔八四〕何曾諍之　四字原脱，據魏書刑罰志二八八七頁、册府卷六一五七三九七頁補。

〔八五〕不可借輝之忿　「借」原作「因失」，明人妄改者。今據魏書刑罰志二八八七頁及北宋本、傅校本、明抄本、明刻本改回。

〔八六〕游肇又奏如纂言　「又」原訛「及」，據北宋本、明抄本改。

〔八七〕有孤執憲　「孤」原作「辜」，乃清人妄改者，今據北宋本、傅校本、明抄本、明刻本、王吳本改回。按：孤，負也。漢書李陵傳云：「陵雖孤恩，漢亦負德。」

〔八八〕都坐尚書悉奪禄一時　「時」原訛「秩」，據魏書刑罰志二八八八頁及北宋本、明抄本、王吳本改。

〔八九〕議不得過三　「議」原涉上而脱，據唐律疏議卷三〇、律附音義卷一二補。

〔九〇〕制遣百僚詳議　「僚」原作「官」，據北宋本、傅校本、明抄本、明刻本、王吳本改。

〔九一〕胙土析珪　「析」舊唐書儒學傳上四九五四頁作「錫」。

〔九二〕踵彼秋荼　「踵」原訛「鍾」，據北宋本改。按：舊唐書儒學傳上四九五四頁、唐會要卷三九作「踵」。

〔九三〕創次骨於道德之辰建深文於刑措之日　「辰」原訛「人」，「建」原訛「逮」，據北宋本、傅校本、明抄本、明刻本、王吴本改。按：舊唐書儒學傳上四九五四頁、唐會要卷三九均作「辰」、「建」。

〔九四〕受左智遠及馮盎妻等金銀奴婢　「盎」原訛「益」，據唐會要卷三九改。按：馮盎爲唐初著名番將，舊唐書卷一〇九、新唐書卷一一〇均有傳。

〔九五〕令於朝堂處盡　唐會要卷三九同。舊唐書唐臨傳二八一二頁「盡」作「置」。

〔九六〕輕者請除名　「請」原脱，據北宋本、傅校本、明抄本、明刻本、王吴本補。

〔九七〕贓罰狼藉　「罰」舊唐書唐臨傳二八一二頁、册府卷六一六七四〇三頁作「罪」。

〔九八〕矜其異於衆臣　「矜」原訛「務」，據舊唐書唐臨傳二八一二頁、唐會要卷三九、册府卷六一六七四〇四頁改。

〔九九〕非爲嫉其賢能　原無「爲」，據舊唐書唐臨傳二八一三頁、唐會要卷三九、册府卷六一六七四〇四頁補。

〔一〇〇〕昔乃有千餘條　「昔」原脱，據唐會要卷三九補。

〔一〇一〕遂使死生罔由乎法律　「死生」原倒，據北宋本乙。按：唐會要卷三九作「死生」。

〔一〇二〕必爲慟哭矣　原作「必爲痛哭焉」，據北宋本改。按：唐會要卷三九同北宋本。

〔一〇三〕臣請律令格式　「令」原訛「例」，據北宋本、傅校本、明抄本、明刻本改。

〔一〇四〕及舉輕以明重　「及」原作「復」，明人妄改者，今據北宋本、傅校本、明抄本、明刻本改回。

〔一〇五〕書曰　「曰」原脱，據北宋本、傅校本、明抄本、明刻本、王吴本補。

〔一〇六〕不宜決杖廷辱　「辱」原訛「尉」，據舊唐書張嘉貞傳三〇九一頁、唐會要卷三九、册府卷六一六七四〇五頁改。

〔一〇七〕嘉貞不悦　按：自此以下原誤作大字正文，今據北宋本、傅校本、明抄本、明刻本改爲小字注文。

劉俊文點校　王文錦覆校

通典卷第一百六十八

刑法六

肉刑議 詳讞 決斷 考訊附

肉刑議漢 後漢 魏 晉 東晉

漢文帝十三年，齊太倉令淳于意有罪，逮繫長安當刑。其女緹縈上書曰：「妾父爲吏，齊中皆稱廉平，今坐法當刑。妾痛死者不可復生，刑者不可復屬，屬，聯也。之欲反。雖欲改過自新，其道無繇。妾願没入爲官婢，贖父刑罪。」天子憐悲其意，〔一〕遂下令曰：「蓋聞有虞氏之時，畫衣冠、異章服以爲戮，而人弗犯。今法有肉刑三，〔二〕黥、劓二，刖左右趾合一。〔三〕而姦不止，吾甚自愧！夫訓道不純，愚人陷焉。詩曰：『愷悌君子，民之父母。』今刑者，斷支體，刻肌膚，終身不息。息，生也。或欲改行爲善，而道無繇，豈稱爲民父母之意哉！其除肉刑。」丞相張蒼、御史大夫馮敬奏：「議正律令：諸當完者，〔四〕完爲城旦舂；〔五〕當黥

者，髡鉗爲城旦舂；當劓者，笞三百，當斬左趾者，笞五百。」其制具刑制上篇。〔六〕

班固曰：

善乎！孫卿之論刑也，〔七〕曰：「時俗之爲説者，以爲治古無肉刑，治古，謂上古至治之時。〔八〕有象刑墨黥之屬，菲履赭衣而不純，菲，草履也。純，緣也。衣不加緣，示有恥也。菲，扶味反。純，之允反。是不然矣。以爲治古，則人莫觸罪邪，豈獨無肉刑哉，亦不待象刑矣。人不犯法，則象刑無所施。以爲人或觸罪矣，〔九〕而直輕其刑，是殺人者不死，〔一〇〕而傷人者不刑也。罪至重而刑至輕，人無所畏，亂莫大焉。凡制刑之本，將以禁暴惡，以懲其未也。〔一一〕懲，止也。殺人者不死，傷人者不刑，是惠暴而寬惡也。故象刑非生於治古，方起於亂今也。古無象刑也，所以有象刑之言者，近起今人惡刑之重，故遠推治古之聖君但以象刑，而天下自理也。凡爵列官職，賞慶刑罰，皆以類相從者也。一物失稱，亂之端也。稱，宜也。德不稱位，能不稱官，賞不當功，刑不當罪，不祥莫大焉。夫征暴誅悖，治之盛也。〔一二〕殺人者死，傷人者刑，是百王之所同，未有知其所由來者也。故治則刑重，亂則刑輕，代所以治者，乃刑重也，所以亂者，乃刑輕也。犯治之罪固重，犯亂之罪固輕也。書云：『刑罰代重代輕。』〔一三〕此之謂也。」周書甫刑之辭也。刑罰輕重，各隨其時。所謂「象刑惟明」者，言象天道而作刑，虞書益稷曰：「咎繇方祗厥敘，方施象刑惟明。」言敬其次序，施用刑法，皆明白也。安有菲屨赭

衣者哉？〔一四〕

孫卿之言既然，又因俗說而論之曰：禹承堯舜之後，自以德衰而制肉刑，湯武順而行之者，以俗薄於唐虞故也。今漢承衰周暴秦極弊之流，俗已薄於三代，而行堯舜之制，〔一五〕是猶以鞿而御䮲突，以繩縛馬口謂之曰鞿。〔一六〕䮲突，惡馬也。馬絡頭曰羈。違救時之宜矣。且除肉刑者，本欲以全人也，今去髡鉗一等，轉而入於大辟。以死罔人，失本惠矣。罔，謂羅網。故死者歲以萬數，刑重之所致也。至乎穿窬之盜，忿怒傷人，男女淫佚，〔一七〕吏爲姦臧，佚與逸同。〔一八〕若此之惡，髡鉗之罰又不足以懲也。故刑者歲十萬數，〔一九〕人既不畏，又曾不恥，刑輕之所生也。故俗之能吏，公以殺盜爲威，專殺者勝任，奉法者不理，亂名傷制，不可勝條。是以罔密而姦不塞，刑蕃而人愈嫚。塞，止也。蕃，多也，音扶元反。嫚與慢同。必世而未仁，百年而不勝殘，誠以禮樂闕而刑不正也。豈宜惟思所以清源正本之論，〔二〇〕刪定律令，籑音撰二百章，以應大辟。其餘罪次，於古當生，今獨死者，皆可募行肉刑。欲死邪，欲腐邪？及傷人與盜，吏受賕枉法，男女淫亂，皆復古刑，爲三千章。詆欺文致微細之法，悉蠲除。詆，謂誣也，〔二一〕丁禮反。如此，則刑可畏而禁易避，吏不專殺，法無二門，輕重當罪，人命得全，合刑罰之中，〔二二〕殷天人之和，殷亦中也。順稽古之制，成時雍之化矣。

後漢獻帝之時，天下既亂，刑罰不足以懲惡，〔二三〕於是名儒大才崔實、鄭玄、陳紀之徒，咸以爲宜復肉刑。及曹公令荀彧博訪百官，〔二四〕欲復申之，少府孔融議以爲：「古者敦厖，〔二五〕善否區別，吏端刑清，政無過失，百姓有罪，皆自取之。末代淩遲，風化壞亂，政撓其俗，法害其教。故曰『上失其道，人散久矣』。而欲繩之以古刑，投之以殘棄，非所謂與時消息也。〔二六〕紂斮朝涉之脛，天下謂之無道。九牧之地，千八百君，若各刖一人，是天下常有千八百紂也，求俗休和，弗可得已。且被刑之人，慮不念生，志在思死，〔二七〕類多趨惡，莫復歸正。夙沙亂齊，伊戾禍宋，趙高、英布爲世大患，不能止人遂爲非也。〔二八〕雖忠如鬻拳，信如卞和，〔二九〕智如孫臏，冤如巷伯，才如史遷，達如子政，〔三〇〕一罹刀鋸，没世不齒。是太甲之思庸，穆公之霸秦，〔三一〕陳湯之都賴，魏尚之臨邊，〔三二〕無所復施也。漢開改惡之路，凡爲此。故明德之君，遠度深惟，棄短就長，不苟革其政者也。」朝廷善之，卒不改焉。

魏武秉漢政，下令又欲復肉刑，御史中丞陳羣深陳其便，相國鍾繇亦贊成之，奉常王循不同其議。〔三三〕魏武亦難以藩國改漢朝之制，遂不行。

至齊王芳正始中，征西將軍夏侯玄、河南尹李勝又議肉刑，竟不能決。夏侯太初著論曰：「夫天地之性，人物之道，豈自然當有犯，何荀、班論曰：『治則刑重，亂則刑輕。』又曰：『殺人者死，傷人者刑，〔三四〕百王之所同也。』夫死刑者，殺妖逆也，傷人者不改，斯亦妖逆之類也，〔三五〕如其可改，此則無取於肉刑也。〔三六〕如云『死刑過制，〔三七〕生刑易犯』。『罪次於古當生，今觸死者，〔三八〕皆可募行肉刑。及傷人與盜，吏受賕枉法，男女淫亂，皆復古刑』。〔三九〕斯罔之於死，則陷之肉刑矣，舍死折骸，又何辜邪？猶稱以『滿堂而聚飲，〔四〇〕有一人向隅而泣者，則一堂爲之不樂』，此亦願理其平，而必以肉刑施之，是仁於當殺而忍於斷割，懼於易犯而安於爲虐。〔四一〕哀泣奚由而息，堂上焉得泰邪？仲尼曰：『既富且教。』又曰：『苟子之不欲，雖賞之不竊。』何用斷截乎！下愚不移，以惡自終，所謂翦妖也。若飢寒流溝壑，雖大辟不能制也，而況肉刑哉！赭衣滿道，有鼻者醜，終無益矣。」李勝曰：「且肉刑之作，乃自上古。書載『五刑有服』，又曰『天討有罪，而五刑五用哉』。割劓之屬也。周官之制，亦著五刑。歷三代，經至治，周公行之，孔子不議也。今諸議者惟以斷截爲虐，豈不輕於死亡邪？云『妖逆是翦，以除大災』，此明治世之不能去就矣。〔四二〕夫殺之與刑，皆非天地自然之理，不得已而用之也。傷人者不改，則刖劓何以改之？何爲疾其不改，便當陷之於死地乎？妖逆者懲之而已，豈必除之邪？刑一人而戒千萬人，何取一人之能改哉！盜斷其足，淫而宮之，雖欲不改，復安所施。而全其命，懲其心，何傷於大德？今有弱子，罪當大辟，問其慈父，必請其肉刑代之矣。慈父猶施之於弱子，況君加之百姓哉！且蝮蛇螫手，則壯士斷其腕；系蹄在足，則猛獸絶其蹯；〔四三〕扶元反。蓋毀支而全生者也。〔四四〕夫一人哀泣，一堂爲之不樂，此言殺戮，謂之不當也，〔四五〕何事於肉刑之閒哉？赭衣滿道，有鼻者醜，當此時也，〔四六〕長城之役死者相繼，六經之儒填谷滿坑，何恤於鼻之好醜乎？此吾子故猶哀刑而不悼死也。」夏侯答曰：「聖賢之治世也，〔四七〕能使民遷善而自新，故易曰『小懲而大戒』。陷夫死者，不戒者也。能懲戒則無刻截，刻截則不得反善矣。」李又曰：「易曰：『屨校滅趾，無咎。』仲尼解曰：『小懲而大戒，此小人之福也。』滅趾，謂去足，爲小懲明矣。」〔四八〕夏侯答曰：「暴之取死，此自然也。傷人不改，縱暴滋多，殺之可也。傷人而能改悔，則豈須肉刑而後止哉？殺以除暴，〔四九〕自然理也。斷截之政，末俗之所云耳。〔五〇〕孔少府曰：『殺人無死，〔五一〕斫人有小瘡，故刖趾不可以報尸〔五二〕而髡不足以償傷。』傷人一寸，而斷其支體，爲罰已重，不厭衆心也。」李又曰：「暴之取死，亦有由來，非自然也。傷人不改，亦治道未洽，而刑輕不足以大戒。〔五三〕若刑之與殺，〔五四〕俱非自然，而刑輕於殺，何云殘酷哉？夫刖趾不可報尸，誠然，髡輸固不足以償傷。傷人一寸，而斷其支體，爲罪已重，夷人之面，截其手足，以髡輸償之，〔五五〕不亦輕乎？但慮其重，不惟其輕，不其偏哉！孔氏之議，恐未足爲雅論師也。」〔五六〕凡往復十六，文多不載。

丁謐又論曰：「堯典曰：『象以典刑，流宥五刑，鞭作官刑，朴作教刑，金作贖刑，眚災肆赦，〔五七〕怙終賊刑。』咎繇曰：『天討有罪，五刑五用哉。』呂刑曰：『蚩尤惟始作亂，〔五八〕延及于平人，罔不寇賊鴟義，姦宄寇攘矯虔。苗人弗用靈，〔五九〕惟作五虐之刑曰法，殺戮無辜，爰始淫爲劓、刵、椓、黥。』按此肉刑在於蚩尤之代，而堯、舜以流放代之，故黥、劓之文不載唐、虞之籍，而五刑之數亦不具於聖人之旨也。禹承舜禪，與堯同治，必不釋二聖而遠，則兇頑固可知矣。湯武之王，獨將奚取於呂侯？故叔向云：『三辟之興，皆叔世也。』此則近君子有徵之言矣。」〔六〇〕

晉武帝初，廷尉劉頌上言曰：

臣昔上行肉刑，竊以爲議者拘孝文之小仁，〔六一〕而輕違聖王之典刑，未詳之甚，莫過於此。

今死刑重，故非命者衆；生刑輕，故罪不禁姦。所以然者，肉刑不用之所致也。今爲徒者，類性元惡不軌之族也，去家懸遠，作役山谷，飢寒切身，志不聊生，雖有廉士介者，苟慮不首死，則皆爲盜賊，豈況本性姦兇無賴之徒乎！〔六二〕又令徒富者輸財，解日歸家，〔六三〕乃無役之人也。貧者起於姦盜，又不制之虜也。不刑，則罪無所禁；不制，則羣惡橫肆。爲法若此，近不盡善也。〔六四〕

古者用刑以止刑，今反於此：諸重犯亡者，髮過三寸輒重髡之，此以刑生刑；加作一歲，此以徒生徒也。亡者積多，繫囚猥畜。議者曰囚不可不赦，復從而赦之，〔六五〕

此爲刑不制罪，法不勝姦。下知法之不勝，相聚而謀爲不軌，月異而歲不同。故自頃年以來，〔六六〕姦惡陵暴，所在充斥。議者不深思此故，而曰肉刑於名忤聽。忤聽孰與賊盜不禁？

聖王之制肉刑，遠有深理，其事可得而言，非徒懲其畏剥割之痛而不爲也，乃去其爲惡之具，使夫姦人無用復肆其志，止姦絶本，理之盡也。亡者刖足，無所用復亡，盜者截手，無所用復盜；淫者割其勢，理亦如之。除惡塞源，莫善於此，非徒然也。此等已刑之後，便各歸家，父母妻子，共相養恤，不流離於塗路。〔六七〕有今之困，瘡愈可役，上准古制，隨宜業作，雖已刑殘，不爲虚棄，〔六八〕而所患都塞，又生育繁阜之道自若也。

今宜取死刑之限輕，及三犯逃亡淫盜，悉以肉刑代之。其三歲刑以下，已自杖罰遣，又宜制其罰數，使有常限，不得減此。其有宜重者，又任之官長。應四、五歲刑者，皆髡笞，笞至一百，稍行，使各有差，悉不復居作。然後刑不復生刑，徒不復生徒，而殘體爲戮，終身作戒。人見其痛，畏而不犯，必數倍於今。且爲惡者隨發被刑，去其爲惡之具，此爲已刑者皆良士也，〔六九〕豈與全其爲姦之手足，而蹴居必死之窮地同哉！而猶曰肉刑不可用，臣竊以爲不識時務之甚也。

周禮三赦三宥，施於老幼悼耄，黔黎不屬逮者，此非爲惡之所出，故刑法逆舍而宥之。至於自非此族，犯罪則必刑而無赦，此政之理也。暨至後代，以時險多難，因赦解結，〔七〇〕權而行之，又不以寬罪人也。而今恆以罪積獄繁，赦以散之，是以赦愈數而獄愈塞，如此不已，將至不勝。原其所由，肉刑不用之故也。今行肉刑，之徒不積，〔七一〕且爲惡無具則姦息。去此二端，獄不得繁，故無取於數赦，於政體勝矣。

疏上，又不見省。〔七二〕

東晉元帝即位，廷尉衞展上言：「古者肉刑，事經前聖，漢文除之，增加大辟。〔七三〕今人户凋荒，百不遺一，而刑法峻重，非句踐養胎之義也。」詔內外通議。於是王導等議，以：「肉刑之典，由來尚矣。肇自古先，以及三代，聖哲明王所未曾改也，豈是漢文常主所能易者乎！時蕭曹已沒，絳灌之徒不能正其義。逮班固深論其事，以爲外有輕刑之名，〔七四〕內實殺人。又死刑太重，生刑太輕，生刑縱於上，死刑怨於下，輕重失當，〔七五〕故刑政不中也。且原先王之造刑也，非以過怒也，非以殘人也，所以救姦，所以當罪。今盜者竊人之財，淫者好人之色，亡者避叛之役，皆無殺害也，則加之以刑。〔七六〕刑之則止，而加之斬戮，戮過其罪，死不可生，縱虐於此，歲以巨計。此乃仁人君子所不忍聞，而況行之於政乎！或者乃曰，死猶不懲，〔七七〕而況於刑？然甿者冥也，其至愚矣，雖加斬戮，忽爲灰土，死事日往，生欲日存，未以爲改。〔七八〕若刑諸市朝，朝夕鑒戒，刑者詠爲惡之永痛，〔七九〕惡者覩殘刖之長廢，故足懼也。然後知先王之輕刑以御物，明誡以懲愚，其理遠矣。」尚書令刁協等議以：「今中興祚崇，〔八〇〕大命惟新，誠宜設肉刑寬法以育人。然懼羣小愚蔽，習玩所見而忽異聞，或未能咸服。愚謂行刑之時，先明申法令，樂刑者刖，甘死者殺，則心服矣。古典刑不上大夫，今士人有犯者，謂宜如舊，不在刑例，則進退爲允。」尚書周顗等議，以爲：「復肉刑以代死，誠是聖王之至德，〔八一〕哀矜之弘覆。然竊以爲刑罰輕重，隨時而作。時人少罪而易威，則從輕而寬之；〔八二〕時人多罪而難威，則宜死刑而濟之。〔八三〕肉刑平代所應立，非救弊之宜也。方今聖化草創，人有餘姦，習惡之徒，爲非未已，截頭絞頸，尚不能禁，而乃更斷足劓鼻，輕其刑罰，使欲爲惡者輕犯宫刑，〔八四〕蹈罪更衆，〔八五〕是爲輕其刑以誘人於罪，殘其身以加楚毒也。〔八六〕昔之畏死刑以爲善人者，今皆犯輕刑而殘其身，畏重之常人，反爲犯輕而致困，〔八七〕此何異斷刖常人以爲恩仁也！恐受刑者轉廣，〔八八〕而爲非者日多，踊貴屨賤，有鼻者醜也。徒有輕刑之名，而實開長惡之源。不如殺以止殺，〔八九〕重以全輕，權小停之。須聖化漸著，兆庶易感之日，〔九〇〕徐施行也。」議奏，元帝猶欲從展所上，大將軍王敦以爲：「百姓習俗日久，忽復肉刑，必駭遠近。且逆寇未殄，不宜有慘酷之聲，以聞天下。」於是乃止。

安帝元興末，桓玄輔政，又議欲復肉刑斬左右趾之法，以輕死刑，命百官議。蔡廓上議曰：「肉刑之設，肇自哲王。蓋由曩代風淳人謹，圖像既陳，則機心遂戢，刑人在塗，則不逞改操，〔九一〕故能勝殘去殺，化崇無爲。〔九二〕季末澆僞，設網彌密，利巧之懷日滋，恥畏之情轉寡，終身劇役，不足止其姦，況乎黥劓，豈能反於善？〔九三〕徒有酸慘之聲，而無濟俗之益。至於棄市之條，實非不赦之罪，事非手殺，考律同歸，輕重均科，減降路塞，鍾、陳以之抗言，元皇所爲留愍。今英輔翼贊，道邈伊、周，誠宜明慎用刑，愛人弘育，申哀矜以革濫，移大辟於肢體，全性命之至重，恢繁息於將來。」而孔琳之議不同，用王朗、夏侯玄之旨。時論多與琳之同，〔九四〕故遂不行。

詳讞 周 漢 魏 晉

周易噬嗑卦云：〔九五〕「雷電噬嗑，先王以明罰敕法。」又賁卦曰：「君子以明庶政，〔九六〕無敢折獄。」又豐卦曰：「君子以折獄致刑。」〔九七〕

禮記王制曰：「刑者，侀也。侀者，成也。一成而不可變，故君子盡心焉。」變，更也。

周西伯立，有明德，時諸侯有獄，皆請決平。〔九八〕虞、芮有爭田者，久不能決，乃來求平。及入周，見耕者讓畔，少者讓長，皆慚而返，兩棄其田。

周官司寇：「以兩造禁人訟，入束矢於朝，然後聽之。訟，謂以財貨相告者也。造，至也。使訟者兩至，入束矢，乃理之也。不至，不入束矢，則是自服不直者也。必入矢者，取其直也。造，七報反。〔九九〕以兩劑禁人獄，入鈞金三日，致於朝，然後聽之。獄，謂相告以罪名者也。劑，今券書也。獄者各取券書，入鈞金，又三日，乃理之，重刑也。不券書，不入金，則是自服不直者也。必入金者，取其堅。三十斤爲鈞。以三刺斷庶人獄訟之中：中，謂罪正所定。一曰訊羣臣，二曰訊羣吏，三曰訊萬人。刺，殺也。三訊罪定，則殺之。訊，言也。聽人之所刺宥，以施上服下服之刑。宥，寬也。人言殺，殺之，言寬，寬之。上服，劓、墨也。服，割、刖也。又以五聲聽獄訟，求人情：一曰辭聽，觀其出言，不直則煩。二曰色聽，觀其顏色，不直則赧然。〔一〇〇〕三曰氣聽，觀其氣息，不直則喘。四曰耳聽，觀其耳聆，不直則惑。五曰目聽。」觀其眸子顧視，不直則眊然。

禮記王制：〔一〇一〕「凡聽五刑之訟，必原父子之親，立君臣之義，〔一〇二〕以權之；權，平。意論輕重之序，慎測淺深之量，以別之；意，思念也。〔一〇三〕淺深俱有罪，本心有善惡。悉其聰明，致其忠愛，以盡之；盡其情。〔一〇四〕疑獄，汎與衆共之，衆疑，赦之，必察小大之比以成之。小大，猶輕重也。已行故事曰比。成獄辭，史以獄成告於正，〔一〇五〕正聽之；史，司寇吏也。正，於周禮鄉師之屬也。〔一〇六〕漢有平正丞，秦置。〔一〇七〕正以獄成告於大司寇，大司寇聽之棘木之下；周禮鄉師之屬，辨其獄訟，異其死刑之罪而要之，職聽於朝。司寇聽之朝，王之外朝也。左九棘，孤卿大夫位焉；右九棘，公侯伯子男位焉；面三槐，三公之位。大司寇以獄之成告於王，王命三公參聽之；王使三公復與司寇及正共平之，〔一〇八〕重刑也。周禮，王欲免之，乃命三公會其期也。〔一〇九〕三公以獄之成告於王，王三宥，然後制刑。」宥，寬也。一宥曰不識，二宥曰過失，三宥曰遺忘。

穆王作呂刑曰：「兩造具備，師聽五辭。兩，謂囚證。造，至也。兩至具備，則衆獄官共聽其人五刑之辭。〔一一〇〕五辭簡孚，正于五刑。五辭簡核，信有罪驗，則正之於五刑。五刑弗簡，正于五罰。不簡核，謂不應五刑，當正五罰，出金以贖。五罰弗服，正于五過。不服，不應罰，正於五過，從赦免。五過之疵，惟官，惟反，惟內，惟貨，惟來。五過之所病，或嘗同官位，或詐反囚辭，〔一一一〕或內親用事，或行貨枉法，或舊相往來，皆病所在。其罪惟均，其審克之。」以病所在出入人罪所在，五過罪與犯法者同。其當清察之，〔一一二〕能使之不行。

孔子曰：「君子之於人也，有其語也，無不聽者，皇於聽獄乎？〔一一三〕皇，猶況也。必盡其辭矣。」又曰：「聽獄者，或從其情，或從其辭。」又曰：「聽獄之術，三理必寬；寬之術，歸於察；察之術，歸於義。是故聽而不寬，是亂也；寬而不察，是慢也。」又曰：「今之聽人者，求所以殺之；古之聽人者，求所以生之，不得其所以生之，乃刑殺焉。」

漢高帝詔曰：「獄之疑者，吏或不敢決，使有罪不論，無罪久繫。自今以後，獄疑者各讞所屬二千石官，二千石官以其罪名當報之。〔一一四〕當，爲處斷。讞，平議也。〔一一五〕所不能決者，〔一一六〕皆移廷尉。廷尉不能決，具爲奏，附所當比律令以聞。」

景帝中五年，詔曰：「獄，人之大命，死者不可復生。吏或不奉法，以貨賂爲市，朋黨比周，以苛爲察，以刻爲明。有罪者不伏罪，姦法爲暴，甚無謂也。諸獄疑，若雖文致於法，而人心不厭者，則讞之。」〔一一七〕厭，服也。一贍反。〔一一八〕後元初，詔曰：「獄，重事也。人有智愚，官有上下。獄疑者讞有司。有司所不能決，移廷尉。有令讞而後不當，讞者不爲失。假令讞訖，其理不當，所讞之人不爲罪失。欲令理獄者務先寬。」〔一一九〕自此，獄刑益詳，近於五聽、三宥之意。

宣帝置廷平員四人，使平刑獄。

魏廷尉高柔，時護軍營士竇禮近出不還，營以爲亡，表言逐捕，〔一二〇〕没其妻盈及男女爲官奴婢。盈連至州府，稱冤自訟，〔一二一〕莫有省者，乃辭詣廷尉。柔問曰：「汝何以知夫不亡？」盈垂泣對曰：〔一二二〕「夫少單特，養一老嫗爲母，事甚恭謹，又哀兒女，撫視不離，非是輕狡不顧室家者。」柔重問曰：「汝夫不與人有讎乎？」對曰：「夫良善，與人無讎。」又曰：「汝夫不與人交錢財乎？」對曰：「嘗出錢與同營士焦子文，〔一二三〕求不得。」時子文適坐小事繫獄，柔乃見子文，問所坐。言次，曰：「汝頗曾舉人錢不？」子文曰：「自以單貧，初不敢舉人物也。」柔察子文色動，遂曰：「汝舉竇禮錢，何言不耶？」子文怪知事露，應對不次。柔曰：「汝殺禮，便宜早伏！」子文於是叩頭，〔一二四〕具首殺禮本末、埋藏處所。柔便遣吏卒

承子文辭往，掘得其屍。詔書復盈母子爲平人。班下天下，以爲體式。〔一二五〕

吴孫權太子登出遊，時有彈丸飛過，左右往捕，得一人挾彈懷丸，抗言實不放彈，左右請付法。登即使求過丸，比之非類，乃釋之。

孫亮出西苑，食生梅，使黄門至中藏取蜜漬梅。蜜中有鼠矢，召問藏吏，藏吏叩頭。亮問吏：「黄門從汝求蜜邪？」吏曰：「向求，實不敢與。」黄門不伏。侍中刁玄、張邪啟：「黄門、藏吏辭語不同，請付獄推盡。」〔一二六〕亮曰：「此易知耳。」令破鼠矢，裏燥，必是黄門所爲。」黄門首服。左右莫不驚悚。

晉陸雲爲浚儀令。雲到官肅然，下不能欺，市無二價。人有見殺者，主名不立，雲録其妻，而無所問。十許日遣出。〔一二七〕密令人隨後伺之，謂曰：「不出行十里，當有男子候之與語，便縛來。」既而果然。問之具服，云與此妻通，共殺其夫，聞妻得出，欲與語，憚近縣，故遠相邀候。〔一二八〕於是一邑稱爲神明。

決斷 漢 後漢

漢沛縣有富家翁，貲三千餘萬。〔一二九〕小婦子年纔數歲，頃失其母。父無親近，〔一三〇〕其女不賢。翁病困，〔一三一〕思念恐爭其財，兒必不全，因呼族人爲遺書，令悉以財屬女，但遺一劒，云兒年十五以還付之。其後，又不肯與，〔一三二〕兒詣郡自言求劒。時太守何武得其條辭，因録女及壻，省其手書，顧謂掾史曰：〔一三三〕「女性强梁，壻復貪鄙。畏殘害其兒，又計小兒得此財不能全護，故且與女，實寄之耳，不當以劒與之。夫劒者，所以決斷。〔一三四〕限年十五者，智力足以自居。度此女壻必不復還其劒，當關縣官，〔一三五〕縣官或能證察，得見申展。此凡庸何能思慮弘遠如是哉！」悉奪取財以與子，曰：「蔽女惡壻，溫飽十歲，亦以幸矣。」論者大服武。

漢時，〔一三六〕臨淮有一人，持匹縑到市賣之，道遇雨，披戴，後人來，共庇蔭。雨霽當別，因共爭鬭，各云我縑，詣府自言。太守薛宣核實良久，兩人莫肯首服。〔一三七〕宣曰：「縑值數百錢，何足紛紜自致縣官。」呼騎吏中斷，人各與半。使人聽之。後人曰「受恩」，前撮之，〔一三八〕而縑主稱怨。宣曰：「然，固知其當爾也。」因詰責之，具服，悉畀本主。

後漢鍾離意爲會稽郡北部督郵。〔一三九〕有烏程男子孫常，與弟並分居，各得田十頃。並死，歲饑，常稍稍以米粟給並妻子，輒追計直作券，沒取其田。並兒長大，訟常。掾史議，皆曰：「孫並兒遭餓，〔一四〇〕賴常升合，長大成人，〔一四一〕而更爭訟，非順遜也。」意獨曰：「常身爲父遺，當撫孤弱，是人道正義；而稍以升合，券取其田，懷挾姦路，〔一四二〕貪利忘義。並妻子雖以田與常，困迫之至，非私家也。請奪常田，畀並妻子。」衆議爲允。

謝夷吾爲荆州刺史，行部到南陽縣，遇章帝巡狩，幸魯陽，〔一四三〕有詔敕夷吾入傳録見囚徒，勿廢舊儀。上臨西廂南面，夷吾處東廂，分帷於其中。夷吾首録囚徒，有亭長姦部人者，縣言「和姦」。上意以爲長吏以劫人而得言和，且觀刺史決當云何。〔一四四〕須臾，夷吾呵之曰：「亭長職在禁姦，今爲惡之端，何得言和！」切讓三老、孝悌，免長吏之官，理亭長罪。帝善之。

考訊附 大唐

大唐律：

諸察獄之官，〔一四五〕先備五聽，又驗諸證信，事狀疑似，猶不首實者，然後拷掠。每訊，相去二十日，若訊未畢，更移他司，仍須拷鞫者，因移他司者，〔一四六〕連寫本案俱移。則通計前訊，以充三度。即罪重害，及疑似處少，不必皆須滿三者，囚因訊致死者，皆俱申牒當處長官，〔一四七〕與糾彈官對驗。

諸拷囚不得過三度，數總不過二百。〔一四八〕杖罪以下，不得過所犯之數。拷滿不承，取保放之。〔一四九〕若拷滿三度，及杖外以他法拷掠者，杖一百。數過者，反坐所剩。以故致死者，徒二年。即有瘡痛，不待差而拷者，亦杖一百。若決杖笞者，笞五十。以故致死者，徒一年半。若依法拷決，而邂逅致死者，勿論。仍令長官等勘驗。違者，杖六十。拷決之失，立案、不立案等。

諸拷囚，限滿不首，反拷告人。其被殺、盜家人親屬告，不反拷。被水火損敗者，亦同。拷滿不首，取保並放。〔一五〇〕違者以故失論。

諸赦前斷罪不當者，〔一五一〕若處輕爲重，宜改從輕；處重爲輕，即依輕法。〔一五二〕其常赦所不免者，〔一五三〕依常律。常赦所不免，謂雖會大赦，〔一五四〕猶處死及流，若除名、免所居官，及移鄉者。〔一五五〕赦書定罪名，合從輕者，不得引律比附入重。違者，各以故失論。〔一五六〕

諸犯罪在市，杖以下，市決之。應合蔭贖及徒以上，送縣。其在京市，非京兆府，並送大理寺。駕幸之處，亦准此。

諸決大辟罪，在京者，行決之司五覆奏；在外府，刑部三覆奏。在京者，決前一日二覆奏，決日三覆奏。在外者，初日一覆奏，後日再覆奏。縱臨時有敕，不許覆奏，亦准此覆奏。若犯惡逆以上，及部曲、奴婢殺主者，唯一覆奏。其京城及駕在所，決囚日尚食進蔬食，內教坊及太常寺並停音樂。

諸決大辟罪，皆防援至刑所，囚一人防援二十人，每一囚加五人，五品以上聽乘車，並官給酒食，聽親故辭訣，宣告犯狀。皆日未後乃行刑。犯惡逆以上，不在乘車之限。決經宿，所司即爲埋瘞，若有親故，亦任以瘞之。〔一五七〕即囚身在外者，奏報之日，不得驛馳行下。

諸決大辟罪，官爵五品以上，在京者大理正監決，〔一五八〕在外者上佐監決，餘並判官監決。從立春至秋分，〔一五九〕不得奏決死刑。若犯惡逆以上及奴婢、部曲殺主者，不拘此令。在京決死囚，皆令御史、金吾監決。〔一六〇〕若囚者冤枉灼然者，〔一六一〕停決聞奏。

諸囚死，無親戚者，皆給棺，於官地内權殯。其棺，在京者將作造供，在外者用官物給。若犯惡逆以上，不給官地，去京七里外，量給一頃以下擬埋。諸司死囚，隸大理檢校。置塼銘於壙内，〔一六二〕立牓於上，書其姓名。仍下本屬，告家人令取。即流移人在路及流所、徒在役死者，亦准此。

諸枷長五尺以上、六尺以下，頰長二尺五寸以上、六寸以下，共闊尺四寸以上、六寸以下，徑三寸以上、四寸以下。杻長六寸以上、二尺以下，闊三寸，〔一六三〕厚一寸。鉗重八兩以上、一斤以下，長一尺以上、一尺五寸以下。鏁長八尺以上、丈二尺以下。

諸杖皆削去節目，長三尺五寸。訊囚杖，大頭三分二釐，小頭二分二釐。常行杖，大頭二分七釐，小頭一分七釐。笞杖，大頭二分，小頭一分半。其決笞者腿分受，決杖者背、腿、臀分受，須數等。考訊者亦同。笞以下，願背、腿均受者，〔一六四〕聽。即殿廷決者，皆背受。

校勘記

〔一〕天子憐悲其意　「憐悲」原倒，據漢書刑法志一〇九八頁及北宋本、傅校本、明抄本、明刻本乙。

〔二〕今法有肉刑三　「三」原訛「二」，據諸本改。

〔三〕刖左右趾合　「刖」及「合」原脱，據漢書刑法志孟康注一〇九八頁補。

〔四〕諸當完者　「當完」原脱訛作「髡」，據漢書刑法志一〇九九頁補改。按：北宋本、傅校本、明抄本、明刻本「完」字不誤。

〔五〕完爲城旦舂　漢書刑法志一〇九九頁同。北宋本、傅校本、明抄本「旦」作「朝」，下同。通典本作「朝」，避睿宗諱。

〔六〕其制具刑制上篇　「其制」原脱，據北宋本、傅校本、明抄本、明刻本補。

〔七〕孫卿之論刑也　「刑也」原脱，據漢書刑法志一一一〇頁及北宋本、明抄本補。

〔八〕治古謂上古至治之時　「謂」原作「爲」，據北宋本、王吳本改。

〔九〕以爲人或觸罪矣　「矣」原訛「戾」，據漢書刑法志一一一一頁及北宋本、王吳本改。

〔一〇〕是殺人者不死　「者」原脱，據漢書刑法志一一一一頁及北宋本、王吳本補。

〔一一〕以懲其未也　「未」原訛「末」，從錢大昭說，據荀子正論篇改。

〔一二〕治之盛也　「盛」原作「威」，據北宋本、傅校本、明抄本、明刻本改。按：荀子正論篇作「盛」，漢書刑法志一一一二頁作「威」。

〔一三〕刑罰代重代輕　「代」原作「世」，據北宋本、傅校本、明抄本、明刻本改。通典諱「世」作「代」。「重」「輕」原互倒，據尚書呂刑、漢書刑法志一一一一頁乙。

〔一四〕安有菲屨赭衣者哉　「安」上原衍「又」，「屨」原作「履」，據漢書刑法志一一一一頁及北宋本、傅校本、明抄本刪改。

〔一五〕而行堯舜之制　「制」漢書刑法志一一一一頁作「刑」。

〔一六〕以繩縛馬口謂之曰羈　「以」上原有「羈羈也」，「口謂之」原無，王吴本、殿本同，乃明人妄加增删者。今據漢書刑法志孟康注一一一二頁及北宋本、傅校本、明抄本、明刻本删補。

〔一七〕男女淫佚　「佚」下原有小注「逸同」，據北宋本、傅校本、明抄本、明刻本、王吴本删。

〔一八〕佚與逸同　原無，據北宋本、傅校本、明抄本、明刻本、王吴本補。

〔一九〕故刑者歲十萬數　「萬數」原倒，據漢書刑法志一一一二頁乙正。

〔二〇〕豈宜惟思所以清源正本之論　「豈宜」原訛「然則」，「論」原訛「意」，據漢書刑法志一一一二頁及北宋本、傅校本、明抄本、明刻本改。按：王吴本「豈宜」猶未誤。

〔二一〕詆謂誣也　「謂」原作「毁」，據漢書刑法志師古注一一一三頁改。

〔二二〕合刑罰之中　「罰」原訛「罪」，據漢書刑法志一一一二頁及北宋本、傅校本、明抄本、明刻本、王吴本改。

〔二三〕刑罰不足以懲惡　「罰」原作「法」，「惡」原作「罪」，據晉書刑法志九二一頁及北宋本改。按：傅校本、明抄本、明刻本、王吳本上作「法」，下作「惡」。

〔二四〕及曹公令荀彧博訪百官　「令」上原有「下」，王吳本有「之」，據北宋本、傅校本、明抄本、明刻本删。

〔二五〕古者敦厖　「敦厖」原訛作「俗龐」。據晉書刑法志九二一頁及北宋本改。

〔二六〕非所謂與時消息也　「與」原訛「以」，「息」下原衍「者」，據晉書刑法志九二一頁改删。按：北宋本、傅校本、明抄本、明刻本無「者」。

〔二七〕慮不念生志在思死　「念」原訛「全」，「思」原作「必」，據晉書刑法志九二一頁改。按：北宋本、傅校本、明抄本、明刻本「念」字未誤。

〔二八〕不能止人遂爲非也　「遂」原作「不」，「非也」下原有「適足絶人還爲善耳」，乃清人妄改妄增。今據北宋本、傅校本、明抄本、明刻本、王吳本改删。

〔二九〕信如卞和　晉書刑法志九二一頁同。北宋本、傅校本、明抄本、明刻本、王吳本「和」作「莊」。

〔三〇〕達如子政　「政」原作「正」，據明刻本改。

〔三一〕穆公之霸秦　「秦」下原有「南睢之骨立衞武之初筵」十字，乃明人增入者。今據晉書刑法志九二一頁及北宋本、傅校本、明抄本、明刻本删去。

〔三二〕魏尚之臨邊　「臨」原作「守」，據晉書刑法志九二二頁及北宋本、傅校本、明抄本、明刻本改。

〔三三〕奉常王循不同其議　「奉常」原脱，「不」上原有「等」，據晉書刑法志九二二頁及北宋本、傅校本、明抄本、明刻本改删。按：「循」晉志作「脩」。

〔三四〕殺人者死傷人者刑　「死傷人者」原脱，據北宋本、傅校本、明抄本、明刻本、王吴本補。

〔三五〕斯亦妖逆之類也　「斯」原作「是」，據北宋本、傅校本、明抄本、明刻本改。

〔三六〕此則無取於肉刑也　「此」原脱，據北宋本、傅校本、明抄本、明刻本、王吴本補。

〔三七〕如云死刑過制　「云」原訛「亡」，北宋本誤同，今據傅校本、明刻本、王吴本改。按：引文係漢書刑法志語，作「云」是。

〔三八〕今觸死者　「觸」原訛「獨」，據漢書刑法志一一二頁改。

〔三九〕及傷人與盗吏受賕枉法男女淫亂皆復古刑　「人」原脱，「賕」原訛「贓」，「亂」下衍「死者」，據漢書刑法志一一二頁改删。按：王吴本「人」未脱，北宋本、傅校本、明抄本、明刻本「賕」字不誤。

〔四〇〕滿堂而聚飲　「而」原在「飲」下，據漢書刑法志一一〇八頁及北宋本、明抄本乙轉。

〔四一〕懼於易犯而安於爲虐　「犯」原訛「死」，「虐」原訛「暴」，據北宋本改。按：王吴本「犯」字不誤，傅校本、明抄本、明刻本「虐」字不誤。

〔四二〕此明治世之不能去就矣　「明」下原有「主」，「去就矣」原作「無也」，乃明人竄改者，今據北宋本、傅校本、明抄本、明刻本改回。

〔四三〕則猛獸絶其蹯　「蹯」原訛「蟠」，據北宋本改。

〔四四〕蓋毁支而全生者也　「者」原脱，據北宋本、傅校本、明抄本、明刻本、王吴本補。

〔四五〕謂之不當也　「謂」原訛「者」，據北宋本、傅校本、明抄本改。

〔四六〕當此時也　「當」原脱，據北宋本補。

〔四七〕聖賢之治世也　「聖」北宋本作「至」。

〔四八〕爲小懲明矣　「小」下原衍「人」，據北宋本、傅校本、明抄本、明刻本删。

〔四九〕殺以除暴　「殺」下原衍「人」，據北宋本、傅校本、明抄本、明刻本删。

〔五〇〕末俗之所云耳　「俗」原訛「流」，據北宋本、傅校本、明抄本，明刻本改。

〔五一〕殺人無死　「死」原訛「所」，據北宋本、傅校本、明抄本改。

〔五二〕故刖趾不可以報尸　「尸」原訛「施」，據北宋本、傅校本、明抄本、明刻本改。下同。

〔五三〕而刑輕不足以大戒　「刑輕」原倒，據北宋本、傅校本、明抄本、明刻本乙。

〔五四〕若刑之與殺　「與」北宋本、傅校本、明抄本、明刻本、王吴本作「以」。

〔五五〕以髡輸償之　「以」上原衍「其」，據北宋本、傅校本、明抄本、明刻本删。

〔五六〕孔氏之議恐未足爲雅論師也　「議」原作「論」，「師」原脱，據北宋本、傅校本、明抄本、明刻本改補。

按：王吴本作「議」脱「師」。

〔五七〕眚災肆赦　北宋本、傅校本、明抄本、明刻本無此四字，此明人據尚書所增。

〔五八〕蚩尤惟始作亂　句上原有「昔」，明人擅增者。今據北宋本、傅校本、明抄本、明刻本删。

〔五九〕苗人弗用靈　北宋本、傅校本、明抄本、明刻本脱「弗用靈」三字。

〔六〇〕此則近君子有徽之言矣　「徽」北宋本、傅校本作「懲」。

〔六一〕議者拘孝文之小仁　「拘」原訛「徇」，據晉書刑法志九三二頁、册府卷六一四七三六頁改。

〔六二〕豈況本性姦兇無賴之徒乎　「兇」原作「頑」，據晉書刑法志九三二頁及北宋本、傅校本、明抄本、明刻本改。

〔六三〕又令徒富者輸財解日歸家　「令」原訛「今」，「解」原訛「計」，據晉書刑法志九三二頁改。按：北宋本、傅校本、明抄本、明刻本「解」字不誤。

〔六四〕近不盡善也　「近」原訛「道」，據晉書刑法志九三二頁及北宋本、傅校本、明抄本、明刻本改。

〔六五〕議者曰囚不可不赦復從而赦之　「復」原脱，據晉書刑法志九三二頁、册府卷六一四七三七頁及北宋本、明抄本補。按：「不可不赦」，晉志同，而册府及北宋本、明抄本作「不可赦」。

〔六六〕故自頃年以來　晉書刑法志九三二頁同。册府卷六一四七三七頁及北宋本、傅校本、明抄本、明刻本、王吳本無「年」。

〔六七〕不流離於塗路　「塗」原作「道」，據晉書刑法志九三二頁及北宋本、傅校本、明抄本、明刻本改。

〔六八〕不爲虚棄　「虚」藝文類聚卷五四作「虐」。

〔六九〕此爲已刑者皆良士也　「皆」下原有「非」，據晉書刑法志九三三頁、册府卷六一四七三七頁删。

〔七〇〕因赦解結　晉書刑法志九三三頁同。北宋本、傅校本、明抄本「因」作「囚」。

〔七一〕之徒不積　「之」原作「非」，清人妄改，今據北宋本、傅校本、明抄本、明刻本、王吳本改回。按：晉書刑法志原作「之」，册府卷六一四七三七七頁也作「之」。之訓是，用法與「之子于歸」之「之」同。

〔七二〕又不見省　「又」原脱，據北宋本、傅校本、明抄本、明刻本、王吴本補。

〔七三〕增加大辟　「增加」原倒，據晉書刑法志九四〇頁及北宋本、傅校本、明刻本乙。

〔七四〕以爲外有輕刑之名　「有」原訛「張」，據北宋本、傅校本、明抄本、明刻本、王吴本改。按：晉書刑法志九四〇頁作「有」。

〔七五〕輕重失當　「失」原作「不」，清人擅改。據晉書刑法志九四〇頁及北宋本、傅校本、明抄本、明刻本、王吴本改回。

〔七六〕則加之以刑　「則加」原訛脱作「刖」，據晉書刑法志九四〇頁改補。

〔七七〕或者乃曰死猶不懲　「不」下原有「可」，明人臆增。今據晉書刑法志九四〇頁及北宋本、傅校本、明抄本、明刻本删。按：「或」晉志作「惑」。

〔七八〕未以爲改　「未」原訛「末」，據北宋本改。按：晉書刑法志九四一頁、册府卷六一四七三八一頁均作「未」。

〔七九〕刑者詠爲惡之永痛　「詠」原作「思」，明人擅改。據晉書刑法志九四一頁及北宋本、傅校本、明抄本、明刻本改回。

〔八〇〕今中興祚崇　「祚崇」原倒，據北宋本、傅校本、明抄本、明刻本、王吴本乙。按：晉書刑法志九四一頁作「祚隆」，杜氏避玄宗諱改。

〔八一〕誠是聖王之至德　「誠是」原倒，「聖」原作「帝」，據晉書刑法志九四一頁及北宋本改。按：傅校本、明抄本、明刻本「誠是」未倒。

〔八二〕則從輕而寬之　「輕」原脫，據晉書刑法志九四二頁及北宋本、傅校本、明抄本、明刻本，王吳本補。

〔八三〕則宜死刑而濟之　「死刑」晉書刑法志九四一頁作「化刑」，册府卷六一四七三八一頁作「化行」。

〔八四〕使欲爲惡者輕犯官刑　「官」晉書刑法志九四一頁、册府卷六一四七三八二頁作「寬」。

〔八五〕蹈罪更衆　「蹈」原訛「陷」，據晉書刑法志九四一頁及北宋本改。

〔八六〕是爲輕其刑以誘人於罪殘其身以加楚毒也　上「以」原脫，據晉書刑法志九四一頁、册府卷六一四七三八二頁補。按：「毒」晉志、册府均作「酷」。

〔八七〕反爲犯輕而致困　「困」晉書刑法志九四一頁、册府卷六一四七三八二頁作「囚」。

〔八八〕恐受刑者轉廣　「者」原脫，據北宋本、傅校本、明抄本、明刻本、王吳本補。

〔八九〕不如殺以止殺　「止」原作「制」，清人臆改，令據北宋本、傅校本、明抄本、明刻本、王吳本改回。「殺以」晉書刑法志九四一頁、册府卷六一四七三八二頁作「以殺」。

〔九〇〕兆庶易感之日　「感」晉書刑法志九四一頁、册府卷六一四七三八二頁作「威」。

〔九一〕不遑改操　「遑」原訛「違」，據晉書刑法志九四二頁、册府卷六一五七三三頁及殿本改。

〔九二〕化崇無爲　晉書刑法志九四二頁、册府卷六一五七八三頁「崇」作「隆」，通典諱改。

〔九三〕終身劓役不足止其姦況乎黥劓豈能反於善　「役」原訛「殺」，「其」「於」原脫，據晉書刑法志九四二頁、冊府卷六五七三八三頁及北宋本改補。

〔九四〕用王朗夏侯玄之旨時論多與琳之同　「用」原訛「時」，「之旨時」原無，「之同」原作「合」，據晉書刑法志九四二頁，冊府六一五七三八三頁及北宋本、明抄本補改。

〔九五〕周易噬嗑卦云　「云」原脱，據北宋本、傅校本、明抄本、明刻本、王吳本補。

〔九六〕君子以明庶政　句上原有「山下有火賁」，乃明人所增，今據北宋本、傅校本、明抄本、明刻本删。

〔九七〕君子以折獄致刑　句上原有「雷電皆至豐」，乃明人所增，今據北宋本、傅校本、明抄本、明刻本删。

〔九八〕皆請決平　「平」原訛「焉」，據北宋本、傅校本、明抄本、明刻本改。

〔九九〕七報反　原作「音糙」，據北宋本、傅校本、明刻本改。

〔一〇〇〕不直則赧然　「然」原脱，據周禮小司寇鄭注及北宋本、傅校本、明抄本、明刻本補。下「不直則毦然」同。

〔一〇一〕禮記王制　原脱。按：下引皆禮記王制文，非周官文，故據以訂補。

〔一〇二〕立君臣之義　「立」原脱，據禮記王制及北宋本補。

〔一〇三〕意思念也　「思」原脱，據禮記王制鄭注及北宋本、傅校本、明抄本、明刻本補。

〔一〇四〕盡其情　此注原脱，據禮記王制鄭注補。按：北宋本、傅校本、明抄本、明刻本有此注，惟「情」訛「慎」。

〔一〇五〕史以獄成告於正　「史」原訛「吏」，據禮記王制改。注同。

〔一〇六〕正於周禮鄉師之屬也　「於」原訛「如」，據禮記王制鄭注及北宋本、傅校本、明抄本、明刻本改。

〔一〇七〕漢有平正丞秦置　「平正」原訛「廷平」，「丞」原誤在「置」下，據禮記王制鄭注改乙。按：北宋本、傅校本、明抄本、明刻本惟「平正」倒作「正平」，餘同鄭注。

〔一〇八〕王使三公復與司寇及正共平之　「平」原脱，據禮記王制鄭注補。

〔一〇九〕乃命三公會其期也　禮記王制鄭注同。北宋本、傅校本、明抄本、明刻本「期」作「朝」，蓋諱改。

〔一一〇〕則衆獄官共聽其入五刑之辭　「其」原訛「之辭」，據尚書呂刑僞孔傳及北宋本、傅校本、明抄本、明刻本改。下「辭」北宋本、傅校本、明抄本、明刻本作「辟」，誤。

〔一一一〕或詐反囚辭　「詐」原脱，據尚書呂刑僞孔傳補。

〔一一二〕五過罪與犯法者同其當清察之　「法」原訛「決」，「當清」原訛「審」，據尚書呂刑僞孔傳及北宋本、明抄本改。

〔一一三〕皇於聽獄乎　「於」北宋本、傅校本、明抄本、明刻本作「乎」。

〔一一四〕二千石官以其罪名當報之　「二千石官」與「其」原脱，據漢書刑法志一一〇六頁、册府卷六〇九七三一六頁補。按：北宋本、傅校本、明抄本、明刻本「其」字未脱。

〔一一五〕平議也　「平」原訛「亦」，據北宋本改。

〔一一六〕所不能決者　原脱，據漢書刑法志一一〇六頁、册府卷六〇九七三一六頁補。

〔一一七〕景帝中五年詔曰至而人心不厭者則讞之　按：此詔北宋本、傅校本、明抄本、明刻本、王吳本誤置於後元詔之後。

〔一八〕一贍反　原脱，據北宋本、傅校本、明抄本、明刻本補。惟此四本「贍」誤作「瞻」，復據漢書景帝紀師古注一四八頁改作「贍」。

〔一九〕欲令理獄者務先寬　「者」原作「官」，據漢書景帝紀一五〇頁及北宋本、傅校本、明抄本、明刻本改。

〔二〇〕表言逐捕　「逐」原訛「遂」，據三國志高柔傳六八九頁、册府卷六一八七四三〇頁改。

〔二一〕稱冤自訟　「訟」原作「訴」，據北宋本改。按：三國志高柔傳六八九頁、册府卷六一八七四三〇頁均作「訟」。

〔二二〕盈垂泣對曰　「垂」下原有「涕」，後人擅增，今據北宋本删。按：三國志高柔傳六八九頁、册府卷六一八七四三〇頁均無「涕」。

〔二三〕嘗出錢與同營士焦子文　「文」原訛「久」，據三國志高柔傳六九〇頁、册府卷六一八七四三一頁改。以下子文原皆脱「文」，並據補。

〔二四〕子文於是叩頭　「於是」原脱，據三國志高柔傳六九〇頁及北宋本、傅校本、明抄本、明刻本補。

〔二五〕以爲體式　三國志高柔傳六九〇頁作「以禮爲戒」。俱通。

〔二六〕請付獄推盡　「盡」原作「鞫」，據三國志三嗣主傳裴注引吴歷一一五四頁及北宋本改。

〔二七〕十許日遣出　「許」原作「餘」，「出」原作「去」，據晉書陸雲傳一四八二頁及北宋本改。按：傅校本、明抄本、明刻本也作「出」。

〔二八〕故遠相邀候　「候」原脱，據晉書陸雲傳一四八二頁及北宋本補。

〔二九〕貲三千餘萬　「三」御覽卷六三九作「二」。

〔三〇〕父無親近　「父」御覽卷六三九、卷八三六作「又」。

〔三一〕翁病困　「困」原訛「因」，據北宋本、傳校本、明抄本、明刻本改。按：御覽卷六三九、卷八三六也作「困」。

〔三二〕其後又不肯與　「又」原作「女」，據北宋本、傳校本、明刻本改。按：御覽卷六三九、卷八三六也作「又」。

〔三三〕顧謂掾史曰　「史」原訛「吏」，「曰」原脱，據北宋本、明抄本改補。

〔三四〕所以決斷　「決斷」原倒，據北宋本、傳校本、明抄本、明刻本乙。

〔三五〕當關縣官　「關」原作「聞」，據北宋本、傳校本、明抄本、明刻本改。

〔三六〕漢時　「漢」上原有「又」，據北宋本、傳校本、明刻本、王吴本删。

〔三七〕兩人莫肯首服　「兩」原脱，據御覽卷六三九、卷四九六補。

〔三八〕前撮之　「撮」原作「操」，明人擅改者，今據北宋本、傳校本、明抄本、明刻本改回。按：御覽卷六三九、卷四九六也都作「撮」。

〔三九〕會稽郡　「郡」原脱，據北宋本補。

〔四〇〕孫並兒遭餓　「餓」原作「饑」，據北宋本、傳校本、明抄本、明刻本改。

〔一四一〕長大成人　「長大」原作「以長」，據北宋本、傅校本、明抄本、明刻本改。

〔一四二〕懷挾姦路　「路」原作「詭」，明人擅改者，今據北宋本、傅校本、明抄本、明刻本改回。按：路，術也。

〔一四三〕幸魯陽　「魯陽」原作「南陽」，北宋本、傅校本、明抄本、明刻本作「當陽」。今據後漢書方術傳李注引謝承書二七一四頁改。

〔一四四〕且觀刺史決當云何　「且」原訛「目」，據北宋本、傅校本、明抄本、明刻本改。

〔一四五〕諸察獄之官　「察」原訛「審」，據唐律疏議卷二九及北宋本、傅校本改。

〔一四六〕因移他司者　「因」原作「相」，據北宋本、傅校本、明刻本改。

〔一四七〕皆俱申牒當處長官　「俱」原作「須」，據北宋本、傅校本、明抄本、明刻本改。

〔一四八〕數總不過二百　「數」原訛「類」，據北宋本、傅校本、明抄本、明刻本、王吴本改。

〔一四九〕取保放之　「取保」原倒，據北宋本、傅校本、明抄本、明刻本乙正。

〔一五〇〕取保並放　「放」原訛「故」，據北宋本、傅校本、明抄本、明刻本改。

〔一五一〕諸赦前斷罪不當者　「斷」「當」原互訛，據唐律疏議卷三〇、律附音義卷一二、宋刑統卷三〇乙改。

〔一五二〕即依輕法　「依」原作「從」，據唐律疏議卷三〇及北宋本改。

〔一五三〕其常赦所不免者　「其」下原衍「有」，據唐律疏議卷三〇及北宋本删。

〔一五四〕謂雖會大赦　唐律疏議卷三〇、律附音義卷一二、宋刑統卷三〇無「大」。

〔一五五〕免所居官及移鄉者　「官」原脱，「及」原訛「反」，據唐律疏議卷三〇、律附音義卷一二、宋刑統卷三

○補改。

〔五六〕赦書定罪名合從輕者不得引律比附入重違者各以故失論　原誤作小字注文，今據唐律疏議卷三〇、宋刑統卷三〇改作大字正文。

〔五七〕亦任以瘞之　「以」原訛「已」，據北宋本、傅校本、明抄本、明刻本改。

〔五八〕在京者大理正監決　「決」原脱，據北宋本、傅校本、明抄本、明刻本、王吴本補。

〔五九〕從立春至秋分　「至」北宋本、傅校本、明刻作「立」，恐非。

〔六〇〕皆令御史金吾監決　「皆」上原有「不拘此」三字，據北宋本、傅校本、明抄本、明刻本删。

〔六一〕若囚者冤枉灼然者　上「者」原訛「有」，據北宋本、傅校本改。

〔六二〕置塼銘於壙内　「塼」各本均作「塼」，今訂正。

〔六三〕闊三寸　「闊」北宋本作「廣」。

〔六四〕願背腿均受者　「背腿」原倒，據唐律疏議卷二九及北宋本乙。

劉俊文點校　王文錦覆校

通典卷第一百六十九

刑法七

守正　赦宥　禁屠殺贖生附

守正周　秦　漢　後漢　隋　大唐

周代，晉悼公之弟揚干，亂行於曲梁，行，陣次也。魏絳戮其僕。僕，御。晉侯怒，謂羊舌赤曰：「合諸侯，以爲榮也。揚干爲戮，何辱如之？必殺魏絳。」言終，絳至，授僕人書，僕人，晉侯御僕。〔一〕曰：「日君乏使，使臣斯司馬。斯，此也。臣聞『師衆以順爲武，順，莫敢違。軍事有死無犯爲敬』。守官行法，雖死不敢有違。君合諸侯，臣敢不敬？君師不武，執事不敬，罪莫大焉。臣懼其死，以及揚干，無所逃罪。懼自犯不武、不敬之罪。〔二〕不能致訓，至於用鉞，〔三〕用鉞，斬揚干之僕也。臣之罪重，請歸死於司寇。」致身於司寇〔四〕使戮也。公跣而出，曰：「寡人之言，親愛也；吾子之討，軍禮也。寡人有弟，不能教訓，使干大命，寡人之過也。子無重寡人之

過。」聽絳死，爲重過。晉侯以魏絳爲能以刑佐民矣，反役，與之禮食，使佐新軍。羣臣旅會，今欲明絳，故特爲設禮食。〔一〕

秦商鞅著刑名書，大略曰：「晉文將欲明刑，於是合諸卿大夫於冀宮。顛頡後至，吏請其罪，遂斷顛頡之脊。人皆懼曰：『顛頡之有寵也，斷脊以徇，而況於我乎！』乃無犯禁者，晉國大治。昔周公殺管叔，〔六〕放蔡叔，流霍叔，曰：『犯禁者也。』天下皆曰：『親叔昆弟有過不違，〔七〕而況疎遠乎！』故外不用甲兵於天下，內不用刀鋸於周庭，而海內治。故曰：明刑之猶，至於無刑也。」

漢文帝嘗行中渭橋，有一人聞蹕，匿橋下。久，以爲蹕過，走出，乘輿馬驚。廷尉張釋之奏：「犯蹕，當罰金。」帝怒曰：「賴吾馬和柔，他馬已傷敗我，廷尉乃罰金耶？」釋之曰：「法者，天子所與天下公共。且方其時，上使誅之則已。〔八〕既下廷尉，廷尉，天下之平也，爲之輕重，民安所錯手足乎？是法不信於民也。」帝良久曰：「廷尉當是。」後有盜高廟坐前玉環，釋之奏：「當棄市。」帝大怒曰：「此人無道，吾欲族之。君以法奏之，非吾所以恭承宗廟意也。」釋之曰：「且罪等，俱死罪也，盜玉環不若盜長陵土之逆也。然以逆順爲本。〔九〕今盜宗廟器而族之，假令愚人取長陵一抔土，抔，音步侯反，謂手掬之。不忍言毀徹，故云取土耳。陛下何以加其法乎？」帝許之。

議曰：釋之爲理官，時無冤人，綿歷千祀，至今歸美。所云：「法者，天子所與天下公共。廷尉，天下之平。若爲之輕重，是法不信於民也。」斯言是矣。又云：「方其時，帝使誅之則已。」斯言非矣。王者至尊無畏忌，生殺在乎口，〔一〇〕禍福及乎人。故易旅卦曰：「君子以明慎用刑。」周官司寇，察獄至於五聽、三訊，罪惡著形，方刑於市，使萬人知罪，而與衆棄之。天生烝民，樹之以君而司牧之，當以至公爲心，至平爲治，不以喜賞，不以怒罰。此先哲王垂範立言，重慎之丁寧也。猶懼暴君虐后，倉卒震怒，〔一一〕殺戮過差，及於非辜。縱釋之一時權對之詞，且以解驚蹕之忿，在孟堅將傳不朽，固合刊之，爲後王法。以孝文之寬仁，釋之之公正，猶發斯言，陳於斯主；或因之淫刑濫罰，引釋之之言爲據，貽萬姓有崩角之憂，俾天下懷思亂之志，孫皓、隋煬旋即覆亡，略舉一二，寧唯害人者矣。嗚呼！載筆之士，可不深戒之哉！

後漢光武爲蕭王時，在河北。祭遵爲軍市令，帝舍中兒犯法，格殺之。帝怒，收遵。主簿陳副諫曰：「明公常欲衆之整齊，今遵奉法不避，是教令也。」帝乃貰之，〔一二〕以爲刺姦將軍。乃謂諸將曰：「當避祭遵。吾舍中兒犯法尚殺之，必不私公等。」其爲重刑慎法，執正御人也如是。〔一三〕

光武建武中，董宣爲洛陽令。湖陽公主家奴蒼頭白日殺人，因匿主家，吏不能得。及主出，以奴驂乘，宣數主之失，叱奴下車，因格殺之。主訴於帝，帝怒，召宣，欲箠殺之。宣曰：「陛下聖德中興，而縱奴殺良人，將何以爲治天下乎？臣請得自殺！」即以頭擊楹，〔一四〕流血被面。帝令黄門持之。使宣叩頭謝主，不從，帝强使頓之，〔一五〕宣兩手據地，終不肯俯。主曰：「文叔爲白衣時，藏亡匿死，吏不敢至門。今爲天子，威不能行一令乎？」帝笑曰：「天子不與白衣同。」因敕：「强項令出！」賜錢三十萬。時爲吏者，趨於法矣。

明帝時，奉車都尉竇固出擊匈奴，騎都尉秦彭爲副。彭在别屯，而輒以法斬人。固奏彭專擅，請誅之。帝問郭躬曰：「軍征，校尉一統於督。督，謂大將。彭無斧鉞，何得殺人？」躬曰：「一統於督，謂在部曲也。前漢書音義曰：「大將軍行，有五部，部有曲。」今彭專軍别將，有異於此。兵事呼吸，不容先關督帥。且漢制棨戟即爲斧鉞。〔一六〕有衣之戟曰棨。帝從躬議。又有兄弟共殺人者，帝以兄不訓弟，故報兄重，報，也。重，死刑。而減弟死。中常侍孫章宣詔，誤言兩報重，〔一七〕尚書奏章矯制，罪當腰斬。帝問郭躬，躬曰：「法令有故、誤，章傳命之謬，於事爲誤，誤者其文則輕。〔一八〕當罰金。」帝曰：「章與囚同縣，疑其故也。」躬曰：「『周道如砥，其直如矢』。詩小雅。如砥，貢賦平。如矢，賞罰中。〔一九〕『君子不逆詐』。君王法天，〔二〇〕刑不可委曲生意。」帝善之。遷躬廷尉。

章帝時，侍御史寒朗與三府掾共按楚獄，顔忠、王平辭及曲成侯劉建等四人。〔二一〕四建以情恕者。朗試以人辭未嘗與忠、平相見。時帝怒甚，吏恐，諸所連及，一切陷之，無敢以情恕者。朗試以建等物色問忠、平，錯愕不能對。〔二二〕朗心傷其冤，乃上言忠、平所誣，〔二三〕疑天下無辜類多如此。帝曰：「四侯無事，何不早奏，而久繫至今邪？」朗曰：「臣恐海內別有發其姦者，故未敢時奏。」帝怒罵曰：「吏持兩端，促提下！」〔二四〕左右方引去，朗曰：「願一言而死。小臣不敢欺，欲助國爾，誠冀陛下一覺悟爾。臣見拷囚者，咸共言妖惡大故，臣子所宜同嫉，今出之不如入之，可無後責。是以拷一連十，拷十連百。又陛下問公卿得失，皆言舊制大罪禍九族，陛下大恩裁止於身，〔二五〕天下幸甚。及其歸舍，仰屋竊歎甚多冤。〔二六〕臣今所陳，誠死無悔。」帝意解，詔朗出。後二日，車駕幸洛陽獄，錄囚徒，理出者千餘人。

隋文帝開皇中，大理掌固來曠上封事，〔二七〕言大理官司恩寬。帝以曠爲忠直，遣每朝於五品行中參見。曠又告少卿趙綽濫免囚徒，〔二八〕帝使信臣推驗，初無阿曲。帝又怒曠，命斬之。綽固爭，以爲曠不合死。帝乃拂衣入閤，綽又矯言：「臣更不理曠，自有他事未及奏聞。」帝命引入閤，綽再拜請曰：〔二九〕臣有死罪三。臣爲大理少卿，不能馭掌固，使曠觸挂天刑，〔三〇〕死罪一也。囚不合死，而臣不能死爭，死罪二也。臣本無他事，而謬言求入，死罪三也。」帝解顏。會獻皇后在坐，命賜綽二金杯酒，飲訖，并以杯賜之。曠因免死，配徙廣州。

大唐貞觀初，太宗務止姦吏，乃遣人以財物試之。有司門令史受饋絹一匹，上怒，將殺之。民部尚書裴矩諫曰：「此人受賄，誠合重誅。但陛下以物試之，即行極法，所謂陷其入罪，〔三一〕恐非導德齊禮之義。」上納其言，謂百僚曰：「矩廷折，不肯面從，天下何憂不治。」其年，溫州司户參軍柳雄於隋資妄加階級，人有言之者，上令其自首，不首與爾死罪。遂固言是真，〔三二〕竟不肯首，大理推得其僞，將處雄死罪。少卿戴胄奏：「公法止合徒。」上曰：「我已與其斷當，但與死罪。」〔三三〕胄曰：「陛下既付臣法司，罪不至死，不可酷濫。」上作色遣殺，胄言之不已，至於四五，然後赦之。仍謂之曰：「胄但能爲我如此守法，豈畏濫有誅夷也。」七年，貝州鄃縣令裴仁軌私役門夫，〔三四〕上欲斬之。殿中侍御史李乾祐奏曰：「法令者，陛下制之於上，率土遵之於下，與天下共之，非陛下獨有也。仁軌犯輕罪而致極刑，是乖畫一之理。臣守職憲司，不敢奉制。」九月八日，吏部尚書、權檢校左武衛大將軍長孫無忌被召，不解佩刀入東上閤門。〔三五〕右僕射封德彝議以監門校尉不覺，合死；〔三六〕無忌誤帶刀入，徒二年，罰銅二十斤。大理少卿戴胄駮之曰：〔三七〕「校尉不覺與無忌帶入，同爲誤耳。臣子之於君父，不得稱誤。准律云：『供御湯藥、飲食、〔三八〕舟船，誤不如法者，皆死。』陛下若録功捨過，〔三九〕非憲司所決；若當據法，〔四〇〕罰銅未爲得衷。」太宗曰：「法者，非朕一人法也。何得以無忌國親，〔四一〕便欲阿之。」更令重議。德彝執議如初，胄又駮之曰：「校尉緣無忌致罪，於法當輕。若論其過誤，則其情一也，而生死頓殊，敢以固請。」〔四二〕乃免校尉死刑。其年九月，盛開選舉，或有詐僞資蔭者，〔四三〕上令自首，不首者死。俄有詐僞事洩，大理少卿戴冑斷流。上曰：「朕下敕不首者死，今斷從流，是示天下以不信。卿擬賣獄乎？」冑曰：「陛下既付所司，臣不敢虧法。」〔四四〕上曰：「卿自守法，而令我失信邪？」冑曰：「法者，國家所以布大信於天下；言者，當時喜怒之發耳。陛下發一朝之忿而許殺之，既知不可而寘之於法，〔四五〕此乃忍小忿而存大信。若順忿違信，臣竊爲陛下惜之。」上曰：「法有所失，公能正之，朕何憂也。」十一年五月，〔四六〕上問大理卿劉德威曰：「近來刑網稍密，何也？」對曰：「誠在君上，不由臣下，主好寬則寬，好急則急。律文失入減三等，失出減五等。今則反是，失入則無辜，失出則獲大罪，所以吏各自愛，競執深文，畏罪之所致耳。」太宗然其言。由是失於出入者各依律文。〔四七〕十八年九月，茂州童子張仲文忽自稱天子，口詈其流輩數人爲官司。大理以爲指斥乘輿，雖會赦猶斬。太常卿攝刑部尚書韋挺奏：「仲文所犯，止當妖言。今既會赦，准法免死。」上怒挺曰：「去十五年，懷州人吴法至浪入先置鉤陳，口稱天子，大理、刑部皆言指斥乘輿，咸斷處斬。〔四八〕今仲文稱妖，同罪異罰。卿作福於下，而歸虐於上邪？」挺拜謝，趨退出。自是，憲司不敢以聞。數日，刑部尚書張亮復奏：「仲文請依前以妖言論。」上謂亮曰：「日者，韋挺不識刑典，以重爲輕。朕時怪其所執，不爲處斷。卿今日復爲執奏，不過欲自取剛正之名耳！曲法要名，朕所不尚。」亮默然就列。上因謂之曰：〔四九〕「爾無恨色，而我有猜心。〔五〇〕夫人君含容，屈在於我。可申君所請，屈我所見。其仲文宜處以妖言。」〔五一〕

上元三年九月，左威衛大將軍權善才、〔五二〕右監門中郎將范懷義並爲斫昭陵柏，大理奏官減死外並除名，〔五三〕上時令殺之，大理丞狄仁傑執奏，稱罪不當死。〔五四〕上引入，謂曰：「善才斫陵上柏，是我不孝，必須殺之。」仁傑又執奏，上作色令出，〔五五〕仁傑進曰：「臣聞逆龍鱗，忤人主，自古以爲難，臣愚以爲不然。〔五六〕居桀紂時則難，堯舜時則易。臣今幸逢堯舜，不懼比干之誅。昔漢文帝時，有盜高廟玉環，張釋之廷爭，罪止棄市；魏文帝將徙冀州士家十萬户，辛毗引裾而諫，亦見納用。且明主可以理奪，忠臣不可以威懼。今陛下不納臣言，臣恐瞑目之後，〔五七〕羞見釋之、辛毗於地下也。陛下作法，懸之象魏，徒罪死罪，〔五八〕具有等差。〔五九〕豈有犯非極刑，即令賜死？法既無恆，則萬姓何所措手足！陛下必欲變法，請從今日爲始。古人云：『假使盜長陵一抔土，陛下何以加之？』今陛下以昭陵一株柏殺一將軍，千載之後，〔六〇〕謂陛下爲何主？此臣所以不敢奉詔殺善才，陷陛下於不道。」上意乃解，謂仁傑曰：「既能爲善才正我，豈不能爲我正天下也。」

武太后時，徐弘敏，字有功，延載初爲司刑寺丞。時魏州人馮敬同，告貴鄉縣尉顔餘慶與博州刺史虺沖同反。餘慶，博州人，沖先放粟債於貴鄉百姓，遣家人斂索，託餘慶爲徵，所得徵錢，沖家人自買弓箭。餘慶兼修啟狀於沖，〔六一〕直敍寒温，并言債負不可徵得。敬同遂以此狀論告。武太后令殿中侍御史來俊臣就推，俊臣所推徵債是實，其弓箭非餘慶爲市，遂奏餘慶與沖同謀反。曹斷緣會永昌赦，稱其與虺貞同惡魁首並已伏誅，其支黨未發者將從原放，遂准律改斷流三千里。侍御史魏元忠奏：「餘慶爲沖徵債，叶契兇謀，又通書啟，即非支黨。請處斬，家口籍没。」奉敕依。有功執奏曰：「謀反大逆，罪極誅夷，殄其族未足以謝愆，〔六二〕汙其宮寧可以塞責。今據餘慶罪狀，頓共虺沖交涉，〔六三〕爲沖理債，違敕是情，於沖致書往反爲驗。既屬永昌恩赦，在餘慶罪即合原狀。據永昌元年赦曰：『其與虺貞等同惡徒黨，魁首既並伏誅，其支黨事未發者，特赦原。』謹詳魁首兩文，在制非無所屬。尚書曰：『殲厥渠魁。』名例律曰：『造意爲首。』魁即其帥，首乃原謀。魁帥首謀已露者，既並伏法；支派黨與未發者，特從原宥。伏誅既標『並』字，〔六四〕足明魁首無遺。餘慶赦後被言發覺，即爲支黨。必其慶是魁首，〔六五〕當時尋已伏誅。若從魁首逃亡，亦應登時追捕。進則不入伏誅之例，退則又異捕亡之流，將同魁首結刑，何人更爲支黨？況非常之恩，千載罕遇，莫大之罪，萬死蒙生。豈令支黨之人，翻同魁首；應生之伍，更入死條。嫉惡雖臣子之心，好生乃聖人之德。今赦而復罪，即不如無赦；生而又殺，則不如無生。

竊惟聖朝伏當不爾。〔六六〕餘慶請依後斷爲支黨，〔六七〕處流。」有功玉階具奏，太后大怒，抗聲謂有功曰：「若爲喚作魁首？」有功對曰：「魁是大帥，首是原謀。」太后又曰：「〔六八〕「餘慶可不是魁首？」有功又對曰：「若是魁首，虺沖敗日，並合伏誅。今赦後事彰，只是支黨。」太后又謂曰：「違敕徵債，與虺沖買弓箭，何爲不是魁首？」有功又對曰：「違敕徵債，誠如聖旨；所買弓箭，狀不相關。」太后又謂曰：「二月内與沖徵債，〔六九〕八月又通書，此豈不是同謀？」有功又對曰：「所通之書，據狀是寒温。其書搜檢不獲，餘慶先經奏訖。通書徵債，只是支黨。」太后怒少解，乃謂曰：「卿更子細勘問，是支黨不是支黨奏來。」當時百僚供奉及仗衞有三二百人，〔七〇〕莫不股慄，而有功神色不動，〔七一〕奏對無差，人皆服其膽力，直而不撓。

故左相蘇良嗣亡後被告反，〔七二〕男踐言、踐忠、踐義，推事使、金吾將軍丘神勣奏稱請准法絞刑者，〔七三〕奉敕依。頃又有敕：「蘇良嗣往者頻被言告，指驗非虛。朕以其年迫桑榆，〔七四〕情敦簪履，掩其惡迹，竟不發揚。洎乎歸壤之辰，爰備飾終之禮。不謂因子重發逆蹤，所司執法論科，請申毀柩之罰。朕念勞志切，惟舊情深，是於囚赦之科〔七五〕特降非常之霈。式廷恩於朽骼，俾流渥於幽魂。〔七六〕特免斲棺之刑，寬其籍没之典者。」少卿郭奉一等所奏：「蘇良嗣作逆先死，准敕免斲棺，矜其籍没，其男踐言等緣坐，既在敕無文，請准法處絞刑。奉依者。」有功執奏曰：〔七七〕「踐言、踐忠，良嗣之子，緣其父逆，並合絞刑。〔七八〕但爲敕稱：『屈法申恩，特降非常之霈。』又言：『念勞志切，惟舊情深，特免斲棺之刑，寬其籍没之典。』兩節皆具『特』字，信知恩是非常。父免斲棺之刑，子無緣坐之死，既寬籍没之典，理絶收録其家。〔七九〕按名例律：〔八〇〕『因罪人以致罪，若罪人遇恩原減，亦准罪人原減法。』又云：『即緣坐家口雖配没，罪人得免者，〔八一〕亦免。』斲棺爲其父逆，因父致其絞刑，父既特遇殊恩，子便不拘恒律。〔八二〕踐言等並即不合緣坐處盡。〔八三〕録奏者。」奉敕：「踐言等緣坐合死，朕好生惡殺，不忍加刑，宜特免死配流。」

逆人丘神勣弟神鼎并男晙，被奴羊羔告反。司刑司直劉志素推案，奏稱：「神鼎身居文職，黑襖子即是武夫之衣，若不夙懷叛心，擬投豫州，無故不合輒造。又燒卻反狀分明，〔八四〕請付法者。」曹斷：「神鼎處斬，家口籍没者。」有功批云：「丘神鼎，丘神勣之弟。兄反，〔八五〕弟合没官。憑狀以推，事跡可驗，在於斷結，理固難踰。羊羔稱投豫州，並作兩箇皂襖。〔八六〕假令事實，〔八七〕終在赦前，況乃涉虛，何以爲據？往時縱犯，今日方告，准赦據敕，不合推科。使人爲鼎著皁衣，將爲叛逆，曹司以燒卻文狀，處以叛謀。竊尋此途，頗傷苛酷。且衣之五采，隨人好尚。武夫一著，豈限玄黃。燒書雖匪赦前，推勘須窮窟穴，或言周易，乍道卜書；〔八八〕既云拋著厠中，又云鼎自裂破。書既著標，便非反書；必是反書，書論何事？爲是簿帳，爲是讖圖，竟不甄明，遂無承款，即處以斬，乃没其家。請更審詳，〔八九〕務令允當者。」劉志素又批：「丘鼎反逆，〔九〇〕夙蘊苞藏，非只一途，豈惟今日。虺貞豫州作逆之歲，於時秩滿神泉，准其家在西京。言旋即合歸舍，爲與虺貞相應，迂道水下嘉州，〔九一〕更至荆、襄，路過淹留，遂經一歲。當聞豫州起逆，星夜即向唐州。接荆河界首，於懸泉館，遂共男晙俱作黑褐襖子，擬充戰服，即明事相應接。及聞貞敗，星夜走來神都，即將襖子布施天宫寺。明知原來所造緣反。近以兄勣反彰之後，復燒卻反逆文書。此反不誅，誰反合殺？況又聖澤哀矜，〔九二〕重令來中丞推覆，追奴問鼎，勘按逾明。〔九三〕論其本愆，辜當萬死。徐丞内縱姦慝，〔九四〕外詐平反。奉敕令推反人得實，寧敢隱默者。」曹又依前斷，〔九五〕舉申秋官詳議者。符下，員外鄭思齊判：「凡斷刑名，須得指實。朦朧作狀，斟酌結刑，司刑此申，過爲非理。欲令集議，須審議由，狀未指歸，遣議何事？仰尋所推之按，取堪憑據之由，〔九六〕處分訖申者。」曹斷又依前者。有功又批：「赦前縱實合免，恩後謀狀未分。不反何爲燒書，法家無文臆度。使人的知是反，鞫按何不具言？當時按狀朦朧，奏後方便[illegible]普蘉反略。〔九七〕人命至重，一死不可再生；王法須平，居輕無宜入重。恐乖泣辜之惠，方虧祝網之慈。在愚所窺，請更商度者。」劉志素又批：「丘鼎謀反，與虺族同謀，苞藏日深，又共逆黨連結。有功侮文巧法，〔九八〕黨逆不忠，批退欲縱反人，每事唯希僥倖，不尋按狀，孟浪即批。批即不據科條，法外豈得依允。請據志素所批之狀，〔九九〕與有功意故縱逆人之平，即請申秋官及臺，集衆官議。」奉敕依。得春官員外郎楊思雅等一百十七人依有功議，〔一〇〇〕以緣坐爲允；又得夏官尚書楊執柔等百二十二人等議，〔一〇一〕並無反狀，更差明使推。〔一〇二〕准議狀，奏請差五品使。推事使杜無二奏無反狀，准赦例處分釋放。

汾州司馬李思順，臨川公德懋之子也，被韋秀告稱：「思順共秀竊語云，汾州五萬户，管十一府，多尚宿宵，好設齋戒。〔一〇三〕大雲經上道：『理復思順好，李三五年少。』思順恰第三，兄弟五箇者。」監察御史李恆等奏稱：「據思順潛謀逆節，苞藏禍心，研覈始引唐興辯占，復承應讖。〔一〇四〕請從極法。」奉敕依奏者。司直裴談斷：「處斬刑，家口籍没者。」主簿程仁正批：「合從妖處絞。只向韋秀一人道狀，當不滿衆，合斷三千里者。」裴談又判：「請依前斷録奏者。」焦元亶判：「退司寺官卻議者。」有功議曰：「謀危社稷，罪合反條。自述休徵，坐當妖例。反依斬法，妖從絞論。律著成文，犯標定狀。狀在事難越狀，文存理無棄文。若違狀以結刑，舍文而斷獄，則乘馬何俟銜勒，遏流豈用隄防？〔一〇五〕今判官處以反謀，勾司批從妖説；〔一〇六〕不恥下問，竊欲當仁。李思順解大雲經，韋秀稱其竊語私解，明非衆説。竊語不合人知，虚實唯出秀辭，是非更無他證。縱解『三五年少』，只是自述休徵。既異結謀之蹤，元非背叛之事。即從叛逆，籍没其家，便是狀外棄文，豈曰文中據狀。請依程仁正批，妖不滿衆，處流三千里者正。」〔一〇七〕焦元亶判：「具申秋官請議者。」右臺中丞李嗣等二十人議稱：「請依王行感例，流二千里，庶存畫一者。」守司府卿于思言等六十三人議稱：〔一〇八〕「依徐有功議者。」録奏，敕：「思順志懷姦慝，妄説圖讖。唯其犯狀，合寘嚴刑；爲其已死，特免籍没者。」緣有功議，遂免破家。〔一〇九〕

推事使顧仲琰奏稱：「韓純孝受逆賊徐敬業僞官同反，其身先死，家口合緣坐。」奉敕依曹斷，家口籍没。有功議：「按賊盜律：『謀反者斬。〔一一〇〕』處斬在爲身存，〔一一一〕身亡即無斬法。緣坐元因處斬，無斬豈合相緣？緣者是緣罪人，因者爲因他犯。犯非己犯，〔一一二〕例是因緣。所緣之人先亡，所因之罪合減。合減止於徒坐，徒坐頻會鴻恩。今日卻斷没官，未知據何條例。若情狀難捨，敕遣戮屍，除非此途，理絶言象。伏惟逆人獨孤敬同柳明肅之輩，〔一一三〕身先殞没，不許推尋。未敢比附敕文，但欲見其成例。勘當尚猶不許，家口寧容没官？」申覆，依有功所議，斷放。此後援例皆免没官者，數百家。

推事使奏：「瀛州人李仁恒等三十七人，〔一一四〕被告稱謀反。」曹斷：「並處斬，父母、妻子流三千里。」有功執曰：「玄淑里正元得户人緣祖紛争，因相言告，〔一一五〕或以反逆相喚，或將奔叛相牽。反逆須有同謀，奔叛寧無叶契？無謀無契，口語口陳，即以實論，頗亦苛酷。搶掄元無影響，〔一一六〕星文本自參差，縱使實有反言，只恨換其宗姓。因恨稱有，正是口陳；徒侶絶無，明非實反。賊盜律云：『口陳欲反之言，心無真實之計，流三千里。』疏云：『口陳欲叛者，〔一一七〕杖八十。』准依告狀，並是口陳之言；原究犯情，皆非心實之計。忝居商度，用此當宜。如不使推，請從鄙見。如將未允，〔一一八〕終須重推。」録奏，敕依。得宗君哲狀，稱：「無反可尋，請依徐丞見，流三千里。」奉敕依，會赦免。

御史郭弘霸奏：「宕州刺史皇甫懷節，爲芳州司倉薛璟所告，稱其當州刺史李思徵謀反。」〔一一九〕曹斷：「處斬、籍没者。」有功批執曰：「思徵，芳部宣條；懷節，宕州分竹。爰因羌叛，奉使討除，〔一二〇〕暫見思徵，屏人共語，即疑懷節與徵同謀。同謀須述謀由，共語當論語狀。語既無狀，謀又無由。思徵伏誅，一無牽引，薛璟陷辟，方始告言。〔一二一〕璟元共徵同情，懷節復與徵連結，節當共徵私語，語狀在璟合知，徵在不知語由，徵死誰明反狀？寧有比州刺史，〔一二二〕奉敕討羌，白日入州，官人參謁，暫與思徵相見，遂即平章反謀。察獄以情，未聞此理。羌走出界，無賊可擊，所領之兵，更留何用，爲此放散，倒將爲反。〔一二三〕節實擬反，更須發兵，成集之兵，何須放卻？非誣之狀，於此更明。懷節據狀無反。請差使推鞫。」無反，爲發兵遲，斷爲官當。會赦，總免。

推事使，〔一二四〕左臺監察御史盧偡奏稱：「告事人問趙推之，得款唐子産與推之手狀，遣告長孫仲宣，實不知事由者。依問唐子産，得款與推之手狀，令告仲宣宅中私置爐，擬打槍矟，謀反是實。其長孫仲宣是子産親舅，爲子産先與三舅庶幾妾成蹊私通，仲宣既知，即罵辱子産，爲此誣告者。」曹斷：「准律：『誣告謀反大逆者，斬；從者，絞。』又條云：『教令人告事虛，〔一二五〕應反坐；得實，應賞。皆以告者爲首，教令爲從。』推之爲首，處斬；子産爲從，處絞。」推之在禁告密，因得引見，遂訴枉屈。武太后曰：「趙推之得唐子産手狀，即告。於子産引虛，〔一二六〕自是子産之罪，何得枉斷殺推之。宜令停決，正斷奏聞者。」有功重執曰：「推之所告反由，元於子産處得。奉敕勘當，具狀是誣，付法科繩，已斷處斬。奏書臨決，恩旨遣停。聖上爲子産引虛，則將推之枉死。〔一二七〕但教令告事，律著正文，告者爲首，教者爲從。若其事虛受責，推之合當重科；如其反實論功，子産纔霑薄賞。律開此制，〔一二八〕本防避罪爭功，在於憲司，固當守文奉法。」奉敕依奏。遷有功爲侍御史。

長壽二年，有敕：「公坐流，私坐徒以上，會赦應免死罪者，皆限赦後百日内自首。如其不首，依法科罪者。」有功以爲，犯罪未發，許首而原。豈有未發之罪，要令百日自首，不首依法科辜？〔一二九〕深以爲不便。乃奏曰：「周易云：『雷雨作，解，君子以赦過宥罪。』論語云：『人誰無過，過而能改，善莫大焉。』今陛下播非常之恩，寬殊死之罪，已發覺者，咸赦除之，是啟其改過之心，通其自新之路。何容赦前未發覺之罪，赦後必須令其自首？且鬭訟律云：『以赦前事相告言者，〔一三〇〕以其罪罪之。』若使無人告言，所犯終無自發。如告赦前之事，〔一三一〕准律以罪罪之。今赦前之事，罪不首者，還依法律論科，〔一三二〕即國家肆眚之恩，徒自頒於天下，便是萬萬有罪，一罪不霑。雖密雲有靄於西郊，〔一三三〕甘雨莫滋於南畝。臣愚，竊爲陛下不取。經圖長久，深爲未便。臣忝當耳目之地，謬處駮正之司，知無不爲，正在今日。特乞天恩，將臣所見，付羣官集議，商搉利害之狀，〔一三四〕具行藏之理奏聞。庶刑獄不煩，人無怨讟。」太后曰：「前代帝王可即，能達道理，自我作古，所奏不須。」有功奏曰：「陛下聖斷，所稱自我作古，臣即不敢。然臣請付羣臣集議，未知許議以不？」〔一三五〕太后曰：「令五品以上議奏。」時人皆歎其忠諫。

有功前後執正大獄，凡有六七百家，以此頻被推彈，亦經數四，對答並是理直，咸得無罪。時周唐革命，將相陰謀，非其父兄，即其子弟，往往事洩，多被論告，差使推勘，獲實即酬官賞。〔一三六〕由是告密之輩，推覈之徒，因相誣搆，共行深刻。新開總監之內，洛州牧院之中，遞成祕獄，互爲峻網，塞窗墐户，〔一三七〕粗杖大枷，追攝掩捉，匪朝伊夕，炬火圍宅，刀棒闌門，苦楚拷掠，非承不放。〔一三八〕來俊臣既便斬雲弘嗣，〔一三九〕亦手刃張虔勖。郭弘霸傳李思徵之首，王弘義亦梟毛玄素之元。朝野屏氣，道路以目。於斯時也，誰敢忠正？遂於羣邪之側，衆諂之傍，孑然介立，守法不動，抑揚士伍，慷慨朝端，始卒不渝，險易如一。於是酷法之吏，誣告之人，見嫉甚於仇讎矣。徐公事跡，並潘好禮纂録。中宗神龍元年三月制，以執法平恕，追贈越州都督，授一子官。〔一四〇〕

論曰：詳觀徐大理之斷獄也，自古無有斯人，豈張、于、陳、郭之足倫，固可略舉其事。且四子之所奉，〔一四一〕多是令主，西漢，張釋之，文帝時爲廷尉；〔一四二〕于定國，宣帝時爲廷尉；東漢陳寵、郭躬，章帝時爲廷尉：皆遇仁明之主。誠吐至公，用能竭節。若遇君求治，其道易行。武太后革命，欲令從已，作威而作周政，寄情而害唐臣。徐有功乃於斯時，而能定以枉直，執法守正，活人命者萬計；將死復捨，忤龍鱗者再三。以此而言，度越前輩。徐大理有功，久爲法官，歷秋官郎中、司刑少卿，後贈大理卿。前後雪獄甚多，〔一四三〕被酷吏薛季昶等奏有功黨援兇逆，天后赫怒，爲法司結刑，〔一四四〕三經斷死。則張、于之輩，豈比至其難乎。〔一四五〕

神龍元年正月，韋月將上變，告武三思謀逆。中宗大怒，命斬之。大理卿尹思貞以發生之月，執奏以爲不可行刑，竟決杖流嶺南。三思令所由以非法害之，〔一四六〕思貞又固争之。三年，節愍太子之誅武三思事變之後，其詿誤者並配流，未行，有韋氏黨密奏請盡誅之。上令鞫斷，大理卿鄭惟忠奏曰：「今大獄始決，人心未寧，若更改推，必遞相驚恐，則反側之子無由自安。〔一四七〕」遂依舊斷。〔一四八〕

開元二年八月，監察御史蔣挺有所犯，敕朝堂杖之。黄門侍郎張廷珪執奏曰：「御史，憲司清望，〔一四九〕耳目之官。有犯當流即流，〔一五〇〕不可決杖，可殺而不可辱也。」十年八月，冀州武强縣令裴景仙犯乞取，〔一五一〕贓積五千匹。事發，上大怒，令集衆殺之。大理卿李朝隱奏曰：「景仙緣是乞贓，罪不至死。又景仙曾祖故司空寂，往昔締構，〔一五二〕首參元勳。載初年中，家陷非罪，凡其兄弟，皆被誅夷，唯景仙獨存，今見承嫡。據贓未當死坐，准犯猶入請條。〔一五三〕十代宥賢，功實宜録；一門絶祀，情或可哀。願寬暴市之刑，俾就投荒之役，則舊勳不棄，平典斯允。」手詔不許。朝隱又奏曰：「輕重有條，臣下當守。枉法而取，十五匹便抵死刑；乞覓爲贓，數千匹止當流坐。今若乞取得罪，便處斬刑，後有枉法當科，欲加何辟？〔一五四〕所以爲國惜法，期守律文，非敢以法隨人，曲矜仙命。射兔魏苑，驚馬漢橋，初震皇赫，竟從逆議，〔一五五〕豈威不能制，而法貴有恒。又景仙曾祖寂，定爲元勳，恩倍恒數。若寂勳都棄，仙罪特加，則叔向之賢何足稱者，若敖之鬼不其餒而？捨罪念功，乞垂天德。」遂決一百，配流。〔一五六〕

赦宥 周 漢 後漢 北齊 大唐

易蒙卦曰：「初六，發蒙，利用刑人，用脱桎梏，以往吝。」象曰：「利用刑人，以正法也。」又，解卦曰：「雷雨作，解，君子以赦過宥罪。」

虞書曰：「宥過無大，刑故無小。過誤所犯，雖大必宥。不忌故犯，雖小必刑。罪疑惟輕，功疑惟重。刑疑附輕，賞疑從重，忠厚之至也。與其殺不辜，寧失不經。」

周官司寇曰：「三刺、三宥、三赦之法：一曰訊羣臣，二曰訊羣吏，三曰訊萬民。刺，殺也。三訊罪定，則殺之。聽民之所刺宥，以施上服下服之刑。〔一五七〕宥，寬也。人言殺，殺之；言寬，寬之。上服，劓、墨；下服，宮、刖之刑。一宥曰不識，再宥曰過失，三宥曰遺忘。不識，謂愚人無識。過失，謂若律「過失殺人不坐死」者。遺忘，若仇讎當報甲，〔一五八〕見乙，誠以爲甲而殺。一赦曰幼弱，再赦曰老耄，三赦曰惷愚。」又：「國君過市，刑人赦。」

呂刑云：「五刑之疑有赦，五罰之疑有赦，其審克之。刑疑赦從罰，罰疑赦從免。其當清察，〔一五九〕能得其理。墨辟疑赦，其罰百鍰；刑疑，則赦從罰。六兩曰鍰。鍰，黄鐵也。劓辟疑赦，其罰惟倍；倍百爲二百鍰。剕辟疑赦，其罰倍差；倍差，謂倍之又半，爲五百鍰。宮辟疑赦，其罰六百鍰；宮，次死之刑。〔一六〇〕序五刑，先輕，轉至重者，事之宜。大辟疑赦，其罰千鍰。」五刑疑，〔一六一〕各入罰，不降相因，古之制也。

禮曰：「疑獄，汎與衆共之，〔一六二〕衆疑，赦之。」

管仲曰：「文有三侑，〔一六三〕武無一赦。赦者，先易而後難，久而不勝其禍；法者，先難而後易，久而不勝其福。故惠者，人之仇讎也；法者，人之父母也。凡赦者，小利而大害者也。無赦者，小害而大利者也。夫盜賊不勝，則良人危；法禁不立，則姦邪繁。故赦者，奔馬之委轡也。」

漢景帝四年赦：「有犯死罪欲腐者，許之。」腐，宮刑也。丈夫割勢不復生子，如腐木不生實矣。

後漢光武建武中，大司馬吴漢疾篤。帝親臨，問所欲言，對曰：「臣無識知，惟願慎無赦而已。」

章帝章和元年，赦天下繫囚在四月丙子以前減罪一等，勿笞，詣金城，而文不及亡命未發覺者。郭躬上封事曰：「聖恩所以減死罪使戍邊者，重人命也。今死罪亡命無慮萬人，廣雅曰：「無慮，都凡也。」〔一六四〕又自赦以來，捕得甚衆，而詔令不及，皆當重論。伏惟天恩莫不蕩宥，〔一六五〕臣以爲赦前犯死罪，而繫在赦後者，〔一六六〕可皆勿笞詣金城，以全人命，有益於諸邊。」帝善之，下詔赦焉。

安帝永初中，尚書陳忠上言：「母子兄弟相代死者，聽，赦所代者。」從之。

北齊，赦日，武庫令設金雞及鼓於閶闔門外之右。〔一六七〕勒集囚徒於闕前，撾鼓千聲，脱枷鎖，遣之。

大唐令曰：「赦日，武庫令設金雞及鼓於宫城門外之右，勒集囚徒於闕前，撾鼓千聲訖，宣制放。其赦書頒諸州，用絹寫行下。」律曰：「會赦及降者，盗者准枉法猶徵正贓，餘贓非見在及收贖之物限内未送者，並從赦降原。」

武德四年，〔一六八〕王充、竇建德平，〔一六九〕大赦天下。既而責其黨與，並令遷配。侍書侍御史孫伏伽諫曰：「今月十三日發雷雨之制，既云常赦不免皆赦除之，〔一七〇〕此非直赦其有罪，亦是與天下斷當，許以更新。因何王充、建德部下赦後又欲遷之？〔一七一〕此是陛下自違本心，欲遣下人若爲取則？〔一七二〕如臣愚見，經赦合免責情欲遷配者，〔一七三〕並請放之，〔一七四〕則天下幸甚。」

貞觀二年七月，上謂侍臣曰：〔一七五〕「凡赦，惟及不軌之輩。古語云：『小人之幸，君子不幸。』『一歲再赦，婦兒喑啞。』〔一七六〕凡養稂莠者，傷禾稼；惠奸宄者，賊良人。昔『文王作罰，刑茲無赦』。夫小仁者，大仁之賊。故我有天下以來，不甚放赦。今四海安寧，禮義興行，數赦則愚人常冀僥倖，惟欲犯法，不能改過，當須慎赦。」

天寶十三載二月赦文：「左降官承前遭憂，皆不得離任。孝行之道，所未弘通；情理之間，深可哀恤。如有此類，宜並放歸，仍申省計至服滿日，准法處分。自今以後，編入常式。」

禁屠殺贖生附　大唐〔一七七〕

武太后聖曆三年，〔一七八〕斷屠殺。鳳閣舍人崔融上議曰：〔一七九〕「春生秋殺，天之常道；冬狩夏苗，國之大事。豺祭獸，獺祭魚，自然之理也。一乾豆，二賓客，不易之義也。上自天子，〔一八〇〕下至庶人，莫不揮其鸞刀，亨之鶴鼎，所以充庖廚。故能幽明感通，人祇輯睦，萬王千帝，殊塗同歸。今者禁屠宰，斷弋獵，三驅莫行，一切不許，將恐違聖人之達訓，紊明王之善經，一不可也。且江南諸州，乃以魚爲命，河西諸國，以肉爲齋，一朝禁止，倍生勞弊，〔一八一〕富者未革，貧者難堪，二不可也。加有貧賤之流，刲割爲事，家業倘失，性命不全，雖復日戮一人，終慮未能總絶，但益恐嚇，惟長姦欺，外有斷屠之名，内誠鼓刀者衆，勢利倚依，請託紛紜，三不可也。雖好生惡殺，是君子之小恩；而考古會今，非國家之大體。但使順月令，奉天經，〔一八二〕造次合禮儀，從容中刑典，自然人得其性，物遂其生。何必改革，方爲盡善？」禁止屠殺，以活飛走，亦同赦宥，用拯生人，〔一八三〕故附於此。下同。

景龍元年，遣使往江淮，分道贖生，以所在官物充直。中書舍人李乂上疏曰：「江淮水鄉，採捕爲業，魚鼈之利，黎元所資。雖雲雨之私有霑於末類，而生成之惠未洽於平人。何則？江湖之饒，生育無限；府庫之内，〔一八四〕支供易殫。費之若少，〔一八五〕則所濟何成；用之倘多，則常支有闕。〔一八六〕與其拯物，豈若憂人？〔一八七〕且鬻生之徒，惟利斯視，錢刀日至，網罟年滋，施之一朝，營之百倍。未若迴救贖之錢物，減貧無之傜賦，治國愛人，其福勝彼。」

二年九月敕：「鳥雀昆蟲之屬，不得擒捕，以求贖生。犯者先決三十。宜令金吾及州縣市司嚴加禁斷。」〔一八八〕

校勘記

〔一〕晉侯御僕　「御僕」原倒，據左傳襄公三年杜注乙。

〔二〕懼自犯不武不敬之罪　「罪」原訛「死」，據左傳襄公三年杜注改。

〔三〕不能致訓至於用鉞　「能」原訛「敢」，「鉞」原訛「越」，據左傳襄公三年及明抄本、王吳本改。注同。按：北宋本、傅校本、明刻本「鉞」字不誤。

〔四〕致身於司寇　「身」原訛「死」，據北宋本、傅校本、明抄本、明刻本改。按：左傳襄公三年杜注作「尸」。

〔五〕故特爲設禮食　「特爲」原倒，「食」原訛「會」，據左傳襄公三年杜注乙改。按：北宋本、傅校本、明抄本、明刻本「特爲」未倒。

〔六〕昔周公殺管叔　「殺」原作「誅」，據北宋本、傅校本、明抄本改。

〔七〕親叔昆弟有過不違　「叔」原訛「屬」，據北宋本、傅校本、明抄本、明刻本改。

〔八〕上使誅之則已　「使」原誤重，據北宋本、傅校本、明抄本、明刻本、王吳本删。

〔九〕且罪等俱死罪也盜玉環不若盜長陵土之逆也然以逆順爲本　原作「議法者以逆順爲本」，乃明人妄自删改者。今據北宋本、傅校本、明抄本、明刻本改補復原。

〔一〇〕生殺在乎口　「乎」原作「其」，據北宋本改。

〔一一〕倉卒震怒　「震」原訛「致」，據北宋本、傅校本、明抄本、明刻本改。

〔一二〕帝乃貰之　「貰」原作「貲」，據後漢書祭遵傳七三八頁改。

〔一三〕其爲重刑慎法執正御人也如是　「爲」原作「餘」，「也」原作「類」，據北宋本改。按：傅校本、明抄本、明刻本「類」亦作「也」。

〔一四〕即以頭擊楹　「頭」原訛「頸」，據後漢書酷吏列傳二四九〇頁改。

〔一五〕帝強使頓之　「使」原脱，據後漢書酷吏列傳二四九〇頁補。

〔一六〕且漢制棨戟即爲斧鉞　「即」原脱，據北宋本補。按：後漢書郭躬傳一五四三頁有「即」。

〔一七〕誤言兩報重　「言」原脱，據後漢書郭躬傳一五四四頁補。按：北宋本、傅校本、明抄本、明刻本、王吴本脱「誤」有「言」。

〔一八〕誤者其文則輕　「誤」原涉上而脱，據後漢書郭躬傳一五四四頁及北宋本、傅校本補。

〔一九〕賞罰中　「中」原訛「均」，據後漢書郭躬傳李賢注一五四四頁改。

〔二〇〕君王法天　「君」原訛「且」，據後漢書郭躬傳一五四四頁改。

〔二一〕顔忠王平辭及曲成侯劉建等四人　「及」原被明人增改作「引隧鄉侯耿健、朗陵侯臧信、護澤侯鄧鯉」，非通典之舊。今據北宋本、傅校本、明抄本、明刻本改删復原。

〔二二〕錯愕不能對　句上原有「二人」，據北宋本、傅校本、明抄本、明刻本删。

〔二三〕朗心傷其寃乃上言忠平所誣　原作「朗知其詐乃上言建等無罪爲中平所誣」，乃明人修改者。今據北宋本、傅校本、明抄本、明刻本改回。

〔二四〕促提下　「下」後原有「捶之」，據北宋本、傅校本、明抄本、明刻本删。

〔二五〕陛下大恩裁止於身　「陛下」原脱，據後漢書寒朗傳一四一七頁及北宋本改。

〔二六〕仰屋竊歎甚多冤　「甚」原作「知其」，據北宋本、傅校本、明抄本、王吴本改。

〔二七〕大理掌固　「固」原訛「囚」，據隋書刑法志七一五頁及北宋本、傅校本、明抄本、明刻本改。下同。

〔二八〕濫免囚徒　隋書刑法志七一五頁「囚徒」作「徒囚」。

〔二九〕綽再拜請曰　「綽」原脱，據隋書刑法志七一五頁及北宋本補。

〔三〇〕使曠觸挂天刑　「天」原訛「大」，據隋書刑法志七一五頁改。

〔三一〕所謂陷其入罪　原作「是爲陷之入罪」，明人改「所謂」爲「是爲」，清人又改「其」爲「之」。今據北宋本、傅校本、明抄本、明刻本改回。

〔三二〕遂固言是真　「遂」原作「雄」，據北宋本、傅校本、明抄本、明刻本改。

〔三三〕我已與其斷當但與死罪　「其」、「但」原脱，據北宋本、傅校本、明抄本、明刻本補。

〔三四〕貝州鄃縣令裴仁軌　「鄃」原脱，據唐會要卷四〇、册府卷六一七七四一七頁補。

〔三五〕入東上閤門　「門」原脱，據北宋本、傅校本、明抄本、明刻本補。

〔三六〕合死　「合」下原有「罪」，明人擅增，據北宋本、傅校本、明抄本、明刻本删。

〔三七〕大理少卿　「少」原脱，據舊唐書戴胄傳二五三二頁、唐會要卷三九、册府卷六一七七四一六頁補。

〔三八〕飲食　原倒作「食飲」，據北宋本、傳校本、明抄本、明刻本乙。

〔三九〕陛下若録功捨過　「陛下」原脱，據北宋本、傳校本、明抄本、明刻本補。

〔四〇〕若當據法　「當」下原有「罪」，據舊唐書戴冑傳二五三二頁、唐會要卷三九、册府卷六一七七四一七頁删。

〔四一〕何得以無忌國親　「無忌」下原有「一人」，「親」原作「戚」，明人擅改者。今據北宋本、傳校本、明抄本、明刻本删改。

〔四二〕生死頓殊敢以固請　「生死」原倒，「固」原脱，據舊唐書戴冑傳二五三二頁、唐會要卷三九、册府卷六一七七四一七頁及北宋本、傳校本、明抄本、明刻本乙補。

〔四三〕或有詐僞資蔭者　「詐僞」原作「僞爲」，據舊唐書戴冑傳二五三二頁、唐會要卷三九改。按：北宋本、傳校本、明抄本、明刻本作「詐爲」。

〔四四〕臣不敢虧法　「敢」原脱，據舊唐書戴冑傳二五三二頁、唐會要卷三九、册府卷六一七七四一七頁補。

〔四五〕既知不可而寘之於法　「法」原訛「流」，據北宋本、傳校本、明抄本、明刻本、王吴本改。

〔四六〕十一年五月　「月」下原有「内」，據北宋本、傳校本、明抄本、明刻本删。

〔四七〕由是失於出入者　「於出」原脱，據舊唐書刑法志二一四〇頁、唐會要卷三九補。

〔四八〕咸斷處斬　「咸」原作「羣」，據北宋本改。按：唐會要卷三九、册府卷六一七七四一七頁均作「咸」。

〔四九〕上因謂之曰　原脱「謂」，據傳校本、明刻本補。

〔五〇〕而我有猜心　「有」原訛「無」，據北宋本、傅校本、明抄本、明刻本改。按：唐會要卷三九也作「有」。

〔五一〕其仲文宜處以妖言　「以」原訛「於」，據唐會要卷三九、册府卷六一七七四一七頁改。

〔五二〕左威衛大將軍權善才　「威衛」原訛「武衛」，傅校本、明刻本、王吴本訛「威儀」，據北宋本、明抄本改。按：唐會要卷四〇、册府卷六一七七四一八頁均作「威衛」。

〔五三〕大理奏官減死外並除名　傅校本訛作「大理奏逐破其五除名」，明刻本訛作「大理奏遂破其五除名」，王吴本、殿本、局本訛作「大理奏遂欲破其産除名」，據北宋本、明抄本改。惟北宋本、明抄本脱「死」，今據册府卷六一七七四一八頁增補。

〔五四〕稱罪不當死　「罪」原脱，據北宋本、傅校本、明抄本、明刻本補。

〔五五〕上作色令出　「出」原作「退」，據北宋本、傅校本、明抄本、明刻本改。按：唐會要卷四〇、册府卷六一七七四一八頁均作「出」。

〔五六〕臣愚以爲不然　「然」原作「難」，據舊唐書狄仁傑傳二八八六頁、唐會要卷四〇、册府卷六一七七四一八頁改。

〔五七〕今陛下不納臣言臣恐瞑目之後　「臣恐」原脱，據唐會要卷四〇、册府卷六一七七四一八頁補。按：北宋本、傅校本、明抄本、明刻本脱「臣言」。

〔五八〕徒罪死罪　上「罪」原作「流」，據北宋本、傅校本、明抄本、明刻本、王吴本改。按：唐會要卷四〇作「徒罪死罪」，舊唐書狄仁傑傳二八二六頁、册府卷六一七七四一八頁作「徒流死罪」。

〔五九〕具有等差　「等差」原倒，據舊唐書狄仁傑傳二八八六頁、唐會要卷六一七七四一八頁乙。

〔六〇〕千載之後　「後」原作「下」，據北宋本、傅校本、明抄本、明刻本改。

〔六一〕餘慶兼修啓狀於沖　「狀」北宋本作「疏」。

〔六二〕殄其族未足以謝愆　「足」原訛「可」，據北宋本、傅校本、明抄本、明刻本改。

〔六三〕頗共虺沖交涉　「共」原作「與」，據北宋本、傅校本、明抄本改。

〔六四〕伏誅既標並字　「誅」原訛「請」，據册府卷六一七七四一九頁改。按：上引永昌元年赦文有「魁首既並伏誅」之語。

〔六五〕必其慶是魁首　「其」原訛「餘」，據北宋本、傅校本、明抄本、明刻本、王吴本改。

〔六六〕竊惟聖朝伏當不爾　「惟」原作「謂」，「伏」原作「決」，「當不」原倒，據北宋本及册府卷六一七七四一九頁改乙。按：傅校本、明抄本、明刻本「伏」「當不」猶不誤，而改「惟」爲「謂」。王吴本「伏」猶不誤，而乙「當不」爲「不當」。殿本、局本更進而改「伏」爲「決」矣。

〔六七〕餘慶請依後斷爲支黨　「請」下原有「當」，「後」原作「律」，明人臆改者。據北宋本、傅校本、明抄本、明刻本及册府卷六一七七四一九頁改回。按：上文云：「餘慶赦後被言發覺，即爲支黨。」此後即指赦後而言。

〔六八〕太后又曰　「又」原脱，據北宋本、傅校本、明抄本、明刻本補。

〔六九〕二月内與沖徵債　「内」原脱，據北宋本、傅校本、明抄本、明刻本補。

〔七〇〕有三二百人　原作「二三百人」，據北宋本、傅校本、明抄本、明刻本補乙。

〔七一〕神色不動　「動」原作「變」，據北宋本及册府卷六一七七四一九頁改。

〔七二〕故左相蘇良嗣亡後被告反　「亡後被告反」原脱，據册府卷六一六七四〇〇頁補。

〔七三〕奏稱請准法絞刑者　「准」原訛「被」，據北宋本及册府卷六一六七四〇〇頁改。

〔七四〕朕以其年迫桑榆　「迫」原作「逼」，據北宋本、傅校本、明抄本、明刻本改。按：册府卷六一六七四〇〇頁也作「迫」。

〔七五〕是於因赦之科　「赦」原作「殺」，據北宋本、傅校本、明抄本、明刻本改。按：册府卷六一六七四〇〇頁作「是矜因赦之科」。

〔七六〕俾流渥於幽魂　「渥」原作「德」，據北宋本、傅校本、明抄本及册府卷六一六七四〇〇頁改。

〔七七〕有功執奏曰　「執」上原衍「斷」，據册府卷六一六七四〇〇頁删。

〔七八〕並合絞刑　「並合」原作「合坐」，據北宋本、傅校本、明抄本、明刻本改。按：册府卷六一六七四〇〇頁也作「並合」。

〔七九〕理絶收録其家　「絶」原訛「免」，據北宋本、傅校本、明抄本、明刻本改。按：册府卷六一六七四〇〇頁也作「絶」。

〔八〇〕按名例律云　「云」原脱，據北宋本及册府卷六一六七四〇〇頁補。

〔八一〕罪人得免者　「得免」原訛「先死」，據北宋本改。按：唐律疏議卷四、册府卷六一六七四〇〇頁均作

「得免」。

〔八二〕父既特遇殊恩子便不拘恒律　「特」原訛「得」，「恒」原作「常」，據北宋本、傅校本、明抄本、明刻本改。按：册府卷六一六七四〇〇頁也作「特」。

〔八三〕踐言等並即不合緣坐處盡　「處」原脱，據册府卷六一六七四〇〇頁補。

〔八四〕又燒卻反狀分明　「又」原訛「文」，據北宋本、傅校本、明抄本、明刻本及册府卷六一六七四〇一頁改。「反狀」王吴本作「文狀」。

〔八五〕兄反　「兄」下原有「先」，據北宋本、傅校本、明抄本、明刻本删。按：册府卷六一六七四〇一頁無「先」。

〔八六〕並作兩箇皂襖　「並」原脱，據北宋本、傅校本、明抄本、明刻本及册府卷六一六七四〇一頁補。

〔八七〕假令事實　「事」原作「是」，據北宋本及册府卷六一六七四〇一頁改。

〔八八〕乍道卜書　「乍」原作「或」，據北宋本、傅校本、明抄本、明刻本改。

〔八九〕乃没其家請更審詳　「乃」下原有「籍」，「審詳」原倒，據北宋本、傅校本、明抄本、明刻本及册府卷六一六七四〇一頁删乙。

〔九〇〕丘鼎反逆　「丘」原作「神」，據北宋本、傅校本、明抄本、明刻本、王吴本及册府卷六一六七四〇一頁改。下同。

〔九二〕迂道水下嘉州　「道水」原倒，據北宋本、傅校本、明抄本、明刻本及册府卷六一六七四〇一頁乙。

〔九二〕況又聖澤哀矜　「聖」原訛「至」，據諸本改。

〔九三〕勘按逾明　「按」原訛「接」，據北宋本、傅校本、明抄本、明刻本及册府卷六一六七四〇一頁改。

〔九四〕徐丞内縱姦慝　「慝」原訛「匿」，據北宋本及册府卷六一六七四〇一頁改。

〔九五〕曹又依前斷　「曹又」原倒，據北宋本、傅校本、明抄本、明刻本乙。「斷」下原衍「者」，據册府卷六一六七四〇一頁删。

〔九六〕取堪憑據之由　「據」原作「信」，據北宋本、傅校本、明抄本、明刻本及册府卷六一六七四〇一頁改。

〔九七〕奏後方便⿰皀刅略　「⿰皀刅」北宋本作「⿰皀刀」，册府卷六一六七四〇一頁作「⿰皀力」。

〔九八〕有功侮文巧法　「巧」原作「弄」，後人擅改。據北宋本、傅校本、明抄本、明刻本及册府卷六一六七四〇一頁改回。

〔九九〕請據志素所批之狀　「請」原訛「惟」，據册府卷六一六七四〇一頁改。按：北宋本、傅校本作「情」，蓋「請」之形訛。

〔一〇〇〕一百十七人依有功議　「有功」原作「志素」，清人妄改。今據北宋本、傅校本、明抄本、明刻本、王吴本及册府卷六一六七四〇一頁改回。

〔一〇一〕夏官尚書　「尚」原訛「商」，據諸本改。

〔一〇二〕更差明使推　「更」上原衍「准」，據北宋本、王吴本及册府卷六一六七四〇一頁删。

〔一〇三〕好設齋戒　「戒」原訛「解」，據北宋本、傅校本、明抄本、明刻本、王吴本及册府卷六一六七四〇二頁改。

〔一四〕復承應讖　「應」原訛「齋」，據北宋本、傅校本、明抄本及册府卷六一六六七四〇二頁改。

〔一五〕則乘馬何俟銜勒遏流豈用隄防　「則」原作「譬」，「何」原作「不」，「豈」原作「不」，皆後人擅改者，今據北宋本及册府卷六一六六七四〇二頁改回。按：傅校本、明抄本、明刻本亦作「何」、「豈」。

〔一六〕勾司批從妖説　「勾司」原訛「司直」，據北宋本、傅校本、明抄本、明刻本及册府卷六一六六七四〇二頁改。

〔一七〕處流三千里者正　「者正」原脱，據北宋本及册府卷六一六六七四〇二頁補。

〔一八〕守司府卿于思言　「守」上原有「留」，「于」原作「丁」，並誤。據北宋本、傅校本、明抄本、明刻本及册府卷六一六六七四〇二頁删改。

〔一九〕遂免破家　「破」原訛「没」，據北宋本、傅校本、明抄本、明刻本及册府卷六一六六七四〇二頁改。

〔二〇〕謀反者斬　「斬」原脱，據明刻本補。按：唐律疏議卷一七、册府卷六一六六七四〇二頁均有「斬」字。

〔二一〕處斬在爲身存　「斬」下原衍「者」，「在」原作「正」，據北宋本、明抄本、王吴本删改。按：册府卷六一六六七四〇二頁「在」作「本」。

〔二二〕犯非己犯　原作「非己所犯」，據北宋本、傅校本、明抄本改。

〔二三〕獨孤敬　原作「徐敬業」，據北宋本、傅校本、明抄本、明刻本及册府卷六一六六七四〇二頁改。

〔二四〕李仁恒　「恒」北宋本作「怛」，册府卷六一六六七四〇二頁作「里」。

〔一五〕玄淑里正元得户人緣祖紛争因相言告　「紛争」原訛「分事」，「言告」原倒，據北宋本、傅校本、明抄本、明刻本改乙。按：「元得户人」册府卷六一六七四〇二頁作「無得人户」。

〔一六〕搶擀元無影響　「搶擀」原作「槍擀」，北宋本作「搶擀」，今據册府卷六一六七四〇二頁改。按：文選傅毅舞賦：「良駿逸足，搶捍凌越。」

〔一七〕口陳欲叛者　「叛」原訛「反」，據北宋本、傅校本、明抄本、明刻本改。按：唐律疏議卷一七、册府卷六一六七四〇三頁作「叛」。

〔一八〕如將未允　「如將」原作「將或」，據北宋本、傅校本、明抄本、明刻本及册府卷六一六七四〇三頁改。

〔一九〕當州刺史　「當」原作「芳」，據北宋本、王吴本改。按：册府卷六一六七四〇三頁也作「當」。

〔二〇〕奉使討除　原作「奏使討擒」，據册府卷六一六七四〇三頁改。按：北宋本「除」字不誤。

〔二一〕方始告言　「告」原脱，據册府卷六一六七四〇三頁補。

〔二二〕寧有比州刺史　「寧」原脱，據册府卷六一六七四〇三頁補。

〔二三〕倒將爲反　「倒」原訛「致」，據北宋本、傅校本、明抄本、明刻本改。

〔二四〕推事使　「使」原脱，據北宋本及册府卷六一六七四〇三頁補。

〔二五〕教令人告事虚　「教」原訛「放」，據北宋本改。按：唐律疏議卷二四即作「教」。

〔二六〕於子産引虚　「於」原作「今」，據北宋本及册府卷六一六七四〇三頁改。

〔二七〕則將推之枉死　「推」册府卷六一六七四〇三頁作「奏」。

〔二八〕律開此制　「制」原訛「條」，據北宋本、傅校本、明抄本、明刻本及册府卷六一六七四〇三頁改。

〔二九〕不首依法科辜　「辜」原作「罪」，據北宋本、明抄本改。

〔三〇〕以赦前事相告言者　「相」原脱，據北宋本、傅校本、明抄本、明刻本補。按：唐律疏議卷二四有「相」。

〔三一〕如告赦前之事　「事」原作「罪」，據北宋本改。

〔三二〕罪不首者還依法律論科　「不」下原有「自」，「法律」原倒，據北宋本、傅校本、明抄本、明刻本删乙。

〔三三〕雖密雲有靄於西郊　「西」原作「四」，據北宋本、傅校本、明抄本、明刻本改。

〔三四〕商搉利害之狀　「搉」原訛「推」，據北宋本改。

〔三五〕未知許議以不　原脱「以」，據北宋本、傅校本、明抄本、明刻本補。

〔三六〕獲實即酬官賞　「實」原訛「日」，據北宋本、傅校本、明抄本、明刻本改。

〔三七〕塞窗墐户　「窗」「户」原互倒，據北宋本、傅校本、明抄本、明刻本乙。

〔三八〕苦楚拷掠非承不放　「拷掠」原倒，「承不放」原訛「罪亦承」，據北宋本、傅校本、明抄本、明刻本乙改。

〔三九〕來俊臣既便斬雲弘嗣　「斬」原作「決」，據北宋本、傅校本、明抄本改。

〔四〇〕授一子官　「子」原訛「品」，王吴本誤同。據北宋本、傅校本、明抄本、明刻本、殿本改。按：舊唐書徐有功傳二八二〇頁作「子」。

〔四一〕且四子之所奉多是令主　「奉」原訛「奏」，「是」原訛「逢」，據北宋本改。按：傅校本、明抄本、明刻本

「是」字不誤。

〔一四二〕西漢張釋之文帝時爲廷尉　「張釋之」原在「文帝時」下，據北宋本、傅校本、明抄本、明刻本乙。

〔一四三〕前後雪獄甚多　「雪」下原有「冤」，據北宋本、傅校本、明抄本、明刻本删。

〔一四四〕天后赫怒爲法司結刑　「天」原訛「太」，「爲」原訛「付」，據北宋本、傅校本、明抄本、明刻本改。按：王吴本「爲」字猶未誤。

〔一四五〕豈比至其難乎　「比至」原作「足比」，王吴本作「至此」，據北宋本、傅校本、明抄本、明刻本改。

〔一四六〕三思令所由以非法害之　「由」原作「司」，「以」上原有「因」，乃清人增改者。今據北宋本、傅校本、明抄本、明刻本、王吴本改删復原。

〔一四七〕則反側之子無由自安　「則」原脱，據北宋本補。

〔一四八〕遂依舊斷　「依」下原有「令」，據北宋本、傅校本、明抄本、明刻本、王吴本删。

〔一四九〕憲司清望　「憲司」原倒，據北宋本、傅校本、明抄本、明刻本乙。按：唐會要卷四〇也作「憲司」。

〔一五〇〕有犯當流即流　「當流」原倒，據北宋本、傅校本、明抄本、明刻本乙。按：唐會要卷四〇也作「當流」。

〔一五一〕裴景仙　「裴」北宋本、傅校本、明刻本、王吴本作「張」，誤。

〔一五二〕往昔締構　「昔」舊唐書李朝隱傳三一二六頁、唐會要卷四〇作「屬」。

〔一五三〕准犯猶入請條　「請」原訛「議」，據北宋本、傅校本、明抄本、明刻本改。按：舊唐書李朝隱傳三一二六頁、唐會要卷四〇、册府卷六一七七四二〇頁均作「請」。

〔一五四〕欲加何辟　「欲」原訛「當」，據北宋本、傅校本、明抄本、明刻本改。按：舊唐書李朝隱傳三一二六頁、唐會要卷四〇、册府卷六一七七四二〇頁均作「欲」。

〔一五五〕竟從逆議　册府卷六一七七四二〇頁同。舊唐書李朝隱傳三一二六頁、唐會要卷四〇「逆」作「廷」。

〔一五六〕配流　原倒，據北宋本、傅校本、明抄本、明刻本乙。按：唐會要卷四〇也作「配流」。

〔一五七〕以施上服下服之刑　「之刑」原脱，據周禮小司寇及北宋本、傅校本、明抄本、明刻本補。

〔一五八〕若仇讎當報甲　「甲」原訛「不」，據周禮司刺鄭注及北宋本、明抄本改。

〔一五九〕其當清察　「清」原訛「精」，據尚書呂刑僞孔傳及北宋本改。

〔一六〇〕宮次死之刑　「宮」「次」之間原有「淫刑也男子割勢婦人幽閉」十一字，乃後人所增，今據北宋本、傅校本、明抄本、明刻本删。

〔一六一〕五刑疑　「五」上原有「死刑也」三字，亦後人所增，今據北宋本、傅校本、明抄本、明刻本删。

〔一六二〕疑獄汎與衆共之　「汎」下原有「問」，據禮記王制删。

〔一六三〕文有三侑　「侑」原訛「情」，據管子法法篇改。

〔一六四〕都凡也　「凡」原訛「及」，據北宋本、傅校本、明抄本改。按：後漢書郭躬傳李賢注引廣雅一五四五頁作「凡」。

〔一六五〕伏惟天恩莫不蕩宥　「伏」原脱，據後漢書郭躬傳一五四四頁補。

〔一六六〕而繫在赦後者　「繫」下原有「或」，據北宋本、傅校本、明抄本、明刻本删。按：後漢書郭躬傳一五四四五頁無「或」。

〔一六七〕於闤闠門外之右　「闤闠」原倒，「外」原脱，據隋書刑法志七〇六頁及北宋本、傅校本、明抄本、明刻本乙補。

〔一六八〕武德四年　「武」上原有「唐」，據北宋本刪。

〔一六九〕王充竇建德平　「王」下原有「世」，清人所增，今據北宋本、傅校本、明抄本、明刻本、王吳本刪。下文「王充」原作「世充」，亦據各本改。

〔一七〇〕皆赦除之　「赦除」原倒，據舊唐書孫伏伽傳二六三七頁、唐會要卷四〇乙。

〔一七一〕因何王充建德部下赦後又欲遷之　「因何」原倒，據北宋本乙。按：舊唐書孫伏伽傳二六三七頁、唐會要卷四〇均作「因何」。

〔一七二〕欲遣下人若爲取則　「爲」原作「何」，據北宋本改。按：舊唐書孫伏伽傳二六三七頁也作「爲」。

〔一七三〕經赦合免責情欲遷配者　「情」原作「罰」，明人擅改者，今據北宋本、傅校本、明抄本、明刻本改回。按：舊唐書孫伏伽傳二六三八頁也作「情」。

〔一七四〕並請放之　「並請」舊唐書孫伏伽傳二六三八頁、唐會要卷四〇作「請並」。

〔一七五〕上謂侍臣曰　「曰」原脱，據北宋本、傅校本、明抄本、明刻本補。

〔一七六〕婦兒喑啞　「婦兒」原作「善人」，清人據唐會要卷四〇改，非通典之舊，今據北宋本、傅校本、明抄本、明刻本改回。按：王吳本倒作「兒婦」。御覽卷六五二作「奴人」。

〔一七七〕禁屠殺贖生附　北宋本、傅校本、明抄本、明刻本、王吴本無此題。

〔一七八〕武太后聖曆三年　「武太后」上原有「大唐」，清人所增者，今據北宋本、傅校本、明抄本、明刻本、王吴本删。

〔一七九〕崔融上議曰　「議」原作「疏」，據北宋本、傅校本、明抄本、明刻本改。按：唐會要卷四一也作「議」。

〔一八〇〕上自天子　「自」原訛「至」，據北宋本及唐會要卷四一改。

〔一八一〕倍生勞弊　「勞」原作「姦」，據北宋本、傅校本、明抄本改。按：唐會要卷四一也作「勞」。

〔一八二〕但使順月令奉天經　「順」「奉」原訛互，據北宋本、傅校本、明抄本、明刻本及唐會要卷四一乙正。

〔一八三〕用拯生人　「拯」原訛「極」，據北宋本、傅校本、明刻本、王吴本改。

〔一八四〕府庫之内　「内」原作「物」，據北宋本、傅校本、明抄本、明刻本改。

〔一八五〕費之若少　「少」原作「小」，據北宋本、傅校本、明抄本、明刻本改。

〔一八六〕則常支有闕　「有」原作「又」，據北宋本、傅校本、明抄本、明刻本改。

〔一八七〕與其拯物豈若憂人　「憂」原作「愛」，據北宋本、傅校本、明抄本、明刻本改。按：「與其」北宋本傅校本、明抄本、明刻本作「作於」，王吴本作「仁於」。唐會要卷四一作「與其」。

〔一八八〕州縣市司嚴加禁斷　「嚴加」原脱，據北宋本、傅校本、明抄本、明刻本補。

劉俊文點校　王文錦覆校

通典卷第一百七十

刑法八

寬恕　囚繫　舞紊　峻酷　開元格

寬恕殷　漢　後漢　宋　大唐

湯出野，見張網四面者，湯曰：「嘻！盡之矣。」乃去其三面，祝曰：「欲左，左；欲右，右。不用命，入吾網。」諸侯聞之曰：「湯德至矣！及禽獸。」乃叛桀而歸湯。

漢文帝二年，制曰：「今法有誹謗訞言之罪，〔一〕是使衆臣不敢盡情，而上無由聞過失也。將何以來遠方之賢良？其除之！人或咒詛上，以相約而後相謾，〔二〕謾，欺也。初爲要約，共行咒詛，後相欺誑，〔三〕中道而止，無實事。吏以爲大逆，其有他言，吏又以爲誹謗。此細人之愚，無知抵死。自今有犯此者，勿聽治。」時將相皆舊功臣，少文多質，懲秦惡政，務在寬厚，恥言人過。化行天下，告訐之俗易。訐，面相斥罪也。〔四〕吏安其官，人樂其業，風流篤厚，禁網疎闊。文帝選張釋之爲廷尉，〔五〕罪疑者予民，從輕斷之。是以刑罰大省，至於斷獄四百，謂普天之下重罪者。有刑措之風。感齊女子淳于緹縈言，除肉刑。具肉刑議。

景帝之初，制曰：「孝文皇帝除誹謗，去肉刑宮刑，〔六〕罪人不孥，德侔天地。然加笞與重罪無異，重罪，謂死刑。幸而不死，不可爲人。謂不能自起居。其定律：笞五百曰三百，笞三百曰二百。」猶尚不全。「自今吏及諸有秩，受其官屬所監、所行、所將，〔七〕行謂按察也，音下更反。其與飲食計償費，勿論」。計所費而償其直，勿論罪。罷磔曰棄市。先是，諸死刑皆磔之於市，今罷之，若妖逆則磔之，磔，謂張其尸也。其刑具刑制上篇。〔八〕

宣帝制曰：「自今子首匿父母，妻匿夫，孫匿大父母，皆勿論。凡首匿者，言爲謀首而藏罪人。其父母匿子，夫匿妻，大父匿孫，罪殊死，皆上請廷尉以聞。」

元帝柔仁好儒，〔九〕見宣帝多用文法吏，以刑名繩下，劉向別録云，申子學號刑名。刑名者，以名責實，尊君卑臣，崇上抑下。宣帝好觀其君臣篇。繩謂彈治。〔一〇〕大臣楊惲、蓋寬饒等坐刺譏語而誅。嘗侍燕從容言：「陛下持刑太深，宜用儒生。」宣帝作色曰：「漢家自有制度，本以霸王道雜之。奈何純任德教，用周政乎！〔一一〕姬周之政。且俗儒不達時宜，好是古非今，使人眩於名實，眩，亂視。不知所守，何足委任。」乃歎曰：「亂我家者，太子也！」及即位，下詔曰：「法令者，欲其難犯而易避也。今律令煩多，自典文者不能分明，而欲羅元元之不逮，豈刑中之意哉！〔一二〕其議律令可蠲除輕減。」

成帝河平中，詔曰：「甫刑云：『五刑之屬三千，大辟之罰其屬二百。』〔一三〕甫刑，即周書呂刑也。初爲呂侯，號曰呂刑，後改爲甫侯，故又稱甫刑。今大辟之刑千有餘條，律令煩多，百有餘萬言，奇請他比，日以益滋。奇請，謂常文之外，主者別有所請以定罪也。他比，謂引他類以比附之，〔一四〕稍增律條也。奇，居宜反。其與中二千石、二千石、博士及明習律令者，議減死刑及可蠲除約省者，〔一五〕令較然易知，條奏。」有司無仲山甫將明之材，自有司以下，史家之言。詩大雅之言，〔一六〕王有誥命，即仲山甫將之；國有不善事，〔一七〕則仲山甫明之也。將，行也。〔一八〕不能因時廣宣主恩，建立明制，但鉤摭微細，〔一九〕毛舉數事，以塞詔而已。毛舉，言舉毫毛之事。塞，當也。是以大議不立。議者或曰，法難數變，此庸人不達，疑塞理道者也。塞，謂不通。

班固曰：「自建武、永平，人亦新免兵革之禍，有樂生之慮，與高、惠之間同，而政在抑强扶弱，朝無威福之臣，邑無豪桀之俠。〔二〇〕以口率計，斷獄少於成、哀之間什八，可謂清矣。十少其八。然而未能稱意比崇於古者，以其疾未盡除，〔二一〕而刑本不正也。」

後漢章帝初，尚書陳寵上疏曰：「今斷獄者急於箠格酷烈之痛，執憲者繁於詆欺放濫之文，〔二二〕或因公行私，以逞威福。」帝納寵言，每事務於寬厚。其後遂詔有司，絕鉆鑽諸慘酷之科，說文曰：「鉆，鐵銸也。」其炎反。銸音陟葉反。鑽，臏刑，謂鑽去臏骨也。解妖惡之禁，除文致之請讞五十餘事。文致，謂前人無罪，文飾致於法中。是後人俗和平，屢有嘉瑞。初，寵曾祖父咸，成、哀閒以律令爲尚書，平帝時，〔二三〕王莽篡位，父子相與歸鄉里，閉門不出入，乃收藏其家律令書文，皆壁藏之。咸性仁恕，常戒子孫曰：「爲人議法，當依於輕，雖有百金之利，慎無與人重比。」故世謂陳氏持法寬平也。元和三年，廷尉郭躬家世掌法，務在寬平，決獄斷刑多依矜恕，乃條諸重文從輕者四十餘事奏之，事皆施行，著於律令。陳寵又代躬廷尉，數議疑獄，每附經典，事從輕恕，活者甚衆。寵復鉤校律令條法，〔二四〕溢於甫刑者除之，鉤，猶動也，〔二五〕音工侯反。溢，出也。曰：「臣聞禮經三百，威儀三千，禮記曰：「禮經三百，曲禮三千。」鄭玄注曰：「禮篇多亡，〔二六〕本數未聞。」故甫刑大辟二百，五刑之屬三千。禮之所去，刑之所取，去禮之人，〔二七〕刑以加之，故曰取也。失禮則入刑，相爲表裏者也。今律令，死刑六百一十，耐罪千六百九十八，耐者，輕刑之名。贖罪以下二千六百八十一，溢於甫刑者千九百八十九，其四百一十大辟，千五百耐罪，七十九贖罪。漢興以來，三百二年，憲令稍增，科條無限。又律有三家，其說各異。宜令三公、廷尉平定律令，應經合義者，可使大辟二百，耐罪、贖罪二千八百，并合爲三千，悉删除其餘，令與禮相應，以易萬人視聽，以致刑措之美，傳之無窮。」〔二八〕會寵得罪，遂罷。

宋文帝元嘉中，王弘爲衞將軍，輔政，上疏曰：「同伍犯法，無士人不罪之科，然每至詰謫，輒有請訴。〔二九〕若常垂恩宥，即法廢不行；依事糾責，則物以爲苦。謂宜更其制，使得優苦之衷。〔三〇〕又主守偷五匹，常偷四十匹，並加大辟，議者咸以爲重。宜進主守偷十匹，常偷五十匹死，〔三一〕四十匹降以補兵。既得小寬人命，〔三二〕亦足以爲懲戒。」從之。

大唐高祖初至京師，革隋峻法，約爲十二條，殺人、劫盜、背軍、叛逆者死，餘並蠲除之。及受禪，詔宰相劉文静因開皇律令而損益之，盡删大業苛慘之法，〔三三〕制五十三條，務存寬簡，以便於時。

及太宗初，令公卿更議絞刑之屬五十條，免死，唯斷其右趾，應死者多蒙全活。太宗尋又矜其受刑之苦，謂蕭瑀曰：「前代不行肉刑久矣，今斷人右趾，念其受痛，意甚不忍。」瑀曰：「古之肉刑，乃死刑之外。陛下於死刑之内，降從斷趾，便是以生易死，足爲寬法。」上曰：「朕意以爲如此，故欲行之。又有上書言此非便，公可更思之。」其後，蜀王府法曹參軍裴弘獻上疏駁律，遂令參掌删改之。〔三四〕於是與房玄齡等建議，以爲古肉刑既廢，制爲死、流、徒、杖、笞凡五等，以備五刑，今復設刖足，是爲六刑。減死意在於寬，加刑又如煩峻。〔三五〕與八座定議奏聞。於是又除斷趾法，改爲加役流三千里，居作二年。〔三六〕殿中監盧寬持私藥入尚食廚，所司議當重刑。上曰：「祇是錯誤不解。」遂赦之。二年三月，大理少卿胡演進每月囚帳，上覽焉。問曰：「其間罪亦有情可矜，何容皆以律斷？」〔三七〕對曰：「原情宥罪，非臣下所敢。」上謂侍臣曰：「古人云：『鬻棺之家，欲歲之疫。』匪欲害於人，利於棺售故耳。今法司覆理一獄，必求深刻，欲成其考。今作何法，得使平允？」王珪奏曰：「但選良善平恕人，〔三八〕斷獄允當者，賞之，即姦僞自息。」上曰：「古者斷獄，必訊於三槐九棘之官。今三公九卿，即其職也。自今大辟罪，皆令中書、門下四品以上及尚書議之。」後大理引囚過，次到岐州刺史鄭善果。〔三九〕上謂演曰：「如鄭善果等，〔四〇〕官位不卑，縱令犯罪，不可與諸囚同例。自今三品以上犯罪，不須將身過朝堂聽進止。」又舊條，兄弟分後，蔭不相及，連坐俱死，祖孫配没。〔四一〕會有同州人房強，弟任統軍於岷州，以謀反伏誅，強當從坐。太宗嘗録囚徒，憫其將死，爲之動容，顧謂侍臣曰：「刑典仍用，蓋風化未洽之咎。愚人何罪，而肆重刑乎？用刑之道，當審事理之輕重，然後加之以刑罰。〔四二〕何有不察其本而一槩加誅，非所以恤刑重人命也。然反逆有二：一爲興師動衆，二爲惡言犯法。輕重有差，而連坐皆死，豈朕情之所安哉！」更令百僚詳議。於是玄齡等復定議曰：「按禮，孫爲王父尸；按令，祖有蔭孫之義。然則祖孫親重，兄弟屬輕。應重反流，合輕翻死，據禮論情，〔四三〕深爲未愜。今定律：祖孫與兄弟緣坐，俱配没。〔四四〕其以惡言犯法不能爲害者，情狀稍輕，兄弟免死，配流爲允。」從之。自是比古死刑，〔四五〕殆除其半。據隋代舊律，減大辟入流者九十二條，減流入徒者七十一條。〔四六〕其當徒之法，唯奪一官。除名之人，仍同士伍。凡削苛去慘、變重爲輕者，不可勝紀。又制：「在京見禁囚，刑部每月一奏。從立春至秋分，不得奏決死刑。其大祭祀及致齋日、〔四七〕朔望、上下弦、二十四氣、雨未晴、夜未明、斷屠日月及假日，〔四八〕並不得奏決死刑。」因大理丞張蘊古、交州都督盧祖尚並以忤旨誅斬，〔四九〕帝尋追悔，遂下制，凡決死刑，雖令即殺，二日中五覆奏，下諸州三覆奏。初，河內人李好德風疾瞀亂，有妖妄之言，詔大理丞張蘊古按其事。蘊古奏好德顛病有徵，法不當坐。理書侍御史權萬紀劾蘊古貫屬相州，好德兄厚德爲其刺史，情在阿縱。又，盧祖尚固辭交州。並處斬。既而悔之，遂有此制。上又曰：「古之行刑，君爲徹樂減膳。朕廷無恆設之樂，莫知何徹，然對食即不啖酒肉。自今以後，令尚食相知，〔五〇〕刑人日勿進酒肉。內教坊及太常，〔五一〕並宜停教。曹司斷獄，多據律令，〔五二〕雖情在可矜，而不敢違法，守文定罪，或恐有冤。自今門下覆理，有據法合死而情在可宥者，宜錄狀奏。」自是全活者甚衆。其五覆奏，決以前一日一覆奏，決日又三覆奏。唯犯惡逆者，一覆而已。著之於令。四年十一月，制：「決罪人不得鞭背。」太宗以暇日開明堂圖，見五藏之系，咸附背脊，〔五三〕乃歎曰：「夫箠者，刑之最輕者也。死者，生之至重者也。豈容犯最輕之刑而或致死？自古帝王不悟，不亦悲夫！」即日遂有此制。〔五四〕六年十二月，〔五五〕上親錄囚徒，放死罪三百九十人歸於家，令明年秋來就刑。其後，應期畢至，詔悉原之。〔五六〕

高宗即位，遵貞觀故事，務在恤刑。嘗問大理卿唐臨在獄繫囚之數，臨對曰：「見囚五十餘人，〔五七〕唯二人合死。」上以囚數全少，甚喜也。總章二年五月，上以常法外先決杖一百者，多致殞斃，乃下詔曰：「別令於律外決杖一百者，前後總五十九條，內有盜竊及蠹害尤甚者。〔五八〕今量留十二條，自餘四十七條，並宜停廢。」

武太后長壽三年五月敕：「貶降官並令於朝堂謝之，仍容三五日裝束。至任日，不得別攝餘州縣官，亦不得通計前後勞考。」

開元十年六月敕：「自今以後，准格敕應合決杖人，若有便流移左貶之色，杖訖，許一月內將息，然後發遣。其緣惡逆、指斥乘輿者，臨時發遣。」二十五年，〔五九〕刑部斷獄，天下死罪唯有五十八人。大理少卿徐嶠上言：「大理獄院，由來相傳殺氣太盛，鳥雀不栖，至是有鵲巢其樹。」〔六〇〕於是百僚上表賀，以爲幾至刑措。天寶元年二月敕：「官吏准律應犯枉法贓十五匹合絞者，自今以後，特加至二十匹。」仍即編諸格律，著自不刊。」〔六一〕六載正月敕：「自今以後，所斷絞、斬刑者，〔六二〕宜削除此條，仍令法官約近例，詳定處分。」

論曰：聖唐刑名，極於輕簡。太宗文皇帝降隋氏大辟刑百六十三條入流、入徒免死，其下遞減唯輕。開闢以來，未有斯比。如罪惡既著，制命已行，愛惜人命，務在哀矜，臨於剿絕，仍令數覆。獲罪自然引分，萬姓由是歸仁，感茲煦嫗，藏於骨體。雖武太后革命二紀，〔六三〕安禄山傾陷兩京，西戎侵軼，賊泚竊發，皇輿巡狩，宇內憂虞，億兆同心，〔六四〕妖氛旋廓，刑輕故也。國家仁深德厚，〔六五〕固可侔於堯舜，夏殷以降，無足徵矣。

囚繫 夏 殷 周

周易旅卦曰：「山上有火，旅。君子以明慎用刑，而不留獄。」月令曰：「命有司修法制，繕囹圄，去桎梏。」

夏桀不循祖法而爲虐政，召湯，囚之夏臺。

殷紂立，無道，囚文王於羑里。

周官司寇：「凡害人者，寘之圜土，弗使冠飾，而加明刑焉。任之以事，而收教之。能改者，上罪三年而舍，中罪二年而舍，下罪一年而舍。其不能改而出圜土者，殺。雖出，三年不齒。〔六六〕害人，爲百姓害者。〔六七〕寘，置也。弗使冠飾者，著黑幪，若古之象刑。明刑者，書其罪於大方版，著其背。任之以事，若今罰作也。舍，釋也。出，謂逃亡也。〔六八〕反於中國者，舍之還鄉里也。凡囚者，上罪梏拲而桎，中罪桎梏，下罪梏。王之同族拲，有爵者桎，以待弊罪。」凡囚者，謂非盜賊，自以他罪拘者。拲者，兩手共一木。桎梏者，兩手各一木，在手曰梏，在足曰桎。中罪不拲，手足各一木；下罪又去桎。王同族及命士以上，雖有上罪，或拲或桎而已。弊，斷也。拲音居勇反。弊音必勢反。

舞紊　漢　梁　北齊

漢武帝以張湯爲廷尉，所治即上意所欲罪，予監吏深刻者；〔六九〕即上意所欲釋，予監吏輕平者。所治即豪，必舞文巧詆；詆，誣也。即下户羸弱，時口言「雖文致法，上裁察」。於是往往釋湯所言。下户羸弱，湯欲佐助，雖具文奏之，而又口奏，言雖律令之文合致此罪，〔七〇〕聽上裁察，蓋爲此人希恩宥也。於是上得湯此言，往往釋其人罪，非未奏之前口豫言之也。〔七一〕遷御史大夫。時大興兵伐匈奴，縣官空虛。湯排富商大賈，出告緡令，鉏豪强并兼之家，舞文巧詆以輔法。輔，助也。以巧詆助法，言不公平。文書盈於几閣，典者不勝偏睹，〔七二〕是以郡國承用者駮，不曉其指，用意不同。或罪同而論異，姦吏因緣爲市，弄法而受財，若市買之交易。所欲活則傅生，所欲陷則予死比，傅讀曰附。議者咸冤傷之。杜周爲廷尉，其治大抵倣張湯，倣，依。而善候伺。上所欲擠者，因而陷之；上所欲釋，久繫待問而微見冤狀。客有謂周曰：「君爲天下決平，不循三尺法，專以人主意指爲獄，〔七三〕獄者固如是乎？」周曰：「三尺安出哉？前主所是著爲律，後主所是疏爲令；當時爲是，何古之法乎！」

梁武帝敦睦九族，優借朝士，〔七四〕有犯罪者，皆諷臣下屈法申之。百姓有罪，即按以法。其緣坐老幼不免，一人亡逃，〔七五〕則舉家質作。人既窮急，〔七六〕姦宄益深。後帝親南郊，秣陵老人遮帝曰：「陛下爲法，急於黎庶，緩於權貴，非久長之術。」〔七七〕誠能反是，天下幸甚。」帝銳意儒雅，疎簡刑法，〔七八〕自公卿大臣，〔七九〕咸不以鞫獄爲意。姦吏招權，巧文弄法，貨賄成市，多致枉濫。大率二歲刑以上，歲至五千人。是時徒居作者具五任，其無任者著斗械。〔八〇〕任，即保。若疾病，權解之。是後囚徒或有優劇。大同中，皇太子在春宮視事，見而愍之，乃上疏曰：「臣奉敕權視京師雜事，竊見南北郊壇、材官、〔八一〕車府、太官下省、左裝等處，並啟請四五歲以下輕囚，助充使役。自有刑均罪等，愆目不異，而甲付錢署，乙配郊壇。錢署三所，於事爲劇；郊壇六處，在役則優。今聽獄官詳其可否，舞文之路，自此而生。公平難遇其人，流泉易啟其齒，〔八二〕將恐玉科重輕，全關墨綬；金書去取，更由丹筆。愚謂宜詳立條制，以爲永准。」

北齊武成帝河清中，有司奏上齊律。其不可爲定法者，别制權令二卷，與之並行。後平秦王高歸彥謀反，須有約罪，律無正條，於是遂有别條權格，〔八三〕與律並行。大理明法，上下比附，欲出則附依輕議，欲入則附從重法，姦吏因之，舞文出沒。至於後主，權幸用事，有不附之者，陰中以法。綱紀紊亂，卒至於亡。

峻酷

殷　秦　漢　梁　後魏〔八四〕　北齊　後周　隋　大唐

三苗作五虐之刑，殺戮無辜，爰始淫爲劓、刵、椓、黥。始爲截人耳鼻，椓陰黥面，〔八五〕以加無辜，故曰五虐。

殷紂爲炮格之刑，〔八六〕膏銅柱，下加之以炭，〔八七〕令有罪者行焉，名曰炮格之刑。又醢九侯，脯鄂侯。周西伯獻洛西之地，以請除炮格之刑，紂許之。後淫亂不止，比干死争，紂曰：「吾聞聖人之心有七竅。」剖而觀之。諸侯皆叛。

秦孝公納衞鞅説，變法令，舍人無驗者坐之，〔八八〕棄灰於路者刑，步過六尺者罰。初，令之作也，一日臨渭決囚七百餘人，渭水盡赤。具刑制上。

始皇專任獄吏，燕人盧生竊歎曰：「帝親幸獄吏，樂以行殺爲威，天下畏罪持祿，莫敢盡忠。上不聞過而日驕，下慴伏謾欺以取容。」〔八九〕始皇聞之，怒曰：「諸生在咸陽者，吾使廉問，或爲妖言以亂黔首。」於是使御史悉按問諸生。諸生傳相告引，乃自誣，〔九〇〕犯禁者四百六十餘人，皆坑之。三十六年，有墜星下東郡，〔九一〕至地爲石。或刻其石曰：「始皇死而地分。」帝聞之，遣御史逐問，莫服，盡取石旁舍者誅之，〔九二〕因燔其石。

胡亥以趙高爲郎中令，更法律令，有罪者相坐收族，胡亥從之。羣臣諸公子有罪，令高治之。殺大臣蒙毅等，公子十二人戮死尸於市，十公主矺死於杜，〔九三〕財物没入縣官，餘相連坐者不可勝數。時山東羣盗大起，不能禁。胡亥責李斯，斯懼，乃阿意，以書對曰：「夫賢主必能行督責之術，則人不犯。故韓子曰：『慈父有敗子，而嚴家無格虜。』」〔九四〕胡亥悦，行督責益嚴，刑者相半，死人成積於市。〔九五〕以殺人多者爲忠臣。丞相去疾及李斯，與將軍馮劫諫胡亥，以寇盗並起，皆苦於轉戍，且止阿房作者。胡亥曰：「君不能禁盗，又欲罷先帝所爲，何以在位？」遂下之吏。去疾、劫曰：「將相不辱。」皆自殺。高因譖李斯子由爲三川守，與盗通。令高按問斯。高詐爲御史十輩，往訊斯，斯以實對，輒令榜掠。斯急，上書，高令棄之不奏。後胡亥使人驗斯，斯懼如前使者，乃誣伏。遂具斯五刑，腰斬咸陽市，夷三族。

漢義縱，河東人也。以鷹擊毛鷙爲治，言如鷹隼之擊，奮毛羽執取飛鳥也。〔九六〕爲定襄太守。縱至，掩定襄獄中重罪二百餘人，〔九七〕及賓客昆弟私入相視者亦二百餘人。〔九八〕縱壹切捕鞫，曰「爲死罪解脱」。壹切皆捕之也。及爲解脱死罪，盡殺之。〔九九〕是日，皆報殺四百餘人。奏請得報而論殺。〔一〇〇〕郡中不寒而慄。竟坐事誅。

嚴延年爲河南太守，其治務在摧折豪强，〔一〇一〕扶助貧弱。貧弱雖陷法，曲文以出之；其豪桀侵小民者，〔一〇二〕以文内之。飾文而入之爲罪。〔一〇三〕衆人所謂當死者，一朝出之；所謂當生者，〔一〇四〕詭殺之。詭違正理而殺之。吏民莫能測其意深淺，戰慄不敢犯禁。按其獄，皆文致不可得反。致，至密也。言其文案整密也。反音幡。吏忠盡節者，厚遇之如骨肉，皆親嚮之，出身不顧，以是治下無隱情。然疾惡太甚，中傷者多，尤巧爲獄文，善史書，所欲誅殺，奏成於手，中主簿親近史不得聞知。奏可論死，奄忽如神。冬月，傳屬縣囚，會論府上，總集郡府而論殺。流血數里，河南號曰「屠伯」。竟以政治不道，棄市。初，延年母從東海來，到雒陽，〔一〇五〕適見報囚。奏報行決也。母大驚，便止都亭，不肯入府。延年出至都亭謁母，母閉閤不見。延年免冠頓首閤下，〔一〇六〕良久，母乃見之，因數責延年：「幸得備郡守，專治千里，不聞仁愛教化，有以全安愚民，顧乘刑罰多刑殺人，〔一〇七〕顧，反也。乘，因也。欲以立威，豈爲民父母意哉！天道神明，人不可獨殺。言多殺人者，己亦當死。我不意當老見壯子被刑戮也。言素意不自謂如此。行矣！去女東歸，掃除墓地耳。」言待其喪至也。遂去。歸郡，見昆弟宗人，復爲言之。後歲餘，果敗。東海莫不賢智其母。

王温舒爲河內太守。先爲廣平都尉時，〔一〇八〕皆知河內豪姦之家。及往，以九月至，令郡具私馬五十匹，爲驛自河內至長安。設方略，捕郡中豪猾，相連坐千餘家。上書請大者至族，小者乃死，家盡没入償臧。奏行不過二日，得可，事論報，〔一〇九〕至流血十餘里。河內皆怪其奏，以爲神速。盡十二月，郡中無犬吠之盜。温舒竟坐誅。

尹賞爲長安令。長安中姦猾浸多，閭里少年羣輩殺吏，受賕報仇，相與探丸爲彈，爲彈丸，作赤、白、黑三色，而共探取之。得赤丸者斫武吏，得黑者斫文吏，白者主治喪；其黨與有爲吏及他人所殺者，則主其喪事。城中薄暮塵起，剽劫行者，死傷橫道，枹鼓不絕。枹，擊鼓椎也，音孚。賞以三輔高第選守長安令，〔一〇〕得一切便宜從事。賞至，修治長安獄，穿地深方各數丈，致令辟爲郭，致，謂積累也。令辟，甂甎也。郭，謂四周之內也。致，讀如本字，〔一一〕又音緻。令音零。辟音避歷反。以大石覆其口，名爲「虎穴」。乃部户曹掾史，與鄉吏、亭長、里正、父老、伍人，五家爲伍。〔一二〕伍人者，〔一三〕各其同伍之人也。雜舉長安中輕薄少年惡子，惡子，不承父母教命者。無市籍商販作務，而鮮衣凶服被鎧扞持刀兵者，悉籍記之，凶服，危險之服也。鎧，甲也。扞，臂衣也。籍記，爲名籍以記之。得數百人。賞一朝會長安吏，車數百兩，分行收捕，皆劾以爲通行飲食上蔭，下嗣。羣盜。賞親閱，見十置一，置，放也。其餘盡以次内虎穴中，百人爲輩，覆以大石。數日一發視，皆相枕藉死，便輿出，瘞寺門桓東，瘞，埋也。舊亭傳於四角面百步築土四方，上有屋，屋上有柱出，高丈餘，有大板貫柱四出，名曰桓表。縣所治夾兩邊各一桓。陳、宋之俗言桓聲如和，今猶謂之和表。即華表。楬著其姓名，楬，杙也。椓杙於瘞處而書死者名也。楬音竭，杙音弋，字並從木。〔一四〕百日後，乃令死者家各發取其尸。

王莽居攝，翟義、劉信起兵，莽討敗之，夷三族，誅及種嗣，至皆同坑，以棘五毒并葬之。其後陳良、終帶叛入匈奴，莽求得，行焚如之刑，燒殺之。及天下兵起，董忠反，莽敗之。〔一一五〕莽令剉忠，收其家族，以醇醯毒藥、〔一一六〕尺白刃、叢棘埋之。

梁元帝即位於江陵。帝素苛刻，及周師至，獄中死囚且數千人，有司請皆釋之，〔一一七〕以充戰士。帝不許，並令棒殺之。事未行，而城陷。

後魏太武帝太平真君十一年六月，誅司徒崔浩。清河崔氏無遠近，及范陽盧氏、太原郭氏、河東柳氏，皆浩之姻親，盡夷其族。初，崔浩修國史，標立石銘，刊國記。浩本書事備而不典，既刊在衢路，往來行者以爲言，事遂聞發。浩及祕書郎吏以下數百人盡死。浩之將誅也，幽縶，置之檻内，送於平城南，使衞士數十人溲疎有反其上，呼聲嗷嗷，聞於行路。自宰司之被害，未有如浩之甚。

文成帝太安四年，始設酒禁。是時，年穀屢登，士人多因酒致酗訟，或議王政，故一切禁之，釀、酤、飲斬，吉凶賓親，則開禁有日程。增置内外候官，伺察諸曹、外部州鎮，至有微服雜亂於府寺閒，以求百官疵失。其所窮理，有司苦加訊測，〔一一八〕而多相誣逮，輒劾以不敬。諸司官贓二丈，皆斬。又增律七十九章，門房之誅十有三，大辟三十五，〔一一九〕刑六十二。

秦州刺史于洛侯爲政，貪酷安忍。〔一二〇〕部人當熾奪人呂勝脛纏一具，〔一二一〕洛侯輒鞭當熾一百，截其右腕。又王隴客刺殺王羌奴、王愈二人，依律罪死而已。〔一二二〕洛侯生拔隴客舌，〔一二三〕刺其本，并刺胸腹二十餘瘡。隴客不堪苦痛，〔一二四〕隨刀戰動，乃立四柱，磔其手足，命將絕，始斬其首，支解四體，〔一二五〕分懸道路。見之者無不傷楚歎愕，合州驚震，人懷怨憤。又王元壽等一時反叛。〔一二六〕有司糾劾。孝文帝詔使者於州常刑人處宣告兵人，然後斬洛侯以謝百姓。〔一二七〕

北齊文宣帝自六年之後，遂以功業自矜，酷暴昏狂，任情喜怒。爲大鑊、長鋸、剉、碓之屬，並陳於庭，意有不快，則手自屠裂，或命左右臠噉，以逞其意。時楊遵彦秉政，乃命憲司先定死罪囚，置於仗衛之中，帝欲殺人，則執以應命，謂之供御囚。經三月不殺者，則免其死。〔一二八〕帝嘗幸金鳳臺，受佛戒，多召死囚，編籧篨爲翅，令之飛下，謂之放生，墜皆致死，帝以爲歡。時有司折獄，又皆酷法，訊囚則用車輻拱杖，〔一二九〕夾指壓踝，又立之燒犁耳上，或使以臂貫燒車釭，既不勝其苦，皆致誣伏。

後周宣帝性殘忍暴虐，自在儲貳，惡其叔父齊王憲及王軌、宇文孝伯等。及即位，並先誅戮。由是內外不安，俱懷危懼。其後，荒淫日甚，惡聞其過，誅殺無度，〔一三〇〕疎斥大臣。又數行肆赦，爲姦者皆輕犯刑法，政令否塞，下無適從。於是又廣刑書要制，而更峻其法，謂之刑經聖制。宿衛之官，一日不直，罪至削除。逃亡者皆死，而家口籍沒。上書字誤者，科其罪。又作礔礰車，以威婦人。其決人罪，〔一三一〕云與杖者，即百二十；云多打者，即二百四十，名曰「天杖」。帝既酣飲過度，有下士楊文祐因歌曰：「朝亦醉，暮亦醉。日日恆常醉，政事日無次。」鄭譯奏之，帝怒，命賜杖二百四十而致死。後更命中士皇甫猛歌，猛又諷諫，鄭譯又奏之，又賜猛杖百二十。是時下自公卿，内及妃后，咸加捶楚，上下愁恐焉。〔一三二〕

隋文帝性猜忌，素不悅學，既任智而獲大位，因以文法自矜，明察臨下。恆令左右覘内外，〔一三三〕小有過失，則加以重罪。又患令史贓污，因私使人以錢帛遺之，得犯立斬。每於殿廷打人，一日之中，或至數四。嘗怒問事揮楚不甚，即令斬之。十年，尚書左僕射高熲、〔一三四〕理書侍御史柳彧等諫，以爲朝堂非殺人之處，殿廷非決罰之地。帝不納。熲等乃盡詣朝堂請罪，曰：「陛下子育羣生，務在去弊，而百姓無知，犯者不息，〔一三五〕致陛下決罰過嚴。皆臣等不能有所裨益，請自退屏，以避賢路。」帝於是顧謂領左右都督田元曰：「吾杖重乎？」元曰：「重。」問其狀，元舉手曰：「陛下杖大如指，捶楚人三十者，比常杖數百，〔一三六〕故多致死。」帝不懌，乃令殿内去杖，〔一三七〕欲有決罰，各委所由。後楚州行參軍李君才上言，帝寵高熲過甚，上大怒，命杖之，而殿内無杖，遂以馬鞭笞殺之。〔一三八〕自是殿内復置杖。未幾怒甚，又於殿廷殺人，兵部侍郎馮基固諫，〔一三九〕帝不從，竟於殿廷行決。帝亦尋悔，宣慰馮基，而怒羣僚之不諫者。〔一四〇〕開皇十六年，有司奏合川倉粟少七千石，命斛律孝卿鞫問其事，以爲主典所竊。復令孝卿馳驛斬之，没其家爲奴婢，鬻粟以填之。是後盜邊糧者，一斗以上皆死，〔一四一〕家口没官。十七年，詔又以所在官人，不相敬憚，多自寬縱，事難克舉。諸有殿失，雖備科條，或據律乃輕，論情則重，不即決罪，無以懲肅。其諸司屬官，若有愆犯，〔一四二〕聽於律外斟酌決杖。於是上下相驅，迭行棰楚，以殘暴爲幹能，以守法爲懦弱。是時，帝意每尚慘急，而姦回不止。又定盜一錢棄市法，聞見不告者坐至死。自此四人共盜一榱桷，三人同竊一瓜，事發即時行決。有數人劫執事而謂之曰：「吾豈求財者邪？但爲枉人來耳。而爲我奏至尊，自古以來，體國立法，未有盜一錢而死也。而不爲我以聞，吾更來，而屬無類矣。」帝聞之，爲停盜取一錢棄市之法。帝嘗發怒，六月棒殺人。大理少卿趙綽固爭曰：「季夏之月，天地成長庶類，不可以此時誅殺。」帝報曰：「六月雖曰生長，此時必有雷霆。天道既於炎陽之時震其威怒，則天而行，有何不可？」遂殺之。帝猜忌益甚，臣僚用法尤峻。〔一四三〕御史以元正日不劾武臣衣劒之不齊者，或以白帝，帝謂之曰：「爾爲御史，何縱捨自由？」命殺之。諫議大夫毛思祖諫，又殺之。左領軍府長史考校不平，將作寺丞以課麥䴬遲晚，〔一四四〕武庫令以署庭荒蕪，獨孤師以私受蕃客鸚鵡，帝察知，並親臨斬決。仁壽中，用法益峻，帝既喜怒不常，不復依准科條。〔一四五〕時楊素正被委任，素又稟性高下，公卿股慄，不敢措言。素於鴻臚少卿陳延不平，〔一四六〕蕃客館庭中有馬屎，又庶僕氈上槫蒲，旋以白帝，皆於西市棒殺，而搒捶陳延，殆至於斃。大理寺丞楊遠、劉子通等，〔一四七〕性愛深文，每隨衙奏獄，能順帝旨。〔一四八〕帝大悅，並遣於殿庭三品行中供奉。每有詔獄，〔一四九〕專使主之，候帝所不快，則按以重抵，無殊罪而死者不可勝原。〔一五〇〕遠又能附楊素，每於塗中接候，而以囚名目白之，皆隨素所爲輕重。其臨終赴市者，莫不塗中呼枉，仰天而哭。

煬帝大業中，外征四夷，內窮嗜欲，兵革歲動，賦斂滋繁。窮人無告，聚爲盜賊。帝乃更立嚴刑，敕天下竊盜以上，罪無輕重，不待聞奏，皆斬。百姓轉相羣聚，攻剽城邑，〔一五一〕誅罰不能禁。帝以盜不息，乃益肆淫刑。九年，又詔爲盜者籍沒其家。自是羣賊大起，郡縣官人又各擅威福，〔一五二〕生殺任情矣。及楊玄感反，帝誅之，罪及九族。其尤重者，行轘裂梟首之刑，或磔而射之，命公卿以下臠噉其肉。百姓怨嗟，天下大潰。

貝州刺史庫狄士文至州，發擿姦隱，〔一五三〕長吏尺布斗粟之贓，無所寬貸。得千餘人而奏之，悉配防嶺南，〔一五四〕親戚相送，哭泣之聲徧於州境。至嶺南，遇瘴癘死者十八九，於是父母妻子唯哭士文。士文聞之，令人捕捉，捶撾盈前，而哭者彌甚。有京兆韋焜爲貝州司馬，河東趙達爲清河令，二人並苛刻，唯長史有惠政。時人爲之語曰：「刺史羅刹暴，司馬蝮蛇瞋，長史含笑判，清河生喫人。」〔一五五〕士文竟坐免。

田式爲襄州總管，專以立威爲務，每視事於外，必盛氣以待其下，官屬股慄，無敢仰視。有犯禁者，雖至親昵，無所容貸。其女壻京兆杜寧，自長安省之，式誡寧無出外。寧久之不得還，竊上樓瞻眺，以暢鬱思。式知之，笞寧五十。其所使奴，嘗詣式白事，〔一五六〕有蟲上其衣衿，揮袖拂去之。式以爲慢己，立即棒殺之。或僚吏姦贓，部内刧盜者，無問輕重，悉禁地牢中，寢處糞穢，令其苦毒，自非身死，終不得出。每赦書到州，式未暇省讀，〔一五七〕先召獄卒，殺重囚，然後宣示百姓。其刻暴如此，〔一五八〕由是除名爲百姓。

王文同爲恒山郡守。〔一五九〕有一人豪猾，每持長吏長短，前後守令咸憚之。文同下車，聞其名，召而數之。令左右刳木爲大橛，埋之於庭，出尺餘，四角各埋小橛。令其人踣心於木橛上，〔一六〇〕縛四支於小橛，以棒毆其背，應時潰爛。郡中大駭，吏人相視懾氣。及煬帝征遼東，令文同巡察河北諸郡。文同見有沙門齋戒菜食者，以爲妖妄，皆收繫獄。至河閒，召諸郡官人，小有遲違者，輒覆面於地，箠殺之。有沙門相聚講論，及長老共爲佛會者數百人，文同以爲結聚惑衆，斬之。又悉裸僧尼，驗有淫狀非童男女者數千人，復將殺之。百姓號哭於路，諸郡驚駭，各奏其事。帝聞而大怒，遣使者達奚善意馳鏁之，〔一六一〕斬於河閒，以謝百姓。讎人剖其棺，臠其肉而噉之，斯須咸盡。

大唐武太后臨朝，屬徐敬業、越王貞等起兵，〔一六二〕遂立威刑，以服天下，將移神器，漸引酷吏，務令深文。長壽年，有上書人言嶺表流人有陰謀逆者，乃遣司刑評事萬國俊就按之，若得反狀，便行斬決。國俊至廣州，徧召流人，擁之水曲，〔一六三〕以次加戮，三百餘人一時併命。然後鍛鍊，曲成反狀。仍更誣奏云：「諸道流人，咸有怨恨。若不推究，爲變非遥。」太后又命攝監察御史劉光業、王德壽、鮑思恭、王處貞、屈貞筠等，分往劍南、黔中、安南、嶺南等六道按鞫流人。光業誅九百餘人，德壽誅七百人，其餘少者不減數百人，亦有雜犯及遠年流人枉及禍焉。

時周興、來俊臣等，相次推究大獄。乃於都城麗景門內，新置推事使院，時人謂之「新開獄」。俊臣又與侍御史侯思止、〔一六四〕王弘義、郭霸、李敬仁，評事康暐、衛遂忠等，招集告事者數百人，共爲羅織，以陷良善。前後枉遭殺害者，不可勝數。又造告密羅織經一卷，其意旨皆網羅前人，〔一六五〕織成反狀。俊臣每鞫囚，無問輕重，多以醋灌鼻。禁地牢中，或盛之於甕，以火圜繞炙之，〔一六六〕兼絶其糧餉，〔一六七〕至有抽衣絮以啖之者。又作大枷，凡有十號：一曰定百脈，二曰喘不得，三曰突地吼，四曰著即承，五曰失魂膽，六曰實同反，七曰反是實，八曰死猪愁，九曰求即死，十曰求破家。又令寢處糞穢，備諸苦毒。有制書寬囚徒，俊臣必先遣獄卒盡殺重囚，然後宣示。自是海內兇懼，道路側目。

天授二年正月，御史中丞知大夫事李嗣貞以來俊臣等用法嚴酷，上疏曰：「臣聞陳平事漢祖，謀疎楚君臣，乃用黃金五萬斤，行反閒之術。項王果疑臣下，陳平反閒遂行。今告事紛紜，虛多實少，當有兇慝。〔一六八〕焉知必無陳平，先謀疎陛下君臣，〔一六九〕後謀良善？陛下昨語臣云：『我比來已作此意。』〔一七〇〕便是愚臣管測，先天而天不違。至如羅織之徒，即疎閒之漸。陳平反閒，其遠乎哉？王制曰：『凡制刑決獄，以成告於正，正聽之，以獄成告於大司寇，大司寇聽之棘木之下，與孤卿大夫、公、侯、伯、子、男以獄成告於王，王命三公參聽之，三公以獄成又告於王，〔一七一〕王三宥之，然後制刑。』臣竊見比日獄官一單車使推訖，萬事即定，法家隨斷，輕重不推，或有臨時便決，〔一七二〕不待聞奏。此權由臣下，非審慎之法，儻有冤濫，何由可知？況乎九品之官，專命推覆，操殺生之柄，竊人主之威，按覆既不在秋官，省審復不由門下，事非可久，物情駭懼。老子云：『國之利器，不可以示人。』今若假此威權，便是窺國家利器也，不可不慎。」麟臺正字陳子昂上書曰：「臣聞之，聖人出，必有驅除，蓋天人之符，應休命也。日者東南微孽，敢謀亂常，陛下順天行誅，罪惡咸服，豈非上天意欲彰陛下神武之功哉！而執事者不察天心，以爲人意，惡其首亂倡禍，法合誅屠，將息姦原，窮其黨與，遂使陛下大開詔獄，重設嚴刑，冀以懲刱，勸於天下，〔一七三〕大或流血，〔一七四〕小禦魑魅。今朝廷惶惶，莫能自固，〔一七五〕海內傾聽，以相驚恐。〔一七六〕愚臣昧焉，竊恐非五帝、三王伐罪弔人之意也。頃年以來，伏見諸方告密，囚累百千輩。大抵所告，〔一七七〕以揚州爲名，及其窮竟，百無一實。遂使姦臣之黨，快意相讎，睚眦之嫌，則稱有密，一人被訟，百人滿獄，使者推捕，冠蓋如市。咸謂陛下愛一人而害百人，天下喁喁，〔一七八〕莫知寧所。伏願念之，即天下幸甚。」京兆府萬年縣主簿徐堅上疏曰：「臣聞書有五聽之道，慮失實情也；令著三覆之奏，恐致虛枉也。比見有敕，勘當反逆，命使者得實便決殺。人命至重，不可再生，倘萬分之中有一不實，欲訴無路，懷枉誰明，飲恨吞聲，赤族從戮，豈不痛哉！此不足肅姦逆而明刑典，〔一七九〕適所以長威福而生疑懼。臣願絶此處分，依法覆奏，則死者甘伏，知泣辜之恩；生人歡悦，見詳刑之意。」〔一八〇〕

聖曆元年，武太后謂侍臣曰：「往者來俊臣等推按刑獄，朝臣遞相牽引，咸承反逆。中間疑有枉濫，更遣近臣就獄親問，皆得手狀，承引不虛。近日俊臣死後，更無聞有反者，然則以前就戮者，不有寃濫者邪？」夏官侍郎姚元崇對曰：「比破家者，皆是枉錯自誣，告者持以爲功，〔一八一〕天下號爲羅織，甚於漢之黨錮。陛下令近臣就獄問者，近臣亦不自保，何敢動摇？今日以後，臣以微軀及一門百口保見在内外官更無反者。乞陛下得告狀收掌，〔一八二〕不須推問。」太后大悦曰：「以前宰相皆順成其事，陷朕爲淫刑之主。」太后頗悟。於是監察御史魏靖上疏曰：「來俊臣身處極法，〔一八三〕以其羅織良善。臣聞郭霸自刺而唱快，萬國俊被遮而遽亡。〔一八四〕霍獻可臨終，〔一八五〕膝拳於頂；〔一八六〕李敬仁將死，舌至於臍。皆衆鬼滿庭，羣妖横道，唯徵集應，若響隨聲。備在人傳，〔一八七〕不爲虚説。伯有晝見，殆無以過。此亦羅織之一據也。倘使平反者數人，衆共詳覆來俊臣等所推大獄，庶鄧艾獲申於今日，孝婦不濫於昔時，恩涣一流，天下幸甚。」於是制緣來俊臣、丘神勣等所推鞫人身死籍没者，〔一八八〕令三司重檢勘，有寃濫者，並皆雪免矣。

中宗神龍元年制：「以丘神勣、來子珣、周興、萬國俊、來俊臣、魚承曄、王景昭、索元禮、傅游藝、王弘義、張知默、裴籍、焦仁亶、侯思止、郭霸、李敬仁、皇甫文備、陳嘉言、劉光業、王德壽、王處貞、屈貞筠、鮑思恭等，自垂拱以來，多枉濫殺人者，所有官爵，並令追奪。」於是天下稱慶。

開元格〔一八九〕

周朝酷吏來子珣、京兆府萬年縣。萬國俊、荆州江陵縣。王弘義、冀州。侯思止、京兆府。郭霸、舒州同安縣。焦仁亶、蒲州河東縣。張知默、河南府緱氏縣。李敬仁、河南府河南縣。唐奉一、齊州金節縣。來俊臣、周興、丘神勣、索元禮、曹仁悊、王景昭、裴籍、李秦授、劉光業、王德壽、屈貞筠、鮑思恭、劉景陽、王處貞。以上檢州貫未獲及。

右二十三人，殘害宗支，毒陷良善，情狀尤重，身在者宜長流嶺南遠處。縱身没，

子孫亦不許仕宦。〔一九〇〕

陳嘉言、河南府河南縣。魚承曄、京兆府櫟陽縣。皇甫文備、河南府緱氏縣。傅游藝。

右四人，殘害宗支，毒陷良善，情狀稍輕，身在者宜配嶺南。縱身没，子孫亦不許近任。

開元十三年三月十二日

敕依前件

校勘記

〔一〕今法有誹謗訞言之罪　「訞言」原脱，據漢書文帝紀一一八頁、册府卷六〇九七三一七頁、通鑑卷一三四五三頁補。

〔二〕以相約而後相謾　「後」原訛「復」，據漢書文帝紀一一八頁改。

〔三〕後相欺誑　「後」原訛「復」，據漢書文帝紀師古注一一八頁改。

〔四〕訐面相斥罪也　「面」原脱，據漢書刑法志師古注一〇九七頁補。

〔五〕文帝選張釋之爲廷尉　「文帝」原無，據北宋本、傅校本、明抄本、明刻本、王吴本補。

〔六〕去肉刑宫刑　「宫刑」原無，據北宋本、傅校本、明抄本、明刻本、王吴本補。

〔七〕受其官屬所監所行所將　「受」上原有「皆」，據漢書景帝紀一四〇頁刪。按：漢書「所監」下尚有「所治」，通典蓋避高宗諱而未録。

〔八〕其刑具刑制上篇　「其刑」原脱，據北宋本、傅校本、明抄本、明刻本補。

〔九〕元帝柔仁好儒　「元帝」下原有「爲太子」，乃清人所增者。今據北宋本、傅校本、明抄本、明刻本、王吴本删。

〔一〇〕宣帝好觀其者臣篇繩謂彈治　「君臣篇繩謂彈治」原作「書故以刑名繩下」，王吴本同，此明人擅改者。今據漢書元帝紀師古注二七八頁及北宋本、傅校本、明抄本、明刻本改回。

〔一一〕奈何純任德教用周政乎　「任」原作「用」，「用」原訛「尚」，據漢書元帝紀二七七頁及北宋本改。

〔一二〕而欲羅元元之不逮豈刑中之意哉　「羅」原訛「罪」，「刑中」原倒，據漢書刑法志一一〇三頁、册府卷六〇九七三一九頁改乙。

〔一三〕大辟之罰其屬二百　原作「其大辟之罪二百」，據漢書刑法志一一〇三頁、册府卷六〇九七三一九頁改。按：尚書吕刑原文即如漢志所引。

〔一四〕謂引他類以比附之　「比」原脱，據漢書刑法志師古注一一〇四頁補。

〔一五〕其與中二千石二千石博士及明習律令者議減死刑及可蠲除約省者　下「二千石」與「刑」、「約省」原並脱，據漢書刑法志一一〇三頁、册府卷六〇九七三一九頁補。

〔一六〕詩大雅之言　原作「大雅烝人之詩言」，乃清人修改者，今據北宋本、傅校本、明抄本、明刻本、王吴本改回。

〔一七〕國有不善事　「事」原脱，據北宋本、傅校本、明抄本、明刻本補。

〔一八〕將行也　原脱，據北宋本、傅校本、明刻本補。

〔一九〕但鉤摭微細　「微細」原倒，據漢書刑法志一一〇三頁及北宋本、明刻本乙。

〔二〇〕邑無豪桀之俠　「俠」原訛「吏」，據漢書刑法志一一一〇頁改。

〔二一〕比崇於古者以其疾未盡除　「盡」原脱，據漢書刑法志一一一〇頁補。按：漢志「比崇」作「比隆」，通典避玄宗諱改。

〔二二〕繁於詆欺放濫之文　「欺」原訛「毀」，據後漢書陳寵傳一五四九頁及北宋本改。

〔二三〕平帝時　原脱，據後漢書陳寵傳一五四七頁及北宋本補。

〔二四〕寵復鉤校律令條法　「條」原作「刑」，據後漢書陳寵傳一五五四頁改。

〔二五〕鉤猶動也　「動」原訛「勘」，據後漢書陳寵傳李注一五五五頁及北宋本改。

〔二六〕鄭玄注曰禮篇多亡　「注」原脱，「禮」上原衍「經」，據後漢書陳寵傳李注一五五五頁及北宋本、傅校本、明抄本、明刻本補刪。

〔二七〕去禮之人　「去」原訛「失」，據後漢書陳寵傳李注一五五五頁及北宋本改。

〔二八〕傳之無窮　「傳」上原有「俾」，據後漢書陳寵傳一五五四頁及北宋本、明抄本刪。

〔二九〕無士人不罪之科然每至詰讁輒有請訴　原作「士人不科罪然每詰讁轉有請訴」，北宋本作「人士不罪科然每至詣讁轉有請訴」，傳校本、明抄本、明刻本作「人士不科罪然每至詣讁轉有請訴」，俱有脱誤。今據宋書王弘傳一三一七頁、南史王弘傳五七一頁、册府卷六一五七三八三頁補改。

〔三〇〕使得優苦之衷　「優」原訛「憂」，據北宋本及册府卷六一五七三八三頁改。

〔三一〕宜進主守偷十匹常偷五十匹死　「十匹常偷」原脱，據宋書王弘傳一三一八頁、南史王弘傳五七一頁補。

〔三二〕既得小寬人命　「得」原脱，據宋書王弘傳一三一八頁及北宋本補。

〔三三〕盡删大業苛慘之法　「法」字原脱，參照舊唐書刑法志二一三四頁、唐會要卷三九、册府卷六一二七三四二頁訂補。

〔三四〕裴弘獻上疏駁律遂令參掌删改之　「律」下原衍「令」，「掌」原訛「軍」，據北宋本、傳校本、明抄本、明刻本删改。

〔三五〕加刑又如煩峻　「如」原作「殊」，王吴本作「于」，皆後人臆改。今據北宋本、傳校本、明抄本、明刻本及册府卷六一二七三四三頁改回。按：舊唐書刑法志二一三六頁、唐會要卷三九作「加」。

〔三六〕改爲加役流三千里居作二年　「爲加」與「二年」原脱，據舊唐書刑法志二一三六頁、新唐書刑法志一四〇九頁、唐會要卷三九、册府卷六一二七三四三頁補。

〔三七〕其間罪亦有情可矜何容皆以律斷　「何容」原訛作「疑容可」，據唐會要卷四〇改正。按：北宋本、傳校本、明抄本、明刻本脱「何」。王吴本未補「何」，而改「矜」爲「疑」，改「皆」爲「可」。殿本、局本復補「矜」留「疑」，留「可」補「皆」，可謂越改越亂。

〔三八〕王珪奏曰但選良善平恕人 「奏」原脱，「但」上原有「今」，據北宋本、明抄本及唐會要卷四〇補删。按：傅校本、明刻本無「今」。

〔三九〕次到岐州刺史鄭善果 「到」原訛「列」，據北宋本、傅校本、明抄本、明刻本及唐會要卷四〇改。

〔四〇〕如鄭善果等 「等」原脱，據北宋本、傅校本、明抄本、明刻本補。

〔四一〕祖孫配没 原作「祖坐罪死孫配流」，乃後人妄改者。今據北宋本及舊唐書刑法志二一三六頁、唐會要卷三九、册府卷六一二七三四三頁删改。

〔四二〕然後加之以刑罰 「罰」原脱，據舊唐書刑法志二一三六頁、册府卷六一二七三四三頁補。按：北宋本、傅校本、明抄本、明刻本訛「罪」。

〔四三〕據禮論情 「禮」原訛「理」，據北宋本及舊唐書刑法志二一三六頁改。

〔四四〕俱配没 「没」原訛「役」，據舊唐書刑法志二一三六頁、新唐書刑法志一四一〇頁、册府卷六一二七三四四頁改。按：唐律疏議卷一七，諸謀反大逆人祖孫並没官。

〔四五〕自是比古死刑 「刑」原訛「罪」，據北宋本、傅校本、明抄本、明刻本改。按：舊唐書刑法志二一三六頁、册府卷六一二七三四四頁均作「刑」。

〔四六〕減大辟入流者九十二條減流入徒者七十一條 原脱「減大辟入流者九十二條」及下「流」字，據舊唐書刑法志二一三八頁、新唐書刑法志一四一〇頁、册府卷六一二七三四四頁補。

〔四七〕其大祭祀及致齋日 「日」下原有「期」，明人擅增者，今據北宋本、傅校本、明抄本、明刻本删。

〔四八〕斷屠日月及假日　「月」下原衍「蝕」，據唐律疏議卷三〇、舊唐書刑法志二一三八頁刪。

〔四九〕並以忤旨誅斬　原「旨」下有「被」，據北宋本刪。

〔五〇〕令尚食相知　原作「令供御官知」，明人擅改者，今據北宋本、傅校本、明抄本、明刻本及舊唐書刑法志二一四〇頁改回。

〔五一〕内教坊及太常　「内」原脱，據舊唐書刑法志二一四〇頁、通鑑卷一九三六〇九〇頁補。按：胡注云：「武德中，置内教坊于禁中，有内教博士。」

〔五二〕多據律令　「令」舊唐書刑法志二一四〇頁、通鑑卷一九三六〇九〇頁作「文」。

〔五三〕太宗以暇日開明堂圖見五藏之系咸附背脊　「開」原作「觀」，「咸附背脊」原作「皆附於背」，乃明人擅改者。今據北宋本、傅校本、明抄本、明刻本改回。

〔五四〕即日遂有此制　「遂」原訛「隨」，據北宋本、明抄本及唐會要卷四〇改。

〔五五〕六年十二月　「六」原訛「五」，據北宋本、傅校本、明抄本、明刻本、王吴本改。按：唐會要卷四〇也作「六」。

〔五六〕詔悉原之　「詔」上原有「下」，據北宋本、傅校本、明抄本、明刻本刪。

〔五七〕見囚五十餘人　「餘」原脱，據北宋本、傅校本、明抄本、明刻本補。按：舊唐書刑法志二一四〇頁有「餘」。

〔五八〕盜竊　原倒，據北宋本、傅校本、明抄本、明刻本乙。

〔五九〕二十五年　「二」原脱，據北宋本、傅校本、明抄本補。按：下文所記舊唐書刑法志二一五〇頁亦謂開元二十五年事。

〔六〇〕至是有鵲巢其樹　「鵲」原訛「雀」，據北宋本、傅校本、明抄本、明刻本及舊唐書刑法志二一五一頁改。

〔六一〕著自不刊　「自」原訛「目」，據北宋本改。按：唐會要卷四〇作「爲」。

〔六二〕所斷絞斬刑者　「絞斬」原倒，據北宋本、傅校本、明刻本乙。按：唐會要卷三九、册府卷六一一二七三四八頁也作「絞斬」。

〔六三〕雖武太后革命二紀　「武」原脱，據北宋本、傅校本、明抄本、明刻本補。

〔六四〕宇内憂虞億兆同心　「虞」原訛「危」，「億兆」原倒，據北宋本、傅校本、明抄本、明刻本改乙。

〔六五〕國家仁深德厚　「仁深德厚」原倒作「深仁厚德」，據北宋本、傅校本、明抄本、明刻本乙正。

〔六六〕其不能改而出圜土者殺雖出三年不齒　「其」上原有「反於中國三年不齒」八字，「雖出三年不齒」原無，乃後人妄自增删者。今據周禮司圜及北宋本、傅校本、明抄本、明刻本删補復原。

〔六七〕害人爲百姓害者　北宋本、傅校本、明抄本、明刻本「姓」下有「所」。按：無「所」義長。

〔六八〕出謂逃亡也　此五字原倒在「反於中國者舍之還鄉里也」下，今據北宋本、傅校本、明抄本、明刻本上移。

〔六九〕予監吏深刻者　「吏」原訛「史」，據漢書張湯傳二六三九頁及北宋本、傅校本改。下同。

〔七〇〕而又口奏言雖律令之文合致此罪　「而」原脱，「罪」原訛「律」，據漢書張湯傳師古注二六四〇頁及北宋本、傅校本、明抄本、明刻本補改。

〔七一〕往往釋其人罪非未奏之前口豫言之也　「罪」原脱，「非」原訛「蓋」，據漢書張湯傳師古注二六四〇頁及北宋本補改。

〔七二〕典者不勝徧睹　「勝」漢書刑法志一一〇一頁作「能」。

〔七三〕專以人主意指爲獄　「指」下原有「以」，據北宋本、傅校本、明抄本、明刻本删。

〔七四〕梁武帝敦睦九族優借朝士　「九」原訛「親」，「借」原訛「惜」，據隋書刑法志七〇〇頁及北宋本改。

〔七五〕一人亡逃　「亡逃」原倒，據隋書刑法志七〇〇頁及北宋本、傅校本、明抄本、明刻本乙。

〔七六〕人既窮急　「急」原作「迫」，據隋書刑法志七〇〇頁及北宋本、傅校本、明抄本、明刻本改。

〔七七〕非久長之術　「術」原作「計」，據隋書刑法志七〇一頁及北宋本、傅校本、明抄本、明刻本改。

〔七八〕疎簡刑法　「疎」原訛「雖」，據隋書刑法志七〇一頁及北宋本、傅校本、明抄本改。

〔七九〕自公卿大臣　「臣」原作「夫」，據隋書刑法志七〇一頁及北宋本、傅校本、明抄本、明刻本改。

〔八〇〕其無任者著斗械　「斗」原訛「十」，據隋書刑法志七〇一頁改。

〔八一〕材官　原脱訛作「宫」，據隋書刑法志七〇一頁補改。按：北宋本雖脱「材」，「官」字猶不誤。

〔八二〕流泉易啟其齒　「泉」原訛「舞」，據隋書刑法志七〇一頁改。

〔八三〕於是遂有別條權格　「格」原訛「令」，據隋書刑法志七〇七頁改。

〔八四〕後魏　原無，據本節内容增。

〔八五〕椓陰黥面　「陰」原訛「窽」，據尚書呂刑僞孔傳及北宋本、傅校本、明刻本改。

〔八六〕殷紂爲炮格之刑　「格」原作「烙」，非。據史記殷本紀一〇六頁及北宋本改。下同。

〔八七〕下加之以炭　「下」原脱，據史記殷本紀集解引列女傳一〇六頁補。

〔八八〕舍人無驗者坐之　「坐之」原訛「罪」，據史記商君傳二二三六頁及傅校本、明刻本改。按：北宋本脱此二字。

〔八九〕下慴伏謾欺以取容　「慴」原訛「攝」，據史記秦始皇本紀二五八頁及北宋本改。

〔九〇〕乃自誣　「誣」史記秦始皇本紀二五八頁作「除」。

〔九一〕有墜星下東郡　「墜星」原倒，據史記秦始皇本紀二五九頁及北宋本、傅校本、明抄本、明刻本乙。

〔九二〕盡取石旁舍者誅之　「舍者」原作「居人」，據北宋本、傅校本、明抄本、明刻本改。

〔九三〕殺大臣蒙毅等公子十二人戮死尸於市十公主磔死於杜　「毅」原訛「敖」，「公子」原脱，「十公主磔」原作「六公子戮」，據史記李斯傳二五五二頁改補。按：北宋本、傅校本、明抄本、明刻本亦作「十公主磔死於杜」，與李斯傳同，而後人輒據秦始皇本紀二六八頁改作「六公子戮死於杜」，非杜佑本意。

〔九四〕慈父有敗子而嚴家無格虜　「父」史記李斯傳二五五五頁作「母」。

〔九五〕死人成積於市　「人」原作「尸」，據史記李斯傳二五五七頁及北宋本、傅校本、明抄本、明刻本改。

〔九六〕言如鷹隼之擊奮毛羽執取飛鳥也　「擊奮」原倒，據漢書酷吏傳師古注三六五五頁及北宋本、傅校本、明抄本、明刻本乙。

〔九七〕獄中重罪二百餘人　「二」原訛「三」，據漢書酷吏傳三六五四頁及北宋本改。

〔九八〕及賓客昆弟私入相視者亦二百餘人　此十五字原倒在「皆報殺四百餘人」之下，今據漢書酷吏傳三六四五頁及北宋本、傳校本、明抄本、明刻本移正。

〔九九〕壹切皆捕之也以爲解脱死罪盡殺之　此十五字注文原脱，據北宋本、傳校本、明抄本、明刻本補。

〔一〇〇〕奏請得報而論殺　此七字注文原脱，據北宋本、傳校本、明抄本、明刻本補。

〔一〇一〕其治務在摧折豪强　「摧」原訛「推」，據漢書酷吏傳三六六九頁及北宋本、傳校本、明抄本、明刻本改。

〔一〇二〕其豪桀侵小民者　「桀」原作「强而」，據漢書酷吏傳三六六九頁及北宋本、傳校本、明抄本、明刻本改删。

〔一〇三〕飾文而入之爲罪　「爲」原作「於」，「罪」下原有「也」，據漢書酷吏傳師古注三六六九頁及北宋本、傳校本、明抄本、明刻本改删。

〔一〇四〕所謂當生者　「謂」原脱，據漢書酷吏傳三六六九頁及北宋本、傳校本、明抄本、明刻本補。

〔一〇五〕到雒陽　「雒」原訛「睢」，據漢書酷吏傳三六七一頁及北宋本改。

〔一〇六〕延年免冠頓首閤下　「閤下」原脱，據漢書酷吏傳三六七二頁及北宋本、傳校本、明抄本、明刻本補。

〔一〇七〕顧乘刑罰多刑殺人　下「刑」原脱，據漢書酷吏傳三六七二頁及北宋本補。

〔一〇八〕先爲廣平都尉時　「都尉」北宋本、傳校本、明抄本、明刻本作「太守」，誤。

〔一〇九〕事論報　「事」原脱，據漢書酷吏傳三六五六頁及北宋本、傳校本、明抄本、明刻本補。

〔一〇〕選守長安令　「長安」原訛「長守」，據漢書酷吏傳三六七三頁及北宋本改。

〔一一〕致讀如本字　「字」原訛「音」，據諸本改。

〔一二〕伍人　「伍」原訛「五」，據漢書酷吏傳三六七三頁及北宋本、傅校本、明抄本、明刻本改。下同。

〔一三〕伍人者　「伍」上原衍「人」，據漢書酷吏傳師古注三六七四頁及北宋本删。

〔一四〕字並從木　「字」原脱，據漢書酷吏傳師古注三六七五頁及北宋本補。

〔一五〕莽敗之　原脱，據北宋本、傅校本、明刻本補。

〔一六〕醇醯　「醯」原訛「酖」，據漢書王莽傳四一八五頁改。

〔一七〕請皆釋之　「皆」原脱，據隋書刑法志七〇二頁及北宋本補。

〔一八〕有司苦加訊測　「測」魏書刑罰志二八七五頁作「惻」。

〔一九〕大辟三十五　「五」原訛「二」，據魏書刑罰志二八七五頁改。按：本書卷一六四也作「五」。

〔二〇〕貪酷安忍　「安」原作「殘」，據魏書酷吏傳一九一七頁及北宋本、傅校本、明抄本、明刻本改。

〔二一〕部人當織奪人吕勝脛纏一具　「當」上原有「王」，「吕勝」原脱訛作「滕」，據魏書酷吏傳一九一七頁北史酷吏傳二八九四頁删改。按：「人」魏書、北史作「民」，通典諱改。

〔二二〕依律罪死而已　「罪死」原倒，據魏書酷吏傳一九一七頁及北宋本、傅校本、明抄本、明刻本乙。

〔二三〕洛侯生拔隴客舌　「生」原脱，據魏書酷吏傳一九一七頁及北宋本、傅校本、明抄本、明刻本補。

〔二四〕不堪苦痛　「苦痛」原倒，據魏書酷吏傳一九一七頁及北宋本、傅校本、明抄本、明刻本乙。

〔二五〕支解四體　「四」原訛「其」，據魏書酷吏傳一九一七頁及北宋本、傳校本、明抄本、明刻本改。

〔二六〕人懷怨憤又王元壽等一時反叛　「怨憤」原倒，「又」原訛「文」，據北宋本、傳校本、明抄本、明刻本乙改。

〔二七〕然後斬洛侯以謝百姓　「然後」原脱，據魏書酷吏傳一九一八頁、北史酷吏傳二八九四頁補。按：北宋本有「然」無「後」。

〔二八〕則免其死　「則」原訛「皆」，據隋書刑法志七〇四頁及北宋本、傳校本、明抄本、明刻本改。

〔二九〕訊囚則用車輻拱杖　「拱」原作「縐」，據北宋本、傳校本、明抄本、明刻本改。按：隋書刑法志七〇四頁作「搊」。

〔三〇〕誅殺無度　「殺」原作「戮」，據隋書刑法志七一〇頁及北宋本改。

〔三一〕其決人罪　「罪」原脱，據隋書刑法志七一〇頁補。

〔三二〕上下愁恐焉　「恐焉」原作「怨」，據北宋本、傳校本改。

〔三三〕恆令左右覘内外　「覘」原訛「觀」，據北宋本、傳校本、明抄本、明刻本改。按：隋書刑法志七一三頁作「覘視」。

〔三四〕尚書左僕射高熲　「左」原訛「右」，據隋書刑法志七一三頁及北宋本改。

〔三五〕犯者不息　「犯」下原衍「法」，據隋書刑法志七一三頁及北宋本、傳校本、明抄本、明刻本删。

〔三六〕比常杖數百　「比」上原衍「皆」，「杖」原脱，據隋書刑法志七一三頁删補。按：北宋本無「皆」字。

〔三七〕乃令殿内去杖　「令」原作「命」，據隋書刑法志七一三頁及北宋本改。

〔三八〕遂以馬鞭笞殺之　「殺」原脱，據隋書刑法志七一三頁補。

〔三九〕兵部侍郎馮基　「部」下原衍「右」，據隋書刑法志七一三頁及北宋本、傅校本、明抄本、明刻本删。

〔四〇〕而怒羣僚之不諫者　「僚」原作「臣」，據隋書刑法志七一三頁及北宋本改。

〔四一〕一斗以上皆死　隋書刑法志七一四頁「斗」作「升」。

〔四二〕若有愆犯　「愆」原訛「僭」，據隋書刑法志七一四頁及北宋本改。

〔四三〕帝猜忌益甚臣僚用法尤峻　「益」原作「愈」，據北宋本改。按：隋書刑法志七一五頁「益甚」作「二朝」，義長。

〔四四〕將作寺丞以課麥䴷遲晚　「䴷」原訛「麫」，據隋書刑法志七一五頁改。按：麥䴷即麥秸，建築所需，故將作寺徵之。通典「䴷」訛「麫」，隋志「課」訛「諫」，遂俱不可通。

〔四五〕不復依准科條　「條」隋書刑法志七一五頁作「律」。

〔四六〕素於鴻臚少卿陳延不平　「於」原訛「與」，據隋書刑法志七一五頁及北宋本、傅校本、明抄本、明刻本改。

〔四七〕大理寺丞楊遠劉子通等　「丞」原訛「卿」，據隋書刑法志七一六頁及北宋本、傅校本、明抄本、明刻本改。

〔四八〕能順帝旨　原作「能希旨」，後人擅改者，今據北宋本、傅校本、明抄本、明刻本改回。

〔一四九〕每有詔獄　「每」下原衍「月」，據隋書刑法志七一六頁及北宋本删。

〔一五〇〕不可勝原　「原」原訛「言」，據隋書刑法志七一六頁及北宋本、傅校本、明抄本、明刻本改。

〔一五一〕攻剽城邑　「剽」原作「掠」，據隋書刑法志七一七頁及北宋本、傅校本、明抄本、明刻本改。

〔一五二〕自是羣賊大起郡縣官人又各擅威福　「賊」原作「盜」，「郡」原脱，據隋書刑法志七一七頁改補。按：北宋本、傅校本、明抄本、明刻本作「賊」。「郡」明刻本訛「羣」，傅校云：「羣當爲郡。」

〔一五三〕發擿姦隱　「擿姦」原倒，據隋書酷吏傳一六九二頁及北宋本、傅校本、明抄本、明刻本乙。

〔一五四〕悉配防嶺南　「悉」上原衍「士文」，據明刻本删。

〔一五五〕清河生㖞人　「河」原訛「和」，據諸本改。

〔一五六〕嘗詣式白事　「嘗」原訛「常」，據隋書酷吏傳一六九四頁改。

〔一五七〕式未暇省讀　「式」原作「或」，據隋書酷吏傳一六九四頁改。

〔一五八〕其刻暴如此　「刻暴」原倒，據隋書酷吏傳一六九四頁及北宋本、傅校本、明刻本乙。

〔一五九〕王文同爲恆山郡守　「守」隋書酷吏傳一七〇一頁作「丞」。

〔一六〇〕令其人踣心於木橛上　「橛」原脱，據隋書酷吏傳一七〇一頁補。

〔一六一〕達奚善意　「奚」原訛「其」，據隋書酷吏傳一七〇二頁及北宋本改。

〔一六二〕屬徐敬業越王貞等起兵　「業」下原有「反」字，今據傅校本、明刻本删。按：北宋本、明抄本「業」下有「起」字。

〔一六三〕擁之水曲　「曲」原訛「中」，據舊唐書刑法志二一四三頁改。

〔一六四〕侍御史　「侍」原脱，據舊唐書刑法志二一四四頁、酷吏傳上四八三七頁補。

〔一六五〕皆網羅前人　「網羅」原倒，「前」原訛「善」，據舊唐書刑法志二一四四頁、唐會要卷四一乙改。按：北宋本、傅校本、明抄本、明刻本「前」字不誤。

〔一六六〕以火圜繞炙之　「以火圜」原作「火四圍」，據舊唐書刑法志二一四四頁、酷吏傳上四八三八頁改。按：北宋本、傅校本、明抄本、明刻本作「火燒圜繞炙之」。

〔一六七〕兼絶其糧餉　「兼」原訛「或」，據北宋本、傅校本、明抄本、明刻本改。按：舊唐書刑法志二一四四頁也作「兼」。

〔一六八〕當有兇慝　「慝」原訛「惡」，據北宋本及唐會要卷四一改。

〔一六九〕先謀踈陛下君臣　「謀」原脱，據北宋本、傅校本、明抄本、明刻本補。

〔一七〇〕我比來已作此意　「來」原脱，據唐會要卷四一補。

〔一七一〕大司寇聽之棘木之下與孤卿大夫公侯伯子男以獄成告於王王命三公參聽之三公以獄成又告於王　原脱作「大司寇聽之三公以獄成告於王」，據北宋本、傅校本、明抄本及唐會要卷四一補。按：李嗣貞所引禮記王制，與王制原文不盡同。

〔一七二〕或有臨時便決　「或有臨」原作「有無即」，據唐會要卷四一改。按：北宋本、傅校本、明抄本、明刻本作「或有時便決」，脱「臨」。

〔七三〕冀以懲刱勸於天下　舊唐書刑法志二一四四頁作「冀以懲姦觀于天下」。唐會要卷四一作「冀以懲創于天下」。

〔七四〕大或流血　「或」原訛「者」，據北宋本、傅校本、明抄本、明刻本改。按：舊唐書刑法志二一四五頁、唐會要卷四一均作「或」。

〔七五〕莫能自固　舊唐書刑法志二一四五頁、唐會要卷四一同。北宋本、傅校本、明刻本「能」作「不」。

〔七六〕以相驚恐　「相」原脱，據舊唐書刑法志二一四五頁、唐會要卷四一補。

〔七七〕囚累百千輩大抵所告　「囚」原訛「因」，「抵」原訛「應」，據舊唐書刑法志二一四六頁、唐會要卷四一改。

〔七八〕天下喁喁　「喁喁」原訛「唱之」，據舊唐書刑法志二一四六頁、唐會要卷四一改。

〔七九〕此不足肅姦逆而明刑典　「刑典」原倒，據北宋本、傅校本、明抄本、明刻本乙。按：唐會要卷四一也作「刑典」。

〔八〇〕見詳刑之意　「詳」原訛「祥」，據北宋本及唐會要卷四一改。

〔八一〕皆是枉錯自誣告者持以爲功　「誣」下原有「而死」，「持」原作「特」，此乃後人據舊唐書姚崇傳三〇二一頁增改者，非杜氏之舊。今據北宋本、傅校本、明抄本、明刻本改回。惟古本脱「者」，據舊唐書、唐會要補。

〔八二〕乞陛下得告狀收掌　「收」上原有「但」，據北宋本、傅校本、明抄本、明刻本删。

〔一八三〕來俊臣身處極法　「身」原訛「所」，據舊唐書刑法志二一四八頁、唐會要卷四一改。

〔一八四〕萬國俊被遮而遽亡　「被」原訛「披」，據舊唐書刑法志二一四八頁、唐會要卷四一改。

〔一八五〕霍獻可　「霍」原訛「崔」，據北宋本及舊唐書刑法志二一四八頁、元和姓纂卷一〇改。按：北宋本作「隺」。隺音霍。霍爲飛聲，隺爲高飛，義訓相因，故俗借隺爲霍。「崔」乃「隺」之形訛。

〔一八六〕膝拳於頂　唐會要卷四一同。舊唐書刑法志二一四八頁「頂」作「項」。

〔一八七〕備在人傳　「傳」舊唐書刑法志二一四九頁、唐會要卷四一作「謠」。

〔一八八〕於是制緣來俊臣丘神勣等　「緣」原作「録」，據北宋本、傅校本、明抄本、明刻本改。

〔一八九〕開元格　「格」下原有「附」，據北宋本、傅校本、明抄本、明刻本删。

〔一九〇〕子孫亦不許仕宦　「許」原作「得」，據諸本改。

劉俊文點校　王文錦覆校

通典卷第一百七十一

州郡一

州郡序　序目上

州郡序〔一〕

天下之立國宰物尚矣，其畫野分疆之制，自五帝始焉。道德遠覃，四夷從化，即人爲治，不求其欲，斯蓋羈縻而已，寧論封域之廣狹乎！堯舜地不過數千里，東漸于海，西被流沙，朔南暨聲教，〔二〕五帝之至德也。武丁、成王東則江南，西氐羌，南荊蠻，北朔方，三代之大仁也。秦氏削平六國，南取百越，北卻匈奴，築塞河外，地廣而亡，逮戰國之酷暴也。漢武滅朝鮮、閩越，開西南夷，通西域，逐北狄，天下騷然，人不聊生，追悔前失，引咎自責，下詔哀痛，息戍輪臺，既危復安，幸能覺悟也。隋煬逐吐谷渾，開通西域，招來突厥，征伐高麗，身弑祀絶，近代殷鑒也。夫天生烝人，樹君司牧，是以一人治天下，非以天下奉一人，患在德不廣，不患地不廣。〔三〕秦漢之後，以重斂爲國富，卒衆爲兵强，拓境爲業大，遠貢爲德盛，争城殺人盈城，争地殺人滿野，用生人膏血，易不殖土田。小則天下怨咨，羣盗蜂起；大則殞命殲族，遺惡萬代，不亦謬哉！〔四〕則五帝三王可以師範。凡言地理者多矣，在辨區域，徵因革，知要害，察風土，纖介畢書，樹石無漏，動盈百軸，豈所謂撮機要者乎！如誕而不經，偏記雜説，何暇編舉，謂辛氏三秦記、常璩華陽國志、羅含湘中記、盛弘之荆州記之類，皆自述鄉國靈怪，人賢物盛。參以他書，則多紕謬，既非通論，不暇取之矣。或覽之者，不責其略焉。

第一　序目上凡郡府三百二十九〔五〕

第二　序目下

第三　古雍州上　今置郡府二十四

京兆府雍　華陰華　馮翊同　扶風岐　汧陽隴　新平邠　安定涇　彭原寧

安化慶　平涼原　靈武靈　五原鹽　寧朔宥　洛交鄜　中部坊　延安延　咸寧丹

上郡綏　銀川銀　新秦麟　朔方夏　九原豐　榆林勝　安北府

第四　古雍州下　今置郡府十八

天水秦　隴西渭　金城蘭　會寧會　安鄉河　臨洮洮　和政岷　寧塞廓　西

平鄯　武威涼　張掖甘　酒泉肅　晉昌瓜　燉煌沙　伊吾伊　交河西　北庭

庭　安西府

第五　古梁州上　今置郡府二十六

漢中梁　洋川洋　上洛商　安康金　房陵房　通川通　潾山渠　南平渝　涪

陵涪　南川南　瀘川瀘　清化巴　始寧壁　咸安蓬　符陽集　巴川合　南賓

忠　南浦萬　閬中閬　南充果　安岳普　盛山開　雲安夔　犍爲嘉　陽安簡

仁壽陵

第六　古梁州下　今置郡府三十七

通義眉　和義榮　資陽資　南溪戎　河池鳳　武都武　同谷成　順政興　懷

道宕　同昌扶　陰平文　江油龍　交川松　合川疊　益昌利　普安劍　巴西

綿　梓潼梓　遂寧遂　蜀郡益　德陽漢　濛陽彭　唐安蜀　臨邛邛　盧山雅

通化茂　臨翼冀　江源當　歸誠悉　静川静　蓬山柘　恭化恭　維川維

雲山奉　越嶲嶲　雲南姚　洪源黎

第七　古荆河州　今置郡府十八

河南府洛　陝郡陝　弘農虢　臨汝汝　滎陽鄭　陳留汴　睢陽宋　譙郡亳

濟陰曹　潁川許　淮陽陳　汝陰潁　汝南荆河　淮安唐　南陽鄧　武當均
襄陽襄
漢東隨

第八　古冀州上　今置郡府二十二

河内懷　汲郡衛　鄴郡相　廣平洺　鉅鹿邢　信都冀　趙郡趙　常山鎮　博陵定　河間瀛　文安莫　饒陽深　上谷易　范陽幽　順義順　歸化　歸德燕
嬀川嬀　漁陽薊　密雲檀　北平平　柳城營

第九　古冀州下　今置郡府十九

河東蒲　絳郡絳　平陽晉　高平澤　上黨潞　樂平儀　陽城沁　大寧隰　文城慈　西河汾　太原并　昌化石　樓煩嵐　鴈門代　定襄忻　安邊蔚　馬邑朔　雲中雲　單于府

第十　古兗州　今置郡府十

靈昌滑　濮陽濮　濟陽濟　魏郡魏　博平博　東平鄆　平原德　樂安棣　景城滄　清河貝

古青州　今置郡府七

北海青　濟南齊　淄川淄　高密密　東萊萊　東牟登　安東府

古徐州　今置郡府五

彭城徐　臨淮泗　魯郡兗　東海海　瑯琊沂

第十一　古揚州上　今置郡府十二

廣陵揚　淮陰楚　鍾離濠　壽春壽　永陽滁　歷陽和　廬江廬　同安舒

蘄春蘄　弋陽光　宣城宣　秋浦池

第十二　古揚州下　今置郡府二十七

丹陽潤　晉陵常　吴郡蘇　吴興湖　餘杭杭　新定睦　新安歙　會稽越

餘姚明　臨海台　縉雲處　永嘉温　東陽婺　信安衢　鄱陽饒　潯陽江

章郡洪　臨川撫　廬陵吉　宜春袁　南康虔　建安建　長樂福　清源泉

漳浦漳

臨汀汀　潮陽潮

第十三　古荆州　今置郡府三十三

江陵荆　夷陵峽　巴東歸　竟陵復　富水郢　安陸安　齊安黄　漢陽沔

江夏鄂　義陽申　長沙潭　巴陵岳　衡陽衡　零陵永　江華道　桂陽郴

連山連　邵陽邵　武陵朗　澧陽澧　黔中黔　寧夷思　盧溪辰　盧陽錦　靈溪溪

潭陽巫　清江施　涪川費　夜郎珍　播川播　義泉夷　龍標業　溱溪溱

第十四　古南越　今置郡府七十一

南海廣　始興韶　義寧岡　海豐循　恩平恩　南陵春　臨賀賀　高要端

感義藤　晉康康　臨封封　開陽瀧　高涼高　連城義　新興新　銅陵勤

懷德竇　始安桂　平樂昭　蒙山蒙　開江富　蒼梧梧　潯江潯　臨江龔

鬱林鬱林

平琴平琴　安城賓　賀水澄　常林繡　象郡象　龍城柳　融水融　朗寧邕

懷澤貴　寧仁黨　寧浦橫　橫山田　脩德嚴　龍池山　永定巒　招義羅

南潘潘　普寧容　陵水辯　南昌白　定川牢　寧越欽　安南府　武峩武峩

龍水粵　忻城芝　九真愛　福禄福禄　文陽長　日南驩　承化峰　玉山陸

合浦廉　安樂巖　海康雷　温水禺　湯泉湯　臨潭瀼　扶南籠　正平環

樂古古　珠崖崖　昌化儋　延德振　瓊山瓊　萬安萬安

序目上〔六〕上古　唐虞　三代　秦　漢　後漢　三國　晉　宋　齊　梁　陳　後魏　北齊　後周　隋

昔黃帝方制天下，立爲萬國，易稱「首出庶物，萬國咸寧」。蓋舉其大數。及少皞氏之衰，其後制度無聞矣。若顓頊之所建，帝嚳受之，創制九州，統領萬國。雍、荊、荊河、梁、徐、冀、青、兖、揚。

至堯遭洪水，〔七〕而天下分絕，使禹平水土，還爲九州，如舊制也。舜攝帝位，分爲十二州，雍、荊、荊河、〔八〕梁、冀、幽、并、青、營、徐、兖、揚。故虞書云「肇十有二州」，是也。〔九〕夏氏革命，又爲九州。塗山之會，亦云萬國，四百年間，遞相兼并。殷湯受命，其能存者三千餘國，亦爲九州，分統天下。冀、荊、荊河、雍、揚、兖、徐、幽、營。營，則禹貢青州也。載祀六百。及乎周初，尚有千八百國。而分天下爲九畿：方千里曰王畿，其外曰侯畿，亦曰服。又外曰甸畿，又外曰男畿，又外曰采畿，又外曰衞畿，又外曰蠻畿，又外曰夷畿，要服也。又外曰鎮畿，又外曰藩畿。荒服也。〔一〇〕自侯、甸、男、采、衞、蠻、夷、鎮、藩，即九畿也，各相去五百里爲限也。至成王時，亦曰九州，屬職方氏。揚荊荊河青兖雍幽冀并。其後諸侯相并，有千二百國。及平王東遷，迄獲麟之末，二百四十二年間，諸侯征伐，更相吞滅，不可勝數，而見於春秋經、傳者，百有七十國焉。百三十九國知土地所在，三十一國不知其處也。蠻夷戎狄，不在其數。逮乎下分地理，上配天象，所定躔次，總標十二。及周之末，唯有七國。〔一一〕秦昭王時，西周盡獻其地，邑三十六，口三萬，受獻而歸其人。至莊襄王滅東西之二國〔一二〕，七城而已。

秦制天下爲四十郡，其地則西臨洮而北沙漠，東縈南帶，皆臨大海。

漢興，以秦地太大，更加置郡國。其後開越攘胡，土宇彌廣，改雍曰涼，梁曰益，又置徐州，復禹舊號，置交，〔一三〕初爲交趾，後爲交州。北有朔方，初爲朔方，後爲并州。凡爲十三州部刺史。司隸、并、荆、兖、荆河、揚、〔一四〕冀、幽、青、徐、益、交、涼。而不常所理。至哀、平之際，凡新置郡、國六十三焉，與秦四十，合百三。縣邑千三百一十四，道三十二，侯國二百四十一。地東西九千三百二里，南北萬三千三百六十八里，此漢之極盛也。

後漢光武以官多役煩，乃併省郡、國十，縣、道、侯國四百餘所。〔一五〕其後亦爲十三州部：司隸治河南，今府。荆河治譙，今酇縣。兖治昌邑，今魯郡金鄉縣。徐治郯，郯音談。今臨淮郡下邳縣。青治臨淄，今北海郡縣。涼治隴，今天水郡隴城縣。并治晉陽，今太原府。冀治鄗，河各反。今趙郡高邑縣。幽治薊，今范陽郡。揚治歷陽，今郡縣。益治雒，今永昌郡。〔一六〕荆治漢壽，今武陵郡武陵縣。交治廣信，今蒼梧郡蒼梧縣。漸復加置郡國。至於靈、獻，凡百有五焉，縣、道、侯國千一百八十，桓帝永興初，有鄉三千六百八十二，亭萬二千四百二十。東樂浪郡，西燉煌郡，南日南郡，北鴈門郡，西南永昌郡，四履之盛，亦如前漢。

魏氏據中原，有州十三：司隸、荆、荆河、〔一七〕兗、青、徐、涼、秦、冀、幽、并、揚、雍。分涼州置秦州，理上邽，今天水郡；揚治壽春，今郡；徐治彭城，今郡；荆治襄陽，今郡；涼治武威，今郡；餘並因前代。〔一八〕有郡國六十八。東自廣陵、文帝黄初六年親征，幸廣陵故城，及旋師，留張遼屯江都。齊王嘉平後屬吴，即今郡。壽春、毌丘儉、諸葛誕皆鎮之。合肥、明帝青龍元年，滿寵於合肥西北三十里築新城，〔一九〕吴軍頻攻不拔，即今廬江郡。故魏明帝云：「先帝東置合肥，南守襄陽，西固祁山，賊來輒破於三城之下者，地有所必争之也。」沔口、建安十五年，文聘爲江夏太守，鎮焉。〔二〇〕其後吴軍頻攻不拔。青龍後屬吴，即今漢陽縣。〔二一〕西陽、黄初中，滿寵令將守之，今齊安郡。襄陽，建安二十四年，徐晃守之，蜀將關羽攻，不下。重兵以備吴；江淮之間，除鎮兵處，更無人居。青龍之中，孫權遣數千家佃於江北，爲滿寵破之。西自隴西、今郡是。南安、今隴西郡隴西縣。齊王嘉平五年，蜀將姜維來伐，攻隴西、南安，皆不克。祁山、明帝太和二年，蜀將諸葛亮攻祁山城，不拔，今同谷郡長道縣東十里。漢陽、明帝青龍二年，蜀將諸葛亮來伐，遣兵備於此，即今天水郡。陳倉，建安二十四年，因蜀將破夏侯妙才於漢中，〔二二〕遂令張郃守陳倉。太和二年，諸葛亮以數萬人攻陳倉，將軍郝昭以千人守二十餘日，不拔，在今縣東三十里故城是。〔二三〕攻郿又不克，在今縣東北十五里故郿城是。並今扶風郡縣。〔二四〕重兵以備蜀。

蜀主全制巴蜀，置益、治成都，今郡。梁治漢中，今郡。二州，有郡二十二，以漢中、建安末，破魏將夏侯妙才後，遂有漢川，以魏延鎮守，後蔣琬、姜維相繼鎮於此，即今郡地。興勢、後主延熙七年，將軍王平守之，魏大將軍曹爽攻，不克。今洋川郡興道縣也。白帝，先主章武元年屯之，遂爲重鎮。後主建興十五年，吴將全琮來攻，不克。即今雲安郡。並爲重鎮。

吴主北據江，南盡海，置交、治龍編，今安南府。廣、孫權置，治番禺，今南海郡。荆、治南郡，今江陵郡。郢、治江夏，即今郡。揚治建業，今丹陽郡江寧縣。五州，有郡四十有三。以建平、自孫權黄武初破蜀先主後得之，孫皓天紀四年，晉軍沿流來伐，守將吴彦請增兵，皓不從。今巴東郡。西陵、建安二十四年，因蜀將關羽北討魏將于禁等於襄陽，陸遜爲宜都守，鎮此。黄武初，蜀先主來伐，遜大破之，後步闡、陸抗並鎮焉。即今夷陵郡。樂鄉、吴孫皓建衡三年，陸抗所築樂鄉城，後朱然修之，戍焉。〔二五〕晉王濬攻樂鄉，獲水軍督陸景，平西將軍施洪以城降。在今江陵郡松滋縣東。南郡、自建安末克關羽後，蜀將糜芳來降，遂得之。孫皓鳳凰元年，將張咸、任延並守之。晉軍平吴，當陽侯杜元凱赴於此。〔二六〕即今江陵郡。巴丘、建安十九年魯肅、孫皓寶鼎元年萬彧並鎮守。即今巴陵郡。夏口、建安十三年，孫權征黄祖，克之，後遂置兵鎮。孫皓天紀元年，孫慎守之。及晉平吴，將軍胡奮赴於此。即今江夏郡。武昌、孫權甘露元年城武昌，陸遜、諸葛恪、滕牧鎮守。〔二七〕及晉平吴，將軍王戎赴於此。即今江夏郡縣。〔二八〕皖城、建安十九年，孫權克之。孫權赤烏四年，〔二九〕諸葛恪屯此。今同安郡。皖音患。牛渚圻、孫皓天紀末，何植鎮守。晉平吴，大將王渾赴於此。即今宣城郡當塗縣采石也。濡須塢，建安十七年築，後曹公頻來，攻不克。在今歷陽縣西南百八十里。並爲重鎮。其後得沔口、孫權嘉禾後，陸遜、諸葛瑾屯守。邾城、赤烏四年，陸遜常以三萬兵戍之。今齊安郡。東南界臨江，〔三〇〕與江夏郡武昌相對。廣陵。孫亮建興二年，〔三一〕衞尉馮朝城廣陵。自三國鼎立，更相侵伐，互有勝負，疆境之守，彼此不常，纔得遽失，則不暇存也。今略紀其久經屯鎮及要害之地焉。其守將亦略紀其知名者，餘不可徧舉，他亦倣此。

晉武帝太康元年平吴，分爲十九州部：置司州，治洛陽；今河南府。兖治廩丘；今濮陽郡雷澤縣是。荆河治項；今淮陽郡項城是。冀治房子，今趙郡縣。并治晉陽，青治臨淄；徐治彭城；荆初治襄陽，後治江陵；今郡。揚初治壽春，後治建業；凉治武威；分三輔爲雍，治京兆；今府。分隴山之西爲秦，治上邽；今天水郡縣。益治成都；分巴漢之地爲梁，治南鄭；今漢中郡縣。分雲南爲寧，治雲南；今郡。幽治涿；今范陽郡范陽縣。分遼東爲平，治昌黎；今安東府。交治龍編；〔三二〕今安南府。分合浦之北爲廣，治番禺。又增置郡國二十有三，〔三三〕凡州百五十有六，縣千一百有九，以爲冠帶之國，盡秦漢之土。及永嘉南渡，境宇殊狹，九州之地有其二焉。初，元帝命祖逖鎮雍丘，建武初，逖北鎮守雍丘，今陳留郡縣。逖死，北境漸蹙。大興四年逖死。於是荆河、自淮北，今汝南、汝陰、南陽等郡以北。青、兖四州〔三四〕今東萊、東牟、高密、北海、淄川、濟南等郡地。及徐州之半，今彭城、瑯琊等郡。陷劉曜、石勒，以合肥、戴若思鎮守之。淮陰、劉隗鎮守，即今山陽郡縣。壽陽、祖約鎮守，後又陷於石勒，季龍死後復之即今壽春郡地。泗口、劉遐鎮守，即今臨淮郡宿遷縣界。角城安帝義熙中置，亦在宿遷縣界。爲重鎮。成帝時，鄮守將退屯襄陽，咸和初，魏該屯鄮，〔三五〕爲劉曜將黄秀所逼而退守襄陽，後亦陷石勒，尋復之。庾翼、朱序皆鎮於此，又爲苻堅將苻丕所陷，尋又復之。即今郡。穆帝時，平蜀漢，永和三年，桓温西討，擒李勢。復梁、益之地。梁州則漢川，益則蜀川是。又遣軍西入關，至灞上，十年，桓温討苻健於今京兆府萬年縣白鹿原，戰敗。再北伐，一至洛陽，永和十二年，温討慕容儁，破其將姚襄於伊水，時襄已降。一至枋頭，廢帝太和四年，〔三六〕温又討慕容暐，敗還。今汲郡衞縣界。枋音方。所得郡縣，軍旋又失。洎苻堅東平慕容暐，太和五年。西南陷蜀漢，西北剋姑臧，孝武太元元年，張天錫敗。〔三七〕今武威郡是。則漢水、長淮以北，悉爲堅有。及堅敗，太元八年。〔三八〕再復梁、九年，將郭寶平梁州。益、蜀郡太守任權斬苻堅益州刺史李平，益州平。青、徐、兗、荆河之地，其後青、兗陷於慕容德，安帝國諱改焉。崇安三年，〔三九〕德據之，殺幽州刺史辟閭渾，時鎮廣固，〔四〇〕即今北海郡也。荆河、司陷於姚興，崇安三年。以彭城爲北境藩扞。朱序鎮守。後益、梁又陷於譙縱。義熙初陷。每因劉、石、苻、姚衰亂之際，則進兵屯戍在於漢中、襄陽、彭城，然大抵上明、今江陵郡松滋縣。江陵、夏口、武昌、合肥、壽陽、淮陰，常爲晉氏鎮守，其刺史所治，皆置州兵，雖有不經攻圍，互是重鎮，他皆類此。義熙以後，又復青、兗、司、荆河、梁、益之地，而政移於宋矣。

宋武帝北平廣固，〔四一〕晉安帝義熙六年，平慕容超，得青州之地。廣固即今北海。西定梁、益，九年，朱齡石平譙縱。又克長安，十三年親征，平姚泓。盡得河南之地。長安尋爲赫連勃勃所陷，至廢帝滎陽王景平中，武牢以西，〔四二〕復陷於後魏。今大較以孝武大明八年爲正。〔四三〕凡二十有二州：〔四四〕揚治建業，南徐治京口，今丹陽郡丹徒縣。徐治彭城，南兗治廣陵，兗治瑕，〔四五〕今魯郡縣。南荆河治歷陽，荆河治汝南，今汝南郡汝陽縣。江治潯陽，今郡縣。青治臨淄，初治歷城，今濟南郡縣，後治廣固；後又移治臨淄，即今縣是。冀治歷城，司治義陽，今郡。荆治南郡，郢治江夏，今郡。湘治臨湘，今長沙郡。雍治襄陽，梁治南鄭，秦亦治南鄭，益治成都，今蜀郡。寧治建寧，今雲南郡。廣治南海，交治龍編，越治臨鄣。今合浦郡。自東晉成帝時，中原流民多南渡，遂於江漢淮之間僑立州郡，以撫其民。中間併省廢置，離合非一，不能詳誌焉。〔四六〕今紀其所治經久者，他皆類此。郡凡二百三十有八，縣千二百七十有九。初，文帝元嘉中遣將北伐，水軍入河，克魏碻磝、滑臺、武牢、洛陽四城，碻磝即今濟陽郡城；滑臺，今靈昌郡城；武牢，今汜水縣；洛陽，今故洛陽城。碻音口交反。〔四七〕磝音敖。其後又失。又分軍北伐，西軍克弘農、開方二城，並今弘農郡。以東攻滑臺不克，而平碻磝，守之，尋皆敗退。元嘉二十七年，王玄謨於滑臺敗歸。時柳元景拔弘農、開方，及玄謨敗，亦棄而退。於是後魏主太武總師，經彭城、臨江，屯於瓜步，今廣陵郡六合縣東。退攻盱眙，不拔而旋。臧質守之，魏師攻圍三旬，不拔。今淮陽郡縣。明帝時，後魏又南侵淮北，青、冀、徐、兗四州及荆河州西境悉陷没，泰始二年，徐州刺史薛安都引魏軍，自是沈文秀東陽城、崔道固歷城，並爲魏將慕容白曜所陷。安都以彭城，常珍奇以懸瓠並降魏。懸瓠，今汝南郡城。則長淮爲北境，僑徐、兗於淮南，淮陰立兗州，鍾離立徐州。立青冀二州，寄治贛榆。今東海郡東海縣。贛，古淡反。其後十餘年而宋亡。然初强盛也，南鄭、襄陽、懸瓠、元嘉二十七年，〔四八〕後魏主太武率兵攻圍汝南，太守陳憲等拒四十餘日，魏人積屍與城齊，不拔而退。彭城、歷城、東陽，宋少帝景平初，竺夔鎮守。〔四九〕後魏攻圍，數旬不克。即今北海郡治東城。皆爲宋氏藩扞。

齊氏，淮北之地所以全少，青州治朐山，今東海郡。朐音衢。冀治渦口，今臨淮郡漣水縣。〔五〇〕荆河治壽春，荆河州自東晉以後，或治淮南，或治淮北，不恆其所，今舉其要害之地。北兗治淮陰，北徐治鍾離，今郡。又置巴東，治巴。今雲安郡。其餘州郡，悉因宋代，州二十有三，郡三百九十有五，縣千四百七十有四。其後頻爲後魏所侵，至東昏永元初，沔北諸郡，相繼敗没。今南陽郡地。又遣軍北伐，敗於馬圈，退屯盆城，〔五一〕魏馬圈城去襄陽三百里，時陳顯達攻圍四十餘日不拔，魏援師至，敗還。在今南陽郡界。又失壽春，永元二年，荆河州刺史裴叔業以城叛入魏。後三年，齊亡。齊氏七主，凡二十四年，内難繁興，不遑外略。及東昏暴虐，北境彌蹙也。始全盛也，南鄭、明帝建武二年，後魏大將元英來伐，梁州刺史蕭懿守拒，攻圍百餘日不下。樊城、今襄陽郡安養縣。建武中，後魏主孝文率兵十萬，數旬攻圍，將曹武拒，〔五二〕不下。襄陽、義陽、壽春，高帝又建鎮，謂垣崇祖曰：「兵衝要地，切備魏師。」俄而魏將王肅以師二十萬至，敗而歸。淮陽、角城、明帝初，後魏南侵，以李安仁戍之。〔五三〕漣口、朐山爲重鎮。

梁氏州郡，多沿舊制。天監中，州二十有三，郡三百五十，縣千二十有五。〔五四〕其後更有析置，大同中，州百有七，郡縣亦稱於此。自侯景逆亂，建康傾陷，墳籍散逸，不可得而詳焉。初，武帝受禪，數年即失漢川及淮西之地，天監三年，梁州刺史夏侯道遷以本部叛降後魏，自劍閣以北並陷没。〔五五〕又魏將元英破將軍馬仙琕於義陽，〔五六〕失地。其後諸將頻年與魏軍交戰於淮南淮北，互有勝負。自天監四年以後，將張惠紹克魏宿遷城，〔五七〕韋叡克合肥，裴邃克霍丘城、〔五八〕朐山城，尋皆敗，唯合肥獨存。雖得懸瓠、彭城，俄而又失。天監七年，〔五九〕魏軍主白早生、〔六〇〕荆河州刺史胡遜以懸瓠，普通六年，徐州刺史元法興以彭城並内屬，無何，悉復於魏。又克壽春。普通七年，將夏侯亶、元樹等克之，〔六一〕獲魏揚州刺史李憲。自齊東昏永元二年陷後魏，至是凡二十七年，南朝始復。中大通初，大舉北伐，淮北城鎮，相次克平，直至洛陽，暫爲梁有。中大通元年，魏將尒朱榮害胡太后及少主，魏朝大亂。遣將陳慶之率軍送元顥爲魏主，入河陽，六旬五日，尒朱榮來攻，慶之渡河，守北中府城，數日顥敗，慶之亦奔退，所得之地尋亦失之。中府地即今河陽北城是。其後又復漢中。大同中，將蘭欽克之。自天監二年失漢川，凡經四十三年卻復。至東魏，將侯景以河南地降，逆亂相尋，有名無實。及景平後，江北之地，悉陷高齊，漢川、蜀川没於西魏。太清初，侯景以十三州來降，旋爲東魏將慕容紹宗所敗。二年，景舉兵反，圍建康，陷之。及景平後，元帝承聖初，齊將辛術南伐，盡復淮南江北之地，得傳國璽，反於齊。三年，西魏將達奚武陷漢川，尉遲迥陷蜀川，其漢川經九年復失。大抵雍州、今襄州。下溠音槎戍、〔六二〕漢東郡棗陽縣東南。夏口、白苟堆、大同中，東魏靜帝遣將堯雄爲南境守將。雄曰：「白苟堆，梁之北面重鎮，請備之。」在今汝南郡真陽縣。硤石城、今汝陰郡下蔡縣。合州、即合肥。鍾離、將康絢鎮守之。淮陰、朐山爲重鎮。天監三年，角城戍主柴慶宗以角城，十年，東莞太守劉晣以朐山，〔六三〕並降入魏。陳氏比於梁代，土宇彌蹙，西不得蜀漢，北失淮肥，以長江爲境。文帝天嘉初，湘川之地爲周軍所陷，二年，侯瑱克平之。湘川，今澧陽、武陵、長沙、衡陽等郡之地。〔六四〕有州四十有二，地轉狹而州益多，暨後州郡又數倍多於前代，〔六五〕故不可詳。郡百有九，縣四百三十有八。宣帝太建中，〔六六〕頻年北伐，諸將累捷，盡復淮南之地。將吴明徹於壽春城斬高齊將王琳。更經略淮北，大破齊軍於吕梁。及旋師，屬高齊國亡，又總軍北伐，至吕梁，周軍來拒，又大破之。自太建五年北伐，七年破齊軍，九年又破周將梁士彦，悉得梁淮北城鎮下邳、朐山。旋爲周軍所敗，悉虜其衆，時梁士彦守彭城，明徹來攻未下。十年，周將王軌來伐，明徹退師，全軍没於清口也。自是江北之地，盡没於周，又以長江爲界。十二年，周大將司馬消難以淮西地來降，又遣將周羅睺攻克新野，〔六七〕尋並失之。及隋軍來伐，遣將守狼尾灘，後主禎明三年，戚欣守之。今夷陵郡宜都縣界。荆門、將吕仲肅據之，〔六八〕亦宜都界。安蜀城、將顧覺鎮之，亦夷陵郡縣。公安、將陳紀鎮之，今江陵郡縣。巴陵以下，並風靡退散，〔六九〕信州道大總管、清河公楊素自峽中舟師東下，東方守將相繼而破。信州即今雲安郡也。隋軍自采石、隋將韓擒武襲陷之。〔七〇〕京口賀若弼襲陷之。渡江而平之。

後魏起自北方，至道武，率兵下山東，攻拔慕容寶中山，今博陵郡唐昌縣。遂有河北之地，於是遷都平城。今雲中郡。慕容氏喪敗，遣將南略地，至於滑臺、許昌、今潁川郡。彭城。明元帝泰常中，始於滑臺、許昌置兵鎮守。道武天興中，長孫肥等克滑臺、許昌，尋不能守，至是始有之。太武帝時，又得蒲坂、今河東郡。長安、統萬。始光中，遣軍伐赫連昌，克蒲坂及長安，又克統萬，後遂滅赫連。統萬即赫連所都，今朔方郡是。神䴥中，宋師來伐碻磝、今濟陽郡城。滑臺、武牢，今河南府汜水縣是。〔七一〕

戍將皆不守，尋並復之。神䴥三年，宋將到彥之、王仲德等陷滑臺、武牢、洛陽，遣安頡、叔孫建等擊敗走之。太延以後，東平遼東，西平姑臧，〔七二〕三年，東伐馮弘，五年，西伐沮渠茂虔，並滅之。於是西至流沙，東接高麗。所未得者，漢中及南陽、懸瓠、彭城、青州之南而已。其後帝自南征，遂臨瓜步，宋淮北城鎮守將，多有敗没。太平真君十一年，因宋將王玄謨來侵，克碻磝城，戍將濟州刺史王買德棄城而走，〔七三〕宋師至滑臺敗，帝乘勝至江上。獻文天安初，自河之南，長淮之北，皆爲魏有。時因宋晉安王子勛之亂，遣將慕容白曜略地，破宋將沈文秀、畢衆敬、〔七四〕薛安都、崔道固、常珍奇，遂有其地。孝文遷都洛陽，太和十九年徙都。頻歲親征，皆渡淮泗。二十年，屯八公山；二十一年，屯新野及樊城。宣武初，又得壽春，景明初，齊將裴叔業以壽春來降，後至明帝孝昌二年，又陷入梁。續收漢川，至於劍閣，兼得淮西之地。正始初，梁將夏侯道遷以漢中降，又元英破梁將馬仙琕於義陽，遂有其地。莊帝時，梁軍洛陽，數旬敗走。永安初，因尒朱榮害胡太后、少帝之亂，梁將陳慶之送元顥爲魏主。爾後内難相繼，不暇外略，三四年後，分爲東、西魏矣，皆權臣擅命。具周、齊事中。自永安末年，尒朱世隆稱兵入洛，圖籍散亡，不可詳記。今按舊史，管州百十有一，郡五百十有九，縣千三百五十有二。按魏收史所載州郡，是東魏静帝武定中，其時洛陽以西及關中梁益之地，悉屬西魏，收猶總而編之。自太武以後，漸更强盛，東征西伐，克定中原。屬宋明以後及於齊梁，國土漸蹙，自守不暇，雖時有侵掠，而退不旋踵，故魏之城鎮，少被攻圍，因利進取，不常所守也。

北齊神武東魏天平末，大舉西伐，至蒲津。〔七五〕靜帝天平四年，三道伐西魏，齊神武自總大衆至蒲津，竇泰自風陵濟河，至潼關，高敖曹入武關，陷上洛，以泰軍敗沒並旋師。風陵在潼關北岸相對。西魏乘勝攻陷陝州。周文帝率李弼等東征，下陝州，擒刺史李徽伯。〔七六〕即今陝郡。神武西至沙苑。其年冬，大敗而歸。今馮翊郡界。西軍又乘勝襲陷洛陽。西魏將獨孤如願據金墉。明年，西師又至於河陰，今洛陽縣北。時拒守河陽城，潘相樂守北城，揚州公永樂守南城，〔七七〕即今城。後周文帝親征，不克。西師敗歸。元象元年，〔七八〕周文帝親征，敗還。如願亦棄金墉遁走，神武遂毀其城。其後神武攻圍西魏玉壁，不克。興和四年，〔七九〕西魏將王思政守之。今絳郡稷山縣。西師來伐，至於邙山。武定初，周文帝親征，神武禦之，敗，殺周將王雄。〔八〇〕後神武又圍玉壁，不克。武定四年，西魏將韋孝寬守之。文襄遣將圍潁川，拔之。自武定五年冬攻圍，至明年六月城陷。於是河南自洛陽之西，河北自晉州之西，今平陽郡。悉入西魏。文宣之代，命將略地，南際於江矣。天保二年，屬侯景亂梁，遣辛術南討，遂得傳國璽。又過江得梁夏口，後二國通和，旋師矣。武成河清中，築戍於軹關。河清二年，遣斛律光築之。今河南府濟源界。其年，周軍至洛陽，敗還。晉公護統軍將楊擲等至軹關，〔八一〕敗走。後主武平中，陳軍來侵，盡失淮南之地。武平五年以後，陳將吳明徹頻歲來侵，淮南城鎮皆不守，諸將累敗。周師攻拔河陰大城。周武親征，有疾，班師。幼主崇化末，〔八二〕西師攻拔晉州，今平陽郡。因之國滅。齊都於鄴，即今郡縣。自東、西魏之後，天下三分，梁陳有江東，宇文有關西，高氏據河北，有州九十有七，郡百六十，縣三百六十有五。文宣天保七年，〔八三〕已併省州三，郡百五十三，縣五百八十九，鎮二，戍二十六。當齊神武之時，與周文帝抗敵，十三四年間，凡四出師，大舉西伐，周師東討者三焉。略舉齊神武、周文帝統師親征，諸將攻戰則不復紀。自文宣之後，纔守境而已。大抵西則姚襄城、今文城郡西城，則姚襄所築，西臨黃河，控帶龍門之險，周齊交爭之地。後主武平二年，大將斛律光破周兵於城，遂立鎮焉。洪洞、今平陽郡縣北故城，四固垂復，控據要險。崇化末，周師既克晉州，其城主張元靜以城降周。晉州、武平關、三關並今絳郡正平縣界。柏崖、城侯景所築，今河清縣西。軹關、河陽，南則武牢、陸子章增築城守。洛陽、北荊州、今陸渾縣東北故城是。孔城防、今伊闕縣東南故城是。汝南郡、今臨汝郡梁縣南。魯城，今臨汝郡魯山縣東北。〔八四〕置兵以防周寇。自洛陽之南，襄城、汝陰、汝南以北，皆齊有。及陳師侵軼，數歲齊亡，南境要害，未遑制置也。

周文帝西魏大統中，東魏師至蒲津。文帝大統二年，齊神武親征至蒲津，以竇泰死，退軍。文帝東征，克陝州，兼得宜陽郡、邵郡。邵郡，今絳郡垣縣。宜陽郡，今福昌縣。〔八五〕東師又至沙苑。其年冬，齊神武親征，大敗，走。後文帝東征，至河陰，先勝後敗。大統四年，殺魏將高敖曹。築城於玉壁。大統八年，將王思政築之，齊神武攻圍不克。至十二年，韋孝寬守之，齊神武又攻圍六旬，不克。文帝又至邙山，先勝後敗。大統九年。得梁雍州。十六年，梁雍州刺史岳陽王詧舉州內附。廢帝初，克平漢中。自梁侯景逆亂，遣將達奚武克之也。又遣軍平蜀。將尉遲迥克之。文帝西征至姑臧，後又平江陵。齊王廓後元初，于謹平之，殺梁元帝。自是疆理西有姑臧，西南有全蜀，南至於江矣。明帝武成二年，將賀若敦克陳湘川之地，三年失之。今澧陽、武陵、長沙、衡陽等地是。其河南自洛陽之東之北，河東自平陽之界，屬於高齊。至武帝建德中東征，拔齊晉州城，尋又東征，破齊師於晉州城下。建德五年，攻拔晉州，使梁士彥守之。齊後主來攻，三旬餘不拔。六年，又破齊後主軍。乘勝平齊。後遣軍破陳軍於呂梁，將王軌破陳將吳明徹，悉虜其衆也。其東南之境，盡於長沙。〔八六〕通計州二百十有一，郡五百八，縣千二十有四。當全盛戰爭之際，則玉壁、初王思政守，後韋孝寬守，東師攻不拔，遂置勳州。邵郡、齊子嶺、今王屋縣東二十里周齊分界處。通洛防、故函關城，武帝保定中改名，在今新安縣東。黄櫨三城，今永寧縣西北。宜陽郡、陝州、土剗、〔八七〕今長水縣西北二十五里。〔八八〕三荆、將獨孤信略定北荆州，今即伊陽縣。東荆州後改曰淮州，今淮安郡。荆州今南陽郡。三鵶鎮，今汝州魯山縣西南，名平高城。置兵以備東軍。

隋文帝開皇三年，遷都大興城，即今城。遂廢諸郡，以州治人。自三代以前爲九州，兩漢加置十三州，晉宋之後，分析漸多，至於魏齊後周，雖割據鼎立，天下分裂，其於州郡，乃倍兩漢之地。隋氏以官繁人弊，遂廢五百餘郡，而以州治人，名則因循，職事同於郡守，〔八九〕無復刺舉之任。自九載廓定江表，尋以户口滋多，析置州縣。煬帝大業初，移洛陽城，〔九〇〕即今城。又平林邑，更置三州。既而併省諸州。三年，改州爲郡，乃置司隸刺史，分部巡察。本史不分别所領諸郡。五年，平定吐谷渾，更置四郡。大凡郡百九十，縣千二百五十五，東西九千三百里，南北萬四千八百一十五里，東南皆至於海，西至且末，隋氏西境唯得今燉煌郡以東。且，子余反。北至五原。即今九原郡。按，隋氏北境唯至於河。

隋氏之盛，極於此矣。

校勘記

〔一〕州郡序　原無「序」，今據王吴本增。傅校本、明抄本、明刻本、朝鮮本作「州郡第一并序」。

〔二〕朔南暨聲教　傅校本、明抄本、明刻本、朝鮮本「朔南」上有「北朔方」三字，與禹貢文違，故不補。

〔三〕不患地不廣　「地」原作「功」，據朝鮮本、王吴本改。

〔四〕不亦謬哉　朝鮮本疊此句。

〔五〕序目上凡郡府三百二十九　「九」傅校本、明抄本、明刻本、朝鮮本、王吴本作「八」，前四本於卷十一最後脱「秋浦池」，王吴本雖補，而「八」字仍承舊本。按：原目卷數下僅存序目或古州名稱、郡府數字，而州郡細目均被删削。今據上列各本並參校各卷正文回補。

〔六〕序目上　此題右原有「州郡一」三字單占一行，今據傅校本、明抄本、明刻本、朝鮮本删。此題及以下朝代名稱各本亦無，爲檢閲方便計，故仍之。

〔七〕至堯遭洪水　原脱「至」，據傅校本、明抄本、明刻本、朝鮮本、王吴本補。

〔八〕雍荆荆河　「荆河」原作「豫」，清人擅改。通典例避代宗諱，因禹貢有「荆河惟豫州」一語，故稱「豫州」爲「荆河州」。今據傅校本、明抄本、明刻本、朝鮮本、王吴本改回。惟各本誤脱一「荆」，今據禹貢增。前後注文原亦作「豫」，逕改。

〔九〕肇十有二州是也　「十有」原倒，「是」原脱，據傅校本、明抄本、明刻本、朝鮮本乙補。王吴本「是」字猶未脱。

〔一〇〕荒服也　王吴本、殿本同。傅校本、明抄本、明刻本、朝鮮本「荒」作「藩」，非是。

〔一一〕唯有七國　王吴本、殿本及通考卷三一五同。傅校本、明刻本、朝鮮本「七」作「十」。

〔一二〕滅東西之二國　「之二國」原作「周王國」，王吴本作「周之王國」。今據傅校本、明刻本、朝鮮本改。

〔一三〕置交　原作「南置交阯」，非通典之舊。今據傅校本、明抄本、明刻本、朝鮮本、王吴本删「南」「阯」二字。

〔一四〕荆河揚　原「揚」在前，今據傅校本、明抄本、明刻本、朝鮮本乙。

〔一五〕縣道侯國四百餘所　「國」原脱，據後漢書郡國志三五三三頁、御覽卷一五七七六二頁補。

〔一六〕益治雒今永昌郡　此正文三字、注文四字，傅校本、明抄本、明刻本、朝鮮本脱。

〔一七〕有州十三司隸荆荆河　「三」原訛「二」，誤脱一「荆」，今據通考卷三一五改補。按：下注云：「荆治襄陽。」可證正文脱「荆」字。

〔一八〕餘並因前代　傅校本、明抄本、明刻本、朝鮮本無「餘」。

〔一九〕合肥西北三十里　三國志滿寵傳七二四頁無「北」。「三」傅校本、明刻本、朝鮮本作「二」，非。明抄本、王吴本均作「三」。

〔二〇〕建安十五年文聘爲江夏太守鎮焉　通鑑卷六五二〇八五頁繫此事於十三年八月。

〔二一〕即今漢陽縣　「漢陽縣」傅校本、明抄本、明刻本、朝鮮本作「濮陽郡」，非。

〔二二〕夏侯妙才　即夏侯淵。通典避高祖諱，故稱字。

〔二三〕三十里　朝鮮本「三」作「二」。

〔二四〕並今扶風郡縣　「縣」原脱，據傅校本、明抄本、明刻本、朝鮮本補。

〔二五〕後朱然修之戍焉　「戍」原訛「成」，據諸本改。

〔二六〕杜元凱赴於此　「赴」原作「趨」，據傅校本、明抄本、王吳本改。下同。

〔二七〕滕牧　「牧」原訛「允」，據傅校本、明抄本、明刻本、朝鮮本、王吳本及三國志三嗣主傳一一六六頁改。

〔二八〕即今江夏郡縣　「縣」王吳本、殿本、局本作「是」，擅改。今據傅校本、明抄本、明刻本、朝鮮本改回。

〔二九〕孫權赤烏四年　原無「孫」，據傅校本、明刻本、朝鮮本補。

〔三〇〕今齊安郡東南界臨江　「南」原訛「西」，據本書州郡典一三黃州注訂正。

〔三一〕孫亮建興二年　「二」原訛「三」，據三國志三嗣主傳一一五二頁訂改。按：建興盡二年，無三年。

〔三二〕交治龍編　「龍」傅校本、明抄本、明刻本、朝鮮本均作「昌」，涉上而誤。

〔三三〕又增置郡國二十有三　「三」原訛「二」，據晉書地理志四〇七頁改。

〔三四〕於是荆河青兗四州　王吳本、殿本同。按：此僅三州，疑脱「冀」。傅校本、明刻本、朝鮮本作「於是荆河青四州」，僅二州。通考卷三一五作「荆豫青兗四州」，有「荆」，亦非是。

〔三五〕咸和初魏該屯鄴　「和」原訛「陽」，「該」原訛「諺」，據晉書成帝紀一七〇頁訂改。魏該，晉書有傳一七一三頁。

〔三六〕廢帝太和四年　「四」原作「三」，據晉書海西公紀二一三頁、桓温傳二五七六頁訂改。

〔三七〕孝武太元元年張天錫敗　「太元元年」原訛作「太和五年」，今據晉書孝武帝紀二二七頁、通鑑卷一〇四三二七五頁訂改。按：傅校本、明抄本、明刻本、朝鮮本、王吴本均無「敗」字。

〔三八〕太元八年　「太元」原訛「太和」，據晉書孝武帝紀二三二頁、通鑑卷一〇五三三一二頁訂改。

〔三九〕崇安三年　「崇安」即「隆安」，通典避玄宗諱改。下同。

〔四〇〕時鎮廣固　「鎮」下原有「守」，據傅校本、明抄本、明刻本、朝鮮本删。

〔四一〕宋武帝北平廣固　原脱「帝」，據傅校本、明抄本、明刻本、朝鮮本、王吴本補。

〔四二〕武牢以西「武牢」即虎牢，通典避李虎諱改。

〔四三〕今大較以孝武大明八年爲正　原無「八年」，據宋書州郡志一一〇二八頁訂補。

〔四四〕凡二十有二州　明抄本、王吴本、殿本、局本皆然，與宋書州郡志所列州數合。明刻本、朝鮮本下「二」作「三」，恐誤。

〔四五〕兖治瑕　宋書州郡志一一〇五九頁兖州下作「治瑕丘」。本書州郡典一〇古兖州總敍亦云宋兖州「初理滑臺，後理瑕丘」。此「瑕」下當脱「丘」字。

〔四六〕不能詳誌焉　「誌」明抄本作「列」，明刻本、朝鮮本、王吴本作「制」。

〔四七〕碻音口交反　原無「音」，據傅校本、明抄本增。

〔四八〕元嘉二十七年　「七」原作「六」，據晉書文帝紀九八頁、索虜傳二三四四頁訂改。

〔四九〕宋少帝景平初竺夔鎮守　「宋少」原訛「南廢」，「竺」原訛「築」，據通鑑卷一一九三七五三頁訂改。

〔五〇〕冀治渦口今臨淮郡漣水縣　通考卷三一五同。南齊書州郡志上二六〇頁「渦口」作「連口」。通鑑卷一四一四四二三頁胡注云：「渦口，渦水入淮之口也。渦口對淮南岸即齊馬頭郡。杜佑曰『渦口，今臨淮漣水縣』，非也。」

〔五一〕退屯盆城　王吳本、殿本同。傅校本、明抄本、明刻本、朝鮮本無「退」字。

〔五二〕將曹武拒　「曹」原訛「曾」，據南齊書曹虎傳五六三頁、通鑑卷一四一四四二一頁訂改。「曹武」即曹虎，通典諱改。

〔五三〕李安仁　即李安民，傳見南齊書卷二七五〇四頁。通典避太宗諱而改「仁」。

〔五四〕縣千二十有五　通考卷三一五同。隋書地理志上八〇六頁「五」作「二」。

〔五五〕自劍閣以北並陷没　王吳本、殿本同。「以」「没」傅校本、明抄本、明刻本、朝鮮本均作「之」。

〔五六〕馬仙琕　「琕」原訛「埤」，據魏書景穆十二王傳四九八頁、梁書本傳二七九頁改。下同。梁書云：「初，仙琕名仙婢。及長，以婢名不典，乃以玉代女，因成『琕』云。」

〔五七〕將張惠紹克魏宿遷城　「宿遷」梁時作「宿預」，見梁書武帝紀中四三頁、張惠紹傳二八五頁。至唐代宗李豫即位，始改爲「宿遷」。

〔五八〕霍丘城　「霍」傅校本、明抄本、明刻本、朝鮮本訛作「崔」，王吳本、殿本、局本訛作「翟」。今據梁書裴邃傳四一四頁改。

〔五九〕天監七年　「七」原訛「六」，據梁書武帝紀中四八頁、通鑑卷一四七四五八六頁訂改。

〔六〇〕白早生　魏書世宗紀二〇六頁、通鑑卷一四七四五八六頁同。梁書武帝紀中四八頁「早」作「皁」。

〔六一〕元樹　「樹」原訛「植」，據傳校本、明抄本、明刻本、朝鮮本及梁書武帝紀下七〇頁改。按：元樹，梁書有傳五五五頁。

〔六二〕下溠音槎戍　通考卷三二一五同。朝鮮本無「戍」。

〔六三〕劉晣　「晣」原訛「晰」，據梁書馬仙琕傳二八〇頁、魏書世宗紀二一〇頁、盧昶傳一〇五七頁、通鑑卷一四七四五九八頁改。胡三省注云：「晣，之舌翻。」

〔六四〕衡陽　原脱「陽」，據傳校本、明抄本、明刻本、朝鮮本、王吴本及通考卷三二一五補。

〔六五〕暨後州郡又數倍多於前代　王吴本、殿本同。傳校本、明抄本、明刻本、朝鮮本及通考卷三二一五「州」作「周」，恐誤。疑「後」下脱「主」。

〔六六〕宣帝太建中　「太」原訛「大」，據傳校本、明抄本、明刻本、朝鮮本改。

〔六七〕周羅睺　殿本、局本作「睺」，傳校本、明抄本、明刻本、朝鮮本、王吴本作「侯」，並誤。據隋書本傳一五二三頁、北史本傳二五九六頁、通鑑卷一七七五五一一頁改。

〔六八〕將吕仲肅據之　原脱「吕」，據隋書楊素傳一二八三頁補。

〔六九〕並風靡退散　「散」王吴本、殿本、局本作「敗」，據傳校本、明抄本、明刻本、朝鮮本及通考卷三二一五改。

〔七〇〕韓擒武　即韓擒虎，通典諱改。

〔七一〕汜水縣　「汜」原作「氾」，據諸本改。

〔七二〕姑臧　「姑」原訛「始」，據諸本改。

〔七三〕王買德　魏書世祖紀下一〇四頁、通鑑卷一二五三九四七頁「德」作「得」。

〔七四〕畢衆敬　「敬」原作「欽」，據傅校本、明抄本、明刻本、朝鮮本改。按：魏書本傳一三五九頁、北史本傳一四二五頁皆作「敬」。

〔七五〕蒲津　周書文帝紀下二三頁、通鑑卷一五七四八七五頁均作「蒲坂」。下同。

〔七六〕李徽伯　「徽」王吳本、殿本、局本訛「祥」，據周書文帝紀下二三頁改。按：傅校本、明抄本、明刻本、高麗本作「徵」，形訛。

〔七七〕揚州公永樂守南城　「揚州公」原作「即據此高」，據傅校本、明抄本、明刻本、朝鮮本改。按：北史齊宗室諸王傳上一八五二頁及據北史所補之北齊書永樂傳一八二頁均作「陽州公」。標點本北史齊宗室諸王傳上校勘記〔一〇〕云：「按本書齊文宣紀天保元年見楊州縣開國公高孝緒，即永樂嗣子。冊府卷四五〇五三四〇頁亦作『楊州』。唯冊府卷二八四三三四八頁作『陽周』。陽周縣見魏書地形志下豳州趙興郡。『陽州』『楊州』皆當是『陽周』之訛。」

〔七八〕元象元年　「元象」原訛「太豫」，今訂改。按：東、西魏及北齊、北周均無以「太豫」爲年號者。下文所言周文帝敗還，獨孤如願棄金墉遁走事，通鑑卷一五八四八九三頁繫於梁大同四年，即東魏孝靜帝元象元年。朝鮮本及通考卷三一五作「大象」，亦誤，大象乃周靜帝年號，比元象晚四十年。

〔七九〕興和四年　「興和」原訛「興元」，今訂改。按：東、西魏及北齊、北周均無以「興元」爲年號者。下文所言王思政守玉壁事，通鑑卷一五八四九一二頁繫之於梁大同八年，即東魏孝靜帝興和四年。

〔八〇〕武定初周文帝親征神武禦之敗殺周將王雄　武定初，周文帝宇文泰親征，與齊主高歡戰于邙山。保定四年，周師與齊師又戰于邙山，周將王雄陣亡。兩戰役相隔二十餘年。杜氏混爲一談，殊誤。

〔八一〕楊𢷾　「𢷾」原訛「標」，據周書本傳五九〇頁、北史本傳二四〇七頁改。

〔八二〕幼主崇化末　按：北齊幼主高恒於後主高緯隆化末繼位，改元承光，不及一月即禪位。故通典不據承光記年。杜佑避玄宗諱改「隆」爲「崇」。下同。

〔八三〕文宣天保七年　「天保」原訛「天寶」，據北齊書文宣紀五〇頁改。

〔八四〕今臨汝郡魯山縣東北　「臨汝」原訛「汝南」，據卷一七七訂改。按：魯山縣屬臨汝郡。

〔八五〕福昌縣　「縣」原訛「郡」，據卷一七七訂改。按：通考卷三一五也作「縣」。

〔八六〕其東南之境盡於長沙　通考卷三一五同。按：南北朝時，周陳以長江爲界，長沙郡屬陳。此「長沙」當係「長江」之訛。

〔八七〕土剗　「土」原訛「主」，據明抄本及通考卷三一五改。

〔八八〕今長水縣西北二十五里　「縣」原訛「郡」，據本書州郡典七河南府長水注訂正。

〔八九〕職事同於郡守　「職」原訛「識」，據明抄本及通考卷三一五改。

〔九〇〕煬帝大業初移洛陽城　「洛」原訛「治」，據傅校本、明抄本、明刻本、王吴本、殿本改。

王文錦點校

通典卷第一百七十二

州郡二

序目下大唐

大唐武德初，改郡爲州，太守爲刺史，其邊鎮及襟帶之地，置總管府以領軍戎。至七年，改總管府爲都督府。

自因隋季分割州府，倍多前代。貞觀初，并省州縣，始於山河形便，分爲十道：一曰關內道，二曰河南道，三曰河東道，四曰河北道，五曰山南道，六曰隴右道，七曰淮南道，八曰江南道，九曰劍南道，十曰嶺南道。既北殄突厥頡利，西平高昌，東西九千五百十里，南北萬六千九百十八里。

高宗平高麗、百濟，得海東數千餘里，旋爲新羅、靺鞨所侵，失之。又開四鎮，即西境拓數千里，于闐、疎勒、龜兹、焉耆諸國矣。

景雲二年，又分置二十四都督府，分統諸州，時議以權重不便，尋罷之。

開元二十一年，分爲十五道，置採訪使，以檢察非法：京畿、理西京城內。都畿、理東都。關內、多以京官遥領。河南、理陳留郡。河東、理河東郡。河北、理魏郡。隴右、理西平郡。山南東、理襄陽郡。山南西、理漢中郡。劍南、理蜀郡。淮南、理廣陵郡。江南東、理吴郡。江南西、理章郡。黔中、理黔中郡。嶺南。理南海郡。

又於邊境置節度、經略使，式遏四夷。節度使十，經略守捉使三。大凡鎮兵四十九萬人，戎馬八萬餘疋。每歲經費：衣賜則千二十萬疋段，軍倉則百九十萬石，〔一〕大凡千二百十萬。開元、天寶每歲邊用不過二百萬。〔二〕

鎮西節度使：〔三〕理安西，二萬四千人，馬二千七百疋，衣賜六十二萬疋段。〔四〕撫寧西域，〔五〕統龜兹國、焉耆國、在理所東八百里。于闐國、在理所西南二千里。〔六〕疎勒國。在理所西二千餘里。

北庭節度使：理北庭都護府，管兵二萬人，馬五千疋，衣賜四十八萬疋段。〔七〕防制突騎施、堅昆、斬啜，〔八〕西北去突騎施三千餘里，北去堅昆七千里，東北去斬啜千七百里。管瀚海軍、〔九〕北庭都護府城內，管兵萬二千人，馬四千二百疋。〔一〇〕天山軍、交河郡城內，管兵五千人，馬五百疋。伊吾軍。伊吾郡西北三百里甘露川，管兵三千人，馬三百疋。〔一一〕

河西節度使：理武威郡，管兵七萬三千人，馬萬九千四百疋，衣賜百八十萬疋段。斷隔羌胡，統赤水軍、武威郡城內，管兵三萬三千人，馬萬三千疋。大斗軍、武威郡西二百餘里，開元中置，管兵七千五百人，馬二千四百疋。〔一二〕建康軍，張掖郡西二百里，證聖初，〔一三〕王孝傑置，管兵五千三百人，馬五百疋，東去理所七百里。寧寇軍，張掖郡東北千餘里，〔一四〕天寶二年置，管兵千七百人，馬百疋，西去理所千餘里。玉門軍，酒泉郡西二百餘里，武德中，楊恭乂置，管兵五千二百人，馬六百疋，東去理所千二百里。墨離軍，晉昌郡西北千里，管兵五千人，馬四百疋，東去理所千四百里。豆盧軍，燉煌郡城内，管兵四千三百人，馬四百疋，去理所七千里。新泉軍，會寧郡西北二百里，〔一五〕大足初，郭元振置，管兵千人，西去理所四百里。張掖郡守捉，東去理所五百里，管兵六千三百人，馬千疋。烏城守捉，武威郡南二百里，管兵五百人。交城守捉，武威郡西二百里，管兵千人。白亭守捉，武威郡西北五百里，〔一六〕管兵千七百人。

朔方節度使：理靈武郡，管兵六萬四千七百人，馬萬四千三百疋，〔一七〕衣賜二百萬疋段。捍禦北狄，統經略軍，靈武郡城内，管兵二萬七百人，〔一八〕馬三千疋。豐安軍，靈武郡西黃河外百八十餘里，萬歲通天初置，管兵八千人，馬千三百疋。定遠城，靈武郡東北二百里黃河外，景龍中韓公張仁愿置，管兵七千人，馬三千疋。西城，九原郡北黃河外八十里，〔一九〕景龍中韓公張仁愿置，管兵七千人，馬千七百疋，西南去理所千餘里。安北都護府，亦曰中受降城，景龍中韓公張仁愿於黃河北岸置，管兵六千人，馬二千疋，南去理所千三百餘里。東城，榆林郡東北二百里，景龍中韓公張仁愿置，管兵七千人，馬千七百疋，西南去理所千六百餘里。振武軍。單于都護府城内，天寶中王忠嗣置，管兵九千人，馬千六百疋，西去理所千七百餘里。

河東節度使：理太原府，管兵五萬五千人，馬萬四千疋，衣賜百二十六萬疋段，軍糧五十萬石。犄角朔方，統天兵軍、太原府城內，聖曆二年置，管兵二萬人，〔二〇〕馬五千五百疋。雲中郡守捉、東南去單于府二百七十里，調露中裴行儉破突厥置，管兵七千七百人，馬千二百疋，東南去理所八百里。大同軍、鴈門郡北三百里，調露中突厥南侵，裴行儉開置，管兵九千五百人，馬五千五百疋，南去理所八百餘里。橫野軍、安邊郡東北百四十里，開元中河東公張嘉貞移置，管兵七千八百人，〔二一〕馬千八百疋，西南去理所九百里。定襄郡、去理所百八十里，管兵三千人。〔二二〕鴈門郡、去理所五百里，管兵四千人。樓煩郡、東南去理所二百五十里，管兵三千人。岢嵐軍。樓煩郡北百里，長安中，李迥秀置，管兵千人，東南去理所二百五十里。岢，姑我反。

范陽節度使：理范陽郡，管兵九萬一千人，馬六千五百疋，衣賜八十萬疋段，軍糧五十萬石。制臨奚、契丹，統經略軍、范陽郡城內，管兵三萬人，馬五千四百疋。威武軍、密雲郡城內，萬歲通天二年置，管兵萬人，馬三百疋，西南去理所二百里。清夷軍、嬀川郡城內，垂拱中刺史鄭崇述置，管兵萬人，馬三百疋，南去理所二百十里。靜塞軍、漁陽郡城內，管兵萬一千人，〔二三〕馬五百疋，南去理所二百里。恆陽軍、常山郡城東，開元中置，管兵六千五百人。〔二四〕北平軍、博陵郡西，開元中置，管兵六千人。高陽軍、上谷郡城內，管兵六千人。唐興軍、文安郡城內，管兵六千人。橫海軍。景城郡城西南，管兵六千人。

平盧節度使：理柳城郡，管兵三萬七千五百人，〔二五〕馬五千五百疋，衣糧數失。鎮撫室韋、靺鞨，統平盧軍、柳城郡城內，開元初置，管兵萬六千人，馬四千二百疋。盧龍軍、北平郡城內，管兵萬人，馬五百疋，東去理所七百里。渝關守捉，柳城郡西四百八十里，管兵三千人，〔二六〕馬百疋，去理所二百二十里。安東都護府。西去柳城郡二百七十里，管兵八千五百人，馬七百疋。

隴右節度使：理西平郡，管兵七萬五千人，馬萬六百疋，衣賜二百五十萬疋段。以備西戎，統臨洮軍、開元中移就節度衙，管兵萬五千人，馬八千四百疋。〔二七〕河源軍、西平郡西百二十里，儀鳳二年李乙夫置，管兵萬四千人，〔二八〕馬六百五十疋。白水軍、西平郡西北二百三十里，開元五年郭知運置，管兵四千人，馬五百疋。安人軍、西平郡星宿川西，開元七年置，管兵萬人，馬三百五十疋。振武軍、〔二九〕西平郡西三百里，開元中信安郡王禕置，兵千人。威戎軍、西平郡西北三百十里，〔三〇〕臣亡父先臣希望開元二十六年置，管兵千人，馬五十疋。綏和守捉、西平郡西二百三十里，〔三一〕開元二年郭知運置，管兵千人。合川郡界守捉、〔三二〕西平郡南百八十里，貞觀中侯君集置，管兵千人。莫門軍、臨洮郡城內，儀鳳二年置，管兵五千五百人，馬二百疋。寧塞軍、寧塞郡城內，臣亡父先臣希望開元二十六年置，管兵五百人，馬五十疋。積石軍、寧塞西百八十里，儀鳳二年置，管兵七千人，馬一百疋。〔三三〕鎮西軍、安鄉郡城內，臣亡父先臣希望開元二十六年置，管兵萬三千人，〔三四〕馬三百疋。平夷守捉。安鄉郡城西南四十里，開元二年郭知運置，管兵三千人。〔三五〕

劍南節度使：理蜀郡，管兵三萬九百人，馬二千疋，衣賜八十萬疋段，軍糧七十萬石。西抗吐蕃，南撫蠻獠，統團結營、蜀郡城內，管兵萬四千人，馬千八百疋。臨翼郡、通化郡北百四十里，管兵五百人。通化郡、維川郡東二百七十里，管兵三百人。維川郡、通化郡西二百七十里，〔三六〕管兵五百人。天寶軍、〔三七〕平戎城東八十里，〔三八〕在維川郡東，開元二十八年章仇兼瓊置，兵千人。蓬山郡、〔三九〕維川郡北，管兵五百人。交川郡、臨翼郡北百里，管兵二千八百人。平戎城、恭化郡南八十里，開元二十八年章仇兼瓊開置，管兵一千人，去蜀郡八百里。盧山郡、臨邛郡西二百里，管兵四百人。江源郡、貞觀二十一年裴行方置，管兵五百人。洪源郡、開元三年陸象先置，管兵千人。昆明軍、越巂郡南，開元中移置，管兵五千二百人，〔四〇〕馬二百疋。寧遠軍、越巂郡西，昆明縣南，開元中置，管兵三百人。〔四一〕雲南郡、〔四二〕管兵二千三百人。〔四三〕澄川守捉、雲南郡東六百里，管兵二千人。南江軍、〔四四〕瀘川郡西二百五十里，管兵二千人。〔四五〕歸誠郡。静川郡東南，〔四六〕管兵四百人。〔四七〕

嶺南五府經略使：理南海郡，管兵萬五千四百人，輕稅當道自給。綏靜夷獠，統經略軍、南海郡城內，管兵五千四百人。清海軍、恩平郡城內，管兵二千人。桂管經略使、始安郡，〔四八〕管兵千人。容管經略使、普寧郡，管兵千一百人。鎮南經略使、〔四九〕安南都護府，管兵四千二百人。〔五〇〕邕管經略使。朗寧郡，管兵千七百人。〔五一〕

又有經略守捉使三，以防海寇：長樂郡經略使、管兵千五百人。東萊郡守捉、管兵千人。東牟郡守捉。管兵千人。

天寶初，又改州爲郡，刺史爲太守。大凡郡府三百二十有八，縣千五百七十有三，羈縻州郡不在其中。折衝府五百九十三，鎮二百四，戍三百九十三，關二十七，驛千三百八十八，寺五千一百八十五，觀一千八百五。其地東至安東都護府，西至安西都護府，南至日南郡，北至單于都護府。南北如前漢之盛，東則不及，西則過之。漢之東境有樂浪郡，西境有燉煌郡。今東極安東府，則漢遼東郡也，其漢之玄菟、樂浪二郡，並在遼東郡之東，今悉爲東夷之地矣。今西極安西府，其伊吾、交河、北庭、安西，則漢代戎胡所據，皆未得而詳。

九州之區域，在昔顓頊及於陶唐，分而爲九，其制最大。顓頊置九州，堯時洪水分絶，使禹理水，還爲九州。舜分爲十二州，夏殷周並爲九州，則不同禹貢。按周之本制起於顓頊，辨其疆界始於禹貢，今分別地理，故以爲首。雍州西據黑水，東距西河。黑水出今張掖郡，西河則龍門之河，今京兆、華陰、馮翊、扶風、汧陽、新平、安定、彭原、安化、平涼、靈武、五原、寧朔、洛交、中部、延安、咸寧、上郡、銀川、新秦、朔方、九原、榆林、安北、天水、隴西、金城、會寧、安鄉、臨洮、和政、寧塞、西平、武威、張掖、酒泉、晉昌、燉煌等郡地。荆河州西南至荆山，北距河。荆山在今襄陽郡南，其北境至於河，今河南府、陜郡之南境，弘農、臨汝、滎陽、陳留、睢陽、濟陰、譙郡、潁川、淮陽、汝陰、汝南、淮安、南陽、〔五二〕襄陽、武當、漢東等郡地。冀州唐虞之都，以餘州所至，則是其境。西境雍州，南境荆河州，東境兖州，皆以河爲界。河自今文城、絳郡西龍門南流至華陰，東過今汲郡黎陽縣東大伾山，又東入於海。今河内、汲郡、鄴郡、廣平、鉅鹿、信都、趙郡、常山、博陵、河間、文安、饒陽、上谷、范陽、順義、歸化、歸德、嬀川、漁陽、密雲、北平、柳城、河東、絳郡、陜郡之北境，平陽、高平、上黨、樂平、陽城、大寧、文城、西河、太原、昌化、樓煩、鴈門、定襄、安邊、馬邑、雲中、單于等郡地。兖州舊爲濟河之閒，孔安國云：「東南據濟，西北距河。」禹貢云：「導沇水東流爲濟，入於河，溢爲滎，東出於陶丘北，又東至於菏，又東北會於汶，又北東入於海。」顏師古云：「導沇流而爲濟，截河又爲滎澤，陶丘在濟陰定陶西南。菏即菏澤。過菏澤又與汶水會，北折而東入海也。」按：沇水出今河南府王屋縣山，東流濟源縣而名濟水。滎澤在今滎陽郡滎澤縣也。定陶，今濟陰郡也。菏澤在今魯郡縣。汶水，今魯郡萊蕪縣。然濟水因王莽末旱，渠涸不復截河過。今東平、濟南、淄川、北海界中有水流入於海，謂之清河，實菏澤、汶水合流，亦曰濟河，蓋因舊名，非本濟水也。諸家所説地理者，皆云今清河郡禹貢冀州之域。又按：禹貢云：「導河自大伾北過降水，〔五三〕至于大陸，北播爲九河而入海。」河自周定王五年徙流禹之所道，漸以堙塞。至秦始皇二十二年攻魏，決河灌其郡，決處遂大，不可復補。魏都則今陳留郡。漢武元封三年春，河又徙，從頓丘東南流入渤海。頓丘即今縣也。渤海郡即今景城郡地。其下決於瓠子，東南通於淮泗。瓠子在今濮陽縣西界。時丞相田蚡食邑鄃在河北，〔五四〕河決而南，即鄃無水災，〔五五〕邑收入多。鄃即今平原郡平原縣也。有以知自周及秦至漢，其河已在今魏郡、平原之境。又王莽時，司空掾王横云：「禹之行河水，本隨西山下，東北去。自周時所徙，〔五六〕宜令卻徙更開空，使緣西山足乘高地而東北入海，乃無水災。」西山則太行恒山也。又按：洚水在今清河郡，經城縣界，大陸澤在今鉅鹿、趙郡、饒陽郡界，則王横之言與禹符矣。其今清河郡在洚水東，則兖州舊城内，已具注清河郡篇也。今靈昌、濮陽、濟陽、清河、〔五七〕魏郡、博平、東平、平原、樂安、景城等郡地。史記、漢書皆云，〔五八〕禹以爲河所從來者高，水湍悍，難以行平地，數爲敗，乃釃二渠，以引河北過洚水、大陸，入渤海。孟康注云：「釃，分也。分其流，泄其怒。二渠，其一出貝丘西南，一則漯川也。」貝丘今清河郡西。漯川在汲郡東一里。又臣瓚注引禹貢曰：「夾右碣石人於河，壺口、雷首人于海，則河人海乃在碣石也。武帝時，河移東郡，〔五九〕更注渤海。禹時不注渤海。」按：此則子長、孟堅之誤矣。九河，一曰徒駭，二曰太史，三曰馬頰，四曰覆釜，五曰胡蘇，六曰簡，七曰潔，八曰鉤盤，九曰鬲津。其徒駭、鬲津、鉤盤、胡蘇四河並在今景城郡界。馬頰、覆釜二河並在今平原郡界。其太史、簡、潔三河，未詳處所。

青州東北據海，西距岱。岱，泰山也，在今魯郡界。自泰山之東至於海。今北海、濟南、淄川、東萊、東牟、高密、安東等郡即其地。

徐州東據海，北至岱，南及淮。自泰山之南，淮之北，海之西也。今彭城、臨淮、魯郡、東海、琅琊等郡地是。

梁州東據華山之陽，西距黑水。華山之南，今華陰之西南。黑水出張掖郡，南流入海。〔六〇〕即巴蜀之地皆是也。今上洛、漢中、洋川、安康、房陵、通川、潾山、南平、涪陵、南川、瀘川、清化、始寧、咸安、符陽、巴川、南賓、南浦、閬中、南充、安岳、盛山、雲安、犍爲、陽安、仁壽、通義、和義、資陽、南溪、河池、武都、同谷、順政、懷道、同昌、陰平、江油、交川、合川、益昌、普安、巴西、梓潼、遂寧、蜀郡、德陽、濛陽、唐安、臨邛、盧山、通化、越巂、雲南、洪源等郡地。

揚州北據淮，東南距海。北自淮之南，〔六一〕東南距於海，閩中以來地。〔六二〕今廣陵、淮陰、鍾離、壽春、永陽、歷陽、廬江、同安、蘄春、弋陽、宣城、丹陽、晉陵、吳郡、吳興、餘杭、新定、新安、會稽、餘姚、臨海、縉雲、永嘉、東陽、信安、鄱陽、潯陽之東境、章郡、臨川、廬陵、宜春、南康、建安、長樂、清源、漳浦、臨汀、潮陽等郡地。自晉以後，歷代史皆云，五嶺之南至於海，並是禹貢揚州之地。按：禹貢物産貢賦，職方山藪川浸，皆不及五嶺之外。又按：荆州南境至衡山之陽，若五嶺之南在九州封域，則以隣接宜屬荆州，豈有舍荆而屬揚，斯不然矣，此則近史之誤也。則嶺南之地非九州之境。

荆州北據荆山，南及衡山之陽。荆山在今襄陽郡界，南至今衡陽郡桂嶺之北，皆是也。今江陵、夷陵、巴東、竟陵、富水、安陸、齊安、漢陽、江夏、義陽、潯陽之西境、長沙、巴陵、衡陽、零陵、江華、桂陽、連山、邵陽、武陵、〔六三〕澧陽、黔中、寧夷、涪川、盧溪、盧陽、靈溪、潭陽、清江、播川、義泉、夜郎、龍標、〔六四〕溱溪等郡地。

其雍州西境，流沙之西，荆州南境，五嶺之南，所置郡縣，並非九州封域之內也。

議曰：堯使鯀理水，功不成，復使禹理之，又舉舜歷試，禹因理水，遂別九州。故尚書云：「東漸於海，西被流沙，朔南暨聲教，訖於四海，禹錫玄圭，告厥成功。」孔安國注云：「堯賜玄圭以明之。」〔六五〕又舜自登庸二十年，始居攝位，「肇十有二州」，注云：「肇，始也。禹理水之後，舜始置十二州，分冀州爲并州、幽州，分青州爲營州。」其後八年，堯崩。舜咨四岳曰：「有能奮庸熙帝之載，使宅百揆，亮采惠疇。」僉舉禹爲司空。舜曰：「汝平水土，惟時懋哉。」注云：「四岳同辭曰禹理洪水，有成功，言可用。故舜然其所舉，稱其前功以命之。懋，勉也。惟居是百揆，勉行之。」則禹之績本在堯代，舜未居攝以前也。而史記云：「堯崩後，舜以禹爲司空，命平水土，以開九州。」又按：自鯀理水，績用不成，後至堯崩，凡二十八載，洪水爲害，下民昏墊，豈有年踰二紀，方使伯禹理之。漢書亦云：「堯遭洪水，天下分絶爲十二州，禹理水，更制九州。」則九州在十二州之後，乃與舜典乖互不同。馬季長云：「禹平水土，置九州。舜以冀州之北廣大，分置并州，分燕置幽州，分齊爲營州。」則十二州在九州之後也，與孔注符矣。若稽其證據，乃子長、孟堅之誤矣。

凡國之分野，上配天象，始於周季，定其十三，〔六六〕其地可辨。漢史曰：「秦地，東井、輿鬼之分野。其界自弘農故關以西，京兆、扶風、馮翊、北地、上郡、西河、安定、天水、隴西，南有巴、蜀、廣漢、犍爲、武都，西有金城、武威、張掖、酒泉、燉煌，又西南有牂柯、越巂、益州，皆宜屬焉。今京兆、馮翊、上洛、華陰之西境、弘農之南境、扶風、新平、安定、彭原、靈武、五原、寧朔、洛交、中部、延安、咸寧、上郡、銀川、昌化之北境、西河之西境、新秦、朔方、天水、隴西、金城、會寧、安鄉、寧塞、西平、武威、張掖、酒泉、晉昌、燉煌、通川、潾山、南平、涪陵、南川、瀘川、清化、始寧、咸安、符陽、巴川、南賓、南浦、閬中、南充、安岳、盛山、雲安、犍爲、陽安、仁壽、通義、和義、資陽、南溪、武都、河池、同谷、順政、和政、陰平、江油、益昌、普安、巴西、梓潼、遂寧、蜀郡、德陽、濛陽、唐安、臨邛、盧山、洪源、越巂、雲南、涪川、播川、義泉、夜郎、溱溪等郡地。魏地，觜觿、參之分野。觿音許隨反。得漢之高陵以東，盡河東、河内，南有陳留及汝南之召陵、濦彊，濦，於勤反，水名。新汲、西華、長平，潁川之舞陽、郾、許、隱陵，河南之開封、中牟、陽武、酸棗、卷，皆魏分野。今馮翊之南境、華陰之東境、弘農之北境、河東、平陽、文城、大寧、昌化之南境、絳郡、陝郡之北境、河内之西境、河南府之北境、滎陽之東境、淮陽之北境、汝南之北境、陳留及靈昌之西境，皆是。韓地，角、亢、氐之分野。得漢之南陽及潁川之父城、定陵、襄城、潁陽、〔六七〕潁陰、長社、陽翟、郟城，東接汝南，西接弘農得新安、宜陽，皆韓分野。今郟鄏之河南地、河南之西境、南境、東境、滎陽、臨汝、潁川之西境、淮安、漢東、義陽之西境，南陽、武當等是。周地，柳、七星、張之分野。得漢之河南雒陽、穀城、平陰、偃師、鞏、緱氏，是其分野。按周之封域，其西得今河南洛陽、偃師，東至緱氏、鞏縣，南得伊闕，北至於河。當戰國之時，其境最狹，東西南北才百餘里。趙地，昴、畢之分野。得漢之信都、真定、常山、中山，涿郡之高陽、鄚、州鄉；廣平、鉅鹿、清河、河間，渤海之東平舒、中邑、文安、東州、成平、章武，河以北；南至浮水、繁陽、内黄、斥丘；西有太原、定襄、雲中、五原、上黨：皆趙分野。今鄴郡、清河、信都、廣平、鉅鹿、趙郡、常山、〔六八〕博陵、河間、文安、饒陽、博平之北境、京城之北境、高平、上黨、樂平、陽城、榆林、九原、安北、太原、定襄、雲中、單于、鴈門之西境、樓煩之南境、西河之東境。燕地，尾、箕之分野。得漢之漁陽、右北平、遼西、遼東、上谷、代郡、鴈門，涿郡之易、容城、范陽、北新城、〔六九〕故安、涿縣、良鄉、新昌，及渤海之安次，皆燕分野。樂浪、玄菟亦宜屬焉。今上谷、范陽、順義、歸化、歸德、嬀川、漁陽、密雲、北平、柳城、安東、馬邑、安邊，鴈門之東境，接樓煩之北是也。樂浪、玄菟，今爲東夷所據。衛地，營室、東壁之分野。得漢之東郡，魏郡之黎陽，〔七〇〕河内之野王、朝歌，皆衛之分野。今靈昌、汲郡，魏郡，濮陽之西北境，濟陽之西北境，博平之西南境，河内之東境，皆是。宋地，房、心之分野。得漢之沛、梁、楚、山陽、濟陰、東平及東郡之須昌、壽張，皆宋分野。今睢陽、譙郡、濟陰、彭城、東平，魯郡之西境，濮陽之東南境，臨淮之西境，皆是。齊地，虚、危之分野。得漢之淄川、東萊、瑯琊、高密、膠東、泰山、城陽、千乘、清河以南，渤海之高樂、高城、重合、陽信，濟南、平原，皆齊分野。今北海、濟南、淄川、東萊、東牟、高密，瑯琊之北境，魯郡之北境，濟陽之東南，樂安、平原，景城之南境，博平之東境，皆是。魯地，奎、婁之分野。得漢之東海，南有泗水，至淮，得臨淮之下相、睢陵、僮、取慮，皆魯分野。今魯郡之東南境，〔七一〕東海，瑯琊之南境，臨淮之東境，皆是。楚地，翼、軫之分野。得漢之南郡、江夏、零陵、桂陽、武陵、長沙、漢中、汝南郡，盡楚分野。今汝陰、汝南之南境，淮陽之南境，漢中、洋川、安康、房陵、巴東、夷陵、襄陽、竟陵、富水、義陽之東境，〔七二〕安陸、齊安、漢陽、蘄春、弋陽、江夏、巴陵、長沙、衡陽、零陵、江華、桂陽、連山、邵陽、始安之北境，始興、武陵、澧陽、黔中、寧夷、盧溪、盧陽、靈溪、潭陽、清江等都皆是。吴地，斗之分野。得漢之會稽、九江、丹陽、章郡、廬江、廣陵、六安、臨淮郡，盡吴分野。今廣陵、淮陰、臨淮、永陽、歷陽、廬江、同安、宣城、丹陽、晉陵、吴郡、吴興、餘杭、新定、新安、會稽、餘姚、臨海、縉雲、永嘉、東陽、信安、鄱陽、潯陽、章郡、宜春、廬陵、南康、臨川、建安、長樂、清源、漳浦、臨汀，皆是。越地，牽牛、婺女之分野。得漢之蒼梧、鬱林、合浦、交阯、九真、南海、日南，皆越分野。」今潮陽、南海、義寧、海豐、恩平、南陵、招義、臨賀、高要、潯江、感義、臨江、扶南、晉康、臨封、開陽、高凉，始安之南境，平樂、蒙山、正平、開江、連城、鬱林、平琴、安城、賀水、常林、象郡、龍城、融水、朗寧、南潘、懷澤、寧仁、定川、新興、普寧、陵水、南昌、寧越、寧浦、横山、修德、龍池、安南、九真、武峩、龍水、忻城、福禄、文陽、安樂、日南、承化、銅陵、永定、玉山、合浦、海康、蒼梧、懷德、臨潭、樂古、温水、湯泉等郡是。〔七三〕其餘土境，非諸國分野之内也。

議曰：按左傳周敬王、魯哀公之時，吴爲越所滅。〔七四〕其後六十九年至威烈王，始命韓、魏、趙爲諸侯。後十七年安王之時，三國共滅晉而分其地。〔七五〕後五十六年顯王之時，而越爲楚所滅。〔七六〕又按：所列諸國分野，具於班固漢書及皇甫謐帝王代紀。下分區域，上配星躔，固合同時，不應前後。當吴之未亡，天下列國尚有數十。其時韓魏趙三卿又未爲諸侯，晉國猶在，豈分其土地？自吴滅至分晉，凡八十六年，〔七七〕時既不同，若爲分配？又按諸國地分，略考所在封疆，辨詳隸屬，〔七八〕甚爲乖互，不審二子依據。〔七九〕漢書又云「今之蒼梧、鬱林、合浦、交阯、九真、南海、日南，皆越分野。夏少康庶子，封於會稽。後二十餘代，至句踐，滅吴稱伯。後六代而亡。〔八〇〕後十代，至閩君摇，漢復立爲越王」，都東甌，則今永嘉郡也。「是時，秦南海尉趙佗亦稱王」，五嶺之南，皆佗所有也。又按越之本封，在於會稽，至句踐强盛，有江淮之地，天子致胙，號稱霸王，正當戰國之時，凡得百四十二歲。後至秦漢，方有閩摇。雖虚引其歷代興亡，而地分星躔，皆不相涉。及趙佗奄有，時代全乖。未知取舍，何所準的，凡爲著述，誠要審詳。若也但編舊文，〔八一〕不加考覈，遞相因襲，是誤後學。祇恐本將諸國上配天文，既多舛謬，或無憑據。然已載前史，歷代所傳，今且依其本書，别其境土，蓋備一家之學，示無闕也。其諸郡歷代所屬，則各具正於本篇。有覽之者，當以見察。

凡郡之土宇，秦氏分制，罷侯置守，列爲四十，其境可知。內史、雍州之域，今京兆、華陰、馮翊、扶風、汧陽、新平及梁州之域上雒郡皆是。北地、雍州之域，今安定、彭原、安化、平涼、靈武、五原、寧朔等郡地。隴西、雍州之域，今天水、隴西、會寧、安鄉、和政及梁州之域河池郡地皆是。上郡、雍州之域，今洛交、中部、延安、咸寧、上郡、銀川、新秦、朔方等郡皆是。九原、雍州之域，今九原、安北皆是。三川、荆河州之域，今河南府、陝郡之河南地、弘農、臨汝、滎陽、陳留及冀州之域河內、汲郡皆是。碭郡、荆河州之域，今睢陽、譙郡、濟陰及兖州之域東平郡地是。穎川、荆河州之域，今穎川、淮陽、汝南等郡地是。〔八二〕南陽、荆河州之域，今南陽、淮安、漢東、武當及荆州之域義陽郡地。邯鄲、冀州之域，今廣平、鄴郡、信都之西南境，鉅鹿之南境。上谷、冀州之域，今上谷、范陽、文安、河間、嬀川、順義、歸化、歸德、博陵之東境，饒陽之北境，及兖州之域景城之北境皆是。鉅鹿、冀州之域，今常山、趙郡之東北境，博陵之西境，鉅鹿之北境，饒陽之南境，兼兖州之域今清河、景城之南境是。漁陽、冀州之域，今漁陽、密雲郡地皆是。右北平、冀州之域，今北平郡之西境。遼西、冀州之域，今柳城及北平之東境皆是。遼東、青州之域，今安東府是。河東、冀州之域，今河東、絳郡、陝郡之北境，平陽、大寧、文城等郡是。上黨、冀州之域，今上黨、高平、樂平、陽城等郡是。太原、冀州之域，今太原、西河、昌化、定襄、鴈門之南境，樓煩等郡是。代郡、冀州之域，今安邊、馬邑之北境是。鴈門、冀州之域，今鴈門郡之北境，馬邑之南境是。雲中、冀州之域，今雲中、單于府及雍州之域榆林郡是。東郡、兖州之域，今靈昌、濮陽、濟陽、魏郡、博平及冀州之域汲郡之東南境。齊郡、兖州之域，今平原、樂安，及青州之域北海、濟南、淄川、東萊、東牟郡是。薛郡、徐州之域，今魯郡、東海郡是。瑯琊、青州之域，今高密及徐州之域瑯琊郡地，皆是。泗水、徐州之域，今彭城、臨淮郡地。漢中、梁州之域，今漢中、洋川、安康、房陵郡地皆是。巴郡、梁州之域，今通川、潾山、南平、涪陵、南川、瀘川、清化、始寧、咸安、符陽、巴川、南賓、南浦、閬中、南充、盛山、雲安及安岳郡之東境皆是。蜀郡、梁州之域，今巴西、普安、梓潼、遂寧、益昌、蜀郡、德陽、濛陽、唐安、臨邛、盧山郡地是。九江、揚州之域，今廣陵、淮陰、鍾離、壽春、永陽、歷陽、廬江、同安、蘄春、弋陽、鄱陽、章郡、臨川、廬陵、南康、宜春、潯陽是。章郡、揚州之域，今宣城、新安、新定，及丹陽郡西境，兼吳興郡之西境，皆是。會稽、揚州之域，今晉陵、吳郡、餘杭、會稽、餘姚、東陽、信安、縉雲、臨海、永嘉，及丹陽郡之東境，兼吳興郡之東境，皆是。閩中、揚州之域，今建安、長樂、清源、漳浦、臨汀郡地皆是。〔八三〕南郡、荆州之域，今江陵、清江、巴東、竟陵、富水、安陸、齊安、漢陽、江夏，及荆河之域襄陽郡地皆是。長沙、荆州之域，今長沙、巴陵、衡陽、零陵、江華、桂陽、連山、邵陽郡地皆是。黔中、荆州之域，今武陵、澧陽、黔中、寧夷、盧溪、盧陽、靈溪、潭陽郡地是。南海、南越之地，今南海、始興、義寧、海豐、恩平、南陵、臨賀、高要、感義、晉康、臨封、開陽、高涼、連城、新興、銅陵、懷德，及揚州之域今潮陽郡皆是。桂林、南越之地，今始安、平樂、蒙山、開江、蒼梧、潯江、鬱林、平琴、安城、賀水、常林、象郡、龍城、融水、朗寧、懷澤、寧仁、合浦、横山、修德、龍池、永定郡地皆是。象郡。南越之地，今招義、南潘、普寧、陵水、南昌、定川、寧越、安南、武峩、龍水、忻城、九真、福禄、文陽、日南、承化、玉山、合浦、安樂、海康、温水、湯泉郡皆是。其餘郡府，自漢已後歷代開拓四夷之地。今隴右道武威、張掖、西平、寧塞、酒泉、晉昌、燉煌、伊吾、交河、北庭、安西、武都、臨洮、懷道、合川，山南西道順政，劒南道犍爲、陽安、安岳之西境、仁壽、通義、和義、資陽、南溪、同昌、陰平、江油、交川、通化、臨翼、江源、歸誠、静川、蓬山、恭化、維川、雲山、越巂、雲南、洪源，黔中道涪川、播川、夜郎、義泉、溱溪，嶺南道臨潭、扶南、正平、樂古、珠崖、昌化、延德、瓊山、萬安郡地，皆是。爰自漢代，至於有隋，或郡國參置，或年代短促，州部無恆，增省而衆，離合不一，疆理難詳。

大唐因循舊制，一爲郡縣，又分天下爲十五部：京畿、京兆、華陰、扶風、馮翊、新平、上洛、安康郡是。都畿、河南、陝郡、滎陽、臨汝、河内等郡地是。關内、安定、彭原、汧陽、中部、洛交、朔方、安化、靈武、榆林、延安、上郡、咸寧、銀川、九原、會寧、五原、新秦、寧朔、單于、安北等郡地是。河南、陳留、睢陽、靈昌、潁川、譙郡、濮陽、濟陽、北海、淮陽、汝南、東平、淄川、濟南、魯郡、彭城、臨淮、汝陰、濟陰、瑯琊、高密、東海、東萊、東牟郡是。河東、太原、上黨、河東、絳郡、平陽、西河、弘農、高平、大寧、昌化、文城、陽城、定襄、樂平、鴈門、樓煩、安邊、雲中、馬邑郡。河北、范陽、魏郡、汲郡、鄴郡、廣平、清河、信都、平原、饒陽、河間、景城、常山、博陵、趙郡、鉅鹿、博平、文安、上谷、樂安、北平、密雲、嬀川、漁陽、柳城、歸德、順義、歸化、安東郡。隴右、武威、天水、安西、北庭、交河、晉昌、西平、隴西、燉煌、酒泉、金城、安鄉、同谷、和政、武都、臨洮、懷道、寧塞、合川、張掖、伊吾郡。山南東、江陵、襄陽、南陽、淮安、武當、房陵、漢東、竟陵、富水、巴東、夷陵、雲安、南賓、武陵、澧陽、南浦郡是。山南西、漢中、通川、巴川、清化、洋川、順政、河池、益昌、咸安、盛山、始寧、南平、符陽、潾山等郡地。劒南、蜀郡、唐安、濛陽、德陽、通義、梓潼、巴西、普安、閬中、資陽、臨邛、通化、交川、越巂、南溪、遂寧、仁壽、犍爲、盧山、瀘川、陽安、安岳、洪源、陰平、同昌、江油、臨翼、歸誠、江源、静川、恭化、維川、和義、雲山、蓬山、雲南郡。淮南、廣陵、安陸、弋陽、義陽、廬江、蘄春、同安、永陽、鍾離、壽春、齊安、淮陰、漢陽、歷陽郡。江南東、丹陽、晉陵、吳郡、餘杭、會稽、餘姚、臨海、縉雲、永嘉、東陽、新定、新安、信安、長樂、清源、建安、臨汀、漳浦、潮陽郡是。江南西、宣城、章郡、鄱陽、長沙、桂陽、南康、零陵、臨川、廬陵、潯陽、江夏、江華、衡陽、宜春、巴陵、邵陽郡。黔中、黔中、盧溪、盧陽、清江、江陵、潭陽、龍標、南川、義泉、靈溪、寧夷、涪川、溱溪、播川、夜郎郡。嶺南。南海、始安、安南、武峩、龍水、忻城、福禄、文陽、普寧、郎寧、始興、義寧、臨賀、連山、高要、晉康、平樂、新興、南潘、陵水、高涼、延德、海康、臨江、潯江、蒙山、開江、修德、龍池、臨封、南陵、招義、日南、定川、懷德、安城、寧越、賀水、寧浦、橫山、象郡、開陽、感義、平琴、鬱林、合浦、安樂、温水、連城、玉山、南昌、寧仁、懷澤、龍城、銅陵、永定、恩平、融水、昌化、湯泉、珠崖、九真、承化、常林、正平、瓊山、臨潭、扶南、海康、〔八四〕蒼梧、萬安、樂古等郡。

今辨禹貢九州并南越之地，歷代郡國，析於其中。其有本非州之區域，則以隣接附入云爾。雍州伊吾、交河、北庭、安西，梁州臨翼、歸誠、靜川、恭化、維川、雲山、蓬山。

校勘記

〔一〕軍倉則百九十萬石　「倉」舊唐書地理志一一三八五頁作「食」，義長。

〔二〕開元天寶每歲邊用不過二百萬　舊唐書地理志一一三八五頁作「開元以前每年邊用不過二百萬，天寶中至於是數」。

〔三〕鎮西節度使　「鎮」舊唐書地理志一一三八五頁、通鑑卷二一五六八四七頁作「安」。

〔四〕衣賜六十二萬疋段　原脱此八字，據舊唐書地理志一一三八五頁增補。

〔五〕撫寧西域　「撫」原脱，據舊唐書地理志一一三八五頁、通鑑卷二一五六八四七頁補。

〔六〕在理所西南二千里　舊唐書地理志一一三八五頁、通鑑卷二一五胡注六八四七頁無「西」字。

〔七〕衣賜四十八萬疋段　「四十八萬」原訛「四千八十」，據舊唐書地理志一一三八五頁、通鑑卷二一五胡注六八五一頁改正。

〔八〕斬啜　明抄本作「默啜」。皆是。武則天仇恨默啜，改稱斬啜。

〔九〕瀚海軍 「瀚」原作「澣」，據舊唐書地理志一一三八五頁、通鑑卷二一五六八四八頁改。按：通典作「澣」者，疑是唐人避文宗李涵嫌名。

〔一〇〕管兵萬二千人馬四千二百疋 原作「開元中置管兵七千五百人馬二千四百疋」，此乃大斗軍下注文，鈔胥誤録。今據舊唐書地理志一一三八五頁訂改。

〔一一〕天山軍交河郡城内管兵五千人馬五百疋伊吾軍伊吾郡西北三百里甘露川管兵三千人馬三百疋 原脱，據舊唐書地理志一一三八六頁並依本書文例訂補。

〔一二〕河西節度使理武威郡管兵七萬三千人馬萬九千四百疋衣賜百八十萬疋段斷隔羌胡統赤水軍武威郡城内管兵三萬三千人馬萬三千疋大斗軍武威郡西二百餘里開元中置管兵七千五百人馬二千四百疋 原脱，據舊唐書地理志一一三八六頁並依本書文例訂補。

〔一三〕證聖初 「證」原訛「嗣」，據傅校本、明抄本、明刻本、朝鮮本及唐會要卷七八改。

〔一四〕張掖郡東北千餘里 舊唐書地理志一一三八六頁、通鑑卷二一五胡注六八四八頁「張掖郡」作「涼州」。

〔一五〕會寧郡西北二百里 「二」原作「三」，據傅校本、明抄本、明刻本、朝鮮本及舊唐書地理志一一三八六頁、通鑑卷二一五胡注六八四八頁改。

〔一六〕武威郡西北五百里 「北」原訛「城」，據舊唐書地理志一一三八六頁、通鑑卷二一五胡注六八四八頁改。

〔一七〕馬萬四千三百疋 舊唐書地理志一一三八六頁無「萬」字，恐非。

〔一八〕管兵二萬七百人 「二」原訛「三」，據舊唐書地理志一一三八六頁、通鑑卷二一五胡注六八四八頁改。

按：作「二」則各軍府兵數之和，與總數「六萬四千七百人」合。

〔一九〕黄河外八十里　「十」原訛「千」，據元和郡縣志卷四九二頁、通鑑卷二一五胡注六八四八頁改。

〔二〇〕管兵二萬人　「二」舊唐書地理志一一三八七頁、通鑑卷二一五胡注六八四九頁作「三」，恐誤。按：如作「三」，則各軍府兵數之和，超出總數「五萬五千人」甚多。

〔二一〕管兵七千八百人　「七千八百」舊唐書地理志一一三八七頁、通鑑卷二一五胡注六八四九頁作「三千」。

〔二二〕管兵三千人　「三千」舊唐書地理志一一三八七頁、通鑑卷二一五胡注六八四九頁作「七千八百」。

〔二三〕管兵萬一千人　「一」舊唐書地理志一一三八七頁、通鑑卷二一五胡注六八四九頁作「六」。

〔二四〕管兵六千五百人　通鑑卷二一五胡注六八四九頁同。舊唐書地理志一一三八七頁「六」作「三」。

〔二五〕管兵三萬七千五百人　通鑑卷二一五胡注六八四九頁同。舊唐書地理志一一三八七頁脱「三」。

〔二六〕管兵三千人　通鑑卷二一五胡注六八四九頁同。舊唐書地理志一一三八七頁「千」訛「百」。

〔二七〕馬八千四百疋　舊唐書地理志一一三八八頁無「四百」。

〔二八〕管兵萬四千人　舊唐書地理志一一三八八頁、通鑑卷二一五胡注六八五〇頁無「萬」字。

〔二九〕振武軍　唐會要卷七八同。舊唐書地理志一一三八八頁、通鑑卷二一五胡注六八五〇頁作「振威軍」。

〔三〇〕西平郡西北三百十里　舊唐書地理志一一三八八頁、通鑑卷二一五胡注六八五〇頁「十」上有「五」。

〔三一〕西平郡西二百三十里　舊唐書地理志一一三八八頁、通鑑卷二一五胡注六八五〇頁「三」作「五」。

〔三二〕合川郡界守捉　舊唐書地理志一一三八八頁、通鑑卷二一五胡注六八五〇頁無「郡界」二字。

〔三三〕馬一百疋　舊唐書地理志一一三八八頁「一」作「三」。

〔三四〕管兵萬三千人　舊唐書地理志一一三八八頁、通鑑卷二一五胡注六八五〇頁「三」作「一」。

〔三五〕管兵三千人　「人」原脱，據諸本改。

〔三六〕通化郡西二百七十里　明抄本同。明刻本、朝鮮本、王吴本「二」作「一」。

〔三七〕天寶軍　舊唐書地理志一一三八八頁、通鑑卷二一五胡注六八五〇頁同。唐會要卷七八作「天保軍」。

〔三八〕平戎城東八十里　舊唐書地理志一一三八八頁、通鑑卷二一五胡注六八五〇頁作「在恭州東南九十里」。

〔三九〕蓬山郡　「郡」原訛「軍」，據諸本改。

〔四〇〕管兵五千二百人　舊唐書地理志一一三八八頁、通鑑卷二一五胡注六八五〇頁「二」作「一」。

〔四一〕管兵三百人　「三」原訛「五」，據傅校本、明抄本及舊唐書地理志一一三八八頁、通鑑卷二一五胡注六八五〇頁改。

〔四二〕雲南郡　「郡」原訛「軍」，據舊唐書地理志一一三八八頁、通鑑卷二一五胡注六八五〇頁訂改。

〔四三〕管兵二千三百人　明抄本、王吴本、殿本同。明刻本、朝鮮本「三」作「二」。舊唐書地理志一一三八八頁、通鑑卷二一五胡注六八五〇頁無「二千」。

〔四四〕南江軍　「軍」原訛「郡」，據通鑑卷二一五胡注六八五〇頁訂改。

〔四五〕管兵二千人　舊唐書地理志一一三八八頁、通鑑卷二一五胡注六八五〇頁「二千」作「三百」。

〔四六〕靜川郡東南　明抄本、王吴本、殿本同。明刻本、朝鮮本「東」作「西」。按：作「静川郡東北」方合。

〔四七〕管兵四百人　舊唐書地理志一一三八八頁、通鑑卷二一五胡注六八五〇頁「四百」作「五千」。

〔四八〕始安郡　「安」原訛「平」，據舊唐書地理志一一三八九頁訂改。

〔四九〕鎮南經略使　「鎮南」舊唐書地理志一一三八九頁作「安南」。

〔五〇〕管兵四千二百人　「二」原訛「一」，據諸本及舊唐書地理志一一三八九頁改。

〔五一〕管兵千七百人　「七」原訛「一」，據傅校本、明抄本、明刻本、朝鮮本及舊唐書地理志一一三八九頁改。

〔五二〕南陽　原涉上而脱，據卷一七七增補。

〔五三〕導河自大伾北過降水　「導河」原作「洛汭」，據傅校本、明抄本改。「降」原作「洚」，據傅校本及禹貢改。

〔五四〕田蚡食邑鄃在河北　原「鄃」複衍，據傅校本、明抄本、明刻本、朝鮮本删。

〔五五〕即鄃無水災　「即」原作「則」，據傅校本、明抄本、明刻本、朝鮮本改。

〔五六〕自周時所徙　按：王横語見漢書溝洫志一六九七頁。此處漢志原文作「周譜云定王五年河徙則今所行非禹之所穿也」。杜氏節改爲「自周時所徙」，語不完足，義不可通。宜改作「今河所行，自周時所徙，非禹之所穿也」，差可。

〔五七〕清河　「清河」上原有「東郡」，今删。按：唐無「東郡」建制。

〔五八〕史記漢書皆云　「云」原作「以」，王吴本、殿本同。今據傅校本、明抄本、明刻本、朝鮮本回改。

〔五九〕河移東郡　「郡」原脱，據漢書溝洫志臣瓚注一六七六頁補。

〔六〇〕黑水出張掖郡南流入海　「入」傅校本、明抄本、明刻本、朝鮮本、王吴本作「北」。禹貢、漢書地理志上一五三四頁並云：「導黑水，至于三危，入于南海。」僞孔傳曰：「黑水自北而南，經三危，過梁州，入南海。」顔注曰：「黑水出張掖雞山，南流至敦煌，過三危山，又南流入于南海。」

〔六一〕北自淮之南　原訛脱作「此自淮之」，殿本同。據傅校本、明抄本、明刻本、朝鮮本改補。按：王吴本「北」字不誤，脱「南」。

〔六二〕閩中以來地　「以來」，通考輿地考一作「以北」。

〔六三〕武陵　「陵」原訛「陽」，據諸本改。

〔六四〕龍標　「標」原訛「溪」，據卷一八三州郡典一三訂改。

〔六五〕堯賜玄圭以明之　「賜」原作「錫」，據傅校本、明抄本、明刻本、朝鮮本改。「以明之」，禹貢僞孔傳作「以彰顯之」，通典諱改。

〔六六〕定其十三　「三」原訛「二」，王吴本、殿本亦然。據傅校本、明抄本、明刻本、朝鮮本改正。按：下文列秦、魏、韓、周、趙、燕、衞、宋、齊、魯、楚、吴、越諸國分野，適爲十三。

〔六七〕潁陽　原涉上而脱，據漢書地理志下一六五一頁補。

〔六八〕常山　「常」原訛「長」，王吴本、殿本亦然。據傅校本、明抄本、明刻本、朝鮮本改。

〔六九〕北新城　傅校本、明抄本、明刻本、朝鮮本作「北平新城」，王吴本、殿本、局本作「北有新城」，並誤衍。今據後漢書郡國志五三五二七頁删正。

〔七〇〕魏郡之黎陽　「魏」原訛「汲」，據漢書地理志下一六六四頁改。按：黎陽爲魏郡之屬縣，見漢志上一五七三頁。

〔七一〕今魯郡之東南境　原脱「郡」，今增補。

〔七二〕義陽之東境　「陽」原訛「陵」，據諸本改。

〔七三〕湯泉等郡是　「是」原脱，據傅校本、明抄本、明刻本、朝鮮本補。

〔七四〕按左傳周敬王魯哀公之時吴爲越所滅　「周敬王」應作「周元王」。

〔七五〕始命韓魏趙爲諸侯後十七年安王之時三國共滅晉而分其地　原作「韓趙魏」，王吴本、殿本亦然。今據傅校本、明抄本、明刻本、朝鮮本乙。下同。按：公元前四〇三年初命韓魏趙爲諸侯，公元前三七六年三國滅晉分其地。則此「十七年」當作「二十七年」。

〔七六〕後五十六年顯王之時而越爲楚所滅　楚滅越在公元前三三四年，距公元前三七六年爲四十二年。此云「後五十六年」，不確。

〔七七〕自吴滅至分晉凡八十六年　吴滅在公元前四七三年，分晉在公元前三七六年，凡九十七年。此云「凡八十六年」，似不確。

〔七八〕辨詳隸屬　「辨詳」原倒作「詳辨」，王吴本、殿本亦然。今據傅校本、明抄本、明刻本、朝鮮本乙。

〔七九〕不審二子依據　明抄本「依據」下有「何書」，義勝。傅校本、明刻本、朝鮮本有「漢書」，不通。

〔八〇〕後六代而亡　據史記越世家一七四七頁句踐後相承繼位者，鼫與、不壽、翁、翳、之侯、無彊，是爲六代。漢書地理志下一六六九頁作「後五世爲楚所滅」，非是，故杜佑予以訂正。

〔八一〕若也但編舊文　王吳本、殿本、局本「若」作「者」，明人擅改，清人沿之。今據傅校本、明抄本、明刻本、朝鮮本改回，屬下爲讀。

〔八二〕汝南等郡地是　「汝南」上疑脱「汝陰」。

〔八三〕臨汀郡　「汀」原訛「江」，據諸本改。

〔八四〕海康　上文已見，各本皆重出。

王文錦點校

通典卷第一百七十三

州郡三

古雍州上今置郡府二十四　縣百三十一

京兆雍二十三縣萬年　長安　鄠　藍田　咸陽　醴泉　三原　雲陽　涇陽　櫟陽　高陵　渭陽　昭應　金城　富平　武功　宜壽　好畤　美原　同官　奉天　華原　奉先

華陰華三縣鄭　華陰　下邽

馮翊同七縣馮翊　朝邑　白水　澄城　韓城　郃陽　河西

扶風岐九縣雍　扶風　郿　岐山　陳倉　麟遊　岐陽　虢　普潤

汧陽隴五縣汧源　汧陽　吴山　華亭　南由〔一〕

新平邠四縣新平　三水　永壽　宜禄

安定涇五縣安定　陰盤　臨涇　良原　靈臺

彭原寧六縣定安　羅川　彭原　襄樂　定平　豐義

安化慶十縣安化　樂蟠　合水　馬嶺　方渠　同川　洛源　延慶　華池　懷安

平涼原五縣平高　平涼　蕭關　百泉　他樓

靈武靈六縣迴樂　靈武　懷遠　温池　安静　鳴沙

五原鹽二縣五原　白池

寧朔宥三縣延恩　歸仁　懷德

洛交鄜五縣洛交　洛川　三川　直羅　甘泉

中部坊三縣中部　鄜城　宜君

延安延九縣膚施　延安　延川　延水　延昌　敷政　臨真　金明　豐林

咸寧丹五縣義川　雲巖　門山　汾川　咸寧

上郡綏五縣龍泉　城平　綏德　延福　大斌

銀川銀四縣儒林　撫寧　真鄉　開光

新秦麟三縣新秦　連谷　銀城

朔方夏四縣朔方　寧朔　長澤　德静

九原豐三縣九原　永豐　豐安

榆林勝二縣榆林　河濱

安北府

古雍州

禹貢曰：「黑水、西河惟雍州。西據黑水，東距西河，即龍門之河也，在冀州西，故曰西河。黑水出今張掖郡鷄山，南流至今燉煌郡，經三危山，過今南溪郡而入南海。弱水既西，弱水，今張掖郡張掖縣界，理使西流，至合黎。合黎亦張掖郡界中。涇屬渭汭，涇水出今平涼郡平高縣。〔二〕渭水出今隴西郡渭源縣。屬，連也。〔三〕水北曰汭。言理涇入於渭，經秦川而入河也。在今新平郡宜禄縣。水經云：「汭水經宜禄，一名宜禄川水。」〔四〕漆、沮既從，灃水攸同。漆、沮之水，今京兆府華原、富平界，亦曰洛水。灃水出今長安縣之南山。言漆、沮既從入渭，灃水亦來同也。荆、岐既旅，荆山在今富平縣。岐山在今扶風郡岐山縣。荆山在岐東。言二山理畢，可旅祭。終南、惇物，至于鳥鼠。終南、惇物二山，皆在今長安及武功二縣。鳥鼠山在今隴西郡首陽山西南。言自終南西出至於鳥鼠。原隰厎績，至于瀦野。高平曰原，下溼曰隰。瀦野，地名。言皆致功也。今武威郡姑臧縣即瀦野澤。三危既宅，三苗丕敍。三危，山名。言可居也。三苗本有苗氏之族，今長沙、衡陽閒是，徙居於此，分而爲三，故言三苗，皆大得其次敍也。三危山在今燉煌郡縣界。厥土黄壤。浮于積石，至于龍門西河，積石山在今西平郡龍支縣，龍門山在今絳郡龍門界，皆河水所經。會于渭汭。」逆流曰會。自渭北涯逆水西上。舜置十二牧，雍其一也，以其四山之地，故曰雍州。亦謂西北之位，陽所不及，陰所雍閉。周禮職方：「正西曰雍州。其山曰嶽，即吳嶽，在今汧陽郡吳山縣。藪曰弦蒲，在汧陽郡汧陽縣。川曰涇汭，汭在豳地。詩大雅公劉之篇曰「汭鞫之即」。寖曰渭、洛。洛即漆、沮。其利玉石。人三男二女。畜宜馬牛，穀宜黍稷。」兼得禹貢梁州之地矣。周自武王克殷，都於酆、鎬，則雍州爲王畿。酆邑在灃水，鎬京在灃水之東，並在今長安縣界。及平王東遷雒邑，以岐、酆之地賜秦襄公，乃爲秦地矣。至孝公作爲咸陽，築冀闕，徙都之，故謂之秦川，亦曰關中地。關中記云：「東自函關、弘農郡靈寶縣界，西至隴關今汧陽郡汧源縣界，二關之閒，謂之關中，東西千餘里。」其在天文，東井、輿鬼則秦之分野，漢之京兆、扶風、馮翊、北地、上郡、安安、天水、隴西、金城、武威、張掖、酒泉、燉煌，皆其分地，今京兆、扶風、馮翊、華陰之西境、汧陽、新平、安定、彭原、安化、靈武、五原、寧朔、洛交、中部、延安、咸寧、上郡、銀川、新秦、朔方、天水、隴西、金城、會寧、安鄉、和政、寧塞、西平、武威、張掖、酒泉、晉昌、燉煌等郡。兼得魏、趙之交。漢之高陵以東，今馮翊之南境，華陰之東境也，宜屬魏。漢之雲中、五原之境，今榆林、九原、安北，屬趙。始皇置四十郡，此爲內史、今京兆、華陰、馮翊、扶風、汧陽、新平等郡是。上郡、今洛交、中部、延安、咸寧、上郡、銀川、新秦、〔五〕朔方等郡地。北地、今安定、彭原、安化、平涼、靈武、五原、寧朔等郡地。九原、今九原、安北地是。隴西今天水、隴西、金城、會寧、安鄉等郡地是。及雲中之西南境。今榆林郡。其餘郡縣，自漢以後歷代開置。其伊吾以西，並雍州之封域外羌胡地也。臨洮、武威、張掖、西平、寧塞、酒泉、晉昌、燉煌，古雍州域內地，而非秦所置郡之境也。伊吾、交河、北庭、安西，則雍州域外。秦滅，項籍分秦地爲三國，曰雍、以章邯爲王，都廢丘，〔六〕今京兆府金城縣。塞、以司馬欣爲王，都櫟陽，即今縣。翟，以董翳爲王，都高奴，今延安郡金明縣。謂之三秦。漢武帝置十三州，以其地西偏爲涼州，領郡十，今上郡以北朔方、九原、榆林、新秦、銀川之地屬并州。蓋以地處西方，常寒涼也。又置司隸。領三輔，爲京兆、左馮翊、右扶風。後漢司隸、涼州並如前代。〔七〕州理於隴，今天水郡隴城縣。魏分河西爲涼州，分隴右爲秦州，三輔仍舊屬司隸。改京兆尹爲大，〔八〕馮翊、扶風各除左右。晉置雍州，領郡國七，理京兆。涼州，領郡國八，理武威，今郡。秦州。領郡六，理上邽，今天水郡。愍帝之後，劉聰、石勒、苻堅、姚萇相繼據之。及姚泓爲宋武帝所滅，後屬赫連勃勃，其州縣之名不可得而紀也。後魏以其地置北秦、雍、南秦三州，雍州理京兆，即長安也；〔九〕秦州理天水，今郡上邽縣；南秦州理洛谷城，今天水郡伏羌縣。〔一〇〕頗得古雍州之地。迨西魏以後及於周氏，分裂制置，其名甚多，不可悉數。隋氏置司隸刺史，分部巡察，而不詳所統。餘州皆然。大唐分置十五部，此爲京畿，京兆府、華陰、馮翊、扶風、新平等郡。關内道，安定、彭原、汧陽、中部、洛交、安化、靈武、榆林、延安、上郡、咸寧、銀川、平原、九原、會寧、五原、新秦、朔方、安北等郡。隴右道。武威、天水、安西、北庭、交河、晉昌、西平、隴西、燉煌、酒泉、金城、安鄉、寧塞、臨洮、和政、張掖、伊吾等郡。

京兆府東至華陰郡百八十里。南至洋川郡六百二十里。〔一一〕西至扶風郡三百十七里。北至中部郡三百十二里。〔一二〕東南到上洛郡三百里。西南到洋川郡六百里。西北到新平郡三百十里。東北到馮翊郡二百七十里。去東京八百三十里。府東西三百二十里。户三十三萬四千六百七十，口九十二萬三十一。

今之雍州，理長安、萬年二縣。周之舊都，平王東遷而屬秦，始皇以爲内史地。漢高祖初屬塞國，後更爲渭南郡，尋罷，復爲内史，武帝分爲右内史，秦於右北分涇水，置鄭渠，灌田四萬餘頃。漢置白渠，灌四千五百餘頃。後更分京兆尹。領縣十二。後漢因之。領縣十。魏改尹爲守，後改爲秦國，後復爲京兆國。晉爲京兆郡，兼置雍州，領郡國七，理於此。後魏亦然。後周復爲京兆尹。隋初置雍州，煬帝改爲京兆郡。大唐初復爲雍州，開元元年改爲京兆府。〔一三〕凡周、秦、漢、晉、西魏、後周、隋，至於我唐，並爲帝都。周謂幽王以上。漢謂西漢。晉愍帝亦暫都於此，凡四年。後魏孝武帝自洛陽來都之，是爲西魏，凡四主，得二十二年，而禪後周。其間王莽、更始、劉曜、苻堅、姚萇，亦都於此。前趙劉曜爲石勒所滅。前秦苻堅爲姚萇所滅。後秦姚泓爲晉將劉裕所滅。今號西京。漢高帝自櫟陽徙都長安，至惠帝方發人徒築城，今西北古城是也。至隋文帝開皇三年，移築新都，號曰大興，今城是也。武德以來稱京城，開元元年十二月稱西京。〔一四〕領縣二十三：

萬年漢有萬年，屬左馮翊，今在櫟陽東北二十五里櫟陽故城是。〔一五〕至後周，始於長安城中置萬年縣。隋改爲大興縣。武德初，復舊。有白鹿原，亦謂之霸上，〔一六〕霸陵也。有軹道，秦子嬰降處。有少陵原，則漢宣許后陵。霸水。滻水，則荆溪、獨柳水下流也。〔一七〕渭水。御宿州，漢武帝遊觀，嘗宿此川，故名之。漢南陵縣城，在今縣東南二十四里。又有漢杜城，則周之杜伯國地。更始墓，在今縣東北。長樂坡本名滻坂，及隋文帝更名。〔一八〕

長安漢高帝置。周文王作酆，今縣西北靈臺鄉豐水上是也。武王理鎬，今昆明池北鎬陂是也。有阿房宮，終南山，龍首山。細柳原，周亞夫所屯處。〔一九〕坤元録云：「漢長樂宮在縣北故城中。」又有渭水、豐水、鎬水。又有定昆池。大唐神龍中，安樂公主恃寵請昆明池，中宗不與，主發怒，自以家財别穿池，號曰定昆池。

鄠夏有扈國亦謂之觀扈，至秦改爲鄠。姚察訓纂云：「户、扈、鄠三字，一也。」殷有崇國，皆在此界。有甘亭，啟戰處。

藍田 秦舊縣，出美玉。後周閔帝置藍田郡，武帝省郡。玉之美者曰球，次曰藍。蓋以縣出玉，故名之藍田。有關，秦嶢關也。秦嶺在此界。

咸陽周文王葬畢公在西北。〔二〇〕初王季都之，後畢公封焉。今縣東十五里有故咸陽城，秦所都也。漢渭城縣，故城在今縣東北，即秦之杜郵，白起死於此也。有長陵城，漢高帝長陵，因以名縣。漢武帝作長安城，西門曰便，橋與門相對，因號便門橋，今名便橋，在縣東南。

醴泉漢谷口縣地，〔二一〕故城在今縣北。西魏置寧夷郡。後周改爲秦郡。有九嵕山。隋改爲醴泉縣。有蘇武墓。

三原 漢池陽縣地。苻堅於巀嶭山北置三原護軍。後魏罷護軍，置三原縣。巀，才薛反。嶭，五結反。

雲陽 漢舊縣，亦美陽縣地。有故雲陽宮，即秦之林光宮、漢之甘泉宮也。晉書云：「即本匈奴鑄金人祭天，所謂之休屠金人。」有鄭國渠、大白渠。

涇陽 本秦舊縣地。昭王弟封涇陽君，即此。漢涇陽縣，在今平涼郡界涇陽故城是也。後漢及晉池陽縣北地。有長平坂、涇水、大白渠、中白渠、南白渠。

櫟陽秦舊縣也。〔二二〕秦獻公自雍徙居。漢高元年，封司馬欣，屬左馮翊。又曰萬年縣，高帝置。按高帝葬太上皇於萬年陵，仍分置萬年縣爲陵邑二縣，故櫟陽城亦云萬年城。後魏孝文帝分萬年置彰縣，宣武帝又分爲廣陽縣。周明帝二年，省萬年入廣陽、高陵二縣，更於長安城中置萬年縣，仍移廣陽縣入舊萬年縣城，即今縣是。有沮水。

高陵漢舊縣，屬左馮翊，左輔都尉之理。魏文帝黄初元年，改爲高陸縣，〔二三〕屬京兆。自此以前，其縣在今縣西南一里高陸故城是也。後魏移居今所。有後秦姚萇墓。

渭陽本漢新豐縣地。蓋苻、姚時所置。漢初有渭南縣，蓋取以爲名。有西魏武帝陵。

昭應本周驪戎國。春秋「晉獻公伐驪戎」，杜注：「在京兆新豐縣，秦滅以爲邑。」漢高帝四年置，屬京兆尹，以太上皇思彭城之豐縣，乃築此城，徙豐人以實之，名新豐。武太后改曰慶山。後置會昌郡於驪山下，遂廢新豐併入焉，改爲昭應。漢王與項羽會於鴻門，在此縣界。有湯泉，〔二四〕其院宇後周宇文護所造，隋文帝列樹松栢千餘株。後漢馮衍墓，在新豐縣南四里。周幽王陵，秦始皇陵，漢成帝昌陵。有戲水亭，即周幽王之死處。

金城周曰犬丘，〔二五〕秦曰廢丘。項羽封章邯爲王，都於此。漢高帝改名槐里。武帝又割置茂陵縣，有武帝茂陵。昭帝又割其地置平陵縣，有昭帝平陵。魏改爲始平。開元中改爲金城，有馬嵬故城。孫景安征塗記云：「馬嵬所築不知何代人。姚萇時，扶風王驎以數千人保馬嵬，〔二六〕即此也。」

富平本漢舊縣，後漢移富平縣於今彭原郡界富平故城是也。晉又移北地郡之富平縣於今縣西南懷德城。〔二七〕後周改爲中華郡。武太后天授二年屬宜州。有荆山，沮漆水。有西魏文帝陵，〔二八〕後周武帝陵。

武功本漢舊縣。周后稷封於斄，〔二九〕即此。斄音台。又漢美陽縣。晉屬始平郡，後周屬扶風郡。後魏又爲美陽縣，故城在今縣北七里。又於美陽置武功郡，後周武帝省武功郡及美陽縣。按自此以前，其地北屬斄，斄城在今縣西南二十二里。其年又置武功縣，屬扶風郡，即今縣是。隋恭帝義寧元年爲稷州，尋廢之，復故。武后天授二年屬稷州，尋復故。有斜谷水，出衙領山，北流至郿，入渭。又有敦物山。

宜壽漢盩厔縣，武帝置。山曲曰盩，水曲曰厔，因山水之曲，故以名之。後周武帝從鄠縣西北移於今所，置周南郡，又割雍州之終南郡於此置恆州，領周南郡。後廢恆州。三年移盩厔縣於此。大唐天寶中，改爲宜壽。漢長楊宮、五柞宮並在此。有駱谷關。

好畤本漢舊縣，因古好畤祠爲名。或曰自古以雍州積高，神明之奥，故立畤，郊上帝，諸神祠皆聚焉。好畤縣城在縣南十三里。〔三〇〕隋太子莊陵城。

美原本漢頻陽縣，故城今在縣南三里，在頻水之陽，秦厲公置。今縣是高宗分富平縣置。有平陽山。

同官本漢祋祤縣。晉爲頻陽縣。苻堅於祋祤城東北銅官川置銅官護軍。後魏太武帝罷護軍，置銅官縣，屬北地郡。後周武帝自銅官故城移於今所。後魏以前作銅官，隋以後作同官。祋，丁活反。〔三一〕祤音詡。

奉天緣皇家陵寢，武太后分醴泉縣置。

華原後魏置北雍州，西魏改爲宜州，又置北地郡，尋改爲通川郡。武德初復置宜州，罷郡。〔三二〕

奉先開元初，改同州蒲城縣置。

華陰郡東至弘農郡二百三十五里。南至武當，山澗阻遠無路，取西京路一千一百十九里。西至京兆府百八十里。北至咸寧郡三百三十里。〔三三〕東南到上洛郡三百里，〔三四〕隔華山。西南到洋川郡，〔三五〕山澗阻遠無路，取京路八百十里。西北到中部郡二百二十里。東北到馮翊郡七十八里。去西京百八十里，去東京六百七十里。戶二萬二千七百四十四，〔三六〕口一十萬八千三百。〔三七〕

華州今理鄭縣。周爲畿內之國，鄭桓公始封之邑。其地一名咸林。國語曰：「鄭桓公爲周司徒，采地咸林。」今華陰郡界有古長城，則秦之分境。春秋時爲晉地，左傳曰：「晉侯許賂秦伯以河外列城五，南及華山。」戰國爲秦魏二國之境。西嶽華山在焉。秦爲內史地，漢屬京兆尹。後漢爲京兆、弘農二郡，魏晉皆因之。後魏置華山郡，後又於華山郡北置東雍州，西魏改東雍州爲華州。今馮翊郡。隋初郡廢，而華州如故；煬帝初州廢，以其地屬京兆馮翊郡。大唐復置華州。垂拱元年改爲太州，〔三八〕尋復舊。或爲華陰郡。領縣三：

鄭有少華山。〔三九〕漢舊縣。

華陰故魏之陰晉。秦曰寧秦。漢曰華陰。武太后改曰仙掌。太華山在南。有潼關，左傳所謂桃林塞也。〔四〇〕本名衝關，河自龍門南流，衝激華山東，故以爲名。按：秦函谷關在漢弘農郡弘農縣，即今陝郡靈寶縣界。武帝元鼎三年，徙於新安縣界。至後漢獻帝初平二年，董卓脅帝西幸，出函谷關。自此以前，其關並在新安。其後二十年，至建安十六年，曹公破馬超於潼關，即是中閒徙於今所。國之巨防，不爲細事，史官闕載，斯亦失之。華嶽南北廟，其柏樹二千餘株，後周文帝所植。有後漢太尉楊震及苻堅秦丞相王猛墓。今潼關西道北行楊震碑，〔四一〕見存。周文帝破東魏軍，殺大將竇泰於此。其潼谷關者，因水立稱，故潘岳西征賦云「溯黃巷以濟潼」。〔四二〕隋大業七年，移於南北鎮城閈坑獸檻谷置，去舊關四里餘。至大唐天授二年，移向北，近河爲路。玄宗開元十二年，於華州嶽祠南之通衢立碑，御製其文及御書，舊路在嶽北，因是移於嶽南。漢船司空故縣，在今縣理東北五十里是。

下邽秦漢舊縣。取邽戎之人而來爲此縣。又有漢蓮勺縣故城，在東北。

馮翊郡東至河東郡八十一里。南至華陰縣七十八里。〔四三〕西至華陰郡下邽縣八十九里。〔四四〕北至中部郡鄜城縣二百四十二里。東南到華陰郡華陰縣東北界七十八里。〔四五〕西南到京兆府一百七十里。西北到京兆府同官縣九十五里。東北到絳郡龍門縣界百六十六里。去西京二百七十里，去東京六百二十里。戶五萬八千五百六十一，口三十八萬五千五百六十。

同州今理馮翊縣。春秋時屬秦，戰國時秦魏二國之境。漢史曰：自高陵以東，皆魏分。始皇平天下，爲內史地。項羽分爲塞國。漢高帝初置河上郡，後復爲內史。景帝時爲左內史。武帝改爲左馮翊。後漢因之。魏除左字，但爲馮翊郡。晉因之。後魏亦然，兼置華州。西魏改華州爲同州，以「漆沮既從，澧水攸同」，言二水至斯同流入渭，以城居其地，故曰同州。而馮翊郡如故。隋初郡廢，煬帝初州廢，復置馮翊郡。大唐爲同州，或爲馮翊郡。領縣七：

馮翊古芮國。漢臨晉縣地。有沙苑，北齊神武爲後周文帝所敗處。有洛水、商原，商原所謂商顏。

朝邑古大荔戎國。漢臨晉縣故城在西南。有蒲津關。河橋，秦后子奔晉，造舟於河，通秦晉之道。有長春宫，後周武帝置。有苦泉，其水鹹苦，羊飲之而肥美，今泉側豐羊牧。

白水秦文公分清水爲白水，即此。漢彭衙縣故城在今縣東北。左傳云秦晉戰於彭衙，即此也。亦漢粟邑縣地。後魏置今縣。

澄城漢之徵縣，有神坑，在今州西三十里。〔四六〕漢武帝時，莊熊羆上言，願穿洛以溉重泉以東。於是穿渠，自徵引洛水至商顔下。按坑即龍首渠之尾也。後魏置澄城縣。徵澄音相近，故名。秦王官城在今縣西北是。

韓城古韓國謂之少梁。漢爲夏陽縣。有梁山，禹貢「理梁及岐」，詩韓奕篇曰「奕奕梁山」是也。〔四七〕有韓原，即左傳秦晉戰於韓原是也。有龍門山，即禹導河至於龍門是也。魚集龍門，上即爲龍，皆在此。龍門城在縣東北，極嶮峻。又有龍門關，後周分爲郃陽及今縣。

郃陽漢舊縣，在今郃水之陽，即大雅大明之詩所謂「在郃之陽」。有郚首水、鸐馬城。郚，苦姑反。

河西武德三年置。有劉仲城，漢高帝兄封於此。有長城，魏惠王所築以備秦。姚武壁、伏陸壁，並在縣西北，皆嶮固。

扶風郡東至京兆府三百十七里。南至漢中郡六百七十里。西至汧陽郡百五十九里。北至安定郡二百六十里。東南到京兆府界百七十五里。西南到河池郡四百里。西北到安定郡三百里。東北到新平郡百六十二里。去西京三百十七里，〔四八〕去東京千一百七十里。户五萬七千七十，口二十七萬五千六百七十。

岐州今理雍縣。春秋以來爲秦都，秦德公元年初居雍，至獻公始徙櫟陽。始皇平天下，爲内史地。漢高初屬雍國，後分爲中地郡，復爲内史。武帝分雍爲右内史，後置主爵中尉，後更名都尉。又改爲右扶風。魏除右字，但爲扶風郡，亦爲重鎮。曹公使張郃屯陳倉。建興中，諸葛亮攻陳倉及郿，皆不克。晉因之。後魏置平秦郡，兼置岐州。後魏亦有扶風郡，好畤、始平、美陽、槐里、盩厔五縣，非今郡地。西魏改平秦爲岐陽郡。〔四九〕隋初郡廢，置岐州；煬帝初州廢，置扶風郡。大唐爲岐州，或爲扶風郡。領縣九：

雍漢舊縣，汧水所經。有岐陽宫。秦回中宫在縣理西，漢文帝十四年，匈奴入蕭關，燒回中宫，候騎至雍，即此。

扶風後周置燕州。

郿漢舊縣。秦寧公徙居平陽，即此。斜水自此入渭。〔五〇〕董卓郿塢在此，高原七丈，號曰萬歲塢。有太白山、終南山、東積石原、西鎮石原、〔五一〕五丈原。

岐山漢雍縣地。有岐山，周文王徙於岐，即此縣也。五將山，苻堅爲姚萇將吴忠所執於此。

陳倉漢舊縣。魏爲重鎮，明帝太和二年，蜀將諸葛亮攻圍，郝昭守之，不拔。周於此置顯州。有汧水、散關、〔五二〕寶鷄祠。舊關故城在縣南。

麟遊隋置鳳栖郡，尋改爲麟遊郡。武德元年廢郡，置麟州。有九成宫，即隋仁壽宫，隋文帝崩於此。

岐陽漢杜陽縣。

虢古虢國。魏之西虢。有磻溪，〔五三〕太公釣魚於此。

普潤隋大業初置。

汧陽郡東至扶風郡百五十九里。南至河池郡四百三十里。西至天水郡三百里。〔五四〕北至安定郡百六十五里。東南到扶風郡百六十五里。西南到天水郡百十里。西北到平涼郡界百八十里。〔五五〕東北到安定郡百六十里。去西京四百六十五里，去東京一千三百二十五里。户二萬二千八百六十八，口一萬七千三百九十。

隴州今理汧源縣。春秋秦國之地，始皇屬内史。漢屬右扶風。後漢、魏、晉屬扶風郡。西魏置隴東郡，兼置東秦州，後改爲隴州。因山爲名。隋初郡廢，而隴州如故；煬帝初州廢，以其地入扶風郡。大唐復置隴州，或爲汧陽郡。領縣五：

汧源漢汧縣，〔五六〕故城在今縣南。有弦蒲藪、汧水、汧山，隴山一曰隴坻。漢隴關，王莽命右關將軍王福曰「汧隴之阻，〔五七〕西當戎狄」，今名大震關，在縣西。

汧陽漢隃麋縣地。後魏置汧陽郡。

吴山漢汧縣地。〔五八〕有吴嶽。後魏孝文於此置長蛇縣。

華亭有汭水。職方曰「其川涇汭」。

南由隋故安夷關在今縣西。

新平郡東至中部郡三百二十五里。南至京兆府二百八十二里。西至安定郡百九十里。北至彭原郡百四十二里。東南到京兆府三百十里。西南到扶風郡百六十里。西北到安定郡百九十里。東北到中部郡三百十五里。去西京二百八十里，去東京千二百三十里。〔五九〕户二萬二千五百七十六，口十二萬一千五百六十。

邠州今理新平縣。古豳國，昔公劉居豳，即其地也。豳，故栒邑是。秦始皇屬内史。漢爲右扶風、安定、北地三郡地。後漢末，置新平郡，兼舊安定爲二郡地。魏晉亦同。西魏置豳州，後周及隋皆因之。煬帝初州廢，以其地爲安定、北地二郡。大唐復置豳州，開元十三年改「豳」爲「邠」，其後或爲新平郡。領縣四：

新平漢漆縣。苻堅墓在此。

三水漢舊縣地。西魏置恆州。亦漢栒邑縣地，故城在今縣東北。

永壽武德三年置。姚興將齊難故城在縣西，其南西北三面嶮絶。又有南豳故城，後魏末置，在縣北，其東西南三面嶮絶。又有後魏莫營間，〔六〇〕在縣西南。

宜禄漢鶉觚縣地。後魏置。有汭水，水經云：「東經宜禄川，一名宜禄川水。」

安定郡東至彭原郡一百七十里。南至扶風郡二百六十里。西至平涼郡百八十五里。北至安化郡三百二十里。東南到新平郡一百九十里。西南到汧陽郡百六十里。西北到平涼郡二百八十五里。東北到彭原郡百八十里。去西京四百八十七里，去東京一千三百八十里。户三萬五百五十五，口十七萬五千五百六十。

涇州今理安定縣。春秋秦地。始皇時屬北地郡。武帝分置安定郡。後漢徙其人以避羌寇，郡寄在美陽。今京兆府武功縣界美陽故城是也，〔六一〕順帝移於此。魏晉亦爲安定郡。後魏太武帝置涇州，蓋以涇水爲名。隋爲安定郡。大唐爲涇州，或爲安定郡。領縣五：

安定漢舊縣，又漢三水縣。有左右谷故城，在今縣南。又有漢烏氏故城在東。

陰盤漢舊縣。後魏兼置平涼郡。天寶初改爲潘原。

臨涇漢舊縣。有後魏故朝那城。

良原漢三水縣之地。隋置今縣。

靈臺後魏置鶉觚縣。天寶中改此。

彭原郡東至中部郡二百二十五里。〔六二〕南至新平郡百四十二里。西至安定郡百七十里。北至安化郡百二十七里。東南到上郡三百三十里。〔六三〕西南到安定郡百八十里。西北到安定郡臨涇縣二百三十里。東北到洛交郡直羅縣三百八十里。去西京四百五十里，去東京一千三百二十里。户三萬六千六百二十八，口二十萬六千三百九十。

寧州今理定安縣。夏之季公劉之邑。春秋時戎地。即義渠戎國。戰國時屬秦，始皇初爲北地郡。漢爲北地、上二郡地。後漢屬北地、安定二郡地。魏晉未詳。按晉史云，自愍帝時，其地没於劉聰。郡縣之名，不得知也。他皆類此。後魏獻文帝置華州，孝文改爲班州，後改爲邠州，又改爲豳州。西魏改爲寧州，立嘉名也。後周分置趙興郡。隋煬帝初，改寧州爲豳州；尋廢豳州，改趙興郡爲北地郡。大唐復置寧州，或爲彭原郡。領縣六：

定安漢泥陽縣地。有洛水，一名馬嶺川。

羅川漢陽周縣，今縣城是。後魏爲顯州，隋改爲羅川。〔六四〕天寶初改爲真寧。有橋山，黄帝葬處。

彭原漢曰彭陽縣，亦後漢富平縣地。西魏置蔚州，後置雲州。隋改曰彭原縣。〔六五〕隋天固堡在縣南，極嶮絶。

襄樂漢襄洛縣地。後魏改「洛」爲「樂」，即今縣西城。

定平漢泥陽縣。

豐義武德二年置。本漢彭陽縣也。

安化郡東至洛交郡三百九十里。南至彭原郡五百三十里。西至平涼郡三百七十里。北至五原郡五百五十里。東南到洛交郡三百九十里。西南到安定郡三百二十里。西北到靈武郡六百四十里。東北到延安郡四百五十里。去西京五百六十里，去東京一千四百里。〔六六〕户二萬四千三百九十，口一十萬七千四百六十。

慶州今理安化縣。周之先不窋所居。春秋時義渠戎之地。秦滅之，始皇以屬北地郡。二漢因之。西魏置朔州。後周廢。隋文帝置慶州，煬帝初置弘化郡。大唐復爲慶州，或爲安化郡。領縣十：

安化漢郁郅縣地，今名尉李城，在白馬兩川交口，〔六七〕亦曰不窋城。

樂蟠漢略畔道地。有夷曰道。〔六八〕故城在今縣北。

合水

馬嶺漢舊牧地，川形似馬領也。〔六九〕漢靈州縣故城在嶺北。有山在西北。

方渠漢舊縣。

同川武德年置。

洛源漢歸德縣地，後漢岑彭所封也。隋置。洛水所出。

延慶

華池西魏屬蔚州。

懷安隋柳谷城。武德六年置縣。

平涼郡東至安定郡二百八十里。南至天水郡五百里。西至會寧郡四百里。北至靈武郡五百六十里。〔七〇〕東南到安定郡三百八十里。西南到天水郡四百七十里。西北到靈武郡五百六十里。東北到安化郡四百四十里。去西京八百一十里，去東京一千六百四十里。户七千五百八十，口三萬九千一百二十三。〔七一〕

原州今理平高縣。〔七二〕春秋時屬秦，始皇屬北地郡。漢屬安定郡，後漢因之。晉屬新平郡。後魏太武帝置高平鎮，後爲太平郡兼置原州，後置總管府。隋初郡廢，而原州如故；煬帝初州廢，置平涼郡。大唐爲原州，或爲平涼郡。領縣五：

平高〔七三〕漢高平縣。有笄頭山，〔七四〕語訛亦曰汧屯山，涇水所出，一名崆峒山。隗囂使將王孟塞雞頭道，〔七五〕即此也。又有逢義山。〔七六〕有木峽關。

平涼漢朝那縣地。有可藍山。漢涇陽縣故城今縣南。

蕭關漢朝那縣地，古蕭關也。漢文時，匈奴入關，即此也。瓦亭關，隗囂使將牛邯守處。

百泉漢朝那縣地。後魏置今縣。有彈箏峽，〔七七〕在郡東南。

他樓漢高平縣地。貞觀六年置今縣。

靈武郡東至五原郡三百里。南至彭原郡三百里。〔七八〕西至　北至　東南到安化郡六百四十里。西南到豐安軍百八十里。西北到　東北到九原郡三百三十里。去西京一千二百五十里，去東京二千里。户萬二千九十，口五萬三千七百。

靈州今理迴樂縣。春秋時秦地，始皇屬北地郡，二漢皆因之，晉亦同。後魏太武帝平赫連昌，置薄骨律鎮在河渚上，舊是赫連果地，至明帝置靈州，初在河北，後於果園所築城以爲州，今郡是也。後周又置普樂郡。隋初郡廢，煬帝初，置靈武郡。大唐爲靈州，或爲靈武郡。領縣六：

迴樂漢富平縣，故城在今縣西南。

靈武漢舊縣，亦漢富平縣。後魏薄骨律鎮將分河流爲河渠溉田，〔七九〕人大獲其利。後周置歷城縣。後魏平三齊後，徙歷下人於此，遂有歷城之名。後周以爲郡。武德五年置縣。

懷遠亦漢富平縣地。後置六鎮三戍，在此縣界北。隋大業長城在此縣界河外。

温池亦富平縣地。舊曰弘静，分置今縣。後魏薄骨律鎮倉城在此。

安静舊曰弘静。有賀蘭山、樓樹山、〔八〇〕空青山。

鳴沙後周置會州，隋置環州。

五原郡　東至上郡六百八十里。南至安化郡五百五十里。西至會寧郡八百里。〔八一〕北至寧朔郡一百四十里。東南到延安郡五百三十里。西南到平涼郡七百里。西北到靈武郡三百里。東北到朔方郡三百里。去西京一千五十里，去東京二千一十里。户三千五百六十，口一萬八千二百。〔八二〕

鹽州今理五原縣。春秋戎狄之地。秦漢屬北地郡。漢有五原縣，城在今榆林郡界。後魏置大興郡。西魏改爲五原郡，兼置西安州，後改爲鹽州。北近鹽池爲名。〔八三〕隋初廢，煬帝初置鹽川郡。大唐爲鹽州，或爲五原郡。領縣二：

五原漢馬領縣地。貞觀二年置縣。

白池

寧朔郡東至朔方郡二百一十里。南至五原郡一百四十里。西至靈武郡三百二十里。北至安北都護府八百里。東南到朔方郡長澤縣二百九十里。西南到朔方監一百三十里。西北到定遠軍城三百一十里。〔八四〕東北到朔方郡四百一十里。去西京一千一百九十里，去東京一千九百九十里。户七千五百九十，口三萬四千三百二十。

宥州今理延恩縣。前代土地與五原郡同，所謂「六胡州」也。大唐開元二十六年置宥州，蓋以康待賓反於此，亦既克獲，赦其餘黨，遂置此州，以寬宥爲名也。後爲寧朔郡。領縣三：

延恩

歸仁

懷德

洛交郡東至咸寧郡一百八十里。南至中部郡一百四十里。西至安化郡三百九十里。北至延安郡一百五十里。

東南到中部郡二百十里。西南到平涼郡三百八十里。西北到平涼郡三百八十里。〔八五〕東北到延安郡百三十里。〔八六〕去西京四百四十里，去東京九百二十里。〔八七〕户二萬一千九百七十，口十四萬八千三百九十七。〔八八〕

鄜州今理洛交縣。春秋白翟之地。秦屬上郡。漢屬上郡、左馮翊之地。後漢屬上郡。魏武帝省焉。暨晉，陷於戎狄。後魏置東秦州，後爲北華州。後周改爲敷州。〔八九〕隋煬帝初，改爲鄜城郡，尋改爲上郡。大唐爲鄜州，或爲洛交郡。領縣五：

洛交漢雕陰郡地。隋置今縣。

洛川漢鄜縣地。隋置今縣。

三川漢翟道縣地。苻堅於長原置長城縣，後魏改焉。

直羅漢雕陰縣地。武德三年置縣。

甘泉

中部郡東至咸寧郡二百六十里。南至西京三百十里。〔九〇〕西至彭原郡二百二十里。北至洛交郡百四十里。東南到馮翊郡二百七十里。西南到新平郡三百十里。西北到安化郡三百里。東北到咸寧郡二百六十里。去西京三百十里，去東京九百三十里。户二萬二千二百四十，口十萬八千四百三十。

坊州今理中部縣。歷代與洛交郡同。後周時，元皇帝作牧敷州，〔九一〕於今州界置馬坊。

大唐因舊迹，武德二年，以鄜州南故城舊馬坊置坊州，姚萇置杏城鎮，在今郡西。本置州，因馬坊爲名。或爲中部郡。領縣三：

中部漢翟道縣地。隋置内部郡。

鄜城漢鄜縣地。古長城在縣東。

宜君

延安郡東至大寧郡三百九十里。南至洛交郡百五十里。〔九二〕西至安化郡四百五十里。北至朔方郡三百八十里。東南到文城郡二百九十里。西南到洛交郡百三十里。西北到朔方郡長澤縣百七十里。〔九三〕東北到上郡三百三十里。〔九四〕去西京六百七十里，去東京一千二百二十里。户一萬八千七百八十，口九萬三千四百。

延州今理膚施縣。春秋白翟之地。秦屬上郡。項羽三分秦地，以董翳爲翟王，都高奴，即此地也。漢初屬翟國，尋屬上郡，亦朔方郡之南境。後漢亦屬上郡。後魏置東夏州，後又改爲延州。〔九五〕以界内延水爲名。隋文帝廢，煬帝復置延安郡。大唐爲延州，或爲延安郡。領縣九：

膚施漢舊縣。

延安漢膚施縣地，隋置縣。

延川漢臨河縣地。西魏置文安縣，隋改之。

延水

延昌

敷政

臨真漢高奴縣地。後魏置今縣。

金明漢高奴縣，董翳所都。有清水。後魏置廣樂縣，隋改今縣。

豐林漢臨河縣地。武德二年置今縣。

咸寧郡東至文城郡一百七十里。南至馮翊郡三百二十里。〔九六〕西至洛交郡一百八十里。北至延安郡三百里。東南到馮翊郡韓城縣界百三十里。〔九七〕西南到中部郡二百六十里。西北到延安郡臨真縣界八十里。東北到延安郡延水縣界一百五十里。去西京五百七十里，去東京九百二十里。户一萬四千七百八十四，口八萬四千六百七十。

丹州今理義川縣。春秋白翟之地，戰國屬秦，二漢屬上郡。西魏分置汾州，後改丹州，兼置義川郡。後周因之。隋初郡廢，而丹州如故；煬帝初州廢，以其地入延安郡。大唐分置丹州，或爲咸寧郡。領縣五：

義川後魏置。

雲巖後魏置。

門山後周置。地有門山。

汾川後魏置。

咸寧後魏置。

上郡東至昌化郡三百三十里。南至延安郡三百五十里。西至朔方郡四百里。北至銀川郡一百六十里。東南到大寧郡石樓縣西北黄河爲界，一百五十里。西南到延安郡三百三十里。西北到銀川郡二百四十里。東北到銀川郡界二百三十里。去西京一千二十里，去東京一千四百二十里。户一萬五百五，口八萬四千六百三十。

綏州今理龍泉縣。春秋白翟之地。戰國時屬秦，爲上郡。漢初屬翟國，後改上郡。後漢因之。西魏置安寧郡，兼置綏州。隋初郡廢，而綏州如故；煬帝初改爲上州，尋廢州，置雕陰郡。〔九八〕取漢雕陰縣地爲名。雕山在其西南。大唐復爲綏州，或爲上郡。郡城貞觀初築，實中，四面甚嶮。〔九九〕領縣五：

龍泉漢膚施縣地。漢上郡故城在縣東南。後魏置上縣。有疏屬山、無定河。

城平漢膚施縣地。後魏置此。

綏德後魏置。

延福隋置。縣城三面因崖，甚嶮。

大斌

銀川郡東至昌化孟津河中流爲界二百里。南至上郡一百六十里。西至朔方郡二百里。北至榆林柘珍驛二百三十里。東南到上郡二百四十里。西南到上郡交土堆七十五里。〔一〇〇〕西北到朔方郡界二百三十里。東北到榆林郡界三百六十里。去西京一千四百三十里，去東京一千五百四十里。户七千二百六十四，口四萬二千七十六。

銀州今理儒林縣。〔一〇一〕春秋白翟之地。戰國時屬秦，後屬上郡。兩漢屬西河郡。苻秦有驄馬城，即今郡是也。後周置真鄉、開光二郡，兼置銀州。隋初二郡並廢，而銀州如故；煬帝初州廢，以其地併入雕陰郡。大唐復分置銀州，或爲銀川郡。領縣四：

儒林漢圁陰縣地，以其在圁水之陰。隋置今縣。圁音銀。

撫寧後魏置。

真鄉

開光後周於此置開光郡。貞觀二年平梁師都，置縣焉。

新秦郡東至樓煩郡三百二十里。南至銀川郡三百里。西至朔方郡五百里。北至榆林郡三百九十里。東南到

西南到　西北到　東北到　去西京一千四百三十里，去東京千五百四十里。〔一〇二〕戶千七百五十四，口七千四百二十。

麟州理新秦縣。〔一〇三〕隋以來銀勝二州地。昔漢武徙貧人於關西及充朔方以南新秦中，蓋其地也。大唐天寶元年，置新秦郡，或爲麟州。領縣三：

新秦

連谷漢圁陰縣地。貞觀八年置。

銀城漢圁陰縣地。漢棝陽塞在此。棝音固。漢光祿卿徐自爲出五原塞數百里，築城障列亭，至盧朐山，即今縣北所謂光祿塞。後魏置石城縣，後改之。晉太康地志「自北地郡北行九百里得五原塞，又北出九百里得造陽」，即此。史記云：「燕亦築長城，自造陽至襄平，置上谷、漁陽、右北平、遼西、遼東郡以備胡。」韋昭云：「造陽地在上谷。」未詳孰是。

朔方郡東至銀川郡二百里。南至延安郡三百八十里。西至五原郡三百里。北至延安郡八百里。東南到上郡四百里。西南到安化郡五百九十里。西北到九原郡八百九十里。東北到榆林郡九百里。去西京一千一百里，去東京一千六百八十里。戶七千五百十六，〔一〇四〕口四萬二千四百十七。

夏州理朔方縣。戰國時屬秦，爲上郡地，後匈奴並有之。漢武取河南地，爲朔方郡。後漢因之。晉亦爲朔方郡，晉亂後，夏赫連勃勃建都於此。勃勃於朔方水北、黑水之南營起都城，號曰統萬城，〔一〇五〕今郡城是。至赫連定，爲後魏所滅。後魏置夏州。西魏置弘化郡。隋初郡廢，煬帝初復置朔方郡。大唐爲夏州，或爲朔方郡。領縣四：

朔方漢舊縣。

寧朔漢朔方縣地。後周置此。

長澤漢三封縣。後魏置今縣。〔一〇六〕

德静漢朔方縣地。隋置今縣。

九原郡東至安北都護府三百五十里。南至靈武郡朔方縣無路所至。西至黄河百三十里。北至黄河四十里。東南到朔方郡九十里。西南到靈武郡九十里。西北到受降城八十里。東北到黄河八十里。去西京二千二百六十里，去東京三千四十里。户一千七百三十九，口九千一百四十。

豐州理九原縣。春秋戎狄之地。戰國時屬趙。秦爲九原郡。漢屬五原郡，漢五原郡城在今榆林郡界。後漢因之。後漢末及魏晉爲匈奴所没，遂爲荒棄。隋文帝置豐州，因鎮立名。煬帝初州廢，置五原郡。大唐爲豐州，或爲九原郡。漢武帝元朔二年，車騎將軍衛青渡西河，至高闕，破匈奴。河自今靈武郡之西南便北流千餘里，過九原郡乃東流。時帝都在秦，所謂西河，疑是此處。共高闕當在河之西地。又按史記云：「趙武靈王築長城，自代傍陰山，下至高闕。」合在陰山之西，則與漢書符矣。其河自九原東流千里，在京師直北，漢史即云北河，斯則西河之側者。〔一〇七〕領縣三：

九原漢舊縣。隋初置今縣。

永豐

豐安

榆林郡東至河四十里，去馬邑四百二十里。南至新秦郡界一百二十里。西至安北府二百五十里。〔一〇八〕北至黃河五里，去受降城八里，去單于百二十里。東南到合浦關去樓煩二百三十里。西南到朔方郡九百里。西北到黃河二十里，去紇那山一百二十里。〔一〇九〕東北到　去西京一千九百四十里，去東京一千九百里。户三千七百九十，口一萬八千七百九十。

勝州理榆林縣。春秋戎狄之地。戰國屬趙。至秦始皇，伐趙取雲中是。秦屬雲中、九原二郡地。二漢爲雲中、五原郡地，所謂榆溪塞。今郡南界。史記云：「秦卻匈奴，樹榆爲塞」。隋初置勝州，煬帝初州廢，置榆林郡。大唐爲勝州，或爲榆林郡。領縣二：

榆林漢沙南縣地。有故雲中城、拂雲堆、金河。紫塞河自馬邑郡善陽縣界流入。有榆林關。今縣西有漢五原城。

河濱漢沙南縣地。〔一一〇〕貞觀三年置，東臨河岸爲名。

安北府東至榆林郡三百五十里。南至朔方郡八百里。西至九原郡三百五十里。北至回紇界七百里。東南到榆林郡連谷縣四百里。西南到九原郡界一百二十里。西北到西城界一百二十里。東北到東城界一百二十里。〔一一〕去西京二千里，去東京二千二百里。户一千七百七十五，口二萬一千。

安北都護府，戰國時屬趙，後屬秦。按：史記蒙恬傳云：「築長城，起臨洮，至遼東，延袤萬餘里，於是渡河，據陰山，逶迤而北。」則秦氏得今安北之地。而漢史云：「主父偃上書曰：蒙恬攻胡，卻地千里，終不踰河而北。」未詳兩史何爲不同，然疑史記爲實。逶音威。迤音移。大唐分豐、勝二州界置瀚海都護府，〔一二〕總章中改爲安北大都護府。有陰山、呼延渠。

校勘記

〔一〕南由　「由」原訛「田」，據朝鮮本改。下同。

〔二〕平涼郡平高縣　「平高」原誤倒，據傅校本、明抄本、明刻本、朝鮮本、王吳本乙。

〔三〕屬連也　「連」，尚書禹貢僞孔傳作「逮」。

〔四〕汭水經宜禄一名宜禄川水　傅校本、明抄本、明刻本、朝鮮本、王吳本作「汭經宜禄川洛曰宜禄」。

〔五〕新秦　「秦」原訛「泰」，據諸本改。

〔六〕都廢丘　「廢丘」原訛「雍丘」，王吳本、殿本亦然。今據傅校本、明抄本、明刻本、朝鮮本改正。

〔七〕後漢司隸涼州並如前代　「漢」下原有「時」，王吳本、殿本亦然。今據傅校本、明抄本、明刻本、朝鮮本删。

〔八〕改京兆尹爲大　「大」原作「守」，清人擅改。今據傅校本、明抄本、明刻本、朝鮮本、王吴本改回。

〔九〕即長安也　「也」王吴本、殿本、局本作「地」，非是。今據傅校本、明抄本、明刻本、朝鮮本改。

〔一〇〕今天水郡伏羌縣　「縣」原訛「郡」，今據卷一七四訂改。

〔一一〕南至洋川郡六百二十里　按：京兆府之南爲上洛郡、安康郡。洋川郡在京兆府西南。

〔一二〕三百十二里　「二」明刻本、朝鮮本作「三」。

〔一三〕開元元年改爲京兆府　下「元」原訛「三」，據舊唐書地理志一一三九六頁、新唐書地理志一九六一頁、唐會要卷六七改。

〔一四〕開元元年十二月稱西京　唐會要卷七一同。舊唐書地理志一一三九六頁云：「開元元年改雍州爲京兆府。天寶元年以京師爲西京。」新唐書地理志一九六一頁云：「初曰京城，天寶元年曰西京。」太平寰宇記卷二五亦云「天寶元年，以京師爲西京」。

〔一五〕今在櫟陽東北二十五里　太平寰宇記卷二五同。元和郡縣志卷一三頁「二」作「三」。

〔一六〕亦謂之霸上　「霸」原脱，據元和郡縣志卷一四頁、太平寰宇記卷二五補。

〔一七〕則荆溪獨柳水下流也　「獨柳水」，太平寰宇記卷二五作「狗枷川」。

〔一八〕長樂坡本名滻坂及隋文帝更名　原作「長樂本滻乃隋文帝更名」，王吴本、殿本亦然，明刻本、朝鮮本「乃」作「及」。今據元和郡縣志卷一四頁、太平寰宇記卷二五訂改。

〔一九〕細柳原周亞夫所屯處　元和郡縣志卷一五頁云：「細柳原在縣西南三十三里，別是一細柳，非亞夫屯軍之所。」

〔二〇〕周文王葬畢公在西北　原「畢」下有「周」，「公」下有「墓」，據明刻本、朝鮮本、王吳本刪。

〔二一〕漢谷口縣地　「地」原訛「城」，據諸本改。

〔二二〕秦舊縣也　「也」原作「地」，據傅校本、明抄本、明刻本、王吳本改。

〔二三〕改爲高陸縣　「陸」原訛「陵」，據傅校本、明抄本、明刻本及元和郡縣志卷二二六頁、太平寰宇記卷二一六改。下同。

〔二四〕湯泉　原作「温泉」，據傅校本、明抄本、明刻本、朝鮮本改。

〔二五〕周曰犬丘　「犬」原訛「大」，據殿本改。元和郡縣志卷二、太平寰宇記卷二七均作「犬丘」。

〔二六〕姚萇時扶風王驎以數千人保馬嵬　「王驎」傅校本、明抄本、明刻本、朝鮮本、殿本、局本作「丁馯」，王吳本作「下馯」，太平寰宇記卷二七作「王馯」，並誤。今據晉書姚萇載記二九六六頁訂改。

〔二七〕今縣西南懷德城　「縣」原脫，據傅校本、明抄本、明刻本、朝鮮本補。

〔二八〕有西魏文帝陵　「有西」原倒，據傅校本、明抄本、明刻本、朝鮮本乙。

〔二九〕周后稷封於斄　「斄」原訛「漦」，據史記周本紀索隱一一二頁、太平寰宇記卷二七改。下同。

〔三〇〕好畤縣城在縣南十三里　元和郡縣志卷二三三頁「南」上有「東」。太平寰宇記卷三一「南」上有「東」，「南」下有「四」。

〔三一〕殺丁活反 「殺」下原有「音」，據傳校本、明抄本、明刻本、朝鮮本删。

〔三二〕罷郡 原倒，據傳校本、明抄本、明刻本、朝鮮本乙。

〔三三〕三百三十里 「三十」傳校本作「二十」。

〔三四〕三百里 「三」原作「二」，據傳校本、明抄本、明刻本、朝鮮本改。

〔三五〕洋川郡 原無「郡」，今增。

〔三六〕户二萬二千七百四十四 「二萬」原作「一萬」，據傳校本、明刻本、朝鮮本、王吴本改。

〔三七〕口一十萬八千三百 「一十」原作「二十」，據傳校本、明刻本、朝鮮本、王吴本改。

〔三八〕改爲太州 「太」原訛「秦」，王吴本、殿本作「泰」。今據傳校本、明抄本、明刻本、朝鮮本及元和郡縣志卷二三四頁改。

〔三九〕有少華山 傳校本、明抄本、明刻本、朝鮮本無「山」字。

〔四〇〕左傳所謂桃林塞也 「也」上原有「是」，據傳校本、明抄本、明刻本、朝鮮本删。

〔四一〕今潼關西道北行楊震碑 「行」太平寰宇記卷二九作「有」。

〔四二〕溯黄巷以濟潼 「巷」原訛「卷」，據文選潘岳西征賦改。

〔四三〕南至華陰縣七十八里 原訛作「南至華陰郡下邽縣八十九里」。據傳校本、明抄本、明刻本、朝鮮本、王吴本改正。

〔四四〕西至華陰郡下邽縣八十九里 原訛作「西至京兆府二百七十里」。據傳校本、明抄本、明刻本、朝鮮本、王吳本改正。

〔四五〕七十八里　「八」原作「三」，據傅校本、明抄本、明刻本、朝鮮本、王吳本改。

〔四六〕在今州西三十里　「州」原作「縣」，清人擅改。今據傅校本、明抄本、明刻本、朝鮮本、王吳本改回。

〔四七〕詩韓奕篇曰　王吳本、殿本、局本無「韓奕篇曰」四字，據傅校本、明抄本、明刻本、朝鮮本補。

〔四八〕三百十七里　「十七」原倒，據傅校本、明抄本、明刻本、朝鮮本乙。

〔四九〕西魏改平秦爲岐陽郡　通考輿地考八同。隋書地理志上八〇九頁「岐陽」作「岐山」。王仲犖北周地理志卷一三八頁從隋志。

〔五〇〕斜水自此入渭　「此」原訛「北」，據傅校本、明抄本、明刻本、朝鮮本改。

〔五一〕東積石原西鎮石原　朝鮮本「鎮」亦作「積」。

〔五二〕散關　王吳本、殿本、局本「散」上有「大」，據傅校本、明抄本、明刻本、朝鮮本删。

〔五三〕磻溪　「溪」傅校本、明抄本、明刻本、朝鮮本作「磎」，王吳本、殿本、局本作「磯」，並誤。今據太平寰宇記卷三〇改。

〔五四〕三百里　「三」原作「二」，據傅校本、明刻本、朝鮮本、王吳本改。

〔五五〕西北到平涼郡　「平涼」原訛「平原」，今校正。按：平涼郡在汧陽郡之北、西北。而平原郡屬古兗州，見卷一八〇，離此絶遠。

〔五六〕漢汧縣　「汧」下原衍「源」，據漢書地理志上一五四七頁、元和郡縣志卷二四五頁、太平寰宇記卷三二刪。按：漢有汧縣，無汧源縣。

〔五七〕右關將軍　原無「軍」，據漢書王莽傳中四一一七頁增。

〔五八〕漢汧縣地　元和郡縣志卷二四五頁、太平寰宇記卷三二均作「漢隃麋縣地」。

〔五九〕去東京千二百三十里　「二百」原作「一百」，據傅校本、明刻本、朝鮮本、王吴本改。

〔六〇〕後魏莫營誾　「誾」太平寰宇記卷三一作「關」。

〔六一〕京兆府　「府」原脱，據傅校本、明抄本、明刻本、朝鮮本補。

〔六二〕二百二十五里　「二百」原作「一百」，據傅校本、明刻本、朝鮮本改。

〔六三〕東南到上都三百三十里　「上都」原訛作「上郡」，據元和郡縣志卷三六五頁、太平寰宇記卷三四訂改。上都，長安也。「三百三十里」元和郡縣志作「四百五十六里」，太平寰宇記作「四百五十三里」。

〔六四〕隋改爲羅川　「川」原訛「州」，據傅校本、明抄本、明刻本、朝鮮本改。元和郡縣志卷三六五頁云：「隋開皇十八年改爲羅川。」

〔六五〕隋改曰彭原縣　原脱「改」，據傅校本、明抄本、明刻本、朝鮮本補。

〔六六〕去東京一千四百里　明刻本、朝鮮本「百」下有「十」字。

〔六七〕在白馬兩川交口　元和郡縣志卷三六七頁作「在馬領白馬二水口」，太平寰宇記卷三三作「在白馬嶺兩川交口」。

〔六八〕有夷曰道　原訛作「在夷白道」。元和郡縣志卷三六八頁引百官表云「縣有蠻夷曰道」。今據改。

按：傳校本、明抄本、明刻本、高麗本「有」字不誤。

〔六九〕川形似馬領　「領」原訛「嶺」，據漢書地理志下師古注一六一六頁改。

〔七〇〕北至靈武郡五百六十里　「靈武」原訛「寧武」，據朝鮮本、王吴本改。按：唐無「寧武郡」。「五百」原訛「三百」，下文云「西北到靈武郡五百六十里」，今據以訂改。按：元和郡縣志卷三五八頁亦云「北至靈州五百里」。

〔七一〕二十三　「三」原作「二」，據明刻本、朝鮮本改。

〔七二〕今理平高縣　「平高」原誤倒，據朝鮮本乙。按：元和郡縣志卷三五八頁、太平寰宇記卷三三均作「平高」。

〔七三〕平高　原誤倒，王吴本、殿本亦然。今據傳校本、明抄本、明刻本、朝鮮本乙。按：漢爲高平，唐爲平高。

〔七四〕笄頭山　「笄」原訛「笋」，據諸本改。

〔七五〕王孟　原訛「王猛」，據後漢書隗囂傳五二八頁改。

〔七六〕逢義山　「逢」原作「遠」，據傳校本、明抄本、明刻本、朝鮮本改。

〔七七〕彈箏峽　「箏」原訛「笋」，據元和郡縣志卷三六〇頁、太平寰宇記卷三三改。

〔七八〕南至彭原郡三百里　彭原郡隔安化郡而在靈武郡之東南。方位、里數均不合。疑「彭原」係「平涼」之訛。

〔七九〕薄骨律鎮將　王吴本、殿本、局本「將」訛「時」，據傳校本、明抄本、明刻本、朝鮮本改。

〔八〇〕樓樹山　太平寰宇記卷三六作「樹樓山」。

〔八一〕西至會寧郡八百里　按：會寧郡隔靈武郡而在五原郡西南。

〔八二〕口一萬八千二百　「百」原脱，據傳校本、明刻本、朝鮮本、王吴本補。

〔八三〕北近鹽池爲名　「北」原作「以」，據傳校本、明刻本、朝鮮本改。

〔八四〕西北到定遠軍城三百一十里　按：定遠城在寧朔郡正西。

〔八五〕西南到平涼郡三百八十里西北到平涼郡三百八十里　郡名、里數均有誤。上「平涼」疑是「彭原」之誤，下「平涼」疑是「安化」之誤。按：上「平涼」傳校本、明抄本、明刻本、朝鮮本作「平原」，下「平涼」朝鮮本作「平原」，也都不對。

〔八六〕百三十里　「三十」原作「二十一」，據傳校本、明刻本、朝鮮本改。

〔八七〕九百二十里　「二十」原作「一十」，據傳校本、明刻本、朝鮮本改。

〔八八〕九十七　「七」原脱，據傳校本、明抄本、明刻本、朝鮮本補。

〔八九〕後周改爲敷州　通考輿地考八同。周書文帝紀下三四頁云：「魏廢帝三年春正月，改北華爲鄜州。」隋書地理志上八一〇頁、元和郡縣志卷三、太平寰宇記卷三五並謂「西魏改爲鄜州」。敷鄜通用。

〔九〇〕南至西京三百十里　「西京」原作「馮翊郡」，據傳校本、明抄本、明刻本、朝鮮本、王吴本改。

〔九一〕元皇帝作牧敷州　「作」原訛「放」，據太平寰宇記卷三五改。

〔九二〕南至洛交郡百五十里　「百五十」原訛「五百一十」，王吳本、殿本亦然。今據傅校本、明抄本、明刻本、朝鮮本改。

〔九三〕朔方郡長澤縣　「長澤縣」原訛脱作「長驛」，據太平寰宇記卷三六改補。

〔九四〕三百三十里　「三十」原作「二十」，據傅校本、明抄本、明刻本、朝鮮本改。

〔九五〕後魏置東夏州後又改爲延州　通考輿地考八同。周書文帝紀下三四頁云：魏廢帝三年春正月，改東夏爲延州。隋書地理志上八一一頁云：「後魏置東夏州，西魏改爲延州。」元和郡縣志卷三、太平寰宇記卷三六均謂西魏廢帝改爲延州。

〔九六〕三百二十里　「二」原訛「五」，據傅校本、明抄本、明刻本、朝鮮本改。

〔九七〕韓城縣界　「縣」原脱，據傅校本、明抄本、明刻本、朝鮮本補。

〔九八〕雕陰郡　「郡」王吳本、殿本、局本均訛「都」，今據傅校本、明抄本、明刻本、朝鮮本改正。

〔九九〕四面甚嶮　「四」王吳本、殿本、局本訛「西」，據傅校本、明抄本、明刻本、朝鮮本改。

〔一〇〇〕交土堆　太平寰宇記卷三八作「三交土堠」。

〔一〇一〕銀州今理儒林縣　「儒林」原訛「榆林」，據元和郡縣志卷四、舊唐書地理志一一三一四頁、新唐書地理志一九七四頁改。下同。按：傅校本、明刻本、朝鮮本此卷目録作「儒林」，尚不誤。

〔一〇二〕去東京千五百四十里　「五」原訛「八」，據傅校本、明刻本、朝鮮本、王吳本改。

〔一〇三〕理新秦縣　「理」上原有「今」，王吳本、殿本亦然。今據傅校本、明抄本、明刻本、朝鮮本删。下同。

〔一〇四〕七千五百十六　王吳本、殿本同。明刻本、朝鮮本作「七千三百六十」。

〔一〇五〕勃勃於朔方水北黑水之南營起都城號曰統萬城　原訛作「勃勃於朔方黑水城之南營建都號曰蔬萬城」，據晉書赫連勃勃載記三二〇五頁、元和郡縣志卷四九九頁補改。傳校本、明抄本、明刻本、朝鮮本「起」字不誤，諸本「統」字不誤。

〔一〇六〕長澤漢三封縣後魏置今縣　後魏置山鹿、新囚二縣，隋廢之置長澤縣，參隋書地理志上八一二頁。此云後魏置長澤縣，非。

〔一〇七〕斯則西河之側者　「斯則」王吳本、殿本、局本作「西乃」，後人擅改者。今據傳校本、明抄本、明刻本、朝鮮本改回。

〔一〇八〕二百五十里　「二百」原作「一百」，據傳校本、明刻本、朝鮮本改。

〔一〇九〕一百二十里　「十」原無，據朝鮮本增。

〔一一〇〕漢沙南縣地　「沙」原訛「河」，王吳本、殿本亦然。今據傳校本、明抄本、明刻本、朝鮮本改。

〔一一一〕一百二十里　傳校本、明抄本、明刻本、朝鮮本均作「一百一十里」。

〔一一二〕瀚海都護府　「海」下原有「郡」，王吳本、殿本亦然，後人擅增者。今據傳校本、明抄本、明刻本、朝鮮本刪。

王文錦點校

通典卷第一百七十四

州郡四

古雍州下今置郡府十八　縣五十一

天水秦五縣上邽　成紀　隴城　清水　伏羌

隴西渭四縣襄武　隴西　渭源　鄣

金城蘭三縣五泉　狄道　廣武

會寧會二縣會寧　烏蘭

安鄉河三縣枹罕　大夏　鳳林

臨洮洮一縣臨潭

和政岷三縣溢樂　祐川　和政

寧塞廓三縣廣威　達化　米川

西平鄯三縣湟水　龍支　鄯城

武威涼五縣姑臧　神烏　番禾　昌松　嘉麟

張掖甘二縣張掖　刪丹

酒泉肅三縣酒泉　福禄　玉門

晉昌瓜二縣晉昌　常樂

燉煌沙二縣燉煌　壽昌

伊吾伊二縣伊吾　納職

交河西五縣高昌　交河　柳中　蒲昌　天山

北庭庭三縣金滿　蒲類　輪臺

安西府

天水郡東至汧陽郡三百里。南至同谷郡四百三十里。西至隴西郡三百里。北至平涼郡五百里。東南到河池郡五百三十里。西南到同谷郡三百里。西北到會寧郡五百一十里。東北到平涼郡四百七十五里。〔一〕去西京八百里，去東京一千六百里。户二萬五千六百五，〔二〕口十一萬三千二百九十五。

秦州今理上邽縣。古西戎之地，秦國始封之邑，周孝王封爲附庸。今郡有秦亭，秦谷是也。

周平王東遷，秦襄公救周有功，始賜郂酆之地，列爲諸侯也。郂音岐。春秋時屬秦，秦平天下，是爲隴西郡。漢武分隴西置天水郡。王莽末，隗囂據其地。初據平襄，後保冀縣。後漢建武中，平之，更名天水，爲漢陽郡。郡有大坂，名曰隴坻，亦曰隴山。三秦記曰：「其坂九迴，上者七日乃越。上有清水四注下。俗歌曰：『隴頭流水，鳴聲幽咽。遙見秦川，肝腸斷絕。』」坻，都禮反。兼置涼州。領郡十，理於此。魏亦爲重鎮。明帝時，蜀將諸葛亮至南安、漢陽，皆應亮。晉分爲天水及略陽二郡，兼置秦州。〔三〕領郡六，理於此。後魏爲略陽郡。隋初郡廢，煬帝初，復置天水郡。大唐爲秦州，或爲天水郡。

領縣五：

上邽有朱圉山，俗名曰白巖山。漢舊縣。古邽戎邑。又有漢西城縣城，一名始昌，在今縣西南。嶓冢山，西漢水所出，今經嘉陵曰嘉陵江，經閬中曰閬中江。又有段谷泉，〔四〕蜀將姜維爲魏將鄧艾破於此。籍水一名洋水，今名嶧水。

成紀漢舊縣。古帝庖犧生於此。又有漢明親縣故城，〔五〕在今縣東南。

隴城漢略陽道故城在今縣西北，河陽縣故城亦在縣西北。瓦亭山在今縣東北二百餘里，隗囂將牛邯守處，其山亦入今平涼郡界。〔六〕有街泉亭，〔七〕蜀將馬謖爲魏將張郃所敗處。有大隴山，亦曰隴首山。謖，所六反。〔八〕

清水秦仲始所封地。小隴山，漢置縣。

伏羌本冀戎地。秦漢冀縣。又有漢平襄縣故城，在今縣南。又有落門谷水，在今縣西。武德三年置今縣。

隴西郡東至天水郡三百里。南至同谷郡四百三十六里。〔九〕西至和政郡三百里。北至金城郡四百里。〔一〇〕東南到天水郡三百四十五里。西南到和政郡二百五十四里。西北到金城郡四百五里。東北到天水郡三百九十六里。去西京千一百五十三里，去東京二千一十三里。户六千一百三十五，口三萬三千一百七。

渭州今理襄武縣。禹貢曰「導渭自鳥鼠同穴」，即其地也。鳥鼠同穴山在今渭源縣，渭水所出也。今謂之青雀山。春秋爲羌戎之居。秦置隴西郡，以居隴坻之西爲名。二漢因之，靈帝分立南安郡。魏置鎮守在此。鄧艾曰「蜀師來而爲一，我分爲四」，謂狄道、隴西、南安、祁山四處。齊王嘉平五年，蜀將姜維圍南安、襄武，皆不克。晉爲南安、隴西二郡地。後魏爲隴西郡，兼置渭州。後周爲南安郡。隋初廢，煬帝初，復置隴西郡。大唐爲渭州，或爲隴西郡。領縣四：

襄武漢舊縣。有五谿聚。

隴西漢貆道地，立南安郡於此。〔一一〕後周置南安郡。隋廢郡，改爲縣。東南有落門水出焉。貆音原。

渭源漢首陽縣。後魏改之。有鳥鼠山，渭水所出。

鄣後漢置。兼有武陽水。

金城郡東至會寧郡四百二十里。南至隴西郡四百里。〔一二〕西至西平郡四百九十里。北至武威郡五百七十里。東南到隴西郡四百五里。西南到安鄉郡三百里。西北到武威郡五百四十里。東北到會寧郡四百二十里。去西京一千四百四十五里，去東京二千二百九十五里。户四千四百八十九，口二萬一千三百八十六。

蘭州今理五泉縣。古西羌地。秦屬隴西郡。漢屬金城、隴西二郡地。後漢、魏、晉因之，魏以爲重鎮。蜀將姜維攻狄道，不克。前涼張寔置廣武郡，張駿又分置武始郡，西秦乞伏國仁都苑川，南涼禿髮烏孤都廣武，皆此地也。苑川在今五泉縣。至乞伏慕末，爲赫連定所滅。廣武即今廣武縣。至禿髮耨檀，爲乞伏熾盤所滅也。後魏、後周並屬武始郡。隋初郡廢，置蘭州；蓋取皋蘭山爲名。〔一三〕煬帝初州廢，置金城郡。大唐因之。領縣三：

五泉漢金城縣地。漢榆中縣故城在今縣東。後漢時羌亂，隃麋相曹鳳上言：「西羌爲寇，自建武以來，以居大、小榆谷，土地肥美，又近塞内，北阻大河，〔一四〕因以爲固，緣山濱水，以廣田畜，故能强大，〔一五〕常雄諸種。」又有故苑川城及故長城。隃音俞。

狄道秦、漢、魏舊縣。有白石山。

廣武前涼置廣武郡，隋罷之爲縣。有琵琶山。漢浩亹縣故城亦在西南。浩音閤。亹音門。今俗呼此水爲閤門河，蓋疾言耳。又有漢允吾縣故城，亦在西南。允音沿。〔一六〕

會寧郡東至平涼郡四百里。南至金城郡四百二十里。〔一七〕西至武威郡六百里。〔一八〕北至靈武郡六百里。〔一九〕

東南到平涼郡四百里。西南到金城郡四百二十里。西北到武威郡六百五十里。東北到靈武郡六百里。去西京一千三百七十里，去東京二千二百七十里。戶四千四百二十八，口二萬五千七百五十一。

會州今理會寧縣。古西羌地。秦屬隴西郡。漢屬金城、安定二郡地。後漢屬金城、武威二郡。西魏置會州，後周廢。隋屬平涼郡。大唐平李軌後，置會州，或爲會寧郡。領縣二：

會寧漢枝陽縣。

烏蘭漢祖厲縣地。後周置烏蘭關。武德末置縣。

安鄉郡東至金城郡三百里。南至臨洮郡三百一十七里。西至寧塞郡三百九十里。北至西平郡三百里。〔二〇〕東南到金城郡狄道縣一百四十八里。西南到臨洮郡三百一十七里。〔二一〕西北到西平郡龍支縣一百八十六里。東北到金城郡三百里。去西京一千四百七十五里，去東京二千二百七十五里。戶五千七百九十二，口三萬一千三百。

河州今理枹罕縣。古西羌地。秦屬隴西郡。漢屬金城、隴西二郡。後漢屬隴西郡。漢末宋建據焉，稱河首平漢王。妙才討平。〔二二〕晉惠帝時，屬晉興郡。前秦苻堅置河州，西秦乞伏乾歸又據於此。後魏亦爲河州。後周置枹罕郡。隋初郡廢，置河州；煬帝初州廢，復置枹罕郡。大唐爲河州，或爲安鄉郡。領縣三：

枹罕故羌侯邑。漢爲枹罕縣也。枹音浮，本枹鼓字。

大夏漢舊縣。

鳳林有鳳林關。

臨洮郡東至和政郡一百七十六里。南至合川郡一百七十九里。西至野，更無郡縣。北至安鄉郡三百一十七里。東南到合川郡一百八十里。西南到吐谷渾界。西北到千旭戍界一百八十里。〔二三〕東北到安鄉郡三百一十七里。去西京一千五百六里，去東京二千三百九十六里。〔二四〕戶二千七百七十六，口一萬四千九百二十四。

洮州今理臨潭縣。秦漢以來爲諸戎之地，後爲吐谷渾所據。至後周武帝，逐吐谷渾，得其地，置洮陽郡，尋立爲洮州。隋初郡廢，而洮州如故；煬帝初廢，置臨洮郡。郡城本名洮陽，城臨洮水，甚牢險。大唐爲洮州，或爲臨洮郡。領縣一：

臨潭有洮水，源出西傾山，在郡西南吐谷渾界，桓水所出。

和政郡東至隴西郡三百里。南至懷道郡二百五十里。西至臨洮郡一百七十六里。北至金城郡狄道縣五百三十四里。東南到懷道郡良恭縣一百一十三里。西南到臨洮郡臨潭縣一百七十六里。〔二五〕西北到安鄉郡大夏縣三百六十三里。東北到隴西郡三百五十四里。去西京一千三百七十八里，去東京二千二百二十里。戶四千五百一十，口二萬六千六百一十四。

岷州今理溢樂縣。春秋及七國時並屬秦，蒙恬築長城之所起也。屬隴西郡，長城在今郡西二十里。崆峒山，自山傍洮而東，即秦之臨洮境在此矣。秦、二漢及晉並屬隴西郡。西魏置岷州及同和郡。隋初郡廢，煬帝初州廢，併其地入臨洮郡。大唐復置岷州，或爲和政郡。領縣三：

溢樂有岷山、崆峒山。

祐川

和政後漢索西故城在今縣東，亦名臨洮東城，亦謂之赤城。後漢明帝時，金城、隴西羌反於臨洮，道險，車騎不得方駕，車騎將軍馬防設奇兵破之，因築此城也。

寧塞郡東至西平郡龍支縣二百九十里。南至宣威守捉使二百九里。西至積石軍一百八十里。北至西平郡一百八十里。東南到安鄉郡三百九十里。西南到積石軍一百六十一里。〔二六〕西北到西平郡鄯城縣二百八十里。東北到西平郡龍支縣三百九十四里。去西京二千三十里，去東京二千八百七十三里。戶四千一百七十，口二萬九千七百二十三。

廓州今理廣威縣。古西羌地。後漢延熹中，諸羌與澆河大豪寇張掖，〔二七〕段熲斬澆河大帥於其地，遂定西羌是也。漢末屬西平郡。前涼以其地爲湟河郡。後魏屬鄯州。後周武帝逐吐谷渾，又得地，置洮河郡，兼置廓州以領之。隋初廢，煬帝初州廢，置澆河郡。大唐復爲廓州，或爲寧塞郡。領縣三：

廣威後魏石城縣。開元初改焉。有拔延山，隋煬帝征吐谷渾，經此山。

達化後周置。賀蘭山澆河城即晉時吐谷渾王阿豺所築，在縣西一百二十里。又有洪濟鎮，後周武帝逐吐谷渾築，在縣西二百七十里是。

米川貞觀初置，兼置米州。十年罷州，縣仍舊。

西平郡東至金城郡廣武縣一百一十三里。南至寧塞郡一百八十里。西至綏戎硤舊吐谷渾界一十里。北至武威郡昌松縣南界一百四十二里。東南到安鄉郡鳳林縣故城二百八十里。〔二八〕西南到寧塞郡廣威縣故承風吐谷渾界三百一十三里。〔二九〕西北到木昆山舊吐谷渾界一百九十五里。東北到金城郡廣武縣故長城界二百一十七里。去西京一千九百九十三里，去東京二千七百四十九里。户五千七百九十四，口二萬八千六百九十九。〔三〇〕

鄯州今理湟水縣。古西羌所居，謂之湟中地。漢時霍去病破匈奴，逐諸羌及渡河湟，築令居塞，即其地，屬金城郡。令音零。後漢建安中，置西平郡。晉因之。永嘉後，禿髮烏孤初稱西平王，其弟利鹿孤復都西平，即此地也。後魏置鄯州。後周置樂都郡。隋初郡廢，置鄯州；煬帝初州廢，置西平郡。大唐因之。領縣三：

湟水後魏置西都縣，隋改焉。湟中，月支胡所居，即在此。有湟水，一名湟河，亦名樂都水。漢破羌縣故城在今縣西。有浩亹河，在縣西北，自吐蕃界流來。

龍支漢允吾縣地。後漢爲龍耆縣。後魏改焉。積石山在今縣南，即尚書禹貢云「導河積石」。

鄯城漢西平郡故城在西。

武威郡東至會寧郡六百里。〔三一〕南至西平郡浩亹河二百六十里。西至張掖郡五百里。北至突厥界安蓋泉五百八十里。東南到金城郡五百四十里。西南到張掖郡張掖縣界陳北烽三百七十里。〔三二〕西北到張掖郡六百里。東北到會寧郡烏蘭縣界白鹿烽三百五十里。〔三三〕去西京二千一十里，〔三四〕去東京二千八百七十里。户二萬五千六百九十三，口一十二萬八千一百九十二。

涼州今理姑臧縣。周時爲狄地。〔三五〕秦興，匈奴既失甘泉，〔三六〕甘泉在今雲陽縣。又使休屠、渾邪王居其地。此河西五郡皆是，不止於武威也。休音許虬反。屠音除。漢武帝開之，置武威郡。漢武初開置張掖、酒泉、燉煌、武威、金城，謂之河西五郡，〔三七〕地勢西北邪出，南隔西羌，通西域，於時號爲斷匈奴右臂。後漢、魏、晉皆因之，魏、晉並置涼州。領郡八，理於此。前涼張軌、後涼呂光並據之。至張天錫，爲苻堅所滅。至呂崇諱，〔三八〕爲姚興所滅。北涼沮渠蒙遜亦遷都於此。至沮渠茂虔，爲後魏所滅。後魏亦爲武威郡。隋煬帝初，復置。大唐初，李軌改焉，據之。及克平，置涼州，或爲武威郡。領縣五：

姑臧漢舊縣。西河舊事曰：〔三九〕「昔匈奴故蓋藏城也。〔四〇〕後人音訛名姑臧。」又有漢鸇陰縣故城，在今縣東南，因水爲名。有猪野澤、古休屠城。

神烏漢鸞烏縣。

番禾漢舊縣。後魏增置張掖郡。天寶中改爲天寶。

昌松漢蒼松縣。吕光改爲昌松。漢允街縣故城在今縣東南，城臨麗水，一名麗水城。〔四一〕允音沿。街亭故城，沮渠蒙遜所築，地勢險隘。

嘉麟

張掖郡東至武威郡五百里。南至雪山以南吐谷渾分界一百三十里。西至酒泉縣四百二十里。北傍張掖河，屈曲過同城鎮，至峽口烽，總三千七十八里。東南到武威郡六百里。西南到酒泉郡福禄縣界赤柳澗三百三十里。〔四二〕西北到酒泉郡福禄縣咸池烽東張掖河三百五里。東北到武威郡番禾縣石硤烽三百七十里。去西京二千五百一十里，去東京三千三百一十里。户六千六百三十九，口二萬三千三百四。

甘州今理張掖縣。禹貢曰「導弱水，至於合黎，餘波入於流沙」，即此地也。合黎水、弱水並在張掖縣界。其北又有居延澤，即古流沙地。又黑水之所出焉。黑水出張掖縣雞山。春秋及秦並爲狄地。漢初爲匈奴所居，武帝開之，置張掖郡。後漢、魏、晉並同。沮渠蒙遜始都於此。號爲北涼。西魏置西涼州，尋改爲甘州。因州東甘峻山爲名。後周置張掖郡。隋初廢，煬帝初復置。大唐爲甘州，或爲張掖郡。領縣二：

張掖隋舊縣。漢表是縣故城在今縣西北，又曰昭武縣。漢張掖郡城亦在西北。又有漢居延縣城，今在縣東北，即本匈奴中地名也，亦曰居延塞。祁連山，居延海，弱水，合黎水。遮虜障，漢將路博德之所築也。又有甘峻山。臨松山，後魏臨松郡在此。吐蕃贊府，即其郡丞。

删丹漢舊縣。〔四三〕有焉支山。匈奴初失祁連、焉支二山，乃歌曰：「奪我祁連山，使我六畜不繁息。失我焉支山，使我婦女無顏色。」又漢日勒縣故城在東南。

酒泉郡東至張掖郡四百二十里。南至吐蕃界二百里。西至晉昌郡五百二十六里。北至迴紇界伏谷泉三百里。〔四四〕東南到張掖郡界赤柳澗二百里。〔四五〕西南到晉昌郡界安樂烽三百四十里。西北到晉昌郡三百四十里。東北到張掖郡鹹池烽二百三十里。〔四六〕去西京二千九百六十八里，去東京三千七百八十里。户二千一百六，口七千九百一十二。

肅州今理酒泉縣。舊月支地，後匈奴居焉。漢武開之，置酒泉郡。城下有泉，其味如酒。後漢、魏、晉皆因之。西涼武昭王遷都於此。至李歆，爲沮渠蒙遜所滅。後魏亦爲酒泉郡。隋初廢，置肅州；煬帝初州廢，以其地入張掖郡。大唐復置肅州，或爲酒泉郡。領縣三：

酒泉漢福禄縣地。古長城，漢遮虜障也。今縣隋置。有九龍山。崑崙山在縣西南，體如崑崙，故名之，周穆王見王母於此山。漢平帝時，金城塞外羌獻魚鹽之地，遂得西王母石室，以爲西海郡，後爲吐谷渾之國也。隋破吐谷渾，又於其地置西海郡。按漢舊嘗置郡，〔四七〕今郡直北一千二百里也。

福禄崆峒山。舊樂涫縣，武德二年改之。涫音官。

玉門漢舊縣。

晉昌郡東至酒泉郡五百二十六里。南至新鄉鎮一百八十里。西至燉煌郡二百八十里。北至豹門守捉四百五十里。東南到酒泉郡界三百四十里。西南到燉煌郡界一百六十里。〔四八〕西北到伊吾郡界五百里。東北到酒泉郡界三百四十里。去西京三千三百八十四里，去東京四千三百六里。户一千一百六十七，口三千八百六十四。

瓜州今理晉昌縣。古西戎地。戰國時，爲月支所居。秦末漢初，屬匈奴，武帝以後爲燉煌郡地。後漢、魏、晉皆因之。後魏屬常樂、會稽二郡。後周屬會稽郡。苻堅徙江漢之人萬餘户於燉煌，中州人有田疇不闢者亦徙七千餘户。涼武昭王遂以南人置會稽郡，以中州人置廣夏郡。後周因舊名置晉昌郡。隋廢之，以屬燉煌郡。大唐置瓜州，古瓜州，說在燉煌郡。〔四九〕或爲晉昌郡。領縣二：

晉昌漢冥安縣地。武德四年改置。今縣北有伊吾故城、白水。有崑崙障，漢宜禾所居，故城在縣界。後魏明帝正光中置會稽郡即於此。〔五〇〕

常樂漢廣至縣地，故城在東。武德五年置。

燉煌郡東至晉昌郡二百八十里。南至故南口烽二百五十里，烽以南吐谷渾界。西至壽昌廢縣中界五十里，以破石亭爲界。〔五一〕北至故鹹泉戍三百三十六里，與伊吾郡分界。東南到晉昌郡界三百五十里。西南到郡廢壽昌縣界三百九十里。〔五二〕西北到河蒼烽二百四十二里，與廢壽昌縣分界。東北到伊吾郡界三百八十六里。去西京三千七百五十九里，去東京四千六百九里。戶六千三百九十五，口三萬二千二百三十四。

沙州今理燉煌縣。昔舜流三苗於三危，即其地也。其後子孫爲羌戎，代有其地。古謂之瓜州，其地多生美瓜，故曰瓜州。至今猶出大瓜，長者，狐入其中，首尾不出。左傳所説「允姓之戎，居於瓜州」是也。戎子名駒支也。亦古流沙地。其沙風吹流行，在郡西八十里。又黑水之所經焉。黑水自北而南，經三危，過梁州，入南海。秦及漢初，爲月支、匈奴之境。武帝開其地，後分酒泉置燉煌郡。燉，大。煌，盛也。後漢、魏、晉皆因之。涼武昭王始都於此。後魏、後周並爲燉煌郡。隋初廢，置瓜州；煬帝初廢州，復置燉煌郡。大唐爲沙州，或爲燉煌郡。領縣二：

燉煌漢舊縣。三危山在東南，山有三峰。有鳴沙山，渥洼水。漢武帝元鼎中，南陽新野人暴利長遭刑，屯田於此水邊，見羣野馬來飲，中有奇者。先作土人持勒靽立，〔五三〕後馬翫習。〔五四〕久之，利長因代土人，收得馬以獻帝。〔五五〕欲神異之，云從水中出，於是作天馬之歌也。

壽昌漢龍勒縣地。陽關居玉門關之南。玉門故關，漢置也。二關之西三百餘里，有蒲昌海，一名鹽澤，廣袤三四百里，則葱嶺于闐兩河之所注。

伊吾郡東至晉昌郡界六百四十里。南至燉煌郡界一百四十里。〔五六〕西至交河郡七百五十里。北至伊吾郡界三百里，北戎界。〔五七〕東南到燉煌郡磧，無行路馬道，到晉昌郡界不知遠近。西南到燉煌郡磧，無路馬道。西北到折羅漫山一百四十六里，其山北有大川連大磧，入金山哥羅祿住處。東北到折羅漫山三百四十里，其山北有大川入迴紇界，〔五八〕馬行三十日，無里數。

伊州今理伊吾縣。去西京四千八百里，去東京五千六百五十里。户二千二百二十七，〔五九〕口八千七百五十六。在燉煌北大磧之外，爲戎狄之地，非九州之限。後漢明帝始征取伊吾盧地，即此也。爾後多爲屯田兵鎮之所，未爲郡縣。後魏始置伊吾郡，後又爲戎胡所據。至大唐貞觀初，内附，乃置伊州，或爲伊吾郡。領縣二：

伊吾漢置伊吾屯田。後魏爲縣。有天山，匈奴過之，皆下馬拜。一名雪山。

納職貞觀四年置。伊吾匈奴中地名，在此縣界。後漢破匈奴呼衍王，取其地，置宜禾都尉，以爲屯田，今伊吾故城是。

交河郡東至伊吾郡七百五十里。南至三百五十里，過荒山千餘里至吐蕃。〔六〇〕西至焉耆鎮守軍七百一十里。〔六一〕北至北庭都護府四百五十里。東南到燉煌郡千一百里。西南到焉耆七百十里。西北到北庭輪臺縣五百四十里。東北到伊吾郡八百四十里。去西京五千二百六十五里，〔六二〕去東京六千二百一十五里。户一萬一千一百九十三，口五萬三百一十四。

西州今理高昌縣。漢時車師前王之庭，漢元帝所置戊己校尉故地。因興師西討，軍中羸憊者留居之地，形高敞，遂名高昌壘。有八城，本中國人也。前涼張駿置高昌郡。其後後魏有之，〔六三〕後又屬蠕蠕，而兖反。其後麴嘉稱王於此數代。至大唐貞觀十四年，討平之，以其地爲西州，本高昌國界，東西八百里，南北五百里，墾田九百頃。置都督府，後改爲金山都護府，〔六四〕或爲交河郡。領縣五：

高昌

交河貞觀中置。交河水流出縣地。天山一名祁連山，今名折羅漫山。

柳中漢舊地名，與交河同置。

蒲昌與交河同置。東南有舊蒲類海，今名婆悉海。

天山與交河同置。

北庭府東至伊吾郡界六百八十里。南至交河郡界四百五十里。西至突騎施三千六百八十里。北至堅昆七千里。東南到伊吾郡界六百八十里。西南到焉耆鎮守軍八百七十里。西北到突騎施三千一百八十里。東北到迴紇界一千七百里。去西京六千一百三十里，去東京六千八百七十六里。户二千三百九十八，口九千七百一十五。

庭州今理金滿縣。在流沙之西北，前漢烏孫之舊壤，後漢車師後王之地。〔六五〕歷代爲胡虜所居。大唐貞觀中，征高昌。於時西突厥屯兵於可汗浮圖城，與高昌相影響。及高昌既平，懼而來降，以其地爲庭州，後置北庭都護府。領縣三：

金滿

蒲類蒲類海一名婆悉海。有天山，自伊吾郡界入。

輪臺其三縣並貞觀中平高昌後同置。

安西府東至焉耆鎮守軍八百里，去交河郡七百里。南至吐蕃界八百里。西至疎勒鎮守捉軍三千里，去葱嶺七百里。北至突騎施界鷹娑川一千里。〔六六〕東南到吐蕃界屯城八百六十里。西南到于闐二千里。西北到疎勒二千里。〔六七〕東北到北庭府二千里。去西京七千六百里，去東京八千三百三十里。户一萬一千一百六，口六萬三千一百六十八。

安西都護府，本龜茲國也。大唐明慶中置。〔六八〕貞觀中，初置安西都護府於西州；明慶中，移於龜茲城。東接焉耆，西連疎勒，西去葱嶺七百里。南隣吐蕃，北拒突厥。

風俗

雍州之地，厥田上上，鄠杜之饒，號稱「陸海」，言其高陸物産，如海之無所不出。四塞爲固，被山帶河。秦氏資之，遂平海内。漢初，高帝納婁敬説而都焉。田肯賀帝曰：「治秦甚善。秦形勝之國，懸隔千里，所謂天府，故曰秦得百二焉。其下兵諸侯，猶居高屋上建瓴水也。」〔六九〕又徙齊諸田，楚昭、屈、景，燕、趙、韓、魏之後及豪族名家於關中，强本弱末，以制天下。自是每因諸帝山陵，則遷户立縣，率以爲常。故五方錯雜，風俗不一。漢朝京輔，稱爲難理。其安定、彭原之北，汧陽、天水之西，接近胡戎，多尚武節。自東漢、魏、晉，羌氐屢擾，旋則苻姚迭據，五涼更亂，三百餘祀，戰争方息。帝都所在，是曰浩穰。其餘郡縣，習俗如舊。

議曰：按水經云「崑崙墟在西北，去嵩高五萬里，地之中也。其高萬一千里，河水出其東北陬，屈從其東南流，入於渤海。又出海外，南至積石山下，有石門。又南入蔥嶺山，又從蔥嶺出而東北流。其一源出于闐國南山，北流與蔥嶺所出河合。又東注蒲昌海，又東入塞，過燉煌、酒泉、張掖郡南，又東過隴西河關縣北」云云。按水經，晉郭璞注三卷，後魏酈道元注四十卷，〔七〇〕皆不詳所撰者名氏，亦不知何代之書。佑謂二子博贍，解釋固應精當，訪求久之方得。又其經云「濟水過壽張」，則前漢壽良縣，光武更名。又「東北過臨濟」，則前漢狄縣，安帝更名。又云「菏水過湖陸」，〔七一〕則前漢湖陵縣，章帝更名。又云「汾水過河東郡永安」，則前漢彘縣，順帝更名，故知順帝以後纂序也。詳水經所作，殊爲詭誕，全無憑據。按後漢郡國志，濟水，王莽末因旱渠塞，不復截河南過。既順帝時所撰，都不詳悉，其餘可知。景純注解又甚疏略，亦多迂怪。水經所云河出崑崙山者，宜出於禹本紀、山海經，所云「南入蔥嶺」及「出于闐南山」者，出於漢書西域傳，而酈道元都不詳正。所注河之發源，亦引禹紀、山經、釋法明國諱改焉〔七二〕遊天竺紀、釋氏西域紀。所注南入葱嶺，一源出于闐山，合流入蒲昌海，雖約漢書，亦不尋究。又水經云：「出海外，南至積石山下，有石門，然後南流入蔥嶺。」據此，則積石山當在蔥嶺之北。又云「入塞，過燉煌、酒泉、張掖郡南」，並今郡地也。夫山水地形，固有定體。自蔥嶺、于闐之東，燉煌、酒泉、張掖之間，華人來往非少。從後漢至大唐，圖籍相承，注記不絕。大磧距數千里，未有桑田碧海之變，陵遷谷移之談，此處豈有河流，纂集者不詳斯甚。又按「禹導河積石」者，堯時洪水，下民昏墊，禹所開決，本救人患。積石之西，砂鹵之地，河流小，地勢復高，不爲人患，不惡疏鑿，以此施功發跡，自積石山而東，則今西平郡龍支縣界山是也，固無禹理水之功。自蔥嶺之北，其本紀灼然荒唐，撰經者取爲準的。班固云「言九州者尚書近之矣」，誠爲愜當。其漢書西域傳云：「河水一源出蔥嶺，一源出于闐，合流東注蒲昌海，皆以潛流地下，南出積石爲中國河云。」比禹紀、山經，猶校附近，終是紕繆。按此宜唯憑張騫使大夏，見兩道水從蔥嶺、于闐合流入蒲昌海，其于闐出美玉，所以騫傳遂云窮河源也。按古圖書名河所出曰崑崙山，疑所謂古圖書即禹本紀，以于闐山出玉，乃謂之崑崙，即所出便云是河也。窮究諸說，悉皆謬誤。孟堅又以禹貢云「導河自積石」，遂疑潛流從此方出。且漢時羣羌種衆雖多，不相統一，未爲强國，漢家或未嘗遣使詣西南羌中，或未知自有河也。寧有今吐蕃中河從西南數千里向東北流，見與積石山下河相連，聘使涉歷，無不言之。吐蕃自云崑崙山在國中西南，則河之所出也。又按尚書云：「織皮，崑崙、析支、渠搜，西戎即敍。」又范曄後漢書云：「西羌在漢金城郡之西，南濱於賜支。」續漢書曰：「河關西可千餘里，有典羌，謂之賜支，蓋析支也。」然則析支在積石之西，是河之上流明矣。崑崙在吐蕃中，當亦非謬。而不謂河之本源，乃引葱嶺、于闐之河，謂從蒲昌海伏流數千里，至積石方出，斯又班生之所未詳也。佑以水經僻書，代人多不之覩，或有好事者於諸書中見有引處，謂其審正，此殊未之精也。不揆淺昧，考諸家之説，辯千古訛舛，是故曲折言之。又按禹本紀、山海經，不知何代之書，詳其恢怪不經，宜夫子删詩書以後尚奇者所作，〔七三〕或先有其書，如詭誕之言，必後人所加也，若古周書、吴越春秋、越絶書諸緯書之流是矣。而後代纂録者，務廣異聞，如范曄敍蠻夷廩君、盤瓠之類是也。輒以愚管所窺，宜皆不足爲據。然去聖久遠，雜説紛紜，非夫宣尼復生，重爲删革，則何由詳正？縱有精鑒達識之士，抗辯古釋今之論，或未能振頽波、遏横流矣。而撰水經者，亦同蔚宗之旨趣乎？〔七四〕冀來哲之見知也。

或曰：「昔秦以區區關中，滅六强國，今萬方財力，上奉京師，外有犬戎憑陵，城陷數百，内有兵革未寧，年將三紀，豈制置異術而古今殊時者乎？」答曰：「按周制，步百爲畝，畝百給一夫。即一頃也。商鞅佐秦，以一夫力餘，地利不盡，於是改制二百四十步爲畝，百畝給一夫矣。又以秦地曠而人寡，晉地狹而人稠，誘三晉人發秦地利，優其田宅，復及子孫。而使秦人應敵於外，非農與戰，不得入官。大率百人則五十人爲農，五十人習戰，兵强國富，職此之由。其後仕宦之途猥多，道釋之教漸起，浮華浸盛，末業日滋。今大率百人方十人爲農，無十人習戰，其餘皆務他業。以今准古，〔七五〕損益可知。又秦開鄭渠，溉田四萬頃。漢開白渠，復溉田四千五百餘頃。關中沃衍，實在於斯。聖唐永徽中，兩渠所溉，唯萬許頃。洎大曆初，又減至六千二百餘頃，比於漢代，減三萬八九千頃。每畝所減石餘，即僅校四五百萬石矣。地利損耗既如此，人力散分又如彼，欲求强富，其可得乎！昔漢文之時，長安之北七百里外，即匈奴之地，控弦數十萬騎，侵掠未嘗暫寧。計其舉國人衆，不過漢一大郡。鼂錯請備障塞，北邊由是獲安。今自潼關之西，隴山之東，鄜坊之南，終南之北，才十餘州地，已數十萬家。吐蕃雖强，陷覆河隴，竊料全國，尚未敵焉。況緜力薄才，食鮮藝拙，比之華人，殊不侔矣。徒以令峻而衆心齊一，馬多而競逐莫及。誠能復兩渠之饒，究浮食之弊，恤農夫，誘其歸，趣撫戰士，勵其勳伐，酌鼂錯之策，〔七六〕擇險要之地，繕完城壘，用我所長，漸開屯田，更蓄財力，將冀收復河隴，豈唯自守而已哉！加以幅圓萬里之所資，〔七七〕宣布皇王之大政，則何嚮不濟、何爲不成者乎！」

或又曰：「關中寓内西偏，天下勞於轉輸。洛陽宫室正在土中，周漢以還，多爲帝宅、皇輿巡幸之處。則是國都何必重難遷移，密邇勍寇，擇才留鎮，以息人勤，自然無虞，孰不慶幸。」答曰：「古今既異，形勢亦殊。當周之興也，雖定鼎郟鄏，而王在鎬京。幽王之亂，平王東徙，始則晉、鄭夾輔，終乃齊、晉主盟，咸率諸侯，共尊王室，猶有請隧之僭，中肩之師。東漢再興，巨寇皆殄。魏晉以降，理少亂多。今咸秦陵廟在焉，勝兵計數十萬，海內財力，雲奔風趨，儻議遷都，得非蹙國，斯乃示弱天下，何以統臨四方。洛陽地堉，凋弊尤甚，萬乘所止，千官畢臻，樵牧難資，稾秸難贍，又無百二之固，慮啟姦宄之心，豈得舍安而就危，棄大而從小也！漢高初平項羽，將宅洛師，婁敬請居關中，張良贊成其計，田肯稱賀，方策備存。武德中，突厥牙帳在於河曲，數十萬騎將過原州，時以傷夷未平，財力且乏，百辟卿士震恐，皆請遷都山南。太宗獻計，固争方止，永安宗社，實賴聖謨。」

議者又曰：「洛陽四戰之地，既將不可，蒲坂虞舜舊國，表裏山河，江陵亦嘗設都，控壓吳蜀。遠道避翟，寧不堪居？」答曰：「蒲坂土瘠人貧，困竭甚於洛邑；江陵本非要害，梁主數歲國亡。夫臨制萬國，尤惜大勢。秦川是天下之上腴，關中爲海内之雄地。巨唐受命，本在於兹。若居之則勢大而威遠，舍之則勢小而威近，恐人心因斯而摇矣，非止於危亂者哉，誠繫興衰，何可輕議。」

校勘記

〔一〕西北到會寧郡五百一十里東北到平涼郡四百七十五里　原「會寧郡五百一十里」與「平涼郡四百七十五里」互相倒誤，今據太平寰宇記卷一五三乙改。

〔二〕户二萬五千六百五　「二萬」原作「一萬」，據傅校本、明抄本改。「六百五」原作「六十五」，據傅校本、明刻本、朝鮮本改。

〔三〕晉分爲天水及略陽二郡兼置秦州　「略陽」原訛作「武陽」。晉書地理志上四三五頁秦州有略陽郡，與武陽郡。魏書地形志下二六一〇頁略陽郡：「晉武帝分天水置。」太平寰宇記卷一五〇秦州下云：「晉屬天水、略陽二郡。」今據改。

〔四〕段谷泉　原訛「葭谷白水」，據傅校本、明刻本、朝鮮本、王吴本改正。

〔五〕明親縣故城　「明親」後漢書郡國志五三五一七頁作「顯親」。通典避中宗諱改。

〔六〕其山亦入今平涼郡界　「入」原作「在」，據傅校本、明抄本改。

〔七〕街泉亭　原訛作「街亭泉」，據後漢書郡國志五三五一七頁及傅校本、明刻本、朝鮮本、王吴本乙改。

〔八〕謖所六反　「六」原訛「七」，王吴本、殿本亦然。據傅校本、明刻本、朝鮮本改正。

〔九〕南至同谷郡　按：同谷郡在隴西郡東南。

〔一〇〕北至金城郡　按：金城郡在隴西郡西北。

〔一一〕立南安郡於此　「立」上殿本、局本有「晉」。今據傅校本、明抄本、明刻本、朝鮮本、王吳本刪。

〔一二〕南至隴西郡　按：隴西郡在金城郡東南。

〔一三〕蓋取皋蘭山爲名　「皋蘭」原誤倒，據朝鮮本乙正。按：元和郡縣志卷三九、舊唐書地理志三一六三四頁、新唐書地理志四一〇四二頁、太平寰宇記卷一五一均作「皋蘭」。

〔一四〕北阻大河　「河」原訛「洞」，據諸本改。

〔一五〕故能强大　原「能」下誤衍「美」，據後漢書西羌傳二八八五頁刪。

〔一六〕允音沿　漢書地理志下一六一一頁應劭、孟康注並謂「允音鈆」。

〔一七〕南至金城郡　按：金城郡在會寧郡西南。

〔一八〕西至武威郡　按：武威郡在會寧郡西北。

〔一九〕北至靈武郡　按：靈武郡在會寧郡東北。

〔二〇〕北至西平郡　按：西平郡在安鄉郡西北。

〔二一〕西南到臨洮郡　按：臨洮郡在安鄉郡南。

〔二二〕妙才討平　原作「曹公遣夏侯妙才討平之」，且是正文大字，今據傅校本、明抄本、明刻本、朝鮮本刪六字，留「妙才討平」，並改爲小字側注。

〔二三〕西北到千旭戍界一百八十里　「千旭戍」原訛作「一千戍旭」，明刻本、朝鮮本、王吳本訛作「戎旭」，今據太平寰宇記卷一五四訂改。「八十」原作「六十」，據明抄本、明刻本、朝鮮本改。

〔二四〕二千三百九十六里　「六」原作「八」，據傅校本、明抄本、明刻本、朝鮮本改。

〔二五〕一百七十六里　「六」原作「九」，據傅校本、明抄本、明刻本、朝鮮本改。

〔二六〕西南到積石軍　按：積石軍在寧塞郡正西。

〔二七〕諸羌與澆河大豪寇張掖　舊唐書地理志三一六三八頁、通考輿地考八同。後漢書段熲傳二一四六頁「澆河」作「燒何」。

〔二八〕東南到安鄉郡鳳林縣故城　「安鄉」原訛「安西」，今據太平寰宇記卷一五一並參照中國歷史地圖集第五册隴右道東部圖訂改。

〔二九〕西南到寧塞郡廣威縣故承風吐谷渾界　「廣威」原訛「廣城」，據太平寰宇記卷一五一改。「故承風」王吳本、殿本、局本作「故城」，非通典之舊，今據傅校本、明抄本、明刻本、朝鮮本及太平寰宇記改回。「風」疑「烽」之音訛。

〔三〇〕口二萬八千六百九十九　原脱「百九」，據明抄本、朝鮮本、王吳本補。按：朝鮮本、王吳本無下「九」字，明抄本有。

〔三一〕東至會寧郡　按：會寧郡在武威郡東南。

〔三二〕三百七十里　「三」原作「二」，據傅校本、明抄本及太平寰宇記卷一五二改。

〔三三〕東北到會寧郡烏蘭縣界　按：會寧郡烏蘭縣在武威郡東南。

〔三四〕二千一十里　「一」原作「二」，據傅校本、明抄本改。

〔三五〕周時爲狄地　傅校本、明刻本、朝鮮本「時」作「衰」。

〔三六〕匈奴既失甘泉　傅校本、明抄本「失」作「室」。

〔三七〕漢武初開置張掖酒泉燉煌武威金城謂之河西五郡　據漢書昭帝紀二二四頁、地理志下一六一〇頁、西域傳上三八七三頁載，張掖、酒泉、燉煌、武威四郡爲漢武帝所置，而金城郡則係漢昭帝始元六年置。

〔三八〕至呂崇諱　晉書卷一二二三〇六九頁作「呂隆」，通典避玄宗諱，改作「呂崇」。

〔三九〕西河舊事　「西河」原誤倒作「河西」。漢書西域傳上師古注三八七一頁、後漢書竇融傳李賢注八〇五頁俱引作「西河舊事」，今據乙正。

〔四〇〕昔匈奴故蓋藏城也　王吴本及元和郡縣志卷四〇一〇一九頁、太平寰宇記卷一五二「藏」作「臧」。

〔四一〕涼州昌松漢允街縣故城在今縣東南臨麗水一名麗水城　「允街」原訛「允衙」，據太平寰宇記卷一五一涼州昌松條改正。按：後漢書明帝紀李賢注九八頁云：「允街，縣名也。在今涼州昌松縣東南，城臨麗水，一名麗水城。」又云：「允吾，縣名，故城在今蘭州廣武縣西南。」吾衙同。允衙、允街皆漢縣名。允衙故城在唐蘭州境内，而允街故城在唐涼州境内。

〔四二〕西南到酒泉郡福禄縣界　按：酒泉郡福禄縣在張掖郡西北。福禄縣南界在張掖郡正西。

〔四三〕漢舊縣　「漢」上原有「後」，誤，今删。按：漢書地理志下一六一三頁張掖郡屬縣已有删丹。

〔四四〕伏谷泉　「谷」明刻本、朝鮮本作「浴」，王吴本、殿本、局本作「洛」，今據明抄本及太平寰宇記卷一五二改。

〔四五〕二百里　太平寰宇記卷一五二作「三百里」。

〔四六〕東北到張掖郡鹹池烽　「鹹」太平寰宇記卷一五二作「鹽」。按：鹹池烽在酒泉郡正東。

〔四七〕按漢舊嘗置郡　「按」原作「即」，「嘗」原作「常」，「郡」下原有「之地」，據太平寰宇記卷一五二改删。按：傅校本、明抄本、明刻本、朝鮮本無「之地」。

〔四八〕燉煌郡界　原無「界」，據上下文例增。

〔四九〕説在燉煌郡　「在」原作「見」，據傅校本、明抄本、明刻本、朝鮮本改。

〔五〇〕即於此　「即」原脱，據傅校本、明抄本補。

〔五一〕破石亭　「石」原作「若」，據太平寰宇記卷一五三改。

〔五二〕郡廢壽昌縣　「郡」原無，據傅校本、明抄本、明刻本、朝鮮本補。

〔五三〕中有奇者先作土人持勒靽立　「者」原訛「名」，「先」原訛「羌」，據朝鮮本及太平寰宇記卷一五三改。

〔五四〕後馬翫習　「翫」原作「靽」，涉上而誤。今參照太平寰宇記卷一五三訂改。

〔五五〕收得馬以獻帝　「收」原訛「牧」，據朝鮮本及太平寰宇記卷一五三改。

〔五六〕一百四十里　「一」原訛「七」，據傅校本、明刻本、朝鮮本、王吳本改。

〔五七〕北戎界　「戎」原作「賊」，據太平寰宇記卷一五三改。

〔五八〕東北到折羅漫山三百四十里其山北有大川　「三」原作「二」，「其山」下原衍「川」，據太平寰宇記卷一五三改删。按：傅校本、明刻本作「三」，朝鮮本不衍「川」字。

〔五九〕户二千二百二十七　「二十七」原作「三十七」，據傅校本、明刻本、朝鮮本改。

〔六〇〕南至三百五十里過荒山千餘里至吐蕃　朝鮮本「過荒山」作「荒過山」。太平寰宇記卷一五六作「南三百六十里至荒過山又千餘里至吐蕃」。

〔六一〕西至焉耆鎮守軍七百一十里　「鎮」原脱，據傅校本、明抄本、明刻本、朝鮮本及太平寰宇記卷一五六補。

〔六二〕五千二百六十五里　「二百」原作「三百」，據傅校本、明刻本、朝鮮本、王吴本改。

〔六三〕其後後魏有之　原脱一「後」，今增。

〔六四〕金山都護府　「山」原訛「由」，據諸本改。

〔六五〕後漢車師後王之地　「地」明刻本、朝鮮本作「國」。

〔六六〕北至突騎施界鷹娑川一千里　檢中國歷史地圖集第五册隴右道西部圖，安西府至鷹娑川約三百里。

〔六七〕西北到疎勒二千里　「二」原作「一」，據傅校本改。按：疎勒在安西府之西南。此云西北，不確。

〔六八〕大唐明慶中置　「明」原作「顯」，據傅校本、明抄本、明刻本、朝鮮本改。下同。通典例避中宗諱而改「明」。

〔六九〕猶居高屋上建瓴水也　「上」原脱，據傅校本、明抄本、明刻本、朝鮮本補。

〔七〇〕後魏酈道元　傅校本、明抄本、明刻本、朝鮮本無「道」字。下同。

〔七一〕荷水　傅校本、明抄本、明刻本、朝鮮本作「荷水」，王吳本作「河水」。

〔七二〕釋法明國諱改焉　法明即指法顯，通典避中宗諱而改作「法明」。「國諱改焉」原爲正文大字，今據本書注例，改爲注文小字。

〔七三〕宜夫子删詩書以後尚奇者所作　「宜」原作「疑」，王吳本、殿本亦然。據傅校本、明抄本、明刻本、朝鮮本改。

〔七四〕亦同蔚宗之旨趣乎　「乎」明刻本、王吳本、殿本、局本作「以」，屬下爲讀。今據傅校本、明抄本、朝鮮本改「乎」。

〔七五〕以今准古　「准」王吳本、殿本、局本作「推」，今據傅校本、明刻本、朝鮮本改「准」。

〔七六〕酌晁錯之策　「酌」明刻本、王吳本、殿本、局本作「行」。今據傅校本、明抄本、朝鮮本改。

〔七七〕加以幅圓萬里之所資　「圓」原訛「幁」，據朝鮮本、王吳本改正。

王文錦點校

通典卷第一百七十五

州郡五

古梁州上今置郡府二十六　縣一百三十六

漢中梁六縣南鄭　褒城　城固　金牛　西縣　三泉

洋川洋五縣西鄉　興道　黄金　洋源　華陽

上洛商五縣上洛　上津　商洛　豐陽　洛南

安康金六縣西城　石泉　安康　洵陽　淯陽　平利

房陵房四縣房陵　竹山　永清　上庸

通川通七縣通川　三岡　石鼓　宣漢　新寧　永穆　東鄉

潾山渠四縣流江　潾水　潾山　渠江

南平渝四縣巴　江津　南平　萬壽

涪陵涪四縣涪陵　武龍　樂温　賓化

南川南二縣南川　三溪

瀘川瀘六縣瀘川　富義　江安　綿水　涇南　合江

清化巴十縣化城　清化　曾口　始寧　其章　歸仁　恩陽　盤道　七盤　大牟

始寧壁四縣諾水　廣納　白石　東巴

咸安蓬七縣大寅　儀隴　伏虞　咸安　大竹　良山　宕渠

符陽集三縣難江　符陽　地平

巴川合六縣石鏡　漢初　銅梁　赤水　巴川　新明

南賓忠五縣臨江　豐都　墊江　南賓　桂溪

南浦萬三縣南浦　梁山　武寧

閬中閬九縣閬中　蒼溪　晉安　西水　奉國　南部　新井　新政　岐坪

南充果六縣南充　西充　相如　流溪　岳池　朗池

安岳普六縣安岳　安居　普康　樂至　崇龕　普慈

盛山開三縣盛山　萬歲　新浦

雲安夔四縣奉節　雲安　巫山　大昌

犍爲嘉八縣龍游　玉津　夾江　峩眉　犍爲　平羌　羅目　綏山

陽安簡三縣陽安　金水　平泉

仁壽陵六縣仁壽　唐福　貴平　井研　始建　籍

古梁州

禹貢曰：「華陽黑水惟梁州，孔安國以爲東據華山之南，西距黑水也。又曰：「導黑水，至于三危，入于南海。」孔安國注云：「黑水自北而南，經三危，過梁州，入南海。」鄭玄云：「按三危在鳥鼠之西，而南當岷山，又在積石之西，南當黑水祠，黑水出其南脇。」此云經三危，彼云其出，明其乖戾。又按漢書地理志，益州郡滇池有黑水祠，而不記山之所在，即今中國無之矣。又按酈道元注水經，鋭意尋討，亦不能知黑水所經之處。顧野王撰輿地志，以爲至僰道入江，其言與禹貢不同，未爲實録。至於孔、鄭通儒，莫知其所，或是年代久遠，遂至堙涸，〔一〕無以詳焉。滇音顛。岷、嶓既藝，沱、潛既道，岷山在今通化郡汶山縣，嶓山在今漢中郡金牛縣也。言水已去，二山之土皆可種藝，沱、潛二水理從故道也。沱水在今濛陽郡唐昌縣。潛水未詳。蔡、蒙旅平，和夷厎績，蔡、蒙，二山名。旅，陳也。旅平，言已平理而陳祭也。和夷，地名，亦已致功可耕稼也。蒙山在盧山郡。蔡山未詳。厥土青黎。」色青而細疏也。自漢川已下諸郡，皆其封域。舜置十二牧，梁州其一也。以西方金剛，其氣强梁，故曰梁州。周禮以梁州併雍州。梁州當夏殷之間爲蠻夷之國，所謂巴賨彭濮之人也。或曰：蜀之先帝嚳封其支庶於蜀，其後稱王，長曰蠶叢，次曰伯雍，次曰魚鳧。周末，秦惠王使司馬錯伐蜀，有其地，於天文兼參之宿，亦秦之分野，漢之巴、蜀、廣漢、犍爲、武都、牂柯、越巂等郡，今通川、潾山、南平、涪陵、南川、瀘川、清化、始寧、咸安、符陽、巴川、南賓、南浦、閬中、南充、安岳、盛山、雲安、犍爲、陽安、仁壽、通義、和義、資陽、南溪、武都、河池、同谷、順政、陰平、江油、〔二〕益昌、普安、巴西、梓潼、遂寧、蜀郡、德陽、濛陽、唐安、臨邛、盧山、通化、臨翼、越巂、雲南等郡皆是。漢之弘農郡西南境，今上洛郡。又得楚之交。漢之漢中，今漢中、洋川、安康、房陵等郡，並宜屬楚。秦平天下，置郡爲漢中、今漢中、洋川、安康、房陵等郡地也。巴、今通川、潾山、南平、涪陵、南川、瀘川、清化、始寧、咸安、符陽、巴川、南浦、閬中、南充、盛山、雲安、安岳之東境皆是。蜀，今巴西、普安、梓潼、遂寧、益昌、蜀郡、德陽、濛陽、唐安、臨邛、盧山等郡地並是。隴西郡之南境，今河池郡。內史之南境。今上洛郡。其餘土境，自漢以後，歷代開拓氐羌戎夷之地。今犍爲、陽安、安岳之西境、仁壽、通義、和義、資陽，皆故夜郎侯國；南溪，僰侯國：並漢武帝開之，置犍爲郡。今武都、同谷、順政、懷道、同昌、陰平、江油、交川、合川、通化、臨翼、江源、歸誠、靜川、蓬山、恭化、維川、雲山、越巂、雲南、洪源等郡，即漢以後所開拓也。漢武帝置十三州，此爲益州，領郡八。益之爲言隘也，言其地隘險。亦曰疆壤益大。漢既滅越，而蜀西南夷皆震恐，請吏入朝，遂置益州、越巂等郡。王莽末，公孫述據有其地。後漢建武中，平之，置益州。領郡九，屬國三。理雒，今德陽郡縣。至獻帝末，劉備復據其地。魏末平之，遂分置梁、益二州。晉初因之，益領郡八，理成都。梁領郡八，理南鄭。後又分益州南境置寧州。領郡四，理雲南，即今郡。惠帝以後，李特據之，至穆帝時平之。其後没於苻堅，後又復其地。安帝時，譙縱據之，後又收復。宋梁、益、寧三州並因前代，梁領郡二十，益領郡二十九，寧領郡十五。更置秦州。領郡十四，理南鄭。齊及梁初多因之。梁武帝天監三年，刺史夏侯道遷以所部叛降後魏，南至劒閣，悉失之。後魏得漢中，亦曰梁州。西魏亦因之，復入於梁。西魏大統十二年，爲梁將蘭欽所陷。梁滅，再復其地。將達奚武平漢川，尉遲迥平蜀川。〔三〕自西魏以後，所置州郡，割裂無恒，〔四〕不可詳記。大唐分置十五部，此爲山南西道、漢中、通川、巴川、清化、洋川、順政、河池、益昌、咸安、盛山、始寧、南平、符陽、潾山等郡皆是也。〔五〕山南東道、房陵、南賓、南浦、雲安。劒南道，蜀郡、唐安、濛陽、德陽、通義、梓潼、巴西、普安、閬中、資陽、臨邛、通化、交川、越巂、南溪、遂寧、仁壽、犍爲、盧山、瀘川、陽安、安岳、江源、陰平、同昌、江油、臨翼、歸誠、洪源、静川、恭化、維川、和義、雲山、蓬山、雲安、南充等郡。兼分入京畿、上洛、安康。隴右道同谷、武都、懷道、合川。及黔中道。涪陵、南川。

漢中郡東至洋川郡二百二十里。〔六〕南至符陽郡三百里。西至益昌郡五百里。北至扶風郡六百七十里。東南到洋川郡三百九十里。西南到益昌郡五百里。西北到順政郡二百八十里。東北到洋川郡興道縣界八十六里。去西京，取駱谷路六百五十二里，斜谷路九百三十三里，驛路一千二百二十三里。去東京，取駱谷路一千五百八十里，〔七〕取斜谷一千七百八十九里，驛路二千七十八里。户三萬五千一百六十八，口十四萬五千二百二十九。

今之梁州，理南鄭縣。春秋至戰國並楚地。秦置漢中郡，二漢因之。漢高帝始封之地。後漢末，張魯據其地，改漢中爲漢寧。魏武征漢中，走張魯，復曰漢中郡。後劉備破魏將夏侯妙才，遂有其地，以爲重鎮。先主以魏延，後主以蔣琬、姜維，相繼屯守。後聞魏將鍾會理兵關中，維表請分將護陽平關口，後主不從。魏末平蜀，又置梁州。領郡八。晉、宋、齊、梁皆爲梁州。理於此。晉初領郡八，後領郡二十，宋、齊、梁因之。宋以後更置秦州。亦理於此，領郡十四。漢中常以巴蜀扞蔽，故劉備初得漢中，曰：「曹公雖來，無能爲也。」是以巴蜀有難，漢中輒没。自公孫述、劉備、李雄、譙縱據蜀，漢中皆爲所陷。氐虜鄰接，常爲威禦之鎮。蕭齊明帝初，後魏大將元英率兵十萬，〔八〕通斜谷，圍南鄭，刺史蕭懿守拒百餘日，不拔而退。後魏亦置梁州。梁天監三年，夏侯道遷以州郡入魏，大同初復之。元帝末，又陷於西魏。及漢中郡，西魏因之。後周改曰漢川郡。隋初郡廢，而梁州如故。煬帝初，州廢，復置漢川郡。大唐爲梁州。開元十三年，改褒州，〔九〕或爲漢中郡。領縣六：

南鄭漢舊縣。有梁山、漢水、黄牛山、古白雲縣。漢中郡故城在縣東北。〔一〇〕

褒城漢褒中縣。有褒水、褒谷。又有漢陽平關，在縣西北，即蜀先主破魏軍，殺大將夏侯妙才於此地。有甘泉關，隋置之。

城固漢舊縣。〔一一〕有黑水。

金牛漢葭萌縣地。〔一二〕有嶓冢山，禹導漾水，至此爲漢水，亦曰沔水。顏師古云：「漢上曰沔。」今縣南有故白水關，即漢李固解印綬處。

西縣〔一三〕後魏置嶓冢縣，隋爲西縣。故西樂城在縣西南，諸葛亮所立，甚險固。關城俗名張魯城，在縣西四十里。隋置關在縣西南，今名百牢關。諸葛亮墓在縣東南。

三泉

洋川郡東至安康郡五百里。南至始寧郡六百一十五里。西至漢中郡二百二十里。北至京兆府六百二十一里。東南到通川郡宣漢縣界三百三十一里。西南到符陽郡四百里。西北到漢中郡三百七十里。〔一四〕東北到安康郡安康縣界二百五十一里。去西京一千四百五里，去東京二千二百五十里。户一萬三千八百四十九，〔一五〕口八萬八千三百二十七。〔一六〕

洋州今理西鄉縣。春秋、戰國皆楚地。秦屬漢中郡，二漢因之。三國時，蜀之重鎮。後主劉禪延熙中，遣將軍王平守興勢，魏將曹爽攻圍不尅，即今興道縣。晉、宋、齊、梁亦屬漢中郡。西魏、後周並爲洋州因水爲名及洋川郡。隋初郡廢，煬帝初州廢，併其地入漢川郡。今漢中郡。大唐復置洋州，或爲洋川郡。領縣五：

西鄉漢城固縣地。有洋水。漢班超封定遠侯，故城在今南。晉置西鄉縣。

興道漢城固縣地。今縣城即後魏儻城郡。因自然隴勢，形似盆，緣外險，〔一七〕内有大谷，爲盤道，上數里及門。漢龍亭縣東明月池在其側。後魏置興勢縣。貞觀初改。

黄金漢安陽縣。故黄金城在縣西北八十里，張魯所築。南接漢川，北枕古道，險固之極。西魏置今縣。

洋源漢城固縣地。武德初置縣。

華陽天寶中改爲真符。

上洛郡東至南陽郡六百四十里。南至安康郡七百二十里。西至安康郡七百二十里。北至弘農郡四百里。東南到武當郡豐利縣六百六十里。西南到安康郡七百二十里。西北到華陰郡三百里。東北到弘農郡四百里。去西京三百里，去東京八十六里。户八千六百三十三，〔一八〕口五萬三千七百。

商州今理上洛縣。古商國也。春秋時其地屬晉。所謂晉陰。戰國屬秦，即衞鞅所封商邑也。秦平天下，屬内史地。漢屬弘農郡。後漢屬京兆尹。晉初爲京兆南部，後置上洛郡。後魏因之。西魏又置洛州。後周改爲商州。隋煬帝復置上洛郡。大唐爲商州，或爲上洛郡。領縣五：

上洛漢舊縣。有秦嶺山、熊耳山、洛水、丹水。有商山，亦名地肺山，亦名楚山，四皓所隱。其地險阻。王莽命明威侯王級曰：「繞霤之固，南當荆楚。」繞霤者，言四面塞阨，其道屈曲，〔一九〕水回繞而霤，即今七盤十二繞。〔二〇〕

上津漢長利縣。宋置北上洛郡，梁改爲南洛州，西魏又改爲上州。隋廢。有天柱山。

商洛古商邑，禹所封也。檢地志云商、於中，〔二一〕蓋今南陽郡界。所謂商於地，〔二二〕亦漢商縣地。有武關。

豐陽漢商縣地，衞鞅封在此。

洛南漢上洛縣地，西晉拒陽郡。有玄扈山，〔二三〕有冢嶺山，洛水所出。

安康郡東至武當郡七百二十里。南至雲安郡九百五十四里。西至洋川郡二百里。〔二四〕北至京兆府界五百六十六里。東南到房陵郡五百四十七里。西南到通川郡一千一百里。西北到京兆府長安縣界五百九十里。東北到上洛郡六百六十里。〔二五〕去西京九百九十一里，去東京一千九百五十六里。户一萬三千七百八十六，口七萬七千七百二十五。〔二六〕

金州今理西城縣。虞舜嘗居之，謂之嬀墟。帝王世紀謂之姚墟。本曰嬀汭。戰國時屬楚。秦屬漢中郡，兩漢因之。魏以漢中遺人在東垂者置魏興郡，即其地也。晉、宋、齊皆因之。梁尋改爲南梁州。西魏改置東梁州，後因其地出金，改爲金州。隋初因之，煬帝初改置西城郡。大唐爲金州，或爲安康郡。郡臨漢江。領縣六：

西城漢舊縣。有嬀墟。晉吉挹爲梁州督，爲苻堅所攻，於縣南九里峻山築壘，三年不下。

石泉齊置晉昌郡於此。

安康漢安陽縣，晉改安康縣。

洵陽漢舊縣。有洵水、馬跡山。

淯陽西魏置淯陽郡。後曰黃土，因山爲名也。淯音育。

平利漢西城縣地。武德中置縣。

房陵郡東至襄陽郡四百九十里。南至巴東郡五百里。西至安康郡五百四十九里。北至武當郡二百六十里。東南到襄陽郡界四百九十里。西南到安康郡界五百七十八里。西北到房陵郡界五百四十七里。東北到襄陽郡界一百七十八里。去西京一千三百里，去東京一千一百八十五里。户一萬三千四百四十一，〔二七〕口六萬八百七十九。

房州今理房陵縣。古麇、庸二國之地。麇音君。春秋楚子敗麇師於防渚，即此地也。〔二八〕戰國時楚地。秦滅趙，徙趙王遷於此。其地四塞險固，及平天下，屬漢中郡。兩漢因之。魏文帝置新城郡。蜀將孟達降魏，爲新城守，後叛歸蜀，司馬宣王討平之。晉、宋、齊爲新城、上庸二郡地。梁末置岐州。西魏置光遷國。後周國廢，置遷州。隋煬帝初置房陵郡。大唐武德初，於竹山縣置房州。貞觀十年，移於今所。或爲房陵郡。領縣四：

房陵漢初曰防陵，後改曰房陵縣。有房山、筑水。

竹山古庸國，漢上庸縣。有白馬塞山，孟達嘗登之，嘆曰「此金城千里」。

永清漢房陵縣地。後周爲縣。

上庸漢上庸縣地。

通川郡東至盛山郡三百里。南至南浦郡四百里。西至潾山郡六百里。北至洋川郡一百九十六里。〔二九〕東南到盛山郡三百里。西南到潾山郡六百里。西北到清化郡四百五十里。東北到安康郡一千一百里。去西京，取益昌郡驛路，二千五里；〔三〇〕東取洋川郡駱谷路，約有一千五百七十六里。去東京，取盛山郡下水，經三峽，出江陵、襄陽、南陽、臨汝等郡至東京，水陸相承，二千八百七十五里。户四千四百六十一，口十一萬七千三百六十七。〔三一〕

通州今理通川縣。春秋、戰國時，並屬巴國。秦屬巴郡，二漢因之。晉屬巴西郡。宋、齊爲巴渠郡。梁於此兼置萬州以州内地萬餘頃，因爲名。及東關郡。西魏改爲通州。以居四達之路，故改。隋初郡廢，煬帝初州廢，置通川郡。大唐因之。領縣七：

通川漢宕渠縣之地。後漢分置宣漢縣。隋改之。

三岡

石鼓西魏屬遷州。後周置臨清郡。

宣漢西魏置并州及永昌郡。

新寧

永穆梁置永康縣。隋改之。

東鄉西魏置石州。後周置三巴郡。

潾山郡東至南浦郡四百五十里。南至巴川郡新明縣界百七十里。西至南充郡二百八十里。北至通川郡六百里。東南到涪陵郡二百七十里。西南到南充郡岳池縣界一百二十九里。西北到咸安郡二百里。〔三二〕東北到通川郡六百里。去西京三千二百七十七里，去東京三千一百九里。户五千六百七十六，口一萬五千三百。

渠州今理流江縣。宋、齊以上與通州同。梁置梁州。後魏置流江郡。隋初郡廢，煬帝初置宕渠郡。大唐爲渠州，或爲潾山郡。臨渠口。〔三三〕領縣四：

流江漢宕渠縣，故城在今縣東北，俗號車騎城是也。今縣後周置。

潾水梁置縣及潾州。後魏改爲潾山郡。

潾山梁置。潾水所出。

渠江

南平郡東至涪陵郡四百六十里。南至南川郡二百六十里。西至巴川郡二百里。北至潾山郡四百四十里。東南到南川郡二百九十三里。〔三四〕西南到瀘川郡七百五十里。西北到潾山郡潾水縣二百里。東北到涪陵郡三百七十里。去西京三千二百三十七里，去東京三千四百四十里。户七千三百九十三，〔三五〕口二萬八千九十八。

渝州今理巴縣。古巴國左傳「西巴師侵鄾」，注云：「巴國今江州縣也。其爵曰子。」謂之三巴。三巴記曰：「閬白二水東南流，曲折三迴如巴字，故謂三巴。」秦惠王虜巴王而取其地。秦漢並屬巴郡，晉亦屬巴郡，宋齊因之。梁於此置楚州。隋初改爲渝州，因渝水爲名。煬帝初州廢，置巴郡。大唐爲渝州，或爲南平郡。領縣四：

巴漢江州縣，故城在今縣西。有塗山，又有明月峽，其山上石壁有圓孔，形如滿月，故以爲名。

江津

南平貞觀中置霸州，兼置此縣，後州廢。

萬壽武德三年置縣。〔三六〕

涪陵郡東至南賓郡三百五十里。南至黔中郡三百六十里。西至南平郡四百六十里。北至南賓郡三百九十六里。東南到黔中郡三百六十里。西南到南平郡二百七十里。西北到潾山郡二百七十里。東北到南賓郡三百五十里。去西京二千三百五十七里，〔三七〕去東京三千八十九里。〔三八〕户九千四百五，口四萬四千七百二十三。〔三九〕

涪州今理涪陵縣。涪音符。亦巴國之境，秦、二漢巴郡之鄙也。蜀置涪陵郡，晉因之，宋、齊亦同。隋初屬渝州，煬帝廢渝州，屬巴郡。大唐爲涪州，或爲涪陵郡。領縣四：

涪陵漢舊縣地。〔四〇〕後漢岑彭破公孫述將侯丹於黄石，即此，今謂之黄石灘。〔四一〕

武龍

樂温

賓化以上並武德初置。〔四二〕

南川郡東至南平郡界一十里。南至溱溪郡界五十里。西至南平郡界三百六十里。北至南平郡二百六十里。東南到溱溪郡界三百五十里。西南到溱溪郡界七十里。西北到南平郡二百六十里。東北到南平郡五十七里。去西京三千九百五里，去東京三千六百里。户二千四百七十七，口一萬三百七十五。

南州今理南川縣。亦巴國之地，秦漢巴郡之境。大唐武德三年，置僰州。〔四三〕四年，又改爲南州。或爲南川郡。領縣二：

南川〔四四〕

三溪

瀘川郡東至南平郡七百五十里。南至都寧郡五百二十七里。〔四五〕西至南溪郡三百五十里。北至巴川郡五百九十里。東南到播川郡五百九十里。〔四六〕西南到南溪郡南溪縣一百九十七里。西北到和義郡四百五十里。東北到南平郡七百五十里。去西京三千二百八十四里，去東京四千一百九十六里。户一萬四千七百九十四，〔四七〕口三萬八千一百九十七。〔四八〕

瀘州今理瀘川縣。古巴子之國。秦屬巴郡。漢屬犍爲郡，後漢因之。晉爲江陽郡，宋、齊因之。梁置瀘州。隋初郡廢，煬帝初置瀘川郡。大唐爲瀘州，或爲瀘川郡。領縣六：

瀘川漢江陽縣。〔四九〕

富義有富義鹽井，因爲名。

江安漢江陽縣地。晉置漢安縣。隋改爲今縣。

綿水晉置。

涇南貞觀中置。

合江〔五〇〕

清化郡東至始寧郡一百五十里。南至咸安郡二百一十里。西至閬中郡二百八十里。北至符陽郡二百里。東南到通川郡四百五十里。西南到咸安郡二百二十里。西北到益昌郡三百三十九里。東北到符陽郡一百九十里。去西京一千二百二十五里，〔五一〕去東京二千五百八十二里。户二萬七千七百二十，口八萬六千六。

巴州今理化城縣。古巴國。秦、二漢屬巴郡。晉宋之間爲夷獠所據，不置郡縣。宋末於嶺之南置歸化郡，即今郡是也。齊因之。梁置歸化、木門二郡。〔五二〕後魏得其地，置大谷郡。隋初郡廢，置巴州；煬帝初州廢，置清化郡。大唐因之。領縣十：

化城漢宕渠縣地。後漢置漢昌縣。梁曰大谷。〔五三〕後周改之。

清化漢葭萌縣地。有清水。梁置伏强縣。隋改之。

曾口漢宕渠縣地。梁置今縣。〔五四〕

始寧梁置。

其章漢宕渠縣地。梁置今縣。

歸仁漢宕渠縣地。梁置平州。隋改爲縣。

恩陽漢閬中縣地。隋置今縣。〔五五〕

盤道有龍腹山。梁置難江縣，後魏改之。

七盤

大牟有大牟山。武德元年置縣。

始寧郡東至通川郡一百六十二里。南至郡内廣納縣六十里。西至清化郡一百五十里。北至符陽郡符陽縣界一十里。東南到廣納縣東北界八十里。西南到咸安郡五百六十里。西北到符陽郡五百里。東北到郡内白石縣一百里。去西京二千八十二里，去東京二千九百三十二里。户一萬一千八百二十，口五萬三千六百六十五。

壁州今理諾水縣。歷代與清化郡同。大唐武德八年，分巴州始寧縣之東境置壁州，或爲始寧郡。領縣四：

諸水後魏置。

廣納武德初置。歌籟山在縣東七十里，上有城，極嶮峻。

白石

東巴〔五六〕

咸安郡東至通川郡四百四十里。南至潾山郡七十里。〔五七〕西至閬中郡三百里。北至清化郡二百一十里。東南到盛山郡六百八十里。〔五八〕西南到南充郡二百八十里。西北到益昌郡五百五十二里。東北到始寧郡三百六十里。去西京二千二百一十里，去東京三千一百五里。户一萬五千七百六十二，口五萬三千二百五十三。〔五九〕

蓬州今理大寅縣。古巴國之分。〔六〇〕秦、二漢屬巴郡。晉屬巴西郡。宋末屬歸化郡。梁置伏虞郡。後周置蓬州。因山爲名。隋初郡廢，煬帝初州廢，併其地入清化、宕渠、巴西三郡。大唐復置蓬州，或爲咸安郡。領縣七：

大寅漢閬中縣地。有蓬山。梁置縣。

儀隴漢閬中縣地。梁置。今縣城在崇城山上，馮嶮爲理，即梁崇城郡城也。

伏虞

咸安梁置綏安縣，隋改之。

大竹

良山

宕渠漢舊縣。梁置景陽郡。

符陽郡東至始寧郡三百六十里。南至清化郡二百里。西至益昌郡三百里。北至漢中郡三百里。東南到始寧郡五百里。西南到清化郡一百九十里。西北到益昌郡界二百五十里。東北到洋川郡四百里。去西京，取郡北巴路，至漢中郡郭下，過縣，〔六二〕取斜谷路，一千四百二十里。去東京，取郡内地平縣至益昌郡驛路，二千六百里。户一萬一千四百九十，口六萬八百一十二。

集州今理難江縣。秦屬巴郡。二漢屬廣漢、巴二郡地。晉屬巴西郡。梁置東巴州，後改爲集州。後周兼置平桑郡。隋初郡廢，煬帝初州廢，併其地入漢川、清化二郡。大唐置集州，或爲符陽郡。領縣三：

難江漢宕渠縣地。後周置縣。有巴嶺、難江。

符陽後魏置縣。有符水。

地平漢葭萌縣地。武德初置縣，蓋取天成地平之義。

巴川郡東至南平郡二百里。南至瀘川郡界六百六十二里。西至安岳郡三百八十里。〔六二〕北至南充郡四百四十里。東南到南平郡二百里。西南到瀘川郡五百九十里。西北到遂寧郡六百六十里。〔六三〕東北到潾山郡三百八十里。〔六四〕去西京二千八百十三里，〔六五〕去東京三千六百四十二里。户三萬七千一百二十二，口九萬二百八十。

合州今理石鏡縣。秦、二漢屬巴郡。宋置東宕渠郡。西魏置合州。涪漢二水合流處，因爲名。後周爲宕渠郡。隋初郡廢，改合州爲涪州；煬帝初州廢，置涪陵郡。大唐爲合州，或爲巴川郡。郡城臨江。領縣六：

石鏡秦漢墊江縣地。有青石山。漢時巴蜀争界，久不決，一朝密霧石裂，自上及下，直如引繩，遂分郡界，至今猶以爲界焉。

漢初梁置新興郡。

銅梁因山爲名。蜀都賦曰「外負銅梁」。

赤水隋置，因山爲名。

巴川

新明

南賓郡東至南浦郡水路二百六十里。南至黔中郡六百五十里。西至涪陵郡三百五十里。北至潾山郡五百十四里。東南到南浦郡界四百五十六里。西南到黔中郡水路六百六十里。西北到潾山郡四百三十三里。東北到南浦郡三百九十里。去西京三千八百八十五里，去東京二千七百三十七里。戶六千五百三十九，〔六六〕口四萬二百二。〔六七〕

忠州今理臨江縣。秦、二漢之巴郡地，晉、宋皆因之。梁置臨江郡，後周兼置臨州。隋初郡廢，煬帝初州廢，併其地入巴東郡。大唐置忠州，或爲南賓郡。郡城臨江。領縣五：

臨江漢舊縣。有彭溪。

豐都漢枳縣地。

墊江漢舊縣。

南賓漢臨江縣地。武德初置今縣。

桂溪

南浦郡東至雲安郡二百九十八里。南至清江郡六百八十三里。西至潾山郡四百五十里。北至盛山郡二百三十二里。東南到雲安郡三百二十二里。〔六八〕西南到南賓郡界九十六里。西北到通川郡四百一里。東北到盛山郡界一百七里。〔六九〕去西京二千七百四十三里，去東京二千三百三十里。戶五千一百七十七，口二萬四千三百五十二。

萬州今理南浦縣。秦、二漢巴郡之地。晉屬巴東郡，宋及齊皆因之。後周置安鄉郡，後改爲萬川郡兼置南州。隋初郡廢，煬帝初州廢，併其地入巴東郡。大唐武德初置浦州，後改爲萬州，〔七〇〕或爲南浦郡。領縣三：

南浦漢朐䏰縣地。朐音蠢。䏰，如尹反。

梁山有高梁山。後周置縣。

武寧漢臨江縣地。後周初置源陽縣，又改爲武寧縣。

閬中郡東至咸安郡三百里。南至南充郡三百里。西至普安郡三百里。北至益昌郡二百八十里。東南到南充郡三百六十里。西南到梓潼郡三百一十五里。西北到普安郡二百里。東北到清化郡二百八十里。去西京一千九百一十五里，去東京二千六百六十里。〔七一〕戶一萬八千二百二十，〔七二〕口十一萬七百二十六。〔七三〕

閬州今理閬中縣。秦、二漢屬巴郡。晉爲巴郡，宋、齊因之，居蜀漢之半，又當東道衝要。梁置北巴州及北巴郡。〔七四〕西魏平蜀，置崇州及盤龍郡。隋初郡廢，煬帝初置巴西郡。大唐爲崇州，先天中，改爲閬州，或爲閬中郡。今郡城即古閬中城，名曰高城，〔七五〕前臨閬水，卻據連岡。領縣九：

閬中漢舊縣。有靈山、天柱山。

蒼溪

晉安

西水梁置，有掌天山。〔七六〕

奉國梁置白馬、義陽二郡。後魏爲縣。

南部漢充國縣地。後周置縣。

新井

新政

岐坪

南充郡東至潾山郡二百八十里。南至巴川郡四百四十里。西至梓潼郡三百五十里。北至閬中郡三百里。東南到潾山郡二百八十六里。西南到遂寧郡一百七十五里。西北到梓潼郡三百六十五里。〔七七〕東北到咸安郡二百八十里。去西京二千五百五十八里，去東京三千四百二十里。户三萬五千四百四十一，口六萬八千六百七十二。

果州今理南充縣。亦巴子國地。秦、二漢並屬巴郡。晉爲巴西郡，宋、齊因之。隋併其地入巴西郡。今閬中縣。大唐初，屬崇州。武德四年，分置果州，因山爲名。或爲南充郡。

領縣六：

南充

西充武德中置。

相如梁置梓潼郡。有司馬相如故宅，因以爲名。

流溪

岳池

朗池〔七八〕宋南宕渠郡在此置。有漢司馬相如琴臺。

安岳郡東至巴川郡六百六十里。南至資陽郡三百七十八里。西至陽安郡一百八十里。北至遂寧郡一百六十里。東南到巴川郡六百六十里。西南到資陽郡三百四十八里。西北到梓潼郡三百四十八里。東北到遂寧郡一百四十里。去西京二千五百二十里，去東京三千二百三里。戶一萬一千五百四十九，〔七九〕口五萬五千一百六十九。

普州今理安岳縣。秦時巴郡之西境及夜郎國之地。漢犍爲、巴郡之境。巴郡，秦置。犍爲，漢開。〔八〇〕李雄之亂，爲羌夷所據。梁置普慈郡。後周置普州。隋煬帝初州廢，以地入資陽郡。大唐復置普州，或爲安岳郡。郡城因山爲趾，四面嶮固。領縣六：

安岳後周置。

安居後周曰柔剛縣，因山爲名。

普康

樂至武德中置縣，西有樂至地。

崇龕

普慈

盛山郡東至雲安郡四百六十五里。南至南浦郡二百六十二里。〔八一〕西至通川郡三百里。北至通川郡四百九十里。東南到南浦郡二百三十里。西南到南浦郡梁山縣一百五十三里。西北到通川郡石鼓縣一百三十八里。〔八二〕東北到雲安郡界二百八里。去西京一千七百二十七里；去東京從郡水路至江陵郡一千四百六十八里，從江陵郡水陸相承至京二千六百七十九里。户五千六百四十四，口三萬一百二十五。

開州今理盛山縣。秦、二漢屬巴郡。晉、宋以來，並屬巴東郡。後周爲周安郡。〔八三〕隋廢之，以屬巴東郡。大唐置開州，或爲盛山郡。領縣三：

盛山漢朐忍縣地。蜀先主置漢豐縣。

萬歲宋武帝置巴渠縣，後周武帝改之。

新浦宋武帝置。舊本盛山。〔八四〕後周置同安郡。

雲安郡東至巴東郡三百三十三里。南至清江郡五百里。西至南浦郡一百九十八里。〔八五〕北至通川郡一百二十六里。〔八六〕東南到巴東郡三百三十里。西南到南浦郡二百八里。西北到盛山郡一百九十七里。〔八七〕東北到巴東郡三百三十二里。去西京二千四百四十二里，去東京二千一百七十五里。户一萬四千七百二十六，口七萬七千三百三十

一。〔八八〕

夔州今理奉節縣。春秋時爲魚國，後屬楚。秦、二漢屬巴郡。三國時爲蜀重鎮。先主自爲吳將陸遜敗於夷陵，退屯白帝，改爲永安。其後吳將全琮來襲，不尅。晉、宋、齊並屬巴東郡，齊兼置巴州。領郡置於此也。梁置信州。隋亦爲巴東郡。大唐武德二年，避皇外祖諱，獨孤信也。改信州爲夔州，其後或爲雲安郡。郡城臨江。領縣四：

奉節漢魚復縣地。又有魚復縣故城在北，赤甲城是也，即漢之江關。〔八九〕有白帝城及諸葛亮八陣圖，聚石爲。〔九〇〕

雲安漢朐䏰縣地。今縣西萬户故城是。下濕，各高五尺，多朐䏰蟲，故名焉。

巫山楚置巫山郡。秦昭王三十年，伐楚，取黔中、巫郡是也。漢爲巫縣，故城在今縣北。有巫山及高都山，〔九一〕即楚詞所謂巫山之陽、高丘之岨也。〔九二〕晉置建平郡於此。

大昌晉武帝太康初置。

犍爲郡東至和義郡三百一十里。南至南溪郡界，嶺峻嶮，不知里數。西至通義郡洪雅縣界九十里。北至通義郡一百三十九里。東南到南溪郡三百五十里。西南到越嶲郡生蠻界五百九十里。西北到通義郡洪雅縣界一百六十里。東北到仁壽郡一百九十里，去西京二千七百三十里，去東京水陸相承四千七百七里。户三萬五千八百四十二，口九萬九千四百九十。

嘉州今理龍游縣。故夜郎國，漢武開之，置犍爲郡，後漢、晉、宋、齊皆因之。西魏置眉州。後周改爲青州，尋又改爲嘉州，并置平羌郡。隋煬帝置眉山郡。大唐爲嘉州，或爲犍爲郡。領縣八：

龍游漢曰青衣。地在衣江、青衣二衣之會。〔九三〕

玉津漢南安縣。

夾江

峩眉有峩眉山。

犍爲

平羌

羅目

綏山漢武陽縣，故城在今縣東。

陽安郡東至安岳郡一百八十里。南至資陽郡二百里。西至蜀郡一百二十里。〔九四〕北至梓潼郡一百五十五里。東南到資陽郡二百二十里。西南到仁壽郡一百八十里。西北到蜀郡一百五十里。東北到梓潼郡一百五十五里。〔九五〕去西京二千五百二十九里，去東京三千三百六十六里。户二萬一千一百一十九，〔九六〕口一十萬九千六百九。

簡州今理陽安縣。漢屬犍爲、廣漢二郡地，後漢及晉皆因之。宋、齊爲蜀、廣漢二郡地。西魏於此置資州。後周明帝移資州於資陽縣。隋置簡州，州境有賴簡池，故名。煬帝初州廢，併其地入蜀郡。〔九七〕大唐復置簡州，或爲陽安郡。領縣三：

陽安漢牛鞞縣地。鞞音必尒反。〔九八〕後魏置縣。

金水漢新都縣地。西魏置金水郡。有銅官山，漢文帝以賜鄧通鑄錢。

平泉

仁壽郡東至資陽郡二百三十五里。南至和義郡三百六十里。西至通義郡八十里。北至蜀郡二百里。東南到和義郡三百三十里。〔九九〕西南到犍爲郡一百九十里。西北到通義郡一百里。東北到陽安郡一百八十里。去西京二千五百一十里，去東京三千四百八十里。户二萬九千九百二十四，〔一〇〇〕口八萬九千一百九十六。

陵州今理仁壽縣。二漢屬犍爲、蜀二郡地，晉因之。宋、齊屬犍爲、寧蜀二郡地。梁置懷仁郡。西魏置陵州。因陵井爲名。〔一〇一〕隋置崇山郡。〔一〇二〕大唐爲陵州，或爲仁壽郡。領縣六：

仁壽西魏定蜀，於此置普寧縣，隋開皇中改之。

唐福

貴平漢廣都縣地。西魏置和仁郡，並立貴平縣。〔一〇三〕

井研漢武陽縣地。

始建亦漢武陽縣地。

籍梁席郡。〔一〇四〕

校勘記

〔一〕遂至堙泅　「泅」原作「没」，據傅校本、明抄本、王吴本改。

〔二〕江油　原倒，據元和郡縣志卷三三八六六頁、新唐書地理志六一〇九〇頁、太平寰宇記卷八四乙。下同。

〔三〕尉遲迥　「迥」原訛「迴」，據諸本改。

〔四〕割裂無恒　「恒」原作「常」，據傅校本、明抄本改。

〔五〕潾山等郡皆是也　「皆是也」原脱，據傅校本、明抄本、明刻本、朝鮮本、王吴本補。

〔六〕二百二十里　「二百」朝鮮本、王吴本作「一百」。

〔七〕一千五百八十里　「一」明刻本、朝鮮本、王吴本作「二」。

〔八〕大將元英　「英」原訛「萊」，據魏書南安王傳四九六頁、通鑑卷一四〇四三八二頁改。

〔九〕改褒州　「改」下原有「爲」，據傳校本、明刻本、朝鮮本、王吴本删。

〔一〇〕漢中郡故城　原「漢中」上有「漢」，據傳校本、明刻本、朝鮮本、王吴本删。

〔一一〕漢舊縣　明刻本、朝鮮本、王吴本作「犍爲縣」。

〔一二〕漢葭萌縣地　「葭萌」明刻本、朝鮮本、王吴本作「犍爲」。

〔一三〕西縣　「縣」原脱，據傳校本、明抄本、朝鮮本補。

〔一四〕三百七十里　「七」原作「九」，據傳校本、明刻本、朝鮮本、王吴本改。

〔一五〕户一萬三千八百四十九　「一」原作「二」，據傳校本、明刻本、朝鮮本、王吴本改。

〔一六〕二十七　「七」朝鮮本作「九」。

〔一七〕緣外險　「險」原訛「限」，據傳校本、明抄本、明刻本、朝鮮本、王吴本改。

〔一八〕三十三　下「三」原脱，據傳校本、明抄本、明刻本、朝鮮本補。

〔一九〕其道屈曲　「其道」原脱，據漢書王莽傳中師古注四一一七頁補。

〔二〇〕即今七盤十二繞　「繞」原作「繂」，據漢書王莽傳中師古注四一一七頁及傳校本、明刻本、朝鮮本、王吴本改。

〔二一〕檢地志云商於中　「商」原訛「其」，據傳校本、明刻本、朝鮮本、王吴本改。按：檢地志蓋即指括地志，通典避德宗諱而改作「檢」，猶禮典「括髮」諱改爲「斂髮」也。

〔二二〕所謂商於地　「地」原訛「也」，據傳校本、明刻本、王吴本改。

〔二三〕玄扈山　「玄」原作「元」，清人諱改。今據傅校本、明抄本、明刻本、朝鮮本、王吴本改回。

〔二四〕二百里　「二」原作「五」，據傅校本、明刻本、朝鮮本、王吴本改。

〔二五〕六百六十里　原作「七百二十里」，據傅校本、明抄本改。明刻本、朝鮮本、王吴本均作「七百六十里」。

〔二六〕二十五　「五」原作「三」，據傅校本、明抄本改。

〔二七〕四百四十一　上「四」原作「二」，據傅校本、明刻本、朝鮮本改。

〔二八〕即此地也　「地」原脱，據傅校本、明刻本、朝鮮本、王吴本補。

〔二九〕一百九十六里　「一」原作「七」，據傅校本、明刻本、朝鮮本、王吴本改。

〔三〇〕取益昌郡驛路二千五里　「取」上原有「西」，「五」下原有「百」，據傅校本、明刻本、朝鮮本、王吴本删。

〔三一〕三百六十七　「三」原作「二」，據傅校本、明抄本、明刻本、朝鮮本、王吴本改。

〔三二〕二百里　「二」原作「三」，據傅校本、明抄本、明刻本、朝鮮本改。

〔三三〕臨渠口　原作「城臨渠口」，今據傅校本、明抄本、明刻本、朝鮮本、王吴本删「城」。按：各本爲正文大字。

〔三四〕東南到南川郡二百九十三里　下「南」原訛「巴」，今訂改。

〔三五〕九十三　「三」原作「五」，據傅校本、明刻本、朝鮮本、王吴本改。

〔三六〕武德三年　「三」原訛「二」，據傳校本、明抄本、明刻本、朝鮮本、王吴本改。

〔三七〕去西京二千三百五十七里　「二」原作「三」，據傳校本、明刻本、朝鮮本、王吴本改。

〔三八〕八十九里　原作「八百九十里」，據傳校本、明抄本改。

〔三九〕七百二十三　「二」原作「三」，據傳校本、明抄本、明刻本、朝鮮本改。

〔四〇〕漢舊縣地　「地」原脱，據傳校本、明抄本、明刻本、朝鮮本補。

〔四一〕黄石灘　「黄」原訛「横」，據傳校本、明刻本、朝鮮本改。

〔四二〕武龍樂温賓化以上並武德初置　「武龍」下原有雙行注文「本漢涪陵枳二縣地唐置武龍縣因山爲名」十七字，「樂温」下原有雙行注文「唐置有温山大江容溪」九字，「賓化」下原有雙行注文「唐置有汝清山」六字，而無「以上並武德初置」七字注。王吴本、殿本同。此乃明人擅自增删者。今據傳校本、明抄本、明刻本、朝鮮本删補。

〔四三〕置㓝州　「置」上原有「開南蠻」三字，據傳校本、明抄本、明刻本、朝鮮本删。

〔四四〕南川　此下原有「漢枳縣唐改置南川縣」九字雙行注文，據傳校本、明抄本、明刻本、朝鮮本删。

〔四五〕南至都寧郡五百二十七里　「都」傳校本、明抄本、明刻本、朝鮮本、王吴本作「遂」，誤。按：舊唐書地理志四一六八六頁云：「天寶元年，改納州爲都寧郡。」都寧郡在瀘川郡南。

〔四六〕東南到播川郡五百九十里　「播」原訛「巴」。按：巴川郡在瀘川郡之北，不在其東南。瀘川郡東南爲播川郡，今訂改。

〔四七〕户一萬四千七百九十四　「九十四」原作「四十九」，據傅校本、明刻本、朝鮮本改。

〔四八〕口三萬八千一百九十七　「三」原作「五」，據傅校本、明刻本、朝鮮本、王吴本改。

〔四九〕漢江陽縣　「漢」上原有「本」，據傅校本、明抄本、明刻本、朝鮮本删。

〔五〇〕合江　下原有雙行注文「漢符縣後周改曰合江有安樂溪」十三字，據傅校本、明抄本、明刻本、朝鮮本删。

〔五一〕去西京一千二百二十五里　「二百二十五」原作「三百一十五」，據傅校本、明抄本、朝鮮本、王吴本改。

〔五二〕梁置歸化木門二郡　「木門」原訛「木蘭」，據太平寰宇記卷一三九改正。按：隋書地理志上八一八頁清化郡清化縣下云：「梁置，曰伏强，有木門郡。」

〔五三〕梁曰大谷　隋書地理志上八一八頁云「梁曰梁廣」。

〔五四〕梁置今縣　「縣」下原有「有木蘭山」四字，據傅校本、明抄本、明刻本、朝鮮本删。

〔五五〕隋置今縣　「縣」下原有「有陽山清水」五字，據傅校本、明抄本、明刻本、朝鮮本删。

〔五六〕東巴　新唐書地理志四一〇三七頁同。舊唐書地理志二一五三八頁、唐會要卷七一作「巴東」。

〔五七〕七十里　「七」原作「九」，據傅校本、明刻本、朝鮮本、王吴本改。

〔五八〕東南到盛山郡六百八十里　按：通化郡在咸安郡正東，盛山郡又在通化郡正東。盛山郡既不與咸安郡接壤，也不在其東南。

〔五九〕二百五十三 「二」原作「三」，據傳校本、明抄本、明刻本、朝鮮本改。

〔六〇〕古巴國之分 「分」原作「地」，據傳校本、明抄本、明刻本、朝鮮本、王吳本改。

〔六一〕過縣 兩字間原有「南鄭」，據傳校本、明抄本、明刻本、朝鮮本、王吳本删。

〔六二〕西至安岳郡三百八十里 「安岳」原訛「遂寧」，今訂正。

〔六三〕西北到遂寧郡六百六十里 「遂寧」原訛「安岳」，今訂正。

〔六四〕東北到潾山郡三百八十里 「潾山」原訛「遂寧」，今訂正。

〔六五〕八百十三里 「十」上原有「四」，據傳校本、明刻本、朝鮮本、王吳本删。

〔六六〕五百三十九 「三」原作「五」，據傳校本、明刻本、朝鮮本、王吳本改。

〔六七〕二百三 「二」原作「一」，據傳校本、明刻本、朝鮮本、王吳本改。

〔六八〕三百二十二里 原作「三百九十七里」，據傳校本、明刻本、朝鮮本、王吳本改。

〔六九〕東北到盛山郡界一百七里 「盛山郡界」原訛作「瀘溪盛山兩郡界」。按：瀘溪郡見本書卷一八三，不在南浦郡東北，也不與南浦郡、盛山郡毗隣。今删「瀘溪」及「兩」。

〔七〇〕大唐武德初置浦州後改爲萬州 通考輿地考七同。舊唐書地理志二一五五六頁、新唐書地理志四一〇三〇頁、太平寰宇記卷一四九均謂武德二年，割信州之南浦縣置南浦州。八年州廢，九年復置，曰浦州。

〔七一〕二千六百六十里 「六百」原作「七百」，據傳校本、明刻本、朝鮮本、王吳本改。

〔七二〕户一萬八千二百二十　「一」原作「二」，據傅校本、明刻本、朝鮮本、王吴本改。

〔七三〕七百二十六　「六」原作「七」，據傅校本、明刻本、朝鮮本、王吴本改。

〔七四〕閬州梁置北巴州及北巴郡　「北巴州」，隋書地理志上八二四頁巴西郡下作「南梁、北巴州」，云：「梁置南梁、北巴州，西魏置隆州。」洪齮孫補梁疆域志南梁北巴州下云：「隋志巴西郡，梁置南梁、北巴州。案此蓋雙頭州郡也。一統志作『南梁』，通典作『北巴』，皆舉其半。」據此，則通典「北巴州」上脱「南梁」二字。「北巴郡」，隋書地理志上八二四頁巴西郡閬内條同。按宋書州郡志三一一四九頁梁州有「北巴西太守」，南齊書州郡志下二九〇頁有「北巴西郡」。疑通典、隋志「北巴」下俱脱「西」字。

〔七五〕名曰高城　「曰」原訛「日」，據明刻本、朝鮮本、王吴本改。

〔七六〕梁置有掌天山　「掌天山」傅校本作「掌夫戌」，明抄本作「掌夫成」。按：隋書地理志上八二四頁云：「梁置掌天郡。」舊唐書地理志四一六七三頁云：「梁置掌夫城。」

〔七七〕三百六十五里　「三」原作「二」，據朝鮮本、王吴本改。

〔七八〕朗池　舊唐書地理志四一六七四頁作「郎池」。

〔七九〕一萬一千五百四十九　「一萬」原作「二萬」，據傅校本、明刻本、朝鮮本、王吴本改。

〔八〇〕巴郡秦置犍爲漢開　「開」原訛「關」，今校正。按：犍爲乃漢郡名，非關名也。本卷下文嘉州條云：「故夜郎國，漢武開之，置犍爲郡。」漢書地理志上一五九九頁犍爲郡下云：「武帝建元六年開。」「關」顯爲「開」之形訛。

〔八一〕二百六十二里　「六」原作「四」，據傅校本、明刻本、朝鮮本、王吴本改。

〔八二〕一百三十八里　「三」原作「二」，據傅校本、明刻本、朝鮮本、王吴本改。

〔八三〕後周爲周安郡　「周安」原訛「同安」，今校正。按北周有周安郡，無同安郡。隋書地理志上八一九頁通川郡西流縣下云：「後魏曰漢興。西魏改焉，又置開州及周安、萬安、江會三郡。後周省江會入周安。」太平寰宇記卷一三七開州條云：「後周天和元年，又於漢豐縣理置周安郡。」

〔八四〕舊本盛山　四字原脱，據傅校本、明刻本、朝鮮本、王吴本補。

〔八五〕一百九十八里　「一」原作「二」，據傅校本、明刻本、朝鮮本、王吴本改。

〔八六〕一百二十六里　「二」原作「三」，據傅校本、明刻本、朝鮮本、王吴本改。

〔八七〕西南到南浦郡二百八里西北到盛山郡一百九十七里　「南浦」「盛山」原互訛，今移正。

〔八八〕口七萬七千三百三十一　「七萬」原作「六萬」，據傅校本、明抄本、明刻本、朝鮮本、王吴本改。

〔八九〕即漢之江關　「漢」原作「楚」，據傅校本、明刻本、朝鮮本、王吴本改。

〔九〇〕聚石爲　「爲」原作「焉」，據傅校本、明刻本、朝鮮本、王吴本改。

〔九一〕有巫山及高郁山　通考輿地考七作「高郚山」，太平寰宇記卷一四八作「高都山」。不知孰是。

〔九二〕高丘之岨　「岨」傅校本、明抄本、明刻本、朝鮮本、王吴本作「因」。

〔九三〕地在衣江青衣二衣之會　原作「道在大江青衣二水之會」，據傅校本、明刻本、朝鮮本、王吴本改。

〔九四〕一百二十里　「二」原作「七」，據傅校本、明刻本、朝鮮本、王吴本改。

〔九五〕一百五十五里　上「五」原作「八」，據傅校本、明刻本、朝鮮本、王吴本改。

〔九六〕二萬一千　「一」原作「二」，據傅校本、明抄本改。

〔九七〕併其地入蜀郡　「郡」原脱，據傅校本、明抄本、明刻本、朝鮮本、王吴本補。

〔九八〕鞞音必尒反　「尒」原作「美」，據傅校本、明抄本改。

〔九九〕三百三十里　「三十」原作「二十」，據傅校本、明刻本、朝鮮本改。

〔一〇〇〕户二萬九千九百二十四　傅校本、明刻本、朝鮮本、王吴本無「二萬九千」四字。

〔一〇一〕因陵井爲名　「井」原訛「并」，據諸本改。下「井研」同。

〔一〇二〕崇山郡　隋書地理志上八二八頁作「隆山郡」。通典避玄宗諱改。

〔一〇三〕西魏置仁和郡並立貴平縣　原作「後周置今縣有貴平山因以爲名」，乃後人所改。今據傅校本、明抄本改回。

〔一〇四〕梁席郡　「郡」下原有「地」，明刻本、朝鮮本、王吴本、殿本有「也」，據傅校本、明抄本删。

王文錦點校

通典卷第一百七十六

州郡六

古梁州下今置郡府三十七　縣一百六十

通義眉五縣通義　彭山　洪雅　青神　丹稜

和義榮六縣旭川　威遠　公井　應靈　洛官　和義

資陽資八縣盤石　資陽　内江　丹山　龍水　月山　銀山　清溪

南溪戎五縣南溪　義賓　僰道　開邊　歸順

河池鳳四縣梁泉　兩當　河池　黄花

武都武三縣將利　覆津　盤隄

同谷成三縣上禄　長道　同谷

順政興三縣順政　長舉　鳴水

懷道宕二縣懷道 良恭

同昌扶四縣同昌 帖夷 尚安 鉗川

陰平文二縣曲水 長松

江油龍二縣江油 清川

交川松三縣嘉誠 交川 平康

合川疊二縣合川 常芬

益昌利六縣綿谷 嘉川 葭萌 景谷 益昌 胤山

普安劒八縣普安 武連 陰平 梓潼 黄安 劒門 臨津 永歸

巴西綿九縣巴西 涪城 昌明 魏城 羅江 龍安 神泉 西昌 鹽泉

梓潼梓八縣郪 射洪 通泉 鹽亭 飛烏 玄武 銅山 永泰

遂寧遂五縣方義 長江 蓬溪 青石 遂寧

蜀郡益十縣成都 蜀 郫 新都 温江 新繁 雙流 廣都 犀浦 靈池

德陽漢五縣雒 什邡 綿竹 德陽 金堂

濛陽彭四縣九隴 導江 濛陽 唐昌

唐安蜀四縣晉原　青城　新津　唐安

臨邛邛七縣臨邛　安仁　大邑　依政　蒲江　臨溪　火井

盧山雅五縣嚴道　百丈　盧山　榮經　漢源

通化茂四縣汶山　石泉　汶川　通化

臨翼翼四縣衛山　翼水　鷄川　昭德

江源當三縣通軌　和利　谷和

歸誠悉二縣左封　歸誠

静川静二縣悉唐　静川

蓬山柘二縣柘　喬珠

恭化恭三縣和集　博恭　烈山

維川維三縣薛城　定廣　小封

雲山奉一縣定廉

越巂巂七縣越巂　昆明　蘇祁　邛部　會川　臺登　西瀘

雲南姚三縣姚城　長明　瀘南

洪源黎三縣漢源　飛越　通望

通義郡東至仁壽郡八十里。南至犍爲郡百三十里。〔一〕西至臨邛郡二百里。北至唐安郡二百里。東南到仁壽郡百里。西南到盧山郡三百九十里。西北到臨邛郡一百六十里。東北到仁壽郡籍縣百十里。去西京二千五百五十里，去東京三千二百八十里。户四萬四千六百四十，〔二〕口十七萬五千四百。

眉州今理通義縣。漢屬犍爲郡地，後漢及晉皆因之，宋、齊亦然。梁置齊通郡及青州。西魏改青州爲眉州。因峩眉山爲名。隋煬帝以其地入眉山郡。大唐復置眉州，或爲通義郡。

領縣五：

通義

彭山漢武陽縣地。有彭亡聚，即岑彭死處。

洪雅

青神縣在青衣江西。後周置郡。

丹稜

和義郡東至巴川郡四百九十里。〔三〕南至南溪郡三百里。西至犍爲郡四百里。〔四〕北至仁壽郡二百六十里。東南到瀘川郡四百五十里。〔五〕西南到犍爲郡三百十里。〔六〕西北到仁壽郡三百三十里。東北到資陽郡界二百十九里。去西京二千九百十里，去東京三千七百四十里。户五千一百九十，口萬六千四百九十。

榮州今理旭川縣。漢屬犍爲郡，後漢、晉、宋皆因之。齊置南安郡。隋屬資陽郡。大唐置榮州，因榮德山爲名。或爲和義郡。領縣六：

旭川漢南安縣地。隋置大牢縣，貞觀初改之。

威遠

公井

應靈

咨官〔七〕

和義隋置。

資陽郡東至巴川郡五百六十五里。南至和義郡百六十里。西至仁壽郡二百三十里。北至安岳郡三百七十里。東南到和義郡百四十里。〔八〕西南到仁壽郡二百六十里。西北到陽安郡二百二十里。東北到安岳郡三百三十里。〔九〕去西京二千六百六十里，去東京三千五百十里。〔一〇〕户二萬八千五百十四，口九萬六百六十。〔一一〕

資州今理盤石縣。漢屬犍爲郡，後漢、晉、宋、齊並同。西魏置資州。州城在今州西北陽安縣界。〔一二〕後周置資中郡。隋煬帝初，置資陽郡。大唐爲資州，或爲資陽郡。領縣八：

盤石

資陽有天台山。〔一三〕

内江

丹山

龍水

月山

銀山

清溪並漢資中縣地。

南溪郡東至瀘川郡三百五十里。南至南溪郡胡門生獠界三百二十里。西至犍爲郡玉津縣界二百二十里。〔一四〕北至和義郡四百八十里。〔一五〕東南到瀘川郡三百五十里。西南到羈縻協州四百十里。西北到犍爲郡三百五十里。〔一六〕東北到和義郡四百里。〔一七〕去西京三千四百四十里，去東京四千四百里。户四千三十九，口萬三千七百七十。

戎州今理僰道縣。故僰侯國，漢屬犍爲郡，後漢、晉、宋、齊皆因之。梁置六同郡及戎州。隋置犍爲郡。大唐爲戎州，或爲南溪郡。領縣五：

南溪有青衣水，又黑水自北南流經於此。

義賓

僰道秦時破滇，通五尺道，漢開蜀故徼，使唐蒙發蜀卒理道，自僰道抵牂牁，即此。

開邊

歸順貞觀中，獠歸復，因置縣。並漢僰道縣地。

河池郡東至扶風郡四百里。南至漢中郡三百九十五里。西至同谷郡四百五十里。北至汧陽郡四百三十里。東南到漢中郡褒城縣界二百七十里。〔一八〕西南到順政郡長舉縣界百九十里。西北到天水郡五百三十里。〔一九〕東北到扶風郡陳倉縣界百四十里。去西京五百九十里，去東京千四百五十里。〔二〇〕户五千三百七十，〔二一〕口二萬五千五百二十。

鳳州今理梁泉縣。春秋氐羌之所居。秦屬隴西郡。兩漢屬武都郡，晉因之。惠帝時，没於楊茂搜。後魏置固道郡，兼置南岐州。後周廢郡，置鳳州。隋煬帝初，廢州，置河池郡。大唐爲鳳州，或爲河池郡。領縣四：

梁泉漢故道縣地。後魏置今縣。

兩當漢故道縣地。後魏置兩當郡。

河池漢舊縣。一名仇池。因川爲名。〔二二〕

黄花有黄花川爲名。

武都郡東至同谷郡三百三十里。南至陰平郡二百五十里。西至懷道郡懷道縣二百七十里。〔二三〕北至同谷郡四百二十里。東南到陰平郡曲水縣三百三十里。〔二四〕西南到同昌郡三百二十里。西北到懷道郡良恭縣三百六十里。〔二五〕東北到同谷郡同谷縣三百四十里。去西京千二百里，去東京千八百五十里。户二千九百三十，口萬四千八百五十。

武州今理將利縣。古白馬氏之國，西戎之别種也。天池大澤在其西。漢武帝置武都郡，後漢因之。蜀後主時得之。建興七年爲諸葛亮所定。晉爲武都郡，後没於楊茂搜。後魏亦爲武都郡。西魏置武州。後周亦爲武都郡。隋初郡廢，煬帝又置武都郡。大唐爲武州，或爲武都郡。領縣三：

將利

覆津〔二六〕後魏置武階郡，〔二七〕仍置覆津縣。

盤隄漢河池縣地。後魏置縣。

同谷郡東至河池郡四百五十里。南至武都郡三百三十里。西至懷道郡五百八十里。北至天水郡四百三十里。東南到順政郡三百四十里。西南到武都郡三百四十里。西北到隴西郡三百八十里。東北到天水郡三百里。去西京千三十里，去東京千八百三十里。〔二八〕户四千七百二十，〔二九〕口萬九千六百九十。

成州今理上禄縣。古白馬氐國。二漢屬武都郡。晉置仇池郡，後没於陽茂搜等。後魏又曰武都郡，兼置南秦州。西魏改爲成州。隋初郡廢，煬帝初置漢陽郡。大唐爲成州，或爲同谷郡。領縣三：

上禄漢舊縣。有仇池山。晉永嘉末，爲氐楊茂搜所據。〔三〇〕其上地百頃，〔三一〕四方壁立，峭絶險固，自然有樓櫓卻敵之狀。東西二門，盤道可七里，上有岡阜泉源。氐於上立宮室囷倉，〔三二〕皆爲板屋土牆。所理處名洛谷。

長道漢上禄縣地。有祁山，上有城，極爲嚴固。〔三三〕其山，九州之名阻。蜀後主建興六年，諸葛亮攻魏軍，不拔。

同谷漢下辯縣。舊名武街城。

順政郡東至漢中郡二百四十里。南至益昌郡五百四十九里。西至同谷郡三百四十里。北至河池郡三百五十里。東南到漢中郡二百八十七里。〔三四〕西南到武都郡覆津縣界二百里。西北到同谷郡三百四十里。東北到河池郡河池縣界百五十里。去西京九百三十五里，去東京千七百十里。户千九百七十九，口萬九千九百六十。〔三五〕

興州今理順政縣。戰國時爲白馬氐之東境。二漢屬武都郡。晉惠帝時亦爲楊茂搜所據。其後爲梁所破，置武興蕃王國。後魏置東益州。西魏改爲興州，兼置順政郡。隋初郡廢，煬帝初復置。大唐爲興州，或爲順政郡。領縣三：

順政漢沮縣地。後魏置略陽縣。沔水發源於此，一名沮水。有小丙山，有穴方圓二尺餘，有水潛流，穴口面丙，因以爲名，左思蜀都賦所謂「嘉魚出於丙穴」。

長舉西魏置槃頭郡。有鳳溪。〔三六〕

鳴水西魏置落叢郡。

懷道郡東至武都郡二百七十里。南至同昌郡四百十里。西至合川郡二百四十里。北至和政郡二百五十里。東南到　西南到　西北到和政郡二百五十里。〔三七〕東北到同谷郡上祿縣三百二十里。去西京千四百七十里，去東京二千二百八十里。户千二百六十，口七千四十。

宕州今理懷道縣。宕，達浪反。秦漢以來爲諸羌之地，後魏始封爲蕃國。後周置宕昌國，武帝置宕州。隋置宕昌郡。〔三八〕大唐爲宕州，或爲懷道郡。領縣二：

懷道後周置。

良恭亦周置陽宕縣，隋改之。

同昌郡東至武都郡三百二十里。南至江油郡六百里。西至交川郡三百三十里。北至懷道郡四百十里。東南到陰平郡百六十里。西南到交川郡三百里。西北到故芳州三百二十里。東北到武都郡三百二十里。去西京千六百十里，去東京二千四百十里。〔三九〕户二千三百二十，口萬三千七百七。

扶州今理同昌縣。歷代西戎之地。西魏逐吐谷渾，於此置鄧州及鄧寧郡。隋初改曰扶州，又改曰同昌郡。大唐因之，或爲同昌郡。領縣四：

同昌

帖夷

尚安有黑水，東南流入白水。

鉗川

陰平郡東至益昌郡四百九十里。南至江油郡三百二十里。〔四〇〕西至同昌郡百六十里。北至武都郡二百五十里。東南到益昌郡四百九十里。西南到同昌郡同昌縣十六里。〔四一〕西北到同昌郡百六十里。東北到武都郡盤隄縣百里。〔四二〕去西京千四百五十里，去東京二千九十里。户千六百七十，口八萬四千八十五。

文州今理曲水縣。古氐羌之境。漢開西南夷，置陰平道，屬廣漢郡，後漢因之。蜀亦得之。後主建興七年，諸葛亮定之。其後鍾會伐蜀，姜維表請備陰平橋頭，後主不從。鄧艾自陰平景谷步道，懸兵束馬，逕江油，出綿竹以滅蜀，即此是也。晉置陰平郡，永嘉末，没於楊茂搜。西魏平定，始置文州及盧北郡。隋廢爲縣，併屬武都郡。大唐復置文州，或爲陰平郡。領縣二：

曲水

長松

江油郡東至益昌郡四百里。南至巴西郡三百五十里。西至交川郡三百三十里。北至陰平郡三百二十里。〔四三〕東南到普安郡二百九十里。西南到通化郡三百二十里。西北到同昌郡六百里。東北到益昌郡四百里。去西京二千一百六十里，去東京三千十五里。户九百二十，口五千二百。

龍州今理江油縣。秦漢及魏爲無人之境，〔四四〕晉得之，屬陰平郡。宋、齊皆因之。後魏置江油郡。西魏置龍州。隋初郡廢，煬帝初州廢，置平武郡。大唐爲龍州，或爲江油郡。領縣二：

江油有石門山，與氐分界，蜀都賦曰「緣以劒閣，阻以石門」是也。鄧艾伐蜀，自陰平至江油，即此。

清川

交川郡東至同昌郡三百三十里。南至臨翼郡百八十里。西至　北至吐蕃界九十里。東南到通化郡三百里。西南到江源郡三百里。西北到吐蕃界五十里。東北到同昌郡三百里。去西京二千二百五十里，去東京三千五十里。户千五十，口五千六百五十。

松州今理嘉誠縣。歷代諸羌之域。晉屬汶山郡。宋、齊亦得之。後爲西魏、後周所有。隋屬汶山、同昌二郡。大唐武德元年，置松州，或爲交川郡。領縣三：

嘉誠有甘松嶺，江水所發之源。

交川

平康

合川郡東至懷道郡二百四十里。南至吐蕃界三十里。西至吐蕃界九十里。北至臨洮郡百八十里。東南到同昌郡三百四十里。西南到吐蕃界七十里。西北到吐蕃界七十里。東北到和政郡四百五十里。（四五）去西京千七百六十里，去東京二千五百六十里。户千三百十，口七千四百十五。

疊州今理合川縣。歷代羌戎之境。後周逐諸戎而有其地，置五香郡，（四六）後置疊州。隋屬同昌郡。大唐爲疊州，或爲合川郡。領縣二：

合川

常芬

益昌郡東至符陽郡三百里。南至閬中郡二百八十里。西至江油郡四百里。北至漢中郡四百三十里。東南到閬中郡三百十里。西南到普安郡二百里。〔四七〕西北到陰平郡四百九十里。東北到漢中郡五百里。去西京千三百四十里，去東京二千百九十里。户萬三千九百十，口四萬四千六百。

利州今理綿谷縣。春秋、戰國時爲蜀侯國。自益昌之西，南至蜀川，〔四八〕悉爲蜀侯國之地，此蓋蜀之北境。秦滅蜀，其地入蜀郡。二漢屬廣漢郡。蜀先主分屬梓潼郡。晉屬晉壽郡，宋、齊因之。後魏立益州，世號爲小益州。梁曰黎州。西魏復曰益州，尋改爲利州。後周亦爲晉壽郡。隋初郡廢，煬帝初置義城郡。大唐爲利州，或爲益昌郡。領縣六：

綿谷漢葭萌縣地。東晉置興安縣。隋改之。

嘉川漢葭萌縣地。宋置興樂縣。〔四九〕後魏改之。

葭萌漢舊縣地。後魏置新巴郡。

景谷漢白水縣地。宋曰平興縣。隋改之。

益昌古劒閣道，秦使司馬錯伐蜀所由，謂之石牛道。漢葭萌縣地。〔五〇〕

胤山〔五一〕

普安郡東至益昌郡二百里。南至梓潼郡三百六十里。西至巴西郡二百里。北至益昌郡百六十里。東南到閬中郡三百里。西南到巴西郡二百八十里。西北到江油郡二百九十里。東北到益昌郡二百里。〔五二〕去西京千六百六十里，去東京二千六十里。户二萬二千三百七十，〔五三〕口九萬一千六百八十。

劒州今理普安縣。秦屬蜀郡。漢屬廣漢郡，後漢因之。晉屬梓潼郡，宋、齊亦然。梁置南梁州，後改爲安州。西魏改爲始州，兼置普安郡。隋初郡廢，煬帝初復置。大唐爲始州，後改爲劒州，或爲普安郡。領縣八：

普安漢梓潼縣地。

武連宋置武功縣，後魏改之。

陰平宋置陰平郡。魏置龍州。隋廢。

梓潼西魏置潼川郡。隋爲梓潼縣。有五婦山、拔蛇山。

黄安舊曰華陽。

劒門有梁山，亦曰大劒山，有姜維拒鍾會故壘。大劒水有劒閣，〔五四〕即張載作銘所。

臨津

永歸

巴西郡東至普安郡二百里。南至梓潼郡百三十里。西至通化郡四百里。北至江油郡二百五十里。東南到梓潼郡百三十里。西南到德陽郡百八十里。西北到江油郡二百五十里。東北到普安郡二百八十里。去西京二千五百里，去東京二千八百五十里。户三萬七千二百六十，〔五五〕口十六萬八千。

綿州今理巴西縣。秦屬蜀郡，漢屬廣漢郡，蓋涪水之所經焉。晉屬梓潼郡，宋、齊亦屬梓潼郡。西魏兼置潼州。隋初郡廢，改潼州爲綿州；煬帝初州廢，置金山郡。大唐爲綿州，或爲巴西郡。今郡城即漢涪城縣也。〔五六〕在成都東北之要，蜀時大將常鎮之。領縣九：

巴西

涪城東晉置始平郡。〔五七〕隋改之，昔後漢吴漢入蜀，其裨將臧宫拔涪城，斬公孫恢，即此。

昌明有廉水、讓水。

魏城

羅江

龍安松嶺關在縣西北百七十里。

神泉

西昌

鹽泉

梓潼郡東至南充郡二百五十里。南至安岳郡三百四十里。西至德陽郡二百二十里。北至普安郡三百六十里。東南到遂寧郡二百五十里。西南到陽安郡百八十里。西北到巴西郡百三十里。東北到閬中郡三百十五里。去西京二千九十里，去東京二千九百三十里。户五萬五千五百，口二十萬三千十。

梓州今理郪縣。秦屬蜀郡。二漢屬廣漢、巴西二郡地。〔五八〕晉、宋、齊並屬廣漢郡。梁末置新州，西魏兼置昌城郡。隋初郡廢，改新州爲梓州；煬帝初州廢，置新城郡。大唐爲梓州，或爲梓潼郡。郡城左帶涪水，右挾中江，居水陸之衝要。領縣八：

郪漢舊縣，故城在西南。

射洪

通泉漢廣漢縣地。

鹽亭

飛烏因山爲名。

玄武〔五九〕晉五城縣。

銅山

永泰漢充國縣。

遂寧郡東至南充郡百七十里。南至巴川郡三百八十里。西至安岳郡百六十里。北至梓潼郡二百五十里。東南到巴川郡三百八十里。西南到安岳郡百四十里。西北到梓潼郡二百五十里。東北到南充郡百七十里。去西京二千三百二十里，〔六〇〕去東京三千百六十里。户三萬四千百八十，〔六一〕口九萬六千八百六十。〔六二〕

遂州今理方義縣。秦屬蜀郡。漢屬廣漢郡，後漢及晉並同。宋爲遂寧郡。齊、梁置東遂寧郡。後周置遂州及興西郡。隋初郡廢，煬帝初置遂寧郡。大唐爲遂州，或爲遂寧郡。

領縣五：

方義漢廣漢縣地。

長江

蓬溪

青石晉宋曰晉興。後魏曰始興。隋改之。

遂寧

蜀郡東至陽安郡七十里。南至仁壽郡二百里。西至濛陽郡導江縣界八十里。〔六三〕北至德陽郡一百里。東南到陽安郡百五十里。西南到唐安郡一百里。〔六四〕西北到濛陽郡九隴縣界七十里。東北到德陽郡一百里。去西京二千三百七十里，〔六五〕去東京三千二百十里。户十五萬六千八百七十，〔六六〕口八十五萬八千三十。〔六七〕

益州今理成都、蜀二縣。秦置蜀郡，兩漢因之。王莽末公孫述，後漢末劉備，西晉末李特，東晉末譙縱，並都於此。公孫述爲後漢將吴漢平之。〔六八〕蜀後主劉禪爲魏將鄧艾平之。蜀主李勢爲晉將桓温平之。〔六九〕譙縱爲朱齡石平之。簡文時爲苻堅所没，尋復。初晉武帝改爲成都國，尋亦復舊。宋、齊並爲蜀郡。自魏、晉、宋、齊、梁皆爲益州。晉初領郡八，東晉領郡二十九，宋、齊、梁並同，皆理於此。梁置始康郡，西魏廢之。後周置蜀郡。隋初廢，煬帝初復置。大唐爲益州，或爲蜀郡。武擔山在郡西。古蜀王妃死，使五丁就武都擔土，於此葬，遂爲名。領縣十：

成都漢舊縣。有錦城。錦江沖里橋亦曰市橋，〔七〇〕在縣西南盤古祠。

蜀貞元中，割成都縣置。

郫漢舊縣。故城在今縣北。郫音皮。禹貢，江、沱在其西。

新都漢舊縣。故城在今縣東。

温江

新繁有繁江。

雙流漢廣都縣。

廣都漢舊縣地。

犀浦

靈池

德陽郡東至梓潼郡二百二十里。南至蜀郡一百里。西至濛陽郡七十里。北至巴西郡百八十里。東南到陽安郡金水縣界六十里。西南到蜀郡一百里。西北到濛陽郡九隴縣界六十里。東北到巴西郡百八十里。去西京二千二百里，去東京三千一百十里。户六萬一千三百七十，口三十六萬四千二百。

漢州今理雒縣。秦屬蜀郡。漢屬廣漢郡，後漢因之，而兼置益州。領郡國十二，理於此。晉置新都郡。宋、齊爲廣漢郡。隋併入蜀郡。大唐因之。垂拱二年，分雒縣置漢州，或爲德陽郡。益州有三蜀，廣漢是其一。領縣五：

雒漢舊縣。西北有白馬羌，又有湔。〔七一〕故城在今縣南。又有嚴君平卜臺。

什邡漢什邡縣，雍齒所封。

綿竹漢舊縣。故城在今縣東。又舊置晉熙郡。紫巖山，綿水所出。

德陽魏將鄧艾破蜀將諸葛瞻於此，因爲京觀。

金堂

濛陽郡東至德陽郡七十里。南至蜀郡百五里。西至通化郡三百七十里。北至德陽郡什邡縣六十里。東南到蜀郡新繁縣三十里。西南到唐安郡青城縣七十里。〔七二〕西北到通化郡汶川縣二百七十里。東北到德陽郡什邡縣七十里。去西京二千三百三十里，去東京三千一百六十里。戶五萬五千八百十六，口三十三萬八千五百十八。〔七三〕

彭州今理九隴縣。秦、二漢屬蜀郡。晉以後爲蜀、遂寧二郡地。梁置東益州。後周廢州，置九隴郡。隋初郡廢，後置濛州；煬帝初州廢，併其地入蜀郡。大唐因之。垂拱二年，分九隴縣置彭州，或爲濛陽郡。領縣四：

九隴漢繁縣。〔七四〕有白鹿山。

導江有汶山，有玉壘山、灌口山。山西有天彭闕，〔七五〕兩石對立如闕。秦以李冰爲蜀守，〔七六〕冰壅江作堋以灌田，人大獲其利。有蠶崖關、灌口鎮。堋，補亘反。〔七七〕

濛陽在濛江北。

唐昌有九隴山，其山連岫盤紆，凡有九隴。禹貢云：「岷山導江，東別爲沱。」沱水在此。

唐安郡東至蜀郡一百里。南至臨邛郡百十里。西至青城山八十里，吐蕃界，不通。北至濛陽郡導江縣界四十五里。東南到通義郡二百里。西南到臨邛郡一百里。西北到濛陽郡一百里。東北到蜀郡一百里。去西京二千四百八十里，去東京三千一百七十里。戶五萬六千二百九十，〔七八〕口三十四萬一千一百。〔七九〕

蜀州今理晉原縣。秦、二漢屬蜀郡。晉初因之，後置晉原郡。宋齊屬晉康郡。後周廢之。隋屬蜀郡。大唐初因之。垂拱二年，分晉原縣置蜀州，或爲唐安郡。領縣四：

晉原有鶴鳴山，漢張道士隱處。〔八〇〕

青城蕭齊置齊基郡，後周改之。有青城山。

新津後周置犍爲郡。

唐安

臨邛郡東至唐安郡百十里。南至通義郡二百里。西至夷界百三十里，以山爲界，以西無郡縣相接，亦無道路。北至唐安郡百十里。東南到通義郡百六十里。西南到盧山郡一百里。東北到唐安郡百里。西北到夷界百二十里，以山爲界，險阻更無郡縣。去西京二千五百十五里，去東京三千三百七十里。户三萬八千八十五，口十八萬八百七十五。

邛州今理臨邛縣。秦漢並屬蜀郡，南有邛來山。後漢及晉皆因之。宋齊並屬晉康郡。西魏置邛州。後周置臨邛郡。隋廢爲縣，併入臨邛縣。大唐復置邛州，或爲臨邛郡。

領縣七：

臨邛漢舊縣。有火井。

安仁

大邑

依政

蒲江西魏置蒲原郡。

臨溪

火井

盧山郡東至臨邛郡二百里。南至郡内嚴道縣界百五里。西至羈縻羅巖州界三百八十里。北至臨邛郡二百七十里。〔八一〕東南到通義郡三百四十里。西南到洪源郡二百里。西北到吐蕃野城界五百七十里。東北到臨邛郡二百里。去西京二千七百二十里，去東京三千五百五十里。户九千四百八十，口四萬七千八百三十。

雅州今理嚴道縣。秦漢屬蜀郡。晉初屬漢嘉郡，永嘉後李雄之時，此地蕪廢。西魏置蒙山郡。隋初郡廢，置雅州；煬帝初州廢，置臨邛郡。大唐爲雅州，或爲盧山郡。領縣五：

嚴道漢舊縣。有蒙山。禹貢云「蔡蒙旅平」，謂此也。

百丈有邛來山，本名邛旅，邛水所出。又有九折坂，漢王陽爲益州刺史，行部至此而迴。

盧山有靈山關，關外即夷獠界。

榮經

漢源

通化郡東至巴西郡四百里。南至濛陽郡三百七十里。西至維川郡二百二十里。北至臨翼郡百二十里。東南到德陽郡綿竹、當郡汶山二縣界馬鞍山二十里。西南到羈縻塗州三百七十里。西北到臨翼郡二百里。東北到巴西龍安、石泉兩縣界松嶺關百七十里。〔八二〕去西京二千七百四里，〔八三〕去東京三千三百六十里。東北取臨翼交川兩郡，去京二千三百六十四里；〔八四〕南取蜀路，去東京三千五百五十里；東北取臨翼、交川兩郡去東京三千一百十里。户二千四百八十五，〔八五〕口萬三千二百。

茂州今理汶山縣。禹貢「岷山導江」，發跡於此。本冉駹國，駹，莫江反。漢武帝開其地，屬蜀郡，後漢因之。晉屬汶山郡，〔八六〕宋齊皆因之。梁置繩州。後周改爲汶山郡。隋初改汶州曰蜀州，尋復爲會州；〔八七〕煬帝初州廢，置汶山郡。大唐初爲南會州，後改爲茂州，或爲通化郡。〔八八〕領縣四：

汶山

石泉漢岷山縣，〔八九〕有岷山。

汶川漢廣柔縣故城在西。故桃關，公私經過，唯此一路繩橋。〔九〇〕

通化

臨翼郡東至通化郡石泉縣八十里。南至通化郡百二十里。西至歸誠郡百九十里。北至交川郡百八十里。東南到通化郡二百里。西南到歸誠郡百五十里。西北到通化郡利溪山爲界八十里。〔九一〕東北到交川郡交川縣八十里。

去西京二千四百二十里，去東京三千二百七十里。户千八百三十四，口九千一百九十。

翼州今理衞山縣。二漢屬蜀郡。齊梁以上與茂州同。後周屬清江郡。隋廢之，以其地入汶山郡。大唐爲翼州，或爲臨翼郡。領縣四：

衞山

翼水漢蠶陵縣故城在今縣西。有蠶陵山，因以爲名。

鷄川〔九二〕

昭德

江源郡東至臨翼郡二百七十里。南至臨翼郡翼水縣八十里。西至　北至　東南到歸誠郡界三十里。西南到静川郡、歸誠郡兩界。〔九三〕西北到故通軌縣鎮二百里，以西即是生羌。東北到交川郡三百里。去西京三千一百里，去東京三千九百里。户千九百十，口萬四百。

當州今理通軌縣。歷代諸羌地。後周置覃州并覃川郡。〔九四〕隋廢，其地入汶山郡。大唐貞觀中置當州，或爲江源郡。領縣三：

通軌

和利〔九五〕

谷和〔九六〕

歸誠郡東至臨翼郡百九十里。南至臨翼郡二百五十里。西至静川郡六十里。北至臨翼郡八十里。東南到棲鷄川界百里。西南到静川郡界百九十里。〔九七〕西北到江源界〔九八〕東北到臨翼郡百五十里。去西京二千九百六十四里，去東京三千七百六十里。户八百七十八，口三千八百六十。

悉州今理左封縣。大唐顯慶中，割當州置悉州，或爲歸誠郡。領縣二：

左封

歸誠

静川郡東至歸誠郡界六十里。南至維川郡界百三十里。西至平戎城百里。北至江源郡界六十里。東南到臨翼郡嶺巖鎮百四十里。〔九九〕西南到恭化郡界六十里。西北到蓬山郡界三十五里。東北到江源郡六十里。去西京三千二十里，去東京四千二十里。户千六百十五，口七千六百十。

静州今理悉唐縣。土地與當州同。大唐置静州，或爲静川郡。領縣二：

悉唐

静居〔一〇〇〕

蓬山郡東至静川郡三十里。南至維川郡三百里。〔一〇一〕西至郡内長碉鎮九十里。〔一〇二〕北至恭化郡栢嶺鎮八十里。〔一〇三〕東南到静川郡界　西南到　西北到　東北到　去西京三千五百里，去東京三千九百里。户四百九十，口二千一百二十。

柘州今理柘縣。土地與當州同。大唐置柘州，或爲蓬山郡。領縣二：

柘

喬珠

恭化郡東至蓬山郡界三十五里。南至維川郡二百三十里。〔一〇四〕西至　北至吐蕃白崖鎮七十里。東南到通化郡三百五十里。西南到平戎城百十里。西北到栢嶺鎮四十里。東北到静川郡界　去西京三千一百二十里，去東京三千九百五十里。户一千三百九十三，〔一〇五〕口四千一百四十五。

恭州今理和集縣。北接吐蕃，土地與當州同。大唐置恭州，或爲恭化郡。領縣三：

和集

博恭

烈山

維川郡東至羈縻塗州二百三十里。南至江源郡界二百六十里。〔一〇六〕西至歸誠郡界二百三十里。〔一〇七〕北至臨翼郡界九十里。東南到吐蕃界百六十里。西南到白狗嶺六十二里。西北到羅厥橋百三十里。東北到通化郡二百二十里。東取蜀郡去西京二千七百十里，去東京三千五百六十里。户千六十，〔一〇八〕口三千九百。

維州今理薛城縣。古羌夷地。昔姜維北討汶山叛羌，即其地也。隋置薛城戍。大唐武德初，於姜維故城置維州，〔一〇九〕或爲維川郡。領縣三：

薛城

定廣

小封

雲山郡東至維川郡風流鎮四十里。〔一一〇〕南至吐蕃野城八十里。西至天寶軍百三十里。〔一一一〕北至莫博大嶺七十里。東南到　　西南到　　西北到　　東北到　　去西京二千八百里，去東京三千六百里。户三百七十二，口千六百五十五。〔一一二〕

奉州今理定廉縣。〔一一三〕蠻夷之地，南接吐蕃。大唐開置奉州，或爲雲山郡。領縣一：

定廉

越巂郡東至千費生蠻二百三十里。〔一四〕南至雲南郡界五百六十里。西至磨迷生蠻六百六十里。北至　　東南到　　西南到　　西北到　　東北到　　去西京三千五百七十里，去東京四千四百十里。户四萬一千五百三十二，〔一五〕口十五萬七千六十。

巂州今理越巂縣。故邛都國，謂之西南夷。史記曰：「滇之君長十數，邛都最大。」漢武開之，置越巂郡，有巂水、越水焉。後漢、晉、宋皆因之。齊謂之獠郡。謂之越巂獠郡。後周置嚴州。隋改曰西寧州，〔一六〕後又爲巂州，煬帝改爲越巂郡。大唐置巂州，或爲越巂郡。領縣七：

越巂漢邛都縣。

昆明漢定莋縣。

蘇祁漢舊縣。

邛部漢闌縣。有巂山。

會川有瀘水，諸葛亮五月渡瀘，即此。

臺登漢舊縣。有繩水。

西瀘

雲南郡東至　　南至　　西至　　北至　　東南到　　西南

到　西北到　東北到　去西京四千九百里，去東京　户三千七百，口

姚州今理姚城縣。故滇王國，漢武開之，置益州郡，有滇池澤焉。後漢分其地置永昌郡。蜀置雲南郡。劉禪置。晉因之，兼置寧州。領郡四，理於此。宋、齊因之，領郡十五，亦理於此。並爲建寧郡。大唐麟德元年，於昆明之弄棟川置姚州，〔一一七〕其人多姚姓。武太后神功二年，蜀州刺史張柬之上表，請廢州隸嶲府。具在邊防南蠻上篇中。或爲雲南郡。領縣三：

姚城　長明　瀘南

洪源郡東去一里，即至高山萬重，更無郡縣。南至越嶲郡六百十里。西至郡界廓清鎮百六十里。北至盧山郡二百四十里。東南到粟蠻部落二百里。西南去郡一里，高山萬重。西北去郡五里，高山萬重。東北去郡二里，高山萬重。去西京二千九百五十五里，去東京三千七百五十里。户六千八百五十，口萬七千十。〔一一八〕

黎州今理洪源縣。漢沉黎郡之地。宋齊以來並爲沉黎郡。後周置黎州。隋置登州，煬帝初廢，併其地入臨邛郡。大唐復置黎州，或爲洪源郡。領縣三：

漢源〔二九〕

飛越

通望

風俗

巴蜀之人少愁苦，而輕易淫佚。周初，從武王勝殷。庸、蜀、羌、髳、微、盧、彭、濮人是也。東遷之後，楚子强大而役屬之。暨於戰國，又爲秦有，資其財力，國以豐贍。漢景帝時，文翁爲蜀郡守，建立學校，自是蜀士學者比齊、魯焉。土肥沃，無凶歲。山重複，四塞險固。王政微缺，跋扈先起。公孫述、劉備、李雄、譙縱迭據之，皆因中原多事。故一方之寄，非親賢勿居。

校勘記

〔一〕百三十里　「百」上原有「一」，據北宋本、傅校本、明抄本删。「一萬」、「一千」、「一百」、「一十」古本大都無「一」。以下凡此類皆據古本逕删，不再出校。

〔二〕六百四十　「十」下原有「四」，據北宋本、傅校本、明抄本删。

〔三〕東至巴川郡四百九十里　「川」原訛「西」，今參照中國歷史地圖集第五册劍南道北部圖訂正。

〔四〕南至南溪郡三百里西至犍爲郡四百里　「南溪」「犍爲」原互訛，今參照中國歷史地圖集第五册劍南道北部圖訂正。

〔五〕四百五十里　「五」原作「一」，據北宋本、傅校本、明抄本改。

〔六〕三百十里　「三」原作「六」，據北宋本改。

〔七〕咨官　「咨」原訛「資」，據北宋本、傅校本改。

〔八〕和義郡　「郡」下原有「界」，據北宋本删。下「陽安郡」同。

〔九〕安岳郡三百三十里　「郡」下原有「安岳縣」，據北宋本、傅校本、明抄本、王吳本删。

〔一〇〕三千五百十里　原「十」字上下均有「一」，據北宋本删。

〔一一〕六百六十　「十」下原有「二」，據北宋本、傅校本、明抄本删。

〔一二〕州城在今州西北陽安縣界　「在今」原倒，下「州」原脱，據北宋本、王吳本乙補。

〔一三〕有天台山　「台」原訛「合」，據北宋本、傅校本改。

〔一四〕玉津縣界　「縣」原脱，據北宋本補。

〔一五〕北至和義郡四百八十里　「四百八十」原作「二百八十一」，據北宋本、傅校本、明抄本改删。

〔一六〕西北到犍爲郡三百五十里　「郡」下原有「龍游縣」，據北宋本、傅校本、明抄本、王吳本删。

〔一七〕東北到和義郡四百里　「郡」下原有「旭川縣」，據北宋本、傅校本、明抄本、王吳本删。

〔一八〕褒城縣界　「縣」原脱，據北宋本、傅校本、明抄本、明刻本補。

〔九〕西北到天水郡五百三十里　「郡」下原有「上邽縣」，「十」下原有「二」，據北宋本、傅校本、明抄本、明刻本删。按：王吴本亦無「上邽縣」三字。

〔一〇〕去東京千四百五十里　「十」下原有「三」，據北宋本、傅校本、明抄本、明刻本删。

〔一一〕户五千三百七十　「三」原作「七」，據北宋本、明抄本改。

〔一二〕因川爲名　「川」原作「山水」，據北宋本、傅校本、明抄本、明刻本、王吴本改。

〔一三〕西至懷道郡懷道縣二百七十里　「懷道縣」原脱，據北宋本、傅校本、明抄本、明刻本補。

〔一四〕三百三十里　「三十」原作「五十」，據北宋本、傅校本、明抄本改。

〔一五〕三百六十里　「三」原作「二」，據北宋本、傅校本、明抄本改。

〔一六〕覆津　元和郡縣志卷三九九八六頁作「福津」。

〔一七〕後魏置武階郡　「階」原訛「衞」，據魏書地形志下二六一二頁、元和郡縣志卷三九九八六頁改。按：北宋本作「街」。

〔一八〕去東京千八百三十里　「三十」原脱，據北宋本、傅校本、明抄本、明刻本、王吴本補。

〔一九〕户四千七百二十　「十」下原有「二」，據北宋本、傅校本、明抄本、明刻本删。

〔二〇〕爲氐楊茂搜所據　「氐」原脱，據北宋本、傅校本、明抄本、明刻本補。

〔二一〕其上地百頃　「上」原訛「土」，據北宋本、傅校本、明抄本、明刻本改。

〔二二〕氐於上立宫室囷倉　「氐」原訛「在」，據北宋本、傅校本、明抄本改。按：明刻本、王吴本作「王」。

〔三三〕極爲嚴固　原訛作「極高嚴因」，據北宋本、傅校本改。

〔三四〕東南到漢中郡二百八十七里　「郡」下原有「南鄭縣」三字，據北宋本、傅校本、明抄本、明刻本、王吴本删。

〔三五〕口萬九百六十　「十」下原有「五」，據北宋本、傅校本、明抄本、明刻本删。

〔三六〕有鳳溪　「鳳」原作「通」，據北宋本、傅校本、明抄本改。

〔三七〕西北到和政郡二百五十里　「西」上原有「里」，上文「西南到」亦然。據北宋本、傅校本、明抄本、明刻本删。以下這類「里」字皆據古本逕删。

〔三八〕隋置宕昌郡　隋書地理志上八二〇頁宕昌郡良恭縣下云：「後周置，初曰陽宕，置宕昌郡。開皇初郡廢，十八年改名焉。」大業初置宕昌郡。」元和郡縣志卷三九宕州條云：「後周武帝天和元年置宕州，天和五年置宕昌郡。」據此，則始置宕昌郡者爲後周武帝。

〔三九〕二千四百十里　「十」原脱，據北宋本、傅校本、明抄本、明刻本補。

〔四〇〕南至江油郡三百二十里　「三」原作「五」，據北宋本、傅校本、明抄本改。

〔四一〕十六里　原作「三百一十里」，明刻本、王吴本作「二百一十里」，今據北宋本、傅校本、明抄本删改。

〔四二〕武都郡盤隄縣百里　「郡」原脱，「縣」原訛「一」，據北宋本、傅校本、明抄本、明刻本補改。

〔四三〕三百二十里　「二」原作「三」，據北宋本、傅校本、明抄本改。

〔四四〕秦漢及魏爲無人之境　「秦」原脱，據北宋本、傅校本、明抄本、明刻本補。

〔四五〕和政郡四百五十里　「和」原訛「利」，唐無「利政郡」，有和政郡，見卷一七四，適在合川郡東北，據改。「五」原作「三」，據北宋本、傅校本、明抄本改。

〔四六〕五香郡　通考卷三二一同。隋書地理志上八二一頁、元和郡縣志卷三九九九九頁「五」作「恒」。

〔四七〕二百里　「二」原作「三」，據北宋本、傅校本、明抄本、明刻本改。

〔四八〕自益昌之西南至蜀川　「蜀川」疑當作「蜀州」。

〔四九〕宋置興樂縣　「樂」原訛「安」，據北宋本、傅校本、明抄本、王吴本改。

〔五〇〕漢葭萌縣地　「地」原訛「也」，據諸本改。

〔五一〕胤山　「胤」原作「允」，清人諱改，今據北宋本、傅校本、明抄本、明刻本、王吴本改回。

〔五二〕二百里　「二」原作「三」，據北宋本、傅校本、明抄本改。

〔五三〕户二萬二千三百七十　「三」原作「六」，據北宋本、傅校本、明抄本、明刻本、王吴本改。

〔五四〕大劍水有劍閣　舊唐書地理志四一六七二頁「水」作「山」。

〔五五〕户三萬七千二百六十　原作「户二萬二千三百七十」，據北宋本、傅校本、明抄本、明刻本、王吴本改。

〔五六〕今郡城即漢涪城縣也　「縣」下原有「東」，據北宋本、傅校本、明抄本、明刻本删。按：漢無「涪城縣」，有涪縣，屬廣漢郡，見漢書地理志上一五九七頁。此「城」字蓋涉下文而衍者。

〔五七〕東晉置始平郡　「晉」下原有「兼」，據北宋本、傅校本、明抄本、明刻本、王吴本删。

〔五八〕梓州二漢屬廣漢巴西二郡地　按：兩漢無巴西郡。查元和郡縣志卷三三、輿地廣記卷三一梓州條，輿地記勝卷一五四、嘉慶一統志卷四〇六潼川府下俱謂「二漢屬廣漢郡地」。宋書州郡志四一一七〇頁巴西太守下引譙周巴記云：「建安六年，劉璋分巴郡墊江以上爲巴西郡。」通典此處有誤。

〔五九〕玄武　「玄」原作「元」，清人諱改，據北宋本、傅校本、明抄本、明刻本、王吴本改回。

〔六〇〕三百二十里　「二」原作「三」，據北宋本、傅校本、明抄本改。

〔六一〕户三萬四千百八十　「十」下原有「二」，據北宋本、傅校本、明抄本、明刻本、王吴本删。

〔六二〕口九萬六千八百六十　「十」下原有「五」，據北宋本、傅校本、明刻本、王吴本删。

〔六三〕八十里　「八」原作「七」，據北宋本、傅校本、明抄本、明刻本、王吴本改。

〔六四〕一百里　「百」下原有「二十」，據北宋本、傅校本、明抄本、明刻本删。

〔六五〕二千三百七十里　「十」下原有「二」，據北宋本、傅校本、明抄本、明刻本、王吴本删。

〔六六〕七十　原作「一十二」，據北宋本、傅校本、明抄本、明刻本改。

〔六七〕三十　「十」下原有「一」，據北宋本、傅校本、明抄本、明刻本、王吴本删。

〔六八〕後漢將吴漢平之　「將」原脱，據北宋本、傅校本、明抄本、明刻本補。

〔六九〕蜀主李勢　原脱訛作「李特」，據北宋本、傅校本、明抄本、明刻本補改。

〔七〇〕錦江沖里橋　「沖」原訛「萬」，據北宋本、傅校本、明抄本、明刻本、王吴本改。

〔七一〕又有湔　「湔」原訛「隴」，據北宋本、傅校本改。

〔七二〕唐安郡　「唐」原訛「廣」，據北宋本改。

〔七三〕三十三萬　下「三」原作「一」，據北宋本、傅校本、明抄本、明刻本、王吳本改。

〔七四〕漢繁縣　「繁」上原有「新」，誤。據北宋本、傅校本、明抄本、明刻本删。

〔七五〕山西有天彭闕　「山」原涉上而脱，據北宋本、王吳本補。

〔七六〕李冰　「冰」原訛「永」，據諸本改。下同。

〔七七〕補亘反　「亘」原作「恒」，據北宋本改。

〔七八〕户五萬六千二百九十　「六」原作「五」，據北宋本、傅校本、明抄本、明刻本改。

〔七九〕一千一百　「一千」原作「三千」，據北宋本改。

〔八〇〕漢張道士隱處　「士」北宋本作「古」，傅校本作「占」，明抄本作「内」，並非。按：元和郡縣志卷三一七七五頁作「稜」，疑是。

〔八一〕北至臨邛郡二百七十里　「郡」下原有「安仁縣」三字，據北宋本、傅校本、明抄本、明刻本、王吳本删。

〔八二〕東北到巴西龍安石泉兩縣界　「西」下原有「郡」，「兩」原作「二」，據北宋本、傅校本、明抄本、明刻本删改。

〔八三〕去西京二千七百四里　「四」上原有「一十」，據北宋本、傅校本、明抄本、明刻本删。

〔八四〕去京二千三百六十四里　原「京」上有「東」，「二千三百」原作「三千五百」，據北宋本删改。按：傅校本、明抄本、明刻本、王吳本也作「二千三百」。

〔八五〕户二千四百八十五　「二」原作「三」，據諸本改。

〔八六〕晉屬汶山郡　「汶山」原訛「汶川」，據晉書地理志上四三九頁、宋書州郡志四一一七四頁、南齊書州郡志下二九九頁改正。

〔八七〕尋復爲會州　「復」原作「改」，據北宋本、傅校本、明抄本、明刻本、王吳本改。

〔八八〕或爲通化郡　「通」原訛「東」，據諸本改。

〔八九〕漢岷山縣　「岷山」疑當作「汶江」，漢無「岷山縣」。

〔九〇〕唯此一路繩橋　「一」原脱，據北宋本、傅校本補。

〔九一〕西北到通化郡利溪山爲界八十里　「通化郡」疑當作「江源郡」。

〔九二〕鷄川　原在「翼水」上，據北宋本、傅校本、明抄本、明刻本移下。

〔九三〕西南到静川郡歸誠郡兩界　上「郡」原脱，下「郡」上原有「二」，據北宋本、王吳本補删。

〔九四〕當州後周置覃州並覃川郡　通考輿地考七當州條作「後周置覃州及覃川、榮鄉二郡」。按：覃川、榮鄉爲雙頭州郡，治通軌，王仲犖北周地理志卷二一七二頁有考。

〔九五〕和利　舊唐書地理志四一七〇三頁、太平寰宇記卷八一同。元和郡縣志卷三二八一六頁、新唐書地理志六一〇八六頁、通考卷三二二一作「利和」。

〔九六〕谷和　元和郡縣志卷三二、新唐書地理志六、通考卷三二二一同。舊唐書地理志四一七〇三頁作「谷利」。

〔九七〕北至臨翼郡八十里至西南到静川郡界百九十里　「臨翼」與「静川」原互訛，今參照中國歷史地圖集第五册劍南道北部圖移正。

〔九八〕江源界　「界」原作「郡」，據北宋本、傅校本、明抄本、明刻本改。

〔九九〕臨翼郡嶺巖鎮　北宋本、傅校本「郡」作「縣」，「巖」作「叢」。明刻本「郡」也作「縣」。

〔一〇〇〕静居　「居」原訛「川」，據元和郡縣志卷三二八一八頁、舊唐書地理志四一七〇四頁、新唐書地理志六一〇八七頁、通考卷三二一改。按：北宋本、傅校本、明抄本、明刻本本卷目録均作「居」。

〔一〇一〕南至維川郡三百里　查中國歷史地圖集第五册劍南道北部圖維川郡不與蓬山郡接界，也不在其南。

〔一〇二〕長碉鎮　「碉」原作「硐」，據北宋本、傅校本、明抄本改。

〔一〇三〕北至恭化郡栢嶺鎮八十里　查中國歷史地圖集第五册劍南道北部圖恭化郡在蓬山郡南，不在其北，而栢嶺鎮在蓬山郡内。

〔一〇四〕南至維川郡二百三十里　查中國歷史地圖集第五册劍南道北部圖維川郡不在恭化郡南。恭化郡東爲雲山郡，維川郡復在雲山郡東。

〔一〇五〕三百九十三　下「三」原作「二」，據北宋本、傅校本、明抄本、明刻本、王吴本改。

〔一〇六〕南至江源郡界二百六十里　查中國歷史地圖集第五册劍南道北部圖江源郡不在維川郡南。静川郡在維川郡北，江源郡復在静川郡北。

〔一〇七〕西至歸誠郡界二百三十里　「界」原脱，「三」原作「五」，據北宋本、傅校本、明刻本、王吴本補改。查中國歷史地圖集第五册劍南道北部圖歸誠郡不在維川郡西，而在其正北。

〔一〇八〕户千六十　原作「户二千六百」，據北宋本、傅校本、明抄本、明刻本、王吴本改。

〔一〇九〕大唐武德初於姜維故城置維州　通考輿地考七維州條同。新唐書地理志六一〇八五頁、唐會要卷七〇、太平寰宇記卷七八、輿地廣記卷三〇、讀史方輿紀要卷六七俱作「武德七年」。通鑑卷一九〇五九七六頁亦繫此事於武德七年。元和郡縣志卷三二維州下作「武德四年」，其屬縣薛城、定廉二縣下又并作「武德七年」。舊唐書地理志四一六九〇頁維州作「武德元年」，其屬縣薛城條作「武德七年」。疑作「七年」是。

〔一一〇〕風流鎮　「鎮」原作「嶺」，據北宋本、傅校本、明刻本改。

〔一一一〕天寶軍　「寶」北宋本作「保」。

〔一一二〕口千六百五十五　下「五」原作「二」，據北宋本改。

〔一一三〕今理定廉縣　北宋本、傅校本、明抄本、明刻本無此五字。

〔一一四〕千費生蠻　「千」北宋本作「于」。

〔一一五〕户四萬一千五百三十二　「一」原作「三」，據北宋本、王吴本改。

〔一一六〕後周置嚴州隋改曰西寧州　按：錢大昕廿二史考異卷三三、楊守敬隋書地理志考證附補遺均以爲西寧州置於後周時，非置於隋也。

〔二七〕大唐麟德元年於昆明之弄棟川置姚州　元和郡縣志卷三二、舊唐書地理志四一六九七頁、新唐書地理志六一〇八六頁、輿地廣記卷三〇、大清一統志卷三七九並云武德四年置姚州。舊唐書一六九七頁、輿地廣記、大清一統志又云：「麟德元年，移姚州治於弄棟川。」通典此處似有脱誤。

〔二八〕口萬七千十　「十」原脱，據北宋本、傅校本補。

〔二九〕漢源　「漢」原訛「洪」，據北宋本、王吴本改。按：元和郡縣志卷三二八二二頁、舊唐書地理志四一六八四頁、新唐書地理志六一〇八四頁、通考卷三二一均作「漢」。

王文錦點校

通典卷第一百七十七

州郡七

古荆河州今置郡府十八　縣一百三十六

河南府洛二十六縣河南　洛陽　汜水　告成　登封　緱氏　密　温　伊闕　伊陽　壽安　福昌　永寧　澠池　王屋　河陽　新安　鞏　偃師　陸渾　陽翟　濟源　潁陽　河陰　河清　長水

陜陜五縣陜　硤石　平陸　芮城　靈寶

弘農虢六縣弘農　湖城　盧氏　玉城　朱陽　閿鄉

臨汝汝七縣梁　葉　魯山　龍興　臨汝　襄城　郟城

滎陽鄭七縣管城　滎陽　中牟　新鄭　滎澤　陽武　原武

陳留汴六縣開封　浚儀　陳留　雍丘　封丘　尉氏

睢陽宋十縣宋城　襄邑　楚丘　柘城　虞城　寧陵　單父　穀熟　下邑　碭山

譙郡亳八縣譙　臨涣　永城　酇　真源　鹿邑　城父　蒙城

濟陰曹六縣濟陰　成武　冤句　考城　南華　乘氏

潁川許六縣長社　鄢陵　長葛　臨潁　許昌　扶溝

淮陽陳六縣宛丘　項城　南頓　西華　太康　溵水

汝陰潁四縣汝陰　下蔡　潁上　沈丘

汝南荆河十一縣汝陽　上蔡　平輿　郾城　西平　吴房　朗山　真陽　新息　褒信　新蔡

淮安唐七縣比陽　慈丘　方城　湖陽　平氏　桐栢　泌陽

南陽鄧七縣穰　南陽　向城　内鄉　菊潭　新野　臨湍

武當均三縣武當　鄖鄉　豐利

襄陽襄七縣襄陽　臨漢　穀城　宜城　義清　樂鄉　南漳

漢東隨四縣隨　棗陽　唐城　光化

古荆河州〔一〕

禹貢曰：「荆河之州，西南至荆山，〔二〕今襄陽郡南漳縣界，北距河也。伊、洛、瀍、澗既入于河，伊出今河南府伊闕縣陸渾山。洛出今上洛郡洛南縣冢嶺山。瀍出今河南縣穀城山。澗出澠池縣山。四水皆入河也。

滎波既豬，滎本沇水溢出，〔三〕在今滎陽郡滎澤縣也。波亦水名，言其水並以遏聚矣。一説謂滎水之波也。今沇水不過河。道荷澤，被孟豬。荷澤在今魯郡方與縣。孟豬亦澤名，在今睢陽郡虞城縣，即孟豬澤也。言荷澤水衍溢則使被及孟豬，不常入也。道音導。荷音柯。厥土惟壤，下土墳壚。〔四〕高地即壤，下地即墳壚。壚謂土之剛黑者。墳，扶粉反。壚音盧。浮于洛、河。〔五〕因洛入河。舜爲十二牧之一。周禮職方：「河南曰荊河州，其山曰華，即今華陰郡山也。連延東出，故屬荊河州。藪曰圃田，在今滎陽郡中牟縣。川曰滎、雒，滎即滎澤。洛即洛川，今福昌縣界。浸曰波、溠。出黃山，在今漢東郡棗陽縣東北。〔六〕又云波水出歇馬嶺。即應劭所謂孤山，在今臨汝郡魯山縣西北。溠音莊亞反。其利林漆絲枲。〔七〕人二男三女。畜宜六擾，馬、牛、羊、豕、犬、雞也。謂之擾者，言人所馴養也。穀宜五種。」黍、稷、稻、菽、麥。荊河州在九州之中，言常安逸也。又云逸者，舒也，言稟中和之氣，性理安舒也。其在天官，柳、七星、張則周之分野，漢之河南、雒陽、穀城、平陰、偃師、鞏、緱氏，皆其分也。今河南府之河南、雒陽、偃師，東至緱氏、鞏縣，南得伊闕也，〔八〕北至於河。房、心則宋之分野，漢之沛、梁、濟陰，皆其分也。今睢陽、譙郡、濟陰地也。觜觿、參則魏之分野，漢之高陵以東，及陳留、汝南之召陵、〔九〕濦强、新汲、西華、長平，潁川之舞陽、郾、許、鄢陵，河南之開封、中牟、陽武、酸棗、卷，皆其分也。〔一〇〕今弘農郡之北境，滎陽之東北境，潁川之東境，淮陽之北境，汝南之北境，并陳留郡地也。角、亢、氐則韓之分野。漢之南陽及潁川之父城、定陵、襄城、潁陽、潁陰、長社、陽翟、郟，東接汝南，西接弘農，兼得新安，宜陽，皆其分也。今陝郡之河南地，河南府之西境、南境、東境，滎陽、臨汝、潁川之西境，漢東、淮安、南陽、武當等郡也。兼得秦楚之交。漢之弘農故關以西，今弘農郡之南境，宜屬秦。漢之汝南，今汝陰、汝南之南境，淮陽之南境，漢之南郡北境，今襄陽郡地，並宜屬楚也。秦分天下置郡，爲三川、今河南府、陝郡之河南地，弘農、臨汝、滎陽、陳留等郡地是也。碭、今睢陽、譙郡、濟陰等郡地是也。潁川，今潁川、淮陽、汝陰、汝南等郡地是也。南陽郡之東境、北境，今漢東、淮安、南陽、武當等郡地是也。南郡之北境。今襄陽郡。漢武置十三州，此爲荊河州。領郡國五。其今河南府、陝郡、弘農之地，則屬司隸，陳留、濟陰之地，則屬兗州也。後漢爲司隸、理洛陽。荊河州，理於譙，領郡國六。譙，今譙郡是也。魏亦同。理汝南安城，今汝南吴房縣也。晉分置司州領郡十一，理洛陽。及荊河州，領郡國十，理梁國項，今淮陽郡項城縣也。永嘉之亂，荊河州没於劉、石、苻、姚。宋初有其南境，置荊河州。領縣十，理汝南郡，即今郡。宋文帝永嘉中全盛得之，後失。後魏以後，分裂不詳焉。大唐分置十五部，此爲都畿、河南府、陝郡、臨汝、滎陽等郡。河南道，陳留、睢陽、濟陰、譙郡、潁川、淮陽、汝陰、汝南等郡。兼分入山南東道〔一一〕淮安、南陽、襄陽、漢東、武當。及河東道。弘農。

河南府東至滎陽郡二百七十里。〔一二〕南至臨汝郡一百八十里。西至陝郡三百三十里。北至高平郡二百八十里。東南到潁川郡三百二十里。西南到弘農郡四百六十五里。西北到絳郡五百里。東北到河内郡百四十里。去西京八百五十里。〔一三〕户十九萬三千四百八十，口百十五萬七百八十。

洛州凡河北諸縣，並冀州之域，餘則荆河州之域。今理河南、洛陽二縣。蓋周之舊都。昔武王克殷，定鼎於郟鄏。至成王，營成周，卜澗水東、瀍水西而宅洛邑，是爲王城。郟鄏，陌名。漢孔安國云：「王城，今河南城。」周靈王時，穀雒鬭，毁王宫，則左傳齊莊公遣師城郟是也。在今城之西。按此穀水本澗水，自後遂更名矣。經今城之苑中，入於洛。又於瀍水東卜，亦吉，遷殷頑人居之。孔安國云：「將定下都，遷殷人，故并卜之也。」平王因犬戎之亂，自酆東遷而居王城，〔一四〕則東周之始王也。至敬王與王子朝争立，出奔晉，定公使魏舒率諸侯之大夫會於狄泉，以其地本成周之城，而居敬王。按在今洛陽之城東三十餘里故城，是則周之下都也，有狄泉在城中。然而成周是王城、下都之總號，故左氏傳曰「萇弘云：西王天棄之，東王必大克」。時子朝居王城，故曰西王，敬王居狄泉，在王城之東，故曰東王。至考王，封其弟桓公於河南，〔一五〕以續周公之官職。至孫惠公，乃封少子於鞏，號東周惠公。按此時又别稱東周也。王赧立，赧，尼板反。東、西周分理，又徙都西周。則王城也。〔一六〕初，平王時，雒邑與宗周，宗周，鎬京也。通封畿，東西長，南北短，長短相覆爲千里。〔一七〕後爲諸侯所侵，比周之亡，七城而已。河南、洛陽、新城、平陰、偃師、鞏、緱氏也。按七邑之境，西自今河南、洛陽，南自伊闕、緱氏，東得鞏縣，北至於河。秦平天下，置三川郡。漢高帝置河南郡。領縣二十二。後漢改爲河南尹，領縣二十。兼置司隸，領郡七，理於此。魏晉郡因之，兼置司州。領縣十一，理於此。後魏孝文自代徙都之，亦爲河南尹。至東、西魏，分有其地，北齊爲洛州。石季龍已爲洛州，至齊又改名焉。齊滅，屬後周。當東、西魏及齊、周之時，二境交争，攻戰邊鎮，俱在於此。隋初爲洛州，煬帝之初，移都創制，復曰荆河州，尋改爲河南郡，置尹。大唐平僞鄭王充，置洛州。開元元年，改爲河南府。凡周、漢、魏、晉、後魏、隋，至於我唐，並爲帝都。周謂平王以下，漢謂後漢，晉謂西晉也。今號爲東京，後改號東都。按故都城，自周氏至隋大業以前，常爲都邑。今都城即隋煬帝大業元年所築。領縣二十六：

河南古郟鄏地也，是爲王城。又一云「郟，山名，鄏，邑名，在縣西南」也。後漢爲河南縣，有闕塞山，俗曰龍門。有穀城山，瀍水所出。金谷、梓澤，並在東北。其古穀城，在縣西北。北齊常山王演築川以拒周師，又築孝水戍，在縣西北。其天津橋、中橋石腳，並長壽中中書侍郎李昭德造。

洛陽古成周之地，亦謂之周南。漢爲縣。魚豢曰：「漢火德，火忌水，光武去洛字水，而加隹焉。」有邙山。東北有盟津，本孟地名，都道所湊，古今以爲津，武王會八百諸侯，同於此盟，故曰盟津。後漢明帝陵在西北，章帝陵在東南。漢平陰縣城在縣北五十里。白社里在故城建春門東。其金墉城在故城西北角，魏明帝築也。

汜水〔一八〕古東虢國，爲鄭滅之，鄭爲制邑，左傳曰「制，巖邑也」。有故虎牢城，即周穆王獲虎，〔一九〕命畜之，故曰虎牢。漢謂之成皋縣。後漢置成皋關。宋毛德祖戍虎牢，後魏晝夜攻圍，二百日方破。其側有廣武城。東魏武定中，將陸子章又增築虎牢城。後魏孝文帝置東中郎將府於此城中。

告成漢陽城縣。有箕山、潁水、測影臺。漢輪氏縣故城在西南。有鬼谷，即鬼谷先生所居，在今縣北。武太后封中岳，故改曰告成焉。

登封漢崇高縣。大唐永徽中，置嵩陽縣，武太后改爲登封縣。有中岳嵩高山，其神祠後魏移於岳東南山下。有少室山、嶧嶺、故關、五渡水。

緱氏古滑國。漢舊縣。有緱氏山、軒轅坂。縣西南公路澗上有袁術固，四周絶澗甚險，俗云光禄澗。栢谷塢在縣東北。

密古密國，亦古鄶國。左傳魯僖公六年圍新密是也。漢舊縣也。〔二〇〕有洧水、鄶水。鄶，古外反。〔二一〕

温蘇忿生所封，春秋王畿内之邑也。

伊闕有陸渾山，伊水所出。漢新城縣也。陸渾山在西南。

伊陽後周置兵於此，備齊。

壽安有九曲城，所謂九河也。高齊置孔城防以備周，在今縣東南。又有後漢八關城，在縣東北，函谷關都尉所理。

福昌後漢宣陽縣。故韓城在今縣東，劉盆子降光武處。魏尚書僕射杜君畿、幽州刺史杜君恕墓並在今縣北。縣城即魏之一金塢城，〔二二〕東南北三面峭絶天險，後周重兵於此以備高齊。有金門山，其竹可爲律管。

永寧有三崤山，蹇叔哭其子曰「崤有二陵焉」，即其所也，在今縣西北。又有回溪，即馮異敗處，在今縣東北，俗名回坑，長四里，闊二丈，深二丈五尺。自漢以前，春秋時，道皆由此縣。酈道元注水經云：「漢建安閒，曹公西討巴漢，惡南路之險，更開北道，自後行旅率多從之。附側路有石銘云：晉太康三年，弘農太守梁柳修復舊路。」括地志云：「按文王所避風雨，即東垣山也，俗亦號爲文王山，有夏后皋墓，北可十里許。其山南臨河陰。漢末以來，移道更於嶺岑山南，其山在夏后墓正南可五里。」公更開北道，即復春秋時路。後周之初，更復南移。隋煬帝大業三年廢。武德初，又通此道，貞觀十四年又廢。其道西入縣界，又東分爲二道，東南入福昌縣界，北道東入澠池縣界。又有熊耳山，劉盆子積甲之所，又穀水所出。後周置黃櫨、同軌、永昌三城以備齊也。櫨音盧。

澠池有古東西俱利二城，即秦昭王與趙惠文王會處，蓋云秦趙俱利也。又有千秋亭，晉潘岳於此喪子，有澗水也。

王屋古召公之邑。北齊置懷州。今縣東二十里齊子嶺，周齊分境處。後周置王屋郡。有王屋山，沇水所出。

河陽古孟津，後亦曰富平津。在其南謂之陶河瀦，魏尚書僕射杜君畿試船沉没之所。其地亦周蘇忿生之邑。浮橋即晉當陽侯杜元凱所立。後魏莊帝時，梁將陳慶之來伐，尅洛陽，渡河守北中府城，即此。孝文太和中築之，齊神武使潘樂鎮於此，又使高永樂守南城以備西魏，並今城也。其中潬城本東魏所築，仍置河陽關。今縣西南十三里古遮馬隄，即後魏爾朱榮殺朝士千三百餘人於此。潬，徒旱反。

新安縣東北一里有漢故函谷關。其秦關在今靈寶縣。漢武帝元鼎三年，樓船將軍楊僕數有大功，恥爲關外人，上書乞東關，以家財給其用度，〔二三〕乃徙於新安。後周改故函谷關城爲通洛防以備齊。郭緣生述征記云：新安縣，漢之函谷關也。今猶謂之新關。項羽坑秦卒於新安城南，即斯地也。魏明帝景初元年，河南尹盧延上言，成皋函谷二里六十步，宜卻函谷關於崤下。弘農太守杜恕議，以東徙潼關著郡下，省函谷關，徙蒯關盧氏縣下。正始元年，弘農太守孟康上言，移函谷關，更號大崤關，〔二四〕又爲金關。地理志云，今按此關，正始元年廢也。

鞏春秋時，鞏國。戰國時有東、西周，此即東周所居，漢爲縣也。故小平縣城在縣西北。有津曰小平。縣北又有五社渡，一名五渡津。

偃師帝嚳所都，亦古亳邑也。商有三亳，成湯居西亳，此即一也。至盤庚，又自河北徙理於此亳，商家從此而改國號曰殷。有首陽山，有尸鄉。周武王伐紂，迴師息戎，〔二五〕遂名偃師焉。漢爲縣。晉當陽侯杜元凱墓在西北。天寶七載四月，河南尹韋濟奏於偃師縣東山下開驛路，通孝義橋，廢北坡義堂路也。

陸渾故蠻國。楚莊王伐陸渾之戎於此，即蠻戎爲一名耳。有三塗山在縣西，即左傳云三塗之險也。北齊立北荆州，在東北故城是也。

陽翟禹所都也。有禹山，有鈞臺。左傳云「夏啓有鈞臺之饗」是也。亦春秋鄭之櫟邑。有荆山，亦漢潁川郡地。有陽關聚。

濟源周大夫蘇忿生原邑，故城在今縣西北。漢軹縣地，故城在今縣東南。高齊拒周，使斛律光築關於此。沇水自王屋山頂崖下，澄停不流，至縣西二里平地，潛源重發，名濟水，東流經温縣入河。尚書云「濟水入於河，溢爲滎，東出於陶丘北」至此。〔二六〕按：後漢郡國志曰「因王莽末旱，此渠枯涸，濟水但入河而已，不復截流而南」。而水經是和帝以後所撰，乃云南過滎陽、陽武、封丘、宛句、乘氏等縣，並今縣地，一依尚書禹貢舊道，斯不詳之甚。酈道元又從而注之，其所纂序及注解，並大紕繆。已具雍州之域西平郡篇。〔二七〕

潁陽漢輪氏縣地。後魏改曰臨武，大唐復改之。

河陰三皇山，亦曰㠑鄗山，上有三城，即是劉項相持處也。開元二十三年，分汜水、滎澤、武陟三縣地，於輪場東置，以便運漕，即裴侍中耀卿立。其汴渠在縣南二百五十步。坤元録云：「亦名莨蕩渠，〔二八〕今名通濟渠，首受黄河。」漢書有滎陽漕渠，如淳曰「今礫溪口」是也。水經云：「河水又東過滎陽北，莨蕩渠出焉。」酈道元注云：「大禹塞滎澤，開渠以通淮泗。」後漢書云：「初，平帝時，河汴決壞，明帝永平中，乃令王景理渠隄。」坤元録又云：「自宋武北征之後，復皆湮塞。隋煬帝大業元年，更令開導，名通濟渠。西通河洛，南達江淮。煬帝巡幸，每泛舟而往江都焉。其交、廣、荆、益、揚、越等州，運漕商旅，往來不絶。」其汴口堰在縣西二十里，又名梁公堰。隋文帝開皇七年，使梁睿增築漢古堰，遏河入汴也。嶅音敖。鄗，口交反。〔二九〕莨音良。

河清 南臨黄河。左傳云晉陰，即此。漢爲縣。栢崖故城在縣西，即東魏將侯景築。其倉咸亨中考功郎中王本立置也。

長水 漢盧氏縣地。後魏置南陝縣。隋曰長淵，國家改焉。土剗在縣西北二十五里，蓋古關之塞垣，後周以爲鎮防。剗，楚板反。

陝郡 東至河南府三百三十里。南至河南府長水縣界五十里。西至弘農郡湖城縣界八十里。北至絳郡二百二十里。東南到河南府永寧縣界九十里。西南到弘農郡百里。西北到河東郡二百里。東北到絳郡二百二十里。去西京五百五十里，去東京三百三十里。户三萬六百八十，口十六萬八千一百八十。

陝州 凡河北諸州縣，並冀州之域，餘則荆河州之域。今理陝縣。周公、召公分陝之所。公羊云：「自陝以東，周公主之；自陝以西，召公主之。」春秋虢國之地，所謂北虢也。虢仲國，今平陸縣。戰國時屬韓。秦屬三川郡。漢屬弘農郡，後漢因之。後魏置陝州及恒農郡。後周又置陝州及崤郡。置兵於此，備齊。隋文帝時郡廢，煬帝初州廢，以其地屬河南郡，後置弘農宮。大唐復爲陝州，武德元年，陝東道行臺金部郎中長孫操自陝州東引水入城，以代井給，百姓賴之。或爲陝郡。領縣五：

陝又故虢國城在今縣東。今郡西四十五里有曹陽澗，曹公改爲好陽。郡北大陽橋，〔三〇〕貞觀中丘行恭造。

硤石縣西有莘原，左傳云「神降於莘」，即此。有底柱山，大唐貞觀中，太宗巡幸，命魏徵勒銘，見存。

平陸漢大陽縣。有傅巖穴。有閑原，即虞、芮之人讓畔處。吴山，即騏驥垂耳駕鹽車之所。顛軨阪。軨音令。

芮城古芮國城在其西。〔三一〕芮國本在今馮翊郡馮翊縣界。魯桓三年，芮伯萬爲母姜氏所逐，居於魏，即此。具左傳注。亦古魏國，爲晉所滅。

靈寶秦桃林縣。漢弘農縣地。故秦函谷關在縣西南十二里。漢武遷於新安。大唐又置桃林縣。開元末，其地得天寶靈符，因改元兼改縣。東北有桑田亭，左傳虢公敗戎於桑田，即此也。

弘農郡東至河南府四百六十里。南至南陽郡七百里。西至華陰郡二百三十里。北至絳郡三百四十里。東南到臨汝郡五百十里。西南到上洛郡四百里。西北到河東郡一百七十里。東北到陝郡一百里。去西京四百十里，去東京四百六十五里。户萬七千七百四十五，口八萬二千九百十五。

虢州今理弘農縣。春秋時虢國地。此虢，〔三二〕今陝郡平陸縣。東虢，在今滎陽縣。西虢，在今扶風郡縣也。晉滅虢，其地屬晉。戰國時屬秦魏二國之境，後屬三川郡。漢武置弘農郡，後漢因之。魏改爲恒農。避獻帝諱。晉復爲弘農郡。後魏置西恒農郡。後周廢之。隋煬帝又置弘農郡，恭帝時改爲鳳林郡。大唐武德元年，改爲鼎州。八年，廢鼎州，置虢州，〔三三〕其後或爲弘農郡。領縣六：

弘農秦桃林縣地。漢弘農縣黄卷陌在縣西北二十餘里。〔三四〕潘岳西征賦云：「愬黄卷以濟潼。」曹公故壘，與韓遂相拒，亦在此。

湖城故曰胡，漢武更爲湖縣。有荊山，出美玉。黄帝鑄鼎於荊山，其下曰鼎湖，即此也。

盧氏漢舊縣。有熊耳山，尚書云「導洛自熊耳」，即此山。

玉城

朱陽有湖。

閿鄉漢以湖閿鄉爲戾園。

臨汝郡東至潁川郡百八十里。南至南陽郡四百九十里。西至河南府伊闕縣，又北至府一百八十里。北至河南府登封縣百十里。東南到淮安郡四百二十里。西南到弘農郡七百里。西北到河南府伊闕縣界八十里。東北到河南府陽翟縣百七十里。去西京九百八十里，去東京一百五十里。户六萬四千八百九十，口二十七萬六千八百七十九。

汝州今理梁縣。在周爲王畿。春秋時，戎蠻子之邑，亦楚鄭二國之境。七國時屬韓。〔三五〕秦屬三川郡。漢屬河南、潁川二郡地，後漢因之。魏晉屬河南、舞陽二郡地。後魏屬汝北郡。後周屬南襄城郡。隋初置伊州，煬帝初改爲汝州，後廢州，以其地分屬襄城、潁川二郡。大唐爲汝州，或爲臨汝郡。漢廣成苑在今縣西。領縣七：

梁漢舊縣。戰國時謂之南梁，以別大梁、少梁也。又有霍陽山，即左傳哀公四年，楚爲一昔之期而襲梁及霍也。有蠻中聚，即戎蠻子國，在今縣西南，俗謂之麻城。又漢光武封姬常爲周承休公，故城在今縣東。又有陽人聚，故城在今縣西，秦滅東周，徙其君於陽人聚，即此地也，又孫堅大破董卓軍之所。又有漢霍陽縣，因山爲名，俗謂之張侯城，亦在今郡西南，亦名王塢城，亦名高齊汝北郡，以備周寇也。

葉古應國也。漢父城縣也。〔三六〕又本楚地，楚葉公邑也。有方城山，即屈完曰「楚國方城以爲城」也。又有昆陽城，在今縣北二十五里，即光武破王尋之所。有古墓在東，俗云王喬墓也。

魯山漢魯陽縣。今有魯陽關，古邊角城，在縣東南。有漢犨縣故城。在今縣東南。後周置三鵶鎮，在縣西南十九里，亦名平高城，以禦齊。高齊則於縣東北十七里置魯城，以禦周。

龍興

臨汝

襄城漢舊縣。楚靈王所築。又有古不羹城，在縣西南。羹音郎。

郲城漢郲縣。舊曰龍山。

滎陽郡東至陳留郡百四十四里。南至潁川郡二百八十里。西至河南府二百七十里。北至河内郡獲嘉縣界、黄河中流九十六里。東南到陳留郡尉氏縣百三十二里。西南到河南府密縣百七里。西北到河内郡百五十六里。東北到靈昌郡二百八十四里。去西京一千一百五里，去東京二百六十里。户七萬四千八百九，口四十三萬四千三百六。〔三七〕

鄭州今理管城縣。古高辛氏火正祝融之墟。周初，封管叔於此。又曰虢鄶之地。鄭武公與平王東遷，武公滅兩國而遷都焉。後鄭爲韓所滅，韓又徙都之，其東境屬魏。秦屬三川郡。漢屬河南郡。後漢因之，分置滎陽郡。宋亦然。後魏爲東恒農郡。東魏置廣武郡。後周置滎州，後改爲鄭州。隋置管州；煬帝初，復爲鄭州，尋廢州，置滎陽郡。大唐因之。領縣七：

管城古周初管國。故郯城在縣南，左傳晉楚戰處。僕射陂，後魏孝文賜李沖，因爲名也。郯，毗必反。

滎陽故虢國，所謂東虢也。秦置敖倉。又有鴻溝在縣西，即楚漢分境之所。又有京水、索水，楚漢戰於京、索間是也。京，故鄭邑，在縣東，左傳所謂京城太叔者也。

中牟漢舊縣。有圃田澤，荆河州藪也。趙獻侯自耿徙此，又趙襄子時，佛肸以中牟叛，即此也。北十二里有中牟臺，是爲官渡城，即曹公、袁紹相持之所。

新鄭漢舊縣。春秋時，鄭國至韓哀侯滅鄭，自平陽徙都之。有溱洧二水，祝融之墟。黃帝都於有熊，亦在此也。本鄶國之地。

滎澤禹貢「濟水溢爲滎」，即此。今濟水不復入滎也。有敖山，其地險固。故王宮城在今縣西北十五里，即左傳云晉文公勝楚後，「至於衡雍，作王宮於踐土」，今故城內東北隅有踐土臺是也。按春秋僖公二十八年四月，晉侯敗楚師於城濮，五月盟諸侯於踐土，公朝於王所。注云：「踐土，鄭地。王在踐土，非京師，故曰王所。」

陽武漢舊縣。有博浪沙，地名，即張良擊秦皇之所。

原武漢舊縣，故城在今縣西。漢卷縣故城在縣東。

陳留郡東至睢陽郡三百里。南至汝南郡五百里。西至滎陽郡百四十里。北至靈昌郡二百二十里。東南到睢陽郡三百十八里。西南到潁川郡二百三十里。西北到靈昌郡胙城縣界八十里。〔三八〕東北到濟陰郡二百四十五里。〔三九〕去西京一千二百四十里，去東京四百里。戶十一萬五千五百五十，口五十二萬九千三百五十五。

汴州今理浚儀、開封二縣。〔四〇〕春秋時鄭地。戰國時爲魏都。魏惠王自安邑徙居大梁，即今浚儀縣也。張儀說魏哀王曰：「魏地四平，無名山大川之限。」秦屬三川郡。酈生說漢王曰：「陳留，天下之衝，四通五達之郊。」漢置陳留郡，後漢因之。晉改爲陳留國。東魏置梁州及陳留、開封二郡。北齊廢開封郡，併入陳留郡。後周改梁州爲汴州。隋廢陳留郡，煬帝初又廢州，分其地入滎陽、梁、潁川、濟陰等四郡。〔四一〕大唐復置汴州，或爲陳留郡。今郡西古城，戰國時魏惠王所築也。秦始皇二十三年攻魏，引河水灌城而拔之。有通濟渠，隋煬帝開引黃河水，以通江淮漕運，兼引汴水，即浪宕渠也。浪宕與莨蕩同。領縣六：

開封有蓬池，亦曰逢澤。〔四二〕故衞國之匡地。夷門，侯嬴所處。

浚儀漢開封縣故城在南。有蔡水。

陳留有莘城，國語謂之莘墟。陳留本鄭邑，後爲陳所併，故曰陳留。漢高帝於此兵敗，母時兵死，後招魂葬，號昭靈后。其處曰小黃園，漢亦曰小黃縣，故城在今縣東北。又有漢東昏縣故城，亦在東北，俗曰婚者誤。

雍丘古杞國。漢圉縣故城在東南。又有漢外黃縣故城，在今縣東。春秋時，齊桓公會諸侯於葵丘，即此。東晉初，祖逖鎮於此。武德中置杞州也。

封丘古封國也。漢舊縣。有黃池，吳王夫差會諸侯之所。

尉氏漢舊縣。

睢陽郡東至彭城郡西界二百十里。南至譙郡一百三十里。西至陳留郡三百里。北至濟陰郡百六十里。〔四三〕東南到譙郡鄼縣界百八十里。〔四四〕西南到淮陽郡二百八十里。〔四五〕西北到濟陰郡百六十里。東北到魯郡四百十七里。去西京千五百四十里，去東京七百八十里。户十二萬一千百七十，口八十一萬二千百七十。

宋州今理宋城縣。高辛氏子閼伯所居商丘也。周武王克殷，以封微子啟，是爲宋國。戰國時，齊、楚、魏三分其地。秦置碭郡。〔四六〕漢改爲梁國，後漢因之。晉亦曰梁國。後周置梁州。隋文帝置宋州，煬帝初爲梁郡。大唐復爲宋州，或爲睢陽郡。領縣十：

宋城宋國都此。有孟諸澤，〔四七〕有漢梁孝王兔園、平臺、雁鶩池。漢睢陽縣在此。春秋時隕石五，見存。繆堤，即梁孝王開道也。繆音蓼。

襄邑春秋時襄牛地，宋襄公所葬。漢爲縣也。

楚丘古之戎州己氏之邑。蓋昆吾之後，别在戎翟中，周衰入居中國。己氏，戎君姓也，〔四八〕漢曰己氏縣也。

柘城

虞城孟諸澤，即禹貢所謂明豬也。明音孟。又舜後所封之邑。有綸城，即少康邑，漢虞縣也。

寧陵古葛伯國，亦魏信陵君邑。

單父古魯邑，漢舊縣也。又漢西防故城在今縣北。

穀熟漢舊縣。即殷之南亳，湯所都也。

下邑秦漢舊縣。

碭山漢麻鄉故城在縣之西北。

譙郡東至彭城郡五百里。南至汝陰郡二百五十里。西至淮陽郡二百里。北至睢陽郡百四十里。〔四九〕東南到汝陰郡五百九十里。西南到淮陽郡三百九十里。〔五〇〕西北到淮陽郡三百二十里。東北到彭城郡五百里。〔五一〕去西京一千七百四十里，去東京八百九十八里。户八萬二千四百六十八，口六十五萬五千二百。

亳州今理譙縣。周武王封神農之後於焦，即其地也。其後改爲譙。春秋時爲陳國之焦邑。〔五二〕戰國時屬宋。秦屬碭郡。漢屬沛郡。後漢爲沛國，兼置荆河州。領郡六，〔五三〕理於此。魏置譙郡，晉因之，後置南兖州。後周改爲亳州，兼置陳留郡。隋初郡廢，煬帝初州廢，復置譙郡。大唐爲亳州，或爲譙郡。領縣八：

譙有渦水。魏黄初中，文帝自譙循渦入淮。有古焦城。渦音戈。

臨涣漢銍縣。有嵇山，晉嵇康因而改姓。有涣水。銍，陟栗反。〔五四〕

永城有碭山，漢高帝隱於芒、碭山澤閒，即此地。漢芒縣故城在今縣北。又有漢太丘縣故城在西北。

酇漢舊縣。又有漢建平縣故城，在今縣西北，一名馬頭城。〔五五〕酇音才何反。

真源古之苦縣，老子生於此。

鹿邑漢鄲縣地。

城父春秋時陳國之夷邑，左傳楚靈王敗於乾谿，即此。有肥水、鮑溪水。〔五六〕

蒙城漢山桑縣。後魏置渦州及渦陽縣。東魏置蒙郡，後曰山桑。又有漢垂惠聚，在縣西北。

濟陰郡東至魯郡三百二十里。南至睢陽郡百六十里。西至陳留郡二百里。北至濮陽郡百七十里。東南到睢陽郡百六十里。西南到陳留郡二百四十里。西北到靈昌郡二百五里。東北到濟陽郡四百里。去西京千四百七十里，去東京六百五十里。户十萬二千二百九十，〔五七〕口六十萬六千二百五十。

曹州今理濟陰縣。昔唐堯所居，州界有堯冢。在周爲曹國之地。周武王弟叔振鐸所封也。〔五八〕昔湯伐桀，桀敗走三㚇。〔五九〕三㚇，國名。湯又伐之，俘厥寶玉，在此也。㚇音宗。戰國時屬宋。秦屬碭郡。漢改爲梁國，景帝分梁爲濟陰國，宣帝更名定陶，後爲濟陰郡。後漢因之。晉爲濟陽郡。後魏置沛郡及西兗州。後周改西兗爲曹州。隋爲濟陰郡。大唐復爲曹州，或爲濟陰郡。領縣六：

濟陰古三鬷亭在縣東北。〔六〇〕有曹南山，有氾水即漢高帝即位之地。氾音泛，取泛愛之義。漢濟陰郡城，今縣是也。亦漢定陶縣也。〔六一〕鬷與㚇同。菏澤在今縣城東北九十里，故定陶城東北。

成武漢舊縣。隋置戴州。

冤句有漆園，莊周爲吏之所。漢濟陽縣故城，在今縣西南，後漢光武生於此。有古煑棗城。句，巨俱反。〔六二〕

考城有北亳，成湯都也。梁國有二亳，南亳在穀熟，北亳在蒙，此即北亳也，〔六三〕亦曰景亳，亦古戴國也。又有北部城，左傳云「取部大鼎」，即此。

南華漢離狐縣地，天寶初改焉。

乘氏古曰乘丘。漢句陽故城在今縣北。左傳盟句瀆之丘是也。

潁川郡東至淮陽郡二百八十里。南至汝南郡三百二十里。西至東京三百三十里。北至滎陽郡二百八十里。東南到淮陽郡三百里。西南到臨汝郡百八十里。西北到東京三百三十里。〔六四〕東北到陳留郡二百三十里。〔六五〕去西京千二百二十里，去東京三百三十里。户八萬六千四十，口五十二萬五千一百五十。〔六六〕

許州今理長社縣。春秋許國。七國時，爲韓魏二國之境。秦爲潁川郡。漢高帝爲韓國，尋復故。後漢因之，獻帝暫都之。魏文帝受禪於此，及晉並爲潁川郡。後魏亦同爲潁川郡。西魏初得之，後入東魏，西魏將王思政鎮守，東魏將圍之二百日，城陷，即今長葛縣界，故長社城也。改爲鄭州。後周改曰許州。隋復爲潁川郡。大唐爲許州，或爲潁川郡。領縣六：

長社漢舊縣。其社中樹暴長，故曰長社。有高陽里。郡城西南有荀淑故宅，相傳云即舊西豪里。

鄢陵漢舊縣。春秋鄭伯克段於鄢，即此也。

長葛

臨潁後漢舊縣。

許昌漢許縣，獻帝都於此。魏文改曰許昌，在今縣南三十里許昌故城是。

扶溝漢新汲縣故城在西。故固城在縣西南，周迴有水，其勢甚固，〔六七〕故爲名。

淮陽郡東至譙郡二百里。南至汝南郡平輿縣二百五里。西至潁川郡二百八十里。北至陳留郡雍丘縣二百二十里。東南到汝陰郡二百里。西南到汝南郡界二百六十里。西北到陳留郡三百二十里。〔六八〕東北到睢陽郡二百八十里。〔六九〕去西京一千五百十四里，去東京七百里。户六萬二千七百十九，口三十五萬四千九百五十。〔七〇〕

陳州今理宛丘縣。昔庖犧氏所都，曰太昊之墟。周初，封舜後嬀滿於此，以備三恪，爲陳國。楚滅爲縣，楚頃襄王自郢徙於此。戰國時，爲楚魏二國之境。秦屬潁川郡。漢汝南郡、淮陽國之地。後漢亦同。晉爲汝南郡、梁國二境地，兼置荆河州。領郡國十，理於此。後魏置陳郡，又置北揚州。理於此。北齊改北揚州爲信州。以百姓守信，不附侯景，故曰信州。隋置陳州，煬帝初州廢，置淮陽郡。大唐爲陳州，或爲淮陽郡。領縣六：

宛丘周時陳都宛丘。有古固陵城，項羽南走固陵，即此也。漢淮陽郡故城在今縣西南。有百尺堰、東門池。

項城古項子國。漢西華縣，後曰項城。

南頓舊置南頓郡。〔七一〕

西華漢長平縣。

太康漢陽夏縣。又有扶樂故城在北。

溵水

汝陰郡東至壽春郡二百五十里。南至弋陽郡三百八十五里。西至汝南郡四百里。北至譙郡二百五十里。東南到壽春郡二百五十里。〔七二〕西南到汝南郡褒信縣二百二十里。西北到淮陽郡三百里。東北到彭城郡蘄縣四百四十里。〔七三〕去西京一千八百里，去東京九百九十里。户二萬九千三十七，口十八萬九千四百七。

潁州今理汝陰縣。春秋時胡子國也。戰國時屬楚。秦爲潁川郡地。兩漢爲汝南郡地。魏置汝陰郡，司馬宣王使鄧艾屯田於此。後廢。晉武帝復置汝陰郡。後魏置潁川郡。隋復爲汝陰郡。大唐爲潁州，或爲汝陰郡。領縣四：

汝陰漢舊縣。有寢丘。史記曰「蒙恬伐寢」，徐廣又曰：「固始，寢丘也。」按固始，今弋陽郡縣，亦漢寢丘地也。又有漢細陽故城，在西北。

下蔡古蔡國，又吳州來之邑也。左傳曰：「蔡成公自上蔡遷於州來，謂之下蔡。」梁大同中，於硤石山築城拒東魏，即今縣城也。

潁上漢置慎縣地，故城在今縣西北。又有故甘城。梁置下蔡郡，有關，吳魏以來關防津濟之所。

沈丘隋置沈州。神龍初，分汝陰縣置此縣。魏王淩欲興兵討司馬宣王，宣王覺，自往襲，淩懼，面縛丘頭，因曰武丘，即此。

汝南郡東至汝陰郡四百里。南至義陽郡二百六十里。西至淮安郡二百七十里。北至潁川郡三百二十里。〔七四〕東南到弋陽郡，淮水中流爲界，二百里。西南到淮安郡桐栢縣界一百八十里。西北到臨汝郡襄城縣二百八十里。〔七五〕東北到淮陽郡二百八十里。〔七六〕去西京千五百四十五里，去東京六百七十里。户七萬六千三百六十，口四十四萬六十九。

今荆河州今理汝陽縣。春秋時沈、蔡二國之地。戰國時爲楚、魏二國之境。秦屬潁川郡。漢高帝置汝南郡，後漢因之。魏晉亦曰汝南郡。宋初因之，兼置荆河州，領郡十，理於此。以爲重鎮。常珍奇守之。元嘉二十六年，後魏主太武率兵攻圍汝南，太守陳憲守拒四十餘日，魏人積屍與城齊，不拔而退。〔七七〕後魏置荆河州。理於此。東魏置行臺。後周置總管府，後改曰舒州，尋復曰荆河州；其後改洛州爲荆河州，以此爲溱州，尋改曰蔡州，後置汝南郡。隋初郡廢，煬帝初復置汝南郡。大唐爲荆河州，或爲汝南郡。郡城即懸瓠城，形若垂瓠，故城取名焉。領縣十一：

汝陽漢北宜春縣故城在今縣西南。又漢平輿縣故城在今縣東。汝水南北又有漢安城縣故城，在東南。有二龍鄉、月旦里、鴻郄陂，在縣東。

上蔡古蔡國，蔡叔之始封地也。漢舊縣。

平輿古沈子國，今沈亭是也。漢舊縣。

鄎城漢舊縣。又有古邵陵城，在今縣東，即齊桓公盟會所。又有堂谿，蘇秦曰：「韓之劍戟出堂谿。」又有漢定陵故城，在縣西北。又有漢西平縣城，在今縣南。古征羌城在東南。

西平古栢子國也。漢舊縣。

吳房漢舊縣。古房子國。〔七八〕漢安城縣故城在今縣東南。

朗山有朗陵山。漢朗陵縣在今縣西南。有道城，即道國也。春秋云江、黄、道、栢國。

真陽漢真陽縣。〔七九〕又漢新陽縣故城在西南。梁白狗堆戍城在此，〔八〇〕後魏將堯雄曰「梁之北面重鎮」也。〔八一〕

新息古息國。漢舊縣也。又有漢安陽縣故城，即春秋時江國也。

褒信漢鄎縣也。

新蔡古吕國，後蔡侯自下蔡徙都於此，故曰新蔡。漢鮦陽縣故城在北。又有葛陂，俗云後漢費長房投竹化成龍處，亦後漢葛陵縣也。〔八二〕鮦，直隴反。〔八三〕

淮安郡東至汝南郡二百七十里。南至漢東郡四百里。西至南陽郡三百二十里。北至臨汝郡四百二十里。東南到義陽郡二百六十里。西南到襄陽郡三百二十里。〔八四〕西北到臨汝郡魯山縣四百四十里。東北到汝南郡吳房縣三百十九里。去西京千四百八十里，去東京六百四十里。户四萬一千七百五十，口十六萬三千四百九十。

唐州今理比陽縣。春秋楚地。戰國時屬韓。秦漢並南陽郡地。後漢亦然。晉屬南陽國。後魏置東荆州。西魏改爲淮州，爲重鎮。置兵以備東魏。隋改爲顯州，煬帝改爲淮安郡。大唐爲唐州，或爲淮安郡。領縣七：

比陽漢舊縣。後魏置殷州及城陽郡。〔八五〕方城山自比陽相比連百里，〔八六〕號曰方城，亦曰長城。〔八七〕馬仁陂在縣北，〔八八〕溉田萬頃。

慈丘後魏置江夏郡。

方城漢堵陽縣。西魏置襄邑郡。有方城山，一名黄成山。

湖陽古之蓼國。前漢湖陽縣，後漢棘陽縣，故城在今縣北，古謝國也。在棘水之陽，有唐子山，又曰西唐山，即後漢高鳳隱處。〔八九〕

平氏漢舊縣。

桐栢因山爲名，淮水所出。梁置華州及上川郡。大木山，祖逖爲荆河州刺史。〔九〇〕藏家屬於此山。

泌陽漢舞陰縣故城在今縣北。有泌水，在縣南，即後漢光武初起兵，〔九一〕破王莽將甄阜、梁丘賜之處。泌音祕。

南陽郡東至淮安郡三百二十里。南至襄陽郡百八十里。西至上洛郡六百四十八里。北至臨汝郡四百九十里。東南到淮安郡四百十里。西南到武當郡三百四十里。西北到弘農郡七百里。東北到淮安郡四百五十里。去西京九百三十里，〔九二〕去東京六百七十里。户四萬二千七百五十，口十六萬六百七十。

鄧州今理穰縣。本夏禹之國。春秋時，申伯、鄧侯二國之地。戰國屬韓，後没於秦，封魏冉爲穰侯，尋而屬楚。始皇平天下，置南陽郡，兩漢因之。晉爲南陽國及順陽、義陽二郡之境。宋、齊並爲南陽郡。後魏置荆州。西魏爲重鎮。置兵以備齊。隋初改爲鄧州；煬帝初，爲南陽、清陽二郡地。大唐爲鄧州，或爲南陽郡。領縣七：

穰漢順陽故城在今縣西，亦後漢穰縣地。後魏馬圈鎮在縣北，蕭齊大將陳顯達攻圍四十餘日不下，敗歸。亦漢涅陽縣地。又有六門堰、鉗盧陂，並漢召信臣所作，〔九三〕溉田三萬頃。又有漢朝陽縣故城，在今縣東南，今謂之朝城。涅，怒結反。〔九四〕

南陽古申國。漢置宛縣。縣南三十七里有小長安。又有漢杜衍縣，〔九五〕在今縣西。又有後漢淯陽縣故城，在淯水之陽。

向城漢西鄂縣故城在今縣南。〔九六〕有魯陽關及魯陽山及精山。〔九七〕漢張衡墓亦在縣南，崔瑗作碑，見在。百重山在縣北，〔九八〕即是三鵶之第一，又北分嶺山嶺北即三鵶之二鵶也。其第三鵶入臨汝郡魯山縣界。

內鄉於中即此地。本楚之析邑。〔九九〕有丹水、淅水。舊置淅郡，即漢淅縣、楚之白羽也。又有漢丹水縣故城，在今縣西南。檢地志云戰國張儀所言商於地，〔一〇〇〕按荆州圖則云今縣東七里於村，蓋昔所言商於地也。〔一〇一〕

菊潭有菊水，傍水居人飲此水，多壽也。

新野漢舊縣，或曰棘陽縣。有樊陂在西南。有光武臺、鄧晨宅。

臨湍漢冠軍縣，霍去病所封。有湍水。

武當郡東至南陽郡二百四十里。南至房陵郡二百六十八里。西至安康郡七百里。〔一〇二〕北至南陽郡內鄉縣二百六十里。東南到襄陽郡三百七十里。〔一〇三〕西南到房陵郡三百六十里。西北到上洛郡上津縣石丹山界三百四十里。〔一〇四〕東北到南陽郡三百四十里。去西京九百二十里，去東京九百十里。戶九千一百，〔一〇五〕口四萬六千二百九十。

均州今理武當縣。戰國時屬韓。秦屬南陽郡。漢爲南陽、漢中二郡地。後漢因之。魏屬南鄉郡。晉、宋並屬順陽郡，後置武當郡。齊於此僑立始平郡，尋改爲齊興郡。梁置興州。後周改爲豐州。隋初郡廢，改爲均州；煬帝初州廢，改爲淅陽郡。今郡城即後漢延岑築，據之。大唐爲均州，或爲武當郡。領縣三：

武當漢舊縣。有古塞城在縣北，戰國時，楚築以備秦。所據之山，高峻險峭，今名大塞山。有武當山。

鄖鄉漢鍚縣也。〔一〇六〕古麇國地。春秋時，楚潘崇伐麇，至於鍚穴，〔一〇七〕即此也。西晉改爲鄖鄉。鄖音云。

豐利漢長利縣地。

襄陽郡東至漢東郡三百五十里。南至江陵郡四百七十里。西至房陵郡四百九十里。北至南陽郡一百八十里。〔一〇八〕東南到富水郡三百十六里。西南到夷陵郡五百七十里。西北到武當郡三百七十里。東北到淮安郡三百二十里。去西京千一百八十里，去東京八百五十里。戶四萬六千五十六，口二十三萬一千四百。

襄州〔一〇九〕今理襄陽、安養二縣。禹貢荊河州之南境。南漳一縣則荊州之域，餘並荊河州之域。春秋以來楚地。秦南郡之北界。二漢屬南郡、南陽二郡地。至獻帝時，魏武始置襄陽郡，亦爲重鎮。蜀將關羽攻没于禁等七軍，〔一一〇〕兵勢甚盛。徐晃屯守，不下。曹公謂晃曰：「全襄陽，子之功也。」後孫權帥兵向西，〔一一一〕時曹仁鎮之，司馬宣王言於魏文王曰：「襄陽，水陸之衝，禦寇要地，不可失也。」晉初因之，兼置荊河州。〔一一二〕理於此。平吴後理江陵。東晉僑置雍州。時以雍州既没，流人聚此，魏該、朱序皆鎮焉。宋文帝割荊州置雍州。領郡十七，理於此。襄陽去江陵步道五百，勢同脣齒，無襄陽則江陵受敵。自東晉庾翼爲荊州刺史，將謀北伐，遂鎮襄陽。田土肥良，桑梓遍野，常爲大鎮。北接宛、洛，跨對楚、沔，爲鄢郢北門，部領蠻左。齊、梁並因之，亦爲重鎮。後梁蕭詧附庸於西魏，而都於此。西魏改曰襄州。隋復爲襄陽郡。大唐因之。領縣七：

襄陽漢中廬縣也。蓋貉越人徙於此，在襄水之陽。又有漢水及峴山。又有馬鞍山，昔晉劉弘、山簡九日宴處。

臨漢漢樊縣也。西魏置河南郡。有古樊城及宛水。又有鄾城，鄾音憂，即古鄾子國也。蕭齊明帝建武中，將曹虎鎮守，〔一一三〕後魏主孝文帝率兵十萬攻圍樊城，不下。舊名安養，天寶中改焉。

穀城春秋時穀國也。有陰縣城，亦在此。又有漢故酇城，在縣東北，漢之酇縣也，蕭何所封。說文云：酇音贊，酇縣在南陽。酇，在何反，〔一一四〕縣在沛郡。按班固泗水亭高祖碑云：〔一一五〕「文昌四友，漢有蕭何。序功第一，受封於酇。」又江統徂淮賦云：「戾酇城而倚軒，寔蕭公之故國。」謂何封沛郡之酇明矣。〔一一六〕近代戴規辯字與姚察訓纂，傍將衆説，俱因此論，規即斷云，何封沛之酇，夫人封南陽之酇。臣瓚及文穎等注，皆據茂陵書，蕭何所封在南陽。按：茂陵書在武帝崩日，去何不遠，指事爲親。且地理志以酇爲侯國，酇則不言。又何本傳：「子禄薨，無子。高后封何夫人同爲酇侯，小子延爲筑陽侯。孝文元年，罷同，更封延爲酇侯。」尋筑陽距酇三十餘里，若唯夫人封酇，則小子延獨繼其母乎，〔一一七〕謂不然也。鮑至南雍州記云：「城内見有蕭相國廟，相傳謂爲城隍神。」遠近而推，茂陵書亦可依矣。

宜城楚之鄢都謂之郢。有蠻水。漢黎丘城在縣北。又漢宜城縣，在今縣南，其地出美酒。〔一一八〕舊名率道，天寶中改焉。

義清春秋廬戎國。秦山都縣故城，在今縣之東南。

樂鄉春秋若國之地。有若鄉、若水。中城山在縣西南，山有城壘，極峻險。〔一一九〕

南漳漢臨沮縣。有荆山，禹貢曰「荆及衡陽惟荆州」，即此山，卞和得玉之處。有地名柤中，吴朱然屯處。

漢東郡東至安陸郡一百五十里。〔一二〇〕南至富水郡四百六十里。西至襄陽郡一百五十里。北至淮安郡四百里。東南到安陸郡一百五十里。西南到富水郡四百六十里。西北到淮安郡四百三十里。東北到義陽郡二百四十里。〔一二一〕去西京一千四百里，去東京一千八十里。〔一二二〕户二萬二千七百五十，口十萬三千七百十。

隨州光化縣在今郡東南三十餘里，〔一二三〕則荆州之域，餘則荆河州之域，今理隨縣。春秋隨侯之國。左傳曰：「漢東之國，隨爲大。」其後屬韓。秦、二漢並屬南陽郡。晉屬義陽郡，〔一二四〕後分置隨郡。宋齊因之。西魏置并州，後改曰隨州。隋分其地，置漢東、春陵二郡。大唐併爲隨州，或爲漢東郡。領縣四：

隨漢舊縣。後漢初，平林兵起，在縣東北，地名也。梁置曲陽郡。東北有三鍾山。

棗陽後漢蔡陽縣。光武舊宅在今縣南二里，有白水焉。又有漢春陵故城，在今縣東。漢元帝時，自零陵泠道縣徙於此，即張衡所謂龍飛白水。後魏置南荆州。隋置春陵郡。又有漢襄鄉故城，〔一二五〕在東北。梁下溠戍在縣東南百有餘里。後魏宣武正光初南伐，破之，置鎮。梁又破鎮置郡。溠，側駕反。

唐城後魏曰厥西，置義陽郡，後曰肆州，或曰唐州。

光化自漢至宋爲隨縣地。蕭齊爲安化縣，西魏文帝改焉。

風俗

荆河之閒，四方輻輳，故周人善賈，趨利而纖嗇。韓國分野，亦有險阻。蘇秦謂韓宣王曰「韓北有鞏、成皋之固，西有宜陽、商阪之塞，東有宛、穰、洧水，南有陘山」也。鞏、成皋，則今鞏縣、汜水也。宜陽、商阪即今福昌山及商山也。宛、穰，今南陽界。陘山，今密縣山。自東漢、魏、晉宅於洛陽，永嘉以後，戰争不息。元魏徙居，纔過三紀。自西晉永嘉五年，劉曜陷洛陽，執懷帝，至後魏太和十九年，經百八十七年遷都。〔一二六〕至永熙三年，又經三十九年，分爲東、西魏矣。逮乎二魏，爰及齊、周，河、洛、汝、潁，迭爲攻守。夫土中，風雨所交，宜乎建都立社，均天下之漕輸，便萬國之享獻。不恃隘害，務修德刑，則卜代之期可延久也。

校勘記

〔一〕古荆河州　「荆河州」指豫州。尚書禹貢云：「荆河惟豫州。」通典避代宗諱改。下同。

〔二〕西南至荆山　「山」原訛「州」，據諸本改。

〔三〕滎本沇水溢出　「出」下北宋本有「所謂也」，明刻本有「所謂濟也」。

〔四〕下土墳壚　「土」原訛「士」，據諸本改。

〔五〕浮于洛河　「洛」下原有「入于」，據北宋本、傅校本、明抄本、明刻本、王吴本删。按：唐石經亦作「浮于洛河」。

〔六〕棗陽縣東北　「縣」下原有「界」，據北宋本、傅校本、明抄本、明刻本删。

〔七〕其利林漆絲枲　「林」原作「麻」，據漢書地理志上一五三九頁改。

〔八〕南得伊闕也　「也」原作「地」，據北宋本、傅校本、明抄本、明刻本改。

〔九〕汝南之召陵　「召」原訛「名」，據諸本改。

〔一〇〕酸棗卷皆其分也　漢書地理志下一六四九頁同。北宋本、傅校本、明抄本、明刻本、王吴本「酸棗」作「原武」。

〔一一〕山南東道　「南東」原倒，據北宋本乙。

〔一二〕東至滎陽郡二百七十里　「七」原作「一」，據北宋本改。

〔一三〕去西京八百五十里　明刻本、王吳本此下有「去東京五百五十里」八字，明人妄增。

〔一四〕自鄠東遷而居王城　「鄠」下原有「鎬」，據北宋本、傅校本、明抄本、明刻本、王吳本刪。

〔一五〕至考王封其弟桓公於河南　史記周本紀一五八頁同。北宋本、傅校本、明抄本、明刻本、王吳本「考」訛「孝」。

〔一六〕又徙都西周則王城也　「周」原訛「州」，「城」原訛「域」，據諸本改。

〔一七〕長短相覆爲千里　「覆」原作「復」，據北宋本、傅校本、明抄本、明刻本、王吳本改。

〔一八〕汜水　「汜」原作「氾」，據諸本改。

〔一九〕即周穆王獲虎　「即」原作「昔」，據北宋本、傅校本、明抄本、明刻本、王吳本改。

〔二〇〕漢舊縣也　「也」原作「地」，據北宋本、傅校本、明抄本、明刻本改。下「漢新城縣也」同。

〔二一〕古外反　「古」原作「故」，據諸本改。

〔二二〕一金塢城　「金」水經洛水注作「合」。三國志杜恕傳裴注引杜氏新書五〇六頁、晉書魏浚傳一七一三頁、通鑑卷八七二七六五頁作「泉」。元和郡縣志卷五江南本作「合」，各本作「金」，殿本作「全」。按：「金」蓋「全」之形訛。

〔二三〕給其用度　「用」原訛「調」，據北宋本、傅校本、明抄本改。

〔二四〕更號大峭關　「更」原作「再」，據北宋本、傅校本、明抄本改。

〔二五〕周武王伐紂迴師息戎　「伐」原訛「代」，「迴」原訛「迥」，據諸本改。

〔二六〕東出於陶丘北至此　「至此」原作「是也」，據北宋本、傅校本、明抄本、明刻本、王吴本改。

〔二七〕雍州之域　北宋本、傅校本、明抄本、明刻本、王吴本「域」作「城」。

〔二八〕莨蕩渠　「莨」原訛「萇」，據諸本改。

〔二九〕口交反　「口」原訛「日」，據北宋本、王吴本改。

〔三〇〕郡北大陽橋　「郡」原訛「潤」，據北宋本、傅校本、明抄本、明刻本、王吴本改。

〔三一〕古芮國城在其西　「古」原訛「本」，據諸本改。

〔三二〕此號　「此」原訛「北」，據北宋本、傅校本、明抄本、明刻本改。

〔三三〕大唐武德元年改爲鼎州八年廢鼎州置虢州　元和郡縣志卷六、舊唐書地理志一一四二九頁、新唐書地理志二九八三頁、太平寰宇記卷六「八年」上並有「貞觀」二字。

〔三四〕西北二十餘里　「餘里」原倒，據北宋本、傅校本、明抄本、明刻本、王吴本乙。

〔三五〕七國時屬韓　「韓」原訛「漢」，據諸本改。

〔三六〕漢父城縣也　「父」原訛「文」，「也」原作「地」，據北宋本、傅校本、明抄本、明刻本、王吴本改。按：殿本「父」字不誤。

〔三七〕户七萬四千八百九口四十三萬四千三百六　原「九」及「六」下均有「十」，據北宋本、傅校本、明抄本、明刻本删。

〔三八〕胙城縣界八十里　「界」原脱，據北宋本、傅校本、明抄本、明刻本補。

〔三九〕二百四十五里　「五」原脱，據北宋本、傅校本、明抄本、明刻本補。

〔四〇〕今理浚儀開封二縣　原「開封」在「浚儀」前，據北宋本、傅校本、明抄本、明刻本、王吴本乙。

〔四一〕分其地入滎陽梁潁川濟陰等四郡　北宋本、傅校本、明抄本、明刻本、王吴本「濟陰」下有「東萊」二字，衍文。

〔四二〕逢澤　「逢」原訛「蓬」，據諸本改。

〔四三〕百六十里　「十」下原有「一」，據北宋本、傅校本、明抄本、明刻本、王吴本删。

〔四四〕鄭縣界百八十里　「界」原作「一」，據北宋本改。

〔四五〕二百八十里　「二」原作「一」，據北宋本、傅校本、明抄本、明刻本、王吴本改。

〔四六〕秦置碭郡　「碭」原訛「陽」，據諸本改。

〔四七〕孟諸澤　「諸」原作「豬」，據北宋本、王吴本改。

〔四八〕周衰入居中國已氏戎君姓也　原作「周襄時入居中國已是戎君之姓」，明刻本、王吴本作「周襄入居中國已是戎君姓也」，據北宋本、傅校本改。

〔四九〕北至睢陽郡百四十里　「睢」原作「淮」，據北宋本改。

〔五〇〕三百九十里　「三」原作「二」，據北宋本改。

〔五二〕東北到彭城郡五百里　「彭」原訛「南」，據北宋本改。

〔五三〕春秋時爲陳國之焦邑　「焦」原作「譙」，據元和郡縣志卷七、太平寰宇記卷一二改。

〔五四〕領郡六　「郡」原訛「縣」，據北宋本、傅校本、明抄本改。

〔五五〕銍陟栗反　「栗」原訛「票」，據諸本改。

〔五六〕馬頭城　「頭」原訛「須」，據北宋本、傅校本、明抄本改。

〔五七〕鮑溪水　原作「泡漢水」，明刻本、王吴本作「包漢水」，傅校本、明抄本作「鮑漢水」，據北宋本改。

〔五八〕户十萬二千二百九十　「二千」原作「一千」，據北宋本、明抄本改。

〔五九〕周武王弟叔振鐸所封也　原「弟」下有「曹」，「也」字作「地」，據北宋本删改。按：明刻本亦作「也」。

〔六〇〕桀敗走三嵕　「嵕」原作「朡」，據史記殷本紀九六頁及北宋本改。下同。

〔六一〕三鬷亭　「鬷」原作「朡」，北宋本、王吴本訛「酸」，今據史記殷本紀正義引括地志九六頁改。下同。

〔六二〕亦漢定陶縣也　「也」原作「地」，據北宋本改。

〔六三〕巨俱反　「巨俱」原倒，據北宋本乙。

〔六四〕北亳在蒙此即北亳也　上「北」原訛「此」，「此」原訛「北」，據北宋本改正。

〔六五〕西北到東京三百三十里　「三十」原作「二十」，據北宋本、傅校本、明抄本、明刻本改。

〔六六〕東北到陳留郡二百三十里　「二」原作「三」，據北宋本改。

〔六七〕五千一百五十　「一」原作「二」，據北宋本改。

〔六七〕其勢甚固　「其」原脱，據北宋本、傅校本、明抄本補。

〔六八〕三百二十里　原作「二百三十里」，據北宋本乙改。

〔六九〕二百八十里　「二」原作「三」，「十」下原有「一」，據北宋本、傅校本、明抄本改删。

〔七〇〕口三十五萬四千九百五十　「三」原作「二」，據北宋本改。

〔七一〕舊置南頓郡　「郡」下原有「地」，據北宋本删。

〔七二〕二百五十里　「二」原作「三」，據北宋本改。

〔七三〕彭城郡　「郡」原脱，據北宋本、王吴本補。

〔七四〕北至潁川郡三百二十里　「潁川郡」下原有「長社縣」，據北宋本、傅校本、明抄本、明刻本、王吴本删。

〔七五〕二百八十里　「十」下原有「一」，據北宋本、傅校本、明抄本、明刻本、王吴本删。

〔七六〕二百八十里　「二」原作「一」，據北宋本改。

〔七七〕元嘉二十六年至不拔而退　宋書文帝紀九八頁、通鑑卷一二五三九三八頁均繫此事於元嘉二十七年。

〔七八〕古房子國　「古」北宋本、傅校本、明抄本、明刻本、王吴本作「名」。

〔七九〕漢真陽縣　「真」原作「慎」，據北宋本、傅校本、明刻本、王吴本改。按：漢書地理志上一五六二頁作「慎陽」，師古注曰：「慎字本作滇，音真，後誤爲慎耳。今猶有真丘、真陽縣，字並單作真，知其音不改也。闞駰云永平五年失印更刻，遂誤以水爲心。」

〔八〇〕梁白狗堆戍城　「白狗堆」原訛作「白佝城」，據北宋本改。北齊書堯雄傳二六八頁作「白苟堆」。

〔八一〕後魏將堯雄　「後魏」當作「東魏」。

〔八二〕後漢葛陵縣也　「葛」原訛「舊」，據北宋本改。

〔八三〕鮦直隴反　「隴」原作「瀧」，據北宋本、王吴本改。

〔八四〕三百二十里　「二」原作「三」，據諸本改。

〔八五〕城陽郡　「城陽」原倒，據北宋本、王吴本乙。

〔八六〕方城山　「城」原訛「成」，據諸本改。

〔八七〕亦曰長城　四字原脱，據北宋本、傅校本、明刻本、王吴本補。

〔八八〕馬仁陂　「仁」原訛「城」，據北宋本、王吴本改。

〔八九〕即後漢高鳳所隱處　「即後」原脱，據北宋本、傅校本補。

〔九〇〕荆河州刺史　「河」下原有「郡」，誤。據北宋本、傅校本、明刻本、王吴本删。

〔九一〕即後漢光武初起兵破王莽將甄阜梁丘賜之處　「即」原脱，據北宋本補。「之」北宋本、傅校本、明刻本作「死」。

〔九二〕九百三十里　「三」原作「二」，據北宋本改。

〔九三〕並漢召信臣所作　「作」原作「築」，據北宋本、傅校本、明刻本改。

〔九四〕涅怒結反　「怒」原訛「恕」，據北宋本、王吴本改。

〔九五〕又有漢杜衍縣　「有」原脱，據北宋本補。

〔九六〕在今縣南　「在」原脱，據北宋本、傅校本、明刻本、王吴本補。

〔九七〕魯陽山及精山　「精」原訛「青」，北宋本訛「情」，據元和郡縣志卷二一五三三頁改。

〔九八〕百重山　「百」原訛「北」，據北宋本、傅校本改。

〔九九〕本楚之析邑　「析」原訛「丹」，據北宋本改。

〔一〇〇〕檢地志云戰國張儀所言商於地　「檢地志」即指括地志，通典蓋避德宗諱改。

〔一〇一〕蓋昔所言商於地也　「昔」原訛「皆」，據諸本改。

〔一〇二〕西至安康郡七百里　「安康」原倒，今乙正。按：安康郡見本書卷一七五。

〔一〇三〕東南到襄陽郡三百七十里　「郡」下原有「界」，據北宋本删。

〔一〇四〕石丹山界三百四十里　「四十」原脱，據北宋本補。

〔一〇五〕户九千一百　「一」原作「二」，據北宋本、傅校本、明抄本、明刻本、王吴本改。

〔一〇六〕漢錫縣也　「錫」原訛「鍚」，據漢書地理志上一五九八頁改。

〔一〇七〕古麇國地春秋時楚潘崇伐麇至於錫穴　「麇」原訛「麋」，「錫」原訛「鍚」，據左傳文公十一年改。

〔一〇八〕北至南陽郡一百八十里　「陽」原訛「陵」，今訂正。按：南陽郡見前。唐無「南陵郡」。

〔一〇九〕襄州　「州」原訛「陽」，據元和郡縣志卷二一五二七頁、舊唐書地理志二一五四九頁、新唐書地理志四一〇三〇頁改。

〔一〇〕攻没于禁等七軍　「七」原訛「十」，據北宋本、傅校本、明抄本、明刻本改。

〔一一〕後孫權帥兵向西　「西」原訛「南」，據諸本改。

〔一二〕兼置荊河州　「河」原脱，據北宋本、傅校本、明抄本、明刻本、王吴本補。

〔一三〕曹虎　「虎」原作「武」，據北宋本、王吴本改。

〔一四〕在何反　「何」原作「河」，據北宋本改。

〔一五〕泗水亭高祖碑　「泗」原訛「洄」，據北宋本改。

〔一六〕謂何封沛郡之酇明矣　「郡」原訛「縣」，據北宋本、傅校本、明抄本、明刻本改。

〔一七〕則小子延獨繼其母乎　「乎」原作「予」，據北宋本改。

〔一八〕其地出美酒　「出」下原衍「有」，據北宋本、傅校本、明抄本、明刻本删。

〔一九〕山有城壘極峻險　「壘」原訛「疊」，「峻險」原倒，據北宋本改乙。

〔二〇〕安陸郡　「陸」原訛「陵」，據北宋本改。

〔二一〕東北到義陽郡二百四十里　「義」原訛「襄」，「二」原作「一」，據北宋本改。

〔二二〕去東京一千八十里　「十」北宋本、傅校本、明抄本、明刻本、王吴本作「百」，非。

〔二三〕隨州光化縣在今郡東南三十餘里　「縣」原訛「郡」，今校正。按：唐無光化郡而有光化縣，屬隨州，見下文及元和郡縣志卷二一、舊唐書地理志二一五四八頁、新唐書地理志四一〇三一頁。元和郡縣志光化縣下云：「西北至州三十四里。」與此「光化縣在今郡東南三十餘里」正合。

〔二四〕晉屬義陽郡　「晉」原訛「秦」，據諸本改。

〔二五〕又有漢襄鄉故城　「又」原訛「城」，據北宋本、傅校本、明抄本改。

〔二六〕自西晉永嘉五年至經百八十七年遷都　按：永嘉五年爲公元三一一年，後魏太和十九年爲公元四九五年，相距一百八十四年。「七」蓋「四」字之誤。

王文錦點校

〔唐〕杜佑撰

通典

第二册

卷一三—卷二九

中華書局

通典卷第十三

選舉一 并序〔一〕

自昔羲后，因以物命官，〔二〕事簡人淳，唯以道化，上無求欲於下，下無干進於上，百姓自足，海內乂安，不是賢而非愚，不沽名而尚行，推擇之典，無所聞焉。爰洎唐、虞之官人也，俾乂水土，緝熙帝載，敷五教，正五刑，播百穀，典三禮，咨于四嶽，明揚側陋，詢事考言，故舉無失德。然猶三載考績，三考黜陟幽明，流四凶族，不仁者遠，斯則選賢任能之大略也。三王之代，朴散俗澆，難以道馭，務勤其教，立庠塾於鄉閭，建黌學於都邑，訓公卿大夫之子弟，設俊、造之目而勖勉成之。自幼年入學，至四十方仕，然後行備業全，事理績茂。秦漢以降，乃異於斯。其行教也不深，其取材也務速，欲人浸漬於五常之道，皆登仁壽之域，何可及已。夫上材蓋寡，中材則多，有可移之性，敦其教方善。〔三〕若不敦其教，欲求多賢，亦不可及已。〔四〕非今人多不肖，古人多材能，在施政立本，使之然也。而況以言取士，既已失之，考言唯華，失之愈遠。若變茲道，材何遠乎？

歷代制上〔七〕周　秦　漢　後漢

周官大司徒職：「以鄉三物教萬民，而賓興之：一曰六德，二曰六行，三曰六藝。」〔八〕並具學篇中。詩、書、禮、樂，謂之四術。四術既脩，九年大成。凡士之有善，鄉先論士之秀者，升諸司徒，曰選士；司徒論選士之秀者而升諸學，曰俊士；既升而不征者，曰造士；大樂正論造士之秀者升諸司馬，曰進士。司馬論進士之賢者及鄉老、羣吏獻賢能之書于王，王再拜受之，登於天府，藏於祖廟，內史書其貳而行焉。書其貳，謂寫其副本。在其職也，〔九〕則鄉大夫、鄉老舉賢能而賓其禮，司徒教三物而興諸學，司馬辯官材以定其論，太宰詔廢置而持其柄，內史贊與奪而貳於中，司士掌其版而知其數。論定然後官之，任官然後爵之，位定

然後禄之。蓋擇材取士如此之詳也。〔一〇〕

秦自孝公納商鞅策，富國强兵爲務，仕進之途唯闢田與勝敵而已。以至始皇，遂平天下。

漢高祖初，未遑立制。至十一年，乃下詔曰：「賢士大夫既與我定有天下，而不與我共安利之，可乎？有肯從我遊者，吾能尊榮之。以布告天下。其有稱明德者，〔一一〕御史、中執法、郡守必身勸勉，遣詣丞相府，署其行、義及年。有其人而不言者，免官。」又制諸侯王得自除内史以下，漢獨爲置丞相也。

惠帝四年，詔舉人孝悌力田者，復其身。

高后元年，初置孝悌官二千石者一人。特置此官而尊其秩，欲以勸勉天下，各令敦行務本。

文帝因晁錯言，務農貴粟，詔許人納粟得拜爵及贖罪。

至景帝後元二年，詔曰：「有市籍貲多不得官，唯廉士寡欲易足。今貲算十以上乃得官，貲少則不得官，朕甚愍之。〔一二〕減至四算得官。」有市籍，謂賈人有財不得爲吏。貲萬錢，算百二十也。算十，十萬也。時疾吏之貪，以爲衣食足，知榮辱，故限貲十萬乃得爲吏。廉士無貲，減至四算，乃得官也。

武帝建元初，始詔天下舉賢良方正直言極諫之士，〔一三〕其理申、商、韓非、蘇秦、張儀之言，亂國政，皆罷之。申、商、韓刑名之學，蘇、張縱横之說，並不用。〔一四〕

元光元年，舉賢良，董仲舒對曰：「今之郡守、縣令，民之師帥，所使承流而宣化也。故師帥不賢，則主德不宣，恩澤不流。今吏既無教訓於下，或不承用主上之法，暴虐百姓，與姦爲市，言小吏有爲姦欺者，守令不舉，乃反與之交易求利也。貧窮孤弱，冤苦失職，甚不稱陛下之意。夫長吏多出於郎中、中郎，吏二千石子弟選郎吏，又以富貲，未必賢也。且古所謂功者，以任官稱職爲差，非謂積日累久也。故小材雖累日，不離於小官；賢材雖未久，不害爲輔佐。是以有司竭力盡智，務治其業而以赴功。今則不然，累日以取貴，積久以致官，是以廉恥貿亂，賢不肖混淆也。請令諸侯、列卿、郡守、二千石，各擇其吏民之賢者，歲貢各二人以給宿衛，且以觀大臣之能；所貢賢者有賞，不肖者有罰。夫如是，諸侯、吏二千石皆盡心於求賢，天下之士可得而官使也。授之以官，以使其材也。無以日月爲功，實試賢能爲上，〔一五〕量材而授官，録德而定位，録，謂存視也。則廉恥殊路，賢不肖異處矣。」帝於是令郡國舉孝廉各一人。孝，謂善事父母。廉，謂清潔廉隅。又制：「郡國口二十萬以上歲察一人，四十萬以上二人，六十萬三人，八十萬四人，百萬五人，百二十萬六人；不滿二十萬，二歲一人；不滿十萬，三歲一人。限以四科：一曰德行高妙，〔一六〕志節清白；二曰學通行修，經中博士；三曰明習法令，足以決疑，能按章覆問，文中御史；四曰剛毅多略，遭事不惑，明足決斷，材任三輔縣令。」至五年，又詔徵吏人有明當代之務，習先聖之術者，縣次給食，令與計偕。計者，上計簿使也。郡國每歲遣詣京師上之。偕者，俱也。令所徵之人與上計者俱來，〔一七〕而縣次給之食也。

元朔元年，又詔曰：「夫本仁祖義，褒德祿賢，勸善刑暴，本仁祖義，謂以仁義爲本始。五帝三王所繇昌也。故詔執事，興廉舉孝，庶幾成風。夫『十室之邑，必有忠信；三人並行，〔一八〕厥有我師』。今或至闔郡而不薦一人，闔，閉也。總一郡之中，故言闔郡也。是化不下究，而積行之君子壅於上聞也。究，竟也。言見壅遏，不得聞於天子也。且進賢受上賞，蔽賢蒙顯戮，古之道也。其與中二千石、禮官、博士議不舉者罪。」是時天下慎法，莫敢謬舉，而貢士蓋鮮，故有斯詔。有司奏請議曰：「古者，諸侯貢士，壹適謂之好德，適，得其人也。再適謂之賢賢，三適謂之有功，迺加九錫。九錫者，一曰車馬，二曰衣服，三曰樂懸，四曰朱戶，五曰納陛，六曰虎賁百人，七曰鈇鉞，八曰弓矢，九曰秬鬯。此皆天子制度，尊之，故事事錫與，〔一九〕但數少耳。然九錫經本無文，周禮以爲九命，春秋說有之。凡九錫備物，〔二〇〕伯者盛禮，齊桓、晉文猶不能備。今三進賢便受之，似不然也。當受進賢之賜。尚書大傳云：「三適謂之有功，賜以車服，弓矢。」不貢士，一則黜爵，再則黜地，〔二一〕三則黜爵削地畢矣。夫附下罔上者死，附上罔下者刑，與聞國政而無益於人者斥，在上位而不能進賢者退。其不舉孝，不奉詔，當以不敬論；爲其不求士報國也。不察廉，爲不勝任也，當免。」奏可。凡郡國之官，非傅相，其他既自署置。又調屬僚及部人之賢者，舉爲秀才、廉吏，而貢於王庭，多拜爲郎。居三署，無常員，或至千人，屬光祿勳。故卿、校、牧、守，居閑待詔，或郡國貢送，公車徵起，悉在焉。光禄勳復於三署中銓第郎吏，歲舉秀才、廉吏，出爲他官，以補闕員。後漢制同。

元封五年，又詔曰：「蓋有非常之功，必待非常之人。故馬或奔踶而致千里，踶，蹋也。奔，走也。奔踶者，乘之即奔，立則蹋人。踶，徒計反。士或有負俗之累而立功名。負俗，謂被世譏論也。累，力瑞反。夫泛駕之馬，泛，覆也，音芳勇反。覆駕者，言馬有逸氣而不循軌轍也。跅弛之士，跅者，跅落無檢局也。弛者，放廢不遵禮度也。跅，音吐各反。亦在御之而已。其令州縣察吏人有茂材異等，〔二二〕茂材異等者，超等軼羣不與凡同也。可爲將相及使絶國者。」絶遠之國。

初，公孫弘以儒術爲丞相，天下之學，靡然嚮風。時太常孔臧等曰：〔二三〕「請太常博士官置弟子五十人，〔二四〕復其身。太常擇人年十八以上儀狀端正者，補博士弟子。郡國、縣道邑有好文學，〔二五〕敬長上，肅政教，順鄉里，出入不悖所聞者，二千石謹察可者，常與計偕，〔二六〕詣太常，得受業如弟子。一歲皆輒試，能通一藝以上，補文學掌故缺。其高第可以爲郎中者，太常籍奏。即有秀才異等，輒以名聞。其不事學若下材及不能通一藝，輒罷之；而請諸不稱者，罰。」時外事四夷，内闕用度，仍募人入羊、穀、奴婢，得授官增秩，復役除罪，大至封侯、卿、大夫，小者郎吏。繇是吏道雜而多端，官職耗廢矣。

孝昭始元初，遣故廷尉王平等五人，前爲此官，今不居官，皆謂之故。持節行郡國，舉賢良。

孝宣帝時，諫大夫王吉上言，〔二七〕曰：「今使吏得任子弟，子弟以父兄任爲郎也。率多驕驁，不通古今，驁與傲同。至於積功理人，無益於人，此伐檀所爲作也。伐檀，詩篇名，刺不用賢也。宜明選求賢，除任子弟之令。」黄龍初，制：「凡官秩六百石者，不得舉爲廉吏。」

孝元帝永光元年二月，詔丞相、御史舉質朴、敦厚、遜讓、有行者，光禄歲以此科第郎、從官。始令丞相、御史舉此四科人，以擢用之，而見在郎及從官，又令光禄每歲依此科考校，定其第高下，知其人賢否也。又詔列侯舉茂材。諫大夫張勃舉太官獻丞陳湯，〔二八〕獻丞，主貢獻物。湯有罪，勃坐削户二百。會薨，故賜謚曰繆侯。以其所舉不得人，故加惡謚。繆者，妄也。其爲勸勵也如是，故官得其材，位必久安。爲吏者長子孫，居官者以爲姓號。三代以降，斯之爲盛。建昭中，因西羌反及日蝕，京房奏：「百官各試其功，災異可息。」遂詔房作考功課之法。具考績篇。

成帝建始四年，初置常侍曹尚書一人，主公卿；又有二千石曹尚書一人，掌郡國二千石。蓋選曹之所起也。

漢諸帝凡日蝕、地震、山崩、川竭，天地大變，皆詔天下郡國舉賢良方正極言直諫之士，率以爲常。又其有要任使，皆標其目而令舉之。王莽時，太常學子弟歲舉甲科四十人爲郎中，乙科二十人爲太子舍人，丙科四十人爲文學掌故。

後漢光武建武十二年詔：〔二九〕「三公舉茂才各一人，廉吏各一人；〔三〇〕左右將軍歲察廉吏各二人；光禄歲舉郎、茂才、四行各一人，察廉吏三人；中二千石歲察廉吏各一人，廷尉、大司農二人；將兵將軍歲察廉吏各二人；監御史、司隸、州牧歲舉茂才各一人。」改前漢常侍曹尚書爲吏曹尚書。〔三一〕其時，選舉於郡國屬功曹，於公府屬東西曹，於天臺屬吏曹尚書，亦曰選部，而尚書令總之。其所進用，加以歲月先後之次。凡郡國守相，視事未滿歲，不得察舉孝廉、廉吏；〔三二〕以其未久，不周知也。所徵舉率皆特拜，不復簡試。士或矯飾，謗議漸生。

章帝建初元年，詔曰：「夫鄉舉里選，必累功勞。今刺史、守相不明真僞，茂才、孝廉歲以百數，漢曰秀才；後漢避光武諱，故曰茂才。魏曰秀才。既非能著，而當授之政事，甚無謂也。每尋前代舉人貢士，或起畎畝，不繫閥閱。敷奏以言，則文章可采；明試以功，則理有異迹。文質斌斌，朕甚嘉之。」始復用前漢丞相故事，以四科辟士。武帝因董仲舒之言立制，故事在丞相府，今復用之。第一科補西曹、南閤、祭酒，二科補議曹，三科補四辭八奏，四科補賊決。凡所舉士，先試之以職，乃得充選。其德行尤異，不宜試職者，疏於他狀；舉非人兼不舉者，罪。

舊制，大郡口五六十萬舉孝廉二人，小郡二十萬并有蠻夷者亦舉二人。和帝以爲不均，下公卿會議。司徒丁鴻、司空劉方上言：「凡口率之科，宜有階品，蠻夷雜錯，不得爲數。自今郡國率二十萬口歲舉孝廉一人，四十萬二人，六十萬三人，八十萬四人，百萬五人，百二十萬六人。不滿二十萬，二歲一人；不滿十萬，三歲一人。」帝從之。又制：

「緣邊郡口十萬以上，歲舉孝廉一人；不滿十萬，二歲舉一人；五萬以下，三歲一人。」推校當時户口，〔三三〕一歲所貢不過二百餘人。

安帝永初二年，詔：「王國官屬墨綬下至郎、謁者，經明任博士，〔三四〕居鄉里有廉清孝順之稱，才任理人者，國相歲移名，與計偕上尚書，公府通調，令得外補。」

順帝又增甲乙科員十人，除郡國耆儒，皆補郎、舍人。陽嘉元年，尚書令左雄議改察舉之制，〔三五〕限年四十以上，儒者試經學，文吏試章奏。如有顏回、子奇之類，不拘年齒。尚書僕射胡廣、尚書郭虔等駮之曰：「選舉因才，無拘定制。六奇之策，不出經學；鄭、阿之政，〔三六〕非必章奏。甘、奇著用，〔三七〕年乖强仕；終、賈揚聲，亦在弱冠。漢承周、秦，兼覽殷、夏，祖德師經，參雜霸軌，聖主賢臣，代以致理，貢舉之制，莫或迴革。今以一臣之言，不可剗戾舊章。」竟從雄議。於是雄上言：「郡國孝廉，古之貢士，出則宰人，宣協風教。若其面牆，則無所施用。孔子曰『四十不惑』，〔三八〕禮稱『强仕』。請自今孝廉年不滿四十，不得察舉。皆先詣公府，〔三九〕諸生試家法，儒有一家之學，故曰家法。文吏課牋奏，副之端門，練其虛實，以觀異能，以美風俗。有不承科令者，正其罪法。若有茂才異行，自可不拘年齒。」帝從之，於是班下郡國。〔四〇〕明年，有廣陵孝廉徐淑，年未及舉，臺郎疑而詰之，對曰：「詔書：『有如顏回、子奇，不拘年齒。』是故本郡以臣充選。」郎不能屈。雄詰之：「昔顏回聞一知十，孝廉聞一知幾？」淑無以對，乃遣還郡。於是濟陰太守胡廣等十餘人皆坐謬舉免黜，唯汝南陳蕃、潁川李膺、下邳陳球等三十餘人得拜郎中。自是牧守畏慄，莫敢輕舉。雄在尚書，迄于永憙，〔四一〕十餘年閒，察選清平，多得其人。雄又奏徵海内名儒爲博士，使公卿子弟爲諸生，有志操者，加其俸祿。及汝南謝廉、河南趙建，年始十二，各能通經，雄並奏拜童子郎。自是負書來學，雲集京師。

侍中張衡上疏曰：「自初舉孝廉，到今二百年，必先孝行，行有餘力，乃草文法耳。今詔書一以能誦章句、結奏案爲限，雖有至孝，不當其科，所謂損本而求末者也。自改試以來，累有妖星震裂之災，是天意不安於此法故也。」

後黃瓊爲尚書令，以雄前所上孝廉之選，專用儒學、文吏，於取士之義猶有所違，乃奏增孝悌及能從政者，爲四科。范曄曰：「漢初詔舉賢良、方正，州郡察孝廉、秀才，斯亦貢士之方也。〔四二〕中興以後，復增敦朴、有道、賢能、直言、獨行、高節、質直、清白、敦厚之屬。榮路既廣，〔四三〕自是竊名僞服，浸以流競。權門貴仕，請謁繁興。自左雄任事，限年試才，雖頗有不密，固亦因識時宜。而黃瓊、胡廣、張衡、崔瑗之徒，泥滯舊方，互相詭駮，循名者屈其短，算實者挺其效。雄在尚書，天下不敢謬選，十餘年閒，稱爲得人，斯亦效實之徵乎？」舊典，選舉委任三府，三府有選，參議掾屬。咨其行狀，度其器能，受試任用，責以成功。名無可察，然後付之尚書之舉刺，請下廷尉，覆案虛實，行其誅罰。

桓帝建和初，詔：「諸學生年十六以上，比郡國明經，試，次第上名。高第十五人、上第十六人爲中郎，中第十七人爲太子舍人，下第十七人爲王家郎。」

永壽二年甲午，〔四四〕詔復課試諸生，補郎、舍人。其後復制：「學生滿二歲，試通二經者，補文學掌故；其不能通二經者，〔四五〕須後試復隨輩試，試通二經者，〔四六〕亦得爲文學掌故。其已爲文學掌故者，滿二歲，試能通三經者，擢其高第，爲太子舍人；其不得第者，後試復隨輩試，第復高者，亦得爲太子舍人。已爲太子舍人，滿二歲，試能通四經者，擢其高第，爲郎中；其不得第者，後試復隨輩試，第復高者，亦得爲郎中。已爲郎中，滿二歲，試能通五經者，擢其高第，補吏，隨才而用；其不得第者，後試復隨輩試，第復高，亦得補吏。」

其後綱紀隳紊，凡所選用，莫非情故。時議以州郡相阿，人情比周，乃制婚姻之家及兩州之人不得相臨。遂復有「三互」法，三互，謂婚姻之家及兩州不得交互爲官。〔四七〕是時史弼遷山陽太守，其妻鉅野薛氏女，以三互自上，轉拜平原相是也。禁網益密，選用彌艱。幽冀二州久闕，〔四八〕而公府限以三互，經時不補。議郎蔡邕上言曰：「伏見幽冀舊壤，鎧馬所出，比年兵飢，漸至空耗，闕職經時，吏人延屬。而三府選舉，逾月不定，以避三互。十二州有禁，〔四九〕當取二州而已。〔五〇〕又二州之士，或復限以歲月，狐疑淹遲，以失事會。愚以爲三互之禁，禁之薄者。但申以威靈，明其憲令，在任之人，豈不戒懼，而坐設三互，自生留閡邪？昔韓安國起自徒中，朱買臣出於幽賤，〔五一〕並以才宜，還守本邦。豈復顧循三互，繼以末制者乎？臣願黜除近禁，其諸州刺史器用可授者，無拘日月、三互，以差厥中。」靈帝不省。是時諸博士試甲乙科，爭第高下，更相告訟，頗行賄賂，改蘭臺漆書之經，以合其私文者。帝乃詔諸儒讎定五經，而鐫石以刊其文，使蔡邕等書爲古文、篆、隸三體，立於太學門，謂之「石經」。由是爭者乃息。〔五二〕凡學士不得有金痍、痼疾，督書其版，舉主保之。其督郵版狀曰：生事愛敬，喪没如禮。通易、尚書、孝經、論語，〔五三〕兼綜載籍，窮微闡奧。師事某官，見授門徒五十人以上。隱居樂道，不求聞達。身無金痍、痼疾。三十六屬，不與妖惡，交通王侯賞賜。行應四科，經任博士。下署某官、某甲保舉。〔五四〕順帝諱保，改稱守。沈既濟曰：〔五五〕「初順帝推心虛己，延企天下之士，以玄纁玉帛徵魯陽樊英。既至，天子爲降寢殿，設壇席，待如神明。尚書奉引，〔五六〕延問得失。英所對唯常言，無宏謨博略可以動觀聽。繇是流俗諠囂，以爲處士純盜虛聲，聾俗而已，〔五七〕物議不允。是時閹宦秉政，姻黨偏天下，故士君子羞爲儕偶。太學諸生三萬餘人，郭泰、賈彪爲之冠，李、杜、陳、范爲其徒，更相褒重，危言高論，橫議得失，朝廷政刑必品裁之。公卿皆畏，迎門倒屣，折節自下。議者咸以爲文儒復興，唯申屠蟠曰：『不然。當戰國閒，處士干時，列國之君，至有擁篲爲前驅者，卒致焚書坑儒之禍，兹其兆矣。』既而羣士以善惡相驅，或譏誣相加，一彼一此，連爲鉤黨。而閹豎等搆成釁故，乃誣告羣士以交結訕謗，〔五八〕圖爲不軌。靈帝震怒，悉令逮捕之。於是遂有黨錮之獄。始自周福、房植，成於李膺、張儉，名士死獄中者百餘人。其支黨因緣或詞濫而誅徙禁廢者六七百人。〔五九〕從古以來，諸生之盛莫如是，善人喪敗亦莫如是。昔仲尼有言曰：〔六〇〕『人而不仁，疾之以甚，亂也。』是以君子之道，貴闇然而日彰。故衣錦尚褧，惡其昭昭也。嗟乎！申屠子龍其知言歟？」

校勘記

〔一〕選舉一并序　原作「選舉」，今據北宋本、傅校本、遞修本、明刻本補。

〔二〕因以物命官　原脱「因」，據北宋本、傅校本、遞修本、明抄本、明刻本、王吴本補。

〔三〕敦其教方善　「敦」北宋本、傅校本、遞修本、明刻本、王吴本作「故」。

〔四〕亦不可及已　「可」原脱，據北宋本、傅校本、遞修本、明抄本、明刻本、王吴本補。

〔五〕考績　原「績」下有「附」，今據北宋本通典補寫目録删。

〔六〕雜議論上　「議論」原倒，據北宋本、王吴本乙。下同。

〔七〕歷代制上　此題前原有「選舉一」三字，單占一行，今據北宋本、傅校本、遞修本、明抄本、明刻本删。

〔八〕一曰六德二曰六行三曰六藝　此十二字原作小字注文，今據北宋本、傅校本、遞修本、明抄本、王吴本改作正文。

〔九〕在其職也　「在」原作「任」，據北宋本、傅校本、遞修本、明抄本、明刻本、王吴本改。

〔一〇〕蓋擇材取士如此之詳也　原脱「蓋」，據北宋本、傅校本、遞修本、明抄本、王吴本補。

〔一一〕其有稱明德者　「德」原訛「法」，據漢書高帝紀下七一頁改。

〔一二〕朕甚愍之　漢書景帝紀一五二頁同。北宋本、傅校本、遞修本、明抄本、明刻本、王吴本「愍」作「憐」。

〔一三〕武帝建元初始詔天下　北宋本、傅校本、遞修本、明抄本、明刻本、王吴本「始」作「初」。

〔一四〕並不用　「用」原訛「可」，據北宋本、傅校本、遞修本、明抄本、王吴本改。

〔一五〕實試賢能爲上　「試」下原衍「用」，據漢書董仲舒傳二五一三頁刪。

〔一六〕一曰德行高妙　「妙」原訛「潔」，據北宋本、傅校本、遞修本、明抄本改。按：後漢書孝和孝殤帝紀李賢注引漢官儀一七六頁、百官志一劉昭注引漢官儀三五五九頁均作「妙」。

〔一七〕與上計者俱來　原脱「上」，據漢書武帝紀師古注一六四頁、册府卷六三九七六六三頁補。

〔一八〕三人並行　「並」原作「同」，據漢書武帝紀一六六頁及北宋本、傅校本、遞修本、明抄本、王吴本改。

〔一九〕尊之故事事錫與　原脱一「事」，據漢書武帝紀應劭注一六八頁補。

〔二〇〕凡九錫備物　原無「凡」，據北宋本、傅校本、遞修本、明抄本、王吴本補。

〔二一〕再則黜地　「黜」原作「削」，據北宋本、傅校本、遞修本、明抄本改。按：漢書武帝紀一六七頁作「黜」。

〔二二〕州縣　漢書武帝紀一九七頁作「州郡」。

〔二三〕時太常孔臧等曰　「曰」原脱，據北宋本、傅校本、遞修本、明抄本、明刻本、王吴本補。

〔二四〕請太常博士官置弟子五十人　原「請」下有「爲」，據北宋本、傅校本、遞修本、明抄本、明刻本、王吴本删。

〔二五〕郡國縣道邑有好文學　「縣道邑」漢書儒林傳三五九四頁作「縣官」。

〔二六〕常與計偕　「常」原訛「當」，據漢書儒林傳三五九四頁及北宋本、傅校本、遞修本、明抄本、明刻本、王吴本改。

〔二七〕諫大夫王吉　原「諫」下衍「議」，據漢書王吉傳三〇六二頁删。

〔二八〕諫大夫張勃　原「諫」下衍「議」，據漢書張湯傳二六五四頁及北宋本删。

〔二九〕後漢光武建武十二年詔　「建武」原涉上而脱，據後漢書百官志一劉昭注引漢官目録三五五九頁、册府卷六二九七五四〇頁補。

〔三〇〕廉吏各一人　册府卷六二九七五四〇頁同。後漢書百官志一劉昭注引漢官目録三五五九頁「一」作「二」。

〔三一〕改前漢常侍曹尚書爲吏曹尚書　「吏曹尚書」北宋本、傅校本、遞修本、明抄本、明刻本、王吴本均作「吏部尚書」，疑誤。後漢書百官志三三五九七頁云：「常侍曹尚書主公卿事。」劉注引蔡質漢儀曰：「世祖改曰吏曹。」

〔三二〕不得察舉孝廉廉吏　原脱一「廉」，據北宋本、傅校本、遞修本、明抄本、明刻本、王吴本補。

〔三三〕推校當時户口　「校」原作「核」，據北宋本、遞修本、王吴本改。

〔三四〕王國官屬墨綬下至郎謁者經明任博士　「國」、「明」原脱，據後漢書孝安帝紀二二一頁補。

〔三五〕左雄議改察舉之制　原脱「議」，據後漢書胡廣傳一五〇六頁及北宋本、遞修本、明抄本、王吴本補。

〔三六〕鄭阿之政　「阿」原作「産」，據後漢書胡廣傳一五〇六頁及明刻本改。

〔三七〕甘奇著用　「著」原作「顯」，據北宋本、傅校本、遞修本、明抄本改。按：後漢書胡廣傳一五〇六頁作「顯」，通典避中宗諱改作「著」。

〔三八〕四十不惑　原「十」下有「而」，據後漢書左雄傳二〇二〇頁及北宋本、傅校本、遞修本、明抄本、王吴本删。

〔三九〕皆先詣公府　原「皆」下衍「請」，據後漢書左雄傳二〇二〇頁及北宋本、遞修本、明抄本删。

〔四〇〕帝從之於是班下郡國　後漢書左雄傳二〇二〇頁同。北宋本、明抄本作「乃班下郡國」。

〔四一〕迄於永憙　「憙」原訛「嘉」，標點本後漢書左雄傳二〇二〇頁據錢大昭説改「憙」，今從改。

〔四二〕斯亦貢士之方也　原「亦」下有「古諸侯」三字，據後漢書左雄周舉黄瓊傳論二〇四二頁删。

〔四三〕榮路既廣　按：後漢書左雄周舉黄瓊傳論二〇四二頁此句後尚有「觖望難裁」四字。杜氏以「望」犯家諱，遂捨而不録。

〔四四〕永壽二年甲午　按：此有年有日而脱月。

〔四五〕其不能通二經者　原脱「能」，據北宋本補。

〔四六〕試通二經者　原脱「試」，據北宋本、遞修本、明抄本補。下「試能通三經者」同。

〔四七〕不得交互爲官　「官」原訛「吏」，據後漢書蔡邕傳李賢注一九九一頁及北宋本、傅校本、遞修本、明抄本改。

〔四八〕幽冀二州久闕　「久」原訛「欠」，據後漢書蔡邕傳一九九〇頁及北宋本、遞修本、明抄本、王吴本改。

〔四九〕十二州有禁　後漢書蔡邕傳一九九〇頁「二」作「一」。

〔五〇〕當取二州而已　「而已」原作「之士」，後人擅改。今據後漢書蔡邕傳一九九〇頁及北宋本、傅校本、遞修本、明抄本、王吴本改回。

〔五一〕朱買臣出於幽賤　「朱」原脱，「賤」原訛「錢」，據後漢書蔡邕傳一九九一頁及北宋本、傅校本、遞修本、明抄本、明刻本、王吳本補改。按：殿本「賤」字不誤。

〔五二〕由是争者乃息　「由」原作「自」，據北宋本改。

〔五三〕通易尚書孝經論語　「尚書」下原有「詩禮春秋」，據北宋本、傅校本、遞修本、明抄本、明刻本、王吳本删。按：北宋本作「如理易尚書孝經論語」。疑「如」涉上而衍，通典避高宗諱，「治」改「理」。督郵版狀原件應是「治易尚書孝經論語」。「通」乃後人臆改者。

〔五四〕下署某官某甲保舉　「署」北宋本、王吳本作「者」，傅校本、遞修本作「著」，明抄本作「着」。

〔五五〕沈既濟　「濟」原訛「徵」，據北宋本、傅校本、遞修本、明抄本改。按：沈既濟，新、舊唐書皆有傳。

〔五六〕尚書奉引　「奉」原訛「奏」，據北宋本、傅校本、遞修本、明抄本改。按：後漢書方術列傳二七二三頁作「奉」。

〔五七〕聾俗而已　「聾」原訛「襲」，據北宋本、傅校本、遞修本、明抄本改。

〔五八〕誣告羣士　「羣」原訛「郡」，據北宋本、傅校本、遞修本、明抄本、王吳本改。

〔五九〕而誅徙禁廢者　「徙」原作「從」，據傅校本、遞修本改。按：北宋本、王吳本作「從」，明抄本作「徒」。

〔六〇〕昔仲尼有言曰　「昔」原訛「者」，據北宋本、傅校本、遞修本、明抄本、明刻本改。

劉俊文點校　王文錦覆校

通典卷第十四

選舉二

歷代制中魏 晉 東晉 宋 齊 梁 陳 後魏 北齊 後周 隋

魏文帝爲魏王時，三方鼎立，士流播遷，四人錯雜，詳覈無所。延康元年，吏部尚書陳羣以天朝選用不盡人才，乃立「九品官人之法」，州郡皆置中正，以定其選，擇州郡之賢有識鑒者爲之，區別人物，第其高下。又制：郡口十萬以上，歲察一人，其有秀異，不拘戶口。初，曹公時，魏府初建，以毛玠、崔琰爲東曹掾史，〔一〕銓衡人物，選用先尚勤儉。於是天下士人皆砥礪名節，務從約損。和洽言於公曰：「天下大器，在位與人，不可以一節檢也。〔二〕儉素過中，自以處身則可，以此格物，所失或多。今朝廷之儀，吏有著新衣、乘好車者，不謂之廉潔。至令士大夫故汚辱其衣，藏其輿服，朝府大吏或自挈壺飧，以入官寺。夫立教觀俗，貴處中庸，爲可繼也。今崇一槩難堪之行，以檢殊塗，勉而爲之，必有疲瘁。古之大教，務在通人情而已。凡激詭之行，則容僞矣。」其武官之選，俾護軍主之。黃初三年，始除舊漢限年之制，令郡國貢舉，勿拘老幼，儒通經術，吏達文法，到皆試用。〔三〕

自明帝太和之後，俗用浮靡，遞相標目，而夏侯、諸葛、何、鄧之儔，有四聰八達之稱，帝深所嫉之。〔四〕於是，惡士大夫之有名聲者，或禁錮廢黜以懲之。吏部尚書盧毓奏曰：「古者敷奏以言，明試以功。今考績之法久廢，而毀稱相進退，故真僞混雜也。」帝遂詔散騎常侍劉劭作都官考課之法，以考覈百官。具考績篇。

齊王嘉平初，曹爽既誅，司馬宣王秉政，詳求理本。中護軍夏侯玄言曰：「夫官才用人，國之柄也。故銓衡專於臺閣，上之分也；孝行考乎閭巷，優劣任之鄉人，下之敍也。夫欲清教審選，在明其分敍，不使相涉而已。今令中正但考行倫輩，輩當行均，斯可官矣。行有大小，比有高下，則所任之次亦渙然別矣。奚必使中正干銓衡之機於下，而執機柄者有所委仗於上，上下交侵，以生紛錯哉？且衆職之屬，各有官長，但使官長各以其屬能否獻之；臺閣則據官長能否之第，參以鄉閭德行之次，擬其倫比，勿使偏頗；中正則唯考行迹，別其高下，審定輩類，勿使升降，而總之於臺閣。官長所第，中正輩擬，〔五〕比隨次率而用之。如其不稱，責負在外。則內外相參，得失有所，庶可靜風俗而審官才矣。」兼請除重設之官，定服制之等。宣王辭不能改，請俟於他賢。按，九品之制，初因後漢建安中天下兵興，衣冠士族多離本土，〔六〕欲徵源流，慮難委悉，〔七〕魏氏革命，州郡縣俱置大小中正，各取本處人任諸府公卿及臺省郎吏有德充才盛者爲之，〔八〕區別所管人物，定爲九等。其有言行修著，則升進之，或以五升四，以六升五；儻或道義虧闕，則降下之，或自五退六，自六退七矣。是以吏部不能審定覈天下人才士庶，故委中正銓第等級，憑之授受，謂免乖失及法弊也。〔九〕唯能知其閥閱，非復辨其賢愚，所以劉毅云：「下品無高門，上品無寒士。」〔一○〕南朝至於梁、陳，北朝至於周、隋，選舉之法，雖互相損益，而九品及中正至開皇中方罷。討其根本，陳壽魏志言之太略，故詳辯之也。蜀先主既没，諸葛孔明秉政，懲惡舉善，量材授任，不計資敍。時犍爲郡守李嚴以楊洪爲功曹，嚴未去郡，而洪已爲蜀郡守；洪門下書佐何祇有才策，洪未去郡，而祇已爲廣漢郡守。後李嚴、廖立皆得罪於亮，或廢或徙，聞亮卒，垂泣發疾，以至於死也。

晉依魏氏九品之制，内官吏部尚書、司徒、左長史，外官州有大中正，郡國有小中正，皆掌選舉。若吏部選用，必下中正，徵其人居及父祖官名。

武帝泰始初，又議考課，具課績篇。散騎常侍傅玄、皇甫陶以爲政教頽弊，風俗不淳，上疏曰：「臣聞先王之臨天下也，明其大教，長其義節，道化崇於上，清議行於下，上下相奉，人懷義心。亡秦蕩滅先王之制，以法術相御，而義心亡矣。近者魏武好法術，而天下貴刑名；魏文慕通達，而天下賤守節。其後綱維不攝，而虚無放誕之論盈於朝野，使天下無復清議，而亡秦之病復發於今。陛下聖德，化鄰唐、虞，唯未舉清遠有禮之臣以敦風節，〔一一〕未退虚鄙以懲不恪也。」帝乃使玄草詔進之。

玄奏曰：「臣聞先王分士農工商以經國制事，各一其業，而殊其務。自士以上子弟，則爲之立太學以教之，選明師以訓之，隨才優劣以授用之。〔一二〕農以豐其食，工以足其器，商賈以通其貨。故雖天下之大，兆庶之衆，而無游人在其閒。漢魏不定其分，百官子弟不修經藝而務交遊，未知莅事而坐享天祿，農工之業多廢，或逐淫利而離其事，〔一三〕徒繫名於太學，然不聞先王之風。今聖政資始，而漢魏之失未改，散官衆而學校未設，游手多而親農者少，工器不盡其宜。臣以爲宜亟定其制。前皇甫陶上事，欲令賜拜散官皆課使親耕，天下享足食之利。禹、稷躬稼，祚崇後代，是以明堂、月令著帝籍之制。伊尹，古之名臣，耕於有莘；晏嬰，齊之大夫，避莊公之難，亦耕於海濱。昔者聖帝明王，〔一四〕賢佐俊士，皆嘗從事於耕農矣。王人賜官，冗散無事者，不督使學，則當使耕，無緣放之使坐食百姓也。今文武之官既衆，而拜賜不在職者又多，加以服役爲兵，〔一五〕不得耕稼，當農者之半，南面食祿者參倍於前。使冗散之官爲農，而收其租稅，家得其實，而天下之穀可以無乏矣。夫家足食，爲子則孝，爲父則慈，爲兄則友，爲弟則悌。天下足食，則仁義之教可不令而行也。夫士農工商之分，不可斯須而廢。若未能精其防制，計天下文武之官足爲副貳者使學，其餘皆歸之於農。若百工商賈有長者，亦歸之農。〔一六〕務農若此，何有不贍乎？虞書曰：『三載考績，三考黜陟幽明。』是爲九年之後乃有遷敍也。故居官久，則念立慎終之化；不久，則競爲一切之政。六年之限，日月淺近，不周黜陟。陶之所上，義合古制。惟陛下裁之。」武帝甚善之而終不能用。山濤爲吏部尚書十有餘年，每官闕，輒啟擬數人。曰：「侍中彭權遷，當選代。按，雍州刺史郭奕，高簡有雅量，在兵閒，少不盡下情；處朝廷，足以肅正左右。衞將軍王濟，才高美茂，後來之冠。此二人，誠顧問之秀。聖意儻惜濟主兵者，驍騎將軍荀愷，智器明敏，其典宿衞，終不減濟。博士祭酒庾純，〔一七〕强正有學義，亦堪此選。國學初建，王、荀已亡，純能其事，宜當小留，粗立其制，不審宜爾有當聖旨者不？又尚書令闕，〔一八〕宜得其人。征南大將軍祜，〔一九〕體義立正，可以肅整朝廷。」又云：「有疾苦者，大將軍雖不整正，須筋力戎馬閒，猶宜得健者。征北大將軍瓘，貞正静一，中書監勖，達練事物。三人皆人彥，不審有可參舉者不？」皆隨帝意所欲然後明奏。而帝之用者，或非舉首，衆情不察，以濤輕重任意，或譖之於帝，故帝手詔戒濤曰：「夫用人惟才，不遺踈遠單賤，〔二〇〕天下便化矣。」而濤行之自若，一年之後，衆情乃服。濤所奏甄拔人物，各爲題目，時稱山公啟事。〔二一〕又，王戎字濬沖，遷尚書左僕射，領吏部。戎始爲甲午制，〔二二〕凡選舉皆先理百姓，然後授用。司隸傅咸奏戎曰：「書稱『三載考績，三考黜陟幽明』。今内外羣官，〔二三〕居職未周，而戎奏還，既未定其優劣，且送故迎新，相繼道路，欺巧由生，傷農害政。戎不仰依堯、舜典謨，而驅扇浮華，虧敗風俗，非徒無益，乃有大損。宜免戎官。」戎與賈、郭通親，竟得不坐。

於時雖風教頹失而無典制，然時有清議，尚能勸俗。陳壽居喪，使女奴丸藥，積年沈廢；郄詵篤孝，以假葬違常，降品一等。其爲懲勸也如是。

其後，中正任久，愛憎由己，而九品之法漸弊。遂計官資以定品格，天下惟以居位者爲貴。尚書僕射劉毅以九品者，始因魏初喪亂，是軍中權時之制，非經久之典也，因用土斷，復古鄉舉里選之法，上疏曰：「夫九品有八損，而官才有三難，皆興替之所由也。人物難知，一也；愛憎難防，二也；情僞難明，三也。今之中正定九品，高下任意，榮辱在手，操人主威福，奪天朝權勢，愛惡隨心，情僞由己，上品無寒門，下品無勢族。公無考校之負，私無告訴之忌。損政之道一也。置州都者，本取州里清議咸所歸服，〔二四〕將以鎮異同，一言議。不謂一人之身，了一州之才，一人不審，遂爲坐廢。若然，雖宣尼之聖，莫不有過，則可廢，何獨責於中人哉？〔二五〕使是非之論横於州里，嫌隙之讎結於大臣。損政之道二也。本立格制，謂人倫有序，若貫魚成次，才德優劣，倫輩有首尾也。今之中正，坐徇其私，推貴異之器，使在凡品之下，〔二六〕負戴不肖，越在成人之首。損政之道三也。委以一國之重，而無賞罰之防，使得縱横，無所顧憚。諸受枉者，抱怨積久，獨不蒙天地無私之德，長壅蔽於邪人之銓。損政之道四也。古先政教，崇鄉黨之義，故得天下之人退而修本。今一國之士，多者千數，或流徙異邦，或給事殊方，猶不識其面，況能盡其才乎！而中正知與不知，將定品狀，必采聲於臺府，納毁於流言。任己則有不識之弊，聽受則有彼此之偏。所知者以愛憎奪其平，所不知者以人事亂其度。既無鄉老紀行之議，又非朝廷考績之課，遂使爲官之人，弃近求遠，背本趨末。損政之道五也。凡所以立品設狀者，求人才而論功報也。今於限當報，雖職之高，還附卑品，無績於官，而獲高敍，是爲抑功實而崇虚名也。損政之道六也。凡官不同事，人不同能。今九品不狀才能之所宜，而以九等爲例。以品取人，或非才能之所長；以狀取人，則爲本品之所限。若狀得其實，猶品狀相妨，況不實者乎？損政之道七也。前九品詔書，善惡必書，以爲褒貶。今之九品，所下不彰其罪，所上不列其善，廢褒貶之義，任愛憎之斷，天下之人焉得不懈於德行而銳於人事乎？損政之道八也。職名中正，實爲姦府；事名九品，而有八損。臣以爲宜罷中正，除九品，弃魏氏之弊法，立一代之美制。」司空衞瓘又表請除九品，復古鄉議里選。

時始平王文學李重復上疏曰：「九品始於喪亂軍中之政，誠非經國不刊之法也。且檢防轉碎，徵形失實，故朝野之論，僉謂驅動風俗，爲弊已甚。晉承魏氏凋弊之迹，人物播越，仕無常朝，人無定處，郎吏蓄於軍府，豪右聚於都邑，事體駁錯，與古不同。謂九品既除，宜先開移徙，聽相并就。且明貢舉之法，不濫於境外，則冠帶之倫將不分而自均，即土斷之實行矣。若使人思反本，修之於鄉，華競自息，而禮義日崇矣。」及劉頌爲吏部尚書，復建九班之制，令百官在職少遷。時賈、郭專朝，仕者務速進，故皆不行。孫氏有江東，選曹尚書主選舉。吳郡暨豔性峭刻，好清議，爲尚書，以郎署混淆，多非其人，豔欲激濁揚清，別其善否，乃覈選三署，皆貶高就下，降損數等。其居位貪婪、志節卑污者，皆以爲軍吏，〔二七〕置之營府。於是，怨聲囂然，競言豔用私情，虧公法，豔坐自殺。

東晉元帝制，揚州歲舉二人，〔二八〕諸州各一人。時以天下喪亂，務存慰勉，遠方孝、秀，不復策試，到即除署。既經略粗定，乃詔試經，有才不中舉者，免其太守。其後孝、秀莫敢應命，有送至京師，皆以疾辭。太興三年，尚書孔坦議請普延五歲，許其講習。乃詔孝廉申至七年，而秀才如故。

宋制，丹陽、吴、會稽、吴興四郡歲舉二人，〔二九〕餘郡各一人。凡州秀才、郡孝廉，至皆策試，天子或親臨之。及公卿所舉，皆屬于吏部，敍才銓用。凡舉得失，各有賞罰。失者，其人加禁錮，年月多少，隨羣議制。〔三〇〕初，廢帝滎陽王時，以蔡廓爲吏部尚書。録尚書徐羡之謂中書令傅亮曰：「黄門以下悉委蔡，吾徒不復厝懷，〔三一〕自此以上，故宜共參同異。」廓聞之曰：「我不能爲徐羡之署紙尾也。」遂辭不拜。選案黄紙，録尚書與吏部尚書連名，故廓云「署紙尾」也。按，宋黄門，第五品也。

文帝元嘉中，限年三十而仕，郡縣以六周而代，刺史或十餘年。

及孝武即位，仕者不復拘老幼，守宰以三周爲滿。時中軍録事參軍周朗上疏曰：「今爲政者，宜以二十五家選一長，百家置一師。男子十三至十七，皆令學經；十八至二十，〔三二〕皆令習武。訓以書記圖緯，忠孝仁義之禮，廉讓恭勤之則；授以兵經戰略，軍部舟騎之容，挽强擊刺之法。習經者五年有成，而言之司徒；習武者三年能藝，亦升之司馬。若七年而經不明，五年而勇不達，即更求其言行，〔三三〕考其事業，必不足取者，雖公卿子弟，長歸農畝，終身不得爲吏。」兼述農桑生植之本及禮教刑政之端。帝省之，不悦。

左衛將軍謝莊以其時搜才路狹，又上表曰：「九服之曠，九流之難，〔三四〕提鈞懸衡，委之選部。一人之鑒易限，而天下之才難源。以易限之鑒，照難源之才，使國罔遺授，野無滯器，其可得乎？請普令大臣，各舉所知，以付尚書銓用。」不從。帝又不欲重權在下，乃分吏部，置兩尚書以散其權。

裴子野曰：「官人之難，先王言之尚矣。〔三五〕居家視其孝友，鄉黨察其誠信，出入觀其志義，憂難取其智謀。煩之以事，以求其理；臨之以利，以察其廉。周禮，始於學校，論之州里，告諸六事，而後貢於王庭。其在漢家，尚猶然也。州郡積其功能，然後爲五府所辟；五府舉其掾屬，而升之於朝；三公參其得失，除署，尚書奏之天子。一人之身，所閱者衆；一賢之進，其課也詳。故能官得其才，鮮有敗事。魏晉易是，而所失弘多。夫厚貌深衷，險如谿壑；擇言觀行，猶懼弗周。〔三六〕況今萬品千羣，俄折乎一面；庶僚百位，專斷於一司。於是囂風遂行，不可止也。已擊轂攘袂，填彼寺臺，求者干進，以務必得，加之以諂黷。吏曹按閱而選舉，不遑訪采於鄉邑。父誨其子曰：『不索何獲。』兄勵其弟曰：『努力窺窬。』〔三七〕無廉恥之風，謹愿之操。官邪國敗，而不可紀綱。假使龍作納言，舜居南面，而治致平章，不可必也，況後之官人者哉！〔三八〕孝武雖分曹爲兩，不能反之於周、漢，〔三九〕朝三暮四，其病愈甚也。」

齊尚書都令史駱宰議策秀才格，五問並得爲上，四、三爲中，二爲下，一不合與第。謝超宗議以爲：「片辭折獄，寸言挫衆，魯史褒貶，孔論興替，〔四〇〕皆無俟繁而後秉裁。夫表事之深，析理之會，〔四一〕豈必委牘方切理道。非患對不盡問，患以常文弗奇。必使一通峻正，寧劣五通而常；與其俱奇，一亦宜采。」詔從宰議。因習宋代限年之制。然而鄉舉里選，不覈才德，其所進取，以官婚冑籍爲先，遂令甲族以二十登仕，後門以三十試吏，故有增年矯貌，以圖進者。其時士人皆厚結姻援，奔馳造請，浸以成俗。

至和帝時，梁武帝爲丞相，〔四二〕上表曰：「前代選官，皆立選簿，應在貫魚，自有銓次，冑籍升降，行能臧否，或素定懷抱，或得之餘論，故得簡通賓客，無俟掃門。頃代陵夷，九流乖失，其有勇退忌進、懷質抱真者，選部或以未經朝謁，難於進用，〔四三〕或有晦善藏聲、自埋衡蓽者，又以名不表著，絶其階緒。必須書刺投狀，然後彈冠，則是驅迫廉撝，獎成澆競。愚謂自今選曹，宜精隱覈，依舊立簿，使冠屨無爽，〔四四〕名實不違，庶人識涯涘，造請自息。且聞中間立格，甲族以二十登仕，後門以過立試吏，求之愚懷，抑有未達。何者？設官分職，惟才是務。若限歲登朝，必增年就官，故貌實幼童，籍已踰立。滓穢名教，於斯爲甚。」乃施行。

梁初無中正制，年二十有五方得入仕。天監中又制：「凡九流常選，〔四五〕年未三十，不通一經者，不得爲官。若有才同甘、顔，勿限年次。」至七年，州置州重，〔四六〕郡置郡宗，〔四七〕鄉置鄉豪，各一人，專典搜薦，無復膏粱寒素之隔。普通七年，詔凡州歲舉二人，〔四八〕大郡一人。敬帝太平二年，復令諸州各置中正，仍舊訪選舉，〔四九〕皆須中正押上，然後量授，不然則否。

陳依梁制，凡年未三十，不得入仕。唯經學生策試得第，諸州迎主簿，西曹左奏及嘗爲挽郎，得未壯而仕。諸郡唯正王爲丹陽尹經迎得出身者亦然，庶姓尹則否。有高才、異行、殊勳，別降恩旨敍用者，〔五〇〕不在常例。凡選無定時，隨闕則補。官有清濁，以爲升降，從濁得清，則勝於遷。若有遷授，吏部先爲白牒，列數十人名，〔五一〕尚書與參掌者共署奏。敕或可或否。其可者，則下於選曹，量貴賤，別内外，隨才補用。以黄紙録名，八座通署，奏可，乃出以付於典名。典名書其名帖鶴頭板，脩容整儀，送所授之家。其別發詔除者，即宣付詔局，詔局草奏聞。敕可，黄紙寫出門下。門下答詔，請付外施行。又畫「可」，付選司行召。〔五二〕得官者，不必皆待召到。〔五三〕但聞詔出，明日，即入謝後，詣尚書，上省拜受。若拜王公，則臨軒。凡拜官，皆在午後。

初，武帝承侯景喪亂之後，綱維頽壞，制度未立，百官無復考校殿最之法，但更年互遷，驟班進秩，法無可稱者。後徐陵、孔奐繼爲吏部尚書，差有其序。

後魏州郡皆有中正掌選舉，每以季月，與吏部銓擇可否。其秀才對策，第居中上，表敍之。成帝和平三年，詔曰：「今選舉之官，多不以次，令班白處後，晚進居先，豈所謂彝倫攸敍者也。〔五四〕諸曹選補，宜各書勞舊才能。」初，崔浩爲冀州大中正，薦冀、定、相、幽、并五州士數十人，各起家爲郡守。景穆帝謂浩曰：「先召之人，亦州郡選也，在職已久，勤勞未答。今可先補前召，〔五五〕外任郡縣；以新召者代爲郎吏。又守令宰人，〔五六〕宜使更事者。」浩固争而遣之。高允聞之，謂東宮博士管恬曰：「崔公其不免乎！苟逞其非，〔五七〕而校勝於上，何以能濟。」又李孝伯，〔五八〕趙郡人。父曾，理鄭氏禮、左氏春秋，郡三辟功曹不就，門人勸之，曾曰：「功曹之職，雖曰鄉選高第，猶是郡吏耳，北面事人，亦何容易。」任郡主簿，到官月餘日，乃嘆曰：「梁叔敬有云：『州郡之職，徒勞人耳。』道之不行，身之憂也。」遂還家。又郭祚爲吏部尚書，持身潔清，〔五九〕重惜官位，至於銓授，假令得人，必徘徊久之，然後下筆，即云：「此人便以貴矣。」由是事頗爲稽滯，〔六〇〕當時每招怨讟。然所拔用者，量材稱職，時又以此歸之。其後，中正所銓，但在門第，吏部彝倫，仍不才舉。至孝文帝，勵精求理，〔六一〕內官通班以上，皆自考覈，以爲黜陟。具考績篇。宣武帝詔：「庶族子弟，年未十五，〔六二〕不聽入仕。」任城王澄從幸鄴宮，除吏部尚書。及幸代，車駕自北巡，留澄銓簡舊臣。初，魏自公侯以下，迄於選臣，動有萬數，冗散無事。澄品爲三等，量其優劣，盡其能否之用，咸無怨者。又，皇甫光兄子瑒爲吏部郎，〔六三〕性貪婪，鬻賣吏官，皆有定價。自太和以前，精選中正，德高鄉國者充。其邊州小郡，人物單鮮者，則併附他州。其在僻陋者，則闕而不置。當時稱爲簡當，頗謂得人。及宣武、孝明之時，州無大小，必置中正，既不可悉得其人，故或有蕃落庸鄙操銓覈之權，而選敍頹紊。至正始元年冬，乃罷諸郡中正。時有以雜類冒登清流，遂令在位者皆五人相保，無人任據者，〔六四〕奪官還役。

初，孝明嗣位幼沖，靈太后臨朝。征西將軍、冀州大中正張彝之子仲瑀上封事，請銓別選格，排抑武夫，不使在清品。於是武夫怨怒，聲諠道路，乃懸牓於衢，會期屠害。彝父子不以爲懷。神龜二年，羽林、虎賁相率千餘人，至尚書省詬罵，求彝長子、尚書郎始均不獲，以瓦礫投擊臺門，〔六五〕聲如雷霆，京師懾震，莫敢討遏。遂聚火就焚其第，拽彝於庭，捶辱恣心，而呼聲動京邑。其子叩頭流血，爲父請命，羽林乃執始均，生投火中，灼爲煨燼。仲瑀被創以竄免，彝信宿而死。既而詔斬其尤兇者八人，餘大赦以安之。天下寃痛，聞者驚駭。靈太后於是乃命武官得依資入選。既而官員少而應調者多，選曹無以處之。及崔亮爲吏部尚書，乃奏爲格制，官不問愚賢，以停解日月爲斷，雖復官須此人，停日後者終不得取；庸才下品，年月久者則先擢用。時沉滯者皆稱其能。時亮外甥、司空諮議劉景安書規亮曰：「殷、周以鄉塾貢士，兩漢由州郡薦才，魏晉因循，又置中正。〔六六〕諦觀在昔，莫不審舉，雖未盡美，足應十收六七。朝廷貢才，止求其文，不取其理；察孝廉惟論章句，不及理道；立中正不考人才行業，空辨姓氏高下。至於取士之途不溥，沙汰之理未精。而舅屬當銓衡，宜須改張易調，如之何反爲停年格以限之？天下士誰復修厲名行哉！」亮答書曰：「汝所言乃有深致。吾昨爲此格，有由而然。今已爲汝所怪，千載之後，誰知我哉！可靜念吾言。吾兼正六爲吏部郎，〔六七〕三爲尚書，銓衡所宜，頗知之矣。但古今不同，時宜須異。〔六八〕何者？昔有中正，品其才第，上之尚書，據狀，量人授職，此乃與天下羣賢共爵人也。吾謂當爾之時，無濫舉矣，而汝猶云『十收六七』。況今日之選，專歸尚書，以一人之鑒，照察天下，劉毅所云一吏部、兩郎中而欲究鑒人物，何異以管窺天而求其溥哉！〔六九〕今勳人甚多，又羽林入選，武夫崛起，而不解書計，唯可彍弩前驅，指蹤捕噬而已。忽令佩組乘軒，求其烹鮮之效，未嘗操刀，〔七〇〕而使剸割。又武人至多，官員至少，不可周溥。設令十人共一官，猶無官可授，況一人冀一官，何由可不怨哉？吾近面執，不宜使武人入選，請賜其爵，厚其祿。既不見從，是以權立此格，限以停年耳。昔子產鑄刑書以救弊，叔向譏之以正法，何異汝以禮法難權宜哉！仲尼云：『德我者春秋，〔七一〕罪我者亦春秋。』吾之此指，其由是也。但令當來君子，〔七二〕知吾意焉。」後甄琛、元脩義、城陽王徽相繼爲吏部尚書，利其便己，踵而行之。自是賢愚同貫，涇渭無別。魏之失才，從亮始也。

及辛雄爲尚書右丞，轉吏部郎中，上疏曰：「自神龜以來，專以停年爲選。士無善惡，歲久先敍；〔七三〕職無劇易，名到授官。執案之吏，以差次日月爲功能；銓衡之人，以簡得老舊爲平直。且庸劣之人，莫不貪鄙。委斗筲以共理之重，託碩鼠以百里之命，皆貨賄是求，肆心縱意。禁制雖煩，〔七四〕不勝其欲。致令徭役不均，發調違謬，聚歛盈門，囚執滿道。蓋助陛下理天下者，唯在守令，最須簡置，以康國道。但郡縣選舉，由來所輕，貴遊儁才，莫肯居此。宜改其弊，以定官方。請上等郡縣爲第一清，中等爲第二清，下等爲第三清。選補之法，妙盡才具，如不可並，後地先才，不得拘以停年，竟無銓革。三載黜陟，有稱者補在京名官，如前代故事，不歷郡縣不得爲內職。則人思自勉，上下同心，枉屈可申，强暴自息。」書奏，會帝崩。〔七五〕

及孝莊帝初，〔七六〕詔求德行、文藝、政事强直者，縣令、郡守、刺史皆敍其志業，具以表聞。得三人以上，〔七七〕縣令、太守、刺史賞一階；舉非其人者，黜一階。凡官，郡守、縣令六年爲滿，滿後六年乃敍。

北齊選舉，多沿後魏之制，凡州縣皆置中正。其課試之法，中書策秀才，集書策貢士，〔七八〕考功郎中策廉良。天子常服，乘輿出，坐於朝堂中楹，秀孝各以班草對。字有脱誤者，呼起立席後；書有濫劣者，飲墨水一升；文理孟浪者，奪席脱容刀。

初，東魏元象中，文襄王高澄秉政，攝吏部尚書，乃革後魏崔亮年勞之制，務求才實。自遷鄴以後，掌大選知名者，不過數四。文襄年少高朗，其弊也疏；袁聿脩沈密謹厚，所傷者細；楊遵彦風流辯給，所取失於浮華；唯辛術貞明簡實，新舊參舉，管庫必擢，門閥不遺，衡鑒之美，一人而已。

至孝昭帝皇建二年，詔：「内外執事官從五品以上、三府主簿録事參軍、諸王文學、侍御史，廷尉三官、尚書郎中、中書舍人，每在二年之内，〔七九〕各舉一人。或夙在朝倫，沈屈未用；或先官後進，今見停散；或白屋之人，巾褐未釋。其高才良器，允文允武，理識深長，幹具通濟，操履凝峻，學業宏贍，諸如此輩，隨取一長，無待兼資，方充舉限。表薦之文，〔八〇〕指論事實，隨能量用，必陳所堪，不得高談，謬加褒飾。所舉之人，止在一職。三周之内，〔八一〕有犯死罪以下、刑年以上，〔八二〕舉主準舉人之犯，各罰其金；自鞭以下，舉主勿論。若未經三載而更餘轉，通計後官日月，合滿三周。凡所舉人，必主事立功，裨益時政，不限年之遠近。舉主之賞，亦當非次；被舉之人，別當擢授。其違限不舉，依式罰金。又擁旄作鎮，任總百城，分符共理，職司千里，凡其部統，理宜委悉刺史，於所管之内，下郡太守、縣令、丞、尉、府佐、録事參軍以降，州官州都、主簿以下，〔八三〕但需在吏職及前爲官并白人等，並聽表薦。太守則曹掾以下及管内之人，亦聽表舉。其大州、中州、下州，畿内，上郡、中郡，並三年之内各舉一人。其不入品州并自餘郡守，不在舉限。」

昔三代以前，天下列國有三卿、五大夫、二十七士。大國三卿，二卿命於天子，一卿命於其君；小國三卿，一卿命於天子，二卿命於其君。公、侯、伯之大夫再命，子、男之大夫一命，其士以下不命，皆國君專之。漢初，王侯國百官皆如漢朝，唯丞相命於天子，其御史大夫以下皆自置。及景帝懲吴、楚之亂，殺其制度，罷御史大夫以下官。至武帝，又詔：「凡王侯吏職秩二千石者，不得擅補。其州郡佐吏，自别駕、長史以下，皆刺史、太守自辟。」歷代因而不革。洎北齊武平中，後主失政，多有佞倖，乃賜其賣官，分占州郡，下及鄉官，多降中旨，故有敕用州主簿、郡功曹者。自是之後，州郡辟士之權，浸移於朝廷。以故外吏不得精覈，由此起也。

後周以吏部中大夫一人掌選舉，吏部下大夫一人以貳之。〔八四〕初霸府時，蘇綽爲六條詔書，其四曰「擢賢良」。綽深思本始，懲魏、齊之失，罷門資之制。其所察舉，頗加精慎。及武帝平齊，廣收遺逸，乃詔山東諸州舉明經幹理者，上縣六人，中縣五人，下縣四人。至宣帝大成元年，詔州舉高才博學者爲秀才，郡舉經明行脩者爲孝廉，上州、上郡歲一人。〔八五〕其刺史僚佐州吏則自署，府官則命於朝廷。

隋文帝開皇七年制，諸州歲貢三人，工商不得入仕。開皇十八年，又詔：「京官五品以上及總管、刺史，並以志行脩謹、清平幹濟二科舉人。」牛弘爲吏部尚書，高構爲侍郎，最爲稱職。〔八六〕當時之制，尚書舉其大者，侍郎銓其小者，則六品以下官吏，咸吏部所掌。自是，海內一命以上之官，州郡無復辟署矣。自後魏末、北齊以來，州郡僚佐已多爲吏部所授，至隋一切歸在省司。牛弘嘗問劉炫曰：「按周禮，士多而府史少，今吏百倍於前，判官減即不濟，其故何也？」炫對曰：「古人委任責成，歲終考其殿最，案不重校，文不繁悉，府史之任，〔八七〕掌要目而已。今之文簿，常慮覆理，鍛鍊若不密，〔八八〕萬里追證百年舊案。故諺云：『老吏抱案死。』今古不同，若此之相懸也。事繁政弊，職此之由。」弘又問：「魏、齊之時，令史從容而已，今則不遑寧舍，〔八九〕其事何由？」炫對曰：〔九〇〕「往者，州唯置綱紀，〔九一〕郡置守、丞，縣唯令而已，其所具僚，〔九二〕則長官自辟，受詔赴任，每州不過數十。今則不然，大小之官，悉由吏部，纖介之迹，皆屬考功，所以繁也。省官不如省事，省事不如清心，官事不省而欲從容，其可得乎！」弘甚善其言而不能用之。〔九三〕

自後周以降，選無清濁。初盧愷攝吏部尚書，〔九四〕與侍郎薛道衡、陸彥師等，甄別物類，頗爲清簡，而譖愬紛紜，愷及道衡皆除名。禮部員外郎沈既濟曰：「異乎！〔九五〕選法之難行久矣。夫天產萬類，美寡而惡衆；人分九流，君子孤而小人羣。雖消長迭有，而善惡不常，此古今之通理然也。將退不肖而懲其濫，必懸法以示，〔九六〕而俾人知懼；舉善以勸，而不仁自遠。可以陰隲而潛移之，固難明斥其惡而強擠也。暨豔、張彝皆以不及是而敗，悲夫！斯理甚明，蓋非英明之君，不可以語焉。故崔、毛當魏武而政舉，盧、薛值隋文而身墜。時難，不其然乎？」

煬帝始建進士科。又制，百官不得計考增級，其功德行能有昭然者乃擢之。大業三年，始置吏部侍郎一人，分掌尚書職事。時武夫參選，多授文職。大業八年，詔曰：「頃自班朝治人，乃由勳敘，拔之行陣，起自勇夫，蠹政害人，寔由於此。自今以後，〔九七〕諸授勳官者，並不得因授文官職事。」〔九八〕

校勘記

〔一〕東曹掾史　「史」，北宋本、遞修本、明抄本、王吳本作「吏」。

〔二〕不可以一節檢也　「檢」原作「儉」，據三國志和洽傳六五五頁改。

〔三〕到皆試用　「到」原訛「則」，據三國志文帝紀七九頁、通鑑卷六九二二〇〇頁、通考卷二八改。

〔四〕帝深所嫉之　原脱「所」，據北宋本、傅校本、遞修本、明抄本、明刻本、王吳本補。

〔五〕中正輩擬　原「正」下衍「所」，據三國志夏侯玄傳二九六頁删。

〔六〕天下兵興衣冠士族多離本土　「兵興」原倒，「離」下衍「於」，據北宋本、遞修本、王吳本乙删。

〔七〕慮難委悉　「慮」原訛「遽」，據北宋本、傅校本、遞修本、明抄本、明刻本、王吳本改。

〔八〕各取本處人　「取」原作「以」，據北宋本、遞修本、王吳本改。

〔九〕謂免乖失及法弊也　「失」原作「戾」，據北宋本、遞修本改。

〔一〇〕下品無高門上品無寒士　原作「上品無寒門下品無勢族」，據北宋本、傅校本、遞修本、明抄本改。

〔一一〕以敦風節　「敦」原作「崇」，據晉書傅玄傳一三一八頁及北宋本、傅校本、明抄本、王吳本改。

〔一二〕隨才優劣以授用之　原「之」誤在「授用」上，據晉書傅玄傳一三一八頁乙正。

〔一三〕或逐淫利而離其事　「淫」原訛「輕」，據晉書傅玄傳一三一八頁及北宋本、傅校本、遞修本、明抄本改。

〔一四〕聖帝明王　「王」原作「皇」，據晉書傅玄傳一三一九頁及北宋本、遞修本、王吳本改。

〔一五〕而拜賜不在職者又多加以服役爲兵　「拜賜」原倒，「以」字原脱，據晉書傅玄傳一三一九頁乙補。

〔一六〕其餘皆歸之於農若百工商賈有長者亦歸之農　「於農」原誤倒，「若」原訛「是」，「有長者」原脱，並據晉書傅玄傳一三一九頁乙改增補。按：北宋本、傅校本、遞修本、明抄本、明刻本作「其餘皆歸之於是百工商賈有長亦歸之農」。

〔一七〕博士祭酒庾純　原脱「博士」，據北宋本、傅校本、遞修本、明抄本、王吳本補。

〔一八〕又尚書令闞　原脱「又」，據北宋本、傅校本、遞修本、明抄本、王吳本補。

〔一九〕征南大將軍祜　「祜」原訛「祐」，據北宋本、傅校本、遞修本、明抄本、明刻本改。

〔二〇〕不遺疎遠單賤　「單」原訛「卑」，據晉書山濤傳一二二六頁及北宋本、傅校本、遞修本、明抄本改。

〔二一〕山公啓事　「公」北宋本、傅校本、遞修本作「翁」。

〔二二〕戎始爲甲午制　原脱「始」，據晉書王戎傳一二三三頁及北宋本、傅校本、遞修本、明抄本、明刻本、王吳本補。

〔二三〕今內外羣官　「羣」原訛「郡」，據晉書王戎傳一二三三頁及北宋本、傅校本、遞修本、明抄本、王吳本改。

〔二四〕置州都者本取州里清議咸所歸服　「都」原訛「郡」，據晉書劉毅傳一二七四頁、通鑑卷八一二五八七頁、玉海卷一一五改。「議」原訛「識」，據北宋本改。按：晉書劉毅傳、通鑑均作「議」。

〔二五〕何獨責於中人哉　「責」原訛「貴」，據晉書劉毅傳一二七四頁及諸本改。

〔二六〕使在凡品之下　「凡」原訛「九」，據晉書劉毅傳一二七五頁及北宋本改。

〔二七〕皆以爲軍吏　「吏」原訛「校」，據三國志張溫傳一三三〇頁及北宋本、傅校本、遞修本、明抄本改。

〔二八〕揚州歲舉二人　「舉」原作「貢」，據北宋本、傅校本、遞修本、明抄本、王吴本改。按：册府卷六三九七六六六頁、通考卷二八均作「舉」。

〔二九〕丹陽吴會稽吴興四郡　原「會」誤重，據宋書百官志下一二五八頁及北宋本、遞修本、明抄本删。

〔三〇〕隨羣議制　「羣」原訛「部」，據北宋本、傅校本、遞修本、明抄本改。

〔三一〕吾徒不復厝懷　「厝」原訛「屆」，據宋書蔡廓傳一五七二頁、南史蔡廓傳七六四頁改。

〔三二〕十八至二十　「八」原訛「七」，據宋書周朗傳二〇九三頁改。

〔三三〕即更求其言行　「即」原作「便」，據北宋本、傅校本、遞修本、明抄本、明刻本改。

〔三四〕九流之難　「難」原訛「雜」，據北宋本、傅校本、遞修本、明抄本、明刻本、王吴本改。按：宋書謝莊傳二一七〇頁、南史謝弘微傳附子莊傳五五五頁均作「艱」。

〔三五〕先王言之尚矣　「尚」原作「詳」，據北宋本改。按：通鑑卷一二八四〇三六頁亦作「尚」。

〔三六〕擇言觀行猶懼弗周　「擇」原訛「釋」，「周」原訛「同」，據通鑑卷一二八四〇三七頁改。按：北宋本、明抄本、王吳本「擇」字不誤。

〔三七〕努力窺窬　「窬」原訛「覦」，據北宋本、傅校本、遞修本、明抄本改。

〔三八〕況後之官人者哉　「官」原訛「哲」，據通鑑卷一二八四〇三七頁改。

〔三九〕不能反之於周漢　原脱「於」，據北宋本補。按：通鑑卷一二八四〇三七頁有「於」。

〔四〇〕孔論興替　「替」原訛「言」，據南齊書謝超宗傳六三五頁改。

〔四一〕析理之會　「析」原訛「折」，據北宋本、傅校本、遞修本、明刻本、王吳本改。按：南齊書謝超宗傳六三五頁、通考卷二八均作「析」。

〔四二〕梁武帝　原脱「帝」，據北宋本、遞修本、明抄本補。

〔四三〕難於進用　「於」原作「以」，據梁書武帝紀上二三頁及北宋本、遞修本、王吳本改。

〔四四〕冠屨無爽　「屨」原作「履」，據梁書武帝紀上二三頁及北宋本、傅校本、遞修本、明抄本改。

〔四五〕天監中又制凡九流常選　原脱「又」「凡」，據北宋本、傅校本、遞修本、明抄本、明刻本補。

〔四六〕州置州重　「重」梁書武帝紀中四七頁作「望」，杜佑避家諱改「重」。

〔四七〕郡置郡宗　「宗」原訛「崇」，據梁書武帝紀中四七頁、南史梁本紀上一九一頁、册府卷六二九七五四二頁改。

〔四八〕凡州歲舉二人　「舉」原訛「貢」，據梁書武帝紀下七〇頁及北宋本、傅校本、遞修本、明抄本、明刻本改。

〔四九〕仍舊訪選舉　原脱「訪」，據北宋本、傅校本、遞修本、明抄本、明刻本補。

〔五〇〕別降恩旨敍用者　原脱「者」，據隋書百官志上七四八頁及北宋本、傅校本、遞修本、明抄本補。

〔五一〕列數十人名　北宋本、傅校本、明刻本、王吴本「數十」作「十數」。按：隋書百官志上七四八頁作「録數十人名」。

〔五二〕又畫可付選司行召　「畫」原訛「書」，「召」原訛「名」，據隋書百官志上七四八頁改。

〔五三〕不必皆待召到　「待召」原訛「行名」，據隋書百官志上七四八頁改。按：北宋本、傅校本、遞修本、明抄本「待」字不誤。

〔五四〕豈所謂彝倫攸敍者也　「者」原脱，據魏書高宗紀一二〇頁及北宋本補。

〔五五〕今可先補前召　「今可」原訛脱作「令」，據魏書高允傳一〇六九頁、北史高允傳一一一九頁補改。

〔五六〕又守令宰人　「令」原脱，據魏書高允傳一〇六九頁、北史高允傳一一一九頁補。

〔五七〕苟逞其非　「逞」原訛「遂」，據魏書高允傳一〇六九頁、北史高允傳一一一九頁及北宋本、傅校本、遞修本、明抄本、明刻本、王吴本改。

〔五八〕李孝伯　「李」原訛「季」，據魏書李孝伯傳一一六七頁、北史李孝伯傳一二三〇頁及北宋本、遞修本、明抄本改。

〔五九〕持身潔清　「身」原脱，據魏書郭祚傳一四二三頁、北史郭祚傳一五七一頁及遞修本補。

〔六〇〕由是事頗爲稽滯　「滯」原訛「遲」，據魏書郭祚傳一四二三頁、北史郭祚傳一五七一頁及北宋本、傅校本、遞修本、明抄本改。

〔六一〕勵精求理　「理」原作「治」，據北宋本、遞修本、明抄本改。通典諱「治」爲「理」。

〔六二〕年未十五　原脱「未」，據册府卷六三九七六六七頁補。

〔六三〕皇甫光兄子瑒爲吏部郎　「皇甫光」原訛「韋伯昕」，據魏書裴叔業傳一五七九頁訂改。按：裴叔業傳後附韋伯昕、皇甫光等人事，杜佑鈔纂失察，致有此誤。

〔六四〕無人任據者　「任據」原作「保任」，據北宋本、傅校本、遞修本改。

〔六五〕以瓦礫投擊臺門　「門」原作「閣」，據魏書張彝傳一四三二頁、北史張彝傳一五七七頁及北宋本、傅校本、遞修本改。

〔六六〕又置中正　「又」原訛「乃」，據魏書崔亮傳一四七九頁、北史崔亮傳一六三二頁及北宋本改。

〔六七〕吾兼正六爲吏部郎　「兼」原訛「廉」，「郎」下衍「中」，據魏書崔亮傳一四八〇頁、北史崔亮傳一六三三頁及北宋本改删。按：傅校本、明抄本「中」字不衍。

〔六八〕時宜須異　「須」原作「復」，據魏書崔亮傳一四八〇頁、北史崔亮傳一六三三頁改。

〔六九〕何異以管窺天而求其溥哉　「溥」原作「博」，據北宋本、明刻本、王吴本改。

〔七〇〕未嘗操刀　「刀」原訛「刃」，據魏書崔亮傳一四八〇頁、北史崔亮傳一六三三頁及北宋本改。

〔七一〕德我者春秋　「德」原作「知」，據魏書崔亮傳一四八〇頁、北史崔亮傳一六三三頁及北宋本、傅校本、遞修本、明抄本改。

〔七二〕但令當來君子　「來」原訛「令」，據魏書崔亮傳一四八〇頁、北史崔亮傳一六三四頁及北宋本、傅校本、遞修本、明抄本改。

〔七三〕歲久先敍　原作「歲久敍用」，後人擅改。今據魏書辛雄傳一六九五頁及北宋本、傅校本、遞修本、明抄本改回。

〔七四〕禁制雖煩　「禁」原作「其」，據魏書辛雄傳一六九六頁改。

〔七五〕會帝崩　「會」原訛「惠」，據魏書辛雄傳一六九六頁及北宋本、傅校本、遞修本、明抄本改。

〔七六〕及孝莊帝初　「初」原脱，據北宋本、遞修本、明抄本、王吳本補。

〔七七〕得三人以上　「得」原脱，據魏書孝莊紀二五八頁及北宋本、遞修本、明抄本補。

〔七八〕集書策貢士　北宋本、遞修本、明抄本「策」下有「考」字。

〔七九〕每在二年之内　「二」原訛「三」，據北齊書孝昭紀八三頁、北史齊本紀中二七一頁改。

〔八〇〕表薦之文　「表」原作「舉」，據册府卷六二九七五四四頁改。按：北宋本、遞修本作「未」，蓋「表」形訛。

〔八一〕三周之内　「周」原作「載」，據北宋本、遞修本改。

〔八二〕刑年以上　「年」原作「罪」，據北宋本、遞修本改。按：册府卷六二九七五四四頁也作「年」。

〔八三〕州官州都主簿以下　「都」上原衍「官」，據册府卷六二九七五四五頁删。

〔八四〕吏部下大夫一人以貳之　北宋本、傅校本、遞修本、明抄本、明刻本、王吳本「吏」上有「小」字。

〔八五〕至宣帝大成元年至上州上郡歲一人　查周書宣帝紀，宣政元年六月高祖宇文邕崩，宣帝宇文贇即位，此詔頒於八月。翌年春正月始改元大成。則通典不得繫此詔於大成元年。册府卷六三九七六六八頁此詔上冠以「宣政元年八月」，是。又按：「上州上郡歲一人」，周書宣帝紀一一六頁作「上州上郡歲一人下州下郡三歲一人」，册府作「上州上郡歲三人下州下郡歲一人」。當以周書爲正。

〔八六〕最爲稱職　原句上有「選舉先德行次文才」七字，係後人所增。今據北宋本、傅校本删。

〔八七〕府史之任　原脱「任」，據隋書儒林傳一七二二頁、北史儒林傳下二七六五頁補。

〔八八〕鍛鍊若不密　原作「鍛鍊辛苦甚密」，乃後人擅改者。今據北宋本、傅校本、遞修本、明抄本改回。按：隋書儒林傳一七二二頁、北史儒林傳下二七六五頁「若」下有「其」。

〔八九〕今則不遑寧舍　「舍」原作「處」，據隋書儒林傳一七二二頁、北史儒林傳下二七六五頁改。按：北宋本、傅校本、遞修本、明抄本訛作「捨」。

〔九〇〕炫對曰　原脱「對」，據隋書儒林傳一七二二頁及北宋本、傅校本、遞修本、明抄本補。

〔九一〕州唯置綱紀　「綱紀」原倒，據隋書儒林傳一七二二頁、北史儒林傳下二七六五頁及北宋本、遞修本、明抄本乙正。

〔九二〕其所具僚　「所」下原衍「事」，據隋書儒林傳一七二二頁、北史儒林傳下二七六五頁删。

〔九三〕而不能用之　「用」原作「行」，據隋書儒林傳一七二二頁、北史儒林傳下二七六五頁及北宋本改。

〔九四〕初盧愷攝吏部尚書　「初」原作「及」，清人擅改。今據北宋本、傅校本、遞修本、明抄本、明刻本、王吳本改回。

〔九五〕異乎　此二字原脱，據北宋本、傅校本、遞修本、明抄本、明刻本、王吳本補。

〔九六〕必懸法以示　原「示」下有「人」，後人擅增。今據北宋本删。

〔九七〕自今以後　原脱「今以」，據隋書煬帝紀下八三頁及北宋本、傅校本、遞修本、明抄本、明刻本補。

〔九八〕並不得因授文官職事　原作「並不得授文官之職事」，據北宋本、傅校本、遞修本補删。按：隋書煬帝紀下八三頁作「並不得回授文武職事」。册府卷六二九七五四五頁作「並不得因授文武職事」。

劉俊文點校　王文錦覆校

通典卷第十五

選舉三

歷代制下　考績

歷代制下 大唐

大唐貢士之法，多循隋制。上郡歲三人，中郡二人，下郡一人，有才能者無常數。其常貢之科，有秀才，有明經，有進士，有明法，有書，有算。自京師郡縣皆有學焉。並具學篇。每歲仲冬，郡縣館監課試其成者，長吏會屬僚，設賓主，陳俎豆，備管絃，牲用少牢，行鄉飲酒禮，歌鹿鳴之詩，徵耆艾、敍少長而觀焉。既餞，而與計偕。其不在館學而舉者，謂之鄉貢。舊令諸郡雖一、二、三人之限，而實無常數。到尚書省，始由户部集閲，而關于考功課試，可者爲第。武德舊制，以考功郎中監試貢舉。貞觀以後，則考功員外郎專掌之。律曰：「諸貢舉非其人，謂德行乖僻，不如舉狀者。及應貢舉而不貢舉者，謂才堪利用，蔽而不言也。一人徒一年，二人加一等，罪止徒三年。」

初，秀才科等最高，試方略策五條，有上上、上中、上下、中上，凡四等。貞觀中，有舉而不第者，坐其州長，由是廢絶。〔一〕開元二十四年以後，復有此舉。其時以進士漸難，而秀才本科無帖經及雜文之限，反易於進士。主司以其科廢久，不欲收奬，應者多落之，三十年來無及第者。至天寶初，禮部侍郎韋陟始奏請，有堪此舉者，令官長特薦，其常年舉送者並停。自是士族所趣嚮，唯明經、進士二科而已。其初止試策，貞觀八年，詔加進士試讀經史一部。

至調露二年，〔二〕考功員外郎劉思立始奏二科並加帖經。其後，又加老子、孝經，使兼通之。永隆二年，詔明經帖十得六，進士試文兩篇，識文律者，〔三〕然後試策。武太后載初元年二月，策問貢人於洛城殿，數日方了。殿前試人自此始。長壽三年制，〔四〕始令舉人獻歲元會，列於方物前，以備充庭。因左拾遺劉承慶上疏奏：「四方珍貢，列爲庭實，而舉人不厠，甚非尊賢之意。」上從之。長壽二年，太后自製臣軌兩篇，令貢舉習業，停老子。

長安二年，教人習武藝，其後每歲如明經、進士之法，行鄉飲酒禮，送於兵部。開元十九年，詔武貢人與明經、進士同行鄉飲酒禮。其課試之制，畫帛爲五規，置之於垜，去之百有五步，内規廣六尺，橛廣六尺；餘四規，每規内兩邊各廣三尺。懸高以三十尺爲限。列坐引射，名曰「長垜」。弓用一石力，箭重六錢。又穿土爲埒，其長與垜均，綴皮爲兩鹿，歷置其上，馳馬射之，名曰「馬射」。鹿子長五寸，高三寸。弓用七斗以上力。又斷木爲人，戴方版於頂。〔五〕凡四偶人，互列埒上，馳馬入埒，運槍左右觸，必版落而人不踣，名曰「馬槍」。槍長一丈八尺，徑一寸五分，重八斤。其木人上版，方三寸五分。〔六〕皆以儇好不失者爲上。兼有步射、穿札、翹關、負重、身材、言語之選，通得五上者爲第。其餘復有平射之科，不拘色役，高第者授以官，其次以類升。又制爲土木馬於里閭間，教人習騎。天寶六載正月制：「文武之道，既惟並用，宗敬之儀，不可獨闕。其鄉貢武舉人上省，先令謁太公廟。每拜大將及行師剋捷，亦宜告廟。」

神龍二年二月，制貢舉人停臣軌，依舊習老子。

開元八年七月，國子司業李元瓘上言：〔七〕「三禮、三傳及毛詩、尚書、周易等，並聖賢微旨。生人教業，必事資經遠，則斯道不墜。今明經所習，務在出身，咸以禮記文少，人皆競讀。周禮經邦之軌則，儀禮莊敬之楷模，公羊、穀梁，歷代崇習，今兩監及州縣，以獨學無友，四經殆絕。事資訓誘，不可因循。其學生請各量配作業，〔八〕并貢人參試之，日習周禮、儀禮、公羊、穀梁。〔九〕並請帖十通五，許其入策。〔一〇〕以此開勸，即望四海均習，九經該備。」從之。二十一年，玄宗新注老子成，詔天下每歲貢士，減尚書、論語策，而加老子焉。二十四年，制移貢舉於禮部，以侍郎掌之。因考功員外郎李昂詆訶進士李權文章，大爲權所陵訏，〔一一〕朝議以郎官地輕，故移於禮部，遂爲永制。二十五年二月，制：「明經每經帖十，取通五以上，免舊試一帖;仍按問大義十條,取通六以上,〔一二〕免試經策十條;令答時務策三道,取粗有文理者與及第。其進士停小經,準明經帖大經十帖,取通四以上,然後準例試雜文及策,考通與及第。其明經中有明五經以上,試無不通者;進士中兼有精通一史,能試策十條得六以上者:奏聽進止。其應試進士等,唱第訖,具所試雜文及策,送中書、門下詳覆。」禮部侍郎姚奕奏。玄宗方弘道化,至二十九年,始於京師置崇玄館,諸州置道學,生徒有差,京、都各百人,諸州無常員。習老、莊、文、列,謂之四子。蔭第與國子監同。謂之「道舉」。舉送、課試與明經同。凡舉司課試之法,帖經者,以所習經掩其兩端,中間開唯一行,裁紙爲帖,凡帖三字,隨時增損,可否不一,或得四、得五、得六者爲通。後舉人積多,故其法益難,務欲落之,至有帖孤章絶句,疑似參互者以惑之。甚者,或上抵其注,下餘一二字,使尋之難知,謂之「倒拔」。既甚難矣,而舉人則有驅聯孤絶、索幽隱爲詩賦而誦習之,〔一三〕不過十數篇,則難者悉詳矣。其於平文大義,或多牆面焉。

天寶元年,明經停老子,加習爾雅。十一載,禮部侍郎楊浚始開爲三行,不得帖斷絶、疑似之言也。明經所試一大經及孝經、論語、爾雅,帖各有差;帖既通而口問之,一經問十義,得六者爲通;問通而後試策,凡三條。三試皆通者爲第。進士所試一大經及爾雅,舊制,帖一小經并注。開元二十五年,改帖大經,其爾雅亦并帖注。帖既通而後試文試賦各一篇,文通而後試策,凡五條。三試皆通者爲第。經策全通爲甲第,通四以上爲乙第。通三帖以下及策全通而帖經文不通四,或帖經通四以上而策不通四，皆爲不第。明法試律令各十帖，試策共十條，律七條，令三條。全通爲甲，通八以上爲乙，自七以下爲不第。書者試說文、字林凡十帖，說文六帖，字林四帖。口試無常限，皆通者爲第。算者試九章、海島、孫子、五曹、張丘建、夏侯陽、周髀、五經、綴術、緝古，帖各有差，九章三帖，五經等七部各一帖，綴術六帖，緝古四帖。兼試問大義，皆通者爲第。凡衆科有能兼學，則加超奬，不在常限。

按令文，科第秀才與明經同爲四等，進士與明法同爲二等。然秀才之科久廢，而明經雖有甲乙丙丁四科，進士有甲乙二科，自武德以來，明經唯有丁第，〔一四〕進士唯乙科而已。先試之期，命舉人謁於先師，有司卜日，宿張於國學，宰輔以下皆會而觀焉。博集羣議講論，而退之禮部。閱試之日，皆嚴設兵衞，荐棘圍之，搜索衣服，譏訶出入，以防假濫焉。其進士，大抵千人得第者百一二；明經倍之，得第者十一二。其制詔舉人，不有常科，皆標其目而搜揚之。試之日，或在殿廷，天子親臨觀之。試已，糊其名於中考之，文策高者特授以美官，其次與出身。開元以後，四海晏清，士無賢不肖，恥不以文章達，其應詔而舉者，多則二千人，少猶不減千人，所收百纔有一。禮部員外郎沈既濟曰：「初，國家自顯慶以來，高宗聖躬多不康，而武太后任事，參決大政，與天子並。太后頗涉文史，好彫蟲之藝，永隆中始以文章選士。及永淳之後，太后君臨天下二十餘年，當時公卿百辟無不以文章達，因循遐久，〔一五〕寖以成風。以至於開元、天寶之中，〔一六〕上承高祖、太宗之遺烈，下繼四聖治平之化，賢人在朝，良將在邊，家給户足，人無苦窳，四夷來同，海内晏然。雖有宏猷上略無所措，奇謀雄武無所奮。百餘年閒，生育長養，不知金鼓之聲，爟燧之光，〔一七〕以至於老。故太平君子唯門調户選，徵文射策，以取祿位，此行己立身之美者也。父教其子，兄教其弟，無所易業，大者登臺閣，小者仕郡縣，〔一八〕資身奉家，各得其足，五尺童子，恥不言文墨焉。是以進士爲士林華選，四方觀聽，希其風采，每歲得第之人，不浹辰而周聞天下。故忠賢雋彦韞才毓行者，咸出於是，而桀姦無良者或有焉。故是非相陵，毀稱相騰，或扇結鉤黨，私爲盟歃，〔一九〕以取科第，而聲名動天下；或鉤摭隱匿，嘲爲篇詠，以列於道路，迭相談訾，無所不至焉。」

寶應二年六月，禮部侍郎楊綰奏，諸州每歲貢人，依鄉舉里選，察秀才、孝廉。敕旨：「州縣每歲察孝廉，取在鄉閭有孝悌、廉恥之行薦焉。委有司以禮待之，試其所通之學。五經之内，精通一經，兼能對策，達於理體者，並量行業授官。其明經、進士、道舉，並停。」旋復故矣。

貞元二年六月，敕：「自今以後，其諸色舉選人中，有能習開元禮者，舉人同一經例，〔二〇〕選人不限選數，許集。問大義一百條，試策三道，全通者超資與官，義通七十條，策通兩道以上者放及第，以下不在放限。〔二一〕其有散、試官能通者，亦依正員例處分。」五年五月，敕：「自今以後，諸色人中有習三禮者，前資及出身人依科目選例，吏部考試；白身依貢舉例，禮部考試。每經問大義三十條，試策三道。所試大義，仍委主司於朝官、學官中，揀擇精通經術三五人聞奏，主司與同試問。義策全通爲上等，特加超獎；大義每經通二十五條以上，策通兩道以上爲次等，〔二二〕依資與官。如先是員外、試官者，聽依正員例。其諸學生願習三禮及開元禮者，並聽。仍永爲常式。」九年五月，勑：「其習開元禮人，問大義一百條，試策三道，全通者爲上等；大義通八十條以上，策兩道以上爲次等；〔二三〕餘一切並準三禮例處分。仍永爲常式。」

其選授之法，亦同循前代。凡諸王及職事正三品以上，若文武散官二品以上及都督、都護、上州刺史之在京師者，册授。諸王及職事二品以上，若文武散官一品，並臨軒册授；其職事正三品，散官二品以上及都督、都護、上州刺史，並朝堂册。訖，皆拜廟。册用竹簡，書用漆。五品以上皆制授。六品以下、守五品以上及視五品以上，皆勑授。凡制、勑授及册拜，皆宰司進擬。自六品以下旨授。其視品及流外官，皆判補之。凡旨授官，悉由於尚書，文官屬吏部，武官屬兵部，謂之銓選。唯員外郎、御史及供奉之官，則否。供奉官，若起居、補闕、拾遺之類，雖是六品以下官，而皆敕授，不屬選司。開元四年，始有此制。

凡吏部、兵部文武選事，各分爲三銓，尚書典其一，侍郎分其二。文選，舊制尚書掌六品、七品選，侍郎掌八品、九品選。景雲初，宋璟爲吏部尚書，始通其品員而分典之，遂以爲常。凡選，始於孟冬，終於季春。先時，五月頒格於郡縣，示人科限而集之。初，皆投狀於本郡或故任所，述罷免之由，而上尚書省，限十月至省。乃考覈資緒、〔二四〕郡縣鄉里名籍、父祖官名、內外族姻、年齒形狀、優劣課最、譴負刑犯，必具焉。以同流者五五爲聯，以京官五人爲保，一人爲識，皆列名結欵，不得有刑家之子、工賈殊類及假名承僞、隱冒升降之徒。應選者有知人之詐冒而糾得三人以上者，優以授之。其試之日，除場援棘，譏察防檢，如禮部舉人之法。

其擇人有四事：一曰身，取其體貌豐偉。二曰言，取其詞論辯正。〔二五〕三曰書，取其楷法遒美。四曰判。取其文理優長。四事可取，則先乎德行；〔二六〕德均以才，才均以勞。其六品以降，計資量勞而擬其官；五品以上，不試，列名上中書、門下，聽制敕處分。凡選，始集而試，觀其書判，已試而銓，察其身、言；已銓而注，詢其便利，而擬其官。已注而唱示之，不厭者得反通其辭，他日，更其官而告之如初。又不厭者，亦如之。三唱而不服，〔二七〕聽冬集。服者以類相從，攢之爲甲，先簡僕射，乃上門下省，給事中讀之，黃門侍郎省之，侍中審之。不審者，皆得駁下。既審，然後上聞，主者受旨而奉行焉。各給以符，而印其上，謂之「告身」。其文曰「尚書吏部告身之印」。自出身之人，至於公卿，皆給之。武官，則受於兵部。兵部武選亦然，課試之法如舉人之制，取其軀幹雄偉，應對詳明，有驍勇材藝及可爲統帥者。若文吏求爲武選，取身長六尺以上，籍年四十以下，强勇可以統人者。武夫求爲文選，取書判精工，有理人之才而無殿犯者。凡官已受成，皆殿庭謝恩。其黔中、嶺南、閩中郡縣之官，不由吏部，以京官五品以上一人充使就補，御史一人監之，四歲一往，〔二八〕謂之「南選」。

凡居官以年爲考，六品以下四考爲滿。武德初，因隋舊制，以十一月起選，至春則停。至貞觀二年，〔二九〕劉林甫爲吏部侍郎，以選限既促，多不究悉，遂奏四時聽選，隨到注擬，當時以爲便。十九年十一月，馬周爲吏部尚書，以吏部四時提衡，略無休暇，遂請取所由文解，十月一日起省，三月三十日畢。

自高宗麟德以後，承平既久，人康俗阜，求進者衆，選人漸多。總章二年，裴行儉爲司列少常伯，始設「長名姓歷牓」，引銓注之法；又定州縣官資高下升降，以爲故事。其後莫能革焉。至玄宗開元中，行儉子光庭爲侍中，以選人既無常限，或有出身二十餘年而不獲祿者，復作「循資格」，定爲限域。凡官罷滿以若干選而集，各有差等，卑官多選，高官少選，賢愚一貫，必合乎格者，乃得銓授。自下升上，限年躡級，不得踰越。久淹不收者，皆荷之，謂之「聖書」。雖小有常規，而掄材之方失矣。此起於後魏崔亮停年之制也。其有異才高行，聽擢不次，然有其制，而無其事。有司但守文奉式，循資例而已。

初，吏部選才，將親其人，覆其吏事，始取州縣案牘疑議，試其斷割，而觀其能否，此所以爲判也。按：顯慶初，黄門侍郎劉祥道上疏曰：「今行署等勞滿，唯曹司試判，不簡善惡，雷同注官。」此則試判之所起也。後日月寖久，選人猥多，案牘淺近，不足爲難，乃采經籍古義，假設甲乙，令其判斷。既而來者益衆，而通經正籍又不足以爲問，乃徵僻書、曲學、隱伏之義問之，惟懼人之能知也。佳者登於科第，謂之「入等」；其甚拙者謂之「藍縷」，各有升降。選人有格限未至，而能試文三篇，謂之「宏詞」；試判三條，謂之「拔萃」，亦曰「超絶」。詞美者，得不拘限而授職。

初州縣混同，無等級之差，凡所拜授，或自大而遷小，或始近而後遠，無有定制。其後選人既多，敍用不給，遂累增郡縣等級之差，郡自輔至下凡八等，縣自赤至下凡八等。其折衝府亦有差等。按格、令，内外官萬八千八十五員。而合入官者，自諸館學生以降，凡十二萬餘員。弘文、崇文館學生五十員，國子、太學、四門、律、書、算凡二千二百一十員，〔三〇〕州縣學生六萬七百一十員；兩京崇玄館學生二百員，諸州學不計；太史曆生三十六員，天文生百五十員，太醫童、針、呪諸生二百一十一員，太卜卜筮生三十員；千牛備身八十員，備身二百五十六員，進馬十六員，〔三一〕齋郎八百六十二員；諸三衛監門直長三萬九千四百六十二員；諸屯主、副千九百八十四員；〔三二〕諸折衝府録事、府、史千七百八十二員，〔三三〕校尉三千五百六十四員，執仗、執乘每府六十四員，親事、帳内一萬員；集賢院御書手一百員；翰林藥童數百員；諸臺、省、寺、監、軍、衞、坊、府之胥吏，〔三四〕及上州市令、録事，〔三五〕省司補授者約六千餘員。其外文武貢士及應制、挽郎、輦腳、軍功、使勞、徵辟、奏薦、神童、陪位，諸以親蔭并藝術百司雜直，或恩賜出身受職不爲常員者，不可悉數。大率約八、九人争官一員。

初，武德中，天下兵革方息，萬姓安業，士不求禄，官不充員，吏曹乃移牒州府，課人應集，至則授官，無所退遺。四五年閒，求者漸多，方稍有沙汰。

貞觀時，〔三六〕京師穀貴，始分人於洛州選集，參選者七千人，而得官者六千人。時太宗謂吏部尚書杜如晦曰：「今吏部取人，獨舉其言辭刀筆，而不詳才行，或授職數年，然後罪彰，雖刑戮繼及，而人已弊矣。如之何？」對曰：「昔兩漢取人，必本於鄉閭選之，然後入官，是以稱漢爲多士。今每歲選集，動踰數千人，厚貌飾辭，何可知也。選曹但校其階品而已。若掄才辨行，未見其術。」上由是將依漢法，令本州辟召，會功臣議行封建，事乃寢。他日，上又曰：「夫古今致理，在於得賢。今公等不能知，〔三七〕朕不徧識，日月其逝，而人遠矣。吾將使人自舉，如之何？」魏徵曰：「知人則智，自知者明。〔三八〕知人誠難矣，而自知豈易乎？且自媒自衒，士女之醜行，是長澆競也。不可。」復寢。是時，吏部之法行始二十餘年，雖已爲弊矣，而未甚滂流，故公卿輔弼或有未之覺者。貞觀十七年，吏部侍郎高季輔知選，凡所銓綜，〔三九〕時稱允愜，十八年獨知選事，太宗賜金背鏡一面，以表其清鑒焉。太宗初知其微而未及更，因循至於永徽中，官紀已紊，迨麟德之後，不勝其弊。

及武太后臨朝，務悅人心，不問賢愚，選集者多收之，職員不足，乃令吏部大置試官以處之，故當時有「車載」、「斗量」之謡。又以鄧玄挺、有唐以來，掌選之失，無如玄挺者。時患消渴疾，選人因目爲「鄧渴」，作鄧渴詩以謗之。許子儒爲侍郎，無所藻鑑，委成令史，依資平配。其後，諸門入仕者猥衆，不可禁止，有僞立符告者，有接承他名者，有遠人無親而買保者，有試判之日求人代作者，如此假濫，不可悉數。武太后又以吏部選人多不實，乃令試日自糊其名，暗考以定等第。糊名自此始也。有司不能詳求故實，劃革其弊，神功元年敕：「自今以後，本色出身，解天文者，進官不得過太史令；音樂者，不得過太樂、鼓吹署令；醫術者，不得過尚藥奉御；陰陽卜筮者，不得過太卜令；解造食者，不得過司膳署令。有從勳官、品子、流外、國官、參佐、視品等出身者，自今以後，不得任京清要等官；若累限應至三品，不須進階，每一階酬勳兩轉。」而乃繁設等級，遞立選防，苟以抑之。

及神龍以來，復置員外官二千餘人，兼超授閹官爲員外官者又千餘人。時李嶠居選部，引用權勢，以取聲名，故爾其員外官悉憑恃與正官紛競，至相毆擊者。及嶠復入相，乃深悟之，上疏請惜班榮，稍減除授。時中宮用事，恩澤横出，除官有不由宰司，特敕斜封便拜。於是內外盈溢，居無廨署，時人謂之「三無坐處」，言宰相、御史及員外官也。時以鄭愔爲吏部侍郎，大納貨賄，留人過多，無闕注擬，逆用三年闕員，於是綱紀大紊。

及先天以後，宋璟爲尚書，李乂、盧從愿爲侍郎，方革前弊，量闕留人。雖資高考深而非才實者，並罷選。當時選者十不收一，由是吏曹之職復理矣。自有唐以來，居吏部者，唯馬載、裴行儉、崔玄暐、韋嗣立最爲稱職。

開元十三年，玄宗又以吏部選試不公，乃置十銓試人。禮部尚書蘇頲，刑部尚書韋抗，工部尚書盧從愿，右常侍徐堅，御史中丞宇文融，朝集使、蒲州刺史崔琳，魏州刺史崔沔，荆州長史韋虚心，鄭州刺史賈曾，懷州刺史王丘，各掌其一。時左庶子吴兢上表，諫曰：「易稱『君子思不出其位』，言各止其所，不侵官也。此實百王準的。伏見敕旨令韋抗等十人，分掌吏部銓選，及試判將畢，遽召入禁中決定。〔四〇〕雖有吏部尚書及侍郎，皆不得參其事。議者皆以陛下曲受讒言，不信於有司也。然則居上臨人之道，經邦緯俗之規，必在推誠，方能感物。抑又聞用天下之智力者，莫若使天下信之，故漢光武置赤心於人腹，良有旨哉。昔魏明帝嘗卒至尚書省，尚書令陳矯跪問曰：〔四一〕『陛下欲何之？』帝曰：『欲按行省司文簿。』矯曰：『此是臣之職分，非陛下所宜臨。〔四二〕若臣不稱職，則就黜退，陛下宜即還宮。』帝慙而返。又，陳平、丙吉者，漢家之宰相也，尚不對錢穀之數，不問鬬死之人。〔四三〕故知自古天子至于卿士，〔四四〕守其職分，而不可輒有侵越也。況我大唐萬乘之君，卓絕千古之上，豈得下行選事，頓取怪於朝野乎？凡是選人書判，並請委之有司，仍停此十銓分選，依舊以三銓爲定也。」〔四五〕明年，復故。二十三年七月，吏部尚書李暠奏曰：〔四六〕「伏見告身印與曹印文同，行用參雜，難以區分，〔四七〕請準司勳、兵部印文，加『告身』兩字。」從之。

至天寶八載六月，敕「旨授官宜立攢符，下諸郡府」。十一載，楊國忠爲吏部尚書，以肺腑爲相，懼招物議，取悅人心，乃以選人非超絕當留及藍縷當放之外，其餘常選，從年深者率留，故惷愚廢滯者咸荷焉。〔四八〕其明年，三銓注官，皆自專之，於尚書都堂與左相相偶唱注，一旬而畢，不復經門下省審，侍郎不得參其議。

其內常參官八品以上及外官五品以上正員并停使郎官御史丁憂廢省者，舊制中書、門下便除授，貞元四年正月制「春秋舉薦」。至五年六月，敕：「在外者，委諸道觀察使及州府長史；其在京城者，委中書、門下、尚書省、御史臺。常參清官并諸使三品以上官，左右庶子，少詹事，少卿，監，司業，少尹，諭德，國子博士，長安、萬年縣令，著作郎，郎中，中允，中舍人，祕書太常丞，贊善，洗馬等，每年一度薦聞。」至八年正月，敕：「比來所舉，人數頗多，自今以後，中書、門下兩省及御史臺五品以上，尚書省四品以上，諸司三品以上，應合舉人，各令每人薦不得過兩人。餘官，不得過一人。」至九年十一月，敕：「每年冬薦官，吏部準式檢勘，成者宜令尚書左右丞、本司侍郎引於都堂，訪以理術兼商量時務狀，考其理識通者及考第事，疏定爲三等，〔四九〕并舉主名録奏。試日，仍令御史一人監試。」

考績 周　漢　魏　晉　後魏　大唐

周制，三載考績，三考黜陟。其訓曰：「三歲而小考其功也。小考者，正職而行事也。九歲而大考有功也。大考者，黜無職而賞有功也。」

漢元帝建昭中，西羌反，日蝕，又久青無光。召京房問，對曰：「古帝王以功舉賢，則萬化成，瑞應著。末代以毁稱取人，故功業廢而致災異。宜令百官各試其功，災異可息。」詔房作其事，房奏考功課吏法。晉灼曰：「令、丞、尉理一縣，崇教化、亡犯法者，輒遷。有盜賊，滿三日不覺者，尉事也。令覺之，自除，二尉負其罪。率相推如此法也。」帝令公卿與房會議，皆以房言煩碎，令上下相伺，不可許。上意嚮之。時部刺史奏事京師，〔五〇〕帝召見，令房曉以課事，諸刺史復以爲不可行。唯御史大夫鄭弘、光禄大夫周堪言善。是時，中書令石顯專權，顯友人五鹿充宗爲尚書令，〔五一〕與房同經，議論相非。時充宗嫉房，出爲魏郡太守，唯許房至郡自行考課法。

魏明帝時，以士人毁稱是非，混雜難辨，遂令散騎常侍劉劭作都官考課之法七十二條，考覈百官。其略欲使州郡考士，必由四科，皆有效，然後察舉，或辟公府爲親人長吏，轉以功次補郡守者，或就秩而加賜爵焉。至於公卿及内職大臣，卒考之。事下三府。

是時大議考課之制，散騎黄門侍郎杜君務伯名恕。以爲，用不盡其人，雖文具無益。上疏曰：「書稱『明試以功，三考黜陟』，帝王之盛制。然歷六代而考績之法不著，〔五二〕關七聖而課試之要未立。臣誠以爲其法可粗依，其詳難備舉故也。語曰：『世有亂人而無亂法。』若使法可專任，則唐虞可不須稷契之佐，殷周無貴伊吕之輔矣。〔五三〕今奏考功者，陳周、漢之云爲，〔五四〕掇京房之本旨，可謂明考課之要；至於崇揖讓之風，興濟濟之理，臣以爲未盡善也。古之三公，坐而論道，内職大臣，納言補闕，無善不紀，無過不舉。且天下至大，萬機至衆，誠非一明所能徧照。故君爲元首，臣爲股肱，〔五五〕明一體相資而成也。」後考課竟不行。

晉武帝泰始初，務崇理本，詔河南尹杜君元凱爲黜陟之課，其略曰：「臣聞上古之政，因循自然。虚己委誠，而信順之道應；神感心通，而天下之理得。其後淳樸漸散，彰美顯惡，設官分職，以頌爵禄，弘宣六典，以詳考察。然猶倚明哲之輔，建忠貞之司，使名不得越功而獨美，功不得後名而獨隱，皆疇咨博訪，敷納以言。及至末代，不能紀遠而求於密微，疑諸心而信耳目，疑耳目而信簡書。簡書愈繁，官方愈僞，法令滋彰，巧飾彌多。昔漢之刺史，亦歲終奏事，不制算課，而清濁粗舉。魏氏考課，〔五六〕即京房之遺意，其文可謂至密。然由於累細，故歷代不能通也。豈若申唐堯之舊典，去密就簡，則簡而易從也。今科舉優劣莫若委任達官，各考所統。在官一年以後，每歲言優者一人爲上第，劣者一人爲下第，因計偕以名聞。如此六載，主者總集采案，其六歲處優舉者超用之，〔五七〕六歲處劣舉者奏免之，其優多劣少者敍用之，劣多優少者左遷之。今考課之品，所對不均，誠有難易。若以難取優，以易而否，主者固當準量輕重，微加降殺，不足復曲以法盡也。」〔五八〕

後魏孝文帝太和中，詔曰：「三載考績，自古通經；三考黜陟，以彰能否。今若待三考然後黜陟，可黜者不足爲遲，可進者大成賒緩。是以朕今三載一考，考即黜陟，欲令愚滯無妨於賢者，才能不壅於下位。各令當曹，考其優劣爲三等。六品以下，尚書重問；五品以上，朕將親與公卿論其善惡。上上者遷之，下下者黜之，中中者守其本任。」時否臧必舉，賞罰大行，其薄賞者猶賜車馬器服，以申奬勸。後帝臨朝堂，顧謂録尚書兼廷尉卿、廣陵王羽曰：「凡考績，上下二等，可爲三品；中等，但爲一品。所以然者，上下是黜陟之科，故旌絲髮之美惡；中等守本，事可大通。」〔五九〕帝又謂尚書等曰：「卿等在任，年垂三周，未嘗進一賢，退一不肖，此二事罪之大者。」謂羽曰：「汝居樞端之任，在職以來，功勤之績不聞於朝，阿黨之音頻干朕聽。今黜汝録尚書、廷尉，但居特進、太保。」自尚書令、僕射以下，凡黜退二十餘人，皆略舉遺闕。諸如此黜官者，令一年之後，任官如初。

宣武帝時，太尉、侍中、高陽王雍上表曰：「竊惟三載考績，百王通典。今任事上中者，〔六〇〕三年升一階；散官上第者，四載登一級。閒冗官本非虛置，或以賢能而進，或因累勤而舉。如其無能，不應忝茲高選。以勤以能，進之朝伍，或征官外戍，遠使絕域，催督逋懸，察檢州鎮，皆是散官，以充劇使。乃於考陟，排同閒伍。檢散官之人，才非皆劣，稱事之輩，未必悉賢。而考閒以多，課煩以少，上乖天澤之均，下生不等之苦。復尋正始之格，汎後任事上中者，三年升一階；汎前任事上中者，六年進一級。三年一考，自古通經。今以汎前六年升一階，檢無愆犯，〔六一〕倍年成級。以此推之，明以汎代考也。」

徐州刺史蕭寶夤又論曰：「方今守令，厥任非輕。及考課，悉以六載爲程，既而限滿代還，復經六年而敍。是則歲周十二，始得一階。於東西兩省、文武閒職、公府散佐、無事冗官，或數旬方應一直，〔六二〕或弦朔止於暫朝，及其考日，更得四年爲限。是則一紀之內，便登三級。彼以實勞劇任，而還貴之路至難；此以散位虛名，而升陟之方甚易。何內外之相懸，令厚薄之如是？」

孝明帝延昌二年，又將大考百僚。散騎常侍、領三公郎中崔鴻以考令於體例不通，乃建議曰：「竊惟王者爲官求才，使人以器，黜陟幽明，揚清激濁。故績効能官，才必稱位者，朝升夕進，年歲數遷。豈拘一階半級，閡以同僚等位者哉！二漢以降，太和以前，苟必官須此人，人稱其職，或超騰轉陟，數歲而至公卿，或長兼試守，稱允而遷進者，披卷則人人而是，舉目則朝貴皆然。故能時收多士之稱，國號豐賢之美。竊見景明以來考格，三年成一考，轉一階。貴賤内外，萬有餘人，自非犯罪，不問賢愚，莫不上中，才與不肖，比肩同轉。雖有善政如龔、黄，儒學如王、鄭，史才如班、馬，〔六三〕文章如張、蔡，得一分一寸，必爲常流所攀，選曹亦抑爲一槩，不曾甄別。琴瑟不調，改而更張，雖明旨已行，猶宜消息。」時不從。

大唐考課之法，有德義清慎、公平恪勤各一善，自近侍至於鎮防，並據職事目爲之最，凡二十七焉。一最以上，有四善，爲上上；一最以上，有三善，或無最而有四善，爲上中；一最以上，有二善，或無最而有三善，爲上下；一最以上，有一善，或無最而有二善，爲中上；一最以上，或無最而有一善，爲中中；職事麤理，善最弗聞，爲中下；愛憎任情，處斷乖理，爲下上；背公向私，職務廢闕，爲下中；居官諂詐及貪濁有狀，爲下下。若於善最之外別有可嘉尚，及罪雖成殿而情狀可矜，或雖不成殿而情狀可責者，省校之日，皆聽考官臨事量定。諸州縣官人，撫育有方，户口增益者，各準見户爲十分論，每加一分，刺史、縣令各進考一等。增户口，謂課丁，率一丁同一户法。增不課口者，每五口同一丁例。其有破除者，得相折。其州户口不滿五千，縣户不滿五百者，各準五千五百户法爲分。若撫養乖方，户口減損者，各準增户法，亦每減一分降一等。課及不課，並準上文。其勸課農田能使豐殖者，亦準見地爲十分論，每加二分，各進考一等。此謂永業、口分之外，別能墾起公私荒田者。其有不加勸課以致減損者，謂永業、口分之内有荒廢者。〔六四〕每損一分，降考一等。若數處有功，並應進考者，並聽累加。

貞觀六年，監察御史馬周上疏曰：「今流内九品以上，有九等考第，自比年不過中上，未有得上下以上考者。臣謂所設九等，〔六五〕正考當今之官，必不施之於異代也。縱使朝廷實無好人，猶應於見在之内，〔六六〕比校其尤善者，〔六七〕以爲上第，豈容皇朝士人遂無堪上下之考。朝廷獨知貶一惡人可以懲惡，不知褒一善人足以勸善。臣謂宜每年選天下政術尤最者一二人爲上上，其次爲上中，其次爲上下。則中人以上，可以自勸矣。」

神龍中，御史中丞盧懷慎上疏曰：「臣聞孔子曰：『爲邦百年，可以勝殘去殺。』又曰：『苟有用我者，期月而已，〔六八〕三年有成。』故書云『三載考績』，校其功也。子産，賢者也。其爲政尚累年而化成，況其常材乎？竊見比來州縣官佐，下車布政，有多者一二年，少者三五月，遽即遷除，不論課考。或歷時未改，便傾耳而聽，企踵而覩，争求冒進，不顧廉恥，亦何暇宣風布化、求瘼恤人哉！户口流散，百姓凋弊，職爲此也。何則？人知吏之不久，則不從其吏；吏知遷之不遥，又不盡其能。偷安苟且，脂韋而已。又古之爲吏者長子孫，倉氏、庾氏即其後也。臣請都督、刺史、上佐、兩畿縣令等，在任未經四考，不許遷除。察其課効尤異，或錫以車裘，或就加禄秩，〔六九〕或降使臨問，并璽書慰勉。若公卿有闕，則擢以勸能。政績無聞，抵犯貪暴者，放歸田里，以明賞罰。致理救弊，莫過於此。」

左監門録事參軍劉秩論曰：「昔周公使伯禽理魯，三年而後報政。周公曰：『何遲？』伯禽曰：『變其禮，〔七〇〕易其俗，難，所以遲。』太公理於齊，三月而後報政。周公曰：『何疾？』曰：『因其俗，簡其禮，易，所以速。』故孔子論之曰：『齊一變至於魯，魯一變至於道。』由是而言，勞不甚者理不極，功不積者澤不深。故堯舜三年而考，三考而黜陟，所以能盡其智術也。近古人情敦厖，未淳乎堯舜；禮正樂和，未愈於虞夏；官賢吏能，未稱於殷周。或一年而考，或四考黜陟，或比年而巡狩，或歲時便遷，或旬月升擢令長。今日既上，明日部内有犯名義者即坐之，不其速歟？」

開元二十五年十二月，命諸道采訪使考課官人善績，三年一奏，永爲常式。至二十七年二月，赦文：「三載考績，黜陟幽明，允叶大猷，以勸天下。比來諸道所通善狀，但優仕進之輩，與爲選調之資，責實循名，或乖古義。自今以後，諸道使更不須通善狀。每至三年，朕自擇使臣，觀察風俗，有清白政理著聞者，當別擢用之。」

校勘記

〔一〕貞觀中有舉而不第者坐其州長由是廢絶　按：新唐書選舉志上一一六三頁、通考卷二九皆云「高宗永徽二年始停秀才科」。

〔二〕調露二年　按：新唐書選舉志上一一六三頁、通考卷二九皆作「永隆二年」。

〔三〕識文律者　「識」原作「通」，據唐會要卷七五、册府卷六三九七六六九頁改。按：北宋本、傅校本、遞修本、明抄本、明刻本、王吴本作「職」，當是「識」之形訛。

〔四〕長壽三年制　按：此記長壽三年事，下文記長壽二年事，時序顛倒，疑爲錯簡。

〔五〕戴方版於頂　「頂」下原衍「上」，據北宋本、遞修本删。

〔六〕方三寸五分　「三」原訛「二」，據北宋本、傅校本、遞修本、明抄本改。

〔七〕李元瓘　「瓘」原作「璀」，據北宋本、傅校本、遞修本、明抄本、明刻本改。

〔八〕其學生請各量配作業　原「請」下衍「停」，據唐會要卷七五、册府卷六三九七六七〇頁删。

〔九〕日習周禮儀禮公羊穀梁　「日」下原衍「凡」，據北宋本、傅校本、遞修本、明抄本、明刻本、王吴本删。按：册府卷六三九七六七〇頁亦無「凡」。

〔一〇〕許其入策　「策」原訛「第」，據北宋本、遞修本改。按：册府卷六三九七六七〇頁也作「策」。

〔一一〕大爲權所陵訐　「訐」原作「詬」，據北宋本、傅校本、遞修本改。

〔一二〕取通六以上　「通」原脱，據唐會要卷七五、册府卷六三九七六七一頁補。

〔一三〕驅聯孤絶　「聯」原訛「懸」，據北宋本、遞修本、明抄本改。按：册府卷六三九注七六七二頁也作「聯」。

〔一四〕明經唯有丁第　册府卷六四〇七六七四頁「丁」上有「丙」。

〔一五〕因循遐久　「遐」原作「日」，據北宋本改。

〔一六〕以至於開元天寶之中　原脱「以」，據北宋本補。

〔一七〕爟燧之光　「爟」原作「烽」，據北宋本改。

〔一八〕小者仕郡縣　「仕」原作「任」，據北宋本、遞修本、明抄本改。

〔一九〕毁稱相騰或扇結鉤黨私爲盟歃　「毁」、「歃」原互訛，據諸本移正。

〔二〇〕舉人同一經例　「舉」下原衍「一」，據唐會要卷七六、册府卷六四〇七六七八頁删。

〔二一〕策通兩道以上者放及第以下不在放限　「放及第以下」原脱，據唐會要卷七六、册府卷六四〇七六七八頁補。

〔二二〕策通兩道以上爲次等　「等」原訛「第」，據唐會要卷七六、册府卷六四〇七六七九頁改。

〔二三〕策兩道以上爲次等　「等」原訛「第」，據北宋本、傅校本、遞修本、明抄本改。

〔二四〕考覈資緒　「緒」原作「敍」，據北宋本、傅校本、遞修本、明抄本、明刻本、王吴本改。

〔二五〕取其詞論辯正　原作「取其言詞辨正」，據北宋本、傅校本、遞修本、明抄本、明刻本改。

〔二六〕四事可取則先乎德行　原「事」下有「皆」，脱「乎」，據北宋本、傅校本、遞修本、明抄本删補。

〔二七〕三唱而不服　「服」原作「厭」，據北宋本、傅校本、遞修本、明抄本改。下同。

〔二八〕四歲一往　册府卷六二九七五四六頁同。按：唐六典卷二、舊唐書職官志二一八二〇頁皆云「三年一置選補史」。而唐會要卷七五引上元三年八月敕，有「自今已後，宜準舊制，四年一度」等語。通典作「四」，未必誤。

〔二九〕貞觀二年　「二」原訛「三」，據北宋本、遞修本、明抄本改。按：新唐書選舉志下一一七四頁、册府卷六二九七五四六頁均作「二」。

〔三〇〕算凡二千二百一十員　「二百」原作「六百」，據北宋本、明抄本、王吳本改。

〔三一〕進馬十六員　「十六」原倒，據北宋本、傅校本、遞修本、明抄本、明刻本乙正。按：新唐書選舉志下一一八〇頁、通考卷三七均作「十六」。

〔三二〕諸屯主副　「主」原訛「生」，據北宋本、遞修本、明抄本、王吳本改。按：新唐書選舉志下一一八〇頁也作「主」。

〔三三〕府史　「史」原訛「吏」，據唐六典卷二四、新唐書百官志四上一二八八頁及傅校本、遞修本改。

〔三四〕諸臺省寺監軍衞坊府之胥吏　「軍」原訛「市」，「坊府」原倒，據北宋本、傅校本、遞修本、明抄本、明刻本、王吳本改乙。按：新唐書選舉志下一一八〇頁、通考卷三七與以上各本同。

〔三五〕上州市令録事　「市」原訛「軍」，據北宋本、傅校本、遞修本、明抄本、明刻本、王吳本改。

〔三六〕貞觀時　「時」原作「中」，據傅校本、遞修本、明抄本改。
〔三七〕今公等不能知　原脱「等」，據貞觀政要卷三、唐會要卷五三、新唐書選舉志下一一七五頁補。
〔三八〕自知者明　「者」原訛「則」，據北宋本、遞修本、明抄本改。按：貞觀政要卷三、唐會要卷五三均作「者」。
〔三九〕凡所銓綜　「綜」原作「録」，據北宋本、遞修本、明抄本改。按：册府卷六三七七六四一頁作「綜」。
〔四〇〕遽召入禁中決定　「決」原訛「次」，據北宋本、傅校本、遞修本、明抄本改。按：唐會要卷七四、册府卷六三〇七五五二頁也作「決」。
〔四一〕陳矯跪問曰　「跪」原訛「詭」，據北宋本改。按：唐會要卷七四、册府卷六三〇七五五二頁也作「跪」。
〔四二〕非陛下所宜臨　「非」原誤倒在「下」下，據唐會要卷七四、册府卷六三〇七五五二頁及北宋本、傅校本、遞修本、明抄本、明刻本乙正。
〔四三〕不問鬭死之人　「鬭」原作「路」，據北宋本改。按：册府卷六三〇七五五二頁作「鬭」。
〔四四〕故知自古天子至于卿士　「故知自古」原訛脱作「故上自」，據北宋本、傅校本、遞修本、明抄本、明刻本改補。
〔四五〕依舊以三銓爲定也　原作「復以三銓還有司」，後人擅改者。今據北宋本、傅校本、遞修本、明抄本、明刻本改回。
〔四六〕吏部尚書李暠奏曰　「暠」原訛「嶠」，據北宋本、傅校本、遞修本、明抄本改。按：事見舊唐書李暠傳三三三六頁。

〔四七〕難以區分　「區」原作「辨」，據舊唐書李暠傳三三三六頁、唐會要卷七四及北宋本、傅校本、遞修本、明抄本、明刻本改。

〔四八〕故惷愚廢滯者咸荷焉　「惷」原訛「惷」，據北宋本改。

〔四九〕疏定爲三等　「疏」原作「跡」，據北宋本、傅校本、遞修本、明抄本、明刻本、王吳本改。

〔五〇〕時部刺史奏事京師　「部」原訛「諸」，據漢書京房傳三一六一頁及北宋本、傅校本、遞修本、明抄本、明刻本、王吳本改。

〔五一〕顯友人五鹿充宗爲尚書令　原脱「顯」，據漢書京房傳三一六一頁及北宋本補。

〔五二〕然歷六代而考績之法不著　「六」原訛「三」，據三國志杜恕傳五〇〇頁、通鑑卷七三二三三七頁及北宋本、遞修本、明抄本改。

〔五三〕殷周無貴伊吕之輔矣　「貴」原訛「資」，據三國志杜恕傳五〇〇頁、通鑑卷七三二三三八頁及北宋本、明抄本改。

〔五四〕陳周漢之云爲　「云」三國志杜恕傳五〇〇頁作「法」。

〔五五〕臣爲股肱　「股」原訛「脱」，據諸本改。

〔五六〕魏氏考課　「考」原訛「孝」，據諸本改。

〔五七〕其六歲處優舉者超用之　「歲」原作「載」，據晉書杜預傳一〇二六頁及北宋本、傅校本、遞修本、明抄本改。下同。

〔五八〕不足復曲以法盡也　「盡」原訛「書」，據晉書杜預傳一〇二七頁、通鑑卷七九二五〇六頁、册府卷六三五七六一五頁改。

〔五九〕事可大通　「可」原作「理」，據魏書廣陵王傳五四七頁、册府卷六三五七六一七頁改。按：北宋本、傅校本、遞修本、明抄本、明刻本、王吳本脱「可」，清人臆增「理」字。

〔六〇〕今任事上中者　「今」原訛「令」，據魏書高陽王傳五五三頁及北宋本、遞修本、明抄本改。

〔六一〕檢無愆犯　「愆」原訛「僭」，據魏書高陽王傳五五四頁及北宋本、傅校本、遞修本、明抄本改。

〔六二〕或數旬方應一直　「旬」原訛「月」，據魏書蕭寶夤傳一三一九頁、北史蕭寶夤傳一〇五三頁及北宋本、傅校本、遞修本、明抄本、明刻本、王吳本改。

〔六三〕史才如班馬　「史才」原倒，據魏書崔光傳附崔鴻傳乙正。

〔六四〕謂永業口分之内有荒廢者　「内」原訛「外」，據北宋本、傅校本、遞修本、明抄本、明刻本改。按：唐六典卷二、册府卷六三五注七六二二頁也作「内」。

〔六五〕臣謂所設九等　「謂所」原倒，據北宋本、傅校本、遞修本、明抄本、明刻本乙正。

〔六六〕猶應於見在之内　「見在」册府卷六三五七六二〇頁作「見任」，義勝。

〔六七〕比校其尤善者　「尤」原訛「猶」，據北宋本、傅校本、遞修本、明刻本、王吳本改。按：唐會要卷八一、册府卷六三五七六二〇頁也作「尤」。

〔六八〕期月而已　「而已」原訛「已可」，據舊唐書盧懷慎傳三〇六四頁、新唐書盧懷慎傳四四一五頁及北宋本、傅校本、遞修本、明抄本、明刻本、王吴本改。

〔六九〕或就加禄秩　「禄秩」原倒，據舊唐書盧懷慎傳三〇六五頁、新唐書盧懷慎傳四四一六頁及北宋本、傅校本、遞修本、明抄本、明刻本乙正。

〔七〇〕變其禮　「禮」原訛「理」，據北宋本、傅校本、遞修本、明抄本、明刻本改。按：史記魯周公世家一五二四頁、册府卷六三五七六二二頁均作「禮」。

劉俊文點校　王文錦覆校

通典卷第十六

選舉四

雜議論上

齊景公問晏子任人，對曰：「地不同宜，任之一種，〔一〕責其俱生，不可得也。人不同能，而任之一事，〔二〕不可責徧成。責焉無已，智者不能給；求焉無饜，天地不能贍也。」

漢哀帝初立，欲匡成帝之政，多所變動。匡，正也。正其乖失。時丞相王嘉上疏曰：「臣聞聖王之功在於得人。孔子曰：『才難，不其然與！』才難，謂有賢才難得。故『繼代立諸侯，象賢也』。象其先父祖之賢耳，非必其人皆有德也。雖不能盡賢，天子爲擇臣，立命卿以輔之。命卿，命於天子者。居是國也，累代尊重，然後士人之衆附焉，〔三〕是以教化行而理功立。今之郡守重於古諸侯，往者致選賢材，賢材難得，〔四〕拔擢可用者，或起於囚徒。昔魏尚坐事繫，文帝感馮唐之言，拜雲中太守，匈奴忌之；武帝擢韓安國於徒中，拜爲梁內史，骨肉以安；言梁孝王得免罪也。張敞爲京兆尹，免，亡命數十日，宣帝徵拜爲冀州刺史，卒獲其用：前代非私此三人，貪其材器有益於公家也。孝文帝時，吏居官者或長子孫，以官爲氏，倉氏、庾氏則倉庾吏之後也。其二千石長吏亦安官樂職，然後上下無苟且之意。其後稍稍變易，公卿以下轉相促急，又數以改更政事，司隸、部刺史察過悉劾，發揚陰私，悉，盡也。言無大小，盡皆舉劾，過於所察之條。吏或居數月而退，送故迎新，交錯道路。中材苟容求全，不敢操持羣下。下材懷危内顧，常恐獲罪，每爲私計。一切營私者多。二千石益輕賤，吏人慢易之，或至上書章下，依其所上之章，而下令理之。衆庶知其易危，言易可傾危。小失意則有離叛之心。前山陽亡徒蘇令等縱横，吏士臨難，莫肯伏節死義，〔五〕以守相威權素奪也。素奪，謂先不假之威權也。孝成皇帝悔之，下詔書，二千石不爲縱，二千石不以故縱爲罪，所以優之。遣使者賜金，慰厚其意，誠以爲國家有急，〔六〕取辦於二千石，二千石尊重難危，乃能使下。孝宣愛良人吏，良，善也。良人吏，善理百姓者。有章劾，事留中，會赦一解。不即下理其事，恐爲擾動，故每留中；或經赦令，一切皆解散也。故事，尚書希下章，爲煩擾百姓，證驗繫理，或死獄中，章文必有『敢告之』字迺下。所以丁寧告者之辭，絶其相誣。惟陛下留神擇賢，記善忘過，容忍臣子，勿責以備。不求備於一人。二千石、部刺史、三輔縣令有材任職者，人情不能不有過差，宜可闊略，當寬恕其小罪。令盡力者有所勸。此方今急務，國家之利也。前蘇令發，謂蘇令初發起爲盜賊。欲遣大夫使逐問狀，時見大夫無可使者，謂見在大夫皆不堪爲使。召盩厔令尹逢，拜爲諫大夫遣之。今諸大夫有材能者甚少，宜先蓄養可成就者，則士赴難不愛其死。臨事倉卒乃求，非所以明朝廷也。」嘉因薦儒者公孫光、滿昌及能吏蕭咸、薛修等，〔七〕皆故二千石有名稱。天子納而用之。

後漢光武時，陳事者多言：「郡國貢舉，率非功次，故守職益懈，而吏事寖疏。咎在州郡。」有詔下公卿朝臣議。韋彪上議：〔八〕「夫國以簡賢爲務，賢以孝行爲首。孔子曰：『事親孝，故忠可移於君。』是以求忠臣必於孝子之門。夫人才行少能相兼，是以孟公綽優於趙、魏老，不可以爲滕、薛大夫。忠孝之人，持心近厚；鍛鍊之吏，持心近薄。三代之所以直道而行也。士宜以才行爲先，不可純以閥閱。然其要歸，〔九〕在於選二千石，二千石賢，則貢舉皆得其人矣。」〔一〇〕帝深納之。

張衡上疏曰：「古者取士，〔一一〕諸侯歲貢。孝武之代，郡舉孝廉，又有賢良文學之選，於是名臣皆出，文武並興。漢之得人，數路而已。夫書畫辭賦，才之小者，匡國理政，未有其能。〔一二〕陛下即位之初，先訪經術，聽政餘日，觀省篇章，聊以游意，當代博弈，非以教化取士之本。而諸生競利，作者鼎沸，其高者頗引經訓風喻之言，〔一三〕下則連偶俗語，有類俳優，或竊成文，虛冒名氏。臣每受詔於盛化門差次録第，其未及者，亦復隨輩皆見拜擢。既加之恩，難復收改，但守俸禄，於義已加，不可復使理人及仕州郡。〔一四〕昔孝宣會諸儒於石渠，〔一五〕章帝集學士於白虎，通經釋義，其事優大，文武之道，所宜從之。若乃小能小

善，〔一六〕雖有可觀，孔子以爲『致遠則泥』，君子故當志其大者遠者也。」〔一七〕

魏文帝時詔曰：「選舉莫取有名。名如畫地作餅，不可啖也。」吏部尚書盧毓對曰：「名不足以致異人，而可以得常士。常士畏教慕善，然後有名。」其後士人多務進趨，廉遜道闕。時劉寔乃著崇讓論以矯之，其辭曰：

古之聖王之化天下，〔一八〕所以貴讓者，欲以出賢才，息爭競也。夫人情莫不皆欲己之賢，故勸令讓賢以自明賢，豈假讓不賢哉！故讓道興，賢能之人不求而自出矣，至公之舉自立矣，百官之副亦先具矣。〔一九〕一官闕，擇衆官所讓最多者而用之，審之道也。在朝之士相讓於上，草廬之人咸皆化之，推能讓賢之風從此生矣。爲一國所讓，則一國士也；天下所共推，則天下士也。推讓之風行，則賢與不肖殊矣。此道之行，在上者無所用其心，因成清議，隨之而已。賢人相讓於朝，大才之人恒在大官，小人不爭於野，天下無事矣。以賢才化無事，至道興矣。已仰其成，復何與焉！孔子曰，能以禮讓爲國乎，則不難也。

在朝之人不務相讓久矣，天下化之。自魏代以來，登進辟命之士，及縣在職之吏，〔二〇〕臨見授敍，雖自辭不能，終莫肯讓有勝己者。夫推讓之風息，爭競之心生。孔子曰，上興讓則下不爭也。議者僉然言，〔二一〕代少高名之才，朝廷不有大才之人可以爲大官者。山澤人小官吏亦復云，〔二二〕朝廷之士雖大官名德，皆不及往時人也。余以爲此二言皆失之矣。非時獨乏賢也，時不貴讓。一人有先衆之稱，毁必隨之，名不得成使之然也。雖令稷、契復存，亦不復能全其名矣。能否混雜，優劣不分，士無素定之價，官職有闕，主選之吏不知所用，〔二三〕但按官次而舉之。同才之人先用者，非勢家之子，則必爲有勢者之所念也。非能獨賢，因其先用之資而復遷之無已，不勝其任之病發矣。

所以見用不息者，由讓道廢，因資用人之有失久矣。〔二四〕故自漢、魏以來，〔二五〕時開大舉，令衆官各舉所知，唯才所任，不限階次，如此者甚數矣。其所舉必有當者，不聞時有擢用，不知何誰最賢故也。所舉必有不當者，而罪不加，不知何誰最不肖也。所以不可得知，由當時之人莫肯相推，賢愚之名不别，令其如此。舉者知在上者察不能審，故敢漫舉而進之。〔二六〕或舉所賢，因及所念，一頓而至，人數猥多，言所舉賢，加之高狀，相似如一，難得而分矣。雖舉者不能盡忠之罪，亦由上開聽察之路濫，〔二七〕令其爾也。才高守道之士日退，〔二八〕馳走於有勢之門日多矣。雖國有典刑，弗能禁矣。

夫讓不興之弊，非徒賢人在下位，不得時進也，國之良臣荷重任者，亦將以漸受罪退矣。何以知其然也？孔子以爲顔氏之子不貳過耳，明非聖人皆有過。寵貴之地，欲之者多矣，惡賢能塞其路，過而毁之者亦多矣。夫謗毁之生，非徒空設，〔二九〕必因人之微過而甚之者也。毁謗之言數聞，在上者雖欲弗納，不能不杖所聞，因事之來而微察之，察之無已，其驗至矣。得其驗，安得不理其罪。若知而縱之，主威日衰，令之不行，自此始矣。知而皆理之，受罪退者稍多，大臣有不自固之心。夫賢才不進，貴臣日疏，此有國者之深憂也。

竊以爲改此俗甚易耳。何以知之？夫一時在官之人，雖雜有凡猥之才，其中賢明者亦多矣，豈可謂皆不知讓賢爲貴邪！直以其時皆不讓，習以成俗，故遂不爲耳。人臣初除，皆通表上聞，名之謝章，所由來尚矣。原謝章之本意，欲進賢能以謝國恩也。昔舜以禹爲司空，禹拜稽首，讓於稷、契及咎繇；使益爲虞官，讓於熊、羆；使伯夷典三禮，讓於夔龍：唐虞之時，衆官初除，莫不皆讓也。謝章之義，蓋取於此。書記之者，欲以永代作則。季代所用，不能讓賢，虚謝見用之恩而已。相承不變，習俗之失也。

夫敍用之官得通章表者，其讓賢推能，乃通其章；其不能有所讓，徒費簡紙者，皆絶不通。人臣初除，各思推賢能而讓之矣，讓文付主者掌之。三司有闕，擇三司所讓最多者而用之。此爲一公闕，三公已先選之矣。且主選之吏，不必任公而選三公，不如令三公自共選一公爲詳也。四征闕，擇四征所讓最多者而用之。此爲一征闕，四征已先選之矣，必詳於停闕而令主者選四征也。尚書闕，擇尚書所讓最多者而用之。此爲令諸尚書共選一尚書，詳於臨闕令主者選八尚書也。〔三〇〕郡守闕，擇衆郡所讓最多者而用之，〔三一〕詳於任主者，此爲令百郡守共選一郡守也。

夫以衆官百郡之讓，與主者共相比，不可同歲而論也。賢愚皆讓，百姓耳目盡爲國耳目。夫人情爭則欲毁己所不知，〔三二〕讓則競推於勝己。故代爭則毁譽交錯，優劣不分，難得而讓也。夫貴讓則賢智明出，能否之美歷歷相次，不可得亂也。〔三三〕當此時也，能退身修己者，讓之者多矣。〔三四〕雖賢智欲守貧賤，不可得也。馳騖進取而欲人見讓，猶却行而求前也。夫如此，愚智咸知進身求通，非修之於己則無由進矣。遊外求者，〔三五〕於此相隨而歸矣。浮聲虛論，不禁而自止矣。人無所用其心，任衆人議，〔三六〕而天下自化。讓可以致此，豈可不務之哉！

晉始平王文學李重又以爲等級繁多，〔三七〕又外官輕而內官重，使風俗大弊，宜釐改，重外選，簡階級，使官久。議曰：「古之聖王，建官垂制，所以體國經野。自帝王以下，代有增損：舜命九官，周分六職，秦采古制，漢仍秦舊，〔三八〕倚丞相，任九卿。雖置五曹尚書令僕射之職，始於掌封奏以宣外內，事任尚輕，而郡守牧人之官重，故漢宣稱『所與爲理唯良二千石』，其有殊政者，或賜爵進秩，諒得爲理大體，所以遠比三代也。及於東京，尚書雖漸優重，然令、僕出爲郡守，鍾離意、黄香、胡廣是也；郡守入爲三公，虞延、第五倫、桓虞、鮑昱是也。〔三九〕近自魏朝名守杜畿、滿寵、田國讓、國諱改稱字。〔四〇〕胡質等，居郡或十餘年，或二十年，或加秩假節而不去郡，此亦古人『苟善其事，雖没代不徙官』之義也。漢魏以來，内官之貴，於今最崇，而百官等級遂多，遷補轉徙如流，能否無以著，黜陟不得彰，此爲理之大弊也。夫階級繁多而冀官久，官不久而冀理功成，不可得也。虞書云：『三考黜陟幽明。』周官，三年大計羣吏之理，而行其誅賞。漢法，官人或不真秩。〔四一〕魏初，用輕資以先試守。臣以爲今宜大并羣官等級，使同班者不得復稍遷；又簡法外議罪之制，明試守左遷之例，則官人之理盡，士必量能而受爵矣。居職者日久，則政績可考，人心自定，務求諸己也。」帝雖善之，竟不能行。

齊左僕射王儉請解領選，謂褚彦回曰：「選曹之始，近自漢末。今若反古，使州郡貢計，三府辟士，與衆共之，猶賢一人之意。古者選衆，今則不然，奇才絶智所以見遺於草澤也。」彦回曰：「誠如卿言。但行之已久，〔四二〕卒難爲改也。」

梁尚書左僕射沈約論曰：「漢末喪亂，魏武始創，〔四三〕軍中倉卒，權立九品。蓋以論人才優劣，〔四四〕非謂代族高卑。因此相沿，遂爲成法。自魏至晉，莫之能改。州都、郡正，以才品人，而舉代人才，升降蓋寡，徒以憑籍代資，用相凌駕。都正俗士，斟酌時宜，品目少多，隨事俯仰，劉毅所云『下品無高門，上品無賤族』也。歲月遷訛，斯風漸篤，〔四五〕凡厥衣冠，莫非二品，自此以還，遂成卑庶。周漢之道，以智役愚，臺隸參差，用成等級。魏晉以來，以貴役賤，士庶之科，較然有辨。夫人君南面，九重奧絕，〔四六〕陪奉朝夕，義隔卿士，〔四七〕階闥之任，宜有司存。」

武帝天監中，約又上疏曰：「頃自漢代，本無士庶之別，自非仕宦，不至京師，罷公卿牧守，並還鄉里，小人瞻仰，以成風俗。且黌校棊布，傳經授業，學優而仕，〔四八〕始自鄉邑，本於小吏幹佐，方至文學功曹，積以歲月，乃得察舉。人才秀異，始爲公府所辟，遷爲牧守，入作台司。漢之得人，於斯爲盛。今之士人，並聚京邑，其有守土不還，非直愚賤。且當今士子繁多，〔四九〕略以萬計，常患官少才多，無地以處。秀才自別是一種任官，非若漢代取人之例也。假使秀才對五問可稱，孝廉答一策能過，此乃雕蟲小道，非關理功得失。以此求才，徒虛語耳。」

鴻臚卿裴子野又論曰：「書云『貴貴』，爲其近於君也。天下無生而貴者，是故道義可尊，無擇負販；苟非其人，何取代族。周衰禮壞，政出臣下，卿士大夫自相繼及，非夫嗣嫡，猶等家臣。且徒步匹夫，見禮侯伯，軾閭擁篲，無絕於時。其後四方豪勢之家，門客千數，卑身折節，比食同袍，雖相傾倚，亦成風俗。迄於二漢，尊儒重道，朝廷州里，學行是先，雖名公子孫，還齊布衣之士，士庶雖分，而無華素之隔。有晉以來，〔五〇〕其流稍改，草澤高士，猶厠清塗，降及季年，專稱閥閱。自是三公之子，傲九棘之家，黄散之孫，蔑令長之室，轉相驕矜，〔五一〕互争銖兩，所論必門户，所議莫賢能。苟且之俗成，傲慢之禍作，非所以敦弘退讓，勵德興化之道也。」宋明帝聰博，好文史，才思朗捷，省讀書奏，〔五二〕號七行俱下。每國有禎祥及行幸讌集，輒陳詩展義，且以命朝臣。其戎士武夫，則託請不暇，困於課限，或買以應詔焉。於是天下向風，人自藻飾，雕蟲之藝，盛於時矣。又論曰：「古者四始六義，總而爲詩。既形四方之風，〔五三〕且彰君子之志，勸美懲惡，〔五四〕王化本焉。而後之作者，思存枝葉，繁華藴藻，用以自通。若夫徘惻芳芬，楚騷爲之祖；靡漫容與，相如扣其音。由是隨聲逐響之儔，弃指歸而無執，賦歌詩頌，百揆五車。蔡邕等之俳優，楊雄悔爲童子，聖人不作，雅鄭誰分。其五言爲詩家，則蘇、李自出，曹、劉偉其風力，潘、陸固其枝柯，爰及江左，稱彼顔、謝，〔五五〕箴繡鞶帨，無取廟堂。宋初迄於元嘉，多爲經史；大明之代，實好斯文。高才逸韻，頗謝前哲，波流同尚，滋有篤焉。自是閭閻少年，貴游總角，罔不擯落六藝，吟咏情性。學者以博依爲急務，謂章句爲『專魯』，淫文破典，斐爾爲曹；無被於管絃，非止乎禮義，深心主卉木，遠致極風雲，其興浮，其志弱，巧而不要，隱而不深，討其宗途，亦有宋之遺風也。若季子聆音，則非興國；鯉也趨室，必有不敦。荀卿有言：『亂代之徵，文章匿綵。』而斯豈近之乎。？」蕭子顯曰：「自宋以來，謝靈運、顏延年以文章彰於代，謝莊、袁淑又以才藻係之，朝廷之士及閭閻衣冠，莫不仰其風流，競爲詩賦之事。〔五六〕五經文句，無復通其義者。」

後魏孝文帝時，〔五七〕高祐上疏云：「今之選舉，不采識理之優劣，專簡年勞之多少，斯非盡才之謂。宜停此薄藝，弃彼巧勞，〔五八〕唯才是取，官方斯穆。又勳舊之臣，〔五九〕雖年勤可録，而才非撫人，則可加之以爵賞，不宜委之以方任。所謂王者可私人以財，不私人以官。」〔六〇〕帝善之。

韓麒麟子顯宗上言：「前代取士，必先正名，故有賢良方正之稱。今州郡貢察，徒有秀、孝之名，而無秀、孝之實。而朝廷但檢其有門地，不復彈坐。〔六一〕如此則可别貢門地以敍士人，何假置秀、孝之名也！夫門地者，是其父祖之遺烈，〔六二〕亦何益於皇家。苟有奇才，雖屠釣奴虜之賤亦用之；苟非其人，雖三后之胤，〔六三〕自墜於皁隸矣。或云，代無奇才，〔六四〕不若取士於門。此亦失矣。〔六五〕豈可以代無周召，便廢宰相而不置哉！但當校其寸長銖重者，即先敍之，則賢才無遺矣。」

孝明帝時，清河王懌以官人失序，上表曰：「孝文帝制，出身之人，本以門品高下有恒，若準資蔭，自公卿令僕之子，甲乙丙丁之族，上則散騎祕著，下逮御史長兼，皆條例昭然，文無虧没。自此，或身非三事之子，解褐公府正佐；地非甲乙之類，而得上宰行僚。自兹以降，亦多乖舛。且參軍事專非出身之職，今必釋褐而居，祕著本爲起家之官，今或遷轉以至：斯皆仰失先準，有違明令，非所謂式遵遺範，奉順成規。此雖官人之失，相循已久，然推其彌漫，抑亦有由。何者？信一人之明，當九流之廣，必令該鑑氏族，辨照人倫，才識有限，固難審悉。所以州置中正之官，清定門胄，品藻高卑，四海畫一，專尸衡石，任實不輕。故自置中正以來，暨於太和之日，莫不高擬其人，妙盡兹選，皆須名位重於鄉國，才德允於具瞻，然後可以品裁州郡，綜覈人物。今之所置，多非其人。乞明爲敕制，使官人選才，備依先旨，無令能否乖方，違才易務；并革選中正，一依前軌。庶清源有歸，流序允穆。」靈太后詔依表施行，而終不能用。

薛琡爲吏部郎中。〔六六〕先是，崔亮奏立停年之格，不簡人才，專問勞舊。琡乃上書曰：「若使選曹唯取年勞，不簡賢否，便即義均行鴈，次若貫魚，勘簿呼名，一吏足矣。數人而用，何謂銓衡？今請郡縣之職，吏部先盡擇才，務取廉平淳直，素行有聞，并學通古今，曉達理體者，以應其選。不拘入職遠近，年勳多少。其積勞之中，有才堪牧人者，先在用之限。其餘不堪者，既壯藉其力，豈容老而弃之，將佐丞尉，去人積遠，小小當否，未爲多失，〔六七〕宜依次補序，以酬其勞。」書奏，不報。徐因引見，復陳言曰：「漢朝常令三公大臣，舉賢良方正、有道直言之士，〔六八〕以爲長吏，監撫黎元。自晉末以來，此風遂替。今四方初定，務在養人。臣請依漢氏，〔六九〕更立四科，令三公宰貴各薦時賢，以補郡縣。明立條格，防其阿黨之端。」詔下公卿議之，亦寢矣。

後周樂遜上疏論選舉曰：「選曹賞録勳賢，〔七〇〕補擬官爵，必宜與衆共之，〔七一〕有明揚之授。使人得盡心，如覩白日。其材有升降，其功有厚薄，禄秩所加，無容不審。即如州郡選置，猶集鄉閭，況天下選曹，不取人物。〔七二〕若方州列郡，自可内除。此外付選曹銓敍者，既非機事，何足可密？人生處代，以榮禄爲重，修身履行，以慕聲名。〔七三〕然逢時既難，失時爲易。其選置之日，宜令衆心明白，然後呈奏。使功勤見知，品物稱悦。」

隋文帝開皇中，持書侍御史李諤以選才失中，〔七四〕上書曰：「自魏之三祖，更尚文詞，忽君人之大道，好雕蟲之小藝。下之從上，有同影響，競騁浮華，遂成風俗。江左齊、梁，其弊彌甚，貴賤賢愚，唯務吟詠。遂復遺理存異，尋虚逐微，競一韻之奇，爭一字之巧。連篇累牘，不出月露之形；積案盈箱，唯是風雲之狀。代俗以此相高，朝廷據兹擢士。禄利之路既開，愛尚之情愈篤。於是閭里童昏，貴游總角，未窺六甲，先製五言。至如羲皇、舜、禹之典，伊、傅、周、孔之説，〔七五〕不復關心，何嘗入耳。以傲誕爲清虚，以緣情爲勳績，指儒素爲古拙，用辭賦爲君子。故文筆日煩，其政日亂，良由弃大聖之軌範，搆無用以爲用也。

捐本逐末，流徧華壤，遞相師祖，澆漓愈扇。及大隋受命，聖道聿興，屏黜輕浮，遏止華僞。自非懷經抱質，志道依仁，不得引領搢紳，參厠纓冕。是以開皇四年，普詔天下，〔七六〕公私文翰，并宜實録。其年九月，泗州刺史司馬幼之上表華豔，付所司理罪。由是公卿大臣，咸知正路，莫不鑽仰墳素，〔七七〕棄絶華綺，擇先王之令典，行大道於兹代。如聞在外州縣，仍踵弊風，選吏舉人，未遵典則。至於宗黨稱孝，鄉曲歸仁，學必典謨，交不苟合，則擯落私門，不加收齒；其學不稽古，逐俗隨時，作輕薄之篇章，結朋黨而稱譽，〔七八〕則選充吏職，舉送天朝。蓋由縣令、刺史，未行風教，猶挾私情，〔七九〕不存公道。臣既忝憲司，職當糾察。若聞風即劾，恐掛網者多，請勒諸司，普加搜訪，有如此者，具狀送臺。」

校勘記

〔一〕任之一種　「一」原訛「以」，據晏子春秋内篇問上改。

〔二〕任之一事　「一」原訛「以」，據北宋本改。

〔三〕士人之衆附焉　「人」原作「民」，據北宋本、傅校本、明抄本改。按：通典諱「民」爲「人」。

〔四〕往者致選賢材賢材難得　二「賢材」原皆誤倒，據漢書王嘉傳三四八九頁及北宋本、傅校本、明抄本、明刻本乙正。

〔五〕莫肯伏節死義　「伏」原訛「伎」，據漢書王嘉傳三四九〇頁、通鑑卷三四一〇九二頁改。

〔六〕誠以爲國家有急　「以爲」原作「謂」，後人擅改者。今據漢書王嘉傳三四九〇頁及北宋本、傅校本、明抄本、王吴本改回。

〔七〕薛修　漢書王嘉傳三四九二頁同。北宋本、傅校本、明抄本、明刻本、王吴本作「薛循」。

〔八〕韋彪上議　按：韋彪上議乃章帝元和元年事，見後漢書韋彪傳九一七頁、通鑑卷四六一四九六頁、通考卷八二。此繫於光武帝下，誤。

〔九〕然其要歸　「其要」原倒，據後漢書韋彪傳九一八頁、通鑑卷四六一四九六頁及北宋本乙正。

〔一〇〕二千石賢則貢舉皆得其人矣　「二千石」原涉上而脱，「貢舉」原倒，據後漢書韋彪傳九一八頁、通鑑卷四六一四九六頁補乙。按：北宋本「貢舉」未倒。

〔一一〕古者取士　「古者」下原有「以賢」，後人擅增者。今據北宋本、傅校本、明抄本删。

〔一二〕未有其能　原作「未有能焉」，據北宋本、傅校本、明抄本改。

〔一三〕頗引經訓風喻之言　「經」原訛「古」，據北宋本、傅校本、明抄本、明刻本、王吴本改。

〔一四〕不可復使理人及仕州郡　「仕」原訛「任」，據北宋本、傅校本改。

〔一五〕昔孝宣會諸儒於石渠　「於」原脱，據北宋本、王吴本補。

〔一六〕若乃小能小善　「若乃」原誤倒，據北宋本、王吴本乙正。

〔一七〕君子故當志其大者遠者也　「志」原訛「致」，據北宋本、傅校本、王吴本改。

〔一八〕古之聖王之化天下　上「之」原作「者」，據晉書劉寔傳一一九一頁及北宋本改。

〔一九〕百官之副亦先具矣　「百官」上原衍「百官具任爲」五字，今據晉書劉寔傳一一九一頁、通考卷三六删。

〔二〇〕及縣在職之吏　「縣」原作「夫」，清人擅改者。今據北宋本、傅校本、明刻本、王吴本改回。按：「在」北宋本作「佑」。

〔二一〕議者僉然言　「然」原脱，據晉書劉寔傳一一九二頁及北宋本、傅校本、明刻本、王吴本補。

〔二二〕山澤人小官吏亦復云　「人小」原倒，據晉書劉寔傳一一九二頁乙。

〔二三〕主選之吏不知所用　「主」原作「任」，據晉書劉寔傳一一九二頁、通考卷三六改。

〔二四〕因資用人之有失久矣　原作「因資用之人有得失矣」，據晉書劉寔傳一一九二頁删補。

〔二五〕故自漢魏以來　「魏」原訛「氏」，據晉書劉寔傳一一九二頁及北宋本、傅校本、明抄本、明刻本、王吴本改。

〔二六〕故敢漫舉而進之　「漫」原作「慢」，北宋本、傅校本、明抄本、明刻本、王吴本作「謾」，今據晉書劉寔傳一一九三頁改。

〔二七〕雖舉者不能盡忠之罪亦由上開聽察之路濫　上「之」原訛「其」，「亦」下原衍「無」，「開」原訛「聞」，據晉書劉寔傳一一九三頁删改。

〔二八〕才高守道之士日退　「退」原脱，據晉書劉寔傳一一九三頁補。

〔二九〕非徒空設　「設」原訛「說」，據晉書劉寔傳一一九三頁及北宋本、傅校本、明抄本改。

〔三〇〕令主者選八尚書也　「八」原訛「入」，據晉書劉寔傳一一九五頁改。

〔三一〕擇衆郡所讓最多者而用之　「郡」下原衍「守」，據晉書劉寔傳一一九五頁及北宋本、傅校本、明抄本、明刻本、王吳本刪。

〔三二〕夫人情爭則欲毁己所不知　「知」原作「如」，據晉書劉寔傳一一九五頁及北宋本、明抄本改。

〔三三〕不可得亂也　「可得」原作「能」，後人擅改者。今據晉書劉寔傳一一九五頁及北宋本、傅校本、明抄本、王吳本改回。

〔三四〕讓之者多矣　「讓之者」原脱，據晉書劉寔傳一一九五頁補。

〔三五〕遊外求者　「求」原脱，據晉書劉寔傳一一九五頁補。

〔三六〕任衆人議　「議」原訛「讓」，據晉書劉寔傳一一九五頁及北宋本、傅校本、明抄本、明刻本、王吳本改。

〔三七〕李重又以爲等級繁多　「又」原訛「乂」，據北宋本、傅校本、明抄本、明刻本改。按：李重，晉書有傳。

〔三八〕秦采古制漢仍秦舊　原作「漢采古制仍秦舊」，乃清人擅改者。今據北宋本、傅校本、明抄本、明刻本、王吳本改回。

〔三九〕然令僕出爲郡守鍾離意黄香胡廣是也郡守人爲三公虞延第五倫桓虞鮑昱是也　「鍾離意黄香胡廣是也郡守」原脱，「入」上衍「便」，今據羣書治要卷二九、藝文類聚卷四五、太平御覽卷二〇三補删。

〔四〇〕田國讓國諱改稱字　田豫字國讓，三國志有傳七二六頁。通典避代宗諱而稱字。

〔四一〕漢法官人或不真秩　原「不」下有「拘」，清人擅增。今據北宋本、傅校本、明抄本、明刻本、王吳本删。

〔四二〕但行之已久　「但」原脱，據北宋本、傅校本、明抄本、明刻本、王吴本補。按：通考卷二八也有「但」。

〔四三〕魏武始創　「武」下原衍「時」，據北宋本删。按：通考卷二八無「時」。

〔四四〕蓋以論人才優劣　「論」原脱，據北宋本、傅校本、明抄本、明刻本、王吴本補。按：通考卷二八也有「論」。

〔四五〕斯風漸篤　「風」原作「化」，據北宋本、傅校本、明抄本、王吴本改。按：通考卷二八也作「風」。

〔四六〕九重奥絶　「奥」原作「懸」，據北宋本、傅校本、明抄本、明刻本、王吴本改。按：通鑑卷一三四四二一一頁也作「奥」。

〔四七〕義隔卿士　「卿」原訛「鄉」，據北宋本、傅校本、明抄本、明刻本、王吴本改。按：通鑑卷一三四四二一一頁也作「卿」。

〔四八〕傳經授業學優而仕　「業」原訛「受」，「學」上原衍「皆」，據北宋本、傅校本改删。按：明抄本、明刻本亦作「業」。

〔四九〕且當今士子繁多　「子」原作「人」，據北宋本、傅校本、明抄本改。按：通考卷二八也作「子」。

〔五〇〕有晉以來　「有」原作「自」，據北宋本、傅校本、明抄本改。

〔五一〕轉相驕矜　原脱訛作「轉令」，據通鑑卷一一八四〇三九頁補改。

〔五二〕省讀書奏　「省」原訛「少」，據北宋本、傅校本、明抄本、王吴本改。

〔五三〕既形四方之風　「形」原訛「行」，據北宋本、傅校本、明抄本、王吳本改。

〔五四〕勸美懲惡　「美」原作「善」，據北宋本、傅校本、王吳本改。

〔五五〕稱彼顔謝　「彼」北宋本作「被」。

〔五六〕競爲詩賦之事　「詩」原作「辭」，據北宋本、傅校本、明抄本、王吳本改。

〔五七〕孝文帝時　「帝」原脱，據北宋本、傅校本、明抄本、明刻本、王吳本補。

〔五八〕弃彼巧勞　「巧」魏書高祐傳一二六一頁、北史高允傳附高祐傳一一三六頁作「朽」。

〔五九〕又勳舊之臣　「臣」原訛「族」，據魏書高祐傳一二六一頁、北史高允傳附高祐傳一一三六頁及北宋本、傅校本、明抄本、王吳本改。

〔六〇〕不私人以官　「不」下原衍「可」，據魏書高祐傳一二六一頁、北史高允傳附高祐傳一一三六頁及北宋本、傅校本、明抄本、明刻本、王吳本删。

〔六一〕不復彈坐　「不」上原衍「遂」，據魏書韓麒麟傳一三三九頁、北史韓麒麟傳一四四六頁及北宋本、王吳本删。

〔六二〕是其父祖之遺烈　「父祖」原誤倒，據魏書韓麒麟傳一三三九頁、北史韓麒麟傳一四四六頁及北宋本、傅校本、明抄本、王吳本乙正。

〔六三〕雖三后之胤　「胤」原作「允」，清人避雍正諱改。今據北宋本、傅校本、明抄本、明刻本、王吳本改回。

〔六四〕代無奇才　「代」原脱，據北宋本、傅校本、明抄本、明刻本、王吴本補。

〔六五〕不若取士於門此亦失矣　「門」原訛「文」，「此」上原衍「然」，據魏書韓麒麟傳一三四〇頁、北史韓麒麟傳一四四六頁及北宋本、傅校本、明抄本、明刻本、王吴本改删。

〔六六〕薛琡　「琡」原作「淑」，據北齊書本傳三六九頁、北史薛彪子傳九二一頁改。下同。

〔六七〕未爲多失　「失」原訛「矣」，據北史薛彪子傳九二二頁及北宋本、傅校本、王吴本改。

〔六八〕有道直言之士　「直言」下原有「極諫」，據北齊書薛琡傳三七〇頁及北宋本、傅校本、王吴本删。

〔六九〕務在養人臣請依漢氏　「人」原訛「賢」，「臣」原脱，據北齊書薛琡傳三七〇頁、北史薛彪子傳九二二頁及北宋本、傅校本改補。

〔七〇〕選曹賞録勳賢　「賞」原作「掌」，據北周書儒林傳八一六頁及北宋本、傅校本、明抄本、王吴本改。

〔七一〕必宜與衆共之　「之」原訛「知」，據北周書儒林傳八一六頁及北宋本、傅校本、明刻本、王吴本改。

〔七二〕不取人物　北周書儒林傳八一六頁作「不取物望」，通典避家諱改。

〔七三〕以慕聲名　「聲」北宋本作「身」。按：北周書儒林傳八一六頁作「以纂身爲名」。

〔七四〕持書侍御史李諤　「持」原作「治」，據北宋本、傅校本改。通典例避高宗諱。「諤」原訛「鍔」，據北宋本、傅校本、王吴本改。

〔七五〕伊傅周孔之説　「説」原訛「業」，據隋書李諤傳一五四四頁及北宋本、王吴本改。

〔七六〕普詔天下　「普」原訛「並」，據隋書李諤傳一五四五頁及北宋本、王吴本改。

〔七七〕莫不鑽仰墳素　「素」原訛「索」，據北史李諤傳二六一五頁及北宋本、傅校本、明刻本、王吳本改。

〔七八〕結朋黨而稱譽　北宋本、傅校本、明刻本、王吳本無「譽」，杜佑避代宗嫌名而省。此「譽」乃清人據隋書、北史而補者。

〔七九〕猶挾私情　「挾」原訛「挍」，據隋書李諤傳一五四五頁、北史李諤傳二六一五頁及北宋本、傅校本、明抄本、明刻本、王吳本改。

劉俊文點校　王文錦覆校

通典卷第十七

選舉五

雜議論中〔一〕

大唐貞觀八年三月，詔進士讀一部經史。二十二年九月，〔二〕考功員外郎王師明知貢舉，〔三〕時冀州進士張昌齡、王公理並有俊才，〔四〕聲振京邑，而師明考其文策全下，〔五〕舉朝不知所以。及奏等第，太宗怪無昌齡等名，因召師明問之，對曰：「此輩誠有詞華，然其體輕薄，文章浮艷，必不成令器。臣若擢之，恐後生相倣傚，有變陛下風雅。」帝以爲名言，後並如其言。其年，馬周上書曰：「自古郡守、縣令，皆妙選賢德，欲有擢升，必先試以臨人，或從二千石入爲丞相。今朝廷獨重内官，縣令、刺史，頗輕其選，〔六〕刺史多是武夫、勳人，或京官不能職，方始外出；而折衝、果毅之内，身材强壯者，先入爲中郎將，其次始補州任。邊遠之處，用人更輕，其才堪宰莅，以德行見擢者，十不能一。所以百姓未安，殆由於此。」

高宗顯慶初，黄門侍郎劉祥道以選舉漸弊，陳奏。其一曰：

吏部比來取人，傷多且濫：每年入流數過千四百人，是傷多；永徽五年，一千四百三十人；六年，一千十八人；顯慶元年，一千四百五十人。不簡雜色人即注官，是傷濫。雜色解文：三衛、內外行署、內外番官、親事、帳內、品子任雜掌、伎術、直司、書手、兵部品子、兵部散官、〔七〕勳官、記室及功曹、參軍、檢校官、屯副、驛長、校尉、牧長。經學時務等比雜色，三分不居其一。經明行修之士猶罕有正人，多取胥徒之流，豈可皆求德行。即知天下共釐百姓之務者，善人少而惡人多。爲國以來四十餘載，尚未刑措，豈不由此！且官人非材者，本因用人之源濫；濫源之所起，復由入流人失於簡擇。今行署等勞滿，唯曹司試判，不簡善惡，雷同注官。但服膺先王之道者，奏第然始付選；〔八〕趨走几案之閒者，不簡便加祿秩。稽古之業雖信難成，斗筲之材傷於易進。其雜色應入流人，請令曹司試判訖，簡爲四等奏聞。量有材用，兼有景行者爲第一等；〔九〕身品强壯，及第八上，并兵部所送人不沾第一等，及準例合送兵部者，〔一〇〕爲第二等；餘量簡爲第三、第四等。第一等付吏部，第二等付兵部，第三等付主爵，第四等付司勳，並準例處分。其行署等私犯下第公坐下下，〔一一〕雖經赦降，情狀可責者，亦量配三司，不經赦降者，放還本貫。冀入流不濫，官皆得人，非材不取，不至冗雜；且令胥徒之輩知有銓擇，雖復素非廉謹，〔一二〕必將漸自飭勵。〔一三〕

其二曰：

古之選者，爲官擇人，不聞擇人多而官員少。今之選者亦擇人，但擇之無準約。官員有數，入流無限，以有數供無限，人隨歲積，豈得不賸。謹準約所須人，量支年别入流數：今内外文武官一品以下，九品以上，一萬三千四百六十五員，略舉大數，當一萬四千人。人之賦命，自有修促。弱冠而從宦，〔一四〕懸車而致仕，五十年食禄者，罕見其人。壯室而仕，耳順而退，取其中數，不過支三十年。此則一萬四千人，三十年而略盡。若年别入流者五百人，經三十年便得一萬五千人，定須者一萬三千四百六十五人，足充所須之數。況三十年之外，在官者猶多，此便足有賸人，不慮其少。今每年入流者遂至一千四百餘人，應須五百數外，常賸一倍以上。又比來放還者，見停亦千餘人，更復年别新加，實非搜揚之法。

其三曰：

雜色人請與明經、進士通充入流之數，以三分論，每二分取明經、進士，一分取雜色人。

其四曰：

儒爲教化之本，學者之宗，儒教不興，風俗將替。今庠序徧於四海，儒生溢於三學，勸誘之方，理實爲備，而奬進之道，事或未周。但永徽以來，於今八載，在官者以善政粗聞，論事者以一言可采，莫不光被綸旨，〔一五〕超升不次。而儒生未聞恩及，臣故以爲獎進之道未周。

其五曰：

國家富有四海，於今已四十年，百姓官寮未有秀才之舉。未知今人之不如昔，將薦賢之道未至？豈使方稱多士，遂闕斯人。請六品以下，爰及山谷，特降綸言，更審搜訪，仍量爲條例，稍加優獎。不然，赫赫之辰，斯舉遂絶，一代盛事，實爲朝廷惜之。

其六曰：

唐虞三載考績，三考黜陟幽明。兩漢用人，亦久居其職，所以因官命氏，有倉、庾之姓。魏晉以來，事無可紀。今之在任，四考即遷。官人知將秩滿，豈無去就；百姓見官人遷代，必懷苟且。以去就之人，臨苟且百姓，責其移風易俗，必無得理。請四考，依選法就任所加階，至八考滿，然後聽選。嶺南及瘴癘之所，四考不得替者，不在此限例。若計至五品，及有中上以上私犯，中下公坐，下上以下考者，四考滿，依舊置替，得替人依式聽選。還淳反朴，雖未敢期；送故迎新，實減其勞擾。

其七曰：

尚書省二十四司及門下、中書主事等，比來選補，皆取舊任流外有刀筆之人。欲參用經學時務之流，皆以儔類爲恥。前後相承，遂成故事。但禁省崇峻，王言秘密，尚書政本，人物攸歸，而多用胥徒之人，恐未盡銓衡之理。請降進止，稍清其選。奉敕付所司，集羣官詳議。議者多難於改作，事竟不行。

三年七月，上謂宰臣曰：「四海之廣，唯在得賢。卿等用人，多作形迹，護避親知，〔一六〕不得盡意，甚爲不取。昔祁奚舉子，古人以爲美談。即使卿等兒姪有才，亦須依例進奉。」

乾封二年八月，〔一七〕上引侍臣，〔一八〕責以不進賢良，宰相李安期進曰：「臣聞聖帝明王，莫不勞於求賢，逸於任使。且十室之邑，必有忠信，況天下至廣，〔一九〕豈無英彥？但比來公卿有所薦引，即遭囂謗，以爲朋黨，沉屈者未申，而在位者已損，所以人思苟免，競爲緘默。若陛下虛己招納，務於搜訪，不忌親讐，唯能是用，讒毀不入，誰不竭誠？此皆事由陛下，非臣等所能致也。」上深然之。

上元元年，劉嶢上疏曰：「國家以禮部爲考秀之門，考文章於甲乙，故天下響應，驅馳於才藝，不務於德行。夫德行者可以化人成俗，才藝者可以約法立名，故有朝登甲科而夕陷刑辟，〔二〇〕制法守度使之然也。陛下焉得不改而張之！至如日誦萬言，何關理體；文成七步，未足化人。昔子張學干祿，仲尼曰：『言寡尤，行寡悔，祿在其中矣。』又曰：『行有餘力，則以學文。』今捨其本而循其末。況古之作文，必諧風雅，今之末學，不近典謨，勞心於卉木之間，〔二一〕極筆於煙雲之際，以此成俗，斯大謬也。昔之采詩，以觀風俗，詠卷耳則忠臣喜，誦蓼莪而孝子悲，温良敦厚，詩教也。豈主於淫文哉！夫人之愛名，如水之務下，〔二二〕上有所好，下必甚焉。陛下若以德行爲先，才藝爲末，必敦德勵行，以佇甲科，豐舒俊才，没而不齒，陳寔長者，拔而用之，則多士雷奔，四方風動。風動於下，聖理於上，豈有不變者歟！」

武太后臨朝，垂拱中，納言魏玄同以爲吏部選舉未盡得人之術，上疏曰：

昔之列國，今之州縣，〔二三〕士無常君，人有定主，自求臣佐，各選英賢，大臣乃命於王朝耳。秦并天下，罷侯置守。漢氏因之，有沿有革：諸侯得自置吏四百石以下，其傅相大官則漢爲置之；州郡掾史、督郵、從事，悉任之於牧守。爰自魏晉，始歸吏部，遞相因循，以迄於今。以刀筆求才，以簿書察行，法之弊久矣。

蓋君子重因循而憚改作，有不得已者，亦當運獨見之明，定卓然之議。如今選司所行者，非上皇之令典，乃近代之權道，所宜遷革，實爲至要。何以言之？夫尺丈之量，所及不永；鍾庾之器，所積不多。非其所及，焉能度之；〔二四〕非其所受，何以容之。況天下之大，士人之衆，而可委之數人之手乎？假使平如權衡，明如水鑑，力有所極，照有所窮，銓綜既多，紊失斯廣。況比居此任，時有非人而徇於勢利者哉！使贓

貨交易，同乎市井，加以厚貌深衷，險如丘陵，使百行九流，折之於一面，具僚庶品，專斷於一司，不亦難矣！〔二五〕

且前古以來，亂多理少。〔二六〕武德、貞觀，與今亦異，皇運之初，庶事草刱，豈唯日不暇給，亦乃人物稀少。天祚大聖，享國永年，比屋可封，異人閒出，咸以爲有道恥賤，得時無怠，諸色入流，年以千計。羣司列位，無復新加，官有常員，人無定限。選集之始，霧積雲屯，擢敍於終，十不收一。淄澠混淆，玉石不分，用捨去留，得失相半。既即事爲弊，致後來滋甚。

夫夏殷以前，制度多闕，周監二代，焕乎可睹。豈諸侯之臣，〔二七〕不皆命於天子；王朝庶官，亦不可專於一職。故穆王以伯冏爲太僕正，命之曰：「愼簡乃僚，無以巧言令色便僻側媚，其唯吉士。」此則令其自擇下吏之文也。太僕正，中大夫耳，尚以僚屬委之，則三公九卿亦然矣。周禮，太宰、內史，並掌爵禄廢置；司徒、司馬，別掌興賢詔事。當是分任於羣司，而統之以數職，各自求其小者，而王命其大者也。昔區區宋朝，尚爲裴子野所歎，而況於當今乎！

又夫從政莅官，〔二八〕不可以無學。書曰：〔二九〕「學古入官，議事以制。」傳曰：「我聞學以從政，不聞以政入學。」今貴戚子弟，例早求官，或齠齔之年，已腰銀艾；或童丱之歲，已襲朱紫。弘文、崇賢之生，千牛、輦腳之徒，課試既淺，藝能亦薄，〔三〇〕而門閥有素，資蔭自高。〔三一〕夫象賢繼及，古之道也。所謂胄子，必裁諸學，修六禮以節其性，明七教以興其德，少則受業，長而出仕，並由德進，必以才升，然後可以利用賓王，移家事國。少仕則廢學，輕試則無才，於其一流，良足惜也。又勳官三衞流外之徒，不待州縣之舉，直取之於書判，恐非先德行而後言才之義也。

臣竊見制書，每令三品薦士，下至九品，亦令舉人，此聖朝仄席旁求之意也。但以褒貶不甚明，得失無大隔，故人上不憂黜責，下不盡搜揚，苟以應命，莫慎所舉。且惟賢知賢，聖人篤論；伊、皋既舉，〔三二〕不仁咸遠。復患階秩雖同，人才異等，身且濫進，鑒豈知人？今欲務得實才，兼宜擇其舉主。流清以源潔，影端由表正，不詳舉主之行能，而責舉人之庸濫，不可得也。

武太后不納。

天授三年，右補闕薛謙光以其時雖有學校之設，禁防之制，而風俗流弊，皆背本而趨末，矯飾行能，〔三三〕以請託奔馳爲務，上疏曰：

自七國以來，雖雜以縱橫，而漢興求士，猶徵百行。是以禮讓之士，砥才毓德，既閭里推高，然後爲府寺所辟。而魏氏取人，好其放達。晉、宋之後，祇重門資，奬爲人求官之風，乖授職惟賢之義。梁、陳之間，特好詞賦，〔三四〕故其俗以詩酒爲重，未嘗以修身爲務。降及隋室，餘風尚存，開皇中李諤奏於文帝曰：「昔魏之三祖，更好文詞，忽君人大道，好雕蟲小藝，連編累牘，盈箱積案，獨有月露風雲之狀而已。代俗以之相高，朝廷以茲擢人，故文筆日煩，其政日亂。」帝納其言，乃下制禁文筆之爲浮詞者。其年，泗州刺史司馬幼之以表詞不質書罪。於是風俗改勵，政化大行。及煬帝，又變前法，置進士等科，故後生復相倣效，皆以浮虛爲貴。

有唐纂曆，漸革前弊，陛下君臨，樹本崇化。而今之舉人，有乖事實，鄉議決小人之筆，行修無長者之論，策第喧競於州府，祈恩不勝於拜伏。或明制適下，試令搜揚，則驅馳府寺，請謁權貴，陳詩奏記，希咳唾之澤，摩頂至足，冀提携之恩。故俗號舉人爲「覓舉」。夫覓者，自求之稱，非人知我之謂也。察辭度材，則人品可見矣。故選曹授職，諠囂於禮闈；州郡貢士，諍訟於陛闥。謗議紛紜，寖成風俗。今夫舉人，詢於鄉閭，歸於里正而已。雖跡虧名教，罪加刑典，或冒籍竊資，邀勳盜級，假其賄賂，即爲無犯鄉閭。

設如才應經邦，唯令試策；武能制敵，只驗彎弧。文擅清奇，則登甲科；藻思小減，則爲不第。以此收人，恐乖事實。何者？樂廣假筆於安仁，靈運詞高於穆之，平津文劣於長卿，子建藻麗於荀彧。若以射策爲官，則潘、謝、曹、馬必居孫、樂之右；協贊機猷，則安仁、靈運亦無裨附之益。由此言之，固不可一槩而取也。其武藝亦然。故謀將不長於弓馬，良相寧資於射策。伏願陛下降明制，須峻科，〔三五〕文則試以理官，武則令其守禦，使僥名濫吹之伍，無所藏其庸謬。

臣謹按吴起臨戰，左右進劒，吴子曰：「夫臨難決疑，乃將事也。一劒之任，非將事也。」又按諸葛亮臨戎，不親戎服，頓蜀兵於渭南，司馬宣王持劒，勁卒不敢當，此豈弓矢之用乎？又按楊得意誦長卿之文，武帝曰：「恨不得與此人同時。」及相如至，終於文園令，不以公卿之位處之者，蓋非其任故也。

又按漢法，所舉之主，終身保任。楊雄之坐田儀，責其冒薦；成子之居魏相，酬於得賢。賞罰之令行，則請謁之心絶；退讓之義著，〔三六〕則貪競之路塞矣。仍請寬立年限，容其采訪簡汰，堪用者令試守，〔三七〕以觀能否，參檢行事，以覈是非。稱職者受薦賢之賞，濫舉者抵欺罔之罪，自然舉得才行，而君子之道長矣。

聖曆三年二月，武太后令宰相各舉尚書郎一人，狄仁傑獨薦男光嗣，由是拜地官尚書郎，莅事有聲。太后謂仁傑曰：「祁奚内舉，果得人也。」長安二年，武太后下求賢令，狄仁傑曰：「荆州長史張柬之，其人雖老，真宰相才也。」乃召爲洛州司馬。他日，又求賢，仁傑曰：「臣前言張柬之。」太后曰：「已遷之矣。」對曰：「臣薦之請爲相也，今爲洛州司馬，非用之。」又遷秋官侍郎。四年，夏官尚書、靈武大總管姚元之將赴鎮，〔三八〕太后令舉堪爲宰相者。元之對曰：「秋官侍郎張柬之沈厚有謀，〔三九〕能斷大事，且其人年老，惟陛下急用之。」遂爲相。

開元三年，左拾遺張九齡上書曰：〔四〇〕

夫元元之衆，莫不懸命於縣令，宅生於刺史，此其尤親於人者也。是以親人之任，宜得賢才；用人之道，宜重其選。而今刺史、縣令，除京輔近處之州刺史猶擇其人，縣令或備員而已；其餘江、淮、隴、蜀、三河諸處，除大府之外，稍稍非才。〔四一〕但於京官之中，出爲州縣者，〔四二〕或是緣身有累，在職無聲，用於牧宰之閒，〔四三〕以爲斥逐之地；因勢附會，遂忝高班，比其勢衰，亦爲刺史；至於武夫、流外，積資而得官，成於經久，不計有才，〔四四〕諸若此流，盡爲刺史。其餘縣令以下，固不可勝言。〔四五〕蓋甿庶所繫，國家之本。務本之職，反爲好進者所輕，承弊之邑，每遭非才者所擾，〔四六〕而欲天下和洽，固不可得也。古者刺史入爲三公，郎官出宰百里，莫不互有所重，勸其所行。臣竊怪近俗偏輕此任。今朝廷卿士入而不出，於其私情，甚自得計。何則？京華之地，衣冠所聚，子弟之閒，身名所出，從容附會，不勞而成。一出外藩，有異於是。人情進取，豈忘之於私，但法制之不敢違耳，原其本意，固私是欲。今大利於京職，而不在外郡，如此則智能之士，欲利之心，日夜營營，安肯復出爲刺史、縣令？而國家之利，方賴智能之人，此輩既自固而不行，在外者又技癢而求入，如此，則智能之輩常無親人之者，〔四七〕今又未革之以法，無乃甚不可乎！故臣以爲欲理之本，莫若重刺史、縣令，此官誠重，智能者可行。正宜懸以科條，定其資歷：凡不歷都督、刺史，雖有高第者，〔四八〕不得入爲侍郎、列卿；不歷縣令，雖有善政者，亦不得入爲臺郎、給、舍；雖遠處都督、刺史，至於縣令，遞次差降，以爲出入，亦不十年頻任京職，又不得十年盡任外官。如此設科以救其失，則內外通理，萬姓獲安。如積習爲常，遂其私計，天下不可爲理也。

又古之選用賢良，取其稱職，或遥聞而辟召，或一見而任之，是以士修素行，不圖僥倖。今天下未必理於上古，而事務日倍於前，誠爲不正其本而設巧於末。〔四九〕所謂末者，吏部條章，動盈千萬，刀筆之吏，辨析毫釐，節制搶攘，溺於文墨；胥徒之猾，又緣隙而起。臣以爲始造簿書，以備用人之遺忘耳，〔五〇〕今反求精於案牘，不急於人才，亦何異遺劍中流，而刻舟以記。去之彌遠，可爲傷心。凡稱吏部之能者，則曰從縣尉與主簿，從主簿與縣丞，斯選曹執文而善知官次者也，唯據其合與不合，而多不論賢與不肖，大略如此，豈不謬哉！陛下若不以吏部尚書、侍郎爲賢，必不授以職事；尚書、侍郎既以賢而受委，豈復不能知人？〔五一〕人之難知，雖自古所慎，而拔十得五，其道可行。今則執以格條，貴於謹守，幸其心能自覺者，每選所拔亦有三五人；若又專固者，則亦一人不拔。據資配職，自以爲能，爲官擇人，初無此意，故使時人有「平配」之議，官曹無得賢之實。〔五二〕故臣以爲選部之法，弊於不變。變法甚易，〔五三〕在陛下渙然行之。假如今之銓衡，欲自爲意，亦限行之以久，動必見疑，遂用因循，益爲浮薄。今若刺史、縣令精覈其人，即每年當管之内，應有合選之色，且先委曲考其才行，堪入品流，然後送臺，臺又推擇，〔五四〕據所用之多少，爲州縣之殿最，一則州縣慎於所舉，必取入官之才；二則吏部因其有成，無多庸人干冒。縱有不任選者，謬起怨端，且猶分謗於外臺，不至諠譁於南省。今則每歲選者動以萬計，京師米物爲之空虛，豈多士若斯，蓋渝濫至此。〔五五〕而欲仍舊致理，難於改制，祇益法之煩碎，〔五六〕賢愚混雜，就中以一詩一判定其是非，適使賢人君子從此遺逸，斯亦明代之闕政，有識之所歎息也。

又天下雖廣，朝廷雖衆，而士之名賢，誠可知也。若使毀稱相亂，聽受不明，事將已矣，無復可說。如知其賢能，各有品第，每一官闕，而不以次用之，則是知而不爲，焉用彼相。借如諸司清要之職，當用第一之人，及其要官闕，時或以下等叨進，以故時議無高無下，唯論得與不得，自然清議不立，名節不修，上善則守志而後時，〔五七〕中人則躁求而易操。其故何哉？朝廷若以令名進人，士子亦以修名獲利，〔五八〕而利之所出，衆則趨焉。已而名利不出於清修，所趨多歸於人事，其小者苟求取得，一變而至阿私；其大者許以分義，再變而成朋黨：斯並教化漸漬，使之必然。故於用人之際，不可不第其高下；若高下有次，不可謬干。夫士必刻意修飾，思齊日衆，刑政自清。此皆興衰之大端，安可不察也。

十七年三月，國子祭酒楊瑒上言：〔五九〕「伏聞承前之例，每年應舉常有千數，及第兩監不過一二十人。〔六〇〕臣恐三千學徒，〔六一〕虛費官廩；兩監博士，濫縻天禄。臣竊見入仕諸色出身，〔六二〕每歲向二千餘人，方於明經、進士，多十餘倍，自然服勤道業之士不及胥吏，以其效官，豈識先王之禮義。陛下設學校務以勸進之，有司爲限約務以黜退之，臣之微誠，實所未曉。今監司課試，十已退其八九，考功及第，十又不收一二，長以此爲限，恐儒風漸墜，小道將興。〔六三〕若以出身人多，應須諸色都減，豈在獨抑明經、進士也。」上然之。

左監門衛録事參軍劉秩論曰：

王者官人，必視國之要，杜諸户，一其門，安平則尊經術之士，有難則貴介胄之臣。

夏、殷、周選士必於庠序，非其道者莫得仕進，是以誘人也無二，其應之者亦一。及周之末，諸侯異政，取人多方，故商鞅患之，說秦孝公曰：「利出一孔者王，利出二孔者强，利出三孔者弱。」於是下令：非戰非農，不得爵位。秦卒以是能并吞六國。漢室干戈以定禍亂，貴尚淳質。高后舉孝悌、力田，文景守而不變，故下有常業，而朝稱多士。及孝武察孝廉，置五經博士弟子，雖門開二三，而未失道德也。逮至晚歲，務立功名，銳意四夷，故權譎之謀設，荆楚之士進，軍旅相繼，官用不足。是以聚斂計料之政生，設險興利之臣起，番係、嚴熊罷等經淮造渠，〔六四〕以通漕運，東郭偃、孔僅建鹽鐵諸利策，富者冒爵射官，免刑除罪。公用彌多，而爲官者徇私，上下並求，百姓不堪刓弊。故巧法慘急之臣進，而見知廢格之法作，杜周、減宣之屬以峻文決理貴，而王溫舒之徒以鷹擊敢殺彰。而法先王之術，習俎豆之容者，無所任用，由是精通秀穎之士不遊於學，遊於學者率章句之儒也。是以昭帝之時，霍光問人疾苦，不本之於太常諸生，徵天下賢良文學以訪之，是常道不足以取人也。至於東漢，光武好學，不能施之於政，乃躬自講經。肅宗以後，時或祖効，〔六五〕尊重儒術，不達其意而酌其文；三公尚書雖用經術之士，而不行經術之道。是以元、成以降，迄於東漢，慷慨通方之士寡，廉隅立節之徒衆。無何，漢氏失馭，曹魏僭竊，中正取士，權歸著姓，雖可以鎮伏甿庶，非尚賢之術，蓋尊尊之道。於時聖人不出，賢哲無位，詩道大作，怨曠之端也。洎乎晉、宋、齊、梁，遞相祖習，其風彌盛。捨學問，尚文章；小仁義，大放誕。談莊周、老聃之説，誦楚詞、文選之言。六經九流，時曾閲目；百家三史，罕聞於耳。撮羣鈔以爲學，總衆詩以爲資。謂善賦者廊廟之人，雕蟲者台鼎之器。下以此自負，上以此選材，上下相蒙，持此爲業，雖名重於當時，而不達於從政。故曰：「取人之道，可以敦化。」周書曰：「以言取人，人竭其言；〔六六〕以行取人，人竭其行。」取人之道，不可不慎也。原夫詩賦之義，〔六七〕所以達下情，所以諷君上。上下情通而天下亂者，未之有也。近之作者，先文後理，詞冶不雅，既不關於諷刺，又不足以見情，蓋失其本，又何爲乎！隋氏罷中正，舉選不本鄉曲，故里閭無豪族，井邑無衣冠，人不土著，〔六八〕萃處京畿，士不飾行，人弱而愚。

夫古者以勳賞功，以才莅職，以才莅職，是以職與人宜；近則以職賞功，是以官與人乖。古者計人而貢士，計吏而用人，故士無不官，官無乏吏；近則官倍於古，士十於官，求官者又十於士，故士無官，後魏羽林士，今之萬騎、軍功是也。官乏禄，吏擾人。古者王畿千里，千里之外，封建諸侯，諸侯之吏，自卿以降，各自舉任。當乎漢室，除保傅將相，餘盡專之。州縣佐史，則皆牧守選辟。夫公卿者，主相之所任也；甸外之官吏者，又諸侯牧守之事也。然則主司之所選者，獨甸內之吏，公卿府之屬耳，豈不寡哉！所選既寡，則焉得不精！近則有封建而無國邑，五服之內，政決王朝；一命拜免，〔六九〕必歸吏部。按名授職，猶不能遺，何暇采訪賢良，搜覈行能耶？時皆共嗤其失，而不知失之所以，故備詳之。

又曰：

夫官有大小，材有短長，長者任之以大官，短者任之以小職，職與人相宜，而功與事並理。是以孟公綽爲趙、魏老則優，不可以爲滕、薛大夫。近之任官，其選之也略，其使之也備，一人之身，職無不莅，若委游、夏以政事，責冉、季以文學也，何其謬歟！故人失其長，官失其理。

是以三代之制，家有代業，國有代官。孔子曰：「醫不三世，不服其藥。」史墨曰：「古之爲官，代守其業，朝夕思之。一朝失業，死則及焉。」是知業不代習，則其事不精。此周之所以得人也。昔羲氏、和氏掌天地，劉氏代擾龍，籍氏代司人，〔七〇〕庾氏、庫氏代司出納，制氏代司鑄鐘，即其事也。至後代，〔七一〕以代卿執柄，益私門，卑公室，齊奪於田氏，魯弱於三桓。〔七二〕革代卿之失，而不復代業之制，醫、工、筮、數，其道浸微，蓋爲此也。

故老子曰：「聖人常善救人，故無弃人；常善救物，故無弃物。」不善用人者，譬若使驥捕鼠，令鷹守肉：驥之捕鼠，終不可獲，而千里之功廢矣；鷹之守肉，死有餘罪，而攫撮之効没矣。夫裁徑尺之帛，刊方寸之木，〔七三〕不任左右，必求良工者，裁帛、刊木非左右之所能故也。徑尺之帛，方寸之木，薄物也，非良工不能裁之；況帝王之佐，經國之任，可不審擇其人乎？故構大厦者先擇木，然後揀材；理國家者先擇佐，然後守人。大匠構屋，必以大材爲棟梁，小材爲榱橑，〔七四〕苟有所中，尺寸之木無弃，此善理木者也。

洋州刺史趙匡舉選議曰：

昔三代建侯，與今事異。理道損益，請自漢言之。漢朝用人，自詔舉之外，其府、寺、郡國屬吏，皆令自署。故天下之士，修身於家，而辟書交至，以此士務名節，風俗用修。魏氏立九品之制，中正司之，於是族大者第高，而寒門之秀屈矣。國朝舉選，用隋氏之制，歲月既久，其法益訛。

夫才智因習就，固然之理。進士者時共貴之，主司褒貶，實在詩賦，務求巧麗，以此爲賢，不唯無益於用，實亦妨其正習；不唯撓其淳和，實又長其佻思。〔七五〕自非識度超然，時或孤秀，其餘溺於所習，悉昧本源。欲以啟導性靈，獎成後進，斯亦難矣！

故士林鮮體國之論，其弊一也。又人之心智，蓋有涯分，而九流七略，書籍無窮。主司徵問，不立程限，故修習之時，但務鈔略，比及就試，偶中是期。業無所成，固由於此。故當代寡人師之學，其弊二也。疏以釋經，蓋筌蹄耳。明經讀書，勤苦已甚，其口問義，〔七六〕又誦疏文，徒竭其精華，習不急之業。而當代禮法，無不面牆，及臨人決事，取辦胥吏之口而已。所謂所習非所用，所用非所習者也。故當官少稱職之吏，其弊三也。舉人大率二十人中方收一人，故没齒而不登科者甚衆，其事難，其路隘也如此。而雜色之流，廣通其路也。此一彼十，此百彼千，揆其秩序，無所差降，故受官多底下之人，修業抱後時之歎，待不才者何厚，處有能者何薄！崇末抑本，啟昏窒明，故士子捨學業而趨末伎，其弊四也。收人既少，則争第急切，交馳公卿，以求汲引，毁訾同類，用以争先。故業因儒雅，行成險薄，非受性如此，勢使然也。浸以成俗，虧損國風，其弊五也。大抵舉選人以秋末就路，〔七七〕春末方歸，休息未定，聚糧未辦，即又及秋。事業不得修習，益令藝能淺薄，其弊六也。羇旅往來，糜費實甚，非唯妨闕生業，〔七八〕蓋亦隳其舊産，未及數舉，索然以空，其弊七也。貧窶之士在遠方，欲力赴京師，而所冀無際，以此揆度，遂至没身。使兹人有抱屈之恨，國家有遺才之闕，其弊八也。官司運江、淮之儲，計五費其四，乃達京邑，芻薪之貴，又十倍四方。而舉選之人，每年攢會，計其人畜，蓋將數萬，無成而歸，十乃七八，徒令關中煩耗，其弊九也。爲官擇人，唯才是待。今選司並格之以年數，合格者，判雖下劣，一切皆收；如未合格而應科目者，纔有小瑕，莫不見弃。故無能之士，祿以例臻；才俊之流，坐成白首。此非古人求賢審官之義，亦已明矣。其弊十也。選人不約本州所試，悉令聚於京師，人既浩穰，文簿繁雜，因此渝濫，其事百端。故俗間相傳云：「入試非正身十有三四，赴官非正身十有二三。」此又弊之尤者。

今若未能頓除舉選，以從古制，且稍變易，以息弊源，則官多佳吏，風俗可變。其條例如後：

舉人條例

一、立身入仕，莫先於禮，尚書明王道，論語詮百行，孝經德之本，學者所宜先習。其明經通此，謂之兩經舉，論語、孝經爲之翼助。諸試帖一切請停，唯令策試義及口問。其試策自改問時務以來，〔七九〕經業之人鮮能屬綴，以此少能通者。所司知其若此，亦不於此取人，故時人云：「明經問策，禮試而已。」所謂變實爲虛，無益於政。今請令其精習，試策問經義及時務各五節，並以通四以上爲第。但令直書事義，解釋分明，不用空寫疏文及務華飾。其十節，總於一道之內問之。餘科準此。其口問諸書，每卷問一節，取其心中了悟，解釋分明，往來問答，無所滯礙，不用要令誦疏，亦以十通八以上爲第。〔八〇〕諸科亦準此。外更通周易、毛詩，名四經舉。加左氏春秋，爲五經舉。不習左氏者，任以公羊、穀梁代之。其但習禮記及論語、孝經，名一經舉。既立差等，隨等授官，則能否區分，人知勸勉。

一、明法舉亦請不帖，但策問義并口問，准經業科。

一、學春秋者能斷大事，其有兼習三傳，參其異同，商搉比擬，〔八一〕得其長者，謂之春秋舉。策問經義并口問，並準前。

一、進士習業，亦請令習禮記、尚書、論語、孝經并一史。其雜文請試兩首，共五百字以上、六百字以下，試牋、表、議、論、〔八二〕銘、頌、箴、檄等有資於用者，不試詩賦。其理通，其詞雅，爲上；理通詞平，爲次；餘爲否。其所試策，於所習經史内徵問，經問聖人旨趣，史問成敗得失，并時務，共十節。貴觀理識，不用徵求隱僻，詰以名數，爲無益之能。言詞不至鄙陋，即爲第。

一、其有通禮記、尚書、論語、孝經之外，更通道德諸經、通玄經、孟子、荀卿子、呂氏春秋、管子、墨子、韓子，謂之茂才舉。達觀之士，既知經學，兼有諸子之學，取其所長，捨其偏滯，則於理道無不該矣。試策徵問諸書義理，并時務，共二十節。仍與之言論，觀其通塞。

一、其有學兼經史，達於政體，策略深正，〔八三〕其詞典雅者，謂之秀才舉。經通四經，或三禮，或三家春秋，兼通三史以上，即當其目。其試策，經問聖人旨趣，史問成敗得失，并時務，共二十節。仍與之談論，以究其能。

一、學倍秀才，而詞策同之，談論貫通，究識成敗，謂之宏才舉。以前三科，其策當詞高理備，不可同於進士。其所徵問，每十節通八以上爲第。

一、其史書，史記爲一史，漢書爲一史，後漢書并劉昭所注志爲一史，三國志爲一史，晉書爲一史，李延壽南史爲一史，北史爲一史。習南史者，兼通宋、齊志；習北史者，通後魏、隋書志。自宋以後，史書煩碎冗長，請但問政理成敗所因，及其人物損益關於當代者，其餘一切不問。國朝自高祖以下及睿宗實録，并貞觀政要，共爲一史。

一、天文律曆，自有所司專習，且非學者卒能尋究，並請不問。唯五經所論，蓋舉其大體，不可不知。

一、每年天下舉人來秋入貢者，今年九月，州府依前科目，先起試其文策，〔八四〕通者注等第訖，試官、本司官、録事、參軍及長吏連押其後。〔八五〕其口問者，題策後云口問通若干。即相連印縫，並依寫解爲先後，不得參差。封題訖，十月中旬送觀察使，觀察使差人都送省司，隨遠近比類，須合程限。省司重考定訖，其入第者，二月內符下諸道、諸州追之，限九月內盡到，到即重試之。其文策，皆勘會書跡詞理，〔八六〕與州試同即收之，僞者送法司推問。其國子監舉人亦準前例。

一、諸色身名都不涉學，昧於廉耻，何以居官？其簡試之時，雖云試經及判，其事苟且，與不試同。請皆令習孝經、論語。其孝經口問五道，論語口問十道，須問答精熟，知其義理，並須通八以上。如先習諸經書者，任隨所習試之，不須更試孝經、論語。其判問以時事，取其理通。必在責其重保，以絶替代。其合外州申解者，依舉選例處分。

一、一經及第人，選日請授中縣尉之類；判入第三等及蔭高，授上縣尉之類。兩經出身，授上縣尉之類；判入第三等及蔭高，授緊縣尉之類。用蔭止於此。其以上當以才進。四經出身，授緊縣尉之類；判入第三等，授望縣尉之類。五經，授望縣尉之類；判入第二等，〔八七〕授畿縣尉之類。明法出身，與兩經同資。進士及三禮舉、春秋舉，與四經同資。其茂才、秀才，請授畿尉之類。其宏才，請送詞策上中書、門下，〔八八〕請授諫官、史官等。禮經舉人，若更通諸家禮論及漢已來禮儀沿革者，請便授太常博士。茂才等三科，爲學既優，並準五經舉人，便授官。其雜色出身人，量書判，授中縣尉之類。判入第三等及蔭高者，加一等。凡蔭除解褐官外，不在用限。

一、其今舉人所習既從簡易，士子趨學必當數倍往時。每年諸色舉人，主司簡擇，常以五百人爲大限，此外任收雜色。

選人條例

一、其前資官及新出身，並請不限選數任集，庶有才不滯，〔八九〕官得其人。

一、不習經史，無以立身；不習法理，無以効職。人出身以後，當宜習法。〔九〇〕其判問，請皆問以時事、疑獄，令約律文斷決。其有既依律文，又約經義，文理弘雅，超然出羣，爲第一等；其斷以法理，參以經史，無所虧失，粲然可觀，爲第二等；判斷依法，頗有文彩，爲第三等；〔九一〕頗約法式，直書可否，言雖不文，其理無失，爲第四等。〔九二〕此外不收。但如曹判及書題如此則可，不得拘以聲勢文律，翻失其真。故合於理者數句亦收，乖於理者詞多亦捨。其倩人暗判，人間謂之「判羅」，此最無恥，請牓示以懲之。〔九三〕

一、其授試官及員外官等，〔九四〕若悉不許選，恐抱才者負屈；若並令集，則僥倖者頗多。當酌事宜，取其折中。請令所在，審加勘責，但無渝濫，並準出身人例，試判送省。授官日，〔九五〕其九品、八品官請同黃衣選人例授官；七品、六品依前資解褐官例；

五品、四品依前資第二正官例。其官好惡，約判之工拙也。〔九六〕

一、舊法，四品、五品官不復試判者，以其歷任既久，經試固多，且官班已崇，人所知識，不可復爲僞濫耳。〔九七〕自有兵難，仕進多門，僥倖超擢，不同往日，並請試判。待三五年，舉選路清，然後任依舊法。〔九八〕其曾經登科及有清白狀，〔九九〕并曾任臺省官并諸司長官判史者，已經選擇，並不試，依常例處分。

一、每年天下來冬選人，今秋九月，依舉人召集審勘，責絶其姦濫。〔一〇〇〕試時，長吏親自監臨，皆令相遠，〔一〇一〕絶其口授及替代。其第四等以上，封送省，皆依舉人例處置。吏部計天下闕員訖，即重考天下所送判，審定等第訖，從上等據本色人數收人，具名下本道觀察使追之，限十月內到，並重試之訖，取州試判，類其書蹤及文體。有僞濫者，〔一〇二〕準法處分。其合留者，依科目資緒，隨穩便注擬。

一、其兩都選人，不比外州，請令省司自試。隔年先試，一同外州。東都選人，判亦將就上都，考定等第，兼類會人數。明年，依例追集重試之，還以去秋所試，驗其書蹤及詞理。則隔年計會替代，事亦難爲。

一、兵興以來，士人多去鄉土，既因避難，所在寄居，必欲網羅才能，隔年先試，令歸本貫，爲弊更深。其諸色舉選人，並請准所在寄莊寄住處投狀，〔一〇三〕請試舉人。既不慮僞濫，其選人但勘會符告，並責重保，知非僞濫，即准例處分。

一、宏詞拔萃，以甄逸才；進士、明經，以長學業：並請依常年例。其平選判入第二等，亦任超資授官。

一、諸以廕緒優勞、准敕授官者，如判劣惡者，請授員外官。待稍習法理，試判合留，即依資授正員官。

一、諸合授正員官人，年未滿三十者，請授無職事京官及外州府參軍，不得授職事官。

後論：有司或詰於議者曰：「吏曹所銓者四，謂身、言、書、判。今外州送判，則身、言闕矣，如何？」對曰：「夫身、言者，豈非洪範貌、言乎？貌謂舉措可觀，言謂詞説合理，此皆才幹之士方能及此。今所試之判，不求浮華，但令直書是非，以觀理識，於此既蔽，則無貌、言，斷可知矣。書者，非理人之具，但字體不至乖越，即爲知書。判者，斷決百事，真爲吏所切，故觀其判，則才可知矣。彼身、言及書，〔一〇四〕豈可同爲銓序哉！」有司復詰曰：「王者之盛，莫逾堯舜，書稱敷納以言，爲求才之通軌。今以言爲後，亦有説乎？」對曰：「夫敷納以言者，〔一〇五〕謂引用賢良，升於達位，方將詢以庶政，非言無以知之，其唐、虞官百，〔一〇六〕咨俞無幾；其下小吏，官長自求，各行敷納，事有乎？其茂才以上，學業既優，可以言政教，接以談論，近於敷納矣。」有司復曰：「士有言行不差而闕於文學，或頗有文學而言行未脩。但以諸科取之，無乃未備？」對曰：「吏曹所銓，必求言行，得之既審，然後授官，則外州遥試，未爲通矣。今銓衡之下，姦濫所萃，〔一〇七〕紛争劇於獄訟，僞濫深於市井，法固致此，〔一〇八〕無如之何。豈若外州先試，兼察其行，苟居宅所在，則隣伍知之，官司耳目，易爲采聽。古之鄉舉里選，〔一〇九〕修方斯近矣。且今之新法，以學舉者，一經畢收；以判選者，直書可否：可謂易矣。修言行者，心當敦固，不能爲此，餘何足觀。若有志性過人，足存激勸，及躬爲惡行，不當舉用者，則典章已備，但舉而行之耳，故無云焉。」有司復曰：「其有效官公清，〔一一〇〕且有能政，以其短於詞判，不見褒昇，無乃闕於事實乎？」對曰：「苟能如此，最爲公器。使司善狀，國有常規，病在不行耳。但令諸道觀察使，〔一一一〕每年終必有褒貶，不得僭濫，則善不蔽矣。」問曰：「試帖經者，求其精熟，今廢之，有何理乎？」對曰：「夫人之爲學，帖易於誦，誦易於講。今口問之，令其講釋，〔一一二〕若不精熟，如何應對？此舉其難者，何用帖爲！且務於帖，則於義不專，非演智之術，固已明矣。夫帖者，童稚之事，今方授之以職，而待以童稚，於理非宜。」有司復曰：「舊法，口問並取通六，今令通八，無乃非就易之義乎？」答曰：「所習者少，當務其精，止於通六，失在鹵莽，是以然耳。」復曰：「舉人試策，例皆五通，今併爲一，有何理？」對曰：「夫事尚實則有功，徇虛則益寡。試策五通，多書問目，數立頭尾，徇虛多矣，豈如一策之内并問之乎！」

校勘記

〔一〕雜議論中　「議論」原倒，據北宋本、王吴本乙。

〔二〕二十二年九月　下「二」原訛「三」，據唐會要卷七六及北宋本、傅校本、明抄本、王吴本改。

〔三〕王師明　「明」原作「旦」，據北宋本、傅校本、明抄本改。下同。按：本名王師旦，通典避睿宗諱，改作「明」。

〔四〕王公理　「理」原訛「謹」，據北宋本、傅校本、明抄本改。按：即王公治，見新唐書文藝傳上五七三四頁。通典避高宗諱，改作「理」。

〔五〕而師明考其文策全下　「全下」原作「黜之」，後人擅改者。今據唐會要卷七六、册府卷六五一一七七九頁改正。按：北宋本、傅校本、明抄本作「全不」，「不」乃「下」之訛。

〔六〕頗輕其選　「頗」原訛「頓」，據北宋本改。按：唐會要卷六八、册府卷五三一六三五一頁和卷五四二一六五〇七頁均作「頗」。

〔七〕兵部散官　「散官」原脱，據北宋本、傅校本、明抄本、王吴本補。

〔八〕奏第然始付選　「然」原脱，據舊唐書劉祥道傳二七五一頁、册府卷四七三五六四九頁及北宋本、傅校本、明抄本補。

〔九〕兼有景行者爲第一等　「景」原訛「義」，據北宋本、傅校本、明抄本、明刻本、王吴本改。

〔一〇〕并兵部所送人不沾第一等及準例合送兵部者　「沾」原作「占」，「合」原作「給」，據北宋本、傅校本、明抄本改。

〔一一〕其行署等私犯下第公坐下下　舊唐書劉祥道傳二七五一頁、册府卷四七三五六四九頁無「下第」及「下下」。

〔一二〕知有銓擇雖復素非廉謹　「擇」原作「選」，據北宋本、傅校本、明刻本改。「雖」原作「若」，據北宋本、明抄本改。

〔一三〕必將漸自飭勵　「飭」北宋本、傅校本、明抄本、明刻本、王吴本作「飾」。

〔一四〕弱冠而從宦　「宦」原訛「政」，據北宋本改。按：傅校本、明抄本、王吴本作「官」。

〔一五〕莫不光被綸旨　「綸」原作「諭」，清人擅改者。今據北宋本、傅校本、明抄本、明刻本、王吴本改回。按：舊唐書劉祥道傳二七五二頁、册府卷四七三五六四九頁均作「綸」。

〔一六〕護避親知　「護」原作「讓」，據北宋本、傅校本改。按：册府卷六七七五八頁也作「護」。

〔一七〕乾封二年八月　「二」原訛「八」，據唐會要卷五三、册府卷六七七五八頁、通鑑卷二〇一六三五一頁及北宋本、傅校本、明抄本、明刻本改。

〔一八〕上引侍臣　「引」原作「列」，據舊唐書李百藥傳二五七八頁、唐會要卷五三、册府卷六七七五八頁改。

〔一九〕況天下至廣　「至」原作「之」，據北宋本、傅校本、明抄本、明刻本改。按：舊唐書李百藥傳二五七八頁、唐會要卷五三、册府卷六七七五八頁均作「至」。

〔二〇〕故有朝登甲科　「故」原訛「致」，「甲科」原誤倒，據北宋本、傅校本、明抄本、明刻本改乙。按：王吳本「故」字不誤。

〔二一〕勞心於卉木之間　「卉」原作「草」，據北宋本、傅校本、明抄本、明刻本改。按：通鑑卷二〇二六三七四頁也作「卉」。

〔二二〕如水之務下　「務」原作「就」，據北宋本、傅校本、明抄本改。

〔二三〕今之州縣　「州」原訛「郡」，據北宋本、傅校本、明抄本改。按：舊唐書魏玄同傳二八四九頁、文苑英華卷六九六均作「州」。

〔二四〕焉能度之　「焉」原作「曷」，據北宋本、傅校本、明抄本、王吳本改。按：舊唐書魏玄同傳二八五〇頁作「焉」。

〔二五〕不亦難矣　「矣」原作「乎」，據舊唐書魏玄同傳二八五〇頁、文苑英華卷六九六及北宋本、傅校本、明抄本、明刻本改。

〔二六〕亂多理少　「理」原作「治」，據北宋本、傅校本、明抄本、王吴本改。按：通典諱「治」爲「理」。

〔二七〕豈諸侯之臣　「豈」下原有「當」，清人擅增。今據北宋本、傅校本、明抄本、明刻本、王吴本删。文苑英華卷六九六、全唐文卷一六八「豈」作「蓋」。按：作「豈」自通。舊唐書魏玄同傳各本原皆作「豈」。

〔二八〕又夫從政莅官　「夫」原脱，據舊唐書魏玄同傳二八一五頁、文苑英華卷六九六及北宋本、傅校本、明抄本、明刻本、王吴本補。

〔二九〕書曰　二字原脱，據舊唐書魏玄同傳二八五一頁、文苑英華卷六九六、册府卷四七三五六五一頁補。

〔三〇〕藝能亦薄　「藝」原作「技」，據舊唐書魏玄同傳二八五一頁、文苑英華卷六九六、册府卷四七三五六五一頁及北宋本、傅校本、明抄本、明刻本改。

〔三一〕資蔭自高　「蔭」原作「望」，據北宋本、傅校本、明抄本、明刻本、王吴本改。按：舊唐書魏玄同傳二八五一頁、文苑英華卷六九六、册府卷四七三五六五一頁作「望」。通典避家諱而改作「蔭」。

〔三二〕伊臯既舉　「臯」原訛「尹」，據舊唐書魏玄同傳二八五二頁及北宋本、傅校本、明抄本、明刻本、王吴本改。

〔三三〕矯飾行能　北宋本、傅校本、明抄本、明刻本、王吴本無「能」字。

〔三四〕特好詞賦　「特」原訛「時」，據舊唐書薛登傳三一三八頁、文苑英華卷六九六及北宋本、傅校本、明抄本、明刻本、王吴本改。

〔三五〕頒峻科　「科」原訛「刑」，據舊唐書薛登傳三一四〇頁、新唐書薛登傳四一七〇頁、文苑英華卷六九六改。

〔三六〕退讓之義著　「退」原作「遜」，後人擅改者。據舊唐書薛登傳三一四〇頁、新唐書薛登傳四一七〇頁、文苑英華卷六九六及北宋本、傅校本、明抄本、王吴本改。

〔三七〕堪用者令試守　「令試守」原倒作「試守令」，據舊唐書薛登傳三一四〇頁、文苑英華卷六九六及北宋本、傅校本、明抄本乙正。

〔三八〕姚元之將赴鎮　「赴」原作「之」，據北宋本、傅校本、明抄本、王吴本改。

〔三九〕沈厚有謀　「謀」原訛「餘」，據舊唐書張柬之傳二九四一頁、新唐書張柬之傳四三二三頁、通鑑卷二〇七六五七三頁及北宋本、傅校本、明抄本改。

〔四〇〕左拾遺張九齡上書曰　「曰」原脱，據北宋本、傅校本、明抄本、明刻本、王吴本補。

〔四一〕稍稍非才　原作「稍非其才」，據曲江集卷一六、文苑英華卷六七六及北宋本、傅校本、明抄本改。

〔四二〕出爲州縣者　「出」原脱，「州縣」原訛「閒散」，據曲江集卷一六、文苑英華卷六七六及北宋本，傅校本、明抄本、王吴本補改。

〔四三〕用於牧宰之閒　「宰」原作「守」，據曲江集卷一六、文苑英華卷六七六及北宋本、傅校本、明抄本改。

〔四四〕不計有才　「有」原訛「其」，據曲江集卷一六、文苑英華卷六七六及北宋本改。

〔四五〕固不可勝言　「可」原脱，據曲江集卷一六、文苑英華卷六七六及北宋本、傅校本、明抄本、明刻本、王吴本補。

〔四六〕每遭非才者所擾　「遭」原作「爲」，據曲江集卷一六、文苑英華卷六七六及北宋本、明抄本改。

〔四七〕常無親人之者　「者」原訛「日」，據曲江集卷一六、文苑英華卷六七六及北宋本、傅校本、明刻本、王吳本改。

〔四八〕雖有高第者　「者」原脱，據曲江集卷一六、文苑英華卷六七六及北宋本、傅校本補。下文「雖有善政者」同。

〔四九〕誠爲不正其本　「爲」原作「以」，據曲江集卷一六、文苑英華卷六七六及北宋本、傅校本、明刻本、王吳本改。

〔五〇〕以備用人之遺忘耳　「用」原脱，據曲江集卷一六、文苑英華卷六七六及北宋本補。

〔五一〕豈復不能知人　「知人」下原衍「之賢」，據曲江集卷一六、文苑英華卷六七六、新唐書張九齡傳四四二六頁删。

〔五二〕官曹無得賢之實　「賢」原作「才」，據北宋本、傅校本、王吳本改。

〔五三〕故臣以爲選部之法弊於不變變法甚易　上「法」原脱，「於」原作「在」，兩「變」間原衍「法」，據曲江集卷一六、文苑英華卷六七六、册府卷五三三六三三七頁補删。按：北宋本、傅校本惟兩「變」間衍「法」。

〔五四〕臺又推擇　「擇」原脱，據曲江集卷一六、文苑英華卷六七六及北宋本、傅校本、明刻本、王吳本補。

〔五五〕蓋淪濫至此　「淪」原作「冒」，據曲江集卷一六、文苑英華卷六七六及北宋本、傅校本、王吳本改。

〔五六〕祇益法之煩碎　「之」原作「令」，據北宋本、傅校本改。

〔五七〕上善則守志而後時　「上善」原作「善士」，「後」原作「俟」，據北宋本、傅校本改。

〔五八〕士子亦以修名獲利　「名」原訛「身」，據曲江集卷一六、文苑英華卷六七六、新唐書張九齡傳四四二七頁及北宋本改。

〔五九〕國子祭酒楊瑒　「子」下原衍「監」，據北宋本删。「瑒」原訛「湯」，據唐會要卷七五、御覽卷六二九、册府卷六〇四七二五〇頁和卷六三九七六七〇頁、新唐書本傳四四九四頁改。

〔六〇〕及第兩監不過一二十人　「十」原訛「千」，據唐會要七五、御覽卷六二九、册府卷六〇四七二五一頁和卷六三九七六七〇頁及北宋本、傅校本、王吴本改。

〔六一〕臣恐三千學徒　「學」原作「之」，據唐會要卷七五、御覽卷六二九、册府卷六〇四七二五一頁和卷六三九七六七一頁、新唐書楊瑒傳四四九六頁改。按：北宋本、傅校本、王吴本作「舉」。

〔六二〕臣竊見入仕諸色出身　原脱「臣」，據北宋本、傅校本、明刻本、王吴本補。

〔六三〕小道將興　「將」原作「駸」，據唐會要卷七五、御覽卷六二九、册府卷六〇四七二五一頁和卷六三九七六七一頁及北宋本、傅校本改。

〔六四〕經淮造渠　原作「經營作渠」，據北宋本、傅校本、明抄本改。按：明刻本、王吴本作「經淮作渠」。

〔六五〕時或祖効　「効」原訛「述」，據北宋本、傅校本、明抄本、明刻本、王吴本改。

〔六六〕人竭其言　「竭」原訛「謁」，據北宋本、傅校本、明抄本改。下同。按：全唐文卷三七二也作「竭」。

〔六七〕原夫詩賦之義　「義」原作「意」，據北宋本改。

〔六八〕人不土著　「土」原訛「士」，據諸本改。

〔六九〕一命拜免　「拜免」原誤倒，據北宋本、傅校本、明抄本、明刻本乙正。

〔七〇〕籍氏代司人　「人」原訛「史」，據北宋本、傅校本、明抄本、明刻本、王吳本改。

〔七一〕至後代　原脱「至」，據北宋本、傅校本、明抄本、明刻本、王吳本補。

〔七二〕魯弱於三桓　「桓」原訛「家」，據北宋本、傅校本、明抄本、王吳本改。

〔七三〕刊方寸之木　「刊」原作「刻」，據北宋本、傅校本、明抄本改。下同。

〔七四〕小材爲榱橑　「橑」原作「桷」，據北宋本、傅校本改。

〔七五〕實又長其佻思　「思」原作「薄」，據文苑英華卷七六五及北宋本、傅校本、明抄本改。

〔七六〕其口問義　「其」原作「既」，據文苑英華卷七六五及北宋本、傅校本、明抄本改。

〔七七〕以秋末就路　「末」原訛「初」，據文苑英華卷七六五及北宋本、傅校本、明抄本改。

〔七八〕非唯妨闕生業　「生」原訛「正」，據文苑英華卷七六五及北宋本、傅校本、明抄本、明刻本、王吳本改。

〔七九〕其試策自改問時務以來　「試策」原倒，據全唐文卷三五五及北宋本、傅校本、明抄本、明刻本乙。

〔八〇〕亦以十通八以上爲第　「十」下原衍「分」，據全唐文卷三五五及北宋本删。

〔八一〕商搉比擬　「搉」原訛「確」，據北宋本、傅校本改。

〔八二〕議論　「議論」原倒，據全唐文卷三五五及北宋本、傅校本、明抄本、王吳本乙。

〔八三〕策略深正　「正」原訛「致」，據全唐文卷三五五及北宋本改。

〔八四〕先起試其文策　「策」原訛「章」，據全唐文卷三五五及北宋本、傅校本、明抄本、明刻本、王吳本改。

〔八五〕參軍及長吏連押其後　「吏」原訛「史」，據全唐文卷三五五及北宋本、傅校本、明抄本改。

〔八六〕皆勘會書跡詞理　「詞」原訛「調」，據全唐文卷三五五及北宋本改。

〔八七〕判入第二等　「二」原作「三」，據全唐文卷三五五及北宋本、傅校本、明抄本、明刻本、王吳本改。

〔八八〕請送詞策上中書門下　「請」原訛「諸」，據全唐文卷三五五及北宋本、傅校本、明抄本、明刻本、王吳本改。

〔八九〕庶有才不滯　「不」原作「無」，據全唐文卷三五五及北宋本、傅校本、明抄本、明刻本、王吳本改。

〔九〇〕人出身以後當宜習法　「人」上原有「舉」，據北宋本删。按：全唐文卷三五五無「舉」字。

〔九一〕頗有文彩爲第三等　「頗」、「第」原脱，據全唐文卷三五五及北宋本、傅校本、明抄本、明刻本、王吳本補。

〔九二〕其理無失爲第四等　「爲」上有「者」，據全唐文卷三五五及北宋本、王吳本删。

〔九三〕請牓示以懲之　「示」原脱，據全唐文卷三五五及北宋本、傅校本、明抄本、明刻本、王吳本補。

〔九四〕其授試官及員外官等　下「官」原脱，據全唐文卷三五五及北宋本、傅校本、明抄本、明刻本補。

〔九五〕授官日　「日」原脱，據全唐文卷三五五及北宋本、傅校本、明抄本、明刻本、王吳本補。

〔九六〕約判之工拙也　「判」原脱，據全唐文卷三五五及北宋本、傅校本、明抄本、明刻本補。

〔九七〕不可復爲僞濫耳　原脱「可」，據全唐文卷三五五及北宋本、傅校本、明抄本、明刻本補。

〔九八〕然後任依舊法　「任」原訛「仍」，據全唐文卷三五五及北宋本、傅校本、明抄本、明刻本、王吳本改。

〔九九〕其曾經登科及有清白狀　「經」原脱，據全唐文卷三五五及北宋本、傅校本、明抄本補。

〔一〇〇〕責絶其姦濫　「責」原脱，據全唐文卷三五五及北宋本、傅校本、明抄本補。按：明刻本、王吳本訛作「則」。

〔一〇一〕皆令相遠　「令」原訛「分」，據全唐文卷三五五及北宋本改。

〔一〇二〕有僞濫者　「者」原脱，據全唐文卷三五五及北宋本、傅校本、明抄本、明刻本、王吳本補。

〔一〇三〕並請准所在寄莊寄住處投狀　下「寄」原脱，據全唐文卷三五五及北宋本補。

〔一〇四〕彼身言及書　「彼」原訛「比」，據全唐文卷三五五及北宋本、傅校本、明抄本、明刻本改。

〔一〇五〕夫敷以言者　「夫」原脱，據全唐文卷三五五及北宋本補。

〔一〇六〕其唐虞官百　「官百」原倒，據全唐文卷三五五及北宋本乙。

〔一〇七〕姦濫所萃　「萃」北宋本作「革」。

〔一〇八〕法固致此　「致」原作「至」，據全唐文卷三五五及北宋本、傅校本、明抄本改。

〔一〇九〕古之鄉舉里選　「之」原訛「人」，據全唐文卷三五五及北宋本、傅校本、明刻本、王吳本改。

〔一一〇〕其有効官公清　「有」原作「人」，據全唐文卷三五五及北宋本改。

〔二二〕但令諸道觀察使　「令」原訛「今」，據全唐文卷三五五及北宋本改。

〔二三〕令其講釋　「其」原訛「有」，據全唐文卷三五五及北宋本、傅校本、明抄本改。

劉俊文點校　王文錦覆校

通典卷第十八

選舉六

雜議論下

禮部員外郎沈既濟議曰：〔一〕

計近代以來，爵禄失之者久矣，其失非他，在四太而已。何者？入仕之門太多，代胄之家太優，禄利之資太厚，督責之令太薄。請徵古制以明之。

管子曰：「夫利出一孔者，其國無敵；出二孔者，其兵不屈；出三孔者，不可以加兵；〔二〕出四孔者，其國必亡。先王知其然，故塞人之養，隘其利途。」使人無游事而一其業也。而近代以來，禄利所出數十百孔，故人多歧心，疏瀉漏失而不可轄也。夫入仕者多，則農工益少，農工少則物不足，物不足則國貧。是以言入仕之門太多。

禮曰：「天子之元子，士也。天下無生而貴者。」則雖儲貳之尊，與士伍同。故漢王良以大司徒免歸蘭陵，〔三〕後光武巡幸，始復其子孫邑中徭役，丞相之子不得蠲户課。而近代以來，九品之家皆不征，其高蔭子弟，重承恩獎，皆端居役物，坐食百姓，其何以堪之！是以言代胄之家太優。

先王制士，所以理物也；置祿，所以代耕也。農工商有經營作役之勞，而士有勤人致理之憂。雖風猷道義，士伍爲貴；其苦樂利害，與農工商等不甚相遠也。後代之士，乃撞鐘鼓，樹臺榭，以極其歡；而農工鞭臀背，役筋力，以奉其養。得仕者如昇仙，不仕者如沈泉。歡娛憂苦，若天地之相遠也。夫上之奉養也厚，則下之徵斂也重。養厚則上覬其欲，斂重則下無其聊。故非類之人，或沒死以趣上，構姦以入官，非唯求利，亦以避害也。是以言祿利之資太厚。

語曰：「陳力就列，不能者止。」昔李膺、周舉爲刺史，〔四〕守令畏憚，靚風投印綬者四十餘城。夫豈不懷祿而安榮哉？顧漢法之不可偷也。自隋變選法，則雖甚愚之人，蠕蠕然，第能乘一勞，結一課，獲入選敍，則循資授職，族行之官，隨列拜揖，藏俸積祿，四周而罷；因緣侵漁，抑復有焉。其罷之日，必妻孥華楚，僕馬肥腯，而偃仰乎士林之間。及限又選，終而復始，非爲巨害，至死不黜。故里語謂「人之爲官若死然，未有不了而倒還」者。爲官如此易，享祿如此厚，上法如此寬，下斂如此重，則人孰不違其害以就其利者乎！是以言督責之令太薄。

既濟以爲當輕其祿利，重其督責，使不才之人，雖虛座設位，置印綬於旁，揖讓而進授之，不敢受。寬其征徭，安其田里，使農商百工各樂其業，雖以官誘之，而莫肯易。如此，則規求之志不禁而息，多士之門不扃而閉。若上不急其令，下不寬其徭，而欲以法術遮列，禁人姦冒，此猶坯土以壅横流也，勢必不止。

夫古今選用之法，九流常敍，有三科而已，曰：德也，才也，勞也。而今選曹，皆不及焉。何以言之？且吏部之本，存乎甲令，雖曰度德居官，量才授職，〔五〕計勞升秩，其文具矣，然考校之法，皆在書判簿歷、言詞俯仰之閒，〔六〕侍郎非通神，不可得而知之。則安行徐言，非德也；麗藻芳翰，非才也；累資積考，非勞也。苟執此不失，猶乖得人，況衆流茫茫，耳目有不足者乎！　蓋非鑒之不明，非擇之不精，法使然也。先朝數人以下言之詳矣，是以文皇帝病其失而將革焉。夫物盈則虧，法久終弊，雖文武之道，亦與時弛張，〔七〕五帝三王之所以不相沿也。是以王者觀變以制法，察時而立政。按前代選用，皆州府察舉，及年代久遠，訛失滋深。至於齊、隋，不勝其弊，凡所置署，多由請託。故當時議者以爲，與其率私，不若自舉；與其外濫，不若内收。是以罷州府之權而歸於吏部。此矯時懲弊之權法，非經國不刊之常典。

今吏部之法蹙矣，復宜掃而更之，無容循默，坐守刓弊。伏以爲當今選舉，人未土著，不必本於鄉閭；鑒不獨明，不可專於吏部。謹按詳度古制，〔八〕折量今宜，謂五品以上及羣司長官，俾宰臣進敍，吏部、兵部得參議焉；〔九〕其六品以下，或僚佐之屬，許州府辟用。則銓擇之任，悉委於四方；結奏之成，咸歸於二部。必先擇牧守，然後授其權：高者先署而後聞，卑者聽版而不命。其牧守、將帥或選用非公，則吏部、兵部得察而舉之。聖主明目達聰，逖聽懸視，〔一〇〕罪其私冒不慎舉者，小加譴黜，大正刑典，責成授任，誰敢不勉。夫如是，則接名僞命之徒，菲才薄行之人，貪叨賄貨，懦弱姦宄，下詔之日，隨聲而廢。通計大數，十除八九，則人少而員寬，事詳而官審，賢者不獎而自進，不肖者不抑而自退。除隋權道，復古美制，則衆才咸得，而天下幸甚。

或曰：「當開元、天寶中，不易吏部之法，而天下砥平，何必外辟，方臻於理？」既濟以爲不然。夫選舉者，經邦之一端，雖制之有美惡，而行之由法令。〔一一〕是以州郡察舉，在兩漢則理，在魏、齊則亂；吏部選集，在神龍則紊，在開元、天寶則理。當其時，久承升平，御以法術，慶賞不軼，威刑必齊，由是而理，匪關吏部而臻此也。〔一二〕向以此時用辟召之法，則其理不益久乎！夫議事以制不以權，當徵其本末，計其遐邇，豈時得時失之可言耶！

或曰：「帝王之都，必浩穰輻輳，士物繁合，然後稱其大。若權散郡國，遠人不至，則京邑索矣，如之何？」又甚不然。自古至隋，數百千年，選舉之任，皆分郡國。當漢文、景、武帝之時，京師庶富，百廛九市，人不得顧，〔一三〕車不得旋，侈溢之盛，亦云極矣，豈待舉選之士爲其助哉！〔一四〕又夫人有定土，土無賸人，浮冗者多，則地著者少。自隋罷外選，招天下之人聚於京師，春還秋往，鳥聚雲合，窮關中地力之産，奉四方游食之資，是以筋力盡於漕運，薪粒方於桂玉，是由斯人索我京邑，而謂誰索乎？且權分州郡，所在辟舉，則四方之人無有遐心，端居尊業，而祿自及；祿苟未及，業常不廢。若仕進外絶，要攢乎京，惜時懷祿，孰肯安堵。必貨鬻田産，竭家嬴糧，糜費道路，交馳往復，是驅地著而爲浮冗者也！〔一五〕夫京師之冗，孰與四方之實；一都之繁，孰與萬國之殷。況王者當繁其天下，豈廛閈之中校其衆寡哉！

或曰：「仕門久開，入者已衆。若革其法，則舊名常調，不足以致身，使中才之人，進無所容，退無所習，其將安歸乎？」既濟以爲，人繫賢愚，業隨崇替，管庫之賢既可以入仕，則士之不肖寧愧乎出流？從古以然，非一代也。故傳云：「三后之姓，於今爲庶。」今士流既廣，不可以強廢，〔一六〕但鍵其舊門，不使新入；峻其宦途，不使濫登。十數年閒，新者不來，而舊者耗矣，待其人少，然後省官。夫人之才分，各有餘裕，自爲情欲所汩，而未嘗盡焉，引之則長，縈之則短，在勉而已。故凡士族，皆稟父兄之訓，根聰明之性，蓋以依倚官緒，無湮淪墊溺之虞，故循常不修，名義罕立，此教使然也。若惟善是舉，不才決弃，前見爵禄，後臨塗泥，人懷憤激，孰不騰進。則中品之人，悉爲長材，雖曰慎選，捨之何適。

選舉雜議凡七條

一、或曰：「按國家甲令，凡貢舉人，〔一七〕本求才德，不選文詞，故律曰：『諸貢舉人非其人者，徒。』注云：『謂德行乖僻者也。』居州郡則廉使昇聞，在朝廷則以時黜陟，用兹懲勸，足爲致理。有司因循，不修厥職，浸以訛謬，使其陵頽。今但修舊令，舉舊政，則人服矣，焉用改作？」答曰：「州郡以德行貢士，禮闈以文詞揀才，試官以帖問求學，銓曹以書判擇吏，俱存甲令，何令宜修？且惟德無形，惟才不器，搏之弗得，聆之弗聞，非在所知，焉能辨用？今禮部、吏部一以文詞貫之，則人斯遠矣。使臣廉舉，但得其善惡之尤者耳，每道累歲，罕獲一人。至如循常諄諄，蚩騃愚鄙者；或身甚廉謹，政爲人蔽者；或善爲姦濫，祕不彰聞者：一州數十人，曷嘗聞焉？若銓不委外，任不責成，不疏其源，以導其流，而以文字選士，循資授職，雖口誦律令，拳操斧鉞，〔一八〕以臨其人，無益也。非改之不可。」

二、或曰：「昔後漢貢士，諸生試經學，文吏試牋奏。則舉人試文，乃前王典故，而子獨非於今，何也？」答曰：「漢代所貢，乃王官耳。凡漢郡國每歲貢士，皆拜爲郎，分居三署，儲才待詔，無有常職，故初至必試其藝業，而觀其能否。至於郡國僚吏，皆府主所署，版檄召用，至而授職，何嘗賓貢，亦不試練。其遐州陋邑，一掾一尉，或津官戍吏，皆登銓上省，受試而去者，自隋而然，非舊典也。」

三、或曰：「若使外州辟召，必是牧守親故，或權勢囑託，或旁鄰交質，多非實才，奈其濫何？」答曰：「誠有之也。然其濫孰與吏部多？請較其優劣。且州牧郡守，〔一九〕古稱共理，政能有美惡之跡，法令有殿最之科，分憂責成，誰敢濫舉。設如年多人怠，法久弊生，天網恢疏，容其姦謬，舉親舉舊，有囑有情，十分其人，五極其濫，猶有一半，尚全公道。如吏部者，十無一焉。請試言之：凡在銓衡，唯徵書判，至於補授，祇校官資，善書判者何必吏能？美資歷者寧妨貪戾？假使官資盡愜，刀筆皆精，此爲吏曹至公之選，則補授之際，〔二〇〕官材匪詳。或性善緝人，則職當主辨；或才堪理劇，則官授散員。或時有相當，亦幸中耳，非吏曹素得而知也。有文無賴者，計日可升；有用無文者，終身不進。況其書判，多是假手，或他人替入，或旁坐代爲，或臨事解衣，或宿期定估，才優者一兼四五，自製者十不二三。況造僞作姦、冒名接腳，又在其外。令史受賂，雖積謬而誰尤？選人無資，雖正名而猶剩。又聞昔時公卿子弟親戚，隨位高低，各有分數，或得一人、二人、三人、四人不在放限者，禮部明經等亦然，俗謂之『省例』，〔二一〕斯非濫歟？若等爲濫，此百而多者也。」〔二二〕

四、或曰：「吏部有濫，止由一門；州郡有濫，其門多矣。若等爲濫，豈若杜衆門而歸一門乎？」答曰：「州郡有濫，雖多門，易改也；吏部有濫，雖一門，不可改也。何者？凡今選法，皆擇才於吏部，述職於州郡。若才職不稱，紊亂無任，責於刺史，則曰：『官命出於吏曹，不敢廢也。』責於侍郎，則曰：『量書判資，考而授之，不保其往也。』責於令史，則曰：『按由歷出入而行之，不知其他也。』黎庶從弊，〔二三〕誰任其咎？若牧守自用，則罪將焉逃。必州郡之濫，獨換一刺史則革矣；如吏部之濫，雖更其侍郎，無益也。蓋九流浩浩，不可得知，法使之然，非主司之過。〔二四〕故云門雖多而易改，門雖一而不可改者，以此。」

五、或曰：「今人多情，故吾恐許其選吏，〔二五〕必綱紀紊失，不如今日之有倫也。」〔二六〕答曰：「不假古義，請徵目前以明之。今諸道節度、都團練、觀察、租庸等使，自判官、副將以下，皆使自銓擇，縱其閒或有情故，大舉其例，十猶七全。則辟吏之法見行於今，但未及於州縣耳。利害之理，較然可觀，何紀之失，何綱之紊？嚮令諸使僚佐，盡授於選曹，則安獲鎮方隅之重，理財賦之殷也。」

六、或曰：「頃年嘗見州縣有攝官，〔二七〕皆是牧守所自署置，政多苟且，〔二八〕不議久長，纔始到官，已營生計，迎新送故，勞弊極矣。今令州郡召辟，則其弊亦爾，奈何？」答曰：「國家職員，皆稟朝命，攝官承乏，苟濟一時，不日不月，必乎停省，〔二九〕人雖流而責不及，績雖著而官不成，便身而行，不苟何待？若職無移奪，命自州邦，〔三〇〕所攝之官，便爲已任，上酬知己，下利班榮，争竭智力，人誰不盡？今常調之人，遠授一職，已數千里赴集，又數千里之官，挈携妻孥，復往勞苦，必一周而在路，料閒歲而停官，成名非知己之恩，〔三一〕後任可計考而得，此之不苟，而誰爲苟！」

七、或曰：「今四方諸侯，或有未朝覲者。若天下士人既無常調，久不得禄，人皆怨嗟，〔三二〕必相率去我，入於他境，則如之何？」答曰：「善哉問乎！夫辟舉法行，〔三三〕則搜羅畢盡，自中人以上，皆有位矣。此禄之不及者，皆下劣無任之人，復何足惜！當今天下凋弊之本，實爲士人太多。何者？凡士人之家，皆不耕而食，不織而衣，使下奉其上不足故也。大率一家有養百口者，有養十口者，多少通計，一家不減二十人，萬家約有二十萬口。今有才者既爲我用，愚劣者盡歸他人，有萬家歸之，内則二十萬人隨之，食其黍粟，衣其縑帛，享其禄廩，役其人庶。我收其賢，彼得其愚；我減浮食之口二十萬，彼加浮食之人二十萬：則我弊益減，而彼人益困。自古興邦制敵之術，莫出於是。唯懼去我之不速也，夫何患焉！」

請改革選舉事條

內外文武官五品以上。應非選司注擬者。右請宰相總其進敍，吏部、兵部得參議可否。〔三四〕

吏部尚書、侍郎。〔三五〕右請掌議文官五品以上、除拜六品以下，攢奏兼察舉選用之不公者。諸京司長官及觀察使、刺史舉用僚佐，有才職不稱，背公任私者，得察舉彈奏。非選用濫失，不得舉。凡有所察，郎中刺舉，員外郎判成，侍郎、尚書署之，而後行。諸官長若犯他過，使司自當彈奏，〔三六〕即非吏部所察。故云非選用濫失，不得舉。餘所掌準舊。若官長選用濫失有聞，而吏部不舉，請委御史臺彈之。御史臺不舉，即左右丞彈之。〔三七〕按六典，御史有糾不當者。即左右丞得彈奏。

兵部尚書、侍郎。右請掌議武官五品以上、除拜六品以下，攢奏兼察舉選用之不公者。諸軍衞長官及節度、都團練使舉用將校，才職不稱，背公任私者，得察舉彈奏。非選用濫失，不得舉。凡有所察舉及臺省糾彈，如吏部之法。餘所掌準舊。

禮部每年貢舉人。右並請停廢。有別須經藝之士，〔三八〕請於國子監六學中銓擇。國子學、太學、四門學、律學、書學、算學。

兵部舉選。右請停廢。昔隋置折衝府，分鎮天下，所以散兵。〔三九〕及武太后，昇平置武舉，恐人之忘戰。則武官、武選，本末可徵。今內外邦畿，皆有師旅；偏裨將校，所在至多。誠宜設法減除，豈復張門誘入。況若此輩，又非驍雄，徒稱武官，不足守禦，雖習弓矢，不堪戰鬬，而坐享禄俸，規逃王徭。〔四〇〕今請悉停，以絶姦利。

京官六品以下。應合選司注擬者。右請各委本司長官自選用，初補稱攝，然後申吏部、兵部，吏部、兵部奏成，乃下敕牒，并符告於本司，是爲正官。考從奏成日計。凡攝官，俸禄各給半。

州府佐官。〔四一〕別駕、少尹、五府司馬、赤令，不在此例。〔四二〕右自長史以下，至縣丞、縣尉，〔四三〕諸州長史、司馬，或雖是五品以上官，亦同六品官法。請各委州府長官自選用，不限土、客。其申報正、攝之制，與京官六品以下同。其邊遠羈縻等州，請兼委本道觀察使，共銓擇補授。

上州省事、市令，中州參軍、博士，下州判司，録事參軍不在此例。中下縣丞以下及關、津、鎮戍官等。右請本任刺史補授訖，申吏部、兵部，吏部、兵部給牒，然後成官，並不用聞奏。其員數不得踰舊制。雖吏部未報，並全給禄俸。〔四四〕若承省牒，在任與正同，去任後不得稱其官。〔四五〕若州司以勞効未著而不申者，請不限年月並聽之。

州縣。　右請準舊令，州爲三等，上、中、下。縣爲五等，赤、畿、上、中、下。其餘緊、望、雄、輔之名請廢。夫等級繁多，則仕進淹滯，使其周歷，即務速遷，〔四六〕官非久安，政亦苟且。請減衆級，以懲僥心，則官達可期，〔四七〕羣才無壅。

六品以下官資歷。　右並請以五周爲滿，唐虞遷官，必以九載。魏晉以後，皆經六周。國家因隋爲四，近又減削爲三。考今三、四則太少，六、九則太多，請限五周，庶爲折中。其遷轉資歷，請約修舊制。修舊制，謂遷轉資次也。但以一官亦滿，即任召用，並無選數。若才行理績有尤異者，請聽超遷。每長官代换，其舊僚屬若有負犯及不稱職者，請任便替；若無負犯，皆待考滿，未滿者不得替。

諸道使管内之人及州縣官屬，有政理尤異，識略宏通，行業精修，藝能超絕及懷才未達，隱德丘園，或堪充内官，不稱州縣者；並申送吏部。將校偏裨有兵謀武藝，或堪充宿衞，或可爲統帥者。　右請不限少多，〔四八〕各令長官具述才行謀略，舉送朝廷，皆申上。吏部、兵部各設官署以處之，審量才能，銓第高下，每官職有闕及別須任使，〔四九〕則隨才擢用。如漢光禄勳領三署郎。稱舉者，舉主加階進爵；得賢俊者，遷其官。若自用僚屬，雖得賢不賞。

禁約雜條

一、諸使及諸司州府長官舉用僚屬，請明書事跡、德行、才能，請授某官某職，皆先申吏部、兵部，若諸使奏官兼帶職掌者，即以職掌分其文武，不計本官。帶州縣職，即申吏部；帶軍職，即申兵部。吏部、兵部謄其詞而奏，云得某使、某曹司、某州府狀稱。〔五〇〕以元狀人入，按每使、每司、每州，各爲一簿。

一、所舉官吏在任日，有行迹乖謬，不如舉狀及犯罪至徒以上者，請兼坐舉主，其所犯人，自依常法本條處分。一人奪禄一年，諸使無禄者，凖三品官以料錢折納，依時估計。二人奪賜，無賜者貶其色，降紫從緋，降緋從緑，降緑從碧。三人奪階及爵，有爵無階、有階無爵者，加奪賜及勳。四人解見任職事官，已上任者，並追解之。五人貶官，節度、觀察使降爲刺史，刺史降爲上佐，皆以邊州。六人除名。雖六人以上，罪止除名。有犯贓罪至流以上者，倍論之。倍，謂一人從二人之法，二人從四人之法，三人從六人之法。罪止三人。若舉用後，續知過謬，具狀申述及自按劾者，請勿論。此謂所知不審，舉用失誤者。

一、所舉官有因姦納賂而舉者，有親故非才而舉者，有容受囑託而舉者，有明知不善而故舉者。有犯一科，請皆以罔上論，不在官贖限。囑託舉者，兩俱爲首，規求者爲從。

評曰：

夫人生有欲，無君乃亂。君不獨理，故建庶官。昔在唐、虞，〔五一〕皆訪於衆，則舜舉八元、八凱，四岳之舉夔龍、稷、契，此蓋用人之大略也。降及三代，擇於鄉庠，然後授任，其制漸備。秦漢之道，雖不師古，閭塾所推，猶本乎行。而郡國佐吏，並自獎擢，備嘗試効，乃登王朝；内官有僚屬者，亦得徵求俊彦。暨於東漢，初置選職，推擇之制，尚習前規，左雄議以限年，其時不敢謬舉，所以二漢號爲多士。魏晉設九品，置中正，蓋論閥閲，罕考行能，選曹之任，益爲崇重。州郡之刺史、太守，内官之卿、尹、大夫，咸吏部所署，而辟召及鄉里之舉，舊式不替。永嘉之後，天下幅裂，三百餘祀，方遂混同，中間各承正號，凡有九姓，大抵不變魏晉之法，皆亂多理少，諒無足可稱。夫文質相矯，有如循環，教化所由，興衰是繫。〔五二〕自魏三主俱好屬文，晉、宋、齊、梁風流彌扇，體非典雅，詞尚綺麗，澆訛之弊，極於有隋。且三代以來，憲章可舉，唯稱漢室；繼漢之盛，莫若我唐。惜乎當創業之初，承文弊之極，可謂遇其時矣，羣公不議救弊以質，而乃因習尚文，風教未淳，慮由於此。

緬徵往昔，論選舉者，無代無之，或云「官繁人困，要省吏員」，或云「等級太多，患在速進」，或云「守宰之職，所擇殊輕」，或云「以言取人，不如求行」：是皆能知其失，而莫究所失之由。〔五三〕何者？按秦法，唯農與戰始得入官。漢有孝悌、力田、賢良、方正之科，乃時令徵辟，而常歲郡國率二十萬口貢止一人，約計當時推薦，天下纔過百數，則考精擇審，必獲器能。自茲厥後，轉益煩廣。我開元、天寶之中，一歲貢舉，凡有數千；而門資、武功、藝術、胥吏，衆名雜目，百户千途，入爲仕者，又不可勝紀，比於漢代，且增數十百倍。安得不重設吏職，多置等級，遞立選限以抑之乎？常情進趨，共慕榮達，升高自下，由邇陟遐，固宜驟歷方至，何暇淹留著績。秦氏列郡四十，兩漢郡國百餘，〔五四〕太守入作公卿，郎官出宰縣邑，便宜從事，闕略其文，無所可否，責以成効，寄委斯重，酬獎亦崇。今之剖符三百五十，〔五五〕郡縣差降，復爲八九，邑之俊乂，不得有之；事之利病，不得專之。八使十連，舉動咨稟，地卑禮薄，勢下任輕，誠曰徒勞難階，超擢容易而授，理固然也。

始後魏崔亮爲吏部尚書，無問賢愚，以停解日月爲斷，時沉滯者皆稱其能，魏之失才，實從亮始。洎隋文帝，素非學術，盜有天下，不欲權分，罷州郡之辟，廢鄉里之舉，内外一命，悉歸吏曹；纔厠班列，皆由執政。則執政參吏部之職，〔五六〕吏部總州郡之權，罔徵體國推誠、代天理物之本意，是故銓綜失敍，受任多濫。豈有萬里封域，九流叢湊，掄才授職，仰成吏曹，以俄頃之周旋，定才行之優劣，求無其失，不亦謬歟！

爾後有司尊賢之道，先於文華；辨論之方，擇於書判。靡然趨尚，其流猥雜。所以閱經號爲「倒拔」，徵詞同乎射覆，置「循資」之格，立選數之制，壓例示其定限，平配絶其踰涯，或糊名考覈，或十銓分掌。苟濟其末，不澄其源，則吏部專總，是作程之弊者；文詞取士，是審才之末者；書判，又文詞之末也。

凡爲國之本，資乎人甿；人之利害，繫乎官政。欲求其理，在久其任；欲久其任，在少等級；欲少等級，在精選擇；欲精選擇，在減名目。俾士寡而農工商衆，始可以省吏員，始可以安黎庶矣。誠宜斟酌理亂，詳覽古今，推仗至公，矯正前失，或許辟召，或令薦延，舉有否臧，論其誅賞，課績以考之，升黜以勵之，拯斯刓弊，其效甚速，實爲大政，可不務乎！〔五七〕

校勘記

〔一〕沈既濟議曰　「議」原作「論」，據北宋本、傅校本、明抄本、明刻本、王吴本改。

〔二〕不可以加兵　「加」原作「舉」，據北宋本、傅校本、明抄本改。

〔三〕故漢王良以大司徒免歸蘭陵　原「徒」下有「位」，據北宋本、傅校本、明抄本、明刻本、王吴本删。

〔四〕周舉　北宋本、傅校本、明抄本作「周乘」。

〔五〕量才授職　「量」北宋本、傅校本、明抄本作「任」。

〔六〕皆在書判簿歷　「書判」原倒，據北宋本、傅校本、明抄本、明刻本、王吳本乙正。

〔七〕亦與弛張　「弛張」原倒，據北宋本、傅校本、明抄本、明刻本、王吳本乙。

〔八〕謹按詳度古制　原脱「按」，據北宋本、傅校本、明抄本、明刻本、王吳本補。

〔九〕吏部兵部得參議焉　「兵部」原脱，據新唐書選舉志下一一七八頁補。按：下文云「結奏之成，咸歸於二部」，「吏部兵部得察而舉之」，知有「兵部」是。

〔一〇〕逖聽懸視　「懸」原作「遐」，據北宋本、傅校本、明抄本、王吳本改。

〔一一〕而行之由法令　「由」下原衍「於」，據新唐書選舉志下一一七九頁及北宋本、傅校本、明抄本、王吳本刪。

〔一二〕匪關吏部而臻此也　「關」原作「用」，據北宋本、傅校本、明抄本、明刻本、王吳本改。

〔一三〕人不得顧　「人」原脱，據全唐文卷四七六及北宋本改。

〔一四〕豈待舉選之士爲其助哉　「舉選」原倒，據北宋本、傅校本、明抄本乙正。

〔一五〕是驅地著而爲浮冗者也　「而」下原衍「安」，據北宋本、傅校本刪。

〔一六〕不可以强廢　「以」原脱，據北宋本、傅校本、明抄本、明刻本補。

〔一七〕凡貢舉人　「貢舉」原倒，據全唐文卷四七六及北宋本、傅校本、明抄本、明刻本、王吳本乙。

〔一八〕拳操斧鉞　「拳」原作「手」，據北宋本、傅校本、明抄本改。

〔一九〕且州牧郡守　「牧郡」原倒，據全唐文卷四七六及北宋本乙。

〔二〇〕則補授之際　「則」原作「而」，據全唐文卷四七六及北宋本、傅校本、明抄本、明刻本、王吴本改。

〔二一〕俗謂之省例　「俗」原脱，據北宋本、明抄本補。

〔二二〕此百而多者也　原「此」下有「則」，「百」下有「倍」，據北宋本、傅校本、明抄本、明刻本、王吴本删。

〔二三〕黎庶從弊　「從」原作「受」，據北宋本、傅校本、明抄本改。

〔二四〕非主司之過　「主」原訛「正」，據北宋本改。

〔二五〕故吾恐許其選吏　「吾」原訛「長」，據北宋本改。

〔二六〕不如今日之有倫也　「日」原訛「已」，據北宋本改。

〔二七〕頃年嘗見州縣有攝官　「嘗」原作「常」，據北宋本、傅校本改。

〔二八〕政多苟且　「政」原訛「正」，據北宋本、傅校本、明抄本、明刻本改。按：文獻通考卷三九也作「政」。

〔二九〕必乎停省　「必乎」原作「事必」，據北宋本改。

〔三〇〕命自州邦　「邦」原作「郡」，據北宋本、傅校本改。

〔三一〕成名非知己之恩　「恩」原訛「思」，據北宋本、傅校本、明抄本改。

〔三二〕人皆怨嗟　「怨嗟」原倒，據北宋本乙。

〔三三〕夫辟舉法行　「夫」原脱，據北宋本、傅校本、明抄本、明刻本、王吴本補。

〔三四〕吏部兵部得參議可否　「得」原脱，據北宋本、傅校本、明抄本、明刻本、王吴本補。

〔三五〕吏部尚書侍郎　「侍郎」北宋本作小字夾注。下「兵部尚書侍郎」同。

〔三六〕使司自當彈奏　「使」原訛「搜」，據唐會要卷八一及北宋本、傅校本、明抄本、王吳本改。

〔三七〕即左右丞彈之　「丞」原脱，據北宋本補。

〔三八〕有別須經藝之士　「須」原訛「項」，據北宋本、傅校本、明抄本改。

〔三九〕分鎮天下所以散兵　「所以」原在「分鎮」上，誤。據北宋本、傅校本、明抄本、王吳本乙正。

〔四〇〕規逃王徭　「王」原訛「征」，據北宋本、傅校本、明抄本改。

〔四一〕州府佐官　「州府」原倒，據北宋本、傅校本、明抄本、明刻本、王吳本乙。

〔四二〕不在此例　原作「皆不在此限」，係後人增易者。今據北宋本、傅校本删改。按：王吳本亦作「例」。

〔四三〕至縣丞縣尉　下「縣」原脱，據北宋本補。

〔四四〕並全給禄俸　「禄俸」原倒，據北宋本乙。

〔四五〕去任後不得稱其官　原「官」下有「職」，據北宋本、傅校本、明抄本、明刻本删。

〔四六〕即務速遷　「遷」原訛「選」，據諸本改。

〔四七〕則官達可期　「官達」原訛「宫僚」，據北宋本改。

〔四八〕右請不限少多　「少多」原倒，據北宋本乙。

〔四九〕別須任使　「須」原訛「項」，據北宋本、傅校本、明抄本改。

〔五〇〕某曹司　「曹」原訛「軍」，據北宋本、傅校本、明抄本、王吳本改。

〔五一〕昔在唐虞　「在」原訛「有」，據北宋本、傅校本、明抄本、明刻本改。

〔五二〕興衰是繫　「衰」原作「喪」，據北宋本改。

〔五三〕而莫究所失之由　「莫」下原衍「能」，據北宋本删。

〔五四〕兩漢郡國百餘　「郡國」原作「列郡」，據北宋本、傅校本、明抄本、王吴本改。

〔五五〕今之剖符三百五十　「剖」原訛「部」，據北宋本、傅校本、明抄本、王吴本改。

〔五六〕則執政參吏部之職　原脱「則」，據北宋本、傅校本、明抄本、明刻本、王吴本補。

〔五七〕可不務乎　明刻本、王吴本於此句下有七十四字雙行夾注：「遂寧王氏曰：士爲四民之首，有關世務大矣。詩不云乎，濟濟多士，文王以寧。但當崇其實用，汰其浮文，士正患其不多也。今此論欲俾士寡而農工商衆，吏員可省，黎庶可安。因噎廢食，不思甚矣。」非通典原注，姑録以存參。

劉俊文點校　王文錦覆校

通典卷第十九

職官一

歷代官制總序　要略官數　官品　設官沿革　封爵　三公　宰相　三老五更　禄秩

歷代官制總序〔一〕

伏羲氏太昊以龍紀，故爲龍師名官。師，長也。龍紀其官長，〔二〕故爲龍師。春官爲青龍，夏官爲赤龍，秋官爲白龍，冬官爲黑龍，中官爲黄龍。張晏曰：「庖羲氏將興，神龍負圖而至，因以名師與官也。」共工氏以水紀，故爲水師水名。共工氏，以諸侯霸有九州者。以受水瑞，故水名官。神農氏以火紀，故爲火師火名。火德也，故爲炎帝。春官爲大火，夏官爲鶉火，秋官爲西火，冬官爲北火，中官爲中火也。神農有火星之瑞，因以名師與官也。黄帝雲師雲名。黄帝受命有雲瑞，故以雲紀事。春官爲青雲，夏官爲縉雲，秋官爲白雲，冬官爲黑雲，中官爲黄雲也。黄帝有景雲之應，因以名師與官也。

少昊摯之立也，鳳鳥適至，故鳥紀，爲鳥師而鳥名。鳳鳥氏，曆正也。鳳鳥知天時，故以爲曆正之官。玄鳥氏，司分也。玄鳥，燕也。以春分來，秋分去。伯趙氏，司至也。伯趙，伯勞也。以夏至鳴，至冬至止。〔三〕青鳥氏，司啟也。青鳥，鶬鷃也。以立春鳴，立秋止。鷃音晏。丹鳥氏，司閉也。丹鳥，鷩雉也。以立秋來，立冬去，入大水爲蜃。以上四鳥，皆曆正之屬官。〔四〕祝鳩氏，司徒也。祝鳩，鷦鳩也。鷦鳩孝，故爲司徒，主教民。鴡鳩氏，司馬也。鴡鳩，王鴡也。摯而有別，故爲司馬，主法制。鳲鳩氏，司空也。鳲鳩，鴶鵴也。鳲鳩平均，故爲司空，平水土。鳲音尸。鴶音秸。鵴音菊。〔五〕爽鳩氏，司寇也。爽鳩，鷹也。摯，故爲司寇，主賊盜。鶻鳩氏，司事也。鶻鳩，鶻鵰也。春來冬去，故爲司事。鶻音骨。鵰音陟交反。似山鵲而小，至春多聲。五鳩，鳩民者也。鳩，聚也。治民尚聚，故以鳩爲名。五雉爲五工正，五雉，雉有五種：西方曰鷷雉，東方曰鶅雉，南方曰翟雉，北方曰鵗雉，伊洛之南曰翬雉。利器用，正度量，夷民者也。夷，平也。九扈爲九農正。扈，止也，止人使不淫放也。扈有九種，春扈鳻鶞，夏扈竊玄，秋扈竊藍，冬扈竊黃，棘扈竊丹，行扈唶唶，宵扈嘖嘖，桑扈竊脂，老扈鴳鴳。以九扈爲九農之號，各隨其宜，以教民事者也。鶞音敕倫反。唶音子夜反。嘖音壯革反。

自顓頊以來，不能紀遠，乃紀於近，爲民師而命以民事。德不能致遠瑞，〔六〕始以民事命官。此郯子對魯昭公之辭。仲尼聞之曰：「吾聞之：『天子失官，學在四夷。』」乃見於郯子而學之。又有五行之官，是謂五官。社稷五祀，是尊是奉。五官之君長能修其業者，死配食於五行之神，爲王者所尊奉。春官木正，曰句芒。正，官長也。取木生句曲而有芒角。其祀重也。夏官火正，曰祝融。祝融，明貌也。其祀黎也。秋官金正，曰蓐收。秋物摧蓐而可收也。其祀該也。冬官水正，曰玄冥。水，陰而幽冥。其祀脩及熙焉。中官土正，曰后土。土爲羣物主，故稱后也。其祀句龍焉。在家則祀中霤，在野則祀社。唐堯之代，命羲、和欽若昊天，曆象日月星辰，敬授人時。重黎之後羲氏、和氏，世掌天地四時之官，故堯命之，使敬順昊天。昊天，言元氣廣大。星，四方中星。辰，日月所會。曆象其分節，敬記天時，以授人也。此舉其目，下別序之。分命羲仲宅嵎夷，曰暘谷，宅，居也。東表之地稱嵎夷。暘，明也。日出於谷而天下明，故稱暘谷。暘谷，嵎夷，一也。羲仲居治東方之官。寅賓出日，平秩東作。寅，敬。賓，導。秩，序也。歲起於東，而始就耕，謂之東作。東方之官，敬導出日，平均次序東作之事，以務農也。申命羲叔宅南交，申，重也。南交，言夏與春交，舉一隅以見之。此居治南方之官。平秩南訛，敬致。訛，化也。掌夏之官，平序南方化育之事，敬行其教，以致其功。四時同之，亦舉一隅。分命和仲宅西，曰昧谷，昧，冥也。日入於谷而天下冥，故曰昧谷。昧谷曰西，則嵎夷東可知。此居治西方之官，掌秋天之政。寅餞納日，平秩西成。餞，送也。日出言導，日入言送，因事之宜。秋，西方萬物成，平序其政，助成物也。申命和叔宅朔方，曰幽都，平在朔易。北稱朔，亦稱方。言一方則三方見矣。北稱幽則南稱明，從可知也。都，謂所聚也。易，謂歲改易於北方。平均在察其政，以順天常。上總言羲、和敬順昊天，此分別仲、叔各有所掌。允釐百工，庶績咸熙。允，信。釐，治。工，官。績，功。咸，皆。熙，廣也。言定四時成歲，曆以告時授事，則能信治百官，衆功皆廣，歎其善。内有百揆、四岳，四岳，分主四方諸侯者也。周禮正義曰：「四岳，四時之官，主四岳之事。」始羲、和之時，主四岳者謂之四伯。至其死，分岳事，置八伯，皆王官。其八伯，唯驩兜、共工、放齊、鯀四人而已，餘四人無文可知。故書傳云：「惟元祀巡狩，四岳八伯。」堯始以羲、和爲六卿，春夏秋冬者，并掌方岳之事，是爲四岳。出則爲伯。其後稍死，分置八伯，以九州而言，八伯者，據畿外八州也，畿内不置伯，以鄉遂之吏主之。四岳之外，更有百揆之官者，但堯初天官爲稷，至堯，試舜天官之任，謂之百揆，舜又命禹爲百揆，皆天官也。外有州牧、侯伯。外置州牧十二及五國之長。

虞舜有天下，以伯禹作司空，使宅百揆。禹代鯀爲崇伯，入爲天子司空，治洪水有成功，言可用之。棄作后稷，〔七〕播百穀。契作司徒，敷五教。布五常之教。皋繇作士，正五刑。士，理獄官。垂作共工，利器用。垂，臣名。共謂供其百工職事。伯益作虞，育草木鳥獸。虞，掌山澤之官。伯夷秩宗，典三禮。秩，序。宗，尊也。三禮，天地人之禮。伯夷，臣名，姜姓。夔典樂，教胄子，胄，長也，謂元子以下至卿大夫子弟。以歌詩蹈之舞之，教長國子中和祗庸孝友。和神人。命夔使勉之。龍作納言，出納帝命。納言，喉舌之官。聽下言，納於上，受上言，宣於下，必以信。蓋亦爲六官，以主天地四時也。崔靈恩曰：「自顓頊以來，命南正重司天，火正黎司地，故重、黎之後，世掌天地官，號曰羲、和。唐堯受之，乃置天地四時之官，命羲、和之後，使復舊職，而掌天地之事。又分命羲仲、羲叔、和仲、和叔，使主四時，爲六卿之任。及其末年，舜攝百揆，改地官爲司徒，秋官爲士，冬官爲司空，春官爲秩宗。故尚書曰『乃命羲、和，欽若昊天』，分命和仲、和叔等，使主四時之事。又云：『百姓不親，五品不遜，契爲司徒，敬敷五教。』地官之事也。皋繇作士，五刑有服，秋官之任也。禹作司空，以平水土，冬官之職也。伯夷爲秩宗，典朕三禮，此春官之所司也。」又周禮正義曰：「稷爲天官，羲、和爲夏官，共爲六官也。」

夏后之制，〔八〕亦置六卿。甘誓曰「乃召六卿」是也。其官名次，猶承虞制。禮記曰：「夏后氏官百，天子有三公、九卿、二十七大夫、八十一元士。」

殷制，天子建天官，先六太，曰太宰、太宗、太史、太祝、太士、太卜，典司六典。典，法也。〔九〕此蓋殷時制也。周則太宰爲天官，〔一〇〕太宗曰宗伯，宗伯爲春官，太史以下屬焉。太士，以神仕者。天子之五官，曰司徒、司馬、司空、司士、司寇，典司五衆。衆，謂羣臣也。此亦殷時制也。周則司士屬司馬。太宰、司徒、宗伯、司馬、司寇、司空爲六官。天子之六府，曰司土、司木、司水、司草、司器、司貨，典司六職。府，主藏六物之税者。此亦殷時制也。周則皆屬司徒。司土，土均也。司木，山虞也。司水，川衡也。司草，稻人也。司器，角人也。司貨，丱人也。〔一一〕丱音華猛反。〔一二〕天子之六工，曰土工、金工、石工、木工、獸工、草工，典制六材。此亦殷時制也。周則皆屬司空。土工，陶旊也。金工，築、冶、鳧、㮚、鍛、桃也。石工，玉人、磬人也。木工，輪、輿、弓、廬、匠、車、梓也。〔一三〕獸工，函、鮑、韗、韋、裘也。唯草工職亡，蓋謂作萑葦之器。韗音吁援反。旊音方往反。五官致貢曰享。貢，功也。享，獻也。致其歲終之功於王，謂之獻也。太宰歲終則令百官府各正其治，受其會，聽其致事，而詔王廢置也。五官之長曰伯。謂爲三公也。周禮「九命作伯」。千里之内爲王畿，千里之外設方伯。五國以爲屬，屬有長。十國以爲連，連有帥。三十國以爲卒，卒有正。二百一十國以爲州，州有伯。屬、連、卒、州，猶聚也。伯、帥、正，亦長也。凡長，皆因賢侯爲之。殷之州長曰伯，虞、夏及周皆曰牧。八州八伯，五十六正，百六十八帥，三百三十六長。八伯各以其屬，屬於天子之老二人，分天下以爲左右，曰二伯。老，謂上公。

周成王既黜殷命，參改殷官，〔一四〕制爲周禮，以作天地四時之名，謂之六卿。改太宰爲天官冢宰，太宗爲春官宗伯，以司徒爲地官，〔一五〕司馬爲夏官，司寇爲秋官，司空爲冬官。立天官冢宰掌邦治，地官司徒掌邦教，春官宗伯掌邦禮，夏官司馬掌邦政，秋官司寇掌邦刑，冬官司空掌邦事。六官之職，皆總屬於冢宰。故論語曰：「君薨，百官總己以聽於冢宰。」爾雅曰：「冢，大也。」冢宰則太宰，於百官無所不主。各有徒屬，周於百事。崔靈恩曰：「夫百王不同，各置官禮。爲禪讓相傳者亦不得不改，但所以改者少。非禪讓之世者變易必多，以革人視聽。所以禪讓不改多者，以禪讓道同，人未爲弊，故不改者多。非禪讓之世，須變人情，故必多改。故王者之興，必有改官之禮，此周禮所興之意也。」歲終，天子齋戒受諫，諫當有所改爲。六卿以百官之成質於天子。質，猶平也，平其計要。百官齋戒受質，受平報也。然後休老勞農，饗食之也。成歲事，斷計要也。制國用。

自周衰，官失而百職亂，戰國並爭，各有變易。暨秦兼天下，建皇帝之號，五帝自以德不及三皇，故自去其皇號。三王又以德不及五帝，自損稱王。秦自以德褒二代，〔一六〕故兼稱之。立百官之職，不師古。始罷侯置守，太尉主五兵，丞相總百揆。又置御史大夫，以貳於相。

漢初因循而不革，隨時宜也，其後頗有所改。孟康注漢書曰：「大司馬、左右前後將軍、侍中、常侍、散騎、諸吏爲中朝。丞相以下至六百石等爲外朝。」王莽篡立，慕從古官，而吏民弗安，亦多虐政，遂以亂亡。至更始之時，〔一七〕官爵皆羣小賈豎。語曰：「竈下養，中郎將。爛羊胃，騎都尉。爛羊頭，關內侯。」光武中興，務從節約，并官省職，費減億計。後漢建武六年詔曰：「百姓遭難，户口耗少，而官吏尚繁。」於是司隸、州牧條奏，并省四百餘縣，吏職減損，十置其一。廢丞相與御史大夫，而以三司綜理衆務。洎於叔世，事歸臺閣。論道之官，備員而已。〔一八〕

魏與吴蜀，多依漢制。晉氏繼及，大抵略同。山公啟事曰：「晉制，諸坐公事者，皆三年乃得敍用。其中多有好人，令逍遥無事。臣以爲略依左遷法，隨資才減之，〔一九〕亦足懲戒，而官不失其用。」詔善之。又傅玄奏曰：「諸官有病滿百日不差，宜令去職，優其禮秩。既差而復用。」太元六年，改制減費，損吏士職員，凡七百人。時議省州郡縣半吏，以赴農功。荀勖議以爲：「省吏不如省官，省官不如省事，省事不如清心。昔蕭曹相漢，載其清静，此清心也。漢文垂拱，幾致刑措，此省事也。光武并合吏員，縣官國邑，纔置十一，此省官也。魏太和中，遣王人四出，減天下吏員，正始中亦并合郡縣，此省吏也。今必欲求之於本，則宜以省事爲先。設官分職，委事責成。量能受任，〔二〇〕思不出位。若欲省官，竊謂九寺可并於尚書，蘭臺宜省付三府。」〔二一〕至東晉，桓温又表曰：「愚謂門下三省、祕書、著作，通可減半。古以九卿綜事，不專尚書。今事歸内臺，則九卿爲虚設，皆宜省并。若郊廟籍田之屬，則臨時權兼，事訖省矣。」

爰及宋齊，亦無改作。宋時新制，長吏以父母疾去官，〔二二〕禁錮三年。山陰令沈叔任父疾去職，御史中丞鄭鮮之上議曰：「所以爲其制者，涖官不久，則奔競互生，故杜其欲速之情，以申考績之實耳。今父母之疾，而加以罪名，損義疾理，莫此爲大。」詔從之。於是自二品以上父母及爲祖父母後者，墳墓崩毁及疾病，族屬輒去，〔二三〕並不禁錮。又劉祇爲中書郎，江夏王義恭領中書監，服親不得相臨，表解職也。〔二四〕孝武詔曰：「昔二王兩謝，俱至崇禮。自今三臺五省，悉同此例。」又詔曰：「方鎮所假禮白版郡縣，〔二五〕年限依臺除，食禄三分之一，不給送。」官司有三臺、五省之號，三臺，蓋兩漢舊名。五省，謂尚書、中書、門下、祕書、集書省也。郡縣有三歲爲滿之期。宋州、郡、縣居職，以三周爲小滿。梁武受終，多遵齊舊。然而定諸卿之位，分配四時，〔二六〕說在列卿中。置戎秩之官，百有餘號。武帝時，〔二七〕置百二十五號將軍，爲二十四班。陳遵梁制，不失舊物。陳依梁制，年未滿三十者，不得入仕。唯經學生策試得第，諸州迎主簿，西曹左奏及經爲挽郎得仕。〔二八〕其諸郡，唯正王任丹陽尹經迎得出身，庶姓尹不得。必有奇才、異行、殊勳，別降恩旨敍用者，不在常例。其相知表啟通舉者，每常有之。亦無年常考校黜陟之法。〔二九〕既不爲此式，所以勤惰無辨。凡選官無定期，隨闕即補，多更互遷官，〔三〇〕未必即進班秩。其官唯論清濁。從濁官得微清，即勝於轉。若有遷授，或由別敕，但移轉一人爲官，則諸官多須改動。〔三一〕陳書曰：「舊式，拜官皆在午後。唯拜蔡景歷爲度支尚書日，駕幸玄武觀，帝恐景歷是日不得預宴，特令早拜。」

後魏昭成之即王位，初置官司，分掌衆職。以燕鳳爲右長史，〔三二〕許謙爲郎中令。〔三三〕然而其制草創，名稱乖疏。皇始元年，道武平并州，始建臺省，置百官，封拜公侯、將軍、刺史、太守，〔三四〕尚書郎等官悉用文人。天興中，太史言天文錯亂，當改王易政，故官號數革。初，道武制官，皆擬遠古雲鳥之義，諸曹走使謂之「鳧鴨」，取飛之迅疾也。以伺察者爲候官，〔三五〕謂之「白鷺」，取其延頸遠視。他皆類此。至孝文太和中，王肅來奔，爲制官品，百司位號，皆準南朝，改次職令，以爲永制。凡守令以六年爲滿，後經六年乃敍。又作考格，以之黜陟。太和十八年，詔曰：「古者三載考績，三考黜陟。朕今三載一考，考便黜陟，各令當司考其優劣爲三等。六品以下，尚書重問；五品以上，朕與公卿親論善惡。上上者遷之，下下者黜之，中中者守本位。」又宣武帝行考陟之法，任事上中者，三年升一階；散官上第者，四載登一級。孝明以後，授受多濫。自明帝孝昌以後，天下多難，刺史、太守，皆爲當部都督，〔三六〕雖無兵事，並立佐僚，所在頗爲煩擾。及東魏静帝時，齊神武作相，高隆之表請自非實在邊要、見有兵馬者，悉皆斷之。又時諸朝貴多假常侍以取貂蟬之飾。隆之自表解侍中，并陳諸假侍服者，請亦罷之。又自軍國多事，冒竊官者不可勝數。隆之奏請檢括，〔三七〕得五萬餘人。而羣小喧囂，隆之懼而止。北齊創業，亦遵後魏，臺省位號，多類江東。以門下省掌獻納諫正，中書省管司王言，祕書省典司經籍，集書省掌從容諷議，中常侍省掌出入門閤，御史臺掌察糾彈劾。〔三八〕後主臨御，爵禄犬馬。御馬及犬，乃有儀同、郡君之號，〔三九〕藉以旂罽，食物十餘種。其宫婢、閹人、商人、胡户、〔四〇〕雜户、歌舞人、見鬼人濫富貴者萬數。至末年，太宰、三師、大司馬、大將軍、三公等官，並增員而授，或兩或三，不可稱數。後周之初據關中，猶依魏制。及平江陵之後，別立憲章，酌周禮之文，建六官之職，其他官亦兼用秦漢。他官，謂將軍、都督、刺史、太守之類。〔四一〕

隋文帝踐極，百度伊始，復廢周官，還依漢魏。其於庶僚，頗有損益，凡官以四考而代。又制，凡官以理去職，聽並執笏。至煬帝，意存稽古，〔四二〕多復舊章。百官不得計考增級，如有德行功能灼然顯著者，擢之。大業三年，始行新令，有三臺、五省、五監、十二衛、十六府。殿内、尚書、門下、内史、祕書，五省也。謁者、司隸、御史，三臺也。少府、長秋、國子、將作、都水，五監也。左右翊、左右驍、左右武、左右屯、左右禦、左右候，十二衛也。左右備身、左右監門等，凡十六府也。或是舊名，或是新置。諸省及左右衛、武候、領軍、監門府爲内官，自餘爲外官。於時天下繁富，四方無虞，衣冠文物爲盛矣。既而漸爲不道，百度方亂，號令日改，官名月易，圖籍散逸，不能詳備。

大唐職員多因隋制，〔四三〕雖小有變革，而大較不異。高祖制：文官遭父母喪者，聽去職。貞觀六年，大省内官，凡文武定員，六百四十有三而已。〔四四〕顯慶元年初制：「拜三師、三公、親王、尚書令、雍州牧、開府儀同三司、驃騎大將軍、左右僕射，並臨軒册授。太子三少、侍中、中書令、諸曹尚書、諸衛大將軍、特進、鎮軍、輔國大將軍、光禄大夫、太子詹事、太常卿、都督及上州刺史在京者，朝堂受册。」又制：「文武官五品以上老及病不因罪解者，並聽同致仕例。」龍朔二年，又改京諸司及百官之名，〔四五〕改尚書省爲中臺，門下省爲東臺，中書省爲西臺，其餘官司悉改之。咸亨元年復舊。至於武太后，再易庶官，或從宜創號，改尚書省爲文昌臺，門下省爲鸞臺，中書省爲鳳閣，御史臺爲肅政臺及諸寺衛等名，又置控鶴府官員。或參用古典。改六尚書爲天地四時之官。天授二年，凡舉人，無賢不肖，咸加擢拜，大置試官以處之。試官蓋起於此也。試者，未爲正命。凡正官，皆稱行、守，其階高而官卑者稱行，階卑而官高者稱守，階官同者，〔四六〕並無行、守字。太后務收物情，其年二月，十道使舉人，并州石艾縣令王山耀等六十一人，〔四七〕並授拾遺、補闕。懷州録事參軍崔獻可等二十四人，〔四八〕並授侍御史。并州録事參軍徐昕等二十四人，並授著作郎。魏州内黄縣尉崔宣道等二十二人，並授衛佐、校書、御史等。故當時諺曰：「補闕連車載，拾遺平斗量。杷推侍御史，〔四九〕椀脱校書郎。」〔五〇〕試官自此始也。於時擢人非次，刑網方密，雖驟歷榮貴，而敗輪繼軌。神功元年制曰：「自今本色出身，解天文者進轉官不得過太史令，音樂者不得過太樂、鼓吹署令，醫術者不得過尚藥奉御，陰陽卜筮者不得過太卜令，解造食者不得過司膳寺諸署令。」又制：「其有從勳官、品子、流外、國官、參佐、視品等出身者，自今不得任京清顯要等官。若累階應至三品者，不須進階，〔五一〕每一階酬勳兩轉。如先有上柱國者，聽迴授朞以上親。必有異行奇材別立殊效者，不拘此例。」神龍初，官復舊號。凡武太后所改之官。二年三月，又置員外官二千餘人。國初，舊有員外官，至此大增，加兼超授諸閹官爲員外官者，亦千餘人。中書令李嶠，初自地官尚書貶通州刺史，至是召拜吏部侍郎。嶠志欲曲行私惠，求名悦衆，冀得重居相位，乃奏請大置員外官，多引用勢家親識。至是，嶠又自覺銓衡失序，官員倍多，府庫由是減耗也。於是遂有員外、員外官，其初但云員外。至永徽六年，以蔣孝璋爲尚藥奉御，員外特置，仍同正員。自是員外官復有同正員者，其加同正員者，唯不給職田耳，其禄俸賜與正官同。單言員外者，則俸禄減正官之半。檢校、試、攝、判、知之官。攝者，言敕攝，非州府版署之命。檢校者，云檢校某官。判官者，云判某官事。知者，云知某官事。皆是詔除，而非正命。逮乎景龍，官紀大紊，復有「斜封無坐處」之誦興焉。景龍中，有太平、安樂、長寧、宜城等諸公主及皇后陸氏妹郕國夫人、李氏妹崇國夫人并昭容上官氏與其母沛國夫人鄭氏、尚宮柴氏、〔五二〕賀婁氏、女巫隴西夫人趙氏，皆樹用親識，〔五三〕亦多猥濫。或出自臧獲，或由於屠販，多因賂貨，累居榮秩，咸能別於側門降墨敕斜封以授焉，故時人號爲「斜封官」。時既政出多門，遷除甚衆，自宰相至於內外員外官及左右臺御史，多者則數踰十倍，皆無廳事可以處之，故時人謂之「三無坐處」，謂宰相、御史及員外官也。先天以來，始懲其弊。玄宗御極，宰相姚元崇、宋璟兼吏部尚書，大革姦濫，十去其九。時有殿中侍御史崔涖、太子中允薛昭諷帝曰：「先朝所授斜封官，恩命已布，而姚元崇、宋璟等沮先帝之明，歸怨陛下，道路謗讟，天下稱寃。奈何與萬人爲仇敵，恐有非常之變。」上以爲然，乃下詔曰：「諸緣斜封、別敕授官，先令停任，宜並量材敍用。」監察御史柳澤又上疏，極言不可：「其斜封官得免罪戾，已沐恩私。旬月之內，頻煩降旨，前敕令至冬處分，後敕又令替人却停，將何以止姦邪？將何以懲風俗？」至開元二十五年，刊定職次，著爲格令。此格皆武德、貞觀之舊制，永徽初已詳定之，至開元二十五年再删定焉。至二十八年，又省文武六品以下官三百餘員及諸流外、番官等。蓋尚書省以統會衆務，舉持繩目。門下省以侍從獻替，規駮非宜。中書省以獻納制册，敷揚宣勞。祕書省以監録圖書。殿中省以供修膳服。内侍省以承旨奉引。尚書、門下、中書、祕書、殿中、内侍，凡六省。御史臺以肅清僚庶。九寺、太常、光禄、衞尉、宗正、太僕、大理、鴻臚、司農、太府爲九寺。五監少府、將作、國子、軍器、都水爲五監。以分理羣司。六軍、左右羽林、左右龍武，左右神武爲六軍。十六衞左右衞、左右驍衞、左右武、左右威、左右領軍、左右金吾、左右監門、左右千牛爲十六衞。以嚴其禁禦。一詹事府、二春坊、有左右春坊，又有内坊，掌閤内諸事。三寺、家令寺、率更寺、太僕寺。十率左右衞、左右司禦、左右清道、左右監門、左右内侍，凡十率府。俾乂儲宫。牧守督護，分臨畿服，京府置牧，餘府州置都督、都護，太守。設官以經之，置使以緯之。按察、採訪等使以理州縣。節度、團練等使以督府軍事。租庸、轉運、鹽鐵、青苗、營田等使以毓財貨。其餘細務因事置使者，不可悉數。其轉運以下諸使，無適所治，廢置不常，故不别列於篇。自六品以下，率由選曹，居官者以五歲爲限。於是百司具舉，庶績咸理，亦一代之制焉。一歲爲一考，四考有替則爲滿。若無替，則五考而罷。六品以下，吏部注擬，謂之旨授。五品以上，則皆敕除。自至德之後，天下多難，甄才録效，制敕特拜，繫於吏部，於是兼試、員外郎，倍多正員。至廣德以來，乃立制限，州縣員外，兼試等官，各有定額。並云：額内溢於限者，不得視職。其有身帶京官冗職，資名清美，兼州縣職者，云占闕焉，即如正員之例。官以三考而代，無替四考而罷，由是官有常序焉。

第一　歷代官制總序〔五四〕　要略〔五五〕

第二　三老五更　三公總敍四輔二大附　太師　太傅　太保　太宰　太尉　司徒

司空　大司馬　總敍三師三公以下官屬

第三　宰相并官屬

門下省

侍中侍郎　給事中　散騎常侍　諫議大夫　起居　補闕　拾遺　典儀　城門郎　符寶郎　弘文

館校書

中書省

中書令侍郎　舍人　通事舍人　集賢學士　史官　主書

第四　尚書上

尚書省并總論尚書　録尚書　尚書令　僕射左右丞　左右司郎中　員外郎附

歷代尚書八座附　歷代郎官　歷代都事主事令史　行臺省

第五　尚書下

吏部尚書侍郎　郎中、員外郎　司封郎中、員外郎　司勳郎中、員外郎　考功郎中、員外郎

户部尚書侍郎　郎中、員外郎　度支郎中、員外郎　金部郎中、員外郎　倉部郎中、員外郎

鴻臚卿丞　主簿　典客署　司儀署

司農卿丞　主簿　上林署　太倉署　鈎盾署　導官署　苑總監　諸倉監　司竹監　温泉湯監　諸屯監　驥粟都尉等官　典農中郎將等官

太府卿丞　主簿　諸市署　平準署　左右藏署　常平署

祕書監丞　祕書郎　祕書校書郎〔五九〕　祕書正字　著作郎　佐郎　校書郎、正字附〔六〇〕　太史局令、丞

殿中監丞　尚食、尚藥、尚衣、尚舍、尚乘、尚輦等局奉御、直長〔六一〕

第九　諸卿下

内侍省内侍　内常侍　内給事　内謁者監　内寺伯　掖庭局　宫闈局　奚官局　内僕局　内府局

少府監監〔六二〕　丞　主簿　中尚、左尚、右尚、織染、掌冶等五署〔六三〕　暴室等丞

將作監監〔六四〕　丞　主簿　左校署　右校署　甄官署　中校署　東園主章令

國子監祭酒　司業　丞　主簿　國子、太學、廣文、四門、律學、書學、算學等博士助教等〔六五〕

軍器監監〔六六〕　丞　主簿　甲坊署　弩坊署

都水使者丞　主簿　舟檝署　河渠署

第十　武官上

將軍總敍　左右衛并親衛　左右驍衛　左右武衛　左右威衛　左右領軍衛

左右金吾衛　左右監門衛　左右千牛衛　左右羽林軍〔六七〕　左右龍武軍左右神武等軍附

第十一　武官下

大將軍并官屬　車騎將軍　衛將軍　前後左右將軍　四征將軍　四鎮將軍

四安將軍　四平將軍　雜號將軍　監軍軍師祭酒理曹掾屬附

三署郎官敍　中郎將　五官中郎將　左右中郎將　虎賁中郎將　四中郎將東西南北

雜中郎將　折衝府　果毅、別將等附　三都尉奉車　駙馬　騎　奉朝請附

第十二　東宮官

東宮官敍〔六八〕　太子六傅三太三少　太子賓客　太子詹事丞　主簿　司直　太子庶子中允　司議郎　中舍人　舍人　通事舍人　諭德　贊善　崇文館學士　洗馬　文學　校書

正字　典膳郎　藥藏郎　内直郎　典設郎　宮門郎〔六九〕　太子家令丞　主簿　食官署　典倉署　司藏署　太子率更令丞　主簿　太子僕丞　主簿　廄牧署　左右衛率府副率以下官屬　左右司禦率府　左右清道率府　左右監門率府　左右内率府

太子旅賁中郎將　太孫官屬〔七〇〕

第十三　王侯總敍　歷代王侯封爵公主并官屬附

第十四　州郡上

司隸校尉　州牧刺史　總論州佐別駕　治中　主簿　功曹書佐　部郡國從事　典郡書佐　祭酒從事　中正　都督總管節度團練都統等使附　都護

第十五　州郡下

京尹京兆尹　左馮翊　右扶風　河南尹　留守附　郡太守　總論郡佐郡丞　別駕　長史　司馬　録事參軍　司功　司倉　司户　司兵　司法　司士　參軍事　經學博士　醫博士　中正　通守　五官掾　督郵郡尉　縣令　總論縣佐丞　主簿　尉　五百附　鄉官　鎮戍關市官　致仕官

第十六　文散官

開府儀同三司　特進　光禄大夫以下

武散官

驃騎將軍　輔國將軍　鎮軍將軍以下　諸校尉〔七一〕

勳官

后妃及内官命婦附〔七二〕

要略〔七五〕官數　官品　設官沿革　封爵　三公　宰相　三老五更　禄秩

官數

唐六十員，虞六十員。〔七六〕尚書云：「建官惟百。」鄭玄云：「虞官六十，唐官未聞。堯舜同道，或皆六十。并屬官而言，則皆有百。」

夏百二十員。尚書云：「夏、商官倍。」則當二百。鄭玄曰：「百二十。」

殷二百四十員。明堂位「二百」。鄭玄曰：「二百四十。」

周六萬三千六百七十五員。內二千六百四十三人，外諸侯國官六萬一千三十二人。按禮記王制計之。殷制同。

漢自丞相至佐史，凡十三萬二百八十五員。〔七七〕哀帝時，數兼諸府州郡胥吏。

後漢七千五百六十七員。

晉六千八百三十六員。

宋六千一百七十二員。

齊二千一百三員。

後魏七千七百六十四員。

北齊二千三百二十二員。並內官。

後周二千九百八十九員。並內官。

隋一萬二千五百七十六員。內官二千五百八十一，外郡縣官九千九百九十五。

大唐一萬八千八百五員。內官二千六百二十一，〔七八〕外郡縣官一萬六千一百八十五。

官品

周官九命。

漢自中二千石至百石，凡十六等。

後漢自中二千石至斗食，凡十三等。

魏秩次多因漢制，更置九品。

晉、宋、齊並因之。

梁因之，更置十八班，班多爲貴。

陳並因之。

後魏置九品，品各置從，凡十八品。自四品以下，每品分爲上下階，凡三十階。

北齊並因之。

後周制九命，每命分爲二，以正爲上，凡十八命。

隋置九品，品各有從。自四品以下，每品分爲上下，凡三十階，自太師始焉，謂之流內。流內自此始焉。煬帝除上下階，〔七九〕唯留正、從各九品。又置視正二品至九品，品各有從，自行臺尚書令始焉，謂之視流內。視流內自此始。

大唐自流內以上，並因隋制。又置視正五品、視從七品，以署薩寶及正祓，〔八〇〕謂之視流內。又置勳品九品，自諸衞録事及五省令史始焉，〔八一〕謂之流外。流外自此始。勳品自齊梁即有之。

設官沿革略舉崇著者。其當部之官長，雖品秩下者，亦附此。

黃帝：六相堯有十六相。爲之輔相，不必名官。

少昊：司徒、前漢嘗加大，後漢又加大。司馬、項羽加大，漢以後曰大，後周又加大。司空、前漢加大，改御史大夫爲之。後周又加大。司寇。後周有内司寇卿，後又加大。

唐：羲和、羲仲、羲叔、和仲、和叔、州牧。

虞：太師、太保、納言、隋及大唐嘗改侍中爲之。后稷、秩宗、士、共工、虞。

夏：九卿。

商：太宰、晉、宋、齊、梁、陳改太師爲之。太宗、太史、太祝、太士、太卜、司士、司土、司木、司水、司草、司器、司貨、太子太師、太子太保、太子太傅、太子少傅、方伯。

周：太傅、少師、少保、冢宰、後周加大。宗伯、後周加大。内史、秦置内史，治京師，如諸郡守。後周有内史中丞大夫。隋改中書爲内史監令。大唐亦嘗以中書爲内史。太僕正、至漢爲太僕。梁爲卿。大唐嘗爲司馭卿，又嘗爲司僕卿。大將軍、自戰國時楚置。前後左右將軍。周末置。

秦：太尉。左右丞相、丞相、後周末加大。相國。侍中、本丞相史，隋改爲納言，又改爲侍内。大唐嘗爲納言，或爲左相，或爲黃門監。黃門侍郎，後周納言大夫。大唐爲鸞臺侍郎，又改爲門下侍郎。散騎常侍。魏加侍郎，又加員外，又加通直。大唐分爲左右。少府吏，在殿中主發書，謂之尚書，四人。漢置五人，其一人爲僕射，四人分曹。後漢爲五曹。至晉有六曹。尚書令、僕射、漢置左右。大唐嘗改爲左右匡政，或爲左右丞相，武太后嘗爲文昌左右相。尚書丞。至漢置四人。後漢減二人，爲左右丞。大唐嘗爲左右肅機。御史大夫、大唐嘗爲大司憲，武太后又嘗改爲肅政，又分爲左右。奉常、漢改曰太常，後改曰奉常，又改爲太常。後漢爲奉常，自後爲太常。梁謂之卿。大唐嘗爲奉常卿，又嘗爲司禮卿。郎中令、漢爲光祿勳。後漢嘗爲郎中令。魏爲光祿勳。梁除勳字，謂之卿。大唐嘗爲司宰卿，又嘗爲司膳卿，又爲光祿卿。衞尉、漢嘗爲中大夫令。至梁，謂之卿。至大唐，嘗爲司衞卿。宗正、漢嘗改爲宗伯。至大唐，嘗爲司宗卿，又嘗爲司屬卿。治粟内史、漢改曰大農令，又改曰大司農。後漢末爲大農。魏爲司農。至梁謂之卿。後魏又加大。大唐嘗爲司稼卿。主爵中尉、漢以右扶風代之。廷尉、二漢、梁、北齊爲大理。梁謂之卿，徐代曰廷尉。〔八二〕大唐嘗爲詳刑卿，又爲大理卿。典客、漢改爲大鴻臚，又嘗曰大行。至梁，除大字，謂之卿。大唐爲同文卿，又嘗爲司賓卿，又爲鴻臚卿。典屬國、少府、至梁謂之卿。大唐嘗爲内府監，亦嘗爲尚方監，又爲少府監。將作少府、漢改爲大匠。梁爲大匠卿。隋爲將作大監，又改爲大匠。大唐亦嘗爲大匠，又嘗爲繕工監，又嘗爲營繕監，又爲將作監。中尉。漢武更名執金吾。中書謁者令、僕射。至漢嘗以宦者爲之。魏爲中書監令，專掌機務。隋爲内史監令，尋改爲内史，又改爲内書，又爲内史令。大唐復爲中書令，嘗爲右相，又爲内史，又爲紫薇令。詹事、大唐嘗改爲端尹，又嘗改爲宮尹、少詹事，並爲少尹。中庶子、庶子、晉改庶子爲左右。隋罷中。大唐嘗爲左右中護。太子家令、大唐嘗爲宮府大夫。率更令、大唐嘗爲司更大夫。僕。大唐嘗爲御僕大夫。率内史、理京師，漢分爲左右，又置京兆尹、左馮翊代之。郡守、漢改爲太守。後魏每部置三太守。隋置通守。魏之二守，〔八三〕隋之通守，並佐貳。大中二大夫。大唐並爲文散。

漢：領尚書事、至後漢爲録尚書事。三公曹尚書。常侍曹尚書，主公卿事。〔八四〕後漢改爲吏曹，主選舉，又爲選部。魏爲吏部。宋嘗置兩員。大唐嘗改爲司列太常伯，又嘗爲天官。中書侍郎、東晉嘗爲通事郎。隋爲内史侍郎，又爲内師侍郎。大唐爲内史侍郎，又爲中書侍郎，又爲紫薇侍郎。御史中丞、後魏曰中尉。大唐改治書侍御史爲之，嘗爲司憲大夫。光禄大夫、優寵者則加銀章青綬。至魏晉則又加金章紫綬。齊嘗置左右。至隋爲散官。中散大夫。王莽置。大唐爲文散。太皇太后卿長信少府、太后以下卿，以至於陳，自後魏無。皇太后卿長信少府、皇后卿大長秋。隋有令。大唐改爲内侍。中常侍。大唐爲内常侍。都水使者。至宋嘗爲水衡令。梁曰大舟卿。隋嘗爲都水監。大唐嘗爲司津監，又嘗爲水衡都尉。驃騎、後漢加大將軍。大唐爲武散。游擊、大唐爲武散。衛、車騎、驍騎、梁置左右。伏波、上、〔八五〕騎、材官、輕車、樓船、横海、護軍、至大唐爲勳官。度遼、貳師、蒲類、强弩、戈船、奮威、建威、積射二十一將軍。奉車、騎、駙馬三都尉。至梁，尚主者爲之。司隷校尉、督察三輔。隋有司隷大夫。大唐京畿採訪使亦其職。刺史、刺舉郡縣。至隋治人。都護。京兆尹、左馮翊、右扶風。特進、大唐爲文散。諸加官。左右曹諸吏、散騎、中常侍、侍中爲之。

後漢：賊曹尚書。尚書侍郎三十六人。初稱尚書郎中，滿歲稱尚書郎，三歲稱侍郎，五歲遷大縣令。魏有尚書郎。晉又有郎中。隋初置三十六侍郎，後置員外郎一人，後又六曹各置侍郎，每曹有郎，有員外郎。大唐改曹郎爲郎中。祕書監。後又置令。大唐嘗爲蘭臺太史，少監爲侍郎，又嘗爲麟臺。武衛、至隋置左右。大唐爲左右鷹揚衛。輔國、晉加大。宋改爲輔師。大唐爲武散。四征、四鎮、四安、虎牙、征虜、捕虜、橫野、鷹揚、討逆、討虜、破虜等將軍。四中郎將、都督。至晉加大。河南尹、留守。班同三司、前漢文帝以宋昌爲衛將軍，亞三司，未爲官也。儀同三司。魏有開府儀同三司。晉又有開府儀同三司。後魏有儀同三司。北齊有開府儀同三司，又有儀同三司。後周有開府儀同，又有上開府儀同大將軍。至隋爲散官，又諸衛各置開府一人。

八座。

魏：五兵尚書、至後魏有七兵尚書。隋曰兵部。大唐嘗爲司戎太常伯，或爲夏官，或爲武部，又爲兵部。度支尚書、吴有户部。晉以後爲度支。至隋爲民部。大唐嘗爲度支，又爲户部。祠部曹尚書。至後魏有儀曹尚書。後周有禮部。隋置禮部尚書。大唐嘗爲司禮太常伯，或爲春官，又爲禮部。殿中監。秩甚卑。隋曰殿内監。大唐嘗爲中禦府大監。中衛、晉分爲左右衛將軍。隋改爲左右翊衛。大唐復爲左右衛。中領軍、尋改曰領軍。隋改爲左右屯衛。大唐嘗爲左右戎衛，又嘗爲左右玉鈐衛，〔八六〕又爲左右領軍。鎮軍、冠軍、游騎、大唐並爲武散。四平、鎮北、虎威、撫軍、淩江、寧朔等將軍。行臺。

晉：三公尚書，掌刑獄。起部尚書。有事即置，事畢即省。國子祭酒。唯宋曰總明觀祭酒。大唐嘗爲大司成，又爲成均祭酒。中軍、龍驤、寧遠。大唐爲武散。

宋：殿中將軍。

齊：都官尚書。至隋改爲刑部。大唐嘗爲司刑太常伯，〔八七〕又嘗爲秋官，又改爲憲部，又爲刑部。梁：太府卿。大唐嘗爲外府卿，又嘗爲司府卿。雲麾、中武、壯武、明威、定遠、大唐並爲武散。宇宙等大將軍。始以太常等名卿，分爲四時，凡十二卿。後魏：柱國、至大唐爲勳官。天柱二大將軍。諸少卿。後周：軍器。隋：左右武候府大將軍、大唐爲金吾衛。左右監門府將軍。大唐改府爲衛。大總管。通守。佐太守。折衝府。正議、通議、朝議、朝請、朝散等大夫。左右驍衛府。大唐除府字。大唐：太子賓客。漢之四皓，非官。左右千牛衛、左右屯營、後改爲羽林軍，嘗改爲衛。左右威衛、嘗改左右豹韜衛。左右龍武將軍。平章事、知政事、參知機務、同中書門下三品、平章軍國重事。節度使、採訪使。宣威、武散。懷化、歸德等將軍。並武散，以授歸義蕃官。

封爵

黃帝，方制萬里，爲萬國，各百里。

唐虞夏，建國凡五等，曰公、侯、伯、子、男。

殷，公、侯、伯三等。公百里，侯七十里，伯五十里。

周，公、侯、伯、子、男五等。公、侯百里，伯七十里，子、男五十里。周公居攝改制，大其封。公五百里，侯四百里，伯三百里，子二百里，男百里。

秦爵二十等。最高徹侯，迺得食縣。其次關内侯，食租稅於關内。餘十八等，大庶長以下，則如吏職。

漢，國王、國侯、亭侯三等。王皆裂地，侯以户數爲差，分人自此始。漢初論功封列侯者，凡百四十三人。食邑者除租，每户一歲更輸錢二百。

後漢亦三等。皇子封王，其郡爲國。其列侯，雖寇、鄧元勳，不過四縣。

魏，王、公、侯、伯、子、男，次縣侯，次鄉侯，次亭侯，次關内侯，凡九等。關内侯爲虚封，自此始。

晉亦有王、公、侯、伯、子、男，又有開國郡公、縣公、郡侯、縣侯、伯、子、男及鄉亭、關内等侯，凡十五等。王大國二萬户，三軍，兵五千；次國一萬户，二軍，兵三千；下國五千户，一軍，兵千五百。其公之制如五千户國。侯如不滿五千户國，並置一軍，千人。其伯、子、男以下各有差，不置軍。

宋皆因晉制，唯大小國皆三軍。至孝建中，凡國官屬不得稱臣於其主，改稱下官。

齊因之。

梁因前代。定制：諸王言曰令，境内稱之曰殿下；公侯言曰教，境内稱之曰第下。皆自稱曰寡人。相已下表疏如臣而不稱臣，文書下羣官皆曰告。

陳有郡王、嗣王、藩王、開國郡公、開國縣公、侯、伯、子、男、沐食侯、鄉亭侯、開國中關外侯，凡十二等。

後魏有王、開國郡公、散公、侯、散侯、伯、散伯、子、散子、男、散男，凡十一等。王食半，公三分食一，侯伯四分食一，子男五分食一。

北齊有王、公、侯、伯、子、男六等。

後周有公、侯、伯、子、男五等。

隋有國王、郡王、國公、郡公、縣公、侯、伯、子、男，凡九等。

大唐，國王、郡王、國公、郡公、開國郡公、縣公、開國侯、伯、子，凡九等。並無其土，加實封者，乃給租庸。自武德至天寶，實封者百餘家；自至德至大曆三年，實封者二百六十五家。

三公

夏、商以前，云天子無爵，三公無官。伊尹曰：「三公調陰陽。」

周以太師、太傅、太保曰三公。

漢以丞相、大司馬、御史大夫爲三公。

後漢又以太尉、司徒、司空爲三公。天地災變即皆策免，自太尉徐防始焉。靈帝就長安拜張温爲太尉。三公在外，自温始也。

魏、晉、宋、齊、梁、陳、後魏、北齊皆以太尉、司徒、司空爲三公。

後周以太師、太傅、太保爲三公。司徒爲卿。

隋以太尉、司徒、司空爲三公。

大唐因之。

宰相

黄帝置六相。

堯有十六相。

殷湯有左右相。

周成王有左右相。

秦悼武王始置左右丞相，始皇又始置相國。

漢置丞相，嘗置相國，或左右丞相，尋復舊。成帝改御史大夫爲司空，與大司馬、丞相是爲三公，皆宰相也。哀帝改丞相爲大司徒，亦爲宰相。

後漢以太尉、司徒、司空爲宰相，獻帝復置丞相。

魏改丞相爲司徒。而文帝復置中書監、令，並掌機密，自是中書多爲樞機之任，亦宰相也。又置大丞相及相國。

晉惠帝改丞相爲司徒，尋復舊，俱爲宰相。而中書監、令，常管機要，亦是相也。

宋齊梁陳，並相因習，或爲丞相，或爲相國，多非尋常人臣之職。或掌機密，或録尚書，或綜朝權，〔八八〕或管朝政，或爲侍中，或給事中，或受顧命，皆爲宰相。然中書職任機務之司，不必他名，亦爲宰相。其有侍中兼外官，若宋王弘，侍中兼內官，若沈演之，其例不少，即非宰相，並在當時委任而已。

後魏、北齊亦置丞相，俱爲宰相。尤重門下官，多以侍中輔政，亦宰相也。

後周大冢宰，亦其任也。其後亦置左右丞相。

隋有內史、納言，是真宰相。柳述爲兵部尚書，參軍機密；又楊素爲右僕射，與高熲專掌朝政。

大唐侍中、中書令爲真宰相，中間嘗改爲左右相。他官參者無定員，但加同中書門下三品及平章事、知政事、知機務、參與政事及平章國重事之名者，並爲宰相，亦漢行丞相事之例也。其同中書門下三品，自貞觀中以兵部尚書李勣始。

三老五更

禮：「天子父事三老，兄事五更。」

後漢明帝以李躬爲三老，桓榮爲五更。安帝以李充爲三老，靈帝以袁逢爲三老。

魏高貴鄉公以王祥爲三老，鄭小同爲五更。

後魏孝文以尉元爲三老，游明根爲五更。

後周武帝以于謹爲三老。

禄秩

周制：自天子至下士，凡六等。諸侯國君十卿禄，食二千八百八十人。卿四大夫禄，食二百八十八人。大夫倍上士，食七十二人。上士倍中士，食三十六人。中士倍下士，食十八人。下士與庶人在官者同。食九人。庶人在官，爲未命爲士者。〔八九〕次國小國同。〔九〇〕

漢制：自中二千石至百石，凡十二等。中二千石，月俸百八十斛。二千石，百二十斛。比二千石，百斛。千石，八十斛。六百石，七十斛。比六百石，六十斛。四百石，五十斛。比四百石，四十五斛。三百石，四十斛。比三百石，三十七斛。二百石，三十斛。比二百石，二十七斛。百石。十六斛。

後漢大將軍、三公俸各三百五十斛，凡諸受俸，皆半錢半穀。延平中定制：中二千石，月俸錢九千，米七十二斛。真二千石，錢六千五百，米三十六斛。比二千石，錢五千，米三十四斛。千石，錢四千，米三十斛。六百石，錢三千五百，米二十一斛。四百石，錢二千五百，米十五斛。三百石，錢二千，米十二斛。二百石，錢一千，米九斛。百石。錢八百，米四斛八斗。臘及立春，更班賜有差。

宋制：州郡秩俸，多隨土所出，無有定准。有父母、祖父母年登七十者，並給見錢。其郡縣田禄，以芒種爲斷。此前去官者，則一年秩皆入前人；此後去官者，悉入後人。

梁制：一品秩萬石，二品三品爲中二千石，四品五品秩爲二千石。

後魏其祿每季一請。諸宰人之官，各隨近給公田，刺史十五頃，太守十頃，治中、別駕各八頃，縣令、郡丞六頃，更代相付。

北齊官秩，一品每歲八百疋，從一品七百疋，二品六百疋，從二品五百疋，三品四百疋，從三品三百疋，四品二百四十疋，從四品二百疋，五品一百六十疋，從五品一百二十疋，六品一百疋，從六品八十疋，七品六十疋，從七品四十疋，八品三十六疋，從八品三十二疋，九品二十八疋，從九品二十四疋。執事官一品以下，給公田各有差。

後周制祿秩，下士一百二十五石，中士以上至上大夫各倍之，〔九一〕上大夫是爲四千石，卿二分，孤三分，公四分，各益其一，公因盈數爲一萬石。其九秩一百二十石，八秩至於七秩，每二秩六分而下各去其一，二秩、一秩俱爲四十石。

隋京官正一品祿九百石，其下每以百石爲差，至正四品，是爲三百石。從四品二百五十石，其下每以五十石爲差，〔九二〕至正六品，是爲一百石。從六品九十石，以下每以十石爲差，至從八品，〔九三〕是爲五十石。其給皆以春秋二季。刺史、太守、縣令，則計户而給祿，各以户數爲九等之差。其祿唯及刺史二佐及郡守、縣令。〔九四〕京官給職分田，一品者給田五頃，至五品則爲田三頃。其下每品以五十畝爲差，至九品爲一頃。外官亦各有職分田，又給公廨田以供。

大唐定給祿之制，京官正一品，米七百石，錢九千八百。〔九五〕從一品，米六百石。正二品，米五百石，錢八千。〔九六〕從二品，米四百六十石。正三品，米四百石，錢六千一百。〔九七〕從三品，米三百六十石。正四品，米三百石，錢四千二百。從四品，米二百六十石。正五品，米二百石，錢三千六百。從五品，米一百六十石。正六品，米一百石，錢二千四百。從六品，米九十石。正七品，米八十石，錢二千一百。從七品，米七十石。正八品，米六十七石，錢一千六百。從八品，米六十二石。正九品，米五十七石，錢一千三百。從九品，米五十二石。從並同外官，各降一等。其幹力及防閤、庶僕並別給。內外文武官，自一品以下，並給職田。京官諸司及郡縣，又給公廨田，並有差。

校勘記

〔一〕歷代官制總序　六字原脱，據北宋本、傅校本、明抄本、明刻本本卷職官典目録補。

〔二〕龍紀其官長　「紀」原訛「化」，據漢書百官公卿表上應劭注七二二頁改。

〔三〕至冬至止　北宋本無上「至」字。

〔四〕皆曆正之屬官　原脱「官」，據北宋本、傅校本、明抄本補。

〔五〕鶌音菊　「菊」原作「匊」，據北宋本、傅校本、明抄本、王吴本改。

〔六〕德不能致遠瑞　原「德」上有「言」，據北宋本、傅校本、明抄本、明刻本、王吴本删。

〔七〕棄作后稷　原脱「作」，據漢書百官公卿表上七二一頁補。

〔八〕夏后之制　原「后」下有「氏」，據北宋本、傅校本、明抄本、明刻本、王吴本删。

〔九〕典法也　原「典」下有「猶」，據北宋本、傅校本、明抄本、明刻本、王吴本删。

〔一〇〕周則太宰爲天官　「則」原作「制」，據北宋本、傅校本、明抄本改。下同。

〔一一〕丱人也　「丱」原訛「廾」，據諸本改。下同。按：丱人見周禮地官。

〔一二〕華猛反　「華」原作「革」，據北宋本改。

〔一三〕輪　原訛「輸」，據諸本改。

〔一四〕參改殷官　「改」原作「攷」，據北宋本、傅校本、明抄本改。

〔一五〕以司徒爲地官　原脱「以」，據北宋本、傅校本、明抄本補。

〔一六〕秦自以德褒二代　「褒」原作「兼」，據漢書百官公卿表上張晏注七二四頁及北宋本改。

〔一七〕至更始之時　「至」原作「當」，據北宋本、傅校本、明抄本改。

〔一八〕備員而已　「備」上原有「祇」，據北宋本、傅校本、明抄本、明刻本、王吴本删。

〔一九〕隨資才減之　「才」原訛「裁」，據北宋本、傅校本、明抄本、明刻本改。

〔二〇〕量能受任　「受」原作「授」，據北宋本、傅校本、明抄本改。按：晉書荀勖傳一一五五頁作「受」。

〔二一〕宜省付三府　「三」原訛「二」，據諸本改。按：晉書荀勖傳一一五五頁作「三」。

〔二二〕宋時新制長吏以父母疾去官　原「時」下有「定」，「新制」誤倒，「吏」下衍「有」，據宋書鄭鮮之傳一六九五頁删乙。按：北宋本、傅校本、明刻本、王吴本無「定」「有」二字，惟「新制」誤倒。

〔二三〕族屬輒去　「族」原訛「放」，據宋書鄭鮮之傳一六九六頁改。

〔二四〕表解職也　宋書宗室傳一四六五頁作「表求解職」，義長。

〔二五〕方鎮所假禮白版郡縣　宋書孝武帝紀一二八頁無「禮」字。

〔二六〕分配四時　「分」隋書百官志上七二〇頁作「各」。

〔二七〕武帝時　「武」上原有「梁」，據北宋本、傅校本、明抄本、明刻本、王吴本删。

〔二八〕西曹左奏　「左」册府卷六二一九七五四二頁作「佐」。

〔二九〕亦無年常考校黜陟之法　「無」原訛「因」，脱「常」，脱「法」，據隋書百官志上七四八頁改補。按：北宋本「無」字不誤。

〔三〇〕隨闕即補多更互遷官　原脱「隨」，「更」下衍「年」，據隋書百官志上七四八頁補删。

〔三一〕但移轉一人爲官則諸官多須改動　「但」原訛「任」，「則」下衍「即」，據隋書百官志上七四八頁改删。

〔三二〕以燕鳳爲右長史　魏書官氏志二九一七頁同。魏書燕鳳傳六〇九頁、北史燕鳳傳七六七頁「右」均作「左」。

〔三三〕許謙　「謙」原訛「議」，據魏書許謙傳六一〇頁、官氏志二九一七頁及北史許謙傳七六八頁改。

〔三四〕封拜公侯將軍刺史太守　原脱「拜」，據魏書太祖紀二七頁、北史魏本紀第一一五頁補。

〔三五〕以伺察者爲候官　原訛作「以伺察候宫禁」，據魏書官氏志二九七三頁改正。

〔三六〕皆爲當部都督　「都」原脱，據北齊書高隆之傳二三六頁、北史高隆之傳一九四五頁補。

〔三七〕隆之奏請檢括　「隆」原訛「降」，「請」下原衍「復」，據北宋本、傅校本、明抄本、明刻本、王吳本改删。按：北齊書高隆之傳二三六頁、北史高隆之傳一九四五頁均無「復」字。

〔三八〕御史臺掌察糾彈劾　「掌」原脱，據隋書百官志中七五四頁補。

〔三九〕乃有儀同郡君之號　「君」原作「公」，據北齊書幼主紀一一三頁、北史齊本紀下三〇一頁改。

〔四〇〕胡户　「户」原作「人」，據北齊書幼主紀一一二頁、北史齊本紀下三〇〇頁改。

〔四一〕太守之類　「類」下原有「是也」，清人擅增者。今據北宋本、傅校本、明抄本、明刻本、王吳本删。

〔四二〕意存稽古　「意」原作「初」，據隋書百官志上七二〇頁改。

〔四三〕大唐職員多因隋制　「唐」下原衍「初」，據北宋本、傅校本、明抄本、明刻本、王吳本删。

〔四四〕六百四十有三而已　「三」原作「二」，據北宋本、傅校本、明抄本、明刻本改。

〔四五〕又改京諸司及百官之名　原脱「諸」，據舊唐書高宗本紀上八三頁補。

〔四六〕階官同者　「階官」原倒，據北宋本、傅校本、明抄本乙。

〔四七〕王山耀等六十一人　通鑑卷二〇五注六四七七頁考異引統紀「王山耀」作「王山齡」，「六十一人」作「六十人」。唐會要卷六七作「王山輝」。

〔四八〕崔獻可　「崔」通鑑卷二〇五注六四七七頁考異引統紀作「霍」。

〔四九〕杷推侍御史　「杷推」原訛「把追」，殿本訛作「把椎」。今據洪邁容齋隨筆四筆卷一一改。按：北宋本作「把推」，「推」字不誤。

〔五〇〕椀脱校書郎　「椀」原訛「腕」，據諸本改。

〔五一〕不須進階　「須」原作「得」，據北宋本、傅校本、明抄本改。

〔五二〕尚宮柴氏　「尚宮」原訛「上官」，據舊唐書后妃傳上二一七三頁、通鑑卷二〇九六六二三頁改。按：北宋本、傅校本、明抄本、明刻本「尚」字不誤，「宮」誤作「官」。

〔五三〕皆樹用親識　「樹」原作「敍」，後人擅改者。今據北宋本、傅校本、明抄本改回。

〔五四〕總序　原無此二字，據北宋本、傅校本、明抄本、明刻本補。

〔五五〕要略　北宋本、傅校本、明抄本、明刻本無。此二字係後人所增，因與正文符合，故保留。

〔五六〕太公廟署　原脱「太」，據諸本補。

〔五七〕太廟令　「令」原訛「署」，據北宋本、傅校本、明抄本改。

〔五八〕諸牧監　「監」原作「署」，據北宋本、傅校本、明抄本、明刻本、王吴本改。

〔五九〕祕書校書郎　原無「祕書」，據本書卷二六正文增。下「祕書正字」同。

〔六〇〕校書郎正字附　原脱「郎」，據北宋本、傅校本、明刻本補。

〔六一〕尚食尚藥尚衣尚舍尚乘尚輦等局奉御直長　原六尚職下各有「局」字，下無「等」字，今據本書卷二六正文標題删補。

〔六二〕監　「監」上原有「少」，據北宋本、傅校本、明刻本删。

〔六三〕掌治等五署　原脱「五」，據北宋本、傅校本、明抄本、明刻本補。

〔六四〕監　原脱，據北宋本、傅校本、明抄本、明刻本補。

〔六五〕國子太學廣文四門律學書學算學等博士助教等　原作「國子博士助教太學廣文四門律學書學算學等博士」，據北宋本、傅校本、明抄本改。

〔六六〕監　原脱，據北宋本、明抄本補。

〔六七〕左右羽林軍　「軍」原訛「衛」，據北宋本、傅校本、明抄本改。

〔六八〕東宫官敍　原缺，據卷三〇北宋本正文標目增。

〔六九〕典膳郎藥藏郎内直郎典設郎宫門郎　前四「郎」字原無，「門」下有「等」，據王吴本及卷三〇北宋本卷目補删。

〔七〇〕太孫官屬　原「屬」下有「附」，據王吴本及卷三〇北宋本正文標目删。

〔七一〕諸校尉　「尉」下原有「附」，據王吴本及卷三四北宋本卷目和正文標目删。

〔七二〕后妃及内官命婦附　原作「内官命婦附」，據王吴本及卷三四北宋本卷目和正文標目改。

〔七三〕俸禄　原缺，據北宋本、傅校本、明抄本補。

〔七四〕唐虞夏商周秦漢後漢魏　朝代名稱原缺，據北宋本、傅校本、明抄本、明刻本、王吴本補。下同。此上原有「拜命數」三字，今删。下同。

〔七五〕要略　原作「歷代官制要略」，此前尚有「職官一」三字，單佔一行。按：「歷代官制」與「職官一」皆後人所增。今據北宋本、傅校本、明抄本、明刻本唯存「要略」二字。

〔七六〕虞六十員　四字原脱，據北宋本、傅校本、明抄本、明刻本補。

〔七七〕凡十三萬二百八十五員　漢書百官公卿表上七四三頁「十三萬」作「十二萬」。王先謙漢書補注云：「官本作『十三萬』。」

〔七八〕内官二千六百二十一　北宋本無「一」字。

〔七九〕煬帝除上下階　「階」原訛「附」，據隋書百官志下七九三頁改正。

〔八〇〕薩寶及正祓　舊唐書職官志一一八〇三頁云：「今唯有薩寶祆正二官而已。」「正祓」或即「祆正」歟？

〔八一〕諸衛録事　「諸」原訛「謂」，據卷四〇流外勳品訂改。

〔八二〕梁謂之卿徐代曰廷尉　「徐」原作「隋」，是清人妄改者。徐猶漸也。今據傅校本、明抄本、明刻本、王吴本改回。按：隋初及煬帝大業三年改官，均無廷尉。隋書百官志上七二五頁云：「梁國初建，曰大理，天監元年，復改爲廷尉。」北宋本作「梁謂之卿徐尉廷尉」，疑上「尉」乃「謂」之音訛，涉下致誤。

〔八三〕魏之二守　「魏」原訛「謂」，據北宋本、傅校本、明抄本、王吴本改。

〔八四〕主公卿事　「主」下原有「客」，據後漢書百官志三三五九四頁、晉書職官志七三〇頁删。

〔八五〕上　原脱，據北宋本、傅校本、明刻本、王吴本補。

〔八六〕左右玉鈐衛　「鈐」原訛「鈴」，據北宋本、明抄本改。

〔八七〕大唐嘗爲司刑太常伯　「嘗」原訛「常」，據北宋本、傅校本、明抄本、明刻本、王吴本改。

〔八八〕或綜朝權　「朝」原作「機」，據北宋本、傅校本、明抄本、明刻本、王吴本改。

〔八九〕庶人在官爲未命爲士者　上「爲」原訛「與」，據北宋本改。按：王吴本作「謂」。

〔九〇〕次國小國同　「同」傅校本、明抄本作「下」。

〔九一〕上大夫　原脱「上」，據隋書百官志中七七一頁、册府卷五〇五六〇六五頁補。

〔九二〕其下每以五十石爲差　原脱「下」，據隋書百官志下七九一頁、册府卷五〇五六〇六五頁補。

〔九三〕至從八品　「至」原訛「正」，據北宋本改。按：隋書百官志下七九一頁作「至」。

〔九四〕其禄唯及刺史二佐及郡守縣令　「其禄唯及刺史」原脱，據隋書百官志下七九二頁、册府卷五〇五六〇六六頁補。

〔九五〕錢九千八百　「九」原作「六」，據北宋本改。

〔九六〕錢八千　「八」原作「六」，據北宋本、傅校本、明刻本、王吴本改。

〔九七〕錢六千一百　「六」原作「五」，據北宋本、傅校本、明刻本、王吴本改。

徐庭雲點校　王文錦覆校

通典卷第二十

職官二

三老五更　三公總叙四輔二大附　太師　太傅　太保　太宰　太尉　司徒

司空　大司馬　總叙三師三公以下官屬

三老五更

三老五更，昔三代所尊也。三者，道成於三，謂天、地、人也。老者，舊也，壽也。詩云：「方叔元老。」書稱：「無遺我黄耇之言，則罔所愆。」五者，訓於五品。更者，更也，五世長久，更相代，言其能以善道改更己也。故三老五更，皆取有道、妻男女完具者爲之。〔一〕鄭玄曰：「老更互言之耳，皆老人更知三德五事者也。」蔡邕曰：「更，當爲叟字之誤也。」天子父事三老，兄事五更，親袒割牲，執醬而饋，執爵而酳。三公設几，九卿正履，祝哽在前，祝饐在後。哽音鯁。饐音咽。使者安車輭輪，送迎至家，天子獨拜於屏。其明日，三老詣闕謝，以其禮遇泰尊故也。

後漢明帝以李躬爲三老，桓榮爲五更。躬、榮皆以二千石禄，養終其身。安帝以魯丕、李充爲三老，靈帝又以袁逢爲三老，賜以玉杖。玉杖，長九尺，端以鳩爲飾。鳩者，不咽之鳥，欲老人之不咽也。

魏高貴鄉公即位，幸太學，命王祥爲三老，祥字休徵。鄭小同爲五更。康成之孫。〔二〕祥南面几杖，以師道自居，天子北面乞言。祥陳明王聖帝君臣政化之要以訓之，聞者莫不砥礪。

後魏孝文養老於明堂，以尉元爲三老，元字苟仁。〔三〕游明根爲五更。明根字遠志。帝再拜，三老肅拜。鄭衆云：「但俯下手，今時撎拜是也。」撎音於志反，即今之揖也。給三老上公之禄，五更元卿之禄。

後周武帝保定三年，詔以太傅、燕國公謹于謹爲三老，賜延年杖。帝幸太學以食之。三老入門，皇帝迎拜門屏之間，三老答拜。有司設三老席於中楹，南向。太師、晉國公護升階，設几於席。三老升席，南面，憑几而坐。大司寇、楚國公寧升階，正舃。皇帝升，立於斧扆之前，西面。有司進饌，皇帝跪設醬豆，親自袒割。三老食訖，皇帝又親跪授爵以酳。有司徹訖，皇帝北面立，訪道。三老乃起，立於席後。皇帝曰：「猥當天下重任，自惟不才，不知政治之要，公其誨之。」三老答曰「木受繩則正，后從諫則聖。自古明王聖主，皆虛心納諫，以知得失，天下用安，惟陛下念之」云云。三老言畢，皇帝再拜受之，三老答拜，禮成而出。其餘歷代皆無。

三公總敍 四輔二大附

記曰：「虞夏商周有師、保，有疑、丞，設四輔及三公，尚書大傳曰：「古者天子必有四鄰，前曰疑，後曰丞，左曰輔，右曰弼。天子有問無以對，責之疑；有志而不志，責之丞；可正而不正，責之輔；可揚而不揚，責之弼。其爵視卿，其祿視次國之君。」〔四〕漢官儀曰：「倉頡作書，自環者謂之厶，〔五〕背私者謂之公。」韓子曰：「背私曰公。鼎足三者，三光也。」不必備，唯其人。語使能也。」語，言也。得能則用之，無則已，不必備其官。小人處其位，不如且闕。故天子無爵，三公無官，參職天子，何官之稱？天文三台，以三公法焉。三台，星名。〔六〕台，一作能。伊尹曰：「三公調陰陽，九卿通寒暑，大夫知人事，列士去其私。」周成王作周官，曰：「立太師、太傅、太保，茲惟三公，論道經邦，燮理陰陽。師，天子所師法；傅，傅相天子；保，保安天子於德義者。此惟三公之任，佐王論道，以經緯國事，和理陰陽。少師、少傅、少保曰三孤。此三官名曰三孤。孤，特也。言卑於公，尊於卿，特置此三人。貳公弘化，寅亮天地，弼予一人。」副貳三公，弘大道化，敬信天地之教，以輔我一人之治。則三太，周之三公也，故不以一職爲官名。公，八命也。九命則分陜爲二伯。又以三少爲孤卿，與六卿爲九焉。六卿，冢宰、司徒、宗伯、司馬、司寇、司空也。周禮正義曰：「按婚義云三公九卿者，六卿并三孤而言九，其三公又下兼六卿。故傳云司徒公、司馬公、司空公，公各兼二卿。按顧命，太保領冢宰，畢公領司馬，毛公領司空，別有芮伯爲司徒，彤伯爲宗伯，衞侯爲司寇，則周時三公，各兼一卿之職，與古異矣。」又周禮王畿有六卿，每二卿則公一人，蓋一公領二卿也。舜之於堯，伊尹於湯，周公、召公於周，是其任也。賈誼曰：「天子不喻於前聖之德，不知君民之道，不見禮義之正，詩書無宗，學業不法，太師之責也，古者齊太公職之。天子不惠於庶民，不禮於大臣，不中於折獄，無經於百官，不哀於喪，不敬於祭，不誠不信，太傅之責也，古者周公職之。天子處位不端，受業不敬，言語不敍，音聲不中，進退升降不以禮，俯仰周旋無以節，此太保之責也，古者燕召公職之。天子燕業反其學，左右之習詭其師，荅諸侯，〔七〕過大臣，不知文雅之辭，此少師之責也。天子居處出入不以禮，衣服冠帶不以制，御器列側不以度，〔八〕采服從好不以章，忿悦不以義，與奪不以節，此少傅之責也。天子居燕私，安而易，樂而耽，飲食不時，醉飽不節，寢起早晏無常，玩好器弄無制，此少保之責也。」故周禮建外朝之法，左九棘，孤、卿、大夫位焉，羣士在其後；右九棘，公、侯、伯、子、男位焉，羣吏在其後；面三槐，三公位焉，州長衆庶在其後。樹棘以爲位者，取其赤心而外刺，象以赤心三刺也。槐，懷也，言懷來人於此，欲與之謀也。羣吏，謂府史也。州長，鄉遂之官。三公一命衮，若有加則賜也，不過九命。三公八命矣，復加一命，則服衮龍，與王者之後同，多於此則賜也，非命服也。虞夏之制，天子有日月星辰。周禮曰：「諸公之服，自衮冕而下，如王之服。」春秋九命作伯，尊公曰宰，言於海内無不宰統焉。或説司馬主天，司徒主人，司空主土，是爲三公。韓詩外傳曰：「故陰陽不和，四時不節，星辰失度，災變非常，則責之司馬；君臣不正，人道不和，國多盜賊，民怨其上，則責之司徒；山陵崩弛，川谷不通，五穀不殖，草木不茂，則責之司空。」

漢初，唯有太傅、太尉，後加置太師、太保、大司徒、大司空。哀帝時，議以漢舊無司徒，故定三公之號曰大司馬、大司徒、大司空。史記曰：公孫弘以春秋，白衣爲天子三公。漢初因秦，置丞相，而弘爲之，則丞相爲三公矣。王莽居攝，置四輔官。初，王舜爲左輔，〔九〕甄豐爲右弼，甄邯爲後承。〔一〇〕後又制以太師、太傅、國師、國將爲四輔，〔一一〕位上公。大司馬、大司徒、大司空爲三公。

後漢唯有太傅一人，謂之上公。及有太尉、司徒、司空，光武初詔司徒司空二府去大，無稱爵。而無師保。董卓盜爲太師，非漢本制。太尉公主天，部太常、衞尉、光禄勳。司徒公主人，部太僕、鴻臚、廷尉。司空公主地，部宗正、少府、司農。而分部九卿，漢制，三公號稱萬石，其俸月各三百五十斛。風俗通云：「三公一歲共食萬石也。」蓋多以九卿爲之。若天地災變，則皆策免，自太尉徐防始焉。後漢本制，日食、星流及大雨雹等災變者，唯免太尉。自徐防爲太尉，凡天地災變，三公皆免。至魏黄初二年，始罷此制。漢制，三公不與盜賊，若領兵入見，皆交戟叉頸而前。使虎賁執刃扶之也。魏武爲司空，破張繡，入覲天子，亦行此制，汗流洽背，自此不復朝覲也。朝臣見三公皆拜，天子御座即起，在輿爲下。凡拜公，天子臨軒，六百石以上悉會，直事卿贊拜，御史授印綬，公三讓，然後受。至安帝時，三府任薄，選舉誅賞，一由尚書，其災眚變咎，則責免公台。靈帝臨朝，始遣使者就長安拜張温爲太尉，三公在外，自温始也。至獻帝建安十三年，乃罷三公官。

魏初復置，與後漢同，有太傅、太尉、司徒、司空。然皆無事，不與朝政。高柔上疏云：「今公輔之臣，民所具瞻。而置之三事，不使知政，非朝廷崇用大臣之義、大臣獻可替否之謂也。」初封司空崔林爲安陽亭侯。三公封列侯，自林始也。林字德儒。裴松之曰：「漢封丞相已爲荀悦所譏。魏封三公，其失同也。」黃初二年，又分三公户邑，封子弟各一人爲列侯。末年增置太保。

晉武帝即位之初，以安平王孚爲太宰，鄭沖爲太傅，王祥爲太保，義陽王子初爲太尉，〔一二〕何曾爲司徒，荀顗爲司空，石苞爲大司馬，陳騫爲大將軍，凡八公，同時並置。唯無丞相焉，時所謂「八公同辰，攀雲附翼」者也。遂以太傅、太保爲上公，論道經邦，燮理陰陽。無其人則闕，蓋居者甚寡。諸公品第一，食俸日五斛。太康二年，又給絹，春百疋，秋二百疋，緜二百斤。元康元年，給菜田十頃，田騶十人。立夏以後不及田者，食俸一年。又給虎賁二十人，持班劍。給朝車駕，安車黑耳。〔一三〕其太尉、司徒、司空，自漢歷魏，皆爲三公。及晉迄於江左，相承不改。上公、三公之制不改。前代三公策拜，皆設小會，所以崇宰輔之制也。自魏末廢而不行。至晉，拜石鑒字林伯爲左光祿大夫，〔一四〕開府，領司徒，始有詔令會，遂以爲常。十六國姚泓僭號，受經於博士淳于岐。岐病，泓親省疾，拜於牀下。自是公侯見師傅皆拜。

宋皆有八公之官，而不言爲八公也。宋志曰：「三公黃閤，前史無其義。〔一五〕按禮記：『士韠與天子同，公侯、大夫則異。』鄭玄注云：『士賤，與君同，不嫌也。』夫朱門洞啟，當陽之正色也。三公之與天子禮秩相亞，故黃其閤以示謙，不敢斥天子，宜是漢舊制也。」〔一六〕韠音畢。

齊時，三公唯有太傅。

梁有丞相、太宰、太傅、太保、大司馬、大將軍、太尉、司徒、司空、開府儀同三司等官，諸公及位從公開府者，〔一七〕亦置官屬。

陳以丞相、太宰、太傅、太保、大司馬、大將軍並爲贈官。三公之制，開黄閤，廳事置鴟尾。

後魏以太師、太傅、太保謂之三師，上公也。大司馬、大將軍謂之二大，太尉、司徒、司空謂之三公。

北齊皆有三師、二大、三公之官，並置府，其府三門，當中門黄閤，設内屏。三師、二大置佐史，〔一八〕則同太尉府。

後周置六卿之外，又改三師官謂之三公，兼置三孤以貳之。少師、少傅、少保。而以司徒爲地官，大司馬爲夏官，司空爲冬官，如姬周之制，無復太尉、三師之號。宣帝又置四輔官。以大冢宰越王盛爲大前疑，蜀國公尉遲迥爲大右弼，〔一九〕申國公李穆爲大左輔，隋國公楊堅爲大後丞。

隋置三師，不主事，不置府僚，但與天子坐而論道。置太尉、司徒、司空，以爲三公，參議國之大事，依北齊置府僚，無其人則闕。祭祀則太尉亞獻，司徒奉俎，司空行掃除。其位多曠，皆攝行事。〔二〇〕尋省府及僚佐，〔二一〕置公則坐於尚書都省。朝之衆務，總歸於臺閣矣。煬帝即位，廢三師官。

大唐復置三師，以師範一人，儀刑四海。置三公，以經邦論道，燮理陰陽，祭祀則與隋制同。並無其人則闕。天寶以前，凡三師官，雖有其位，而無其人。

太師

太師，古官。殷紂時，箕子爲之。

周武王時太公，成王時周公，並爲太師。周公薨，畢公代之。

秦及漢初並無，至平帝元始元年初置，以孔光居焉，金印紫綬，位在太傅上，太保次太傅。孔光爲太師，王莽爲太傅。光常稱疾，不敢與莽並。〔二二〕太后詔：「令太師無朝，賜靈壽杖。黃門令爲太師省中坐置几，〔二三〕太師入省中用杖，〔二四〕賜食十七物。」〔二五〕十七物者，食具十七種物也。〔二六〕靈壽，木名。漢東京又廢。

獻帝初，董卓爲太師，卓誅又廢。

魏世不置。

晉初置三上公，以景帝諱師，故置太宰，以代太師之名，晉書曰：惠帝太安元年，〔二七〕「以齊王冏爲太師」。當時撰述者之誤也。秩增三司。蜀李雄僭號，時范長生自西山乘素輿詣成都，雄拜長生爲天地太師，封西山侯。

後魏、北齊、後周、隋、大唐皆有之。天寶以前，唯以其官贈仲尼及長孫禎、武士彠、竇毅、韋玄貞、張說、裴光庭而已。䕨音憂縛反。

太傅

太傅，古官。傅，傅之德義也。周成王時，畢公爲太傅。

漢高后元年，初置太傅，金印紫綬。初用王陵，後省。八年復置，後省。哀帝元壽二年，復置，位在三公上。平帝以孔光爲之。

後漢有太傅，上公一人，掌以善道，無常職。光武以卓茂爲之，薨，省。明帝又以鄧禹爲之。鄧禹字仲華，以元功拜太傅，進見東向。又張禹字伯達，遷太傅，舍於宮中，太官進食，五日一歸府。朝見特贊，與三公絶席。章帝以趙熹三世在位，爲國元老，乃以爲太傅。和帝即位，幼弱，以鄧彪有高名，海内歸仁，徵爲太傅，百官總己以聽之，恩寵之異，莫與爲比。其後，每帝初即位，輒置太傅，録尚書事，薨則省。胡廣注曰：「猶古冢宰總己之義。」桓帝踐祚，已加元服，不復置傅，但令太尉胡廣、司徒趙戒領尚書事。至靈帝，復以陳蕃爲太傅，與廣參録尚書事。陳蕃志欲芟夷閹豎，以清本朝，世亂讒勝，用殞厥身。胡廣代之，拱默而已。

魏初置太傅，以鍾繇爲之。鍾繇字元常，遷太傅，有疾。時華歆亦以高年病，朝見，皆使乘轝上殿就坐。是後三公有疾，遂以爲故事。

晉宋金章紫綬，進賢三梁冠，介幘，絳朝服，佩山玄玉。

梁、後魏、北齊、後周及大唐皆有。

太保

太保，古官。殷太甲時，伊尹爲太保。

周成王時，召公爲太保。

漢平帝元始元年，始用王莽爲之。光武中興，省。

魏初不置，末年始置太保，以鄭沖爲之。沖，字文和。位在三司上。

晉武初踐祚，以王祥爲太保，進爵爲公，加置七官之職。〔二八〕太保，所以訓護人主、導以德義者也。汝南王亮爲太宰，録尚書事，與太保衞瓘對掌朝政。又衞瓘爲太保，以公就第，置長史、司馬、從事、中郎掾屬也。章綬佩服冠秩與太傅同。

梁、後魏、北齊、後周、隋及大唐皆有之。天寶以前，唯以其官贈竇季諶一人而已。

太宰

太宰，於殷爲六太，於周爲六卿，亦曰冢宰。

周武時，周公始居之，掌建邦之治。

秦、漢、魏並不置。平帝加王莽號曰宰衡。

晉初，依周禮，備置三公。三公之職，太師居首，以景帝名師，故置太宰以代之，而以安平獻王孚居焉。增掾屬十人，蓋爲太師之互名，非周冢宰之任也。何曾爲太宰，朝會乘輿入朝，劍履上殿，如蕭何、田千秋、鍾繇故事。又安帝以太宰瑯琊王德文不宜嬰拂事務，以紆論道之重，〔二九〕可袞冕之服，綠盭綬，羽葆鼓吹。盭音戾。盭，綠也，以綠爲質。盭，草名也，出瑯琊平昌縣，似艾，可染綬，因以爲綬名。

宋大明中，用江夏王義恭爲之，冠綬服秩悉與太傅同。至齊以爲贈。

梁初有之。至陳，又以爲贈，有事則權兼之。

後魏初無。至孝莊時，以太尉上黨王天穆爲之，增置佐吏。

北齊無聞。

後周文帝又依周禮建六官，遂置天官大冢宰卿一人，掌邦治，以建邦之六典，佐皇帝治邦國。

自隋而無。

太尉

太尉，秦官。月令曰：「孟夏，太尉贊傑儁。」〔三〇〕自上安下曰尉，故武官咸以爲號。漢因之。應劭漢官謂太尉爲周官，非也。鄭玄注月令亦曰秦官。尚書中候云「舜爲太尉」。〔三一〕束晳據非秦官，以此追難玄焉。劉昭曰：「緯候衆書，貴尚神詭，出沒隱顯，動挾誕怪。太尉官實司天，虞舜作宰，璿衡賦政，〔三二〕當是據後位以書前職，〔三三〕非虞之實號也。太尉所職，即舜所掌，遂以同掌追稱太尉，乃中候之誤假，〔三四〕蓋非官之爲謬。康成淵博，自注中候，裁及注禮而忘舜位，豈其實哉！此是不發譏於中候，而正之於月令也。廣微之誚，未探碩意。」金印紫綬，掌武事。漢文三年省，景帝三年復置，其尊與丞相等。丞相衛綰病免。上議置丞相、太尉。藉福說田蚡曰：「上以將軍爲丞相，必讓竇嬰；嬰爲相，將軍必爲太尉。太尉、相尊等耳，又有讓賢名。」蚡從之，皆如其謀。蚡音扶粉反。五年，又省。元狩四年，更名大司馬。〔三五〕大司馬說在本篇。

後漢建武二十七年，復舊名爲太尉公。每帝初即位，多與太傅同録尚書事，府門無闕。論者云，王莽以大司馬篡盜神器，故貶其闕。掌四方兵事功課，歲盡，則奏其殿最而行賞罰。凡郊祀之事，掌亞獻；〔三六〕大喪則告謚南郊。凡國有大造大疑，則與司徒、司空通而論之。國有過事，與二公通諫諍之。靈帝末，以劉虞爲大司馬，而太尉如故。自此則大司馬與太尉始並置矣。劉寵字祖榮，遷太尉，以日食免。又初第五倫爲會稽太守，署鄭弘爲督郵，舉孝廉。及弘爲太尉，而倫爲司空，位在下，每朝見，弘曲躬自卑。帝知其故，遂置雲母屏風，分隔其間，由此以爲故事。又陳蕃拜太尉，臨朝歎曰：

「黄憲若在，不敢先佩印綬。」後坐辟召非其人，策罷。

魏亦有之。王祥字休徵，爲太尉。司馬文王進爵爲王，祥與司徒何曾、司空荀顗並詣王。顗曰：「相王尊重，今可相率而拜。」祥曰：「相國勢位，誠爲尊貴。然要是魏之宰相，吾等魏之三公，公王相去，一階而已。班列大同，安有天子三公可輒拜人者耶？損魏朝之美，虧晉王之德，君子愛人以禮，吾不爲也。」及入，何曾、荀顗遂拜，祥獨長揖。文王謂祥曰：「今日然後知君見顧之重也。」

晉太尉進賢三梁冠，介幘，絳朝服，金章紫綬，佩山玄玉。若郊廟，冕服七旒，玄衣纁裳，七章。

宋制，武冠，山玄玉。

齊制，九旒。

後魏初，與大將軍不並置。正光之後，亦皆置焉。

歷代唯後周無，其餘皆有，悉爲三公。

司徒

司徒，古官。少皞祝鳩氏爲司徒。司，主也。徒，衆也。

堯時，舜爲司徒。

舜攝帝位，命禼爲司徒。

禼玄孫之子曰微，亦爲夏司徒。

周時，司徒爲地官，掌邦教。毛詩緇衣，美鄭武公也。父子爲周司徒，善於其職。

秦置丞相，省司徒。

漢初因之。至哀帝元壽二年，罷丞相，置大司徒。

後漢大司徒主徒衆，教以禮義。凡國有大疑大事，與太尉同。蔡質漢儀曰：「司徒府與蒼龍闕對，厭於尊者，不敢號府。」應劭曰：「此不然。丞相舊位在長安時，府有四出門，〔三七〕隨時聽事。明帝本欲依之，〔三八〕迫於太尉、司空，但爲東西門耳。每國有大議，天子車駕親幸其殿。」建武二十七年，去「大」，爲司徒公。鄧禹爲大司徒，封侯，年二十四。靈帝賣官，廷尉崔烈入錢五百萬，以買司徒，其拜日，天子亦臨軒，時人謂烈爲「銅臭」。建安末爲相國。〔三九〕

魏黄初元年，改爲司徒。華歆字子魚，爲司徒，家無擔石之儲。詔曰「司徒，國之儁老。今大官重膳，而司徒蔬食，甚無謂也」。特賜歆及妻、男等衣服。

晉司徒與丞相通職，更置迭廢，未嘗並立。至永嘉元年，始兩置焉。王衍爲司徒，東海王越爲丞相，始兩置也。陳騫爲司徒，仰理萬機，俯澄邦教。又王戎字濬沖，〔四〇〕爲司徒，高選長吏西曹掾，委任責成，常得無爲。又蔡謨字道明，遷司徒，謨固讓曰：「若我作司徒，將爲後世哂，義不敢拜。」詔數十下，謨章表十餘上，陳以疾篤。帝臨軒，自旦至申，而徵不至。公卿以蔡公傲無人臣之禮，奏送謨廷尉。謨率子弟詣闕稽顙，詔免爲庶人。謨每歎曰：「若使劉王喬得南渡，司徒之美選也。」王喬名疇，少有重名。

宋制：司徒金章紫綬，進賢三梁冠，佩山玄玉。掌治民事，郊祀則省牲，視滌濯，大喪安梓宮。凡四方功課，歲盡則奏其殿最而行賞罰，亦與丞相並置。

齊司徒之府，領天下州郡名數，戶口簿籍。

梁罷丞相，置司徒，歷代皆有。

至後周，〔四一〕以司徒爲地官，謂之大司徒卿，掌邦教，職如周禮。

隋及大唐復爲三公。

司空

司空，古官。孔安國曰：「司空，主空土以居人。」〔四二〕空，穴也。古者穿土爲穴以居人。

少皞鳴鳩氏爲司空。

舜攝帝位，以禹爲司空。周禮正義曰：「禹自司空總百揆，乃分司空之職爲共工。」虞書曰「垂作共工，益作朕虞」是也。

卨玄孫之子曰冥，亦爲夏司空。

殷湯以咎單爲司空。

周禮，司空爲冬官，掌邦事。凡營城起邑、復溝洫、修墳防之事，則議其利，建其功。四方水土功課，歲盡則奏其殿最而行賞罰。凡國有大造大疑，諫諍，與太尉同。

秦無司空，置御史大夫。

漢初因之。至成帝綏和元年，始更名御史大夫曰大司空。初改爲司空，議者又以縣道官獄有司空，故復加爲大司空，亦所以別小大之文也。金印紫綬，祿比丞相。哀帝建平二年，復爲御史大夫。元壽二年，復爲大司空。何武字君卿，〔四三〕爲司空。事後母不篤，詔以其「舉措煩碎，〔四四〕不合衆心，孝聲不聞，惡名流行。其上大司空印綬」。遂策免之。又彭宣字子佩，爲大司空。而王莽爲大司馬，專權。宣上書曰：「三公鼎足承君，一足不任，則覆亂矣。〔四五〕臣老病，願上印綬。」

後漢初爲大司空。建武二十七年，去「大」，爲司空公。第五倫字伯魚，爲司空。奉公不撓，言議果決，以貞白稱。又張敏字伯達，爲司空。行大射禮，陪位頓仆，策免。又陳寵爲司空，府故事，以計吏至，時自公以下督屬籍，〔四六〕不通賓客，以防交關。寵去籍通客，以明無所不受，論者大之。荀氏家傳曰：〔四七〕「荀爽字慈明。董卓秉政，徵之，起巖穴，九十五日而爲司空，時號爲白衣登三公。」獻帝建安十三年，又罷司空，置御史大夫。御史大夫郗慮免，不復補。荀綽百官注曰：〔四八〕「獻帝置御史大夫，職如司空，不領侍御史。」

魏初，又置司空，冠綬及郊廟之服與太尉同。鄭袤字林叔，爲司空。天子臨軒，遣就第拜授。袤謂使曰：「魏以徐景山爲司空，徐公曰：『三公當上應天心，〔四九〕苟非其人，實傷和氣。』」固辭，見許。袤，莫侯反。

宋制：進賢三梁冠，佩山玄玉。掌治水土，祠祀掌掃除樂器，大喪掌將校復土。

歷代皆有之。至後周爲冬官，謂之大司空卿。掌邦事，以五材九範之徒，佐皇帝，富邦國。大祭祀行洒掃，廟社四望則奉豕牲。

隋及大唐復爲三公。天寶十三年，策拜楊國忠爲司空，其日雨土。

大司馬

大司馬，古官也，掌武事。司，主也。馬，武也。

少皥有鳴鳩氏爲司馬。鳴音雎。〔五〇〕

堯時，棄爲后稷，兼掌司馬。

周時，司馬爲夏官，掌邦政。

項羽以曹咎、周殷並爲大司馬。楚大司馬景舍帥軍伐蔡，蔡侯奉社稷而歸之。楚發其賞，舍辭曰：「發誡布令而敵退，是王威也；相攻而敵退，是將威也；戰而敵退，是衆威也。臣不宜以衆威受賞。」又司馬穰苴本姓田，齊威王以古司馬法而附穰苴，因號爲司馬穰苴。

漢初不置。武帝元狩四年，初罷太尉，置大司馬，以冠將軍之號。冠者，加於其上爲一官也。霍光以大司馬大將軍輔政。武帝又令大將軍、驃騎將軍皆有大司馬之號。宣帝地節三年，置大司馬，不冠將軍，亦無印綬、官屬。霍禹爲大司馬，冠小冠，無印綬。成帝綏和元年，初賜大司馬金印紫綬，置官屬，祿比丞相，去將軍。哀帝建平二年，復去大司馬印綬、官屬，冠軍如故。〔五一〕元壽二年，復賜大司馬印綬，置官屬，去將軍，位在司徒上。漢律：丞相、大司馬、大將軍，俸錢月六萬。始直云司馬，〔五二〕議者以漢有軍候千人司馬官，故加「大」。王莽居攝，以漢乃無小司徒，〔五三〕而定司馬、司徒、司空之號，〔五四〕並加「大」。

後漢光武建武二十七年，省大司馬，以太尉代之，故常與太尉迭置，不並列。吳漢爲大司馬，封無陽侯。至靈帝末始置焉。

魏文帝黃初二年，復置大司馬，以曹仁居之，而太尉如故。則太尉、大司馬、大將軍各自爲官，位在三司上。吳有左、右大司馬。

晉定令，亦在三司上。晉諸公贊曰：「義陽王爲太尉、大司馬時，父孚爲太宰，父子居上公，中代以來，未之有也。」又汝南王亮爲大司馬，正旦大會，乘車入殿。又陳騫爲大司馬，賜袞冕之服。武冠，絳朝服，金章紫綬，佩山玄玉，與大將軍同。

宋時唯元嘉中用彭城王義康爲之，冠玉與晉同。

至齊以爲贈。

梁時置官屬。

陳以爲贈。

後魏、北齊與大將軍爲二大，位居三師之下，三公之上。後周以爲夏官，〔五五〕謂之大司馬卿。掌邦政，以建邦國之九法，佐皇帝，平邦國，大祭祀掌其宿衞，廟社則奉羊牲。自隋而無。〔五六〕

總敍三師三公以下官屬

三師、太師、太傅、太保，歷代多有之。一太、殷建官有六太，其一曰太宰。自周以後，亦常有之。餘五太則無。三公、太尉、司徒、司空，歷代有之。二大、大司馬、大將軍，歷代亦有之。諸位從公諸將軍及光禄大夫開府者，歷代亦時有之。官屬等。歷代有置有省，亦多同説，所以不更各具本府，但依時代都言之。其大將軍，自具本篇。

漢有三師，而不見官屬。以丞相爲公，置司直、長史。後改丞相爲司徒，則曰司徒司直、長史。具宰相篇。其太尉後改爲大司馬。綏和初，始置長史一人，掾屬二十四人，御屬一人，令史二十四人。改御史大夫爲大司空，置長史，如中丞。具御史大夫篇。後漢初，唯置太傅，有長史一人，掾屬十人，御屬一人。不知何曹。後置太師，董卓嘗居之，蓋自爲也，而不見官屬。太尉屬官有長史一人，署諸曹事。盧植禮注曰：「如周小宰。」掾史屬二十四人、分主二千石長吏遷除、〔五七〕民户、祠祀、農桑、奏議、辭訟、郵驛、轉運、盜賊、罪法、兵、貨幣、鹽鐵、倉穀等事。黄閤主簿、省録衆事，掌閤下威儀。記室令史、掌上章奏報。〔五八〕後漢末，陳琳、阮瑀皆爲曹公記室，軍國書檄皆所作。御屬。掌爲公卿閤下威儀。司徒屬官有長史一人，掾屬三十一人，令史及御屬三十六人。正曰掾，副曰史。陳寵辟司徒鮑昱府。是時三府掾屬專尚交遊，以不肯親事爲高。〔五九〕寵獨勤心物務，轉爲辭曹，專掌天下獄訟。時司徒辭訟，久者數十年，事類溷錯，易爲輕重。〔六〇〕寵爲昱撰辭訟比七卷，決事科條，皆以事相從。昱奏上之，其後公府奉以爲法。司空屬官：長史一人，掾屬二十九人，令史及御屬三十二人。〔六一〕正曰掾，副曰屬。漢書注云：〔六二〕公府掾比古元士三命者也。或曰：漢初，掾史辟皆上言之，故有秩，皆比命士。其所不言，則爲百石屬，其後皆自辟除，故通爲百石云。其大司馬屬官並同前漢。

魏置太傅、太保，而不見官屬。太尉、司徒、司空有長史、司馬、從事中郎、正行參軍。大司馬亦有正行參軍也。

晉有太宰、太傅、太保。唯楊駿爲太傅，增祭酒爲四人，掾屬二十人，兵曹爲左右也。楊駿輔政，引潘岳爲太傅主簿。初，譙人公孫宏客於河陽，岳待之甚厚。及駿誅，宏爲楚王瑋長史，凡駿綱紀皆從坐，同署主簿已被戮。宏言於瑋，謂岳爲假吏，故得免。太宰、太保官屬不見。太尉、司徒、司空並有長史、司馬。太尉雖不加兵者，吏屬皆絳服。泰始三年，〔六三〕又置太尉軍參軍六人，騎司馬五人，官騎十人。而司徒加置左長史，掌差次九品，銓衡人倫，冠綬與丞相長史同。主簿、左右東西曹掾各一人，若有所循行者，增置掾屬十人。武帝時，司徒奏州郡農桑未有賞罰之制，宜遣掾屬循行。詔遂使司徒督察州郡播殖。若有所循者，增掾屬十人。又溫嶠請司徒置田曹掾，州一人，勸課農桑。初，王渾字玄沖遷司徒，仍加兵。渾以司徒文官，主吏不持兵，持兵乃吏屬絳衣，〔六四〕自以非是舊典，皆令皁服，論者美其謙而識禮。〔六五〕司空府加置導橋掾一人，餘略同後漢。咸寧初，詔以前太尉府爲大司馬府，增置祭酒二人，帳下司馬，官騎、大車、鼓吹，左右光禄、光禄三大夫。開府者皆爲位從公，品秩、俸賜、儀制與諸公同。加兵者增置司馬一人，從事中郎二人，劉琨爲司空，以盧諶爲從事中郎。主簿、記室督各一人，舍人四人，兵、鎧、士曹，營軍、刺姦、帳下都督，外都督，令史各一人。主簿以下、令史以上皆絳服。司馬給吏卒如長史，從事中郎給侍二人，主簿、記室督各給侍一人。〔六六〕其餘臨時增崇者，則褒加各因其時爲節文，不爲定制。其祭酒掾屬，白蓋小車七乘，〔六七〕軺車施耳後户、皁輪犢車各一乘。自祭酒以下、令史以上皆皁零辟朝服。其爲持節都督者，增參軍爲六人，其餘如常加兵公制。孫楚字子荆，爲佐著作郎，參石苞驃騎軍事。楚既負其才氣，頗侮易苞。初至，揖曰：「天子命我參卿軍事。」初，參軍不敬府主，楚既輕苞，遂制施敬，自楚始也。

宋有太傅、太保、太宰、太尉、司徒、司空、大司馬，諸府皆有長史一人，將軍一人。又各置司馬一人，而太傅不置。長史、掾屬亦與後漢略同。自江左以來，諸公置長史、倉曹掾、户曹屬、東西閤祭酒各一人，主簿、舍人二人，御屬二人，令史無定員。領兵者置司馬一人，從事中郎二人，參軍無定員；加崇者置左右長史、司馬、從事中郎四人，掾屬四人，則倉曹增置屬，户曹置掾。加崇極於此也。其司徒府若無公，唯省舍人，其府常置，其職僚異於餘府，有左、右長史，東、西曹掾屬，餘則同矣。餘府有公即置，無則省。

齊有太宰、大司馬，並爲贈官，無僚屬。太尉、司徒、司空，是爲三公。特進，位從公。諸開府儀同三司，位從公。開府儀同，如公。凡公督府置佐：長史、司馬各一人，諮議參軍二人。諸曹有録事，功曹，記室，户曹，倉曹，中、直兵，外兵，騎兵，長流，賊曹，城局，法曹，田曹，水曹，鎧曹，集曹，右户十八曹。城局曹以上署正參軍，〔六八〕法曹以下署行參軍，各一人。其行參軍無署者，爲長兼員。〔六九〕其公府佐吏，〔七〇〕則從事中郎二人，倉曹掾、户曹屬、東西閤祭酒各一人，主簿、舍人、御屬二人。加崇者，則左右長史四人，〔七一〕中郎、掾屬並增數。其未及開府，則置府亦有佐吏，〔七二〕其數有減。小府無長流，置禁防參軍。初，晉令公府長史著朝服，自宋大明以來著朱衣。齊王儉爲司徒左長史，請依晉令復舊制，不著朱衣，時議不許。又曰：王秀之常云：「位至司徒左長史，可以知止足矣。」〔七三〕又陸慧曉爲司徒右長史，謝朏爲左長史，府公竟陵王子良謂王融曰：「我府二上佐，前代誰可比？」融曰：「兩賢同時，〔七四〕未有前例。」朏，滂佩反。

梁武受命之初，官班多同宋齊之舊。有丞相、太宰、太傅、太保、大司馬、太尉、司徒、司空、開府儀同三司等官。諸公及位從公開府者置官屬，有長史、司馬、諮議參軍、掾屬、從事中郎、記室、建安王爲雍州刺史，〔七五〕表求管記，乃以江革爲征北記室參軍。革弟觀又爲參軍兼記室。任昉曰：「文房之任，總卿兄弟。」故歷代皆爲文士之華選云。主簿、列曹參軍、行參軍、舍人等官。其司徒則有左、右二長史，褚球字仲寶，爲司徒右長史，〔七六〕加貂。台佐加貂，自球始也。又增置左西掾一人，自餘僚佐，同於二府。有公則置，無則省。而司徒無公，唯省舍人，餘官常置。開府儀同三司，位次三公，左右光禄大夫優者則加之，同三公，〔七七〕置官屬。

陳三師、二大並爲贈官，而無僚屬。其三公有府長史、司馬、諮議參軍、從事中郎、掾曹屬、主簿、祭酒、録事、記室、正參軍、板正參軍。〔七八〕

後魏三師無官屬。後又置太宰，以元天穆爲之，增置佐史。三公及二大並有長史，司馬，諮議參軍，從事中郎，掾屬，主簿，録事參軍，功曹，記室，户曹，中兵等參軍，諸曹行參軍，祭酒，參軍事，長兼行參軍，督護。其太尉、司徒與二大屬官階同。唯司空府官每降一階。

北齊三師、二大、三公各置長史，司馬，諮議參軍，從事中郎，掾屬，主簿，録事，功曹，記室、户曹、倉曹、〔七九〕中兵、外兵、〔八〇〕騎兵、長流、城局、刑獄等參軍事，東西閤祭酒及參軍事，法、墨、田、水、鎧、集、士等曹行參軍，兼左户右户行參軍，長兼行參軍，參軍，〔八一〕督護等員。司徒則加左、右長史。長史，主吏。司馬，主將。舍人，主閤内事。皆自秦官也。從事中郎，從事中郎，漢末官也。陳湯爲大將軍王鳳從事中郎，在主簿上，所掌秩與長史同。掾屬，主諸曹事。主簿，所主與舍人同，祭酒所主亦同。令史，主諸曹文書。此皆自漢官也。陳湯爲大將軍王鳳從事中郎是也。御屬、參軍自後漢也。孫堅參驃騎軍事是也。參軍所主與掾屬同。其儀同三司加開府者，〔八二〕亦置長史以下官屬，而減記室、倉、城局、〔八三〕田、水、鎧、士等七曹，各一人。其品亦下三公府一階。其三師、二大佐吏，則同太尉府也。

後周以太師、太傅、太保爲三公，而不見僚屬。

隋三師亦不見官屬。而三公依北齊置府僚，後省府及僚佐。置公則坐於尚書都省。朝之衆務，總歸於臺閣。

大唐三師、三公並無官屬。

校勘記

〔一〕皆取有道妻男女完具者爲之　後漢書明帝紀註一〇三頁引漢官儀「道」作「首」，「完」作「全」。

〔二〕康成之孫　北宋本、傅校本、明抄本、明刻本、王吴本無此四字。蓋清人所增。

〔三〕元字苟仁　「苟」原訛「荀」，據魏書尉元傳一一〇九頁及北宋本改。

〔四〕其禄視次國之君　「次」原訛「大」，據禮記文王世子疏引尚書大傳及北宋本改。

〔五〕自環者謂之厶　「環」原訛「瓌」，「厶」原訛「輔」，據北宋本改。按：傅校本、明抄本「環」字不誤。

〔六〕三台星名　此下原有「黄帝泰階六符經泰階者天子之三階也中階上星爲諸侯三公三階平則陰陽和風雨時泰階即三台」四十字，乃清人擅增者。今據北宋本、傅校本、明抄本、明刻本、王吴本删。

〔七〕荅諸侯　「荅」原訛「益」，據後漢書百官志一注三五五六頁引賈生語改。

〔八〕御器列側不以度　「列」原訛「倒」，據後漢書百官志一注三五五七頁引賈生語改。

〔九〕王舜爲左輔　「舜」原訛「莽」，據漢書王莽傳上四〇八二頁、通鑑卷三六一一五八頁改。

〔一〇〕甄邯爲後承　「後承」原訛「右丞」，據漢書王莽傳上四〇八二頁及北宋本改。

〔一一〕後又制以太師太傅國師國將爲四輔　「將」原訛「傳」，據漢書王莽傳中四一〇〇頁、通鑑卷三七一一七一頁及北宋本改。

〔一二〕義陽王子初爲太尉　晉書職官志七二五頁作「義陽王望爲太尉」。按：杜佑父名希望，避家諱，故於司馬望稱字。

〔一三〕給朝車駕安車黑耳　晉書職官志七二六頁作「給朝車駕駟安車黑耳駕三各一乘」。

〔一四〕拜石鑒爲左光禄大夫　「左」晉書石鑒傳一二六六頁作「右」。

〔一五〕前史無其義　「其」原作「有」，據宋書禮志二四一二頁改。

〔一六〕宜是漢舊制也　宋書禮志二四一二頁作「蓋是漢來制也」。初學記卷一一引宋書作「疑是漢末制也」。

〔一七〕諸公及位從公開府者　原脱「位」，據隋書百官志上七二〇頁補。

〔一八〕三師二大置佐史　「史」隋書百官志中七五一頁作「史」。

〔一九〕尉遲迥　「迥」原訛「逈」，據諸本改。

〔二〇〕皆攝行事　原脱「皆」，據隋書百官志下七七三頁補。

〔二一〕尋省府及僚佐　原脱「及」，據隋書百官志下七七三頁補。

〔二二〕不敢與莽並　原無「莽並」，據漢書孔光傳三三六三頁補。

〔二三〕黄門令爲太師省中坐置几　初學記卷一一引應劭漢官儀「坐」上有「施」字。

〔二四〕太師入省中用杖　「中」下原衍「坐」，據漢書孔光傳三三六三頁删。

〔二五〕賜食十七物　「食」漢書孔光傳三三六三頁作「餐」。

〔二六〕食具十七種物也　「食」原訛「公」，據漢書孔光傳顔注三三六三頁改。

〔二七〕惠帝太安元年　「太」原作「大」，據晉書惠帝紀九九頁改。

〔二八〕加置七官之職　「七」原訛「一」，據晉書王祥傳九八八頁及北宋本、傅校本、明抄本、明刻本、王吴本改。

〔二九〕以紆論道之重　「紆」原訛「汙」，據北宋本、傅校本、明抄本改。按：職官分紀卷二也作「紆」。紆，屈也。

〔三〇〕太尉贊傑儁　「傑儁」原倒，據禮記月令乙。

〔三一〕舜爲太尉　「舜」原訛「爵」，據後漢書百官志一劉昭注三五五七頁引尚書中候改。

〔三二〕璿衡賦政　「璿衡」，後漢書百官志一劉昭注三五五七頁作「璇衡」。職官分紀卷二引劉昭注作「璇璣」。

〔三三〕當是據後位以書前職　原脱「後」，據後漢書百官志一劉昭注三五五七頁補。

〔三四〕乃中候之誤假　「誤假」，後漢書百官志一劉昭注三五五八頁、職官分紀卷二劉昭注均作「妄」。通典改作「誤假」者，蓋避其父之嫌名。

〔三五〕更名大司馬　「更名」，漢書百官公卿表上七二五頁作「初置」。

〔三六〕掌亞獻　「掌」原訛「常」，據後漢書百官志一三五五七頁改。

〔三七〕府有四出門　原脱「府」，據後漢書百官志一注三五六〇頁引應劭語改。

〔三八〕明帝本欲依之　「明帝」下原有「東京」，據後漢書百官志一注三五六〇頁引應劭語删。

〔三九〕建安末爲相國　「末」原脱，據北宋本、傅校本、明抄本、明刻本、王吴本補。

〔四〇〕王戎字濬沖　「沖」原訛「仲」，據晉書王戎傳一二三一頁及北宋本改。

〔四一〕至後周　原脱「至」，據北宋本、傅校宋、明抄本、明刻本、王吴本補。

〔四二〕主空土以居人　「空」原作「穿」，據北宋本、傅校本、明抄本改。

〔四三〕何武字君卿　「卿」漢書何武傳三四八一頁作「公」。

〔四四〕舉措煩碎　「碎」漢書何武傳三四八六頁作「苛」。

〔四五〕則覆亂矣　漢書彭宣傳三〇五二頁、職官分紀卷二作「覆亂美實」。

〔四六〕時自公以下督屬籍　原脱「公」，據職官分紀卷二補。

〔四七〕荀氏家傳　「荀」原訛「薛」，據北宋本、傅校本、明抄本及職官分紀卷二改。

〔四八〕荀綽百官注　「注」原訛「志」，據北宋本改。按：隋書經籍志二九六八頁云：「荀綽百官表注十六卷。」此爲簡稱。

〔四九〕三公當上應天心　原脱「當」，據晉書鄭袤傳一二五〇頁補。

〔五〇〕睢　原訛「睢」，據諸本改。

〔五一〕冠軍如故　原「冠」下有「將」，據北宋本、傅校本、明抄本、明刻本、王吴本删。

〔五二〕始直云司馬　「直云」原訛「置大」，據宋書百官志上一二一九頁改。按：北宋本作「置云」，「云」字猶不誤。

〔五三〕以漢乃無小司徒　「小」原訛「少」，據宋書百官志上一二一九頁及北宋本改。

〔五四〕而定司馬司徒司空之號　原脱「司徒」，據宋書百官志上一二一九頁補。

〔五五〕後周以爲夏官　原脱「以」，據北宋本、傅校本、明抄本、明刻本、王吴本補。

〔五六〕自隋而無　「無」下原有「聞」，據北宋本、傅校本、明抄本、明刻本、王吴本删。

〔五七〕分主二千石長吏遷除　「吏」原訛「史」，據後漢書百官志一三五五九頁、宋書百官志上一二二〇頁改。

〔五八〕掌上章奏報　「奏」後漢書百官志一三五五九頁及傅校本、明刻本作「表」。

〔五九〕以不肯親事爲高　「親」後漢書陳寵傳一五四八頁作「視」。

〔六〇〕易爲輕重　「輕重」原倒，據後漢書陳寵傳一五四八頁及北宋本、明抄本乙。

〔六一〕令史及御屬三十二人　後漢書百官志一三五六二頁「三」作「四」。

〔六二〕漢書注　「書」北宋本作「舊」。

〔六三〕泰始三年　「泰」原訛「太」，據北宋本改。

〔六四〕持兵乃吏屬絳衣　「持兵」原涉上而脱，「乃」原訛「及」，據晉書王渾傳一二〇四頁補改。

〔六五〕美其謙而識禮　「禮」晉書王渾傳一二〇四頁作「體」。

〔六六〕記室督　原「督」上衍「都」，據晉書職官志七二七頁及北宋本、王吴本删。

〔六七〕白蓋小車七乘　「乘」原無，據晉書職官志七二六頁補。

〔六八〕城局曹以上署正參軍　原脱「城」，據册府卷七一六八五一四頁補。

〔六九〕爲長兼員　原脱「長」，據南齊書百官志三一四頁補。

〔七〇〕其公府佐吏　「佐吏」南齊書百官志三一四頁作「佐史」。下同。

〔七一〕則左右長史四人　原脱「人」，據南齊書百官志三一四頁補。

〔七二〕則置府亦有佐吏　原脱「府」，據南齊書百官志三一四頁補。

〔七三〕可以知止足矣　南齊書王秀之傳八〇一頁無「知」字。

〔七四〕兩賢同時　「時」原作「侍」，據南齊書陸慧曉傳八〇七頁及北宋本改。

〔七五〕建安王爲雍州刺史　原無「刺史」，據梁書江革傳五二三頁、南史江革傳一四一七頁增補。

〔七六〕爲司徒右長史　南史褚裕之傳七四七頁及明刻本、王吴本、殿本同。梁書褚球傳五九〇頁及北宋本、傅校本、明抄本「右」作「左」。

〔七七〕同三公　「同」原訛「曰」，據隋書百官志上七二〇頁改。
〔七八〕板正參軍　原脱「正」，據北宋本、傅校本、明抄本、明刻本、王吴本補。
〔七九〕倉曹　「倉」隋書百官志中七五一頁作「金」。按：隋志與通典下文皆云「加開府者，亦置長史已下官屬，而減記室、倉、城局、田、水、鎧、士等七書各一人」。則作「倉」是。
〔八〇〕外兵　原涉上而脱，據隋書百官志中七五一頁補。
〔八一〕兼左户右户行參軍長兼行參軍參軍　此十五字原涉上而脱，據隋書百官志中七五一頁補。
〔八二〕其儀同三司加開府者　「加」原訛「如」，據隋書百官志中七五一頁改。
〔八三〕城局　「局」原訛「屬」，據隋書百官志中七五一頁改。

徐庭雲點校　王文錦覆校

通典卷第二十一

職官三

宰相并官屬

門下省

侍中侍郎　給事中　散騎常侍　諫議大夫　起居　補闕　拾遺　典儀　城門郎　符寶郎　弘文館校書

中書省

中書令侍郎　舍人　通事舍人　集賢學士　史官　主書

宰相并官屬

黃帝得六相而天地治，神明至。黃帝得蚩尤而明天道，得太常而察地理，得蒼龍而辨東方，得祝融而辨南方，得風后而辨西方，得后土而辨北方，謂之六相。虞舜臣堯，爲堯時臣。舉八愷，〔一〕蒼舒、隤敳、檮戭、大臨、尨降、〔二〕庭堅、仲容、叔達爲八愷，即垂、益、禹、皐陶之倫也。庭堅則皐陶字。隤，大回切。敳，午來切。使主后土，后土，地官也。以揆百事，莫不時敘，地平天成。揆，度。成，平也。舉八元，伯奮、仲堪、叔獻、季仲、伯虎、仲熊、叔豹、季貍爲八元。使布五教於四方，內平外成，內，諸夏。外，夷狄。謂之十六相。亦曰十六族。

及成湯居亳，初置二相，以伊尹、仲虺爲之。伊尹號爲阿衡。仲虺，臣名，爲湯左相。武丁得傅說，爰立作相，王置諸其左右。武丁，殷之高宗也。得賢相傅說，於是禮命立以爲佐相，使在左右也。

周時，召公爲保，周公爲師，相成王，爲左右，亦其任也。

秦悼武王二年，始置丞相官，以樗里疾、甘茂爲左右丞相。茂爲左，疾爲右。莊襄王又以呂不韋爲丞相。及始皇立，尊不韋爲相國，則相國、丞相皆秦官。又漢官儀云：「皆六國時官。」金印紫綬，掌丞天子，助理萬機。秦初有左右，荀悅曰：「秦本次國，命卿二人，是以置左右丞相，無三公官。」至二世，復有中丞相。二世已誅李斯，乃拜趙高爲中丞相，事無大小，皆決之。

漢高帝即位，一丞相，緑綬，高帝二年，拜曹參爲假左丞相，即漢初丞相當有左右，今言一丞相，或漢書之誤。以蕭何爲之。及誅韓信，乃拜何爲相國。何薨，以曹參爲之。孝惠、高后置左右丞相。文帝二年，復置一丞相，丞相月俸錢六萬。初，陳平爲左丞相。及誅諸呂，文帝初立，平乃謝病，以讓周勃，乃以勃爲右丞相，位第一；平爲左丞相，位第二。帝因朝問勃：「天下一歲決獄幾何？」勃謝不知。問：「天下錢穀一歲出入幾何？」勃又不能對，汗出洽背。及問平，平曰：「有主者。」宰相者，上佐天子理陰陽，順四時，下遂萬物之宜，外鎮撫四夷諸侯，〔三〕內親附百姓，使卿大夫各任其職。」頃之，〔四〕劾謝病，請免相，平專爲一丞相。成帝綏和元年，御史大夫何武建言：「古者民謹事約，國之輔佐，必得賢聖，然猶則天三光，備三公官，三光，日、月、星。各有分職。今末俗之弊，政事煩多，宰相之才不能及古，而今丞相獨兼三公之事，所以大化久未洽也。宜建三公官，定卿大夫之任，分職授政，以考功效。」於是上拜曲陽侯王根爲大司馬，而何武自御史大夫改爲大司空，皆金印紫綬，比丞相，則三公俱爲宰相。漢御史大夫副丞相事，若今之同平章事及參知機務之類。所以漢書云「薛、貢、韋、匡迭爲宰相」。薛宣、韋賢、匡衡則是丞相，而貢禹但爲御史大夫。又蕭望之謂朱雲曰：「吾備位將相。」蕭嘗任御史大夫及前將軍。至哀帝，復罷大司空。大司空朱博奏曰：「帝王之道，不必相襲。高祖置御史大夫，位次丞相，〔五〕典正法度，以職相參。歷載二百，天下安寧。今更爲大司空，〔六〕與丞相同位。故事，選郡國守相高第爲中二千石，選中二千石爲御史大夫，〔七〕任職者爲丞相，位次有敘，所以尊聖德，重國相也。今中二千石未更御史而爲丞相，非所以重國政也。今願罷大司空，以御史大夫爲百寮師。」哀帝從之。〔八〕元壽二年，更名丞相爲大司徒。初，漢制常以列侯爲相，唯公孫弘布衣，數年登相位，武帝乃封爲平津侯，其後爲故事。至丞相而封，自弘始也。到光武絕不復侯，〔九〕或自以際會授立見封。〔一〇〕漢儀注曰：「御史大夫爲丞相，更春乃封，故先賜爵關內侯。」李奇曰：「以冬月非封侯，故且先賜爵關內侯。」白事教令，稱曰君侯。亦謂丞相爲上相，陸賈謂陳平曰「足下位爲上相」是也。春秋之義，尊上公謂之宰，言海內無不統焉。故丞相進，天子御座爲起，在輿爲下。皇帝見丞相起，謁者贊稱曰：「皇帝爲丞相起。」起立，乃坐。贊稱曰：「敬謝行禮。」皇帝在道，丞相某迎，〔一一〕謁者贊稱曰：〔一二〕「皇帝爲丞相下輿。」下立，乃升車也。**丞相有病，皇帝法駕親至問疾，從西門入。**丞相有疾，御史大夫三朝問起居，百寮亦然。後漢三公疾，令中黃門問疾。魏晉即黃門郎，尤重者或侍中。**及瘳視事，尚書令若光祿大夫賜以養牛、上尊酒。**如淳曰：「律，稻米一斗，得酒一斗，爲上尊；稷米一斗，得酒一斗，爲中尊；粟米一斗，得酒一斗，爲下尊。」顔師古曰：「稷即粟也。中尊宜爲黍米，不當言稷。且作酒，自有澆淳之異爲上中下矣，非必繫於米也。」蕭何爲相國，將薨，舉曹參代。參無所變更，一遵蕭何約束。擇郡國吏，木訥於文辭、重厚長者，即召除丞相史。吏之言文刻深、欲務聲名者，〔一三〕輒斥之。不事事，〔一四〕日夜飲醇酒。及卒，百姓歌之曰：「蕭何爲法，顜若畫一。曹參代之，守而勿失。載其清淨，民以寧一。」又田蚡爲丞相，黜黃、老刑名百家之言，延文學儒者數百人，儒由是興。又車千秋無他才學功勞，〔一五〕特以一言寤主，旬月取宰相，封富人侯，〔一六〕前代未有也。又匡衡比十年之間不出長安城門，而至丞相。又宣帝時，丙吉字少卿，爲丞相，尚寬大，好禮讓。〔一七〕掾吏有罪不稱職，與長休告，終無按驗。客或曰：「君侯爲漢相，姦吏成其私，然無所懲艾乎？」吉曰：「夫以三公之府，有按吏之名，吾竊陋焉。」因爲故事，公府不按吏，自吉始。於是官屬掾史，〔一八〕務掩過揚善。吉嘗出，〔一九〕逢羣鬬者，死傷横道，吉不問過之。又逢人逐牛，牛喘吐舌，止駐，使騎吏問逐牛行幾里。掾史怪之，問吉。吉曰：「人鬬殺傷，長安令、京兆尹職所當禁。吾備宰相，不親小事。方春，少陽用事，未可以熱，恐牛近行，因省此時氣失節。三公典調陰陽，職所憂也。」又韋賢字長孺，爲丞相，年七十餘，乞罷歸私第。丞相致仕，自賢始也。又孔光將拜丞相，已刻侯印書贊，〔二〇〕未拜，上暴崩。其夜，於大行前拜受丞相博山侯印綬。又薛宣爲丞相，相府辭訟不滿萬錢不爲移書，後遵用薛侯故事，然官屬譏其煩碎無大體，不稱賢相也。又王商爲丞相，天子歎曰：「此真漢相矣。」有天地大變、天下大過，則以病聞。**有天地大變、天下大過，皇帝使侍中持節，乘四白馬，賜上尊酒十斛，**

牛一頭，策告殃咎，使者去，半道，丞相追，上病。使者還來白事，尚書以丞相不起病聞。若丞相不勝任，使者策書，駕駱馬，即時布衣步出府，免爲庶人。若丞相有他過，使者奉策書，駕騅騩馬，即時步出府，乘棧車牝馬，歸田里思過。騩，京媚切。凡丞相府，門無闑，〔二〕不設鈴鼓，言其大開，無節限。

後漢廢丞相及御史大夫，而以三公綜理衆務，則三公復爲宰相矣。前代丞相有蒼頭字宜祿。至漢代，有所關白，則叩閤呼「宜祿」，遂以爲常。闑，魚列切。至於中年以後，事歸臺閣，則尚書官爲機衡之任。至獻帝建安十三年，復置丞相，而以曹公居之。又有相國。

魏黃初元年，改爲司徒。吳有左、右丞相。而文帝復置中書監、令，並掌機密，自是中書多爲樞機之任。說在中書令篇。其後定制，置大丞相，第一品。後又有相國，齊王以司馬師爲之，晉景帝。高貴鄉公以司馬昭爲之。晉文帝。

晉惠帝永寧元年，罷丞相，復置司徒。永昌元年，罷司徒并丞相，則與司徒不並置矣。丞相與司徒，廢置非一。其後或有相國，或有丞相，省置無恒，而中書監、令常管機要，多爲宰相之任。自魏晉以來，相國、丞相多非尋常人臣之職。晉趙王倫、梁王肜、成都王穎、南陽王保並爲之。元帝渡江，以王敦爲丞相，轉司徒，荀組爲太尉，以司徒官屬并丞相爲留府，敦不受。成帝以王導爲丞相，罷司徒府以爲丞相府。導薨，罷丞相，復爲司徒府。相國、丞相，皆衮冕綠盭綬。盭音隸。〔三〕

宋孝武帝初，唯以南郡王義宣爲丞相，而司徒府始如故。亦有相國。丞相金章紫綬，進賢三梁冠，絳朝服，佩山玄玉，相國則緑盭綬也。齊丞相不用人，以爲贈官。梁罷相國，置丞相；罷丞相，置司徒。陳又置相國，位列丞相上，并丞相並爲贈官。

按：自魏晉以來，宰相但以他官參掌機密，或委知政事者則是矣，無有常官。其相國、丞相，或爲贈官，或則不置，自爲尊崇之位，多非人臣之職。其真爲宰相者，不必居此官。

魏文帝以劉放、孫資爲中書監、令，並掌機密。晉武帝詔以荀勖爲中書監、侍中，毗贊朝政。張華爲中書令，侍中劉卞謂華曰：「公居阿衡之地。」東晉庾亮、庾冰相次爲中書監。先是，王導輔政，以寬和得衆，庾亮以法裁物，頗失人心。至冰，經綸時務，升擢後進，朝野注心，咸曰賢相。殷浩爲揚州刺史，參綜朝權。王敦爲大將軍、侍中，上表曰「臣備位宰輔」。謝安爲中書監，録尚書省事。宋文帝初，徐羨之爲司空，録尚書事。後以江湛、王僧綽俱爲侍中，任以機密。後又以殷景仁爲侍中、左衛將軍，與侍中、右衛將軍王華，侍中、左衛將軍王曇首，侍中劉湛四人俱居門下，皆以風力局幹，冠冕一時，同昇之美，〔二三〕近代莫及。初，王弘爲江州刺史，加侍中，後徵輔政，以爲侍中、司徒，録尚書事。而弘弟曇首爲文帝所任，與華相埒。華常謂己力用不盡，〔二四〕每歎息云：「宰相頓有數人，天下何由得理？」湛母憂去職，後徵爲太子詹事，加給事中，與殷景仁並被任遇。湛常云：「今代宰相何難？此正可當我南陽郡漢代功曹耳。」沈演之爲侍中、右衛將軍，〔二五〕文帝謂之曰：「侍中領衛，俱爲優重，〔二六〕此蓋宰相便坐，卿其勉之。」齊王儉爲侍中、尚書令，常謂人曰：「江左風流宰相，唯有謝安。」蓋自況也。明帝顧命江祏兄弟及始安王遥光、〔二七〕尚書令徐孝嗣、領軍蕭坦之，更日帖敕，時呼爲「六貴」，〔二八〕皆宰相也。梁何敬容初爲吏部尚書、侍中。時徐勉爲僕射，參掌機事，以疾陳解，因舉敬容自代，故敬容遷爲僕射，掌選事，侍中如故，此並爲宰相。後敬容屢轉他官，而參掌如故。又王訓爲侍中，武帝問敬容曰：「褚彦回年幾爲宰相？」對曰：「少過三十。」帝曰：「今之王訓，無謝彥同。」彥同，宋明帝時爲侍中。又周捨卒後，朱异爲散騎常侍，代掌機密。北齊韓軌爲中書令，尋授司空，自以勳庸，歷登台鉉。按此則或掌機密，或録尚書，或綜機權，或管朝政，或單侍中，或給事中，或受顧命，皆爲宰相也。然侍中職任機務之司，不必他名，亦多爲宰相。其有侍中兼外官，若宋王弘；侍中兼内官，若沈演之，其例不少，則非宰相，蓋在當時委任而已。自晉宋已來，宰相皆文義自逸，〔二九〕何敬容獨勤庶務，爲代所嗤鄙。姚察曰：「魏正始及晉之中朝，俗尚於玄虚，貴爲放誕。尚書丞郎以上，簿領文案，不復經懷，皆成於令史。逮乎江左，此道彌扇。唯卞壼以臺閣之務，頗欲綜理，阮孚謂之曰：『卿常無閑暇，不乃勞乎？』宋代王敬弘身居端右，未嘗省牒，風流相尚，其流遂遠。覩白署空，是稱清貴，恪勤匪懈，終滯鄙俗。是使朝經廢於上，衆職隳於下，小人道長，抑此之由。嗚呼！傷風敗俗，而使何國禮之識理見譏薄俗者哉！」〔三〇〕

後魏舊制，有大將軍，不置太尉；有丞相，不置司徒。自正光以後，始俱置之，神瑞元年，置八大人官，總理萬機，時號「八公」。然而尤重門下官，多以侍中輔政，則侍中爲樞密之任。說在侍中篇

北齊乾明中，置丞相。河清中分爲左右，〔三一〕各置府僚。然而爲宰相秉持朝政者，亦多爲侍中。趙彥琛、元文遥、和士開同爲宰相，皆兼侍中。

後周大冢宰亦其任也，其後亦置左右丞相。大象二年，以楊堅爲大丞相，遂罷左右丞相官。

隋有内史、納言，即中書令、侍中。是爲宰相，亦有他官參與焉。柳述爲兵部尚書，參掌機事。又

楊素爲右僕射，與高熲專掌朝政。

大唐侍中、中書令是真宰相。

尚書左右僕射亦嘗爲宰相。〔三二〕其間或改爲納言、内史、左相、右相、黄門監、紫微令等名，其本即侍中、中書令也。共有四員。其僕射貞觀末始加平章事，方爲宰相，具僕射篇。

其餘以他官參掌者，無定員，但加同中書門下三品、

貞觀十七年，以兵部尚書李勣同中書門下三品。同中書門下三品，自此始也。永崇、弘道之際，〔三三〕裴炎爲正議大夫，守侍中；崔知温爲正議大夫，守中書令；劉齊賢爲中大夫，守侍中：並同中書門下三品。按：此當以階卑官高，令所給禄秩同三品耳，當是權時之制。〔三四〕其後亦有階卑爲侍中、中書令者，即更不言。

及平章事、知政事、參知機務、參與政事及平章軍國重事之名者，並爲宰相，

貞觀二年，〔三五〕太宗謂侍臣曰：「中書、門下，機要之司，擢才而居，委任實重。詔敕如有不便，皆須執論。比來唯覺阿旨順情，遂無一言諫諍者，豈是道理？若唯署敕行文而已，〔三六〕人誰不堪，何須簡擇，以相委付？自今以後，詔敕疑有不穩，必須執之。」

亦漢行丞相事之例也。

韓安國爲御史大夫，行丞相事。後漢書曰：「周澤行司徒事，如真。」高宗永徽六年，〔三七〕召宰相議廢皇后王氏，立武昭儀爲后。褚遂良奏曰：「先帝疾甚，執陛下手以語臣曰：『我兒好新婦，〔三八〕今將付卿。』皇后恐不可廢。」遂置笏於殿陛，叩頭流血。上大怒，命引出之，遂良貶官。侍中韓瑗上疏理之，不納，表請歸田，不許，瑗又上疏切諫。來濟亦密表諫，不納。儀鳳元年四月，上以風疹，〔三九〕欲令武太后攝知國政，中書令郝處俊曰：「臣聞禮經『天子理陽政，后理陰道』，則外内和順，國家以理。帝之與后，陰之與陽，各有所主，不相奪也。若失其序，上則謫見於天，下則禍成於人。昔魏文帝著令，雖有少主，尚不許皇后臨朝，所以追監成敗，杜其萌也。況天下者，高祖、太宗之天下，陛下正合謹慎宗廟，〔四〇〕傳之子孫，誠不可持國與人，有私於后族。〔四一〕且曠古以來，未有此事，伏乞特賜詳審。」武太后神功元年，嘗召陸元方問以外事，對：「備位宰臣，有大事即奏，人間碎務，不敢以煩聖鑒。」〔四二〕聖曆

三年臘月，張易之兄弟貴寵踰分，懼不全，請計於宰相吉頊。頊曰：「公兄弟承恩深矣，非有大功於天下，自古罕有全者。唯有一策，苟能行之，豈止全家，亦當享茆土之封耳。」易之涕泣請之，頊曰：「天下思唐德久矣。主上春秋高，武氏諸王，殊非所屬意。公何不從容請廬陵、相王，以繼生人之願？」（四三）易之乃承閒屢言，（四四）太后納之。既知頊之謀，乃詔問頊。頊對曰：「廬陵、相王，皆陛下之子。高宗初託於陛下，當有所主。」乃追中宗焉。睿宗登極，方發問，遂追贈爲御史大夫。制云：「王命中絶，人謀未輯，首陳返政之議，（四五）克副祈天之本。」（四六）中宗神龍元年二月，侍中桓彦範上疏曰：「伏見陛下每臨朝政，皇后必施帷幔殿上，得聞政事。詳求往代帝王，有與婦人謀及政事者，（四七）莫不破國亡身，傾輈繼路。且以陰乘陽，違天也；以婦陵夫，違人也。違天不祥，違人不義。由是古人譬以『牝雞之晨，惟家之索』。易曰：『無攸遂，在中饋。』言婦人不得參於國政也。伏願皇后無往正殿干及外朝，專在中宮脩陰教，則坤儀式固，鼎命惟永。」（四八）不納。景龍四年，中宗遺制：韋庶人輔少主，知政事，安國相王參謀輔政。中書令宗楚客謂韋温曰：「今既皇太后臨朝，宜停相王輔政。且皇后於相王嫂叔不通問之地，甚難爲儀注，理全不可。」宰相蘇瓌獨正色拒之，謂曰：「遺制是先帝意。若可改，何名遺制！」楚客大怒，竟削相王輔政而宣行。自先天之前，其員頗多。景龍中，至十餘人。開元以來，常以二人爲限，或多則三人。武太后聖曆三年四月敕：「同中書門下三品平章事，賜會並同中書門下三品例。」開元十年十一月敕：「自今以後，中書門下宜共食實封三百户。」二十二年十一月制：「宰相兼官者，並兩給俸禄。」天寶十五年之後，天下多難，勳賢並建，故備位者衆。然其秉鈞持衡，亦一二人而已。舊制，起居舍人及起居郎唯得對仗承旨。仗下之後，謀議不得聞。武太后時，文昌右丞姚璹以爲帝王謨訓不可無紀，若不宣自宰相，史官無從而知。表請仗下所言軍國政要，則宰相一人撰録，每月封送史館，謂之「時政記」。自璹始也。舊制：宰相常於門下省議事，謂之政事堂。至永淳二年七月，（四九）中書令裴炎以中書執政事筆，其政事堂合在中書，遂移在中書省。開元十一年，張說奏改政事堂爲「中書門下」，其政事印亦改爲中書門下之印。至德二載三月，宰相分直主政事筆，每一人知十日。貞元十年五月八日，又分每日一人執筆。

丞相司直。漢武元狩五年置，掌佐丞相舉不法，位在司隸校尉上。翟方進爲司直，旬歲閒免兩司隸。旬歲猶言滿歲，若十日之一周。後漢罷丞相，光武以武帝故事，置司徒司直，居司徒府，助司徒督録諸州郡所舉上奏，司直考察能否，以徵虚實。建武十一年省。〔五〇〕獻帝建安八年，復置司直，不屬司徒，掌督中都官，不領諸州。九年，詔司直皆比司隸校尉，坐同席，在上，〔五一〕假傳置也，伏湛字惠公，光武以湛才任宰相，拜爲司直，行大司徒事。後無。石勒置都部從事，各部一州，秩二千石，准丞相司直。

丞相長史。漢文帝二年置，一丞相有兩長史。漢百官表云丞相「有兩長史」。而張湯傳云：「殺臣者三長史也。」顔師古曰：「兼有守者，非正員故耳。」蓋衆史之長也，職無不監。田仁爲丞相長史，上書言天下太守，皆下吏誅死。武帝悦，拜仁爲丞相司直，威振天下。介幘，進賢一梁冠，朱衣，銅印黄綬。劉屈氂爲左丞相，分丞相長史爲兩府，以待天下遠方之選。待得賢人，當拜爲右丞相。後漢建武中，省司直，有長史一人。魏武爲丞相以來，置左右二長史而已。

丞相諸曹史。掾屬三十，御屬一。魏武爲丞相，置徵事二人。建安十五年，初置徵事二人，以鄗原、王烈選補之。舊有東西曹，自魏武大軍還鄴，乃省西曹。時毛玠爲東曹掾，與崔琰並典選舉。玠請謁不行，〔五二〕時人憚之。及議併省，咸欲省東曹，皆曰「舊西曹爲上，東次之，宜省東曹也」。魏武知其情，令曰：「日出於東，月盛於西。凡人言方，亦復先東。」遂省西曹。及咸熙中，司馬昭爲相國，相國府置中衞、驍騎二將軍，左右長史，司馬，從事中郎，主簿，舍人，參軍，參戰，〔五三〕東西曹及户、賊、金、兵、〔五四〕騎兵、車、鎧、水、集、法、奏、倉、戎、〔五五〕馬、媒等曹掾屬，凡四十二人。晉元帝以鎮東大將軍爲丞相，丞相府置從事中郎，分掌諸曹；有録事中郎、度支中郎、三兵中郎。其參軍則有諮議參軍二人，主諷議事。江左初置軍諮祭酒，有録事、記室、東曹、西曹等十三曹，其後又置七曹。宋武帝爲相，合中兵、直兵，置一參軍曹，則猶二也。其小府不置長流參軍者，置禁防參軍。蜀丞相諸葛亮府有行參軍，〔五六〕晉太傅司馬越府又有行參軍、兼行參軍。後漸加長兼字，除拜則爲參軍事，府板則爲行參軍。晉末以來，參軍事、行參軍各有除板。〔五七〕板行參軍下則長兼行參軍。又有參軍督護、東曹督護，二督護江左置。

門下省

門下省，後漢謂之侍中寺。嘉平六年，改侍中寺。晉志曰：給事黄門侍郎與侍中，俱管門下衆事，或謂之門下省。至齊，亦呼侍中爲門下，領給事黄門侍郎、公車、太學、太醫等令丞及内外殿中監、内外驊騮廏、散騎常侍、給事中、奉朝請、駙馬都尉等官。梁門下省有侍中、給事黄門侍郎四人，掌侍從儐相，盡規獻納，糾正違闕，監合嘗御藥，封璽書。後魏尤重。北齊門下省掌獻納諫正及司進御之職，有侍中、給事黄門侍郎各六人，統左右局、左右局掌朱華閤内諸事。〔五八〕尚食、知御膳。〔五九〕尚藥、主御藥。尚衣、主御衣服。殿中，領殿中監，掌駕前奏引行事，制請修補。〔六〇〕東耕則進耒耜事。〔六一〕隋改爲殿内。凡六局焉。隋門下省有納言二人，給事黄門侍郎四人，煬帝減二人。〔六二〕及散騎常侍、諫議大夫等官，並掌陪從朝直，〔六三〕兼統六局。開皇三年，罷門下省員外散騎常侍員。煬帝即位，加給事員，廢常侍、諫議等官。又改殿内省隸門下省。大唐龍朔二年，改門下省爲東臺。咸亨初，復舊。至武太后臨朝，光宅初，改爲鸞臺；神龍初，復舊。聖曆三年四月敕，别敕賜物中書門下省官，正三品准二品、五品准四品。〔六四〕開元七年八月初，敕中書門下厨雜料破用外，〔六五〕餘有宜分取。〔六六〕開元元年，改爲黄門省；五年，復舊。有侍中二人，黄門侍郎二人，給事中四人，左散騎常侍二人，諫議大夫四人，典儀二人，起居郎、左補闕、左拾遺各郎二人，城門郎四人，符寶郎四人，弘文館校書二人，其餘小吏各有差。

侍中

侍郎　給事中　散騎常侍　諫議大夫　起居　補闕　拾遺　典儀　城門郎　符寶郎　弘文館校書〔六七〕

侍中者，周公戒成王立政之篇所云「常伯」、「常任」以爲左右，〔六八〕即其任也。漢宮曰：「選於侯伯，轉補袞闕，〔六九〕言其道可常尊，故曰常伯。」周禮有太僕，干寶注云：「若漢侍中。」〔七〇〕秦爲侍中，晉志曰：「黃帝時風后爲侍中。」此皆出於兵家及讖緯之文，不足徵也。劉昭釋太尉，其義詳矣。本丞相史也，使五人往來殿內東廂奏事，故謂之侍中。漢侍中爲加官。凡侍中、左右曹、諸吏、散騎、中常侍，皆爲加官。漢儀注：「諸吏給事中日上朝謁，平尚書奏事，分爲左右曹。」所加或列侯、將軍、卿大夫、將、都尉、尚書、太醫、太官令至郎中，無員。將謂郎將以下也。自列侯下至郎中，皆得有此加官。多至數十人。侍中、中常侍得入禁中，諸曹受尚書事，諸吏得舉法。漢侍中冠武弁大冠，亦曰「惠文冠」，加金璫，附蟬爲文，貂尾爲飾。侍中服則左貂，常侍服則右貂。金取堅剛，百鍊不耗；〔七一〕蟬取居高食潔；貂取內勁捍而外溫潤。〔七二〕此本趙武靈王胡服之制，秦破趙，得其冠，以賜侍中。便繁左右，與帝升降。舊用儒者，然貴子弟榮其觀好，至乃襁抱，坐受寵位，貝帶脂粉，〔七三〕綺襦紈袴，鵕鸃冠，惠帝時，侍中鵕鸃冠，貝帶傅脂粉。張辟彊年十五，桑弘羊年十三，並爲侍中。鵕，思狻切。鸃，魚奇切。鵕鸃似鳳凰，神鳥。直侍左右，分掌乘輿服物，下至褻器武子之屬。〔七四〕蘇則與吉茂同隱於太白山。後則爲侍中，侍中舊親省起居，故謂之「執武子」。茂見則，嘲曰：「仕進不止執武子。」則笑曰：「誠不能效汝蹇蹇鹿車驅。」武帝時，孔安國爲侍中，以其儒者，特聽掌御唾壺，朝廷榮之。本有僕射一人，秦漢以侍中功高者一人爲僕射。後漢光武改僕射爲祭酒，或置或否，而又屬少府，〔七五〕掌贊導衆事，顧問應對。桓帝末，侍中皇蟬參乘，問貂璫何法，不知所出，又問地震，云不爲災。還宮，左遷議郎。法駕出，則多識者一人負國璽，操斬白蛇劍，參乘；餘皆騎，在乘輿後。獻帝即位，初置六人，贊法駕則正直一人負璽陪乘。大駕出，則次直侍中護駕，正直侍中負璽參乘，不帶劍，餘皆騎從。殿內門下衆事皆掌之。馮魴字孝孫，〔七六〕父子兄弟並帶青紫，三代侍中。又劉淑爲侍中，〔七七〕補政二百餘事，悉有篇章。又戴憑字次仲，拜侍中。帝令羣臣説經，更相難詰，義不通，輒奪其席以益通者，憑遂重坐五十餘席，故語曰：「解經不窮戴侍中。」盧植爲侍中，董卓欲廢帝，唯植獨正色止之。後選侍中，皆舊儒高德，學識淵懿，仰瞻俯視，切問近對，喻旨公卿，上殿稱制，秉笏陪見。舊在尚書令、僕射下，尚書上。司隸校尉見侍中，執板揖。侍中舊與中官俱止禁中，因武帝時侍中馬何羅挾刃謀逆，〔七八〕由是出禁外，有事乃召之，畢即出。王莽秉政，侍中復入，與中官共止禁中。〔七九〕章帝元和中，郭舉與後宮通，拔佩刀驚上，舉伏誅，侍中由是復出外。秦漢無定員，蔡質漢儀曰：「員本八人。」漢官曰「無員」。侍中舍有八區，論者因言員本八人。省其門題尚書寺，此孝明帝治於東宮尚書模也。魏晉以來置四人，別加官者則非數。辛毗字佐理，〔八〇〕爲侍中。文帝欲徙冀州人家十萬户實河南，時連蝗，民饑，毗諫其不可。帝不答，起入內，毗隨而引其裾，帝奮衣不還。〔八一〕良久乃出，曰：「佐理，卿持我何太急耶？」遂徙其半。王粲爲侍中，曹植集贈粲詩曰：「戴蟬珥貂，朱衣皓帶。入侍帷幄，出擁華蓋。」御登樓，〔八二〕與散騎常侍扶，侍中居左，常侍居右，備切問近對，拾遺補闕。及江左興寧四年，桓温奏省二人。後復舊。晉武帝時，彭權爲侍中，帝問侍臣：「髦頭之義何也？」權曰：「秦紀云：秦國有奇怪獸，觸山截波，無不崩潰，唯畏髦頭，故使持之以衞至尊也。」又嵇紹字延祖，晉惠帝時爲侍中。王師敗績，左右皆奔散，唯紹儼然端冕，以身捍衞，遂遇害於帝側，血濺御服。及事定，左右欲浣之，帝曰：「此是嵇侍中血，勿去之。」

又庾珉爲侍中，隨孝懷没胡在平陽。〔八三〕劉聰大會，使帝著青衣行酒，珉不勝悲憤，跪受號哭，聰殺之，後贈貞侯。〔八四〕又褚翜字謀遠，〔八五〕爲侍中。蘇峻作亂，王師敗績，火及宫室，手抱天子，登太極殿。峻兵入，叱翜令下，翜不動，曰：「蘇冠軍來覲至尊，軍人豈得逼斥宫禁！」〔八六〕於是兵士不敢上太極殿。峻執政，猶以爲侍中。時鍾雅亦爲侍中，謀奉天子出投義軍，事覺，爲峻所害。又王爽爲侍中，孝武崩，王國寶夜欲開門，入爲遺詔。爽拒之曰：「皇帝晏駕，太子未至，輒入者斬。」國寶懼，乃止。

侍中，漢代爲親近之職，魏晉選用，稍增華重，而大意不異。晉任愷字元褒，〔八七〕爲侍中，萬機大小，多管綜之。性中正，以社稷爲己任。惡賈充之爲人，不欲久執朝政。或爲充謀曰：「愷總門下樞要，得與上親接，宜啟令典選，使得漸疏，此一都令史事耳。九流難精，間隙易乘。」充因稱愷才能，宜在官人之職，即日以愷爲吏部尚書，由是侍覲轉稀。武冠，絳朝服，佩水蒼玉。舊遷列曹尚書，美遷中領護、吏部尚書。宋文帝元嘉中，王華、王曇首、殷景仁等並爲侍中，情任親密。〔八八〕王華等每與帝接膝共語，貂拂帝手，拔貂置案上，語畢，復手插之。孝武時，侍中何偃南郊陪乘，鑾輅過白門闕，〔八九〕偃將匐，帝反手接之曰：「朕反陪卿也。」〔九〇〕又宋孝武代，選侍中四人，並以風貌，王彧與謝莊爲一雙，阮韜與何偃爲一雙，常充兼假。〔九一〕又謝朏字敬沖，〔九二〕宋末爲侍中。及齊受禪之日，朏在直，百寮陪位。侍中當解帝璽，朏佯不知。傳詔曰：「解璽授齊王。」朏曰：「齊自應有侍中。」乃引枕卧。傳詔懼，使稱疾，朏曰：「我無疾，何可道！」遂朝服步出門，得車還宅。是日，遂以王儉爲侍中，解璽。齊高祖曰：「我若誅之，令遂成名。」〔九三〕乃廢於家。永明中，復爲侍中。至梁，亦爲侍中。齊侍中高功者，稱侍中祭酒。其朝會，多以美姿容者兼官。欲以陸慧曉爲侍中，以形短小，乃止。永元三年，東昏南郊，不欲親朝士，以主璽陪乘，前代未嘗有。齊有主璽、主衣等官。梁侍中高功者在職一年，詔加侍中祭酒，與散騎侍郎高功者一人對掌禁令，〔九四〕此頗爲宰相矣。王訓字懷範，遷侍中。既拜入見，武帝問何敬容曰：「褚彥回年幾爲宰相？」對曰：「少過三十。」上曰：「今之王訓，不謝彥回。」又曰：柳慶遠爲侍中，嘗失火，禁中驚懼。帝悉斂諸門鑰，問：「柳侍中何在？」既至，悉付之。又王峻與謝覽約，〔九五〕官至侍中，不復謀仕進。陳侍中亦如梁制。後魏置六人，加官在其數。宜都王穆壽、廣平公張黎並以侍中輔政。北齊侍中亦六人。後周初，有御伯中大夫二人，掌出入侍從，屬天官府。保定四年，改御伯爲納言，斯侍中之職也。宣帝末，又別置侍中爲加官。隋又改侍中爲納言，置二人。煬帝大業十二年，又改納言爲侍內。隋氏諱「忠」，故凡中皆曰內。大唐初，爲納言。武德四年，改爲侍中，亦置二人。龍朔二年，改爲左相，咸亨元年復舊。光宅元年，又改爲納言。神龍元年，復爲侍中。開元元年，又改爲黃門監；五年，復爲侍中。天寶元年，改爲左相。至德初，復爲侍中。自隋至今，皆爲宰相。舊班正三品，大曆二年，升爲從二品。按令文：掌侍從，負寶，獻替，贊相禮儀，審署奏抄，駁正違失，監封題，給驛券，監起居注，總判省事。

門下侍郎。秦官有黃門侍郎，漢因之，劉向與子歆書曰：「今若年少，得黃門侍郎，要處也。」與侍中俱管門下衆事，無員。郊廟則一人執蓋，臨軒朝會則一人執麾。凡禁門黃闥，故號黃門；其官給事於黃闥之內，故曰黃門侍郎。初，秦漢別有給事黃門之職，揚雄爲給事黃門。後漢併爲一官，故有給事黃門侍郎，掌侍從左右，給事中使，〔九六〕關通中外。及諸王朝見於殿上，引王就座。無員，屬少府。又漢舊儀曰：「屬黃門令。」日暮，入對青瑣門拜，故謂之夕郎。宮闈簿曰：「青瑣門在南宮。」衛權注吴都賦曰：〔九七〕「青瑣，户邊青鏤也。」獻帝初即位，置侍中、給事黃門侍郎，員各六人，出入禁中，近侍帷幄，省尚書事。〔九八〕後改給事黃門侍郎爲侍中侍郎，〔九九〕去給事黃門之號，旋復故。初，誅黃門後，侍中、侍郎出入禁闥，機事頗露。由是王允乃奏比尚書，不得出入，不通賓客，自此始。荀悅爲黃門侍郎。郭況以后弟，小心謙慎，年十六爲黃門侍郎。魏晉以來，給事黃門侍郎並爲侍衛之官，員四人。魏杜君名恕，字務伯，爲黃門侍郎，每政有得失，常引綱維以正言。吴孫丞爲黃門侍郎，與顧榮俱爲侍臣。吴歸命詔曰：「自今以後，用侍郎當如皇室丞、顧榮儔也。」〔一〇〇〕山公啟事曰：「黃門侍郎和嶠，最有才，可爲吏部郎。」詔曰：「欲令在左右，更求其次。」又曰：「黃門侍郎荀彧，〔一〇一〕清和理正，動可觀採，真侍衛之美者。」宋制，武冠，絳朝服，多以中書侍郎爲之。齊亦管知詔令，呼爲「小門下」。梁增品第，與侍中同掌侍從，儐相威儀，盡規獻納，糾正違闕，監合嘗御藥，封璽書。陳制亦然。後魏亦有。崔光爲黃門侍郎，未嘗留心文案，唯從容論議，參贊大政。北齊置六人，所掌與侍中同。後周天官府置御伯下大夫二人，武帝改爲納言下大夫。隋六人，屬門下省。至煬帝，減二人，而去給事之名。煬帝初嗣位，猶以張衡爲給事黃門侍郎。初，劉行本爲黃門侍郎，文帝嘗怒一郎，於殿前笞之。行本進諫，帝不顧。行本乃正當上前，曰：「陛下不以臣不肖，置臣左右，豈得輕臣而不顧？」乃置笏於地而退。上謝之，而原所笞者。大唐龍朔二年，改黃門侍郎爲東臺侍郎，武德二年四月，温大雅爲黃門侍郎，弟彥博爲中書侍郎，居近侍。高祖謂曰：「我起晉陽，爲卿一門耳。」至五年五月，弟彥博又爲中書侍郎。高宗總章元年十月，東天竺烏徒國長年婆羅門盧伽逸多受詔合丹，〔一〇二〕上將餌之。東臺侍郎郝處俊諫曰：「脩短有天命，未聞萬乘之主，輕服番夷之藥。昔貞觀末，先帝令婆羅門僧那羅爾婆婆寐依其本國仙方，〔一〇三〕合長年神藥。胡既有異術，徵求靈草祕石，歷年而成。先帝服之，竟無異效。大漸之際，名醫莫知所爲。欲歸罪於胡人，將伸大戮，又恐取笑夷狄，遂止。龜鏡若是，〔一〇四〕惟陛下深察。」遂止。咸亨元年復舊。〔一〇五〕光宅元年，改爲鸞臺侍郎，神龍元年復舊。天寶元年，改爲門下侍郎，至德中復舊。舊制，正四品上。大曆三年，又改爲門下侍郎，升從三品。員二人，掌侍從，署奏抄，駁正違失，通判省事。若侍中闕，則監封題，給驛券。

給事中，加官也。秦置，漢因之，所加或大夫、博士、議郎。掌顧問應對。位次中常侍，侍中、黃門，無員。漢官表曰凡「侍中、左右曹、諸吏、散騎、中常侍，皆加官」也。諸給事中，日上朝謁，平尚書奏事，分爲左右曹，以有事殿中，故曰給事中。漢東京省。魏代復置，或爲加官，或爲正員。晉無加官，亦無常員，在散騎常侍下，給事黃門侍郎上，武冠，絳朝服。宋齊隸集書省。梁陳亦掌獻納，省諸聞奏。後魏無員。北齊亦屬集書省，凡六十人。〔一〇六〕後周天官之屬，有給事中士六十人，掌理六經，給事左右。其後別置給事中，在六官之外。隋初無，至開皇六年，始詔吏部置給事郎。凡置八郎，說在爵命篇。煬帝乃移吏部給事郎爲門下之職，位次黃門下，置員四人，以省讀奏案。大唐武德三年，改給事郎爲給事中，後定爲四員。龍朔二年，改爲東臺舍人，咸亨元年復舊。常侍從，讀署奏抄，駁正違失，分判省事。〔一〇七〕若侍中、侍郎並闕，則監封題，給驛券。前代雖有給事中之名，非今任也。今之給事中，蓋因秦之名，〔一〇八〕用隋之職。

散騎常侍。自秦置散騎，又置中常侍，散騎騎並乘輿並音步浪切。騎而散從，無常職。後，〔一〇九〕中常侍得入禁中，皆無員。漢因之，並加官。說在侍中篇。散騎有常侍侍郎與侍中黄門侍郎。後漢中，初省散騎，而中常侍改用宦者。魏文帝黄初初，置散騎，合於中常侍，謂之散騎常侍。後用士人，始以孟達補之，久次者爲祭酒。孟達字子度，自蜀降魏。魏文帝善達之姿才容觀，以爲散騎常侍。散騎常侍掌規諫，不典事。貂璫插右，騎而散從。又有員外者，因曰員外散騎常侍。晉泰始中，令員外散騎常侍二人與散騎常侍通員直，因曰通直散騎常侍，亦武冠，右貂，金蟬，絳朝服，佩水蒼玉。山公啟事曰：「郄詵才志器局，當爲黄散。」黄散謂黄門侍郎及散騎常侍。又曰「散騎常侍缺，當取素行者補之」，遂舉郄詵。又阮孚字遥集，爲散騎常侍，嘗以金貂換酒，爲所司彈糾，帝宥之。又曰賈充爲常侍，後改常侍爲侍中，未詳其義。散騎常侍、黄門侍郎，共平尚書奏事。〔一一〇〕雖隸門下，而別爲一省。潘岳云：「寓直散騎省。」自魏至晉，共平尚書奏事，東晉乃罷之，而以中書職入散騎省，故散騎亦掌表詔焉。鄭默字思元，爲散騎常侍。武帝出南郊，侍中以部陪乘，〔一一一〕詔曰：「使鄭常侍。」謂默曰：「卿知何以得參乘？昔州内舉卿也。」〔一一二〕爲十二郡中正舉也。又傅玄爲散騎常侍，與皇甫陶俱掌直諫。又華嶠字叔駿，加散騎常侍，班同中書。寺爲内臺，中書、散騎、著作及理禮音律，〔一一三〕天文數術，南省文章，門下撰集，皆典掌統之。宋置四人，屬集書省。齊散騎侍郎、通直散騎侍郎、員外散騎侍郎並爲集書省職，而散騎常侍爲東省官。其二衞、四軍、五校爲西省官，説在將軍總敍篇。周盤龍自平北將軍爲散騎常侍，武帝戲之曰：「卿著貂蟬，何如兜鍪？」對曰：「此貂蟬從兜鍪中出耳。」散騎常侍、通直散騎常侍、員外散騎常侍舊爲顯職，與侍中通官。其通直員外，用衰老人士，故其官漸替。宋大明中，雖革選比侍中，而人情久習，終不見重，尋復如初。梁謂之散騎省，天監六年，詔又革之，六年，詔曰：「在昔晉初，仰惟盛化，常侍、侍中，並參帷幄。員外常侍，特爲清顯。可分門下二局，委散騎常侍、侍中，並參帷幄，〔一一四〕尚書案奏，〔一一五〕分曹入集書。通直常侍，本爲顯爵，員外之選，宜參舊准人數，依正員格。」自是散騎視中丞，通直視侍中，〔一一六〕員外視黄門郎。然而常侍終非華胄所悦。常侍亦四人，功高者一人爲祭酒，與侍中高功者一人對掌禁令，糾諸逋違。陳因梁制。後魏、北齊皆爲集書省，掌諷議左右，從容獻納，領諸散騎常侍、侍郎及諫議大夫、給事中等官，兼以出入王命，位在中書之右，〔一一七〕魏高祖謂散騎常侍元景曰：「卿等自在集書，閣省逋墮，致使王言違滯，起居不修。」又宋弁爲散騎常侍，遷右衞將軍，〔一一八〕領黄門。弁屢讓，高祖曰：「散騎位在中書之右，常侍者，黄門之庶兄，〔一一九〕領軍者，〔一二〇〕二衞之假攝，不足空存推讓而棄大委者。」〔一二一〕其資敍爲第三清。明亮爲常侍，〔一二二〕加勇武將軍，〔一二三〕進曰：「臣本官常侍，是第三清，今授勇武，其號至濁。」〔一二四〕北齊常侍定限八員，如金紫光禄大夫。隋諸散騎官，並屬門下省。凡歷代散騎官，有郎騎常侍、漢書有之。顏師古曰：「官爲郎而常侍，以侍天子，故爲郎騎常侍。」散騎常侍、散騎侍郎、魏初，與散騎常侍同置。員外散騎常侍、魏末置，齊梁用人卑雜。又朱异爲員外常侍、侍中、中領軍、中書舍人，四職並驅鹵簿，近代未之有也。又賀琛字國寶，遷員外散騎常侍，舊尚書南座，無貂，貂自琛始。〔一二五〕員外散騎侍郎、晉武帝置。晉代名家，身有國制者，起家多爲員外散騎侍郎。通直散騎常侍、按：魏末，散騎常侍又有在員外者。晉泰始十年，武帝使二人與散騎常侍通員直，故謂之通直散騎常侍。齊梁微輕。北齊張景仁除通直散騎常侍，及奏，御筆點除「通直」字，遂爲正常侍。通直散騎侍郎。初，晉武帝置員外散騎侍郎。及大興中，元帝使二人與散騎侍郎通直，〔一二六〕故謂之通直散騎侍郎。按：歷代常侍，或有員外者，或有通直者。故史傳中謂員外散騎侍郎或單謂之員外郎；謂通直散騎侍郎或單爲通直郎；其非員外及通直者，或謂之政員散騎侍郎，或單謂之政員郎。大唐貞觀二年，制諸散騎常侍皆爲散官，從三品，後悉省之。貞觀十七年，復置爲職事官，始以劉洎爲之。其後定制，置四員，屬門下，掌侍從規諫。顯慶二年，遷二員，隸中書，遂分爲左右。左屬門下，右屬中書。左散騎與侍中左貂，右散騎與中書令右貂，謂之八貂。龍朔二年，改左右散騎常侍爲左右侍極，咸亨元年復舊。

諫議大夫。秦置諫議大夫，〔一二七〕掌論議，〔一二八〕無常員，多至數十人，屬郎中令。至漢武帝元狩五年，始更置之。劉輔以美才，擢爲諫大夫。〔一二九〕成帝欲立趙婕妤爲皇后，輔上書曰：「陛下乃觸情縱欲，以卑賤之女母天下乎？里語曰：『腐木不可以爲柱，卑人不可以爲主。』臣辱諫諍之官，不敢不盡死。」書奏，收輔繫掖庭祕獄。又王褒、貢禹、王吉、匡衡、何武、夏侯勝、嚴助等並爲之。後漢增諫大夫爲諫議大夫，後漢書曰：

「來歙父仲，哀帝時爲諫議大夫。」誤矣。〔一三〇〕亦無常員。更始拜鄭興爲諫議大夫，使安集關西。二漢並屬光祿勳。韋彪字孟達，上疏曰：「諫議之職，應用公直之士，通才謇正，有補益於朝者。今或從徵試輩爲之，不宜也。」自後無聞矣。後魏亦曰諫議大夫，北齊有七人，屬集書省。後周地官府有保氏下大夫，規諫於天子，蓋比其任也。〔一三一〕隋亦曰諫議大夫，置七人，屬門下省，煬帝廢之。大唐武德五年，復置，屬門下。王珪爲諫議大夫，嘗有諫論，太宗稱善，遂詔：「每宰相入內平章大計，必使諫官隨入，與聞政事。」貞觀十七年，太宗問諫議大夫褚遂良曰：「舜造漆器，禹雕其俎，當時諫者十有餘人。〔一三二〕食器之間，苦諫何也？」遂良對曰：「雕琢害農事，纂組傷女工。首創奢淫，危亡之漸。漆器不已，必金爲之；金器不已，必玉爲之。所以諍臣必諫其漸，及其滿盈，無所復諫。」上然之。龍朔二年，改諫議大夫爲正諫大夫。武后臨朝，垂拱二年六月，置匭四區，共爲一室，列於朝堂。東方春，色青，有能告以養人及勸農，可投書於青匭，銘之曰「延恩」。南方夏，色赤，有能正諫，論時政之得失，可投書於丹匭，銘之曰「招諫」。西方秋，色白，有能自陳抑屈，可投書於素匭，銘之曰「申冤」。北方冬，色玄，有能謀智者，可投書於玄匭，銘之曰「通玄」。宜令正諫大夫、補闕、拾遺等一人充使，知匭事。每日所有投書，至暮即進。天寶九載三月，改匭爲獻納。至德元年十月，〔一三三〕復改爲匭。後又置諫議大夫，屬中書。延載元年，山人武什方拜正諫大夫平章事。〔一三四〕開元以來，廢正諫大夫，復以諫議大夫屬門下，凡四人，掌侍從規諫。至德元年九月制：「諫議大夫論事，自今以後，不須令宰相先知。」乾元二年四月，兩省諫官十日一上封事，直論得失，無假文言，冀成殿最，用存沮勸。大曆七年二月，其四員外，內供奉不得過正員數。貞元四年五月，分爲左右，各四員，其右諫議隸中書省。

今起居，周官有左、右史，記其言、事，蓋今起居之本。「動則左史書之，言則右史書之」。「左史記言，右史記事」。〔一三五〕漢武帝有禁中起居注，〔一三六〕後漢馬皇后撰明帝起居注，則漢起居注似在宮中，爲女史之任。又王莽時，置柱下五史，秩如御史，聽事侍傍，記其言行，此又起居之職。自魏至晉，起居注則著作掌之。其後起居，皆近侍之臣録記也，録其言行與其勳伐，歷代有其職而無其官。後魏始置其起居令史，〔一三七〕每行幸宴會，則在御左右，記録帝言及宴賓客訓答。後又別置修起居注二人，以他官領之。北齊有起居省。後周有外史，掌書王言及動作之事，以爲國志，即起居之職。又有著作二人，掌綴國録，則起居注、著作之任，自此而分也。至隋初，以吏部散官及校書、正字有敍述之才者，掌起居之職，以納言統之。至煬帝，以爲古有内史、外史，今著作如外史矣，宜置起居官，以掌其内，乃於内史省置起居舍人二員，次内史舍人下。庾自直、崔濬、祖虞南、蔡允恭等皆爲此職。大唐貞觀二年，省起居舍人，移其職於門下，置起居郎二人。顯慶中，復於中書省置起居舍人，遂與起居郎分掌左右。龍朔二年，〔一三八〕改爲左右史，郎爲左史，舍人爲右史。咸亨元年復舊。天授元年，又爲左右史，神龍初復舊。每皇帝御殿，則對立於殿，左郎，右舍人矣。有命則臨陛俯聽，退而書之，以爲起居注。凡册命、啟奏、封拜、薨免悉載之，史館得之，以撰述焉。令狐德棻、吕才、蕭鈞、褚遂良、上官儀、李安期、顧胤、〔一三九〕高智周、張大素、凌季友等並爲起居，皆有名實者。〔一四〇〕

補闕、拾遺。武太后垂拱中，置補闕、拾遺二官，以掌供奉諷諫。天授二年，各增置，通前爲五員。〔一四一〕三年，舉人無賢愚，咸加擢用，高者試鳳閣侍郎、給事中，次或試員外郎、侍御史、補闕、拾遺、校書郎，當時頗爲濫雜，著於謠誦。謠曰：「補闕連車載，拾遺平斗量。杷推侍御史，〔一四二〕腕脱校書郎。」景雲二年，左補闕辛替否論時政，上疏曰：「臣請以有唐以來理國之得失，陛下之所眼見者以言。太宗文皇帝，陛下之祖，得至理之體，設簡要之方，省其官，清其吏。舉天下職司，無一虛授；用天下之財帛，無一枉費。不多造寺觀而福德自至，不多度僧尼而殃咎自滅。陛下何不取而則之？孝和皇帝，陛下之兄，不取賢良之言，而恣妻女之意。拜爵非擇，虛食祿者數千人；封建無功，〔一四三〕妄食士者百餘户。造寺不止，枉費財者數百億；度人不休，免租庸者數十萬。倉不停半歲之儲，庫不貯兩年之帛。〔一四四〕奪百姓口中之食，以養貪殘；剥萬民體上之衣，將塗土木。於是人怨神怒，水旱不調，享國不永，受終於凶婦人，此陛下之所眼見。今陛下族阿韋之家宗，而不改阿韋之亂政；忍棄太宗之理本，不忍棄孝和之亂階，陛下又何以繼祖宗而觀萬國？昔陛下在阿韋之時，危亡是懼，常切齒於羣兇。今貴爲天子，富有海內，而不改羣兇之事，臣恐復有切齒於陛下者也。先朝之時，愚智知敗，人雖有口而不敢言，言未發聲，禍將及矣。韋月將受誅於丹徼，〔一四五〕燕欽融見殺於紫庭，此人皆不惜其身而納忠於主，身既死矣，主亦危矣。是故先朝誅之，陛下賞之，是陛下知直言之士，〔一四六〕有裨於國。臣今日愚言，亦當代之直，伏惟察之。」自開元以來，尤爲清選，左右補闕各二人，内供奉者各一人，左右拾遺亦然。兩省補闕、拾遺凡十二人。左屬門下，右屬中書。

典儀二人，大唐置。周禮秋官有司儀上士八人，中士十六人，蓋此典儀之任。齊職儀云：「東宮殿中將軍屬官有導客局，置典儀録事一人，掌朝會之事。」梁有典儀之職，未詳何曹之官，掌唱警唱奏之事，朱服武冠。陳亦有之。後魏置典儀監，史闕其員及所掌。大唐初，隸門下省。初用人皆輕，至貞觀，李義府爲之，是後常用士人。領贊者以知贊唱之節及殿庭版位之次。

城門郎。周禮地官有司門下大夫二人，上士四人，並城門郎之任。初，漢置城門校尉員一人，掌城門屯兵，有司馬及丞各一人，十二城門候各一人，出從緹騎百二十人，緹，徒兮切。蓋兼監門將軍之職。魏因之。晉氏銀章青綬，〔一四七〕絳朝服，武冠，佩水蒼玉。元帝省之。宋齊俱以衛尉掌宮城屯兵及管鑰之事。梁陳二代依秦漢，以光禄卿等掌宮殿門户，亦無城門之職。後魏置城門校尉。北齊衛尉寺統城門寺，置城門校尉二人，掌宮殿城門并諸倉庫管鑰之事。後周地官府置宮門中士一人，下士一人，掌皇城十二門之禁令，〔一四八〕蓋並在其任。隋氏門下省統城門局，校尉二人。煬帝大業三年，又隸殿中省。十二年，又減一人。後又改校尉爲城門郎，置四人，又隸門下省。大唐因之。

符寶郎。周官有典瑞、掌節二官，掌瑞節之事。瑞，節，信也。典瑞屬春官，掌節屬地官。秦漢有符節令、丞，領符璽郎。昭帝幼沖，霍光秉政，殿中夜驚，光召求符璽，符璽郎不肯授。光奪之，郎按劍對曰：「臣頭可得，璽不可得也。」光壯之，增秩二等。文帝二年，初與郡守爲銅虎符、竹使符之制，又皆屬焉。應劭曰：「銅虎符第一至第五，國家當發兵，遣使者至郡合符，符合乃聽受之。竹使符者，以竹箭五枚，長五寸，鐫刻篆書第一至第五。」顏師古曰：「符，與郡守各分其半，右留京師，左以與之。」後漢有符節令，兩梁冠，位次御史中丞。別爲一臺，而符節令一人爲臺率，掌符節之事，屬少府。魏與後漢同。晉泰始九年，〔一四九〕省并蘭臺，置符節御史掌其事。宋與晉。〔一五〇〕齊蘭臺有主璽令史，以治書侍御史領之。梁陳御史臺亦有符節令史。後魏御史臺領符節令，符節令領符璽郎中。北齊有符節署，餘與後魏同。符節令一人，符璽郎中四人。後周有主璽下士，掌國璽之藏。隋初，有符璽局，置監二人，屬門下省，煬帝改監爲郎。大唐因之。長壽三年，改爲符寶郎。〔一五一〕神龍初，復爲符璽郎。開元初，復爲符寶郎。天寶五載六月敕，〔一五二〕玉璽既爲寶，宜爲璽書。十載正月，改傳國璽爲承天大寶。〔一五三〕其符節並納於宮中，有行從則請之，郎掌諸進符寶出納幡節也。

弘文館。大唐武德初，置修文館，後改名弘文館。神龍初改爲昭文，二年，又却爲修文，尋又爲昭文。開元七年，又詔弘文焉。〔一五四〕儀鳳中，以館中多圖籍，未詳正，委學士校理。自垂拱以來，多大臣兼領。館中有四部書。自貞觀初，褚亮檢校館務，學士號爲「館主」，因爲故事。每令給事中一人判館事，校書二人，學生三十人。

中書省

中書之官舊矣，謂之中書省，自魏晉始焉。梁陳時，凡國之政事，並由中書省。省有中書舍人五人，領主書十人，〔一五五〕書吏二百人，書吏不足，并取助書。分掌二十一局事，各當尚書諸曹，並爲上司，總國內機要，而尚書唯聽受而已。被委此官，多擅威勢。後魏亦謂之西臺。宣武帝謂中書監崔光曰：「卿是朕西臺大臣。」北齊中書省管司王言，并司進御之樂及清商、龜茲諸部伶官。隋初，改爲內史省，置令二人，侍郎四人，煬帝減侍郎二人。舍人八人，煬帝減去四人。通事舍人十六人。煬帝加起居舍人，而改通事舍人爲謁者臺職。大唐武德三年，復中書省。龍朔二年，改爲西臺，咸亨初復舊。光宅元年，改爲鳳閣，凡中書官，隨署名改。神龍初復舊。開元元年，改爲紫微省，五年復舊。時謂尚書省爲南省，門下中書爲北省，亦謂門下省爲左省，中書爲右省，或通謂之兩省。令二人，侍郎二人，舍人六人，右散騎常侍、起居舍人、右補闕、右拾遺各二人，通事舍人十六人，其餘小吏各有差。

中書令 侍郎　舍人　通事舍人　集賢學士　史官　主書

舜攝位，命龍作納言，出入帝命。周官，內史掌王之八柄，爵、祿、廢、置、生、殺、與、奪，「執國法及國令之貳，以考政事」。蓋令中書之任。其所置中書之名，因漢武帝遊宴後庭，始以宦者典事尚書，謂之中書謁者，置令、僕射。不言謁者，省文也。元帝時，令弘恭，僕射石顯，秉勢用事，權傾内外。蕭望之以爲中書政本，宜以賢明之選，更置士人，自武帝故用宦者，掌出入奏事，非舊制也。成帝建始四年，改中書謁者令曰中謁者令，更以士人爲之，皆屬少府。漢東京省中謁者令官。時有中官謁者令，非其職也。魏武帝爲魏王，置祕書令，典尚書奏事，又其任也。文帝黄初初，改爲中書令，又置監，以祕書左丞劉放爲中書監，右丞孫資爲中書令，並掌機密。中書監、令，始於此也。及明帝時，中書監、令，號爲專任，其權重矣。時中護軍蔣濟上疏諫曰：「夫人臣太重者國危，〔一五六〕左右太親者身蔽，古之至誡。權在下者，則衆心慢上，勢之常也。今外所言，輒云中書，實握事要，日在目前，儻因疲倦之間有所割制，衆臣見其能推移於事，即亦迴附向之。〔一五七〕請分任衆官，不使聖明之朝有專吏之名也。」晉因之，置監、令一人，始皆同車，後乃異焉。初，監、令常同車入朝。及和嶠爲令，荀勖爲監，嶠意抗，鄙荀巧佞，以意氣加之，專車而坐，自此監令乃使異車。魏晉以來，中書監、令掌贊詔命，記會時事，典作文書。司馬景王命中書令虞松作表，再呈，〔一五八〕不可意。松竭思不能改正，鍾會視其草，爲定五字，松大悦服。又荀勖爲中書監，使子組草詔。傅祗爲監，病風，又使息暢爲啟。華廙爲監，時戎事多不洩，〔一五九〕廙啟武帝，召授子薈草詔。前後相承，以子弟管之，自此始也。又王獻之爲中書令，啟瑯琊王爲中書監，表曰：「中書職掌詔命，非輕才所能獨任。自晉建國，嘗命宰相參領。中興以來，益重其任，故能王言彌徽，德音四塞者也。」又後魏孝文時，蠕蠕有國喪，帝遣高閭爲書與之，不敍凶事。時孝文謂曰：「卿爲中書監，職典文辭，若情思不至，應謝所任。」又曰，崔光爲中書令，敕光爲詔，逡巡不作。薈，烏隊切。廙，余力切。蠕，如兖切。以其地在樞近，多承寵任，是以人固其位，謂之「鳳凰池」焉。荀勖守中書監、侍中，毗贊朝政。〔一六〇〕及遷尚書令，〔一六一〕勖久在中書，專管機事，失之甚悒。人有賀者，勖怒曰：「奪我鳳凰池，諸公何賀焉！」晉制，銅印墨綬，進賢兩梁冠，絳朝服，佩水蒼玉，乘軺車。吳紀亮爲尚書令，其子隲爲中書令，每朝會，吳主以屏風隔其坐。晉書曰：張華爲監，裴楷爲令，共掌機密。又王洽字敬和，〔一六二〕爲中書令，時年二十九。後洽子珉又爲中書令，時謂爲奕世令德。東晉嘗併其職入散騎省，〔一六三〕尋復置之。宋冠佩印綬與晉同。梁中書監、令，清貴華重，大臣多領之。其令舊遷吏部尚書，才地俱美者爲之。陳因梁制。後魏亦有監、令。高允字伯恭，爲中書令。文帝重之，不名，呼爲「令公」。北齊因魏制。後周置内史中大夫一人，掌王言，亦其任也。隋初改中書爲内史，置監令各一人，尋廢監，置令二人。煬帝大業十二年，又改内史爲内書，後復爲内史令。大唐武德初，爲内史令，常有敕而中書門下不時宣行，高祖責其遲由。内史令蕭瑀曰：「臣大業之日，見内史宣敕，或前後相乖者，百司行之，不知何所承用。所謂易雖在前，難必在後。臣在中書日久，備見其事。今黄閣初構，〔一六四〕事涉安危，若遠方有疑，恐失機會。比每受一敕，臣必審勘，使與前敕不相乖背者，始敢宣行。遲晚之愆，實由於此。」上善之。三年，改爲中書令，亦置二人。龍朔二年，改爲右相。咸亨元年復舊。光宅元年，又爲内史。神龍元年，復爲中書令。開元元年，改爲紫微令。五年，復爲中書令。天寶元年，改爲右相。至德初，復爲中書令。自隋至今，皆爲宰相。舊班正三品，大曆三年陞爲從二品。按令文：掌侍從，獻替，制敕，册命，敷奏文表，授册，監起居注，總判省事。

中書侍郎。漢置中書，領尚書事，有丞、郎。魏黄初初，中書既置監、令，又置通事郎，魏志曰：〔一六五〕「掌詔草，即漢尚書郎之位。」次黄門郎。黄門郎已署事過，通事乃署名。已署奏以入，爲帝省讀，書可。後改通事郎爲中書侍郎。明帝詔舉中書郎，謂盧毓曰：「得人與否，在盧生耳。」又魏末張華遷長史，〔一六六〕兼中書郎，朝議表奏，多見施用。晉置四員，及江左初，又改爲通事郎，〔一六七〕尋復爲中書侍郎。其職副掌王言，更入直省五日，從駕則正直從，次直守。張華兼中書郎，從駕征鍾會，掌書疏表檄。又荀勖集：〔一六八〕泰始中，中書郎張華、王濟猶尚自起草，及後，遂失舊體。又嵇含字君道，爲中書郎，書檄雲集，含初不立草。又華廙爲人弘雅，加以名家子孫，以婦父盧毓典選，至三十五，爲中書通事郎。又王濛爲中書郎四年，〔一六九〕無人對，以濛難比肩故也。宋中書侍郎，進賢一梁冠，介幘，絳朝服，用散騎常侍爲之。齊、梁皆四人，梁以功高者一人主省內事。陳因之。後魏、北齊置四員。隋初，爲內史侍郎，亦四員。煬帝減二員，改爲內書侍郎。大唐初，爲內史侍郎。武德三年，改爲中書侍郎。龍朔以後，隨省改號，而侍郎之名不易。舊制正四品上，大曆二年，陞從三品。員二人，掌侍從，獻替，制敕，册命，敷奏文表，通判省事。

中書舍人。魏置中書通事舍人，或曰舍人通事，各爲一職。魏明帝時，有通事劉泰。晉江左乃合之，謂之通事舍人。武冠，絳朝服，掌呈奏案章。後省之，而以中書侍郎一人直西省，即侍郎兼其職，而掌其詔命。宋初，又置中書通事舍人四員，入直閤内，出宣詔命。凡有陳奏，皆舍人持入，參決於中，自是則中書侍郎之任輕矣。齊永明初，〔一七〇〕中書通事舍人四員，各住一省，時謂之「四户」，權傾天下，茹法亮久爲中書通事舍人，後出爲大司農。中書勢利之職，法亮戀之，垂涕而去。又熒惑入太微，〔一七一〕太尉王儉謂武帝曰：「天文乖誤，〔一七二〕此由四户。」帝納之而不改。與給事中爲一流。梁用人殊重，簡以才能，不限資地，多以他官兼領。後除「通事」字，直曰中書舍人，專掌詔誥，兼呈奏之事。裴子野以中書侍郎、鴻臚卿兼中書通事舍人，〔一七三〕別敕知詔誥。自是詔誥之任，舍人專之。魏晉以來，詔誥並中書令及侍郎掌之，説在中書令篇。陳置五人。後魏有舍人省，而不言其員。北齊舍人省掌署敕行下，宣旨勞問，領舍人十人。後周有小史上士二人，此其任也，屬春官。隋内史舍人八員，專掌詔誥。煬帝減四人，後改爲内書舍人。大唐初，爲内史舍人，至武德三年，改爲中書舍人，置六員。貞觀元年，中書舍人高季輔上封事曰：「時已平矣，功已成矣，然而刑典未措者何哉？良由謀猷之臣，不弘簡易之政；臺閣之吏，昧於經遠之道。執憲者以深刻爲奉公，當官者以侵下爲益國，未有坦平恕之懷，副聖上之旨。伏願隨方訓誘，使各揚其職，敦朴素，革澆浮，使家識孝慈，人知廉恥，杜其利欲之心，載以清絜之化，自然家肥國富，禍亂何由而作？」太宗善之，特賜鍾乳一劑，曰：「卿進藥石之言，故以藥石相報。」〔一七四〕龍朔以後，隨省改號，而舍人之名不易。專掌詔誥，侍從，署敕，宣旨，勞問，授納訴訟，敷奏文表，分判省事。自永淳已來，天下文章道盛，臺閣髦彦，無不以文章達。故中書舍人爲文士之極任，朝廷之盛選，諸官莫比焉。按後漢章、和以後，尚書爲機衡之任。尚書郎含香握蘭，直宿於建禮門，太官供膳。奏事明光殿，下筆爲詔誥，出語爲誥令。曹公爲魏王，置祕書令，典尚書奏事，則祕書之職近密，尚書之職疎遠。魏文帝初，改祕書爲中書，自後歷代相沿，並管樞密。而後漢尚書郎，非今之尚書郎，乃中書舍人也。武太后臨朝，天授元年，壽春郡王成器兄弟五人初出閤，〔一七五〕同日受册。有司撰儀注，忘載册文。及百寮在列，方知闕禮，宰臣相顧失色。中書舍人王勮，〔一七六〕立召小吏五人，各令執筆，口授分寫同時，須臾俱畢，詞理典贍，時人歎服。景龍四年六月二日，初定内難，唯中書舍人蘇頲在太極殿後，文詔填委，動以萬計，手操口對，無毫釐差誤。主書韓禮、談子陽轉書詔草，屢謂頲曰：「乞公稍遲，禮等書不及，恐手腕將廢。」故事：舍人六員，各押尚書省一行，天下衆務，無不關決。開元二年十一月，〔一七七〕紫微令姚崇奏：「紫微舍人六員，無一頭商量事，〔一七八〕諸舍人同押連署狀進説。凡事有是非，理均與奪，人心既異，所見不同者，望請别作商量。連狀同進，〔一七九〕若狀語交互，恐煩聖思。臣既是官長，望於兩狀復略言二理優劣，〔一八〇〕奏聽進止，則人各盡能，官無留事。」敕曰「可」。因是舍人唯知撰制，不復分知機務。既文書填委，遂令書録，委之堂後人，其權勢傾動天下，姚竟因主書趙誨贓犯所累罷相。姚誠多才，而隳政擅權，以成斯弊，可哀哉。

通事舍人。昔堯試命舜，〔一八一〕賓於四門，蓋今任也。秦置謁者。漢因之，掌儐贊受事，員七十人，選孝廉年未五十，威容嚴恪，能儐贊者爲之。燕太子使荆軻劫始皇，變起兩楹之間，其後謁者持匕首刺腋。漢高帝偃武行文，〔一八二〕故易之以版。有僕射，冠高山冠。言其矜莊賓遠，故以高山爲號。終軍爲謁者，使行郡國，建節出東關。關吏識之，曰：「此棄繻生。」後漢謁者僕射爲謁者臺率，主謁者。〔一八三〕銅印青綬。天子出，掌奉引。謁者僕射見尚書令，對揖無敬。謁者見，執板拜。謁者三十人。

漢官儀又曰三十五人。謁者初上官，稱曰灌謁者，滿歲稱給事。胡廣云：「灌者，明、章二帝服勤園陵，謁者灌栢，後遂假兹名焉。」馬融曰：「灌者，習所職也。」應奉曰：「高帝承秦，禮儀多闕。灌嬰服事七年，號大謁者。後人掌之，以姓灌章，列於漢書也。」雷義爲灌謁者，使持節督郡國，行風俗，太守令長留者凡七十人。〔一八四〕和帝代，陳郡何熙爲謁者僕射，〔一八五〕贊拜殿中，音動左右。然則又掌唱贊。漢舊儀曰：「謁者缺，選郎中美鬚眉、大音者以補之。功次當遷，欲留增秩者許之。」二漢隸光禄勳。後漢又有黎陽謁者，光武以幽、并兵騎定天下，故於黎陽立營，以謁者監之。兵騎千人，復除甚重，謁者任輕，多放情態。順帝改用府掾有清名威重者，〔一八六〕遷超牧守焉。魏置僕射，掌大拜授及百官班次，統謁者十人。及晉武，省僕射，以謁者并蘭臺。江左復置僕射，後又省。宋武帝大明中，復置僕射一人，職與魏同，亦領謁者十人，掌小拜授及百官報章。齊因之。梁謁者臺，僕射一人，〔一八七〕掌朝覲賓饗之事；屬官謁者十人，掌奉詔出使拜假，朝會擯贊；〔一八八〕功高者一人爲假史，掌差次謁者。陳亦有之。後魏、北齊謁者臺掌凡諸吉凶公事，導相禮儀。儀射二人，謁者三十人。隋煬帝增置謁者、司隸二臺，并御史爲三臺。謁者臺有大夫一人，掌受詔勞問，出使慰撫，持節策授及受寃枉而申奏之。〔一八九〕駕出，對御史引駕，領議郎以下官。屬官有丞、主簿、録事等。尋詔門下、内史、御史、司隸、謁者五司監受表，以爲恒式，不復專謁者矣。初，魏置中書通事舍人官，其後歷代皆有，然非今任。隋初罷謁者官，置通事舍人十六員，承旨宣傳。開皇三年，又增爲二十四員。〔一九〇〕及煬帝，置謁者臺，乃改通事舍人爲謁者臺職，謂之通事謁者，置二十人。又於建國門外置四方館，以待四方使者，隸鴻臚寺。煬帝置四方館，東曰東夷使者，南曰南蠻使者，西曰西戎使者，北曰北狄使者，各一人，掌其方國及互市事。大唐廢謁者臺，復以其地爲四方館，改通事謁者爲通事舍人，掌通奏，引納，辭見，承旨宣勞，皆以善辭令者爲之，隸四方館而文屬中書省。

集賢殿書院。大唐開元中置。漢魏以來，祕書省有其職。梁武帝於文德殿内列藏衆書，北齊有文林館學士，後周有麟趾殿學士，皆掌著述。隋平陳之後，寫書正副二本，藏於宮中。煬帝於東都觀文殿東西廂貯書。自漢延熹至隋唐，皆祕書掌圖籍，而禁中之書，時或有焉。初，開元五年十一月，於乾元殿東廊下寫四部書，仍令祕書監馬懷素、右散騎常侍褚无量總其事，七年，於麗正殿安置，〔一九一〕爲修書使。至十三年，〔一九二〕學士張説等宴於集仙殿，於是改殿名集賢，改修書使爲集賢殿書院學士。五品已上爲學士，每以宰相爲學士者知院事。初，燕國公張説爲中書令，知院制，〔一九三〕以右常侍徐堅副之。〔一九四〕自爾常以近密官爲副，兼判院。直學士，六品以下爲之。侍講學士，開元初，褚无量、馬懷素侍講禁中，爲侍讀，其後康子元等爲侍講學士。修撰官、校理官同直學士。〔一九五〕

史官。肇自黄帝有之，自後顯著。夏太史終古，商太史高勢。周則曰太史、小史、内史、外史。而諸侯之國，亦置其官。又春秋、國語引周志及鄭書，似當時記事，各有其職。

秦有太史令胡毋敬。至漢武，始置太史公，以司馬談爲之。卒，其子遷嗣。卒，後宣帝以其官爲令，行太史公文書。其修撰之職，以他官領之，於是太史之官，唯知占候而已。自漢以前，職在太史。具太史局。當王莽時，改置柱下五史，記疏言行，蓋效古「動則左史書之，言則右史書之」。自後漢以後，至於有隋，中間唯魏明太和中，史職隸中書，其餘悉多隸祕書。大唐武德初，因隋舊制，史官屬祕書省著作局。至貞觀三年閏十二月，移史館於門下省北，宰相監修，自是著作局始罷史職。及大明宫初成，置史館於門下省之南，其修撰史事，以他官兼領，或卑品而有才者亦直焉。開元二十五年，宰臣李林甫監史，以中書地切樞密，記事者宜其附近，史館諫議大夫尹愔遂奏移於中書省北，〔一九六〕其地本尚藥局內藥院。

主書。晉中書有主書之員，本用武官，宋改用文吏。〔一九七〕齊於中書置主書令史。陳置主書而去令史之名。後魏又爲主書令史，置八人。北齊置主書十八人。北齊初曰主書令史。文宣帝嘗立遣主書令史題署，嫌其遲，語曰：「但著主書，何煩著令史字！」自此除「令史」字。隋復加令史，大唐又除之。

校勘記

〔一〕八愷　「愷」原作「凱」，據左傳文公十八年及北宋本改。

〔二〕尨降　「尨」原作「龐」，據左傳文公十八年及北宋本、傅校本、遞修本、明抄本改。

〔三〕外鎮撫四夷諸侯　原脱「撫」，據史記陳丞相世家二〇六一頁補。

〔四〕頃之　原作「上善之」，據北宋本、傅校本、明抄本删改。

〔五〕位次丞相　原脱「位」，據漢書朱博傳三四〇五頁、職官分紀卷三補。

〔六〕今更爲大司空　原脱「爲」，據漢書朱博傳三四〇五頁、職官分紀卷三補。

〔七〕選中二千石爲御史大夫　「選中二千石」原涉上而脱，據漢書朱博傳三四〇五頁補。

〔八〕哀帝從之　「哀」原作「長」，據北宋本、傅校本、遞修本、明抄本、王吳本改。

〔九〕到光武絶不復佚　「到」原作「至」，據北宋本、傅校本、遞修本、明抄本、明刻本、王吳本改。

〔一〇〕或自以際會授立見封　「授」原訛「援」，據北宋本、傅校本、遞修本、明抄本、明刻本、王吳本改。

〔一一〕丞相某迎　後漢書郭陳列傳注引漢舊儀一五六六頁無「某」字。

〔一二〕謁者贊稱曰　原脱「贊」，據後漢書郭陳列傳注引漢舊儀一五六六頁補。

〔一三〕吏之言文刻深　「吏」原訛「史」，據史記曹相國世家二〇二九頁、漢書曹參傳二〇一九頁及王吳本改。

〔一四〕不事事　上「事」原作「治」，後人擅改者。今據北宋本、傅校本、遞修本、明抄本、明刻本改回。

〔五〕車千秋　「車」原作「田」，據北宋本、傅校本、明抄本改。按：漢書車千秋傳云：「車千秋，本姓田氏。」通典原作「車」，後人改「田」。

〔六〕富人侯　「人」原作「民」，據北宋本、傅校本、遞修本、明抄本改。按：漢書車千秋傳二八八四頁作「民」，通典例諱「民」爲「人」。

〔七〕好禮讓　「讓」原作「儀」，據漢書丙吉傳三一四五頁改。

〔八〕掾史　「史」原作「吏」，據漢書丙吉傳三一四六頁改。下同。

〔九〕吉嘗出　「嘗」原訛「常」，據漢書丙吉傳三一四七頁改。

〔一〇〕已刻侯印書贊　「贊」原作「策」，據漢書孔光傳三三五六頁改。按：師古注曰：「書贊者，書贊辭於策也。」

〔一一〕門無闌　「闌」後漢書百官志一三五六一頁注引荀綽晉百官表注作「蘭」，職官分紀卷三引晉書作「闌」。

〔一二〕音隸　「隸」原作「吏」，據北宋本、傅校本、遞修本、明抄本、明刻本、王吳本改。

〔一三〕同昇之美　「昇」原作「時」，清人擅改者。今據宋書殷景仁傳一六八一頁及北宋本、傅校本、遞修本、明抄本、明刻本、王吳本改回。

〔一四〕華常謂己力用不盡　「常」宋書王華傳一六七八頁作「嘗」。

〔一五〕右衛將軍　原脫「右」，據宋書沈演之傳一六八五頁補。按：是時范曄爲左衛將軍，與沈演之對掌禁旅，同參機密。

〔二六〕俱爲優重　宋書沈演之傳一六八五頁作「望實優顯」。杜佑改作「俱爲優重」者，「望」是其父諱，「顯」是中宗諱。

〔二七〕江祏　「祏」原訛「祐」，據南齊書本傳七五〇頁及北宋本、傅校本、遞修本改。

〔二八〕時呼爲六貴　按：句上通典僅列五人，據南齊書江祏傳七五一頁，尚有散騎常侍、右衞將軍劉暄。

〔二九〕宰相皆文義自逸　「義」原訛「武」，據梁書何敬容傳五三二頁、南史何尚之傳七九六頁改。

〔三〇〕何國禮　「國禮」原作「敬容」，據北宋本、傅校本、遞修本、明刻本、王吴本改。按：梁書何敬容傳五三一頁云：「何敬容字國禮。」姚察於此稱其字。

〔三一〕河清中分爲左右　原「中」字誤重，據隋書百官志中七五一頁及北宋本、傅校本、明刻本、王吴本刪。

〔三二〕尚書左右僕射亦嘗爲宰相　北宋本、傅校本、遞修本、明抄本、明刻本、王吴本俱脱「右」字。

〔三三〕永崇　「崇」原訛「淯」，據北宋本、傅校本、遞修本、明抄本、明刻本、王吴本改。按：裴炎爲相在永隆元年四月，見通鑑卷二〇二六三九五頁。通典避玄宗諱，「隆」作「崇」。

〔三四〕當是權時之制　「是」原涉下而誤作「時」，據北宋本改。

〔三五〕貞觀二年　「二」唐會要卷五四作「元」。按：下文太宗謂侍臣云云，通鑑繫於貞觀三年，見卷一九三六〇六四頁。

〔三六〕若唯署敕行文而已　「署」原訛「置」，據唐會要卷五四改。

〔三七〕高宗永徽六年　「永」原訛「元」，「六」原訛「五」，據舊唐書高宗紀上七四頁、通鑑卷一九九六二八九頁訂改。按：舊唐書、通鑑皆謂褚遂良以諫立武昭儀貶官，在永徽六年九月。

〔三八〕我兒好新婦　舊唐書褚遂良傳二七三九頁作「我好兒好婦」。

〔三九〕上以風疹　「疹」原作「疾」，據北宋本、傅校本、遞修本、明抄本改。按：舊唐書郝處俊傳二七九九頁作「瘮」。

〔四〇〕謹慎宗廟　「慎」舊唐書郝處俊傳二八〇〇頁作「守」。

〔四一〕有私於后族　「族」原脱，據舊唐書郝處俊傳二八〇〇頁補。

〔四二〕不敢以煩聖鑒　「鑒」舊唐書陸元方傳二八七五頁作「覽」。

〔四三〕以繼生人之願　「生」原訛「先」，據舊唐書酷吏傳上四八五〇頁及北宋本、傅校本、遞修本、明抄本、明刻本改。

〔四四〕乃承間屢言　「承」原作「乘」，據北宋本、傅校本、遞修本、明抄本改。

〔四五〕首陳返政之議　「返政」原作「反正」，據舊唐書酷吏傳上四八五〇頁改。

〔四六〕克副祈天之本　「副」原作「創」，據舊唐書酷吏傳上四八五〇頁改。按：「本」酷吏傳作「基」，通典諱改。

〔四七〕有與婦人謀及政事者　原「有」上有「未」，據舊唐書桓彦範傳二九二九頁删。北宋本「未」作「者」，亦係衍文。

〔四八〕鼎命惟永　「惟」原作「久」，後人擅改者。今據北宋本、傅校本、遞修本、明抄本、明刻本改回。

〔四九〕永淳二年　「二」原訛「三」，據舊唐書職官志二一八四二頁改。按：永淳盡二年，無三年。

〔五〇〕建武十一年省　後漢書百官志一三五六一頁「一」作「八」。

〔五一〕坐同席在上　「在」原訛「有」，據諸本改。

〔五二〕玠請謁不行　「玠」原脱，據三國志毛玠傳三七五頁補。

〔五三〕參戰　二字原脱，據宋書百官志上一二二一頁補。

〔五四〕兵　原脱，據宋書百官志上一二二三頁補。

〔五五〕戎　原作「士」，據宋書百官志上一二二三頁改。

〔五六〕諸葛亮府有行參軍　原脱「府」，據宋書百官志上一二二四頁補。

〔五七〕晉末以來參軍事行參軍各有除板　「末」原訛「宋」，「參軍事行」與「板」原脱，並據宋書百官志上一二二四頁改補。

〔五八〕左右局掌朱華閣内諸事　「朱」原訛「承」，據隋書百官志中七五三頁改。按：通鑑卷一六八五一九九頁胡注云：「後齊禁中有朱華閣。門下省領左右局，領左右二人，掌知朱華閣内諸事。」

〔五九〕知御膳　原作「主御食」，據北宋本、傅校本、遞修本、明抄本改。

〔六〇〕制請修補　「請」原訛「諸」，據隋書百官志中七五三頁改。

〔六一〕東耕則進耒耜事　原脱「耒」，據隋書百官志中七五四頁補。

〔六二〕煬帝減二人　「減」原脱，據北宋本、傅校本、遞修本、明抄本、明刻本補。

〔六三〕並掌陪從朝直　「陪」隋書百官志下七七四頁作「部」。

〔六四〕五品准四品　唐會要卷五四作「四品准三品」。

〔六五〕敕中書門下厨雜料破用外　「雜」原訛「新」，據唐會要卷五四改。

〔六六〕餘有宜分取　「宜」原訛「官」，據北宋本、傅校本、遞修本、明抄本、明刻本、王吴本改。按：唐會要卷五四作「有餘宜分收」。

〔六七〕弘文館校書　「書」下原有「郎等」二字，據北宋本、傅校本、明抄本、明刻本此卷卷目删。

〔六八〕常伯常任　下「常」原脱，據尚書立政及傅校本、明抄本、明刻本補。

〔六九〕轉補衮闕　「轉」原作「輔」，據北宋本、傅校本、遞修本、明抄本、明刻本、王吴本改。

〔七〇〕若漢侍中　「漢」原脱，據後漢書百官志三三五九三頁劉注引干寶注補。

〔七一〕百鍊不耗　後漢書輿服志下三六六八頁劉注引應劭漢官、初學記卷一二引董巴輿服志同。職官分紀卷六引應劭漢官儀「耗」作「撓」。

〔七二〕貂取内勁捍而外温潤　「内」「外」原互訛，據後漢書輿服志下三六六八頁劉注引應劭漢官、初學記卷一二引董巴輿服志及職官分紀卷六引應劭漢官儀乙改。

〔七三〕貝帶脂粉　明刻本、殿本同。北宋本、傅校本、遞修本、明抄本「貝」作「具」，非。下注同。按：史記佞幸傳三一九一頁、漢書佞幸傳三七二一頁、史記集解引漢書音義、史記索隱引淮南子均作「貝」。

〔七四〕褻器武子之屬　「武」原作「虎」，據北宋本、傅校本、遞修本、明抄本改。按：宋書百官志上一二三九頁作「虎」，通典避李淵祖諱改爲「武」。下同。

〔七五〕而又屬少府　「又」原訛「文」，據北宋本、傅校本、遞修本、明抄本，明刻本、王吴本改。

〔七六〕馮魴字孝孫　「馮」原訛「曹」，據後漢書馮魴傳一一四七頁、初學記卷一二引東觀漢記改。

〔七七〕劉淑　「淑」原訛「叔」，據北宋本、傅校本、遞修本、明抄本、明刻本改。按：劉淑事迹略見後漢書黨錮列傳二一九〇頁。

〔七八〕侍中馬何羅　「馬」漢書武帝紀、霍光傳、金日磾傳、景武昭宣元成功臣表、外戚恩澤侯表及宋書百官志上一二三九頁均作「莽」。漢書武帝紀注引孟康曰：「明德馬后惡其先人有反，易姓莽。」通典用其本姓。「何」北宋本、傅校本、遞修本、明抄本、明刻本、王吴本誤作「阿」。

〔七九〕與中官共止禁中　原脱「共」，據宋書百官志上一二三九頁補。

〔八〇〕辛毗字佐理　「理」三國志辛毗傳六九五頁作「治」，通典避高宗諱改。下同。

〔八一〕帝奮衣不還　「衣」下原有「起」，據三國志辛毗傳六九七頁删。北宋本「衣」下有「帝」，亦衍文。

〔八二〕御登樓　「御」下原有「駕」，後人擅增者。今據晉書職官志七三三頁及北宋本、傅校本删。

〔八三〕隨孝懷没胡在平陽　「懷」下原有「帝」，據北宋本删。

〔八四〕後贈貞侯　「貞」原作「真」，據晉書庾峻傳一三九五頁及北宋本、傅校本、遞修本、明抄本、明刻本改。

〔八五〕褚翜字謀遠　「翜」原訛「翼」，據晉書本傳二〇三一頁改。下同。

〔八六〕豈得逼斥宫禁　「斥」原作「侵」，據北宋本、傅校本、遞修本、明抄本改。

〔八七〕任愷字元褒　「褒」王吴本、殿本、局本訛「衷」，北宋本、傅校本、明刻本訛「裒」，據晉書任愷傳一二八五頁改。

〔八八〕情任親密　御覽卷六八八同。南齊書百官志三二二頁「任」作「在」。

〔八九〕白門闔　「闔」原作「閘」，據北宋本改。按：南齊書百官志三二三頁也作「闔」。

〔九〇〕帝反手接之曰朕反陪卿也　兩「反」字，南齊書百官志三二三頁皆作「乃」。

〔九一〕常充兼假　「充」原作「克」，據北宋本改。

〔九二〕謝朏字敬沖　「沖」原訛「仲」，據梁書本傳二六一頁改。

〔九三〕令遂成名　「令」北宋本作「不」。

〔九四〕與散騎侍郎高功者一人對掌禁令　隋書百官志上七二三頁無「散騎」二字。

〔九五〕王峻與謝覽約　「覽」原訛「瀹」，據梁書王峻傳三二一頁改。

〔九六〕給事中使　後漢書百官志三三五九三頁無「使」字。

〔九七〕衛權　「權」原作「瓘」。按：晉書左思傳原亦作「瓘」，標點本晉書左思傳校改作「權」。彼校勘記二四〇七頁云：「嚴可均全晉文注：左思傳有陳留衛瓘，乃『衛權』之誤。按：魏志衛臻傳裴松之注云，臻孫權，晉尚書郎，作左思吴都賦敍及注。今據改。」今從改。

〔九八〕省尚書事　「省」原脱，據後漢書百官志三劉注引獻帝起居注三五九四頁補。

〔九九〕後改給事黃門侍郎爲侍中侍郎　「改」原作「更」，據後漢書百官志三劉注引獻帝起居注三五九四頁及北宋本、傅校本、遞修本、明抄本、明刻本改。

〔一〇〇〕當如皇室丞顧榮儔也　「皇」原作「宗」，據北宋本、傅校本、遞修本、明抄本、明刻本、王吳本改。

〔一〇一〕黃門侍郎荀彧　荀彧自殺於建安十七年，山濤掌選於咸寧、太康之際，相隔六七十年，西晉之山濤焉能薦用東漢之荀彧。葉德輝所輯山濤啓事，於此加按語，謂此荀彧即孫彧。三國志三少帝紀一五二頁云，水曹掾孫彧本孫權支屬，忠良見事。昔在壽春被俘。旋以彧兼給黃門侍郎，賜爵關内侯。今按：漢人稱荀卿爲孫卿，是避宣帝諱，而晉唐例不諱「孫」，則此「荀」爲誤字。

〔一〇二〕盧伽逸多　舊唐書郝處俊傳二七九九頁「伽」下有「阿」。

〔一〇三〕那羅爾婆婆寐　舊唐書郝處俊傳二七九九頁、新唐書郝處俊傳四二一六頁作「那邏爾娑寐」。

〔一〇四〕龜鏡若是　「鏡」原作「鑑」，據北宋本、傅校本、遞修本改。

〔一〇五〕咸亨元年復舊　「亨」北宋本、傅校本、遞修本、明抄本、明刻本、王吳本作「通」。按：咸亨是高宗之年號。通典改「亨」作「通」者，蓋避肅宗諱。

〔一〇六〕凡六十人　隋書百官志中七五四頁云「給事中六人」，與此異。

〔一〇七〕常侍從讀署奏抄駁正違失分判省事　疑「常」是「掌」之誤。唐六典卷八云：「給事中，掌侍奉左右，分判省事。凡百司奏抄，侍中審定，則先讀而署之。」文例與此同。

〔一〇八〕蓋因秦之名　「秦」原作「古」，據明抄本、明刻本、王吳本改。按：北宋本、傅校本、遞修本作「蓋因之名」。

〔一九〕散騎並乘輿後　原脱一「騎」，據漢書百官公卿表上七三九頁、初學記卷一二補。「後」當屬上讀，初學記卷一二云：「散騎騎從，傍乘輿車後，獻可替否，中常侍得出入禁中。」可證。按：漢書百官公卿表上、御覽卷二二四引漢官儀均無「後」字。

〔二〇〕共平尚書奏事　初學記卷一二、唐六典卷八「平」下有「章」。下同。

〔二一〕侍中以部陪乘　「以部陪乘」原作「以陪乘請」，據北宋本、傅校本、遞修本、明抄本、明刻本改。

〔二二〕昔州内舉卿也　「昔」原訛「皆」，據諸本改。

〔二三〕理禮音律　「理」晉書華表傳一二六四頁作「治」，通典避高宗諱改。標點本晉書出校云：「音」疑當作「考」。一二六八頁。

〔二四〕並參帷幄　「參」原作「侍」，據北宋本、傅校本、明抄本改。

〔二五〕尚書案奏　「尚」原脱，據隋書百官志上七二三頁補。

〔二六〕自是散騎視中丞通直視侍中　隋書百官志上七二三頁、唐六典卷八作「自是散騎視侍中通直視中丞」。

〔二七〕位在中書之右　「右」原訛「左」，據諸本改。

〔二八〕遷右衛將軍　「衛」原脱，據魏書宋弁傳一四一五頁、北史宋隱傳九三七頁補。

〔二九〕黄門之庶兄　北史宋隱傳九三七頁同。魏書宋弁傳一四一五頁「庶兄」作「粗冗」。

〔二〇〕領軍者　「者」原作「特」，乃後人擅改。今據魏書宋弁傳一四一五頁、北史宋隱傳九三七頁及北宋本、傅校本、明抄本、明刻本改回。

〔二一〕而棄大委者　「者」原作「任」，據北宋本、傅校本、遞修本、明抄本改。

〔二二〕明亮　「亮」原訛「亳」，北宋本、傅校本、遞修本、明抄本、明刻本、王吴本作「毫」，亦誤。據魏書良吏傳一九〇四頁、北史循吏傳二八六九頁改。

〔二三〕加勇武將軍　「勇武」原倒，據魏書良吏傳一九〇四頁、北史循吏傳二八六九頁乙正。

〔二四〕今授勇武　「勇武」原訛「武通」，據魏書良吏傳一九〇四頁、北史循吏傳二八六九頁改。按：北宋本、傅校本、明抄本、明刻本、王吴本倒作「武勇」。

〔二五〕貂自琛始　「貂」原涉上而脱，據梁書賀琛傳五四二頁、南史賀琛傳一五一一頁補。

〔二六〕元帝使二人與散騎侍郎通直　「二」原訛「一」，據宋書百官志下一二四四頁及北宋本、傅校本、明抄本、明刻本改。

〔二七〕秦置諫議大夫　「置」北宋本、傅校本、遞修本、明抄本、明刻本作「署」。

〔二八〕掌論議　「論議」原倒，據北宋本乙。按：初學記卷一二引齊職儀也作「論議」。

〔二九〕擢爲諫大夫　「諫」下原衍「議」，據漢書百官公卿表上七二七頁、劉輔傳三二五一頁删。

〔三〇〕後漢書曰來歙父仲哀帝時爲諫議大夫誤矣　按：今後漢書來歙傳五八五頁作「諫大夫」，未誤。通典稱「誤矣」，蓋所據後漢書非范書。

〔三一〕蓋比其任也　「比」原作「此」，據北宋本、傅校本、遞修本、明抄本改。

〔三二〕當時諫者　唐會要卷五五作「當時諫舜禹者」。北宋本作「當時諫舜」。

〔三三〕至德元年　新唐書百官志二一二〇七頁同。舊唐書職官志二一八五三頁「至德」作「乾元」。

〔三四〕正諫大夫　北宋本、傅校本、遞修本、明抄本、明刻本、王吳本「諫」下有「議」。

〔三五〕動則左史書之言則右史書之左史記言右史記事　上「則」原訛「作」，據諸本改。按：「動則左史書之，言則右史書之」，見禮記玉藻。「左史記言右史記事」，見漢書藝文志一七一五頁。杜佑於此列出兩種不同説法，文字並無倒誤。

〔三六〕禁中起居注　原無「注」，據唐六典卷八補。下「漢起居注」同。

〔三七〕起居令史　唐六典卷八「居」下有「注」。

〔三八〕龍朔二年　「二」原訛「三」，據唐六典卷八、舊唐書職官志二一八四五頁改。按：新唐書高宗紀云，龍朔二年二月甲子，大易官名。

〔三九〕顧胤　「胤」原作「允」，清人諱改。今據北宋本、傅校本、遞修本、明抄本、明刻本、王吳本改回。按：顧胤，舊唐書有傳二六〇〇頁。

〔四〇〕皆有名實者　「實」原訛「賢」，據北宋本改。

〔四一〕各增置通前爲五員　舊唐書職官志二一八四五頁、唐會要卷五六均作「加置三員通前五員」。唐六典卷八於左補闕、右拾遺兩條下分別云：「左右各加三員，通前共爲十員。」

〔四二〕杷推侍御史　「杷推」原作「把追」，殿本作「把椎」，均誤。據北宋本改。

〔四三〕封建無功　「建」原訛「進」，據舊唐書辛替否傳三一五九頁及北宋本改。

〔四四〕倉不停半歲之儲庫不貯兩年之帛　舊唐書辛替否傳三一五九頁「半」作「卒」，「兩年」作「一時」。

〔四五〕韋月將受誅於丹徼　「徼」原訛「獄」，據舊唐書辛替否傳三一六一頁及傅校本、遞修本、明抄本改。按：北宋本訛作「激」。

〔四六〕是陛下知直言之士　「士」原作「事」，據舊唐書辛替否傳三一六一頁改。、

〔四七〕晉氏　「氏」原作「制」，據北宋本改。

〔四八〕後周地官府置宫門中士一人下士一人掌皇城十二門之禁令　「中」原作「上」，據本書卷三九後周官品正二命條、唐六典卷八城門郎條改。又，據唐六典所引，宫門中士、下士所掌乃皇城（疑當作「宫城」）五門之禁令，掌皇城十二門之禁令者實爲城門中士、下士。

〔四九〕晉泰始九年　「九」原訛「元」，據晉書職官志七三九頁、宋書百官志下一二五一頁改。

〔五〇〕宋與晉　疑「晉」下脱「同」字。

〔五一〕長壽三年改爲符寶郎　「長」原訛「顯」，據北宋本，傅校本、遞修本、明抄本，明刻本、王吴本改。「壽」原作「慶」，據史訂改。按：唐六典卷八云：「天后更名符寶郎。」舊唐書職官志二一八四六頁云：「天后惡璽字，改爲寶。」唐會要卷五六云：「延載元年五月十一日，改爲符寶郎。」新唐書百官志二一二〇九頁云：「武后延載元年，改符璽郎曰符寶郎。」據此知，更名符寶郎乃武后所爲，與高宗無涉。

作「顯慶」，誤也。又按：舊唐書武后紀云長壽三年五月改元延載，新唐書武后紀謂五月甲午（甲申朔，則甲午十一日）改元延載。知延載元年即長壽三年。因延載紀年不足半載，又改元證聖，故通典取長壽而捨延載。清人不知誤在「慶」而不在「長」，率爾改「長」爲「顯」，以遷就「慶」字，殊謬。

〔五二〕天寶五載六月敕　「載」原作「年」，據唐會要卷五六改。下同。

〔五三〕改傳國璽爲承天大寶　唐會要卷五六無「大」字。

〔五四〕又詔弘文焉　「詔」原作「稱」，據北宋本、傅校本、遞修本、明抄本、明刻本、王吳本改。

〔五五〕領主書十人　「書」，隋書百官志上七四三頁作「事」。

〔五六〕夫人臣太重者國危　「人」，三國志蔣濟傳四五二頁作「大」。

〔五七〕即亦迴附向之　「迴附」，三國志蔣濟傳四五二頁作「因時」。

〔五八〕再呈　「呈」原作「至」，據三國志鍾會傳裴注引世語七八四頁、初學記卷一一引郭頒魏晉世語改。

〔五九〕時戎事多不洩　「戎」原訛「成」，據北宋本改。

〔六〇〕毗贊朝政　「毗」原作「比」，據北宋本、明抄本、王吳本改。

〔六一〕及遷尚書令　「及」原訛「又」，據北宋本、傅校本、明刻本、王吳本改。

〔六二〕王洽字敬和　原作「王治字敬弘」。據晉書王導傳一七五五頁改。按：諸本「洽」字不誤。下同。

〔六三〕東晉嘗併其職入散騎省　「嘗」原訛「常」，據北宋本改。

〔六四〕今黄閣初構　「黄閣」，舊唐書蕭瑀傳二四〇〇頁作「皇基」，通典避玄宗諱改。

〔一六五〕魏志　「志」原訛「置」，據北宋本、傅校本、遞修本改。

〔一六六〕魏末張華遷長史　「史」原脫，據晉書張華傳一〇七〇頁補。

〔一六七〕又改爲通事郎　「又」原訛「右」，據北宋本、傅校本、遞修本、明刻本、王吳本改。

〔一六八〕荀勖集　「集」原脫，據職官分紀卷七補。

〔一六九〕王濛爲中書郎　「中書郎」初學記卷一一和職官分紀卷七引王濛別傳均作「中書侍郎」。

〔一七〇〕齊永明初　「明」原訛「平」，據初學記卷一一引蕭景暢齊書改。按：南齊年號無「永平」。

〔一七一〕太微　唐六典卷九同。初學記卷一一作「紫微」。

〔一七二〕天文乖誤　「誤」初學記卷一一、唐六典卷九作「忤」。義長。

〔一七三〕兼中書通事舍人　「兼」上原衍「掌」，據梁書裴子野傳四四四頁及初學記卷一一删。

〔一七四〕故以藥石相報　「報」原訛「投」，據諸本改。

〔一七五〕壽春郡王成器兄弟五人初出閤　「成」原訛「盛」，據舊唐書文苑傳上五〇〇五頁、唐會要卷五五、册府卷五五一六六一六頁改。

〔一七六〕中書舍人王勮　「勮」原訛「勃」，據舊唐書文苑傳上五〇〇五頁、唐會要卷五五、册府卷五五一六六一六頁改。

〔一七七〕開元二年十一月　「一」唐會要卷五五作「二」。

〔一七八〕無一頭商量事　「無一頭」，唐會要卷五五作「每一人」。

〔一七九〕連狀同進　唐會要卷五五「連」下有「本」。

〔一八〇〕望於兩狀復略言二理優劣　「復」唐會要卷五五作「後」。

〔一八一〕昔堯試命舜　原脱「命」，據北宋本、傅校本、遞修本、明抄本、明刻本、王吴本補。

〔一八二〕漢高帝偃武行文　「行」原作「修」，據後漢書百官志二注三五七八頁及北宋本改。

〔一八三〕爲謁者臺率主謁者　「率」原作「士」，下「謁者」原脱，據後漢書和帝紀李賢注引續漢書一七四頁、百官志二三五七八頁改補。

〔一八四〕太守令長留者凡七十人　「留」後漢書獨行傳二六八八頁作「坐」。

〔一八五〕陳郡何熙爲謁者僕射　「陳郡」後漢書班梁列傳一五九三頁作「陳國」。按：陳郡，後漢時爲陳國。

〔一八六〕順帝改用府掾有清名威重者　後漢書百官志一注引應劭漢官儀三五五九頁「府掾」上有「公解」二字。

〔一八七〕僕射一人　「一人」原脱，據隋書百官志上七二四頁補。

〔一八八〕朝會擯贊　「擯」原作「賓」，據隋書百官志上七二四頁改。

〔一八九〕持節策授　「策」隋書百官志下七九六頁作「察」。

〔一九〇〕又增爲二十四員　「二」唐六典卷九作「三」。

〔一九一〕七年於麗正殿安置　「七年」原無，據唐六典卷九補。

〔一九二〕至十三年　「三」原訛「二」，據唐六典卷九、舊唐書職官志二一八五二頁及北宋本改。

〔一九三〕知院制　唐六典卷九同。舊唐書職官志二一八五二頁「制」作「事」。

〔一九四〕以右常侍徐堅副之　唐六典卷九同。舊唐書職官志二一八五二頁、徐堅傳三一七六頁及新唐書儒學傳五六六三頁「右」作「左」。

〔一九五〕同直學士　「同」原訛「司」，據唐六典卷九改。

〔一九六〕史館諫議大夫尹愔　「館」唐會要卷六三作「官」。

〔一九七〕宋改用文吏　「吏」原訛「史」，據宋書百官志下一二四六頁改。

徐庭雲點校　王文錦覆校

通典卷第二十二

職官四

尚書上

尚書省并總論尚書　録尚書　尚書令　僕射左右丞　左右司郎中　員外郎附

歷代尚書八座附　歷代郎官　歷代都事主事令史　行臺省

尚書省并總論尚書

昔堯試舜於大麓，〔一〕領録天下事，似其任也。周之司會，又其職焉。鄭玄注周禮云：〔二〕「司會，若今尚書。」秦時，〔三〕少府遣吏四人在殿中，主發書，謂之尚書。尚猶主也。〔四〕漢承秦置。及武帝遊宴後庭，始用宦者主中書，以司馬遷爲之。中間遂罷其官以爲中書之職。至成帝建始四年，罷中書宦者，又置尚書五人，一人爲僕射，四人分爲四曹，通掌圖書、祕記、章奏之事及封奏，〔五〕宣示內外而已，其任猶輕。至後漢則爲優重，出納王命，敷奏萬機，蓋政令之所由宣，選舉之所由定，罪賞之所由正。斯乃文昌天府，衆務淵藪，內外所折衷，遠近所稟仰。故李固云：「陛下之有尚書，猶天之有北斗。斗爲天喉舌，尚書亦爲陛下喉舌。斗斟酌元氣，運平四時；尚書出納王命，賦政四海。」賦，布也。〔六〕令及左丞，〔七〕總領綱紀，無所不統。僕射及右丞，分掌廩假錢穀。隋志曰：〔八〕「令總統之，僕射副令，又與尚書分領諸曹。」漢初，尚書雖有曹名，不以爲號。及靈帝以侍中梁鵠爲選部尚書，於是始見曹名，總謂之尚書臺，亦謂之中臺。吳諸葛恪既定山越，〔九〕孫權使尚書僕射薛綜勞軍，曰：「故遣中臺近官，迎致犒賜之。」大事八座連名，而有不合，得建異議。自順帝永建元年，初令三公、尚書入奏事。其八座，具歷代尚書中。二漢皆屬少府。蔡質漢儀曰：「凡三公、列卿、將、大夫、五營校尉行複道中，遇尚書令、僕射、左右丞郎、御史中丞、侍御史，皆辟車先相迴避。衞士傳不得迕臺官，〔一〇〕臺官過，乃得去。」至晉宋以來，尚書官上朝及下，禁斷行人，猶其制也。魏置中書省，有監、令，遂掌機衡之任，而尚書之權漸減矣。晉以後，所掌略同，八座丞郎初拜，並集都省交禮，遷職又解交，〔一一〕本漢制也。至於晉、宋，唯八座解交，丞郎不復解交也。梁陸杲遷尚書殿中曹郎，〔一二〕拜日，八座丞郎並到上省交禮。而杲至晚，不及時刻，坐免官。宋曰尚書寺，居建禮門內，亦曰尚書省，令若闕，則左僕射爲省主。亦謂之內臺。每八座以下入寺，門生隨入者各有差，不得雜以人士。凡尚書官，大罪則免，小罪遣出。遣出者百日無代人，聽還本職。宋顧琛爲庫部郎，以顧碩頭寄尚書張茂度門名，〔一三〕而碩頭與同席坐，琛坐此遣出。又宋志曰：「今朝士詣三公，尚書丞郎詣令，僕射，尚書丞郎並門外下車履，度門閾，乃納履也。」其令及二僕射出行分道之制，與中丞同。令、僕各給威儀十八人。說在御史大夫篇。自晉以後，八座及郎中多不奏事。梁天監元年，詔曰：「自禮闈陵替，歷茲永久，郎署備員，無取職事。糠粃文案，貴尚虛閑。空有趨墀之名，了無握蘭之實。曹郎可依昔奏事。」自是始奏事矣。又詔：「尚書中有疑事，先於朝堂參議，然後啟聞。」舊尚書官不以爲贈，唯朱异卒，特贈右僕射，武帝寵之故也。故周捨問劉杳：「尚書官著紫荷橐，〔一四〕相傳云『挈囊』，竟何所出？」答曰：「張安世傳云〔一五〕：『持橐簪筆，〔一六〕事武帝數十年。』注云：『橐，囊也。〔一七〕近臣簪筆，〔一八〕以待顧問。』」自魏晉重中書之官，居喉舌之任，則尚書之職，稍以疏遠。至梁陳，舉國機要，悉在中書，獻納之任，又歸門下，而尚書但聽命受事而已。後魏天興元年，置八部大夫於皇城四方四維，面置一人，以擬八座，謂之八國常侍，〔一九〕各有屬官。分尚書三十六曹及諸外署，〔二〇〕令大夫主之。崔玄伯通署三十六曹，如令僕統事。四年，又復尚書三十六曹。天賜元年，復罷尚書三十六曹，別置武歸、脩勤二職，分主省務。〔二一〕武歸比郎中，脩勤比令史。至神麚元年，始置僕射、左右丞及諸曹尚書十餘人，各居別寺。舊例，尚書簿，諸曹須，即出借。任城王澄爲尚書時，公車署以理寃事重，奏請真案。〔二二〕澄執奏，以爲「尚書政本，特宜遠慎，故凡所奏事，閣道通之，〔二三〕蓋以祕要之切，防其宣露。寧有古制所重，今反輕之？宜盡寫其事意，〔二四〕以付公車。」詔從之。北齊尚書省亦有録、令、僕射，總理六尚書事，謂之都省，亦謂之北省。後濟南王以太子監國，〔二五〕立大都督府，與尚書省分理衆事，仍開府置佐。顯祖特崇此官，以趙郡王守侍中，攝大都督府長史。〔二六〕後周無尚書。隋及大唐皆有，其制略同，凡尚書省事無不總。龍朔二年，改尚書省爲中臺，咸亨初復舊。光宅元年，改爲文昌臺。垂拱元年，又改爲都臺，長安三年又改爲中臺，〔二七〕神龍初復爲尚書省。亦謂之南省。都堂居中，左右分司。舊尚書令有大廳，當省之中，今謂之都堂。〔二八〕都堂之東，有吏部、户部、禮部三行，每行四司，左司統之。都堂之西，有兵部、刑部、工部三行，每行四司，右司統之。凡二十四司，分曹共理，而天下之事盡矣。故事，叔父兄弟不許同省爲郎官，格令不載，亦無正勑。貞觀二年十一月，韋叔謙除刑部員外郎；〔二九〕三年四月，韋季武除主爵郎中；其年七月，韋叔諧除庫部郎中。太宗謂曰：「知卿兄弟並在尚書省，故授卿此官，欲成一家之美。無辭，稍屈階資。」〔三〇〕其後同省者甚多。近日非特恩除拜，〔三一〕即須相迴避，當以准令同司曹叛及勾檢之官，〔三二〕不得用大功以上親。〔三三〕若制勑授者，即申所司，從早改擬，遂同別省亦罷也。〔三四〕左右僕射各一人，總統省事。左丞一人，掌轄吏部、户部、禮部十二司事。右丞一人，掌轄兵部、刑部、工部十二司事。左右司郎中各一人，員外郎各一人，各掌付左右丞所管諸司事。尚書六人，吏、户、禮、兵、刑、工六部各一人。侍郎九人，吏部、户部、兵部各二人，餘各一人。郎中二十八人，吏部、户部、兵部、刑部各二人，餘各一人，并左右司，則三十人。員外郎二十九人，吏、户、兵、刑四部及司勳各二人，餘司各一人，并左右司，共三十一人。都事六人。以下各有差。

録尚書

漢武帝時，左右曹諸吏分平尚書奏事，知樞要者始領尚書事。張安世以車騎將軍、霍光以大將軍、王鳳以大司馬、師丹以左將軍，並領尚書事。張安世領尚書事，職典樞機，以謹慎周密自著。每言大政，〔三五〕已決，輒移病出。聞有詔令，乃驚，使吏之丞相府問焉。自朝廷大臣，莫知與議也。又，孔光字子夏，領尚書事，凡典樞機十餘年，守灋度，修故事，不希指苟合。〔三六〕問「温室省中樹皆何木也」？光答以他語，其謹密如此。後漢章帝以太傅趙熹、太尉牟融並録尚書事。尚書有録名，蓋自熹、融始，亦西京領尚書之任，猶唐虞大麓之職也。和帝時，太尉鄧彪爲太傅，録尚書事，位在三公上，漢制遂以爲常。每少帝立，則置太傅録尚書事，猶古冢宰總己之義，薨輒罷之。鄧彪録尚書事，後以老病，上還樞機職。又，李固、張禹、張防並録尚書事。自魏晉以後，亦公卿權重者爲之，職無不總。蜀蔣琬字公琰，爲録尚書事。時新喪諸葛亮，遠近悚懼。〔三七〕琬出類拔萃，處羣寮之右，既無戚容，又無喜色，神守舉止，有如平日，由是衆情漸服。晉宗室會稽王道子及世子元顯，並録尚書事，時道子爲「東録」，元顯爲「西録」。晉康帝時，何充讓録表曰：「咸康中分置三録，王導録其一，〔三八〕荀崧、陸曄各録一條事。」〔三九〕晉江右有四録，則四人參録也。江右張華，江左庾亮，並經闕上書七條。凡重號將軍刺史，皆得命曹授用，唯不得施陳及加節。〔四〇〕宋孝武孝建中，不欲威權外假，省録。大明末復置，此後或置或省。齊世録尚書及尚書令，並總領尚書臺二十曹，爲内臺主，行遇諸王以下皆禁駐，號爲「録公」。齊明帝爲宣成王，録尚書。

廢帝昭業思蒸魚，太官以無「録公」命，不與。〔四一〕高帝崩，遺詔以褚彦回録尚書事。江左以來，無單爲録者，有司擬立優策，王儉議宜有策書，乃從之。王儉議以爲：「見居本官，別拜録，推理應有策書，而舊事不載。中朝以來，三公王侯，則優策並設，官品第二，策而不優。優者褒美，策者兼明委寄。尚書職居天官，政化之本。故尚書令品雖第三，拜必有策。録尚書品秩不見，而總任彌重，前代多與本官同拜，故不別有策。即事緣情，不容均之凡僚。宜有策書，用申重寄，既異王侯，不假優文。」從之。北齊録尚書一人，位在令上，掌與令同，俱不糾察。自隋而無。

尚書令

殷湯制官有冢宰，伊尹制官，以三公攝冢宰。君薨，則百官總己以聽於冢宰。周之冢宰爲天官，掌邦之理，六卿之職總屬焉，於百官無所不主。至秦，置尚書令。尚，主也。漢因之，銅印青綬。武帝用宦者，更爲中書謁者令。成帝去中書謁者令官，更以士人爲尚書令。時弘恭、石顯相繼爲中書令，專權邪僻。前將軍蕭望之領尚書事，建言以爲「尚書百官之本，國家樞機，宜以通明公正處之。武帝遊宴後庭，故用宦者，非古制也。宜罷中書宦官。」後漢衆務，悉歸尚書，三公但受成事而已。尚書令主贊奏事，總領紀綱，無所不統。與司隸校尉、御史中丞朝會皆專席而坐，京師號曰「三獨坐」。故公爲令、僕射者，朝會不陛奏事。天子封禪，則尚書令奉玉牒檢兼藏封之禮。後漢光武以侯霸爲尚書令，每春常下寬大之詔，奉四時之命，皆霸所建也。郭伋遷尚書令，處職機密，數納忠諫。陳忠爲尚書令，前後所奏，悉條於南宮閣上，以爲故事。鄭弘爲尚書令，亦著於南宮，以爲故事。郭賀字喬卿，爲尚書令，百姓歌之曰：「厥德仁明郭喬卿，忠正朝廷上下平。」〔四二〕又，左雄字伯豪，爲尚書令。自雄在尚書，天下不敢謬選，十餘年間，稱爲得人。自雄掌納言，多所正肅。〔四三〕沈勳字異徵，詣南宮，賜酒，拜尚書令，持節臨辟雍，名冠百僚。荀彧字文若，爲尚書令，居中持重，焚毁故案，奇策密謀，不得盡聞。又舉荀攸可以代己。後攸爲尚書令，亦推賢進士。魏武帝曰：「二荀令之論人，久而益信，没世不忘。」〔四四〕魏晉印綬與漢同，冠進賢兩梁，納言幘，五時朝服，佩水蒼玉。受拜則策命之，以在端右故也。薨，於朝堂發哀。陳矯字季弼，爲尚書令。魏明帝卒至尚書門，矯跪問曰：「陛下欲何之？」帝曰：「欲案行文書耳。」矯曰：「此臣職分，非陛下所宜臨也。若臣不稱職，則請就黜。」帝慙，迴車。晉樂廣爲尚書令，無當時稱，爲後人所思。又太熙元年，詔曰：「夫總百揆之得失，管王政之開塞者，端右之職也。是以自漢代以來，〔四五〕慎選其人。議郎王戎可爲尚書令。」又，衛瓘字伯玉，拜尚書令，性嚴憚，以瀼御下，視尚書若參佐，尚書郎若掾屬。又能遠啓曰：「伏見吏部以太尉荀組爲尚書令，復領荆州牧。自三代以來，未聞以納言之官而出領牧伯者。」王彪之字叔虎，爲尚書令，與謝安共掌朝政。安每稱曰：「朝之大事，衆不能決者，諮之王公，無不得判之。」〔四六〕魏晉以下，任總機衡，事無大小，咸歸令僕。宋孝建元年，詔曰：「尚書，百官之元本，庶績之樞機。丞郎、列曹，局司有任。〔四七〕自頃事無巨細，悉歸令僕，非所以羣能濟業也。可更明體制，〔四八〕責厥成也。」齊梁舊用左僕射，美遷司空。謝朏字敬沖，〔四九〕徵爲司徒、尚書令。朏辭腳疾，不堪朝謁，乃角巾肩輿，〔五〇〕詣雲龍門謝。既見，乘小車就席。梁陳並有之。後魏、北齊掌彈糾見事，與御史中丞更相廉察。隋亦總領衆務。大唐尚書令朝服鷩冕，八旒七章，三梁冠。武德初，太宗爲秦王時，嘗居之，其後人臣莫敢當。故自龍朔三年，制廢尚書令。至廣德中，郭子儀勳業既盛，乃特拜焉。子儀以文皇帝故，讓不敢受。

僕射左右丞　左右司郎中　員外郎附

僕射：秦官。漢因之，自侍中、尚書、博士、郎皆有之。古者重武官，有主射以督課。古者重武官，以善射者掌事，故曰僕射。僕射者，僕役於射也。一云，僕，主也。軍屯吏、騶、宰、永巷宮人皆有，取其領事之號。凡此諸官，皆有僕射，隨所領之事以爲號也。若軍屯吏則曰軍屯僕射，永巷則曰永巷僕射。成帝建始元年，初置尚書五人，以一人爲僕射，主封門，掌授廩假錢穀。鄭崇字子游，爲尚書僕射，數直諫諍。每見，曳革履，上笑曰：「我識鄭尚書履聲。」後爲人所譖，上責崇曰：「君門如市，何欲禁切主上？」崇曰：「臣門如市，臣心如水。」上怒，下獄窮治，〔五一〕死獄中。後漢尚書僕射一人，署尚書事。令不在，則奏下衆事，印綬與令同。自漢以下，章服並與令同。獻帝建安四年，以執金吾榮郃爲左僕射，〔五二〕衞臻爲右僕射。僕射分置左右，〔五三〕蓋自此始。鍾離意字子游，〔五四〕拜尚書僕射。嘗賜胡侍子，當五十疋，尚書郎受詔，誤以三十疋。〔五五〕上怒，召郎，欲鞭之。意入曰：「臣位大罪重，郎位小罪輕，臣當先坐，然後及郎。」遂解衣當鞭。上釋之曰：〔五六〕「非鍾離尚書，幾誤降威於此郎。」〔五七〕又明帝作北宮，意諫止之，出爲魯相。及德陽殿成，百官大會。上笑曰：「鍾離尚書在，朕不得成此殿。」鮑永字君長，拜僕射，將兵案河東。〔五八〕永好文德，雖行大將軍事，常白襜，路稱

「白衣尚書」。經魏至晉，迄於江左，〔五九〕省置無恆。魏徐宣字寶堅，爲左僕射，加侍中。車駕幸許昌，宣統留事。帝還，主者奏呈文書。詔曰：「吾省與僕射何異？」〔六〇〕竟不視。又，時欲以賈詡爲僕射，詡辭曰：「尚書僕射，官之師長，天下所屬，其柰於國朝何？」置二，則爲左右僕射；或不兩置，但曰尚書僕射。荀顗字景倩，其外生陳泰，〔六一〕啓顗代己。泰薨，代泰爲僕射，領吏部，四辭而受。顗承泰後，加之淑慎，綜覈名實，風俗澄一。〔六二〕又武帝詔曰：「中軍將軍羊祜，秉德清劭，經緯文武，雖處腹心之任，不處樞機之重，非垂拱無爲之意也。其以祜爲尚書左僕射。」〔六三〕又司馬珪爲尚書右僕射，時年四十九，衆以爲美。又周顗爲左僕射，風德雖重，過江積年，恆飲酒，三日醒，時人謂爲「三日僕射」。謝安亦爲僕射。令闕，則左爲省主。若左右竝闕，則置尚書僕射以主左事，置祠部尚書以掌右事，則尚書僕射、祠部尚書不恆置矣。若無令，則左僕射爲省主，與令同。若左右竝闕，則直置僕射，在其中閒，總左右事。宋尚書僕射勝右減左，右居二者之閒。〔六四〕僕射職爲執法，置二則爲左右執法。〔六五〕王敬弘爲僕射，關署文案。〔六六〕初不省讀，嘗陪聽訟，文帝問以疑獄，敬弘不對。帝變色，問左右：「何故不以訊牒副僕射？」敬弘曰：「臣乃得訊牒，正自不解。」帝不悅，後遷尚書令。又與尚書分領諸曹，兼掌彈舉。王弘爲僕射，奏彈康樂縣公謝靈運：「力人桂興淫其嬖妾，殺興江涘，〔六七〕請免官削爵，付大理。內臺舊體，不得用風聲舉彈。此事彰赫，暴之朝野，不敢拱默。」武帝令免官而已。齊左右僕射行則分道，左僕射領殿中、主客二曹，掌諸曹郊廟園陵、〔六八〕車駕行幸、朝儀臺內非違、文官舉補滿敍疾假事。其諸吉慶、瑞應、衆賀、災異、賊發、衆變、臨軒策命、〔六九〕改號格制、莅官銓選，凡諸除署、功論、封爵、貶黜、八議、疑讞通關案，則左僕射主，右僕射次經之。右僕射領祠部、儀曹。掌諸曹庫藏穀帛，文武廩給，諸軍資差量人役百工，死病亡叛討捕，考剔非違，租布税調，理船車兵器。其祠部郊廟喪贈，儀曹儀典禮學，武官除署，移井城邑，人户復除，家宅田地興工創架運寫，拘慮刑獄聽訟，百工免遣，通關及案奏事，則右僕射主，左僕射次經之。黄案，左僕射上署，右僕射次署。凡僕射掌朝軌，尚書掌讞奏，〔七〇〕都丞任在彈違。諸詳讞事，應須命議相值者，皆郎先立意，應奏黄案及關事，以立意官爲議主。凡辭訴有慢命者，曹掾咨如舊。〔七一〕若命有咨，則以立意者爲議主。〔七二〕齊梁舊制，右僕射遷左僕射，左僕射美遷令，其僕射處於中。陳亦然。後魏二僕射，左居上，右居下。令、僕、中丞騶唱而入宫門，至於馬道。〔七三〕及郭祚爲僕射，以爲非盡敬之宜，乃奏請：御在太極，騶唱至止車門；御在朝堂，止司馬門。騶唱不入宫，自此始也。又尒朱仲遠爲行臺僕射，〔七四〕請准朝式，在軍鳴騶，廢帝笑而許之，其肆情若此。北齊僕射，職爲執法，置二則爲左右僕射，皆與令同，左糾彈而右不糾彈。隋文帝開皇三年，詔左右僕射從二品，左掌判吏部、禮部、兵部三尚書，御史糾不當者，兼糾彈之。右掌判都官、度支、工部三尚書，又知用度。餘並依舊。楊素爲右僕射，與高熲專掌朝政。後文帝漸疎忌素，詔曰：「僕射，國之宰輔，不可躬親細務，但三五日一度向省，評論大事。」外示崇重，〔七五〕實奪其權也。終仁壽之末，不復通判省事。〔七六〕大唐左右二僕射因前代，本副尚書令。自尚書令廢闕，二僕射則爲宰相。故太宗謂房玄齡、杜如晦曰：「公爲僕射，當洞開耳目，訪求才賢，是爲宰相弘益之道。今以決辭聽訟不暇，豈助朕求賢之意？」乃令尚書細務悉委於兩丞。其寃濫大故，當奏聞者，則關於僕射。及貞觀末，除拜僕射，必加「同中書門下平章事」及「參知機務」等名，方爲宰相，不然則否。然爲僕射者，亦無不加焉。至開元以來，則罕有加者。自開元以來，始有單爲僕射，不兼宰相者。初，龍朔二年，改左、右僕射爲左、右匡政，咸亨元年復舊，〔七七〕官品第四。上元三年閏五月，制尚書省頒下諸州府，並宜用黃紙。武太后改二僕射爲文昌左右相，進階爲從三品，尋復本階。神龍初，復爲左右僕射。二年九月，勑門下及都省，宜日別録制勑，每三月一進。〔七八〕開元元年，改爲左右丞相，從二品，統理衆務，舉持綱目，總判省事。二年四月，勑在京有訴寃者，並於尚書省陳牒，所司爲理。若稽延致有屈滯者，委左右丞及御史臺訪察聞奏。如未經尚書省，不得輒於三司越訴。御史糾不當者，兼得彈之。至天寶元年復舊。

議曰：按僕射秦官，其名則微，其職甚細。東漢以後，雖委任漸重，職司會府，而非百寮師長之職也。又按，丞相亦秦官，秦氏每羣臣上表，皆云「丞相臣某」爲首。漢之宗臣蕭何爲丞相。漢儀：丞相進，天子御座爲起，在輿爲下；有疾，灋駕至第問。得戮二千石，申屠嘉欲斬内史晁錯是也。霍光受顧託之重，當伊周之地，廢昌邑王，上表太后：「丞相臣敞」爲首，「大司馬、大將軍臣光」次之，其尊崇如此。中閒嘗置左右丞相，亦嘗改爲相國，亦爲大司徒。大抵漢之丞相，是爲三公，於天下無所不統。後漢亦以三公爲宰相，則司徒本西漢丞相也。後或爲丞相，或爲相國，或爲大丞相，雖互爲之名，其實一也。曹公、司馬師、昭、趙王倫、王敦、王導、劉義宣、齊高帝、梁武帝、爾朱榮、侯景、陳武帝、齊獻武、隋文帝皆爲之。歷代多非尋常人臣之職，亦多爲贈官。然自秦以降，實居百寮之長。今尚書令總領衆務，舉持綱目，僕射貳之，誠爲崇重，且非統國政，宰天下之任，宜侍中、中書令，如直以尊崇則太師，不然上公、太尉始可師長命百寮也。龍朔中，天寶初，嘗改侍中、中書令爲左右相，遠協伊尹、仲虺爲左右相，周公、召公相成王爲左右之義，斯誠允當。或謂尚書令、僕射、録尚書之職，〔七九〕是官之師長。按前代録尚書霍光、張安世、王鳳、趙熹、牟融、鄧彪、張禹、李固、王導、褚彦回、齊明帝之徒，或是丞相，或是三公，或是大將軍、大司馬兼之，皆秉朝政，猶古冢宰，百官總己，實宰輔也，其時别自有令僕。今僕射雖嘗改爲丞相，名同而職異，品秩又未崇極，上有三師、三公、尚書令七人，豈得比前代丞相受任也？其襲舊名無實者，若今刺史皆云使持節，按前代使持節，得戮二千石；其王公以下封國，皆南面臣人，分茅建社；其開府儀同三司，則禮數班秩皆如三公，置府辟吏：今並豈有其實乎？此例甚衆，不能偏舉。安有僕射因改丞相之名，都無丞相之實，而爲百寮師長也？又與丞郎絶禮，若不隔品致敬，則諸司長官與隔品寮屬，其可絶禮乎？斯不然矣。

左右丞：秦置尚書丞二人，屬少府。漢因之。至成帝建始四年，置丞四人。及後漢光武，始減其二，唯置左、右丞，佐令、僕之事，臺中紀綱，無所不總。左丞主吏民章報及騶伯史，〔八〇〕黄香字文彊，拜左丞，〔八一〕功滿當遷，和帝留，增秩。後拜尚書，遷僕射。〔八二〕右丞與僕射皆掌授廪假錢穀，又假署印綬及紙筆墨諸財用庫藏。楊喬爲右丞，行值太常辛柔，柔不避車，喬奏柔不敬，下廷尉。左、右丞闕，以次夕郎補之，三歲爲刺史。漢御史中丞、侍御史行複道中，遇尚書及丞、郎，避車執版揖，丞、郎坐車，舉手禮之，車過遠，乃去。尚書言左、右丞，〔八三〕敢告知如詔書律令。郎見左、右丞，對揖無敬，稱曰左、右君。丞、郎見尚書，執版揖，稱曰「明時」。郎見令、僕，執版拜，朝賀對揖。魏晉左、右丞銅印，青黑綬，進賢一梁冠，介幘，絳朝服。左丞主臺内禁令，寢廟祠祀，朝儀禮制，選用署吏，〔八四〕急假兼糾彈之事；〔八五〕傅咸答辛曠詩序曰：「尚書左丞，彈八座以下，居萬機之會，乃皇朝之司直，天臺之管轄。」又郄詵爲左丞，奏推吏部尚書崔洪。洪曰：「我舉郄丞，而還奏我，此挽弓自射之謂也。」〔八六〕右丞掌臺内庫藏廬舍，凡諸器用之物及刑獄兵器，督録遠道文書章表奏事。宋因之，而右丞亦主錢穀。虞玩之字茂瑶，宋元徽中爲右丞。齊高帝參政，與玩之書曰：「今漕藏有闕，吾賢居右丞，已覺金粟可積矣。」皆銅印黄綬。齊左丞掌寢廟郊祠、〔八七〕吉慶瑞應、災異、立作格制、諸案彈、選用除置、吏補滿除遣注職。〔八八〕任遐爲左丞，〔八九〕奏御史中丞陸澄不糾事，請免澄官。又建康令與秣陵令同乘行車，前導四卒。左丞沈昭略奏，〔九〇〕凡有鹵簿官共乘，不得兼列騶道，〔九一〕請免其官。視中書郎遷黄門郎。右丞掌兵士百工補役死叛考代、年老疾病解遣，〔九二〕其内外諸庫藏穀帛，刑辠創業諍訟，〔九三〕田地船乘，稟拘兵工死叛，〔九四〕考剔討捕，差分百役，兵器諸營署人領，〔九五〕州郡租布，民户移徙，州郡縣併帖，城邑人户割屬，刺史二千石令長丞尉被收及免贈，文武諸犯削官事。白案則右丞上署，左丞次署。黃案則左丞上署，右丞次署。諸立格制及詳讞大事，郊廟朝廷儀體，亦左丞上署，右丞次署。梁皆銅印黃綬，一梁冠。〔九六〕左丞掌臺內分職儀、禁令、報人章，督録近道文書章表奏事，糾諸不灋。凡諸尚書文書詣中書省者，〔九七〕密事皆以契刀囊盛之，〔九八〕封以丞相印。〔九九〕劉洽字義瓘，爲左丞，準繩不避貴戚，尚書省賄賂莫敢通。右丞掌臺內藏及廬舍，凡諸器用之物，督録遠道文書章表之事。〔一〇〇〕陳因之。後魏、北齊左丞爲上階，右丞爲下階。北齊左丞掌吏部等十七曹，吏部、考功、主爵、殿中、儀曹、三公、祠部、主客、左右中兵、左右外兵、都官、二千石、度支、左右户。并糾彈見事，又主管轄臺中違失，並糾駁之。崔昂除左丞，兼度支尚書。左丞兼尚書，近代未有，唯昂爲冠首，朝野榮之。又酷吏宋遊道爲左丞，始依故事，〔一〇一〕於尚書省立門名，〔一〇二〕以記出入早晚，令僕以下皆側目。右丞掌駕部等十一曹，駕部、虞曹、屯田、起部、兵部、比部、水部、膳部、倉部、金部、庫部。亦管轄臺中，唯不彈糾，餘悉與左同。隋左右丞掌分尚書諸司糾駁。元壽字長壽，爲尚書左丞。蕭摩訶妻患將死，奏令其子向江南收家產。壽奏劾之曰：「摩訶遠念資財，近忘匹好，令其子捨危惙之母，〔一〇三〕爲聚斂之行。御史韓微之等見而不彈，〔一〇四〕請付大理。臣忝居左轄，無容寢默。」大唐因隋制。龍朔二年，改爲左、右肅機，其年有宇文化及子孫論資廕，所司理之，至於勾當，〔一〇五〕右肅機楊昉未詳案狀，〔一〇六〕訴者自以道理已成，無復疑滯，敎而逼昉。〔一〇七〕昉謂曰：「適退朝，未食，食畢詳之。」訴者曰：「公云未食，亦知天下有累年覊旅者乎？」昉遽命案，立判之曰：「父弑隋主，子訴隋資，生者猶配遠方，死者無宜更敍。」

咸亨元年復舊。儀鳳四年，韋仁約除尚書左丞。約奏曰：「陛下爲官擇人，無其人則闕。今不惜美錦，令臣製之，此陛下知之深矣，微臣盡命之日矣。」仁約遂振舉綱目，〔一〇八〕略無留事，羣曹肅然。左丞掌管轄諸司，糾正省內，勾吏部、戶部、禮部等十二司，通判都省事。右丞掌管兵部、刑部、工部等十二司，餘與左丞同。

左、右司郎中：隋煬帝三年，於尚書都省初置左、右司郎二人，品同諸曹郎，從五品，掌都省之職。大唐貞觀二年，改爲郎中。龍朔二年改爲左、右丞務，〔一〇九〕咸亨元年復舊。令掌副左右丞所管諸司事，省署鈔目，勘稽失，知省內宿直，判都省事。若右司不在，則左併行之；左司不在，右亦如之。

員外郎：武太后永昌元年置，與郎中分掌曹務。神龍元年省，二年復置。

歷代尚書 八座附

秦尚書四人。不分曹名。漢成帝初置尚書五人，其一人爲僕射，四人分爲四曹：尚書曹名，自此而有。常侍曹，主公卿。二千石曹，主郡國二千石。民曹，主凡吏民上書。〔一一〇〕以人字改焉。自後歷代曹部皆同。客曹。主外國夷狄。後又置三公曹，主斷獄。是爲五曹。後漢尚書五曹，六人，其三公曹尚書二人。掌天下歲盡集課州郡。吏曹、掌選舉、齋祠。後漢志謂之常侍曹，亦謂之選部。二千石曹、掌中都官、水火、盜賊、辭訟、罪法，亦謂之賊曹。民曹、掌繕理、功作、鹽池、苑囿。客曹，掌羌胡朝賀。法駕出，則護駕。後漢光武分二千石曹及客曹爲南主客、北主客二曹。兩梁冠，納言幘。或說有六曹。按後志云「分客曹爲二」，是六天曹也。〔一一〕又晉志云：「以前漢五曹，更加中都官曹，爲六曹也。」按應劭漢官云：「二千石曹，主中都官事。」則不應更有中都官曹也。今依劭說，爲五曹，六人。魏朗字少英，〔一二〕入爲尚書，再升紫微，謇諤禁省，爲百僚所服。又張陵字處沖，〔一三〕爲尚書。歲朝，梁冀帶劍入省，陵叱令奪劍，劾冀，詔以歲俸贖罪。又鄭均字仲虞，爲尚書，淡泊無爲，以病罷還第，賜尚書禄，號爲「白衣尚書」。魏有吏部、左民、客曹、五兵、度支，凡五尚書。晉初有吏部、三公、客曹、駕部、屯田、度支六曹。無五兵。太康有吏部、殿中、五兵、田曹、度支、左民，爲六曹尚書。無駕部、三公、客曹。及渡江，有吏部、祠部、五兵、左民、度支五尚書。皆銅印墨綬，進賢兩梁冠，納言幘，絳朝服，佩水蒼玉。乘軺車，皂輪，執笏負荷。加侍官者，武官左貂金蟬。宋有吏部、祠部、度支、左民、左民尚書統左民及駕部二曹。都官、五兵六尚書。尚書納言幘，進賢兩梁冠，佩水蒼玉。齊梁與宋同，侯景改梁五兵爲七兵尚書。又職官録曰：「齊尚書品服悉與令同。」亦別有起部，而不常置也。梁何胤字子季，〔一四〕爲左民尚書。後辭官，隱於若耶山雲門寺，勑給白衣尚書禄，胤固辭。又到洽爲御史中丞，兄溉爲左民尚書。舊中丞不得入尚書下舍。洽引服親不應有礙，刺省詳決。〔一五〕乃許入溉省，亦以其兄弟素篤，不能相別。陳與梁同。後魏初有殿中、掌殿內兵馬倉庫。樂部、掌伎樂及角使伍伯。駕部、掌牛馬驢騾。南部、掌南邊州郡。北部掌北邊州郡。五尚書。其後亦有吏部、初曰選部。兵部、都官、度支、七兵、祠部、民曹等尚書。又有金部、庫部、虞曹、儀曹、右民、宰官、元禔爲宰官尚書。〔一一六〕都牧、元禎爲都牧尚書。牧曹、右曹、太倉、太官、祈曹、神都、儀同曹等尚書。自金部以下，但有尚書之名，而不詳職事。北齊有吏部、殿中、殿中統殿中曹，主駕行百官留守名帳，宮殿禁衛，及儀曹、三公、駕部四曹。祠部、五兵、都官、度支六尚書。後周無尚書。隋有吏、禮、兵、刑、户、工六部尚書。大唐尚書與隋同。龍朔二年，改尚書爲太常伯。咸亨初復舊。歷代吏部尚書及侍郎，品秩悉高於諸曹。

八座：後漢以六曹尚書并令、僕二人，謂之八座。魏以五曹尚書、二僕射、一令爲八座，宋齊八座與魏同。晉梁陳不言八座之數。隋以六尚書、左右僕射及令爲八座，大唐與隋同。凡歷代尚書，有五曹則兼以二僕射、一令爲八座；有六曹則以左右僕射爲一座，兼令共爲八座；若有六曹而左右僕射並闕，則以尚書僕射及令爲八座；若尚書唯有五曹，又無左右僕射，則不備矣。

歷代郎官

尚書郎，〔一一七〕漢置四人，分掌尚書事，一人主匈奴單于營部，一人主羌夷吏民，一人主户口墾田，〔一一八〕一人主財帛委輸。後漢尚書侍郎三十六人，後漢志曰：「尚書六曹，侍郎三十六人，一曹六人也。」又，漢官儀「尚書侍郎三十五人」。又晉志曰：「光武分尚書爲六曹之後，合置三十四人。」〔一一九〕並未詳孰是。

主作文書起草，〔一二〇〕取孝廉年未五十，先試牋奏，選有吏能者爲之。更直五日於建禮門内。尚書郎初從三署詣臺試，〔一二一〕初上臺稱守尚書郎中，歲滿稱尚書郎，〔一二二〕三歲稱侍郎，五歲遷大縣。其遷爲縣令，縣令秩滿自占縣，詔書賜錢三萬，與三臺租錢，餘官則否。吏部典劇，多超遷者。鄭弘爲僕射，奏以臺職任尊而賞薄，人無樂者，〔一二三〕請使郎補二千石，〔一二四〕自此始也。八座受成事，決於郎，下筆爲詔策，出言爲詔命。後漢尚書陳忠上疏曰：「尚書出納帝命，爲王喉舌之官。臣等既愚闇，諸郎多文俗吏，鮮有雅才，每爲詔文，宣示内外，轉相求請。」其入直，官供青縑白綾被，或以錦緤爲之。〔一二五〕緤，私列反。緤，繫也。給帷帳、茵褥、通中枕。太官供食物，湯官供餅餌及五熟果實之屬，五日一美食，下天子一等。給尚書郎伯史一人，〔一二六〕女侍史二人，皆選端正妖麗，執香爐，〔一二七〕護衣服。奏事明光殿，因得侍省中，〔一二八〕省中皆以胡粉塗壁，畫古賢烈士。〔一二九〕以丹朱漆地，故謂之丹墀。尚書郎口含雞舌香，以其奏事答對，欲使氣息芬芳也。奏事則與黄門侍郎對揖。黄門侍郎稱已聞，乃出。丞、郎月賜赤管大筆一雙，隃麋墨一丸。後漢王譯爲尚書侍郎，臺閣議奏，常依義據法，爲三臺之表。又馮豹字仲文，爲尚書郎。每奏事未報，常俯伏省閤下，或從昏至明。天子默使持被覆之，不驚也。日暮，諸郎下，豹每獨在後，帝嘉之。又三輔決録曰：「陳重與其友雷義俱拜尚書郎，義以左黜，重見義去官，亦以病免。又徐防爲尚書郎，職典樞機，周密畏慎。隃麋，今汧陽縣，出墨。魏自黄初，改祕書爲中書，置通事郎，掌詔草。即今中書舍人之任。而尚書郎有二十三人，有殿中、吏部、駕部、金部、虞曹、比部、南主客、祠部、度支、庫部、農部、水部、儀曹、三公、倉部、民曹、二千石、中兵、外兵、都兵、別兵、考功、定課。〔一三〇〕非復漢時職任。青龍二年，尚書令陳矯奏置都官、騎兵，合凡二十五郎。每一郎缺，白試諸孝廉能結文案者五人，謹封奏其姓名以補之。魏韓宣爲尚書郎，嘗以職事當受罰，已縛，〔一三一〕束杖未行，文帝輦過，聞而解之。〔一三二〕晉尚書郎選極清美，號爲大臣之副。武帝時，有三十四曹。加魏直事、屯田、起部、左士、右士。其民曹、中兵、外兵分爲左右，主客又分爲左右南北。無農部、定課、考功。凡三十四曹。後又置運曹，爲三十五曹。置郎中二十三人，更相統攝。晉魏舒字陽元，〔一三三〕爲尚書郎。時欲沙汰郎官，非其才者罷之。舒曰：「吾即其人也。」襆被而出，同寮無清論者，咸有媿色。又解參兄弟少連、叔連、稚連，〔一三四〕俱歷太子洗馬、舍人、尚書郎，州里榮之。又賈充改定律令，以裴楷爲定科郎。或爲三十六曹。晉裴秀以尚書三十六曹統事，准例不明，宜使諸卿任職，〔一三五〕未及奏而薨。當五王之難，其都官、中騎、三曹郎晝出督戰，夜還理事。嵇含言於長沙王乂曰：〔一三六〕「昔魏武每有軍事，增置掾屬。尚書令陳矯以有軍事，亦奏增郎。況今都官、中騎、三曹，晝出督戰，夜還理事，一人兩役，內外廢乏。含謂各有主帥，委之大將軍，不宜復令臺寮雜與其閒。」又從之，乃增郎及令史。東晉有十五曹，殿中、祠部、吏部、儀曹、三公、比部、金部、度支、都官、左民、起部、〔一三七〕倉部、庫部、中兵、外兵。自過江之後，官資小減。王坦之字文度，選曹將擬爲尚書郎，坦之聞曰：「自過江，尚書郎正用第二人，何得以此見擬？」其子國寶好傾側，婦父謝安惡之，除尚書郎。國寶以爲中興膏腴之族，唯作吏部，不作餘曹郎，怨之，辭不拜。又宋江智淵改尚書庫部郎。時高流官序，不爲臺郎，智淵門孤援寡，獨有此選，意甚不悅，固辭不拜。梁王筠除尚書殿中郎。王氏過江以來，未有居郎署者。或勸不就，筠曰：「陸平原東南之秀，王文度獨步江東，吾得比蹤昔人，何所多恨。」乃忻然就職。桓玄僭位，改都官郎爲賊曹。宋高祖時，有十九曹。元嘉以後，有二十曹郎。三公、比部主法制，度支主算，都官主軍事、刑獄。其餘曹所掌各如其名。宋武帝初，加置騎兵、主客、起部、水部四曹，并東晉舊十五曹，合爲十九曹。元嘉十八年，增删定曹郎，即魏世之定科郎也。〔一三八〕三十年，又置功論郎，後又省騎兵，故爲二十曹。齊依元嘉制，其拜吏部郎，亦有表讓之禮。齊謝朓遷尚書吏部郎，上表三讓。中書疑朓官未及讓，以問沈約。約曰：「宋元嘉中，范曄讓吏部，朱循之讓黄門，〔一三九〕蔡興宗讓中書，並三表詔答，其事宛然。近代小官不讓，遂成常俗，恐此有乖讓意。王藍田、劉安西並貴重，初自不讓，今豈可慕此不讓耶？孫興公、孔顗並讓記室，今豈可三署皆讓耶？謝吏部今授超階，讓别有意，豈關官之大小？」梁加三曹，爲二十三曹。加殿中、虞曹、屯田。其郎中舊用員外郎、正主簿、正佐有才地者爲之，遷通直郎。天監三年，復置侍郎，視通直郎，郎中遷爲之。梁到洽爲尚書殿中郎。〔一四〇〕洽兄弟羣從，遞居此職，時人榮之。又殿中郎闕，武帝曰：「此曹舊用文學，且居鴈行之首，宜詳擇其人。」乃以張緬爲之。陳有二十一曹。省梁二曹，不知何曹。後魏三十六曹。史闕其文。至西魏十二年，改爲十二部。後周既改爲部，遂以柳慶爲計部郎中。又柳靖爲尚書度支郎，遷正員郎。〔一四一〕今人或謂前代正員郎即今尚書郎中。按歷代所稱正員郎者，即散騎侍郎耳，謂非員外通直者，故謂之正員郎，則非尚書之職。自魏晉以後，尚書省自有郎中官，不應更置正員郎。北齊有二十八曹。吏部、考功、主爵、殿中、儀曹、三公、駕部、祠部、主客、虞曹、屯田、起部、左中兵、右中兵、左外兵、右外兵、都兵、都官、二千石、比部、水部、膳部、度支、倉部、左民、右民、金部、庫部。其吏部、三公各二人，餘並一人，凡三十郎中。後魏、北齊唯置郎中。隋初尚書有六曹、二十四司，凡領三十六侍郎，吏部、司勳、主客、膳部、兵部、職方、都官、司門、度支、户部、比部、刑部等侍郎各二人，主爵、考功、禮部、祠部、駕部、庫部、金部、倉部、工部、屯田、虞部、水部侍郎各一人。分司官曹務，直禁省，如漢之制。至開皇六年，[二四二]二十四司又各置員外郎一人，以司其曹之籍帳，侍郎闕，則釐其曹事。[二四三]今尚書員外郎，其置自此始。以前歷代皆謂之尚書郎，各以曹名爲稱首，或謂之侍郎，皆無員外之號。前代史傳及職官要録或有言員外郎者，蓋謂員外散騎侍郎耳，非尚書之職，説在散騎篇。前代所言郎官，上應列宿，蓋謂三署郎，非謂今尚書郎中也，具三署郎敍篇中。煬帝即位，以尚書六曹各置侍郎一人，以貳尚書之職。今之侍郎，其置自此始也。或有曹加二人者。夫侍郎之名舊矣。漢凡諸郎皆掌更直，執戟宿衛諸殿門，以侍衛之故，通謂之侍郎。故武帝時拜東方朔爲郎，當時謂之「官不過侍郎，位不過執戟」是也。歷代尚書，亦有侍郎。隋初，尚書諸曹二十四司，諸郎皆謂之侍郎，通若今之郎官耳，非今六部侍郎之任。自漢以來，尚書侍郎悉然。改諸司侍郎但曰郎，則今郎中之職。又改吏部爲選部郎，禮部爲儀曹郎，兵部爲兵曹郎，刑部爲憲曹郎，[二四四]工部爲起曹郎，以異六侍郎之名。廢諸司員外郎，而每司增置一曹郎，各爲二員。都司置左右司郎中各一人，品同諸曹郎，掌都省之職。尋又每減一郎，置承務郎一人，同開皇員外郎之職。大唐改隋諸司郎爲郎中，每曹又復置員外郎。武德六年，廢六司侍郎，貞觀二年復舊。今尚書省有左右司郎中各一人，員外郎各一人，分管尚書六曹事。其諸曹諸司郎中總三十人，員外郎總三十一人，通謂之郎官，尤重其選。

凡郎中章服，皆玄冕五旒，衣無章，裳刺黻一章，兩梁冠；凡員外郎章服，並爵弁玄纓簪，尊者衣纁裳，一梁冠。〔一四五〕其職任名數，各列在六曹之後。

歷代都事主事令史

都事：晉有尚書都令史八人，秩二百石，與左右丞總知都臺事。宋、齊八人，梁五人，謂之五都令史，職與晉同。舊用人常輕，武帝詔曰：「尚書五都，職參政要，非但總領衆局，亦乃方軌二丞。頃雖求才，未臻妙簡。可革用士流，以盡時彦。」乃以都令史視奉朝請。其時，以太學博士劉訥兼殿中都，〔一四六〕司空灋曹參軍劉顯兼吏部都，太學博士孔虔孫兼金部都，司空灋曹參軍蕭軌兼左民都，宣毅墨曹參軍王顒兼中兵都。五人並以才地兼美，歷茲選矣。〔一四七〕隋開皇初，改都令史爲都事，置八人。煬帝分隸六尚書，置六人，領六曹事。大唐因之。

主事：二漢有之。漢光祿勳有南北庭主事、三署主事，〔一四八〕於諸郎之中察茂才高第者爲之。後漢范滂字孟博，自光祿四行遷光祿主事。時陳蕃爲光祿勳，滂執公儀詣蕃，蕃亦不止，滂懷恨，投板棄官而去。郭泰聞之曰：「若范孟博者，豈宜以公禮格之。」〔一四九〕蕃乃謝。又胡伯蕃、公沙穆並爲之。後魏於尚書諸司置主事令史。隋於諸省又各置主事令史員。煬帝三年，並去令史之名，但曰主事，隨曹閑劇，而每十令史置一主事，不滿十者亦一人，雜用士人。顏愍楚者，文學名流，爲内史主事。大唐並用流外。

令史：漢官也。後漢尚書令史十八人，曹有三人主書，後增劇曹三人，合二十一人，皆選於蘭臺符節簡練有吏能者爲之。〔一五〇〕漢官儀云：「能通蒼頡史籀篇，補蘭臺令史，滿歲，補尚書令史；滿歲，爲尚書郎。」後漢韋彪字孟達，上疏曰：「往時楚獄大起，故置令史以助郎職，〔一五一〕而類多小人，好名姦利。今者務簡，可皆停省。」其尚書郎初與令史皆主文簿，其職一也。郎缺，以令史久次者補之。光武始革用孝廉，孝廉恥焉。時故事，尚書郎缺，以令史久次補之。〔一五二〕光武始改用孝廉爲郎，而孝廉丁邯稱病不就。詔問：「實病，羞爲郎乎？」對曰：「臣實不病，恥以孝廉爲令史職耳。」帝怒，杖之數十。詔問：「欲爲郎否？」邯曰：「能殺臣者陛下，不能爲郎者臣也。」中詔遣出，竟不能爲郎。又郎中袁著詣闕上書，〔一五三〕訟梁冀驕暴，〔一五四〕冀陰殺之。學生劉常，當代名儒，素善於著，冀召常補令史，以此辱之。舊制，尚書郎限滿補縣長，令史補丞尉。尚書令鄭弘奏曰：「職尊賞薄，多無樂者，請郎補千石，〔一五五〕令史爲長。」帝從之。蜀志：董厥爲府令史，諸葛亮稱之曰：「董令史，良士也。」後遷至尚書令，〔一五六〕平臺事。西晉令史朝晡詣都座朝，江左唯早朝而已。又賈充爲尚書令，以目疾，表置省事吏四人。尚書置省事，自此始也。其品職與諸曹令史同。姚萇圍苻堅，遣僕射尹緯詣堅問事。堅見其瓌傑，問曰：「卿於朕代爲何官？」緯答曰：「尚書令史。」堅曰：「卿宰相才，王景略之儔也，而朕失之。今日之亡，不亦宜乎！」晉、宋蘭臺寺正書令史雖行文書，皆有品秩，朱衣執板，給書僮。孔顗爲御史中丞，坐鞭令史，爲有司所糾。孔顗性素儉，蘭臺令史皆三吴富人，〔一五七〕輕顗故也。梁、陳與晉、宋同。後魏令史亦朱衣執笏，然謂之流外勳品。北齊尚書郎判事，正令史側坐，書令史過事，令史皆平揖郎，無拜。自隋以來，令史之任，文案煩屑，漸爲卑冗，不參官品。開皇十五年詔：「州縣佐史，三年一代，不得重任。」煬帝以四省、三臺皆曰令史，九寺、五監、諸衛府則皆曰府史。於時令史得官者甚少，年限亦賒。隋牛弘嘗問於騎尉劉炫曰：〔一五八〕「按周禮士多而府史少。〔一五九〕今令史百倍於前，制官減則不濟，〔一六〇〕其故何也？」炫曰：「古人委任責成，歲終考其殿最，案不重校，〔一六一〕文不繁悉，府史之任，掌要目而已。今之文簿，恆慮覆理，鍛鍊苦辛甚密，萬里追證百年舊案。故諺曰『老吏抱案死』。今古不同，若此之相懸也。」弘又曰：「後魏、北齊之時，令史從容而已，今則不遑寧舍，其事何也？」炫曰：「齊氏立州不過數十，〔一六二〕三府行臺，遞相統領，文書行下，不過十條。今州二百，其繁一也。往者州唯置綱紀，郡置守丞，縣唯令而已。其所具寮，則長官自辟。受詔赴任，每州不過數十。今則不然，大小之官，悉由吏部，纖介之迹，皆屬考功，其繁二也。省官不如省事，省事不如清心。官事不省而欲從容，〔一六三〕其可得乎！」弘甚善其言而不能用。大唐武德中，天下初定，京師穀糴貴，〔一六四〕遠人不相願仕流外，〔一六五〕始於諸州調佐史及朝集典充選，不獲已而爲之，遂促年限，優以敍次，六七年有至本司主事及上縣尉者。自此之後，遂爲官途。總章中，詔諸司令史考滿合選者，限試一經，時人嗟異，著於謠頌。時閻立本爲右相，姜恪爲左相。立本無他才識，時以善畫稱之。恪嘗累爲將軍，立功塞外。是歲京師饑旱，弘文、崇賢、司成三館學生並放歸本貫。當時爲之語曰：「左相宣威沙漠，右相馳譽丹青。三館學生放散，五臺令史明經。」

行臺省

行臺省，魏晉有之。昔魏末晉文帝討諸葛誕，散騎常侍裴秀、尚書僕射陳泰、黃門侍郎鍾會等以行臺從。至晉永嘉四年，東海王越帥衆許昌，以行臺自隨，是也。越請討石勒，表以行臺隨軍。及後魏，謂之尚書大行臺，別置官屬。後魏道武帝置中山行臺，以秦王儀爲尚書令以鎮之。孝武永熙三年，〔一六六〕以宇文泰爲大行臺，以蘇綽爲行臺度支尚書。北齊行臺兼統民事，自辛術始焉。武定八年，辛術爲東南道行臺。東徐州刺史郭志殺郡守。文宣聞之，敕術曰：「江淮初附，百姓難向京師，留卿爲行臺，亦欲理邊民寃枉，監理牧守。自今以後，所統十餘州地諸有犯法者，刺史先啟聽報，以下先理後表。」齊代行臺兼總民事，自術始也。其官置令、僕射，其尚書丞郎皆隨時權制。江左無行臺，唯梁末以侯景爲河南王大行臺，承制如鄧禹故事。隋謂之行臺省，有尚書令、僕射左右任置各一人，主事四人。有考功、兼吏部、主爵、司勳。禮部、兼祠部、主客。膳部、兵部、兼職方。駕部、庫部、刑部、兼都官、司門。度支、兼倉部。金部、工部、屯田兼水部、虞部。侍郎各一人。每行臺置食貨、農圃、武器、百工監、副監，〔一六七〕各置丞、食貨四人，農圃一人，〔一六八〕武器二人，百工四人。録事等員。食貨、農圃、百工各二人，武器一人。蓋隨其所管之道，置於外州，以行尚書事。大唐初，亦置行臺，貞觀以後廢。其後諸道各置採訪等使，每使有判官二人，兼判尚書六行事，亦行臺之遺制。

校勘記

〔一〕昔堯試舜於大麓　「昔」原訛「皆」，據諸本改。

〔二〕鄭玄注周禮云　原脱「玄」「云」，據北宋本、傅校本、遞修本、明抄本、明刻本補。

〔三〕秦時　原脱「時」，據北宋本、傅校本、遞修本、明抄本、明刻本、王吴本補。

〔四〕尚猶主也　原無「猶」，據北宋本、傅校本、遞修本、明抄本、明刻本、王吴本補。按：下文「及」、「遂」、「至」、「又」、「乃」、「故」、「亦」、「之」等虚字原均被清人擅删，今並據北宋本、傅校本、遞修本、明抄本、明刻本、王吴本補回，不一一出校。

〔五〕章奏之事　原無「之事」，據北宋本、傅校本、遞修本、明抄本、明刻本、王吴本補。

〔六〕賦布也　原訛脱作「賦市」，據後漢書李杜列傳李注二〇七七頁及北宋本、傅校本、遞修本、明抄本、明刻本、王吴本改補。

〔七〕令及左丞　「左」原訛「注」，據諸本改。

〔八〕隋志曰　原脱「曰」，據北宋本、傅校本、遞修本、明抄本、明刻本、王吴本補。

〔九〕吴諸葛恪既定山越　原脱「吴」、「既」，據北宋本、傅校本、遞修本、明抄本、明刻本、王吴本補。

〔一〇〕皆辟車先相迴避衞士傳不得迮臺官　「辟」原作「引」，「傳」原訛「侍」，據後漢書百官志三劉注引蔡質漢儀三五九七頁及北宋本、傅校本、遞修本、明抄本改。按明刻本、王吴本「傳」字亦不誤。

〔一一〕並集都省交禮遷職又解交　宋書百官志上一二三七頁——一二三八頁「省」作「坐」，又無「職」字。

〔一二〕陸杲　「杲」原訛「果」，據梁書陸杲傳三九八頁、南史陸杲傳一二〇四頁改。下同。

〔一三〕以顧碩頭寄尚書張茂度門名　原脱「頭」，據宋書顧琛傳二〇七六頁及北宋本補。下同。「門」原訛

「聞」，據宋書顧琛傳及南史顧琛傳九一八頁改。

〔一四〕尚書官著紫荷橐　原脱「橐」，據梁書文學傳下七一六頁、南史劉懷珍傳一二三三頁補。

〔一五〕張安世傳云　按：下文及注不見漢書張安世傳，見趙充國傳二九九三頁。此當作「趙充國傳云」。

〔一六〕持橐簪筆　原脱「持」，「橐」又訛「囊」，據漢書趙充國傳二九九三頁、梁書文學傳下劉杳傳七一六頁、南史劉懷珍傳一二三三頁補改。

〔一七〕橐囊也　「橐囊」原倒，據漢書趙充國傳張晏注二九九四頁、梁書文學傳下劉杳傳七一六頁、南史劉懷珍傳一二三三頁乙正。

〔一八〕近臣簪筆　漢書趙充國傳張晏注二九九四頁作「近臣負橐簪筆」。

〔一九〕謂之八國常侍　「常侍」原脱，據魏書官氏志二九七二頁補。

〔二〇〕分尚書三十六曹及諸外署　「署」原作「置」，蓋宋人避英宗嫌名而改者。今據魏書官氏志二九七二頁回改。下同。

〔二一〕天賜元年復罷尚書三十六曹別置武歸脩勤二職分主省務　按：魏書官氏志二九七四頁繫此事於天賜二年二月。疑此「元」是「二」字之誤。

〔二二〕公車署以理冤事重奏請真案　原脱「重」，「真」訛「宜」，今據魏書景穆十二王傳四七七頁補改。按：北宋本、傅校本、遞修本、明抄本、明刻本「真」作「直」，亦非。

〔二三〕故凡所奏事閣道通之　「所奏」原誤倒，「閣」原訛「閭」，據魏書景穆十二王傳四七七頁乙改。

〔二四〕宜盡寫其事意　魏書景穆十二王傳四七七頁「盡」作「繕」。

〔二五〕後濟南王以太子監國　「南」原訛「北」。按：北齊廢帝高殷，被廢爲濟南王，見北齊書廢帝紀七五頁。高殷以太子監國，見北齊書趙郡王琛傳一七一頁、北史齊宗室諸王傳上一八四五頁。兩傳皆云：「濟南以太子監國，因立大都督府，與尚書省分理衆事，仍開府置佐。」今據以訂改。

〔二六〕顯祖特崇此官以趙郡王守侍中攝大都督府長史　「趙郡」原訛脱作「隨」，北宋本、傅校本、遞修本、明抄本、明刻本、王吴本作「隋」，亦誤。按：北齊無封隋王者。北齊書趙郡王琛傳一七二頁云：「顯祖特崇其選，乃除叡侍中，攝大都督府長史。」北史齊宗室諸王傳上一八四五頁同。齊文宣帝天保元年封高叡爲趙郡王，見北齊書文宣紀五二頁。今據以訂改。

〔二七〕垂拱元年又改爲都臺長安三年又改爲中臺　「都臺」下原有「通天初復舊」五字，涉上而衍，今據新唐書百官志一一一八五頁删。按「通天」北宋本、傅校本、遞修本、明抄本、明刻本、王吴本作「咸通」，通典蓋避肅宗諱改「亨」爲「通」。然咸亨是高宗年號，早於武后垂拱十餘年，焉得「復舊」。清人察知其謬，但不知涉上而衍，乃臆改爲「通天」，既無根據，且萬歲通天亦不能省稱「通天」也。

〔二八〕舊尚書令有大廳當省之中今謂之都堂　「令」「今」原互訛，據北宋本、傅校本、遞修本、明抄本、明刻本、王吴本移换。

〔二九〕韋叔謙除刑部員外郎　「謙」原訛「謹」，據新唐書韋湊傳四二六一頁、唐會要卷五七改。「郎」原無，據唐會要卷五七、職官分紀卷八引通典補。

〔三〇〕無辭稍屈階資　職官分紀卷八引通典作「無避稍屈資也」。

〔三一〕近日非特恩除拜　原脱「特」，據唐會要卷五七、職官分紀卷八引通典補。

〔三二〕當以准令同司曹判及勾檢之官　「令」原訛「今」，「勾」原訛「公」，據北宋本改。按：明抄本「勾」字不誤。

〔三三〕不得用大功以上親　「功」北宋本作「官」，誤。

〔三四〕遂同別省亦罷也　「別省」北宋本作「省別」。

〔三五〕每言大政　「言」漢書張湯傳二六四九頁作「定」。

〔三六〕修故事不希指苟合　「故」原作「政」，「指」字原脱，據漢書孔光傳三三五三頁改補。

〔三七〕遠近悚懼　「悚」原訛「懷」，據北宋本、傅校本、遞修本改。

〔三八〕王導録其一　「其」原訛「具」，據宋書百官志上一二三四頁及北宋本、傅校本、遞修本、明抄本、明刻本、王吳本改。

〔三九〕荀崧陸曄各録一條事　「崧」，原訛「菘」，據宋書百官志上一二三四頁改。「一」原訛「二」，據北宋本改。

〔四〇〕唯不得施陳及加節　「陳」宋書百官志上一二三四頁作「除」。

〔四一〕廢帝昭業思蒸魚太官以無録公命不與　按：此非鬱林王蕭昭業事，乃海陵王蕭昭文事。見南齊書海陵王本紀七九頁。通鑑卷一三九四三六七頁所載同南齊書。通典誤。

〔四二〕忠正朝庭上下平　「正」原作「政」，據後漢書蔡茂傳九〇八頁改。

〔四三〕多所正肅　「正」後漢書左雄傳二〇二二頁作「匡」，此當是宋人避趙匡胤諱改。

〔四四〕没事不忘　「忘」原訛「亡」，據三國志荀彧傳裴注引彧别傳三一八頁及北宋本、遞修本、明抄本改。

〔四五〕自漢代以來　「代」原脱，據北宋本、遞修本、明抄本補。

〔四六〕無不得判之　原作「無不立判」，據北宋本、傅校本、遞修本、明抄本改。

〔四七〕局司有任　「任」宋書孝武帝紀一一四頁作「在」。

〔四八〕非所以羣能濟業也可更明體制　「羣」原作「詔」，「可更」原倒，據宋書孝武帝紀一一四頁改乙。按：「羣」北宋本墨釘。

〔四九〕謝朏字敬沖　「沖」原訛「仲」，據梁書謝朏傳二六一頁、南史謝弘微傳五五七頁改。

〔五〇〕乃角巾肩輿　原「乃」作「仍」，「肩」訛「自」，據梁書謝朏傳二六四頁、南史謝弘微傳五五九頁改。

〔五一〕下獄窮治　原無「窮」，據漢書鄭崇傳三二五七頁補。

〔五二〕滎邵　後漢書百官志三劉昭注三五九七頁同。晉書職官志七三〇頁、宋書百官志上一二三四頁「邵」作「郃」。

〔五三〕僕射分置左右　「僕射」原訛「侍者」，據晉書職官志七三〇頁改。

〔五四〕鍾離意字子游　「游」後漢書鍾離意傳一四〇六頁作「阿」。

〔五五〕嘗賜胡侍子當五十疋尚書郎受詔誤以三十疋　此事諸書所記不同。後漢書鍾離意傳一四〇九頁云：

「時詔賜胡子綝，尚書案事，誤以十爲百。」初學記卷一一引鍾離意別傳云：「其年匈奴來降，詔賜綝三百匹，尚書侍郎暨鄷受詔，誤以三千疋賜匈奴。」按：通典此處所記，非源自范書。

〔五六〕上釋之曰　原「曰」在「釋」上，據北宋本、王吴本乙。

〔五七〕幾誤降威於此郎　「誤」字原無，據初學記卷一一引鍾離意别傳補。

〔五八〕將兵案河東　「案」初學記卷一一引鍾離意别傳作「安集」。

〔五九〕迄於江左　原脱「迄」，據晉書職官志七三〇頁補。

〔六〇〕吾省與僕射何異　原脱「省」，據三國志徐宣傳六四六頁、初學記卷一一、職官分紀卷八補。

〔六一〕外生陳泰　「生」原作「甥」，據北宋本、傅校本、遞修本、明抄本、明刻本、王吴本改。

〔六二〕風俗澄一　晉書荀顗傳一一五〇頁「一」作「正」。

〔六三〕其以祜爲尚書左僕射　原無「左」字。晉書羊祜傳一〇一四頁作「右」。標點本晉書校勘記引丁國鈞晉書校文云：「時東莞王伷爲右僕射，祜乃左僕射也。帝紀及伷傳可證。」又引吴仕鑑晉書斠注云：「書鈔五九、御覽引干寶晉紀亦作『左』。」今據以補「左」字。

〔六四〕右居二者之間　唐六典卷一作「望居二者之間」。杜佑避家諱改，而原意盡失。

〔六五〕左右執法　原無「法」，據唐六典卷一補。

〔六六〕關署文案　「署」原作「置」，據宋書王敬弘傳一七三〇頁改。

〔六七〕康樂縣公謝靈運力人桂興淫其嬖妾殺興江涘　原訛脱作「康樂縣侯謝靈運淫其孽女殺興胡江漢」，

今據宋書王弘傳一三一二頁改補。

〔六八〕掌諸曹郊廟園陵　原脱「掌」，據傅校本補。

〔六九〕臨軒策命　「策命」南齊書百官志三一九頁作「崇拜」。

〔七〇〕尚書掌讞奏　「讞」原訛「獻」，據南齊書百官志三二一頁改。

〔七一〕曹掾咨如舊　「掾」南監本、殿本、局本之南齊書百官志作「緣」。標點本南齊書百官志校記引張元濟校勘記云：「案前數行有諸曹緣常及外詳讞事云云，則『緣』字不誤」。録以備考。

〔七二〕若命有咨則以立意者爲議主　原「命」上衍「或」，「立」原訛「主」，據南齊書百官志三二一頁删改。按：北宋本、傅校本、遞修本、明抄本、明刻本無「或」。

〔七三〕至於馬道　御覽卷二二一「馬」作「馳」。

〔七四〕尒朱仲遠　原脱「尒」，據魏書尒朱彦伯傳一六六七頁補。

〔七五〕外示崇重　原脱「外」，據隋書楊素傳一二八八頁補。

〔七六〕通判省事　原脱「判」，據隋書楊素傳一二八八頁補。

〔七七〕咸亨元年復舊　「亨」北宋本、傅校本、遞修本、明抄本、明刻本、王吴本作「通」。通典避肅宗諱而改「通」。本卷「亨」「通」錯出，各仍其舊。

〔七八〕每三月一進　「每」北宋本、傅校本、遞修本、明抄本、明刻本作「自」。

〔七九〕或謂尚書令　「謂」原訛「爲」，據北宋本、傅校本、遞修本、明抄本改。

〔八〇〕左丞主吏民章報　「報」原訛「服」，據後漢書百官志三三五九七頁改。

〔八一〕拜左丞　「拜」原訛「部」，據後漢書文苑傳上二六一四頁、初學記卷一一引續漢書改。下同。

〔八二〕遷僕射　「遷」原訛「選」，據北宋本、傅校本、遞修本、明抄本、明刻本改。

〔八三〕尚書言左右丞　原脱「右」，據後漢書百官志三劉注引蔡質漢儀三五九五頁補。

〔八四〕選用署吏　「署」原作「置」，據晉書職官志七三一頁改。

〔八五〕急假兼糾彈之事　晉書百官志七三一頁同。標點本晉書校勘記云：「御覽二一三引晉書百官表注、職官分紀八引本志作『給假』。」

〔八六〕此挽弓自射之謂也　「謂也」原作「所謂」，據明刻本、王吳本改。

〔八七〕齊左丞掌寢廟郊祠　「左丞掌」原訛「左右丞」，據南齊書百官志三二一頁改。

〔八八〕選用除置吏補滿除遣注職　原脱「選」，脱「注職」，據南齊書百官志三二一頁補。

〔八九〕任遐爲左丞　「左」原訛「右」，據南齊書陸澄傳六八一頁、南史陸澄傳一一八八頁改。

〔九〇〕左丞沈昭略　「左」原訛「右」，據北宋本改。按：南齊書沈昭略傳七八〇頁即作「左」。

〔九一〕不得兼列騶道　「道」北宋本、傅校本、遞修本作「寺」，明抄本作「導」。

〔九二〕右丞　「右」原訛「左」，據南齊書百官志三二一頁改。

〔九三〕刑辠創業諍訟　原作「刑刻創架争訟」，據南齊書百官志三二一頁改。北宋本、傅校本、遞修本、明刻本「争」作「諍」。

〔九四〕稟拘兵工死叛　「稟拘」原脱，據南齊書百官志三二一頁補。

〔九五〕兵器諸營署人領　「人」原訛「又」，據南齊書百官志三二一頁及北宋本、傅校本、遞修本、明抄本、明刻本、王吴本改。

〔九六〕梁皆銅印黄綬一梁冠　前「梁」原誤在「冠」下，今據北宋本、傅校本、遞修本、明抄本、明刻本乙。

〔九七〕凡諸尚書文書　後「書」原脱，據隋書百官志上七二一頁補。

〔九八〕密事皆以契刀囊盛之　「契刀」隋書百官志上七二一頁作「挈」。

〔九九〕封以丞相印　「丞相」隋書百官志上七二一頁作「左丞」，疑是。

〔一〇〇〕督録遠道文書章表之事　原脱「督」，據隋書百官志上七二一頁補。

〔一〇一〕始依故事　「依」原訛「爲」，據北齊書酷吏傳六五三頁、北史宋繇傳一二七三頁改。

〔一〇二〕於尚書省立門名　「立門名」原作「門立石」，誤。今據北齊書酷吏傳六五三頁、北史宋繇傳一二七三頁改。

〔一〇三〕近忘匹好令其子捨危惙之母　「忘」原訛「亡」，「惙」原訛「綴」，並據隋書元壽傳一四九七頁及北宋本改。

〔一〇四〕韓徵之　隋書元壽傳一四九七頁同。北史元壽傳二五八三頁「徵」作「徵」。

〔一〇五〕至於勾當　「當」原訛「留」，據北宋本、明抄本、王吴本改。按：唐會要卷五八作「曹」。

〔一〇六〕楊昉　「楊」原作「陽」，據北宋本、遞修本、明抄本改。按：唐會要卷五八、新唐書楊弘禮傳四〇四七頁、職官分紀卷八均作「楊」。

〔一〇七〕教而逼昉　「教」原訛「勒」，據北宋本改。按：遞修本、明抄本作「勃」，教勃同。廣雅釋言云：「勃，懟也。」

〔一〇八〕仁約遂振舉綱目　「仁約遂」原脱，據唐會要卷五八補。

〔一〇九〕左右丞務　原脱「右」，據唐六典卷一、舊唐書職官志二一八一六頁補。

〔一一〇〕主凡吏民上書　後漢書百官志三五九七頁無「民」字。

〔一一一〕是六天曹也　「天」傅校本作「大」。按：疑「天」字衍。

〔一一二〕魏朗字少英　「少」原作「仲」，據後漢書黨錮傳二二〇〇頁改。

〔一一三〕張陵字處沖　「沖」原作「仲」，據後漢書張霸傳一二四三頁改。

〔一一四〕何胤　「胤」原作「允」，清人諱改。今據北宋本、傅校本、遞修本、明刻本、王吴本改回。下同

〔一一五〕刺省詳決　「刺」下原衍「史」，據梁書到洽傳四〇四頁、南史到彦之傳六八一頁删。

〔一一六〕元禔　「禔」原訛「褆」，據北宋本改。

〔一一七〕尚書郎　三字上原有「郎官謂之」四字，乃後人擅增。今據北宋本、傅校本、遞修本、明抄本删。

〔一一八〕一人主羌夷吏民一人主户口墾田　「吏民」原在「户口」上，今據晉書職官志七三一頁、唐六典卷一移前。

〔一一九〕合置三十四人　「合」原作「今」，據晉書職官志七三一頁、唐六典卷一改。

〔二〇〕主作文書起草　原無「起」，據後漢書百官志三三五九七頁、晉書職官志七三二頁、唐六典卷一、初學記卷一一引漢官儀補。

〔二一〕尚書郎初從三署詣臺試　「詣」原訛「諸」，據晉書職官志七三二頁、初學記卷一一引蔡質漢官典職改。

〔二二〕歲滿　原倒作「滿歲」，據後漢書百官志三三五九八頁注引蔡質漢儀、晉書職官志七三二頁、職官分紀卷八引漢官典儀乙。

〔二三〕鄭弘爲僕射奏以臺職任尊而賞薄人無樂者　按：後漢書鄭弘傳一一五五頁云：「建初初爲尚書令。舊制，尚書郎限滿補縣長令史丞尉。弘奏以爲臺職雖尊，而酬賞甚薄，至於開選，多無樂者。」是則鄭弘上此奏時爲尚書令，不爲僕射。録以備考。

〔二四〕請使郎補二千石　「請使」原訛「諸吏」，據後漢書鄭弘傳一一五五頁、職官分紀卷八引謝承後漢書改。「二千石」，後漢書鄭弘傳作「千石」，本卷下文引鄭弘語，亦作「千石」。謝承後漢書作「二千石。」

〔二五〕或以錦縹爲之　「錦縹」宋書百官志上一二三六頁作「綿縹」，唐六典卷一、職官分紀卷八引漢官典職作「錦被」。

〔二六〕給尚書郎伯史一人　「伯」原作「侍」，據宋書百官志上一二三六頁及北宋本改。按：職官分紀卷八引漢官典職作「侍」。

〔二七〕執香爐　「爐」下原有「香囊」二字，乃後人擅增者。今據宋書百官志上一二三六頁及北宋本删。

〔二八〕因得侍省中　原僅有「省」，今據職官分紀卷八引漢官典職補「因得侍」和「中」。

〔二九〕畫古賢烈士　「士」原作「女」，據宋書百官志上一二三六頁、職官分紀卷八引漢官典職改。

〔三〇〕定課　宋書百官志上一二三六頁作「定科」。下同。

〔三一〕嘗以職事當受罰已縛　「嘗」原訛「常」，「已」下衍「皆」，據三國志裴潛傳注引魏略六七五頁改刪。

〔三二〕聞而解之　「解」原作「赦」，據北宋本、傅校本、遞修本、明抄本、明刻本改。

〔三三〕魏舒字陽元　「陽元」原倒作「元陽」，據晉書魏舒傳一一八五頁乙。

〔三四〕解參兄弟少連叔連稚連　原脱「稚連」，據晉書解系傳一六三三頁訂補。按：職官分紀卷八云：「解系字少連及二弟結（字叔連）、育（字稚連）並清身潔己，俱歷洗馬、舍人、尚書郎，鄉里榮之。」此解參兄弟者，謂解氏三兄弟也。

〔三五〕宜使諸卿任職　「卿」原訛「郎」，據晉書裴秀傳一〇四一頁及北宋本、遞修本、明抄本改。

〔三六〕長沙王乂　「乂」原訛「又」，據諸本改。

〔三七〕起部　「起」原訛「騎」，據晉書職官志七三二頁、職官分紀卷八改。

〔三八〕即魏世之定科郎也　「即」上原衍「郎」，據明刻本删。

〔三九〕朱循之　「循」宋書本傳一九六九頁、南齊書謝朓傳八二六頁皆作「脩」。按：史籍中二字多混用。如北魏孝武帝元脩或作「元循」。

〔四〇〕到洽　「到」原訛「劉」，據梁書本傳四〇四頁及殿本改。

〔四二〕又柳靖爲尚書度支郎遷正員郎　「靖」原訛「清」，後「郎」訛「外」，據周書柳霞傳七六七頁改。按：北宋本、傅校本、遞修本、明抄本、明刻本「靖」字不誤。

〔四三〕至開皇六年　「六」原訛「三」，據隋書百官志下七九二頁、唐六典卷一改。

〔四三〕則鼇其曹事　「鼇」原作「攝」，據隋書百官志下七九二頁改。按：北宋本作「離」，乃「鼇」之音訛。後人見「離」不通，遂臆改「攝」。

〔四四〕刑部爲憲曹郎　「曹」隋書百官志下七九四頁作「部」。下「起曹郎」亦然。

〔四五〕一梁冠　原「冠」下衍「一」，據諸本删。

〔四六〕劉訥　隋書百官志七二二頁、唐六典卷一「訥」作「納」。

〔四七〕歷兹選矣　隋書百官志上七二二頁、唐六典卷一作「首膺兹選矣」，義長。

〔四八〕三署主事　「主」原訛「之」，據唐六典卷一改。

〔四九〕豈宜以公禮格之　「格」北宋本、傅校本、遞修本、明抄本作「隔」。

〔五〇〕皆選於蘭臺符節簡練有吏能者爲之　後漢書百官志三劉注引蔡質語三五九八頁，「節」下有「上稱」，「簡」下有「精」。

〔五一〕故置令史　「置」原作「署」，據後漢書韋彪傳九一九頁改。

〔五二〕以令史久次補之　「久」原訛「各」，據北宋本、傅校本、遞修本、明抄本改。

〔五三〕袁著　「袁」原訛「裴」，據後漢書梁統傳一一八四頁及北宋本、傅校本、明抄本、明刻本改。

〔五四〕訟梁冀驕暴　「驕」原訛「矯」，據北宋本、傅校本、遞修本、明抄本、明刻本改。

〔五五〕請郎補千石　標點本後漢書鄭弘傳一一五五頁據王先謙說，於「石」下補「令」。

〔五六〕後遷至尚書令　原「令」下衍「史」，據三國志諸葛亮傳九三三頁刪。

〔五七〕蘭臺令史皆三吴富人　「皆」原訛「者」，據北宋本、明抄本改。按：宋書孔覬傳二一五五頁、南史孔琳之傳七三五頁作「並」。

〔五八〕牛弘嘗問於騎尉劉炫曰　「嘗」原訛「常」，據隋書儒林傳一七二一頁改。

〔五九〕士多而府史少　「府」原訛「庸」，據隋書儒林傳一七二一頁及北宋本、明抄本改。

〔六〇〕制官減則不濟　「制」隋書儒林傳一七二一頁作「判」。

〔六一〕案不重校　「校」原訛「求」，據隋書儒林傳一七二一頁及北宋本、傅校本改。

〔六二〕齊氏立州不過數十　原脱「數」，據隋書儒林傳一七二一頁補。按：隋書地理志上八〇七頁云，北齊「州九十有七」。

〔六三〕官事不省而欲從容　原脱「事」，據隋書儒林傳一七二一頁補。

〔六四〕京師穀糴貴　「糴」唐六典卷一作「價」。

〔六五〕遠人不相願仕流外　唐六典卷一無「相」字。

〔六六〕孝武永熙三年　「武」原訛「文」，今據史訂改。按：永熙爲北魏孝武帝元脩年號。永熙三年，宇文泰兼尚書僕射，爲關西大行臺，見通鑑卷一五六四八四九頁。

〔一六七〕百工監副監　後「監」原脱，據隋書百官志下七七九頁補。

〔一六八〕農圃一人　「一」隋書百官志下七七九頁作「六」。

徐庭雲點校　王文錦覆校

通典卷第二十三

職官五

尚書下

吏部尚書侍郎　郎中、員外郎　司封郎中、員外郎　司勳郎中、員外郎　考功郎中、員外郎

周禮天官，太宰掌建邦之六典，以佐王理邦國。〔一〕變家言太者，進退異名也。〔二〕百官總焉，則

謂之冢宰，列職於王，則謂之太宰。宰，主也。建，立也。邦，理王所居之邦國。佐猶助也。〔三〕周公居攝，而作六典之職，以佐王理邦國。漢成帝初，分尚書置四曹，蓋因事設員，以司其務，非擬於古制也。至光武，乃分爲六曹。迄於魏晉，或五或六，亦隨宜施制，無有常典。自宋齊以來，多定爲六曹，稍似周禮。至隋六部，其制益明。大唐武太后遂以吏部爲天官，户部爲地官，禮部爲春官，兵部爲夏官，刑部爲秋官，工部爲冬官，以承周六官之制。若參詳古今，徵考職任，則天官太宰當爲尚書令，非吏部之任。今吏部之始，宜出於夏官之司士云。〔四〕又夏官之屬有司士下大夫二人，掌羣臣之版，古書版爲班，班書或爲版。〔五〕版，名籍也。歲登下其損益之數，謂用功過黜陟者。辨其年歲與其貴賤，年數多少，知其老少。周知邦國都家縣鄙之數，卿、大夫、士、庶子之數，以詔王理，告王所當進退。以德詔爵，有賢者之德，乃詔以爵。以功詔禄，理有功勳，後告以禄。〔六〕以能詔事，以久奠食。能者事成乃食之。王制曰：「論定然後官之，任官然後爵之，位定然後禄之。」奠音定。〔七〕漢成帝初置尚書，有常侍曹，主公卿事。後漢改爲吏曹，主選舉、祠祀，後又爲選部。靈帝以梁鵠爲選部尚書。〔八〕魏改選部爲吏部，主選事。陳羣爲尚書，延康元年，羣始建九品官人之法，〔八〕拜吏部尚書。又毛玠字孝先，爲吏部尚書，無敢好衣美食者。魏武歎曰：「孤之法不如毛尚書。」吴暨豔字子休，爲選曹尚書，性峭厲，好清議。當時郎署混濁，多非其人，欲區別賢愚，彈射百寮，覈選三署，皆貶高就下，降減等數。其居位貪鄙、志節污卑者，〔九〕皆以爲軍吏，置營府以處之。故惋憤聲積，競言豔用私情，愛憎不由公理，豔坐自殺。晉與魏同。山濤爲吏部尚書，用人皆先密啟，然後公奏，舉無失才，〔一〇〕凡所題目，終始如其言。唯用陸亮，尋以賄敗。啟事曰：「臣欲以郄詵爲温令。」詔可。尋又啟曰：「訪聞詵喪母不時葬，遂於所居屋後假葬，有異同之議，請更選之。」詔曰：「君爲管人倫之職，此輩應爲清議，與不便當裁處之。」江霦字思玄，〔一二〕三爲選官，始爲吏部郎，遷侍中、吏部尚書，僕射。世說曰：「鍾會見王戎、裴楷總角，曰：『裴楷清通，王戎簡要，後二十年，此二賢當爲吏部尚書，冀爾時天下無復滯才。』」劉聰僭號，省吏部，置左右選曹。石勒時，又置左右執法郎，典定士族，副選舉之任。霦音彬。〔一三〕宋時吏部尚書領吏部、删定、三公、比部四曹。孝武不欲威權在下，大明二年，分吏部尚書，置二人以輕其任，而省五兵，後還置一吏部尚書。順帝昇明元年，又置五兵尚書。〔一四〕晉宋以來，吏部尚書資位尤重。宋時，徵豫章太守蔡廓爲吏部尚書。廓至，謂左丞傅隆曰：「選皆出我乎？」隆言之執政。徐羨之曰：「黄門以下，專以相委；過此則與衆參之。」廓聞之曰：「我不能爲徐羨之署紙尾。」遂不就。選案黄紙，録尚書與吏部尚書連名，〔一五〕故云「署紙尾」。又庾炳之爲吏部尚書，通貨賄。吏部令史錢泰能琵琶，主客令史周伯齊善歌，詣炳之宅諮事，因留宿。尚書舊制，令史諮事，不得停外，雖有八座命亦不許。爲所司奏，免官。梁陳亦然。梁蕭子顯爲吏部尚書，性凝簡，負才氣，見九流賓客，不與交言，但舉扇一揮而已，衣冠竊恨之。又謝覽字景滌，朏弟瀹之子，〔一六〕自祖至孫，三世居選部，時以爲榮。又王泰字仲通，〔一七〕爲都官尚書，能接人士，皆願其居選官。頃之，爲吏部尚書，衣冠傾屬。又謝舉字言揚，遷掌吏部。舉祖莊，宋代再典選。至舉又三爲此職，前代未有。後魏、北齊吏部統吏部、掌褒崇、選補。考功、主爵三曹。自洛陽遷鄴以後，掌大選知名者數四。文襄帝少年高明，所蔽也踈；袁叔德沈密謹厚，〔一八〕所傷者細；楊愔風流辨給，取士失於浮華。唯辛術爲尚書，性尚貞明，擢士以才以器，循名責實，新舊參舉，管庫必擢，門閥不遺，前後銓衡，術最爲折衷，甚爲當時所稱。後周有吏部中大夫一人，掌羣臣及諸子之簿，辨其貴賤與其年歲，歲登下其損益之數。依六勳之賞，頒禄之差。小吏部下大夫一人，掌貳吏部之事。領司勳上士等官，屬大司馬。隋吏部統吏部、主爵、司勳、考功四曹。牛弘爲吏部尚書，其選舉先德行而後文才，所進用多稱職。吏部侍郎高孝基，鑑賞機悟，清慎絕倫，然爽俊有餘，迹似輕薄，時宰多以此疑之，唯弘深識其真，〔一九〕推心委任，隋之選舉，於斯爲最。又曰：盧愷攝吏部尚書，何妥奏蘇威陰事，〔二〇〕愷相連。讞司奏愷曰：「房恭懿者，尉遲迥之黨，不當仕進。威愷二人曲相薦達，累轉爲海州刺史。又吏部參選者甚多，愷不即授官，〔二一〕皆作色而遣。〔二二〕威有從父弟徹、肅二人，徹詣吏部，徹文狀後至而先任用，肅左足攣蹇，才用無算，〔二三〕愷以威之故，而授朝請郎。」文帝怒曰：「愷敢將天官爲私惠！」〔二四〕乃除名爲庶民。自後周以降，選無清濁，及愷攝吏部，與薛道衡、陸彥師等甄別士流，故涉黨固之譖，遂及於此。大唐龍朔二年，改吏部尚書爲司列太常伯，咸亨初復舊。光宅元年，改吏部爲天官，神龍元年復舊。天寶十一年，〔二五〕改爲文部，至德初復舊。掌文官選舉，總判吏部、司封、司勳、考功四曹事。舊令班在侍中、中書令上，開元令移在侍中、中書令下。尚書六曹，吏部、兵部爲前行，户、刑爲中行，禮、工爲後行，其官屬自後行遷入二部者以爲美。自魏晉以來，凡吏部官屬，悉高於諸曹，其選舉皆尚書主之。〔二六〕自隋置侍郎，貳尚書之事，則六品以下銓補，多以歸之。大唐自貞觀以前，〔二七〕尚書掌五品選事。貞觀二十二年二月，文部侍郎盧承慶兼檢校兵部侍郎，〔二八〕仍知五品選事。承慶辭曰：「五品選事，職在尚書，臣今掌之，便是越局。」太宗不許，曰：「朕今信卿，卿何不自信也。」由此言之，即尚書兼知五品選事明矣。至景龍中，尚書掌七品以上選，侍郎掌八品以下選。至景雲元年，宋璟爲尚書，始通其選而分掌之，因爲常例。開元以前，諸司之官兼知政事者，午前議政於朝堂，午後理務於本司。自開元以來，宰相員少，資地崇高，又以兵吏尚書權位尤美，而宰臣多兼領之，但從容衡軸，不自銓綜，其選試之任皆侍郎專之，尚書通署而已，遂爲故事。或分領其事，則列爲三銓，四年六月勅，其員外郎、御史并餘供奉官，直進名勅授，自此不在吏部。尚書掌其一，侍郎分其二。尚書所掌，謂之尚書銓；侍郎所掌，其一爲中銓，其一爲東銓。各有印。

侍郎二人。隋煬帝置，說在歷代郎中篇。凡六司侍郎，皆貳尚書之事。吏部初置一員，總章元年加一員。龍朔二年改爲司列少常伯，咸亨元年復舊。分掌選部流内六品以下官，是爲銓衡之任。凡初仕進者，無不仰屬焉。當選集之際，勢傾天下，列曹之中，資位尤重。初，隋世高孝基爲吏部侍郎，房玄齡、杜如晦與選，孝基時加賞異，後以爲知人。大唐文皇帝永徽時，〔二九〕馬載、裴行儉爲吏部侍郎，〔三〇〕貞觀以來，最爲稱職。又鄧玄挺爲此官不稱職，甚爲時談所鄙。常患消渴，選人因號爲「鄧渴」，坐此遷澧川刺史，有能名。武太后重拜爲天官侍郎，其弊愈甚。又以許子儒爲之，子儒不以藻鑑爲意，其補官悉委令史勾直，〔三一〕時曰平配。後崔玄暐爲之，介然自守，絕於請謁，爲執政者所忌，轉文昌左丞，選司令史乃設齋自慶，武太后聞之，復拜爲天官侍郎。

郎中二人。漢魏以來，尚書屬或有侍郎，或有郎中，或曰尚書郎，或曰某曹郎，或則兩置，或爲互名，雖稱號不同，其職一也，皆今郎中之任。山公啟事曰：「吏部郎主選舉，宜得能整風俗、理人倫者。」又曰：「吏部郎以碎事日夜相接，非但當正己而已，乃當能正人，不容穢雜也。」乃以議郎杜默爲之。〔三二〕齊謝朓爲吏部郎，上表三讓，說在歷代郎官篇。又王儉爲吏部郎，專斷曹事。又陸慧曉字叔明，爲吏部郎。吏部都令史歷政以來，咨執選事。慧曉任己獨行，未嘗與語。帝遣左右以事誚問之，慧曉曰：「六十之年，不復能諮都令史爲吏部郎也。」梁顧憲之字士思，爲吏部郎。初，其祖覬之嘗爲吏部，〔三三〕於庭植嘉樹，謂人曰：「吾爲憲之種耳。」至是，憲之果爲此官。然自過江，吏部郎不復典大選。又王亮字奉叔，〔三四〕爲吏部郎，銓序著稱。及後爲吏部尚書，拘資次而已，當代謂爲不能。又任昉爲吏部郎，參掌大選，居職不稱，轉御史中丞。又職官録曰：「梁吏部郎舊視中丞，遷侍中。」又陳吏部郎中秩六百石。後魏孝文帝欲創革舊制，選置百官，謂羣臣曰：「爲朕舉一吏部郎，給卿三日假。」尋曰：「朕已得之矣。」乃徵崔亮爲之。亮字敬儒，自參選事，垂將二十年，〔三五〕廉慎明決。尚書曰：「非崔郎中，選事不辦。」又曰：「韋瑒爲吏部郎，性貪婪，鬻賣官吏，皆有定價。隋初，諸曹郎皆謂之侍郎。煬帝三年，置六司侍郎，後遂改諸曹侍郎但曰郎。其吏部郎改爲選部郎。國初，復爲選部郎中，武德二年，選部郎中鄭元𨱆以贓犯處極刑是也。五年，改爲吏部郎中。龍朔二年，改爲司列大夫，咸亨元年復舊。掌選補流外官，謂之小銓，并掌文官名簿、朝集、禄賜、假使并文官告身，分判曹事。員外郎二人。隋開皇六年，置吏部員外郎一人。煬帝三年，改爲選部承務郎。武德三年復舊。加置一人，一員判廢置，一員判南曹，起於總章二年，司列少常伯李敬玄奏置。未置以前，銓中自勘責。故事，兩員轉廳，至建中元年，侍郎邵説奏，各挾闕替。南曹郎王銷以後，遂不轉廳。貞元十一年閏八月，侍郎杜黄裳奏請准舊例轉廳。〔三六〕初，武太后載初元年，〔三七〕又加一員，聖曆二年八月省。開元十二年四月，勅兵吏各專定兩人判南曹，尋卻一人判。貞元元年九月，又以兩人判，至十二年閏八月，又卻一員判。

司封郎中一人。左傳曰：晉文公「作執秩以正其官」。〔三八〕注云：「執秩，主爵秩之官。」漢尚書有封爵之任，而無其官。故後漢書曰：「馮勤字偉伯，光武以爲郎中，給事尚書，使典諸侯封事。勤量功次輕重，〔三九〕國土遠近，地勢豐薄，不相踰越，莫不厭伏焉。〔四〇〕自是封爵之制，非勤不定。」晉尚書有左右主客曹。北齊河清中，改爲主爵，置郎中一人，屬吏部，主封爵之事。隋初爲主爵侍郎，煬帝改爲主爵郎。武德初，爲主爵郎中。龍朔二年，改爲司封大夫，咸亨元年復舊。光宅元年，改爲司封郎中，掌封爵、皇之枝族及諸親、内外命婦告身及道士、女冠等。天寶八載十一月，勅道士、女冠籍每十載一造，永爲常式。至德二年十一月，勅道士、女冠等宜依前，屬司封曹。員外郎一人。隋文帝置。

煬帝改爲主爵承務郎。武德初，爲主爵員外郎。其後，曹改而官不易。

司勳郎中一人。周禮夏官有司勳上士，掌六鄉賞地之法。歷代無聞。至後周，吏部有司勳上士一人，掌六勳之賞，以等其功，如古之主爵。隋文帝置司勳侍郎，煬帝改爲司勳郎。永徽五年十二月四夜，司勳庫失火，甲歷並盡。（四一）龍朔二年，改爲司勳大夫，咸亨初復故。掌校定勳績、論官賞勳、官告身等事。員外郎二人。隋文帝置，煬帝改爲司勳承務郎。武德初，爲司勳員外郎。

考功郎中一人。漢元帝時，（四二）京房作考功課吏之法，（四三）然其職不在尚書。至光武，改尚書三公曹，主歲書考課，課諸州郡。魏尚書有考功、定課二曹。宋元嘉三十年，又置功論郎，（四四）並其任也。例在吏部郎中篇。後魏考功郎掌考第、孝秀。北齊考功郎中亦掌考第及孝秀貢士。隋文帝置考功侍郎，煬帝改爲考功郎。武德初復爲考功郎中，龍朔二年，改考功爲司績，咸亨初復舊。掌考察内外百官及功臣家傳、碑、頌、誄、謚等事。員外郎一人。隋文帝置，煬帝改爲考功承務郎。武德初，復爲考功員外郎。其後，曹改而官不易。武德舊令，考功郎中監試貢舉人，貞觀以來，乃以員外郎專掌貢舉省郎之殊美者。至開元二十四年，（四五）移貢舉於禮部，而考功員外郎分判事而已。

户部尚書

侍郎　郎中、員外郎　度支郎中、員外郎　金部郎中、員外郎　倉部郎中、員外郎

周禮地官，大司徒之職，掌建邦之土地之圖，與其人民之數。按今户部之職與地官之任，雖亦頗同，若徵其承受，考其沿襲，則户部合出於度支。度支，主計算之官也。算計之任，本出於周禮天官之司會云。又太宰之屬有司會，以九貢之法致邦國之財用，以九賦之法令田野之財用，以九功之法令民

職之財用，以九式之法均節邦之財用，掌國之官府郊野縣都之百物財用，凡在書契版圖者之貳，〔四六〕以逆羣吏之治，而聽其會計。逆謂受而鉤考之，可知得失多少。漢置尚書郎四人，其一人主財帛委輸。至魏文帝，置度支尚書寺，專掌軍國支計。吴有户部，吴孫休初即位，户部尚書階下讀奏。〔四七〕而晉有度支，晉當陽侯杜元凱爲度支尚書，内以利民，外以救邊，備物置用，以濟當時之益者五十餘條。又張華爲度支尚書，量計運漕，決定廟算。皆主算也。〔四八〕宋齊度支尚書領度支、金部、倉部、起部四曹。梁亦有之。後魏度支亦掌支計。崔亮爲度支尚書，經營費用，歲減億計。北齊度支統度支、掌計會，凡軍國損益、供糧廩等事。倉部、左户、左户，掌天下計帳、户口。右户、掌天下公私田宅租課。金部、庫部六曹。後周置大司徒卿一人，如周禮之制。其屬有民部中大夫二人，掌承司徒教，以籍帳之法，贊計人民之衆寡。〔四九〕隋初，有度支尚書，則并後周民部之職。漢成帝初置尚書，有民曹，主凡吏民上書，悉經此曹理之。後漢光武改民曹主繕修功作，〔五〇〕監池苑囿。魏置左民尚書，晉惠帝又加置右民尚書。至於宋齊梁陳，皆有左民尚書。而後魏有左民、右民等尚書，多領工官，〔五一〕非今户部之例。而梁陳兼掌户籍，此則略同。自周隋有民部，始當今户部之職。開皇三年，改度支爲民部，統度支、民部、金部、倉部四曹，國家修隋志，謂之户部，蓋以廟諱故也。煬帝時，韋沖爲民部尚書。又武德二年，隋民部尚書蕭瑀爲相府司録。大唐永徽初，復改民部爲户部，廟諱故也。太宗在位，詔官號人名及公私文籍有「世」「民」兩字不相連者，並不諱。〔五二〕至高宗始諱之。顯慶元年，改户部爲度支。龍朔二年，改度支尚書爲司元太常伯。咸亨元年，復爲户部尚書。初，户部居禮部之後，武太后改置天地四時之官，以户部爲地官，由是遂居禮部前。神龍元年，復改地官爲户部，總判户部、度支、金部、倉部事。

侍郎二人。蓋周官小司徒中大夫，頗同其任。後周依周官。今侍郎，則隋煬帝置民部侍郎。大唐因之，後改曰户部。龍朔二年，改爲司元少常伯。咸亨元年，復爲户部侍郎。他時曹名或改，而官號不易。舊制一員，長安四年加一員，神龍元年減，二年復加。

郎中二人。漢尚書郎一人主户口、墾田。吳時張温爲尚書户曹郎。魏有民曹郎。晉分爲左、右民曹。宋齊以下，或爲左民，或爲左户。後魏有户部郎。北齊有左、右民曹，例在户部郎中篇。隋初爲户部侍郎，煬帝除「侍」字，隋末改爲民部郎。〔五三〕武德初，爲民部郎中。〔五四〕龍朔二年，改郎中爲大夫，咸亨元年復舊。他時曹名或改，而官號不易。掌户口、籍帳、賦役、孝義、優復、蠲免、婚姻、繼嗣、百官、衆庶、園宅、口分、永業等。建中三年正月，户部侍郎判度支杜佑奏：「天寶以前，户部事繁，所以郎中、員外各二人判署。自兵興以後，户部事簡，度支事繁，唯郎中員外各一人。請回轄郎中、員外各一人，〔五五〕分判度支案，待天下兵革已息，却歸本曹。」奉勅依。員外郎二人。隋文帝置，煬帝改爲承務郎。武德三年，復爲員外郎。

度支郎中一人。漢初，張蒼善算，以列侯主計，居相府，領郡國上計者，謂之計相，殆今度支之任。魏尚書有度支，歷代度支具尚書中。隋初爲度支侍郎，煬帝除「侍」字，武德加「中」字。龍朔二年，改度支爲司度，咸亨元年復舊。掌支使國用。開元二十四年三月，户部尚書同中書門下三品李林甫奏：「租庸、丁防、和糴、雜支、〔五六〕春綵、税草諸色旨符，〔五七〕承前每年一造，〔五八〕據州府及諸司計，紙當五十萬張，仍差百司鈔寫，事甚勞煩。條目既多，詳檢難過，〔五九〕緣無定額，支稅不常，亦因此涉情，兼長姦僞。臣今與採訪使及朝集使商量，有不穩便於人、非當土所出者，隨意沿革，〔六〇〕務從允便，即人知定准，政有常文，編成五卷，以爲長行旨符。〔六一〕省事司每年但據應支物數，進書頒行，〔六二〕每州不過一兩紙，仍附驛送。」勑依。至德以後，戎事費多。二年十二月，吕諲爲兵部侍郎平章事，〔六三〕充勾當度支使。上元元年五月，劉晏爲户部侍郎、勾當度支使。元年建子月，元載爲户部侍郎、勾當度支使。寶應元年正月，劉晏爲户部侍郎、勾當度支使。貞元二年十二月，〔六四〕韓滉以宰相加度支使。五年二月，〔六五〕竇參爲中書侍郎平章事、度支使。自後雖無，亦有他官判，或云「權判」亦云「專判」。員外郎一人。改置與户部員外郎同。

金部郎中一人。周官有職金，掌金玉、錫石、丹青之戒令。〔六六〕魏尚書有金部郎，其後歷代多有之。北齊金部主才量尺度、内外諸庫藏文帳。隋盧昌衡字子均，祖孝徵薦爲尚書金部郎，每謂人曰：「吾用盧子均爲尚書郎，自謂無愧幽明矣。」〔六七〕隋初爲金部侍郎，煬帝除「侍」字。武德中，加「中」字。龍朔二年，改金部爲司珍，咸亨初復舊。天寶中改爲司金，至德初復舊。掌庫藏金寶貨物，權衡度量等事。自開元二年置鑄錢使，皆以他官爲之。員外郎一人。改置與户部員外郎同。

倉部郎中一人。周官有倉人，主藏九穀。又有廩人，主藏九穀之數，賙賜稍食。魏尚書有倉部郎，後魏有太倉尚書，亦其任也。故後魏書曰：「李訢爲太倉尚書，攝南部事，令千里之外，户別轉運，詣倉輸之，所在委積，延停歲月，大爲困弊。」歷代多有倉部曹，皆掌倉廩之事。後周有地官屬司倉下大夫。隋初爲倉部侍郎，煬帝除「侍」字。武德中，加「中」字。龍朔二年，改倉部爲司庾，咸亨初復舊。天寶中，改爲司儲，至德初復舊。掌諸倉廩之事。開元二十六年以後置出納使，皆以他官爲之。訢音許斤切。員外郎一人。改置與户部員外郎同。

禮部尚書侍郎　郎中、員外郎　祠部郎中、員外郎　膳部郎中、員外郎　主客郎中、員外郎

唐虞之時，秩宗典三禮。周禮春官，大宗伯掌建邦之天神、人鬼、地祇之禮。後漢尚書吏曹兼掌齋祀，亦其職也。魏尚書有祠部曹。及晉江左，有祠部尚書，掌廟祧之禮。嵇含臺中宴會詩，其祠部云：「仰承宗廟懷祇虔。」常與右僕射通職，不常置，以右僕射攝之。歷代皆與右僕射通職。宋祠部尚書領祠部、儀曹二曹。齊梁陳皆有祠部尚書。後魏爲儀曹尚書。北齊祠部尚書統祠部、掌祠部、醫藥、死喪、贈賻。主客、虞曹、屯田、起部五曹。又有儀曹，主吉凶禮制，屬殿中尚書。後周置春官卿，又有禮部，而不言職事。後改禮部爲宗伯。又春官之屬有典命，掌內外九族之差及玉器衣服之令，沙門道士之法。後改典命爲大司禮，俄改大司禮復爲禮部，謂之禮部大夫。後周盧愷爲禮部大夫，充聘陳使。〔六八〕至隋，置禮部尚書，統禮部、祠部、主客、膳部四曹，蓋因後周禮部之名，兼前代祠部、儀曹之職。大唐龍朔二年，改禮部尚書爲司禮太常伯，咸亨元年復舊。光宅元年，改禮部爲春官，神龍元年復舊。總判祠部、禮部、膳部、主客事。

侍郎一人。周官春官小宗伯中大夫，頗同今任。後周依周官。今侍郎則隋煬帝置。大唐因之。龍朔二年改爲司禮少常伯，咸亨元年復舊。他時曹名或改，而官號不易。掌策試、貢舉及齋郎、弘、崇、國子生等事。舊制考功員外

郎掌貢舉。開元二十三年，考功員外郎李昂爲進士李權所詆，朝議以考功位輕，不足以臨多士。至二十四年，遂以禮部侍郎掌焉。開元、天寶之中，昇平既久，羣士務進，天下髦彥，由其取舍，〔六九〕故勢傾當時，資與吏部侍郎等同。

郎中一人。周官春官肆師下大夫，亦頗同今任。魏尚書有儀曹郎，掌吉凶禮制。歷代多有，例在吏部篇。宋、齊儀曹屬祠部。梁書曰：「武帝謂徐勉云：『今帝業初構，須一人有學藝、解朝儀者，爲尚書儀曹郎。』勉曰：『孔休源識具清通，詳練故事，自晉宋起居注，略誦上口。』遂拜爲儀曹郎。」後周依周官。隋初爲禮部侍郎，煬帝除「侍」字，又改爲儀曹郎。武德初，〔七〇〕改爲禮部郎中。龍朔二年，改爲司禮大夫，咸亨初復舊。其後曹改而官不易。掌禮樂、學校、儀式、制度、衣冠、符印、表疏、册命、祥瑞、鋪設、喪葬，贈賻及宫人等。**員外郎一人。**周禮肆師上士，〔七一〕後周依焉。至隋文帝，置禮部員外郎，煬帝改爲儀曹承務郎。武德三年復舊。其後曹改而官不易。

祠部郎中一人。魏尚書有祠部郎，歷代皆有。主禮制。後魏裴修爲中大夫，兼祠部曹。祠部曹主禮樂，每有疑議，修斟酌故實，〔七二〕咸有條貫。後周有典祠中大夫，隋初爲侍郎，煬帝除「侍」字。武德中，加「中」字。龍朔二年，改爲司禋大夫，咸亨元年復舊。延載元年五月制，天下僧尼隸祠部，不須屬司賓。開元十年正月，〔七三〕制僧尼隸祠部。十一年，〔七四〕改祠部爲職祠。至德初復舊。掌祠祀、天文、漏刻、國忌、廟諱、卜祝、醫藥等及僧尼簿籍。〔七五〕自天寶六載及至德三年，常置祠祭使，〔七六〕以他官爲之。**員外郎一人。**改置與户部員外郎同。

膳部郎中一人。膳部於周官即膳夫、凌人二職也。晉尚書有左士、右士曹。後魏都官尚書管左士郎。北齊改左士爲膳部郎，掌侍官百司禮食餚饌，屬都官尚書。後周有膳部大夫一人，亦掌飲食，屬大冢宰。隋膳部屬祠部，初置侍郎，煬帝除「侍」字。武德中，加「中」字。龍朔二年，改爲司膳大夫，咸亨初復舊。天寶十一年，又改膳部爲司膳，至德初復舊。掌飲膳，藏冰及食料。**員外郎一人。**改置與户部員外郎同。

主客郎中一人。漢成帝初置尚書，有客曹，主外國夷狄。後光武分改爲南主客、北主客二曹。至魏，亦爲南主客。至晉氏，分爲左右南北四主客，或單爲客曹。宋齊梁陳單有主客。後魏吏部管南主客，祠部管左主客。北齊改左主客爲主爵，南主客爲主客。隋初爲侍郎，煬帝除「侍」字，尋又改爲司藩郎。〔七七〕武德初改爲主客郎中。龍朔二年，又改主客爲司藩，咸亨元年復舊。掌二王後及諸藩朝聘。員外郎一人。改置與户部員外郎同。

兵部尚書 侍郎　郎中、員外郎　職方郎中、員外郎　駕部郎中、員外郎　庫部郎中、員外郎

周禮夏官，大司馬之職，掌以九伐之法正邦國，制軍詰禁，以糾邦國。領校人、牧師、職方、司兵之屬，即今兵部之任也。魏置五兵尚書，周官有司兵，掌五兵、五盾，各辨其物與其等，以待軍事。五兵之名，當出於此。鄭司農云：「五兵者，戈、殳、戟、酋矛、夷矛也。」五兵謂中兵、外兵、騎兵、別兵、都兵也。晉初無，太康中乃有五兵尚書，而又分中兵、外兵各爲左右。按晉雖分中兵、外兵爲左右，與舊五兵爲七曹，然尚書唯置五兵而已，無七兵尚書之名。至後魏始有七兵尚書耳。今諸家著述或謂晉太康中置七兵尚書，誤矣。宋五兵尚書唯領中兵、外兵二曹，餘則無矣。齊梁陳皆有之，後魏爲七兵尚書。北齊爲五兵，統左中兵、掌諸都督告身，諸宿衞官。〔七八〕右中兵、掌畿內丁帳事，諸兵力士。〔七九〕左外兵、掌河南及潼關以東諸州丁帳及發召諸兵。〔八〇〕右外兵、掌河北及潼關以西諸州，所典與左外兵同。都兵掌鼓吹、太樂、部小兵等事。〔八一〕五曹。後周置大司馬，其屬又有兵部中大夫，小兵部下大夫，其職並

缺。至隋乃有兵部尚書，統兵部、職方、駕部、庫部四曹，蓋因後周兵部之名，兼前代五兵之職。大唐龍朔二年，改兵部尚書爲司戎太常伯，咸亨元年復舊。光宅元年，改爲夏官，神龍元年復舊。天寶十一年，改爲武部尚書。〔八二〕至德初復舊。掌武官選舉，總判兵部、職方、駕部、庫部事。其分領選舉，亦爲三銓，制如吏部。尚書所掌，謂之尚書銓。侍郎所掌，其一爲中銓，其一爲西銓。各有印。

侍郎二人。隋煬帝置，大唐因之。龍朔二年，改爲司戎少常伯，咸亨元年復舊。他時曹名或改，而官不易。舊制一員，總章元年加一員。掌署武職、武勳官、三衞及兵士以上簿書，朝集、禄賜、假告、〔八三〕使差、發配，親士帳内考覈，及給武職告身。

郎中一人。歷代兵部曹皆有郎，具尚書中。或單爲郎，或置郎中，例在吏部郎中篇。隋初爲兵部侍郎，煬帝除「侍」字，改爲兵部曹郎。武德三年，改爲兵部郎中。龍朔二年，改爲司戎大夫，咸亨元年復舊。掌與侍郎同。員外郎二人。隋文帝置兵部員外郎，煬帝改爲兵曹承務郎。武德三年復舊。其後曹改而官不易。

職方郎中一人。周禮夏官有職方氏，掌天下之圖，辨九州之國。歷代無聞。至後周，依周官。隋初有職方侍郎，煬帝除「侍」字。武德中，加「中」字。龍朔二年改爲司城大夫，咸亨元年復舊。掌地圖、城隍、鎮戍、烽候，防人路程遠近，歸化首渠。〔八四〕員外郎一人。周官夏官職方上士，後周依周官。隋改置，與户部員外郎同。

駕部郎中一人。周禮夏官之屬有輿司馬，又有校人，主馬之官，又有牧師，掌牧放，又有巾車，掌公車之政及王之五輅，此皆駕部之本也。魏晉尚書有駕部郎。宋時駕部屬左民尚書。齊亦有之。後魏與北齊並曰駕部郎中。後周有駕部中大夫，屬夏官。隋初爲駕部侍郎，屬兵部。隋辛公義爲駕部侍郎，〔八五〕勾檢馬牧，所獲十餘萬疋。〔八六〕文帝喜曰：「唯我公義，奉國竭忠。」煬帝除「侍」字。武德三年，加「中」字。龍朔二年，改爲司輿大夫，咸亨初復舊。天寶中，改駕部爲司駕，至德初復舊。掌輿輦、車乘、郵驛、廄牧，司牛馬驢騾，闌遺雜畜。開元十八年閏六月勅：「比來給傳使人，爲無傳馬，〔八七〕事頗勞煩。自今以後，應乘傳者，宜給紙券。」二十三年十月勅：「新給都督、刺史並關三官州上佐，並給驛發遣。」二十八年六月勅：「有陸驛處，得置水驛。」自二十年以後，常置館驛使，以他官爲之。**員外郎一人。**周官有輿上士，後周有小駕上士，蓋其任也。至隋，置與户部同。

庫部郎中一人。周官有司甲，掌戈、盾、弓、矢之長，各辨其物，以待軍事。魏尚書有庫部郎，晉因之。宋庫部主兵仗。文帝宴，會有荒服外歸化人，帝問尚書庫部郎顧琛曰：「庫中仗有幾許？」琛詭對曰：「有十萬人仗。」舊武庫仗多祕不言，帝既問失言，及琛詭對，善之。歷代或有或缺。後魏、北齊庫部屬度支尚書，掌凡戎仗器用。後周有武藏中大夫。隋屬兵部。初爲庫部侍郎，煬帝除「侍」字。武德中，加「中」字。龍朔二年，改爲司庫大夫，咸亨初復舊。天寶十一年，又改庫部爲司庫，至德初復舊。掌軍器、儀仗、鹵簿法式及乘輿等。**員外郎一人。**周官有司兵中士，後周有小武藏下大夫，隋改置與户部同。

刑部尚書 侍郎 郎中、員外郎 都官郎中、員外郎 比部郎中、員外郎 司門郎中、員外郎

唐虞之時，士官以正五刑。周禮秋官，大司寇掌邦之三典，以佐王刑邦國，蓋其任也。

漢成帝時，尚書初置二千石曹，主郡國二千石；又置三公曹，主斷獄。後漢光武改三公曹

主歲盡考課諸州郡政；二千石曹掌中都官水火、盜賊、詞訟、罪法，〔八八〕亦謂之賊曹，重於諸曹。華譚集尚書二曹論曰：「劉道真問薛令長在吳何作。〔八九〕答曰：『爲吏部尚書。』問曰：『吳待吏部，何如餘曹？』答曰：『並通高選，吏部特一時之俊。』劉曰：『晉魏以來俱爾。獨謂漢氏重賊曹爲是，吳晉重吏部爲非。』薛君曰：『八座秩同班等，其選並清，宜同一揆。若人才或多或少，選例難精。如不得已，吏部職掌人物，人物難明，謂吳晉爲得。而君何是古而非今？』劉難曰：『今吏部非爲能刊虛名、舉沈樸者，故録以成人，位處三署，聽曹探鄉，〔九〇〕論而用之耳，無煩乎聰明。賊曹職典刑獄，刑獄難精，是以欲重之。』答曰：『今之賊曹，不能聽聲觀色以別真僞，縣不能斷讞之尚書也。夫在獄者率小人，在朝者率君子。小人易檢，君子難精。俱不得已，吏部宜重，賊曹宜輕也。』」魏青龍二年，置尚書都官郎，佐督軍事。晉復以三公尚書掌刑獄。宋三公、比部皆主法制，又置都官尚書，主軍事、刑獄，領都官、水部、庫部、功論四曹。齊梁陳並有都官尚書。後魏亦有都官尚書。北齊都官統都官、掌畿內非違得失。二千石、掌畿外得失。比部、水部、膳部五曹。又有三公曹，掌諸曹囚帳、斷罪、赦日建金鷄等事，又掌五時讀時令。屬殿中尚書。後周有秋官大司寇卿，掌刑邦國；其屬官又有刑部中大夫，掌五刑之法。隋初有都官尚書，開皇三年，改都官爲刑部尚書，統都官、刑部、比部、司門四曹，亦因後周之名。大唐因之。龍朔二年，改刑部尚書爲司刑太常伯，咸亨元年復舊。武太后改刑部爲秋官，神龍初復舊。天寶中改爲憲部，至德初復舊。總判刑部、都官、比部、司門事。

侍郎一人。周官小司寇中大夫，蓋今任也。後周依周官。至隋，煬帝置刑部侍郎，大唐因之。龍朔二年改爲司刑少常伯，咸亨元年復舊。他時曹名或改，而官號不易。掌律令，定刑名，案覆大理及諸州應奏之事。

郎中二人。周禮大司寇屬官有士師下大夫，〔九一〕蓋今任也。漢尚書有三公曹，後漢有二千石曹，魏有都官曹，皆掌刑法、獄訟之事。〔九二〕歷代沿革，具尚書中。〔九三〕或爲侍郎，或置郎中，例在吏部郎中篇。後周有小刑部下大夫，屬秋官府。隋初置刑部侍郎，煬帝除「侍」字，又改爲憲部郎。武德三年，改爲刑部郎中。龍朔二年，改爲司刑大夫，咸亨元年復舊，與侍郎同。員外郎二人。隋文帝置刑部員外郎，煬帝改爲憲部承務郎。武德三年，改爲刑部員外郎。其後曹改而官不易。

都官郎中一人。漢司隸校尉屬官有都官從事，〔九四〕掌中都官不法事。後漢又改尚書二千石曹掌中都官水火盜賊。魏青龍二年，始置尚書都官郎，佐督軍事。晉、宋尚書都官兼主刑獄。歷代事具尚書中，其官例在吏部郎中注。後周則曰司厲。隋初爲都官侍郎，掌簿録、配役、官私奴婢、良賤訴競、俘囚等事。煬帝除「侍」字，置員外二人。武德三年，加「中」字，減一人。龍朔二年，改爲司僕大夫，咸亨元年復舊。掌簿斂、配役、官奴婢簿籍、良賤及部曲、客女、俘囚之事。員外郎一人。周官曰司厲下士，蓋並今任也。後周依焉。隋改置與户部同。

比部郎中一人。魏尚書有比部曹，晉因之。宋時比部主法制。齊梁陳皆有比部曹。後魏亦然。北齊掌詔書、律令、勾檢等事。後周曰計部中大夫，蓋其任也。隋初爲比部侍郎，煬帝除「侍」字。武德中，加「中」字。龍朔二年，改爲司計大夫，咸亨元年復舊。天寶十一年，又改比部爲司計，至德初復舊。掌内外諸司公廨及公私債負、徒役公程、贓物帳及勾用度物。〔九五〕員外郎一人。改置與户部員外郎同。

司門郎中一人。周禮地官有司門下大夫，掌授管鍵啓閉。歷代多缺。至後周，依周官。隋初有司門侍郎，煬帝除「侍」字。武德三年，加「中」字。龍朔二年，改爲司門大夫，咸亨元年復舊。掌門籍、關橋及道路、過所闌遺物事。

員外郎一人。周官有司門上士，後周依焉。後改置與户部同。

工部尚書 侍郎 郎中、員外郎 屯田郎中、員外郎 虞部郎中、員外郎 水部郎中、員外郎

周禮，冬官其屬有考工，掌百工之事，曰「國有六職，百工是其一焉」。漢成帝初置尚書，有民曹，主凡吏民上書。後漢光武改民曹主繕修功作、鹽池、園苑。魏置左民尚書，亦領其職。晉宋以來，有起部尚書而不常置，每營宗廟宫室則權置之，事畢則省，以其事分屬都官、左民二尚書。北齊起部亦掌工造，屬祠部尚書。後周有冬官大司空卿，掌五材九範之法；其屬工部中大夫二人，承司之事，掌百工之籍，而理其禁令。至隋乃有工部尚書，統工部、屯田二曹，蓋因後周工部之名，兼前代起部之職。大唐龍朔二年，改工部尚書爲司平太常伯，咸亨元年復舊。武太后改工部爲冬官，神龍初復舊。總判工部、屯田、虞部、水部事。

侍郎一人。隋煬帝改置工部侍郎，大唐因之。龍朔二年，改爲司平少常伯，咸亨元年復舊。他時曹名或改，而官不易。掌興造、工匠、諸公廨屋宇、五行并紙筆墨等事。

郎中一人。晉尚書有起部曹。歷代皆有，具尚書中。隋初爲工部侍郎，煬帝除「侍」字，又改爲起部郎。武德三年，改爲工部郎中。龍朔二年改爲司平大夫，咸亨元年復舊。其後曹名改而官不易。所掌與侍郎同。員外郎一人。隋文帝置工部員外郎，煬帝改爲起部承務郎。武德三年，復爲工部員外郎。其後曹改而官不易。

屯田郎中一人。漢成帝置尚書郎四人，〔九六〕其一人掌户口、墾田，蓋尚書屯田郎之始也。至魏，尚書有農部郎，又其職也。至晉始有屯田尚書。及太康中，謂之田曹，後復爲屯田。江左及宋齊則左民郎中兼知屯田事，梁陳則曰侍郎，後魏、北齊並爲屯田郎。隋初爲屯田侍郎，兼以掌儀武之事，〔九七〕故隋書曰：「柳彧爲屯田侍郎。〔九八〕時制三品以上，〔九九〕門皆列戟，左僕射高熲子弘德，封應國公，申牒請戟。〔一〇〇〕彧判曰：〔一〇一〕『僕射之子，更不異居。父之戟槊，〔一〇二〕已列門外。尊有厭卑之義，子有避父之禮，豈有外門既設，内閤又施。』事竟不行。熲聞而歎服。」〔一〇三〕煬帝除「侍」字。武德三年，加「中」字。龍朔二年，改爲司田大夫，咸亨元年復舊。掌屯田、官田、諸司公廨、官人職分、賜田及官園宅等事。員外郎一人。改置與户部員外郎同。

虞部郎中一人。虞部，蓋古虞人之遺職。至魏，尚書有虞曹郎中，晉因之。梁、陳曰侍郎。後魏、北齊虞曹掌地圖、山川、近遠園囿、〔一〇四〕田獵、雜味等，〔一〇五〕並屬虞部尚書。後周有虞部下大夫一人，掌山澤草木鳥獸而阜蕃之，又有小虞部，並屬大司馬。隋初爲虞部侍郎，屬工部。煬帝除「侍」字。武德中，加「中」字。龍朔二年，改爲司虞大夫，咸亨元年復舊。天寶十一年，又改虞部爲司虞，至德初復舊。掌京城街巷種植、山澤、苑囿、草木、〔一〇六〕薪炭供須、〔一〇七〕田獵等事。員外郎一人。隋初置，與户部員外郎同。龍朔以後，曹名改而官不易。

水部郎中一人。周禮夏官有司險，掌設國之五溝、五塗而達其道路，蓋其職也。魏尚書有水部郎。歷代或置或否。後魏、北齊有水部，屬都官尚書，亦掌舟船津梁之事。後周有司水大夫。隋初爲水部侍郎，屬工部。煬帝除「侍」字。武德三年，加「中」字。龍朔二年，改爲司川大夫，咸亨元年復舊。天寶中，改水部爲司水，至德初復舊。掌川瀆、津濟、船艫、浮橋、渠堰、漁捕、運漕、水碾磑等事。員外郎一人。後周小司水上士。隋改置，與户部員外郎同。龍朔二年以後，曹名改而官不易。

校勘記

〔一〕以佐王理邦國　「理」周禮太宰作「治」，通典諱改。下同。

〔二〕進退異名也　此五字原脱，據北宋本、傅校本、遞修本、明抄本、明刻本、王吴本補。

〔三〕建立也邦理王所居之邦國佐猶助也　此十五字原脱，據北宋本、傅校本、遞修本、明抄本、明刻本、王吴本補。傅校本於「建立也」下還有「理治也」三字，非通典之舊。

〔四〕宜出於夏官之司士云　「於」、「云」原脱，據北宋本、傅校本、遞修本、明抄本、明刻本補。

〔五〕古書版爲班班書或爲版　此十字注文原脱，據北宋本、傅校本、遞修本、明抄本、明刻本、王吴本補。

〔六〕後告以禄　「告」原作「詔」，據北宋本、遞修本、明抄本改。

〔七〕奠音定　此三字注文原脱，據北宋本、傅校本、遞修本、明抄本、明刻本、王吴本補。

〔八〕晕始建九品官人之法　原脱「晕」、「之」，據北宋本、傅校本、遞修本、明抄本、明刻本、王吴本補。

〔九〕志節污卑者　「污卑」原倒，據北宋本、傅校本、遞修本、明抄本乙。

〔一〇〕舉無失才　「失」原作「遺」，據北宋本、傳校本、遞修本、明抄本、明刻本改。

〔一一〕郄詵　「詵」原作「生」，據北宋本、傳校本、遞修本、明抄本、明刻本、王吳本改。

〔一二〕江霦　「霦」，晉書江統傳一五三八頁作「虨」。

〔一三〕霦音彬　「彬」原訛「林」，據廣韻十七真訂改。

〔一四〕又置五兵尚書　「兵」下原有「二」，據宋書百官志上一二三五頁刪。

〔一五〕録尚書與吏部尚書連名　「録」下原有「事」，據宋書蔡廓傳一五七二頁刪。

〔一六〕朏弟瀹之子　「朏」下原衍「之」，「瀹」原作「淪」，據梁書謝覽傳二六五頁删改。

〔一七〕王泰字仲通　「泰」原訛「恭」，據梁書本傳三二三頁及北宋本、傳校本、遞修本、明抄本、明刻本改。

〔一八〕袁叔德　「叔」原作「淑」，據北齊書辛術傳五〇二頁、北史辛雄傳一八二三頁改。

〔一九〕唯弘深識其真　「真」原作「貞」，據隋書牛弘傳一三〇九頁及北宋本改。

〔二〇〕何妥奏蘇威陰事　「妥」原訛「孚」，據隋書盧愷傳一三八四頁、儒林傳一七一〇頁及北宋本改。

〔二一〕愷不即授官　「不即」原誤倒，據隋書盧愷傳一三八四頁及北宋本、傳校本、遞修本、明抄本、明刻本乙正。

〔二二〕皆作色而遣　「作」，隋書盧愷傳一三八四頁作「注」。

〔二三〕才用無算　「無算」原作「凡劣」，後人擅改者。今據隋書盧愷傳一三八四頁及北宋本、傳校本、遞修本、明抄本改回。

〔二四〕愷敢將天官爲私惠　「爲」原作「發」，據隋書盧愷傳一三八四頁及北宋本、明抄本、王吳本改。

〔二五〕天寶十一年　「年」應作「載」。此卷有關天寶紀年，作「年」者多，今不改。

〔二六〕其選舉皆尚書主之　「選」北宋本作「遷」。

〔二七〕大唐自貞觀以前　「自」原訛「至」，據北宋本、傅校本、遞修本、明抄本、明刻本改。

〔二八〕文部侍郎盧承慶　「文部」舊唐書本傳二七四八頁、新唐書本傳四〇四七頁、唐會要卷五八均作「民部」。

〔二九〕大唐文皇帝永徽時　此句有誤。按：文皇帝是太宗李世民謚號，永徽乃高宗李治年號。觀下文則此應作「大唐高宗咸亨時」。

〔三〇〕馬載裴行儉爲吏部侍郎　「載」原作「戴」，據舊唐書馬周傳二六一九頁、新唐書馬周傳三九〇一頁及明刻本、王吳本改。按：馬載爲馬周子，咸亨中爲吏部侍郎。馬戴乃武宗會昌年間進士。

〔三一〕悉委令史勾直　「勾」唐會要卷七四作「縱」。

〔三二〕杜默　職官分紀卷九作「杜典」。

〔三三〕其祖覬之嘗爲吏部　「覬」原訛「凱」，據梁書止足列傳七五九頁改。

〔三四〕王亮字奉叔　「叔」原作「升」，據梁書王亮傳二六七頁改。

〔三五〕垂將二十年　魏書崔亮傳一四七六頁無「二」字。

〔三六〕侍郎杜黄裳奏請准舊例轉廳　原脱「請准」，據唐會要卷五八補。

〔三七〕武太后載初元年　「載初」原作「延載」，據北宋本、傅校本、遞修本、明抄本、明刻本改。北宋本、傅校本「載」作「戴」，顯係形近而訛。

〔三八〕作執秩以正其官　原脱「作」，據左傳僖公二十七年、昭公二十九年補。

〔三九〕勳量功次輕重　後漢書馮勤傳九一〇頁「量」上有「差」。

〔四〇〕莫不厭伏焉　「伏」後漢書馮勤傳九一〇頁作「服」。義同。

〔四一〕甲歷並盡　「甲」原訛「相」，據諸本改。

〔四二〕漢元帝時　「元」原訛「文」，據史訂改。按：下文京房乃漢元帝時人。北宋本、傅校本、遞修本、明抄本作「明」，更誤。

〔四三〕京房作考功課吏之法　「功」原訛「文」，據諸本改。

〔四四〕宋元嘉三十年又置功論郎　「十」原脱，「功」原訛「公」，據宋書百官志上一二三七頁補改。傅校本、明刻本「功」字不誤。

〔四五〕開元二十四年　唐會要卷五八同。北宋本脱「四」。

〔四六〕凡在書契版圖者之貳　「書契」原倒作「契書」，據周禮司會及北宋本、傅校本、遞修本、明抄本、明刻本乙正。

〔四七〕户部尚書階下讀奏　「讀」三國志三嗣主傳一一五五頁作「讚」。

〔四八〕皆主算也　原「算」下有「計」，據北宋本、傅校本、遞修本、明抄本、明刻本删。

〔四九〕後周置大司徒至贊計人民之衆寡　原作「後周置大司徒大夫二人掌承司徒卿一人如周禮之制其教

以籍帳之法贊計人屬有民部中民之衆寡」。訛亂不成語，今據諸本改正。

〔五〇〕繕修功作　「功」原作「工」，據北宋本改。

〔五一〕多領工官　「官」原作「役」，據北宋本、傅校本、遞修本、明抄本、明刻本改。

〔五二〕詔官號人名及公私文籍　原脱「號人」，據唐會要卷二三補。

〔五三〕隋末改爲民部郎　「民」北宋本作「人」。

〔五四〕武德初爲民部郎中　「郎」北宋本作「侍」。

〔五五〕請回輟郎中員外各一人　北宋本作「逭掇」。按：職官分紀卷九作「回輟」。

〔五六〕雜支　二字原脱，據北宋本、傅校本、遞修本、明抄本、明刻本、王吳本補。按：唐會要卷五九有「雜支」。

〔五七〕春綵税草　唐會要卷五九同。北宋本、傅校本、遞修本、王吳本作「緣税草」。

〔五八〕承前每年一造　原脱「承前」，據北宋本、傅校本、遞修本、明抄本、明刻本、王吳本補。按：唐會要卷五九有「承前」。

〔五九〕詳檢難過　唐會要卷五九作「計檢難遍」。按：「過」、「遍」義同。

〔六〇〕隨意沿革　「意」唐會要卷五九作「事」。

〔六一〕以爲長行旨符　「旨符」原訛作「首冠」，北宋本、傅校本、遞修本、明刻本作「旨冠」，亦錯一字。今據唐會要卷五九改。

〔六二〕進書頒行　原無「進書」，據唐會要卷五九增補。

〔六三〕呂諲爲兵部侍郎　「兵」舊唐書良吏傳下四八二四頁、新唐書呂諲傳四六四九頁作「武」。

〔六四〕貞元二年十二月　原作「二年二月」，據舊唐書德宗紀上三五五頁、韓滉傳三六〇二頁訂補。

〔六五〕五年二月　原訛作「五月二日」，據唐會要卷五九、册府卷四八三五七〇頁改。

〔六六〕周官有職金掌金玉錫石丹青之戒令　「職金」原誤倒，又脱「戒」字，據周禮秋官乙補。

〔六七〕吾用盧子均爲尚書郎自謂無愧幽明矣　「明」原訛「冥」，據北史盧玄傳一〇七八頁及北宋本改。隋書盧思道傳一四〇三頁作「州」。洪頤煊諸史考異云：「隋書本傳作『自謂無愧幽州矣』。昌衡祖淵贈幽州刺史，父道虔天平中歷幽州刺史，猶言無愧於祖、父。北史作『無愧幽明』，非是。」按：爲國薦才，心出至公，於「陰間」、「陽世」俱無愧色，作「幽明」，義甚圓通。作「幽州」指其父祖，情涉阿私，難以昌言無愧。洪説不確。

〔六八〕充聘陳使　北史盧柔傳一〇八九頁「使」下有「副」。

〔六九〕由其取舍　「由」原訛「山」，據諸本改。

〔七〇〕武德初　「德」原訛「帝」，據北宋本、傳校本、遞修本、明抄本、明刻本改。

〔七一〕周禮肆師上士　「肆師」原訛「四司」，據周禮春官敍官及王吴本改。按：北宋本、傳校本、明抄本、明刻本「肆」字不誤。

〔七二〕修斟酌故實　「修」下原衍「撰」，據魏書裴駿傳一〇二二頁删。

〔七三〕開元十年正月　原「十」上有「二」，據唐會要卷五九刪。

〔七四〕十一年　原「十」上有「天寶」，乃清人擅增者。今據北宋本、傅校本、遞修本、明抄本、明刻本、王吴本刪。

〔七五〕卜祝醫藥　「藥」原訛「樂」，據北宋本、傅校本、遞修本、明抄本、明刻本、王吴本改。

〔七六〕祠祭使　「祭」原作「部」，據唐會要卷五九改。

〔七七〕尋又改爲司藩郎　「藩」原訛「籍」，據隋書百官志下七九四頁、唐六典卷四、舊唐書職官志三一八三三頁改。

〔七八〕掌諸都督告身　「都」隋書百官志中七五三頁作「郡」。

〔七九〕掌畿内丁帳事諸兵力士　隋書百官志中七五三頁作「掌畿内丁帳事力蕃兵等事」。

〔八〇〕發召諸兵　「諸」隋書百官志中七五三頁作「征」。

〔八一〕掌鼓吹太樂部小兵等事　「部小兵」隋書百官志中七五三頁作「雜户」。

〔八二〕改爲武部尚書　原作「改爲武官」，據唐會要卷五九改補。

〔八三〕朝集禄賜假告　原脱「告」，據新唐書百官志一一九七頁補。

〔八四〕歸化首渠　「歸」原作「親」，據北宋本、明刻本、王吴本改。

〔八五〕隋辛公義爲駕部侍郎　「隋」原作「及」，據北宋本、傅校本、遞修本、明抄本改。

〔八六〕所獲十餘萬疋　隋書循吏傳一六八一頁、北史循吏傳二八八四頁及王吴本、殿本同。北宋本、傅校本、遞修本、明抄本「十」作「千」，恐誤。

〔八七〕爲無傳馬　「無」原作「先」，誤。唐會要卷六一云：「爲無傳馬，還只乘驛，徒押傳遞，事頗勞煩。」作「無」爲是，據改。按：通典蓋初寫作「无」，傳寫遂訛作「先」。

〔八八〕二千石曹掌中都官水火盜賊詞訟罪法　晉書職官志七三二頁載後漢制云：「二千石曹主辭訟事，中都官曹主水火盜賊事。」按：後漢制，三公曹、吏部曹、民曹、客曹、二千石曹、中都官曹，合爲六曹。通典所載與漢光武之制不合。下「都官郎中」注亦然。

〔八九〕劉道真　「真」原作「貞」，據北宋本改。按：職官分紀卷一一亦作「真」。

〔九〇〕聽曹採鄉　「鄉」北宋本、傅校本、遞修本、明抄本、明刻本、王吴本作「卿」。

〔九一〕士師下大夫　「士」原訛「上」，據諸本改。

〔九二〕刑法　「法」原作「罰」，據北宋本、傅校本、遞修本、明抄本改。

〔九三〕具尚書中　「具」原訛「其」，據諸本改。

〔九四〕司隸校尉　原脱「尉」，據北宋本、傅校本、遞修本、明抄本、明刻本補。

〔九五〕徒役公程　「公」原作「工」，據北宋本、傅校本、遞修本、明抄本改。

〔九六〕漢成帝置尚書郎四人　「四」原訛「兩」，據北宋本、傅校本、遞修本、明抄本、明刻本改。

〔九七〕兼以掌儀武之事　「武」北宋本、傅校本、明抄本作「式」。

〔九八〕柳彧　原訛作「補或」，據北宋本、傅校本、明抄本、明刻本改。

〔九九〕時制三品以上　「制」原訛「以」，據隋書柳彧傳一四八一頁改。

〔一〇〇〕申牒請戟　原作「中請棨戟」，據隋書柳彧傳一四八一頁及北宋本、傅校本、明抄本、明刻本、王吳本改。

〔一〇一〕彧判曰　「彧」原訛「或」，據隋書柳彧傳一四八一頁及北宋本改。

〔一〇二〕父之戟架　「戟架」原作「棨戟」，據北宋本、傅校本、遞修本、明抄本、明刻本、王吳本改。

〔一〇三〕頞聞而歎服　「歎」原訛「戰」，據北宋本、傅校本、遞修本、明抄本、明刻本、王吳本改。

〔一〇四〕近遠　原作「遠近」，據北宋本、傅校本、遞修本乙。

〔一〇五〕雜味　「味」原訛「木」，據隋書百官志中七五三頁及北宋本改。

〔一〇六〕草木　「木」原訛「本」，據諸本改。

〔一〇七〕薪炭供須　「須」新唐書百官志一一二〇二頁作「頓」。

徐庭雲點校　王文錦覆校

通典卷第二十四

職官六

御史臺 御史大夫 中丞 侍御史 殿中侍御史 監察侍御史 主簿

御史臺

御史之名，周官有之，蓋掌贊書而授法令，非今任也。王有命，則贊爲之辭，寫其理之法令，〔一〕命來受者即授之。戰國時亦有御史，秦趙澠池之會，各命書其事，又淳于髡謂齊王曰「御史在後」，〔二〕則皆記事之職也。至秦漢，爲糾察之任。秦以御史監郡。漢初，叔孫通新定禮儀，以「御史執法，舉不如儀者輒引而去」是也。所居之署，漢謂之御史府，亦謂之御史大夫寺，漢御史大夫寺，在大司馬門內，〔三〕無塹，其門署用梓板，不艧色，〔四〕題曰「御史大夫寺」。亦謂之憲臺。成帝時，御史府吏舍百餘區，井水皆竭，又其府中列栢樹，常有野烏數千棲宿其上，晨去暮來，號曰「朝夕烏」，烏去不來者數月，長老異之，後果廢御史大夫爲大司空，是其徵也。後漢以來，謂之御史臺，亦謂之蘭臺寺。顏師古曰：「官曹通名爲寺。」後漢趙岐本名嘉，以生於御史臺，因字臺卿。又應劭官儀曰：「廷尉案責上御史臺。」又謝靈運晉書曰：「漢尚書爲中臺，御史爲憲臺，謁者爲外臺，是謂三臺。」後漢蔡邕以侍御史轉持書御史，遷尚書，三日之間，周歷三臺。〔五〕梁及後魏、北齊或謂之南臺。北齊王高澄用崔暹爲御史中尉，宋遊道爲尚書左丞，謂之曰：「卿一人處南臺，一人處北省，當使天下肅然。」後魏之制，有公事，百官朝會，名簿自尚書令、僕以下，悉送南臺。後魏臨洮王舉哀，兼尚書左僕射元順不肯送名，〔六〕又不送簿。中尉舉彈之。順奏曰：「尚書百揆之本，令、僕納言之貴，〔七〕不宜下隸中尉，送名御史。」詔許之。後元子思爲御史中尉，朔朝，臺移尚書索應朝名帳。尚書郎裴獻伯移注云：〔八〕「按蔡氏漢儀，御史中尉逢臺郎於複道，中尉下避執版，〔九〕郎中車上舉手禮之。以此而言，明非敵體。」子思奏曰：「臣按漢書，御史中丞爲獨坐。又按魏書曰：『崔琰既爲中丞，〔一〇〕百僚震恐。』則中丞不揖省郎，亦已久矣；憲臺不屬都坐，亦非今日。又按孝文帝職令：『朝會失時，則御史彈之。』若不送名，到否何驗。獻伯等亂常變紀，請付法。」詔曰：「國異政，不可據以古事。檢孝文帝舊格以聞。」〔一一〕尋從子思奏。後周曰司憲，屬秋官府。隋及大唐皆曰御史臺。龍朔二年改爲憲臺，咸亨元年復舊。門北闢，主陰殺也。按北齊楊楞伽鄴都故事云：「御史臺在宮闕西南，其門北開，取冬殺之義。」斯事久矣。今東都臺門所以不北向者，蓋欲變古之制，或建造者不習故事耳。龍朔中，改司經局爲桂坊，置司直，爲東宮之憲府，亦開北門，以象御史臺，其例明矣。或云：隋初移長安城，造御史臺，時以兵部尚書李圓通檢校御史大夫，〔一二〕欲於尚書省近，故開北門。此說非也。故御史爲風霜之任，彈糾不法，百僚震恐，官之雄峻，莫之比焉。舊制但聞風彈事，提綱而已。舊例，御史臺不受訴訟。有通辭狀者，立於臺門，候御史，御史徑往門外收採。〔一三〕知可彈者，〔一四〕略其姓名，皆云「風聞訪知」。永徽中，崔義玄爲大夫，始定受事御史，人知一日，劾狀題告人姓名或訴訟之事。其鞫案禁繫，則委之大理。貞觀末，御史中丞李乾祐以囚自大理來往，滋其姦故，又案事入法，多爲大理所反，乃奏於臺中置東西二獄，以自繫劾。開元中，大夫崔隱甫復奏罷之。其後罕有聞風彈舉之事，多受辭訟，推覆理盡，然後彈之。將有彈奏，則先牒監門禁止，勿許其入。按宋書云「二臺劾奏，符光禄加禁止，不得入殿省」，是其先例。光禄主殿門。武太后時，改御史臺爲肅政臺，凡置左、右肅政二臺，別置大夫、中丞各一人，侍御史、殿中、監察各二十人，又置肅政臺使六人，受俸於本官，〔一五〕略與御史同，尋罷之。左以察朝廷，右以澄郡縣。時議以右多名流，左多寒刻，其遷登南省者，右殆倍焉，以其不陵朝貴故也。二臺迭相糾正，而左加敬憚。神龍以後去肅政之名，〔一六〕但爲左右御史臺。初置兩臺，每年春秋發使，春曰風俗，秋曰廉察。令地官尚書韋方質爲條例，删定爲四十八條，以察州縣。載初以後，〔一七〕奉勑乃巡，不每年出使也。睿宗即位，詔二臺並察京師，資位既等，競爲彈糾，百僚被察，殆不堪命。太極元年，以尚書省悉隸左臺。月餘，右臺復請分綰尚書西行事。左臺大夫竇懷貞乃表請依貞觀故事，遂廢右臺，而本御史臺官復舊，廢臺之官並隸焉。其左臺，本御史臺也。又別置右臺，右臺地即今太僕寺是也。本隋長秋監地，武太后改爲司宮臺，移於街北。遂以其地置右臺。右臺既廢，以其地爲御史臺使院。開元八年，移太僕寺於此。大夫一人，中丞二人，侍御史四人，殿中侍御史六人，監察御史十人，主簿一人。內供奉、裏行者各如正員之半。

太宗朝，始有裏行之名。高宗時，方置内供奉及裏行官，皆非正官也。開元初，又置御史裏使及侍御史裏使、殿中裏使、監察裏使等官，並無定員，義與裏行同。〔一八〕穆思泰、元光謙、吕太一、翟章並爲裏使，尋省。建中三年九月，御史臺請置推官二人，常與本推御史同推覆，奉勑依。其臺憲故事，官資輕重，則杜易簡、韓琬注記詳焉。杜易簡撰御史雜注四卷，〔一九〕韓琬撰御史臺記十二卷。

御史大夫

御史大夫，秦官。侍御史之率，故稱大夫。漢因之，位上卿，銀印青綬，掌副丞相。故事，選郡守相高第爲御史大夫，任職者爲丞相。漢舊儀：「拜御史大夫爲丞相，左右前後將軍贊，五官中郎將授印；拜御史大夫，二千石贊，左右郎將授印。」成帝綏和元年，更名大司空。成帝欲修璧雍，通三公官，故改御史大夫爲大司空。金印紫綬，秩比丞相。御史大夫月俸四萬。哀帝建平二年，朱博奏請罷大司空，以御史大夫爲百僚帥，〔二〇〕帝從之，遂復爲御史大夫，皆宰相之任。事具宰相篇。元壽二年，復爲大司空。漢高帝以御史大夫周昌爲趙王相。上持御史大夫印，弄之，曰：「誰可以爲御史大夫者？」視趙堯曰：「無以易堯。」遂拜之。始堯爲吕符璽御史，有人謂昌曰：「君之吏趙堯奇才，必代君爲相。」昌曰：「堯刀筆小吏，何至是乎？」後果然。又倪寬爲御史大夫，以稱意任職，故久無所匡諫於上，官屬易之。張湯爲御史大夫，每朝奏事，日旰，天子忘食，〔二一〕丞相充位而已。又趙綰爲御史大夫，請無奏太皇太后事，即竇太后也，好黄老言，患其不用儒，故奪其政。又杜周爲御史大夫，後周子延年又爲御史大夫，以居父官，不敢當舊位，坐卧皆易其處。又貢禹字少翁，爲御史大夫，列於三公。自禹在位，數言得失，書數十上。凡爲御史大夫，而丞相次也，其心冀幸丞相物故，物，無也。故，事也。言無所復能於事。或乃陰私相毀害，欲代之。見史記。又曰：鄭弘爲大夫，守之數年不得。匡衡居之，未滿歲而丞相死，〔二二〕即代之。後漢初，廢御史大夫。更始至長安，以隗囂爲御史大夫。中元元年，〔二三〕光武東巡泰山，以張純視御史大夫，從封禪，禮畢罷。至建安十三年，罷三公官，始復置之，以郗慮居焉，華歆亦爲之。不領中丞，置長史一人。魏黄初二年，又改御史大夫爲司空，末年復有大夫。而吴有左右焉。晉書曰，魏以司空何曾爲晉國丞相，以王沈爲御史大夫是也。吴孫休以丁密、孟宗爲左右御史大夫。晉初省之。此皆爲三公，非今御史大夫也。今御史大夫，即漢以來御史中丞是也。後代或置大夫，皆中丞之互名，非漢舊大夫之任。唯劉聰僭號，置御史大夫，亞於三公，頗似漢制也。

中丞

初，漢御史大夫有兩丞，一曰御史丞，一曰中丞，亦謂中丞爲御史中執法。漢高帝詔徵賢良，御史大夫下相國，相國下諸侯王，御史中執法下郡守。〔二四〕晉灼曰：「中執法，中丞也。」中丞在殿中蘭臺，掌圖籍祕書，漢中丞有石室，以藏祕書、圖讖之屬。以其居殿中，故曰中丞。外督部刺史，内領侍御史十五員，受公卿奏事，舉劾案章，蓋居殿中，察舉非法也。及御史大夫轉爲大司空，而中丞出外爲御史臺率，即今之御史大夫任也。自此以後，並如今御史大夫也。周官小宰之職，掌建邦之宫刑，以理王宮之政令，凡宮之糾禁，又其任也。周禮「小宰」注曰：〔二五〕「若今御史中丞。」初，御史大夫更名大司空，置長史，而中丞官職如故。武帝時，以中丞督司隸，司隸督丞相，丞相督司直，司直督刺史，刺史督二千石下至黑綬。〔二六〕漢中丞，故二千石爲之，或選侍御史高第，執憲中司，出爲二千石。哀帝元壽二年，御史中丞更名御史長史。後漢光武復改爲中丞，兩梁冠，銅印青綬。與尚書令、司隸校尉朝會，皆專席而坐，京師號爲「三獨坐」，言其尊也。凡中丞以下，並文官，屬少府。〔二七〕以下謂侍御、侍書等。魏初，改中丞爲宮正，舉鮑勛爲之，百僚嚴憚。陳羣及司馬宣王舉勛爲之。後復爲中丞。晉亦因漢，以中丞爲臺主，與司隸分督百僚。自皇太子以下，無所不糾。初不得糾尚書，後亦糾之。晉傅咸奏云：「司隸、中丞得糾太子而不得糾尚書，臣所未譬。」朝廷無以易之。又劉暾字長叔，兼中丞，奏免尚書僕射等十餘人，朝廷嘉之，遂以即真。晉元帝即尊號，省司直，置中丞，皇太子以下悉得糾劾之。中丞專糾行馬內，司隸專糾行馬外。雖制如是，然亦更奏衆官，實無其限。王恬字元愉，爲中丞。簡文初即位，未解嚴，大司馬桓温屯中堂，〔二八〕夜吹警角，恬奏劾温大不敬，請理罪。明日，温見奏事，歎曰：「此兒乃敢彈我，真可畏也。」〔二九〕宋中丞一人，每月二十五日，繞行宮垣白壁。漢志：「執金吾每月三繞行宮城。」疑是省金吾，以此事併中丞也。〔三〇〕銅印墨綬，進賢兩梁冠，佩水蒼玉，介幘，絳朝服。職官録兼云青綬。孝武帝孝建二年制，中丞與尚書令分道，雖丞、郎下朝相值，亦得斷之，餘內外衆官，皆受停駐。宋文帝元嘉十三年，有司奏：「御史中丞劉式之議：〔三一〕『每至出行，未知制與何官分道。舊科法唯稱中丞專道，傳詔荷信，詔喚衆官，〔三二〕應詔者得行，制令無分別他官之文。皇太子不宜與衆同例，中丞應與分道。揚州刺史、丹陽尹、建康令並是京輦土地之主，或檢校非違，或赴救水火，事應神速，不宜稽駐，並合分道。又尋六門則爲行馬之內，且禁衞非違，並由二衞及領軍，未詳京尹、建康令門內之從及公事，〔三三〕亦得與中丞分道與否？」其六門內既非郡縣部界，即不合依門外也。」齊中丞職無不察，專道而行，騶輻禁呵，加以聲色，武將相逢，輒致侵犯，若有鹵簿，至相毆擊。齊沈沖與兄淵、淡三人，並歷中丞。梁國初建，又置御史大夫。天監元年，復曰中丞。中丞一人，掌督司百僚。皇太子以下，〔三四〕其在宮門行馬內違法者，皆糾彈之。雖在行馬外而監司不糾，亦得奏之。專道而行，逢尚書丞郎，亦得停駐。其尚書令、僕、御史中丞，各給威儀十人。其八人武冠絳韝，音溝。執青儀囊，題云「宜官告」，〔三五〕以受辭訟；一人緗衣，執鞭杖，依行列行；七人唱呼入殿，引喤至階；一人執儀囊，不喤。自齊梁皆謂中丞爲南司。梁江淹字文通，爲中丞。齊明帝曰：「今君爲南司，〔三六〕足以震肅百僚也。」〔三七〕淹乃彈中書令謝朏等以久疾不預山陵公事。又奏收梁益二州刺史贓賄，付廷尉理罪。臨海、永嘉二太守及諸郡二千石、大縣長官等，多被劾理，內外肅然。明帝曰：「君可謂近世獨步。」〔三八〕又何敬容爲宰相，妾弟盜米，執送領軍，敬容以書解之。領軍將軍河東王譽封其書以奏，武帝怒，付南司推劾。中丞張綰奏敬容協私罔上，〔三九〕合棄市，詔特免職。舊制，僕射、中丞坐位東西相向。元日大會，張綰爲中丞，兄續爲僕射，及百司就列，兄弟並道騶，分趨兩陛，〔四〇〕前代未有，時人榮之。喤音橫。陳因梁制。陳徐陵爲中丞，奏彈司空安成王頊，〔四一〕導從南臺官屬，列奏案而入，〔四二〕陳主爲斂容正坐。陵進讀奏，時安成王在殿上侍立，陵命殿中侍御史引下，遂劾免之。江左中丞雖亦一時髦彥，然膏粱名士猶不樂。宋顔延之爲御史中丞，何尚之與延之書曰：「絳騶清路，白簡深刻，〔四三〕取之仲容，或有虧耶？」王球甚矜曹地，遇從弟僧朗除御史中丞，球謂曰：「汝爲此官，不復成膏粱矣。」齊王僧虔遷御史中丞，甲族由來多不居憲職，〔四四〕王氏分枝居烏衣者，爲官微減，〔四五〕僧虔爲此官，乃曰：「此是烏衣諸郎坐處，我亦可試爲耳。」後魏爲御史中尉，督司百僚，其出入，千步清道，與皇太子分路，王公百辟，咸使遜避，其餘百僚，下馬弛車止路傍，其違緩者，以棒棒之。〔四六〕其後，洛陽令得與分道。元志爲洛陽令，與中尉李彪爭路，俱入見。彪曰：「御史中尉辟承華羽蓋，〔四七〕駐論道劍鼓，安有洛陽令與臣抗衡？」志曰：「臣神州縣主，〔四八〕普天之下，誰非編民？豈有俯同衆官，趨避中尉。」孝文遂令分路。自東魏徙鄴，無復此制。北齊武成以其子瑯琊王儼兼爲御史中丞，欲雄寵之，復興舊制。儼出北宮，凡京畿之步騎，領軍之官屬，中丞之威儀，司徒之鹵簿，莫不畢備。時儼總領四職。武成觀之，遣中使馳馬趣仗，〔四九〕不得入，自言奉勅，赤棒應聲碎其鞍，馬騰人顛，觀者傾京邑。北齊高恭之字道穆，爲御史中丞。帝姊壽陽公主行犯清路，〔五〇〕執以赤棒，卒呵之，不止。道穆令卒棒破其車，主泣訴於帝，帝不責穆，謂曰：〔五一〕「家姊行路相犯，極以爲愧。」後周有司憲中大夫二人，掌司寇之法，辨國之五禁，亦其任也。隋以國諱，改中丞爲大夫。大唐因隋，亦曰大夫。龍朔二年，改爲大司憲，咸亨初復舊。武太后改置左、右肅政臺，御史大夫各一人，太極初復舊。掌肅清風俗，彈糾內外，總判臺事。自周、隋以來，無儀衛之重令，行出道路，以私騎匹馬從之而已。故事，侍御史以下，與大夫抗禮。光宅元年九月，韋思謙除右肅政大夫，〔五二〕遂坐受拜。或以爲言，〔五三〕謙曰：「國家班列，自有差等，奈何姑息。」〔五四〕其後大夫又與之抗禮。〔五五〕至開元十八年，有勑申明隔品致敬，其禮由之不改。至二十四年六月，李適之爲大夫，又坐受拜，其後又與之抗禮，〔五六〕至今不改。故事，大夫與監察競爲官政，略無承稟。至開元十四年，崔隱甫爲大夫，一切督責之，事無大小，悉令咨決。稍有忤意，列其罪，前後貶黜者過半，〔五七〕羣僚側目。上常謂曰：「卿爲大夫，深副朕委。」

御史中丞，舊持書侍御史也。初，漢宣帝元鳳中，感路溫舒尚德緩刑之言，季秋後請讞。時帝幸宣室齋居而決事，令侍御史二人持書，持書御史起於此也。後因別置，冠法冠，有印綬，與符節郎共平廷尉奏事，罪當輕重。後漢亦二人，銅印青綬，選明法律者爲之。蔡質漢儀曰：「選御史高第者補之。」凡天下諸讞疑事，掌以法律當其是非。自桓帝之後，無所平理，苟充其位而已。魏置持書執法，掌奏劾，〔五八〕而持書侍御史掌律令，二官俱置。宋志曰：「魏置御史八人，有持書曹，掌度支運，課第曹掌考課。〔五九〕不知餘復何曹。」晉置四人，泰始四年，又置黃沙獄持書侍御史一人，秩與中丞同，掌詔獄及廷尉不當者皆理之，後并河南，〔六〇〕遂省黃沙持書侍御史。及太康中，又省持書侍御史二員。魏晉以來，持書侍御史分掌侍御史所掌諸曹，若尚書二丞。宋代掌舉劾，齊、梁並同，皆統侍御史。自宋、齊以來，此官不重，自郎官轉持書者，謂之「南奔」。梁謝幾卿自尚書三公郎爲持書侍御史，〔六一〕「頗失志，多陳疾，臺事略不復理」是也。梁天監初，始重其選，車前依尚書二丞給三騶，執盛印青囊，舊事糾彈官印綬在前故也。後魏掌糾禁內朝會失時，服章違錯，饗宴會見，悉所監之。北齊亦有焉。後周有司憲上士二人，亦其任也。隋又爲持書侍御史，臺中簿領，悉以主之。大唐永徽初，高宗即位，以國諱故，改持書侍御史爲御史中丞。龍朔二年，改爲司憲大夫，咸亨元年復爲中丞，二人。大足元年，張易之縱恣益橫，常私引相工李弘泰占吉凶，〔六二〕言涉不順。御史中丞宋璟請窮究其狀。武太后曰：「易之等已自上聞。」璟曰：「謀反大逆，無容首免。易之等分外承恩，臣知言發禍從，然義激於心，雖死不恨。」太后不悅。內史姚元崇恐忤旨，〔六三〕遽宣勅令出。璟曰：「天顏咫尺，親奉德音，不煩宰相擅宣王命。」〔六四〕太后意解，乃收易之等入臺，尋舍之，〔六五〕令就宅謝罪。璟拒而不見曰：「公事當公言之，若私見，法無私也。」景龍二年十二月，御史中丞姚庭筠奏稱：〔六六〕「律令格式，懸之象魏，奉而行之，事無不理。比見諸司寮寀，不能遵守章程，事無大小，皆悉聞奏。〔六七〕臣聞爲君者任臣，爲臣者奉法。故云『汝爲君目將思明』，則知萬幾務綜，不可偏覽也。〔六八〕所以設官分職，委任責成，百工惟時，以成垂拱之化。比者或修一水竇，或伐一枯木，並皆上聞旒扆，取斷宸衷，豈代天理物至化之道也？〔六九〕自今以後，若緣軍國大事及牒式無文者，〔七〇〕任奏取進止。〔七一〕自餘據章程合行者，各令准法處分。其有故生疑滯，致有稽失者，請令御史隨事糾彈。」上從之。亦時有內供奉，本有一人，聖曆中加一人，尋省。先天中復置。職副大夫，通判臺事。開元二十一年三月，置京畿都採訪處置使，以中丞爲之。

侍御史

侍御史，於周爲柱下史，老聃嘗爲之。秦時，張蒼爲御史，主柱下方書，亦其任也。又云蒼爲柱下御史，明習天下圖書計籍。〔七二〕見史記。如淳曰：「方，板也。謂書事在板上也。」〔七三〕秦以上置柱下史，蒼爲御史，主柱下事。或曰主四方文書也。」又職官録曰：「秦改御史爲柱下史。」一名柱後史，謂以鐵爲柱，言其審固不橈也。一云冠法冠，一名柱後惠文，以鐵爲柱也。法冠者，秦事云：「始皇滅楚，以其君冠賜御史，亦名獬豸冠。獬豸，獸名，一角，以觸不直也，故執法者冠之。」亦爲侍御史。漢因之，凡十五員。又漢舊儀曰：漢「御史員四十五人，皆六百石。其十五人衣絳，〔七四〕給事殿中，爲侍御史，宿廬在石渠門外，二人尚璽，四人持書給事，二人侍前，中丞一人領。餘三十人留寺，〔七五〕理百官事」。侍御史，御史大夫自調更告入歸官，比丞相掾史，史白録。〔七六〕白録，著録而已。惠帝初，遣御史監三輔郡，其後又置監御史。漢官儀曰：「侍御史出督州郡盜賊，運漕軍糧，言督軍糧侍御史。〔七七〕至後漢，復有護漕都尉官，〔七八〕建武七年省。」晉太元六年，又置督運御史官。其舉郡國孝廉第四科云：「有能按章覆問，文中御史。」嚴延年遷侍御史，劾霍光專廢立。武帝時，侍御史又有繡衣直指者，出討姦猾，理大獄，而不常置。直指而行，無苟私也。衣以繡者，〔七九〕尊寵之也。江充拜直指繡衣使，督三輔盜賊，禁察踰侈。時近臣多奢僭，充皆舉劾，請没入車馬，令身侍北軍擊匈奴，奏可。貴戚惶恐，見上叩頭，願得入錢贖罪。又王賀字翁孺，〔八〇〕武帝時爲繡衣御史，逐捕羣盜，皆縱而不誅。暴勝之亦爲之。至後漢，譙玄爲繡衣御史，持節，分行天下，觀覽風俗，所至專行誅賞。沈約云：「繡衣御史，光武省，順帝復置，魏罷之。」後漢亦有侍御史員，察舉非法，受公卿羣吏奏事，〔八一〕有違失舉劾之。凡郊廟之祠及大朝會、大封拜，〔八二〕則二人監威儀，〔八三〕有違失則劾奏。以公府掾屬高第補之，或故牧守、議郎、郎中爲之，唯德所在。初上稱守，滿歲拜真，出劇爲刺史、二千石，〔八四〕平遷補縣令。見中丞，執板揖。順帝復絶他選，專用宰士，有三缺，三府各一，舉劾案章，事無大小，尚書受成而已，威烈赫奕，莫之敢犯。真御史守中丞、持書，服其冠紱，上事言守，關移稱真。又按二漢侍御史所掌凡有五曹：一曰令曹，掌律令。二曰印曹，掌刻印。三曰供曹，掌齋祀。四曰尉馬曹，掌廄馬。五曰乘曹，掌車駕。豹尾之內，便爲禁省。後漢桓典爲侍御史，執政無所避，常乘驄馬，京都畏之，爲之語曰：「行行且止，避驄馬御史。」又張綱爲侍御史，順帝漢安時，遣八使按行風俗，〔八五〕唯綱最年少官卑，餘皆宿儒重位，同日受命，各之所部。綱獨埋其車輪於洛陽都亭，〔八六〕曰：「豺狼當路，安問狐狸！」遂奏大將軍梁冀兄弟罪惡。〔八七〕又陳翔字子麟，拜侍御史，正旦朝賀，大將軍梁冀威儀不整，翔奏請收冀理罪，時人奇之。又楊秉字叔節，拜侍御史，京師咸稱有宰相之才。魏置御史八人。當大會殿中，御史簪白筆，側陛而坐。帝問左右：「此何官？何主？」辛毗曰：「此謂御史，舊時簪筆以奏不法。當如今者，〔八八〕直備位，但耗筆耳。」晉侍御史九人，頗用郡守爲之，山公啓事曰：「舊侍御史頗用郡守，今散二千石有才能尚少者可用不？」詔使八座詳之。耗音餌。品同持書，而有十三曹。十三曹者，謂吏曹、課第曹、直事曹、印曹、中都督曹、外都督曹、媒曹、符節曹、水曹、中壘曹、營軍曹、法曹、筭曹。及江左初，省課第曹，置庫曹，掌廄牧馬牛市租。後分庫曹，置左庫、外左庫二曹。〔八九〕宋代多併諸曹，凡十御史焉。自漢以來，皆朝服法冠。晉武庫失火，尚書郭彰與侍御史劉暾典知修復。彰以后親輕傲，以功程之閒呵暾曰：〔九〇〕「我不能截卿角耶？」以御史著法冠，有兩角故也。暾厲色曰：「天子法冠，而欲截角！」命紙筆奏之。暾音他昆反。齊有十人，梁陳皆九人，居曹糾察不法。後魏御史甚重，必以對策高第者補之。侍御史與殿中侍御史書則外臺受事，夜則番直內臺。御史舊式不隨臺主簡代。延昌中，王顯有寵於宣武，爲御史中尉，始請革選。此後踵其事，每一中尉，則更簡代御史。〔九一〕北齊有八人，亦重其選。後周有司憲中士，則其任也。隋侍御史八人，自開皇之前，猶踵後魏革選；自開皇之後，始自吏部選用，不由臺主，仍依舊入直禁中。大業中，始罷御史直宿臺內，文簿皆持書主之，侍御史但侍從糾察而已，由是資位少減。大唐自貞觀初以法理天下，尤重憲官，故御史復爲雄要。貞觀十一年，吳王恪好畋獵，損居人田苗。侍御史柳範奏彈之。太宗因謂侍臣曰：「權萬紀事我兒，不能匡正，其罪合死。」範進曰：「房玄齡事陛下，猶不能諫止畋獵，豈可獨坐萬紀乎？」其將除拜，皆吏部與臺長官、宰相議定，然後依選例補奏，其內詔別拜者，不在其限。顯慶元年八月，中書侍郎平章事李義府恃寵用事。聞婦人淳于氏有美色，坐事繫大理，乃諷大理丞畢正義枉法出之，將納之。有言其狀者，上令給事中劉仁軌鞫之。〔九二〕義府恐洩其謀，遂逼正義自縊於獄中。上知，特原義府之罪。侍御史王義方奏：「義府擅殺寺丞，陛下雖以釋放，然天子置三公、九卿、二十七大夫、八十一元士，本欲水火相濟，鹽梅相成，然後庶績咸熙，風雨交泰，則知人主不得獨是獨非。〔九三〕昔唐堯至聖，失之於四凶；漢祖深仁，〔九四〕失之於陳豨；光武聰明寬恕，失之於龐萌；〔九五〕魏武勇略英雄，失之於張邈。此並英傑之主，莫不失之於前，得之於後。陛下繼聖，撫有萬邦，蠻陬夷落，猶懼刑網，〔九六〕況輦轂咫尺，姦臣肆虐，殺一六品寺丞，足使忠臣抗憤。縱令正義自取絞縊，此事彌不可容，便是畏義府之權勢能殺身。殺身滅口，此則生殺之威上非主出，賞罰之柄下移姦佞。請乞重勘正義，當致死之由，雪寃氣於幽泉，誅姦臣於白日。」對仗叱義府令下，義府顧視不退，義方三叱，上既無言，義府趨出。義方乃讀彈文曰：「義府善柔成性，佞媚爲姿。昔事馬周，分桃見寵；

後交劉洎，割袖承恩。生其羽翼，長其光價，因緣際會，遂階通達。貪冶容之好，原有罪之淳于；恐漏泄其謀，殞無辜之正義。此而可恕，孰不可容？請除君側，少答鴻私，碎首玉階，庶明臣節。伏請付法推斷，以申朝典。」麟德以來，用人尤重，高宗常問羣臣求可爲御史者，僉舉萬年尉楊子，失其名。居數月，復問之，羣臣復舉焉。上曰：「吾聞斯人常以褻服居公堂視事，其可以爲準繩司乎？」由是百司羣寮，必表而親事。選授之命，不由銓管。及李義府掌大選，寵任既重，始得補之。神龍三年，吏部尚書蘇瓌案問鄭普思。其妻有寵於韋庶人，特勑命對御辯析，〔九七〕上屢抑瓌而理普思。侍御史范獻忠歷階曰：〔九八〕「臣請先罪蘇瓌。」上問其故，忠曰：「蘇瓌國之大臣，荷榮貴久矣，不能斬逆賊而後聞奏，令使眩惑天聽，搖動刑柄，而普思反狀昭露，陛下曲爲申理，此則王者不死。今聖躬萬福，豈有剩天子耶！〔九九〕臣請先死，終不能事普思。」上意乃解，獄遂定。自義府之後，無出於吏部者。舊御史遭長官於途，〔一〇〇〕皆免帽降乘，長官戢轡，辭而止焉。〔一〇一〕乾封中，王本立爲侍御史，意氣頗高，途逢長官，端揖而已。自是諸人或降而立，或一足至地，或側鞍弛鐙，輕重無恆。開元以來，但舉鞭聳揖而已。侍御史凡四員，本二員，顯慶中加二員。乾封二年二月，韋仁約除御史，〔一〇二〕與公卿相見，未嘗行拜禮。或勉之，約曰：「鵰鶚鷹鸇，豈衆禽之偶？柰何設拜以狎之！且耳目之官，〔一〇三〕故當特立。」乃曰：「御史銜命出使，不能動搖山岳，震攝州縣，誠曠職耳。」內供奉二員。侍御史內供奉與殿中御史內供奉、監察御史裏行，其制並同，皆無職田、庶僕。臺例：占闕者得職田、庶僕；〔一〇四〕無闕可占，則歲兩時請地子於太倉，每月受俸及庶僕於太府。掌糾察內外，受制出使，分判臺事。又分直朝堂，與給事中、中書舍人同受表理冤訟，〔一〇五〕迭知一日，謂之「三司受事」。其事有大者，則詔下尚書刑部、御史臺、大理寺同按之，亦謂此爲「三司推事」。後漢永平中，〔一〇六〕侍御史寒朗共三府案楚獄，亦今三司之例。武太后時，刑獄滋彰，凡二臺御史，多苛刻無恩，以誅暴爲事，猜阻傾奪，更相陵搆，此其爲弊也。神龍以來稍革之，其後名流慎選，侔於貞觀、永徽矣。侍御史之職有四，謂推、推者，掌推鞫也。彈、掌彈舉。公廨、知公廨事。雜事。臺事悉總判之。定殿中、監察以下職事及進名、改轉，臺內之事悉主之，號爲「臺端」，他人稱之曰「端公」。其知雜事者，謂之「雜端」，最爲雄劇。食坐之南設橫榻，謂之「南床」。殿中、監察不得坐。亦謂之「癡床」，言處其上者，皆驕傲自得，使人如癡，是故謂之「癡床」。凡侍御史之例，不出累月，則遷登南省，故號爲「南床」。百日察其行止出入，揖讓去就，殿中以下皆稟而隨之，先後虧失者有罰。其太極以前二臺朝列之制，侍御史與殿中隨仗入，分居兩行。東行在侍中、黃門侍郎、給事中後，起居郎、常侍、正諫議大夫、御史中丞下。西行在中書令、侍郎、舍人後，起居舍人、常侍、諫議大夫、御史中丞、大夫下。承詔者各五日。有旨召御史，不呼名，則承詔者出。承詔御史舊在西，開元初制在東。〔一〇七〕侍御史或闕，則假殿中承之。自至德以來，諸道使府參佐，多以省郎及御史爲之，謂之外臺，則皆檢校、裏行及內供奉，或兼或攝。諸使官亦然。

殿中侍御史

殿中侍御史。魏蘭臺遣二御史居殿中，察非法，即殿中侍御史之始也。晉置四人，江左多置二人。宋徐爰自殿中侍御史轉南臺侍御史。梁有四人，掌殿內禁衞內事。後魏、北齊皆有之。隋初，改曰殿內侍御史，置十二人，至煬帝省。大唐置六員，初有二員，貞觀二十二年增二員，開元中加二員。內供奉三員，初掌駕出於鹵簿內糺察非違，餘同侍御史，唯不判事。咸亨以前，遷轉及職事與侍御史相亞。自開元初以來，權歸侍御史，而遷轉猶同，兼知庫藏出納及宮門內事，知左右巡，分京畿諸州諸衞兵禁隸焉，彈舉違失，號爲「副端」。開元二年三月，殿中侍御史郭震劾刑部尚書趙彥昭、太子賓客韋嗣立、青州刺史韋安石曰：「彥昭以女巫趙五娘左道亂常，託爲諸姑，潛相影援。〔一〇八〕既因提挈，遂踐台階，或驅車造門，着婦人之服；或攜妻就謁，申猶子之情。同惡相濟，一至於此。又張易之兄弟勢傾朝野，嗣立此際結爲舅生。〔一〇九〕神龍之初，已合誅死，〔一一〇〕天網疎漏，腰領誤全，與安石託附阿韋，編諸屬籍。中宗晏駕，削相王輔政之制，〔一一一〕定阿韋臨朝之策，此時朝野寃懼，〔一一二〕人神怨憤。臣忝司清憲，敢不糺彈。彥昭等並請准法處分。」於是並貶其官。閤門之外，百僚班序有離立失列、言囂而不肅者，則糺罰之。其正冬大會，則戴玄豸，乘馬加飾，大夫、中丞加金勒珂珮。具服上殿，供奉左右。或缺，則吏部以他官攝之。其郊祀、巡幸，大備鹵簿，出入由旌門者，監其隊伍。初，武太后時有殿中裏行及員外殿中御史官，或有起家爲之而即真者。神龍以來，無監察則有裏行。

監察侍御史

監察御史。初，秦以御史監理諸郡，謂之監御史，〔一一三〕漢罷其名。至晉太元中，始置檢校御史，以吳混之爲之，〔一四〕掌行馬外事，晉志云：「古司隸知行馬外事。」晉過江，罷司隸官，故置檢校御史，專掌行馬外事。」亦蘭臺之職。又有禁防御史。〔一五〕宋、齊以來無聞。後魏太和末，亦置此官，宿直外臺，不得入宿内省。北齊檢校御史十二人。後周司憲旅下士八人，蓋亦其職。隋開皇二年，改檢校御史爲監察御史，凡十二人。煬帝增置十六員，掌出使檢校。大唐監察御史十員，初有四員，貞觀二十二年加二員，顯慶中加二員，開元中加二員。裏行五員，掌内外糾察并監祭祀及監諸軍、出使等。監察御史職知朝堂，正門無籍，非因奏事，不得入至殿庭，在西鳳闕南，〔一六〕視殿中侍御史以上從觀象門出，〔一七〕若從天降。至開元七年三月，勑並令隨仗入閤。隋末亦遣御史監軍。垂拱三年十一月，〔一八〕鳳閣侍郎韋方質奏言：「舊制有御史監軍，今未差遣，恐虧失節度。」武太后曰：「將出師，君授之以斧鉞，閫外之事皆使裁之。始聞比來御史監軍，乃有控制，軍中大小之事，皆須承稟，非所以委專征也。以卑制尊，理便不可。」不許。罪人當笞於朝者，亦監之，分爲左右巡，糾察違失。高宗時，御史韋仁約奏劾中書令褚遂良抑買宅地，遂良貶爲同州刺史。萬歲通天元年五月，監察御史紀履忠劾奏御史中丞來俊臣犯狀有五：「一專擅國權，二謀害忠善，三贓賄貪濁，四失禮義教，〔一九〕五淫昏狠戾。論茲五罪，〔二〇〕合至萬誅，請下獄理罪。」長安四年三月，監察御史蕭至忠彈鳳閣侍郎、同鳳閣鸞臺三品蘇味道贓污，〔二一〕貶官。御史大夫李承嘉嘗召諸御史，〔二二〕責之曰：「近日彈事，不咨大夫，禮乎？」衆不敢對。至忠進曰：「故事，臺中無長官。御史，人君耳目，比肩事主，得各自彈事，不相關白。若先白大夫而許彈事，如彈大夫，不知白誰也。」承嘉默然，憚其剛正。以承天、朱雀街爲界，每月一代。將晦，即巡刑部、大理、東西徒坊、金吾及縣獄。若蒐狩，則監圍，察斷絶失禽者，量宜劾奏。景龍三年，監察御史崔琬彈奏宰相宗楚客、紀處納等驕恣跋扈，請收劾之。舊制，大臣有被御史彈者，皆俯僂趨出，待罪朝堂。今楚客等瞋目作色，稱以忠鯁被誣。中宗令琬與楚客約爲兄弟，時人竊號爲「和事天子」。開元初，革以殿中掌左右巡，監察或權掌之，非本任也。職務繁雜，百司畏懼，其選拜多自京畿縣尉。京畿即赤縣也。又有監察御史裏行者，太宗置，自馬周始焉。始馬周以布衣有詔令於監察御史裏行，遂以爲名。後高宗時，王本立自忻州定襄縣尉爲之。〔一二三〕凡裏行，皆受俸於本官，多復本官者。自王大賓後，罷本官俸，方有即真者。武太后時，復有員外監察、試監察，〔一二四〕或有起家爲之而即真者。又有臺使八人，俸亦於本官請，餘同監察。時人呼爲六相。吏部式其試監察。神龍以來，無復員外及試，但有裏行。凡諸内供奉及裏行，其員數各居正官之半，唯俸禄有差，職事與正同。開元五年，〔一二五〕監察御史杜暹往磧西覆屯，會郭虔瓘與史獻等不叶，〔一二六〕更相執奏，詔暹按其事實。史獻以金遺暹，固辭。左右曰：「公遠使絶域，不可失番人情。」暹不得已受，埋於幕下，〔一二七〕既去出境，乃移牒令收取之。

主簿

主簿。漢有御史主簿，張忠爲御史大夫，署孫寶爲主簿。魏晉以來無聞。至隋大業三年，〔一二八〕御史臺始置主簿二人。隋兼置録事，員二人。大唐置一員，掌付事勾稽，省署鈔目，監印，給紙筆。其俸禄與殿中御史同。武德末，杜淹爲大夫，以吏部主事林懷信爲之。貞觀中，自張弘濟爲此官之後，遂爲美職，管轄臺中雜務、公廨、廚庫，檢督令史、奴婢，配勳、散官職事。每食則執黄卷，書其譴罰。録事以下小吏各有差。

校勘記

〔一〕寫其理之法令　「理」周禮御史注作「治」，通典避高宗諱改。

〔二〕御史在後　「後」原訛「前」，據史記滑稽列傳三一九九頁改。

〔三〕在大司馬門内　初學記卷一二、御覽卷二二五引衞宏漢舊儀無「大」。

〔四〕不䕶色　初學記卷一二、御覽卷二二五引衞宏漢舊儀作「不起郭邑」。「䕶」原訛「䑋」，據北宋本改。

〔五〕周歷三臺　「歷」原作「遷」，涉上而誤。據後漢書蔡邕傳二〇〇五頁改。

〔六〕兼尚書左僕射元順不肯送名　「兼」下原衍「上」，據魏書神元平文諸帝子孫列傳三五三頁、北史魏諸宗室傳五四九頁删。又魏書、北史「送名」作「與名」。

〔七〕令僕納言之貴　「貴」原訛「責」，據魏書神元平文諸帝子孫列傳三五三頁、北史魏諸宗室傳五四九頁及北宋本改。

〔八〕尚書郎裴獻伯移注云　魏書神元平文諸帝子孫列傳三五三頁、北史魏諸宗室傳五五〇頁「郎」下有「中」，「移」作「復」。

〔九〕中尉下避執版　魏書神元平文諸帝子孫列傳三五三頁、北史魏諸宗室傳五五〇頁「避」作「車」。

〔一〇〕崔琰既爲中丞　北宋本、傅校本、遞修本、明抄本、明刻本、王吴本「琰」下有「傳」。

〔一一〕檢孝文帝舊格以聞　魏書神元平文諸帝子孫列傳三五四頁、北史魏諸宗室傳五五〇頁作「付司檢高祖舊格推處得失以聞」。通典刪去「推處得失」，文義不明。

〔一二〕李圓通　「圓」原作「員」，據隋書本傳一五〇七頁、北史本傳三五七二頁及唐會要卷六〇改。

〔一三〕御史徑往門外收採　「徑」原訛「竟」，據職官分紀卷一四引通典改。

〔一四〕知可彈者　「知」原作「如」，據北宋本、傅校本、遞修本、明刻本、王吴本改。按：職官分紀卷一四引通典亦作「知」。「如」爲後人臆改。

〔一五〕受俸於本官　「官」原作「臺」，後人妄改。據北宋本、傅校本、遞修本、明抄本、明刻本、王吴本改回。

〔一六〕神龍以後去肅政之名　「神龍」原訛「龍朔」，據唐六典卷一三、舊唐書職官志三一八六一頁、唐會要卷六〇、新唐書百官志三一二三七頁、册府卷五一二六一三一頁改。

〔一七〕載初以後　「載初」原訛「延載」，據北宋本、遞修本、明抄本改。按：唐會要卷六〇也作「載初」。

〔一八〕義與裹行同　「義」原作「議」，據北宋本、王吴本改。

〔一九〕杜易簡撰御史雜注四卷　「注」原訛「法」，據舊唐書文苑傳上四九九九頁、新唐書藝文志二一四七七頁及唐會要卷六〇改。按：上正文明云「杜易簡、韓琬注記詳焉」，「法」爲訛字無疑。惟兩唐書皆作「御史臺雜注五卷」，與此異。

〔二〇〕以御史大夫爲百僚帥　「帥」原訛「師」，據北宋本改。按：漢書朱博傳三四〇五頁作「率」。同「帥」。

〔二一〕天子忘食　「忘」原作「亡」，據北宋本、遞修本、明抄本改。按：漢書張湯傳二六四一頁、職官分紀卷一四均作「忘」。

〔二二〕未滿歲而丞相死　「未滿歲」史記張丞相列傳二六八九頁作「歲餘」。

〔二三〕中元元年　「中元」原訛「建元」，據後漢書光武紀下八二頁、張純傳一一九七頁訂改。

〔二四〕御史中執法下郡守　「下郡守」原脱，據漢書高帝紀下七一頁補。

〔二五〕小宰　「小」原訛「少」，據周禮天官改。

〔二六〕武帝時以中丞督司隸司隸督丞相丞相督司直司直督刺史刺史督二千石下至黑綬　北堂書鈔設官部引漢舊儀同此。御覽卷二二五作「御史中丞督司隸，司隸督司直，司直督刺史，刺史督二千石以下」。唐六典卷一三與御覽略同。録以備考。

〔二七〕並文官屬少府　原脱「官」，據北宋本、傅校本、遞修本、明抄本、明刻本、王吴本補。

〔二八〕桓温屯中堂　「堂」原作「臺」，據北宋本、傅校本、明抄本、明刻本、王吴本改。按：初學記卷一二、御覽卷二二六引晉中興書俱作「堂」。

〔二九〕此兒乃敢彈我真可畏也　原脱「此」，「畏也」作「尚」，今據初學記卷一二、御覽卷二二六引晉中興書、職官分紀卷一四補改。按：北宋本、遞修本、明抄本脱「此」、「畏」兩字。「尚」是後人臆增。

〔三〇〕執金吾每月三繞行宫城疑是省金吾以此事併中丞也　「三」原訛作「一日」，「疑」原訛「宜」，又脱

「以」，並據宋書百官志下一二五一頁改補。按：後漢書百官志四三六〇五頁和本書卷二八左右金吾衞節均作「三」。

〔三一〕劉式之議　「議」原訛「儀」，據北宋本、傅校本、遞修本、明抄本、明刻本、王吴本改。

〔三二〕傳詔荷信詔喚衆官　原脱「荷信詔喚」，據宋書禮志二四一一頁補。按：北宋本、傅校本、遞修本、明抄本、明刻本有此四字，唯「信詔」誤倒耳。

〔三三〕建康令門内之從及公事　「從」宋書禮志二四一一頁作「徒」。

〔三四〕皇太子以下　原脱「以下」，據隋書百官志上七二三頁補。

〔三五〕題云宜官告　職官分紀卷一四引隋書百官志同此，而隋書百官志上七二三頁「告」作「吉」。

〔三六〕今君爲南司　「今」原訛「令」，據北宋本、傅校本、明抄本、明刻本、王吴本改。

〔三七〕足以震肅百僚也　「震肅」原倒，據北宋本、傅校本、遞修本、明抄本、明刻本乙。

〔三八〕君可謂近世獨步　「步」原作「出」，據梁書江淹傳二五〇頁、南史江淹傳一四五〇頁、御覽卷二二六、職官分紀卷一四改。

〔三九〕奏敬容協私罔上　南史何尚之傳七九七頁同。梁書何敬容傳五三二頁「協」作「挾」。

〔四〇〕分趨兩陛　「陛」原作「塗」，據梁書張緬傳五〇四頁改。

〔四一〕安成王頊　「成」原作「城」，據陳書宣帝紀七五頁、徐陵傳三三二頁改。下同。

〔四二〕列奏案而入　陳書徐陵傳三三二頁「列」作「引」。

〔四三〕白簡深刻　「刻」原作「劾」，據北宋本、傅校本、遞修本、明抄本、明刻本改。

〔四四〕甲族由來多不居憲職　「職」南齊書王僧虔傳五九二頁作「臺」。

〔四五〕爲官微減　「爲官」南齊書王僧虔傳五九二頁作「官位」，義長。

〔四六〕以棒棒之　「以」北齊書琅邪王儼傳一六〇頁、北史齊宗室諸王傳下一八八九頁作「赤」。

〔四七〕辟承華羽蓋　「承」原訛「乘」，據魏書神元平文諸帝子孫傳三六三頁、北史魏諸宗室傳五五八頁及王吳本改。又，「羽」魏書作「車」。

〔四八〕臣神州縣主　「州」魏書神元平文諸帝子孫傳三六三頁、北史魏諸宗室傳五五八頁作「鄉」。

〔四九〕遣中使馳馬趣仗　「使」北齊書武成十二王傳一六〇頁、北史齊宗室諸王傳下一八八九頁、職官分紀卷一四作「貴」。

〔五〇〕帝姊壽陽公主　「姊」職官分紀卷一四作「妹」。下同。

〔五一〕帝不責穆謂曰　「穆謂」原倒，據北宋本、傅校本、遞修本、明抄本乙。

〔五二〕韋思謙除右肅政大夫　「右」原作「左」，據舊唐書本傳二八六二頁、新唐書本傳四二二八頁、唐會要卷六〇改。

〔五三〕或以爲言　原脱「爲」，據唐會要卷六〇補。

〔五四〕奈何姑息　「奈何」原作「難以」，據傅校本、明刻本改。

〔五五〕其後大夫又與之抗禮　「大夫」唐會要卷六〇作「監察」。

〔五六〕其後又與之抗禮　「又」原作「有」，據唐會要卷六〇改。

〔五七〕前後貶黜者過半　「後」下原衍「犯」，據北宋本、傅校本、遞修本、明抄本、明刻本删。

〔五八〕掌奏劾　「劾」原訛「効」，據諸本改。

〔五九〕有持書曹掌度支運課第曹掌考課　「掌度支運課第曹」七字原涉上而脱，據宋書百官志下一二五一頁補。

〔六〇〕後并河南　「河」原訛「江」，據晉書職官志七三八頁、職官分紀卷一四改。按：太康元年始并江南。

〔六一〕梁謝幾卿自尚書三公郎爲持書侍御史　「幾」原作「畿」，據梁書文學傳下七〇八頁、南史謝靈運傳五四四頁、御覽卷二二六、職官分紀卷一四改。「公」下原衍「侍」，梁書、御覽亦然。今據南史、職官分紀删。

〔六二〕李弘泰占吉凶　「弘」原作「私」，據舊唐書宋璟傳三〇三〇頁、通鑑卷二〇七六五七五頁改。「占」原訛「古」，據諸本改。

〔六三〕内史姚元崇恐忤旨　「姚元崇」，舊唐書宋璟傳三〇三〇頁作「楊再思」；唐會要卷六一、新唐書宋璟傳四三八九頁、御覽卷二二六作「姚璹」。

〔六四〕不煩宰相擅宣王命　「煩」原作「須」，據舊唐書宋璟傳三〇三〇頁、唐會要卷六一、御覽卷二二六改。按：北宋本作「慎」，蓋亦「煩」之形訛。

〔六五〕尋舍之　「舍」原作「赦」，據北宋本、傅校本、遞修本、明抄本改。

〔六六〕姚庭筠奏稱　「庭筠」原作「廷均」，據唐會要卷六一、御覽卷二二六、全唐文卷六一九改。「稱」原脱，據北宋本、傅校本、遞修本、明抄本、明刻本、王吴本補。按：唐會要、御覽均有「稱」。

〔六七〕皆悉聞奏　「聞奏」原作「奏聞」，據北宋本、傅校本、遞修本、明抄本、明刻本乙。

〔六八〕不可偏覽　「偏」原訛「徧」，據諸本改。

〔六九〕至化之道也　「化」北宋本、遞修本作「心」，傅校本及唐會要卷六一作「公」。

〔七〇〕若緣軍國大事　「緣」傅校本、遞修本作「録」。

〔七一〕任奏取進止　「止」原訛「土」，據諸本改。

〔七二〕明習天下圖書計籍　原「計」下衍「史」，據史記張丞相列傳二六七六頁、漢書張蒼傳二〇九四頁删。

〔七三〕謂書事在板上也　原脱「書」，據史記張丞相列傳集解引如淳注二六七五頁補。

〔七四〕其十五人衣絳　「衣絳」原訛脱作「依」，據御覽卷二二七、職官分紀一四引漢舊儀改補。

〔七五〕餘三十人留寺　原訛作「録二十人留寺」，據漢書蕭望之傳如淳注三二八一頁、御覽卷二二七改。按：北宋本、明抄本「三」字不誤。

〔七六〕比丞相掾史史白録　孫星衍校集漢舊儀卷上「史」字不疊。

〔七七〕侍御史出督州郡盗賊運漕軍糧言督軍糧侍御史　「盗賊」明刻本作「賦税」，又無「言督軍糧」四字。孫星衍校集漢官儀卷上引通典此文，與明刻本同。

〔七八〕復有護漕都尉官　「護」原訛「謙」，據諸本改。

〔七九〕衣以繡者　「衣」原訛「夾」，據諸本改。

〔八〇〕王賀字翁孺　「孺」原訛「儒」，據漢書元后傳四〇一三頁及北宋本、傅校本、明抄本、明刻本改。

〔八一〕公卿羣吏　「羣」原作「郡」，據後漢書百官志三三五九九頁、御覽卷二二七引續漢書百官志改。

〔八二〕凡郊廟之祠　「祠」原作「祀」，據北宋本改。按：後漢書百官志三三五九九頁、北堂書鈔卷六二均作「祠」。

〔八三〕則二人監威儀　「二」原作「一」，據後漢書百官志三三五九九頁、北堂書鈔卷六二改。

〔八四〕出劇爲刺史二千石　後漢書百官志三劉注引蔡質漢儀三六〇〇頁「出」下有「治」，通典蓋避高宗諱而省。

〔八五〕順帝漢安時遣八使按行風俗　「順帝漢安時」原訛作「安帝時」。按：選遣八使徇巡風俗在後漢順帝漢安元年，見後漢書崔駰傳一七二四頁、張王种陳列傳一八一七頁、左周黄列傳二〇二九頁，今據以訂改。又，「八」原訛「入」，據諸本改。

〔八六〕綱獨埋其車輪於洛陽都亭　「埋」原訛「理」，據諸本改。

〔八七〕梁冀兄弟罪惡　「兄弟」原倒，據北宋本、傅校本、遞修本、明抄本、明刻本乙。

〔八八〕當如今者　原「當」上衍「何」，據北宋本、傅校本、遞修本、明刻本删。按：職官分紀卷一四亦無「何」。

〔八九〕置左庫外左庫二曹　晉書職官志七三八頁前「左」上有「内」。

〔九〇〕以工程之聞　「聞」原訛「間」，據北宋本、傅校本、遞修本、明抄本、明刻本改。

〔九一〕則更簡代御史　隋書百官志下七七五頁作「則更置御史」。

〔九二〕上令給事中劉仁軌鞫之　「軌」原訛「範」，據舊唐書忠義傳上四八七四頁、唐會要卷六一改。按：查唐五代人物傳記資料綜合索引無「劉仁範」。

〔九三〕則知人主不得獨是獨非　後「獨」原脱，據舊唐書忠義傳上四八七五頁、唐會要卷六一補。

〔九四〕漢祖深仁　「祖」原作「主」，據舊唐書忠義傳上四八七五頁、唐會要卷六一改。

〔九五〕光武聰明寬恕失之於龐萌　「龐萌」原訛「逄萌」，（「逄」又訛「逢」），舊唐書忠義傳上四八七五頁誤同。今據唐會要卷六一改。按：「龐」「逄」雖音同，但不通用，且龐萌、逄萌俱光武時人，後漢書分別有傳四九六頁、二七五九頁，不得淆混。王義方所列，皆明主開誠寵信而終以逆貳被誅者。龐萌之事光武，與此合。失之者，謂英主之失于識人也。若夫逄萌，特一隱逸之士耳，與光武夙昧平生，連徵不起，亦情理所容，非陳豨、張邈之倫也。

〔九六〕猶懼刑網　「網」原作「綱」，據唐會要卷六一改。按：北宋本此字不甚清，筆跡似「網」不似「綱」。

〔九七〕特勑命對御辯析　「特」原訛「持」，「析」原訛「折」，據唐會要卷六一改。

〔九八〕侍御史范獻忠　「侍御史」新唐書蘇瓌傳四三九八頁作「司直」。

〔九九〕豈有剩天子耶　唐會要卷六一同。北宋本、傅校本、遞修本、明抄本無「剩」字。按：御覽卷二二七「剩」作「兩」。

〔一〇〇〕遭長官於途　「官」原訛「宫」，據諸本改。

〔一〇一〕辭而止焉　「止焉」御覽卷二二七作「上馬」。

〔一〇二〕韋仁約除御史　唐會要卷六二、職官分紀卷一四「御」上有「侍」。

〔一〇三〕且耳目之官　「且」原作「目」，涉下而訛，據諸本改。

〔一〇四〕占闕者得職田庶僕　「得」原訛「傳」，據北宋本、傅校本、遞修本、明刻本、王吴本改。

〔一〇五〕理寃訟　「理」原訛「裏」，據北宋本、傅校本、遞修本改。

〔一〇六〕後漢永平中　「平」原訛「安」，據後漢書寒朗傳一四一七頁改。

〔一〇七〕開元初制在東　原「初」下有「仍」，後人妄增者。今據北宋本、傅校本删。

〔一〇八〕潛相影援　「影」原作「引」，據北宋本、傅校本、遞修本、明抄本改。按：舊唐書趙彦昭傳二九六八頁也作「影」。

〔一〇九〕嗣立此際結爲舅生　「此際」原訛「比濟」、「生」原作「甥」，據北宋本、傅校本、遞修本、明抄本、明刻本改。按：唐會要卷六一也作「此際」。

〔一一〇〕已合誅死　「已」原作「理」，據唐會要卷六一改。按：北宋本作「以」，「以」「已」通用。

〔一一一〕削相王輔政之制　「相王」北宋本、傅校本、遞修本、明抄本作「太后」，誤。明刻本始改爲「相王」。唐會要卷六一作「太上皇」。原脱「之」，據唐會要補。

〔一一二〕此時朝野寃懼　「寃」原作「恂」，據北宋本、傅校本、遞修本、明抄本改。

〔一三〕謂之監御史　「御」原訛「察」，據漢書百官公卿表上七四一頁改。

〔一四〕吳混之　職官分紀卷一四引徐邈晉紀、通志卷五四、通考卷五三同。晉書職官志七三九頁作「吳琨」。

〔一五〕又有禁防御史　「又」原訛「及」，據北宋本、傅校本、遞修本、明抄本改。

〔一六〕在西鳳闕南　通考卷五三同。唐會要卷六〇作「在栖鳳閣南」。

〔一七〕視殿中侍御史以上從觀象門出　「視」原訛「侍」，據北宋本、遞修本、明抄本改。

〔一八〕垂拱三年十一月　「一」唐會要六二作「二」。

〔一九〕失禮義教　唐會要卷六二作「失義背禮」。

〔二〇〕論兹五罪　「兹」原作「咨」，據唐會要卷六二改。按：北宋本、傅校本、遞修本、明抄本、明刻本作「資」，王吳本、殿本、局本改作「咨」。

〔二一〕蕭至忠　「至」原作「志」，非。據北宋本、傅校本、遞修本改。下同。

〔二二〕李承嘉嘗召諸御史　「嘗」原作「常」，據唐會要卷六一改。

〔二三〕王本立　「本立」原倒，據舊唐書職官志一八六三頁乙正。

〔二四〕復有員外監察　原脱「有」，據北宋本、王吳本補。

〔二五〕開元五年　「五」舊唐書杜暹傳三〇七六頁、新唐書杜暹傳四四二一頁均作「四」。

〔二六〕會郭虔瓘與史獻等不叶　「會」原訛「倉」，「虔」原訛「處」，據舊唐書杜暹傳三〇七六頁、新唐書杜暹傳四四二二頁改。按：北宋本、傅校本、遞修本、明刻本「虔」字不誤。

〔二七〕埋於幕下　「埋」原訛「理」，據諸本改。

〔二八〕至隋大業三年　原脱「至」，據北宋本、傅校本、遞修本、明抄本、明刻本、王吴本補。

徐庭雲點校　王文錦覆校

通典卷第二十五

職官七

諸卿上

總論諸卿 少卿附

夏制九卿，記曰：「夏后氏官百，天子有三公、九卿也。」亦有六卿，殷周皆然。殷亦九卿。伊尹曰：「三公調陰陽，九卿通寒暑。」周之九卿，即少師、少傅、少保、冢宰、司徒、宗伯、司馬、司寇、司空。三代諸卿雖名號不同，然其官職相沿，與周不異，說在歷代官制篇。漢以太常、光祿勳、衛尉、太僕、廷尉、大鴻臚、宗正、大司農、少府謂之九寺大卿。後漢九卿而分屬三司，太常、光祿勳、衛尉三卿並太尉所部；太僕、廷尉、大鴻臚三卿並司徒所部；宗正、大司農、少府三卿並司空所部。多進爲三公，各有署曹掾史，隨事爲員。九卿有疾，使者臨問，加賜錢布。尚書令陳忠常欲褒崇大臣，故奏建此禮。魏九卿與漢同。九卿名數與漢同。晉以太常等九卿即漢九卿。兼將作大匠、太后三卿、大長秋皆爲列卿，各置丞、功曹、主簿、五官等員。太康四年，增九卿禮秩。元帝以賀循爲太常，而散騎常侍如故。循以九卿舊不加官，唯拜太常而已。宋、齊及梁初，皆因舊制。宋卿、尹皆銀章青綬，進賢兩梁冠，佩水蒼玉，衛尉則武冠。晉服制以九卿皆文冠，乃進賢兩梁冠，非舊也。梁武帝天監七年，以太常爲太常卿，〔一〕加置宗正卿，以大司農爲司農卿，三卿是爲春卿。加置太府卿，以少府爲少府卿，加置太僕卿，三卿是爲夏卿。以衛尉爲衛尉卿，廷尉爲廷尉卿，將作大匠爲大匠卿，三卿是爲秋卿。以光祿勳爲光祿卿，大鴻臚爲鴻臚卿，都水使者爲大舟卿，〔二〕三卿是爲冬卿。凡十二卿，皆置丞及功曹、主簿。後魏又以太常、光禄勳、衞尉謂之三卿。太僕、廷尉、大鴻臚、宗正、大司農、少府爲六卿，各有少卿。太和十五年，初置少卿，官掌同大卿。北齊以太常、光禄、衞尉、宗正、太僕、大理、鴻臚、司農、太府是爲九寺，晉荀勖曰：「九寺可併於尚書。」後魏亦有三府、九寺，則九卿稱寺久矣。然通其名，〔三〕不連官號。其官寺連稱，自北齊始也。置卿、少卿、丞各一人，各有功曹、五官、主簿、録事等員。隋九寺與北齊同，自昔三代以上，分置六卿，比周百事。〔四〕至秦及漢，雖事不師古，猶制度未繁。後漢有三公九卿，而尚書之任，又益重矣。魏晉以降，職制日增。後周依周禮置六官，而年代短促，人情相習已久，〔五〕不能革其視聽。故隋氏復廢六官，多依北齊之制。官職重設，庶務煩滯，加六尚書似周之六卿，又更別立寺、監，則户部與太府分地官司徒職事，禮部與太常分春官宗伯職事，刑部與大理分秋官司寇職事，工部與將作分冬官司空職事。自餘百司之任，多類於斯，欲求理要，實在簡省。煬帝降光禄以下八寺卿階品於太常，而少卿各加置二人。始開皇中，諸司署唯典掌受納，至煬帝，署令爲判首，取二卿同判，丞唯知勾檢。〔六〕令闕，丞判。大唐九寺與北齊同，卿各一人，少卿各二人，丞以下有差。龍朔二年，改九寺之名，凡卿皆加正，若太常卿爲奉常正卿，他皆如此。後各復舊。

太常卿

丞　主簿　博士　太祝　奉禮郎　協律郎　兩京郊社署　太樂署　鼓吹署　太醫署〔七〕　太卜署〔八〕　廩犧署　汾祠署　太公廟署

今太常者，亦唐虞伯夷爲秩宗兼夔典樂之任也。周時曰宗伯，爲春官，掌邦禮。秦改曰奉常，漢初曰太常，欲令國家盛大常存，故稱太常。顏師古曰：「太常者，王之旌也，畫日月焉。王者有大事則建以行，禮官主奉持之，故曰奉常，後改爲太，尊大之義也。」惠帝更名奉常，景帝六年，更名太常。惠帝時，叔孫通爲太常，定宗廟儀法及定漢儀法，皆叔孫通所著論也。又任越爲太常，坐太廟酒酸免。〔九〕孔臧爲太常，坐南陵橋壞免。王莽改太常卿爲秩宗。後漢秩與漢同。每祭祀，前奏其禮儀；及行事，贊天子。每選試博士，奏其能否。大射、養老、大喪，皆奏其儀。每月前晦，察行陵廟。助祭則平冕七旒。漢舊常以列侯忠敬孝慎者居之；〔一〇〕後漢不必侯也。舊制陵縣悉屬，歲舉孝廉，後漢則否。後漢周澤爲太常，清絜脩行，〔一一〕臥疾齋宮，其妻窺問所苦，澤怒，以妻干齋禁，收送獄。時爲之語曰：「生世不諧，作太常妻。一歲三百六十日，三百五十九日齋。一日不齋醉如泥，既得作事復低迷。」〔一二〕又桓榮及子郁皆爲太常。初，榮受學章句，減其煩辭，後郁又刪定，由是有桓君大小太常章句。又劉愷爲太常卿，論議常引大義，諸儒爲之語曰：「難經忼忼劉太常。」〔一三〕忼，呼郎切。建安中爲奉常。魏黄初元年改爲太常。魏晉皆銀章青綬，進賢兩梁冠，絳朝服，佩水蒼玉。魏夏侯玄爲太常，多所注改。〔一四〕晉王祥爲太常，高貴鄉公命爲三老。又鄭默字思元，爲太常。山濤欲舉一親爲博士，見默，語曰：「卿似尹翁歸，令吾不敢言。」柔而能整也。又蔡謨字道明，拜太常。咸康四年，臨軒，門下奏「非祭祀宴饗則無設樂」。奏宜金石，帝納焉。臨軒作樂自此始。宋、齊皆有之，舊用列曹尚書好遷選曹尚書領護。〔一五〕梁視金紫光禄大夫。陳因之。後魏爲上卿，兼置少卿官。〔一六〕周禮有小宗伯中大夫二人，即其任。北齊曰太常寺，置卿及少卿、丞各一人，掌陵廟、羣祀、禮樂、儀制、天文、術數、衣冠之屬。後周建六官，置大宗伯卿一人，掌邦禮，以佐皇帝和邦國。是爲春官。隋曰太常，與北齊同。煬帝加置少卿二人。大唐因之，龍朔二年改太常爲奉常，少卿及丞，隨寺名改。光禄以下諸寺準此。咸亨元年復舊。光宅元年改太常爲司禮，神龍初復舊。卿一人，掌禮儀祭祀，總判寺事；少卿二人，通判。餘寺少卿職並同。太常少卿本一員，神龍中加一員。領丞一人，〔一七〕主簿二人，博士四人，太祝三人，〔一八〕奉禮郎、協律郎各二人，齋郎五百五十二人。其餘小吏各有差。郊社、太公廟、太樂、〔一九〕鼓吹、太醫、太卜、廩犧等署，各有令。其郊社及太公廟，兩京皆有。

丞：秦置一人，漢多以博士、議郎爲之。後漢凡諸丞，皆掌行禮及祭祀小事，總署曹事，舉廟中非法。皆銅印墨綬，進賢兩梁冠。職官要録曰：「晉宋九卿丞皆進賢一梁冠，介幘皁衣，銅印黄綬。齊、梁墨綬。」歷代皆有。漢谷永字子雲，爲太常丞，數上疏言得失。又韋弘爲太常丞，父賢以弘當嗣，太常職掌陵廟，煩劇多過，勑弘自免。懷嫌，不去官。及賢疾篤，弘坐廟事繫獄。梁舊用員外郎遷尚書郎，天監七年，改視尚書郎。陳因之。後魏、北齊亦有之。隋有二人，大唐因之，分判寺事。餘寺丞職並同。

主簿：漢有之，漢鹵簿之制，太常駕四馬，主簿前車八乘。魏晉亦有焉。梁天監七年，十二卿各置主簿一人。陳因之。北齊有功曹、五官主簿二人，歷代諸主簿多，說在列卿篇。〔二〇〕大唐置二人，掌付事句稽、省署抄目、監印、給紙筆等事。餘寺主簿並同職。

博士：魏官也，魏文帝初置，晉因之，掌引導乘輿。王公以下應追謚者，則博士議定之。秦有博士數十人。兩漢太常屬官皆有博士，掌以五經教子弟，則今國子博士是也。說在本篇。端委佩玉。朝之大典，必於詢度。歷代皆有。隋有四人。大唐因之。甚爲清選，資位與補闕同，掌撰五禮儀注，導引乘輿，贊相祭祀，定誄謚及守祧廟，開閉埳室及祥瑞之事。中宗將爲韋后父酆王陵廟各置五品令，太常博士楊孚曰：「興寧、永康陵尚置七品令，酆王不可比踰先帝。」〔二一〕又敕武氏崇恩廟齋郎以五品子充，孚曰：「太廟齋郎尚取七品以下子，武氏不宜取五品也。」上曰：「太廟可準崇恩置。」孚曰：「崇恩爲太廟之臣，太廟爲崇恩之君。以臣準君，猶爲僭逆；以君準臣，奈天下何！」〔二二〕事皆寢。

太祝：殷官，與太宰等官爲六太。周官，太祝下大夫二人，上士四人，掌六祝之辭，以祈福祥。秦漢有太祝令、丞，後漢亦曰太祝令、丞。晉、宋、齊、梁、陳、後魏、北齊皆因之。後周依周官。至隋，置太祝署，太祝令、丞。煬帝罷署，太祝八人。大唐初有七人，後增爲九人，開元二十三年減置三人。掌讀祝文，出納神主。

奉禮郎：漢大鴻臚有理禮郎四十七人，〔二三〕晉理禮郎四人，屬大行令。〔二四〕後魏理禮郎四人，北齊有奉禮郎三十人，屬鴻臚寺之司儀署。後周有理禮中士、下士各一人。隋有奉禮郎十六人，屬太常寺，煬帝減置六人。大唐初有理禮郎四員，掌設板位，執儀行事。至永徽二年，以廟諱改爲奉禮郎。開元二十三年減二員。奉禮本名理禮，國家撰五代史志，至永徽七年乃成，於時此官已改，故隋書百官志謂北齊及隋理禮皆爲奉禮。奉禮之名雖見於前史，其改始自永徽。

協律郎：漢曰協律都尉，李延年爲之。武帝以李延年善新聲，故爲此官。後漢亦有之，魏杜夔亦爲之。魏武平荆州，初得杜夔，知音識舊樂，故爲此官。晉改爲協律校尉。後魏有協律郎，又有協律中郎。北齊及隋協律郎皆二人。大唐因之。掌舉麾節樂，調和律吕，監試樂人典課。

兩京郊社署：周官有典祀，掌以時祭祀。秦漢有太祝令、丞，屬奉常，景帝改爲祠祀，武帝更曰廟祀。後漢祠祀屬少府。魏晉有太祝令、丞。宋曰明堂令、丞，掌祀五帝之事。齊有太祝及明堂二令，梁有明堂、太社二令，並屬太常。北齊太廟令兼領郊祀、崇虚二丞。郊祀掌五郊羣神，崇虚掌五嶽四瀆神。後周有司郊上士、中士，司社中士、下士。隋太常寺置郊社署，令、丞各一人。大唐因之。掌郊社、明堂、祠祀、祈禱及茅土、衣冠等事。

太樂署：周官有大司樂，掌成均之法，亦謂之樂尹，以樂舞教國子。左傳楚鍾建爲樂尹，即大司樂也。秦漢奉常屬官有太樂令及丞，又少府屬官并有樂府令、丞。後漢永平三年，改太樂爲大予樂令，〔二五〕掌伎樂人，凡國祭饗，掌諸奏樂。〔二六〕盧植禮注云：「大予令如古大胥。漢太樂律：卑者之子，不得舞宗廟之酎。除吏二千石到六百石及關内侯到五大夫子，取適子高五尺以上，年十二到三十，顔色和順，身體循理者，〔二七〕以爲舞人。」魏復曰太樂令、丞，晉亦有之。齊銅印墨綬，進賢一梁冠，絳朝服。齊太樂及諸陵令，永明末置，用二品三品勳。置主簿、户曹，六品保舉。梁、陳因之。後魏置太樂博士。北齊曰太樂令、丞。後周有大司樂，掌成均之法。後改爲樂部，有上士、中士。隋有太樂令、丞各一人。大唐因之。掌習音樂、樂人簿籍。

鼓吹署：周禮有鼓人，掌六鼓四金之音。後漢有承華令，典黄門鼓吹，屬少府。晉置鼓吹令、丞，屬太常。元帝省太樂并鼓吹，哀帝復省鼓吹而存太樂。梁有鼓吹令、丞，又有清商署。北齊鼓吹令、丞及清商部並屬太常。隋有鼓吹、清商二令、丞，至煬帝，罷清商署。大唐鼓吹署令、丞各一人，所掌頗與太樂同。

太醫署：周官有醫師上士、下士，掌醫之政令。秦、兩漢有太醫令、丞，亦主醫藥，屬少府。後漢又有藥丞，〔二八〕有醫工長。魏因之。晉銅印墨綬，進賢一梁冠，絳朝服，而屬宗正；過江省宗正，而屬門下省。宋、齊隸侍中，梁、陳因之。後魏有太醫博士、助教。北齊又曰太醫令、丞。後周太醫下大夫。隋太醫署令二人。大唐因之。主醫藥，凡領醫、針灸、按摩、呪禁，各有博士。武德中，關中多骨蒸病，得之必死，遞相染此。〔二九〕許胤宗每療皆愈。或謂曰：「何不著書以貽將來？」答曰：「醫乃意也，在人思慮。有脉候幽微，〔三〇〕苦其難别。意之所解，口莫能宣。古之名手，唯是别脉然後識病之於藥，有正相當者，唯須單用一味，直攻彼病，立即可愈。今人不能别脉，莫識病源，以情意度，多用藥味。譬之於獵，不知兔處，多發人馬，空廣遮圍，或冀一人偶然逢也。如此療病，不亦疏乎！既不可言，故無著述。」甄權，貞觀中百

餘歲，撰脉經、針方、明堂人形圖。其弟立言，〔三一〕亦達醫術，撰本草音義七卷，古今録驗方五十卷。〔三二〕

太卜署：殷官太卜爲六太。周官太卜掌三兆之法。秦漢有太卜令，後漢并於太史，自後無聞。後魏有太卜博士。北齊有太卜局丞。後周有太卜大夫、小卜上士、龜占中士。隋曰太卜，令、丞二人。大唐因之。

廩犧署：周禮有牧人，掌牧六牲，以供祭祀。秦漢内史左馮翊屬官有廩犧令、丞，〔三三〕並掌犧牲鴈鶩，後屬大司農。後漢河南尹屬官有廩犧丞。魏、晉、宋、齊、梁、陳、後魏、北齊、隋皆有之。大唐令、丞各一人，掌犧牲、粢盛之事。

汾祠署、齊太公廟署，並有令、丞各一人，大唐開元中置。

光禄卿 丞　主簿　太官署　珍羞署　良醞署　掌醢署

秦有郎中令，主郎内諸官，故曰郎中令。掌宫殿掖門户，漢因之。石建爲郎中令，奏事，事已下，建省讀，驚曰：「書馬者，與尾而五，今乃不足一，獲譴死矣！」其謹慎如此。至武帝太初元年，更名光禄勳。應劭曰：〔三四〕「光，明也；禄，爵也；勳，功也。」如淳曰：「勳之言閽也。閽，古主門之官。光禄主宫門故也。」張安世爲光禄勳，郎有醉，小便殿上，主事行法。安世曰：「何以知其不覆水也？」郎有淫官婢，婢兄自言，安世曰：「奴以恚怒，誣污衣冠。」告署謫奴，〔三五〕其隱人過失如此。王莽改光禄勳爲司中。後漢曰光禄勳，所掌同，典三署郎更直執戟宿衛，考其德行而進退之。漢東京三署郎有德應四科者，歲舉茂才二人、四行二人。及三署郎罷省，光祿勳猶依舊舉四行衣冠子弟以充之。郊祀之事，掌三獻。光祿勳居禁中。如宋之殿中御史。有獄在殿門外，謂之光祿外部。兩漢自光祿、太中、中散、諫議等大夫，及謁者僕射、羽林郎、郎中、侍郎，五官、武賁、左右等中郎將，〔三六〕奉車、駙馬二都尉，車、户、騎三將，如淳曰：「主車曰車郎，主户衛曰户郎。」並屬光祿勳。後漢張湛字子孝，拜光祿勳。光武臨朝，或有惰容，湛輒陳諫其失。常乘白馬，〔三七〕上後見湛，輒曰：「白馬生且復諫矣。」又杜林字伯山，爲光祿勳，内供奉宿衛，外總三署，周密敬慎，選舉稱平。郎有好學者，輒見誘進，朝夕滿堂，士以此高而慕附。又荀爽爲光祿勳，視事三日，册拜司空。建安末，復改光祿勳爲郎中令。魏黄初元年，復爲光祿勳。東晉哀帝興寧二年，省光祿勳，併司徒。孝武寧康元年，復置。自魏晉以後，無復三署郎，而光祿不復居禁中，唯外官朝會，則以名到焉。〔三八〕二臺奏劾，則符光祿加禁止，解禁止亦如之。禁入殿省，光祿主殿門故也。其宫殿門户，至宋文猶屬焉。梁除勳字，謂之光祿卿。卿舊視列曹尚書，天監中，視中庶子，職與漢同。後魏又置少卿。北齊曰光祿寺，置卿、少卿，兼掌諸膳食、帳幕。隋文帝開皇三年，廢光祿寺入司農，十二年復置。初有卿及少卿各一人，煬帝加置二少卿。雖取漢代舊名，而其職則別。大唐龍朔二年，改光祿寺爲司宰寺，咸亨初復舊。光宅元年爲司膳，神龍初復舊。卿一人，掌終獻行事；少卿二人，領太官、珍羞、良醞、掌醢等四署，署各有令、丞。

丞：漢二人，多以博士、議郎爲之。後漢一人。魏晉因之，銅印黃綬。梁、陳視員外郎。其員外，説在通直散騎常侍郎中。後魏、北齊並有之。隋有三人。大唐置二人。

主簿：漢置。晉、宋、齊、梁、陳並有之。北齊曰功曹、五官主簿。隋二人。大唐因之。

太官署令、丞：於周官爲膳夫、庖人、外饔中士、下士，蓋其任也。秦爲太官令、丞，屬少府。兩漢因之，桓帝延熹元年，〔三九〕使太官令得補二千石。魏亦屬少府。晉屬光祿勳。宋、齊屬侍中。梁門下省領太官，陳因之。後魏分太官爲尚食、中尚食，知御膳，隸門下省；而太官掌百官之饌，屬光祿卿。北齊因之。後周有典庖中士、内膳中士。隋如北齊。大唐因之，各一人。

珍羞署令、丞：於周官有籩人，掌四籩之實。蓋其任也。後漢少府屬官有甘丞，主膳具。晉太官令有餳官、果官吏各二人，自後無聞。北齊餚藏令屬光祿寺。後周有餚藏中士、下士。隋如北齊。大唐因之。長安中改爲珍羞，神龍初復舊，開元初又改之，有令、丞各一人。

良醖署令、丞：於周官有酒正中士、下士，掌酒之政令。後漢湯官丞主酒，屬少府。晉有酒丞一人。齊食官局有酒吏。梁曰酒庫丞。北齊有清漳令、丞，主酒。後周如古周之制。隋曰良醖署，令、丞各一人。大唐因之。

掌醢署令、丞：於周官有醢人，掌四豆之實。自後無聞。至齊，諸公府有釀食典軍二人。後周有掌醢中士、下士。隋曰掌醢署，令、丞各一人。大唐因之。

衛尉卿

丞 主簿 武庫署 武器署 守宮署 公車司馬令 左右都候

衛尉，秦官，掌門衛屯兵。漢因之。漢舊儀曰：「衛尉寺在宮內。」胡廣云：「主宮闕之內衛士，〔四〇〕於周垣下爲區廬。〔四一〕區廬者，若今之仗宿屋。」景帝初，更名中大夫令，後元年復爲衛尉。又有長樂、建章、甘泉衛尉，皆掌其宮，其職略同，而不常置。顏師古曰：「各隨所掌之宮，以爲官名。」後漢有衛尉卿一人，職與漢同。晉銀章青綬，五時朝服，武冠，佩水蒼玉，掌冶鑄，領冶令三十九。〔四二〕户五千三百五十。〔四三〕冶在江北；而江南唯有梅根及冶塘二冶，皆屬揚州，不屬衛尉。晉江左不置衛尉。宋孝武復置。南齊掌宮城管鑰。後漢張衡西京賦曰：「衛尉八屯，警夜巡晝。」〔四四〕南齊宮城諸卻敵樓上本施鼓，〔四五〕持夜者以應更唱，高帝以鼓多驚眠，〔四六〕遂改以鐵磬。梁衛尉卿位視侍中，職與漢同。卿每月、丞每旬行宮徼，糾察不法。陳因之。後魏亦有之。北齊爲衛尉寺，有卿及少卿各一人。隋文帝開皇三年，廢衛尉寺，入太常及尚書省。十三年復置，掌軍器、儀仗、帳幕之事，而以監門衛掌宮門屯兵。大唐因之。龍朔二年，改衛尉爲司衛，咸亨初復舊。光宅元年又改爲司衛，神龍初復舊。卿一人，少卿二人，初，少卿一人，太極元年加一人。領武庫、武器、守宮三署，署各有令。

丞：秦漢多以博士、議郎爲之。後漢一人，魏晉並同。宋孝武增置一人。梁亦有之，後魏、北齊並有。隋因之。大唐置二人。

主簿一人，漢衞尉駕四馬，主簿前車以乘。〔四七〕晉有衞尉主簿二人，宋齊梁陳因之。北齊、隋亦有二人。大唐因之。

武庫令、丞：於周官司甲、司弓矢等下大夫，司戈盾等中士、下士，蓋其任也。兩漢曰武庫令，屬執金吾。後漢又有考工令、丞，屬太僕，主造兵器，成，付武庫令。魏晉因之，〔四八〕晉後屬衞尉。宋齊武庫令丞屬尚書庫部，梁陳屬衞尉卿。北齊亦有。後周如周官。隋如北齊。大唐因之，各一人。天寶六年四月，〔四九〕敕改儀制令，廟社門、宮門每門各二十戟；〔五〇〕東宮每門各十八戟；一品門十六戟；嗣王、郡王若上柱國帶職事二品、散官光禄大夫以上、鎮國大將軍以上各同職事品及京兆、河南、太原府大都督、大都護，門十四戟；上柱國帶職事三品、上護軍帶職事二品若中都督、上都護，門十二戟；國公及上護軍帶職事三品若下都督諸州，門各十戟：並官給。貞元五年十二月，中書門下奏：「應請列戟官，準儀制令，正一品、開府儀同三司、嗣王、郡王并勳官上柱國、柱國等帶職事三品以上，並許列戟。準天寶六載四月敕文：『加散官光禄大夫、鎮國大將軍以上，各同職事品。』

近日，散、試官便帶高階者衆，恐須商量者。伏請準舊制令本文，取帶三品以上正員職事爲定。」敕旨依。

武器署令、丞：隋行臺尚書省有武器監令。大唐永徽中，始置各一人，掌祭祀及朝會、巡幸及公卿婚葬鹵簿之事。

守宮署：漢有守宮令、丞，掌御紙筆墨及諸財用并封泥之事，屬少府。晉及北齊屬光祿勳，北齊守宮令掌張設之事。梁陳屬大匠卿。隋屬衛尉寺。大唐置令一人，掌諸鋪設帳幕、氈褥、床薦、几席之事。廣德二年二月赦文：〔五一〕「京兆府諸司諸使幕士丁匠總八萬四千五百人數內，宜月支二千九百四十四人，仍令河東、關內諸州府據户口分配，不得偏出京兆府，餘八萬一千一百一十四人並停。」

公車司馬令：秦屬衛尉，漢因之，掌殿司馬門，夜徼宮中，天下上章、四方貢獻及闕下凡所徵召公車者，皆總領之。漢張釋之爲公車令，時太子與梁王共車入朝，〔五二〕不下司馬門，釋之遂劾其不敬。文帝免冠謝太后，太后詔赦之，然後得入。〔五三〕後漢有丞二人，丞選曉諱，掌知非法。尉主闕門兵禁，戒非常。胡廣曰：「諸門部各陳屯夾道，其旁當兵，〔五四〕以示威武，交節戟以遮誤出入也。」〔五五〕晉江左以來，直曰公車令。宋以後屬侍中。隋有公車署，置令、丞。大唐無。

左、右都候：周禮司寤氏有夜士。干寶注曰：「今都候之屬。」後漢各一人，主劍戟士，徼循宮及天子有所收考。宮中諸有劾奏罪，左都候執戟戲車縛送付詔獄，在官大小各付所屬。〔五六〕見尚書令、僕射、尚書，皆執板拜，見郎對揖。屬衞尉。後無。

宗正卿 丞 主簿 崇玄署 諸陵署 太廟令〔五七〕

周官，小宗伯掌三族之別，以辨其親疏。秦置宗正，掌親屬。漢因之，更以敍九族。平帝元始四年，更名宗伯。五年，又於郡國置宗師，以糾皇室親族世氏，致教訓焉，選有德義者爲之。有寃失職者，宗師得因郵亭上書宗伯，請以聞。爲書付郵亭，令送至宗伯。常以正月賜宗伯帛十疋。王莽併宗伯於秩宗。後漢曰宗正，卿一人，掌序録王國嫡庶之次，及諸皇室親屬遠近，郡國歲因計上皇族名籍。若有犯法當髡以上，先上諸宗正，宗正以聞，乃報決。胡廣曰：「宗正又歲一理諸王世譜，差敍秩第。」髡，口昆切。兩漢皆以皇族爲之，不以他族。楚元王子郢客、劉辟彊、劉德等迭爲此官。〔五八〕又後漢書曰：「劉軼字君文，〔五九〕梁孝王之胤，爲宗正，卒官，遂世掌焉。」魏亦然。晉兼以庶姓。山公啟事曰：「羊祜忠篤寬厚，然不長理劇。宗正卿缺，不審可轉作否。」咸寧三年，又置宗師，以扶風王亮爲之，使皇室戚屬奉率德義，所有施行，必令詰之。梁王肜亦爲宗師。〔六〇〕東晉省之，屬太常。桓温奏省。宋齊不置宗正。梁天監七年，復置之，視列曹尚書，主皇室外戚之籍，以皇族爲之。陳因之。後魏有宗正卿、少卿。北齊亦然。後周有宗師中大夫，掌皇族，定世系，辨昭穆，訓以孝悌。屬大冢宰。隋如北齊之制。大唐龍朔二年，改爲司宗，咸亨元年復舊。光宅元年，改爲司屬，神龍初復舊。卿一人，少卿二人，初，少卿一人，太極元年，加置一人。掌皇族、外戚簿籍及邑司名帳，領崇玄署及諸陵太廟。開元二十五年制，宗正等寺官屬皆以皇族爲之。

丞：漢亦用皇族，後漢一人。後漢劉茂字子衞，爲宗正丞。歷代皆有之，至隋有二人，大唐因之。

主簿：梁置，陳、北齊、隋皆有，大唐因之，置一人。

崇玄署：令一人。初，後魏天興二年，置仙人博士，掌煑鍊百藥。北齊置昭玄等寺，掌諸佛教，有大統一人，都維那三人，兼置功曹、主簿等員，以管諸州縣沙門之法。後周置司寂上士、中士，掌法門之政。又置司玄中士、下士，掌道門之政。隋初，置崇玄署令、丞，至煬帝，改郡縣佛寺爲道場，置道場監一人；改觀爲玄壇，監一人。大唐復置崇玄署，初又每寺觀各置監一人，屬鴻臚，貞觀中省。開元中，以崇玄署隸宗正寺，掌觀及道士、女冠簿籍齋醮之事。

諸陵署：漢有諸陵園寢官，屬太常。長陵令，秩二千石，爲高祖陵也，故尊其秩。元帝永光元年，分諸陵邑屬三輔。史記曰：「司馬相如爲孝文園令。」後漢每陵園令各一人，掌按行掃除，丞及校長各一人。校長，主戒盜賊。晉宋皆曰令，而梁初爲監，後亦改爲令。梁以下皆有之。大唐每陵令、丞各一人，初屬太常，開元二十五年，並屬宗正寺。

太廟令：漢有諸廟寢園令、長、丞。宋志曰：「漢西京曰長，東京曰令。」晉有太廟令。宋太廟令領齋郎二十四人。齊梁以下皆有。後魏有太常齋郎。漢書曰：「田千秋爲高廟寢郎。」舊屬太常，大唐開元二十五年二月敕：「宗廟所奉，尊敬之極，因以名署，情所未安，宜令禮官詳擇所宜奏聞。」至五月，太常少卿韋縚奏曰：「謹詳經典，兼尋令式，宗廟享薦，皆主奉常，別置署司，事非稽古。其太廟署請廢省，本司專奉其事。」許之。二十五年敕：「宗正設官，實司屬籍。而陵寢崇敬，宗廟惟嚴，割隸太常，殊乖本系奉先之旨，深所未委。〔六一〕自今已後，諸廟置並隸宗正寺。」〔六二〕

太僕卿 丞 主簿 乘黃署 典廄署 典牧署 車府署 諸牧監〔六三〕

周官有太僕下大夫，掌正王之服位，出入王之大命，似今太僕之職。一云周穆王置太僕正，以伯冏爲之，冏，具永切。〔六四〕掌輿馬。秦因之，在周官則校人掌馬，巾車掌車，及置太僕，兼其任也。漢初，夏侯嬰常爲之，漢書曰：夏侯嬰爲沛公太僕，常奉車，自高帝至文帝，常爲太僕。又石慶爲太僕，御出，上問車中幾馬，慶以策數馬畢，曰：「六馬。」領五監、龍馬、閑駒、橐泉、騊駼、承華五監，各有長、丞。騊，徒刀切。駼，大胡切。六廄，皆有令。或曰，六廄謂未央、承華、騊駼、龍馬、輅軨、大廄也，馬皆萬匹。武帝承文、景蓄積，海內殷富，廄馬有四十萬匹。時匈奴數寇邊，遣衞青、霍去病發十萬騎，并負私從馬，〔六五〕凡十四萬匹，窮追，大破匈奴。漢馬死者十餘萬匹，匈奴雖病遠去，而漢亦馬少，無以復往。於是漢久不北擊匈奴。數歲，滅兩越。是時天子巡邊，親至朔方，勒兵十八萬騎，以見武節。〔六六〕王莽改太僕爲太御。後漢太僕與漢同，亦掌車馬，天子每出，奏駕上鹵簿用，大駕則執馭。初，漢西京置六廄，東京約省，唯置一廄。趙岐字臺卿，爲太僕，持節安慰天下。祭肜字次孫，爲太僕。帝過孔子講堂，指子路室曰：「此太僕之室也，太僕，吾之禦侮也。」魏因之。晉初有之，銀章青綬，五時朝服，進賢兩梁冠，佩水蒼玉，領典牧、乘黃、驊騮、龍馬等廄令。自元帝過江之後，或置或省。太僕既省，故驊騮廄爲門下之職。潘尼字正叔，爲太僕，造乘輿箴。晉諸公贊云：「郭展爲太僕，留心於養生，是以廄馬充多，征吳得以濟事。」晉、宋以來，不常置，郊祀則權置太僕執轡，事畢則省。齊亦然。梁太僕卿位視黃門侍郎，統南牧、左右牧、龍廄、內外廄。陳因之。後魏兼置少卿。太武帝平統萬赫連昌，定隴右禿髮、沮渠等，河西水草善，乃以爲牧地，六畜滋息，馬三百餘萬匹，馲駝將半之，牛則無數。孝文帝遷洛陽之後，復以河陽爲牧場，恒置戎馬十萬匹，以擬京師軍警之備。每歲自河西徙牧於并州，漸南，欲其習水土而無死傷也，而河西之牧滋甚。北齊太僕寺統驊騮、左右龍、左右牝、〔六七〕乘黃、車府署，卿及少卿各一人。後周如古周。隋如北齊，煬帝加署少卿一人。大唐龍朔二年，改太僕爲司馭，咸亨初復舊。光宅元年改爲司僕，神龍初復舊。卿一人，掌馭五輅。少卿本一員，景雲元年加一員，領乘黃、典廄、典牧、車府等四署，署各有令。天下監牧置八使，五十六監。貞觀初，僅有牧牝三千匹，從赤岸澤徙之隴右。十五年，始令太僕卿張萬歲勾當羣牧。〔六八〕至麟德四十年間，馬至七十萬六千匹。置八使，領六監，初置四十八監，跨蘭、渭、秦、原四州之地，猶爲隘狹，更析八監，布於河曲。其時天下以一縑易一馬。儀鳳三年，少卿李思文檢校隴右諸牧監，方稱使。爾後或戎狄外侵，或牧圉乖散，洎乎垂拱，潛耗太半。〔六九〕開元初，牧馬二十四萬匹，十三年，加至四十五萬匹。初有牛三萬五千頭，是年，有五萬頭。初有羊十一萬二千口，是年，有二十萬六千口，盛於垂拱。

丞：秦漢有兩人，後漢一人。漢書：「張敞字子高，〔七〇〕爲太僕丞。」魏晉因之。東晉或省或置。梁有丞，陳因之。後魏、北齊丞一人。隋三人，大唐因之。

主簿：梁置一人，北齊亦一人。隋二人，大唐因之。

乘黃署：後漢太僕有未央廄令。魏改爲乘黃廄。乘黃，古之神馬，因以爲名。乘黃亦名飛黃，背有角，日行萬里。淮南子云：「天下有道，飛黃伏皁。」一云：神黃，獸名，龍翼馬身，黃帝乘而仙。晉以下因之。宋屬太常，銅印墨綬，進賢二梁冠，絳朝服。歷代皆有，悉掌乘輿。大唐令、丞各一人，掌乘輿車輅。

典廄署：於周官有校人、圉師、趣馬，掌十二閑之馬。漢西京太僕有龍馬長，東京有未央廄令，掌乘輿及宮中之馬。魏爲驊騮廄，晉有驊騮、龍馬二廄。自宋以後，分驊騮廄屬門下。梁太僕有龍廄及內外等廄，陳因之。北齊有驊騮、左右龍等署。後周有左右廄，各上士一人。隋如北齊。大唐改龍廏爲典廏署，令二人，丞四人，掌在廏繫飼馬牛及雜畜事。

典牧署：於周官牧師下士四人，掌牧馬而頒之。秦漢邊郡置六牧師令，〔七一〕說在諸牧監篇。魏晉以下因之。隋有典牧、牛羊等署，各置令、丞。大唐有乘黄等四署，令、丞各四人，掌外牧及造酥酪脯腊之事。

車府署：秦有車府令，以趙高爲之。歷代皆有。漢魏屬太僕，宋、齊以後屬尚書駕部，北齊以下又屬太僕。大唐置令、丞各一人，掌王公以下車輅。

諸牧監：漢太僕有牧師諸苑三十六所，在北邊、西邊，以郎爲苑監官。魏置牧官都尉，晉因之，自後無聞。北齊有左右牝牡、駝牛、羊等署令。後周曰典牝、典牡上士中士，又有典駝、典羊、典牛中士。隋曰典牧署、牛羊署令丞。大唐初因之，分曰牧監、置監、副監、丞、主簿。武太后聖曆二年正月，置控鶴府，監一員，從三品；丞一員，從六品；主簿一員，從七品；控鶴左右各二十員，從五品下。以張易之爲控鶴監，統左控鶴，出入供奉。以麟臺監張昌宗統右控鶴，內供奉。久視元年六月，改控鶴監爲天驥府，其月二十五日，又改爲奉宸大夫，前改爲天驥者，宜內供奉。員半千以奉宸之職，古無其事，又授斯任者，率多輕薄，非朝廷進德之選，〔七二〕上疏請罷之，由是忤旨。其年四月敕，奉宸令一員，從三品；奉宸侍郎一員，從四品上；奉宸大夫十員，左右各五品上；奉宸驂乘十員，左右各五品、從六品上；奉宸主簿一員，從七品上。凡二十四員，以應二十四氣。控鶴、奉宸之名，歷代不設，既以車馬名職，遂附此篇。

大理卿正 丞 主簿 獄丞 司直 評事 監

今大理者，亦舜攝帝位，皋繇作士，正五刑，周秋官之任。韓詩外傳曰：「晉文公使李離爲大理，過聽殺人，自拘於廷，遂伏劍死。君子曰忠與仁。」新序曰：「楚昭王時，石奢爲理，〔七三〕有殺人者，奢追之，則其父也。奢曰：『以父成政，不孝；不行君法，非忠。』遂刎頸而死於廷。」又家語曰：「季羔爲衞士師，刖人之足。俄而衞有亂，季羔逃，刖者守門，謂羔曰：『彼者缺。』〔七四〕羔曰：『君子不隧。』又曰：『此有室。』季羔入焉。既罷，羔問曰：『吾親刖子之足而逃我，何也？』刖者曰：『曩者，君理人以法令，先君後臣，欲臣之免也，臣知之。臨當論刑，君愀然不樂，見於顔色，臣又知之。君豈私臣哉！天生君子，其道固然，此臣之所脱君也。』孔子聞之曰：『善哉！爲吏者用法，一思仁恕則樹德，如嚴暴則樹怨，公以行之，其子羔乎？』」秦爲廷尉，漢因之，掌刑辟，凡獄必質之朝廷，與衆共之之義也。兵獄同制，故曰廷尉。此應劭注也。顔師古曰：〔七五〕「廷，平也。理獄貴平，故以爲號。」景帝中六年，〔七六〕更名大理；武帝建元四年，復爲廷尉；哀帝元壽二年，復爲大理。漢書云：張釋之字季，〔七七〕爲廷尉。文帝出，當有人從渭橋下走，乘輿馬驚，捕之，屬廷尉。釋之奏其犯蹕，當罰金。上怒，釋之曰：「法者，所與天下公共也。且以其時而立誅之則已，今既下廷尉，廷尉，天下之平也，今一傾，而天下用法皆爲之輕重，民安所措其手足乎？」後又有盗高廟座前玉環者，〔七八〕文帝欲族之，釋之奏當棄市。上大怒，釋之曰：「法如是也。今盗宗廟器而族之，如令愚民取長陵一抔土，陛下何以加其法乎？」衆皆呼爲張廷尉。又張湯爲廷尉，決大獄，欲傅古義，乃請博士弟子理尚書、春秋，〔七九〕補廷尉史，平亭疑法。奏讞疑事，必先爲上分别其源，以揚主之明，言此自天子意，非由有司也。奏事有善則讓曰：「監、掾、史某所爲也。」亭者，平也，均也。又杜周爲廷尉，而善伺上所欲。客有讓周曰：「君爲天下決平，不循三尺法，專以人主意旨爲獄，獄者固如是乎？」周曰：「三尺安出哉？前主所是者著爲律，後主所是者疏爲令。當時爲是，何古之法乎？」三尺者，以三尺竹簡書法律也。又于定國爲廷尉，朝廷稱之曰：「張釋之爲廷尉，天下無冤民；于定國爲廷尉，民自以爲不冤。」王莽時，改大理爲作士矣。後漢廷尉卿，凡郡國讞疑，讞，質也。皆處當以報。傅賢爲廷尉，每冬至斷獄，遲迴流涕。又盛吉爲廷尉，每冬至節，罪囚當斷，夜省坐狀，〔八〇〕其妻執燭，吉持丹筆，夫妻相向垂淚。又楊賜爲廷尉，乃歎曰：「昔『三后成功，惟殷於民』，而臯繇不與焉。」蓋吝之也，遂以世非法家，固辭。漢官儀曰：「光武時有疑獄，見廷尉，曹史張禹所問輒對，處當詳理，於是策免廷尉，以禹代之。雖越次而授，亦足以厲其臣節。」皆以世家爲之，〔八一〕而郭氏尤盛。郭躬爲廷尉。躬家世掌法，務在寬平，乃條諸重文可從輕者四十一事奏之，事皆施行，著於令。建安中，復爲大理。鍾繇以大理爲相國。魏黃初元年，〔八二〕改爲廷尉。鍾毓字稚叔，爲廷尉，聽君父亡没，臣子得爲理謗；及士爲侯，其妻不復改嫁，毓所制也。〔八三〕歷代皆爲廷尉。梁國初建，曰大理；天監元年，復改爲廷尉。舊用黃門，後視祕書監。有正、監、平三人。元會，廷尉三官與建康三官，皆法冠玄衣朝服，以監東、西、中華門，手執方木，長三尺，方一寸，〔八四〕謂之「執方」。天監元年，詔建康獄依廷尉三官置正、監、平，革選士流，視給事中，以尚書郎出爲之，冠服與廷尉三官同。陳因之。後魏亦曰廷尉。北齊曰大理寺，置卿、少卿各一人。北齊宋世軌爲廷尉少卿，時大理正蘇珍之亦以平幹知名，寺中爲之語曰：「決定嫌疑蘇珍之，視表見裏宋世軌。」時人以爲寺中二絕。卒官，廷尉、御史諸囚皆哭曰：「宋廷尉死，我等豈有生路！」後周有刑部中大夫，掌五刑之法，附萬人之罪，屬大司寇，亦其任也。今刑部侍郎之任。隋初與北齊同，文帝時議置六卿，將除大理，盧思道奏曰：「省有駕部，寺留太僕，省有刑部，寺除大理，斯則重畜産而賤刑名也。」至煬帝，加置少卿二人。趙綽爲大理少卿，時有侍郎辛亶，常衣緋裩，俗云利官，文帝以爲厭蠱，將斬之。綽曰：「據法不當死，臣不敢奉詔。」上怒甚，令斬綽，綽解衣當斬。上使人問綽曰：「竟如何？」綽曰：「執法一心，不敢惜死。」上良久釋之。他日，又令斬二人，綽曰：「此人坐當杖，〔八五〕殺之非法。」上曰：「不關卿事。」綽曰：「陛下置臣法司，欲誤殺人，豈得不關臣事？」上曰：「撼大木不動者，當退。」綽曰：「臣冀撼天心，何論撼木！」上乃止。時薛胄爲大理卿，胄斷獄以情，而綽守法，俱爲稱職。大唐龍朔二年，改大理爲詳刑，咸亨元年復舊。光宅元年改爲司刑，神龍元年復舊。卿一人，咸亨三年十月，張文瓘兼大理卿，旬日決疑獄事四百條，莫不允當，皆無怨言。文瓘嘗有疾，〔八六〕繫囚相與齋禱，願其視事。上元二年改官，〔八七〕大理諸囚一時慟哭。開元二十一年七月，大理卿袁仁敬暴卒，繫囚聞之，皆慟哭，悲歌曰：〔八八〕「天不恤冤人兮，何奪我慈親兮。有理無申兮，痛哉安許陳兮。」〔八九〕掌鞫獄，定刑名，決諸疑讞。少卿二人，永徽六年，初置少卿一人。神龍元年，又加一員。正二人，丞六人，主簿二人，司直六人，評事十二人。

正：秦置廷尉正，漢因之，後漢一人。黄霸字次公。宣帝在民閒時，知百姓苦吏急也，聞霸理法平，〔九〇〕詔爲廷尉正。及夏侯勝非議，下廷尉獄，霸從勝受尚書。何敞六世祖比干，〔九一〕爲廷尉正，而務仁恕。時張湯亦爲廷尉，殘酷，比干常與争之，〔九二〕所存者千數。魏晉謂正、監、平爲廷尉三官，晉廷尉三官通視南臺持書，舊尚書郎下遷。梁制，服獬豸冠，介幘皁衣，銅印墨綬。其後皆有。魏司馬芝字子華，遷大理正。有盜官練置都厠上者，吏疑女工，收以付獄。芝曰：「贓物先得而後訊其辭，若不勝掠，或至誣服。誣服之情，不可以折獄。且簡而易從，大人之化也。不失有罪，庸世之理耳。」〔九三〕魏武從之。晉江統字應元，〔九四〕爲廷尉正，作三刑議文。隋開皇三年，增爲四員，煬帝增爲六員。大唐二人，通判寺事。龍朔二年，改爲詳刑大夫，咸亨初復舊。

丞：自晉武咸寧中，曹志上表請廷尉置丞。宋、齊、梁並因之，後魏亦然。北齊曰大理，丞一人。隋初二人，至煬帝改爲勾檢官，增爲十六人，分判獄事。大唐又曰丞，置六人。杜景佺、徐有功並爲司刑丞，與來俊臣、侯思止同制獄，〔九五〕人稱之曰：「遇徐、杜必生，遇來、侯必死。」

主簿：自魏、晉、宋、齊、梁、陳皆有，〔九六〕大唐置二人。

獄丞：晉有左右丞各一人，宋、齊因之，梁、陳置二人，後魏、北齊亦然。隋有獄掾八人。大唐曰丞，有四人。

司直：後魏永安二年，〔九七〕置司直十人，御史中尉高穆所奏置。視五品，隸廷尉，位在正、監上，不署曹事，唯覆理御史檢劾事。漢武已置司直，屬丞相府，非此司直。北齊、隋因之。隋初置十人，煬帝置十六人。大唐置六人。掌承制出使推覆，若寺有疑獄，則參議之。

評事：漢宣帝地節三年，初於廷尉置左、右平，員四人。宣帝詔曰：「今遣廷吏與郡鞫獄，任輕祿薄，其爲置正平，員四人，其務平之。」涿郡太守鄭昌上言曰：「聖王立法明刑者，非以爲理救衰亂之起也。今明主躬垂明聽，不置廷平，獄將自正。若開後嗣，不若删定律令。律令一定，愚民知所避就，姦吏無所弄法。今不正其本，而置廷平以理其末，代衰聽怠，〔九八〕則廷平將摇權而爲亂首也。」〔九九〕宣帝始置左、右平，而三輔決録注云「何比干，漢武帝爲廷尉右平」，謬矣。後漢光武省右平，唯有左平一人，掌平決詔獄，冠法冠。魏晉以來，無左右而直謂之廷尉評。後魏、北齊及隋，廷尉評各一人，開皇三年，罷。至煬帝，乃置評事四十八人，掌與司直同，其後官廢。大唐貞觀二十二年，褚遂良議重法官，復奏置評事十員，掌出使推覆，後加二人，爲十二員。

監：秦置廷尉監。漢有左、右監，邴吉字少卿，爲廷尉監。光武省右監，唯有左監一人。後漢陳咸爲監，執獄多恩，議人從輕。魏晉以來無左右，而直云廷尉監。晉起居注云：「廷尉監陸鸞上表，求增築訊堂，圖畫先賢像。〔一〇〕詔許之。」隋開皇三年，罷大理監。

校勘記

〔一〕以太常爲太常卿　原脱「太常爲」，據隋書百官志上七二四頁補。

〔二〕都水使者爲大舟卿　隋書百官志上七二四頁「大」作「太」。

〔三〕然通其名　「其」原作「異」，據北宋本、傅校本、遞修本、明抄本改。

〔四〕比周百事　原作「至周明備」，清人妄改。今據北宋本、傅校本、遞修本、明抄本、王吳本改回。按：明刻本「周」作「司」。

〔五〕人情相習已久　「已久」原誤倒，據北宋本、傅校本、遞修本、明刻本乙。

〔六〕丞唯知勾檢　「勾檢」原訛「檢局」，據隋書百官志下七九七頁改。

〔七〕太醫署　「太」原訛「火」，據諸本改。

〔八〕太卜署　「卜」原訛「外」，據諸本改。

〔九〕坐太廟酒酸免　原脱「太」，據史記高祖功臣侯者年表九五八頁、漢書任敖傳二〇九八頁補。

〔一〇〕漢舊常以列侯忠敬孝慎者居之　「常」原作「制」，據北宋本、傅校本、遞修本、明刻本改。「敬孝」原作「孝敬」，據北宋本、遞修本、明抄本乙。

〔一一〕清絜脩行　「脩」後漢書儒林傳下二五七九頁、職官分紀卷一八作「循」。

〔一二〕既得作事復低迷　「低」原作「昏」，據北宋本改。按：初學記卷一二引應劭漢官作「低」。

〔一三〕難經伉伉劉太常　「伉」明刻本作「伉」。下同。按：職官分紀卷一八引華嶠後漢書亦作「伉」。

〔一四〕多所注改　「注」原作「任」，據北宋本、明抄本改。

〔一五〕舊用列曹尚書好遷選曹尚書領護　「好」唐六典卷一四作「如」。

〔一六〕兼置少卿官　「少」北宋本、傅校本、明抄本、王吴本作「小」。

〔一七〕領丞一人　舊唐書職官志三一八七三頁、新唐書百官志三一二四一頁「一」作「二」。

〔一八〕太祝三人　舊唐書職官志三一八七三頁、新唐書百官志三一二四一頁、唐會要卷六五「三」均作「六」。

〔一九〕太樂　「太」原作「大」，據北宋本改。

〔二〇〕説在列卿篇　「卿」原訛「職」，據北宋本、傅校本、遞修本、明刻本改。

〔二一〕鄷王不可比踰先帝　「比」原作「上」，據北宋本、傅校本、遞修本、明抄本改。

〔二二〕奈天下何　舊唐書禮儀志五九四九頁作「天下疑懼」。

〔二三〕理禮郎四十七人　後漢書百官志二三五八三頁「理」作「治」，通典諱改。下同。

〔二四〕晉理禮郎四人屬大行令　「大行」明刻本、王吴本作「太常」，恐非。

〔二五〕改太樂爲大予樂令　「予」原訛「子」，據後漢書明帝紀一〇六頁及北宋本、殿本改。下同。

〔二六〕掌諸奏樂　「諸」後漢書百官志二三五七三頁、職官分紀卷一八引續漢書作「請」。

〔二七〕身體循理者　「理」原作「禮」，據北宋本、傅校本、遞修本、明抄本改。「循理」後漢書百官志二三五七三頁注引盧植禮注作「修治」。

〔二八〕後漢又有藥丞　「藥」原訛「醫」，據北宋本、遞修本改。

〔二九〕遞相染此　「此」原作「比」，據北宋本、傅校本、遞修本、明抄本、明刻本改。

〔三〇〕有脉候幽微　舊唐書方伎傳五〇九一頁「有」作「又」，義長。

〔三一〕其弟立言　原脱「言」，據舊唐書方伎傳五〇九〇頁補。按：舊唐書經籍志下二〇五〇頁：「本草藥性三卷，甄立言撰。」當即此人。

〔三二〕古今録驗方五十卷　舊唐書方伎傳五〇九〇頁亦謂是甄立言撰。而舊唐書經籍志下二〇五〇頁云：「古今録驗方五十卷，甄權撰。」未知孰是，録以備考。

〔三三〕秦漢内史左馮翊屬官有廩犧令丞　「史」原訛「使」，據北宋本、傅校本、遞修本、明抄本、王吴本改。「屬官有」原脱，據漢書百官公卿表上七三六頁、唐六典卷一四補。

〔三四〕應劭　「劭」原訛「邵」，據諸本改。

〔三五〕告署擿奴　「擿」漢書張湯傳二六五〇頁作「適」。

〔三六〕武賁　漢書百官公卿表上七二七頁、後漢書百官志二三五七五頁「武」作「虎」。通典避李虎諱改。

〔三七〕常乘白馬　「常」原作「嘗」，據後漢書張湛傳九二九頁改。

〔三八〕唯外官朝會則以名到焉　宋書百官志上一二二九頁同。職官分紀卷一八「到」作「列」。

〔三九〕桓帝延熹元年　「熹」原訛「熙」，據後漢書桓帝紀三〇三頁改。

〔四〇〕主宮闕之內衞士　「士」原訛「寺」，據北宋本、王吳本改。按：漢書百官公卿表上師古注引胡廣語七二八頁即作「士」。

〔四一〕於周垣下爲區廬　「區廬」原涉下而脱，據漢書百官公卿表上師古注引胡廣語七二八頁補。

〔四二〕領冶令三十九　原訛脱作「領冶金」，據宋書百官志上一二三〇頁、職官分紀卷一九引宋百官志改補。

〔四三〕户五千三百五十　「户」原作「凡領」，誤。據宋書百官志上一二三〇頁、職官分紀卷一九引宋百官志删改。

〔四四〕警夜巡晝　原作「以警夜巡」，誤。據文選張衡西京賦、南齊書百官志三一七頁、初學記卷一二改。

〔四五〕諸郤敵樓上本施鼓　原「敵」下衍「城」，據南齊書百官志三一七頁及北宋本、傅校本、遞修本、明抄本、明刻本删。

〔四六〕高帝以鼓多驚眠　「驚」原訛「警」，據南齊書百官志三一七頁改。

〔四七〕主簿前車以乘　「以」唐六典卷十六、職官分紀卷一九作「八」。

〔四八〕魏晉因之　「魏晉」原誤倒，據北宋本、王吴本乙。

〔四九〕天寶六年四月　「年」當作「載」。

〔五〇〕廟社門宫門每門各二十戟　唐會要卷三二同。唐六典卷四「十」下有「四」。

〔五一〕廣德二年二月赦文　「赦」原作「敕」，據北宋本、明抄本改。按：唐會要卷六五也作「赦」。

〔五二〕時太子與梁王共車入朝　原訛作「時景帝與太子梁王共車入朝」，據史記張釋之傳二七五三頁、漢書張馮汲鄭傳二三〇九頁删乙。按：時謂文帝時。原句其誤有三：時景帝尚爲太子，稱景帝，誤一也。太子即景帝，言「景帝與太子」，誤二也。時景帝非帝，梁王非太子，誤三也。

〔五三〕然後得入　「入」下原有「宫也」，據北宋本、遞修本、明抄本删。

〔五四〕其旁當兵　「當」原作「設」，後人擅改。今據後漢書百官志二注引胡廣語三五七九頁及北宋本、傅校本、遞修本、明抄本改回。

〔五五〕交節戟以遮誤出入也　後漢書百官志二注引胡廣語三五七九頁無「節」，「誤」作「妄」。杜佑改「妄」爲「誤」者，蓋避其父之嫌名。

〔五六〕在官大小　「官」原訛「宫」，據後漢書百官志二注引蔡質漢儀三五八〇頁及王吴本改。

〔五七〕太廟令　「令」原作「署」，據北宋本、傅校本、明抄本卷一九職官典總目改。

〔五八〕楚元王子郢客劉辟彊劉德等迭爲此官　「郢客」北宋本、傅校本、明抄本訛作「鄙客」，遞修本、明刻本、王吳本、殿本、局本訛作「鄙吝」，今據漢書楚元王傳一九二三頁改正。「彊」原作「疆」，據漢書楚元王傳一九二六頁及北宋本改。

〔五九〕劉軼字君文　「軼」原作「軫」。後漢書儒林傳上二五五〇頁劉昆傳云：「子軼，字君文。」又云，劉軼「建初中稍遷宗正」。據改。

〔六〇〕梁王肜　「肜」原訛「彤」，據晉書宣五王傳一一二七頁及北宋本改。

〔六一〕深所未委　「委」明抄本、明刻本作「安」。

〔六二〕諸廟置並隸宗正寺　「置」原作「署」，「寺」字原脱，據北宋本、傅校本改補。按：遞修本、明抄本「寺」字不脱。

〔六三〕諸牧監　「監」原訛「署」，據北宋本卷目改。

〔六四〕具永切　「具」原作「俱」，據北宋本、傅校本、明抄本改。

〔六五〕並負私從馬　「負私」漢書匈奴傳上三七六九頁作「私負」。

〔六六〕以見武節　史記匈奴列傳二九一二頁、漢書匈奴傳上三七七一頁同。北宋本、傅校本、明抄本作「以見節先視」。

〔六七〕左右牝　「牝」原訛「牧」，據北宋本、傅校本、遞修本改。按：隋書百官志中七五六頁即作「牝」。

〔六八〕太僕卿張萬歲　唐會要卷六六「卿」上有「少」。

〔六九〕潛耗太半　「潛」原作「漸」，據北宋本、傅校本、遞修本、明抄本改。

〔七〇〕張敞字子高　「敞」原訛「敬」，據漢書張敞傳三二一六頁改。

〔七一〕秦漢邊郡置六牧師令　漢書百官公卿表七二九頁「師」下有「苑」字。

〔七二〕非朝廷進德之選　「德之」原作「止」，據舊唐書文苑傳中五〇一五頁補改。

〔七三〕石奮爲理　原「理」上有「大」，後人擅增。今據新序節士上篇及北宋本、遞修本、明抄本刪。

〔七四〕彼者缺　「者」原作「有」，據北宋本、傅校本、遞修本、明抄本改。

〔七五〕顏師古　「師」原訛「思」，據諸本改。

〔七六〕景帝中六年　「中」下原有「元」，據漢書百官公卿表上七三〇頁、御覽卷二三一刪。

〔七七〕張釋之字季　原「季」下有「南」，據殿本刪。按：史記張釋之馮唐列傳二七五一頁、漢書張馮汲鄭傳二三〇七頁均無「南」字。

〔七八〕後又有盜高廟座前玉環者　原脱「又」，據北宋本補。

〔七九〕乃請博士弟子理尚書春秋　「乃」原作「召」，據北宋本、傅校本、遞修本、明抄本改。

〔八〇〕夜省坐狀　「省坐」原誤倒，據北宋本、傅校本、遞修本、明抄本乙。

〔八一〕皆以世家爲之　「皆」北宋本、傅校本、遞修本、明抄本、明刻本、王吳本作「魏」，誤。

〔八二〕魏黃初元年　北宋本、傅校本、遞修本、明抄本、明刻本、王吳本無「魏」。

〔八三〕鍾毓字稚叔至毓所制也　此三十三字注文，北宋本、傅校本、遞修本、明抄本、明刻本、王吳本爲正文大字。

〔八四〕長三尺方一寸　原脱「方」，據隋書百官志上七二五頁、御覽卷二三二補。

〔八五〕此人坐當杖　「坐當」原誤倒，據隋書趙綽傳一四八六頁及北宋本、傅校本、遞修本、明抄本乙。

〔八六〕文瓘嘗有疾　「嘗」原作「常」，據舊唐書張文瓘傳二八一五頁改。

〔八七〕上元二年改官　「改官」原訛「病卒」，今據舊唐書張文瓘傳二八一五頁訂改。按：張文瓘傳云：「上元二年，拜侍中兼太子賓客。大理諸囚聞文瓘改官，一時慟哭。」又云：「儀鳳二年卒，年七十三。」

〔八八〕悲歌曰　原脱「悲」，據北宋本、傅校本、遞修本、明抄本補。

〔八九〕痛哉安許陳兮　「許」原作「訴」，據北宋本、傅校本、遞修本、明抄本、明刻本、王吴本改。

〔九〇〕聞霸理法平　「理」漢書循吏傳三六二九頁作「持」。

〔九一〕何敞六世祖比干　原訛作「何敞字比干」，據後漢書何敞傳一四八〇頁及李賢注引何氏家傳訂改。按：何敞字文高，非字比干。比干乃敞六世祖，字少卿。下文所述皆比干事。

〔九二〕比干常與争之　「比干」原訛「敞」，據後漢書何敞傳一四八〇頁訂正。「常」原作「嘗」，據北宋本改。

〔九三〕庸世之理耳　「理」三國志司馬芝傳三八七頁作「治」，通典諱改。

〔九四〕江統字應元　「應元」原倒，據晉書江統傳一五二九頁乙。

〔九五〕侯思止　「止」原訛「正」，據舊唐書酷吏傳四八四四頁、新唐書杜景佺傳四二四三頁改。

〔九六〕魏晉　二字原誤倒，據北宋本、傅校本、遞修本、明刻本乙。

〔九七〕後魏永安二年　「二」唐六典卷一八作「三」。

〔九八〕代衰聽怠　御覽卷二三一作「代衰德怠」，職官分紀卷一九作「政衰德怠」。

〔九九〕則廷平將摇權而爲亂首也　「摇」明刻本作「招」。職官分紀卷一九亦作「招」。

〔一〇〇〕圖畫先賢像　原脱「畫」，據北宋本、傅校本、遞修本、明刻本補。

徐庭雲點校　王文錦覆校

通典卷第二十六

職官八

諸卿中

鴻臚卿丞　主簿　典客署　司儀署

司農卿丞　主簿　上林署　太倉署　鉤盾署　導官署　苑總監　諸倉監　司竹監　温泉湯監　諸屯監　騻粟都尉等官　典農中郎將等官

太府卿丞　主簿　諸市署　平準署　左右藏署　常平署

祕書監丞　祕書郎　祕書校書郎　祕書正字　著作郎　佐郎　校書郎正字附　太史局令　丞

殿中監丞　尚食、尚藥、尚衣、尚舍、尚乘、尚輦等局奉御、直長

鴻臚卿丞　主簿　典客署　司儀署

周官大行人，掌大賓客之禮。周禮又有象胥。干寶注云：「若晉鴻臚也。」秦官有典客，掌諸侯及

歸義蠻夷。史記曰：「韓信亡楚歸漢，爲連敖。」徐廣注云：「連敖，典客。」漢改爲鴻臚。應劭曰：「郊廟行禮，贊導九賓。鴻，聲也；臚，傳也。」所以傳聲贊導，故曰鴻臚。景帝中二年，〔一〕令諸侯王薨、列侯初封及之國，大鴻臚奏謚、誄、策，應劭曰：〔二〕「皇帝延諸侯王，賓王諸侯，〔三〕皆屬大鴻臚。故其薨，奏其行跡，賜與謚及哀策誄文。」〔四〕列侯薨及諸侯太傅初除之官，大行奏謚、誄、策。周禮有大行人、小行人，主謚官，故以名之。臣瓚曰：「大行是官名，掌九儀之制，以賓諸侯者。」顔師古曰：「事之尊重者遣大鴻臚，而輕賤者遣大行人。」中六年，改大鴻臚爲大行令。武帝太初元年，更名大鴻臚，又更名其屬官行人爲大行令。其屬官又有郡邸長丞，主諸郡之邸在京師者。至後漢省，但令郎理郡邸。秦時又有典屬國官，掌蠻夷降者。漢因之，成帝河平元年省之，并大鴻臚。王莽改曰典樂。後漢大鴻臚卿一人。諸王入朝，當郊迎，典其禮儀及郡國上計，餘職與漢同。凡皇子拜王，贊授印綬。及拜諸侯、諸侯嗣子及四方夷狄封者，臺下鴻臚召拜之。王薨，則使弔之及拜王嗣。〔五〕郭況爲大鴻臚，帝數賜金帛，京師號況家爲「金穴」，言富實也。陳紀字元方，拜大鴻臚，卒官。父寔爲太丘長，子羣爲三公。天下以爲公慙卿，卿慙長。魏及晉初皆有之。魏韓宣字景然，爲大鴻臚。始，南陽韓曁以宿儒在宣前爲大鴻臚。〔六〕及宣在官，亦稱職。故鴻臚中爲之語曰：「大鴻臚，小鴻臚，前後理行曷相如。」〔七〕自東晉至於宋、齊，有事則權置兼官，畢則省。梁除大字，但曰鴻臚卿，位視尚書左丞，常導護贊拜。職官録曰「舊視散騎常侍，天監中，視中丞、吏部。」後魏曰大鴻臚。北齊曰鴻臚寺，有卿、少卿各一人，亦掌蕃客朝及吉凶弔祭。後周司寇有蕃部中大夫，掌諸侯朝覲之敍；有賓部中大夫，掌大賓客之儀。隋文帝開皇三年，廢鴻臚寺入太常，十二年復置。領典客、司儀、崇玄三署。至煬帝，置少卿二人。大唐龍朔二年，改鴻臚爲同文，〔八〕咸亨初復舊。光宅初改爲司賓，神龍初復舊。卿一人，掌賓客、凶儀之事及册諸蕃。少卿本一員，景雲二年加一員，領典客、司儀二署，署各有令。

丞：秦曰典客丞，漢爲鴻臚丞，蕭望之爲之。魏晉亦然。王敦爲鴻臚卿，謂阮修曰：「卿常無食，鴻臚差有禄，〔九〕能作否？」修遂爲丞。梁、陳、後魏、北齊皆有之。後周曰賓部上士。隋如北齊。大唐因之，有二人。

主簿一人。

典客署：周官有掌客上士、中士。秦官有典客。漢改爲鴻臚，鴻臚屬官有大行令、丞。本名行人，武帝改爲大行令、丞。魏改大行令爲客館令，晉改爲典客。宋分置南北客館令，齊、梁、陳皆有客館令、丞。後魏初曰典客監，太和中置主客令。北齊有典客署。後周置東南西北四掌客上士、下士。〔一○〕隋初又曰典客署，置令、丞，煬帝改爲典蕃署。大唐爲典客署，置令、丞各一人，掌二王後、蕃客辭見、宴接、送迎及在國夷狄。

司儀署：周官有司儀上士、中士，漢大鴻臚有理禮郎，自後無聞。後魏置司儀官。北齊置署令、丞。後周置上士等員。隋如北齊。大唐因之，置令、丞各一人，掌凶事儀式及喪葬之事。

司農卿

丞　主簿　上林署　太倉署〔一一〕　鉤盾署　導官署　苑總監〔一二〕　諸倉監　司竹監　溫泉湯監　諸屯監　騪粟都尉等官　典農中郎將等官

少皞氏以九鳸爲九農正。鳸，鳥也。鳸有九種，以爲農號，各隨其宜，以教人事。舜攝帝位，命弃爲后稷。周則爲太府下大夫。秦爲理粟内史，掌穀貨。漢景帝更名大農令，武帝太初初，〔一三〕更名大司農。掌九穀六畜之供膳羞者，見宋志。漢書曰「主穀貨」。凡郡國諸倉、農監、都水六十五官皆屬焉。毋將崇字君房，〔一四〕爲執金吾。上發武庫兵送董賢及乳母，崇以爲：「武庫兵器，天下公用，繕修造作，皆度大司農錢。自乘輿不以給供養，勞賜一出少府，蓋不以本藏給末用，不以人力供私費也。」王莽改曰羲和，後更爲納言。後漢大司農掌諸錢穀金帛，鄭弘字巨君，遷大司農，在位一月，料遣諸徒，歲月已過，竟者七百餘人。弘舉吏黄固爲尚書，〔一五〕謂弘曰：「舊常一歲不能遣數百人，明府一月而遣且千人，何其多能也？」〔一六〕弘曰：「不應一人爲多，宜遣萬人爲少。」又鄭玄爲大司農，給安車一乘，卒官。又劉據爲大司農，以職事被譴，靈帝召詣尚書，〔一七〕傳呼促步，將加捶撻。尚書令左雄奏曰：「九卿位亞三公，行有佩玉之節，動有庠序之儀。孝明永平始加扑罰，〔一八〕非古典也。」帝從之，九卿於此始免捶扑。又鄭衆字仲師，徵爲大司農。是時，朝廷議欲改弊農田、鹽鐵事，衆諫以爲不可，詔切責，至被舉劾，衆執之不移。郡國四時上月旦見錢穀簿，其逋未畢，各具別之。邊郡諸官請調度者，皆爲給報，〔一九〕損多益寡，取相給足。初，郡國鹽官、鐵官並屬司農，中興皆屬郡縣。建安中爲大農。魏黃初元年，又改爲司農。大司農桓範出奔，謂曹爽曰：「大司農印在吾手，所在得開倉而食。」範爲司農，以清省稱。晉初因之，渡江，哀帝末，省司農并都水，孝武復置。宋、齊皆有之。梁司農卿位視散騎常侍，主農功倉廩。陳因之。後魏曰大司農。北齊曰司農寺，有卿、少卿各一人，掌倉市薪米、〔二〇〕園池果實。後周有司農上士一人，掌三農、九穀、稼穡之政令，屬大司徒。隋初與北齊同，煬帝置少卿二人。潁川太守趙元淑入朝，會司農不時納諸郡租穀，元淑奏之。煬帝曰：「如卿意者，幾時當了？」元淑曰：「不過十日。」即日，拜元淑爲司農卿，納天下租，如言而畢。大唐龍朔二年，改司農爲司稼，咸亨初復舊。卿一人，少卿二人。掌東耕供進耒耜及邦國倉儲之事，領上林、太倉、鉤盾、導官四署。署各有令、丞。

丞：秦曰理粟內史丞，有二人。漢爲大司農丞，亦二人，或謂之中丞。耿壽昌爲大司農中丞，奏設常平倉，給北邊，省轉漕。又桑弘羊爲大司農中丞，管諸計會事。〔二一〕平帝又置大司農部丞十三人，人部一州，勸農桑。後漢司農丞一人，部丞一人。部丞，主帑藏。魏晉因之，銅印黃綬，宋齊以來墨綬。進賢一梁冠，介幘皁衣。後魏、北齊皆有司農丞。隋置五人。大唐六人。

主簿：晉太康中置，自後無聞。梁、陳又有。北齊亦然。大唐因之。

上林署：漢水衡都尉之職，說在都水篇。後漢曰上林苑令、丞，主苑中禽獸。頗有人居，〔二二〕皆主之。魏晉因之，江左無聞。宋初復置，隸尚書殿中曹。齊因之。梁、陳屬司農。北齊及隋亦然。大唐因之，有令二人，丞四人，掌諸苑囿、池沼、種植、蔬果、藏冰之事。

太倉署：於周官有廩人下大夫、上士。秦官有太倉令、丞。漢因之，屬大司農。後漢令主受郡國傳漕穀，其滎陽敖倉官，中興皆屬河南尹。歷代並有之。晉江左以來，又有東倉、石頭倉，丞各一人。北齊亦然。後周曰司倉下大夫。隋有令二人，丞六人。大唐有令三人，丞二人，掌倉廩出納。

鉤盾署：漢鉤盾令，宦者，典諸近園苑遊觀之事，〔二三〕屬少府。後漢亦有之。晉大鴻臚屬官有鉤盾令，自後無聞。北齊如晉制。隋如北齊，令三人，丞十二人。大唐因之，令二人，丞四人，掌薪炭、鵝鴨、藪澤之物。天寶五載九月，待御史楊釗充木炭使，〔二四〕自後相循，或以京尹，或以户部侍郎爲。〔二五〕

導官署：導，擇。周有舂人。秦漢有令、丞，屬少府。漢東京令、丞主舂御米及作乾糒，糒音備。屬大司農。歷代皆有之。大唐置令二人，丞四人，掌舂碾米麪油燭之事。

苑總監：自隋而置，東西南北各有監及副監。大唐因之，兼有丞、主簿等官，以掌苑内宮館園池之事。

諸倉監：後漢河南尹屬官有滎陽穀倉長、丞。梁司農有左中右三部倉丞，陳因之。隋諸倉各有監官。大唐因之，掌倉廩出納。

司竹監：漢有司竹長、丞。魏晉河南淇園竹各置官守之。後魏有司竹都尉。隋曰司竹監。大唐因之，有監、副監、丞，掌植養園竹之事。

溫泉湯監、令：大唐置，掌湯院宇，修整器物，以備供奉。

諸屯監：隋置諸屯監及副監，畿內者隸司農，自外者隸諸州。大唐因之，置監及丞，掌營種屯田、句當功課畜産等事。

騪粟都尉、騪音搜，搜，索也。〔二六〕漢武帝軍官，不常置。又有理粟都尉，以桑弘羊爲之。均輸令、漢有之，後漢省。斡官長、漢有之。如淳曰：「斡音管，或作幹。斡，主也。〔二七〕主均輸之事，所謂斡鹽鐵而榷酒酤也。」晉灼曰：「此竹箭幹之官長也。均輸自有令。」顔師古曰：「如説近是也。縱作幹讀，當以幹持財貨之事耳，非謂箭幹也。」初，斡官屬少府，中屬主爵，後屬大司農。籍田令。掌耕國廟、社稷之田。於周爲甸師。漢文帝初立籍田，置令。漢東京及魏並不置。晉武泰始十年復置，江左省。宋文帝元嘉中，又置。

典農中郎將、典農都尉、典農校尉、並曹公置。晉武帝泰始二年，罷農官爲郡縣，後復有之。隋煬帝罷典農官。勸農謁者。梁武天監九年置，視殿中御史。自騪粟以下，盡屬司農，今並無。

太府卿丞　主簿　諸市署　平準署　左右藏署　常平署

周官有太府下大夫，掌貢賦之貳，受其貨賄之入，頒其貨賄於受藏之府。歷代不置，然其職在司農、少府。至梁天監七年，置太府卿，位視宗正，掌金帛府帑及關津市肆。陳因之。後魏太和中，改少府爲太府卿，〔二八〕兼有少卿，掌財物庫藏。王顯謂楊固曰：「吾作太府卿，庫藏充實。」固曰：「減百官之禄及贓贖悉入京藏，以此充府，未足爲多。且『有聚斂之臣，寧有盜臣』。」北齊曰太府寺，亦有卿、少卿各一人，又兼掌造器物。後周有太府中大夫，掌貢賦貨賄，以供國用，屬大冢宰。隋初與北齊同，所掌左右藏及尚方、司染、甄官等署。煬帝置少卿二人，又分太府寺置少府監，管尚方、織染等署，而太府但管京都市及平準、左右藏。〔二九〕大唐龍朔二年，改太府爲外府，咸亨元年復舊。光宅元年，改爲司府，神龍元年復舊。卿一人，少卿二人。龍朔元年，置少卿二人，分監兩都事。太極元年，又加一人。領兩京諸市、平準、左右藏、常平等九署，〔三〇〕署各有令、丞。

丞：於周官爲太府上士之任，自後無聞。梁太府丞一人，〔三一〕陳因之。後魏、北齊各一人。後周曰太府上士。隋又曰府丞。大唐因之，有四人。

主簿：亦周官太府下士之任，自後無聞。梁置一人，陳因之。後魏亦然。隋置四人。

大唐因之，減一人。

諸市署：周官有司市下大夫，掌市之理。漢京兆尹屬官有長安市長、丞，後漢則河南尹屬官雒陽市長、丞。魏晉因之，東晉則丹陽尹管之。宋、齊因之。梁始隸太府，陳因之。後魏有京邑市令。北齊則司州牧領東西市令、丞。〔三二〕後周司市下大夫。隋初，京市令、丞屬司農，煬帝改隸太府。大唐因之，每市令一人，丞二人。

平準署：周官有賈人中士、下士，〔三三〕主平定物價。秦置平準令。漢因之，掌知物價及主練染，作彩色。趙廣漢，州舉茂才，爲平準令。後漢平準令、丞隸大司農，熹平四年，〔三四〕改平準爲中準，使宦者爲之，列於內署。自是諸署，悉以閹人爲令、丞。晉少府屬官有平準令。〔三五〕宋唯掌染，順帝即位，以帝諱準，故曰染署。齊又曰平準，屬少府。梁、陳則曰平水令、丞。北齊平準屬司農。後周曰平準中士、下士。隋初如北齊，煬帝改隸太府。大唐因之，令二人，丞四人，掌官市易。

左、右藏署：周官有職幣上士、中士，掌邦財之幣；又外府中士，主泉藏；有玉府，掌王之金玉、兵器之藏；內府中士，主貨賄，藏在內也；職內上士，主泉貨所入：蓋其任也。後漢少府屬官有中藏府令、丞。〔三六〕魏因之。晉有左、右藏令，屬少府。晉江東置御史，掌庫曹，後分庫曹曰外左庫、內左庫。至宋省外左庫，而內左庫直曰左庫。齊、梁、陳曰右藏。

北齊曰左、右藏令，屬太府寺。後周曰外府上士、中士。隋如北齊。大唐因之，置左藏署令三人，掌庫藏錢、布帛、雜綵。右藏署令二人。掌銅鐵、毛角、玩弄之物，金玉、珠寶、香、畫、綵色、諸方貢獻雜物。

常平署：漢宣帝時，耿壽昌請於邊郡皆築倉，穀賤時增價而糴，貴時減價而糶，名曰常平倉。常平之名，起於此也。後漢明帝置常滿倉。晉又曰常平倉，自後無聞。梁亦曰常平倉，而不糴糶。陳因之。後魏太和中，雖不名曰常平，亦各令官司糴貯，儉則出糶。隋曰常平倉。大唐武德中，置常平監官，以均天下之貨。市肆騰踊則減價而出，田嗇豐羨則增糴而收，觸類長之。後省監，置常平署令一人，掌倉糧管鑰，出納糴糶。凡天下倉廩，和糴者爲常平倉，正租爲正倉，地子爲義倉。天寶八年，通計天下倉糧屯收并和糴等見數，凡一億九千六百六萬二千二百二十石。

祕書監

丞　祕書郎　祕書校書郎〔三七〕　祕書正字　著作郎　佐郎　校書郎正字附〔三八〕　太史局今　丞

周官太史掌建邦之六典；又有外史，掌四方之志、三皇五帝之書。漢氏圖籍所在，有石渠、石室、延閣、廣内，貯之於外府。又有御史中丞居殿中，掌蘭臺祕書及麒麟、天祿二閣，藏之於内禁。後漢圖書在東觀，桓帝延熹二年，始置祕書監一人，掌典圖書古今文字，考合同異，屬太常，以其掌圖書祕記，故曰祕書。後省。魏武帝又置祕書令，典尚書奏事。即中書令之任。文帝黄初初，乃置中書令，典尚書奏事，而祕書改令爲監，掌藝文圖籍之事。初屬少府，後乃不屬。自王肅爲監，乃不屬。其蘭臺亦藏書籍，而御史掌之。魏薛夏云：「蘭臺爲外臺，秘書爲內閣。」晉武帝以祕書併入中書省，其祕書著作之局不廢。惠帝永平中，復別置祕書監，并統著作局，掌三閣圖書。自是祕書之府，始居於外。其監，銅印墨綬，進賢兩梁冠，絳朝服，佩水蒼玉。華嶠爲祕書監，南省文章、門下撰集皆統之。嶠集謝祕書監表曰：「劉向父子，世典史籍，馬融博通，三入東觀，非臣庸賤所敢投跡。」華譚爲祕書監，自負宿名，意甚不快，曰：「臣老矣，將待死祕閣。〔三九〕汲黯之言，復存於今日。」上不悅。温嶠表曰：「國史之興，將明得失，使一代之典，煥然可觀。」今之祕書著作是也。宋與晉同，梁曰祕書省。任昉字彦昇，爲祕書監。自齊永元以來，祕閣四部，篇卷紛雜，昉手自讐校，由是篇目定焉。陳因之。後魏亦有之。後周祕書監亦領著作，監掌國史。説在祕書丞注。隋祕書省領著作、太史二曹。煬帝增置少監一人，後又改監、少監並爲令。大唐武德初，復改爲監。龍朔二年，改祕書省爲蘭臺，改監爲太史，少監爲侍郎，咸亨初復舊。天授初，改祕書省爲麟臺，神龍初復舊。掌經籍圖書，監國史，領著作、太史二局。太極元年，增祕書少監爲二員，通判省事。其後國史、太史分爲别曹，而祕書省但主書寫勘校而已。漢初，御史中丞掌蘭臺祕書圖籍之事，至魏晉，其制猶存。故歷代營都邑，置府寺，必以祕書省及御史臺爲鄰。雖非要劇，然好學君子，亦求爲之。魏徵後爲祕書監，奏引學者校定四部書，自是祕府圖籍，燦然畢備。

丞：魏武帝置祕書令及丞一人，典尚書奏事。後文帝黃初中，欲以何禎爲祕書丞，〔四〇〕而祕書先自有丞，乃以禎爲祕書右丞。文帝徵何禎，至爲祕書郎，月餘，禎因事，〔四一〕帝令問外曰：「吾本用禎爲丞，何故爲郎？」按主者罪，遂改爲丞。時祕書舊丞尚未轉，乃以禎爲右丞。其後遂有左右二丞，劉放爲左丞，孫資爲右丞，後省。魏薛夏字宣聲，爲祕書丞，帝常與推論書傳，呼之不名，謂之「薛君」。晉復置祕書丞，銅印墨綬，進賢一梁冠，絳朝服。嵇紹、司馬彪、傅暢、王謐等並爲此官。宋爲黃綬，餘與晉同。齊、梁尤重。齊王儉字仲寶，爲祕書丞，上表求校墳籍，依七略撰七志四十卷，獻之。梁劉孝綽除祕書丞，武帝曰：「第一官當與第一人。」又張率字士簡，吳郡人，遷祕書丞。武帝曰：「祕書丞天下清官，東南胄緒未有爲之者，今以相處，卿定有名稱也。」陳、隋印綬與齊同，歷代皆有。後周柳虯爲祕書丞，時祕書雖領著作，不參史事，因虯爲丞，始令監掌焉。〔四二〕大唐龍朔二年，改爲蘭臺大夫，咸亨初復舊。掌府事，勾稽省署抄目。

祕書郎：後漢馬融字季長。爲祕書郎，詣東觀典校書。及魏武建國，又置祕書郎，嘗以劉劭爲之，〔四三〕出乘鹿車。王肅表曰：〔四四〕「臣以爲祕書職於三臺爲近密，中書郎在尚書丞、郎上，祕書丞、郎宜次尚書郎下，不然則宜次侍御史下。祕書丞、郎俱四百石，遷宜比尚書郎，出亦宜爲郡，此陛下崇儒術之盛旨也。尚書郎、侍御史皆乘犢車，而祕書丞、郎獨乘鹿車，〔四五〕不得朝服，又恐非陛下轉臺郎以爲祕書丞、郎之本意也。」晉祕書郎掌中外三閣經書，校閱脫誤。進賢一梁冠，絳朝服。亦謂之郎中。武帝分祕書圖籍爲甲乙丙丁四部，使祕書郎中四人各掌其一。左太沖爲三都賦，自以所見不博，求爲祕書郎中。又鄭默字思元，爲祕書郎，删省舊文，除其浮穢。中書令虞松曰：「而今而後，朱紫別矣。」鍾會、左太沖、劉隗等並爲此官。宋、齊祕書郎皆四員，尤爲美職，皆爲甲族起家之選，待次入補，其居職，例十日便遷。〔四六〕宋王敬弘子恢之，召爲祕書郎，敬弘爲求奉朝請，〔四七〕與恢之書曰：「祕書日有限，〔四八〕故有競，朝請無限，故無競。吾欲使汝處無競之地。」文帝許之。梁亦然。張纘字伯緒，爲祕書郎，固求不遷，欲徧觀閣内圖籍。自齊、梁之末，多以貴遊子弟爲之，無其才實。當時諺曰：「上車不落則著作，〔四九〕體中何如則祕書。」歷代皆有，北齊又謂之郎中，隋除「中」字，亦四員。大唐亦四員，分掌四部經籍圖書，分判校寫功程事。龍朔中，改爲蘭臺郎，咸亨初復舊。開元二十八年減一員。

祕書校書郎：漢之蘭臺及後漢東觀，皆藏書之室，亦著述之所。多當時文學之士，使讎校於其中，故有校書之職。初，漢成帝時已命光禄大夫劉向於天禄閣校經傳、諸子、詩賦，步兵校尉任宏校兵書，太史令尹咸校數術，太醫令李柱國校方伎。〔五〇〕後以諸大夫揚雄等亦典校於其中。後於蘭臺置令史十八人，秩百石，屬御史中丞。又選他官入東觀，皆令典校祕書，或撰述傳記，後漢明帝以班固爲蘭臺令史，撰光武本紀及諸傳記。又以傅毅爲蘭臺令史，與班固、賈逵共典校書。〔五一〕蓋有校書之任，而未爲官也，故以郎居其任，則謂之校書郎。明帝召班固詣校書部，除蘭臺令史，後遷爲郎，典校祕書。又劉珍與校書郎劉騊駼、馬融校定東觀五經、傳記、百家、藝術，整齊脱誤，定正文字。〔五二〕又楊終字子山，徵詣蘭臺，拜校書郎。又竇章爲東觀校書郎。騊，徒刀切。駼，大呼切。以郎中居其任，則謂之校書郎中。後漢蔡邕拜郎中，校書東觀。又馬融爲校書郎中，詣東觀典校祕書。當時重其職，故學者稱東觀爲老氏藏室，道家蓬萊山焉。至魏，始置祕書校書郎。晉、宋以下無聞。至後魏，有祕書校書郎。北齊亦有校書郎。後周有校書郎下士十二人，屬春官之外史。隋校書郎十二人，煬帝初，減二人，尋更增爲四十人。大唐置八人，掌讎校典籍，爲文士起家之良選。其弘文、崇文館，著作、司經局，並有校書之官，皆爲美職，而祕書省爲最。

祕書正字：後漢桓帝初置祕書監，掌圖書古今文字，考合同異。其後監令掌圖籍之紀，監述作之事，不復專文字之任矣。今之正字，蓋令、監之遺職，校書之通制。歷代無聞。齊集書省有正書。北齊祕書省有正字。隋置四人。大唐因之，掌刊正文字，其官資輕重與校書郎同。貞元八年，割校書四員，正字兩員，屬集賢殿。

著作郎：漢東京圖書悉在東觀，故使名儒碩學入直東觀，撰述國史，謂之著作東觀，皆以他官領焉，蓋有著作之任，而未爲官員也。蘭臺令史班固、傅毅，睢陽令陳宗，〔五三〕長陵令尹敏，司隸從事孟異及楊彪等，〔五四〕並著作東觀。魏明帝太和中，始置著作郎官，隸中書省，專掌國史。衞覬字伯儒，以侍中尚書典著作。晉元康二年，詔曰：「著作舊屬中書，而祕書既典文籍，〔五五〕宜改中書著作爲祕書著作。」於是改隸祕書，後別自置省，謂之著作省。而猶隸祕書。著作郎一人，謂之大著作，專掌史任。李充字弘度，爲大著作。於時典籍混亂，充刪除煩重，分作四部，祕閣以爲永制。又曰：荀勖以中書監、孫盛以祕書監並領著作。孫綽以散騎常侍及陳壽並爲大著作。又應亨祖嘉讓著作表曰：〔五六〕「自司隸校尉奉至臣父，五代著作不絶，〔五七〕邦族以爲美談。」進賢兩梁冠，介幘，絳朝服。王隱待詔著作，單衣介幘，月朔詣於著作省，亦其任也。宋、齊與晉同。梁制一梁冠，而無印綬。以上並大著作。

魏氏又置佐著作郎，亦屬中書。晉佐著作郎八人，進賢一梁冠，絳朝服。祕書監自調補之。太元四年詔：「祕書無監，使吏部選佐著作郎，有監復舊。」又閣纂集云：〔五八〕「鄒湛謂祕書監華嶠曰：〔五九〕『閣纂可佐著作。』嶠曰：『此職閒重，勢貴多爭，〔六〇〕不暇求才。』」按此則大著作亦監自調也。〔六一〕晉制，佐著作郎始到職，必撰名臣傳一人；宋初，以國朝始建，未有合撰者，其制遂廢矣。宋、齊以來，遂遷「佐」於下，謂之著作佐郎，亦掌國史，集注起居。梁初，周捨、裴子野皆以他官領其職，冠制與大著作同。〔六二〕陳氏爲令、僕子起家之選。後魏有著作郎、佐郎。北齊有著作郎、佐郎各二人。後周有著作上士二人，中士四人，掌綴國録，屬春官之外史。隋於祕書省置著作曹，著作郎二人，佐郎八人，煬帝加佐郎爲十二人。大唐爲著作局，置著作郎二人，佐郎四人，開元二十六年，減佐郎二員。亦屬祕書省。自宋以後，國史悉屬祕書。龍朔二年，改著作郎爲司文郎中，佐郎爲司文郎，咸亨初復舊。初，著作郎掌修國史及製碑頌之屬，分判局事，佐郎貳之，徒有撰史之名，而實無其任，其任盡在史館矣。其屬官有校書郎二人，後魏著作省置校書郎，北齊著作亦置校書郎二人，隋亦同，掌讎校書籍，若本局無書，兼校本省典籍。正字二人。隋著作曹置正字二人，今減一人，掌同校書。

太史局令：昔少皞以鳥名官，其鳳鳥氏爲曆正。至顓頊，命南正重以司天，北正黎以司地。唐虞之際，羲氏、和氏紹重、黎之後，代序天地。夏有太史終古者，當桀之暴，知其將亡，乃執其圖法而奔於殷。殷太史高勢見紂之亂，載其圖法出奔於周。周官太史掌建邦之六典，正歲年以序事，頒告朔於邦國。魯昭公二年，晉韓宣子聘魯，觀書於太史氏，見易象與魯春秋，曰：「周禮盡在魯矣。」又有馮音憑，下同。相氏視天文之次序，保章氏掌天文之變。〔六三〕當周宣王時，太史官失其守，而爲司馬氏，司馬氏世典周史。惠、襄之閒，司馬氏適晉，周惠王、襄王有子頹、叔帶之難，故司馬氏奔晉。晉中軍隨會奔秦，而司馬氏入梁。〔六四〕晉太史屠黍見晉之亂，以其圖法歸周。秦爲太史令。胡毋敬之爲太史令，作博學七章。〔六五〕漢武置太史公，以司馬談爲之，位在丞相上，天下計書，先上太史，副上丞相。談卒，其子遷嗣之。遷死後，宣帝以其官爲令，行太史公文書而已。瓚曰：「百官表無太史公。茂陵中書司馬談以太史丞爲太史令也。」張壽王亦爲太史令。後漢太史令掌天時、星曆；凡歲將終，奏新年曆；凡國祭祀、喪娶之事，掌奏良日及時節禁忌；國有瑞應、災異，則掌記之。張衡字平子，爲太史令，造渾天儀，鑄銅爲之。獻帝時，太史令王立曰：「前太白守天關，與熒惑會，金火交會，革命之象。漢祚終矣，晉魏必有興者。」後數言於帝曰：「天命有去就，五行不常盛，伏火者土，〔六六〕承漢者魏，能安天下者曹姓，惟委任曹氏而已。」曹公聞之，使人語立曰：「知公忠於朝廷，天道深遠，幸勿多言。」秦漢以來，太史之任，蓋併周之太史、馮相、保章三職。自漢、晉、宋、齊，並屬太常，銅印墨綬，進賢一梁冠，絳朝服。梁、陳亦同。後魏、北齊皆如晉、宋。隋曰太史曹，置令、丞各二人，而屬祕書省。煬帝又改曹爲監，有令。大唐初，改監爲局，置令。龍朔二年，改太史局爲祕書閣，改令爲郎中，丞爲祕書閣郎。咸亨初復舊。初屬祕書省，久視元年，改爲渾天監，不隸麟臺，改令爲監，置一人，其年又改爲渾儀監。長安二年，復爲太史局，又隸麟臺，其監復爲太史局令，置二人。景龍二年，復改局爲監，而令名不易，不隸祕書。開元二年，復改令爲監，改一員爲少監。十四年，復爲太史局，置令二人，復隸祕書。後又改局爲監。乾元元年，又改其局爲司天臺，掌天文曆數，風雲氣色，有異則密封以奏。其次小吏，有司曆、保章正、靈臺郎、挈壺正等，官各有差。

丞二人：司馬彪續漢志云，太史有「丞一人」。魏以下歷代皆同。隋置二人，煬帝減一人。大唐初，不置丞，久視初，改爲渾儀監，始置丞二人，長安二年又省，景龍二年復置。

初，儀鳳四年五月，太常博士、檢校太史姚玄辯奏於陽城測影臺，〔六七〕依古法立八尺表，〔六八〕夏至日中測影有尺五寸，正與古法同。調露元年十一月，於陽城立表，冬至日中測影，得丈二尺七寸。〔六九〕

開元十二年四月，命太史監南宮說及太史官大相元太等馳傳往安南、朗、蔡、蔚等州測候日影，迴日奏聞。數年伺候，及還京，僧一行一時校之，安南景，北極高二十一度六分，冬至日影七尺九寸四分，春秋二分影二尺九寸三分，夏至影在表南三寸三分。測影使者大相元太云：「交州望極，纔出地二十餘度。以八月自海中南望，老人星殊高。老人星下，衆星粲然，其明大者甚衆，圖所不載，莫辨其名。大率去南極二十度以上，其星皆見，乃自古渾天家以爲常没地中，伏而不見之所也。」蔚州橫野軍，北極高四十度，冬至影丈五尺八寸九分，春秋二分影六尺二分，〔七〇〕夏至影在表北二尺二寸九分。此二所爲中土南北之極。其朗、〔七一〕襄、蔡、許、河南府、汴、滑、太原等州，各有使往，並差不同。一行以南北日影校量，用句股法算之，云大約南北極相去纔八萬餘里。其諸州測影尺寸如左：

林邑國，北極高十七度。〔七二〕冬至，影在表北六尺九寸；定春秋分，影在表北二尺六寸五分；〔七三〕夏至，影在表南五寸七分。

安南都護府，北極高二十一度六分。〔七四〕冬至，影在表北七尺九寸四分；定春秋分，影在表北二尺九寸三分；夏至，影在表南三寸三分。

朗州武陵，北極高二十九度五分。冬至，影在表北丈五寸三分；定春秋分，影在表北四尺四寸七分；〔七五〕夏至，影在表北七寸七分。

襄州，恆春分，影在表北四尺四寸。〔七六〕

蔡州武津館，北極高三十三度八分。冬至，影在表北丈二尺三寸八分；定春秋分，影在表北五尺二寸八分；夏至，影在表北尺三寸六分。

許州扶溝，北極高三十四度三分。冬至，影在表北丈二尺五寸五分；〔七七〕定春秋分，影在表北五尺三寸七分；夏至，影在表北尺四寸四分。

河南府告成，北極高三十四度七分。冬至，影在表北丈三尺七寸一分；〔七八〕定春秋分，影在表北五尺四寸五分；夏至，影在表北尺四寸九分。

汴州浚儀太嶽臺，北極高三十四度八分。冬至，影在表北丈二尺八寸五分；定春秋分，影在表北五尺五寸；夏至，影在表北尺五寸三分。

滑州白馬，北極高三十五度三分。冬至，影在表北丈三尺；定春秋分，影在表北五尺五寸六分；〔七九〕夏至，影在表北尺五寸七分。

太原府，恆春分，影在表北六尺。

蔚州橫野軍，北極高四十度。冬至，影在表北丈五尺八寸九分；定春秋分，影在表北六尺六寸二分；〔八〇〕夏至，影在表北二尺二寸九分。

殿中監 丞 尚食、尚藥、尚衣、尚舍、尚乘、尚輦等局奉御、直長

魏置殿中監官，晉、宋並同。齊有內外殿中監各八人，梁、陳因之，其資品極下。後魏亦有殿中監。北齊有殿中局，置監四人，屬門下省，掌駕前奉引。隋改爲殿內局，置監二人。大業三年，分門下、太僕二司，取殿內監名，以爲殿內省，有監、少監、丞各一人，掌諸供奉，領尚食、尚藥、尚衣、尚食即舊御府。尚舍、即舊殿中局。尚乘、領左右六閑及諸閑。尚輦等六局。漢儀注曰：「省中有五尚，即尚食、尚冠、尚衣、尚帳、尚席。」或云：「秦置六尚，謂尚冠、尚衣、尚食、尚沐、尚席、尚書，若今殿中之任。」每局各置奉御二人以總之，置直長以貳之，屬門下省。大唐改爲殿中省，加置少監二人，〔八二〕丞亦二人。其官局職任，一如隋制，爲一司，不屬門下。龍朔二年，改殿中省爲中御府，改監爲中御大監、少監，改丞爲中御大夫，改尚食爲奉膳，尚藥爲奉醫，尚衣爲奉冕，尚舍爲奉扆，尚乘爲奉駕，尚輦爲奉輦，凡奉御皆改爲大夫。咸亨初復舊。

丞：隋置一人。大唐加一人。

尚食局奉御：始秦置六尚，有尚食焉。如淳曰：「謂掌天子之物曰尚。」後漢以後，并其職於太官、湯官。北齊門下省又有尚食局，置典御二人。後周有內膳上士、中士，凡進食，先嘗之。隋分屬殿內，改典御爲奉御，有二人。大唐因之，龍朔二年，改爲奉膳大夫，咸亨初復

舊。直長：隋置六人，大唐因之，減置五人。

尚藥局奉御：自梁、陳以後，皆太醫兼其職。北齊門下省有典御二人。隋如北齊之制，後改爲奉御，而屬殿內。大唐因之，龍朔二年，改爲奉醫大夫，咸亨初復舊。直長：隋置四人，大唐因之。

尚衣局奉御：周官有司服中士，掌王之服，辨其名物。戰國有尚衣、尚冠之職。秦漢有御府令、丞，掌供御服，而屬少府。後漢又掌宦者，典官婢，作中衣服。魏因之。晉屬光祿勳，江東省。宋大明中，改尚方曰左右御府，各置令、丞一人。後廢帝初，省御府，置中署，隸右尚方，其後又置。初，宋氏用三品勳位，明帝改用二品，準南臺御史，掌金銀綵帛，凡諸造作以供奉及妃主六宮。梁、陳其職隸在尚方。後魏有掌服郎。北齊門下省統主衣局，都統、子統各二人。後周有司服上士二人，中士二人。隋分屬殿內省，其後又改爲尚衣局，置奉御二人。大唐因之，龍朔二年，〔八二〕改爲奉冕大夫，咸亨元年復舊。直長：隋置八人，大唐因之，減二人。

尚舍局奉御：周禮有掌舍，掌行所解止之處，帷幕幄帟之事。〔八三〕漢少府屬官有守宮令、丞，掌宮殿陳設。魏殿中監掌帳設監護之事。晉、宋以下，其職並在殿中監。隋煬帝置殿內監，改殿內局爲尚舍局，置奉御二人。大唐因之，龍朔二年，改爲奉扆大夫，咸亨元年復舊。直長：隋置八人，大唐因之，而減二人。

尚乘局奉御：自秦漢以來，其職皆在太僕。北齊太僕驊騮署，有奉乘十人，〔八四〕管十二閑馬。隋煬帝取之，置尚乘局，署奉御二人。大唐因之，增置奉御四人。龍朔二年，改爲奉駕大夫，咸亨元年復舊。尚乘奉御掌六閑馬，一曰飛黄閑，二曰吉良閑，三曰龍媒閑，四曰騊駼閑，五曰駃騠閑，六曰天苑閑。開元中減二人。先是別置閑廄使，〔八五〕因隸焉，猶屬殿中。武太后萬歲通天二年五月，〔八六〕置杖内閑廄，令殿中丞袁懷哲檢校。〔八七〕至聖曆二年，〔八八〕改爲少監閑廄使，〔八九〕自後他官相循爲之。直長：隋置十四人，大唐減四人。

尚輦局奉御：〔九〇〕周官小司徒中大夫，掌六畜車輦。又宗伯巾車下大夫，掌王后之五輅輦車，組輓有翣羽蓋。古謂人牽爲輦。春秋宋萬以乘車輦其母。〔九一〕秦始皇乃去其輪而輿之，漢代遂爲人君之乘。後漢有乘輿六輦，魏晉小出則乘之。及過江左，孝武太元年中，謝安率意而作。及破苻堅得之，形制無差，大小如一，時人嗟其默識。〔九二〕宋武破慕容超，獲金鉦輦。古之輦輿，大率以六尺爲度。齊武帝造大小二輦輿，雕飾甚工，不下棡轅軛，〔九三〕悉金花銀獸。梁大輦中方八尺，左右開視，金鸞拱振。〔九四〕隋有六輦，大禮皆乘之。漢、魏、晉並太僕屬官，車府令掌之。東晉省太僕，遂隸尚書駕部。宋齊梁陳車府，乘黄令、丞掌之。後魏、北齊則乘黄、車府令兼掌之。後周則司車輅主之。隋又乘黄車府令、丞掌之，煬帝置殿内省尚輦局，奉御二人。大唐因之，龍朔二年改爲奉輦大夫，咸亨元年復舊。直長：

四人，隋置，大唐因之。

校勘記

〔一〕景帝中二年　原脱「中」，據漢書景帝紀一四五頁訂補。

〔二〕應劭　「劭」原訛「邵」，據諸本改。

〔三〕皇帝延諸侯王賓王諸侯　「延」原訛「建」，「王諸侯」原作「諸侯王」，據漢書景帝紀應劭注一四五頁及北宋本、傅校本、遞修本、明抄本、明刻本、王吴本改乙。

〔四〕哀策誄文　「文」原訛「之」，據漢書景帝紀應劭注一四五頁及明抄本、明刻本、王吴本改。

〔五〕王甍則使弔之及拜王嗣　原「使」字誤重，據後漢書百官志二三五八三頁删。

〔六〕韓曁以宿儒在宣前爲大鴻盧　「宿儒」三國志裴潛傳注引魏略六七五頁、北堂書鈔卷五四、初學記卷一二、御覽卷二三二均作「宿德」。

〔七〕前後理行㬎相如　「理」三國志裴潛傳注引魏略六七六頁作「治」，通典諱改。下「理禮郎」、「理粟内史」同。

〔八〕改鴻臚爲同文　「同」原訛「司」，據北宋本、傅校本、遞修本、明刻本改。按：唐六典卷一八、舊唐書職官志三一八八四頁均作「同」。

〔九〕鴻臚差有禄　晉書阮籍傳一三六七頁「臚」下有「丞」。

〔一〇〕後周置東南西北四掌客上士下士　「置」北宋本、傅校本、遞修本作「署」。下文「置」古本或有作「署」者，不具校。

〔一一〕太倉署　「署」原訛「著」，據諸本改。

〔一二〕苑總監　「監」原訛「署」，據諸本改。

〔一三〕武帝太初初　下「初」原作「元年」，據北宋本、傅校本、遞修本、明抄本、明刻本删改。

〔一四〕毋將崇　「崇」漢書本傳三二六三頁作「隆」，通典避玄宗諱改。

〔一五〕黄固　北堂書鈔卷五四作「范固」。

〔一六〕何其多能也　原脱「能」，據北宋本、傅校本、遞修本、明抄本、明刻本、王吴本補。

〔一七〕靈帝召詣尚書　「詣」原訛「諸」，據後漢書左雄傳二〇二二頁及北宋本改。

〔一八〕永平始加扑罰　「扑」原作「撻」，據北宋本改。

〔一九〕皆爲給報　「給報」後漢書百官志三五九〇頁作「報給」。

〔二〇〕掌倉市薪米　「米」隋書百官志中七五六頁作「菜」。

〔二一〕管諸計會事　「計會」漢書食貨志下一一六八頁作「會計」。

〔二二〕頗有人居　「人」後漢書百官志三五九三頁作「民」，通典避太宗諱改。

〔二三〕典諸近園苑遊觀之事　後漢書百官志三五九五頁「近」下有「池」，「事」作「處」。

〔二四〕木炭使　「木」原訛「水」，據諸本改。

〔二五〕或以戶部侍郎爲　「爲」原作「充」，據北宋本、傅校本、遞修本、明抄本、明刻本、王吳本改。

〔二六〕搜索也　「搜」原涉上而脱，據北宋本、傅校本、遞修本補。

〔二七〕斡主也　原脱，據漢書百官公卿表上如淳注七三一頁補。按：北宋本、傅校本、遞修本、明刻本作「幹也」，訛「幹」脱「主」。下「斡鹽鐵」、「斡官屬少府」，「斡」諸本均訛「幹」，並據如淳注改。

〔二八〕改少府爲太府卿　「改」上原有「又」，據北宋本、傅校本、遞修本、明抄本、王吳本刪。

〔二九〕而太府但管京都市及平準左右藏　隋書百官志下七九八頁「市」下有「五署」二字。

〔三〇〕領兩京諸市平準左右藏常平等九署　「九署」唐六典卷二〇、舊唐書百官志三一八八九頁作「八署」。八署者，謂京都四市、平準、左藏、右藏、常平也。然隋書百官志下七九八頁有「京都市五署」之語，通典「九署」，當有依據。

〔三一〕梁太府丞一人　北宋本、傅校本、遞修本、明抄本、明刻本無「府」字，王吳本無「丞」字。

〔三二〕司州牧領東西市令丞　北宋本、傅校本、遞修本、明抄本、明刻本、王吳本重「牧」字。

〔三三〕周官有質人中士下士　「質」原訛「貨」，據周官地官訂正。

〔三四〕熹平四年　「熹」原訛「嘉」，據後漢書靈帝紀三三七頁改。

〔三五〕晉少府屬官有平準令　「晉」原訛「魏」。按：晉書職官志、宋書百官志均不見「魏少府屬官有平準令」。晉志七三七頁記晉制有此文。唐六典卷二〇云：「魏氏闕文，晉少府屬官有平準令」。今據以訂改。

〔三六〕後漢少府屬官有中藏府令丞　原脱「後」字。按：漢書百官公卿表無「中藏府令丞」，後漢書百官志三三五九六頁有。唐六典卷二〇云：「後漢少府屬官有中藏府令丞各二人。」今據以訂補。

〔三七〕祕書校書郎　原脱「祕書」，據北宋本、傅校本、明抄本卷目補。下「祕書正字」同。

〔三八〕校書郎正字附　原脱「郎」，據正文增補。

〔三九〕將待死祕閣　原脱「待」，據晉書華譚傳一四五四頁、職官分紀卷一六補。

〔四〇〕欲以何禎爲祕書丞　「禎」原訛「楨」，據晉書職官志七三五頁及北宋本、傅校本、遞修本、明抄本、明刻本、王吴本改。下同。按：何楨、何禎俱魏人。何楨歷幽州刺史、廷尉，入晉爲尚書光禄大夫，見三國志卷一一裴注引文士傳三六三頁。何禎，明帝時爲祕書丞，見三國志劉劭傳裴注引廬江何氏家傳六二二頁。

〔四一〕禎因事　「因」唐六典卷一〇作「閱」，義長。

〔四二〕始令監掌焉　「令」原作「命」，據北宋本、傅校本、遞修本、明抄本、王吴本改。

〔四三〕劉劭　「劭」原訛「邵」，據三國志本傳六一七頁、職官分紀卷一六改。

〔四四〕王肅　「王」原訛「玉」，據諸本改。

〔四五〕而祕書丞郎獨乘鹿車　北宋本、傅校本、遞修本「而」下有「次」。

〔四六〕例十日便遷　「十日」梁書張緬傳四九三頁作「數十百日」，疑是。

〔四七〕敬弘爲求奉朝請　「爲求」原倒，據宋書王敬弘傳一七三二頁乙。

〔四八〕祕書日有限　宋書王敬弘傳一七三二頁、唐六典卷一〇無「日」。

〔四九〕上車不落則著作　「則」初學記卷一二作「爲」。

〔五〇〕太醫令李柱國校方伎　「太醫令」北宋本、傅校本、遞修本、明抄本、明刻本、王吳本作「太醫監」，漢書藝文志一七〇一頁作「侍醫」。

〔五一〕與班固賈逵共典校書　「與」原訛「輿」，據諸本改。

〔五二〕定正文字　後漢書文苑傳上二六一七頁「定」作「是」。

〔五三〕睢陽令陳宗　「睢」原作「洛」，「宗」原作「崇」，據後漢書班彪傳上一三三四頁改。按：職官分紀卷一六作「宗」。

〔五四〕司隸從事孟異　「從事」原作「校尉」，「異」原作「冀」，據後漢書班彪傳上一三三四頁改。按：職官分紀卷一六作「從事」。

〔五五〕而祕書既典文籍　「而」原作「令」，據晉書職官志七三五頁、唐六典卷一〇、初學記卷一二、御覽卷二三四改。

〔五六〕應亨祖嘉讓著作表　北堂書鈔卷五七、初學記卷一二、職官分紀卷一六均作「應亨集讓著作表」。隋書經籍志四一〇六三頁有「南中郎長史應亨集」。「祖嘉」，疑是其表字。待考。

〔五七〕至臣父五代著作不絕　初學記卷一二、職官分紀卷一六無「父」字。

〔五八〕又閻纂集云　「閻纂」晉書本傳一三四九頁作「閻纘」，「纂」是「纘」之假借字。「集」疑是「傳」字之訛。

〔五九〕鄒湛謂祕書監華嶠曰　「華」原訛「和」，據晉書閻纘傳一三五〇頁改。按：和嶠未曾領祕書監。而華嶠以博聞多識，兼有良史之志，轉祕書監。見晉書本傳一二六四頁。

〔六〇〕此職閒重勢貴多争　晉書閻纘傳一三五〇頁「閒」下有「廩」，「勢貴」作「貴勢」。

〔六一〕此則大著作亦監自調也　「亦」原作「祕」，據北宋本、遞修本、明抄本改。

〔六二〕冠制與大著作同　「冠」原訛「官」，據北宋本改。按：此謂亦一梁冠也。

〔六三〕又有馮相氏視天文之次序保章氏掌天文之變　北宋本、傅校本、遞修本、明抄本、王吴本無「視天文之次序保章氏」九字，與周官不合。明刻本始增此九字。

〔六四〕司馬氏入梁　史記太史公自序三二八五頁、漢書司馬遷傳二七〇七頁「梁」上有「少」。

〔六五〕作博學七章　「七章」北宋本、遞修本作「章氏」，明刻本、王吴本作「章句」，俱非。

〔六六〕伏火者土　三國志武帝本紀裴注引張璠漢紀一四頁「伏」作「代」。

〔六七〕檢校太史姚玄辯　唐會要卷四二「史」下有「令」。「玄」原作「元」，清人諱改，今據北宋本、傅校本、遞修本、明抄本、明刻本、王吴本改回。

〔六八〕依古法立八尺表　原脱「法」，據北宋本、傅校本、遞修本、明抄本、明刻本、王吴本補。

〔六九〕調露元年十一月於陽城立表冬至日中測影得丈二尺七寸　殿本同。北宋本、傅校本、遞修本、明抄本作「調露元年十一月於陽城周公測影得長丈二尺七寸」（「公」明刻本作「表」，王吴本作「立」）。唐會要卷四二作「調露元年十一月十一日於周立測影臺所得圭長二尺七寸」。

〔七〇〕春秋二分影六尺二分　「六尺二分」，舊唐書天文志上一三〇五頁、新唐書天文志一八一四頁均作「六尺四寸四分半」，唐會要卷四二作「六尺六寸二分」。

〔七一〕其朗 「朗」原訛「郎」，據諸本改。

〔七二〕林邑國北極高十七度 「十七度」舊唐書天文志上一三〇七頁、新唐書天文志一八一四頁、唐會要卷四二作「十七度四分」。

〔七三〕影在表北二尺六寸五分 唐會要卷四二同。舊唐書天文志上一三〇七頁、新唐書天文志一八一四頁「六」作「八」。

〔七四〕二十一度六分 唐會要卷四二同。舊唐書天文志上一三〇五頁、新唐書天文志一八一四頁作「二十度四分」。

〔七五〕四尺四寸七分 唐會要卷四二同。舊唐書天文志上一三〇五頁、新唐書天文志一八一三頁作「四尺三寸七分半」。

〔七六〕影在表北四尺四寸 舊唐書天文志上一三〇八頁、唐會要卷四二後「四」作「八」。

〔七七〕影在表北丈二尺五寸五分 舊唐書天文志上一三〇八頁「五分」作「三分」。唐會要卷四二無「五分」。

〔七八〕影在表北丈三尺七寸一分 唐會要卷四二「三」作「二」。

〔七九〕五尺五寸六分 唐會要卷四二同。舊唐書天文志上一三〇八頁「五寸」作「三寸」。

〔八〇〕六尺六寸二分 唐會要卷四二同。舊唐書天文志上一三〇八頁「二分」作「三分」。

〔八一〕加置少監二人 「加」上原有「仍又」，後人妄增。今據北宋本、傅校本、遞修本、明抄本、明刻本刪。

〔八二〕龍朔二年　「二」北宋本、傅校本、遞修本、明刻本、王吴本作「三」，恐非。

〔八三〕周禮有掌舍掌行所解止之處帷幕幄帟之事　檢周禮帷幕幄帟之事，非掌舍之職，乃幕人之職。「帷」上當有「有幕人掌」四字方合。按：此誤始自唐六典卷一一。

〔八四〕有奉乘十人　「乘」原訛「御」，據北宋本、傅校本、遞修本、王吴本改。按：唐六典卷一一作「乘」。

〔八五〕先是别置閑廄使　原脱「閑」，據唐六典卷一一增補。

〔八六〕萬歲通天二年五月　「二」唐會要卷六五作「元」。

〔八七〕令殿中丞袁懷哲檢校　唐會要卷六五「校」下有「未置使」三字。

〔八八〕聖曆二年　「二」唐會要卷六五作「三」。

〔八九〕改爲少監閑廄使　唐會要卷六五作「改殿中少監充閑廄使」。

〔九〇〕尚輦局奉御　原脱「局」，據上文文例增補。

〔九一〕宋萬　「宋」原訛「朱」，據唐六典卷一一及北宋本、傅校本、遞修本、明刻本、王吴本改。

〔九二〕時人嗟其默識　「嗟」原作「歎」，據北宋本、遞修本改。按：唐六典卷一一作「嗟」。

〔九三〕不下樫轅軛　唐六典卷一一作「下攔轅軛」，職官分紀卷二四作「下欄轅軛」。

〔九四〕金鸞拱振　「拱振」唐六典卷一一、職官分紀二四作「棲軛」。疑是。

徐庭雲點校　王文錦覆校

通典卷第二十七

職官九

諸卿下

内侍省内侍　内常侍　内給事　内謁者監　内寺伯　掖庭局　宫闈局　奚官局　内僕局　内府局

天文有宦者四星，在帝座之西。周官有宫正、宫伯、皆主王宫，中官之長。宫人、掌王之六寢。

內宰、理王內之政令，以陰禮教六宮。閽人、掌守王宮。寺人。掌王之內人及女宮。〔一〕戰國時，有宦者令。趙有宦者令繆賢是。秦少府屬官有中書謁者令、丞。又有將行、衛尉、少府各一人。並皇后卿。漢景帝中元六年，改將行爲大長秋。顏師古曰：「秋者，收成之時，長者，恆久之義，故以爲皇后官名」。或用中人，或用士人。中人，閹人。成帝加置太僕一人，掌太后輿馬，通謂之皇太后卿，皆隨太后宮爲官號，在正卿上，無太后則闕。衛尉在衛尉上，少府在少府上之類是也。又有長信詹事，掌皇太后宮。景帝六年，更名長信少府。平帝元始四年，〔二〕更名長樂少府。帝祖母稱長信宮，帝母稱長樂宮，故有長信少府、長樂少府，職如長秋，位在長秋上，及職吏皆宦者也。後漢常用宦者，職掌奉宣中宮命，〔三〕凡給賜族親，〔四〕當謁見者關通之，中宮出則從。屬官有丞、中宮僕、謁者、私府署令。〔五〕初，秦又置中常侍官，參用士人，皆銀璫左貂，給事殿省。漢制，置侍中、中常侍各一人，省尚書事，黃門侍郎一人，傳發書奏，皆用姓族。後漢中常侍贊導內事，顧問應對。永平中，始定員數，中常侍四人，漢舊儀曰：「秩千石，得出入臥內，舉法省中。」省中即禁中也。成帝外家王禁貴重，朝中爲諱禁曰省。小黃門十人。自明帝以後，員數稍增，改以金璫右貂，兼領卿署之職。自和熹太后以女主稱制，不接公卿，乃以閹人爲常侍、小黃門，通命兩宮，自此以來，悉用閹人，不調他士。自安迄桓，權任尤重，手握王爵，口含天憲。桓帝既與宦官謀誅梁冀，乃封宦者五人，單超、徐璜、具瑗、左悺、唐衡也。〔六〕同日爲侯，皆食邑，故世號「五侯」焉。宦者鄭衆字季產，事和帝，一心王室。每策勳班賞，辭多受少，由是常與議事。中官用權，自衆始也。又和帝時，中常侍蔡倫數犯顏匡弼。〔七〕有宦者曹騰，歷常侍、長秋，封費亭侯，用事省闥三十餘年，奉事四帝，未嘗有過。其所進達，皆海內名人。又有宦者奇音、良賀等，皆清儉，足以勸俗也。楊秉爲太尉，奏請免中常侍侯覽、具瑗等官。尚書召對秉掾屬曰：〔八〕「公府外職，而劾近官，經典漢制，有故事否？」秉使對曰：「春秋趙鞅以晉陽之甲，逐君側之惡。又傳曰：『除君之惡，惟力是視。』鄧通戲慢，申屠嘉召責，文帝請之。〔九〕漢制故事，三公之職，無所不統。」帝不得已，遂免覽官，削瑗國。及袁紹大誅宦者之後，永巷、掖庭復用士人，闈闥出入，莫有禁切，侍中、侍郎、門部騶宰，中外雜錯，醜聲彰聞。魏改漢制，太后三卿在九卿下；〔一〇〕晉復舊，在同號卿上，有后則置，無后則闕。齊鬱林王立，文安太后即尊號，以宮名置宣德衛尉、少府、太僕。梁有弘訓太后，亦置屬官。陳亦有太后三卿。後魏大長秋掌顧問應對，自文明馮后，閹官用事，〔一一〕大者令、僕，小者卿、守。宦者趙黑爲選曹尚書。北齊有中侍中省，置中侍中二人，中常侍四人，掌出入門閤。又有長秋寺，置卿、中尹各一人，掌諸宮閤，領掖庭等令，並用宦者。後周有司內上士、小司內中士、巷伯中士等官。隋曰內侍省，領內侍、內常侍等官。內侍即舊長秋也，內常侍即舊中常侍。煬帝改內侍省爲長秋監，置令一人，〔一二〕少令一人，丞二人，並用士人，餘用宦者，領掖庭、宮闈、奚官三署，亦參用士人。大唐武德初，改爲內侍省，皆用宦者。龍朔二年，改爲內侍監，咸亨元年復舊。光宅元年，改爲司宮臺，神龍元年復舊。有内侍四人，掌知宫内供奉，中宫駕出則夾引，〔一三〕總判局事。舊二人，開元中加二人。貞元七年三月敕：〔一四〕「内侍五品以上，許養一子，仍以同姓者，初養日不得過十歲。」内常侍六人，通判省事。〔一五〕屬官有内給事八人，内謁者監六人，内寺伯二人，寺人六人，領掖庭、宫闈、奚官、内僕、内府等五局。神龍元年以後，始以中使出監諸軍兵馬。寶應元年五月，敕諸道州所承上命，須憑正敕可施行，不得懸便信中使宣敕即遵行。

内給事：周禮内小臣之職，掌王后之命，后出入，前驅。後漢少府有給事黄門，掌侍左右，止在内宫，關通中外及中宫以下衆事。〔一六〕自魏晉至於梁陳無其職。後魏有中給事中，後改爲中給事。北齊中侍中省有中給事中四人。煬帝改爲内承直。大唐復爲内給事，置八人。

内謁者：後漢大長秋屬官有中宫謁者三人，〔一七〕主報中章。後魏、北齊有中謁者僕射。隋内侍省有内謁者監六人，内謁者十二人。大唐因之。

内寺伯：周禮寺人，掌王之内人及女宫之戒令。隋内侍省有内寺伯二人。大唐因之。

掖庭局令：秦置永巷，漢武更名掖庭，置令，掌宫人簿帳、公桑、養蠶及女工等事。後漢掖庭令掌後宫貴人采女，又有永巷令，典官婢，皆宦者，並屬少府。大唐置二人。

宫闈局：令二人。隋置令，掌宫内門閤之禁及出納神主，并内給使名帳、糧廩事。大唐因之。

奚官局：令二人。齊、梁、陳、隋有奚官署令，掌守宮人、使藥、疾病、罪罰、喪葬等事。大唐置二人。

内僕局：令二人。後漢有中宮僕，〔一八〕掌車輿、雜畜及導等。大唐置二人。

内府局：令二人。漢有内者局令。〔一九〕隋曰内者。大唐爲内府，置令二人，掌内庫出納、帳設、澡沐等。

少府監

監〔二〇〕 丞 主簿 中尚、左尚、右尚、織染、掌冶等五署〔二一〕 暴室等丞

少府，秦官。漢因之，是爲九卿，掌山海池澤之稅，以給供養。應劭曰：「山海池澤之稅，名曰禁錢，以給私養，自別爲藏。少者，小也，故稱少府。」顔師古曰：「大司農供軍國之用，少府以養天子也。」天子曰少府，諸侯曰私府，漢時官有私府長，〔二二〕掌禁錢。後光武改屬司農也。王莽曰共工。後漢少府卿一人，掌中服御之諸物，衣服、寶貨、珍膳之屬，朝賀則給璧。後漢東平王蒼爲驃騎，正月朔朝，〔二三〕蒼當入賀。故事，少府給璧。時陰就爲少府，貴傲不奉法，漏將盡，而求璧不得。蒼掾朱暉，〔二四〕遥見少府主簿持璧，乃往紿曰：「試請覩之。」既得而馳奉之，就復以他璧朝。紿，徒改反。凡中書謁者，尚書令、僕，侍中，中常侍，〔二五〕黄門，御史中丞以下皆屬焉。孔融字文舉，以將作大匠爲少府。晉制，銀章青綬，五時朝服，進賢兩梁冠，絳朝

服，佩水蒼玉。哀帝末，省并丹陽尹，孝武復置。宋少府領左右尚方、〔二六〕御府、東冶、南冶、平準等令、丞。齊又加領左右銀鍛署。〔二七〕梁少府爲夏卿，位視尚書左、右丞。〔二八〕陳因之。後魏少府謂之六卿，以少府、宗正、太僕、廷尉、司農、鴻臚爲六卿。至孝文太和中，易制官品，遂改少府爲太府。北齊無少府，其尚方等署皆隸太府。至隋煬帝大業五年，又分太府爲少府監，置監及少監，復領尚方、織染等署，後又改監、少監並爲令。大唐武德初，置軍器監，廢少府監。貞觀元年五月，〔二九〕分太府中尚坊、織染坊、掌冶坊署，置少府監。〔三〇〕龍朔二年，改爲内府監，咸亨元年復舊。光宅元年，改爲尚方監，神龍元年復舊。監一人，總判。少監二人，通判。初少監一人，太極元年加一人。領中尚、左尚、右尚、〔三一〕織染、掌冶等五署。開元十年五月，於北都置軍器監，至二十六年五月廢。

丞：漢有六人，後漢省五，而有一丞，其後歷代皆一人。山公啟事曰：「中郎衞昱，往爲少府丞，其有損益。」〔三二〕大唐置四人。

主簿：晉置二人，自後歷代一人，大唐有二人。

中尚署：周官爲玉府。秦置尚方令，漢因之。後漢主作手工作、〔三三〕御刀劍、玩好器物及寶玉作器。宦者蔡倫爲尚方令，監作祕劍及諸器械，莫不精工堅密，爲後代法。兩漢又有考工令，主作兵器，其職稍同。考工令作兵器，兵器成則傳執金吾入武庫。及主織綵諸雜工，初屬少府，中屬主爵，光武時屬太僕。漢末分尚方爲中、左、右三尚方。魏晉因之，自過江，唯置一尚方，哀帝以隸丹陽尹。宋武帝踐祚，以相府作部配臺，謂之左尚方，而本署謂之右尚方，並掌造軍器。又以相府細作配臺，即其名置令一人，隸門下。孝武大明中，改曰御府。御府，二漢已有之，典官婢作褻衣服補浣之事。〔三四〕魏晉猶置其職，江左乃省焉。後廢帝初，省御府，置中署，隸右尚方。則漢之考工令如宋之尚方令，尚方令如宋中署矣。齊置左右尚方令各一人。梁有中、左、右尚方。北齊亦三尚方，〔三五〕隸太府。隋煬帝分隸少府。大唐省「方」字，有中、左、右三尚署，令、丞各一人。中署掌宮內營造雜作，〔三六〕左署掌車輦、繖扇、膠漆、畫鏤等作，右署掌皮毛膠墨雜作、席薦等事。開元以後，別置中尚使以監之。

織染署：令一人。周禮天官典絲掌受文織絲組焉，染人掌染絲帛。〔三七〕秦置平準令。韋昭辨釋名曰：〔三八〕「平準令，主染色，染有常平之法，〔三九〕故準而則之。」漢因之，及主物價、練染。初，少府屬官有東織、西織，成帝省東織，更名西織爲織室。北齊中，尚方領涇州、雍州絲局、定州細綾局丞。〔四〇〕後周有司織下大夫。隋有司織、司染二署，煬帝合爲織染一署，令掌織紝組綬、綾錦、冠幘，〔四一〕并染色等。大唐因之，有令、丞。

掌冶署：秦及漢郡國有鐵官。諸郡國出鐵者，置鐵官長、丞。〔四二〕晉冶令掌工徒鼓鑄，隸衛尉。江左以來省衛尉，始隸少府。宋有東冶、南冶，各置令、丞，東冶令、丞各一人，南冶令、丞各一人。而屬少府。齊因之。江南諸郡縣有鐵者，或置冶令，或置冶丞，多是吳所置。梁、陳有東、西冶。東冶重，西冶輕。其西冶即宋、齊之南冶。北齊諸冶屬太府。後周有冶工、鐵工中士。隋有掌冶署令、丞。大唐於京師置冶署，有令、丞各一人，掌造鑄金銀銅鐵，塗飾琉璃玉作等事。

暴室丞，後漢暴室丞，宦者也，主中婦人疾病者，就此室理之。其皇后、貴人有罪，亦就此室。屬少府，其後無之。海丞，漢平帝置少府海丞一人，掌海稅，後無。果丞。與海丞同置，掌諸果實，後無。

將作監

監〔四三〕　丞　主簿　左校署　右校署　甄官署　中校署　東園主章令

今將作，亦少皞氏以五雉爲五工正，以利器用。雉有五種，故曰五雉。唐虞共工，周官考工之官，蓋其職也。秦有將作少府，掌治宮室。漢景帝中元六年，更名將作大匠。後漢位次河南尹，中元二年省，以謁者領之。章帝建初元年，復置。初以任隗爲之，掌修作宗廟、路寢、宮室、陵園木土之功，并樹桐梓之類列於道側。後漢志注曰：「古者制以表道。」〔四四〕續漢書曰：「李固字子堅，遷大匠，常推賢貢士。」孔融以將作大匠遷少府。」魏晉因之，江左至宋、齊，皆有事則置，無事則省。而梁改爲大匠卿，陳因之。後魏亦有之。北齊有將作寺，其官曰大匠。兼領功曹、主簿、長史、司馬等官屬。後周有匠師中大夫，掌城郭宮室之制；又有司木中大夫，掌木工之政令。隋與北齊同，至開皇二十年，改寺爲監，大匠爲大監，初加置副監。煬帝改大監、少監爲大匠、少匠，五年，又改爲大監、少監；十三年，又改大令、少令。大唐復皆爲匠。龍朔二年，改將作爲繕工監，大匠、少匠隨監名改。咸亨元年復舊。光宅元年，改爲營繕監，神龍元年復舊。大匠一人，總判。少匠二人。（四五）通判。初一人，太極元年加置一人。天寶中，改大匠爲大監，少匠爲少監，領左校、右校、甄官、中校四署。

丞：漢有二人，後漢一人，魏晉因之。東晉以後，有事則置，無事則省。梁又置一人，陳因之。後魏有之。北齊四人。後周曰匠師中士。隋二人。大唐四人。

主簿：晉置，自後與丞同。隋二人，大唐因之。

左、右校署：秦及漢初有左、右、前、後、中五校令，後唯置左、右校令。後漢因之，掌左、右工徒。後漢度尚自右校令擢拜荆州刺史。魏併左校、右校於材官。晉左、右校屬少府。宋以後並有左校令、丞。北齊亦有之。隋左右校令、丞屬將作，大唐因之。左校署令、丞二人，（四六）掌營構、木作、採材等事。右校署令、丞二人。（四七）掌營土作、瓦泥并燒石灰、厠溷等事。

甄官署：令、丞一人。（四八）後漢有前、後、中甄官令，屬將作。晉有甄官署，掌甎瓦之事。宋、齊、北齊、隋悉有之。大唐因之，掌營甎石瓷瓦。

中校署令：秦漢有，自後無。大唐置令、丞各一人，（四九）掌舟車、雜兵仗、廄牧。

東園主章令：漢有之，武帝更名木工。如淳曰：「章謂木材也。」〔五〇〕舊將作大匠主材史名章曹掾。」〔五一〕顏師古曰：「今所謂木鍾者，蓋章聲之轉耳。」〔五二〕東園主章掌材以供東園匠。」〔五三〕東園匠，官名，主作陵内器物，屬少府。大唐無。

國子監

祭酒　司業　丞　主簿　國子、太學、廣文、四門、律學、書學、算學等博士助教等〔五四〕

孫卿在齊爲三老，稱祭酒。胡廣曰：「凡官名祭酒，皆一位之元長。古者，〔五五〕賓得主人饌，則老者一人舉酒以祭地。」故以祭酒爲稱。漢之侍中，魏之散騎常侍，功高者並爲祭酒，用其義也。公府有祭酒，亦因其名。漢吴王濞年老不朝，爲劉氏祭酒，則祭酒之名久矣。王莽以安車駟馬迎夏侯勝爲講學祭酒，勝推而不受。又漢置博士，至東京，凡十四人，而聰明有威重者一人爲祭酒，謂之博士祭酒，蓋本曰僕射，中興轉爲祭酒。昭帝增博士弟子員滿百人，宣帝末增倍之。元帝時，詔能通一經者皆復。數年，郡國置五經百石卒史。成帝末，增弟子員三千人。平帝時，王莽增元士之子得受業如弟子，勿以爲員，歲課甲科四十人爲郎中，乙科二十人爲太子舍人，丙科四十人補文學掌故。後漢安帝薄於藝文，博士倚席不講，學舍頽弊，鞠爲園蔬，牧兒芻豎至於薪刈其下。〔五六〕順帝感翟酺之言，乃更修黌宇，凡所構二百四十房，千八百五十室。試明經下第補弟子，增甲乙之科員各十人，餘郡國耆儒皆補郎、舍人。〔五七〕魏因之。晉武帝咸寧四年，初立國子學，置國子祭酒一人。永嘉中，又置儒林祭酒，以杜夷爲之。國子，周之舊名，周官有師氏之職，即魏國子祭酒。周禮師氏以三德三行教國子。又有保氏而養國子以道，教之六藝也。晉介幘皁朝服，進賢兩梁冠，佩水蒼玉。舊視侍中、列曹尚書。劉毅、嵇紹並爲此官。又袁瓌字山甫，爲國子祭酒。時屬經喪亂，〔五八〕禮教陵遲。瓌上疏求立學徒，帝從之。國學之興，自瓌始也。又裴頠爲祭酒，奏立太學，起講堂，築門闕，〔五九〕刻石寫五經也。宋代若不置學，〔六〇〕則助教唯置一人，而祭酒、博士常置也。明帝泰始六年，以國學廢，初置總明觀祭酒一人，有玄、儒、文、史四科，科置學士各十人。齊高帝建元四年，有司奏置國學，祭酒準諸曹尚書，博士準中書郎，助教準南臺御史，選經學爲先，若其人難備，給事中以還明經者，以本位領。其後國諱廢學。〔六一〕永明三年，立學，尚書令王儉領祭酒，學既建，乃省總明觀。八年，國子博士何胤單爲祭酒，疑所服，陸澄等皆不能據，遂以玄服臨試，月餘日，博議定，乃服朱衣。齊、梁號爲國師。梁王承字安期，爲國子祭酒。承祖儉，父暕，並居此職，三代爲國師，前代未有，當時以爲榮。暕音簡。陳、後魏亦曰國子祭酒。其初定中原，先立太學，置五經博士。北齊國子寺有祭酒一人。隋開皇十三年，國子寺罷隸太常，凡國學諸官，自漢以下，並屬太常，至隋始革之。又改寺爲學。仁壽元年，罷國子學，唯立太學一所，省國子祭酒、博士，置太學博士，總知學事。煬帝即位，改國子學爲國子監，依舊置祭酒。大唐因之。龍朔元年，東都亦置。龍朔二年，改爲司成館，又改祭酒爲大司成，咸亨初復舊。光宅元年，改國子監爲成均監，神龍元年復舊。領國子學、學生三百人。太學、學生五百人。四門、學生五百人，俊士八百人。律學、學生五十人。書學，學生三十人。算學，學生三十人。凡六學生徒二千二百一十人。每學各置博士，以總學事，及有助教等員。天寶九載，又於國子監置廣文館，領學生爲進士業者。置博士、助教各一人，品秩與太學同。置祭酒一人，掌監學之政。皇太子受業，則執經講説，皆以儒學優重者爲之。〔六二〕天寶九載，置廣文館學生進士。

國子司業：煬帝大業三年，於國子監初置司業一人。禮曰：「樂正司業，父師司成。」因以爲名。大唐置二人，副貳祭酒，通判監事。龍朔二年，改爲少司成，咸亨初復舊。凡祭酒、司業，皆儒重之官，非其人不居。

丞：隋置三人，大唐一人。

主簿：北齊置。隋一人，大唐因之。

國子博士：班固云，按六國時，往往有博士，掌通古今。又曰：博士，秦官，漢因之。漢博士多至數十人，冠兩梁。文帝時，博士朝服玄端，章甫冠。武帝建元五年，初置五經博士。宣帝、成帝之代，五經家法稍增，置博士一人。博士選有三科，高第爲尚書，次爲刺史，其不通政事，以久次補諸侯太傅。於時孔光爲博士，數使録冤獄，行風俗，以高第爲尚書。叔孫通爲博士，初制漢禮。又賈誼年二十餘，文帝召爲博士，年最少。每有詔議下，諸老生未能言，誼盡爲對之，人人各如其意。又元鼎中，徐偃爲博士，使行風俗。偃矯制，使膠東、魯國鼓鑄鹽鐵。還奏事，張湯劾偃以矯制，法至死。偃以春秋之義，

「大夫出疆，有可以安社稷、利萬人，專之可也。」湯不能詘。又公孫弘、董仲舒、朱雲、匡衡、疏廣、韋賢、張禹並爲博士。

後漢博士凡十四人，易：施、孟、梁丘、京氏；尚書：歐陽、大小夏侯；詩：齊、魯、韓氏；〔六三〕禮：大小戴；春秋：嚴、顏，各一博士。華嶠漢書曰：「初，欲立左氏傳博士，范升以爲左氏淺末，不宜立。陳元聞之，乃詣闕上疏爭之，更相辯對，凡十餘上，帝卒立左氏學。」掌以五經教子弟，國有疑事，掌承問對。舊時從議郎爲博士，其通叡異藝，入平尚書，出部刺史、諸侯守相，久次轉諫議大夫。中興高第爲侍中，小郡若都尉。博士限年五十。其督郵板狀曰：「生事愛敬，喪没如禮。理易、尚書、孝經、論語，兼崇載籍，窮微闡奧，師事某官，經明受謝。見授門徒尚五十人以上，正席謝生，三郡三人，隱居樂道，不求聞達。〔六四〕身無金痍痼疾，三十六屬不與妖惡交通。王侯賞賜，行應四科，經任博士。」下言某官某甲保舉。順帝諱保，故稱守。安帝以博士多非其人，詔命三公、將軍、中二千石舉博士各一人，務得經明行高，卓爾茂異。是時羣僚承風，凡所旌貢，〔六五〕綽有餘裕。後旋復故，遂用陵遲。初，平帝元始四年，改博士爲博士師，後漢兼而存之，竝擇儒者。桓榮、魯恭、戴憑等並爲博士。魏及西晉朝博士置十九人。魏樂詳字文載，〔六六〕拜博士。於時太學初立，有博士十餘人，其學多偏，不敢親教，備員而已，唯詳五業並授。〔六七〕武帝咸寧四年，初立國子學，置國子博士一人，皆取履行清淳，〔六八〕通明典義，若散騎常侍、中書侍郎、太子中庶子以上，乃得召試。元帝時，荀崧上疏曰：「昔咸寧、太康、永嘉之中，侍中、常侍、黃門通洽古今、行爲世表者，領國子博士。」宋、齊諸博士皆皁朝服，進賢兩梁冠，佩水蒼玉。梁國學有博士二人，天監四年，置五經博士各一人。魏、晉、宋、齊並不置五經博士，至此始置焉。舊國子學生限以貴賤，武帝欲招來後進，五館生皆引寒門儁才，不限人數。陳因之。後魏、北齊並有之。大業三年，復後魏崔逸爲國子博士，每有公事，〔六九〕逸常被詔獨進，博士特命，自逸始也。置一人。大唐增置二人。龍朔二年，改爲司成宣業，咸亨初復舊。諸州府亦有經學博士一人。助教：晉咸寧四年，初立國子學，置助教十五人，以教生徒。江左及宋並十人。宋制，易、尚書、毛詩、禮記、周禮、儀禮、左傳、公羊、穀梁，各爲一經；論語、孝經爲一經，合十經，助教分掌。宋、齊並同。梁國子助教舊視南臺御史，品服與博士同，陳因之。後魏亦有。北齊置十人。隋置四人。大唐國子學助教三人，諸府、州、縣各有助教員。府、州二人，縣一人，學生各有差。

太學博士：晉江左增置國子博士十六人，謂之太學博士，品服同國子博士。梁置太學博士八人，陳因之。後魏亦然。北齊國子寺有太學博士十人。後周置太學博士下大夫六人。隋初置太學博士五人，仁壽元年，罷國子，唯立太學，置博士五人；大業三年，減置二人。大唐因之。助教：後魏置。北齊亦有之，置二十人。後周曰太學助教上士。隋又曰太學助教，五人；大業三年，減三人。大唐因之。

廣文館：博士一人，助教一人，並以文士爲之，大唐天寶九載置。

四門博士：後魏書劉芳表：「去太和二十年，〔七〇〕立四門博士，於四門置學。按禮記曰

『天子設四學』，鄭玄注：『同四郊之虞庠也。』〔七一〕今以其遼遠，故置於四門，請移與太學同處。」從之。北齊二十人，隋五人，大唐三人。助教：北齊國子寺有二十人，隋初則五人，大唐因之。直講四人，大唐初置，無員數，長安四年，始定爲四員。大成二十人，〔七二〕大唐置，取貢舉及第人，簡聰明者，試書日誦得一千言，并日試策所習業等十條通七，然後補充，仍散官，禄俸賜會同直官例給。武太后長安中，省，而置直講，定爲四員。

律學博士：晉置，屬廷尉，衛覬奏請置律學博士，〔七三〕轉相教授，〔七四〕東晉以下因之。梁曰冑子律博士，屬廷尉。陳亦有律博士。後魏、北齊並有之。隋大理寺官屬有律博士八人。大唐因之，而置一人移屬國學。助教一人，從九品上。

大唐置書學博士二人，〔七五〕又置典學二人。貞觀六年正月，命整治御府古今工書鍾、王等真跡，得千五百一十卷。太宗嘗謂侍中魏徵曰：「虞世南死後，無人可與論書。」徵曰：「褚遂良下筆遒勁，甚得王逸少體。」太宗即日召命侍讀。嘗以金帛購求王羲之書跡，天下爭齎古書，詣闕以獻，當時莫能辯其真僞，遂良備論所出，一無舛誤。武太后神功元年，謂鳳閣侍郎王方慶曰：「卿家多書，合有右軍遺跡。」對曰：「臣十代再從伯祖羲之書，先有四十餘紙，往貞觀十二年，太宗購求，先並以進訖。臣十一代祖導、十代祖洽、九代祖珣、八代祖曇首、七代祖僧綽、〔七六〕六代祖仲寶、五代祖騫、高祖規、曾祖褒，并九代三從伯祖晉中書令獻之以下二十八人書，共十卷，今進上。」太后御武成殿示羣臣，仍令中書舍人崔融爲寶章集以敍其事，復賜方慶，當時以爲榮。算學博士二人，典學二人。

軍器監 監〔七七〕　丞　主簿　甲坊署　弩坊署

後周武帝四年，初置軍器監。大唐武德初，置軍器監。貞觀元年，罷軍器大監，置少監，後省之，以其地隸少府監，爲甲弩坊。開元初，復以其地置軍器使。至三年，以使爲監，更置少監一員，丞二員，主簿一員，録事一員，及弩坊等署。十一年，悉罷之，復隸少府，爲甲弩坊。十六年，移其名於北都，置軍器監。亦嘗以太原尹兼領。天寶六載，復於舊所置軍器監，監一人，領甲坊、弩坊兩署。〔七八〕

丞、主簿各一人，大唐置。

甲坊署令、丞：周禮考工記曰：「函人爲甲。」隋少府有甲鎧署，大唐改焉。

弩坊署令、丞：周禮司弓矢掌四弩。隋有弓弩署，大唐改焉。

都水使者 丞　主簿　舟檝署　河渠署

虞舜命益作虞，以掌山澤。周官有林衡、川衡二官，掌林麓川澤之禁。漢武帝元鼎二年，初置水衡都尉，顏師古曰：「山林之官曰衡。掌諸池苑，故稱水衡。」張晏曰：「主都水及上林苑，〔七九〕故曰水衡；主諸官，故曰都；有卒徒武事，故曰尉。」衡，平也。主平其税也。掌上林苑，漢趙充國以中郎爲水衡都尉，主舡官也。〔八〇〕蓋主上林離宮燕休之處。王莽改曰予虞。後漢光武省之，并其職於少府。每立秋貙劉之日，輒暫置水衡都尉，貙劉，將祭大獵之名。貙，勑俱反。事訖省。初，秦漢又有都水長丞，〔八一〕主陂池灌溉，保守河渠，自太常、少府及三輔等，皆有其官。漢武帝以都水官多，乃置左、右使者以領之。劉向爲左都水使者是也。又續漢百官志曰：「劉向領三輔都水。」至漢哀帝，省使者官。至東京，凡都水皆罷之，併置河隄謁者。漢之水衡都尉，本主上林苑，魏世主天下水軍舟船器械。晉武帝省水衡，置都水臺，有使者一人，掌舟航及運部，而河隄爲都水官屬。元康中，復有水衡都尉。元康百官名及晉起居注曰：「陳慎、戴熊俱以都水使者領水衡都尉。」懷帝永嘉六年，胡賊入洛陽，都水使者奚濬先出督運得免。江左省河隄。諸公贊曰：「陳勰字太和，有巧思，爲都水使者。」洛陽記云：「千金隄，勰所置。」〔八二〕宋都水使者，銅印墨綬，進賢兩梁冠，與御史中丞同。孝武帝初，省都水臺，罷都水使者，置水衡令，孝建元年復置。齊有都水臺使者一人。梁初與齊同，天監七年，改都水使者爲大舟卿，位視中書郎，列卿之最末者，主舟航河隄。陳因之。後魏初皆有水衡都尉及河隄謁者、都水使者官，至永平二年，都水臺依舊置二使者。北齊亦置二使者。隋開皇三年，〔八三〕廢都水臺入司農，十三年，復置。仁壽元年，改臺爲監，更名使者亦爲監。煬帝又改爲使者，尋又爲監，加置少監，又改監及少監並爲令，領舟檝、河渠二署。大唐武德八年，置都水臺，後復爲都水署，置令，隸將作。貞觀中，復爲都水監，置使者。龍朔二年，改都水使者爲司津監丞，咸亨元年復舊。光宅元年，改都水監爲水衡，置都尉；神龍元年，復爲都水監，置使者二人，分總其事，不屬將作，領舟檝、河渠二署。

丞：漢有水衡丞五人，亦有都水丞。後漢、晉初都水使者有參軍二人，蓋亦丞之職任。宋因之。梁大舟卿有丞。陳因之。後魏、北齊又曰參軍。隋曰都水丞。大唐二人。

主簿：晉水衡都尉有之，爲左、右、前、後、中五水衡令，悉皆有之。梁大舟卿亦有之。至隋又置，大唐因之。

舟檝署令：漢主爵中尉屬官有都船令丞，水衡都尉有檝櫂令丞。晉曰船曹吏。齊曰官船典軍。後周曰舟中士。隋爲舟檝署令、丞。大唐因之，令、丞各一人。

河渠署：隋煬帝置，令、丞各一人。大唐因之。

校勘記

〔一〕掌王之内人及女官　「官」原訛「宫」，據周禮寺人改。

〔二〕平帝元始四年　原脱「始四」，據漢書百官公卿表上七三四頁補。

〔三〕後漢常用宦者職掌奉宣中宫命　後漢書百官志四三六〇六頁同。北宋本、傅校本、遞修本、明抄本、明刻本、王吴本無「用宦者」及「宣」四字。

〔四〕凡給賜族親　「族」後漢書百官志四三六〇六頁作「宗」。

〔五〕私府署令　後漢書百官志四三六〇七頁無「署」字。

〔六〕具瑗左悺唐衡也　「具」原訛「貝」，「悺」原訛「琯」，據後漢書宦者列傳二五二〇頁改。按：北宋本「悺」字不誤。下文「具」亦訛「貝」，逕改。

〔七〕和帝時中常侍蔡倫數犯顔匡弼　「和」原作「明」，誤。按後漢書宦者列傳蔡倫傳二五一三頁云：「及和帝即位，轉中常侍，豫參帷幄。倫有才學，盡心敦慎，數犯嚴顔，匡弼得失。」今據以訂改。

〔八〕尚書召對秉掾屬曰　「掾」原訛「椽」，據諸本改。

〔九〕文帝請之　「請」原訛「許」，據後漢書楊秉傳一七七四頁及北宋本、傅校本、遞修本、明抄本、明刻本改。

〔一〇〕太后三卿在九卿下　北宋本、傅校本、遞修本、明抄本、明刻本、王吴本無「太后」二字。

〔一一〕閹官用事　「官」原作「宦」，據北宋本、遞修本、明抄本改。

〔一二〕置令一人　「置」北宋本、傅校本、遞修本、明抄本作「署」。

〔一三〕中宫駕出則夾引　唐六典卷一二、新唐書百官志二一二二一頁「出」下有「入」。

〔一四〕貞元七年三月敕　原脱「貞元」，據唐六典卷六五補。

〔一五〕通判省事　「省」原訛「局」，據北宋本、傅校本、遞修本、明抄本改。按：新唐書百官志二一二二一頁也作「省」。

〔一六〕掌侍左右止在内宮闕通中外　「掌」原作「常」，「闕」原作「門」，據後漢書百官志三三五九四頁改。

〔一七〕中宮謁者三人　「三」原訛「二」，據後漢書百官志四三六〇七頁及北宋本、傅校本、遞修本、明抄本、明刻本、王吳本改。

〔一八〕後漢有中宮僕　原「僕」下衍「令」，據後漢書百官志四三六〇六頁刪。

〔一九〕漢有内者局令　「局令」，漢書百官公卿表上七三一頁、唐六典卷一二作「令丞」。

〔二〇〕監　「監」上原有「少」，據北宋本、傅校本、明刻本卷一九職官典目録刪。

〔二一〕掌冶等五署　原脱「五」，據北宋本、傅校本、明刻本補。

〔二二〕漢時官有私府長　「私」原訛「司」，據北宋本、傅校本、遞修本、明抄本、明刻本改。

〔二三〕正月朔朝　「朝」後漢書朱暉傳一四五八頁作「旦」，通典避睿宗諱改。

〔二四〕朱暉　「朱」原訛「宋」，據諸本改。

〔二五〕中常侍　「中」原涉上而脱，據後漢書百官志三三五九三頁補。

〔二六〕左右尚方　「尚」原訛「上」，據諸本改。

〔二七〕齊又加領左右銀鍛署　按：南齊書百官志三一八頁有「鍛署」，無「左右銀鍛署」。

〔二八〕位視尚書左右丞　隋書百官志上七二五頁、職官分紀卷二二無「右」字。

〔二九〕貞觀元年五月　「五月」唐會要卷六六作「正月」。

〔三〇〕分太府中尚坊織染坊掌冶坊署置少府監　前「坊」原作「方」，據北宋本、傅校本、遞修本、明抄本、明刻本改。按：唐會要卷六六作「分太府中尚方、左尚方、右尚方、織染方、掌冶方五署，置少府監」。

〔三一〕左尚右尚　北宋本作「右尚左尚」。

〔三二〕其有損益　葉德輝輯山公啟事作「甚有頓益」，近是。

〔三三〕後漢主作手工作　「主作」原作「掌上」，據北宋本、傅校本、遞修本、明抄本、明刻本、王吳本改。

〔三四〕典官婢作褻衣服補浣之事　「褻」原訛「藝」，據宋書百官志上一二三三頁改。

〔三五〕北齊亦三尚方　原「亦」下有「有」，據北宋本、遞修本、明抄本、王吳本刪。

〔三六〕中署掌宮內營造雜作　「宮」北宋本、傅校本、遞修本、明抄本作「供」。

〔三七〕染人掌染絲帛　「絲」原作「綫」，據周禮染人改。

〔三八〕韋昭辨釋名　原脱「辨」，據職官分紀卷二二增補。按：三國志韋曜傳一四六三頁云：「又作官職訓及辨釋名各一卷。」

〔三九〕染有常平之法　「常」原作「均」，據北宋本、明抄本改。按：職官分紀卷二二引韋昭辨釋名也作「常」。

〔四〇〕定州細綾局丞　「細」原作「紬」，據北宋本、傅校本、遞修本、明抄本、明刻本、王吳本改。

〔四一〕令掌織紝組綬　「織」北宋本作「職」。

〔四二〕置鐵官長丞　「置」北宋本、傅校本、遞修本作「署」。

〔四三〕監　原無，據北宋本、傅校本、明抄本、明刻本卷一九職官典目録補。

〔四四〕古者制以表道　「制」原作「列樹」，據北宋本、傅校本、遞修本、明抄本改。

〔四五〕少匠二人　「二」原訛「一」，據諸本改。

〔四六〕左校署令丞二人　唐六典卷二三、舊唐書職官志三一八九六頁作「左校署令二人丞四人」。新唐書百官志三一二七三頁作「左校署令二人丞一人」。

〔四七〕右校署令丞二人　唐六典卷二三、舊唐書職官志三一八九六頁、新唐書百官志三一二七三頁作「右校署令二人丞三人」。

〔四八〕甄官署令丞一人　唐六典卷二三、舊唐書職官志三一八九六頁、新唐書百官志三一二七四頁作「甄官署令一人丞二人」。

〔四九〕令丞各一人　唐六典卷二三、舊唐書職官志三一八九六頁、新唐書百官志三一二七四頁作「令一人丞三人」。

〔五〇〕章謂木材也　「木」漢書百官公卿表上如淳注七三四頁作「大」。

〔五一〕舊將作大匠主材史名章曹掾　「史」漢書百官公卿表上如淳注七三四頁作「吏」。

〔五二〕蓋章聲之轉耳　原脱「章」，據漢書百官公卿表上顔師古注七三四頁補。

〔五三〕東園主章掌材以供東園匠　漢書百官公卿表上顔師古注七三四頁「材」上「匠」上俱有「大」字。

〔五四〕國子太學廣文四門律學書學算學等博士助教等　原「國子」下有「博士助教」，「等博士」下無「助教等」，今據北宋本、傅校本、遞修本、明抄本、明刻本删前補後。

〔五五〕古者　後漢書百官志二劉注引胡廣語三五七二頁作「古禮」。

〔五六〕牧兒芻豎　「芻」後漢書儒林傳上二五四七頁作「蕘」。

〔五七〕餘郡國耆儒皆補郎舍人　「耆」原作「諸」，據北宋本、傅校本、遞修本、明抄本、王吴本改。「餘」後漢書儒林傳上二五四七頁作「除」，義長。

〔五八〕時屬經喪亂　「屬」北宋本、傅校本、遞修本、明抄本作「屬」。

〔五九〕築門闕　原脱「闕」，據唐六典卷二一補。

〔六〇〕宋代若不置學　原脱「若」，據宋書百官志上一二二八頁補。

〔六一〕其後國諱廢學　「後」南齊書百官志三一五頁作「夏」。

〔六二〕皆以儒學優重者爲之　原脱「皆」，據北宋本、傅校本、遞修本、明抄本、明刻本、王吴本補。

〔六三〕詩齊魯韓氏　「氏」北宋本、傅校本、遞修本、明抄本、明刻本、王吴本作「毛」，誤。

〔六四〕正席謝生三郡三人隱居樂道不求聞達　「生」原作「坐」，下「三」原作「二」，「聞」原作「問」，並據北宋本、傅校本、遞修本、明抄本、明刻本改。按：王吴本唯「生」作「坐」。殿本「聞」不誤。

〔六五〕凡所旌貢　「貢」原作「賞」，據北宋本、傅校本、遞修本、明抄本、明刻本改。

〔六六〕魏樂詳字文載　「詳」原作「祥」，據三國志王朗傳四二〇頁、杜畿傳五〇七頁裴注引魏略改。下同按：北堂書鈔卷六七引魏略作「祥」。然三國志五見「樂詳」，不見「樂祥」。

〔六七〕唯詳五業並授　原「業」上衍「經」，據北宋本、遞修本刪。按：三國志杜畿傳五〇七頁裴注引魏略、北堂書鈔卷六七引魏略均無「經」字。

〔六八〕履行清淳　「清」原作「精」，據晉書職官志七三六頁及北宋本、傅校本、遞修本、明抄本改。

〔六九〕每有公事　原脱「有」，據魏書崔辯傳一二五一頁補。

〔七〇〕去太和二十年　「去」原訛「云」，據魏書劉芳傳一二二二頁改。

〔七一〕同四郊之虞庠也　「同」原訛「曰」，據北宋本、傅校本、遞修本、明抄本、明刻本、王吴本改。

〔七二〕大成二十人　唐六典卷二一無「二」字。

〔七三〕衛覬奏請置律學博士　「覬」原訛「覲」，並脱「置」字，據三國志衛覬傳六一一頁、晉書刑法志九二三頁改補。按：傅校本、明刻本「覬」字不誤。

〔七四〕轉相教授　三國志衛覬傳六一一頁、晉書刑法志九二三頁及明刻本、殿本同。北宋本、傅校本、遞修本、明抄本、王吴本「轉」作「輔」。

〔七五〕大唐置書學博士三人　原「書學博士」在上，據北宋本、傅校本、遞修本、明抄本、明刻本、王吴本乙。「三人」，唐六典卷二一、舊唐書職官志三一八九二頁、新唐書百官志三一二六七頁均作「二人」。

〔七六〕僧綽　「僧」原訛「曾」，據北宋本、傅校本、遞修本、明抄本、明刻本改。

〔七七〕監　原無，據北宋本、明抄本卷一九職官典目録補。

〔七八〕領甲坊弩坊兩署　上「坊」原訛「妨」，據諸本改。

〔七九〕主都水及上林苑　原脱「上」，漢書百官公卿表上張晏注七三五頁補。

〔八〇〕主舡官也　「舡」原作「船」，據北宋本、傅校本、遞修本改。

〔八一〕秦漢又有都水長丞　晉書職官志七三九頁無「秦」字，疑此衍。

〔八二〕緦所置　「置」職官分紀卷二三引楊佺期洛陽記作「起」。

〔八三〕隋開皇三年　「三」原作「二」，據隋書百官志下七九二頁及北宋本、傅校本、明抄本、明刻本改。

徐庭雲點校　王文錦覆校

通典卷第二十八

職官十

武官上

將軍總叙　左右衛并親衛　左右驍衛

左右武衛　左右威衛　左右領軍衛

左右金吾衛　左右監門衛　左右千牛衛

左右羽林軍　左右龍武軍左右神武等軍附

將軍總叙

三代之制，天子六軍，其將皆命卿，一萬二千五百人爲軍。故夏書曰「大戰於甘，乃召六卿」。蓋古之天子寄軍政於六卿，居則以田，警則以戰，所謂入使理之、出使長之之義。其職在國，則以比長、閭胥、族師、黨正、州長、鄉大夫爲稱，其在軍則以卒伍、司馬、將軍爲號，所以異軍國之名。諸侯之制，大國三軍，次國二軍，小國一軍，其將亦命卿也。晉獻公初作二軍，公將上軍，則將軍之名起於此也。魏獻子、衞文子並居將軍之號。左傳曰：「晉閻沒、女寬謂魏獻子曰：『豈將軍食之而有不足。』」注曰：「獻子爲中軍率，故謂之將軍。」又禮記曰：「將軍文子之喪既除，而後越人來弔。」又家語曰：「衞將軍文子問於子貢。」是也。文子爲衞之將軍，名彌牟。自戰國置大將軍，周末又置前後左右將軍，至秦，將軍之官多矣。〔一〕漢興，置大將軍、驃騎將軍，位次丞相。車騎將軍、衞將軍、左右前後將軍，皆金印紫綬，位次上卿，後漢志曰：「漢將軍比公者四：謂大將軍、驃騎、車騎、衞將軍。」掌京師兵衞，四夷屯警。孝武征閩越、東甌，又有伏波、樓船；及伐朝鮮、大宛，復置橫海、度遼、貳師。宣帝增以蒲類、破羌。權時之制，若此非一，亦不常設。光武中興，諸將軍皆稱大。及天下已定，武官悉省。後漢志曰：「其前後雜號將軍皆主征伐，事訖皆罷。」四征興於漢代，四安起於魏初，四鎮通於柔遠，鎮東西南，並後漢末有之。鎮北，魏置。四平止於喪亂。魏置。晉武帝重兵官，故軍校多選朝廷清重之士居之。置中軍將軍以統宿衞七軍。及五王作難，東海王越以頃興事皆由殿省，乃奏宿衞有侯爵者皆罷之。時殿中武官並封侯，由是出者略盡，皆涕泣而去。乃以東海國官領左右衞，以國兵宿衞。晉宋以來，以領軍、護軍、左右二衞、驍騎、游擊將軍，謂之六軍。宋輿服志曰：「驃騎、車騎、衞將軍及諸將軍加大者，皆金章紫綬，武冠，佩水蒼玉。諸軍司馬，銀章青綬，朝服武冠。」其四安、四平、左右前後、征虜等將軍及四中郎將，晉代荀羨、王胡之並居此官。宋齊以來，唯處諸王素族無爲者。齊以二衛，左右。四軍，前後左右將軍，謂之四軍。五校，即漢之五校。驍騎、游擊、積射、强弩、殿中員外、殿中、武衛七將軍，殿中司馬督及虎賁中郎將，〔二〕宂從僕射，宋志曰：「宂從僕射，漢東京有中黃門宂從僕射，非其職也。魏代因其名而置宂從僕射。」職官要録曰：「本期門之職，漢桓帝時置宂從僕射，其射事則主帥之。」羽林監，武騎常侍謂之西省，而散騎謂東省。梁武帝以將軍之名高下舛雜，命更加釐定，於是有司奏置一百二十五號將軍。以鎮衛、驃騎、車騎爲二十四班，內外通用。四征、四中爲二十三班，四中謂軍、衛、撫、權。〔三〕八鎮爲二十二班，東西南北左右前後。八安爲二十一班，東西南北左右前後。四平、四翊爲二十班，四平，東西南北。四翊，左右前後。凡三十五號，〔四〕爲重號將軍。又有五德將軍，忠武、〔五〕軍師，武臣、爪牙、龍騎、雲麾，鎮兵、翊師、宣惠、宣毅，〔六〕智威、仁威、勇威、信威、嚴威，智武、仁武、勇武、信武、嚴武，謂五德將軍。以班多者爲貴。凡十品二十四班。品十取其盈數，班二十四以法氣序。制簿悉以大號居後，以爲選法，自小遷大也。前史所記，以位得從公，故將軍之名，次於台槐之下。至是備其班品，敍於百官之外，凡一百二十五將軍。後魏將軍之名多矣，謂驃騎、車騎、衛爲三將軍。末年有八柱國大將軍，其中六人各督二大將軍，事在柱國將軍篇。凡十二大將軍。元贊、元育、元廓、侯莫陳順、宇文導、〔七〕達奚武、李遠、豆盧寧、宇文貴、賀蘭祥、楊忠、王雄，此十二大將軍。又各分統開府二人，〔八〕一開府領一軍兵，是爲二十四軍，分掌禁旅，當爪牙禦侮之寄。自大統十六年以後，功臣位至柱國及大將軍者衆矣，咸是散秩，無復統御。〔九〕後周武帝三年，改諸軍軍士並爲侍官。隋煬帝以左右翊衞、改左右衞爲之。左右驍衞、改左右備身爲之。左右武衞、隋初舊名。〔一〇〕左右屯衞、改左右領軍爲之。左右禦衞、新加置。左右候衞，改左右武候爲之。凡十二衞，各置大將軍一人，將軍二人，以總府事。每衞各置長史、録事參軍、司倉、兵、騎、鎧等參軍員。軍人總名衞士。蓋魏、周十二大將軍之遺制。大唐武德初，秦王既平王世充及竇建德，高祖以秦王功殊今古，自昔位號不足以爲稱，乃特置天策上將軍以拜焉，位在王公上。及升儲宮，遂廢天策府。二年七月，高祖以天下未定，事資武力，將舉關中之衆，以臨四方，乃置十二軍，分關中諸府以隸焉。以萬年道爲參旗軍，長安道爲鼓旗軍，富平道爲玄戈軍，醴泉道爲丹鉞軍，〔一一〕同州道爲羽林軍，華州道爲騎官軍，寧州道爲折威軍，岐州道爲平道軍，豳州道爲招搖軍，麟州道爲苑遊軍，〔一二〕涇州道爲天紀軍，〔一三〕宜州道爲天節軍。每軍將一人，副一人，取威名素重者爲之，楊恭仁、劉弘基、長孫順德等並爲其將。督耕戰之備。自是士馬强勁，無敵於天下。五年省。七年，以突厥寇掠，復置十二軍，〔一四〕後又省之。其後定制，有：左右衞隋之翊衞。左右驍、左右武、左右威、左右威，隋之屯衞。左右領軍、左右金吾、金吾，隋之武候衞。左右監門、左右千牛，凡十六衞，大將軍各一人，左右衞及左右金吾總謂之四衞，其餘謂之雜衞。將軍總三十人。左右千牛衞將軍各一人，餘位各二人。左右羽林、左右龍武、左右神武六軍，大將軍各一人，將軍各三人，〔一五〕皆有衞署。

開元十二年，張說奏，於三輔揀五尺八兵十二萬人，謂之彍騎，置於南衙。每月分番，自此以後，不復簡點。其餘驃騎、輔國、鎮軍、冠軍四大將軍，雲麾、忠武、〔一六〕壯武、宣威、明威、定遠、寧遠、游騎、游擊等九將軍，並爲五品以上武散官。先天二年正月十日詔：〔一七〕「往者衞士，計户取充使，二十一入幕，六十出軍，既憚劬勞，咸欲避匿。今改取二十五以上充，十五年即放出。頻經征鎮者十年放出。自今以後，羽林、飛騎先於衞士中簡擇。」開元十一年二月敕：「同、華兩州，精兵所出，地資輦轂，不合外支。自今以後，更不得取同、華兩州兵防。」〔一八〕

左右衞并親衞

漢京師有南北軍，掌理禁衞，南軍若今諸衞，北軍若今羽林等軍。周勃馳入北軍是也。初有衞將軍。說在本篇。魏末，晉文王又置中衞將軍。武帝受禪，分中衞爲左右衞將軍。以羊琇爲左，趙序爲右。並置佐吏，皆掌宿衞營兵，銀章青綬，武冠，絳朝服，佩水蒼玉。宋齊謂之二衞，各領營兵，每暮一人宿直。後增二衞儀從爲九十人。陳因之。後魏永光初，又增置左右衞將軍各二人。北齊二人，分掌左右廂，所主朱華閣以外，各武衞將軍二人貳之。隋初，左右衞大將軍各一人，將軍各二人，又各統親衞。煬帝改左右衞爲左右翊衞。又加置親衞，并領勳武三衞。煬帝改三衞爲三侍，非翊衞府皆無三侍。其所領軍士名爲驍騎。大唐復爲左右衞，大將軍各一人，掌宮掖禁禦，督攝隊伍。將軍各二人。貳大將軍事。

長史各一人。晉武帝置左右衞，各有長史、司馬。東晉省長史。歷宋、齊、梁、陳、後魏、北齊並同。至隋，左右衞各置長史一人，大唐因之。

録事參軍各一人。東晉元帝初爲鎮東大將軍，置録事參軍。自後無聞。〔一九〕梁皇弟皇子府有中録事參軍及録事參軍各一人。後魏二大公府及第一、第二、第三品將軍府及始蕃王、二蕃王、三蕃王府各有録事參軍官。北齊因之。隋左右衞府各有録事參軍一人。大唐因之。

倉曹參軍各二人。東晉元帝爲鎮東大將軍，有倉曹參軍。宋武帝相府亦置。後魏與録事參軍同置。北齊因之。隋左右衞府各有倉曹參軍一人。大唐因之，置二人。

兵曹參軍各二人。歷代皆與倉曹同置。

騎曹參軍各一人。魏司馬景王爲大將軍，有騎兵掾。〔二〇〕宋武帝爲相，有騎兵參軍。隋左右衞府有騎兵參軍。大唐初因之，其後改爲騎曹。

胄曹參軍各一人。東晉元帝爲鎮東大將軍，有鎧曹參軍。宋武帝爲相，亦有之。齊有左右鎧曹各一人。隋左右衞府有鎧曹行參軍事一人。大唐因之。長安初，改爲胄曹。神龍初，復爲鎧曹。開元初，復爲胄曹。

凡自十六衛及東宮十率府録事及兵、倉、騎、胄等曹參軍，通謂之衛佐，並爲美職。漢魏以來，諸將軍有長史以下官屬。今諸衛所置，蓋亦因其舊號，考其資位，則全校微矣。其下諸衛官屬並同。

左右親衛中郎將府。中郎將之名，秦漢以來有之，非今任也。別具中郎將、五官左右篇中。今中郎將因隋。每衛各置開府一員以統之。大唐武德七年，改開府爲中郎將。親衛爲一府，勳衛、翊衛各爲一府，中郎將各一人，掌領校尉以下宿衛，總判府事。大唐武德七年，改親衛驃騎將軍爲之。其勳、翊二衛亦然。左右郎將一人。隋備身府置左右郎將。大唐因其名，武德七年，改親衛車騎將軍爲之。其勳、翊二衛亦然。掌貳中郎將之職。〔二〕録事參軍一人，掌受府事。兵曹參軍一人，掌判府事。校尉五人。

左右驍衛

漢有驍衛將軍，謂之雜號將軍，武帝以李廣爲之，後省。後漢初，改屯衛爲驍騎。魏置爲中軍。晉領營兵，兼統宿衛。梁以來，其任愈重。天監六年，置左右驍騎，領朱衣直閤，並給儀從。北徐州刺史昌義之首爲此職。出則羽儀清道，入則與二衛通直，臨軒則升殿夾侍。改舊驍騎曰雲騎。陳有左右驍騎及雲騎。陳韋翽爲驍騎將軍，素有名稱，每大事恆令夾侍左右，時人榮之。永定二年，詔云：「左右驍騎，宜通文武，文官則用心腹，武官則用功臣，所給儀從，同太子二衛率。」後魏、北齊並有驍騎將軍之職。後周有左右驍騎率上士。至隋開皇十八年，置備身府。煬帝即位，改左右備身府爲左右驍衛府，所領軍士名曰豹騎，其備身府又別置焉。大唐因隋置左右驍衛府。龍朔二年去府字。光宅元年，改左右驍衛爲左右武威。神龍元年復舊。大將軍各一人，所掌與左右衛同，將軍各二人以副之。領官屬並隋置，大唐因之，同左右衛。

左右武衛

後漢末，曹公爲丞相，有武衛營。及魏文帝，乃置武衛將軍，以主禁旅。晉、宋、齊、梁、陳、又有建武、奮武、廣武等將軍。〔二二〕至隋，採諸武之名，置左右武衛大將軍一人，將軍各二人，以總府事。煬帝改所領軍士名熊渠。〔二三〕大唐光宅元年，改爲左右鷹揚衛。神龍元年復爲武衛。其制與隋同，所掌如左右衛。領官屬並隋置，〔二四〕大唐因之，同左右衛。

左右威衛

隋初有領軍府，煬帝改爲左右屯衛。大唐因之。貞觀十二年，左右屯衛始置飛騎，出遊幸即衣五色袍，乘六閑馬，賜猛獸衣韉而從焉。龍朔二年，改左右屯衛爲左右威衛，而別置左右屯營，亦有大將軍等官。尋改左右屯營爲羽林。光宅元年，改威衛爲豹韜衛。神龍元年復舊。所掌如左右衛。領官屬，並隋置，大唐因之，同左右衛。龍朔二年，〔二五〕左右威衛舊官之員外，各置録事參軍一人，府三人，史四人，並隸左右羽林軍，統本司事。

左右領軍衛

初，魏武爲漢丞相，相府自置領軍，非漢官也。建安十二年，改爲中領軍，以史渙爲之，與護軍韓浩皆領禁兵。文帝受漢禪，始置領軍將軍，主五校、中壘、武衛三營。魏文帝踐祚，始置領軍將軍，以曹休爲之。晉武帝初省，使中軍將軍羊祜統二衛、前後左右、驍騎七軍營兵，即領軍之任也。祜遷罷，復置北軍中候。懷帝永嘉中，改中軍曰中領軍。元帝永昌元年，復改曰北軍中候，尋復爲領軍。成帝時，復以爲中候，而陶侃居之，尋復爲領軍。魏晉領、護皆金章紫綬，中領、中護銀章青綬，武冠，絳朝服，佩水蒼玉。晉郗鑒、庾亮、紀瞻、卞壺、陸曄、褚翼、王彪之、會稽王道子、沈嘉、武陵王遵、〔二六〕孔安國、謝混等並爲領軍。〔二七〕宋置領軍將軍一人，掌內軍；護軍將軍一人，掌外軍。齊有領軍及中領軍，凡爲中，小輕，同一官也。諸爲將軍官，皆敬領、護。〔二八〕諸王爲將軍，相逢，則領、護讓道。領軍置長史以下官屬。梁領軍將軍管天下兵要，謂之禁司，與左右僕射爲一流。中領軍與吏部尚書爲一流。梁蕭景爲領軍將軍，管天下兵要。監局官僚皆近倖，多驕侈，景在職峻切，官曹肅然。其監局多事，唯景及臧盾長於撥繁，繼居此職，並著聲稱。陳因之。後魏有領軍、護軍。二職若侍臣帶者，加中。又有領軍將軍、護軍將軍，二軍與領護不並置。北齊領軍府，凡禁衞官皆主之，以高歸彦爲領軍大將軍。領軍加大自歸彦始。隋有左右領軍府，各掌十二軍籍帳、差科、辭訟之事，不置將軍，唯有長史、司馬、諸曹掾屬等官。煬帝改領軍爲左右屯衞。即今左右威衞。大唐復採舊名，別置領軍衞，分爲左右。龍朔二年，改爲左右戎衞。咸亨元年復舊。光宅元年，改爲左右玉鈐衞。神龍元年復舊，各置大將軍一人，掌宮掖禁備，督攝隊伍，與左右諸衞同，將軍各二人以副之。長史，齊梁陳並有之。北齊有長史、司馬。隋置録事以下諸曹。大唐因之，同左右衞。

左右金吾衞

秦有中尉，掌徼循京師。如淳曰：「所謂游徼，徼循禁備盜賊也。」顏師古曰：「徼謂遮繞。音工釣反。」漢武帝太初元年，更名執金吾，應劭曰：「吾者，禦也。掌執金革以禦非常。」顏師古曰：「金吾，鳥名也，主辟不祥。天子出，職主先導，以禦非常，故執此鳥之象，因以名官。」緹騎二百人，緹騎無秩，比史食俸。五百二十人輿服導從，光生滿路，羣僚之中斯最壯矣。光武微時，歎曰：「仕宦當爲執金吾。」舊掌京師盜賊，考按疑事。鄆都、甯成、王溫舒、減宣等皆截理橫噬，虎而冠者也。一切理辨，亦旋誅黜。鄆都爲中尉，見者側目，號爲蒼鷹。後漢掌宮外戒，司非常水火之事，衛尉巡行宮中，金吾徼巡宮外，相爲表裏，以擒姦討猾。月三繞行宮外及主兵器。自中興，但專徼循，不與他政。魏武秉政，復爲中尉。晉初罷。直至後周，置武環率、武候率下大夫各一人。隋置左右武候府大將軍一人，將軍三人，掌車駕出入，先驅後殿，晝巡夜察，執捕姦非，烽候道路水草所宜，巡狩師田則掌其營禁。煬帝大業三年，改爲左右武候衛，所領軍士名佽飛。漢百官表曰：「漢有左弋令，武帝太初元年，更名佽飛，掌弋射，屬少府。」光武省之。隋氏採舊名。大唐初又爲左右武候府。〔二九〕龍朔二年，改爲左右金吾衛，置大將軍一人，所掌與隋同，將軍二人副其事。領官屬，並隋置，大唐因之。

左右監門衛

隋初有左右監門府將軍各一人，掌宮殿門禁及守衛事，各置郎將二人，校尉直長各三十人。有長史、司馬、録事及倉、兵二曹參軍、鎧曹行參軍各一人。二漢有城門校尉，掌京師城門屯兵，非今任也。煬帝改將軍爲郎將，各一人，正四品，置官屬並同備身府。大唐左右監門府置大將軍、中郎將等官。龍朔二年，改府爲衛，大將軍各一人，所掌與隋同，將軍各二人以副之。中郎將各四人，分掌諸門，以時巡檢。領官屬，並隋置，大唐因之。

左右千牛衛

千牛，刀名。後魏有千牛備身，〔三〇〕掌執御刀，因以名職。謝綽宋拾遺有千牛刀，即人君防身刀也。齊尚書楊玉夫取千牛刀殺蒼梧王是也。其義蓋取莊子云：「庖丁爲文惠君解牛十九年，所割者數千牛，而刀刃若新發於硎。」因以爲備身刀名。北齊千牛備身屬左右將軍。隋有左右領左右府，大將軍一人，將軍二人，掌侍衛左右，供御兵仗。領千牛備身十二人，掌執千牛刀；備身左右十二人，掌供御刀箭；〔三一〕備身十六人，〔三二〕掌宿衛侍從。左右置長史、司馬、録事及倉兵二曹參軍事、鎧曹行參軍。〔三三〕煬帝改左右領左右府爲左右備身府，置備身郎將等官。大唐貞觀中，復爲左右領左右府。顯慶五年，始置左右千牛府。龍朔二年，改左右千牛府爲左右奉宸衛，後改爲左右千牛衛。神龍二年，各置大將軍一人，初以安國相王爲千牛衛大將軍，是時王以嘗登帝位。〔三四〕所掌與隋同，總判衛事，將軍各一人以副之。中郎將各一人，通判衛事。領官屬，即隋左右領左右府長史以下，大唐改之。左右千牛備身各十二人，龍朔中，改爲左右奉裕。咸亨初復舊。垂拱二年，又改爲奉裕。神龍元年復舊。掌執御刀宿衛侍從。皆以高蔭子弟年少姿容美麗者補之，花鈿繡服，衣緑執象，爲貴冑起家之良選。備身左右各十二人，〔三五〕執御刀弓箭宿衛侍省。備身各一百人。掌宿衛侍從。

左右羽林軍〔三六〕

漢武太初元年，初置建章營騎，後更名羽林騎，言其爲國羽翼如林之盛。顔師古曰：「如羽之疾，如林之多。」一云象天文羽林星，主車騎也。宣帝令中郎將、騎都尉監羽林，謂之羽林中郎將，領郎百人，謂之羽林郎。選隴西、漢陽、安定、北地、西河、上郡良家子便弓馬者以爲之。一名巖郎，言其禦侮巖除之下。後漢志曰：「言從遊獵，還宿殿階巖下室中，〔三七〕故號巖郎。」或説爲巖郎，取其巖屬素整也。〔三八〕又置羽林左右監，後漢志曰：「羽林左監一人，主羽林左騎，羽林右監一人，主羽林右騎，皆六百石。」取從軍死事之子孫養之羽林，官教以五兵，號曰羽林孤兒。五兵謂弓矢、殳、矛、戈、戟。〔三九〕光武中興，以所征伐士勞苦者爲之。其後復簡五營高手，別爲左右監。羽林父死子繼，與虎賁同，所居之署，謂之寺。延熹六年，減虎賁羽林住寺不任事者半俸。二漢並屬光録勳。後漢竇固、鄧彪並爲羽林。魏羽林左右監與漢同。夏侯玄爲右，桓範爲左。晉罷羽林中郎將，又省一監，置一監而已。哀帝省。宋武帝永初初，復置江右領營兵，江左無復營兵。羽林監及虎賁中郎將並銅印墨綬，武冠，絳朝服；其在陛列，則鶡尾冠，鶡鳥每鬬死不止。絳紗縠單衣。江左不復著鶡冠。齊因之。後魏有羽林監。北齊置監十五人。後周有左右羽林率，屬大司馬。隋煬帝改左右領軍爲左右屯衛，所領兵爲羽林。大唐貞觀十二年，於玄武門置左右屯營，以諸衛將軍領之，其兵名曰飛騎。又於飛騎中簡才力驍捷善射者，號爲百騎，扈從遊幸則衣五色袍，乘六閑馬，賜猛獸衣韉。龍朔二年，改左右屯營爲左右羽林軍。武太后臨朝，永昌元年，改百騎爲千騎。天授中，改軍爲衞。中宗景龍元年，改千騎爲萬騎，大將軍一人，大足元年，左右羽林衞各增置將軍一人。所掌與左右衞同，將軍各三人以副之。領官屬並大唐置。

左右龍武軍 左右神武等軍附

大唐之初有禁兵，號爲百騎，屬羽林。永昌元年，改羽林百騎爲千騎。景龍元年，改千騎爲萬騎，仍分爲左右營。開元二十六年，析羽林軍置左右龍武軍，以左右萬騎營隸焉。官屬並大唐置。至德中，分置左右神武軍，各置官屬，如羽林之制。

校勘記

〔一〕至秦將軍之官多矣　「官」原作「言」，據北宋本改。

〔二〕殿中司馬督及虎賁中郎將　「督」原作「左右」，「賁」下衍「之」，據南齊書百官志三二五——三二六頁改刪。

〔三〕四中謂軍衞撫權　隋書百官志上七三六頁「權」作「護」，非。梁書武帝紀中四五頁云：「五月己巳，置中衛、中權將軍。辛未，右將軍、揚州刺史建安王偉進號中權將軍。」按：梁無「中護將軍」之號。

〔四〕凡三十五號　「五」原訛「六」，據隋書百官志上七三六頁改。按：「鎮衛、驃騎、車騎」爲三號，加四征、四中、八鎮、八安、四平、四翊，共爲三十五號。杜佑誤以「鎮衛」爲二號，故云「凡三十六號」。梁書武帝紀下六七頁云：「五年春正月，以左光禄大夫、開府儀同三司、南平王偉爲鎮衛大將軍。」可證鎮衛爲一號。

〔五〕忠武　「武」原訛「勇」，據隋書百官志上七三六頁改。按：本書卷三七梁官品也作「武」。

〔六〕宣毅　「宣」原訛「果」，據隋書百官志上七三六頁改。按：本書卷三七梁官品也作「宣」。

〔七〕宇文導　「導」原訛「遵」，據北周書侯莫陳崇傳二七三頁改。

〔八〕又各分統開府二人　「二」原訛「一」，據北周書侯莫陳崇傳二七三頁改。

〔九〕無復統御　「御」原訛「禦」，據北周書侯莫陳崇傳二七三頁改。

〔一〇〕隋煬帝以左右翊衛改左右衛爲之左右驍衛改左右備身爲之左右武衛隋初舊名　原脱訛作「隋煬帝以左右衛隋初舊名」。據隋書百官志下七九三頁訂補。

〔一一〕丹鉞軍　「丹」唐會要卷七二、新唐書兵志一三三四頁、通鑑卷一八七胡注五八五八頁均作「井」。

〔一二〕麟州道爲苑遊軍　「麟州」唐會要卷七二、新唐書兵志一三三四頁、通鑑卷一八七胡注五八五八頁作「西麟州」。按：唐會要卷七〇云：「麟州，開元十二年閏十二月二十九日置。」則武德二年尚無麟州，疑當作「西麟州」。又「苑遊軍」，唐會要作「游弈軍」。

〔一三〕天紀軍　唐會要卷七二、新唐書兵志一三二四頁、通鑑卷一八七胡注五八五八頁同。北宋本、傅校本、遞修本、明抄本、明刻本、王吴本「紀」作「統」。

〔一四〕五年省七年以突厥寇掠復置十二軍　唐會要卷七二云：「至六年二月二十四日廢，八年五月以突厥爲患，復置十二軍。」新唐書兵志一三二五頁云：「六年以天下既定，遂廢十二軍，居歲餘，十二軍復。」通鑑卷一九〇高祖武德六年二月云：「廢參旗等十二軍」；又卷一九一武德八年四月云：「初上以天下大定，罷十二軍。既而突厥爲寇不已，辛亥，復置十二軍。」通典記十二軍之罷省與復置，較上列三書之記載均早一年，疑誤。

〔一五〕將軍各三人　唐六典卷二四、二五「三」作「二」。疑是。

〔一六〕忠武　「忠」原訛「勇」，據唐六典卷五、唐會要卷八一、舊唐書職官志一一七九三頁、新唐書百官志一一一九七頁改。按：本書卷四〇大唐官品也作「忠」。

〔一七〕先天二年正月十日詔　「詔」原作「敕」，據北宋本、傅校本改。

〔一八〕更不得取同華兩州兵防　「更」原訛「吏」，據諸本改。

〔一九〕自後無聞　「聞」北宋本作「間」。

〔二〇〕魏司馬景王爲大將軍有騎兵掾　「掾」原脱，據唐六典卷二四補。按：宋書百官志上一二二一頁在「及晉景帝爲大將軍，置掾十人」句下列舉十掾，中有騎兵掾。

〔二一〕掌貳中郎將之職　「貳」原訛「二」，據北宋本、傅校本、明抄本改。

〔二二〕晉宋齊梁陳　「陳」下原衍「隋」，據唐六典卷二四刪。

〔二三〕熊渠　「渠」原訛「騎」，據隋書百官志下八〇〇頁改。

〔二四〕領官屬並隋置　北宋本無「屬」字。

〔二五〕龍朔二年　「二」北宋本、傅校本、遞修本、明刻本作「三」，恐非。

〔二六〕武陵王遵　「遵」原訛「導」，據晉書元四王傳一七二八頁訂改。

〔二七〕謝混　「混」原訛「鯤」，據晉書謝安傳二〇七九頁及傅校本改。

〔二八〕諸爲將軍官皆敬領護　原脱「領」，據南齊書百官志三二五頁補。

〔二九〕大唐初　原脱「初」，據北宋本、傅校本、明刻本補。

〔三〇〕後魏有千牛備身　「魏」原訛「漢」，據北宋本、傅校本、明刻本、王吳本改。按：職官分紀卷三五作「魏」。

〔三一〕掌供御刀箭　「刀」隋書百官志下七七八頁作「弓」。

〔三二〕備身十六人　「十六」隋書百官志下七七八頁作「六十」。

〔三三〕左右置長史司馬録事及倉兵二曹參軍事鎧曹行參軍　「録事」下原有「參軍」二字，據隋書百官志下七七八頁及北宋本、傅校本、明刻本删。

〔三四〕是時王以嘗登帝位　「嘗」原訛「常」，據北宋本、傅校本、遞修本、明抄本、明刻本改。按：相王曾在嗣聖元年立爲皇帝。

〔三五〕備身左右各十二人　「各」原脱，據唐六典卷二五補。

〔三六〕左右羽林軍　「軍」原作「衛」，據北宋本改。

〔三七〕還宿殿階巖下室中　「階」原訛「隴」，據諸本改。

〔三八〕取其巖屬素整也　按：後漢書百官志二劉注三五七六頁引荀綽晉百官表注曰：「言其嚴厲整鋭。」

〔三九〕五兵謂弓矢殳矛戈戟　「戟」原脱，據漢書百官公卿表上師古注七二八頁補。

王永興點校　王文錦覆校

通典卷第二十九

職官十一

武官下

大將軍 并官屬

大將軍，戰國時官也。楚懷王與秦戰，秦敗楚，虜其大將軍屈匄是矣。漢高帝以韓信爲大將軍。初拜信，蕭何曰：「王素慢無禮，今拜大將，如兒戲耳。」乃擇良日，齋戒設壇，以禮拜之。又竇嬰爲大將軍，每朝大議，列侯莫敢抗禮。武帝又置。初，武帝以衞青數征伐有功，以爲大將軍，欲尊寵之，故置大司馬官號以冠之。衞青字仲卿，爲車騎，擊匈奴大立功，引兵至塞。天子使使者持大將軍印，因軍中拜青爲大將軍，位在公上。卿以下皆拜，惟汲黯獨揖。後又加青大司馬位，冠於大將軍上，共爲一官。後霍光、王鳳等皆然。成帝綏和二年，賜大司馬印綬，罷將軍官。後漢光武時，吳漢以大將軍爲大司馬。後漢大將軍自爲一官，其大司馬不加於其上。和帝時，以竇憲爲之。舊大將軍位在三公下，置官屬，依太尉。憲威權振朝廷，公卿希旨，奏憲位次太傅下，三公上。長史、司馬秩中二千石，從事中郎二人，六百石，自下各有增。憲初爲此官，威振天下，尚書以下欲拜之，伏稱萬歲。尚書令韓稜曰：「禮無人臣稱萬歲之制。」乃止。後梁冀爲之，官屬倍於三公府。自安帝政理衰缺，始以嫡舅耿寶爲大將軍，常在京都。順帝即位，又以皇后父、兄、弟相繼爲大將軍，如三公。梁冀別傳云：〔一〕「元嘉二年，又加冀禮儀。大將軍朝，到端門，謁者將引。增掾屬、舍人、令史、官騎、鼓吹各十人。」風俗通曰：「桓帝初，京師謠曰：『游平賣印自有評，不避豪强及大姓。』按：竇武字游平，爲大將軍，印綬所加，咸得其人。」漢末猶在三公上。魏武爲大將軍，袁紹爲太尉，紹恥班在下，魏武乃固以大將軍讓紹。魏黃初中，又有上大將軍，以曹真爲之。吴亦以陸遜爲上大將軍，諸葛恪爲大將軍。明帝青龍三年，晉宣帝自大將軍爲太尉，然則大將軍在三司下矣。其後又在三司上。自漢東京，大將軍不常置，爲之者皆擅朝權。至晉景帝爲大將軍，亦受非常之任。後以叔父孚爲太尉，奏改大將軍在太尉後，位次三司下。後復舊，在三司上。太康元年，瑯琊王伷遷大將軍，復制在三司下。伷薨，復如舊。冠綬佩服與大司馬同。宋唯彭城王義康爲之，章綬冠佩亦與晉同。齊以爲贈。梁有之。陳以爲贈。後魏、北齊爲二大，與大司馬同。後周建德四年，增置上大將軍。隋並以爲武散官，不理事。上大將軍從二品，大將軍正三品。大唐貞元二年九月敕：〔二〕「六軍先已各置統軍一人。今十六衛宜各置上將軍一人，秩從二品。其左右衛及左右金吾衛上將軍俸料、隨軍人馬等，〔三〕並同六軍統軍。其諸衛上將軍，次於統軍支給。〔四〕自今已後，內外文武闕官，於文武班中材望相當者參敍，仍待以後各依故事，〔五〕於本衛量置衛兵。仍舉故事，置武班朝參。其廊下食亦宜加給，稍令優重。」

漢不見官屬，後漢大將軍、驃騎將軍、車騎將軍、衛將軍有長史一人，司馬一人，竇憲爲大將軍，置長史、司馬員吏官屬，位次太傅屬官。從事中郎二人，掾屬二十九人，令史及御屬三十一人。又賜官騎四十人及鼓吹。〔六〕應劭曰：「鼓吹二十人，非常員。」其領軍皆有部曲。大將軍營五部，部校尉一人，軍司馬一人。部下有曲，曲有軍候一人。〔七〕曲下有屯，〔八〕屯長一人。其不置校尉部，但有軍司馬一人。其別營領屬爲別部司馬，其兵多少各隨時宜。門有門候。魏以司馬景王爲大將軍，置掾十人，則無屬官。其驃騎、車騎府有長史、司馬。晉驃騎、車騎、〔九〕衞將軍，伏波、撫軍、都護、鎮軍、中領、〔一〇〕四征、四鎮、龍驤、典軍、上軍、輔國等大將軍開府者，皆爲位從公，品秩俸賜亦與諸公同。加兵者增置司馬一人，從事中郎二人，主簿、記室督各一人，官屬並與公同。宋大將軍、驃騎、車騎、衞將軍諸府皆有長史一人，又各置司馬一人。齊有大將軍，爲贈官，無僚屬。諸驃騎、車騎、衞、鎮軍、中軍、撫軍、四征、四鎮等將軍，凡加大字位從公。長史、司馬諸官屬亦同公。梁因之，諸將軍優者亦然。陳爲贈官，無僚屬。後魏大將軍僚屬如三公。北齊亦然。後周大將軍有長史、司馬、中郎掾屬、諸曹參軍、典籤等員，隋以後無。

車騎將軍

漢文帝元年，始用薄昭爲車騎將軍。灌嬰、周亞夫、金日磾並爲之。後漢章帝即位，西羌反，以舅馬防行車騎將軍，征之。銀印青綬，在卿上，絕席。還復罷。和帝即位，以舅竇憲爲車騎將軍，征匈奴，始賜金紫，次司空。竇憲爲車騎將軍，辟崔駰爲掾。憲府貴重，掾屬三十人皆故刺史二千石，惟駰以處士年少，擢在其間。其僚佐故事如太尉。後梁冀爲之，官屬倍於餘府。安帝即位，西羌寇亂，以舅鄧騭爲車騎將軍，征之。數年復罷。又皇甫嵩等並爲之，其官屬附見大將軍後。靈帝數以車騎過拜嬖臣及贈亡人。〔二〕應劭曰：「美號加於頑兇，印綬汙於腐屍，虧國家之舊，傷虓武之重。昔年有覩被髮之祥，知其爲戎。今假號雲集，不亦宜乎。」魏車騎爲都督，儀與四征同。若不爲都督，雖持節屬四征者，與前後左右雜號將軍同。其或散還，從文官之例，則位次三司。晉宋車騎、衞不復爲四征所督。晉羊祜爲車騎將軍，開府如三司之儀。後魏制與驃騎同。位次升降並同。隋車騎屬驃騎府，大唐省之。說在前篇。

衞將軍

漢文帝始用宋昌爲衞將軍，位亞三司。其官屬附見大將軍後。凡驃騎、車騎、衞三將軍，皆金印紫綬，武冠絳朝服，佩水蒼玉。晉以陸曄爲衞將軍，兼儀同三司，加千兵百騎。東晉以後，尤爲要重。後魏初，加大則次儀同三司。孝文太和中制，加大則位在太子太師上。〔三〕歷代多有。大唐無之。

前後左右將軍

前後左右將軍皆周末官，秦因之，位上卿，金印紫綬。漢不常置，或有前後，或有左右，皆掌兵及四夷。李廣爲前將軍，趙充國爲後將軍，辛慶忌、王商爲左將軍，馮奉世爲右將軍。光武建武七年省。〔一三〕魏以來復置。晉武初又置前軍、左軍、右軍，泰始八年，又置後軍，是爲四軍。〔一四〕齊亦號左右前後四軍。陳並有之。北齊左右將軍領千牛備身。〔一五〕大唐無。

四征將軍

四征將軍皆漢魏以來置，加大者始曰方面。征東將軍，漢獻帝初平三年，以馬騰爲之，或云以張遼爲。征西將軍，漢光武建武中，以馮異爲大將軍。征南將軍，漢光武建武二年置，以馮異爲之，亦以岑彭爲大將軍。征北將軍，魏明帝太和中置，劉靖爲之，許允亦爲之。各一人。魏黄初中，位次三公。後魏加大則次衞將軍。大唐無。

四鎮將軍

鎮東將軍，後漢末，魏武帝爲之。鎮南將軍，後漢末，劉表爲之。魏張魯、晉當陽侯杜元凱並爲之。鎮西將軍，後漢劉表爲之，魏鍾會、鄧艾並爲之。鎮北將軍，魏明帝太和中置。劉靖、許允並爲之。各一人。宋時四鎮與中軍爲雜號。後魏加大，次尚書令。大唐無。

四安將軍

安東將軍，後漢陶謙、曹休並爲之。安南將軍，光武元年，以岑彭爲之。晉范陽王虓亦爲之。安西將軍，後漢末段煨、魏鍾會、石鑒並爲之。〔一六〕安北將軍，晉以郗鑒爲之。各一人。後魏亦有。大唐無。

四平將軍

平東將軍，晉當陽侯杜元凱、王濬等爲之。平南將軍，晉盧欽、羊祜、胡奮等爲之。平西將軍，晉以嵇紹。平北將軍，漢獻以張燕，晉以阮坦亦爲之。各一人，並漢魏閒置。後魏亦有。大唐無。

雜號將軍

歷代雜號將軍凡有數百，不可俱載，今録其著者。

上，漢以吕禄爲上將軍。騎，漢武帝以公孫敖及公孫賀並爲騎將軍。樓船，漢元封三年，以荀彘爲之。横海，漢元鼎六年，以韓説爲之，擊東越有功。材官，漢李息爲之，掌理宫室。貳師，漢李廣利爲之，征貳師城，取善馬，故以爲號。輕車，漢武帝以公孫賀爲之。伏波，漢武帝征南越，始置此號，以路博德爲之。後漢馬援亦爲之。

伏波者，船涉江海，欲使波浪之伏息。中軍，漢武帝以公孫敖爲之。强弩，漢武帝以李沮爲之。戈船，環氏要略云：「建戈於船上，浮渡沮水，以討北狄。」奮威，漢武帝以田千秋爲之。度遼，漢武帝初以范明友爲度遼將軍。後漢明帝永平八年，又置，屯五原。銀印青綬。种暠字伯景，爲度遼將軍，誠心懷撫，信賞分明，乃去烽燧斥堠，邊方晏然。及卒，匈奴舉國傷惜。單于每入朝賀，每見墳輒哭泣祭祀。又李膺爲度遼將軍，聲振遠域。積射，漢有之。晉武帝泰始四年省。太康十五年立射營弩營，置積射强弩將軍主之。建威，漢元帝以韓安國、王晏並爲之。光武以耿弇爲之。九武，王莽拜將軍九人，皆以武爲號，號曰九武將軍。征虜，後漢建武中，始以祭遵爲，後張飛亦爲之。武牙，後漢光武以蓋延爲之。橫野，後漢光武以王常爲橫野大將軍，位與諸將絶席。捕虜，後漢永平中，馬武爲之。鷹揚，後漢建安中，魏武以曹洪爲之。討逆，後漢末，以孫策爲之。破虜，後漢末，以孫堅爲之。討虜，後漢末，以孫權爲之。安漢，蜀糜竺爲之，班在軍師將軍之右。武威，魏武帝以于禁爲之。撫軍，魏武帝置，以司馬宣王爲之。淩江，魏置，以羅獻爲之。〔一七〕寧朔，魏以王渾爲之。橫江，吴魯肅爲之。又曰：「魯橫江昔仗萬人，屯據陸口界。」〔一八〕龍驤，晉武帝置，以王濬爲之。殿中，宋初置之。黑稍，後魏于粟磾好持黑稍以自衛，劉裕遥見，題書與之曰「黑稍公麾下」。明帝因授黑稍將軍。牙門將。冠服與將軍同。魏文帝黄初中置。明帝以胡烈爲之。又王隱晉書云：「陸機少襲父爲牙門將，吴人重武官故也。」晉惠帝特置四部牙門，以汝南王祐爲之。蜀以趙雲爲之。

監軍軍師祭酒、理曹掾屬附

周代，齊景公使穰苴將兵捍燕晉之師，穰苴願得君之寵臣以監軍，公使莊賈往，賈不時至，苴斬之。是其始也。漢武帝置監軍使者。光武以來歙監諸將。後漢末，劉焉以監軍使者領益州牧。劉璋亦爲監軍使者。魏晉皆有之。魏時，司馬文王征壽春，石苞爲監軍。鍾會伐蜀，衞瓘爲監軍。晉孟康持節監石苞諸軍事。初，隗囂軍中嘗置軍師。隗囂聘平陵人方望以爲軍師。又袁紹請盧損爲軍師。至魏武帝，又置師官四人。魏荀攸爲軍師，軍國選舉及刑獄法制皆使決焉。又梁義爲左軍師。吳朱然爲右軍師。蜀以諸葛亮爲軍師將軍。晉避景帝諱，改爲軍司。凡諸軍皆置之，以爲常員，所以節量諸宜，亦監軍之職也。而太尉軍司尤重，故山公啓事曰「太尉軍司缺，當選上宰監，宜得宿有資重者」也。宋齊以來，此官頗廢。至梁大通四年，元法僧北討，復以羊侃爲大軍司。後代多不置。至隋末，或以御史監軍事。大唐亦然。時有其職，非常官也。開元二十年後，並以中官爲之，謂之監軍使。

軍師祭酒，後漢建安三年，曹公還許，初置此官。理曹掾屬。後漢建安十九年，魏武令曰：「軍中典獄者，或非其人，而任以三軍死生，吾甚懼之。」遂置此，選明達法理者爲之。

三署郎官敍

漢中郎將分掌三署郎，有議郎、中郎、皆比六百石。侍郎、比四百石。郎中，比三百石。凡四等，皆秦官，無員，多至千人。靈帝時，三署郎吏二千餘人。皆掌門户，出充車騎。其散郎謂之外郎。故卿、校尉、牧守待價於此。公車特徵賢良方正、敦樸有道、高節、公府掾曹試博士者，亦充兹位。其下第白衣試博士者，皆拜郎中。中郎有五官、左、右三將。謂五官中郎將、左右郎將。郎中有車、户、騎三將。如淳曰：「主車曰車郎，主户衛曰户郎。漢舊儀曰：『郎中令主郎中，左右車將主左右車郎，左右户將主左右户郎。』」凡郎官皆主更直，執戟宿衛諸殿門，唯議郎不在直中。漢儀曰：「三署郎見光禄勳執板拜，見五官左右將執板不拜，〔一九〕於三公諸卿無敬。」郎官故事，令出錢，市財用，給文書，乃得出，時號曰山郎，謂以貲財爲郎也。山者財用之所出，故取名。或至歲不得休沐。其豪富郎日出遊戲，或行錢得善部，貨賂流行，轉相放傚。楊惲字子幼爲中郎將，罷山郎，其疾病休沐皆以法令，有過奏免，薦舉其高第有行能者，多至郡守、九卿。三署化之，莫不自勵，宮殿之內，翕然同聲，其後遂以爲常。後漢和帝永元元年，初令郎官詔除者，得占丞、尉，以比秩爲真。凡三署郎官，二漢並屬光禄勳。光禄選三署郎有行應四科者，歲舉茂才二人，四行二人。後漢范滂字孟博，舉孝廉、光禄四行。時冀州饑荒，盜賊羣起，乃以滂爲清詔使以按察之。滂登車攬轡，慨然有澄清天下之志。及到州境，守令有贓污者，望風解印綬而去。其所舉奏，莫不厭塞衆議。又上廉吏六人，爲長理劇，隨缺多少。萬户以上爲劇縣，其缺少者不選，公府亦然。故明帝時館陶公主爲子求郎，帝不許，賜錢十萬，〔二〇〕曰：「夫郎官上應列宿，出宰百里，苟非其人，人受其殃。」後漢桓靈閒，三署見郎七百餘人，而郡國計吏多留拜爲郎。太尉楊秉上疏諫曰：「先王建國，順天制官，太微積星，名爲郎位，入奉宿衛，出牧百姓」云云。按自近代，皆謂郎官上應列宿，出宰百里，爲尚書郎故事。且夫天文有武賁郎位等星，皆在太微帝座之後，爲翊衞之象，則應劭、楊秉所言三署郎是也。而代人謂之尚書郎，則誤矣。徵其失也，蓋自梁陶藻職官要録，以漢三署郎故事通爲尚書郎，循名失實，疑誤後代。舊有郎中將右騎，光武中興悉省。漢爰盎、卜式、張騫並爲中郎，〔二一〕韓信、主父偃並爲郎中。後漢明帝性褊察，嘗以事怒郎藥崧，崧走入牀下，上將杖撞崧。崧曰：「天子穆穆，諸侯皇皇，未聞人君，自起撞郎。」上乃捨之。又班固二代，位不過郎。又陳蕃諫靈帝曰：「昔明帝公主爲子求郎，賜錢十萬。今陛下除拜郎吏，無有休已，以一郎比一把菜耳。」晉議郎遷爲太守，山公啟事曰：「議郎許允，宜參廣漢太守選。」亦有郎中等官。其後雖有中郎將等官，而無三署郎矣。

中郎將 五官中郎將　左右中郎將

五官、左、右中郎將，皆秦官，漢因之，並領三署郎從。後漢之制，郡國舉孝廉以補之。三署郎年五十以上屬五官。後漢黄琬，字子琰，爲五官中郎將。時陳蕃爲光禄勳，深相敬待，每與議事。舊制，光禄舉三署郎，以功高久次才德尤異者爲茂才四行。時權富子弟多以人事得舉，而貧約守志者見遺。京師謡曰：

「欲得不能，光禄茂才。」於是蕃、琬同心，顯用志士。故蕃、琬皆爲權富郎所中傷也。其次分屬左右署，左右郎將各領左右署郎。二署皆有中郎、侍郎、郎中，三郎並屬光禄勳。漢衞綰，文帝時，以戲車爲中郎將。戲車謂能左右超乘也。景帝幸上林，詔綰參乘，重其淳謹。又蘇武以中郎將持節使匈奴。又司馬相如拜中郎將，建節往使邛筰，縣令負弩矢前驅，蜀人以爲寵。又後漢左中郎將皇甫嵩、右中郎將朱儁並討黄巾，有大功。又建安十六年，魏公子丕爲五官中郎將，置官屬，以副丞相，位在魏國諸侯王上。魏無三署郎，猶置左右中郎將。晉武帝省左右中郎將官。宋孝武大明中，復置，銀章青綬，武冠絳朝服，佩水蒼玉。齊左右中郎將屬西省。梁代並分司丹禁。今中郎將四十四員，郎將六十四員，各附諸軍諸衞篇。大唐亦置諸衞中郎將。永徽三年八月，〔二二〕避太子名，改中郎將爲旅賁郎將，又改爲翊軍郎將，尋復舊。

虎賁中郎將

周官有虎賁氏，掌領虎士八百人，軍旅會同，君宿於外，則守王閑。閑，梐枑行馬也。梐音陛，枑音護。漢武帝建元三年，初置期門，比郎中，蓋以微行出遊，選材力之士，執兵從送，期之諸門，故名期門。無員，多至千人。平帝元始元年，更名虎賁郎，舊曰虎奔，言如虎之奔。置中郎將領之，故有虎賁中郎將，主虎賁宿衞，冠插兩鶡尾，鶡，鷙鳥之中果勁者，每有攫撮，應爪摧碎。

尾，上黨所貢也。後漢崔鈞爲武賁中郎將，服武弁，戴鶡尾。攫音钁。紗縠單衣、虎文錦袴，餘郎亦然。凡有虎賁中郎、虎賁侍郎、虎賁郎中、節從虎賁，皆父死子繼。若死王事，亦如之。前賢亦多爲者。後漢馬援、孔融並爲虎賁中郎將。〔一三〕魏桓階字伯緒，爲虎賁中郎將，遷尚書，典選。大唐無。

四中郎將東西南北

東中郎將，後漢靈帝以董卓爲之。南中郎將，後漢獻帝以臨淄侯曹植爲之。西中郎將，晉以謝曼、桓沖爲之。北中郎將，後漢以盧植爲之。建安中以鄢陵侯曹彰爲之。並後漢置。江左彌重，或領刺史，或持節爲之。銀印青綬，服同將軍。後魏靈太后時，四中郎將兵數寡弱，不足以襟帶京師。任城王澄奏宜以東中帶滎陽郡，南中帶魯陽郡，西中帶恆農郡，北中帶河南郡。選二品三品親賢兼稱者居之，配以强兵，則深根固本之計也。靈太后初從之，後復止。大唐至德後，節度、都團練使，殆其遺職。

雜中郎將

使匈奴中郎將，後漢主護南單于，以張奐爲之。後魏天興四年罷。平越中郎將，晉武帝置，理廣州，主護南越。司金中郎將，魏王脩爲之。〔一四〕武衛中郎將。魏始以許褚爲之。大唐無。

折衝府果毅、別將等附

隋初左右衞、左右武衞、左右武候，各領軍坊鄉團，以統戎卒。開皇中，置驃騎將軍府，每府置驃騎、車騎二將軍。大業三年，改驃騎府爲鷹揚府，改驃騎將軍爲鷹揚郎將，改車騎將軍爲鷹揚副郎將。五年，又以鷹揚副郎將爲鷹擊郎將。九年，別置折衝、果毅及武勇、雄武等郎將官，以統領驍果。大唐武德初，猶有驃騎府及驃騎、車騎將軍之制。武德七年，乃改驃騎爲統軍，車騎爲別將。貞觀十年，復採隋折衝、果毅郎將之名，改統軍爲折衝都尉，別將爲果毅都尉。魏有折衝將軍，後周有成議別將官，〔二五〕其名因此也。其府多因其地，各自爲名，無鷹揚之號。凡五百七十四府，分置於諸州，而名隸諸衞及東宮率府。各領兵，滿一千二百人爲上府，兩京城内雖不滿此數，亦同上府。千人爲中府，兩畿及岐、同、華、懷、陝等五州所管府，雖不滿此數，亦同中府。八百人爲下府。每府置折衝都尉一人，掌領校尉以下宿衞及衞士以上，總判府事。左右果毅都尉各一人，掌通判。春秋傳曰「戎昭果毅」，又曰「殺敵爲果，致果爲毅」。煬帝始置，後改將爲之。別將一人，不判府事。若無兵曹以上，即知府事。初別將既改爲果毅，而府中有長史員。聖曆三年，廢長史，置別將一員。後又兼置長史。長史一人，通判。載初元年置。兵曹一人，〔二六〕判府事，付事句稽，監印，給紙筆。校尉六人。〔二七〕以下小吏各有差。若校尉以下，唯人數置之。凡府在赤縣爲赤府，在畿縣爲畿府。衞士以三百人爲團，團有校尉；五十人爲隊，隊有正；十人爲火，火有長。〔二八〕備六馱馬驢，初置八馱，後改爲六。米糧、介冑、戎器、鍋、幕，貯之府庫，以備武事。每歲十一月，以衞士帳上於兵部，以候徵發。天下衞士向六十萬人。初置，以成丁而入，六十出役，其家不免征徭，遂漸逃散。年月漸久，逃死者不補。天寶八載五月，停折衝府。〔二九〕以無兵可校之。〔三〇〕十一載八月，改諸衞士爲武士。

三都尉 奉車 駙馬 騎 奉朝請附

奉車、駙馬、騎三都尉，並漢武帝元鼎二年初置。李陵爲騎都尉。至更始時，官亂，謡曰：「爛羊胃，騎都尉。」舊無員，或以冠常侍，或卿尹校尉左遷爲之。奉車掌御乘輿車，漢官曰三人。駙馬掌駙馬，駙馬，非正駕車，皆爲副馬。一曰：駙，近也，疾也。騎都尉本監羽林騎，漢官十人。又竇嬰爲朝請，竇太后除嬰門籍，不得入朝請。漢律：諸侯春朝天子曰朝，秋曰請。後漢並屬光禄勳。奉朝請無員，本不爲官，漢東京罷省三公、外戚、皇室、諸侯多奉朝請。奉朝請者，奉朝會請召而已。晉武帝亦以皇室、外戚爲三都尉而奉朝請焉。元帝爲晉王，以參軍爲奉車都尉，掾屬爲駙馬都尉，行參軍舍人爲騎都尉，皆奉朝請。後罷奉車、騎二都尉，唯留駙馬都尉奉朝請而已。諸尚公主者，若劉惔、桓温等皆爲之。宋武帝永初以來，以奉朝請選雜，〔三一〕其尚主者唯拜駙馬都尉。齊奉朝請駙馬都尉及散騎給事中等官，並集書省職。朝散用衣冠之餘，人數猥積。武帝永明中，奉朝請至六百餘人。齊職儀曰：「凡尚公主拜駙馬都尉。」梁三都尉並無員秩，其奉車駙馬，皆武冠絳朝服，銀章青綬。梁陳駙馬皆尚公主者爲之。陳武帝長女永世公主先適陳留太守錢蕆，生子岊，主及岊並卒。〔三二〕武帝受禪，唯公主追封，將葬，尚書主客牒詳議，〔三三〕欲加蕆駙馬都尉，并贈岊官。袁樞議曰：「昔王姬下降，必適諸侯。同姓爲主，聞於公羊之說，車服不繫，著於詩人之篇。漢氏之初，列侯尚主，自斯以後，降嬪素族。駙馬都尉，置由漢武，或以假諸功臣，或以加於戚屬，是以魏表駙馬奉車爲一號。〔三四〕魏晉以來，因爲常準。蓋明王姬之重，庶姓之輕，若不加其等級，莫可合巹而酳，所以假駙馬之位，乃崇於皇女。今公主早薨，伉儷已絕，既無禮數致疑，何須駙馬之授。按當陽侯杜元凱尚晉宣帝第二女高陸宣公主，晉武踐祚，而主已亡，泰始中，追贈公主，杜君無復駙馬之號。梁文帝女新安穆公主早薨，天監初王氏無追拜之事。〔三五〕遠近二例，足以據明。公主所生，既未及成人之禮，無勞此授。今宜追贈亭侯。」時以樞議爲衷。蕆，丑善反。岊音節。後魏駙馬都尉亦爲尚公主官，雖位高卿尹，而此職不去。奉車二十人，騎都尉六十人。北齊駙馬與後魏同。隋開皇六年，罷奉朝請。〔三六〕煬帝時，奉車、駙馬並廢。大唐駙馬都尉從五品，皆尚主者爲之。開元三年八月，敕：駙馬都尉從五品階，宜依令式，仍借紫金魚袋。天寶以前悉以儀容美麗者充選。奉車都尉五員，掌馭副車，不常置。若大備陳設，則以餘官攝行，屬左右衞也。

校勘記

〔一〕梁冀別傳　「別」原訛「列」，據後漢書百官志一注三五六四頁及北宋本、傅校本、明刻本改。

〔二〕大唐貞元二年九月敕　「元」原訛「觀」，據舊唐書德宗紀上三五四頁、職官志三一九〇五頁及唐會要卷七一改。

〔三〕左右金吾衛上將軍　原脱「右」，據舊唐書德宗紀上三五四頁、職官志一九〇五頁及唐會要卷七一補。

〔四〕次於統軍支給　舊唐書職官志三一九〇五頁「軍」下有「例」。

〔五〕仍待以後各依故事　「待」原訛「符」，據北宋本、明抄本、明刻本、王吳本改。按：唐會要卷七一也作「待」。

〔六〕又賜官騎四十人　「四」後漢書百官志一三五六四頁作「三」。

〔七〕軍候一人　「候」原訛「旅」，據諸本改。

〔八〕曲下有屯　「屯」原作「伅」，誤。據後漢書百官志一三五六五頁改。下同。

〔九〕晉驃騎車騎　「車騎」原涉上而脱，據晉書職官志七二六頁補。

〔一〇〕中領　晉書職官志七二六頁作「中軍」。按：晉志七四〇頁云：「懷帝永嘉中，改中軍曰中領軍。」

〔一一〕靈帝數以車騎過拜嬖臣及贈亡人　原脱「過」，據北宋本、傅校本、明抄本、明刻本、王吳本補。

〔一二〕後魏初加大則次儀同三司孝文太和中制加大則位在太子太師上　按：魏書官氏志二九七六頁云：

「太和中，高祖詔羣僚議定百官，著於令。」此制於「衛將軍」下注云：「加大者，次儀同三司。」官氏志二九九三頁又云：「二十三年，高祖復次職令，及帝崩，世宗初班行之，以爲永制。」此制於「衛將軍」下注云：「加大者，位在太子太師之上。」據此，知通典記事時間有誤。應訂改作：「後魏孝文太和中，加大則次儀同三司；宣武景明初，加大則位在太子太師上。」

〔一三〕光武建武七年省　宋書百官志上一二二六頁同此。按：後漢書光武帝紀建武十三年夏四月六二頁云：「罷左右將軍官。」李注云：「前書曰左右將軍，周官也，秦漢因之。至此罷。」按：通典此文採自宋志。沈約記載與范書不同，當別有所據。

〔一四〕魏以來復置晉武初又置前軍左軍右軍泰始八年又置後軍是爲四軍　「魏以來復置」五字，採自宋書百官志上一二二六頁。「晉武」至「四軍」二十餘字，採自晉書職官志七四〇——七四一頁而增「左軍」。按：杜氏輯取兩書語句而未精心編寫，致違史實，且文意復不連屬。應據宋書百官志下一二四八頁、晉書職官志七四〇頁寫作「魏明帝時有左軍，至晉不改。晉武帝初又置前軍、右軍，泰始八年又置後軍，是爲四軍」。方合。

〔一五〕北齊左右將軍領千牛備身　據隋書百官志中七五八——七五九頁所載北齊官制，前後左右等四軍將軍是左右衛府之武官，領左右將軍是領左右府之武官，迥然不同。領千牛備身者乃領左右將軍，非左右將軍也。疑通典誤。

〔一六〕魏鍾會石鑒並爲之　「石鑒並」原作「晉郗鑒亦」，據北宋本、傅校本、明抄本、明刻本、王吴本改。

按：明刻本、王吳本唯「並」作「亦」。

〔一七〕魏置以羅獻爲之　「魏置」原訛作「後漢置」。宋書百官志上一二三七頁云：「浚江將軍，魏置。」今據以訂改。按：羅獻晉書本傳一五五一頁及三國志蜀書霍峻傳裴注引襄陽記一〇〇八頁均作「羅憲」。裴注云：「此（指當時裴所爲之補注之三國志）作獻，名與本傳不同，未詳孰是也。」一〇〇九頁。裴所用之三國志正文尚作「獻」，知通典此處作「獻」自有根據。

〔一八〕昔仗萬人屯據陸口界　北宋本「界」在「人」字下。

〔一九〕見五官左右將　原句上有「若」，據北宋本、傅校本、明抄本、明刻本删。

〔二〇〕賜錢十萬　「十」北宋本、傅校本、明抄本作「千」。下注文同。

〔二一〕爰盎　「爰」原訛「袁」，據漢書本傳二二六七頁及北宋本改。

〔二二〕永徽三年八月　「八」舊唐書高宗紀上七一頁作「九」。

〔二三〕後漢馬援孔融並爲虎賁中郎將　原句下誤衍「遷尚書」三字，據北宋本删。

〔二四〕魏王脩爲之　原訛「趙王循爲之」，今據三國志魏書王脩傳三四七頁訂改。

〔二五〕後周有成議别將官　「成」周書盧辯傳四〇五頁作「誠」。本書卷三九後周官品作「諴」。按：誠議大夫與别將雖同爲六命，然分明是兩官，通典此注合爲一稱，誤。

〔二六〕兵曹一人　舊唐書職官志三一九〇六頁作「兵曹參軍一人」。

〔二七〕校尉六人　「六」舊唐書職官志三一九〇六頁作「五」。

〔二八〕火有長　「長」原脱，據唐會要卷七二、新唐書兵志一三二五頁補。

〔二九〕天寶八載五月停折衝府　「載」原作「年」，據北宋本改。按：唐會要卷七二、通鑑卷二一六六八九五頁「府」下有「上下魚書」四字。

〔三〇〕以無兵可校之　「校」唐會要卷七二、通鑑卷二一六六八九五頁作「交」。按：校，檢數也，亦通。

〔三一〕以奉朝請選雜　原脱「奉」，據宋書百官志下一二四五頁補。

〔三二〕主及巴並卒　原脱「主」，據陳書袁樞傳二四〇頁補。

〔三三〕尚書主客牒詳議　「牒」陳書袁樞傳二四〇頁作「請」。

〔三四〕是以魏表駙馬奉車爲一號　「奉車」原脱，據陳書袁樞傳二四〇頁補。

〔三五〕梁文帝女新安穆公主早薨天監初王氏無追拜之事　「文」原訛「元」，據南史袁樞傳七一七頁改。按：梁武帝即位，追尊皇考爲文皇帝，見梁書武帝紀中三五頁。南史王沖傳五八二頁云：「沖母梁武帝妹新安公主，卒於齊世。」梁元帝，天監七年始生，新安穆公主乃其去世已久之姑。

〔三六〕開皇六年罷奉朝請　「六」原訛「三」，據隋書百官志下七九二頁訂改。

王永興點校　王文錦覆校

〔唐〕杜佑撰

通典

第三册

卷三〇——卷四六

中華書局

通典卷第三十

職官十二

東宮官

東宮官敍　太子六傅三太　三少　太子賓客　太子詹事
丞　主簿司直　太子庶子中允　司議郎　中舍人　舍人　通事舍人　諭德　贊善
崇文館學士　洗馬　文學　校書　正字　典膳郎　藥藏郎　内直郎　典設郎　宫門郎
太子家令丞　主簿　食官署　典倉署　司藏署　太子率更令丞　主簿
太子僕丞　主簿　廄牧署　左右衞率府副率以下官屬　左右司禦
率府　左右清道率府　左右監門率府　左右内率府
太子旅賁中郎將　太孫官屬

東宮官敍〔一〕

凡三王教世子，必以禮樂。樂所以修內，禮所以修外，禮樂交錯於中，發形於外，是故其成也懌，恭敬而温文。中，心也。懌，悦也。立太傅少傅以養之，欲其知父子君臣之道也。言養者，積浸成長也。太傅審父子君臣之道以示之，少傅奉世子以觀太傅之德行而審諭之。太傅在前，少傅在後，謂其在學時也。入則有保，出則有師，謂燕居出入時也。漢班彪上書曰：「昔成王爲孺子，出則周公、召公、史佚，入則太顛、閎夭、南宫适、散宜生，左右前後皆正禮。」〔二〕是以教諭而德成也。師也者，教之以事而諭諸德者也。保也者，慎其身以輔翼之而歸諸道者也。慎其身者，謹安護之。秦漢以下，始加置詹事、中庶子及諸府寺等官，亦有以他官而監護者。漢孝宣帝欲令中郎將許舜監護太子家，疏廣以爲示狹，非所以廣太子也。後漢順帝立太子居承光宫，以侍御史种暠監護。有中常侍卒乘衣車來載太子。太子太傅杜喬憂懼不能止，〔三〕開門將出，而暠至，手劍當車曰：「太子國之儲副，人命所繫。常侍來，無尺一，何以得將太子去，何知不與内寵姦臣共挾邪謀。今日之事，有死而已。」乃遣喬詣臺啟白，得中決敕，〔四〕乃聽之。自魏明帝以後，久曠東宫，制度闕廢，官司不具。吴孫權即位，孫登爲太子，兼置四友等官。以諸葛恪爲左輔，張休爲右弼，顧譚爲輔正都尉，陳表爲翼正都尉，是爲四友。於是東宫號爲多士。晉初，詹事、左右率、庶子、中舍人諸官並未置。唯置衞率令典兵，二傅并攝衆事。至咸寧元年，始置詹事，以領宫事。宋孝武置東宫率更令等官，其中庶子、庶子、中舍人、舍人、洗馬各減舊員之半。後周加置太子諫議員四人。至隋罷詹事，〔五〕分東宮置門下坊、典書坊，北齊已有典書坊。以分統諸局。比門下、内史二省。門下坊有左庶子二人，内舍人四人，録事二人，統司經、宮門、内直、典膳、藥藏、齋帥等六局。〔六〕典書坊有右庶子二人，舍人、通事舍人各八人，領内坊。大唐置詹事府以統衆務，置左右二春坊以領諸局。龍朔二年，改門下坊爲左春坊，典書坊爲右春坊。咸亨初復舊。景雲元年又改爲之。左春坊置左庶子二人，中允二人，司議郎四人，録事二人，左諭德一人，左贊善大夫五人，崇文館校書二人，〔七〕亦統六局。六局之中，唯改齋帥爲典設，餘局名與隋同。其六局長官，唯司經置洗馬，宮門置大夫，餘各置監，以局名冠之，所職如其名。龍朔中，改宮門大夫及諸監並爲郎，遂爲永制也。右春坊置右庶子二人，中舍人二人，舍人四人，録事二人，右諭德一人，右贊善大夫五人，通事舍人八人，兼領内坊。内坊置典内二人，掌閤内諸事。諸坊局小吏各有差。因隋制也。

太子六傅 三太 三少

太子師、保、二傅，殷周已有。二傅爲太傅、少傅。詩小弁篇，太子之傅作焉，以刺幽王。弁音步干反。逮乎列國，秦亦有之。孝公時，商鞅設法黥太子師傅是也。漢高帝以叔孫通爲太子太傅，位次太常後，亦有少傅。初，叔孫通爲太子太傅。高帝欲立趙王，廢太子，通諫曰：「昔晉獻公以驪姬故廢太子，晉國亂者數十年。秦不早定扶蘇，終使滅祀。今太子仁孝，陛下必廢嫡立庶，臣願先伏誅，以頸血汙地。」上曰：「公罷，吾戲耳。」通曰：「太子天下本，本一摇，天下振動，奈何以天下戲乎！」又高帝東征，留太子監關中兵，謂張良曰：「子房雖病，强卧而傅太子。」時叔孫通爲太傅，留侯行少傅事。後太子幾廢，良立策，召四皓以免。又竇嬰爲太傅，景帝欲廢太子，嬰數争不得，因謝病屏居，田南山下。又疏廣字仲翁，爲太傅，兄子受爲少傅，父子並爲師傅，朝廷以爲榮。後皆請免，歸鄉里，公卿祖餞東都門外。百姓觀者歎曰：「賢哉二大夫。」初太子外祖許伯，以太子少，請使其弟舜監護太子家。廣曰：「太子國儲副君，師友必天下英俊，不宜獨親外家。今官屬已備，若親暱外家，非所以廣太子德於天下也。」上善之。又夏侯勝字長公，爲太傅，卒官，太后以嘗受尚書於勝，素服五日，以報師傅之恩，儒者以爲榮。又萬石君石奮、韋玄成、丙吉並爲太傅。又匡衡、王丹並爲少傅。後漢太傅禮如師，不領官屬，而少傅主太子官屬。光武大會百官曰：「誰可傅太子者？」羣臣承意，皆言太子舅執金吾陰識可。博士張佚曰：「今陛下立太子，爲陰氏乎？爲天下乎？即爲陰氏，則陰侯可。爲天下，則宜用天下賢才。」上曰：「欲署者，〔八〕以輔太子也。今博士不難正朕，況太子乎！」即拜佚爲太傅，桓榮爲少傅。又明帝以鄧禹先帝名臣，拜太子太傅。漢魏故事，太子於二傅執弟子禮，皆爲書不曰令。少傅稱臣，而太傅不臣。吴薛綜，綜子瑩，瑩子兼，三代並爲太子少傅。晉泰始三年，武帝始建置東宫，各置一人。尚未置詹事，宫事無大小，〔九〕皆由二傅。少傅立草，太傅書真，以爲儲訓。並有功曹、主簿、五官。秩與後漢同。皇太子先拜，諸傅然後答之，如弟子事師之禮。二傅不得上疏曲敬。武帝後以儲副體尊，遂命諸公居之。以本位重，故或行或領。時侍中任愷，武帝所親敬，復使領之，蓋一時之制也。咸寧元年，〔一〇〕以給事黄門侍郎楊珧爲詹事，掌宮事，二傅不復領官屬。及楊珧爲衞將軍，領少傅，復省詹事，遂崇廣傅訓，命太尉賈充領太保，司空齊王攸領太傅，所置吏屬復如舊。二傅皆進賢兩梁冠，黑介幘，五時朝服，佩水蒼玉。晉令曰：「太子太保銀印青綬。」其後，太尉汝南王亮、車騎將軍楊駿、司空衞瓘、石鑒皆領傅、保，猶不置詹事，以終武帝之代。惠帝元康元年，復置詹事。二傅給菜田六頃，田騶五十人，〔一一〕夏後不及田者，食俸一年。給赤耳安車一乘。及愍懷建宮，乃置六傅，三太三少。晉書曰：「東宮舊制，月請錢五十萬，〔一二〕以備衆用。愍懷太子恆探取三月，〔一三〕以供嬖寵。」以景帝諱師，故改太師爲太帥，通省尚書事詹事，文書關由六傅。職官要録曰：「晉太子六傅，各有丞一人。」自元康之後，諸傅或二或三，〔一四〕或四或六。渡江之後，有太傅少傅，不立師保。晉王導爲太傅。時孝懷太子爲胡所害，始奉諱，有司奏天子三朝舉哀，羣臣一哭而已。導以皇太子普天有情，〔一五〕羣下宜同三朝之制。元帝從之。又齊王攸領太傅，作太傅箴，獻於太子。傅玄亦有少傅箴。又任愷、山濤、張華並爲少傅。又云衞瓘領少傅，加千兵百騎，鼓吹之府。山公啟事曰：「太子保傅，不可不高盡天下之選。羊祜秉德尚義，可出入周旋，令太子每覩儀形。〔一六〕方任雖重，比此爲輕。又可朝會，與聞國議。」宋有太傅、少傅，各兼丞一人。其保傅並銀章青綬。齊與宋同。武帝時以王儉爲少傅。舊太子敬二傅同，至是，朝議接少傅以賓友之禮。梁太傅位視尚書令，少傅視左僕射。職官要録曰：「三少舊視左僕射，冠服同三太也。」陳因之。自宋以下，唯有傅而無師、保。後魏有太師、太傅、太保，謂之東宮三師；少師、少傅、少保，謂之東宮三少。孝明在東宮，宣武皇帝欲以崔光爲太子師傅，光固辭。帝令太子南面再拜，宮臣皆從太子拜。光北面立，不敢答拜，唯西面拜謝而出，乃授光太子少傅。北齊皆有之，出則三師在前，三少在後。後周不置。隋與北齊同。大唐六傅不必備，唯其人。太子出則乘輅備儀，以爲後從。貞觀中，太宗撰太子接三師之儀，出殿門迎，太子先拜，三師答拜，每門讓。三師坐，太子乃坐。〔一七〕與三師書，前名惶恐，後名惶恐再拜。先天元年十二月，詔東宮三師三少，宜開府置令丞各一人，隸詹事府。尋罷。

太子賓客

漢高帝時，有四人年老，以上慢侮，逃匿山中，義不爲漢臣，謂之四皓。東園公、綺里季、夏黄公、角里先生。高帝不能致。及將廢太子，太子迎四人至，侍從太子，鬚眉皓白，衣冠甚偉。高帝既見，曰：「煩公幸卒護太子。」太子由是不廢。至孝武帝，〔一八〕又爲太子立博望苑，使通賓客。晉元康元年，愍懷太子始之東宮，惠帝詔曰：「遹幼蒙，今出止東宮，雖賴師傅羣賢之訓，其遊處左右，宜得正人，能相長益者。太保衞瓘息庭，司空隴西王泰息略，太子太傅楊濟息毖，太子少師裴楷息憲，太子少傅華廙息恆，〔一九〕各道義之門，有不肅之訓。其令五人更往來與太子習數，備賓友也。」其時雖非官，而謂之東宮賓客，皆選文義之士，以侍儲皇。其後無聞。大唐顯慶元年正月，以左僕射兼太子少師于志寧兼太子太傅，侍中韓瑗、中書令來濟、禮部尚書許敬宗，並爲皇太子賓客，〔二〇〕遂爲官員，定置四人。掌調護侍從規諫。凡太子有賓客之事，則爲上齒，蓋取象於四皓焉。資位閑重，其流不雜。天寶中，賀知章自太子賓客度爲道士，還鄉，捨宅爲觀。玄宗賦詩贈別，時議榮之。

太子詹事 丞 主簿 司直

詹事，秦官，應劭曰：「詹，省也，給也。」漢因之，掌皇后、太子家。皇后、太子，各置詹事，隨其所在以名官。漢官曰：「詹事，位在長秋上，亦宦者，主中諸官。」後漢志曰：「初，成帝鴻嘉三年，省詹事職，并大長秋。是後，皇后當法駕出，則中謁中宦者職吏權兼詹事，奉引訖罷。宦者誅後，尚書選兼職吏一人奉引，此皆皇后詹事也。」漢時，太子門大夫、庶子、洗馬、舍人，皆屬二傅。其太子家令丞、率更令丞、僕、中盾衛率等官，並屬詹事。竇嬰字王孫，景帝時爲詹事。帝弟梁孝王，母竇太后愛之。酒酣，上曰：「千秋萬歲後，傳梁王。」太后歡。嬰引酒卮進上曰：「天下者，高帝天下，父子相傳，漢之約也。上何以得傳梁王。」太后由是憎嬰。後漢省詹事，而太子官悉屬少傅。魏復置詹事，領東宮衆務。晉不置，至咸寧元年，復置以掌宮事。事具六傅篇。及永康中，復不置。自太安以來，又置，終孝懷之代。其職擬尚書令，掌三令、四率、中庶子、庶子、洗馬、舍人等官。銀印青綬，介幘，絳朝服，佩水蒼玉。晉卞壼爲詹事，時稱卞壼裁斷切直，忠於事上。宋與晉同。齊置府，領官屬。齊沈文季爲太子詹事。梁、陳任總宮朝。後魏有太子左右詹事。北齊東宮衆事，無大小皆統之，領三寺左右衛二坊。〔二一〕後周置太子宮正、宮尹。隋開皇初，置詹事，二年罷之。大唐復置詹事府，詹事一人，掌內外衆務，糾彈非違，總判府事。置少詹事一人以貳之。龍朔二年，改詹事爲端尹，詹事府爲端尹府。少詹事爲少尹，咸亨初復舊。垂拱元年，又改詹事爲宮尹，〔二二〕少詹事爲少尹，神龍初復舊。

丞：秦官，漢因之。後漢省。魏、晉隨詹事省置。〔二三〕至晉永康中，詹事特置丞一人，掌文書，關通六傅。過江多用員外郎，遷尚書郎。宋、齊因之。梁、陳制，一梁冠，皂朝服，銅印墨綬。後魏、北齊並有之。後魏楊昱字元略，爲詹事丞。孝明爲太子，尚在懷抱，其所出入，唯乳母而已，不令官僚聞知。昱諫曰：「太子動止，宜令翼從。陛下若召太子，必降手敕，令臣下咸知。」乃詔曰：「自此以後，非朕手敕，勿令兒出宮。宮臣在直，從至萬歲門。」隋初置一人。大唐置二人，掌文武官簿帳、朝集、假使。分判府事。

主簿：一人。晉始置，自後歷代皆有。大唐因之，掌付事、〔二四〕句稽、監印、紙筆。

司直：二人。大唐龍朔三年置桂坊，比御史臺，置令一人，比大夫；司直二人，比侍御史。掌彈劾宮府寮。〔二五〕其後廢桂坊，以司直隸詹事府。

太子庶子中允　司議郎　中舍人　舍人　通事舍人　諭德　贊善　崇文館學士　洗馬　文學　校書　正字　典膳郎〔二六〕　藥藏郎　內直郎　典設郎　宮門郎〔二七〕

古者，天子有庶子之官，周官謂之諸子。職諸侯卿大夫之庶子，掌其戒令與其教理，有大事則帥國子而致於太子，唯所用之。秦因之，置中庶子、庶子員。宋志云：「後漢置中庶子。」按：齊人鄒陽上疏云「秦皇帝任中庶子蒙嘉之言」，則庶子之爲秦官明矣。〔二八〕漢因之，有庶子，員五人。史丹、王商、歐陽地餘並爲中庶子。王莽改曰中尚翼子。後漢員五人，職如侍中，而庶子無員，職如三署中郎。凡庶子主宮中并諸吏之適子及支庶版籍。魏因之。在吳爲親近之官。吳張溫言於孫權曰：「中庶子官最親密，切問近對，宜用雋選。」由是以顧譚爲之。晉中庶子、庶子各四員，職比侍中、散騎常侍及中書監令，〔二九〕皆以俊茂者爲之，或以郡守參選。山公啟事曰：「中庶子缺，宜得俊茂者。以濟陰太守劉儼、城陽太守石崇參選。」晉書曰：「鄭默爲中庶子，朝廷以爲太子官屬，宜稱陪臣。默上言皇太子體皇極之尊，無私於天下，宮臣皆受命天朝，不得同之藩國。事遂施行。」又溫嶠爲中庶子，獻侍臣箴，甚見補益。又王珣啟以桓謙爲中庶子曰：「東宮之選中庶子，總管門下，尤不可不得其才。」若釋奠，中庶子扶左，庶子扶右。宋與晉同。武冠，平巾幘，絳朝服。元嘉初，詔二率、中庶子隨太子入直上宮。十四年，又詔還直東宮。至齊，其庶子用人卑雜。梁天監七年詔革選。其年，以太子中舍人、司徒從事中郎爲之。凡中庶子四人，以功高者一人爲祭酒，行則負璽，前後部護駕，與功高中舍人一人共掌其坊之禁令。庶子四人，掌侍從左右，獻納得失，功高者一人與功高舍人一人共掌其坊之禁令。〔三〇〕冠服並同前代。陳因梁制。後魏亦有中庶子、庶子官。北齊門下坊，中庶子四人領之；典書坊，庶子四人領之。隋分爲左右庶子各二人，分統門下、典書二坊事。劉行本爲左庶子，卒後而太子勇廢。文帝曰：「若使劉行本在，勇當不及於此。」大唐亦各二人，分掌左右春坊事。龍朔二年，改左右庶子爲左右中護。咸亨初復舊。左擬侍中而右擬中書令。貞觀中，詔曰：「皇太子與百官書疏，未有制式。近代以來，例皆名目，無以別貴賤。今凡處分論事之書，皇太子並宜稱令，〔三一〕右庶子以下署名，宣奉行書。其餘與諸親及師傅等書，不在此限。」于志寧爲太子左庶子，〔三二〕撰諫苑二十卷，以進於太子。太子名承乾。中允、司議郎、司經、洗馬、文學、校書、正字、典膳、藥藏、内直、典設、宫門等局郎丞，崇文館，並屬左春坊。〔三三〕中舍人、舍人、通事舍人，並屬右春坊。〔三四〕其諭德、贊善亦左右分隸焉。

中允：後漢太子官屬有之，職在中庶子下，洗馬上。漢制，太子五日一朝，其非朝日，即使僕及中允朝，朝請問起居。其後無聞。宋、齊有中舍人，是其職也。大唐貞觀初，改太子中舍人爲中允，置二員。其後復置中舍人。龍朔二年，又改中允爲左贊善大夫。咸亨元年，復爲中允，而左贊善仍置焉。中允掌侍從禮儀，駁正啟奏，并監藥及通判坊局事。若庶子闕，則監封題。職擬黃門侍郎。永徽三年，以皇太子諱忠，改爲内允。太子遜位而官復舊。

司議郎：大唐貞觀五年，皇太子上表請置史職，用司箴誡，乃於門下坊置太子司議郎四人，精選名士以居之。龍朔中分爲左右，以左司議郎替司議郎，以右司議郎替舍人。咸亨初復舊。掌侍從規諫，駁正啟奏，并録東宮記注，分判坊事，職擬給事中。

中舍人：晉咸寧初，置中舍人四人，以舍人才學之美者爲之，與中庶子共掌文翰，在中庶子下，洗馬上。晉陸雲爲中舍人。凡奏事文書皆綜典之，監和嘗藥，月檢奏直臣名，更直五日，典文疏如中書郎。宋亦四人。齊有一人。梁時功高者一人，與中庶子祭酒共掌其坊之禁令。陳因之。後魏、北齊並有之。隋曰内舍人，四員，屬門下坊。煬帝減二人。大唐中舍人二員，掌侍從令書奏疏，通判坊事，〔三五〕擬中書侍郎。永徽三年，以皇太子諱忠，改爲内舍人。太子遜位而官復舊。或謂之太子中書舍人。孝和實録曰：「王友貞，〔三六〕太子中書舍人。」

舍人：秦官也。漢因之，比郎中，選良家子孫。晁錯、鄭當時並爲太子舍人。後漢無員，更直宿衛，如三署郎中。凡帝初即位，未有太子，太子官屬皆罷，唯舍人不省，屬少府。魏因之。晉有十六人，職比散騎中書侍郎，從駕則正直從，次直守。妃出則次直從。晉王衍以名門超爲太子舍人。又樂廣、潘岳、顧榮、夏侯湛並爲之。元帝大興元年，以太子舅虞胤爲舍人，〔三七〕太子奏曰：「舅甥宜崇敬，〔三八〕不欲降舅氏之親爲侍臣。」詔乃轉胤爲常侍。山公啟事曰：「太子舍人夏侯湛有盛才而不長理人，有益臺閣。」

宋有四人。齊有一人。梁有十六人，掌文記。梁劉杳字士深，爲舍人。及昭明太子薨，新宫建，舊人例無任者，〔三九〕敕特留杳焉。陳因梁制。後魏亦有之。北齊典書坊置二十人。隋典書坊有八人。煬帝改爲管記舍人，減四員。大唐復爲太子舍人，四人，掌侍從表啟，宣行令旨，分判坊事。龍朔二年，改爲右司議郎，咸亨元年復舊。

通事舍人：齊中庶子屬官有通事守舍人，〔四〇〕庶子下有内典書通事舍人二人，〔四一〕掌宣傳令旨，内外啟奏。梁亦有之。視南臺御史，多以餘官兼職。陳因之。北齊門下坊有通事舍人八人。至隋亦有之。煬帝改爲宣令舍人，八員。大唐復爲通事舍人，亦有八員，掌引導辭見，承令勞問。〔四二〕

左右諭德：龍朔三年，初置太子左右諭德各一員，掌侍從贊諭，職比常侍。

左右贊善大夫：龍朔二年初置左贊善大夫，替中允；置右贊善大夫，替中舍人。咸亨元年，中允、舍人復舊，而贊善大夫别自爲官，左右各五人，皆掌侍從翊贊，〔四三〕比諫議大夫。

崇文館學士：魏文帝始置崇文觀，以王肅爲祭酒。其後無聞。貞觀中，置崇賢館，有學士、直學士員，掌經籍圖書，教授諸生，〔四四〕屬左春坊。龍朔二年，改司經局爲桂坊，管崇賢館，而罷隸左春坊，兼置文學四員、司直二員。司直正七品上，職爲東宫之憲司。府門北向，以象御史臺也。其後省桂坊。而崇賢又屬左春坊。後沛王賢爲皇太子，避其名改爲崇文館，其學士例與弘文館同。

洗馬：秦官，漢亦曰先馬。如淳曰：「前驅也。」國語曰：「句踐親爲夫差先馬。」先或作洗。又漢書：「汲黯及姊子司馬安並爲太子洗馬。」安文深巧善宦，四至九卿。」後漢員十六人，職如謁者，太子出則當直者前驅，導威儀也。漢選郎中補。安帝時，太子謁廟，洗馬高山冠。非乘從時，著小冠。魏因之。晉有八人，職如謁者，准祕書郎。進賢一梁冠，黑介幘，絳朝服。掌圖籍，釋奠講經則掌其事，餘與後漢同。晉江統爲洗馬，太子頗好遊宴，或闕朝侍，統以五事諫之。又陸機、鄧攸、傅咸並爲洗馬，又衞玠爲洗馬。宋與晉同。齊置一人。梁有典經局，又置八人，掌文翰，尤爲清選，皆取甲族有才名者爲之，位視通直郎。梁庾於陵拜洗馬，舍人如故，（四五）舊事，東宮官屬，（四六）通爲清選，洗馬掌文翰，尤其清者。東宮近代用人，（四七）皆取甲族有才名者。時於陵、周捨並擢充斯職。武帝曰：「官以人而清，豈限於甲族。」時論美之。陳因之。北齊典經坊洗馬二人。隋曰司經局，置洗馬四人。煬帝減一人。大唐司經局洗馬二人。龍朔二年，改洗馬爲司經大夫。三年，改司經局爲桂坊。一云析司經局置桂坊。司經大夫通判坊事，罷隸左春坊。咸亨初復舊，掌侍奉及經史圖籍，判局事。

文學：漢時郡及王國並有文學，而東宮無聞。魏武置太子文學，魏武爲丞相，以司馬宣王爲文學掾，甚爲世子所親信。自後並無。至後周建德三年，太子文學十人，後省。龍朔三年，置太

子文學四員。屬桂坊。桂坊廢而屬司經。開元中，定制爲三員，掌侍奉，分掌四部書，判書功事。〔四八〕

校書：宋孝建中，洗馬有校書吏四人，自後無聞。北齊有太子校書。隋太子校書有六人。大唐四人，掌讎校經籍。無郎字。初弘文、崇文二館置讎校，開元六年省讎校，置校書。弘文四員，崇文二員。

正字：隋太子正字二員，煬帝改爲正書。大唐復爲正字，亦置二人，掌刊正文字。

典膳郎：漢魏以來並有太子食官局。至北齊，門下坊始別置典膳局，有監、丞各二人。隋如北齊之制。大唐典膳局有郎二人，丞二人。郎掌進膳嘗食之事，丞貳之。乾封元年，〔四九〕皇太子久在內不出，典膳丞邢文偉減膳，〔五〇〕上啟曰：「竊見禮大戴記曰：『太子既冠，成人，免於保傅之嚴，則有司過之史，虧膳之宰。〔五一〕史之義不得不書過，不書則死之。宰之義不得不撤膳，不撤則死之。』近日以來，〔五二〕未甚談議，不接謁見，常三朝之後，但與內人獨居，何由發揮聖智，使睿哲文明者乎！今史雖闕官，宰當奉職，忝備所司，不敢逃死。謹守禮經，遽申減膳。」其年，右史闕，宰臣進擬數人，高宗曰：「邢文偉嫌我兒不讀書，不肯與肉喫，此人甚直，可用。」遂拜焉。

藥藏郎：北齊門下坊領藥藏局，有監、丞各二人，侍藥四人。隋如北齊之制。大唐藥藏局有郎二人，丞二人。郎掌和劑醫藥之事，丞貳之。

內直郎：齊有太子內直兵局，內直兵史二人。梁有齋內、〔五三〕主璽、主衣、扶侍等局，各置有司，以承其事。陳因之。北齊門下坊領殿内局，有内直監二人，副監四人。隋如北齊制。大唐内直局有郎二人，丞二人，掌符璽、繖扇、几案、衣服之事，丞貳之。

典設郎：南齊置齋居局齋居庫，丞一人。〔五四〕梁齋内局各置有司，以承其事。陳因之。北齊門下坊有齋帥局，有太子齋帥、内閣帥各二人。〔五五〕隋如北齊制。大唐典設局有郎四人，掌凡大祭祀湯沐、灑掃、鋪陳之事。

宫門郎：秦有太子門大夫，漢因之，員二人，漢官儀曰：「門大夫選四府掾屬。」職比郎將。漢官儀曰：「安帝時，太子謁廟，門大夫乘從，冠兩梁冠。」魏因之。晉太子門大夫准公車令，掌通牋表及宫門禁防。宋因之。梁代視謁者僕射。陳因之。北齊謂之門大夫坊，并統伶官。隋煬帝改門大夫爲宫門監。大唐初爲宫門大夫。今宫門局有郎二人，〔五六〕丞二人，郎掌東宫殿門管鑰及啟閉之事，丞貳之。

太子家令 丞 主簿 食官署 典倉署 司藏署

家令，秦官，屬詹事。服虔曰：「太子稱家，故曰家令。」漢因之，有丞，鼂錯爲太子家令，以奇辯得幸太子，太子家號爲智囊。疏受亦爲太子家令。主倉穀飲食，職似司農、少府。漢代太子食湯沐邑十縣，家令主之。後漢則屬少傅，主倉穀飲食。〔五七〕魏因之。晉又兼主刑獄、穀貨、飲食，職比廷尉、司農、少府。其家令、率更令及僕，爲太子三卿。太康八年，進品與中庶子、二率同。自漢至晉，家令在率更下，宋則居上。銅印墨綬，進賢兩梁冠，絳朝服。主內茵褥牀几諸供中之物及官奴婢、月用錢、內庫、〔五八〕鹽米、車牛、刑獄。齊因之。自宋齊以來，清流者不爲之。沈約爲齊文惠太子家令。至梁天監六年，武帝以三卿陵替，乃詔革選，家令視通直常侍，率更、僕視黃門。〔五九〕陳因之。後魏亦曰三卿。北齊家令有功曹、主簿，領食官、典倉、司藏等三署及領內坊令、丞。隋掌刑法、食膳、倉庫、奴婢等。煬帝改爲司府令。大唐復爲家令寺，置家令一人，唯不主刑法，餘與隋同。龍朔二年，改家令寺爲宮府寺，家令爲宮府大夫。〔六〇〕咸亨初復舊。丞二人，主簿一人，領食官署、典倉署、司藏署，署令各一人，丞各二人。

丞：漢家令有丞，後無聞。宋書云「家令丞一人，晉置」。宋齊以後並有之。後周無。隋家令丞二人。大唐因之。龍朔二年，改爲宮府丞。咸亨元年復舊。掌判寺事。

主簿：晉家令有主簿，宋齊因之，自後無。北齊家令有主簿員。隋亦然。大唐因之。掌印并及句舉。

食官署令、丞：漢詹事屬官有食官令長丞。後漢亦有，而屬少傅，主飲食。晉太子食官令，職如太官令。宋則屬中庶子。齊則屬詹事，掌廚膳之事。梁食官局屬庶子。陳因之。後魏亦有。北齊有食官令、丞，又別領器局、酒局二丞。隋家令寺統食官令、丞，令一人，丞二人。大唐因之，掌飲膳之事。

典倉署令：後漢太子倉令屬少傅，主倉穀。魏以下無聞。後魏有之。北齊家令寺領典倉署令、丞，典倉署又別領園丞。隋家令寺統典倉令、丞，令一人，丞二人。大唐因之，掌穀藏出納及醯醢庶羞之事。

司藏署令：晉家令有主物吏四人。梁有錫賜庫局丞庶子，〔六一〕又有東宮衞庫丞。〔六二〕北齊家令寺領司藏署令、丞，司藏又別領仗庫、典作二局丞。隋家令統司藏署令一人，丞二人。大唐因之，掌藏庫財貨營繕之事。

太子率更令 丞 主簿

率更令，秦官。顏師古曰：「掌知漏刻，故曰率更。」漢因之，有丞、主簿、庶子、舍人更直，職似光禄勳而屬詹事。後漢因之，後屬少傅。魏因之。晉主宮殿門户及賞罰事，職如光禄勳、衞尉，而屬詹事。宋制，銅印墨綬，進賢兩梁冠，絳朝服。梁、陳、後魏並有之。北齊領中盾署，掌周衞禁防漏刻鐘鼓，亦屬詹事。隋掌伎樂漏刻，有令、丞、録事各一人。大唐因之，加掌皇族次序及刑法事。龍朔二年，改率更寺爲司更寺，改令爲大夫。咸亨初復舊，丞、主簿各一人。

丞：後漢率更置丞一人。歷代悉有，唯後周無。大唐因隋，掌判禮樂刑罰之事。

主簿：晉置一人。宋無，齊有之，自後無聞。北齊、隋又有之。大唐因之。掌印及句舉。

太子僕丞　主簿　廄牧署

僕，秦官。漢因之，又有長丞，主車馬。又有太子廄長一人，亦主車馬。後漢因之，而屬少傅，職如太僕。太子五日一朝。其非太子朝日，即與中允入問起居。魏因之。晉主輿馬，兼主親族，如太僕、宗正。從駕乘安車，次家令而屬詹事。宋齊並有之。梁視黃門郎。陳因之。後魏亦有。北齊詹事領僕寺，置令、丞、功曹、主簿，領廄牧署令。隋僕寺置僕一人，掌皇族親疏、車輿騎乘，領廄牧署令。大唐因之，加掌儀仗喪葬而不掌親族。龍朔二年，改僕寺爲馭僕寺，改僕爲大夫。咸亨初復舊。丞、主簿各一人，統廄牧署。

丞：梁有之，陳因之。後魏、北齊、隋並有之。大唐因之。

主簿：晉置，宋無，齊有之。梁、陳、後魏無，北齊、隋皆有之。大唐因之。

廄牧署令、丞：漢有太子廄長、丞，屬詹事。後漢亦有，而屬少傅，主車馬。魏晉因之。

齊東宮屬有內廄局、外廄局，皆有丞。梁陳因之。後魏有之。北齊則曰廄牧署令、丞，車輿局丞。隋僕寺統廄牧署令、丞。大唐因之。掌車馬、閑廄、牧畜之事。

左右衛率府 副率以下官屬

衛率府，秦官。漢因之，屬詹事。後漢主門衛徼循衛士，而屬少傅。魏因之。晉武帝建東宮，置衛率，初曰中衛率。泰始五年，分爲左右衛率，各領一軍。惠帝時，愍懷太子在東宮，又加前後二衛率。晉志曰：「凡太子出，前衛率導在前，黄麾，左右二率從，使導輿車。後衛率從，在烏皮外。並帶戟執刀，其服並視左右衛將軍。」山公啟事曰：「太子左率缺，侍衛威重，宜得其才無疾患者。城陽太守石崇，忠篤有文武，河東太守焦勝，清貞著信義，皆其選也。」劉卞爲愍懷太子左率，知賈后必害太子，乃問張華，華曰：「君欲如何？」卞曰：「東宮雋乂如林，四率精兵萬人。公居阿衡之任，若得公命，皇太子因朝，使録尚書事，廢賈后於金墉，兩黄門力耳。」華曰：「廢立大事，恆懼禍甚，又非所能。」賈后微聞，遷卞爲雍州刺史，卞恐終露，乃服藥卒。成都王穎爲太弟，又置中衛率，是爲五率。及江左，省前後率。孝武太元中，又置。宋齊止置左右二率。齊沈約爲太子右率。又徐孝嗣自吏部尚書轉領太子右率，臺閣事多以委之。沈文季亦嘗爲此官。梁二率視御史中丞。銅印墨綬，武冠，絳朝服。左率領七營，右率領四營。陳有二率。後魏曰左右衛率。北齊謂之左右衛率坊。後周東宮有司戎、司武、司衛等員。隋曰左右率，兼有副率二人。文帝以太子勇頗知時政，〔六三〕欲重宫官之資，故以大臣領其職。蘇孝慈自兵部尚書拜右衛率，尚書如故。上將廢太子，憚其在東宫，乃出爲淅州刺史。〔六四〕煬帝改左右衛率爲左右侍率，兼置副率二人。大唐爲左右衛率府。龍朔二年，改其府爲左右典戎衛。咸亨元年復舊。置率各一人，領兵宿衛，督攝隊伍，總判府事。李靖爲中書令，行左衛率，轉兵部尚書。

副率各二人，〔六五〕掌貳率事。長史各一人，隋置。大唐因之，掌通判。自長史以下，胄曹以上，諸率府並同。〔六六〕

録事參軍各一人，隋置。大唐因之，掌句稽監印。

倉曹參軍各一人，隋置。大唐因之。掌官員、假使、儀式、糧廪、膳羞、田園、公廨、選所、〔六七〕監藥等事。

兵曹參軍各一人，隋置。大唐因之。掌府内衛士以上名帳差科及公私馬驢等。

胄曹參軍各一人。隋置爲鎧曹。大唐長安中，改爲胄曹參軍。神龍初，復爲鎧曹。太極中，復爲胄曹。掌軍器、儀仗、公廨、營造、罪罰。長史以下官局所領職務，諸率府並同。

親府、勳府、翊府中郎將各一人。梁左右衛率共領十一營，二率各領殿中將軍十人、員外將軍十人。北齊左右衛坊率各領騎官備身員外，又有内直備身正副都督。〔六八〕隋左右衞率下直閤四人，直寢八人，直齋、直後各十人。大唐則曰親、勳、翊三府，各置中郎將、左右郎將各一人。大唐置録事、兵曹參軍各一人。

左右司禦率府

隋文帝置左右宗衞，其官制如左右衞，各掌以皇族侍衞。煬帝改爲左右武侍率。大唐復爲左右宗衞率府。龍朔二年，改爲左右司禦衞，後改衞爲率府焉。神龍初，復爲宗衞。景雲二年，復爲司禦率府，置率各一人，所掌與左右衞率同。副率以下職亦同，他准此。副率各二人，〔六九〕長史、録事及倉、兵、胄曹參軍各一人。〔七〇〕

左右清道率府

隋有左右虞候，各置開府一人，掌斥候，伺姦非。長史以下如左右衞。煬帝改開府爲左右虞候，并置副率二人。大唐爲左右虞候率府，職擬左右金吾。龍朔二年，改爲左右清道衞。神龍初，又爲虞候率府。開元初，爲清道率府，各置率一人，掌斥候道路，先驅後殿，伺察姦非。副率各二人，長史、録事及倉、兵、胄曹參軍各一人。

左右監門率府

隋左右監門率各置一人，掌諸門禁。煬帝改爲監門將軍。大唐復爲左右監門率，擬左右監門。龍朔二年，改爲左右崇掖衛。咸亨初，復舊。垂拱中，改爲鶴禁衛。神龍初，復舊。各置率一人，掌門禁、籍傍。〔七一〕副率各二人，長史、録事參軍及兵、冑二曹參軍各一人。

左右内率府

隋置左右内率、副率各一人，〔七二〕掌領備身以上。所領千牛以下與千牛衛同。禁内侍衛，供奉兵仗。大唐爲左右内率府。龍朔二年，改爲左右奉裕率。〔七三〕咸亨初，復舊。各置率一人，掌侍衛左右，供奉兵仗。副率、長史、録事參軍及兵、冑二曹參軍各一人。〔七四〕千牛各十六人，掌執細刀弓箭，宿衛侍從。備身各二十八人，掌宿衛侍從。龍朔二年，改太子左右千牛備身爲太子左右奉裕，尋復舊。

太子旅賁中郎將

旅賁中郎將一人，職如武賁中郎將，宋初置。天子有武賁，習武訓也。諸侯有旅賁，禦災害也。大唐諸率府初有中郎、郎將官。永徽元年，以太子名忠，改諸率府中郎將爲旅賁郎將，其郎將改爲翊軍。後或改或省。

太孫官屬〔七五〕

大唐永淳元年三月，立皇孫重照爲皇太孫，將置府寮，高宗召吏部郎中王方慶，問曰：「前代故事如何？」方慶進曰：「臣按周禮，有嫡子，無嫡孫。〔七六〕漢魏以來，皇太子在，亦不立太孫。晉惠帝永寧元年，立愍懷太子第三子襄陽王尚爲皇太孫，太子官屬即轉爲太孫官屬。南齊永明十年，立文惠太子長子南郡王昭業爲皇太孫，便居東宮。今皇太子在而立太孫，旁求載籍，未有前例。」上曰：「自我作古，可乎？」對曰：「五帝不相沿樂，苟不失上下之序，不虧政理之道，亦何事而不可。詩曰：『貽厥孫謀，以燕翼子。』禮曰『君子抱孫不抱子，孫可以爲王父尸』，以其昭穆同也。今陛下肇建皇孫，創斯盛典，所以彰子孫千億之盛，福祚靈長之應也。」上悅，使方慶詳求典故，官屬員品，乃奏太孫府置師、傅、友、文學、祭酒及長史、曹掾、主簿、管記、司録以下六曹從事等官，各加王府一級。上後頗以爲疑，竟不補授而止。

校勘記

〔一〕東宮官敍　原脱「敍」，據北宋本、王吴本補。

〔二〕左右前後皆正禮　「皆正禮」，後漢書班彪傳一三二八頁作「禮無違者」。

〔三〕太子太傅杜喬憂懼不能止　「杜喬」後漢書种暠傳一八二七頁同。北宋本、傅校本、明抄本、明刻本、王吴本作「高褒」。

〔四〕得中決敕　「決」原作「奉」，據北宋本、傅校本、明抄本、明刻本、王吴本改。

〔五〕至隋罷詹事　按：隋書百官志下七七九頁云：「開皇初，置詹事，二年定令，罷之。」

〔六〕齋帥　「帥」原訛「師」，據隋書百官志下七七九頁改。下同。

〔七〕崇文館校書二人　原「書」下有「郎」，「二」作「八」，據唐六典卷二六及北宋本、傅校本删改。

〔八〕欲署者　後漢書桓榮傳一二五一頁作「欲置傅者」。

〔九〕宮事無大小　「宮」原訛「官」，據北宋本改。按：北堂書鈔卷六五引晉起居注亦作「宮」。

〔一〇〕咸寧元年　「寧」原訛「康」，據晉書職官志七四二頁改。

〔一一〕田騶五十人　「五十」晉書職官志七四二頁作「六」。

〔二〕月請錢五十萬　「五」原訛「三」，據北宋本改。按：晉書愍懷太子傳一四五八頁作「五」。

〔三〕恆探取三月　「三」晉書愍懷太子傳一四五八頁作「二」。

〔四〕諸傅或二或三　原脱「或二」，據晉書職官志七四二頁補。

〔五〕普天有情　「有情」原訛「之痛」，據晉書王導傳一七四九頁改。按：北宋本作「之情」，「情」字猶不誤。

〔六〕令太子每覩儀形　「形」原作「刑」，據北宋本、王吳本改。

〔七〕三師坐太子乃坐　「太子乃坐」涉上而脱，據貞觀政要卷四補。

〔八〕至孝武帝　原脱「孝」，據北宋本補。

〔九〕太子少傅華廙息恆　晉書愍懷太子傳一四五八頁作「太子少傅張華息褘尚書令華廙息恆」。通典此處似脱「張華息褘尚書令」七字。按：通典引惠帝詔書較今晉書愍懷太子傳所載完整，可知通典此詔當採自唐以前私撰晉書。詔書既明云五人，自不應包括張褘，且華廙於惠帝時亦曾官太子少傅，故此處不據官修晉書補改。

〔一〇〕以左僕射兼太子少師于志寧兼太子太傅侍中韓瑗中書令來濟禮部尚書許敬宗並爲皇太子賓客　原作「以太子太傅兼侍中韓瑗中書令來濟禮部尚書許敬宗左僕射兼太子少師于志寧並爲皇太子賓客」，有兩處倒誤，今據舊唐書高宗紀上七五頁移正。按：舊唐書于志寧傳云：「其年拜尚書左僕射、同中書門下三品。三年，以本官兼太子少師。顯慶元年，遷太子太傅。」二六九九頁。檢韓瑗傳二七四〇頁但云「永徽六年，遷侍中，其年兼太子賓客」，而未嘗官太子太傅也。

〔二一〕領三寺左右衛二坊　原訛作「領三寺二坊及左右衛」。按：三寺者，家令寺、率更令寺、僕寺也。二坊者，即左衛坊、右衛坊也。今據隋書百官志中七五九頁訂改。

〔二二〕垂拱元年又改詹事爲宮尹　按：唐六典卷二六云：「天授中改爲宮尹。」舊唐書職官志三一九〇七頁云：「天授爲宮尹。」與此異。

〔二三〕魏晉隨詹事省置　「隨」原作「隋」，今改「隨」。

〔二四〕掌付事　「付」原作「府」，據北宋本、傅校本、明抄本、明刻本、王吴本改。按：唐六典卷二六云：「掌付所受諸司之移判及彈頭之事。」

〔二五〕掌彈劾宮府寮　「宮」原訛「官」，據唐六典卷二六、舊唐書職官志三一九〇七頁、新唐書百官志四一二九三頁改。

〔二六〕典膳郎　原無「郎」，據北宋本、傅校本、明刻本卷目補。下藥藏郎、内直郎、典設郎同。

〔二七〕宮門郎　原「門」下有「等」，據北宋本、傅校本、明刻本卷目刪。

〔二八〕秦皇帝任中庶子蒙嘉之言則庶子之爲秦官明矣　北宋本、傅校本、明抄本、明刻本、王吴本作「秦皇帝任中庶子蒙之言而荆軻入關則秦官明矣」。

〔二九〕晉中庶子庶子各四員職比侍中散騎常侍及中書監令　「侍中」原脱，據晉書職官志七四二頁訂補。

〔三〇〕功高者一人與功高舍人一人共掌其坊之禁令　「功高者一人」原脱，「舍人」上原衍「通事」，據隋書百官志上七二七頁補刪。按：「功高」隋志皆作「高功」，今據通典文例改爲「功高」。

〔三一〕皇太子並宜稱令　「稱」北宋本作「盡」。

〔三二〕于志寧爲太子左庶子　「左」原訛「右」，據貞觀政要卷四、舊唐書于志寧傳二六九三頁、新唐書于志寧傳四〇〇三頁改。

〔三三〕崇文館並屬左春坊　「左」原訛「右」，據唐六典卷二六、舊唐書職官志三一九〇七—一九〇八頁、新唐書百官志四上一二九三—一二九六頁訂改。

〔三四〕中舍人舍人通事舍人並屬右春坊　「右」原訛「左」，據唐六典卷二六、舊唐書職官志三一九〇九頁、新唐書百官志四上一二九六頁訂改。

〔三五〕通判坊事　「坊」原訛「判」，據諸本改。

〔三六〕王友貞　「貞」原作「真」，清人諱改。今據北宋本、傅校本、明抄本、明刻本、王吳本改回。

〔三七〕虞胤　「胤」原作「允」，清人諱改。今據晉書外戚傳二四一三頁及北宋本、傅校本、明抄本、明刻本、王吳本改回。下同。

〔三八〕舅甥宜崇敬　「宜」原作「當」，據北宋本、傅校本、明抄本改。

〔三九〕舊人例無住者　「住」原作「仕」，據北宋本改。住者，留止之謂也。梁書文學傳下七一七頁作「停」，意同。

〔四〇〕齊中庶子屬官有通事守舍人　唐六典卷二六云：「齊職儀中庶子下有門下通事守舍人四人。」

〔四一〕庶子下有內典書通事舍人二人　原「有」上有「又」字，據北宋本刪。

〔四二〕承令勞問　「令」原訛「旨」，據唐六典卷二六改。

〔四三〕皆掌侍從翊贊　「贊」原訛「養」，據北宋本、傅校本、明抄本、明刻本、王吴本改。按：唐六典卷二六作「贊」。

〔四四〕教授諸生　「諸生」原訛「諸王」，據舊唐書職官志三一九〇八頁、新唐書百官志四上一二九四頁改。按：唐六典卷二六作「學生」。

〔四五〕舍人如故　原脱「故」，據梁書文學傳上六八九頁補。

〔四六〕舊事東宮官屬　原脱「事」脱「官」，據梁書文學傳上六八九頁補。

〔四七〕東宮近代用人　「東宮」原脱，據北宋本、傅校本補。

〔四八〕判書功事　北宋本、殿本同。傅校本、明抄本、明刻本、王吴本「功」訛「坊」。按：職官分紀卷二八云：「文學掌分知經籍，侍奉文章，總緝經籍，繕寫裝染之功，筆札給用之數皆料度之。」

〔四九〕乾封元年　舊唐書儒學傳下四九五九頁、新唐書邢文偉傳四〇五七頁俱作「咸亨中」。通鑑卷二〇二繫此事於咸亨三年。

〔五〇〕典膳丞邢文偉減膳　原「減」上有「請」，後人擅增。今據北宋本删。

〔五一〕虧膳之宰　「虧」原作「撤」，誤。據大戴禮保傅篇及北宋本、傅校本、明抄本改。

〔五二〕近日以來　「日」原訛「代」，據舊唐書儒學傳下四九六〇頁改。

〔五三〕梁有齋内　「齋」原訛「直」，據北宋本改。按：隋書百官志上七二七頁作「齋」。

〔五四〕南齊置齋居局齋居庫丞一人　前「齋」與後「居」原脱，據唐六典卷二六補。

〔五五〕北齊門下坊有齋帥局有太子齋帥内閤帥各二人　三「帥」字原皆訛「師」，據隋書百官志中七六〇頁改。

〔五六〕今宮門局有郎二人　「宮門」原誤倒，據唐六典卷二六、舊唐書職官志三一九〇八頁、新唐書百官志四上一二九六頁乙正。原「郎」上衍「監」，據北宋本、傅校本、明抄本、明刻本删。

〔五七〕主倉穀飲食　「倉」原訛「食」，據北宋本、傅校本、明抄本、明刻本改。

〔五八〕内庫　「内庫」原倒，據唐六典卷二七、御覽卷二四七引宋書乙。

〔五九〕家令視通直常侍率更僕視黄門　原作「家令視常侍黄門」，脱六字。據隋書百官志上七二六頁、唐六典卷二七補。

〔六〇〕宮府大夫　唐六典卷二七作「宮府寺大夫」。

〔六一〕梁有錫賜庫局丞庶子　「錫賜庫局」，唐六典卷二七同。隋書百官志上七二七頁作「錫庫局」。又唐六典無「庶子」。按：疑此「庶子」上脱「屬」字。

〔六二〕又有東宮衛庫丞　「宮」原訛「官」，據諸本改。按：唐六典卷二七亦作「宮」。

〔六三〕文帝以太子勇頻知時政　「頻」原作「預」，據北宋本改。按：隋書蘇孝慈傳一二五九頁作「頗」。

〔六四〕乃出爲淅州刺史　「淅」原訛「湘」，北宋本、傅校本、明抄本、明刻本訛「湖」，據隋書蘇孝慈傳一二五九頁改。按：隋書地理志無「湘州」。地理志下八七七頁云：「仁壽置湖州，大業初州廢。」出蘇孝慈爲刺史，廢太子勇爲庶人，皆開皇年間事。由此知作「湘」作「湖」俱誤。王吴本作「乃出爲東宮刺史」，更謬。

〔六五〕副率各二人　原脱「各」，據唐六典卷二八補。

〔六六〕諸率府並同　原脱「諸」，據北宋本、傅校本、明刻本、王吴本補。

〔六七〕選所　「選」原作「過」，據北宋本改。

〔六八〕北齊左右衛坊率各領騎官備身員外又有內直備身正副都督　隋書百官志中七六〇頁作：「左右衛坊率各領騎官備身正副都督、騎官備身五職、騎官備身員。又有內直備身正副都督、內直備身五職、內直備身員。又有備身正副都督、備身五職員。又有直閤、直前、直後員。又有旅騎、屯衛、典軍等校尉各二人，騎尉三十人。」唐六典卷二八略同。通典删節過當。

〔六九〕副率各二人　「各」原脱，據唐六典卷二八、舊唐書職官志三一九一二頁訂補。下同。

〔七〇〕長史録事及倉兵胄曹參軍各一人　「胄」原脱，據唐六典卷二八、舊唐書職官志三一九一二頁訂補。下同。

〔七一〕掌門禁籍傍　原作「掌門禁凡財物出有籍」，乃清人不懂籍傍一詞而妄改者。今據北宋本、傅校本、明抄本改回。按：唐六典卷二八云：「凡財物器用之出入于宮禁者，皆以籍傍爲據。」又云：「其諸司籍傍判於監門者，檢其官爵、姓名、年貌，監其器物，檢其名數。月終，諸門之籍傍歸於府者，則會其出入之數。」可知籍傍即携帶財物出宮門者交給監門官員之書據。明刻本、王吴本作「掌門禁籍帳」，「傍」作「帳」，亦係臆改。

〔七二〕隋置左右内率副率各一人　「内」原脱，據隋書百官志下七八〇頁補。

〔七三〕改爲左右奉裕率　「率」原作「衛」，據唐六典卷二八、舊唐書職官志三一九一三頁改。

〔七四〕録事參軍及兵胄二曹參軍各一人　原脱「胄二」與「參軍」，今據唐六典卷二八、舊唐書職官志三一九一三頁及本卷左右監率府文例訂補。

〔七五〕太孫官屬　「屬」下原有「附」，據北宋本、傅校本、明抄本、明刻本、王吴本删。

〔七六〕有嫡子無嫡孫　原訛脱作「有嫡孫」，據舊唐書高宗紀下一〇九頁補改。按：此語始見儀禮喪服傳。

王永興點校　王文錦覆校

通典卷第三十一

職官十三

王侯總敘　歷代王侯封爵公主并官屬附

王侯總敘〔一〕

法古者多封國之制，〔二〕魏曹元首六代論、晉陸士衡五等論皆言封建之利。是今者賢郡縣之理，貞觀中，朝議封建，李伯藥盛陳不可，馬周繼言之，遂止。雖備徵利病，而終莫究詳。嘗試論之曰：在昔制置，事皆相因。物土疆，建萬國，成則肇於軒后，〔三〕方有可稱。不應創擇萬人，首令分宰。蓋因其豪而伏衆，即其地而名國。或循沿舊政，簡朴不傳；或墳籍散亡，建茲復紀。塗山之會，亦云萬數。夏祚經四百，已喪七千，殷氏六百年閒，又損千二百矣。爰及周赧，八百餘祀，離爲十二，合爲六七。始皇蕩定，天下一家，歷載千九百，并萬而爲一。衆暴寡，且無虛月；大滅小，未嘗暫寧。迭尋干戈，擠人塗炭。〔四〕秦覩其弊，不復建侯，纔及嗣君，天下怨讟。漢祖矯枉，竝建勳親。旋則韓、彭葅醢，續有吴、楚逆亂。武、昭之後，制許推恩，分人爲差，但食租稅。王莽階緣后族，克成篡奪，諸劉微劣，〔五〕勢同編甿。光武遠懲大封，優全勞舊。鄧、寇、耿、賈，國止四縣。二漢所立，列郡不殊。中有僞新，乃如羿、浞。雖無塗山萬國，享祚侔於夏氏。曹魏翦弱藩戚，未幾覆亡。晉室分兵八王，致亂尤速。〔六〕晉以魏公族微弱，神器易遷，故委兵諸王，未幾迭相攻伐，遂亡天下，所謂矯枉過當，其敗愈速也。劉宋改更舊制，國吏不得稱臣。孝武性多猜忌，諸國吏人於本國君不得稱臣，〔七〕改稱曰「下官」也。自兹以還，建侯日削，欲行古道，勢莫能遵。天生烝人，〔八〕樹君司牧。人既庶焉，牧之理得，人既寡焉，牧之理失。庶則安所致，寡則危所由。漢、隋、大唐，海内統一，人户滋殖，三代莫儔。唐虞之前，記録簡略，人户損益，不可復知。夏氏以來，載籍漸備。西漢有千二百餘萬户，東漢有千餘萬户，隋及大唐皆有九百餘萬户。雖三代致理，亦莫比焉。魏晉之後，凋耗則甚。若以爲人而置君，欲求既庶，誠宜政在列郡，然則主祀雖永乃人鮮，主祀雖促則人繁。建國利一宗，列郡利萬姓，損益之理，較然可知。夫立法作程，未有不弊之者，固在度其爲患之長短耳。政在列國也，其初有維城磐石之固，其末有下堂中肩之辱。遠則萬國屠滅，近則鼎峙戰爭，所謂其患也長。夏殷周三代，諸國相滅。魏晉鼎峙六十餘年，車書方一。永嘉之後，天下幅裂，三百餘載，江左乃平。政在列郡也，其初有四海一家之盛，〔九〕其末有土崩瓦解之虞。高、光及於國初，戡定之勳易集，所謂其患也短。自秦二世元年，陳勝首起兵亂，至漢高平項羽，凡八年而天下定。自王莽地皇三年，海内兵起，至光武建武十二年平公孫述，凡十三年而甲兵戢。自隋文大業十一年，已有羣盜起，至國家武德七年，凡十年而干戈息。豈非已然之證歟！夫君尊則理安，臣强則亂危。管子曰：「君尊則國安，君卑則國危。」是故李斯相秦，堅執罷侯置守。其後立議者，以秦祚促，遂爾歸非。向使胡亥不嗣，趙高不用，閻左不發，酷法不施，百姓未至離心，陳、項何由興亂？自昔建侯，多舊國也。周立藩屏，唯數十焉，餘皆先去聲封，不廢其爵。楚滅六、蓼，魯臧文仲歎曰：「皋繇、庭堅，不祀忽諸。」按：皋繇、庭堅，重於唐虞之際，封立國邑，不應殷周之時。略徵一二，是沿習也。諒無擇其利遂建諸國，懼其害不立郡縣。故曰「事皆相因」，斯之謂矣。自五帝至於三五，相習建國之制，當時未先知封建則理，郡縣則亂。而後人覩秦漢一家天下，〔一〇〕分置列郡，有潰叛陵篡之禍，便以爲先王建萬國之時，本防其萌，務固其業，冀其分樂同憂，饗利共害之慮。乃將後事以酌前旨，豈非强爲之説乎？覽曹、陸著論，誠謂文高理明，不本爲人樹君，不稽烝甿損益。觀李、馬陳諫，乃稱冥數素定，不在法度得失，不關政理否臧。故曰「終莫究詳」，斯之謂矣。但立制可久，施教得宜，君尊臣卑，榦强枝弱，致人庶富，享代長遠。爲理之道，其在兹乎！

歷代王侯封爵 公主并官屬附

昔黄帝旁行天下，分建萬國。〔一〕至於唐虞，别爲五等，曰公、侯、伯、子、男，則虞書所謂輯五瑞，脩五玉，是其制也。五瑞即公侯伯子男之瑞珪璧也。五玉亦五等諸侯執之玉也。夏與唐虞同。

殷制，天子之田方千里，公、侯百里，伯七十里，子、男五十里。不能五十里者，不合於天子，附於諸侯。鄭玄云：「此地殷所因夏爵三等之制。」凡四海之內九州，州方千里。州建百里之國三十，七十里之國六十，五十里之國百有二十，凡二百一十國。名山大澤不以封，其餘以爲附庸閒田。凡九州，千七百七十三國。千里之外設方伯。五國以爲屬，屬有長。十國爲連，連有帥。三十國爲卒，卒有正。二百一十國以爲州，州有伯。八州八伯，五十六正，百六十八帥，三百三十六長。八伯各以其屬，屬於天子之老二人，分天下以爲左右，曰二伯。千里之內曰甸，千里之外曰采。

周制，封王者後。凡有功之諸侯，大者地方五百里，侯四百里，伯三百里，子二百里，男百里。所因殷之諸侯，亦爲黜陟之。其小者皆益之地爲百里，是以周有爵尊而國小、爵卑而國大者。唯天子畿內不增。方千里曰王畿。其外方五百里曰侯服，又其外方五百里曰甸服，又其外方五百里曰男服，又其外方五百里曰采服，又其外方五百里曰衛服，又其外方五百里曰蠻服，又其外方五百里曰夷服，又其外方五百里曰鎮服，又其外方五百里曰藩服。周之初，列爵惟五，公、侯、伯、子、男，分土唯三，公侯方百里，伯方七十里，子男方五十里，並因殷制。至周公居攝，制禮作樂，列爵分土，皆五等焉。公五百里，侯四百里，伯三百里，子二百里，男百里。凡諸侯世子世國，繼世以諸侯，象賢。大夫不世爵，使人以德，爵以功。謂縣内及列國諸侯爲天子大夫者，不世爵而世禄，避賢。未賜爵，視天子之元士，以君其國。列國及縣内之國。諸侯有上大夫卿、下大夫、上士、中士、下士，凡五等。上大夫曰卿。〔一二〕諸侯之大夫，不世爵禄。周天王之女爲王姬，〔一三〕皆下嫁於諸侯。車服不繫其夫，下王后一等。公國孤一人。孔安國注虞書曰：「公之孤執玄。」周禮云：「公之孤四命。」王制曰：「天子使其大夫監於方伯之國，國三人，是爲三監。」使佐方伯，領諸侯，此殷禮也。其禄視諸侯之卿，其爵視次國之君，其禄取於方伯之地。蓋牧國則有之。故儀禮燕禮云：「若有諸公，則先卿獻之。」正義曰：「言諸者，通容牧三監，皆爲公也。」〔一四〕大國三卿，皆命於天子；命於天子者，天子選用之，如今詔書除吏矣。次國三卿，二卿命於天子，一卿命於其君；左傳曰：「管仲受下卿之禮，避天子之二守國、高故也。」明國、高是天子之命卿也。小國三卿，一卿命於天子，二卿命於其君。王制曰：「小國二卿，皆命於其君。」鄭注云：「誤也。」正義曰：「此兼夏殷禮也。夏之大國謂公侯也，殷大國謂公也。依周而言，謂立司徒兼冢宰之事，立司馬兼宗伯，立司空兼司寇也。故左傳云，魯季孫爲司徒，叔孫爲司馬，孟孫爲司空，此三卿也。以此推之，則知諸侯不立冢宰、宗伯、司寇。按崔氏云：『魯已有孟、叔、季三卿爲政，而更有臧氏及孔子並爲司寇，則皆小司寇也。』」每國下大夫五人，上士二十七人。周禮五等國悉三卿、五大夫、二十七士，皆與此同。但公國長有四命孤一人，〔一五〕其卿三命，大夫再命，侯伯之卿大夫亦如之。子男之卿再命，其大夫一命，其士不命。大國之卿不過三命，下卿再命，小國之卿與大夫一命。不言次國者，以大國之下互明之也。此卿命則異。大夫皆同。周禮，公侯伯之卿三命，大夫再命；子男之卿再命，其大夫一命。次國之上卿位當大國之中，中當其下，下當其上大夫。小國之上卿位當大國之下卿，中當其上大夫，下當其下大夫。此諸侯使卿大夫覜聘並會之敍也。〔一六〕其位爵同，小國在下，爵異固在上耳。至於周衰，諸侯失制，號令自己，其名不一。於是正卿當國謂之相，而楚謂之令尹。其他異同，難悉數矣。孫卿子曰：「孫叔敖曰：吾三相楚而心愈庳，每益祿而施愈博，位滋尊而禮愈恭。」史記曰：「楚民俗好庳車，王以爲不便馬，〔一七〕欲下令使高之。孫叔敖曰：『令數下，民不知所從。王必欲高車，臣請教閭里使高其梱。』王許之。居半載，民悉自高其車，此不教而民從其化。故三得相而不喜，知其才自得之。三去相而不悔，知非己之罪。」淮南子曰：「蘧伯玉爲相，子貢問：『何以理國？』曰：『不理理之。』」又曰：〔一八〕「子產爲鄭國相，一年，豎子不戲狎，斑白不提挈，僮子不犂畔；二年，市不先賈；〔一九〕三年，門不夜關，道不拾遺；四年，田器不歸；五年，士無尺籍。」〔二〇〕又，孔子攝行魯相事，有喜色，乃誅大夫亂政者少正卯，與聞國政三月，鬻羔豚者弗飾賈，男女行者別於塗，塗不拾遺。四方之客至乎邑者，不求有司，皆予之以歸。又，公儀休爲魯相，奉法循理，無所變更，百官自正。使食祿者不得與下民爭利，〔二一〕受大者不得取小。客有遺相魚者，不受。客曰：「聞君嗜魚，何故不受？」相曰：「以嗜魚，故不受也。」食茹而美，拔其園葵而棄之。見其家織布好，而逐出其婦，燔其機，曰：「欲令農夫工女安所讎其貨乎？」〔二二〕

秦制，爵二十等以賞功勞。二十、徹侯，後漢志曰：「徹侯，金印紫綬，功大者食縣，小者食鄉、亭，得臣其所食吏民。後避漢武帝諱，改曰通侯，或曰列侯。」十九、關內侯，顏師古曰：「言有侯號而居京畿，無國邑也。」荀綽百官表注曰：「時六國未平，將帥皆家關中，故以爲號。」劉昭曰：〔二三〕「關內侯無土，寄食在所縣，民租多少，各有戶數爲限。」如淳釋曰：「列侯出關就國。侯但爵其身，有家累者，與之關內之邑，食其租稅。」又有倫侯，建成侯趙亥、昌武侯馮無擇是也。但有封名，而無食邑。十八、大庶長，劉昭曰：〔二四〕「自左庶長以上至大庶長，皆將軍也。所將庶人更卒，故以爲名。大庶長即大將軍也，左右庶長即左右偏裨將軍也。」十七、駟車庶長，言乘駟馬之車而爲衆庶之長。十六、大上造，言皆主上造之士。十五、少上造，十四、右更，言主領更卒，部其役事。十三、中更，十二、左更，十一、右庶長，言爲衆列之長。十、左庶長，九、五大夫，大夫之尊者也。劉昭曰：「自公士至五大夫，皆軍吏也。」八、公乘，言得乘公家之車也。劉昭曰：「自吏民爵不得過公乘，過者得貰與子若同產。然則公乘者，軍吏之爵最尊者。」七、公大夫，與下同。六、官大夫，加官者，示稍尊也，亦謂之國大夫。五、大夫，列位從大夫。四、不更，言不預更卒之事。〔二五〕三、簪褭，以組帶馬曰褭。簪褭者，主飾此馬。二、上造，造，成也，言有成命於上。一、公士。言有爵命，異於士卒。劉昭曰：「步卒之有爵爲士者也。」戰國之際，秦項之間，權設班寵，有加賜目君者，〔二六〕蓋假其位號，或空受其爵耳。則田嬰爲靖郭君，〔二七〕白起爲武安君，魏冉弟爲華陽君，秦昭王弟爲涇陽君及高陵君，蔡澤爲剛成君，其後項梁爲武信君，陳餘爲成安君，李左車爲廣武君之類是也。至漢尤多，蓋在封爵之外，別加美號也。

漢興，設爵二等，曰王，曰侯。皇子而封爲王者，其實古諸侯也，故謂之諸侯王。王子封爲侯者，謂之諸侯。羣臣異姓以功封者，謂之徹侯。大者不過萬家，小者五六百户，以爲差降。古分土而無分民，自漢始分民，而諸王國皆連城數十，踰於古制。其諸侯功德優盛，朝廷所敬異，有賜特進者，其位在三公下。其次，列侯有功德，天子命爲諸侯者，謂之朝侯，其位次九卿下。皆平冕文衣，侍祠郊廟。其稱侍祠侯者，但侍祠而無朝位。其非朝侯、侍祠，而以下土小國，或以肺腑宿親若公主子孫或奉先侯墳墓在京師者，亦隨時見會，謂之猥諸侯。

凡諸侯王，皆金璽盭綬，古者印璽通名，今則尊卑有別。漢舊儀云：「諸侯王金印，黃金橐駝紐，文曰璽，〔二八〕謂刻曰某王之璽，赤地綬。列侯黃金印，龜紐，文曰某侯之印，紫綬。」掌治其國。王常冠遠遊冠，綬五采而多朱。自稱曰寡人，教曰令。凡諸侯王官，其傅爲太傅，相爲丞相，又有御史大夫、諸卿，皆秩二千石，百官皆如漢朝。漢朝惟爲置丞相，其御史大夫以下皆自置之。及七國作亂之後，景帝懲之，遂令諸侯王不得治民，令內史治之，改丞相曰相，省御史大夫、廷尉、少府、宗正、博士官。武帝改漢內史、中尉、郎中令之名，內史爲京兆尹，中尉爲執金吾，郎中令爲光祿勳。而王國如故，員職皆不得自置。又令諸王得推恩封子弟爲列侯，於是齊分爲七，趙分爲六，梁分爲五，淮南分爲三。又令諸侯十月獻酎金，不如法者，國除。其縣邑皆別屬他郡。千户置家丞，不欲者聽之。作左官之律，附益之法。自後諸侯王唯得衣食租稅。至成帝綏和元年，省內史，更令相治民，大司空何武奏罷內史；相如太守，中尉如都尉，參職。是後中尉爭權，與王相奏，常不和。太傅但曰傅。史記：「梁孝王，景帝母弟，竇太后少子，築東苑方三百餘里，爲複道，自宮連屬於平臺四十餘里。〔二九〕賜天子旌旗，千乘萬騎，擬於天子，出蹕入警。招延四方豪傑，山東遊士莫不至焉。」又曰：「河閒獻王，景帝子也。好儒學，被服造次，必於儒者。山東諸儒多從而遊。」

漢初，論功封列侯者，凡百四十有三人。蕭何爲冠。外戚與定天下，侯者二人。凡列侯，金印紫綬，大者食縣，小者食鄉、亭，得臣其所食吏民。

凡皇帝之女爲公主，皆列侯尚之。周制，王姬下嫁於諸侯，以同姓諸侯主之。公者，諸侯之尊稱，故謂之公主。後漢荀爽上疏曰：「漢承秦法，設尚主之儀，以妻制夫，以卑臨尊。悉宜改尚主之制，〔三〇〕以稱乾坤之性。」〔三一〕

王國有傅、掌輔導王，初曰太傅，後除太字。史記曰：「賈誼爲梁懷王太傅，王墮馬死，無後，賈生自傷爲傅無狀，哭泣歲餘，亦死。」相、本統衆官，後省內史，而相理民，如郡太守。史記曰：「曹參相齊，聞膠西有蓋公，善理著黃老言，〔三二〕乃厚幣請之。〔三三〕蓋公曰：『治道貴清浄，清浄民自定。』〔三四〕參用其術，齊國安集。及入爲漢相，屬其後相曰：『以齊獄市爲寄，慎勿擾也。夫獄市者，所并容也。今君擾之，姦人安所容乎！吾是以先之也。』」又曰：「石慶爲齊相，舉國皆慕其家行，不言而齊國大治，爲立石相社也。」內史、治國民。中尉、掌武事。郎中令、秩千石，墨綬。僕、本曰太僕，改曰僕，墨綬。文學、宋志云：〔三五〕「前漢王國已置文學。」大司農、衛士長、太倉長。齊善醫淳于意爲之。〔三六〕列侯國亦有相，改所食國令長爲之。漢初，諸侯王有丞相，兼有相國。按史記，周勃破燕王盧綰，得相國一人，丞相二人。景帝省之。餘略與王國同。公主有家令、門尉，其有賜重封者。張晏曰：「重封，益祿也。」臣瓚曰：「增封」。顏師古曰：「重封謂加二號耳。」

成帝鴻嘉三年，詔七大夫以上皆令食邑，秦本制，列侯乃得食邑。七大夫即公大夫。非七大夫以下，皆復其身及戶勿事。一戶之內，皆不徭賦。是歲，又令吏民得買爵，賈級千錢。賈讀曰價。

後漢爵亦二等。皇子封王，其郡爲國。其列侯，雖鄧、寇元勳，所食不過四縣，爲侯國。舊制，列侯奉朝請在長安者，皆位次三公。中興以來，唯以功德賜位特進者，次車騎將軍；賜位朝侯，次五校尉；賜位侍祠侯，次大夫。其餘以肺腑及公主子孫或奉墳墓，亦爲猥諸侯。漢官儀曰：「皇后父兄，率爲特進侯，朝會位次三公。」故章帝啓馬太后曰：「漢典，舅氏之封侯，猶皇子之爲王。」其功臣四姓爲朝侯、侍祠侯，皆在卿校下。明帝爲四姓小侯開立學校，置五經師。外戚樊氏、郭氏、陰氏、馬氏諸子弟立學，號曰四姓小侯。以非列侯，故曰小侯。禮記曰「庶方小侯」，亦其義也。諸王封者，受茅土，歸以立社。胡廣曰：「諸侯受封，皆受茅土，歸立社稷。本朝爲宮室，自有制度。至於列侯歸國者，不受茅土，不立宮室，各隨貧富，裁制黎庶，以守其寵。」罪侯歸國，不得臣吏民。後漢書曰：「張安世自昭帝時封爲富平侯，傳國至八代孫吉，無嗣國除。經歷篡亂，二百年閒，未嘗譴黜，封者莫以爲比。」〔三七〕至獻帝建安初，封曹操爲費亭侯，亭侯之制，自此始也。二十年，曹公始置名號侯，至五大夫，與舊列侯、關内侯，凡六等，以賞軍功。

初漢制，皇女皆封縣公主，儀服同列侯。其尊崇者加號長公主，儀服同藩王。諸王女皆封鄉、亭翁主，儀服同鄉、亭侯。漢諸王女亦謂之翁主。漢書謂齊厲王姊爲紀翁主，以紀氏所生，因以爲號。章帝唯特封東平憲王蒼、瑯琊孝王京女爲縣公主。其後，漢安帝姊妹亦封爲長公主，同之皇女。蔡邕獨斷曰：「漢帝子女曰公主，儀比諸侯。姊妹曰長公主，儀比諸侯王。」其皇女封公主者，所生之子襲母封，爲列侯，皆傳國於後。鄉、亭之封，則不傳襲。永初元年，鄧太后封清河孝王慶女十一人皆爲鄉公主，分食邑俸。

王國有傅，如師，不臣，二千石。相，秩二千石。刁韙字子榮，〔三八〕爲魯相，行縣，三老執轡，學官處士皆乘牛馬隨後。所頓亭傳，輒講經。袁忠爲沛相，乘葦車，以清亮稱。內史，如郡丞。中尉、郎中令，掌王大夫、郎中宿衞，〔三九〕官如光祿勳。僕，主車馬。持書，奉使至京都。謁者、禮樂長、衞士長、醫工長、永巷長、祠祀長、郎中。其紹封削絀者，中尉、內史官屬亦以率減。〔四〇〕列侯國置相，其秩各如本縣主，治民如令長，不臣也。但納租於侯，以户數爲限。其官隨國大小爲增減。食邑千户以上，置家丞、庶子各一人。此家臣也，使理家事。不滿千户則不置家丞。舊置行人、洗馬、門大夫等官，又悉省。諸公主各置家令一人。東觀書曰：「其主薨無子，置傅一人，守其家。」

魏黄初三年，初制，封王之庶子爲鄉公，嗣王庶子爲鄉侯，公之庶子爲亭伯。其後定制，凡國王、公、侯、伯、子、男六等，次縣侯，次鄉侯，次亭侯，次關內侯。又置名號侯爵十八級，關中侯爵十七級，皆金印紫綬。關外侯爵十六級，銅印龜紐，墨綬。五大夫十五級，銅印環紐，亦墨綬。自關內侯皆不食租，虛封爵。

自魏始而有保、傅、相、常侍、侍郎、郎中令、中尉、大農、文學、友、謁者大夫、諸雜署令、丞。公主有家令、僕、丞、行夜督郵。王太妃有家令、僕、丞。

晉亦有王、公、侯、伯、子、男六等之封。晉令曰：「有開國郡公、縣公、郡侯、縣侯、伯、子、男及鄉、亭、關中、關内外等侯之爵。」〔四一〕唯安平郡公孚邑萬户，制度如魏諸王。其餘縣公，邑千八百户，地方七十五里。大國侯，邑千六百户，地方七十里。次國侯，邑千四百户，地方六十五里。大國伯，邑千二百户，地方六十里。次國伯，邑千户，地方五十里。大國子，邑八百户，地方五十里。次國子，邑六百户，地方四十里。男，邑四百户，地方四十里。

武帝受禪之初，泰始元年，封建子弟爲王二十餘人，以郡爲國。邑二萬户爲大國，置上中下三軍，兵五千人。邑萬户爲次國，置上軍下軍，兵三千人。邑五千户爲小國，置一軍，兵千五百人。王不之國，宫於京師。罷五等之制。公侯，邑萬户以上爲大國，五千以上爲次國，不滿五千户爲小國。初雖有封國，而王公皆在京都。

咸寧三年，詔徙諸王公皆歸國。時楊珧、荀勖以齊王攸有時名，懼惠帝有後難，乃追故司空裴秀立封建之旨，遂詔王公悉令歸國。更制户邑，皆中尉領兵。其平原、汝南、瑯琊、扶風、齊爲大國，梁、趙、樂安、燕、安平、義陽爲次國，其餘爲小國，皆制所近縣益滿萬户。又爲郡公制度如小國王，亦中尉領兵。郡侯如不滿五千户王，置一軍，千一百人，亦中尉領之。於時唯特增魯國公户邑，〔四二〕追進封故司空博陵公王沈爲郡公，鉅平侯羊祜爲南城郡侯。又南宫王承、隨王萬各於泰始中封爲縣王，邑千户，至是改正縣王增邑爲三千户，制度如郡侯，亦置一軍。自此非皇子不得爲王，而諸王之支庶，皆皇家之近屬至親，亦各以土推恩受封。〔四三〕其大國、次國，始封王之支子爲公，承封王之支子爲侯，繼承封王之支子爲伯。小國五千户以上，始封王之支子爲子，不滿五千户始封王之支子及始封公侯之支子皆爲男，〔四四〕非此皆不得封。其公之制度如五千户國，侯之制度如不滿五千户國，亦置一軍千人，中尉領之。伯子男以下各有差，而不置軍。大國始封之孫罷下軍，曾孫又罷上軍，次國始封之孫亦罷下軍。其餘皆以一軍爲常。〔四五〕大國中軍二千人，上下軍各千五百人。次國上軍二千人，下軍千人。其未之國者，〔四六〕大國置守士百人，次國八十人，小國六十人，郡侯、縣公亦如小國制度。既行，所增徙各如本奏。既遣就國，而諸公皆戀京師，涕泣而去。及吴平後，齊王攸遂之國。凡名山大澤不以封。鹽鐵金銀銅錫，始平之竹園，別都宮室園囿，皆不爲屬國。其仕在天朝者，與之國同，皆自選其文武官。晉齊王攸國相上長史缺，〔四七〕典書令請求差選。攸下令曰：「官人敍才，皆朝廷之事，非國所宜裁也。其令自上請之。」又當時王家人衣食皆出御府，攸乃表租秩足自供，遂求絶之。諸入作卿士而其世子年已壯者，〔四八〕皆遣莅國。其王公侯以下，茅社符璽，車旗命服，一如泰始故事。凡王，金印龜紐，纁朱綬，遠遊三梁冠，絳紗朝服，佩山玄玉。開國郡公、縣公，金章皂朱紱綬，郡侯青朱綬，同進賢三梁冠，絳朝服，佩山玄玉。開國縣侯、伯、子、男，金章朱墨綬，冠玉亦同。

初武帝踐祚，封宣帝子伷爲東莞郡王，始置二卿。〔四九〕

東晉元帝大興元年，始置九分食一。元帝以西陽王羕屬尊，元會特爲設牀。明帝以羕皇室元老，特爲之拜。成帝詔羕依安平獻王孚故事，〔五〇〕設牀帳於殿上，帝親迎拜。王國有傅、傅即師也，以景帝諱故曰傅。武帝初置，亦謂之師。山公啟事曰：「王楙爲燕王師。」友、武帝初置一人，蓋因文王、仲尼四友之名。典書令丞、掌國教令。職官録曰：「漢制本曰尚書，改爲持書，〔五一〕國諱又改爲典書。至晉武置典書令。」文學、一人。郎中令、中尉、大農、此爲三卿。左右常侍、大國各二人，次國各一人，掌贊相獻替。內史、改太守爲內史。又晉書曰：「改國相爲內史。」將軍、大國上中下軍三將軍，次國上下二軍，將軍各一人，小國上軍而已。典祠、典衛、學官令、治書中尉、司馬、世子庶子、陵廟牧長、謁者、中大夫、舍人、典府等。其後省相及僕，省郎中，置侍郎二人。初，晉文帝輔魏政，〔五二〕阮籍常言於帝曰：「平生曾遊東平，樂其風土。」即拜爲東平相。籍乘驢到郡，壞府舍屏障，使內外相通，法令清簡，旬日而還。公侯以下國官屬遞減。晉書曰：「詔以壽光公鄭沖及朗陵公何曾國皆置郎中令。」又曰：「元帝初渡江即晉王位，諸參軍、奉車都尉、掾屬者百餘人，時人謂之百六掾。」

宋氏一用晉制，唯大小國皆有三軍。自明帝以後，皇子、皇弟雖非都督，〔五三〕亦置記室參軍。小號將軍爲大郡邊守置佐吏者，又不置長史，〔五四〕餘則同矣。凡王子爲侯者，食邑皆千户。諸王世子皆金印紫綬，進賢兩梁冠，佩山玄玉。

初，江夏王義恭爲孝武所忌，憂懼，故奏革諸侯廳事，不得南向坐；國官正冬不得跣登國殿及夾侍；障扇不得雉尾；劒不得鹿盧形；誕馬不得過二；〔五五〕諸侯常行車前後不得過六隊；白直夾轂，不在其限。刀不得過銀銅爲飾；諸王子繼體爲王者，婚葬吉凶，悉依諸國公侯之禮，不得同皇弟、皇子；諸王女封縣主，諸王子孫襲封之王妃及封侯者夫人，並不得鹵簿。〔五六〕詔可。

王國有師，改傅爲之。自內史、相、記室以下，官多與晉同。孔覬字思遠，〔五七〕爲江夏內史，好酒多醉，而明曉政事。咸曰：「一月二十九日醉，勝他人二十九日醒。」又有辭記室參軍箋曰：「記室之要，須通才敏思、性情綸密者爲之。」〔五八〕

凡郡縣內史、相，並於國主稱臣，去任便止。孝武孝建中，始革此制，不得追敬，不得稱臣，止宜云下官而已。劉邕嗣封南康侯，河東王歆之嘗爲南康國相，素輕邕，後俱元會，邕性嗜酒，謂歆之曰：「卿昔嘗見臣，〔五九〕今不能勸一盃酒乎？」歆之效孫晧歌答之曰：「昔爲汝作臣，今與汝比肩。既不勸汝酒，亦不願汝年。」

公主有傅、令，傅、令不得朱服。不得朱服，亦江夏王所奏。

齊封爵史闕。齊竟陵王子良開西邸，延才俊以爲士林。自永明末，京邑士人盛爲文章談議，皆湊於西邸。

王國有師、王琨爲武陵王師，〔六〇〕時王儉爲宰相，屬琨用東海迎吏。琨謂信人曰：〔六一〕「語郎，三臺五省皆是郎用人。

外方小郡，當乞寒賤，省官何容復奪之。」〔六二〕遂不果其事。〔六三〕諮議、張岱字景山，歷臨海、章郡、晉安三王府諮議。三王行事，事舉而情得。文學等官。齊永明元年，竟陵王子良表置文學官。公侯置郎中令一人卿，〔六四〕餘與晉、宋同。

梁封爵亦如晉宋之制。諸王皆假金獸符，第一至第五左，竹使符第一至第十左。〔六五〕諸公侯皆假銅獸符、竹使符，第一至第五。名山大澤不以封。鹽鐵金銀銅鐵錫及竹園、別都、宮室、園圃皆不以屬國。〔六六〕諸王言曰令，境內稱之曰殿下。公侯封郡縣者言曰教，境內稱之曰第下。自稱皆曰寡人。〔六七〕相以下公文上事，皆詣典書。世子主國，其文書表疏儀式如臣，而不稱臣。文書下羣官，皆言告。〔六八〕諸王公侯國官皆稱臣，上於天朝皆稱陪臣，有所陳皆曰上疏。其公文曰言事。梁南平元襄王偉，好學重士，四方遊士當世知名者，莫不畢至。齊世有清溪宮，改爲芳林苑，〔六九〕賜偉爲宅，穿築種植，與賓客遊其中，梁世藩邸之盛無過。

五等諸公位視三公，班次之。開國諸侯位視孤卿、重號將軍、光祿大夫，班次之。開國諸伯位視九卿，班次之。開國諸子位視二千石，班次之。開國諸男位視比二千石，班次之。

王國置傅、相、公以下則臺各爲選置之，皆掌知百姓事。郎中令、將軍、常侍、典書令、典衞長。伯、子無典衞。典祠以下，自選備上。〔七〇〕諸官多同前代。若王加將軍開府，則置長史、司馬及記室、掾屬、祭酒、主簿、録事等官屬。張綰字孝卿，自中軍宣城王長史徙御史中丞。武帝使宣旨曰：「爲國之急，唯在執憲直繩，用人本不限升降。晉宋代周閔、蔡廓並以侍中爲之，卿勿疑是左遷。」時宣城王府資重，故有此旨。嗣王則唯置郎中令、中尉、常侍、大農。藩王則無常侍，制與後漢同。

陳置九等，公主有家令之制。郡有王，嗣王，藩王，開國郡、縣公，開國縣侯，〔七一〕開國縣伯，開國縣子，開國縣男，〔七二〕沐食侯，〔七三〕鄉、亭侯，關内侯，〔七四〕關外侯。

鄱陽王之封也，遣度支尚書蕭睿持節兼太宰告於太廟、五岳，尚書王質持節兼太宰告於太社。

凡親王起家則爲侍中。若將軍方得有佐史，無將軍則無府，止有國官。皇太子子，家嫡者封王，依諸王起家，餘子並封公，起家中書郎。諸王子並諸侯代子，起家給事。三公子起家員外散騎侍郎。〔七五〕令僕子起家祕書郎。若員滿，亦爲版法曹，雖高半階，資級祕書郎下。〔七六〕次令僕子起家著作佐郎，亦爲版行參軍。此外有揚州主簿、太學博士、國常侍、〔七七〕奉朝請、嗣王行參軍，並起家官，未合發詔。

皇弟、皇子府置師、長史、司馬、從事中郎、諮議參軍、友、掾屬、記室等官。其嗣王、藩王府，則遞減之。王國置郎中令、將軍、常侍、典祠令、舍人等官。其嗣王、藩王，則遞減其員。諸王公參佐等官，仍爲清濁，或爲選司補用，亦有府牒拜授者，不拘年限，去留隨意。在府之日，唯賓遊宴賞，時復循參，更無餘事。若隨府王在州，其僚佐等或亦得預催督。若其驅使，便有職務。其衣冠子弟，多自修立。非氣類者，惟利是求，暴物亂政，皆此之類。

後魏道武皇始元年，始封五等。至天賜元年，減五等之爵，始分爲四，曰王、公、侯、子，除伯男之號。皇子及異姓元功上勳者封王。皇族及始藩王皆降爲公，諸公降爲侯，侯、子亦以此爲差。〔七八〕於是封王者十人，〔七九〕公者二十二人，侯者七十九人，子者百有三人。王封大郡，公封小郡，侯封大縣，子封小縣。其後復加伯男焉。

孝文太和十八年詔：「凡王、公、侯、伯、子、男開國食邑者，王食半，公三分食一，〔八〇〕侯伯四分食一，子男五分食一。」

舊制，諸鎮將刺史假五等爵及有所貢獻而得假爵者，皆得世襲。延興二年，詔革此類，不得世襲。又舊制，諸以勳賜官爵者，子孫世襲并襲軍號。後改降五等，始革之，止襲爵而已。

凡公主皆嫁於賓附之國；朝臣子弟，雖名族美彥，不得尚焉。後魏道武帝因見漢書婁敬説高帝，欲以魯元公主妻匈奴，良久，故立此制。又江陽王女卒，靈太后詔贈鄉主。〔八一〕

諸王侯亦各有師、友、文學、侍郎、掾屬、舍人等官。時王國舍人應取八族及清修之門，咸陽王禧乃取任城王隸户爲之，深爲孝文所責。公主有家令丞。高平公主薨，欲使公主家令居廬制服。太常博士常景曰：「婦人無專國之理。婦人爲君，男子爲臣，古禮所不載，則家令不得純臣，公主不得爲正君，明矣。」乃寢。

北齊有王、公、侯、伯、子、男六等之爵。王位列大司馬上，非親王則在三公下，封內之調，盡以入臺，三分食一，公以下四分食一。王置師一人，餘官大抵與晉、宋、梁制不異。公主則置家令、丞等官。

後周制封爵，郡縣亦有公、侯、伯、子、男五等爵者，皆加開國。授柱國大將軍開府儀同者，並加使持節大都督。皇弟、皇子置友及學士等員外，餘吏闕聞。

隋開皇中，制國王、郡王、國公、郡公、縣公、侯、伯、子、男，凡九等。樊子蓋進爵封爲濟公，言其公濟天下，特爲立名，無此郡國。至煬帝，唯留王、公、侯三等，餘並廢之。皇伯叔、昆弟、皇子，是爲親王，及大長公主、長公主皆置官屬。親王置師、友、文學、長史、司馬、諮議掾、主簿、録事、功曹、記室、户倉兵騎法士等曹參軍、東西閤祭酒參軍事、典籤等員。嗣王則無師、友。諸王公以下置官屬，各遞減。煬帝更名王府參軍爲諸司書佐，屬參軍則直以屬爲名，改國令爲家令，餘以國爲名者皆去之。

諸公主各置家令、丞、主簿、謁者、舍人等員，郡主唯無主簿。

大唐高祖初受禪，以天下未定，廣封宗室從弟及姪年始孩童者數十人，皆封爲郡王。太宗即位，問侍臣曰：「徧封宗子，於天下便乎？」尚書右僕射封德彝對曰：「不便。歷觀往古封王者，今日最多。兩漢以降，惟封帝子及親兄弟。若宗室疎遠者，非有大功如周之郇、滕，漢之賈、澤，並不得濫叨名器，所以別親疎也。先朝敦睦九族，一切封王，爵命既崇，多給力役，蓋以天下爲私，殊非至公馭物之道也。」太宗然之，曰：「理天下本爲百姓，非欲勞百姓以養己之親也。」於是率以屬疎降爵，惟有功者數人得王，餘並封縣公。

貞觀二年十二月，太宗謂公卿，欲使子孫長久，社稷永安，其理如何？尚書右僕射、宋國公蕭瑀對曰：「臣觀前代國祚所以長久者，莫不封建諸侯以爲磐石之固。秦并六國，罷侯置守，二代而亡。漢有天下，參建藩屏，年踰四百。魏晉廢之，不能永久。封建之法，實可遵行。」始議列土之制。

禮部侍郎李百藥上議，大略曰：「自古皇王君臨宇内，莫不受命上玄，飛名帝籙，締搆遇興王之運，殷憂屬啟聖之期。魏武攜養之資，漢高徒役之賤，非止意有覬覦，推之亦不能去也。若其獄訟不歸，菁華已竭，雖帝堯之光被四表，大舜之上齊七政，非止情存揖讓，守之亦不可固焉。以放勳、重華之德，尚不能克昌厥後，是知祚之長短，必在天時，政或盛衰，有關人事。宗周卜代三十，卜年七百，雖淪胥之道斯極，而文武之器猶在，斯則龜鼎之祚已懸定於杳冥也。而著述之家，多守常轍，莫不情忘今古，理蔽澆淳，欲以百王之季，行三代之法也。謂琢琱成朴，以質代文，刑措之教一行，登封之禮云畢，然後定疆理之制，議山河之賞，未爲晚焉。」

中書侍郎顏師古又論，大略曰：「臣愚以爲當今之要，莫如量其遠近，分置王國，均其戶邑，强弱相濟，畫野分疆，不得過大，間以州縣，雜錯而居，互相維持，永無傾奪。使各守其境而不能爲非，協力同心則足扶京室。」

特進魏徵又議，大略曰：「自隋氏亂離，百殃俱起，黎元塗炭，十不存一。始蒙聖帝，敷至仁以流玄澤，沐春風而霑夏雨。一朝弃之爲諸侯之隸，衆心未定，或致逃亡。其未可一也。既立諸侯，當建社廟，禮樂文物，儀衛左右，頓闕則理必不安，麤修則事有未暇。其未可二也。大夫卿士，咸資禄俸，薄賦則官府困窮，厚斂則人不堪命。其未可三也。王畿千里，征税不多，至於貢賦所資，在侯甸之外。今並分爲國邑，京師府藏必虚，諸侯朝宗，無所取給。其未可四也。今燕秦趙代，俱帶蕃夷，黠羌旅拒，匈奴未滅，追兵内地，遠赴邊庭，不堪其勞，將有他變，難安易動，悔或不追。其不可五也。」

六年，監察御史馬周上牋，太略如李百藥，謂：「宜賦以茅土，疇其戶邑，必有材行，隨器方授，則雖其翰翮非强，亦可以獲免尤累。昔漢光武不任功臣以吏事，所以終全其代者，良得斯術也。〔八二〕願陛下深思其宜，使夫得奉天恩而子孫終其福禄也。」

十一年六月，詔荆王元景等二十一王爲諸州都督、刺史，咸令子孫代代承襲，非有大故，無或黜免。其後並不願行，乃止。後定制，皇兄弟、皇子爲王，皆封國之親王。龍朔二年制，諸王子嫡者封郡王，任職從四品下敍。其衆子封郡公，從五品上敍。貞觀中，王珪奏曰：「三品以上遇親王於塗，皆降乘，違法申敬，有乖儀准。」太宗曰：「卿皆自尊而卑吾子乎？」魏徵曰：「自古迄今，親王班次三公之下。今三品皆天子列卿及八座之長，爲王降乘，非王所宜當也。」詔從之。 親王府各置官屬，凡府官、國官，王未出閤則皆不置。領親事帳内二府及國官。 太子男封郡王，其庶姓卿士功業特盛者，亦封郡王。自至德元年至大曆三年，封異姓爲王者，凡百一十二人。 其次封國公，其次有郡縣開國公侯伯子男之號，亦九等，並無官土。 其加實封者，則食其封。 分食諸郡，以租調給。 自武德至天寶，實封者百餘家。自至德二年至大曆三年，食實封者二百六十五家，凡食四萬四千八百六十戶。

十六年制，王府官以四考爲限。 高宗時滕王元嬰、江王元祥、蔣王惲、〔八三〕虢王鳳，俱以貪暴爲吏人所患，有授其府官者，皆比嶺外荒裔，爲之語曰：「寧向儋、崖、象、白，不事江、滕、蔣、虢。」

嗣聖二年，初置公府官員。

武太后天授二年，又置皇孫官員。 皇姑爲大長公主，後亦謂之長長公主。〔八四〕姊妹爲長公主，〔八五〕女爲公主，皆封國，視正一品。 常樂長公主者，高祖之女，壽州刺史趙瓌妻也。武太后初臨朝，越王貞欲舉事，瓌遣使許以兵應之。公主謂其使曰：「爲我報越王，與其進不與其退。汝郡王儻男子也，當不黜至今不動。」及貞敗，主亦遇害也。 太子女爲郡主，封郡，視從一品。 親王女爲縣主，封縣，視正二品。 凡諸王及公主，皆以親爲尊。 皇之昆弟妹先拜於皇子，上書稱啟。

神龍初，下詔革之。 二年閏正月敕：「公主府設官屬。 鎮國太平公主儀比親王。 長寧、安樂唯不置長史，餘並同親王。宜城、新都、定安、金城等公主，非皇后生，官員減半。其金城公主以出降吐蕃，特宜置司馬。」〔八六〕

至景龍四年六月，停公主府，依舊邑司。時安樂公主，中宗女，恃寵驕恣，欲皇后臨朝，冀得自立爲皇太女，遂同謀鴆弒，既誅，廢爲庶人。

唐隆元年六月敕：〔八七〕「公主置府，近有敕總停。其太平公主有崇保社稷功，其鎮國太平公主府，即宜依舊。」酸棗縣尉袁楚客奏記於中書令魏元忠曰：「女在內，男在外，男女有別，剛柔分矣，中外斯隔，陰陽著矣，豈可相濫哉！然而幕府者，丈夫之職，非婦人之事。今諸公主並開建府僚，崇置官秩，若以女家處男職，所謂長陰而抑陽也，而望陰陽不愆，風雨無爽，其可乎？竊謂非致遠之計，乖久安之策。書曰：『事不師古，以克永世，匪說攸聞。』此之謂也。君侯不正，誰正之哉！」

開元四年三月制，諸封國自始封至曾孫者，其封户三分減一。

十年，加永穆公主封千户。初永穆等各封五百户，左右以爲太薄。上曰：「夫百姓租賦者，非吾有也。斯皆宗廟社稷蒼生是爲爾。邊隅戰士出萬死不顧一生，所賞賜纔不過一二十匹。此輩何功於人，頓食厚封，約之使知儉嗇，不亦可乎！」左右以長公主皆二千户，請與比。上曰：「吾嘗讀後漢書，見明帝曰『朕子不敢望先帝子』，車服下之。吾未嘗不廢卷歎息。如何欲令此輩望長公主乎？」左右不敢復言。至是公主等車服不給，故加焉。自後公主皆封千户，遂成其例。凡諸王及公主以下所食封邑，皆以課户充。州縣與國官、邑官，共執文帳，准其户數，收其租調，均爲三分，其一入官，其二入國。公所食邑則全給焉。

二十年五月敕：「諸食邑實封，並以三丁爲限，不須一分入官。其物仍令封隨庸調送入京。」

親王府置傅一人，師範輔導，參議可否。初置王師，景雲二年改爲傅。諮議參軍一人，匡正幕府，諮謀庶事。友一人，陪隨左右，拾遺補缺。文學二人，修撰文章，讎校經史。東西閤祭酒各一人，接引賓客。長史、司馬各一人，通判。掾一人，通判功、倉、户三曹。屬一人，通判兵、騎、法、士四曹。主簿一人，覆省教命。史二人，〔八八〕記室參軍二人，掌表啟書疏，宣行教命。録事參軍一人，〔八九〕受事句檢。録事一人，〔九〇〕功曹、倉曹、户曹、兵曹、騎曹、〔九一〕法曹、士曹等參軍各一人，各有所主。參軍二人，行參軍四人，掌出使及雜檢校。典籤二人。宣傳教命。親事府置典軍、副典軍各二人，掌守衛陪從。執仗親事、執弓刀衛從。執乘親事各十六人，供進騎乘。親事三百三十三人。帳内府置典軍、副典軍各二人，〔九二〕掌儀衛陪從，兼知鞍馬等。帳内六百六十七人。親王國施行公文准等署式。嗣王以下府准此。國令一人，大農二人，〔九三〕通判國司。尉二人，分判。丞一人，監印句稽。小吏有差。若府主薨，則諸府佐視事帳内，過葬追退。雖無妻子，亦准此。其國官聽終喪。若有襲爵者，聽其迴事。諸公主邑司有家令、〔九四〕丞、録事各一人。並隸宗正寺，出降者不置。

校勘記

〔一〕王侯總敍　北宋本、傅校本、明抄本、明刻本無此題。

〔二〕法古者多封國之制　「法」北宋本、傅校本、明抄本作「夫」。

〔三〕成則肇於軒后　「成」北宋本作「誠」。

〔四〕擠人塗炭　「擠」原作「齊」，據北宋本、傅校本、明刻本、王吳本改。

〔五〕諸劉微劣　「劣」明刻本、王吳本作「弱」。

〔六〕致亂尤速　「尤」原作「猶」，據北宋本、傅校本、明刻本改。

〔七〕諸國吏人　原作「制國吏令」，據北宋本改。

〔八〕天生烝人　「人」原作「民」，據北宋本改。按：通典諱「民」。

〔九〕其初有四海一家之盛　「有」原訛「乃」，據北宋本改。

〔一〇〕而後人覩秦漢一家天下　「人」原訛「又」，據北宋本、傅校本、明刻本、王吳本改。

〔一一〕分建萬國　此下原有「神農氏末諸侯相侵伐暴虐百姓黄帝既爲天子天下有不服者從而征之平者去之置左右大監監於萬國」四十二字注文，乃後人所加。今據北宋本、傅校本、明抄本、明刻本、王吳本删。

〔一二〕上大夫曰卿　「上」原訛「士」，據諸本改。

〔一三〕周天王之女爲王姬　「爲」原作「曰」，據北宋本改。

〔一四〕言諸者通容牧三監皆爲公也　「容」原訛「客」，據北宋本改。按：儀禮燕禮鄭注云：「言諸者，容牧有三監。」賈疏云：「言諸者容牧有三監者，以其言諸非一人。」

〔一五〕公國　原倒作「國公」，據北宋本、傅校本、明刻本乙。

〔一六〕此諸侯使卿大夫覜聘並會之敍也　「並」原訛「燕」，據北宋本、傅校本、明抄本、明刻本改。

〔一七〕王以爲不便馬　「馬」原訛「焉」，據北宋本改。按：史記循吏列傳三一〇〇頁作「馬」。

〔一八〕又曰　觀下文此「又曰」指史記又曰。承淮南子引文下云「又曰」，不妥。

〔一九〕市不先賈　「先」原作「貳」，據北宋本、傅校本、明抄本改。按：史記循吏列傳三一〇一頁作「豫」，通典避代宗諱，改作「先」。

〔二〇〕士無尺籍　「士」原作「土」，據史記循吏列傳三一〇一頁及王吴本改。

〔二一〕不得與下民爭利　「下民」原作「民下」，據史記循吏列傳三一〇一頁乙。

〔二二〕工女　原倒作「女工」，據史記循吏列傳三一〇二頁及北宋本乙。

〔二三〕劉昭曰　下文自「關内侯」至「爲限」二十字，乃司馬彪續漢書百官志五三六三一頁正文，通典冠以「劉昭曰」，誤。

〔二四〕劉昭曰　下文四十四字，乃續漢書百官志五劉昭注三六三二頁引劉劭爵制中文字，通典冠以「劉昭曰」，非。下同。

〔二五〕言不預更卒之事　「卒」北宋本、傅校本、明抄本、王吴本作「率」。

〔二六〕有加賜昌君者　「昌」原作「邑」，據北宋本改。

〔二七〕則田嬰爲靖郭君　「則」原作「如」，據北宋本、傅校本、明抄本、明刻本、王吴本改。

〔二八〕諸侯王金印黄金驝駝紐　原作「諸侯王黄金璽驝駝紐」，據北宋本、傅校本、明刻本、王吴本補删。

〔二九〕四十餘里　「四」史記梁孝王世家二〇八三頁作「三」。

〔三〇〕悉宜改尚主之制　「悉」原作「者」，據北宋本改。

〔三一〕以稱乾坤之性　「性」原作「位」，據後漢書荀爽傳二〇五三頁及傅校本、明抄本改。按：北宋本訛作「姓」。

〔三二〕善理著黄老言　「理著」原作「治」，據北宋本補改。

〔三三〕乃厚幣請之　「幣」原脱，據史記曹相國世家二〇二九頁補。

〔三四〕清浄民自定　原作「而民自定」，據北宋本、傅校本、明刻本、王吴本補改。

〔三五〕宋志云　原脱「云」，據北宋本、傅校本、明刻本、王吴本補。

〔三六〕齊善醫淳于意爲之　「善醫」原脱，據北宋本、傅校本、明抄本、明刻本、王吴本補。

〔三七〕莫以爲比　「以」原作「與」，據北宋本、傅校本、明刻本改。

〔三八〕刁韙字子榮　「韙」原作「曜」，據後漢書黄瓊傳二〇四〇頁改。按：北宋本作「擢」。

〔三九〕王大夫　「王」原訛「五」，據後漢書百官志五三六二九頁及北宋本改。

〔四〇〕亦以率減　「亦以」原作「隨亦」，據後漢書百官志五三六二九頁注引東觀書改。按：北宋本、傅校本倒作「以亦」。

〔四一〕關中關内外等侯　原作「關内關外等侯」，據北宋本、傅校本、明刻本、王吴本改補。

〔四二〕魯國公　晉書職官志七四四頁作「魯公國」。

〔四三〕推恩受封　「封」原脱，據晉書職官志七四四頁補。

〔四四〕小國五千户以上始封王之支子爲子不滿五千户始封王之支子及始封公侯之支子皆爲男　「五千户以上始封王之支子爲子不滿」十五字原涉下「五千户」而脱，今據晉書職官志七四四頁補。

〔四五〕其餘皆以一軍爲常　「皆」原訛「付」，據晉書職官志七四五頁及北宋本改。

〔四六〕其未之國者　「者」原脱，據晉書職官志七四五頁補。

〔四七〕國相上長史缺　「史」晉書文六王傳一一三一頁作「吏」。

〔四八〕諸入作卿士而其世子年已壯者　「入」原訛「人」，據晉書職官志七四五頁及諸本改。

〔四九〕初武帝踐祚封宣帝子伷爲東莞郡王始置二卿　「子伷」原作「孫永」，今據晉書宣五王傳一一二一頁訂改。按：宣五王傳謂宣帝九男，伏夫人生琅邪王伷。伷傳云：「武帝踐祚，封東莞郡王，邑萬六百户，始置二卿。」

〔五〇〕成帝詔羡依安平獻王孚故事　「羡」原訛「美」，據諸本改。

〔五一〕改爲持書　「持」原作「治」，據北宋本改。

〔五二〕初晉文帝輔魏政　「文」原訛「武」，據晉書阮籍傳一三六〇頁改。

〔五三〕皇弟　「弟」原訛「帝」，據諸本改。

〔五四〕又不置長史　宋書百官志上一二三七頁無「不」，恐脱。

〔五五〕誕馬不得過二　「誕」原訛「但」，據宋書武三王傳一六四八頁改。

〔五六〕並不得鹵簿　「得」下原有「用」，據宋書武三王傳一六四八頁及北宋本、傅校本、王吴本删。

〔五七〕孔覬　「覬」原訛「凱」，據宋書本傳二一五三頁改。

〔五八〕性情綸密　「綸」原作「縝」，據北宋本改。按：宋書孔覬傳二一五三頁作「勤」。

〔五九〕卿者嘗見臣　「見」原訛「具」，據北宋本改。按：宋書劉穆之傳一三〇八頁即作「見」。

〔六〇〕王琨爲武陵王師　「陵」原訛「陸」，據北宋本、傅校本、明抄本、明刻本、王吴本改。按：南齊書王琨傳五七九頁即作「陵」。

〔六一〕琨謂信人曰　「信」原作「使」，據北宋本、傅校本、明抄本改。按：南齊書王琨傳五七九頁即作「信」。

〔六二〕省官何容復奪之　「省」原訛「者」，據北宋本、傅校本、明抄本改。按：南齊書王琨傳五七九頁、南史王琨傳六二八頁即作「省」。

〔六三〕遂不果其事　「果」南齊書王琨傳五七九頁、南史王琨傳六二八頁作「過」。

〔六四〕公侯置郎中令一人卿　原「卿」在「一」上，據北宋本、傅校本、明抄本、明刻本、王吴本乙。按：南齊書百官志三三〇頁無「人」字。

〔六五〕諸王皆假金獸符第一至第五左竹使符第一至第十左　原脱訛作「諸王皆假金獸符第一至第十九」。今據隋書百官志上七二八頁補改。

〔六六〕園圃　「圃」原作「囿」，據隋書百官志上七二八頁及北宋本、傅校本、明抄本改。

〔六七〕自稱皆曰寡人　原「自」下涉上而衍「第下」，據隋書百官志上七二八頁删。

〔六八〕文書下羣官皆言告　「羣」原訛「郡」，據隋書百官志上七二八頁改。

〔六九〕芳林苑　「芳」原作「華」，據梁書太祖五王傳三四八頁、南史梁宗室下一二九一頁改。

〔七〇〕自選備上　「備」隋書百官志上七二九頁作「補」。

〔七一〕開國縣侯　隋書百官志上七四八頁「縣」上有「郡」。

〔七二〕開國縣子開國縣男　隋書百官志上七四八頁無兩「縣」字。

〔七三〕沐食侯　隋書百官志上七四八頁「沐」上有「湯」。

〔七四〕關内侯　隋書百官志上七四八頁「内」作「中」。

〔七五〕三公子起家　「三」原訛「王」，據隋書百官志上七四一頁改。

〔七六〕資級祕書郎下　「級」原訛「給」，據北宋本改。按：隋書百官志上七四一頁「資級」作「望終」。通典諱「望」。

〔七七〕國常侍　隋書百官志上七四一頁作「王國侍郎」。

〔七八〕侯子亦以此爲差　原脱「侯」、「以」，「此」訛「比」，據魏書官氏志二九七三頁補改。按：北宋本、傅校本、明抄本、明刻本、王吳本「此」字不誤。

〔七九〕於是封王者十人　原「十」上衍「七」，據魏書官氏志二九七三頁删。

〔八〇〕公三分食一　「分」原訛「公」，據諸本改。

〔八一〕靈太后　「靈」原訛「盧」，據北宋本改。按：事見魏書元叉傳四〇三頁。

〔八二〕良得斯術也　「斯」北宋本、傅校本、明抄本作「所」。

〔八三〕蔣王惲　「惲」原訛「輝」，據舊唐書太宗諸子傳二六六〇頁及北宋本、傅校本改。

〔八四〕後亦謂之長長公主　原脱一「長」，據北宋本、傅校本、明抄本、明刻本補。

〔八五〕姊妹爲長公主　「妹」原無，據舊唐書職官志一八二二頁增補。

〔八六〕特宜置司馬　「特」北宋本、傅校本、明抄本、明刻本作「時」。

〔八七〕唐隆元年六月敕　「唐隆」原作「景雲」，清人妄改者。今據北宋本、傅校本、明抄本、明刻本、王吳本改回。按：舊唐書中宗紀一五二——一五五頁景龍四年六月壬午，中宗遇毒，崩。甲申，韋后臨朝，改元唐隆。甲辰，睿宗即位。七月己巳，改元景雲。可知六月敕不得繫於景雲元年下。

〔八八〕史二人　此三字原脱，據唐六典卷二九、舊唐書職官志三一九一四頁增補。

〔八九〕録事參軍一人　「事」原訛「士」，據諸本改。

〔九〇〕録事一人　此四字原脱，據唐六典卷二九、舊唐書職官志三一九一四頁增補。

〔九一〕騎曹　此二字原脱，據唐六典卷二九、舊唐書職官志三一九一四頁增補。

〔九二〕典軍副典軍各二人　「二」原訛「三」，據唐六典卷二九、舊唐書職官志三一九一四頁改。

〔九三〕大農二人　「二」原訛「一」，據諸本改。

〔九四〕諸公主邑司有家令　唐六典卷二九、舊唐書職官志三一九一五頁無「家」字。

王永興點校　王文錦覆校

通典卷第三十二

職官十四

州郡上

司隸校尉　州牧刺史　總論州佐別駕　治中　主簿　功曹書佐　部郡國從事　典郡書佐　祭酒從事　中正　都督總管節度團練都統等使附　都護

司隸校尉

司隸，周官也，掌五隸之法，辨其物而掌其政令，五隸，謂罪隸、四翟之隸也。物謂衣服、兵器之屬。帥其民而捕盜賊。

漢武帝征和四年，初置司隸校尉，持節，從中都官徒千二百人，中都官，京師諸官府。捕巫蠱，督大姦猾。督謂察視之。後罷其兵。察三輔、三河、弘農。晉志曰：「漢武帝初置十三州刺史各一人。又置司隸校尉，察三輔、三河、弘農七郡。」元帝初元四年，去節，後諸葛豐爲司隸又加節，尋復去之。司隸去節，自豐始也。諸葛豐爲司隸，無所迴避，京師語曰：「閒何闊，逢諸葛。」言閒者何久闊不相見，以逢諸葛故也。侍中許章以外屬貴幸，賓客犯法，與章相連。豐欲劾奏，適逢章出，豐駐車舉節招章曰：「下！」欲收之。章馳去，豐奔車逐之，章突入殿得免。因此成帝遂收豐節。成帝元延四年省。綏和二年，〔一〕哀帝復置，但爲司隸，除校尉字。冠進賢冠，屬大司空，比司直。司隸掌察皇太子以下，行馬内事皆主之。專道而行，專席而坐。初除，皆謁兩府。兩府謂丞相、御史也。惟涓勳初爲司隸，不肯謁丞相、御史大夫，後爲翟方進奏免。又漢書曰：「鮑宣字子都，明經，爲司隸。丞相孔光行園陵，官屬行馳道中，宣使斂止丞相掾史，〔二〕沒入其車馬，摧辱宰相。事下御史中丞，官欲捕，從事閉門不納。宣坐閉拒使者，大不敬，下獄。博士弟子王咸舉幡太學下，曰：「欲救鮑司隸者，會此下。」諸生會者千餘人。朝日，遮丞相孔光自言，丞相車不得行。宣罪減死一等。列異記曰：「自宣至子永孫昱，俱爲司隸校尉，其爲公皆復乘驄馬。京師歌之曰：『鮑氏驄，三入司隸再入公。馬雖疲，行步工。』」又王駿爲司隸校尉，奏免丞相匡衡。又蓋寬饒爲司隸，亦無所迴避。

後漢復爲司隸校尉，所部河南尹、河內、右扶風、左馮翊、京兆尹、河東、弘農凡七郡，治河南洛陽。北齊書曰：「後漢凡皇族不得典三河，蓋忌其親而惜形迹之地。」無所不糾，唯不察三公。後漢江馮上言「宜令司隸校尉督察三公」，陳元議以爲不宜使有司省察公輔，乃止。廷議處九卿上，朝賀處公卿下。鮑永爲司隸，鮑恢爲都官從事，並不避强禦。詔策曰：「貴戚且當斂手，以避二鮑。」鮑永子昱，復爲司隸，初拜，使封胡降檄。〔三〕光武遣問昱曰：「有所怪否？」對曰：「臣聞故事，通官文書不著姓，又當司徒露布，怪使司隸下書而著姓也。」上曰：「吾欲令天下知忠臣之子復爲司隸。」又中常侍王甫、曹節等用事，尚書令陽球常唾手拊髀曰：「當令陽球作司隸，此輩敢爾。」後及拜司隸，〔四〕球列車騎導從，當入司隸府，雒陽賊捕掾皆故墨綬公府掾孝廉也，〔五〕邀見道側。球怒曰：「雒陽都邑，吏當得熊虎敢搏噬者，乃用鼷鼠當校尉車耶？不足汙鞭杖，且舉撲之。」於是威風振烈。明日詣闕謝恩，遂表劾王甫，自臨考，父子皆死於杖下，乃磔甫屍，署曰「賊臣王甫」。於是權門股慄，皆雀目鼠步。曹節見甫屍，乃收淚入言球罪。帝徙爲衞尉。球叩頭曰：「願假臣一月，必令豺狼鴟鴞悉伏其辜。」又，李膺字元禮，拜司隸校尉。張讓弟朔爲野王令，貪殘無道，畏膺而逃藏讓舍柱中。膺率將吏破柱取朔，付獄殺之。讓訴寃於帝，帝召讓膺。膺曰：「昔仲尼爲魯司寇，七日而誅少正卯。今臣到官已積旬，懼以淹流爲釁，不意獲速疾之罪。乞留五日，克殄元惡。」帝謂讓曰：「汝弟之罪也。」自是宦官屏氣，休沐不敢復出。帝問其故，並叩頭泣曰：「畏李司隸。」凡司隸屬官，有從事史十二人。其都官從事史，至爲雄劇，〔六〕主察百官之犯法者。胡騰字子升，辟荆州部南陽從事，遇桓帝南巡至南陽，千騎萬乘，呼召求索，不可堪。騰奏曰：「天子無外，乘輿所在，即爲京師。請荆州刺史比司隸，臣比都官從事，南陽守比河南尹，宛令比雒陽令。」許之。於是大將軍亡馬，西曹掾召騰。騰乃作都官從事鵠頭召掾，掾乃覺，膝行辭謝，由是不敢輒有呼召。

魏晉司隸與二漢同。劉聰僭號，置左右司隸。司隸於端門外坐，在諸卿上，絶席。其入殿，按本品秩在諸卿下，不絶席。魏鍾會爲司隸，雖在外司，時政損益，當世與奪，無不必綜。〔七〕晉諸公贊云：「劉毅字仲雄，爲司隸，奏太尉何曾、尚書劉寔父子及羊琇、張佗等所犯狼藉。司郡守令事相連及觀風投印綬者甚衆，皆以爲毅能繼諸葛豐、蓋寬饒。初以司隸官屬制置如州儀，而俗稱之司州。見太康記。及魏晉，乃以京輔所部定名，置司州，以司隸校尉統之。及東晉渡江，罷司隸校尉官，變其職爲揚州刺史。

後魏、北齊爲司州牧。

後周有司隸下大夫，掌五隸及徒者，捕盜賊囚執之事，屬大司寇。

隋初有雍州牧。後煬帝置司隸臺，有大夫一人，掌諸巡察。薛道衡爲司隸大夫，別駕二人，分察畿內，一人按東都，一人按京師。後又罷司隸臺。〔八〕裴藴爲御史大夫，欲重己權，令虞世基奏罷司隸刺史以下官屬。而留司隸從事之名，不爲常員，臨時選京官清明者權攝以行。

大唐無司隸校尉，而有京畿採訪使，亦其職也。

州牧刺史

黃帝立四監，以治萬國。

唐有九州。

舜置十二州，有牧。〔九〕

夏爲九州牧。

殷周八命曰牧。

秦置監察御史。

之。漢興省之。至惠帝三年，又遣御史監三輔郡，察詞訟，所察之事凡九條，監者二歲更常以十月奏事，十二月還監。其後諸州復置監察御史。文帝十三年，以御史不奉法，下失其職，乃遣丞相史出刺并督監察御史。武帝元封元年，御史止不復監。至五年，乃置部刺史，掌奉詔六條察州，凡十二州焉。漢制，刺史以六條問事，非條所問即不省。一條，强宗豪右田宅踰制，以强凌弱，以衆暴寡。二條，二千石不奉詔書，遵承典制，背公向私，旁詔守利，侵漁百姓，聚斂爲姦。三條，二千石不卹疑獄，風厲殺人，怒則任刑，喜則任賞，煩擾刻暴，剥截黎元，爲百姓所疾，山崩石裂，妖祥訛言。四條，二千石選署不平，苟阿所愛，蔽賢寵頑。五條，二千石子弟恃怙榮勢，請託所監。六條，二千石違公下比，阿附豪强，通行貨賂，割損正令。居部九歲，舉爲守相。成帝綏和元年，以爲刺史位下大夫而臨二千石，輕重不相準，乃更爲州牧，秩真二千石，位次九卿，九卿缺以高第補。是時，何武與翟方進奏曰：「古選諸侯賢者以爲州伯。今部刺史居牧伯之位，選第大吏，所薦位高至九卿，所惡立退，任重職大。春秋之義，用貴理賤，不以卑臨尊。刺史位下大夫，而臨二千石，輕重不相準。請罷刺史，更置州牧，以應古制。」奏可。哀帝建平二年，復爲刺史。時朱博又奏曰：「漢家立置郡縣，部刺史奉使典州，督察郡國，吏人安寧。故事，居部九歲舉爲守相，其有異材功效著者輒登擢。秩卑賞厚，咸勸功樂進。今增秩爲牧，以高第補九卿，其中材則苟自守而已，恐功效陵夷，姦宄不禁。臣請罷牧，置刺史如故。」奏可。元壽二年，復爲牧。何武字君公，爲揚州刺史，舉奏二千石吏必先露章，服罪者爲虧除，免之而已，不復極法。九江太守戴聖行治多不法，〔一〇〕前刺史以其大儒，多優容之。武使從事廉得其罪，聖懼，自免。後毁武於朝，武聞之，終不揚其惡。黃霸爲揚州刺史，治有績，漢宣詔賜車蓋，特高一丈，別駕主簿車，緹油屏泥於軾前，〔一一〕以彰有德。

後漢光武建武十八年，復爲刺史。外十二州各一人，其一州屬司隸校尉。漢刺史乘傳周行郡國，無適所治，中興所治有定處。舊常以八月巡行所部，常以秋分行部，郡國各遣一吏迎之界上。〔一二〕録囚徒，考殿最。不稱職者爲殿，其有能者爲最。初歲盡詣京都奏事，中興但因計吏，不復自詣京師。建武十一年，初斷州牧自還奏事。雖父母之喪，不得去職。元嘉元年，初聽刺史二千石行三年服。延熹二年復斷之。或謂州府爲外臺。謝夷吾爲荆州刺史，第五倫薦之曰：「尋功簡能，爲外臺之表；聽聲察實，〔一三〕爲九伯之冠。」靈帝中平五年，改刺史，唯置牧。是時天下方亂，豪傑各欲據有州郡，而劉焉、劉虞並自九卿出領州牧，州牧之任，自此重矣。舊制，州牧奏二千石長吏不任位者，事皆先下三公，三公遣掾史按驗，然後黜退。光武即位，用法明察，不復委三府，故權歸舉刺之吏。李膺爲青州刺史，守令畏威明，聞風棄官。郭伋字細侯，再爲并州，請州中雄俊以爲師友，朝夕參政，分禄以養之。初行部到美稷，數百小兒騎竹馬迎送，問使君何日還，伋令別駕計日告之。及還入美稷，先期一日，伋即止野亭，須期乃往。又种暠字景伯，爲梁州，被徵還。吏民詣闕，復留一年。遷漢陽太守，戎夷男女至界共相辭，十里不得乘車。又賈琮字孟堅，爲交趾刺史，時州人反，琮到乃安。巷路歌曰：「賈父來晚，使我先反，今見清平，吏不敢飯。」遷冀州，舊典，傳車驂駕，垂赤帷裳，琮曰：「刺史當遠視聽，反自掩塞乎？」乃令褰之，百城聞風振悚。又，百里嵩爲徐州刺史，〔一四〕州旱，傳車所經，甘雨必注。又，郭賀字喬卿，爲荆州，百姓歌曰：「厥德仁明郭喬卿。」帝賜三公之服，去襜露冕，使百姓見之，以彰有德。又，周乘爲交趾刺史，舉奏二郡穢濁太守，屬縣解印綬棄官者四十餘城。又，韋康代父爲荆州，父出止傳，康入官，時人榮之。

魏晉爲刺史，任重者爲使持節都督，輕者爲持節，皆銅印墨綬，進賢兩梁冠，絳朝服；領兵者武冠。而晉罷司隸校尉，置司州，江左則揚州刺史。魏賈逵字梁道，爲荆河州刺史，〔一五〕逵曰：「州本監郡，謂察二千石以下。其狀皆言嚴能鷹揚有督察之才，不言安静寬仁有愷悌之德也。」於是不如法者，皆奏免之。帝曰：「逵真刺史也，布告天下，當以荆河州爲法。」當陽侯杜元凱爲荆州，人號爲杜父。舊水道惟沔漢達江陵千數百里。〔一六〕君乃開陽口，〔一七〕起夏水，導洪洞，達巴陵，徑近千餘里。南土美而謡曰：「後世無叛由杜翁，孰識智名與勇功。」又，吴隱之召爲廣州，州界有貪泉，父老云：「飲此水使廉士變貪。」隱之先至水，酌而飲之，賦詩曰：「古人云此水，一飲重千金。〔一八〕若使夷齊飲，終當不易心。」自魏以來，庶姓爲州而無將軍者，謂之單車刺史。庶姓謂非帝族。凡單車刺史，加督進一品，都督進二品，不論持節、假節。晉制，刺史三年一入奏。甲午詔書曰：「刺史銜命，國之外臺，其非所部而在境者，刺史并糾之。」

宋與魏同。

梁刺史受拜之明日，〔一九〕辭宫廟而行，皆持節。梁蔡道恭字懷儉，出爲使持節、右將軍、司州刺史。〔二〇〕後魏圍司州，會道恭病篤，呼其兄弟及諸將曰：〔二一〕「以死固節，無令吾没有遺恨。」令取所持節曰：「稟命出疆，〔二二〕憑此而已，既不還朝，欲與同逝，〔二三〕可與棺柩相隨也。」又何胤字子季，〔二四〕爲建安太守，民不忍欺。伏臘放囚還家，及期而至。又，安成康王秀都督雍、梁、南北秦四州諸軍事，雍州刺史，有疾，百姓商賈咸爲請命。既薨，四州人裂裳爲白帽，哀哭送迎。又，夏侯亶字世龍，弟夔字季龍，並任荆河州刺史。州人歌曰：「我之有州，任仍夏侯，前兄後弟，布政優優。」

後魏天賜二年，又制，諸州置三刺史，皇室一人，〔二五〕異姓二人，比古之上中下三士也。郡置三太守，縣置三令長。孝文太和中，次職令。具官品篇。上黨王天穆世襲并州刺史。又，李崇爲并州，州舊多劫盜，崇乃村置一樓，樓懸一鼓，盜發則擊之，俄頃之閒，聲布百里，遂多擒獲。諸州鼓樓自崇始。自後魏、北齊，則司州曰牧。而北齊制州爲上中下三等，每等又有上中下之差，自上上州至下下州凡九等。

後周則雍州曰牧。而制刺史初除，奉辭之日，備列鹵簿。凡總管刺史則加使持節諸軍事，以此爲常。及蘇綽爲六條之制，初文帝秉魏政，令百官誦習，其牧守令長非通六條及計帳者，不得居官。六條之制，其略曰：其一先治心，心不清淨則思慮妄生，見理不明，是以治民之要，在於清心而已。其二敦教化。其三盡地利。其四擢賢良。其五恤獄訟。其六均賦役。靜帝大象元年，詔總管刺史及行兵者加持節，餘悉罷之。

隋雍州置牧，餘州並置刺史，亦同北齊九等之制。總管刺史加使持節。至開皇三年，罷郡，以州統縣。自是刺史之名存而職廢。後雖有刺史，皆太守之互名，理一郡而已，非舊刺史之職。按魏置使持節，寵奉使官之任。隋氏廢郡，而以刺史牧人，既非使官，則合罷持節之稱。其時制置，不以名實相副爲意，仍舊存之。後改爲太守，亦復不省，所以使持節之名，及於邊遠小郡，乃不徵典故之失。刺史、縣令，三年一遷。

諸有兵處，則刺史帶軍事以統之。煬帝乃別置都尉領兵，兵不屬郡。十四年，改九等州縣爲上、中、中下、下，凡四等。〔二六〕劉仁恩爲毛州刺史，治績號天下第一，擢拜刑部尚書。煬帝大業初，復罷州置郡。爲司隸臺，大夫一人巡察畿內，又有司隸刺史，房彥謙嘗爲之。其刺史十四人巡察畿外諸郡，亦有六條之制，與漢六條不同。從事四十人，副刺史巡察。每年二月乘軺巡郡縣，十月入奏。

大唐武德元年，罷郡置州，改太守爲刺史，而雍州置牧。至神龍二年二月，分天下爲十道，置巡察使二十人，一道二人。以左右臺及內外官五品以下堅明清勁者爲之。兼按郡縣，再朞而代。至景雲二年，改置按察使，道各一人。開元十年省，十七年復置。二十二年，改置採訪處置使，其有戎旅之地，〔二七〕即置節度使，仍各置印。天寶九年三月敕：「本置採訪使，令舉大綱，若大小必由，是一人兼理數郡。自今以後，採訪使但訪察善惡，舉其大綱，自餘郡務所有奏請，並委郡守，不須干及。」治於所部之大郡。至德之後，改採訪使爲觀察，觀察皆并領都團練使。其僚屬隨事增置。分天下爲四十餘道，大者十餘州，小者二三州，各因其山川區域爲制。諸道增減不恆，使名沿革不一，舉其職例，則皆古之刺史云。

總論州佐

別駕　治中　主簿　功曹書佐　部郡國從事　典郡書佐　祭酒從事　中正

州之佐史，漢有別駕、治中、主簿、功曹書佐、簿曹、簿曹從事史，主錢穀簿書。兵曹、兵曹從事史有軍事則置之，以主兵馬。部郡國從事史、典郡書佐等官。又有孝經師，主監試經。月令師，主時節祠祀。律令師，主平法律。皆州自辟除，通爲百石。又後漢書或云秩六百石。職與司隸官屬同，唯無都官從事。漢魏之際，復增祭酒、文學從事員。晉又有武猛從事員。其州邊遠有山險寇賊者，置弓馬從事五十人。歷代職員，互相因襲，雖小有更易，而大抵不異。自魏晉以後，刺史多帶將軍。開府則州與府各置僚屬，州官理民，別駕、治中以下是。府官理戎。長史、司馬等官是。後魏舊以州牧親人，班九條之制，使前政選吏，以待後人。獻文帝革制，刺史守宰到官之日，仰自舉擇，以爲選官，若簡任失所，以罔上論。自孝明孝昌以後，四方多難，刺史、太守皆爲當部都督，雖無兵事，皆立僚佐，頗爲煩擾。高隆之乃表請，自非邊要見有兵馬者，悉皆斷之。北齊上上州刺史屬官佐吏合三百九十三人，以下州遞減十人。其州郡佐吏，皆州府辟除。及後主失政，賜諸佞幸賣官，分州郡，下逮鄉官，多降中旨。故有敕用州主簿、郡功曹者。後周刺史府官則命於天朝，州吏并牧守自置。至隋以州爲郡，無復軍府，則州府之吏變爲郡官矣。大唐無州府之名，而有採訪使及節度使。節度使說在都督篇。採訪使有判官二人，分判尚書六行事及州縣簿書。支使二人，分使出入，職如節度使之隨軍。〔二八〕推官一人，推鞫獄訟。皆使自辟召，然後上聞。其未奉報者稱攝。其節度、防禦等使寮佐辟奏之例，亦如之。今舉州之舊職，以列於左。舊職謂隋以前官職。

別駕從事史一人，從刺史行部，別乘一乘傳車，〔二九〕故謂之別駕，漢制也。歷代皆有。後漢周景爲荆河州，辟陳蕃爲別駕，蕃不就，景題別駕輿曰「陳仲舉座」，不復更辟，蕃惶恐起視職。袁紹領冀州，以審配爲別駕，委以腹心，并總幕府。紹又以田豐爲別駕，豐勸迎天子，紹不納。及敗，曰：「吾慙田別駕。」晉王祥爲徐州別駕，以股肱之忠，糾合義衆，州境獲寧。人歌曰：「海沂之康，實賴王祥。邦國不空，別駕之功。」烈士傳曰：「孔恂字巨卿，爲別駕，車舊有屏星，如刺史車，刺史因怒，欲去別駕車屏星。恂曰：『徹去屏星，毀國舊儀，別駕可去，屏星不可省。』乃止。」管寧集辟文云：「州民管誕，燕雀之賤，棲朝桐之華。別駕者，明君之羽翼，宜得英儒。」王丞相集有教曰：「顧和理識清敏，劭令端右，〔三〇〕宜得其才，以爲別駕。」庾亮集荅郭豫書云：「別駕，舊與刺史別乘同流，宣王化於萬里，其任居刺史之半。」梁時別駕官品，揚州視黄門郎，南徐州視散騎常侍。

治中從事史一人，居中治事，主衆曹文書，漢制也。歷代皆有。蜀龐統以從事守耒陽令，不治，免官。魯肅遺先主書曰：「龐士元非百里之才，使處治中、別駕之任，始當展其驥足耳。」乃以爲治中。晉郗鑒爲治中。又，車胤爲桓溫治中，有會不同，溫輒云「無車公不樂」。梁眭襄字師卿，爲揚州治中，襄父終此官，乃固辭。武帝許聽，與府司馬換廨居之。隋及大唐並爲郡官。說在郡佐後。

主簿一人，録門下衆事，省署文書，漢制也。歷代至隋皆有。晉習鑿齒字彥威，爲桓溫荆州主簿，親遇深密。時語曰：「徒三十年看儒書，不如一詣習主簿。」隋爲郡官，大唐改爲司馬。說在郡佐後。

功曹書佐一人，主選用，漢制也。其司隷功曹從事史，兼録衆事。應劭漢百官表曰：「司隷功曹從事即州治中從事也。」晉以來，改功曹爲西曹書佐。宋有別駕西曹，主吏及選舉，即漢之功曹書佐也。

部郡國從事史，每郡國各一人，漢制也。主督促文書，舉非法。後漢喬玄字公祖，爲梁縣功曹。荆河州刺史周景行部到梁國，玄謁景，因伏地言陳相羊昌罪惡，乞爲部郡從事，窮理其罪。景壯玄意，即署遣之。玄到，具考贓罪。梁冀馳檄救之，景承旨召玄還。檄至不發，按之益急。昌坐檻車徵，玄由是著名。又，朱震字伯厚，爲州從事，奏濟陰太守單匡贓罪。三府諺曰：「車如雞棲馬如狗，疾惡如風朱伯厚。」

典郡書佐，每郡國各一人，漢制也。各主一郡文書，以郡吏補，歲滿一更。

祭酒從事史，漢魏以來置。宋世分掌諸曹兵、賊、倉、户、水、鎧之事。自江左揚州無祭酒，而以主簿治事。

中正，陳勝爲楚王，以朱房爲中正，而不言職事。兩漢無聞。魏司空陳羣以天臺選用，不盡人才，擇州之才優有昭鑒者，除爲中正，自拔人才，銓定九品，州郡皆置。吳有太公平，亦其任也。吳習温爲荆州太公平。太公平即州都也。後潘祕爲尚書僕射，代温爲公平，甚得州里之稱。晉宣帝加置大中正，故有大小中正，其用人甚重。晉劉毅字仲雄，年七十已告老，後舉爲青州大中正。尚書以毅懸車致仕，不宜勞以碎務。孫尹表曰：「司徒魏舒、司隸嚴詢與毅年齒相近，管四十萬户州，兼董司百寮，總攝機要。舒所統殷廣，兼執九品，銓十六州，議者不以爲劇。昔鄭武公年過八十，入爲司徒。毅志氣聰明，一州品第，不足勞其思慮。」毅遂爲州都，銓正人流，清濁區別。其所彈貶，自親貴始。又干寶稱，晉宣帝除九品，置大中正。晉令曰：「大小中正爲内官者，聽月三會議上東門外，設幔陳席。」又劉毅上表：「刺史初臨州，大中正選州里才業高者兼主簿從事，迎刺史。若吏部選用，猶下中正，問人事所在、父祖位狀。」又晉起居注曰：「僕射諸葛恢啟稱：州都大中正爲吏部尚書，及郎、司徒左長史掾屬皆爲中正。臣今領吏部，請解大中正。以爲都中正，職局司理，不宜兼也。」齊、梁亦重焉。梁沈約遷侍中、光祿大夫，領太子詹事，揚州大中正，關尚書八條事。〔三一〕後魏有之。孝文云：「中正之任必須得才業兼資者。」太武帝時，崔浩爲冀州中正。北齊郡縣皆有，其本州中正以京官爲之。乾明中，邢劭爲中書監，同郡許惇與劭競本州中正，遂憑附宋欽道，出劭爲刺史。隋有州都，其任亦重。晉王廣爲雍州牧，司空楊雄、僕射高熲並爲州都。〔三二〕大唐無。

都督 總管、節度、團練、都統等使附〔三三〕

後漢光武建武初，征伐四方，始權置督軍御史，事竟罷。建安中，魏武爲相，始遣大將軍督之。而袁紹分沮授所統諸軍爲三都督。紹以沮授、郭圖、淳于瓊各典一軍。魏武征孫權還，又使夏侯惇督二十六軍。

魏文帝黃初三年，始置都督諸州軍事，或領刺史。又，上軍大將軍曹真都督中外諸軍，假黃鉞，則總統外內諸軍矣。明帝太和四年，司馬宣王征蜀，加號大都督。高貴鄉公正元二年，司馬文王都督中外諸軍，尋加大都督。

晉受魏禪，則都督諸軍爲上，監諸軍次之，督諸軍爲下。使持節爲上，持節次之，假節爲下。使持節得殺二千石以下。持節殺無官位人，若軍事，得與使持節同。假節，唯軍事得殺犯軍令者。及伐吳之役，以賈充爲使持節、假黃鉞、大都督，總統六師。兼給羽葆、鼓吹、緹幢、兵萬人、騎二千，置左右長史、司馬、從事中郎，增參軍、騎司馬各十人，帳下司馬二十人，大車、官騎各三十人。太康中，都督知軍事，刺史理人，各用人也。惠帝末，乃并任，非要州則單爲刺史。庾翼都督征討諸軍事，鎮襄陽，綏懷招納，立客館，置典賓參軍。江左以來，都督中外尤重，唯王導等權重者乃居之。

宋氏人臣則無居者，唯江夏王義恭得假黃鉞。假黃鉞則專戮節將，非人臣常器。又有都督諸州諸軍事者，則爲常職。舊曰監某州諸軍事，文帝即位，改監爲都督。

後魏有都督中外諸軍事。永安以後，近遠多事，置京畿大都督，總攝軍人，立府置佐。

後周改都督諸軍事爲總管，則總管爲都督之任矣。又有大都督、帥都督、都督。

至隋三都督並以爲散官。煬帝改大都督爲校尉，帥都督爲旅帥，都督爲隊正。大唐武德七年，改上大都督爲驍騎尉，大都督爲飛騎尉，帥都督爲雲騎尉，都督爲武騎尉。按此則都督之名微矣。隋文帝以并、益、荆、揚四州置大總管。并、益、揚三州以親王臨統，唯荆州以韋世康爲之，時論以爲美。其餘總管府置於諸州，列爲上中下三等，加使持節，煬帝悉罷之。

大唐諸州復有總管，亦加號使持節。刺史加號持節。武德元年，諸州總管亦加號使持節。五年，以洺、荆、并、幽、交五州爲大總管府。七年，改大總管府爲大都督府，總管府爲都督府。舊洺州已置都督府，武德四年廢府，置大行臺。復有行軍大總管者，蓋有征伐則置於所征之道，以督軍事。自武德以來，亦有元帥之號。太宗爲秦王，加西討元帥。中宗爲周王，爲洮河道元帥。睿宗爲相王，爲并州道行軍元帥。安禄山反後，天寶十五載，哥舒翰爲諸道兵馬元帥。其後李光弼、郭子儀復爲副元帥。李峘、李若幽、李勉又爲兵馬都統。蓋從其宜也。太極初，以并、益、荆、揚爲四大都督府。開元十七年，加潞州爲五焉。其餘都督定爲上中下等。上都督府五，中都督府十三，下都督府十六。前後制置，改易不恆，難可備敍。凡大都督府，置大都督一人，掌所管都督諸州城隍、兵馬、甲仗、食糧、鎮戍等。親王爲之，多遥領。其任亦多爲贈官。長史居府以總其事。各有長史、司馬、録事、功曹以下官屬，但員數多少與諸州府有差，其職事不異，具郡佐篇。分天下州縣制爲諸道，每道置使，治於所部。即採訪、防禦等使也。其邊方有寇戎之地，則加以旌節，謂之節度使。自景雲二年四月，始以賀拔延嗣爲涼州都督，〔三四〕充河西節度使。其後諸道因同此號，得以軍事專殺。行則建節，府樹六纛，外任之重莫比焉。本皆兼支度、營田使，〔三五〕開元九年十一月敕，其河東、河北不須別置，並令節度使兼充。有副使一人，副貳使。行軍司馬一人，申習法令。自漢魏至隋，總戎出征，則刺史、都督、將軍等官置長史、司馬、諸曹參軍，爲之寮佐，按官置司。大唐本制，大總管乃前代專征之任，其寮佐亦多同之。自後改爲節度大使，署副使、判官以爲寮佐，如前代長史以下之任。然長史、司馬及諸曹是曰官名，副大使、副使、判官乃爲使職。有所改易，合隨府主。置大使則有副使以下，今若改名，使府不合設官充其寮吏。蓋因授任者莫詳其源，既有副使，又置司馬，參雜重設，遂爲其例。況不標於甲令，固須區別著定恆規也。判官二人，分判倉、兵、騎、胄四曹事，副使及行軍司馬通署。掌書記一人，掌表奏書檄。齊書曰：「宋江夏王義恭取丘巨源爲掌書記。」參謀無員，或一人，或二人，參議謀畫。隨軍四人。分使出入。開元中，凡八節度使，磧西、河西、隴右、朔方、河東、幽州、劍南、嶺南，此八節度也。〔三六〕後更增加，兼改名號。蓋古之持節都督江左四中郎將，近代行軍總管之任。凡將帥出行，兵滿萬人以上，則置長史、司馬、倉、兵等曹參軍。若萬人以下，員數遞減。自至德以來，天下多難，諸道皆聚兵，增節度使爲二十餘道。其非節度使者，謂之防禦使，以採訪使并領之。採訪理州縣，防禦理軍事。初節度與採訪各置一人，天寶中始一人兼領之。代宗爲廣平王時，充天下兵馬元帥，親總師旅，克定禍亂。以大臣宿將郭子儀、李光弼等隨其方面以爲副，謂之副元帥，以督諸道事。及皇帝踐祚，以雍王爲之。王升儲宮而元帥闕。乾元中，又置都統使，監總管諸道，或領三道，或領五道，皆古方岳牧伯之任也。上元末，省都統，後又改防禦使爲都團練守捉使，皆主兵事，而無旌節，寮屬亦減。有副使一人掌貳使事，判官二人分判軍事。自永泰以來，都團練使稍有加置參謀者。若朝覲則置留後，擇其人而任之。宋武帝起義討桓玄，既平京口，向建業，以孟昶爲長史，總攝後事。及討司馬休之，伐荆州，以中軍將軍劉道鄰監留府事，〔三七〕皆留後之任也。自後無代無之，不復偏舉。

都護

漢宣帝地節二年，初置西域都護，爲加官也。或以騎都尉、諫大夫使護西域三十六國，〔三八〕有副校尉。始以鄭吉爲之，後廢。

至後漢永平十七年，復置。班超爲西域都護，大破焉耆、尉犂，斬其王，自是西域降服，納質者五十餘國。

晉宋以後，有都護之官，亦其任也。齊書曰：「廣州西南有二江，川源深遠，別置都護，專征討之事。陳伯超爲西江都護，沈顗爲南江都護。」

大唐永徽中，始於邊方置安東、安西、安南、安北四大都護府，後又加單于北庭都護府。麟德元年，改雲中都護爲單于都護。府置都護一人，掌所統諸蕃慰撫、征討、斥堠，安輯蕃人及諸賞罰，敍録勳功，總判府事。副都護二人，掌貳都護事。其安北單于則置一人。長史、司馬各一人。録事、功曹、倉曹、户曹、兵曹、法曹參軍各一人，參軍事三人。其安北單于唯有司馬、倉曹、兵曹各一人，餘並不置。

校勘記

〔一〕綏和二年 「綏」上原有「至」，據北宋本、傅校本、明刻本删。

〔二〕宣使斂止丞相掾史 「斂」漢書鮑宣傳三〇九三頁作「鉤」。

〔三〕使封胡降檄 「使」原訛「始」，據後漢書鮑昱傳一〇二二頁及諸本改。

〔四〕後及拜司隸 「及」原作「乃」，據北宋本、傅校本、明刻本、王吴本改。

〔五〕賊捕掾 「賊捕」原倒作「捕賊」，據北宋本、王吴本乙。

〔六〕至爲雄劇　「至」北宋本、明抄本作「置」，明刻本、王吴本作「最」。

〔七〕無不必綜　「必」原作「畢」，據北宋本、傅校本、明抄本、王吴本改。

〔八〕後又罷司隸臺　「罷」原訛「置」，據諸本改。

〔九〕舜置十二州有牧　原重「州」字，據北宋本、傅校本、明刻本、王吴本删。

〔一〇〕行治多不法　「行治」原倒，據漢書何武傳三四八二頁及北宋本乙。

〔一一〕漢宣詔賜車蓋特高一丈別駕主簿車緹油屏泥於軾前　原「賜車」下脱「蓋」，「丈」訛「尺」，「主簿」下脱「車」，「油」訛「紬」，並據漢書循吏傳三六二九頁補改。

〔一二〕各遣一吏迎之界上　「一」原訛「二」，據後漢書百官志五劉昭注引古今注三六一七頁及北宋本改。

〔一三〕聽聲察實　「聲察」原倒，據後漢書謝夷吾傳二七一四頁乙。

〔一四〕百里嵩爲徐州刺史　「徐州」原脱，據藝文類聚卷五〇增補。

〔一五〕爲荆河州刺史　荆河州即豫州。通典避代宗諱，改稱荆河州。下同。按：尚書禹貢云：「荆河惟豫州。」

〔一六〕舊水道惟沔漢達江陵千數百里　「沔」原訛「沿」，據晉書杜預傳一〇三一頁改。

〔一七〕陽口　晉書杜預傳一〇三一頁作「楊口」。

〔一八〕一飲重千金　晉書吴隱之傳二三四二頁作「一歃懷千金」。

〔一九〕梁刺史受拜之明日　「拜」原脱，據隋書百官志上七二九頁補。

〔二〇〕右將軍　原「右」下衍「軍」，據梁書蔡道恭傳一九三頁删。

〔二一〕呼其兄弟及諸將曰　梁書蔡道恭傳一九四頁作「乃呼兄子僧勰、從弟靈恩及諸將帥謂曰」。通典節改爲「兄弟」，取兄弟另一義，儀禮士冠禮鄭注云：「兄弟，主人親戚也。」

〔二二〕禀命出疆　「疆」原作「壇」，據梁書蔡道恭傳一九四頁及王吴本改。

〔二三〕欲與同逝　「逝」原訛「誓」，據梁書蔡道恭傳一九四頁及北宋本、傅校本、明抄本改。

〔二四〕何胤　「胤」原作「允」，清人諱改。今據北宋本、傅校本、明抄本、明刻本、王吴本改回。下車胤同。

〔二五〕皇室一人　「皇」魏書官氏志二九七四頁作「宗」。

〔二六〕十四年改九等州縣爲上中中下下凡四等　「上中中下下」原脱作「上中下」，「四」訛「三」，今據隋書百官志下七九三頁補改。

〔二七〕其有戎旅之地　「戎」原訛「戍」，據北宋本改。

〔二八〕職如節度使之隨軍　「軍」原訛「車」，據舊唐書職官志三一九二二頁、新唐書百官志四下一三〇九頁改。按：本卷都督節亦作「隨軍」。

〔二九〕别乘一乘傳車　原脱「一乘」，據北宋本、傅校本、明抄本補。按：明刻本、王吴本作「别乘乘傳車」。

〔三〇〕劭今端右　「右」原訛「古」，據北宋本、傅校本、明刻本改。

〔三一〕關尚書八條事　「關」原訛「開」，據梁書沈約傳二五三頁改。

〔三二〕僕射高熲　「僕射」原訛「太僕」，據隋書高熲傳訂改。

〔三三〕都統等使附　此下原有「後漢魏晉宋後魏後周隋大唐」十二字，清人所增。今據北宋本、傅校本、明抄本、明刻本、王吴本删。

〔三四〕賀拔延嗣　「延」原訛「廷」，據諸本改。

〔三五〕本皆兼支度營田使　「支度」原倒，據唐會要卷七八、新唐書百官志四下一三〇九頁乙正。

〔三六〕磧西河西隴右朔方河東幽州劍南嶺南此八節度也　按：唐會要卷七八云：「平盧軍節度使：開元七年閏七月，張敬忠除平盧軍節度使，自此始有節度之號。」又云：「嶺南節度使：至德二載正月，賀蘭進明除嶺南五府經略兼節度使，自此始有節度之號。」據此，則開元中八節度使，似當有平盧軍而不當有嶺南也。然杜佑貞元初曾任嶺南節度使，其開元八節度之目，必有依據。

〔三七〕劉道鄰　「鄰」宋書宗室傳一四六一頁及北宋本皆作「憐」。按：顔師古匡謬正俗卷五云：「宋高祖弟道鄰，史牒誤爲憐字，讀者就而呼之，莫有知其本實。余家嘗得宋高祖集十卷，是宋元嘉時祕閣官書，所載道鄰字，始知『憐』者是錯。」

〔三八〕諫大夫　原「諫」下衍「議」，據漢書百官公卿表上七三八頁删。

王永興點校　王文錦覆校

通典卷第三十三

職官十五

州郡下

京尹京兆尹　左馮翊　右扶風　河南尹　留守附　郡太守　總論郡佐郡丞　别駕　長史　司馬　録事參軍　司功　司倉　司户　司兵　司法　司士　參軍事　經學博士　醫博士　中正　通守　五官掾　督郵　郡尉　縣令　總論縣佐丞　主簿　尉　五百附　鄉官　鎮戍關市官　致仕官

京尹京兆尹　左馮翊　右扶風　河南尹　留守附

周官有内史，秦因之，掌治京師。漢景帝二年，分置左右内史。武帝太初元年，更名右内史爲京兆尹，絶高曰京，十億曰兆。大衆所聚，故曰京兆。更名左内史爲左馮翊。馮，輔。翊，佐也。初秦官有主爵中尉，掌列侯。漢景帝中元六年，更名都尉。武帝太初元年，更名右扶風。

扶，助。風，化也。與左馮翊、京兆尹是爲三輔，治長安城中。三輔黃圖曰：「長安以東爲京兆，長陵以北爲左馮翊，渭城以西爲右扶風。」皆治在城中。故趙廣漢歎曰：「亂吾治者二輔也，誠得兼之，直差易耳。」〔一〕銀章青綬，進賢兩梁冠，絳朝服，佩水蒼玉。秩異凡州，所監郡爲京師，置尹一人，丞一人。趙廣漢字子都，爲京兆尹，以和顏接士，推功於掾吏，發於至誠。吏見者，皆輸寫心腹。廣漢天性精於吏事，尤善爲鉤距，以得人情，〔二〕其發姦擿伏如神。冬獄當斷，先爲調棺，皆曰「死無所恨」。又張敞爲尹，一日捕諸偷得數百人，由是枹鼓稀鳴，市無偷盜。又王尊、王章、王駿並爲京兆，〔三〕皆有名。京師稱曰：「前有趙、張，後有三王。」漢初，三輔治長安。後漢都洛陽，置河南尹，以三輔陵廟所在，不改其號，但減其秩，與太守同。後漢延篤字叔固，及邊鳳皆爲京兆尹，並有雄名。語曰：「前有趙、張，後有邊、延。」趙張謂趙廣漢及張敞。〔四〕後漢左馮翊、右扶風屬司隸，尋省。魏晉爲京兆太守。後周都關中，又爲京兆郡。隋京兆郡置尹并佐吏，合二百四十四人。大唐京兆府本爲雍州，置牧一人，以親王爲之。太宗爲秦王、中宗爲英王、睿宗爲相王時，並居其任，多以長史理人。開元元年，改雍州爲京兆府，置牧如故。掌宣風導俗，肅清所部。或以親王居閤而遥領焉。初雍州置別駕，以貳牧之事。永徽中，改別駕爲長史。開元初，改雍州長史爲京兆尹，總理衆務。凡前代帝王所都，皆曰尹。南朝曰丹陽尹，後魏初曰代尹，東魏曰魏尹，齊曰清都尹。

河南尹，其地在周爲王城。成王命君陳分正東郊成周，曰「尹茲東郊」。蓋今河南牧之任，亦留守之始。秦兼天下，置三川守。三川，河、洛、伊也。秦末李由爲三川守。漢興，更名三川爲河南，後增守爲太守。王莽改太守爲大尹，改河南大尹爲保忠信卿。光武中興，徙都洛陽，改太守爲尹，章綬服秩與京兆同。主京都，特奉朝請。李膺爲河南尹。魏晉皆爲河南尹。魏司馬芝爲河南尹，莫有及者。又晉傅嘏爲河南尹，有大益於民，皆隱其端迹，若不由己出。故當時無赫赫之名，〔五〕人久而後安。後魏太和中，遷都洛陽，又置河南尹。東魏置洛州刺史。後周置洛州總管，尋罷之。隋初爲洛州刺史，復爲河南內史。樊子蓋檢校河南內史，屢有治績。文帝謂曰：「今爲公別造玉麟符，以代銅獸。」大業初，爲荊河州刺史，又爲河南太守，尋爲河南尹，與京兆同。大唐武德四年，置洛州都督。貞觀十七年，改爲刺史。顯慶二年，置東都，改刺史爲長史。而洛州本置牧一人，以親王爲之，中宗爲周王時，及衞王重俊實居其任，多以長史理人。至開元元年，改洛州爲河南府，改長史爲尹。其牧尹之制，一如京兆。諸曹僚佐亦如之。各有少尹二員，通判府事。京兆少尹，魏晉以來治中之任。隋文帝改爲司馬，煬帝又改爲贊治，後又改爲丞。武德初，復爲治中。永徽元年，以大皇帝諱改爲司馬。本一員，太極元年，雍、洛二州各加司馬一員，分爲左右。開元元年並改爲少尹。開元以後，增置太原府爲北京，官屬制置悉同兩京。初，武太后長壽元年，以并州后之故里，改爲北都，神龍初廢。開元十一年，又以并州高祖起義之始，復置太原府，號曰北京。初，開元元年正月，於蒲州置中都，改州爲河中府，至六月而罷。後上元元年，復置岐州爲鳳翔府，又以益州爲成都府。

留守，周之君陳，似其任也。此後無聞。後漢和帝南巡，祠園廟。張禹以太尉兼衞留守。晉張方劫惠帝幸長安，僕射荀藩等與其遺官在洛陽爲留臺，承制行事，號爲東西臺。至安帝時，劉裕置留臺，具百官。又後魏孝文南伐，以太尉元丕、廣陵王羽留守京師，並加使持節。大唐留守之制，蓋因此也。高宗儀鳳元年，司農卿韋弘機爲東都留守。時有道士朱欽遂，爲中宮所使，至都，所爲横恣。機執而囚之，因奏曰：「道士假稱中宮驅使，依倚形勢，臣恐虧損皇明，爲禍患之漸。」高宗特發中使賜書慰諭，仍云不須漏泄。武太后臨朝，垂拱三年，文昌右丞相蘇良嗣爲京留守。時尚方監裴匪躬檢校京苑，將鬻苑中果菜，以收其利。良嗣駮之曰：「昔公儀相魯，猶能拔葵去織，未聞萬乘之主鬻其果菜，以與下人争利。」

郡太守

郡守，秦官。秦滅諸侯，以其地爲郡，置守、丞、尉各一人。守治民，丞佐之，尉典兵。漢景帝中元二年，更名郡守爲太守。凡在郡國，皆掌治民，進賢勸功，決訟檢姦。常以春行所主縣，秋冬遣無害吏按訊諸囚，平其罪法，論課殿最。按律有無害都吏，言如公平吏。漢書：「蕭何以文無害，爲沛主吏掾。」并舉孝廉。漢制，歲盡，遣上計掾史各一人，條上郡内衆事，謂之計偕簿。郡爲諸侯王國者，置内史以掌太守之任。宣帝以爲太守，吏民之本，數變易則下不安，民知其將久不可欺罔，乃服從其教化。每拜刺史守相，輒親見問，觀其所繇，退而考察，以質其言。質，正。常稱曰：「與我共理者，唯良二千石乎！」是以漢世良吏，於是爲盛，稱中興焉。汲黯爲東海太守，治官好清静，擇丞史任之，〔六〕責其大指而已。黯多病，卧閤内不出。歲餘，東海大治。召爲淮陽守，而黯辭之。上曰：「君薄淮陽耶？吾欲得君重，卧而治之。」乃行。又王尊爲東郡太守，河溢堤壞，尊執圭，請以身填金堤，而水稍卻。又馮立字聖卿，〔七〕與弟野王相代爲西河、上郡。人歌之曰：「大馮君，小馮君，兄弟繼踵相因循，聰明賢智惠吏民，政如魯、衛德化均，周公、康叔猶二君。」又召信臣字翁卿，爲南陽，民號爲召父。龔遂字少卿，爲渤海，民有帶持刀劍者，使賣劍買牛，賣刀買犢，曰：「何爲帶牛而佩犢乎！」又文翁爲蜀郡，修起學宫，天下郡國皆立學校官，自文翁始也。又黄霸爲潁川，以禮義教喻犯法者，諷曉令自殺，風化大行，以禮行尤異，〔八〕增秩中二千石，徵爲京兆尹，而至丞相，復以禮義爲治。又漢雜事曰：「蔣滿爲上黨，其子萬爲北地都尉，同詔徵見。宣帝曰：『父子割符邪！』即詔滿爲淮陽相，萬爲弘農守。」史記曰：「杜周爲御史大夫，家兩子，夾河爲守。」又循吏傳敍曰：「王成、黄霸、朱邑、龔遂、鄭弘、召信臣等，所居民富，所去見思，生有榮號，死見奉祠。」元帝建昭二年，益三河大郡太守秩。凡户十二萬爲大郡。帝又下制，令諸侯王相位在太守下。成帝綏和元年，省内史，以相治民，則相職爲太守。哀帝初，御史大夫王嘉上疏曰：「近日公卿以下，變易促急，數改更政事。吏或居官數月而退，送故迎新，交錯道路。二千石輕賤，吏人慢易，則有離叛之心。前山陽亡徒縱横，吏士臨難，莫肯伏節死義者，〔九〕以守相威權素奪也。故成帝悔之，詔二千石不以故縱爲罪，賜金以厚其意。誠以國家有急，取辦於二千石，二千石尊重難危，乃能使下。故尚書章文必有『敢告之』字乃下，所以丁寧告者之辭。〔一〇〕令二千石、部刺史、三輔縣令有材任職者，〔一一〕若有過差，宜可闊略，令盡力者有所勸。此方今急務，國家之利也。」王莽改太守曰大尹。

後漢亦重其任，寇恂字子翼，爲潁川守，拜執金吾。後光武幸潁川，百姓遮道曰：「願陛下復借寇君一年。」乃留鎮之。又張堪字君遊，初去蜀郡，乘折轅車而已。後爲漁陽，謠曰：「桑無附枝，麥穗兩岐。張君爲政，樂不可支。」又宋均字叔庠，爲九江，蝗蜚南到九江界，輒東西分。又廉范字叔度，爲蜀郡，民歌曰：「廉叔度，來何暮，平生無襦今五袴。」〔一二〕又馮勤曾祖揚，宣帝時爲弘農太守。生八男，皆典郡，趙魏間號爲萬石。又鄭弘字巨君，爲臨淮，天旱，隨車致雨，白鹿方道，夾轂而行。又魏朗爲河內，以清嚴爲治，爲三河之表。又黃昌爲蜀郡，未到時，蜀有童謠曰：「兩日出，尺兵戢。」〔一三〕又杜詩爲南陽，人方之召信臣，語曰：「前有召父，後有杜母。」又孟嘗字伯周，爲合浦，而珠還。又劉昆爲弘農，虎負子渡河。又王堂字敬伯，爲巴郡，民生爲立祠。又何敞爲汝南，疾文俗吏以苛刻求名稱，立春日，常召督郵還府，分遣儒術大吏按行屬縣，是以郡中無冤聲。〔一四〕或以尚書令、僕射出爲郡守，鍾離意、黃香、桓榮、胡廣是也。或自郡守入爲三公。虞延、第五倫、桓虞、鮑昱是也。劉寵字祖榮，爲會稽太守，狗不夜吠。將去，山陰父老七八十人齎百錢送寵，寵爲選受一大錢，〔一五〕故人號爲取一錢。後入居九列，四登三事也。

三國時有郡守、國相、內史。

晉郡守皆加將軍，無者爲恥。王導，永嘉末，遷丹陽太守，〔一六〕加輔國將軍。導上牋曰：「昔魏武，達政之主也，荀文若，功臣之最也，封不過亭侯。倉舒，愛子之寵，贈不過別部司馬。今者臨郡，不問賢愚，皆加重號，輒有鼓蓋。有不得者爲恥。導饕名竊位，取紊彝典。謹送鼓蓋加崇之物，請從導始。」帝嘉而從之。初，泰始中，詔守相三載一巡屬縣，必以春，此古者所以述職省俗、宣風展義也。又山公啟事曰：「晉制，春夏農月不遷改長吏郡守縣令之屬，以其妨農事故也。」晉宋守相、內史，並銀章青綬，進賢兩梁冠。梁謝朏字敬沖，〔一七〕齊時爲義興太守，加秩中二千石。不省雜事，悉付綱紀。曰：「吾不能作主者吏，但能作太守耳。」又任昉爲吳興太守，清潔。友人到溉與弟洽從昉爲山澤遊。被代而還，無衣，沈約遺裙迎也。

後魏初，郡置三太守。說在刺史篇。孝文初，二千石能靜二郡至三郡者，遷爲刺史。說在縣令篇。太和中，次職令，郡太守、内史、相、縣令，並以六年爲限。

北齊制，郡爲上中下三等，每等又有上中下之差，自上上郡至下下郡凡九等。

後周郡太守各以户多少定品命。

隋郡太守如北齊九等之制。至開皇三年，罷天下諸郡，以州統縣。楊尚希上表曰：〔一八〕「當今郡縣倍多於古，十羊九牧，人少官多，請存要去閑，併小爲大。」帝嘉之，遂罷諸郡。大業三年，又改州爲郡，郡置太守。

大唐武德元年，改郡爲州，改太守爲刺史，加號持節。總管則加使持節。〔一九〕按魏晉制，有使持節、持節、假節。使持節得戮二千石以下，持節得戮無官人，若軍事得與使持節同，假節唯軍事得戮犯令者。皆是刺史兼總軍戎，若今採訪節度使也。自宋齊以降，雖天下分裂，其州郡漸衆。及隋開皇初，有州三百一十，郡五百八。以官煩人弊，遂廢郡，便以州親人，則刺史如太守之職。自後雖官名屢改，而職事不易。蓋制置之際，不詳源本，因習舊名，遂有持節諸軍之虚稱。其屬官别駕以下，録事、功、户諸曹參軍事，亦多漢晉之制，若今之節度採訪副使判官之任。本置别駕，乘一車行部，其參軍、録事皆佐戎旅，今並無其實，豈所謂必也正名者乎！又按加刺史持節軍事之名，以爲榮寵，則邊荒萬里三數百户小郡，亦同此號，又無以别遠近小大之差、輕重閑劇之異也。顯慶元年，都督府及上州各置執刀十五人，中州下州各置十人。後加號爲使持節諸軍事，而實無節，但頒銅魚符而已。天寶元年，改州爲郡，刺史爲太守。漢文帝二年，初與郡守爲銅虎符、竹使符，〔二〇〕說在符寶郎篇。至隋開皇七年，又別頒青龍符於東方總管刺史，西方以騶虞，南方朱雀，北方玄武。九年，又頒木魚符於總管刺史，雌一雄三。〔二一〕至十年，悉頒木魚符於五品以上官。義寧二年，罷竹使符，頒銀兔符於諸郡。〔二二〕大唐武德元年，又改銀兔符爲銅魚符。自是州郡史守更相爲名，〔二三〕其實一也。太宗初理天下也，重親人之任，疏督守之名於屏，俯仰視焉，其人善惡，必書其下，是以州郡無不率理。貞觀中，賈敦實爲饒陽令，有能名。時制大功以上不得聯職。〔二四〕敦實兄敦頤復爲瀛州刺史，朝廷以其兄弟廉謹，許令同州，竟不遷替，時人榮之。敦實歷遷洛州長史。初敦頤爲洛州刺史，甚有惠政，百姓樹碑頌美。及敦實去職，又立頌於兄碑之傍，故人呼爲「棠棣碑」。逮貞觀之末，升平既久，羣士多慕省閣，不樂外任。其折衝果毅有材力者，〔二五〕先入爲中郎、郎將，次補郡守，其輕也如是。武太后臨朝，垂拱二年，諸州都督刺史，並準京官帶魚。〔二六〕長安四年，納言李嶠、同平章事唐休璟奏曰：「竊以物議重内官而輕外職，凡所出守，多因貶累，非所以澄風俗、安萬人。臣請擇才於臺閣省寺之中，分典大州，共康庶政。臣等請輟近侍，率先具僚。」太后乃令書名採之，中者當行。於是鳳閣侍郎韋嗣立、御史大夫楊再思等二十人中之，皆以本官檢校刺史。後二十人内以政績可稱者，獨常州刺史薛光謙、徐州刺史司馬鍾二人而已。當時復有爲員外刺史者。永昌中，成王李千里歷遷襄州員外刺史。神龍初，以譙王重福之妃，張易之甥也，貶重福爲濮州員外刺史。皆不領州務。開元中，定天下州府，自京都及都督、都護府之外，以近畿之州爲四輔。同、華、岐、蒲四州謂之四輔。八年，都督刺史品卑者，借緋魚袋。按武德令，三萬户以上爲上州。

永徽令，二萬户以上爲上州。顯慶元年九月敕，户滿三萬以上爲上州，二萬以上爲中州。先以爲上州、中州者，仍舊。至開元十八年三月敕，太平時久，户口日殷，宜以四萬户以上爲上州，二萬五千户爲中州，不滿二萬户爲下州。六千户以上爲上縣，三千户以上爲中縣，不滿二千户爲下縣。其餘爲六雄、鄭、陝、汴、絳、懷、魏六州爲六雄。十望、宋、亳、滑、許、汝、晉、洺、虢、衞、相十州爲十望。十緊、初有十緊州，後入緊者甚多，不復具列。及上中下之差。凡户四萬以上爲上州，二萬五千以上爲中州，不滿二萬爲下州。亦有不約户口以別敕爲上州者。又謂近畿者爲畿内州，户雖不滿四萬，亦爲上州。其親王任中、下州刺史者，亦爲上州。王去任後，即依舊式。天寶中，通計天下凡上州一百九，中州二十九，下州一百八十九，總三百二十七州也。時南海太守劉巨鱗，以贓罪，詔杖殺之。自至德之後，州縣凋弊，刺史之任，大爲精選。諸州始各有兵鎮，刺史皆加團練使，故其任重矣。

總論郡佐

郡丞　別駕　長史　司馬　録事參軍　司功　司倉　司户　司兵　司法　司士　參軍事　經學博士　醫博士　中正　通守　五官掾　督郵　郡尉

郡之佐吏，秦漢有丞、尉，丞以佐守，尉典武職。後漢諸郡各置諸曹掾史，略如公府曹，無東西曹。〔二七〕蔡質漢儀曰：「河南府掾出考，與從事同。」又後漢書曰：「螟蟲不入中牟，河南尹疑不實，使仁恕掾往廉之。」是也。晉宋以下，雖官曹名品互有異同，大抵略如漢制。北齊上郡太守屬官合二百一十二人，〔二八〕以下郡遞減之。隋初以州爲郡，無復軍府，則州府之職，參爲郡官。故有長史，司馬，録事參軍，功、户、兵、法等七曹，稍與今制同。開皇三年，詔佐官以曹爲名者，並改爲司。十二年，諸州司從事爲名者，並改爲參軍。又制，刺史二佐每歲暮更入朝上考課。煬帝置通守，贊治，〔二九〕東西曹掾，主簿，司功、倉、户、兵、法、士等書佐，各因郡之大小而爲增減。改行參軍爲行書佐。大唐州府佐吏與隋制同，有別駕、長史、司馬一人，大都督府司馬有左右二員。凡別駕、長史、司馬，通謂之上佐。録事參軍，京府謂之司録參軍，置二人。餘並爲録事參軍。大府與上都督府亦二人，餘府州一人。司功、司倉、司户、司兵、司法、司士等六參軍。景龍三年，諸州加置司田，開元中省。乾元之後，又分司户置參軍一員，位在司户下。諸府則曰田曹，開元中省。乾元之後，又分司户置焉。以其廢置不恆，故不列於此。在府爲曹，在州爲司。府曰功曹、倉曹，州曰司功、司倉。大與上府置二員，州置一員，自司功以下，通謂之判司。參軍事各有差，京府參軍事有六員，餘府州或四或三。〔三〇〕博士一員，醫博士一員，大凡以州府大小而爲增減。

郡丞：秦置之，以佐守。漢因而不改。漢黃霸爲河東郡丞。後漢趙温字子柔，爲京兆郡丞，歎曰：「丈夫當雄飛，安能雌伏。」遂棄官去，後官至三公。晉成帝咸康七年，省諸郡丞。唯丹陽丞不省。宋文帝元嘉四年復置。齊、梁有之。至隋開皇三年，改別駕、治中爲長史、司馬。至煬帝又罷長史、司馬，置贊治一人，後又改郡贊治爲丞，位在通守下。今郡丞廢矣，其職復分爲別駕、長史、司馬。說在本篇。自隋爲郡府之官，去從事史。隋趙軌爲齊州別駕，有能名，在州四年，考績連最。詔徵入朝，父老揮涕隨送曰：「公清如水，請酌一杯水奉餞。」軌受而飲之。大唐永徽二年，改爲長史。前上元元年，復置別駕，多以皇族爲之。神龍中廢。開元初復置，始通用庶姓。天寶八載，以玄宗由潞州別駕入定内難，遂登大位，乃廢別駕官。至德中復置。諸府州各一人，〔三一〕而大都督府不置，通判其事，以貳都督刺史之職。

長史：秦置郡丞，其郡當邊戍者，丞爲長史，掌兵馬。漢因而不改。古今注曰：「守相病，丞、長史行事，後罷邊郡太守丞，而長史領丞職。」其後長史遂爲軍府官。至隋爲郡官。大唐初無。〔三二〕永徽二年，改別駕爲之。其後二職並置，府州各一人。王府長史理府事，餘府通判而已。

司馬：本主武之官。自魏晉以後，刺史多帶將軍，開府者則置府僚。司馬爲軍府之官理軍事。晉謝奕字無奕，桓溫辟爲安西司馬，在溫座，岸幘嘯詠如常。溫曰：「我方外司馬也。」宋制，司馬銅印墨綬，絳朝服，武冠。至隋廢州府之任，無復司馬，而有治中焉。治中，舊州職也，舊謂隋以前。州廢，遂爲郡官。説在州佐後治中篇。開皇三年，改治中爲司馬。隋房恭懿爲澤州司馬，有異績，遷德州司馬，理爲天下之最。文帝曰：「此乃上天社稷之所祐，豈朕寡薄能致之乎？」遷海州刺史。煬帝又改司馬及長史，併置贊治一人，尋又改贊治爲郡丞。大唐武德初，復爲治中。貞觀二十三年，高宗即位，遂改諸州治中並爲司馬。長安元年，洛、雍、并、荆、揚、益六州置左右司馬各一員。四年復舊。太極元年又制，〔三三〕四大都督府置左右司馬各一員。所職與長史同。

録事參軍：晉置。本爲公府官，非州郡職也。掌總録衆曹文簿，舉彈善惡。後代刺史有軍而開府者，並置之。自後漢有郡主簿，官職與州主簿同。後漢王堂字敬伯，〔三四〕爲汝南太守，教掾史曰：〔三五〕「古人勞於求賢，逸於任使。其憲章朝右，簡覈才職，委功曹陳蕃。匡政理務，拾遺補闕，任主簿應嗣。」自此不復繆有辭教，郡内稱理。又王允字子師，仕郡爲主簿。晉陶侃、丘法祖等並爲之。隋初以録事參軍爲郡官，則并州郡主簿之職矣。煬帝又置主簿。大唐武德元年，復爲録事參軍。開元初，改京尹屬官曰司録參軍，掌付事句稽，〔三六〕省署鈔目，糾彈部内非違，監印、給紙筆之事。乾元元年，加進一品，〔三七〕仍升一資。元年建寅月又制，凡縣令判司與録事異禮，尊其任也。

司功參軍：兩漢有功曹史，主選署功勞。後漢范滂字孟博，汝南太守宗資請爲功曹，委任政事，抽拔幽陋，不軌者皆掃迹。滂外甥李頌爲鄉曲所棄，中官以頌請資，滂以非其人，不召。資遷怒，捶書佐，佐曰：「寧受笞死，滂不可違。」乃止。郡中中人以下莫不歸怨，乃指滂所用謂之范黨。謡曰：「汝南太守范孟博，南陽宗資主畫諾。」又岑晊字公孝，南陽太守成瑨請爲功曹，謡曰：「南陽太守岑公孝，弘農成瑨但坐嘯。」又許劭字子將，爲郡功曹。府中聞子將爲吏，莫不改操歸行。子將正機執衡，允齊風俗，所稱如龍之升，所貶如墮於淵。歷代皆同。晉山濤，年四十始爲郡功曹，後位至司徒。又劉毅字仲雄，陽平太守杜恕選舉爲功曹，〔三八〕月餘，沙汰郡吏百餘人。三魏僉曰：「但聞劉功曹，不聞杜府君。」決録曰：「孫晨爲功曹十月，有藁一束，暮卧其中。」北齊諸州有功曹參軍。隋亦然，及罷郡置州，以曹爲名者改曰司。煬帝罷州置郡，改曰司功書佐。大唐改曰司功參軍。開元初，京尹屬官及諸都督府並曰功曹參軍，而列郡則曰司功參軍。令掌官員、〔三九〕祭祀、禮樂、學校、選舉、表疏、醫筮、考課、喪葬之事。

司倉參軍：兩漢有倉曹史，主倉庫。後漢戴就字景成，仕郡爲倉曹掾。刺史劾其太守，遣部從事案倉庫簿領，五毒參至，〔四〇〕郡事遂釋。北齊以下並同功曹。大唐亦掌倉廩、庖廚、財物、廛市之事。

司户參軍：漢魏以下有户曹掾，主民户。後漢陸績、李郃皆仕郡爲户曹史，郃官至司空。北齊以下與功曹同。大唐掌户口、籍帳、婚嫁、田宅、雜徭、道路之事。

司兵參軍：漢司隸屬官有兵曹從事史，蓋有軍事則置之，以主兵事。至北齊以後，並同功曹。大唐掌軍防、烽驛傳送馬、門禁、田獵、儀仗之事。景龍四年，許州司兵燕欽融上表直諫，詔撲殺之。

司法參軍：兩漢有決曹賊曹掾，主刑法。歷代皆有，或謂之賊曹，或爲法曹，或爲墨曹。後漢書曰：「周燕，宣帝時爲郡決曹掾。太守欲枉殺囚，燕數諫不聽，遂殺囚。囚家詣闕稱寃，詔遣覆考。燕謂太守曰：『願謹定文書，皆署燕名，府君但言時病而已。』使收燕，燕遂死之。燕有五子，皆至刺史、太守。」又黄昌亦爲郡決曹史。〔四一〕又郭弘爲潁川郡決曹掾，治獄至三十年，用法平正，郡内比之東海于公。隋以後與功曹同。隋陳孝意爲東郡司法書佐，太守蘇威欲殺一囚，固諫，不許，乃解衣請先受死，乃止。後至侍御史、汝州刺史。大唐掌律令、定罪、盜賊、贓贖之事。

司士參軍：兩漢無聞。北齊以後與功曹同。大唐掌管河津、營造、橋梁、廨宇之事。

參軍事：後漢靈帝時，陶謙以幽州刺史參司空車騎張温軍事。獻帝時，孫堅亦爲張温參軍。

荀彧參丞相軍事、孫楚參石苞軍事是也。〔四二〕楚輕苞，謂曰：「天子命我參卿軍事。」晉時軍府乃置爲官員。中軍羊祜置參軍二人。太尉楊濬置參軍六人。歷代皆有。至隋爲郡官，謂之書佐。大唐改爲參軍，掌直侍督守，無常職，有事則出使。前代又有行參軍者，晉河閒王顒以太宰輔政，始置之，掌使命。歷代皆有。大唐惟王府有之，餘則無矣。

經學博士：漢郡國皆有文學掾。漢鄭崇爲郡文學。後漢光武問功臣曰：「諸卿不遭際會，自度爵禄何所至乎？」鄧禹曰：「臣少嘗學問，可郡文學。」歷代多闕。隋潘徽爲州博士。大唐府郡置經學博士各一人，掌以五經教授學生，多寒門鄙儒爲之。助教、學生各有差。

醫博士：一人，大唐開元十一年七月制置，階品同録事。每州寫本草、百一集驗方，與經史同貯。其年九月，御撰廣濟方五卷，頒天下。貞元十二年二月，御撰廣利方五卷，頒天下。「自今以後，諸州府應闕醫博士，宜令長史各自訪求選試，取人藝業優長堪効用者，具以名聞。已出身人及前資官便與正授，其未出身且令權知。四考後，州司奏與正授。餘準恆式，吏部更不須選集」。

中正：魏置。中正之始，已具州中正篇。晉諸中正率一國所推，臺閣取信。後魏孝明正光元年，罷諸郡中正。〔四三〕北齊郡縣皆有之，他史多闕。隋初有，後罷而有州都。大唐並無此官。每歲貢士符書所關及鄉飲酒之禮，則司功參軍主其事。

通守：隋煬帝置，每郡各一人，位次太守，而京兆、河南謂之内史。大唐無。

五官掾：後漢有之，署功曹及諸曹事。後漢諒輔字漢儒，仕郡爲五官掾。夏大旱，太守自祈禱，無應。輔乃自曝庭中，祝曰：「輔爲股肱，不能進諫納忠，薦賢去惡，和調陰陽，承順天意。」（四四）乃積薪以自環，構火其旁，曰：「若日中不雨，將自焚。」未及中而雨注。今無。

督郵：漢有之，掌監屬縣，有東西南北中部，謂之五部督郵也。故督郵，功曹之極位。漢尹翁歸爲河東督郵。時太守田延年分河東二十八縣爲兩部，閎孺部汾北，翁歸部汾南，舉法皆得其罪。屬縣長吏雖中傷，莫有怨者。又孫寶爲京兆尹，以立秋日，署故吏侯文爲東部督郵。敕之曰：「今日鷹隼始擊，（四五）當順天氣取姦惡，以成嚴霜之誅。」後漢歐陽歙爲汝南太守，汝南舊俗，十月鄉會，百里内縣皆齎牛酒宴飲，臨饗禮畢，歙教曰：「西部督郵繇延，天資忠貞，不嚴而治，宜顯之於朝。」主簿讀教訖，功曹郅惲前曰：「司正舉觥，以君之罪，造謝於天。（四六）按延資性貪邪，罔上害人。明府以惡爲善，股肱以直從曲。臣惲敢再拜奉觥。」（四七）歙慙，不知所言。門下掾鄭敬進曰：「君明臣直，功曹切直，明府德也，可無受觥。」歙曰：「實歙之罪也，敬受觥。」惲免冠謝，遂不宴而罷。又陳球爲繁陽令，時魏郡守諷縣求賄，球不與，太守怒，撾督郵令逐球。督郵不肯，曰：「魏郡十五城，獨繁陽有異政，今逐之，將致議於天下。」太守乃止。

郡尉：京輔屬國等都尉附。秦官有郡尉，掌佐守，典武職甲卒。漢凡郡口二十萬，舉一人典兵，禁備盜賊。景帝更名曰都尉。武帝元鼎四年，又置三輔都尉各一人，譏出入。邊郡置農都尉，主屯田殖穀。又置屬國都尉，主蠻夷降者。中興建武七年，省諸郡都尉，并職太守，無都試之役。漢舊儀曰：「民年二十三爲正，一歲以爲衛士，一歲爲材官騎士，習射御馳陣。〔四八〕八月，太守、都尉、令、長、相、丞、尉會都試，課殿最。水家爲樓船，亦習戰射。〔四九〕年五十六老衰，乃得免爲民，就田。」〔五〇〕今乃罷其役。每有劇賊，郡臨時置都尉，事訖罷。又省關都尉，唯邊郡往往置都尉及屬國都尉。宋志曰：「光武省郡尉，後往往置東南西北四部都尉。」稍有分縣，治民比郡。安帝以西羌盛，三輔有陵園之守，乃復置右扶風都尉於雍，京兆虎牙都尉於長安。自後無聞。至隋煬帝時，別置都尉領兵，與郡不相知。又置京輔都尉，立府於潼關，主兵鎮。大唐無其制。

縣令

周官有縣正，四百里爲縣。各掌其縣之政令而賞罰之。春秋時，列國相滅，多以其地爲縣，則縣大而郡小。故傳云：「上大夫受縣，下大夫受郡。」周書作雒篇曰：「千里百縣，縣有四郡。」縣邑之長曰宰，曰尹，曰公，曰大夫，晉謂之大夫，魯、衛謂之宰，楚謂之公、尹。其職一也。孔子爲中都宰一年，四方皆則之，由中都宰爲司空。又齊威王即位，召即墨大夫語之曰：「子居即墨，毁日至，然吾使人視即墨，田野闢，民人給，官無留事，東方以寧，是子不事吾左右以求名也。」封之萬家。召阿大夫語曰：「自子之守阿，名日聞，然使視阿，田野不闢，民人貧苦，是子以幣厚吾左右以求名也。」乃烹阿大夫，左右常稱者皆并烹之。遂起兵擊諸侯，諸侯震懼。人人不敢飾非，務盡其誠，齊國大治。又子産理鄭，人不能欺。宓子賤理單父，人不忍欺。西門豹理鄴，人不敢欺。至於戰國，則郡大而縣小矣。故甘茂謂秦武王曰：「宜陽大縣，名曰縣，其實郡也。」

漢制，列侯所食縣曰國，皇太后、公主所食曰邑，有蠻夷曰道。凡縣萬户以上爲令，減萬户爲長，侯國爲相，秩次亦如之。皆秦制也，漢因之。漢書曰：「凡縣大率方百里，民稠則減，稀則曠。」成帝綏和元年，長、相墨綬。哀帝建平二年，復黄綬。秋冬集課，上計於所屬郡國。胡廣云：「秋冬歲盡，各計縣户口墾田，錢穀入出，盜賊多少，上集簿。丞尉以下歲詣郡，課校其功。功多尤爲最者，於庭慰勞勉之，（五一）以勸其後。負多尤爲殿者，於後曹對責，（五二）以糾怠慢也。」卓茂爲密令，勞心諄諄，視民如子，民不忍欺。光武初即位，詔曰：「前密令卓茂，能爲人所不能爲。夫名冠天下，當受天下重賞。今以茂爲太傅，封褒德侯，食邑二千户。」（五三）以茂長子爲太中大夫，次子爲郎中。又魯恭字仲康，爲中牟令，專以德爲治，螟不犯境，雉馴其旁，童子有仁心，此三異也。恭官至司徒。又周榮字平孫，當竇憲縱暴，榮常排奏之。及竇氏敗，榮自郾令擢爲尚書令。又劉昆字桓公，爲江陵令，縣連災火，昆輒向火叩頭，降雨止風。又戴封爲西華令，大旱，祈禱無獲，乃積薪自焚，火起而雨大降。又王渙爲洛陽令，人爲立祠。及桓帝事黄老道，毁諸旁祠，（五四）唯特詔密縣留卓茂廟及渙祠也。又漢官曰：「明帝臨觀，見洛陽令車騎，意河南尹，及至而非，尤其泰盛，敕去軒綴。時偃師長治有能名，以事詣臺，因取賜之，下縣遂以爲故事。」其郡有鹽官、鐵官、工官、都水官者，隨事廣狹，置令長及丞，秩次皆如縣。道無分土，給均吏。後漢凡郡縣，出鹽多者置鹽官，主鹽税；出鐵多者置鐵官，主鼓鑄；（五五）有工多者置工官，主税物；有水池及魚利多者，置水官，主平水，收漁税。所在諸縣均差吏更給之，署吏隨事，不具縣員。

晉制，大縣令有治績，官報以大郡。山公啟事曰：「温令許奇等，並見能名，（五六）雖在職各日淺，宜顯報大郡，以勸天下。」詔曰：「按其資歷，悉自足爲郡守，各以在職日淺，則宜盡其政績，不宜速他轉也。」不經宰縣，不得人爲臺郎。

宋諸縣署令，銅印墨綬，進賢兩梁冠。自晉宋以後，令、長、國相皆如漢制。齊傅琰字季珪，爲山陰令，父僧祐，亦爲山陰令。父子並著奇績。世云「諸傅有治縣譜，子孫相傳，不以示人」。梁顧憲之字士思，爲建康令。京師飲酒得醇旨者，輒號爲顧建康，謂其清且美也。又何遠字義方，自武昌太守除名，後起爲武康令，愈勵廉節，〔五七〕除淫祀，武帝聞其能，擢爲宣城太守。自縣令爲近畿大郡，近代未有。又張稷字公喬，爲剡縣令，多爲山水遊。及山賊作亂，又保全縣境。又蕭景字子昭，爲永寧令。永嘉太守牓郡門曰：「諸縣有疑滯，可就永寧令決之。」

後魏縣置三令長。說在刺史篇。孝文初制，縣令能静一縣劫盜者，兼理二縣，即食其禄；能静二縣者，兼理三縣，三年遷爲郡守。二千石能静二郡者，兼理，至三郡，亦如之，三年遷爲刺史。太和中，次職令，其禄甚厚。後魏孝文以北中府長史裴聿、〔五八〕中書侍郎崔亮並清貧，欲以俸禄優之，乃以亮帶野王令，聿帶温縣令，時人榮之。其後令長用人益雜，但選勤舊令史爲之，而縉紳之流恥居其位。

北齊制縣爲上中下三等，每等又有上中下之差，自上上縣至下下縣凡九等。然猶因循後魏，用人濫雜，至於士流恥居之。元文遥遂奏於武成帝，請革之，乃密令搜揚世胄子弟，恐其辭訴，總召集神武門，宣旨慰諭而遣。自此縣令始以士人爲之。

隋縣有令，有長。煬帝以大興、長安、河南、洛陽四縣令，並增正五品。諸縣皆以所管閒劇及衝要之處，以爲等級。開皇十三年，以臨潁令劉曠治政尤異，擢爲莒州刺史。〔五九〕又魏德深爲貴鄉長，轉館陶長，貴鄉民吏號泣請留，詔許之。貴鄉民吏歌呼滿道，館陶合境悲哭。大唐縣有赤、三府共有六縣。畿、八十二。望、七十八。緊、百一十一。上、四百四十六。中、二百九十六。下五百五十四。七等之差。京都所治爲赤縣，京之旁邑爲畿縣。其餘則以户口多少、資地美惡爲差。凡一千五百七十三縣，令各一人。天寶四載，柳升爲長安令，有贓罪，朝堂杖殺之。

總論縣佐丞　主簿　尉　五百附

漢縣有丞、尉及諸曹掾。多以本郡人爲之，三輔則兼用他郡。及隋氏革選，盡用他郡人。後漢縣諸曹略如郡員。橋玄爲縣功曹，事具部郡從事篇。又升先泥和爲縣功曹，〔六〇〕縣令遣泥和拜檄謁巴郡太守。又五官爲廷掾，監鄉五部，春夏爲勸農掾，秋冬爲制度掾。後漢爰延字季平，外黄令牛述禮請延爲廷掾。范丹爲功曹，〔六一〕濮陽潛爲主簿，常共言談而已。晉縣有主簿，功曹，廷掾，法曹，金、倉、賊曹掾，兵曹、賊捕掾等員。隋煬帝改縣尉爲縣正，尋改正爲户曹、法曹，分司以承郡之六司。其京四縣，則加置功曹爲三司，司各二人。大唐縣有令，而置七司，一如郡制。武德元年詔：京令五品，丞一人七品，正六人八品。畿令六品，丞一人七品，正四人八品。上縣令六品，丞一人八品，正四人九品，中下縣各有差。丞爲副貳，如州上佐。主簿上轄，如録事參軍，其曹謂之録事司，并司功以下六曹，總之爲七司。尉分理諸曹，如州判司。録事省受符歷，佐史行其簿書。

丞：漢諸縣皆有，兼主刑獄、囚徒。史記曰：「詔捕淮南太子，淮南相怒壽春丞留太子建不遣。」如淳注曰：「丞主刑獄、囚徒，故責之。」漢書曰：「黄霸爲潁川太守，務在成就，全安長吏。許丞老，病聾，督郵白欲逐之，霸曰：『許丞廉吏，雖老，尚能拜起送迎，正頗重聽，何傷，且善助之，毋失賢者意。』」如淳曰：「許縣丞也。」後漢令、長、國相各置丞一人，署文書，典知倉獄，署諸曹掾史。凡諸縣署丞，皆銅印黄綬，進賢一梁冠。自晉後無丞。宋時唯建康有獄丞。隋及大唐縣丞各一人，通判縣事。赤縣置二人。

主簿：謂主諸簿目。漢有之。後漢繆肜字豫公，〔六二〕仕縣爲主簿。時縣令被章見考，吏皆畏懼自誣，而肜獨證據，掠考苦毒，至乃體生蟲蛆，〔六三〕因轉換五獄，踰涉四年，令卒以自免。又寧陽主簿詣闕，訴其縣令之枉，積六七歲不省，乃復上書曰：「臣爲陛下子，陛下爲臣父，臣章百上，終不見省，臣豈可北詣單于以告冤乎？」帝大怒，劾以大逆。虞詡駁之曰：「主簿所訟，君父之怨；百上不達，〔六四〕是有司之過。」又仇覽字季智，一名香，初爲蒲亭長，有陳元者，母告其子不孝，覽爲陳慈孝之道，卒成孝子。考城令王涣，政尚嚴猛，聞覽以德化人，署爲主簿。謂覽曰：「主簿聞陳元之過而不罪，〔六五〕得無少鷹鸇之志耶？」覽曰：「以爲鷹鸇不若鸞鳳。」涣謝曰：「枳棘非鸞鳳所棲，百里非大賢之路。」乃以月俸資遣，令入太學，其名大振。晉亦有之。他史多闕。自漢以來，皆令長自調用，至隋始置之。大唐赤縣置二人，他縣各一人，掌付事句稽，省署鈔目，糾正縣内非違，監印，給紙筆。

尉：漢諸縣皆有。長安有四尉，分爲左右部。後漢令、長、國相亦皆有尉。大縣二人，小縣一人，主盜賊，案察姦宄，應劭漢官曰：「大縣丞、左右尉，所謂命卿三人。小縣一丞一尉，〔六六〕命卿二人。」署諸曹掾史。邊縣有障塞尉，掌禁備羌夷犯塞。洛陽有四尉，東南西北四部，曹公爲北部尉是也。魏因之。晉洛陽、建康皆置六部尉。宋、齊、梁、陳並因之。餘縣如漢制。諸縣道尉，銅印黃綬，朝服，武冠。江左止單衣介幘。北齊郡縣置三尉。隋改爲正，後置尉，又分爲戶曹、法曹。說在縣佐篇。大唐初，因隋制。武德元年，萬年縣法曹孫伏伽上表論事，後爲尚書右丞。武德中，復改爲正。七年三月，復改爲尉。赤縣置六員，他縣各有差，分判諸司事。上縣二員，萬戶以上者增一員；中縣一員，四千戶以上者增一員；中下縣一員。佐史以下各有差。

五百。宋志曰：「謂官府至郡各置五百。」又韋曜曰：「五百字本爲伍伯也。伍，當也。伯，道也。〔六七〕使之導引，當道陌中以驅除也。」又周禮秋官有條狼氏，掌執鞭以趨辟，王出入則八人夾道。此近之矣。又漢官中有伯使，主爲諸侯官驅使避路於道陌中，故言伯使。此其比也。今州縣官有雜職者，掌行鞭撻，〔六八〕每官出，則執楚導引，呵闢行路，殆其職也。

鄉官

周禮有鄉師、鄉老、鄉大夫之職，其任大矣。鄉老管萬二千五百家。次有州長、二千五百家爲州。黨正、五百家爲黨。族師、百家爲族，凡師者帥也。閭胥、二十五家爲閭。凡胥者，有才智之稱。酇師、五酇爲鄙。酇長、四里爲酇。里宰、五鄰爲里。鄰長、五家爲鄰。皆不命之士爲之。皆鄉里之官也。大凡各掌其鄉黨州里之政理云。

秦制，大率十里一亭，亭有長；十亭一鄉，鄉有三老、有秩、嗇夫、游徼。風俗通曰：「有秩者，言其官裁有秩耳。嗇者，省也。夫，賦也。言當消息百姓，均其賦役。」三老掌教化，嗇夫職聽訟，收賦稅，游徼徼循禁盜賊。

漢鄉、亭及官皆依秦制也。縣大率方百里，其人稠則減，稀則曠，鄉、亭亦如之。高后元年，初置孝悌力田二千石者一人，特置孝悌力田官，而尊其秩，欲以勸厲天下，令敦行務本。後廢。至文帝十二年，又置三老及孝悌、力田，無常員。平帝又置外史、閭師官。

後漢鄉官與漢同。有秩，郡所署，秩百石，鄉户五千則置有秩。掌一鄉人。其鄉小者，縣置嗇夫一人。後漢爰延字季平，爲鄉嗇夫，仁化大行，民但聞嗇夫，不知郡縣也。皆主知民善惡，爲役先後，知民貧富，爲賦多少，平其差品。三老掌教化，凡有孝子、順孫、貞女、義婦、讓財、救患及學士爲民式者，皆扁表其門，以興善行。又有鄉佐，屬鄉，主民收賦稅。亭有亭長，十里一亭，五里一郵，郵間相去二里半，司姦盜。亭長持二尺板以劾賊，〔六九〕索繩以收執賊。亭吏舊名亭負，〔七〇〕後改爲長，或爲亭父也。主禁盜賊。後漢陳寔字仲弓，爲西門亭長。又仇覽爲蒲亭長，説在主簿篇。又先賢傳曰：「逄萌字子康，爲縣亭長。時尉行過亭，萌候迎拜謁，既而擲盾歎曰：「大丈夫安能爲人役哉！」遂去之。至王莽時，萌解冠掛東都門而遁。

里有里魁，民有什伍，善惡以告。里魁掌一里百家，什主十家，伍主五家，以相檢察。民有善惡，以告監官。

鄉。晉縣五百户以上皆置一鄉，三千户以上置二鄉，五千户以上置三鄉，萬户以上置四鄉。鄉置嗇夫一人。縣率百户置里吏一人。其土廣人稀，聽隨宜置里吏，限不得減五十户。户千以上置校官掾一人。縣皆置方略吏四人。

宋五家爲伍，伍長主之；二伍爲什，什長主之；什十爲里，里魁主之；十里爲亭，亭長主之；十亭爲鄉，鄉有鄉佐、三老、有秩、嗇夫、游徼各一人，所職與秦漢同。

隋以周齊州郡縣職，自州都、郡正、縣正以下，皆州郡將、縣令所自調，〔七〕用理時事。至開皇初，不知時事，直謂之鄉官。官別置品，皆吏部除授，每歲考殿最。開皇十五年，罷州縣鄉官。

大唐凡百户爲一里，里置正一人；五里爲一鄉，鄉置耆老一人。以耆年平謹者，縣補之，亦曰父老。貞觀九年，每鄉置長一人，佐二人，至十五年省。太極元年，初令老人年九十以上板授下州刺史，朱衣執象笏。八十以上板授上州司馬，緑衣執木笏。天寶七載，詔父老六十板授本縣丞，七十以上授縣令。三十里置一驛，其非通途大路則曰館。驛各有將，以州里富强之家主之，以待行李。自至德之後，民貧不堪命，遂以官司掌焉。凡天下水陸驛一千五百八十七。

鎮戍關市官

隋鎮置將、副，戍置主、副，關市置令、丞。大唐因之，各有上中下三等。關令，古官。戍主，晉宋之顯職。鎮將，後周之通班。今以其卑賤與隋制同，故舉隋而已。

致仕官

周制，大夫七十致仕。

大唐令，諸職事官，七十聽致仕。五品以上上表，六品以下申省奏聞。諸文武選人，六品以下，有老病不堪公務、有勞考及勳績情願結階授散官者，〔七二〕依。其五品以上，籍年雖少，形容衰老者，亦聽致仕。開元五年十月敕，致仕官三品以上，並聽朝朔望。二十五年正月制，曾任五品以上清資官，〔七三〕以理去職者，所司具録名奏；老病不堪釐務者，與致仕官。〔七四〕天寶九載三月敕，如聞六品以下致仕官，四載之後，凖格並停。念其衰老，必藉安存，豈限高卑，而恩有差降。應六品以下致仕官，並終其餘年，〔七五〕仍永爲式。

校勘記

〔一〕亂吾治者二輔也誠得兼之直差易耳　「二」原訛「三」，「易」原訛「異」，據漢書趙廣漢傳三二〇三頁改。

按：北宋本、王吳本「二」字不誤。

〔二〕以得人情　「人」原作「民」，據北宋本改。

〔三〕並爲京兆　「兆」原作「尹」，據北宋本改。

〔四〕謂趙廣漢及張敞　「趙」、「張」原脱，據北宋本、傅校本、明抄本、明刻本、王吳本補。

〔五〕故當時無赫赫之名　「故」原脱，據北宋本、傅校本、明刻本、王吳本補。

〔六〕擇丞史任之　「史」原訛「吏」，據漢書汲黯傳二三一六頁及北宋本改。

〔七〕馮立字聖卿　「卿」原作「通」，據漢書馮奉世傳三三〇五頁改。

〔八〕以禮行尤異　「禮」原作「治」，據北宋本、傅校本、明刻本、王吳本改。

〔九〕莫肯伏節死義者　「伏」原訛「仗」，據漢書王嘉傳三四九〇頁及北宋本、傅校本、明刻本、王吳本改。

〔一〇〕所以丁寧告者之辭　此八字乃顏師古注，誤抄入王嘉疏中。

〔一一〕部刺史　「部」原脱，據漢書王嘉傳三四九一頁補。

〔一二〕平生無襦今五袴　「平生」原作「昔」，據北宋本、傅校本、明抄本補改。

〔一三〕尺兵戢　「尺」原訛「天」，據北宋本、傅校本、明抄本改。

〔一四〕是以郡中無冤聲　「冤」，後漢書何敞傳一四八七頁作「怨」。

〔一五〕將去山陰父老七八十人齎百錢送寵寵爲選受一大錢　按：後漢書循吏傳二四七八頁略云：「山陰縣有五六老叟，人齎百錢以送寵，寵爲人選一大錢受之。」父老人數、齎錢數、選受錢數，均與通典不同。知通典所引非出自范書。

〔一六〕遷丹陽太守　「遷」原訛「選」，北宋本、傅校本、明抄本訛「還」。今據晉書王導傳一七四六頁改。

〔一七〕謝朏字敬沖　「沖」原訛「仲」，據梁書謝朏傳二六一頁改。

〔一八〕楊尚希　「尚」原訛「士」，據北宋本、傅校本、明刻本、殿本改。

〔一九〕總管則加使持節　「管」原訛「督」，據北宋本、傅校本、明刻本、王吴本改。

〔二〇〕初與郡守爲銅虎符竹使符　「與」原訛「典」，北宋本、傅校本、明刻本、王吴本訛「興」。今據漢書文帝紀一一八頁及殿本改。

〔二一〕雌一雄三　「三」原訛「二」，據北史隋本紀上四一五頁及北宋本改。按：隋書高祖紀下三三頁作「一」，恐非。

〔二二〕銀兔符　「兔」原作「菟」，據北宋本、傅校本、明抄本、明刻本、王吴本改。

〔二三〕自是州郡史守更相爲名　「史」原訛「太」，據北宋本、傅校本、明抄本、殿本改。按：史守謂刺史、太守。

〔二四〕大功以上不得聯職　「上」原訛「下」，據舊唐書良吏傳上四七八八頁改。

〔二五〕折衝果毅　「毅」原訛「敢」，據北宋本、傅校本、明抄本、明刻本、王吴本改。

〔二六〕並準京官帶魚　「並」北宋本、傅校本、明抄本作「宜」。

〔二七〕無東西曹　「西」原脱，據後漢書百官志五三六二一頁補。

〔二八〕合二百一十二人　原訛作「合三百一十人」，據隋書百官志中七六二頁及北宋本、傅校本、明抄本改補。

〔二九〕贊治　「治」北宋本、明抄本作「持」。隋書百官志下八〇二頁作「務」。

〔三〇〕餘府州或四或三　「三」原作「五」，據北宋本、明抄本改。

〔三一〕諸府州各一人　「州」原訛「中」，據北宋本、傅校本、明抄本、明刻本、王吴本改。

〔三二〕大唐初無　「無」原脱，據北宋本、傅校本、明抄本補。

〔三三〕太極元年又制　「制」原訛「置」，據北宋本、傅校本、明抄本改。

〔三四〕王堂字敬伯　「堂」原訛「常」，據後漢書本傳二一〇五頁及殿本改。

〔三五〕掾史　「史」原作「吏」，據後漢書王堂傳二一〇五頁改。

〔三六〕掌付事句稽　「付」原訛「府」，據下總論縣佐節及唐六典卷三〇訂改。

〔三七〕乾元元年加進一品　按：舊唐書職官志一一七八六頁云「今録永泰二年官品」。彼所録上、中、下州録事參軍之職事品，與唐六典卷三〇所記開元時上中下州録事參軍之品級相同。據此，乾元元年録事參軍似無進品之事。疑此「品」當作「階」。待考。

〔三八〕選舉爲功曹 「選」北宋本、傅校本、明抄本、明刻本、王吴本作「逼」。

〔三九〕官員 「員」北宋本、傅校本、明抄本、明刻本、王吴本作「園」。

〔四〇〕五毒參至 「參」原作「慘」，據後漢書獨行傳二六九一頁改。

〔四一〕亦爲郡決曹史 「史」原作「吏」，據北宋本、傅校本、明抄本、明刻本、王吴本改。

〔四二〕孫楚參石苞軍事 孫楚、石苞，俱晉武帝時人，此事不當注於後漢下。

〔四三〕罷諸郡中正 「郡」魏書官氏志三〇〇四頁作「州」。

〔四四〕承順天意 「承順」原倒作「順承」，據後漢書獨行傳二六九四頁及北宋本乙。

〔四五〕鷹隼始擊 「隼」原訛「準」，據諸本改。

〔四六〕造謝於天 「造」原作「告」，據北宋本、傅校本、明刻本、王吴本改。

〔四七〕臣惲敢再拜奉觴 原脱「臣」，據北宋本、傅校本、明刻本、王吴本補。

〔四八〕習射御馳陣 按：漢舊儀卷下及漢書高帝紀上三八頁如淳注引漢儀注均作「習射騎馳戰陳」。

〔四九〕亦習戰射 漢舊儀卷下作「亦習戰射行船」。

〔五〇〕老衰乃得免爲民就田 漢書高帝紀上三八頁如淳注引漢儀注作「衰老乃得免爲庶民就田里」。

〔五一〕於庭慰勞勉之 北宋本「慰」作「尉」。後漢書百官志五三六二三頁劉注引胡廣語「庭慰」作「廷尉」。

〔五二〕於後曹對責 「對」後漢書百官志五三六二三頁劉注引胡廣語「對」作「別」。

〔五三〕食邑二千户 「二」原訛「三」，據北宋本改。按：後漢書卓茂傳八七一頁作「二」。

〔五四〕毁諸旁祠　「旁」後漢書循吏傳二四七〇頁作「房」。

〔五五〕主鼓鑄　「鑄」北宋本、傅校本、明抄本作「鐵」。

〔五六〕並見能名　「能」御覽卷二六八作「稱」。

〔五七〕後起爲武康令愈勵廉節　「愈」原訛作「正身」，今據梁書良吏傳七七八頁改正。按：北宋本訛作「後起爲武康食止身勵廉節」。

〔五八〕後魏孝文以北中府長史裴聿　「中」原訛「平」，據魏書裴延儁傳一五三五頁改。按：北中府者，北中郎將府也。北平爲郡不爲府。且北平郡置于明帝孝昌中，孝文時亦未設置。

〔五九〕莒州刺史　「莒」原訛「營」，據隋書劉曠傳一六八五頁及北宋本、傅校本、明抄本改。

〔六〇〕又升先泥和爲縣功曹　「先」原作「光」，據傅校本、明抄本改。按：此句必有訛誤，待考。

〔六一〕范丹　「丹」原訛「甯」，據後漢書爰延傳一六一八頁改。

〔六二〕繆肜字豫公　「豫」原作「孺」，據後漢書獨行傳二六八五頁改。按：肜，和也。豫，樂也。名字相應。

〔六三〕至乃體生蟲蛆　「蛆」原作「螟」，據後漢書獨行傳二六八六頁改。

〔六四〕百上不達　「達」原作「省」，據後漢書虞詡傳一八七二頁及傅校本、明抄本改。

〔六五〕聞陳元之過而不罪　「過」原作「罪」，據傅校本、明抄本、王吴本改。

〔六六〕小縣一丞一尉　後漢書百官志五三六二三頁劉注引應劭漢官同。傅校本、明刻本、王吴本「小」作「中」。

〔六七〕伍當也伯道也　六字原脱，據宋書百官志下一二五八頁補。

〔六八〕掌行鞭撻　「撻」原作「捶」，據傅校本、明抄本改。

〔六九〕亭長持二尺板以劾賊　「二」原訛「一」，據北宋本改。按：後漢書百官志五三六二五頁劉注引漢官儀也作「二」。

〔七〇〕亭吏舊名亭負　「負」原訛「員」，據北宋本改。按：後漢書百官志五三六二五頁劉注引風俗通云：「亭吏舊名負弩。」

〔七一〕皆州郡將縣令所自調　「所」北宋本、傅校本、明抄本、明刻本、王吴本作「而」。

〔七二〕有勞考及勳績情願結階授散官者　「結」原訛「給」，據北宋本改。按：結讀爲「結算」之結。

〔七三〕清資官　「資」原訛「貧」，據唐會要卷六七改。按：唐六典卷二云：「凡出身非清流者，不注清資之官。」

〔七四〕與致仕官　傅校本、明刻本、王吴本「官」下有「同」。

〔七五〕並終其餘年　「並」原脱，據北宋本、傅校本、明抄本、明刻本補。

王永興點校　王文錦覆校

通典卷第三十四

職官十六

文散官開府儀同三司　特進　光禄大夫以下
武散官驃騎將軍　輔國將軍　鎮軍將軍以下　諸校尉
勳官　后妃及内官命婦附

文散官

開府儀同三司

漢文帝元年，始用宋昌爲衞將軍，位亞三司。後漢章帝建初三年，始使車騎將軍馬防班同三司。同三司之名，自此始也。殤帝延平元年，〔一〕鄧騭爲車騎將軍，儀同三司。儀同之名，自此始也。又獻帝以伏完爲輔國將軍，儀比三司。魏黄權以車騎將軍開府儀同三司。開府之名，自此始也。漢末奮威將軍，晉江右伏波、輔國將軍，並加大，而儀同三司。江左以來，將軍則中、鎮、撫、四鎮以上或加大，餘官則左右光禄大夫以上，並得儀同三司。齊開府儀同三司如公。梁開府儀同三司，位次三公。諸將軍、左右光禄大夫優者則加之，同三公置官屬。自晉以來，又有如開府同三司之儀者，自羊祜始焉。漢末呂布開府如三司，其他無聞。至晉羊祜爲車騎將軍、荆州諸軍事，加開府如同三司之儀。累年謙讓，不辟士，不備僚屬。及始有所命辟士，未到而卒，不得除署。後當陽侯杜元凱表哀其家無胤嗣，官無命士，請更議之。詔不許。江左亦多有之。〔二〕梁沈約爲侍中、右光禄大夫，徐勉爲約請三司之儀，武帝不許。又邵陵王綸爲平南將軍，〔三〕湘州刺史王茂爲使持節、散騎常侍、驃騎將軍，〔四〕並同三司之儀。後魏亦有之。普泰初，特以尒朱世隆爲儀同三司，位次上公。北齊亦有儀同三司者，任城王湝等諸王多爲之。湝，户皆反。又有開府儀同三司及儀同三司。後周建德四年，改開府儀同三司爲開府儀同大將軍，仍增置上開府儀同大將軍。又改儀同三司爲儀同大將軍，仍增置上儀同大將軍。隋文帝並以爲散官。又諸衛各置開府，左勳衛開府、左翊一開府、二開府、三開府、四開府，〔五〕及武衛、武候、領軍、東宮領兵開府準此。府置開府一人。又有儀同府，儀同以下置員與開府同。初開府儀同三司爲四品散實官，至煬帝，又改爲從一品，同漢魏之制，位次三公。大唐武德七年，改上開府儀同三司爲上輕車都尉，開府儀同三司爲輕車都尉，儀同三司爲騎都尉。後又以開府儀同三司爲文散官。開元以前舊例，開府特進雖不帶職事，皆給俸禄，得與朝會，班列依本品之次，皆崇官盛德、罷劇就閒者居之。天寶六載正月制，內外文武五品以上官，父祖無資廕者，〔六〕其所用廕，宜同子孫用廕之例。

特進

漢制，諸侯功德優盛，朝廷所敬異者，賜位特進，位在三公下。故成都侯王商以特進領城門兵，置幕府，得舉吏如將軍，是也。後漢皇后父兄，率爲特進侯，朝會位次三公。隋志曰：「特進舊位從公，光武以鄧禹列侯就第，特進奉朝請。是特進引見之稱，無官定體也。」而竇篤進位特進，得舉吏，見禮依三公。自二漢及魏晉以爲加官，從本官車服，無吏卒。太僕羊琇遜位，拜特進，加散騎常侍，無餘官，故給吏卒車服。其餘加特進者，唯食其祿賜，列其班位而已，不別給特進吏卒車服。晉惠帝元康中定令，特進位次諸公，在開府、驃騎上，冠進賢兩梁冠，黑介幘，五時朝服，佩水蒼玉。食俸日四斛。太康二年，〔七〕始賜春絹五十疋，秋絹百五十疋，〔八〕綿百五十斤。元康元年，給菜田八頃，田騶八人。立夏後不及田者，食俸一年。置主簿、功曹史、門亭長、門下書佐各一人，給安車黑耳，駕御一人，軺車施耳後戶一乘。無章綬。齊時位從公，陳因之。後魏北齊用人，皆以舊德就閒者居之。隋文帝以爲散官，不理事。煬帝即位，廢特進官。大唐爲文散官。餘具開府篇。

光祿大夫以下

秦時，光祿勳屬官有中大夫。漢武帝太初元年，更名光祿大夫。漢志曰：「夫者，扶也，膚也。

詩曰：『殷士膚敏，灌將于京。』明當以其肌膚知能侍君父也。」銀章青綬。掌議論，屬光禄勳。門外特施行馬，以旌別之。無常事，唯顧問應對，詔命所使，無員。後漢光禄大夫三人。凡諸國嗣王之喪，則掌弔，多以爲拜假賵贈之使及監護喪事。魏氏以來無員，轉優重，不復以爲使命之官。其諸公告老，皆家拜此位；及在朝顯職，復用加之。魏文帝以楊彪爲光禄大夫，賜几杖衣袍。因朝會引見，令彪著布單衣、鹿皮冠，杖而入，待以賓客之禮。及晉受命，置左右光禄大夫，假金章紫綬，而光禄大夫如故，加金章紫綬，並與卿同。進賢兩梁冠，黑介幘，五時朝服，佩水蒼玉。并禄賜、班位、吏卒皆與特進同。復以爲優崇之制，而諸公遜位，不復加之。其以爲加官者，唯假章綬、禄賜、班位而已，不別給車服、吏卒也。或更拜上公，或以本封食公禄。其諸卿尹中朝大官年老致仕者，〔九〕及内外之職加此者，前後甚衆。由是或因得開府，或進加金章紫綬，又復以爲禮贈之官。本已有卿官者，不復重給。其餘皆給。其假銀章青綬者，位在金紫將軍下，諸卿上。泰始中，唯太子詹事楊珧加給事中光禄大夫。加兵之制，諸所供給依三品將軍。晉宣帝子平原王幹拜光禄大夫，加侍中，特假金章紫綬，班次三司。其餘自如舊制，終武惠孝懷三世。食俸日三斛。太康二年，始給春絹五十疋，秋絹百疋，〔一〇〕綿百斤。惠帝元康元年，始給菜田六頃，田騶六人，置主簿、功曹史、門亭長、門下書佐各一人。宋氏因之。齊左右光禄大夫，皆據舊齒，位從公，開府置佐吏如公。年重加親信二十人。魏晉以來無員。以左右光禄大夫、光禄三大夫皆銀章青綬，〔一二〕其重者詔加金章紫綬，則謂之金紫光祿大夫。其重者既有金紫之號，故謂本光祿爲銀青光祿大夫。晉時王翹之爲銀青光祿大夫。樂安任遐爲光祿，就王晏乞一片金，晏乃啟轉爲金紫，是也。猶屬光祿勳。梁又有左右金紫光祿大夫，視吏部尚書，左右光祿大夫視諸曹，並養老病。陳因之。自晉以後多爲兼官。後魏有光祿大夫，金紫、銀青光祿大夫。北齊皆以舊德就閒者居之，與特進同。後周有左右金紫、左右銀青四光祿大夫。隋有光祿大夫、左右光祿大夫，皆爲散官，不理事。大唐初猶有左右之名。貞觀以後，唯曰光祿大夫、金紫光祿、銀青光祿，並爲文散官。按前代光祿大夫，始加金章紫綬及銀章青綬者並尊崇之，合在光祿之上。後魏定令誤，遂因仍不改。

正議大夫、通議大夫，皆隋置散官，蓋取秦大夫掌論議之義。大唐並因之。

太中大夫，秦官，亦掌論議。漢因之。哀帝初立，御史大夫王嘉奏曰：「蘇令發起爲盜，欲遣大夫使，時見大夫無可使者，召盩厔令尹逢，拜爲諫大夫，遣之。今諸大夫有材者甚少，宜預畜養也。」後漢置二十人。後漢張湛字子孝，拜太中大夫，居中東門候舍，故人號爲中東門君。又隗囂廣置職位，以自尊高。鄭興止之，曰：「夫太中大夫、使持節官，皆王者之器，非人臣所當制也。」〔一三〕胡廣云：「諫議、光祿、太中、中散大夫，此四等於古禮皆爲天子之下大夫，列國之上卿。」魏以來無員。晉視中丞、吏部，絳朝服，進賢一梁冠，介幘。泰始末，詔除王覽爲太中大夫，祿賜與卿同。梁、北齊皆有，大唐亦有之。

中大夫，秦官。漢武改爲光禄大夫。自後無聞。北齊有之，大唐又置之。龍朔二年七月制，諸王承嫡封郡王者，〔一三〕出身從四品下敍。

中散大夫，王莽所置。後漢因之，後置三十人。漢官曰：「光武中興置。」魏晉無員。齊梁視黄門侍郎，品服冠幘與太中同。陳亦有之，大唐又置之。

朝議大夫，隋置散官，以取漢諸大夫得上奉朝議爲名。大唐因之。

朝請大夫，隋置散官，取漢將軍公卿年高德重者，以列侯就第特進奉朝請之義。大唐因之。龍朔制，諸王衆子封郡公者，出身從五品上敍。

朝散大夫，隋置散官。大唐因之。自正議以下，今並爲文散官。

朝議郎、承議郎，並隋置散官。大唐因之。顯慶五年八月制，郡公出身正六品下敍。

通議郎，隋置散官。隋文帝於吏部別置朝議、通議、朝請、朝散、給事、承奉、儒林、文林等八郎，武騎、屯騎、驍騎、游騎、飛騎、旅騎、雲騎、羽騎八尉。其品則正六品以下，從九品以上。上階爲郎，下階爲尉。散官番直，常出使監檢。〔一四〕至煬帝皆罷。大唐改通議爲奉議郎。顯慶制，縣公出身從六品上敍。

通直郎，隋置，三十人。蓋采晉宋以來諸官皆有通直，謂官高下而通爲宿直者也，因此爲名。大唐因之。

朝請郎，隋置散官。蓋采晉、宋、齊、梁、陳並有奉朝請員爲名。大唐因之。顯慶制，侯出身正七品上敍。

宣德郎、朝散郎，並隋置散官。大唐因之。顯慶制，伯出身正七品下敍，子出身從七品上敍。

游騎尉，隋置散官。大唐改爲宣義郎。蓋取梁宣義將軍之名。顯慶制，男出身從七品下敍。

給事郎、徵事郎、承奉郎，並隋置散官。大唐因之。

承務郎，大唐置，蓋因隋尚書省二十四司承務郎之名也。

儒林郎，隋置散官，蓋取前史儒林傳之義。大唐因之。

登仕郎，大唐置。

文林郎，隋置散官，蓋取北齊文林館徵文學之士以充之義。大唐因之。

將仕郎，隋置散官。大唐因之。自朝議郎以下，今並爲文散官。其散官，自五品依本品衣服而無祿俸，不朝會。自六品以下，黃衣執笏，於尚書省分番上下。兩番以上，即便隨番許揀，通時務者始得參選。武德令：職事高者解散官欠一階不至者爲兼，職事卑者不解散官。貞觀十一年改令，以職事高者爲守，職事卑者爲行。其欠一階依舊爲兼，與當階者皆解散官。官階相當，無行無守。其子孫用廕，皆依散官。其後類例紛錯，難可悉舉。乾封元年正月制，內外官九品以上加一階，七品以上加二階，〔一五〕八品以下更加勳轉。乾封以前未有泛階，應入三品，皆以恩舊特拜。入五品者多因選敍，計階至朝散大夫以上，〔一六〕奏取進止。每年量多少進敍，餘依本品授官。若滿三計至，即一切聽入。乾封以後，始有泛階入五品、三品。

武散官

驃騎將軍

漢武帝元狩二年，始用霍去病爲驃騎將軍。定令，令驃騎將軍秩祿與大將軍等。光武中興，以景丹爲驃騎大將軍，位在三公下。明帝初即位，以弟東平王蒼有賢才，以爲驃騎將軍，以王故，位在公上。蒼爲驃騎輔政，開東閤，延英雄。及蒼歸國，有驃騎時吏丁牧、周栩，〔一七〕以蒼敬賢下士，不忍去之，遂爲王家大夫，數十年事祖及孫，帝聞褒美之。數年復罷。其官屬附見大將軍後。魏、晉、齊並有之。梁雜號中亦有。陳後主以蕭摩訶爲侍中、驃騎大將軍，加左光祿大夫，特開黄閤，施行馬，聽事寢堂置鴟尾，如三公制。後魏初，加大則在三司上。太和中制，加大則在都督中外諸軍下。後周亦有之。隋開皇中，置驃騎將軍府，每府置驃騎、車騎將軍各二人。十七年，頒銅獸符於驃騎、車騎府。煬帝改驃騎爲鷹揚郎將，改車騎爲鷹揚副郎將。大唐復改爲車騎、驃騎，其制如開皇而益復微矣。故武德元年詔，以軍頭爲驃騎將軍，軍副爲車騎將軍。又詔太子諸率府，各置驃騎將軍五員，車騎將軍十員。後皆省之。顯慶元年，乃復置驃騎大將軍，爲武散官。

輔國將軍

後漢獻帝置輔國將軍，以伏完爲之。晉王濬平吴後，拜輔國大將軍。有司奏輔國依比未爲達官，不置司馬，不給官騎。詔依征、鎮給五百大車，增兵五百人爲輔國營，給親騎百人，官騎十人，置司馬。宋明帝泰始四年，改爲輔師將軍，後廢帝昱元徽二年復故。梁、後魏、後周、隋並有之。大唐輔國大將軍爲武散官。

鎮軍將軍以下

鎮軍大將軍，魏置，文帝以陳羣爲之。晉則楊駿、胡奮並領鎮軍將軍。齊、後周、隋亦有之。大唐因之。

冠軍將軍，魏置，以文欽爲之。蓋因史記楚義帝以宋義爲卿子冠軍、漢武帝以霍去病功冠三軍封冠軍侯之義也。晉亦有之。金章紫綬，給五時朝服，武冠，佩水蒼玉。歷代並有。隋文帝置翊軍等四十三號將軍，品凡十六等，爲散號將軍，以加汎授。居曹有職務者爲執事官，無職務者爲散官。武官上柱國以下爲散實官，將軍爲散號官。至煬帝時，定令罷之。大唐因之。

雲麾將軍，梁置雜號。陳及大唐並有之。

忠武將軍，梁置雜號。陳有之，大唐因之。

壯武將軍，梁置雜號。陳有之，大唐因之。

宣威將軍，大唐置。

明威將軍，梁置雜號。後魏亦有之。大唐因之。

定遠將軍，梁置雜號。大唐因之。

寧遠將軍，晉置。大唐因之。

游騎將軍，魏置。陳有之。大唐因之。

游擊將軍，漢置。武帝以蘇建、韓説爲之。後漢鄧晨亦爲之。晉及陳並有之。大唐因之。又置懷化大將軍、歸德將軍以授蕃官。

諸校尉〔一八〕

漢武帝初置中壘、屯騎、步兵、越騎、長水、胡騎、射聲、虎賁等校尉爲八校，各有司馬。後漢以屯騎、越騎、步兵、長水、射聲爲五校，皆掌宿衞兵，按大駕鹵簿，五校尉在前，各有鼓吹一部。各有司馬，蔡質漢儀曰：「五營司馬見校尉，執版不拜。」並屬北軍中候。時五校官顯職閒而府寺寬敞，輿服光麗，伎巧必給，故多以皇族肺腑居之。至靈帝，又置西園八校尉。其名曰上軍、中軍、下軍、典軍、助軍、佐軍及左右校尉。自魏晉以下，五校之名與後漢同。唯後魏五校各置二十人。

中壘校尉，漢掌北軍營壘門內，又外掌西域。後漢省中壘，但置北門中候，掌監五營。屯騎校尉，漢掌騎士，後漢初改爲驍騎，建武十五年復舊。步兵校尉，漢掌上林苑門屯兵。晉阮籍聞步兵廚營人善釀，有貯酒三百斛，乃求爲之。至隋屬鷹揚府。越騎校尉，漢掌越騎，越人內附以爲騎也。後漢初改爲青巾左校尉，〔一九〕建武十五年復舊。長水校尉，漢掌長水、宣曲胡騎，宣曲觀名，胡騎之屯於宣曲者。宋志引韋昭曰：「長水校尉典胡騎，〔二〇〕廄近長水，故以爲名。長水蓋關中小水名也。」又主烏桓騎也。胡騎校尉，漢掌池陽胡騎，不常置。胡騎之屯池陽者，後漢并長水也。射聲校尉，漢掌待詔射聲士，工射者冥冥中聞聲射則中之，因以名也。須待所命而射，故曰待詔射聲。虎賁校尉，漢掌輕車，後漢并射聲。城門校尉，漢掌京師城門屯兵，凡八屯。後漢掌雒陽城門十二所，〔二一〕若周禮司門。晉干寶注曰：「如今校尉也。」驃姚校尉，漢武以霍去病爲之。護烏桓校尉，漢武帝時，烏桓屬漢，始於幽州部置之，擁節監領。至後漢，亦謂之領烏桓校尉。後漢主烏桓胡，并領鮮卑。李膺爲此官。戊己校尉，漢元帝初元元年置。甲乙丙丁庚辛壬癸皆有正位，唯戊己寄治耳。此所置校尉，亦無常居，故取戊己爲名。一說戊己居中，鎮覆四方。漢所置校尉，亦處西域之中撫諸國也。護羌校尉，後漢在涼州部，持節，職如護烏桓，主西羌。元康中，改爲涼州刺史。儒林校尉，蜀先主以周羣爲之。南蠻校尉，晉武帝於襄陽置之。元康中，荆州刺史領。江左初省，尋又置於江陵。齊書曰：「晉宋之際，〔二二〕刺史多不領南蠻，別以重人居之。唯齊豫章郡王嶷爲南蠻校尉、荆湘二州刺史。」南夷校尉，晉武帝於寧州置之。及江左，改曰鎮蠻校尉。西戎校尉，晉武帝於長安置之。元康中，改爲雍州刺史。安帝義熙中，又置，治漢中。寧蠻校尉，晉安帝置，治襄陽，以授魯宗之。護三巴校尉。宋置。齊建元二年，改爲刺史。

武騎尉、屯騎尉、驍騎尉、游騎尉、飛騎尉、旅騎尉、雲騎尉、羽騎尉、建節尉、奮武尉、宣惠尉、綏德尉、懷仁尉、守義尉、奉誠尉、立信尉，都十六尉，並隋置，以爲武散官。

昭武、振威、致果、翊衞、宣節、禦侮、仁勇、倍戎八校尉，各有副尉，並大唐采前代諸校尉以下舊名置。自鎮軍將軍以下爲武散官。

勳官

上柱國、柱國，皆楚之寵官。楚懷王使柱國昭陽將兵攻齊。陳軫問楚國之法，破軍殺將者何以貴之，昭陽曰「其官爲上柱國」是也。陳勝爲王，蔡賜爲上柱國。歷代無聞。至後魏孝莊，以尒朱榮有翊戴之功，拜爲柱國大將軍，位在丞相上。又拜大丞相、天柱大將軍，增佐吏。及榮敗後，天柱及柱國將軍官遂廢。天柱之名，尊崇莫二。〔二三〕昔王莽末，劉伯升起兵，自號柱天大將軍。〔二四〕而梁末侯景克建業後，亦自爲宇宙大將軍、都督六合諸軍事。至大統中，始以宇文泰爲之。其後功參佐命、聲實俱重者，亦居此職。自大統十六年以前，任者凡有八人。宇文泰、元欣、隴西公諱、〔二五〕李弼、獨孤信、趙貴。于謹、侯莫陳崇。時宇文泰任總百揆，督中外軍事。元欣以魏氏懿戚，從容禁闥而已。其餘六人各督二大將軍，凡十二大將軍。當時榮盛，莫以爲比。其稱門閥者，咸推八柱國家。其後功臣位至柱國者衆矣，咸是散秩，無復統御也。後周建德四年，增置上柱國大將軍。隋置上柱國、柱國，以酬勳勞，並爲散官，實不理事。楊玄感以父素軍功位至柱國，與其父俱爲第二品，朝會則齊列，後文帝乃命玄感降一等也。大唐改爲上柱國及柱國。

秦有護軍都尉，漢因之。高帝時，以陳平爲護軍中尉，盡護諸將，然則復以都尉爲中尉。陳平爲護軍中尉，人讒之曰：「平受諸將金，多者得善處，金少者得惡處。」武帝元狩四年，以護軍都尉屬大司馬，於時復爲都尉矣。成帝綏和元年，居大司馬府，比司直。哀帝元壽元年，更名曰司寇。平帝元始元年，更名護軍。初，韓安國以護軍將軍擊匈奴，趙充國以大將軍都尉擊武都也。漢東京省。班固爲大將軍中護軍，隸將軍幕府，非漢朝列職。魏武帝爲丞相，以韓浩爲護軍，史奐爲領軍，亦非漢官也。建安十二年，改護軍爲中護軍，領軍爲中領軍。魏初因置護軍將軍，主武官選，隸領軍。晉世則不隸矣。歷代史籍皆云護軍將軍主武官選，則領軍無主選之文。唯陶藻職官要録云「領軍將軍主武官選舉」，而護軍不言主選。又引曹昭叔述孝詩敍曰：「余年三十，遷中領軍，總六軍之要，秉選舉之機。」以此爲證。今按：漢高帝初，以陳平爲護軍中尉，令已主武官選矣，(二六)故平有受金之讒。又魏略云：「護軍之官，總統諸將，主武官選。前後當此官者，不能止貨賂。故蔣濟爲護軍，時有謡曰：『欲求牙門，當得千匹；五百人督，得五百匹。』司馬宣王與濟善，聞此聲以問濟，濟無以解之。及夏侯玄代濟，故不能止絶人事。及晉景帝代玄爲中護軍，整頓法分，(二七)人莫敢犯者。」又王隱晉書曰：「景帝爲中護軍，作選用之法，舉不越功，吏無私焉。」又晉起居注云：「武帝詔曰『中護軍職典戎選，宜得幹才』，遂以羊琇爲之。」宋志又云主武官選。按此，則護軍主選明矣。而陶藻所言領軍主選及昭叔之敍者，當因省併之際，爲一時之權宜，非歷代之恆制。元帝永昌元年，省護軍并領軍。明帝太寧二年復置。魏晉江右領護各領營兵。江左以來，領軍不復別置營，總管二衞、驍騎、材官諸營，護軍猶別有營也。周顗、庾亮、王羲之、謝安、王彪之等並爲護軍。宋護軍將軍一人，掌外軍。領、護資重者爲領軍將軍、護軍將軍，資輕者爲中領軍、中護軍。其官屬有長史、司馬、功曹、主簿、五官，受命出征則置參軍。齊、梁、陳並有之。北齊護軍府統四中郎將，皆置佐史。隋煬帝十二衞，每衞置護軍四人，以副將軍，將軍無則一人攝。尋改護軍爲虎賁郎將。大唐采前代舊名，置上護軍、護軍。

輕車將軍，漢武帝置，以公孫賀爲之。又有輕車校尉。梁、陳、後魏、北齊亦有輕車將軍。大唐采舊名，置上輕車都尉、輕車都尉。

騎都尉，漢武帝置，以李陵爲之。更始初亦有，故時謠云：「爛羊胃，騎都尉。」晉以後歷代皆有之。大唐采舊名，置上騎都尉、騎都尉。

驍騎尉、飛騎尉、雲騎尉、武騎尉，並隋置，爲武散官。〔二八〕大唐采置，自上柱國以下並爲勳官。

后妃及內官命婦附〔二九〕

昔帝嚳有四妃，以象后妃四星。其一明者爲正妃，餘三小者爲次妃。帝堯因焉。至舜，不告而娶，不立正妃，但三妃而已，謂之夫人。離騷所歌湘夫人，舜妃也。夏后氏增以三三而九，合十二人。春秋說云「天子娶十二女」，即夏制也。以虞夏及周制差之，則殷人又增以三九二十七，合三十九人。周人上法帝嚳，立正妃，又三二十七爲八十一人以增之，〔三〇〕合百二十一人。其位后也，夫人也，嬪也，世婦也，女御也，五者相參，以定尊卑焉。以上鄭玄所云。故禮曰：「古者天子后立六宮，三夫人，九嬪，二十七世婦，八十一御妻，以聽天下之內治。天子立六官，三公，九卿，二十七大夫，八十一元士，以聽天下之外治。」諸侯之夫人皆命於天子。「夫人不命於天子，自魯昭公始也」。周制，同姓百世不婚。魯昭娶吳，以同姓改謂之吳孟子，故不告於天子，天子亦不命。

漢興，因秦之稱，帝祖母稱太皇太后，帝母稱皇太后，正嫡稱皇后，皇后之尊侔於天子，璽綬如之。凡皇后稱椒房者，詩云：「椒聊之實，繁衍盈升。」〔三一〕國人羨其繁興，以椒塗室，亦取溫煖除惡氣也。妾皆稱夫人。又有美人，視二千石，比少上造。良人，視八百石，比左庶長。八子，視千石，比中更。七子，視八百石，比右庶長。長使，視六百石，比五大夫。少使，視四百石，比公乘。婕妤，武帝加置，視上卿，比列侯。娙娥，武帝加置，視中二千石，比關中侯。容華，武帝加置，視真二千石，比大上造。充衣，武帝加置，視千石，比左更。昭儀，元帝加置，位視丞相，爵比諸侯王。五官，視三百石。順常，視二百石。無涓、共和、娛靈、保林、良使、夜者，皆視百石。上家人子、中家人子。視有秩斗食。五官以下，死葬司馬門外。其太子有妃，有良娣，有孺子，妻妾凡三等。子皆稱皇孫，皇孫妻妾無位號，皆稱家人。光武中興，悉闕此號，唯皇后如舊。有貴人、貴人金印紫綬。美人、宮人、采女，皆無禄秩，四時賞賜而已。漢法常因八月算民，遣中大夫與掖庭丞及相工，於洛陽鄉中，閱視良家童女，年十三以上二十以下姿色端麗合法相者，載還後宮，〔二二〕擇視可否。魏武帝因西漢置夫人、昭儀、婕妤、容華、美人。文帝增置貴嬪、貴嬪、夫人並位次皇后，爵無所視。〔二三〕淑媛、位次御史大夫，爵比縣公。脩容、比亭侯。順成、明帝除順成。良人。視千石。明帝又增淑妃、位視相國，爵比諸侯王。昭華、〔二四〕比鄉侯。脩儀。比關内侯。自夫人以下，爵凡十二等。明帝遊宴在内，又選女子六人爲女尚書，典省外奏事也。晉因魏制。宋初，多因舊制。孝武帝孝建三年，置貴妃，比相國。進貴嬪，比丞相。貴人，比三司。以爲三夫人。又置昭儀、昭容、昭華，以代脩華、脩儀、脩容。又置中才人、充衣，以爲散位。其後或省或改，不能悉舉。廢帝即位，上明帝陳貴妃尊號曰皇太妃，依晉孝武李太妃故事，置家令一人。改諸國太妃曰大妃。音怡。其江左四代，互相沿襲，無大異同。宋前廢帝以新蔡公主號爲謝貴妃，加虎賁龍旂，出警入蹕。齊永明元年，有司奏貴妃、淑妃並加金章紫綬，佩于寘玉。自後魏以下，班號謬亂，不足爲紀。大唐内官有惠妃、麗妃、華妃三人，正一品。淑儀、德儀、賢儀、順儀、婉儀、芳儀六人，正二品。美人四人，正三品。才人七人，正四品。宫官有差。初，武德九年，詔曰：「王者内職，取象天官，肇自古昔，具有節文。末代奢淫，搜算無度。憫兹深閉，久離親族。一時減省，各從娶聘。」自是中宫前後所出三千餘人。貞觀二年，中書舍人李百藥上封事曰：「竊聞大安宫及掖庭内，無用宫人，動有數萬。衣食之費，固自煩多，幽閉之冤，足傷和氣。亢陽爲害，亦或由兹。」太宗謂侍臣曰：「隋氏末年，求採無已。此皆竭人財力，深所不取。且灑掃之餘，更何所用。今將出之，任求伉儷。非獨省費息人，〔三五〕亦得各遂其性。」於是令尚書右丞戴胄、給事中杜正倫等於掖庭西門簡出之。玄宗開元二年，詔曰：「古者三夫人、九嬪、二十七世婦、八十一御女，以備内職焉。朕恭膺大寶，頗循舊號，而六宫曠位，未副於周禮。八月算人，不行於漢法。至而姜后進諫，永巷脱簪，袁盎有言，上林引席，此則朕之所慕，未曾忘也。頃者人頗諠譁，流聞道路，以爲朕求聲色，選備掖庭。豈余志之未孚，何斯言之妄作。往緣太平公主，輒進人入宫，時以事須順從，未能拒抑。見不賢莫若内省，欲止謗莫若自修，改而更張，損之可也。妃嬪以下，備當簡擇，〔三六〕使還其家。」

凡三代之制，諸侯之婦曰夫人，夫之言扶。大夫曰孺人，孺之言屬。士曰婦人，婦之言服。庶人曰妻。妻之言齊。公侯有夫人，有世婦，有妻，有妾。貶於天子也。無后與嬪，去上中。邦君之妻，君稱之曰夫人，夫人自稱於天子曰老婦。自稱於天子，謂畿内諸侯之夫人助祭，若時事見。自稱於諸侯曰寡小君，謂饗來朝諸侯之時。自稱於其君曰小童。若云未成人也。邦人稱之曰君夫人。異邦人稱之，亦曰君夫人。自世婦以下者，自稱曰婢子。婢之言卑也。於其君稱此，以接見體敵，〔三七〕故嫌其當。

凡婦人無爵，從夫之爵，坐以夫之齒。爵謂夫命爲大夫，〔三八〕則妻爲命婦。至秦漢，婦人始有封君之號。蔡邕獨斷曰：「漢異姓婦人以恩澤封者曰君，比長公主。」史記曰：漢有平原君即景帝王皇后之母也，脩成君即武帝母王太后前夫金氏之女也。後漢書曰：「崔駰曾祖母師氏，能通經學百家之言，王莽賜號儀成夫人，金印紫綬，文軒丹轂，顯於新室之世。」又，鄧后臨朝，爵其太夫人爲新野君，萬户供湯沐邑，薨，贈長公主，赤綬，謚曰敬君。又，梁冀妻孫壽，封爲襄城君，兼食陽翟租，歲又入五千萬，加賜赤綬，比長公主。又，梁商夫人陰氏薨，〔三九〕追號開封君，賜印綬。又，靈帝封乳母宋娥爲山陽君，五千户。左雄奏曰：「尚書故事無乳母爵邑之制，唯孝安皇帝變亂舊典，封爵阿母王聖爲野王君，生爲天下所咀嚼，死爲天下所歡快。初封野王，漢陽地動，今封山陽君，京城復震。專政在陰，其災尤急。」又，董卓爲相國，封其母爲池陽君，置令丞。公主有邑司之制。歷代公主各附於王侯篇內。元壽二年，始令列侯太夫人、夫人、諸侯王子及吏二千石無得擅徵補。如淳曰：「列侯之妻稱夫人，列侯死，子復爲列侯，乃得稱太夫人。子不爲列侯，則不得稱之。」晉亦有之。羊祜卒二歲而吴平，武帝流涕曰：「此羊太傅之功也。」因以策告祜廟，仍依蕭何故事，封其夫人夏侯氏爲萬歲鄉君，食邑五千户。又，泰始六年，詔太傅壽光公鄭沖、太保朗陵公何曾，皆假夫人、世子印綬，食本秩三分之一，皆如郡公侯比。又，王導妻卒，贈金章紫綬。又，虞潭母亦拜爲武昌侯太夫人，加金章紫綬。潭立養堂於家，王導以下皆就拜謁。又，韋逞母宋氏，其父授以周官音義。逞仕苻堅爲太常，乃就宋家立講堂，置生員一百二十人，隔絳紗幔受業，號宋爲宣文君。其餘多闕。宋鄱陽縣侯孟懷玉上母檀氏拜國太夫人，有司奏許之。〔四〇〕御史中丞袁豹以爲婦人從夫之爵，懷玉父綽見任大司農，其妻不宜從子，奏免尚書右僕射劉柳、〔四一〕左丞徐羨之、郎何邵之官。詔並贖論。後周宣帝令內外命婦皆執笏，其拜廟及天臺，皆俛伏。隋高涼女子洗氏，世爲南越首領，有功，詔册爲高涼郡太夫人，賫繡幰油絡，駟馬安車，旌節鹵簿，一如刺史之儀。後册爲譙國太夫人，仍開譙國太夫人幕府，置長史以下官屬。

大唐外命婦之制：皇帝妃嬪及太子良娣以下爲內命婦，公主及王妃以下爲外命婦。今內命婦具職員令中。其制大約皆出於漢魏，不復重敍。諸王母妻及妃、嗣王郡王母妻亦同。文武官一品及國公其非始封者，帶三品以上，亦同。母妻爲國夫人，三品以上母妻爲郡夫人，四品母妻爲郡君，若勳官二品有封，亦同四品。五品母妻爲縣君。若勳官三品有封者，亦同五品。散官同職事。若勳官四品有封，母妻爲鄉君，其母邑號皆加太，各視夫子之品。若夫子兩有官及爵，或一人有官及爵者，皆從高蔭。其不因夫子別加邑號者，夫人云某品夫人，郡君云某品郡君。縣君、鄉君準此。諸庶子有五品以上官封者，若嫡母在，所生之母不得爲太妃以下。無者聽之。其承重者不合。中宗時，韋皇后表請諸婦人不因夫子而加邑號，許同見任職事，聽子孫用蔭，門施棨戟。制從之。武太后時，契丹寇平州，平州刺史鄒保英妻奚氏率城內女子助守，[四二]賊遂退，封爲誠節夫人。[四三]又，咸亨元年，贈武太后母爲魯國太夫人，謚曰忠烈。開元八年五月敕：「準令王妻爲妃，文武官及國公妻爲國夫人。[四四]母加太字。一人有官及爵者，聽從高敍。但王者名器，殊恩或須異姓，妻合從夫受秩，甲令更無別條。率循舊章，須依往例。自今已後，郡嗣王及異姓王母妻，[四五]並宜準令爲妃。」貞元六年，太常卿崔縱奏：「諸國王母未有封號，請遵典故爲某國太妃。」吏部郎中柳冕等狀稱：「歷代故事及六典，無公主母稱號。伏請降於王母一等，命爲太儀，各以公主本封加太儀之上。」從之。

校勘記

〔一〕延平元年 「元」原訛「九」，據後漢書鄧騭傳六一二頁改。

〔二〕江左亦多有之 原「江」上有「在」，據北宋本、王吳本删。

〔三〕平南將軍 按：查梁書邵陵王綸傳，蕭綸未曾任平南將軍。

〔四〕湘州刺史 「湘」原作「湖」，據北宋本改。按：梁書王茂傳，王茂任江州刺史，未曾任湘州刺史。

〔五〕左翊一開府二開府三開府四開府 「左」原訛「右」，據北宋本改。「四開府」原脱，據隋書百官志下七七八頁補。

〔六〕父祖無資廕者 「無」原脱，據唐會要卷八一補。

〔七〕太康二年 「二」原訛「三」，據晉書職官志七二七頁改。

〔八〕秋絹百五十疋 「百」原脱，據晉書職官志七二七頁補。

〔九〕致仕者 「仕」原訛「事」，據晉書職官志七二八頁及傅校本、明刻本、王吳本改。

〔一〇〕秋絹百疋 四字原脱，據晉書職官志七二八頁補。

〔一一〕以左右光禄大夫光禄三大夫皆銀章青綬 「以」原作「其」，「三」字原脱，據北宋本、傅校本、明抄本、明刻本、王吳本改補。

〔一二〕非人臣所當制也 「制」原作「置」，據北宋本、傅校本、明抄本改。按：後漢書鄭興傳一二一九頁作

「制」。

〔三〕諸王承嫡封郡王者　「承嫡」原訛「嫡子」，此後人妄改者。今據北宋本、傅校本、明抄本改回。按：唐會要卷八一作「諸王子承嫡者封郡王」。與通典意同。

〔四〕上階爲郎下階爲尉散官番直常出使監檢　兩「階」原均訛「皆」，「直」原訛「置」，「出」下原衍「入」，據隋書百官志下七九二頁改刪。按：北宋本、傅校本、明抄本、明刻本、王吴本「直」字不誤。北宋本「入」字不衍。

〔五〕七品以上加二階　「七」原訛「一」，據北宋本、明抄本改。按：唐會要卷八一即作「七」。

〔六〕計階至朝散大夫以上　「上」原訛「下」，據北宋本、明抄本改。按：唐會要卷八一即作「上」。

〔七〕有驃騎時吏丁牧周栩　「丁牧周栩」原訛作「斗食周相」，據後漢書東平王蒼傳一四四二頁改。按：北宋本此處漫漶，而「丁牧周栩」四字尚可辨識。

〔八〕諸校尉　「尉」下原有「附」，據北宋本、傅校本、明抄本、明刻本、王吴本刪。

〔九〕改爲青巾左校尉　「巾左」原訛「帀右」，據後漢書光武帝紀五五頁改。按：諸本「巾」字不誤。

〔一〇〕長水校尉典胡騎　「典」原訛「有」，據宋書百官志下一二四八頁、後漢書百官志四劉昭注三六一三頁引韋昭語改。按：北宋本、傅校本、明抄本、明刻本訛作「曲」。

〔一一〕雒陽城門十二所　「二」原訛「一」，據後漢書百官志四三六一〇頁改。

〔一二〕晉宋之際　「晉」原訛「齊」，據南齊書豫章文獻王傳四〇七頁改。

〔二三〕尊崇莫二　「二」原作「大」，據北宋本、傅校本、明抄本改。

〔二四〕自號柱天大將軍　「柱天」原誤倒作「天柱」，據北宋本、傅校本、明抄本乙。按：後漢書宗室四王三侯傳五五〇頁即作「柱天」。

〔二五〕隴西公諱　「諱」原訛「緯」，今改。按：隴西公李虎乃李淵之祖，通典諱之。

〔二六〕令已主武官選矣　「令已」原倒作「已令」，據北宋本、傅校本、明抄本、明刻本、王吳本乙。

〔二七〕整頓法分　「分」原作「度」，據北宋本、傅校本、明抄本、明刻本、王吳本改。

〔二八〕爲武散官　「武」原作「文」，據明刻本改。

〔二九〕后妃及內官命婦附　此題原作「內官命婦附」，今據北宋本、傅校本、明抄本、明刻本、王吳本改回。

〔三〇〕又三二十七爲八十一人以增之　原「三」下有「九」，今删。按：三二十七，謂三個二十七也。

〔三一〕繁衍盈升　「繁」今詩經椒聊作「番」，繁番古通用。

〔三二〕載還後宮　「還」原訛「遷」，據諸本改。

〔三三〕文帝增置貴嬪貴嬪夫人並位次皇后爵無所視　原訛作「文帝增置貴嬪二人並位次皇后爵無所視」。今據三國志魏書后妃傳一五五頁訂改。

〔三四〕昭華　「昭」原訛「修」，據北宋本、傅校本、明抄本、明刻本、王吳本改。按：三國志魏書后妃傳一五五頁作「昭華」。

〔三五〕非獨省費息人　「獨」原脱，據册府卷四二四七七頁補。

〔三六〕備當簡擇　「備」原作「朕」，據諸本改。

〔三七〕以接見體敵　「體敵」原倒，據北宋本、明抄本乙。

〔三八〕爵謂夫命爲大夫　「爲」原訛「有」，據北宋本、傅校本、明抄本、明刻本、王吴本改。

〔三九〕梁商夫人陰氏薨　「梁」原訛「王」，據後漢書梁商傳一一七五頁改。

〔四〇〕孟懷玉上母檀氏拜國太夫人有司奏許之　「檀氏」原訛脱作「擅」，「太」、「司」原脱，並據宋書袁豹傳一五〇〇頁改補。

〔四一〕劉柳　「柳」原訛「抑」，據宋書袁豹傳一五〇〇頁改。

〔四二〕平州刺史鄒保英妻奚氏　「鄒」原訛「鄭」，「奚」原訛「爰」，據舊唐書列女傳五一四五頁改。按：北宋本「鄒」字不誤。

〔四三〕誠節夫人　「誠」原作「成」，據舊唐書列女傳五一四六頁改。

〔四四〕文武官及國公妻爲國夫人　下「國」原脱，據唐會要卷四七補。

〔四五〕郡嗣王及異姓王母妻　上「王」原脱，據唐會要卷四七補。

王永興點校　王文錦覆校

通典卷第三十五

職官十七

俸禄

禄秩幹力　白直　仗身　庶僕　親事　帳内　執衣　防閤　邑士　士力　門夫等並附

致仕官禄　職田公廨田

禄秩幹力　白直　仗身　庶僕　親事　帳内　執衣　防閤　邑士　士力　門夫等並附○周　漢　後漢　宋　齊　梁　北齊　後周　隋　大唐〔一〕

周班爵禄之制，天子一位，公一位，侯一位，伯一位，子男同一位，凡五等也。君一位，卿一位，大夫一位，上士一位，中士一位，下士一位，凡六等。大國君十卿禄，卿禄四大夫，大夫倍上士，上士倍中士，中士倍下士，下士與庶人在官者同禄。趙岐曰：「庶人在官者，未命爲士者。」次國君十卿禄，卿禄三大夫，大夫倍上士，上士倍中士，中士倍下士，下士與庶人在官者同禄。小國君十卿禄，卿禄二大夫，大夫倍上士，上士倍中士，中士倍下士，下士與庶人在官者同禄。皆禄足以代耕也。卿禄於君禄皆十分之一，大夫於卿各相加。〔二〕士不得耕，以禄代耕也。及乎周衰，諸侯惡其害己而去其籍。諸侯恣行，惡其法度之害己，而滅去其籍。故今周禮司禄之官闕其職也。故其詳不可得而聞矣，兹蓋其略也。孟子。天子之三公之田視公侯，天子之卿視伯，天子之大夫視子男，天子之元士視附庸。視，比也。諸侯之下士禄食九人，中士食十八人，上士食三十六人，下大夫食七十二人，卿食二百八十八人，君食二千八百八十人。次國之卿食二百一十六人，君食二千一百六十人。小國之卿食百四十四人，君食千四百四十人。〔三〕次國之卿命於君者，亦如小國之卿。〔四〕凡制農田百畝，百畝之分，上農夫食九人，其次食八人，其次食七人，其次食六人。下農夫食五人。庶人在官者，其禄以是爲差。農夫皆受田於公，田肥墽有五等，〔五〕收入不同也。庶人在官者，謂府史之屬，官長所除，不命於天子國君者。分或爲糞。墽，古教反。故諸侯之下士視上農夫，禄足以代耕也。禮記王制。〔六〕

漢制禄秩，自中二千石至百石各有等差。宣帝又益天下吏百石以下俸十五。漢書曰：「若食一斛，則益五斗。」〔七〕又應劭漢書曰：〔八〕「張敞、蕭望之言曰：『夫倉廩實而知禮節，衣食足而知榮辱，今小吏俸率不足，常有憂父母妻子之心，雖欲潔身爲廉，其勢不能。請以什率增天下吏俸。』宣帝乃益天下吏俸什二。」〔九〕而漢書言十五，兩存其說。〔一〇〕至成帝陽朔二年，除八百石、五百石秩。除八百就六百，除五百就四百。綏和二年，又益吏三百石以下俸。凡吏比二千石以上年老致仕者，三分故禄，以一與之，終其身。其時亦有俸錢之差，但本史文不具耳。故元帝時貢禹上書曰：「臣爲諫大夫，〔一一〕秩八百石，俸錢月九千二百，廩食太官。又拜爲光禄大夫，秩二千石，俸錢月萬二千。禄賜愈多，家日以益富。」中二千石，月俸百八十斛。二千石，百二十斛。比二千石，百斛。千石，九十斛。比千石，八十斛。〔一二〕六百石，七十斛。比六百石，六十斛。〔一三〕四百石，五十斛。比四百石，四十五斛。三百石，四十斛。比三百石，三十七斛。二百石，三十斛。比二百石，二十七斛。百石。十六斛。自四百石至二百石爲長吏。吏，理也。主理其縣內。百石以下有斗食佐史之秩，顏師古曰：「漢官名秩簿云，斗食月俸十一斛，〔一四〕佐史月俸八斛也。一說，斗食者，歲俸不滿百石，計日而食一斗二升，〔一五〕故云斗食也。」是爲小吏。本史王莽詔曰：「自公卿以下，一月之禄十緵布二疋，〔一六〕或帛一疋，予每之念。今僚禄一歲六十六斛，〔一七〕稍以差增，上至四輔而爲萬斛。」孟康曰：「緵，八十縷也。」

後漢大將軍、三公俸，月三百五十斛。風俗通曰：「漢制，三公一歲共食萬石。」按此則有出，蓋舉大數也。至建武二十六年，增百官俸，其千石以上減於西京舊制，六百石以下增於舊秩。本史永初四年，又減百官及州郡縣俸，各有差。凡諸受俸，皆取半錢半穀。〔一八〕延平中，定制：中二千石，月俸錢九千，米七十二斛。真二千石，錢六千五百，米三十六斛。比二千石，錢五千，米三十四斛。千石，錢四千，米三十斛。六百石，錢三千五百，米二十一斛。四百石，錢二千五百，米十五斛。三百石，錢二千，米十二斛。二百石，錢一千，米九斛。一百石，錢八百，米四斛八斗。凡中二千石，丞比千石；真二千石，丞、長史六百石；比二千石，丞比六百石。令、相千石者，丞、尉皆四百石；其六百石者，丞、尉皆三百石。長、相四百石及三百石者，丞、尉皆二百石。諸侯公主家丞秩皆比三百石。〔一九〕諸邊障塞尉、諸陵校尉長皆二百石。〔二〇〕有常例者不署秩。本志。大將軍、三公臘賜錢各二十萬，牛肉二百斤，粳米二百斛。特進侯以下各有差。立春之日，遣使者賜文官司徒、司空帛三十疋，九卿十五疋，武官太尉、大將軍各六十疋，執金吾諸校尉各三十疋。武官倍文官。漢官儀。獻帝建安八年，頒賜三公以下金帛。由是三年一賜，以爲常制。本史。

宋氏以來，州郡秩俸及雜供給，多隨土所出，無有定準。永初元年，〔二一〕詔二品清官以上應食祿者，有二親或祖父母年登七十，並給見錢。其郡縣田祿，以芒種爲斷，此前去官者則一年秩祿皆入前人，此後去者悉入後人。〔二二〕元嘉末，又改此制，計月分祿。武帝初即位，制：凡中二千石，加公田一頃。

齊氏衆官有僮幹之役，而不詳其制。大明五年制，〔二三〕二品清官行僮幹杖，不得出十。張融坐鞭幹錢敬道杖五十，免官。又梁王諶爲吏部郎，坐鞭曹申免官。〔二四〕幹者，若門僕之類也。

梁武帝天監初，定九品令。帝於品下注：一品秩爲萬石，第二第三品爲中二千石，第四第五品爲二千石。及侯景之亂，國用常褊，京官文武月別唯得廩食，〔二五〕多遥帶一郡縣官，而取其祿秩焉。揚、徐等大州比令、僕班，揚州督王畿，理在建康，徐州督重鎮，理京口，並外官刺史最重者。尚書令、僕射，官品第三也。寧、桂等小州比參軍班。寧州理建寧，今雲南郡，桂州理始安，今郡，並與外官刺史最輕者。公府參軍，官品第六也。丹陽郡、吳郡、會稽等郡，同太子詹事、尚書班，丹陽尹理建康，吳郡、會稽即今郡，並列郡重者。詹事、尚書，官品第三也。高涼、晉康等小郡，〔二六〕三班而已。高涼、晉康即今郡，並列郡最輕者。梁武帝定九品後，其內官吏爲十八班，以班多者爲貴，同班者即以居下爲劣，則與品第高下不倫，當是其時更以清濁爲差耳。本史既略，不可詳審焉。大郡六班，小縣兩轉方至一班。品第既殊，不可委載。其州郡縣祿米絹布絲綿，當處輸臺傳倉庫。〔二七〕若給刺史守令等，先準其所部文武人物多少，由敕而裁。凡如此祿秩，〔二八〕既通所部兵士給之，其家得蓋少。諸王諸主出閤就第婚冠所須及衣裳服飾并酒米魚鮭香油紙燭等，並官給之。〔二九〕王及主壻外祿者不給，解任還京仍亦公給。

後魏初，無祿秩者。至孝文太和八年，始班俸祿，罷諸商人，以簡民事。戶增調三疋、穀二斛九斗，〔三〇〕以爲官司之祿，均預調爲二疋之賦。祿行之後，贓滿一疋者死。其祿每季一請，於是百官受祿有差。至十年，議定民官依戶給俸。本史又曰：「初邊方小郡太守數戶而已，一請止六尺絹，歲不滿疋。」

北齊官秩：一品每歲八百疋，二百疋爲一秩。從一品七百疋，一百七十五疋爲一秩。二品六百疋，一百五十疋爲一秩。從二品五百疋，一百二十五疋爲一秩。三品四百疋，一百疋爲一秩。從三品三百疋，七十五疋爲一秩。四品二百四十疋，六十疋爲一秩。從四品二百疋，五十疋爲一秩。五品一百六十疋，四十疋爲一秩。從五品一百二十疋，三十疋爲一秩。六品一百疋，二十五疋爲一秩。從六品八十疋，二十疋爲一秩。七品六十疋，十五疋爲一秩。從七品四十疋，十疋爲一秩。八品三十六疋，九疋爲一秩。從八品三十二疋，八疋爲一秩。九品二十八疋，七疋爲一秩。從九品二十四疋，六疋爲一秩。禄率一分以帛，一分以粟，一分以錢。事繁者優一秩，平者守本秩，閑者降一秩。長兼、試守者，亦降一秩。官非執事、不朝拜者，皆不給禄。州郡縣制禄之法，刺史、守、令下車，各前取一時之秩。上上州刺史，歲秩八百疋，與司州牧同。上中、上下各以五十疋爲差。中上降上下一百疋，中中及中下亦以五十疋爲差。下上降中下一百疋，下中、下下亦各以五十疋爲差。上郡太守，歲秩五百疋，降清都尹五十疋。上中、上下各以五十疋爲差。中上降上下四十疋，中中及中下各以三十疋爲差。下上降中下四十疋，下中、下下各以二十疋爲差。上上縣，歲一百五十疋，與鄴、臨漳、成安三縣同。上中、上下各以十疋爲差。中上降上下三十疋，中中及中下各以五疋爲差。下上降中下二十疋，下中、下下各以十疋爲差。州自長史下逮於史吏，郡縣自丞以下逮於掾佐，亦皆以帛爲秩。郡有尉者，尉減丞之半。皆以其所出常調課給之。自一品以下至流外勳品，各給事力。一品至三十人，下至於流外勳品，〔三一〕或以五人爲等，或以四人、三人、二人、一人爲等。繁者加一等，平者守本力，閑者降一等。諸州刺史、守、令以下，幹及力皆聽敕乃給。其幹出所部之人。一幹輸絹十八疋，幹身放之。力則以其州郡縣白直充。〔三二〕

後周制禄秩：下士一百二十五石，中士以上至於上大夫，各倍之，上大夫是爲四千石。卿二分，孤三分，公四分，各益其一，公因盈數爲萬石。其九秩一百二十石，八秩至於七秩，每二秩六分而下，各去其一，二秩一秩俱爲四十石。凡頒禄，視年之上下。畝至四釜爲上年，上年頒其正。三釜爲中年，中年頒其半。二釜爲下年，下年頒其一。無年爲凶荒，不頒禄。

隋京官正一品，禄九百石。其下每以百石爲差，至正四品，是爲三百石。從四品二百五十石，其下每以五十石爲差，至正六品，是爲一百石。從六品九十石，以下每以十石爲差，至從八品，是爲五十石。食封及官不判事者，并九品，皆不給禄。其給皆以春秋二季。刺史、太守、縣令則計户而給禄，各以户數爲九等之差。大州六百二十石，其下每以四十石爲差，至於下下，則三百石。大郡三百四十石，其下每以三十石爲差，至於下下，則一百石。大縣百四十石，其下每以十石爲差，至於下下，則六十石。其禄唯及刺史二佐及郡守、縣令。本志。

文帝時，嘗以百僚供費不足，臺省府寺咸置廨錢，收息取給。工部尚書蘇孝慈以爲官人争利，非興化之道，上表請罷，從之。公卿以下又給職田各有差。〔三三〕本志。

義寧二年，唐王爲相國，罷外官給禄，每十斛給地二十畝。

大唐武德中，外官無禄。

貞觀二年制，有上考者乃給禄。其後遂定給禄俸之制：以民地租充之。京官正一品，七百石。從一品，六百石。正二品，五百石。從二品，四百六十石。正三品，四百石。從三品，三百六十石。正四品，三百石。〔三四〕從四品，二百六十石。正五品，二百石。從五品，一百六十石。正六品，一百石。從六品，九十石。正七品，八十石。從七品，七十石。正八品，六十七石。從八品，六十二石。正九品，五十七石。從九品，五十二石。諸給禄者，三師、三公及太子三師、三少，若在京國諸司文武官職事九品以上并左右千牛備身左右、太子千牛，並依官給。其春夏二季春給，秋冬二季秋給。凡京文武官每歲給禄，總一十五萬一千五百三十三石二斗。自至德之後不給。其在外文武官九品以上準官皆降京官一等給。其文武官在京長上者則不降。諸給禄應降等者，正從一品各以五十石爲一等，二品三品皆以三十石爲一等，四品五品皆以二十石爲一等，六品七品皆以五石爲一等，八品九品皆以二石五斗爲一等。其俸錢之制，京司諸官初置公廨，令行署及番官興易，以充其俸。

貞觀十二年，罷公廨，置胥士七千人，取諸州上户爲之。準防閤例而收其課，三歲一更，計員少多而分給焉。

貞觀十五年，以府庫尚虛，敕在京諸司依舊置公廨，給錢充本，置令史、府史、胥士等，令迴易納利，以充官人俸。諫議大夫褚遂良上疏曰：「爲理之本，在於擇人，不正其源，遂差千里。往古明經拜職，或四科辟召，必擇器任使，量才命官。然則市井子孫，不居官吏。國家制令，憲章三代，商賈之人，亦不居官位。陛下近許諸司令史捉公廨本錢，諸司取此色人，號爲捉錢令史。不簡性識，寧論書藝，但令身能賈販，家足貲財，〔三五〕録牒吏部，即依補擬。大率人捉五十貫以下，〔三六〕四十貫以上，任居市肆，恣其販易，每月納利四千，〔三七〕一年凡輸五萬，送利不違，年滿授職。然有國家者常笑漢代賣官，〔三八〕今開此路，頗類於彼。在京七十餘司，相率司別九人，更一二載後，年別即有六百餘人輸利受職。伏以陛下理致昇平，任賢爲政，或太學高第，或諸州進士，皆策同片玉，經若懸河，守先聖之格言，慕昔賢之廉恥，拔十取五，量能授官，然犯禁違公，輒罹刑法。況乎捉錢令史，專主賈販，志意分毫之末，耳目廛肆之閒，輸錢於官，以獲品秩，荏苒年歲，國家能不使用之乎？此人習與性成，慣於求利，苟得無恥，豈蹈廉隅，使其居職，何向而可。將來之弊，宜絶本源。臣每周遊之閒，爲國視聽，京師庶僚，爰及外官，異口同詞，咸言不便。」太宗納之，停諸司捉錢，依舊本府給月俸。

二十一年，復依故制置公廨，給錢爲之本，置令史、府史、胥士等職，〔三九〕賈易收息，以充官俸。〔四〇〕

永徽元年，悉廢胥士等，〔四一〕更以諸州租庸腳直充之。其後又令薄賦百姓一年税錢，依舊令高户及典正等掌之，每月收息，以充官俸。其後又以税錢爲之，而罷其息利。

凡京文武正官每歲供給俸食等錢，并防閤、庶僕及雜錢等。總一十五萬三千七百二十貫。謂內外員外官同員外官不在此數。外官則以公廨田收及息錢等，常食公用之外，分充月料，先以長官定數，其州縣少尹、長史、司馬及丞，各減長官之半。尹、大都督府長史、副都督、別駕及判司準二佐，以職田數爲加減。其參軍及博士減判司、主簿縣尉減縣丞各三分之一。自乾元之後，以常賦不給，內外官俸禄各減其半。內供奉及裏行不帶本官者，禄俸食料防閤庶僕一事以上，並同正員。其不同正員者，禄賜食料亦同正員，餘各給半。職田並不給。後，以常賦不給，內外官俸禄各減其半。內供奉及裏行不帶本官者，禄俸食料防閤庶僕一事以上，並同正官。帶官者，聽從多處給。若帶外官者，依京官給。食料賜會與京官同。諸檢校及判、試、知等官不帶內外官者，料度一事以上，準員外官同正員例給。若檢校及判、試、知處正官見闕者，兼給雜用。其職田不應入正官者，亦給。其侍御史殿中及監察御史知試並同內供奉裏行例。

儀鳳二年制，內外官俸食、防閤、邑士、白直等，宜令王公以下，率口出錢以充給焉。

調露元年九月，職事五品以上，準舊給仗身。

武太后光宅元年九月，以京官八品九品俸料授薄，〔四二〕諸八品每年給庶僕三人，九品二人。

又有親事、帳內，六品七品子爲親事，八品九品子爲帳內，限年十八以上，舉諸州共率萬人爲之。凡王公以下及文武職事三品以上帶勳官者，則給之。其親事府、帳內府官，附在王侯篇。三師、三公、開府儀同三司，一百三十人。嗣王、郡王，一百八人。上柱國帶二品以上職事，九十五人。帶三品職事，六十九人。柱國帶二品以上職事，七十九人。帶三品職事，六十二人。〔四三〕上護軍帶二品以上職事，七十三人。帶三品職事，五十五人。護軍帶二品以上職事，六十二人。帶三品職事，三十六人。

諸州縣之官，流外九品以上皆給白直：二品，四十人。三品，三十二人。四品，二十四人。五品，十六人。六品，十人。七品，七人。其七品佐官六人。八品，五人。九品。四人。諸州縣官，流內九品以上及在外監官五品以上，〔四四〕皆給執衣：隨身驅使，典執筆硯，其監官於隨近州縣取充。一品，十八人。三品，十五人。四品，十二人。五品，九人。六品、七品，各六人。八品、九品，各三人。關津嶽瀆官並不給。分爲三番，每周而代。不願代者聽之。初以民丁中男充，爲之役使者不得踰境；後皆捨其身而收其課，課入所配之官，遂爲恆制。

鎮戍之官，以鎮戍上、中、下爲差。上鎮將給仗身四人，中下鎮將、上鎮副各三人，〔四五〕中下鎮副各二人，倉曹、兵曹、戍主副各一人。其仗身十五日一時，收資六百四十。

開元十年正月，省王公以下視品官參佐及京官五品以上官仗身職員。

凡京司文武職事官，〔四六〕五品以上給防閤：一品，九十六人。二品，七十二人。三品，四十八人。四品，三十二人。五品，二十四人。六品以下給庶僕：六品，五人。七品，四人。八品，三人。九品，二人。公主，邑士八十人。郡主，六十人。縣主，四十人。特封縣主，三十四人。京官仕兩職者從多給。凡州縣官皆有白直：二品，四十人。三品，三十二人。四品，二十人。五品，十六人。六品，十二人。七品，六人。八品，五人。九品，四人。凡諸親王府屬並給士力，數如白直。其防閤、庶僕、白直、士力納課者，每年不過二千五百，執衣元不過一千文。防閤、庶僕舊制季分，月俸食料雜用即月分。〔四七〕諸官應月給。

開元二十四年六月，乃撮而同之，通謂之月俸。〔四八〕一品月俸料八千，〔四九〕食料千八百，雜用千二百，防閤二十千，通計三十一千。二品月俸六千，食料千五百，雜用一千，〔五〇〕防閤十五千五百，〔五一〕通計二十四千。三品月俸五千，〔五二〕食料千一百，雜用九百，防閤十千，通計十七千。四品月俸三千五百，〔五三〕食料七百，雜用七百，〔五四〕防閤六千六百六十七，〔五五〕通計十一千五百六十七。〔五六〕五品月俸三千，食料六百，雜用六百，防閤五千，通計九千二百。六品月俸二千，〔五七〕食料四百，雜用四百，庶僕二千五百，〔五八〕通計五千三百。七品月俸千七百五十，食料三百五十，雜用三百五十，庶僕千六百，通計四千五十。八品月俸千三百五十，〔五九〕食料三百，雜用三百，〔六〇〕庶僕六百，〔六一〕通計二千五百五十。〔六二〕九品月俸千五十，食料二百五十，雜用二百，庶僕四百，〔六三〕通計千九百。〔六四〕其數目，國初以來即有，中間色目，〔六五〕或有加減，今方爲定制。員外官帶同正者，不減正員官食料錢，不帶同正者減半。致仕官，建中三年九月敕，所請半祿料及賜物等，並宜從敕出日於本貫及寄住處州府支給。至貞元四年四月敕，其宴會及朔望朝參，並依恆式，自今已後，宜準此。

諸州縣不配防人處，城及倉庫門各二人；須守護者，取年十八以上中男及殘疾，據見在數，均爲番第，〔六六〕勿得偏併。每番一旬。每城門各四人，倉庫門各二人。其倉門每萬石加一人，石數雖多，不得過五人。其京兆、河南府及赤縣大門各六人，庫門各三人。其須修理官廨及祇承官人，聽量配驅使。若番上不到應須徵課者，每番閑月不得過一百七十，忙月不得過二百文。滿五旬者，殘疾免課調，中男免雜徭。其州城郭之下户數不登者，通取於他縣。總謂之門夫。其後舉其名而徵其資，以給郡縣之官。其門之多少，課之高下，任土作制，無有常數。

天寶五載制，郡縣白直計數多少，請用料錢，〔六七〕加稅以充之，不得配丁爲白直。十四載八月制，兩京文武官九品以上正員官，自今以後，每月給俸食、〔六八〕雜用、防閤、庶僕等，宜十分率加二分，其同正官加一分，仍永爲恆式。乾元元年制，外官給半料與職田，京官不給料，〔六九〕令度支使量閒劇，司給手力課，員外官一切無料。大曆三年，通計京城諸司，每月給手力資錢凡四萬七千五百四十六貫四十八，〔七〇〕並以天下青苗錢充。初以常賦不給，乃稅人墾田畝十有五錢。資用窘急，不暇成熟，候苗青即征之，故謂之青苗錢。主其任者爲青苗使。貞元四年正月敕，京文武官員及兩京府縣官總三千七百七員，〔七一〕據元給及新加，每月當錢五萬一千四百四貫六百一十七文，〔七二〕一年都當六十一萬六千八百五十五貫四百四文。〔七三〕

天寶七載九月敕，五品以上正員清官、諸道節度使及太守等，並聽當蓄絲竹，〔七四〕以展懽娛，行樂盛時，式覃中外。

至八載六月敕，其南口給使，〔七五〕王公家不過二十人，其職事官一品不得過十人，三品不得過八人，四品不得過六人，五品不得過四人，京文武清官六品七品不得過二人，八品九品不得過一人。百官家蓄絲竹及給使口，並是朝恩，優寵資給，故附於庶僕俸料之後。

致仕官祿

大唐令，諸職事官年七十、五品以上致仕者，各給半祿。開元五年十月敕，致仕應請物，令所由送至宅。

職田公廨田

古者自卿以下必有圭田，圭田五十畝，餘夫二十五畝。孟子言古者卿以下至於士，皆受田五十畝，所以供祭祀。圭，潔也。士田謂之圭田，〔七六〕所謂「惟士無田則亦不祭」，言絀士無潔田也。〔七七〕井田之民養公田者，受百畝，圭田半之，故五十畝。餘夫者，一家一人受田，其餘老小尚有餘力者，受二十五畝，半於圭田，謂之餘夫也。受田者田萊多少，有上中下。周禮曰「餘夫亦如之」，亦如上中下之制也。故王制曰「公田藉而不稅」，藉之言借也，借民力治公田，美惡取於此，不稅民之所自治也。孟子曰：「夏后氏五十而貢，殷人七十而助，周人百畝而徹。」是也。「夫圭田無征」，是也。夫猶治也。征，稅也。治圭田者不稅，所以厚賢也。此則周禮之士田，以任近郊之地，稅什一也。凡藉田之法，以一里之田凡九頃，分授八夫，則家得一頃。其餘一頃，以八十畝均付八家，以為公田，家得十畝。借民力而治之，公則好惡取於是，不復侵人所自治之田也。故詩曰：「雨我公田，遂及我私。」其餘二十畝，二家共得五畝，以為廬舍。秦漢之閒，不詳其制。

至晉，〔七八〕公卿猶各有菜田及田騶多少之級，然粗舉其制，而史不備書。其餘歷代多闕。

後魏孝文太和五年，州刺史、郡太守并官節級給公田。

隋文帝開皇中，以百僚供費不足，咸置廨錢，收息取利。蘇孝慈上表請罷。於是公卿以下内外官給職分田，一品給五頃，至五品則爲三頃，其下每以五十畝爲差。又給公廨田以供用。

大唐凡京諸司各有公廨田：司農寺，給二十六頃。殿中省，二十五頃。少府監，二十二頃。太常寺，二十頃。京兆府、河南府，各十七頃。太府寺，十六頃。吏部、户部各十五頃。兵部、内侍省，各十四頃。中書省、將作監，各十三頃。刑部、大理寺，各十二頃。尚書都省、門下省、太子左春坊，各十一頃。工部，一十頃。光禄寺、太僕寺、祕書省，〔七九〕各九頃。禮部、鴻臚寺、都水監、太子詹事府，各八頃。御史臺、國子監、京縣，各七頃。左右衛、太子家令寺，各六頃。衛尉寺、左右驍衛、左右武衛、左右威衛、左右領軍衛、左右金吾衛、左右監門衛、太子左右春坊，各五頃。太子左右衛率府、太史局，各四頃。宗正寺、左右千牛衛、太子僕寺、左右司禦率府、左右清道率府、左右監門率府，各三頃。内坊、左右内率府、率更府，各二頃。

在外諸司公廨田，亦各有差：大都督府，四十頃。中都督府，三十五頃。下都督、都護府、上州，各三十頃。中州，二十頃。宮總監、〔八〇〕下州，各十五頃。上縣，十頃。中縣，八頃。下縣，六頃。上牧監、上鎮，各五頃。下縣及中下牧、司竹監、中鎮、諸軍、折衝府，各四頃。諸冶監、諸倉監、下鎮、上關，各三頃。互市監、諸屯監、上戍、中關及津，各二頃。其津隸都水使者，不給。下關，一頃五十畝。中戍、下戍、嶽瀆，各一頃。

諸京官文武職事各有職分田：一品，十二頃。二品，十頃。三品，九頃。四品，七頃。五品，六頃。六品，四頃。七品，三頃五十畝。八品，二頃五十畝。九品，二頃。並去京城百里內給。其京兆、河南府及京縣官人職分田，亦準此。即百里內地少，欲於百里外給者，亦聽之。

諸州及都護府、親王府官人職分之田，亦各有差：二品，十二頃。三品，十頃。四品，八頃。五品，七頃。六品，五頃。京畿縣亦準此。七品，四頃。八品，三頃。九品，二頃五十畝。鎮、戍、關、津、嶽、瀆及在外監官五品，五頃。六品，三頃五十畝。七品，三頃。八品，二頃。九品，一頃五十畝。三衛中郎將、上府折衝都尉，各六頃。中府，五頃五十畝。下府及諸郎將，各五頃。上府果毅都尉，四頃。中府，三頃五十畝。下府，三頃。上府長史、別將，各三頃。中府、下府，各二頃五十畝。親王府典軍，五頃五十畝〔八一〕。副典軍，四頃。千牛備身、備身左右、〔八二〕太子千牛備身，各三頃。〔八三〕諸軍上折衝府兵曹，二頃。中府、下府，各一頃五十畝。其外軍校尉，一頃二十畝。旅帥，一頃。隊正副，各八十畝。皆於領側州縣界內給。其校尉以下在本縣及去家百里內領者，不給。其田亦借民佃植，至秋冬受數而已。

諸職分陸田限三月三十日，稻田限四月三十日，以前上者並入後人，以後上者入前人。其麥田以九月三十日爲限。各前人自耕未種，後人酬其功直；已自種者，準租分法。

其價六斗已下者，依舊定，不得過六斗，並取情願，不得抑配。

開元十年六月敕，所置職田，本非古法，爰自近制，是以因循。事有變通，應須刪改。其內外官所給職田地子，〔八四〕從今年九月以後，並宜停給。十八年六月，京官職田，特令準令給受，復用舊制。自大曆以來，關中匱竭，時物騰貴，內官不給。乃減外官職田三分之一，以給京官俸。每歲通計，文武正員、員外官及內侍省、閑廄、五坊、南北衙宿衞并教坊內人家糧等，凡給米七十萬石。

校勘記

〔一〕大唐　自「周」至「大唐」十個朝代名稱原無，據北宋本、傅校本、明刻本、王吴本補。

〔二〕大夫於卿各相加　此語不可解，疑有訛誤。

〔三〕君食千四百四十人　原「十」下衍「四」，據禮記王制刪。

〔四〕亦如小國之卿　原脫「亦」，據北宋本、傅校本、明抄本、明刻本、王吴本補。

〔五〕田肥墽有五等　「墽」原作「磝」，據禮記王制鄭注改。按：北宋本作「敫」。下同。

〔六〕禮記王制　「制」下原有「篇」，後人所增。今據北宋本、傅校本、明抄本、明刻本、王吴本刪。

〔七〕漢書曰若食一斛則益五斗　按：「若食一斛則益五斗」八字乃漢書宣帝紀二六三頁韋昭注。漢書本文並無此語。

〔八〕又應劭漢書曰　原「劭」下有「注」，清人所增。今據北宋本、傅校本、明抄本、明刻本、王吴本删。按：後漢書應劭傳一六一三頁引劭奏記，有「其見漢書二十五，漢記四，皆删敍潤色，以全本體」等語。此處所引未必是應劭漢書集解，似不得擅加「注」字。

〔九〕張敞蕭望之言曰至宣帝乃益天下吏俸什二　按：班固漢書無此項記載。

〔一〇〕兩存其説　原「説」下有「耳」，據北宋本、明抄本删。

〔一一〕臣爲諫大夫　「諫」下原衍「議」，據漢書貢禹傳三〇七三頁删。

〔一二〕千石九十斛比千石八十斛　原脱「九十斛比千石」，據漢書百官公卿表上顔師古注七二一頁補。

〔一三〕比六百石六十斛　原脱，據漢書百官公卿表上顔師古注七二一頁補。

〔一四〕斗食月俸一十斛　「一十」漢書百官公卿表上顔師古注七四三頁作「十一」。

〔一五〕一斗二升　「二」原訛「三」，據北宋本、傅校本、明抄本改。按：漢書百官公卿表上顔師古注七四三頁即作「二」。

〔一六〕一月之禄十緵布二疋　原「十」下衍「斛」，據漢書王莽傳中四一四二頁删。

〔一七〕今僚禄一歲六十六斛　「僚」原訛「俸」，「十」下脱「六」，據漢書王莽傳中四一四二頁改補。按：北宋本「十」上脱「六」。

〔一八〕皆取半錢半穀　下「半」原脱，據後漢書百官志五三六三三頁補。

〔一九〕諸侯公主家丞秩皆比三百石　後漢書百官志四三六一三頁無「三」字，疑脱。

〔二〇〕諸陵校尉長皆二百石　原脱「長」，據後漢書百官志四三六一三頁補。

〔二一〕永初元年　原訛脱作「永元初」，今訂改作「永初元年」。按：宋武帝年號爲「永初」。

〔二二〕此前去官者則一年秩禄皆入前人此後去者悉入後人　卷十九禄秩節同。而此處下「後」字北宋本作「前」。按：疑當作「此前去官者則一年秩禄皆入後人，此後去者悉入前人」，方合情理。

〔二三〕大明五年制　「大」原訛「永」，據南齊書張融傳七二六頁改。

〔二四〕又梁王諶爲吏部郎坐鞭曹申免官　「諶」北宋本、傅校本、明抄本、明刻本作「葚」。又，北宋本「申」上有「中」。

〔二五〕京官文武月别唯得廪食　「别唯」原倒，據隋書食貨志六七五頁乙正。

〔二六〕高涼晉康等小郡　「涼」原訛「原」，北宋本訛「源」，今據隋書食貨志六七五頁改正。下同。

〔二七〕當處輸臺傳倉庫　「傳」原訛「附」，據隋書食貨志六七五頁改。

〔二八〕凡如此禄秩　原脱「此」，據隋書食貨志六七五頁補。

〔二九〕並官給之　原「並」下衍「受」，據隋書食貨志六七五頁删。

〔三〇〕穀二斛九斗　「二」原訛「三」，「斗」原訛「升」，據魏書高祖紀上一四五頁改。按：北宋本「二」字不誤。

〔三一〕下至於流外勳品　原脱「至於」，據隋書百官志中七六四頁補。

〔三二〕力則以其州郡縣白直充　原脱「以其州」，據隋書百官志中七六五頁補。

〔三三〕又給職田各有差　「又」原訛「及」，據隋書食貨志六八一頁改。

〔三四〕三百石　「石」原訛「百」，據諸本改。

〔三五〕家足貲財　「貲」原作「貨」，據北宋本、傅校本、明抄本改。

〔三六〕大率人捉五十貫以下　「人」原訛「入」，據北宋本、傅校本、明抄本、明刻本改。

〔三七〕每月納利四千　「利」原訛「和」，據諸本改。

〔三八〕然有國家者　原脱「有」，「者」作「昔」，今據唐會要卷九一補改。按：北宋本、明抄本作「者」。

〔三九〕置令史府史胥士等職　下「史」原脱，據唐會要卷九一補。按：上文即有「史」字。

〔四〇〕以充官俸　「官」北宋本、傅校本、明抄本、明刻本作「其」。

〔四一〕悉廢胥士等　「廢」原訛「發」，據唐會要卷九一、新唐書食貨志五一三九五頁改。

〔四二〕以京官八品九品俸料授薄　「薄」原作「簿」，據唐會要卷九一、新唐書食貨志五一三九七頁改。

〔四三〕六十二人　「二」原作「三」，據北宋本、傅校本、明抄本改。

〔四四〕及在外監官五品以上　原無「官」，據唐六典卷三增。

〔四五〕上鎮將給仗身四人中下鎮將上鎮副各三人　「給」上原脱「將」，「副」上原脱「上鎮」，並據新唐書食貨志五一三九八頁補。

〔四六〕凡京司文武職事官　「司」原訛「師」，據北宋本、傅校本改。按：册府卷五〇六六〇七〇頁也作「司」。

〔四七〕月俸食料雜用即月分　下「月」原訛「有」，據册府卷五〇六六〇七〇頁改。

〔四八〕通謂之月俸　「月俸」原訛「俸料」，據唐會要卷九一、册府卷五〇六六〇七〇頁、新唐書食貨志五一三九九頁改。

〔四九〕一品月俸料八千　「八」原訛「六」，據北宋本、傅校本、明抄本改。

〔五〇〕防閤二十千通計三十一千二品月俸六千食料千五百雜用一千　此二十六字原涉下而脱，今據唐會要卷九一、册府卷五〇六六〇七一頁訂補。

〔五一〕防閤十五千五百　「五百」原脱，據册府卷五〇六六〇七一頁補。

〔五二〕三品月俸五千　「三品」上原有「二品」，北宋本有「二百」，並是衍文。今據唐會要卷九一、册府卷五〇六六〇七一頁校删。

〔五三〕四品月俸三千五百　「三」唐會要卷九一、册府卷五〇六六〇七一頁作「四」。

〔五四〕雜用七百　「七」唐會要卷九一、册府卷五〇六六〇七一頁作「六」。

〔五五〕防閤六千六百六十七　册府卷五〇六六〇七一頁無「六百」。唐會要卷九一無「六十七」。按：唐會要有誤，與其通計數不合。

〔五六〕通計十一千五百六十七　「五」唐會要卷九一、册府卷五〇六六〇七一頁作「八」。

〔五七〕六品月俸二千　「二千」唐會要卷九一、册府卷五〇六六〇七一頁作「二千三百」。

〔五八〕庶僕二千五百　「五」唐會要卷九一、册府卷五〇六六〇七一頁作「二」。

〔五九〕八品月俸千三百五十　唐會要卷九一、册府卷五〇六六〇七一頁無「五十」。

〔六〇〕雜用三百　「三百」唐會要卷九一、册府卷五〇六六〇七一頁作「二百五十」。

〔六一〕庶僕六百　「六百」唐會要卷九一、册府卷五〇六六〇七一頁作「六百二十五」。

〔六二〕通計二千五百五十　「二千五百五十」，唐會要卷九一、册府卷五〇六六〇七一頁作「二千四百七十五」。

〔六三〕庶僕四百　「四百」唐會要卷九一、册府卷五〇六六〇七一頁作「四百一十七」。

〔六四〕通計千九百　「千九百」唐會要卷九一、册府卷五〇六六〇七一頁作「一千九百一十七」。

〔六五〕中間色目　「間」原訛「開」，據北宋本、傅校本、明抄本、明刻本、王吳本改。

〔六六〕均爲番第　「第」原訛「地」，據北宋本、明抄本改。

〔六七〕請用料錢　原訛作「同料錢」，據唐會要卷九一、册府卷五〇六六〇七二頁補改。

〔六八〕每月給俸食　原脱「俸」，據册府卷五〇六六〇七二頁補。唐會要卷九一作「每月給俸食料」。

〔六九〕外官給半料與職田京官不給料　「與」原訛「以」，「京官」原脱，據唐會要卷九一、册府卷五〇六六〇七二頁改補。

〔七〇〕四十八　「八」原作「文」，據北宋本、明抄本改。按：册府卷五〇六六〇七四頁也作「八」。

〔七一〕總三千七百七員　「員」原訛「貫」，據唐會要卷九一、册府卷五〇六六〇七七頁改。

〔七二〕據元給及新加每月當錢五萬一千四百四貫六百一十七文　「新」原作「雜」，「月」原脱，據唐會要卷九一、册府卷五〇六六〇七七頁改補。

〔七三〕四百四文　下「四」原脱，據唐會要卷九一、册府卷五〇六六〇七七頁補。

〔七四〕並聽當蓄絲竹　「當」原訛「常」，據北宋本、傅校本、明抄本改。

〔七五〕其南口給使　「南」原作「男」，明人妄改者。今據北宋本、傅校本、明抄本改回。

〔七六〕士田謂之圭田　「士」原訛「土」，據北宋本、殿本改。下同。

〔七七〕言絀士無潔田也　「絀」原訛「惟」，據北宋本、傅校本改。

〔七八〕至晉　原脱「至」，據北宋本、傅校本、明抄本、明刻本、王吳本補。

〔七九〕祕書省　「省」原訛「監」，據北宋本、明抄本改。

〔八〇〕宫總監　「宫」原訛「官」，據唐六典卷三改。

〔八一〕親王府典軍五頃五十畝　「五十畝」原脱，據唐六典卷三、新唐書食貨志五一三九四頁補。

〔八二〕備身左右　「備身」原涉上而脱，據唐六典卷三補。

〔八三〕各三頃　「三」原訛「二」，據北宋本、明抄本改。按：唐六典卷三、新唐書食貨志五一三九四頁均作「二」。

〔八四〕其内外官所給職田地子　「官」原脱，「地子」原脱訛作「止」，據唐會要卷九二補改。按：北宋本、傅校本、明抄本、明刻本、王吳本有「子」脱「地」。

王永興點校　王文錦覆校

通典卷第三十六

職官十八

秩品一〔一〕唐 虞 夏 商 周 秦 漢 後漢 魏

唐官數闕。尚書曰：「唐虞建官惟百。」而鄭玄云：「虞官六十，唐官未聞。堯舜同道，或皆六十，并屬官而言，〔二〕則皆有百。」

虞官六十。明堂位曰「有虞氏官五十」，而鄭注云六十。

夏官一百二十。明堂位曰：「夏后氏官百。」又尚書云「夏商官倍」，則當有二百矣。而鄭云「百二十」，今依鄭說。

殷官二百四十。明堂位曰「殷官二百」，而鄭云「二百四十」，今依鄭說。

右自殷以上官名制度，俱在歷代官制篇。按列國之官，並不在其數。

周官有九儀之命，正邦國之位。九命作伯，上公有功德者，加命爲二伯，得專征伐五侯九伯者也。八命作牧，侯伯有功德者，加命得專征伐於諸侯。又云：「一州之牧也。王之三公亦八命。」七命賜國，王之卿六命，出封加一等者，鄭司農云：「出就侯伯之國。」六命賜官，鄭司農云：「子男入爲卿，理一官也。」〔三〕鄭玄謂此王六命之卿。賜官者，得自置其臣，治家邑如諸侯。五命賜則，則者，地未成國之名也。王之下大夫四命，〔四〕出封加一等，五命，賜之以方百里、二百里之地也。方三百里以上爲成國。王莽時以二十五成爲則，方五十里，與夏五十里國同。四命受器，受祭器，爲上大夫也。鄭玄謂此公之孤，始得有祭器者也。三命受位，受下大夫之位也。鄭玄謂此列國之卿，始有列位於王，爲王臣。再命受服，受祭衣服，爲上士也。鄭玄謂此受玄冕之服，列國之大夫再命。一命受職。始命爲正吏，謂列國公侯伯之士也。於子男爲大夫。一云受職事。

右內外官六萬三千六百七十五人。內二千六百四十三人，外諸侯國官六萬一千三十二人。內職掌府、史、胥、徒、賈人、工人，庶子、〔五〕罪閩蠻夷貉等五隸、醫人、圉人、虎士、視瞭力召反。及奚、漿、籩、醢、醯、鹽、冪、酒、祧，〔六〕舂、抌、饎、稾等。抌音肉。饎音熾，熟食也。爾雅云酒食也。女職一萬五千九百五十人。都計內外官及內職掌人七萬九千六百二十五人。其旄人、舞者及太祝、巫覡、閽人每門及囿、每宮等官職，〔七〕并冬官人數及外職掌人並闕。按帝王世紀云：「湯受命，有三千餘國。」又按王制云：「殷時天下諸侯國千七百七十三。」當是殷氏政衰，諸侯相并，季末之時所存之國耳。大國二百四十九，次國五百一，小國一千二十三。大國次國則皆三卿、五下大夫、二十七上士。唯小國二卿，其大夫與士如大國、次國之數。大凡列國卿、大夫、士，有六萬一千三十二人。及周初，有千八百國，列國卿、大夫、士大約與殷不異。罷侯置守，郡縣官吏，百姓所奉，豈非勤乎。

周制，非二王之後，列土諸侯其爵無至公者也。〔八〕當周之世，有功之臣無如太公、周公者，然封爵皆爲侯。詩云「穆穆魯侯」，〔九〕又曰「齊侯之子」是也。〔一〇〕而春秋有虞公、虢公、州公者，或因殷之舊爵，或嘗爲天子之官，子孫因其號耳，非周之典制也。故天子三公八命，卿六命，大夫四命，上士三命，中士再命，下士一命。天子三公加命，則爲方伯，九命；卿加一命，則出爲侯伯，七命；大夫加一命，則出爲子男，五命；天子元士出封爲附庸，加一命，爲四命。大夫以下德盛者，出則爵命並加。士則德未周備，但得進命，不進爵也。是以卿出則爲侯、伯，大夫出則爲子、男，皆爵命並進。士出爲附庸，但得進命，故附庸之君猶稱名，與士同。故春秋傳云：「附庸之君，名也。」二王之後，本非出加之例，直以承祀先代，故九命爲上公。其有功之臣，皆爲侯伯七命而已。若王之子弟及異姓之有大功德，而封爵不過侯，但得進地。故齊魯之國，皆以侯爵而受上公之地五百里之封。若列土侯伯有賢能之德而又有功者，則加一命爲牧，故春官之職云「八命作牧」。子男之君則五命，上公之孤四命，卿三命，大夫再命，士一命。大國之卿三命，大夫再命。次國之卿三命，大夫再命，士一命。小國之卿再命，大夫一命，其士不命。凡士一命而受爵。周禮爵及命士，故云「一命而受爵」。有受爵有受命者必有職，故周禮云「一命受職」，明一命之士職爵俱有也。再命受服於君，不自爲也。然則一命者，其服自爲也。一命尚受職，再命不言自明耳。三命受車馬，三命謂侯伯之卿也。再命已受服於君，則三命之卿受服不疑矣，而復別受車馬於君，故曲禮云「夫爲人子，三賜不及車馬」，明其三命得受車馬之義。然三命之卿則有命於天子之禮，故周禮云「三命受位」，明諸侯之卿受三命者，〔一一〕皆有列位於王朝也。則小國之卿再命者，雖得命於天子，於王朝未有列位也。三命之卿始受車馬，則再命以下車馬自爲之也。若君特賜者，不在其例。四命受器，謂公之孤卿受祭器於公。四命始受器，三命以下皆自爲之也，故禮記云「有田禄者先爲祭器」。三命以上既受祭服，四命者受服亦可明矣。三命之卿尚有列位於王，四命亦可知也。凡次國之君不過七命，小國之君不過五命。凡自稱者，伯曰天子之臣。分陝之伯。諸侯之於天子，曰某土之守臣某。守音手又反。在邊邑，曰某屏之臣某。公子曰臣孽。孽音五葛反。士曰傳遽之臣，於大夫曰外私。傳遽，以車馬給使者也。士臣於大夫者，曰私人也。傳音丁戀反。列國之大夫入天子之國，曰某士，亦謂諸侯之卿也。三命以下，天子士也。某士者，若晉韓起聘於周，儐者曰晉士起也。自稱曰陪臣某。陪，重也。於外曰子。子，有德之稱也。魯春秋曰「高子來盟」。〔一二〕於某國，曰寡君之老。使自稱曰某。使謂使人於諸侯也。某，名也。

秦制爵二十等，以賞功勞。其十八等，自大庶長以下又似官也。

右具封爵篇。其帥人皆更卒也。有功賜則在軍吏之例。自公大夫以上，令丞與亢禮。言從公大夫以上人，與令丞亢禮。亢，當也，言高下相當，無所卑屈。

漢官秩差次：二漢並有秦二十等爵，然以爲功勞之賞，非恒秩也。丞相、太尉、司徒、司空、諸將軍及諸侯王國官，不在此目。

中二千石：月百八十斛。王莽改曰卿。御史大夫　太常　光禄勳　衞尉　太僕　廷尉　大鴻臚　宗正　大司農　少府　執金吾

二千石：月百二十斛。亦曰真二千石。王莽改爲上大夫。太子太傅、少傅　將作大匠　太子詹事大長秋　典屬國　水衡都尉　京兆尹　左馮翊　右扶風　司隸校尉　城門校尉　中壘校尉　屯騎校尉　步兵校尉　越騎校尉　長水校尉　胡騎校尉　射聲校尉　虎賁校尉　州牧　郡太守

比二千石：月百斛。王莽改爲中大夫。丞相司直　光禄大夫　光禄中郎五官左右三將　光禄虎賁中郎將　光禄中郎將騎都尉　西域都護副校尉〔一三〕　奉車都尉　駙馬都尉　郡尉

千石：月九十斛。〔一四〕王莽改爲下大夫。丞相長史　大司馬長史　御史中丞更名御史長史。前後左右將軍長史　太常丞　光禄勳丞　衞尉丞　太僕丞　廷尉左右監　大鴻臚丞　宗正丞　大司農丞　少府丞　執金吾丞　太子衞率　萬户以上縣令

比千石：月八十斛。〔一五〕　光禄太中大夫　光禄郎中車户騎三將　光禄謁者僕射　光

禄虎賁郎

八百石：成帝除八百石秩。　太子家令

比八百石：光禄勳諫大夫〔一六〕

六百石：月七十斛。王莽改曰元士。　衛尉公車司馬令　衛士令　旅賁令　廷尉左右平　太子門大夫　太子庶子　將作大匠丞　太子詹事丞　水衡都尉丞　京兆尹丞　左馮翊丞　右扶風丞　州刺史　郡丞　郡長史　郡尉丞　次萬户以上縣令

比六百石：月六十斛。　太常太卜博士〔一七〕　光禄議郎、中郎　光禄謁者掌賓讚受事員〔一八〕　西域都護丞、司馬、候　戊己校尉丞、司馬、候〔一九〕

五百石：成帝除五百石秩。王莽復置，改爲命士。　減萬户縣長

四百石：月五十斛。〔二〇〕自四百石至二百石爲長吏。王莽改爲中士。　太子中盾　萬户以上縣丞　次萬户以上縣丞　減萬户縣丞

比四百石：月四十五斛。〔二一〕　光禄侍郎

三百石：月四十斛。王莽改爲下士。　次減萬户縣長

比三百石：月三十七斛。　光禄郎中

二百石：月三十斛。　萬户以上縣尉　次萬户以上縣尉　減萬户縣尉

百石：月十六斛。〔二二〕自百石以下有斗食佐史之秩，爲少吏。王莽改百石秩曰庶士。

右漢吏員，自佐史至丞相，凡十三萬二百八十五人，哀帝時官數。命數未詳。〔二三〕漢魏以降，逮於周隋，既多無注解，或傳寫訛舛，有義理難明，雖研覈莫辨。今但約其本史，聊存一代之制。他皆類此，覽之者幸察焉。

後漢官秩差次：此制初因其舊，以後錢穀兼給，其舊數增減不同，事具祿秩篇。其太傅、三公、大將軍、驃騎大將軍，並不在此目。

中二千石：月百八十斛。太常　光祿勳　衞尉　太僕　廷尉　大鴻臚　宗正　大司農　少府　執金吾注云比二千石。太子太傅　河南尹　京兆尹　左馮翊　右扶風

二千石：月百二十斛。度遼將軍　大長秋　太子少傅　將作大匠　司隸校尉〔二四〕　州牧凡州所監都爲京都，置尹　郡太守　皇子封王國傅、相　皇子封王國御史大夫及諸卿〔二五〕

比二千石：月百斛。都護將軍　大將軍營五部校尉　光祿五官中郎將　光祿左中郎將　光祿右中郎將　光祿虎賁中郎將　光祿羽林中郎將　光祿奉車都尉　光祿駙馬都尉　光祿騎都尉　光祿大夫　少府侍中漢官秩云千石。少府中常侍　城門校尉　北軍屯騎校尉　北軍越騎校尉　北軍步兵校尉　北軍長水校尉　北軍射聲校尉　每王屬國都

尉　護烏桓校尉　護羌校尉　皇子封王國中尉

千石：月八十斛。太傅長史　太尉長史　司徒長史　司空長史　大將軍長史　光祿太中大夫注云：秩比二千石。　廷尉正、左監　少府中常侍　少府尚書令　少府御史中丞　太子家令　大長秋中宮僕〔二六〕　太子率更令　太子僕　城門司馬　平城門屯司馬〔二七〕　北軍屯騎校尉司馬　北軍越騎校尉司馬　北軍步兵校尉司馬　北軍長水校尉司馬、胡騎司馬　北軍騎射聲校尉司馬　右扶風、京兆每大縣令　雒陽令　皇子封王國郎中令、僕〔二八〕

比千石：大將軍軍司馬〔二九〕　太常丞　光祿丞　光祿謁者僕射　衛尉丞　衛尉宮掖門司馬　太僕丞　鴻臚丞　宗正丞　司農丞　少府丞　使匈奴中郎將　執金吾丞注云：「漢官秩云六百石。」

六百石：月七十斛。大將軍從事中郎　度遼將軍長史　度遼將軍司馬　太常贊饗　太常太史令　太常博士祭酒　太常太祝令　太常太宰令　太常大予樂令　太常高廟令　太常光武廟令　太常前帝陵每陵園令　太常先帝陵每陵食官令　光祿左右僕射　左右陛長　光祿羽林左監　光祿羽林右監　光祿中散大夫注云秩比二千石。〔三〇〕　光祿諫議大夫〔三一〕　光祿議郎　光祿常侍謁者公府掾　衛尉公車司馬令　衛尉南宮衛士令　衛尉北宮衛士令　衛尉左右都候　太僕考功令　太僕車府令　太僕未央廄令　太僕承華廄

令　廷尉左平　鴻臚大行令　宗正諸公主每主家令　宗正諸公主每主主簿、僕、私府長　大司農部丞　大司農太倉令　大司農平準令　大司農導官令　少府太醫令　少府太官令　少府守宮令　少府上林苑令　少府給事黃門侍郎　少府小黃門侍郎　少府小黃門令　少府中黃門冗從僕射　少府掖庭令　少府永巷令　少府御府令　少府祠祀令　少府鉤盾令　少府濯龍監　少府中藏府令　少府內者令〔三二〕　少府尚方令　少府尚書僕射　少府尚書〔三三〕　少府符節令　少府治書侍御史　少府侍御史　執金吾武庫令大長秋丞　大長秋中宮謁者令〔三四〕　大長秋中宮尚書〔三五〕　大長秋中宮私府令注曰「秩千石」。大長秋中宮永巷令　大長秋中宮黃門冗從僕射　大長秋中宮署令〔三六〕　太子倉令　太子食官令〔三七〕　太子門大夫　太子中庶子　將作丞　將作左校令　將作右校令　城門每門候　北軍中候　州刺史　右扶風京兆每次縣令　護烏桓校尉擁節長史、司馬〔三八〕　護羌校尉擁節長史、司馬

比六百石：月六十斛。又云五十斛。　大將軍曲軍候〔三九〕　光祿五官中郎〔四〇〕　光祿左中郎　光祿右中郎　光祿虎賁中郎　光祿常侍謁者　太子洗馬　皇子封王國治書〔四一〕

四百石：月五十斛。又云四十五斛。　光祿給事謁者　少府太官丞　少府黃門署長、畫室署長、玉堂署長、丙署長〔四二〕　少府直里監　少府尚書左右丞　少府侍郎　大司農雒陽市

長　大長秋中宮藥長　太子庶子　太子廄長　太子中盾　太子衛率　右扶風京兆每次
縣長　雒陽縣丞　皇子封王國禮樂長、〔四三〕衛士長、醫工長、〔四四〕永巷長、祠祀長
比四百石：月四十五斛。後漢百官志云四十斛。　太尉東西曹掾　光祿五官侍郎　光祿左
侍郎　光祿右侍郎　光祿虎賁侍郎　皇子封王國謁者
三百石：月四十斛。太常先帝陵每陵食監丞　宗正諸公主每主家丞　少府鉤盾丞　永
安丞　鴻臚大行治禮郎　廩犧令丞〔四五〕　檝櫂丞〔四六〕　右扶風、京兆每小縣長　侯國相
比三百石：月三十七斛。太尉諸曹餘掾　光祿五官郎中　光祿左郎中　光祿右郎中
光祿虎賁郎中　光祿羽林郎〔四七〕　光祿灌謁者郎中　少府中黃門
二百石：月三十斛。太常太史丞、明堂及靈臺丞〔四八〕　衛尉吏〔四九〕　太僕吏〔五〇〕　少府吏
一人二百石。〔五一〕　少府苑中丞、果丞、鴻池丞、南園丞〔五二〕　少府令史　少府符節令史　廷
尉吏　鴻臚吏　宗正吏一人二百石。　大司農吏〔五三〕　大司農雒陽市丞　執金吾吏　太子
舍人　河南尹員吏〔五四〕　皇子封王國郎中
比二百石：月二十七斛。大將軍屯長　太尉屬　光祿節從虎賁
百石：月十六斛。太尉令史中興以後不說石數。　太常吏　太常太祝吏〔五五〕　太常太宰
吏〔五六〕　太常大予樂吏　光祿吏〔五七〕　衛尉文學吏　太僕文學吏〔五八〕　少府吏五人百石。少

府蘭臺令史〔五九〕 廷尉文學吏 鴻臚文學吏 宗正文學吏四人百石。〔六〇〕 大司農文學吏 大司農雒陽市吏 執金吾文學吏 司隸校尉州功曹從事、別駕從事、簿曹從事、兵曹從事 其餘部郡國從事每郡有之。 州曹諸掾 河南尹百石卒史〔六一〕 雒陽員吏〔六二〕 鄉有秩、三老〔六三〕

斗食：月十一斛。 太常明堂員吏 太常大予樂令員吏 光祿勳卿員吏 衞尉卿員吏 太僕卿員吏 大鴻臚卿員吏 大司農雒陽市吏〔六四〕 少府卿員吏 執金吾員吏 雒陽令員吏

佐史：月八斛。 太常佐 太常太祝佐 太常明堂佐 光祿佐 衞尉佐 太僕佐 廷尉佐 大鴻臚佐 大鴻臚大行令佐 宗正佐 大司農佐 雒陽市佐 執金吾佐 少府佐 雒陽縣佐史

右內外文武官七千五百六十七人，一千五十五人內，六千五百一十二人外。 內外諸色職掌人一十四萬五千四百一十九人，〔六五〕一萬四千二百二十五人內職掌：令史、御屬、從事、書佐、〔六六〕員吏、待詔、卒騎、治禮郎、假佐、官騎及鼓吹、宰者、屠者、士衞、緹騎、導從、領士、烏桓騎等。 一十三萬一千一百九十四人外職掌：員吏、書佐、假佐、亭長、鄉有秩、三老、游徼、家什等。 都計內外官及職掌人十五萬二千九百八十六人。 其鄉有里魁，〔六七〕里數及命數未詳。

魏官置九品：自魏以下，並爲九品，其禄秩差次大約亦如漢制。已列品第，不可重出。

第一品

黄鉞大將軍　三公　諸國王公侯伯子男爵〔六八〕　大丞相

第二品

諸四征、四鎮、車騎、驃騎將軍　諸大將軍

第三品

侍中　散騎常侍　中常侍　尚書令　左右僕射　尚書　中書監、令　祕書監　諸征、鎮、安、平將軍　光禄大夫　九卿　司隷校尉　京兆、河南尹　太子保、傅　大長秋　太子詹事　中領軍　諸縣侯爵　龍驤將軍　征虜將軍　輔國將軍

第四品

城門校尉　武衛、左右衛、中堅、中壘、驍騎、游騎、前軍、左軍、右軍、後軍、寧朔、建威、建武、振威、振武、奮威、奮武、揚武、廣威、廣武、左右積弩、積射、强弩等將軍　護軍監軍　五營校尉　南北東西中郎將　御史中丞　都水使者　州領兵刺史　越騎、烏丸、〔六九〕諸匈奴、護羌蠻夷等校尉　諸鄉侯爵

第五品

給事中　給事黄門侍郎　散騎侍郎　中書侍郎　謁者僕射　虎賁中郎將　符節令　冗從僕射　羽林監　太子中庶子　太子庶子　太子家令　太子率更令、僕　衛率　諸軍司北軍中候　都督護軍〔七〇〕　西域校尉　西戎校尉　禮見諸將軍　鷹揚、折衝、輕車、虎烈、宣威、威遠、寧遠、伏波、虎威、淩江等將軍　太學博士　將兵都尉　牙門將　騎督　安夷撫夷護軍　郡國太守、相、内史　州郡國都尉　國子祭酒　諸亭侯爵　州單車刺史

第六品

尚書左右丞　尚書郎中　祕書郎　著作丞郎　治書侍御史　部曹侍御史　諸督軍奉車、駙馬都尉　諸博士　公府長史、司馬　驃騎車騎長史、司馬　廷尉正、監、評　將兵助郡尉置司馬史卒者　諸護軍　太子侍講門大夫　太子中舍人　太子常從虎賁督、司馬督〔七一〕　水衡、典虞、牧官都尉　司鹽都尉　度支中郎將校尉　司竹都尉　材官校尉　驃騎、車騎、衛將軍府從事中郎　四征鎮公府從事中郎　公車令　諸縣署令千石者　千人督校尉　督守殿内將軍　殿内典兵　黄門冗從僕射　諸關内名號侯爵　諸王公友

第七品

期門郎　諸國公謁者　殿中監　諸卿尹丞　諸獄丞　太子保傅丞　詹事丞　諸軍

長史司馬秩六百石者　護羌戎蠻夷越烏丸校尉長史、司馬　諸軍諸大將軍正行參軍〔七二〕　諸持節督正行參軍　二品將軍正行參軍　門下督　中書通事舍人　尚書曹典事　中書佐著作　太子洗馬　北軍候丞　城門五營校尉司馬　宜禾伊吾都尉　度支都尉　典農都尉　諸封公保、傅、相、郎中令及中尉、大農　監淮海津都尉〔七三〕　諸國文學　太子食官令、舍人　單于率正　都水參軍　諸縣令相秩六百石以上者　左右都尉　武衛左右衞長史、司馬　京城門候　諸門候副　散牙門將　部曲督　殿中中郎將校尉　尚藥監　尚食監　太官食監　中署監　南北軍監　中廷御史　禁防御史　小黄門諸署長僕謁者　藥長寺人監　靈芝園監　黄門署丞　中黄門　太中、中散、諫議三大夫〔七四〕　議郎　三臺五都侍御史　太廟令　諸公府掾屬　諸府記室　督主督受除遣者　符璽郎　門下郎　中書主事通事　散騎集書　公主及諸國丞萬户以上典書令及家令〔七五〕

第八品

尚書中書祕書著作及主書主圖主譜史　太常齋郎　京城門郎　四平四安長史司馬　三品四品將軍正行參軍　郡國太守相内史中丞長史　西域戎部譯長　諸縣署令千石以上者丞　州郡國都尉司馬　司鹽、司竹監丞　水衡典虞牧材官都尉司馬　祕書校書郎　東宮摘句郎　諸雜署長史　關谷長　王公妃公主家令　諸部護軍司馬　王郡公諸

雜署令　國子太學助教　諸京城四門學博士　諸國常侍侍郎　殿中都尉司馬　諸部護軍司馬　殿中羽林郎　左右度支中郎將司馬〔七六〕　黄門從官　寺人中郎郎中　諸雜號宣威將軍以下五品將軍長史、司馬　蘭臺謁者　都水使者令史　門下禁防　金鼓幢麾城門令史　校尉部司馬、軍司馬、假司馬　諸鄉有秩、三老　司馬史從掾　諸州郡防門　尚書中書祕書令史

第九品

蘭臺殿中蘭臺謁者及都水使者書令史　諸縣長令相　關谷塞尉　倉簟河津督監　殿中監典事　左右太官督監內者　總章戲馬監　諸紙署監　王郡公郡諸署長　司理治書　異族封公世子庶子諸王友國謁者大夫諸署丞　諸王太妃及公主家僕丞　公主行夜督郎　太廟令行夜督郎　太子掌固　主事候郎　王官舍人〔七七〕　副散部曲將　武猛中郎將校尉部司馬、軍司馬、假司馬　諸鄉有秩　司徒史從掾　諸州郡防門

右官數及命數未詳。

校勘記

〔一〕秩品一　此下原有「并命數」側注三字，今删。

〔二〕并屬官而言　「并」原作「以」，據北宋本、遞修本、明抄本、明刻本改。

〔三〕理一官也　「理」原作「治」，據北宋本改。按：通典諱「治」爲「理」。

〔四〕王之下大夫四命　原脱「下」，據周禮大宗伯鄭注補。

〔五〕庶子　原作「奄寺」，據北宋本、遞修本、明抄本、明刻本、王吴本改。

〔六〕祧　原訛「桃」，據北宋本、遞修本、明抄本、明刻本改。

〔七〕閽人每門及囿每宫等官職　原「囿」下有「世婦」，據北宋本删。

〔八〕列土諸侯　「土」原作「國」，據北宋本、明刻本改。

〔九〕穆穆魯侯　前「穆」北宋本、遞修本、明抄本、明刻本、王吴本作「於」。

〔一〇〕齊侯之子　「子」北宋本、傅校本、遞修本、明抄本、明刻本、王吴本作「妹」。

〔一一〕明諸侯之卿受三命者　「三」北宋本、傅校本、遞修本、明抄本、明刻本作「王」。

〔一二〕魯春秋曰高子來盟　「魯春秋」原作「經」，據禮記曲禮下鄭注補改。北宋本、遞修本、明抄本、明刻本、王吴本有「魯」，脱「春秋」二字。

〔一三〕西域都護副校尉　「域」原訛「城」，據北宋本、遞修本、明刻本改。

〔一四〕月九十斛　「九」原訛「八」，據漢書百官公卿表上七二一頁師古注改。

〔一五〕月八十斛　此四字原脱，據漢書百官公卿表上七二一頁師古注補。

〔一六〕光禄勳諫大夫　原「諫」下有「議」，誤。據北宋本、遞修本、明抄本、明刻本、王吴本删。

〔一七〕太常太卜博士　「卜」原訛「上」，據北宋本、遞修本、明抄本、明刻本改。按：漢書百官公卿表上七二六頁云：「景帝中六年更名太祝爲祠祀，武帝太初元年更曰廟祀，初置太卜。博士，秦官，掌通古今，秩比六百石。」杜氏誤讀。此應作「太常博士」。

〔一八〕光禄謁者掌賓讚受事員　漢書百官公卿表上七二七頁云：「謁者，掌賓讚受事，員七十人，秩比六百石。」本卷例，秩品下只列官稱，不書職掌。杜氏因誤讀而誤書。此處應作「光禄謁者」。

〔一九〕戊己校尉丞司馬候　此八字原涉上而脱，據漢書百官公卿表上七三八頁增補。

〔二〇〕月五十斛　原訛作「月四十五斛」，據漢書百官公卿表上七二一頁師古注改。

〔二一〕月四十五斛　此五字原脱，據漢書百官公卿表上七二一頁師古注補。

〔二二〕百石月十六斛　「月十六斛」原脱，據漢書百官公卿表上七二一頁師古注補。按：師古注「二百石者十六斛」前尚有「比二百石者二十七斛」一句，此秩通典脱。

〔二三〕命數未詳　「詳」原訛「計」，據北宋本、遞修本、明抄本、明刻本、王吴本改。

〔二四〕司隸校尉　按：後漢書百官志四三六一三頁云：「司隸校尉一人，比二千石。」

〔二五〕皇子封王國御史大夫及諸卿　原「皇」下衍「太」，據後漢書百官志五三六二七頁删。

〔二六〕大長秋中宫僕　原「秋」「中」間空一格，誤作兩官。今據北宋本去空。

〔二七〕平城門屯司馬　「平城門」原誤倒作「城門平」。按：後漢書百官志四三六一一頁注引漢官秩云：「平城門爲宫門，不置候，置屯司馬，秩千石。」今據乙正。

〔二八〕皇子封王國郎中令僕　原「子」上衍「太」，據後漢書百官志五三六二七頁——三六二九頁校刪。

〔二九〕大將軍軍司馬　原脱一「軍」，按：後漢書百官志一三五六四頁云：「大將軍營五部，部校尉一人，比二千石；軍司馬一人，比千石。」今據補。

〔三〇〕注云秩比二千石　原脱「比」，據後漢書百官志二三五七七頁注補。

〔三一〕光禄諫議大夫　原脱「議」，據諸本補。

〔三二〕少府内者令　「内」下原衍「謁」，據後漢書百官志三三五九六頁刪。

〔三三〕少府尚書　「書」下原衍「令」，據後漢書百官志三三五九七頁刪。按：少府尚書令爲千石秩。

〔三四〕大長秋中宮謁者令　此下原有「注曰本四百石」六字注文，諸本作「注本曰四百石」。按：後漢書百官志四三六〇七頁云：「中宮謁者令一人，六百石。本注曰『宦者』。中宮謁者三人，四百石。」通典之誤有二：「中宮謁者三人四百石」是正文，杜氏誤以爲注文，其誤一也；四百石爲中宮謁者秩，不得注於中宮謁者令之下，其誤二也。今刪。

〔三五〕大長秋中宮尚書　「宮」原訛「官」，據北宋本、抄本、王吴本改。下「大長秋中宮永巷令」同。

〔三六〕大長秋中宮署令　原訛作「大長秋虎賁官騎下中宮官署令」，今據後漢書百官志四三六〇七頁刪「虎賁官騎下」「官」六字。按：「虎賁官騎下」乃上文劉昭注引丁孚漢儀最後五字，杜氏誤作正文讀，遂竄入職官中。

〔三七〕太子食官令　「官」原脱，據後漢書百官志四三六〇七頁補。

〔三八〕護烏桓校尉擁節長史司馬　按：後漢書百官志五三六二六頁云：「護烏桓校尉一人，比二千石。」劉昭注引應劭漢官云：「擁節。長史一人，司馬二人，皆六百石。」擁節者，謂護烏桓校尉也。杜氏誤讀，乃竄入職官。下同。

〔三九〕大將軍曲軍候　「曲」原訛「典」。按：後漢書百官志一三五六四頁云：「大將軍營五部。部下有曲，曲有軍候一人，比六百石。」今據改。

〔四〇〕光禄五官中郎　此官下原有「又云比三百石」六字注文。按：後漢書百官志二三五七四頁云：「五官中郎，比六百石。」又云：「五官郎中，比三百官。」五官中郎與五官郎中自是兩官，不得以五官郎中秩注五官中郎也。今删。

〔四一〕皇子封王國治書　後漢書百官志五三六二九頁於治書下云：「大夫，比六百石。」此脱「皇子封王國大夫」一官。

〔四二〕畫室署長玉堂署長丙署長　「玉堂署長」原涉上而脱，「丙」原訛「内」，據後漢書百官志三三五九四頁補改。按：丙之言别也，丙署猶言别署也。

〔四三〕皇子　原訛作「皇太子」，今據後漢書百官志五三六二七頁——三六二九頁校删「太」字。

〔四四〕醫工長　「工」原訛「士」，據北宋本、明抄本改。按：後漢書百官志五三六二九頁即作「工」。

〔四五〕廩犧令丞　原訛作「大司農丞」。按：後漢書百官志三三五九〇頁云：「大司農丞一人，比千石。」非三百石秩也。又云：「又有廩犧令六百石。」劉昭引漢官曰：「丞一人，三百石。」今據以訂改。

〔四六〕欃櫂丞　原作「揖讓擢丞」，大誤。按：後漢書百官志三三五九一頁劉昭注引漢官云：「又有欃櫂丞，三百石，別治中水官，主水渠。」今據以訂改。

〔四七〕光祿羽林郎　原「郎」下衍「中」，據後漢書百官志二三五七六頁刪。

〔四八〕太常太史丞　原「丞」下衍「中」，據諸本刪。

〔四九〕衛尉吏　「吏」原訛「史」，據北宋本、明刻本、王吳本改。下「太僕吏」、「少府吏」、「廷尉吏」、「鴻臚吏」、「宗正吏」同。

〔五〇〕太僕吏　「吏」上原有「文學」，誤。按：後漢書百官志二三五八一頁劉昭注引漢官云：「員吏七十人，其七人四科，一人二百石，文學八人，百石。」今據刪。

〔五一〕少府吏　「吏」上原有「文學」，誤。按：後漢書百官志三三五九二頁劉昭注引漢官云：「員吏三十四人，其一人四科，　一人二百石，五人百石。」今據刪。

〔五二〕少府苑中丞果丞鴻池丞南園丞　原脱訛作「少府苑中丞右史南園丞」。按：後漢書百官志三三五九五頁云：「苑中丞、果丞、鴻池丞、南園丞各一人，二百石。」今據以補改。

〔五三〕大司農吏　原訛作「大司農直丞」。北宋本、遞修本、明抄本、明刻本作「大司農直吏」，衍「直」。後漢書百官志三三五九〇頁劉昭注引漢官云：「員吏百六十四人，其十人四科，九人斗食，十六人二百石。」今據以訂改。

〔五四〕河南尹員吏　「吏」原訛「外」，據後漢書百官志五劉昭注引漢官三六二三頁訂改。按：兩漢職官無名

「員外」者。

〔五五〕太常太祝吏　此職原脱。後漢書百官志二「太祝令一人，六百石」下，劉昭注引漢官三五七三頁云：「員吏四十一人，其二人百石。」今據以訂補。

〔五六〕太常太宰吏　「宰」原訛「史」。後漢書百官志二「太宰令一人，六百石」下劉昭注引漢官三五七三頁云：「員吏四十二人，其二人百石。」今據以訂改。按：後漢書百官志二「太史令一人六百石」下，劉昭注引漢官三五七二頁惟云：「太史待詔三十七人」，無百石秩員吏。

〔五七〕光祿吏　「吏」原訛作「員外」。後漢書百官志二「光祿勳，卿一人，中二千石」下，劉昭注引漢官三五七四頁云：「員吏四十四人，其十人四科，三人百石。」今據以訂改。

〔五八〕太僕文學吏　「文學」原脱。後漢書百官志二「太僕卿一人，中二千石」下，劉昭注引漢官三五八一頁云：「員吏七十人，其七人四科，一人二百石，文學八人百石。」今據以訂補。

〔五九〕少府蘭臺令史　按：後漢書百官志三三六〇〇頁云：「蘭臺令史六百石。」彼「六」爲衍文，通典是。後漢書班固傳李賢注引漢官儀一三三四頁云：「蘭臺令史六人，秩百石。」可證。

〔六〇〕宗正文學吏四人百石　按：後漢書百官志三三五八九頁劉昭注引漢官云：「員吏四十一人，其六人四科，一人二百石，四人百石。」疑彼「四人」上脱「文學」二字。

〔六一〕河南尹百石卒史　「百石卒史」原訛「公右平史」，據後漢書百官志五三六二二頁劉昭注引漢官訂改。」

〔六二〕雒陽員吏　「吏」原訛「外」，據後漢書百官志五三六二三頁劉昭注引漢官訂改。按：彼云：「員吏七百九十六人，十三人四百石。」「四」字蓋涉上而衍。

〔六三〕鄉有秩三老　按：後漢書百官志五三六二四頁云：「有秩，郡所署秩百石。」未言三老秩百石。

〔六四〕大司農雒陽市吏　「吏」下原有「四人百石」四字注文，乃後人妄增，今據北宋本、明抄本删。

〔六五〕内外諸色職掌　「色」原訛「司」，據北宋本改。

〔六六〕書佐　「書」原訛「職」，據北宋本、明抄本改。按：後漢書百官志五三六二一頁云：「閤下及諸曹各有書佐。」

〔六七〕其鄉有里魁　「鄉」原訛「内」，據北宋本改。

〔六八〕諸國王公侯伯子男爵　北宋本、遞修本、明抄本、明刻本、王吴本無「公」。「爵」原爲正文大字，今據以上各本改爲側注小字。下同。

〔六九〕烏丸　「丸」原作「桓」，據北宋本、明抄本、明刻本改。下同。

〔七〇〕都督護軍　原「督」下空一格，今據卷三七北宋本、傅校本、明刻本去空緊接。

〔七一〕太子常從虎賁督司馬督　北宋本、明抄本無「虎」字。按：通考卷六六作「太子常從賁督司馬」。

〔七二〕諸軍諸大將軍正行參軍　前「軍」北宋本、遞修本、明抄本、明刻本作「公」。

〔七三〕監淮海津都尉　原「監」上與「大農」緊接而下空一格，誤。今據卷三七北宋本、遞修本、明抄本、明刻本於「監」上空一格，而使「監」與「淮」緊接。

〔七四〕太中中散諫議三大夫　前「中」原訛「史」，據北宋本、明抄本、明刻本、王吴本改。

〔七五〕典書令及家令　原下有「符節御史」，蓋後人臆增。今據北宋本、遞修本、明抄本、明刻本删。

〔七六〕左右度支中郎將司馬　原「支」「中」間誤空一格，今據北宋本、明抄本、明刻本、王吴本去空緊接。

〔七七〕主事候郎，王官舍人　北宋本、明抄本、王吴本「郎」字屬下。

王永興點校　王文錦覆校

通典卷第三十七

職官十九

秩品二〔一〕晉 宋 齊 梁

晉官品：

第一品

公　諸位從公　開國郡公、縣公爵〔二〕

第二品

特進　驃騎、車騎、衛將軍　諸大將軍　諸持節都督　開國縣侯伯子男爵

第三品

侍中　散騎常侍　中常侍　尚書令、僕射　尚書　中書監、令　祕書監　諸征、鎮、安、平、中軍、鎮軍、撫軍、前後左右、征虜、輔國、龍驤等將軍〔三〕　光禄大夫　諸卿尹　太子保傅　大長秋　太子詹事　司隸校尉　中領軍　中護軍　縣侯爵

第四品

武衛、左右衛、中堅、中壘、驍騎、游擊、前軍、左軍、右軍、後軍、寧朔、建威、振威、奮威、廣威、建武、振武、揚武、廣武、五營校尉、左右積弩、積射、强弩、奮武等將軍　城門校尉　護軍監軍　東西南北中郎將　州刺史領兵者　護匈奴中郎將　護羌戎夷蠻越烏丸校尉〔四〕　御史中丞　都水使者　鄉侯爵

第五品

給事中　給事黄門、散騎、中書侍郎　謁者僕射　虎賁中郎將　冗從僕射　羽林監　太子中庶子、庶子、家令、率更令、僕、衛率　諸軍司北軍中候〔五〕　都督護軍〔六〕　護匈奴中郎　西域代部護羌烏丸等校尉　禮見諸將軍　鷹揚、折衝、輕車、武牙、威遠、寧遠、虎威、材官、伏波、凌江等將軍　牙門將　騎督　安夷撫夷護軍　郡國太守、相、内史　州郡國都尉　亭侯爵

第六品

尚書左右丞　尚書郎　治書侍御史　侍御史　諸督軍〔七〕　奉車、駙馬、騎等都尉　諸博士　公府長史、司馬、從事中郎　二品將軍諸大將軍特進都督中護軍長史、司馬　廷尉正、監、平　祕書郎　著作郎　丞郎〔八〕　黄沙治書侍御史　諸護軍長史、司馬　水衡、

典虞、牧官、典牧、司鹽都尉　太子門大夫　度支中郎將校尉都督　材官校尉　王郡公侯郎中令、中尉、大農　王傅師及國將軍　諸縣置令秩千石者　太子侍講門大夫、〔九〕中舍人、司馬督　太子常從虎賁督千人督校尉　督守殿中將軍　黃門令　黃門冗從僕射　關內名號侯爵

第七品

殿中監　諸卿尹丞　符節御史　獄丞部丞　黃沙典事　太子保傅詹事丞　諸軍長史司馬秩六百石者　護匈奴中郎將護羌戎夷蠻越烏丸校尉長史、司馬　北軍中候丞　城門五營校尉司馬　宜禾伊吾都尉　公府行相郎中令〔一〇〕監淮海津都尉〔一一〕門下中書通事舍人　尚書典事〔一二〕太子洗馬、食官令、舍人　黃門中郎將校尉都督　諸縣置令六百石者　左右都候　閶闔門司馬　城門候　尚藥監　大官食監〔一三〕中署監　小黃門諸署令僕射謁者〔一四〕藥長寺人監　副牙門將　部曲部督殿中　中黃門尉都尉〔一五〕黃門諸署丞長史　中黃門　太中、中散、諫議大夫〔一六〕議郎　關外侯爵

第八品

門下中書主事通事　散騎集書中書尚書祕書著作治書主書主圖主譜令史　郡國相內史丞長史　烏丸西域代部騎馬〔一七〕四安四平長史、司馬　水衡、典虞、牧官、典牧、材

官、州郡國都尉司馬〔一八〕　司鹽司竹監丞〔一九〕　諸縣令長相〔二〇〕　關谷長　諸縣署令千石之丞尉　王郡公侯諸侍郎、諸雜署令〔二一〕　王太妃公主家令　副散督司馬長史　部曲將郡中部尉司馬　羽林郎　黃門從官　寺人中郎、郎中〔二二〕　雜號宣威將軍以下

第九品

蘭臺謁者都水黃沙令史　門下散騎中書尚書祕書令史　殿中蘭臺謁者都水黃沙書令史　諸縣署令長相之丞尉〔二三〕　關谷塞護道尉　王郡公侯諸署長　司理治書〔二四〕　謁者中大夫署丞　王太妃公主家丞、僕、舍人〔二五〕　副散部曲將　武猛中郎將校尉　別部司馬、軍司馬、軍假司馬〔二六〕

右內外文武官六千八百三十六人，內八百九十四人，外五千九百四十二人。內外諸色職掌一十一萬一千八百三十六人，百八十九人內職掌，據史所載數。門亭長、書佐、書吏、卒騶等，其餘色目史闕。一十一萬一千六百四十七人外職掌，王國及州縣職吏散吏鄉里吏等。都計內外官及職掌人一十一萬八千六百七十二人。又每四鄉置一嗇夫，及鄉據大小户口數多少等級置治書史及佐正等數，并命數未詳。

宋官品：〔二七〕

第一品

太傅 太保 太宰 太尉 司徒 司空 大司馬 大將軍 諸位從公

第二品

特進 驃騎、車騎、衞將軍 諸大將軍 諸持節都督

第三品

侍中 散騎常侍 尚書令、僕射 尚書 中書監、令 祕書監 諸征、鎮至龍驤將軍

光祿大夫 諸卿、尹 太子二傅 大長秋 太子詹事 領、護軍 縣侯爵〔二八〕

第四品

二衞至五校尉 寧朔至五威、五武將軍 四中郎將 刺史領兵者 戎蠻校尉 御史中丞 都水使者 鄉侯爵

第五品

給事中〔二九〕 黃門、散騎、中書侍郎〔三〇〕 謁者僕射 三將 積射、强弩將軍 太子中庶子、庶子、〔三一〕 三卿、率 鷹揚至凌江將軍 刺史不領兵者 郡國太守、內史、相 亭侯爵

第六品

尚書丞、郎　治書侍御史　侍御史　三都尉　博士　撫軍以上及持節都督領護長史、司馬〔三二〕　公府從事中郎將　廷尉正、監、評　祕書著作丞、郎　王國公三卿、師、友、文學諸縣署令千石者　太子門大夫　殿中將軍、司馬督　雜號護軍　關中侯爵

第七品

謁者　殿中監　諸卿尹丞　太子傅詹事率丞　諸軍長史司馬六百石者　諸府參軍戎蠻府長史、司馬　公府掾、屬　太子洗馬、舍人、食官令〔三三〕　諸縣令六百石者

第八品

內臺正令史　郡丞　諸縣署長〔三四〕　雜號宣威將軍以下

第九品

內臺書令史　外臺正令史　諸縣署丞、尉

右內外文武官六千一百七十二人，八百二十三人內，五千三百四十九人外。內職掌人，門亭長、孝經師、月令律令師及書佐等一千四百六十一人，都計內外官及職掌人七千六百三十三人。其京都臺省監寺及府衛等府令史并諸色職掌人，未詳。其州署人各隨州舊定無制，亦不得而知也。命數亦未詳。

齊官品：未詳。

右內外文武官二千六十三人。九百四十七人內，一千一百一十六人外。州刺史及官屬并太守內史相、縣令相、寧蠻等校尉、中郎將、護軍等。其中書省及令史，司徒府、門下省、尚書祕書曹省、蘭臺諸曹、內外督令史，并太廟、明堂、太祝、太史、廩犧等職吏，本志但有名目，皆附其下。外州佐史、郡縣官屬佐史等名目及數并命數，並未詳。

梁官品：秩祿之差，亦如前代，更定十八班。

十八班

丞相　太宰　太傅　太保　大司馬　大將軍　太尉　司徒　司空

十七班

諸將軍開府儀同三司　左右光祿開府儀同三司

十六班

尚書令　太子太傅　左右光祿大夫

十五班

尚書左僕射　太子少傅　尚書右僕射〔三五〕　中書監　特進　領、護軍將軍〔三六〕

十四班

中領護軍　吏部尚書　太子詹事　金紫光禄大夫　太常卿

十三班

中書令　列曹尚書　國子祭酒　宗正、太府卿　光禄大夫

十二班

侍中　散騎常侍　左右衛將軍　司徒左長史　衛尉卿

十一班

御史中丞　尚書吏部郎　祕書監〔三七〕　通直散騎常侍　太子左右二衛率〔三八〕　左右驍騎　左右游擊〔三九〕　太中大夫〔四〇〕　皇弟皇子師　司農、少府、廷尉卿　太子中庶子　光禄卿

十班

給事黄門侍郎　員外散騎常侍　皇弟皇子府長史　太僕、大匠卿〔四一〕　太子家令、率更令、僕　揚州別駕　中散大夫　司徒右長史　雲騎　游騎　皇弟皇子府司馬　朱衣直閤將軍

九班

尚書左丞　鴻臚卿　中書侍郎　國子博士　太子庶子　揚州中從事　皇弟皇子公府從事中郎　大舟卿　大長秋　皇弟皇子府諮議　嗣王府長史　前左右後四軍及嗣王府司馬　庶姓公府長史、司馬

八班

祕書丞　太子中舍人　司徒左西掾　司徒屬　皇弟皇子友　散騎侍郎〔四二〕　尚書右丞　南徐州別駕　皇弟皇子公府掾屬　皇弟皇子單爲二衞司馬　嗣王庶姓公府從事中郎〔四三〕　左右中郎將　嗣王庶姓公府諮議　皇弟皇子之庶子府長史、司馬〔四四〕　蕃王府長史、司馬　庶姓持節府長史、司馬

七班

五校　東宮三校　皇弟皇子之庶子府中録事、中記室、中直兵參軍　南徐州中從事　皇弟皇子之庶子府蕃王府諮議

太子洗馬　通直散騎侍郎　司徒主簿　尚書侍郎　著作郎　皇弟皇子府功曹史

六班

五經博士　皇弟皇子府録事、記室、中兵參軍　皇弟皇子荆江雍郢南兗五州別駕　領護軍長史、司馬　嗣王庶姓公府掾屬　南臺治書侍御史　廷尉三官　謁者僕射　太子門大

夫　庶姓府諮議　嗣王府庶姓公府中録事、中記室、中直兵參軍〔四五〕

五班

尚書郎中　皇弟皇子文學及府主簿　太子太傅少傅丞　太常丞　皇弟皇子湘荊河司益廣青衡七州別駕〔四六〕　皇弟皇子荊江雍郢南兗五州中從事　嗣王庶姓荊江雍郢南兗五州別駕　皇弟皇子國郎中令、三將〔四七〕　東宮二將〔四八〕　嗣王府功曹史　庶姓公府録事、記室、中兵參軍　皇弟皇子之庶子府蕃王府中録事、中記室、中直兵參軍〔四九〕

四班

給事中　皇弟皇子府正參軍　中書舍人　建康三官　皇弟皇子北徐北兗梁交南梁五州別駕　皇弟皇子湘荊河司益廣青衡七州別駕、中從事〔五〇〕　嗣王庶姓湘荊河司益廣青衡七州別駕〔五一〕　嗣王庶姓荊江雍郢南兗五州中從事　宗正、太府、衛尉、司農、少府、廷尉、太子詹事等丞　積射、强弩將軍　太子左右積弩將軍　皇弟皇子國大農〔五二〕　嗣王國郎中令〔五三〕　皇弟皇子之庶子府蕃王府功曹史　皇弟皇子之庶子府蕃王府録事、記室、中兵將軍　嗣王府庶姓公府主簿〔五四〕

三班

太子舍人　司徒祭酒　皇弟皇子公府祭酒　員外散騎侍郎　皇弟皇子府行參軍

太子太傅少傅五官功曹主簿　二衞司馬　公車令　胄子律博士　皇弟皇子越桂寧霍四州別駕　皇弟皇子北徐北兖梁交南梁五州中從事　嗣王庶姓北徐北兖梁交南梁五州別駕〔五五〕　湘荆河司益廣青衡七州中從事　皇弟皇子之庶子府蕃王府主簿〔五六〕　嗣王庶姓公府正參軍　武衞將軍〔五七〕　光禄丞　皇弟皇子國中尉　太僕大匠丞　嗣王國大農　蕃王國郎中令　北館令〔五八〕　庶姓持節府中録事、中記室、中直兵參軍

二班

祕書郎　著作佐郎　揚南徐州主簿　嗣王庶姓公府祭酒　皇弟皇子單爲領護詹事二衞等五官、功曹、主簿　太學博士　皇弟皇子國常侍　奉朝請　國子助教　皇弟皇子越桂寧霍四州中從事　皇弟皇子荆江雍郢南兖五州主簿　嗣王庶姓越桂寧霍四州別駕嗣王庶姓北徐北兖梁交南梁五州中從事　鴻臚丞　尚書五都令史　武騎常侍　材官將軍〔五九〕明堂二廟帝陵令　嗣王庶姓公府行參軍　皇弟皇子之庶子府正參軍〔六〇〕　蕃王國大農　庶姓持節府録事、記室、中兵參軍　庶姓持節府功曹史

一班

揚南徐州西曹祭酒從事　皇弟皇子國侍郎　嗣王國常侍　揚南徐州議曹從事　東宮通事舍人　南臺侍御史　大舟丞　二衞殿中將軍　太子二率殿中將軍　皇弟皇子之

庶子府蕃王府行參軍〔六一〕　蕃王國中尉　皇弟皇子湘荆河司益廣青衡七州主簿　皇弟皇子荆雍郢南兗四州西曹祭酒議曹從事　皇弟皇子江州西曹從事祭酒議曹祭酒部傳從事　嗣王庶姓越桂寧霍四州中從事　嗣王庶姓荆江雍郢南兗五州主簿　庶姓持節府主簿　汝陰巴陵二國郎中令　太官、太樂、太市、太史、太醫、太祝、東西冶、〔六二〕左右尚方、南北武庫、車府等令〔六三〕

位不登二品者，又爲七班。

七班

皇弟皇子府長史參軍　皇弟皇子國三軍　嗣王國侍郎　蕃王國常侍　揚南徐州文學從事　殿中御史　庶姓持節府除正參軍　太子家令丞〔六四〕　二衛殿中員外將軍〔六五〕　太子二率殿中員外將軍〔六六〕　鎮蠻、安遠、護軍、度支校尉等司馬　皇弟皇子北徐北兗梁交南梁五州主簿　皇弟皇子湘荆河司益廣青衡七州西曹祭酒議曹從事　皇弟皇子荆雍郢三州從事史、江州議曹從事、〔六七〕南兗州文學從事　嗣王庶姓湘荆河司益廣青衡七州主簿　嗣王庶姓荆雍郢南兗四州西曹祭酒議曹從事　嗣王庶姓江州西曹從事、祭酒部傳從事、〔六八〕勸農謁者　汝陰巴陵二王國大農　郡公國郎中令

六班

皇弟皇子國典書令　嗣王國三軍　蕃王國侍郎　領護詹事五官功曹〔六九〕　皇弟皇子府參軍督護〔七〇〕　嗣王府長兼參軍　庶姓公府長兼參軍〔七一〕　庶姓持節府板正參軍　皇弟皇子越桂寧霍四州主簿　皇弟皇子北徐北兖梁交南梁五州西曹祭酒議曹從事　嗣王庶姓北徐北兖梁交南梁五州主簿　嗣王庶姓湘荆河司益廣青衡七州西曹祭酒議曹從事〔七二〕　皇弟皇子荆河司益廣青五州文學從事、湘衡二州從事　嗣王庶姓荆霍郢三州從事史、江州議曹從事、南兖州文學從事〔七三〕　汝陰巴陵二王國中尉　皇弟皇子之庶子縣侯國郎中令〔七四〕　郡公國大農　縣公國郎中令

五班

皇弟皇子國三令　嗣王典書令　蕃王國三軍　皇弟皇子公府東曹督護〔七五〕　嗣王府庶姓公府參軍督護　皇弟皇子之庶子府長兼參軍　蕃王府長兼參軍　二衛正員司馬督　太子二率正員司馬督　領護主簿　詹事主簿　二衛功曹　太常五官功曹　石頭戍軍功曹〔七六〕　庶姓持節府行參軍　皇弟皇子越桂寧霍四州西曹祭酒議曹從事　皇弟皇子北徐北兖梁交南梁五州文學從事　嗣王庶姓越桂寧霍四州主簿　嗣王庶姓北徐北兖梁交南梁五州西曹祭酒議曹從事〔七七〕　嗣王庶姓荆河司益廣青五州文學從事、湘衡二州從

事〔七八〕　汝陰巴陵二王國常侍　郡公國中尉　縣侯國郎中令　皇弟皇子府功曹督護

四班

嗣王國三令　蕃王國典書令　嗣王府功曹督護　庶姓公府東曹督護　蕃王府參軍督護〔七九〕　皇弟皇子之庶子府參軍督護　二衞員外司馬督〔八〇〕　太子二率員外司馬督　二衞主簿　太常主簿　石頭戍軍主簿〔八一〕　宗正等十一卿五官功曹　庶姓持節府板行參軍〔八二〕　皇弟皇子越桂寧霍四州文學從事　嗣王庶姓越桂寧霍四州西曹祭酒議曹從事　嗣王庶姓北徐北兗梁交南梁五州文學從事　汝陰巴陵二王國侍郎　縣公國中尉

三班

蕃王國三令　皇弟皇子之庶子府蕃王府功曹督護　宗正等十一卿主簿　庶姓持節府長兼參軍　郡公國侍郎〔八三〕　嗣王庶姓越桂寧霍四州文學從事

二班

庶姓持節府參軍督護　汝陰巴陵二王國典書令　縣公國侍郎

一班

庶姓持節府功曹督護　汝陰巴陵二王國三令　郡公國典書令

三品藴位

著作正令史　集書正令史　尚書度支三公正令史　函典書、殿中外監、齋監、東堂監、尚書都官左降正令史　諸州鎮監、石頭城監、瑯琊城監、東宮外監、殿中守舍人　齋監、東宮典經守舍人　上庫令　太社令　細作令　導官令〔八四〕　平水令　太官市署丞〔八五〕　正厨丞〔八六〕　酒庫丞　柒署丞〔八七〕　太樂庫丞　別局校丞　清商丞　太史丞　太醫二丞　中藥藏丞　東冶小庫等三丞　作堂金銀局丞　木局丞　北武庫丞〔八八〕　南武庫丞　東宮食官丞　上林丞　湖西塼屯丞　湖東塼屯丞〔八九〕　芰著庫丞　綾絹簟蓆丞〔九〇〕　國子典學〔九一〕　材官司馬　宣揚等諸門候　東宮導客守舍人　運署謁者　都水左右二裝五城謁者　石城宣城陽新屯謁者　南康建安晉安伐船謁者　晉安綀葛屯主

三品勳位

門下集書主通事正令史〔九二〕　中書正令史　尚書正令史　尚書監籍正令史　都正令史　殿中內監　題閤監　婚局監　東宮門下通事守舍人　東宮典書守舍人〔九三〕　東宮內監、殿中守舍人、題閤監〔九四〕　乘黃令　右藏令　籍田令　廩犧令　梅根諸冶令　典客館令　太官四丞　庫丞　大樂丞　東冶大庫丞　左尚方五丞　右尚方四丞　東宮衞庫丞　司農左右部倉丞〔九五〕　廷尉律博士　公府舍人　諸州別署監　山陰獄丞

其州二十三，並列其高下，選擬略視內職。郡守及丞爲十班，縣制七班，各擬內職。

又詔以將軍之名，高卑舛雜，命更加釐定，置百二十五號。

二十四班　鎮衛、驃騎、車騎等將軍。内外通用。

二十三班　四征東南西北，止施外。　四中軍、衛、撫、權，〔九六〕止施内。

二十二班　八鎮東西南北，止施在外；左右前後，止施在内。

二十一班　八安東西南北，止施在外；前後左右，止施在内。

二十班　四平東西南北。　四翊左右前後。以上三十五號爲一品，〔九七〕是爲重號將軍。

十九班　忠武　軍師

十八班　武臣　爪牙　龍騎　雲麾代舊前後左右四將軍。

十七班　鎮兵　翊師　宣惠　宣毅代舊四中郎。以上十號爲一品。

十六班　智威　仁威　勇威　信威　嚴威代舊征虜。

十五班　智武　仁武〔九八〕　勇武　信武　嚴武代舊冠軍。以上十號爲一品，所謂五德將軍。

十四班代舊輔國。凡將軍加大者，〔九九〕唯至貞毅而已，通進一階。優者方得比加位從公。凡督府置長史、司馬、諮議諸曹，有録事、記室等十八曹。天監七年，更置中録事、中記室、中兵參軍各一人。　輕車　征遠　鎮朔　武旅　貞毅

十三班　寧遠　明威　振遠　電輝〔一〇〇〕　威輝代舊寧朔。以上十號爲一品。

十二班　武威　武騎　武猛　壯武　飈武

十一班　電威　馳鋭　追鋒　羽騎　突騎以上十號爲一品。

十班　折衝　冠武　和戎〔一〇一〕　安壘　猛烈

九班　掃狄　雄信　掃虜　武鋭　摧鋒以上十號爲一品。

八班　略遠　貞威　決勝　開遠　光野

七班　厲鋒　輕鋭　討狄　蕩虜　蕩夷以上十號爲一品。

六班　武毅　鐵騎　樓船　宣猛　樹功

五班　剋狄　平虜　討夷　平狄　威戎以上十號爲一品。

四班　伏波　雄戟　長劍　衝冠〔一〇二〕　雕騎

三班　佽飛　安夷　剋戎　綏狄　威虜以上十號爲一品。

二班　前鋒〔一〇三〕　武毅　開邊　招遠　金威〔一〇四〕

一班　綏虜　蕩寇　殄虜　横野　馳射以上十號爲一品。

右十品二十四班，以班多爲貴。

其不登二品應須軍號者，凡十四號，別爲八班。

八班　牙門舊建威。　期門舊建武。

七班　候騎舊振威。　雄渠舊振武。

六班　中堅舊奮威。　典戎舊奮武。

五班　戈船舊揚威。　繡衣舊揚武。

四班　執訊舊廣威。〔一〇五〕　行陣舊廣武。

三班　鷹揚

二班　凌江

一班　偏將軍　裨將軍

又有百九號將軍，亦爲十品二十四班，施於外國。

二十四班　武安　鎮遠　雄義擬車騎。

二十三班　四撫東西南北，擬四征。

二十二班　四寧東西南北，擬四鎮。

二十一班　四威東西南北，擬四安。

二十班　四綏東西南北，擬四平。以上十九號爲一品。

十九班　安遠　安邊擬忠武、軍師。

十八班　輔義　安沙　衛海　撫河擬武臣等四號。

十七班　平遠　撫朔　寧沙　航海擬鎮兵等四號。以上十號爲一品。

十六班　翊海　朔野　拓遠〔一〇六〕　威河　龍幕擬智威等五號。

十五班　威隴　安漠　綏邊　寧寇　梯山擬智武等五號。以上十號爲一品。

十四班　寧境　綏河　明信　明義　威漠擬輕車等五號。

十三班　安隴　向義　宣節　振朔　候律擬寧遠等五號。以上十號爲一品。

十二班　平寇　定遠　凌海　寧隴　振漠擬武威等五號。

十一班　馳義　横朔　明節　執信　懷德擬電威等五號。以上十號爲一品。

十班　撫邊　定隴　綏關　立信　奉義擬折衝等五號。

九班　綏隴　寧邊　定朔　立節　懷威擬掃狄等五號。以上十號爲一品。

八班　懷關　静朔　掃寇　寧河　安朔擬略遠等五號。

七班　揚化　超隴　執義　來化　度嶂擬厲鋒等五號。以上十號爲一品。

六班　平河　振隴　雄邊　横沙　寧關擬武毅等五號。

五班　懷信　宣義　弘節　浮遼　鑿空擬剋狄等五號。以上十號爲一品。

四班　捍海　款塞　歸義　陵河　明信擬伏波等五號。

三班　奉忠　守義　弘信　仰化　立義擬佽飛等五號。以上十號爲一品。

二班　綏方〔一〇七〕　奉正　承化　浮海　度河擬先鋒等五號。

一班　懷義　奉信　歸誠　懷澤　伏義擬綏虜等五號。以上十號爲一品。

右内外官數未詳。天監初年，尚書删定郎濟陽蔡法度定令爲九品。至七年革選，徐勉爲吏部尚書，又定爲十八班。班多者爲貴，同班者則以居下者爲劣。又置諸將軍之號爲二十四班，亦以班多者爲貴，而九品之制不廢。

校勘記

〔一〕秩品二　此下原有「并命數」側注三字，今據北宋本、遞修本、明抄本、明刻本、王吴本删。

〔二〕爵　原作正文大字，今據北宋本、遞修本、明抄本、明刻本、王吴本改作側注小字。下同。

〔三〕中軍　「中」原訛「將」，據北宋本、遞修本、明抄本、明刻本改。

〔四〕烏丸　「丸」原作「桓」，據北宋本、遞修本、明刻本改。下同。

〔五〕諸軍司北軍中候　原「司」「北」間空一格，今對照本書卷三六魏官品同品同官，而去空緊接。

〔六〕都督護軍　原「督」「護」間空一格，今據北宋本、明抄本、明刻本去空緊接。

〔七〕諸督軍　原「軍」下有「糧」，今據通考卷六六删。按：本書卷三六魏官品同品同官即無「糧」字。

〔八〕著作郎，丞郎　通考卷六六作「著作丞郎」。

〔九〕太子侍講門大夫　北宋本、明抄本無「侍講」。

〔一〇〕公府行相郎中令　「府行」原作「保傅」，據北宋本、遞修本、明抄本、明刻本、王吴本改。

〔一一〕監淮海津都尉　原脱「監」，據北宋本、遞修本、明抄本、明刻本、王吴本補。

〔一二〕尚書典事　原「書」下有「曹」，據北宋本、遞修本、明刻本删。

〔一三〕大官食監　「官」北宋本、遞修本、明抄本、明刻本作「匠」，恐誤。按：卷三六魏官品同品作「太官食監」。

〔一四〕小黄門諸署令僕射謁者　原「門」下空一格，今對照卷三六魏官品同品之「小黄門諸署長僕謁者」而去空緊接。

〔一五〕部曲部督殿中，中黄門尉都尉　通考卷六六同。按：比勘本書卷三六魏官品同品之「部曲督殿中中郎將校尉」，疑此有訛誤。

〔一六〕太中中散諫議大夫　原與下「議郎」緊接，今據北宋本、遞修本、明抄本、明刻本空一格。

〔一七〕騎馬　「騎」北宋本、遞修本、明抄本、明刻本作「騄」。王吴本作「司」。

〔一八〕水衡典虞牧官典牧材官州郡國都尉司馬　原「牧官」和「材官」下各空一格，今比勘卷三六魏官品同品之「水衡典虞牧材官都尉司馬」而去空緊接。

〔一九〕司鹽司竹監丞　北宋本、遞修本、明抄本、明刻本作「司虎監將丞」，疑誤。按：卷三六魏官品同品即作「司鹽司竹監丞」。

〔二〇〕諸縣令長相　北宋本、明抄本「令」「相」間爲空白，無「長」。

〔二一〕諸雜署令　北宋本、遞修本、明抄本、明刻本無此四字。

〔二二〕寺人中郎郎中　北宋本、遞修本、明抄本、明刻本「寺人」上與「黄門從官」緊接，北宋本、遞修本、明抄本「人」「中」間空一格。按：卷三六魏官品同品諸本皆與此同。

〔二三〕諸縣署令長相之丞尉　「相之」北宋本、明刻本作「之相」。

〔二四〕司理治書　原與下「謁者中大夫署丞」緊接，今對照卷三六魏官品同品同官而加空隔開。

〔二五〕王太妃公主家丞僕舍人　原「丞」「僕」間空格，今對照卷三六魏官品同品之「諸王太妃及公主家僕丞」而不留空。

〔二六〕武猛中郎將校尉　别部司馬軍司馬軍假司馬　卷三六魏官品同品作「武猛中郎將　校尉部司馬軍司馬假司馬」。不知孰是。

〔二七〕宋官品　北宋本、遞修本、明抄本、明刻本作「宋百官」。

〔二八〕爵　原作正文大字，今據北宋本、遞修本、明抄本、明刻本、王吴本改作小字側注。下同。

〔二九〕給事中　原脱「中」，據宋書百官志下一二六二頁補。

〔三〇〕黄門散騎中書侍郎　「黄門」原上與「給事」緊接，下與「散騎中書侍郎」空一格，誤。今據宋書百官志下一二六二頁與「給事中」空一格，與「散騎中書侍郎」緊接。

〔三一〕庶子　原涉上而脱，據宋書百官志下一二六二頁補。

〔三二〕領護長史司馬　「護」原訛「軍」，據宋書百官志下一二六三頁改。

〔三三〕舍人食官令　原「舍人」在「食官令」下，誤。今據宋書百官志下一二六四頁及北宋本、遞修本、明抄本、明刻本、王吴本乙。

〔三四〕諸縣署長　「長」原訛「丞」，據宋書百官志下一二六四頁改。按：諸縣署丞爲九品，見下文。

〔三五〕尚書右僕射　隋書百官志上七三〇頁作「尚書僕射右僕射」。

〔三六〕領護軍將軍　上「軍」原脱，據隋書百官志上七三〇頁補。

〔三七〕祕書監　「監」原訛「郎」，據隋書百官志上七三〇頁及明刻本、王吴本改。

〔三八〕太子左右二衞率　「二衞率」原訛「衞將軍」，據隋書百官志上七三〇頁改。

〔三九〕左右驍騎，左右游擊　「騎左右游」原脱，據隋書百官志上七三〇頁補。

〔四〇〕太中大夫　「中」原訛「子」，據隋書百官志上七三〇頁及明刻本、王吴本改。

〔四一〕太僕大匠卿　原脱「卿」，據隋書百官志上七三〇頁補。

〔四二〕散騎侍郎　「侍郎」原訛「常侍」，據隋書百官志上七三〇頁改。

〔四三〕嗣王庶姓公府從事中郎　「府」下原衍「掾」，據隋書百官志上七三〇頁删。

〔四四〕庶子府長史司馬　「司馬」原脱，據隋書百官志上七三〇頁補。

〔四五〕嗣王府庶姓公府中録事中記室中直兵參軍　上「中」原脱，據隋書百官志上七三一頁及北宋本、傅校本、遞修本、明抄本、明刻本補。按：此三官隋志位在「庶姓府諮議」之前。

〔四六〕荆河　隋書百官志上七三一頁作「豫」，通典避代宗諱改。下同。

〔四七〕皇弟皇子國郎中令三將　原「郎中令」下空一格，「三將」與下「東宫二將」緊接，誤。今據隋書百官志上七三一頁改爲「郎中令三將」緊接，於「將」下空一格。

〔四八〕東宫二將　此官原誤與下「嗣王府功曹史」緊接，今據隋書百官志上七三一頁於兩官間空一格。

〔四九〕中記室　「中」原脱，據隋書百官志上七三一頁補。

〔五〇〕皇弟皇子湘荆河司益廣青衡七州别駕中從事　原脱「司」「青衡七州别駕中從事」十字，據隋書百官志上七三一頁補。

〔五一〕嗣王庶姓湘荆河司益廣青衡七州别駕　原訛脱作「嗣王庶姓荆河」，今據隋書百官志上七三一頁補十字。

〔五二〕皇弟皇子國大農　此七字原脱，據隋書百官志上七三一頁補。

〔五三〕嗣王國郎中令　「令」原脱，據隋書百官志上七三一頁及明刻本、王吴本補。

〔五四〕嗣王府庶姓公府主簿　按：此官隋書百官志上七三一頁位在「嗣王國郎中令」之後。

〔五五〕南梁　「梁」原訛「兖」，據隋書百官志上七三二頁改。

〔五六〕皇弟皇子之庶子府蕃王府主簿　此官隋書百官志上七三二頁在下「嗣王庶姓公府正參軍」之後。

〔五七〕武衛將軍　此官原脱，據隋書百官志上七三二頁補。

〔五八〕北館令　按：隋書百官志上七三二頁此官在三班最後。

〔五九〕材官將軍　原脱，據隋書百官志上七三二頁增補。

〔六〇〕皇弟皇子之庶子府正參軍　「皇弟」原脱，據隋書百官志上七三二頁補。下一班「皇弟皇子國侍郎」同。

〔六一〕皇弟皇子之庶子府蕃王府行參軍　原「王府」下有「等」，據隋書百官志上七三二頁删。

〔六二〕東西冶　「冶」原訛「治」，據諸本改。

〔六三〕車府等令　原脱「車」，據隋書百官志上七三三頁補。

〔六四〕太子家令丞　原脱「令」，據隋書百官志上七三三頁及明刻本、王吴本補。

〔六五〕二衛殿中員外將軍　原脱「殿」，據隋書百官志上七三三頁補。

〔六六〕太子二率殿中員外將軍　「率」「殿」間原誤空一格，今據隋書百官志上七三三頁去空緊接。

〔六七〕江州議曹從事　此官原誤在上「太子二率殿中員外將軍」下，今據隋書百官志上七三三頁移於「皇弟皇子荆雍郢三州從事史」後。

〔六八〕祭酒部傳從事　此官原誤在上「南兗州文學從事」下，今據隋書百官志上七三三頁移於「嗣王庶姓江州西曹從事」後。

〔六九〕領護倉事五官功曹　「領護」原作「護軍」，今據隋書百官志上七三三頁改。

〔七〇〕皇弟皇子府參軍督護　原與下「嗣王府長兼參軍」緊接，今據隋書百官志上七三三頁加空隔開。

〔七一〕庶姓公府長兼參軍　原與下「庶姓持節府板正參軍」緊接，今據隋書百官志上七三三頁加空隔開。

〔七二〕湘荆河司益廣青衡七州　「湘」原脱，據隋書百官志上七三三頁補。

〔七三〕江州議曹從事　「議」原訛「護」，據隋書百官志上七三三頁及明刻本、王吴本改。

〔七四〕縣侯國郎中令　原「國」下衍「郡」，據隋書百官志上七三四頁删。

〔七五〕公府東曹都護　原脱「曹」，據隋書百官志上七三四頁補。

〔七六〕石頭戍軍功曹　此官原脱，據隋書百官志上七三四頁補。

〔七七〕北徐北兖　原倒作「北兖北徐」，今據隋書百官志上七三四頁乙。

〔七八〕湘衡二州從事　此官原誤在上「庶姓持節府行參軍」下，今據隋書百官志上七三四頁移於「嗣王庶姓荆河司益廣青五州文學從事」之後。

〔七九〕蕃王府參軍督護　此官隋書百官志上七三四頁置於下「皇弟皇子之庶子府參軍督護」之後。

〔八〇〕二衛員外司馬督　原脱「督」，據隋書百官志上七三四頁及明刻本、王吴本補。下「太子二率員外司馬督」同。

〔八一〕石頭戍軍主簿　此官隋書百官志上七三四頁置於下「宗正等十一卿五官功曹」之後。

〔八二〕庶姓持節府板行參軍　原脱「持」，據隋書百官志上七三四頁補。

〔八三〕郡公國侍郎　此官隋書百官志上七三四頁置於三班最後。

〔八四〕導官令　此官原脱，據隋書百官志上七三五頁補。

〔八五〕太官市署丞　「市」原作「寺」，據北宋本、遞修本、明抄本、明刻本改。按：隋書百官志上七三五頁也作「市」。

〔八六〕正厨丞　「正」原訛「平」，據隋書百官志上七三五頁改。

〔八七〕柒署丞　「柒」原訛「桼」，據隋書百官志上七三五頁及北宋本改。按：「柒」同「漆」。

〔八八〕北武庫丞　隋書百官志上七三五頁「丞」上有「二」。下「南武庫丞」亦然。

〔八九〕湖東塼屯丞　隋書百官志上七三五頁缺此官，彼蓋涉上「湖西塼屯丞」而脱。

〔九〇〕綾絹簟蓆丞　「綾」隋書百官志上七三五頁作「紋」。

〔九一〕國子典學　此官原與下「材官司馬」緊接，今據隋書百官志上七三五頁加空隔開。

〔九二〕門下集書主通事正令史　「通事」隋書百官志上七三五頁作「事通」。

〔九三〕東宫典書守舍人　此官原涉上而脱，據隋書百官志上七三五頁增補。

〔九四〕東宫内監殿中守舍人題閣監　「題閣監」原脱，據隋書百官志上七三五頁及北宋本、傅校本、遞修本、明抄本、明刻本補。

〔九五〕司農左右部倉丞　隋書百官志上七三五頁「左右」下有「中」。

〔九六〕軍衞撫權　「權」隋書百官志上七三六頁誤作「護」。

〔九七〕以上三十五號爲一品　「五」原訛「六」，據隋書百官志上七三六頁改。按：鎮衞將軍爲一號。

〔九八〕仁武　原誤在「勇武」下，今據隋書百官志上七三六頁移上。

〔九九〕凡將軍加大者　「凡」原訛「九」，據隋書百官志上七三六頁改。

〔一〇〇〕電輝　「輝」隋書百官志上七三六頁作「耀」，下「威輝」亦然。

〔一〇一〕和戎　「戎」原訛「武」，據隋書百官志上七三六頁改。

〔一〇二〕衝冠　原誤在「雕騎」下，今據隋書百官志上七三七頁移上。又「冠」原訛「寇」，亦據隋志改。

〔一〇三〕前鋒　「前」原訛「先」，據隋書百官志上七三七頁、七三九頁改。

〔一〇四〕金威　「金」原訛「全」，據隋書百官志上七三七頁、七三九頁及北宋本改。

〔一〇五〕舊廣威　三字原脱，據隋書百官志上七三七頁補。

〔一〇六〕拓遠　「拓」原訛「招」，據隋書百官志上七三七頁及北宋本、明抄本改。

〔一〇七〕綏方　「方」原訛「力」，據隋書百官志上七三八頁改。

王永興點校　王文錦覆校

通典卷第三十八

職官二十

秩品三 陳 後魏 北齊

陳官品：官品祿秩班次，多因梁制。

第一品

相國 丞相 太宰 太傅 太保 大司馬 大將軍 太尉 司徒 司空 開府儀同三司 巴陵王、汝陰王後 尚書令 郡王爵〔一〕

第二品

中書監 尚書左僕射、右僕射 特進 太子二傅 左右光祿大夫 嗣王爵 藩王爵 開國郡公爵 開國縣公爵

第三品

中書令 侍中 散騎常侍 領、護軍 中領護軍〔二〕 吏部尚書 列曹尚書 金紫

光禄大夫　光禄大夫　左右衛將軍　御史中丞　太后衛尉、太僕、少府三卿　太常卿　宗正卿　太府卿　衛尉卿　司農卿　少府卿　廷尉卿　光禄卿　大匠卿　太僕卿　鴻臚卿　大舟卿　太子詹事　國子祭酒　揚州刺史　南徐、東揚州刺史　皇弟皇子封國王世子　開國縣侯爵

第四品

通直散騎常侍　員外散騎常侍〔三〕　黄門侍郎　祕書監　左右驍騎將軍　左右游擊將軍　太子中庶子　太子左右衛率　朱衣直閤　雲騎將軍　游騎將軍　中書侍郎　尚書左右丞　尚書吏部侍郎、郎中　太子三卿　太中大夫　中散大夫　司徒左右長史　諸王師　國子博士　荆江南兖郢湘雍等州刺史　嗣王、蕃王、郡公、縣公等世子　開國縣伯爵

第五品

祕書丞〔四〕　明堂令　太廟令　帝陵令　散騎侍郎　前左右後軍將軍　左右中郎將　大長秋　太子中舍人、庶子　豫益廣衡等州、青州領冀州、北兖北徐等州、梁州領南秦州、司南梁交越桂霍寧等十五州刺史〔五〕　丹陽尹　會稽太守　吴郡太守　吴興太守　侯世子　皇弟皇子府諮議參軍　皇弟皇子府版諮議參軍　皇弟皇子府長史　皇弟

皇子府版長史　皇弟皇子府司馬　皇弟皇子府版司馬　皇弟皇子公府從事中郎　開國縣子爵

第六品

通直散騎侍郎　著作郎　步兵、射聲、長水、越騎、屯騎五校尉　太子洗馬　太子步兵、翊軍、屯騎三校尉　司徒左西掾屬　皇弟皇子友　皇弟皇子公府屬　五經博士　子男世子　萬户以上郡太守、内史、相　嗣王府皇弟皇子之庶子府諮議參軍　嗣王府皇弟皇子之庶子府長史、司馬　庶姓公府諮議參軍　庶姓公府長史、司馬　嗣王府庶姓公府從事中郎　皇弟皇子府中録事參軍、版府中録事參軍、〔六〕中記室參軍、版中記室參軍、中直兵參軍、版中直兵參軍　揚州別駕中從事　皇弟皇子南徐荆江南兗郢湘雍州別駕中從事　開國縣男爵〔七〕

第七品

給事中　員外散騎侍郎　祕書著作佐郎　奉車、駙馬、騎都尉　武賁中郎將　羽林監　冗從僕射　謁者僕射〔八〕　南臺治書侍御史　太子舍人　太子門大夫　太子旅賁中郎將、冗從僕射〔九〕　司徒主簿　司徒祭酒　領護軍長史、司馬　廷尉正、監、評　皇弟皇子府録事記室中兵等參軍、版録事記室中兵等參軍、功曹史、主簿　公府祭酒　皇弟皇子

府文學　嗣王庶姓公府掾屬　太子二傅丞　蕃王府諮議參軍　蕃王府版諮議參軍　蕃王府長史、司馬　庶姓持節府諮議參軍　庶姓非公不持節府將軍置長史　庶姓持節府版諮議參軍　庶姓持節府長史、司馬　嗣王府皇弟皇子之庶子及庶姓公府中録事、中記室、中直兵參軍及版中録事、中記室、中直兵參軍　不滿萬户太守、内史、相　丹陽會稽吴郡吴興及萬户郡丞　建康令　建康正、監、評　沐食侯爵

第八品

中書通事舍人　積射、强弩、武衛等將軍　公車令　太子左右積弩將軍　奉朝請武衛常侍〔一〇〕　太后三卿丞〔一一〕　十二卿丞　大長秋丞　左右衛司馬　太子詹事丞　冑子律博士　皇弟皇子府正參軍、版正參軍、行參軍、版行參軍　嗣王府皇弟皇子之庶子府録事記室中兵參軍、版録事記室中兵參軍、功曹史、主簿　庶姓非公不持節諸將軍置主簿庶姓公府録事記室中兵參軍、版録事記室中兵參軍、主簿　嗣王府庶姓公府祭酒　蕃王府中録事記室直兵參軍、版中録事記室直兵參軍　庶姓持節府中録事記室直兵參軍、板中録事記室直兵參軍〔一二〕　太子太傅五官功曹史、主簿　少傅五官功曹史、主簿〔一三〕　太學博士　國子助教　司鐏郎　安蠻戎越校尉中郎將等府長史　蠻戎越校尉中郎將等府版長史　蠻戎越校尉中郎將等司馬　庶姓南徐荆江南兖郢湘雍等州别駕中從事〔一四〕　不滿

萬户以下郡丞　五千户以上縣令、相　皇弟皇子國郎中令、大農、中尉　鄉亭侯爵

第九品

南臺侍御史〔一五〕　左右二衛殿中將軍　東宫通事舍人　材官將軍　太子左右二衛率　殿中將軍丞　嗣王府皇弟皇子之庶子府正參軍、版正參軍、行參軍、版行參軍〔一六〕　庶姓公府正參軍、版正參軍　蕃王府録事記室中兵等參軍、版録事記室中兵等參軍、功曹史、主簿、正參軍、版正參軍、行參軍、版行參軍　庶姓持節府録事記室中兵等參軍、版録事記室中兵等參軍、功曹史、主簿　庶姓荆河益廣衡青冀北兖北徐梁秦司南徐等州別駕中從事史〔一七〕　揚州主簿、西曹及祭酒、議曹二從事　南徐州主簿、西曹及祭酒、議曹二從事　皇弟皇子諸州主簿、西曹　不滿五千户以下縣令、相　皇弟皇子國常侍、侍郎　嗣王國郎中令、大農、中尉　嗣王國常侍　蕃王國郎中令、大農、中尉　開國中關外侯爵

右承梁制，而又置相國，位列丞相上，并及丞相、太宰、太傅、太保、大司馬、大將軍並以爲贈官。定令尚書置五員，郎二十一員。其餘並遵梁制，爲十八班。官數未詳。大抵其官唯論清濁，從濁得官微清，則勝於轉。自十二班以上，並詔授。表啟不稱姓。從十一班至九班，禮數復爲一等。〔一八〕又流外有七班，此是寒微士人爲之。從此班者，方得進登第一班。

後魏百官：後魏官，初有九品及有從品。每一品之中，又有上中下三等之差。至孝文太和二十三年，〔一九〕改次職令，除其中等，而有上下二等，以爲永制。其今所列者是也。

第一品

太師　太傅　太保　王爵　大司馬　大將軍　太尉　司徒　司空　開國郡公爵

從一品

儀同三司　開國縣公爵　都督中外諸軍事　諸開府　散公爵

第二品

太子太師、太傅、太保　特進　尚書令　驃騎、車騎將軍二將軍加大者，位在都督中外之下。衞將軍加大者，位在太子太師上。　四征將軍加大者，位次衞大將軍。　諸將軍加大者　左右光禄大夫　開國縣侯爵

從二品

尚書僕射若並置者則左居上。　中書監　司州牧　四鎮將軍加大者，次衞將軍。　中軍、鎮軍、撫軍將軍〔二〇〕三將軍加大者，四鎮同之。　金紫光禄大夫　散侯爵

第三品

吏部尚書　四安將軍　中領軍、中護軍二軍加將軍，則去中，〔二一〕位次撫軍。　太常　光禄

勳〔二二〕　衛尉　太子少師、少傅、少保　中書令　太子詹事　侍中　諸曹尚書　四平將軍　太僕　廷尉　大鴻臚　宗正　大司農　太府　河南尹　上州刺史　祕書監　諸王師　銀青光祿大夫　前左右後將軍　左右衛將軍〔二三〕　開國縣伯爵

從三品

散騎常侍　四方中郎將　護匈奴羌戎夷蠻越中郎將　國子祭酒　御史中尉　大長秋卿　將作大匠　征虜將軍　二大二公長史　太子左右衛率　武衛將軍　冠軍將軍　護羌戎夷蠻越校尉　太中大夫　輔國將軍　中州刺史　龍驤將軍　散伯爵

第四品

二大二公司馬　太常、光祿、衛尉三少卿　尚書吏部郎中　給事黃門侍郎　太子中庶子　司空、皇子長史　太僕、廷尉、大鴻臚、宗正、大司農、太府六少卿　中常侍　中尹　城門校尉　驍騎、游擊將軍　從一品將軍開府長史　司空、皇子司馬〔二四〕

以前上階

鎮遠、安遠、平遠、建義、建忠、建節、立義、立忠、立節、恢武、勇武、曜武、昭武等將軍〔二五〕　從第一品將軍開府司馬　通直散騎常侍　司從諮議參軍　中散大夫　下州刺史　上郡太守、內史、相　開國縣子爵

從四品

中堅、中壘將軍　尚書左丞　二大二公諮議參軍　司州別駕從事史　第二品將軍始蕃王長史　太子家令、率更令、僕　中書侍郎　太子庶子　第二品將軍始蕃王司馬　前左右後軍將軍〔二六〕

以前上階

寧朔、建威、振威、奮威、揚威、廣威等將軍　諫議大夫　尚書右丞　司空、皇子諮議參軍事　司州治中從事史　左右中郎將　建武、振武、奮武、揚武、廣武將軍　從一品將軍開府諮議參軍事　散子爵

第五品

寧遠、鷹揚、折衝、揚烈等將軍　從二品將軍二蕃王長史　二大二公從事中郎　祕書丞　皇子友　國子博士　散騎侍郎　太子中舍人　員外散騎常侍　從二品將軍二蕃王司馬

以前上階

射聲、越騎、屯騎、步兵、長水等校尉　司空、皇子之開府從事中郎　第二品將軍始蕃王諮議參軍〔二七〕　開府從事中郎　中郡太守、內史、相　開國縣男爵

從五品

伏波、淩江、平漢將軍　第三品將軍三蕃王長史　二大二公掾屬　著作郎　通直散騎侍郎　太子洗馬　從二品將軍二蕃王諮議參軍事　第三品將軍三蕃王司馬　奉車都尉

以前上階

太子屯騎、步兵、翊軍校尉　都水使者　司空、皇子之開府掾屬　領護長史、司馬　歸義、率義、順義、朝服侯〔二八〕　輕車、威遠、虎威等將軍　開府掾屬　洛陽令〔二九〕　中給事中散男爵

第六品

宣威、明威將軍　從三品將軍長史　二大二公主簿及録事參軍事　皇子郎中令〔三〇〕　司空主簿　司空、皇子録事參軍事　從三品將軍司馬　三品將軍三蕃王諮議參軍事〔三一〕　二大二公功曹、記室、户曹、倉曹、中兵參軍事〔三二〕　皇子文學　治書侍御史　謁者僕射〔三三〕　從一品將軍開府録事參軍　司空皇子功曹、記室、户曹、倉曹、中兵參軍事　皇子功曹史

以前上階

河南郡丞　虎賁中郎將　羽林監　冗從僕射　駙馬都尉　廷尉正、監、評　尚書諸曹郎中　中書舍人　從一品將軍府功曹、記室、户曹、倉曹、中兵參軍事，功曹史　下郡太守、内史、相　上縣令、相〔三四〕

從六品

襄威將軍　厲威將軍　第二品將軍始蕃王録事參軍事〔三五〕　二大二公諸曹行參軍事〔三六〕　給事中　太子門大夫　皇子大農　騎都尉　符璽郎

以前上階

從二品將軍二蕃王録事參軍事　皇子主簿　司空、皇子諸曹行參軍事　第二品將軍始蕃王功曹、記室、户曹、倉曹、中兵參軍事，功曹史　正一品將軍開府主簿、諸曹參軍事〔三七〕　從二品將軍二蕃王功曹、記室、户曹、倉曹、中兵參軍事，功曹史　太子舍人　太常、光禄勳、衞尉丞

第七品

威烈、威寇、威虜、威戎、威武將軍〔三八〕　四品正從將軍長史、司馬　二大二公祭酒三品將軍三蕃王録事參軍　司空、皇子之開府祭酒　王公國郎中令〔三九〕　武烈、武毅、武奮將軍〔四〇〕　積弩、積射將軍　員外散騎侍郎〔四一〕　皇子中尉　二大二公參軍事及諸曹行

參軍　開府祭酒　司空、皇子參軍事及諸曹行參軍〔四二〕

以前上階

從三品將軍録事參軍事　二品將軍始蕃王主簿、諸曹行參軍事　從一品將軍開府諸曹行參軍事　三品將軍三蕃王功曹、記室、户曹、倉曹、中兵參軍，功曹史　二品將軍二蕃王主簿、諸曹行參軍事〔四三〕　二衞司馬　討寇、討虜、討難、討夷將軍　從三品將軍功曹、户曹、倉曹、中兵參軍〔四四〕　詹事丞　六卿丞〔四五〕　祕書郎中　著作佐郎　中縣令、相

從七品

蕩寇、蕩虜、蕩難、蕩逆將軍　五品正從將軍長史、司馬　强弩將軍　二大二公行參軍　司空、皇子行參軍　二品將軍始蕃王諸曹行參軍事　二品將軍三蕃王主簿及諸曹行參軍〔四六〕　三品將軍三蕃王主簿、列曹參軍　從一品將軍開府行參軍〔四七〕　王公國大農

以前上階

太學博士　皇子常侍　太常博士　武騎常侍〔四八〕　從二品將軍二蕃王行參軍事及諸曹行參軍事〔四九〕　從三品將軍主簿及諸曹行參軍事　四品正從將軍録事、功曹、倉曹、中兵參軍事　司州主簿　奉朝請　國子助教

第八品

殄寇、殄虜、殄難、殄夷將軍　二品將軍始蕃王行參軍事〔五〇〕　三品將軍三蕃王行參軍事及諸曹行參軍事〔五一〕　四品正從將軍主簿及諸曹行參軍事　侯伯國郎中令〔五二〕　司州西曹書佐　殿内將軍　皇子侍郎　大長秋丞

以前上階

侍御史　協律郎　辨章郎　從二品將軍二蕃王行參軍〔五三〕　從三品將軍行參軍事及諸曹行參軍事〔五四〕　五品正從將軍録事、功曹、户曹、倉曹、中兵參軍　王公國中尉　司州祭酒從事史〔五五〕　下縣令、相

從八品

掃寇、掃虜、掃難、掃逆將軍　司州議曹從事史　二大二公長兼行參軍　公車令　符節令　諸署令千石以上者　中黄門令　門下録事　尚書都令史　主書令史　殿中侍御史　中謁者僕射　中黄門冗從僕射

以前上階

宫門僕射　侯伯國大農　司空、皇子長兼行參軍　二大二公長兼行參軍　皇子上中下將軍　皇子中大夫、二率丞　四品正從將軍諸曹行參軍事　王公國常侍　厲武、厲鋒、虎牙、虎奮將軍　五品正從將軍主簿、諸曹行參軍　司州文學　從一品將軍開府長兼行

參軍　員外將軍

第九品

曠野、横野將軍　子男國郎中令　太祝令　諸署令六百石以上者　中黄門〔五六〕　公主家令　皇子典書令　四門小學博士　律博士　校書郎　二大二公參軍督護　都水參軍〔五七〕　檢校御史

以前上階

王公國侍郎　侯伯國中尉　謁者　太子三卿丞　五品正從將軍列曹行參軍　司空、皇子參軍督護　二品將軍始蕃王長兼行參軍　從一品將軍開府參軍督護　殿内司馬督

從九品

偏、裨將軍　太子廄長〔五八〕　監淮海津都尉〔五九〕　諸局都尉　皇子典祠、學官令〔六〇〕　皇子典衛令　王公國上、中、下將軍　王公國中大夫　諸署令不滿六百石者

以前上階

二品將軍始蕃王參軍督護　從二品將軍二蕃王長兼行參軍〔六一〕　太常光禄衛尉領護詹事功曹、五官、治禮郎〔六二〕　子男國大農　小黄門　員外司馬督

右内外文武官七千七百六十四人，二千三百七十一人内，五千三百九十三人外，州刺史、郡太

守、縣令長等。內文學學生三千人，都計內外官及學生一萬七百六十四人。其京城諸司令史及諸色職掌人及外州郡縣屬官并諸色職掌人等並未詳，命數亦未詳。按魏氏之初，法制簡略，設官分職，多因事宜，罕依故實，誠非經遠。既列九品，每品又分爲上中下三等。至孝文帝太和十八年定令，方有倫序。今所録者，以此爲正焉。又按前代職次，皆無從品，魏氏始有之。自四品以下，正從又分爲上下階，亦一代之別制也。

北齊職品：

正一品

太師　太傅　太保　王　大司馬　大將軍　太尉公　司徒公　司空公

從一品

開府儀同三司　開國郡公爵

正二品

儀同三司　太子太師、太傅、太保　特進　尚書令　驃騎、車騎將軍二將軍加大者，在開國郡公下。　衛將軍加大者，在太子太師上。　四征將軍加大者，次衛大將軍。　左右光禄大夫　散郡公、開國縣公爵

從二品

尚書僕射　中書監　司州牧　四鎮將軍加大者，次四征。　中軍、鎮軍、撫軍將軍〔六三〕領軍、加大者，次尚書令下。護軍、翊軍將軍　金紫光祿大夫　散縣公、開國縣侯爵

正三品

吏部尚書　四安將軍　中領軍　中護軍　太常、光祿、衞尉卿　太子少師、少傅、少保　中書令　太子詹事　侍中　諸曹尚書　四平將軍　諸王師〔六四〕　大宗正、太僕、太理、鴻臚、司農、太府卿　清都尹　三等上州刺史　左衞將軍　右衞將軍　祕書監　銀青光祿大夫　散縣侯爵　開國縣伯爵

從三品

散騎常侍　三等中州刺史　司徒左長史　四方中郎將　護匈奴、羌戎、夷、蠻越中郎將　國子祭酒　御史中丞　中侍中〔六五〕　長秋卿　將作大匠　冠軍將軍　太尉長史　領左右將軍　武衞將軍　太子左衞率　太子右衞率　輔國將軍　護匈奴、羌戎、夷、蠻越校尉〔六六〕　太中大夫　龍驤將軍　散縣伯爵　三等上郡太守〔六七〕

正四品

鎮遠、安遠將軍　太常、光祿、衞尉少卿　尚書吏部郎中　給事黃門侍郎　太子中庶

子　司徒右長史　司空長史　三公府司馬　中常侍　中尹　城門校尉　虎騎、雲騎、驍騎、游擊等將軍〔六八〕　大宗正、太僕、大理、鴻臚、司農、太府少卿

以前上階

建忠、建節將軍　通直散騎常侍　諸開府長史　中散大夫〔六九〕　三等下州刺史　三等鎮將〔七〇〕　諸開府司馬　開國縣子爵

從四品

中堅、中壘將軍　尚書左丞　三公府諮議參軍事〔七一〕　司州別駕從事史　三等上州長史　太子家令、率更令、僕　前左右後軍將軍　中書侍郎　太子庶子　三等中郡太守　左右備身正都督〔七二〕　刀劍備身正都督　備身正都督〔七三〕　御仗正都督　直蕩正都督　三等上州司馬

以前上階

振威、奮威將軍〔七四〕　諫議大夫　尚書右丞　諸開府諮議參軍　司州治中從事史　左右中郎將　步兵、越騎、射聲、屯騎、長水校尉　朱衣直閤　直閤將軍　太子騎官及內直備身正都督〔七五〕　三等鎮副將　散縣子爵

第五品

廣德、弘義將軍　太子備身正都督、直入、直衞正都督〔七六〕　領左右、三等中州長史〔七七〕　三公府從事中郎　祕書丞　皇子友　國子博士　散騎侍郎　太子中舍人　員外散騎常侍　三等中州司馬

以前上階

折衝、制勝將軍　主衣都統　尚食、尚藥典御　太子旅騎、屯衞、典軍校尉　領護府長史、司馬　諸開府從事中郎　開國縣男爵

從五品

伏波、凌江將軍　三等下州長史　三公府掾屬〔七八〕　著作郎　通直散騎侍郎　太子洗馬　左右備身刀劒備身副都督　御仗、直蕩副都督　左右直長　中尚藥、中尚食典御　三等下州司馬

以前上階

輕車、樓船將軍〔七九〕　駙馬都尉　翊衞正都督　直寢、直齋　奉車都尉　都水使者　諸開府掾屬　崇聖、歸義、歸正、歸命、歸德侯　清都郡丞　治書侍御史　鄴臨漳成安三縣令　中給事中　三等下郡太守　大理司直　太子直閤、二衞隊主　太子騎官備身副都督、內直備身副都督　開國鄉男爵〔八〇〕　散縣男爵

正六品

勁武、昭勇將軍　尚書諸曹郎中　中書舍人　三公府主簿　三等上州別駕從事史　四中府長史　三等鎮長史　三公府録事、功曹、記室、户曹、倉曹、中兵參軍事　皇子文學　謁者僕射　皇子郎中令〔八一〕

以前上階

明威、顯信將軍　太子備身副都督　四中府司馬　虎賁中郎將　羽林監　冗從僕射　直入副都督　千牛備身　大理正、監、評　侍御師〔八二〕　諸開府録事、功曹、記室、户曹、倉曹、中兵參軍事　三等上州録事參軍事、治中從事史　三等上郡丞　三等上縣令　太子内直監　平準署令

從六品

度遼將軍　横海將軍　直突都督〔八三〕　三等中州別駕從事史　三公府諸曹行參軍事〔八四〕　給事中　太子門大夫　三等上州功曹、倉曹、中兵參軍事　皇子大農　騎都尉　直後〔八五〕　符璽郎中〔八六〕　三等中州録事參軍事

以前上階

踰岷、越障將軍　直衞副都督　三等中州治中從事史〔八七〕　諸開府主簿、諸曹行參

軍〔八八〕　太子舍人〔八九〕　三等中州功曹、倉曹、中兵參軍事　三寺丞　太子直前　太子副直監〔九〇〕　太子諸隊主

正七品

戎昭、武毅將軍　勳武前鋒正都督　三公府東西閤祭酒　三等下州别駕從事史　三等上州府主簿、諸曹參軍事　三等下州録事參軍事　四中府録事參軍事　王公國郎中令　積弩、積射將軍　員外散騎常侍　皇子中尉　三公府參軍事及諸曹行參軍

以前上階

雄烈、恢猛將軍　翊衞副都督　諸開府東西閤祭酒及參軍事、諸曹行參軍　三等下州功曹、倉曹、中兵參軍事　四中府功曹、倉曹、中兵參軍　三等中州主簿、諸曹參軍事　二衞府司馬　詹事府丞　左右備身五職　三等鎮録事參軍　六寺丞　祕書郎中　著作佐郎　太子侍醫　太子騎尉　太子騎官備身五職都將、别將、統軍、軍主、幢主是也。下同。　三等中郡丞　三等中縣令

從七品

揚麾、耀鋒將軍　勳武前鋒副都督　强弩將軍　三公府行參軍　三等上州參軍事、諸曹行參軍事　三等下州府主簿、諸曹參軍事　四中府諸曹參軍事　王公國大農　長秋

寺丞　將作寺丞〔九一〕　太子二率坊司馬　三等鎮倉曹、中兵參軍事

以前上階

蕩邊、開域將軍　勳武前鋒散都督　太學博士　皇子常侍　太常博士　武騎常侍　左右備身五職　三等中州參軍事及諸曹行參軍　諸開府行參軍　奉朝請　國子助教　公車、京邑二市署令　三等鎮諸曹參軍事〔九二〕　三縣丞〔九三〕　侍御史　尚食、尚藥丞〔九四〕　齋帥〔九五〕　中尚食、中尚藥等丞　太子直後、二衛隊副　前鋒正都督　太子騎官備身　太子內直備身五職　諸戍主　諸軍主

正八品

靜漠、綏戎將軍　協律郎　三等上州行參軍　三等下州參軍事、諸曹參軍事〔九六〕　四中府諸曹行參軍　侯伯國郎中令　殿中將軍　皇子侍郎

以前上階

平越、殄夷將軍　刀劍備身五職　前鋒副都督　太子內直備身　主書　殿中侍御史　太子典膳、藥藏丞　太子齋帥　三等中州行參軍　王公國中尉　三公府典籤　三等鎮鎧曹行參軍〔九七〕　三等下郡丞〔九八〕　三等下縣令

從八品

飛騎、隼擊將軍　三公府長兼左右户行參軍及長兼行參軍〔九九〕　門下録事　尚書都令史　檢校御史　諸陵、太廟令〔一〇〇〕　大樂、武庫諸署令　衣冠將軍　太倉、典客、驊騮、鉤盾、鼓吹、守宫、左右尚方、左藏、太官、掖庭、司染、典農、左右龍、左右牝、冶東西、駝牛、司羊諸署令〔一〇一〕　諸開府典籤　中謁者僕射　中黄門冗從僕射

以前上階

虎牙、虎奮將軍　備身御仗五職　宫門署僕射〔一〇二〕　大子備身五職　侯伯國大農皇子上、中、下將軍　皇太子上、中大夫　王公國常侍　諸開府長兼左右户行參軍及長兼行參軍〔一〇三〕　員外將軍　勳武前鋒五職　司州及三等上州典籤　太子諸隊副　諸戍副　諸軍副　清都郡丞

正九品

清野將軍　子男國郎中令　太祝、導官、太史、太醫、黄藏、衞士、細作諸署令〔一〇四〕　内謁者局統〔一〇五〕　三等上州長兼行參軍　中黄門〔一〇六〕　太子内坊令〔一〇七〕　公主家令　皇子防閤　皇子典書令　四門博士　大理律博士　校書郎　三公府參軍督護　都水參軍　七部尉　諸郡尉

以前上階

橫野將軍　王公國侍郎　侯伯國中尉、謁者　太子三寺丞　諸開府參軍督護　殿中司馬督　御仗　太子食官、中盾、典倉令〔一〇八〕　太子備身　平準署丞　公車署丞　三等中州典籤

從九品

偏將軍　諸宮教博士　太子司藏、廄牧令〔一〇九〕　太子校書　諸署別部局都尉及合昌、方城局都尉〔一一〇〕　諸關津尉　三等上州參軍督護　三等中州長兼行參軍　祕書省正字　皇子典書、典祠、學官、典衞等令〔一一一〕　王公國上中下將軍、上中大夫　廩犧、太宰、司儀、左校、中宮僕、奚官、肴藏、清潭、典寺、乘黄、車府、籍田、華林、甄官諸署令　諸縣丞〔一一二〕

以前上階

裨將軍　領護府、太常光祿衞尉三寺、詹事府功曹、五官、治禮郎〔一一三〕　子男國大農　小黄門　員外司馬督　太學助教　諸幢主　廷尉中侍中省録事〔一一四〕　三等下州典籤　尚書省、門下省、中書省醫師

右内品二千三百二十二人，國子、太學、四門等學生并尚書都令史、門下通事主事等令史五百九十六人，都計文武官及學生、令史等總二千九百一十八人。其諸省臺府，因其繁簡而置吏，有令史、書令史、書史之屬。又各置曹兵，以供其役。其員因

繁簡而立。其餘司專其事者，各因事立名，條流甚衆，不可得而具也。其州郡官及命數並未詳。

校勘記

〔一〕爵　原爲正文大字，今據北宋本、遞修本、明抄本、明刻本、王吴本改爲側注小字。下同。

〔二〕中領護軍　隋書百官志上無此四字。

〔三〕員外散騎常侍　原涉上而脱，據隋書百官志上七四三頁補。

〔四〕祕書丞　原「書」下衍「監」，據隋書百官志上七四三頁删。

〔五〕司南梁交越桂霍寧　原脱「寧」，據隋書百官志上七四三頁補。

〔六〕版府中録事參軍　原脱「府」，據隋書百官志上七四四頁及北宋本、遞修本、明抄本、明刻本補。

〔七〕開國縣男爵　「男」字處原爲空白，今據諸本補。

〔八〕謁者僕射　原脱，據隋書百官志上七四四頁及北宋本、遞修本、明抄本、明刻本、王吴本補。

〔九〕太子旅賁中郎將　「旅」原作「虎」，據隋書百官志上七四四頁改。

〔一〇〕武衛常侍　通考卷六七同。隋書百官志上七四五頁「衛」作「騎」。

〔一一〕太后三卿丞　「三」原訛「二」，據諸本改。

〔一二〕板中録事記室直兵參軍　此十字原脱，據隋書百官志上七四五頁補。

〔一三〕少傅五官功曹史主簿　「傅」原訛「府」，據隋書百官志上七四五頁改。

〔一四〕南兖　原脱「南」，據隋書百官志上七四五頁補。

〔一五〕南臺侍御史　此官隋書百官志上七四五頁在「左右二衞殿中將軍」之下。

〔一六〕行參軍版行參軍　「行參軍」原脱，據隋書百官志上七四六頁補。

〔一七〕南徐等州　「等」原訛「梁」，據隋書百官志上七四六頁改。

〔一八〕從十一班至九班禮數復爲一等　「至九班」原脱，「等」原訛「班」，據隋書百官志上七四一頁補改。

〔一九〕至孝文太和二十三年　「三」原訛「二」，據魏書官氏志二九九三頁改。

〔二〇〕鎮軍　「鎮」原訛「領」，據魏書官氏志二九九四頁改。

〔二一〕二軍加將軍則去中　原訛作「三將軍加大者」。據魏書官氏志二九九五頁改補。

〔二二〕光禄勳　魏書官氏志二九九六頁無「勳」。

〔二三〕銀青光禄大夫，前左右後將軍，左右衞將軍　魏書官氏志二九九五頁「左右衞將軍」在前，「銀青光禄大夫」居後。

〔二四〕驍騎游擊將軍，從一品將軍開府長史，司空皇子司馬　魏書官氏志二九九六頁「司空皇子司馬」在前，「驍騎游擊將軍」居後。

〔二五〕昭武等將軍　魏書官氏志二九九六頁「昭武」下尚有「顯武」，通典加「等」字而諱避。

〔二六〕前左右後軍將軍　此七字原脱，據魏書官氏志二九九七頁補。

〔二七〕第二品將軍　「二」原訛「三」，據魏書官氏志二九九七頁及北宋本、明刻本、王吴本改。

〔二八〕朝服侯　「侯」原訛「候」，據北宋本、遞修本、明抄本、明刻本、王吴本改。

〔二九〕洛陽令　原脱，據魏書官氏志二九九八頁補。

〔三〇〕皇子郎中令　原「皇」下衍「太」，據魏書官氏志二九九八頁删。

〔三一〕三品將軍三蕃王諮議參軍事　原下有「皇太子文學治書侍御史諮議參軍事」十五字，衍文。今據魏書官氏志二九九八頁删。

〔三二〕倉曹　原訛「參軍」，據魏書官氏志二九九八頁改。

〔三三〕皇子文學，治書侍御史，謁者僕射　原「學」「史」二字均與下緊接，今據魏書官氏志二九九八頁留空。

〔三四〕上縣令相　原脱「相」，據魏書官氏志二九九九頁補。

〔三五〕第二品將軍　「二」原訛「三」，據魏書官氏志二九九九頁及明刻本、王吴本改。

〔三六〕二大二公諸曹行參軍事　魏書官氏志二九九九頁無「行」。下「司空皇子諸曹行參軍事」同。

〔三七〕正一品將軍　魏書官氏志二九九九頁「正」作「從」。

〔三八〕威寇　原脱，據魏書官氏志二九九九頁補。

〔三九〕王公國郎中令　原脱「公」，據魏書官氏志二九九九頁補。按：魏志此官在「武烈、武毅、武奮將軍」後。

〔四〇〕武毅　「毅」原訛「敦」，據魏書官氏志二九九九頁改。

〔四一〕員外散騎侍郎　原脱「員」，據魏書官氏志三〇〇〇頁及北宋本、明抄本補。

〔四二〕司空皇子參軍事及諸曹行參軍　此官魏書官氏志三〇〇〇頁在下「從三品將軍録事參軍事」前，不屬上階。

〔四三〕二品將軍二蕃王主簿諸曹行參軍事　魏書官氏志三〇〇〇頁「二」上有「從」，「曹」下無「行」。

〔四四〕從三品將軍功曹户曹倉曹中兵參軍　「三」原訛「二」，據北宋本、明抄本改。「倉曹」原脱，「兵」下衍「曹」，據魏書官氏志三〇〇〇頁補删。

〔四五〕六卿丞　「六」魏書官氏志三〇〇〇頁作「列」。

〔四六〕二品將軍三蕃王主簿及諸曹行參軍　「二」原作「三」，據北宋本、明抄本改。按：魏書官氏志三〇〇〇頁無此十五字。疑此爲涉上下文而衍者。

〔四七〕從一品將軍開府行參軍　「從」魏書官氏志三〇〇〇頁作「第」。

〔四八〕武騎常侍　魏書官氏志三〇〇一頁無此四字。

〔四九〕二蕃王行參軍事　魏書官氏志三〇〇一頁無「行」。下「主簿及諸曹行參軍事」亦然。

〔五〇〕二品將軍始蕃王行參軍事　「二」原作「三」，據魏書官氏志三〇〇一頁及明刻本、王吴本改。

〔五一〕三品將軍三蕃王行參軍事　魏書官氏志三〇〇一頁無「行」。下「四品正從將軍主簿及諸曹行參軍事」亦然。

〔五二〕侯伯國郎中令　「國」原脱，據魏書官氏志三〇〇一頁補。下「侯伯國大農」同。

〔五三〕從二品將軍二蕃王行參軍　「二」原作「三」，據魏書官氏志三〇〇一頁及明刻本、王吴本改。

〔五四〕從三品將軍行參軍事　原脱「事」，據北宋本、遞修本、明抄本、明刻本補。按：魏書官氏志三〇〇一頁無「行」。

〔五五〕司州祭酒從事史　魏書官氏志三〇〇一頁無「史」。

〔五六〕中黄門　原「門」下衍「令」，據魏書官氏志三〇〇二頁删。中黄門令於從八品中已見。

〔五七〕都水參軍　魏書官氏志三〇〇二頁無此四字。

〔五八〕太子廄長　「廄」原作「牧」，據魏書官氏志三〇〇三頁改。

〔五九〕監淮海津都尉　「海」原訛「河」，據魏書官氏志三〇〇三頁改。按：魏志二九八八頁也作「海」。

〔六〇〕皇子典祠學官令　「祠」原訛「詞」，據魏書官氏志三〇〇三頁及明刻本、王吴本改。

〔六一〕二蕃王長兼行參軍　「二」原訛「三」，據諸本改。「長」下原衍「史」，據魏書官氏志三〇〇三頁删。

〔六二〕太常光禄衞尉領護詹事功曹五官治禮郎　原「護」「詹」間誤空格，今據魏書官氏志三〇〇三頁「護」「詹」間去空。

〔六三〕中軍鎮軍撫軍將軍　上「軍」原訛「領」，據隋書百官志中七六五頁訂改。

〔六四〕諸王師　隋書百官志中七六五頁無此官。

〔六五〕中侍中　下「中」原訛「郎」，據隋書百官志中七六五頁及北宋本、遞修本、明抄本、明刻本改。按：北齊制，中侍中省，掌出入門閤，中侍中二人。

〔六六〕護匈奴羌戎夷蠻越校尉　原脱「夷」，「越」訛「夷」，據隋書百官志中七六五頁補改。

〔六七〕三等上郡太守　隋書百官志中七六六頁此官在「散縣伯」上。

〔六八〕驍騎游擊等將軍　原脱「騎游」，據隋書百官志中七六六頁補。

〔六九〕中散大夫　隋書百官志中七六六頁作「中大夫」，誤。

〔七〇〕三等鎮將　原「將」下衍「軍」，據隋書百官志中七六六頁及明刻本、王吴本删。

〔七一〕三公府諮議參軍事　原脱「府」，據隋書百官志中七六六頁補。

〔七二〕左右備身正都督　「都督」原訛「督軍」，據隋書百官志中七六六頁改。

〔七三〕備身正都督　原涉上而脱，據隋書百官志中七六六頁訂補。

〔七四〕振威奮威將軍　兩「威」原皆訛「武」，據隋書百官志中七五二頁改。按：隋志七六六頁下「威」亦訛「武」。

〔七五〕正都督　原脱「正」，據隋書百官志中七六六頁補。

〔七六〕直入直衞正都督　「直衞」下原衍「正衞」，據隋書百官志中七六六頁删。

〔七七〕領左右三等中州長史　「領左右」原上與「直入直衞正都督」緊接，下與「三等中州長史」空一格，誤。今據隋書百官志中七六六頁「領」上留格，「右」下去空。

〔七八〕三公府掾屬　「三」原訛「二」，據北宋本、遞修本、明抄本、明刻本、王吴本改。

〔七九〕輕車　「車」原訛「騎」，據隋書百官志中七六七頁改。

〔八〇〕開國鄉男爵　「鄉」原訛「卿」，據隋書百官志中七六七頁及明刻本、王吴本改。

〔八一〕皇子郎中令　隋書百官志中七六七頁「皇子郎中令」在「三公府録事參軍事」後，「三公府功曹記室户曹倉曹中兵參軍事」前。

〔八二〕侍御師　原作「治書侍御史」，清人擅改。今據隋書百官志中七六七頁及北宋本、遞修本、明抄本、明刻本、王吴本改回。

〔八三〕直突都督　「都督」原訛「將軍」，據隋書百官志中七六七頁改。按：北宋本作「都軍」，亦誤。

〔八四〕三公府諸曹行參軍事　隋書百官志中七六七頁無「行」。

〔八五〕直後　原脱，據隋書百官志中七六七頁及北宋本、遞修本、明抄本、明刻本、王吴本補。

〔八六〕符璽郎中　「中」原脱，據隋書百官志中七六七頁及北宋本、遞修本、明抄本、明刻本補。

〔八七〕三等中州治中從事史　原脱「史」，據北宋本、明抄本補。北宋本「治」作「持」。按：隋書百官志中七六七頁無「治中」二字。

〔八八〕諸曹行參軍　隋書百官志中七六七頁作「列曹參軍事」。

〔八九〕太子舍人　隋書百官志中七六八頁「太子舍人」在下「三等中州功曹倉曹中兵參軍事」後。

〔九〇〕太子副直監　此官上原有「太子内直監」，北宋本、遞修本、明抄本作「太子嗣直監」，均係誤衍。今據隋書百官志中七六八頁删。

〔九一〕將作寺丞　原脱「寺」，據隋書百官志中七六八頁補。

〔九二〕三等鎮諸曹參軍事　「諸」原訛「將」，據北宋本、遞修本、明抄本、明刻本改。

〔九三〕三縣丞　原訛作「三等縣令」，據隋書百官志中七六八頁刪改。

〔九四〕尚食尚藥丞　原脱「尚食」，據隋書百官志中七六八頁補。

〔九五〕齋帥　「帥」原訛「師」，據隋書百官志中七六八頁改。下同。

〔九六〕三等下州參軍事諸曹參軍事　原作「三等下州諸曹行參軍」，據隋書百官志中七六九頁補改。

〔九七〕鎧曹　「曹」原訛「冑」，諸本訛「青」。據隋書百官志中七六九頁改。

〔九八〕三等下郡丞　原脱，據隋書百官志中七六九頁補。

〔九九〕三公府長兼左右户行參軍　原「長」下有「史」，誤。據隋書百官志中七六九頁刪。

〔一〇〇〕諸陵太廟令　自此至下「司羊諸署令」，隋書百官志中七六九頁統以「諸署令」括之，無細目。

〔一〇一〕左右牝冶東西駞牛司羊諸署令　「牝」原訛「馳」，（諸本訛「駞」）「冶」原訛「治」，「駞」原脱，「司羊」原倒，並據隋書百官志中七五六——七五七頁校改補乙。按：北宋本「司羊」未倒。

〔一〇二〕宮門署僕射　原脱「署」，據隋書百官志中七六九頁補。

〔一〇三〕諸開府長兼左右户行參軍　原「長」下衍「史」，據隋書百官志中七六九頁刪。

〔一〇四〕太祝導官太史太醫黃藏衞士細作諸署令　此數官隋書百官志中七六九頁第九品中不見。「導官太史」原作「御道禾官吏」，北宋本、明抄本、殿本作「御道禾官史」，遞修本作「御道禾宮史」，均誤。今據明刻本改。「黃」原訛「藥」，據北宋本改。按：太祝、太史、太醫等署屬太常，見隋志七五五頁。導官署屬司農寺，見隋志七五六頁。黃藏署、細作署屬太府寺，見隋志七五七頁。衞士署屬衞尉寺，見隋志七五六頁。

〔一〇五〕內謁者局統　原訛脱作「中署統」，今據隋書百官志中七六九頁補改。按：隋志七五四頁云：「內謁者局，統、丞各一人。」

〔一〇六〕中黄門　原脱，據隋書百官志中七六九頁補。

〔一〇七〕太子內坊令　「內」原作「中」，據隋書百官志中七六九頁改。

〔一〇八〕典倉令　「倉」原訛「食」，據隋書百官志中七六九頁改。

〔一〇九〕太子司藏廄牧令　「藏」原訛「農」，據隋書百官志中七七〇頁改。

〔一一〇〕合昌方城局都尉　隋書百官志中七七〇頁從九品中不見此官。按：隋志七五五頁都水臺條云：「又領都尉、合昌、坊城等三局。」

〔一一一〕皇子典書典祠學官典衞等令　「祠」原訛「詞」，「等」原訛「士」，據隋書百官志中七六〇頁訂改。按：明刻本「祠」字不誤。

〔一一二〕諸縣丞　「丞」原訛「令」，據隋書百官志中七七〇頁改。

〔一一三〕詹事府功曹五官治禮郎　原脱「府」，據隋書百官志中七七〇頁補。按：「治禮郎」隋志作「奉禮郎」。

〔一一四〕廷尉中侍中省録事　隋書百官志中七七〇頁「廷尉」作「遥途尉」，誤。

王永興點校　王文錦覆校

通典卷第三十九

職官二十一

秩品四〔一〕後周　隋

後周官品：六卿屬官之外，内外衆職，亦多參秦漢。〔二〕

正九命

太師　太傅　太保　王爵〔三〕　國公　柱國大將軍　大將軍

九命

驃騎大將軍　開府儀同三司建德四年，改爲開府儀同大將軍，仍增置上開府儀同大將軍。　車騎大將軍　儀同三司建德四年，改爲儀同大將軍，仍增置上儀同大將軍。　雍州牧

正八命

少師　少傅　少保　侯爵　驃騎將軍〔四〕　左光禄大夫　車騎將軍　右光禄大夫

刺史户三萬以上者

八命

四征將軍　左金紫光禄大夫　中軍、鎮軍、撫軍將軍　右金紫光禄大夫　大都督〔五〕　刺史二萬户以上者　京兆尹

正七命

大冢宰　大司徒　大宗伯　大司馬　大司寇　大司空　伯爵　四平將軍　左銀青光禄大夫　前後左右四將軍　右銀青光禄大夫　帥都督　柱國大將軍府長史、司馬、司録　刺史萬户以上者

七命

冠軍將軍　太中大夫　輔國將軍　中散大夫　都督　刺史户五千以上者　郡守萬五千户以上者

正六命

小冢宰、小司徒、小宗伯、小司馬、小司寇、小司空等上大夫　子爵　鎮遠將軍　諫議大夫　建忠將軍　諮議大夫〔六〕　别將開府長史、司馬、司録　刺史户不滿五千以下者〔七〕　郡守萬户以上者〔八〕

六命

中堅將軍　左中郎將　寧朔將軍　儀同府、正八命州長史，司馬，司録　右中郎將　郡守户五千以上者　大呼藥〔九〕

正五命

天官：司會、宗師、左宫伯、御正、御伯、主膳、太府、計部等中大夫　地官：鄉伯、左右遂伯、每方稍伯、每方縣伯、每方畿伯、每方載師、師氏等中大夫　春官：禮部、守廟、典祀、内史、太史、大司樂等中大夫　夏官：軍司馬、職方、吏部、右武伯、兵部、大馭、司右、駕部、武藏等中大夫　秋官：司憲、刑部、蕃部、賓部等中大夫　冬官：工部、匠師、司木、司土、司金、司水等中大夫　男爵　寧遠將軍　左員外常侍　揚烈將軍　右員外常侍　統軍　驃騎車騎將軍府、八命州長史，司馬，司録　柱國大將軍府中郎掾屬　郡守千户以上者　長安、萬年令

五命

伏波將軍　奉車都尉　輕車將軍　奉騎都尉　四征中鎮撫軍將軍府、正七命州長史，司馬，司録〔一〇〕　開府中郎掾屬　郡守户不滿一千以下者〔一一〕　縣令户七千以上者　正八命州呼藥

正四命

天官：小宗師、小左宮伯、小御正、小膳部、大醫、小醫、小計部等下大夫　地官：小鄉伯、鄉大夫，每鄉小遂伯、遂大夫，每遂小稍伯、稍大夫，每稍小縣伯、縣大夫，每縣小畿伯、畿大夫，每畿小載師，小師氏、保氏、司倉、司門、司市、虞部等下大夫　春官：小守廟、小典祀、小内史、外史、典命、小史、小司樂、太學博士、太卜、太祝、司車路、夏采等下大夫　夏官：小職方、小吏部、小右武伯、小兵部、小馭、戎馭、齊馭、小司右、戎右、齊右、司射、小駕部、小武藏等下大夫　秋官：小刑部、掌朝、布憲、小蕃部、小賓部、司要、田正、司隸等下大夫　冬官：小匠師、小司木、小司土、小司金、小司水、司玉、司皮、司色、司織、司卉等下大夫　公之孤卿　宣威將軍〔一二〕　虎賁給事　明威將軍　冗從給事　儀同府中郎掾屬　柱國大將軍府列曹參軍　四平前後左右將軍府、七命州長史，司馬，司録〔一三〕　縣令户四千以上者　八命州呼藥　八命州別駕

四命

襄威將軍　給事中　厲威將軍　奉朝請　軍主　開府列曹參軍　冠軍輔國將軍府、正六命州長史，司馬，司録〔一四〕　縣令户三千以上者〔一五〕　正七命州呼藥　正七命州別駕　正八命州治中　七命郡丞

正三命

天官：司會、小宗師、宗正、小右宮伯、右中侍、小御正、主寢、御伯、掌式、〔一六〕小膳部、內膳、外膳、小醫、醫正、瘍醫、太府、玉府、內府、外府、左府、右府、縫工、染工、小計部、掌納、掌出、司內奄等上士〔一七〕 地官：民部吏、小鄉伯、鄉正、州長、每州小遂伯、遂正、小稍伯、稍正、小縣伯、縣正、小畿伯、畿正、小載師、司農、司均、司賦、司役、小師氏、保氏、司諫、司救、司媒、小司倉、小司門、小司市、小虞部等上士 春官：禮部、小守廟、小典祀、司郊、掌次、小內史、著作、小典命、司寂、小史、馮相、保章、小司樂、太學助教、小學博士、樂師、小卜、小祝、小司車路、守陵等上士 夏官：軍司馬、小職方、小吏部、司士、司勳、司録、小右武伯、右虎賁率、右旅賁率、右射聲率、右驍騎率、右羽林率、右游擊率、小兵部、武環率、武候率、司固、道馭、田馭、小司右、賓右、道右、田右、小司射、司仗、小田駕部、左廄、右廄、典牝、典牡、獸醫等上士 秋官：司憲、小刑部、司刺、鄉法、遂法、稍法、縣法、畿法、方憲、小掌朝、掌察、小布憲、小蕃部、小掌交、司匡、小賓部、司儀、東掌客、南掌客、西掌客、北掌客、小司要、小田正、小司隸等上士 冬官：工部、小匠師、內匠、外匠、掌材、小司木、小司土、小司金、鍛工、函工、小司水、典壅、小司玉、小司皮、小司色、小司織、小司卉等上士 侯伯之孤卿 公之大夫 威烈將軍 左員外侍郎〔一八〕 討寇將軍 右員外侍郎〔一九〕

幢主 儀同府、正八命州列曹參軍 鎮遠、建忠、中堅、寧朔將軍府長史、司馬 柱國大將

軍參軍〔二〇〕　縣令戶五百以上者　七命州呼藥　正六命州别駕　正七命州治中　正六命郡丞

三命

蕩寇將軍　武騎常侍　蕩難將軍　武騎侍郎　戍主　開府參軍　驃騎車騎將軍府、八命州列曹參軍　寧遠、揚烈、伏波、輕車將軍府長史　縣令戶不滿五百以下者　正六命州呼藥　正六命州治中　六命郡丞

正二命

天官：司會、宗正、右侍、右前侍、右後侍、主寢、司服、給事、掌式、內膳、外膳、典庖、典饎、酒正、餚藏、掌醢、司鼎俎、掌冰、醫正、瘍醫、玉府、內府、外府、左府、右府、縫工、染工、掌納、掌出、小司內、內小臣奄、內司服奄、典婦功奄、巷伯等中士　地官：民部吏、小鄉伯、鄉正、州長、每州小遂伯、遂正、小稍伯、稍正、小縣伯、縣正、小畿伯、畿正、司封、司農、司均、司賦、司役、掌鹽、每地中士、掌遺、典牧、典牛、司諫、司救、司媒、土訓、誦訓、神倉、黍倉、稷倉、稻倉、豆倉、麥倉、米倉、鹽倉、典麴、典舂、典磑、掌節、宮門、城門、司關、均工、平準、泉府、山虞、澤虞、林衡、川衡、掌禽、掌囿、掌炭、掌芻等中士　春官：禮部、司几筵、〔二一〕司罇彝、掌鬱、司巹、充犧、〔二二〕司雞、司郊、司社、御史、著作、典瑞、典服、司寂、司玄、〔二三〕治

禮、司謁、馮相、保章、小學助教、樂師、樂胥、司歌、司鐘磬、司鼓、司吹、司舞、籥章、掌散樂、典夷樂、典庸器、龜占、筮占、夢占、視祲、司巫、喪祝、甸祝、詛祝、神士、典路、司車、司常、守陵、掌墓、職喪等中士　夏官：軍司馬、土方、〔二四〕山師、川師、懷方、訓方、司士、司勳、司録、右虎賁率、右旅賁率、右射聲率、右驍騎率、右羽林率、右游擊率、倅長、司固、司火、司辰、銜枚、司仗、左廏、右廏、〔二五〕典牝、典牡、典駝、典羊、獸醫、司袍襖、司弓矢、司甲、司稍、〔二六〕司刀盾等中士　秋官：司憲、司刺、鄉法、遂法、稍法、縣法、畿法、方憲、掌囚、掌察、司約、司盟、職金、掌璧、司厲、修閭、掌墐、禁殺戮、禁游、禁暴、司寤、掌交、司匡、司儀、東掌客、南掌客、西掌客、北掌客、掌訝、司環、野廬、象胥、〔二七〕掌財賄、司烜、伊耆氏、司調、司柞、司薙、掌犬、司迹、弋禽、捕獸、掌皮、弭妖、翦蠹、庶蠹、掌罪隸、掌夷隸、掌蠻隸、掌戎隸、掌狄隸、掌徒等中士　冬官：工部、内匠、外匠、司量、司準、〔二八〕司度、掌材、車工、角工、彝工、器工、弓工、箭工、廬工、復工、陶工、塗工、典丱、〔二九〕冶工、鑄工、鍛工、函工、雕工、典甕、掌津、舟工、典魚、典彘、琱工、磬工、石工、裘工、履工、鞄工、韗工、韋工、膠工、毳工、績工、漆工、油工、弁工、織絲、織綵、織枲、織組、竹工、籍工、罟工、紙工等中士　子男之孤卿　侯伯之大夫　公之上士　殄寇將軍　强弩司馬　殄難將軍　積弩司馬　四征中鎮撫將軍府、正七命州列曹參軍　正五命郡丞

二命

掃寇將軍　武騎司馬　掃難將軍　武威司馬〔三〇〕　四平前左右後將軍府、七命州列曹軍戍副　五命郡丞

正一命

天官：司會旅、宗正、右騎侍、右宗侍、右庶侍、右勳侍、主璽、食醫、外膳、典庖、典饎、酒正、餚藏、掌醢、司鼎俎、掌冰、〔三一〕主藥、正醫、瘍醫、內小臣奄、內司服奄、典婦功奄、巷伯奄等下士　地官：黨正旅、每黨司封、掌鹽、掌壇、〔三二〕典牧、典牛、土訓、誦訓、神倉、稷倉、黍倉、稻倉、豆倉、麥倉、米倉、鹽倉、典麴、典舂、典磑、掌節、宮門、城門、司關、均工、平準、泉府、山虞、澤虞、林衡、川衡、掌禽、掌囿、掌圃、掌炭、掌薪、掌芻等下士　春官：禮部旅、小守廟奄、司几筵、司罇彝、掌鬱、司鬯、充犧、司鷄、司郊、司社、掌次、御史、校書、典瑞、典服、司玄、治禮、司謁、樂胥、司歌、司鐘磬、司鼓、司吹、司舞、籥章、掌散樂、典夷樂、典庸器、龜占、筮占、夢占、視祲、〔三三〕司巫、喪祝、甸祝、詛祝、神士、典路、司車、司常、小夏采、掌幕、職喪等下士　夏官：軍司馬旅、土方、山師、川師、懷方、訓方、右虎賁倅長、右旅賁倅長、右射聲倅長、右驍騎倅長、〔三四〕右羽林倅長、右游擊倅長、武環倅長、武候倅長、司火、司辰、銜枚、右廄閑長、典駝、典羊、獸醫、司袍襖、司弓矢、司稍、司甲、司刀盾等下士

秋官：司憲旅、小刑、掌囚、掌察、司約、司盟、職金、掌璧、司厲、脩閭、掌墐、〔三五〕禁殺戮、禁游、司寤、小蕃司行、掌訝、司環、野廬、象胥、掌貨賄、司烜、伊耆氏、司調、司柞、司薙、掌犬、司迹、弋禽、捕獸、掌皮、弭妖、翦蠹、庶蠹、掌罪隸、掌夷隸、掌蠻隸、掌戎隸、掌狄隸、掌徒等下士　冬官：工部旅、司量、司準、司皮、掌材、車工、角工、彝工、器工、弓工、箭工、盧工、復工、陶工、塗工、典丱、冶工、鑄工、鍛工、函工、雕工、典壅、掌津、舟工、典魚、典彘、⿰王追工、磬工、石工、裘工、屨工、〔三六〕鞄工、韗工、韋工、膠工、毳工、績工、漆工、油工、弁工、織絲、織綵、織枲、織組、竹工、籍工、罟工、紙工等下士　子男之大夫　公之中士　侯伯之上士　曠野將軍　殿中司馬　横野將軍　員外司馬　冠軍輔國將軍府、正六命州列曹參軍

一命

山林都尉　武威將軍　淮海都尉　武牙將軍　鎮遠、建忠、中堅、寧朔、〔三七〕寧遠、揚烈、伏波、輕車將軍府列曹參軍

右按所建六官并徒屬及府史雜色職掌人二萬一千七十三人。二千九百八十九人諸色官，〔三八〕萬八千八十四人府史、學生、算生、〔三九〕書生、醫生、倅長、虎賁、驍騎、羽林、游擊、奉車、駁夫、武環、〔四〇〕武候、卜筮、占夢、視祲、相生等人也。其六官之外，兼用秦漢等官及州郡官吏之數，〔四一〕並未詳。

按九命之中，分爲正命，若今之上下階。謂王朝之官爲內命，〔四二〕謂諸侯及州縣官爲外命。

隋官品令：此開皇中制也。至煬帝，除上下階，唯留正從九品。〔四三〕其餘官品，亦多升降。

流內

正一品

太師　太傅　太保　王爵〔四四〕　太尉公　司徒公　司空公

從一品

上柱國　郡王爵　國公爵　開國郡公爵　開國縣公爵

正二品

柱國　太子太師　太子太傅　太子太保　特進　尚書令　左右光祿大夫　開國侯爵

從二品

上大將軍〔四五〕　尚書左右僕射　雍州牧　金紫光祿大夫

正三品

大將軍　吏部尚書　太常卿　光祿卿　衞尉卿　太子少師　太子少傅　太子少保　納言　內史令〔四六〕　左右衞大將軍　左右武衞大將軍　左右武候大將軍　領左右大將軍　禮部尚書　兵部尚書　都官尚書　度支尚書　工部尚書　宗正卿　太僕卿　大

理卿　鴻臚卿　司農卿　太府卿　上州刺史　京兆尹　祕書監　銀青光禄大夫　開國伯爵

從三品

上開府儀同三司　散騎常侍　左右衛將軍　左右武衛將軍　左右武候將軍　領左右將軍　左右監門將軍　國子祭酒　御史大夫　將作大匠　中州刺史　親王師　朝議大夫

正四品

驃騎將軍　開府儀同三司　太常少卿　光禄少卿　衛尉少卿　太子左右衛率　太子左右宗衛率　太子左右内率　尚書吏部侍郎　給事黄門侍郎　太子左庶子　宗正少卿　太僕少卿　大理少卿　鴻臚少卿　司農少卿　太府少卿　下州刺史

以前上階

内史侍郎　太子右庶子　通直散騎常侍　左右監門郎將　朝散大夫　開國子爵

從四品

上儀同三司　尚書左丞　太子左右衛副率　太子左右宗衛副率　太子左右内副率　太子左右監門率　上郡太守　雍州別駕　親王府長史　太子家令　太子率更令

太子僕　内侍　城門校尉

以前上階

尚書右丞　上鎮將〔四七〕　雍州贊治〔四八〕　直閤將軍　親王府司馬　諫議大夫

正五品

車騎將軍　儀同三司　内常侍　祕書丞　國子博士　散騎侍郎　太子内舍人〔四九〕

太子左右監門副率　員外散騎常侍　上州長史〔五〇〕　親王府諮議參軍　開國男爵

以前上階

尚食典御　尚藥典御　上州司馬

從五品

著作郎　通直散騎侍郎　中郡太守　直寢　太子洗馬　中州長史　奉車都尉

以前上階

都水使者　治書侍御史　大興、長安令　大理司直　直齋　太子直閤　京兆郡丞

中州司馬　中鎮將　上鎮副　内給事　駙馬都尉　親王友　員外散騎侍郎

正六品

翊軍將軍　翊師將軍　尚書諸曹侍郎　内史舍人　下郡太守　大都督　親王府掾

屬　下州長史　以前上階

四征將軍東南西北。　三將軍內軍、鎮軍、撫軍。　大理正、監、評　千牛備身左右　左右監門校尉　內尚食典御　御府監　符璽監〔五一〕　殿內監　太子內直監　下州司馬　下鎮將　中鎮副

從六品

四平將軍平東、平西、平南、平北。　四將軍前軍、後軍、左軍、右軍。　通事舍人　親王文學帥都督〔五二〕　左右領軍府長史　太子直寢　親王府主簿　親王府録事參軍　太子門大夫　給事　上縣令

以前上階

冠軍將軍　輔國將軍　太子舍人　直後〔五三〕　三寺丞　親王府功曹、記室、倉户曹等參軍〔五四〕　城門直長　太子直齋　太子副直監　太子典內　左右領軍府司馬　下鎮副

正七品

鎮遠將軍　安遠將軍　員外散騎侍郎　御醫　左右衛府長史　左右武衛府長史左右武候府長史　領左右府長史　親衛〔五五〕　親王府諸曹參軍事

以前上階

建威將軍　寧朔將軍　六寺丞　祕書郎　著作佐郎　太子千牛備身　太子備身左右　尚食直長　尚藥直長　左右監門直長　太子通事舍人　左右衛府司馬　左右武衛府司馬　領左右府司馬　左右武候府司馬〔五六〕　都督〔五七〕　太子典膳監　太子藥藏監　太子齋帥〔五八〕　上戍主

從七品

寧遠將軍　振威將軍　左右監門府長史　太子左右衛率府長史〔五九〕　太子左右宗衛率府長史〔六〇〕　太子左右虞候府長史　太子左右內率府長史　符璽直長　御府直長　殿內直長　上州録事參軍　左右領軍府掾屬　親王府東西閤祭酒〔六一〕　中縣令　上郡丞　太子親衛　將作丞　勳衛〔六二〕　親王府參軍事　上鎮長史

以前上階

伏波將軍　輕車將軍　太學博士　太常博士　武騎常侍　奉朝請　國子助教　親王府諸曹行參軍　太子直後〔六三〕　太子左右監門直長　大興、長安縣丞　太子侍醫　侍御史　太史令　上州諸曹參軍　左右監門府司馬　太子左右衛率府司馬　太子左右宗衛率府司馬　太子左右虞候府司馬　太子左右內率府司馬　上鎮司馬

正八品

宣威將軍　明威將軍　協律郎　都水丞　殿内將軍　太子左右監門率府長史　別將〔六四〕　下縣令　中郡丞　中州録事參軍　上州諸曹行參軍　親王府行參軍　左右領軍府録事參軍　中鎮長史　太子内坊丞　太子勳衛

以前上階

襄威將軍　厲威將軍　殿中侍御史〔六五〕　掖庭令　宮闈令　上署令公車、郊社、太廟、太祝、平準、太樂、驊騮、武庫、典客、鉤盾、左藏、太倉、太官、左尚方、右尚方〔六六〕、司染、典農、京市、〔六七〕鼓吹。　太子左右監門率府司馬　中州諸曹參軍　左右衛府録事參軍　左右武衛府録事參軍　左右武候府録事參軍　左右領軍府諸曹參軍　内尚食丞　中戍主　上戍副

從八品

威戎將軍　討寇將軍　四門博士　主書　門下録事　尚書都事　監察御史　内謁者監　上關令　中署令太醫、右藏、黄藏、〔六八〕守宮、華林、上林、乘黄、龍廄、衣冠、左校、右校、牛羊、掌冶、導官、典牧。　下郡丞　下州録事參軍　中州諸曹行參軍〔六九〕　備身〔七〇〕　左右衛府諸曹參軍　左右武衛府諸曹參軍　左右領左右府諸曹參軍〔七一〕　左右武候府諸曹參軍　左右領軍府諸曹行參軍　太子左右衛率府録事參軍　太子左右宗衛府録事參軍　下鎮長史　太子

翊衞

以前上階

盪寇將軍　盪難將軍　親王府長兼行參軍〔七二〕　親王府典籤　員外將軍　統軍　太子三寺丞　中關令　奚官令　內僕令　下署令諸陵、肴藏、崇玄、太卜、車府、清商、司儀、〔七三〕良醞、掌醢、〔七四〕甄官、廩犧。　上津尉　下州諸曹參軍　左右衞府諸曹行參軍　左右武衞府諸曹行參軍　左右武候府諸曹行參軍　領左右府鎧曹行參軍〔七五〕　左右監門府諸曹參軍　太子左右衞率府諸曹參軍　太子左右宗衞率府諸曹參軍〔七六〕　太子左右虞候府諸曹參軍〔七七〕　太子左右內率府諸曹參軍　掌船局都尉　上鎮諸曹參軍　上縣丞　上郡尉

正九品

殄寇將軍　殄難將軍　太學助教　太子備身　大理寺律博士　諸校書郎　都水參軍　內史録事　內謁者令　內寺伯〔七八〕　中縣丞　下關令　中津尉　下州諸曹行參軍　上州行參軍　左右監門府鎧曹行參軍　太子左右衞率府諸曹行參軍　太子左右宗衞率府諸曹行參軍　太子左右虞候府諸曹行參軍　太子左右內率府鎧曹行參軍　左右領軍府行參軍〔七九〕　中鎮諸曹參軍　上鎮士曹行參軍　中郡尉

以前上階

掃寇將軍　掃難將軍　殿内司馬督　太子食官令　太子典倉令　太子司藏令　尚醫〔八〇〕　軍主　太史丞　掖庭局丞　宮闈局丞　上署丞　太子左右監門率府諸曹參軍　中州行參軍　左右衛府行參軍　左右武衛府行參軍　左右武候府行參軍〔八一〕　上州典籤　下戍主　上關丞〔八二〕　太子典膳丞　太子藥藏丞　下郡尉　典客署掌客　司辰師

從九品

曠野將軍　横野將軍　掖庭局宫教博士〔八三〕　太祝　太子廄牧令　太子校書　下縣丞　中署丞　左右監門率府鎧曹行參軍〔八四〕　下州行參軍　中州典籤　左右監門府行參軍　太子左右衛率府行參軍　太子左右宗衛率府行參軍　太子左右虞候府行參軍　正字〔八五〕　太子内坊丞直　中關丞　上津丞　下鎮諸曹參軍　中鎮士曹行參軍　上縣尉

以前上階

偏將軍　裨將軍　四門助教　書學博士　算學博士　治禮郎〔八六〕　員外司馬督　幢主　奚官局丞　内僕局丞　下署丞　下州典籤　内謁者局丞〔八七〕　中津丞　中縣尉　太子正字　太史監候〔八八〕　太官監膳　御府局監　左右校署監作　掖庭局監作　太史曹司曆　諸樂師

視流内

視正二品：行臺尚書令　視從二品：上總管　行臺尚書僕射　視正三品：中總管　行臺諸曹尚書　視從三品：下總管　視從四品：行臺尚書左右丞〔八九〕　視從五品：同州總監〔九〇〕　隴右牧總監　視正六品：行臺諸曹侍郎〔九一〕　視從六品：上柱國、嗣王、郡王、柱國府長史司馬〔九二〕　上柱國、嗣王、郡王、柱國府諮議參軍〔九三〕　鹽池總監　同州總副監　隴右牧總副監〔九四〕　王、二王後國令　視正七品：上大將軍、大將軍府長史，司馬　上柱國、嗣王、郡王、柱國府掾屬　嗣王文學　公國令　王、二王後大農尉，典衞　視從七品：上開府、開府長史，司馬〔九五〕　上大將軍、大將軍府掾屬〔九六〕　上柱國、嗣王、郡王、柱國府諸曹參軍事　鹽池總副監　鹽州牧監〔九七〕　諸屯監　國子學生　侯伯國令　公國大農尉、典衞　雍州薩保　視正八品：上儀同、儀同府長史，司馬　上大將軍、大將軍府諸曹參軍事　上柱國、嗣王、郡王、柱國府參軍　上柱國、嗣王、郡王、柱國府諸曹行參軍〔九八〕　行臺諸監　同州諸監　鹽池四面監　皮毛監　岐州監　同州總監丞　隴右牧總監丞　諸大冶監　雍州州都、郡正、主簿〔九九〕　子男國令　侯伯國大農尉、典衞　王、二王後國常侍　視從八品：行臺尚書、都事〔一〇〇〕　上開府、開府諸曹參軍　上大將軍、大將軍府參軍事〔一〇一〕　上大將軍、大將軍府諸曹行參軍　上柱國、嗣王、郡王、柱國府行參軍　五嶽、四瀆、吴山令　鹽池四面副監　皮毛副監　諸州州都、主簿〔一〇二〕　行臺諸副監　諸屯副監〔一〇三〕　諸中冶監　諸緣邊交市監　鹽池總監丞　雍州西曹書佐、諸曹從事　京兆郡正、功曹　太學學生　子男國大農、典衛　視正九品：開府法曹行參軍　上儀同、儀同府諸曹參軍〔一〇四〕　上大將軍、大將軍府行參軍　上柱國、嗣王、郡王、柱國府典籤　同州諸副監〔一〇五〕　岐州副監　諸小冶監　鹽州牧監丞〔一〇六〕　諸大冶監丞　諸緣邊交市副監　諸郡正、功曹　京兆郡主簿　雍州部郡從事〔一〇七〕　諸州西曹書佐、祭酒從事　公國常侍王、二王後國侍郎〔一〇八〕　公主家令　諸州胡二百户以上薩保　視從九品：儀同府法曹行參軍〔一〇九〕　上開府、開府行參軍　上大將軍、大將軍府典籤　上儀同、儀同府行參軍　上開府典籤　行臺諸監丞　鹽池四面監丞　皮毛監丞　諸中冶監丞　四門學生　諸郡主簿　諸州部郡從事〔一一〇〕　雍州武猛從事　大興長安縣正、功曹　大興長安縣主簿　侯伯國常侍　子男國常侍　公國侍郎

右内外文武員凡萬二千五百七十六人。內官二千五百八十一員，外官郡縣九千九百九十五員。又內職掌醫師、卜師、巫覡、掌醞、獸醫、博士、京市長、麴倉督并大學學生、刻漏生、千牛、門尉、門候之事令史及外職掌郡縣佐史、族正、里正等，總十八萬三千三百六十一人。內千六百六十四人，外十八萬一千六百九十七人。都計內外文武官及胥總十九萬五千九百三十七人。煬帝三年定令，品自第一至第九，唯置正從，而除上下階。又定朝

之班序，以品之高卑爲列。品同則以省府爲前後，省府同則以局署爲前後。

校勘記

〔一〕秩品四　此下原有「并命數」側注三字，今據北宋本、明抄本、明刻本、王吴本删。

〔二〕六卿屬官之外内外衆職亦多參秦漢　此十五字注文，北宋本、明抄本、明刻本、王吴本置於下題「正九命」之下。

〔三〕爵　原作正文大字，據北宋本、明抄本、明刻本、王吴本改爲側注小字。下同。

〔四〕驃騎將軍　原脱「軍」，據諸本補。

〔五〕大都督　原脱「大」，據周書盧辯傳四〇五頁補。

〔六〕諮議大夫　「諮」周書盧辯傳四〇五頁作「誠」。

〔七〕刺史户不滿五千以下者　「下」原訛「上」，據北宋本、明抄本、明刻本改。

〔八〕郡守萬户以上者　周書盧辯傳四〇五頁此官下有「大呼藥」三字。

〔九〕大呼藥　「大」周書盧辯傳四〇五頁作「小」。

〔一〇〕司録　原脱，據周書盧辯傳四〇五頁補。

〔一一〕郡守户不滿一千以下者　「下」原訛「上」，據周書盧辯傳四〇五頁改。

〔一二〕宣威將軍　此官上原衍「宣武將軍」，據周書盧辯傳四〇六頁及北宋本、明抄本、明刻本删。

〔三〕司録　原訛作「録事」，據周書盧辯傳四〇六頁改。

〔四〕正六命州長史司馬司録　原脱「正」，據周書盧辯傳四〇六頁及北宋本、明抄本、明刻本補。

〔五〕縣令户三千以上者　「三」周書盧辯傳四〇六頁作「二」。

〔六〕掌式　「式」北宋本作「武」，疑誤。

〔七〕司内奄等上士　「司内」原倒作「内司」，據北宋本、明抄本、明刻本乙。

〔八〕左員外侍郎　原脱，據北宋本、明抄本、明刻本補。

〔九〕右員外侍郎　「右」上原有「左」，據北宋本、明抄本、明刻本删。按：三本皆「右員外侍郎」在前，「左員外侍郎」在後，誤。上文正八命光禄大夫，正七命金紫光禄大夫，正七命銀青光禄大夫，皆左在前，右在後。今依例乙訂。

〔一〇〕柱國大將軍參軍　周書盧辯傳四〇六頁作「柱國府參軍」。

〔一一〕司几筵　「几」原訛「凡」，據諸本改。

〔一二〕充犧　「充」原訛「司」，據明抄本、明刻本改。下同。北宋本作「兖」，係「充」字形訛。按：周禮地官序官「充人」鄭玄注云：「充猶肥也。養繫牲而肥之。」後周嫌充人名不雅訓，而易名「充犧」，且改屬春官。後人傳刻通典，不知充之含義，乃妄改爲「司」。

〔一三〕司玄　「玄」原作「元」，清人諱改。今據北宋本、明抄本、明刻本、王吴本改回。下同。

〔一四〕土方　「土」原訛「士」，北宋本、明抄本訛「上」，今據王吴本、殿本改。按：周禮夏官有「土方」。

〔二五〕左廄右廄　北宋本、明抄本、明刻本「右廄」在前。

〔二六〕司稍　「稍」原訛「稍」，據諸本改。

〔二七〕象謂　原與上「野廬」合而爲一，誤。今據北宋本、明抄本、明刻本分開。

〔二八〕司準　北宋本、明抄本、明刻本作「司量準」。下同。

〔二九〕典丱　「丱」原訛「草」，據諸本改。下同。按：丱，古礦字。

〔三〇〕武威司馬　「武威」原誤倒，今據周書盧辯傳四〇七頁及北宋本、明抄本、明刻本乙正。

〔三一〕掌冰　「冰」原訛「永」，據諸本改。

〔三二〕掌壇　「壇」原訛「堰」，據北宋本、明刻本改。明抄本誤作「擅」。

〔三三〕視祲　「祲」原訛「寖」，據北宋本、明抄本、明刻本改。下同。按：周禮春官有「視祲」，望氣氛，辨吉凶者。

〔三四〕右驍騎倅長　原在「右射聲倅長」上，今據北宋本、明抄本、明刻本移下。

〔三五〕掌墐　「墐」原訛「瑾」，據諸本改。

〔三六〕屨工　「屨」原作「履」，據北宋本、明抄本、明刻本改。

〔三七〕寧朔　原脱，據周書盧辯傳四〇七頁補。

〔三八〕二千九百八十九人　「二」原訛「三」，據北宋本、明抄本、王吴本改。

〔三九〕算生　「算」下原衍「法」，據北宋本、明抄本、明刻本删。

〔四〇〕武環　「環」北宋本、明抄本、明刻本作「理」，誤。

〔四一〕兼用秦漢等官　「秦」原訛「奏」，據北宋本、明抄本、明刻本、王吴本改。

〔四二〕謂王朝之官爲内命　「王」原訛「正」，據北宋本、明抄本、明刻本改。

〔四三〕唯留正從九品　原脱「九品」，據北宋本、明抄本、明刻本補。

〔四四〕爵　原爲正文大字，今據北宋本、明抄本、明刻本、王吴本改爲側注小字。下同。

〔四五〕上大將軍　原脱「上」，據隋書百官志下七八五頁補。

〔四六〕内史令　「史令」原倒，據隋書百官志下七八五頁及北宋本、明刻本乙改。

〔四七〕上鎮將　「將」下北宋本側注一「班」字。

〔四八〕雍州贊治　「治」隋書百官志下七八五頁作「務」，北宋本作「持」。

〔四九〕太子内舍人　「内」原訛「府」，據隋書百官志下七八六頁及北宋本、明抄本改。

〔五〇〕上州長史　原誤與下「親王府諮議參軍」緊接，今據北宋本、明抄本、明刻本、王吴本留空分開。

〔五一〕符璽監　隋書百官志下七八六頁此官在「御府監」前。

〔五二〕帥都督　原誤與下「左右領軍府長史」緊接，今據北宋本、明抄本、明刻本留空分開。

〔五三〕直後　原倒作「後直」，據隋書百官志下七八六頁乙。原誤與「三寺丞」緊接，今留空分開。

〔五四〕記室　「記」原訛「諸」，據諸本改。

〔五五〕親衛　原誤與下「親王府諸曹參軍事」緊接，今據北宋本、明抄本、明刻本、王吴本留空分開。

〔五六〕左右武候府司馬　隋書百官志下七八七頁此官在「領左右府司馬」前。

〔五七〕都督　「督」原訛「尉」，據隋書百官志下七八七頁及北宋本、明抄本、明刻本改。

〔五八〕太子齋帥　「帥」原訛「師」，據隋書百官志下七八七頁改。

〔五九〕太子左右衛率府長史　此官下原衍「太子左右衛府長史」八字，今據隋書百官志下七八七頁刪。

〔六〇〕太子左右宗衛率府長史　原脱「率」，據隋書百官志下七八七頁補。

〔六一〕親王府東西閤祭酒　原脱「府」，據北宋本、明抄本、明刻本、王吴本補。按：隋書百官志下七八七頁也有「府」。

〔六二〕勳衛　原與下「親王府參軍事」緊接，今據北宋本、明刻本、王吴本留空分開。

〔六三〕太子直後　「直後」原倒，今據隋書百官志下七八七頁乙正。

〔六四〕别將　原與下「下縣令」緊接，誤。今據北宋本留空分開。

〔六五〕殿中侍御史　隋書百官志下七八七頁無「侍」。

〔六六〕右尚方　原脱，據隋書百官志下七八七頁及北宋本、明抄本、明刻本補。

〔六七〕京市　原訛「常平」，北宋本、明抄本訛作「京師」。今據隋書百官志下七八七頁改。按：京市屬司農寺。

〔六八〕黄藏　「黄」原訛「廣」，據隋書百官志下七八八頁及北宋本、明抄本改。按：黄藏署屬太府寺。

〔六九〕中州諸曹行參軍　「州」原作「府」，據隋書百官志下七八八頁及北宋本、明抄本、明刻本改。

〔七〇〕備身　原誤與下「左右衛府諸曹參軍」緊接，今據隋書百官志下七八八頁留空分開。

〔七一〕左右領左右府諸曹參軍　前「左右」原脱，據隋書百官志下七七八頁補。

〔七二〕親王府長兼行參軍　原「長」下衍「史」，據隋書百官志下七八八頁删。按：隋志七八一頁云，親王府「置長史、司馬、諮議參軍事、掾屬各一人」。又云：「行參軍六人，長兼行參軍八人。」知長兼行參軍，非長史兼行參軍也。

〔七三〕司儀　「儀」原訛「犧」，據隋書百官志下七八八頁改。按：司儀署屬鴻臚寺。隋制無司犧署。

〔七四〕掌醢　「醢」原訛「醞」，據隋書百官志下七八八頁及北宋本、明抄本、明刻本、王吴本改。按：掌醢署屬光禄寺。

〔七五〕領左右府鎧曹行參軍　原「領」下衍「軍」，據隋書百官志下七八八頁及明刻本、王吴本删。

〔七六〕太子左右衛率府諸曹參軍，太子左右宗衛率府諸曹參軍　此二十三字原無，據隋書百官志下七八八頁訂補。

〔七七〕太子左右虞候府諸曹參軍　原「參」上有「行」，今據隋書百官志下七八八頁删。下「太子左右内率府諸曹參軍」同。

〔七八〕内寺伯　「寺」原訛「侍」，據隋書百官志下七八八頁改。按：内侍省置内寺伯二人，見隋志七七五頁。

〔七九〕左右領軍府行參軍　原「左右」上有「太子」二字，誤。據隋書百官志下七八八頁及明刻本、王吴本删。按：左右領軍府屬皇帝，不屬太子。

〔八〇〕尚醫　原誤與下「軍主」合而爲一，今加空分開。按：隋制，門下省尚藥局有典御二人，侍御醫、直長各四人，醫師四十人。尚醫即尚藥局之醫師。

〔八一〕左右武候府行參軍　原在「上州典籤」下，今據隋書百官志下七八八頁移上。

〔八二〕上關丞　「丞」原訛「令」，據隋書百官志下七八九頁及明刻本、王吴本改。

〔八三〕掖庭局宫教博士　原「局」下衍「諸」，據隋書百官志下七八九頁及北宋本、明抄本、明刻本删。

〔八四〕左右監門率府鎧曹行參軍　「左右」上原有「太子」，誤。今據隋書百官志下七八九頁删。下「左右監門府行參軍」同。

〔八五〕太子左右衛率府行參軍，太子左右宗衛率府行參軍，太子左右虞候府行參軍，正字　此四官原在「上縣尉」後。今據隋書百官志下七八九頁移前。又，「太子左右宗衛率府行參軍」原在「太子左右虞候府行參軍」後，亦據隋志移前。

〔八六〕治禮郎　「治」隋書百官志下七八九頁作「奉」。

〔八七〕内謁者局丞　原訛脱作「内署局丞」，據隋書百官志下七八九頁改補。按：北宋本作「内者局丞」。

〔八八〕太史監候　「史」原訛「子」，據隋書百官志下七八九頁改。按：隋制，祕書省領著作、太史二曹。太史曹有監候四人。見隋志七七五頁。

〔八九〕視從四品行臺尚書左右丞　原作「視正四品行臺尚書左丞，視從四品行臺右丞」。今據隋書百官志下七八九頁删改。按：尚書左右丞皆爲從四品，故行臺尚書左右丞爲視從四品，行臺尚書左丞不得反高於尚書左丞。且隋志云「流内視品十四等」，十四等中無視正四品一等。知將行臺尚書左右丞強分爲二等，與隋制不合。

〔九〇〕視從五品同州總監　「從」原訛「正」，「監」原訛「管」，據隋書百官志下七八九頁改。按：隋制流内視品十四等中，無視正五品一等。

〔九一〕視正六品行臺諸曹侍郎　原作「視從五品行臺諸曹侍郎，視正六品行臺尚書諸曹侍郎」，誤。今據隋書百官志下七八九頁删訂。按：北宋本於「視從五品」下墨釘半行，始接「視正六品行臺尚書諸曹侍郎」。

〔九二〕柱國府長史司馬　原脱「柱」，脱「司馬」，據隋書百官志下七九〇頁補。

〔九三〕柱國府諮議參軍　原脱「府」，據隋書百官志下七九〇頁補。

〔九四〕隴右牧總副監　原脱「牧」，據隋書百官志下七九〇頁補。

〔九五〕上開府開府長史司馬　「開府」原脱，據隋書百官志下七九〇頁補。

〔九六〕大將軍府掾屬　原脱「府」，據隋書百官志下七九〇頁補。

〔九七〕鹽州牧監　原訛作「鹽池總牧監」，據隋書百官志下七九〇頁改删。按：北宋本、明抄本「州」字不誤。

〔九八〕嗣王郡王　原倒作「郡王嗣王」，據隋書百官志下七九〇頁乙正。

〔九九〕雍州州都郡正主簿　原訛脱作「雍州州郡都主簿」。據隋書百官志下七八二頁訂改。按：隋制，雍州置牧，屬官中有州都、郡正、主簿。

〔一〇〇〕行臺尚書都事　原「行」上衍「上」，「事」訛「尉」。據隋書百官志下七九〇頁删改。按：隋制，尚書令屬官中有都事八人，見隋志七七四頁。

〔一〇一〕大將軍府參軍事　原脱「府」，據隋書百官志下七九〇頁補。

〔一〇二〕諸州州都主簿　「都」原訛「郡」，據隋書百官志下七九〇頁改。按：隋志此官在「鹽池總監丞」下。

〔一〇三〕行臺諸副監，諸屯副監　此兩官原脱，據隋書百官志下七九〇頁增補。

〔一〇四〕儀同府諸曹參軍　原脱「府」，據隋書百官志下七九一頁補。

〔一〇五〕同州諸副監　「副」原訛「府」，據隋書百官志下七九一頁改。

〔一〇六〕鹽州牧監丞　「州」原訛「池」，據隋書百官志下七九一頁及北宋本、明抄本改。

〔一〇七〕雍州部郡從事　「郡」原訛「都」，據隋書百官志下七九一頁改。按：隋制，雍州牧屬官中有部郡從事，見隋志七八三頁。又按：此官隋志置之於「諸州西曹書佐、祭酒從事」後。

〔一〇八〕王二王後國侍郎　「侍郎」原訛「常侍」，據隋書百官志下七九一頁及明刻本、王吴本改。按：上文視正八品中已有「王二王後國常侍」。

〔一〇九〕儀同府法曹行參軍　原脱「行」，據隋書百官志下七九一頁補。下「上儀同儀同府行參軍」同。

〔一一〇〕諸州部郡從事　原脱訛作「諸州郡從學」，據隋書百官志下七九一頁補改。按：北宋本、明抄本、明刻本「事」字不誤。

王永興點校　王文錦覆校

通典卷第四十

職官二十二

秩品五大唐

大唐官品：開元二十五年制定。

流内

正一品

太師　太傅　太保　太尉〔一〕　司徒　司空　王爵〔二〕

從一品

開府儀同三司文散　太子太師　太子太傅　太子太保　驃騎大將軍武散　嗣王、郡王爵　國公爵

正二品

特進文散　輔國大將軍武散　開國郡公爵　上柱國勳

從二品

尚書左右僕射　太子少師　太子少傅　太子少保　京兆河南太原府牧　大都督
大都護　光祿大夫文散　鎮軍大將軍武散　開國縣公爵　柱國勳

正三品

侍中　中書令　吏部尚書　左右衛、左右驍衛、〔三〕左右武衛、左右威衛、左右領軍衛、左右金吾衛、左右監門衛、左右羽林軍、左右千牛衛等大將軍　户部、禮部、兵部、刑部、工部尚書　太子賓客　太常卿　太子詹事　中都督　上都護　金紫光祿大夫文散
冠軍大將軍武散　懷化大將軍　上護軍勳

從三品

御史大夫　祕書監　光祿、衛尉、宗正、太僕、大理、鴻臚、司農、太府卿　左右散騎常侍　國子祭酒　殿中監　少府監　將作大匠　諸衛羽林千牛將軍　下都督　上州刺史　大都督府長史　大都護府副都護　親王傅　銀青光祿大夫文散　開國侯爵　雲麾將軍武散　歸德將軍　護軍勳

正四品

黃門侍郎〔四〕　中書侍郎　尚書左丞　尚書吏部侍郎　太常少卿　太子左庶子　太

子少詹事〔五〕　太子左右衛、左右司禦、左右清道、左右內率、左右監門率府率〔六〕　中州刺史　軍器監　上都護府副都護　上府折衝都尉　正議大夫文散　開國伯爵　忠武將軍武散　上輕車都尉勳

以前上階

尚書右丞　尚書中司侍郎　太子右庶子　太子左右諭德　左右千牛衛、左右監門衛中郎將　親勳翊衛羽林中郎將　下州刺史　通議大夫文散　壯武將軍武散

從四品

祕書少監　八寺少卿　殿中少監　太子家令　太子親勳翊衛中郎將　太子左右衛、司禦、清道、內率、監門副率　太子率更令　太子僕〔七〕　內侍　大都護府、親王府長史〔八〕　太中大夫文散　宣威將軍武散　輕車都尉勳

以前上階

國子司業　少府少監　將作少匠　京兆河南太原府少尹　上州別駕〔九〕　大都督大都護府、親王府司馬　中府折衝都尉　中大夫文散　明威將軍武散

正五品

諫議大夫　御史中丞　國子博士　給事中　中書舍人　太子中允　太子左右贊善

大夫　都水使者　萬年長安河南洛陽太原晉陽奉先縣令〔一〇〕　親勳翊衞羽林郎將　中都督、上都護府長史　親王府諮議參軍　親王府典軍〔一一〕　中散大夫文散　開國子爵　定遠將軍武散　上騎都尉勳

以前上階

太子中舍人　尚食、尚藥奉御　太子親勳翊衞郎將　内常侍　中都督上都護府司馬　中州別駕　下府折衝都尉　朝議大夫文散　寧遠將軍武散

從五品

尚書左右司諸司郎中　祕書丞　著作郎　太子洗馬　殿中丞　尚衣、尚舍、尚乘、尚輦奉御　獻陵、昭陵、乾陵、恭陵、定陵、橋陵等令　親王府副典軍　下都督府、上州長史　下州別駕　朝請大夫文散　開國男爵　凡九等　游騎將軍武散　騎都尉勳

以前上階

大理正　太常丞　太史令〔一二〕　内給事　太子典内　上牧監〔一三〕　下都督府、上州司馬　駙馬都尉　奉車都尉〔一四〕　親王友　宮苑總監　上府果毅都尉　朝散大夫文散　游擊將軍武散

正六品

太學博士　太子詹事丞　太子司議郎　太子舍人　中州長史　親勳翊衛校尉〔一五〕　太子典膳藥藏郎　京兆、河南、太原府諸縣令　鎮軍兵滿二萬人以上司馬　朝議郎文散　昭武校尉武散　驍騎尉勳〔一六〕　親王府掾屬　武庫中尚署令　諸衛左右司階　中府果毅都尉〔一七〕

以前上階

千牛備身　備身左右　太子文學　下州長史　中州司馬　内謁者監　中牧監　上牧副監　上鎮將　承議郎文散　昭武副尉武散

從六品

起居郎　起居舍人　尚書諸司員外郎　八寺丞　大理司直〔一八〕　國子助教　城門郎　符寶郎　通事舍人　祕書郎　著作佐郎　侍御醫　諸衛羽林長史　兩京市令〔一九〕　下州司馬　左右監門校尉　親勳翊衛旅帥〔二〇〕　親王文學〔二一〕　親王府主簿、記室、録事參軍　諸州上縣令　諸率府左右司階　鎮軍兵不滿二萬人司馬　奉議郎文散　振威校尉〔二二〕武散　飛騎尉勳

以前上階

侍御史　少府、將作、國子監丞　太公廟令〔二三〕　太子内直、典設、宮門郎　司農寺諸

園苑監〔二四〕　王府校尉〔二五〕　下牧監　宮苑總監副監　互市監〔二六〕　中牧副監　下府果毅都尉　通直郎文散　振威副尉武散

正七品

四門博士　詹事司直〔二七〕　左右千牛衛長史　尚食、尚藥直長　太子左右衛、司禦、清道率府長史　軍器監丞　太子千牛〔二八〕　諸州中縣令　親勳翊衛隊正　京兆河南太原府司録參軍　大都督大都護府録事參軍　親勳翊衛副隊正　中鎮將　親王府諸曹參軍〔二九〕　親衛　朝請郎文散　致果校尉武散　雲騎尉勳

以前上階

尚衣、尚舍、尚乘、尚輦直長　太子通事舍人　内寺伯〔三〇〕　京兆河南太原府、大都督、大都護府諸曹參軍〔三一〕　中都督、上都護府録事參軍　諸倉、諸冶、司竹、温湯監　諸衛左右中候　上府别將、長史　上鎮副　下鎮將　下牧副監　宣德郎文散　致果副尉武散

從七品

殿中侍御史　左右補闕　太常博士　大學助教　門下省録事　尚書都事〔三二〕　中書省主書　九寺主簿　太子詹事主簿　左右監門直長〔三三〕　太子左右内率、監門率府長史　太子侍醫　太子三寺丞　都水監丞　諸州中下縣令　親王府東西閤祭酒　京縣

丞 下都督府、上州録事參軍 中都督、上都護府諸曹參軍 中府别將、長史 中鎮副勳衛 太子親衛 朝散郎文散 翊麾校尉武散 武騎尉勳 凡二十轉

以前上階

太史局丞 御史臺、少府、將作、國子監主簿〔三四〕 掖庭、宫闈局令 上署令郊社、太樂、鼓吹、太醫、太官、左藏、〔三五〕乘黄、典廏、典客、上林、太倉、平準、常平、左尚、右尚、典牧。 諸州下縣令 太廟諸陵署丞 司農寺諸園苑副監 太子左右監門直長〔三六〕 宫苑總監丞 下都督府諸曹參軍 太子内坊丞 親王國令 公主家令 上州諸司參軍〔三七〕 親王府旅帥 下府别將、長史 下鎮副 諸屯監 諸率府左右中候 鎮軍兵滿一萬人以上諸曹判司 諸折衝府校尉 宣義郎文散 翊麾副尉武散

正八品

監察御史 協律郎 諸衛羽林録事參軍 中署令鉤盾、右藏、〔三八〕織染、掌冶。 中州録事參軍 翊衛〔三九〕 太子勳衛 大醫署醫博士 太子典膳藥藏丞 軍器監主簿 武庫署丞 兩京市署丞 上牧監丞〔四〇〕 親王府執仗、執乘親事〔四一〕 鎮軍兵不滿一萬以上諸曹判司 給事郎文散 宣節校尉武散

以前上階

奚官、内僕、内府局令〔四二〕　下署令太卜　廩犧　珍羞　良醖　掌醢　守宮　武器　車府〔四三〕　司儀　崇玄　導官　左校　中校　右校　甄官　河渠　弩坊　甲坊　備身　諸衛羽林諸曹參軍　中州諸司參軍　親王府、京兆河南太原府、大都督大都護府參軍　尚藥局司醫〔四四〕　京兆河南太原諸縣丞　太子内直宮門局丞　太公廟丞　諸宮農圃監　互市監丞　司竹副監　司農寺諸園苑監丞　靈臺郎　上戍主〔四五〕　諸衛左右司戈〔四六〕　徵事郎文散　宣節副尉武散

從八品

左右拾遺　太醫署針博士　四門助教　左右千牛衛録事參軍　下州録事參軍　諸州上縣丞　中牧監丞　京縣主簿　太子左右衛、司禦、清道、内率府録事參軍　中都督、上都護府參軍　太子翊衛〔四七〕　親王府行參軍　京兆河南太原府、大都督府博士　諸倉、諸冶、司竹、温湯監丞　保章正　諸折衝府旅帥　承奉郎文散　禦侮校尉武散

以前上階

大理評事　律學博士　太醫署丞〔四八〕　太子左右春坊録事〔四九〕　左右千牛衛諸曹參軍　内謁者〔五〇〕　太子左右衛、司禦、清道率府諸曹參軍　太子備身〔五一〕　下州諸司參軍〔五二〕　太子諸署令　掖庭、宮闈局丞　都水監主簿　中書、門下、尚書都省、兵部、吏部、考功、禮部主事　上署丞　下都督府、上州參軍〔五三〕　中都督、下都督府、上州博士　諸州

中縣丞　親王府典籤　京縣尉　親王國大農　公主家丞　親王府隊正　諸屯監丞　上關令　上府兵曹　上鎮倉曹、兵曹參軍　挈壺正　中戍主　上戍副　諸率府左右司戈

承務郎文散　禦侮副尉武散

正九品

校書郎　太祝　太子左右内率、監門率府録事參軍　太子内坊典直　中署丞　典客署掌客　親勳翊衞府羽林兵曹參軍　岳瀆令　諸津令(五四)　下牧監丞　諸州中下縣丞　中州博士　京兆河南太原府諸縣主簿　武庫署監事　儒林郎文散　仁勇校尉武散

以前上階

正字　太子校書　奚官、内僕丞(五五)　内府局丞　下署丞　尚食局食醫　尚藥局醫佐　尚輦局掌輦　尚乘局奉乘、司庫、司廩　太史局司辰　典廄署主乘(五六)　太子左右内率、監門率府諸曹參軍　太子三寺主簿、詹事府録事　太子親勳翊衞府兵曹參軍　諸州下縣丞　諸州上縣主簿　中州參軍　下州博士　京兆河南太原府諸縣尉　上牧監主簿　諸宮農圃監丞　中關令　中府兵曹　親王國尉　上關丞　諸衞左右執戟　中鎮兵曹參軍　下戍主　諸折衝隊正　登仕郎文散　仁勇副尉武散

從九品

尚書、御史臺、祕書省、殿中省主事　奉禮郎　律學助教　太子正字　弘文館校書

太史局司曆　太醫署醫助教　京兆河南太原府九寺少府將作監録事　都督、都護府、上州録事市令　宮苑總監主簿　諸州中下縣主簿〔五七〕　中牧監主簿　諸州上縣中縣尉　下府兵曹〔五八〕　文林郎文散　陪戎校尉武散

以前上階

內侍省主事　國子監、親王府録事　太子左右春坊主事　崇文館校書　書學博士

算學博士　門下典儀〔五九〕　太醫署按摩、呪禁博士　太卜署卜博士　太醫署針助教　太醫署醫正〔六〇〕　太卜署卜正　太史局監候　親王國丞　太子典倉署園丞　太子廄牧署典乘〔六一〕　掖庭局宮教博士　太子諸署丞　諸監作諸監事計官　太官署監膳　太樂鼓吹署樂正　親王府隊副〔六二〕　大理寺獄丞　下州參軍　中州下州醫博士　諸州中下縣尉　京縣録事　下牧監主簿　下關令　中關丞　諸衞羽林長上　公主邑司録事　諸津丞　下鎮兵曹參軍　諸折衝府隊副　諸率府左右執戟　將仕郎文散　凡十九階　陪戎副尉武散

凡二十九階

視流內

視正五品：薩寶

視從七品：薩寶府祆正〔六三〕祆，呼煙反。〔六四〕祆者，西域國天神，佛經所謂摩醯首羅也。武德四年，置祆祠及官，常有羣胡奉事，取火呪詛。貞觀二年，置波斯寺。至天寶四年七月，敕：「波斯經教出自大秦，傳習而來，久行中國。爰初建寺，因以爲名，將欲示人，必脩其本。其兩京波斯寺宜改爲大秦寺。天下諸州郡有者，亦宜准此。」開元二十年七月敕：「未摩尼法，〔六五〕本是邪見，妄稱佛教，誑惑黎元，宜嚴加禁斷。以其西胡等既是鄉法，當身自行，不須科罪者。」

流外〔六六〕

勳品勳品自齊梁以來有之。〔六七〕

諸衛、都水監、羽林軍録事　尚書、中書、門下省、御史臺令史　太子内坊、三寺、諸率府録事諸楷書手　太常寺謁者　司儀署諸典書　河渠署河隄謁者　太醫署醫針師　内侍省寺人

二品

太卜署卜助教　祕書、殿中、内侍省令史　城門、符寶、弘文館令史　通事令史　尚書、門下、中書省、御史臺書令史〔六八〕　太常寺祝史　宫苑總監録事　太子左春坊掌儀　典客署典客　親勳翊衛府録事　太史局漏刻博士　太子内坊廄尉　御史臺殿中令史

三品

城門、符寶書令史　祕書、殿中、内侍省、御史臺書令史　九寺、少府、將作、軍器監府、都水、宮苑總監府、京及東都市、平准、諸陵署録事　諸牧園苑監録事〔六九〕　諸倉監、諸關津録事　太子親勳翊衛府録事　諸衛羽林軍府、太子詹事府令史〔七〇〕　尚食局主食　太子左右春坊令史　祕書、殿中、内侍省諸局書令史　内侍省内典引　尚藥局太醫署按摩呪禁師　太常寺贊引　太醫署醫工、針工　太卜署卜師諸計史　率更寺漏刻博士　諸王府國司録事

四品

太子詹事府左右春坊令史　太子内坊令史　九寺、少府、將作、國子、軍器監史　太子三寺、諸率府、諸署、農圃監、諸牧園苑監府、諸都護府、都水、宮苑總監史　諸衛羽林軍史　太子左春坊諸局書令史　太子典膳局主食　太子右春坊諸局書令史　門下省主寶、主符　太醫主藥〔七一〕　門下、中書省傳制　太子率更寺掌漏　太子内坊閽郎　親王率府　太醫署按摩呪禁工　御史臺監察史〔七二〕

五品

太子内書令史　太子三寺、諸率府史　大理寺司直平事史　諸署農圃監　諸牧園苑監史　諸都護府史　太子諸署府、宮門局内閽人内掌扇　太子内坊道客舍人　太官署監

膳史　良醞署掌醖　掌醢署主醢　諸典事〔七三〕　親勳翊衛率府史　大理寺獄史　親王府史　太子左右春坊傳令史　親王國司府

六品

親勳翊衛府史　諸倉關津府史　太子親勳翊衛率府史　太醫署藥園師　諸亭長

七品

太子諸署史、園史　太子内坊内閽人　親王國司史　公主邑司史

太子親勳翊衛府史　門下省主節　諸掌固　大史監歷生　天文觀生　諸倉關津史

親王府典軍下史　諸倉計史

八品

守宮署掌設

九品

國子學、太公廟幹　諸輦者

視流外

勳品：薩寶府祓祝

四品：薩寶府率〔七四〕

五品：薩寶府史

右内外文武官員凡萬八千八百五。文官萬四千七百七十四，武官四千三十一，内官二千六百二十，外官州縣、折衝府、鎮、戍、關、廟、岳、瀆等萬六千一百八十五。内職掌：齋郎、府史、亭長、掌固、主膳、幕士、習馭、駕士、門僕、陵户、樂工、供膳、獸醫、學生、〔七五〕執御、門事、學生、後士、〔七六〕魚師、監門校尉、直屯、備身、主仗、典食、監門直長、親事、帳内等。外職掌：州縣倉督、録事、佐史、府史、典獄：門事、執刀、白直、市令、市丞、助教、津吏、〔七七〕里正及岳廟齋郎并折衝府旅帥、隊正、隊副等。總三十四萬九千八百六十三。内三萬五千一百七十七，外三十一萬四千六百八十六。都計文武官及諸色胥史等，總三十六萬八千六百六十八人。制爲九品，各有從。自四品以下，亦分上下階，大抵多因隋制。三品以上紫衣，金魚袋，五品以上緋衣，銀魚袋，皆執象笏。七品以上緑衣，九品以上青衣，皆木笏。光宅元年，青衣爲碧。武太后時，改五品以上銅魚袋。中宗反正，從舊。初武太后天册萬歲中制，文武官加階應入五品者，並須入仕歷十六考以上，〔七八〕無私犯，進階之時見居六品官及七品官以上清官者。其應入三品者，取入仕三十二考以上，並無私犯，進階之時見居四品官者。自外從計偕者，〔七九〕應入仕，並不在進階限。如有奇才異行别效殊功者，不拘此例。

睿宗景雲二年，監察御史韓琬上疏曰：「量事置官，量官置人，使官稱其人，須人不虛位。〔八〇〕除此之外，使其耕桑，任其商賈，何爲引令入仕，廢其本業。臣愚以爲國家開仕進之門廣矣，皆棄農桑工商而身趨之。當今一夫耕而供數百人食，一婦蠶而供數百人衣，遂使公私皆無儲蓄。若不釐革，其弊必甚。」

佑建中中忝居户部，專掌邦賦。屬河朔用師，經費或闕，百姓頗困，加賦攸難。欲期集事，實在省用，所以輒上議曰：「唐虞稽古，建官惟百。夏商官倍，亦克用乂。周建六官，各有徒屬，雖尚文去質，吏衆事繁，然而條流不紊，職非重設。秦氏立制，多因時宜。漢初沿襲，後漸增廣。光武建武六年，廢罷四百餘縣，吏職十置其一。魏太和中，分命使臣，省州郡吏。正始中，又并合郡縣等。晉太元六年，省七百餘員。隋開皇三年，廢五百餘郡。國家貞觀初，省内官六百餘員。詳設官之本，爲理衆庶，所以古昔計人置吏。故周官鄉遂稍縣畿，約人定員，吏無虚設。自漢魏晉隋，暨於聖唐，皆因戰争流離，征繕艱勞，即省吏職，存諸方策。晉荀勖、桓温，俱有此議，息人救弊，何莫由斯。昔皋繇作士正五刑，今刑部尚書、大理卿，是二皋繇也。垂作共工利器用，今工部尚書、將作監，是二垂也。契作司徒敷五教，今司徒、户部尚書，是二契也。伯夷秩宗典邦禮，今禮部尚書、禮儀使，是二伯夷也。伯益作虞掌山澤，今虞部郎中、都水使者，是二伯益也。伯冏太僕掌車馬，今太僕卿、駕部郎中，尚輦奉御、閑廄使者，是四伯冏也。古者天子有六軍，漢家前後左右將軍四人，今則十二衛、神策等八軍，凡有將軍六十人也。歷代增益，以至於是，舊名不廢，新職日加，名繁職重，不可遍舉。〔八一〕所以後周依古周建六官，〔八二〕蓋爲於此。今略徵外官。別駕本因漢置，隨刺史巡察，若今觀察使之有副使也。參軍後漢末置，參諸府軍事，若今節度判官也。官名職務，遷易不同，空存虛稱，皆無事實。又司田，頃景龍三年嘗置，無何，以煩冗卻停，併入司户，殊爲折衷。誠宜斟酌繁省，詳考損益，欲求致理，必也正名。神龍中，官紀隳紊，有司務廣集選人，競收名稱。其時無闕注授，於是奏署員外官者二千餘人，〔八三〕自爾遂爲常制。當開元、天寶之中，四方無虞，百姓全實，大凡編户九百餘萬。吏員雖衆，經用雖繁，人力有餘，〔八四〕帑藏豐溢，縱或枉費，不足爲憂。今兵革未寧，黎庶凋瘵。數年前，天下簿帳到省百三十餘萬户。〔八五〕自聖上御極，分命使臣，按比收斂，〔八六〕土户與客户共計得三百餘萬。比天寶纔三分之一，就中浮寄仍五分有二。〔八七〕出租賦者減耗若此，食租賦者豈可仍舊。如一州無三數千户，置五六十官員，十羊九牧，疲吏煩衆。顧玆大弊，實思革之。議者多云，尚有跋扈未庭，併省官吏之後，恐被罷者仕進無路，別有依託，且縻爵禄，〔八八〕兼示隄防。此乃常情之説，慮非救弊之論。有才者即令薦用，不才者何患奔亡，而況各有姻戚，顧戀家産。後漢建武六年，減縣省官，公孫述、隗囂未滅；魏太和、正始中，〔八九〕則吴蜀鼎立；晉太元六年，吴國尚在；〔九〇〕隋開皇三年，陳氏割據；皆招羅俊乂，志相吞滅，此時猶不慮有失賢資敵，務以救弊爲謀。今田悅之徒，並是庸瑣，繁刑暴賦，唯恤軍戎，衣冠仕人，遇如奴虜，豈比公孫述、諸葛亮之在巴蜀，孫權、陳霸先之有江南？固無范睢業秦、賈季强狄之慮，斷可知矣。今若以人情因習既久，不能改更制度，併省内官，但且權停省外官別駕、司馬及參軍。州縣額内官，約人户減縣尉。其被罷者，但有德行才器，委州府長史搜擇論薦，固亦不遺器能。如或渝濫，先坐舉主，誰敢罔冒，以陷刑章。其有不被舉論，但全舊名，任參常調，自當修進，更俟甄收，暫罷歲時，何負此輩。如柱國，後魏末置，並是當時宿德，勳成業崇，皆主重兵，寵貴第一。周隋以後，除授至多，暨乎國家，迴作勳級，唯得三十頃地耳。又開府儀同三司及光禄大夫，亦是官名，還爲人多，迴作階級。隨時立制，遇弊變通，不必因循，重難改作。待戎車息駕，百姓稍康，欲增庶官，則復舊制。」

校勘記

〔一〕太尉　原脱，據北宋本、明抄本、明刻本補。按：唐六典卷一、舊唐書職官志一一七九一頁有「太尉」。

〔二〕爵　原爲正文大字，今據北宋本、明抄本、明刻本、王吴本改爲側注小字。下同。

〔三〕左右驍衞　「衞」原訛「騎」，據唐六典卷二四、舊唐書職官志一一七九一頁改。

〔四〕黄門侍郎　舊唐書職官志一一七九三頁作「門下侍郎」。按：唐會要卷五四云：「門下侍郎龍朔二年改爲東臺侍郎，咸亨元年改爲黄門侍郎，垂拱元年改爲鸞臺侍郎，神龍元年復爲黄門侍郎。」

〔五〕太子少詹事　原脱「少」，據唐六典卷二六、舊唐書職官志一一七九三頁補。

〔六〕左右内率　四字原脱，據唐六典二八、舊唐書職官志一一七九三頁補。

〔七〕太子僕　原與下「内寺」誤合爲一官，今據北宋本留空分開。

〔八〕大都護府　「大」原訛「上」，據舊唐書職官志一一七九四頁及明刻本、王吴本改。按：下文正五品中有「上都護府長史」。

〔九〕上州别駕　此官舊唐書職官志一一七九四頁在「大都督大都護府親王府司馬」之後。

〔一〇〕奉先縣令　舊唐書職官志一一七九四頁「奉先」下有「會昌」二字。

〔一一〕親王府典軍　舊唐書職官志一一七九四頁此官上有「軍器少監」「太史少監」二官。

〔一二〕太史令　「令」原訛「丞」，據舊唐書職官志一一七九五頁改。

〔一三〕上牧監　此官舊唐書職官志一一七九五頁在「宫苑總監」下。

〔一四〕駙馬都尉、奉車都尉　此二官舊唐書職官志一一七九五頁在「上府果毅都尉」後。

〔一五〕親勳翊衛校尉　此官舊唐書職官志一一七九五頁在「鎮軍兵滿二萬人以上司馬」下。

〔一六〕勳　原脱，據北宋本、明抄本、明刻本、王吴本補。

〔一七〕親王府掾屬、武庫中尚署令、諸衛左右司階、中府果毅都尉　此四官舊唐書職官志一一七九六頁在「鎮軍兵滿二萬人以上司馬」上。「中府」原訛「中武」，據北宋本、明抄本、明刻本改。

〔一八〕大理司直　舊唐書職官志一一七九七頁同。北宋本作「大理司丞」，疑彼衍「司」字。按：大理丞亦從六品。

〔一九〕兩京市令　舊唐書職官志一一七九七頁「市」下有「署」。

〔二〇〕左右監門校尉，親勳翊衞旅帥　「旅帥」原訛「旅師」，據舊唐書職官志一一七九七頁改。下同。按：此二官舊唐志在「鎮軍兵不滿二萬人司馬」後。

〔二一〕親王文學　原「王」下有「府」，據北宋本删。

〔二二〕振威校尉　「振」原訛「旅」，據舊唐書職官志一一七九七頁、新唐書百官志一一九七頁改。下「振威副尉」同。

〔二三〕太公廟令　此官舊唐書職官志一一七九七頁在「太子内直典設宫門郎」後。

〔二四〕司農寺諸園苑監　舊唐書職官志一一七九七頁此官下尚有「沙苑監」。

〔二五〕王府校尉　舊唐書職官志一一七九七頁此官在「下府果毅都尉」後。

〔二六〕互市監　「互」原訛「牙」，據舊唐書職官志一一七九七頁改。下同。

〔二七〕詹事司直　「直」原訛「馬」，據舊唐書職官志一一七九七頁改。

〔二八〕太子千牛　舊唐書職官志一一七九八頁此官與下「親勳翊衞隊正」、「親勳翊衞副隊正」在「中鎮將」後。

〔二九〕親王府諸曹參軍　舊唐書職官志一一七九七頁此官在「中鎮將」前。

〔三〇〕内寺伯　「寺」原訛「侍」，據舊唐書職官志一一七九八頁改。按：内侍省有内寺伯二人，正七品下，見舊唐書職官志三一八七〇頁。

〔三一〕大都護府諸曹參軍　原脱「府」，據舊唐書職官志一一七九八頁補。

〔三二〕尚書都事　舊唐書職官志一一七九八頁此官在「中書省主書」後。

〔三三〕左右監門直長　舊唐書職官志一一七九九頁此官在「中鎮副」後。

〔三四〕國子監主簿　原脱「監」，據北宋本、明抄本、明刻本、王吴本補。

〔三五〕左藏　「左」原訛「右」，據舊唐書職官志一一七九九頁改。

〔三六〕太子左右監門直長　舊唐書職官志一一七九九頁此官與「親王府旅帥」在「鎮軍兵滿二萬人以上諸曹判司」後。

〔三七〕上州諸司參軍　「司」原訛「府」，今訂改。按：本卷正八品下階中有「中州諸司參軍」，從八品下階中有「下州諸司參軍」。

〔三八〕右藏　「右」原訛「左」　據舊唐書職官志一一七九九頁改。

〔三九〕翊衛　舊唐書職官志一一八〇〇頁此官與「太子勳衛」、「親王府執仗執乘親事」在「鎮軍不滿二萬以上諸曹判司」後。

〔四〇〕上牧監丞　原脱「丞」，據舊唐書職官志一一八〇〇頁補。按：北宋本、明抄本、明刻本作「上牧丞」，脱「監」。

〔四一〕親王府執仗執乘親事　下「執」原訛「報」，據舊唐書職官志一一八〇〇頁改。按：親王親事府有執仗親事、執乘親事各十六人，見舊唐書職官志四一九一四頁。

〔四二〕奚官内僕内府局令　「令」原訛「丞」，據舊唐書職官志一一八〇〇頁改。按：舊唐書職官志三一八七一頁——一八七二頁謂此三局令皆正八品下。又，本卷正九品下明列奚官、内僕、内府局丞，則此「丞」爲「令」之訛字無疑。

〔四三〕車府　「車」原訛「率」，據北宋本改。按：舊唐書職官志一一八〇〇頁作「車」。

〔四四〕尚藥局司醫　原「藥」下衍「藏」，據唐六典卷一一、舊唐書職官志一一八〇〇頁删。

〔四五〕上戍主　舊唐書職官志一一八〇〇頁此官在「備身」前。通典「備身」在「下署令」後。

〔四六〕諸衛左右司戈　舊唐書職官志一一八〇〇頁此官在「上戍主」前。

〔四七〕太子翊衛　舊唐書職官志一一八〇一頁此官在「保章正」後。

〔四八〕太醫署丞　舊唐書職官志一一八〇一頁此官下有「醫監」。按：舊唐書職官志三一八七六頁云：太醫署有丞二人，從八品下；醫監四人，亦從八品下。

〔四九〕太子左右春坊録事　原脱「録」，據舊唐書職官志一一八〇一頁補。

〔五〇〕内謁者　原「者」下衍「監」，據舊唐書職官志一一八〇一頁删。按：本卷正六品中已有内謁者監。

〔五一〕太子備身　舊唐書職官志一一八〇一頁此官與「親王府隊正」在「諸率府左右司戈」後。

〔五二〕下州諸司參軍　舊唐書職官志一一八〇一頁從八品下階中脱此官。

〔五三〕下都督府上州參軍　「下」原訛「上」，據舊唐書職官志一一八〇一頁改。

〔五四〕諸津令　「津」原訛「律」，據舊唐書職官志一一八〇一頁及明刻本改。

〔五五〕奚官内僕丞　「官」原訛「宫」，據諸本改。

〔五六〕典廄署主乘　「乘」原訛「丞」，據北宋本、明刻本改。按：舊唐書職官志一一八〇二頁也作「乘」。

〔五七〕諸州中下縣主簿　舊唐書職官志一一八〇二頁此官在「中牧監主簿」後。

〔五八〕下府兵曹　原「曹」下有「監漕」二字，據舊唐書職官志一一八〇二頁及明抄本、明刻本、王吴本删。

〔五九〕門下典儀　「儀」原訛「籤」，據舊唐書職官志一一八〇三頁改。按：門下省典儀二人，見舊唐書職官志二一一八四五頁。

〔六〇〕太醫署醫正　此官原在「太醫署針助教」前，今據北宋本、明抄本、明刻本移後。

〔六一〕太子典倉署園丞，太子廄牧署典乘　「乘」原訛「丞」，據舊唐書職官志一一八〇三頁改。按：舊唐志此兩官在「太子諸署丞」後。

〔六二〕親王府隊副　舊唐書職官志一一八〇三頁此官與「諸折衝府隊副」在「諸率府左右執戟」後。

〔六三〕薩寶府祆正　「府」原訛「符」，據舊唐書職官志一一八〇三頁改。

〔六四〕呼煙反　「煙」原訛「朝」，據北宋本、明抄本、明刻本改。

〔六五〕末摩尼法　「尼」北宋本作「服」。王吴本作「左」。

〔六六〕流外　原與「勳品」連書爲題，今據明刻本分出單占一行。

〔六七〕勳品自齊梁以來有之　此九字注文原被後人删去，今據北宋本、明刻本補回。

〔六八〕御史臺書令史　「御史」誤重，據北宋本、明抄本、明刻本删。

〔六九〕諸牧園苑監録事　原脱「監」，今據北宋本、明抄本、明刻本補。

〔七〇〕太子詹事府令史　原脱「府」，據諸本補。

〔七一〕太醫主藥　「藥」原訛「醫」，據北宋本、明刻本、王吳本、殿本改。

〔七二〕御史臺監察史　「察」下原衍「御」，據北宋本、明刻本删。按：新唐書百官志三一二三九頁云：「察院有計史三十四人，令史十人。」此史蓋指計史和令史。

〔七三〕諸典事　原與下「親勳翊衞率府史」緊接，今據北宋本、明抄本、明刻本留空分開。

〔七四〕薩寶府率　「府率」原倒，據上下文例乙正。

〔七五〕學生　下文又有「學生」，疑此衍。

〔七六〕學生後士　「後」疑「俊」之形訛。按：新唐書選舉志上一一六一頁有「學生通二經，俊士通三經，已及第而願留者」之語可證。

〔七七〕津吏　「吏」原訛「史」，據北宋本、明刻本改。

〔七八〕並須入仕歷十六考以上　原脱「仕」，據北宋本補。

〔七九〕自外從計偕者　「偕」明抄本、明刻本、王吳本作「階」。按：北宋本此字殘。

〔八〇〕須人不虚位　「虚」下原有「其」，據北宋本、明抄本、明刻本删。

〔八一〕不可遍舉　「遍舉」原作「偏廢」，王吴本作「遍廢」，俱誤。今據北宋本、明抄本、明刻本改。

〔八二〕所以後周依古周建六官　下「周」原訛「用」，據北宋本、明抄本、明刻本、王吴本改。

〔八三〕二千餘人　原「二」上有「至」，據北宋本、明抄本、明刻本、王吴本删。

〔八四〕人力有餘　「力有」原誤倒，據北宋本、明抄本、明刻本乙。

〔八五〕天下簿帳　「簿」原作「籍」，據北宋本改。

〔八六〕按比收斂　「比」原訛「地」，據北宋本、明抄本、明刻本改。

〔八七〕仍五分有二　「仍」原作「乃」，據北宋本、明抄本、明刻本改。

〔八八〕且縻爵禄　「縻」原訛「繁」，據北宋本、明抄本、明刻本改。

〔八九〕魏太和正始中　「和」原訛「祖」，據北宋本、明抄本、明刻本改。

〔九〇〕晉太元六年吴國尚在　按：吴亡於晉武帝太康元年。太元六年，吴國已亡百年。此必有訛誤。

王永興點校　王文錦覆校

通典卷第四十一

禮一　沿革一

禮序[一]

夫禮必本於太一，極大曰太，未分曰一。分而爲天地，轉而爲陰陽，變而爲四時，列而爲鬼神。鬼者，精魄所歸。神者，引物而出。其降曰令，聖人象此下之以爲教令。其居人曰義。孝經說曰：「義由人出。」孔子曰：「夫禮，先王以承天之道，以理人之情，失之者死，得之者生。故聖人以禮示之，天下國家可得而正也。」人知禮則教易。[二]伏羲以儷皮爲禮，作瑟以爲樂，[三]可爲嘉禮；神農播種，始諸飲食，致敬鬼神，蜡爲田祭，可爲吉禮；黃帝與蚩尤戰於涿鹿，可爲軍禮；九牧倡教，可爲賓禮；易稱古者葬於中野，可爲凶禮。又，「修贄類帝」則吉禮也，「釐降嬀虞」則嘉禮也，「羣后四朝」則賓禮也，「征於有苗」則軍禮也，「遏密八音」則凶禮也。故自伏羲以來，五禮始彰。堯舜之時，五禮咸備，而直云「典朕三禮」者，據事天事地與人爲三耳。其實天地唯吉禮也，其餘四禮並人事兼之。夏商二代，散亡多闕。洎周武王既沒，成王幼弱，周公攝政，六年致太平，述文武之德，制周官及儀禮，以爲後王法。禮序云：「禮也者，體也，履也。統之於心曰體，踐而行之曰履。」然則周禮爲體，儀禮爲履。周衰，諸侯僭忒，自孔子時已不能具。秦平天下，收其儀禮，歸之咸陽，但採其尊君抑臣，以爲時用。漢興，天下草創，未遑制立，〔四〕羣臣飲醉争功，高帝患之。叔孫通草綿蕝子悦切之儀，救擊柱之弊，蕝謂以茅翦樹地，爲纂位習肄處。帝説，歎曰：「吾於今日知爲天子之貴也。」以通爲奉常，遂定儀法，未盡備而通終。高堂生傳禮十七篇，而徐生善爲頌。但能盤辟爲禮容。頌讀與容同。孝文帝時，徐生以頌禮官至大夫，而蕭奮亦以習禮至淮陽太守。〔五〕孝武始開獻書之路，時有季氏得周官五篇，〔六〕闕冬官一篇，河間獻王千金購之，不能得，遂取考工記以補其闕，奏之。至王莽時，劉歆始置博士，行於代。杜子春受業於歆，能通其讀，後漢永平初，鄭衆、賈逵皆往受業。其後馬融作周官傳，鄭玄爲注。初，獻王又得仲尼弟子及後學所記百四十一篇，〔七〕至劉向考校經籍，纔獲百三十篇，向因第而叙之。而又得明堂陰陽記二十二篇，孔子三朝記七篇，〔八〕王氏史記二十篇，〔九〕樂記二十三篇，總二百二篇。戴德删其煩重，合而記之，爲八十五篇，謂之大戴記；而戴聖又删大戴之書，爲四十七篇，謂之小戴記。馬融亦傳小戴之學，又定月令、明堂位，合四十九篇。鄭玄受業於融，復爲之注。今周官六篇，古經十七篇，小戴記四十九篇，凡三種，唯鄭玄注立於學官，餘並散落。魏以王粲、衛覬集創朝儀，而魚豢、王沈、陳壽、孫盛雖綴時禮，不足相變。吳則丁孚拾遺漢事，蜀則孟光、許慈草建時制。晉初以荀顗、鄭沖典禮，參考今古，更其節文，羊祜、任愷、庾峻、應貞並加删集，成百六十五篇。後摯虞、傅咸纘續未成，屬中原覆没，今虞之決疑注，是其遺文也。江左刁協、荀崧補緝舊文，蔡謨又踵修綴。宋初因循前史，並不重述。齊武帝永明二年，詔尚書令王儉制定五禮。至梁武帝，命羣儒又裁成焉。吉禮則明山賓，凶禮則嚴植之，軍禮則陸璉，賓禮則賀瑒，嘉禮則司馬褧。苦迥切。〔一〇〕又命沈約、周捨、徐勉、何佟之等佟音疼〔一一〕參會其事。陳武帝受禪，多准梁舊式，〔一二〕因行事隨時筆削。後魏道武帝舉其大體，事多闕遺；孝文帝率由舊章，擇其令典，朝儀國範，焕乎復振。北齊則陽休之、元循伯、熊安生，後周則蘇綽、盧辯、宇文弼，並習於儀禮，以通時用。隋文帝命牛弘、辛彦之等采梁及北齊儀注，〔一三〕以爲五禮。國初草昧，未暇詳定。及太宗踐祚，詔禮官學士修改舊儀，著吉禮六十一篇，賓禮四篇，軍禮十二篇，嘉禮四十二篇，凶禮六篇，國恤五篇，總百三十篇，爲百卷。貞觀七年，始令頒示。高宗初，以貞觀禮節文未盡，重加修撰，勒成百三十卷，至顯慶三年奏上，高宗自爲之序。時許敬宗、李義府用事，其所取舍，〔一四〕多依違希旨，學者不便，異議紛然。上元三年下詔，命依貞觀年禮爲定。〔一五〕儀鳳二年，詔並依周禮行事。自是禮司益無憑准，每有大事，輒别制一儀，援古附今，臨時專定，貞觀、顯慶二禮，亦皆施行。武太后時，以禮官不甚詳明，特詔國子司業韋叔夏、率更令祝欽明每加刊定。叔夏卒後，給事中唐紹專知禮儀，紹博學，詳練舊事，議者以爲稱職。開元十四年，通事舍人王巖上疏，請改撰禮記，削去舊文，編以今事。集賢院學士張説奏曰：「禮記，漢朝所編，遂爲歷代不刊之典，去聖久遠，恐難改易。但今之五禮儀注，已兩度增修，頗有不同，或未折衷。請學士等更討論古今，删改行用。」制從之。〔一六〕於是令徐堅、李鋭、施敬本等檢撰，歷年其功不就。鋭卒後，蕭嵩代爲集賢院學士，〔一七〕始奏起居舍人王仲丘修之。二十年九月，新禮成，凡百五十卷，是爲大唐開元禮。於戲！百代之損益，三變而著明，酌乎文質，懸諸日月，可謂盛矣。〔一八〕通典之所纂集，或泛存沿革，或博采異同，將以振端末、備顧問者也，烏禮意之能建乎！但前古以來，凡執禮者，必以吉凶軍賓嘉爲次；今則以嘉賓次吉，軍凶後賓，庶乎義類相從，終始無黷云爾。按秦蕩滅遺文，自漢興以來，收而存之，朝有典制可酌而求者：漢有叔孫通、高堂生、徐生、賈誼、河間獻王、董仲舒、蕭奮、孟卿、后蒼、聞人通漢、夏侯敬、〔一九〕劉向、戴德、戴聖、慶普、劉歆。後漢有曹充、曹褒、鄭興、鄭衆、賈逵、許慎、杜子春、馬融、鄭玄、衛宏、何休、盧植、蔡邕。魏有王粲、衛覬、高堂隆、蔣濟、王肅、秦静、劉表、劉紹、盧毓、陳羣、魚豢、王沈。蜀有譙周、蔣琬、孟光、許慈。吴則宋敏、丁孚。〔二〇〕晉有鄭沖、荀顗、陳壽、孫盛、羊祜、杜元凱、〔二一〕衛瓘、庾峻、袁準、賀循、任愷、陳銓、孔備、劉逵、摯虞、束晳、傅咸、鄒湛、蔡謨、孔衍、庾亮、范宣、范汪、徐邈、范甯、刁協、荀崧、卞壼、葛洪、王彪之、司馬彪、干寶、徐廣、謝沈、王襃、何琦、虞喜、應貞。宋有徐羡之、傅亮、臧燾、徐廣、裴松之、何承天、顔延之、雷次宗、徐爰、庾蔚之、崔凱、〔二二〕孔智。齊有王儉、何戢、田僧紹、劉獻、王逡。梁有司馬褧、陸璉、沈約、周捨、明山賓、裴子野、徐勉、顧協、朱异、嚴植之、賀瑒、崔靈恩、皇侃、何佟之、陶弘景、司馬憲、丘季彬。陳有謝嶠、孔奐。後魏有高允、高閭、王肅。北齊有熊安生、陽休之、元循伯。後周有蘇綽、盧辯、宇文弼。隋有牛弘、辛彦之、許善心。皇唐有孔穎達、褚亮、虞世南、陸德明、令狐德棻、朱子奢、顔師古、房玄齡、魏徵、許敬宗、楊師道、賈公彦、杜正倫、李義府、李友益、劉祥道、郝處俊、許圉師、〔二三〕韋琨、范履冰、裴守真、陸遵楷、史玄道、孔志約、蕭楚材、孫自覺、王方慶、賀紀、賈大隱、韋萬石、賀敳、韋叔夏、祝欽明、許子儒、沈伯儀、元萬頃、劉承慶、郭山惲、辟閭仁諝、唐紹、張星、〔二四〕王嵒、張説、徐堅、李鋭、施敬本、王仲丘、張統師、權無二、孔玄義、賈曾、李行偉、韓抱素、盧履冰、田再思、馮宗、陳貞節、〔二五〕賀知章、元行沖、韋縚等。〔二六〕或歷代傳習，或因時制作，粗舉其名氏，列於此注焉。

第一〔二七〕 目録其沿革篇所纂前代典實，應指尊極，不同開元禮，故不懸闕矣。〔二八〕 歷代沿革禮六十五卷，開元禮三十五卷。〔二九〕

第二 吉禮凡十四卷〔三〇〕

郊天上

第三 郊天下 大雩

第四 大享明堂明堂制度附 朝日夕月 禋六宗 大禘 靈星 風師雨師及諸星等祠

第五 方丘神州后土附 社稷

第十五　告禮　歷代所尚　享司寒藏冰開冰附　禜禳祈〔三三〕　高禖　祓禊　諸雜祠
淫祀興廢〔三四〕

第十六　嘉禮凡十八卷

天子加元服　皇太子冠皇子皇孫附　諸侯大夫士冠　大功小功末冠議
女笄

第十七　君臣冠冕巾幘等制度

冕大裘冕　衮冕　鷩冕　毳冕　絺冕　玄冕　通天平冕　平天冕　蒼冕　青冕　赤冕　黃冕
素冕　黑冕　象冕　山冕　火冕　藻冕　方冕　祀冕　緇布冠進賢冠　牟追冠章甫冠　委貌冠　通天冠　長冠劉氏冠　齋冠　遠遊冠具服遠遊冠　公服遠遊冠　高山冠側注冠　法冠獬豸冠　柱後惠文冠　建華冠鷸冠　趙惠文冠武冠　武弁　大冠　鵔鸃冠　鶡冠〔三五〕　繁冠　建冠　籠冠〔三六〕　方山冠　巧士冠　卻非冠　樊噲冠　術氏冠〔三七〕　卻敵冠　進德冠　翼善冠　皇收　冔　爵弁　廣冕　皮弁　韋弁　幘童子幘　空頂幘　納言幘　赤幘　緗幘　素幘　黑幘　紺幘　緑幘　青幘〔三八〕　帢白帢　烏紗帢　帽皮帽　皁帽〔三九〕　翠帽　黑帽　高屋白紗帽〔四〇〕　高頂帽　岑帽　突騎帽　葛巾角巾　幅巾縑巾　黃巾　巾子

第四十七　喪制之五
虞祭　既虞餞尸及卒哭祭　祔祭　小祥變　大祥變　禫變〔六八〕　五服成服及變除〔六九〕　五服縗裳制度　斬縗喪既葬緝縗議〔七〇〕

第四十八　五服年月降殺之一
斬縗三年　孫爲祖持重議　孫爲庶祖持重議　嫡孫亡無後次孫爲祖持重議　嫡孫持重在喪而亡次孫代之議

第四十九　五服年月降殺之二
齊縗三年　後妻子爲前母服議前母卒在異國〔七一〕　前妻被掠没賊後得還後妻之子爲服議　爲高曾祖母及祖母持重服議　齊縗杖周　父卒母嫁復還及庶子爲嫡母繼母改嫁服議　父在爲出母服議　父卒爲嫁母服

第五十　五服年月降殺之三
齊縗不杖周　齊縗三月

第五十一　五服年月降殺之四
大功殤服九月七月不爲殤議附　大功成人九月　爲衆子婦

第五十二　五服年月降殺之五
　小功殤服五月　小功成人服五月　嫂叔服　緦麻殤服三月　緦麻成人服三月　舅之妻及堂姨舅　兩妾相爲服

第五十三　王侯兄弟繼統服議　未踰年大喪不立廟議　未踰年君稱議　三公諸侯大夫降服議　諸侯大夫子降服議　諸侯夫人及大夫妻降服議〔七二〕　貴不降服議　諸侯爲所生母服議　公子爲其母服議爲妻附

第五十四　奔喪及除喪而後歸制　士爲所生母服議兩妾子相爲附　庶子父在爲出嫡母服議　爲父後出母更還依己爲服議　爲人後爲出母及出祖母服議　爲父後爲嫁母及繼母嫁服議　爲出繼母不服議　繼母亡前家子取喪柩去服議　出母父遺命令還繼母子服議　父卒繼母還前親子家繼子爲服議　父卒繼母還前繼子家後繼子爲服議　大夫士爲慈母服議

第五十五　前母黨爲親及服議　親母無黨服繼母黨議　母出有繼母非一當服次其母者議　從母被出爲從母兄弟服議　繼君母黨服議〔七三〕　娶同堂姊之女爲妻姊亡服議　妻已亡爲妻父母服議　從母適族父服議　爲內外妹爲兄弟妻服議　族父是姨弟爲服議　妾爲先女君黨服議　庶子爲人後其

妻爲本舅姑服議〔七四〕　出後者卻還爲本

第五十六　總論爲人後議　夫爲祖曾祖高祖父母持重妻從服議　出後者卻還爲本父服及追服所後父議〔七五〕　出後者爲本父母服議　出後子爲本親服議　出後子爲本庶祖母服議　父爲高祖持重子當何服議　爲庶子後爲庶祖母服議〔七六〕　所後之母見出服議　爲族曾祖後服議〔七七〕

第五十七　並有父母之喪及練日居廬堊室議　父未殯而祖亡服議　父喪内祖亡作二主立二廬議　居重喪遭輕喪易服議變除附　長殤中殤變三年之葛議　居親喪既殯遭兄弟喪及聞外喪議　居親喪除旁親服議　婦人有夫喪而母亡服議　居所後父喪有本親喪服議　有祖喪而父亡服議　祖先亡父後卒而祖母亡服議　爲祖母持重既葬而母亡服議　既練爲人後服所後父服議　兼親服議

第五十八　生不及祖父母不税服議　小功不税服議　庶祖母慈祖母服議　君父乖離不知死亡服議　父母乖離知死亡及不知死亡服議

第五十九　爲姑姊妹女子子無主後者服議　叔母寡姑遣還未嫁而亡爲服議〔七八〕　寡叔母守志兄迎還密受聘未知而亡服議　已拜時而夫死服議夫父母喪附

第六十五　喪禮雜制　禮廢

大唐開元禮纂類目録〔八一〕

第六十六　開元禮序例上

五禮篇目　卜日禮　筮日禮　神位用樂及籩豆等數附

第六十七　序例中

大駕鹵簿　皇太后皇后鹵簿　皇太子鹵簿　皇太子妃鹵簿　親王鹵簿　羣官鹵簿　内命婦四妃九嬪婕妤美人才人鹵簿太子良娣以下同　外命婦鹵簿〔八二〕

第六十八　序例下

君臣冕服冠衣制度　皇后王妃内外命婦服及首飾制度　齋戒　祈禱　雜制

第六十九　吉禮凡十三卷

皇帝冬至祀圓丘正月上辛祈穀孟夏雩祀及攝事並附

齋戒　陳設　省牲器　鑾駕出宮　奠玉帛　進熟　鑾駕還宮

第七十　皇帝季秋大享於明堂攝事附

陳設　省牲器　鑾駕出宮　奠玉帛　進熟

皇帝立春祀青帝於東郊立夏祀赤帝於南郊季夏土王日祀黄帝於南郊立秋祀白帝於西郊立冬祀黑帝於北郊及攝事並附

齋戒　陳設　省牲器　鑾駕出宮　奠玉帛　進熟

皇帝臘日禮百神於南郊攝事附

齋戒　陳設　鑾駕出宮　奠玉帛　進熟　鑾駕還宮

第七十一　皇帝春分朝日於東郊秋分夕月於西郊及攝事附〔八三〕

齋戒　陳設　鑾駕出宮　奠玉帛　進熟　鑾駕還宮

立春後丑日祀風師　立夏後申日祀雨師　立秋後辰日祀靈星　立冬後亥日祀司中司命司人司禄〔八四〕

第七十二　皇帝夏至祭方丘〔八五〕后土同孟冬祭神州及攝事並附

齋戒　陳設　省牲器　鑾駕出宮　奠玉帛　進熟　鑾駕還宮

祭五嶽四鎮四海四瀆

第七十三　皇帝仲春仲秋上戊祭太社攝事附（八六）

齋戒　陳設　鑾駕出宮　奠玉帛　進熟　鑾駕還宮

季冬禮太社

第七十四　皇帝時享於太廟凡一歲五享謂四孟月及臘宗廟三年一祫以孟冬五年一禘以孟夏及諸享攝事並附

齋戒　陳設　省牲器　鑾駕出宮　晨祼　饋食　祭七祀　祫禘以

功臣配享　鑾駕還宮（八七）

第七十五　皇帝孟春吉亥享先農攝事附

齋戒　陳設　鑾駕出宮　饋享　耕籍　鑾駕還宮　勞酒

皇后季春吉巳享先蠶攝事附（八八）

齋戒　陳設　車駕出宮　饋享　親桑　車駕還宮　勞酒

第七十六　皇帝拜陵　皇后拜陵　太常卿行諸陵　薦新於太廟　薦新物（八九）　有司

享先代帝王　季夏祭中霤於太廟（九〇）　孟冬祭司寒納冰開冰附興慶宮祭五

龍壇

第七十七　皇帝皇太子視學

出宮　視學　車駕還宮

皇太子釋奠於孔宣父國學釋奠仲春仲秋釋奠於齊太公廟並附

齋戒　陳設　出宮　饋享　講學　還宮

皇太子束脩國學束脩附

第七十八　皇帝巡狩告圓丘告社廟及歸格禮並附

齋戒　陳設　鑾駕出宮　親告告社則薦玉帛及進熟告廟則晨祼及饋食〔九一〕　鑾駕還宮

巡狩告圓丘有司攝事告社廟附

皇帝巡狩

鑾駕出宮　燔柴告至　鑾駕還行宮　望秩於山川　肆覲東后　考制度

第七十九　皇帝封祀泰山禪社首山附

鑾駕進發　齋戒　制度　陳設　省牲器　鑾駕上山　薦玉幣　山下封祀壇　進熟　燔燎　封玉册封檢附　鑾駕還行宮　朝覲羣臣　考制度

第八十　時旱祈太廟　時旱祈太社　時旱祈嶽鎮以下於北郊報祠同〔九二〕　時旱就祈嶽鎮海瀆　久雨禜祭國門　諸州祈社稷縣祈附　諸州祈諸神縣祈附　諸州禜城門縣禜附

第八十一　諸州祭社稷〔九三〕諸縣祭社稷附〔九四〕　諸州釋奠於孔宣父縣釋奠附〔九五〕　州學生束脩縣禮同　諸里祭社稷

諸太子廟時享

齋戒　陳設　晨祼　饋食〔九六〕

三品以上時享其廟四品五品六品以下附　三品以上祫享其廟禘享附　王公以下拜掃寒食附

第八十二　嘉禮凡九卷

皇帝加元服

卜日　告圜丘方丘附〔九七〕　告宗廟　臨軒行事　見太后　謁太廟　親謁　會羣臣　羣臣上禮

皇帝納后

臨軒命使　納采　問名　納吉　納徵　告期　告廟　册后　命使奉

迎　同牢　皇后表謝　朝皇太后　皇后受羣臣賀　皇帝會羣臣　外命婦朝會　羣臣上禮　皇后廟見　車駕出宮

第八十三　皇帝皇后正至受皇太子朝賀〔九八〕　皇帝皇后正至受皇太子妃朝賀　皇帝正至受羣臣朝賀　會　皇帝千秋節受羣臣朝賀并會　皇后正至受羣官朝賀　皇后正至受外命婦朝賀　會

第八十四　皇帝於明堂讀五時令

陳設　鑾駕出宮　讀令〔九九〕　鑾駕還宮

皇帝於太極殿讀五時令

皇帝養老於太學

陳設　鑾駕出宮　養老　鑾駕還宮

第八十五　臨軒册命皇后

臨軒命使　皇后受册　皇后受羣臣賀　皇后表謝　朝皇太后　皇帝會羣臣　羣臣上禮　皇后會外命婦　皇后廟見

臨軒册命皇太子

臨軒册命　朝皇后　謁太廟　會羣臣　羣臣上禮　皇后受羣臣賀

皇后會命婦　皇太子會羣臣　皇太子會宮臣　宮臣上禮

内册皇太子

臨軒命使　皇太子受册　皇太子朝謁　謁太廟　皇帝會羣臣　羣臣上禮　皇后受羣臣賀　皇后會外命婦　皇太子會羣臣　皇太子會宮臣　宮臣上禮

臨軒册命諸王大臣　朝堂册命諸臣　册内命婦二品以上〔一〇〇〕　遣使册授官爵〔一〇一〕　朔日受朝　朝集使引見奉辭附

第八十六　皇太子加元服

告太廟　臨軒命賓贊　冠　會賓贊　朝謁　皇太子謁太廟　會羣臣　羣臣上禮　皇太子會宮臣〔一〇二〕　宮臣上禮

第八十七　皇太子納妃

臨軒命使　納采　問名　納吉　納徵　告期　告廟　册妃　臨軒醮戒　親迎　同牢　妃朝見　會羣臣

第八十八　皇太子元正冬至受羣臣賀并會

皇太子元正冬至受宮臣朝賀

受朝　會
皇太子與師傅保相見
皇太子受朝集使參辭
親王冠百官庶人附〔一〇三〕

第八十九
親王納妃一品以下至庶人並附
納采　問名　納吉　納徵　請期　册妃　親迎　同牢　妃朝見　婚
會　婦人禮會　饗丈夫送者　饗婦人送者
公主出降
册公主　公主受册　納采　問名　納吉　納徵　請期　親迎　同牢
見舅姑　盥饋舅姑　婚會　婦人禮會　饗丈夫送者　饗婦人送者

第九十
朝集使於尚書省禮見并辭　任官初上諸州上佐附〔一〇四〕　京兆府河南牧初上
諸州刺史都督附　萬年長安令初上河南洛陽縣令禮同　諸縣令附　鄉飲酒正齒位
附　宣赦書　羣臣詣闕上表〔一〇五〕　羣臣奉參起居　皇帝遣使詣蕃宣勞
皇帝遣使詣諸州宣撫〔一〇六〕　皇帝遣使詣諸州宣制勞會　皇帝遣使詣諸
州宣赦書鎮與州同　諸州上表

第九十一　賓禮凡一卷

蕃主來朝以束帛迎勞　遣使戒蕃主見日　蕃主奉見奉辭禮同　受蕃國使表及幣　皇帝宴蕃國主　皇帝宴蕃國使

第九十二　軍禮凡二卷

皇帝親征類於上帝宜社附

纂嚴　齋戒　陳設　鑾駕出宮　薦玉帛　進熟　鑾駕還宮

皇帝親征告於太廟

齋戒　陳設　鑾駕出宮　晨祼　饋食　鑾駕還宮　解嚴

皇帝親征禡於所征之地　皇帝親征及巡狩郊祭有司軷於國門　皇帝親征及巡狩告所過山川　平蕩寇賊宣露布　遣使勞軍將　皇帝講武　皇帝田狩

第九十三　皇帝射於射宮　皇帝觀射於射宮　制遣大將出征有司宜於太社　制遣大將出征有司告於太廟齊太公廟附　仲春祀馬祖　仲夏享先牧仲秋祭馬社仲冬祭馬步附　合朔伐鼓諸州合朔伐鼓附〔一〇七〕　大儺諸州縣儺附

第九十四　凶禮凡七卷

賑撫諸州水旱蟲災賑撫蕃國水旱附　勞問諸王疾苦問外祖父后父大臣都督刺史及蕃國主附　中宮問外祖父及諸王附　東宮問外祖父及諸王附　其問師傅保宗戚上臺貴臣同勞問諸王禮〔一〇八〕　勞問外祖母疾苦中宮問外祖母附　其問王妃宗戚婦女同　東宮問外祖母附　其問妃主妃母疾苦同〔一〇九〕

五服制度

斬縗三年

正服　加服　義服　縗冠　絰帶屨　杖　絻　總論制度

齊縗三年

正服　加服　義服　縗冠　絰帶屨　杖

齊縗杖周

正服　義服

齊縗不杖周

正服　加服　降服　義服

齊縗五月

正服

齊縗三月

加服　義服

大功殤長殤九月　中殤七月

正服　義服

成人九月

正服　降服　義服

小功五月殤

正服　降服　義服

成人

正服　降服　義服

緦麻三月殤

正服　降服　義服

成人

正服　降服　義服

改葬緦

縗裳制度

第九十五　訃奏

皇帝爲外祖父母舉哀　爲皇后父母舉哀　爲諸王妃主舉哀　爲內命婦宗戚舉哀　爲貴臣舉哀　爲蕃國主舉哀

臨喪

皇帝臨諸王妃主喪　臨外祖父母喪

除服

除外祖父母喪服　除皇后父母喪服

敕使弔

弔諸王妃主喪　敕使弔外祖父母喪

賵賻

會喪

制遣百僚會王公以下喪

策贈〔一一〇〕

敕使策贈諸王　敕使策贈外祖父母

會葬
遣百僚會王公以下葬
致奠
敕使致奠諸王妃主喪　敕使致奠外祖父母喪
第九十六　中宮舉哀
太皇太后皇太后皇后爲父母祖父母舉哀
成服
爲父母祖父母
奔喪
后奔父母祖父母喪
臨喪
后臨外祖父母喪〔一一〕　臨内命婦喪
除服
后除父母祖父母喪服
遣使弔

除父母祖父母喪除外祖父母喪附(一一四)

第九十八　三品以上喪上四品以下至庶人附

初終　復　設牀　奠　沐浴　襲　含　赴闕　勅使弔　銘　重　陳小斂衣　奠　小斂　斂髮　奠　陳大斂衣　奠　大斂　奠　廬次　成服　朝夕哭奠　賓弔　親故哭　州縣官長弔　刺史遣使弔　親故遣使致賻　殷奠　卜宅兆　卜葬日　啟殯　贈謚　親賓致奠(一一五)

第九十九　三品以上喪中四品以下至庶人附

將葬陳車位　陳器用　進引　引輴　輴在庭位　祖奠　輴出升車　遣奠　遣車　器行序　諸孝從柩車序(一一六)　郭門親賓歸　諸孝乘車　宿止　宿處哭位　行次奠　親賓致賵　塋次(一一七)　到墓　陳明器　下柩哭序　入墓　墓中置器序(一一八)　掩壙　祭后土　反哭　虞祭　卒哭祭　小祥祭　大祥祭　禫祭　祔廟

第一百　三品以上喪下四品以下至庶人附

改葬

卜宅(一一九)　啟請　開墳　舉柩　奠　升柩車　斂　奠　設靈　進

引告遷　哭柩車位　設遺奠　輀車發　宿止　到墓　虞祭

王公以下居喪雜制

舉哀　奔喪　三殤　初喪聚主　食飲節〔二〇〕　哭節　居常節　不及期葬　外喪　諱名　追服　喪冠嫁娶　樂禁　主諸喪　婚遇喪　室次節　居重問輕〔二一〕

校勘記

〔一〕禮序　原脱「序」，今補。北宋本、傅校本、明刻本作「總敍」。

〔二〕人知禮則教易　「教易」原倒，據北宋本、傅校本、明抄本、明刻本、王吴本乙。

〔三〕伏羲以儷皮爲禮作瑟以爲樂　原「瑟」上衍「琴」，據北宋本、傅校本、明抄本、明刻本、王吴本删。按：御覽卷五七六引世本曰：「庖犧氏作瑟。」

〔四〕未遑制立　「制立」原倒，據北宋本、傅校本、明刻本、王吴本乙。

〔五〕而蕭奮亦以習禮至淮陽太守　「習」原作「頌」，據北宋本、傅校本、遞修本、明抄本、明刻本、王吴本改。

〔六〕季氏　「季」原作「李」，據北宋本、傅校本、遞修本、明抄本、明刻本、王吴本改。

〔七〕百四十一篇　「百四」原誤倒作「四百」，據北宋本、傅校本、遞修本、明抄本、明刻本、王吴本乙正。

〔八〕孔子三朝記七篇　「七」原訛「十」，據北宋本、傅校本、遞修本、明抄本、明刻本改。

〔九〕王氏史記　「氏史」原倒，據北宋本、傅校本、遞修本、明抄本、明刻本、王吴本乙。

〔一〇〕苦迥切　原「苦」上衍「裴」，「迥」訛「迴」，據北宋本、傅校本、遞修本、明刻本删改。

〔一一〕佟音疼　「疼」原作「同」，清人臆改。今據北宋本、傅校本、遞修本、明抄本、明刻本、王吴本改回。

〔一二〕多准梁舊式　「式」原訛「或」，據北宋本、傅校本、明抄本、王吴本改。

〔一三〕隋文帝命牛弘辛彦之等　原脱「命」，據北宋本、傅校本、遞修本、明抄本、明刻本、王吴本補。

〔一四〕其所取舍　原脱「所」，據北宋本補。

〔一五〕命依貞觀年禮爲定　原脱「年禮」，據北宋本、傅校本、遞修本、明抄本、王吴本補。

〔一六〕制從之　「從」原訛「定」，據北宋本改。

〔一七〕鋭卒後蕭嵩代爲集賢院學士　原脱「後」，據北宋本、傅校本、遞修本、明抄本、王吴本補。

〔一八〕可謂盛矣　「謂」原訛「爲」，據北宋本、傅校本、遞修本、明抄本、明刻本改。

〔一九〕夏侯敬　「敬」原訛「勝」，據北宋本、傅校本、遞修本、明抄本、明刻本、王吴本改。按：夏侯敬見漢書儒林傳，爲慶普弟子。

〔二〇〕吴則宋敏丁孚　「宋敏」北宋本墨釘。傅校本「宋」作「來」。按：來敏爲蜀漢人，未嘗仕吴，而三國志又無「宋敏」其人。

〔二一〕杜元凱　「凱」原訛「覬」，據北宋本、傅校本、王吳本、殿本改。

〔二二〕崔凱　「凱」原訛「覬」，據北宋本、傅校本、明抄本改。

〔二三〕許圉師　「圉」原訛「國」，據北宋本、傅校本改。

〔二四〕張星　「星」原訛「見」，據北宋本、傅校本、明抄本改。按：張星見全唐文卷三九七，開元年間曾任太常博士。

〔二五〕馮宗陳貞節　「宗」原訛「諒」，據北宋本、傅校本、明抄本改。按：舊唐書禮儀志二八七三頁、唐會要卷一一載太常博士馮宗、陳貞節等聯名建議改拆武后明堂，建乾元殿。本書卷四四略同。

〔二六〕韋縚　「縚」原訛「縉」，據北宋本改。按：韋縚，開元時太常卿，精於禮學。新唐書卷一二二有傳。

〔二七〕第一　北宋本、傅校本、明抄本、明刻本無「第」。下同。按：此行與上行間，北宋本、傅校本、明刻本有「第一袟」三字單佔一行。後面十一、二十一、三十一、四十一、五十一、六十一、七十一、八十一、九十一各目録題前，分别有「第二袟」、「第三袟」、「第四袟」、「第五袟」、「第六袟」、「第七袟」、「第八袟」、「第九袟」、「第十袟」單佔一行。

〔二八〕故不懸闕矣　「不」原訛「下」，據北宋本改。

〔二九〕歷代沿革禮六十五卷開元禮三十五卷　北宋本、傅校本、遞修本、明抄本、明刻本、王吳本無此十六字，蓋殿本所增，局本沿之。

〔三〇〕第二吉禮凡十四卷　北宋本、傅校本、遞修本、明抄本、明刻本、王吳本脱此八字。

〔三一〕立尸義　「義」原訛「議」，據北宋本、傅校本、遞修本、明抄本、明刻本、王吳本改。

〔三二〕小學庠序附　五字原脱，據北宋本、傅校本、遞修本、明抄本、明刻本補。

〔三三〕禳祈　二字原倒，據北宋本、傅校本、遞修本、明抄本、明刻本、王吳本乙。按：「禳祈」一詞見禮記祭法。

〔三四〕諸雜祠淫祀興廢　原「祠」「祀」互訛，據北宋本乙正。

〔三五〕鶡冠　原列在最後，據正文敍次前移。

〔三六〕建冠籠冠　原「籠冠」在上，據北宋本、傅校本、遞修本，明抄本、明刻本、王吳本及正文敍次移下。

〔三七〕術氏冠　「氏」原訛「士」，據北宋本、傅校本、遞修本、明抄本、明刻本、王吳本改。按：後漢書輿服志、晉書輿服志均作「氏」。

〔三八〕青幘　按：幘下目次與正文敍次多不合。卷五七幘下小目亦然。北宋本、傅校本、遞修本、明刻本、明抄本幘下目次爲：「童子幘、空頂幘、納言幘、赤幘、紺幘、緑幘、青幘、緗幘、素幘、墨幘。」亦與正文敍次參差。

〔三九〕皁帽　「皁」原訛「白」，據卷五七正文改。

〔四〇〕高屋白紗帽　原「屋」與「白」間空格，壹似兩種帽者，非。據北宋本及卷五七正文合併。

〔四一〕天子納后　原「后」上衍「妃」，據北宋本、傅校本、遞修本、明抄本、明刻本、王吳本删。

〔四二〕支子稱宗弟稱宗兄等婚議　原脱下「宗」字，據卷五七北宋本、傅校本、明刻本卷目補。

〔四三〕男女婚嫁年幾議　「幾」原訛「紀」，據北宋本、傅校本、遞修本、明抄本、明刻本、王吳本改。

〔四四〕周服降在小功可嫁女娶妻議　「服」原作「喪」，據北宋本、傅校本、明刻本卷六〇卷目改。「妻」原訛「婦」，據北宋本、傅校本、遞修本、明抄本、明刻本、王吳本改。

〔四五〕降服大功末可嫁姊妹及女議　原「服」下衍「及」，據北宋本、傅校本、遞修本、明刻本、王吳本删。

〔四六〕蹋獸車闟戟車附　「獸」原作「武」，據北宋本、傅校本、遞修本、明刻本改。

〔四七〕主妃命婦等車輅　原脱「輅」，據北宋本、傅校本、遞修本、明抄本、明刻本、王吳本補。

〔四八〕屬車附　三字原脱，據北宋本、傅校本、遞修本、明抄本、明刻本、王吳本補。

〔四九〕太子及諸王見師禮附　「附」原訛「同」，據北宋本、傅校本、遞修本、明刻本、王吳本改。

〔五〇〕太子後來　「來」原作「至」，據北宋本、傅校本、遞修本、明抄本、明刻本改。

〔五一〕事先生長者雜儀　「者」北宋本、傅校本、遞修本、明刻本、王吳本作「老」。

〔五二〕居官歸養父母　原題下有「議」字，據北宋本、傅校本、明抄本、明刻本删。下「僑居人桑梓敬」、「夫人不答妾拜」、「僧尼不受父母拜及立位」三題同。

〔五三〕二人各是内外兄弟相稱議　「是」原訛「有」，據北宋本、傅校本、遞修本、明抄本、明刻本、王吳本改。

〔五四〕服章車旗議　「服章」原倒，據北宋本、傅校本、遞修本、明抄本、明刻本、王吳本乙。

〔五五〕上尊號同　「同」原訛「附」，據北宋本、傅校本、遞修本、明抄本、明刻本、王吳本改。

〔五六〕天子崇所生母追崇同　原「母」下衍「議」、「同」原訛「附」，據北宋本、傳校本、遞修本、明抄本、明刻本、王吳本刪改。

〔五七〕追尊本親議　「親」原訛「生」，據北宋本、傳校本、遞修本、明抄本、明刻本、王吳本改。

〔五八〕繼宗子宗子孤爲殤　原正文「子」下衍「議」，注文「殤」下衍「附」，據北宋本、傳校本、遞修本、明抄本、明刻本、王吳本刪。

〔五九〕秦漢以降並無其禮今所編纂者三代之儀耳　此注文十八字原脱，據北宋本、傳校本、遞修本、明抄本、明刻本、王吳本補。

〔六〇〕天子遣使迎勞諸侯　原「使」下衍「來」，據北宋本、傳校本、遞修本、明抄本、明刻本、王吳本刪。

〔六一〕揚兵講武附　原脱，據北宋本、傳校本、明抄本及卷七六題下注文補。

〔六二〕三月三日九月九日射附　此注文十字原脱，據北宋本、傳校本、遞修本、明抄本補。

〔六三〕冬夏至寢鼓兵　原「兵」下有「議」，據北宋本、傳校本、明抄本、明刻本、王吳本刪。

〔六四〕皇后爲父服附　原「父」下衍「母」，據卷八〇北宋本、傳校本、遞修本、明抄本、明刻本題下注刪。

〔六五〕諸王傳重爲所生母服議　「傳」原作「持」，據北宋本、傳校本、明抄本改。

〔六六〕始卒事位及奠訃告等附　原脱「等」，據北宋本、傳校本、遞修本、明抄本、明刻本補。

〔六七〕大夫　「夫」原訛「大」，據諸本改。

〔六八〕禫變　北宋本、傳校本、遞修本、明抄本、王吳本於此題下有「沿革議附」四字雙行小注，於上「虞祭」

題下有「祭殤附」三字小注，於「既虞餞尸及卒哭祭」題下有「服變附」三字小注，均與正文内容不甚吻合，且以上各本卷八七卷目各題下即無此小注，故不補。

〔六九〕五服成服及變除　原「除」下衍「附」，據北宋本、傅校本、遞修本、明抄本、明刻本、王吴本删。按：「變除」各本作「除變」，誤倒。

〔七〇〕斬縗喪既葬緝縗議　原作「五服制度變」，與正文内容不合，今據北宋本、傅校本、遞修本、明抄本、王吴本改易。

〔七一〕前母卒在異國　「國」下原有「附」據北宋本、傅校本、明刻本、王吴本卷八九題下注文删。

〔七二〕諸侯夫人及大夫妻降服議　「降」原訛「終」，據諸本改。

〔七三〕繼君母黨服議　「君」原作「嫡」，據北宋本、傅校本、遞修本、明抄本、明刻本改。

〔七四〕庶子爲人後　「子」原訛「人」，據北宋本、傅校本、遞修本、明抄本、王吴本改。

〔七五〕出後者　「者」原訛「子」，據北宋本、傅校本、遞修本、明抄本改。下同。

〔七六〕爲庶子後爲庶祖母服議　原脱「議」，據諸本補。

〔七七〕爲族曾祖後服議　原脱「族」，據北宋本、傅校本、遞修本、明抄本補。

〔七八〕未嫁而亡爲服議　原脱「爲」，據北宋本、傅校本、遞修本、明抄本、明刻本、王吴本補。

〔七九〕納后值忌月議　「月」原訛「日」，據諸本改。

〔八〇〕有父喪未練　「未」原訛「末」，據諸本改。

〔八一〕大唐開元禮纂類目録　原脱此九字，據北宋本、傅校本、明抄本、王吴本補。

〔八二〕外命婦鹵簿　原脱此五字，據北宋本、傅校本、遞修本、明抄本、明刻本、王吴本補。

〔八三〕秋分夕月於西郊及攝事附　原脱「於西郊」，據北宋本、傅校本、遞修本、明抄本、王吴本補。

〔八四〕立冬後亥日祀司中司命司人司禄　「禄」下原有「於國城西北」五字，據卷一一一傅校本、明刻本、朝鮮本卷目删。

〔八五〕皇帝夏至祭方丘　原「至」下衍「日」，據北宋本、傅校本、遞修本、明抄本、明刻本、王吴本删。

〔八六〕攝事附　此注文三字原脱，據北宋本、傅校本、遞修本、明抄本、王吴本補。

〔八七〕鑾駕還宫　原在「饋食」後，今據北宋本、傅校本、遞修本下移。

〔八八〕攝事附　原脱，據北宋本、傅校本、遞修本、明抄本補。

〔八九〕薦新物　此題下原注有「附」字，卷一一六傅校本、明抄本、明刻本、朝鮮本、王吴本此題下無「附」字，今據删。

〔九〇〕季夏祭中霤於太廟　原脱「季夏」、「於太廟」五字，據開元禮卷五一及北宋本、傅校本、遞修本、明抄本、王吴本補。

〔九一〕告社則薦玉帛及進熟告廟則晨祼及饋食　此十七字附注原脱，據北宋本、傅校本、遞修本、明抄本、王吴本補。

〔九二〕報祠同　此三字附注原脱，據開元禮卷六六及北宋本、傅校本、遞修本、明抄本、王吴本補。

〔九三〕諸州祭社稷　「祭」原訛「禜」，據北宋本、傅校本、遞修本、明抄本、王吴本改。

〔九四〕諸縣祭社稷附　原脱「祭社稷」，據北宋本、傅校本、遞修本、明抄本、王吴本補。

〔九五〕縣釋奠附　「附」原訛「同」，據卷一二一北宋本題下附注改。

〔九六〕饋食　二字原脱，據開元禮卷七四及北宋本、傅校本、遞修本、明抄本、王吴本補。

〔九七〕方丘附　此三字注文原脱，據北宋本、傅校本、遞修本、明抄本、王吴本補。

〔九八〕皇帝皇后正至受皇太子朝賀　「正至」原倒，據北宋本、傅校本、遞修本、明抄本、明刻本、王吴本乙。下同。

〔九九〕讀令　此題下原尚有「春令」一題，誤。今據北宋本、傅校本、遞修本、明刻本、王吴本删。

〔一〇〇〕册内命婦二品以上　「二」原訛「三」，據開元禮卷一〇八及北宋本、傅校本、明抄本、明刻本改。

〔一〇一〕遣使册授官爵　「授」原訛「受」，據開元禮卷一〇九及北宋本、遞修本、王吴本改。

〔一〇二〕皇太子會宫臣　原脱「皇太子」，據北宋本、傅校本、遞修本、明抄本、王吴本補。

〔一〇三〕百官庶人附　原作「百官一品以下盡九品庶人並附」，據北宋本、傅校本、遞修本、明抄本、明刻本删留五字。

〔一〇四〕諸州上佐附　「佐」原訛「任」，據北宋本、傅校本、遞修本、明抄本、明刻本、王吴本改。

〔一〇五〕羣臣詣闕上表　「臣」原作「官」，據開元禮卷一二九及北宋本、傅校本、遞修本、明抄本、明刻本、王吴本改。下同。

〔一〇六〕皇帝遣使詣諸州宣撫　原脱「詣」，據北宋本、傅校本、遞修本、明抄本、明刻本、王吳本補。

〔一〇七〕諸州合朔伐鼓附　原作「二至二分及諸州合朔伐鼓附」，誤。據北宋本、傅校本、遞修本、明抄本、明刻本、王吳本删去「二至二分及」五字。

〔一〇八〕問外祖父至諸王禮　此五十四字注文原脱，據北宋本、傅校本、王吳本補。

〔一〇九〕中宮問至疾苦同　此三十二字注文原脱，據北宋本、傅校本、王吳本補。「王妃」各本訛「妃主」，據開元禮卷一三一改。

〔一一〇〕策贈　「策」原訛「榮」，據開元禮卷一三四及傅校本、遞修本、明抄本改。下同。

〔一一一〕后臨外祖父母喪　此題原脱，今補。

〔一一二〕並成服除服妃父母附　此九字注文原無，據卷一三六題下注文增。

〔一一三〕臨喪　此題原脱，據北宋本、傅校本、明刻本卷一三六卷目補。

〔一一四〕除外祖父母喪附　此七字注文原無，據卷一三七題下注文增。

〔一一五〕親賓致奠　「親」原訛「請」，據傅校本、遞修本、明抄本、明刻本、王吳本改。

〔一一六〕諸孝從柩車序　「序」原訛「行」，據卷一三九題目改。

〔一一七〕塋次　「次」原訛「夕」，據開元禮卷一三九及傅校本、遞修本、明抄本、明刻本改。

〔一一八〕墓中置器序　「置」原訛「祭」，據開元禮卷一三九及傅校本、遞修本、明抄本、明刻本改。

〔一一九〕卜宅　「宅」原訛「葬」，據開元禮卷一四一及傅校本、遞修本、明抄本、明刻本、王吳本改。

〔二〇〕食飲節　「食飲」原倒，據北宋本、傅校本、明抄本、明刻本卷一四〇標題乙。

〔二一〕居重問輕　「問」，開元禮卷一五〇及傅校本、遞修本、明刻本作「聞」。

王文錦點校

通典卷第四十二

禮二　沿革二　吉禮一

郊天上 虞　夏　殷　周　秦　漢　後漢　魏　晉　東晉　宋　齊　梁　陳　後魏　北齊　後周　隋

夫聖人之運，莫大乎承天。天行健，其道變化，故庖犧氏仰而觀之，以類萬物之情焉。黄帝封禪天地，少昊載時以象天，顓頊乃命南正重司天以屬神，南，陽位。正，長。司，主。屬，會也。所以會聚羣神，各使有序，不相干亂。高辛順天之義，帝堯命羲和敬順昊天，故郊以明天道也。明謂明之以示人。所從來尚矣。豺獺有祭，而況人乎！

有虞氏禘黄帝爾雅釋天云："禘，大祭也。"虞氏冬至大祭天於圜丘，以黄帝配坐。而郊嚳。夏正之月，祭感生帝於南郊，以嚳配焉。

夏后氏禘黄帝而郊鯀。按司馬遷五帝本紀云，舜則黄帝九代孫，嚳，帝之曾孫，〔一〕禹，帝玄孫。計不合如此之差懸，〔二〕恐馬遷之誤。

殷人禘嚳而郊冥。嚳，契之父。

周制，大司樂云：「冬日至，〔三〕祀天於地上之圜丘。」爾雅云：「非人力爲之丘。」〔四〕又大宗伯職曰：「以禋祀，祀昊天上帝。」鄭玄云：「謂冬至祭天於圜丘，所以祀天皇大帝。」禮神之玉以蒼璧，其牲及幣，各隨玉色。大宗伯云「蒼璧禮天」。其尺寸，文闕。下云「皆有牲幣各放其器之色」，器則玉也。蓋取象天色也。肆師職曰：立大祀，用玉帛牲牷。〔五〕牲用一犢。按郊特牲又云：「用犢，貴誠也。」王制云：「祭天地之牛，角繭栗。」幣用繒，長丈八尺。鄭玄注曾子問云：〔六〕「制幣長丈八。」鄭約逸巡狩禮文也。〔七〕餘用幣長短皆准此。〔八〕王服大裘，其冕無旒。司服云：「王祀昊天上帝則服大裘而冕。」鄭司農云：「大裘，黑羔裘。」既無采章，則冕亦無旒也。尸服亦然。以天體質，故王大裘以象之。既尸爲神象，宜與王服同也。周禮曰「郊祀二人裘冕送逆尸」。〔九〕又士師職曰：「祀五帝則沃尸及王盥。」〔一〇〕乘玉輅，錫，〔一一〕繁纓十有再就，建太常十有二斿以祀。罇及薦菹醢器，並以瓦。爵以匏片爲之。郊特牲云：「器用陶匏，以象天地之性。」以藁秸及蒲，但翦頭不納爲藉神席。所謂蒲越藁秸也。藁秸藉天神，蒲越藉配帝。配以帝嚳。祭法云：「周人禘嚳而郊稷。」今以禘大祭，是祭中最大，既禘天於郊，又嚳尊於稷。故大宗伯注云「圜丘以嚳配之」。〔一二〕按嚳配郊，牲尚同色，則圜丘可知焉。其樂，大司樂云：「凡樂，圜鍾爲宮，黃鍾爲角，太蔟爲徵，姑洗爲羽，靁鼓靁鼗，孤竹之管，雲和之琴瑟，雲門之舞，冬日至於地上之圜丘奏之。若樂六變，則天神皆降，可得而禮矣。」圜鍾，夾鍾也。夾鍾生於房心之氣，〔一三〕房心爲大辰，天帝之明堂。黃鍾生於虛危之氣，虛危爲宗廟。以此爲宮，用聲類求之。靁鼓，八面鼓。孤竹，竹特生者。雲和，山名。其感生帝，大傳曰：「禮，不王不禘，王者禘其祖之所自出，以其祖配之。」凡大祭曰禘。自，由也。大祭其先祖所由出，謂郊祭天也。王者先祖皆感太微五帝之精以生，其神名，鄭玄據春秋緯說，蒼則靈威仰，赤則赤熛怒，黄則含樞紐，白則白招拒，黑則協光紀。皆用正歲之正月郊祭之，蓋特尊焉。孝經云「郊祀后稷以配天」，配靈威仰也。「宗祀文王於明堂以配上帝」，汎配五帝也。〔一四〕因以祈穀。左傳曰：「郊祀后稷，以祈農事。」其壇名泰壇，祭法曰：「燔柴於泰壇」在國南五十里。司馬法：「百里爲遠郊，近郊五十里。」禮神之玉，用四珪有邸，尺有二寸。考工玉人云：「四珪，尺有二寸，以祀天。」又典瑞云：「有邸以祀天旅上帝。」鄭司農云：「於中央爲璧，圭著其四面，一玉俱成，圭本著於璧，〔一五〕圭末四出。」故鄭玄云「祀天謂夏正郊天也」。崔靈恩云：「四珪有邸者，象四方物之初生。以璧爲邸者，取其初生之圓匝也。」其玉色無文。今謹按，既有邸皆象物始生，又當春氣之始，威仰又爲青帝，其玉宜青。牲用騂犢。牲用騂，尚赤。用犢，貴誠也。青幣。其色無文。謹按，大宗伯云「孤執皮帛」，鄭玄云：「帛如璧色繒也。」〔一六〕又按，圓丘赤幣，於玉色則宜用青幣，象東方也。配以稷，祭法：「周人禘嚳而郊稷。」孝經曰：「郊祀后稷以配天。」左傳曰：「郊祀后稷，以祈農事。」其配帝牲亦騂犢。郊特牲云：「帝牛不吉，以爲稷牛，稷牛唯具。」鄭玄云：「養牲必養二。」其樂，大司樂云：「乃奏黄鍾，歌大吕，舞雲門，以祀天神。」以黄鍾大吕之聲爲均也。黄鍾，陽聲之首。大吕爲之合奏之以祀天神，尊之也。天神謂五帝及日月星辰。王者又各以夏正月，祀其所受命之帝於南郊，尊之也。〔一七〕日用辛。按禮記及春秋魯郊於建子月，用辛。鄭玄云：「凡爲人君，當齋戒自新。」言凡，則天子諸侯同用辛。又王者必五時迎氣者，以示人奉承天道，從時訓人之義。故月令於四立日及季夏土德王日，各迎其王氣之神於其郊。月令云：「立春之日，天子親率公卿諸侯大夫，以迎春氣於東郊。」餘四氣皆然。若以祖之所自出，即禘祭靈威仰於南郊，一神而已。若迎王氣之神，即春青帝靈威仰，夏赤帝赤熛怒，季夏黃帝含樞紐，秋白帝白招拒，冬黑帝協光紀也。其配祭以五人帝：春以太皞，夏以炎帝，季夏以黃帝，秋以少昊，冬以顓頊。月令云「其帝太皞」等是也。故鄭玄注月令云「迎春謂祀靈威仰於東郊」，以太皞、伏羲氏配坐是也。祭外神必有主者，公羊傳曰：「自外至者，無主不止。」故以人帝配神作主。其壇位，各於當方之郊，去國五十里內曰近郊，爲兆位，於中築方壇，亦名曰太壇，而祭之。如其方壇者，以其取象當方各有方所之義。按昊天上帝，天之總名，所覆廣大，無不圓匝，故奠蒼璧，其神位曰圓丘，皆象天之圓匝也。餘五帝則各象其方氣之德，爲珪璋琥璜之形。祭法謂其神位以太壇，是人力所爲，非自然之物。〔一八〕以其各有方位，故名方壇。禮神之玉，按大宗伯云：「青珪禮東方，赤璋禮南方，黃琮禮地則中央也，白琥禮西方，玄璜禮北方。」禮神者必象其類。珪銳，象春物生也。半珪曰璋，象物半死也。琮八方，象地也。琥猛，象秋嚴也。半璧曰璜，象冬閉藏，地上無物，唯天半見耳。牲用犢，及幣各隨玉色。大宗伯所謂「有牲幣各放其器之色」是也。樂與感帝同。大司樂云：「乃奏黃鍾，歌大呂，舞雲門，以祀天神。」鄭玄云：「天神謂五帝及日月星辰。」

祭前期十日，王親戒百官及族人。太宰又總戒羣官曰：「某日，有事於昊天上帝，各揚其職。百官廢職，服大刑。」乃習射於澤宮，選可與祭者。其容體比於禮，其節奏比於樂，而中多者得與於祭。〔一九〕比音毗志反。其日，王乃致齋於路寢之室。散齋七日，致齋三日。祭日之晨，雞人夜呼晨以叫百官，巾車鳴鈴以應雞人。典路乃出玉輅，建太常。大司樂既宿懸，遂以聲展之知完否。王將出，大司樂令奏王夏。王所過處之人，各於田首設燭以照於路。所謂鄉爲田燭，以王出時尚早故也。又，喪者不敢哭，〔二〇〕凶服者不敢入國門。祭前，掌次先於丘東門外道北，設大次小次。次謂帷幄。大幄，初往止居。〔二一〕小幄，接祭退俟之處。祭義曰：「周人祭日，以朝及闇。」雖有强力，孰能支之。是以有退俟，與諸臣代有事焉。掌次張氈案，設皇邸。謂於次中張氈牀，牀後設板屏風。其上染鳥羽象鳳凰色以覆之，以爲飾。王服大裘而立於丘之東南，西面。大司樂奏圜鍾爲宮以下之樂，以降神。若感生帝及迎氣，則奏黃鍾以下之樂以降神。次則積柴於丘壇上。謂積柴實牲體玉帛。〔二二〕王親牽牲而殺之。太宰職論祭大禮中有云：「及納亨，贊王牲事。」鄭玄云：「納亨，納牲。〔二三〕將告殺謂祭之晨也。既殺以授亨人。〔二四〕凡大祭祀，君親牽牲，〔二五〕大夫贊。」次則實牲體玉帛而燔之，〔二六〕謂之禋祀。以周人尚臭，烟氣之臭聞者，所以報陽也。韓詩外傳曰：「天子奉玉升柴，加於牲上而燔之。」次乃掃於丘壇上而祭，尸服裘而升丘也。王及牲、尸入時，樂章奏王夏、肆夏、昭夏。大司樂云：「王出入奏王夏，尸出入奏肆夏，牲出入奏昭夏。」但用夾鍾爲宮耳。就坐時，尸前置蒼璧。又薦籩豆及血腥等，爲重古之薦。鄭玄注大司樂云：「先作樂致神，然後禮之以玉而祀之。」禮器云：「郊血大饗腥。」王乃以匏片爲爵，酌瓦甒之泛齊以獻尸。爲朝踐之獻。鄭玄注司尊彝云「唯有事於太廟，備五齊三酒」，故崔靈恩推之以爲圜丘明用五齊，餘感帝、迎氣、神州等，並自醴齊而下四齊而已。不用圭瓚而用陶匏者，物無以稱天之德，故但取天地之性。五齊之名：一曰泛齊，成而滓浮泛泛然，五齊之中，泛齊味尤濁重。古貴質，故於大祭用之。二曰醴齊，成而汁滓相將，上下一體，猶濁故也。三曰盎齊，成而翁盎然，葱白色。四曰緹齊，成而紅赤色，稍清故也。緹音體。五曰沈齊。成而滓沈，轉清故也。無祼禮。鄭玄注小宰云：「唯人道宗廟有祼。天地大神至尊不祼者，以其莫可稱焉者也。」七獻。宗廟九獻而天神七獻者，宗廟之祭通數尸未入前，王及后於奧中，先行二祼以降神，次七獻，故有九也。今天是外神，〔二七〕無祼，故七獻而已。七獻者，薦血腥後，王以匏爵酌泛齊以獻尸，所謂朝踐是也。此爲一獻。按，郊丘禮闕，無文以書。唯大宗伯司尊彝所陳酒齊，鄭玄及鄭衆皆以爲宗廟之禮。今約司尊彝酌獻五齊之次以爲說。次大宗伯攝王后之事，亦以匏爵酌醴齊亞獻，亦爲朝踐。是二獻。大宗伯職云：「凡大祭祀，王后不與者則攝之。」婦亞夫獻，而罇各異者，祭義云「君西酌犧罇，夫人東酌罍罇」。〔二八〕犧罇既尊於罍罇，足知亞獻不用泛齊。〔二九〕每獻，奏樂一成。謂圜丘即奏圜鍾爲宮，〔三〇〕感帝及迎氣即奏黄鍾大吕。次薦熟於神前。司尊彝注云「后親薦饋食之豆」，則此宜大宗伯薦熟也。薦畢，王乃以匏爵酌盎齊以獻尸，大宗伯以匏爵酌緹齊以亞獻，所謂饋獻也。通前凡四。司尊彝注云：「饋獻謂薦熟。」尸乃食。食訖，王更酌朝踐之泛齊以酳尸，所謂朝獻。知朝獻即朝踐者，司尊彝注云：「變朝踐爲朝獻者，罇相因。」故知更酌泛齊。大宗伯更酌饋獻之緹齊以亞酳，所謂再獻。通前凡六。知再獻當亞酳者，司尊彝注云：「再獻者，王酳尸之後，〔三一〕后酌亞獻也。其變再獻爲饋獻者，亦尊彝相因。」〔三二〕又有諸臣爲賓之一獻。凡七。司尊彝注云：「諸臣一祭之正。」特牲禮云「賓三獻如初」。注云：「三獻成禮也。」特牲，士禮，止於三獻。按特牲、少牢正祭後，亦更有賓長加受三爵。此但論正祭耳。其尸酢諸臣之酒，皆用三酒。酒正云「事酒、昔酒、清酒」。其法如祫祭之禮。畢獻之後，天子舞六代之樂。若感帝及迎氣，即天子舞當代之樂。其樂章用昊天有成命也。古制，天子親在舞位。

說曰：郊丘之說，〔三三〕互有不同，歷代諸儒，各執所見。雖則争論紛起，〔三四〕大凡不出二塗：宗王子雍者，以爲天體唯一，安得有六？圓丘之與郊祀，實名異而體同。所云帝者，兆五人帝於四郊，豈得稱之天帝！一歲凡二祭也。宗鄭康成者，則以天有六名，歲凡九祭。蓋以祭位有圓丘、太壇之異，用樂則黄鍾、圜鍾有差，牲乃騂蒼色殊，玉則四珪蒼璧，祭名且同稱禋祀，祭服又俱用大裘。略舉大綱，不復悉數。恭惟國章，並行二禮，可謂協於時宜矣。歷代所行，亦參二禮。異同之論，國朝最詳。具在郊天篇下。凡義有經典文字其理深奥者，則於其後說之以發明，皆云「說曰」。凡義有先儒各執其理，並有通據而未明者，則議之，皆云「議曰」。凡先儒各執其義，所引據理有優劣者，則評之，皆云「評曰」。他皆同此。

秦始皇既即位，以昔文公出獵，獲黑龍，此其水德之瑞，用十月爲歲首，色尚黑，音尚大吕。顔師古曰：「大吕，陰律之始。」東游海上，禮祀八神。具雜祠篇。二代尊雍四時上帝。名其祭處曰時也。初，秦襄公攻戎救周，列爲諸侯而居西。自以爲主少昊之神，作西時，祠白帝，其牲用騮駒、黄牛、羝羊各一。後十四年，〔三五〕文公東獵汧渭之間，卜居之而吉。夢黄蛇自天下屬地，其口止於鄜衍。於是作鄜時，用三牲郊祭白帝焉。吴陽武時，雍東好時，皆廢無祀。德公立，都雍，雍諸祠復興。後四年，宣公作密時於渭南，祭青帝。後二百五十年，靈公作吴陽上時，祭黄帝，作下時祭炎帝。後櫟陽雨金，獻公自爲得金瑞，故作畦時櫟陽，祠白帝。山阪間曰衍。畦時如種韭畦之形，而於畦中各爲一土封也。鄜音孚。歲祠禱，因泮凍，秋涸凍，冬賽祠，五月嘗駒，及四仲之月月祠。時駒四疋，〔三六〕每時用駒四疋，〔三七〕而春秋異色。木寓龍一駟，李奇曰：「寓，寄也，寄生龍形於木也。」顏師古曰：「駟亦四龍。」木寓車馬一駟，各如其帝色。黄犢與羔各四，珪幣各有數，皆生瘞埋，無俎豆之具。三年一郊。常以十月上宿郊見，〔三八〕李奇曰：「上宿，上齋戒也。」通爟火，張晏曰：「爟火，烽火也。」如淳曰：「爟，舉也。」狀若井桔槔，舉令光明遠照，通於祀所也。通舉火者，或天子不親至祠所而遥拜，或衆祀異處，欲一時薦獻，故以火爲節度也。拜於咸陽之旁，而衣尚白，其用如常。時經焚書坑儒，後更無典禮。祠用木寓龍、木寓馬，不知何憑，如此乖謬。

漢高帝立二年，東敗項籍還入關，問：「故秦時上帝祠何帝也？」對曰：「四帝，有白、青、黄、赤。」高帝曰：「乃待我而具五色。」遂立黑帝祠，名北畤。有司進祠，帝不親往。悉召故秦祀官，復置太祝、太宰，如其故儀。後四年，詔御史，令九天巫，祀九天。顏師古曰：「九天者，中央鈞天，東方蒼天，東北旻天，北方玄天，西北幽天，西方皓天，西南朱天，南方炎天，東南方陽天。其説見淮南子。一云東方昊天，東南陽天，南方赤天，西南方朱天，西方成天，西北幽天，北方玄天，東北方變天，中央鈞天。」皆以歲時祠宫中。

文帝即位，詔有司增雍五畤路車各一乘，駕被具。駕車被馬之飾皆具。魯人公孫臣上書曰：「始秦以水德，則漢當土德，其應黄龍見。宜改正朔，服色尚黄。」〔三九〕明年，黄龍見成紀，拜公孫臣爲博士，申明土德，草改歷服色事。〔四〇〕草謂刱造。有司曰：「古者天子夏親祀上帝於郊，故曰郊。」夏四月，詔郊祀上帝。始幸雍，郊見五畤祠，衣皆尚赤。趙人新垣平上言：「長安東北有神氣，成五采，若人冠冕焉。宜祠上帝。」於是作渭陽五帝廟，同宇。宇謂屋覆也。一屋之下，而別爲五廟，各立門室。廟記曰：「五帝廟在長安東北。」帝一殿，面五門，各如其帝色。服用及儀如雍五畤。明年夏四月，帝親拜郊見五帝廟，爟火舉，若光屬天。於是貴平至上大夫。文帝出長門，如淳曰「亭名」。若見五人於道北。因其直立五帝壇。直猶當也。因其所立處以立祠。人有上書告平詐僞，遂誅夷平。後渭陽、長門五帝使祠官領，以時致禮，不親往焉。

武帝即位，初至雍，郊見五畤。後常三歲一郊。〔四一〕後亳人謬忌曰：「天神貴者太一，太一佐曰五帝。古者天子以春秋祭太一於東南郊，日一太牢，七日。凡七日祭。爲壇，開八通鬼道。」於是令太祝立祠於長安城東南郊。後人上書言：「古者天子三年一用太牢祠三一。」天一，地一，太一。許之。令太祝領祠之於太一壇上，如其方。後一年，郊雍，獲一角獸，若麟。於是薦五畤，各加一牛以燎。有言黃帝鼎成，騎龍飛去。天子曰：「得如黃帝，去妻子如脱屣。」上遂郊雍。祠官寬舒等具太一祠壇，放亳忌太一壇，三垓。亳忌即謬忌。垓，重也。五帝壇環居其下，〔四二〕各如其方，黃帝於西南未地。太一所用，如雍一時物，加醴棗脯，殺一氂牛李奇曰：「氂音貍。」顏師古曰：「西南夷長尾髦之牛。」以爲俎豆牢具。而五帝獨有俎豆醴進。〔四三〕顏師古曰：「具俎豆酒醴而進之。」祠胙餘皆燎之。太一祝宰衣紫及繡。五帝祝衣各如其方色。贊饗曰：「天始以寶鼎神策授皇帝，皇帝敬拜見焉。」贊饗，祝詞。而衣尚黄。當祠時，列火滿壇。夜有光。及晝，黄氣上屬天。太史令談、祠官寬舒等曰：「神靈之休，兆光此地。宜立泰畤壇以明應。美光及黄氣之祥應。令太祝領，秋及臘間祠。三歲天子一郊。」後嬖臣李延年以好音見，帝善之。下公卿議，曰：「人間祠尚有鼓舞樂，今郊祀無樂，豈稱乎！」公卿曰：「古者祠天地皆有樂，而神祇可得而禮。」乃立樂府，以延年爲協律都尉，論律吕，合八音之調，作十九章之歌。以正月上辛用事甘泉圜丘，使童男女七十人俱歌，昏祠至明。夜常有神光如流星止集於祠壇，天子自竹宫遥拜，以竹爲宫，去壇三里。百官侍祠者數百人皆肅然心動。太初元年，西伐大宛，蝗大起。明年，有司言雍五畤無牢熟具，芬芳不備。乃令祠官進畤犢牢具，色食所勝，孟康曰：「若火勝金，則祠赤帝以白牲。」而以木寓馬代駒。

元帝即位，遵舊儀，間歲正月，一幸甘泉郊泰畤，西至雍祠五畤。〔四四〕

成帝即位，徙甘泉泰畤置於長安。丞相匡衡、御史大夫張譚奏言：「帝王之事莫大乎承天之序，承天之序莫重郊祀。祭天南郊，就陽之義也。孝武皇帝居甘泉宫，於雲陽立泰畤，祭於宫南。今當幸長安，郊見皇天，反北之太陰，與古制殊矣。又路險川谷，非聖主所宜，難奉神明，未合天意。甘泉泰畤宜徙置長安，合於古禮。」從之。遂廢雍、鄜、密、上下畤、九天、太一、三、八神之屬，并餘淫祀陳寶等祀，所不應禮者四百七十所，皆罷。匡衡言：「雍、鄜、密、上下畤等制度祠用，非禮所載，不足報功。今既稽古，建定大禮，郊見上帝，五帝畢陳，各有位饌，祀備具。諸侯妄造，不宜復循。」皆從之。其陳寶等祠，具見雜祠篇。明年，匡衡坐事免官。衆多言不當變動祭祀者。初罷甘泉泰畤作南郊日，大風壞甘泉竹宮，折拔畤中樹十圍以上者百餘。天子問劉向。向曰：〔四五〕「甘泉及雍五畤始立，皆神祇，誠未易動。」帝意恨之。後以無嗣，遂復甘泉泰畤及雍五畤如故。天子親郊禮如前。又復長安、雍祠著明者且半。後成帝崩，皇太后詔復南郊長安如故，〔四六〕以順帝意。

哀帝立，寢疾，博徵方士，復甘泉泰畤祀如故，遣有司行事而禮祠焉。

平帝立，王莽奏：宜如建始所行丞相匡衡等議，復長安郊祀如故。莽又頗改祭禮，云：「天地有別有合。其合者，孟春正月上辛若丁，天子親合祀天地於南郊，先祖配天，先妣配地。祭天南郊，則以地配，天地位皆南向，地在東，共牢而食。高帝、高后配於壇上，西向，后在北，亦同席共牢。牲用繭栗，玄酒陶匏。天地用牲一，高帝、高后用牲一。天用牲左，及黍稷燔燎於南郊；地用牲右，及黍稷瘞埋於北郊。六律、六鍾、五聲、八音、六舞大合樂。其別者，天地有常位。以冬日至，使有司奉祠南郊，高帝配而遥祀羣陽；夏日至，使有司祀北郊，高后配而遥祀羣陰。其渭陽祠勿復修。」從之。三十餘年間，天地之祠五徙焉。又奏：「舊天神稱皇天上帝，〔四七〕太一兆曰泰畤，地祇曰后土，與中央黃靈同，又兆北郊未有尊稱，五帝兆雍五畤，並未合禮。今宜地祇稱皇地后祇，兆曰廣畤。中央帝黃靈后土畤，兆於長安城未地；東方帝太昊青靈句芒，南方帝炎帝赤靈祝融，西方帝少昊白靈蓐收，北方帝顓頊黑靈玄冥，各兆其方之郊。」於是長安旁諸廟兆畤甚盛。

後漢建武元年，〔四八〕光武即位，爲壇營於鄗之陽。祭告天地，今趙郡高邑縣。采用前漢元始中郊祭故事。六宗羣神從祀，未以祖配。天地共犢，餘牲尚約。二年正月，制郊兆於雒陽城南七里，依鄗故事。爲圓壇八陛，中又爲重壇，天地位其上，皆南面，西上。其外壇上爲五帝位。青帝位在甲寅，赤帝位在丙巳，黃帝位在丁未，白帝位在庚申，黑帝位在壬亥。其外爲壝，重營皆紫，以象紫宮，有四通道爲門。日月在中營內南道，日在東，月在西，北斗在北道之西，皆別位，不在羣神列中。八陛，陛五十八醊。〔四九〕五帝陛郭，帝七十二醊。中營四門，門五十四神。〔五〇〕外營四門，門各百八神。皆背營內嚮。中營四門，門封神四；外營四門，門封神四。凡千五百一十四神。營即壝也。封，封土築也。背中營神，五星也，及中官宿五官神及五岳之屬也。〔五一〕背外營神，二十八宿外官星，雷公、先農、風伯、雨師、四海、四瀆、名山、大川之屬也。醊，張衞反。至七年五月，詔三公曰：「漢當郊堯。其與羣臣議。」時御史杜林等上疏，以爲：「漢起不緣堯，與殷周異宜，而舊制以高帝配。〔五二〕方軍師在外，且可如元年郊祀故事。」帝從之。隴蜀平後，乃增廣郊祀，高皇帝配食，位在中壇上，西面北上。漢舊儀曰：「祭天居紫壇幄帳。高皇帝配天，居堂下西向，紺帷幄，紺席。」〔五三〕天、地、高皇帝、黄帝犢各一，四方帝犢共二，都六頭。日、月、北斗共牛一，四營羣神用牛四。樂奏青陽、朱明、西皓、玄冥及雲翹、育命舞。〔五四〕中營四門，門用席三十六，皆莞簟三神。〔五五〕日、月、北斗無陛郭醊。既送神，燎俎實於壇南巳地。

明帝即位，永平二年，以月令有五郊迎氣，因采元始故事，兆五郊於雒陽四方。中兆一在未，〔五六〕壇皆三尺，階無等。立春日，迎春東郊，祭青帝句芒。東郊去邑八里，因木數。立夏日，迎夏南郊，祭赤帝祝融。南郊七里，因火數。先立秋十八日，迎黄靈於中兆，〔五七〕祭黄帝后土。壇去邑五里，因土數。立秋日，迎秋西郊，祭白帝蓐收。西郊九里，因金數。立冬日，迎冬北郊，祭黑帝玄冥。北郊六里，因水數。車旗服飾各從方色。

魏文帝南巡在潁陰，有司爲壇於繁陽故城。庚午，登壇受紱〔五八〕，降壇視燎成禮，未有祖配。明帝即位，於太和元年正月丁未，郊祭，以武帝配天，文皇帝配上帝。以二漢郊制存焉。〔五九〕至景初元年十月乙卯，〔六〇〕始營洛陽南委粟山爲圓丘。詔曰：「曹氏代系，出自有虞氏。今祀圓丘，以始祖帝舜配，號圓丘曰皇皇帝天。郊所祭曰皇天之神，劉邵云：「宜曰皇天帝。」以太祖武帝配。祀稱嗣皇帝。」十二月壬子日冬至，〔六一〕始祀皇天帝於圓丘，以始祖帝舜配。〔六二〕高堂崇表云：〔六三〕「按古典可以武皇配天。」〔六四〕魚豢議曰：〔六五〕「昔后稷以功配天。漢出自堯，不以堯配天，明不紹也。且舜已越數代，武皇肇創洪業，宜以配天。」自正始以後，終魏代不復郊祀。孫權初稱尊號於武昌，祭南郊告天，用玄牡。後自以居非土中，不修設。末年南郊，追上父堅尊號爲吴始祖以配天。〔六六〕後王嗣位，終吴代不郊祀。劉備章武元年，即位，設壇於成都武擔山南，用玄牡。二年十月，詔丞相諸葛亮營南郊於成都。

晉武帝南郊燎告，未有祖配。泰始二年，詔定郊祀，南郊除五帝座，五郊同稱昊天，各設一座而已。時羣臣議：〔六七〕「五帝即天，隨時王而殊號耳。名雖有五，其實一神。南郊宜除五帝座，五郊同稱昊天。」從之。二月丁丑，郊，宣皇帝配。十一月，有司奏：古者郊丘不異，宜并圓方二丘，更修壇兆，二至合祀。是月庚寅冬至，帝親祀圓丘於南郊。是後圓丘方澤不別立。太康三年正月，帝親郊祀，皇太子、皇子悉侍祠。十年十月，〔六八〕詔曰：「孝經『郊祀后稷以配天，〔六九〕宗祀文王於明堂以配上帝』。往者衆議除明堂五帝位，考之於禮不正。詩序曰『文武之功，起於后稷，故推以配天焉』。宣帝以神武創業，既以配天，復以先帝配天，於義亦不正。」遂復南郊五帝位。

東晉元帝即位於建康，議立南郊於巳地。太常賀循定制度，多依漢及晉初儀注。三月辛卯，帝親郊，祀饗如泰始故事。成帝咸和八年正月郊天，則五帝及佐、天文等凡六十二神從祀。康帝建元元年正月辛未，南郊，帝親奉焉。祝文稱嗣天子臣某。安帝元興四年應郊，〔七〇〕朝議宜依周禮宗伯攝事。尚書右丞王訥之曰：〔七一〕「郊天極尊，非天子不祀。無使皇輿不得親奉。」時從訥之議。郊牲用玄。宋永初二年正月上辛，帝親郊祀。三年九月，司空羨之等奏，高祖武皇帝宜配天郊。詔可。孝武大明二年正月，有司奏：今月六日南郊，輿駕親奉。至時或雨，遂遷日，有司行事。有司奏：「按魏代郊天值雨，更用後辛。晉代顧和亦云更擇吉日。徐禪云『晉代或丙或庚』。若待遷日，應更告廟。」博士王燮之議云：「晉或丙或庚，並別有義。且武帝十二月丙寅受禪，三年十一月庚寅冬至祀天於圓丘，〔七二〕非專祈穀。又按郊特牲『受命於祖廟，作龜於禰宮』者，爲告之退卜。則告義在郊，非告日也。今日雖有遷，郊祀不異，不應重告。」徐爰議以爲：「郊祀用辛，何偃據禮，不應重告。毛血告牷之後，雖有事礙，便應有司行事，〔七三〕不容遷郊。」參議，宜於遇雨遷用後辛，不重告。詔可。南郊，自魏以來，多使三公行事。大明三年，移郊兆於秣陵牛頭山西，在宮之午地。〔七四〕徐爰曰：「禮記『燔柴於泰壇，祭天也』。『兆於南郊，〔七五〕就陽位也』。晉代過江，郊祭悉在北。或在南，出道狹，多於巳地。大宋因而弗改。今聖圖重造，舊章畢新，宜移郊正午，以定天位。」大明五年九月甲子，有司奏，郊祭用三牛。孝武崩，廢帝以郊舊地爲吉祥，移置本處。

齊高帝受禪，明年正月上辛，有事南郊，而無配，犧牲之色因晉宋故事。〔七六〕右丞王儉議曰：「大齊受命，建寅創歷。犧牲之色，率由舊章。」詔可。建元四年，武帝繼位。明年正月，祀南郊。自茲以後，間歲而祀。時有司奏：「前代嗣位，或因前郊年，或自更始。今年正月已郊，〔七七〕未審明年應郊與否？」尚書令王儉議：「檢晉明帝太寧三年南郊，〔七八〕其九月崩，成帝即位，明年改元即郊。簡文咸安二年南郊，其年七月崩，孝武帝即位，明年改元即郊。宋元嘉三十年正月南郊，其年二月崩，孝武嗣位，〔七九〕明年改元亦郊。此三代明例，差可依放。」是時領尚書國子祭酒張緒等十七人並同。〔八〇〕詔可。永明元年，立春前郊祀。王儉啟云：「按宋景平元年正月三日辛丑南郊，其月十一日立春。元嘉十六年正月六日辛未郊，其月八日立春。此近代明例，不必先郊後春爲嫌，無煩遷日。」帝從之。郊壇圓兆外内起瓦屋，形制宏壯。通直散騎常侍庾曇崇啟云：〔八一〕「祭天尚質。秦漢以來，郊兆壇域，無立宮室，以明謙恭。」詔付外詳。〔八二〕博士賀瑒議：「周禮『王旅上帝，張氈案』。以氈爲牀於幄中，不聞郊所置宮宇也。」虞炎議：「漢之郊祀，天子自竹宮遥拜，息殿去壇既遠，奉祀事旋息於此。無嫌。」祠部郎李撝議：〔八三〕「周禮『凡祭祀張其旅幕張尸次』。尸即有幄。鄭仲師云『尸次，祭祀之尸所居更衣帳也』。凡祭祀之文，既不別於郊祀，立尸之言，理亦關於宗廟。古則張幕，今也房屋宗廟，旅幕可變爲棟宇；郊祀氈案，何爲不轉制檐甍？」遂不行曇崇議。

梁武帝即位，南郊爲壇，在國之南。壇高二丈七尺，下徑十八丈。其外再壝，四門。常與北郊間歲。正月，皇帝致齋於萬壽殿，上辛行事。吴操之云：〔八四〕「『啟蟄而郊』，郊應在立春後。」何佟之云：「今之郊祀，是報昔歲之功，而祈今年之福，故取歲首上辛，不拘立春先後。周之冬至圓丘，大報天也。夏正又郊，以祈農事，故有啟蟄之說。」帝曰：「圓丘自是祭天，先農即是祈穀。祭昊天宜在冬至，祈穀必須啟蟄。」用特牛一，祀天皇大帝於壇上。攢題曰皇天座。四年，佟之啟：「周禮稱天曰神，今天攢宜題曰皇天座。」以皇考太祖文帝配。五帝、天文從祀。五方上帝、五官之神、太一、天一、日、月、五星、二十八宿、太微、軒轅、文昌、北斗、三台、老人、風伯、〔八五〕雨師，皆從祀。其五帝二十八宿及風雨師等座有坎，餘皆平地。王僧崇啟曰：「五祀位在北郊，圓丘不宜重設。」帝曰：「五行之氣，天地俱有，故宜兩從。」〔八六〕僧崇又曰：「風伯、雨師，即箕、畢也。而今南郊祀箕、畢，復祭風伯、雨師，恐乖祀典。」帝曰：「箕、畢自是二十八宿，風伯、雨師即箕、畢下隸。兩祭非嫌。」禮以蒼璧制幣，除鬯祼。

佟之啟：「按罍者，盛以六彝，覆以畫冪，備其文飾，〔八七〕施之宗廟。今郊有祼，恐乖尚質。宜革之。」帝依之。香用沈。取本天之質，陽所宜。器以陶匏素俎，席用藁秸。太祝牒：「壇下神座，悉用白茅，俎以漆。」詔下議。八座奏：「禮云『觀天下之物，無稱其德』，〔八八〕則知郊祭，俎不應漆。席用白茅，禮無所出。」於是改用素俎。五帝以下，皆蒲席藁薦。皇帝一獻，再拜受福。帝以一獻爲質，三獻爲文，詔下議。博士陸瑋等以爲：〔八九〕「宗祧三獻，義兼臣下，上天之禮，主在帝王，約禮申義，一獻爲允。」自是天地之祭皆一獻，唯皇帝受福，明上靈降祚，〔九〇〕臣下不敢同。太尉設燎壇於丙地，〔九一〕禮畢，器席有司燒埋之。佟之議曰：「禮『祭器弊則埋之』。今一用便埋，費而乖典。」帝曰：「薦席輕物，陶匏賤器，方還府庫，容後穢惡。〔九二〕但弊則埋者，謂四時祭器耳。」從有司燒埋之。五年，迎五帝，以始祖配。時明山賓議「請以始祖配饗五帝」，從之。十一年，帝曰：「禮『祭月於坎』，由是陰義，乃別祭之儀。今兆南郊，既云就陽，理不應爲坎。」遂廢之。八座奏曰：「五帝之義，不應居坎。〔九三〕良由齊代圓丘小峻，邊無神位。今丘形既廣，〔九四〕請五帝座悉於壇上，外壝二十八宿及風伯雨師等座，悉停爲坎。」十七年，帝以威仰、魄寶俱是天神，於壇則尊，於下則卑。南郊所祭天皇，其五帝別有明堂之祀，不煩重設。又祭二十八宿無十二辰，於義闕然。南郊可除五帝祀，加十二辰，與二十八宿各於其方爲壇。

陳武帝永定元年受禪，修圓丘，壇高二丈二尺五寸，廣十丈。柴燎告天。明年因以正月上辛，有事南郊，以皇考德皇帝配。除十二辰、風伯、雨師及五帝位。太常卿許通奏曰：〔九五〕「按周禮

『以血祭祭社稷五祀。』鄭玄云『陰祀自血起，貴氣臭也。五祀，五官之神也』。五神主五行，隸於地，故與埋沈疈辜同爲陰祀。既非禋柴，無關陽祭。故何休云：『周爵五等者，法地有五行也。』五神位在北郊，圓丘不宜重設。又按以『槱燎祀風伯、雨師』，鄭衆云『風師，箕；雨師，畢。皆星也』。今南郊祀箕、畢，復祭風伯、雨師，恐乖祀典。」制並依。疈音普逼反。槱音羊九反。間歲而祀。文帝天嘉中，〔九六〕改以高祖配，復三獻之禮。許通曰：「按周禮司尊彝云『三獻施於宗祧』，〔九七〕鄭玄注『一獻施於小祀』，今用小祀之禮施於天神大帝，〔九八〕爲不通矣。」從之。宣帝即位，以郊壇卑下，更增廣之。祠部郎王元規議曰：「古圓方二丘，並因見有，本無高廣之數。後代隨事有築，建丈尺之儀。但五帝三王，不相沿襲，〔九九〕今增南郊上徑十二丈，則天大數。下徑十八丈，取三分益一。高二丈七尺，取三倍九尺之堂。」

後魏道武帝即位，二年正月，親祠上帝於南郊，以始祖神元皇帝配。壇通四陛，壝埒三重。〔一〇〇〕天位在上，南面，神元西面。五帝以下天文從食。五精帝在壇內，四帝各於其方，黃帝在未，日、月、五星、二十八宿、天一、太乙、北斗、司中、司命、司祿、司人在中壝內，各因其方。其餘從食者合千餘神，餟在外壝內。席用藁秸，玉以四珪，幣用束帛，牲以黝犢。上帝、神元用犢各一，五方帝共犢一，〔一〇一〕日月等共牛一。祭畢，燎牲體左於壇南巳地。從陽之義。後冬至祭上帝於圓丘，牲幣並同。天賜二年四月，復祀天於西郊。爲方壇，東爲二陛，土陛無等；周垣四門，門各依方色爲名。置木主七於壇上。牲用白犢、黃駒、白羊各一。祭之日，帝御大駕，至郊所，立青門內近南，西面。〔一〇二〕內朝臣皆位於壇北，〔一〇三〕外朝臣及夫人方容咸位於青門外，〔一〇四〕后率六宮從黑門人，列於青門內近北，並西面。廩犧令掌牲，〔一〇五〕陳於壇前。女巫執鼓，立於陛東，西面。選帝七族子弟七人執酒，在巫南，西面北上。女巫陞壇，搖鼓。帝拜，后肅拜，內外百官拜。祀訖，乃殺牲。執酒七人西向，〔一〇六〕以酒灑天神主，復拜，如此者三。〔一〇七〕禮畢而反。後魏道武帝西平姑臧，東下山東，足爲雄武之主。其時用事大臣崔浩、李順、李孝伯等，誠皆有才，多是謀猷之士，全少通儒碩學。所以郊祀，帝后六宮及女巫預焉。餘制復多參夷禮，〔一〇八〕而違舊章。自後，歲一祭。明元帝泰常三年，〔一〇九〕立五精帝兆於四郊，遠近依五行數。各爲方壇四陛，埒壝三重，通四門。以太昊等及諸佐配。祭黃帝常以立秋前十八日。〔一一〇〕餘四帝各以四立日祀之。牲各用牛一。又立春日，遣有司迎春於東郊，祭用酒脯棗栗，無牲幣。至獻文帝，以西郊舊事，歲增木主，易代則更兆，其事無益於神明，乃革前儀，定置主七，立碑於郊所。孝文帝太和十二年，親築圜丘於南郊。

北齊每三年一祭。以正月上辛，禘祀昊天上帝於圜丘，壇在國南郊，下廣輪二百七十尺，上廣輪四十六尺，高四十五尺。三成，成高十五尺。上中二級，四面各一陛，下級方維八陛。周以三壝，去丘五十步。中壝去內壝，外壝去中壝，各二十五步。皆通八門。又爲大營於外壝之外，〔一一一〕輪廣三百七十步。其營塹廣丈二尺，深一丈，四面各一門。又爲燎壇於中壝外，當丘之丙地，〔一一二〕廣輪三十六尺，高三尺，四面各有陛。以高祖神武帝配，五精帝、天文等從祀。五精帝於中丘，面皆內向。日月、五星、北斗、二十八宿、司中、司命、司人、司祿、風伯、雨師、靈星於下丘。衆星位於內壝中。禮以蒼璧束帛，蒼牲九。皇帝初獻，太尉亞獻，光禄卿終獻。司徒獻五帝，司空獻日月五星、二十八宿，太常丞以下薦衆星。後諸儒定禮，圜丘改以冬至祀之。南郊則歲一祀，以正月上辛，爲壇於國南。壇廣輪三十六尺，高九尺，四面各一階。爲三壝，內壝去壇二十五步，〔一二三〕中壝外壝相去如內壝。四面各一門。又爲大營於外壝之外，廣輪二百七十步。營塹廣一丈，深八尺，四門。又爲燎壇於中壝丙地，廣輪二丈七尺，高一尺八寸，四面各一階。祀所感帝靈威仰，以高祖神武皇帝配。禮用四珪，幣如方色。其上帝、配帝，各騂牲一。燎同圜丘。

後周憲章，多依周制。正月上辛，祀昊天上帝於圜丘，丘三成，成崇丈二尺。上徑六丈，十有二陛，每等十有二節。圜壝徑三百步，〔一一四〕內壝半之。在國之陽七里。以其先炎帝神農氏配，五帝、天文並從祀。日月、內官、中官、外官、衆星。又祀所感帝靈威仰於南郊，於國南五里爲方壇，崇丈二尺，廣四丈，壝方百二十步，〔一一五〕內壝半之。以始祖獻侯莫那配，用牲各以方色。皇帝乘蒼輅，戴玄冕，備大駕而行。從祭者皆蒼服。

隋文帝受命，再歲冬至日，祀昊天上帝於圜丘，制壇於國南，太陽門外道東二里。丘四成，成各高八尺一寸。下成廣二十丈，再成廣十五丈，三成廣十丈，四成廣五丈。以太祖武元皇帝配，並丘上。五方上帝、天文並從祀。日月、五星、內官四十二座，次官百三十六座，外官百一十一座，〔一一六〕衆星三百六十座。五帝、日月在丘第二等，北斗、五星、十二辰、河漢、內官在丘第三等，二十八宿、中官在丘第四等，外官在內壝內，〔一一七〕衆星在內壝外。上帝、配帝，蒼犢各一。五帝、日月，方色犢各一。五星以下，羊豕各九。孟春上辛，祠感帝赤熛怒於南郊，爲壇於國南，太陽門外道西一里。去宫十里，高七尺，廣四丈。以太祖武元帝配。其禮四珪有邸，牲用騂犢二。

煬帝大業元年孟春，祀感生帝，改以高祖文帝配。餘並仍舊。十年冬至，祀圜丘，帝不齊於次。詰朝，備法駕，至便行禮。是日大風，帝獨獻上帝，三公分獻五帝。禮畢，御馬疾驅而歸。

校勘記

〔一〕嚳帝之曾孫　原脱「帝」字，據史記五帝本紀和三代世表文意訂補。按：依史記説，則舜爲黄帝之九代孫，而嚳爲黄帝之曾孫。

〔二〕計不合如此之差懸　原脱「計」，據傅校本、遞修本、明抄本、明刻本、王吴本補。

〔三〕冬日至　原作「冬至日」，據周禮大司樂乙正。下同。按：孫詒讓正義云：「祀大神率執事而卜日，圜丘既卜日，則不得正用冬至之日。」知二至之祭本據月而言。

〔四〕非人力爲之丘　今爾雅釋丘無「力」字。

〔五〕立大祀用玉帛牲牷　「牷」原訛作「各卜」，據周禮肆師及傅校本改。

〔六〕鄭玄注曾子問云　「注」原訛「云」，據傅校本、遞修本、明抄本、明刻本改。

〔七〕鄭約逸巡狩禮文也　原脱「逸」，據傅校本、遞修本、明抄本、明刻本補。

〔八〕餘用幣長短皆准此　「餘」原訛「王」，據傅校本、明抄本改。

〔九〕郊祀二人裘冕送逆尸　「送逆」原訛「盥送」，據周禮節服氏及傅校本改。

〔一〇〕祀五帝則沃尸及王盥　原訛作「祀五帝則沃盥送尸」。據周禮士師及傅校本改。按：士師無送尸之職。

〔一一〕乘玉輅錫　「錫」原訛「鍚」，據周禮巾車改。

〔一二〕大宗伯注云圜丘以譽配之　按：此注在大司樂，杜氏誤記。

〔一三〕夾鍾生於房心之氣　「夾鍾」原涉上而脱，據周禮大司樂鄭注及傅校本補。

〔一四〕宗祀文王於明堂以配上帝汎配五帝也　原脱「以」，據傅校本、遞修本、明抄本、明刻本補。又「汎配五帝也」原訛作「凡祀配上帝也」，據禮記大傳鄭注改。按：傅校本作「泛配上帝也」。

〔一五〕圭本著於璧　五字原脱，據傅校本、遞修本補。

〔一六〕鄭玄云帛如璧色繒也　原脱「鄭玄云帛」四字，據傅校本、遞修本補。

〔一七〕祀其所受命之帝於南郊尊之也　原脱「尊之」，據傅校本、遞修本、明抄本補。

〔一八〕非自然之物　原脱「之物」，據傅校本、明抄本補。

〔一九〕而中多者得與於祭　「中多」原倒，據禮記射義及傅校本、明刻本乙。

〔一〇〕喪者不敢哭　原脱「敢」，據禮記祭義及傅校本、遞修本、明抄本、明刻本補。

〔一一〕大幄初往止居　原脱「大幄」，據周禮大宰鄭注補。

〔一二〕謂積柴實牲體玉帛　「實」原作「及」，據傅校本、遞修本、明抄本、明刻本改。「體」原訛「醴」，據文獻通考卷六八及下文改。

〔一三〕納亨納牲　下「納」原脱，據周禮大宰鄭注補。按：鄭以納牲解納亨。

〔一四〕既殺以授亨人　原脱「既」，據周禮大宰鄭注及傅校本、遞修本、明抄本、明刻本補。

〔一五〕君親牽牲　「君」原訛「若」，據周禮大宰鄭注及傅校本、遞修本、明抄本、明刻本改。

〔一六〕實牲體玉帛　「體」原訛「醴」，據傅校本、遞修本、明抄本、明刻本改。按：禮無燔醴之事。

〔一七〕外神　「外」原訛「大」，據傅校本、遞修本、明抄本、明刻本改。

〔一八〕祭義云君西酌犧罇夫人東酌罍罇　按：此兩句見禮記禮器，杜氏誤記。又「犧罇」禮器作「犧象」。

〔一九〕不用泛齊　「用」原訛「是」，據傅校本、明抄本改。

〔二〇〕謂圜丘即奏圜鍾爲宮　「謂」原作「詣」，據傅校本、明抄本改。

〔二一〕王酳尸之後　原脱「尸」，據周禮司尊彝鄭注及傅校本補。

〔二二〕亦尊彝相因　「因」原訛「同」，據周禮司尊彝鄭注及明抄本改。

〔二三〕郊丘之説　「郊」傅校本、明抄本作「按」。

〔二四〕雖則争論紛起　「則」原訛「有」，據傅校本、明抄本改。

〔三五〕後十四年　「四」史記封禪書一三五八頁作「六」。
〔三六〕時駒四疋　原脱「時」，據漢書郊祀志上一二〇九頁及傅校本、遞修本、明抄本補。
〔三七〕每時用駒四疋　「畤」原訛「時」，據漢書郊祀志上師古注一二〇九頁及傅校本、遞修本、明抄本、明刻本改。
〔三八〕常以十月上宿郊見　「常」原訛「帝」，據史記封禪書一三七七頁及傅校本、遞修本、明抄本、明刻本改。
〔三九〕宜改正朔服色尚黄　原脱「宜」，據史記封禪書一三八一頁、漢書郊祀志上一二一二頁補。
〔四〇〕草改歷服色事　「草」原訛「革」，據史記封禪書一三八一頁、漢書郊祀志上一二一三頁改。下同。
〔四一〕後常三歲一郊　「常」原訛「帝」，據史記封禪書一三八四頁、漢書郊祀志上一二一六頁及傅校本、遞修本、明抄本、明刻本改。
〔四二〕五帝壇環居其下　原脱「環」，據史記封禪書一三九四頁、漢書郊祀志上一二三〇頁及傅校本、明抄本補。
〔四三〕而五帝獨有俎豆醴進　「而」原訛「如」，據史記封禪書一三九四頁、漢書郊祀志上一二三〇頁改。
〔四四〕西至雍祠五畤　原脱「西」，據漢書郊祀志下一二五三頁及傅校本、明抄本補。
〔四五〕向曰　原脱「向」，據傅校本、遞修本、明抄本補。
〔四六〕皇太后　原脱「皇」，據漢書郊祀志下一二六三頁及傅校本、遞修本、明抄本補。
〔四七〕舊天神稱皇天上帝　原脱上「天」，據漢書郊祀志下一二六八頁及傅校本、遞修本、明抄本補。

〔四八〕建武元年　「元」原訛「二」，據後漢書光武紀二二頁、祭祀志上三一五七頁、通鑑卷四〇一二七九頁及傅校本、遞修本、明抄本、明刻本改。

〔四九〕八陛陛五十八醊　原脱一「陛」，據後漢書祭祀志上三一六〇頁、通考卷六九補。

〔五〇〕中營四門門五十四神　原脱一「門」，據後漢書祭祀志上三一六〇頁、通考卷六九補。

〔五一〕中官宿　「官」原訛「宫」，後漢書祭祀志上同。標點本後漢書三一六〇頁據後漢書集解引錢大昕説改，今從改。下「外官星」同。

〔五二〕而舊制以高帝配　「而」原訛「依」，據後漢書祭祀志上三一六〇頁及傅校本、明抄本改。

〔五三〕紺帷幄紺席　原訛脱作「組帷幄」，據後漢書祭祀志上劉昭注三一六一頁、通考卷六九及傅校本、遞修本、明刻本改補。

〔五四〕玄冥　原訛「元明」，據後漢書祭祀志上三一六一頁改。

〔五五〕中營四門門用席三十六皆莞簟三神　原脱「用」，據後漢書祭祀志上三一六一頁及傅校本、遞修本、明抄本、明刻本、王吴本補。按：後漢書作「中營四門，門用席十八枚，外營四門，門用席三十六枚。凡用席二百一十六枚，皆莞簟，率一席三神」。通典苟簡，致失原意。

〔五六〕中兆一在未　原脱「中」，據後漢書祭祀志中三一八一頁及傅校本、遞修本、明抄本補。

〔五七〕黄靈　「靈」原訛「帝」，據後漢書祭祀志中三一八二頁及傅校本、明抄本改。

〔五八〕登壇受紱　「紱」原訛「韍」，據通志禮略一、通考郊社考三改正。

〔五九〕以二漢郊制存焉　「存」原訛「有」，據晉書禮志上五八三頁及傅校本、明抄本改。

〔六〇〕景初元年　原「景」下衍「帝」。按：「景初」是魏明帝年號，今删「帝」字。

〔六一〕十二月壬子日冬至　「二」原訛「一」，據三國志魏書明帝紀一一〇頁、晉書禮志五八三頁改。按：二十史朔閏表景初元年十一月無壬子。

〔六二〕以始祖帝舜配　「配」下原衍「祀」，據傅校本、明刻本删。

〔六三〕高堂崇　通典諱「隆」爲「崇」。

〔六四〕可以武皇配天　「皇」原訛「帝」，據傅校本、明抄本改。

〔六五〕魚豢議曰　原脱「曰」，據傅校本、明抄本補。

〔六六〕追上父堅尊號　「上父堅」原訛「太上皇」，據傅校本、遞修本改。

〔六七〕時羣臣議　傅校云，宋本「『時羣臣』以下三十八字小注」。

〔六八〕十年十月　原「月」上衍「一」，據晉書禮志上五八四頁、通鑑卷八二二五九四頁及傅校本删。

〔六九〕孝經郊祀后稷以配天　原脱「孝經」，據晉書禮志上五八四頁及傅校本補。

〔七〇〕安帝元興四年　按：元興無四年，編纂失照。

〔七一〕尚書右丞王訥之　「右」宋書禮志三四二五頁、晉書禮志上五八五頁作「左」。

〔七二〕三年十一月　「一」原訛「二」，據晉書禮志上五八四頁、宋書禮志三四二九頁及傅校本改。

〔七三〕雖有事礙便應有司行事　「礙」原作「得」，「便」原作「更」。「得」蓋「碍」之形訛，「更」疑「便」之殘字。

今據宋書禮志三四三〇頁改。

〔七四〕在宮之午地　「午」原訛「未」，據宋書禮志一三四六頁、通考卷七〇及傅校本、遞修本改。

〔七五〕兆於南郊　「兆」原訛作「迎日」，據禮記郊特牲、宋書禮志一三四六頁改。

〔七六〕而無配犧牲之色因晉宋故事　原脱「而」，據傅校本、遞修本、王吴本補。原「犧」上衍「無」，據傅校本、明刻本删。按：南齊書禮志上一二〇頁云：「而竝無配，犧牲之色，率由舊章。」

〔七七〕今年正月已郊　原訛作「今日今月已郊」，據南齊書禮志上一二一頁、通考卷七〇及傅校本、遞修本、明刻本改。

〔七八〕檢晉明帝太寧三年南郊　「三」原訛「五」，南齊書同。標點本南齊書禮志上一二一頁改「五」作「三」。彼校勘記云：「太寧無五年，明帝卒于三年九月。南史王儉傳載儉此議作『三』。」今從改。

〔七九〕孝武嗣位　「武」原訛「明」，據南齊書禮志上一二三頁改。

〔八〇〕領尚書國子祭酒張緖　南齊書禮志上一二一頁作「尚書領國子祭酒張緒」。通考卷七〇作「祭酒張緒」。

〔八一〕庚曇崇　「崇」南齊書禮志上一二五頁作「隆」，唐人諱改。下同。

〔八二〕詔付外詳　「詳」原訛「庠」，據南齊書禮志上一二六頁、通考卷七〇改。

〔八三〕祠部郎李撝　「撝」原訛「擔」，據南齊書禮志上一二六頁、通考卷七〇及傅校本改。

〔八四〕吴操之　「操」原訛「孫」，據隋書禮儀志一一〇八頁、通考卷七〇改。

〔八五〕風伯　原脱「伯」，據傅校本、遞修本、明抄本、王吴本補。

〔八六〕故宜兩從　原訛作「故皆從祀」，據隋書禮儀志一一一〇頁及傅校本、明抄本改。

〔八七〕備其文飾　原訛作「修其文節」，據隋書禮儀志一一〇九頁、通考卷七〇及傅校本、遞修本、明抄本、明刻本改。

〔八八〕無稱其德　「無」原訛「務」，據傅校本、遞修本、明抄本、明刻本改。按：隋書禮儀志一一一〇頁作「無可以稱其德」，乃禮記禮器原文，通典約舉其意。

〔八九〕陸瑋　「瑋」原訛「璉」，據隋書禮儀志一一一〇頁及傅校本、明抄本改。

〔九〇〕上靈降祚　「祚」原作「祉」，據傅校本、遞修本、明抄本、明刻本改。

〔九一〕太尉設燎壇於丙地　「太尉」隋書禮儀志一一〇八頁作「太史」。

〔九二〕容後穢惡　「後」隋書禮儀志一一〇九頁作「復」。

〔九三〕不應居坎　「居」原訛「合」，據隋書禮儀志一一一一頁、通考卷七〇及傅校本改。

〔九四〕今丘形既廣　「丘」原訛「立」，據隋書禮儀志一一一一頁及傅校本、遞修本、明抄本、明刻本、王吴本改。

〔九五〕許通　「通」隋書禮儀志一一一一頁作「亨」。杜佑避唐肅宗諱改。下同。

〔九六〕文帝天嘉中　「天」原訛「大」，據傅校本、遞修本、明抄本、明刻本改。

〔九七〕三獻施於宗祧　「宗」原訛「中」，據周禮司尊彝、隋書禮儀志一一一二頁、通考卷七〇及傅校本改。

〔九八〕一獻施於小祀今用小祀之禮施於天神大帝　原脱訛作「一獻施於小祀之神施於天神大帝」。據隋書禮儀志一一二頁及傅校本、遞修本、明抄本删補。

〔九九〕不相沿襲　「襲」原作「習」，據隋書禮儀志一一三頁、通考卷七〇及傅校本、遞修本、明抄本、明刻本改。

〔一〇〇〕壝埒三重　「埒」原訛「埓」，據魏書禮志一二七三四頁及傅校本改。

〔一〇一〕共犢一　「犢一」原倒，據魏書禮志一二七三四頁及傅校本、遞修本、明抄本、明刻本、王吴本乙。

〔一〇二〕立青門内近南西面　「西面」魏書禮志一二七三六頁作「壇西」。

〔一〇三〕内朝臣皆位於壇北　「壇」魏書禮志一二七三六頁作「帝」。

〔一〇四〕外朝臣及夫人方容　「夫人方容」魏書禮志一二七三六頁作「大人」。

〔一〇五〕廩犧令　「犧」原訛「牲」，據魏書禮志一二七三六頁改。按：魏書官氏志二九八六頁有「廩犧令」。

〔一〇六〕執酒七人西向　原訛作「七執酒七西向」，據魏書禮志一二七三六頁、通考卷七〇改。

〔一〇七〕如此者三　「三」魏書禮志一二七三六頁作「七」。

〔一〇八〕多參夷禮　原脱「參」，據傅校本、遞修本補。

〔一〇九〕泰常三年　「泰」原作「太」，據魏書禮志一二七三七頁改。

〔一一〇〕常以立秋前十八日　原脱「前」，據魏書禮志一二七三七頁及傅校本、遞修本、明抄本、明刻本、王吴本補。

〔一二〕又爲大營於外壝之外　原脱「壝之外」，據隋書禮儀志一一一三頁及傅校本、遞修本、明抄本補。

〔一三〕當丘之丙地　原脱「當丘」，據隋書禮儀志一一一四頁補。按：傅校本、明抄本、王吴本有「丘」字。

〔一三〕内壝去壇二十五步　原脱「二」，據隋書禮儀志一一一五頁補。

〔一四〕圓壝徑三百步　「三」原訛「二」，據隋書禮儀志一一一五頁及傅校本、遞修本、明抄本、明刻本改。

〔一五〕壝方百二十步　「步」原訛「丈」，據隋書禮儀志一一一五頁改。

〔一六〕外官百二十一座　「二」隋書禮儀志一一一六頁作「一」。

〔一七〕外官在内壝内　原「外」字誤重，據隋書禮儀志一一一六頁、通考卷七〇删。

王文錦點校

通典卷第四十三

禮三　沿革三　吉禮二

郊天下　大雩

郊天下大唐

大唐武德初，定令：每歲冬至，祀昊天上帝於圜丘。壇於京城明德門外，道東二里。四成，〔一〕成各高八尺一寸。下成廣二十丈，再成廣十五丈，三成廣十丈，四成廣五丈。以景帝配，五方上帝、天文皆從祀。日月、内官、中官、外官及衆星皆從祀。其五方帝及日月七座，在壇第二等。内官五星以下五十五座，在第三等。二十八宿以下百三十五座，在第四等。〔二〕外官百一十二座，在外壝之内。衆星三百六十座，在外壝之外。上帝及配帝用蒼犢各一，五方帝及日月用方色犢各一，内官以下加羊豕各九。孟春辛日，祈穀，祀感帝於南郊，以元帝配。牲用蒼犢二。武德、貞觀之制，大享之外，每歲立春、立夏、季夏、立秋、立冬郊祀，並依周禮。其配食及星辰從祀亦然。每郊，帝及配座用方色犢各一，籩豆各四，簠簋甑俎各一，句芒以下五星、三辰、七宿，牲用少牢，每籩豆簠簋俎各一。其從祀諸座，近古皆有之，不能悉載。自梁、陳以後，及於國朝，多相因襲，以此不可盡書焉。甑音登。貞觀中，奉高祖配圜丘，元皇帝配感帝，餘依武德制。

永徽二年七月，太尉長孫無忌等奏議曰：〔三〕「據祠令及新禮，並用鄭玄六天之義，圜丘祀昊天上帝，南郊祀太微感帝，明堂祭太微五天帝。臣等謹按鄭玄此義，唯據緯書，所說六天皆爲星象，而昊天上帝不屬穹蒼。故注月令及周官，皆謂圜丘所祭昊天上帝爲北辰星曜魄寶。又說孝經『郊祀后稷以配天』，明堂嚴父配天，皆爲太微五帝。考其所說，舛謬特深。按易云：『日月麗乎天，百穀草木麗乎土。』又云：『在天成象，在地成形。』足以明辰象非天，草木非地。毛詩傳云：『元氣昊大，則稱昊天。遠視蒼蒼，則稱蒼天。』此則天以蒼昊爲體，不入星辰之例。且天地各一，是曰兩儀。天尚無二，焉得有六？是以王肅羣儒，咸駮此義。又檢太史圜丘圖，昊天上帝座外，別有北辰座，與鄭義不同。得太史令李淳風等狀，稱昊天上帝圖位自在壇上，北辰自在第二等，與北斗並列，爲星官內座之首，不同鄭玄據緯之說。此乃羲和所掌，觀象制圖，推步有恆，相緣不謬。又按史記天官書等，太微宮有五帝者，自是五精之神，五星所奉。以其是人主之象，故況之曰帝，亦如房心爲天王之象，豈是天乎！周禮云『兆五帝於四郊』，又云『祀五帝則掌百官之誓戒』。唯稱五帝，皆不言天。此自太微之神，本非穹昊之祭。又孝經唯云『郊祀后稷』，别無圜丘之文。王肅等以爲郊即圜丘，圜丘即郊，猶王城、京師，異名同實。符合經典，其義甚明。而今從鄭之説，分爲兩祭，圜丘之外，别有南郊，違棄正經，理深未允。且檢吏部式，唯有南郊陪位，更不别載圜丘。式文既遵王肅，祀令仍行鄭義，令式相乖，理宜改革。又孝經云『嚴父莫大於配天』，下文即云『周公宗祀文王於明堂，以配上帝』，則是明堂所祀，正在配天，而以爲但祭星官，反違明義。」詔從無忌等議，存祀太微五帝，於南郊廢鄭玄六天之義。

禮部尚書許敬宗等又奏稱：「於新禮，祭畢，收取玉帛牲體，置於柴上，然後燔柴，燔壇又在神壇之左。臣等謹按，祭祀之禮，必先降神。周人尚臭，祭天則燔柴，祭地則瘞血，祭宗廟則焫蕭灌鬯，皆貴氣臭，用以降神。禮經明白，義釋甚詳。燔柴在祭初，禮無所惑。〔四〕是以三禮義宗等並云：『祭天以燔柴爲始，然後行正祭。祭地以瘞血爲先，然後行正祭。』又禮論説晉太常賀循上言：〔五〕『積柴舊在壇南，燎祭天之牲，用犢左胖，漢儀用頭，今郊天用脅之九个。〔六〕太宰令奉牲脅，太祝令奉珪瓚，俱奠燔薪之上。』即晉代故事，亦無祭末之文。唯周、魏以降，妄爲損益。約告廟之幣，〔七〕事畢瘞埋，因改燔柴，將爲祭末。事無典實，禮闕降神。又燔柴、正祭，牲玉皆别。蒼璧蒼犢之流，柴之所用；四珪騂犢之屬，祝之所須。故郊天之有四珪，猶廟之有珪瓚。〔八〕是以周官典瑞，文義相因，並事畢收藏，不在燔柴之例。今新禮引同蒼璧，不顧珪瓚，遂亦俱燔，義既有乖，理難因襲。」詔從之。

乾封初，高宗詔依舊祀感帝。以有司議，又下詔依鄭玄義祭五天帝。司禮少常伯郝處俊等奏：「顯慶新禮，廢感帝祀爲祈穀。〔九〕祀昊天以高祖配。舊禮，感帝以代祖元皇帝配。今既依舊復祈穀爲感帝，以高祖配者，又高祖依新禮見配圜丘昊天上帝，更配感帝，便恐有乖『周人禘嚳而郊稷』。今若禘郊一祖同配，恐無所據。」從之。二年十二月，詔曰：「昔周京道喪，秦室政乖，禮樂淪亡，經典殘滅。遂使漢朝博士，空說六宗之文；晉代鴻儒，爭陳七祀之議。或同昊天於五帝，或分感帝於五行。其後遞相祖述，禮儀紛雜。自今以後，祭圜丘等祀，高祖太武皇帝、太宗文武皇帝崇配。」〔一〇〕

武太后臨朝，垂拱元年，有司議圜丘、方丘及南郊、明堂嚴配之禮。〔一一〕成均助教孔玄義奏議曰：「臣謹按孝經云：『孝莫大於嚴父，嚴父莫大於配天。』既言莫大於配天，明配尊大之天，昊天是也。物之大者，莫大於天，推父比天，與之相配，行孝之大，莫過於此，以明尊嚴之極也。請奉太宗文武聖皇帝、高宗天皇大帝配昊天上帝於圜丘，義符孝經、周易之文也。神堯皇帝肇開王業，應天順人，請配感帝於南郊，義符大傳之文也。又孝經云『宗祀文王於明堂』，文王言祖，而云宗者，亦是通武王之義。請奉太宗、高宗配祭於明堂，義符周易及祭法之文也。」

太子右諭德沈伯儀曰：「謹按禮：『有虞氏禘黃帝而郊嚳，祖顓頊而宗堯。夏后氏亦禘黃帝而郊鯀，祖顓頊而宗禹。殷人禘嚳而郊冥，祖契而宗湯。周人禘嚳而郊稷，祖文王而宗武王。』鄭玄注云：『禘、郊、祖、宗，謂祭祀以配食也。禘謂祭昊天於圜丘，祭上帝於南郊曰郊，祭五帝、五神於明堂曰祖、宗。』伏尋嚴配之文，於此最爲詳備。得禮之序，莫尚於周。禘嚳郊稷，不聞於二主；〔一二〕明堂宗祀，始兼於兩配。以文王、武王父子殊别，文王爲父，上主五帝；武王對父，下配五神。孝經云：『嚴父莫大於配天，則周公其人也。昔者周公宗祀文王於明堂，以配上帝。』不言嚴武王以配天，〔一三〕則武王雖在明堂，理未齊於配祭；既稱宗祀，義獨主於尊嚴。雖同兩祭，終爲一主。故孝經緯曰『后稷爲天地主，文王爲五帝宗』也。必若一神兩祭便，則五祭十祠，薦獻頻繁，〔一四〕禮虧於數。此則神無二主之道，〔一五〕禮崇一配之義。竊尋貞觀、永徽共遵專配；顯慶之後，始創兼尊。必以順古而行，實謂從周爲美。高祖請配圜丘、方澤，太宗請配南郊、北郊。高宗制禮作樂，告禪升中，率土共休，普天同賴，竊惟莫大之孝，理當總配五天。」

鳳閣舍人元萬頃、范履冰等議：「謹按見行禮，昊天上帝等祠五所，咸奉高祖、太宗兼配。今議者引祭法、周易、孝經之文，雖近稽古之詞，殊失因心之旨。〔一六〕伏據見行禮，高祖、太宗今既兼配五祠，當依舊無改。高宗在功烈而無差，豈祠配之有別。請奉歷配五祠。」從之。郊丘諸禮皆以三祖俱配。

永昌元年九月，敕：「天無二稱，帝是通名。承前諸儒，互生同異，乃以五方之帝，亦謂爲天。假有經傳互文，終是名實未當。稱號不別，尊卑相渾。自今郊祀之禮，唯昊天上帝稱天，自餘五帝皆稱帝。」武后革命稱周，號天册金輪大聖皇帝，親享南郊，合祭天地。追尊周文王爲始祖，后父季應公爲無上孝明高祖帝，〔一七〕以二祖同配。長安二年九月，敕：祠明堂圜丘，神座並令著牀，便爲恒式。

景龍三年，親祠南郊，以皇后爲亞獻。仍補大臣李嶠等女爲齋娘，執籩豆焉。國子祭酒祝欽明諂悅中宮，遂與司業郭山惲上言：「謹按周禮『天神曰祀，地祇曰祭，宗廟曰享』。又內司服職『凡祭祀供王后之衣服』。又祭統曰『夫祭必夫婦親之』。據此則知皇后助祀天神地祇明矣。」〔一八〕太常博士唐紹等議云：「皇后南郊助祭，於禮不合。但欽明所執，是祭宗廟，非祭天地。按歷代郊祀，並無皇后助祭。高祖、太宗、高宗皆南郊，亦無此禮。」左僕射韋巨源又協同欽明之議，遂行焉。以韋巨源爲終獻。欽明又奏請以安樂公主爲終獻，〔一九〕遂改南郊儀注，唐紹、蔣欽緒固争，乃止。遂以巨源爲終獻。後侍御史倪若水劾奏山惲、欽明等，出牧蘄、饒。

景雲元年十一月十三日乙丑冬至，祀圜丘。時陰陽人盧雅、侯藝等奏請促冬至就十二日甲子以爲吉會。右臺侍御史唐紹奏曰：「禮所以冬至祭圜丘於南郊，夏至祭方澤於北郊者，以其日行躔次極於南北之際也。日北極當晷度循半，日南極當晷度環周。是日一陽爻生，爲天地交際之始。故易曰：『復，其見天地之心乎！』即冬至卦象也。一歲之内，吉莫大焉。甲子但爲六旬之首，一年之内，隔月常遇，既非大會，晷運未周，唯總六甲之辰，助四時而成歲。今欲避環周以取甲子，〔二〇〕是背大吉而就小吉也。」竟依紹議。太極元年正月，初將有事於南郊。時有司議，唯祭昊天上帝而不設皇地祇位。諫議大夫賈曾上表：「謹按禮祭法曰『有虞氏禘黄帝而郊嚳』。傳曰『大祭曰禘』。〔二一〕然則郊之與廟，俱有禘名。禘廟，則祖宗之主俱合於太祖之廟，禘郊，則地祇羣望俱合於圜丘，以始祖配享。皆有事而大祭，異於常祀之義。三輔故事『漢祭圜丘儀：上帝位正南面，后土位亦南面而少東』。又東觀漢記云：『光武於洛陽城南爲圜壇，天地位其上，皆南面西上。』按兩漢時自有后土及北郊祀，而此已於圜丘設地位，明是禘祭之儀。今之南郊，正當禘禮，固宜合祀天地，〔二二〕咸秩百神。請備設皇地祇并從祀等座，〔二三〕則禮得稽古，義合緣情。」時又將親享北郊，竟寢曾表。

開元十一年十一月，親享圜丘。中書令張說爲禮儀使，衞尉少卿韋縚爲副，〔二四〕說建議請以高祖配祭，始罷三祖同配之禮。十五年，太常博士錢嘉會上議曰：「準月令及祠令，〔二五〕九月農功畢，大享五帝於明堂。貞觀及神龍皆於南郊報祭。中間寢廢，有虧祀典。準孝經『宗祀文王於明堂以配上帝』，請每年九月，於南郊雩壇行享禮，以睿宗皇帝配。」從之。

天寶五載，詔曰：「皇王之典，聿修於百代；〔二六〕郊祭之義，允屬於三靈。聖人既因時以制宜，王者亦緣情以革禮。且尊莫大於天地，禮莫崇於祖宗，嚴配昭升，豈宜異數。今蒸嘗之獻，既著於恆式；南北之郊，未展於時享。自今以後，每載四時孟月，先擇吉日，祭昊天上帝，其皇地祇合祭，以次日祭九宮壇。皆令宰臣行禮。奠祭務崇蠲潔，〔二七〕稱朕意焉。」

寶應元年，禮儀使杜鴻漸、禮官薛頎、歸崇敬建議以：「神堯皇帝爲受命之主，非始封之君，不得爲太祖以配天地。以太祖景皇帝始封於唐，即殷之契、周之稷也。郊天地以太祖景皇帝配，告諸宗廟亦以景皇帝酌獻。」〔二八〕制曰可。諫議大夫黎幹奏議稱，太祖景皇帝非受命之君，不合配天地，發十詰十難以明之。

永泰二年，禮儀使、太常卿杜鴻漸奏：「冬至祀昊天上帝，夏至祀皇地祇，請以太祖景皇帝配饗。孟春祈穀祀昊天上帝，孟冬祀神州，請以高祖配饗。孟夏雩祀昊天上帝，請以太宗配饗。〔二九〕季秋大享明堂祀昊天上帝，請以肅宗配饗。臣與禮官學士，憑據經文，事皆明著，德音詳定，久未施行。」敕旨依。

貞元元年，詔：「郊祀之義，本於至誠。制禮定名，合從事實，使名實相副，則尊卑有倫。五方配帝，上古哲王，道濟烝人，禮著明祀。論善計功，則朕德不類；統天御極，則朕位攸同。而於祝文稱臣以祭，既無益於誠敬，徒有黷於等威。前京兆府司録參軍高佩上疏陳請，其理精詳。朕重變舊儀，訪於卿士，申明大義，是用釋然。宜從改正，以敦禮典。自今以後，祀五方配帝祝文，並不須稱臣。其餘禮數如舊。」貞元十三年敕：「郊壇時祭，燔柴瘞埋，並依天寶十三年制。自今以後，攝祭南郊，薦獻太清宮，薦享太廟，太尉行事。前一日，於致齋所具羽儀鹵簿，公服引入，親受祝版，乃赴清齋所。」廣德二年，禮儀使杜鴻漸奏：「郊廟大禮，祝文自今以後，請依唐禮版上墨書。玉簡金字者，一切停廢。如允臣請，望編爲恆式。」敕旨宜用竹簡。〔三〇〕其郊天儀注，具開元禮。

大雩周　漢　後漢　晉　東晉　齊　梁　陳　後魏　北齊　隋　大唐

周制，月令：建巳月，大雩五方上帝。春秋左氏傳曰：「龍見而雩。」角亢見時，周之六月，陽氣盛，恆旱，故雩。雩之爲言遠也，遠爲百穀以祈膏雨。其壇名曰雩禜，祭法曰：「雩禜祭水旱。」鄭云：「雩禜，水旱壇。」於南郊之傍。雩祭天地，故從陽位。以總五天，不可偏在四方，故於南郊。配以五人帝。太昊配青帝，炎帝配赤帝，軒轅配黃帝，少昊配白帝，顓頊配黑帝。命樂正習盛樂，月令云：「仲夏樂師修鞀鞞鼓，均琴瑟管簫，執干戚戈羽，調竽笙箎簧，飭鐘磬柷敔。〔三一〕而俱作故曰盛樂也。箎音池。舞皇舞。析白羽爲之，形如帔也。舞師云：「教皇舞，帥而舞旱暵之事。」暵，呼旱反。〔三二〕月令：「命有司爲民祈祀山川百源、百辟卿士有益於民者，以祈穀實。」天子雩上帝，諸侯雩山川。〔三三〕卿士謂古之上公以下，若句龍、社稷之類也。何休注春秋公羊傳曰：「旱則君親之南郊，以六事謝過自責：政不善歟？人失職歟？宮室崇歟？婦謁盛歟？苞苴行歟？讒夫昌歟？使童男童女各八人而呼雩也。」按月令本出於管子，即周時人也。至秦呂不韋編爲呂氏春秋，漢戴聖又取集成禮記，徵其根本，並周制。〔三四〕若國大旱，則司巫帥巫而舞雩。注云：「雩，旱祭也。天子於上帝，諸侯於上公之神。」〔三五〕若旱暵，則女巫舞雩。雩，呼嗟求雨之祭。使女巫舞，旱祭崇陰也。鄭司農云：「求雨用女巫，故檀弓曰：『歲旱，繆公召縣子而問曰：「吾欲暴巫，奚若？」曰：「天則不雨，而望之愚婦人，無乃已疏乎！」』左傳曰：「龍見而雩。」謂建巳之月，蒼龍宿之體，昏見東方，萬物始盛，待雨而大，故祭天，遠爲百穀祈膏雨。公羊傳曰：「言雩則旱見，言旱則雩不見。」皆善人君能感懼天災，應變求索，憂人之急，非四時常祭。不雩則言旱，旱而不害物則言大雩，言大雩則大旱可知也。穀梁傳曰：「雩得雨曰雩，不得雨曰旱。」禮云「龍見而雩」，常祀不書，書者皆爲旱故。得雨則喜，以月爲正。不得雨則書旱，明災成也。

漢承秦滅學，正雩禮廢。旱，太常祝天地宗廟。董仲舒春秋：「春旱，令縣邑以水日禱社稷山川，家人祠戶。無伐名木，無斬山林。暴巫聚蛇八日。〔三六〕於邑東門外爲四通壇，方八尺，植蒼繒八。其神共工。祭以生魚八，玄酒，具清酒膊脯。〔三七〕擇巫之潔清辨利者爲祝。祝齋三日，服蒼衣。先再拜，乃跪陳。祝曰：『昊天生五穀以養人。今五穀病旱，恐不成實。敬進清酒膊脯，〔三八〕再拜，雨幸大澍，即奉牲禱。』復再拜起，以甲、乙日爲大青龍一，〔三九〕長八丈，居中；爲小龍七，〔四〇〕各長四丈，於東，皆東鄉，相去八尺。小童八人，皆齋三日，服青衣而舞。田嗇夫齋三日，青服而立。鑿社通閭外溝。〔四一〕取五蝦蟆置社中。池方八尺，深一尺。具酒脯，祝如初。取三歲雄雞與三歲猳猪，皆燔之於四方通神宇。令人闔邑里南門，置水其外，開里北門。〔四二〕具老猳猪一，置之里北門外。市中亦置猳猪一。聞鼓皆燒猳猪尾，取人骨埋之，開山泉積薪燔之。通橋道之壅塞。得雨報以豚酒黍，茅席無斷也。夏令縣邑以水日家人祠竈神，無舉土功。更大浚井。〔四三〕暴釜於壇，〔四四〕杵臼於術，七日。爲四通壇於邑南門外，植赤繒七。其神蚩尤。祭之以赤雄雞七，玄酒，具清酒膊脯。祝齋三日，服赤衣，拜跪陳祝如春。以丙、丁日爲大赤龍一，長七丈，居中；小龍六，各長三丈五尺，於南，皆南鄉，相去七尺。壯者七人，皆齋三日，服赤衣而舞之。司空嗇夫亦齋三日，服赤衣而立。鑿社通閭外溝。取五蝦蟆置社中。池方七尺，深一尺。具酒脯，祝齋衣拜祝如初。取三歲雄雞、猳猪，燔之四方通神宇，開陰閉陽如春也。季夏，禱山陵以助之。令縣邑十日一徙市於邑南門外，五日禁男子無入市。家人祠中霤。〔四五〕無舉土功。聚巫市旁。爲四通之壇於中，植黃繒五。其神后稷。祭之母䬁五。母音模，禮謂之淳母。䬁音移，周禮曰䬁食。玄酒，具清酒膊脯。令各爲祝齋三日，黃衣，餘皆如春。以戊、己日爲大黃龍一，長五丈，居中；小龍四，各長二丈五尺，於中央，皆南嚮，相去五尺。丈夫五人，齋三日，黃服而舞。老者亦齋三日，衣黃而立。通社中於閭外溝，〔四六〕蝦蟆池方五尺，深一尺，他如前。秋暴兵尪巫九日。〔四七〕無舉火事，無煎金器。家人祠門。爲四通壇於邑西門外，方九尺，植白繒九。其神太昊。〔四八〕祭之桐木魚九，玄酒，具清酒膊脯。白衣。他如春。以庚、辛日爲大白龍一，長九丈，居中；小龍八，各長四丈五尺，於西方，皆西嚮，相去九尺。鰥者九人，皆齋三日，服白衣舞之。司馬亦齋三日，白衣而立。蝦蟆池方九尺，深一尺。他如前。冬，舞龍六日，禱於名山以助之。家人祠井。無壅水。各爲四通壇於邑北門外，方六尺，植黑繒六。其神玄冥。祭以黑狗子六，玄酒，具清酒膊脯。祝齋三日，黑衣。〔四九〕祝如春。以壬、癸日爲大黑龍一，長六丈，居中；小龍五，各長三丈，於北方，皆北嚮，相去六尺。老者六人，皆齋三日，黑衣而舞。尉亦齋三日，黑衣而立。蝦蟆池皆如春。四時皆以水日，爲龍必取潔土。令吏人夫婦皆偶處。」新論曰：〔五〇〕「劉歆致雨，具作土龍。爲土龍者，〔五一〕以龍見輒有風雨興起，以迎送之，故緣象其類爲之。」武帝元封六年，旱，女子及巫丈夫不入市。成帝五年六月，〔五二〕始命諸官止雨，朱繩反縈社，〔五三〕擊鼓攻之。是後水旱常不和。干寶曰：「朱絲縈社。社，太陰也。朱，火色也。絲屬離。天子伐鼓於社，責羣陰也；諸侯用幣於社，請上公也；伐鼓於朝，退自責也。此聖人厭勝之術。」

後漢自立春至立夏盡立秋，郡國上雨澤。若少，各掃除社稷，公卿官長以次行雩禮以求雨。春秋繁露曰：「大旱雩祭而請雨，〔五四〕大水鳴鼓而攻社，天地之所爲，陰陽之所起，或請焉，或攻焉，何如也？

曰：大旱，陽滅陰也。陽滅陰者，尊厭卑，固其義也，雖太甚，拜請之而已。大水者，陰滅陽也。陰滅陽者，卑勝尊也。以賤凌貴者，逆節，故鳴鼓而攻之，朱絲而脅之，爲其不義，此亦春秋之不畏强禦也。變天地之位，正陰陽之序，直行其道而不忌其難，〔五五〕義之至也。」閉諸陽，衣皁，興土龍，山海經曰：「大荒東北隅中有山，名凶犁土丘，應龍處南極，殺蚩尤與夸父，不得復上，故下數旱，旱而爲應龍之狀，〔五六〕乃得大雨。」郭璞曰：「今之土龍，本此，氣應自然冥感，非人所能。」立土人舞童二佾，七日一變如故事。反拘朱索縈社，〔五七〕伐朱鼓。禱賽以少牢如禮。

晉武帝咸寧二年春，旱，因後漢舊典，諸旱處廣加祈請。五月，祈雨於社稷山川。

東晉穆帝永和年，有司議，制雩壇於國南郊之旁，依郊壇近遠，阮諶云「壇在巳地」。按得衛宏漢儀，稱「魯人爲雩壇在城東南」。諸儒所説皆云壇，而今作墠。又論語樊遲從遊於舞雩之下，衛宏所説魯城東南，舊跡猶在焉。祈上帝百辟。旱則祈雨，大雩社稷、山林、川澤。戴邈議云：「周冬及春夏旱，禮有禱無雩。天旱日淺則災微，旱日久則災甚。微則禱小神社稷之屬，甚乃大雩帝耳。按春秋左氏傳之義，春夏無雨未成災，雩而得雨則書雩，不得雨則書旱，明災成也。然則始雩未得便告飢饉之甚，爲歌哭之請。」舞僮八佾六十四人，皆玄服，持羽翳，而歌雲漢之詩章。時博士議：「雲漢之詩，宣王承厲王，撥亂遇災而懼，故作是歌。今晉中興，奕葉重光，豈以周人耗斁之辭乎！漢魏之代，別造新詩，晉室太平，不必因故。」司徒蔡謨議曰：「聖人迭興，禮樂之制，或因或革。雲漢之詩，興於宣王，今歌之者，取其修德禳災，以和陰陽之義，故因而用之。」

齊明帝建武二年旱，雩，以武帝配饗於雩壇。時祠部郎中何佟之議曰：「皇齊以武帝配五精於明堂，今亦宜配享於雩壇矣。今武帝遏密未終，自可不奏樂，至於旱祭舞雩，蓋是吁嗟之義，既非懽樂，此不涉嫌。祝史稱祠，〔五八〕仰祈靈澤，舞雩無闕。」

梁武帝天監元年，有事雩壇。壇於南郊之左，高及廣輪四丈，周十二丈，四陛。帝以爲雨既類陰，而求之正陽，其謬已甚。東方既非盛陽，而爲生養之始，則雩壇應在東方，祈晴亦宜此地。遂移於東郊。十年，帝又以雩祭燔柴，以火祈水，於理爲乖。於時停用柴燎，從坎瘞典。時儀曹郎朱异議曰：〔五九〕「按周宣雲漢之詩，毛注有瘞埋之文，不見燎柴之説。若以五帝必柴，則明堂又無其事。」大同五年，又築雩壇於籍田兆内。四月後旱，則祈雨行七事。一，理冤獄及失職者；二，賑鰥寡孤獨；三，省傜輕賦；四，舉進賢良；五，黜退貪邪；六，命會男女，卹怨曠；七，徹膳羞，弛樂懸而不作。天子降法服。七日，乃祈社稷。七日，乃祈山林川澤常興雲雨者。七日，乃禘羣廟之主於太廟。七日，乃祈古來百辟卿士有益於人者。七日，乃大雩上帝，徧祈前祈所有事者。大雩禮於壇，用黄牯牛一，祈五天帝及五人帝，各依其方，以太祖配，位於青帝之南，五官配食於下。七日乃去樂。又徧祈社稷山林川澤，就故地處大雩。國南除地爲墠，舞僮六十四人，皆衣玄服，爲八列，各執羽翳。每列歌雲漢詩一章而畢。〔六〇〕旱而祈，澍則報以太牢，皆有司行事。唯雩則不報也。若郡縣邑旱請雨，〔六一〕則五事同時並行。五事謂黜退貪邪以上，如前議。守令皆齋潔三日，〔六二〕乃祈社稷。七日不雨，更齋祈如初。三變仍不雨，復齋祈其界山林川澤常興雲雨者。祈而澍，亦各有報。

陳因梁故事。武帝時，以德皇帝配；文帝時以武帝配；廢帝以文帝配。牲用黃牛，而以清酒四升洗其首。其壇墠配饗歌舞，皆如梁禮。天子不親奉，則太宰、太常、光祿行三獻禮。其法皆採齊建武二年舊典。

後魏文成帝和平元年四月旱，詔州郡於其界內，神無大小悉洒掃，薦以酒脯。年登之後，各隨本秩，祭之以牲牢。

北齊以孟夏龍見而雩，祭太微宮五精帝於夏郊之東。〔六三〕爲圓壇，廣四十五尺，高九尺，四面各一陛。爲三壝外營，相去深淺，并燎壇，一如南郊。後主時，録尚書、總知内外兵及機密高阿那肱獨秉朝政。尚書郎中源師立嘗諮那肱云：「龍見當雩。」問師立云：「龍見何處，作何顏色？」師立云：「此是龍星見，須雩祭，非是真龍見。」那肱又云：「漢兒多事，强知星宿。」其牆面如此，竟亡齊國。〔六四〕若建午未申之月不雨，〔六五〕則使三公祈五帝於雩壇，禮用玉帛，有燎，不設樂，選伎工端潔善謳詠者，使歌雲漢之詩於壇南，其儀如郊禮。

隋制，雩壇國南十三里啟夏門外道左。高一丈，周二十丈。〔六六〕孟夏龍見，則雩五方上帝，配以五人帝於上，太祖配饗，五官從祀於下。牲用犢十，各依方色。若京師孟夏後旱，則祈雨，行七事。如梁之七事。七日，祈岳鎮海瀆及諸山川能興雲雨者；又七日，祈社稷及古來百辟卿士有益於人者；又七日，乃祈宗廟及古帝王有神祠者；又七日，乃修雩，祈神州，又七日，仍不雨，復從岳瀆以下祈禮如初。秋分以後不雩，但禱而已。皆用酒脯。初請後二旬不雨者，即徙市禁屠。皇帝御素服，避正殿，減膳撤樂，或露坐聽政。百官斷傘扇。〔六七〕令家人造土龍。雨澍，則命有司報。州縣祈則理冤獄，存鰥寡孤獨，掩骼埋胔，潔齋祈於社稷。〔六八〕七日，乃祈界内山川能興雲雨者，徙市斷屠。雨澍亦有報。

大唐武德初，定令：每歲孟夏，雩祀昊天上帝於圜丘，景皇帝配，牲用蒼犢二。五方上帝、五人帝、五官並從祀，用方色犢十。貞觀雩祀於南郊，顯慶禮於圜丘。開元十一年。〔六九〕孟夏後旱，則祈雨，審理冤獄，賑恤窮乏，掩骼埋胔。先祈岳鎮海瀆及諸山川能興雲致雨者，皆於北郊遥祭而告之。又祈社稷，又祈宗廟，每以七日皆一祈。不雨，還從岳瀆如初。旱甚，則大雩。秋分後不雩。初祈後一旬不雨，即徙市，禁屠殺，斷扇，造大土龍。雨足，則報祀。祈用酒脯醢，報准常祀，皆有司行事。已齋未祈而雨，及所經祈者，皆報祠。至二十年新撰禮，其正雩旱禱，並備本儀。起居舍人王仲丘議：「按貞觀禮，孟夏雩祀五方上帝五人帝五官於南郊，顯慶禮則雩祀昊天上帝於圜丘。按鄭玄注月令云：〔七〇〕『雩於上帝者，天之别號，允屬昊天，〔七一〕祀於圜丘，尊天位也。』然雩祀五帝既久，亦請二禮並行，〔七二〕以成大雩帝之義。」

校勘記

〔一〕四成　「成」原訛「城」，據舊唐書禮儀志一八二〇頁、通考卷七〇及傅校本改。下同。

〔二〕在第四等　原脱「第」，據傅校本、遞修本、明抄本、王吴本補。

〔三〕永徽二年七月太尉長孫無忌等奏議曰　按：新唐書禮樂志三三三五頁載永徽二年長孫無忌等曾議配祀明堂，而非下載奏議。下載者，舊唐書禮儀志一八二三頁謂是顯慶二年七月許敬宗等所奏，册府卷五八五七〇〇三頁謂是龍朔二年許敬宗所奏，而通考卷七〇謂是顯慶二年長孫無忌所奏。不知孰是。

〔四〕禮無所感　「禮」舊唐書禮儀志三八九三頁、通考卷七〇作「理」。

〔五〕又禮論説晉太常賀循上言　原脱「論」，據舊唐書禮儀志三八九三頁、通考卷七〇補。按：隋書經籍志一九二三頁有「禮論三百卷，宋御史中丞何承天撰」。

〔六〕用脅之九个　「个」原訛「介」，據舊唐書禮儀志三八九三頁、通考卷七〇及傅校本改。

〔七〕約告廟之幣　「約」舊唐書禮儀志三八九四頁作「緣」，册府卷五八五七〇〇四頁作「若」。

〔八〕故郊天之有四珪猶廟之有珪瓚　按：「廟」上缺動詞。舊唐書禮儀志三八九四頁作「祀廟」，册府卷五八五七〇〇四頁作「祝廟」，通考卷七〇作「親廟」。

〔九〕廢感帝祀爲祈穀　原脱「祀」，據傅校本、遞修本、明抄本、王吴本補。

〔一〇〕太宗文武皇帝崇配　原脱「崇」，據舊唐書禮儀志一八二七頁及傅校本、遞修本、明抄本、王吳本補。

〔一一〕有司議　「議」原訛「奏」，據舊唐書禮儀志一八二八頁及傅校本、遞修本、明抄本、明刻本、王吳本改。

〔一二〕不聞於二主　舊唐書禮儀志一八二九頁作「不聞於二王」。册府卷五八六七〇一四頁「主」作「王」。

〔一三〕不言嚴武王以配天　原脱「嚴」，據本書卷四四、唐會要卷九上、文苑英華卷七六二三九九九頁、册府卷五八六七〇一四頁補。

〔一四〕薦獻頻繁　「薦」原訛「祭」，據舊唐書禮儀志一八二九頁、唐會要卷九上一四九頁、文苑英華卷七六二三九九九頁改。

〔一五〕此則神無二主之道　原脱「則」，據傅校本、遞修本、明抄本、王吳本補。

〔一六〕雖近稽古之詞殊失因心之旨　原作「今雖近古之祠殊失聖旨」，費解。據舊唐書禮儀志一八三〇頁、文苑英華卷七六二四〇〇〇頁、册府卷五八六七〇一四頁、通考卷七〇及王吳本改。

〔一七〕后父季應公　「季應公」，傅校本、遞修本、明抄本、明刻本作「孝應公」，王吳本作「李應公」。舊唐書卷六、二一一、五八，新唐書卷四、二〇六均作「應國公」。

〔一八〕皇后助祀天神地祇　「祀」原作「祠」，據舊唐書禮儀志一八三一頁及北宋本改。

〔一九〕欽明又奏請以安樂公主爲終獻　「奏請」原倒，據北宋本、傅校本、遞修本、明抄本、明刻本乙。

〔二〇〕避環周以取甲子　「環周」原訛「圜丘」，據舊唐書禮儀志一八三二頁、册府卷五八七七〇二二頁及北宋本、王吳本改。

〔二一〕傳曰大祭曰禘　原「傳」上衍「大」，據舊唐書禮儀志一八三二頁、册府卷五八八七〇二七頁及北宋本删。按：「大祭曰禘」爲禮記大傳鄭玄注語，非大傳文。

〔二二〕合祀天地　「祀」原訛「配」，據舊唐書禮儀志一八三三頁改。

〔二三〕請備設皇地祇　「備」原訛「修」，據舊唐書禮儀志一八三三頁、册府卷五八八七〇二七頁及北宋本、傅校本、遞修本、明抄本、明刻本改。

〔二四〕韋縚　「縚」原訛「滔」，據舊唐書禮儀志一八三三頁及北宋本、傅校本、遞修本、明抄本、明刻本、王吳本改。

〔二五〕準月令及祠令　原無「祠」字，據通考卷七〇補。

〔二六〕聿修於百代　「修」唐大詔令集卷六七作「循」。

〔二七〕務崇蠲潔　「崇」原訛「宗」，據諸本改。

〔二八〕告諸宗廟　「諸」舊唐書禮儀志一八三六頁作「請」。

〔二九〕請以太宗配饗　「宗」原訛「祖」，據册府卷五九〇七〇五四頁、通考卷七〇及北宋本、王吳本改。

〔三〇〕敕旨宜用竹簡　「旨宜」原訛「百官」，據北宋本、傅校本、遞修本、明抄本、明刻本改。

〔三一〕飭鐘磬柷敔　原脱「飭」，據禮記月令補。

〔三二〕呼旱反　「呼」原作「乎」，據北宋本、傅校本、明抄本、明刻本、王吳本改。

〔三三〕諸侯雩山川　原脱「雩」，據北宋本補。

〔三四〕並周制　原「並」下衍「同」，據北宋本、傅校本、明抄本、明刻本删。

〔三五〕天子於上帝諸侯於上公之神　前「上」原訛「五」，「公」原訛「天」，據周禮司巫注及北宋本、傅校本改。

〔三六〕暴巫聚蛇八日　「聚」原訛「衆」，據諸本改。「蛇」原訛「地」，據春秋繁露求雨篇、通考卷七七及北宋本、傅校本、王吴本改。

〔三七〕玄酒具清酒膊脯　「具清酒」原脱，據春秋繁露求雨篇、通考卷七七補。

〔三八〕清酒膊脯　「膊脯」原訛作「脯醢」，據春秋繁露求雨篇、通考卷七七改。

〔三九〕以甲乙日爲大青龍一　原脱「一」，據北宋本、傅校本、遞修本、明抄本、王吴本補。

〔四〇〕爲小龍七　「七」原訛「十」，據春秋繁露求雨篇、後漢書禮儀志中劉昭注三一一八頁、通考卷七七及王吴本改。

〔四一〕鑿社通閭外溝　「鑿」原作「里」，標點本後漢書三一一八頁據盧文弨校改爲「鑿」，今從改。

〔四二〕開里北門　原「開」下衍「邑」，據北宋本、傅校本删。

〔四三〕更大浚井　「大」原訛「火」，據春秋繁露求雨篇、通考卷七七及王吴本改。

〔四四〕暴釜於壇　「壇」原訛「檀」，據春秋繁露求雨篇、後漢書禮儀志中三一一九頁、通考卷七七及北宋本改。

〔四五〕家人祠中霤　「祠」原作「祀」，據北宋本、傅校本、王吴本改。

〔四六〕通社中於閭外溝　「於」原訛「淤」，「外」原訛「水」，據春秋繁露求雨篇、後漢書禮儀志中劉昭注三一一九頁、通考卷七七及北宋本、傅校本改。

〔四七〕暴兵尫巫九日　「兵」字疑衍，春秋繁露求雨篇作「暴巫至九日」，後漢書禮儀志中劉昭注三一一九頁、通考七七作「暴巫尫至九日」。

〔四八〕其神太昊　「太」原作「少」，據後漢書禮儀志中三一一九頁及北宋本改。

〔四九〕黑衣　原脱「黑」，據春秋繁露求雨篇補。

〔五〇〕新論　「新」原訛「雜」，據後漢書禮儀志中劉昭注三一二〇頁、通考卷七七改。

〔五一〕爲土龍者　「爲土龍」原涉上而脱，據北宋本、傅校本、遞修本、明抄本、王吴本補。

〔五二〕成帝五年六月　成帝每四年一改元，均無五年。後漢書禮儀志中劉昭注三一二〇頁作「三年」。

〔五三〕朱繩反縈社　「反」原訛「乃」，據後漢書禮儀志中劉昭注三一二〇頁、通考卷七七改。

〔五四〕大旱雩祭而請雨　原脱「祭」，據北宋本、傅校本、明抄本、王吴本補。

〔五五〕直行其道而不忌其難　「直」原作「貞」，據春秋繁露精華篇改。

〔五六〕旱而爲應龍之狀　原脱「旱」，「應龍」誤倒，據後漢書禮儀志中劉昭注三一一八頁及北宋本補乙。

〔五七〕反拘朱索縈社　「反」原訛「及」，據後漢書禮儀志中三一一七頁、通考卷七七及北宋本改。

〔五八〕祝史稱祠　「祠」原作「祀」，據北宋本、傅校本、遞修本、明抄本、明刻本改。按：南齊書禮志上一一八頁作「辭」。

〔五九〕儀曹郎朱异　「儀」原訛「議」，據明刻本及梁書朱异傳五三八頁改。

〔六〇〕歌雲漢詩一章而畢　「畢」原訛「舞」，據隋書禮儀志二一二六頁及北宋本改。

〔六一〕若郡縣邑旱請雨　「雨」原訛「雩」，據隋書禮儀志二一二六頁及北宋本改。

〔六二〕齋潔三日　「齋潔」，隋書禮儀志二一二六頁作「潔齋」，與下文同，疑是。

〔六三〕祭太微宮五精帝於夏郊之東　「夏」原訛「南」，據隋書禮儀志二一二七頁及北宋本改。又隋志無「宮」字，而北宋本、傅校本、明抄本作「以」。

〔六四〕其牆面如此　「牆面」原作「矯誣」，蓋清人臆改。今據北齊書高阿那肱傳六九〇頁及北宋本、傅校本、遞修本、明抄本、明刻本、王吳本改回。

〔六五〕若建午未申之月不雨　「未申」原倒作「申未」，據隋書禮儀志二一二七頁乙正。

〔六六〕周二十丈　隋書禮儀志二一二八頁作「周百二十尺」。此「二十」蓋誤倒。

〔六七〕百官斷傘扇　「傘」原訛「施」，據隋書禮儀志二同上頁數、通考卷七七及王吳本改。

〔六八〕潔齋祈於社稷　隋書禮儀志二同上頁數無「稷」字。

〔六九〕開元十一年至皆報祠　按：「開元十一年」下無「制」「令」之類字，即接一百二十九言之規定，殊令人生疑。查舊唐書禮儀志四九一一——九一二頁此節文字乃武德、貞觀禮制，本與「開元十一年」無關，於此自屬上文「武德初定令」範圍，不知何以竄入「開元十一年」五字。

〔七〇〕鄭玄注月令云　按禮記月令無此注。

〔七二〕允屬昊天　「允」原訛「元」，據舊唐書禮儀志四八三五頁改。

〔七三〕亦請二禮並行　「請」原訛「謂」，據舊唐書禮儀志四八三五頁及北宋本改。

王文錦點校

通典卷第四十四

禮四　沿革四　吉禮三

大享明堂明堂制度附　朝日夕月　禋六宗　大禘　靈星　風師雨師及諸星等祠

大享明堂明堂制度附○有熊　唐　虞　夏　殷　周　漢　後漢　魏　晉　東晉　宋　齊　梁　陳　後魏　北齊　後周　隋　大唐

黄帝拜祀上帝於明堂。或謂之合宫。其堂之制，中有一殿，四面無壁，以茅蓋，通水，水圜宫垣，爲復道，上有樓，從西南入，名昆侖，天子從之入，以拜祀。漢公玉帶所上制度。

唐虞祀五帝於五府。府者，聚也。言五帝之神聚而祭於此堂。蒼曰靈府，赤曰文祖，黄曰神計，白曰明紀，黑曰玄矩。五府之制，未詳。

夏后氏享祖宗於世室。言代代不毁之。故魯名宗廟曰「文代室」「武代室」。世室之制，堂修二七，廣四修之一。修，南北之深也。夏度以步，令堂修十四步，益以四分修之一，則堂廣十七步半。五室，三四步，四三尺。堂上爲五室，象五行也。三四步爲室方也，四三尺以益廣也。木室於東北，火室於東南，金室於西南，水室於西北，其方皆三尺，其廣益之以三尺也。土室於中央，方四步，其廣益之以四尺。此五室居堂，南北六丈，東西七丈。九階。南面三階，三面各二。四旁兩夾窗。窗助户爲明也，每室四户八窗。〔一〕白盛。蜃灰也。以蜃灰堊牆，所以飾成宫室。盛音成。門堂三之二，門側之堂，取數於正堂。南北九步二尺，東西十一步四尺。室三之一。兩室與門，各居一分。

殷人曰重屋。其制，堂修七尋，崇三尺，四阿重屋。重屋者，王宫正堂若大寢也。阿，今四注也。重屋，複笮也。八尺曰尋。

周制，季秋大享於明堂，宗祀文王以配上帝。謂祀昊天上帝。先儒所釋不同。若以祭五帝，則以天帝皆坐明堂之中，以五人帝及文王配之，五官之神坐於庭中，以武王配之，通名曰祖宗，故云「祖文王而宗武王」。文王爲父，配祭於上；武王爲子，配祭於下。如其所論，非爲通理。但五神皆生爲上公，死爲貴神，生存之日，帝王饗會，皆須升堂，今死爲貴神，獨配於下，屈武王之尊，同下坐之義，爲不便。意爲合祭五帝於明堂，唯有一祭，月令所謂九月大饗帝於明堂也。五帝及神俱坐於上，以文武二祖，汎配五帝及五神而祭之。以文王配祭五帝，則謂之祖，以武王配祭五神，則謂之宗。明二君同配，故祭法云「祖文王而宗武王」。夫祖者始也，宗者尊也，所以名祭爲始尊者，明祭之中有此二義。其制，度九尺之筵，東西九筵，南北七筵，堂崇一筵。五室，凡室二筵。明政教之堂也。周度以筵，亦王者相改也。周堂高九尺，殷三尺，夏一尺，相參之數也。禹卑宫室，爲一尺之堂歟？此三者或舉宗廟，或舉王寢，〔二〕或舉明堂，互言以明其同制也。則宗廟、路寢、明堂，名殊制同。釋名曰：〔三〕「明猶清也。堂，高明貌也。」東西長八十一尺，南北六十三尺，其堂高九尺。於一堂之上爲五室，每一室廣一丈八尺。每室開四門，門旁各有窗。〔四〕九階外有四門，門之廣二丈一尺。門兩旁各築土爲堂，南北四十二尺，東西五十四尺。其堂上各爲一室，南北丈四尺，東西丈八尺。其宮室牆壁，以蜃蛤灰飾之。大戴禮盛德篇云：〔五〕「明堂九室，室有四户八窗。三十六户，七十二牖。蓋以茅，上圓下方。其外水名辟雍。」明堂月令説云：〔六〕「堂高三尺，〔七〕東西九仞，南北七筵。九室十二堂。室四户八牖，宫三百步。在近郊三十里。」又云〔八〕「堂方百四十四尺，坤之策也。屋圜徑二百一十六尺，乾之策也。太廟明堂方三十六丈，通天屋徑九丈，〔九〕陰陽九六之變也。〔一〇〕圓蓋方載，九六之道。〔一一〕八闥以象八卦，九室以象九州，十二宫以應十二辰。三十六户七十二牖，以四户八牖乘九室之數也。户皆外設而不閉，示天下不藏也。通天屋高八十一尺，黄鐘九九之實也。二十八柱列於四方，亦七宿之象也。堂高三尺，以應三統。四嚮五色，各象其行。外博二十四丈，以應節氣也。」淳于登説云：「明堂在國之南，三里之外，七里之內，丙巳之地。」又戴德云「明堂辟雍是一」。古周禮、孝經説以明堂爲文王廟。〔一二〕左傳魯僖公五年：「既視朔，遂登觀臺。」服氏云：「人君入太廟視朔，天子曰靈臺，諸侯曰觀臺，在明堂之中。」文公二年，服氏云明堂祖廟。並與鄭説不同。鄭注玉藻云：「天子廟及路寢，皆如明堂制。」即鄭意以爲三者名異而制同。王制云「小學在公宮之左，大學在郊」，即云「天子曰辟雍」，是學不得與明堂同爲一物。又，天子宗廟在雉門之外，孝經緯云「明堂在國之陽」，玉藻又云「聽朔於南門外」，是明堂與祖廟別處，不得爲一也。蔡邕明堂章句曰：「明堂者，天子太廟，所以宗祀，周謂之明堂。東曰青陽，南曰明堂，西曰總章，北曰玄堂，中曰太室。人君南面，故主以明堂爲名。在其五堂之中央，皆曰太廟。饗射、養老、教學、選士，皆於其中。故言其正室之貌則曰太廟，取其尊崇則曰太室，取其向明則曰明堂，〔一三〕取其四時之學則曰太學，取其周水圜如璧則曰辟雍。雖各異名，而事實一也。」〔一四〕袁準正論：「明堂、宗廟、太學，事義固各有所爲，而代之儒者，合爲一體。取詩書放逸之文，經典相似之語，推而致之。考之人情，失之遠矣。

宗廟之中，人所致敬，幽隱清淨，鬼神所居，而使衆學處焉，饗射於中，人鬼慢黷，死生交錯，囚俘截耳，瘡痍流血，以干鬼神，非其理也。茅茨采椽，至質之物，建日月，乘玉輅，以處其中，非其類也。夫宗廟，鬼神之居，祭天而於人鬼之室，非其處也。王者五門，宗廟在一門之內，若在廟而張三侯，又辟雍在內，人物衆多，非宗廟之中所能容也。」如淮所論，與鄭義合。或以「周時德澤洽和，蒿茂大以爲宮柱，〔一五〕名曰蒿宮，此天子之路寢也」。呂氏春秋曰：「茅茨蒿柱，土階三等。」

漢武帝元封五年，祠太一五帝於明堂上座，高皇帝對之。是時未以高祖配天，故言對也。光武以來乃配。牲以太牢。天子從昆侖道入。昆侖道，即依黃帝時制也。始拜明堂如郊禮。畢，燎堂下。其明堂制，從公玊帶所上黃帝時圖。其年四月，天子封泰山，泰山東北阯，有古時明堂處，處險不敞。〔一六〕上欲理明堂奉高旁，未曉制度。濟南人公玊帶上黃帝時明堂圖。上從之，作於汶上。

後漢光武建武三十年，初營明堂。〔一七〕明帝永平二年正月辛未，初祀五帝於明堂，光武帝配。五帝座位堂上，各處其方。黃帝在未，皆如南郊之位。光武位在青帝之南少退，西面。各一犢，奏樂如南郊。章帝元和二年二月壬申，宗祀五帝於孝武所作汶上明堂，光武帝配，如雒陽明堂禮。癸酉，更告祀高祖、太宗、世宗、中宗、世祖、顯宗於明堂，各一太牢。安帝延光三年，祀汶上明堂，如元和故事。其制度，建武初營明堂，上圓下方，法天地。八窗四闥，法八風四時。九室十二座，法九州、十二月。三十六户，七十二牖。法三十六旬，七十二風。

魏明帝太和元年正月丁未，宗祀文帝於明堂，以配上帝。祝稱天子臣某。

晉武帝泰始二年二月丁丑，宗祀文皇帝於明堂，以配上帝。又議明堂宜除五帝坐，同稱昊天上帝，各設一坐而已。摯虞議：「案：漢魏故事，明堂祀五帝。新禮云『五帝即上帝，帝即天也』，遂除五帝之位。又按仲尼稱『郊祀后稷以配天，宗祀文王以配上帝』。周禮『祀天旅上帝，祀地旅四望』。四望非地，則上帝非天，斷可識矣。又生爲明王，沒則配五行，如太昊配木之例。此五帝者，配天之神，同兆之於四郊，報之於明堂。」十年十月，詔復明堂五帝位。〔一八〕時以五精帝佐天育物，前代相因，莫之或廢。

東晉孝武帝太元十三年正月後辛，祀明堂。車服之儀，率遵漢制。出以法駕，服以衮冕。時孫耆之議：「郊以配天，〔一九〕故配之以后稷；明堂祀帝，故配之以文王。由斯言之，郊爲皇天之位，明堂爲上帝之廟。故徐邈以配之爲言必有神主，郊爲天壇，則明堂非文廟矣。」時議帝親奉，今親祀北郊，明年正月上辛祀昊天，〔二〇〕次辛祠后土，後辛祀明堂。

宋孝武大明五年，依漢汶上儀，設五帝位，太祖、文帝對饗。祭皇天上帝，鼎俎彝簋，一依太廟禮。堂制：但作大殿屋十二間，無古三十六户七十二牖，文飾雕畫而已。時有司奏：「伏尋明堂辟雍，制無定文，自漢暨晉，莫之能辨。周書云，清廟、明堂、路寢同制。鄭玄注禮，義生於斯。諸儒又云，明堂在國之陽，丙巳之地，三里之內。晉侍中裴頠以爲尊祖配天，其義明著，廟宇之制，理據未分，直可爲殿，以崇嚴祀。其餘雜碎，一皆除之。裴頠所奏，竊謂可安。國學之南，地寔丙巳，〔二一〕其牆宇規範，宜擬則太廟，唯十有二間，以應一周之數。」六年正月，帝親奉明堂，祀祭五時帝，以太祖配。是用鄭玄義。

齊高帝建元元年七月，祭五帝之神於明堂，有功德之君配。明堂制五室。時從王儉儀。〔二二〕明帝崇昌元年，〔二三〕有司奏以武帝配。國子助教謝曇濟議：「按祭法禘郊祖宗，並列嚴祀。鄭玄注義，亦據兼饗。宜祖宗兩配，文武雙祀。」〔二四〕左僕射王晏議：「若用鄭玄祖宗通稱，則生有功德，没垂尊稱，歷代配帝，何止於二？今殷薦上帝，允屬武帝，〔二五〕百代不毁，其文廟乎！」詔可。

梁祀五帝於明堂，服大裘冕，罇以瓦，〔二六〕俎豆以純漆，牲以特牛，餚膳準二郊。若水土之品，蔬菜之屬，宜以薦。郊所無者，從省除。所配五帝，行禮自東階升，先春郊帝爲始，止一獻清酒，停三獻及灌事。儀曹郎朱异議：「祀明堂改服大裘。又以貴質，不應三獻。禮云：『朝踐用大罇。』鄭玄云：『大罇，瓦也。』『有虞氏瓦罇』。此皆是宗廟，猶以質素；况在明堂，理不容象罇也。郊祀貴質，器用陶匏，宗廟貴文，誠宜雕俎。明堂之禮，於郊爲文，比廟爲質，請改器用純漆，庶合文質之衷。舊儀，鬯灌求神，初獻清酒，次醽終醁。〔二七〕禮畢，太祝取俎上黍肉，〔二八〕當御前以授。且五帝天神，〔二九〕不可求之於地，二郊主祭，無授肉之禮，〔三〇〕請停三獻灌鬯及授俎之法，止於一獻清酒。舊用太牢，按郊用繭栗，詩云祀文王於明堂，有『維牛維羊』。良由周監二代，其義貴文，明堂方郊，未爲極質，故特用三牲。今斟酌百王，義存通典，蔬果之薦，雖符周禮，而牲牢之用，宜遵夏殷。請自今明堂牲用特牛。」從之。其堂制，十二年，毁宋太極殿，以其材構明堂十二間，皆準太廟。以中央六間安六天座，悉南向。東來第一青帝，五帝依次而列。五人帝配饗，在阼階，東上，北向。大殿後爲小殿五間，以爲五佐室焉。帝曰：「明堂之祭五帝則是總義，在郊之祭五帝，則是別義。宗祀所配，復應有室，若專配一室，則義非配五；若皆配五，則成五位。以理而言，明堂無室。」朱异以：「月令『天子居明堂左个、右个。』聽朔之禮，既在明堂，今若無室，則於義或闕。」帝又曰：「鄭玄義，聽朔必在明堂，此則人神混淆，莊敬道廢。春秋左氏傳云：『介居二大國之間。』此云左右个者，謂祀帝堂南，又有小室，亦號明堂，分爲三處聽朔。既有三處，則有左右之義。在宫之内，明堂之外，人神有别，差無相干。」其議是非莫定，初尚未改。十二年，太常丞虞皭復引周禮明堂九尺之筵，〔三一〕以爲「高下脩廣之數，堂崇一筵，故階高九尺。漢家制度，猶遵此禮」。於是毁宋太極殿，爲明堂十二間。

陳祀昊天上帝、五帝於明堂，牲以太牢，粢盛六飯，鉶羹蔬備薦焉。武帝以德帝配，文帝以武帝配，廢帝以文帝配。堂制，殿屋十二間，中央六間，依前代安六座。四方帝各依其方，黄帝居坤維，而配饗座依梁法。

後魏文帝太和十五年四月，經始明堂，〔三二〕改營太廟。遷洛之後，宣武永平、延昌中，欲建明堂，而議者或云五室，或云九室。至明帝神龜中，復議之，元乂執政，〔三三〕遂營九室，值代亂不成。宗配之禮，迄無所設。

北齊採周官考工記爲五室。

後周採漢三輔黄圖爲九室。並竟不立。

隋文帝開皇十三年，議立明堂，繁役不就。終隋代，季秋祀五方上帝於雩壇上，其用幣各依其方。人帝各在天帝之左。太祖在太昊南，西向。五官在庭，各依其方。牲用犢十二。皇帝、太尉、司農行三獻禮於青帝及太祖。自餘有司助奠。五官位於堂下，行一獻禮。有燎。其省牲進熟，如南郊禮。時禮部尚書牛弘定議造明堂，將作大匠宇文愷依月令樣，重檐複屋，五房四達，丈尺規矩，皆有準憑。帝命有司規兆，方欲崇建，又命詳定，諸儒争論，莫之能決。煬帝大業年中，愷又奏之，以佗役繁興，遂寢。

大唐武德初，定令：每歲季秋祀五方上帝於明堂，以元帝配，五人帝、五官並從祀。迄於貞觀之末，竟未議立明堂，季秋大享則於圜丘行事。高祖配圜丘及明堂北郊之祀，元帝專配感帝。自餘悉依武德令。

永徽二年，又奉太宗配祠明堂，有司遂以高祖配五天帝，太宗配五人帝。下詔造明堂，内出九室樣。堂三等，每等階各十二。上等方九雉，八角，高一尺。中等方三百尺，高一筵。下等方三百六十尺，高一丈二尺。上等象黄琮，爲八角，四面安十二階。〔三四〕有司奏請從内樣爲定：「堂之高下，〔三五〕仍請準周制高九尺，其方共作司約準二百四十八尺。〔三六〕中等下等並不用。又内樣室各方三筵，〔三七〕開四闥八窗。〔三八〕屋圓楣徑二百九十一尺。按季秋大享，各在一室，商量不便，請依兩漢季秋合享，總於太室。若四時迎氣之祀，則各於其方之室。其安置九室之制，增損明堂故事，三三相重。太室在中央，方六丈。其四隅之室，謂之左右房，各方二丈四尺。當太室四面，青陽、明堂、總章、玄堂等室，各長六丈，以應太室；闊二丈四尺，以應左右房。室間並通巷，各廣丈八尺。其九室并巷在堂上，總方百四十四尺，法坤之策。屋圓楣、楯、檐，或爲未允。〔三九〕請據鄭玄、盧植等説，以前梁爲楣，〔四〇〕徑二百一十六尺，法乾之策。圓柱旁出九室四隅，各七尺，法天以七紀。柱外餘基共作司約準面別各餘丈一尺。〔四一〕内樣：〔四二〕室別四闥八窗，檢與古合，請依爲定。其户仍外設而不閉。〔四三〕内樣：外有柱三十六，〔四四〕每柱十梁。内有七間，柱根以上至梁高三丈，梁以上至屋峻起，計高八十一尺。上圓下方，飛檐應規，請依内樣爲定。其蓋屋制，據考工記改爲四阿，并依禮加重檐，〔四五〕準太廟安鴟尾。堂四向各依方色。請施四垣四門。辟雍，〔四六〕按大戴禮及前代説，辟雍多無水廣、内徑之數。蔡邕云『水廣二十四丈，四周於外，〔四七〕水外周隄』。又張衡東京賦稱『造舟爲梁』。禮記明堂陰陽録『水行左旋以象天』。水廣二十四丈，恐傷於闊，請減爲二十四步，垣外量取周足。仍依故事造舟爲梁，其外周以圓隄，〔四八〕并取陰陽『水行左旋』之制。按三輔黃圖，殿垣四周方在水内，高不蔽日，〔四九〕殿門準太廟南門去廟階遠近爲制。仍立四門八觀，依太廟門别各安三門，〔五〇〕施玄閫，四角造三重巍闕。」此後羣儒紛競，各執異議，不定且止。

顯慶元年，禮官議，太宗不當配五人帝。太尉長孫無忌等議曰：「宗祀明堂，必配天帝，而伏羲五代，本配五郊，與入明堂，〔五一〕自緣從祀。今以太宗作配，理有未安。伏見永徽二年，追奉太宗，以遵嚴配。當時高祖先在明堂，〔五二〕禮司致惑，竟未遷祀。乃以太宗降配五人帝，雖復亦在明堂，不得對越天帝。謹按孝經『孝莫大於嚴父，嚴父莫大於配天。昔者周公郊祀后稷以配天，宗祀文王於明堂以配上帝』。又尋歷代禮儀，且無父子同配明堂之義。唯祭法云：『周人禘嚳而郊稷，祖文王而宗武王。』鄭玄注曰：『禘郊祖宗，〔五三〕謂祭祀以配食也。禘謂祭昊天於圜丘，郊謂祭上帝於南郊，祖、宗謂祭五帝五神於明堂也。』尋鄭此注，乃以祖宗合爲一祭，又以文武共在明堂，連衽配祠，良爲謬矣。故王肅駁曰：『古者祖有功而宗有德，祖宗自是不毁之名，非謂配食於明堂者也。審如鄭義，則經當言祖祀文王於明堂，不得言宗祀也。凡宗者，尊也。周人既祖其廟，又尊其祀，孰謂祖於明堂者乎？』鄭引孝經以解祭法，而不曉周公本意，殊非仲尼之義旨也。臣謹上考殷周，下洎貞觀，並無一代兩帝同配於明堂。伏惟高祖太武皇帝躬受天命，奄有神州，創制改物，體元居正，爲國始祖，抑有舊章。太宗文武皇帝道格上玄，功清下黷，拯率土之塗炭，布大造於生靈，請準詔書，宗祀於明堂，以配上帝。」從之。

乾封初，仍祭五方上帝，依鄭玄義。司禮少常伯郝處俊議明堂，〔五四〕檢舊禮用鄭玄義，新禮用王肅義。詔依舊用鄭玄義。復議立明堂。左僕射于志寧等請爲九室，太常博士唐昕等請爲五室。〔五五〕高宗令於觀德殿依兩議張設，親與公卿觀議。上以五室爲便，不定，又止。二年十二月，詔祀明堂感帝，高祖、太宗崇配，仍總祭昊天上帝及五天帝。三年三月，議定，下詔改元爲總章，分萬年縣置明堂縣。

總章二年三月，具明堂規制，下詔：其明堂院，每面三百六十步，當中置堂。乾之策二百一十有六，坤之策百四十四，總成三百六十步。當中置堂，處二儀中，定三才之本。自降院每面三門，同爲一宇，徘徊五間。一周有四時，故四面各開門。時有三月，故每一所開三門。一年有十二月，故周迴十二門。又易三爲陽數，二爲陰數，合而爲五，所以每門舍五間。院四隅各置重樓，其四墉各依方色。按淮南子地有四維，故四角四樓。又有五方水火金木土，五方各異色，其牆各依本方之色。基八面。象八方。按周禮黃琮禮地。鄭玄注「琮者，八方之玉，以象地形」，故知地形八方。漢武帝立八觚壇以祀地，故今爲八方之基以象之。高丈二尺，徑二百八十尺。陽律六，陰吕六，陰陽合，故今高丈二尺。〔五六〕易三爲陽數，八爲陰數，三八相乘，得二百四十。又漢書九會之數有四十，合爲二百八十，所以階徑二百八十尺，〔五七〕通天地綜陰陽也。每面三階，周迴十二階，漢書天有三階，故每面三階；地有十二辰，故周十二階。每階二十五級。按文子，從凡至聖，有二十五等。基上一堂，其宇上圓。按道德經：「天得一以清，地得一以寧，王得一以爲天下貞。」又曰：「道生一，一生二，二生三，三生萬物。」又漢書：「太極元氣，含三爲一。」又曰：「天子以四海爲家。」故置一堂以象元氣，并取四海爲家之義。又周禮蒼璧禮天。鄭注「璧圓象天」，故宇上圓。堂每面九間，各廣丈九尺。按尚書地有九州，又易陰數十，〔五八〕故間別丈九尺。堂周迴十二門，一歲十二月也。每門高丈七尺，闊丈三尺。周易陰數十，陽數七，合爲其高。又陽數五，陰數八，合爲其闊。堂周迴二十四窗，天有二十四氣。窗高丈三尺，一年十二月并閏。闊丈一尺，天數一，地數十。櫺二十三，天數九，地數十，并四時。二十四明。八卦共二十四爻。堂心八柱，長五十五尺。按河圖八柱承天也。大衍之數五十有五，以爲柱之長也。堂心之外，置四輔，天有四輔星。八柱四輔之外，第一重二十柱，天數五，地數十，并五行之數，合二十。第二重二十八柱，天有二十八宿。第三重三十二柱。漢書有八節、八政、八風、八音，四八三十二。外面周迴三十六柱。按漢書一朞三十六旬。八柱之外，柱脩短總有三等，象三才。都合百二十柱。按禮記天子三公、九卿、二十七大夫、八十一元士，合爲百二十。其上檻周迴二百四柱。易坤之策百四十有四，漢書九會之數有六十。重楣，二百一十六條。乾之策二百一十有六。大小節級栱，總六千三百四十五。按漢書會月之數六千三百四十五。〔五九〕重幹，四百八十九枚。漢書章月二百三十五，月閏二百五十四，〔六〇〕總成四百八十九。下枊，七十二枚。

象七十二候。上枊，八十四枚。漢書推九會之數有七十八。司馬彪注莊子云：「天地四方爲六合。」總成八十四。枅，六十枚。按漢書推太歲之法有六十。連栱，三百六十枚。易一朞之日，三百有六十。小梁，六十枚。象六十甲子。椲，二百二十八枚。〔六一〕漢書章中二百二十八。方衡，一十五重。五行生數一十有五。南北大梁，二根。太極生二儀。陽馬，三十六道。易緯有三十六節。椽，二千九百九十根。按漢書，月法二千三百九十二，通法五百九十八，共成二千九百九十。大梠，兩重，重別三十六條，總七十二。按淮南子，太平之時，五日一風，一年七十二風。飛檐椽，七百二十九枚。漢書從子至午，其數七百二十九。堂檐，徑二百八十八尺。乾之策二百一十六，并七十二候之數。堂上棟，去階上面九十尺。天數九，地數十，以九乘十，當九十。四檐，去地五十五尺。大衍之數五十五。上以清陽玉葉覆之。〔六二〕淮南子曰「清陽爲天」，今以清陽之色。〔六三〕詔下之後，猶詳議未決。後竟不立。

武后臨朝，垂拱元年，有司議圜丘及南郊、明堂嚴配之禮。成均助教孔玄義奏議曰：「臣謹按孝經云：『孝莫大於嚴父，嚴父莫大於配天。』明配尊大之天，昊天是也。物之大者，莫大於天，推父比天，與之相配，行孝之大，莫過於此，以明尊嚴之極也。請奉太宗文武聖皇帝、高宗天皇大帝配昊天上帝於圜丘，義符孝經、周易之文也。神堯皇帝肇開王業，應天順人，請配感帝於南郊，義符大傳之文也。又孝經云『宗祀文王於明堂』。文王言祖，而云宗者，亦是通武王之義。請太宗、高宗配祭於明堂，義符周易及祭法之文。」

太子右諭德沈伯儀議曰：「謹按禮：『有虞氏禘黄帝而郊嚳，祖顓頊而宗堯。夏后氏亦禘黄帝而郊鯀，祖顓頊而宗禹。殷人禘嚳而郊冥，祖契而宗湯。周人禘嚳而郊稷，祖文王而宗武王。』鄭玄注云：『禘、郊、祖、宗，爲祭祀以配食也。禘謂祭昊天於圜丘，祭上帝於南郊曰郊，祭五帝、五神於明堂曰祖、宗。』伏尋嚴配之文，於此最爲詳備。得禮之序，莫上於周。禘嚳郊稷，不聞於二主；〔六四〕明堂宗祀，始兼於兩配。〔六五〕以文王、武王父子殊别，文王爲父，上配五帝；武王對父，下配五神。孝經云：『嚴父莫大於配天，則周公其人也。昔者周公宗祀文王於明堂，以配上帝。』不言嚴武王以配天，則武王雖在明堂，理未齊於配祭；既稱宗祀，義獨主於尊嚴。雖同兩祭，終爲一主。故孝經緯曰『后稷爲天地主，文王爲五帝宗』也。必若一神兩祭便，則五祭十祠，薦獻頻繁，實虧於數。此則神無二主之道，禮崇一配之義。竊尋貞觀、永徽，共遵專配；顯慶之後，始創兼尊。必以順古而行，實謂從周爲美。高祖神堯皇帝請配圜丘、方澤。太宗文武聖皇帝請配南郊、北郊。高宗天皇大帝制禮作樂，告禪升中，率土共休，普天同賴，竊惟莫大之孝，理當總配五天。」

鳳閣舍人元萬頃、范履冰等議：「謹按見行禮，昊天上帝等祠五所，咸奉高祖神堯皇帝、太宗文武聖皇帝兼配。今議者引祭法、周易、孝經之文，雖近稽古之詞，殊失因心之旨。〔六六〕伏據見行禮，高祖、太宗今既兼配五祠，當依舊無改。高宗在功烈而無差，豈祀配之有別。請奉歷配五祠。」從之。郊丘諸禮，皆以三祖俱配。

至四年二月，毁東都之乾元殿，就其地造明堂。因下詔曰：「時既沿革，莫或相遵，自我作古，用適於事。今以上堂爲嚴配之所，下室爲布政之居。其制度異諸儀法，今不全載。〔六七〕來年正月一日，可於明堂宗祀三聖，以配上帝。」其月明堂成，號爲萬象神宮。天授二年正月乙酉，日南至，親祀明堂，合祭天地，以周文王及武氏先考、先妣配，〔六八〕百神從祀，並於壇位次第布席而祀。〔六九〕武太后又於明堂後造佛舍，高百餘尺。始構，爲大風振倒。又重營，其功未畢。證聖元年正月景申夜，佛堂災，延燒明堂，至明而盡。尋又無雲而雷起，自西北來。未幾，復令依舊規制重造明堂，凡高二百九十四尺，東西南北廣三百尺。上施寶鳳，俄以火珠代之。明堂之下，圜繞施鐵渠，以爲辟雍之象。初爲明堂，於堂後又爲天堂五級，至三級則俯視明堂矣。未就，並爲天火所焚。至重造，制度卑狹於前。爲天堂以安大象，鑄大儀以配之。天堂既焚，鐘復鼻絶。至中宗，欲成武太后志，乃斷象令短，建聖善寺閣以居之。其明堂微於西南傾，工人以木於中柱之，〔七〇〕不欲人見，因駕爲九龍盤蚪之狀，〔七一〕其圓蓋上施一丈金鳳。〔七二〕至是改鳳爲珠，羣龍捧之。天冊萬歲二年三月，造成，號爲通天宮。〔七三〕四月，又行親享之禮，大赦，改元爲萬歲通天。明年九月，又享於通天宮。

中宗即位，神龍元年九月，親享明堂，合祭天地，以高宗配。季秋大享，〔七四〕復就圜丘

行事，迄於睿宗之代。神龍元年，享昊天上帝於東都明堂，以高宗天皇大帝崇配。其儀亦依乾封故事。〔七五〕

開元五年，行幸東都，將行大享之禮，以武太后所造明堂，有乖典制，遂拆，依舊造乾元殿。太常博士馮宗等奏議：「武太后建天樞太儀，乾元遺趾，興重閣層樓。人斯告勞，天實貽誡。煨燼甫爾，〔七六〕遽加脩立。今請削彼明堂，復乾元殿，則當宁無偏，〔七七〕人識其舊矣。」詔令所司，詳議奏聞。刑部尚書王志愔等議，咸以此堂所置，有乖典制，請改拆，依舊造乾元殿。從之。每臨御，依正殿禮。自是駕在東都，常以元日冬至於乾元殿受朝賀。季秋大享，依舊於圜丘行事。十年，復題乾元殿爲明堂，而不行享禮。二十年，季秋，大享於明堂，祀昊天上帝，以睿宗配。又以五方帝、五官從祀。籩豆罇罍之數，與雩禮同。時起居舍人王仲丘建議曰：「顯慶禮，祀昊天上帝於明堂。準孝經『后稷配天，文王配上帝』，先儒以爲天是感精之帝，即太微五帝，皆是星辰之例。且上帝之號，皆屬昊天，鄭玄引五帝。按周禮『王將旅上帝』，『祀五帝』，由此觀之，上帝、五帝，是有差別。又孝經『嚴父莫大於配天』，其下文即云『宗祀文王於明堂以配上帝』。鄭注云：『上帝者，天之別名。神無二主，故異其處。』孔安國云：『帝亦天也。』然則禋享上帝，有合經義。而五方皆祀，行之已久。今亦二禮並行，以成月令大享之義。」二十五年，駕在西京，詔將作大匠康晉素往東都毀之。晉素以毀拆費功，乃奏請且拆上層，但留下層以爲正殿。從之。復依舊改爲乾元殿。其大享儀，具開元禮。初，萬歲通天元年四月，鑄九鼎成，置於明堂之庭，各依四方列焉。蔡州鼎名永昌，〔七八〕高丈八尺，受千八百石。冀州鼎名武興，雍州鼎名長安，兗州鼎名日觀，青州鼎名少陽，徐州鼎名東原，揚州鼎名江都，荊州鼎名江陵，梁州鼎名成都。八州鼎各高一丈四尺，受千二百石。用銅五十六萬七百一十二斤。鼎上各寫本州山川物産之象，仍令著作郎賈應福、〔七九〕殿中丞薛昌容、鳳閣主事李元振、司農録事鍾紹京等分題之，左尚令曹元廓畫。仍令宰相、諸王率南北宿衞兵十餘萬人，併杖内大牛、白象等共曳之。〔八〇〕自玄武門外曳入，天后自制曳鼎歌詞，令曳者唱和焉。其時又造大儀鐘，斂天下貢金三品，竟不成。九鼎初成，令以黄金千兩塗之。納言姚璹諫曰：「夫鼎者神器，貴在質朴自然，無假别爲浮飾。臣觀其狀，先有五彩輝煥錯雜其間，〔八一〕豈待金色方爲炫耀？」從之。開元二年八月，太子賓客薛謙光獻東都九鼎銘。其蔡州銘武后所制，〔八二〕文曰：「羲、農首出，軒、昊膺期。唐虞繼踵，湯禹乘時。天下光宅，域内雍熙。上玄降鑒，方建隆基。」紫微令姚崇等奏曰：「聖人啓運，休兆必彰。請宣付史館。」

朝日夕月 周　漢　魏　晉　齊　後魏　後周　隋　大唐

周制，以柴祀日月星辰。鄭衆云：「實牲體於柴上。日者，陽精，屬天；月者，陰精，屬地。陰道挈制於陽，故月屬天而從於陽，有同實柴之義。」日壇曰王宮，月壇曰夜明。牲幣俱色赤，樂與祭五帝樂同，禮神之玉以珪璧。珪璧，邸爲璧，取殺於上帝。殺，色界切。王搢大珪，執鎮珪，繅藉五采五就，以朝日。王朝日者，示有所尊，訓人事君也。王者父天而母地，兄日而姊月，故常以春分朝日，秋分夕月，況人得不事耶！君子履端於始，舉正於中，故本二分也。王服玄冕，所以尚質。自朝至暮，行祭之禮。先以牲幣於柴上而燔之，升煙於天，以同五帝之儀。凡祭日月，歲有四焉。迎氣之時，祭日於東郊，祭月於西郊，一也；二分祭日月，二也；祭義云「郊之祭，大報天而主日，配以月」，三也；月令十月祭天宗，合祭日月，四也。但四氣之時，有分有合。二分之日祭，謂分也。大報天而主日，以月配之，是合也。大報配祭之時，日燎於壇，月埋於坎，瘞埋之時自血始，燔燎之時自氣先。合爲大祭，分爲中祭。郊特牲云「大報天而主日」。其禮宜重，〔八三〕用犢。分祭宜輕，輕則用少牢。拜日於東郊，拜月於西郊者，此因而祭於郊也。郊特牲大報之時，掃地而祭，燔柴而郊，就陽位也。祭法分祭之時，王宮祭日，夜明祭月，以少牢，在壇上，不於地也。至時於二祭所用珪玉，亦無差別。覲禮，拜日於東門之外，此會同以春也。禮日於南門外，禮月於北門外。此謂會同以夏、秋、冬。變拜言禮者，容祀也。祀月於北郊者，太陰之精，以爲地神也。若王巡狩會盟，燔柴升煙以祭日，是君自以君道而祭陽也。方伯之會盟，則瘞埋以祭月，是臣自以臣道而祭陰。

漢武帝立二十八年，始郊太一，朝日夕月，改周法。其後常以郊泰畤，質明，出行竹宮，東向揖日。其夕，西向揖月。即爲郊日月，又不在東西郊，遂朝夕常於殿下東面拜日。羣公無四朝之事。

魏文帝詔曰：「天子拜日東門之外，禮方明也。而漢儀煩褻似家人之事，非尊天之道。」黃初二年正月乙亥，朝日於東門之外。而正月，非二分之義。祕書監薛靖論云：〔八四〕「按周禮朝日無常日，鄭玄云用二分。秋分之時，月多東升，西向拜之，背實遠矣。朝日宜用仲春之朔，夕月宜用仲秋之朏。」〔八五〕淳于睿駁之，引禮記云「祭日於東，祭月於西，以端其位」。周禮秋分夕月，並行於上代。西向拜月，雖如背實，亦猶月在天而祭之於坎，不復言背也。猶如天子東西遊幸，〔八六〕其堂之官及拜官，猶北向朝拜，寧得以背實爲疑？

明帝太和元年二月丁亥朔，朝日於東郊。八月己丑，夕月於西郊。始得古禮。

晉因之。武帝太康二年，有司奏：春分朝日，寒温未適，不可親出。詔曰：「頃方難未平，今戎事已息，此禮爲大。」遂親朝日。

齊末東昏侯永元元年，何佟之議：「王者兄日姊月，馬、鄭用二分，盧植用立春。佟之以爲日者太陽之精，月者太陰之精。春分陽氣方永，秋分陰氣向長。天地至尊，故用其始，而祭以二至；日月次天地，朝敬故以二分，差有理據，則融、玄得義矣。今損漢儀，〔八七〕上採周禮春分之義，又無諸侯之事，無所出於東郊，今正殿即朝會行禮之廷，〔八八〕宜常以春分正殿之廷拜日。其夕月文不分明。佟之謂魏代所行，善得與奪之衷。今請以春分朝於殿廷西，〔八九〕東向而拜日；秋分夕於殿廷東，西向而拜月。此所謂正於日月以端其位。服無旒藻之飾，蓋本天至質，朝日不得同昊天至質之禮，故以玄冕三旒。近代祀天，服衮冕十二旒，極文章之美，則是古今禮變。禮天朝日，服宜有異，頃代天子小朝會，服絳紗袍、通天金博山冠，斯即今朝之服次衮冕者也。竊謂宜服此拜日月，甚得差降之宜。」

後魏孝文帝太和十五年，詔曰：「近論朝日夕月，皆以二分之日，於東西郊行禮。然月有餘閏，〔九〇〕行無常準。今若一以分日，或值月出於東，而禮於西，尋情即禮，不可施行。昔曹魏薛靖以爲朝日取月一日爲朔，〔九一〕夕月三日爲朏。朔者月形始著。今末知朏朔二分，何者爲是？」游明根等對曰：「考按舊式，準校衆議，〔九二〕宜從朏月。」

後周以春分朝日於國東門外，爲壇，如其郊。用特牲，青珪有邸。皇帝乘青輅，及祀官俱青冕，執事者青弁。司徒亞獻，宗伯終獻。燔燎如圜丘。秋分夕月於國西門外，爲壇於坎中，方四丈，深四尺。燔燎禮如朝日也。

隋因之。開皇初，於國東春明門外爲壇，如其郊。每以春分朝日。又於國西開遠門外爲坎，深三尺，廣四丈；爲壇於坎中，高一尺，廣四尺。每以秋分夕月。牲幣與周同。

大唐二分朝日夕月於國城東西，各用方色犢。備開元禮。

禋六宗虞　周　漢　後漢　魏　晉　後魏

虞書云：「禋于六宗。」

周制，祀昊天上帝，大裘而冕，祀五帝亦如之。又云「以禋祀祀昊天上帝」。

漢興，於甘泉汾陰立壇，禋六宗。平帝元始中，王莽、孔光等奏曰：「祀典，功施於人則祀之。天文日月星辰，所昭仰也；地理山川海澤，所生殖也。易有八卦，乾坤六子，水火不相逮，〔九三〕雷風不相悖，山澤通氣，然後能變化，既成萬物。是日月雷風山澤，〔九四〕易卦六子之尊氣，所謂六宗也。星辰水火溝瀆，〔九五〕皆六宗之屬。」

後漢安帝元初六年三月庚辰，初立六宗，祀天地四方之中於洛陽西北戌亥之地，〔九六〕比於太社。時司空李郃奏曰：「按尚書『禋於六宗。』漢興，亦不廢。今宜復舊制。」馬融曰：「萬物非天不覆，非地不載，非春不生，非夏不長，非秋不收，非冬不藏。禋於六宗，此之謂也。」鄭玄曰：「禋，煙也。取其氣達升，報於陽也。」孔安國曰：「精意以享謂之禋。宗，尊也。所尊祭其祀有六：埋少牢於太昭，祭時；相近於坎壇，〔九七〕祭寒暑；王宮，祭日；夜明，祭月；幽禜，祭星；雩禜，祭水旱。是爲六宗。」

魏明帝立六宗，祀六子之卦。明帝疑其事，以問王肅，亦以爲六子之卦，故不廢矣。景初二年，改祀太極中和之氣。時大議其神，〔九八〕散騎常侍劉邵以爲：「萬物負陰而抱陽，沖氣以爲和，〔九九〕六宗者，太極沖和之氣，爲六氣之宗者也。虞書謂之六宗。」時從其議。〔一〇〇〕

晉初，罷其祀。時司馬彪表云「六宗之禮，不應特立」。新禮遂廢。後復立六宗祀，因魏舊事。時摯虞奏：「按舜受終，禋於六宗，漢魏相仍，著爲貴祀。凡崇禮百神，放而不致，有其舉之，莫敢廢也。宜定新禮，祀六宗如舊。」從之。

後魏明元泰常三年，立六宗祀，皆有別兆，祭有常日，牲用少牢。至孝文太和十三年，詔祀天皇大帝及五帝之神於郊天壇。時大議禋祀之禮。高閭曰：「六宗之祀，議者不同，凡十一家，莫能詳究。遂相因承，別立六宗之兆，總爲一位而祭之。」帝曰：「尚書稱『肆類上帝，禋於六宗』，文相連屬，理似一事。上帝稱肆而無禋，六宗言禋而不別其名。以此推之，上帝六宗當是一時之祀，非別祭之名。肆類非獨祭之目，禋非地祀之用。〔一〇一〕六宗者，必是天皇大帝及五帝之神。是祭帝之事，故稱禋；以闕其地，〔一〇二〕故稱六宗。一祭也，互舉以成之。今祭圜丘，五帝在焉，其牲幣俱禋，〔一〇三〕故稱肆類上帝，禋於六宗。一祭而祀備焉。六祭俱備，無煩別立。」

試評曰：「虞書：『肆類於上帝，禋於六宗，望於山川，徧於羣神。』漢以王莽等奏日月、星辰、山川、海澤、六子之卦爲六宗者，按周禮『以實柴祀日月星辰』，則星辰非六宗矣。卦是物象，不應祭之。後漢馬融以天地四時爲六宗者，禮無禋地與四時之義。孔安國言寒暑日月水旱爲六宗者，於理又乖。〔一〇四〕鄭玄以星辰、司中、司命、風師、雨師爲六宗者，並是星質，不應更立風師、雨師之位。魏劉邵以沖和之氣六氣宗之者，氣先於天，不合禋天之下。氣從天有，則屬陰陽。若無所受，何所宗之？其閒有張迪以六代帝王，張髦以宗廟三昭三穆等，並不堪録。後魏孝文帝以天皇大帝、五帝爲六宗，於義爲當。何者？按周禮『以禋祀昊天上帝』，則禋祀在祀天，不屬別神。又司服云〔一〇五〕『祀昊天上帝，大裘而冕，祀五帝亦如之』。昊天、五帝乃百神之尊，宗之，義也。或難曰：〔一〇六〕『書既云類上帝，何更言禋者？』此敍巡狩祀禮之次矣。〔一〇七〕將出征，肆類也。禋宗，徧祀六天也。何以肆類之文而迷都祀之禮乎！

大䄍 夏 殷 周 秦 漢 魏 東晉 宋 後周 隋 大唐

䄍之義，䄍字亦從虫昔。今取祭義，故從示。自伊耆之代，而有其禮。古之君子，使之必報之，是報田之祭也。其神神農，初爲田事，故以報之。或云「神農即伊耆也」。若爾，則神農初爲田事，不可自祭爲先穡。此說非。又云：神農、伊耆一代總號，其後子孫爲天子者，始䄍祭其先祖造田者，故有先穡。樂以甴桴土鼓。明堂位曰：「土鼓、甴桴、葦籥，伊耆之樂也。」蜡也者索也，合聚萬物而索享之。萬物有功加於人者，祭之以報，造者配之也。或云「堯亦伊耆氏」。按尚書云「堯崩，四海遏密八音」。則甴桴土鼓非堯代樂明矣。伊耆乃堯以前之天子也。

夏后氏更名曰嘉平。廣雅曰：「嘉，善也。平，成也。」以歲終萬物成就而報其功。

殷更名曰清祀。廣雅曰：「清潔而祭祀也。」據廣雅，則夏曰清祀，〔一〇八〕殷曰嘉平。今按風俗通及蔡邕章句耳。未詳孰是。

周因之，復名大蜡。天子之蜡，故曰大蜡。以歲十二月，建亥月。合聚萬物而索享之。春官宗伯以疈辜祭四方百物，疈牲胷而磔之爲蜡焉。崔靈恩云：「蜡祭用少牢，行一獻之禮。」疈音普逼切。其祭以主日也。主日，其光明，天之神可見者，著莫大焉。易曰：「縣象著明，莫大於日月。」配以月，餘百神從祀於下。所蜡之神有八：一曰先穡，二曰司穡，先穡，若神農，爲主。司穡，后稷，〔一〇九〕爲佐。三曰農，農，田畯也。鄭衆曰：「田畯，古之先教田者。」爾雅曰：「畯，農夫也。」四曰郵表畷，謂田畯於田井畔相連之所，〔一一〇〕造田舍焉，爲郵亭屋宇，督約百姓之處。五曰貓、虎，所以迎貓，爲食田鼠也。迎虎，爲食田豕也。鼠豕能爲田害，故迎貓虎之神而祭焉。六曰防，防所蓄水，亦以障水。七曰水墉，水墉，溝也。一云似池，所以受水，亦以洩水。八曰昆蟲。〔一一一〕昆蟲，暑生寒死，螟螽之屬，能爲穀害。索鬼神而致百物，百物者，謂五方嶽鎮、海瀆、山林、川澤、丘陵、墳衍、原隰、井泉等，以其能興雲致雨，有功而益於人者。其動物，則羽、臝、毛、鱗、介、四靈等。用六奏之樂。大司樂云：「一變而致羽物及川澤之祇，再變而致臝力果切物及山林之祇，三變而致鱗物及丘陵之祇，四變而致毛物及墳衍之祇，五變而致介物及土祇，六變而致象物及天神。」變猶更也。樂成則更奏之。六奏而禮畢。東方之祭用太蔟姑洗，南方蕤賓，西方夷則無射，北方用黃鍾爲均焉。每奏有所感，致和以來之。凡動物敏疾，地祇高下之甚者易致，羽物既飛又走，川澤有孔竅者，蛤蟹，走遲，墳衍孔竅則小：是其所以爲舒疾之分。土祇，原隰及平地之神也。象物，有象在天，所謂四靈：麟、鳳、龜、龍。又云〔一二二〕「蜡則龡豳頌擊土鼓」。豳頌即七月穫稻作酒之頌。謂之頌者，以其言歲終人功之成。八蜡以記四方，四方，方各有祭。四方年不順成，八蜡不通，以謹人財也。其方穀不熟，則不通於蜡焉，使人謹於財用。順成之方，其蜡乃通，以移音異人也。移之言羨也。詩頌豐年曰：「爲酒爲醴，〔一二三〕烝畀祖妣，以洽百禮。」此其羨之餘也。移，以豉切。服以皮弁素服而祭。素服，以送終也。葛帶榛杖，喪殺。殺，色界切。送終喪殺，所爲息老物也。素服，衣裳皆素。又云〔一二四〕「黃衣黃冠而祭，息田夫也。祭，謂既蜡，臘先祖五祀。於是勞農以休息之。以伊耆氏初爲蜡，故立官以名焉，而掌其事，備其杖函。〔一二五〕論語曰「黃衣狐裘」。野夫黃冠黃冠草服」。言祭以息人，服象其時物之色。〔一二六〕季秋而草木黃落也。又云大羅氏之職掌，〔一二七〕鳥獸皆入大羅氏。月令孟冬之月，命有司修祭禽之禮是也。〔一二八〕其執貢者戴草笠而至，尊野服也。「既蜡而收，人息已。故既蜡，君子不興功」。收謂收斂積聚也。息人之祭與蜡不同。則黃衣黃冠而祭是臘也。建亥之月，報萬物，息老休農，又各燕會。故子貢觀於蜡，謂孔子曰：「一國之人皆若狂，賜未知其樂。」言以謹禮儀爲序，今恣情飲酒，載號載呶，未知其樂。孔子曰：「百日之勞，一日之澤，非爾所知也。」言此是報人一年勞苦，今一日歡休，故恣其醉，君子之恩澤也。其祝曰：「土反其宅，水歸其壑，昆蟲無作，草木歸其澤。」

秦初，因曰臘，後復曰嘉平。臘者獵也。田獵取禽獸以祭先祖也。又曰：「臘索羣小神而祭之。」或云：「臘，接也。新故交接，伏臘大祭而報功也。」蔡邕獨斷曰：「臘者，歲終大祭，縱飲。非迎氣，故但送而不迎。」

漢因復曰臘。或曰：「臘之名，始自漢氏。」按左傳「虞不臘矣」，是已有臘。始漢之說，非也。季冬之月，星迴歲終，陰陽以交，勞農大享臘。言祭宗廟，旁祭五祀，蓋同一日，自此而始。

魏因之。高堂隆議臘用日云：「王者各以其行之盛而祖，以其終而臘。水始於申，盛於子，終於辰，故水行之君，以子祖，以辰臘。火始於寅，盛於午，終於戌，故火行之君，以午祖，以戌臘。木始於亥，盛於卯，終於未，故木行之君，以卯祖，以未臘。金始於巳，盛於酉，終於丑，故金行之君，以酉祖，以丑臘。土始於未，盛於戌，終於辰，故土行之君，以戌祖，以辰臘。今魏土德而王，〔一一九〕宜以戌祖辰臘。」博士秦静議：「古禮，歲終，聚合百物祭宗廟，謂之禮。皆有常日，臨時造請而用之。〔一二〇〕又無正月祖祭之禮。漢氏用午祖戌臘。午者南方之象，故以午祖。正月爲歲首，故以寅始，用午祖。戌者歲之終，萬物畢成，故以戌臘。小數之學，因就傳著五行以爲説，〔一二一〕皆非典籍經義之文也。尚書、易經説五行水火金木土王，相衍天地陰陽之義。故易曰坤爲土，土位西南。黄精之君，盛德在未，故大魏以未祖。戌者，歲終日窮之辰，不宜以爲歲初祖祭之行始也。易曰：『坤利西南得朋，東北喪朋。』丑者土之終，故以丑臘，終而復始，乃終有慶。宜如前以未祖丑臘。」奏可之。

東晉元帝大興二年，未臘前一日，詔「明日當爲范氏從母舉哀，百官戒嚴」。尚書郎張亮議曰：「天子祭宗廟、社稷，鼎俎既陳，不得終事者四。若五服之喪以常降者，〔一二〕不以廢。從母無服之喪，不宜廢事舉哀。又禮，祭之明日，改祭於祊，以燕皇尸。殷謂之肜，周謂之繹。今雖未施肜繹之祭，先王之典，聖人重不忘，但大臘之日，休息黎衆，百日之勤，一日之澤。未可戒嚴。」

宋因之。水德王，祖以子，臘以辰。

後周以十月祭神農、伊耆以下至毛介等神於五郊。〔一三〕五方天地、星宿、四靈、五帝、五官、嶽鎮，下至原隰，各分其方合祭之。上帝、地祇、神農、伊耆、人帝於壇上。南郊則以神農既蜡，無其祀。三辰、七宿則爲小壇於其側，自嶽鎮以下則各爲坎，餘於平地。皇帝爲初獻上帝、地祇、神農、伊耆及五人帝，冢宰亞獻，宗伯終獻。上大夫獻三辰以下，中大夫獻七宿以下。自天帝至羽毛之牲玉帛，皆從燎，餘從瘞。祭畢，帝如南郊便殿，明日乃蜡。訖，又如西郊。蜡訖，又至北郊。祭訖，還宮。

隋初，因以孟冬下亥，蜡百神。開皇四年，詔曰：「前周歲首，今之仲冬建亥之月，大蜡可也。後周以夏后之時，行姬氏之䄍，考之前代，於義有違。其十月行䄍者停，可以十二月爲臘。」於是始革前制。前周，姬氏。後周，宇文氏。

大唐貞觀十一年，房玄齡等議曰：「按月令䄍法，唯祭天宗。近代䄍五天帝、五人帝、五地祇，皆非古典。今並除之。」季冬寅日，䄍祭百神於南郊。大明用犢二，〔一二四〕籩豆各四，簠簋甄俎各一。神農及伊耆氏各用少牢一，籩豆等與大明同。后稷及五方、十二次、五官、五方田畯、五嶽、四鎮、四海、四瀆以下，方別各用少牢一。其日祭井泉於川澤之下，用羊一。卯日，祭社稷於社宮。〔一二五〕二十八宿，五方之山林、川澤、丘陵、墳衍、原隰、鱗、羽、鸁、毛、介、水墉、坊、郵表畷、貓、虎及龍、麟，朱鳥、白獸、玄武，方別各用少牢一，每座籩豆各二，簠簋甄俎各一。〔一二六〕䄍祭凡百八十七座。當方年穀不登，則闕其祀。䄍之明日，又祭社稷於社宮，如春秋二仲之禮。開元中，制儀：季冬臘日，䄍百神於南郊之壇。若其方不登，則闕之。其儀具開元禮。

靈星 周　漢　東晉　大唐

周制，仲秋之月，祭靈星於國之東南。東南祭之，就歲星之位也。歲星五星之始，〔一二七〕最尊，故就其位。王者所以復祭靈星者，爲人祈時，以種五穀，故別報其功也。五經通義曰：「靈星爲立尸。故云『絲衣其紑，載弁俅倈』。〔一二八〕傳言王者祭靈星，公尸所服之衣也。」今按鳬鷖詩每云尸，據傳，天子諸侯祭社稷尸也。今祀靈星言公尸，未詳所出。紑音芳休切。〔一二九〕

漢興八年，高帝命郡國縣邑立靈星祠。時或言周興而邑邰，〔一三〇〕立后稷之祀，至今血食，以其有播種之功也。於是高帝命立靈星祠。三輔故事：「長安城東十里有靈星祠。」一云：靈星，龍左角爲天田，主穀。農祥晨見而祭之。言祠后稷而謂之靈星者，以后稷又配食星也。常以歲時祠以牛，古時歲再祭靈星，春秋用少牢。壬辰位祠之。壬爲水，辰爲龍，就其類也。縣邑令長侍祠。舞者童男十六人。即古之二羽。舞象教田，初爲芟除，次耕種，次耘耨、驅爵及穫刈、舂簸之形，象成功也。

東晉靈星配饗南郊，不特置祀。

大唐開元禮，立秋之後，祀靈星於國城東南。天寶四載，敕升爲中祠。

風師雨師及諸星等祠周　後漢　晉　東晉　隋　大唐

周制，大宗伯「以實柴祀日月星辰，以槱燎祠司中、司命、風師、雨師」。槱，積也。詩云：「芃芃棫樸，〔一三一〕薪之槱之。」三祠皆積柴實牲體焉。星，五緯也。辰謂日月所會十二次也。司中司命，文昌第五第四星，〔一三二〕或曰中能上能。〔一三三〕祀五帝以用實柴之禮。鄭司農云：「司中，三能三陛。司命，文昌宮星也。風師，箕也。雨師，畢也。」能音台。月令：立春後丑日，祭風師於國城東北。立夏後申日，祀雨師於國城西南。秋分日，享壽星於南郊。壽星。南極老人星。立冬後亥日，祀司中、司命、司人、司祿於國城西北。

後漢以丙戌日，祀風師於戌地。以己丑日，祀雨師於丑地。牲用羊豕。又於國都南郊立老人星廟，常以仲春祀之。〔一三四〕立心星廟於城南，常以季秋祀之。

晉以仲春月，〔一三五〕祀於國都遠郊老人星廟。季秋祀心星於南郊壇心星廟。

東晉以來配饗南郊，不復特立。

隋令太史署，〔一三六〕常以二月八日，於署廷中，以太牢祠老人星，兼祀天皇大帝、天一、太一、日月、五星、勾陳、北極、北斗、三台、二十八宿、丈人星、孫星，都四十六座。凡應合祀享官，亦大毉給除穢氣散藥，先齋一日服之，以自潔。其儀本之齊制。

大唐開元二十四年七月，敕宜令所司特置壽星壇，恆以千秋節日，修其祠典。又敕壽星壇，宜祭老人星及角亢七宿，著之恆式。其儀具開元禮。天寶四載，敕風伯雨師並宜升入中祀。仍令諸郡各置一壇，因春秋祭社之日，同申享祀。至九月，敕諸郡，風伯壇置在壇之東，雨師壇之西，各稍北三數十步，其壇卑小於社壇造。其祭官，准祭社例，取太守下充。天寶五載四月，詔曰：「發生震蟄，雷爲其始，畫卦陳象，威物效靈，氣實本於陰陽，功大施於動植。〔一三七〕今風伯雨師，久列於常祀，唯此震雷，未登於羣望。其以後每祀雨師，宜以雷師同壇祭，其牲別置於祭器也。」

校勘記

〔一〕每室四户八窗　「室」原訛「堂」，據周禮匠人鄭注及北宋本改。

〔二〕或舉王寢　「王」原訛「正」，據周禮匠人鄭注改。

〔三〕釋名曰　「名」原訛「文」，據北宋本、傅校本、明抄本、明刻本、王吴本改。

〔四〕門旁各有窗　「門」原涉上而脱，據北宋本、傅校本、明抄本、王吴本補。

〔五〕大戴禮盛德篇云　按：下載引文在今大戴禮明堂篇。按：四庫全書總目卷二一云：「析盛德篇爲明堂篇者，出於隋唐之後。」

〔六〕明堂月令説云　按：下載引文見今大戴禮明堂篇，此云「明堂月令説云」，恐誤。

〔七〕堂高三尺　「尺」原訛「丈」，據大戴禮明堂篇改。

〔八〕又云　核後漢書祭祀志中劉昭注三一七八頁至三一八〇頁知以下引文始是蔡邕明堂月令説文字。

〔九〕通天屋徑九丈　「九」原訛「五」，據後漢書祭祀志中劉昭注三一八〇頁及北宋本、王吴本改。

〔一〇〕陰陽九六之變也　「也」原作「且」，標點本後漢書祭祀志中劉昭注三一八〇頁校改作「也」。今從改。

〔一一〕九六之道　「九六」原倒，標點本後漢書三一八〇頁據盧文弨校乙。今從乙。

〔一二〕古周禮孝經説　「古」原作「物」，後人臆改。今據北宋本、傅校本、明抄本改回。

〔一三〕取其向明則曰明堂　「向明」原作「堂」，標點本後漢書祭祀志中劉昭注三一七八頁據殿本及盧校改，今從改。

〔一四〕而事實一也　「事」原作「其」，據北宋本、傅校本、明抄本、明刻本改。

〔一五〕蒿茂大以爲宮柱　原脱「大」字，據大戴禮明堂篇補。

〔一六〕有古時明堂處處險不敞　原脱一「處」字，據漢書郊祀志下一二四三頁補。

〔一七〕建武三十年初營明堂　按：後漢書光武帝紀八四頁、祭祀志三一七〇頁及三一七七頁及通鑑卷四四一四二七頁事在建武三十二年，即建武中元元年。

〔一八〕十年十月詔復明堂五帝位　此詔在太康十年十月。上脱「太康」。

〔一九〕郊以配天　「配」蓋「祀」字之訛。

〔二〇〕正月上辛祀昊天　「天」原訛「帝」，據北宋本、傅校本、明抄本、明刻本改。

〔二一〕地寔丙巳　「地寔」原訛「池寘」，據北宋本、傅校本、明刻本改。

〔二二〕時從王儉義　「義」原作「議」，據北宋本、傅校本、明抄本、明刻本改。

〔二三〕明帝崇昌元年　齊廢帝蕭昭業年號原爲「隆昌」，唐人諱改。

〔二四〕文武雙祀　「雙祀」原訛「兼配」，據北宋本、傅校本、明抄本改。

〔二五〕允屬武帝　「允」原訛「元」，據南齊書禮志上一二八頁改。

〔二六〕罇以瓦　「罇」原訛「鐏」，據北宋本改。

〔二七〕次醽終醁　「醽」原訛「醴」，據北宋本、傅校本改。

〔二八〕取俎上黍肉　「黍」原訛「祭」，據隋書禮儀志一一二〇頁、册府卷五七九六九四七頁及北宋本、傅校本、明抄本改。

〔二九〕且五帝天神　「且」原訛「俎」，據隋書禮儀志一一二〇頁、册府卷五七九六九四七頁改。

〔三〇〕二郊主祭無授肉之禮　「主」「授」，隋書禮儀志一一二〇頁、册府卷五七九六九四七頁作「之」「黍」。

〔三一〕太常丞虞曒　「曒」原訛「瞬」，據隋書禮儀志一一二二頁、册府卷五六三六七六四頁改。

〔三二〕太和十五年四月經始明堂　「五」原訛「三」，據魏書高祖紀一六八頁、禮志一二七四七頁訂改。

〔三三〕元叉執政　「叉」原訛「乂」，據魏書道武七王列傳四〇三頁改。

〔三四〕四面安十二階　「面」原訛「階」，據舊唐書禮儀志二八五四頁、唐會要卷一一、册府卷五八五七〇〇五頁、通考卷七三改。

〔三五〕堂之高下　「堂」原作「基」，據北宋本、傅校本、明抄本、明刻本、王吴本改。

〔三六〕二百四十八尺　「二」舊唐書禮儀志二八五四頁、通考卷七三均作「一」。

〔三七〕又内樣室各方三筵　原脱「樣」字，據册府卷五八五七〇〇五頁、通考卷七三補。

〔三八〕四闥八窗　「闥」原作「達」，據舊唐書禮儀志二八五四頁、唐會要卷一一、册府卷五八五七〇〇五頁、通考卷七三改。下同。

〔三九〕屋圓楣楯檐或爲未允　原脱「屋圓楣楯檐」，據舊唐書禮儀志二八五四頁、唐會要卷一一、册府卷五八五七〇〇六頁（「楯」訛「指」）、通考卷七三（通考脱「楯」）補。

〔四〇〕以前梁爲楣　原脱「爲」字，據舊唐書禮儀志二八五四頁、唐會要卷一一、册府卷五八五七〇〇六頁、通考卷七三補。

〔四一〕柱外餘基共作司約準面别各餘丈一尺　原脱「基」，「共」訛「其」，「司」訛「曹」，據舊唐書禮儀志二八五四頁、唐會要卷一一、册府卷五八五七〇〇六頁、通考卷七三補改。

〔四二〕内樣　原脱「樣」字，據册府卷五八五七〇〇六頁、通考卷七三補。

〔四三〕其户仍外設而不閉　「閉」舊唐書禮儀志二八五四頁、唐會要卷一一作「開」。

〔四四〕内樣外有柱三十六　原脱「樣」字，標校本舊唐書同上頁數據殘宋本册府卷五八五、通考卷七三補，今從補。

〔四五〕并依禮加重檐　「并」原訛「請」，據舊唐書禮儀志二八五五頁、唐會要卷一一、册府卷五八五七〇〇六頁及北宋本、傅校本改。

〔四六〕辟雍　原上衍「及」字，據舊唐書禮儀志二八五五頁、唐會要卷一一、册府卷五八五七〇〇六頁、通考卷七三删。

〔四七〕四周於外　原脱「外」，據舊唐書禮儀志二八五五頁、唐會要卷一一、册府卷五八五七〇〇六頁、通考卷七三補。

〔四八〕其外周以圓隄　「周以」原倒，據舊唐書禮儀志二八五五頁、唐會要卷一一、册府卷五八五七〇〇六頁、通考卷七三乙。

〔四九〕高不蔽目　「目」舊唐書禮儀志二八五五頁、唐會要卷一一、通考均作「日」。而册府卷五八五七〇六頁作「目」。

〔五〇〕依太廟門别各安三門　原「廟」下衍「南」，據舊唐書禮儀志二八五五頁、唐會要卷一一、册府卷五八五七〇〇六頁、通考卷七三删。

〔五一〕與入明堂　「與入」原訛「參之」，據北宋本改。按：舊唐書禮儀志一八二二頁、册府卷五八六七〇〇七頁作「預入」，通典避代宗諱而改「預」爲「與」。

〔五二〕當時高祖先在明堂　「高」原訛「宗」，據舊唐書禮儀志一八二二頁、册府卷五八六七〇〇七頁、通考卷七三改。

〔五三〕禘郊祖宗　「祖宗」原倒作「宗祖」，據禮記祭義鄭注、舊唐書禮儀志一八二二頁、通考卷七三乙正。下同。

〔五四〕司禮少常伯郝處俊　「禮」原訛「農」，據舊唐書禮儀志一八二五頁、通考卷七〇及本書卷四五改。

〔五五〕太常博士唐昕　「昕」舊唐書禮儀志一八五五頁作「昣」。北宋本、傅校本、明抄本作「晽」。

〔五六〕陰陽合故今高丈二尺　原作「陰陽數合高丈二尺」，據北宋本、傅校本、明抄本、明刻本改。

〔五七〕階徑二百八十尺　「階」，舊唐書禮儀志二八五七頁作「基」。通典諱「基」爲「階」。

〔五八〕又易陰數十　原脱「陰」，據舊唐書禮儀志二八五八頁補。

〔五九〕會月之數　「會月」原誤倒，據漢書律曆志九九二頁、舊唐書禮儀志二八六〇頁乙正。

〔六〇〕漢書章月二百三十五月閏二百五十四　「三」原訛「二」，下「二」原訛「三」，據漢書律曆志九九一頁、舊唐書禮儀志二八六〇頁及北宋本改。

〔六一〕榨二百二十八枚　「榨」原訛「枅」，據舊唐書禮儀志二八六一頁改。按：上已有「枅六十枚」。

〔六二〕上以清陽玉葉覆之　「清」原訛「青」，據淮南子天文訓、舊唐書禮儀志二八六二頁及北宋本改。下同。

〔六三〕今以清陽之色　「今」舊唐書禮儀志二八六二頁作「合」。

〔六四〕不聞於二主　舊唐書禮儀志一八二九頁作「不聞於二王」。

〔六五〕始兼於兩配　「始」原訛「不」，據本書卷四三、舊唐書禮儀志一八二九頁、册府卷五八六七〇一四頁、通考卷七〇改。

〔六六〕雖近稽古之詞殊失因心之旨　原作「雖近古之祠殊失聖旨」，據舊唐書禮儀志一八三〇頁、册府卷五八六七〇一四頁、通考卷一〇及王吴本改。

〔六七〕今不全載　「今」原訛「故」，據北宋本、傅校本、明抄本、明刻本、王吴本改。

〔六八〕周文王　「王」原訛「武」，據舊唐書禮儀志二八六四頁及北宋本、傅校本、明抄本、明刻本改。

〔六九〕並於壇位次第布席而祀　「次第」原訛「以茅」，據舊唐書禮儀志二八六四頁改。

〔七〇〕其明堂微於西南傾工人以木於中柱之　原訛作「其明堂殿於西南桷上又以木於中柱之」，據北宋本、傅校本、明抄本、明刻本改。

〔七一〕因駕爲九龍盤蚪之狀　原脱「爲」，據北宋本、傅校本、明抄本、王吴本補。

〔七二〕一丈金鳳　「一」原作「二」，據北宋本、傅校本、明抄本、明刻本改。

〔七三〕天册萬歲二年三月造成號爲通天宫　「二」原訛「五」，據舊唐書禮儀志二八六七頁、通鑑卷二〇五六五〇五頁及北宋本、傅校本改。

〔七四〕季秋大享　舊唐書禮儀志二八七三頁「季秋」上標有「明年」。

〔七五〕其儀亦依乾封故事　「儀」原作「義」，據北宋本改。

〔七六〕煨燼甫爾　「爾」原訛「過」，據舊唐書禮儀志二八七五頁、唐會要卷一一改。按：北宋本、傅校本作「邇」，爾邇字通。

〔七七〕則當宁無偏　「當宁」原訛「堂宇」，據舊唐書禮儀志二八七五頁、唐會要卷一一及北宋本、傅校本、明抄本、明刻本改。

〔七八〕蔡州鼎名永昌　「蔡州鼎」即「豫州鼎」，避代宗諱改。

〔七九〕賈應福　「應」舊唐書禮儀志二八六八頁、唐會要卷一一作「膺」。

〔八〇〕併杖内大牛白象等共曳之　「内」原訛「器」，據舊唐書禮儀志二八六八頁、唐會要卷一一、通鑑卷二〇六六五二七頁改。

〔八一〕先有五彩輝焕錯雜其閒　「先」舊唐書禮儀志二八六八頁、唐會要卷一一作「光」。

〔八二〕武后所制　「所」原作「自」，據北宋本、傅校本、明抄本改。

〔八三〕其禮宜重　「禮」原訛「理」，據北宋本改。

〔八四〕薛靖　「靖」南齊書禮志上一四一頁作「循」。

〔八五〕夕月宜用仲秋之朏　「朏」南齊書禮志上一四一頁及北宋本、傅校本、明抄本、明刻本、王吳本均作「朔」。按：下文後魏孝文帝詔中云：「昔曹魏薛靖以爲朝日取月一日爲朔，夕月三日爲朏。」

〔八六〕猶如天子東西遊幸　按：此喻爲南齊何佟之所擬，非淳于睿文字。見南齊書禮志上一四一頁。

〔八七〕今損漢儀　「損」原訛「按」，據北宋本、傅校本、明抄本改。按：南齊書禮志上一四〇頁作「損漢日拜之儀」，通典約彼文。

〔八八〕今正殿即朝會行禮之廷　原脱「朝」，據南齊書禮志上一四〇頁、册府卷五七八六九三九頁補。

〔八九〕今請以春分朝於殿廷西　「請」原訛「謂」，據北宋本、傅校本、明抄本、明刻本改。

〔九〇〕然月有餘閏　原「月」上衍「日」，據魏書禮志一二七四九頁、册府卷五六三六七六八頁及北宋本、傅校本、明抄本、明刻本删。

〔九一〕薛靖　「靖」魏書禮志一二七四九頁、册府卷五六三六七六八頁作「謂」。

〔九二〕準校衆議　「準」魏書禮志一二七四九頁、册府卷五六三六七六八頁作「推」，義長。

〔九三〕水火不相逮　原脱「不」，據漢書郊祀志下一二六八頁補。

〔九四〕是日月雷風山澤　「是」北宋本、傅校本、明抄本、明刻本作「建」。漢書郊祀志下一二六八頁作「又」。

〔九五〕星辰水火溝瀆　「溝」原訛「岳」，據漢書郊祀志下一二六八頁及北宋本改。

〔九六〕天地四方之中　「中」原訛「神」，據北宋本、傅校本、明抄本、明刻本改。

〔九七〕相近於坎壇　「相近」北宋本、傅校本作「祖迎」。後漢書祭祀志中劉注作「相近」。

〔九八〕時大議其神　「議」原訛「講」，據晉書禮志上五九六頁及北宋本、傅校本、王吳本改。

〔九九〕沖氣以爲和　「沖」原訛「中」，據晉書禮志上五九六頁及北宋本、傅校本、明抄本、明刻本、王吳本改。

〔一〇〇〕時從其議　「議」原作「義」，據北宋本、傅校本、明抄本、明刻本改。

〔一〇一〕禋非地祀之用　「地」魏書禮志一二七四四頁、册府卷五八〇六九五五頁作「他」。義長。

〔一〇二〕以闕其地　「闕」魏書禮志一二七四四頁作「關」，「地」魏志、册府卷五八〇六九五四頁作「他」。按：詳文義，究以魏志爲是，通典作「闕其地」，似不可解。

〔一〇三〕牲幣俱禋　「牲幣」原倒，據魏書禮志一二七四四頁及北宋本、傅校本、明抄本、明刻本、王吳本乙。

〔一〇四〕於理又乖　「又」原作「有」，據北宋本、傅校本、明抄本、明刻本改。

〔一〇五〕又司服云　「又」原訛「及」，據北宋本、傅校本改。

〔一〇六〕或難曰　原脱「難」，據北宋本補。

〔一〇七〕此敍巡狩祀禮之次矣　「祀」原訛「記」，據北宋本改。

〔一〇八〕則夏曰清祀　「則夏」原倒，據北宋本、傅校本、明抄本、明刻本、王吳本乙。

〔一〇九〕后稷　「后」原訛「若」，據禮記郊特牲鄭注及北宋本、傅校本、明抄本、明刻本改。

〔一一〇〕田井畔相連之所　「井」北宋本、明抄本作「表」，傅校本作「長」。

〔一一一〕八曰昆蟲　「曰」原訛「月」，據諸本改。

〔一二〕又云　此下八字是周禮籥章職文。

〔一三〕爲酒爲醴　原作「爲彼酒醴」，據詩周頌豐年改。

〔一四〕又云　此又云之上下皆是禮記郊特牲文字。

〔一五〕備其杖函　原作「通其休息」，據北宋本、傅校本、明抄本、明刻本改。

〔一六〕服象其時物之色　「服」原訛「物」，據禮記郊特牲鄭注及北宋本改。

〔一七〕大羅氏之職掌　「掌」原訛「業」，據北宋本、傅校本、明抄本、明刻本、王吴本改。

〔一八〕月令孟冬之月命有司修祭禽之禮　按：月令修祭禽禮在「季秋」，不在「孟冬」。

〔一九〕今魏土德而王　「土德」原訛「得土」，據北宋本、傅校本、明抄本、明刻本改。

〔二〇〕臨時造請而用之　「請」北宋本作「設」。

〔二一〕因就傳著五行以爲説　「著」通考卷八五作「者」。

〔二二〕若五服之喪以常降者　「常」通考卷八五作「當」。

〔二三〕十月　隋書禮儀志二一四八頁作「十一月」。

〔二四〕大明用犢二　舊唐書禮儀志四九一二頁「大明」下尚有「夜明」。

〔二五〕卯日祭社稷於社宫　似與下文重複。

〔二六〕簋簠　「簋簠」原倒，據北宋本、傅校本、明抄本、明刻本、王吴本乙。

〔二七〕歲星五星之始　「五」原訛「爲」，據北宋本、傅校本、明抄本改。

〔二八〕載弁俅俅　「俅」原作「絿」，據詩周頌絲衣改。

〔二九〕紑音芳休切　「紑」原訛「絿」，據北宋本改。

〔三〇〕周興而邑郜　原脱「郜」，據史記封禪書一三八〇頁補。

〔三一〕芃芃棫樸　「棫」原訛「域」，據詩大雅改。

〔三二〕文昌第五第四星　原脱「星」，據北宋本、傅校本、明抄本、王吴本補。

〔三三〕或曰中能上能　原「上能」下衍「下能」，據周禮大宗伯鄭注删。

〔三四〕常以仲春祀之　「春」原訛「秋」，據晉書禮志上五九七頁改。

〔三五〕晉以仲春月　「春」原訛「秋」，據北宋本改。按：自「以仲春」至「心星廟」共二十七字，係晉書禮志上五九七頁引漢儀中語，恐非晉制。

〔三六〕隋令太史署　自「令太史署」至「以自潔」及注「其儀本之齊制」共八十九字，隋書禮儀志二一四二頁書諸陳制之下，開始謂「陳制皆依梁舊」，最後言「其儀本之齊制」。通典誤繫之於「隋」下，疑「隋」是「陳」字之訛。

〔三七〕功大施於動植　「大」北宋本、傅校本、明抄本作「未」。

王文錦點校

通典卷第四十五

禮五　沿革五　吉禮四

方丘神州后土附　社稷

方丘神州后土附○顓頊　夏　殷　周　漢　後漢　魏　晉　東晉　宋　齊　梁　陳　後魏　北齊　後周　隋　大唐

王者父天母地，故庖羲氏俯而觀法焉。

顓頊乃命火正黎司地以屬人。火當爲北。北，陰位也。正，長也。司，主也。屬，會也。所以會聚羣神，使各有序。

夏以五月祭地祇。

殷以六月祭。

周制，大司樂云：「夏日至禮地祇於澤中之方丘。」地祇主昆侖也。必於澤中者，所謂因下以事地。其丘在國之北。就陰位。禮神之玉以黄琮，琮，八方，象地。牲用黄犢，幣用黄繒。大宗伯云「黄琮禮地」，下文云「皆有牲幣，各放其器之色」，則牲幣皆宜以黃。王及尸同服大裘。祭地之服無文。崔靈恩、賈公彦、孔穎達皆云與祭天同服。今按，郊特牲云「器用陶匏，以象天地之性」，是同器也。王制云「天地之牛角繭栗」，是同牲也。又鉤命決云「地配以后稷」，又配祭同也。此類頗多，凡覆載功齊，煦嫗德一，〔一〕尚質之義安有二哉！配以后稷。按鉤命決釋孝經云「郊祀后稷以配天地。祭天南郊，就陽位。祭地北郊，就陰位。后稷爲天地主，文王爲五帝宗」是也。其樂，則大司樂云：「凡樂，函鍾爲宮，太蔟爲角，姑洗爲徵，南吕爲羽，靈鼓靈鼗，孫竹之管，空桑之琴瑟，咸池之舞，夏日至，於澤中之方丘奏之。若樂八變，則地祇皆出，可得而禮矣。」先奏是樂以致其神，禮之以玉，乃後合樂而祭焉。函鍾，林鍾也。林鍾生於未之氣。〔二〕未，坤之位也。或曰：天社在東井、輿鬼之外。天社，地神。以之爲宮，用聲類求之。凡祭天地宗廟之樂無商者，尚柔，商，堅剛也。靈鼓靈鼗，六面鼓也。〔三〕孫竹，竹支根之末生者也。空桑，山名。其神州地祇，謂王者所卜居吉土，五千里之内地名也。先儒皆引禹受地統書云〔四〕「崑崙東南地方五千里，名曰神州」是也。按皇地祇，鄭玄以爲崑崙，即是土地高著之稱。〔五〕既舉最高爲稱，是知四和之地皆及之也。至於神州，但方五千里而已，故不云丘而言郊。玉用兩珪，五寸有邸。僢而同邸也。所謂祠於北郊神州之神。僢音昌絹反。〔六〕牲用黝犢，地官牧人云：「陰祀用黝牲。」注云「謂祭地北郊」。幣用黑繒。幣色無文。〔七〕按崑崙牲幣用黑色，則神不宜異也。其壇，於北郊築土爲壇，名曰太折。祭法云：「瘞埋於太折祭地也。」注云：「折，照晣，必爲昭明之名，〔八〕尊神。」配亦以后稷。鉤命決云「郊祀后稷以配天地」。其樂，奏太蔟，歌應鍾，舞咸池，以祭地祇。地祇所祭於北郊，謂神州之神及社稷。備五齊若神州，則醴齊而下四齊。七獻。本擬大祫九獻，以外神無祼，故七獻。王及尸服，齋戒，乘路，酒罇，薦葅醢之器，藉神席稾秸蒲越，及雞人呼晨，司樂宿懸，掌次設次，大宗伯攝亞獻，並如圜丘。其日，王服大裘，立於方丘東南，西面。乃奏函鍾爲宮以下之樂，以致其神。訖，王又親牽牲取血，并玉瘞之以求神。謂之二始。天地之祭，惟圜丘方丘，備此二始。謂圜丘之先奏圜鍾爲宮之樂，次燎牲及玉幣也。方丘則先奏函鍾爲宮之樂，次則瘞埋血及玉幣。二者在正祭之前，故云二始。尸前既置玉幣等訖，次則王以匏片爲爵，酌瓦甒之泛齊，以獻尸，〔九〕謂之朝踐。所謂陶匏象天地之性。次大宗伯亦以匏爵酌醴齊，攝王后之獻。凡二獻也。次薦熟於神座前，畢，王更以匏爵酌盎齊以獻尸；大宗伯以匏爵酌醍齊以亞之，〔一〇〕所謂饋食之獻。凡四獻也。尸乃食，食訖，王更酌朝踐之泛齊以酳尸，所謂朝獻；大宗伯次酌饋食之醍齊以亞之，所謂再獻。凡六獻也。次諸臣爲賓酌沈齊以獻尸。凡七也。王每獻酒，皆作樂一終。

漢高帝定天下後，詔御史置祠祀官、女巫。漢初，因秦滅學，禮經在人閒潛出，所以祠祀未修，典禮用女巫者未多。其梁巫主祠天地。武帝即位，曰：「朕親郊而后土無祀，則禮不荅也。」於是東幸汾陰。汾陰男子公孫滂洋等見汾旁有光如絳，遂立后土祠於汾陰脽音誰上。澤中爲五壇，壇方五丈，高六尺。壇一黃犢，以高帝配。牢具已祠盡瘞。而從祠者衣尚黃。始用樂舞。帝親遥拜如上帝禮。從寬舒等議。至宣帝，修武帝故事，閒歲正月一日，至河東祠后土。成帝建始初，徙河東后土於長安北郊。時丞相匡衡奏言：「祭地於北郊，即陰之象也。故天之於天子也，因其所都而各享焉。今祀后土，反東之少陽。宜徙之長安。」後以帝無繼嗣，復汾陰后土如故。帝崩，皇太后詔復北郊長安。平帝立，地與天合祭於南郊壇。時從王莽議。事見郊天篇。

後漢光武中元二年，營北郊，祀地祇。在雒陽城北四里爲方壇，四陛。遷呂太后於園，上薄太后尊號曰高皇后，以配地祇。正月辛未，別祀地祇，位南面西上，高皇后配，西面北上，皆在壇上。地理羣神從食，皆在壇下。中岳位在未，四岳各在其方孟辰之地，中營内。海在東；河西，濟北，淮東，江南；〔一一〕山川各如其方，皆在外營内。四陛醊陟衛反。及中外營門封神如南郊。地祇、高后用犢各一，五岳共牛一，四海四瀆共牛一，羣神共牛二。樂如南郊。既送神，瘞俎實於壇北。明帝永平二年正月上丁，祀南郊畢，次郊。

魏明帝景初元年，詔祀方丘所祭曰皇皇后地，〔一二〕以舜妃伊耆氏配。北郊所祭以武宣皇后配。〔一三〕時高堂隆上表云：「古來娥英姜姒，盛德之妃，未有配食於郊者也。漢文初祭地祇於渭陽，以高帝配。孝武立后土於汾陰，亦以高帝配。唯王莽引周禮『享先妣』爲配北郊，〔一四〕夏至以高后配地，自此始也。臣謂宜依古典，以武皇配天地也。」魚豢議曰「宜以宣后配地」。蜀主劉備即位，營北郊於成都。

晉武帝受禪後，泰始二年，定郊祀，地郊先后配。〔一五〕是年，并圓方二丘於南北郊，更修壇兆，其二至之祀，合於二郊。時從有司議，云「古者郊丘不異」。十一月庚寅，帝親祀於南郊。

自後方澤不別立。

東晉元帝大興二年，北郊未立，地祇共在天郊。明帝太寧三年七月，始詔立北郊，未及建而帝崩。成帝咸和八年，於覆舟山南立地郊，以宣穆張皇后配，五岳、四望、四海、四瀆、五湖、諸山江等凡四十四神，及諸小山，從祀。此依魏氏故事，非晉舊也。康帝建元元年正月辛巳，祀北郊。帝皆親奉。牲用玄。時將北郊，太常顧和表「按後漢光武正月辛未，始建北郊，此則與南郊同月」。於是從和議。郊廟牲幣璧玉之色，雖有成文，秦代多以騂駒，漢則但云犢，未辨其色，江左南北同用玄牲。

宋武帝永初二年，親祀南北郊。孝武帝大明三年，移北郊於鍾山北原道西，與南郊相對。後還舊處。初晉始置於覆舟山南，至此移之。廢帝以舊地吉祥，復之。

齊高帝受禪，建元二年正月次辛，祀北郊。犧牲之色，因舊不改。〔一六〕時從王儉議。而無配。武帝永明五年議，〔一七〕郊祀用正月，次辛瘞后土，御並親奉。車服之儀，率遵漢制，出以法駕，衮冕。用次辛之義，已注天郊。〔一八〕

梁武帝制，北郊，爲壇於國之北。壇上方十丈，下方十二丈，高一丈。四面各一陛。其爲外壝再重。常與南郊閒歲。正月上辛，祀后土於壇上，以德后配。禮以黄琮。五官、先農、五岳及國内山川，皆從祀。地攢題曰后地座。用上和香。以地於人親，宜加雜馥。省除四望座。博士明山賓議「北郊有岳鎮海瀆之座，而又有四望座，疑爲重」。遂省四望座也。松江、浙江、五湖、鍾山、白石山，並留之如故。〔一九〕帝行一獻之禮。議在南郊文。

陳武帝受禪，亦以閒歲，正月上辛，用特牛一，祀於北郊，以皇妣昭后配。及文帝天嘉中，改以德皇帝配。宣帝即位，以郊壇卑下，更增廣之。祠部郎中王元規議：「舊壇上徑廣九丈三尺，請加七尺，以則地義。下徑廣十五丈，取三分益一，高丈五寸，請加尺五寸，取二倍漢家之數。」

後魏道武即帝位，二年癸亥，瘞地於北郊，以神元竇皇后配。壇兆制同南郊。五岳名山在中壝内，四瀆大川於外壝内。后土、神元后共用玄牲一，玉用兩珪有邸，幣用束帛。五岳等共牛一。祭畢，瘞牲體於壇北亥地。其後，夏至祭地於方澤，用幣牲之屬，與二郊同。

北齊制，三年一祭。以夏日至禘崑崙皇地祇於方澤，以武明皇后配。〔二〇〕爲壇在國北郊。壇廣輪四十尺，高四尺，面各一陛。其外爲三壝，相去廣狹同圜丘。壝外大營，廣輪三百二十步，餘如圜丘。又爲瘞坎於壇之壬地，中壝之外，廣深丈二尺。禮以黄琮、束帛，神州、社稷、天下山水，並從祀。用牲十二，儀同圜丘。〔二一〕

後周祭后土地祇，於國北郊六里爲壇，壇一成，八方。下崇一丈，方六丈八尺；上崇五尺，方四丈。〔二二〕方各一陛，每尺一級。其壝八面，徑百二十步，内壝半之。以神農配，牲以其方之色。神州壇在其右，以獻侯莫那配焉。壇崇一丈，方四丈，其壇如方丘。莫那則周文帝之遠祖，自陰山南徙，始居遼西。

隋因周制，夏日至祭皇地祇，於宮城北郊十四里爲方壇，其丘再成，成高五尺。下成方十丈，上成方五丈。成則重也。以太祖武元配，神州、迎州、冀州、戎州、拾州、柱州、營州、〔二三〕咸州、揚州，其九州山、川、林、澤、丘陵、墳衍、原隰，皆從祀。地祇及配帝在壇上。神州九州神座於壇第二等八陛之間：神州東南方，迎州南方，冀州、戎州西南方，拾州西方，柱州西北方，營州北方，〔二四〕咸州東北方，揚州東方。〔二五〕九州山海以下，各依方面八陛之閒。〔二六〕唯冀州山林川澤，丘陵墳衍，〔二七〕於壇之南，少西。地祇、配帝等牲用黃犢二，神州以下用方色犢一，九州山海墳衍等加羊豕各九。孟冬，祭神州於北郊，亦以太祖武元配，牲用犢二。凡大祀養牲，在滌九旬，昊天、五帝、日、月、皇地祇、〔二八〕神州、宗廟、社稷。中祀三旬，星辰、五祀、四望。小祀一旬。司中、司命、風師、雨師、諸星、山川。其牲方色難備者，聽以純色代。煬帝大業元年孟冬，祀神州，〔二九〕改以高祖文帝配。

大唐制，夏日至祭皇地祇，於宮城之北郊十四里爲方丘壇，因隋制，以景帝配，神州、五方岳、鎮、海、瀆、山林、川澤、丘陵、墳衍、原隰，皆從祀。地祇配帝在壇上。神州在壇第二等。五岳以下三十七座，於壇下外壝之內。丘陵等三十座於壝外。地祇及配帝牲用黃犢二，神州用黝犢一，〔三〇〕岳鎮以下加羊豕各五。孟冬祭神州於北郊，奉常博士陸遵楷、張統師、〔三一〕權無二、許子儒等議稱：「北郊之月，古無明文。漢光武正月辛未，始建郊。東晉成帝咸和中議，北郊用正月，皆無明據。武德來禮令即用十月，爲是陰用事，故於此時祭之。請依舊十月致祭。」景帝配，牲用黝犢二。貞觀中，奉高祖配地郊。永徽中，廢神州之祀。〔三二〕禮部尚書許敬宗奏：「方丘祭地之外，別有神州，謂之北郊。〔三三〕地分爲二，既無典據，又不通。請合爲一祀。」乾封初，又詔依舊祀神州。皇地祇壇依舊於渭水北置。二年，詔以高祖太武皇帝崇配方丘等祀。司禮少常伯郝處俊等奏「檢舊禮，以代祖元皇配感帝兼配神州；顯慶禮，廢感帝祀，以高祖配昊天兼配神州」。議備郊天篇。太極元年正月初，將有事於南郊，有司議，唯祭昊天上帝。續議請設皇地祇位。〔三四〕時諫議大夫賈曾上表，論合設皇地祇位。語具郊天篇。開元二十一年，夏日至，祀皇地祇於方丘，以高祖配。立冬，祭神州於北郊，以太宗配。其儀備開元禮。初，中書令房玄齡與禮官議，以爲：「依禮有益於人則祀之。神州者，國之所託，餘八州則義不相及。近代通祭九州。今除迎州等八座，唯祭皇地祇及神州，以正祀典。」開元十一年，玄宗自東都將還西京，便幸并州。至十二年二月二十二日，祠后土於汾陰脽上。太史奏：榮光出河，休氣四塞，祥風繞壇，日揚其光。舊祠堂爲婦人壉像。武太后時，移河西梁山神壉像，就祠中配焉。至十一年，有司遷梁山神像於祠外之別室。二十年，車駕欲幸太原，中書令蕭嵩上言云：「十一年親祠后土，爲蒼生祈穀。自是神明昭祐，累年豐登。有祈必報，禮之大者。且漢武親祠脽上，前後數四。伏請准舊事，至后土行報賽之禮。」從之。至十一月二十一日，祀后土於脽上。其文曰：「恭惟坤元，道昭品物，廣大茂育，暢於生成，庶憑休和，惠及黎獻。博厚之位，粵在汾陰，肅恭時巡，用昭舊典。敬以琮幣犧牲，粢盛庶品，備兹瘞禮，式展誠慤。睿宗皇帝配神作主。」禮畢，令所司刊石於祠所。上自爲文。

社稷 顓頊 高辛 唐 虞 夏 殷 周 漢 後漢 魏 晉 東晉 宋 齊 梁 陳 後魏 北齊 後周 隋 大唐

顓頊祀共工氏子勾龍爲社，祭法曰：「共工氏霸有九州，其子曰后土，能平水土，故祀以爲社。」烈山氏子柱爲稷。祭法曰：「烈山氏之有天下，其子曰柱，能殖百穀，故祀爲稷。」

高辛氏、唐、虞、夏皆因之。

殷湯爲旱遷柱，而以周棄代之。欲遷勾龍，無可繼者，故止。先王之制，法施於人則祀之。

周制，天子立三社。祭法云「王爲羣姓立社曰大社」，羣，衆也。爲百官及兆人所置立。於庫門内之西立之。小宗伯云：「左宗廟，右社稷。」鄭玄曰：「庫門内雉門外也。」周代文，尚尊尊，故在右也。〔三五〕案公羊魯桓公二年，取郜大鼎納於大廟。何休云「質家右宗廟，尚親親，文家右社稷，尚尊尊」是也。「王自爲立社曰王社」，於籍田立之。按詩周頌云「春籍田而祈社稷」。既因籍田，遂以祈社，則是籍田中立之。王親籍田，所以供粢盛，故因立社以祈之。亡國之社曰亳社，廟門之外立之。春秋哀公四年，亳社災。穀梁傳云「以滅國之社爲廟屏」。諸侯立三社。祭法云「諸侯爲百姓立社曰國社」，亦爲百官下及萬人所置。於臯門之西立之。按諸侯三門：外曰臯，次曰應，内曰路。「自爲立社曰侯社」，亦於籍田中立之。按祭義諸侯亦有籍田故。亳社。立處蓋與天子同。按春秋云「亳社災」。注云「亳社，殷社。諸侯有之，所以戒亡國」。大夫以下立一社。祭法云「大夫以下成羣立社曰置社」。大夫不得特立社，與人族合居百家以上，〔三六〕則共立一社。今時里社是也。郊特牲曰「惟爲社事，單出里」。但立名雖異，其神則同。皆以勾龍配之。稷，周棄配之。據先儒所説不同。王肅之徒，即云但祭勾龍。后稷人神而已，非爲配祭。與鄭更相折難。別有評議，不復具論。按兩家所釋，鄭義爲長，故今據以爲説。社者，五土之神。五土謂若地官司徒職云，山林、川澤、丘陵、墳衍、原隰等，各有所育，羣生賴之。故特於吐生物處，〔三七〕別立其名爲社。援神契云「社者土地之神，能生五穀」。郊特牲云「社所以神地之道」。稷者，於五土之中，特指原隰之祇。以五土雖各有所生，而山林、川澤、丘陵、墳衍，此四者雜出材用等物，於五穀之功則少。且生人所急者食，故於五土之中，別旌異原隰之祇以報之。以其能生五穀，名其神。但五穀不可徧言，以稷爲五穀之長，春生秋成，最得中和之氣，故取以名其神，表言其處能生稷也。非謂止祭其穀粒。故援神契云「社者，土地之主。稷者，原隰之中能生五穀之祇」是也。又禮記曰「家主中霤而國主社稷」，以其俱是土神也。社壇在東，稷壇在西，俱北面。壇築牆，開四面門。且社稷陰神，皆以北面爲尊，地道長右，故稷在西也。知北面及有牆者，郊特牲説社云「君南向於北墉下，荅陰之義」是也。天子之社，則以五色土各依方色爲壇，廣五丈。春秋文義曰〔三八〕：「天子社壇，博五丈，諸侯半之。天子大社，東方青，南方赤，西方白，北方黑，冒以黃土。」諸侯則但用當方之色爲壇。皆立樹以表其處，又別爲主以象其神。禮記大傳説牧野之事云「既事而退，柴於上帝，祈社」。又尚書甘誓云「不用命戮於社」，則天子諸侯軍行皆載社主也。其主，鄭注但云「蓋用石爲之」，以石爲土類故也。〔三九〕大夫以下，但各以地所宜之木而立之。司徒職云：「設其社稷之壝而樹之田主。各以其野所宜之木，遂以名其社。」

禮神之玉，蓋用兩珪有邸。典瑞云：「兩珪有邸以祀四望。」崔靈恩云：「社稷同四望，其玉蓋同也。以珪鋭首象主生物。」其牲，王制云：「天子祭社稷皆太牢，諸侯祭社稷皆少牢。」皆黝色。地官牧人云：「陰祀用黝牲。」鄭注云：「陰祀謂祭地北郊及社稷也。」但社稷各牢不同牲也，故云皆也。用黑幣。按牲幣同色。日用甲。郊特牲云：「日用甲，日之始也。」按周初未制禮之時，日猶用戊，故召誥云「戊午乃社於新邑」。祭日之晨，王及尸皆服絺冕。司服云：「祭社稷五祀則絺冕。」知有尸者，鳧鷖詩所謂公尸。樂則大司樂云：「奏太蔟，歌應鍾，舞咸池，以祭地祇。」太蔟，陽聲第二者。應鍾爲之合。地祇謂神州、社稷也。用三獻。禮器云「三獻文」，鄭注謂祭社稷、五祀也。其禮：取血先瘞於所祭之處，以爲祭始。大宗伯云：「以血祭祭社稷。」次則禮神以玉，時尸前薦爓肉及脯醢籩豆，郊特牲云「三獻爓」。王則酌大罍中酒以獻尸，大罍，瓦罍。所謂朝踐之獻，是爲一獻也。至薦熟時，宗伯亦攝后酌以亞獻，所謂再獻。每獻作，〔四〇〕奏太蔟等樂一終。尸食訖，賓長酌醑尸，謂之三獻。

天子太社必受霜露風雨，以達天地之氣。故喪國之社，屋之，不受天陽也。亳社北牖，〔四一〕使陰明也。絶其陽，通其陰而已。亳，殷之社，殷始都亳也。〔四二〕白虎通云：「王者諸侯必有柴社者何？示有存亡也。明爲善者得之，爲惡者失之。」春秋公羊傳云：「亡國之社，掩其上，柴其下。」亳社，有所祈求禱祠則祭之。以刑官爲之尸，喪祝掌其禮。秋官士師職曰：「若祭勝國之社，則爲之尸。」鄭玄注：「刑官爲尸，略之也。」春官喪祝職云：「掌勝國邑之社稷祝號，以祭祀禱祠焉。」〔四三〕

說曰：王者諸侯所以立社稷者，爲萬人求福報功也。人非土不立，非穀不生，不可徧敬，〔四四〕故立社稷而祭焉。自經籍灰燼，互執不同。鄭玄注：「社稷者土穀之神，勾龍、后稷以配食也。」按所據：郊特牲云「社祭土而主陰氣，君南嚮於北墉下，荅陰之義」。又云「社者神地之道」。又周禮以血祭祭社稷、五祀、〔四五〕五岳，樂用靈鼓。大喪，三年不祭，唯天地社稷，越紼而行事。王肅云：「勾龍、周棄並爲五官，故祀爲社稷。」按所據：左氏傳云「勾龍爲后土，祀以爲社」，故曰「伐鼓於社，責上公也」。今俗猶言社公，上公之義耳。又，牲用太牢，與地不同。若稷是穀神，祭之用稷，反自食乎！崔靈恩云：二家之說，雖各有通途，但昔來所習，謂鄭爲長。故依鄭義試評曰：按崔靈恩以鄭爲長，當矣！〔四六〕何者？按公者尊稱，以人尊社，故曰社公。王肅以俗言社公，及以社爲上公者，俗言天公、雷公，豈上公乎！又，日蝕伐鼓於社，責陰助陽之義也。夫陽爲君，陰爲臣，日蝕者，陰蝕陽也。君弱臣强，是以伐鼓於社，云責上公耳。若勾龍、周棄爲社，則不得先五岳而埋血也，以人鬼雖用血而不埋。復云以無「配食」字是正神者，「周人禘嚳而郊稷，祖文王而宗武王」，亦無配食之說，豈得不謂郊天者乎！且人鬼之道，不用靈鼓，不得越紼而祭也。稷者，土有生長之功，立其神，因以稷名之。鄭據孝經說曰「社者土地之神，稷者能生五穀之神」。孝經援神契云「稷乃原隰之中，能生五穀之祇」。今按，本無正神，人感其功，欲美報之，因以稷名。所以稷名神者，五穀之長故也。

漢高帝初起，禱豐枌榆社。枌，白榆。社在豐東北十五里。或曰：枌榆，鄉名，高帝里社。二年，東擊項籍還入關，因命縣爲公社。後四年，天下定，詔御史令豐謹理枌榆社。其後，又令縣常以春三月及臘，〔四七〕祠后稷以羊彘。人里各自裁以祠。隨豐儉也。平帝時，王莽奏「帝王建立社稷，百王不易。漢興，禮儀稍定，已有官社」，以后稷配食官稷。高帝除秦社稷，立漢社稷，禮所謂大社也。時又立官社，配以夏禹，而未立官稷，至此始立之。稷種穀樹。楮樹也。其子類穀。徐州牧歲貢五色土一斗。

後漢光武建武二年，立太社稷於洛陽，在宗廟之右。周禮曰：「社稷在右，宗廟在左。」皆方壇。蔡邕獨斷曰：「天子大社，封諸侯者，皆取土苞白茅授之，以立社於其國，故謂之授茅土。漢惟有皇子封爲王者得茅土，其他功臣以户數租入爲節，不受茅土立社。」無屋，有牆門而已。必受霜露風雨。二月、八月及臘，一歲三祠，皆太牢具，使有司祠。漢儀「使者監祠，南向立，不拜」。郡縣皆置，太守、令、長侍祠。牲用羊家。唯州所理，有社無稷，以其使官也。

魏自漢後，但太社有稷，官社無稷，故常二社一稷也。至明帝景初中，立帝社。博士孔晁議，〔四八〕漢氏及魏初，皆立一社一稷。至景初之時，更立太社、太稷，又特立帝社。云：「禮記祭法云『王爲羣姓立社曰大社』，言爲羣姓下及士庶，皆使立社，非自立也。今並立二社，一神二位，〔四九〕同時俱祭，於事爲重，於禮爲黷。宜省除一社，以從舊典。」劉喜難曰：「祭法『爲羣姓立社』，若如晁議，當言『王使』，不得言『爲』。下云『王爲羣姓立七祀』『諸侯自爲立五祀』，〔五〇〕若是使羣姓私立，何得踰於諸侯而祭七祀乎！知爲羣姓立七祀，〔五一〕乃王之祀也。夫人取法於天，取財於地，普天率土，無不奉祀，而何言乎一神二位以爲煩黷耶？」

明帝祭社，但稱皇帝。王肅議：「太尉等祭祀，但稱名，不稱臣。每有事須告，皆遣祝史。」

晉武帝太康九年，詔曰：「社實一神，其并二社之祀。」〔五二〕車騎司馬傅咸表曰：「祭法王社太社，各有其義。穀梁傳曰『天子親耕』，故自立社爲籍而報也。國以人爲本，人以穀爲命，〔五三〕爲百姓立社而祈報焉。事異體殊，此社之所以有二。景侯王肅之論王社，〔五四〕亦謂春祈籍田，秋而報之也。其論大社，則曰『王者布下圻内，爲百姓立之，謂之大社，不自立之於京師也』。景侯此論，據祭法『大夫以下，成羣立社，曰置社』。景侯解曰『今之里社是』。太社，天子爲人而祀，故稱天子社。郊特牲曰：『天子太社，必受霜露風雨。』夫以羣姓之衆，王者通爲立社，故稱太社。若夫置社，〔五五〕其數不一，蓋以里所爲名。左氏傳盟於清丘之社是也。人閒之社，不稱太矣。若復不立之京都，當安所立乎？前被敕，尚書召誥云『社於新邑，唯一太牢』，不立二社之明義也。郊特牲曰『社稷太牢』。必據一牢之文，以明社之無二，則稷無牲矣。說者則曰，舉社則稷可知。苟可舉社以明稷，何獨不舉一以明二？『國之大事，在祀與戎』。若有過而除之，不若過而存之。存之有義，除之無據。周禮封人『掌設社壝』，無稷字。今帝社無稷，蓋出於此。然國主社稷，故經傳動稱社稷。〔五六〕周禮『王祭社稷則絺冕』，此王社有稷之文也。封人『設社壝』之無稷字，說者以爲約文，從可知也。謂宜仍舊立二社，而加立帝社之稷。禹貢『惟土五色』。景侯解曰：『王者取五色土爲大社，封四方諸侯。各割其方色土者覆四方也』。如此，大社復爲立京都也。」詔曰：「社實一神，而相襲二位，衆議不同，何必改作。其便仍舊，一如魏制。」

東晉元帝建武元年，又依洛京立二社一稷。

宋仍晉舊，無所改作。

齊武帝永明十一年，脩儀：〔五七〕其神一，位北向。稷東向。齊官社壇東北南向立，以西爲上，〔五八〕諸執事西向立，以南爲上。稷名太稷。兼祠部郎中何佟之議：「按禮記郊特牲『社祭土而主陰氣也，君南向於北墉下，荅陰也』。王肅云『陰氣北向，故君南向以荅之。荅之爲言是相對之稱』。〔五九〕知古祭社，北向設位，齋官南向明矣。近代相承，帝社南向，太社及稷並東向，而齋官在帝壇北，西向，於神背後行禮。又名稷爲稷社，甚乖禮意。謂二社，語其義則殊，論其神則一，位並宜北向。稷若北向，則成相背。稷是百穀之總神，非陰氣之主，〔六〇〕宜依先東向。齋官在社壇東北，南向立，以西爲上；〔六一〕諸執事西向立，以南爲上。稷依禮無兼稱，若欲尊崇，正可名太稷，豈得稷社耶？」治禮學士議曰：「郊特牲云『君南向，荅陽也。臣北向，荅君也』。若以陽氣在南，則立應北向，陰氣在北，〔六二〕則立宜向南。今二郊一限南向，皇帝黑瓚階東西向，〔六三〕故知壇壝無係於陰陽，設位寧拘於南北。羣神小祠，類皆南面，〔六四〕薦饗之時，北向行禮，蓋欲申靈祇之尊，表求幽之義。」〔六五〕與佟之相難，凡三往反。有司議「治禮無的然明據」，佟之議乃行也。

梁社稷在太廟西。天監四年，以太常省牲，太常丞牽牲，太祝令贊牲。其初蓋晉元帝建武元年所剏，有太社、帝社、太稷，凡三壇，門牆並隨其方色。每以仲春、仲秋，并令郡國縣祠社稷、先農。及臘，又各祠社稷於壇。百姓則二十五家爲一社，其舊社及人稀者，不限其家。春秋祠，水旱禱祈，祠具隨其豐約。〔六六〕舊太社，廩犧吏牽牲，司農省牲，大祝吏贊牲。〔六七〕天監中，明山賓議：「郊特牲云『社者神地之道』，國主社稷，實爲重。今公卿貴臣，親執盛禮，而令微吏牽牲，頗爲輕末。且司農省牲，又非其義，太常禮官，實當斯職。禮，祭社稷，無親牽牲之文。謂宜以太常省牲，廩犧令牽牲，太祝令贊牲。」帝唯以太祝贊牲爲疑，又以司農省牲，於理似傷。廩犧吏執紖，即事誠卑。議以太常丞牽牲，餘依山賓議，於是遂定。至大同初，又加官社、官稷，并前爲五壇。〔六八〕

陳依梁而帝社以三牲首，餘以骨體。薦粢盛爲六飯：粳以敦，稻以牟，黃粱以簠，白粱以簋，黍以瑚，粢以璉。其儀本之齊制。敦音對。

後魏天興二年，置太社、太稷、帝社於宗廟之右，爲方壇四陛。以二月、八月，日用戊，皆太牢。勾龍配社，周棄配稷，皆有司侍祠。

北齊立太社、帝社、太稷三壇於國右。每仲春仲秋元辰及臘，各以一太牢祭焉。皇帝親祭，〔六九〕則司農卿省牲進熟，司空亞獻，司農終獻。

後周立社稷於左。帝親祠，則冢宰亞獻，宗伯終獻。

隋文帝開皇初，建社稷，並列於含光門之右。〔七〇〕仲春仲秋吉戊，各以一太牢祭。牲色用黑。孟冬下亥，又臘祭之。郡縣二仲月，並以少牢各祭，百姓亦各爲社。

大唐社稷亦於含光門内之右。仲春、仲秋二時戊日，祭太社、太稷。社以勾龍配，稷以后稷配。

武太后天授三年九月爲社，至長安四年三月，制社依舊用八月。

神龍元年，改先農壇爲帝社壇，於太壇西立帝稷壇，〔七一〕禮同太社、太稷，其壇不備方色，異於太社。時祝欽明與禮官等奏：「經典並無先農之文，永徽年中，猶名籍田。垂拱以後，改爲先農。然先農與社本是一神，其先農壇請改爲帝社，以應王社之義。其祭先農改爲帝社。仍請准令用孟春吉亥，祀后土，以勾龍配。」制從之。又其年五月，詔於東都建置太社，令禮官議立社主。〔七二〕太常少卿韋叔夏等引呂氏春秋及鄭玄義，〔七三〕以爲社主用石。又按後魏天平四年四月，太社石主遷於社宮，是社主用石矣。又檢舊社主長一尺六寸，〔七四〕方一尺七寸。禮官博士議：「社主制度長短，在禮無文。按韓詩外傳云：『天子太社方五丈，諸侯半之。』蓋以五是土數，故壇方五丈。其社主，請准五數，長五尺；准陰之二數，方二尺。剡其上以象物生，〔七五〕方其下以象地體，埋其半，以根在土中，而本末均也。則神道設教，法象有憑。其尺請用古尺。」又檢舊社稷壇上四方布以方色，唯中央數尺飾以黃土。禮官韋叔夏等又議曰：「韓詩外傳云：『天子太社廣五丈，各分置四方色，訖，上冒以黃土。』說者云『冒以黃土，象王者覆被四方』。據此，合用黃土徧覆壇上。今檢舊壇之上，亦備方色，唯中央數尺，飾以黃土，則是覆被之道，有所不及。既乖舊制，請准古改造。」於是以方色飾壇之四面及四陛，其上則以黃土覆之。

天寶三載二月，詔：「社稷列爲中祀，頗紊大猷。自今已後，社稷升爲大祀。」大曆六年十一月，敕中祀並用少牢。至貞元五年九月，國子祭酒包佶奏請社稷復依正禮用太牢。詔從之。

校勘記

〔一〕煦嫗德一　「嫗」原訛「育」，據北宋本、傅校本、明抄本、明刻本、王吳本改。按：禮記樂記云：「煦嫗覆育萬物。」鄭注：「以氣曰煦，以體曰嫗。」

〔二〕林鍾生於未之氣　「生」原訛「主」，據周禮大司樂鄭注及北宋本改。

〔三〕靈鼓靈鼗六面鼓也　原脱「靈鼓」，據周禮大司樂鄭注及北宋本、傅校本、明抄本補。

〔四〕禹受地統書　「統」北宋本、傅校本、明抄本皆作「説」。

〔五〕土地高著　北宋本作「土中高者」。

〔六〕僢音昌絹反　句下原有「兩足相向之義」六字，清人擅增。今據北宋本、傅校本、明抄本、明刻本、王吴本删。

〔七〕幣色無文　「色」上原衍「黑」，據北宋本、傅校本、明抄本、明刻本、王吴本删。

〔八〕必爲昭明之名　原脱「必爲」，據禮記祭法鄭注及北宋本、傅校本、明抄本、王吴本補。

〔九〕以獻尸　「尸」下原衍「位」，據北宋本、傅校本、明抄本、明刻本删。

〔一〇〕大宗伯以匏爵酌醍齊以亞之　原脱「酌」，據北宋本、傅校本、明抄本、王吴本補。

〔一一〕江南　「江」原訛「河」，據後漢書祭祀志中三一八一頁改。

〔一二〕方丘所祭曰皇皇后地　「皇皇后地」原作「皇后」，據三國志魏書明帝紀裴松之注一一〇頁、晉書禮志上五八三頁補。

〔一三〕北郊所祭以武宣皇后配　三國志明帝紀裴注一一〇頁、晉書禮志上五八三頁「所祭」下有「曰皇地之祇」五字，通典誤脱，應據補。

〔一四〕爲配北郊　「北」原訛「地」，據北宋本、傅校本、明抄本、明刻本、王吳本改。

〔一五〕泰始二年定郊祀地郊先后配　按：晉書禮志上五八三頁云「地郊又除先后配祀」。疑此脱「除」字。

〔一六〕因舊不改　「因」原作「依」，據北宋本、傅校本、明抄本、明刻本、王吳本改。

〔一七〕武帝永明五年議　「五」北宋本作「三」。按：此議南齊書禮志上一二三頁謂在「二年」，册府卷五七七六九二九頁謂在「三年」。

〔一八〕已注天郊　按通典文例應作「已注郊天篇」。

〔一九〕省除四望座松江浙江五湖鍾山白石山並留之如故　按：據隋書禮儀志一一一〇頁，天監六年，明山賓建議省四望，久議不決。至十六年，有事北郊，八座奏省四望、松江、浙江、五湖等座，其鍾山、白石，並留如故。通典節録彼文，盡失原意。

〔二〇〕以武明皇后配　「明」原訛「德」，據隋書禮儀志一一一四頁改。按：此指神武明皇后婁氏。

〔二一〕儀同圜丘　「儀」原訛「犧」，據隋書禮儀志一一一五頁改。

〔二二〕上崇五尺方四丈　「丈」原訛「尺」，據隋書禮儀志一一一五頁、通考卷七六及北宋本改。

〔二三〕營州　「營」原訛「宮」，據隋書禮儀志一一一七頁改。

〔二四〕營州北方　「營」原訛「宮」，並脱「北方」，據隋書禮儀志一一一七頁改補。

〔二五〕揚州東方　原「東」下衍「南」，據隋書禮儀志一一一七頁删。

〔二六〕各依方面八陛之間　「依」原訛「以」，據隋書禮儀志一一一七頁及北宋本、傅校本、明抄本、明刻本、王吴本改。

〔二七〕丘陵墳衍　「陵」原訛「林」，據隋書禮儀志一一一七頁及北宋本、傅校本、明抄本、明刻本、王吴本改。

〔二八〕日月皇地祇　「皇」原訛「星」，據隋書禮儀志一一一七頁改。按：據下文知星辰屬中祀，諸星屬小祀。

〔二九〕祀神州　「祀」原作「祭」，據北宋本、傅校本、明抄本、明刻本改。

〔三〇〕神州用黝犢一　原脱「用」，據北宋本、傅校本、明抄本、王吴本補。

〔三一〕奉常博士陸遵楷張統師　「奉」原訛「太」，「統」原訛「羅」，據舊唐書禮儀志一八二六頁及北宋本、傅校本改。

〔三二〕永徽中廢神州之祀　檢舊唐書禮儀志一八二三頁至八二五頁，廢神州之祀在顯慶二年。

〔三三〕謂之北郊　「北」原訛「地」，據舊唐書禮儀志一八二四頁及北宋本、傅校本、明抄本、明刻本改。

〔三四〕續議請設皇地祇位　「請」北宋本、傅校本、明刻本、明抄本作「而」。按：時賈曾建議未被採納，「請」字義優。

〔三五〕故在右也　原脱「故」，據北宋本、傅校本、明抄本、明刻本、王吴本補。

〔三六〕與人族合居百家以上　「人族」原倒，據北宋本、傅校本、明抄本、明刻本、王吴本乙。按：禮記祭法鄭注作「與民族居百家以上」。通典避太宗諱改「民」爲「人」，又以意增「合」字。

〔三七〕故特於吐生物處　原脱「特」，「吐」訛「土」，據北宋本、傅校本、明抄本補改。

〔三八〕春秋文義　「文」原作「大」，據北宋本、傅校本、明刻本、王吴本、明抄本改。按：「春秋文義」「春秋大義」，兩唐書不見著録。舊唐書經籍志、新唐書藝文志均有崔靈恩春秋立義十卷。疑「文」是「立」之形訛。

〔三九〕以石爲土類故也　「故」原訛「是」，據北宋本、傅校本、明抄本、明刻本改。

〔四〇〕每獻作　「作」原訛「酒」，據北宋本、傅校本、明抄本改。

〔四一〕亳社北牖　「牖」原訛「墉」，據禮記郊特牲及北宋本改。

〔四二〕殷始都亳也　原脱「始」，據北宋本、傅校本、明抄本、王吴本補。

〔四三〕祭祀禱祠　「祠」原訛「祀」，據周禮喪祝職文及北宋本改。

〔四四〕不可徧敬　「徧」原訛「偏」，據北宋本改。

〔四五〕以血祭祭社稷五祀　上「祭」原訛「食」，據周禮大宗伯職及北宋本改。

〔四六〕以鄭爲長當矣　原「當」上衍「稱」，據北宋本、傅校本、明抄本、明刻本删。

〔四七〕春三月　漢書郊祀志上一二一二頁作「春二月」。

〔四八〕博士孔晁議　「議」原訛「謂」，據北宋本、傅校本、明抄本、明刻本改。

〔四九〕一神二位　「二」原訛「三」，據北宋本改。按：下文及通考卷八二亦作「一神二位」。

〔五〇〕諸侯自爲立五祀　「爲立」原倒，據禮記祭法及北宋本乙。

〔五一〕知爲羣姓立七祀　「知」原訛「卻」，據北宋本、傅校本、明抄本改。

〔五二〕其并二社之祀　原脱「二」，據晉書禮志上五九一頁、宋書禮志四四七九頁、册府卷五七四六八九九頁補。

〔五三〕人以穀爲命　「命」原訛「本」，據晉書禮志上五九一頁、宋書禮志四四七九頁、册府卷五七四六八九九頁及北宋本、傅校本、明抄本改。

〔五四〕景侯王肅之論王社　原作「武帝引景侯王肅之論曰王社」。北宋本、傅校本、明抄本、王吴本作「武帝外祖王肅景侯之論曰王社」，皆誤。據晉書禮志上五九一頁、宋書禮志四四七九頁、册府卷五七四六八九九頁删「武帝引」「曰」四字。按：傅咸上表於司馬炎，表中斷無預稱其謚號之理。

〔五五〕若夫置社　「置」原訛「里」，據晉書禮志上五九一頁、宋書禮志四四七九頁、册府卷五七四六八九九頁改。

〔五六〕故經傳動稱社稷　七字原脱，據北宋本、傅校本、明抄本補。

〔五七〕脩儀　原作「何佟之議」，據北宋本、傅校本、明抄本改。

〔五八〕南向立以西爲上　「西」南齊書禮志上一三七頁作「東」。下同。

〔五九〕荅之爲言是相對之稱　「荅之」原涉上而脱，據南齊書禮志上一三七頁補。

〔六〇〕非陰氣之主　「氣」原訛「陽」，據南齊書禮志上一三七頁、册府卷五七八六九三五頁改。

〔六一〕以西爲上　「西」南齊書禮志上一三七頁作「東」，疑是。

〔六二〕陰氣在北　「在」原訛「向」，標點本南齊書禮志上一三七頁據南監本、毛本、殿本、局本改。今從改。

〔六三〕皇帝黑瓚階東西向　原訛作「皇帝奠幣東西向」，北宋本作「皇帝黑幣東西向」。據南齊書禮志上一三七頁、册府卷五七八六九三五頁改。

〔六四〕類皆南面　原「皆」下衍「向」，據北宋本删。按：册府卷五七八六九三五頁、通考卷八二亦無「向」字。

〔六五〕表求幽之義　原訛作「表求幽之理議」，據南齊書禮志上一三七頁、册府卷五七八六九三五頁删改。

〔六六〕祠具隨其豐約　「隨」原訛「通」，據隋書禮儀志二一四二頁改。

〔六七〕大祝吏贊牲　「吏」原訛「史」，據隋書禮儀志二一四二頁及北宋本、傅校本、明抄本改。

〔六八〕至大同初又加官社官稷并前爲五壇　原脱「官社」，據隋書禮儀志二一四二頁補。按：前有太社、帝社、太稷三壇，又加官社、官稷，共爲五壇。

〔六九〕皇帝親祭　原「親」下衍「祠」，據隋書禮儀志二一四二頁及北宋本、傅校本、明抄本、明刻本删。

〔七〇〕並列於含光門之右　「列」原訛「立」，據隋書禮儀志三一四三頁及北宋本、傅校本、明抄本、明刻本改。

〔七一〕於太壇西立帝稷壇　「稷」原訛「社」，據舊唐書禮儀志四九一三頁及北宋本、傅校本、明抄本、明刻本改。

〔七二〕令禮官議立社主　原脱「主」，據北宋本、傅校本、明抄本、王吴本補。

〔七三〕鄭玄義　「義」原訛「議」，據北宋本、傅校本、明抄本、明刻本改。

〔七四〕舊社主長一尺六寸　「一」通考郊社考一五作「二」。

〔七五〕剡其上以象物生　原脱「生」，據唐會要卷二二補。

王文錦點校

通典卷第四十六

禮六 沿革六 吉禮五

山川　籍田　先蠶

山川 黄帝 虞 周 秦 漢 後漢 魏 宋 梁 後魏 後周 隋 大唐

黄帝祭於山川，與爲多焉。與，比也。比吉祭，祀山川黄帝最多。

虞氏秩於山川，徧於羣神。秩，序也。以次序而祭之。五岳視三公，四瀆視諸侯。

周制，四坎壇祭四方，四方即謂山林、川谷、丘陵之神。祭山林丘陵於壇，川谷於坎，則每方各爲壇爲坎。以血祭祭五岳，陰祀自血起，貴氣臭。以埋沈祭山林山澤。祭山林曰埋，川澤曰沈。各順其性之含藏。一歲凡四祭：一者謂迎氣時，二者郊天時，三者大雩時，四者大蜡時，皆因以祭之。禮神之玉，兩珪有邸，五寸。牲用少牢，各隨方色，幣亦隨牲色。牧人云：「望祀各以其方之色牲，毛之。」注云：「望祀謂五岳、四鎮、四瀆。」器用蜃。鬯人云：「凡四方山川用蜃。」用五獻。禮器云：「五獻察。」〔一〕注云：「謂祭四望山川。」祭日，王及尸皆服毳冕。司服注云：「毳冕，畫虎蜼，謂宗彝。其衣三章，裳二章，凡五也。」史記云「周公祀太山，以召公爲尸，」〔二〕是有尸也。樂奏姑洗，歌南吕，舞大韶，以祀四望，姑洗，陽聲第三者，南吕爲之合。四望：五岳、四鎮、四瀆。奏蕤賓，歌函鍾，舞大夏，以祀山川。蕤賓，陽聲次四。其祭之岳鎮，則升血爲始，四瀆則沈血爲始。覲禮云「祭山升，祭川沈」也。〔三〕爾雅云「祭山曰庋懸，祭川曰浮沈」也。庋音久委反。次薦豆籩及爓肉，爲朝踐。故大祭用腥，則次祀用爓也。爓謂沈肉於湯也。故鄭云「沈肉曰爓」。時王酌盎齊以獻，所謂朝踐之獻也。大宗伯亞獻，亦以盎齊。至熟，〔四〕王酌清酒以獻尸，亞者亦清酒，所謂饋食之獻。通前四獻也。尸食訖，王又酌清酒以酳尸。凡五獻也。

秦并天下，令祠官所常奉名山川鬼神可得而序。於是自崤以東，名山大川祠。崤即今之陝郡二崤。曰太室，太室，嵩高也。恒山，泰山，會稽，湘山。水曰濟，曰淮。春以脯酒爲歲禱，因泮凍；解凍也。秋涸凍；涸讀與沍同。涸，凝也。〔五〕春解秋凝。冬塞先代反禱祠。謂報其所祈。下禱塞同。其牲用牛犢各一，牢具圭幣各異。〔六〕自華以西，名山七：曰華山，薄山，薄山，襄山也。說者云在河東。一曰在潼關北十餘里。而此云自華以西者，今則閿鄉之南山，連延西出，並得華山之名。嶽山，岐山，吴山，鴻冢，瀆山。瀆山，蜀山之峼也。〔七〕周禮職方氏「雍州，其山曰嶽。」爾雅云「河西曰嶽」。說者咸云嶽即吴嶽也。今此有嶽山，又有吴山，則吴嶽非一山，但未詳嶽之所在。徐廣云「嶽山在武功」。地理志武功無嶽，但有垂山。岐山在今之岐山縣也。〔八〕其山兩岐，〔九〕故俗呼爲箭闊嶺。〔一〇〕吴山在今汧陽郡之吴山縣。〔一一〕鴻冢者，黄帝臣鬼臾區，號大鴻，葬雍，故鴻冢是也。蘇林曰：「今雍有鴻冢。」嶓在湔氐道也。〔一二〕名川四：曰河，祠臨晉；即今之馮翊郡朝邑縣界。沔，祠漢中；沔，漢水之上名也。漢中，今漢中郡也。湫泉，〔一三〕祠朝那；湫泉在安定郡界，〔一四〕清徹可愛，不容穢濁，或有諠污，輒興雲雨。土俗亢旱，〔一五〕每於此求之，相傳云龍所居也。天下山川隈曲，〔一六〕亦往往有之。江水，祠蜀。亦春秋泮涸禱塞如東方山川，〔一七〕而牲亦牛犢牢具圭幣各異。而四大冢鴻、岐、吴、嶽，〔一八〕皆有嘗禾。以新穀祭。其河加有嘗醪。皆在雍州之域，近天子都，故加車一乘，騮駒四。灞、滻、灃、澇、涇、渭、長水，皆不在大山川數，〔一九〕以近咸陽，盡得比山川祠，而無諸加。謂加車及騮駒之屬。

漢孝文十二年，五穀不登，詔增修山川羣祀。詔曰：「比年五穀不登，欲增諸神祀。按王制曰：『山川神祇有不舉者，爲不敬。』今恐山川百神應典禮者，〔二〇〕尚未盡秩。其議增修羣祀宜享祀者，以祈豐年。」武帝因巡狩，禮其名山大川，用駒者悉以木偶馬代，行過親祠者乃用駒。〔二一〕

後漢章帝元和二年，詔祀山川百神應禮者。

魏文帝黄初二年，〔二二〕禮五岳四瀆，咸秩羣祀，瘞沈珪璋。

宋孝武帝大明七年六月，〔二三〕有司奏奠祭霍山。殿中郎丘景先議：「宜使太常持節，牲以太牢之具，羞用酒脯時穀，禮以赤璋纁幣，器用陶匏，藉用茅席。〔二四〕爲壇兆。」時不用蜃，同郊祀以爵獻。凡肴饌種數，依社祭。

梁令郡國有五岳者，置宰祀三人，及有四瀆若海應祀者，皆以孟春仲冬祀之。

後魏明元帝立五岳四瀆廟於桑乾水之陰，〔二五〕春秋遣有司祭。其餘山川諸神三百二十四所，〔二六〕每歲十月，遣祠官詣州鎮徧祀。有水旱災厲，則牧守各隨其界内而祈謁。王畿内諸山川，有水旱則禱之。太武帝南征，造恒山，祀以太牢。浮河、濟，祀以少牢。過岱宗，祀以太牢。遂臨江，登瓜步而還。

後周大將出征，遣太祝以羊一，祭所過名山大川。

隋制，祀四鎮：東鎮沂山，西鎮吴山，南鎮會稽山，北鎮醫無閭山，在東夷中，遥祀。冀州鎮霍山。並就山立祠。祀四海：東海於會稽縣界，南海於南海鎮南，並近海立祠。及四瀆，並取側近巫一人，主知灑掃，並令多植松柏。

大唐武德、貞觀之制，五岳、四鎮、四海、四瀆，年别一祭，各以五郊迎氣日祭之。東岳岱山，祭於兖州；東鎮沂山，祭於沂州；東海，於萊州；東瀆大淮，於唐州。南岳衡山，於衡州；南鎮會稽山，於越州；南海，於廣州；南瀆大江，於益州；中岳嵩山，於洛州。西岳華山，於華州；西鎮吴山，於隴州；西海及西瀆大河，〔二七〕於同州。北岳恒山，於定州；北鎮醫無閭山，於營州；北海及北瀆大濟，於洛州。其牲皆用太牢。祀官以當界都督刺史充。先天二年，封華岳神爲金天王。開元十三年，封泰山神爲天齊王。天寶五載，封中岳神爲中天王，南岳神爲司天王，北岳神爲安天王。六載，河瀆封爲靈源公，濟瀆封爲清源公，〔二八〕江瀆封爲廣源公，淮瀆封爲長源公。會稽山爲永興公，岳山爲成德公，〔二九〕霍山爲應聖公，醫巫閭山爲廣寧公。八載閏六月，封太白山爲神應公。其九州鎮山，除入諸岳外，並宜封公。〔三〇〕十載正月，以東海爲廣德王，南海爲廣利王，西海爲廣潤王，北海爲廣澤王。分命卿監詣岳瀆及山，〔三一〕取三月十七日一時備禮，兼册祭。儀具開元禮。武德二年十月，上親祀華岳。舊儀，岳瀆以上祝版，御署訖，北面再拜。武太后證聖元年十月，有司上言曰：「謹按『五岳視三公，四瀆視諸侯』，天子無拜公侯之禮。請依舊儀，〔三二〕五岳以下，署而不拜。」制可之。開元元年，〔三三〕太常奏：「伏准唐禮，祭五岳四瀆皆稱嗣天子，祝版皆進署。竊以舜典〔三四〕『五岳視三公，四瀆視諸侯』，則不合稱嗣天子及親署其祝文。伏請稱皇帝謹遣某乙，敬祭於某岳瀆之神。」從之。貞元四年五月，太常卿董晉奏：〔三五〕「五岳四瀆，其神版並合御署。至上元元年，中祠小祠，一切權停。自後因循，不請御署其祝版。欲至饗祭日，所司准程先取署，附驛發遣。敕旨宜依，仍委所司，每至時先奏，附中使送。」初，開元九年十二月，天台道士司馬承禎言：「今五岳神祠，是山林之神也，非正真之神也。五岳皆有洞府，有上清真人降任其職，山川風雨陰陽氣序，是所理焉。冠冕服章，佐從神仙，皆有名數。請別立齋祠之所。」上奇其說，因敕五岳，各置真君祠一所。

籍田 周 漢 後漢 魏 晉 東晉 宋 齊 梁 後魏 北齊 隋 大唐

周制，天子孟春之月，乃擇元辰，親載耒耜，置之車右，帥公卿諸侯大夫，躬耕籍田千畝於南郊。籍，借也。謂借人力以理之。勸率天下使務農也。〔三六〕春秋傳曰「郊而後耕」，遂籍人力以成歲功，故謂之帝籍。天子籍田千畝於南郊，〔三七〕諸侯百畝於東郊。〔三八〕冕而朱紘，躬秉耒，天子三推。推，發也。諸侯三公冕而青紘，躬秉耒，三公五推，諸侯九推。以事天地、山川、社稷、先古，先古，先祖。以爲醴酪粢盛，於是乎取之。敬之至也。內宰詔后，帥六宮之人，生穜稑之種，以獻於王。使後宮藏種而又生之。太常條穀種黍稷穜稑，使內宰後宮生之者，示種類孳息之祥，〔三九〕且佐王於耕事，所以俱自盡於郊廟也。稑，早也。穜，晚也。先種後熟謂之穜，後種先熟謂之稑。甸師掌帥其屬而耕耨王籍，以時入之。其屬，庶人也。耨，鋤也。王籍謂王者籍田千畝，所親帥公卿以下親耕農人耕之處也。〔四〇〕庶人終於千畝，故曰帥其屬耕耨王籍，入其收也。

漢文帝制曰：「農，天下之本，遂開籍田，朕躬耕，以給宗廟粢盛。」粢，黍稷也。盛，器，謂簠簋。舊儀「春始東耕於籍田，〔四一〕官祠先農，〔四二〕以一太牢，百官皆從。先農，神農也。五經要義云：「立壇於田所，祠之，其制度如社之壇。」賜三輔二百里孝悌、力田、三老帛。〔四三〕種百穀萬斛，爲立籍田倉，置令、丞。穀皆以給天地、宗廟、羣神之祀，〔四四〕以爲粢盛。」景帝詔曰「朕親耕爲天下先」。昭帝幼即位，耕於鉤盾弄田。鉤盾，宦者近署，故往試耕爲戲弄。

後漢明帝永平中二月，東巡耕於下邳。章帝元和中正月，北巡耕於懷縣。其籍田儀：正月始耕，常以乙日，祠先農及耕於乙地。晝漏上水初納，執事告祠先農，已享。耕日，以太牢祭先農於田所。耕時，有司請行事，就耕位，天子、三公、九卿、諸侯、百官以次耕。推數如周法。力田種各耰訖，有司告事畢。是月，命郡國守皆勸人始耕。

魏氏天子親耕籍田。藩鎮闕諸侯百畝之禮。

晉武帝泰始四年正月丁亥，帝躬耕籍田於東郊。詔曰：「近代以來，耕籍田於數步之中，空有慕古之名，曾無供祀訓農之實，而有百官車徒之費。今循千畝之制，當與羣公卿士躬稼穡之艱難，〔四五〕以帥先天下。於東郊之南，洛水之北。」去宮八里，遠十六里爲此千畝。帝御木輅以耕，太牢祀先農。自惠帝後，禮廢矣。

東晉元帝將修耕籍〔四六〕事，竟不行。時朝議：至尊應躬祠先農不？〔四七〕賀循曰：「漢儀無躬祭之文，然王祭四望則毳冕，祭社稷五祀則絺冕，〔四八〕以此不爲無親祭之義。」

宋文帝元嘉二十一年，〔四九〕將親耕。時史學生山謙之以私鳩集其儀，〔五〇〕因以奏聞。〔五一〕詔言酌斟衆條，造定圖注。〔五二〕先立春九日，司空、大司農、京尹、令、尉，度宮之辰地八里之外，整制千畝，中開阡陌。立先農於中阡西陌南，御耕壇於中阡東陌北。將耕，宿設青幕於耕壇之上。〔五三〕皇后帥六宮之人出穜稑之種，付籍田令。耕日，太祝令以一太牢祠先農，一如帝社儀。孟春上辛後吉亥，御乘耕根三蓋車，駕蒼駟，建青旂，〔五四〕著通天冠，青幘，〔五五〕青衮，佩蒼玉。藩王以下至六百石皆衣青。唯三臺武衛不耕，不改章服。駕出如郊廟儀。至籍田，侍中跪奏：「至尊降車。」臨壇，大司農跪奏：「先農已享，請皇帝親耕。」太史贊曰：「皇帝三推三反。」於是羣臣以次耕，王公及諸侯五推五反，孤卿大夫七推七反，士九推九反。籍田令率其屬耕，〔五六〕竟畝，洒種即耰，禮畢。乃班下州縣，悉備其禮焉。

齊武帝永明中，〔五七〕耕籍田用丁亥。時有司奏：正月丁亥，可祀先農。比來並用立春後亥。王儉以爲亥日籍田，經記無文。助教周山文議曰：「蔡邕月令章句解元辰云『日，幹也。〔五八〕辰，支也。有事於天，用日；有事於地，用辰』。」何佟之云：「少牢饋食禮云『孝孫某，來日丁亥，用薦歲事於皇祖伯某』。〔五九〕鄭以爲『不必丁亥，今但直舉一日以言之耳。〔六〇〕禘太廟禮日用丁亥，若不得丁亥，〔六一〕則用己亥、辛亥，苟有亥焉可也』。漢文用此日耕籍祠先農，後王相承用之，非有別義。」班固序亥位云「陰氣應無射，該藏萬物，而雜陽閡種」也。且亥既水辰，含育爲性，〔六二〕播厥取吉，其在茲乎！使御史乘馬車，載耒耜，從五輅後。

梁初，依宋齊禮，以正月用事，不齋不祭。天監十二年，以啓蟄而耕。時在二月內，尚書云「以殷仲春」，籍田理在建卯，於是改用二月。與百官御事並齋三日，沐浴祼饗。侍中奉耒耜，載於象輅，以隨木輅之後。禮云「親載耒耜，措於參保介之御間。」則置所乘輅上。普通二年，又移籍田於建康北岸，築兆域如南北郊。別有親耕臺，〔六三〕在壇東。帝親耕畢，登此臺以觀公卿之推反。

後魏道武帝天興三年春，始躬耕籍田，祭先農，用羊一。

北齊籍於帝城東南千畝內，種赤粱、白穀、大豆、赤黍、小豆、黑穄、麻子、大麥、小麥，色別一頃。自餘一頃，地中通阡陌，作祠壇於陌南阡西，廣輪三十尺，〔六四〕四陛三壝四門。又爲大營於外，設御耕壇於阡東陌北。〔六五〕每歲正月上辛後吉亥，祠先農神農氏於壇上，無配饗。祭訖，親耕。

隋制，於國南十四里啟夏門外，置地千畝，爲壇行禮。播殖九穀，納於神倉，以擬粢盛。穰藁以餇犧牲。

大唐貞觀三年正月二十一日，太宗親祭先農，籍於千畝之甸。初，議籍田方面所在，給事中孔穎達曰：「禮，天子籍田於南郊，諸侯於東郊。晉武帝猶於東南。今於城東，不合古禮。」太宗曰：「禮緣人情，亦何常之有。且虞書云『平秩東作』，已在東矣。又乘青輅、推黛耜者，所以順於春氣。且朕見居少陽之地，〔六六〕田於東郊，蓋其宜也。」於是遂定。武后改籍田爲先農壇。神龍初，復改先農壇爲帝社壇。〔六七〕祝欽明奏曰：「按祭法：『王自爲立社曰王社。』先儒以爲其社在籍田之中，詩載芟篇序云『春籍田而祈社稷』是也。」具社稷篇中。開元二十三年二月，〔六八〕親祀神農於東郊，句芒配。禮畢，躬御耒耜籍於千畝之甸。時有司進儀注：天子三推，公卿九推，庶人終畝。玄宗欲重勸耕籍，遂進耕五十餘步，盡壠乃止。耕畢，輦還齋宮，大赦。侍耕、執牛官皆加級賜帛。其儀備開元禮。

先蠶　周　漢　後漢　魏　晉　宋　北齊　後周　隋　大唐

周制，仲春，天官內宰詔后帥外內命婦，〔六九〕始蠶於北郊，以爲祭服。蠶於北郊，婦人以純陰也。天子、諸侯必有公桑蠶室，近川而爲之。築宮仞有三尺，棘牆而外閉之。后妃齋戒，享先蠶而躬桑，以勸蠶事。季春吉巳，王后享先蠶。先蠶，天駟也。享先蠶而後躬桑，示率先天下也。及大昕之朝，君皮弁素積，卜三宮之夫人、世婦之吉者。使入蠶於蠶室，〔七〇〕奉種浴於川。桑於公桑，風戾以食之。愛蠶食也。是月也，命有司無伐桑柘。有司，主山林之官也。乃修蠶器，薄槌鉤筐之類。〔七一〕禁原蠶。原，再也。天文，辰爲馬。蠶與馬同氣，物莫能兩大，禁原蠶，爲傷馬。

漢皇后蠶於東郊。其儀：春桑生，而皇后親桑於苑中。蠶室養蠶千薄以上，祀以中牢羊豕。祭蠶神曰苑窳婦人、寓氏公主，凡二神。羣臣妾從桑還，獻於繭館，皆賜從桑者絲。皇后自行。窳音以主反。〔七二〕

後漢皇后四月，帥公卿列侯夫人蠶。皇后出，乘鸞輅，青羽蓋，駕四馬，龍旂九斿。大將軍妻參乘，太僕妻御，前鸞旂車，皮軒闟音翕戟，雒陽令奉引，千乘萬騎。車府令設鹵簿駕，公、卿、五營校尉、司隸校尉、河南尹妻皆乘其官車，帶夫本官綬，從其官屬導從皇后。置武賁、羽林騎，戎頭、黃門鼓吹，五帝車，女騎夾轂，執法御史在前後，亦有金鉦黃鉞，五將導。桑於蠶宮，手三盆於繭館，畢，還宮。祀先蠶，禮以少牢。凡蠶絲絮，織室以作祭服。〔七三〕

祭服者，冕服也。天地宗廟羣神五時之服。其皇帝得以作縷縫衣，皇后得以作巾絮而已。〔七四〕置蠶宫令、丞，諸天下官下法皆詣蠶室，與婦人從事，故舊有東西織室作治。〔七五〕

魏文帝黄初七年，皇后蠶於北郊，依周典也。

晉武帝太康六年，蠶於西郊。蓋與藉田對其方也。先蠶壇高一丈，方二丈，四出陛，陛廣五尺，在皇后采桑壇東南帷宫外門之外，而東南去帷宫十丈，在蠶室西南，桑林在其東。取列侯妻六人爲蠶母。蠶將生，擇吉日，皇后著十二笄步摇，依漢魏故事，衣青衣，乘油畫雲母安車，駕六騩音貴馬。女尚書着貂蟬佩璽陪乘，載筐鉤。公主、三夫人、〔七六〕九嬪、世婦、諸太妃、太夫人及縣鄉君、郡公侯特進夫人、外世婦、命婦皆步摇，衣青，各載筐鉤從蠶。先桑二日，蠶宫生蠶著簿上。躬桑日，皇后未到，太祝令質明以太牢告祠，謁者一人監祠。祠畢，徹饌，頒餘胙於從桑及奉祠者。皇后至西郊升壇，公主以下陪列壇東。皇后東面躬桑，采三條，諸妃公主各采五條，縣鄉以下各采九條，〔七七〕悉以桑授蠶母，還蠶室。事訖，皇后還便座，〔七八〕公主以下乃就位，設饗宴，賜絹各有差。

宋孝武大明四年，始於臺城西白石里爲蠶所，設兆域，置大殿，又立蠶觀。其禮皆循晉氏。

北齊爲蠶坊於京城北之西，去皇宫十八里外。有蠶宫，方九十步，牆高一丈五尺。其中起蠶室二十七，別殿一區。置蠶宮令、丞，宦者爲之。路西置皇后蠶壇，高四尺，方二丈，四陛，陛各廣八尺。置先蠶壇於桑壇東南，大路東，横路南。壇高五尺，方二丈，四陛，陛各五尺。外兆方四十步，面開一門。有緑襜襦、〔七九〕褠衣、黄履，以供蠶母。每歲季春，穀雨後吉日，使公卿以一太牢祠先蠶黄帝軒轅氏於壇上，無配，如祀先農。禮訖，皇后因親桑於壇。〔八〇〕備法駕，服鞠衣，乘重翟，帥六宫升桑壇東陛，即御座。女尚書執筐，女主衣執鉤，〔八一〕立壇下。皇后降自東陛，執筐者處右，執鉤者居左，〔八二〕蠶母在後。乃躬桑三條，訖，升壇即御座。内命婦以次就桑，服鞠衣者采五條，展衣者七條，〔八三〕褖衣者九條，以授蠶母。還蠶室，切之，授世婦，洒一簿。凡應桑者並復本位。后乃降壇，還便殿，設勞酒，頒賚而還。

後周制，皇后乘翠輅，率六宫三妃、三㚤、音弋，婦官名。〔八四〕御媛、御婉、三公夫人、三孤内子至蠶所，以一少牢親進，祭奠先蠶西陵氏神。〔八五〕禮畢，降壇，令二嬪爲亞獻終獻，因以躬桑。

隋制，先蠶壇，於宫北三里爲壇，高四尺。季春上巳，皇后服鞠衣，以一太牢、制幣，祭先蠶於壇上，用一獻之禮。祭訖，就桑位於壇南，〔八六〕東面。尚功進金鉤，典制奉筐。皇后采三條，反鉤。命婦各依班采五條九條止。世婦於蠶母受切桑，洒訖，皇后乃還。自齊及周隋，其典法多依晉儀，亦時有損益。

大唐顯慶元年三月辛巳，皇后武氏；先天二年三月辛卯，皇后王氏；乾元二年三月己巳，皇后張氏：並有事於先蠶。其儀備開元禮。

校勘記

〔一〕五獻察　「察」原訛「祭」，據禮記禮器及北宋本改。鄭注：「察，明也。」

〔二〕史記云周公祀太山以召公爲尸　通典考證云：「此出白虎通，非史記，注誤引。」

〔三〕祭川沈　原「沈」上衍「曰浮」，據儀禮覲禮及北宋本、傅校本删。

〔四〕至熟　「熟」上疑脱「薦」字。

〔五〕涸瀆與沍同涸凝也　原「同」下衍「音」字，據漢書郊祀志上顔注一二〇七頁删。

〔六〕牢具圭幣各異　「牢」原訛「年」，「圭」訛「牲」，據漢書郊祀志上一二〇六頁及北宋本、傅校本改。

〔七〕瀆山蜀山之嵋也　「瀆山」原涉上而脱，據漢書郊祀志上一二〇六頁、通考卷八二補。

〔八〕岐山在今之岐山縣也　原脱「在」，據漢書郊祀志上顔注一二〇七頁補。

〔九〕其山兩岐　「其」原作「岐」，據漢書郊祀志上顔注一二〇七頁、通考卷八三及北宋本、傅校本改。

〔一〇〕箭闊嶺　「闊」，漢書郊祀志上顔注一二〇七頁作「括」。蓋杜氏避德宗嫌名而改。

〔一一〕吴山在今汧陽郡之吴山縣　「在今」原倒，據漢書郊祀志上顔注一二〇七頁乙。

〔一二〕嵋在湔氏道也　「湔」原作「隴」，據漢書郊祀志上顔注一二〇七頁、通考卷八三及傅校本改。

〔一三〕湫泉　「泉」，漢書郊祀志上一二〇六頁、通考卷八三作「淵」，杜佑諱改。

〔一四〕湫泉在安定郡界　原脱「泉」，據通典考證補。

〔一五〕土俗　「土」原訛「士」，據殿本改。北宋本作「止」，誤。

〔一六〕天下山川隈曲　「隈」原訛「猥」，據漢書郊祀志上顔注一二〇八頁、通考卷八三及北宋本、傅校本改。

〔一七〕亦春秋泮涸禱塞如東方山川　「塞」原訛「祠」，據漢書郊祀志上一二〇六頁及上文注改。

〔一八〕而四大冢鴻岐吴嶽　「冢鴻」原誤倒，「嶽」原訛「山」，據漢書郊祀志上一二〇六頁及北宋本、傅校本、遞修本、明抄本、王吴本乙改。

〔一九〕皆不在大山川數　原脱「不」字，據漢書郊祀志上一二〇六頁、通考卷八三及王吴本補。

〔二〇〕應典禮者　「應」原訛「因」，據北宋本、傅校本改。

〔二一〕行過親祠者乃用騶　「過」原訛「遇」，據漢書郊祀志下一二四六頁及北宋本、傅校本、遞修本、明抄本、明刻本改。

〔二二〕黄初二年　「二」原訛「三」，據三國志魏書文帝紀七八頁、宋書禮志四四八二頁改。

〔二三〕宋孝武帝大明七年六月　原脱「孝」，據宋書禮志四四八三頁、通考卷八三及北宋本補。

〔二四〕藉用茅席　原脱「席」，據宋書禮志四四八三頁、通考卷八三及北宋本、傅校本補。

〔二五〕後魏明元帝立五岳四瀆廟於桑乾水之陰　「明元帝」原訛作「景穆帝」，據魏書禮志一二七三七頁、通志禮略一訂改。

〔二六〕其餘山川諸神　原脱「餘」，據魏書禮志一二七三七頁、通考卷八三及北宋本、傅校本補。

〔二七〕西海及西瀆大河　原脱「及」，據北宋本、傅校本、遞修本、明抄本、王吳本補。

〔二八〕清源公　「源」原訛「泉」，據舊唐書禮儀志四九三四頁、通考卷八三及北宋本、傅校本改。

〔二九〕岳山爲成德公　「岳山」，舊唐書禮儀志四九三四頁作「吳嶽山」。

〔三〇〕並宜封公　「宜」原訛「宣」，據北宋本、傅校本、王吳本改。按：通考八三亦作「宜」。

〔三一〕分命卿監詣岳瀆及山　「詣」原訛「諸」，據北宋本、傅校本改。

〔三二〕請依舊儀　「儀」原訛「議」，據舊唐書禮儀志四九一四頁、唐會要卷二二及北宋本改。

〔三三〕開元元年　北宋本作「開元九年」。

〔三四〕竊以舜典　「竊」原訛「切」，據北宋本、傅校本改。

〔三五〕太常卿董晉奏　「董」原訛「苗」，據唐會要卷二二、通考卷八三及北宋本、傅校本改。

〔三六〕勸率天下使務農也　原「勸」作「倡」，「也」作「田」，據北宋本、傅校本、遞修本、明抄本、王吳本改。

〔三七〕天子籍田千畝於南郊　原脱「籍」，據通考卷八七及北宋本、傅校本補。

〔三八〕諸侯百畝於東郊　原「畝」下衍「謂借」，據傅校本刪。

〔三九〕示種類孳息之祥　「種」原作「衆」，據北宋本、傅校本改。

〔四〇〕親耕農人耕之處也　原脱「農人耕」，據北宋本、傅校本、遞修本、明抄本、王吳本補。

〔四一〕春始東耕於籍田　「東」原訛「親」，據後漢書禮儀志上劉昭注三一〇七頁及北宋本、傅校本、遞修本、明抄本改。
〔四二〕官祠先農　「祠」原作「祀」，據後漢書禮儀志上劉昭注三一〇七頁及北宋本、傅校本改。
〔四三〕賜三輔二百里孝悌力田三老帛　原脱「帛」，據後漢書禮儀志上劉昭注三一〇七頁補。
〔四四〕羣神之祀　「神」原訛「望」，據後漢書禮儀志上劉昭注三一〇七頁、通考卷八七及北宋本、傅校本改。
〔四五〕當與羣公卿士躬稼穡之艱難　原脱「與」，據晉書禮志上五八九頁補。
〔四六〕東晉元帝　「帝」原訛「年」，據晉書禮志上五八九頁及傅校本、明刻本、王吴本改。
〔四七〕躬祠先農不　「祠」原作「祀」，據晉書禮志上五八九頁及北宋本改。
〔四八〕祭社稷五祀則絺冕　「祀」原訛「兆」，據周禮司服、晉書禮志上五八九頁及北宋本改。
〔四九〕元嘉二十一年　「二十一」，宋書禮志一三五四頁作「二十」。
〔五〇〕以私鳩集其儀　「私」原訛「科」，據宋書禮志一三五四頁及北宋本、傅校本改。
〔五一〕因以奏聞　「以」原訛「史」，殿本訛「自」，據宋書禮志一三五四頁改。按：北宋本、傅校本、遞修本、明抄本、明刻本作「已」，以已字通。
〔五二〕造定圖注　「圖注」原訛「國法」，據宋書禮志一三五四頁及諸本改。
〔五三〕宿設青幕於耕壇之上　原脱「設」，據宋書禮志一三五四頁補。
〔五四〕建青旂　「旂」原訛「旗」，據宋書禮志一三五四頁及諸本改。

〔五五〕青幘　「青」原訛「蒼」，據宋書禮志一三五四頁及北宋本、傅校本、遞修本、明抄本、明刻本改。

〔五六〕籍田令率其屬耕　原脱「田」，據宋書禮志一三五五頁、通考卷八七補。

〔五七〕齊武帝永明中　「明」原訛「平」，齊武帝年號爲永明，今改。

〔五八〕日幹也　「日」原訛「甲」，據南齊書禮志上一四二頁及北宋本改。下同。

〔五九〕用薦歲事於皇祖伯某　原脱「伯某」，據儀禮少牢饋食禮、南齊書禮志上一四二頁補。

〔六〇〕今但直舉一日以言之耳　「今」原訛「令」，據北宋本、傅校本改。按：通考卷八七亦作「令」。

〔六一〕若不得丁亥　原脱「亥」，據儀禮少牢饋食禮鄭注補。

〔六二〕含育爲性　「爲性」原作「有生」，明刻本、王吴本、殿本同。今據南齊書禮志上一四三頁改。按：北宋本作「爲生」，通考卷八七及傅校本、明抄本作「爲主」。

〔六三〕親耕臺　「親」隋書禮儀志二一四四頁作「望」，通考卷八七作「觀」。

〔六四〕廣輪三十尺　隋書禮儀志二一四四頁「十」下有「六」。

〔六五〕設御耕壇於阡東陌北　原脱「耕」，據隋書禮儀志二一四四頁、通考卷八七及北宋本、傅校本補。

〔六六〕見居少陽之地　「居」原訛「在」，據舊唐書禮儀志四九一二頁及北宋本改。

〔六七〕帝社壇　「壇」原訛「稷」，據舊唐書禮儀志四九一三頁及北宋本、傅校本、遞修本、明抄本、明刻本改。

〔六八〕開元二十三年二月　「二月」，舊唐書玄宗紀上二〇二頁、通鑑卷二一四六八一〇頁、通考卷八七均作「正月」。

〔六九〕外内命婦　「外内」原倒，據周禮内宰及北宋本乙。

〔七〇〕使入蠶於蠶室　原兩「蠶」字俱脱，據禮記祭義補。按：北宋本、傅校本、遞修本、明抄本、明刻本、王吴本有下「蠶」字。

〔七一〕乃修蠶器薄槌鉤筐之類　此正文四字、注文六字原脱，據北宋本、傅校本、遞修本、明抄本、明刻本、王吴本補。

〔七二〕窳音以主反　原作「窳音俞」，清人臆改。今據北宋本、傅校本、遞修本、明抄本、明刻本、王吴本改回。

〔七三〕織室以作祭服　「室」原訛「飾」，據後漢書禮儀志上劉昭注三一一〇頁、通考卷八七改。

〔七四〕皇后得以作巾絮而已　原脱「皇后」，後漢書禮儀志上劉昭注同。標點本後漢書三一一〇頁據孫星衍校漢舊儀補，今從補。

〔七五〕諸天下官下法皆詣蠶室與婦人從事故舊有東西織室作治　原脱「下法」，「與」訛「亦」，「治」訛「法」，後漢書禮儀志上劉昭注同。標點本後漢書三一一〇頁據盧文弨羣書拾補、孫星衍校漢舊儀補改，今從之。

〔七六〕公主三夫人　原脱「三」，據北宋本、傅校本補。按：通考卷八七亦有「三」。

〔七七〕縣鄉以下各采九條　「縣鄉」原倒，據晉書禮志上五九〇頁及傅校本、明抄本乙。「縣鄉」下脱「君」，應據晉書禮志上五九〇頁補。

〔七八〕皇后還便座　原「座」上衍「即御」二字，據晉書禮志上五九〇頁及北宋本删。

〔七九〕有緑襘襦　「緑」原訛「緣」，據隋書禮儀志二一四五頁改。

〔八〇〕皇后因親桑於壇　「壇」上脱「桑」，應據隋書禮儀志二一四五頁補。

〔八一〕女主衣執鉤　「主」原訛「尚」，據隋書禮儀志二一四五頁及北宋本改。

〔八二〕執筐者處右執鉤者居左　原「右」「左」互訛，據隋書禮儀志二一四五頁及北宋本、傅校本、遞修本、明抄本、明刻本移正。按：執筐者處右，於事爲順。

〔八三〕展衣者七條　原脱「者七條」，據隋書禮儀志二一四五頁補。

〔八四〕婦官名　「官」原訛「宫」，據諸本改。

〔八五〕以一少牢親進祭奠先蠶西陵氏神　隋書禮儀志二一四五頁「少牢」作「太牢」，「進祭」作「祭進」。

〔八六〕就桑位於壇南　原訛脱作「親桑於位壇」，據隋書禮儀志二一四六頁補改。

王文錦點校

〔唐〕杜佑撰

通典

第十一册

卷一七八—卷一八九

中華書局

通典卷第一百七十八

州郡八

古冀州上今置郡府二十二　縣一百二十七

河内懷五縣河内　脩武　獲嘉　武德　武陟

汲郡衞五縣汲　衞　新鄉　共城　黎陽

鄴郡相十一縣安陽　堯城　洹水　滏陽　内黄　鄴　林慮　臨河　湯陰　成安　臨漳

廣平洺十縣永年　雞澤　曲周　清漳　邯鄲　臨洺　武安　洺水　肥鄉　平恩

鉅鹿邢九縣龍崗　南和　平鄉　鉅鹿　沙河　任　内丘　青山　堯山

信都冀九縣信都　南宫　堂陽　武强　下博　棗强　衡水　阜城　武邑

趙郡趙九縣平棘　元氏　昭慶　欒城　贊皇　高邑　柏鄉　臨城　寧晉

常山鎮九縣真定　鹿泉　井陘　靈壽　槀城　九門　石邑　房山　行唐

博陵定十一縣安喜　北平　鼓城　恒陽　新樂　義豐　望都　無極　唐昌　深澤　陘邑

河間瀛六縣河間　博野　束城　樂壽　高陽　平舒

文安莫六縣鄚　清苑　任丘　文安　長豐　唐興

饒陽深四縣饒陽　安平　鹿城　陸澤

上谷易八縣易　遂城　淶水　容城　滿城　五迴　樓亭　坂城

范陽幽十一縣薊　歸義　范陽　安次　固安　昌平　潞　永清　良鄉　武清　廣寧

順義順一縣賓義

歸化分順州置一縣懷柔

歸德燕一縣遼西

嬀川嬀二縣懷戎　嬀川

漁陽薊三縣漁陽　三河　玉田

密雲檀二縣密雲　燕樂

北平平三縣盧龍　石城　馬城

柳城營一縣柳城

古冀州

禹貢曰：「冀州既載，載，始也。冀州，堯都，故禹理水自此而始也。以唐虞之都不言封略，餘州所至，即是其境矣。壺口、雷首，至于太岳。壺口山，在今文城郡吉昌縣。太岳，在今平陽郡霍邑縣，即霍山也。雷首在今河東郡河東縣，此山凡有八名，即歷山、首陽山、薄山、襄山、甘棗山、中條山、渠猪山、獨山等名是也。既脩太原，至于岳陽。太原，今太原府。岳陽即霍山也，亦曰太岳。覃懷厎績，至于衡漳，覃懷，近河地名，今河内郡也。厎，致也。績，功也。衡漳，謂漳水横流而入河，在今廣平郡西北肥鄉縣界也。厥土惟白壤。柔土曰壤。恒衞既從，大陸既作。恒、衞，二水名也。恒水出恒山，在今博陵郡恒陽縣界。衞水在今常山郡靈壽縣西山所出。大陸澤，鄭玄云：「在鉅鹿北。」言水徙故道，可以耕作。今趙郡象城縣界。島夷皮服。海曲曰島。居島夷而衣其皮。夾右碣石入于河。」碣石，海邊山名，在今北平郡盧龍縣也。〔一〕言禹夾行此山之右。入河逆上也。〔二〕舜以冀州南北闊大，分衞水爲并州，燕以北爲幽州，並置牧。周禮職方曰：「河内曰冀州，山曰霍，藪曰楊紆，爾雅云「秦有楊紆」，而此以爲冀州藪，未詳其義及所在也。川曰漳，浸曰汾、潞。漳水出今上黨郡長子縣界。汾水出今樓煩郡静樂縣山。潞水出今密雲郡密雲縣也。其利松栢。人五男三女。畜宜牛羊，穀宜黍稷。」其地險易，帝王所都，亂則冀安，弱則冀强，荒則冀豐，故曰冀州。其在天官，昴、畢則趙之分野，漢之趙國，北有信都、真定、常山、中山，〔三〕涿郡之高陽、鄚、州鄉；東有廣平、鉅鹿、清河、河間，〔四〕渤海之東平舒、中邑、文安、束州、成平、章武，河以北也；南至浮水、繁陽、內黃、斥丘；西有太原、定襄、雲中、五原、上黨：皆其分也。今鄴郡、廣平、鉅鹿、信都、趙郡、常山、博陵、河間、文安、饒陽、高平、上黨、樂平、陽城、太原、定襄、雲中單于，雁門之西南境，樓煩之南境，西河之東境，皆是也。尾、箕則燕之分野，漢之漁陽、右北平、遼西、遼東、上谷、代郡、雁門，涿郡之易、容城、范陽、北新城、故安、涿縣、良鄉、新昌及渤海之安次，皆其分也。今上谷、范陽、順義、歸化、歸德、嬀川、漁陽、密雲、北平、柳城、馬邑、安邊，雁門之東北境，樓煩之北境，皆是也。兼得秦、魏、衞之交。漢之西河，今昌化之北境，西河之西境，宜屬秦。漢之高陵以東，盡河東、河內，〔五〕今河東、平陽、文城、大寧，昌化之南境，絳郡，陝郡之河北地，河內之西境，並宜屬魏。漢之河內野王、朝歌，〔六〕今河內之東境、汲郡，皆宜屬衞矣。秦平天下，置郡爲鉅鹿、今常山、信都，趙郡之東北境，博陵郡之西境，鉅鹿之北境，饒陽之南境，兼兗州之域景城之南境，皆是也。邯鄲、今廣平、鄴郡，鉅鹿之南境，趙郡之西南境，皆是也。上谷、今上谷、范陽、文安、河間、嬀川、歸化、順義、歸德，饒陽之北境，趙、博陵之東境，及兗州之域景城之北境，皆是也。漁陽、今漁陽、密雲郡地皆是也。右北平、今北平郡。遼西、今柳城及北平郡之東境皆是也。河東、今河東、絳郡，陝郡之北境，平陽、大寧、文城等郡，皆是也。上黨、今上黨、高平、樂平、陽城等郡皆是也。太原、今太原、西河、昌化、定襄及雁門之南境、樓煩等郡地，皆是也。代郡、今安邊及馬邑之北境皆是也。雁門、今馬邑之南境，雁門之北境，皆是也。雲中今雲中、單于府是也。及三川郡之北境。今河內郡。漢武置十三州，此爲冀州，領郡國九。幽州、領郡國十。并州。領郡九。古冀州西境則屬司隸，今河東、絳郡、平陽、河內、汲郡。後漢並因前代，爲冀州，理於鄗。鄗，今趙郡高邑縣。袁紹、曹公理鄴。鄴，今郡縣。鄗，呼各反。幽州、理薊，今范陽郡縣。并州。理晉陽，今太原府。魏並因之。晉置冀州、領郡國十三，理房子，今趙郡縣。幽州、領郡國七，理涿，今范陽郡是也。并州。領郡國六。惠帝之後，其地淪没於劉元海、石勒、慕容儁，又爲苻堅所陷。堅敗，慕容垂據之。後屬後魏。自此分割，不可詳焉。大唐分置十五部，此爲河北道、范陽、汲郡、鄴郡、廣平、饒陽、河間、常山、博陵、信都、趙郡、鉅鹿、文安、上谷、北平、密雲、嬀川、漁陽、柳城、歸德、順義、歸化等郡。河東道，河東、絳郡、北平、平陽、太原、上黨、西河、高平、大寧、昌化、文城、陽城、定襄、樂平、雁門、樓煩、安邊、雲中、馬邑等郡。兼分入都畿、河内郡。關内道。單于。

河内郡東至汲郡二百六十里。南至　　西至河南府濟陰縣七十三里。〔七〕北至高平郡一百四十里。東南到滎陽郡一百五十里。西南到河南府一百四十里。西北到河南府界一百七十里。東北到汲郡二百六十里。〔八〕去西京九百八十里，〔九〕去東京一百四十里。户五萬四千一百，口三十一萬五千三百七十。

懷州今理河内縣。禹貢覃懷之地，禹貢曰「覃懷厎績」。大行山在焉。周爲畿内及衛、邗、雍三國。邗音于。春秋時又屬晉。左傳，襄王賜文公「陽樊、温、原、欑茆之田，〔一〇〕晉於是始啓南陽」。杜注云：「晉山之南，河之北，故曰南陽也。」又云武王克商，蘇忿生以温爲司寇，其田有隤、懷是也。隤，徒回反。戰國時，爲魏、衛二國之境。秦始皇滅衛，其君角徙居野王，阻其山保之。〔一一〕胡亥廢角爲庶人，以其地屬三川郡。項羽立司馬卬爲殷王，〔一二〕王河内。漢高帝初爲殷國，尋更名河内郡。後漢因之。晉爲河内、汲二郡地。後魏置懷州，兼置河内郡。隋初郡廢，而懷州如故；煬帝初州廢，復置河内郡。大唐因之，亦爲東畿内之郡。領縣五：

河内漢野王縣。有沁水，自河南府濟源界流入。

脩武本殷寧邑，韓詩外傳曰：「武王伐紂，勒兵於寧，故曰脩武。」有古南陽城，漢山陽縣故城，在今縣西北。有濁鹿城，〔一三〕漢獻帝爲山陽公，居於此矣。

獲嘉漢武幸緱氏，至汲縣之新中鄉，得南越相呂嘉首，因立獲嘉縣。後周置修武郡，隋置殷州是也。

武德周司寇蘇忿生之邑。東魏置武德郡。漢射犬故城在今城北。又有漢平皋縣故城，在今縣西。

武陟漢懷縣地故城，在今縣西。

汲郡東至靈昌郡一百十里。南至靈昌郡酸棗縣七十五里。西至河内郡二百六里。北至鄴郡一百九十里。東南到靈昌郡一百三十里。西南到河内郡二百六十里。西北到高平郡陵山縣四十里。東北到鄴郡臨河縣一百六十里。去西京一千七百九十里，〔一四〕去東京三百九十里。户四萬六千九百八十，口二十萬七千九百八十。

衞州今理汲縣。殷之舊都。周既滅殷，以殷餘人封康叔爲衞君，居河、淇之間，故商墟也。其後衞爲翟人所滅，齊桓更封衞於河南楚丘，而河内殷墟復屬於晉。戰國時屬衞。

秦并天下，爲東郡、三川二郡之地。二漢爲河内、魏二郡地。魏置朝歌郡。晉改置汲郡。後魏亦爲汲郡。東魏置義州。後周爲衛州，又分置脩武郡。隋初郡廢，煬帝初州廢，復爲汲、河内二郡地。大唐爲汲郡。領縣五：

汲漢舊縣。牧野之地，即紂都近郊三十里，即此也。

衛漢朝歌縣。古殷朝歌城在今縣西，紂都，有鹿臺，謂之殷墟上宫臺，詩曰「要我乎上宫」，即此也。今縣西北有黑山、蘇門山，孫登隱處。淇水出共山東，至今縣界入河，謂之淇水口。漢建安中，曹公於水口下大枋木以成堰，遏淇水東入白溝，以通漕運，故時人號其處爲枋頭。晉大將軍桓温爲慕容暐將慕容垂所敗於枋頭，即此也。枋音方。淇音其。

新鄉縣西南三十二里有鄘城，即鄘國。

共城古共伯國故城，在縣東。漢共縣。

黎陽漢舊縣。魏置黎州及黎陽。有白馬津，即酈生所云「杜白馬之津」是也。後魏改爲黎陽津。又有枉人山，古凡伯國在北。有大伾山，〔一五〕今名黎陽東山，又名青檀山，在縣南七里。其張揖云「成皋山是大伾山」，〔一六〕謬也。

鄴郡東至魏郡二百十里。南至汲郡一百九十里。西至上黨郡三百里。北至廣平郡一百八十里。東南到汲郡一百六十里。西南到高平郡三百二十里。西北到上黨郡黎城縣三百里。東北到廣平郡肥鄉縣一百四十里。去西京一千四百二十五里，去東京五百六十里。户十萬九千四百五十，口五十九萬一百九十六。

相州今理安陽縣。殷王河亶甲居相，即其地也。春秋時屬晉。戰國時屬魏，後屬趙。秦兼天下，爲邯鄲郡地。漢爲魏郡，後漢因之。魏武王建都於此。魏氏都在鄴縣。晉亦爲魏郡。後趙石季龍、前燕慕容儁並都之。皆都於鄴。冉閔爲慕容儁所滅，慕容暐爲苻堅所滅也。後魏道武置相州，取河亶甲居相之義。東魏静帝初遷都於此，改置魏尹及置司州牧。北齊又都焉，改爲清都郡，置尹。後周武帝平高緯也。後周置相州及魏郡。自故鄴移居安陽城也。〔一七〕隋初郡廢，煬帝初州廢，復置魏郡。自北齊之滅，衣冠士人多遷關内，唯技巧商販及樂户移實郡郭，由是人情險詖，至今好爲訴訟也。大唐爲相州，或爲鄴郡。領縣十一：

安陽漢魏郡城在今縣東北。有韓陵山，即高歡破爾朱兆之所。又有丹藍嵯山。

堯城有丹朱陵，又有羛陽聚故城，在今縣東。左傳云「晉荀盈卒於戲陽」，注云「内黄縣戲陽城」。戲與羛同，許宜反。

洹水有洹水，音恒。

滏陽有漳河、滏水。隋置慈州。滏音父。

内黄漢舊縣。有繁河。漢繁陽縣故城，在今縣西北。

鄴後漢末，冀州刺史嘗理於此。有魏武帝、文帝、甄后等三陵臺。東魏、北齊皆都於此。後周置相州，後徙相州於安陽。山漳水在縣西。晉史曰：「石勒諸將佐，議欲都於鄴，將攻三臺。張賓進曰：『三臺險固，攻守未可卒下。』於是進據襄國。」

林慮漢爲隆慮。後漢避殤帝諱，改爲林慮。〔一八〕

臨河有王莽河，古淇河及顓頊陵在焉。

湯陰古羑里城，紂拘周文王之所。漢蕩陰縣。蕩音湯也。

成安漢斥丘縣故城在東南。地斥鹵，故名焉。

臨漳

廣平郡東至清河郡臨清縣一百二十里。南至鄴郡一百八十里。西至上黨郡涉縣界二百五十里。北至鉅鹿郡南和縣五十里。東南到魏郡魏縣界九十里。西南到鄴郡滏陽縣界七十里。西北到鉅鹿郡沙河縣界六十里。東北到清河郡宗城縣百十里。〔一九〕去西京一千五百八十里，去東京七百六十里。户八萬九千二百九十，口六十六萬二千八百一十。

洺州今理永年縣。禹貢「覃懷厎績，至于衡漳」。衡漳在今郡南肥鄉縣界。春秋時，赤狄之地，晉荀林父敗赤狄於曲梁，即此。其後屬晉。七國時，趙所都。秦并天下，屬邯鄲郡。漢初置廣平國，武帝改爲平干國，〔二〇〕宣帝復爲廣平國。後漢光武省廣平，入鉅鹿郡，後爲魏郡之西部。魏改爲廣平郡，晉因之。後魏爲廣平郡。後周置洺州。隋煬帝初置武安郡。大唐初，劉黑闥都之，尅平，置洺州，或爲廣平郡。領縣十：

永年漢曲梁縣地。又漢廣平縣故城，在今縣北。隋以煬帝諱，改曰永年。〔二一〕

雞澤有沙河。

曲周漢舊縣，故城在今縣西南。紂鉅橋倉亦在於此。

清漳南近漳水。

邯鄲戰國時趙國所都，自敬侯始都之。有叢臺、洪波臺。亦漢舊縣。邯，山名。鄲，盡也。漢趙王如意温明殿在此焉。

臨洺漢易陽縣。北齊置襄郡。

武安漢舊縣。有武安城，趙奢與秦軍戰，鼓譟，武安屋瓦皆震，即此也。

洺水有衡漳瀆。或云禹貢曰「覃懷厎績，至於衡漳」，即此也。

肥鄉漢列人縣故城在今縣東北。有漳水。

平恩漢舊縣。

鉅鹿郡東至清河郡二百三十里。南至廣平郡臨洺縣六十五里。西至樂平郡縣二百四十里。〔二二〕北至趙郡一百七十里。東南到廣平郡曲周縣一百十里。西南到廣平郡武安縣一百二十里。西北到太原府樂平縣五十里。〔二三〕東北到信都郡二百六十里。〔二四〕去西京一千六百七十里，去東京八百五十里。户六萬七千六百六十，口四十六萬二千七百八十。

邢州今理龍崗縣。古祖乙遷於邢，即此地，亦邢國也。春秋時，衛侯滅邢；魯僖公時，晉伐衛取邢，其地遂屬晉。七國時，屬趙。秦爲鉅鹿、邯鄲二郡地。項羽分趙，立張耳爲常山王，居信都，更名信都曰襄國，即其地也。漢屬鉅鹿、常山二郡及趙、廣平二國地。後漢因之。晉爲鉅鹿、趙二國。石勒都於此。張賓進説曰：「襄國因山憑險，形勝之國，可都之。」後魏爲鉅鹿郡。隋置邢州，煬帝初置襄國郡。大唐爲邢州，或爲鉅鹿郡。領縣九：

龍崗秦爲信都縣，項羽改爲襄國。漢至隋始改爲龍崗。夷儀嶺在縣北百五十里，左傳云「邢遷於夷儀」，即此。

南和漢舊縣。後周置南和郡。

平鄉亦漢舊縣地。或云秦置鉅鹿郡於此，即古大鹿之野。有沙丘之臺，紂所築，即始皇死處。

鉅鹿漢南欒縣地。漢鉅鹿縣，今平鄉縣地。〔二五〕

沙河漢襄國縣地，隋置。

任〔二六〕漢張縣地。

内丘漢曰中丘，隋以國諱改之。

青山隋置。

堯山

信都郡東至平原郡二百十里。南至清河郡百三十里。西至趙郡百六十里。北至河間郡二百三十里。東南到博平郡三百里。西南到鉅鹿郡二百六十里。西北到饒陽郡百三十里。東北到景城郡三百五十里。去西京一千九百五十里，去東京一千一百里。户十一萬一千八百八十，口八十二萬六千七百七十。

今之**冀州**理信都縣。古冀、兖二州之域。禹導河自大坯山北過洚水，至於大陸。按地理志，洚水南自清河郡經城縣界入當郡南宫縣界，又東北入信都縣界。水經云：「洚故瀆又東北經辟陽亭北，又經信都城東，散入澤渚。」按：辟陽亭在今郡理東南三十五里，今縣乃漢信都國城，則郡理東入兖州之域，郡理西入冀州之域焉。春秋時晉地，戰國時屬趙。秦爲鉅鹿郡地。漢高帝置爲信都國，〔二七〕景帝改爲廣川國，宣帝復爲信都國。後漢明帝更名樂成國，安帝更名安平國，漢末兼置冀州。領郡國九，理於此。晉亦然。後魏爲長樂郡，兼置冀州。北齊、後周皆因之。隋初郡廢，而冀州如故；煬帝初州廢，復置信都郡。大唐爲冀州，龍朔二年改爲魏州，咸亨三年復舊，或爲信都郡。郡今理，即漢信都國城。領縣九：

信都漢舊縣。禹導河北過洚水，即此。亦曰枯洚渠，西南自南宫縣界入。漢昌城縣故城在今縣北。又有漢扶柳縣故城，在今縣西。

南宮漢舊縣。漢吕后封張敖子偃爲南宮侯，即此。洚水故瀆南自清河郡經城縣界入。

堂陽漢舊縣。在堂水之陽。

武强漢武隧縣。

下博漢舊縣。

棗强漢舊縣。又有漢廣川縣故城，在今縣東北。

衡水有衡漳故瀆。

阜城漢舊縣。

武邑漢舊縣。洚水西南自衡水縣界，而東北經縣城西北。

趙郡東至信都郡一百六十里。南至鉅鹿郡一百七十九里。西至太原府五百五十九里。北至常山郡一百里。東南到信都，隔河相去一百六十五里。西北到常山郡一百七十里。西南到鉅鹿郡一百九十五里。東北到博陵郡三百十七里。去西京一千八百五十里，去東京一千三百十里。户六萬一千一百六十三，口三十七萬四千七百十二。

趙州今理平棘縣。春秋時晉地，戰國時屬趙。秦爲邯鄲、鉅鹿二郡地。後漢屬常山國、鉅鹿郡地，兼置冀州。領郡國九，理鄗，今高邑縣。〔二八〕晉爲趙國，亦置冀州。領郡國十三，理房子，今縣。

後魏爲趙郡，明帝兼置殷州。北齊改殷州爲趙州，郡仍舊。隋改置欒州，煬帝改爲趙州，尋復爲趙郡。大唐爲趙州，或爲趙郡。領縣九：

平棘漢南平棘縣故城在今縣南。又有漢宋子縣故城，在今縣北。有槐水。

元氏漢舊縣。漢常山郡故城在今縣西。後漢光武征彭寵，陰后生明帝於此。

昭慶漢廣阿縣。後魏置殷州及南鉅鹿郡，後改爲南趙郡。〔二九〕隋爲大陸縣，有大陸澤。舊是象城，天寶中改焉。

欒城漢之關縣地。

贊皇有贊皇山。

高邑漢之鄗縣。光武即位，更名高邑。鄗音呼各反。

柏鄉漢鄗縣地。漢光武即位壇在此。漢南繼縣故城在今縣東北。

臨城漢舊縣也。有泜水。舊是房子，天寶中改焉。

寧晉漢癭陶縣。

常山郡東至博陵郡一百二十四里。南至趙郡一百里。西至太原府五百十六里。北至安邊郡四百九十里。東南到博陵郡鼓城縣一百九十里。西南到太原府樂平縣三百二十里。〔三〇〕西北到雁門郡五百四十里。東北到博陵郡一百二十里。去西京一千七百七十里，去東京一千一百三十里。户五萬三千五百十，口三十一萬七千七百十七。

鎮州今理真定縣。春秋時鮮虞國之地。左傳曰：「晉荀吴以上軍伐鮮虞。」注云：「中山新市縣也。」戰國時屬趙。趙之東恒邑也。秦屬鉅鹿郡。漢高帝置恒山郡，後避文帝諱，改曰常山郡，亦屬真定國。後漢屬常山國。晉復爲常山郡，後魏因之。後周置恒州，領常山郡。隋初廢，煬帝初州廢，復置常山郡。大唐武德元年復置恒州，〔三一〕或爲常山郡。天寶十五載改爲平山郡，元和十五年改爲鎮州。領縣九：

真定漢中山國之東恒邑，亦漢舊縣。漢新市縣故城在東北也。

鹿泉井陘口在此，今謂之土門。漢韓信破趙軍，殺陳餘於此。

井陘漢舊縣，古井陘。武德初置井州，今縣城實中，甚固。

靈壽本中山國之都也。漢舊縣，故城在今西北。衞水在今西山東北，入滹沱河。滹音乎，沱音陁。

槀城後周置鉅鹿郡。隋置廉州。漢槀縣故城在今縣西。肥壘，故肥子國，〔三二〕漢以爲縣，亦在今縣西南。

九門漢舊縣。

石邑漢舊縣。井陘山甚險固，故李左車説陳餘曰：「井陘車不得方軌，騎不得成列，請守之。」不從。故城在今縣西北，俗謂之人文城。有卑山，卑音蔽。今名抱犢山，西面危絶，山頂有二泉。後魏葛榮亂，百姓抱犢上山，因名焉。

房山漢蒲吾縣。房山在縣西北，俗名曰王母山，〔三三〕上有西王母祠。

行唐漢舊縣。滋水所出。〔三四〕

博陵郡東至河間郡二百八里。〔三五〕南至趙郡三百十七里。西至常山郡一百二十四里。北至安邊郡四百九十里。東南到饒陽郡一百七十里。西南到常山郡一百二十里。西北到常山郡行唐縣七十里。東北到文安郡二百五十里。去西京二千一百里，去東京一千二百里。户七萬六千六百，口四十七萬七千二百六。

定州今理安喜縣。帝堯始封唐國之地。戰國初爲中山國，後爲魏所并，後又屬趙。秦爲上谷、鉅鹿二郡之地。漢高帝置中山郡，中山記曰：「城中有山，故曰中山。」景帝改爲中山國。後漢因之，晉亦不改。後燕慕容垂移都於此，都中山，置中山尹。〔三六〕至慕容寶，爲後魏所陷。北岳常山在焉。後魏爲中山郡，兼置安州，道武帝改爲定州。後周置總管府，領鮮虞郡。隋初郡廢，煬帝初置博陵郡，後改爲高陽郡。大唐爲定州，或爲博陵郡。領縣十一：

安喜古中山鮮虞地。漢盧奴縣。有盧水，水黑曰盧，不流曰奴，因名焉。

北平秦曲逆縣，漢爲蒲陰縣。蒲水所出，在今縣西北。

鼓城春秋鼓子國也。漢臨平縣故城在東南。又有漢下曲陽縣在西。

恒陽〔三七〕漢上曲陽縣也。常山在縣北一百四十里，常水所出。

新樂春秋時鮮虞國，漢新市縣地，蓋堯帝始封之唐國也。

義豐漢安國縣。又有漢解瀆亭，在今縣東北。

望都漢舊縣。堯始封於此。堯山在北。堯母慶都山在南。有中人亭、左人亭，即今縣城也。〔三八〕倒馬故關在縣西北，極險要也。

無極漢舊縣。

唐昌〔三九〕漢苦陘縣。又有中山故城，在縣東北。有漢石臼河。又西北有故關邑城，即漢關縣。

深澤漢南深澤縣。

陘邑

河間郡東至景城郡二百里。南至信都郡二百三十里。西至博陵郡二百八里。北至文安郡一百八里。東南到景城郡弓高縣一百四十七里。西南到饒陽郡一百五十里。西北到上谷郡二百十里。東北到景城郡魯城縣二百五十七里。去西京二千二百里，〔四〇〕去東京一千三百四十里。户九萬五千二百四十，口六十四萬二千五百六十二。〔四一〕

瀛州今理河間縣。春秋時屬晉，七國時屬趙。秦上谷郡之地。漢屬涿郡，後爲河間國。後漢及晉因之。〔四二〕後魏爲河間郡，孝文帝分置瀛州。隋初廢河間郡，置瀛州；煬帝初州廢，復置河間郡。大唐因之。領縣六：

河間漢州鄉縣，後漢改武垣縣。漢武帝得鉤弋夫人於此。

博野漢博陵郡，後徙安平。又有漢蠡吾縣故城，在今縣西。蠡音禮。

束城漢舊縣。後魏置束州。

樂壽漢曰樂城縣，故城在今縣西北。漢又曰中水縣，居兩河之間，故曰中水。

高陽漢舊縣。後置高陽郡。有易水。〔四三〕

平舒晉置章武郡。

文安郡東至　南至河間郡一百八里。西至上谷郡露山一百七十里。北至范陽郡二百八十里。東南到景城郡二百六十里。西南到博陵郡二百五十里。西北到上谷郡一百八十里。〔四四〕東北到北平郡八百里。去西京二千三百十里，去東京一千四百四十四里。戶五萬五百十，口三十二萬六千四百五十。

莫州今理鄚縣。其地歷代所屬與瀛州同。大唐景雲二年，分瀛州置鄚州。開元十三年，改鄚爲莫。〔四五〕其後或爲文安郡。領縣六：

鄚漢舊縣。

清苑漢樂鄉縣。漢高帝過趙，封樂毅之後樂巨叔於此。

任丘有狐狸淀。淀，堂練反。

文安漢舊縣，故城在東北。

長豐

唐興

饒陽郡東至景城郡三百十五里。南至魏郡五百里。西至常山郡一百八十里。北至上谷郡三百里。東南到信都郡一百三十里。西南到趙郡一百九十里。西北到博陵郡一百七十里。東北到河間郡一百五十里。去西京二千五十里，去東京一千二百五十里。戶四萬八千八百五十八，口三十四萬六千四百七十二。〔四六〕

深州今理陸澤縣。〔四七〕戰國時屬趙。秦爲上谷、鉅鹿二郡地。漢爲涿郡地。後漢屬安平國，桓帝以後爲博陵郡。晉爲博陵國。後魏爲博陵郡，北齊亦同。隋初郡廢，置深州；煬帝初州廢，以其地分入博陵、河間二郡。大唐復置深州，或爲饒陽郡。領縣四：

饒陽漢舊縣。有蕪蔞亭在此。又有古博陵城、饒陽城。滹沱河舊在縣南，即光武所渡。魏武王因饒河故瀆，決令北注新溝，所以在今縣北。蔞，力俱反。

安平漢舊縣。

鹿城漢貰縣故城在西南。〔四八〕又有漢鄡城在東。衡漳水，今名衞水，亦名苦水，西南自趙郡寧晉縣界流入。貰音時夜反。鄡音苦堯反。

陸澤禹貢大陸澤，亦在此。〔四九〕

上谷郡東至范陽郡二百十四里。南至文安郡一百八十里。西至安邊郡飛狐縣一百四十里。北至嬀川郡懷戎縣南界廢固城鎮　東南到文安郡一百八十里。西南到博陵郡北平縣一百四十里。西北到安邊郡三百二十里。〔五〇〕東北到范陽郡良鄉縣界八十里。去西京二千二百九十七里，〔五一〕去東京一千四百六十二里。户四萬四千九百十二，口二十四萬五千八百七。〔五二〕

易州今理易縣。春秋至戰國屬燕。秦置上谷郡。晉書曰：「在谷之上頭，故曰上谷。」漢屬涿郡，後漢因之。晉爲范陽國。後魏亦爲上谷郡。隋初置昌黎郡，後兼置易州。煬帝初州廢，置上谷郡。大唐因之。領縣八：

易漢故安縣故城在今縣南。有淶、易二水。有燕臺，昭王求仙處。又有漢范陽縣故城，在縣東南。

遂城古武遂也。〔五三〕秦築長城之所起。

淶水漢之遒縣。遒，即由反。

容城漢舊縣。

滿城

五迴

樓亭

坂城

范陽郡東至漁陽郡二百十里。南至文安郡二百八十里。西至上谷郡二百十四里。〔五四〕北至嬀川郡二百十里。東南到　西南到　西北到　東北到歸化郡八十里。去西京二千五百二十三里，去東京一千六百八十里。户七萬九百六，口三十九萬五百八十五。

幽州今理薊縣。古之幽州，蓋舜分冀州爲之，置十二牧，則其一也。言北方太陰，故以幽冥爲號。幽州，因幽都山以爲名也。山海經有幽都山，〔五五〕今列北荒矣。昔顓頊都於帝丘，其地北至幽陵，即此。殷復省幽州入冀州。周禮職方曰：「東北曰幽州，其山曰醫無閭，山在遼東，〔五六〕今於柳城郡東置祠遥禮。藪曰豯養，豯養澤，在今東萊郡昌陽縣界。川曰河、泲，河在景城郡無棣縣界。〔五七〕舊泲合在今北海郡博昌縣界。今無泲，即濟水。浸曰菑、時。菑在今淄川郡淄川縣界。時在今北海郡臨淄縣界。其利魚鹽。民一男三女。畜宜四擾，馬、牛、羊、豕也。穀宜三種。」黍、稷、稻。初武王定殷，封召公奭於燕。及秦滅燕，以其地爲漁陽、上谷、右北平、遼西、遼東五郡。漢高帝分上谷郡置涿郡。武帝置十三州，此爲幽州，領郡國十。其後開東邊，置玄菟、樂浪等郡，亦皆屬焉。玄菟、樂浪等郡，並今遼水之東，宜在禹貢青州之域。〔五八〕後改燕國曰廣陽郡。後漢置幽州，並因前代。理於薊，今縣。〔五九〕晉亦置幽州。領郡國七，理於涿，今范陽郡。晉亂，陷於石勒、慕容儁、苻堅，後入於魏，其後分割不可詳也。今之幽州，謂范陽郡。古涿鹿也。應劭曰「黃帝與蚩尤戰於涿鹿」是也。即燕國之都焉，謂之渤碣之間，亦一都會也。薊縣，燕之所都。渤，渤海。〔六〇〕碣，碣石也。秦爲上谷郡之地。漢高帝分置燕國，後又分燕置涿郡及廣陽國，有獨鹿、鳴澤。獨鹿，山名。鳴澤，澤名。皆在於此。後漢爲涿、廣陽二郡地。魏更名范陽郡。晉爲燕、范陽二國，兼置幽州。領郡國七，理於此。慕容儁嘗都之。後魏置幽州。北齊置東北道行臺。後周置燕、范陽二郡。隋初並廢，煬帝初併置涿郡。大唐爲幽州，或爲范陽郡。領縣十一：

薊燕國都，碣石宮。漢爲薊縣。舊置燕都。有桑乾水。慕容儁都於此也。

歸義漢易縣也。公孫瓚於此築城，名曰易京。後漢史曰：「瓚修營壘樓觀，臨易河，通遼海，以鐵爲門。乃曰：『兵法云「百樓不攻」，今吾諸營，樓櫓千重，積穀三百萬斛，足以待天下之變。』爲袁紹所破。」後石季龍征慕容皝，迴，〔六一〕惡其固而毀之，在今縣南十八里。又有巨馬水。

范陽漢涿縣。在范水之陽。漢涿郡故城亦在此。又有漢廣陽國城，亦在西南。有督亢陂，溉田膏腴，荆軻獻圖於秦。〔六二〕

安次漢舊縣。

固安漢方城縣地也。〔六三〕

昌平漢舊縣，故城在今縣東南。古居庸關在縣西北，北齊改爲納款。〔六四〕淮南子云「天下九塞」，居庸是其一也。舊置東燕州。

潞漢舊縣。有潞河。漢平谷縣故城在今縣北。又有漢安樂縣故城，在西北。

永清舊是會昌，〔六五〕天寶中改焉。

良鄉漢舊縣。

武清

廣寧

順義郡置在范陽郡城內，〔六六〕去西京及四至八到並與范陽郡同。户五千七百十八，口一萬八千一百五十。

順州理賓義縣。在范陽郡城。大唐天寶初置，尋又改爲順義、歸化二郡。領縣一：

賓義

歸化郡東至漁陽郡二百十五里。南至范陽郡八十里。西至嬀川郡二百里。北至密雲郡七十里。東南到漁陽郡二百十里。西南到范陽郡八十里。西北到　　東北到密雲郡七十里。去西京二千七百里，去東京一千八百五十里。户八百七十七，口三千三百六十九。

順州之北境。理懷柔縣。天寶初，置歸化郡與順義郡。〔六七〕領縣一：

懷柔

歸德郡東至密雲郡八十里。南至范陽郡九十里。西至范陽郡昌平縣五十里。北至山五里。東南到後魏廢昜京城四十里。西南到芹城五里。西北到乾河山五里。東北到宋城鎮二十五里。去西京二千一百六十三里，去東京一千八百七十六里。户二千二百四十六，口一萬一千五百九十一。

燕州秦上谷郡地，歷代土地與范陽郡同。隋文帝時，粟末靺鞨有厥稽部渠長，〔六八〕率數千人，舉部落内附，處之柳城、燕郡之北。煬帝爲置遼西郡，以取秦漢遼西之名也，統遼西、懷遠、壚河三縣。大唐爲燕州，或爲歸德郡。領縣一：

遼西

嬀川郡東至密雲郡二百十里。南至范陽郡二百里。西至安邊郡二百二十九里。北至張説新築長城九十里。東南到范陽郡一百五十里。西南到安邊郡四百四十里。西北到新長城爲界一百八十里。〔六九〕東北到長城界九十八里。〔七〇〕去西京二千九百五十里，去東京一千九百里。户二千三百五十，〔七一〕口一萬五百四十。

嬀州今理懷戎縣。春秋、戰國並屬燕。秦爲上谷郡地，二漢因之。晉屬廣寧郡。後魏孝明帝廢。北齊置北燕郡。隋屬涿郡。大唐武德七年，討平高開道，後置北燕州。貞觀八年，改爲嬀州。其後或爲嬀川郡。領縣二：

懷戎漢潘縣地。漢上谷郡城在此。有涿鹿山及蚩尤城、阪泉地及涿水、䕶頡山、涿泉。鳴雞山本名磨笄山，趙襄子滅代，其姊磨笄自殺，因爲名。代人憐之，立祠，有羣雞鳴於祠上，故名鳴雞山。史記云：「燕築長城，自造陽至襄平。」造陽即此。〔七二〕漢武破匈奴，取河南地，棄上谷之斗僻縣造陽地以與胡。韋昭云「在上谷」。晉太康地志又云「在五原塞之北」。疑太康志誤。

嬀川

漁陽郡東至北平郡三百里。南至三會海口一百八十里，西至范陽郡一百十里。北至慶長城塞二百三十五里。東南到北平郡石城縣一百八十五里。西南到范陽郡雍奴縣界一百二十五里。〔七三〕西北到密雲郡二百十七里。東北到北平郡石城縣界廢盧龍戍二百里。去西京二千八百二十里，去東京二千二十里。户四千八百二十九，〔七四〕口二萬五千四百八十七。

薊州今理漁陽縣。戰國時屬燕。秦置漁陽郡，二漢因之。隋文帝徙玄州於此，並立總管府；煬帝初廢，置漁陽郡。大唐屬幽州。開元十八年，析幽州置薊州，或爲漁陽郡。領縣三：

漁陽漢舊縣。有鮑丘水，又名潞水。古北戎無終子國也。〔七五〕一名山戎，凡三名。七國時屬燕。燕後，以

爲右北平郡。〔七六〕

三河

玉田

密雲郡東至漁陽郡二百十七里。南至范陽郡潞縣界五十五里。西至范陽郡昌平縣界一百三十里。北至長城四十五里。東南到漁陽郡三河縣七十五里。〔七七〕西南到范陽郡昌平縣七十里。西北到長濃水鎮四十五里。東北到長城障塞一百十里。去西京二千六百八十里，去東京一千八百四十五里。户六千一百三十八，口三萬一千六百三十七。

檀州今理密雲縣。春秋及戰國並爲燕地。秦漢並屬漁陽郡。後魏置密雲郡，兼置安州。後周改安州爲玄州。〔七八〕隋徙玄州於漁陽，今漁陽郡。尋復於今郡置檀州；煬帝初，置安樂郡。大唐爲檀州，或爲密雲郡。領縣二：

密雲有潞水，自塞外流入。

燕樂後魏置廣陽郡。有長城。

北平郡東至柳城郡七百里。南至海二百里。〔七九〕西至漁陽郡三百里。北至上洽口八十里。〔八〇〕東南到臨榆關一百八十里。〔八一〕西南到馬城縣一百八十里。西北到石城縣一百四十里。東北到柳城郡七百里。去西京四千三百二十里，去東京三千五百二十里。户三千三十一，口一萬三千七百七十五。〔八二〕

平州今理盧龍縣。殷時孤竹國。春秋山戎、肥子二國地也。今盧龍縣。有古孤竹城，伯夷、叔齊之國也。戰國時屬燕。秦爲右北平及遼西二郡之境，二漢因之。晉屬遼西郡。後魏亦曰遼西郡。隋初置平州，煬帝初州廢，復置北平郡。大唐因之。領縣三：

盧龍漢肥如縣。有碣石山，碣然而立在海旁，故名之。晉太康地志云：〔八三〕「秦築長城，所起自碣石，在今高麗舊界，非此碣石也。」漢遼西郡故城在今郡東。又有漢令支縣城。臨閭關今名臨榆關，在縣城東一百八十里。盧龍塞在城西北二百里。

石城漢舊縣。

馬城

柳城郡東至遼河四百八十里。南至海二百六十里。西至北平郡七百里。〔八四〕北至契丹界五十里。東南到安東府二百七十里。西南到北平郡七百里。〔八五〕西北到契丹界七十里。東北到契丹界九十里，契丹衙帳四百里。去西京五千里，去東京四千一百十里。户八百七十四，口三千。

營州今理柳城縣。殷時爲孤竹國地。漢徒河縣之青山，在郡城東百九十里。棘城即顓頊之墟，在郡城東南一百七十里。春秋時，地屬山戎。戰國時屬燕。秦并天下，屬遼西郡。二漢及晉皆因之。慕容皝以柳城之北，龍山之南，所謂福德之地也，乃營制宮廟，改柳城爲龍城，遂遷都龍城，號新宮曰和龍宮。皝時有黑龍白龍各一，鬬於龍山，皝率屬僚觀之，祭以太牢，二龍交首嬉戲，解角而去。皝大悅，號曰和龍宮。〔八六〕後燕慕容寶、北燕馮跋，相繼都之。至慕容雲，爲馮跋所滅；至馮弘，爲後魏所滅也。後魏置營州。後周武帝平齊，其地猶爲高寶寧所據。隋文帝時討平寶寧，復以其地爲營州；煬帝初州廢，置遼西郡。大唐復爲營州，或爲柳城郡。領縣一：

柳城有龍山、鮮卑山，在縣東南二百里，棘城之東塞外亦有鮮卑山，在遼西之北一百里，未詳孰是。青山、石門山、白狼山、白狼水。又有漢交黎縣故城，在東南。〔八七〕其龍山，即慕容皝祭龍所也。有饒樂水、漢故徒河縣城、和龍城。室韋、靺鞨諸部並在東北，遠者六千里，近者二千餘里，西北與奚接，北與契丹相接。

校勘記

〔一〕盧龍縣也　「也」原作「地」，據北宋本、傅校本、明刻本改。

〔二〕入河逆上也　「上」原訛「山」，據尚書禹貢僞孔傳改。

〔三〕北有信都真定常山中山　「北有」原脱，據漢書地理志下一六五五頁補。

〔四〕東有廣平鉅鹿清河河間　「東有」與「清河」原脱，據漢書地理志下一六五五頁補。

〔五〕盡河東河內　「河東」原脱，據漢書地理志下一六四六頁補。

〔六〕漢之河內野王朝歌　「內」原訛「南」，據漢書地理志下一六六四頁改。

〔七〕西至河南府濟陰縣七十三里　「西」字處原爲空白，據諸本補。「西」上原有「里」，據北宋本、傅校本、明抄本、明刻本刪。

〔八〕汲郡　「郡」原訛「縣」，據北宋本、傅校本、明抄本、明刻本、王吴本改。

〔九〕去西京九百八十里　「八」原作「九」，據北宋本、傅校本、明抄本、明刻本改。

〔一〇〕陽樊温原欑茅之田　「温」原訛「隰」，「欑」原訛「攢」，據左傳僖公二十五年改。

〔一一〕阻其山保之　「其」原訛「共」，據史記秦始皇本紀二三四頁及北宋本、王吴本改。

〔一二〕司馬卬　「卬」原訛「邛」，據史記項羽本紀三一六頁改。

〔一三〕濁鹿城　「鹿」原訛「漉」，據後漢書獻帝紀三九〇頁及北宋本改。

〔一四〕去西京一千七百九十里　「七」原作「九」，據北宋本、傅校本、明抄本、明刻本改。

〔一五〕大伾山　「伾」原訛「坯」，據北宋本改。下同。

〔一六〕張揖　「揖」原訛「楫」，據北宋本改。按：此即廣雅作者。

〔一七〕自故鄴移居安陽城也　「居」原作「治」，「也」原脱，據北宋本、傅校本、明抄本改補。

〔一八〕改爲林慮　「林」原訛「臨」，據北宋本、王吴本改。

〔一九〕清河郡宗城縣　「宗」原訛「宋」，據隋書地理志中八四七頁、元和郡縣志卷一六四六四頁、舊唐書地理志二一四九七頁改。

〔二〇〕武帝改爲平干國　「干」原訛「千」，北宋本、傅校本、明抄本、明刻本、王吴本訛「于」，據漢書地理志下一六三二頁改。

〔二一〕永年　「年」原訛「平」，據諸本改。

〔二二〕西至欒平郡縣二百四十里　「縣」字疑衍。

〔二三〕太原府　「府」原訛「郡」，據北宋本、傅校本、明抄本、明刻本改。

〔二四〕信都郡　「郡」北宋本、傅校本、明抄本、明刻本、王吴本均作「縣」。

〔二五〕漢鉅鹿縣今平鄉縣地　上「縣」原脱，「地」原作「也」，據北宋本補改。按：王吴本作「地」。

〔二六〕任　「任」下原有「縣」，據北宋本、傅校本、明抄本、明刻本、王吴本删。

〔二七〕信都國　「國」原訛「郡」，據北宋本、傅校本、明抄本、明刻本、王吴本改。按：漢書地理志下一六三三頁作「信都國」。

〔二八〕今高邑縣　「縣」下原有「是」，據北宋本、傅校本、明抄本、明刻本、王吴本删。

〔二九〕後魏置殷州及南鉅鹿郡後改爲南趙郡　「南」原作「高齊」，清人妄改。北宋本、傅校本、明抄本、明刻本、王吴本作「高南」，衍「高」。今據魏書地形志上二四七一頁删訂。

〔三〇〕西南到太原府樂平縣三百二十里　此句原在「西北到雁門郡五百四十里」後，與通典八到敍例不合，今據北宋本移前。

〔三一〕大唐武德元年復置恒州　「武德」原訛脱作「乾」，「置」原作「爲」。元和郡縣志卷一七四七七頁云：「武德元年重置恒州。」舊唐書地理志二一五〇二頁云：「義旗初復置恒州。」今據以訂改。

〔三二〕肥壘故肥子國　上「肥」原脱，據元和郡縣志卷一七四七九頁訂補。

〔三三〕漢蒲吾縣房山在縣西北俗名曰王母山　「房山」上原衍「後漢」，「在縣」原倒，今參元和郡縣志卷一七四八一頁删乙。按：後漢無房山縣。

〔三四〕滋水所出　「滋」原訛「游」，據北宋本、傅校本、明抄本改。

〔三五〕河間郡　「郡」原訛「府」，據北宋本、傅校本、明抄本、明刻本、王吴本改。

〔三六〕中山尹　「尹」原訛「郡」，據北宋本改。

〔三七〕恒陽　「恒」原作「常」，據本卷目録改。

〔三八〕即今縣城也　「城」原作「地」，據北宋本、傅校本、明刻本改。

〔三九〕唐昌　唐昌與下文陘邑本爲一縣，而前後異名，非同時並置者也。通典於此並列之，誤。元和郡縣志卷一八、舊唐書地理志二一五一一頁、新唐書地理志三一〇一九頁均於定州屬縣中書陘邑，並釋云：「漢屬中山國，章帝改爲漢昌，魏改爲魏昌，隋改爲隋昌。武德四年改爲唐昌，天寶元年改爲陘邑。」

〔四〇〕二千二百里　「百」下原有「十」，據北宋本、傅校本、明刻本、王吴本删。

〔四一〕二千五百六十二　「六」原作「二」，據北宋本改。

〔四二〕漢屬涿郡後爲河間國後漢及晉因之　北宋本、傅校本、明抄本、明刻本、王吴本訛作「漢屬涿郡後漢爲河間國晉因之」。

〔四三〕後置高陽郡有易水　北宋本、傅校本、明抄本、明刻本疊「郡」字。

〔四四〕一百八十里　「十」下原有「五」，據北宋本、傅校本、明抄本、明刻本、王吳本删。

〔四五〕開元十三年改鄭爲莫　原脱「三」，據北宋本補。舊唐書地理志二一五一四頁、新唐書地理志三一〇二一頁、唐會要卷七一、通考輿地考二均有「三」字。

〔四六〕四百七十二　「二」原作「一」，據北宋本改。

〔四七〕今理陸澤縣　「陸澤」原訛「饒陽」，據北宋本、王吳本改。

〔四八〕漢貰縣故城　「故」原脱，據北宋本補。

〔四九〕禹貢大陸澤亦在此　原無「亦」，據北宋本、傅校本、明抄本、明刻本補。

〔五〇〕三百二十里　「三」原作「二」，據北宋本改。

〔五一〕二百九十七里　「二」原作「一」，據北宋本改。

〔五二〕口二十四萬五千八百七　「二」原作「一」，據諸本改。

〔五三〕古武遂也　「武遂」原倒，據元和郡縣志卷一八五一七頁乙。按：史記趙世家一八三〇頁云：「李牧將，攻燕，拔武遂、方城。」正義引括地志：「易州遂城，戰國時武遂城也。」

〔五四〕二百十四里　「二」原作「一」，據北宋本改。

〔五五〕有幽都山　「有」原訛「百」，「山」原訛「出」，據北宋本、傅校本、明抄本、明刻本、王吳本改。

〔五六〕山在遼東　「山」北宋本、傅校本、明抄本、明刻本、王吳本作「今」。

〔五七〕河在景城郡無棣縣界　「景城郡」北宋本、傅校本、明抄本、明刻本、王吳本作「今郡」，誤。殿本、局本改作「滄州」，亦與注例不合。今據卷一八〇及注例校正。

〔五八〕宜地禹貢青州之域　「域」原作「地」，據北宋本、傅校本、明抄本、明刻本改。

〔五九〕今縣　「今」原脱，據北宋本、傅校本、明抄本、明刻本、王吴本補。

〔六〇〕渤渤海　兩「渤」間原有「即」，據北宋本、明抄本删。

〔六一〕後石季龍征慕容皝迴　「皝」原訛「儁」，據晉書慕容皝載記二七六八頁改正。

〔六二〕荆軻獻圖於秦　「秦」下原有「即此」，後人所增者。今據北宋本、傅校本、明抄本、明刻本删。

〔六三〕漢方城縣地也　原脱「地」，據北宋本、王吴本補。

〔六四〕北齊改爲納款　「北」原涉上而脱，「款」原訛「疑」，據太平寰宇記卷六九補改。

〔六五〕舊是會昌　原作「舊會昌縣」，據北宋本、傅校本、明刻本、王吴本改删。

〔六六〕置在范陽郡城内　「城」原脱，據北宋本、傅校本、明抄本、明刻本補。

〔六七〕置歸化郡與順義郡　句下原有「同」，據北宋本、傅校本、明抄本、明刻本、王吴本删。

〔六八〕粟末靺鞨　「粟」原訛「栗」，今訂改。按：粟末靺鞨因其國速末水得名。參閲卷一八六校記〔六二〕。

〔六九〕一百八十里　「一」原作「三」，據北宋本改。

〔七〇〕九十八里　「九」原作「七」，據北宋本、傅校本、明抄本、明刻本、王吴本改。

〔七一〕户二千三百五十　「五」原作「九」，據北宋本改。

〔七二〕造陽即此　「造」原訛「遼」，據北宋本改。

〔七三〕西南到范陽郡雍奴縣界　「雍奴」原作「安次」，非。據北宋本、傅校本、明抄本、明刻本改。
〔七四〕户四千八百二十九　「八百」原作「二百」，據北宋本改。
〔七五〕古北戎無終子國　「終」北宋本、傅校本、明抄本、明刻本、王吴本作「脩」。
〔七六〕以爲右北平郡　「以」原訛「漢」，據北宋本、傅校本、明抄本、明刻本、王吴本改。
〔七七〕漁陽郡三河縣　「漁」原訛「范」，今訂正。按：三河縣屬漁陽郡，見上文。
〔七八〕玄州　「玄」原作「元」，清人諱改。今據北宋本、傅校本、明抄本、王吴本改回。下同。
〔七九〕南至海二百里　「二」原作「一」，據北宋本、傅校本、明抄本改。
〔八〇〕北至上洽口八十里　「上洽口」原作「塞」，清人臆改。今據北宋本改回。按：明抄本作「上洛口」，明刻本作「上洛」，王吴本作「上洛郡」，並非。原「八」上有「百」，據北宋本、明抄本删。
〔八一〕東南到臨榆關一百八十里　「臨榆」北宋本、傅校本、明抄本、明刻本、王吴本作「榆林」，非是。
〔八二〕七百七十五　「五」原脱，據北宋本、傅校本、明抄本、明刻本補。
〔八三〕晉太康地志云　「云」原訛「同」，據北宋本改。
〔八四〕西至北平郡七百里　「七」原作「二」，據北宋本改。
〔八五〕西南到北平郡七百里　「七百」原作「三百七十」，北宋本、傅校本、明抄本、明刻本、王吴本作「七十」，俱誤。今據上文「西至北平郡七百里」訂正。
〔八六〕號曰和龍宫　「曰」原脱，據北宋本、傅校本、明抄本、明刻本、王吴本補。

〔八七〕又有漢交黎故城在東南 「交黎」原作「扶黎」，誤。按：漢書地理志下一六二五頁遼西郡有交黎縣，無「扶黎縣」。輿地廣記卷一二營州柳城下云：「漢交黎縣，屬遼西，故城在東南。」今據以訂改。

王文錦點校

通典卷第一百七十九

州郡九

古冀州下今置郡府十九　縣一百三

河東蒲八縣河東　桑泉　猗氏　安邑　解　虞鄉　寶鼎　永樂

絳郡絳十一縣正平　曲沃　翼城　絳　聞喜　垣　夏　龍門　稷山　萬泉　太平

平陽晉九縣臨汾　襄陵　霍邑　冀氏　汾西　洪洞　神山　趙城　岳陽

高平澤六縣晉城　陵川　沁水　端氏　高平　陽城

上黨潞十縣上黨　長子　潞城　壺關　銅鞮　武鄉　屯留　黎城　涉　襄垣

樂平儀四縣遼山　榆社　和順　平城

陽城沁三縣沁源　和川　緜上

大寧隰六縣隰川　大寧　石樓　永和　温泉　蒲

文城五縣慈　吉昌　仵城　文城　吕香　昌寧

西河五縣汾　隰城　介休　靈石　孝義　平遥

太原十三縣并　太原　晉陽　文水　陽曲　樂平　清源　太谷　祁　榆次　盂　壽陽　廣陽　交城

昌化五縣石　離石　定胡　平夷　臨泉　方山

樓煩四縣嵐　宜芳　合河　静樂　嵐谷

雁門五縣代　雁門　五臺　繁時　崞　唐林

定襄二縣忻　秀容　定襄

安邊三縣蔚　靈丘　飛狐　安邊

馬邑二縣朔　善陽　馬邑

雲中一縣雲　雲中

單于府一縣金河

河東郡東至絳郡三百七十里。南至弘農郡一百七十里。西至馮翊郡八十里。北至絳郡二百七十里。東南到陜郡二百九十里。西南到華陰郡一百五十里。西北到馮翊郡韓城縣一百四十里。東北到絳郡三百七十里。去西京三百六十里，去東京五百四十里。户七萬二百七，口四十六萬一千八十。

蒲州今理河東郡。唐虞所都蒲坂也。春秋時地屬魏，及晉獻公滅魏，以其地封大夫畢萬。畢萬，畢公高之後，魏犨祖父也。畢萬之後，十代至文侯，列爲諸侯，與韓趙三分晉，地屬魏。至惠王，以安邑近秦，乃徙都大梁。秦兼天下，置河東郡，歷兩漢不改。博物志云：「有山澤近鹽沃土之人，不才。漢興，少有名人大衣冠，三代皆衰絶也。」魏晉亦然。後魏亦爲河東郡，兼置雍州，及屬秦州。後周改爲蒲州，亦兼置河東郡。隋初郡廢，煬帝初州廢，復置河東郡。大唐初，爲蒲州。開元九年五月，置中都，改爲河中府，尋罷仍舊。時揚州功曹參軍、麗正殿學士韓覃上疏曰：「臣聞禮記月令曰：『孟夏之月，無起土功，無聚大衆。』昔魯夏城中丘，春秋書之，垂爲後誡。今建國都，乃長久之大業也。犯天地之大禁，襲春秋之所書，奪人盛農之時，愚臣竊以爲甚不可也。至若兩都舊制，分官衆多，費耗用度，尚以爲損，豈況更建中都乎？〔一〕夫河東者，國之股肱郡也。勁鋭强兵，盡出於是。其地隘狹，今又置都，使十萬之户將安投乎！且陋東都而幸西都，〔二〕自西都而造中都，取樂一君之欲，以遺萬人之患，務在都國之多，不恤危亡之變，悦在遊幸之麗，不顧兆庶之困，非所以深根固蔕不拔之長策矣。昔漢帝感鍾離之言，息事德陽之殿，趙主採續咸之諫，止造鄴都之宫。臣愚誠願下明詔，罷中都，則福履無疆，天下幸甚。」至六月三日，〔三〕詔停。或爲蒲州，或爲河東郡。領縣八：

河東漢蒲坂縣。春秋秦晉戰於河曲，即其地也。有蒲津關，後魏大統四年，造浮橋；九年，築城爲防。大唐開元十二年，河兩岸開東西門，各造鐵牛四，鐵人四。〔四〕其牛下並鐵柱連腹，入地丈餘，并前後鐵柱十六。嫣汭水，今有舜廟在焉，其廟周宇文護所造。又有雷首山，夷齊居其陽，所謂首陽山也。有風陵堆，與潼關相對。

桑泉有三疑山。漢解縣故城，今縣東南。

猗氏漢舊縣，猗頓所居，古郇國也。有古令狐城，左傳云晉文公從秦返國，「濟河，圍令狐」，〔五〕即此。

安邑堯舜舊都。今縣西有鳴條陌，湯與桀戰於此。漢舊縣。

解隋曰虞鄉，武德元年改之。

虞鄉漢解縣地。〔六〕後於虞鄉城置解縣，更於解西五十里別置虞鄉縣。

寶鼎漢汾陰縣。有后土祠、湯廟。

永樂武德二年，分芮城縣置。

絳郡東至高平郡四百五十里。南至陝郡二百二十里。西至馮翊郡四百十里。北至文城郡二百七十里。東南到河南府五百里。西南到河東郡三百七十里。西北到文城郡三百里。東北到平陽郡一百四十里。〔七〕去西京五百二十里，去東京六百三十里。户八萬二千二百，口五十一萬七千三百十。

絳州今理正平縣。春秋時爲晉國，即故絳與新田之都也。後韓魏趙滅晉，其地屬魏。秦屬河東郡。秦末，其地屬魏豹。漢定魏地，還屬河東郡，後漢因之。魏晉屬河東、平陽二郡地。後魏置東雍州。其龍門、萬泉即屬秦州。西魏、後周以爲重鎮。後周改曰絳州，兼置正平郡。隋初郡廢，煬帝初州廢，復置絳郡。大唐爲絳州，或爲絳郡。領縣十一：

正平漢臨汾縣地。有汾澮二水。有高齊故武平關，在今縣西三十里，故家雀關在縣南七里，並是鎮處。

曲沃漢絳縣地。春秋時晉曲沃地。臺駘神祠在此。〔八〕

翼城古晉之翼邑，漢絳縣地。

絳春秋晉武公自曲沃徙此。〔九〕漢聞喜縣地。

聞喜亦故曲沃地，漢左邑縣之桐鄉也。漢武行幸至此，聞南越破，以爲聞喜縣。東北有董池陂，楊柳可爲箭。高候原在縣北，〔一〇〕即十六國劉曜破石勒將石季龍處也。

垣漢舊縣。東北有王屋山，沇水所出。有古臯落城，西魏於此置邵郡，以備東魏。

夏漢安邑縣地。蓋以夏禹所都爲名。夏都安邑城，〔一一〕在今縣北十五里。

龍門古耿國。有龍門山，即大禹所鑿。三秦記云：「魚鱉上之即爲龍，否則點額而還。」漢皮氏縣故城在今縣南。今縣則後魏秦州所理。

稷山漢聞喜縣地。後魏龍關郡。後周勳州故城在今縣西南十二里，即王思政所築玉壁城，爲周氏重鎮，齊神武再攻圍，皆不尅。

萬泉漢汾陰縣。

太平漢臨汾縣。

平陽郡東至上黨郡三百九十里。南至絳郡一百四十里。西至文城郡二百十五里。〔一二〕北至西河郡三百九十里。東南到高平郡四百十里。西南到文城郡二百十里。西北到大寧郡二百五十里。東北到陽城郡二百五十里。去西京七百五十里，去東京七百二十里。户六萬四千八百，口四十二萬一千八百八十。

晉州今理臨汾縣。亦堯舜之都，〔一三〕所謂平陽也。春秋時屬晉，戰國時屬魏。秦爲河東郡地，二漢因之。魏分置平陽郡，晉因之。劉元海稱漢僭位，建都於此。後魏爲平陽郡，兼置唐州，後改爲晉州，後置總管府。東魏、北齊皆爲重鎮。隋初改平陽爲平河郡，尋廢；煬帝初，置臨汾郡。大唐爲晉州，或爲平陽郡。領縣九：

臨汾漢平陽縣有姑射山，又有故堯城縣。

襄陵漢舊縣。有趙襄子墓。又有晉襄公之陵，因以爲名。後魏擒赫連昌，又分此縣置擒昌縣。

霍邑漢彘縣。隋置今縣。周厲王無道，周人流王於彘，即此地。有霍山，即職方冀州之鎮，一名太岳山，禹貢所謂岳陽。

冀氏漢猗縣地。後魏置冀氏縣。猗音居義反。

汾西後魏置汾西郡。

洪洞春秋楊國，晉滅之爲楊邑。漢爲楊縣也。〔一四〕故洪洞城在今縣北，東魏、北齊鎮也，四顧重複，控據要險。〔一五〕

神山武德二年置浮山縣，後改焉。

趙城古造父邑。

岳陽漢穀遠縣地，隋改之。有千畝原，左傳曰晉侯千畝之戰，即此。

高平郡東至汲郡四百一十里。〔一六〕南至河内郡一百四十里。〔一七〕西至絳郡二百五十里。北至上黨郡一百九十里。東南到河内郡武德縣二百里。西南到河南府二百八十里。〔一八〕西北到平陽郡四百十里。東北到鄴郡三百二十里。去西京一千四十里，去東京六百六十里。户二萬七千五十，口十四萬三千七百。

澤州今理晉城縣。春秋時屬晉，戰國屬韓，〔一九〕其後屬趙。至秦，破趙於長平，坑卒四十萬，〔二〇〕即此地也。秦平天下，爲上黨郡地。漢屬河東、上黨二郡地，後漢因之，魏晉亦同。後魏以其地置建州及高都、長平、安平三郡。北齊亦爲建州及置平陽、高都二郡。後周併二郡爲高平郡。隋初郡廢，置澤州；因濩澤水爲名。煬帝初州廢，置長平郡。大唐爲澤州，或爲高平郡。領縣六：

晉城漢曰高都縣，隋曰丹川。有天井關，在縣南太行山上，〔二一〕關前有天井泉三所。

陵川漢泫氏縣地。隋開皇中置。泫，胡畎反。

沁水後魏泰寧郡。〔二二〕

端氏七國時，韓魏趙分晉，封晉君於端氏也。漢爲縣，故城在今縣西。

高平漢泫氏縣。西北有泫谷水，故爲名。頭顱山，〔二三〕秦白起坑趙卒，築臺於壘中，因山爲臺。故光狼城，白起築。

陽城漢曰濩澤縣也。有嶕嶢山、〔二四〕濩澤水、析城山，禹貢所謂「砥柱、析城」也。

上黨郡東至鄴郡三百里。南至高平郡一百九十里。西至平陽郡三百九十里。北至樂平郡四百七十里。東南到鄴郡林慮縣界一百四十里。西南到陽城郡沁源縣界一百九十里。西北到太原府四百五十里。東北到廣平郡武安縣界二百四十里。去西京一千一百九十里，去東京四百六十里。户六萬七千九百四十四，口三十七萬二千三百六十。

潞州今理上黨縣。春秋時，初爲黎國，後狄人奪其地。左傳曰，晉伯宗數狄罪，曰奪黎氏地也。赤狄潞子嬰兒爲晉所滅，其地盡屬焉。戰國初，爲韓之別都，以遠韓近趙，後卒降趙。秦置上黨郡，漢亦爲上黨郡，魏及晉不改。後魏亦爲上黨郡。後周置潞州。〔二五〕隋置韓州，煬帝初復置上黨郡。大唐爲潞州，或爲上黨郡。領縣十：

上黨古黎侯國，西伯戡黎，即此。漢爲壺關縣。

長子漢舊縣。漳水所出。周史辛甲所封。〔二六〕左傳曰「晉人執衛石買於長子」，即此。

潞城春秋潞子國。漢舊縣。

壺關古黎國地。有羊腸坂，王莽命五威後關將軍王嘉曰「羊頭之阨，〔二七〕北當燕趙」。後魏移壺關縣於此，有壺山。

銅鞮水名。漢縣。春秋晉國銅鞮邑，羊舌赤爲邑大夫。有闕與故城，漢韓信擒代相夏説於此。

武鄉漢垣縣地。

屯留漢舊縣。又有漢徐吾故城，在今縣西北。〔二八〕有鹿濟山，絳水所出。

黎城漢潞縣地。隋改置之，因縣東故黎城爲名。有壺口故關。

涉漢舊縣。有清漳水。

襄垣漢舊縣。

樂平郡東至廣平郡三百六十里。南至上黨郡四百七十里。西至太原府三百四十里。北至太原府樂平縣二百六十里。東南到上黨郡九十里。西南到上黨郡一百里。西北到太原府三百四十里。東北到鉅鹿郡二百四十里。去西京一千三百九十里，去東京七百九十里。户九千五百六十，口五萬二百九十六。

儀州今理遼山縣。春秋時屬晉。戰國初屬韓，〔二九〕後屬趙。秦爲上黨郡，二漢因之。晉爲樂平郡。後魏爲遼陽郡。隋屬太原郡。大唐武德三年，分并州之地置遼州；八年，改爲箕州。先天元年，改爲儀州，或爲樂平郡。領縣四：

遼山漢垣縣地。晉爲遼陽縣。隋置今縣。北有鬼谷。

榆社漢垣縣地。晉於此置武鄉縣。石勒是此縣人，有石勒漚麻池。

和順漢沾縣地，即韓之閼與邑。

平城漢垣縣地。

陽城郡東至上黨郡銅鞮縣七十里。南至平陽郡冀氏縣一百五十里。西至平陽郡二百五十里。北至西河郡二百八十里。東南到上黨郡屯留縣一百四十里。西南到平陽郡二百五十里。西北到西河郡二百八十里。東北到上黨郡界九十里。去西京一千七十里，去東京六百四十里。户六千一百六十六，口三萬三千三百九十。

沁州今理沁源縣。春秋時屬晉，後屬韓，又屬趙。秦、二漢爲上黨郡地，魏晉亦同。後魏屬義寧郡。隋初置沁州，煬帝初州廢，復爲沁源縣，屬上黨郡。大唐復置沁州，或爲陽城郡。領縣三：

沁源漢穀遠縣，後魏改爲沁源。有沁水。

和川

緜上

大寧郡〔三〇〕東至平陽郡二百五十里。南至文城郡二百里。西至延安郡三百九十里。北至昌化郡二百五十里。東南到平陽郡二百五十里。西南到文城郡二百里。西北到黄河爲界一百八十里。東北到西河郡二百六十里。去西京九百十里，去東京八百八十里。户一萬九千二百十，口十三萬四千四百二十。〔三一〕

隰州今理隰川縣。春秋時晉之蒲城也。七國時屬魏。秦、二漢爲河東郡地。魏晉屬平陽郡。後魏、北齊爲汾州。後周置汾州及龍泉郡。隋初郡廢，後復置西汾州，尋又改爲隰州；煬帝初州廢，置龍泉郡。大唐爲隰州，或爲大寧郡。領縣六：

隰川漢蒲子縣。春秋時蒲城，晉重耳所居。

大寧漢北屈縣地。

石樓有石樓山。漢土軍縣，〔三二〕後魏吐京郡。

永和漢狐讘縣。後周臨河郡。讘，章涉反。

温泉

蒲漢蒲子縣地。

文城郡東至平陽郡二百十里。南至絳郡二百七十里。西至咸寧郡一百七十里。北至大寧郡二百里。東南到絳郡三百里。西南到馮翊郡韓城縣界百七十里。〔三三〕西北到延安郡二百九十里。東北到西河郡五百里。去西京七百二十里，去東京六百九十里。户一萬一千五百六十，口六萬六千三十。

慈州今理吉昌縣。春秋時晉之屈邑。獻公子夷吾所居。禹貢壺口之山在焉。戰國時爲魏地。秦、二漢屬河東郡。魏晉屬平陽郡。東魏置定陽郡及南汾州。北齊改南汾州爲西汾州。後周改爲汾州。隋初郡廢，置耿州，居耿吉城。後復爲汾州；煬帝初州廢，置文城郡。大唐爲慈州，或爲文城郡。領縣五：

吉昌漢北屈縣。左傳曰，晉有「屈産之乘」。此有駿馬。有壺口山。故姚襄城在縣西，即姚襄所築，西臨黄河，控帶龍門、孟門之險，周、齊交争之處。

仵城漢北屈縣地。後魏仵城郡。

文城有孟門山，與龍門相對。龍門之上古龍門，禹所鑿。漢北屈縣地。〔三四〕

吕香漢臨汾縣地。

昌寧漢臨汾縣地。後魏内陽郡。

西河郡東至上黨郡四百四十里。南至平陽郡三百九十里。西至昌化郡一百六十里。北至太原府二百里。東南到陽城郡二百八十里。西南到大寧郡二百六十五里。西北到樓煩郡，中間有界相隔，山谷險隘。東北到太原府二百里。〔三五〕去西京一千二百六里，去東京九百三十里。户五萬八千五十，口三十二萬六千二百八十。

汾州今理隰城縣。春秋時晉地。六國時屬趙，秦屬太原郡。二漢屬太原、西河二郡地，魏因之。晉屬太原郡、西河國地。後魏又爲西河郡，兼置汾州。北齊置南朔州。後周改曰介州。隋置西河郡。大唐爲汾州，或爲西河郡。領縣五：

隰城漢茲氏縣。〔三六〕今有美稷鄉，即漢美稷縣地。又有漢京陵縣，即晉趙文子與叔向觀於九原之所。

介休有縣上山、介之推祠。漢舊縣也。昭餘祁，俗名鄔城泊，〔三七〕職方并州之藪。

靈石有介山。漢介休縣地。今縣東南有高壁嶺、雀鼠谷、汾水關，皆險固之處。

孝義漢中陽縣。

平遥

太原府東至趙郡五百五十里。南至上黨郡四百五十里。西至昌化郡三百九十里。北至定襄郡一百八十里。東南到樂平郡三百四十里。西南到西河郡二百里。西北到樓煩郡二百五十里。東北到雁門郡五百里。去西京一千三百里，去東京八百八十五里。户十二萬六千一百九，〔三八〕口七十六萬八千四百六十四。

并州今理晉陽、太原二縣。古之并州，蓋舜分冀州爲之，置十二牧，則其一也。以其地在兩谷之間，故爲并州，亦曰在衞水、常水之間。〔三九〕常水在今博陵郡，衞水在今常山郡。注已具上卷。周禮職方曰：「正北曰并州，其山曰常，藪曰昭餘祁，常山在今博陵郡常陽縣界。〔四〇〕昭餘祁在今西河郡介休縣界。川曰虖池、嘔夷，虖池發源在今雁門郡繁畤縣界。嘔夷在今安邊郡靈丘縣界。虖音呼。池音駝。寖曰淶、易。淶水在今安邊郡飛狐縣界。易水發源在今上谷郡易縣界。其利布帛。人二男三女。畜宜五擾，牛、馬、羊、犬、豕。穀宜五種。」秦兼天下，〔四一〕爲太原郡。漢武帝置十三州，此爲并州。領郡九，兼得雍州之域，今上郡以北朔方、九原、榆林、新秦、銀川之地。後漢並因之。理於晉陽，今府。靈帝時，羌胡大擾，定襄、雲中等郡，並流徙分散。獻帝時，省入冀州。魏文帝復置并州，自陘嶺以北並棄之。今雁門郡及以北之地悉棄之。至晉，亦置并州。領郡國六，理晉陽。惠帝時，并州之地盡爲劉元海所有。其後劉曜徙都長安，自平陽今平陽郡以東地，盡入石勒，及苻堅、姚興、赫連勃勃，並於河東郡置并州，姚興又分河東爲并冀二州。及後魏以後，分拆不可詳也。〔四二〕

今之并州，爲太原府。古唐國也。昔帝堯爲唐侯所封之國，按今博陵郡界有堯城，爲堯始封之國，當是徙於此也。後還平陽。及夏禹所都之地，禹都或爲今太原，或在今平陽，或在今河東郡安邑，或在今河南府陽翟也。亦高辛氏子實沈及金天氏子臺駘之所居焉。左傳云：「帝遷高辛氏子實沈於大夏，主參。金天氏之裔曰允格、臺駘，以處太原。」注云：「大夏，太原晉陽縣也。」周成王又封弟太叔虞於此，成王滅唐，而封太叔，故參爲晉星是也。叔虞子燮改爲晉侯。唐有晉水，故改爲晉。中國曰太原，夷狄曰大鹵。〔四三〕晉荀吳敗狄於大鹵，即太原晉陽縣也。晉、大鹵、太原、大夏、夏虛、晉陽六名，其實一也。〔四四〕春秋時爲晉國，後爲趙邑。智伯與韓、魏圍晉陽歲餘，引汾水灌城，不沒者三板。晉滅，屬趙。秦置太原郡，二漢因之，兼置并州。領郡九，理於此。曹公圍袁尚於鄴，時袁紹外生高幹爲并州刺史。〔四五〕牽招説幹曰：「并州左有恒山之險，右有大河之固，北有强胡，速迎尚并力觀變。」幹不能用之。魏改爲太原國，并州仍舊。晉因之。領郡國六，理於此。後魏爲太原郡，兼置并州。北齊、後周皆因之。隋初廢郡，置并州，又改爲太原郡。大唐爲并州，高祖匡隋室，起義兵。於長壽元年，置北都，後復爲并州。開元十一年，改爲太原府；天寶元年，加號爲北京。領縣十三：

太原漢晉陽縣也。〔四六〕隋文帝移晉陽縣於州城中，舊晉陽置今縣。有晉水。

晉陽隋文帝新移。有龍山、蒙山。

文水漢大陵縣。有文水、沁水。〔四七〕

陽曲漢狼孟縣故城，在縣東北。河千里一曲，當其陽，故曰陽曲。漢陽曲縣，今定襄郡定襄縣是也，後漢移置今縣。有乾燭谷，即羊腸坂也。

樂平舊樂平郡，隋置遼州。

清源漢榆次縣地。隋於古梗陽城置今縣。有清源水。

太谷縣西有太谷。漢陽邑縣地。

祁漢舊縣。晉大夫祁奚之邑，晉滅祁氏，分爲七縣，以賈辛爲祁大夫。後漢忠烈温序墓在西北。

榆次春秋晉魏榆地，石言於此。漢舊縣。

孟漢舊縣。有虖池水，自雁門郡界來。

壽陽晉舊縣。

廣陽漢上艾縣，後魏改曰石艾，〔四八〕國家又改之。縣東有故關，甚險固。

交城有羊腸山，隋煬帝改爲深谷嶺。

昌化郡東至西河郡一百六十里。南至大寧郡二百五十里。西至上郡二百三十里。〔四九〕北至樓煩郡二百三十里。東南到大寧郡二百五十里。西南到大寧郡石樓縣一百五十里。西北到樓煩郡二百三十里。東北到太原府三百九十里。去西京一千二百三十里，去東京一千一百十里。户一萬二千三百七十，口六萬四千三百四十。

石州今理離石縣。戰國初，趙之離石邑，後爲秦、魏二國之境。秦本紀云「秦昭王伐趙，取離石」是也。秦爲太原郡地。二漢屬西河郡南單于庭，即左國城。〔五〇〕晉屬西河國，劉元海起事於此，後石勒置永石郡。北齊置懷政郡，後改爲離石郡，兼置西汾州。後周改西汾爲石州。隋初郡廢，而石州如故；煬帝初州廢，置石郡。大唐爲石州，或爲昌化郡。領縣五：

離石漢舊縣。後南單于庭左國城在此。〔五一〕有離石水，一名赤洪水，高歡大破爾朱兆於赤洪嶺，蓋近此。

定胡漢離石縣地。後周置定胡郡，在今縣西。隋置孟門關，其地險固。

平夷

臨泉

方山有赤洪水源，東流入離石縣界。

樓煩郡東至定襄郡界二百四十里。南至昌化郡界二百三十里。西至榆林郡界一百八十里。北至馬邑郡三百里。〔五二〕東南到太原府二百五十里。西南到銀川郡三百里。西北到榆林郡九十里。東北到雁門郡三百里。去西京一千四百里，去東京一千二百二十里。户一萬五千六百八十，口七萬二千二百六。〔五三〕

嵐州今理宜芳縣。春秋晉國之分，晉滅之後爲胡地，有樓煩王居焉。其後，趙惠文王破樓煩而取其地。〔五四〕其後，北境屬燕。秦、二漢爲太原郡地。晉末，陷劉元海。後魏末，於其地置嵐州。隋煬帝置樓煩郡。大唐爲嵐州，或爲樓煩郡。領縣四：

宜芳有古秀容城，即漢汾陽縣，屬太原郡。積粟所在，謂之羊腸倉，石磴縈委，若羊腸焉。〔五五〕

合河漢汾陽縣地。北齊置蔚汾縣，合河關在北。

静樂漢汾陽縣地。有隋煬帝汾陽宫。有管涔山，〔五六〕劉曜隱處，〔五七〕汾水所出。

嵐谷

雁門郡東至安邊郡二百六十里。南至太原府五百里。〔五八〕西至樓煩郡一百六十里。北至馬邑郡一百四十里。

東南到常山郡五百四十里。西南到定襄郡二百五十里。西北到馬邑郡二百二十里。東北到安邊郡界三百十里。去西京一千六百四十里，去東京一千三百二十里。户二萬一千二十，〔五九〕口十萬一千四百五十。

代州今理雁門縣。古唐國之地。春秋時晉國之分。〔六〇〕及三卿分晉，其地屬趙。趙襄子殺代王而取其地。趙武靈王破樓煩，而置雲中、雁門、代郡。後北境屬燕。秦爲太原、雁門二郡之境，漢因之，後漢及晉亦同。後魏置梁城、繁畤二郡。後周置肆州。隋文帝改爲代州；煬帝初州廢，置雁門郡。大唐爲代州，或爲雁門郡。今郡城，後魏所置。郡南三十里有東陘關，甚險固。領縣五：

雁門漢廣武縣故城在西南。又有故平縣，後漢末平城縣也。有夏屋山，趙襄子會代王，因殺之於此。有句注山，一名西陘山也。

五臺漢慮虒縣。隋改盧夷縣爲五臺。有五臺山。〔六一〕慮音盧，虒音夷。

繁畤漢舊縣。有虖池河，源出縣東南泒阜山。〔六二〕

崞漢舊縣。又有漢樓煩郡故城，在今縣東。東魏置廓州。〔六三〕崞音郭。

唐林

定襄郡東至雁門郡界九十里。南至太原府一百八十里。西至樓煩郡二百四十里。北至雁門郡二百五十里。〔六四〕東南到太原府界一百二十里。〔六五〕西南到太原府及樓煩郡界一百二十里。〔六六〕西北到樓煩郡一百二十里。東北到雁門郡界二百五十里。去西京一千四百八十里，去東京一千六百十里。户一萬五千三十八，口七萬七千九百三十。

忻州今理秀容縣。戰國屬趙。〔六七〕秦爲太原郡地，二漢因之。後魏置肆州。後周徙肆州於雁門郡。隋初置新興郡及雲州，後改新興郡爲忻州，因忻口爲名。煬帝初，廢雲州及忻州，以其地屬樓煩、定襄二郡。大唐復分置忻州，或爲定襄郡。漢有定襄郡，在今馬邑郡地。領縣二：

秀容漢汾陽縣。有嵐水。

定襄漢陽曲縣。有石嶺關，甚險固。

安邊郡東至上谷郡三百二十里。南至常山郡四百里。西至雁門郡二百六十里。北至蕃境，無郡。〔六八〕東南到博陵郡四百九十里。西南到雁門郡三百十里。西北到馬邑郡四百六里。東北到嬀川郡四百四十里。去西京九百里，去東京一千五百里。户四千六百十，口二萬八千二百。

蔚州今理靈丘縣。周禮并州川曰嘔夷，寖曰淶易。嘔夷水在靈丘縣界，淶水在飛狐縣界。戰國初屬趙，後又屬燕。秦、漢、晉屬代郡。後魏置懷荒、御夷二鎮。東魏置北靈丘郡。後周置蔚州。隋置上谷郡。大唐置蔚州，或爲安邊郡。領縣三：

靈丘漢舊縣。有趙武靈王陵。

飛狐漢廣昌縣地。飛狐口在縣北，即漢之飛狐道，通嬀川郡懷戎縣。又有磨笄山，與嬀川郡山相連。隋置今縣。

安邊

馬邑郡東至安邊郡四百六十里。南至雁門郡一百四十里。西至樓煩郡三百四十里。北至單于府三百五十里。〔六九〕東南到雁門郡一百二十里。西南到樓煩郡三百里。西北到單于府三百五十里。東北到故雲州二百六十里。去西京一千七百七十里，去東京一千三百四十里。户六千三百，口二萬五千八百。

朔州今理善陽縣。戰國屬燕。秦屬代、雁門二郡地。漢爲定襄、雁門二郡地。後漢屬雲中、雁門二郡。漢末，因亂又置新興郡。漢末大亂，匈奴侵邊，自定襄以西，盡雲中、雁門之間遂空。建安中，魏武王集荒郡之人，立新興郡。晉懷帝時，劉琨表以鮮卑猗盧爲大單于，封代公，徙馬邑，即其地也。其後稱魏，建都於今郡北，兼置懷朔鎮。及遷洛後，遂於郡北三百餘里置朔州，葛榮之亂又廢。北齊復置朔州。隋初置總管府；煬帝初府廢，置代郡，尋屬馬邑郡。後魏初，雲中在今郡北三百餘里定襄故城。北齊置朔州，在故都西南新城，一名平城也。後移於馬邑，即今郡城也。大唐初爲朔州，或爲馬邑郡。領縣二：

善陽有秦馬邑城武州塞，即此地。亦漢定襄縣地，後魏桑乾郡，北齊廣安郡。有紫河發源於此。

馬邑漢舊縣。〔七〇〕

雲中郡東至桑乾郡督宅一百五十里。〔七一〕南至雁門郡界一百六十里。西至東尖谷五十里。北至長城蕃界三百里。東南到榆林郡四百里。〔七二〕西南到神堆柵九十里。西北到却蕃柵一百六十里。東北到陽阿谷蕃界三百四十里。去西京二千七十里，〔七三〕去東京一千六百四十里。户三千一百六十，口七千九百三十。

雲州今理雲中縣。戰國屬趙。秦置雲中郡，二漢因之。晉屬新興郡。後魏道武帝自雲中徙都平城，即此，雲中，今馬邑郡北。平城即今郡，隋雲内縣常安鎮也。置代尹。自天興元年都平城，至孝文帝太和十九年遷洛陽後，改代尹爲萬年尹。隋初屬馬邑郡。大唐置雲州，或爲雲中郡。領縣一：

雲中漢舊縣。隋曰雲内縣。白登山，白登臺，漢高帝初，被匈奴圍於此。有故高柳城、參合陂。後魏盛樂縣亦在今郡界。單于臺，在今縣西北百餘里。漢孝武元封元年，勒兵十八萬騎，出長城，北登單于臺。

單于府〔七四〕東至　南至榆林郡一百二十里。西至　北至　東南到馬邑郡三百五十里。西南到　西北到　東北到　去西京二千二百五十里，〔七五〕去東京二千里。户二千一百，〔七六〕口一萬三千。

單于大都護府，戰國屬趙，秦漢雲中郡地也。大唐龍朔三年，置雲中都護府，又移瀚海都護府於磧北，瀚海都護舊曰燕然都護府。二府以磧爲界。麟德元年，改雲中都護府爲單于大都護府。領縣一：

金河有長城。有金河，上承紫河及象水。〔七七〕又南流入河。李陵臺、王昭君墓。

風俗

冀州，堯都所在，疆域尤廣。梁州境宇雖遐遠，而雜以夷獠。中夏唯冀州最大。山東之人，性緩尚儒，仗氣任俠，太行、恒山之東。而鄴郡，高齊國都，浮巧成俗。自北齊之滅衣冠，士人多遷關內，惟伎巧商販及樂户移實郡郭，由是人情險詖，至今好爲訴訟。〔七八〕山西土瘠，其人勤儉，而河東，魏晉以降，文學盛興，魏豐樂侯杜君畿爲河東守，開置學官，親執經教授，郡中化之，自後河東特多儒者。閭井之間，習於程法。并州近狄，俗尚武藝，左右山河，古稱重鎮，韓信謂陳豨曰：「代，天下精兵處也。」後漢末，天下擾亂，高幹爲并州刺史，牽招說幹曰：「并州左有恒山之險，右有大河之固，北有强胡，可以守也。」寄任之者，必文武兼資焉。

校勘記

〔一〕豈況更建中都乎　「況」原作「可」，據北宋本、傅校本、遞修本、明抄本、明刻本改。

〔二〕且陋東都而幸西都　原「東」在下，「西」在上，據北宋本、傅校本、遞修本、明抄本、明刻本、王吴本乙。

〔三〕至六月三日　「至」原脱，據北宋本、傅校本、遞修本、明抄本、明刻本補。

〔四〕鐵人四　原涉上而脱，據北宋本、傅校本、遞修本、明抄本補。

〔五〕濟河圍令狐　「圍」原訛「圖」，據左傳僖公二十四年改。

〔六〕漢解縣地　「地」原作「也」，據北宋本、遞修本改。

〔七〕平陽郡　原「陽」下衍「縣」，據北宋本、傅校本、遞修本、明抄本、明刻本、王吴本删。

〔八〕臺駘神祠在此　原脱「神」，據元和郡縣志卷一二第三三三頁補。按：北宋本、傅校本、遞修本、明刻本、王吴本有「神」脱「祠」。

〔九〕春秋晉武公自曲沃徙此　「秋」下原有「時」，據北宋本、遞修本删。

〔一〇〕高候原　「原」原訛「源」，據北宋本、傅校本、遞修本、明抄本改。

〔一一〕安邑城　「城」原訛「縣」，據諸本改。

〔一二〕二百五十里　「二」原訛「三」，據諸本改。

〔一三〕亦堯舜之都　「亦」原作「古」，據北宋本、傅校本、遞修本、明抄本、明刻本、王吴本改。

〔一四〕漢爲楊縣也　「也」原作「地」，據北宋本、傅校本、遞修本、明抄本、明刻本、王吴本改。

〔一五〕控據要險　「據」原作「處」，據北宋本、傅校本、遞修本、明刻本改。

〔一六〕東至汲郡四百一十里　原脱「百一」，據北宋本、傅校本、遞修本、明抄本、明刻本、王吳本補。

〔一七〕南至河内郡一百四十里　「内」原訛「南」，「一」原作「二」，據北宋本改。按：傅校本、遞修本、明抄本、明刻本「内」字不誤。

〔一八〕河南府　「府」原訛「郡」，據北宋本、傅校本、遞修本、明抄本、明刻本改。

〔一九〕戰國屬韓　「戰國」北宋本、傅校本、遞修本、明抄本、明刻本均作「後」。

〔二〇〕坑卒四十萬　「十」下原有「餘」，據北宋本、遞修本、王吳本删。

〔二一〕在縣南太行山上　「縣」原脱，據北宋本、傅校本、遞修本、明抄本、明刻本、王吳本補。

〔二二〕後魏泰寧郡　「泰」原訛「秦」，據魏書地形志上二四八七頁改。

〔二三〕頭顱山　「頭」上原有「有」，據北宋本、傅校本、遞修本、明抄本、明刻本删。

〔二四〕嶕嶢山　「嶕」原作「噍」，據北宋本改。

〔二五〕後周置潞州　北宋本、遞修本「周」下有「後」。

〔二六〕周史辛甲所封　「封」下原有「地」，據北宋本、傅校本、遞修本、明抄本、明刻本删。

〔二七〕王莽命五威後關將軍　「五威後關將軍」原訛脱作「左威將軍」，北宋本、遞修本訛脱作「左威將」，今據漢書王莽傳中四一一七頁改補。

〔二八〕又有漢徐吾故城在今縣西北　原脱「有」和「在」，據北宋本、傅校本、遞修本、明抄本、明刻本、王吳本補。

〔二九〕戰國初屬韓　「國」下原有「時」，據北宋本、傅校本、遞修本、明抄本、明刻本、王吴本删。

〔三〇〕大寧郡　「大」原訛「太」，據北宋本、傅校本、明抄本、明刻本改。下同。

〔三一〕四百二十　「二」原作「四」，據北宋本、傅校本、遞修本、明抄本、明刻本、王吴本改。

〔三二〕漢土軍縣　「土」原作「吐」，涉下而訛。今據漢書地理志下一六一八頁改。

〔三三〕韓城縣界　「界」原脱，據北宋本、傅校本、遞修本、明抄本、明刻本補。

〔三四〕漢北屈縣地　「地」原脱，據北宋本補。

〔三五〕東北到太原府二百里　「太原府」原訛作「大寧郡」，今參照中國歷史地圖集第五册河東道圖訂改。

按：大寧郡在西河郡西南，不在其東北。

〔三六〕漢兹氏縣　「兹」原訛「慈」，據漢書地理志上一五五一頁改。

〔三七〕鄔城泊　「鄔」原訛「郎」，據北宋本、明抄本及元和郡縣志卷一三三七九頁改。

〔三八〕六千一百九　「九」下原有「十」，據北宋本、傅校本、遞修本、明抄本、明刻本删。

〔三九〕常水　即恒水，蓋唐人避穆宗諱改。下同。

〔四〇〕在今博陵郡常陽縣界　「郡」原脱，據北宋本、傅校本、遞修本、明抄本、明刻本補。

〔四一〕秦兼天下　「兼」原作「并」，據北宋本、遞修本、王吴本改。

〔四二〕分拆不可詳也　「拆」原訛「拆」，據北宋本、傅校本、遞修本、明抄本、明刻本改。

〔四三〕大鹵　「大」原作「太」，據北宋本、傅校本、遞修本、明抄本、明刻本、王吴本改。下同。

〔四四〕晉大鹵太原大夏夏靈晉陽六名其實一也　元和郡縣志卷一三三五九頁、太平寰宇記卷四〇作「按晉太原大鹵大夏夏墟平陽晉陽六名其實一也」。

〔四五〕袁紹外生高幹　「生」原作「甥」，據北宋本、傅校本、遞修本、明抄本、明刻本改。

〔四六〕漢晉陽縣也　「也」原作「地」，據北宋本、傅校本、遞修本、明抄本、明刻本改。

〔四七〕文水沁水　「文水」原在下，據北宋本、傅校本、遞修本、明抄本上移。

〔四八〕後魏改曰石艾　「魏」原訛「漢」，據元和郡縣志卷一三三七三頁改。按：石艾縣見魏書地形志上二四六八頁。

〔四九〕西至上郡二百三十里　原「上」下衍「黨」，「三」作「二」，據北宋本改。按：傅校本、遞修本、明抄本、明刻本均無「黨」字。

〔五〇〕二漢屬西河郡南單于庭即左國城　太平寰宇記卷四二石州下云：「兩漢爲西河郡地。有南單于庭，即左國城。前趙記曰，今離石左國單于所徙是也。」又于石城縣下云：「後漢末荒廢，爲南單于庭左國城。」通典下文離石注又有「南單于庭左國城在此」之語。疑此「南單于庭」上脱「有」字。

〔五一〕後南單于庭左國城在此　「後」下原有「漢」，清人擅增。今據北宋本、傅校本、遞修本、明抄本、明刻本、王吴本删。

〔五二〕昌化郡界　「界」原脱，據北宋本、傅校本、遞修本、明抄本、明刻本補。

〔五三〕口七萬二千二百六　「六」下原有「十」，據北宋本、傅校本删。

〔五四〕其後趙惠文王破樓煩而取其地　「惠文」原作「武靈」，據北宋本、傅校本、遞修本、明抄本、明刻本、王吴本改。按：元和郡縣志卷一四三九五頁作「趙武靈王」，太平寰宇記卷四一作「趙惠文王」。

〔五五〕積粟所在謂之羊腸倉石磴縈委若羊腸焉　水經注汾水篇：「漢高帝十一年，封靳彊爲侯國。後立屯農，積粟在斯，謂之羊腸倉。山有羊腸坂，在晉明西北，石隥縈委，若羊腸焉。」太平寰宇記卷四一引水經注同。則此「石磴縈委」上似脱「山有羊腸坂」五字。

〔五六〕管涔山　「涔」原作「岑」，據元和郡縣志卷一四三九六頁、太平寰宇記卷四一改。

〔五七〕劉曜隱處　「隱」原訛「敗」，據晉書劉曜載記二六八三頁、元和郡縣志卷一四三九六頁、太平寰宇記卷四一訂改。按：劉曜初隱于管涔山，後敗于金墉城。

〔五八〕太原府　「府」原訛「郡」，據諸本改。

〔五九〕户二萬一千二十　「一」原作「二」，據北宋本、傅校本、遞修本、明抄本、明刻本、王吴本改。

〔六〇〕春秋時晉國之分　「時」原脱，據北宋本、傅校本、遞修本、明抄本、明刻本補。

〔六一〕有五臺山　北宋本、傅校本、遞修本、明抄本、明刻本無「五」。隋書地理志中八五三頁、元和郡縣志卷一四四〇三頁有「五」。

〔六二〕泒阜山　「泒」太平寰宇記卷四九作「孤」。

〔六三〕東魏置廓州　「廓」原訛「代」，北宋本訛「廊」，據明抄本改。按：隋書地理志中八五二頁、太平寰宇記卷四九都作「廓州」。

〔六四〕北至雁門郡二百五十里　「郡」下原有「五臺縣」，清人擅增，今據北宋本、傅校本、遞修本、明抄本、明刻本、王吴本删。

〔六五〕太原府　「府」原訛「郡」，今訂改。

〔六六〕樓煩郡界　「界」原脱，據北宋本、傅校本、遞修本、明抄本、明刻本補。下「雁門郡界」同。

〔六七〕戰國屬趙　「國」下原有「時」，據北宋本、傅校本、遞修本、明抄本、明刻本、王吴本删。

〔六八〕無郡　「郡」下原有「縣」，據北宋本、傅校本、遞修本、明抄本、明刻本删。

〔六九〕北至單于府三百五十里　「三」原作「二」，據北宋本、傅校本、遞修本、明抄本改。

〔七〇〕漢舊縣　此三字原脱，據北宋本、傅校本、遞修本、明抄本補。

〔七一〕桑乾郡督宅　「宅」原作「屯」，據北宋本、傅校本、遞修本、明刻本改。

〔七二〕東南到榆林郡四百里　查中國歷史地圖集第五册唐河東道圖，榆林郡在雲中郡正西，此云「東南」，誤。在雲中郡東南者爲安邊郡。

〔七三〕去西京二千七十里　「十」原訛「百」，據北宋本、傅校本、遞修本、明抄本改。

〔七四〕單于府　北宋本、傅校本、遞修本、明抄本、明刻本無「府」字。

〔七五〕二百五十里　「二」原作「三」，據北宋本、明刻本、王吴本改。

〔七六〕户二千一百　「百」下原有「二十」，據北宋本、傅校本、遞修本删。

〔七七〕有金河上承紫河及象水　「承」原訛「城」，據北宋本、傅校本、遞修本、明抄本、明刻本、王吴本改。

又，「象」北宋本、傅校本、遞修本、明抄本作「像」。

〔七八〕至今好爲訴訟 「爲」原脱，據北宋本、傅校本、明抄本、明刻本補。

王文錦點校

通典卷第一百八十

州郡十

古兖州今置郡府十　縣七十一

靈昌滑七縣白馬　酸棗　胙城　靈昌　韋城　衞南　匡城

濮陽濮五縣鄄城　雷澤　臨濮　范　濮陽

濟陽濟五縣盧　平陰　陽穀　東阿　長清

魏郡魏十縣貴鄉　元城　館陶　臨黄　莘　魏　頓丘　昌樂　朝城　冠氏

博平博六縣聊城　博平　高唐　清平　堂邑　武水

東平鄆五縣須昌　鉅野　壽張　鄆城　宿城

平原德七縣安德　安陵　平原　蓨　平昌　將陵　長河

樂安棣五縣厭次　滴河　陽信　渤海　蒲臺

景城滄十二縣清池　長蘆　樂陵　鹽山　景城　弓高　饒安　南皮　東光　臨津　魯城　無棣
清河貝九縣清河　清陽　武城　漳南　臨清　經城　夏津　宗城　歷亭

古青州〔一〕今置郡府七　縣三十二
北海青七縣益都　北海　臨淄　壽光　千乘　博昌　臨朐
濟南齊八縣歷城　臨濟　章丘　豐齊　禹城　臨邑　全節　亭山
淄川淄五縣淄川　長山　鄒平　高苑　濟陽
高密密四縣諸城　莒　高密　安丘
東萊萊四縣掖　膠水　即墨　昌陽
東牟登四縣蓬萊　文登　黃　牟平
安東府

古徐州今置郡府五　縣三十三
彭城徐七縣彭城　沛　蕲　滕　蕭　豐　符離
臨淮泗六縣臨淮　宿遷　下邳　漣水　虹　徐城
魯郡兗十一縣瑕丘　金鄉　任城　鄒　曲阜　泗水　乾封　方與　中都　龔丘　萊蕪

東海海四縣朐山　東海　沭陽　懷仁

瑯琊沂五縣臨沂　沂水　承　費　新太

古兗州

禹貢曰：「濟河惟兗州，東南據濟水，西北距河也。濟水及河，並具注序目篇。〔二〕九河既道，河水分爲九，各從其道也。九河已具注序目。雷夏既澤，雍沮會同。雷夏，澤名，在今濮陽郡雷澤縣。言此澤還復其故，而雍沮二水同會其中也。〔三〕沮音千余反。〔四〕厥土黑墳，色黑而墳起也。其草繇，其木條。繇，悅茂也。條，條暢也。繇音遥。浮于濟漯，達于河。」浮，以舟渡也。濟水已具注序目篇。〔五〕漯水在漢水之東郡東武陽縣，今魏郡莘縣有東武陽城，無此水矣。〔六〕因水入水曰達。漯音他合反。〔七〕舜置十二牧，兗其一也。周禮職方曰：「河東曰兗州。其山岱，泰山，今魯郡界。藪曰大野，一名鉅野澤，在今東平郡鉅野縣。川曰河、泲，寖曰盧、濰。盧水在濟陽郡盧縣。濰水在今高密郡莒縣。與禹貢不同。濰音維。其利蒲、魚。人二男三女。畜宜六擾，六擾，六畜。穀宜四種。」黍、稷、稻、麥。蓋以兗水爲名。又兗之爲言端也，信也。端言陽精端端，故其氣纖殺也。其在天文，營室、東壁則衛之分野，漢之東郡及魏郡之黎陽，皆其分野。今靈昌、濮陽之西北境，濟陽之西北境，博平之西南境，皆是。〔八〕兼得魏、宋、齊、趙之交。漢之酸棗縣，今靈昌之西境，宜屬魏。漢之東平及東郡之須昌、壽張，〔九〕今東平及濮陽之東南境，皆宜屬宋。漢之泰山，渤海之高樂、高城、重合、陽信，平原，今濟陽之東南境，平原、樂安、〔一〇〕景城之南境，博平之東境，皆宜屬齊。漢之信都、清河、渤海郡，南至浮水，今清河，博平之北境，景城之北境，皆宜屬趙。秦平天下，置郡，此爲東郡，今靈昌、濮陽、濟陽、魏郡、博平皆是。碭郡之東北境，今東平郡。齊郡之北境，今平原、樂安郡。鉅鹿、上谷二郡之東境。今清河、景城郡是。漢武置十三州，此爲兖州。領郡國八。後漢並因前代。理昌邑，今魯郡金鄉縣也。〔一一〕魏晉亦置兖州，領郡國八，理廩丘，今濮陽郡雷澤縣。永嘉之後，陷於石勒。宋武平河南，又得其地，置兖州。領郡六，初理滑臺，後理瑕丘。滑臺，今靈昌郡。瑕丘，今魯郡縣。自二漢以後立兖州，非悉是古州疆域，所領郡國，東境兼入青州之地，西境則入荆河州之地。宋末，其地入後魏，自後分割不可詳焉。大唐分置十五部，此爲河南道。靈昌、濮陽、濟陽、東平等郡皆是也。河北道，清河、魏郡、博平、平原、樂安、景城等郡是也。

靈昌郡東至濮陽郡二百二十里。南至陳留郡二百二十里。西至汲郡一百一十里。北至汲郡一百六十里。東南到濟陰郡二百五十里。〔一二〕西南到滎陽郡二百八十里。西北到汲郡一百三十里。東北到鄴郡二百十里。〔一三〕去西京一千三百六十里，去東京五百二十六里。户六萬八千三百八十，口三十九萬七千六百七十。

滑州今理白馬縣。其地得豕韋氏之國。〔一四〕豕韋氏，彭姓之國，祝融之後陸終第三子曰籛封於彭。〔一五〕春秋時屬衛，戰國亦屬衛，其西境屬魏。秦、二漢置東郡。晉爲陳留、濮陽二國。宋武平河南，置兗州，以爲邊鎮。領郡六，理於此。自晉末武帝作相，平慕容超之後，盡得河南之北境，鎮守在此。後屬後魏，亦爲東郡。其城古滑臺城，甚固。宋文帝遣將王玄謨攻圍之二百餘日，不拔。隋初置杞州，後爲滑州，又改爲兗州，尋廢兗州，置東郡。大唐復爲滑州，或爲靈昌郡。領縣七：

白馬漢舊縣也。春秋時，衛國曹邑。左傳云：「狄滅衛，立戴公，（一六）以廬於曹。」即此。至文公，遷於楚丘，又遷於帝丘。有瓠子隄。黎陽津，一名白馬津，酈生云「守白馬之津」是也。

酸棗秦拔魏，置縣。漢因之，（一七）以其地多酸棗，因以爲名。縣東北有延津，袁紹渡處，津南立壁以拒曹公。紹將淳于瓊宿烏巢，在縣東，爲曹公所襲破之於此。

胙城漢南燕縣，古南燕國，姞姓，後曰東燕。左傳曰「蔣、胙、邢、茅」，注云：「東燕西南有胙亭。」姞，其訖反。胙音祚。

靈昌漢南燕縣。

韋城古豕韋國。

衛南衛文公自曹邑遷楚丘，即此城。

匡城漢長垣縣，古匡邑，故城在今縣南。匡人圍孔子，即此。（一八）春秋「會於匡」，即此是也。又有漢長羅縣故城，在今縣東北。古蒲邑在北界，（一九）子路爲之宰。

濮陽郡東至東平郡一百八十里。南至濟陰郡一百七十里。西至靈昌郡二百二十里。北至魏郡一百六十里。東南到魯郡三百六十里。西南到陳留郡三百十里。西北到鄴郡三百三十里。東北到濟陽郡二百四十里。去西京一千五百八十里，去東京七百三十五里。户五萬七千五百，口三十九萬二千六百二十。

濮州今理鄄城縣。鄄音絹。顓頊及昆吾氏之墟也，故謂之帝丘。今濮陽縣也。昆吾氏當夏后氏之代。春秋及戰國初爲衛國之都。春秋經曰：「衛遷於帝丘。」後爲宋所侵，盡亡其邑，獨有濮陽。秦滅濮陽，置東郡。二漢屬東郡、濟陰二郡地。晉分置濟陰郡、濮陽國，〔二〇〕兼置兖州。領郡國八，理於此。後魏爲濮陽郡，後周因之。隋文帝初郡廢，後置濮州；煬帝初州廢，以其地分入東郡、東平、濟北三郡。大唐復置濮州，或爲濮陽郡。領縣五：

鄄城漢舊縣也。魏陳王植初封鄄城侯於此地。

雷澤漢成陽縣。郭緣生述征記曰：「堯冢在縣東南。」有雷夏澤。又漢廩丘縣故城在今縣北。亦古郕伯國也。

臨濮有清丘，左傳「宋人、晉人盟於清丘」是也。

范漢舊縣。春秋時，晉大夫士會之邑。

濮陽漢舊縣。即昆吾之墟，亦曰帝丘。衛自楚丘遷於此城。詩云：「爰有寒泉，在浚之下。」寒泉在縣東南，浚城在。〔二一〕漢武帝塞河瓠子口，沈白馬玉璧，將軍以下皆負薪，在今縣西。

濟陽郡東至魯郡三百八十里。南至東平郡一百二十里。西至博平郡五十里。北至博平郡七十里。東南到魯郡三百里。西南到濮陽郡二百四十里。西北到博平郡五十四里。東北到濟南郡二百六十里。〔二二〕去西京一千八百二十里，去東京九百八十里。户三萬八千五百十，口二十一萬六千九百七十。

濟州今理盧縣。戰國初，齊、衛之境。秦屬東郡。漢末，屬東郡、泰山二郡地。後漢屬東郡及濟北國。晉爲濟北國。宋爲濟北郡。後魏因之。隋初置濟州，煬帝初復爲濟北郡。大唐武德四年，平王充，改爲濟州，或爲濟陽郡。今郡理即古碻磝城。沈約宋書作「敲䃘」字。碻磝津有城，故以爲名。郭緣生述征記云即漢茌平縣也。水經注云：「宋元嘉七年，到彦之北征，拔之，後失。至二十七年，以王玄謨爲寧朔將軍，前先鋒入河，〔二三〕平碻磝，守之。」後魏書，泰常八年，於此立濟州中城。其外城，後魏正光中刺史刁宣所築。〔二四〕後周武帝築第二城，即碻磝故城也。碻，苦高反。磝，古老反，又磝音敖。〔二五〕茌音助淄反。領縣五：

盧漢舊縣。有長城，東至海。史記蘇代説燕王曰：「齊有長城、巨防。」巨防即防門也。漢臨邑縣故城在今縣東，即馬防城也。有盧水。

平陰漢肥城縣故城在今縣東南。左傳齊晉戰鞍城，亦在縣東。故長城首起縣北。又有巫山，一名孝堂山，即郭巨葬母之所。

陽穀漢須昌縣地。〔二六〕

東阿春秋時，齊之柯邑。漢舊縣也。又有漢穀城縣故城在東。有魚山，一名吾山。漢武瓠子歌曰「吾山平，鉅野溢」，謂此山。有穀城山，張良葬黃石之地。

長清漢盧縣地。春秋時，齊石窌邑。窌音力又反。

魏郡東至博平郡武水縣一百三十里。南至濮陽郡一百六十里。西至鄴郡二百十里。〔二七〕北至清河郡二百十里。東南到濮陽郡一百五十里。西南到鄴郡内黄縣界九十里。西北到廣平郡平恩縣界九十里。東北到　去西京一千五百六十里，去東京七百五十里。户十四萬九千七百二十，口六十萬八千五百。〔二八〕

魏州今理貴鄉、元城二縣。夏觀扈之國。春秋晉地。戰國時屬衛、魏。〔二九〕秦屬東郡。二漢屬魏、東二郡地。二漢、魏、晉之魏郡，皆今鄴郡地。魏分置陽平郡，晉因之。宋文帝置東陽平郡，後魏因之。後周置魏州。隋改爲武陽郡。大唐武德四年，討平竇建德，改置魏州。龍朔二年，改爲冀州，改冀州爲魏州。仍置大都督府。其魏、貝、博、棣、滄、德六州並隸焉。尋復舊，開元二十八年九月，刺史盧暉移通濟渠，〔三〇〕自石灰窠引流至州城西，都注魏橋，夾州製樓百餘間，以貯江淮之貨。或爲魏郡。領縣十：

貴鄉漢元城縣地。有屯氏河。大河故瀆，俗曰王莽河。

元城漢舊縣。有沙麓山。又有馬陵，即孫臏斫樹殺龐涓之處。〔三一〕麓音鹿。臏，毗忍反。

館陶漢舊縣。

臨黄漢觀縣地。有新臺，衛宣公作新臺於河上是也。

莘漢東武陽故城在今縣南。又有陽平縣，隋新置莘州也。

魏漢舊縣。有白溝水，煬帝引通濟渠，亦名御河。

頓丘漢舊縣，在今縣北陰安城是也。鮒鰅山，顓頊葬其陽，九嬪葬其陰，今名廣陽山。有秋山，帝嚳葬處。鮒音附，鰅音顒。

昌樂漢舊縣。

朝城

冠氏

博平郡東至濟南郡二百九十里。南至濟陽郡七十里。西至魏郡冠氏縣八十里。北至清河郡一百三十里。東南到濟陽郡五十里。西南到魏郡冠氏縣八十六里。西北到清河郡一百三十里。東北到平原郡及縣界三百六十里。〔三二〕去西京一千七百七十里，去東京九百三十里。户五萬一千二百二，〔三三〕口四十七萬六百五十。

博州今理聊城縣。春秋時齊之西界聊攝地也。戰國時爲衛、齊、趙三國之交。秦屬東郡。漢爲東郡、平原、清河三郡境。後漢屬東郡、平原二郡地。晉屬平原國。宋分置魏郡。後魏因之，其後置南冀州。隋初廢，後置博州；煬帝初州廢，以其地屬武陽郡。大唐復置博州，或爲博平郡。領縣六：

聊城漢舊縣。有臺城。又有漢茌平縣故城，在今縣東。

博平齊之博陵邑也。有攝城。漢博平縣故城在今縣東界也。

高唐漢舊縣。有鳴犢河。〔三四〕

清平漢清陽縣，隋置今縣。

堂邑漢舊縣。

武水漢陽平縣地。隋改今縣。

東平郡東至魯郡二百里。南至濟陰郡三百五十里。西至濮陽郡一百八十里。北至濟陽郡一百二十里。東南到魯郡一百九十里。西南到濟陰郡四百里。西北到濟陽郡東阿縣四十里。東北到濟陽郡平陰縣界五十里。去西京一千七百六十里，去東京九百十里。户四萬二千七百五，〔三五〕口二十六萬七千三百十。〔三六〕

鄆州今理須昌縣。春秋時爲魯之附庸須句國也。左傳云「伐邾取須句」是也。戰國時屬宋。秦屬碭郡。〔三七〕漢屬東郡、東平國地，後爲東平國。晉、宋、後魏並因之。後周宣帝置魯州，尋廢。隋文帝置鄆州，煬帝初爲東平郡。州理古須句縣。大唐爲鄆州，或爲東平郡。領縣五：

須昌古須昌國。有梁山。漢無鹽縣故城在今縣東。又有漢東平國故城，並在今縣東。有郈鄉亭，〔三八〕左傳云「季、郈之雞鬭」，即此。

鉅野有大野澤，一名鉅野澤，爾雅十藪，魯有大野。春秋云西狩獲麟，亦在此地。

壽張漢壽良縣，光武叔父名良，故改之。有梁山，漢梁王武北獵梁山，有牛足出背上。

鄆城左傳云：「晉人執季文子於苕丘，還待於鄆。」注云：「鄆城也。」

宿城

平原郡東至樂安郡二百四十里。南至博平郡二百六十里。西至信都郡二百十里。北至景城郡二百三十里。東南到濟南郡二百三十里。西南到清河郡二百六十里。西北到信都郡三百三十里。東北到景城郡二百三十里。去西京一千九百八十二里，去東京一千一百三十八里。户七萬八千二百七十，口六十萬七千五百三十。

德州今理安德縣。春秋及戰國皆屬齊。秦置齊郡。漢高帝分置平原郡，後漢因之。晉爲平原國。宋爲平原郡。後魏、後周並爲平原郡。隋初廢，後置德州；煬帝初復爲平原郡。大唐武德四年，平竇建德，復置德州，其後或爲平原郡。領縣七：

安德漢舊縣。又有漢鬲縣故城在西北。又有漢重平縣故城，亦在西北。古馬頰、覆鬴二河在此。

安陵漢脩縣地。〔三九〕

平原漢舊縣。又有漢鄃縣故城，在今縣西南。

蓨漢條縣，周亞夫封爲條侯。又有漢觀津縣故城，在今縣東北。蓨音條。

平昌漢舊縣。

將陵漢安德縣地。

長河舊云廣川縣。

樂安郡東至海二百二十里。南至淄川郡二百十里。西至平原郡二百四十里。北至景城郡二百五十里。東南到北海郡三百十里。西南到濟南郡二百四十里。西北到景城郡二百三十里。東北到海百九十里。去西京二千二百十里，去東京一千三百七十里。户三萬九千一百五十，口二十三萬八千一百五十。

棣州今理厭次縣。春秋、戰國屬齊。秦爲齊郡之地。漢屬平原、渤海、千乘三郡地。後漢爲平原郡、樂安國地。晉爲樂安、樂陵二國地。宋爲樂陵郡。後魏又爲樂陵、樂安二郡地。隋屬渤海郡。大唐武德四年，又分置棣州，或爲樂安郡。領縣五：

厭次漢舊縣，又爲富平縣。

滴河〔四〇〕漢朸縣。朸音力。滴音商。〔四一〕

陽信漢舊縣。

渤海

蒲臺漢溼沃縣。〔四二〕

景城郡東至海一百八十里。南至平原郡二百三十里。西至河間郡一百二十里。北至范陽郡五百七十里。東南到樂安郡二百三十里。西南到信都郡三百五十里。西北到文安郡二百六十里。東北到北平郡五百里。去西京二千三百十里，去東京一千三百八十里。户十一萬八千六百七十八，口七十萬二千三百。

滄州今理清池縣。春秋、戰國時爲齊、趙二國之境。秦鉅鹿、上谷二郡地。漢高帝置渤海郡，後漢因之，晉亦然。宋文帝置樂陵郡，孝武分置渤海郡。後魏因之，太武帝初，改渤海郡爲滄水郡，孝文帝時復舊；至孝明帝，分瀛、冀二州，置滄州及浮陽、樂陵、安德三郡。隋初郡廢，後以其地置棣州；煬帝改爲滄州，尋爲渤海郡。大唐爲滄州，或爲景城郡。領縣十二：

清池漢浮陽縣地。在浮水之陽。

長蘆漢參户縣地。

樂陵漢舊縣，故城在今縣東。又曰重合縣。古鈎盤河在縣東南。

鹽山春秋時齊無棣邑。漢高城縣故城在南。

景城漢舊縣。

弓高漢舊縣。

饒安漢千童縣。〔四三〕古鬲津河在此。〔四四〕

南皮漢舊縣。章武有北皮亭，此故曰南皮。〔四五〕

東光漢舊縣。古胡蘇河在此。

臨津

魯城漢章武縣。

無棣古齊境北至無棣，在此。漢陽信縣地。隋文帝置縣，取縣南無棣溝爲名。永徽元年，薛大鼎爲刺史，其溝隋末填廢，鼎奏開之，外引魚鹽於海。百姓歌曰：「新河得通舟檝利，直達滄海魚鹽至，昔日徒行今騁駟，〔四六〕美哉薛公德滂被。」〔四七〕周禮曰「川曰河」，謂此縣界。

清河郡東至博平郡一百三十里。南至魏郡二百十里。西至鉅鹿郡二百四十里。北至信都郡一百三十里。東南到博平郡一百三十里。西南到廣平郡曲周縣一百三十里。西北到信都郡九十里。東北到平原郡二百六十里。去西京一千八百十里，去東京九百九十里。戶十一萬六千一百三十，口八十三萬二千五百。

貝州今理清河縣。兖、冀二州之域。河自大伾山北過絳水，〔四八〕至於大陸。按檢地志云：「枯絳渠在經城縣界，北入信都郡界。」又按：經城縣在郡理西北五十四里，今郡理乃在絳水之東，古兖州之域。其在絳水之西諸縣，是古冀州之域，即此地界也。春秋時屬齊，其後屬晉。七國時屬趙。秦爲鉅鹿郡，漢分置清河郡。後漢爲清河國，晉因之。後魏、北齊並爲清河郡。後周因之，兼置貝州。隋初郡廢，煬帝初，復置清河郡而廢州。〔四九〕大唐爲貝州，或爲清河郡。領縣九：

清河漢舊縣。後漢桓帝改爲甘陵縣，故城在今縣西北。

清陽漢曰貝丘。漢應劭曰：〔五〇〕「齊侯田於貝丘，即此。」梁劉昭又云：「在北海郡博昌縣。」而未知孰是。〔五一〕亦漢清陽縣。

武城漢曰東武城縣。七國時，趙封平原君勝於此。蓋定襄有武城，同屬趙，故此加東界也。

漳南漢東陽縣。有後魏故索盧城。〔五二〕

臨清漢清泉縣。

經城漢經縣也。有枯絳渠，北入信都郡南宮縣界。

夏津

宗城〔五三〕漢廣宗縣也。漢界橋在今縣東，袁紹破公孫瓚在此地也。

歷亭漢東陽縣。

風俗

兖州舊疆界於河濟，地非險固，風雜數國。衞、魏、宋、齊、趙五國之地。秦漢以降，政理混同，人情朴厚，俗有儒學。及西晉之末，爲戰爭之地，三百年間，傷夷偏甚。〔五四〕自宇内平一，又如近古之風焉。

古青州

禹貢曰：「海岱惟青州，孔安國以爲東北據海，西南距岱。此則青州之界，東跨海矣。其界蓋從岱山東歷密州，東北經海曲萊州，越海分遼東樂浪三韓之地，西抵遼水也。嵎夷既略，濰、淄其道。嵎夷，地名，即暘谷所在也。略，言用功少也。濰、淄，二水名，皆復古道。濰水出今高密郡莒縣濰山。淄水，今淄川縣。厥土白墳，海瀕廣瀉。瀕，水涯也。瀉，鹵鹹之地。瀕音頻，又音賓。瀉音昔。萊夷作牧。萊山之夷地，宜畜牧。今東萊郡。浮于汶，達于濟。」汶水出今魯郡萊蕪縣界，言渡水西達於濟。〔五五〕舜分青州爲營州，皆置牧。鄭玄云：「舜以青州越海分置營州。」其遼東之地安東府，宜禹貢青州之域也。周以徐州合青州，其土益大。周之青州兼有徐、兗二州之分。周禮職方曰：「正東曰青州，其山曰沂，藪曰孟豬，沂山，在今瑯琊郡沂水縣，即沂水所出也。孟豬，澤名，今睢陽郡宋城縣，即明豬屬。禹貢荆河州與職方山藪不同也。川曰淮、泗，浸曰沂、沭。沭水出東海郡沭陽縣。沭音述。其利蒲、魚。人二男二女。畜宜雞狗，穀宜稻麥。」蓋以土居少陽，其色爲青，故曰青州。在天官，虚、危則齊之分野。漢之淄川、東萊、瑯琊、高密、膠東、濟南，皆其分也。秦平天下，置郡，此爲齊郡，今北海、濟南、淄川、東萊、東牟等郡地是。瑯琊之東境，今高密郡地也。遼東。今安東府。秦亂，項羽宰割天下，以其地爲國，曰膠東、以田市爲王，理即墨，今東萊郡縣。齊、以田都爲王，理臨淄，今北海郡縣地也。濟北。以田安爲王，理博陽。謂之三齊。漢武置十三州，此亦爲青州，領郡國有六。後漢因之。領郡國六。晉又置平州，領郡國五，理昌黎，今安東府也。懷帝末，没於石勒、慕容皝。及慕容恪滅冉閔，尅青州。至苻氏平燕，復有其地。及苻氏敗後，刺史苻朗以州降晉，晉以爲幽州。以辟閭渾爲刺史，鎮廣固。安帝時，平州又陷於慕容垂。其青州又爲慕容德所據，復改爲青州，慕容超移青州於東萊。後爲劉裕所尅，復置青州。時以羊穆之爲刺史，鎮廣固。平州自慕容垂後，又没於馮跋，旋爲後魏所有。〔五六〕其青州，宋分爲青、冀二州，青領郡九，理臨淄。冀領郡九，理歷城，今濟南郡縣。後入後魏。其後分析，不可具舉。大唐分置十五部，此爲河南道、北海、濟南、淄川、東萊、高密。河北道。今安東府。

北海郡東至東萊郡界二百一十六里。南至高密郡三百四十五里。西至淄川郡一百二十里。北至樂安郡界二百四十八里。東南到高密郡三百一十九里。〔五七〕西南到淄川郡一百里。西北到樂安郡三百一十九里。〔五八〕東北到海一百八十八里。去西京二千四百六十里，去東京一千六百七里。户六萬九千七百四十五，口四十二萬一千二百。

今之青州理在益都縣。少皞之代有爽鳩氏，虞、夏時有季萴，仕側反。湯末有逢公伯陵，逢音蒲江反。殷末有蒲姑氏，皆爲諸侯國於此地。周成王時，蒲姑氏與四國作亂，成王滅之，以封太公，是爲齊國，所謂營丘，後徙都臨淄，亦其地。今臨淄縣。秦屬齊郡。漢置北海郡。晉爲北海、樂安二國之地，兼置青州。領郡國五，理於此。永嘉末，陷於石勒。冉閔亂，段龕據之。慕容恪攻圍數月而尅。其後南燕慕容德建都於此。慕容德初議所都，尚書潘聰曰：「青齊沃壤，號曰『東秦』。土方二千，〔五九〕四塞之固，負海之饒，可謂用武之國。廣固者，曹嶷之所營，山川險峻，足爲帝王之都。」從之。至慕容超，宋武帝來伐，超固守，攻圍七月而拔之。宋置青州，領郡九。理於此。後入後魏，又置青州。宋將沈文秀爲青州刺史，守東陽城，爲後魏將慕容白曜攻圍三年，無救而陷。後周置齊郡。隋文帝初郡廢，煬帝初州廢，置北海郡。大唐爲青州，或爲北海郡。領縣七：

益都晉廣固城在益都縣西四里，則晉曹嶷所築。〔六〇〕有大澗甚廣，因曰廣固。城側有五龍口，宋武帝圍慕容超塞之，城中人多病，遂下之。檢地志云：「東陽城即郡理東城是也。」晉時城，宋將竺夔守之，後魏攻圍數月不拔。

北海漢平壽縣也。後漢北海國在此。齊置北海。

臨淄齊國都也。臨淄一名營丘，爲海岱之間一都會也。項羽封田都爲齊王於此。漢舊縣，後爲營陵縣。有葵丘，連稱所戍。牛山、康浪水，寧戚所歌。有時水也。

壽光漢舊縣也。有淄、澠二水。古紀國城在縣西南，亦有寒浞國。〔六一〕又漢劇縣故城在縣南。

千乘漢舊縣。有鹽官。後漢又置樂安郡。栢寢臺，〔六二〕齊景公與晏子遊處。

博昌漢舊縣。又有漢樂安國故城，〔六三〕在今縣南。周禮曰「川曰泲」，〔六四〕爲此縣界也。有貝中聚，按後漢書博昌縣有貝中聚，〔六五〕梁劉昭注云：「左傳齊侯田於貝丘，杜氏注云今博昌南有貝丘是也。」而後漢應劭注漢書云「清河郡貝丘縣即齊侯田於此」，今清河郡即貝丘縣也。〔六六〕未知孰是。

臨朐有伯氏駢邑。古東陽城，一名凡城。左傳云「晏弱城東陽以逼萊」，齊境上邑。漢邑。〔六七〕漢郡昌縣故城在東北。朐音衢。

濟南郡東至淄川郡二百里。南至魯郡三百三十四里。西至博平郡二百九十八里。北至樂安郡三百五十三里。東南到魯郡四百四十五里。西南到濟陽郡三百六十六里。西北到平原郡二百四十五里。東北到樂安郡二百四十里。去西京二千一百八里，去東京一千三百四十五里。户六萬二千四百三十七，口三十五萬八千八。〔六八〕

齊州今理歷城縣。春秋、戰國並屬齊。秦屬齊郡。漢韓信伐齊，至歷下，即其地也。文帝分置濟南國，景帝改爲濟南郡，後漢、晉因之。〔六九〕宋亦爲濟南郡，〔七〇〕兼置冀州。領郡九，理於此。後魏改爲齊州，兼置濟南郡。後周亦爲濟南郡。〔七一〕隋初郡廢，煬帝初置齊州。大唐復爲齊州，或爲臨淄郡，復改爲濟南郡。〔七二〕領縣八：

歷城漢舊縣。有華不注山，左傳云：「晉師逐齊侯，三周華不注。」其山直上如筍。

臨濟漢朝陽縣。

章丘漢陽丘縣地。有東陵山，盜跖死處。

豐齊　漢茌縣，〔七三〕天寶初改。

禹城　漢高唐縣故城在西。漢祝阿縣，天寶初改。春秋時亦曰祝柯，〔七四〕猶古東柯後爲東阿。

臨邑　漢濟陰縣故城在西。

全節　春秋時譚國城在縣西南。漢臺縣故城在今縣北，則漢以來平陵縣也。貞觀中，都督齊王據州反，士人李君球據縣不從，〔七五〕因改名全節。

亭山　漢東平陵縣也。〔七六〕

淄川郡　東至北海郡一百二十里。〔七七〕南至魯郡三百七十里。西至濟南郡二百里。北至　東南到瑯琊郡五百二十里。〔七八〕西南到濟南郡二百里。西北到　東北到北海郡一百里。〔七九〕去西京二千三百五里，去東京一千四百四十七里。〔八〇〕户四萬二千八百八，口二十四萬一千三百。

淄州今理淄川縣。　禹貢曰「濰淄既道」，即其地也。春秋、戰國皆齊地。秦屬齊郡。漢屬濟南、樂安二國之地，又置淄川國。晉屬樂安國。後魏置東清河郡，北齊廢之。隋置淄州，煬帝初，併其地入齊郡。大唐復置淄州，或爲淄川郡。領縣五：

淄川　漢般陽縣。〔八一〕有淄水。漢萊蕪縣故城在東南。漢淄川國亦在此。古齊長城。

長山　漢於陵縣。〔八二〕又漢濟南郡故城在今縣西北。長白山，陳仲子夫妻所隱處。〔八三〕

鄒平漢舊縣。北齊平原郡。〔八四〕

高苑漢舊縣。千乘國故城在今縣北。又有被陽故城在西南。被音皮。

濟陽

高密郡東至東萊郡三百七十里。南至東海郡四百七十二里。西至瑯琊郡三百七十里。北至北海郡三百四十五里。東南到海一百八十里。西南到瑯琊郡三百七十里。西北到北海郡三百三十二里。東北到東萊郡膠水縣界一百六十里。去西京二千七百里，去東京一千八百六十九里。户二萬六千九百八十，口十三萬二千三百二十四。

密州今理諸城縣。戰國屬齊。秦屬瑯琊郡。漢屬瑯琊郡、高密國、城陽國地。後漢屬瑯琊郡、北海國地。晉屬城陽郡。後魏復置高密郡，後置膠州。隋初爲密州，以密水爲名。煬帝改爲高密郡。大唐因之。領縣四：

諸城漢東武縣，樂府有東武吟。又漢諸縣故城在今縣西南。〔八五〕古齊長城東南自上大朱山起，盡州南界二百五十里。又有漢黔陬縣故城在東北。瑯琊山，秦始皇幸齊，遂登瑯琊，作層臺山上。〔八六〕

莒古莒國。戰國時，燕將樂毅破齊，獨莒不下。漢海曲縣故城在今縣東。王莽末，赤眉賊之始，吕母起於此。赤眉樊崇、謝禄等將兵十餘萬，圍莒，數月不能下。又有姑幕縣故城在今縣東北，則古蒲姑氏之國。春秋向邑故城在今縣南。〔八七〕濰水，源出縣東北濰山也。

高密漢高密郡。古夷安故城，則今縣外城。夷澤，灌田萬頃。

安丘漢舊縣。有渠丘亭。古昌安故城即今縣外城。古淳于城在今縣東北。漢故平昌縣城在縣南。

東萊郡東至東牟郡四百里。南至高密郡三百六十里。西至海二十九里。北至海五十里。東南到海二百五十里。西南到北海郡界二十九里。西北到海二十一里。東北到東牟郡四百里。去西京二千七百六里，去東京一千八百五十三里。户二萬六千九百四十六，口十五萬八千三百三。

萊州今理掖縣。春秋萊子國也。禹貢曰「萊夷作牧」是也。齊侯遷萊子于郳，五奚反。在齊國之東，故曰東萊。戰國屬齊。秦屬齊郡。兩漢爲東萊郡。晉爲東萊國。宋爲東萊郡。後魏復爲東萊郡，後置光州。隋改爲萊州，煬帝改爲東萊郡。大唐爲萊州，或爲東萊郡。領縣四：

掖漢舊縣。掖，水名。又有漢曲城縣故城在東北。有三山，史記封禪書云：祠三山，爲陰主。萬里沙，〔八八〕漢武帝元封元年，旱，禱之。

膠水漢膠東國地。

即墨漢舊縣。又有漢不其縣故城，在今縣西。有樂毅城。又有沽水，左傳云「沽尤以西」，〔八九〕即此也。今縣東南有大勞山、小勞山，燕樂毅破齊，田單守，不下。又有漢壯武縣故城，在其西也。

昌陽漢舊縣。有貕養津，周禮曰，幽州其藪貕養。又有漢挺縣故城，在其西北也。

東牟郡東至文登縣東海四百九十里。南至東萊郡昌陽縣二百一十里。西至海四里。北至海三里。東南到文登縣東界海四百六十里。〔九〇〕西南到東萊郡四百里。西北到海四里。東北到海五里。去西京三千一百二十五里，去東京三千三百七十里。户二萬一百八十五，口十一萬五千六百六十二。

登州今理蓬萊縣。春秋牟子國也。戰國屬齊。秦屬齊郡。漢以下並屬東萊郡。大唐武太后分萊州，置登州，或爲東牟郡。領縣四：

蓬萊〔九一〕

文登漢腄縣地。〔九二〕有文登山。又有之罘山，秦始皇立頌之所。有始皇石橋。罘音扶。

黄有萊山。漢舊縣。

牟平漢舊縣。

安東府〔九三〕東至越喜部落二千五百里。南至柳城郡界九十里。西至契丹界八十里。北至渤海一千九百五十里。東南到　西南到魚胞栅五十里。〔九四〕西北到契丹衙帳一千里。東北到契丹界八十里。去西京五千三百二十里，去東京四千四百四十里。户　口

安東大都護府，舜分青州爲營州，置牧，宜遼水之東是也。已具注序篇。春秋及戰國並屬燕。秦、二漢曰遼東郡，東通樂浪。樂浪本朝鮮國。漢元封三年，〔九五〕朝鮮人斬其王而降，以其地爲樂

浪、玄菟等郡，後又置帶方郡，並在遼水之東。浪音郎。〔九六〕晉因之，兼置平州。領郡國五，州理於此。〔九七〕自後漢末公孫度自號平州牧，及其子康，康子文懿，並擅據遼東，東夷九種皆服事之。魏置東夷校尉，居襄平，而分遼東、昌黎、玄菟、帶方、樂浪五郡爲平州，後還合幽州。及文懿滅後，有護東校尉居襄平。晉咸寧二年，分昌黎、遼東、玄菟、帶方、樂浪等郡國五置平州，以慕容廆爲刺史，遂屬永嘉之亂，爲衆所推。及其孫儁，移都於薊。其後慕容垂子寶，又遷於和龍。廆，胡罪反。〔九八〕大唐置安東都護府，前上元中，移於所。今府於遼東城。〔九九〕

風俗

青州古齊，號稱强國，憑負山海，擅利鹽鐵。管仲謂楚師曰：「我齊東至於海，西至於河，南至於穆陵，北至於無棣。」穆陵山在今瑯琊郡沂水縣界。無棣，今景城郡縣。又燕王謂蘇代曰：「吾聞齊地，清濟濁河，可以爲固。〔一〇〇〕長城、巨防，可以爲塞。」今濟陽郡盧縣界有防門山，又有長城東至海。太公用之而富人，管仲資之而興霸。人情變詐，好行機術，豈因輕重而爲弊乎！固知導人之方，先務推以誠信。〔一〇一〕漢高帝詈婁敬曰：「齊虜以口舌得官。」又汲黯斥公孫弘云「齊人多詐」也。逮於漢氏，封立近戚。漢初，田肯説高帝曰：「齊，東有瑯琊、即墨之饒，南有泰山之固，西有濁河之險，〔一〇二〕北有渤海之利。隔縣千里，齊得十二焉。故號東西秦，非親子弟勿王。」武帝臨極，儒雅盛興。晉惠之後，淪没僭僞。慕容建國，二代而亡。今古風俗頗革，亦有文學。自國初立都督府，命親王鎮之。〔一〇三〕漢氏之制，信可取也。

古徐州

禹貢曰：「海岱及淮惟徐州，東至海，北至岱，南及淮。淮、沂其乂，蒙、羽其藝。淮、沂二水已理，蒙、羽二山皆可種藝。蒙山在瑯琊郡費縣。羽山在東海郡朐山縣。淮水出今淮安郡桐栢山。沂水出瑯琊郡沂水縣是也。厥土赤埴墳，草木漸苞。埴，黏土也。漸苞，言相漸及包裹而生。羽畎夏翟，嶧陽孤桐。羽畎，羽山之谷也，出夏翟。翟雉之羽可爲旌旄者也。嶧山之陽，有特生之桐，可中琴瑟。嶧山，在今魯郡鄒縣也。浮于淮、泗，達于河。」渡二水而入於河也。亦舜十二牧之一。周併徐州屬青州，今分入兗州之域。蓋取舒緩之義。或云因徐丘以爲名。在天文，奎、婁則魯之分野，漢之東海南有泗水，至淮，得臨淮之下相、睢陵、僮、取慮，皆其分也。今魯郡之東南境及瑯琊之南境，東海、臨淮之北境，皆其地。慮音閭。兼得宋、齊、吴之交。漢之楚國、山陽，今彭城及魯郡之西境，皆宜屬宋。漢之瑯琊、泰山，今瑯琊之北境，魯郡之北境，皆宜屬齊。漢臨淮之南境，宜屬吴也。秦平天下，置郡，此爲泗水、今臨淮、彭城郡是也。瑯琊之西境、今瑯琊郡。薛郡。今魯、東海等郡。漢又加置東海郡。漢武帝置十三州，還以其地爲徐州。領郡國四。後漢並因前代。理於郯，今臨淮郡下邳縣。魏晉亦曰徐州。領郡國七，理彭城，今郡。自元帝渡江，徐州所得，唯半而已。餘並没於石氏。〔一〇四〕宋初因之，領郡十三，理彭城。明帝初，地入於後魏，其後不可詳焉。大唐分置十五部，此爲河南道。彭城、臨淮、魯郡、東海、瑯琊郡。

彭城郡東至臨淮郡三百七十一里。〔一〇五〕南至淮水中流四百四十一里，與壽春郡壽春縣爲界。西至譙郡五百里。北至魯郡三百四十里。東南到臨淮郡三百六十里。西南到譙郡五百里。西北到魯郡三百六十里。東北到瑯琊郡三百五十四里。去西京二千九百九里，去東京一千二百五十七里。户六萬六百七十，口四十五萬六百七十七。

今之**徐州**，理彭城縣。古大彭之國。春秋、戰國爲宋地，春秋經曰圍宋，彭城即本宋邑。後屬楚，謂之西楚，項羽建都於此。秦屬泗水郡。漢爲楚國、沛郡地。後漢及晉並爲彭城國。晉立徐州以爲重鎮。領郡國七，理於此也。宋因之，領郡十二，理於此。〔一〇六〕又爲彭城、沛二郡地。文帝元嘉中，王玄謨上表曰：「彭城南届大淮，左右清汴，表裏京甸，捍接邊境，城隍峻整，襟衛周固。又自淮以西，襄陽以北，經塗三千，達於濟、岱，六州之人，三十萬户，常得安全，〔一〇七〕實由此鎮。」後魏大將尉元上表曰：「彭城，宋之要藩，南師來侵，莫不因之，以陵諸夏。」輿地記云「郡城由來非攻所能拔」，言其險固也。後魏得之，置徐州，兼立東南道行臺。後周立總管府。大將王軌破陳軍於吕梁，擒吴明徹，悉降其衆也。隋改彭城郡。大唐爲徐州，或爲彭城郡。領縣七：

彭城古大彭國。有候水，〔一〇八〕一名汴水，自蕭縣界來。有梁項羽戲馬臺，〔一〇九〕宋武又戲馬焉。

沛漢舊縣，即廣成故城。有沛宫，漢高帝置酒之所。有泗水亭。又有漢留縣故城，在今縣東南。微山，微子葬處。

蘄秦舊縣。陳涉起蘄，即此地。有蘄水。蘄音其。

滕古小邾國。漢蕃縣。〔一〇〕又邾國之濫邑故城，在今縣東南，即漢昌慮縣也。左傳「邾庶其以濫來奔」，即此地。又有漢薛縣故城，在今縣東。

蕭古蕭國。漢舊縣。又有漢扶陽故城，〔一一〕在今縣西北。

豐漢高帝大邑，亦漢舊縣。〔一二〕

符離秦漢舊縣。又有秦相縣故城，在今縣西北。項羽破漢軍於靈壁東，睢水爲之不流，即此縣界也。

臨淮郡東至淮陰郡一百九十里。南至淮一里，與淮陰郡盱眙縣分界。西至鍾離郡二百十里。北至東海郡五百四十里。東南到淮陰郡盱眙縣，淮水中流爲界。西南到鍾離郡二百二十里。西北到瑯琊郡六百七里。東北到東海郡界海口四百四十里。去西京二千三百八十八里，去東京一千五百四十五里。户三萬九千四百四，〔一三〕口二十萬七千三百八十八。

泗州今理臨淮縣。古徐國地。春秋爲魯國之地。戰國魯、宋、吴三國之境。〔一四〕秦屬泗水郡。漢屬臨淮、東海、沛三郡地。後漢以其地合於下邳國，兼置徐州。領郡國四，理於此。宋爲南彭城、下邳二郡地。後魏亦爲下邳郡，兼置南徐州。東魏改爲東楚州。後周改爲泗州。隋改爲下邳郡。大唐爲泗州，或爲臨淮郡。領縣六：

臨淮新置。

宿遷〔一一五〕春秋時，鍾吾子國。東晉置宿遷郡。明帝太寧中，兖州刺史劉遐自彭城退屯泗口，即此。安帝義熙中，置城，在今縣東南。東臨泗水，南近淮水，〔一一六〕自後常爲重鎮。又有漢僮縣故城在西南。秦下相城在縣西北，項羽即下相人。〔一一七〕

下邳夏時邳國。韓信爲楚王，都下邳，即今縣城。漢臨淮郡在此。又有漢武原故縣城，在今縣北。又有漢睢陵縣故城，〔一一八〕在今縣東南。又漢郯縣故城，在其北。

漣水漢厹猶縣。魏曰海安郡。蕭齊嘗置冀州，寄理於此，以爲邊鎮。厹音仇。

虹漢夏丘縣故城，即今縣城也。

徐城古徐子國。漢以爲縣。有徐君墓，季札掛劍處。

魯郡東至瑯琊郡三百八十二里。南至彭城郡三百九十六里。西至東平郡二百里。北至濟陽郡三百里。東南到彭城郡三百六十四里。西南到睢陽郡四百一十七里。西北到東平郡一百九十里。東北到濟南郡三百五十里。去西京一千九百五十八里，去東京一千一百六十里。户八萬五千三百四十五，口五十三萬三千八百一十四。

今之兖州，理瑕丘縣。〔一一九〕始禹導兖水而爲濟，截河南渡東流，與荷澤、汶水會，又北東入於海。兖州在濟河之間，因濟水發源爲名，今郡理乃非境也。〔一二〇〕至周置兖州，始縣兼得今郡之地。〔一二一〕而濟水自王莽末入河，同流於海，則流河南之地無濟水矣。〔一二二〕自後所立，皆集舊名，兼有濟南、濟北、濟陽、濟陰郡國，蓋建置之際，未之審詳。古少皡之墟也。禹貢徐、兖二州之域。任城、龔丘縣即兖州界，餘並徐州域。春秋及戰國並魯國，亦邾國之境，邾國，黄帝之後，陸終之子曹姓所封也。今鄒縣也。今黄州亦邾國之地。陸終之後所封，蓋陸終有六子，各爲國也。任國，太皞之後，風姓，今任城是也。後亦爲宋、齊所侵，東嶽泰山在焉。秦爲薛郡。漢高后更爲魯郡及泰山、山陽郡地。後漢爲任城國、山陽、泰山郡地，兼置兖州。領郡國八，理於此。晉改爲魯郡。宋爲泰山、高平、魯三郡地及兖州。領郡六，理於此。後魏亦爲魯郡。北齊改爲任城郡。隋初置兖州，煬帝改爲魯郡。大唐初，僞魯徐圓朗都之，剋平，復改爲兖州，後爲魯郡。領縣十一：

瑕丘漢舊縣。東北有檀鄉。又有漢樊縣故城，〔一二三〕在今縣西南。

金鄉漢東緡縣，左傳云「齊侯伐宋圍緡」，即此地。又有漢昌邑縣故城也。

任城古任國，漢爲縣。又有漢亢父縣故城，在今縣南。

鄒故邾國城在縣東南，周迴十四里，〔一二四〕上冠山峯，〔一二五〕下屬巖壑，窮險因之。勝景有鄒山、嶧山。〔一二六〕漢舊縣地，又曰南平陽縣。

曲阜故魯國都也。委曲長七八里，〔一二七〕故曰曲阜。孔子廟、舊宅，並在城中，背洙面泗，矍相圃之東北，〔一二八〕又有漢魯恭王殿，階猶存。有沂水、孔子墓。〔一二九〕漢魯縣也。

泗水漢卞縣地，亦泗水國也。又有漢汶陽故城，〔一三〇〕在今縣東南。有尼丘山、洙泗水。又有漢梁父縣故城在北。有泮水也。

乾封有泰山。

方與漢舊縣。

中都古中都城也。

龔丘漢曰寧陽縣。桃鄉縣故城在東北也。

萊蕪漢舊縣地。汶水所出，而流出沛。

東海郡東至東海縣水路十九里。南至臨淮郡五百四十里。西至臨淮郡下邳縣五百五里。北至高密郡四百七十二里。東南到臨淮郡漣水縣二百五十七里。西南到沭陽縣百六十三里。西北到瑯琊郡二百三十二里。東北到東海縣界八十里。去西京二千五百八十七里，去東京一千七百六十九里。户二萬七千五百三十二，口十七萬三千七百二十四。

海州今理朐山縣。春秋及戰國爲魯之東境，後屬秦，爲薛郡地，後分薛郡爲郯郡。漢改郯爲東海郡，後漢及晉因而不改。宋亦然，兼僑立青、冀二州。梁置南北二青州。後入後魏。東魏改爲海州。隋改爲東海郡。大唐爲海州，或爲東海郡。領縣四：

朐山有羽山，殛鯀處。東北有瑯琊山。漢朐縣故城在今縣西南。秦始皇立石以爲東門，〔一三〕即此地。蕭齊置青州於此。

東海田横所保鬱州，亦曰郁州。〔一三二〕漢贛榆縣也。宋明帝泰始以後，青冀二州僑立於此。後東魏於此置臨海鎮。贛音古濫反。

沭陽漢厚丘縣地。梁置潼陽郡。有沭水。沭音述。

懷仁東魏置義塘郡。〔一三三〕有夾山，即夾谷，齊魯會處。

瑯琊郡東至東海郡二百三十二里。〔一三四〕南至臨淮郡六百里。西至魯郡三百八十二里。北至北海郡四百五十一里。東南到東海郡二百三十二里。西南到彭城郡三百五十四里。西北到淄川郡五百三十里。東北到高密郡三百七十里。去西京二千二百五十一里，去東京一千四百三十五里。户三萬二千三百五十二，口十八萬五千三百八十四。

沂州今理臨沂縣。春秋時，齊、魯二國之地。戰國屬齊、魯二國之境。秦瑯琊郡。漢爲東海、瑯琊二郡地，後置瑯琊國。魏晉亦置瑯琊國。宋爲瑯琊郡。齊不得其地。後魏置北徐州。後周改爲沂州。隋復爲瑯琊郡。大唐爲沂州，或爲瑯琊郡。領縣五：

臨沂漢即丘縣故城在今縣東南，左傳云祝丘是也。又有漢開陽縣及襄賁縣故城在今縣南。〔一三五〕賁音肥。

沂水有穆陵山。沂山，沂水所出。左傳曰「南至於穆陵」。漢都陽縣故城，〔一三六〕在今縣南。北界有大峴，〔一三七〕即齊地南面險固處。晉安帝時，宋武帝伐慕容超，超大將公孫五樓請據大峴，〔一三八〕超不從，故敗。

承〔一三九〕漢蘭陵縣故城，在今縣東是也。

費古魯費邑，後爲季氏邑。有蒙山。又有東蒙山，在蒙山之東，故名焉。又有顓臾城。又有漢南武陽縣故城，在今縣西。又有古武城，子游爲宰即此。

新太漢蒙陰縣故城在今縣東南。〔一四〇〕具山、堂阜，今縣東也。〔一四一〕

風俗

徐方鄒魯舊國，漢興猶有儒風。自五胡亂華，天下分裂，分居二境，尤被傷殘。彭城要害，藩捍南國，必爭之地，常置重兵。數百年中，無復講誦。況今去聖久遠，人情遷蕩。大抵徐兖，其俗略同。

校勘記

〔一〕古青州　原古青州郡縣目録王吴本、殿本、局本均置於卷中正文之前，非通典原式。今據北宋本、傅校本、遞修本、明抄本、明刻本移回卷首。下古徐州郡縣目録亦然。

〔二〕並具注序目篇　「並」原作「已」，「篇」原脱，據北宋本、傅校本、遞修本、明抄本、明刻本、王吴本改補。

〔三〕而雍沮二水同會其中也　「同會」原倒，據北宋本、傅校本、遞修本、明抄本、明刻本乙。

〔四〕沮音千余反　「余」原作「餘」，據北宋本改。

〔五〕濟水已具注序目篇 「篇」原脱，據北宋本、傅校本、遞修本、明抄本、明刻本、王吴本補。

〔六〕漯水在漢時之東郡東武陽縣今魏郡莘縣有東武陽城無此水矣 「漢時」原訛「漢水」，據通考輿地考三改正。按：漢書地理志上一五五七頁東郡東武陽縣下云：「禹治漯水，東北至千乘入海，過郡三，行千二十里。」此處上句謂漢時漯水所在，下句言唐時漯水已湮。與漢水渺不相涉。

〔七〕漯音他合反 此下原有「浮于汶達于濟」正文六字，「汶水出今魯郡萊蕪縣界言渡水西達於濟」注文十七字。據禹貢「浮于汶達于濟」乃青州節下文字，與兖州無關，杜氏誤録，今删。

〔八〕今靈昌濮陽之西北境濟陽之西北境博平之西南境皆是 準之地望，似有不合，前一「西北」疑當作「東北」。

〔九〕東郡之須昌壽張 「須」原訛「西」，據漢書地理志上一五五七頁改。

〔一〇〕樂安 「安」原訛「平」，據北宋本、傅校本、遞修本、明抄本、明刻本、王吴本改。

〔一一〕今魯郡金鄉縣也 「也」原作「是」，據北宋本、傅校本、遞修本、明抄本、明刻本改。

〔一二〕東南到濟陰郡二百五十里 「陰」原訛「陽」，據北宋本、傅校本、遞修本、明抄本、明刻本改。

〔一三〕東北到鄴郡二百十里 「北」原訛「南」，據諸本改。

〔一四〕其地得豕韋氏之國 「得」原作「古」，據北宋本、傅校本、遞修本、明抄本、明刻本、王吴本改。

〔一五〕陸終第三子曰翦封於彭 「曰」原訛「白」，今校正。按：史記楚世家一六九一頁「三曰彭祖」下集解引虞翻曰：「名翦，爲彭姓，封於大彭。」正義引括地志云：「虞翻云名翦。」據此知「白」爲「曰」之形訛。

〔一六〕立戴公　「立」上原有「衞人」，據北宋本、傅校本、遞修本、明抄本、明刻本删。

〔一七〕漢因之　「之」原脱，據北宋本、傅校本、遞修本、明抄本、明刻本、王吴本補。

〔一八〕匡人圍孔子即此　「即此」原作「及」，據北宋本、傅校本、遞修本、明抄本、明刻本、王吴本改補。

〔一九〕古蒲邑在北界　「北」北宋本、遞修本作「此」。

〔二〇〕晉分置濟陰郡濮陽國　「陰」原訛「陽」，據晉書地理志上四一九頁改。按：晉志原亦訛「陽」，標點本晉書據錢大昕廿二史考異説改正。參彼校記〔一五〕。

〔二一〕浚城在　原作「有古浚城」，據北宋本、傅校本、遞修本、明抄本、明刻本、王吴本改。

〔二二〕東北到濟南郡二百六十里　「濟南」原訛「博平」，據北宋本、傅校本、遞修本、明抄本、王吴本改。

〔二三〕前先鋒入河　「先」原無，據北宋本、傅校本、遞修本、明抄本、明刻本補。

〔二四〕後魏正光中　「後魏」原脱，據北宋本、傅校本、遞修本、明抄本、明刻本補。

〔二五〕磝古老反又磝音敖　「磝古老反又」原脱，據北宋本、傅校本、遞修本、明刻本補。

〔二六〕漢須昌縣地　「須」原訛「順」，據漢書地理志上一五五七頁改。

〔二七〕二百十里　「十」原脱，據北宋本、傅校本、遞修本、明抄本、明刻本、王吴本補。

〔二八〕口六十萬八千五百　北宋本、傅校本、遞修本、明抄本、明刻本「六」上有「一百」。

〔二九〕戰國時屬衞魏　原脱「衞」，元和郡縣志卷一六四四七頁云：「戰國時爲衞魏二國地。」今據補。按：北宋本有「衞」而脱「魏」。

〔三〇〕刺史盧暉移通濟渠　「移」唐會要卷八七、太平寰宇記卷五四作「開」。

〔三一〕即孫臏斫樹殺涓之處　「斫」原訛「折」，據史記孫子傳二一六四頁、太平寰宇記卷五四訂改。

〔三二〕東北到平原郡及縣界三百六十里　「及縣」原脱，「三」原作「二」，據北宋本、傅校本、遞修本、明刻本補改。明抄本、王吳本作「汲縣」，誤。

〔三三〕户五萬一千二百二　下「二」原脱，據北宋本補。

〔三四〕高唐漢舊縣有鳴犢河　「鳴」原訛「烏」，今校正。按：漢書地理志上一五七七頁、溝洫志一六八七頁及太平寰宇記卷五四、元豐九域志卷二博州高堂縣下俱作「鳴犢河」。河無名「烏犢」者。

〔三五〕户四萬二千七百五　「五」下原有「十二」，據北宋本、傅校本、遞修本、明抄本、明刻本删。

〔三六〕口二十六萬七千三百十　「二」原作「一」，下「十」下有「一」，據北宋本、傅校本、遞修本、明抄本、明刻本、王吳本改删。

〔三七〕戰國時屬宋秦屬碭郡　「碭郡」北宋本、傅校本、遞修本、明抄本、明刻本、王吳本作「碭石郡」，誤。秦三十六郡無「碭石郡」，見史記秦始皇本紀集解二三九頁。按：元和郡縣志卷一〇云：「戰國時，其地屬魏，秦爲薛郡地。」太平寰宇記卷一三云：「戰國時屬魏，秦兼天下，屬碭郡，又爲薛郡地。」

〔三八〕有郈鄉亭　「有」原訛「直」，據北宋本、傅校本、遞修本、明抄本、王吳本改。

〔三九〕漢脩縣地　「脩」原訛作「循」，據漢書地理志下一六三三頁改删。按：元和郡縣志卷一七四九六頁云：「安陵縣本漢蓨縣地，晉立安陵縣。」

〔四〇〕滴河　「滴」原作「商」，據元和郡縣志一七四九七頁、舊唐書地理志一一四五五頁、新唐書地理志二一九九五頁改。北宋本、傅校本、遞修本、明刻本作「滴」，誤。下同。

〔四一〕滴音商　原作「商音滴」，既訛且倒，據北宋本、傅校本、遞修本、明抄本、明刻本乙正。

〔四二〕漢溼沃縣　「溼」原作「漯」，據漢書地理志上一五八〇頁訂正。

〔四三〕漢千童縣　「千」原訛「安」，據漢書地理志上一五七九頁、元和郡縣志卷一八五一九頁、舊唐書地理志二一五〇七頁、太平寰宇記卷六五改。

〔四四〕古鬲津河在此　「古」原作「故」，「此」原訛「北」，據北宋本、傅校本、遞修本、明抄本、明刻本、王吴本改。按：太平寰宇記卷六五云：「鬲津河在縣南三十里。」

〔四五〕此故曰南皮　「此」原脱，據北宋本、傅校本、遞修本、明抄本、明刻本、王吴本補。

〔四六〕昔日徒行今騁駟　「昔」原作「向」，據北宋本、傅校本、遞修本、明抄本、明刻本改。

〔四七〕美哉薛公德滂被　「德」原作「澤」，據太平寰宇記卷六五改。按：北宋本作「得」，知本不作「澤」。

〔四八〕大岯山　「岯」原作「伾」，據北宋本、傅校本、遞修本、明刻本、王吴本改。

〔四九〕復置清河郡而廢州　「廢州」原倒，據北宋本、傅校本、遞修本、明刻本乙。

〔五〇〕漢應劭曰　「漢」原作「縣」，據北宋本、傅校本、遞修本、明抄本、明刻本改。

〔五一〕而未知孰是　「而」原作「西」，據北宋本、傅校本、遞修本、明抄本、明刻本改。

〔五二〕索盧城　「盧」原作「蘆」，據魏書地形志中二五二五頁改。

〔五三〕宗城　「宗」原訛「宋」，據元和郡縣志卷一六四六四頁、舊唐書地理志二一四九七頁改。

〔五四〕傷夷偏甚　「偏」原訛「經」，據北宋本、王吴本改。

〔五五〕浮于汶達于濟汶水出今魯郡萊蕪縣界言渡水西達於濟　此正文六字，注文十七字，原誤録入前古兗州引禹貢文中，今據禹貢及州郡典纂例移補於此。

〔五六〕旋爲後魏所有　「旋」原訛「族」，據諸本改。

〔五七〕東南到高密郡三百一十九里　「高密」原訛「樂安」，今參照中國歷史地圖集第五册唐河南道圖訂改。「九」原作「二」，據北宋本、傅校本、遞修本、明刻本、王吴本改。

〔五八〕樂安郡　「安」原訛「平」，今訂正。按：唐無「樂平郡」。

〔五九〕土方二千　「二千」原作「千里」，據晉書慕容德載記三一六六頁及北宋本改。

〔六〇〕晉廣固城在益都縣西四里則晉曹嶷所築　「益都」和「則」原無，後「晉」下原有「時」，據北宋本、傅校本、遞修本、明抄本、明刻本、王吴本補删。

〔六一〕寒浞國　「國」北宋本作「固」。

〔六二〕後漢又置樂安郡栢寢臺　「又」原無，「栢」上原有「有」，據北宋本、傅校本、遞修本、明抄本、明刻本、王吴本補删。

〔六三〕漢樂安國故城　「樂安」原倒，據北宋本、傅校本、遞修本、明抄本、明刻本、王吴本乙。

〔六四〕周禮曰川曰泲　前「曰」原脱，據北宋本、傅校本、遞修本、明抄本、明刻本、王吴本補。「泲」原訛

「沛」，據周禮職方氏改。

〔六五〕按後漢書博昌縣有貝中聚　「博昌縣有貝中聚」原脱，據北宋本、傅校本、遞修本、明抄本、明刻本、王吳本補。

〔六六〕今清河郡即貝丘縣也　原「今」上有「在」，脱「即」和「也」，據北宋本、傅校本、遞修本、明抄本、明刻本、王吳本删補。按：核上文清河郡條，此「郡」「即」之間應有「清陽縣」三字。

〔六七〕漢邑　原脱，據北宋本、傅校本、遞修本、明刻本、王吳本補。

〔六八〕口三十五萬八千八　「八千八」原作「八千八十」，據北宋本、傅校本、遞修本、明刻本、王吳本删「十」。

〔六九〕後漢晉因之　北宋本、傅校本、遞修本、明抄本、明刻本、王吳本均作「樂安郡地」，此是清人所改。

〔七〇〕宋亦爲濟南郡　「宋」字處原爲空白，據諸本補。

〔七一〕後周亦爲濟南郡　「爲」原作「有」，據諸本改。

〔七二〕復改爲濟南郡　「復」原作「後」，據北宋本、傅校本、遞修本、明抄本、明刻本改。

〔七三〕漢茌縣　「茌」上原衍「山」，據漢書地理志上一五八一頁删。按：「茌」原作「荏」，漢書作「茬」，今統作「茌」。

〔七四〕春秋時亦曰祝柯　「柯」原訛「阿」，據北宋本、傅校本、遞修本改。

〔七五〕李君球　「球」原作「求」，據元和郡縣志卷一〇二七七頁、舊唐書良吏傳上四七八九頁改。

〔七六〕漢東平陵縣也　「東」原脱，據漢書地理志上一五八一頁、元和郡縣志卷一〇二七八頁補。「也」原作「地」，據北宋本、傅校本、遞修本、明抄本、明刻本、王吴本改。

〔七七〕一百二十里　「二」原作「八」，據北宋本、傅校本、遞修本、明抄本、明刻本、王吴本改。

〔七八〕五百二十里　「二」原作「五」，據北宋本改。

〔七九〕一百里　「一」原作「二」，據北宋本改。

〔八〇〕四十七里　「七」原作「六」，據北宋本、傅校本、明刻本、王吴本改。

〔八一〕漢般陽縣　此下原有「隋改淄川縣」五字，據北宋本、傅校本、遞修本、明抄本、明刻本删。

〔八二〕漢於陵縣　此下原有「即陳仲子隱處」六字，據北宋本、傅校本、遞修本、明抄本、明刻本删。

〔八三〕長白山陳仲子夫妻所隱處　原作「縣有長白山因以爲名」，據北宋本、傅校本、遞修本、明抄本、明刻本改。

〔八四〕鄒平漢舊縣北齊平原郡　「鄒平」原在「高苑」注文後，且無「漢舊縣北齊平原郡」八字注文。今據北宋本、傅校本、遞修本、明抄本、明刻本移前並補注。按：王吴本「鄒平」亦倒在「高苑」下，而注文尚存。

〔八五〕又漢諸縣故城　「縣」「城」原互訛，據北宋本、傅校本、遞修本、明抄本、明刻本、王吴本乙正。

〔八六〕作層臺山上　原作「累臺山」，據元和郡縣志卷一一二九八頁補改。按：北宋本、傅校本、遞修本、明刻本作「層臺山上」，脱「作」。

〔八七〕春秋向邑故城在今縣南　「春秋向邑」原訛作「漢向縣」，今據太平寰宇記卷二四校正。按：此近莒縣之向邑，非漢沛郡之向縣。

〔八八〕萬里沙　「萬」上原有「有」，據北宋本、遞修本、王吴本删。

〔八九〕沽尤以西　「西」原訛「東」，據左傳昭公二十年改正。

〔九〇〕文登縣東界海　「界」原脱，據北宋本、傅校本、遞修本、明抄本、明刻本補。按：王吴本有「界」無「海」。

〔九一〕蓬萊　此下原有注文二十八字：「漢黄縣地武帝於此望海中蓬萊山因築城以爲名唐神龍初置蓬萊縣。」乃明人所增，非通典之舊。今據北宋本、傅校本、遞修本、明抄本、明刻本删。

〔九二〕漢腄縣地　「地」原訛「北」，據北宋本、傅校本、明刻本、王吴本改。

〔九三〕安東府　「府」北宋本、傅校本、遞修本、明抄本、明刻本作「郡」。

〔九四〕西南到魚胞栅五十里　「魚胞栅五十」五字處原爲空白，今據北宋本、傅校本、遞修本、明抄本、明刻本、王吴本補。

〔九五〕漢元封三年　「漢」下原有「武帝」，據北宋本、傅校本、遞修本、明抄本、明刻本删。

〔九六〕浪音郎　原脱，據北宋本、傅校本、遞修本、明抄本補。

〔九七〕州理於此　「州」原無，據北宋本、傅校本、遞修本、明抄本、明刻本、王吴本補。

〔九八〕癙胡罪反　原脱，據北宋本、傅校本、遞修本、明抄本、明刻本、王吴本補。

〔九九〕大唐置安東都護府前上元中移於所今府於遼東城　原作：「後魏時高麗國都其地大唐總章元年李勣

平高麗得城百七十六分其地爲都督府九州四十二縣一百置安東都護府於平壤城以統之用其酋渠爲都督刺史縣令上元二年徙遼東故城儀鳳二年又徙新城聖歷元年更名安東都護府神龍元年復故名開元二年徙於平州天寶二年又徙於遼西故郡城至德後廢領羈縻州十四。」王吳本、殿本同，乃後人竄易者。今據北宋本、傅校本、遞修本、明抄本、明刻本復原。

〔一〇〇〕燕王謂蘇代曰吾聞齊地清濟濁河可以爲固　「蘇代」原訛「蘇秦」，據史記蘇秦列傳二二六七頁、元和郡縣志卷一〇、太平寰宇記卷一八改正。

〔一〇一〕先務推以誠信　「推」原訛「惟」，據北宋本、傅校本、遞修本、明抄本、明刻本改。按：「信」北宋本、傅校本、遞修本、明刻本作「言」，疑非。

〔一〇二〕西有濁河之險　「險」漢書高帝紀下五九頁作「限」。

〔一〇三〕自國初立都督府命親王鎮之　「自國」原作「大唐」，「命」上原有「乃」，據北宋本、傅校本、遞修本、明抄本、明刻本改刪。

〔一〇四〕餘並没於石氏　「餘」原訛「徐」，據北宋本改。

〔一〇五〕三百七十一里　「一」原無，據北宋本、遞修本補。

〔一〇六〕理於此　原作「理同」，據北宋本、遞修本、王吳本改。

〔一〇七〕常得安全　「安全」原倒，據北宋本、傅校本、遞修本、明抄本、明刻本、王吳本乙。

〔一〇八〕有候水　「候」北宋本作「猴」。

〔一〇九〕有梁項羽戲馬臺　原脱「梁」，據北宋本、傅校本、遞修本、明抄本、明刻本補。

〔一一〇〕漢蕃縣　「蕃」原訛「番」，據漢書地理志下一六三七頁及王吴本改。

〔一一一〕又有漢扶陽故城　「陽」下原有「縣」，據北宋本、傅校本、遞修本、明抄本、明刻本、王吴本删。

〔一一二〕漢高帝大邑亦漢舊縣　「大」原作「所」，「生」，下「漢」原脱，據北宋本、傅校本、遞修本、明抄本、明刻本、王吴本改補。

〔一一三〕户三萬九千四百四　「三」原作「二」，據諸本改。

〔一一四〕戰國魯宋吴三國之境　「吴」原作「楚」，據北宋本、傅校本、遞修本、明抄本、明刻本、王吴本改。

〔一一五〕宿遷　本爲宿預，元和郡縣志卷九二三一頁云：「寶應元年以犯代宗廟諱，改爲宿遷縣。」

〔一一六〕東臨泗水南近淮水　「東」原脱，據太平寰宇記卷一七補。「近」原訛「沂」，據諸本改。

〔一一七〕項羽即下相人　北宋本、傅校本、遞修本、明刻本、王吴本「人」下有「處」。

〔一一八〕漢睢陵縣故城　「睢」原訛「淮」，據北宋本、傅校本、遞修本、明抄本、明刻本、王吴本改。

〔一一九〕今之兖州理瑕丘縣　「今之」原無，注文「理」上原有「今」，據北宋本、傅校本、遞修本、明抄本、明刻本補删。

〔一二〇〕今郡理乃非境也　通典考證謂「非」當作「北」，誤。

〔一二一〕始縣兼得今郡之地　原無「縣」，據北宋本、傅校本、遞修本、明抄本、明刻本、王吴本補。

〔一二二〕則流河南之地無濟水矣　原無「流」，據北宋本、傅校本、遞修本、明刻本、王吴本補。

〔三三〕又有漢樊縣故城　「城」原作「地」，據傅校本、明刻本、王吳本及太平寰宇記卷二一改。

〔三四〕周迴十四里　「十四」北宋本、傅校本、遞修本、明抄本、明刻本、王吳本作「四十」，太平寰宇記卷二一作「四」。

〔三五〕上冠山峯　「山」原作「危」，北宋本、傅校本、明抄本、明刻本、王吳本作「峯」，今據太平寰宇記卷二一改。

〔三六〕勝景有鄒山嶧山　疑上「山」字衍，史記秦始皇本紀二四二頁云：「二十八年，始皇東行郡縣，上鄒嶧山。」

〔三七〕委曲長七八里　「委」上原有「有阜」，據北宋本、傅校本、遞修本、明抄本、明刻本、王吳本刪。

〔三八〕矍相圃之東北　「矍」上原有「有孔子墓有」五字，「之」原在「圃」上，清人妄增改者。今據北宋本、傅校本、遞修本、明抄本、明刻本、王吳本刪乙。

〔三九〕有沂水孔子墓　原無「孔子墓」，據北宋本、傅校本、遞修本、明抄本、明刻本、王吳本補。

〔四〇〕漢汶陽故城　「陽」下原有「縣」，據北宋本、傅校本、遞修本、明抄本、明刻本、王吳本刪。

〔四一〕秦始皇立石以爲東門　「門」上原有「闕」，北宋本、傅校本、遞修本、明刻本、王吳本有「開」，今據史記秦始皇本紀二五六頁、太平寰宇記卷二二刪。

〔四二〕鬱州亦曰郁州　兩「州」原皆作「洲」，據北宋本、王吳本改。

〔四三〕義塘郡　太平寰宇記卷二二同。隋書地理志下八七二頁、元和郡縣志卷一一三〇三頁「塘」作「唐」。

〔一三四〕二百三十二里　「十二」原作「十五」，據北宋本、傅校本、遞修本、明抄本、明刻本、王吳本改。

〔一三五〕又有漢開陽縣及襄賁縣故城在今縣南　北宋本、傅校本、遞修本、明抄本、明刻本、王吳本訛作「又有漢廣陽國故城在今縣南，又有漢襄賁縣故城在南」。按：漢廣陽國故城不在沂州。卷一七八幽州范陽下云：「又有漢廣陽國城，亦在西南。」

〔一三六〕漢都陽縣故城　「都陽」原誤倒，據漢書地理志上一五五八頁乙。

〔一三七〕北界有大峴　「北」上原有「縣」，據北宋本、傅校本、遞修本、明抄本、明刻本、王吳本刪。

〔一三八〕公孫五樓請據大峴　「峴」下原有「山」，據北宋本、傅校本、遞修本、明刻本、王吳本刪。

〔一三九〕氶　「氶」原訛「承」，今校正。新唐書地理志二九九六頁、讀史方輿紀要卷三二、大清一統志卷一二九、中國古今地名大辭典、中國歷史地圖集均作「氶」。讀史方輿紀要云：「氶城在縣西北一里。漢置氶縣，以氶水所經而名。氶讀拯，俗作『承』，誤也。」

〔一四〇〕漢蒙陰縣故城　「陰」原訛「陽」，據漢書地理志上一五八二頁改。按：漢無「蒙陽」。

〔一四一〕具山堂阜今縣東也　「具山」原脱，「今」原作「在」，據北宋本、傅校本、遞修本、明抄本、明刻本、王吳本補改。按：「具」各本原訛作「其」。太平寰宇記卷二三新泰縣下云：「具山在縣東三十八里。」今據之訂正。

通典卷第一百八十一

州郡十一

古揚州上今置郡府十二　縣五十九

廣陵揚七縣江都　江陽　海陵　高郵　六合　揚子　天長

淮陰楚五縣山陽　鹽城　盱眙　淮陰　安宜

鍾離濠三縣鍾離　定遠　招義

壽春壽五縣壽春　安豐　霍丘　盛唐　霍山

永陽滁三縣清流　全椒　永陽

歷陽和三縣歷陽　烏江　含山

廬江廬五縣合肥　慎　巢　廬江　舒城

同安舒五縣懷寧　宿松　望江　太湖　桐城

蘄春蘄四縣　蘄春　黃梅　蘄水　廣濟

弋陽光五縣　定城　光山　固始　仙居　殷城

宣城宣十縣　宣城　當塗　涇　溧水　溧陽　南陵　綏安　寧國　太平　青陽

秋浦池四縣　分宣州置郡　青陽　秋浦　至德　石埭

古揚州

禹貢曰：「淮海惟揚州，北據淮，東南距海。舊曰南距海，今改爲東南。具注序目篇。彭蠡既瀦，陽鳥攸居。彭蠡，澤名，今在潯陽郡彭澤縣。水所停曰瀦。陽鳥，隨陽之鳥也。言彭蠡之水既見蓄聚，則陽鳥所共居之。陽鳥，鴻雁之屬。三江既入，震澤厎定。三江，謂北江、中江、南江也。震澤，吴南太湖名，今吴興郡界。厎，致也。篠簜既敷，篠，竹箭。〔一〕簜，大竹也。敷，謂布地而生。〔二〕草夭木喬。夭，盛貌。喬，高也。夭音於驕反。〔三〕厥土塗泥。地泉濕。〔四〕島夷卉服。海曲謂之島。島夷，海中之夷。〔五〕卉服，絺葛之屬也。〔六〕卉，許貴反。沿于江海，達于淮、泗。」順流而下曰沿。〔七〕沿江入海，自海入淮，自淮入泗。舜置十二牧，揚州其一。周禮職方曰：「東南曰揚州。其山曰會稽，今在會稽郡山陰縣。藪曰具區，川曰三江，浸曰五湖。川，水之通流者也。五湖，在吴郡、吴興、晉陵三郡。其利金錫竹箭。民二男五女。畜宜鳥獸，鳥，孔雀、翡翠之屬。獸，犀、象之屬。穀宜稻。」揚州，以爲江南之氣躁勁，厥性輕揚，亦曰州界多水，水波揚也。在於天官，斗則吳之分野，漢之會稽、九江、丹陽、章郡、〔八〕廬江、廣陵、六安、臨淮，皆其分也。今廣陵、淮陰、鍾離、壽春、永陽、歷陽、廬江、同安、宣城、丹陽、晉陵、吳郡、吳興、餘杭、新定、新安、會稽、餘姚、臨海、縉雲、永嘉、東陽、信安、鄱陽、潯陽、章郡、臨川、廬陵、宜春、南康、建安、長樂、清源、漳浦、臨汀等郡地也。〔九〕按吳國之分，雖强盛之時，殊不全得揚州之地。今配星次，且約漢書。其歷代所屬，則各具於諸郡。兼得楚及南越之交。漢之江夏、汝南地，今蘄春、弋陽宜屬楚。漢之南海之地，今潮陽宜屬越之地。亦古荒服之國。〔一〇〕春秋時屬吳、越二國。越滅吳，盡并其地。戰國時屬楚。秦兼天下，〔一一〕置郡，此爲九江、今廣陵、淮陰、鍾離、壽春、永陽、歷陽、廬江、同安、蘄春、弋陽、鄱陽、章郡、臨川、廬陵、南康、宜春等郡是。鄣、今宣城、新安、新定、丹陽郡之西境及吳興郡之西境皆是。會稽、今丹陽郡之東境，晉陵、吳郡、餘杭、會稽、餘姚、東陽、信安、縉雲、臨海、永嘉，吳興郡之東境，皆是。閩中、今建安、長樂、清源、漳浦、臨汀等郡皆是。南海郡之東境。今潮陽郡是。漢改九江曰淮南國，及封皇子長爲淮南王，封劉濞爲吳王，一國盡得揚州之地。武帝置十三州，此爲揚州。領郡六。後漢因之。理歷陽。漢末移理壽春。劉繇又移理曲阿。歷陽、壽春並今郡縣。曲阿今丹陽郡丹陽縣。濞，疋備反。三國時，淮南屬魏，而江南屬吳也。魏晉亦置揚州。理壽春。平吳，領郡十八，理建業，今丹陽郡江寧縣。元帝渡江，揚州遂爲王畿，領江東、浙江地。宋孝武分浙江東爲東揚州。後罷揚州，以其地爲王畿，而東揚州直云揚州，尋復舊。領郡十八，理建康，即建業。順帝改刺史曰牧。又分置南兖州，領郡九，理廣陵。南徐州，領郡十七，理京口，今丹陽郡。南荆河州領郡十三，理歷陽。江州。領縣九，理潯陽，今郡。〔一二〕齊並因前代，唯徙置荆河州，領郡，理壽春。北兖州，領郡七，理淮陰，今郡。北徐州。領郡五，理鍾離，今郡。梁陳分裂不可詳焉。大唐分置十五部，此爲淮南道、廣陵、廬江、蘄春、同安、永陽、鍾離、壽春、淮陰、歷陽、弋陽。江南道、丹陽、晉陵、吳郡、餘杭、會稽、餘姚、東陽、新定、信安、吳興、縉雲、臨海、永嘉、新安、長樂、清源、建安、臨汀、漳浦、潮陽。江南西道。宣城、章郡、鄱陽、南康、臨川、廬陵、潯陽、宜春。

廣陵郡東至海五百六里。南至丹陽六十三里。西至永陽三百里。北至淮陰三百里。〔一三〕東南到海四百六里，無郡縣。〔一四〕西南到歷陽三百六十里。西北到淮陰郡盱眙縣二百五十里。東北到淮陰郡鹽城縣三百六十里。去西京二千五百六十七里，去東京千七百四十九里。户七萬三千三百八十一，口四十六萬九千五百九十四。

今之揚州，理江都、江陽二縣。〔一五〕春秋時屬吳，故左傳云「吳城邗，邗音寒。溝通江淮」是也。〔一六〕吳滅屬越，越滅屬楚。秦滅楚，屬九江郡。漢爲廣陵國，後屬荆國，後更屬吳；景帝更名江都國，武帝更名廣陵國。後漢爲廣陵郡。魏爲重鎮，文帝黄初六年，征吳，幸廣陵故城，臨江觀兵，見江濤，歎曰：「天所以限南北也。」使張遼乘舟，與曹休至海陵。是歲，遼薨於江都。後屬吳。孫亮建興二年，使衛尉馮朝城廣陵。〔一七〕晉亦爲廣陵郡。東晉末，以廣陵控接三齊，故青、兖二州刺史皆鎮於此。宋亦置廣陵郡，文帝兼置南兖州。領郡九，理於此。齊並因之。梁亦曰南兖州。北齊改爲東廣州，復曰南兖州。後周改爲吴州。〔一八〕隋初爲揚州，置總管府；煬帝初府廢，又爲江都郡，後帝徙都而喪國焉。煬帝制。江都太守秩與京尹同。大唐初爲兖州，後改爲邗州，後又改爲揚州，爲大都督府，其後或爲廣陵郡。領縣七：

江都秦廣陵縣。

江陽高齊曰廣陵，隋改之。

海陵漢舊縣。

高郵漢舊縣。

六合楚棠邑，伍尚爲棠邑大夫，即此也。漢曰棠邑縣。晉安帝置秦郡。北齊置秦州。後周改爲方州。有瓜步山、石梁溪。

揚子

天長梁於石梁置涇州。

淮陰郡東至海二百十五里。南至廣陵郡三百里。西至臨淮郡一百九十里。北至臨淮郡漣水縣淮水七十五里。東南到廣陵郡海陵縣八十五里。西南到鍾離郡招義縣四百二十里。〔一九〕西北到臨淮郡二百六十三里。東北到淮口入海水路一百七十九里。去西京二千五百一里，去東京千六百六十里。户二萬六千一百一十八，口一十四萬二千九十。

楚州今理山陽縣。春秋時屬吳，吳將伐齊，自廣陵掘江通淮，即此也。戰國時屬楚。秦屬九江郡。漢屬臨淮郡。後漢屬廣陵郡、下邳國。晉屬臨淮、廣陵二郡地。東晉爲重鎮，元帝以劉隗屯守。隗，午最反。穆帝時，中郎將荀羨北征詩序云：〔二〇〕「淮陰舊鎮，地形都要，水陸交通，易以觀釁。沃野有開殖之利，方舟運漕，無地屯兵，〔二一〕乃營立城池焉。」安帝時，立山陽郡。宋因之。北對清、泗，〔二二〕臨淮守險，有陽平石鼈，〔二三〕田稻豐饒。其後僑立兗州。入齊，因以兗州爲重鎮。〔二四〕梁初得之，後入後魏。隋初廢山陽郡，後置楚州；煬帝初州廢，并入江都郡。大唐武德四年，爲東楚，八年改爲楚州，或爲淮陰郡。領縣五：

山陽漢射陽縣地。晉立山陽郡。或云：漢吳王濞反於廣陵，山陽王率衆於此拒之，因以山陽爲名。

鹽城漢鹽瀆縣。晉安帝更名爲鹽城。

盱眙秦東陽縣城在縣東，陳嬰爲東陽令史，即此。項羽立楚懷王，都盱眙。至漢，以爲縣。晉安帝立盱眙郡。〔二五〕有都梁山。宋文帝時，後魏太武帝南侵，臧質守盱眙，魏師以數十萬衆攻圍三旬，〔二六〕不拔而退，即今縣城。

淮陰

安宜漢平安縣地。魏鄧艾築石鼈城，在今縣西八十里，以營田也。

鍾離郡東至淮陰郡四百二十里。南至廬江郡三百三十里。西至彭城郡界九十五里。北至臨淮郡二百二十里。東南到永陽郡二百二十六里。西南到壽春郡二百二十里。西北到彭城郡四百五十八里。東北到臨淮郡二百一十里。去西京二千一百五十里，去東京千三百一十三里。户二萬五百五十三，口十三萬八千三百六十一。

濠州今理鍾離縣。春秋末鍾離子之國。昔禹會諸侯於塗山，即其地也。今鍾離縣西百里有塗山是也。左傳注曰：「塗山在壽春縣東北。」太康地記云：「塗山，古當塗國。」應劭曰「禹所娶塗山侯國」，〔二七〕即此也。舊有當塗縣，晉安帝立馬頭郡，北齊因之，隋改爲塗山縣。今廢。魯成公時，叔孫僑如會吳於鍾離。昭公時，楚子爲舟師以略吳疆，吳遂滅巢及鍾離而還。楚平王時，吳之邊邑卑梁女子，與楚邊邑鍾離小僮争桑，兩家交怒相攻，遂滅卑梁人。卑梁大夫怒，發邑兵攻鍾離。楚王聞之，怒，發國兵滅卑梁。吳王大怒，亦發兵，使公子光攻楚，遂滅鍾離、居巢，楚恐而城郢。則鍾離互爲吳、楚之邊邑。戰國時屬楚。秦屬九江郡，二漢因之。晉初屬淮南郡，後僑置徐州；安帝時，置鍾離郡。宋齊因之，兼置徐州，領郡理於此。亦爲重鎮。明帝時，頻爲後魏攻圍，徐州刺史蕭惠休、蕭坦守，不下而退。梁因之。北齊改鍾離郡爲西楚州。隋改曰濠州，因濠水爲名。濠音豪。〔二八〕煬帝復置鍾離郡。大唐武德八年，爲濠州，或爲鍾離郡。領縣三：

鍾離漢舊縣。縣東四里有古鍾離城，即魯昭公四年楚城鍾離，至二十四年爲吳所滅是也。又縣東一里有廢小東城，宋書云：泰始二年，築之，以鎮濠口。〔二九〕又郡東有公路城，即袁術所築。有梁荆山堰城，在郡城西百一十二里。梁武帝天監十三年，魏降人王足陳計，求堰淮水以灌壽陽，足引北方童謡曰：「荆山爲上格，浮山爲下格，潼泡爲激溝，〔三〇〕併灌鉅野澤。」潼音同。泡，浦包反。〔三一〕武帝遂發徐揚人，率二十戶取五丁以築之。〔三二〕令太子右衛率康絢護堰之作，役人及戰士，有衆二十萬。於鍾離南起浮山，北抵巉石，依岸以築土，〔三三〕合脊於中流。至十四年四月，堰將合，淮水漂疾，輒復決潰，衆患之。或謂江淮多有蛟龍，能飛風雨，決壞崖岸。〔三四〕其性惡鐵，因是引東西二冶故鐵器，大則釜鬲，小則鋘鋤，〔三五〕數千萬斤，沈於堰所，猶不能合。乃伐樹爲井幹，填以巨石，加土其上。緣淮百里內，岡陵木石，無巨細必盡。負擔者肩上皆穿，夏日疾疫，死者相枕，蠅蟲晝夜聲相合。〔三六〕是冬又寒甚，淮泗盡凍，死亡者十七八。十五年四月，堰乃成。其長九里，下闊百四十丈，上廣四十五丈，〔三七〕高二十丈，深十九丈五尺。夾之以隄，並樹杞柳。軍人安堵，列居於上。其水清潔。俯視居人墳墓，了然皆在其下。或人謂絢曰：〔三八〕「四瀆，天所以節宣其氣，不可久塞。」而水之所及，夾淮方數百里地。魏壽陽城戍，移頓於八公山。此南居人，〔三九〕散就岡壟。至秋八月，淮水暴長，堰果悉壞決，奔流於海。有濠水，即莊、惠觀魚之處。

定遠 漢曲陽縣，在淮曲之陽，〔四〇〕故名之，其故城在今縣西。又有秦漢東城縣，在今縣東南，逐項羽之處，梁置臨濠郡。〔四一〕有古陰陵城，即項羽奔至陰陵失道之所，王莽改爲陽陵。

招義 漢淮陵縣也，宋僑置濟陰郡於此。〔四二〕

壽春郡 東至鍾離郡二百二十里。南至同安郡八百里。西至汝陰郡二百五十八里。北至汝陰郡下蔡縣二百九里。〔四三〕東南到廬江郡三百里。西南到弋陽郡四百六十三里。西北到汝陰郡二百五十八里。東北到鍾離郡二百二十里。去西京二千一百一十九里，去東京千三百九十里。戶二萬九千七百十七，口十五萬三千一百九十二。

壽州今理壽春縣。戰國時楚地。秦兵擊楚，楚考烈王東徙都壽春，命曰郢，即此地也。今郡羅城，即考烈王所築。今郡子城，即宋武帝所築。秦滅楚，虜王負芻，其地爲九江郡。江自廬江分爲九道。後項羽封英布爲九江王，都六，即此也。漢高帝更名淮南國，武帝復爲九江郡。後漢因之，兼置揚州。領郡六，理於此。袁術爲曹公所擊敗，奔九江，後遂僭號，以九江太守爲淮南尹。魏曰淮南郡，仍舊揚州，爲重鎮。毌丘儉、諸葛誕爲刺史，皆鎮於此。三國時，江淮爲戰爭之地，其閒數百里，無復人居。晉平吳，其人各還本故，復立爲淮南郡，兼置揚州。領郡十八，理於此。其後中原亂，胡寇屢南侵，又以蘇峻、祖約之亂，淮南人渡江者轉多，乃於江南僑立淮南郡及當塗、逡遒等縣。逡七循反。遒音秋。東晉亦爲重鎮。明帝時，祖約屯守，後陷石勒。季龍死後，復理之。今郡西十五里，即謝玄破苻融之處。晉伏滔云：「彼壽春者，南引汝潁之利，〔四四〕東連三吳之富。北接梁宋，平塗不過七百；〔四五〕西接陳許，水陸不出千里。外有江湖之阻，內保淮、淝之固。〔四六〕龍泉之陂，良田萬頃；舒六之貢，〔四七〕利盡蠻越也。」宋屬淮南郡。初，晉元帝永昌中，荆河州刺史祖約鎮於此，後或理江北，或理江南，無定所也。至宋義熙十二年，劉義慶又鎮此，以撫邊荒，捍禦疆埸。齊因之，兼置荆河州，領郡理於此。爲重鎮。齊高帝初，遣垣崇祖鎮壽陽，謂之曰：「我新有天下，後魏必送劉昶爲辭。壽春賊之所衝，深爲之備。」俄而魏大將軍王肅送劉昶，兵二十萬掩至而敗還。後魏曰揚州。蕭齊東昏永元初，守將裴叔業，以城叛降後魏。梁置南荆河州。武帝普通七年克之，擒魏將李憲，尋改爲南荆河州。後周曰揚州。隋文帝改曰壽州，煬帝初，復爲郡。大唐爲壽州，或爲壽春郡。領縣五。

壽春漢舊縣。東晉以鄭皇后諱，改爲壽陽，〔四八〕宜春曰宜陽，富春曰富陽，凡名「春」，悉改之。今縣東四十餘里，宋殷琰築四壘於此。此郡在齊梁閒有淮南，〔四九〕梁郡、北譙、汝陰等郡，隋初並廢。〔五〇〕有八公山。

安豐春秋時六國，昔皋繇所封，葬於此。有漢六安郡故城在南。梁置陳留、安豐二郡。有芍陂，楚孫叔敖所起，崔寔月令曰「叔敖作期思陂」，即此。後漢王景爲廬江太守，重修起之，〔五一〕境内豐給。其陂徑百里，灌田萬頃。齊梁帝立屯田，〔五二〕無復輸運。芍音鵲。

霍丘漢松滋縣。梁置安豐郡，即今縣城。魏毌丘儉敗，安豐津都尉部人斬之，即城北津是也。

盛唐漢霍山縣，天寶中改焉。晉永和中，謝尚鎮馬頭城，即今縣北也。

霍山天寶中，割盛唐縣置，漢灊縣是也。

永陽郡東至廣陵郡三百里。南至歷陽郡一百九十八里。西至鍾離郡二百六十里。北至淮陰郡一百六十二里。〔五三〕東南到歷陽郡烏江縣一百六十一里。西南到廬江郡慎縣界一百六十二里。西北到鍾離郡一百二十六里。東北到淮陰郡盱眙縣二百四十四里。去西京二千五百六十四里，去東京千五百八十七里。户二萬六千二百一十一，口十四萬一千二百二十七。

滁州今理清流縣。戰國時屬楚。秦及二漢，九江郡之地。晉屬淮南郡。宋屬新昌郡。齊置南譙郡。梁屬南譙州。梁末屬北齊，兼置新昌郡，又徙南譙州於新昌，即今郡是也。隋初廢新昌郡，改南譙爲滁州；煬帝初州廢，併其地入江都郡。大唐復置滁州，或爲永陽郡。領縣三：

清流漢全椒縣地。舊曰頓丘，隋改名。

全椒漢舊縣也。梁置北譙郡，北齊改爲臨滁郡，後周復曰北譙。隋爲滁縣，大業初爲全椒。有漢阜陵縣故城，在今縣之南也。

永陽

歷陽郡東至宣城郡二百五十六里。南至宣城郡二百五十六里。西至廬江郡二百九十五里。北至永陽郡一百九十八里。東南到宣城郡二百五十六里。西南到廬江郡三百八十五里。西北到廬江郡三百二十三里。東北到廣陵郡三百六十里。去西京二千六百五十二里，去東京千八百一十里。户二萬二千一百三十二，口十一萬六千一十六。

和州今理歷陽縣。戰國時楚地。秦屬九江郡。二漢因之，漢末兼置揚州。領郡六。自壽春徙理於此。吴爲重鎮。建安十七年，築濡須塢，吕蒙、周泰皆爲守將。〔五四〕二十一年，曹公自來攻圍。吴黄武二年，魏軍又攻，不拔。晉爲淮南郡地，東晉爲歷陽郡。宋因之，兼置南荆河州。領郡十三，理於此。齊梁並因之。梁末屬北齊，置和州及歷陽郡。隋煬帝初州廢，而歷陽郡如故。大唐復爲和州，或爲歷陽郡。領縣三：

歷陽漢舊縣。後漢揚州刺史所理。西南百八十里有濡須水，孫權築塢於此，以拒曹公。

烏江本烏江亭，漢東城縣也。梁置江都郡，北齊改爲密江郡，〔五五〕陳改爲臨江郡，後周改爲烏江郡，〔五六〕隋爲烏江縣。

含山

廬江郡東至歷陽郡二百九十五里。南至同安郡四百里。西至壽春郡界二百一十五里。北至鍾離郡三百三十里。東南到柵口三百八十四里。〔五七〕西南到同安郡四百七十六里。西北到壽春郡三百里。東北到永陽郡全椒縣一百四十五里。去西京二千三百八十七里，去東京千五百六十九里。户三萬八千三百二十九，〔五八〕口十七萬七千九百三十四。

廬州今理合肥縣。古廬子國也。春秋舒國之地。昔成湯放桀，芮伯命巢，〔五九〕左傳曰「自廬以往」，又云「徐人取舒」，舒國，今舒城縣。〔六〇〕皆此地也。戰國時屬楚地。〔六一〕秦屬九江郡。漢爲九江、廬江二郡，後漢亦然。魏爲重鎮，建安二十年，張遼守之。吳主孫權率十萬衆攻圍，遼以八百人破之。明帝時，以滿寵都督揚州諸軍，鎮於此。滿寵上表，請合肥縣西北三十里，〔六二〕有奇險可依，更立城名新城。吳主孫權自出，欲圍新城，以其遠水，積二十日，不敢下船而退。〔六三〕後諸葛恪圍新城，亦不尅。晉爲淮南、廬江二郡地。梁置汝陰郡及南荆河州，尋改爲合州，爲重鎮。隋初改爲廬江州，煬帝初州廢，置廬江郡。大唐爲廬州，或爲廬江郡。領縣五：

合肥漢舊縣，故城在北。夏水出城父東南，至此與肥水合，故曰合肥。有濡須水。梁曰汝陰縣。北齊分置北陳郡。古巢湖在今縣東南。

慎漢逡遒縣故城在東南。魏置平梁郡。

巢漢居巢縣也。古巢伯之國。湯放桀於南巢，即此也。曹公末年，使夏侯惇屯於此。楚范增墓在縣東。

廬江梁置相州。漢龍舒縣故城在西。故漢廬江郡亦在此。

舒城古舒國也。

同安郡東至宣城郡八百五十里。南至潯陽郡五百七十二里。西至蘄春郡四百里。北至廬江郡四百里。東南到潯陽郡五百七十二里。西南到蘄春郡三百七十二里。西北到壽春郡八百里。東北到廬江郡四百七十六里。去西京二千八百六十一里，去東京千八百九十三里。户三萬五千五百二十四，口十六萬一千四十。

舒州今理懷寧縣。古皖國也，春秋時有皖國。史記曰：〔六四〕皖，夏姓，皋繇之後。皖音患。亦舒國之地。舒國說在廬江郡。〔六五〕戰國時屬楚。秦屬九江郡。二漢屬廬江郡。獻帝時，吴克皖城，遂爲重鎮。赤烏四年，諸葛恪屯之。晉安帝置晉熙郡，宋齊皆因之。梁置荊河州，後改爲晉州。北齊改曰江州。陳又曰晉州。隋初曰熙州，煬帝置同安郡。大唐爲舒州，或爲同安郡。領縣五：

懷寧漢皖縣。有灊山，一名天柱山。有皖水。灊音潛。

宿松漢皖縣地。梁置高塘。有雷水。江水自鄂陵分爲九派，會於此縣界洲上，三百餘里合流，謂之九江口。東得武林洲，即桑落洲之下尾。

望江漢皖縣地。晉大雷戍在此。陳置大雷郡。

太湖漢皖縣地。隋曰晉熙。

桐城

蘄春郡東至同安郡四百里。南至江夏郡永興縣界四百二十里。西至齊安郡二百三十里。北至壽春郡霍丘縣界四百五十里。東南到潯陽郡二百五十里。西南到江夏郡五百里。西北到弋陽郡殷城縣界三百九十五里。東北到同安郡三百七十二里。去西京二千五百六十里，去東京千八百二十四里。户二萬五千六百二十，口十七萬一百九十八。

蘄州今理蘄春縣。春秋以來皆楚地。秦屬九江郡。二漢屬江夏郡。吴爲蘄春郡，晉省而屬弋陽郡。北齊置雍州，後周改曰蘄州。隋煬帝初州廢，置蘄春郡。大唐復爲蘄州，或爲蘄春郡。領縣四：

蘄春漢舊縣。北齊置齊昌郡。

黄梅漢蘄春縣地。有黄梅山。宋置南新蔡郡。隋以爲黄梅縣。

蘄水有蘄水也。

廣濟蔡山出大龜，尚書云「九江納錫大龜」，即此。

弋陽郡東至壽春郡霍丘縣界二百一十里。南至齊安郡三百五十里。西至義陽郡二百二十里。北至汝南郡褒信縣，淮水中流分界六十七里。東南到壽春郡霍山縣界三百二十八里。〔六六〕西南到齊安郡三百五十里。西北到義陽郡二百四十七里。東北到壽春郡四百六十三里。去西京一千八百六十五里，去東京九百七十五里。户三萬七百七十，口十四萬七千二百二十九。〔六七〕

光州今理定城縣。春秋時黃國也，亦弦國之地。魯僖公五年，〔六八〕楚人滅弦。弦在弋陽軑縣。〔六九〕軑，徒計反。秦屬九江郡。二漢屬汝南、江夏二郡。魏分置弋陽郡，晉、宋、齊皆因之。〔七〇〕梁末，置光州。後魏置弋陽郡。北齊爲南郢州。後周爲淮南郡。隋煬帝初，爲弋陽郡。大唐爲光州，或爲弋陽郡。領縣五：

定城春秋黃國也。漢有弋陽縣，〔七一〕故城在今縣西。

光山春秋弦國之地。漢西陽縣也。晉爲光城縣。

固始春秋時寢縣。寢或爲沈。楚封孫叔敖之子在此。有叔敖祠。〔七二〕北齊置北建州，尋廢州，置新蔡郡。後周置澮州。

仙居漢軟縣也。今縣北四十里，有古軟縣城。今縣東有弦亭。

殷城漢期思縣地。梁以項城爲殷城，以鎮流人。〔七三〕大蘇山，在今縣東南四十里，出石斛。

宣城郡東至吳興郡三百八十七里。南至新安郡三百八十三里。西至廬江郡六百四十三里。北至丹陽郡四百五十里。東南到餘杭郡四百九十六里。西南到潯陽郡一千八里。西北到歷陽郡二百五十六里。〔七四〕東北到晉陵郡五百里。去西京二千九百五十里，〔七五〕去東京二千四百二十里。户十一萬七千一百九十五，口八十七萬九千四百四十四。

宣州今理宣城縣。春秋時屬吳，後屬越，越滅屬楚。秦屬鄣郡。二漢爲丹陽郡。吳爲重鎮。孫晧時，以何植爲牛渚督。晉師來伐，遣王渾向牛渚。晉武帝分置宣城郡。丹陽郡移於建康是也。宋齊梁陳皆因之。陳以爲重鎮。隋平陳，郡廢，置宣州；煬帝改爲宣城郡。大唐爲宣州，或爲宣城郡。領縣十：

宣城漢宛陵縣。有敬亭山。

當塗有蕪湖。牛渚圻亦謂之采石，〔七六〕險固可守處。姑熟浦。漢蕪湖縣故城在今縣東南。隋平陳，韓擒虎襲陷之，遂滅陳。今縣城即晉姑熟城也。又于湖故城在縣南。

涇漢舊縣，故城在今縣東，〔七七〕有涇水、陵陽山。

溧水水名。

溧陽漢舊縣，伍子胥奔吳，乞食，即此。有溧水也。

南陵漢宣城縣故城在東。又有漢當塗縣故城，在東南。梁置南陵郡，陳置北江州。有戰鳥圻，〔七八〕孤在江中，本名孤圻，昔晉桓温舉兵東下，住此。圻中宵鳥驚，温謂官軍圍之，既而定，羣鳥驚噪，俗因曰戰鳥。有鵲洲，左傳云「昭公五年，楚敗吳於鵲岸」，即此也。

綏安梁末置大梁郡，又改爲陳留郡。有漢廣德故城。

寧國

太平

青陽

秋浦郡東至　南至　西至　北至　東南到　西南到　西北到　東北到　去西京　去東京　户一萬九千口八萬七千九百六十七。〔七九〕

池州今理秋浦縣，分宣州置。歷代土地與宣州同。領縣四：

青陽

秋浦

至德
石埭

校勘記

〔一〕竹箭　原倒作「箭竹」，據尚書禹貢僞孔傳及北宋本、傅校本、遞修本、明抄本、明刻本乙。

〔二〕敷謂布地而生　「謂」原作「爲」，據諸本改。

〔三〕夭音於驕反　「音」原脱，據北宋本補。

〔四〕地泉濕　「泉」原作「卑」，據尚書禹貢僞孔傳及北宋本、遞修本改。

〔五〕島夷海中之夷　「島」原涉上而脱，據尚書禹貢疏訂補。

〔六〕絺葛之屬也　原脱「之」和「也」，據北宋本、傅校本、遞修本、明抄本、明刻本補。

〔七〕順流而下曰沿　「下」原訛「上」，據尚書禹貢僞孔傳及北宋本、傅校本、遞修本、明抄本、明刻本、王吴本改。

〔八〕章郡　即指豫章郡。通典避代宗諱，例省稱章郡。

〔九〕臨汀等郡地也　原脱「地」，據北宋本、傅校本、遞修本、明抄本、明刻本補。

〔一〇〕亦古荒服之國　「荒」原訛「流」，據明抄本、明刻本、王吴本改。

〔一一〕秦兼天下　「兼」原作「并」，據北宋本、遞修本改。

〔二〕今郡　原脱，據北宋本、明抄本補。

〔三〕北至淮陰三百里　「陰」原訛「陽」，據北宋本、傅校本、遞修本、明抄本、明刻本、王吳本改。

〔四〕無郡縣　「縣」北宋本、傅校本、遞修本作「會」。

〔五〕理江都江陽二縣　「理」上原有「今」，據北宋本、傅校本、遞修本、明抄本、明刻本删。

〔六〕吳城邗邗音寒溝通江淮是也　「溝」原在音注上，「通」上原有「以」，據左傳哀公九年乙删。

〔七〕使衛尉馮朝城廣陵　三國志吳書三嗣主傳一一五三頁同。北宋本、傅校本、遞修本、明抄本、明刻本、王吳本「朝」作「翊」。

〔八〕北齊改爲東廣州復曰南兖州後周改爲吳州　隋書地理志下八七三頁江都郡條、輿地廣記卷二〇揚州條俱云：「後齊改爲東廣州，陳復曰南兖，後周改爲吳州。」嘉慶一統志卷九六揚州府下亦云：「陳太建中，復爲南兖州。」通典「復」上蓋脱「陳」字。

〔九〕鍾離郡招義縣　「郡」原無，據州郡典八到文例補。

〔一〇〕北征詩序云　「序」原脱，據通考卷三一八補。

〔一一〕無地屯兵　南齊書州郡志上二五七頁作「無他屯阻」。

〔一二〕北對清泗　「北對」北宋本、傅校本、遞修本、明抄本、明刻本、王吳本作「北齊」，誤。殿本、局本作「齊時扼」，臆改無據。今據南齊書州郡志上二五七頁、太平寰宇記卷一二四改正。

〔一三〕有陽平石鼈　「陽平」原倒，據南齊書州郡志上二五七頁乙正。按：錢大昕廿二史考異云：「當爲陽平郡，轉寫顛倒耳。周山圖傳亦云於石鼈立陽平郡。」

〔二四〕入齊因以兖州爲重鎮　「入齊」原訛「齊郡」，據太平寰宇記卷一二四訂改。

〔二五〕晉安帝立盱眙郡　「帝」下原有「時」，據北宋本、傅校本、明抄本、明刻本删。

〔二六〕魏師以數十萬衆攻圍三旬　「以」原訛「有」，據北宋本、傅校本、明抄本、明刻本、王吴本改。

〔二七〕應劭曰禹所娶塗山侯國　「劭」原訛「邵」，據諸本改。「娶」原訛作「聚會」，據漢書地理志上應劭注一五七〇頁改删。

〔二八〕濠音豪　原脱，據北宋本、傅校本、遞修本、明抄本、明刻本補。

〔二九〕宋書云泰始二年築之以鎮濠口　「宋」原訛「漢」，「泰始」原訛「秦始皇」，據太平寰宇記卷一二八改正。按：秦始皇二年，六國尚在，秦不可能於楚之東境築城。

〔三〇〕潼泡爲激溝　「泡」梁書康絢傳二九一頁、太平寰宇記卷一二八作「沱」。

〔三一〕潼音同泡浦包反　原在注文最後，今據北宋本、傅校本、遞修本、明抄本、明刻本、王吴本移前。

〔三二〕率二十户取五丁以築之　「十」下原衍「萬」，據梁書康絢傳二九一頁、太平寰宇記卷一二八删。

〔三三〕北抵巉石依岸以築土　「石」原脱，「岸」原訛「峯」，「土」原訛「士」，據梁書康絢傳二九一頁、太平寰宇記卷一二八補改。

〔三四〕決壞崖岸　「岸」原訛「峰」，據梁書康絢傳二九一頁、太平寰宇記卷一二八改。

〔三五〕小則鋘鋤　「鋘」原作「钁」，諸本作「鑊」，據梁書康絢傳二九一頁、太平寰宇記卷一二八改。

〔三六〕蠅蟲晝夜聲相合　「聲相」原脱，據梁書康絢傳二九一頁補。按：太平寰宇記卷一二八有「聲」無「相」，亦通。

〔三七〕上廣四十五丈　「丈」原作「尺」，據梁書康絢傳二九二頁、太平寰宇記卷一二八改。

〔三八〕或人謂絢曰　「人」原脱，據北宋本、傅校本、遞修本、明抄本、明刻本、王吴本補。

〔三九〕此南居人　「此」原訛「北」，據梁書康絢傳二九二頁及北宋本改。

〔四〇〕在淮曲之陽　「淮」原訛「灌」，據諸本改。

〔四一〕梁置臨濠郡　「濠」原訛「淮」，據北宋本、傅校本、遞修本、明抄本、明刻本改。按：隋書地理志下八七四頁、太平寰宇記卷一二八均作「濠」。

〔四二〕漢淮陵縣也宋僑置濟陰郡於此　「也」原作「地」，「此」原作「是」，據北宋本、傅校本、遞修本、明抄本、明刻本改。

〔四三〕二百九里　「二」原作「三」，據北宋本、傅校本、明刻本改。

〔四四〕南引汝潁之利　「汝潁」晉書文苑傳二四〇〇頁作「荆汝」，太平寰宇記卷一二九作「終汝」。

〔四五〕平塗不過七百　太平寰宇記卷一二九同。晉書文苑傳二四〇〇頁「百」作「日」。

〔四六〕内保淮淝之固　「保」原作「有」，據晉書文苑傳二四〇〇頁、太平寰宇記卷一二九改。

〔四七〕舒六之貢　「六」原訛「吴」，據北宋本、傅校本、明抄本、明刻本改。按：晉書文苑傳二四〇〇頁、太平寰宇記卷一二九均作「六」。

〔四八〕改爲壽陽　「改」下原有「壽春」，據北宋本、傅校本、明抄本、明刻本删。

〔四九〕此郡在齊梁閒　「此郡在」北宋本、傅校本、遞修本、明抄本、明刻本、王吴本作「死武國諱改焉此即今」，文意難通，故不回改。

〔五〇〕隋初並廢　「並」原脱，據北宋本、傅校本、明刻本、王吴本補。

〔五一〕重修起之　「起」原脱，據北宋本、傅校本、遞修本、明抄本、明刻本補。

〔五二〕齊梁帝立屯田　「帝」原作「時」，據北宋本、傅校本、遞修本、明抄本、明刻本、王吴本改。

〔五三〕北至淮陰郡一百六十二里　「淮陰」原訛「廬江」，今參照中國歷史地圖集第五册唐淮南道圖訂改。按：上云鍾離郡在其西，下言廬江郡在其西南，則廬江郡不得復在其北。

〔五四〕建安十七年築濡須塢吕蒙周泰皆爲守將　「吕蒙周泰」北宋本、傅校本、遞修本、明抄本、明刻本、王吴本作「周秦」，脱「吕蒙」，「泰」又訛「秦」。殿本、局本改作「周吕」，有姓無名。按：三國志吴書吕蒙傳一二七五頁云：「後從權拒曹公於濡須，數進奇計。」周泰傳一二八八頁云：「曹公出濡須，泰復赴擊，曹公退，留督濡須。」今據以補改。

〔五五〕北齊改爲密江郡　舊唐書地理志三一五七五頁同。隋書地理志下八七六頁「密」作「齊」。

〔五六〕後周改爲烏江郡　「烏」王仲犖北周地理志卷六五五〇頁云：隋書地理志下八七六頁作「同」，舊唐書地理志三一五七五頁作「問」，並誤。

〔五七〕柵口　「柵」原訛「柚」，據北宋本、傅校本、明抄本改。

〔五八〕二十九　「二」原作「三」，據北宋本、傅校本、遞修本改。

〔五九〕芮伯命巢　「芮」上原有「周」，據北宋本、傅校本、遞修本、明抄本、明刻本删。

〔六〇〕舒國今舒城縣　原作「今舒城縣即舒國也」，據北宋本、傅校本、遞修本、明抄本、明刻本改。

〔六一〕戰國時屬楚　「時」原脱，據北宋本、傅校本、遞修本、明抄本、明刻本補。

〔六二〕請合肥縣西北三十里　「請」原作「言」，據北宋本、傅校本、遞修本、明抄本、明刻本改。

〔六三〕不敢下船而退　「敢」原訛「尅」，據北宋本、遞修本、王吴本改。

〔六四〕史記曰　「曰」原無，據北宋本、傅校本、遞修本、明抄本、明刻本補。

〔六五〕舒國説在廬江郡　「在」原作「見」，據北宋本、傅校本、遞修本、明抄本、明刻本改。

〔六六〕東至壽春郡霍丘界二百一十里至東南到壽春郡霍山縣界三百二十八里　「丘」「山」原互訛，今參照中國歷史地圖集第五册唐淮南道圖乙正。按：霍丘縣在北，霍山縣在南，古如此，今亦然。

〔六七〕二百二十九　「二百」原作「三百」，據北宋本、傅校本、遞修本、明抄本、明刻本改。

〔六八〕魯僖公五年　「公」原脱，據北宋本、傅校本、遞修本、明抄本、明刻本、王吴本改。

〔六九〕軑縣　「軑」原訛「軚」，據漢書地理志上一五六七頁改正。下同。

〔七〇〕晉宋齊皆因之　「宋」原脱，據北宋本、傅校本、遞修本、明抄本、明刻本、王吴本補。

〔七一〕漢有弋陽縣　「有」原脱，據北宋本、傅校本、遞修本、明抄本、明刻本、王吴本補。

〔七二〕有叔敖祠　「有」原訛「南」，據北宋本、傅校本、遞修本、明抄本、明刻本、王吴本改。

〔七三〕以鎮流人　「以鎮」原倒，下並衍「統」，據北宋本、傅校本、遞修本、明抄本、明刻本、王吳本乙删。

〔七四〕二百五十六里　「六」原脱，據北宋本、傅校本、遞修本、明抄本、明刻本補。

〔七五〕二千九百五十里　「十」下原有「六」，據北宋本、傅校本、遞修本、明抄本、明刻本、王吳本删。

〔七六〕牛渚圻亦謂之采石　「圻」原作「磯」，據北宋本、傅校本、明抄本、明刻本、王吳本改。

〔七七〕故城在今縣東　「東」下原衍「南」，據北宋本、傅校本、遞修本、明抄本、明刻本、王吳本删。

〔七八〕有戰鳥圻　此上原有「有鵲洲」三字，與下文重複，今删。

〔七九〕八萬七千九百六十七　上「七」原作「九」，「六」原作「七」，據北宋本、傅校本、遞修本、明抄本、明刻本改。

王文錦點校

通典卷第一百八十二

州郡十二

古揚州下今置郡府二十七　縣一百三十七

丹陽潤六縣丹徒　丹陽　句容　江寧　延陵　金壇

晉陵常五縣武進　晉陵　義興　無錫　江陰

吴郡蘇七縣吴　長洲　常熟　嘉興　海鹽　華亭　崑山

吴興湖五縣烏程　武康　安吉　德清　長城

餘杭杭九縣錢塘　富陽　臨安　於潛　唐山　紫溪　鹽官　新城　餘杭

新定睦六縣建德　壽昌　桐廬　分水　遂安　還淳

新安歙四縣歙　休寧　黟　婺源

會稽越六縣會稽　山陰　剡　蕭山　餘姚　諸暨

餘姚明四縣鄮　奉化　慈溪　翁山

臨海台六縣臨海　始豐　樂安　寧海　黄巖　象山

縉雲處五縣蒼　松陽　縉雲　遂昌　青田

永嘉温四縣永嘉　横陽　安固　樂城

東陽婺六縣金華　義烏　永康　武義　東陽　蘭溪

信安衢六縣信安　須江　龍丘　常山　盈川　玉山

鄱陽饒五縣鄱陽　餘干　樂平　浮梁　弋陽

潯陽江三縣潯陽　彭澤　都昌

章郡洪六縣南昌　高安　豐城　新吴　武寧　建昌

臨川撫四縣臨川　南城　崇仁　南豐

廬陵吉五縣廬陵　太和　安福　新淦　永新

宜春袁三縣宜春　萍鄉　新喻

南康虔六縣贑　雩都　虔化　大庾　信豐　南康　近置安遠

建安建六縣建安　浦城　邵武　建陽　將樂　沙

長樂福八縣閩　侯官　福唐　長樂　連江　長溪　古田　尤溪　近置永泰

清源泉四縣晉江　南安　莆田　仙遊

漳浦漳三縣漳浦　龍溪　龍巖近置

臨汀汀三縣長汀　龍巖近爲沙縣　寧化

潮陽潮三縣海陽　潮陽　程鄉

丹陽郡東至晉陵郡一百七十五里。〔一〕南至宣城郡四百五十里。西至廣陵郡六合縣四百五十三里。〔二〕北至廣陵郡六十三里。東南到晉陵郡一百九十六里。西南到宣城郡界四百五十里。西北到廣陵郡六十三里。東北到廣陵郡界四十五里。去西京二千六百四十三里，去東京一千七百九十八里。戶十萬三千三百六十四，口六十八萬七千三百。

潤州今理丹徒縣。春秋時屬吳，戰國屬越，後屬楚。秦爲會稽、鄣二郡之境。自句容以西屬鄣郡，以東屬會稽郡。漢初爲荆國，荆王劉賈墓在今郡城內。吳王濞反，濞，披義反。後屬江都國。武帝分屬丹陽、會稽二郡地。後漢爲丹陽、吳二郡之地。吳主孫權初鎮丹徒，謂之京城，後都於秣陵，改爲建業。至孫晧，爲晉將王濬所滅。晉平吳，爲毗陵、丹陽二郡地，兼置揚州。領郡十八，理於建業，即江寧縣。元帝渡江，都建業，改丹陽太守爲丹陽尹。爾雅曰「絶高爲京」。其城因山爲壘，緣江爲境，似河内郡，内鎮優重。宋置南東海郡及南徐州，領郡十七，〔三〕理於此。而揚州如舊。齊梁以後並因之，以至於陳，京口常爲重鎮。隋大將賀若弼自廣陵來襲，陷之，遂滅陳。隋平陳，郡廢，於石頭城置蔣州，又廢南徐州爲延陵鎮，後又分置潤州於鎮城。州東有潤浦。煬帝初，州廢。延陵、曲阿、句容等縣悉屬江都郡，而江寧縣則屬丹陽郡地。〔四〕大唐初，輔公祏據之。剋平，合舊丹陽、南徐之地，併爲潤州，或曰丹陽郡。〔五〕領縣六：

丹徒古朱方，後名谷陽。春秋時，齊慶封奔吳，與之朱方，即此也。秦時有瞻氣者，〔六〕云其地有天子氣，使赭衣徒三千人鑿南坑，以敗其勢，故云丹徒。吳嘉禾三年，改丹徒曰武進。晉太康三年，復曰丹徒。隋曰延陵。有句驪山，黄鶴山，北固山，京峴山亦曰京口，譙山戍。

丹陽古雲陽也。秦始皇改曰曲阿，漢因之。漢丹陽郡所領丹陽縣，非今縣也。梁改爲蘭陵郡。大唐天寶初，改爲丹陽。有練湖，亦曰後湖。

句容漢舊縣。有茅山，一名句容山，言其山形如句字之曲，〔七〕縣名取其義。有下蜀戍。〔八〕

江寧本名金陵，秦始皇改爲秣陵。漢丹陽縣在此。建安十六年，吳改爲建業。晉武平吳，還爲秣陵，又分秣陵立臨江縣。二年，改臨江爲江寧。三年，分秣陵水北立建業，避愍帝諱，改爲建康。後又分置同夏縣。隋平陳，併三縣，置江寧縣，又置蔣州，後廢。大唐初，復爲蔣州，尋廢爲江寧縣。有鍾山、蔣山、石頭城、玄武湖、石頭鎮。

延陵晉太康二年，分曲阿之延陵鄉立之。有季札廟。非古之延陵，古之延陵今晉陵縣是。又非隋之延陵，今丹徒縣即其地。金壇有長塘湖。

晉陵郡東至吳郡二百里。南至吳興郡三百三十二里。西至丹陽郡一百八十里。北至廣陵郡三百四十八里。東南到吳郡二百里。西南到宣城郡五百里。西北到丹陽郡一百九十六里。東北到吳郡屈曲三百六十一里。去西京二千八百三十三里，去東京一千九百八十三里。户十萬二千三百一十九，口六十五萬一千七百三十八。

常州今理晉陵、武進二縣。春秋時吳地。戰國時屬越，後屬楚。秦漢會稽郡之地。後漢順帝以後屬吳郡。吳分吳郡、無錫以西爲屯田，置典農校尉。〔九〕晉武帝省校尉，以屬毗陵郡。其後東海王越嫡子毗封於毗陵，元帝以毗諱改爲晉陵郡。宋齊因之。隋平陳，廢晉陵郡，置常州。或曰常州置於常熟縣，故以爲名。煬帝初州廢，又置毗陵郡。大唐爲常州，或爲晉陵郡。領縣五：

武進晉太康二年，分丹徒、曲阿立武進縣，即今縣是。

晉陵本名延陵，漢改曰毗陵，後與郡俱改爲晉陵。季札所居也。北浦在東，北入於海。〔一〇〕季札墓在今縣北七十里，申浦之西。

義興漢陽羨縣故城在南。晉以周玘行義討石冰，割吳興之陽羨并長城之北鄉爲義興郡，以表玘功。隋平陳，廢郡爲義興縣。有太湖、滆湖、洮湖。荆溪，周處斬蛟於此。有君山、章山、國山。滆音核。

無錫漢舊縣。史記曰「太伯始居吳」，即此地也。亦楚春申君之邑。有九龍山。

江陰晉曰既陽。有芙蓉湖，一名上湖。

吳郡東至海三百六里。南至吳興郡三百一十里。西至晉陵郡義興縣界一百三十三里。北至晉陵郡二百里。東南到東海釗山四百五里。〔二〕西南到吳興郡二百二十二里。西北到晉陵郡一百九十五里。東北到常熟縣界三百二十九里。去西京三千九百九十九里，去東京二千二百二十一里。户七萬六千一百四十七，口六十二萬四千四百一十三。

蘇州今理吳、長洲二縣。春秋吳國之都也。自闔閭以後，並都於此。其南百四十里，與越分境。昔吳伐越，越子禦之於檇李，檇音醉。則今嘉興縣之地。檇李城在今嘉興縣南三十七里。戰國時屬越，後屬楚。秦置會稽郡。項羽初起，殺會稽太守殷通，即此。漢亦爲會稽郡，後順帝分置吳郡。晉宋亦爲吳郡，與吳興、丹陽爲三吳。齊因之。陳置吳州。隋平陳，改曰蘇州；因姑蘇山爲名。煬帝初，復曰吳州，尋爲吳郡。大唐爲蘇州，或曰吳郡。〔三〕領縣七：

吳漢舊縣。有太湖、洞庭山，左傳吳師伐越，敗之於夫椒，即太湖中椒山。有松江。太伯祠，後漢桓帝時，太守麋豹所建。後至晉内史虞潭改理焉。闔閭墓即虎丘寺。要離墓在今縣西。梁鴻墓在要離墓之北。

長洲有吳之長洲苑，因以爲名。

常熟漢吴縣司鹽都尉署。〔一三〕吴平，割屬既陽縣。晉立南沙縣。隋改爲常熟縣。

嘉興春秋時，地名長水。秦爲由拳縣，漢因之。吴時有嘉禾生，改爲禾興縣。〔一四〕後以孫晧父名和，又改爲嘉興。

海鹽本名武原鄉，秦以爲海鹽縣。

華亭天寶中置，地有華亭谷，因以爲名。吴陸機、陸雲宅，即此。

崑山漢婁縣地。本因吴之婁門爲名。

吴興郡東至吴郡三百一十里。南至餘杭郡一百九十里。西至宣城郡三百八十七里。北至吴郡二百一十里。東南到餘杭郡鹽官縣界一百七十二里。西南到宣城郡界二百六十一里。〔一五〕西北到晉陵郡三百三十二里。東北到吴郡二百二十二里。去西京三千三百四十一里，去東京二千二十四里。户六萬八千五百八十一，口四十六萬一千四百七十九。〔一六〕

湖州今理烏程縣。春秋時屬吴，吴滅屬越，越滅屬楚，兼得古之防風國焉。史記曰：「汪罔氏之君守封禺之山。」汪罔氏即防風國。罔音忙。秦爲會稽、鄣二郡之境，漢亦同。後漢屬吴郡。吴分吴、丹陽二郡，置吴興郡。晉、宋、齊因之。〔一七〕梁末改爲震州，後復爲吴興郡。隋平陳，郡廢，後置湖州。其名震州、湖州，〔一八〕皆因州東有太湖，一名震澤故也。震澤亦名具區澤。煬帝初，廢湖州，分其地入餘杭及吳二郡。大唐復置湖州，或爲吳興郡。領縣五：

烏程秦漢舊縣。隋廢，東遷縣入。〔一九〕南有衡山，左傳云「吳伐越，至於衡山」，即此是也。〔二〇〕

武康古防風國。輿地志曰：「漢烏程縣之餘不鄉地。漢末童謠云，天子當興東南三餘之閒，吳乃改會稽之餘暨爲永興，分餘不爲永安，以協謠言。晉以平陽已有永安縣，故改此永安爲武康。」有前溪、封山、禺山、青山。

安吉故鄣縣地。吳興記曰：「漢張角之亂，此郡獨守險助國，〔二一〕漢朝嘉之，故靈帝分縣南鄉置安吉縣。」

德清舊名臨溪。有吳光山，餘不溪，孔愉放龜於此。

長城有卞山、若溪，吳王闔閭使弟夫槩居此，築城狹而長。晉武帝置縣，因以爲名。縣西八十里鄣郡故城，〔二二〕即秦鄣郡縣城也，今號爲府頭是也。

餘杭郡東至吳郡三百九十里。南至會稽郡一百三十里。西至新安郡四百十六里。北至吳興郡百九十里。東南到洛思山，〔二三〕至會稽郡，總一百七十二里。西南到新定郡一百九十里。西北到宣城郡四百九十六里。東北到吳郡三百六十九里。去西京三千五百五十六里，去東京二千七百一十九里。〔二四〕戶八萬六千四百五十四，口五十七萬八千九十五。

杭州今理錢塘縣。春秋越國之西境，越國西北至語兒，在今吳郡嘉興縣南，與吳分界。後屬楚。按周顯王四十六年，楚威王伐越，破之，殺其王無疆，盡取其地，至於浙江之北。秦漢並屬會稽郡。後漢順帝以後屬吳郡。晉屬吳興、吳二郡地。宋、齊、梁因之。陳以爲錢塘郡。隋平陳，置杭州；煬帝初州廢，置餘杭郡。大唐爲杭州，或爲餘杭郡。領縣九：

錢塘漢舊縣。錢塘郡記云：「昔郡功曹華信議立此塘，以防海水。始開募有能致土石一斛，〔二五〕與錢一千。旬日之閒，來者雲集。塘未成，譎不復取，皆棄土石而去，塘以之遂成。」有石膏山，藥用爲最。

富陽漢曰富春。吳置東安郡。晉孝武改曰富陽。西有孫洲。

臨安吳置臨水縣，晉武更名。

於潛漢舊縣。有天目山、桐溪。

唐山

紫溪

鹽官臨平湖。〔二六〕

新城浙江西南名曰桐溪，吳立爲新城。

餘杭

新定郡東至餘杭郡三百十五里。南至東陽郡一百五十五里。西至新安郡三百七十三里。北至餘杭郡界二百七十五里。東南到東陽郡一百八十里。西南到信安郡三百一十里。西北到新安郡三百七十里。東北到餘杭郡三百十五里。去西京三千六百五十九里，去東京三千里。户五萬四千七百四，〔二七〕口三十六萬二千三百八十九。

睦州今理建德縣。春秋時屬吳，後屬越，又屬楚。秦爲鄣郡地。漢爲丹陽郡地。後漢以後並屬吳郡。梁陳爲新安郡。隋平陳，廢郡，後置睦州；以俗阜人和、内外輯睦爲義。煬帝置遂安郡。有仙壇山。大唐置睦州，或爲新定郡。領縣六：

建德漢富春縣地。有七里瀨。

壽昌漢富春縣地。

桐廬漢富春縣地。有嚴子陵釣臺。

分水

遂安漢舊置新定縣，晉太康新改。

還淳

新安郡東至餘杭郡四百七十九里。南至新定郡遂安縣二百四十六里。西至宣城郡秋浦縣四百九十六里。北至宣城郡涇縣二百九十三里。〔二八〕東南到新定郡三百七十里。西南到鄱陽郡七百九十五里。〔二九〕西北到宣城郡涇縣界二百八十五里。東北到宣城郡三百八十三里。去西京三千六百六十七里，去東京二千八百四十六里。户三萬九千七百五十七，口二十六萬四千三十二。

歙州今理歙縣。春秋時屬吳，後屬越，後又屬楚。秦屬鄣郡。二漢屬丹陽郡。吳孫權分丹陽立新都郡。晉平吴，改曰新安，宋齊並因之。隋平陳，置歙州；煬帝初州廢，置新安郡。大唐爲歙州，或爲新安郡。領縣四：

歙漢舊縣。

休寧晉海寧縣，隋改名。

黟漢舊縣。林歷山，四面峻險，〔三〇〕吴時山越所保，賀齊破於此。黟音伊。

婺源

會稽郡東至海四百九十八里。南至東陽郡四百八十里。西至餘杭郡一百三十里。北至海四十里。東南到臨海郡五百里。西南到東陽郡四百八十里。西北到餘杭郡一百三十里。東北到浹江海際三百九十八里。〔三一〕去西京三千七百二十里，去東京二千八百七十里。户八萬八千三百三十七，口五十二萬九千六百七十四。

越州今理會稽、山陰二縣。春秋時越國之都，至周顯王時，爲楚所破。其浙江南之地，越猶保之，而臣服於楚。〔三二〕秦屬會稽郡，漢因之。後漢順帝徙置會稽郡。時陽羨人周喜上書，分浙江以西爲吴郡，以東爲會稽郡。順帝永和五年，馬臻爲太守，創立鏡湖。在會稽、山陰兩縣界，〔三三〕築塘蓄水，水高丈餘，田又高海丈餘。若水少則洩湖灌田，如水多則閉湖洩田中水入海，所以無凶年。〔三四〕其隄塘，周迴三百一十里，都溉田九千餘頃。會稽記云：「創湖之始，多淹塚宅，有千餘人怨訴臻，遂被刑於市。〔三五〕及遣使按履，總不見人籍，皆是先死亡者。」晉爲會稽國。宋爲會稽郡，嘗置東揚州，理於此。尋罷州。齊因之。梁又加置東揚州。隋平陳，改東揚州爲吴州，置總管府；煬帝初府廢，置越州，尋復爲會稽郡。大唐爲越州，或爲會稽郡。領縣六：

會稽漢舊縣。禹葬會稽，即此地也。有會稽山、禹穴、鏡湖、若耶溪、雷門。

山陰漢舊縣。越絶書曰句踐小城，山陰是也。蘭亭，王羲之曲水序，於此作。

剡漢舊縣。武德四年，平李子通，置嵊州。六年廢。有天姥山、剡溪。嵊，時證反。

蕭山國家初置永興縣，後改焉。

餘姚漢舊縣。又有漢上虞縣故城，在西。有四明山。

諸暨漢舊縣。越王允常居。

餘姚郡東至海中黄公山，水行二百八十里。南至臨海郡寧海縣，水行一百八十里。西至會稽郡餘姚縣界一百七十里。〔三六〕北至會稽郡餘姚縣界海際，水行一百八十里。東南到海中鋸門山四百里，〔三七〕與臨海郡象山縣分界。西南到睦昭嶺一百七十里，〔三八〕與會稽郡剡縣分界。西北到會稽郡界一百七十里。東北到大海洨口七十里，〔三九〕從海際洨口往海行七百五十里，〔四〇〕至海中檢山。去西京四千一百里，去東京三千二百五十里。户四萬一千六百三十，口十七萬七千五百六十。

明州今理鄮縣。本會稽郡之鄮縣，鄮，莫侯反。大唐開元中，分置明州，或爲餘姚郡，以境內四明山爲名。領縣四：

鄮漢句章縣故城在今縣西，〔四一〕鄞縣故城在今縣東南。越王句踐平吳，徙夫差於甬東。韋昭曰：「即句章東浹口外洲。」鄞音銀，亦漢鄮縣地。

奉化

慈溪

翁山

臨海郡東至海際一百八十里。南至永嘉郡百五里。〔四二〕西至縉雲郡四百里。北至會稽郡五百里。東南到大海二百九十三里。西南到括蒼山足七十里，極大山。西北到東陽郡六百一十二里。東北到當郡象山縣東鋸門山四百六十里，〔四三〕極大海。去西京四千三百四十六里，去東京三千三百二十里。〔四四〕戶五萬五千六百五十八，口三十二萬四千九百六十一。〔四五〕

台州今理臨海縣。春秋及戰國時屬越。秦漢屬會稽郡，〔四六〕亦東甌之境。武帝時，閩越圍東甌，徙國於江淮之間。其地屬會稽郡南部都尉。〔四七〕理於此。後漢亦屬會稽郡。吳置臨海郡。晉宋齊梁皆因之。隋平陳，郡廢，屬永嘉郡。大唐武德四年，平李子通，置海州；五年，改爲台州。因天台山爲名。或爲臨海郡。領縣六：

臨海漢回浦縣地，〔四八〕後爲章安縣。吴分章安置臨海縣。

始豐吴初置始平縣，晉太康元年更名始豐。有天台山。〔四九〕

樂安晉永和三年分始平南鄉置。

寧海晉置。

黄巖

象山

縉雲郡東至臨海郡四百里。南無處可至。西至里。西南到　西北到信安郡一百六十六里。〔五〇〕東北到〔五一〕北至東陽郡二百五十八里。東南到永嘉郡三百五百里。户四萬二千二百，口二十五萬二千。去西京四千三百里，去東京三千

處州今理蒼縣。〔五二〕春秋、戰國時並屬越。秦漢屬會稽郡，亦甌越之地。晉分置永嘉郡，宋齊因之。隋平陳，改爲處州；後煬帝初，復置永嘉郡。大唐改爲處州，或爲縉雲郡。因山爲名。〔五三〕領縣五：

蒼有蒼山、惡溪、石門山、瀑布水。

松陽吴舊縣。

縉雲有縉雲山。

遂昌

青田

永嘉郡東至大海八十六里。南至長樂郡，水陸相乘千五百二十里。西至縉雲郡二百六十七里。北至臨海郡五百里。東南到横陽縣界將軍嶺，去縣二百十五里。西南到建安郡界桐檜山，去横陽縣三百五十里。西北到縉雲郡三百里。東北到臨海郡泛海行五百里。〔五四〕去西京四千七百三十七里，去東京三千九百三十七里。户四萬二千二十八，口二十萬五千三百十四。〔五五〕

温州今理永嘉縣。春秋、戰國時並屬越。秦、二漢爲會稽郡之東境。晉爲臨海郡地，明帝分屬永嘉郡，宋以後因之。隋平陳，廢永嘉郡，煬帝初又屬永嘉郡。大唐前上元二年，〔五六〕分置温州，或爲永嘉郡。領縣四：

永嘉漢冶縣地，後漢改爲章安，〔五七〕後又以章安東甌鄉爲永寧縣。初漢惠帝立越東海王摇於東甌，即此。隋改名。

横陽舊曰始陽。

安固吴曰羅陽，後曰安陽，晉改名。

樂城晉孝武帝置。〔五八〕

東陽郡東至會稽郡四百八十里。南至縉雲郡二百五十八里。〔五九〕西至信安郡一百九十二里。北至新定郡一百八十里。東南到臨海郡六百一十二里。西南到縉雲郡松陽縣界一百五十五里。西北到新定郡一百八十里。東北到會稽郡四百八十里。去西京三千九百五十里，去東京三千三十五里。户十四萬三千八百八十三，口七十萬七千四百二十七。

婺州今理金華縣。春秋、戰國時並越地。秦屬會稽郡。二漢置會稽西部都尉。理於此。吴置東陽郡，晉、宋、齊皆因之。梁、陳置金華郡。隋平陳，置婺州，以當天文婺女之分爲名也。煬帝初州廢，置東陽郡。大唐爲婺州，或爲東陽郡。領縣六：

金華漢烏傷縣地。後漢末，分爲長山縣。有長山、金華山、龍山、赤松澗。

義烏漢烏傷縣。

永康漢烏傷縣地。

武義吴赤烏八年，置武義縣。

東陽有東陽山。

蘭溪

信安郡東至東陽郡一百九十二里。南至縉雲郡三百五十六里。西至鄱陽郡九百九十二里。北至新定郡三百一十里。東南到縉雲郡一百六十六里。西南到建安郡千一百里。西北到鄱陽郡界二百一十九里。東北到新定郡三百一十里。去西京三千八百四里，去東京二千九百九十里。户六萬七千三百二十九，口四十二萬九千一百六十二。

衢州今理信安縣。本婺州地，大唐武德四年，平李子通，分置衢州；州西有三衢山。七年，平輔公祏，廢之。垂拱二年，復置衢州，或爲信安郡。領縣六：

信安漢太末縣地。後漢末，分置新安縣。晉改名石橋山。晉王質爛柯處。有泉嶺山，在縣南二百里。漢朱買臣云：「東越王居保泉山，一人守險，千人不得上。」即今建安郡北界也。

須江江郎山，〔六〇〕發地如笋，有三峰。

龍丘秦漢太末縣也。

常山

盈川

玉山有玉山嶺。

鄱陽郡東至信安郡九百九十二里。南至臨川郡四百二十里。西至章郡擔石湖，中流爲界，一百七十里。北至潯陽郡三百七十四里。東南到信安郡須江縣青草洲七百八十五里。西南到章郡章縣城子橋中百六十里。西北到潯陽郡三百七十四里。東北到新安郡七百九十五里。〔六一〕去西京三千二百六十三里，去東京二千四百一十三里。户四萬三千一百四十九，口二十三萬九千三百八十八。

饒州今理鄱陽縣。春秋時楚之東境，後屬吴。楚昭王時，吴伐楚取番，是也。戰國時屬楚。秦屬九江郡。二漢屬章郡。吴主孫權分置鄱陽郡。初理鄱陽縣，後徙理吴芮故城。晉、宋、齊因之。梁置吴州，陳廢。隋置饒州，以其産物豐饒。煬帝初，置鄱陽郡。大唐復爲饒州，或爲鄱陽郡。領縣五：

鄱陽秦番縣。〔六二〕有番江，又有漢鄱陽縣故城在東。

餘干漢餘汗縣。汗音干。越王句踐之西界，所謂干越也。

樂平吴舊樂安縣。

浮梁

弋陽吴舊葛陽縣，隋改爲弋陽。有弋水。

潯陽郡東至宣城郡一千八里。南至章郡三百二十五里。西至江夏郡五百九十三里。北至蘄春郡五百九十三里。東南到鄱陽郡三百七十四里。西南到江夏郡六百里。西北到蘄春郡二百五十里。東北到同安郡五百七十二里。去西京二千九百四十八里，去東京二千一百九十七里。户二萬六千五十八，口十四萬八千九百二十七。

江州今理潯陽縣。禹貢荆揚二州之境。禹貢揚州曰「彭蠡既瀦」，荆州曰「九江孔殷」。

今彭蠡湖在郡之東南，五十二里。九江在郡之西北。今九江在郡鎮之北，〔六三〕彭蠡在其東也。江水西自江夏郡永興縣流入。尚書禹貢曰「九江孔殷」，孔安國注云：「江分爲九道，甚得地勢之中。」按張須九江圖云：「九江參差，隨水勢而分。其閒有洲，或長或短，百里至五十里。始別於鄂陵，終會於江口。一云白烏江，二云白蚌江，三云烏土江，四云嘉靡江，五云畎江，六云三里江，七云菌洲江，八云沙隄江，九云廩江。」潯陽記云：「九江在潯陽郡北，五里名曰烏江，〔六四〕遠則百餘里，是大禹所疏，桑落洲上下三百餘里合流。」〔六五〕則彭蠡以東爲揚州，九江以西爲荆州。春秋屬楚。秦屬九江郡。二漢屬廬江、章二郡地。晉初屬廬江、武昌二郡，後割荆揚二州而置江州，初理章郡，後理於此。後又置潯陽郡。宋齊亦爲潯陽郡，皆置江州。領郡九，理於此。中流襟帶，常爲重鎮。隋置九江郡。大唐改爲江州，或爲潯陽郡。領縣三：

潯陽潯，水名也。漢舊縣在江北，今蘄春郡界，晉温嶠移於此。隋改爲彭蠡縣，又改爲湓城縣。有湓水、浪井、彭蠡湖、雲廬山。〔六六〕今縣南楚城驛，即舊柴桑縣也。又有蒲塘驛，即漢歷陵縣也。王莽改爲蒲亭。今驛前有敷淺原，原西數十里有博陽山。〔六七〕宋武帝大破廬循於左里，即彭蠡湖口也。

彭澤漢舊縣，梁置太原郡，領晉陽等四縣。隋並廢之，置龍城縣，尋即改爲彭澤。有馬當山、楊葉洲。

都昌漢彭澤縣地。有石壁。有桑落洲，晉將劉毅爲盧循所敗之處。

章郡〔六八〕東至信安郡界一千四里。南至廬陵郡五百三十里。西至長沙郡一千二百里。北至宣城郡千七百里。〔六九〕東南到臨川郡二百里。西南到宜春郡五百二十五里。西北到潯陽郡三百三十五里。東北到鄱陽郡四百四十

里。去西京三千九十三里，去東京二千二百十一里。户五萬五千七百一十七，口三十六萬一千二百二十。〔七〇〕

洪州今理南昌縣。春秋、戰國時並屬楚。秦屬九江郡。漢改九江郡爲淮南國。漢高帝分淮南國置章郡，〔七一〕今南康、廬陵、宜春、鄱陽、潯陽、臨川、章郡地，盡屬漢章郡。吴芮爲長沙王，兼得其地。後漢亦爲章郡。晉因之。東晉嘗置江州。理於此。宋齊以後並爲章郡。隋平陳，廢郡，置洪州；煬帝初廢州，置章郡。大唐爲洪州，或爲章郡。領縣六：

南昌漢舊縣。隋改爲章縣。有鍾陵、龍沙。

高安漢建成縣。

豐城漢南昌縣地。〔七二〕吴分置富城縣，晉太康元年，改爲豐城。晉張華於此得古劍。

新吴漢靈帝置。

武寧吴置新安縣，晉更名寧縣，今曰武寧。

建昌漢曰海昏，昌邑王廢後遷於此，故城見在。有楊柳津、上遼津，〔七三〕後漢艾縣也。

臨川郡東至鄱陽郡餘干縣三百二十里。南至南康郡一千一十里。〔七四〕西至廬陵郡五百二十五里。北至章郡二百四十里。東南到建安郡八百三十七里。西南到廬陵郡五百二十五里。西北到章郡二百四十里。東北到鄱陽郡四百二十里。去西京三千三百一十二里，去東京二千五百三十里。户二萬八千五百七，口十七萬一千九百二十。

撫州今理臨川縣。戰國時屬楚。秦屬九江郡。二漢屬章郡。吴分置臨川郡，晉宋齊梁陳皆因之。隋平陳，置撫州；煬帝時州廢，置臨川郡。大唐爲撫州，或爲臨川郡。領縣四：

臨川後漢臨汝縣，隋改爲臨川。

南城漢舊縣。有五章山。

崇仁梁置巴山郡。

南豐

廬陵郡東至臨川郡五百二十五里。南至南康郡四百二十四里。〔七五〕西至衡陽郡一千二百五十里。北至章郡五百三十里。東南無路可到。西南到桂陽郡九百里。〔七六〕西北到宜春郡三百一十里。東北到臨川郡五百二十五里。去西京三千六百三十里，去東京二千八百四十三里。户三萬九千六百五十一，〔七七〕口二十二萬九千七百九十五。

吉州今理廬陵縣。戰國時屬楚。秦屬九江郡。二漢屬章郡。孫策分置廬陵郡，晉宋齊梁陳皆因之。隋平陳，置吉州；煬帝初州廢，置廬陵郡。大唐爲吉州，或爲廬陵郡。領縣五：

廬陵漢舊縣。有吉陽水。

太和〔七八〕舊東昌、西昌二縣地。

安福吳置安城郡在此。隋廢郡，改爲安福。

新淦漢舊縣。淦，沽濫反。

永新

宜春郡東至章郡水路七百四十里。南至廬陵郡三百一十里。西至長沙郡五百二十六里。〔七九〕北至章郡五百二十五里。東南到廬陵郡三百十一里。〔八〇〕西南到長沙郡界二百三十里。〔八一〕西北到長沙郡五百二十六里。東北到章郡五百二十五里。去西京三千五百八十里，去東京二千五百六十八里。户二萬九千三百九十一，口十五萬三千八百二。

袁州今理宜春縣。戰國時屬楚。秦屬九江郡。二漢屬章郡。吳分置安成郡，〔八二〕晉宋齊以下皆因之。隋平陳，置袁州；煬帝初州廢，置宜春郡。大唐爲袁州，或爲宜春郡。領縣三：

宜春漢舊縣。晉改曰宜陽，隋復舊。

萍鄉漢宜春縣地。萍，浦丁反。〔八三〕

新喻漢宜春縣地。

南康郡東至建安郡隔絶黄土嶺一千八百二十里。南至海豐郡隔越參溪嶺一千五百里。〔八四〕西至桂陽郡一千一十二里。〔八五〕北至廬陵郡四百二十里。東南到潮陽郡界一千五百六十五里。西南到始興郡隔大庾嶺七百里。西北到桂陽郡一千四十四里。東北到臨川郡一千一十里。去西京四千二百十六里，去東京三千四百里。户三萬七千九百八十二，口二十萬七千九百九十二。

虔州〔八六〕今理贛縣。贛，姑濫反。〔八七〕戰國時屬楚。秦屬九江郡。二漢屬章郡。吴屬廬陵郡。及晉平吴，置南康郡。宋爲南康國。齊、梁、陳皆爲南康郡。隋平陳，置虔州；煬帝初州廢，置南康郡。大唐爲虔州，或爲南康郡。領縣六：

贛漢舊縣。有章水、貢水合流，故曰贛。

雩都漢舊縣地。

虔化漢贛縣地。昔漢閩越反，漢使諸校屯梅嶺，〔八八〕即今縣界。

大庾有大庾嶺，一名塞上嶺，即五嶺之一。昔漢時吕嘉反，〔八九〕漢軍伐之。監軍姓庾，城於此，故謂之大庾嶺，劉嗣之南康記云：「昔漢楊僕討吕嘉，出章郡，下横浦，即今縣西南，故横浦廢關見在此。」

信豐

南康漢曰南野縣。〔九〇〕

建安郡東至縉雲郡九百七十六里。南至長樂郡七百二十里。西至臨川郡八百三十七里。北至信安郡千一百里。東南到長樂郡七百二十里。西南到臨川郡二千四百里。西北到鄱陽郡二千三十里。東北到信安郡一千一百里。去西京四千九百三十五里，去東京四千一百三十五里。户二萬一千四百五十九，口十四萬二千一百六十四。

建州今理建安縣。本閩越地。秦屬閩中郡。漢屬會稽郡。後漢因之。吴分置建安郡，晉、宋、齊、梁並因之。陳屬閩州，後又屬豐州。隋平陳，屬泉州；煬帝初，屬閩州，尋置建安郡而屬焉。大唐武德四年，置建州，以建溪爲名，或爲建安郡。領縣六：

建安漢冶縣地。吴置建安縣。有武夷山。

浦城

邵武〔九一〕

建陽

將樂

沙

長樂郡東至山六十六里，外至海。南至海二百里。西至山八十里，山外虔州雩都縣界。北至山四十里，山外至永嘉郡界。東南水路到海一百六十四里。西南到清源郡五百里。西北到建安郡七百二十里。〔九二〕東北到永嘉郡水路千四百七十八里。去西京五千七百三十三里，去東京四千九百三十三里。户三萬九千五百二十七，口二十一萬七千八百七十七。

福州今理閩縣。亦閩越地。秦爲閩中郡。漢高帝立無諸爲閩越王，都於此。及武帝時，閩越反，滅之，徙其人於江淮閒，盡虚其地。後有遁逃山谷者頗出，立爲冶縣地，蓋以越王冶鑄爲名。屬會稽郡，又名其地爲東冶縣。後漢改爲侯官都尉，屬會稽郡。後分冶地爲會稽東南二部都尉，此爲南部都尉。東部今臨海郡是也。晉置晉安郡，宋、齊因之。陳置閩州，後又改爲豐州。隋平陳，改爲泉州；煬帝初州廢，復改爲建安郡。大唐初爲建州，後此置泉州，移建州於建安縣置。後此復爲閩州。移泉州於晉江縣。開元十三年，改爲福州，或爲長樂郡。領縣八：

閩閩越王無諸都東冶，即此。漢東冶縣，後改曰東候官。

候官

福唐

長樂

連江

長溪

古田

尤溪

清源郡東至海一百二十里。南至海一百八十里。西至棉田村二百八十五里。北至仙遊縣一百五十里。東南到海四十里。西南到漳浦郡六百里。西北到皁洋村一百里。東北到長樂郡五百里。去西京六千二百一十六里，〔九三〕去東京五千四百十三里。户二萬四千五百八十六，口一十五萬四千九。

泉州今理晉江縣。秦漢土地與長樂郡同。晉爲晉安郡，宋齊以後因之。自隋以來屬泉州。大唐神龍以後，始移置泉州於此，或爲清源郡。領縣四：

晉江

南安吴置晉安縣，晉置晉安郡在此。

莆田莆音蒲。

仙遊

漳浦郡東至大海一百五十里。南至大海一百六十里。西至潮陽郡五百六十里。北至建安郡二千四百里。東南到黄如江一百里。西南到廢懷恩縣界一百里。〔九四〕西北到石埭溪一百五十里。東北到清源郡六百里。去西京七千三百一十三里，去東京六千五百一十里。户二千六百三十二，〔九五〕口六千五百三十六。

漳州今理漳浦縣。歷代土地與長樂郡同。大唐分其地置漳州，或爲漳浦郡。領縣三：

漳浦

龍溪

龍巖近置。〔九六〕

臨汀郡東至清源郡龍溪縣一千四百五十里。南至潮陽郡程鄉縣界一千里。西至南康郡雩都縣九百里。北至臨川郡南豐縣一千六百里。東南到漳浦郡廢懷恩縣界一千五百里。西南到潮陽郡程鄉縣界八百里。西北到臨川郡南豐縣一千六百里。東北到長樂郡一千三百六十里。去西京六千四百七十三里，去東京五千三百七十里。户五千三百三十，口一萬五千九百九十五。

汀州今理長汀縣。歷代土地舊與長樂郡同。〔九七〕大唐開元二十六年，分置汀州，〔九八〕或爲臨汀郡。〔九九〕領縣三：〔一〇〇〕

長汀

龍巖近爲沙縣。〔一〇一〕

寧化

潮陽郡東至大海一百二十七里。南至大海八十五里。西至海豐郡海豐縣五百七十里。北至南康郡一千五百六十七里。東南到大海六十九里。西南到潮陽縣二百七十里。西北到郡内程鄉縣五百七十五里。東北到漳浦郡五百六十里。去西京七千六百六十七里，去東京六千七百七十五里。户一萬三百二十四，口五萬一千六百七十四。

潮州今理海陽縣。亦古閩越地。秦屬南海郡，秦末屬尉佗。漢初屬南越，後亦屬南海郡。後漢因之。晉置東官郡，又分置義安郡。宋齊因之。梁置東揚州，後改爲瀛州，及陳而廢。隋平陳，置潮州；煬帝初，置義安郡。大唐復爲潮州，或爲潮陽郡。漢揭陽縣地。領縣三：

海陽

潮陽

程鄉

風俗

揚州人性輕揚，而尚鬼好祀。每王綱解紐，宇内分崩，江淮濱海，地非形勢，得之與失，未必輕重，故不暇先争。然長淮、大江，皆可拒守。吴、晉、宋、齊、梁、陳皆緣江淮要害之地置兵。閩越遐阻，僻在一隅，憑山負海，難以德撫。漢武帝時，東越王數反。朱買臣上言曰：「故東越王居泉山之上，一人守險，千人不得上。」永嘉之後，帝室東遷，衣冠避難，多所萃止，藝文儒術，斯之爲盛。今雖閭閻賤品，處力役之際，吟詠不輟，蓋因顏、謝、徐、庾之風扇焉。

校勘記

〔一〕一百七十五里　「七」原作「六」，據北宋本、傅校本、遞修本、明抄本、明刻本、王吴本改。

〔二〕西至廣陵郡六合縣四百五十三里　太平寰宇記卷八九同。按：下云「北至廣陵郡六十三里」，「西北到廣陵郡六十三里」，「東北到廣陵郡界四十五里」，而此西至廣陵郡六合縣竟有四百五十三里之遥，顯有訛誤。「四百」蓋涉上而衍。

〔三〕領郡十七　「郡」原訛「縣」，據北宋本、傅校本、遞修本、明抄本、明刻本改。按：宋書州郡志一一〇三八頁南徐州刺史下云：「今領郡十七，縣六十三。」

〔四〕而江寧縣則屬丹陽郡地　「地」原作「城池」，據北宋本、傅校本、遞修本、明抄本、明刻本、王吴本删改。

〔五〕或曰丹陽郡　「曰」原作「爲」，據北宋本、傅校本、明抄本、明刻本改。

〔六〕瞻氣者　即望氣者，杜佑避家諱而稱瞻氣者。

〔七〕言其山形如句字之曲　「其」原脱，據北宋本、傅校本、遞修本、明抄本、明刻本、王吴本補。

〔八〕有下蜀戍　北宋本、傅校本、明抄本、明刻本、王吴本無「有」。

〔九〕吴分吴郡無錫以西爲屯田置典農校尉　「吴分」太平寰宇記卷九二作「又分」。

〔一〇〕北浦在東北入於海　北宋本、傅校本、遞修本、明刻本「浦」作「海」，「東北」作「北東」。王吳本「浦」亦作「海」。

〔一一〕東南到東海釗山四百五里　「釗」原作「釿」，據北宋本、明抄本、王吳本改。按：太平寰宇記卷九一也作「釗」。

〔一二〕或曰吳郡　「曰」原作「爲」，據北宋本、傅校本、明抄本、明刻本改。

〔一三〕漢吳縣司鹽都尉署　「鹽」原訛「監」，據太平寰宇記卷九一改。

〔一四〕改爲禾興縣　「禾興」原訛作「嘉禾」，據北宋本、傅校本、遞修本、明抄本、明刻本改。按：三國志吳主傳一一四五頁、元和郡縣志卷二五六〇一頁、太平寰宇記卷九五均作「禾興」。

〔一五〕二百六十一里　「一」原脱，據北宋本、傅校本、遞修本、明抄本、明刻本、王吳本補。

〔一六〕一千四百七十九　「一」原作「二」，據北宋本、傅校本、遞修本、明抄本、明刻本改。

〔一七〕晉宋齊因之　「齊」原訛「陳」，據北宋本、傅校本、遞修本、明抄本、明刻本改。

〔一八〕其名震州湖州　「其」字處原爲空白，據諸本補。

〔一九〕隋廢東遷縣入　「廢」下原有「郡并」，「入」下原有「焉」，據北宋本、傅校本、遞修本、明抄本、明刻本、王吳本删。王吳本改「入」爲「又」，非。

〔二〇〕即此是也　「即此」原脱，據北宋本、傅校本、遞修本、明刻本補。

〔二一〕守險助國　「助國」原作「阻固」，清人擅改。今據北宋本、傅校本、遞修本、明抄本、明刻本、王吳本改回。

〔三〕縣西八十里　「縣」原脱，據北宋本、傅校本、遞修本、明抄本、明刻本、王吴本補。

〔三〕東南到洛思山　「洛」原作「樂」，據北宋本、傅校本、遞修本、明抄本、明刻本改。按：「洛思山」太平寰宇記卷九三作「思俗山」。

〔四〕二千七百一十九　「九」原作「七」，據北宋本、傅校本、遞修本、明抄本、明刻本改。

〔五〕有能致土石斛　「土」原訛「士」，據諸本改。

〔六〕臨平湖　原脱，據北宋本、傅校本、遞修本、明抄本、明刻本、王吴本補。按：依州郡典注例，「臨」上應有「有」字。

〔七〕户五萬四千七百四　「七百四」原作「七百四十」，據北宋本、明抄本删「十」。

〔八〕宣城郡涇縣　「縣」下原有「界」，據北宋本、傅校本、遞修本、明抄本、明刻本、王吴本删。

〔九〕七百九十五里　「七」原脱，據北宋本、傅校本、遞修本、明抄本、明刻本補。

〔三〇〕四面峻險　「峻險」原倒，據北宋本、傅校本、遞修本、明刻本乙。

〔三一〕東北到浹江海際　「浹」原作「浙」，據北宋本、傅校本、遞修本、明抄本、明刻本、王吴本改。

〔三二〕而臣服於楚　「臣服」北宋本、遞修本作「服臣」。

〔三三〕在會稽山陰兩縣界　「兩縣」北宋本、傅校本、遞修本、明抄本、明刻本、王吴本作「縣兩」。

〔三四〕所以無凶年　「所」原訛「浙」，據北宋本、傅校本、遞修本、明抄本、王吴本改。

〔三五〕遂被刑於市　「遂」原作「故」，據北宋本、傅校本、遞修本、明抄本、明刻本、王吴本改。

〔三六〕西至會稽郡餘姚縣界一百七十里　「界」原作「水行」，「七」原作「八」，據北宋本、傅校本、遞修本、明抄本、明刻本改。王吴本亦作「界」，惟「七」作「八」。

〔三七〕鋸門山　「鋸」太平寰宇記卷九八作「崛」。

〔三八〕睦昭嶺　「睦」北宋本、傅校本、遞修本、明抄本、明刻本作「陸」，太平寰宇記卷九八作「穆」。

〔三九〕東北到大海淶口七十里　太平寰宇記卷九八「海」下有「岸」。

〔四〇〕從海際淶口往海行七百五十里　「從」原作「江」，「口」原脱，據太平寰宇記卷九八改補。

〔四一〕漢句章縣故城在今縣西　「故城在今縣」原脱，據北宋本、傅校本、遞修本、明抄本、明刻本、王吴本補。

〔四二〕南至永嘉郡百五里　「百五」原作「五百」，據北宋本、傅校本、遞修本、明抄本、明刻本、王吴本乙。

〔四三〕鋸門山　北宋本、傅校本、遞修本、明抄本、明刻本、王吴本無「門」，蓋脱。太平寰宇記卷九八「鋸」作「崌」。

〔四四〕三百二十里　「二」原作「三」，據諸本改。

〔四五〕九百六十一　「九」原作「七」，據北宋本、傅校本、明抄本、明刻本改。

〔四六〕秦漢屬會稽郡　元和郡縣志卷二六、太平寰宇記卷九八、輿地紀勝卷一二無「漢」字，「會稽」作「閩中」。紀勝有辨。

〔四七〕其地屬會稽郡南部都尉　「南」原訛「東」。漢書地理志上一五九一頁會稽郡回浦注云：「南部都尉治。」據改。

〔四八〕漢回浦縣地　「回」北宋本、傅校本、遞修本、明抄本、明刻本、王吳本均作「合」，誤。

〔四九〕有天台山　此四字北宋本、傅校本、遞修本、明抄本、明刻本、王吳本均注在前臨海縣下，誤。

〔五〇〕一百六十六里　下「六」原脱，據北宋本、傅校本、遞修本、明抄本、明刻本補。

〔五一〕東北到　「到」下原有「臨海郡」三字，清人擅增，今據北宋本、傅校本、明刻本、王吳本删。

〔五二〕處州今理蒼縣　處州本名括州，大曆十四年以與德宗廟諱同音，改處州。蒼縣本名括蒼縣，亦因避德宗嫌名而省稱蒼縣，下蒼山同。

〔五三〕因山爲名　北宋本、傅校本、遞修本、明抄本、明刻本皆作正文大字。上文「因天台山爲名」，並作注文小字。此處王吳本、殿本、局本改作注文小字，與州郡典注例合。

〔五四〕泛海行五百里　「五」原作「三」，據北宋本、傅校本、遞修本、明抄本、明刻本、王吳本改。

〔五五〕五千三百十四　「四」原無，據傅校本、遞修本增。

〔五六〕前上元二年　「年」字處原爲空白，據諸本補。

〔五七〕漢冶縣地後漢改爲章安　「冶」原訛「治」，下「漢」原爲空白，據諸本改補。

〔五八〕晉孝武帝置　「孝」原脱，晉書地理志下四六三頁云：「孝武寧康二年，又分永嘉郡之永寧縣置樂成縣。」元和郡縣志卷二六六二七頁云：「東晉孝武帝分永寧縣置樂成縣。」今據以訂補。

〔五九〕二百五十八　「二」原作「三」，據北宋本、傅校本、遞修本、明抄本、明刻本改。

〔六〇〕江郎山　「江」北宋本、傅校本、遞修本、明抄本、王吴本作「須」，蓋涉上而誤。

〔六一〕七百九十五里　「五」原作「九」，據北宋本、遞修本、明抄本改。

〔六二〕秦番縣　「秦」原訛「晉」，據太平寰宇記卷一〇七訂改。「番」原作「鄱」，據北宋本、傅校本、遞修本、明刻本、王吴本改。

〔六三〕今九江在郡鎮之北　「江」下原衍「郡」，據北宋本、傅校本、遞修本、明抄本、明刻本、王吴本删。

〔六四〕五里名曰烏江　「烏江」太平寰宇記卷一一一作「白馬江」。據上文似當作「白烏江」。

〔六五〕桑落洲上下三百餘里合流　「下」北宋本作「上」，太平寰宇記卷一一一作「二」。

〔六六〕雲廬山　「雲」原訛「匡」，據北宋本、傅校本、遞修本、明抄本、明刻本、王吴本改。

〔六七〕原西數十里有博陽山　「原」原訛「在」，「博」原訛「傅」，據北宋本、王吴本改。

〔六八〕章郡　即豫章郡，以犯代宗諱，省稱章郡。下同。

〔六九〕北至宣城郡千七百里　「千」原無，據北宋本、傅校本、遞修本、明刻本補。

〔七〇〕一千二百二十　「二百」原作「三百」，據北宋本、傅校本、遞修本、明刻本改。

〔七一〕漢高帝　「帝」原作「祖」，據北宋本、傅校本、遞修本、明抄本、明刻本改。

〔七二〕漢南昌縣地　「地」原脱，據北宋本、傅校本、遞修本、明抄本、明刻本、王吴本補。

〔七三〕上遼津　「上」原訛「止」，據北宋本及太平寰宇記卷一〇六改。

〔七四〕一千一十里　「一十」原作「二十」，據北宋本、傅校本、遞修本、明抄本、明刻本改。

〔七五〕南至南康郡四百二十四里　「康」原訛「昌」，今訂改。按：吉州南接虔州。唐虔州或爲南康郡。

〔七六〕西至衡陽郡一千二百五十里至西南到桂陽郡九百里　「衡」「桂」原互訛，太平寰宇記卷一〇九誤同。今參照中國歷史地圖集第五册唐江南西道圖訂正。按：廬陵郡之西爲衡陽郡，衡陽郡之南爲桂陽郡。

〔七七〕六百五十一　「一」原脱，據北宋本、傅校本、明刻本補。

〔七八〕太和　「太」原作「泰」，據北宋本改。按：元和郡縣志卷二八、太平寰宇記卷一〇九均作「太」。

〔七九〕五百二十六里　「百」原訛「至」，據諸本改。

〔八〇〕三百十一里　「三」原作「二」，據北宋本改。

〔八一〕長沙郡　「沙」原訛「少」，據諸本改。

〔八二〕安成郡　太平寰宇記卷一〇九同。北宋本、王吳本「成」作「城」。

〔八三〕浦丁反　「浦」原作「蒲」，據北宋本、王吳本改。

〔八四〕南至海豐郡　「海豐」原訛「南海」，今據太平寰宇記卷一〇八及中國歷史地圖集第五册唐江南西道圖與嶺南道東部圖訂正。按：唐循州或爲海豐郡，在南康郡正南。

〔八五〕一千一十二里　「二」原作「三」，據北宋本、傅校本、明刻本改。

〔八六〕虔州　「虔」字處原爲空白，據諸本補。

〔八七〕姑濫反　「姑」原作「沽」，據北宋本、傅校本、明刻本改。

〔八八〕漢使諸校屯梅嶺　「校」原作「將」，據太平寰宇記卷一〇八改。按：北宋本、傅校本、遞修本、明抄本、明刻本並作「扶」，蓋「校」之形訛。

〔八九〕昔漢時吕嘉反　「昔」原脱，據北宋本、傅校本、遞修本、明抄本、明刻本補。

〔九〇〕漢曰南野縣　「曰」原訛「舊」，據北宋本、傅校本、遞修本、明抄本、明刻本改。

〔九一〕邵武　原在「建陽」後，據北宋本、傅校本、遞修本、明抄本、明刻本移前。

〔九二〕建安郡　「郡」下原有「界」，據北宋本、傅校本、遞修本、明抄本、明刻本删。

〔九三〕二百一十六里　「二」原作「三」，據北宋本、傅校本、明抄本、明刻本改。

〔九四〕西南到廢懷恩縣界一百里　「廢」原脱，據下臨汀郡四至八到注文訂補。元和郡縣志卷二九云：「廢懷恩縣，垂拱二年置，屬漳州，開元二十九年廢，今置鎮。」又，「縣」原訛「郡」，據北宋本、傅校本、明抄本、明刻本改。

〔九五〕六百三十二　「二」原作「三」，據北宋本、傅校本、遞修本、明抄本、明刻本改。

〔九六〕近置　原無，據北宋本、傅校本、遞修本、明刻本、王吴本本卷目録增補。

〔九七〕歷代土地舊與長樂郡同　「舊」原脱，據北宋本、傅校本、遞修本、明抄本、明刻本補。

〔九八〕大唐開元二十六年分置汀州　「二十六年」，元和郡縣志卷二九作「二十一年」，舊唐書地理志三一六〇〇頁、新唐書地理志五一〇六五頁作「二十四年」。王象之輿地紀勝卷一三二云：「自開元二十一年建議，至二十四年成郡，二十六年又分他郡之地以益之，三者所書有不同，大率不過置郡之一節耳。」

〔九九〕或爲臨汀郡　「或」原脱，據諸本補。

〔一〇〇〕領縣三　「三」原作「二」，據北宋本、傅校本、遞修本、明抄本、明刻本、王吴本改。

〔一〇一〕龍巖近爲沙縣　「龍巖」原脱，據北宋本、傅校本、遞修本、明抄本、明刻本、王吴本補。「近爲沙縣」原無，據北宋本、明抄本本卷目録增補。

王文錦點校

通典卷第一百八十三

州郡十三

古荆州今置郡府三十三　縣一百三十一

江陵荆七縣江陵　枝江　松滋　當陽　公安　長林　石首

夷陵峽五縣夷陵　宜都　遠安　長陽　巴山

巴東歸三縣秭歸　巴東　興山

竟陵復三縣監利　沔陽　竟陵

富水郢三縣長壽　京山　富水

安陸安六縣安陸　吉陽　應山　應城　雲夢　孝昌

齊安黄三縣黄岡　黄陂　麻城

漢陽沔二縣漢陽　汉川

江夏鄂五縣江夏　永興　武昌　蒲圻　唐年

義陽申三縣義陽　羅山　鍾山

長沙潭六縣長沙　衡山　湘鄉　益陽　瀏陽　醴陵

巴陵岳五縣巴陵　沅江　湘陰　華容　昌江

衡陽衡六縣衡陽　湘潭　耒陽　攸　常寧　茶陵

零陵永三縣零陵　湘源　祁陽

江華道四縣營道　延唐　江華　永明

桂陽郴八縣郴　高亭　藍山　義昌　資興　義章　南平　臨武

連山連三縣桂陽　陽山　連山

邵陽邵二縣邵陽　武岡

武陵朗二縣武陵　龍陽

澧陽澧四縣澧陽　慈利　石門　安鄉

黔中黔六縣彭水　黔江　洪杜　洋水　信寧　都濡

寧夷思四縣務川　寧夷　思邛　思王

盧溪辰五縣沅陵　漵浦　辰溪　盧溪　麻陽

盧陽錦五縣盧陽　洛浦　招喻　常豐　渭陽

靈溪溪二縣大鄉　三亭

潭陽巫三縣龍標　朗溪　潭陽

清江施二縣清江　建始

涪川費四縣涪川　多田　扶陽　城樂

夜郎珍四縣營德　夜郎　麗皋　樂源

播川播四縣播川　遵義　芙蓉　琊川

義泉夷五縣綏陽　義泉　都上　洋川　宜林

龍標業二縣峩山　渭溪

溱溪溱二縣榮懿　扶歡

古荆州

禹貢曰：「荆及衡陽惟荆州，北據荆山南及衡山之陽也。荆山在今襄陽郡南漳縣。衡山在今衡陽郡湘潭縣。江漢同歸於海，〔一〕江漢二水歸入於海。九江孔殷，孔，甚也。殷，中也。言江於此州界分爲九道，甚得地勢之中。今潯陽郡西北。沱潛既道，雲土夢作乂。沱、潛，二水名。自江出爲沱，〔二〕自漢出爲潛。雲夢，澤名也。在今安陸郡。言二水既從其道，則雲夢之土可爲耕作畎畝之治。浮於江、沱、潛、漢，逾於洛至於南河。」逾，越也。言渡四水而越洛，乃至南河也。南河即在冀州南。舜置十二牧，荆州其一。周禮職方曰：「正南曰荆州，爾雅曰：「漢南曰荆州。」其山曰衡，藪曰雲夢，川曰江漢，浸曰潁湛。衡山在湘南。雲夢在華容。潁水出陽城乾山，宜屬荆河州，在此非也。湛，未詳。其利丹銀齒革。民一男二女。畜及穀宜與揚州同。荆，强也，言其氣躁强；亦言荆，驚也。或取名於荆山焉。蓋蠻夷之國，槃瓠之種，昔高辛氏有畜犬，曰槃瓠，帝妻以少女。其子孫滋蔓，號曰蠻夷，今長沙武陵蠻是也。詩人所謂蠻荆也。夏商以來，最爲邊患。周宣王中興，乃命方叔南伐蠻方，故詩曰「蠻方來威」，又曰「蠢爾蠻荆，大邦爲讎」。春秋至戰國時，並爲楚地。其在天文，翼、軫則楚之分野，〔三〕漢之南郡、江夏、零陵、桂陽、武陵、長沙，皆其分也。今夷陵、巴東、江陵、竟陵、富水、義陽之東境、安陸、齊安、漢陽、江夏、巴陵、長沙、衡陽、零陵、江華、桂陽、連山、邵陽、武陵、澧陽、黔中、寧夷、盧溪、盧陽、靈溪、潭陽、清江等郡地是也。兼得韓秦之交。漢之南陽之地，今宜陽之西境，宜屬韓。漢牂牁之地，今播川、義泉、涪川、夜郎、溱溪宜屬秦。秦平天下，置郡，此爲南郡、今江陵、夷陵、巴東、竟陵、富水、安陸、齊安、漢陽、江夏、清江等郡地皆是。黔中、今武陵、澧陽、黔中、寧夷、盧溪、盧陽、靈溪、潭陽等郡地皆是也。漢改秦黔中郡爲武陵郡，即今武陵郡是。長沙、今長沙、巴陵、衡陽、零陵、江華、桂陽、連山、邵陽等郡是。南陽之東境。今義陽、漢東等郡是。漢武置十三州，此爲荆州。領郡國八。其五溪中地，歸漢以後，歷代開拓，今播川、涪川、夜郎、義泉、龍標、〔四〕溱溪等郡地。後漢並因之。初理武陵郡漢壽縣，〔五〕今武陵郡武陵縣地，後理南郡，今江陵郡是。漢末，曹公赤壁敗後，遂與吳蜀三分其地。北境屬魏，西境屬蜀，東境南境屬吳。及劉備歿後，所分之地悉復屬吳，而荆州南北雙立。魏荆州理宛，今南陽郡。吳荆州理江陵，今郡也。晉亦置荆州。領郡十九。〔六〕初理襄陽，平吳，理南郡，今江陵郡。王敦爲刺史，理武昌，今江夏郡縣也。其後遷徙無常處。自王抗以後，復理江陵，不復移改。宋分置荆州、領郡十二，理南郡。司州、領郡四，理義陽，今郡。郢州、領郡六，理南郡。雍州、領郡十七，〔七〕理襄陽，今郡地。刺史所理則在古荆河州境，其統領郡縣則古荆州之境。湘州。領郡十，〔八〕理長沙，今郡。齊並因之。州境之内，含帶蠻蜑，音但。土地遼落，稱爲殷曠。江左大鎮，莫過荆揚，故謂荆州爲陝西也。以比周召分陝之義。其後割裂不可詳也。大唐分置十五部，此爲山南東道、江陵、竟陵、富水、夷陵、巴東、武陵、澧陽等郡地是也。江南西道、長沙、零陵、桂陽、江夏、江華、衡陽、巴陵、邵陽是也。黔中道，黔中、盧溪、盧陽、寧夷、清江、潭陽、龍標、義泉、靈溪、涪川、溱溪、播川、夜郎。兼分入淮南道安陸、義陽。及嶺南道。連山。

江陵郡東至竟陵郡四百八十里。南至澧陽郡三百里。西至夷陵郡三百四十里。北至襄陽郡四百五十里。東南到巴陵郡五百七十五里。西南到澧陽郡二百六十五里。西北到夷陵郡遠安縣界三百五里。〔九〕東北到富水郡二百二十里。去西京一千七百七十三里，去東京一千三百一十二里。户二萬八千九百三十二，口十三萬七千五十四。

今之荆州，理於江陵縣。春秋以來，楚國之都，謂之郢都，西通巫巴，東接雲夢，亦一都會也。秦置南郡。漢高帝改爲臨江郡，景帝改爲臨江國，後復故。後漢因之。其地居洛陽正南。章帝徙鉅鹿王恭爲江陵王，三公上言，江陵在京師正南，不可以封，乃徙爲六安王。〔一〇〕蜀先主得之，以麋芳爲南郡太守。後屬吴，麋芳以郡來降，〔一一〕關羽因此遂敗。常爲重鎮。吴師來伐，當陽侯杜元凱向江陵，斬其督伍延。晉平吴，置南郡及荆州。領郡十九，理於此。東晉以爲重鎮，桓沖屯上明，使劉波守江陵。宋齊並因之。宋領郡十二，齊領郡十。梁元帝都之，爲西魏所陷，大將于謹平之。遷後梁居之，爲藩國，又置江陵總管府。隋并梁，置江陵總管府如故，後改爲荆州；煬帝初，復爲南郡。大唐爲荆州，或爲江陵郡。領縣七：

江陵故楚之郢地，秦分郢置江陵縣，今縣界有故郢城。有枚回洲。〔一二〕有夏水口，左傳所云「沈尹戌奔命於夏汭」也。有荒谷，即莫敖所縊荒谷。西北有野父城。又有紀南城，楚渚宫。漢津鄉故城在今縣東也。

枝江古之羅國。漢舊縣。楚文王自丹陽徙都，〔一三〕亦曰丹陽。其舊丹陽，在今巴東郡。

松滋東晉孝武時，荆州刺史桓沖以苻堅强盛，自襄陽退屯之，上疏曰：「孱陵縣界，地名上明。在吴時，樂鄉城以上四十餘里地，北枕大江，西接三峽，田土膏良，〔一四〕可以資業軍人。」遂爲重鎮。今縣西有廢上明城，〔一五〕即沖所築。亦漢高城縣地。有巴山。其樂鄉城，即吴陸抗所築。孱，士連反。〔一六〕

當陽漢舊縣。又漢臨沮侯國故城，在今縣北。有綠林山，王莽末，賊所起。有漳沮二水，左傳曰楚莊王「師於漳澨」，〔二七〕即此也。沮，七餘反。〔二八〕澨音筮。

公安漢作唐縣故城在西，亦二漢孱陵縣地。後漢末，劉備爲荆州牧，鎮油口，即此。馬頭故城在今縣西北，陸抗所屯，以禦羊祜。陳亦爲重鎮，及隋軍來伐，遣將陳紀守之。

長林有章山及雲夢澤，郭璞曰：「雲夢澤，湖丘。」是。

石首武德四年置。有石首山，因以爲名。即漢華容縣。

夷陵郡東至江陵郡三百四十里。南至江陵郡水路三百三十七里。〔一九〕西至巴東郡一百九十里。〔二〇〕北至襄陽郡五百七十里。東南到江陵郡界四百四十一里。西南到清江郡九百里。西北到巴東郡界二百三十里。東北到江陵郡界九十里。〔二一〕去西京一千七百里，去東京一千六百四十里。户七千三百一十七，口四萬二千六百六十八。〔二二〕

峽州今理夷陵縣。春秋、戰國時，並楚地。秦將白起攻楚，燒夷陵，即其地也。秦二漢並爲南郡地。魏武平荆州，置臨江郡。後劉備改爲宜都郡。吴改夷陵爲西陵，常爲重鎮。陸遜上疏曰：「夷陵要害，國之關限。若失之，非損一郡，則荆州可憂也。」晉、宋、齊並爲宜都郡。梁改置宜州。西魏改曰拓州。後周改爲峽州。陳嘗得之，爲重鎮。隋開皇中，伐陳。陳人守荆門、狼尾灘，並宜都縣界；安蜀城，夷陵縣界也。大唐爲峽州，或爲夷陵郡，郡城即陸抗攻步闡，拒晉師之壘。以扼三峽之口，故爲峽州，西通蜀江。領縣五：

夷陵漢舊縣也。吴之西陵。有黄牛山，高崖閒有石，〔二三〕色如人牽牛，人黑牛黄，故名之。湍險紆迴，行者歌曰：「朝發黄牛，暮宿黄牛，三朝三暮，黄牛如故。」有夷陵山。故城在西北。今縣西有温泉。

宜都漢夷道縣故城在今縣西。有荆門山，後漢岑彭破田戎於此。公孫述又遣將任滿拒吴漢，將作浮橋處，〔二四〕在今縣西北五十里。水經云：「江水東楚荆門、虎牙之閒。」荆門山在南，上合下開，若門。虎牙山在北，石壁危江閒，有白文，類牙，故以爲名也。荆門、虎牙二山，即楚之西塞狼尾灘。

遠安漢臨沮縣。

長陽〔二五〕漢佷山縣。孟康云：「佷音恆，出藥草恆山。」〔二六〕古直城在今縣西北五十四里，四面險絶，有林木池水。

巴山古捍關，楚肅王拒蜀處。今縣北有山，曲折似巴字，因以爲名。武落鍾山有石穴，〔二七〕即廩君擲劍處。〔二八〕又有夷水，即廩君乘土船所也。

巴東郡東至夷陵郡一百九十里。南至清江郡五百五十里。西至雲安郡三百三十二里。北至房陵郡五百里。東南到夷陵郡界一百二十二里。西南到雲安郡三百三十二里。西北到雲安郡界一百三十六里。東北到夷陵郡界三百十七里。去西京二千二百六十八里，去東京一千八百三十三里。〔二九〕户四千三百六十四，口二萬一千五百三十四。

歸州今理秭歸縣。歷代土地與雲安郡同，唯秦時屬南郡，二漢爲南郡。吴置建平郡，以爲重鎮。其地險固。孫晧末，晉將王濬自蜀沿流伐吳。吳之守將吾彦表請晧曰：「請建平增兵，若建平不下，晉師終不敢過。」晧不從。即秭歸縣界。秭音姊。晉亦爲建平郡，宋齊皆因之。隋屬巴東郡。大唐武德二年，分夔州秭歸、巴東二縣置歸州，或云因歸國爲名。後爲巴東郡。古夔子國城在郡東二十里。領縣三：

秭歸漢舊縣也。屈原此縣人，〔三〇〕既被流放，忽然暫歸，其姊亦來，因名其地爲姊歸。空舲峽山。昔周成王封楚熊繹，初都丹陽，今東南故城是也。後移枝江，亦曰丹陽。後又移都郢，在江陵。後又移都壽春，亦曰郢。吳置建平郡，在此。太清鎮在縣東南八十五里，吳置以備蜀，居三峽要衝，塞山蠻之路、寇掠之道。

巴東漢巫縣地。有石門山，陸遜追劉備處。

興山初吳主孫休置，後廢。武德中，又分秭歸置。漢王嬙即此人。〔三一〕

竟陵郡東至漢陽郡五百里。南至巴陵郡五百五十里。西至江陵郡四百八十里。北至富水郡四百里。東南到蜀江水中流爲界七百四十里。〔三二〕西南到赤岸港界三百五十七里。〔三三〕西北到乞火山界三百五十四里。東北到安陸郡三百四十里。去西京一千七百九十里，去東京一千五百一十八里。户七千六百九十，口三萬六千九百九十九。

復州今理沔陽縣。自春秋以來爲楚地。秦屬南郡。二漢南郡、江夏二郡地。〔三四〕晉分置竟陵郡，宋齊因之。後周以其地置郢、復二州。隋煬帝初州廢，於舊郢州置竟陵郡。今富水郡地。於舊復州置沔陽郡。大唐改爲復州，或爲竟陵郡。領縣三：

監利漢華容縣。乾溪水涌出。春秋時，楚章華臺在城内。陶朱公塚在華容縣西，碑見在。又有荆臺是也。

沔陽漢雲杜縣故城在縣西北。又有石城，在縣東南三百里。有夏水、沔水。晉鎮南將軍杜元凱爲荆州刺史，開陽口，〔三五〕達巴陵，徑千餘里，内避長江之險，外通零桂之漕，〔三六〕即此也。

竟陵漢舊縣。又有漢郩縣故城，在今縣東。

富水郡東至安陸郡三百二十九里。南至竟陵郡四百里。西至江陵郡二百八十里。北至襄陽郡三百一十六里。東南到竟陵郡界百五十六里。西南到江陵郡界八十里。西北到襄陽郡界三百一十六里。東北到漢東郡四百六十里。〔三七〕去西京一千四百三十五里，去東京一千三百九里。户一萬一千七百二，〔三八〕口五萬五百九十。

郢州今理長壽縣。歷代所屬與竟陵郡同。二漢屬江夏郡。晉、宋以來竟陵郡地。〔三九〕梁南司、北新二州之境。西魏分屬安州。後周分置石城郡，後於石城置郢州。隋煬帝初州廢，置竟陵、安陸二郡。大唐併二郡爲温州，後爲郢州，或爲富水郡。領縣三：

長壽漢竟陵縣故城在今縣南。晉宋以來爲長壽縣。

京山晉宋以來曰新陽。梁置新州。西魏置温州。

富水後漢新市縣故城在今縣東北。

安陸郡東至齊安郡三百一十二里。南至漢陽郡三百一十里。西至富水郡三百二十九里。北至義陽郡二百五十里。東南到漢陽郡三百一十里。西南到竟陵郡三百四十里。西北到漢東郡一百五十五里。東北到弋陽郡四百五十三里。去西京二千七百里，去東京一千二百九十九里。户二萬一千八百三十五，口十三萬二千一百四十九。

安州今理安陸縣。春秋郧子之國，郧或作「鄖」。郧、鄖、溳，皆音云。雲夢之澤在焉。後楚滅郧，封鬭辛爲鄖公，即其地也。秦屬南郡。二漢屬江夏郡。晉初亦屬江夏郡，後分置安陸郡。宋、齊因之。梁置南司州。西魏置安州總管府。後周置溳州及安陸郡。隋初廢，煬帝初復爲安陸郡。大唐爲安州，或爲安陸郡。郡城臨溳水。領縣六：

安陸漢舊縣。有溳水，亦謂之溳口。有横山，即古陪尾山也。雲夢澤在焉。

吉陽梁置汝南郡。

應山梁置應州及縣。〔四〇〕北有石龍山。

應城宋置。古蒲騷城在此。騷音蕭。

雲夢漢江夏郡故城在今縣東南。

孝昌西魏置岳州及岳山郡。

齊安郡東至蘄春郡二百三十里。南至江夏郡二百八十五里。西至安陸郡三百十二里。北至弋陽郡三百五十里。東南到潯陽郡五百五十七里。西南到漢陽郡二百三十五里。西北到義陽郡五百六十里。東北到壽春郡五百八十四里。去西京二千二百五十五里，去東京一千四百七十里。户一萬四千七百八十七，口八萬四千一百八十二。

黄州今理黄岡縣。春秋時邾國之地，今郡東南百二十里臨江與武昌相對。有邾城，史記曰：「黄帝之末孫有陸終者，產六子，第五別爲曹姓，歷代不絶。至武王代紂之後，封其裔子挾於邾，爲諸侯。」即此也。後爲黄國之境，戰國時屬楚。秦屬南郡。二漢爲江夏郡。魏亦爲重鎮。魏文帝黄初中，吳揚聲欲獵江北，荆河州刺史滿寵度必襲西陽，而爲之備，孫權聞之而退。吳後得邾城。孫權赤烏中，使陸遜攻邾，常以三萬兵守之。〔四一〕晉爲西陽國。宋爲西陽郡。齊又分置齊安郡。北齊置衡州，領齊安一郡。陳廢衡州。後周又置衡州及黄州。隋初改衡州爲黄州；煬帝初州廢，置永安郡。大唐爲黄州，或爲齊安郡。領縣三：

黄岡漢西陽縣地。齊曰南安。北齊置巴州。後周置弋州。

黄陂北齊置南司州，後周置黄州。〔四二〕武湖在縣東，〔四三〕宋謝晦爲檀道濟所攻，敗走，被武湖戍主執，〔四四〕即此。

麻城

漢陽郡東至江夏大江中流爲界三里。(四五)南至竟陵郡八百里。(四六)西至竟陵郡五百里。北至齊安郡二百三十五里。東南到江夏郡七十里。西南到竟陵水路七百里。西北到安陸郡三百一十里。(四七)東北到江夏郡界七里。去西京二千三百八十四里，去東京一千五百二十九里。户六千二百五十二，口三萬八千一百二十九。

沔州今理漢陽縣。春秋鄖國之地。戰國時屬楚。秦屬南郡。二漢屬江夏郡。魏初有之，爲重鎮。曹公定荆州後，以文聘爲江夏太守，守沔口，止石梵，(四八)吳軍來攻，不剋。後屬吳，亦爲重鎮。孫權嘉禾中，陸遜屯江夏、沔口。晉宋以來，並屬江夏郡。後周置復州。隋煬帝初改爲沔州，尋改爲沔陽郡，則通有今竟陵郡之地。(四九)大唐武德中，討平朱粲，析爲沔州，或爲漢陽郡。領縣二：

漢陽漢安陸縣地。隋初置漢津縣，後改爲漢陽。有漢水，一名沔水。又有沌水、灄水、魯山。沌音屯。灄音攝。

汊川漢安陸縣地。後魏爲汊川郡，後廢郡爲縣也。汊音義。

江夏郡東至潯陽郡六百里。南至巴陵郡七百里。西至漢陽郡渡江二里。北至齊安郡二百八十五里。(五〇)東南到章郡一千九百三十八里。西南到漢陽界七里。西北到漢陽北界渡江四里。(五一)東北到蘄春郡五百里。去西京二千三百四十六里，去東京一千五百三十里。户一萬九千四百一十七，口十一萬三千。

鄂州今理江夏縣。自春秋以來皆屬楚，有江漢二水。在州西合。秦屬南郡。漢高祖置江夏郡。應劭曰：「沔水自江別至南郡華容爲夏水，過郡入江，〔五二〕故曰江夏。」後漢因之，荆州牧劉表將黄祖守在此。按吴志孫策表曰：「臣到沙羡縣祖屯處，破之。」吴分江夏，孫權初城江夏。更置武昌郡，孫權嘗都之，孫晧又徙都之，常爲重鎮。孫權甘露初，城武昌，陸遜、諸葛恪、滕牧皆屯焉。及晉伐吴，使王戎襲武昌，胡奮襲江夏。歷代亦爲兵衝，其地亦曰夏口，東晉孝武時，桓石仁屯守。〔五三〕亦曰魯口。以對魯山岸爲名也。晉宋並爲江夏、武昌二郡。宋兼置郢州。領郡六，理於此。齊因之，亦爲重鎮。劉懷珍言於高帝曰：「夏口兵衝要地，宜得其人。」遂令柳崇鎮兵。〔五四〕其後梁武帝自襄陽起兵東下，攻圍二百餘日，方降。梁末，北齊得之，遣慕容儼守。陳霸先將侯瑱攻圍六月餘，不下。後二國和通，乃歸梁。〔五五〕瑱，他甸反。〔五六〕梁分置北新州，尋分北新置土、富、洄、泉、豪五州。〔五七〕隋平陳，改置鄂州；煬帝初州廢，置江夏郡。大唐武德中，平蕭銑，改爲鄂州，或爲江夏郡。領縣五：

江夏漢以來沙羡縣也。晉武改爲沙陽，東晉僑置汝南郡，此爲汝南縣。有黄鶴山。

永興漢鄂縣。

武昌故東鄂也。孫權改爲武昌，遂建都於此。東晉時，謝尚、庾翼並屯守於此。有樊山，謝朓詩曰「樊山開廣宴」，即此。有崢嶸洲，晉將劉毅破桓玄處。

蒲圻漢沙羡縣地，後置沙州。後漢建安中，吴王孫權破曹公軍於赤壁，即今縣界。並具巴陵郡篇目。

唐年

義陽郡東至弋陽郡二百二十里。南至安陸郡二百五十七里。西至淮安郡二百五十七里。〔五八〕北至汝南郡二百六十八里。東南到弋陽郡二百四十七里。西南到漢東郡二百四十四里。西北到淮安郡二百一十六里。東北到弋陽郡二百二十里。去西京一千七百九十六里，去東京九百四十二里。户二萬五千六百三十，口十三萬九千六百二十九。

申州今理義陽縣。春秋時申國之地，或曰申國在今南陽郡南陽縣。其後屬楚。秦屬南陽郡。二漢爲南陽、江夏二郡。魏分南陽置義陽郡。晉宋並因之，宋又置司州。領郡四，理於此。齊並因之。有三關之隘，今義陽縣界有故平靖關，其武陽、黄峴二關，在安陸郡應山縣界也。北接陳、汝，控帶許、洛。宋齊以來，常爲邊鎮。梁曰北司州，後復置司州。梁天監二年，爲魏將元英所陷。後魏改爲郢州。後周改爲申州。隋煬帝改爲義州，尋爲義陽郡。大唐爲申州，或爲義陽郡。

領縣三：

義陽漢平氏縣。有溮水。溮音師。

羅山漢鄳縣。

鍾山漢鄳縣地。〔五九〕齊置齊安郡。又有漢鍾武故城，在今縣西南。石城山在今縣東南，春秋之九塞，此即一也。晉於山上置義陽郡城。

長沙郡東至章郡一千二百二里。〔六〇〕南至衡陽郡四百五十里。西至盧溪郡一千一百二十五里。〔六一〕北至巴陵水路五百五十里。東南到宜春屈曲五百二十六里。西南到邵陽郡五百三十四里。西北到武陵郡四百里。東北到巴陵郡七百里。去西京二千五百一十九里，去東京二千四百里。户三萬二千二百二十六，口十四萬六千六百。

潭州今理長沙縣。古三苗國之地。自春秋以來，爲黔中地，楚國之南境。秦爲長沙郡。有萬里沙祠，故曰長沙。漢爲長沙國，初封番君吴芮爲長沙王；都於此。及景帝，封子發又爲長沙王。諸王朝宴，帝令迭舞，〔六二〕長沙王但張袖而已，帝怪問之，對曰：「臣國小地狹，不足以迴旋。」帝悦，增以桂陽、武陵二郡。〔六三〕後漢復爲長沙郡。晉因之。宋長沙國兼置湘州，領郡下，理於此。齊因之，又爲長沙郡。夫湘川之奥，人豐土闢，〔六四〕南通嶺嶠，唇齒荆雍，亦爲重鎮。梁陳以來，皆因而不改。隋平陳，置潭州；取昭潭爲名。煬帝初州廢，置長沙郡。大唐爲潭州，或爲長沙郡。領縣六：

長沙古青陽地。秦始皇時，荆王獻青陽以西，即此也。〔六五〕漢改爲臨湘縣。〔六六〕有湘水。賈誼宅，井仍存。

衡山漢湘南縣，後置衡陽郡。

湘鄉漢湘南縣之湘鄉也。長沙王子昌封湘鄉侯。

益陽漢舊縣。在益水之陽。故城在今縣東。

瀏陽漢舊縣。瀏音劉。

醴陵後漢舊縣。有漉水，又名淥水，出縣東漉山。

巴陵郡東至江夏郡七百里。南至長沙郡五百五十里。西至醴陽郡四百八里。北至竟陵郡五百五十里。東南到章郡一千八百五十六里。西南到武陵郡六百里。西北到江陵郡五百七十五里。東北到江夏郡七百里。去西京二千一百四十里，去東京一千八百一十六里。户一萬一千六百七十六，口四萬七千三十二。

岳州今理巴陵縣。古蒼梧之野，蒼梧野不止於此郡界，側近之地皆是。亦三苗國之地，亦古麇子國；春秋文公十一年，楚子伐麇，〔六七〕即此地也。凡今長沙、衡陽諸郡，皆古三苗之地。青草、洞庭湖在焉。二湖相連，青草在南，洞庭在北。春秋、戰國時，並屬楚，亦古羅國之地，楚辭之言汨羅是也。羅縣北有汨水。汨音覔。秦屬長沙郡，二漢皆因之。吴因之，爲重鎮。建安中，孫權使魯肅，孫晧時滕牧、萬彧皆屯於此。晉因之，東晉亦爲重鎮。使陶侃鎮守此。宋分置巴陵郡。齊因之。梁置巴州，湘東王遣陸法和等據赤亭，擒侯景將任約於此。今郡西華容界有赤亭城是也。城近赤亭湖，因以爲名。隋平陳，改爲岳州。煬帝初，改爲羅州，尋爲巴陵郡。郡人董景珍等，以羅縣令蕭銑爲主，起兵於此。大唐武德四年，平蕭銑，復爲岳州，或爲巴陵郡。領縣五：

巴陵漢下雋縣地。雋音詞兖反。古巴丘也。有君山、洞庭湖、巴丘湖、青草湖。檢地志云：「巴丘湖中有曹由洲，〔六八〕即曹公爲孫權所敗燒舡處，在今縣南四十里。」又云：「今鄂州之蒲圻縣，有赤壁山，即曹公敗處。」按三國志云：「劉表卒，其子琮代屯襄陽。劉備屯樊。琮降曹公，備遂南走。曹公恐備先據江陵，將精騎急追，及於當陽之長坂。備與數十騎走，斜趨漢津，濟沔，到夏口。曹公進軍江陵，得劉琮水軍舡步數十萬，自江陵征備，至巴丘，遂至赤壁。孫權遣周瑜水軍數萬，與備併力逆之。曹公泊江北岸。瑜部將黄蓋詐降，戰艦數千艘，因風放火。曹公大敗，從華容道步歸，退保南郡，備瑜等復追之。〔六九〕曹公留曹仁守江陵城，自徑北歸。」而漢陽郡圖經云：「赤壁城一名烏林，在郡西北二百二十里，〔七〇〕在汊川縣西八十里，跨汊南北。」此大誤也。曹公既從江陵水軍沿流，已至巴丘，則今巴陵郡赤壁只在巴陵郡之下，軍敗引還南郡，〔七一〕劉備、周瑜水軍追躡，並是大江之中，與汊川西殊爲乖角。今據檢地志爲是，當在巴陵、江夏二郡界。其漢陽郡圖經及俗説，〔七二〕悉皆訛謬，所以備録國志，以爲證據爾。

沅江　漢益陽縣地。因以沅水爲名。梁置重華縣，隋廢之。又有重華城，亦謂之虞舜古城。

湘陰　本羅子國，〔七三〕秦爲羅縣。梁置岳陽郡。隋置玉州。有玉笥山、湘水，又有地名黄陵，即舜二妃所葬之地。縣北有汨水，即屈原懷沙自沈之處，俗謂之羅江。又有屈原塚，今有石碑，文曰「楚放臣屈大夫之碑」，其餘字滅矣。漢羅縣故城在今縣東北。

華容　漢孱陵縣也。隋置此縣。古華容在竟陵郡。

昌江

衡陽郡　東至廬陵郡九百里。南至零陵郡五百八十里。〔七四〕西至邵陽郡三百里。北至長沙郡四百五十里。東南到桂陽郡三百里。西南到零陵郡三百七十里。西北到長沙郡湘潭縣五百八十里。東北到廬陵郡九百里。去西京三千一百里，去東京二千七百六十八里。户三萬四千三百三十，口十九萬七千五百三十。

衡州今理衡陽縣。春秋以來屬楚。秦屬長沙郡。漢屬長沙國、桂陽郡地。後漢屬長沙、桂陽二郡地。吴以其地置衡陽、湘東二郡，晉因之。宋爲衡陽國及湘東郡，齊以下皆因之。齊常改衡陽國爲郡。隋平陳，省湘東、衡陽二郡，置衡州；煬帝初州廢，置衡山郡。大唐爲衡州，或爲衡陽郡。領縣六：

衡陽漢酃縣地。有酃水湖，釀酒醇美，所謂酃酒。〔七五〕晉武帝平吴，始薦酃酒於太廟，謂此。有蒸水。酃音靈。

湘潭有南岳衡山。漢陽山縣。

耒陽漢舊縣。有耒水。

攸

常寧

茶陵〔七六〕漢舊縣。茶，弋奢反。

零陵郡東至江華郡三百里。南至平樂郡六百三十九里。西至邵陽郡武岡縣界二百二十里。北至衡陽郡五百八十里。東南到江華郡三百里。西南到始安郡五百五十里。西北到邵陽郡三百一十里。東北到衡陽郡五百七十里。去西京三千二百七十四里，去東京三千五十五里。户二萬九千一十三，口十七萬二千八百五十七。

永州今理零陵縣。春秋楚國之南境。秦屬長沙郡。漢武帝置零陵郡，後漢及晉皆因之。宋爲零陵國。齊爲零陵郡，梁、陳皆然。隋平陳，郡廢，置永州；煬帝初州廢，置零陵郡。大唐爲永州，或爲零陵郡。領縣三：

零陵漢泉陵縣故城在今縣北。

湘源漢洮陽縣故城在今縣西北。

祁陽漢泉陵縣地。吴置今縣。

江華郡東至桂陽郡六百里。南至臨賀郡四百里。西至平樂郡四百里。〔七七〕北至零陵郡三百里。東南到桂陽郡六百里。西南到永山，險峻無路。西北到零陵郡三百里。東北到始安郡五百里。〔七八〕去西京三千九百三十里，去東京三千五百八十里。户二萬七千四百四十二，口一十六萬三千二百。

道州今理營道縣。舜封象有鼻國，即此也。春秋時楚地。秦屬長沙郡。漢初屬長沙國，後屬零陵郡。後漢、魏及晉皆因之。宋齊爲營陽郡。梁改營陽爲永陽郡。隋平陳，郡廢，悉併其地置永州；煬帝初州廢，併屬零陵郡。〔七九〕大唐既平蕭銑，復割其地置營州。武德五年，改爲南營州。貞觀八年，改爲道州，或爲江華郡。有都龐嶺，〔八〇〕今謂之永明，有甿渚嶺，今謂之白芒，即五嶺之二也。領縣四：

營道漢舊縣。有營山，因以爲名。

延唐漢泠道縣，屬零陵郡。有春陵鄉，元帝徙於南陽郡蔡陽縣。〔八一〕國初置唐興縣。有九疑山，其山九谿皆相似，故名之，舜所葬。

江華

永明有永明嶺。

桂陽郡東至廬陵郡一千二百五十里。〔八二〕南至始興郡五百里。西至江華郡六百里。北至衡陽郡三百里。東南到南康郡千一十里。〔八三〕西南到連山郡三百九十里。西北到衡陽郡三百里。〔八四〕東北到廬陵郡界五百一十里。去西京三千三百里，去東京三千五十七里。户二萬七千九百九十，口十七萬四千一百三十。

郴州今理郴縣。春秋、戰國時皆楚地。秦屬長沙郡。項羽徙義帝於長沙，都郴，即此地也。漢初以其地爲桂陽郡。即長沙之南境。後漢、晉、宋、齊皆因之。陳以其地爲桂陽、盧陽二郡。隋平陳，廢二郡，置郴州；煬帝初州廢，復置桂陽郡。大唐爲郴州，或爲桂陽郡。有騎田嶺，今謂之臘嶺，即五嶺之一。領縣八：

郴漢舊縣。

高亭

藍山

義昌

資興

義章縣北臨章水。〔八五〕亦漢郴縣地。

南平〔八六〕

臨武有武溪。漢舊縣。

連山郡東至桂陽郡南平縣二百一十里。〔八七〕南至南海郡九百里。西至臨賀郡二百六十九里。北至桂陽郡藍山縣二百五里。東南到始興郡五百一十里。〔八八〕西南到臨封郡六百三十里。西北到江華郡五百七十里。東北到桂陽郡三百九十二里。去西京三千八百五里，去東京三千五百八十九里。户一萬一千一百八十，口五萬六百二十九。

連州今理桂陽縣。春秋時楚地。秦屬長沙郡之南境。二漢屬桂陽郡。吴屬始興郡。晉因之。宋明帝置宋安郡，後省宋安屬廣興郡。宋改始興爲廣興，今始興郡也。齊復屬始興郡。梁又分爲陽山郡。隋平陳，〔八九〕郡廢，煬帝初置熙平郡。大唐改爲連州，或爲連山郡。領縣三：

桂陽漢舊縣。在桂水之陽，前有洭水。有乳穴三十七，〔九〇〕桂嶺，貞女硤。有湟水，〔九一〕漢伏波將軍路博德討南越，出桂陽，下湟水，即此地。〔九二〕洭音匡。湟音皇。

陽山有乳穴六十九。

連山

邵陽郡東至衡陽郡三百里。南至零陵郡三百里。西至盧溪郡八百里。北至長沙郡二百四十里。東南到零陵郡三百十二里。〔九三〕西南到潭陽郡屈曲一千八百六十里。西北到盧溪郡八百里。東北到長沙郡五百三十四里。去西京二千八百八十三里，去東京二千五百六十七里。户一萬二千三百二十三，口八萬九千一百五十四。

邵州今理邵陽縣。春秋、戰國時皆屬楚。秦屬長沙郡。漢屬長沙國、零陵郡地。後漢屬長沙、零陵二郡地。吴置邵陵郡，分零陵北部都尉置。晉因之。宋齊邵陵郡，梁陳亦然。隋平陳，廢邵陵郡，併入長沙郡。大唐復分置邵州，或爲邵陽郡。領縣二：

邵陽漢昭陵縣。

武岡漢都梁縣之地。漢夫夷縣故城在東北。

武陵郡東至巴陵郡六百里。南至長沙郡界一百一十里。西至盧溪郡四百六十五里。北至澧陽郡百八十里。東南到長沙郡四百里。西南到盧溪郡沅陵縣三百九十六里。西北到澧陽郡石門縣界一百里。東北到澧陽郡安鄉縣界一百二十八里。〔九四〕去西京二千五百二十一里，去東京一千八百五十八里。户七千七百二十二，口三萬九千一十七。

朗州今理武陵縣。春秋、戰國時皆屬楚地。秦昭王置黔中郡。漢高更名武陵郡，後漢、魏至晉皆因之。晉趙廞問潘京云：「貴州何以名武陵？」〔九五〕京曰：「鄙郡本名義陵郡，在辰陽縣界，與夷相接，數爲所攻，光武時移東出，〔九六〕共議易號。傳曰止戈爲武，詩稱高平曰陵。」武陵記桃花源，即此地也。宋齊亦曰武陵郡。梁置武州，後改曰沅州。隋平陳，改爲朗州；煬帝初州廢，置武陵郡。大唐爲朗州，或爲武陵郡。領縣二：

武陵漢臨沅、漢壽二縣地。有沅水，至長沙，入洞庭湖。有純紀陂，〔九七〕今名白馬陂，隋開皇中刺史喬難陀修，其利不減鄭白二渠。

龍陽吴時置。沅水入龍陽界，歷凡洲，〔九八〕洲長二十里，即李衡種甘所。〔九九〕

澧陽郡東至巴陵郡二百里。南至武陵郡一百八十里。西至黔中郡二千里。北至江陵郡三百里。〔一〇〇〕東南到武陵郡龍陽縣界四百五十五里。西南到盧溪郡一千三十八里。西北到夷陵郡七百五十九里。〔一〇一〕東北到江陵郡公安縣五百七十五里。去西京二千四里，去東京一千五百十八里。户一萬六千一百九十，口八萬二千二百四十六。

澧州今理澧陽縣。春秋時楚地。秦屬黔中郡。二漢屬武陵郡，兼置荆州。領郡八，〔一〇二〕理於此。吴分置天門郡，晉、宋、齊皆因之。隋平陳，置松州，尋改爲澧州；煬帝初爲澧陽郡。

大唐爲澧州，或爲澧陽郡。領縣四：

澧陽漢零陽縣地。有澧水。有崇山，即放驩兜之所。

慈利漢零陽縣地。

石門漢零陽縣地。吴時置天門郡。〔一〇三〕有澧水。

安鄉漢孱陵縣地，亦後漢漢壽縣地。南朝置義陽郡。

黔中郡東至澧陽郡二千里。南至義泉郡六百里。西至涪陵郡三百六十里。北至南賓郡六百五十里。東南到寧夷郡三百一十里。西南到義泉郡三百五十里。西北到涪陵郡三百六十里。東北到清江郡五百五十里。去西京三千五百六十里，去東京三千二百七十七里。户四萬一百八十五，口二十萬三千三百五十七。

黔州今理彭水縣。古蠻夷之國，春秋、戰國皆楚地。秦惠王欲楚黔中地，以武關外易之，〔一〇四〕即此是也，通謂之五溪。五溪謂酉、辰、巫、武、沅等五溪也。〔一〇五〕古老相傳云，楚子滅巴，巴子兄弟五人流入黔中，各爲一溪之長。一説云，五溪蠻皆槃瓠子孫，自爲統長，非巴子也。秦屬黔中郡。漢屬武陵郡，後漢因之，晉、宋、齊亦然。後周武帝時，蠻帥以其地歸附，遂置奉州，復改爲黔州。隋初亦置黔州，煬帝初爲黔安郡。大唐復爲黔州，或爲黔中郡。領縣六：

彭水漢酉陽縣。

黔江

洪杜

洋水

信寧

都濡

寧夷郡東至靈溪郡三百里。南至涪川郡五百里。西至義泉郡六百里。北至黔中郡二百八十七里。東南到盧溪郡一千六百里。西南到義泉郡五百四十里。西北到黔中郡三百里。東北到黔中郡黔江縣一百九十里。去西京三千九百五十里，〔一〇六〕去東京三千五百九十三里。户一千五百二十八，口八千一百。

思州今理務川縣。歷代土地與黔中郡同。隋屬清江郡。大唐武德元年，以當牂牁之衝要，〔一〇七〕遂置務州。貞觀八年，改爲思州，〔一〇八〕或爲寧夷郡。領縣四：

務川漢酉陽縣地。

寧夷

思邛〔一〇九〕思邛，水名。

思王

盧溪郡東至武陵郡四百六十五里。南至潭陽郡五百四十八里。西至盧陽郡六百七十里。北至靈溪郡三百六十八里。東南到邵陽郡八百里。西南到盧陽郡水路三百六十八里。西北到靈溪郡大鄉縣界一百九十里。東北到武陵郡界沅水路二百十九里。〔一〇〕去西京三千五百二十八里，去東京三千二百九十里。户四千一百五十，口二萬七千二百七十。

辰州今理沅陵縣。古蠻夷之地，〔一一〕春秋楚國之境。秦屬黔中郡。漢屬長沙、武陵二郡地。後漢發南郡人入武谿，擊諸蠻，不剋。後馬援至臨沅而擊破諸蠻，此其地也。後亦屬武陵郡。晉、宋、齊並爲武陵郡地。隋分置辰州，煬帝初爲沅陵郡。大唐爲辰州，或爲盧溪郡。領縣五：

沅陵漢下雋縣也。有壺頭山在東，武陵記云：「神仙多遊集焉，後漢馬援軍渡處。」雋音字兖反。

溆浦漢義陵縣。

辰溪漢曰辰陽縣。即五溪之一。〔一二〕

盧溪有武溪水。縣西有武山，武陵記云：「高可萬仞，上有石窟，中有一石如狗形，〔一三〕云是槃瓠。」漢沅陵縣地。

麻陽

盧陽郡東至盧溪郡六百七十里。南至龍標郡渭溪縣界一百五十里。〔一一四〕西至渭陽縣界百五十里。北至當郡招喻縣界五十里。東南到潭陽郡三百里。西南到渭陽水路一百五十里。〔一一五〕西北到當郡常豐縣水路二百里。東北到盧溪郡麻陽縣界水路三百里。〔一一六〕去西京三千五百里，去東京三千三百里。户三千一百三十，口一萬四千六百九十。

錦州今理盧陽縣。歷代土地與辰州同。大唐爲錦州，或爲盧陽郡。領縣五：

盧陽

洛浦

招喻

常豐

渭陽

靈溪郡東至盧溪郡三百六十八里。南至盧陽郡五百六十里。西至寧夷郡三百里。北至澧陽郡二百五十里。東南到盧溪郡沅陵縣界一百七十里。西南到當郡三亭縣界二百里。西北到盧溪郡二百五十里。〔一一七〕東北到澧陽郡慈利縣二百五十里。去西京二千八百九十三里，去東京二千六百九十六里。户二千六百六十七，口一萬三千五百九十四。

溪州今理大鄉縣。歷代土地與辰州同。大唐爲溪州，或爲靈溪郡。領縣二：

大鄉漢沅陵、零陽二縣地。梁置今縣。

三亭漢零陽縣地。貞觀初置今縣。

潭陽郡東至盧溪郡五百三十八里。〔一八〕南至邵陽郡一千一百四十四里。〔一九〕西至樂古郡二千一百一十七里。北至盧溪郡九百里。東南到邵陽郡一千八百六十里。〔二〇〕西南到泝沅口入朗八百里。〔二一〕西北到泝巫溪入盧溪郡九百里。東北到邵陽郡一千八百六十里。去西京三千一百五十八里，去東京三千八百三十三里。户五千三百六十一，口二萬一千八百二十六。

巫州今理龍標縣。古蠻夷之境，楚國黔中之地。秦屬黔中郡。二漢屬武陵郡，在巫水之陽。隋屬沅陵郡。大唐爲巫州。天授中，以巫山不在州界，遂改爲沅州。開元十二年，復爲巫州，或爲潭陽郡。領縣三：

龍標漢無陽縣。〔二二〕

朗溪漢鐔城縣地。有沅溪水。

潭陽

清江郡東至夷陵郡九百里。南至黔中郡七百里。西至南浦郡六百八十里。〔一二三〕北至雲安郡五百里。東南到夷陵郡界三百里。〔一二四〕西南到黔中郡界五百五十里。〔一二五〕西北到雲安郡界三百五十里。〔一二六〕東北到巴東郡五百里。去西京二千七百九里，去東京二千八百十里。户三千八百十五，〔一二七〕口二萬五千三百八十。

施州今理清江縣。春秋巴國之境。七國時，楚國巫郡之地。秦屬南郡，二漢因之。後周置亭州及業州。隋煬帝初，併置庸州，尋廢，置清江郡。大唐爲施州，或爲清江郡。領縣二：

清江漢巫縣地。今縣西有都亭，夷水所出，一名清江，廩君乘土船於此。

建始漢巫縣地。

涪川郡東至安南獠界二百三十五里。南至寧夷郡思王縣界二十七里。西至當郡城樂縣界二百四十里。北至寧夷郡五百里。東南到　西南到　西北到　東北到　去西京四千三百里，去東京三千五百里。户二千，口一萬一千。

費州今理涪川縣。古蠻夷之國，漢屬牂牁郡。山川險阻，爲俚獠所居，多不賓附。至後周，始置爲費州。因水爲名。大唐初屬務州，貞觀初復置費州，或爲涪川郡。領縣四：

涪川

多田

扶陽在扶水北。

城樂

夜郎郡東無路。南至　西至　北至　東南到　西南到　西北到　東北到　去西京四千四百五十里，去東京四千九百六十里。戶二千六百，口一萬二千。

珍州今理營德縣。古蠻夷之地。大唐貞觀七年，置珍州，〔二八〕或爲夜郎郡。領縣四：

營德

夜郎

麗皋

樂源

播川郡東至義泉郡三百里。南至　西至　北至　東南到　西南到　西北到　東北到　去西京四千四百里，去東京四千九十里。〔二九〕戶四千七

百，口二萬三千。〔一三〇〕

播州今理播川縣。古蠻夷之域，黔中郡地，夜郎國之東南隅也。漢屬牂牁，其後無聞。大唐置播州，或爲播川郡。領縣四：

播川

遵義

芙蓉

琊川〔一三一〕

義泉郡東至寧夷郡六百里。南至涪川郡五百二十三里。〔一三二〕西至播川郡三百里。北至黔中郡六百里。東南到寧夷郡五百八十里。〔一三三〕西南到　西北到　東北到寧夷郡　去西京四千三百八十七里，去東京三千九百七十五里。户千二百二十七，口六千三百五十二。

夷州今理綏陽縣。徼外蠻夷之地。漢屬牂牁郡。歷代恃險，不聞臣附。隋煬帝時，始屬明陽郡。大唐武德中，屬義州。貞觀中開南蠻地，置夷州，與費州同置。或爲義泉郡。領縣五：

綏陽

義泉

都上

洋川

宜林

龍標郡東至潭陽郡七百里。南至羈縻充州梓潼縣界四百里。〔一三四〕西至涪川郡五百里。北至盧陽郡二百八十里。〔一三五〕東南到潭陽郡界五百九十里。西南到充州梓潼縣界四百里。西北到盧陽郡界一百八十里。東北到涪川郡多田縣界五百三十里。去西京四千一百九十七里，去東京三千九百里。户一千四百二十三，口七千三百。〔一三六〕

業州今理峩山縣。古蠻夷之地。大唐置業州，或爲龍標郡。領縣二：

峩山

渭溪

溱溪郡東至　　　南至　　　西至　　　北至　　　東南到　　　西南到　　　西北到　　　東北到　　　去西京三千四百八十里，去東京四千二百里。户二千一百，口九千二百。

溱州今理榮懿縣。〔一三七〕古蠻夷之地。大唐置溱州，或爲溱溪郡。領縣二：

榮懿

扶歡

風俗

荆楚風俗，略同揚州，雜以蠻左，〔一三八〕率多勁悍。南朝鼎立，皆爲重鎮。然兵强財富，地逼勢危，稱兵跋扈，無代不有。晉王敦、陶侃、桓温、桓玄，宋謝晦、南郡王義宣、袁顗、沈攸之、桂陽王休範，齊陳顯達，梁武帝，陳王琳、華皎，皆自上流擁兵東下。是以上游之寄，必詳擇其人焉。

校勘記

〔一〕江漢同歸於海　「同歸」原作「朝宗」，據北宋本、傅校本、遞修本、明抄本、明刻本、王吴本改。按：尚書禹貢本作「朝宗」，杜佑以意改之。

〔二〕自江出爲沱　「出爲」北宋本、傅校本、遞修本、明抄本、明刻本、王吴本作「至于」，非是。

〔三〕翼軫則楚之分野　北宋本、傅校本、遞修本、明抄本、明刻本、王吴本疊「翼軫」。

〔四〕龍標　「標」原作「溪」，卷末有龍標郡，今據以訂改。下同。

〔五〕初理武陵郡漢壽縣　「初」上原有「荆州」，清人所增，今據北宋本、傅校本、遞修本、明抄本、明刻本、王吳本删。

〔六〕領郡十九　晉書地理志下四五四頁謂荆州統郡二十二。

〔七〕領郡十七　「七」原脱，據宋書州郡志三一一三六頁補。

〔八〕領郡十　「十」下原衍「一」，據北宋本、傅校本、遞修本、明抄本、明刻本、王吳本删。按：宋書州郡志三一一二九頁作「十」。

〔九〕西南到澧陽郡二百六十五里西北到夷陵郡遠安縣界三百五里　原「夷陵郡遠安縣界」在前，「澧陽郡」在後，互相倒誤。今據太平寰宇記卷一四六及中國歷史地圖集第五册唐江南西道圖移改。

〔一〇〕乃徙爲六安王　「六安」原訛「安陸」，據後漢書孝明八王傳一六七〇頁改。

〔一一〕麋芳以郡來降　「來降」原作「降吳」，據北宋本、傅校本、遞修本、明抄本、明刻本、王吳本改。

〔一二〕枚回洲　「枚」原訛「枝」，據水經江水注、太平寰宇記卷一四六改。

〔一三〕自丹陽徙都　「陽」北宋本、傅校本作「楊」，下同。

〔一四〕田土膏良　「土」原訛「士」，據諸本改。

〔一五〕有廢上明城　「上」原訛「土」，北宋本、傅校本、遞修本、明抄本、明刻本訛「大」，據王吳本、殿本改。按：太平寰宇記卷一四六作「上」。

〔一六〕孱土連反　原無，據北宋本、傅校本、遞修本、明抄本、明刻本、王吳本補。

〔一七〕楚莊王師於漳澨　「莊」原作「文」，北宋本、傅校本、明刻本作「攻」，並誤。楊伯峻春秋左傳注宣公四年「師于漳澨」注云：「楚莊王師于漳澨也。」今據以訂改。

〔一八〕沮七餘反　原無，據北宋本、傅校本、遞修本、明抄本、明刻本補。

〔一九〕三百三十七里　「三百」原作「二百」，據北宋本改。

〔二〇〕西至巴東郡一百九十里　「東」原訛「陵」，參照太平寰宇記卷一四七及中國歷史地圖集第五册唐山南東道圖訂改。

〔二一〕東北到江陵郡界九十里　「界」原脱，據北宋本、傅校本、明抄本、明刻本補。

〔二二〕口四萬二千六百六十八　「四」原訛「十」，據北宋本、王吴本改。

〔二三〕高崖閒有石　北宋本、傅校本、明抄本、明刻本無「石」。按：太平寰宇記卷一四七有「石」。

〔二四〕將作浮橋處　「將」原作「師」，據北宋本、傅校本、遞修本、明抄本、明刻本改。

〔二五〕長陽　「陽」原作「揚」，據舊唐書地理志二一五五四頁、新唐書地理志四一〇二八頁、太平寰宇記卷一四七改。

〔二六〕出藥草恆山　「恆山」原脱，據漢書地理志上孟康注一五九五頁及北宋本、傅校本、遞修本、明抄本、明刻本、王吴本補。王吴本無「藥草」，誤删。

〔二七〕武落鍾山　「落鍾」原訛「樂中」，據北宋本改。按：即武落鍾離山，見後漢書南蠻西南夷傳二八四〇頁。

〔二八〕即廩君擲劒處　「擲」原訛「拂」，據北宋本、傅校本、明抄本、明刻本改。

〔二九〕三十三里　下「三」原作「二」，據北宋本、傅校本、遞修本、明刻本改。

〔三〇〕屈原此縣人　「縣」原作「地」，據北宋本改。

〔三一〕漢王嫱即此人　「此」下原有「縣」，清人臆增，今據北宋本、傅校本、明刻本、王吴本删。

〔三二〕東南到蜀江　「蜀」原作「大」，據北宋本、傅校本、遞修本、明抄本、明刻本、王吴本改。按：太平寰宇記卷一四四也作「蜀」。

〔三三〕西南到赤岸港　「岸」原作「崖」，據北宋本、傅校本、遞修本、明抄本、明刻本改。按：太平寰宇記卷一四四也作「岸」。

〔三四〕二漢南郡江夏二郡地　「漢」下原有「屬」，據北宋本、傅校本、明抄本、明刻本删。

〔三五〕陽口　晉書杜預傳一〇三二頁作「楊口」。

〔三六〕内避長江之險外通零桂之漕　「外」原脱，據晉書杜預傳一〇三一頁補。按：「避」晉書作「瀉」。

〔三七〕東北到漢東郡四百六十里　「六十」原脱，據北宋本、傅校本、遞修本、明抄本、明刻本、王吴本補。

〔三八〕户一萬一千七百二　「一千」原作「三千」，「二」下原有「十」，據北宋本、傅校本、明刻本改删。

〔三九〕晉宋以來竟陵郡地　「來」下原有「爲」，據北宋本、傅校本、明抄本、明刻本删。

〔四〇〕梁置應州及縣　隋書地理志下八九三頁應山下云：「梁置，曰永陽，仍置應州。」

〔四一〕孫權赤烏中使陸遜攻邾常以三萬兵守之　三國志吴主傳一一四四頁云：赤烏四年「秋八月，陸遜城邾」。疑此「攻」當作「城」。

〔四二〕後周置黄州　「周」原脱，據隋書地理志下八九三頁補。

〔四三〕武湖在縣東　元和郡縣志卷二七六五三頁云：「武湖在縣南四十九里。」太平寰宇記卷一三一云：「武湖在縣南二十里。」

〔四四〕被武湖戍主執　「執」下原有「之」，據北宋本、傅校本、明刻本删。

〔四五〕大江中流爲界　「流爲」原脱，據北宋本、傅校本、遞修本、明抄本、明刻本、王吴本補。

〔四六〕南至竟陵郡八百里　「至」原訛「陵」，據諸本改。

〔四七〕西北到安陸郡　「陸」北宋本、傅校本、遞修本、明抄本、明刻本作「陵」，非。

〔四八〕以文聘爲江夏太守守沔口止石梵　「聘」原訛「躬」，「止」原訛「上」，據三國志文聘傳五三九頁改。

〔四九〕竟陵郡　「郡」原脱，據北宋本、遞修本補。

〔五〇〕二百八十五里　「八」原作「三」，據北宋本、傅校本、遞修本、明抄本、明刻本、王吴本改。

〔五一〕渡江四里　「渡」北宋本、傅校本、遞修本、明抄本、明刻本作「漢」，蓋涉上而誤。

〔五二〕過郡入江　「過郡」原脱，據漢書地理志上應劭注一五六八頁補。

〔五三〕東晉孝武時桓石仁屯守　「桓石仁」即指桓石民，通典避太宗諱改。桓石民戍夏口，見晉書桓彝傳一九四六頁。

〔五四〕遂令柳崇鎮兵　柳崇即指柳世隆，通典避太宗和玄宗諱，省改作「柳崇」。事見南齊書柳世隆傳四四六頁。

〔五五〕後二國和通　「二」原訛「三」，據北宋本改。

〔五六〕瑱他甸反　「甸」原作「典」，據北宋本改。

〔五七〕置土富洄泉豪五州　「洄」原作「徊」，「豪」原作「濠」，據隋書地理志下八九四頁、太平寰宇記卷一一二改。按：北宋本作「豪」。

〔五八〕西至淮安郡二百五十七里　「二」原作「三」，據北宋本、傅校本、遞修本、明抄本、明刻本改。按：漢東郡在義陽郡西，淮安郡在義陽郡西北。

〔五九〕漢鄳縣地　「鄳」原作「鄍」，涉上而誤。今據元和郡縣志卷九二四四頁、太平寰宇記卷一三二改。

〔六〇〕一千二百二里　「二百」原作「一百」，據諸本改。

〔六一〕西至盧溪郡一千一百二十五里　「一千」原作「二千」，據諸本改。

〔六二〕帝令迭舞　「迭」原作「起」，據北宋本、傅校本、遞修本、明抄本、明刻本、王吴本改。

〔六三〕帝悦增以桂陽武陵二郡　按：史記五宗世家集解二一〇〇頁、漢書景十三王傳應劭注二四二七頁並作「帝以武陵、零陵、桂陽屬焉」。此脱零陵，「二」應作「三」。

〔六四〕人豐土闢　「土」原訛「士」，據諸本改。

〔六五〕古青陽地秦始皇時荆王獻青陽以西即此也　兩「青」原皆作「清」，據史記秦始皇本紀二三五頁改。史記集解引蘇林注曰：「青陽，長沙縣是也。」按：北宋本、傅校本、遞修本下字猶作「青」。

〔六六〕漢改爲臨湘縣　北宋本、傅校本、遞修本、明抄本、明刻本、王吴本「漢」作「後漢」，非。臨湘縣見漢書地理志下一六三九頁長沙國下。

〔六七〕亦古麋子國春秋文公十一年楚子伐麋　兩「麋」原皆作「麇」，「一」原脱，據左傳改補。

〔六八〕曹由洲　「由」原訛「田」，據北宋本、傅校本、遞修本、明抄本、明刻本、王吴本改。

〔六九〕備瑜等復追之　北宋本、傅校本、明刻本、王吴本作「被瑜等復之」，殿本、局本作「被瑜等復敗之」，並非。今據古逸叢書太平寰宇記卷一一三訂改。

〔七〇〕赤壁城一名烏林在郡西北二百二十里　「城」與「在」原脱，據古逸叢書太平寰宇記卷一一三補。按：北宋本、傅校本、遞修本、明抄本、明刻本、王吴本「城」字未脱。

〔七一〕軍敗引還南郡　「引」原訛「方」，據北宋本、傅校本、遞修本、明抄本、明刻本、王吴本改。

〔七二〕其漢陽郡圖經及俗説　「俗説」原訛作「流俗」，據北宋本、明抄本及古逸叢書太平寰宇記卷一一三改正。

〔七三〕本羅子國　「本」原訛「大」，據諸本改。

〔七四〕南至零陵郡五百八十里　按：桂陽郡在衡陽郡之南，零陵郡在衡陽郡之西南。

〔七五〕所謂酃酒　「酒」原脱，據諸本補。

〔七六〕荼陵　「荼」原作「茶」，據北宋本改。下同。

〔七七〕西至平樂郡四百里　按：平樂郡在江華郡西南。

〔七八〕東北到始安郡五百里　按：始安郡在江華郡西，此云東北，誤。按：古逸叢書太平寰宇記卷一一六云：「東北至韶州五百里。」亦誤。韶州（始興郡）隔郴州（桂陽郡）而在江華郡正東偏南。

〔七九〕併屬零陵郡 「併」北宋本、遞修本作「置」。

〔八〇〕有都龐嶺 「有」原作「漢」，據北宋本、王吴本改。

〔八一〕南陽郡蔡陽縣 北宋本、傅校本、明刻本無上「陽」，誤。

〔八二〕東至廬陵郡一千二百五十里 按：廬陵郡在桂陽郡東北。

〔八三〕東南到南康郡千一十里 按：南康郡在桂陽郡東。

〔八四〕三百里 「三」原作「二」，據北宋本改。

〔八五〕縣北臨章水 「章」原訛「漳」，據元和郡縣志卷二九七〇八頁、古逸叢書太平寰宇記卷一一七改。

〔八六〕南平 「南」原訛「高」，唐會要卷七一郴州條云：「南平縣，武德七年改爲臨武縣。咸亨二年又析置南平縣。」今據以訂改。下同。

〔八七〕連山郡 「連」字原爲空白，據諸本補字。

〔八八〕東南到始興郡五百一十里 按：始興郡在連山郡正東。

〔八九〕隋平陳 原無「隋平」，據隋書地理志下八九六頁訂補。

〔九〇〕有乳穴三十七 「七」原作「二」，據北宋本、明抄本改。按：古逸叢書太平寰宇記卷一一七也作「七」。

〔九一〕有湟水 「有」原訛「石」，據諸本改。

〔九二〕即此地　「地」原作「也」，據北宋本、遞修本、明抄本改。

〔九三〕三百十二里　「二」原作「七」，據北宋本、王吴本改。

〔九四〕東北到澧陽郡安鄉縣界　「到澧陽郡」原作「至」，據北宋本、傅校本、遞修本、明抄本、明刻本改補。

〔九五〕趙廞　「廞」原作「欽」，據晉書良吏傳二三三五頁改。

〔九六〕光武時移東出　「時」原脱，據晉書良吏傳二三三五頁補。

〔九七〕純紀陂　古逸叢書太平寰宇記卷一一八作「純純陂」。

〔九八〕凡洲　「凡」原訛「九」，據北宋本改。按：水經沅水注作「氾」。古逸叢書太平寰宇記卷一一八及所引水經注作「汎」。

〔九九〕洲長二十里即李衡種甘所　「十」下原有「餘」，「甘」下原有「橘」，據北宋本删。按：傅校本、明抄本、明刻本、王吴本均無「橘」字。

〔一〇〇〕北至江陵郡三百里　「三」原作「二」，據北宋本、王吴本改。

〔一〇一〕七百五十九里　「七」原作「二」，據北宋本改。

〔一〇二〕領郡八　「八」，漢書地理志上、後漢書郡國志四三四七一頁荆州下均作「七」。中國歷史地圖集第二册兩漢荆州刺史部亦爲七郡。

〔一〇三〕吴時置天門郡　「天」原訛「石」，據宋書州郡志三一一一九頁、水經澧水注、隋書地理志下八九五頁、古逸叢書太平寰宇記卷一一八改正。

〔一〇四〕以武關外易之 「外」下原有「地」，據傅校本、明抄本、明刻本及太平寰宇記卷一二〇删。按：北宋本、遞修本「外」訛「水」。

〔一〇五〕五溪謂酉辰巫武沅等五溪也 「沅」原訛「陵」，據北宋本、王吴本及太平寰宇記卷一二〇改。

〔一〇六〕去西京三千九百五十里 「三」原訛「二」，據諸本改。

〔一〇七〕以當牂牱之衝要 「以」下原有「地」，據北宋本、傅校本、明抄本、明刻本删。

〔一〇八〕大唐武德元年以當牂牱之衝要遂置務州貞觀八年改爲思州 「武德元年」、「貞觀八年」，元和郡縣志卷三〇、舊唐書地理志三一六二六頁、新唐書地理志五一〇七五頁、太平寰宇記卷一二二、輿地紀勝卷七八思州條均作「武德四年」、「貞觀四年」。

〔一〇九〕思邛 「思邛」原訛「思印」，據元和郡縣志卷三〇、舊唐書地理志三一六二七頁、新唐書地理志五一〇七五頁、太平寰宇記卷一二二、通考輿地考五改正。

〔一一〇〕二百十九里 「二」原作「三」，據北宋本、傅校本、遞修本、明抄本改。

〔一一一〕古蠻夷之地 「地」原作「國」，據北宋本、傅校本、遞修本、明抄本、明刻本改。

〔一一二〕即五溪之一 「五」原訛「武」，據北宋本、傅校本、遞修本、明抄本、明刻本、王吴本改。

〔一一三〕中有一石如狗形 「中」原脱，據北宋本、傅校本、遞修本、明抄本、明刻本、王吴本補。

〔一一四〕南至龍標郡渭溪縣 「標」原作「溪」，「溪」原訛「陽」。下文有龍標郡，領縣有渭溪。今據以訂改。

〔一一五〕西南到渭陽水路一百五十里 「到」下原有「當郡」，據北宋本、傅校本、明抄本、明刻本、王吴本删。

〔一六〕東北到盧溪郡麻陽縣界水路三百里　「北」原訛「南」，據諸本改。「三百」，北宋本、傅校本、遞修本、明抄本、明刻本、王吴本作「十五」。

〔一七〕西北到盧溪郡二百五十里　按：盧溪郡在靈溪郡之東南，此云西北，誤。靈溪郡西北接清江郡（施州），而元和郡縣志卷三〇云：「山路峻，不通行。」

〔一八〕東至盧溪郡　按：盧溪郡在潭陽郡北。

〔一九〕南至邵陽郡　按：邵陽郡在潭陽郡東。

〔二〇〕東南到邵陽郡一千八百六十里　原作「東南到辰溪縣一百七十三里」，北宋本作「東南到盧溪郡辰溪縣百七十三里」，並誤。今據遞修本、明刻本、王吴本改正。按：盧溪郡辰溪縣在潭陽郡正北。

〔二一〕西南到泝沅口入朗八百里　「朗」原作「武陵郡」，清人妄改。今據北宋本、傅校本、遞修本、明抄本、明刻本、王吴本改回。按：朗指朗溪水。若指朗州（武陵郡），朗州在巫州（潭陽郡）東北，不得言「西南」，亦不得言「泝」。

〔二二〕漢無陽縣　「無」原訛「巫」，據元和郡縣志卷三〇七五一頁訂改。按：漢無陽縣屬武陵郡，見漢書地理志上一五九五頁。

〔二三〕西至南浦郡　「南」原訛「寧」，今參照中國歷史地圖集第五册唐黔中道圖和山南東道圖訂改。

〔二四〕東南到夷陵郡界三百里　按：夷陵郡在清江郡之東和東北，醴陽郡在清江郡東南。

〔二五〕五百五十里　「五十」原作「八十」，據北宋本、王吴本改。

〔二六〕雲安郡界　「界」原脱，據北宋本、傅校本、遞修本、明抄本、明刻本補。

〔二七〕户三千八百十五　「十」上原有「二」，據北宋本、傅校本、明抄本、明刻本删。

〔二八〕大唐貞觀七年置珍州　「七年」，元和郡縣志卷三〇、舊唐書地理志三一六二九頁、新唐書地理志五一〇七六頁並作「十六年」。新志云：「貞觀十六年，開山洞置珍州，並置夜郎、麗皋、樂源三縣，後爲夜郎郡。」通典作「七年」似誤。

〔二九〕去西京四千四百里去東京四千九百里　自此至溱溪郡注文「户二千一百口九千二百」原脱，今據殿本補。按：局本據殿本翻刻，而於此漏刻整整一頁。所漏刻者爲殿本之第二二頁，共二〇行。

〔三〇〕口二萬三千　「三」原作「四」，據北宋本、遞修本改。

〔三一〕琊川　「琊」原訛「瑯」，據舊唐書地理志三一六二五頁、新唐書地理志五一〇七五頁、太平寰宇記卷一二一改。

〔三二〕南至涪川郡　按：涪川郡在義泉郡東。

〔三三〕東南到寧夷郡五百八十里　「寧夷」原訛「夷陵」，據北宋本、傅校本、遞修本、明抄本、明刻本改正。

〔三四〕南至羈縻充州梓潼縣界四百里　「充」原訛「兖」，據舊唐書地理志三一六二五頁、新唐書地理志七下一一四三頁改。下同。按：舊唐志云：「梓薑，舊於縣置充州，天寶三年，以充州荒廢，以梓薑爲業州，其充州爲羈縻州。」

〔三五〕北至盧陽郡二百八十里　「陽」原訛「溪」，今參照中國歷史地圖集第五册唐黔中道圖訂正。下同。

按：盧陽郡在龍標郡正北，而盧溪郡在龍標郡之東北，且中隔龍陽郡。

〔三六〕口七千三百　「三」原作「四」，據北宋本、傅校本、明刻本改。

〔三七〕今理榮懿縣　「榮」原訛「營」，據元和郡縣志卷三〇七四五頁、舊唐書地理志三一六二九頁、新唐書地理志五一〇七六頁、太平寰宇記卷一二二改。下同。

〔三八〕雜以蠻左　「左」原作「獠」，據北宋本、遞修本改。

王文錦點校

通典卷第一百八十四

州郡十四

古南越今置郡府七十一　計縣二百九十四

南海廣十二縣南海　番禺　增城　浛洭　東官　清遠　懷集　湞陽　永固　化蒙　寶安　四會

始興韶六縣始興　曲江　仁化　湞昌　翁源　樂昌

義寧岡二縣新會　義寧

海豐循六縣歸善　海豐　興寧　博羅　河源　雷鄉

恩平恩三縣陽江　恩平　杜陵

南陵春二縣陽春　羅水

臨賀賀六縣臨賀　桂嶺　馮乘　蕩山　富川　封陽

高要端二縣高要　平興

感義藤三縣 鐔津 感義 安昌

晉康康四縣 端溪 晉康 悅城 都城

臨封封二縣 封川 開建

開陽瀧五縣 瀧水 開陽 建水 永寧 正義

高涼高三縣 良德 電白 保定

連城義三縣 岑溪 永業 連城

新興新三縣 新興 永順 索盧

銅陵勤二縣 富林 銅陵

懷德竇四縣 信義 懷德 潭峩 特亮

始安桂十縣 臨桂 靈川 陽朔 荔浦 建陵 永豐 永福 理定 全義 純化

平樂昭三縣 平樂 永平 恭城

蒙山蒙三縣 立山 純義 東區

開江富三縣 龍平 開江 思勤

蒼梧梧三縣 蒼梧 戎城 孟陵

潯江潯三縣桂平　皇化　大賓

臨江龔六縣平南　武林　隋建　大同　陽川　寧風

鬱林鬱林五縣石南　鬱林　興業　興德　潭栗

平琴平琴四縣容山　懷義　福陽　古符

安城賓三縣嶺方　瑯琊　保城

賀水澄四縣上林　止戈　無虞　賀水

常林繡三縣常林　阿林　羅繡

象郡象三縣武化　陽壽　武仙

龍城柳五縣馬平　龍城　洛封　洛容　象

融水融三縣融水　黄水　武陽

朗寧邕七縣宣化　朗寧　思龍　如和　武緣　封陵　晉興

懷澤貴四縣鬱平　懷澤　義山　潮水

寧仁黨四縣善勞　撫安　善文　寧仁

寧浦横三縣寧浦　淳風　樂山

橫山田五縣都救　惠佳　武龍　橫山　如賴

脩德嚴三縣來賓　脩德　歸化

龍池山二縣龍池　盆山

永定巒三縣永定　武羅　靈竹

招義羅五縣石城　吴川　南河　招義　零緑

南潘潘三縣茂名　南巴　潘水

普寧容六縣北流　普寧　陵城　渭龍　羅竇　欣道

陵水辯三縣石龍　陵羅　龍化

南昌白五縣博白　建寧　周羅　龍豪　南昌

定川牢三縣南流　定川　宕川

寧越欽五縣欽江　靈山　遵化　内亭　保京

安南府七縣宋平　朱鳶　龍編　太平　交趾　武平　平道

武峩武峩五縣如馬　武勞　武緣　梁山　武峩

龍水粵四縣龍水　崖山　東璽　天河

忻城芝一縣忻城

九真愛六縣九真　安順　崇平　日南　無編　軍寧

福禄福禄二縣柔遠　唐林

文陽長四縣銅蔡　長山　其常　文陽

日南驩四縣九德　越裳　懷驩　浦陽

承化峰五縣嘉寧　承化　新昌　嵩山　珠緑

玉山陸三縣烏雷　寧海　華清

合浦廉四縣合浦　封山　蔡龍　大廉

安樂巖四縣常樂　思封　高城　石巖

海康雷三縣海康　遂溪　徐聞

温水禺四縣莪石　温水　陸川　扶桑

湯泉湯三縣湯泉　緑水　羅韶

臨潭瀼四縣臨江　波零　鵠山　弘遠

扶南籠七縣武勒　武禮　羅龍　扶南　龍賴　武觀　武江

正平八縣正平　福零　龍源　饒勉　思恩　武石　歌良　蒙都

樂古三縣樂古　古書　樂興

珠崖四縣舍城　澄邁　文昌　臨高

昌化五縣義倫　昌化　感恩　洛場　富羅

延德五縣寧遠　延德　吉陽　臨川　落屯

瓊山五縣瓊山　曾口　容瓊　樂會　顔羅

萬安四縣萬安　陵水　富雲　博遼

古南越

自嶺而南，當唐、虞、三代爲蠻夷之國，是百越之地，亦謂之南越，或云南越之君，亦夏禹之後。按甌越、閩越，禹後少康之庶子所封之地。即南越，非其種也，故輿地志云東南有二越，其義詳矣。或曰自交趾至於會稽七八千里，百越雜處，各有種姓，故不得盡云少康之後。古謂之雕題，謂雕題刻其額也。禮記王制曰：「南方曰雕題。」非禹貢九州之域，又非周禮職方之限。晉書、隋書竝謂交廣之地爲禹貢揚州之域。今稽其封略，考其鎮藪，則禹貢、職方皆不及此，故列於九州之外。在天文，牽牛、婺女則越之分野，謂漢之蒼梧、鬱林、合浦、交趾、九真、南海、日南，皆其分也。今南海、義寧、海豐、恩平、南陵、招義、臨賀、高要、潯江、感義、臨江、扶南、晉康、臨封、開陽、高涼、始安之南境，平樂、蒙山、正平、開江、連城、鬱林、平琴、安城、賀水、常林、象郡、龍城、融水、朗寧、南潘、懷澤、寧仁、新興、普寧、陵水、南昌、寧越、定川、寧浦、橫山、脩德、龍池、安南、武峩、龍水、忻城、九真、福禄、文陽、日南、承化、銅陵、永定、玉山、合浦、安樂、海康、蒼梧、懷德、臨潭、樂古、温水、湯泉等郡是也。兼得楚之交。漢零陵、桂陽，今始安之北境及始興，皆宜屬楚。秦始皇略定揚越，謫戍五方，南守五嶺。自北徂南，入越之道，必由嶺嶠，時有五處。塞上嶺一也，今南康郡大庾嶺是。騎田嶺二也，今桂陽郡臘嶺是。都龐嶺三也，今江華郡永明嶺是。甿渚嶺四也，亦江華界白芒嶺是。越城嶺五也，今始安郡北，零陵郡南，臨源嶺是。西自衡山之南，東窮於海，一山之限也。後遣任囂攻取陸梁之地，遂平南越，置郡，此爲南海、今南海、始興、義寧、海豐、恩平、南陵、臨賀、高要、感義、晉康、臨封、開陽、高涼、連城、新興、銅陵、懷德等郡是。桂林、今始安、平樂、蒙山、開江、潯江、蒼梧、臨江、鬱林、平琴、安城、賀水、常林、象郡、龍城、融水、朗寧、懷澤、寧浦、橫山、脩德、龍池、永定等郡是。象，今招義、南潘、普寧、陵水、南昌、定川、寧越、安南、武峩、龍水、忻城、九真、福禄、文陽、日南、承化、玉山、合浦、安樂、海康、温水、湯泉等郡是。置南海尉以典之，所謂東南一尉者也。任囂病且死，召趙佗謂曰：「番禺負山險阻，南北東西數千里，可以爲國。」遂以趙佗爲南海尉。秦末，趙佗遂王其地，漢因封之。佗後數代，其相吕嘉反，武帝使伏波將軍路博德討平之。分秦南海、桂林、象郡，置蒼梧、鬱林、合浦、日南、九真、交趾，并舊九郡是。元封初，又遣軍自合浦徐聞入南海，至大洲，方千里，略得之。置儋耳、珠崖二郡。至元帝時，以其數反，罷棄之。後兼置交趾刺史。領七郡。其餘土宇，自漢以後，歷代開拓。今臨潭、扶南、正平、樂古、珠崖、昌化、延德、瓊山、萬安等郡是。後漢建武中，交趾女子徵側、妹徵貳反，於是九真、日南、合浦蠻俚皆應之，自立爲交趾帝。使馬援平定交部，始調立城郭，置井邑。至獻帝，乃立爲交州。領郡七。時張津爲交趾刺史，士燮爲交趾太守，其上表請立爲州，置牧，初理龍編縣，即今安南府縣也。〔一〕乃置交州牧，徙理蒼梧廣信縣，即今郡蒼梧縣也。建安十六年。又徙理南海番禺縣，即今郡縣也。尋又移理龍編。其邊州，詔使持節給鼓吹，以重威鎮，加九錫六佾之舞。漢末，其地並屬吳，仍分爲廣州。領郡三，理番禺。後蜀以建寧太守遥領交州。晉平蜀，亦然。及平吳，仍舊交廣二州。並因前代，交領郡七，廣領郡十。〔二〕宋分爲廣州、領郡十七，理番禺。交州、領郡五，理龍編。越州。領郡三，理臨漳，今合浦郡。齊並因之。廣州領郡二十三，交州領郡九，越州領郡二十。〔三〕梁陳以來，廢置混雜，不能悉舉。大唐分爲十五部，此爲嶺南道。所領郡盡得古南越之地，並如其目，不復重出也。

南海郡東至海豐郡四百里。南至恩平郡五百里。〔四〕西至高要郡二百四十里。北至始興郡八百里。東南到恩平郡四百里。〔五〕西南到高要郡界二百三十里。西北到連山郡九百里。東北到海豐郡界三百五十里。去西京五千四百四十七里，去東京四千九百里。户五萬八千八百四十，口二十萬一千五百。

廣州今理南海、番禺二縣。秦置南海郡。二漢因之，兼置交州。領郡七。後漢末理於此。〔六〕吳因之，分置廣州。領郡三，理於此。晉、宋、齊皆因之。〔七〕晉領郡十，宋領郡十七，齊領郡二十三，〔八〕皆理於此。梁陳並置都督府。隋平陳，置總管府，後又置番州；煬帝初，復置南海郡。大唐改爲廣州，或爲南海郡。領縣十二：

南海有玉山，菖蒲澗。天井岡，〔九〕俗云越王井也。石門水，一名貪泉，即吳隱之所酌賦詩處。

番禺秦漢舊縣。有禺山，尉佗葬於此。

增城漢番禺縣地。吳置東官郡於此。〔一〇〕有增江。

浛洭漢舊縣也。浛音含，洭音匡。

東官

清遠漢中宿縣地。縣北隕山，尉佗於此山上立萬人城。湞陽硤，在縣南。

懷集漢四會縣地。

湞陽漢舊縣。湞音貞。

永固

化蒙

寶安

四會漢舊縣。宋置綏建郡於此。〔一一〕

始興郡東至南康郡界七百里。南至南海郡八百里。西至桂陽郡五百里。北至仁化縣三百二十里，重山無路。東南到南海郡界七百里。西南到桂陽郡師子岡界四百二十里。西北到南陵郡界二百二十里。〔一二〕東北到仁化縣三百二十里。去西京四千九百三十二里，去東京四千一百四十二里。〔一三〕户二萬四千二百，口十六萬八千九十。〔一四〕

韶州今理曲江縣。春秋、戰國時，皆楚地。〔一五〕秦屬南海郡。二漢屬桂陽郡。吴分置始興郡，晉因之。宋改爲廣興郡。齊又爲始興郡。隋平陳，廢始興郡，併其地屬南海郡。大唐置韶州，或爲始興郡。領縣六：

始興梁置安遠郡。〔一六〕

曲江有玉山。漢舊縣。

仁化

湞昌

翁源陳清遠郡。〔一七〕

樂昌

義寧郡東無路。南　西　北　東南　西南　西北　東北　去西京六千三百五里。去東京　户五千六百五十。無口數。〔一八〕

岡州今理新會縣。秦、二漢並屬南海郡地。東晉末，分置新會郡，宋齊梁陳並因之。隋平陳，郡廢，置封州，後又改爲允州，〔一九〕後又改爲岡州。煬帝初，州廢，并入南海郡。大唐復置岡州，〔二〇〕或爲義寧郡。領縣二：

新會有桂山，山出翡翠、孔雀、玄猿。

義寧漢番禺縣地。宋置。

海豐郡東至潮陽郡五百一十七里。南至南海郡四百里。〔二一〕西至南海郡增城縣界隔山嶺一千六百五十里。東南到潮陽郡界八百里。西南去西京五千六百里，去東京四千八百里。戶九千五百二十。無口數。北至南康郡西北到南海郡增城縣界百五十七里。東北

循州今理歸善縣。秦、二漢南海郡地，晉亦然。宋屬南海、東官、永平三郡地，齊因之。隋平陳，置循州；煬帝初州廢，置龍川郡。大唐復爲循州，或爲海豐郡。領縣六：

歸善秦漢龍川縣地。有羅、浮二山。

海豐漢舊縣。

興寧漢龍川縣地。

博羅漢舊縣。

河源

雷鄉

恩平郡東　南　西　北　東南　西南　西北〔二二〕　東北　去西京六千五百里，去東京五千六百里。户九千。無口數。

恩州今理恩平縣。秦屬南海郡。二漢爲合浦郡地。大唐貞觀中置恩州，或爲恩平郡。

領縣三：

陽江〔二三〕

恩平

杜陵

南陵郡東至南海郡六百四十二里。南至恩平郡九十三里。西至高涼郡三百三十里。北至銅陵郡百二十三里。東南到恩平郡百三十里。西南到高涼郡三百三十里。西北到開陽郡界　東北到新興郡一百六里。去西京五千六百四十里，去東京五千四百五十里。户七百四十，口二千八百。

春州今理陽春縣。秦屬南海郡。二漢屬合浦郡地。隋屬高涼郡。大唐武德四年，平蕭銑，置春州，或爲南陵郡。領縣二：

陽春漢高涼縣地。

羅水天寶後置。

臨賀郡東至連山郡二百六十里。南至臨封郡三百六十六里。西至蒼梧郡，〔二四〕山嶺重疊，不知里數。北至江華郡四百里。東南到南海郡八百七十六里。西南到蒼梧郡四百二十二里。西北到開江郡三百二十里。〔二五〕東北到零陵郡山嶺，無里數。去西京　　去東京　　户　　無口數。

賀州今理臨賀縣。秦屬南海郡。二漢屬蒼梧郡。吴分置臨賀郡，晉因之。宋文帝改爲臨慶國。〔二六〕齊復爲臨賀郡，陳因之。隋平陳，置賀州，因賀水爲名。煬帝初，廢爲縣，屬始安、熙平二郡。大唐復置賀州，或爲臨賀郡。領縣六：

臨賀漢舊縣。有賀水。

桂嶺漢臨賀縣地。

馮乘漢舊縣。

蕩山

富川漢舊縣。

封陽漢舊縣。

高要郡東至南海郡二百四十里。南至新興郡一百四十里。西至晉康郡一百六十里。北至南海郡清遠縣一百二十四里。東南到南海郡二百里。西南到新興郡一百三十里。西北到晉康郡一百二十四里。〔二七〕東北到南海郡一百二十里。去西京四千九百三十五里，去東京四千九百一十三里。〔二八〕户九千五百五十三，口二萬一百二十。〔二九〕

端州今理高要縣。秦屬南海郡。兩漢並屬蒼梧郡，晉亦然。宋齊並屬南海郡。陳置高要郡。〔三〇〕隋平陳，郡廢，置端州；煬帝初州廢，置信安郡。大唐爲端州，或爲高要郡。領縣二：

高要漢舊縣。

平興漢高要縣地。

感義郡東至連城郡二百五十里。〔三一〕南至連城郡二百里。西至臨江郡百四十九里。北至蒼梧郡九十七里。東南到蒼梧郡一百九十八里。西南到普寧郡二百五十一里。西北到臨江郡一百四十九里。〔三二〕東北到蒼梧郡一百九十八里。去西京五千五百九十六里，去東京五千二百里。户三千九百八十，口〔三三〕

藤州今理鐔津縣。秦屬南海郡。二漢並屬蒼梧郡。晉屬永平郡。隋平陳，置藤州；煬帝初州廢，後置永平郡。大唐復爲藤州，或爲感義郡。領縣三：

鐔津有瘴江。〔三四〕漢猛陵縣地。

感義

安昌

晉康郡東至高要郡百六十里。南至開陽郡二百三十里。西至臨封郡百三十里。北至臨封郡百三十里。東南到新興郡二百七十里。西南到蒼梧郡二百八十四里。西北到臨封郡百三十里。東北到南海郡三百四十里。去西京五千七百五十里，去東京五千一百五十里。户五千一百，口一萬七千二百一十。

康州今理端溪縣。秦屬南海郡。二漢屬蒼梧郡。晉分置晉康郡，宋齊以下因之。隋平陳，廢晉康，并入信安郡。今高要郡也。大唐復爲康州，或爲晉康郡。領縣四：

端溪漢舊縣。

晉康

悦城

都城漢端溪縣地。

臨封郡東至晉康郡百三十里。南至晉康郡百三十里。西至蒼梧郡八十里。北至臨賀郡三百六十六里。東南到晉康郡百三十里。西南到晉康郡界百三十里。西北到蒼梧郡五十五里。東北到南海郡九十五里。去西京四千八百八十里，去東京四千五百一十里。户三千九百十，口八千九百二十。

封州今理封川縣。晉以前土地與晉康郡同。梁置梁信郡，兼置成州。隋平陳，廢梁信郡，改成州爲封州；煬帝初，州廢爲封川縣，屬蒼梧郡。大唐復置封州，或爲臨封郡。領縣二：

封川

開建漢封陽縣地。

開陽郡東至晉康郡三百三十里。〔三五〕南至南陵郡三百八十六里。西至高涼郡百八十里。〔三六〕北至連城郡二百七十七里。〔三七〕東南到銅陵郡二百六十里。西南到懷德郡百八十里。西北到思麻嶺四十七里。東北到晉康郡二百三十里。去西京六千一百二里，去東京五千四百里。户七百十，〔三八〕口一千八百三十。

瀧州今理瀧水縣。瀧，數江反。秦、二漢土地與晉康郡同。梁置瀧州。隋煬帝初，州廢，〔三九〕瀧州置永熙郡。大唐復置瀧州，或爲開陽郡。領縣五：

瀧水漢端溪縣地。

開陽
建水
永寧
正義

高涼郡東至南陵郡三百三十里。南至南潘郡九十里。西至到南潘郡九十里。西南到　西北到懷德郡九十二里。東北到開陽郡界三百五十里。去西京六千二百六十二里，[四一]去東京五千五百二十里。户五千八百五十，口一萬八千一百四十。　北至開陽郡三百五十里。[四〇]東南

高州今理良德縣。秦以前土地與晉康郡同。二漢屬合浦郡。吴置高涼郡，晉因之。初吴又立高興郡；晉亦有之，其後悉併於高涼郡。齊亦爲高涼郡。梁兼置高州。隋平陳，郡廢，而高州如故；煬帝初州廢；屬高涼、永熙二郡地。大唐復爲高州，或爲高涼郡。領縣三：

良德
電白梁置電白郡。
保定舊保安縣，後改爲保定。

連城郡東至蒼梧郡嶂嶺一百七十里。南至懷德郡三百三十里。西至普寧郡九十里。北至感義郡二百里。〔四二〕東南到懷德郡一百七十六里。〔四三〕西南到普寧郡二百里。西北到感義郡二百里。東北到開陽郡二百九十里。去西京　去東京　户一千一百一十，口七千三百三。〔四四〕

義州今理岑溪縣。秦屬南海郡。二漢屬蒼梧郡。大唐武德四年，置南義州。貞觀元年廢，以其地屬南建州；二年，復置義州。其後或爲連城郡。領縣三：

岑溪

永業

連城漢端溪縣地。

新興郡東至義寧郡界四十一里。〔四五〕南至恩平郡界八十二里。西至晉康郡二百七十二里。〔四六〕北至高要郡一百四十里。東南到義寧郡三十四里。〔四七〕西南到銅陵郡一百七十里。西北到晉康郡二百七十二里。東北到高要郡一百四十里。去西京五千五十三里，去東京五千里。户四千五十，口九萬一百五十。

新州今理新興縣。秦屬南海郡。二漢屬合浦郡。晉分置新寧郡，宋齊因之。梁置新州。隋屬信安郡。大唐亦爲新州，或爲新興郡。領縣三：

新興

永順

索盧

銅陵郡東至新興郡百七十五里。南至銅陵縣八十五里。〔四八〕西至開陽郡二百六十里。北至晉康郡界五十里。東南到新興郡三十五里。西南到南海郡六百三十五里。〔四九〕西北到晉康郡二百七十三里。東北到新興郡百七十五里。去西京五千三百九十里，去東京五千三百六十里。户六百八十二，口一千九百三十三。

勤州今理富林縣。秦屬南海郡。二漢屬合浦郡。隋屬信安郡。大唐置勤州，或爲銅陵郡。領縣二：

富林

銅陵

懷德郡東至開陽郡百八十里。南至南潘郡百五十里。西至普寧郡二百里。〔五〇〕北至連城郡二百三十里。東南到高涼郡九十二里。西南到温水郡百九十里。〔五一〕西北到連城郡百七十六里。〔五二〕東北到開陽郡一百八十里。去西京六千一百二里，去東京五千四百里。户一千三百九十，口七千三百三十。

竇州今理信義縣。秦屬南海郡。二漢屬蒼梧郡。隋屬永熙郡。大唐武德五年，置南扶州。〔五三〕貞觀八年，改爲竇州，或爲懷德郡。領縣四：

信義

懷德

潭峩

特亮並漢端溪縣地。

始安郡東至江華郡五百里。南至平樂郡二百一十里。西至融水郡四百九十三里。北至邵陽郡六百八十五里。東南到臨賀郡五百三十里。西南到龍城郡八百里。西北到潭陽郡界百五十里。〔五四〕東北到零陵郡五百五十里。去西京四千七百六十里，去東京四千四十里。户一萬二千七百七十，口七萬一千一十八。

桂州今理臨桂縣。戰國時楚國及越之交。秦爲桂林郡地。二漢屬零陵、蒼梧二郡。吴分置始安郡，晉因之。宋改始安爲始建國。齊復爲始安郡。梁置桂州。隋平陳，置總管府；煬帝初府廢，復置始安郡。大唐爲桂州，或爲始安郡。有越城嶺，今謂之臨源嶺，即五嶺之一。領縣十：

臨桂漢始安縣。有灕水，一名桂江。又有荔水，亦曰荔江。其源多桂，不生雜樹。

靈川

陽朔

荔浦漢舊縣。

建陵

永豐

永福漢始安縣地。

理定漢始安縣地。隋曰興安，近改。

全義

純化〔五五〕

平樂郡東至臨賀郡界百五十四里。南至開江郡百六十六里。西至始安郡二百二十里。北至零陵郡六百三十九里。東南到開江郡界六十二里。西南到始安郡界二百里。西北到始安郡二百里。東北到江華郡四百里。去西京四千四百三十里，去東京四千二百一十里。户二千三百三十四，口二萬一千四百一十九。

昭州今理平樂縣。秦桂林郡地。二漢屬蒼梧郡，晉因之。宋屬始建國。〔五六〕齊屬始安郡，隋亦然。大唐武德四年，置樂州。貞觀八年，改爲昭州，取昭潭爲名。長沙郡本潭州，亦取昭潭爲名，則彼此皆有昭潭。郡北有昭岡潭，〔五七〕只在江中，蓋因岡爲名。或爲平樂郡。領縣三：

平樂

永平

恭城有目巖山，其巖如人目瞳子，黑白分明。有榮山，山多目容。〔五八〕

蒙山郡東至開江郡九十七里。南至始安郡二百四十九里。〔五九〕西至始安郡建陵縣九十里。北至始安郡荔浦縣四十里。東南到廢博勞縣界九十二里。西南到象郡百七十六里。西北到始安郡五十里。東北到開江郡界三十六里。去西京水陸五千一百里，去東京四千七百里。户一千一百一十六，口五千九百三十三。

蒙州今理立山縣。秦桂林郡地。二漢屬蒼梧郡。隋爲始安郡。〔六〇〕大唐置蒙州，或爲蒙山郡。郡東有蒙山，山下有水名蒙水，山下居人亦皆姓蒙。〔六一〕領縣三：

立山

純義

東區音歐。並漢荔浦縣地。

開江郡東至臨賀郡三百二十里。南至蒼梧郡二百二十八里。西至蒙山郡九十七里。北至平樂郡百六十六里。

東南到蒼梧郡頓嶺九十里。西南到臨江郡古㮽山百五十里。西北到始安郡大陣山八十里。東北到臨賀郡北都洞二百里。去西京五千一百三十里，去東京四千八百五十里。户一千四百六十，口八千五百八十。

富州今理龍平縣。秦桂林郡地。二漢屬蒼梧郡地。梁爲開江、武成二郡地。陳置静州，改開江、武成二郡爲逍遥郡。〔六二〕隋平陳，並廢爲縣，屬始安郡。大唐又置静州，貞觀八年改爲富州，因富水爲名。或爲開江郡。領縣三：

龍平

開江

思勤並漢臨賀縣地。

蒼梧郡東至臨封郡八十里。南至西至感義郡百九十里。北至開江郡界東南到臨封郡五十五里。西南到西北到開江郡六十里。東北到臨賀郡四百十里。去西京五千五百里，去東京五千一百里。户一千一百，口六千二百七十。〔六三〕

梧州今理蒼梧縣。秦屬桂林郡。二漢爲蒼梧郡，兼置交州，領郡七，理於此。晉以後並因之。梁屬成州。隋平陳，改爲封州；煬帝初州廢，屬蒼梧、永平二郡地。大唐爲梧州，或爲蒼梧郡。領縣三：

蒼梧漢廣信縣城，即此地。〔六四〕

戎城

孟陵漢猛陵縣。

潯江郡東至臨江郡百三十里。南至常林郡二百五十里。西至懷澤郡百五十里。北至蒙山郡三百六十里。〔六五〕東南到常林郡界百二十里。西南到鬱林郡界二百三十里。西北到象郡三百六十里。〔六六〕東北到臨江郡界百二十里。去西京五千九百六十里，〔六七〕去東京五千七百里。户一千九百三十，口六千八百三十。

潯州今理桂平縣。秦屬桂林郡。二漢以後并屬鬱林郡。隋屬永平、鬱林二郡地。大唐置潯州，或爲潯江郡。領縣三：

桂平漢布山縣地。

皇化〔六八〕漢阿林縣地。

大賓漢布山縣地。

臨江郡東至感義郡百四十九里。南至常林郡九十五里。西至潯江郡百三十里。北至蒙山郡二百四十九里。東南到感義郡界八十三里。西南到潯江郡　西北到蒙山郡八十四里。東北到開江郡　去西京五千七百二十一里，〔六九〕去東京五千三百六十一里。户五千，口二萬一千。

龔州今理平南縣。秦屬桂林郡。二漢屬蒼梧、鬱林二郡地。晉因之。大唐置龔州，或爲臨江郡。領縣六：

平南

武林漢猛陵縣地。

隋建漢猛陵縣地。

大同漢布山縣地。

陽川

寧風〔七〇〕

鬱林郡東至平琴郡九十里。南至定川郡一百一十里。西至安樂郡百一十六里。〔七一〕北至懷澤郡百五十里。東南到定川郡百一十里。西南到安樂郡百一十里。西北到懷澤郡百五十里。東北到寧仁郡七十五里。〔七二〕去西京五千五百七里，去東京五千一百六十八里。户九千一百十，〔七三〕口九萬六百九十。

鬱林州今理石南縣。秦屬桂林郡，漢改爲鬱林郡，後漢亦同。梁置定州，後改爲南定州。隋平陳，改爲尹州；煬帝初爲鬱州，〔七四〕尋改爲鬱林郡。大唐爲鬱林州，〔七五〕或爲鬱林郡。

領縣五：

石南陳置石南郡於此。

鬱林

興業

興德

潭栗

平琴郡東至寧仁郡二十二里。南至定川郡一百里。西至鬱林郡九十里。北至常林郡九十二里。東南到定川郡百一十里。西南到　　西北到懷澤郡百五十里。東北到寧仁郡　　去西京六千四百八十里，去東京五千八百三十里。户七百四十，口三千九百九十。

平琴州今理容山縣。舊鬱林郡地。大唐置平琴州，或爲平琴郡。領縣四：

容山

懷義

福陽

古符

安城郡東至懷澤郡界九十七里。南至永定郡二百五十里。〔七六〕西至賀水郡百六十五里。北至象郡界百二十里。〔七七〕東南到懷澤郡百七十里。西南到朗寧郡二百五十七里。西北到賀水郡百二十里。東北到象郡三百二十里。去西京四千五百里，去東京四千一百里。户一千三百六十，口八千五百八十。

賓州今理嶺方縣。秦屬桂林郡。二漢爲鬱林郡，晉、宋、齊因之。隋屬鬱林郡。大唐置賓州，或爲安城郡。領縣三：

嶺方漢舊縣。

瑯琊

保城梁置安城縣於此。後改爲保城。

賀水郡東至安城郡百六十五里。南至朗寧郡三百里。西至欒古郡五百七十九里。北至脩德郡四百三十五里。〔七八〕東南到安城郡百二十里。西南到　　　西北到　　　東北到　　　去西京四千六百里，去東京四千三百里。户一千八百，口二千三百三十。〔七九〕

澄州今理上林縣。土地與賓州同。大唐置澄州，或爲賀水郡。領縣四：

上林漢嶺方縣地。

止戈漢嶺方縣地。

無虞漢嶺方縣地。

賀水漢潭中縣地。

常林郡東至　南至寧仁郡五十里。西至懷澤郡百里。北至懷澤郡百里。〔八〇〕東南到　西南到　西北到〔八一〕　東北到　去西京六千二百里，去東京五千四百里。戶一千七百二十，口一萬二百三十。

繡州今理常林縣。秦屬桂林郡。二漢屬鬱林郡，晉以後因之。〔八二〕隋屬鬱林郡。大唐平蕭銑，置繡州，或爲常林郡。領縣三：

常林

阿林漢舊縣。

羅繡

象郡東至蒙山郡百七十六里。南至懷澤郡三百里。〔八三〕西至龍城郡二百里。北至始安郡四百七十里。東南到潯江郡三百六十里。西南到脩德郡二百九十里。〔八四〕西北到龍城郡二百里。東北到龍城郡界二百二十里。〔八五〕去西京四千九百八十九里，去東京四千六百八十里。户二千九百七十，口一萬八千九十。

象州今理武化縣。秦屬桂林郡。二漢屬鬱林郡地。吴又分置桂林郡，晉、宋、齊皆因之。〔八六〕隋平陳，置象州，因象山爲名。煬帝廢入始安郡。大唐復置象州，或爲象郡。秦之象郡，今合浦郡是也，非今象郡。領縣三：

武化

陽壽

武仙並漢中留縣地。〔八七〕

龍城郡東至始安郡四百七里。南至歸化州百二十里。〔八八〕西至龍水郡二百九里。北至融水郡三十里。東南到象郡二百里。西南到脩德郡百八十里。西北到龍水郡二百四十里。〔八九〕東北到始安郡八百里。去西京五千四百七十里，去東京五千六百里。户一千四百四十二，口萬五百五十。〔九〇〕

柳州今理馬平縣。秦土地與象郡同。晉以後屬桂林郡。隋屬始安郡。大唐平蕭銑，置昆州，貞觀八年改爲柳州，或爲龍城郡。領縣五：

馬平

龍城

洛封

洛容

象並漢潭中縣地。

融水郡東至始安郡四百九十三里。南至龍城郡三十里。西至武陵山二百里。北至潭陽郡三百八十五里。東南　　西南　　西北　　東北〔九一〕　　去西京五千二百七十里，去東京四千四百七十里。户一千二百三十，口七千五百。

融州今理融水縣。土地與龍城郡同。大唐置融州，或爲融水郡。領縣三：

融水

黄水

武陽〔九二〕

朗寧郡東至永定郡三百里。南至臨潭郡二百八十二里。西至横山郡六百四十二里。北至賀水郡三百里。東南到寧越郡三百五十里。西南到羈縻左州五百里。西北到思恩州四百九十里。東北到安城郡二百五十七里。去西京五千六百里，去東京五千三百二十七里。户二千八百九十，口七千三百。

邕州今理宣化縣。秦屬桂林郡。二漢以後屬鬱林郡。大唐武德四年，置南晉州，貞觀五年改爲邕州，〔九三〕或爲朗寧郡。領縣七：

宣化漢嶺方縣地。

朗寧

思龍

如和

武緣漢嶺方縣地。

封陵

晉興

懷澤郡東至常林郡一百里。南至鬱林郡百五十里。西至寧浦郡二百里。〔九四〕北至象郡三百里。東南到鬱林郡百五十里。西南到安城郡九十四里。〔九五〕西北到安城郡百七十里。東北到潯江郡百五十里。去西京五千三百八十里，去東京五千一百二十里。户三千二十六，口九千三百。

貴州今理鬱平縣。古西甌、駱越之地。秦屬桂林郡，徙謫人居之。自漢以下，與鬱林郡同。大唐置貴州，或爲懷澤郡。領縣四：

鬱平

懷澤

義山

潮水漢廣鬱縣地。

寧仁郡東至常林郡八十里。〔九六〕南至定川郡百里。西至平琴郡二十二里。北至常林郡五十里。東南到普寧郡百五十里。西南到平琴郡五十五里。西北到常林郡百里。東北到常林郡三十五里。〔九七〕去西京六千四百三十八里，去東京五千七百里。户一千三百，口六千二百二十。

黨州今理善勞縣。秦桂林郡地。大唐置黨州，或爲寧仁郡。領縣四：

善勞

撫安

善文

寧仁

寧浦郡東至懷澤郡二百里。南至寧越郡三百五十里。西至永定郡百五十里。北至安城郡二百六十里。東南到樂山縣百七十里。〔九八〕西南到寧越郡百四十五里。西北到永定郡百五十七里。東北到當郡寧浦縣百五十五里。〔九九〕去西京五千五百三十五里，去東京四千七百里。户一千九百二十，口八千三百四十。

横州今理寧浦縣。秦桂林郡。二漢鬱林、合浦二郡地。吴置寧浦郡，晉因之，宋齊不改。梁又分置簡陽郡。〔一〇〇〕隋平陳，二郡並廢，置簡州，後又爲緣州；煬帝廢州，屬鬱林郡。大唐割爲横州，或爲寧浦郡。領縣三：

寧浦漢廣鬱縣地。

淳風漢高淳縣地。

樂山漢高涼縣地。〔一〇一〕

横山郡東、南、西、北、東南、西南、西北、東北以上疆境與朗寧郡同。去西京五千二百里，去東京四千八百六十里。户四千一百六十，口一萬七百二十。

田州今理都救縣。土地與朗寧郡同。〔一〇二〕大唐爲田州，或爲横山郡。領縣五：

都救

惠佳

武龍

橫山

如賴

脩德郡東至象郡陽壽縣百三十里。南至象郡武化縣百一十里。〔一〇三〕西至懷澤郡九十三里。〔一〇四〕北至歸化州百五十里。〔一〇五〕東南到象郡界百八十里。西南到懷澤郡百三十里。西北到賀水郡八十五里。〔一〇六〕東北到龍城郡二百四十里。去西京五千三百二十七里，去東京四千八百九十三里。户一千八百一十，口七千五十。

嚴州今理來賓縣。秦桂林郡地。大唐乾封三年，置嚴州，或爲脩德郡。領縣三：

來賓

脩德

歸化

龍池郡東　南　西　北　東南　西南　西北　東北　去西京五千八百里，去東京四千三百里。户一千三百，口五千二百。

山州今理龍池縣。土地與白州同。大唐爲山州，或爲龍池郡。領縣二：

龍池

盆山

永定郡東至寧浦郡百五十里。南至寧浦郡百四十里。西至朗寧郡三百里。北至安城郡二百五十五里。東南西南西北東北去西京五千三百里，去東京四千九百里。户七百七十，口三千八百。

巒州今理永定縣。秦屬桂林郡。〔一〇七〕大唐置淳州，天寶元年改爲永定郡，乾元元年復爲淳州，永貞元年改爲巒州。領縣三：

永定

武羅

靈竹

招義郡東至當郡吳川縣大海一百四十里。〔一〇八〕南至海康郡二百五十里。西至合浦郡二百五十里。北至陵水郡一百五十里。東南到海康郡一百七里。西南到零緑縣一百二十里，至大海。西北到南昌郡二百三十里。東北到陵水郡百五十里。去西京七千四百十五里，去東京五千七百五里。户一千二百六十八，口九千四百一十。

羅州今理石城縣。秦屬象郡。二漢屬合浦郡地。宋屬高凉郡，齊因之。梁陳置羅州因宋置羅縣爲名。〔一〇九〕及高興郡。隋平陳，郡廢，羅州如故；煬帝初州廢，并其地入高涼郡。大唐復爲羅州，〔一一〇〕或爲招義郡。領縣五：

石城

吴川

南河

招義

零緑

南潘郡東至高涼郡九十里。南至大海百五十六里。西至陵水郡百二十二里。北至懷德郡百五十里。東南到大海百六十里。西南到陵水郡百里。西北到温水郡百十五里。東北到高涼郡九十里。〔一一一〕去西京七千百八十七里，去東京六千三百八十九里。户二千九百五十，口八千九百六十。

潘州今理茂名縣。秦屬象郡。二漢屬合浦郡。大唐武德四年置南宕州，宕，徒浪反。八年改爲潘州，〔一一二〕或爲南潘郡。領縣三：

茂名

南巴

潘水

普寧郡東至感義郡二百五十九里。南至懷德郡二百里。西至温水郡九十五里。北至臨江郡百九十里。東南到感義郡二百五十里。西南到寧仁郡百五十里。西北到隋建縣三百六十里。東北到連城郡百里。〔一二三〕去西京五千九百十里，去東京五千四百八十里。户四千九十，口一萬七千八十。

容州今理北流縣。秦屬象郡。二漢屬合浦郡。隋爲合浦、永平二郡地。大唐平蕭銑後，置銅州，貞觀八年改銅州爲容州，州有容山。或爲普寧郡。州南去三十餘里，有兩石相對，狀若關門，〔一二四〕闊三十步，俗號鬼門關。漢伏波將軍馬援討林邑蠻，路由於此，〔一二五〕立碑，石龜尚在。昔時往交趾，皆由此關。〔一二六〕其南尤多瘴癘，去者罕得生還，諺云：「鬼門關，十人去，九不還。」領縣六：

北流

普寧

陵城

渭龍

羅竇

欣道

陵水郡東至南海郡千一百四十四里。南至招義郡界五十五里。西至南昌郡二百三十里。北至温水郡三百八十二里。東南到南潘郡四十里。〔一一七〕西南到招義郡百五十里。西北到南昌郡三百里。東北到　去西京五千七百十八里，去東京五千三百七十里。户一千六百二十，口五千三百二十。

辯州今理石龍縣。秦屬象郡。二漢屬合浦郡。大唐置辯州，或爲陵水郡。領縣三：

石龍

陵羅

龍化並漢高涼縣地。〔一一八〕

南昌郡東至陵水郡三百里。南至招義郡三百三十里。〔一一九〕西至朗平山八十里。北至定川郡一百里。東南到招義郡二百三十里。〔一二〇〕西南到合浦郡二百里。西北到定川郡七十五里。東北到温水郡二百里。去西京六千一百七十五里，〔一二一〕去東京五千九百一十九里。户二千五百二十，口九千四百九十。

白州今理博白縣。秦屬象郡。二漢屬合浦郡。隋屬合浦郡。大唐平蕭銑，於此置南州，尋改爲白州，或爲南昌郡。〔一二二〕領縣五：

博白

建寧

周羅

龍豪

南昌並漢合浦縣地。〔一二三〕

定川郡東至普寧郡百二十五里。南至南昌郡百里。〔一二四〕西至鬱林郡百一十里。北至寧仁郡百里。〔一二五〕東南到南昌郡 西南到 西北到鬱林郡百里。東北到 去西京六千一百五里，去東京五千八百三十六里。户一千六百四十，口一萬一千七百五十。

牢州今理南流縣。秦屬象郡地。二漢屬日南郡。吴省。晉平吴，復置。宋分置南流郡。齊梁曰定川郡。隋屬合浦郡。大唐置義州，後改爲智州，又改爲牢州，或爲定川郡。領縣三：

南流

定川

宕川

寧越郡東至安樂郡四百里。〔一二六〕南至大海二百五十里。西至臨潭郡六百三十里。北至寧浦郡三百五十里。

東南到合浦郡七百里。西南到玉山郡六百里。西北到朗寧郡三百五十里。東北到懷澤郡四百六十里。去西京五千二百五十里，去東京四千二百里。户二千三百四十，口一萬四千四十。

欽州今理欽江縣。晉以前與白州同。宋齊以來置宋壽郡。梁又置安州。隋平陳，郡廢而安州如故，後改安州爲欽州；煬帝初州廢，置寧越郡。大唐爲欽州，或爲寧越郡。領縣五：

欽江

靈山

遵化

内亭

保京並漢合浦縣地。

安南都護府東至朱鳶縣界水路五百里。南至朱鳶縣界阿勞江口水路百四十九里。〔一二七〕西至九真郡界水路四百一十六里。〔一二八〕北至武平縣界江源二百五十里。〔一二九〕東南到朱鳶縣界五百里。西南到文陽郡水路一百五十里。〔一三〇〕西北到承化郡嘉寧縣江鎮一百五十里。東北到交趾縣十里。〔一三一〕去西京七千二百五十三里，去東京七千二百二十五里。户二萬四千七百三十，口九萬九千六百五十。〔一三二〕

安南府今理宋平縣。秦屬象郡。漢交趾、日南二郡界，今南方夷人，其足大指開廣，若並足而立，其趾則交，故名交趾。後漢因之，兼置交州。領郡七，理於此。晉、宋、齊並因之。晉領郡七，宋領郡八，〔一三三〕齊領郡九，皆理於此。宋又置宋平郡，齊因之，亦爲交趾郡地。梁、陳因之。隋平陳，郡廢，置交州；煬帝初州廢，置交趾郡。大唐爲交州，後改曰安南都護府。領縣七：

宋平宋置宋平郡在此。

朱鳶吴軍平縣地。〔一三四〕舊置武平郡。鳶，以專反。

龍編漢舊縣。

太平

交趾漢龍編縣地。

武平吴舊縣。

平道齊置昌國縣。

武峩郡東 南 西 北 東南 西南 西北 東北 去西京七千三百里，去東京六千八百里。〔一三五〕戶一千八百五十，口五千三百二十。

武峩州理武峩縣。〔一三六〕土地與安南府同。大唐置武峩州，或爲武峩郡。領縣五：

如馬
武勞
武緣
梁山
武峩

龍水郡東　南　西　北　東南　西南　西北　東北　去西京　去東京　户一千二百二十，口三千二百三十。

粤州理龍水縣。土地與安南府同。大唐爲粤州，或爲龍水郡。領縣四：

龍水
崖山
東璽〔一三七〕
天河

忻城郡東　南　西　北　東南　西南

西北　東北　去西京　去東京　户一千二百，口五千三百。

芝州理忻城縣。土地與安南府同。大唐爲芝州，或爲忻城郡。領縣一：

忻城

九真郡東至安南府〔一三八〕　南至日南郡界　西　北　東南　西南　西北　東北　去西京八千八百里，去東京八千一百里。户四萬七百，口十三萬五千三十。

愛州今理九真縣。秦象郡地。漢武置九真郡，後漢同。晉亦屬九真郡，宋齊因之。梁置愛州。隋爲九真郡。大唐爲愛州，或爲九真郡。領縣六：

九真

安順

崇平

日南並漢居風縣地。

無編漢舊縣。又有漢西于縣故城，〔一三九〕在今縣東。

軍寧

福禄郡東　南　西　北　東南　西南　西北　東北　去西京　去東京　户　口

福禄州理安遠縣。土地與九真郡同。大唐爲福禄州，或爲福禄郡。領縣二：

柔遠

唐林

文陽郡東　南　西　北　東南　西南　西北　東北　去西京　去東京　户六百三十，口三千四十。

長州理文陽縣。土地與九真郡同。大唐爲長州，或爲文陽郡。領縣四：

銅蔡

長山

其常

文陽

日南郡東至福禄郡界一百里。南至羅伏郡界一百五十里。西至環王國界八百里。〔一四〇〕北至九真郡界六百里。東南到海百五十里。西南到當郡界四百里。西北到靈跋江四百七十里。東北到陵水郡五百里。〔一四一〕去西京陸路一萬二千四百五十里，水路一萬七千里。去東京陸路一萬五百九十五里，水路一萬七千二百二十里。户九千六百一十九，〔一四二〕口五萬三千八百一十八。

驩州今理九德縣。古越裳氏國，重九譯者也。秦屬象郡。二漢屬九真郡。吴分置九德郡，晉、宋、齊因之。隋置驩州，後爲日南郡。大唐爲驩州，或爲日南郡。領縣四：

九德晉舊縣。

越裳吴舊縣。

懷驩音歡。

浦陽晉舊縣。

承化郡東　南　西　北　東南到安南府　西南　西北　東北　去西京七千七百一十里，去東京〔一四三〕　户一千九百二十，口五千一百一十。

峰州今理嘉寧縣。古文朗國，有文朗水。亦陸梁地。秦屬象郡。二漢屬交趾郡。吴分置新興郡。晉武改爲新昌郡，宋齊因之。陳兼置興州。〔一四四〕隋平陳，郡廢，改爲峰州；煬帝初州廢，併入交趾郡。大唐復置峰州，或爲承化郡。領縣五：

嘉寧

承化

新昌並漢麊泠縣地。麊音麋。

嵩山〔一四五〕

珠緑

玉山郡東至合浦郡界三百里。南至大海，不知里數。西至武安州三百七十里。〔一四六〕北至恩平郡七百五十里。〔一四七〕東南到海，不知里數。西南到當郡寧海縣二百四十里。西北到蘇茂郡一百三十里。〔一四八〕東北到寧越郡六百里。去西京七千二十里，去東京七千四百二十里。〔一四九〕户四百九十，口二千七百一十。

陸州今理烏雷縣。秦象郡地。漢以來屬交趾郡。梁分置黄州及寧海郡。隋平陳，郡廢，改黄州爲玉州；煬帝初州廢，併其地入寧越郡。大唐復置玉州，上元二年改爲陸州，〔一五〇〕州界有陸水。〔一五一〕或爲玉山郡。領縣三：

烏雷

寧海

華清

合浦郡東至南昌郡二百里。南至招義郡三百五十里。西至寧越郡五百里。北至懷澤郡一百里。東南到南昌郡三百五十里。〔一五二〕西南到招義郡五百七十里。〔一五三〕西北到安南都護府一千里。東北到寧越郡七百里。〔一五四〕去西京六千五百四十里，去東京五千八百三十里。户三千一十，口一萬三千二十。

廉州今理合浦縣。秦象郡地。漢置合浦郡，後漢同。吴改爲珠官。晉又爲合浦郡。宋因之，兼置臨瘴郡及越州。領郡三，理於此。時西江督護陳伯紹請置，〔一五五〕遂以爲刺史，始立州鎮，穿山爲城門，威服俚獠。齊又因之。煬帝改爲禄州，尋改爲合州，又廢州置合浦郡。大唐置廉州，州界有瘴江。或爲合浦郡。領縣四：

合浦

封山

蔡龍

大廉並漢合浦縣。

安樂郡東　南　西　北　東南　西南

西北　東北　去西京　去東京　户一千一百一十，口五千一百三十。

巖州理安樂縣。土地與合浦郡同。大唐爲巖州，或爲安樂郡。領縣四：

常樂

思封

高城

石巖

海康郡東至大海二十里。南至珠崖郡四百三十里。西至大海二百里。北至招義郡二百五十里。東南到大海十五里。西南到大海一百里。西北到招義郡一百六十里。東北到招義郡界二百五十里。去西京六千五百一十里，去東京五千九百三十里。户四千三百三十，口二萬五百七十。

雷州今理海康縣。秦象郡地。二漢以後並屬合浦郡地。梁分置合州，大同末，以合肥爲合州，以此爲南合州。隋平陳，又爲合州；煬帝初州廢，以屬合浦郡。大唐置雷州，或爲海康郡。領縣三：

海康

遂溪

徐聞

温水郡東至連城郡一百九十里。〔一五六〕南至陵水郡三百里。西至南昌郡二百里。〔一五七〕北至普寧郡一百十里。東南　西南　西北　東北　去西京五千三百五里，去東京五千里。户三千一百八十，口一萬二百二十。

禺州今理峩石縣。秦屬象郡。大唐置南宕州，〔一五八〕後改爲東峩州，又改爲禺州，或爲温水郡。領縣四：

峩石

温水

陸川

扶桑

湯泉郡東　南　西　北　東南　西南　西北　東北　去西京六千八百三十里，去東京六千四百二十里。〔一五九〕户一千三百，口五千二百二十。

湯州今理湯泉縣。秦屬象郡。大唐置湯州，或爲湯泉郡。領縣三：

湯泉

緑水〔一六〇〕

羅韶

臨潭郡東至寧越郡六百三十里。南至　西至　北至朗寧郡二百八十二里。〔一六一〕東南　西南　西北　東北　去西京　去東京　户一千六百六十，口五千三百二十。〔一六二〕

瀼州今理臨江縣。瀼音而章反。〔一六三〕隋大將軍劉方始開此路，置鎮守，尋廢不通。大唐貞觀中，清平公李弘節尋劉方故道，開置瀼州，以達交趾。今州在鬱林之西南，交趾之東北。州界有瀼水。其後或爲臨潭郡。領縣四：

臨江

波零

鵠山

弘遠

扶南郡東　南　西　北　東南　西南
西北　東北　去西京　去東京　户三千六百六十，口一萬二百。

籠州今理武勒縣。大唐使清平公李弘節招降，置籠州，或爲扶南郡。領縣七：

武勒〔一六四〕

武禮

羅龍

扶南

龍賴〔一六五〕

武觀

武江

正平郡東　南　西　北　東南　西南
西北　東北　去西京　去東京　户　口〔一六六〕

環州今理正平縣。大唐李弘節招降，置環州，或爲正平郡。領縣八：

正平

福零

龍源

饒勉

思恩

武石〔一六七〕

歌良

蒙都

樂古郡東 南 西 北 東南 西南 西北 東北 去西京六千七百里，去東京六千三百里。户二百六十，口一千三百。

古州今理樂古縣。土地與臨潭郡同。大唐置古州，〔一六八〕或爲樂古郡。領縣三：

樂古

古書

樂興

珠崖郡東　南　西　北　東南　西南

西北　東北　去西京七千四百里，去東京六千七百里。户二千五百，口一萬二千。

崖州今理舍城縣。海中之洲也。其洲方千里。漢武置珠崖、儋耳二郡；昭帝省儋耳，併珠崖；元帝又罷珠崖郡，以其阻絶數反，故罷棄之。與今海康郡之徐聞縣對，自徐聞徑度，便風揚帆，一日一夕即至。梁置崖州。隋置珠崖郡。大唐爲崖州，或爲珠崖郡。領縣四：

舍城

澄邁

文昌

臨高

昌化郡東至延德郡四百里。〔一六九〕南　西　北　東南　西南

西北　東北　去西京七千四百四十二里。去東京　户一千三百

九，〔一七〇〕口七千三百。

儋州今理義倫縣。土地與珠崖郡同。漢置儋耳郡。大唐置儋州，或爲昌化郡。領縣五：

義倫漢儋耳縣城即此。

昌化

感恩

洛場〔一七一〕

富羅隋毗善縣，武德五年改置。

延德郡東至萬安郡百六十里。南至大海七里。西至昌化郡四百二十里。〔一七二〕北至瓊山郡四百五十里。東南到大海二十七里。西南到大海十里。西北到延德縣九十里。東北到瓊山郡四百五十里。去西京八千六百六里，去東京七千七百九十七里。户八百一十五，口二千八百二十。

振州今理寧遠縣。土地與珠崖郡同。隋置臨振郡。大唐置振州，或爲延德郡。領縣五：

寧遠

延德

吉陽

臨川

落屯

瓊山郡東　南至延德郡四百五十里。西　北　東南　西南到延德郡四百五十里。〔一七三〕西北　東北　去西京八千六百里，〔一七四〕去東京七千二百里。戶六百四十，口一千六百八十。

瓊州今理瓊山縣。土地與珠崖郡同。大唐割崖州置瓊州，或爲瓊山郡。領縣五：

瓊山

曾口

容瓊

樂會

顏羅

萬安郡東　南　西至延德郡界　北　東南　西南　西北　東北　去西京八千六百里，去東京七千七百九十里。戶七百二十，口一千六百。

萬安州今理萬安縣。土地與珠崖郡同。大唐置萬安州，或爲萬安郡。領縣四：

萬安

陵水

富雲

博遼

風俗

五嶺之南，人雜夷獠，不知教義，以富爲雄。父子别業，父貧乃有質身於子者。其富豪並鑄銅爲大鼓，初成，懸於庭中，置酒以招同類。又多搆讎怨，欲相攻擊，則鳴此鼓，到者如雲。〔一七五〕有鼓者號爲都老，羣情推服。本之舊事，尉佗於漢，自稱蠻夷大長老夫臣佗，〔一七六〕故俚人呼其所尊爲倒老也。〔一七七〕言訛故又稱都老云。珠崖環海，尤難賓服，是以漢室嘗罷棄之。漢元帝時，珠崖數反叛，〔一七八〕賈捐之上書，言不可煩中國師徒，請罷棄。帝從之。大抵南方遐阻，人强吏懦，豪富兼并，役屬貧弱，俘掠不忌，古今是同。其性輕悍，易興迷節。〔一七九〕自尉佗、徵側之後，無代不有擾亂，故蕭齊志云：「憑恃險遠，〔一八〇〕隱伏巖障，恣行寇盗，略無編户。」爰自前代，及於國朝，多委舊德重臣，撫寧其地也。

校勘記

〔一〕即今安南府縣也　「縣」原訛「是」，據北宋本、明抄本、明刻本改。

〔二〕廣領郡十　「十」原訛「六」，據晉書地理志四六六頁訂改。下同。

〔三〕越州領郡二十　「二十」原倒，據南齊書州郡志上二六七頁—二七〇頁訂乙。

〔四〕南至恩平郡五百里　恩平郡在南海郡之西南。

〔五〕東南到恩平郡四百里　恩平郡在南海郡西南，此云東南，誤。

〔六〕後漢末理於此　「末」原訛「州」，據北宋本、王吴本改。

〔七〕晉宋齊皆因之　此上原有「孫休以交州土壤太遠乃徙交州治龍編分交州置廣州」正文二十二字，「領郡十理於此」注文六字，非通典原文，據北宋本、明抄本、明刻本删。

〔八〕齊領郡二十三　「二」原作「三」，據南齊書州郡志二六二頁—二六六頁訂改。按：明刻本作「二」。

〔九〕天井岡　「岡」原訛「門」，據北宋本及太平寰宇記卷一五七改。

〔一〇〕東官郡　「官」原作「莞」，據北宋本、明抄本、明刻本、王吴本改。下同。

〔一一〕宋置綏建郡於此　「建」原訛「遠」，據宋書州郡志四一二〇〇頁、隋書地理志下八八一頁、太平寰宇記卷一五七改。

〔一二〕西北到南陵郡界二百二十里　「陵」北宋本、明抄本、明刻本、王吴本作「海」。按：始興郡之西北接桂陽郡。云西北到南陵郡或南海郡，皆非。

〔一三〕去東京四千一百四十二里　「一」原作「二」，據北宋本、明抄本、明刻本改。

〔一四〕口十六萬八千九十　「九」原作「七」，據北宋本、明刻本改。

〔一五〕皆楚地　「皆」下原有「屬」，據北宋本、明刻本刪。

〔一六〕梁置安遠郡　「郡」原訛「縣」，據北宋本及太平寰宇記卷一六〇改。

〔一七〕陳清遠郡　「郡」原訛「縣」，據北宋本、明抄本、明刻本及太平寰宇記卷一五九改。

〔一八〕無口數　原作「口數無」，據北宋本、明抄本、明刻本乙。下同。

〔一九〕後又改爲允州　「允」原訛「亢」，據隋書地理志下八八一頁、太平寰宇記卷一五七改。

〔二〇〕大唐復置岡州　「置」原作「爲」，據北宋本、明抄本、明刻本改。

〔二一〕南至南海郡四百里　按：南海郡在海豐郡之西。

〔二二〕西北　北宋本作「西北到南海郡」。按：南海郡在恩平郡之東北，不合，故不補。

〔二三〕陽江　原在「恩平」後，今據北宋本、明抄本、明刻本、王吴本移前。

〔二四〕西至蒼梧郡　按：蒼梧郡在臨賀郡之南和西南。

〔二五〕西北到開江郡　按：開江郡在臨賀郡之西，平樂郡在臨賀郡之西北。

〔二六〕宋文帝改爲臨慶國　「國」原訛「郡」，據北宋本、明抄本、明刻本、王吴本改。按太平寰宇記卷一六一也作「國」。

〔二七〕西南到新興郡一百三十里西北到晉康郡一百二十四里　「新興」「晉康」原互訛，今據太平寰宇記卷一五九及中國歷史地圖集第五册唐嶺南道東部圖訂乙。

〔二八〕去東京四千九百一十三里　「九」原作「六」，據北宋本、明抄本、明刻本、王吴本改。

〔二九〕口二萬一百二十　「二」原作「一」，據北宋本、明刻本改。

〔三〇〕陳置高要郡　太平寰宇記卷一五九同。元和郡縣志卷三四八九六頁云：「梁大同中，於此立高要郡。」與此異。

〔三一〕東至連城郡　按：連城郡在感義郡東南。

〔三二〕西南到普寧郡二百五十一里西北到臨江郡一百四十九里　原作「西南到臨江郡一百四十九里西北到普寧郡二百五十一里」，方向倒誤，今據上文並參照中國歷史地圖集第五册唐嶺南道東部圖訂改。

〔三三〕口　原「口」下有「一萬二千四百」六字，今據北宋本、明刻本删。

〔三四〕瘴江　「瘴」原作「漳」，據北宋本、明抄本、明刻本改。按：太平寰宇記卷一五八也作「瘴」。

〔三五〕東至晉康郡　按：晉康郡在開陽郡之北。

〔三六〕西至高涼郡　按：高涼郡在開陽郡之西南。

〔三七〕北至連城郡　按：連城郡在開陽郡之西北。

〔三八〕户七百十　「十」上原有「六」，據北宋本、明抄本、明刻本删。

〔三九〕隋煬帝初州廢　「州」原脱，據北宋本補。

〔四〇〕北至開陽郡　開陽郡在高涼郡東北，懷德郡在高涼郡正北。

〔四一〕去西京六千二百六十二里　「二百」原作「六百」，據北宋本、明刻本改。

〔四二〕北至感義郡二百里　「二」原作「三」，據北宋本、王吴本改。

〔四三〕東南到懷德郡　按：懷德郡在連城郡正南，開陽郡在連城郡東南。

〔四四〕户一千一百一十口七千三百三　「户」「口」下分别爲空白，今據舊唐書地理志四一七二三頁、新唐書地理志七上一一一二頁補。按：北宋本、明抄本作「户九千二十口七千三百」，明刻本、王吴本唯「七」作「六」，餘同。舊本户數大於口數，訛誤明顯，故爲清人所删。

〔四五〕東至義寧郡界四十一里　原「義寧」上有「南海郡」，「郡」原作「縣」，今據上文義寧郡條及中國歷史地圖集第五册唐嶺南道東部圖删改。又「一」原作「二」，據北宋本、明抄本、明刻本、王吴本改。

〔四六〕西至晉康郡　按：晉康郡在新興郡之北和西北。

〔四七〕東南到義寧郡三十四里　「義寧」原作「南海」，今據上文義寧郡條及中國歷史地圖集第五册唐嶺南道東部圖訂正。

〔四八〕南至銅陵縣　「縣」原訛「郡」，據北宋本、明抄本、王吴本改。

〔四九〕西南到南海郡六百三十五里　按：南海郡隔高要郡而在新興郡之東北，此云西南，誤。太平寰宇記卷一六三作「西南至春州二百六十里」，春州，南陵郡也。若謂「海」是「陵」字之訛，里數又不合。

疑「海」爲「潘」之誤。南潘郡隔南陵、高凉二郡而在新興郡之西南。

〔五〇〕西至普寧郡二百里　按：普寧郡在懷德郡西北，温水郡在懷德郡之西。

〔五一〕西南到温水郡百九十里　按：温水郡在懷德郡之西，陵水郡在懷德郡西南。

〔五二〕西北到連城郡　按：連城郡在懷德郡正北。

〔五三〕大唐武德五年置南扶州　「五」舊唐書地理志四一七二三頁、唐會要卷七一作「四」。

〔五四〕西北到潭陽郡界　「陽」原訛「溪」，今訂正。按：潭陽郡，巫州也。見本卷下文。

〔五五〕純化　舊唐書地理志四一七二六頁作「恭化」，云：「武德四年，分始安置純化縣。元和初，改爲恭化也。」通考卷三二三作「慕化」，云：「唐恭化縣，後唐改。」

〔五六〕晉因之宋屬始建國　北宋本、明抄本、明刻本、王吴本無「因之」，非。

〔五七〕郡北有昭岡潭　「北」原訛「地」，據北宋本、王吴本及太平寰宇記卷一六三改。

〔五八〕有㮣山山多目容　「目容」原作「乳穴」，據北宋本、明抄本、明刻本、王吴本改。

〔五九〕南至始安郡二百四十九里　按：始安郡在蒙山郡之西和北，不在其南。在蒙山郡之南者爲感義、臨江二郡。

〔六〇〕隋爲始安郡　「爲」下原有「蒙縣屬」三字，據北宋本、明抄本、明刻本、王吴本删。按：太平寰宇記卷一六三云：「隋開皇十年置始安郡隋化縣。」

〔六一〕山下有水名蒙水山下居人亦皆姓蒙　前「山」原涉上而脱，「居人」上原衍「有」，據北宋本補删。按：

明抄本、明刻本均無「有」字。

〔六二〕武成　隋書地理志下八八三頁作「武城」。

〔六三〕口六千二百七十　「二」原作「三」，據北宋本改。

〔六四〕即此地　「地」原作「也」，據北宋本、王吴本改。

〔六五〕北至蒙山郡三百六十里　按：蒙山郡在潯江郡之東北。

〔六六〕三百六十里　「三」原作「二」，據北宋本、明刻本改。

〔六七〕去西京五千九百六十里　「五」原訛「三」，據北宋本、明抄本、明刻本改。

〔六八〕皇化　原作「宣化」，據元和郡縣志卷三八九五四頁、舊唐書地理志四一七三一頁、新唐書地理志上一一〇三頁、太平寰宇記卷一六三改。

〔六九〕五千七百二十一里　「二」原作「三」，據北宋本、明抄本、明刻本改。

〔七〇〕寧風　元和郡縣志卷三八、舊唐書地理志四、新唐書地理志上、太平寰宇記卷一五八均無此縣。

〔七一〕西至安樂郡　「樂」原作「城」，據北宋本、明抄本、明刻本改。下同。

〔七二〕東北到寧仁郡　按：寧仁郡在鬱林郡東南，在東北者爲常林郡。

〔七三〕九千一百十　「十」上原有「二」，據北宋本、明抄本、明刻本删。

〔七四〕煬帝初爲鬱州　北宋本、明抄本、明刻本、王吴本無「初」。

〔七五〕大唐爲鬱林州　「爲」上原有「改」，據北宋本、明抄本、明刻本删。

〔七六〕南至永定郡　「永定」原訛「定川」，據北宋本、明抄本、明刻本改。

〔七七〕北至象郡界　脩德郡在安城郡之北，象郡在脩德郡之東。

〔七八〕北至脩德郡　脩德郡在賀水郡之東。

〔七九〕口二千三百三十　「三十」原作「二十」，據北宋本、明抄本、明刻本改。

〔八〇〕北至懷澤郡　懷澤郡在常林郡之西，潯江郡在常林郡之北。

〔八一〕西北到　原「到」下有「常林縣」，衍文，今删。

〔八二〕晉以後因之　「之」處原爲空白，據諸本補字。

〔八三〕南至懷澤郡三百里　「三」原作「二」，據北宋本、明刻本、王吴本改。

〔八四〕二百九十里　「二」原作「三」，據北宋本改。

〔八五〕東北到龍城郡界　龍城郡在象郡西北，始安郡在象郡東北。

〔八六〕晉宋齊皆因之　原脱「皆」，據北宋本補。

〔八七〕並漢中留縣地　「留」原作「溜」，據漢書地理志下一六二八頁、舊唐書地理志四一七三五頁改。

〔八八〕南至歸化州　「州」原作「郡」，明抄本、明刻本同；王吴本、殿本作「縣」，今據北宋本改。

〔八九〕西南到脩德郡百八十里西北到龍水郡二百四十里　「脩德」「龍水」原互訛，今參照中國歷史地圖集第五册唐嶺南道東部圖乙改。

〔九〇〕户一千四百四十二口萬五百五十　「四十」下原脱「二」，「萬」上原衍「五」，「五百」原作「三百」。據北宋本、明刻本改正。

〔九一〕東南　西南　西北　東北　「東南」下原有「到寧越郡三百五十里」九字，「西南」下原有「到羈縻左州五百里」八字，「東北」下原有「到安城郡二百五十里」九字，均係下條朗寧郡四至八到文字誤竄入者。今删。

〔九二〕武陽　「陽」原訛「陵」，據元和郡縣志卷三七九二九頁、舊唐書地理志四一七三六頁、新唐書地理志七上一一〇八頁、太平寰宇記卷一六六改。

〔九三〕貞觀五年改爲邕州　「五年」，元和郡縣志卷三八、舊唐書地理志四一七三七頁、太平寰宇記卷一六六均作「六年」，新唐書地理志七上一一〇一頁作「八年」。

〔九四〕西至寧浦郡　按：寧浦郡在懷澤郡西南。

〔九五〕西南到安城郡　按：安城郡在懷澤郡西。

〔九六〕東至常林郡八十里　按：普寧郡在寧仁郡東。常林郡在寧仁郡之東北、北和西北。

〔九七〕東北到常林郡三十五里　「常林」北宋本、明抄本、明刻本、王吳本作「平琴」，誤。

〔九八〕東南到樂山縣百七十里　「縣」原訛「郡」，據北宋本、明抄本、明刻本改。按：樂山縣在寧浦郡之東北境。

〔九九〕東北到當郡寧浦縣百五十五里　按：寧浦縣在寧浦郡南境，且爲治所，此云「東北到當郡寧浦縣百五十五里」，義不可通。

〔一〇〇〕梁又分置簡陽郡　「分」原脱，據北宋本、明抄本、明刻本補。

〔一〇一〕漢高涼縣地　「涼」原訛「梁」，據漢書地理志下一六三〇頁、舊唐書地理志四一七三九頁改。

〔一〇二〕土地與朗寧郡同　「同」原訛「曰」，據諸本改。

〔一〇三〕南至象郡武化縣百一十里　按：象郡武化縣在脩德郡之東北，象郡武仙縣在脩德郡之東南。此云「南至象郡武化縣百一十里」，方向、縣名均誤。

〔一〇四〕西至懷澤郡九十三里　按：懷澤郡在脩德郡南。

〔一〇五〕北至歸化州百五十里　「州」原作「郡」，今訂改。按：前龍城郡條下之「歸化郡」，北宋本即作「歸化州」。

〔一〇六〕西北到賀水郡八十五里　此「賀水郡」恐非。賀水郡隔開江、蒙山、始安、象郡四郡而在脩德郡之東北，相距甚遠。按：歸思州在脩德郡西北。

〔一〇七〕秦屬桂林郡　「桂林郡」原訛「象郡」，據舊唐書地理志四一七四一頁、新唐書地理志七上一一〇三頁、太平寰宇記卷一六六改。按：北宋本通典作「秦屬林郡」，脱「桂」字。

〔一〇八〕一百四十里　「四」原作「六」，據北宋本、王吴本改。

〔一〇九〕因宋置羅縣爲名　「置」原脱，據北宋本、明抄本、明刻本、王吴本補。

〔一一〇〕大唐復爲羅州　「復」原脱，據北宋本、明抄本、明刻本、王吴本補。

〔一一一〕西北到温水郡百十五里東北到高涼郡九十里　原作「西北到高涼郡九十里東北到温水郡百十五

里」，今據上文並參照中國歷史地圖集第五册唐嶺南道東部圖移改。按：依原文，上云「東至高涼郡」，此云「西北到高涼郡」，則東北亦接高涼郡可知，不得云「東北到溫水郡」也，違牾顯然。

〔一二〕大唐武德四年置南宕州八年改爲潘州　舊唐書地理志四一七四二頁、新唐書地理志七上一〇九八頁、唐會要卷七一潘州及太平寰宇記卷一六一高州條「八年」上俱有「貞觀」二字，通典誤脫。

〔一三〕東至感義郡二百五十九里至東北到連城郡百里　此所列普寧郡四至八到之方位、州郡，多與實際不符。按：連城郡在其東，溫水郡在其南，寧仁郡在其西，臨江郡隋建縣在其北，溫水郡在其東南，定川郡在其西南，常林郡在其西北，感義郡在其東北。

〔一四〕狀若關門　「若」原作「如」，據北宋本、明抄本、明刻本改。

〔一五〕路由於此　原作「逕路由此」，據太平寰宇記卷一六七改。按：北宋本、明抄本、明刻本皆作「路由此」。

〔一六〕皆由此關　「由」下原有「於」，據太平寰宇記卷一六七删。

〔一七〕東南到南潘郡　「南」原訛「高」，據諸本改。

〔一八〕並漢高涼縣地　「涼」原訛「梁」，據北宋本、明抄本、明刻本改。

〔一九〕三百三十里　「三十」原作「二十」，據北宋本、明抄本、明刻本、王吳本改。

〔二〇〕二百三十里　「三」原作「二」，據北宋本、王吳本改。

〔二一〕六千一百七十五里　「一」原作「二」，據北宋本、明抄本、明刻本改。

〔二二〕或爲南昌郡 「南」字處原爲空白，據諸本補。

〔二三〕並漢合浦縣地 「合」原訛「南」，據舊唐書地理志四一七四五頁、太平寰宇記卷一六七改。

〔二四〕南昌郡百里 「昌」字處原爲空白，據諸本補。

〔二五〕北至寧仁郡百里 「百」字處原爲空白，據諸本補。

〔二六〕東至安樂郡 「安樂」原倒，據舊唐書地理志四一七四八頁、新唐書地理志七上一一〇四頁改。按：本卷下文有安樂郡。

〔二七〕南至朱鳶縣界 「南」原脱，據北宋本、明抄本、明刻本、王吳本補。

〔二八〕西至九真郡界水路四百一十六里 舊唐書地理志四一七四九頁云：「西至愛州界小黄江口水路四百一十六里。」按：九真郡在安南都護府之南。

〔二九〕北至武平縣界江源二百五十里 舊唐書地理志四一七五〇頁云：「北至武平縣界武定江二百五十二里。」

〔三〇〕西南到文陽郡 按：文陽郡在安南都護府東南。

〔三一〕東北到交趾縣十里 按：交趾縣在安南都護府治所宋平縣西北。此脱「界」字。舊唐書地理志四一七五〇頁云：「東北至交趾縣界福生十里。」

〔三二〕六百五十 「五」原作「六」，據北宋本、明抄本、明刻本改。

〔三三〕宋領郡八 「八」原作「五」，據宋書州郡志四一二〇四頁改。

〔一三四〕吳軍平縣地　「平」原訛「晉」，據北宋本、明抄本、明刻本及舊唐書地理志四一七五〇頁改。

〔一三五〕去西京七千三百里去東京六千八百里　北宋本唯有「去西京」「去東京」六字，兩「京」下分別爲空白。

〔一三六〕理武峩縣　「理」上原有「今」，據北宋本删。下同。

〔一三七〕東壐　「東」原訛「束」，據舊唐書地理志四一七五二頁、太平寰宇記卷一七一改。

〔一三八〕東至安南府　按：安南府在九真郡北。

〔一三九〕漢西于縣故城　「于」原訛「才」，據漢書地理志下一六二九頁、舊唐書地理志四一七五三頁、太平寰宇記卷一七一改。

〔一四〇〕西至環王國界八百里　太平寰宇記卷一七一云：「東南至環王國十日程約五百里。」

〔一四一〕東北到陵水郡五百里　按：上云「北至九真郡界六百里」，日南、九真兩郡比隣，尚距六百里。而陵水郡在招義郡北，離日南郡甚遠，乃云五百里，矛盾顯然。地名、里數當有訛誤。

〔一四二〕六百一十九　「一」原作「二」，據北宋本改。

〔一四三〕去東京　「京」原訛「不」，據諸本改。

〔一四四〕陳兼置興州　北宋本、明抄本、明刻本無「置」，王吳本無「兼」。

〔一四五〕嵩山　舊唐書地理志四一七五八頁、太平寰宇記卷一七〇同。新唐書地理志七上一一一三頁作「高山」。

〔一四六〕西至武安州三百七十里　「武安州」王吳本、殿本、局本作「文陽郡」，後人竄改，今據北宋本、明抄本、明刻本改回。

〔四七〕北至恩平郡七百五十里　恩平郡在玉山郡東，且中隔高凉、南潘、招義、龍池、合浦等郡，相距甚遠，不合四至八到文例。「恩平郡」疑當作「上思州」。舊唐書地理志四一七五八頁作「思州」，脱「上」字。

〔四八〕西北到蘇茂郡一百三十里　本卷無「蘇茂郡」。「郡」疑當作「州」。蘇茂州蓋隸屬安南都護府之羈縻州。

〔四九〕去東京七千四百二十里　「七」原作「六」，「四」原作「二」，「二」原作「四」，據北宋本、明抄本、明刻本改。

〔五〇〕大唐復置玉州上元二年改爲陸州　按：舊唐書地理志四一七五八頁、新唐書地理志七上一一一二頁、太平寰宇記卷七一、輿地廣記卷三八陸州下並謂：唐武德五年置玉山州，貞觀二年廢，上元二年復置，改名陸州。通典有脱誤。

〔五一〕州界有陸水　元和郡縣志卷三八九六二頁云：「隋開皇十八年改爲陸州，以在海南，有陸路通海北，因以爲名。」而舊唐書地理志四一七五八頁、太平寰宇記卷一七一並云：「上元二年改爲陸州，以州界山爲名。」

〔五二〕東南到南昌郡三百五十里　按：南昌郡在合浦郡東北。

〔五三〕西南到招義郡五百七十里　按：招義郡在合浦郡之東和東南，不在其西南。

〔五四〕東北到寧越郡七百里　按：寧越郡在合浦郡西，懷澤郡在合浦縣北。此云東北到寧越郡，誤。

〔一五五〕西江督護陳伯紹　「督」原作「都」，據北宋本、明抄本改。

〔一五六〕東至連城郡　連城郡在温水郡東北。

〔一五七〕西至南昌郡　南昌郡在温水郡西南。

〔一五八〕大唐置南宕州　原脱「南」，據舊唐書地理志四一七四七頁、新唐書地理志七上一一〇九八頁、唐會要卷七一、太平寰宇記卷一六七補。

〔一五九〕六千四百二十里　「二」原作「四」，據北宋本、明抄本、明刻本改。

〔一六〇〕緑水　「緑」原作「淥」，據北宋本、明抄本、明刻本、王吴本改。

〔一六一〕北至朗寧郡二百八十二里　「朗寧郡二百八十二里」九字原脱，據北宋本、明抄本、明刻本、王吴本補。

〔一六二〕口五千三百二十　「二」原作「三」，據北宋本改。

〔一六三〕瀼音而章反　「音」原脱，據北宋本、明抄本、明刻本補。

〔一六四〕武勒　舊唐書地理志四一七六〇頁、太平寰宇記卷一七一同。新唐書地理志七上一一〇五頁作「武勤」。

〔一六五〕龍賴　舊唐書地理志四一七六〇頁同。新唐書地理志七上一一〇五頁、太平寰宇記卷一七一作「龍額」。

〔一六六〕口　原脱，據諸本補。

〔一六七〕武石　「石」原作「名」，據舊唐書地理志四一七六一頁、新唐書地理志七上一一〇五頁、太平寰宇記卷一七一改。

王文錦點校

〔一六八〕土地與臨潭郡同大唐置古州　北宋本、明抄本、明刻本作「土地同臨潭郡時置古州」。

〔一六九〕東至延德郡四百里　按：延德郡在昌化郡東南。

〔一七〇〕户一千三百九　「九」下原有「十」，據北宋本、明抄本、明刻本删。

〔一七一〕洛場　「場」原訛「陽」，明刻本訛「煬」，據北宋本改。按：舊唐書地理志四一七六三頁、新唐書地理志七上一一〇一頁、太平寰宇記卷一六九均作「洛場」。

〔一七二〕西至昌化郡四百二十里　按：昌化郡在延德郡西北。

〔一七三〕西南到延德郡四百五十里　「延德郡四百五十里」原脱，據北宋本、明抄本、明刻本補。

〔一七四〕去西京八千六百里　「八千六」原作「六千八」。按：此前延德郡謂去西京八千六百六里，此後萬安郡謂去西京八千六百里。三郡同在海南島上，距西京里數，自當相近。今據以乙改。

〔一七五〕欲相攻擊則鳴此鼓到者如雲　「擊」原作「伐」，「到」原作「至」，據北宋本、明抄本、明刻本改。

〔一七六〕自稱蠻夷大長老夫臣佗　「自」原作「則」，據北宋本、明抄本、明刻本改。

〔一七七〕呼其所尊爲倒老也　「倒」原作「長」，據北宋本、明刻本改。按：明抄本作「到」。

〔一七八〕珠崖數反叛　「叛」原脱，據北宋本、明抄本、明刻本補。

〔一七九〕易興迷節　「迷」，隋書地理志下八八八頁、太平寰宇記卷一五七作「逆」，義長。

〔一八〇〕憑恃險遠　「險遠」原倒，據北宋本、明抄本乙。

通典卷第一百八十五

邊防一

邊防序〔一〕

覆載之内，日月所臨，華夏居土中，生物受氣正。李淳風云，談天者八家，其七家，甘氏、石氏、渾天之類。〔二〕以度數推之，則華夏居天地之中也。又歷代史，倭國一名日本，在中國直東；扶桑國復在倭國之東，約去中國三萬里，蓋近於日出處。貞觀中，骨利幹國獻馬，使云，其國在京師西北二萬餘里，夜短晝長，從天色暝時煮羊胛，〔三〕纔熟而東方已曙，蓋近於日入處。今崖州直南水行便風十餘日到赤土國，其國到五月，亭午物影卻在南，一日三食，飯皆旋炊，不然，逡巡過時，即便臭敗。熱氣特甚，蓋去日較近。其地漸遠轉寒，蓋去日稍遠。則洛陽告成縣土圭居覆載之中明矣。〔四〕唯釋氏一家論天地日月，怪誕不可知也。其人性和而才惠，其地產厚而類繁，所以誕生聖賢，繼施法教，隨時拯弊，因物利用。三五以降，代有其人。君臣長幼之序立，五常十倫之教備，孝慈生焉，恩愛篤焉。主威張而下安，權不分而法一。生人大賚，〔五〕實在於斯。三代以前，天下列國更相征伐，未嘗暫寧。陪臣制諸侯，諸侯陵天子，人斃鋒鏑，月耗歲殲。自秦氏罷侯置守，兩漢及有隋、大唐，戶口皆多於周室之前矣。夫天生烝人，而樹君司牧，語治道者，固當以既庶而安爲本也。昔賢有言曰：失道而後德，失德而後仁，失仁而後義，失義而後禮，誠謂削厚爲薄，散醇爲醨。又曰：古者人至老死不相往來，不交不爭，自求自足。蓋嫉時澆巧，美往昔敦淳，務以激勵勉其慕向也。然人之常情，非今是古，其朴質事少，〔六〕信固可美；而鄙風弊俗，或亦有之。緬惟古之中華，多類今之夷狄。有居處巢穴焉，上古中華亦穴居野處，後代聖人易之以宮室。今室韋國及黔中羈縻東諸夷及附國，皆巢居穴處。諸夷狄處巢穴者非少，略舉一二。有葬無封樹焉，上古中華之葬，衣之以新，葬之中野，不封不樹，後代聖王易之以棺槨。今靺鞨國父母死，棄之中野以哺貂；流求國死無棺槨，〔七〕草裹尸以親土而葬，上不起墳。諸夷狄之殯葬，或以火焚，或棄水中。潭、衡州人曰，〔八〕蜑取死者骨，小函子盛置山巖石閒。大抵習俗既殊，其法各異，不可偏舉矣。有手團食焉，殷周之時，中華人尚以手團食，故禮記云「共飯不澤手」，蓋弊俗漸改仍未盡耳。今五嶺以南，人庶皆手團食。有祭立尸焉，三代以前，中華人祭必立尸，自秦漢則廢。按後魏文成帝拓跋濬時，高允獻書云：祭尸久廢，今風俗父母亡殁，取其狀貌類者以爲尸而祭焉，宴好如夫妻，事之如父母，敗損風化，黷亂情禮。又周隋蠻夷傳，巴梁間風俗，每春秋祭祀，鄉里有美鬚面人，迭迎爲尸以祭之。今郴、道州人，〔九〕每祭祀，迎同姓丈夫婦人伴神以享，亦爲尸之遺法。聊陳一二，不能偏舉。夏商以前，臣不諱君名，子不諱父名，自有周方諱耳。今夷狄則皆無諱。如此之類甚衆，不可殫論。其地偏，其氣梗，不生聖哲，莫革舊風，誥訓之所不可，禮義之所不及，外而不內，疏而不戚，來則禦之，去則備之，前代達識之士亦已言之詳矣。歷代觀兵黷武，討伐戎夷，爰自嬴秦，禍患代有。始皇恃百勝之兵威，既平六國，終以事胡爲弊。漢武資文景之積蓄，務恢封略，天下危若綴旒。王莽獲元始之全實，志滅匈奴，海內遂至潰叛。隋煬帝承開皇之殷盛，三駕遼左，萬姓怨苦而亡。夫持盈固難，〔一〇〕知足非易，唯後漢光武，深達理源。建武三十年人康俗阜，臧宮、馬武請殄匈奴，帝報曰：「捨近而圖遠，勞而無功；捨遠而謀近，逸而有終。務廣地者荒，務廣德者强。有其有者安，貪人有者殘。」自是諸將莫敢復言兵事。於戲！持盈知足，豈特治身之本，亦乃治國之要道歟！宋文元嘉中，比西漢文景，分命諸將，經略河南，致拓跋瓜步之師，因而國蹙身弑。陳宣令主，江湖乂安，〔一一〕呂梁二十萬卒，悉爲周師所虜，由是力殫財竭，旋爲隋氏削平。是皆昧持盈，不能知足故也。我國家開元、天寶之際，宇內謐如，〔一二〕邊將邀寵，競圖勳伐。西陲青海之戍，東北天門之師，磧西怛邏之戰，雲南渡瀘之役，沒於異域數十萬人。天寶中哥舒翰尅吐蕃青海，青海中有島，置二萬人戍之。旋爲吐蕃所攻，翰不能救而全没。安禄山討奚、契丹於天門嶺，十萬衆盡没。高仙芝伐石國，於怛邏斯川七萬衆盡没。楊國忠討蠻閤羅鳳，十餘萬衆全没。向無幽寇内侮，天下四征未息，離潰之勢豈可量耶！前事之元龜，足爲殷鑒者矣。

第一　東夷上

序略　朝鮮　濊音穢　馬韓　辰韓　弁辰　百濟　新羅　倭　夫餘　蝦夷

第二　東夷下

高句麗　東沃沮七余反〔一三〕　挹婁　勿吉又曰靺鞨　扶桑　女國　文身　大漢

流求　閩越

第三　南蠻上

序略　槃瓠種　廩君種　板楯蠻　南平蠻　東謝　西趙　牂牁　充州　獠

夜郎　滇音顛　邛都　筰都筰才各反　冉駹〔一四〕　附國　哀牢　焦僥　槃國

西爨　昆彌　尾濮　木綿濮　文面濮　折腰濮　赤口濮　黑僰濮　松外

諸蠻

第四　南蠻下

嶺南序略蠻獠附　海南序略　黄支　哥羅　林邑　扶南　頓遜　毗騫　千陀

利　狼牙脩　婆利　槃槃　赤土　真臘〔一五〕　羅刹　投和　丹丹　邊斗　杜
薄　薄刺　教焚　火山　無論　婆登　烏篤　陀洹　訶陵　多篾　多摩長
哥羅舍分

第五　西戎一
序略　羌無弋　湟中月氏胡　氐　葱茈羌

第六　西戎二
吐谷渾　乙弗敵　宕昌　鄧至　党項　白蘭　吐蕃　大羊同　悉立　章求
拔　泥婆羅

第七　西戎三
西戎總序　樓蘭　且末　扜彌　車師高昌附　龜兹

第八　西戎四
焉耆　于闐　疏勒　烏孫　姑墨　温宿　烏秅　難兜　大宛　莎車　罽賓
烏弋山離　條支　安息　大夏　大月氏　小月氏

第九　西戎五
康居　曹國、何國、史國並附見　奄蔡　滑國　嚈噠挹怛同〔一六〕　天竺　車離

突厥下　鐵勒　薛延陁　僕骨　同羅　都波　拔野古　多濫葛　斛薛　阿跋　契苾羽　鞠國　俞析　大漢〔一七〕　白霫先立反

第十六　北狄七

庫莫奚　契丹　室韋　地豆于　烏落侯　驅度寐　霫　拔悉彌　流鬼　迴紇　骨利幹　結骨　駮馬　鬼國　鹽漠念

東夷上〔一八〕

序略

東夷白虎通云：「夷者蹲也，言無禮儀。」或云：「夷者抵也，言仁而好生，萬物抵地而出，故天性柔順，易以道禦。」有九種，曰畎夷、方夷、于夷、〔一九〕黄夷、白夷、赤夷、玄夷、風夷、陽夷，率皆土著，遅略反。喜飲酒、喜，許利反。歌舞，或冠弁衣錦，器用俎豆，所謂中國失禮，求之四夷者也。凡蠻、夷、戎、狄，總名四夷者，猶公、侯、伯、子、男，皆號諸侯。昔堯命羲仲宅嵎夷，曰暘谷，蓋日之所出也。夏后氏太康失德，夷人始叛，其後至后發即位，賓於王門，獻其樂舞。桀爲暴虐，諸夷内侵。商湯革命，伐而定之。至於仲丁，藍夷作寇。自是或服或叛，三百餘年。武乙衰弊，東夷寖盛，遂分遷淮、岱，漸居中土。周初封商太師國於朝鮮。太師爲周陳洪範。其地，今安東府之東，悉爲東夷所據。時管、蔡畔周，乃招誘淮夷作亂，周公征定之。其後徐夷僭號，穆王命楚滅之。徐偃王也。至楚靈王會申，亦來同盟。後越遷瑯琊，遂陵暴諸夏，侵滅小國。

秦并天下，其淮、泗夷皆散爲人户。其朝鮮歷千餘年，至漢高帝時滅。武帝元狩中，開其地，置樂浪等郡。至後漢末，爲公孫康所有。魏晉又得其地。其三韓之地在海島之上，朝鮮之東南百濟、新羅，魏晉以後分王韓地。〔二〇〕新羅又在百濟之東南，倭又在東南，倭，烏和反。隔越大海。夫餘在高麗之北，挹婁之南。其倭及夫餘自後漢，百濟、新羅自魏，歷代並朝貢中國不絶。〔二一〕而百濟，大唐顯慶中，蘇定方滅之。高麗本朝鮮地，漢武置縣，屬樂浪郡，時甚微弱。後漢以後，累代皆受中國封爵，所都平壤城，則故朝鮮國王險城也。後魏、周、齊漸强盛。隋文帝時寇盜遼西，漢王諒帥兵討之，至遼水遭癘疫而返。煬帝三度親征：初渡遼水敗績；再行，次遼水，會楊玄感反，奔退；又往，將達涿郡，屬天下賊起及饑饉，旋師。貞觀中，太宗又親征，渡遼，破之。高宗總章初，英國公李勣遂滅其國。

古之肅慎，宜即魏時挹婁，自周初貢楛矢、石砮，楛音户。至魏常道鄉公末、東晉元帝初及石季龍時始皆獻之。後魏以後曰勿吉國，今則曰靺鞨焉。

大抵東夷書文並同華夏。其閩越之地，秦平天下以爲郡，及秦亂，其帥又自稱王於故地。武帝元封初，楊僕滅其國，遷其人於江淮，虚其地。自後雖人庶復集，遂爲郡縣矣。

朝鮮

朝鮮，晉張華曰：朝鮮有泉水、洌水、汕水，三水合爲洌水，疑樂浪、朝鮮取名於此也。汕，所晏反。周封殷之太師之國。太師教以禮義、田蠶，作八條之教，無門户之閉，而人不爲盜。其後四十餘代，至戰國時，朝鮮侯亦僭稱王。〔二二〕始全燕時嘗略屬焉，爲置吏，築障塞。〔二三〕秦滅燕，屬遼東外徼。秦遼東郡，今安東府之東地。及秦亂，中國人往避地者數萬口。漢興，爲其遠難守，復修遼東故塞，至浿水爲界。浿音滂拜反。屬燕王盧綰反，入匈奴。燕人衞滿亡命，聚黨千餘人，魋結魋，杜回反。蠻夷服而東走出塞，度浿水，擊破朝鮮王準，居秦故空地上下障，稍役屬真蕃、朝鮮諸夷，〔二四〕及故燕、齊亡命者王之，都王險。在浿水之東。會孝惠、高后時，天下初定，遼東太守即約滿爲外臣，保塞外，以故滿得兵威財物，侵降其旁小邑，真蕃、臨屯皆來服屬，地方數千里。傳子至孫右渠，所誘漢亡人滋多。武帝元封三年，遣樓船將軍楊僕從齊浮渤海，兵五萬，左將軍荀彘出遼東，討之。朝鮮人相與殺王右渠來降。遂以朝鮮爲真蕃、臨屯、樂浪、音郎。玄菟四郡。今悉爲東夷之地。昭帝時罷臨屯、真蕃以并樂浪、玄菟。自内屬以後，風俗稍薄，法禁亦寖多，至於六十餘條。

濊

濊亦朝鮮之地，南與辰韓、北與高句麗、盧奚反。〔二五〕沃沮接，東窮大海，西至樂浪。後漢光武建武六年，悉封其渠帥爲縣侯，〔二六〕皆歲時朝賀。無大君長，自漢以來，其官有侯、邑君、三老，統主下户。其耆舊自謂與高麗同種，言語法俗大抵相類。其人性謹愿，少嗜慾，有廉恥。男女衣皆著曲領，男子繫銀花，廣數寸，以爲飾。其俗重山川，山川各有部分，〔二七〕不得輒相干涉。同姓不婚。多所忌諱。疾病死亡即棄舊宅，更作新居。知種麻，養蠶，作綿布。〔二八〕曉候星宿，先知年歲豐約。〔二九〕不以珠玉爲寶。又祭虎以爲神。其邑落有侵犯者，輒相罰，責生口牛馬，名之爲「責禍」。少寇盜。作矛長三丈，或數人共持之，能步戰。樂浪檀弓出其地。又多文豹。有果下馬，高三尺，乘之可於果樹下行也。其海出斑魚皮，〔三〇〕漢時常獻之。魏齊王正始六年，不耐濊侯等舉邑降，四時詣樂浪、帶方二郡朝謁。並今東夷之地。有軍征賦調，如中華人焉。

馬韓

馬韓，後漢時通焉。有三種，一曰馬韓，二曰辰韓，三曰弁辰。馬韓在西，五十有四國，其北與樂浪、南與倭接。辰韓在東，十有二國，其北與濊貊接。弁辰在辰韓之南，亦十有二國，其南亦與倭接。凡七十八國。或云百濟是其一國焉。大者萬餘户，小者數千家，各在山海閒，地合方四千餘里，東西以海爲限，皆古之辰國也。馬韓最大，共立其種爲辰王，都目支國，盡王三韓之地。其諸國王先皆是馬韓種人焉。

馬韓人知田蠶，作緜布。出大栗如梨，又出細尾雞，其尾皆長五尺餘。邑落雜居，亦無城郭，作草屋土室形如冢，開户在上。〔三一〕不知跪拜，無長幼男女之別，少綱紀。國邑雖有王師，不能相制御。其葬有棺無槨。不知騎牛馬，牛馬盡於送死。不貴金寶錦罽，唯重瓔珠，以綴衣爲飾，及懸頸垂耳。大率皆魁頭露紒，魁頭猶科頭也，謂以髮縈繞成科結也。〔三二〕紒音計。布袍草履。其人壯勇，少年有築室作力者，輒以繩貫脊皮，縋以大木，嚾呼爲健。嚾音喚。善用弓、楯、矛、櫓，雖有鬬争攻戰，而貴相屈服。俗信鬼神，常以五月耕種畢，〔三三〕晝夜酒會，羣聚歌舞，數十人俱起相隨踏地，低昂手足，相應爲節。十月農功畢，亦復如之。諸國邑各以一人主祭天神，〔三四〕號爲「天君」。又立蘇塗，蘇塗有似浮屠。建大木以懸鈴鼓，事鬼神。其南界近倭，亦有文身者。

又有州胡，在馬韓之西海中大島上，其人差短小，言語不與韓同，皆髡頭如鮮卑，但衣韋衣，有上無下，略如裸勢。養牛豕，乘船往來貨市韓中。

辰韓

辰韓，耆老自言秦之亡人，避苦役來適韓國，馬韓割其東界地與之。有城柵。其言語有類秦人，由是或謂之爲秦韓。其王常用馬韓人作之，世世相係襲。辰韓不得自立爲王，明其爲流移之人故也。其名國爲邦，弓爲弧，賊爲寇，行酒爲行觴，相呼皆爲徒。諸小邑各有渠帥，大者名臣智，次有險側，〔三五〕次有樊濊，〔三六〕次有殺奚，次有邑借。皆其官名。土地肥美，宜五穀。知蠶桑，作縑布，乘駕牛馬。嫁娶以禮。其俗男女有別。以大鳥羽送死，其意欲使死者飛揚。國出鐵，韓、濊、倭皆從取之。〔三七〕諸市買皆用鐵，如中國用錢，又以供給二郡。俗喜歌舞、飲酒、鼓琴瑟。其瑟形似筑，彈之亦有音曲。兒生便以石厭其頭，欲其扁。〔三八〕故辰韓人皆扁頭。扁音補典反。〔三九〕男女近倭，亦文身，便步戰，兵杖與馬韓同。其俗，行者相逢，皆住讓路。

弁辰

弁辰與辰韓雜居，亦有城郭。衣服居處與辰韓同，言語風俗相似，祠祭鬼神有異。〔四〇〕施竈皆在户西。

初，朝鮮王準爲衞滿所破，〔四一〕乃將其餘衆數千人走入海，攻馬韓，破之，自立爲韓王。

準後滅絶，馬韓人復自立爲辰王。〔四二〕後漢光武建武中，韓人廉斯人蘇馬諟等詣樂浪貢獻。諟音是。帝封蘇馬諟爲漢廉斯邑君，使屬樂浪郡，四時朝謁。靈帝末，韓、濊並盛，郡縣不能制，百姓苦亂，多流亡入韓者。獻帝建安中，公孫康分屯有、有鹽縣〔四三〕屯有、有鹽並漢遼東屬縣，並今東夷之地。〔四四〕以南荒地爲帶方郡，遣公孫模、張敞等收集遺民，興兵伐韓、濊，舊民稍出。是後倭韓遂屬帶方。魏景初中，明帝密遣帶方太守劉昕、樂浪太守鮮于嗣越海定二郡，諸韓國臣智加賜邑君印綬，其次與邑長。〔四五〕其俗好衣幘，下户詣郡朝謁，皆假衣幘，自服印綬衣幘千有餘人。部從事吳林以樂浪本統韓國，分割辰韓八國以與樂浪。晉武帝咸寧中，馬韓王來朝，自是無聞。三韓蓋爲百濟、新羅所吞并。

百濟

百濟，即後漢末夫餘王尉仇台之後，後魏時百濟王上表云：「臣與高麗先出夫餘。」初以百家濟海，因號百濟。晉時句麗既略有遼東，百濟亦據有遼西、晉平二郡。今柳城、北平之間。〔四六〕自晉以後，吞并諸國，據有馬韓故地。其國東西四百里，南北九百里，南接新羅，北拒高麗千餘里，西限大海，處小海之南。國西南海中有三島，出黄漆樹，似小榎樹而大。〔四七〕六月取汁，漆器物若黄金，其光奪目。自晉代受蕃爵，自置百濟郡。義熙中，以百濟王夫餘腆佗典反爲使持節、都督百濟諸軍事。〔四八〕宋、齊並遣使朝貢，授官，封其人。

土著地多下濕，率皆山居。其都理建居拔城。王號「於羅瑕」，百姓呼爲「鞬吉支」，鞬音乾。夏言並王也。王妻號「於陸」，夏言妃也。官有十六品：左平一品，〔四九〕達率二品，恩率三品，德率四品，扞率五品，〔五〇〕柰率六品，以上冠飾銀花；將德七品，紫帶；施德八品，皁帶；固德九品，赤帶；季德十品，〔五一〕青帶；對德十一品，文督十二品，皆黃帶；武督十三品，佐軍十四品，振武十五品，克虞十六品，皆白帶。統兵以達率、德率、扞率爲之，人庶及餘小城咸分隸焉。其衣服，男子略同於高麗，拜謁之禮以兩手據地爲敬。婦人衣似袍而袖微大，在室者編髮盤於首，後垂一道爲飾，出嫁者乃分爲兩道焉。〔五二〕兵有弓、箭、刀、矟。俗重騎射，兼愛墳史。其秀異者頗解屬文，又解陰陽五行。用宋元嘉曆，以建寅月爲歲首。亦解醫藥、卜筮、占相之術。有投壺、樗蒲等雜戲，然尤尚弈碁。僧尼寺塔甚多，而無道士。賦稅以布、絹、麻、米等。婚娶之禮略同華俗。父母及夫死者三年持服，餘親則葬訖除之。氣候溫暖，五穀、雜果、菜蔬及酒醴、餚饌、樂器之屬多同於內地，唯無駝、騾、驢、羊、鵝、鴨等云。其王以四仲之月祭天，又每歲四祠其始祖仇台之廟。〔五三〕大姓有八族：沙氏、燕氏、劦氏、劦音俠。〔五四〕解氏、真氏、國氏、木氏、苩音白氏。國西南人島居者十五所，皆有城邑。

後魏孝文遣衆征破之。後其王牟大爲高句麗所破，〔五五〕衰弱累年，遷居南韓地。隋文開皇初，其王夫餘昌遣使貢方物，拜爲帶方郡公、百濟王。〔五六〕大唐武德、貞觀中，頻遣使朝貢。顯慶五年，遣蘇定方討平之。舊有五部，分統三十七郡、二百城、七十六萬户，至是以其地分置熊津、馬韓、東明等五都督府，仍以其酋渠爲都督府刺史。其舊地没於新羅，城傍餘衆後漸寡弱，散投突厥及靺鞨。其主夫餘崇竟不敢還舊國，〔五七〕土地盡没於新羅、靺鞨，夫餘氏君長遂絶。

新羅

新羅國，魏時新盧國焉，其先本辰韓種也。辰韓始有六國，稍分爲十二，新羅則其一也。初曰新盧，宋時曰新羅，或曰斯羅。其國在百濟東南五百餘里，亦在高麗東南，〔五八〕兼有漢時樂浪郡之地。東濱大海。魏將毌丘儉討高麗，破之，奔沃沮。其後復歸故國，留者遂爲新羅焉，故其人雜有華夏、高麗、百濟之屬，兼有沃沮、不耐、韓、濊之地。其王本百濟人，自海逃入新羅，遂王其國。其國小，不能自通使聘。苻堅時，其王樓寒遣使衞頭朝貢。堅曰：「卿言海東之事與古不同，何也？」答曰：「亦猶中國，時代變革，名號改易，今焉得同。」梁武帝普通二年，王姓慕名秦，始使人隨百濟獻方物。其俗呼城曰「健牟羅」，其邑在内曰「啄評」，啄，呼穢反。在外曰「邑勒」，亦中國之言郡縣也。國有六啄評、五十二邑勒。土地肥美，宜植五穀，多桑麻果菜鳥獸，物産略與華同。

至隋文帝時，遣使來貢。其王姓金名真平，隋東蕃風俗記云：「金姓相承三十餘葉。」文帝拜爲樂浪郡公、新羅王。其王至今亦姓金。按梁史云姓慕，未詳中間易姓之由。其先附屬於百濟，〔五九〕後因百濟征高麗，人不堪戎役，相率歸之，遂致强盛，因襲加羅、任那諸國，滅之。〔六〇〕並三韓之地。其西北界犬牙出高麗、百濟之間。

官有十六等，〔六一〕其一曰伊罰干，〔六二〕貴如相，次伊尺干，次迎干，次破彌干，次大河尺干，次河尺干，次乙吉干，〔六三〕次沙咄干，咄，都骨反。次及伏干，次大奈摩，〔六四〕次大舍，次小舍，次吉土，〔六五〕次大烏，次小烏，次達位。〔六六〕外有郡縣。文字、甲兵同於中國。選人壯健者悉入軍，烽、戍、邏郎佐反。俱有屯營部伍。〔六七〕風俗、刑政、衣服略與高麗、百濟同。

大唐貞觀二十二年，其王金春秋來朝，拜爲特進，請改章服以從華制。

倭

倭自後漢通焉，在帶方東南大海中，依山島爲居，凡百餘國。光武中元二年，倭奴國奉貢朝賀，〔六八〕使人自稱大夫，倭國之極南界也。安帝永初元年，倭國王帥升等獻生口百六十人。〔六九〕桓、靈間，倭國大亂，更相攻伐，歷年無主。有一女子名曰卑彌呼，年長不嫁，事鬼道，能以妖惑衆，於是共立爲王。侍婢千人，少有見者。唯有男子一人給飲食、傳辭出入。〔七〇〕居處宮室樓觀，城栅嚴設，常有人持兵守衛。

魏明帝景初二年，司馬宣王之平公孫氏也，倭女王始遣大夫詣京都貢獻。魏以爲親魏倭王，假金印紫綬。齊王正始中，卑彌呼死，立其宗女臺輿爲王。〔七一〕魏略云：「倭人自謂太伯之後。」其後復立男王，並受中國爵命。晉武帝泰始初，遣使重譯入貢。宋武帝永初二年，倭王讚修貢職，至曾孫武，順帝昇明二年，遣使上表曰：「封國偏遠，作蕃於外，自昔祖禰，躬擐甲冑，跋涉山川，不遑寧處，東征毛人五十五國，西服衆夷六十六國，渡平海北九十五國。臣雖下愚，忝胤先緒，驅率所統，歸崇天極，〔七二〕道遥百濟，〔七三〕裝船理舫。而句麗無道，圖欲見吞，虔劉不已，每致稽滯。〔七四〕臣欲練甲理兵，摧此强敵，剋靖方難，無替前功。竊自假開府儀同三司，其餘咸各假授。」詔除武使持節、安東大將軍、倭王。

其王理邪馬臺國，或云邪摩堆。去遼東萬二千里，在百濟、新羅東南，其國界東西五月行，南北三月行，各至於海，大較在會稽、閩川之東，〔七五〕亦與朱崖、儋耳相近。其國土俗宜禾稻、麻紵、蠶桑，知織績爲縑布。出白珠、青玉。其山出銅，有丹。土氣温暖，冬夏生菜茹，〔七六〕無牛、馬、虎、豹、羊，〔七七〕有薑、桂、橘、椒、蘘荷，不知以爲滋味。出黑雉。有獸如牛，名山鼠。又有大虵吞此獸，虵皮堅不可斫，其上孔乍開乍閉，時或有光，射中之虵則死。

其兵有矛、楯、木弓、竹矢，或以骨爲鏃。男子皆黥面文身。自謂太伯之後，衣皆横幅結束，相連無縫。女人披髪屈紒，作衣如單被，穿其中央，貫頭而著之。並以丹朱塗其身，如中國之用粉也。有城栅、屋室，父母兄弟異處，唯會同男女無别。飲食以手，而用籩豆。俗皆徒跣，以蹲踞爲恭敬。人性嗜酒，〔七八〕多壽考。國多女，大人皆有四五妻，其餘或兩或三，女人不婬不妒。又俗不盜竊，少争訟。其婚嫁不娶同姓，婦入夫家必先跨火，乃與夫相見。其死停喪十餘日，家人哭泣，不進酒食肉，親賓就屍歌舞爲樂。有棺無槨，封土作冢。舉大事，灼骨以卜，用決吉凶。其行來渡海詣中國，常使一人不櫛沐，不食肉，不近婦人，名曰「持衰」。若在塗吉利，則共顧其財物；若有疾病、遭暴害，以爲持衰不謹，便共殺之。〔七九〕官有十二等：一曰大德，次小德，次大仁，次小仁，次大義，次小義，次大禮，次小禮，次大智，次小智，次大信，次小信，員無定數。有軍尼百二十人，猶中國牧宰。八十户置一伊尼翼，〔八〇〕如里長也；十伊尼翼屬一軍尼。其王以天爲兄，以日爲弟。尤信巫覡。每至正月一日，必射戲飲酒，其餘節略與華同。〔八一〕樂有五絃琴、笛，好棊博、〔八二〕握槊、摴蒲之戲。

隋文帝開皇二十年，倭王姓阿每，名多利思比孤，〔八三〕其國號「阿輩雞彌」，〔八四〕華言天兒也，遣使詣闕。其書曰，「日出處天子致書日没處天子，無恙」云云。帝覽之不悦，謂鴻臚卿曰：「蠻夷書有無禮者，勿復以聞。」明年，帝遣文林郎裴清使於倭國。〔八五〕渡百濟，東至一支國，又至竹斯國。又東至秦王國，其人同於華夏，以爲夷洲，疑不能明也。又經十餘國達於海岸。〔八六〕自竹斯以東，皆附庸於倭。清將至，王遣小德阿輩臺，從數百人，設儀仗，鳴鼓角來迎。又遣大禮歌多毗從二百餘騎郊勞。〔八七〕既至彼都，其王與清相見，設宴享以遣。復令使者隨清來貢方物。其國跣足，以幅布蔽其前後，椎髻無冠帶。隋煬帝時始賜衣冠，令以綵錦爲冠飾，〔八八〕裳皆施襈，音饌。綴以金玉。衣服之制頗同新羅。〔八九〕大唐貞觀五年，遣新州刺史高仁表持節撫之。浮海數月方至。仁表無綏遠之才，與其王争禮，不宣朝命而還，由是遂絶。

又千餘里至侏儒國，人長三四尺。自侏儒東南行船行一年至裸國、黑齒國，使驛所傳，極於此矣。

倭一名日本，自云國在日邊，故以爲稱。武太后長安二年，遣其大臣朝臣真人貢方物。「朝臣真人」者，〔九〇〕猶中國地官尚書也，頗讀經史，解屬文，首冠進德冠，其頂有花，〔九一〕分而四散，身服紫袍，以帛爲腰帶，容止温雅。朝廷異之，拜爲司膳員外郎。〔九二〕天寶末，衛尉少卿朝衡即其國人。

夫餘

夫餘國，後漢通焉。初，北夷槖離國王〔九三〕按後漢、魏二史皆云：夫餘國在高句麗北。又案：後魏及隋史，高句麗在夫餘國南。而隋史云百濟出於夫餘，夫餘出於高句麗國王子東明之後也。又謂槖離國即高麗國，乃夫餘國當在句麗之南矣。若詳考諸家所説，〔九四〕疑槖離在夫餘之北，別是一國。〔九五〕然未詳孰是。有子曰東明，長而善射，王忌其猛而欲殺之。東明奔走，南渡掩淲水，因至夫餘而王之。順帝永和初，其王始來朝。〔九六〕帝作黄門鼓吹、角抵戲以遣之。夫餘本屬玄菟，至漢末公孫度雄張海東，威服外夷，其王始死，子尉仇台立，更屬遼東。時句麗、鮮卑强，度以夫餘在二虜之間，妻以宗女。至孫位居嗣立。〔九七〕正始中，幽州刺史毌丘儉將兵討句麗，遣玄菟太守王頎音其詣夫餘。位居遣大加郊迎，供軍糧。自後漢時夫餘王葬用玉匣，常先以付玄菟郡，王死則迎取以葬。及公孫淵伏誅，玄菟庫猶得玉匣一具。晉時夫餘庫有玉璧珪瓚，數代之物，傳以爲寶，耆老言「先代之所賜也」。其印文言「濊王之印」。國有故城，名濊城，蓋本濊貊之地。

其國在長城之北，去玄菟千里，南與高句麗、東與挹婁、西與鮮卑接。北有弱水。地可方二千里。有户八萬。土宜五穀，不生五果。有宮室、倉庫、牢獄。多山陵廣澤。其人性强勇謹厚，不寇抄。以六畜名官，有馬加、牛加、猪加、狗加、犬使。〔九八〕犬使者，使者邑落有豪民，名下户皆爲奴僕。諸加別主四出，道大者數千家，小者數百家。會同拜爵，揖讓升降，有似中國。以臘月祭天。譯人傳辭，皆跪手據地竊語。用刑嚴急，殺人者死，没其家人爲奴婢。竊盜一責十二。〔九九〕男女淫，婦人妒，皆殺之。兄死妻嫂，與北狄同俗。出名馬、赤玉、貂豽，〔一〇〇〕美珠大者如酸棗。以弓矢刀矛爲兵，家家自有鎧仗。作城栅皆圓，有似牢獄。行人無晝夜好歌吟，通日聲不絶。有軍事亦祭天，殺牛觀蹄，以占吉凶，蹄解者爲凶，合者爲吉。有敵，諸加自戰，下户但擔糧食音嗣之。其死，夏月皆用冰。殺人殉葬，多者百數。厚葬，有棺無槨。其居喪，男女皆純白，〔一〇一〕婦人著布面衣，去環珮，大體與中國髣髴。

至太康六年，爲慕容廆所襲破。廆，呼罪反。其王依慮自殺，子弟走保沃沮。武帝以何龕爲護東夷校尉。明年，夫餘後王依羅遣使詣龕，求率見人還復舊國。〔一〇二〕龕遣督郵賈沈以兵送之。爾後每爲廆掠其種人，賣於中國，帝又以官物贖還，禁市夫餘之口。自後無聞。

蝦夷

蝦夷國，海島中小國也。其使鬚長四尺，尤善弓矢。插箭於首，令人戴瓠而立，〔一〇三〕四十步射之，無不中者。大唐顯慶四年十月，隨倭國使人入朝。

校勘記

〔一〕邊防序　原無「序」，據明刻本、王吴本補。

〔二〕談天者八家其七家甘氏石氏渾天之類　「七」原作「三」，殿本同。據北宋本、明刻本、王吴本改。按：後云「唯釋氏一家論天地日月怪誕不可知也」，則此作「七」自碻。清人改「三」，未憭杜意。

〔三〕煮羊胛　「胛」原作「髀」，北宋本、明刻本、王吴本作「足」。據卷二〇〇及唐會要卷一〇〇改。

〔四〕則洛陽告成縣　「告成」原作「洛城」，據北宋本改。按：告成縣見卷一七七州郡典七河南府條下。

〔五〕生人大賫　「賫」原訛「貴」，據北宋本、明刻本改。

〔六〕其朴質事少　「事少」原倒，據北宋本、明刻本乙。

〔七〕流求　原作「琉球」，明刻本作「流球」，據北宋本改。按：唐宋載籍，率作「流求」，元以後始作「琉球」。以下逕改，不再出校。

〔八〕潭衡州人曰　「州」原訛「洲」，「曰」原脱，據北宋本改補。

〔九〕今郴道州人　「郴」原訛「都」，據北宋本改。按：唐置郴州、道州，見卷一八三州郡典一三。

〔一〇〕夫持盈固難　「夫」北宋本、明抄本、明刻本作「失」，屬上讀。

〔一一〕江湖乂安　明刻本、王吴本作「江明人安」，殿本、局本作「吴明徹侵」，俱非通典舊貌，據北宋本改。按：北宋本「湖」原作「胡」，今訂正。

〔一二〕宇内謐如　「宇」北宋本、明抄本、明刻本作「寓」。

〔一三〕七余反　原脱，據北宋本、明抄本補。

〔一四〕冉駹　「駹」原訛「驪」，王吳本訛「驡」，據北宋本、明抄本、明刻本、殿本改。

〔一五〕真臘　「真」原作「貞」，據北宋本、明刻本改。

〔一六〕挹怛同　原作大字與上下題平列，今改作小字，側注于「嚈噠」下。

〔一七〕大漢　「大」原訛「人」，據北宋本、王吳本改。

〔一八〕東夷上　此題右原有「邊防一」三字單占一行，今據北宋本、明抄本、明刻本删。

〔一九〕于夷　北宋本、明抄本、明刻本、殿本作「干夷」，王吳本、局本作「千夷」，今據後漢書東夷列傳二八〇七頁改。

〔二〇〕朝鮮之東南百濟新羅魏晉以後分王韓地　「南」下原有「也」，清人擅增，今據北宋本、明抄本、明刻本、王吳本删。「王」原訛「三」，據北宋本改正。

〔二一〕歷代並朝貢中國不絶　「中國」原脱，據北宋本、明抄本、明刻本、王吳本補。

〔二二〕朝鮮侯亦僭稱王　原「侯」下有「準」，據北宋本、明抄本、明刻本删。

〔二三〕築障塞　「塞」原訛「寨」，據北宋本、明抄本、明刻本、王吳本改。

〔二四〕稍役屬真番朝鮮諸夷　「稍」上原有「後」，據北宋本、明刻本删。

〔二五〕盧奚反　「奚」原作「溪」，據北宋本改。

〔二六〕後漢光武建武六年悉封其渠帥爲縣侯　與後漢書東夷列傳二八一七頁合。北宋本、明抄本、明刻本作「後漢光武帝元封中其渠帥爲縣侯」，誤。元封乃漢武帝年號。

〔二七〕山川各有部分　「分」後漢書東夷列傳二八一八頁作「界」。

〔二八〕作綿布　「作」原脱，據後漢書東夷列傳二八一八頁補。

〔二九〕先知年歲豐約　「先」後漢書東夷列傳二八一八頁作「豫」，通典避代宗諱改。

〔三〇〕其海出斑魚皮　後漢書東夷列傳二八一八頁無「皮」。

〔三一〕開户在上　「開」原作「門」，據北宋本、明抄本、明刻本、王吴本改。按：後漢書東夷列傳二八一九頁即作「開」。

〔三二〕謂以髮縈繞成科結也　「以」原作「挽」，據北宋本、明抄本、明刻本改。

〔三三〕俗信鬼神常以五月耕種畢　後漢書東夷列傳二八一九頁作「常以五月田竟祭鬼神」。杜氏改寫，稍失原意。

〔三四〕主祭天神　「神」原訛「地」，據北宋本、明抄本、明刻本改。按：後漢書東夷列傳二八一九頁即作「神」。

〔三五〕險側　通考卷三二四同。後漢書東夷列傳二八一九頁、御覽卷七八〇、太平寰宇記卷一七二作「儉側」。

〔三六〕樊濊　太平寰宇記卷一七二、通考卷三二四同。後漢書東夷列傳二八一九頁作「樊秖」，御覽卷七八〇作「樊祗」。

〔三七〕韓濊倭皆從取之　太平寰宇記卷一七二、通考卷三二四同。後漢書東夷列傳二八一九頁、御覽卷七八〇「取」作「市」。

〔三八〕欲其扁　「扁」原作「匾」，北宋本、明刻本、王吴本作「褊」，今據後漢書東夷列傳二八一九頁、御覽卷七八〇、太平寰宇記卷一七二改。下同。按：下注首字北宋本也作「扁」，可知通典正文本作「扁」。

〔三九〕扁音補典反　原作「匾音扁」，據北宋本改。

〔四〇〕亦有城郭衣服居處與辰韓同言語風俗相似祠祭鬼神有異　後漢書東夷列傳二八二〇頁、御覽卷七八〇作「城郭衣服皆同，言語風俗有異」。

〔四一〕初朝鮮王準爲衞滿所破　自此至「三韓蓋爲百濟新羅所吞并」，非專敍弁韓事，王吴本均予删削。

〔四二〕馬韓人復自立爲辰王　「自」原脱，據北宋本、明抄本、明刻本補。

〔四三〕屯有有鹽縣　三國志東夷傳八五一頁作「屯有縣」，無「有鹽」二字。屯有縣兩漢皆屬樂浪郡，見漢書地理志下一六二七頁、後漢書郡國志五三五三〇頁。兩漢地志不見「有鹽縣」，不知杜佑所據何書。

〔四四〕並今東夷之地　原作「今並爲東夷地」，據北宋本、明抄本、明刻本改。

〔四五〕其次與邑長　「與」原訛「爲」，據北宋本改。按：三國志東夷傳八五一頁即作「與」。

〔四六〕今柳城北平之間　「北」原訛「安」，據北宋本改。按：唐柳城北平兩郡毗隣，見本書卷一七八州郡典八。

〔四七〕似小榎樹而大　「榎」原作「椋」，非。北宋本、明抄本、明刻本作「櫌」，形訛。今據御覽卷七八一訂改。

〔四八〕以百濟王夫餘腆爲使持節都督百濟諸軍事　「腆」宋書夷蠻傳二三九三頁、南史夷貊傳下一九七二頁、御覽卷七八一作「映」。「都督」原脱，據宋書夷蠻傳、南史夷貊傳下、御覽卷七八一、太平寰宇記卷一七二補。

〔四九〕左平　「平」原涉下而誤作「率」，據北史百濟傳三一九九頁、隋書東夷傳一八一八頁、御覽卷七八一、太平寰宇記卷一七二改。按：舊唐書東夷傳五三二九頁作「佐平」。

〔五〇〕扞率　太平寰宇記卷一七二同。北史百濟傳三一九九頁、隋書東夷傳一八一八頁作「杆率」，御覽卷七八一作「杆率」。

〔五一〕季德　北史百濟傳、御覽卷七八一、太平寰宇記卷一七二同。隋書東夷傳一八一八頁作「李德」。

〔五二〕出嫁者乃分爲兩道焉　「嫁」北宋本、明抄本、明刻本作「婦」。

〔五三〕又每歲四祠其始祖仇台之廟　「每」下原有「祭」，涉上而衍，今據太平寰宇記卷一七二刪。「始」原訛「先」，據北宋本、明抄本、明刻本、王吴本改。

〔五四〕劦音俠　「俠」原訛「夾」，據北宋本改。

〔五五〕牟大　南史夷貊傳一九七二頁同。北宋本、明刻本作「牟太」。

〔五六〕拜爲帶方郡公百濟王　「爲」原脱，據北宋本、明抄本、明刻本、王吴本補。

〔五七〕其主夫餘崇竟不敢還舊國　「主」原作「王」，據北宋本改。按：夫餘崇即夫餘隆，見舊唐書東夷傳五三三四頁。通典避玄宗諱而改作「崇」。

〔五八〕高麗　兩字間原有「句」，據北宋本、明抄本、明刻本删。

〔五九〕其先附屬於百濟　「屬」北史新羅傳三一二三頁、隋書東夷傳一八二〇頁、御覽卷七八一、太平寰宇記卷一七四作「庸」。

〔六〇〕因襲加羅任那諸國滅之　太平寰宇記卷一七四、通考卷三二六同。北史新羅傳三一二三頁、隋書東夷傳一八二〇頁、御覽卷七八一作「因襲百濟附庸於迦羅國焉」。與通典迥異。

〔六一〕官有十六等　北史新羅傳三一二三頁、隋書東夷傳一八二〇頁、御覽卷七八一、太平寰宇記卷一七四均作「官有十七等」。新唐書東夷傳六二〇二頁、通考卷三二六云：「官有宰相、侍中、司農卿、太府令，凡十七等。」諸書「大奈摩干」下有「奈摩」一等，通典無，故云十六等。

〔六二〕其一曰伊罰干　太平寰宇記卷一七四同。北史新羅傳三一二三頁、隋書東夷傳一八二〇頁、御覽卷七八一「干」作「干」。下同。

〔六三〕乙吉干　「干」原脱，據北宋本、王吴本補。

〔六四〕大奈摩　太平寰宇記卷一七四「摩」下有「干」。北史新羅傳三一二三頁、隋書東夷傳一八二〇頁、御覽卷七八一「摩」下均有「干」。

〔六五〕吉土　「土」原脱，據隋書東夷傳一八二〇頁、御覽卷七八一、太平寰宇記卷一七四補。按：北史新羅傳三一二三頁「土」作「士」。

〔六六〕達位　御覽卷七八一同。北史新羅傳三一二三頁、隋書東夷傳一八二〇頁、太平寰宇記卷一七四作「造位」。

〔六七〕烽戍邏俱有屯營部伍　「烽」原訛「峰」，「部伍」原脱，據北史新羅傳三一二三頁、隋書東夷傳一八二〇頁、御覽卷七八一改補。又「營」，諸書作「管」。

〔六八〕倭奴國奉貢朝賀　「奴」原脱，據北宋本、明抄本、明刻本、王吴本補。按：後漢書東夷傳二八二一頁有「奴」字。

〔六九〕倭國王帥升獻生口百六十人　後漢書東夷傳二八二一頁同。王吴本同，唯「帥」作「師」。北宋本、明抄本、明刻本作「倭面土國王師升獻生口」。

〔七〇〕唯有男子一人給飲食傳辭出入　北宋本、明抄本、明刻本「入」下有「語」，王吴本、殿本、局本「辭」下有「語」，並是衍文，今據三國志東夷傳八五六頁、御覽卷七八二刪。又「一」北史倭傳三一三五頁、隋書東夷傳一八二五頁作「二」。

〔七一〕立其宗女臺輿爲王　三國志東夷傳八五八頁、通考卷三二四作「壹與」，北史倭傳三一三五頁作「臺與」，御覽卷七八二作「臺舉」，太平寰宇記卷一七四作「一粵」。

〔七二〕歸崇天極　「崇」原作「宗」，據宋書夷蠻傳二三九五頁、太平寰宇記卷一七四改。

〔七三〕道遥百濟　「遥」原作「遥」，據北宋本、明抄本、明刻本改。按：宋書夷蠻傳二三九五頁原各本均作「遥」，南史夷貊傳下一九七五頁作「逕」，御覽卷七八二作「過」，太平寰宇記卷一七四作「經」，通考卷三二四作「徑」。通典此節採自宋書，自當作「遥」。

〔七四〕每致稽滯　「滯」原作「遲」，據北宋本及宋書夷蠻傳二三九五頁改。

〔七五〕大較在會稽閩川之東　「閩川」後漢書東夷傳二八二〇頁、晉書四夷傳二五三六頁作「東冶」。

〔七六〕冬夏生菜茹　「茹」原訛「茄」，據北宋本、明抄本、明刻本、王吴本改。按：後漢書東夷傳二八二一頁即作「茹」。

〔七七〕無牛馬虎豹羊　後漢書東夷傳二八二一頁「羊」下有「鵲」。李賢注云：「鵲或作雞。」

〔七八〕人性嗜酒　「性」下原有「唯」，據北宋本、明刻本删。

〔七九〕便共殺之　後漢書東夷傳二八二二頁同。北宋本、明抄本、明刻本「共」作「欲」。

〔八〇〕伊尼翼　北史倭傳三一三六頁、隋書東夷傳一八二六頁同。北宋本「伊」作「仍」。太平寰宇記卷一七四作「仍」，注云：「一作伊。」

〔八一〕其餘節略與華同　北宋本、明抄本、明刻本、王吴本無「其餘」，北宋倭傳三一三七頁、隋書東夷傳一八二七頁有。

〔八二〕棊博　北宋本、明抄本、明刻本、王吴本無「博」。北史倭傳三一三七頁、隋書東夷傳一八二七頁有「博」。

〔八三〕名多利思比孤　北宋本「名」下有「自」。王吴本及北史倭傳三一三六頁、隋書東夷傳一八二七頁「名」作「字」。

〔八四〕其國號阿輩雞彌　北史倭傳三一三六頁、隋書東夷傳一八二六頁無「其國」二字。

〔八五〕裴清　即裴世清，通典避太宗諱，省「世」字。

〔八六〕達於海岸　「岸」原作「崖」，據北宋本、明刻本改。北史倭傳三一三七頁、隋書東夷傳一八二七頁均作「岸」。

〔八七〕歌多毗　「歌」原作「哥」，據北宋本改。

〔八八〕令以綵錦爲冠飾　「令」原作「並」，北宋本作「今」，據太平寰宇記卷一七四改。

〔八九〕衣服之制　「制」北宋本、明刻本作「地」。按：作「地」亦通，地謂質地。

〔九〇〕朝臣真人者　「朝臣」原脱，據王吴本及舊唐書東夷傳五三四〇頁、新唐書東夷傳六二〇八頁補。

〔九一〕其頂有花　新唐書東夷傳六二〇八頁、太平寰宇記卷一七四同。舊唐書東夷傳五三四〇頁、唐會要卷一〇〇、御覽卷七八二「有」作「爲」。北宋本、明刻本、王吴本「有」作「百」。

〔九二〕拜爲司膳員外郎　舊唐書東夷傳五三四一頁、新唐書東夷傳六二〇九頁、唐會要卷一〇〇、御覽卷七八二作「授司膳卿」。

〔九三〕北夷橐離國王　「橐」原作「索」，據北宋本、明抄本、明刻本改。下同。按：後漢書東夷傳二八一〇頁作「索」，李賢注云：「索或作橐。」通典本作「橐」。

〔九四〕詳考諸家所説　「説」原訛「出」，據北宋本改。

〔九五〕別是一國　「是」原訛「置」，據北宋本、明抄本、明刻本改。

〔九六〕順帝永和初其王始來朝　「始」是夫餘王名，下云「其王始死」，後漢書東夷傳二八一二頁云「至安帝永初五年，夫餘王始將步騎七八千人寇鈔樂浪」，皆可證。

〔九七〕至孫位居嗣立　三國志東夷傳八四二頁「位」上有「簡」字。

〔九八〕犬使　「犬」原訛「大」，據北宋本、明抄本、明刻本改。下同。

〔九九〕竊盜一責十二　「盜」原脱，據北宋本、明抄本、明刻本補。

〔一〇〇〕貂豽　北宋本、明抄本、明刻本、王吴本無此二字。後漢書東夷傳二八一一頁有。

〔一〇一〕其居喪男女皆純白　王吴本、殿本、局本「喪」下有「日」，「皆純白」作「不婚娶」，乃後人妄自删改者。今據北宋本、明抄本改回。明刻本「純」作「從」。

〔一〇二〕求率見人還復舊國　「率」原訛「索」，據北宋本、明抄本、明刻本、王吴本及晉書四夷傳二五三二頁改。按：清人不知「見」讀現，遂妄改「率」爲「索」。

〔一〇三〕令人戴瓠而立　「瓠」原訛「之」，明抄本、明刻本、王吴本訛「弧」，今據北宋本改正。

謝方點校　王文錦覆校

通典卷第一百八十六

邊防二

東夷下

高句麗　東沃沮　挹婁　勿吉又曰靺鞨　扶桑　女國　文身　大漢　流求

閩越

高句麗

高句麗，後漢朝貢，云本出於夫餘先祖朱蒙。朱蒙母河伯女，爲夫餘王妻，爲日所照，遂有孕而生。及長，名曰朱蒙，俗言善射也。國人欲殺之，朱蒙棄夫餘，東南走渡普述水，至紇升骨城，遂居焉，號曰句麗，以高爲氏。及漢武滅朝鮮，以高句麗爲縣，屬玄菟郡。賜以衣幘、朝服、鼓吹，常從玄菟郡受之。後稍驕恣，不復詣郡，但於東界築小城以受之，遂名此城爲幘溝漊。「溝漊」者，〔一〕句麗名城也。王莽時，發句麗兵以伐匈奴。其人不欲行，皆亡出塞爲寇盜。莽更名高句麗王爲下句麗侯。於是貊人寇邊愈甚。光武建武八年，遣使朝貢，帝復其王號。

其國在遼東之東千里，南與朝鮮、濊貊，東與沃沮，北與夫餘接。地方二千里，多大山深谷，無原澤，隨山谷而爲居，少田業，力作不足以自資。其俗節於飲食，而好修宮室。以夫餘别種，而言語法則多同，而跪拜申一腳，〔二〕行步皆走。凡有五族，有消奴部、絶奴部、順奴部、灌奴部、桂婁部。本消奴部爲王，稍微弱，後桂婁部代之。其置官有相加、對盧、沛者、古雛大加、〔三〕主簿、優台、使者、皁衣先人。其俗淫，皆潔淨，國中邑落男女，〔四〕每夜羣聚爲倡樂。好祠鬼神、社稷、零星，〔五〕以十月祭天，大會，名曰「東盟」。其國東有大穴，號襚神，〔六〕亦以十月迎而祭之。其公會衣服皆錦繡，金銀以自飾。大加、主簿皆著幘，如冠幘而無後。其小加著折風，形如弁。無牢獄，有罪，諸加評議便殺之，没入妻子爲奴婢。婚娶之禮略無財幣，若受財者謂之賣婢，俗甚恥之。父母及夫喪，其服制同於華夏，兄弟則限以三月。〔七〕兵器有甲、弩、弓、箭、戟、稍、矛、鋋。樂有五絃琴、箏、篳篥、横吹、簫、鼓之屬。賦税則絹布及粟，隨其所有，量貧富差等輸之。其馬皆小，便登山。本朱蒙所乘馬種，即果下也。畜有牛、豕，豕多白色。其人性凶急，有氣力，習戰鬬，好寇抄，沃沮、東濊皆屬焉。又有小水貊。句麗作國，依大水而居。〔八〕漢遼東郡西安平縣北有小水，南流入海，句麗之别種，依小水作居，因名之爲小水貊。出好弓，所謂貊弓是也。

至其王宮，生而開目能視，國人憎之。〔九〕及長勇壯，和帝時，頻掠遼東玄菟等郡。宮死，玄菟太守姚光上言，欲因其喪發兵擊之。尚書陳忠曰：「宮前桀黠，光不能討，〔一〇〕死而擊之，非義也。宜遣弔問，因責讓前罪。」安帝從之。明年，宮子遂成還漢生口，詣玄菟降。詔曰：「自今以後，不與縣官戰鬬而自以親附送生口者，皆與贖直，縑人四十匹，小口半之。」自爾率服，康陲少事。

其後王伯固死，有二子，長曰拔奇，小曰伊夷模。拔奇不肖，國人共立伊夷模爲王。自伯固時數寇遼東，又受亡胡五百餘家。獻帝建安中，拔奇怨爲兄而不得立，與消奴加各將下户三萬餘口詣公孫康降，還住沸流水。降胡亦叛伊夷模。伊夷模更作新國，都於丸都山下。拔奇遂往遼東，有子留句麗國，古雛加駁位居是也。〔一一〕伊夷模死，子位宮立。以曾祖名宮，生能開目視，及長大，果殈虐，殈音凶。今王生亦能視，句麗呼相似爲位，似其祖，故名之爲位宮。宮有勇力，便鞍馬。魏齊王正始三年，位宮寇西安平。在遼東。五年，幽州刺史毌丘儉將萬人出玄菟討之，戰於沸流。位宮敗走。儉追至赬峴，懸車束馬，登丸都山，屠其所都，斬首虜萬餘級。〔一二〕六年，毌丘儉復討之。位宮輕將諸加奔沃沮。儉使王頎追之，絶沃沮千餘里，〔一三〕到肅慎南界，刻石紀功。又刊丸都山、銘不耐城而還。

至位宮五葉孫釗，晉康帝建元初，慕容皝音晃率兵伐之，大敗，單馬奔走。皝乘勝追至丸都，焚其宮室，掠男女五萬餘口以歸。釗後爲百濟所殺。其後慕容寶以句麗王安爲平州牧，封遼東、帶方二國王。安始置長史、司馬、參軍官，後略有遼東郡。至孫高璉，〔一四〕東晉安帝義熙中，遣長史高翼獻赭白馬，以璉爲營州諸軍事、高麗王、樂浪郡公。宋元嘉中，又獻馬八百匹。自東晉、宋至於齊、梁、後魏、後周，其主皆受南北兩朝封爵，分遣貢使。初後魏時，置諸國使邸，齊使第一，高麗次之。南齊武帝永明中，高麗使至，服窮袴，冠折風。〔一五〕中書郎王融戲之曰：「服之不衷，身之災也。〔一六〕頭上定是何物？」答曰：「此即古弁之遺像也。」

自東晉以後，其王所居平壤城，即漢樂浪郡王險城。自爲慕容皝來伐，後徙國内城，移都此城。亦曰長安城，隨山屈曲，南臨浿水，在遼東南千餘里。城内唯積倉儲器械，寇賊至，方入同守。王別爲宅於其側。其外有國内城及漢城，亦別都也。復有遼東、玄菟等數十城，皆置官司以相統攝焉。其地後漢時方二千里。至魏南北漸狹，纔千餘里。至隋漸大，東西六千里。其國中書籍，有五經、三史、三國志、晉陽秋、玉篇、字統、字林。

自璉七葉至元，隋文帝時，率靺鞨之衆萬餘騎寇遼西。隋遣漢王諒總兵討之，次遼水，大遭疾疫，又乏糧。元復惶懼，遣使請罪，遂班師。至煬帝徵元入朝，不至。大業七年，帝親征元。師度遼水，東城分道出師，頓兵於其城下。高麗嬰城固守，帝命諸軍攻之。〔一七〕又敕諸將：「高麗若降者，即宜撫納，不得縱兵。」城將陷，賊輒言請降。諸將奉旨，不敢赴機，先令馳奏。比報至，賊守禦亦備，隨出拒戰。如此者再三，帝不悟，食盡師老，輸糧不繼，諸軍敗績，還者千人而已。是行也，唯於遼水西拔賊武列邏而已。〔一八〕還。九年，帝復親征，乃敕諸軍以便宜從事。諸將分道攻城，賊勢日蹙。會楊玄感作亂，反書至，帝班師。兵部侍郎斛斯政，玄感之黨，亡入高麗，高麗具知事實，〔一九〕悉鋭兵來追，殿軍多敗。十年，又發天下兵。會盜賊蜂起，所在阻絶，軍多失期，少至遼水，又屬饑饉，六軍遞相掠奪，復多疾疫。自黄龍以東，骸骨相屬，止泊之處，軍人皆積屍以禦風雨，死者十八九。〔二〇〕高麗亦困弊於守禦，遣使乞降，囚送斛斯政以贖罪。帝許之，頓於懷遠鎮，受其降款，旋師。仍徵元入朝，不至，帝更圖後舉。會天下大亂，不克復行。〔二一〕

大唐武德四年，遣使朝貢。其國建官有九等。〔二二〕其一曰吐捽，昨没反。舊名大對盧，總知國事；次曰太大兄；次鬱折，之悦反。華言主簿；次太大夫使者；〔二三〕次皁衣頭大兄，〔二四〕東夷相傳所謂皁衣先人者也。以前五官掌機密，謀政事，徵發兵馬，選授官爵。次大使者，次大兄，次收位使者，次上位使者，次小兄，次諸兄，次過節，次不過節，次先人。又有狀古雛加，掌賓客，比鴻臚卿，以大夫使者爲之。又有國子博士、大學博士、舍人、通事、典書客，皆以小兄以上爲之。又，其諸大城置傉內屋反薩，比都督；諸城置處閭近支，比刺史，亦謂之道使。其武官曰大模達，比衛將軍，以皁衣頭大兄以上爲之；次末客，比中郎將，以大兄以上爲之；其次領千人以下，各有差等。又其國有五部，皆貴人之族也：一曰内部，即後漢時桂婁部也；二曰北部，即絶奴部也；三曰東部，即順奴部也；四曰南部，即灌奴部也；五曰西部，即消奴部也。碣石山在漢樂浪郡遂成縣，〔二五〕長城起於此山。今驗長城東截遼水而入高麗，遺址猶存。按尚書云：「夾右碣石入於河。」右碣石即河赴海處，在今北平郡南二十餘里，則高麗中爲左碣石。又平壤城東北有魯陽山，魯城在其上。西南二十里有葦山，南臨浿水。其大遼水源出靺鞨國西南山，南流至安市。小遼水源出遼山，西南流與大梁水會。大梁水在國西，出塞外，西南流注小遼水。馬訾水則移反一名鴨緑水，水源出東北靺鞨白山，水色似鴨頭，故俗名之。去遼東五百里，經國内城南，又西與一水合，即鹽難水也。二水合流，西南至安平城，入海。高麗之中，此水最大，波瀾清澈，所經津濟，皆貯大船。其國恃此以爲天塹，〔二六〕水闊三百步，在平壤城西北四百五十里，遼水東南四百八十里。漢樂浪、玄菟郡之地，自後漢及魏，爲公孫氏所據。至淵滅，〔二七〕西晉永嘉以後，復陷入高麗。其不耐、屯有、帶方、安市、平郭、安平、居就、〔二八〕文城皆漢二郡諸縣，則朝鮮濊貊、沃沮之地。又遣使請道教。詔沈叔安將天尊像并道士至其國，講五千文，開釋玄宗，自是始崇重之，化行於國，有踰釋典。

其後東部大人蓋蘇文弒其王高武，其王元在位十八年，高武即元異母弟。立其姪藏爲主，自爲莫離支。此官總選兵，猶吏部、兵部尚書也。於是號令遠近，遂專國命。蘇文鬚面甚偉，形體魁傑，衣服冠履皆飾以金綵，身佩五刀，常挑臂高步，意氣豪逸，左右莫敢仰視。常令武官貴人俯伏於地，登背上下馬。七年二月，遣使内附，受正朔，請頒曆，許之。

八年三月，高祖謂羣臣曰：「各實之間，理須相副。高麗稱臣於隋，終拒煬帝，此亦何臣之有！朕敬於萬物，不欲驕貴，但據有土宇，務共安人，何必令其稱臣以自尊大。可即詔述朕此懷也。」裴矩、温彦博進曰：「遼東之地，周爲太師之國，漢家之玄菟郡耳。魏晉以前，近在提封之内，不可許以不臣。若以高麗抗禮，四夷必當輕漢。且中國之於夷狄，猶太陽之於列星，理無降尊，俯同藩服。」乃止。

貞觀十八年二月，太宗謂侍臣曰：「高麗莫離支賊殺其主，盡誅大臣。夫出師弔伐，須有其名，因其殺君虐下，取之爲易。」諫議大夫褚遂良進曰：「兵若度遼，事須克捷。萬一不獲，無以威柔遠方，必更發怒，再動兵衆。若至於此，安危難測。」太宗然之。兵部尚書李勣曰：「近者薛延陀犯邊，必欲追擊，但爲魏徵苦諫遂止。向若討伐，延陀無一人生還，〔二九〕可五十年間邊境無事。」至十一月，以刑部尚書張亮爲平壤道行軍大總管，自萊州泛海趣平壤。又以特進李勣爲遼東道行軍大總管，趣遼東，兩軍合勢。三十日，征遼東之兵集於幽州。十九年，太宗親征渡遼。四月，李勣攻拔蓋牟城，〔三〇〕獲口二萬，以其城置蓋州。勣又攻遼東城，拔之，以其城爲遼州。六月，攻拔白巖城，以其城爲巖州。遂引軍次安市城，進兵以攻之。會高麗北部傉薩高延壽、南部高惠真率靺鞨之衆十五萬來援，於安市城東南八里依山爲陣。上令所司張受降幕於朝堂之側，夜召文武躬自指揮。是夜有流星墜賊營中。明日及戰，大破之。延壽、惠真率三萬六千八百人來降。〔三一〕上以酋首三千五百人授以戎秩，遷之内地，餘三萬人悉放還平壤城，靺鞨三千人并坑之。〔三二〕獲馬五萬匹，〔三三〕牛五萬頭，甲一萬領，〔三四〕因名所幸山爲駐蹕山。命許敬宗爲文，勒石以紀其迹。遂移軍於安市城南。久不尅。九月，遂班師。先遣遼、蓋二州户口渡遼，乃召兵馬歷於城下而旋。城主升城拜辭，太宗嘉其堅守，賜縑百匹以勵事君者。二十一年，李勣復大破高麗於南蘇。班師至頗利城，渡白狼、黄巖二水，皆由膝以下。勣怪二水狹淺，問契丹遼源所在。云：「此二水更行數里，合而南流，即稱遼水，更無遼源可得也。」旋師之後，更議再行。

二十二年，司空房玄齡病亟，乃謂諸子曰：「當今天下清謐，咸得其宜。唯東討不庭，方爲國害。主上含怒意決，臣下莫敢犯顔。吾若不言，可謂銜恨入地。」遂封表切諫曰：「臣聞兵惡不戢，武貴止戈。當今聖化所覃，無遠不服。自上古所不臣者，陛下皆能臣之；所不制者，皆能制之。詳觀古今爲中國患害，〔三五〕無過突厥，遂能坐運神册，不下殿堂，大小可汗，相次束手，分典禁衛，執戟行間。其後延陁鴟張，尋就夷滅。鐵勒慕義，請置州縣。沙漠之北，萬里無塵。至如高昌叛渙於流沙，吐渾首竄於積石，偏師薄伐，俱從平蕩。高麗逋誅，莫能討擊。陛下責其逆亂，殺主虐人，親總六軍，問罪遼碣。未經旬日，即拔遼東。此聖主之所自知，微臣安敢備説。且陛下仁風被於率土，孝德彰於配天，兼衆美而有之，靡不畢具，微臣深爲陛下惜之重之，愛之寶之。易曰：『知進而不知退，知存而不知亡。』又曰：『知進退存亡而不失其正者，其唯聖人乎！』由此言之，進有退之義，存是亡之機，得有喪之理。老臣所以爲陛下惜之，蓋謂此也。老子曰：『知足不辱，知止不殆。』臣謂陛下威名功德亦可足矣，拓地開疆亦可止矣。彼高麗者，邊夷賤類，不足待以仁義，不可責以常禮。古來以魚鼈畜之，宜從闊略。〔三六〕若必欲絶其種類，深恐獸窮則搏。且陛下每決死囚，必命三覆，〔三七〕進素食，停音樂，蓋以人命所重，感動聖慈。況今兵士之徒，無一罪戾，無故驅之於遼城之閒，〔三八〕委之於鋒刃之下，使肝腦塗地，魂魄無歸，令其老父、孤兒、寡婦、慈母，覩轊音衞車而掩泣，抱枯骨而摧心，足以變動陰陽，感傷和氣，實天下之冤痛也。伏願陛下遵皇祖老子止足之誡，以保萬代巍巍之名，許高麗自新，罷應募之衆，〔三九〕自然華夷慶賴，遠肅邇安。臣老病三公，朝夕入地，謹罄殘魂餘息結草之誠，〔四〇〕儻蒙録此哀鳴，即臣死且不朽。」

蓋蘇文死，其子男生嗣立，爲其弟男建所逐，使其子獻誠詣闕。高宗總章元年，遣司空李勣伐高麗。破其都平壤城，擒其王高藏并男建等，平其國，下城百七十六，〔四一〕户六十九萬七千。二年，移高麗户二萬八千二百配江淮以南、山南、京西。〔四二〕咸亨元年四月，其餘類有酋長劍牟岑者率衆叛，〔四三〕立高藏外孫安舜爲王。令左衛大將軍高偘討平之。〔四四〕其後餘衆不能自保，散投新羅、靺鞨舊國，土盡入於靺鞨，高氏君長遂絶。

武太后聖曆二年，鸞臺侍郎、平章事狄仁傑上表請拔安東，〔四五〕復其君長，曰：「臣聞先王疆理天下，皆是封域之内，制井田，出兵賦，其有逆命者因而誅焉，罪其君，弔其人，存其社稷，不奪其財，非欲土地之廣，非貪玉帛之貨。至漢孝武籍四帝之資儲，於是定朝鮮，討西域，平南越，擊匈奴，府庫皆空，賊盜蜂起，百姓嫁妻賣子，流離於道路者萬計。〔四六〕於是榷沽市利，筭及舟車，籠天下貨財而財用益屈。末年覺悟，息兵罷役，封丞相爲富人侯。〔四七〕然而漢室中分，蓋由此起，豈不戒哉！人有四支者，所以捍頭目也。君有四方者，所以衛中國也。然以蝮蛇在手，既以斷節全身；狼戾一隅，亦宜棄之存國。漢元帝罷珠崖之郡，宣帝棄車師之田，非惡多而好少也，知難即止，是爲愛人。今以海中分爲兩運，風波漂蕩，没溺至多，準兵計糧，猶苦不足。且中國之與蕃夷，天文自隔，遼東所守，已是石田，靺鞨遐方，更爲雞肋。今欲肥四夷而瘠中國，恐非通典。且得其地不足以耕織，得其人不足以賦税。臣請罷薛訥，廢安東鎮。三韓君長，高氏爲其主，誠願陛下體存亡繼絶之義，〔四八〕復其故地，此之美名，高於堯舜遠矣。」

東沃沮

東沃沮，後漢通焉。初，武帝滅朝鮮時，以其地爲玄菟郡，〔四九〕後爲夷貊所侵，徙郡於高句麗西北。至光武，以其渠帥爲縣侯，不耐、華麗、沃沮諸縣皆爲侯國。後漢末，猶置功曹、主簿諸曹，皆濊民作之。其諸邑落渠帥，皆自稱三老，則故縣國之制也。

其國在高句麗蓋馬大山之東，蓋音合。東濱大海，北與挹婁、夫餘，南與濊貊接。其地東西狹，南北長，可折方千里。户五千。土肥美，背山向海，宜五穀，善田種。無大君主，有邑落長帥。人性質直强勇，便持矛步戰。言語、飲食、居處、衣服有似句麗。其葬，作大木椁，長十餘丈，開一頭爲户。新死者先假埋之，令皮肉盡，乃取骨置椁中。家人皆共一椁，刻木如主，隨死者爲數焉。〔五〇〕又有瓦鑩，鎗也，音歷。置米其中，編懸之於椁户邊。國小，迫於大國之間，遂臣屬句麗。句麗復置其中大人爲使者，〔五一〕使相主領，又使大加統之，大加，句麗官號，所謂有馬、牛、羊、狗加，其所部有大小。責其租税，貂布魚鹽，海中食物，千里擔負致之。又發其美女以爲婢妾焉。

魏齊王正始五年，幽州刺史毌丘儉討句麗。句麗王宫奔沃沮。遂進師擊沃沮邑落，皆破之。宫又奔北沃沮。北沃沮一名置溝婁，去南沃沮八百餘里。其俗南北皆同，與挹婁接。挹婁喜乘船寇抄，北沃沮畏之，夏月常在山巖深穴中爲守備，冬月冰凍，船道不通，乃下居村落。毌丘儉遣玄菟太守王頎追討宫，盡其東界。耆老言，國人嘗乘船捕魚，〔五二〕遭風吹，數十日東到一島，上有人，言語不相曉。其俗嘗以七月取童女沈海。又言有一國亦在海中，純女無男人。或傳其國有神井，闚之輒生子。又説，得一布衣，從海中浮出，其身如中人衣，〔五三〕其兩袖長三丈。又得一破船，隨波出在海岸邊，〔五四〕有一人項中復有面，生得之，與語不相通，不食而死。其城皆在沃沮東大海中。

挹婁

挹婁，魏時通焉，云即古肅慎之國也。周武王及成王時，皆貢楛矢、石砮。楛音户。爾後千餘年，雖秦漢之盛，莫能致也。常道鄉公景元末來貢，獻楛矢、石砮、弓、甲、貂皮之屬。

其國在不咸山北，在夫餘東北千餘里，濱大海，南與北沃沮接，不知其北所極，廣袤數千里。袤，莫候反。〔五五〕土地多山險，車馬不通，人形似夫餘，而言語各異。有五穀、牛馬、麻布，出赤玉、好貂。所謂挹婁貂是也。無君長，其邑落各有大人。處於山林之間，土氣極寒，常爲穴居，以深爲貴，大家至接九梯。〔五六〕好養豕，食其肉，衣其皮。冬以豕膏塗身，厚數分，以禦風寒。夏則裸袒，以尺布蔽其前後。其人臭穢不潔，作厠於中，圜之而居。無文墨，以言語爲約。坐則箕踞，以足挾肉啖之。得凍肉，坐其上令温暖。土無鹽鐵，燒木作灰，灌之，取汁而食。俗皆編髮，將嫁娶，男以毛羽插女頭，女和則持歸，然後致禮聘之。婦貞而女淫，貴壯而賤老。死者其日即葬之於野，〔五七〕交木作小椁，殺猪積其上，以爲死者之糧。性凶悍，以無憂哀相尚。父母死，男女不哭泣。有哭者謂之不壯相。盜竊無多少皆殺之，雖野處而不相犯。有石砮皮骨之甲。國東北有山出石，其利入鐵，將取之，必先祈神。其人衆雖少而多勇力，處山險，又善射。弓長四尺，力如弩。〔五八〕矢用楛，長尺八寸，青石爲鏃，鏃皆施毒，中人即死。鄰國畏其弓矢，卒不能服也。便乘船，好寇盜，鄰國患之。東夷飲食類皆用俎豆，唯挹婁獨無，法俗最無綱紀。

至晉元帝初，又詣江左貢其石砮。至成帝時，通貢於石季龍，四年方達。季龍問之，答曰：「每候牛馬向西南卧者三年矣，是知有大國所在，故來焉。」

勿吉又曰靺鞨〔五九〕

勿吉，後魏通焉。在高句麗北，亦古肅慎國地。邑落各自有長，不相總一。凡有七種：〔六〇〕其一號粟末部，〔六一〕與高麗相接；二曰汨咄都勿反部，〔六二〕在粟末之北；三曰安車骨部，〔六三〕在汨咄東北；四曰拂涅音皇部，〔六四〕在汨咄東；五曰號室部，在拂涅東；六曰黑水部，在安車骨西北；七曰白山部，在粟末東南。勝兵各數千，而黑水部尤爲勁健。自拂涅以東，矢皆石鏃，長二寸，所居多依山水，渠帥曰大莫拂瞞莫干反咄，東夷中爲强國，諸國皆患之。

其國有大水，闊三里餘，名速末水。其地卑下溼，築隄鑿穴以居，〔六五〕室形似塚，開口於上，以梯出入。無牛，有車馬，佃則偶耕，車則步推。有粟及麥穄。菜則有葵。水氣鹹，凝鹽生樹上。〔六六〕亦有鹽池。多猪無羊，嚼米醖酒，飲能致醉。婦人則布裙，男子衣猪犬皮裘，〔六七〕頭插虎豹尾，善射。其父母春夏死，立埋之，塚上作屋，不令雨溼；若秋冬死，以其屍捕貂，〔六八〕貂食其肉，則多得之。俗以溺洗手面，於諸夷最爲不潔。

孝文延興中，其王遣乙力支朝獻。乙力支稱：初發其國，乘船溯溯音素難河西上，至太沴沴音麗河，〔六九〕沈船於水，南出陸行，渡洛孤水，從契丹西界達和龍。乙力支還，從其來道，取得本沈船，達其國。〔七〇〕隋文帝初，靺鞨國有使來獻，謂即勿吉也。「勿吉」與「靺鞨」音相近。西北與契丹接，每相劫掠，與中華懸隔，唯粟末、白山爲近。煬帝初，其渠帥度地稽率其部來降，〔七一〕居之柳城。遼東之役，度地稽率其徒以從，每有戰功。從帝幸江都，尋放歸柳城。今郡地。大唐聖化遠被，〔七二〕靺鞨國頻使貢獻。詳考傳記，挹婁、勿吉、靺鞨俱肅慎之後裔。〔七三〕

扶桑

扶桑，南齊時聞焉。廢帝永元初，其國有沙門慧深來至荊州，説云：扶桑在大漢國東二萬餘里，地在中國之東。其土多扶桑木，葉似桐，初生如笋，國人食之。實如梨而赤。績其皮爲布以爲衣，亦爲錦。〔七四〕作板屋，無城郭。有文字，以扶桑皮爲紙。無兵甲，不攻戰。名國王爲乙祁，貴人第一者爲大對盧，〔七五〕第二者爲小對盧，第三者爲納咄沙。國王行有鼓角導從。其衣色隨年改易，甲乙年青，丙丁年赤，戊己年黄，庚辛年白，壬癸年黑。有牛，角甚長，以角載物，至勝二十斛。車有馬車、牛車、鹿車。〔七六〕國人養鹿如牛，以乳爲酪。有赤梨，〔七七〕經年不壞。多蒲桃。〔七八〕其地無鐵有銅。不貴金銀，市無租估。其婚姻法大抵與中國同。親喪七日不食，祖父母喪五日不食，兄弟伯叔姑姊妹喪三日不食。〔七九〕設座爲神像，朝夕拜奠，不制縗絰。嗣王立，三年不視國事。自宋孝武帝大明二年，〔八〇〕罽賓國有比丘五人遊行至其國，始通佛法像教。

女國

女國，慧深云：「在扶桑東千餘里。其人容貌端正，色甚潔白。身體有毛，髮長委地。至二三月，競入水則妊娠，六七月産子。女人胸前無乳，項後生毛，根白，毛中有汁，乳子，百日能行，三四年則成人矣。見人驚避，偏畏丈夫。食鹹草，如禽獸。鹹草葉似邪蒿，而氣香味鹹。」梁武帝天監六年，有晉安人渡海，爲風所飄，至一島，登岸。有人居。女則如中國人，而言語不可曉。男則人身而狗頭，其聲如犬吠。其食有小豆，其衣如布。築土爲牆，其形圓，其户如竇。

文身

文身，梁時聞焉。在倭國東北七千餘里。人體有文如獸，其額上有三文，文大直者貴，文小曲者賤。〔八二〕土俗歡樂，物豐而賤，行客不齎糧。有屋宇，無城郭。國王所居，飾以金銀珍麗，繞屋爲塹，廣一丈，實以水銀，雨則流於水銀之上。市用珍寶。

大漢

大漢，梁時聞焉。在文身國東五千餘里。無兵戈，不攻戰。風俗並與文身國同，而言語異。

流求

流求，自隋聞焉。居海島之中，當建安郡東，閩川之東。水行五日而至。土多山洞。其王姓歡斯，名渴刺兜，不知其由來有國代數也。彼土人呼之爲「可老羊」，妻曰「多拔茶」。〔八二〕所居曰「波羅檀洞」，塹柵三重，環以流水，樹棘爲藩。王所居舍，其大十六間，彫禽刻獸。多鬬鏤樹，似橘而葉密，條纖如髮，紛然下垂。國有四五帥統諸洞，洞有小王。往往有村，村有鳥了帥，並以善戰者爲之，自相樹立，〔八三〕理一村之事。男女皆以白紵繩纏髮，從頭後盤繞至額。〔八四〕婦人以羅紋白布爲帽。織鬬鏤皮并雜色紵及雜毛以爲衣，製裁不一。織籐爲笠，飾以毛羽。兵有刀、矟、弓、箭、劍、鈹之屬。編紵爲甲，或以熊豹之皮。王乘木獸，令人轝之而行，導從不過數十人。〔八五〕國人好相攻擊，人皆驍健善走，難死而耐瘡。〔八六〕諸洞各爲部隊，不相救助。兩陣相當，勇者三五人相擊射，如其不勝，一軍皆走，遣人致謝，即共和解，收取鬬死者共聚而食之。食皆用手。無賦斂，有事則均稅。俗無文字，視月虧盈以紀時節，候草枯以爲年歲。人深目長鼻，頗類於胡人。縱年老，髮多不白。無君臣上下之節、拜伏之禮。父子同牀而寢。婦人產乳，必食子衣。以木槽暴海水爲鹽，木汁爲醋，釀米麴爲酒。〔八七〕遇得異味，先進尊者。凡有宴會，執酒者必待呼而後飲。上王酒者，亦呼王名，銜杯共飲，頗同突厥。歌呼蹋蹄，一人唱，衆人皆和，音頗哀怨。其死者氣將絶，舉於庭。〔八八〕浴其屍，以布帛纏之，裹以葦草，〔八九〕雜土而殯，〔九〇〕上不起墳。爲子者，〔九一〕數月不食肉。有熊羆豺狼，尤多猪雞，無牛羊驢馬。厥田良沃，先以火燒，而引水灌之。持一插，以石爲刃，長尺餘，闊數寸，而墾之。土宜播種，樹木有同於江表。氣候與嶺南相類。俗事山海之神，祀以酒肴。鬬戰殺人，便將所殺人祭其神。

煬帝大業初，海師何蠻等每春秋二時，〔九二〕天清氣静，東向，〔九三〕依稀似有烟霧之氣，亦不知幾千里。三年，帝令羽騎尉朱寬入海求訪異俗，何蠻言之，遂與蠻俱往，〔九四〕因到流求國。言不相通，掠一人，并取其布甲而還。〔九五〕時倭國使來朝，見之曰：「此夷邪久國人所用也。」〔九六〕帝遣虎賁郎將陳稜、朝請大夫張鎮州率兵自義安今潮陽郡。浮海擊之。至流求。初，稜將南方諸國人從軍，有崑崙人頗解其語，遣人慰諭之。流求不從，拒逆官軍。稜擊走之，進至其都。頻戰皆敗，毁其宫室，虜其男女數千人而還。

閩越

閩越王無諸按説文云：「閩，東越虵種，故字從門虫。」及越東海王搖者，〔九七〕其先皆越王句踐之後也，姓騶氏。秦已并天下，皆廢爲君長，以其地爲閩中郡。今閩川盡是也。〔九八〕及諸侯叛秦，無諸及搖率越人佐漢擊項籍。漢五年，復立無諸爲閩越王，王閩中故地，都東冶。今長樂郡地。〔九九〕孝惠三年，舉高帝時越功，曰閩君搖功多，〔一〇〇〕乃立搖爲東海王，都東甌，今永嘉郡。時俗號爲東甌王。至孝景三年，吴王濞反，吴破，東甌受漢之購，殺吴王。吴王之子子駒、子華亡走閩越，怨東甌殺其父，〔一〇一〕常勸閩越擊東甌。

至武帝建元三年，閩越發兵圍東甌，乃遣莊助以節發兵會稽，〔一〇二〕遂浮海救東甌。未至，閩越引去，東甌請舉國徙中國，仍率其衆四萬餘人處江淮之間。至六年，閩越擊南越。上遣大行王恢出章郡，今章郡、臨川、南康、廬陵等郡地。大司農韓安國出會稽，今吴郡、餘杭、會稽、餘姚、東陽、臨海、永嘉、信安、縉雲等郡地。兵未踰嶺，閩越王郢發兵距險。其弟餘善殺王郢，使人謝罪。天子詔罷兵，曰：「郢等首惡，獨無諸孫繇君繇，邑號。丑不同謀焉。」〔一〇三〕乃立丑爲越繇王，奉閩越祀。餘善已殺郢，威行於國，天子聞之，爲餘善不足復興師，曰：「餘善數與郢謀亂，而後首誅郢，師得不勞。」因立餘善爲東越王，與繇王並處。

至元鼎五年，南越反。餘善上書請以卒八千從樓船將軍擊吕嘉等。兵至揭陽，今潮陽郡。以海風波爲辭，不行，持兩端。是時楊僕上書，願便引兵擊東越。帝以士卒勞倦不許，罷兵，令諸校留屯章郡梅嶺今南康郡虔化縣界。待命。六年秋，餘善聞樓船請誅之，漢兵臨境，乃遂反，遣兵入梅嶺，殺漢校尉。帝遣横海將軍韓説自句章，今餘姚郡。浮海從東方往，樓船將軍楊僕出武林，中尉王温舒出梅嶺。元封元年冬，咸入東越。繇王居股殺餘善降。於是天子曰：「東越陿多阻，閩越悍，數反覆。」詔徙其人處江淮閒。東越地遂虚。即今閩川地也。爲封餘善爲東越王，〔一〇四〕遂謂之東越。

校勘記

〔一〕溝漊者　原「溝」上有「幘」，清人擅增，今據北宋本、明抄本、明刻本、王吴本删。按：三國志東夷傳八四三頁即無「幘」。

〔二〕而跪拜申一脚　「申」原作「曳」，王吴本、殿本同，據北宋本、明抄本、明刻本改。按：後漢書東夷傳二八一三頁作「曳」，三國志東夷傳八四四頁作「申」。

〔三〕古雛大加　北宋本、王吴本同。殿本作「鄒」。按：後漢書東夷傳二八三一頁作「鄒」，三國志東夷傳八四三頁作「雛」。

〔四〕其俗淫皆潔浄國中邑落男女　「淫」原作「人」，「潔浄」原倒，「國中」原作「自憙」，據北宋本、明抄本、明刻本乙改。按：王吴本唯「潔浄」倒作「浄潔」，餘同古本。

〔五〕零星　「零」原作「靈」，據北宋本改。按：後漢書東夷傳二八一三頁作「零」。三國志東夷傳八四三頁作「靈」。

〔六〕號禭神　「禭」原作「隧」，據北宋本改。按：後漢書東夷傳二八一三頁作「禭」。三國志東夷傳八四四頁作「隧」。

〔七〕兄弟則限以三月　「限」原作「服」，據北宋本、明刻本改。

〔八〕依大水而居　原無「大」，據三國志東夷傳八四四頁補。

〔九〕國人憎之　「憎」原作「懷」，據北宋本、明刻本、王吳本改。按：後漢書東夷傳二八一四頁作「懷」，三國志東夷傳八四五頁作「惡」。作「懷」非。

〔一〇〕光不能討　「光」原作「先」，據後漢書東夷傳二八一五頁改。

〔一一〕古雛加駮位居是也　「雛」原作「鄒」，據北宋本、王吳本改。

〔一二〕斬首虜萬餘級　三國志毌丘儉傳七六二頁作「斬獲首虜以千數」。

〔一三〕絶沃沮千餘里　「絶」原訛「統」，據太平寰宇記卷一七三改。按：王吳本作「過」，蓋據三國志毌丘儉傳七六二頁校改。太平寰宇記此節録自通典，自應作「絶」。

〔一四〕高璉　「璉」原訛「連」，據諸本改。下同。按：宋書夷蠻傳二三九二頁作「璉」。

〔一五〕冠折風　「冠」原脱，據北宋本、明刻本補。按：折風，幘名。南齊書東南夷傳一〇一〇頁云：「冠折風一梁謂之幘。」

〔一六〕服之不衷身之災也　「衷」北宋本、明刻本、王吳本作「章」，誤。南齊書東南夷傳一〇一〇頁作「衷」。按：「服之不衷身之災也」，語出左氏僖公二十四年傳。

〔一七〕帝命諸軍攻之　「軍」原作「將」，據北宋本、明刻本、王吳本改。

〔一八〕武列邏　隋書東夷傳一八一七頁、北史高麗傳三一一七頁「列」作「厲」，譯音相近。

〔一九〕高麗具知事實　「高麗」原涉上而脱，據隋書東夷傳一八一七頁、北史高麗傳三一一七頁補。

〔二〇〕死者十八九　「十」下原有「有」，據北宋本、明刻本、王吳本删。

〔二一〕不克復行　「復」原脱，據北宋本、明刻本、王吴本補。

〔二二〕其國建官有九等　隋書東夷傳一八一四頁、北史高麗傳三一一五頁、謂十二等，官名也多異。

〔二三〕次太大夫使者　北宋本、明刻本「夫」下有「人」，蓋誤衍。太平寰宇記卷一七三此節録自通典，即無「人」字，通考卷三二五亦然。按：隋書東夷傳一八一四頁、北史高麗傳三一一五頁、新唐書東夷傳六一八六頁、册府卷九六二一一三一五頁均作「太大使者」。

〔二四〕次皁衣頭大兄　「皁」新唐書東夷傳六一八六頁、册府卷九六二一一三一五頁作「帛」。下同。

〔二五〕漢樂浪郡遂成縣　「成」原作「城」，據漢書地理志下一六二七頁改。

〔二六〕其國恃此以爲天塹　原脱「以」，據北宋本、明刻本補。

〔二七〕爲公孫氏所據至淵滅　原脱「至」，據北宋本、王吴本補。按：殿本脱「據」而有「至」。

〔二八〕居就　原訛作「居龍」，據漢書地理志下一六二六頁訂改。

〔二九〕延陀無一人生還　「延陀」原脱，據唐會要卷九五補。

〔三〇〕蓋牟城　「蓋」原作「盇」，據舊唐書東夷傳五三二三頁、通鑑卷一九八六二二三頁改。按：「蓋」「盇」古籍多通用。北宋本、明刻本於本卷即錯出。下逕劃一，不再出校。

〔三一〕延壽惠真率三萬六千八百人來降　唐會要卷九五、通鑑卷一九八六二二六頁同。舊唐書東夷傳五三二五頁「三萬」作「十五萬」。

〔三二〕靺鞨三千人并坑之　舊唐書東夷傳五三二五頁、唐會要卷九五、通鑑卷一九八六二二六頁「三千」下有

「三百」。

〔三三〕獲馬五萬匹　唐會要卷九五、通鑑卷一九八同。舊唐書東夷傳五三二五頁「五」作「三」。

〔三四〕甲一萬領　唐會要卷九五、通鑑卷一九八同。舊唐書東夷傳五三二五頁作「明光甲五千領」。

〔三五〕詳觀古今爲中國患害　「古」唐會要卷九五作「方」，義長。

〔三六〕宜從闊略　「闊」唐會要卷九五作「闕」。

〔三七〕必命三覆　唐會要卷九五「覆」下有「五奏」。

〔三八〕無故驅之於遼城之間　「遼城」唐會要卷九五作「戰陣」。

〔三九〕罷應募之衆　「衆」原作「限」，據北宋本、明刻本、王吳本改。

〔四〇〕謹罄殘魂餘息結草之誠　唐會要卷九五「結草」之上有「先代」。

〔四一〕下城百七十六　「六」原脱，據舊唐書東夷傳五三二七頁、新唐書東夷傳六一九七頁、通鑑卷二〇一六三五六頁、通考卷三二五補。

〔四二〕移高麗户二萬八千二百配江淮以南山南京西　「二百」原作「三百」，「以」原訛「嶺」，據北宋本、明刻本改。王吳本亦作「二百」，而「以」訛「嶺」。按：通鑑卷二〇一六三五九頁作「敕徙高麗户三萬八千二百於江淮之南及山南京西諸州空曠之地」。户數超出通典一萬。

〔四三〕劍牟岑　「劍」原作「鉗」，據北宋本、明刻本、王吳本改。按：通鑑卷二〇一六三六三頁作「劍」，新唐書東夷傳六一九七頁作「鉗」。

〔四四〕左衛大將軍高偘　「左衛」通鑑卷二〇一六三六三頁作「左監門」。

〔四五〕上表請拔安東　「拔」王吴本作「投」，殿本、局本作「捐」，皆臆改。今據北宋本、明刻本改回。按：拔，離也。太平寰宇記卷一七三作「拔」。

〔四六〕流離於道路者萬計　「者」原脱，據北宋本、王吴本補。

〔四七〕富人侯　「人」原作「民」，據北宋本改。通典諱「民」爲「人」。

〔四八〕誠願陛下體存亡繼絶之義　「誠」原脱，「體」原作「興」，據太平寰宇記卷一七三補改。按：北宋本、明刻本、王吴本皆有「誠」字。北宋本、明刻本脱「體」，王吴本、殿本補「興」，蓋臆增。

〔四九〕初武帝滅朝鮮時以其地爲玄菟郡　「武帝滅」，北宋本、明刻本、王吴本作「衞滿王」，與史不合，故清人據後漢書東夷傳二八一六頁予以訂正。按：太平寰宇記卷一七五作「初衞滿王朝鮮時，沃沮屬焉。至漢武帝平朝鮮，分其地爲四郡，以沃沮城爲玄菟郡」。樂史此節録自通典，已糾其誤。

〔五〇〕刻木如主隨死者爲數焉　原「主」下有「形」，「數」下脱「焉」，據北宋本及後漢書東夷傳二八一六頁删補。三國志東夷傳八四六頁作「刻木如生形隨死者爲數」。按：黄山後漢書校補謂「主」乃「生」之訛，作主不須言刻。未必是。主亦須削刻加工，非自然木條。

〔五一〕句麗復置其中大人爲使者　「句麗」原涉上而脱，據後漢書東夷傳二八一六頁、三國志東夷傳八四六頁補。

〔五二〕國人嘗乘船捕魚　「嘗」原作「常」，據北宋本、明刻本改。

〔五三〕其身如中人衣　「如」原作「衣」，「中」下原有「國」，據三國志東夷傳八四七頁改刪。北宋本作「其身如中國人衣」，後漢書東夷傳二八一七頁作「其形如中人衣」。按：此謂衣身僅如中人衣，而兩袖特長。無「國」字是。

〔五四〕隨波出在海岸邊　「海」下原衍「中」，據三國志東夷傳八四七頁及北宋本、明刻本、王吴本刪。

〔五五〕衺莫候反　「候」原訛「條」，據北宋本、王吴本改。按：衺字去聲，見廣韻候部。

〔五六〕大家至接九梯　「至接」原倒，據後漢書東夷傳二八一二頁、太平寰宇記卷一七五乙。

〔五七〕葬之於野　「野」上原有「郊」，據北宋本、明刻本、王吴本刪。

〔五八〕力如弩　「力」原訛「刀」，據諸本改。後漢書東夷傳二八一二頁、三國志東夷傳八四八頁皆作「力」。

〔五九〕又曰靺鞨　王吴本、殿本同。北宋本、明刻本無此四字。

〔六〇〕凡有七種　「有」原脱，據北宋本補。

〔六一〕粟末部　諸本及隋書東夷傳、北史勿吉傳、太平寰宇記卷一七五、通志卷一九四「粟」皆訛「栗」。今據册府卷九五六一一二五四頁、新唐書北狄傳六一七七頁、通考卷三二六、通鑑卷一八九胡注五九〇六頁改。下同。按：下文云：「其國有大水，闊三里餘，名速末水。」「速末」即「粟末」，粟末靺鞨因速末水而得名。

〔六二〕汨咄部　新唐書北狄傳六一七七頁同。隋書東夷傳一八二二頁、北史勿吉傳三一二四頁、御覽卷七八四、通考卷三二六「汨」作「伯」，册府卷九五六一一二五四頁作「泊」，唐會要卷九六作「泊」，太平寰宇記卷一七五作「泪」。

〔六三〕安車骨部　隋書東夷傳、北史勿吉傳、御覽卷七八四、太平寰宇記卷一七五、册府卷九五六、通考卷三二六同。唐會要卷九六、新唐書北狄傳六一七七頁「車」作「居」。

〔六四〕拂涅　「涅」原作「湦」，據北宋本、明刻本、王吴本改。下同。太平寰宇記卷一七五、通考卷三二六也作「湦」。而隋書東夷傳一八二二頁、北史勿吉傳三一二四頁、唐會要卷九六、新唐書北狄傳六一七七頁、御覽卷七八四、册府卷九五六一一二五五頁均作「涅」。

〔六五〕築隄鑿穴以居　隋書東夷傳一八二二頁、北史勿吉傳三一二四頁「築隄」作「築土如隄」。通典苟簡。

〔六六〕凝鹽生樹上　隋書東夷傳一八二二頁、北史勿吉傳三一二四頁作「生鹽於木皮之上」。

〔六七〕男子衣猪犬皮裘　「犬」原脱，「皮」下原有「其」，據明刻本及太平寰宇記卷一七五補删。按：北宋本殘作「大」。隋書東夷傳一八二一頁作「男子衣猪狗皮」。

〔六八〕以其屍捕貂　「捕」原作「餌」，王吴本、殿本同，乃後人臆改者。今據北宋本、明刻本及魏書勿吉傳二二二〇頁、北史勿吉傳三一二五頁改回。

〔六九〕太沴沴音麗河　「太沴」原訛作「大瀰」，據北宋本及北史勿吉傳三一二五頁、太平寰宇記卷一七五改正。按：北宋本作「瀰」，北史作「洂」，均同「沴」。「瀰」音「你」，或音「米」，不音「麗」。

〔七〇〕取得本沈船達其國　「沈」原作「乘」，「國」下原有「焉」，據北宋本、明刻本及太平寰宇記卷一七五改删。

〔七一〕度地稽 「度」原作「突」，據北宋本、明刻本改。下同。按：隋書東夷傳一八二三頁作「度」，北史勿吉傳三一二六頁作「突」。

〔七二〕大唐聖化遠被 「遠」北宋本作「達」。

〔七三〕俱肅慎之後裔 「俱」北宋本、明刻本作「云」。

〔七四〕亦爲錦 梁書諸夷傳八〇八頁作「綿」，南史夷貊傳下一九七六頁作「錦」。

〔七五〕貴人第一者爲大對盧 梁書諸夷傳八〇八頁同。南史夷貊傳下一九七六頁無「大」字。

〔七六〕車有馬車牛車鹿車 「牛車」原脱，據梁書諸夷傳八〇八頁、南史夷貊傳下一九七六頁、太平寰宇記卷一七五補。

〔七七〕有赤梨 南史夷貊傳下一九七六頁同。梁書諸夷傳八〇八頁「赤」作「桑」。

〔七八〕多蒲桃 「蒲桃」原作「葡萄」，據北宋本、明抄本、明刻本改。按：梁書諸夷傳八〇八頁、南史夷貊傳下一九七六頁均作「蒲桃」。

〔七九〕兄弟伯叔姑姊妹喪三日不食 「喪」原脱，據北宋本、王吴本補。按：太平寰宇記卷一七五也有「喪」字。

〔八〇〕自宋孝武帝大明二年 「自」原作「有」，殿本同。據北宋本改。按：王吴本脱「自」。

〔八一〕文大直者貴文小曲者賤 南史夷貊傳下一九七五頁無「大」和「曲」。

〔八二〕多拔茶 北史流求傳三一三三頁、太平寰宇記卷一七五、通考卷三三七同。隋書東夷傳一八二三頁

「荼」作「茶」。

〔八三〕自相樹立　「樹」原脱，據隋書東夷傳一八二三頁、北史流求傳三一三三頁、太平寰宇記卷一七五補。

〔八四〕從頭後盤繞至額　「至額」原脱，據隋書東夷傳一八二三頁、北史流求傳三一三三頁、太平寰宇記卷一七五補。

〔八五〕導從不過數十人　隋書東夷傳一八二三頁同。北史流求傳三一三三頁「數十」作「十數」。

〔八六〕難死而耐瘡　「瘡」隋書東夷傳一八二三頁、北史流求傳三一三三頁作「創」。瘡創字通。

〔八七〕木汁爲醋釀米麴爲酒　「醋」原作「酢」，據北宋本、明抄本、明刻本改。按：酢醋通用。「麴」隋書東夷傳一八二四頁、北史流求傳三一三三頁作「麪」。

〔八八〕舉於庭　王吴本和北史流求傳三一三四頁、通考卷三二七「舉」作「轝」。

〔八九〕裹以葦草　「草」原作「席」，據北宋本、明抄本、明刻本改。按：隋書東夷傳一八二四頁、太平寰宇記卷一七五作「草」。北史流求傳三一三四頁、通考卷三二七作「席」。

〔九〇〕雜土而殯　「雜」原作「襯」，據北宋本、明抄本、明刻本改。雜，聚也。按：北史流求傳三一三四頁、太平寰宇記卷一七五、通考卷三二七作「襯」，隋書東夷傳一八二四頁、册府卷九五九一一二八六頁作「親」。

〔九一〕爲子者　原作「子爲父者」，王吴本、殿本同。今據北宋本、明抄本、明刻本乙删。

〔九二〕海師何蠻等　「等」下原有「云」，據隋書東夷傳一八二四頁、北史流求傳三一三四頁删。

〔九三〕東向　「向」原作「望」，據北宋本、明刻本改。隋書東夷傳一八二四頁、北史流求傳三一三四頁作「望」。

杜佑避家諱改。

〔九四〕何蠻言之遂與蠻俱往　原作「得何蠻遂與俱往」，王吴本、殿本同。明人擅改，清人沿之。今據北宋本、明刻本及隋書東夷傳一八二五頁、北史流求傳三一三四頁改回。

〔九五〕言不相通掠一人并取其布甲而還　隋書東夷傳一八二五頁云：「言語不通，掠一人而返。明年，帝復令慰撫之，流求不從，寬取其布甲而還。」北史流求傳略同。知掠人、取甲非一時事。

〔九六〕夷邪久國　隋書東夷傳一八二五頁同。北史流求傳三一三四頁「久」作「夕」。

〔九七〕越東海王摇　「摇」原訛「猺」，據北宋本、明抄本、明刻本、王吴本改。下同。

〔九八〕閩川　「川」原訛「州」，據北宋本、明抄本、明刻本改。

〔九九〕今長樂郡地　「地」原訛「中」，據諸本改。

〔一〇〇〕曰閩君摇功多　「曰」原訛「少」，據史記東越列傳二九七九頁、漢書兩粤傳三八五九頁改。

〔一〇一〕怨東甌殺其父　「東甌」原無，據漢書兩粤傳三八六〇頁增補。

〔一〇二〕莊助　漢書兩粤傳三八六〇頁「莊」作「嚴」。按：本當作莊助，班固撰漢書，避後漢明帝諱而改作「嚴助」。

〔一〇三〕獨無諸孫繇君丑　「孫」原作「子」，據漢書兩粤傳三八六一頁改。

〔一〇四〕爲封餘善爲東越王　「爲」原作「謂」，據北宋本、王吴本改。

謝方點校　王文錦覆校

通典卷第一百八十七

邊防三

南蠻上

序略

南蠻，其在唐虞，與之要質，故曰要服。夏商之時，漸爲邊患。曁於周代，黨衆彌盛，故詩曰：「蠢爾蠻荆，大邦爲讎。」至楚武王時，蠻與羅子共敗楚師，殺其將屈瑕。莫敖不設備，〔一〕故敗縊於荒谷，羣帥囚於冶父。楚師後振，遂屬於楚。及吴起相悼王，南并蠻越，遂有洞庭、蒼梧之地。今長沙、衡陽等郡地。秦昭王使將伐楚，略取蠻夷，置黔中郡。今武陵、澧陽及黔中五溪中諸郡地。〔二〕漢興以後，時有寇盜。其西南諸夷，夜郎之屬，悉平定置郡縣。今夜郎、播川、犍爲即古夜郎地。公孫述時，夜郎大姓爲漢保境。後漢初從番禺江奉貢。光武建武中，武陵蠻帥單程今武陵、澧陽、黔中、寧夷、瀘溪等郡，即漢武陵郡。大寇郡縣，漢將劉尚戰敗，數歲方平。順帝時，武陵太守增其租賦，蠻又舉種反，殺鄉吏。東晉時沔中蠻因劉、石亂後，漸徙於陸渾以南，徧滿山谷。宋、齊以後，荆、雍二州今荆南江陵郡，雍州，襄陽郡。〔三〕各置校尉以撫寧之，羣蠻酋帥互受南北朝封爵。〔四〕至後魏末，暴患滋甚，僭稱侯王，屯據峽路，斷絶行旅。周武帝遣陸騰大破之。其獠初因蜀李勢亂，後自蜀漢山谷出，侵擾郡縣。至梁時，州郡每歲伐獠以自利。〔五〕及後周平梁、益，梁，漢川；益，蜀川。自爾遂同華人矣。以其黔中東謝、西趙自古不臣中國，大唐貞觀以後，置羈縻州領之。

盤瓠種

盤瓠種，昔帝嚳時患犬戎入寇，乃訪募天下有能得犬戎之吴將軍頭者，〔六〕妻以少女。時帝有畜狗名曰盤瓠，遂銜其將軍首而至，乃以女配之。按：范曄後漢史蠻夷傳皆怪誕不經，大抵諸家所序四夷，亦多此類，未詳其本出，且因而商略之。曄云：高辛氏募能得犬戎之將軍頭者，購黄金千鎰，邑萬家，妻以少女。按黄金周以前爲斤，秦以二十兩爲鎰，三代以前分土，自秦漢分人。又周末始有將軍之官。其吴姓宜自周命氏。

曄皆以爲高辛之代，何不詳之甚！又按宋史，曄被收後，於獄中與諸甥姪書自序云：「六夷諸序論，筆勢放縱，實天下之奇作。其中合者，往往不減過秦篇。」嘗共比方班氏，〔七〕非但不愧之而已。按班、賈序事，豈復語怪。而曄紕繆若此，又何不減不愧之有乎？

盤瓠得女，負走入南山，在國之南，即五溪之中山。止石穴中，生六男六女，因自相夫妻。織績木皮，染以草實，好五色衣服，製裁皆有尾形，衣裳斑蘭，語言侏離。其後滋蔓，號曰蠻夷。有邑君長，名渠帥曰「精夫」，相呼爲「姎徒」。說文曰：「姎，女人自稱姎我也。」烏朗反。〔八〕所居皆深山重阻，人跡罕至。長沙、黔中五溪蠻皆是也。一辰溪，二酉溪，三巫溪，四武溪，五沅溪。

秦昭王使白起伐楚，略取蠻夷，始置黔中郡。漢興，改爲武陵郡。今武陵、澧陽、黔中、寧夷、盧溪、盧陽、〔九〕靈溪、潭陽郡地皆是也。歲令大人輸布一匹，小口二丈，是謂賨布。說文曰：「賨，南蠻賦。」才冬反。雖時爲寇盜，而郡國討平之。後漢光武建武二十三年十二月，武陵蠻精夫相單程等大寇郡縣。遣武威將軍劉尚發南郡、今江陵、巴東、夷陵。長沙、今長沙、衡陽、巴陵郡。武陵，今澧陽、武陵、黔中郡地。兵萬餘人，乘船泝沅水入武溪擊之。沅水出牂牁，故且蘭東北，經靈溪、長沙、巴陵郡，入洞庭通江也。武溪在今盧溪郡靈溪縣。尚輕敵深入，悉爲所没。又遣伏波將軍馬援將兵至臨沅，今武陵郡武陵縣，即漢臨沅縣也。擊破之。單程等饑困乞降。會援病卒，謁者宗均爲置吏以司之，羣蠻遂平。歷章、和、安、順四朝，累反叛，攻劫州郡，討平之。永和初，武陵太守上書，以蠻夷率服，可比漢人，增其租賦。議者皆以爲可。尚書令虞詡獨奏曰：「自古聖王不臣異俗，非德不能及、威不能加，其獸心貪婪，難率以禮。是故羈縻而綏撫之，附則受而不逆，叛則弃而不追。先帝舊典，貢稅多少，所由來久矣。今猥增之，必有怨叛。計其所得，不償所費。」帝不從。其冬，澧中、漊中蠻漊水出今澧陽郡縣。漊音婁。果争布非舊約，遂殺鄉吏，舉種反。自後至桓、靈二帝，又累反叛，攻劫州郡，討破之。蜀先主章武初，吴將李異屯巫、秭歸，今巴東郡縣。秭音子。先主遣將軍吴班攻破之，於是武陵、五溪蠻夷相率響應。今黔中道謂之五谿。

廩君種

廩君種不知何代。初，巴氏、樊氏、瞫音審氏、相氏、鄭氏五姓皆出於武落鍾離山。在今夷陵郡巴山縣。其山有赤黑二穴，巴氏之子生於赤穴，四姓之子皆生黑穴。未有君長，共立巴氏子務相，是無廩君，從夷水下至鹽陽。按：今夷陵郡巴山縣清江水，一名夷水，一名鹽水，其源出清江郡清江縣西都亭山。廩君於是君乎夷城，四姓皆臣之，巴梁閒諸巴皆是也。即巴漢之地。按范曄後漢史云：「四姓之子，未有君長，俱事鬼神，乃共擲劍於石穴，約能中者，奉以爲君。務相乃獨中之。又令各乘土船，約能浮者，當以爲君。餘姓悉沈，唯務相獨浮，因共立之，是爲廩君。乃乘土船，從夷水下至鹽陽。鹽水有神女，謂廩君曰：『此地廣大，魚鹽所出，願留共居。』廩君不許。鹽神暮輒來宿，詰朝即化爲蟲，與諸蟲羣飛，掩蔽日光，天地晦冥，積十餘日。廪君伺其便，因射殺之，天乃開明。廪君於是居于夷城，四姓皆臣之。廪君死，魂魄化爲白虎。巴氏以虎飲人血，故以人祠焉。」是皆怪誕，以此不取。戰國時，秦惠王并巴中，以巴氏爲蠻夷君長。其君長歲出賦二千一十六錢，〔一〇〕三歲一出義賦千八百錢。其人户出幏布八丈二尺，雞羽三十鍭。說文曰：「幏布，南郡蠻夷布也。」幏音公亞反。毛詩：「四鍭既均。」儀禮「鍭矢一乘」，鄭玄曰：「鍭猶候也。候物而射之。」三十鍭，百二十也。〔一一〕鍭音侯。

漢興，南郡太守靳强奏請一依秦時故事。至光武建武二十三年，〔一二〕南郡奏潳山蠻雷遷等始反叛。潳音屠。武威將軍劉尚討破之，徙其種人七千餘口置江夏界中，其後沔中蠻是也。漢之江夏郡，今竟陵、富水、安陸、齊安、漢陽、江夏、蘄春郡地是也。和帝永元十三年，巫蠻許聖等漢之巫縣，今雲安郡巫山縣也。以郡收税不均反叛。發荆州諸郡兵今江陵、夷陵、澧陽、武陵、長沙、衡陽等郡地也討破之。復悉徙置江夏。靈帝光和三年，江夏蠻復反，寇患累年。廬江太守陸康討破之。漢廬江即今郡地。

板楯蠻

板楯蠻，秦昭襄王時有一白虎，於蜀、巴、漢之境，傷害千餘人，昭王乃募有能殺虎者，賞邑萬家。時有巴郡閬中夷今閬中郡縣。廖仲等射殺白虎。昭王以其夷人，不欲加封，乃刻石盟要，復夷人頃田不租，十妻不算，一户免其一頃田之租税，雖有十妻，不輸口算之錢。傷人者論，殺人得以賧錢贖死。何承天纂文曰：「賧，蠻夷贖罪貨也。」賧，徒濫反。盟曰：「秦犯夷，輸黃龍一雙，夷犯秦，輸清酒一鍾。」夷人安之。

至漢高帝爲漢王，發夷人還伐三秦。今關中秦川也。〔一三〕秦地既定，乃遣還巴中，復其渠帥羅、朴、督、鄂、度、夕、龔七姓，不輸租賦，餘戶乃歲入賨錢，口四十。〔一四〕巴人呼賦爲賨，謂之賨人焉。代號爲板楯蠻夷。閬中有渝水，其人多居水左右，天性勁勇。初爲漢前鋒，數陷陣。俗喜歌舞，喜，虛記反。高帝命樂人習之，所謂巴渝舞也。遂代代服從。至後漢以後，郡守常率以征伐。

靈帝光和二年，〔一五〕巴郡板楯蠻叛，今通川、潾山、南平、涪陵、南川、清化、雲安、始寧、巴川、南賓、南浦、閬中、南充、安岳、盛山等郡地，則巴川之地是也。寇掠三蜀及漢中諸郡。即漢川諸郡，今漢中、安康、洋川、房陵郡地是也。靈帝乃問益州計吏方略。漢中計吏程苞對曰：〔一六〕「板楯七姓以射殺白虎立功，先代復爲義人，其人勇猛善戰。昔安帝永初中，羌入漢川，郡縣破壞，得板楯救之，羌死敗殆盡，故號爲神兵。至桓帝建和二年，羌復大入，實賴板楯連摧破之。前車騎將軍馮緄南征武陵，緄，古本反。亦倚板楯以成其功。近益州郡縣亂，今漢川、蜀川郡縣地。〔一七〕太守李顒亦以板楯討而平之。〔一八〕忠功如此，本無惡心。但長吏鄉亭，更賦至重，僕役箠楚，過於奴虜，闕庭悠遠，不能自聞，含怨呼天，叩心窮谷，故邑落相聚以致叛戾，非有謀主僭號，以圖不軌。今但遣明能牧守，自然安集，不煩征伐也。」帝從其言，遣太守曹謙宣詔赦之，即皆降服。

及漢末天下亂，自巴西之宕渠今符陽郡。遷於漢中楊車坂，抄掠行旅，號爲楊車巴。魏武克漢中，李特祖將五百家歸之。魏武又遷於略陽，北土復號之爲巴氐。〔一九〕略陽，今天水郡隴城縣。蜀後主劉禪建興十一年，涪陵屬國人夷反。今涪陵郡地。車騎將軍鄧芝往討，皆破平之。其沔中蠻，至晉時劉、石亂後，漸得北遷陸渾以南，滿於山谷。

宋時荆州置南蠻校尉，今江陵、巴東、夷陵、雲安等郡地。〔二〇〕雍州置寧蠻校尉以領之。今襄陽、南陽郡地。如蠻人順附者，一户輸穀數斛，其餘無事。〔二一〕宋人賦役嚴苦，貧者不復堪命，多逃亡入蠻。蠻無徭役，强者又不供官税，結黨連羣，動有數百千人，州郡力弱，則起爲盗賊，種類稍多，户口不可知也。文帝元嘉中，天門今澧陽郡地。溇中令宋矯之徭賦過重，〔二二〕蠻不堪命。蠻田向求等爲寇，破溇中，虜掠百姓。先是，劉道産善撫諸蠻，〔二三〕前後不附官者，莫不順服，皆引出平土，多緣沔爲居。道産亡後，蠻又反叛。孝武帝出爲雍州，時巴東、今巴東。建平、今巴郡。宜都、今夷陵郡。天門四郡蠻爲寇，諸郡人户流散，百不存一。〔二四〕孝武即位後，大明中，西陽蠻今弋陽郡。皆反叛。〔二五〕沈慶之率江、雍、荆河州諸軍討破之。〔二六〕江今潯陽、鄱陽、章郡、臨川、廬陵等郡地，雍已具上，荆河今廬江、同安郡地。明帝、順帝時尤甚，雖遣攻討，終不能禁，荆州爲之虚弊。

齊高帝時武陵酉溪蠻田思飄，武帝永明初黔陽蠻田豆渠，武陵、黔陽皆今五溪中地。湘川蠻陳雙、李答並寇掠州郡，討平之。湘川今長沙、衡陽地。其後雍、司州蠻司州今義陽、弋陽郡。與後魏通，助荒人桓天生侵擾齊境。六年，除田驅路爲試守北遂安左郡太守，田驢王爲試守宜人左郡太守，田何代爲試守新平左郡太守，皆郢州蠻帥。並漢沔間蠻也。其左郡亦兹地焉。郢州今江夏、漢陽郡地。

後魏孝文太和中，襄陽蠻酋雷婆思率户千餘内徙，〔二七〕求居太和川。詔給廩食，後開南陽，全有沔北之地，今武當、南陽、漢東等郡。蠻人安堵，不爲寇賊。宣武帝景明初，大陽蠻酋田育丘等共二萬八千户，叛齊附魏。詔置四郡十八縣。魯陽蠻今臨汝郡魯山縣地。魯北鷰等聚衆萬餘攻逼潁陽，〔二八〕詔遣左衛將軍李崇討平之，斬級數千，徙萬餘家於河北諸州及六鎮。六鎮今單于府馬邑郡界。尋叛南走，所在追討，比及於河，殺之皆盡。梁武帝遣兵沿沔破掠諸蠻，又遣蔡令孫等三將步騎五千侵南荆之西，沿漢上下，〔二九〕今襄陽郡之上，武當郡以東地。破掠諸蠻。後魏遣蠻帥桓叔興率蠻、〔三〇〕夏二萬餘人擊之，斬令孫等，俘虜二千餘人。其後因六鎮秦、今天水郡地。隴今汧陽郡地。所在反叛，荆、今南陽、淮安郡地。郢今汝南、義陽郡。蠻大擾動，斷三鵶路，今南陽郡向城縣北至臨汝郡。至於襄城、今臨汝郡縣。汝水，處處抄劫，百姓多被其害。自後魏與宋、齊、梁之時，淮、汝、江、漢閒諸蠻渠帥互有所屬，皆授封爵焉。及魏末，爲暴滋甚，有冉氏、向氏、田氏者，陬落尤盛。〔三一〕大者萬家，小者千户，更相崇樹，僭稱王侯，屯據三峽，斷遏水路，荆蜀行人至有假道者。

西魏文帝大統十一年，沔漢諸蠻擾動，大將軍楊忠擊破之，其唐州蠻田魯嘉亦叛，唐州今淮安郡。自號荆河州伯。遣王雄討平之。後周明帝時，蠻帥冉令賢、向五子王等反，攻陷白帝。今雲安郡。武帝天和初，詔開府陸騰討斬之，蠻衆大潰，斬首萬餘級。騰乃積其骸骨於水邏城側爲京觀。後蠻、蜑見者輒大號哭，自此狼戾之心輟矣。信州舊理白帝，騰更於蜀先主故城南，八陣之北，臨江岸築城，移置信州。又以巫縣、信陵、秭歸今雲安、巴東二郡界。並是硤中要險，於是築城置防，以爲襟帶焉。按後漢史，其在黔中、五溪、長沙閒，則爲盤瓠之後；其在硤中巴、梁閒，則爲廩君之後。其後種落繁盛，侵擾州郡，或移徙交雜，亦不可得詳別焉。

南平蠻

南平蠻北與涪州接，部落四千餘户。山有毒草及沙蝨、蝮蛇。人並樓居，登梯而上，號爲「干欄」。〔三二〕其人美髮，爲椎髻。土多女少男。爲婚之法，女氏必先貨求男族。貧人無以嫁女，多賣與富人爲婢。俗皆婦人執役。其王姓朱氏，號爲劍荔王。大唐貞觀三年，遣使入朝，以其地隸渝州。

東謝

東謝渠帥姓謝氏，南蠻別種，在黔中之東，〔三三〕地方千里。其俗無文字，刻木爲約。巢居，刀劍不離其身。冠熊皮，披猛獸革。酋長名元深，代襲。其一族不育女，自云高姓，〔三四〕不可下嫁。大唐貞觀三年，元深入朝，冠烏熊皮冠，若今之旄頭，以金絡額，〔三五〕身披毛帔，韋皮行縢而著履。貞觀中，開其地爲應州，隸黔州都督府。今黔中郡所管羈縻州。

西趙

西趙蠻在東謝之南，並南蠻別種。其界東至夷子，西至昆明，南至西洱河。山洞深阻，莫知里數，南北十八日行，東西二十三日行。其風俗與東謝同。趙氏代爲酋長，有萬餘户，自古不臣中國。大唐貞觀三年，遣使入朝。二十一年，以其地置明州，〔三六〕以首領趙磨爲刺史。〔三七〕

牂牁

牂牁渠帥姓謝氏，舊臣中國，代爲本土牧守。隋末大亂，遂絶。大唐貞觀中，其酋遣使修職貢。勝兵戰士數萬，於是列其地爲牂州。今黔中郡羈縻州。

充州

充州，牂牁別部，與牂牁鄰境。勝兵二萬。今黔中郡羈縻州。亦貞觀中朝貢，列其地爲充州。

獠

獠蓋蠻之別種，往代初出自梁、益之閒，自漢中達於邛笮，川谷之閒，所在皆有。北自漢中，〔三八〕西南及越嶲以東皆有之。笮，才各反。俗多不辨姓氏，又無名字，所生男女，長幼次第呼之。其丈夫稱阿謩、阿段，〔三九〕婦人阿夷、阿等之類，〔四〇〕皆其語之次第稱謂也。依樹積木，以居其上，名曰「干欄」。干欄大小，隨其家之口數。往往推一酋帥爲主，亦不能遠相統攝。父死則子繼，若中國之黨族也。獠王各有鼓角一雙，使其子弟自吹擊之。好相殺害，多仇怨，不敢遠行。性同禽獸，至於忿怒，父子不相避，唯手有兵刃者先殺之。若殺其父，走避於外，求得一狗以謝其母，然後敢歸。母得狗謝，不復嫌恨；若報怨相攻擊，必殺而食之。遞相劫掠，不避親戚，賣如猪狗而已。〔四一〕亡失兒女，一哭便止。被賣者號叫不服，逃竄避之，乃將買人捕逐。若亡叛獲，便縛之；但經被縛者，即服爲賤隸，不敢更稱良矣。唯執楯持矛，不識弓矢。用竹爲簧，羣聚鼓之，以爲音節。爲細布，〔四二〕色至鮮淨。大狗一頭，買一生口。性尤畏鬼，所殺之人美鬚髯者，必剥其面皮，籠之於竹，及燥，號之曰鬼，鼓舞祀之，以求福利。俗尚淫祀，至有賣其昆季妻孥盡者，乃自賣以供祭焉。鑄銅爲器，大口寬腹，名曰銅爨，既薄且輕，易於熟食。

蜀本無獠，李勢時，諸獠始出巴西、渠川、廣漢、陽安、資中、犍爲、梓潼，今蜀川之內。布在山谷，十餘萬落，攻破郡縣，爲益州大患。自桓温破蜀之後，力不能制。又蜀人東流，山險之地多空，獠遂夾山傍谷，與人參居。參居者頗輸租賦，在深山者仍爲匪人。至梁武帝，梁、益二州今漢川、蜀川郡縣地。歲歲伐獠，以自裨潤，公私頗藉爲利。後魏宣武帝正始初，梁將夏侯道遷舉漢中附魏，〔四三〕宣武帝遣尚書邢巒爲梁、益二州刺史以鎮之。其後以梁、益二州控攝險遠，乃立巴州在今清化郡。以統諸獠。後以巴酋帥嚴始欣爲刺史，又立隆城鎮，所綰獠二十萬户，〔四四〕所謂北獠也。歲輸租布。魏明帝孝昌初，據城叛，梁、益二州並遣將討之，〔四五〕攻陷巴州，執始欣，斬之。後梁州爲梁氏所陷，今漢中郡。自此又屬梁矣。後周文帝平梁、達奚武平之。益，尉遲迥平之。〔四六〕令所在撫慰。其與華人雜居者，亦頗從賦役。然天性暴亂，旋致擾動。每歲命隨近州鎮出兵討之，獲其生口，以充賤隸，謂之壓獠焉。後有商旅往來者，〔四七〕亦資以爲貨，公卿達於人庶之家，有獠口者多矣。

其種類滋蔓，保據巖壑，依林走險，若履平地，性又無知，殆同禽獸，諸夷之中最難以道義招懷也。

夜郎國〔四八〕

夜郎國，今夜郎、播川、犍爲郡即其國。漢時南夷君長以十數，〔四九〕夜郎最大，在蜀郡徼外，東接交趾，西鄰滇國。今雲南郡滇國。其國鄰牂牁江，江廣數里，出番禺城下。戰國時，楚頃襄王遣將莊蹻從沅水伐夜郎，〔五〇〕軍至且蘭，椓船於岸而步戰。既滅夜郎，因留王滇池，以且蘭有椓船牂牁處，乃改其名爲牂牁。牂牁，繫船杙也。番禺即今南海郡城南江。杙音弋。其地多雨潦，俗好巫鬼禁忌。寡畜産，又無桑蠶，故最貧。鉤町有桄榔木，可以爲麪，百姓資之。鉤町，漢以爲縣，屬牂牁郡。鉤音鉅於反，〔五一〕町音大鼎反。

武帝時，唐蒙上書曰：「竊聞夜郎精兵，可得十餘萬。浮船牂牁江，出不意，此制南越奇兵也。」乃拜蒙爲郎中將，〔五二〕遂見夜郎侯。蒙厚賜，諭以威德。夜郎貪漢繒帛，以爲漢道險，終不能有也，乃且聽蒙約。還報，乃以爲犍爲郡。今犍爲、陽安、仁壽、通義、和義、資陽皆其地。發巴、巴郡今通川等十五郡地，已具上注。蜀卒蜀郡今蜀郡、濛陽、唐安、臨邛、盧山等郡，亦曰蜀川。理道，自僰道指牂牁江。蜀人司馬相如亦言西夷邛、筰可置郡。今越巂郡地。帝使相如往諭，皆如南夷，爲置一都尉，十餘縣，屬蜀郡。當是時，巴蜀四郡漢中、廣漢、巴郡，今漢川、巴川、蜀川地也。通西南夷道，戍轉相饟，古餉字。數歲，道不通，士罷餓離溼，罷音疲。離，遭也。死者甚衆。夷又數反，發兵興擊，耗費無功。帝患之，使公孫弘往視問焉。還，言其不便。時方築朔方，據河逐胡，弘因數言西南夷爲害，通西南夷大爲損害。可且罷，專力事匈奴。上罷西夷，獨置南夷兩縣一都尉。

及元狩元年，張騫言使大夏時，見蜀布、邛竹杖，問所從來，曰「從東南身毒國，即天竺也。可數千里，得蜀賈人市」。或聞邛西可二千里有身毒國。於是乃令王然于閒出西南夷，〔五三〕往身毒國。至滇，道皆爲昆明所閉，昆明在今越巂郡西南。莫能通身毒。及南越反，上使發南夷兵。且蘭君小邑，乃與其衆反。漢發巴蜀校尉擊破之，遂平南夷爲牂牁郡。今涪川、夜郎、義泉郡地。夜郎侯始倚南越，南越滅，〔五四〕恐懼，遂入朝，封爲夜郎王。

昭帝始元中，牂牁、談指、同並等二十四邑，凡三萬餘人皆反。並音伴。談指、同並後皆爲縣，屬漢牂牁郡。遣水衡都尉發蜀郡、犍爲兵擊牂牁，大破之。後姑繒、葉榆人復反，鉤町侯亡波率其人擊之，有功，漢立亡波爲鉤町王。

至成帝河平中，夜郎王興與鉤町王禹、漏臥侯俞漏臥，侯邑名，後爲縣，屬漢牂牁。更舉兵相攻。牂牁太守請發兵誅興等。漢以道遠不可擊，遣太中大夫張匡持節和解，並不從。杜欽説王鳳曰：「張匡和解蠻夷王侯，王侯不從，不憚國威，其效可見。恐議者選耎，復守和解，選耎，怯懦不前之意。選，息兖反。耎，人兖反。太守察動靜有變迺以聞，如此則復曠一時。曠，空也；一時，三月。言空廢一時，不早發兵。王侯得收獵其衆，中固其謀，黨助衆多，各不勝忿，必相殄滅，自知罪成，狂犯守尉。言起狂勃之心而殺守尉。〔五五〕遠藏温暑毒草之地，雖有孫吳之將，賁育之士，若入水火，往必焦没，智勇俱亡所設施。屯田備守之，費不可勝量。宜因其罪惡未成，未疑國家加誅，陰敕旁郡守尉練士馬，大司農先調穀積要害處，調，發也。要害者，在我爲要，於敵爲害。選任職太守往，以秋涼時入，誅其王侯尤不軌者。即以爲不毛之地，亡用之人，聖王不以勞中國，即猶若也。不毛言不生草木。宜罷郡，放棄其人，絶其王侯勿復通。如以先帝所立累代之功不可隳壞，亦宜因其萌牙，早斷絶之，及已成形，〔五六〕然後師興，則萬姓被害矣。」鳳於是薦陳立爲牂牁太守。立至牂牁，迺從吏數十人出行縣，召興。興將數千人往。立數責，因斷興頭，出曉其衆。皆釋兵降。興子邪務收餘兵，迫脅旁二十二邑反。〔五七〕立又擊平之。

公孫述時，大姓龍、傅、尹、董氏，與郡功曹謝暹保境爲漢，乃遣使從番禺江奉貢。番禺江今南海郡。光武嘉之，並加褒賞。

桓帝時，郡人尹珍乃從汝南許慎、〔五八〕應奉受經書，學成，還鄉里教授，自是南域始有學焉。珍官至荆州刺史。後漢史云：「有女子浣於遯水，有三節大竹流入足閒，剖之得一男兒，養之。及長，自立爲夜郎侯，以竹爲姓。武帝元鼎中，置牂牁郡，夜郎侯迎降。天子賜其王印綬，後遂殺之。夷獠咸以竹王非血氣所生，甚重之，求爲立後。牂牱太守吴霸以聞，天子乃封其三子爲侯，死，配食其父。」按范曄所撰，乃引華陽國志。又按漢書，其夜郎侯降封王，不言殺之。至成帝時猶謂之夜郎王。曄焉得云「竹王被殺，後封其子爲侯」？與班史全乖角，宜華陽國志爲怪詭也。〔五九〕大抵范曄著述，多稱詭異，若無他書，何以辯正？則因習纂録，不復刊革之。〔六〇〕

滇

滇者，漢時在夜郎之西，靡莫之屬，滇最大。靡莫，西南徼外蠻也。滇音顛。始楚頃襄王使將軍莊蹻蹻即莊王之苗裔，居略反。將兵循江上略巴、黔以西。巴國，今清化、始寧、咸安、符陽、巴川、南賓、南浦是其地也。黔即黔中。蹻至滇池，方三百里，在今雲南郡。其澤在西北，水源深廣，末更淺狹，如倒流，故曰滇池。旁平地肥饒數千里。池旁之地。以兵威定屬楚，欲歸報，會秦擊奪楚巴、黔中郡，〔六一〕道塞不通，因西，以其衆王滇，變服，從其俗以長之。爲其長帥也。按：史記及漢書皆云：楚威王時使莊蹻略巴黔以西，至滇池。欲歸，會秦奪楚巴黔中郡，因以其衆王滇。後十餘歲，秦滅之。又按：楚自威王後，懷王立三十年，至頃襄王之二十二年，秦昭襄王遣兵攻楚，取巫、黔中郡也。〔六二〕後漢史則云：頃襄王時，莊豪王滇，豪即蹻若也。莊蹻自威王時將兵略地，屬秦陷巫、黔中郡，道塞不還，凡經五十二年，豈得如此淹久？或恐史記謬誤，班生因習便書。范曄所記，詳考爲正。又按：莊蹻王滇，後十五年頃襄王卒，考烈王立二十五年，幽王立十年，王負芻立五年而楚滅，後十五年而秦亡，凡七十年，何故云蹻之王滇後十餘歲而秦亡，斯又未之詳也。

至武帝時，滇王有衆數萬人。元封二年，發巴蜀兵臨滇。滇王舉國降，請置吏入朝。於是以爲益州郡，今雲南郡。賜滇王王印，復長其人。〔六三〕武帝割牂牱、越嶲各數縣配之。後數年復并昆明地，皆以屬之。西南夷君長以百數，獨夜郎、滇受王印。滇，小邑也，最寵焉。

後王莽篡位，改漢制，貶鉤町王爲侯，蠻夷盡反。莽遣平蠻將軍馮茂發巴、蜀、犍爲吏士，賦取足於人，以擊益州。出入三年，疾疫死者什七，巴、蜀騷動。更遣寧始將軍廉丹大發天水、隴西騎士，廣漢、巴、蜀、犍爲吏人十萬，〔六四〕轉輸者合二十萬人擊之，不能尅而還。

公孫述據益土，文齊爲太守，亦固守拒述，後漢初遣使朝謁。

建武十八年，夷渠帥棟蠶與姑復、葉榆、梇棟、連然、滇池、建伶、昆明諸種反叛，殺長吏。漢姑復縣屬越嶲郡，餘六縣並屬益州郡地，並在今越嶲、雲南郡地。遣武威將軍劉尚等發廣漢、犍爲、蜀人及朱提夷擊之。尚軍遂渡瀘水，入益州郡界。瀘水一名若水，出旄牛徼外，〔六五〕經朱提至僰道入江，在今越嶲郡南，特有瘴氣。羣夷聞大兵至，皆棄壘奔走。尚獲其羸弱、穀畜，斬棟蠶帥，凡首虜萬餘人，諸夷悉平。

至蜀後主建興三年，〔六六〕諸葛孔明率衆南征四郡，平之。改益州郡爲建寧郡，〔六七〕分建寧、永昌今雲南郡地爲雲南郡，又分建寧、牂牁爲興古郡。亮至南中，所戰皆捷。孟獲者，爲夷、漢所服，募生致之。既得，使觀於營陣之閒，問曰：「此軍何如？」獲曰：「不知虛實，故敗。定易勝耳。」亮縱使更戰，七縱七擒，而亮猶遣獲。獲不去曰：「公，天威也，南人不復反矣。」遂至滇池。南中平，皆即其渠率而用之。或以諫亮。亮曰：「若留外人，即留兵，兵留即無食，一不易也；夷新傷破，父兄死喪，留外人而無兵者，必成禍患，二不易也；又夷累有廢殺之罪，〔六八〕自嫌釁重，若留外人，終不相信，三不易也。今吾欲使不留兵，〔六九〕不運糧，而綱紀粗定，夷漢相安故耳。」

邛都

邛都，漢時自滇以北，君長以十數，〔七〇〕邛都最大。今越巂郡本其地。自夜郎、滇、邛都人皆椎髻左衽，邑聚而居，知耕田。其外西自桐師以東，〔七一〕北至葉榆，葉榆，澤名。名爲巂、昆明，巂即今越巂郡，昆明又在西南，諸爨所居。地方數千里，無君長，辮髮，隨畜遷徙無常。武帝開以爲邛都縣，屬越巂郡。無幾而地陷爲汙澤，因名爲邛池，南人以爲邛河。其人後復反叛。元鼎六年，漢兵自越巂水伐平之。巂水源出今越巂郡西南巂山下。其土地平原，有稻田。俗多遊蕩而喜謳歌，略與牂牁相類。豪帥放縱，難得制御。

王莽時郡守枚根枚根，太守姓名。調邛人長貴以爲軍候。更始二年，長貴攻殺枚根，〔七二〕自立爲邛穀王。至光武，因就封之，授越巂太守印綬。後劉尚擊益州夷，路由越巂，長貴聞之，即聚兵欲襲尚。尚掩長貴誅之，徙其家屬於成都。安帝時，永昌、益州、蜀郡夷並今雲南郡。皆叛，衆十餘萬，破壞二十餘縣。益州刺史張喬乃遣從事楊竦將兵至葉榆，破之。渠帥三十六種皆來降附。竦因奏長吏姦猾，侵犯蠻夷者九十人，皆減死論。

筰都

筰都者，漢時自越巂以東北，君長以十數，徙、徙，漢爲縣，屬蜀郡。筰都最大。武帝開以爲筰都縣。其人被髮左袵，言語多好譬類，居處略與汶山夷同。汶山夷在蜀郡西北，即冉駹也，今通化郡。元鼎六年，以爲沈黎郡。今洪源郡。至天漢四年，并蜀爲西部，置兩部尉，一居旄牛，主徼外夷；一居青衣，主漢人。旄牛、青衣並今蜀郡之西。

後漢明帝永平中，益州刺史朱輔慷慨有大略，〔七三〕宣示漢德，威懷遠夷，自汶山以西，前代不至，正朔所不加，白狼、槃木、唐菆等菆，阻留反。百有餘國，户百三十餘萬，舉種奉貢，稱爲臣僕。和帝永元十二年，〔七四〕旄牛徼外白狼、樓薄蠻夷王唐繒等，遂率種十七萬户口内屬。安帝永初元年，〔七五〕蜀郡三襄種夷與徼外汙滸種反叛，攻蠶陵城，蠶陵，漢縣，今臨翼郡地，在蜀郡之西。汙音烏。滸，呼五反。殺長吏。二年，青衣道夷邑長令田令，姓；田，名也。與徼外三種夷三十一萬口，舉土内屬。後旄牛夷叛，攻零關。零關道屬漢越巂，即今郡。益州刺史張喬與西部尉擊破之。於是分置蜀郡屬國都尉，領四縣，〔七六〕如太守。

冉駹

冉駹，漢時自筰以東北，〔七七〕君長以十數，冉駹最大。其俗土著，或隨畜遷徙。在蜀西。武帝元鼎六年，以爲汶山郡。今蜀郡西北通化郡地。至宣帝地節三年，夷人以立郡賦重，帝乃省并蜀郡爲北部都尉。其山有六夷、七羌、九氐，各有部落。其王侯頗知文書。土氣多寒，雖在盛夏，冰猶不釋。皆依山居止，累石爲室，高者至十餘丈，爲邛籠。〔七八〕今彼土夷人呼爲彫。〔七九〕又土地剛鹵，不生穀粟麻菽，唯以麥爲資，而宜畜牧。有旄牛，無角，一名犝牛，肉重千斤，毛可爲毦。犝，徒冬反；毦音二。出名馬。有羺羊，可療毒。又有食藥鹿，鹿麑有胎者，其腸中糞亦療毒疾。又有五角羊。其西又有三河、槃于虜，北有黄石、北地、盧水胡，其表乃爲徼外。後漢靈帝時，復分蜀郡北部爲汶山郡。蜀後主建興十年，汶山平康夷反，姜維討破之。

附國

附國，隋代通焉。在蜀郡西北二千餘里，即漢之西夷也。〔八〇〕有嘉良夷，即其東部，所居種姓自相率領，不能統一，土俗與附國同，〔八一〕言語少殊。其人並無姓氏。其地南北八百里，東西千五百里。〔八二〕無城柵，近川谷，傍山險。俗好復讎，故壘石爲礫而居，〔八三〕以避其患。其礫與巢字同。高至十餘丈，下至五六丈，狀似浮圖。於下級開小門，從内上通，夜必關閉。有二萬餘家。弓長六尺，以竹爲弦。妻其羣母及嫂。兒弟死，父兄亦納其妻。好歌舞，鼓簧，吹長笛。有死者，無服制，置屍於高牀上，沐浴衣服，被以牟甲，〔八四〕覆以獸皮。子孫不哭，帶甲舞劍而呼云：「我父爲鬼所取，我欲報冤殺鬼。」其俗以皮爲帽，形圓如鉢，或戴冪䍦。衣多毛毼裘，毼，胡割反。全剥牛脚皮爲鞾。項繫鐵鎖，手貫鐵釧。〔八五〕王與酋帥金飾首，胸前懸一金花，徑三寸。其土高，氣候涼，多風少雨。土宜小麥、青科。〔八六〕

山出金銀，多白雉。水有嘉魚，長四尺而鱗細。煬帝大業四年，其王遣子弟宜林率嘉良夷六十人朝貢。嘉良有水闊六七十丈，附國水闊百餘丈，並南流，用皮爲舟而濟。附國南有薄緣夷，風俗亦同。西有女國。其東北連山，綿亘數千里，接党項及諸羌。按：其地接汶山，故爲附焉。

哀牢

哀牢，後漢時通焉。其先有婦人名沙壹，居於牢山，嘗捕魚水中，觸沈木若有感，因懷妊，十月産男子。〔八七〕後沈木化爲龍，出水，因舐其男之背。其母鳥語，謂背爲九，謂坐爲隆，因名曰九隆。後漸相滋長。種人皆刻畫其身，象龍文衣，皆著尾。九隆代代相繼，乃分置小王，往往邑居，散在谿谷。絶域荒外，山川阻深，生人以來，未嘗交通中國。光武建武中，其王賢栗等遂率種人户二千七百，詣越巂太守鄭鴻降，求内屬。帝封賢栗等爲君長，自是歲來朝貢。明帝永平中，哀牢王柳貌遣子率種人内屬。〔八八〕其稱邑王者七十七人，〔八九〕户五萬一千八百九十。西南去洛陽七千里。〔九〇〕明帝以其地置哀牢、博南二縣，今雲南、越巂之西。割益州郡西部都尉所領六縣，後漢六縣謂不韋、巂唐、比蘇、〔九一〕葉榆、耶龍、雲南，並今雲南、越巂之西。合爲永昌郡。即今雲南郡。始通傳南山，渡蘭倉水。華陽國志曰：「博南縣西山，高三十里，越之得蘭倉水。」行者苦之，歌曰：「漢德廣，開不賓。渡博南，越蘭津。渡蘭倉，爲他人。」

哀牢人皆穿鼻儋耳，儋，丁甘反。其渠帥自謂王者，耳皆下肩三寸，庶人則至肩而已。〔九二〕土地沃美，宜五穀蠶桑。知染綵文繡，〔九三〕蘭干細布，華陽國志曰：「蘭干，獠言紵也。」織成文章如綾錦。有梧桐木華，績以爲布，廣志曰：「梧桐有白者。剽國有桐木，其華有白毳，取毳淹漬，緝織以爲布。」〔九四〕幅廣五尺，潔白不受垢汙，先以覆亡人，然後服之。其竹節相去一丈，〔九五〕名曰濮竹。出銅、鐵、鉛、錫、金、銀、光珠、博物志曰：「光珠則江珠。」琥珀、水精、瑠璃、軻蟲、蚌珠、孔雀、翡翠、犀、象、猩猩、貊獸。山海經云：「猩猩知人名。」據華陽國志曰：「永昌郡有猩猩，能言，取其血可以染朱罽。」荀卿子曰：「猩猩能言笑。」淮南萬畢術曰：「婦終知來，猩猩知往。」注云：「並神獸也。」後魏酈元注水經云：「武平郡封溪縣有獸名猩猩，猨形人面，身毛黃，姿顏端正，善學人語，聞者無不酸楚。」太原王綱著傳云：「阮研曾使封溪，見邑人說，猩猩好酒及履，里人置之山谷常行路。百數爲羣，〔九六〕見酒物等，知人設張取之。此獸甚靈，先知其人祖父姓名而詈曰：『奴欲殺我，捨爾去也。』既去復還，因相呼曰：『試共嘗酒。』及飲，乃甘其味。逮乎醉，〔九七〕皆擒之，無遺逸。遂置檻中，隨其所欲飼之。將烹，索其肥者，乃自推擇，泣而遣之。」又禮記曰：「猩猩能言。」廣志云：「猩猩唯聞其啼，不聞其言，出交趾郡封溪縣。」按：前代永昌郡即今之雲南郡，武平郡即今之安南府，並封略之內。古謂其靈而智，不因人教而解人語，殊爲珍異。秦漢以降，天下一家，即嶺南獻能言鳥及馴象，西域獻汗血馬，皆載之史傳，以爲奇物，復廣異聞，聲教遠覃，如越裳白雉之類，故彰示後代。則猩猩不劣於鳥象，何爲獨無獻乎？獲之以充口實，則致之固難也。王莽置漢孺子於四壁中，禁人與語，及長不能名六畜。猩猩若非靈異自解人語，即須因教方成，又不可容易而爲庖膳也。是知諸家所說，不加考覈，遞相祖述耳。佑以爲廣志尤足徵矣。「血染朱罽」，徧問胡商，元無此事，故詳而疏之。永昌太守鄭純爲政清潔，化行夷人，與哀牢夷人約，邑豪歲輸布貫頭衣二領，鹽一斛，爲常賦，夷俗安之。

大唐麟德元年五月，於昆明之梇棟川置姚州都督府，每年差兵募五百人鎮守。武太后神功二年閏十月，蜀州刺史張柬之表曰：「姚州者，古哀牢之舊國，本不與中國交通。前漢唐蒙開夜郎、滇、筰，而哀牢不附。至光武季年，始請内屬。漢置永昌郡以統理之，税其鹽布氈罽，以利中土。其國西通大秦，南通交趾，奇珍進貢，歲時不闕。及諸葛亮五月渡瀘，收其金銀鹽布以益軍儲，使張伯岐選其勁卒以增武備。前代置郡，其利頗深。今鹽布之税不供，珍奇之貢不入，而空竭府庫，驅率平人，受役夷蠻，肝腦塗地。漢以得利既多，歷博南山，涉蘭倉水，更置博南、哀牢二縣，蜀人愁怨，行者作歌。蓋漢得其利，人且怨歌；今於國家無絲髮之利，在百姓受終身之酷。往者諸葛亮破南中，使其渠帥自相統領，不置漢官，亦不留鎮守。臣竊以亮之策妙得羈縻蠻夷之術。今姚府置官，既無安邊静寇之心，又無葛亮且縱且擒之術。〔九八〕唯知詭謀狡算，恣情割剥，貪婪劫掠，積以爲常，〔九九〕扇動酋渠，遂成朋黨，提挈子弟，嘯引兇愚，今見散在彼州，專以掠奪爲業。姚州本武陵縣主簿石子仁奏置，之後長史李孝讓、辛文協並爲羣蠻所殺，又使將軍李義總往征，郎將劉惠在戰陣死，〔一〇〇〕其州遂廢。即諸葛亮稱『置官留兵有三不易』之言遂驗。垂拱四年，南蠻郎將王善寶、昆州刺史爨乾福又請置州，奏言『所有課税自出姚府管内，更不勞擾蜀川』。及置州後，録事參軍李稜爲蠻所殺。延載年中，司馬成琛請於瀘南置鎮七所，遣蜀兵防守。自此蜀中騷擾，於今不息。伏乞省罷姚州，使隷巂府，歲時朝覲，同之蕃國。瀘南諸國悉廢，瀘北置關，百姓非奉使入蕃，不許交通來往。」疏奏，不納。

焦僥國〔一〇一〕

焦僥國，後漢時通焉。明帝永平中，西南夷焦僥貢獻。安帝永初中，永昌徼外焦僥種夷陸類等三千餘口舉種内附，〔一〇二〕獻象牙、水牛、封牛。其人長三尺，穴居，善游，鳥獸懼焉。其地草木冬落夏生。

撣國

撣音擅國，後漢時通焉。和帝永元中，其國王雍由調遣譯奉國珍寶。和帝賜金印紫綬。安帝永寧初，復遣使朝賀，獻樂及幻人，能變化、吐火、自支解、易牛馬頭，又善跳丸，數乃至十。自言「我海西人」。海西即大秦也。撣國西南通大秦。明年元會，安帝作樂於廷，封雍由調爲漢大都尉。

西爨

西爨者，南寧之渠帥，梁時通焉。自云：「本河東安邑人，七葉祖事晉，爲南寧太守。屬中原亂，遂王蠻夷。」梁元帝時南寧州刺史徐文盛徵詣荆州，〔一〇三〕有爨瓚者，遂據南寧之地。延袤二千餘里，俗多華人，震、翫統其衆。〔一〇四〕大唐武德初，拜翫子弘達爲昆州刺史，〔一〇五〕令持其父屍歸葬本鄉。段綸又遣俞大施至南寧諭之。由是部落歸款。三年七月，遣使來貢方物。

昆彌國〔一〇六〕

昆彌國，一曰昆明，西南夷也，在爨之西，西洱河爲界，〔一〇七〕即葉榆河。其俗與突厥略同，相傳云與匈奴本是兄弟國也。漢武帝得其地入益州部，其後復絶。諸葛亮定南中，亦所不至。大唐武德四年，巂州治中吉弘偉使南寧，因至其國諭之。〔一〇八〕至十二月，遣使朝貢。貞觀十九年四月，右武候將軍梁建方討蠻，降其部落七十二，户十萬九千三百。

尾濮

尾濮，漢魏以後在興古郡今雲南郡地。西南千五百里徼外。其人有尾，長三四寸，欲坐，輒先穿地爲穴，以安其尾。尾折便死。居木上，食人。俗又啾其老者。唯識母而不識父。

其俗，有賓客，貸老以供厨。〔一〇九〕故賓婚有日，老者必泣。其地有稷及陸稻，多鹽井，饒犀象，有弓矢，革鎧以赤猱猴皮。垂錫珠、翡翠爲冠幘。按：木濮即尾濮也。又扶南土俗傳云：「拘利東有蒲羅，中人人皆有尾，長五六寸。其俗食人。」按：其地並西南，蒲羅蓋尾濮之地名。

木綿濮

木綿濮，土有木綿樹，〔一一〇〕多葉，又生房甚繁，房中綿如蠶所作，其大如捲。音拳。

文面濮

文面濮，其俗劖面，而以青畫之。劖音讒。

折腰濮

折腰濮，其俗，生子皆折其腰。

赤口濮

赤口濮，在永昌南。其俗，折其齒，劖其脣使赤，又露身無衣服。

黑僰濮

黑僰濮，在永昌西南，山居耐勤苦。其衣服，婦人以一幅布爲裙，或以貫頭；丈夫以縠皮爲衣。〔一二〕其境出白蹄牛、犀、象、琥珀、金、桐華布。又諸濮之域皆出楛矢。爾雅曰：「南至於濮鉛。」周書王會「卜人丹砂」，注云：「卜人，西南之蠻，丹砂所出。」今按：卜人蓋濮人也。按：諸濮與哀牢地相接，故附之。

松外諸蠻

松外諸蠻，大唐貞觀末爲寇。遣兵從西洱河討之。洱音貳。其西洱河從嶲州西千五百里，其地有數十百部落，大者五六百户，小者二三百户。無大君長，有數十姓，以楊、李、趙、董爲名家，各據山川，不相役屬。自云其先本漢人。有城郭、村邑、弓矢、矛鋋，言語雖小訛舛，大略與中夏同。有文字，頗解陰陽曆數。自夜郎滇池以西，皆云莊蹻之餘種也。其土有稻、麥、粟、豆，種穫亦與中夏同，而以十二月爲歲首。菜則葱、韭、蒜、菁，果則桃、梅、李、柰。有絲麻，女工蠶織之事。出絁絹絲布，幅廣七寸以下。早蠶以正月生，二月熟。畜有牛、馬、豬、羊、雞、犬。飯用竹筲，摶之而噉。羹用象杯，形若雞彝。有船無車。男子以氈皮爲帔，女子絁布爲裙衫，仍披氈皮之帔。頭髻有髮，一盤而成，形如髽。阻瓜反。男女皆跣。至於死喪哭泣，棺槨襲斂，無不畢備。三年之内，穿地爲坎，殯於舍側，上作小屋。三年而後，出而葬之，蠡蚌封棺，令其耐濕。父母死，皆斬衰布衣，遠者至四五年，近者二三年，然後即吉。其被人殺者，喪主以麻結髮，而黑其面，衣裳不緝。唯服內不廢婚嫁。娶妻不避同姓。其俗有盜竊、殺人、淫穢之事，酋長即立一長木，爲擊鼓警衆，共會其下，强盜者衆共殺之。若賊家富强，但燒其屋宅，奪其田業而已。

校勘記

〔一〕莫敖　「敖」原訛「放」，據諸本改。

〔二〕黔中五溪中諸郡地　下「中」原無，據北宋本、王吴本補。

〔三〕今荆南江陵郡雍州襄陽郡　原作「荆州今江陵郡雍州今襄陽郡」：據北宋本、明抄本、明刻本、王吴本改。

〔四〕羣蠻酋帥　「羣」原訛「郡」，據北宋本、明刻本、王吴本改。

〔五〕每歲伐獠以自利　北宋本、明刻本無「自」。

〔六〕吴將軍頭者　「吴」原脱，據後漢書南蠻西南夷列傳二八二九頁補。

〔七〕嘗共比方班氏　「共」原訛「其」，據諸本改。

〔八〕烏朗反　「朗」原訛「郎」，據北宋本改。

〔九〕盧溪盧陽　「盧」原均作「瀘」，誤。據北宋本改。下同。按：卷一八三州郡典一三作「盧」。

〔一〇〕其君長歲出賦二千一十六錢　「君長」原作「人」，據後漢書南蠻西南夷傳二八四一頁改。

〔一一〕三十鍭百二十也　「百二十」後漢書南蠻西南夷傳李賢注二八四一頁作「一百四十九」。

〔一二〕至光武建武二十三年　「三」原訛「二」，據諸本改。按：後漢書南蠻西南夷傳二八四二頁即作「三」。

〔一三〕今關中秦川也　「也」原作「地」，據北宋本、明抄本、明刻本、王吳本改。

〔一四〕餘戶乃歲入賨錢口四十　「賨」原脱，「錢口」原倒，據後漢書南蠻西南夷傳二八四二頁補乙。

〔一五〕靈帝光和二年　「二」原作「三」，標點本後漢書南蠻西南夷傳二八四三頁據靈帝紀三四三頁改「二」，今從改。

〔一六〕漢中計吏程苞　北宋本、明抄本、明刻本、王吳本無「吏」字。後漢書南蠻西南夷傳二八四三頁「計吏」作「上計」。

〔一七〕今漢川蜀川郡縣地　下「川」，北宋本作「鎮」。

〔一八〕太守李顒　「李顒」原作「李顯之」，據後漢書南蠻西南夷傳二八四三頁、太平寰宇記卷一七八改。按：通典例避中宗諱，原稿必不作「顯」。

〔一九〕北土復號之爲巴氏　「土」原脱，據晉書李特傳三〇二二頁補。

〔二〇〕今江陵巴東夷陵雲安等郡地　原「江陵」下衍「郡」，今刪。

〔二一〕其餘無事　「事」宋書夷蠻傳二三九六頁、南史夷貊傳下一九八〇頁作「雜調」。

〔二二〕宋矯之　南史夷貊傳下一九八一頁同。宋書夷蠻傳二三九六頁、太平寰宇記卷一七八「宋」作「宗」。

〔二三〕先是劉道産善撫諸蠻　「先是」原作「及」，據宋書夷蠻傳二三九六頁、南史夷貊傳下一九一八頁訂改。按：田向求作亂在元嘉十八年，劉道産在雍部爲元嘉八年到十二年。此倒敍前事，用「先是」是，用「及」非。

〔二四〕孝武帝出爲雍州時巴東建平宜都天門四郡蠻爲寇諸郡人户流散百不存一　據宋書孝武帝紀一〇九頁劉駿出爲雍州，在元嘉二十二年，其父文帝劉義隆尚在位。宋書夷蠻傳二三九七頁、南史夷貊傳下一九八一頁於「孝武出爲雍州」下云「羣蠻斷道」，臺遣軍主沈慶之討平之。而「時巴東、建平、宜都、天門四郡蠻爲寇，諸郡人户流散，百不存一」，據宋書、南史乃孝武即位後大明中事。兩事相距十餘年，杜氏牽合並述，甚誤。

〔二五〕西陽蠻　「西」原訛「酉」，據諸本改。按：宋書沈慶之傳二〇〇三頁即作「西」。

〔二六〕荆河州　即豫州，通典避代宗諱改。下同。

〔二七〕雷婆思　「思」原作「恩」，據魏書蠻傳二二四六頁、北史蠻傳三一五〇頁改。

〔二八〕潁陽　魏書蠻傳二二四七頁作「潁川」，魏書李崇傳一四六七頁和北史李崇傳一五九五頁均作「湖陽」。

〔二九〕侵南荆之西沿漢上下　魏書蠻傳二二四七頁、北史蠻傳三一五一頁「西」作「西南」，「漢」作「襄沔」。

〔三〇〕桓叔興　「興」原脱，據魏書蠻傳二二四七頁、北史蠻傳三一五〇頁補。

〔三一〕陬落尤盛　「陬」原作「部」，據諸本改。按：魏書蠻傳二二四八頁、北史蠻傳三一五一頁均作「陬」。

〔三二〕干欄　「干」原訛「千」，據諸本改。下同。

〔三三〕在黔中之東　舊唐書南蠻西南蠻傳五二七四頁、太平寰宇記卷一七八皆云「在黔州之西數百里」。按：下云「貞觀中，開其地爲應州」。應州在今三都水族自治縣附近，地當黔中郡（黔州）之南。

〔三四〕自云高姓　「自」原脱，據北宋本、王吴本補。

〔三五〕以金絡額　舊唐書南蠻西南蠻傳五二七四頁「金」下有「銀」。

〔三六〕明州　「明」原訛「朝」，據舊唐書南蠻西南蠻傳五二七五頁、新唐書南蠻傳下六三二一頁、唐會要卷九九、御覽卷七八八、太平寰宇記卷一七八改。

〔三七〕趙磨　「磨」原訛「唐」，據舊唐書南蠻西南蠻傳五二七五頁、御覽卷七八八、太平寰宇記卷一七八改。按：唐會要卷九九、新唐書南蠻傳下六三二一頁作「摩」。

〔三八〕北自漢中　「北」原訛「此」，據北宋本、王吴本改。

〔三九〕阿段　「段」原作「改」，據魏書獠傳二二四八頁、周書異域傳上八九〇頁、北史獠傳三一五四頁、御覽卷七九六、太平寰宇記卷一七八、册府卷九六〇一一二九四頁改。

〔四〇〕阿等　魏書獠傳、北史獠傳、御覽卷七九六、太平寰宇記卷一七八、册府卷九六〇、通考卷三二八同。惟周書異域傳上八九〇頁作「阿第」。

〔四一〕賣如猪狗而已　「賣如」魏書獠傳二二四九頁、北史獠傳三一五五頁作「賣取」，御覽卷七九六作「責取」。通考卷三二八同通典。

〔四二〕細布　「細」原作「紬」，據北宋本及魏書獠傳二二四九頁、北史獠傳三一五五頁改。

〔四三〕梁將夏侯道遷舉漢中附魏　「梁」原脱，據太平寰宇記卷一七八補。

〔四四〕又立隆城鎮所綰獠二十萬户　原「鎮」下衍「隆城」，「綰」訛「管」，據魏書獠傳二二五〇頁、北史獠傳三一五六頁删改。按：北宋本、明抄本、明刻本衍作「隆鎮」，「綰」字不誤。

〔四五〕梁益二州並遣將討之　「梁」上原衍「入」，據魏書獠傳二二五〇頁、北史獠傳三一五六頁、太平寰宇記卷一七八删。

〔四六〕後周文帝平梁達奚武平之益尉遲迥平之　「文」原訛「武」，據周書異域傳上八九一頁、北史獠傳三一五六頁改。查周書達奚武傳三〇四頁、尉遲迥傳三五〇頁二將分别平梁、益，皆在周文帝宇文泰執政時期，與周武帝宇文邕無關。

〔四七〕後有商旅往來者　「後」原作「復」，據周書異域傳上八九一頁、北史獠傳三一五七頁改。

〔四八〕夜郎國　原無「國」，據北宋本、王吴本增補。

〔四九〕漢時南夷君長以十數　「南」上原有「西」，據漢書西南夷傳三八三七頁、太平寰宇記卷一七八删。

〔五〇〕楚頃襄王遣將莊蹻從沅水伐夜郎　「蹻」後漢書南蠻西南夷傳二八四五頁、太平寰宇記卷一七八「蹻」作「豪」。按：下滇國注云：「豪即蹻也。」杜意莊蹻、莊豪是一人。

〔五一〕鉤音鉅於反　「鉅」原作「斤」，據北宋本、明抄本、王吴本改。

〔五二〕乃拜蒙爲郎中將　「將」原脱，據史記西南夷傳二九九四頁、漢書西南夷傳三八三九頁補。

〔五三〕王然于　「于」原作「於」，據北宋本、王吴本改。史記西南夷傳一九九六頁、漢書西南夷傳三八四一頁皆作「于」。

〔五四〕南越滅　「南」原脱，據史記西南夷傳二九九六頁、漢書西南夷傳三八四二頁補。

〔五五〕言起狂勃之心而殺守尉　「勃」原作「悖」，後人臆改者。今據北宋本及漢書西南夷傳顔注三八四四頁改回。按：廣雅釋言：「勃，懟也。」

〔五六〕及已成形　漢書西南夷傳三八四四頁同。北宋本、明抄本、明刻本「及」作「反」。

〔五七〕迫脅旁二十二邑反　下「二」原脱，據漢書西南夷傳三八四五頁、太平寰宇記卷一七八補。

〔五八〕尹珍　後漢書南蠻西南夷傳二八四五頁同。北宋本、明抄本、明刻本、王吴本作「尹政」。

〔五九〕與班史全乖角宜華陽國志爲怪詭也　「角宜」原作「反用」，據北宋本、明刻本、王吴本改。按：太平寰宇記卷一七八作「與班文全乖自疑華陽國志怪誕也」。

〔六〇〕不復刊革之　「之」原作「云」，據北宋本、明刻本改。

〔六一〕會秦擊奪楚巴黔中郡　「奪」原脱，據史記西南夷傳二九九三頁、漢書西南夷傳三八三八頁補。按：下注文引此句亦有「奪」字。

〔六二〕取巫黔中郡也　「也」原作「地」，據北宋本、明抄本、明刻本、王吴本改。

〔六三〕復長其人　「復長」原倒，據史記西南夷傳二九九七頁、漢書西南夷傳二八四二頁乙正。

〔六四〕廣漢巴蜀犍爲吏人十萬　「巴」原脱，據漢書西南夷傳三八四六頁補。

〔六五〕出旄牛徼外　「出」原脱，據後漢書南蠻西南夷傳李賢注二八四七頁補。

〔六六〕建興三年　「三」原訛「二」，據三國志後主傳八九四頁訂改。

〔六七〕改益州郡爲建寧郡　下「郡」原脱，據三國志後主傳八九四頁補。

〔六八〕又夷累有廢殺之罪　「夷」原訛「吏」，據三國志諸葛亮傳裴注引漢晉春秋九二一頁改。

〔六九〕今吾欲使不留兵　原「使」下有「汝」，據三國志諸葛亮傳裴注引漢晉春秋九二一頁删。

〔七〇〕君長以十數　「以」原脱，據史記西南夷傳二九九一頁、漢書西南夷傳三八三七頁補。以後逕補。

〔七一〕其外西自桐師以東　「自」原訛「曰」，據史記西南夷傳二九九一頁、漢書西南夷傳三八三七頁改。

〔七二〕枚根　「枚」原訛「牧」　據漢書西南夷傳三八四六頁、後漢書南蠻西南夷傳二八五三頁、太平寰宇記卷一七九改。下同。

〔七三〕朱輔　「朱」原訛「未」，據諸本改。

〔七四〕和帝永元十二年　「元」原訛「光」，據後漢書南蠻西南夷傳二八五七頁改。

〔七五〕安帝永初元年　「初」原訛「和」，據後漢書南蠻西南夷傳二八五七頁改。

〔七六〕領四縣　「四縣」原作「縣四」，據後漢書南蠻西南夷傳二八五七頁、太平寰宇記卷一七九乙。

〔七七〕自筰以東北　「東」原脱，據史記西南夷傳二九九一頁、漢書西南夷傳三八三七頁補。

〔七八〕爲邛籠　「邛」原訛「卬」，北宋本、王吴本訛「卭」，據後漢書南蠻西南夷傳二八五八頁改。

〔七九〕今彼土夷人　「土」原訛「士」，據諸本改。

〔八〇〕即漢之西夷也　隋書西域傳一八五八頁、北史附國傳三一九三頁、太平寰宇記卷一七九「西」下有「南」。

〔八一〕所居種姓自相率領不能統一土俗與附國同　「姓」和「同」原脱，據隋書西域傳一八五八頁、北史附國傳三一九三頁補。

〔八二〕東西千五百里　「千」上原有「四」，據隋書西域傳一八五八頁、北史附國傳三一九三頁、太平寰宇記卷一七九刪。

〔八三〕故壘石爲礫而居　「壘」原作「疊」，據隋書西域傳一八五八頁、北史附國傳三一九三頁、太平寰宇記卷一七九改。

〔八四〕被以牟甲　「被」原脱，據隋書西域傳一八五八頁、北史附國傳三一九三頁、太平寰宇記卷一七九補。

〔八五〕項繫鐵鎖手貫鐵釧　「鐵鎖手貫」原脱，據隋書西域傳一八五八頁、北史附國傳三一九三頁、太平寰宇記卷一七九補。

〔八六〕青科　「科」原訛「斜」，據北宋本、明抄本、明刻本改。按：青科即青稞。隋書西域傳一八五八頁作「青稞」，北史附國傳三一九三頁作「青稞」。

〔八七〕十月産男子　後漢書南蠻西南夷傳二八四八頁作「十月産子男十人」。按：此節通典雖採自范書，然嫌其怪誕，多有删削。不具校。

〔八八〕哀牢王柳貌　「貌」原訛「貊」，據後漢書南蠻西南夷傳二八四九頁、太平寰宇記卷一七九改。

〔八九〕其稱邑王者七十七人　下「七」原脱，據後漢書南蠻西南夷傳二八四九頁、太平寰宇記卷一七九補。

〔九〇〕西南去洛陽七千里　「西」原訛「四」，據後漢書南蠻西南夷傳二八四九頁、太平寰宇記卷一七九改。

〔九一〕比蘇　「比」原訛「北」，據後漢書南蠻西南夷傳李注二八四九頁、太平寰宇記卷一七九改。

〔九二〕庶人則至肩而已　「庶人」原倒，據後漢書南蠻西南夷傳二八四九頁、太平寰宇記卷一七九乙。

〔九三〕知染綵文繡　「知」原脱，據後漢書南蠻西南夷傳二八四九頁、太平寰宇記卷一七九補。

〔九四〕取毳淹漬緝織以爲布　「漬」原訛「績」，「織」原脱，據後漢書南蠻西南夷傳李注引廣志二八五〇頁改補。

〔九五〕其竹節相去二丈　御覽卷七八六、太平寰宇記卷一七九同。按：後漢書南蠻西南夷傳二八四九頁「二」作「一」。

〔九六〕百數爲羣　「百數」原倒，據北宋本、明抄本、明刻本、王吴本乙。

〔九七〕逮乎醉　「乎」原作「半」，據北宋本改。按：太平寰宇記卷一七九亦作「乎」。

〔九八〕又無葛亮且縱且擒之術　「葛亮」原作「諸葛」，據北宋本、王吴本改。

〔九九〕積以爲常　「積以」原倒，據北宋本、王吴本乙。

〔一〇〇〕郎將劉惠在戰陣死　「劉惠」舊唐書張柬之傳二九四一頁作「劉惠基」。通典例避玄宗諱而省稱「劉惠」。又，「戰陣」，舊唐書作「陣戰」。

〔一〇一〕焦僥國　原無「國」，據北宋本、明抄本、明刻本、王吴本增補。

〔一〇二〕陸類　「類」原作「賴」，據後漢書南蠻西南夷傳二八五一頁、御覽卷七九〇、太平寰宇記卷一七九改。

〔一〇三〕徐文盛　「盛」原訛「威」，據唐會要卷九八、御覽卷七九一、太平寰宇記卷一七九、新唐書南蠻傳下六三一五頁改。

〔一〇四〕震𩭙統其衆　御覽卷七九一引唐書云：「瓚死，有二子震、𩭙，分統其衆。」新唐書南蠻傳下六三一五頁亦云：「子震、𩭙分統其衆。」

〔一〇五〕拜𩭙子弘達爲昆州刺史　「弘」原訛「孔」，據北宋本、王吴本改。按：御覽卷七九一、太平寰宇記卷一七九、新唐書南蠻傳下六三一五頁均作「弘」。

〔一〇六〕昆彌國　原無「國」，據北宋本、明抄本、明刻本、王吴本補。

〔一〇七〕在爨之西西洱河爲界　原脱一「西」。新唐書南蠻傳下六三一八頁云：「爨蠻西有昆明蠻，一曰昆彌，以西洱河爲境。」今據以訂補。

〔一〇八〕巂州治中吉弘偉使南寧因至其國諭之　原脱「偉」和「因」，據唐會要卷九八、太平寰宇記卷一七九補。按：北宋本、王吴本有「因」。

〔一〇九〕其俗有賓客貸老以供厨　「其」原脱，據北宋本、王吴本補。「貸」原作「殺」，據御覽卷七九一改。按：北宋本「貸」訛「貳」，從可知通典原稿必不作「殺」。

〔一一〇〕土有木綿樹　「土」原脱，據北宋本、王吴本補。按：御覽卷七九一亦有「土」字。

〔一一一〕丈夫以穀皮爲衣　「穀」原訛「榖」，據御覽卷七九一改。按：毛詩鶴鳴「其下維穀」，毛傳：「穀，惡木也。」陸璣疏云：「江南以其皮擣爲紙，謂之穀皮紙。」又，集韵云：「苴，杖也。」苴，麻也。

謝方點校　王文錦覆校

通典卷第一百八十八

邊防四

南蠻下

嶺南序略〔一〕

五嶺之南，漲海之北，三代以前，是爲荒服。秦平天下，開置南海等三郡。秦亂，趙佗據有其地。傳五代九十三歲，至漢武建元中，伏波將軍路博德滅之，〔二〕分爲儋耳等九郡。其珠崖郡在海洲上，大率數歲一反。元帝初元中，納賈捐之議，罷之。後漢光武建武中，交趾女子徵側反，略有六十餘城。伏波將軍馬援討平之。桓靈以後，蠻獠又據象郡象林縣，遂爲林邑國矣。其餘郡縣，歷代雖時有反亂，〔三〕州郡兵旋平定之。

嶺南蠻獠〔四〕

極南之人，雕題交趾。其俗男女同川而浴。題，額也。雕謂刻其肌，以丹青涅之也。〔五〕交趾，謂足大趾開闊，並立相交。其西有噉人國，生首子輒解而食之，謂之宜弟。味旨則以遺其君，君喜而賞其父。娶妻妾美，〔六〕皆讓其兄，烏滸人是也。〔七〕烏滸地在今南海郡之西南，安南府之北，朗寧郡管。

交趾之南有越裳國。周公居攝六年，天下和平，越裳以重譯而獻白雉。周德既衰，於是稍絶。及楚子稱霸，朝貢百越。

秦始皇平天下，開嶺外，置南海、今南海、始興、義寧、海豐、恩平、南陵、臨賀、高要、感義、晉康、臨封、開陽、高涼、〔八〕連城、新興、銅陵、懷德、潮陽等郡地皆是。桂林、今始安、平樂、蒙山、開江、蒼梧、潯江、臨江、鬱林、平琴、安城、賀水、常林、象郡、龍城、融水、朗寧、懷澤、寧仁、寧浦、横山、脩德、龍池、永定等郡地皆是。象郡。今招義、南潘、〔九〕普寧、陵水、南昌、定川、寧越、安南、武峩、龍水、〔一〇〕忻城、九真、福禄、文陽、日南、承化、玉山、合浦、安樂、海康、温水、湯泉等郡皆是。至胡亥時，南海尉任囂病且死，召南海龍川令真定人趙佗語曰：漢真定今常山郡，漢龍川今海豐郡。「中國擾亂，未知所安。番禺今南海郡負山險阻，負，倚也。〔一一〕南北東西數千里，可以爲國。郡中長吏無足與言，故召公告之。」即被佗書，行南海尉事。被，加也。囂死，佗即絶秦所開新道，聚兵自守。秦已滅，佗即擊并桂林、象郡，自立爲南越武王。漢已定天下，爲中國勞苦，故釋佗不誅，遣陸賈立佗爲南越王。高后時，佗乃自稱爲南越武帝，發兵攻長沙邊邑，敗數縣而去。今長沙、衡陽等郡。以兵威財物賂遺閩越、即今閩川。西甌駱越役屬焉，西甌即駱越也，言西者以別東甌耳。今南海郡西南懷澤等郡。東西萬餘里，南北數千里。及孝文帝初立，鎮撫天下，乃爲佗親冢在真定，置守邑，歲時奉祠；召其從昆季，尊官厚賜寵之。詔陸賈使往諭之。賈至，南越王上書謝，願爲藩臣奉職貢。

至武帝建元四年，佗孫胡時，閩越王郢興兵擊南越邊邑。胡使人上書曰：「兩越俱爲藩臣，無得擅興兵相攻擊。今東越擅侵臣，臣不敢興兵，唯天子詔之。」於是天子多南越義，守職約，爲遣兩將往討閩越。淮南王安上書諫曰：〔二二〕「夫越，方外之地，劗髮文身之人也，越人劗髮，古翦字也，劗與翦同。不可以冠帶之國法度理也。自三代之盛，胡、越不與受正朔，〔二三〕非强不能服，威不能制也；以爲不居之地，不牧之人，不足以煩中國也。地不可居，而人不可牧養。故古者封内甸服，封内謂封圻千里之内。甸服主理王田，以供祭祀也。封外侯服，封外，千里之外。侯，候也，爲王者斥候。侯衛賓服，侯服之外又有衛服，賓見於王，侯衛二服同爲賓也。蠻夷要服，又在侯衛之外，而居九州之内者。要言以文德要束之耳。戎狄荒服。此在九州之外者也。荒言其荒忽絶遠，來去無常。

遠近之勢異也。自漢初定以來七十二年，吳、越人相攻擊者不可勝數，然天子未嘗舉兵而入其地也。臣聞越非有城郭邑里也，處谿谷之間，篁竹之中，竹叢也。竹田曰篁。〔一四〕習於水鬬，便於用舟，地深昧而多水險。昧，暗也，言多草木。中國之人不知其勢阻而入其地，雖百不當其一。得其地，不可郡縣也；攻之，不可暴取也。以地圖察其山川要塞，相去不過寸數，而閒獨數百千里，〔一五〕阻險林叢，弗能盡著。不可盡載於圖。著，張許反。視之若易，行之甚難。今自攻擊，而陛下以兵救之，是反以中國而勞蠻夷也。疲勞中國之人於蠻夷之地。且越人愚戇輕薄，戇，陟降反。負約反覆，其不用天子之法度，非一日之積也。壹不奉詔，舉兵誅之，臣恐後兵革無時得息也。今發兵行數千里，資衣糧，〔一六〕入越地，輿轎而隃嶺，轎音橋，謂隘道輿車也。拕舟而入水，拕，曳也，音佗。夏月暑時，歐洩霍亂之病相隨屬也。曾未接刃，死傷者必衆矣。且越人寡力薄材，不能陸戰，又無車騎弓弩之用，然而不可入者，以保地險，而中國之人不能其水土也。能，堪。南方暑溼，近夏癉熱，癉，黄病，丁幹反。暴露水居，蝮蛇蠚蟲，蠚，毒也，音壑。疾疫皆作，兵未血刃而病死十二三，雖舉越國而虜之，不足以償所亡。舉謂總取也。臣聞道路言，閩越王弟甲弒王而殺之，甲者閩王弟之名。甲以誅死，其人未有所屬。陛下若欲來內，處之中國，使重臣臨存，謂省問。以招致之，此必攜幼扶老以歸聖德。若陛下無所用之，則繼其絶世，存其亡國，建其王侯，此必委質爲藩臣，代供貢職。陛下以方寸之印，丈二之組，不勞一卒，不頓一戟，頓音鈍。而威德並行。今以兵入其地，必雉兔逃入山林險阻。如雉兔之逃竄，而入山林險阻之中。背而去之，則復相羣聚；留而守之，歷歲經年，則士卒罷倦，罷音疲。食糧乏絶，〔一七〕男子不得耕稼樹種，婦人不得紡績織紝。紝，女今反。陛下以四海爲境，九州爲家，生人之屬皆爲臣妾，人徒之衆足以奉千官之供，租税之收足以給乘輿之御，號令天下，四海之内莫不響應。陛下垂德惠以覆育之，使元元之甿安生樂業，則澤被萬代，傳之子孫。夷狄之地何足以爲一日之閒閒讀曰閑。得其地物不足爲一日閑暇之虞。而煩汗馬之勞乎？」帝不從。兵未逾嶺，閩越王弟餘善殺郢以降，於是罷兵。

後至孫興立。其母太后本中國人，勸王及幸臣上書請比内諸侯，三歲一朝。其相呂嘉不欲，遂反，攻殺太后、王，〔一八〕盡殺漢使者，立胡長男建德爲王，〔一九〕發兵守要害處。於是令越人及江淮以南樓船十萬師往討之。元鼎五年秋，衞尉路博德爲伏波將軍，自桂陽，下匯水；今連山郡有匯水，通四會。或作湟。匯音會。主爵都尉楊僕爲樓船將軍，出章郡，〔二〇〕下横浦；今南康郡太康縣西南。故歸義越侯二人故越人，降爲侯。爲戈船、下瀨將軍，瀨，水流沙上也。伍子胥有戈船以載干戈，因謂之戈船。出零陵，今郡。或下離水，〔二一〕今桂江。或抵蒼梧；今郡。使馳義侯越人，名遺。因巴蜀罪人，發夜郎兵，下牂牁江：咸會番禺。元鼎六年冬，樓船將軍將精卒先陷尋陿，破石門，今南海郡北。得越船粟，因推而前，挫越鋒。伏波將軍將罪人道遠後期，與樓船會，乃有千餘人，遂俱進。樓船居前，至番禺。建德、嘉皆城守。樓船自擇便處，居東南面，伏波居西北面。會暮，樓船攻敗越人，縱火燒城。越素聞伏波，暮，不知其兵多少。伏波乃遣使招降者，賜印綬，復縱令相招。來降者即賜以侯印，而放令還，更相招諭。樓船力攻燒敵，反驅而入伏波營中。遲明，遲，丈二反。〔二二〕城中皆降伏波。呂嘉、建德以夜與其屬數百人亡入海。伏波遣人追。以故其校司馬蘇弘得建德，越郎都稽越中所置郎。得嘉。〔二三〕戈船、下瀨將軍兵及馳義侯所發夜郎兵未下，南越已平。遂以其地爲儋耳、珠崖、南海、蒼梧、鬱林、合浦、交趾、九真、日南九郡，並今郡地，惟交趾則今安南也。置交趾刺史領。自佗王後凡五代，九十三歲而亡焉。

其珠崖、儋耳二郡在海洲上，東西千里，南北五百里。今珠崖等郡地。其渠帥貴長耳，皆穿珠而縋之，垂肩三寸。武帝末，珠崖太守會稽孫幸調廣幅布獻之，蠻不堪役，遂攻郡殺幸。幸子豹合率善人還復破之，〔二四〕自領郡事，討擊餘黨，連年乃平。豹遣使封還印綬，上書言狀，制詔即以豹爲珠崖太守，〔二五〕即，就也。威政大行，獻命歲至。中國貪其珍賂，漸相侵侮，〔二六〕故率數歲一反。

至元帝時，珠崖數反。賈誼孫捐之上書請不擊，〔二七〕曰：「臣聞堯、舜、禹三聖之德，地方不過數千里，西被流沙，東漸於海，朔南暨聲教，迄於四海，欲與聲教即理之，不欲與者不彊理也，故君臣歌德，含氣之物，各得其宜。武丁、成王，殷、周之大仁也，然地東不過江黄，西不過氐羌，南不過蠻荆，北不過朔方，是以頌聲並作，視聽之類，咸樂其生，越裳氏重九譯而獻，此非兵革之所能致。及其衰也，南征不還。以至於秦，興兵遠攻，貪外虛内，務欲廣地，不慮其害，而天下潰畔。賴聖漢爲百姓請命，平定天下。至孝文皇帝，偃武行文，則斷獄數百，人賦四十，丁男三年而一事。時有獻千里馬者，詔不受，其令四方無來獻。至孝武皇帝，以國富人逸，攘卻匈奴，西連諸國，至於安息，東過碣石，以玄菟、樂浪爲郡，更移營塞，制南海以爲九郡，〔二八〕則天下斷獄萬數，人賦數百，造鹽鐵酒榷之利以佐用度，〔二九〕猶不能足。當此之時，寇賊並起，征伐不休之故也。今陛下不忍涓涓之忿，欲毆士衆擠之大海之中，快心幽冥之地，非所以救助飢饉，保全元元也。詩云：『蠢爾蠻荆，大邦爲讎』。自古而患之久矣，何況乃服其南萬里之蠻乎？〔三〇〕駱越之人，父子同川而浴，相習以鼻飲，與禽獸無異，本不足郡縣置也。顓顓獨居一海之中，霧露氣溼，多毒草蟲蛇水土之害，人未見虜，戰士自死。又非獨珠崖有珠犀瑇瑁也，棄之不足惜，不擊不損威。其人譬猶魚鼈，何足貪也。臣竊以往者羌軍言之：暴師曾不一年，兵出不踰千里，費四十餘萬萬，〔三一〕大司農錢盡，乃以少府禁錢續之。夫一隅爲不善，費尚如此，況於勞師遠攻，亡士無功乎！求之往古則不合，施之當今又不便。臣愚以爲非冠帶之國，禹貢所及，春秋

所理，皆可且無以爲。」至初元三年，遂罷之。凡立郡六十五歲。〔三二〕

凡交趾所統，雖置郡縣，而言語各異，重譯乃通。人如禽獸，長幼無別。項髻徒跣，〔三三〕爲髻於項上。以布貫頭而著之。後頗徙中國罪人，使雜居其間，乃稍知言語，漸見禮化。

光武中興，錫光爲交趾，任延守九真，〔三四〕交趾、九真並今郡地。〔三五〕於是教其耕稼，制爲冠履。初設媒娉，始知姻娶，建立學校，導之禮義。〔三六〕

建武十六年，交趾女子徵側及其妹徵貳反，攻郡。徵側者，麊泠縣雒將之女也，麊音麋，今承化郡地。嫁爲朱鳶人詩索妻，甚雄勇。〔三七〕漢朱鳶今安南府縣。交趾太守蘇定以法繩之。〔三八〕側忿，故反。於是九真、日南、合浦蠻俚皆應之，凡略六十五城，自立爲王。交趾刺史及諸太守僅得自守。十八年，遣伏波將軍馬援、樓船將軍段志，發長沙、今長沙、衡陽郡地。〔三九〕桂陽、今桂陽、連山郡地。零陵、今零陵、江華郡地。蒼梧今蒙山、開江、蒼梧、潯江郡地。兵萬餘人討之。明年夏四月，援破交趾，斬徵側、徵貳等，餘皆降散。進擊九真賊都陽等，破降之。徙其渠帥三百餘口於零陵，嶺表悉平。

章帝元和初，日南徼外蠻夷究不事人蠻夷別號。邑豪獻生犀、白雉。

和帝永元中，〔四〇〕日南、象林在日南郡界，今林邑國。蠻夷二千餘人寇掠百姓，於是置象林將兵長史，以防其患。

順帝永和二年，日南、象林徼外蠻夷區憐等數千人攻象林縣，〔四一〕燒城寺，殺長吏。州郡并力討之，不利。帝召公卿百官及四府掾屬，大尉、司馬、司空、大將軍府。問其方略，皆議遣荆、今南陽、江陵、江夏、安陸、義陽、長沙、衡陽等郡地。揚、今淮南廣陵等郡，江南丹陽等郡、江西章郡等地。兗、今陳留、靈昌、〔四二〕東平、濟陽、濟陰等郡地。荆河今潁川、汝南、淮陽、睢陽、汝陰等郡。四萬兵赴之。大將軍從事中郎李固駮曰：「若荆、揚無事，發之可也。今二州盜賊，盤結不散，而復擾動，必更生患。又兗州、荆河之人，遠赴萬里，詔書迫促，必致叛亡。軍行三十里爲程，而去日南九千餘里，三百日乃到，計人稟五升，古升小，故曰五升。用米六十萬斛，不計將吏驢馬之食，但負甲自致，費便若此。九真、日南相去千里，發其吏人，猶尚不堪，何況四州之卒以赴萬里之艱哉！〔四三〕前中郎將尹就討益州叛羌，益州諺曰：『虜來尚可，尹來殺我！』後就徵還，以兵付刺史張喬，喬因其將吏，〔四四〕旬月之閒，破殄寇虜。此發將無益之效，州郡可任之驗也。宜更選有勇略仁惠任將帥者，以爲刺史、太守，悉使往止交趾府下。〔四五〕時刺史理廣信，今蒼梧郡蒼梧縣。〔四六〕今日南兵單無穀，守既不足，〔四七〕戰又不能，可一切徙其吏人北依交趾，事靜之後，乃令歸本。還募蠻夷，使自相攻。有能反間致頭首者，〔四八〕許以封侯裂土之賞。故并州刺史長沙祝良，性多勇決，又南陽張喬，前在益州有破虜之功，皆可任用。昔文帝就加魏尚爲雲中守，哀帝即拜龔舍爲太山太守，宜即拜良等，〔四九〕便道之官。」於是拜祝良爲九真太守，張喬爲交趾刺史。喬、良至，單車入賊地，設方略，招以威信，嶺外復平。其後屢爲反叛，州郡兵討降之。

至靈帝建寧三年，鬱林今郡太守谷永以恩信招降烏滸人十餘萬内屬，皆受冠帶，開置七縣。然自漢以後，列置州縣，獠俗難理，率數歲一亂，終不足爲大患。大唐大曆中，循州刺史哥舒晃襲殺嶺南節度使吕崇賁，據廣州反，詔户部尚書路嗣恭總兵討之。晃率其徒守拒，凡三歲而滅。〔五〇〕

海南序略

海南諸國，漢時通焉。大抵在交州南及西南，居大海中洲上，相去或三五千里，〔五一〕遠者二三萬里。乘舶舉帆，道里不可詳知。外國諸書雖言里數，〔五二〕又非定實也。其西與諸胡國接。元鼎中，遣伏波將軍路博德開百越，置日南郡。其徼外諸國，自武帝以來皆獻見。後漢桓帝時，大秦、天竺皆由此道遣使貢獻。及吴孫權，遣宣化從事朱應、中郎康泰使諸國，其所經及傳聞，則有百數十國，因立記傳。晉代通中國者蓋尠。及宋齊，至者有十餘國。自梁武、隋煬，諸國使至踰於前代。大唐貞觀以後，聲教遠被，自古未通者重譯而至，又多於梁、隋焉。其無異聞，亦不復更記。

黄支

黄支國，漢時通焉。合浦、日南之南三萬里，〔五三〕俗略與珠崖相類。自武帝以來皆獻見，有明珠、玉璧、琉璃、奇石、異物。大珠至圍二寸以下，而至圓者，置之平地，終日不停。

哥羅

哥羅國，漢時聞焉。在槃槃東南，亦曰哥羅富沙羅國云。其王姓矢利婆羅，名米失鉢羅。其理城累石爲之。城有樓闕，門有禁衛，宫室覆之以草。國有二十四州而無縣。庭列儀仗，有纛，以孔雀羽飾焉。兵器有弓、箭、刀、矟、皮甲。征伐皆乘象，一隊有象百頭，每象有百人衛之。象鞍有鉤欄，之中有四人，一人執矟，一人執弓矢，一人執殳，一人執刀。賦税人出銀一銖。國無蠶絲、麻紵，唯出古貝布。畜有牛，少馬。其俗，非有官者不得上髮裹頭。又嫁娶初問婚，惟以檳榔爲禮，多者至二百盤。成婚之時，唯以黄金爲財，多者至二百兩。婦人嫁訖則從夫姓。音樂有琵琶、横笛、銅鈸、鐵鼓、簧。吹蠡擊鼓。〔五四〕死亡則焚屍，盛以金罌，沈之大海。

林邑

林邑國，秦象郡林邑縣地。漢爲象林縣，屬日南郡，古越裳之界也，在交趾南，海行三千里。其地縱廣可六百里，去日南界四百餘里。其南，水步道二百餘里，〔五五〕有西屠夷，〔五六〕亦稱王焉，馬援所植兩銅柱，表漢界處也。〔五七〕馬援北還，留十餘户於銅柱處。至隋有三百餘户，悉姓馬，土人以爲流寓，號曰「馬流人」。銅柱尋没，馬流人常識其處。林邑國記：「馬援樹兩銅柱於象林南界，與西屠國分漢之南境。」又云：「銅柱山周十里，形如倚蓋，西跨重巖，東臨大海。」屈璆道里記又云：「林邑大浦口有五銅柱焉。」後漢末大亂，縣功曹姓區，有子曰連，〔五八〕殺縣令，自號爲王，子孫相承。吴時通使。其後王無嗣，外孫范熊代立。熊死，子逸代立。

其國有金山，石皆赤色，其中生金，金夜則出飛，狀如螢火。又出瑇瑁、貝齒、古貝、沈木香。古貝者，樹名也，其華成時如鵞毳，抽以績紡作布，〔五九〕潔白與紵布不殊，亦染成五色，織爲斑布也。沈木香，土人破斷之，積以歲年，朽爛而心節獨在，置水中則沈，故名曰沈香。次不沈者曰棧香也。〔六〇〕又出猩猩獸。爾雅云：「肉之美者，猩猩之脣。」多琥珀。松脂淪入地，千歲爲茯苓，又千歲爲琥珀。又云楓脂爲之。琥珀在地，其上及旁不生草木，深者或八九尺，大如斛，削去皮成焉，初如桃膠，凝成乃堅。其金寶物産，大抵與交趾同。

以塼爲城，蜃灰塗之。居處爲閣，名曰干闌，皆開北户以向日，或東西無定。尊官有二：其一曰西那婆帝，〔六一〕其二曰薩婆地歌。其屬官三等：其一倫多姓，次歌倫致帝，次乙地伽蘭。外官分爲二百餘部，其長官曰弗羅，次曰阿倫，〔六二〕如牧宰之差也。書樹葉爲紙，施椰葉爲席。男女皆以橫幅古貝繞腰以下，謂之干漫，〔六三〕亦曰都漫。穿耳貫小鐶。貴者著革履，〔六四〕賤者跣行。自林邑、扶南諸國皆然也。其王戴金花冠，形如章甫，加瓔珞，出則乘象，吹螺擊鼓，罩古貝繖，以古貝爲幡旗。國不設刑法，有罪者使象蹋殺之。林邑浦外有不勞山，罪人亦送此山，令其自死。其大姓號婆羅門，嫁娶必用八月。女先求男，由貴男而賤女也。同姓還相婚姻。人性凶悍，果於戰鬬。有弓、箭、刀、槊，以竹爲弩。樂有琴、笛、琵琶、五絃，頗與中國同。每擊鼓以警衆，吹蠡以即戎。〔六五〕其人深目高鼻，髮拳色黑。婦人椎髻。四時暄暖，無霜雪。王死七日而葬，有官者三日，〔六六〕庶人一日。皆以函盛屍，鼓舞導從，轝至水次，積薪焚之。收餘骨，王則内金甖中，〔六七〕沈之於海；有官者以銅，沈之海口；庶人以瓦，送之於江。男女截髮，隨喪至水次，盡哀而止。其寡婦孤居，散髮至老。人皆奉釋法，文字同於天竺。王事尼乾道，〔六八〕鑄金銀人像大十圍。

至晉武帝太康中又來貢獻。成帝咸康二年，范逸死，〔六九〕奴文篡位。奴文昔嘗北至洛陽商貨，因教王作宮室兵車器械，王愛信之，使爲將，乃譖王諸子，〔七〇〕或徙或奔。及王死無嗣，遂自立爲王。乃攻旁國，并之，有衆四五萬。至穆帝永和三年，文率其衆攻陷日南，今郡地。遂據其地，告交州刺史朱蕃，交州，今安南府。求以日南北鄙今郡地。横山爲界。〔七一〕初，徼外諸國嘗齎寶物自海路來貿貨賄，〔七二〕而交州刺史、日南太守多貪利侵侮，十折二三，由是諸國怨憤。且林邑少田，故貪日南之地。文又襲九真，今郡地。害士庶十八九。文死，子佛立，猶屯日南。九真太守灌邃率兵討佛，走之，邃追至林邑。時五月立表，日在表北，影在表南九寸一分，自北影之南，故開北户以向日，此大較也。佛乃請降。其後頻寇日南、九德之郡，今安南日南郡界。殺傷甚多，交州遂至虛弱。至佛曾孫文敵，後爲扶南王子當根純所殺。大臣范諸農平其亂，而自立爲王。死，子陽邁立。死，其子咄立，〔七三〕復名曰陽邁。初其父陽邁母始産，夢人以金藉之。夷人謂金曰陽邁，〔七四〕故爲名。至咄纂父業，又名焉。宋文帝元嘉中，侵暴日南、九德諸郡。宋九德郡今安南日南郡界。宋使振武將軍宗元幹討之，〔七五〕克林邑。陽邁父子並挺身奔逃。所獲珍異皆是未名之寶。又銷其金人，得黄金數十萬斤。其後累代，自宋、齊、梁、陳皆遣使朝貢。

隋文帝既平陳，後遣大將軍劉方率步騎萬餘擊之。其王梵志率其徒乘象而戰。方多掘小坑，草覆其上，因以兵挑之。梵志悉衆而陣，〔七六〕方僞北走，梵志逐之，其象多陷，轉相驚駭，〔七七〕軍遂亂。方縱兵擊，大破之。遂棄城而走。方入其都，獲其廟主十八枚，皆鑄金爲之，蓋有其國十八葉矣。方既平其國，班師，故地遂空。梵志收拾遺人，別建國邑。

至大唐貞觀中，其王范頭利死，率國人共立頭利女爲王。諸葛地者，頭利之姑子。女王獨任，〔七八〕國中不寧。大臣可倫翁定乃立地爲王，妻之以女主，其國乃定。諸葛地自立後，遣使可倫因地盤獻火珠，狀如水精，〔七九〕日正午時，以珠承影，取艾衣之，火見，云得之於羅刹國。今之環王國主即梵志之後，在日南郡西，陸行二十餘日方至。

扶南

扶南國在日南郡之南，海西大島中，〔八〇〕去日南可七千里，在林邑西南三千餘里。其境廣袤三千餘里。國俗本躶，文身被髮，躶，郎果反。不製衣裳。其先有女人爲王，號曰柳葉，〔八一〕年少壯健，有似男子。其南有激國人名混潰來伐，〔八二〕柳葉降之，遂以爲妻。惡其躶露形體，乃穿疊布貫其首，理其國。子孫相傳。至王混盤況死，國人立其大將范師蔓爲王。〔八三〕蔓勇健有權略，以兵威伐旁國，咸服屬之，自號扶南大王，開地五六千里。蔓死，國亂，大將范尋自立爲王。是吴、晉時也。

土地坳下而平博，氣候、風俗、物産大較與林邑同。有城邑宫室，國王居重閣，以木柵爲城。海邊生大若葉，〔八四〕長八九尺，編其葉以覆屋。國人亦爲閣居。爲船八九丈，廣纔六七尺，頭尾似魚。國王行乘象。人皆醜黑拳髮，躶身跣行。耕種爲務，一歲種，三歲穫。又好雕文刻鏤，食器多以銀爲之。出金鋼，可以刻玉，狀似紫石英，其所生乃在百丈水底盤石上，如鍾乳，人没水取之，竟日乃出，以鐵鎚之而不傷，鐵乃自損，以羖羊角扣之，灌然冰泮。貢賦以金、銀、珠、香。亦有書記府庫，文字類胡。

吳時遣康泰、朱應使於尋國，國人猶裸，唯婦人著貫頭。泰、應謂曰：「國中實佳，但人褻露可怪耳。」尋始令國內男子著橫幅，今干漫也。大家乃截錦爲之，貧者以布。又有老鵰，入海爲玳，可以裁作馬勒，謂之珂西。晉泰始、太康中，皆遣使貢獻。東晉時有竺旃檀稱王，亦遣使。

其後王姓憍陳如，〔八五〕本天竺婆羅門也。有神語曰：「應王扶南。」憍陳如南至盤盤，扶南人聞之迎而立焉。復改制度，用天竺法。今其國人居不穿井，〔八六〕數十家共一池引汲之。俗事天神，以銅爲像，二面者四手，四面者八手，手各有所持，或小兒，或鳥獸，或日月。王坐則偏踞翹膝，垂左膝至地，以白疊敷前，設金盆香爐於其上。居喪則剃除鬚髮。〔八七〕人無禮義，男女恣其奔隨。

宋、齊、梁並獻方物。隋時其國王姓古龍。諸國多姓古龍，訊耆老，言「崑崙無姓氏，乃『崑崙』之訛。」隋代遣使貢獻。大唐武德後，亦頻來貢。貞觀中，又獻白頭國二人於洛陽。其國在扶南之西，在參半之西南，男女生皆素首，身又凝白，居山洞之中，四面巖嶮，故人莫至，與參半國相接。

頓遜

頓遜國，梁時聞焉，一曰典遜。在海崎上，〔八八〕地方千里。有五王，並羈屬扶南，〔八九〕北去扶南可三千餘里。其國之東界通交州，其西界接天竺、安息徼外諸國，賈人多至其國市焉。所以然者，〔九〇〕頓遜迴入海中千餘里，漲海無涯岸，船舶未曾得逕過也。〔九一〕其市東西交會，日有萬餘人，珍物寶貨無種不有。又有酒樹，似安石榴，採其花汁，停酒甕中，數日成酒。出藿香，插枝便生，〔九二〕葉如都梁，以裛衣。國有區撥等花十餘種，冬夏不衰，日載數十車貨之。其花，燥更芬馥，亦末爲粉，以傅身焉。

其俗又多鳥葬。將死，親賓歌舞於郭外，有鳥如鵞，口似鸚鵡而紅色，飛來萬計，〔九三〕家人避之，鳥食肉盡乃去，燒其骨沈海中，〔九四〕以爲上行人也，必生天。鳥若迴翔不食，其人乃自悲，復以爲己有穢，更就火葬，以爲次行也。若不能生入火，又不被鳥食，以爲下行也。

毗騫

毗騫國，梁時聞焉，在頓遜之外大海洲中，去扶南八千里。傳其王身長丈二尺，頭長三尺，〔九五〕自古來不死，莫知其年。其王神聖，知將來事，南方號曰長頭王。國俗，有室屋衣服，噉粳米。其人言語小異扶南國。不受估客，有往者亦殺而噉之，是以商旅不敢至。王常樓居，不血食，不事神鬼。其子孫死如常人。

又傳扶南東界即漲海，〔九六〕海中有大洲，洲上有諸薄國，國東有馬五洲。復東行漲海千餘里，有燃火洲。〔九七〕其上有樹生火中，洲左近人剥取其皮，紡績作布，極得數尺，以爲手巾，與蕉麻無異而色微青黑。若小有垢汙，則投火，復更精潔。

干陁利〔九八〕

干陁利國，梁時通焉，在南海洲上。其俗與林邑、扶南略同。出斑布、古貝、檳榔。檳榔特精好，〔九九〕爲諸國之極。武帝天監中，遣使貢方物。

狼牙脩

狼牙脩國，梁時通焉，在南海中。其界東西三十日行，〔一〇〇〕南北二十日行，北去廣州二萬四千里。其土氣、物産與扶南略同，偏多棧、沈、婆律香等。〔一〇一〕其俗，男女皆袒而披髮，以古貝布爲干漫。其王及貴臣乃加雲霞布覆髀，薄計反。〔一〇二〕以金繩爲絡帶，金鐶貫耳。女子則披布，以瓔珞繞身。其國累塼爲城，重門樓閣。王出乘象，有旛旄旗鼓，〔一〇三〕罩白蓋，兵衞甚設。〔一〇四〕武帝天監中，遣使獻方物。其使云，立國以來四百餘年。

婆利

婆利國，梁時通焉，在廣州東南海中洲上。自交趾浮海，南過赤土、丹丹國，乃至其國，去廣州二月日行。國界東西五十日行，南北二十日行，〔一〇五〕有百三十六聚。土氣暑熱，如中國之盛夏，穀一歲再熟，草木常榮。海出文螺、紫貝。有石名蚶火談反貝羅，初採之柔軟，刻削爲物，暴乾之，遂堅硬。有鳥名舍利，解人語。其國人皆黑色，穿耳附璫，披古貝如帊，及爲都漫。王乃用斑絲者，〔一〇六〕以瓔珞繞身，頭著金長冠，高尺餘，形如弁，綴以七寶之飾，〔一〇七〕帶金裝劍，偏坐金高座，〔一〇八〕以銀蹬支足。侍女皆爲金花雜寶之飾，或持白毦拂及孔雀扇。〔一〇九〕王出，以象駕輿，施羽蓋珠簾，其導從吹螺擊鼓。國人善投輪刃，其大如鏡，中有竅，外鋒如鋸，遠以投人，無不中。其餘兵器與中國略同。

俗類真臘，物産同於林邑。王姓嬌陳如，自古未通中國。武帝天監中來貢。隋大業中，又遣使貢獻。其王姓剎利耶伽。大唐貞觀中，又遣使朝貢。

槃槃

槃槃國，梁時通焉，在南海大洲中。北與林邑隔小海。自交州船行四十日，至其國。其王曰楊粟翨。音翅。〔一一〇〕粟翨父曰楊德武連，〔一一一〕以上無得而紀。百姓多緣水而居。國無城，皆豎木爲柵。王坐金龍牀，每坐，諸大人皆兩手交抱肩而跽。暨几反。又其國多有婆羅門，〔一一二〕自天竺來，就王乞財物。王甚重之。其大臣曰教郎索濫，次曰崑崙帝也，次曰崑崙教和，胡卧反。次曰崑崙教帝索甘且。其言崑崙、古龍，聲相近，故或有謂爲古龍者。其在外城者曰那延，猶中夏刺史、縣令。其矢多以石爲鏃，稍則以鐵爲刃。有僧尼寺十所，僧尼讀佛經，皆肉食而不飲酒。〔一一三〕亦有道士寺一所，道士不飲食酒肉，〔一一四〕讀阿脩羅王經，其國不甚重之。俗皆呼僧爲比丘，呼道士爲貪。隋大業中，亦遣使朝貢。

赤土

赤土國，隋時通焉，扶南之别種也。直崖州之南，渡海水行，便風十餘日，經雞籠島至其國。所都土色多赤，因以爲號。〔一一五〕東波羅剎國，西羅婆國，南訶羅且國，〔一一六〕北拒大海，地方數千里。王姓瞿曇氏，名利富多塞，〔一一七〕不知有國近遠。居僧祇城，〔一一八〕亦曰師子城，有門三重，相去各百許步。王宫諸屋悉是重閣，北面而坐，座三重榻，〔一一九〕衣朝霞布，冠金花冠，垂雜寶瓔珞。王榻後作一木龕，以金銀五香木雜鈿之。龕後懸一金光焰，遠視如項後。其官，薩陀伽羅一人，陀拏拏，女除反。達叉三人，伽利蜜迦三人，共掌政事。俱羅末帝一人，掌刑法。每城置那耶迦一人，鉢帝一人。其俗皆穿耳翦髮，無跪拜之禮。以香油塗身。俗敬佛，尤重婆羅門。婦人作髻於項後。男女通以朝霞朝雲雜色布爲衣。〔一二〇〕豪富之室，恣意華靡，唯金鏁非王賜不得服用。冬夏常温，雨多霽少。種植無時，特宜稻、穄、音祭。白豆、黑麻，自餘物産多同於交阯。以甘蔗作酒，雜以紫瓜根。戲有雙六、雞卜。冬至之日，影直在下；夏至日，影在南。户皆北向。

煬帝時，募能通絶域。大業三年，屯田主事常駿、虞部主事王君政等應召。〔一二一〕駿等自南海郡乘舟，晝夜二旬，每值便風，至焦石山而過。東南泊陵伽鉢拔多洲，西與林邑相對，上有神祠焉。又南行，至師子石，自是島嶼連接。〔一二二〕又行二三日，西見狼牙脩國之山，〔一二三〕於是南達雞籠島，至於赤土之界，月餘至其國都。駿等奉詔書上閣，王以下至皆坐，〔一二四〕宣詔訖，引駿等入宴。〔一二五〕王前設兩牀，上並設草葉盤，方丈五尺，上有黄白紫赤四色之餅，〔一二六〕牛、羊、魚、鼈、猪、瑇瑁之肉百餘品。延駿升牀，從者坐於地席。及還，遣那耶迦隨駿貢方物。既入海，見緑魚羣飛水上。浮海十餘日，至林邑，東南並山而行。並音蒲浪反。其海水闊千餘步，色黄氣腥，舟行十日不絶，云是大魚糞也。循海北岸，達於交趾。〔一二七〕六年，還却到中國焉。〔一二八〕

真臘

真臘國，隋時通焉，在林邑西南，本扶南之屬國也。〔一二九〕去日南郡舟行六十日而至，南接車渠國，西有朱江國。王姓刹利，自其祖漸以强盛。至其王質多斯那，遂兼扶南而有之。死，子伊奢那先代立。大業中，遣使朝貢。居於伊奢那城，郭下二萬餘家。城中有大堂，是其王聽政之所。大城三十所，城有數千家，各有部帥，官名與林邑同。其王坐五香七寶牀，施寶帳，以文木爲竿，象牙金鈿爲壁，〔一三〇〕狀如小屋，懸金光焰，有同於赤土。有五大臣及諸小臣。朝於王者，輒於階下三稽首。王喚上階則跪，以兩手抱膊，遶王環坐，議政事訖，跪伏而去。

其國與參半、朱江二國和親，數與林邑、陀洹二國戰爭。王初立之日，所有兄弟並刑殘之，或去一指，或劓其鼻，別處供給，不得仕進。人形小而色黑，婦人亦有白者，悉拳髮垂耳，性氣捷勁。居處器物頗類赤土。以右手爲淨，左手爲穢。飲食多酥酪、沙糖、粇粟、米餅。〔一三二〕欲食之時，先取雜肉羹與飯相和，手揣而食之。〔一三二〕

其國北多山阜，南有水澤，地氣尤熱。有婆那娑樹，〔一三三〕無花，葉似柿，實似冬瓜。菴羅樹，花葉似棗，實似李。毗野樹，花似木瓜，葉似杏，實似楮。婆田羅樹，花葉實並似棗而小異。歌畢佗樹，花似林檎，〔一三四〕葉似楡而厚大，實似李，其大如升。自餘多同九真。海中有魚名建同，四足，無鱗，其鼻如象，吸水上噴，高五六十尺。〔一三五〕有浮湖魚，其形似䱉，〔一三六〕觜如鸚鵡，有八足。多大魚，半身出水，覩之如山。每五六月中，毒氣流行，即以白猪、白牛、白羊於城西門外祠之；〔一三七〕不然者，五穀不登，六畜多死，人衆疾疫。東有神名婆多利，祭用人肉。其王年别殺人，〔一三八〕以夜祠禱，有守衛者千人。其敬鬼如此。〔一三九〕多奉佛法，尤信道士，佛及道士立像於館。大唐武德六年，遣使獻方物。

羅刹

羅刹國在婆利之東。其人極陋，朱髮黑身，獸牙鷹爪。時與林邑人作市，輒以夜，晝日則掩其面。隋煬帝大業三年，遣使常駿等使赤土國，至羅剎。

投和

投和國，隋時聞焉，在海南大洲中，真臘之南。自廣州西南水行百日，至其國。王姓投和羅，名脯邪乞遥，理數城。覆屋以瓦，並爲閣而居。屋壁皆以彩畫之。城内皆王宫室，〔一四〇〕城外人居可萬餘家。王宿衛之士百餘人。每臨朝，則衣朝霞，冠金冠，耳掛金環，頸掛金涎衣，涎，敘連反。足履寶裝皮履。官屬有朝請將軍，總知國政。又有參軍、功曹、主簿、城局、金威將軍、贊理、贊府等官，分理文武。又有州及郡、縣。州有參軍，郡有金威將軍，縣有城局，爲其長官，〔一四一〕初至，各選官僚助理政事。刑法：盜賊多者死，〔一四二〕輕者穿耳及鼻并鑽鬢，私鑄銀錢者截腕。國無賦稅，俱隨意貢奉，〔一四三〕無多少之限。多以農商爲業。國人乘象及馬。一國之中，馬不過千匹，又無鞍轡，唯以繩穿頰爲之節制。音樂則吹蠡、擊鼓。死喪則祠祀哭泣，又焚屍以甖盛之，沈於水中。若父母之喪，則截髮爲孝。其國市六所，貿易皆用銀錢，小如榆莢。有佛道，有學校，文字與中夏不同。訊其耆老，云：王無姓，名齊杖摩。其屋以草覆之。王所坐塔，圓似佛塔，以金飾之，門皆東開，坐亦東向。

大唐貞觀中，〔一四四〕遣使奉表，以金函盛之。又獻金榼、苦盍反。金鎖、寶帶、犀、象、海物等數十品。

丹丹

丹丹國，隋時聞焉，在多羅磨羅國西北，〔一四五〕振州東南。振州今延德郡，珠崖同島上。〔一四六〕王姓刹利，名尸陵伽，理所可二萬餘家，亦置州縣以相統領。王每晨夕二時臨朝。其大臣八人，號曰八座，並以婆羅門爲之。王每以香粉塗身，冠通天冠，掛雜寶瓔珞，身衣朝霞，足履皮屨，近則乘輿，遠則馭象。其攻伐則吹蠡擊鼓，兼有幡旗。其刑法，盜賊無多少皆殺之。土出金銀、白檀、蘇方木、檳榔。〔一四七〕其穀唯稻。畜有沙牛、羖羊、猪、雞、鵞、鴨、麞、鹿，鳥有越鳥、孔雀，果蓏力果反有蒲桃、石榴、瓜、瓠、菱、蓮，菜有葱、蒜、蔓青。

邊斗

邊斗國、一云班斗。都昆國、一云都軍。〔一四八〕拘利國、一云九離。〔一四九〕比嵩國，並隋時聞焉。扶南度金鄰大灣南行三千里，有此四國。其農作與金鄰同。其人多白色。都昆出好棧香、藿香及流黃。其藿香樹生千歲，根本甚大，伐之，四五年木皆朽敗，唯中節堅固，芬香獨存，取以爲香。

杜薄

杜薄國，隋時聞焉，在扶南東漲海中，直渡海數十日而至。〔一五〇〕其國人貌白皙，皆有衣服。國有稻田。女子作白疊華布。出金、銀、鐵，以金爲錢。出雞舌香，可含，以香不入衣服。雞舌其爲木也，氣辛而性厲，禽獸不能至，故未有識其樹者。華熟自零，隨水而出，方得之。杜薄洲有十餘國，城皆稱王。

薄刺

薄刺國，隋時聞焉，在拘利南海灣中。其人色黑而齒白，眼正赤，〔一五一〕男女並無衣服。

敎焚

敎焚洲，抱朴子云：敎焚洲在南海中，薰緑水膠所出，膠如楓脂矣，〔一五二〕所以不可多得者，止患狤猵上音吉，下音屈。獸啖人。此獸大者重十斤，狀如水獺，其頭身及他處了無毛，唯從鼻上以竟脊至尾上有毛，廣一寸許，青毛長三四分許，其無毛處則如韋囊。人張捕得之，斬刺不傷，積薪烈火，縛以投火中，薪盡而此獸不焦。須以大杖打之，皮不傷而骨碎都盡，乃死耳。

火山

火山國，隋時聞焉，去諸薄東五千里。國中山皆有火，〔一五三〕雖雨不息。火中有白鼠。〔一五四〕扶南土俗傳云：火洲在馬五洲之東可千餘里。春月霖雨，雨止則火燃洲上，林木得雨則皮黑，得火則皮白。諸左右洲人，以春月取其木皮，績以爲布，或作燈炷布。若小穢，投之火中便潔。〔一五五〕

又有加營國北、諸薄國西山周三百里，從四月火生，正月火滅。火燃則草木葉落，如中國寒時。人以三月至此山，取木皮績爲火浣布。

無論

無論國，隋時聞焉，在扶南西二千餘里。其國大道左右夾種枇杷樹及諸華果，行其下常有玄陰。〔一五六〕十里一亭，亭皆有井。〔一五七〕食麥飯，飲蒲桃酒，如膠，若飲，即以水和之，味甚甘美。

婆登

婆登國在林邑南，海行二月，東與訶陵，西與迷黎車接，北鄰大海。風俗與訶陵同。種稻每月一熟。有文字，書於貝多葉。其死者，口實以金，又以金釧貫於四支，然後加以婆律膏及檀、沈、龍腦等香，積薪以燔之。大唐貞觀二十一年，遣使朝貢。

烏篤

烏篤國在中天竺南，一名烏伏那。地方五千餘里。百姓殷實，人性懦弱，頗詭詐，尤工禁術，篤信佛法。文字禮儀略同天竺。自古不通中國。大唐貞觀中，其王達摩因陀訶斯遣使獻龍腦香。

陁洹

陁洹國在墮和羅西北。大唐貞觀中，遣使獻鸚鵡，毛羽皓素，頭上有紅毛數十莖，〔一五八〕與翅齊。

訶陵

訶陵國在真臘之南。大唐貞觀中，〔一五九〕遣使獻金花等物。王之所居，豎木爲城，造大屋重閣，覆以椶櫚皮。櫚音閭。〔一六〇〕所座牀悉以象牙爲之。亦以象牙爲席。〔一六一〕食以手撮之。撮，古患反。又以椰樹花爲酒，飲之亦醉。有山穴，每涌而出鹽，國人取之以食。其國別有毒人，與常人同止宿，則令身上生瘡；與之交合，便即致死。若涎液霑著草木，即枯。其人身死，不爛不臭。

多蔑

多蔑國，大唐貞觀中通焉，在南海邊，國界周迴可一月行。〔一六二〕南阻大海，西俱游國，北波剌國，東真陁桓國。〔一六三〕户口極多。置三十州，不役屬他國。有城郭、宫殿、樓櫓，並用瓦木。以十二月爲歲首。〔一六四〕其物産有金、銀、銅、鐵、象牙、犀角，朝霞、朝雲等布。〔一六五〕其俗交易用金、銀、朝霞等衣服。〔一六六〕百姓二十而税一。五穀、蔬菜與中國不殊。

多摩長

多摩長國居於海島，東與婆鳳，西與多隆，南與半支跋，〔一六七〕華言「五山」也，北與訶陵等國接。其國界東西可一月行，南北可二十五日行。其王之先，龍子也，名骨利。骨利得大鳥卵，剖之得一女子，容色殊妙，即以爲妻。其王尸羅釛傭伊說，即其後也。大唐顯慶中，遣使貢獻。

其俗無姓。王居以柵爲城，以板爲屋，坐師子座，東面坐。〔一六八〕衣物與林邑同。勝兵二萬餘人。無馬，有弓、刀、甲、矟。婚姻無同姓之别。其食器有銅、鐵、金、銀。所食尚酥、乳酪、沙糖、石蜜。其家畜有羖羊、水牛，野獸有麞、鹿等。死亡無喪服之制，以火焚其屍。其音樂略同天竺。有波那婆、宅護遮、菴磨、石榴等果，多甘蔗。從其國經薛盧都、〔一六九〕思訶盧、君那盧、林邑等國，達於交州。

哥羅舍分

哥羅舍分在南海之南。其國地接墮和羅國。勝兵二萬人。其王蒲越伽摩，〔一七〇〕大唐顯慶五年，遣使朝貢。

校勘記

〔一〕嶺南序略　此下原有「蠻獠附」小字側注，據北宋本、明抄本、明刻本、王吴本删。

〔二〕至漢武建元中伏波將軍路博德滅之　史記南越傳二九七五頁、漢書兩粤傳三八五七頁均謂伏波將軍路博德滅南越於元鼎六年，此云建元中，誤。

〔三〕歷代雖時有反亂　「時」原脱，據北宋本、明抄本、明刻本補。

〔四〕嶺南蠻獠　原缺，北宋本、明抄本、明刻本於本卷目録「嶺南序略」後均有此題，今據文意增補於此。

〔五〕雕謂刻其肌以丹青涅之也　原「肌」下衍「肉」，「以丹」原作「用」，今據北宋本及後漢書南蠻西南夷傳李注二八三四頁删改。明抄本、明刻本也無「肉」。

〔六〕娶妻妾美　後漢書南蠻西南夷傳二八三四頁無「妾」。

〔七〕烏滸　「滸」原訛「辭」，據北宋本及後漢書南蠻西南夷傳二八三四頁改。下同。

〔八〕高涼　「涼」原訛「梁」，據本書卷一八四州郡典一四訂改。

〔九〕南潘　「潘」原訛「潛」，據本書卷一八四州郡典一四訂改。

〔一〇〕龍水　「水」原訛「池」，據北宋本、王吴本改。按：上文桂林注下已有「龍池」。

〔一一〕負倚也　此三字注文原脱，據北宋本、明抄本、明刻本補。按：王吴本作「倚也」。

〔一二〕淮南王安　「安」原脱，據北宋本、王吴本補。

〔一三〕自三代之盛胡越不與受正朔　「盛胡」原訛「盡明」，據諸本改。

〔一四〕竹田曰篁　「田」原訛「小」，據北宋本、明抄本、明刻本改。按：漢書嚴助傳師古注二七七八頁即作「田」。明人妄改「小」，清人沿之。

〔一五〕相去不過寸數而閒獨數百千里　原作「相去不過數寸之閒而數百里千里」，北宋本、明抄本、明刻本、王吴本「百」下無「里」，俱意不明通。今據漢書嚴助傳二七七八頁乙删。

〔一六〕資衣糧　「資」原作「負」，據北宋本、明抄本、明刻本改。按：漢書嚴助傳二七七九頁即作「資」。顔注云：「資猶齎」。

〔一七〕食糧乏絶　「食糧」原倒，據北宋本、明抄本、明刻本乙。

〔一八〕攻殺太后王　「王」原脱，據史記南越傳二九七四頁、漢書兩粤傳三八五六頁補。

〔一九〕立胡長男建德爲王　按：南越父子相傳凡王五世，趙佗爲一世，佗子史遺其名，爲二世，趙胡爲三世，趙嬰齊爲四世，趙嬰齊娶摎氏，生趙興，嗣立，爲相吕嘉所殺。吕嘉立嬰齊之越妻所生子建德爲王。趙建德乃趙嬰齊之長男，非趙胡之長男也。

〔二〇〕章郡　史記南越傳二九七五頁、漢書兩粵傳三八五七頁作「豫章」，通典避代宗諱，省稱「章郡」。

〔二一〕離水　「離」原作「灕」，據北宋本、明抄本、明刻本、王吳本改。按：史記南越傳二九七五頁、漢書兩粵傳三八五七頁均作「離」。

〔二二〕遲丈二反　「丈」原作「支」，據北宋本、明抄本、明刻本、王吳本改。漢書兩粵傳顏注三八五八頁即作「丈」。

〔二三〕得嘉　「嘉」上原有「呂」，據北宋本、明抄本、明刻本、王吳本刪。

〔二四〕幸子豹合率善人還復破之　「善」原訛「萬」，據北宋本、明抄本、明刻本及後漢書南蠻西南夷傳二八三五頁改。

〔二五〕制詔即以豹爲珠崖太守　「以」原作「拜」，據後漢書南蠻西南夷傳二八三五頁改。按：北宋本、明抄本、明刻本脱「以」。

〔二六〕漸相侵侮　「侵」原訛「親」，據北宋本、明抄本、明刻本、王吳本改。按：後漢書南蠻西南夷傳二八三六頁作「侵」。

〔二七〕請不擊　「不」原作「勿」，據北宋本、明抄本、明刻本改。

〔二八〕更移營塞制南海以爲九郡　漢書賈捐之傳二八三二頁「移」作「起」，「九」作「八」。

〔二九〕造鹽鐵酒榷之利　「酒榷」原倒，據漢書賈捐之傳二八三二頁乙。

〔三〇〕何況乃服其南萬里之蠻乎　「服」漢書賈捐之傳二八三四頁作「復」。

〔三一〕費四十餘萬萬　原脱一「萬」，據漢書賈捐之傳二八三四頁補。

〔三二〕凡立郡六十五歲　「立」原訛「二」，「歲」原訛「部」，據北宋本及後漢書南蠻西南夷傳二八三六頁改。

〔三三〕項髻徒跣　「髻」原訛「髮」，據後漢書南蠻西南夷傳二八三六頁改。下同。

〔三四〕任延守九真　「九真」上原有「交趾」，衍文，據北宋本、明抄本、明刻本及後漢書南蠻西南夷傳二八三六頁删。

〔三五〕交趾九真並今郡地　「郡」原訛「之」，據北宋本、明抄本改。

〔三六〕導之禮義　「義」原作「儀」，據後漢書南蠻西南夷傳二八三六頁改。

〔三七〕嫁爲朱鳶人詩索妻甚雄勇　「詩索」原無，「甚」原作「素負其」，王吳本、殿本同。明人擅删改，清人沿之。今據北宋本、明抄本、明刻本及後漢書南蠻西南夷傳二八三六頁改回。

〔三八〕蘇定以法繩之　「繩」原作「糾」，據北宋本及後漢書南蠻西南夷傳二八三六頁改。

〔三九〕今長沙衡陽郡地　原「沙」下有「郡」，據北宋本删。

〔四〇〕和帝永元中　「和帝」原脱，「元」原訛「光」，據後漢書南蠻西南夷傳二八三七頁補改。

〔四一〕日南象林徼外蠻夷　原「林」下衍「邑」，據後漢書南蠻西南夷傳二八三七頁删。

〔四二〕靈昌　「靈」原訛「許」，據本書卷一八〇州郡典一〇訂改。按：唐無「許昌郡」。而靈昌郡與陳留、濟陰等郡毗鄰，亦在古兖州境。

〔四三〕何況四州之卒以赴萬里之艱哉　原「以」在「四」上，今據北宋本、明抄本、明刻本、王吴本移下。按：後漢書南蠻西南夷傳二八三八頁「四」上有「乃苦」。

〔四四〕喬因其將吏　「喬」原涉上而脱，據後漢書南蠻西南夷傳二八三八頁補。

〔四五〕悉使往止交趾府下　後漢書南蠻西南夷傳二八三八頁作「悉使共住交趾」。

〔四六〕蒼梧縣　「縣」原作「地」，據諸本改。

〔四七〕守既不足　「既」原作「則」，據後漢書南蠻西南夷傳二八三八頁改。

〔四八〕有能反間致頭首者　「頭」原訛「投」，據北宋本、明抄本、明刻本、王吴本改。按：後漢書南蠻西南夷傳二八三八頁作「頭」。

〔四九〕昔文帝就加魏尚爲雲中守哀帝即拜龔舍爲太山太守宜即拜良等　原「守」與「太守」脱，「宜」上原有「令」，據後漢書南蠻西南夷傳二八三八頁補删。按：北宋本、明抄本、明刻本無「令」。

〔五〇〕大唐大曆中循州刺史哥舒晃襲殺嶺南節度使吕崇賁據廣州反詔户部尚書路嗣恭總兵討之晃率其徒守拒　「大唐」、「襲殺嶺南節度使吕崇賁」、「總兵」共十四字，原脱，「守拒」原倒，據北宋本、明抄本、明刻本、王吴本補乙。

〔五一〕相去或三五千里　原作「相去或五三百里五三千里」，據宋書夷蠻傳二三七七頁、梁書諸夷傳七八三頁删乙。按：南史夷貊傳一九四七頁「三五」作「四五」。

〔五二〕外國諸書雖言里數　「書」宋書夷蠻傳二三七七頁作「夷」。

〔五三〕合浦日南之南三萬里　「合浦」原作「在南海」，據北宋本改。

〔五四〕吹蠡擊鼓　此句上疑有脱文。下林邑國中有「出則乘象，吹螺擊鼓」之語。

〔五五〕二百餘里　「百」原作「千」，據梁書諸夷傳七八四頁、南史夷貊傳一九四八頁、御覽卷七八六改。

〔五六〕西屠夷　「屠」梁書諸夷傳七八四頁作「國」，南史夷貊傳一九四八頁作「圖」。

〔五七〕表漢界處也　「處也」原訛「柱處」，據北宋本、明抄本、明刻本、王吴本改。

〔五八〕縣功曹姓區有子曰連　「連」梁書諸夷傳七八四頁作「達」。按：晉書四夷傳二五四五頁、南史夷貊傳上一九四八頁、御覽卷七八六、册府卷九五六並作「連」。

〔五九〕抽以績紡作布　「績紡」原倒，據諸本乙。

〔六〇〕棧香　梁書諸夷傳七八四頁作「籛香」。

〔六一〕西那婆帝　「那」原訛「郡」，據北宋本及隋書南蠻傳一八三二頁、北史林邑傳三一五八頁改。

〔六二〕阿倫　隋書南蠻傳一八三二頁、北史林邑傳三一五八頁作「可倫」。

〔六三〕干漫　「干」原訛「千」，據諸本改。

〔六四〕貴者著革履　梁書諸夷傳七八五頁、南史夷貊傳上一九四九頁「履」作「屣」。

〔六五〕吹蠡以即戎　「即」原訛「節」，據隋書南蠻傳一八三二頁、北史林邑傳三一五八頁改。

〔六六〕有官者三日　「者」原脱，據北宋本、明抄本、明刻本、王吴本補。

〔六七〕王則内金甖中　「内」原作「入」，據北宋本、明抄本、明刻本、王吴本改。

〔六八〕尼乾道　梁書諸夷傳七八六頁、南史夷貊傳一九四九頁、通考卷三三一同。御覽卷七八六作「竺乾道」。

〔六九〕成帝咸康二年范逸死　晉書四夷傳二五四五頁同。梁書諸夷傳七八四頁、南史夷貊傳上一九四八頁「二」作「三」。

〔七〇〕乃譖王諸子　「子」原訛「十」，據諸本改。

〔七一〕求以日南北鄙橫山爲界　「求以」原倒，據北宋本、明抄本、明刻本、王吴本乙。

〔七二〕嘗齎寶物　「嘗」原作「常」，據晉書四夷傳二五四六頁及北宋本、明刻本改。

〔七三〕其子咄立　「立」原脱，據梁書諸夷傳七八五頁、南史夷貊傳上一九四九頁補。

〔七四〕夷人謂金曰陽邁　「曰」原訛「比」，據北宋本改。

〔七五〕宗元幹　梁書諸夷傳七八六頁作「宗慤」。杜佑避其祖諱，故於宗慤稱字。

〔七六〕梵志悉衆而陣　「悉」原作「率」，據北宋本及隋書南蠻傳一八三三頁改。

〔七七〕轉相驚駭　「驚」原訛「警」，據北宋本、明刻本、王吴本改。

〔七八〕女王獨任　「任」原訛「在」，據北宋本改。按：御覽卷七八六、太平寰宇記卷一七六均作「任」。

〔七九〕狀如水精　「狀」原作「形」，據北宋本、王吴本改。

〔八〇〕在日南郡之南海西大島中　梁書諸夷傳七八七頁、南史夷貊傳上一九五一頁「島」作「灣」。晉書四夷傳二五四七頁作「在海大灣中」。南齊書東南夷傳一〇一四頁作「在日南之南大海西灣中」。

〔八一〕其先有女人爲王號曰柳葉　「人」原脱，據北宋本及南齊書東南夷傳一〇一四頁、梁書諸夷傳七八八頁補。「柳葉」晉書四夷傳二五四七頁作「葉柳」。

〔八二〕混潰　晉書四夷傳二五四七頁、通考卷三三一同。梁書諸夷傳七八八頁、南齊書東南夷傳一〇一四頁、南史夷貊傳上一九五二頁、御覽卷七八六、太平寰宇記卷一七六均作「混填」。

〔八三〕范師蔓　南齊書東南夷傳一〇一四頁、太平寰宇記卷一七六、通考卷三三一同。梁書諸夷傳七八八頁、南史夷貊傳上一九五二頁、御覽卷七八六均作「范蔓」。

〔八四〕海邊生大若葉　「若」南齊書東南夷傳一〇一七頁作「箬」。

〔八五〕嬌陳如　「嬌」南齊書東南夷傳一〇一五頁作「僑」。梁書諸夷傳七八九頁、南史夷貊傳上一九五三頁作「憍」。

〔八六〕今其國人居不穿井　「今」原作「令」，據北宋本、王吴本改。

〔八七〕剃除鬢髮　「剃」原作「削」，據北宋本、明抄本、明刻本、王吴本改。

〔八八〕在海崎上　「崎」下原有「山」，據梁書諸夷傳七八七頁、南史夷貊傳上一九五一頁删。

〔八九〕有五王並羈屬扶南　「有五」原脱，據梁書諸夷傳七八七頁、南史夷貊傳上一九五一頁、御覽卷七八八補。

〔九〇〕所以然者　「者」原脱，據梁書諸夷傳七八七頁、太平寰宇記卷一七六補。

〔九一〕船舶未曾得逕過也　「船」原脱，據梁書諸夷傳七八七頁補。

〔九二〕插枝便生　「枝」原訛「役」，據諸本改。

〔九三〕口似鸚鵡而紅色飛來萬計　「似」原脱，據太平寰宇記卷一七六補。「計」原作「許」，據北宋本改。

〔九四〕燒其骨沈海中　「中」原脱，據北宋本、明抄本、明刻本、王吴本補。

〔九五〕頭長三尺　通考卷三三一同。梁書諸夷傳七八七頁、南史夷貊傳上一九五二頁、御覽卷七八八、册府卷九九七一一六九八頁「頭」作「頸」。下「長頭王」亦然。

〔九六〕又傳扶南東界即漲海　梁書諸夷傳七八八頁、南史夷貊傳上一九五三頁、太平寰宇記卷一七六「漲」上有「大」。

〔九七〕燃火洲　梁書諸夷傳七八八頁、南史夷貊傳上一九五三頁作「自然大洲」。

〔九八〕干陁利　「干」原訛「千」，據諸本改。

〔九九〕檳榔特精好　「檳榔」原涉上而脱，據北宋本、明抄本、明刻本補。

〔一〇〇〕其界東西三十日行　「行」原脱，據北宋本、明抄本、明刻本補。

〔一〇一〕偏多棧沈婆律香等　「香等」原倒，據梁書諸夷傳七九五頁乙。按：北宋本、明抄本、明刻本「香等」未倒，而脱「律」字。

〔一〇二〕加雲霞布覆髀薄計反　「髀」梁書諸夷傳七九五頁、南史夷貊傳上一九五九頁作「胛」。「薄計反」原脱，據北宋本補。明刻本作「薄鄙反」。

〔一〇三〕有旛旄旗鼓　「旄」原訛「旄」，據北宋本及梁書諸夷傳七九五頁改。下同。按：南史夷貊傳上一九六〇頁作「旄」。

〔一〇四〕兵衞甚設　梁書諸夷傳七九五頁同。南史夷貊傳上一九六〇頁「設」作「嚴」。

〔一〇五〕國界東西五十日行南北二十日行　梁書諸夷傳七九五頁、南史夷貊傳上一九六〇頁同。隋書南蠻傳一八三八頁作「國界東西四月行，南北四十五日行」。

〔一〇六〕王乃用斑絲者　南史夷貊傳上一九六〇頁同。梁書諸夷傳七九六頁「者」作「布」。

〔一〇七〕綴以七寶之飾　「之飾」原倒，據諸本乙。

〔一〇八〕偏坐金高座　「偏」原脱，據北宋本、明抄本、明刻本補。按：梁書諸夷傳七九六頁、南史夷貊傳上一九六〇頁均有「偏」字。

〔一〇九〕孔雀扇　「扇」原脱，據梁書諸夷傳七九六頁、南史夷貊傳上一九六〇頁補。

〔一一〇〕音翅　「翅」原訛「趐」，據北宋本、明刻本改。

〔一一一〕楊德武連　「連」原脱，據北宋本、明抄本、明刻本補。御覽卷七八七有「連」。

〔一一二〕多有婆羅門　「有」原脱，據北宋本補。

〔一一三〕皆肉食而不飲酒　「肉食」原倒，據北宋本、明抄本、明刻本乙。按：御覽卷七八七作「皆食肉而飲酒」。

〔一一四〕道士不飲食酒肉　「飲」原脱，據御覽卷七八七補。

〔一一五〕因以爲號　「因」原脱，據隋書南蠻傳一八三三頁、北史赤土傳三一五九頁補。

〔一一六〕東波羅剎國西羅婆國南訶羅且國　隋書南蠻傳一八三三頁、北史赤土傳三一五九頁「剎」作「剌」，「羅婆」作「婆羅娑」，「且」作「旦」。

〔一七〕利富多塞　隋書南蠻傳一八三三頁、北史赤土傳三一五九頁同。北宋本、明抄本、明刻本「塞」作「寒」。

〔一八〕僧祇城　「祇」隋書南蠻傳一八三三頁、北史赤土傳三一五九頁作「祗」。

〔一九〕座三重榻　「座」原脱，據北宋本、明抄本、明刻本補。

〔二〇〕男女通以朝霞朝雲雜色布爲衣　「爲」原脱，據隋書南蠻傳一八三四頁、北史赤土傳三一六〇頁補。

〔二一〕王君政　「政」原作「正」，據隋書南蠻傳一八三四頁、北史赤土傳三一六〇頁、御覽卷七八七、太平寰宇記卷一七七改。

〔二二〕自是島嶼連接　「自」原脱，據隋書南蠻傳一八三四頁、北史赤土傳三一六一頁補。

〔二三〕狼牙脩國之山　隋書南蠻傳一八三四頁、北史赤土傳三一六一頁「脩」作「須」，恐非。狼牙脩國見前。

〔二四〕王以下至皆坐　隋書南蠻傳一八三五頁、北史赤土傳三一六一頁無「至」。

〔二五〕宣詔訖引駿等入宴　按：隋書南蠻傳一八三五頁、北史赤土傳三一六一頁云：「宣詔訖，引駿等坐，奏天竺樂。後數日，請駿等入宴。」通典誤併爲一天事。

〔二六〕上有黄白紫赤四色之餅　「餅」隋書南蠻傳一八三五頁、北史赤土傳三一六一頁、御覽卷七八七、太平寰宇記卷一七七作「餅」。

〔二七〕達於交趾　「達」原作「連」，據北宋本改。按：隋書南蠻傳一八三五頁作「達」。

〔二八〕還却到中國焉　「還却」原倒，據北宋本、明抄本、明刻本乙。

〔二九〕本扶南之屬國也　「國」原缺，據隋書南蠻傳一八三五頁、北史真臘傳三一六二頁補。

〔三〇〕象牙金鈿爲壁　「金」原脱，據隋書南蠻傳一八三六頁、北史真臘傳三一六二頁補。

〔三一〕粇粟米餅　「粟」原脱，據隋書南蠻傳一八三六頁、北史真臘傳三一六三頁、御覽卷七八六、册府卷九五九一一二八九頁補。

〔三二〕先取雜肉羹與飯相和手揣而食之　隋書南蠻傳一八三六頁、北史真臘傳三一六三頁「飯」作「餅」，「揣」作「擩」。

〔三三〕有婆那娑樹　原「娑」在上，「婆」在下，據隋書南蠻傳一八三七頁、太平寰宇記卷一七七、册府卷九五九一一二八九頁乙轉。按：北宋本、明抄本、明刻本兩字都作「婆」，非。

〔三四〕花似林檎　「林檎」原作「李」，據隋書南蠻傳一八三七頁、北史真臘傳三一六三頁、太平寰宇記卷一七七改。

〔三五〕高五六十尺　「六」原缺，據隋書南蠻傳一八三七頁、北史真臘傳三一六三頁、御覽卷七八六、太平寰宇記卷一七七、册府卷九五九一一二八九頁補。

〔三六〕其形似鮰　「鮰」原訛「魍」，據北宋本改。按：隋書南蠻傳一八三七頁、北史真臘傳三一六三頁均作「鮰」。

〔三七〕白猪白牛白羊　「白牛」原脱，據隋書南蠻傳一八三七頁、北史真臘傳三一六三頁補。按：北宋本脱「白猪」，有「白牛」。

〔三八〕其王年别殺人　「王年」原倒，據隋書南蠻傳一八三七頁、北史真臘傳三一六三頁、太平寰宇記卷一七七

七、册府卷九五九一一二九〇頁乙。

〔三九〕其敬鬼如此　「鬼」下原衍「神」，據北宋本、明抄本、明刻本删。按：隋書南蠻傳一八三七頁、北史真臘傳三一六三頁、太平寰宇記卷一七七、册府卷九五九一一二九〇頁均無「神」字。

〔四〇〕城内皆王宫室　「宫」原訛「官」，據北宋本及太平寰宇記卷一七七改。

〔四一〕爲其長官　「爲其」原倒，據御覽卷七八八乙。

〔四二〕盗賊多者死　「多」原作「重」，後人擅改。今據北宋本改回。按：御覽卷七八八、太平寰宇記卷一七七均作「多」。

〔四三〕俱隨意貢奉　「貢」原作「供」，據北宋本改。按：御覽卷七八八、太平寰宇記卷一七七均作「貢」。

〔四四〕大唐貞觀中　「中」原脱，據北宋本、明刻本補。

〔四五〕多羅磨羅國　下「羅」原脱，據北宋本補。按：御覽卷七八八、太平寰宇記卷一七七、通考卷三三二均作「多羅磨羅國」。

〔四六〕珠崖同島上　「島」下原衍「山」，據北宋本、明抄本、明刻本删。

〔四七〕蘇方木檳榔　通考卷三三二同。御覽卷七八八、太平寰宇記卷一七七無「木」字。

〔四八〕一云都軍　通考卷三三二同。太平寰宇記卷一七七「軍」作「君」。御覽卷七八八「軍」作「雅」，恐誤。

〔四九〕一云九離　通考卷三三二同。北宋本「離」作「稚」。御覽卷七八八、太平寰宇記卷一七七作「雅」，恐誤。

〔一五〇〕直渡海數十日而至　「渡海」原倒，據北宋本、明抄本乙。按：御覽卷七八八、太平寰宇記卷一七七、通考卷三三二均作「渡海」。

〔一五一〕眼正赤　「正」原作「睛」，據北宋本、明抄本、明刻本改。按：御覽卷七八八、太平寰宇記卷一七七、通考卷三三二均作「正」。

〔一五二〕薰緑水膠所出膠如楓脂矣　「緑」原作「緣」，「矣」原脱，據北宋本改補。

〔一五三〕國中山皆有火　「山」原脱，據北宋本、明抄本、明刻本補。

〔一五四〕火中有白鼠　「火中」原訛「中山」，據北宋本改。按：太平寰宇記卷一七七、通考卷三三二均作「火中」。

〔一五五〕投之火中便潔　「便」原作「復」，據北宋本改。

〔一五六〕常有玄陰　「玄」原作「重」，據北宋本改。

〔一五七〕亭皆有井　「井」原訛「并」，據諸本改。

〔一五八〕頭上有紅毛數十莖　「毛」原訛「色」，據北宋本改。按：御覽卷七八八、太平寰宇記卷一七七作「毛」。

〔一五九〕貞觀中　「貞」原訛「真」，據諸本改。

〔一六〇〕覆以椶櫚皮櫚音閭　正文「皮」和注文「櫚音閭」原脱，據北宋本、明抄本、明刻本補。

〔一六一〕亦以象牙爲席　原脱，據北宋本、明抄本、明刻本補。

〔一六二〕國界周迴可一月行　「國」原脱，據北宋本及御覽卷七八八、太平寰宇記卷一七七、通考卷三三二補。

〔一六三〕東真陁桓國　「真」原脱，「桓」原作「洹」，據北宋本、明刻本及御覽卷七八八、通考卷三三二補改。

〔一六四〕以十二月爲歲首　北宋本、明抄本、明刻本無「首」。按：唐會要卷一〇〇、太平寰宇記卷一七七有「首」，御覽卷七八八、通考卷三三二無「首」。

〔一六五〕朝霞朝雲等布　「等布」原缺，據御覽卷七八八、太平寰宇記卷一七七補。

〔一六六〕其俗交易用金銀朝霞等衣服　「衣服」御覽卷七八八作「爲賈」。太平寰宇記卷一七七「衣服」下有「爲賈」二字。

〔一六七〕半支跋　「半」原訛「羊」，據北宋本、明抄本、明刻本改。按：御覽卷七八八、太平寰宇記卷一七七、通考卷三三二均作「半」。

〔一六八〕東面坐　原作「東向」，據北宋本、明抄本、明刻本改補。

〔一六九〕薛盧都　「薛」原訛「薩」，據北宋本及御覽卷七八八、太平寰宇記卷一七七改。按：北宋本作「薜」，同「薛」。

〔一七〇〕蒲越伽摩　「蒲」原訛「滿」，據北宋本、明抄本、明刻本改。按：唐會要卷一〇〇、御覽卷七八八、太平寰宇記卷一七七、通考卷三三二均作「蒲」。

謝方點校　王文錦覆校

通典卷第一百八十九

邊防五

西戎一

序略　羌無弋　湟中月氏胡　氐　葱茈羌

序略

西羌本出三苗，蓋姜姓也。其國近衡山。今長沙、衡陽、零陵、江華等郡地。及舜，徙之三危，三危山，今在燉煌郡燉煌縣界。漢金城之西南羌地是也。今金城、會寧、安鄉、西平等郡之西南地。濱於賜支，續漢書曰：河關西可千餘里，有河曲，羌謂之賜支，蓋析支也。接漢河關縣，屬金城郡，則今安鄉郡也。其賜支在其西。又按風俗通云：「羌者其先本戎賤，主牧羊，故羌字從羊。」至於河首，緜地千里。南接蜀漢徼外蠻夷，西北接鄯善、車師諸國。〔一〕所居無常，依隨水草。地少五穀，產牧爲業。其俗氏族無定，或以父名母姓爲種號。妻後母，納嫠嫂，嫠音離。如北狄之俗，故國無鰥寡，種類繁熾。廣志云：「羌與北狄同，其人魯鈍，饒妻妾，多子姓，一人生子數十，或至百人。嫁女得高貲者，聘至百犢。女披大華氊，以爲盛服。一狗皮直數十匹。」〔二〕在古不立君臣，無相長一，〔三〕强則分種爲酋豪，弱則爲人附落，更相抄掠，以力爲雄。殺人償死，無他禁令。其兵長在山谷，短於平地，不能持久，而果於觸突，以戰死爲吉利，病終爲不祥。甚耐寒苦，同之禽獸。

昔夏啓之子太康失國，四夷背叛。及后相立，乃征畎夷，即犬戎也。夷者，四蕃之總號。七年然後來賓。至於后泄，始加爵命，由是服從。泄，啓八代孫，帝芒之子。后桀之亂，畎夷入居邠岐之閒。邠今新平郡，岐今扶風郡。成湯既興，伐而攘之。及殷室中衰，諸戎皆叛。至於武丁，征西戎鬼方，克之。武丁，高宗，易曰「高宗伐鬼方」也。後漢史西羌傳云：「武丁征西戎鬼方，三年乃克，故其詩曰：『自彼氐羌，莫敢不來王。』」言因高宗討伐，然後氐羌朝享。按商頌曰：「撻彼殷武，奮伐荆楚，罙入其阻，〔四〕裒荆之旅。」言殷道衰，荆楚背叛，高宗能出兵伐之，美其功也。又曰：「惟汝荆楚，居國南鄉，昔有成湯，自彼氐羌，莫敢不來享，莫敢不來王。」言成湯之時，遠夷西方氐羌之國，皆來朝見，汝居中國之南方，乃背叛乎！此責之之辭，非謂高宗時氐羌也。時高宗亦伐荆楚。蔚宗不詳，誤引此詩以附合也。又按竹書，周王季伐西落鬼戎。後漢章帝紀有司述明帝功德，又云「克伐鬼方，開通西域」，則鬼方宜是西羌也。〔五〕或云鬼陰類，鬼方即北方。斯乃臆斷，諸家因謂之北狄，誤矣。及武乙暴虐，犬戎寇邊，周古公踰梁山，在今好時縣西北。而避於岐下。在今扶風郡界。及王季，遂伐西落鬼戎。竹書紀年曰：「武乙三十五年，周王季伐西落鬼戎。」自是之後，更伐始呼、翳徒之戎，皆克之。竹書紀年曰「太丁七年，周人伐始呼之戎，克之。十一年，周人伐翳徒之戎，〔六〕捷其三大夫」也。及武王伐商，羌、髳率師髳音矛會於牧野。至穆王時，戎狄不貢，王乃西征犬戎，獲其五王，遂遷戎於太原。夷王衰弱。及宣王立，召秦莊公興兵伐破之。其後侵盜不已。至幽王昏虐，西戎寇周，殺幽王於酈山，酈山，今京兆府界。周乃東遷洛邑。及平王之末，周遂陵遲，戎逼諸夏，自隴山以東，及乎伊、洛，〔七〕往往有戎。於是渭首有狄、獂、邽、冀之戎，狄、獂並今隴西郡。邽、冀並今天水郡。獂音桓，邽音珪。涇北有義渠之戎，今安化郡地。洛川有大荔之戎，今洛交、中部郡地。渭南有驪戎，即今昭應縣。伊洛閒有楊拒、泉皋之戎，潁首以西有蠻氏之戎，〔八〕今潁川郡地。閒在中國，與諸夏盟會。後晉滅驪戎。今昭應縣。是時伊、洛戎強，東侵曹、魯。襄王時，秦晉自瓜州今燉煌、晉昌郡地。遷陸渾之戎於伊川，允姓之戎遷於渭汭，允姓，陰戎之祖，與三苗俱放三危，即瓜州也。至襄王時，魯僖公之二十一年，秦晉遷陸渾之戎於伊川。本在秦晉西北，二國誘而徙之，遂從戎號，至今爲陸渾縣焉。水口曰汭。今京兆府北新平、彭原之閒。一云汭在新平宜禄縣，亦有宜禄水。東及轘轅。〔九〕今河南府陽翟縣界。在河南山北者號曰陰戎。河南山北，自今上洛郡以東，至陸渾。秦穆公得戎人由余，遂霸西戎，開地千里。由余其先晉人，亡入戎。及晉悼公，又使魏絳和諸戎，復脩霸業。其後陰戎之種，遂以滋廣，與晉伐周。左傳魯昭公九年，晉大夫梁丙率陰戎以伐潁。潁，周邑。陰戎即陸渾戎也。景王使詹桓伯責晉平公曰：「允姓之姦居於瓜州，伯父惠公歸自秦，而誘以來，使偪我諸姬，入我郊甸，戎有中國，晉之咎也。」後陸渾戎叛晉，晉荀吴滅之。後楚執蠻氏，而盡囚其人。至周貞王八年，秦厲公滅大荔，取其地。趙亦滅北戎。韓、魏後稍并伊、洛、陰戎，〔一〇〕滅之。其遺脱者皆走，西踰汧、隴。

自是中國無戎寇，唯餘義渠種焉，最爲强盛，屢爲秦患。及昭王，起兵滅之，始置隴西、今天水、隴西、金城、會寧、安鄉、河池、和政等郡地。北地、今安定、彭原、安化、平涼、〔一〕靈武、寧朔及五原等郡地。上郡焉。今上郡、洛交、銀川、新秦、朔方、中部、延安、咸寧等郡地。戎本無君長，夏后氏末及商周之際，〔二〕或從侯伯征伐有功，天子爵之，以爲藩服。春秋時，陸渾、蠻氏戎稱子；戰國時，大荔、義渠稱王。及其衰亡，餘種皆反舊爲酋豪。始皇兵務東向，故得繁息。秦平天下，蒙恬西逐諸羌出塞。

漢初尚微弱。景帝時，研種求徙於狄道、安故。今金城郡地。武帝又西逐，渡河、湟，初開河西，置四郡。今武威、張掖、酒泉、燉煌等郡地。其後先零種圍枹罕，今安鄉郡縣。零音怜，枹音浮。〔三〕漢兵擊平之，始置護羌校尉。至宣帝代，又寇金城，今金城、會寧、西平、安鄉等郡地。趙充國立屯田，且討且招降者三萬餘人，置金城屬國以處之，自後賓服。後漢光武建武中，初寇金城，馬援討破降之，徙七千口於三輔。今京兆、馮翊、扶風、汧陽等郡地。和帝以後，又反叛，豪滇零稱天子，南入益州，今漢川漢中等郡地。東犯魏、趙，今趙、魏、鄴等郡地。寇及雍城，今河內郡北故城也。十餘年然後破散。順帝永和中，又叛，漢將馬賢戰歿，後段熲從討，及靈帝末方始平定。自光武以後，匈奴少事，唯西羌屢梗焉。

魏晉二代，時亂關、隴，不至大傷害。永嘉以後，吐谷渾興焉，本遼東鮮卑，晉時數百户，西附於陰山。屬晉亂，遂吞并諸羌，而有其地。至其孫葉延，遂爲强國。後魏末，其主夸呂自號可汗，建官多效中國。洎隋煬帝，遣觀王雄大破之，其主伏允遠遯，收其地列置郡縣鎮戍，後轉衰弱。

大唐初，吐蕃始興焉。其帥後魏末，自臨松郡丞，故其主有贊府之號。後魏臨松郡，今張掖郡張掖縣。高宗時，遂滅吐谷渾，盡有其地。將軍薛仁貴等大敗於大非川。儀鳳中，工部尚書劉審禮又率兵十八萬，敗歿於青海。調露中，中書令李敬玄又大敗於大非川。武太后如意初，王孝傑方大破之，始復龜兹等鎮。萬歲通天初，又寇梁州，都督許欽明戰歿。因贊府殺其名將諸欽陵之後，〔一四〕累破敗，遂劣於曩時矣。

羌無弋

羌無弋爰劍者，秦厲公時爲秦所拘執，以爲奴隸。不知爰劍何戎之别也。〔一五〕後得亡歸，而秦人追之，藏於巖穴中得免。與劓女遇合於野，女恥其狀，披髮覆面，羌人因以爲俗，遂俱亡入三河閒。三河即黄河、析支河、湟中河，〔一六〕今金城、隴西、安鄉郡之西南。諸羌共畏事之，推以爲豪。以射獵爲事，爰劍教之田畜，種人依之者益衆。羌人謂奴爲無弋，以爰劍嘗爲奴隸，故因名之。其後世世爲豪。

至爰劍曾孫忍時，秦獻公初立，欲復穆公之迹。穆公霸有西戎，今欲復。忍季父卬畏秦之威，〔一七〕將其衆種人附落而南，出析支河曲西數千里，與諸羌絶遠，不復交通。其後子孫分別，各自爲種，任隨所之。或爲氂牛種，越嶲羌是也；今越嶲地。或爲白馬種，廣漢羌是也；今梓潼、遂寧以西，德陽郡地。或爲參狼種，武都羌是也。今武都郡。忍及弟舞獨留湟中。忍生九子爲九種，舞生十七子爲十七種，羌之興盛，從此起矣。及忍子研立，研豪健，故羌中號其後爲研種。秦始皇時，兵務東向，故種人得以繁息。秦既兼天下，使蒙恬將兵略地，西逐諸戎，北卻衆狄，築長城以界之。

至漢景帝時，研種留何率種人求守隴西塞，今天水、隴西等郡地。於是徙留何等於狄道、安故，至臨洮、氐道、羌道。並今隴西、金城、安鄉、臨洮等郡。及武帝征伐四夷，又西逐諸羌，乃渡河、湟，築令居塞，在今西平郡西北。初開河西，列置四郡，酒泉、武威、張掖、燉煌，並今郡。通道玉門，隔絶羌胡，於是鄣塞亭燧出長城外數千里。時先零羌與封養牢姐種解仇結盟，姐音紫。與匈奴通，合兵十餘萬，共攻令居、安故，今金城郡地。遂圍枹罕。漢遣將軍李息將兵討平之，始置護羌校尉統領焉。羌乃去湟中，依西海、鹽池之左右。今酒泉郡之北千餘里鹽池。漢遂因山爲塞，河西地空，稍徙人以實之。

至宣帝時，諸羌又相與解仇，〔一八〕寇攻金城，帝遣後將軍趙充國將兵討之。充國欲以屯田於臨羌，東至浩亹，浩亹縣，即今金城郡廣武縣地。浩音閤，亹音門。臨羌縣在西平郡界。務威信招降罕幵及劫掠者，解散虜謀，乃擊之。幵音牽。時已發諸郡兵六萬人。酒泉太守辛武賢奏言，請即擊之。天子下書令充國博議，往返者三四，遂兩從其志。武賢出擊羌，降破數千人，詔罷兵，獨充國留屯田。明年五月，充國奏言，羌本可五萬人軍，凡斬首七千六百級，降者三萬一千二百人，溺河湟飢餓死者五六千人，〔一九〕定計遺脱與煎鞏、黃羝並是羌種。俱亡者不過四千人。初置金城屬國以處降羌。從爰劒種五世至研，研最豪健，自後以研爲種號。十三世至燒當，復豪健，其子孫更以燒當爲種號。自元帝以後數十年，四夷賓服，邊塞無事。

至王莽末，豪滇良内侵，燒當玄孫。及後漢初，遂寇金城、隴西。司徒掾班彪上言：〔二〇〕「今涼州部郡，時涼州部，除三輔外，今安定、平涼郡之西，〔二一〕天水、隴西諸郡悉屬焉。皆有降羌，披髮左衽，而與漢人雜處，習俗既異，言語不通，數爲小吏黠人所見侵奪，窮恚無聊，故致反叛。夫蠻夷寇亂，皆爲此也。請依舊制，益州部今漢川、巴蜀川，即當時益州是。置蠻夷騎都尉，幽州部今范陽、上谷、安邊及漁陽、北平，即當時幽州。置領烏桓校尉，涼州部置護羌校尉，皆持節領護，理其怨結，歲時循行，問所疾苦。又數遣使驛，通導動靜，〔二二〕使塞外羌夷爲吏耳目，州部因此可得儆備。今宜復如舊，以明威防。」光武從之，即以牛邯爲護羌校尉。及邯卒而職省。建武十一年，先零種寇臨洮，今和政郡地。隴西今隴西及金城郡南境地是。太守馬援破降之。後徙置天水、今郡地。隴西、扶風三郡。今扶風、汧陽、新平等郡地皆是。

自燒當至滇良，世居河北大允谷，後徙大、小榆中，榆中在今金城、西平等郡之閒。由是始强。至其子滇吾。永平初，漢遣中郎將竇固等擊破降之，徙七千口置三輔。而滇吾諸弟迷吾等數爲寇盜，章帝時，馬防等討破之於臨洮，〔二三〕索西、迷吾等悉降，乃築索西城。今和政郡界是。自後或降或叛，少有寧歲。

和帝時，迷吾子迷唐復將兵向塞，金城守侯霸及諸郡率師破之，羌衆折傷，種人瓦解，迷唐遂孤弱，不滿千人，遠踰賜支河首，即析支河。依發羌居。明年，安定降羌燒何種脅諸種數百人反叛，安定郡，今安定、平涼、〔二四〕會寧郡東境是。郡兵擊滅之。時西海及大、小榆谷左右無復羌寇。〔二五〕隃麋相曹鳳上言：隃麋，縣名，在今汧陽郡界。隃音俞。「西戎爲害，前世所患，臣且以近事言之。自建武以來，其犯法者，常從燒當種起。所以然者，以其居大、小榆谷，土地肥美，又近塞内，諸種易以爲非，難以攻伐。南得鍾存，〔二六〕鍾存，別種羌。以廣其衆，北阻大河，因以爲固，又有西海魚鹽之利，緣山濱水，以廣田畜，故能强大，常雄諸種，恃其權勇，招誘諸胡。〔二七〕今者衰困，黨援壞沮，親屬離叛，餘勝兵者，不過數百，流亡逃竄，遠依發羌。臣愚以爲宜及此時，建復西海郡縣，漢武帝逐諸羌，置西海郡，在今酒泉郡北千二百里，欲復立之。規固二榆，廣設屯田，隔塞羌胡交關之路，遏絶狂狡窺欲之源。又植穀富邊，省委輸之役，國家可以無一方之憂。」〔二八〕於是拜鳳爲金城西部都尉，將徙徒出屯龍耆。龍耆即龍支，今西平郡縣。後金城長史上官鴻上開置歸義、建威屯田二十七部，〔二九〕侯霸復上置東西邯屯田五部，邯，水名也，分流左右，在今寧塞郡。增留、逢二部，〔三〇〕帝皆從之。列屯夾河，合三十四部，〔三一〕其功垂立，至永初中，諸郡羌叛，乃罷。

迷唐失衆，病死。有一子來降，户不滿數十。滇吾曾孫麻奴，初隨父東號降，居安定。時諸降羌布在郡縣，皆爲吏人豪右所徭役，積愁怨。

安帝永初元年，〔三二〕麻奴兄弟因此遂與種人俱西出塞。先零別種歸滳豪滇零與鍾羌大爲寇掠，〔三三〕滳，奴感反。征西校尉任尚率諸郡兵與滇零等戰於平襄，地在今天水郡。尚軍大敗。於是滇零自稱天子於北地，招集武都、參狼、上郡、西河今西河、銀川、昌化郡。諸雜種，衆遂大盛，〔三四〕東犯趙、魏，南入益州，遂寇鈔三輔，斷隴道。湟中諸縣粟石萬錢，百姓死亡不可勝數。諸郡屯兵救三輔，〔三五〕三輔，即京兆、扶風、馮翊也，〔三六〕今京兆、扶風、汧陽、馮翊等郡地。衆羌乘勝，漢兵數挫。煎當、〔三七〕勒姐種攻没破羌縣，今西平郡湟水縣界。鍾羌又没臨洮。今和政郡和政縣界。軍營久出無功，有廢農桑，乃詔任尚將吏兵還屯長安，置京兆虎牙都尉於長安，扶風都尉於雍，今扶風郡縣。如西京三輔都尉故事。

至四年，大將軍鄧騭議欲弃涼州，虞詡曰：「不可。今羌所以不敢入據三輔爲腹心之害者，以涼州在後故也。其土人所以推鋒無反顧之心者，〔三八〕爲臣屬於漢故也。若弃其境域，徙其人衆，安土重遷，必生異志。如使雄豪相聚，席卷而東，雖武賁爲卒，〔三九〕白起、太公爲將，亦恐不足禦。當今之計者，宜令四府九卿，各辟彼州數人，其牧守令長子弟皆除爲冗官，外以勸勵，荅其功勤，内以拘致，防其邪計。誠能如此，則可無患。」於是四府皆從詡議。

時漢中太守鄭勤戰死，羌勢轉盛，遂徙金城郡居襄武。漢金城郡理元居縣地，今郡廣武縣。漢襄武縣屬隴西郡縣地，〔四〇〕即今隴西郡縣是。羌衆入寇河東，至河内，百姓相驚，多南奔渡河。使北軍中候朱寵將五營士屯孟津，詔魏郡、今魏、鄴等郡地。趙國、今趙郡地。常山、今郡地。中山今博陵郡地。繕作塢堠六百一十六所。羌既轉盛，而二千石、令、長多内郡人，並無守戰意，皆爭上徙郡縣以避寇難。朝廷從之，遂移隴西徙襄武，漢隴西郡理狄道縣地，即今金城郡縣。安定徙美陽，漢安定郡理臨涇縣地，在今郡縣也。漢美陽縣屬右扶風地，在今京兆府三原縣。北地徙池陽，〔四一〕上郡徙衙。漢上郡理膚施縣地，在今上郡龍泉縣。漢衙縣屬左馮翊地，今是白水縣。百姓戀土，不樂去舊，遂乃刈其禾稼，發撤室屋，〔四二〕夷營壁，破積聚。時連旱蝗飢荒，〔四三〕而驅蹙劫掠，流離分散，隨道死亡，或弃捐老弱，〔四四〕或爲人僕妾，喪其太半。

滇零死，子零昌立。元初元年，遣兵屯河内，今郡地。通谷衝要三十三所，〔四五〕皆作塢壁，設鳴鼓。零昌進兵寇雍城。今河内郡地。遣任尚爲中郎將，將羽林、緹騎、五營子弟屯三輔。尚臨行，懷令虞詡說尚曰：懷縣，今河内郡武陟縣地。「使君頻奉國命討逐寇賊，三州屯兵二十餘萬人，弃農桑，疲苦從役，而未有功效，勞費日滋。若此出不尅，誠爲使君危之。」尚曰：「憂惶久矣。」詡曰：「兵法弱不攻强，走不逐飛，自然之勢也。今虜皆馬騎，日行數百，來如風雨，去如絶弦，以步追之，〔四六〕勢不相及，所以曠日而無功也。爲使君計者，莫若罷諸郡兵，各令出錢數千，〔四七〕二十人共市一馬，如此，可捨甲冑，馳輕兵，以萬騎之衆，逐數千人之虜，首尾掩截，其道自窮。便人利事，大功立矣。」尚即上言用其計，乃遣輕騎抄擊，斬首數百級。明年秋，漢又築馮翊北界今馮翊之北，洛交以南。堠塢五百所。自後頻破之，諸羌瓦解，三輔、益州益州，今洋川、漢中等郡之地。〔四八〕無復寇警。

自羌叛十餘年閒，兵連師老，不暫寧息。軍旅之費，轉運委輸，用二百四十餘億，府帑空竭。帑，他朗反。〔四九〕延及内郡，邊人死者不可勝數，并涼二州遂至虛耗。并州部領上郡、朔方、五原、西河、太原、雲中、定襄、雁門、代郡、上黨等郡，今上郡、中部、延安、咸寧、洛交、銀川、新秦、朔方、九原、榆林、西河、昌化、太原、樓煩、雁門、定襄、安邊、馬邑、雲中、上黨、樂平等郡地也。按秦地除三輔屬司隸外，並屬涼州。自後隴西、上郡、武威、張掖，仍寇盜不息。上郡，今上郡、中部、延安、咸寧等郡地。武威、張掖，並今郡地。

順帝永建四年，尚書僕射虞詡上疏曰：「臣聞禹貢雍州之域，厥田惟上上。且沃野千里，穀稼殷積，又有龜茲鹽池以爲人利。漢上郡龜茲縣有鹽池，在今上郡銀川之閒。水草豐美，土宜產牧。北阻山河，乘阨據險。因渠以溉，水春河漕，水春即水碓也。河漕，通船運也。用功省少，而軍糧饒足。故孝武皇帝及光武築朔方，朔方即今郡。開西河，置上郡，皆爲此也。而元元被災，衆羌内潰，郡縣兵荒二十餘年。夫弃沃壤之饒，捐自然之財，不可謂利；離河山之阻，守無險之處，難以爲固。今三郡未復，前因羌寇徙隴西、安定、北地、上郡四郡之人，今言復三郡者，當爲隴西理襄武，捍蔽京師，尚遠，不要更移，餘三郡須復本處是。園陵單外，園陵，謂長安諸園陵也。單外，謂無守固。而公卿容頭過身，但計所費，不圖其安。宜開聖聽，考行所長。」書奏，帝乃復三郡。使謁者郭璜督促徙者，各歸舊縣，繕城郭，置候驛。既而激河浚渠爲屯田，省内郡費歲一億計。遂令安定、北地、上郡及隴西、金城北地，今彭原、安化、靈武、五原、寧朔等郡地。常儲穀粟，令周數年。至陽嘉元年，以湟中地廣，更增置屯田五部，並前爲十部。二年，復置隴西南部都尉如舊制。漢南部都尉在隴西郡臨洮縣，今和政縣。

永和中，以來機爲并州刺史，劉秉爲涼州刺史。〔五〇〕大將軍梁商謂機等曰：「戎狄荒服，言其荒忽無常。而統領之道，亦無常法，臨事制宜，略依其俗。今二君素性疾惡，欲分明白黑。孔子曰：『人而不仁，疾之已甚，亂也。』況戎狄乎！其務安羌胡，防其大故，忍其小過。」機等天性虐刻，遂不能從，到州之日，多所擾發。五年夏，且凍、傅難種羌等遂反叛，攻金城，〔五一〕與西塞及湟中今西平郡西地。雜種羌胡大寇三輔。於是拜馬賢爲征西將軍，將左右羽林、五校士及諸州郡兵十萬人討之，又於扶風、漢陽、隴道扶風，今汧陽、扶風、新平等郡地也。漢陽、隴道並今天水郡地。作塢壁三百所，置屯田以保聚百姓。〔五二〕賢軍大敗，賢及二子皆戰歿。於是東、西羌遂大會。鞏唐種三千餘騎寇隴西、北地，〔五三〕又燒園陵，掠關中，殺長吏。武威太守趙沖追擊，沖雖戰歿，而前後多所斬獲，羌由是衰耗。自永和羌叛，十餘年間，費用八十餘億。諸將多斷盜牢廩，私自潤入，牢，價直。皆以珍寶貨賂左右，上下放縱，不恤軍事，士卒不得其死者，白骨相望於野。

桓帝延熹二年，燒當八種寇隴右。以段熲爲校尉，將兵及湟中義從羌二千人擊破之，追討南渡河，募先登，懸索相引，刀折矢盡，且鬬且行，晝夜相攻，割肉食雪，四十餘日，〔五四〕遂至河首積石山，山在今西平、安鄉郡界。出塞二千餘里，前後斬首虜並受降各萬餘人。會段熲坐事徵，〔五五〕羌遂陸梁，覆没營塢，寇患轉盛。中郎將皇甫規、張奂雖累破之，而寇害不已。復遣段熲擊之，自春及秋，無日不戰，虜遂飢困敗散。凡破西羌，斬首二萬三千級，獲生口數萬，西羌於是弭定。東羌先零等，自覆没馬賢後，既降又叛。帝以問，熲對曰：「狼子野心，難以恩納，唯當白刃加頸耳。計其所餘三萬餘落，居近塞內，久亂并涼，累侵三輔，西河、上郡已各內徙，安定、北地復至單危，自雲中、五原，西至漢陽二千餘里，今榆林郡即漢雲中、五原郡地。〔五六〕漢陽，今天水郡。匈奴、種羌並擅其地，是爲癰疽伏疹，〔五七〕留滯脅下，如不加誅，轉就滋大。今若以騎五千，步兵萬人，車三千兩，三冬兩夏，足以破定，無慮用費爲錢五十四億。如此，可令羣羌破盡，匈奴長服，内徙郡縣，得反本土。伏計永初中，諸羌反叛，十有四年，用二百四十億；永和之末，復經七年，用八十餘億。費耗若此，猶不誅盡，餘孽復起，於茲作害。今不暫疲人，則永寧無期。」帝許之。

靈帝建寧初，熲與先零諸種戰，斬首八千餘級。熲復追之，且破且追，士皆重趼。既到涇陽，今平涼郡平涼縣地。〔五八〕餘寇四千落，悉散入漢陽山谷間。時張奐上言：「東羌雖破，餘種難盡。熲性果慮輕，負敗難常，〔五九〕宜且以恩降，可無後悔。」詔書下熲。熲復上言曰：「臣本知東羌雖衆，而軟弱易制，所以比陳愚慮，〔六〇〕思爲永寧之筭。而張奐説『虜强難破，宜用招降，云臣兵連年累見折衄』，〔六一〕又言『羌一氣所生，不可誅盡，山谷廣大，不可空静』。臣伏念周秦之際，戎狄爲害，中興以來，羌寇最盛，誅之不盡，雖降復叛。今先零雜種，累以反覆，攻没縣邑，剽掠人物。上天震怒，假手行誅。臣自動兵，衆和師克。自橋門以西，落川以東，今金城、會寧、平涼等郡之地。非爲深險絶域之地，車騎安行，無應折衄。按奐駐軍二年，不能平寇，誕辭空説，僭而無徵。何以言之？昔先零作寇，趙充國徙居内地，煎當亂邊，〔六二〕馬援遷之三輔，始服終叛，至今爲梗。故遠識之士，以爲深憂。今傍郡户口單少，數爲羌所瘡毒，而欲令降徒與之雜居，是猶種枳棘於良田，養虺蛇於室内也。故臣奉大漢之威，建長久之策，欲絶其本根，不使能殖。〔六三〕本規三歲之費，〔六四〕用五十四億，今適周年，所耗未半，而餘寇殘燼，將向殄滅。臣每奉詔書，軍不內御，願卒斯言，一以任臣，臨時量宜，不失權便。」二年，熲遂進營逼諸羌，大敗之於瓦亭山。〔六五〕在今平涼郡蕭關縣。〔六六〕羌衆潰，遂東奔，復聚射虎谷，分守諸谷上下門。〔六七〕又先令千餘人於西縣今天水郡上邽縣地。〔六八〕結木爲栅，廣二十步，長四十里，遮之。然後兵擊之窮山深谷之中，處處破之，斬其渠帥以下萬九千級，獲畜産諸物不可勝數。於是東羌悉平。凡百八十戰，斬三萬八千六百餘級，〔六九〕獲牛馬羊騾驢駱駝四十二萬七千五百餘頭，〔七〇〕費用四十四億，將士死者四百餘人。〔七一〕

自爰劒後，子孫支分凡百五十種。其九種在賜支，賜支即析支。河首以西及在蜀漢徼北。參狼在武都，勝兵數千人。其五十二種衰少，不能自立，分散爲附落，或絶滅無後，或引而遠去。其八十九種，唯鍾最强，勝兵十餘萬。其餘大者萬餘人，小者數千人，更相鈔盜，盛衰無常。大凡順帝時勝兵可二十萬人。發羌、唐旄等絶遠，未嘗往來。〔七二〕氂牛白馬羌在蜀漢，其種別名號，皆不可知也。

湟中月氏胡

湟中月氏胡，其先大月氏之別也，氏音支。舊在張掖、酒泉地。〔七三〕月氏王爲匈奴冒頓冒音墨。所殺，餘種分散，西踰葱嶺。其羸弱者南入山阻，依諸羌居止。漢將霍去病破匈奴，取西河地，開湟中，今西平郡地。於是月氏來降，與漢人錯居。雖依附縣官，而首施兩端。首施，猶言首鼠。〔七四〕其從漢兵戰鬭，隨勢强弱。被服、飲食、言語畧與羌同，亦以父名母姓爲種。其大種有七，勝兵合九千餘人，分在湟中及令居。又數百户在張掖，號曰義從胡。後漢靈帝中平初，與北宮伯玉等反，殺護羌校尉泠徵、〔七五〕金城太守陳懿，遂寇亂隴右焉。今天水郡以西北。〔七六〕

范曄論曰：「羌戎之患，自三代尚矣。〔七七〕漢世方之匈奴，頗爲衰寡，而中興以後，邊難漸大。朝規失綏御之和，戎帥騫然諾之信。故永初中，羣種蠭起。遂解仇嫌，結盟詛，陸梁三輔，建號稱制。東侵趙、魏之郊，南入漢、蜀之鄙，塞湟中，斷隴道，燒陵園，剽城市，傷敗踵係，羽書日聞。并、涼之士，特衝殘斃。〔七八〕自西戎作逆，未有陵斥上國若斯其熾者也。和熹以女君親政，威不外接，朝議憚兵力之損，情存苟安。或以邊州難援，宜見捐弃；或懼疽食浸淫，莫知所限。謀夫迴遑，猛士疑慮，遂徙西河四郡之人，雜寓關右之縣。發屋伐樹，塞其戀土之心；燔破貲積，〔七九〕以防顧還之思。於是諸將鄧騭、任尚、馬賢、皇甫規、張奐之徒，争設雄規，更奉征討，馳騁東西，奔救首尾，搖動數州之境，日耗千金之資。至於假人增賦，借奉侯王，引金錢縑綵之珍，徵糧粟鹽鐵之積。所以賂遺購賞，轉輸勞來之費，前後數十巨萬。或梟克酋健，摧破附落，降俘載路，牛羊滿山。軍書未奏其利害，而離叛之狀已言矣。故得不酬失，功不半勞。官人屈竭，烈士憤喪。段熲受事，專掌軍任，蒙没冰雪，經履千折之道，始殄西種，卒定東寇。若乃陷擊之所殲傷，追走之所崩籍，其能穿竄草石，自脱於鋒鏃者，百不一二。而張奂盛稱『戎狄一氣所生，不宜誅盡，流血汙野，傷和致妖』，是何言之迂乎！羌雖外患，實深内疾，若攻之不根，是養疴於心腹也。根謂盡其根本。惜哉寇敵略定矣，而漢祚亦衰焉。嗚呼！昔先王疆理九土，判别畿荒，知夷貊殊性，難以道御，故斥遠諸華，薄其貢職，唯與辭要而已。若二漢禦戎之方，失其本矣。何則？先零侵境，充國遷之内地，宣帝時，後將軍趙充國擊先零，還於金城郡置屬國以處降羌。煎當作寇，馬援徙之三輔。貪其暫安之勢，信其馴服之情，計日用之權宜，忽經世之遠略，豈夫識微者之爲乎？」

氐

氐者，西戎之别種，在冉駹東北，今通化郡地之東北。廣漢之西。今梓潼、遂寧、德陽郡地之北。君長數十，而白馬最大。漢武帝元鼎六年，開，分廣漢西部，合爲武都郡。今武都、同谷郡地。排其種人，分竄山谷，或在上禄，今同谷郡。或在汧隴左右。今天水、汧陽郡地。〔八〇〕其種非一，或號青氐，或號白氐，或稱蚺氐，蚺，而占反。此蓋中國人即其服色而名之也。土地險阻，有麻田，出漆、蜜、銅、鐵、椒、蠟。氐人勇戇抵冒，貪貨死利。居於河池，一名仇池，方百頃，四面斗絶。仇池山在今同谷郡上禄縣。數爲邊寇，郡縣討之，則依固自守。其俗，語不與中國及羌胡同，各自有姓，如中國之姓。其衣服尚青，俗能織布。善田種，畜羊豕牛馬驢騾。婚姻備六禮。知書疏，多知中國語，由與中國錯居故也。

元封三年，氐人反，遣兵討破之，分徙酒泉郡。昭帝元鳳初，氐人復叛，遣大鴻臚田廣明將三輔、太常徒討破之。至後漢初，氐人悉附隴蜀。及隗囂滅，其酋豪乃背公孫述降漢，隴西太守馬援上復其王侯君長，賜以印綬。後囂族人隗茂反，攻殺武都太守。氐人豪齊鍾留爲種類所敬信，威服諸豪，與郡丞孔奮擊茂，破斬之。其後亦時寇盗郡縣，不足爲大患。魏武之初，諸氐戎或叛或伏，乃令夏侯妙才討之，因徙武都之種於秦川以禦蜀。

晉時關隴屢爲氐羌所擾，孟觀西討，因擒氐帥齊萬年。〔八一〕華陰令江統深唯四夷亂華，〔八二〕宜杜其萌，乃作徙戎論曰：

春秋之義，内諸夏而外夷狄。以其言語不通，贄幣不同，法俗詭異，種類乖殊；或居絶域之外，山河之表，崎嶇險阻之地，與中國壤斷土隔，〔八三〕不相侵涉，賦役不及，正朔不加，故曰「天子有道，守在四夷」。其性氣貪婪，〔八四〕凶悍不仁，四夷之中，戎狄爲甚。弱則畏服，强則侵叛。雖聖賢之代，大德之君，咸未能以道化率導，〔八五〕而以恩德柔懷也。當其强也，以殷之高宗武丁而憊於鬼方，〔八六〕有周文王而患昆夷、玁狁，漢祖困於白登，孝文軍於霸上。及其弱也，周公來九譯之貢，中宗宣帝納單于之朝，以元成之微，而猶四夷賓服。此其已然之效也。故匈奴求守邊塞，而侯應陳其不可；單于屈膝未央，蕭望之議以不臣。是以有道之君牧夷狄也，〔八七〕唯以待之有備，禦之有常，雖稽顙執贄，而邊城不弛固守，爲寇賊强暴，〔八八〕而兵甲不加遠征，期令境内獲安，疆場不侵而已。

及至周室失統，諸侯專征，以大兼小，轉相殘滅，封疆不固，而利害異心。戎狄乘閒，得入中國。或招携安撫，〔八九〕以爲己用。故申繒之禍，顛覆宗周；襄公要秦，遽興姜戎。〔九〇〕當春秋時，義渠、大荔居秦晉之域，陸渾、陰戎處伊洛之閒，鄋瞞之屬鄋瞞，莫干反。害及濟東，〔九一〕侵入齊宋，陵虐邢衛。齊桓攘之，存亡繼絶，北伐山戎，以開燕路。故仲尼稱管仲之力，嘉左衽之功。逮至春秋之末，戰國方盛，楚吞蠻氏，晉翦陸渾，趙開榆中之地，秦滅義渠之種。〔九二〕始皇之并天下也，南兼百越，北走匈奴，五嶺、長城，戍卒億計。雖師役煩殷，寇賊横暴，然一切之功，〔九三〕戎虜奔卻，當時中國無復四夷也。

漢興，都長安，關中之郡號曰「三輔」，禹貢雍州，宗周酆、鎬之舊也。及建武中，以馬援領隴西太守，討叛羌，徙其餘種於關中，居馮翊、河東空地，而與華人雜處。數代之後，〔九四〕族類蕃息，既恃其肥强，且苦漢人侵之。永初之元，騎都尉王弘使西域，調發羌氏，以爲行衛。於是羣羌奔駭，互相扇動，二州之戎，一時俱發，覆没將守，屠城破邑。鄧隲之征，棄甲委兵，輿屍喪帥，〔九五〕前後相繼。諸戎遂熾，至於南入蜀漢，東掠趙魏，唐突軹關，今濟源縣。侵及河内。今郡地。乃遣北軍中候朱寵將五營士卒於孟津今河陽縣。拒羌，〔九六〕十年之中，夷夏俱弊，任尚、馬賢僅乃尅之。此所以爲害尤重累年不定者，雖由禦之者無方，〔九七〕將非其才，亦豈不以寇發心腹，害起肘腋，疹篤難療，〔九八〕瘡大遲愈之故哉！自此之後，餘燼不盡，〔九九〕小有際會，輒復侵叛。馬賢忸忕，終於覆敗；段熲臨衝，自西徂東。雍州之戎，常爲國患，中代之寇，唯此爲大。漢末之亂，關中殘滅。魏興之初，與蜀分隔，疆埸之戎，一彼一此。魏武令夏侯妙才討叛氐阿貴、〔一〇〇〕千萬等，後因拔弃漢中，遂徙武都之種於秦川，欲以弱寇强國，扞禦蜀虜。此蓋權宜之計，一時之勢，非所以爲萬代之利也。今者當之，已受其弊矣。

夫關中土沃物豐，厥田上上，加以涇渭之流，溉其舄鹵，鄭國、白渠，灌浸相通，黍稷之饒，畝號一鍾，帝王之都每以爲居，未聞戎狄宜在此土也。非我族類，其心必異，戎狄志態，不與華同。而因其衰弊，遷之畿服，士庶翫習，侮其輕弱，使其怨恨之氣毒於骨髓。〔一〇一〕至於蕃育衆盛，則生其姦心。〔一〇二〕以貪悍之性，挾憤怒之情，候隙乘便，輒爲横逆。而居封域之内，無障塞之隔，掩不備之人，收散野之積，故能爲禍滋蔓，〔一〇三〕暴害不測。此必然之勢，已驗之事也。當今之宜，宜及兵威方盛，衆未能定，〔一〇四〕徙馮翊、今郡地。北地、今彭原郡。新平、今郡。安定今郡。界内諸羌，著先零、罕开、析支之地；徙扶風、今郡。始平、今金城武功縣地。京兆之氐，今京兆府地。出還隴右，著陰平、今郡地。武都武都，今郡地。之界。廩其道路之糧，令足自致，各附本種，反其舊土，使屬國、撫夷就安集之。戎晉不雜，並得其所，上合往古即敍之義，下爲盛代永久之規。縱有猾夏之心，風塵之警，則遠絶中國，隔閡山河，雖爲寇暴，所害不廣。是以充國、子明能以數萬之衆制羣羌之命，有征無戰，全軍獨克，雖有謀謨深計，廣大遠圖，〔一〇五〕豈不以華夷異處，戎夏區别，要塞易守之故得其成功者哉！〔一〇六〕

難者曰：方今關中之禍，暴兵二載，征戍之勞，老師十萬，水旱之害，荐饑累荒，疫癘之災，札瘥夭昏。凶逆既戮，悔惡初附，且款且畏，咸懷危懼，百姓愁苦，異人同慮，冀寧息之有期，若枯旱之思雨，誠宜鎮之以安悦。〔一〇七〕而子方欲作役起徒，興功造事，使疲瘁之衆，徙自猜之寇，以無穀之人，遷乏食之虜，恐勢盡力屈，緒業不卒，羌戎離散，心不可一，前害未及弭，而後變復横出矣。

答曰：羌戎猾夏，〔一〇八〕擅相署號，攻城野戰，傷害牧守，連兵聚衆，載離寒暑矣。而今異類瓦解，同種土崩，老幼繫虜，丁壯降散，禽離獸迸，不能相一。子以此等爲尚挾餘資，悔惡反善，懷我德惠而來柔附乎？將勢窮道盡，智力俱困，懼我兵誅以至於此乎？曰無有餘力，勢窮道盡故也。然則我制其短長之命，而令其進退由己矣。夫樂業者不易事，安居者無遷志。〔一〇九〕方其自疑危懼，畏怖促遽，故可制以兵威，使之左右無違也。迨其死亡流散，離逷未鳩，與關中之人，户皆爲讐，故可遐遷遠處，令其心不懷土也。夫聖賢之謀事也，爲之於未有，理之於未亂，道不著而平，德不明而成。今子遭弊事之終，而不圖更制之始，愛易轍之勤，得覆車之軌，何哉？且關中之人百萬餘口，〔一一〇〕率其少多，戎狄居半，處之遷之，必須口實。若有窮乏糝粒不繼者，故當仰關中之穀以全其生生之計，〔一一一〕必無擠於溝壑而不爲侵掠之害。今我遷之，傳食而至，附其種族，自使相贍，而秦地之人得其半穀，此爲濟行者以廩糧，遺居者以積倉，寬關中之逼，去賊盜之源，除朝夕之損，〔一一二〕建終年之益。若憚暫舉之小勞，而忘永逸之弘策，惜日月之煩費，而遺累代之寇敵，非所謂能開物成務，創業垂統，崇本拓跡，謀及子孫者也。

并州之胡，本實匈奴桀惡之寇也。漢宣之代，凍餒殘破，國內五裂，後合爲二，呼韓邪遂衰弱孤危，不能自存，依阻塞下，委質柔服。建武中，南單于復求降附，〔一一三〕遂令入塞，居於漠南，數代之後，亦輒叛戾，故何熙、梁慬戎車屢征。〔一一四〕中平中，靈帝時。以黃巾賊起，發調其兵，部衆不從，而殺羌渠。南單于也。由是於扶羅羌渠子也。求助於漢，〔一一五〕以討其賊。仍值代喪亂，遂乘釁而作，鹵掠趙、魏，寇至河南。建安中，又使右賢王去卑誘質呼廚泉，〔一一六〕於扶羅之弟。聽其部落散居六郡。太原、西河、平陽、上黨、樂平、今郡地。新興，今雲中、定襄郡地。咸熙之際，以一部太強，〔一一七〕分爲三率。泰始之初，〔一一八〕又增爲四。於是劉猛內叛，猛即元海之叔父右賢王。連結外虜。近者郝散之變，發於穀遠。惠帝元康中，匈奴郝散反，攻城邑，謀殺長吏於穀遠，即今金城郡太康縣。今五部之衆，〔一一九〕戶至數萬，人口之盛，過於西戎。然其天性驍勇，弓馬便利，倍於氐羌。若有不虞風塵之虞，則并州之域可爲寒心也。〔一二〇〕滎陽句驪本居遼東塞外，正始中，幽州刺史毌丘儉伐其叛者，徙其餘種，戶落百數，〔一二一〕子孫孳孳音茲息，〔一二二〕今以千計，數代之後，必至殷熾。今百姓失職，猶或亡叛，犬馬肥充，則有噬齧，況於夷狄，能不爲變！

夫爲邦者，患不在貧而在不均，憂不在寡而在不安。〔一二三〕以四海之廣，士庶之富，豈須夷虜在內，然後取足哉！此等皆可申諭發遣，還其本域，慰彼羈旅懷土之思，釋我華夏纖介之憂，惠此中國，以綏四方也。

未及十年，而夷狄亂華，時人服其深識。於是戎狄迭據中原，其爲戰國者百三十六載，而劉元海爲之禍首。

初，後漢建安中，氐酋楊騰爲部落大帥，〔一二四〕騰子駒，勇健多計略，始據仇池，於上平地立宫室、果園、倉庫。其地東接秦嶺，西接宕昌八百里，南去漢中四百里，北至岐州三百里。户本有十萬，漸漸分減焉。〔一二五〕駒後有名千萬者，魏拜爲百頃氐王。〔一二六〕千萬孫飛龍，漸强盛，晉武帝假平西將軍，〔一二七〕還居略陽。楊氏與苻氏同出略陽。略陽地，今天水郡隴城縣。無子，養外甥令狐茂搜爲子。晉惠帝元康初，避齊萬年之亂，率部落還保百頃，自號右賢王。關中人士奔流者多依之。自茂搜至姪曾孫纂皆降附於晉，受官爵。苻堅遣將楊安、苻雅等討纂，克之，徙其人於關中，空百頃之地。

初，茂搜孫宋奴二子佛奴、佛狗奔苻堅，以女妻佛奴子定，以爲尚書、領軍將軍。及堅敗於淮南，關中擾亂，定盡力奉堅。堅死，將家奔隴右，徙理歷城。歷城今在同谷郡西十里，去仇池九十里。置倉儲於百頃，招合夷夏人，得千餘家，進平天水、略陽郡，天水、略陽並今天水郡地。遂有秦州之地。今天水、隴西、同谷、武都、陰平郡地。後與乞伏乾歸戰，定軍敗見殺。佛狗子盛襲位，〔一二八〕分諸四山氐、羌爲二十部護軍，各爲鎮戍，不置郡縣。至子難當，時宋梁州刺史理漢中。甄法護刑政不理，難當舉兵襲梁州，法護委鎮奔洋州，今洋川郡。難當遂有漢中之地。

宋文帝元嘉十年。難當自爲大秦王，號年曰建義，置百官。後傾國南寇，規有蜀土，不克乃還。宋文帝遣龍驤將軍裴方明等討難當。方明等至漢中，長驅而進，直到武興，攻下辨，〔二九〕今同谷郡同谷縣。取白水，克仇池。難當於是將妻子奔後魏。難當從弟文度自立爲武都王，後魏遣將皮歡憙破殺之。弟文弘自爲武都王。至孫紹先，爲後魏將邢巒、傅豎眼所破滅，以其國爲武興鎮，今順政郡。後改鎮爲東益州。後唐永爲刺史，氐人反，攻圍州城，永殁，氐遂削平城堞，因此復爲氐地。西魏文帝大統四年，南岐州氐苻安壽反，攻陷武都，自號太白王，〔三〇〕遣侯莫陳順等討破之。周文帝於武興又置東益州，以紹先子辟邪爲刺史。辟邪據州反，叱羅協與趙昶討平之。〔三一〕

葱茈羌

燉煌西西域之南山中，從婼羌婼，而遮反。西至葱嶺數千里，有月氏餘種葱茈茈音紫羌、白馬羌、〔三二〕黃牛羌，各有酋豪，北與諸國接，不知其道里廣狹。傳聞黃牛羌種類，孕身六月生，南與白馬羌鄰，並魏時聞焉。

校勘記

〔一〕西北接鄯善車師諸國　「接」原缺，標點本後漢書西羌傳二八六九頁據通志補，今從補。

〔二〕一狗皮直數十匹　「匹」原訛「四」，據北宋本、明刻本、王吳本改。

〔三〕在古不立君臣無相長一　「在」原作「自」，「長」原作「統」，清人擅改者。今據北宋本、明刻本、王吳本改回。

〔四〕罙入其阻　「罙」原訛「采」，據諸本改。

〔五〕則鬼方宜是西羌也　「宜」原作「疑」，乃清人擅改者。今據北宋本、明抄本、明刻本、王吳本改回。

〔六〕克之十一年周人伐翳徒之戎　此十二字原脱，據後漢書西羌傳李注引竹書紀年二八七一頁補。

〔七〕自隴山以東及乎伊洛　「自」原訛「至」，「洛」原訛「落」，據北宋本、王吳本及後漢書西羌傳二八七二頁改。按：殿本「洛」字不誤。

〔八〕潁首以西有蠻氏之戎　「首」原訛「洛」，據北宋本及後漢書西羌傳二八七二頁改。

〔九〕東及轘轅　「及」原作「至」，據北宋本及後漢書西羌傳二八七三頁改。

〔一〇〕韓魏後稍并伊洛陰戎　「陰」原訛「諸」，據北宋本、明抄本、明刻本、王吳本及後漢書西羌傳二八七四頁改。

〔一一〕平涼　原訛「平源」，據本書卷一七三州郡典三訂改。按：唐無「平源郡」，而平涼郡與安定、安化、靈武等郡毗鄰。

〔三〕夏后氏末及商周之際　「末」原訛「未」，據北宋本、王吳本改。

〔三〕枹音浮　「浮」原作「俘」，據北宋本改。

〔四〕殺其名將諸欽陵　「諸」疑「論」字之訛。論爲吐蕃官名。

〔五〕不知爰劒何戎之别也　「别」下原有「種」，清人擅增者。今據北宋本、明抄本、明刻本、王吳本及後漢書西羌傳二八七五頁删。

〔六〕三河即黄河析支河湟中河　「三河」下原有「間」，據北宋本删。

〔七〕忍季父卬畏秦之威　「卬」原訛「印」，據後漢書西羌傳二八七五頁、御覽卷七九四改。

〔八〕諸羌又相與解仇　「與」原脱，據北宋本、明抄本、明刻本、王吳本補。

〔九〕溺河湟飢餓死者五六千人　「河」與「飢」原脱，據漢書趙充國傳二九九二頁補。按：諸本有「飢」無「餓」。

〔一〇〕司徒掾　「掾」原訛「椽」，據北宋本改。

〔一一〕平涼　原訛「平原」，據通考三三二改。

〔一二〕通導動静　後漢書西羌傳二八七八頁無「導」字。

〔一三〕馬防等討破之於臨洮　後漢書西羌傳二八八一頁「於」下有「是」，恐非。

〔一四〕平涼　原訛「平源」，據通考三三二改。

〔二五〕大小榆谷　「谷」原無，據後漢書西羌傳二八八五頁增補。下同。
〔二六〕南得鍾存　「鍾」原作「種」，據後漢書西羌傳二八八五頁改。注同。
〔二七〕招誘諸胡　後漢書西羌傳二八八五頁「諸」作「羌」。
〔二八〕國家可以無一方之憂　「一」後漢書西羌傳二八八五頁作「西」。
〔二九〕上官鴻上開置歸義建威屯田二十七部　後「上」原脱，據後漢書西羌傳二八八五頁補。
〔三〇〕增留逢二部　「留逢」原作「逢留」，據後漢書西羌傳二八八五頁乙。
〔三一〕合三十四部　「三十四」原訛「四十」，據後漢書西羌傳二八八五頁改。按：二十七部加五部，再加二部，共三十四部。
〔三二〕安帝永初元年　「安」上原有「及」，據北宋本、明抄本、明刻本、王吴本删。「元」原訛「九」，據後漢書西羌傳二八八六頁改。按：安帝永初盡七年，無九年。
〔三三〕先零別種歸滇豪滇零與鍾羌大爲寇掠　「豪」原作「濠」，據太平寰宇記一八七改。「鍾」原作「種」，據後漢書西羌傳二八八六頁改。按：後漢書無「歸滇豪」三字。太平寰宇記「鍾羌」作「諸羌」。
〔三四〕諸雜種　「種」原脱，據後漢書西羌傳二八八六頁補。
〔三五〕諸郡屯兵救三輔　「救」下原衍「之」，據後漢書西羌傳二八八七頁删。
〔三六〕三輔即京兆扶風馮翊也　「即」下原有「今」，據北宋本、明抄本、明刻本删。
〔三七〕煎當　原作「當煎」，據後漢書集解引惠棟説乙。下同。

〔三八〕所以推鋒無反顧之心者　「推」原作「摧」，據北宋本及後漢書虞詡傳一八六六頁改。

〔三九〕雖武賁爲卒　「武」原作「虎」，後人擅改者，今據通典諱例改回。「武賁」後漢書虞詡傳一八六六頁作「賁育」，義長。

〔四〇〕漢襄武縣屬隴西郡縣地　「郡」原脱，據漢書地理志下六一〇頁訂補。

〔四一〕北地徙池陽　原涉上而脱，據後漢書西羌傳二八八八頁、太平寰宇記卷一八七補。

〔四二〕發撤室屋　「室屋」原倒，據北宋本、王吴本及後漢書西羌傳二八八八頁乙。

〔四三〕時連旱蝗飢荒　「飢」原訛「餓」，據諸本及後漢書西羌傳二八八八頁改。

〔四四〕或弃捐老弱　「或」原作「咸」，「捐」原脱，據後漢書西羌傳二八八八頁、太平寰宇記卷一八七改補。按：北宋本、明抄本、王吴本「捐」字未脱。

〔四五〕通谷衝要三十三所　「三十三」原訛「三十五」，據北宋本及後漢書西羌傳二八八九頁、太平寰宇記卷一八七改。

〔四六〕以步追之　「步」上原衍「走」，據北宋本、明抄本、明刻本及後漢書西羌傳二八九〇頁、太平寰宇記卷一八七删。

〔四七〕各令出錢數千　「各」原脱，據後漢書西羌傳二八九〇頁、太平寰宇記卷一八七補。

〔四八〕今洋川漢中等郡之地　「川」原訛「州」，今據注例改。按：注以今地釋古地，例稱郡，不稱州。

〔四九〕帑他朗反　「他」原訛「地」，據北宋本、王吴本改。

〔五〇〕劉秉爲涼州刺史　「秉」原訛「乘」，據後漢書西羌傳二八九五頁、太平寰宇記卷一八七改。

〔五一〕攻金城　「攻」原脱，據後漢書西羌傳二八九五頁、太平寰宇記卷一八七補。

〔五二〕置屯田以保聚百姓　太平寰宇記卷一八七、通考卷三三三同。後漢書西羌傳二八九五頁「田」作「兵」。

〔五三〕鞏唐種三千餘騎寇隴西北地　後漢書西羌傳二八九六頁於「鞏唐種三千餘騎寇隴西」，「罕種羌千餘寇北地」，分别言之。杜氏苟簡。

〔五四〕四十餘日　「四」原作「三」，據後漢書段熲傳二一四六頁、太平寰宇記卷一八七改。

〔五五〕會段熲坐事徵　原「徵」下有「還」，王吴本、殿本同，乃後人擅增者。今據北宋本、明抄本、明刻本及後漢書西羌傳二八九九頁、太平寰宇記卷一八七删。

〔五六〕五原郡地　「地」原作「也」，據北宋本、明抄本、明刻本、王吴本改。

〔五七〕癰疽伏痵　通考卷三三三同。後漢書段熲傳二一四八頁、太平寰宇記卷一八七、通鑑卷五六一八〇三頁「痵」作「疾」。

〔五八〕今平涼郡平涼縣地　兩「平涼」原俱作「彭原」，北宋本、明抄本、明刻本、王吴本俱作「平原」，並誤。本書卷一七三平涼郡平涼縣下云：「漢涇陽縣故城今縣南。」今據以訂改。按：通典古本作「平原」，誤在「原」字，而清人遽以爲誤在「平」字，遂臆改作「彭原」。

〔五九〕熲性果盧輕負敗難常　後漢書段熲傳二一五〇頁作「熲性輕果盧負敗難常」，俱通。

〔六〇〕所以比陳愚慮　「慮」原脱，據北宋本、明抄本、明刻本、王吴本補。按：後漢書段熲傳二一五〇頁即有「慮」字。

〔六一〕云臣兵連年累見折衂　「臣」下原有「用」，據北宋本、明抄本、明刻本删。按：後漢書段熲傳二一五一頁、通鑑卷五六一八〇六頁無「連年」二字。

〔六二〕煎當亂邊　「煎當」原倒，據後漢書段熲傳二一五一頁、通鑑卷五六一八〇七頁乙正。下同。

〔六三〕不使能殖　「殖」原作「植」，據後漢書段熲傳二一五二頁、通鑑卷五六一八〇七頁改。

〔六四〕本規三歲之費　「規」原作「計」，據北宋本、明抄本及後漢書段熲傳二一五二頁、太平寰宇記卷一八七、通鑑卷五六一八〇七頁改。

〔六五〕大敗之於瓦亭山　太平寰宇記卷一八七同。後漢書段熲傳二一五二頁、通鑑卷五六一八一六頁「瓦」作「凡」。

〔六六〕在今平涼郡蕭關縣　「在今」原倒，「縣」下原有「是也」，據北宋本乙删。

〔六七〕分守諸谷上下門　「分」上原有「仍」，據北宋本、明抄本、明刻本、王吴本删。

〔六八〕上邽縣地　「地」原脱，據北宋本、明抄本補。

〔六九〕凡百八十戰斬三萬八千六百餘級　「百八」原倒，據北宋本、明抄本、明刻本、王吴本乙。「三」原訛「二」，據北宋本及後漢書段熲傳二一五三頁改。「餘」字處原爲空白，據諸本補。

〔七〇〕獲牛馬羊騾驢駱駝四十二萬七千五百餘頭　「獲牛」原爲空白，「騾」原脱，據後漢書段熲傳二一五三頁補。按：諸本有「牛」字。
〔七一〕將士　後漢書段熲傳二一五三頁作「軍士」。
〔七二〕未嘗往來　「嘗」原訛「常」，據後漢書西羌傳二八九八頁改。
〔七三〕舊在張掖酒泉地　「舊」原脱，據北宋本及後漢書西羌傳二八九九頁補。
〔七四〕首施猶言首鼠　「鼠」原訛「尾」，王吴本、殿本同。今據北宋本、明抄本、明刻本改正。
〔七五〕泠徵　「泠」原作「冷」，據後漢書西羌傳二八九九頁改。
〔七六〕今天水郡以西北　「以」原作「之」，「北」下原有「地」，據北宋本改删。
〔七七〕自三代尚矣　「自」原脱，據後漢書西羌傳二八九九頁補。
〔七八〕特衝殘斃　原作「持衝殘弊」，據後漢書西羌傳二九〇〇頁、太平寰宇記卷一八八改。
〔七九〕燔破貲積　「貲」原訛「訾」，據後漢書西羌傳二九〇〇頁、太平寰宇記卷一八八改。
〔八〇〕今天水汧陽郡地　「今」上原有「在」，據北宋本、明抄本、明刻本删。
〔八一〕因擒氐帥齊萬年　晉書江統傳一五二九頁「因」作「自」。
〔八二〕華陰令江統　通考卷三三三同。晉書江統傳一五二九頁、册府卷九九〇一一六二四頁「華」作「山」。
〔八三〕壤斷土隔　「土」原訛「工」，據諸本改。
〔八四〕其性氣貪婪　「性」原脱，據晉書江統傳一五三〇頁、通鑑卷八三二六二三頁補。
〔八五〕咸未能以道化率導　晉書江統傳一五三〇頁「道」作「通」。

〔八六〕武丁　原爲正文大字，今據北宋本、明抄本、明刻本改爲注文小字。下「宣帝」同。

〔八七〕是以有道之君牧夷狄也　原「牧」上有「不」，非。今據晉書江統傳一五三〇頁、通鑑卷八三二六二四頁、册府卷九九〇一一六二四頁删。

〔八八〕爲寇賊强暴　晉書江統傳一五三〇頁同。通鑑卷八三二六二四頁無「爲」。册府卷九九〇一一六二四頁「爲」作「雖」。

〔八九〕招携安撫　「携」晉書江統傳一五三〇頁、通鑑卷八三二六二四頁、册府卷九九〇一一六二四頁作「誘」。

〔九〇〕遽興姜戎　「姜」原訛「羌」，據晉書江統傳一五三〇頁、册府卷九九〇一一六二四頁、通考卷三三三改。

〔九一〕鄋瞞　「鄋」原作「傻」，北宋本作「搜」，今據晉書江統傳一五三〇頁、册府卷九九〇一一六二四頁改。

按：左傳作「鄋」。

〔九二〕秦滅義渠之種　「種」晉書江統傳一五三〇頁、册府卷九九〇一一六二四頁作「等」。

〔九三〕然一切之功　「切」晉書江統傳一五三〇頁、册府卷九九〇一一六二四頁作「世」，杜氏避太宗諱改。

〔九四〕數代之後　「代」晉書江統傳一五三一頁、通鑑卷八三二六二四頁、册府卷九九〇一一六二五頁作「歲」。

〔九五〕輿屍喪帥　「帥」晉書江統傳一五三一頁、册府卷九九〇一一六二五頁作「師」。

〔九六〕乃遣北軍中候朱寵　「遣」原訛「建」，據晉書江統傳一五三一頁、册府卷九九〇一一六二五頁改。

〔九七〕雖由禦之者無方　「之者」晉書江統傳一五三一頁、册府卷九九〇一一六二五頁作「者之」。

〔九八〕疹篤難療　晉書江統傳一五三一頁、册府卷九九〇一一六二五頁「疹」作「疢」。疹同疢。

〔九九〕餘燼不盡　「不盡」原脱，據晉書江統傳一五三一頁、册府卷九九〇一一六二五頁補。

〔一〇〇〕夏侯妙才　即夏侯淵，通典避高祖諱，故於夏侯淵稱字。下劉元海同。

〔一〇一〕使其怨恨之氣　「使」原訛「彼」，據北宋本、明刻本、王吴本改。按：晉書江統傳一五三二頁、通鑑卷八三二六二五頁、册府卷九九〇一一六二五頁都作「使」。

〔一〇二〕則生其姦心　北宋本、明刻本作「則生其哀心」。晉書江統傳一五三二頁、通鑑卷八三二六二五頁、册府卷九九〇一一六二五頁作「則坐生其心」。

〔一〇三〕故能爲禍滋蔓　通鑑卷八三、册府卷九九〇同。晉書江統傳一五三二頁「蔓」作「擾」。

〔一〇四〕衆未能定　晉書江統傳一五三二頁、通鑑卷八三二六二五頁、册府卷九九〇一一六二五頁作「衆事未罷」。

〔一〇五〕廣大遠圖　通考卷三三三同。晉書江統傳一五三二頁、册府卷九九〇一一六二五頁作「廟勝遠圖」。

〔一〇六〕要塞易守之故　「故」原訛「固」，據晉書江統傳一五三二頁、册府卷九九〇一一六二五頁改。

〔一〇七〕冀寧息之有期若枯旱之思雨誠宜鎮之以安悦　晉書江統傳一五三二頁「冀」作「望」，「悦」作「豫」。杜氏避父諱改「冀」，避代宗諱改「悦」。

〔一〇八〕羌戎猾夏　「猾夏」晉書江統傳一五三三頁、册府卷九九〇一一六二六頁作「狡猾」。

〔一〇九〕安居者無遷志　「志」原作「意」，據北宋本改。按：晉書江統傳一五三三頁、通鑑卷八三二六二六頁、册府卷九九〇一一六二六頁都作「志」。

〔一一〇〕百萬餘口　「萬餘」晉書江統傳一五三三頁、通鑑卷八三二六二六頁、册府卷九九〇一一六二六頁作「餘萬」。

〔二一〕故當仰關中之穀　「仰」晉書江統傳一五三三頁、通鑑卷八三二六二六頁、册府卷九九〇一一六二六頁作「傾」。

〔二二〕除朝夕之損　「朝」晉書江統傳一五三三頁、通鑑卷八三二六二七頁、册府卷九九〇一一六二六頁作「旦」。杜氏避睿宗諱改。

〔二三〕復求降附　册府卷九九〇一一六二六頁同。晉書江統傳一五三四頁「求」作「來」。

〔二四〕梁慬　「慬」原訛「覲」，據晉書江統傳一五三四頁改。按：梁慬，後漢書有傳一五九一頁。

〔二五〕於扶羅　「於」原訛「以」，據北宋本、明刻本、王吳本改。於扶羅見後漢書南匈奴傳二九六五頁。晉書江統傳一五三四頁作「於彌扶羅」。

〔二六〕呼廚泉　「廚」原訛「厥」，據明刻本及晉書江統傳一五三四頁、通鑑卷八三二六二七頁、册府卷九九〇一一六二六頁改。按：呼廚泉見後漢書南匈奴傳二九六五頁。

〔二七〕以一部太強　「強」原訛「極」，據晉書江統傳一五三四頁、通鑑卷八三二六二七頁、册府卷九九〇一一六二六頁改。

〔二八〕泰始之初　「泰」原訛「秦」，據北宋本、明刻本、殿本改。

〔二九〕今五部之衆　「部」原訛「郡」，據北宋本、王吳本改。按：晉書江統傳一五三四頁、通鑑卷八三二六二七頁、册府卷九九〇一一六二六頁均作「部」。

〔二〇〕并州之域　「域」原訛「城」，據晉書江統傳一五三四頁、通鑑卷八三二六二七頁、册府卷九九〇一一六二六頁改。

〔二一〕户落百數　「户」原作「部」，清人擅改者。今據北宋本、明刻本、王吴本改回。按：晉書江統傳一五三四頁、通鑑卷八三二六二七頁、册府卷九九〇一一六二六頁均作「户」。

〔二二〕孳音兹　原脱，據北宋本、明刻本、王吴本補。

〔二三〕憂不在寡而在不安　「憂」原作「患」，據北宋本、明刻本、王吴本改。按：晉書江統傳一五三四頁、通鑑卷八三二六二八頁、册府卷九九〇一一六二七頁都作「憂」。

〔二四〕楊騰　「騰」原訛「勝」，北宋本、明刻本作「滕」。今據宋書氐胡傳二四〇三頁、魏書氐傳二二二七頁、北史氐傳三一七一頁改。下同。

〔二五〕漸漸分減焉　梁書諸夷傳八一七頁同。北宋本、明抄本、明刻本「減」作「滅」。

〔二六〕百頃氐王　「氐王」原訛「氐主」，據北宋本、明抄本、明刻本改。按：王吴本、殿本「氐」字未誤。

〔二七〕晉武帝假平西將軍　「假」原作「時」，王吴本、殿本同，明人妄改，清人沿之。今據北宋本、明抄本、明刻本改回。按：宋書氐胡傳二四〇三頁、魏書氐傳二二二七頁、北史氐傳三一七一頁都作「假」。「平西」魏書、北史同，宋書作「征西」。

〔二八〕佛狗子盛襲位　「盛」下原衍「先」，北宋本衍「光」，據宋書氐胡傳二四〇五頁、魏書氐傳二二二八頁、北史氐傳三一七三頁删。按：宋書、魏書、北史皆謂佛狗子盛，先爲監國，守仇池，乃統事。先爲副詞，非名「盛先」也。

〔二九〕下辨　「辨」原作「辦」，據北宋本、王吳本改。

〔三〇〕自號太白王　「太白王」明刻本、王吳本、殿本、局本皆訛作「大皇」，今據北宋本及周書異域傳上八九五頁、北史氐傳三一七七頁改。

〔三一〕叱羅協　「叱」原訛「吐」，據北宋本及周書異域傳上八九五頁、北史氐傳三一七七頁改。

〔三二〕白馬羌　原無「羌」字，據御覽卷七九六補。

王文錦點校

〔唐〕杜佑撰

通典

第十二册

卷一九〇—卷二〇〇

中華書局

通典卷第一百九十

邊防六

西戎二

吐谷渾　乙弗敵　宕昌　鄧至　党項　白蘭　吐蕃　大羊同　悉立　章求拔　泥婆羅

吐谷渾

吐谷渾，本遼東鮮卑也。西晉時，酋帥徒何涉歸有二子，〔一〕長曰吐谷渾，少曰若洛廆。〔二〕胡罪反。涉歸死，若洛廆代統部落，〔三〕別爲慕容氏。渾庶長，廆正嫡。父在時，分七百户與渾，〔四〕渾與廆二部俱牧馬，馬鬬相傷，廆怒，遣使謂渾曰：「先公處分，與兄異部，〔五〕牧馬何不相遠，而令馬鬬。」渾曰：「馬是畜生，食草飲水，春氣發動，所以致鬬。鬬在於馬，而怒於人耶？乖别甚易，今當去汝於萬里之外矣。」於是擁馬西行，乃西附陰山。今朔方之北。屬永嘉之亂，始度隴西，至於枹罕，而後子孫據有甘松之南，洮水之西，南極於白蘭，在益州西北。甘松山在今交川郡境。今臨洮、和政郡之南及合川郡之地。〔六〕其地四時常有冰雪，唯六七月雨雹甚盛。若晴，則風飄沙礫。有麥，無穀。其青海，周迴千餘里。海中有小山，每冬冰合後，以良牝馬置此山，至來冬收之，馬有孕，所生得駒，號曰龍種。吐谷渾嘗得波斯草馬，放入海，因生驄駒，能日行千里，〔七〕故時稱青海驄焉。

至其孫葉延，以禮云「公孫之子得以王父字爲氏」。吾祖始自昌黎，光宅於此，〔八〕今以吐谷渾爲氏，尊祖之義也。自吐谷渾至葉延曾孫視羆，皆有才略，知古今，司馬、博士皆用儒生。至其子阿豺，自稱驃騎將軍、沙州刺史。阿豺兼并羌氐，號爲强國，遣使詣宋朝貢。〔九〕阿豺死，弟慕璝立，璝音瓌。遣軍擊乞伏茂蔓，〔一〇〕敗之，茂音戎。東奔隴右，慕璝據有其地。其時赫連定於長安爲後魏主所攻敗，〔一一〕擁秦雍户口十餘萬，〔一二〕西次罕幵，慕璝拒擊，大破之，生擒定，送於魏。後弟慕延立。〔一三〕魏太武帝遣軍擊延，大破之，慕延率部落西奔白蘭，攻破于闐國，南依罽賓，七年乃還舊土。慕延死，阿豺兄樹落干子拾寅立，〔一四〕始邑於伏羅川。至玄孫夸吕立，自號爲可汗，理伏俟城，在青海西十五里，有地方數千里。其西北諸雜種謂之阿貲虜。〔一五〕貲，即移反。

其南界龍涸城，〔一六〕去成都千餘里。大戍有四，〔一七〕一在清水川，一在赤水，一在澆河，一在吐屈真川，皆子弟所理。其主理慕賀川。西有黄沙，南北百二十里，東西七十里，不生草木。雖有城郭，不居，而隨逐水草。官有王公、僕射、尚書及郎中之號。其主椎直追反髻，以皁爲帽。其妻衣織成裙，披錦袍，辮髻於後，首戴金花。〔一八〕丈夫衣服略同於華夏，多以羃羅爲冠，亦以繒爲帽。婦人皆貫珠束髮，以多爲貴。兵器有弓刀甲矟。國無常賦，須則税富室、商人，以充用焉。父兄亡，妻後母及嫂等，與北狄俗同。死者亦皆埋殯，其服制，葬訖則除之。性貪婪，忍於殺害。

後周明帝武成初，夸吕寇涼州，詔賀蘭祥率兵討破之，又攻拔其洮陽、洪和二城，〔一九〕置洮州今臨洮郡地。而還。武帝天和初，其龍涸王莫昌率衆降，以其地爲扶州。今同昌郡地。二年，復遣皇太子征之，軍度青海至伏俟城，夸吕遁走，虜其餘衆而還。隋開皇中，夸吕侵弘州，在今安化郡馬嶺縣界。遣上柱國元諧擊之。賊悉發國中兵，自曼頭至於樹敦，甲騎不絶。諧頻擊破之。夸吕率其親兵遠遁，其名王十三人各率部落而降。夸吕在位且百年，死以後還以慕容爲姓。其子伏允立。煬帝初，伏允遣子順來朝。帝令鐵勒襲，大敗之。伏允東走，保西平。今西平郡。帝復令觀王雄以掩之，大破其衆。伏允遁逃，部落來降十萬餘口。伏允懼，南遁於山谷閒。其故地皆空，自西平臨羌城以西，且末以東，〔二〇〕祁連以南，雪山以北，東西四千里，南北二千里，皆爲隋有，置郡縣鎮戍，發天下輕罪徙居之。其地在今西平郡之西，張掖、酒泉郡之北。隋氏置西海、且末、河源等郡。於是留順不之遣。伏允無以自資，率其徒數千騎客於党項。大業末，天下大亂，伏允及順復其故地。

大唐貞觀中，李靖、侯君集破滅之。伏允遠遁，爲左右所殺。其子大寧王順歸降，於是重建其國，封順爲西平部王，仍加趉巨屈反胡呂烏甘豆可汗之號，旋又爲其下所殺。十年，立順子諾曷鉢爲河源郡王，主其國，自爾衰弱，而吐蕃强盛。高宗時，爲其破滅，諸曷鉢以餘衆復來降，中閒叛去。於靈州之境置安樂州，以諾曷鉢爲刺史，其故地並没於吐蕃。後又封渠帥慕容宣超爲青海王。〔二一〕

武太后朝，郭元振上安置降吐谷渾狀曰：「臣昨見唐休璟、張錫等，衆議商量，其吐谷渾部落，或擬移就秦今天水郡隴，今汧陽郡或欲移近豐今九原郡靈，今靈武郡。貴令漸去邊隅，〔二二〕使居内地，用爲防閑之要，冀免背叛之虞。臣以爲並是偏見之一端，未爲久長之深册。〔二三〕若近秦隴，則與監牧雜居；如在豐靈，復與默啜甫邇。必以慮其翻覆，須有遷移，縱至中土，安可易變其本性。至如躭爾乙句貴，往年王孝傑奏請自河源軍徙居靈州，用爲愜便。及其逃叛之日，穿監牧，掠馬羣，所在傷夷，大損州縣，是則遷居中土無益之明驗矣。往者素和貴雖背聖化，只從當所居地叛走，其於中國，無所損傷，但是失少許吐渾耳，豈與句貴之爲害同日而語哉！今吐谷渾之降者，非驅略而來，皆是渴慕聖化，衝鋒突刃，弃吐蕃而至者也。臣謂宜當循其情以爲制，勿驚擾之，使其情地稍安，則其繫戀心亦日厚。當涼州降者，今武威郡。則宜於涼州左側安置之；當甘州、今張掖郡。肅州降者，今酒泉郡。則宜於甘、肅左側安置之；當瓜州、今晉昌郡。沙州降者，今燉煌郡。則宜於瓜、沙左側安置之。但吐渾所降之處，皆是其舊居之地，斯輩既投此地，實有戀本之情。若因其所投之地而便居之，其情易安。因數州而磔裂之，則其勢自分。順其情，分其勢，而不擾於人，可謂善奪戎狄之權矣。何要纂聚一處如一國，使情通意合如一家，脱有異志，則一時盡去，傷害州縣，爲患滋深。何如分置諸州，使每州皆得吐渾使役，欲有他懷，必不能遠相連結總去。臣愚輒以爲勝册。如允臣此見，其所置之處，仍請簡取當處强明官人，於當處鎮遏之，則小小爲非，亦可杜絶。〔二四〕兼每使達蕃情、識利害者，共宣超兄弟一人，歲往巡按，以撫護之，無使侵削其生業，日就樂戀，自亦深矣。如此，臣實爲羈縻戎狄之良册。設使後有去就，不過邊州失少許吐渾，終無傷於中國。今此輩心悠揚而無主，未知所安，不必在早定安置之計，〔二五〕無令驚擾，速生邊患。」

乙弗敵

乙弗敵，〔二六〕後魏聞焉，在吐谷渾北。國有屈海，其海周迴千餘里。衆有萬落，風俗與吐谷渾同。然不識五穀，唯食魚與蘇子。蘇子狀若中國枸杞子，或赤或黑。西有契翰一部，風俗亦同，土特多狼。

宕昌

宕昌羌，後魏時興焉，亦三苗之胤，與先零、燒當、罕开諸部姓別，自立酋帥，皆有地分，不相統攝，宕昌即其一也。〔二七〕俗皆土著，居有棟宇。〔二八〕其屋，織氂牛尾及羖羊毛覆之。無法令，又無徭賦。唯征伐之時，乃相屯聚；不然，則各事生業，不相來往。皆衣裘褐，牧養氂牛、羊、豕，以供其食。俗有蒸報。無文字，但取木榮落以記歲時。三年一相聚，殺牛羊以祭天。俗重虎皮，以之送死。有梁勤者，〔二九〕代爲酋帥，得羌豪心，乃自稱王。其界自仇池以西，東西千里；席水以南，南北八百里。仇池山在今同谷郡上禄縣。席水在今天水郡上邽縣。〔三〇〕地多山阜，部衆二萬餘落。至其孫彌忩，〔三一〕始遣使於後魏，太武帝拜爲宕昌王。七葉孫彌秦，〔三二〕皆受南北兩朝封爵。宋、齊、梁及魏，並各羈縻之。後見兩魏分隔，永熙末種人企定乃引吐谷渾寇金城，今郡地。後企定弟彌定寇石門戍。周武帝天和初，詔大將軍田弘討平之，以其地爲宕州。今懷道郡。

鄧至

鄧至，羌之別種也。後魏時興焉。有像舒理者，〔三三〕代爲白水酋帥，因地名爲號，稱鄧至王。〔三四〕其地自千亭以東，〔三五〕平武以西，汶嶺以北，宕昌以南。今懷道郡之南，通北郡之北，交川、臨翼、〔三六〕同昌郡之地也。風土習俗，與宕昌同。自舒理至十代孫舒彭，附於後魏孝文帝，封甘松縣子、鄧至王。後數代，西魏恭帝初，其主檐術因亂來奔，〔三七〕周文帝遣兵送還，自後無聞。

党項

党項羌，在古析支之地，漢西羌之別種。魏晉以降，西羌微弱。周滅宕昌、鄧至之後，党項始强。南雜舂桑、迷桑等羌，〔三八〕北連吐谷渾。其種每姓別自爲部落，一姓之中復分爲小部落，大者萬餘騎，小者數千騎，不相統一。有細封氏、費聽氏、往利氏、頗超氏、野辭氏、〔三九〕房當氏、米禽氏、拓拔氏，而拓拔最爲强族。俗皆土著，有棟宇，織犛牛及羊毛覆之。俗尚武，無法令賦役。其人多壽，年至百五六十歲。不事生産，好爲竊盜，常相陵劫。尤重復讎，讎人未得，必蓬頭垢面，跣足蔬食，要斬讎人而後復常。男女並衣裘褐，仍被大氊。不知耕稼，土無五穀。氣候多風寒。以犛牛、馬、驢、羊、豕爲食。五月草始生，八月霜雪降。求大麥於他界，醞以爲酒。妻其庶母及伯叔母、嫂、子弟之婦，婬穢蒸報，諸夷中最爲甚，然不婚同姓。老死者以爲盡天年，親戚不哭，〔四〇〕少死者則仰天云枉而悲哭，〔四一〕焚之，名爲火葬。無文字，但候草木以記歲時。

大唐貞觀三年，南會州都督府鄭元璹遣使招諭，其酋長細封步賴舉部内附，亦自入首領爲刺史。

朝，列其地爲軌州，拜步賴爲刺史，其後諸部相次内附，列其地爲岷、奉、巖、遠四州，各拜

白蘭

白蘭，羌之別種，周時興焉。東北接吐谷渾，西至叱利摸徒，〔四二〕南界那鄂。〔四三〕風俗物產與宕昌同。周武帝保定元年，朝獻使至。

吐蕃

吐蕃在吐谷渾西南，不知有國之所由。或云：禿髮利鹿孤有子樊尼，其主傉檀爲乞伏熾盤所滅，樊尼率餘種依沮渠蒙遜，其後子孫西魏時爲臨松郡丞今張掖郡張掖縣界。與主簿，皆得衆心，因魏末中華擾亂，招撫羣羌，日以强大，遂改姓爲窣蘇骨反教野，至今故其人號其主曰贊府，〔四四〕貴臣曰主簿。又或云：始祖贊普自言天神所生，號鶻堤悉補野，因以爲姓。窣教野與悉補野言訛，其實一也。或云本姓弃蘇農也。

其國出鄯城五百里，過烏海，入吐谷渾部落爾多彌、蘇毗及白蘭等國，至吐蕃界。其國風雨雷雹，每隔日有之。盛夏節氣如中國暮春之月。山有積雪，地有冷瘴，令人氣急，不甚爲害。

其俗重漢繒而貴瑟瑟，男女用爲首飾。其君長或在跋布川，或居邏娑川，〔四五〕有小城而不居。坐大氊帳，張大拂廬，其下可容數百人。兵衛極嚴，而衙府甚狹。俗養牛羊，取乳酪供食，兼取毛爲褐而衣焉。不食驢馬肉，以麥爲麨。〔四六〕人死，殺牛馬以殉，取牛馬頭積累於墓上。〔四七〕其墓正方，累石爲之，狀若平頭屋。其臣與君自爲友，號曰共命人，其數不過五人。君死之日，共命人皆日夜縱酒，葬日，於腳下針，血盡乃死，便以殉葬。又有親信人，用刀當腦縫鋸，〔四八〕亦有將四尺木，大如指，刺兩肋下，死者十有四五，亦殉葬焉。設官，父死子代，絶嗣即近親襲焉。非其種類，輒不相伏。其官章飾有五等：一謂瑟瑟，二謂金，三謂金飾銀上，四謂銀，五謂熟銅。各以方圓三寸，〔四九〕褐上裝之，安膊前，以辨貴賤。法令嚴肅。兵器有弓、刀、楯、矟、甲、胄。每戰，前隊皆死，後隊方進。人馬俱披鏁子甲，其制甚精，周體皆遍，唯開兩眼，非勁弓利刃之所能傷也。其戰必下馬列行而陣，死則遞收之，終不肯退。槍細，而長於中國者。弓矢弱而甲堅。人皆用劍，不戰亦負劍而行。其驛以鐵箭爲契，其箭長七寸，若急驛，膊前加著一銀鶻。有草名速古芒，葉長二寸，狀若斜蒿。有鼠，尾長於常鼠。〔五〇〕其國禁殺鼠，殺鼠者加其罪。〔五一〕有可跋海，去赤嶺百里，方圓七十里，〔五二〕東南流入蠻，與蠻西洱河合流而東，〔五三〕號爲漾鼻水。又東南出，會川爲瀘水焉。自赤嶺至邏娑川，絶無大樹木，唯有楊柳，人以爲資。置大論，以統理國事。〔五四〕無文字，刻木結繩爲約。徵兵用金箭。寇至舉燧。與其臣下一年一小盟，用羊、狗、彌猴。〔五五〕三年一大盟。用人、馬、牛、驢。以麥熟爲歲首。其國都號爲邏娑城。〔五六〕用法嚴整，議事則自下而起，因人所利而行之，此其所以能强且久也。重壯賤老，母拜於子。重兵死，惡病終，〔五七〕以累代戰没者爲甲門。臨陣奔北者，懸狐尾於其首，表其似狐之怯。

其贊普弄贊，雄霸西域。隋開皇中，其主論贊索弄贊都牂牱西疋播城已五十年矣。〔五八〕國界西南與婆羅門接。自大唐初，已有勝兵數十萬，號爲强國。男女皆辮髮氈裘，以赭塗面。無器物，以手捧酒而飲之。屈木令圓，以皮作底，就中而食。俗多金及小馬。党項、白蘭諸部及吐谷渾、西域諸國咸畏懼之。

至其主弃蘇農贊，〔五九〕貞觀十五年正月，以宗室女封文成公主，降於吐蕃贊普，命禮部尚書江夏王道宗送之。贊普親迎於河源，見王人，執子壻禮甚謹。覩大國服飾禮儀之美，俯仰有媿沮之色，謂所親曰：「我祖父未有通婚大國者，今我得尚大唐公主，當築一城，以誇後代。」仍遣酋豪子弟，請入國學，以習詩書。高宗初，〔六〇〕封賓王。

蘇農死，其子早卒，以孫代立，號乞梨拔布，〔六一〕幼小，大相禄東贊攝知國事，總章中，以兵臨吐谷渾。吐谷渾告急。咸亨中，高宗令將軍薛仁貴、郭待封等率衆十餘萬伐之，〔六二〕至大非川，爲大論欽陵所敗，因遂滅吐谷渾。欽陵姓薛氏。〔六三〕其父禄東贊頗曉兵術，吐蕃贊府以國事委之，講兵訓師，雅有節制。吐蕃之并兼諸羌，雄霸西土，東贊有力焉。有子五人。及東贊死，欽陵兄弟復專其國。上元中，寇鄯、廓等州。儀鳳三年，遣工部尚書劉審禮爲洮河軍總管，率兵十八萬以討之，戰於青海，軍敗，没於陣。調露二年，中書令李敬玄戰於大非川，又敗績。續遣黑齒常之襲擊，破之。武太后如意初，武威軍總管王孝傑大破吐蕃，復龜茲、于闐、疏勒、碎葉四鎮。

至萬歲通天初，又寇涼州，執都督許欽明。欽陵兄弟皆有才略，欽陵多居中，諸弟分領方面，諸蕃憚之。二年，吐蕃大論欽陵遣使請和。武太后遣前梓州通泉縣尉郭元振往，至野狐河，與陵遇，陵曰：「大國久不許陵和，陵久不遣蕃使，以久無報命，故去秋有甘涼之抄，斯實陵罪，今欲和好，能無懼乎！」振乃謂曰：「論先考東贊，以宏才大略，服事先朝，結好通親，荷榮承寵，本期傳之永代，垂於無窮。論不慕守舊恩，中致猜阻，無故自絕，日尋干戈，屢犯我河湟，頻擾我邊鄙。且父通之，子絕之，豈爲孝乎！父事之，子叛之，豈爲忠乎！然論之英聲，籍甚遐外，各自爲主，奚爲懼乎。」陵曰：「如所來言，陵無憂矣。今天恩既許和好，其兩國戍守，咸請罷置，以便萬姓。各守本境，靡有交争，豈不休哉！然以西十姓突厥，四鎮諸國，或時附蕃，或時歸漢，斯皆類多翻覆。乞聖恩含弘，〔六四〕拔去鎮守，分離屬國，各建侯王，使其國君，人自爲守，既不款漢，〔六五〕又不屬蕃，豈不人免憂虞，荒陬幸甚。」振曰：「十姓、四鎮，本將鎮靜戎落，以撫寧西土，通諸大邦，非有他求。論今奚疑而有憂虞乎？」論曰：「使人此詞，誠爲實論。然緣邊守將，多好功名，見利而動，罕守誠信，此蕃國之所爲深憂也。」振曰：「十姓諸部，與論種類不同，山川亦異。爰覽古昔，各自區分，復爲我編人，積有年歲。今論欲一言而分離數部，得非昧弱苟利乎？」陵曰：「使人豈不疑陵貪冒無厭，謬陳利害，窺窬諸部，以爲漢邊患耶？陵雖識不逮遠，請爲使人明之。陵若愛漢土地，貪漢財幣，則青海、湟川，實邇漢邊，其去中州，蓋三四千里，必有窺羨，何不争利於此中。而突厥諸部，懸在萬里之外，磧漠廣莽，殊異中國。安有争地於萬里外，而能爲漢邊患哉！捨近務遠，計豈然也？但中州人士，深謀多計，天下諸國，皆爲漢并，雖大海之外，穹塞之表，靡不磨滅矣。今吐蕃塊然獨在者，非漢不貪其土地，不愛其臣僕，實陵兄弟小心謹密，得保守之耳。而十姓中，五咄六諸部落僻近安西，〔六六〕是與吐蕃頗爲遼遠。俟斤諸部密近蕃境，其所限者，唯界一磧，騎士騰突，旬月即可以蹂踐蕃庭，〔六七〕爲吐蕃之巨蠹者，唯斯一隅。且烏海黄河，關源阻深，風土疫癘，縱有謀夫猛將，亦不能爲蕃患矣，故陵無敢謬求。西邊沙路，坦達夷漫，故縱羸兵庸將，亦易以爲蕃患，故陵有此請。實非欲侵漁諸部，以生心於漢邊。陵若實有謀漢之懷，有伺隙之意，則甘涼右地，暨於積石，此道綿細，幾二千里，其廣者不過二三百里，狹者纔百里，陵若遣兵，或出張掖，或出玉門，使大國春不遑種，秋無所穫，五六歲中，或可斷漢右界矣，又何爲弃所易而窺所難乎？〔六八〕此足明陵心矣。往者高宗以劉審禮有青海之役，乃使黄仁素、賈守義來和。陵之上下將士，咸無猜忌，故邊守不戒嚴。和事曾未畢，則爲好功名人崔知辨從五俟斤路，〔六九〕乘我間隙，瘡痍我衆，驅掠牛羊，蓋以萬計，自此陵之國人大危慄和事矣。今之此求，但懼好功名者之吞噬，冀此爲翰屏以虞之，實非有他懷焉。」振曰：「兹事漫汗體大，非末吏所能明。論當發使奉章以聞，取裁於聖主。」陵乃命郎宗乞思若爲使。振曰：「今遣使之後，國不可更犯漢邊。且蕃使前後入朝不時遣者，良以使去之後，兵仍犯漢，故朝廷躊躕，曰是紿徒改反我也。以爲偵諜，不以爲使人，遂遷延無報。今若踵前陵塞，是故陷所去人使，孰謂請和也。」陵俛首踧踖久之，曰：「陵與國人咸憾崔知辨之前事，〔七〇〕故嘗有此舉，以虞好功者之來侵。比實以選練騎士三萬，分路出師。使人既有此言，今既於和事非便，安可相違。」即罷兵散卒，遂指天爲信，斯具之表矣。

振與思若至，時朝廷以四鎮十姓事，欲罷則有所顧，欲拒則有所難，沉吟久之，莫之能決。振爲役夏奉戎，竭内事外，非計之得，乃獻疏曰：「臣聞利或生害，害亦生利。國家奄有天下，園囿八荒，而萬機百揆之中，最難消息者，唯吐蕃與默啜耳。今吐蕃請和，默啜受命，是將大利於中國也。〔七一〕若圖之不審，則害亦隨之；如防害有方，則利亦隨之。今欽陵所論，唯分裂十姓地界，抽去四鎮兵防，此是欽陵切論者。若以爲可允，則當分明斷決之，若以爲不可允，則當設册以羈縻之，終不可直拒絶以阻其意，使興邊患也。臣竊料此事關隴動静之機，豈可輕舉措哉。使彼既和未絶，〔七二〕則其惡亦不得頓生。請借人事爲比，設如人家遭盜，一則攻其内室，一則寇其外落，主人必不先於外寇而憂在内室矣。何則？以内患近而外患遠也。今國之外患者，十姓四鎮是；内患者，甘、涼、瓜、肅是。復關隴之人，久事屯田戍，〔七三〕向三十年，臣料其力用久竭弊矣。脱一朝甘、涼有不虞，此中豈堪廣調發耶？臣實病之，不知朝廷以爲何如。夫善爲國者，當先料内以敵外，不貪外以害内。今議事者捨近患而靡卹，務遠患而是貪，臣愚駑，罔識厥策。必以四鎮殷重，事不可依，何不言事以答之。如欽陵云『四鎮諸部與蕃界接，懼漢侵竊，故有是請』，此則吐蕃所要者。然青海、吐蕃密近蘭、金城郡。鄯，〔七四〕今西平郡。北爲漢患，實在兹輩，斯亦國家之所要者。今宜報陵云，國家非悋四鎮，本置此以扼蕃國之尾，〔七五〕分蕃國之力，使不得并兵東侵；今若頓委之於蕃，恐蕃力强，易爲東擾；必實無東侵意，〔七六〕則宜還漢吐渾諸部及青海故地，即俟斤部落當以與蕃。如此足塞陵口而和事未全絶也。如後小有乖，則曲在彼。兼西邊諸國，款附歲久，論其情義，豈可與吐蕃同日而言。〔七七〕今未知其利害，未審其情實，遥有分裂，〔七八〕亦恐傷諸國之意，非制馭之長筭也。〔七九〕待籌損益，知其利便，續以有報，如此則亦和未爲絶，更使彼蕃懸情上國，是亦誘撫之方。〔八〇〕伏願省擇，使無遺筭，以惠百姓也。」

其後贊府年長，忌欽陵，乃與首領論巖等密圖之。言將獵，召兵執欽陵親黨二千餘人，殺之，自帥衆討欽陵。欽陵自殺，其親信左右同日自殺者百餘人。其弟贊婆，先在東境，率千餘人來降，授右衛大將軍。

乞梨拔布神龍初死，其子立。乞梨弩悉籠時年七歲，祖母祿没氏攝位。至中宗神龍三年四月，以所養嗣雍王守禮女封金城公主，出降吐蕃贊普。景龍四年正月，幸始平縣，送金城公主，以左驍衛大將軍楊矩爲使。〔八一〕二月，改始平縣爲金城縣，又改其地爲鳳臺鄉，〔八二〕愴別里。天寶十四年死，其子立，號乞梨悉籠納贊。〔八三〕

大羊同

大羊同，東接吐蕃，西接小羊同，北直于闐，東西千餘里，勝兵八九萬人。其人辮髮氈裘，畜牧爲業。地多風雪，冰厚丈餘。所出物産，頗同蕃俗。無文字，但刻木結繩而已。刑法嚴峻。其酋豪死，抉於穴反去其腦，實以珠玉，剖其五臟，易以黄金，假造金鼻銀齒，以人爲殉，卜以吉辰，藏諸巖穴，他人莫知其所，多殺牸牛羊馬，以充祭祀，葬畢服除。其王姓姜葛，有四大臣分掌國事。自古未通，大唐貞觀十五年，遣使來朝。

悉立

悉立在吐蕃西南，户五萬，有城邑村落，依溪澗。丈夫以繒綵纏頭，衣氊褐；婦人辮髮，著短裙。以蒸報爲俗。畜多水牛、羖羊、雞、豕。穀宜秔稻、麥、豆，饒甘蔗諸果。死葬於中野，不爲封樹。喪制以黑爲衣，一年就吉。刑有刖劓。羈事吐蕃，自古未通中國。大唐貞觀二十年，遣使貢方物。

章求拔

章求拔，或云章揭拔，本西羌種也。在悉立西南，居四山之内，近代移出山，西接東天竺，遂改衣服，變西羌之俗。其地延袤八九百里，〔八四〕勝兵二千餘人，居無城郭，好爲寇掠，商旅患之。聞悉立入朝，亦遣使朝貢。

泥婆羅

泥婆羅國，在吐蕃西。其俗，翦髮與眉齊，穿耳，揎以竹筩，緩至肩者以爲姣麗。〔八五〕食用手。其器皆銅。〔八六〕多商賈，少田作。以銅爲錢，面文爲人，背文爲馬。其牛鼻不穿孔。衣服以一幅布蔽身，日數盥漱。〔八七〕以板爲屋，壁皆雕畫。俗重博戲。〔八八〕頗解推測盈虛，兼通曆術。事五天神，鐫石爲像，每日清水浴神，亨羊而祭。其王那陵提婆，身着真珠諸寶，耳垂金鈎玉鐺，佩寶裝伏突，〔八九〕坐獅子座，常散花燃香，大臣及左右並坐於地。有阿耆婆瀰池，周迴二十餘步，〔九〇〕以物投之，即生煙焰，懸釜而炊，須臾而熟。唐永徽二年，遣使朝貢。

校勘記

〔一〕徒河涉歸　宋書鮮卑吐谷渾傳二三六九頁作「奕洛韓」。按：魏書吐谷渾傳二二三三頁云：「涉歸一名奕洛韓。」

〔二〕若洛廆　宋書鮮卑吐谷渾傳二三六九頁、魏書吐谷渾傳二二三三頁、隋書西域傳一八四二頁同。御覽卷一二一引崔鴻十六國春秋前燕録作「奕洛瓌」。

〔三〕涉歸死若洛廆代統部落　「涉歸死若洛廆」原涉上而脱，據魏書吐谷渾傳二二三三頁、隋書西域傳一八四二頁補。

〔四〕分七百户與渾　「七百户」晉書四夷傳二五三七頁作「一千七百家」。

〔五〕與兄異部　「兄」下原有「弟」，據宋書鮮卑吐谷渾傳二三六九頁、魏書吐谷渾傳二二三三頁删。

〔六〕甘松山在今交川郡境今臨洮和政郡之南及合川郡之地　「交川郡」原訛「合川郡」，北宋本、明抄本、明刻本、王吴本訛作「交州郡」，據本書卷一七六州郡典六訂改。下「今」原作「内」，據北宋本、明抄本、王吴本改。

〔七〕能日行千里　「日」原脱，據隋書西域傳一八四二頁、御覽卷七九四、太平寰宇記卷一八八補。

〔八〕光宅於此　「光」原訛「先」，據晉書四夷傳二五三九頁、太平寰宇記卷一八八改。按：「光宅」始見尚書堯典。

〔九〕遣使詣宋朝貢　「貢」原作「獻」，據北宋本、明抄本改。

〔一〇〕乞伏茷蔓　「茷蔓」宋書鮮卑吐谷渾傳二三七二頁作「茂蔓」，魏書乞伏國仁傳二一九九頁、通鑑卷一一九三七三二頁作「暮末」，晉書乞伏熾磐傳三一二六頁、御覽卷一二七作「慕末」。太平寰宇記卷一八八與通典同。

〔一一〕赫連定於長安爲後魏主所攻敗　「於」原作「據」，據北宋本、明抄本、明刻本改。

〔一二〕擁秦雍户口十餘萬　宋書鮮卑吐谷渾傳二三七二頁無「雍」。

〔一三〕慕延　宋書鮮卑吐谷渾傳二三七二頁同。魏書吐谷渾傳二二三七頁、北史吐谷渾傳三一八二頁作「慕利延」。

〔一四〕樹洛干　「干」原訛「千」，北宋本、王吴本訛「于」，明刻本訛「於」，據魏書吐谷渾傳二二三七頁、北史吐谷渾傳三一八三頁及殿本改。

〔一五〕阿貲虜　晉書四夷傳二五三八頁、宋書鮮卑吐谷渾傳二三七〇頁、魏書吐谷渾傳二二三四頁、北史吐谷渾傳三一七九頁作「阿柴虜」。

〔一六〕其南界龍涸城　「龍」原訛「隴」，據宋書鮮卑吐谷渾傳二三七〇頁、魏書吐谷渾傳二二三四頁、北史吐谷渾傳三一七九頁改。按：本卷下文也作「龍」。

〔一七〕大戎有四　「戎」原訛「城」，王吳本訛「戎」，據北宋本、明刻本及太平寰宇記卷一八八改。

〔一八〕首戴金花　「戴」原訛「載」，據北宋本、明抄本、明刻本改。

〔一九〕洮陽洪和二城　「洪」原訛「泥」，據周書明帝紀五七頁、北史吐谷渾傳三一八七頁、册府卷三五五四二一二頁改。

〔二〇〕且末　「且」原訛「旦」，據諸本改。

〔二一〕慕容宣超　新唐書西域傳上六二二七頁同。舊唐書西戎傳五三〇〇頁「超」作「趙」。

〔二二〕貴令漸去邊隅　「貴」原作「責」，據北宋本、明抄本、明刻本及太平寰宇記卷一八八改。

〔二三〕未爲久長之深册　「久長」原倒，據北宋本、明抄本、明刻本乙。

〔二四〕則小小爲非亦可杜絶　「可」北宋本、明刻本作「未」，太平寰宇記卷一八八作「易」。

〔二五〕不必在早定安置之計　原無「不必」，據北宋本、明抄本、明刻本補。按：郭元振主張對待吐谷渾降民，「因其所投之地而便居之」，國家無須豫定安置之計，否則易生驚擾。有「不必」是。

〔二六〕乙弗敵　魏書吐谷渾傳二二四一頁、北史吐谷渾傳三一八九頁作「乙弗勿敵」。

〔二七〕宕昌羌後魏時興焉亦三苗之胤與先零燒當罕开諸部姓別自立酋帥皆有地分不相統攝宕昌即其一也　魏書宕昌傳二二四一頁、北史宕昌傳三一九〇頁並作：「宕昌羌者，其先蓋三苗之胤，周時與庸蜀微盧等八國從武王滅商。漢有先零燒當等，世爲邊患。其地東接中華，西通西域，南北數千里。姓別自爲部落，酋帥皆有地分，不相統攝，宕昌即其一也。」按：宕昌羌興於後魏，其時先零、燒當諸部已不存在。此云「與先零、燒當、罕开諸部姓別」云云，誤。通典節改舊文，每有失實處。

〔二八〕居有棟宇　「棟」魏書宕昌傳二二四二頁、北史宕昌傳三一九〇頁作「屋」。

〔二九〕梁勤　魏書宕昌傳二二四二頁、北史宕昌傳三一九〇頁「勤」作「懃」。

〔三〇〕天水郡　「郡」原脱，據太平寰宇記卷一八八補。

〔三一〕彌忩　魏書宕昌傳二二四二頁、北史宕昌傳三一九〇頁作「彌忽」。

〔三二〕彌秦　梁書諸夷傳八一五頁、南史夷貊傳下一九七八頁作「彌泰」。

〔三三〕像舒理　魏書鄧至傳二二四五頁、北史鄧至傳三一九一頁作「像舒治」，杜氏避高宗諱改。

〔三四〕因地名爲號稱鄧至王　「號稱」原作「種號」，北宋本、明抄本、明刻本作「號種」，據魏書鄧至傳二二四五頁、北史鄧至傳三一九一頁、御覽卷七九三改。

〔三五〕千亭　魏書鄧至傳二二四五頁、北史鄧至傳三一九一頁作「亭街」。

〔三六〕臨翼　「翼」原訛「冀」，據北宋本改。

〔三七〕檐術　「檐」原作「擔」，據北宋本、明抄本、明刻本、王吳本改。按：周書異域傳上八九四頁作「檐桁」。

〔三八〕南雜春桑迷桑等羌　「春」原訛「舂」，下「桑」原訛「棄」，據北宋本及舊唐書西戎傳五二九〇頁、御覽卷七九五改。按：明抄本、明刻本、王吳本下「桑」字不誤。

〔三九〕野辭氏　「辭」原訛「律」，據北宋本、明抄本、明刻本及舊唐書西戎傳五二九〇頁改。

〔四〇〕老死者以爲盡天年親戚不哭　此十二字原涉下而脱，據舊唐書西戎傳五二九一頁、太平寰宇記卷一八四補。

〔四一〕少死者則仰天云枉　北史党項傳三一九二頁、舊唐書西戎傳五二九一頁、御覽卷七九五、太平寰宇記卷一八四均作「少死者則云夭枉」。隋書西域傳一八四五頁作「少而死者則云大枉」。册府卷九六一一一三〇三頁作「少而死者則云夭札」。

〔四二〕叱利摸徒　周書異域傳上八九四頁作「利模徒」，北史白蘭傳三一九一頁作「北利摸徒」。

〔四三〕南界那鄂　「那」原訛「郡」，據北宋本及周書異域傳上八九四頁、北史白蘭傳三一九一頁改。

〔四四〕至今故其人號其主曰贊府　「至今」原在「人」下，據北宋本、明抄本、明刻本移上。

〔四五〕邏娑川　「娑」原訛「婆」，據舊唐書吐蕃傳五二二六頁、新唐書吐蕃傳上六〇七二頁改。下同。

〔四六〕以麥爲麨　「麨」唐會要卷九七、太平寰宇記卷一八五、册府卷九六一一一三〇八頁作「麪」。

〔四七〕取牛馬頭積累於墓上　「頭」原脱，據唐會要卷九七、册府卷九六一一一三〇八頁補。

〔四八〕用刀當腦縫鋸　唐會要卷九七、太平寰宇記卷一八五、通考卷三三四同。册府卷九六一一一三〇八頁「縫」作「縱」。

〔四九〕各以方圓三寸　「寸」原訛「十」，據北宋本、明抄本、明刻本改。按：唐會要卷九七、太平寰宇記卷一八五、册府卷九六一均作「寸」。

〔五〇〕有草名速古芒葉長二寸狀若斜蒿有鼠尾長於常鼠　唐會要卷九七、太平寰宇記卷一八五、通考卷三三四同。册府卷九六一一一三〇八頁作：「有草名蓮古芒，葉長二寸，狀若斜蒿，每莖不過三四葉，其莖蔓，其花黃，其根連珠如麥門冬，味辭（當是辛字之訛），性微冷。有鼠，尾長於常鼠，每三二十同一穴。至秋後，衆鼠收此草根爲藏，多者至數石。俗常掘草根而食，而留給鼠糧。」通典等書過於簡略，以致動植關係盡晦。

〔五一〕其國禁殺鼠殺鼠者加其罪　原脱訛作「其國禁殺者加其罪」，今據唐會要卷九七、太平寰宇記卷一八五、册府卷九六一一一三〇八頁補正。

〔五二〕方圓七十里　唐會要卷九七、太平寰宇記卷一八五、通考卷三三四同。册府卷九六一一一三〇八頁「十」作「百」。

〔五三〕西洱河　「洱」原作「二」，據唐會要卷九七、太平寰宇記卷一八五、册府卷九六一一一三〇八頁改。

〔五四〕置大論以統理國事　舊唐書吐蕃傳上五二一九頁、御覽卷七九八「大論」下尚有「小論」。

〔五五〕用羊狗獮猴　「狗」原訛「馬」，據諸本改。按：舊唐書吐蕃傳上五二二〇頁、唐會要卷九七、御覽卷七九八、太平寰宇記卷一八五均作「狗」。

〔五六〕其國都號爲邏娑城　「娑」原訛「婆」，今訂改。按：舊唐書吐蕃傳上五二二〇頁、唐會要卷九七、御覽卷七九八、册府卷九六一一一三〇八頁均作「些」。「娑」「些」音近。

〔五七〕惡病終　「病」原作「疾」，據北宋本、明抄本、明刻本、王吳本改。

〔五八〕其主論贊索弄贊　「索」原作「率」，據北宋本、明刻本及太平寰宇記卷一八五改。

〔五九〕弃蘇農贊　舊唐書吐蕃傳上五二二一頁作「弃宗弄讚」。

〔六〇〕高宗初　「高」上原有「當」，北宋本、明抄本、明刻本有「尚」，王吴本有「至」，並是衍文。今據太平寰宇記卷一八五删。

〔六一〕乞梨拔布　「梨」原作「黎」，據北宋本及下文改。

〔六二〕郭待封　「待」原訛「侍」，據諸本改。

〔六三〕薛氏　太平寰宇記卷一八五同。舊唐書吐蕃傳上五二二三頁作「𦶜氏」，唐會要卷九七作「築氏」。

〔六四〕乞聖恩含弘　「乞」上原有「伏」，據北宋本、明抄本、明刻本删。

〔六五〕既不款漢　「款」北宋本、明抄本、明刻本作「疑」，恐非。

〔六六〕五咄六諸部落　「諸部」原倒，據北宋本、明抄本、明刻本、王吴本乙。

〔六七〕旬月即可以蹂踐蕃庭　「月」原作「日」，據北宋本、明抄本、明刻本改。

〔六八〕又何爲弃所易而窺所難乎　原「何」下衍「以」，據北宋本、明抄本、明刻本删。

〔六九〕則爲好功名人　「則」原作「以」，後人擅改者，今據北宋本及太平寰宇記卷一八五改回。

〔七〇〕陵與國人咸憾崔知辨之前事　「憾」原作「恨」，據北宋本、明抄本、明刻本及太平寰宇記卷一八五改。

〔七一〕最難消息者唯吐蕃與默啜耳今吐蕃請和默啜受命是將大利於中國也　原脱訛作「最難消息唯吐蕃與默啜受命是將不利於中國」，北宋本、明刻本、王吴本同，唯「不」作「大」。今據舊唐書郭元振傳三〇四三頁、太平寰宇記卷一八五、册府卷六五五七八四八頁訂補。

〔七二〕使彼既和未絶　「既和」舊唐書郭元振傳三〇四三頁、册府卷六五五七八四八頁作「和望」。按：本當作「和望」，杜佑避父諱改爲「既和」。

〔七三〕久事屯田戍　原作「事屯田」，據舊唐書郭元振傳三〇四五頁、太平寰宇記卷一八五、册府卷六五五七八四八頁補改。

〔七四〕懼漢侵竊故有是請此則吐蕃所要者然青海吐蕃密近蘭鄯　原作「懼漢密近蘭鄯」，中脱十八字，文不成意。今據舊唐書郭元振傳三〇四三頁、册府卷六五五七八四八頁補。

〔七五〕本置此以扼蕃國之尾　「尾」舊唐書郭元振傳三〇四三頁、册府卷六五五七八四八頁作「要」。

〔七六〕必實無東侵意　「侵」原脱，據舊唐書郭元振傳三〇四三頁、太平寰宇記卷一八五、册府卷六五五七八四八頁補。

〔七七〕豈可與吐蕃同日而言　原無「可」，據舊唐書郭元振傳三〇四三頁、册府卷六五五七八四八頁增補。

〔七八〕逕有分裂　舊唐書郭元振傳三〇四四頁、册府卷六五五七八四八頁「逕」作「遥」。

〔七九〕非制馭之長筭也　原無「長」和「也」，據舊唐書郭元振傳三〇四四頁、太平寰宇記卷一八五、册府卷六五五七八四八頁增補。

〔八〇〕是亦誘撫之方　「撫」原作「人」，清人擅改者。今據北宋本、明抄本、明刻本、王吴本及太平寰宇記卷一八五改回。

〔八一〕左驍衛大將軍楊矩　「左驍衛」舊唐書吐蕃傳上五二二七頁、唐會要卷九七、新唐書吐蕃傳上六〇八一頁作「左衛」。

〔八二〕鳳臺鄉　舊唐書吐蕃傳上五二三八頁、新唐書吐蕃傳上六〇八一頁、册府卷九七九一一四九九頁「臺」作「池」。

〔八三〕乞梨悉籠納贊　「梨」原作「犁」，據北宋本改。

〔八四〕八九百里　「九」原脱，據北宋本、明抄本、明刻本、王吴本補。

〔八五〕穿耳揎以竹筩綬至肩者　「揎以」原訛「瑁楦」，據舊唐書西戎傳五二八九頁、唐會要卷一〇〇、太平寰宇記卷一八五、御覽卷七九五改。又，舊唐書、御覽「筩」下有「牛角」，舊唐書「綬」作「綴」。

〔八六〕其器皆銅　「皆」下原有「用」，據北宋本、明抄本、明刻本、王吴本删。

〔八七〕日數盥漱　「日數」原倒，據御覽卷七九五乙。按：舊唐書西戎傳五二八九頁作「日數盥浴」，唐會要卷一〇〇、太平寰宇記卷一八五作「數日一盥浴」。

〔八八〕俗重博戲　「博」原訛「搏」，王吴本、殿本訛「慱」，據北宋本改。按：舊唐書西戎傳五二八九頁、唐會要卷一〇〇、御覽卷七九五、太平寰宇記卷一八五均作「博」。

〔八九〕佩寶裝伏突　「伏」原訛「仗」，據北宋本、明抄本、明刻本、王吴本及舊唐書西戎傳五二八九頁、太平寰宇記卷一八五改。

〔九〇〕周迴二十餘步　「十」原訛「千」，據北宋本、明抄本、明刻本、王吴本及舊唐書西戎傳五二九〇頁、唐會要卷一〇〇、太平寰宇記卷一八五、御覽卷七九五改。

王文錦點校

通典卷第一百九十一

邊防七

西戎三

西戎總序　樓蘭　且末　杅彌　車師高昌附　龜茲

西戎總序

西域以漢孝武時始通，本三十六國，皆在匈奴之西，烏孫之南。南北有大山，中央有河，東西六千餘里，南北千餘里。〔一〕東則接漢，阸以玉門、陽關，二關並在今燉煌郡。西則限以葱嶺。諸國大率土著，有城郭田畜，與匈奴、烏孫異俗，〔二〕故皆役屬匈奴。匈奴西邊日逐王領西域，〔三〕賦稅取足焉。其南山，東出金城，今金城、會寧、安鄉、西平等即漢金城郡地。與漢南山屬焉。屬，聯也。自玉門、陽關出西域，有兩道。從鄯善傍南山北，陂河西行，〔四〕循河曰陂。彼義反。史記曰「陂山通道」。至莎車，爲南道；西踰葱嶺，則出大月氏、安息，氏音支。自車師前王庭今交河郡。隨北山，陂河西行至疏勒，爲北道。西踰葱嶺，則出大宛、康居、奄蔡

焉。〔五〕

自張騫開西域之迹，其後霍去病擊破匈奴右地，降渾邪、休屠王，屠音除。遂空其地，始築令居以西，令音鈴。縣名，今西平郡之西北。初置酒泉郡，後稍發徙人充實之，分置武威張掖燉煌酒泉四郡，地並今郡。據兩關焉。自李廣利伐大宛之後，西域震懼，多遣使來貢獻。於是東自燉煌，西至鹽澤，即蒲昌海，在今交河、北庭界中。往往起亭障。

是時軍旅連出，師行二三十年，〔六〕海内虚耗。征和中，貳師李廣利以軍降匈奴。帝既悔遠征伐，而搜粟都尉桑弘羊與丞相御史奏言：「故輪臺以東捷枝、渠犂，皆故國，地輪臺、渠犂，地名，今在交河、北庭界中，其地相連。廣，饒水草，有溉田五千頃以上，處温和，田美，可益通溝渠，種五穀，與中國同時熟。田一歲，有積穀，募人壯健有累重敢徙者詣田所，累重，謂妻子家屬。就畜積爲本業，益墾溉田，稍築列亭，連城而西，以威西國。」帝乃下詔，深陳既往之悔，〔七〕曰：「前有司奏，欲益人賦三十助邊用，每口取三十錢。〔八〕是重困老弱孤獨也。而今又請遣卒田輪臺。輪臺西於車師千餘里，前開陵侯擊車師時，開陵侯，匈奴介和王來降者也。危須、尉犂、樓蘭六國皆發畜食迎漢軍，又自發兵，凡數萬人，王各自將，共圍車師，降其王。諸國兵便罷，力不能復至道上食漢軍。漢軍破城，食至多，〔九〕壯士自載不足以竟師，雖各自載糧，而在道已盡，至歸塗，而尚苦乏食，不終師旅之事。强者盡食畜産，羸者道死數千人。朕發酒泉驢、橐駝負食，出玉門迎軍。吏卒起張掖，不甚遠，然尚廝留甚衆。廝留，言食前後離廝，不相逮及。〔一〇〕廝音斯。曩者，朕之不明，以軍候弘上書言『匈奴縛馬足，置城下，馳言「秦人，我乞若馬」』，謂中國人爲秦人，習故言也。乞若猶言乞汝。乞音氣。又漢使者久留不還，故遣貳師將軍，欲以爲使者威重也。古者卿大夫與謀，參以蓍龜，不吉不行。謂共卿大夫謀事，尚不專決，猶雜問蓍龜。乃者，丞相御史二千石諸大夫郎爲文學者，〔一一〕皆言祥善，而易之卦得大過，爻在九五，其繇曰「枯楊生華」，象曰「枯楊生華，何可久也」，謂匈奴破不久。匈奴困敗。公車方士、太史理星占氣及太卜龜蓍，〔一二〕皆以爲吉，匈奴必破，時不可得也。今便利之時，後不可再得。卦諸將，貳師最吉。卜遣諸將，而於卦中貳師最得吉。〔一三〕故朕親發貳師。今計謀卦兆皆反繆。失一狼，走千羊。乃者貳師敗，軍士死略離散，言死及被虜掠，並自離散。悲痛常在朕心。今請遠田輪臺，欲起亭隧，隧，依深險之處開行道。是擾勞天下，非所以優人也。朕不忍聞。且匈奴得漢降者，常提掖搜索，問以所聞。搜索者，恐其或私齎文書。今邊塞未正，闌出不禁，鄣候長吏使卒獵獸，以皮肉爲利，辛苦而烽火乏，失亦上集不得，爲邊塞有闌出逃亡之人，而主者不禁。又長吏利於皮肉，多使鄣候之卒獵獸，故令烽火有乏。又其人勞苦，因致奔亡。凡有此失，〔一四〕皆不集於所上文書。後降者來，若捕生口虜，乃知之。既不上文書，所以當時不知，至有降者來，及捕生口，或虜得匈奴人言之，乃知此事。當今務在禁苛暴，止擅賦，力本農，〔一五〕脩馬復令，因養馬以免徭賦也。復，方目反。以補缺，無乏武備而已。

郡國二千石各上進畜馬方略補邊狀，與計對。」〔一六〕與上計者同來赴對。由是不復出軍。而封丞相車千秋爲富人侯，〔一七〕以明休息，思富養人也。

昭帝時，乃用桑弘羊前議，以給使外國者。

至宣帝，遣衞司馬使護鄯善以西數國。及破姑師，未盡殄，分以爲車師前後王及山北六國。時漢獨護南道，未能盡并北道也。神爵三年，匈奴日逐王來降，護鄯善以西使者鄭吉迎之，乃因使吉并護北道，故號曰都護。都護之起，自吉置矣。由此匈奴益弱，不得近西域。於是徙屯田，田於北胥鞬，〔一八〕披莎車之地，鞬，居言反。披，分也。屯田校尉始屬都護。都護督察烏孫、康居諸外國。都護理烏壘城，去陽關二千七百四十里，〔一九〕與渠犂田官相近，土地肥饒，於西域爲中，故理焉。

至元帝，復戊己二校尉，屯田於車師前王庭。戊己，中央，鎮覆四方，又開渠播種，以爲厭勝，故稱戊己焉。哀平閒，自相分割爲五十五國。

凡國，自譯長、城長、君、監、吏、大禄、百長、〔二〇〕千長、都尉、且子餘反渠、當户、將、相至侯、王，皆佩漢印綬，凡三百七十六人。而康居、大月氏、安息、罽賓、烏弋之屬，皆以絶遠，不在數中。其來貢獻，則與相報，不督録總領也。

至王莽時，四邊擾亂，與中國遂絶，並復役屬匈奴。

前往西域有二道，自元始以後有三道。從玉門關西出，〔二一〕經婼羌婼，而遮反。轉西，越葱嶺，經懸度，入大月氏，爲南道。從玉門關西出，發都護井，〔二二〕廻三隴沙北頭，經居盧倉，從沙西井轉西北，〔二三〕過龍堆，到故樓蘭，轉西詣龜兹，至葱嶺，爲中道。從玉門關西北出，經横坑，辟三隴沙及龍堆，出五船北，〔二四〕到車師界戊己校尉所理高昌，轉西與中道合龜兹，爲新道。〔二五〕

至後漢永平中，匈奴脅服諸國，共寇河西郡縣，今武威、張掖等郡之地。城門晝閉。明帝乃命將北征匈奴，取伊吾盧地，今伊吾縣。〔二六〕置宜禾都尉以屯田，遂通西域于闐諸國。西域自絶六十五載，乃復通焉。明年，始復置都護、戊己校尉。及明帝崩，焉耆、龜兹攻没都護陳睦，〔二七〕匈奴、車師圍戊己校尉。

章帝不欲疲弊中國以事夷狄，〔二八〕乃迎還戊己校尉，不復遣都護，復罷屯田，匈奴因遣兵守伊吾地。時軍司馬班超留于闐，綏集諸國。

和帝永元初，竇憲大破匈奴，因遣副校尉閻盤掩擊伊吾，〔二九〕破之。三年，班超遂定西域，因以超爲都護，居龜兹。復置戊己校尉。於是五十餘國悉納質内屬。其條支、安息諸國至於海濱四萬里外，皆重譯貢獻。九年，班超遣掾甘英窮臨西海而還，皆前代所不至，莫不備其風土，傳其珍怪焉。及超被徵，以任尚爲都護，尚謂超曰：「猥承君後，宜以誨之。」超曰：「塞外吏士，本非孝子順孫，皆罪過徙補邊屯。而蠻夷懷鳥獸之心，難養易敗。今君性嚴急，水清無大魚，察政不得下和，宜蕩佚簡易，寬小過，總大綱而已。」超去後，尚私謂所親曰：「我以班君當有奇策，今所言平平耳。」尚至數年，安帝初，西域背叛，如超所誡。頻攻圍都護任尚、段禧等，朝廷以其險遠，難相應赴，詔罷都護，由此遂弃西域。北匈奴即復收屬諸國，共爲邊寇十餘歲。燉煌太守曹宗請出兵擊匈奴，〔三〇〕復欲進取西域。鄧太后不許，但令置護西域副校尉，居燉煌，羈縻而已。

其後匈奴連與車師入寇河西，漢不能禁，議者因欲閉玉門、陽關，以絶其患。尚書陳忠上疏曰：「臣聞八蠻之寇，莫甚北虜。高祖窘平城之圍，文帝屈供奉之恥。故孝武憤怒，深惟久長之計，命遣武臣，〔三一〕浮河絶漠，窮破虜庭。遂開河西四郡，〔三二〕以隔絶南羌，收三十六國，斷匈奴右臂。是以單于孤特，竄跡遠藏。由此觀之，戎狄可以威服，難以化狎。西域内附日久，區區東向扣關者數矣，此其不樂匈奴、慕漢之效也。今北虜已破車師，勢必南攻鄯善，弃而不救，則諸國從矣。若然，則虜財賄益增，〔三三〕膽勢益殖，威臨南羌，與之交連。如此，河西四郡危矣。河西既危，〔三四〕不得不救，則百倍之役興，不訾之費發矣。議者但念西國絶遠，〔三五〕卹之煩費，不見先代苦心勤勞之意也。臣以爲燉煌宜置校尉，按舊增四郡屯兵，以西撫諸國。庶足折衝萬里，震怖匈奴。」太后又召班超之子勇問之。勇議曰：「昔者孝武皇帝患匈奴强盛，開通西域，諸論者以爲奪匈奴府藏，〔三六〕斷其右臂。遭王莽篡盗，〔三七〕徵求無厭，胡夷忿毒，遂以背叛。光武中興，未遑外事，故匈奴負强，驅率諸國。及至永平，再攻燉煌、河西郡，城門晝閉。明帝命武臣出征西域，故匈奴遠遁，邊境得安。及至永元，莫不内屬。會閒者羌亂，西域復絶，北虜遂遣責諸國，備其逋租，高其價直，嚴以期會。鄯善、車師皆懷忿怒，〔三八〕思樂事漢，其路無從。前所以時有叛者，皆由牧養失宜，還爲其害。舊燉煌郡有營兵三百人，宜復之，復置護西域副校尉，居於燉煌，如永元故事。又宜遣西域長史將五百人屯樓蘭，西當焉耆、龜兹徑路，南强鄯善、于闐心膽，北扞匈奴，東近燉煌。如此誠便。」長樂衛尉譚顯等難曰：「朝廷前所以弃西域者，以其無益於中國而費難供也。今車師已屬匈奴，鄯善不可保信，一朝反覆，班將軍能保北虜不爲邊害乎？」〔三九〕勇對曰：「今中國置州牧者，以禁郡縣姦猾盗賊也。若州牧能保盗賊不起者，臣亦願以腰斬保匈奴之不爲邊害也。今通西域則虜勢必弱，虜勢弱則爲患微矣。〔四〇〕孰與歸其府藏，續其右臂哉！爲置校尉以扞北撫西，〔四一〕設長史以招懷諸國，若弃而不立，則西域屈就北虜，緣邊之郡將受困苦，〔四二〕恐河西城門復有晝閉之儆矣。今不廓開朝廷之德，而拘屯戍之費，若北虜遂熾，豈安邊久長之策哉！」大尉屬毛軫難曰：「今若置校尉，則西域絡繹遣使，求索無厭，與之則費難供，不與則失其心。一朝爲匈奴所迫，當復求救，則爲役大矣。」勇對曰：「今設以西域歸匈奴，而使其因西域租入之饒，兵馬之衆，以擾動緣邊，是爲富仇讎之財，增暴夷之勢也。置校尉者，宣威布德，〔四三〕以繫諸國内向之心，以疑匈奴覬覦之情，而無費財耗國之慮也。且西域之人無他求索，其來入者，不過稟食而已。今若拒絶，勢必北屬，夷虜并力以寇并、涼，則中國之費不止十億。」〔四四〕於是從忠、勇議。乃以勇爲西域長史，將五百人西屯柳中。今交河郡縣。勇遂破平車師。自建武至於延光，西域三絶復通。〔四五〕

順帝永建二年，勇復擊降焉耆。於是龜茲、疏勒、于闐、莎車等十七國皆來服從，而烏孫、葱嶺以西遂絶。六年，帝以伊吾舊膏腴之地，傍近西域，匈奴資之以爲抄暴，復令開設屯田如永元時事，置伊吾司馬一人。自陽嘉以後，朝威稍損，諸國驕放，轉相陵伐矣。

自魏及晉，〔四六〕中原多故，西域朝貢不過三數國焉。〔四七〕

至後魏太武帝，使董琬使西域，還，具言其地爲三域：〔四八〕自葱嶺以東，流沙以西爲一域；姑墨以南，〔四九〕月氏以北爲一域；兩海之間，水澤以南爲一域。三域之内，諸小渠長蓋以百數。其出西域，更爲四道：自玉門度流沙，〔五〇〕西行二千里至鄯善，爲一道；自玉門度流沙，北行二千二百里至車師，爲一道；從莎車西行一百里至葱嶺，西千三百里至伽部，〔五一〕爲一道；自莎車西南五百里至葱嶺，西南千三百里至波路，爲一道焉。於是貢獻者十有六國。

孝文延興中，尚書奏以燉煌一鎮，介遠西北，〔五二〕寇賊路衝，慮或不固，欲移就涼州。羣官會議。給事中韓秀曰：「此蹙國之事，〔五三〕非闢土之宜。愚謂燉煌之立，其來久矣。雖土鄰强寇，而兵人素習，縱有姦竊，不能爲害，循常置戍，足以自全，進斷北狄之覘途，退塞西夷之闚路。若徙就姑臧，慮人懷異意，或貪留重遷，情不願徙，脱引寇内侵，深爲國患。且燉煌去涼州及千餘里，〔五四〕捨遠就近，防制有闕。〔五五〕一朝廢置，是啟戎心，則夷狄交構，互相來往。恐醜徒協契，侵竊涼土，邊役繁興，艱難方甚。」乃從秀議。

隋煬帝時，遣侍御史韋節、司隸從事杜行滿使於西蕃諸國。至罽賓，得瑪瑙杯；王舍城，得佛經；史國，得十舞女、師子皮、火鼠毛而還。帝復令裴矩於武威、張掖閒往來以引致之，皆啗以厚利，令轉相諷諭。大業中，相率而來朝者四十餘國，帝因置西戎校尉以應接之。〔五六〕自燉煌西出玉門、陽關，涉鄯善，北通伊吾千里。自伊吾北通車師前部高昌壁千二百里。自高昌壁北通車師後部金蒲城今北庭府縣。五百里。此其西域之門户内地，故漢戊己校尉更互屯焉。伊吾地宜五穀、桑、麻、蒲萄，其北及柳中皆膏腴之地。故漢帝與匈奴争車師、伊吾，以制西域。至隋，有商胡雜居，勝兵千餘人，附於鐵勒，人甚驕悍，厥田良沃。隋末内屬，置伊吾郡。屬天下亂，又臣突厥。

大唐貞觀四年，以頡利破滅，遂舉其屬七城來降，因列其地爲西伊州，同於編户。至武太后如意初，武威軍總管王孝傑大破吐番，復龜兹、于闐、疎勒、碎葉四鎮，自是諸國朝貢，侔於前代矣。神龍以後，黑衣大食强盛，漸并諸國，至於西海，分兵鎮守焉。族子環隨鎮西節度使高仙芝西征，天寶十載至西海，寶應初，因賈商船舶自廣州而回，〔五七〕著經行記。今之所纂，其小國無異聞者，則不暇録焉。諸家纂西域事，皆多引諸僧遊歷傳記，如法明遊天竺記、支僧載外國事、法盛歷諸國傳、道安西域志。惟佛國記、曇勇外國傳、智猛外國傳、支曇諦烏山銘、翻經法師外國傳之類，皆盛論釋氏詭異奇迹，參以他書，則皆紕謬，〔五八〕故多略焉。

樓蘭

樓蘭，在婼羌西北，漢時通焉。王理扜泥城，〔五九〕去陽關千六百里，東去長安六千一百里。户千五百。〔六〇〕西北去都護理所千八百里，〔六一〕至山國千三百餘里，〔六二〕此國山居，故名山國。西北至車師千九百里。〔六三〕地沙鹵，寄田仰穀旁國。國多出葭葦、檉柳、胡桐、白草。白草，牛馬所嗜也。胡桐似桐，蟲食其樹而沫下流出者，俗名爲胡桐淚，言似眼淚也。〔六四〕可以汗金銀。人隨畜牧逐水草，有驢馬，多槖駝。能作兵器，〔六五〕與婼羌同。

初，漢武帝因張騫之言，甘心欲通大宛諸國，使者一歲中多至十餘輩。樓蘭、姑師當道，苦之，每供給使者，〔六六〕受其勞費，故厭苦也。攻劫漢使王恢等。漢將趙破奴率屬國騎謂諸外國屬漢者。及郡兵擊之，虜樓蘭王，遂破姑師，於是列亭障至玉門矣。樓蘭既降服貢獻，匈奴聞，發兵擊之。於是樓蘭遣一子質匈奴，一子質漢。〔六七〕後貳師將軍擊大宛，便道引兵捕樓蘭王。將詣闕，簿責王，對曰：「小國在大國閒，不兩屬無以自安，願徙國入於漢地。」上直其言，遣歸國。樓蘭王死，後王立。樓蘭國最在東垂，〔六八〕近漢，當白龍堆，乏水草，常主發道，負水擔糧，〔六九〕送迎漢使，又數爲吏卒所寇，〔七〇〕懲艾不便與漢通。艾讀曰乂。後復爲匈奴反閒，數遮漢使。昭帝遣平樂監傅介子往刺其王，〔七一〕懸首北闕下。乃立其弟尉屠耆爲王，更名其國爲鄯善。王自請天子曰：「身在漢久，今歸，單弱，而前王有子在，恐爲所拒。〔七二〕國中有伊循城，其地肥美，願漢遣一將屯田積穀，令臣得依其威重。」於是漢遣司馬一人，吏士四十人，田伊循以鎮撫之。其後置都尉，伊循官置始此矣。鄯善當漢道衝，西通且末且，此余反。七百二十里。自且末以往皆種五穀，土地、草木、産畜、作兵，略與漢同。自後無聞。至後魏太武時，其國爲沮渠安周所攻，其王西奔且末，而且末役屬之。西魏大統八年，其王兄鄯來率衆内附。〔七三〕

且末

且末國，漢時通焉。王治且末城，去長安六千八百里。〔七四〕户二百三十。西北至都護理所二千二百里，〔七五〕北接尉犂、丁零，東接白提，〔七六〕西接波斯、精絶，南至小宛可三日行。地有蒲萄諸果。人皆翦髮，着氊帽，小袖衣，爲衫則開頸而縫前。多牛羊騾驢。其王安末深盤，〔七七〕梁武帝普通五年，遣使貢獻，謂之末國。梁史云即且末。其國西北有流沙數百里，夏月有熱風，〔七八〕爲行旅之患。風之欲至，老駝先知，即鳴而聚立，〔七九〕埋口鼻於沙中，人每以爲候，即將氊擁蔽鼻口。其風迅駛，斯須過盡，若不防者，必至危斃。〔八〇〕

扜彌〔八一〕

扜彌，漢時通焉。王理扜彌城，去長安九千三百里。〔八二〕户三千三百。〔八三〕東北至都護理所三千五百里，〔八四〕南與渠勒、〔八五〕東北與龜兹、西北與姑墨接，西通于闐四百里。後漢改其國曰拘彌，居寧彌城，亦曰寧彌城國。順帝永建中，爲于闐王放前破殺其王興。陽嘉初，燉煌太守徐由遣疎勒發兵擊破于闐，遂更立拘彌王。靈帝熹平中，又爲于闐所破，殺掠殆盡，〔八六〕衆纔千口。

車師高昌附

車師前王、後王，並漢時通焉。前王國一曰前部，理交河城。今交河郡。水分流繞城下，故爲號。去長安八千一百里。〔八七〕户千五百。〔八八〕西南至都護理所千八百里。〔八九〕西域長史及戊己校尉並理於此。去燉煌十三日行。其地東西三百里，南北五百里，四面多大山。後王國理務塗谷，即今蒲城，今北庭府蒲類縣也。去長安八千九百里。〔九〇〕戶六百。〔九一〕西南至都護理所一千二百三十餘里，北與匈奴接。〔九二〕

初漢武帝征和四年中，遣重合侯馬通將諸國之兵，共圍車師，車師王降服。〔九三〕後其王烏貴與匈奴結親，遂教之遮漢道通烏孫者。〔九四〕宣帝地節二年，遣侍郎鄭吉、校尉司馬憙音許吏反。將免刑罪人田渠犂，積穀，欲以攻車師。至秋收穀，吉、憙發城郭諸國兵共擊車師，攻交河城，破之。王尚在北石城中，未得，會吉食盡，歸渠犂田。秋收後，〔九五〕更往攻石城。王乃輕騎奔烏孫焉。吉還田渠犂及車師，益積穀以安西國，侵匈奴。匈奴大臣皆曰：「車師地肥美，近匈奴，使漢得之，多田積穀，必害我國，不可不爭也。」遣騎來擊吉，吉將田士卒保車師城。匈奴圍城數日乃解。吉上書：「車師去渠犂千餘里，閒以山河，〔九六〕北近匈奴，漢兵在渠犂者勢不能相救，願益田卒。」於是召故車師太子軍宿在焉耆者，立以爲王，盡徙車師國人令居渠犂，遂以車師故地與匈奴。車師王得近漢田官，與匈奴絕，亦安樂親漢。其後置戊己校尉，屯田車師故地。即今交河郡。漢取之，以置校尉。

平帝元始中，車師後王國有新道，出五船北，通玉門關，往來差近，戊己校尉徐普欲開以省道里，〔九七〕避白龍堆之阸。車師後王姑句音鈎以道通當爲拄置，〔九八〕心不便也。拄，支拄也。言有所置立，而支拄於己，故心不便也。拄音竹禹反。地又頗與匈奴南將軍地接，其後舉國降匈奴。盡舉一國之衆。是時，王莽易匈奴單于璽，單于怒，大擊北邊，而西域亦瓦解。〔九九〕焉耆國近匈奴，先叛，殺都護但欽，莽不能討，西域因絶。

至後漢和帝永元二年，〔一〇〇〕大將軍竇憲破北匈奴，車師震慴，之涉反。前後王各遣子入侍。其後屢叛。至安帝延光四年，長史班勇擊其後王軍就，大破，〔一〇一〕斬之。桓帝永興初，後部王阿羅多攻圍漢屯田且固城，殺傷吏士。後部候炭遮領餘人叛阿羅多，〔一〇二〕詣漢降。阿羅多從百餘騎亡走北匈奴中。漢立後部故王軍就質子卑君爲後部王。阿羅多復從匈奴中來降，於是更立阿羅多爲王，將卑君還燉煌，以後部人三百帳別屬役之。食其稅。帳者，猶中國户之數。

至魏時，〔一〇三〕賜其王壹多離守魏侍中，〔一〇四〕號大都尉。晉以交河城爲高昌郡。〔一〇五〕蓋因其地高敞，人庶昌盛立名。或云昔漢武帝遣兵西討，師旅頓弊者因住焉，〔一〇六〕有漢時高昌壘故也。張軌、呂光、沮渠蒙遜在河西，皆置太守以統之。

後魏太武時，其前部王爲沮渠無諱所攻，遣使上表云：「不能自全，遂捨國東奔，三分免一，在焉耆東界，幸垂賑救。」〔一〇七〕魏使撫慰，開焉耆倉給之。文成帝末，其地又爲蠕蠕所并，立闞伯周爲王。高昌稱王自此始。闞，苦濫反。〔一〇八〕孝文太和五年，高車王阿伏至羅殺闞王，〔一〇九〕以燉煌人張孟明爲高昌王。太和二年，孟明爲國人所殺，立馬儒爲王，以鞏顧禮、〔一一〇〕麴嘉爲左右長史。儒又通使後魏，請内屬。人皆戀土，不願東遷，相與殺儒，立嘉爲王。麴嘉字靈鳳，〔一一一〕金城郡榆中人。今郡地。既立爲王，會焉耆爲嚈噠所破，衆不能自立，請主於嘉。嘉遣其第二子爲焉耆王，由是始大，益爲國人所服。

其都城周迴千八百四十步，於坐室畫魯哀公問政於孔子之像。國内有城十八，置四十六鎮。官有令尹，有交河公，田地公，〔一一二〕皆其王子也。餘官多同中國。大事決之於王，小事則太子及二公隨狀斷。平章録紀，事訖即除，籍書之外，無久掌文案。官人雖有列位，並無曹府，唯每朝集於衙門，評議衆事。諸城各有户曹、水曹、田曹。每城遣司馬、侍郎相監檢校，名爲城令。〔一一三〕服飾，丈夫從胡法，婦人略同華夏。〔一一四〕兵器有弓、箭、刀、楯、甲、矟。文字亦同華夏，兼用胡書。有毛詩、論語、孝經、歷代子史，集學官弟子，以相教授。雖習讀之，而皆爲胡語。〔一一五〕賦税則計田輸銀，〔一一六〕無者輸麻布。其刑法、風俗、婚姻、喪葬與華夏大同。其人面貌類高麗，辮髮施之於背，女子頭髮辮而垂。〔一一七〕其地高燥，多石磧，氣候温暖，與益州相似。穀麥再熟，宜蠶，多五果。有草名爲羊刺，其上生蜜，而味甚佳。赤鹽如朱，白鹽如玉。多蒲萄酒。俗事天神，兼信佛法。國中羊馬牧於隱僻，以避外寇，非貴人不知其所。又有草實如繭，中絲如細纑，名爲白疊子，國人取織以爲布，交市用焉。其國北有赤石山，山北七十里有貪汗山，〔一一八〕夏有積雪。此山之北，鐵勒界也。從武威西北有捷路，度沙磧一千餘里，四面茫然，無有蹊徑。欲往者，不可準記，唯以人畜骸骨及駝糞爲驗。路中或聞歌哭之聲，行人尋之，多致亡失，蓋魑魅魍魎也。故商旅往來，多取伊吾路。

孝明帝正光中，嘉遣使求借五經、諸史，并請國子助教劉燮以爲博士。

隋文帝開皇中，〔一一九〕突厥破其四城，有二千人來歸中國。嘉孫伯雅立，其大母本突厥可汗女，其父死，突厥令依其俗，伯雅不從者久之。突厥逼之，不得已而從。煬帝大業五年，伯雅來朝，因從擊高麗。還，尚宗女華容公主。八年，歸蕃。

至大唐武德中，遣使獻狗，雌雄各一，高六寸，長尺餘，性甚慧，能牽馬銜燭，〔一二〇〕云本生拂菻國。其後不供職貢。貞觀四年，其王文泰來朝。伯雅子。後與西突厥連結，諸國朝貢者，皆路出高昌，文泰稍擁絶之。至十三年，太宗謂其使曰：「高昌數年來朝貢脱略。我使人至彼，文泰云：『鷹飛於天，雉竄於蒿，猫遊於堂，鼠安於穴，各得其所，豈不快耶！』〔一二一〕明年當發兵，以擊汝國。」十四年八月，交河道行軍大總管侯君集平高昌國，下其郡三、縣五、城三十二，〔一二二〕户八千四十六，口萬七千七百三十，〔一二三〕馬四千三百疋。〔一二四〕太宗以其地爲西州，以交河城爲交河縣，始昌城爲天山縣，田地城爲柳中縣，東鎮城爲蒲昌縣，高昌城爲高昌縣。初，西突厥遣其葉護屯兵於可汗浮圖城，與高昌爲影響，至是懼而來降，以其地爲庭州，并置蒲類縣，每歲調內地更發千人鎮遏焉。

黄門侍郎褚遂良上疏曰：「臣聞古者哲后，必先華夏而後戎狄，務廣德化，不事遐荒。是以周宣薄伐，至境而止；始皇遠塞，中國分離。漢武負文景之聚財，翫士馬之餘力，〔一二五〕始通西域，將三十年。復得天馬於宛城，采蒲萄於安息。而海內空竭，生人物故，所以租至六畜，算至舟車，因之年凶，〔一二六〕盜賊並起。搜粟都尉桑弘羊復希主意，請遣士卒遠田輪臺，築城以威西域。武帝翻然追悔，弃輪臺之野，下哀痛之詔，人神感悦，海內乂康。向使不然，生靈盡矣。是以光武中興，不踰葱嶺；孝章即位，都護來歸。今誅滅高昌，威加西域，收其鯨鯢，以爲州縣。然則王師初發之歲，河西供役之年，飛芻輓粟，十室九空，數郡蕭然，五年不復。陛下歲遣千餘人遠事屯戍，終年離別，萬里思歸。去者資裝，自須營辦，既賣菽粟，傾其機杼。〔一二七〕經途死亡，復在言外。兼遣罪人，增其防遏。彼罪人者，生於販肆，終朝惰業，〔一二八〕犯禁違公，必能擾於邊城，無益於行陣。所遣之內，復有逃亡，〔一二九〕官司捕捉，爲國生事。設令張掖塵飛，酒泉烽舉，豈能得高昌一人斗粟而及事乎？終須起發隴右諸州，星馳電擊。由斯而言，此河西者方已腹心，彼高昌者他人手足，豈得糜費中華，以事無用。書曰『不作無益害有益』，此之謂也。陛下平頡利以沙塞，滅吐渾於西海，突厥餘衆，爲立可汗，〔一三〇〕吐渾遺萌，〔一三一〕更樹君長。復立高昌，非無前例，此所謂有罪而誅之，既伏而立之。四海百蠻，誰不聞見，蠕動懷生，畏威慕德。宜擇高昌可立者而立之，徵給首領，兼還本國，負戴漢恩，〔一三二〕長爲藩翰。中國不擾，既富且寧，傳之子孫，以貽永代矣。」不從。

龜茲

龜茲，一曰丘茲，又曰屈茨。漢時通焉。王理延城，今名伊邏盧城。都白山之南二百里，〔一三三〕隋西域圖記云：〔一三四〕「白山一名阿羯山，常有火及煙，即是出硇砂之處。」〔一三五〕東去長安七千五百里。〔一三六〕户七千。〔一三七〕南與精絶、東南與且末、西南與杅彌、北與烏孫、西與姑墨接。能鑄冶。俗有城郭。東至都護理所烏壘城四百里。〔一三八〕烏壘户百十。與都護同理。其南三百里至渠犂。〔一三九〕渠犂，城都尉一人，户百三十。東北與尉犂、東南與且末、南與精絶接。昭帝田輪臺，與渠犂地皆相連也。宣帝時，烏孫公主遺女。〔一四〇〕東有大河東流，號計戍水，據漢書則黃河也。其真黃河也，見雍州西平郡篇。

大唐貞觀二十三年，將軍阿史那社爾伐龜茲，虜其王而歸，立嗣子素稽爲王。〔一四一〕今安西都府所理，則龜茲城也。今王則震之後也。今并有漢時姑墨、温宿、尉頭三國之地。

校勘記

〔一〕南北千餘里　原涉上而脱，據漢書西域傳上三八七一頁補。

〔二〕與匈奴烏孫異俗　原無「匈奴」和「俗」，據漢書西域傳上三八七二頁增補。

〔三〕匈奴西邊日逐王領西域　「匈奴」原涉上而脱，據漢書西域傳上三八七二頁補。

〔四〕陂河西行　「陂」原作「波」，據北宋本、明抄本、明刻本、王吴本改。下同。

〔五〕則出大宛康居奄蔡焉　原「焉」下有「耆」，後人誤增，今據北宋本、王吴本删。

〔六〕師行三十年　「三十」，漢書西域傳下三九一二頁作「三十二」。

〔七〕帝乃下詔深陳既往之悔　原「乃下詔」在「悔」下，據漢書西域傳下三九一二頁移上。

〔八〕每口取三十錢　「口」原訛「日」，據諸本改。按：漢書西域傳下顔注三九一四頁作「口」。

〔九〕食至多　「食」上原有「糧」，清人臆增，今據北宋本、明抄本、明刻本、王吴本删。按：漢書西域傳下三九一三頁無「糧」字。

〔一〇〕言食前後離斷不相逮及　「離斷」原訛「雜厠」，「逮及」原倒，據漢書西域傳下顔注三九一四頁改乙。

〔一一〕諸大夫郎爲文學者　「郎」原脱，據北宋本、王吴本補。按：漢書西域傳下三九一三頁有「郎」字。

〔一二〕太史理星占氣　漢書西域傳下三九一三頁作「太史治星望氣」。按：杜佑改作「理」者，避高宗諱；改作「占」者，避父諱。

〔一三〕卜遣諸將而於卦中貳師最得吉　「卜」漢書西域傳下顔注三九一五頁作「上」，俱通。「而」原訛「内」，據北宋本、明抄本、明刻本改。

〔一四〕凡有此失　「有」原脱，據北宋本、明抄本、明刻本、王吴本補。

〔一五〕力本農　原「農」上有「務」，後人擅增，今據北宋本、明抄本、王吴本删。按：漢書西域傳下三九一四頁無「務」字。

〔一六〕與計對　「對」原作「偕」，後人臆改者。今據北宋本及漢書西域傳下三九一四頁改回。

〔一七〕而封丞相車千秋爲富人侯　「車」原作「田」，據北宋本、明抄本、明刻本及漢書西域傳下三九一四頁改。「人」漢書作「民」，杜氏諱改。按：作「田」雖不誤，然非通典之舊。

〔一八〕田於北胥鞬　「田」原涉上而脱，「北」原作「比」，據漢書西域傳上三八七四頁補改。

〔一九〕去陽關二千七百四十里　「四十」漢書西域傳上三八七四頁作「三十八」，通典約舉成數，以下皆然。

〔二〇〕百長　原作「伯長」，據漢書西域傳下三九二八頁、太平寰宇記卷一八〇改。

〔二一〕從玉門關西出　「西出」原倒，據三國志烏丸鮮卑東夷傳裴注引魏略西戎傳八五九頁、太平寰宇記卷一八〇乙。

〔二二〕都護井　「井」原訛「并」，據北宋本改。按：三國志烏丸鮮卑東夷傳裴注引魏略西戎傳八五九頁、太平寰宇記卷一八〇作「井」。

〔二三〕從沙西井轉西北　「西井轉」原脱，據三國志烏丸鮮卑東夷傳裴注引魏略西戎傳八五九頁補。

〔二四〕出五船北　「北」原訛「皆」，據三國志烏丸鮮卑東夷傳裴注引魏略西戎傳八五九頁、太平寰宇記卷一八〇改。

〔二五〕爲新道　「爲」原脱，據三國志烏丸鮮卑東夷傳裴注引魏略西戎傳八五九頁、太平寰宇記卷一八〇補。

〔二六〕今伊吾縣　「伊吾」原作「伊武」，北宋本、明抄本、王吴本作「吴郡」，明刻本作「吾郡」，並誤。今據殿本改。按：後漢書西域傳二九一〇頁李注云：「在今伊州伊吾縣也。」

〔二七〕都護陳睦　後漢書西域傳二九〇九頁同。後漢書集解引惠棟説，謂袁宏後漢紀作「陳穆」。

〔二八〕章帝不欲疲弊中國　「弊」原訛「幣」，據諸本改。

〔二九〕副校尉閻盤　「校」原訛「使」，據後漢書和帝紀一七〇頁、竇憲傳八一四頁、西域傳二九一〇頁改。「盤」竇憲傳同，和帝紀作「磐」，西域傳作「槃」。

〔三〇〕曹宗　「宗」原作「崇」，據後漢書西域傳二九一一頁改。

〔三一〕武臣　後漢書西域傳二九一一頁作「虎臣」，通典諱改。下同。

〔三二〕遂開河西四郡　「河西」原倒，據後漢書西域傳二九一二頁乙。按：下文有「如此河西四郡危矣」之語。

〔三三〕則虜財賄益增　「財」原脱，據後漢書西域傳二九一二頁補。

〔三四〕河西既危　四字原脱，據後漢書西域傳二九一二頁補。

〔三五〕西國絶遠　「國」後漢書西域傳二九一二頁作「域」。

〔三六〕府藏　「府」原作「庫」，據北宋本、王吴本及後漢書班勇傳一五八七頁改。

〔三七〕遭王莽篡盜　「盜」原訛「位」，據北宋本及後漢書班勇傳一五八七頁改。

〔三八〕皆懷忿怒　「忿怒」後漢書班勇傳一五八七頁作「憤怨」。

〔三九〕班將軍能保北虜不爲邊害乎　後漢書班勇傳一五八八頁無「軍」。李注云：「以勇爲軍司馬，故以將言之。」此「軍」字，蓋杜氏以意增之。

〔四〇〕虜勢弱則爲患微矣　「弱」上原有「必」，標點本後漢書班勇傳一五八八頁據劉攽東漢書刊誤删「必」，今從删。

〔四一〕爲置校尉以扞北撫西　後漢書班勇傳一五八八頁作「今置校尉以扞撫西域」。

〔四二〕將受困苦　「苦」後漢書班勇傳一五八八頁作「害」。

〔四三〕宣威布德　「威布」原倒，據北宋本及後漢書班勇傳一五八九頁乙。

〔四四〕不止十億　「十」後漢書班勇傳一五八九頁作「千」。

〔四五〕三絶復通　「復」後漢書西域傳二九一二頁作「三」。

〔四六〕自魏及晉　「自」上原有「爰」，清人擅增，據北宋本、明抄本、明刻本、王吴本删。

〔四七〕不過三數國焉　「數」原作「四」，清人擅改，今據北宋本、明抄本、明刻本、王吴本改回。

〔四八〕具言其地爲三域　「其」原訛「且」，據魏書西域傳二二六一頁、北史西域傳三二〇七頁改。「三域」，魏書、北史作「四域」。下文「自葱嶺以東，流沙以西爲一域」下，魏書、北史有「葱嶺以西，海曲以東爲一域」十一字，通典删而未録，故云三域。

〔四九〕姑墨以南　「姑」原訛「始」，據北宋本改。魏書西域傳二二六一頁、北史西域傳三二〇七頁並作「者舌以南」。按：通典有姑墨，見卷一九二，無者舌。魏書、北史西域傳中姑墨、者舌俱有。

〔五〇〕自玉門度流沙　「度」原脱，據魏書西域傳二二六一頁、北史西域傳三二〇七頁補。

〔五一〕伽部　魏書西域傳二二六一頁、北史西域傳三二〇七頁作「伽倍」。

〔五二〕介遠西北　「介」原作「界」，據魏書韓秀傳九五三頁、北史韓秀傳九九七頁改。

〔五三〕此蹙國之事　「國」原作「境」，據北宋本改。按：魏書韓秀傳九五三頁、北史韓秀傳九九七頁均作「國」。

〔五四〕且燉煌去涼州及千餘里　「及千餘里」原作「三千里」，據魏書韓秀傳九五三頁補改。

〔五五〕防制有闕　「防制」魏書韓秀傳九五三頁、北史韓秀傳九九七頁均作「遥防」。

〔五六〕西戎校尉　「西戎」隋書西域傳一八四一頁作「西域」。

〔五七〕自廣州而回　「回」北宋本、明刻本作「過」。

〔五八〕則皆紕繆　「皆」原脱，據北宋本補。

〔五九〕扜泥城　「扜」原訛「扞」，據北宋本、明刻本、殿本改。按：漢書西域傳上三八七五頁即作「扜」。

〔六〇〕户千五百　漢書西域傳上三八七五頁「五百」下有「七十」。

〔六一〕去都護理所千八百里　「千八百里」，漢書西域傳上三八七五頁作「千七百八十五里」，通典約舉成數。以下皆然。

〔六二〕至山國千三百餘里　漢書西域傳上三八七六頁作「至山國千三百六十五里」。

〔六三〕西北至車師千九百里　「千九百里」漢書西域傳上三八七六頁作「千八百九十里」。

〔六四〕言似眼淚也　「淚」原訛「流」，據北宋本及漢書西域傳上顔注三八七六頁改。

〔六五〕能作兵器　漢書西域傳上三八七六頁無「器」，杜佑以意增之。

〔六六〕每供給使者　「供」原脱，據漢書西域傳上三八七六頁增補。

〔六七〕於是樓蘭遣一子質匈奴一子質漢　「一子質匈奴」原涉下而脱，據漢書西域傳上三八七七頁補。

〔六八〕樓蘭國最在東垂　「在」原脱，據漢書西域傳上三八七八頁補。

〔六九〕負水擔糧　「水」原訛「米」，據漢書西域傳上三八七八頁、太平寰宇記卷一八一改。

〔七〇〕又數爲吏卒所寇　「寇」原脱，據漢書西域傳上三八七八頁、太平寰宇記卷一八一補。

〔七一〕傅介子　「傅」原訛「傳」，據諸本改。

〔七二〕恐爲所拒　「拒」漢書西域傳上三八七八頁作「殺」。

〔七三〕其王兄鄯來率衆内附　「兄」原訛「允」，據北宋本改。「鄯來」，周書異域志下九一六頁、太平寰宇記卷一八一作「鄯米」，北史西域傳三二〇九頁、通志卷一九六作「鄯善米」，北史魏本紀一七八頁作「鄯朱那」，御覽卷七九九作「鄯善未」。

〔七四〕去長安六千八百里　漢書西域傳上三八七九頁「八百」下有「二十」。

〔七五〕二千二百里　漢書西域傳上三八七九頁「二百」下有「五十八」。

〔七六〕東接白提　「接」原訛「與」，據太平寰宇記卷一八一改。

〔七七〕安末深盤　「深」原訛「染」，據梁書諸夷傳八一四頁、南史夷貊傳下一九八六頁改。

〔七八〕夏月有熱風　北史西域傳三二〇九頁、御覽卷七九八「月」作「日」。

〔七九〕即鳴而聚立　北史西域傳三二〇九頁、御覽卷七九八「鳴」作「嗔」。

〔八〇〕必至危斃　「必至」原作「以致」，據北史西域傳三二〇九頁、御覽卷七九八、太平寰宇記卷一八一改。

〔八一〕杅彌　漢書西域傳上三八八〇頁作「扜彌」。

〔八二〕去長安九千三百里　「三百」漢書西域傳上三八八〇頁作「二百八十」。

〔八三〕户三千三百　漢書西域傳上三八八〇頁「三百」下有「四十」。

〔八四〕三千五百里　漢書西域傳上三八八〇頁「五百」下有「五十三」。

〔八五〕渠勒　「渠」原訛「疎」，據漢書西域傳上三八八〇頁、太平寰宇記卷一八一改。

〔八六〕殺掠殆盡　北宋本「殆」作「殄」。

〔八七〕去長安八千一百里　漢書西域傳下三九二一頁「一百」下有「五十」。

〔八八〕户千五百　漢書西域傳下三九二一頁作「户七百」，後漢書西域傳二九二九頁作「領户千五百餘」。通典此處採自范書。

〔八九〕千八百里　漢書西域傳下三九二一頁「百」下有「七」。

〔九〇〕去長安八千九百里　漢書西域傳下三九二一頁「九百」下有「五十」。

〔九一〕户六百　漢書西域傳下三九二一頁作「户五百九十五」，後漢書西域傳二九二九頁作「領户四千餘」。通典此處採自班書。按：杜氏於車師前國户數從范書，於車師後國户數從班書，隨意輯鈔，並無定準。

〔九二〕北與匈奴接　「奴」下原有「地」，據北宋本、明刻本、王吴本删。

〔九三〕共圍車師車師王降服　上「車師」下原有「焉」，「王」下原有「乃」，清人擅增者。今據北宋本、明刻本、王吴本删。

〔九四〕後其王烏貴與匈奴結親遂教之遮漢道通烏孫者　句上原有「昭帝時匈奴復使四千騎田車師」，「後」原作「及」，據北宋本删改。按：明刻本下句作「教之遮通焉」，王吴本作「教之遮漢道」，此下均有「昭帝時匈奴復使四千騎田車師」，乃參據漢書西域傳增添者，清人又將之移前，展轉竄易，俱非通典之舊。

〔九五〕秋收後　漢書景祐本、殿本均作「收秋畢」。

〔九六〕閒以山河　漢書西域傳下三九二三頁「山河」作「河山」。

〔九七〕欲開以省道里　漢書西域傳下三九二四頁「里」下有「半」。

〔九八〕以道通當爲拄置　漢書西域傳下三九二四頁無「通」。

〔九九〕車師後王姑句以道通當爲拄置心不便也地又頗與匈奴南將軍地接其後舉國降匈奴是時王莽易匈奴單于璽單于恕大擊北邊而西域亦瓦解　據漢書西域傳載，車師後王國「地又頗與匈奴南將軍地接」，戊己校尉徐普「欲分明其界然後奏之，召姑句使證之，不肯，繫之」。姑句「即馳突出高昌壁，入匈奴」。時王莽秉政，遣王昌使匈奴，單于謝罪，以姑句付使者，莽命會西域諸國王而斬之。至王莽篡位，建國二年，車師後王須置離爲戊己校尉刀護所殺，置離兄狐蘭支舉國亡降匈奴。「是時，莽易單于璽，單于恨怒，遂受狐蘭支降，遣兵擊車師」，旋與狐蘭兵復還匈奴。後三歲，單于死，弟烏絫單于咸立，與王莽和親。「後王莽復欺詐單于，和親遂絶。匈奴大擊北邊，而西域亦瓦解」。可知姑句入匈奴與車師後部舉國降匈奴，單于怒與大擊北邊而西域瓦解，皆非一人一時之事。杜氏摘取數語而拼合成文，殊失事實。

〔一〇〇〕和帝永元二年　「永元」原訛「元光」，據後漢書西域傳二九二九頁改。

〔一〇一〕後王軍就　「就」原脱，據後漢書西域傳二九三〇頁補。

〔一〇二〕後部候炭遮　「候」原作「侯」，據後漢書西域傳二九三一頁改。

〔一〇三〕至魏時　「魏」下原衍「帝」，據北宋本、王吴本删。

〔一〇四〕壹多離　「壹」原作「一」，據北宋本、王吴本改。

〔一〇五〕晉以交河城爲高昌郡　「晉」上原有「及」，清人擅增者。今據北宋本、明刻本、王吴本删。

〔一〇六〕師旅頓弊　「弊」原訛「敝」，據北宋本、明刻本、王吴本及北史西域傳三二一二頁改。

〔一〇七〕幸垂賑救　「賑」原訛「帳」，據諸本改。

〔一〇八〕闞苦濫反　「苦」原作「始」，涉上而誤。太平寰宇記卷一八〇作「苦」，與廣韻闞部反切合，今據改。

〔一〇九〕孝文太和五年高車王阿伏至羅殺闞王　上「王」原作「主」，據北史西域傳三二一二頁、太平寰宇記卷一八〇改。按：北史西域傳三二一三頁云：「太和初，伯周死，子義成立，歲餘，爲從兄首歸所殺，自立爲高昌王。五年，高車王阿至羅殺首歸兄弟。」隋書西域傳一八四六頁略同。通典未分別言之，混稱「闞王」，順上文讀來，壹似被殺者爲闞伯周。

〔二〇〕鞏顧禮　北史西域傳三二一三頁、太平寰宇記卷一八〇同。隋書西域傳一八四六頁無「禮」字。

〔二一〕麴嘉字靈鳳　「麴」上原有「高昌」，衍文。今據隋書西域傳一八四六頁、北史西域傳三二一三頁、太平寰宇記卷一八〇刪。

〔二二〕田地公　「地」原訛「北」，據北宋本、明刻本、王吳本改。按：北史西域傳三二一四頁、太平寰宇記卷一八〇均作「地」。下「田地城」同。

〔二三〕名爲城令　北史西域傳三二一五頁無「城」字。

〔二四〕婦人略同華夏　「婦」下原衍「女」，據太平寰宇記卷一八〇刪。按：隋書西域傳一八四七頁、北史西域傳三二一五頁作：「婦人裙襦，頭上作髻，其風俗政令與華夏略同。」通典刪節過當。

〔二五〕雖習讀之而皆爲胡語　「胡語」原脱訛作「詩」，今據北史西域傳三二一五頁、御覽卷七九四、太平寰宇記卷一八〇補改。

〔二六〕賦税則計田輸銀　北史西域傳三二一五頁、御覽卷七九四「銀」下有「錢」。

〔二七〕其人面貌類高麗辮髮施之於背女子頭髮辮而垂　太平寰宇記卷一八〇「垂」上有「不」字。按：此數句隋書、北史高昌傳均不見。隋書、北史謂其婦人頭上作髻，此云「辮而垂」，兩相抵牾。不知通典所據何書。

〔一八〕貪汗山　北宋本「汗」作「汙」，誤。

〔一九〕隋文帝開皇中　「隋」上原有「及」，清人所增者。今據北宋本、明抄本、明刻本、王吴本删。

〔二〇〕能牽馬銜燭　「牽」舊唐書西戎傳五二九四頁作「曳」。

〔二一〕豈不快耶　王吴本、殿本及唐會要卷九五、太平寰宇記卷一八〇、通考卷三三六同。北宋本、明抄本「快」作「理」，舊唐書西戎傳五二九五頁作「活」。

〔二二〕城三十二　太平寰宇記卷一八〇、通考卷三三六同。元和郡縣志卷四〇一〇三一頁、舊唐書西戎傳五二九五頁、唐會要卷九五、新唐書西域傳上六二二一頁、通鑑卷一九五六一五五頁均作「二十二」，當是。

〔二三〕口萬七千七百三十　太平寰宇記卷一八〇、通考卷三三六同。舊唐書西戎傳五二九五頁作「口三萬七千七百」，唐會要卷九五作「口三萬七千七百三十八」，新唐書西域傳上六二二一頁作「口三萬」，通鑑卷一九五六一五五頁作「口一萬七千七百」。

〔二四〕馬四千三百疋　「馬四」原倒，據北宋本、明抄本、明刻本、王吴本乙。

〔二五〕氍士馬之餘力　「士」原訛「司」，據諸本改。

〔二六〕因之年凶　舊唐書褚遂良傳二七三六頁、唐會要卷九五作「因之凶年」。

〔二七〕傾其機杼　王吴本、殿本及舊唐書褚遂良傳二七三六頁、唐會要卷九五、太平寰宇記卷一八〇同。北宋本、明抄本、明刻本「傾」作「假」，非。

〔二八〕生於販肆終朝惰業　「販」原訛「敗」，「朝」原訛「於」，據舊唐書褚遂良傳二七三六頁、唐會要卷九五、太平寰宇記卷一八〇改。

〔二九〕復有逃亡　「有」原脱，據北宋本、王吳本補。

〔三〇〕爲立可汗　原作「尋爲可汗」，王吳本、殿本同，誤。今據舊唐書褚遂良傳二七三七頁、唐會要卷九五、太平寰宇記卷一八〇改。按：北宋本、明抄本、明刻本作「爲可汗」，脱「立」。

〔三一〕吐渾遺萌　「遺萌」王吳本、殿本、局本作「隨崩」，明人妄改，清人沿之。今據北宋本、明抄本、明刻本及太平寰宇記卷一八〇改回。按：舊唐書褚遂良傳二七三七頁、唐會要卷九五作「遺甿」，「萌」與「甿」通。

〔三二〕負戴漢恩　唐會要卷九五、太平寰宇記卷一八〇同。舊唐書褚遂良傳二七三七頁「漢」作「洪」。

〔三三〕都白山之南二百里　「二百里」，隋書西域傳一八五一頁、北史西域傳三二一七頁均作「一百七十里」。

〔三四〕隋西域圖記　「記」原脱，今據卷一九二大宛條注補。

〔三五〕即是出硇砂之處　「硇」原訛「磠」，王吳本、殿本同。北宋本訛作「碙」。今校正。

〔三六〕東去長安七千五百里　「五百」漢書西域傳下三九一一頁作「四百八十」。杜氏約舉成數。下同。

〔三七〕户七千　漢書西域傳下三九一一頁作「户六千九百七十」。

〔三八〕四百里　漢書西域傳下三九一一頁作「三百五十」。

〔三九〕其南三百里至渠犁　漢書西域傳下三九一一頁「三百」下有「三十」

〔四〇〕宣帝時烏孫公主遣女　按：此九字與龜兹無關，下有脱文故也。漢書西域傳下三九一六頁載，宣帝「時烏孫公主遣女來京師學鼓琴，漢遣侍郎樂奉送主女，過龜兹。龜兹前遣人至烏孫求公主女，未還，會女過龜兹，龜兹王留不遣，復使使報公主，主許之。後公主上書，願令女比宗室入朝，而龜兹王絳賓亦愛其夫人，上書言得尚漢外孫爲昆弟，願與公主女俱入朝。元康元年，遂來朝賀」。蓋通典起草之初，杜氏見此節與龜兹有關，乃標舉「宣帝時烏孫公主遣女」一題，容後編寫，不料迄於定稿，亦未加補録，遂使此九字贅設。

〔四一〕大唐貞觀二十三年將軍阿史那社爾伐龜兹虜其王而歸立嗣子素稽爲王　「而」原訛「如」，據太平寰宇記卷一八一改。按：舊唐書西戎傳五三〇四頁云：「社爾因立其王之弟葉護爲王。」至於立素稽爲王，乃高宗顯慶三年事，見通鑑卷二〇〇六三〇九頁。兩事相距十年，不應混爲一談。杜氏編寫史文，常有此誤。

王文錦點校

通典卷第一百九十二

邊防八

西戎四

焉耆　于闐　疏勒　烏孫　姑墨　温宿　烏秅　難兜　大宛　莎車

罽賓　烏弋山離　條支　安息　大夏　大月氏　小月氏

焉耆

焉耆，漢時通焉。王理員渠城，員，于君反。在白山之南七十里，去長安七千三百里。户四千。西南至都護理所四百里，南去尉犁百里，北與烏孫接，東去交河城今郡九百里，西去龜兹九百里，皆沙磧。其國近海水，多魚鹽蒲葦之利。四面有大山，道險阨易守。海水曲入四山之内，周匝其城三十餘里。

後漢明帝永平末，有户萬五千，與龜兹共攻没都護陳睦。至和帝永元六年，〔一〕都護班超發諸國兵討之，殺其王。超乃立焉耆左候元孟爲王。〔二〕至安帝時，西域背叛。延光中，超子勇爲西域長史，復討定之。

至晉武帝太康中，其王龍安遣子入侍，安夫人獪胡之女，〔三〕獪，古邁反。姙身十二月，剖脇生子，曰會，立爲世子。會少而勇傑，安病篤，謂會曰：「我嘗爲龜兹王白山所辱，汝能雪之，乃吾子也。」及會立，襲滅白山，遂據其國，遣子熙歸本國爲王。會有膽氣籌略，遂霸西域，〔四〕葱嶺以東莫不率服。

其俗丈夫翦髮，婦人衣襦，著大袴。婚姻同華夏。兵有弓、刀、甲、矟。死亡者皆焚而後葬，其服制滿七日則除之。俗事天神。氣候寒，土田良沃，穀有稻、粟、菽、麥，畜有駝、馬、牛、羊。養蠶不以爲絲，唯取綿纊。俗尚蒲萄酒，兼愛音樂。

其後張駿遣沙州刺史楊宣率衆疆理西域，〔五〕宣以部將張植爲前鋒，軍次其國，進屯鐵門，未至十餘里，熙又率衆先要之於遮留谷。植將至，或曰：「漢祖畏於柏人，岑彭死於彭亡，谷名遮留，殆將有伏。」單騎嘗之，果有伏發，植擊敗之，進據尉犂，熙降於宣。呂光僭位，熙遣子入侍。

至魏〔六〕，遣成周公萬度歸討之，其王鳩尸卑那衆大潰，〔七〕單騎走入山中。度歸進屠其城，四鄙諸戎皆降服。〔八〕焉耆爲國，斗絕一隅，不亂日久，獲其珍奇異玩，殊方詭譎難名之物，橐駝、馬、牛、雜畜巨萬焉。至後周武帝保定四年，其王遣使獻名馬。又，隋煬帝

大業中，其王龍突騎遣使貢方物。〔九〕

大唐貞觀六年正月，又遣使貢方物。今其王龍姓，即突騎之後。盡并有漢時尉犂、危須、山國三國之地，并鄯善之北界矣。

于闐

于闐，漢時通焉。都葱嶺之北二百餘里，去長安九千七百里。〔一〇〕户三萬二千。〔一一〕東北至都護理所三千九百里。〔一二〕南與婼羌接，北與姑墨接。東北去龜兹千四百里，〔一三〕東至鄯善千五百里，西通皮山國四百里，去朱俱波國千里，〔一四〕西北至疏勒國千五百里。其國之西，水皆西流，注西海。其東，水東流，注鹽澤。即蒲昌海。國有阿耨達山，據漢書，河源出焉。名首拔河，亦名樹拔河，或云即黄河也。北流七百里，〔一五〕入計戍水，一名計首水，即葱嶺南河，同入鹽澤。或云阿耨達即崑崙山。耨，内屋反。風俗物産與龜兹略同。

後漢建武末，莎車王賢强盛，攻并于闐，徙其主俞林爲驪歸王，以莎車將軍居德爲于闐王。明帝永平中，居德死後，于闐將休莫霸自立爲王。休莫霸死，兄子廣德立後，遂滅莎車，其國轉强盛，從精絶西北至疏勒十三國皆服從。而鄯善王亦始强焉。自是南道自葱嶺以東，〔一六〕唯此二國爲大。

後漢、〔一七〕魏、後魏、梁、後周、隋、大唐貞觀中，並遣使通焉。今王姓尉遲。國西五百里有比摩寺，俗云是老子化胡成佛之所。初老子至此，〔一八〕白日昇天，與羣胡辭訣，言我暫遊天上，尋當下生。其後出天竺國，化爲胡王太子，自稱曰佛，因立此寺焉。其王錦帽，金鼠冠，〔一九〕妻戴金花。其王髮不令人見，俗云若見髮，年必儉。

其地多水潦砂石。氣候温，土良沃，宜稻麥，多蒲萄。有水出玉，曰玉河。〔二〇〕國人善鑄銅器。其居曰西山城，有屋室市井蓏蔬，與中國同。〔二一〕蓏，力果反。王所居加以朱畫。其人恭敬，〔二二〕相見則跪，其跪一膝至地。書則以木爲筆札，以玉爲印。國人得書，先戴於首，而後開封。自高昌以西，諸國人多深目高鼻，惟此一國，貌不甚胡，頗類華夏。

自漢孝武帝至今，〔二三〕中國詔令、書册、符節，悉得傳以相付，敬而存焉。今并有漢戎盧、杆彌、渠勒、皮山、精絶五國之地。

疏勒

疏勒，漢時通焉。王理疏勒城，去長安九千三百里。〔二四〕户千五百。〔二五〕都白山南百餘里。東至都尉理所二千二百里。〔二六〕南有河，西帶葱嶺，亦名雪山，在國西北百餘里，河所出。東去龜茲千五百里，西去撥汗國撥汗一名判汗。千里，〔二七〕當大月氏、大宛、康居道。南去莎車五六百里，北去朱俱波八九百里。〔二八〕隋史云：「東北去突厥牙帳千餘里，東南去瓜州四千六百里。」在于闐國北千五百里。土多稻、粟、蔗、麥、銅、鐵、綿、錦、雌黃。〔二九〕

後漢明帝永平中，龜茲王建攻殺疏勒王成，自以龜茲左候兜題爲疏勒王。〔三〇〕漢遣班超劫縛兜題，而立成之兄子忠爲疏勒王。忠後反叛，〔三一〕超擊斬之。耿恭爲戊己校尉，屯車師後王金蒲城，〔三二〕爲匈奴所攻，恭引衆入疏勒。城中乏水，穿井十五丈不得水。恭整衣冠向井拜，拔刀刺山，飛泉湧出。〔三三〕賊遂退。安帝元初中，疏勒王安國死，舅臣盤立爲王，〔三四〕漸以强盛，户至二萬一千。順帝永建二年，遣使奉獻。至靈帝建寧初，爲季父和得所殺，自立爲王。其後連相殺害，漢不能復禁。

至後魏孝文末，貢獻，隋煬帝大業中又通焉。其王手足皆六指，産子非六則不育。王戴金師子冠。

唐貞觀中朝貢。今其國王姓裴，并有漢時莎車、捐毒、休循三國之地，侍子常在京師。

杜環經行記云：「拔汗那國在怛邏斯南千里，東隔山，去疏勒二千餘里，西去石國千餘里。〔三五〕城有數十，兵有數萬。大唐天寶十年，嫁和義公主於此。國主有波羅林，林下有毬場。又有野鼠，遍於山谷。偏宜蒲陶、馣羅果、香棗、桃、李。〔三六〕從此國至西海，盡居土室，衣羊皮、疊布，男子婦人皆著鞾。婦人不飾鉛粉，〔三七〕以青黛塗眼而已。」馣音諳。

烏孫〔三八〕

烏孫，漢時通焉。大昆彌理赤谷城，烏孫於西域諸戎其形最異。今之胡人，青眼赤髭鬢，狀類彌猴者，本其種也。其國謂王曰昆彌，亦曰昆莫。去長安八千九百里。户十二萬。〔三九〕東至都護理所千七百里，〔四〇〕西至康居蕃内地五千里。地平。多雨，寒。山多松樠。其心似松。音武元反。不田作種樹，樹，殖也。隨畜逐水草，與匈奴同俗。國多馬，富人至四五千疋。東與匈奴、西北與康居、西與大宛、南與城郭諸國接。本塞地也，大月氏西破走塞王，塞王南越懸度，大月氏居其地。後烏孫昆莫擊破大月氏，大月氏徙西，臣大夏，而烏孫昆莫居之。昆莫、昆彌，皆王號也。故烏孫國有塞種、大月氏種焉。

始張騫言烏孫本與大月氏共在燉煌閒，今烏孫强大，可厚賂招，令東居故地，妻以公主，以制匈奴。武帝即位，令騫齎金幣往，昆莫於是始獻馬，〔四一〕願尚公主。元封中，遣江都王建女細君爲公主，以妻焉。公主別理宮室而居，歲時一再與昆莫會，置酒飲食，昆莫年老，語言不通，公主悲愁，自作歌以述意，天子聞而憐之。昆莫死，孫岑陬立。岑陬者，官號也，名軍須靡。公主死，漢復以楚王戊之孫解憂爲公主，妻之。岑陬死，季父子翁歸靡立，號曰肥王，復尚解憂公主。宣帝初，公主及昆彌翁歸靡上書，言「匈奴連歲侵擊，欲發國半精兵，自給人馬五萬騎，盡力擊匈奴，唯天子出兵以救」。本始二年，漢發十五萬騎，五將軍分道並出。遣校尉常惠持節護烏孫兵，昆彌將五萬騎從西方入，至匈奴右谷蠡王庭，谷音鹿。蠡音黎。獲四萬級，馬、牛、羊、驢、橐駝七十餘萬。

宣帝時，都護鄭吉請分烏孫爲大昆彌、小昆彌。〔四二〕後段會宗爲都護時，〔四三〕烏孫兵圍，驛騎上書，願發城郭、燉煌兵以自救。丞相王商、大將軍王鳳及百僚議數日，不決。上召陳湯問。對曰：「臣以爲此必無可憂。夫胡兵五而當漢兵一。何者？兵刃朴鈍，弓弩不利。今聞頗得漢工，〔四四〕然猶三而當一。又兵法曰：『客倍而主人半然後料敵。』〔四五〕今烏孫人衆不足以勝會宗，惟陛下勿憂。且兵輕行五十里，重行三十里，今會宗發城郭、燉煌，歷時而至，所謂報讎之兵，非救急之用也。烏孫瓦合，〔四六〕不能久攻，不過五日，當有吉語聞。」居四日，軍書至，言已解。會宗招還亡畔，安定之。〔四七〕

歸靡死，烏孫貴人共立岑陬子泥靡，代爲昆彌，號狂王，復尚解憂，生一男鴟靡，王不與主和，又暴惡失衆。漢使衞司馬魏和意、副候任昌送侍子，公主言狂王爲烏孫所患苦，易誅也。遂謀置酒會，罷，使士拔劍，旁下，狂王傷，上馬馳去。其子細沈瘦會兵圍和意、昌及公主於赤谷城。數月，城中困急。都護鄭吉發諸國兵救之，乃解去。初，肥王翁歸靡胡婦子烏就屠，狂王傷時驚，與諸翎音翕侯俱去，居北山中，揚言母家匈奴兵來，故衆歸之。後遂襲殺王，自爲昆彌。宣帝詔立肥王之子元貴靡爲大昆彌，烏就屠爲小昆彌。後元貴靡孫雌栗靡立，〔四八〕國亂，段會宗立其季父伊秩靡爲大昆彌。哀帝元壽二年，伊秩靡與匈奴單于烏珠留，名囊知牙斯，呼韓邪之子。〔四九〕並入朝，漢以爲榮。自烏孫分立兩昆彌後，漢用憂勞，且無寧歲。言或鎮撫，或威制之，故多事。其後無聞。

至後魏時，亦朝貢。其國數爲蠕蠕所侵，西徙葱嶺。

姑墨

姑墨，漢時通焉。王理南城，去長安八千一百里。〔五〇〕户三千五百。東至都護理所二千里，〔五一〕南至于闐馬行十五日，北界接烏孫。出銅、鐵、雌黄。東通龜兹六百里。〔五二〕王莽時，其王丞殺温宿王，并其國。至後魏時，役屬龜兹。

温宿

温宿，漢時通焉。王理温宿城，今京兆府醴泉縣北有山名温宿嶺者，本因漢時得温宿國人令居此田牧，〔五三〕因名也。去長安八千三百餘里。户二千二百。東至都護理所二千三百餘里，西至尉頭三百里，北至烏孫赤谷六百餘里。土地物類所有與鄯善諸國同。東通姑墨二百餘里。〔五四〕至後魏時，亦役屬龜兹。

烏秅

烏秅，上一加反。下直加反。漢時通焉。王理烏秅城，去長安萬里。〔五五〕户五百。〔五六〕東北至都護理所四千九百里，〔五七〕北與子合、蒲黎，西與難兜接。山居，田石閒。〔五八〕有白草。累石爲室。人接手飲。〔五九〕自高山下溪澗中飲水，故接連其手，如猿飲。出小步馬，小，細也。細步，言其能蹀足，所謂百步千跡。有驢無牛。西有懸度，石山也，〔六〇〕溪谷不通，以繩索相引而渡。去陽關五千九百里，〔六一〕去都護理所五千里。〔六二〕其國後魏又通，謂之於摩國。

難兜

難兜，漢時通焉。去長安萬一百里。〔六三〕户五千。東北至都護理所二千八百里，〔六四〕西南至罽賓三百里，〔六五〕南與婼羌、北與休循，〔六六〕西與大月氏接。種五穀、蒲陶諸果。〔六七〕有銀、銅、鐵，〔六八〕作兵與諸國同。屬罽賓。

大宛

大宛，漢時通焉。王理貴山城，去長安萬二千五百里。〔六九〕户六萬。東至都護理所四千里，〔七〇〕北至康居卑闐城千五百里，〔七一〕西南至大月氏七百里。〔七二〕北與康居、南與大月氏接。土地風氣物類人俗與大月氏、安息同。

大宛左右以蒲陶爲酒，富人藏酒至萬餘石，久者至數十年不敗。人嗜酒，馬嗜苜蓿。多善馬，汗血，言其先天馬子。大宛國中有高山，其上有馬，不可得，因取五色母馬置其下與集，生駒，皆汗血，因號曰天馬子。〔七三〕始張騫爲武帝言之，帝遣使者持千金及金馬，以請宛善馬。宛王以漢絶遠，大兵不能至，遂殺漢使。於是太初元年拜李廣利爲貳師將軍，期至貳師取善馬。〔七四〕

率數萬人至其境，攻郁城不下，引還。往來二歲，至燉煌，士卒存者十不過一二。帝怒其不尅，使遮玉門不許入，貳師因留屯燉煌。又遣貳師率六萬人，負私從者不與焉，牛十萬，馬三萬，驢橐駝萬數，天下騷然。益發戍甲卒十八萬，置居延、休屠今武威、張掖郡界以衞酒泉。貳師至宛，宛人斬王毋寡首獻焉。漢軍取其善馬數十匹，中馬以下牝牡三千匹，而立宛貴人昧蔡爲王，約歲獻馬二匹，遂採蒲陶、苜蓿種而歸。貳師再行，往返凡四歲。

自宛以西至安息，雖頗異言，然大同，自相曉知也。〔七五〕其人皆深目，多髭髯。善賈。其俗貴女子，女子所言，丈夫乃決正。其地無絲漆，不知鑄鐵器。〔七六〕及漢使亡卒降，教鑄作兵器。漢使治其國及亡卒降其國者，皆教之。

後漢明帝時，〔七七〕宛又獻汗血馬。至後魏文成帝和平六年，孝文太和三年，並遣使獻馬。隋時蘇對沙那國，即漢大宛也。宋膺異物志：「大宛馬有肉角數寸，或有解人語及知音、舞與鼓節相應者。」隋西域圖記云：「其馬，騮馬、烏馬多赤耳，黃馬、赤馬多黑耳。唯耳色別，自餘毛色與常馬不異。」又云：「王姓蘇色匿，字底失槃陁，積代承襲不絕。」按今王即底失槃陁之後也。

莎車

莎車，漢時通焉。王理莎車城，去長安九千九百里。〔七八〕户二千三百。〔七九〕東北至都護理所四千七百里，〔八〇〕西至疎勒五百里，〔八一〕西南至蒲犂七百里。〔八二〕有鐵山，出青玉。

宣帝時，莎車王呼屠徵殺漢使者，約諸國叛漢。會衛候馮奉世使大宛，以便宜發諸國兵擊殺之，傳其首詣長安，諸國悉平，威振西域。奉世至大宛，宛聞其斬莎車王，敬之異於他使，得其名馬象龍而還。馬形似龍。帝甚説，下議封奉世。少府蕭望之以奉世擅制發諸國兵，雖有功効，不可以爲後法，即封奉世關内侯，後奉使者利以奉世爲比，争逐發兵，〔八三〕要功萬里之外，爲國家生事於夷狄，漸不可長，不宜授封。帝善其議，以奉世爲光禄大夫。

元帝時，奉世死後二年，西域都護甘延壽以誅郅音質支單于封爲列侯。於是杜欽上疏，追訟奉世前功曰：「前莎車王殺漢使者，約諸國背叛，而奉世以便宜發兵誅莎車王，册定城郭，功施邊境。議者以奉世奉使有指，春秋之義亡遂事，漢家之法有矯制，故不得侯。今匈奴郅支單于殺漢使者，亡保康居，都護延壽發城郭兵屯田吏士四萬餘人以誅斬之，封爲列侯。臣愚以爲比罪則郅支薄，量敵則莎車衆，用師則奉世寡，計勝則奉世爲功於邊境安，慮敗則延壽爲禍於國家深。〔八四〕其違命而擅生事同，延壽則割地封，而奉世獨不録。臣聞功同賞異則勞臣疑，願下有司議。」帝以先帝時事，〔八五〕不復録。後漢荀悦論曰：「成其功，義足封，追録前事可也。春秋之義，〔八六〕毁泉臺則惡之，舍中軍則善之，各由其宜也。夫矯制之事，先王之所慎也，不得已而行之。若矯大而功小，有罰可也；矯小而功大，有賞可也；功過相敵，如斯而已可也。權其輕重而爲制宜。」

至王莽時亂，匈奴略有西域，唯莎車不附屬。

後漢光武建武五年，河西大將軍竇融乃承制立其王康爲漢莎車建功懷德王、西域大都尉，五十五國皆屬焉。康死，弟賢代立。賢攻破拘彌、西夜國，皆殺其王，而立其兄康兩子爲拘彌、西夜王。於是西域始通，葱嶺以東諸國皆屬賢，諸國號賢爲單于。賢後攻殺龜茲王，遂兼其國。嬀塞王自以國遠，遂殺賢使，賢擊滅之，立其國貴人駟韃爲嬀塞王。〔八七〕韃，檢言反。塞，蘇得反。賢又自立其子則羅爲龜茲王。其烏壘、大宛、于闐、姑墨、子合等國，悉被賢改易其王。莎車相且運等且，子餘反。下同。患賢驕暴，密謀反城降于闐。反音幡。〔八八〕于闐王廣德乃將諸國兵三萬人攻莎車。賢乃輕騎出，廣德遂執賢，殺之。匈奴聞廣德滅莎車，遣兵將賢質子不居徵立爲莎車王。〔八九〕章帝時，長史班超發諸國兵擊破之，由是遂降漢。

班固論曰：「孝武之代，圖制匈奴，患其兼從西國，結黨南羌，乃表河西，列四郡，開玉門，通西域，以斷匈奴右臂，隔絶南羌、月氏。單于失援，自是遠遁，而幕南無王庭。因文景玄默，養人五代，天下殷富，財力有餘，士馬强盛，故能睹犀布、〔九〇〕瑇瑁則建珠崖七郡，感蒟音矩醬、竹杖則開牂牁、越巂，聞天馬、蒲陶則通大宛、安息。自是之後，萬里相奉，師旅之費，不可勝計。至於用度不足，乃搉酒酤，筦鹽鐵，鑄白金，造皮幣，筭至車船，租及六畜，人力屈，財貨竭，屈音其物反。〔九一〕因之以凶年，羣盗並起。是以末年，〔九二〕遂弃輪臺之地，而下哀痛之詔，豈非仁聖之所悔哉！且通西域，〔九三〕近有龍堆，遠則葱嶺，身熱、頭痛、縣度之阨。淮南、杜欽、楊雄之論，皆以爲此天地所以界別區域、絶外内也。書云『西戎即序』，禹貢之辭。序，次也。禹就而序之，非上威服致其貢物也。西域諸國，各有君長，兵衆分弱，無所統一，雖屬匈奴，不相親附。匈奴能得其馬畜旃罽，而不能統率與之進退。與漢隔絶，道里又遠，得之不爲益，弃之不爲損。盛德在我，無取於彼。故自建武以來，西域思漢威德，〔九四〕咸樂内屬。唯其小邑鄯善、車師，界迫匈奴，尚爲所拘。而其大國莎車、于闐之屬，數遣使置質，願請都護。聖上遠覽古今，因時之宜，羈縻不絶，辭而未許。雖大禹之序西戎，周公之讓白雉，太宗之却走馬，義兼之矣，亦何以尚茲！」

罽賓

罽賓在懸度山西，漢時通焉。王理循鮮城，去長安萬二千二百里。不屬都護。户口勝兵多，大國也。東北至都護理所六千八百里，〔九五〕東至烏秅國二千二百里，〔九六〕東北至難兜國九日行，〔九七〕西北與大月氏、西南與烏弋山離接。昔匈奴破大月氏，大月氏西君大夏，而塞王南君罽賓。塞種分散，往往爲數國。自疏勒以西北，休屠、捐毒之屬，皆故塞種也。顔師古曰，即釋種也。

罽賓地平，温和，有苜蓿，雜草奇木，檀、櫰、梓、竹、漆。櫰音懷，槐之類，〔九八〕葉大而黑。種五穀、蒲陶諸果，糞理園田。地下濕，生稻，冬食生菜。其民巧，雕文刻鏤，理宮室，織罽，刺文繡，好理食。有金銀銅錫，以爲器。市列。市有列肆，〔九九〕如中國。金銀爲錢，文爲騎馬，幕爲人面。錢文面作騎馬形，漫面作人面目也。〔一〇〇〕今所呼幕皮，謂其平而無文也。出犎牛、水牛、〔一〇一〕象、大狗、沐猴、孔雀、犎牛，項上高起。〔一〇二〕大狗，如驢，赤色。珠璣、珊瑚、琥珀、璧琉璃。琉璃，青色如玉。魏略「大秦國出赤、白、黑、黄、青、緑、縹、紺、紅、紫十種琉璃」。〔一〇三〕孟康言青色，不博通也。此自然之物，彩澤光潤，踰於衆玉，其色不常。今俗所用，皆銷冶石汁，以衆藥灌而爲之，尤虚脆不貞，〔一〇四〕實非其物也。他畜與諸國同。

自漢武帝時始通，其王自以絶遠，大兵不至，〔一〇五〕雖遣使貢獻，屢殺漢使。至成帝時，又遣使者奉獻。漢欲遣使者報送其使，杜欽説大將軍王鳳曰：「凡中國所以爲通厚蠻夷、㥦快其求者，爲壤比而爲寇也。比，近也。爲其土壤接近，能爲寇也。㥦音苦頰反。〔一〇六〕今懸度之阸，非罽賓所能越也。其鄉慕，不足以安西域；雖不附，不能危城郭。城郭，總謂西域諸國也。今遣使皆行賈賤人，欲通貨市買，以朝獻爲名，故煩使者送至懸度，恐失實見欺。凡遣使送客者，欲防護寇害也。起皮山南，更不屬漢之國四五，言經歷不屬漢者凡四五國。斥候士百餘人，五分夜擊刁斗自守，尚時爲所侵盗。驢畜負糧，須諸國稟食，得以自贍。國或貧小不能食，或桀黠不肯給，擁强漢之節，餒山谷之閒，離一二旬則人畜弃捐曠野而不反。又歷大頭痛、小頭痛之山，〔一〇七〕赤土、身熱之阪，令人身熱無色，頭痛嘔吐，驢畜盡然。又有三池、盤石阪，道陿者尺六七寸，長者徑三十里。臨峥嶸不測之深，行者騎步相持，繩索相引，二千餘里乃到懸度。險阻危阸，不可勝言。聖王分九州，制五服，務盛内，不求外。今遣使者承至尊之命，送蠻夷之賈，勞吏士之衆，涉危難之路，罷弊所恃以事無用，非久長計也。」於是鳳白從欽言。罽賓實利賞賜賈市，其使數年而一至。自後無聞。

至後魏始通之，都善見城。

至隋時，〔一〇八〕謂之漕國，在葱嶺之西南。〔一〇九〕隋史曰「即漢時罽賓國」。其王姓昭武，康國之宗族。勝兵萬餘人。國法嚴整，殺人及賊盗皆死。其俗淫祀。葱嶺山有順天神者，儀制極華，金銀鍱爲屋，〔一一〇〕以銀爲地。祠前一魚脊骨，其孔中通，馬騎出入。國王戴金魚頭冠，〔一一一〕坐金馬座。土多稻、粟、豆、麥，饒象，馬，犎牛，金，銀，鑌音賓鐵，氍㲣，〔一一二〕始盧反。硃砂，青黛，安息、青木等香，石蜜，半蜜，〔一一三〕黑鹽，阿魏，没藥，白附子。北去帆延七百里，東去劫國六百里，東北去瓜州六千六百里。〔一一四〕大業中，遣使貢物。〔一一五〕

大唐貞觀十一年，其國遣使，又號罽賓，獻倶物頭花，丹紫相閒，其香遠聞。

烏弋山離

烏弋山離，漢時通焉。去長安萬二千二百里。不屬都護。户口多，大國也。東北至都護理所六十日行，東與罽賓、北與撲桃、〔一一六〕西與犂靬、條支接。犂靬，即大秦也。犂讀與驪同。

軒，巨連反。行可百餘日，乃到條支。魏時其國名排持。〔一一七〕

條支

條支，漢時通焉。去陽關二萬二千一百里，在葱嶺之西。城在山之上，周迴四十餘里。臨西海，海水曲環其南及東、北，〔一一八〕三面路絕，唯西北隅通陸道。土地暑熱下濕，田宜稻。出犎牛、孔雀，〔一一九〕有大鳥，卵如甕。人衆甚多。往往有小君長，安息役屬之，以爲外國。安息以條支爲外國，〔一二〇〕如言蕃國。善眩。〔一二一〕

其草木、畜產、五穀、果菜、食飲、宮室、市列、錢貨、兵器、金珠之屬皆與罽賓同，〔一二二〕而有桃拔、〔一二三〕獅子、犀牛。桃拔一名符拔，似鹿，長毛，一角者或爲天鹿，兩角者或爲辟邪。〔一二四〕師子似大蟲，正黃有髯耏，尾端茸毛大如斗。爾雅亦謂之狻猊。拔音步葛反。耏，亦頰旁毛也。髯音而占反。耏音而。其錢獨文爲人頭，〔一二五〕幕爲騎馬。絕遠，漢使希至。自玉門、陽關出南道，歷鄯善而南行，至烏弋山離，〔一二六〕南道極矣。轉北而東，復馬行六十餘日至安息。

後和帝永元中，班超遣掾甘英使大秦，抵條支，臨大海欲渡，而安息西界船人謂英曰：「海水廣大，往來者逢善風，三月乃得渡，若遇惡風雨，亦有三歲者。」〔一二七〕英聞而止。

安息

安息國，漢時通焉。王理番兜城，番音盤。去長安萬一千六百里，在葱嶺之西，大宛之西可數千里，不屬都護。北與康居、東與烏弋山離、西與條支接。土地、風氣、物類、人俗與烏弋、罽賓同。亦以銀爲錢，文獨爲王面，幕爲夫人面，王死輒更鑄錢。有大馬大爵。大爵，頸及膺身、蹄似橐駝，〔一二八〕色蒼，舉頭高八九尺，張翅丈餘，食大麥。地方數千里，最大諸國。地臨嬀水，今謂烏滸河。商賈車船行旁國。書革，旁行爲書記。今西方胡書皆橫行，不直下。革謂皮不柔者。

武帝始遣使至安息，其王令騎迎於東界木鹿城，號爲小安息，去王都數千里，行比至，〔一二九〕過數十城，人户相屬。屬，連也。因發使隨漢使，以大鳥卵及犂靬眩人獻。至後漢章帝時，理和櫝城。遣使獻師子、符拔。符拔形似麟而無角。

自安息西行三千四百里至阿蠻國。從阿蠻西行三千六百里至斯賓國。〔一三〇〕從斯賓南行渡河，又西南至于羅國九百六十里，〔一三一〕安息西界極矣。自此南乘海，乃通大秦，其土多海西珍奇異物。

至後周武帝天和二年，其王理蔚搜城，遣使貢獻。

至隋大業五年，〔一三二〕安息國遣使朝貢。隋史云，即漢時安息國，〔一三三〕王姓昭武，與康國王同族。都在那密水南，城有五重，環以流水。宮殿皆爲平頭。王坐金駝座，高七八尺。〔一三四〕風俗同於康國，唯妻其姊妹，及母子遞相禽獸，此爲異也。

大夏

大夏，漢時通焉。在大宛西南二千餘里，嬀水南。其俗土著，有城屋，與大宛同俗。去漢萬二千里，居漢西南。本無大君長，城邑往往置小君長。其兵弱，畏戰。善賈市。及大月氏西徙，攻敗之，皆臣畜，共稟漢使者。同受節度。大夏人多，可百餘萬，〔一三五〕有市販賈諸物。其東南接身毒國，皆屬大月氏。

大月氏

大月氏，漢時通焉。理藍氏城，在大宛西可二三千里，居嬀水北，其南則大夏，西接安息四十九日行，北則康居，去長安萬一千六百里。不屬都護。户十萬。東去長史所居六千五百里。土地、氣候、物類、風俗、錢貨與安息同。出一封橐駝。〔一三六〕脊上高起。

其國本行國也，隨畜移徙，與匈奴同俗。控弦十餘萬，故恃强輕匈奴。本居燉煌、祁連閒，祁連在今張掖郡之西北。至冒頓單于攻月氏，而老上單于殺月氏王，以其頭爲飲器，乃遠去，過大宛，西擊大夏而臣之，都嬀水北爲王庭。其餘小衆不能去者保南山羌，號小月氏。

於大夏分其國五部翖侯。後百餘歲，貴霜翖古翕字侯丘就卻攻滅四翖侯，〔一三七〕自立爲王，因號貴霜王。又滅僕達、罽賓，悉有其國。復滅天竺。月氏自此之後，最爲富盛。

至後魏代，北與蠕蠕接，數爲所侵，遂西徙都薄羅城，去弗敵沙二千一百里。弗敵沙在藍氏城東。後其王寄多羅勇武，遂興師越大山，南侵北天竺，自乾陁羅以北五國盡役屬之。國人乘四輪車，或四牛、六牛、八牛輓之，在車大小而已。太武時，其國人商販到京師，自云能鑄石爲五色琉璃，於是採礦山中，於京師鑄之。既成，光澤美於西方來者。乃詔爲行殿，容百餘人，光色映澈，觀者驚以爲神明所作。自此琉璃遂賤，人不復珍之。玄中記：「瑪瑙出大月氏。」又有牛名爲日及，今日取其肉，明日瘡愈。」宋膺異物志云：「月氏國有羊，〔一三八〕尾重十斤，割之供食，尋生如故。」

小月氏

小月氏，理富樓沙城。其王本大月氏王寄多羅子也。寄多羅爲蠕蠕所逐，西徙，後令其子守此城，因號小月氏焉。在波路西南。後魏史云，去漢萬六千六百里。〔一三九〕先居西平、張掖之閒，並今郡。被服頗與羌同。其俗以金銀錢爲貨。〔一四〇〕隨畜牧移徙，亦類北狄。

校勘記

〔一〕和帝永元六年　「元」原訛「光」，據後漢書西域傳二九二八頁改。

〔二〕焉耆左候元孟　「候」原訛「侯」，據後漢書西域傳二九二八頁改。

〔三〕安夫人獪胡之女　「獪」晉書四夷傳二五四二頁作「獪」。

〔四〕遂霸西域　「西域」晉書四夷傳二五四二頁作「西胡」。

〔五〕疆理西域　「疆」原作「經」，據北宋本、明抄本、明刻本及晉書四夷傳二五四二頁改。

〔六〕至魏　「魏」下原有「時」，據北宋本、明抄本、明刻本、王吳本刪。

〔七〕鳩尸卑那　「鳩尸」原倒，據北宋本、明抄本、明刻本及魏書西域傳二二六六頁乙。

〔八〕四鄙諸戎皆降服　「鄙」原訛「部」，據魏書西域傳二二六六頁、北史西域傳三二一七頁、太平寰宇記卷一八一改。

〔九〕龍突騎　北史西域傳三二一七頁、太平寰宇記卷一八一「騎」下有「支」。

〔一〇〕去長安九千七百里　「七百」漢書西域傳上三八八一頁作「六百七十」。通典約舉成數。下同。

〔一一〕户三萬二千　後漢書西域傳二九一五頁同。漢書西域傳上三八八一頁作「户三千三百」。

〔一二〕三千九百里　漢書西域傳上三八八一頁「九百」下有「四十」。

〔一三〕東北去龜茲千四百里　魏書西域傳二二六二頁、北史西域傳三二〇九頁均無「東」。太平寰宇記卷一八一有「東」。

〔四〕西通皮山國四百里去朱俱波國千里　「去」下原有「東」，誤。今據太平寰宇記卷一八一刪。魏書西域傳二二六二頁無「西通皮山國四百里」，而下句作「西去朱俱波千里」。通典無「西」者，蒙上而省。

〔五〕北流七百里　「流」原訛「海」，據太平寰宇記卷一八一改。

〔六〕亦始強焉自是南道　「焉」原作「盛」，「自」原作「由」，據北宋本、明抄本、明刻本改。

〔七〕後漢　原脱，據北宋本、明抄本、明刻本、王吴本及太平寰宇記卷一八一補。

〔八〕初老子至此　「初」原脱，據北宋本、明抄本、明刻本、王吴本補。

〔九〕金鼠冠　「鼠」原作「裝」，據隋書西域傳一八五三頁、北史西域傳三二一〇頁、御覽卷七九二、册府卷九六〇一一二九六頁改。

〔一〇〕有水出玉曰玉河　太平寰宇記卷一八一、册府卷九六〇一一二九五頁同。北宋本、明抄本、明刻本、王吴本上「玉」作「名」。

〔一一〕有屋室市井菰蔬與中國同　「井」原訛「并」，據諸本改。「國」下原有「多」，據北宋本、明抄本、明刻本、王吴本删。

〔一二〕其人恭敬　太平寰宇記卷一八一同。北宋本、明抄本、明刻本無「敬」。

〔一三〕漢孝武帝　北宋本及太平寰宇記卷一八一無「帝」字。

〔一四〕去長安九千三百里　漢書西域傳上三八九八頁「三百」下有「五十」。

〔二五〕户千五百　漢書西域傳上三八九八頁「五百」下有「一十」。

〔二六〕二千二百里　漢書西域傳上三八九八頁「二百」下有「一十」。

〔二七〕撥汗國　「撥」魏書西域傳二二六八頁、隋書西域傳一八五三頁、北史西域傳三二一九頁作「鏺」。

〔二八〕南去莎車五六百里北去朱俱波八九百里　魏書西域傳二二六八頁、隋書西域傳一八五二頁、北史西域傳三二一九頁作「南去朱俱波八九百里」。與此異。

〔二九〕土多稻粟蔗麥銅鐵綿錦雌黄　魏書西域傳二二六八頁作「土多稻粟麻麥銅鐵錫雌黄錦綿」，隋書西域傳一八五二頁作「土多稻粟麻麥銅鐵錦雌黄」，北史西域傳三二一九頁作「土多稻粟麻麥銅鐵錫雌黄」，御覽卷七九三作「多稻粟麻麥銅鐵銀雌黄」，太平寰宇記卷一八一作「土多稻粟甘蔗麥銅鐵綿纊雌黄」。諸書不盡同。

〔三〇〕左候　「候」原訛「侯」，據北宋本、王吴本改。

〔三一〕忠後反叛　「反叛」原倒，據後漢書西域傳二九二六頁乙。

〔三二〕金蒲城　「蒲」原訛「滿」，據後漢書耿恭傳七二〇頁改正。

〔三三〕拔刀刺山飛泉湧出　據後漢書耿恭傳七二一頁，拔刀刺山，飛泉湧出，乃貳師將軍事，耿恭惟拜禱，未曾拔刀刺山。

〔三四〕臣盤　後漢書西域傳一九二七頁作「臣磐」。

〔三五〕西去石國千餘里　「石」原訛「本」，據北宋本及太平寰宇記卷一八一改。

〔三六〕偏宜蒲陶䴴羅果香棗桃李　「偏」原作「土」，據明抄本、明刻本、王吴本改。按：北宋本作「徧」。「李」原訛「季」，據諸本改。

〔三七〕婦人不飾鉛粉　「鉛」原訛「金」，據北宋本、明抄本、明刻本、王吴本改。

〔三八〕烏孫　「孫」下原有「者」，據北宋本、明抄本、明刻本、王吴本删。

〔三九〕户十二萬　「二」原訛「三」，據漢書西域傳下三九〇一頁、太平寰宇記卷一八二改。

〔四〇〕東至都護理所千七百里　漢書西域傳下三九〇一頁「七百」下有「二十一」。

〔四一〕昆莫於是始獻馬　「昆莫」原誤重，據北宋本、王吴本删。

〔四二〕鄭吉請分烏孫爲大昆彌小昆彌　「昆彌小」原脱，據御覽卷七九五引通典補。

〔四三〕後段會宗爲都護時　「護」原訛「尉」，據漢書段會宗傳三〇二三頁、御覽卷七九五引通典改。

〔四四〕今聞頗得漢工　「工」漢書陳湯傳三〇二三頁作「巧」。

〔四五〕客倍而主人半然後料敵　御覽卷七九五引通典、太平寰宇記卷一八二同。漢書陳湯傳三〇二三頁無「料」字。

〔四六〕烏孫瓦合　原作「烏合」，據漢書陳湯傳三〇二三頁、御覽卷七九五引通典、太平寰宇記卷一八二補改。

〔四七〕會宗招還亡畔安定之　「之」原脱，據太平寰宇記卷一八二補。

〔四八〕後元貴靡孫雌栗靡立　「後」原倒在「元貴靡」下，據太平寰宇記卷一八二乙。

〔四九〕名囊知牙斯　「囊知」原訛「槖如」，據漢書匈奴傳下三八〇九頁、太平寰宇記卷一八二改。

〔五〇〕去長安八千一百里　漢書西域傳下三九一〇頁「一百」下有「五十」。

〔五一〕東至都護理所二千里　漢書西域傳下三九一〇頁「二千」下有「二十一」。

〔五二〕東通龜茲六百里　漢書西域傳下三九一〇頁「六百」下有「七十」。

〔五三〕本因漢時得温宿國人令居此田牧　「得」原脱，「田」原訛「守」，據漢書西域傳下師古注三九一一頁補改。按：北宋本、明抄本「田」下衍「守」。

〔五四〕東通姑墨二百餘里　「東」原倒在「墨」下，據漢書西域傳下三九一一頁乙。

〔五五〕去長安萬里　漢書西域傳上三八八二頁作「去長安九千九百五十里」。

〔五六〕户五百　漢書西域傳上三八八二頁作「户四百九十」。

〔五七〕四千九百里　「里」原脱，據文例補。漢書西域傳上三八八二頁作「四千八百九十二里」。

〔五八〕田石閒　「田石」原倒，據北宋本、明抄本、明刻本、王吴本乙。漢書西域傳上三八八二頁作「田石閒」。

〔五九〕人接手飲　「飲」原脱，據漢書西域傳上三八八二頁補。

〔六〇〕石山也　原倒脱作「山石」，據漢書西域傳上三八八二頁乙補。

〔六一〕五千九百里　漢書西域傳上三八八二頁作「五千八百八十八里」。

〔六二〕去都護理所五千里　漢書西域傳上三八八二頁「五千」下有「二十」。

〔六三〕去長安萬一百里　漢書西域傳上三八八四頁「一百」下有「五十」。

〔六四〕二千八百里　漢書西域傳上三八八四頁「八百」下有「五十」。

〔六五〕至罽賓三百里　漢書西域傳上三八八四頁「三百」下有「三十」。

〔六六〕北與休循　「循」原訛「脩」，據漢書西域傳上三八八四頁、太平寰宇記卷一八二改。

〔六七〕蒲陶諸果　「諸」原脱，據漢書西域傳上三八八四頁補。

〔六八〕有銀銅鐵　「銅鐵」原倒，據漢書西域傳上三八八四頁乙。

〔六九〕去長安萬二千五百里　漢書西域傳上三八九四頁「五百」下有「五十」。

〔七〇〕東至都護理所四千里　漢書西域傳上三八九四頁「四千」下有「三十一」。

〔七一〕千五百里　漢書西域傳上三八九四頁「五百」下有「一十」。

〔七二〕西南至大月氏七百里　「西」原脱，據北宋本補。「七百里」漢書西域傳上三八九四頁作「六百九十里」。

〔七三〕因號曰天馬子　「曰」原作「爲」，據北宋本及漢書西域傳上師古注三八九五頁改。

〔七四〕期至貳師取善馬　「期」上原有「擊宛」，清人所增者，今據北宋本、明抄本、明刻本、王吴本删。

〔七五〕自相曉知也　「自」原訛「因」，據諸本改。

〔七六〕不知鑄鐵器　「鐵」原脱，據漢書西域傳上三八九六頁、太平寰宇記卷一八二補。

〔七七〕後漢明帝時　句上原有「至」，下「隋時」上原有「及」，皆清人擅增，並據北宋本、明抄本、明刻本、王吴本删。

〔七八〕去長安九千九百里　漢書西域傳上三八九七頁「九百」下有「五十」。

〔七九〕户二千三百　漢書西域傳上三八九七頁「三百」下有「三十九」。

〔八〇〕四千七百里　漢書西域傳上三八九七頁「七百」下有「四十六」。

〔八一〕西至疎勒五百里　漢書西域傳上三八九七頁「五百」下有「六十」。

〔八二〕西南至蒲犂七百里　漢書西域傳上三八九七頁「七百」下有「四十」。

〔八三〕争逐發兵　「逐」原訛「遂」，據漢書馮奉世傳三二九四頁改。

〔八四〕計勝則奉世爲功於邊境安慮敗則延壽爲禍於國家深　「計」原作「制」，「爲功」原作「多」，「境」下原有「安」，「敗」原作「危」，誤。今據漢書馮奉世傳三三〇一頁、太平寰宇記卷一八二改。

〔八五〕帝以先帝時事　「事」原脱，據漢書馮奉世傳三三〇一頁、太平寰宇記卷一八二補。

〔八六〕春秋之義　「義」原脱，據北宋本、明抄本、明刻本及太平寰宇記卷一八二補。

〔八七〕嫣塞王　「嫣」原脱，據後漢書西域傳二九二四頁補。

〔八八〕反音幡　「幡」原作「番」，據北宋本、明抄本、王吴本改。

〔八九〕不居徵　「徵」原訛「微」，據後漢書西域傳二九二六頁、太平寰宇記卷一八二改。

〔九〇〕犀布　「布」原作「象」，據北宋本、明抄本、明刻本及漢書西域傳下三九二八頁、太平寰宇記卷一八二改。

〔九一〕屈音其物反　「音」原缺，據北宋本、明抄本、明刻本補。

〔九二〕是以末年 「是以」原作「至於」，據漢書西域傳下三九二九頁、太平寰宇記卷一八二改。按：北宋本訛作「自以」。

〔九三〕且通西域 「通」原脱，據漢書西域傳下三九二九頁、太平寰宇記卷一八二補。

〔九四〕西域思漢威德 「威」原作「盛」，據漢書西域傳下三九三〇頁、太平寰宇記卷一八二改。

〔九五〕六千八百里 漢書西域傳上三八八四頁「八百」下有「四十」。

〔九六〕二千二百里 漢書西域傳上三八八四頁「二百」下有「五十」。

〔九七〕東北至難兜國九日行 「北」原訛「南」，據王吴本及漢書西域傳上三八八四頁、太平寰宇記卷一八二改。按：北宋本「東」與「難」間殘損兩字。

〔九八〕櫰音懷槐之類 「懷」原訛「櫰」，「類」原訛「種」，據漢書西域傳上師古注三八八五頁及明刻本改。按：北宋本「懷」作「槐」。北宋本、明抄本、王吴本「類」字亦不誤。

〔九九〕市有列肆 「列」原脱，據漢書西域傳上師古注三八八五頁補。

〔一〇〇〕錢文面作騎馬形漫面作人面目也 「文」原脱，「漫」原作「後」，據北宋本、王吴本及漢書西域傳上張晏注三八八五頁補改。

〔一〇一〕水牛 原涉上而脱，據漢書西域傳上三八八五頁、太平寰宇記卷一八二補。

〔一〇二〕項上高起 「項」原訛「頂」，據北宋本及漢書西域傳上師古注三八八五頁、太平寰宇記卷一八二改。

〔一〇三〕赤白黑黄青緑縹紺紅紫 「黑」原訛「赤」，「緑縹」原倒，據北宋本、明抄本、明刻本、王吴本及漢書西域傳上三八八五頁改乙。

〔一〇四〕以衆藥灌而爲之尤虚脆不貞　「爲」原作「成」，「貞」原作「真」，誤。據北宋本及漢書西域傳上師古注三八八五頁改。按：明抄本、明刻本、王吴本「爲」字猶未改動。

〔一〇五〕大兵不至　「大」原脱，據北宋本及太平寰宇記卷一八二補。

〔一〇六〕㥞音苦頰反　「苦」原訛「若」，據北宋本、明抄本、明刻本及漢書西域傳上師古注三八八七頁改正。

〔一〇七〕又歷大頭痛小頭痛之山　前「頭痛」原脱，據漢書西域傳上三八八七頁補。按：北宋本脱「小頭痛」三字。

〔一〇八〕至隋時　「隋」下原有「帝」，清人擅增者，今據北宋本、明抄本、明刻本、王吴本删。

〔一〇九〕在葱嶺之西南　隋書西域傳一八五七頁、太平寰宇記卷一八二作「在葱嶺之北」，非。

〔一一〇〕金銀鍱爲屋　「鍱」原脱，據隋書西域傳一八五七頁、太平寰宇記卷一八二、册府卷九六〇一一二九七頁補。

〔一一一〕金魚頭冠　「魚」原作「牛」，據隋書西域傳一八五七頁、太平寰宇記卷一八二、册府卷九六〇一一二九七頁改。

〔一一二〕氍毹　「毹」原訛「毦」，據北宋本、王吴本及隋書西域傳一八五七頁改。

〔一一三〕半蜜　原涉上而脱，據隋書西域傳一八五七頁、册府卷九六〇一一二九七頁補。

〔一一四〕東北去瓜州六千六百里　「北」原脱，據隋書西域傳一八五七頁補。

〔二五〕大業中遣使貢物　「大業」上原有「隋帝」，「使」下原有「來」，據北宋本、明抄本、明刻本删。按：王吳本增「隋」，殿本又增「帝」「來」，局本沿之。

〔二六〕撲桃　「撲」原作「樸」，據北宋本及漢書西域傳上三八八八頁改。

〔二七〕魏時其國名排持　後漢書西域傳二九一七頁云：「時改名排持。」時指後漢時。

〔二八〕海水曲環其南及東北　「海」原涉上而脱，據後漢書西域傳二九一八頁補。

〔二九〕出犎牛孔雀　「出」「犎」之閒，後漢書西域傳二九一八頁有「師子犀牛」四字。

〔三〇〕條支　「支」原訛「文」，據諸本改。

〔三一〕善眩　此二字原被清人删去，今據北宋本、明抄本、明刻本、王吳本補回。

〔三二〕其草木畜産五穀果菜食飲宮室市列錢貨兵器金珠之屬皆與罽賓同　句上漢書西域傳上三八八九頁有「烏弋地暑熱莽平」七字，明此段（從「其草木」至「六十餘日至安息」）乃記烏弋山離，與條支無涉。漢書於烏弋山離節中附記條支，之後仍述烏弋山離。杜佑未加辨别，誤將烏弋山離之國俗物産闌入條支國中。太平寰宇記卷一八四條支國條採自通典，樂史亦未覺其非。

〔三三〕桃拔　「桃」原作「挑」，據北宋本及漢書西域傳上三八八九頁改。注同。

〔三四〕或爲辟邪　「邪」原訛「拔」，據漢書西域傳上孟康注三八八九頁、太平寰宇記卷一八四改。

〔三五〕其錢獨文爲人頭　「頭」原脱，據漢書西域傳上三八八九頁、太平寰宇記卷一八四補。

〔三六〕至烏弋山離　上脱「至」，下脱「離」，據漢書西域傳上三八八九頁、太平寰宇記卷一八四補。

〔二七〕亦有三歲者　「三」後漢書西域傳二九一八頁作「二」。

〔二八〕頸及膺身蹄似橐駝　「及膺」原訛「長鷹」，據漢書西域傳上師古注三八九〇頁改。按：北宋本、明抄本「及」字猶未誤。

〔二九〕行比至　原訛脱作「行北」，據漢書西域傳上三八九〇頁、太平寰宇記卷一八四改補。

〔三〇〕斯賓國　「斯」原訛「斶」，據北宋本、明抄本、明刻本及後漢書西域傳二九一八頁改。下同。

〔三一〕又西南至于羅國　「南」原脱，據後漢書西域傳二九一八頁補。

〔三二〕至隋大業五年　「隋」下原有「帝」，清人擅增，今據北宋本、明抄本、明刻本、王吴本删。

〔三三〕安息國遣使朝貢隋史云即漢時安息國　事見隋書西域傳安國條一八四九頁、北史西域傳安國條三二三四頁。隋書、北史皆謂「安國，漢時安息國也」。實則安息、安國非一國也。漢之安息爲西亞古國，領有伊朗高原及「兩河流域」。隋時之安國，爲昭武諸國之一，故地在今蘇聯烏兹别克布哈拉一帶。

〔三四〕高七八尺　「八」原無，據隋書西域傳一八四九頁、北史西域傳三二三四頁、太平寰宇記卷一八四增補。

〔三五〕可百餘萬　原作「可萬餘」，據史記大宛列傳三一六四頁補乙。

〔三六〕出一封橐駝　原脱「一」與「橐」，據漢書西域傳上三八九〇頁、太平寰宇記卷一八四補。

〔三七〕丘就卻　「丘」原訛「兵」，據後漢書西域傳二九二一頁改。

〔三八〕月氏國有羊　原「月」上有「大」，「羊」作「牛」，王吴本、殿本同，非。據北宋本、明抄本、明刻本及太平寰宇記卷一八四删改。

〔三九〕去漢萬六千六百里　魏書西域傳二二七七頁、北史西域傳三二二八頁「漢」作「代」。北魏初爲代國，都平城。

〔四〇〕其俗以金銀錢爲貨　「銀錢」原倒，據北宋本、明抄本、明刻本、王吳本乙。

王文錦點校

通典卷第一百九十三

邊防九

西戎五

康居　曹國　何國　史國　奄蔡　滑國　嚈噠挹怛同　天竺　車離　師子國　高附　大秦　小人　軒渠　三童　澤散　驢分　堅昆　呼得　丁令　短人　波斯　悅般　伏盧尼　朱俱波　渴槃陁　粟弋　阿鉤羌　副貨　疊伏羅　賒彌　石國　女國　吐火羅　劫國　陁羅伊羅　越底延　大食

康居

康居國，漢時通焉。在大宛西北可二千里，與粟弋、伊列鄰接。〔一〕王理樂越匿地卑闐城，亦居蘇薤城，去長安萬二千三百里。不屬都護。户十二萬。東至都護理所五千五百里。〔二〕與大月氏同俗。地和暖，饒桐、柳、蒲萄，多牛羊，出好馬。東羈事匈奴。〔三〕宣帝時，郅支單于殺漢使者，西阻康居。依其險阻，以自保固。其後甘延壽、陳湯誅滅郅支單于。至成帝時，康居遣子侍漢，貢獻。然自以絶遠，獨驕慢。都護郭舜數上言：「康居驕黠，今遣子入侍，〔四〕此其欲賈市爲好辭之詐也。宜歸其侍子，絶勿復使。不通使於其國。燉煌、酒泉小郡及南道八國，〔五〕給使者往來人馬驢橐駝食，皆苦乏。〔六〕空罷耗所過，送迎驕黠絶遠之國，非至計也。」漢爲其新通，重致遠人，以此聲名爲重。終羈縻而未絶。自後無聞，或名號變易，或遷徙吞并，非所詳也。

至晉武帝泰始中，其王那鼻遣使獻善馬。

至後魏太武太延中，遣使朝貢，其國又稱者舌。後魏史云即漢康居國也。

至隋時，謂之康國。大業中，遣使朝貢。其王姓温，月氏人也。隋史云：「即漢康居之後，自漢以來，相承不絶。」舊居祁連山北昭武城，〔七〕自被匈奴所破，西踰葱嶺，遂有此國。枝庶各分王，故康國左右諸國，米國、史國、曹國、何國、安國、小安國、那色波國、烏那曷國、穆國凡九國，皆其種類，並以昭武爲姓，示不忘本也。

康國都於薩寶水上阿禄迪城，王索髮，〔八〕冠七寶金花，衣綾、羅、錦、繡、白疊。其妻有髻，幪以帛巾。〔九〕丈夫翦髮，錦袍。名爲强國，西域諸國多歸之。人皆深目高鼻，多鬚髯。善於商賈，諸夷多湊其國。有大小鼓、琵琶、五弦箜篌、笛。婚姻喪制與突厥同。俗奉佛，爲胡書。氣候温，宜五穀，勤修園蔬，樹木滋茂。出馬、駝、騾、驢、〔一〇〕犎牛、黄金、硇砂、甘松香、〔一一〕阿薩那香、瑟瑟、〔一二〕麖皮、氍毹、錦、疊。多蒲萄酒，富家或置千石，連年不敗。

韋節西蕃記云：「康國人並善賈，男年五歲則令學書，少解則遣學賈，以得利多爲善。其人好音聲。以六月一日爲歲首，至此日，王及人庶並服新衣，翦髮鬚。在國城東林下七日馬射，至欲罷日，置一金錢於帖上，射中者則得一日爲王。俗事天神，崇敬甚重。云神兒七月死，失骸骨，事神之人每至其月，俱著黑疊衣，徒跣撫胸號哭，涕淚交流。丈夫婦女三五百人散在草野，求天兒骸骨，七日便止。國城外别有二百餘户，專知喪事，别築一院，院内養狗。每有人死，即往取屍，置此院内，令狗食之，肉盡收骸骨，埋殯無棺槨。」

大唐貞觀二十一年，其國獻黄桃，大如鵝卵，其色如金，亦呼爲金桃。杜環經行記云：「康國在米國西南三百餘里，一名薩末建。〔一三〕土沃，人富，國小。有神祠名拔，〔一四〕諸國事者，〔一五〕本出於此。」

曹國〔一六〕

曹國，隋時都那密水南數里，舊是康居之地。國無主，康國王令子烏建領之。勝兵千餘人。國中有得悉神，自西海以東諸國並敬事之。其神有金人，金破羅闊丈五尺，〔一七〕高下相稱。每月以駝五頭、〔一八〕馬十疋、羊百口祭之，常有千人食之不盡。〔一九〕東南去康國百里。西去何國百五十里，東去瓜州六千六百里。大業中，遣使來貢。

何國

何國，隋時亦都那密水南數里，亦舊康居地也。其王姓昭武，亦康國之族類。國城樓北壁畫華夏天子，西壁則畫波斯、拂菻力甚反諸國王，東壁則畫突厥、婆羅門諸國王。勝兵千人。其王坐金羊座。風俗與康國同。東去曹國百五十里，西去小安國三百里，東去瓜州六千七百五十里。大業中及大唐武德、貞觀中，皆遣使來貢。

史國

史國，隋時都獨莫水南十里，亦舊康居之地也。其王姓昭武，亦康國王之枝庶也。勝兵千餘人。俗同康國。北去康國二百四十里，〔二〇〕南去吐火羅五百里，西去那色波國二百里，東北去米國二百里，東去瓜州六千里。〔二一〕大業中，始通中國。後漸强盛，乃創建乞史城，爲數十里，郭邑二萬家。大唐貞觀中，遣使來貢。自曹國、何國、史國，皆在漢之康居故地，遂便附之。

奄蔡

奄蔡，漢時通焉。西與大秦接，東南二千里與康居接，去陽關八千餘里。控弦十餘萬。與康居同俗，而屬康居。土氣温和，臨大澤，無涯岸。多楨松、白草及貂。畜牧逐水草，蓋近北海。至後漢改名阿蘭聊國。〔二二〕後魏時曰粟特國，一名温那沙。後魏史云：「初，匈奴殺其王而有其國，至文成帝初，遣使朝貢，其王忽倪已三代矣。」周武帝時，亦遣使來貢。

滑國

滑國，車師之別種也。後漢順帝永建初，八滑從班勇擊北虜有功，漢以八滑爲後部親漢侯。自魏晉以來，不通中國。至梁武帝普通初，其王厭帶夷栗陁始遣使獻貢黄師子、白貂裘、波斯錦等物〔二三〕。後魏之居桑乾也，滑猶小國，屬蠕蠕。後稍强大，征其旁國波斯、渴槃陀、罽賓、焉耆、龜茲、疎勒、姑墨、于闐、句盤等國焉。〔二四〕其獸有師子、兩腳駝，野驢有角。人皆善騎射，著小袖長袍，用金玉爲帶。女人披裘，頭上刻木爲角，長六寸，以金銀飾之。兄弟共妻。無城，氈屋爲居，東向開户。其王坐金牀，隨太歲轉。無文字，以木爲契。與旁國通，則使旁國胡爲胡書，〔二五〕羊皮爲紙。無職官。事天神、火神，每日則出户祀神而後食。跪一拜而止。死以木爲槨。父母死，其子截

一耳，葬訖即吉。其言語待河南人譯然後通。〔二六〕至後魏時，謂之滑匜。〔二七〕

嚈噠挹怛同〔二八〕

嚈噠國，或云高車之別種，或云大月氏之種類。其源出於塞北。自金山而南，在于闐之西，東去長安一萬一百里。至後魏文帝時，已八九十年矣。〔二九〕衣服類胡，加以纓絡，頭皆翦髮。其語與蠕蠕、高車及諸胡不同。部衆可十萬。依隨水草。其國無車，有輿，多駝、馬。用刑嚴急，盜無多少皆腰斬，盜一責十。死者，富家累石爲藏，貧者掘地而埋，隨身諸物，皆置塚內。又兄弟共娶一妻，無兄弟者，妻戴一角帽；若有兄弟者，依其多少之數更加帽角焉。西域康居、于闐、沙勒、〔三〇〕安息及諸小國三十餘所，皆役屬之，號爲大國。每遣使朝貢。孝明帝熙平中，遣伏子統宋雲使西域，〔三一〕所經諸國，不能知其本末及山川里數，今舉其略云。

挹怛同。〔三二〕至隋時又謂挹怛國焉。挹怛國，都烏滸水南二百餘里，大月氏之種類也。勝兵五六千人。〔三三〕俗善戰。先時國亂，突厥遣通設字詰强領其國。俗同吐火羅。南去漕國千五百里，〔三四〕東去瓜州六千五百里。大業中，遣使來貢。按劉璠梁典，滑國姓嚈噠，後裔以姓爲國號，轉訛又謂之挹怛焉。其本源或云車師之種，或云高車之種，或云大月氏之種。又韋節西蕃記云：「親問其國人，並自稱挹闐。」又按漢書，陳湯征郅支，康居副王挹闐抄其後重，此或康居之種類。然傳自遠國，夷語訛舛，年代綿邈，莫知根實，不可得而辨也。今考其風俗物產及諸家所說而編之。

天竺

天竺，後漢通焉，即前漢時身毒國。初，張騫使大夏，見邛竹杖、蜀布。問曰：「安得此？」大夏國人曰：「吾賈人往身毒國市之。」即天竺也。或云摩伽陁，或云婆羅門。在葱嶺之南，〔三五〕去月氏東南數千里，地方三萬餘里。其中分爲五天竺：一曰中天竺，二曰東天竺，三曰南天竺，四曰西天竺，五曰北天竺，地各數千里，城邑數百。南天竺際大海。北天竺距雪山，四周有山爲壁，南面一谷，通爲國門。東天竺東際大海，與扶南、林邑鄰接，但隔小海而已。西天竺與罽賓、波斯相接。中天竺據四天竺之閒。國並有王。漢時又有捐毒國，去長安九千八百里。〔三六〕去都護理所二千八百里，〔三七〕南與葱嶺相連，北與烏孫接。衣服類烏孫，隨水草，故塞種也。顏師古云：捐毒即身毒，身毒則天竺也。塞種即釋種也，蓋語音有輕重也。從月氏、高附國以西，南至西海，東至盤起，〔三八〕皆身毒之地。身毒有別城數百，城置長。有別國數十，國置王。雖各小異，而俱名身毒。扶南傳云：「舍衞國隸屬天竺。」伽尸國一名波羅柰國，亦名波羅柰斯國。〔三九〕竺法維佛國記云：「波羅柰國在伽維羅越國南千四百八十里。」釋法盛歷國傳云：「其國有稍割牛，其牛黑色，角細長，可四尺餘，十日一割，不割便困病或致死。人服牛血皆老壽。國人皆壽五百歲，牛壽亦等於人。亦天竺屬國。」都臨恒河，一名迦毗梨河。靈鷲山，胡語曰耆闍崛山，山有青石，頭似鷲鳥。竺法維佛國記云：「在摩竭提國南，亦天竺屬國也。」其時皆屬月氏。月氏殺其王而置將，令統其人。俗修浮圖道，不殺生、飲酒。桓帝延熹二年、四年，〔四〇〕頻從日南徼外來獻。時帝好神，數祀浮圖、老子，百姓稍有奉者，後遂轉盛。〔四一〕其國人土著與月氏同，而卑濕暑熱，人弱於月氏。

魏晉代，絶不復通。梁武帝天監初，其王遣長史竺羅達貢獻。〔四二〕後魏宣武帝時，南天竺國遣使獻駿馬云。

其國出師子、貂、豹、貚、胡昆反槖駝、犀、象。有火齊，如雲母而色紫，裂之則薄如蟬翼，積之則如紗縠之重沓。有金剛，似紫石英，百鍊不銷，可以切玉，瑇瑁、金、銅、鐵、鉛、錫。金縷織成金罽，白疊，毾㲪。毾音塔。㲪音登。又有旃檀、鬱金等香，甘蔗諸果，石蜜、胡椒、薑、黑鹽。西與大秦、安息交市海中，或至扶南、交趾貿易。多珊瑚、珠璣，琅玕。俗無簿籍。以齒貝爲貨。尤工幻化。丈夫致敬，極者舐足摩踵而致其辭。家有奇樂、倡伎。〔四三〕其王與大臣多服錦罽。王爲螺髻於頂，餘髮翦之使短。〔四四〕丈夫翦髮，穿耳垂璫。俗皆徒跣，衣重白色。怯於鬭戰，有弓、箭、甲、矟，亦有飛梯、地道、木牛、流馬之法。有文字，善天文算曆之術。其人皆學悉曇章。書於貝多樹葉以記事。

隋煬帝志通西域，遣裴矩應接西蕃諸國，多有至者，唯天竺不通，帝以爲恨。

大唐武德中，其東西南北四天竺悉爲中天竺所并。貞觀十五年，其王姓乞利咥，丑栗反名尸羅逸多，或云姓刹利氏，遣使奉表。二十二年，右衛率府長史王玄策奉使天竺。會尸羅逸多死，國大亂，其臣那伏帝阿羅那順自立，乃發兵拒。玄策遁抵於吐蕃之西南，以書徵鄰國之兵。吐蕃發精鋭千二百人，泥婆羅國發七千餘騎來赴，玄策與其副蔣師仁率二國之兵，進至荼鎛音博和羅城，即中天竺之所居也。連戰，大破之，斬首三千餘級，赴水溺死者且萬人，獲其王妃及王子等，虜男女萬二千人，（四五）牛馬三萬餘疋。於是天竺響震，城邑聚落降者五百八十餘所，遂俘阿羅那順以還。晉、宋時浮圖經云：「臨倪國，其王生浮圖太子也，父曰屑頭耶，母曰莫耶。浮圖身服色黄，髮青如青絲。始莫耶夢白象始孕，及生，從母左脇出。生而有髻，墮地能行七步。此國在天竺城。（四六）天竺又有神人，名沙律。昔漢哀帝元壽元年，博士弟子景盧受大月氏王使伊存口授浮圖經，曰復豆者，其人也。（四七）臨蒲塞、桑門、伯聞、疏問、白閒、比丘、晨門，（四八）皆弟子號也。浮圖所載，與中國老子經相出入。蓋以爲老子西出關，（四九）過西域之天竺，教胡爲浮圖。徒屬弟子號合有二十九，不能詳載，（五〇）故略之。諸家紀天竺國事，多録諸僧法明、道安之流傳記，疑皆恢誕不經，（五一）不復悉纂也。已具序略注中。

車離（五二）

車離，後漢時通焉。居沙奇城。一名禮惟特，一名沛隸王。在天竺東南三千餘里，大國也。其土氣、物類與天竺同。別城數十，（五三）皆稱王。其人怯弱。地東西南北方數千里。人皆長八尺，（五四）乘象、駱駝，往來鄰國。有寇，乘象以戰。

師子國（五五）

師子國，東晉時通焉，天竺旁國也。在西海之中，延袤二千餘里。多出奇寶。其地和適，無冬夏之異。五穀隨人所種，不須時節。其國舊無人，止有鬼神及龍居之。〔五六〕諸國商賈來共市易，鬼神不見其形，但出珍寶，明其所堪價，〔五七〕商人依價取之。諸國人聞其土樂，因此競至，或有停住者，遂成大國。能馴養神師子，遂以爲名。風俗與婆羅門同，而尤敬佛法。安帝義熙初，遣使獻玉佛像，高四尺二寸，玉色潔潤，形制殊特，殆非人工，歷晉、宋代，在建康瓦官寺。先有徵士戴安道手制佛像五軀，及顧長康畫維摩詰，並玉像時人謂爲三絶。至齊東昏，遂毁玉像，前截臂，次取身，爲嬖妾潘貴妃作釵釧，時咸歎惜之。建康即今丹陽郡江寧縣。

宋文帝元嘉五年，其王刹利摩訶南遣使貢獻。〔五八〕

梁武帝大通元年，後王迦葉伽羅訶梨耶亦使使貢獻。〔五九〕杜環記云：〔六〇〕「師子國亦曰新檀，又曰婆羅門，即南天竺也。國之北，人盡胡貌，秋夏炎旱。國之南，人盡獠面，四時霖雨。從此始有佛法寺舍，人皆儋耳，布裹腰。」

高附

高附，後漢時通焉。在大月氏西南，亦大國也。其俗似天竺，而弱，易服。善賈販，内富於財。所屬無常，天竺、罽賓、安息三國强即得之，弱則失之。後漢史云：「先未嘗屬月氏。前漢書以爲五翕侯數，誤矣。後屬安息。及月氏破安息，始得高附。」翕，許及反。

大秦

大秦，一名犂鞬，鞬，居言反。一云前漢時犂鞬國也。後漢時始通焉。其國在西海之西，亦云海西國。其王理安都城，宮室皆以水精爲柱。從條支西度海曲萬里，去長安蓋四萬里。其地平正，人居星布。其地東西南北各數千里，有四百餘城。小國役屬者數十。西有大海。海西有遲散城。王城有官曹簿領，而文字習胡。人皆髦頭，而衣文繡，亦有白蓋小車、旌旗之屬。及十里一亭，三十里一堠，一如中州。地多師子，遮害行旅，不百餘人持兵器，輒爲所食。其王無常人，皆簡立賢者，有災異及風雨不時，輒廢而更立，受放者無怨。其人長大平正，有類中國，故謂之大秦，或云本中國人也。

土有駭雞犀，抱朴子云：「通天犀有一白理如綖者，以盛米，置羣雞中，欲啄米，至輒驚去，故南人名爲駭雞也。」合會諸香，煎其汁以爲蘇合。土多金、銀、奇寶、夜光璧、明月珠、琥珀、琉璃、神龜、白馬朱髦、瑇瑁、玄熊、赤螭、辟毒鼠、大貝、車渠、廣雅云：「車渠，石，似玉。」瑪瑙。廣雅云：「瑪瑙，石，似玉。」寳出西海，有養者，似狗，多力獷惡。寳，藏宗反。獷，古猛反。北附庸小邑有羊羔，自然生於土中，候其欲萌，築牆院之，恐爲獸所食也；其臍與地連，割之絶則死，擊物驚之，乃驚鳴，遂絶，逐水草，無羣。又有木難，出翅鳥，〔六二〕口中結沫，所成碧色珠也，土人珍之。曹子建詩云：「珊瑚閒木難。」有幻人，能額上爲炎燼，手中作江湖，舉足而珠玉自墮，開口則旛毦亂出。前漢武帝時，遣使至安息，安息獻犂靬幻人二，皆蹙眉峭鼻，亂髮拳鬚，〔六二〕長四尺五寸。旛音煩。毦，人志反。有織成細布，言用水羊毛，名曰海西布。出細布，作氍毹、毾㲪、罽帳之屬，其色又鮮於海東諸國所作也。又常利得中國縑素，解以爲胡綾紺紋，〔六三〕數與安息諸胡交市於海中。西南漲海中可七八百里，行到珊瑚洲，水底有盤石，珊瑚生其上。大秦人常乘大舶，載鐵網，令水工没，先入視之，可下網乃下。初生白，而漸漸似苗坼甲。歷一歲許，出網目間，變作黄色，支格交錯，高極三四尺者，圍尺餘。三年色乃赤好。後没視之，知可採，便以鐵鈔發其根，乃以索繫網，使人於舶上絞車舉出。還國理截，恣意所作。若失時不舉，便蠹敗。

其王常欲通使於漢，塗經大海，商客往來皆齎三歲糧，〔六四〕是以至者稀。桓帝延熹初，大秦王安敦遣使自日南徼外獻象牙、犀角、瑇瑁，始乃一通焉。其所表貢，並無珍異，疑傳者隱之。〔六五〕至晉武帝太康中，其王遣使貢獻。

或云其國西有弱水、流沙，近西王母所居處，〔六六〕幾於日所入也。外國圖云：「從隅巨北，〔六七〕有國名大秦。其種長大，身丈五六尺。」杜環經行記云：「拂菻國在苫國西，〔六八〕隔山數千里，亦曰大秦。其人顔色紅白，男子悉着素衣，婦人皆服珠錦。〔六九〕好飲酒，尚乾餅，多淫巧，善織絡。或有俘在諸國，守死不改鄉風。琉璃妙者，天下莫比。王城方八十里，四面境土各數千里。〔七〇〕勝兵約有百萬，常與大食相禦。西枕西海，南枕南海，北接可薩、突厥。西海中有市，客主同和，我往則彼去，彼來則我歸。賣者陳之於前，買者酬之於後，皆以其直置諸物傍，待領直然後收物，名曰『鬼市』。又聞西有女國，感水而生。」又云：「摩鄰國，在敎薩羅國西南，〔七一〕渡大磧行二千里至其國。其人黑，其俗獷，少米麥，無草木，馬食乾魚，人飡鶻莽。鶻莽，即波斯棗也。瘴癘特甚。諸國陸行之所經也，〔七二〕胡則一種，法有數般。有大食法，有大秦法，有尋尋法。其尋尋蒸報，於諸夷狄中最甚，當食不語。其大食法者，以弟子親戚而作判典，縱有微過，不至相累。不食猪、狗、驢、馬等肉，不拜國王、父母之尊，不信鬼神，〔七三〕祀天而已。其俗每七日一假，不買賣，不出納，唯飲酒謔浪終日。其大秦善醫眼及痢，或未病先見，或開腦出蟲。」

小人

小人，在大秦之南。軀纔三尺，其耕稼之時，懼鶴所食，大秦每衞助之，小人竭其珍以酬報。〔七四〕

軒渠

軒渠，其國多九色鳥，青口，緑頸，紫翼，紅膺，紺頂，丹足，碧身，緗背，玄尾。亦名九尾鳥，亦名錦鳳。其青多紅少謂之繡鸞，常從弱水西來，或云是西王母之禽也。其國幣貨同三童國也。

三童

三童，在軒渠國西南千里。人皆眼有三睛珠，或有四舌者，能爲一種聲，亦能俱語。常貨多用蕉越犀象。〔七五〕作金幣，率效國王之面，亦效王后之面。若丈夫交易，則用國王之面者。〔七六〕王死則更鑄。以上三國與大秦隣接，故附之。

澤散

澤散，魏時聞焉。屬大秦，其理在海中央，〔七七〕北至驢分，水行半歲，風疾時一月到。最與安息安谷城相近。〔七八〕西南詣大秦都，不知里數。

驢分

驢分，魏時聞焉。屬大秦，其理去大秦都二千里。〔七九〕從驢分城西之大秦度海，飛橋長二百三十里，〔八〇〕發海道西南，繞海道直西行至焉。

堅昆

堅昆，魏時聞焉。在康居西北，勝兵三萬人。〔八一〕隨水草畜牧。多貂，有好馬也。

呼得

呼得，魏時聞焉。在葱嶺北，烏孫西北，康居東北。勝兵萬餘人。隨畜牧。〔八二〕出好馬，亦多貂。

丁令

丁令，魏時聞焉。在康居北，勝兵六萬人。隨畜牧，出名鼠皮，白昆子、青昆子皮。〔八三〕此上三國，堅昆中央，俱去匈奴單于庭安習水七千里，南至車師六國五千里，西南去康居界三千里，〔八四〕西去康居王理八千里。或以爲此丁令即匈奴北丁令也，而北丁令在烏孫西，〔八五〕似其種别也。又匈奴北有渾窳國，有屈射國，有丁令國，有隔昆國，有新犁國，明北海之南自復有丁令，非此烏孫之西丁令也。〔八六〕烏孫長老言，北丁令有馬脛國，〔八七〕其人聲音似雁鶩，從膝以上身至頭，人也；膝以下生毛，馬脛馬蹄，不騎馬而走疾於馬，勇健敢戰。

短人

短人，魏時聞焉。在康居西北，男女皆長三尺，人衆甚多，去奄蔡諸國甚遠。康居長老傳聞，嘗有商旅行北方，迷惑失道而到斯國。中甚多真珠、夜光明月珠，見者不知名此國號，言以意商度，此國去康居可萬餘里。突厥本末記云：「突厥窟北馬行一月，有短人國，長者不踰三尺，亦有二尺者。頭少毛髮，若羊胞之狀，突厥呼爲羊胞頭國。其傍無他種類相侵，俗無寇盜。但有大鳥，高七八尺，常伺短人啄而食之。短人皆持弓矢，以爲之備。」按此亦在西北，即魏略云短人國是也。

波斯

波斯，後魏時通焉。在達曷水之西，都宿利城。後周史云蘇利城，隋史云蘇藺城，記録音訛，其實一也。有河經其城中南流，即條支之故地也。大月氏之别種。其先有波斯匿王，其子孫以王父字爲氏，因爲國號焉。王姓波斯。〔八八〕户十餘萬。東去中國萬餘里，〔八九〕西去海數百里，東南去穆國四千餘里，〔九〇〕西北去拂菻四千五百里。有樓觀、屋宇、佛寺。城西十五里有土山，周迴高大，其勢連接甚遠，中有鷲鳥噉羊，土人極以爲患。

其王坐金羊座，戴金花冠，衣錦袍、織成帔，飾以真珠寶物。其俗：丈夫翦髮，戴白皮帽，貫頭衫，兩厢近下開之，亦有巾帔，〔九一〕緣以織成；婦人服大衫，披大帔，〔九二〕仍貫五色珠，絡之於膊。王即位以後，擇諸子内賢者，密書其名，封之於庫，諸子及大臣皆莫之知也。王死，衆乃共發書視之，其封内有名者，即立以爲王。餘子各出就邊任，兄弟更不相見也。國人號王曰醫囋，才割反。妃曰防步率，〔九三〕王之諸子曰殺野。其刑法：重罪懸諸竿，射而殺之；次則繫獄，新王立乃釋之。賦税，準地輸銀錢。事火神、天神。〔九四〕婚合不擇尊卑，於諸夷之中最爲醜穢。死者多棄屍於山，一月理服。〔九五〕城外有人別居，唯知喪葬之事，號爲不浄人，若入城市，摇鈴自別。

以六月爲歲首。氣候暑熱，家自藏冰。其地多砂磧，引水溉灌。其五穀及禽獸與中夏略同，唯無稻及黍。〔九六〕土出名馬及駝，〔九七〕富室至有數千頭者。出象、師子，多良犬。有大鳥，形如橐駝，有兩翼，飛而不能高，食草與肉，亦能噉火。〔九八〕有大鳥卵，真珠，頗梨，珊瑚，琉璃，瑪瑙，水精，瑟瑟，金，銀，鍮石，金剛，火齊，銅，錫，鑌鐵，朱砂，水銀，錦，疊，細布，氍毹，毾㲪，護那，越諾布，金縷織成，赤麖皮，薰陸、鬱金、蘇合、青木等香，胡椒，蓽撥，石蜜，千年棗，香附子，訶黎勒，無食子，鹽緑，雌黄。又有優鉢曇花，鮮華可愛。地有鹹池。

孝明帝時及西魏末，並貢方物。突厥不能至其國，亦羈縻之。

隋大業中，亦遣使來貢。

大唐貞觀二十一年，其國又獻活褥蚾，〔九九〕形類鼠而色青，身長八九寸，能入穴取鼠。

杜環記云：「自被大食滅，至天寶末已百餘年矣。」

悦般

悦般，後魏時通焉。在烏孫西北。其先，匈奴北單于之部落也。爲漢車騎將軍竇憲所逐，北單于度金微山，西走康居，其羸弱不能去者，住龜兹北。地方數千里，衆可二十餘萬，涼州人猶謂之單于王。其風俗、言語似高車，而其人清潔於胡。俗翦髮齊眉，以餅餬塗之，昱昱然光澤。〔一〇〇〕日三澡漱，然後飲食。其國南界有火山，山傍石皆燋鎔，流地數十里乃凝堅，人取以爲藥，即石流黄也。

太武真君九年，遣使朝獻，并送幻人，稱能割人喉脈令斷，擊人頭令骨陷，皆血出淋漓，〔一〇一〕或數升，或盈斗，以草藥内其口中，令嚼咽之，須臾血止，養瘡一月復常，又無痕瘢。太武乃取死罪囚試之，皆驗。云中國諸名山皆有此草，乃使人受其術而厚遇之。

伏盧尼

伏盧尼，後魏時通焉。理伏盧尼城，在波斯國西北。〔一〇二〕有大河南流，中有鳥，其形似人，亦有如橐駝、馬者，皆有翼，常居水中，出水便死。城北有云尼山，出銀、珊瑚、琥珀，多師子焉。

朱俱波

朱俱波，後魏時通焉。亦名朱居槃國，〔一〇三〕漢子合國也。今并有漢西夜、蒲犁、依耐、得若四國之地。〔一〇四〕在于闐國西千餘里，其西至渴槃陁國，〔一〇五〕南至女國三千里，北至疎勒九百里，南至葱嶺二百里。〔一〇六〕其王本疎勒國人，魏略西戎傳曰：西夜并屬疎勒。宣武永平中，朱居槃國遣使朝貢。其人言語與于闐相似，其間小異。人貌多同華夏，亦類疎勒。大唐武德以後，亦頻遣使朝貢矣。

渴槃陁

渴槃陁，後魏時通焉。亦名漢陁國，亦名渴羅陁國。理葱嶺中。在朱俱波國西，西至護密國，〔一〇七〕其南至懸度山，無定界，北至疎勒國界，西北至判汗國。其王本疎勒人，累代相承，以居此國。有户二千餘。懸度山在國西南四百里。懸度者，石山也，谿谷不通，以繩索相引而度。其閒四百里中往往有棧道，因以爲名。今按懸度、葱嶺，迤邐相屬，郵置所絶，道阻且長，故行人由之，莫能分别，然法顯、宋雲所經即懸度山也。又有頭痛山，在國西南，向罽賓，歷大頭痛、小頭痛之山，赤土、身熱之阪。宋膺異物志云：「大頭痛、小頭痛山，皆在渠搜之東，疎勒之西。經之者身熱頭痛。夏不可行，行則致死，唯冬可行，尚嘔吐，山有毒藥氣之所爲也。冬乃枯歇，故可行也。」其葱嶺俗號極嶷山。今按葱嶺，周環其國。衣服、人貌、語音與于闐相似，其閒多有異者。書與婆羅門同。國中咸事佛。人山居，勁健。雜人多而胡少。有音樂、兵器，有甲、矟、弓、刀。矟音朔。〔一〇八〕國法：殺人劫賊者死，餘徵罰。其稅雜輸之。服飾、婚姻同疎勒。王坐人牀。〔一〇九〕死者埋殯七日爲孝。太武帝太延三年朝獻，〔一一〇〕於後不絶。

粟弋

粟弋，後魏通焉。在葱嶺西，〔一一一〕大國。一名粟特，一名特拘夢。出好馬、牛、羊、蒲萄諸果。出美蒲萄酒，其土地水美故也。出大禾，高丈餘，子如胡豆。在安息北五千里。附庸小國四百餘城。至太武帝時，遣使來朝獻。

阿鈎羌

阿鈎羌，後魏通焉，在莎車西南。國西有懸度山，其閒四百里中，往往有棧道，下臨不測之深，人行以繩索相持而度。〔一一二〕土有五穀、諸果。市用錢爲貨。居止立宮室。有兵器。

副貨

副貨，後魏通焉。東至阿富使且國，西至没誰國，中間相去千里。南有連山，不知名。北至奇沙國，相去千五百里。宜五穀、蒲陶，唯有馬、駝、騾。〔一一三〕國王有黄金殿，殿下有金駝七頭，〔一一四〕各高三尺。孝文帝時，其王遣使朝。

疊伏羅

疊伏羅，後魏時通焉。去代三萬一千里。國中有勿悉城，城北有鹽奇水，〔一一五〕西流。有白象。土宜五穀。宣武帝時，遣使獻方物。

賒彌

賒彌，後魏時聞焉。在波知之南。〔一一六〕山居。不信佛法，專事諸神。亦附嚈噠。東有鉢盧勒國，路嶮，緣鐵鏁而度，下不見底。後魏遣使宋雲等，竟不能達。

石國

石國，隋時通焉。居於藥殺水，都柘折城，方十餘里。〔一一七〕本漢大宛北鄙之地。東與北至西突厥界，西至波臘國界，西南至康居界，南至率都沙那國界。王姓石。國城之東南立屋，置座於中，正月六日、七月十五日以王父母燒餘之骨，金甕盛之，置於床上，巡遶而行，散以香花雜果，王率臣下設祭焉。禮終，王與夫人出就別帳，臣下以次列坐而饗宴。有粟、麥，多良馬。南去鏺音撥汗六百里，東南去瓜州六千里。隋大業五年、大唐貞觀八年，並遣使朝貢。杜環經行記云：「其國城一名赭支，一名大宛。天寶中，鎮西節度使高仙芝擒其王及妻子歸京師。國中有二水，一名真珠河，一名質河，並西北流。土地平敞，多果實，出好犬良馬。」又云：「碎葉國，從安西西北千餘里有教達嶺，嶺南是大唐北界，嶺北是突騎施南界。〔一一八〕西南至葱嶺二千餘里。其水嶺南流者盡過中國，而歸東海；嶺北流者盡經胡境，而入北海。又北行數日，度雪海。其海在山中，春夏常雨雪，故曰雪海。中有細道，道傍往往有水孔，嵌空萬仞，輒墮者莫知所在。〔一一九〕教達嶺北行千餘里至碎葉川。其川東頭有熱海，茲地寒而不凍，故曰熱海。又有碎葉城，天寶七年，北庭節度使王正見薄伐，城壁摧毀，邑居零落。昔交河公主所居止之處，建大雲寺，猶存。其川西接石國，約長千餘里。川中有異姓部落，有異姓突厥，各有兵馬數萬。城堡閒雜，日尋干戈，凡是農人皆擐甲冑，專相虜掠以爲奴婢。其川西頭有城，名曰怛邏斯，石國人鎮，〔一二〇〕即天寶十年高仙芝軍敗之地。從此至西海以來，〔一二一〕自三月至九月，天無雲雨，皆以雪水種田。宜大麥、小麥、稻禾、豌豆、畢豆。飲蒲萄酒、糜酒、醋乳。」

女國

女國，隋時通焉。在葱嶺之南。其國代以女爲國王，王姓蘇毗。女王之夫號爲金聚，不知政事。國內丈夫唯以征伐爲務。山上爲城，方五六里，人有萬家。王居九層之樓，侍女數百人，五日一聽朝。復有小女王，共理國政。其俗貴婦人，輕丈夫，而性不妬忌。〔一二二〕男女皆以彩色塗面，一日之内或數度變改之。男子皆被髮，婦人辮髮而縈之。〔一二三〕其王死，若無女嗣位，國人乃調斂金錢，得數百萬，還於死王之族，買女而立之。〔一二四〕其地五男三女，貴女子，賤丈夫，婦人爲吏職，男子爲軍士。女子貴者則多有侍男，男子不得有侍女。雖賤庶之女，盡爲家長，有數夫焉。生子皆從母姓。氣候多寒，以射獵爲業。出鍮石、朱砂、麝香、犛里之反牛、〔一二五〕駿馬、蜀馬。尤多鹽，常將鹽向天竺興販，其利數倍。亦數與天竺及党項戰爭。其女王死，國中貴人剥取皮，〔一二六〕以金屑和骨肉置於瓶内而埋之，經一年，又以其皮納於鐵器埋之。俗事阿脩羅神。開皇中，遣使來貢。

吐火羅

吐火羅，一名土壑宜，〔一二七〕後魏時吐呼羅國也，隋時通焉。都葱嶺西五百里，在烏滸河南，即嬀水也。與挹怛雜居。勝兵十萬人，皆習戰。俗奉佛。多男，少婦人，故兄弟通室。婦人五夫，則首飾載五角，十夫載十角。男子無兄弟者，則與他人結爲昆季，方始得妻，不然終身無婦矣。生子屬其長兄。被服、文字與于闐略同。城北有頗黎山，南崖穴中有神馬，國人每牧馬於其側，時産名駒，皆汗血焉。其北界則漢時大宛之地，南去漕國千七百里，〔一二八〕東去瓜州六千七百里。大業中，遣使來貢。

大唐初，屬西突厥。高宗永徽初，遣使獻大鳥，高七尺，其色玄，足如駝，鼓翅而行，日三百里，能噉鐵，夷俗謂爲駝鳥。龍朔元年，吐火羅置州縣，使王名遠進西域圖記，并請于闐以西、波斯以東十六國分置都督府及州八十、縣一百、軍府百二十六，仍於吐火羅國立碑，以紀聖德。帝從之。

劫國

劫國，隋時聞焉。在葱嶺中，西與南俱與賒彌國界接，西北至挹怛國，去長安萬二千里。有户數萬。氣候熱，有稻、麥、粟、豆、羊、馬。出洛沙、青黛。婚姻同突厥。死亡棄於山。〔一二九〕

大唐武德二年，遣使貢寶帶、金鏁、〔一三〇〕頗梨、水精盃各一，頗梨四百九十枚，大者如棗，小者如酸棗。

陁羅伊羅

陁羅伊羅，隋時聞焉。在烏荼國北，大雪山坡上。緣梯登山，接七百梯，方到其國。

越底延

越底延國，隋時聞焉。理辛頭河北。南至婆羅門國三千里，西北至賒彌國千餘里，東北至瓜州五千四百里。其王婆羅門種類。户數萬。有弓矢、刀稍、皮甲。國法不殺人，重罪流，輕者杖。國無課税。其俗事佛，書同婆羅門。王及庶人翦髮，衣錦袍，不開縫。貧者衣白疊。婦人爲髻，衣裙衫，帔長巾。俗清潔。氣候温，多稻。有羊、馬，多牛。出鍮石、訶黎勒、石蜜、麖皮、細疊。

大食

大食，大唐永徽中，遣使朝貢云。其國在波斯之西。或云：初有波斯胡人，若有神助，得刀殺人。因招附諸胡，有胡人十一來，據次第摩首受化爲王。此後衆漸歸附，遂滅波斯，又破拂菻及婆羅門城，所當無敵。〔一三一〕兵衆有四十二萬。有國以來三十四年矣。初王已死，次傳第一摩首者，今王即是第三，其王姓大食。其國男夫鼻大而長，瘦黑多鬚鬢，似婆羅門，女人端麗。亦有文字，〔一三二〕與波斯不同。出駝、馬、驢、騾、羖羊等。土多砂石，不堪耕種，無五穀，惟食駝、馬等肉，〔一三三〕破波斯、拂菻，始有米麵。敬事天神。又云：其王常遣人乘船，將衣糧入海，經涉八年，未極西岸。於海中見一方石，石上有樹，枝赤葉青，樹上總生小兒，長六七寸，見人不語而皆能笑，動其手脚，頭著樹枝，人摘取，入手即乾黑。其使得一枝還，今在大食王處。杜環經行記云：「一名亞俱羅。其大食王號暮門，〔一三四〕都此處。其士女瓌偉長大，衣裳鮮潔，容止閑麗。女子出門，必擁蔽其面。無問貴賤，一日五時禮天。食肉作齋，以殺生爲功德。繫銀帶，〔一三五〕佩銀刀。斷飲酒，禁音樂。人相争者，不至毆擊。又有禮堂，容數萬人。每七日，王出禮拜，登高座爲衆説法，曰：「人生甚難，天道不易。姦非劫竊，細行謾言，安己危人，欺貧虐賤，有一於此，罪莫大焉。凡有征戰，爲敵所戮，必得生天，殺其敵人，獲福無量。」率土稟化，從之如流。法唯從寬，葬唯從儉。郛郭之内，鄽閈之中，〔一三六〕土地所生，無物不有。四方輻湊，萬貨豐賤，錦繡珠貝，滿於市肆。駝馬驢騾，充於街巷。刻石蜜爲盧舍，有似中國寶轝。每至節日，將獻貴人琉璃器皿、鍮石瓶鉢，蓋不可算數。〔一三七〕粳米白麪，不異中華。其果有偏桃人、〔一三八〕千年棗。其蔓菁，根大如斗而圓，味甚美。餘菜亦與諸國同。蒲陶大者如雞子。香油貴者有二：一名耶塞漫，一名没匝（女甲反）師。〔一三九〕香草貴者有二：一名查塞菶（蒲孔反），一名黎蘆茇。〔一四〇〕綾絹機杼，金銀匠、畫匠、漢匠起作畫者，京兆人樊淑、劉泚，織絡者，河東人樂隈、吕禮。又以橐駝駕車。其馬，俗云西海濱龍與馬交所産也。腹肚小，腳腕長，善者日走千里。其駝小而緊，背有孤峰，良者日馳千里。又有駝鳥，高四尺以上，腳似駝蹄，頸項勝得人騎行五六里，其卵大如二升。〔一四一〕又有薺樹。實如夏棗，堪作油，食除瘴。其氣候温，土地無冰雪。人多瘧痢，一年之内，十中五死。今吞滅四五十國，皆爲所役屬，多分其兵鎮守，其境盡於西海焉。」又云：「末禄國在亞梅國西南七百餘里。〔一四二〕胡姓末者，兹土人也。〔一四三〕其城方十五里，用鐵爲城門。城中有鹽池，又有兩所佛寺。其境東西百四十里，南北百八十里，村栅連接，樹木交映，四面合匝，總是流沙。南有大河，流入其境，分渠數百，溉灌一州。〔一四四〕其土沃饒，其人净潔。牆宇高厚，市鄽平正。木既雕刻，土亦繪畫。又有細軟疊布，羔羊皮裘，估其上者值銀錢數百。果有紅桃、白棎、遏白、黄李。瓜大者名尋支，十餘人飡一顆輒足。越瓜長四尺以上。菜有蔓菁、蘿蔔、長葱、顆葱、芸薹、胡芹、葛藍、軍達、茴香、茇薤、〔一四五〕瓠蘆，尤多蒲陶。又有黄牛、野馬、水鴨、石雞。其俗以五月爲歲，每歲以畫缸相獻。有打毬節、鞦韆節。其大食東道使鎮於此。從此至西海以來，大食、波斯參雜居止。其俗禮天，不食自死肉及宿肉，以香油塗髮。」又云：「苫國在大食西界，〔一四六〕周迴數千里。造屋兼瓦，壘石爲壁。米穀殊賤，有大川東流入亞俱羅，商客糴此糶彼，往來相繼。人多魁梧，衣裳寬大，有似儒服。其苦國有五節度，有兵馬一萬以上，北接可薩突厥。可薩北又有突厥。足似牛蹄，好噉人肉。」

魏徵論曰：「自古開遠夷，通絶域，必因宏放之主，皆起好事之臣。張騫鑿空於前，班超投筆於後，或結之以重寶，或懾之以利劍，投軀萬死之地，以立一朝之功，皆由主尚來遠之名，臣徇輕生之節。是知上之所好，下必有甚焉者也。煬帝規模宏侈，掩吞秦漢，裴矩方進西域圖記以蕩其心，故萬乘親出玉門關，置伊吾、且末郡，而關右暨於流沙，騷然無聊生矣。古哲王之制方五千里，務安諸夏，不事要荒。豈威不能加、德不能被？蓋不以四夷勞中國，不以無用害有用也。是以秦戍五嶺，漢事三邊，或道殣相繼，或户口減半。隋室恃其强盛，亦狼狽於青海。此皆一人失其道，故億兆罹其毒也。」

校勘記

〔一〕與粟弋伊列鄰接　「列」原脱，據晉書四夷傳二五四四頁補。按：太平寰宇記卷一八三作「洌」。

〔二〕五千五百里　漢書西域傳上三八九二頁「五百」下有「五十」。通典約舉成數。

〔三〕東羈事匈奴　「東」原訛「駒」，據漢書西域傳上三八九二頁、太平寰宇記卷一八三、通考卷三三八改。按：北宋本、傅校本、明抄本、明刻本、王吴本「東」訛作「車」，清人以爲音訛，遂改「車」爲「駒」，屬上讀。

〔四〕今遣子入侍　「今」北宋本、傅校本、明抄本、明刻本、王吴本作「本」。

〔五〕燉煌酒泉小郡　「小」原作「二」，清人擅改者。今據北宋本、傅校本、明抄本、明刻本、王吴本改回。

〔六〕皆苦乏　「乏」原作「之」，據北宋本、傅校本、明抄本、明刻本、王吴本改。

〔七〕舊居祁連山北昭武城　「北」原脱，據魏書西域傳二二八一頁、隋書西域傳一八四六頁、北史西域傳三二三三頁、御覽卷七九三、太平寰宇記卷一八三補。

〔八〕王索髮　諸書同，唯北史西域傳三二三四頁「索」作「素」。

〔九〕幪以帛巾　御覽卷七九三、通考卷三三八同。魏書西域傳二二八一頁、隋書西域傳一八四八頁、北史西域傳三二三四頁「帛」作「皂」。

〔一〇〕出馬駝騾驢　「驢」原脱，據隋書西域傳一八四九頁、御覽卷七九三補。

〔一一〕硇砂甘松香　「硇」原訛「碙」，據北史西域傳三二三四頁改正。「甘松香」，太平寰宇記卷一八三、通考卷三三八同；魏書西域傳二二八一頁、隋書西域傳一八四九頁、北史西域傳三二三四頁作「貼香」。

〔一二〕瑟瑟　原訛「枇杷」，據魏書西域傳二二八一頁、隋書西域傳一八四八頁、北史西域傳三二三四頁、御覽卷七九三、太平寰宇記卷一八三改正。按：北宋本、傅校本、明抄本、明刻本訛作「琵瑟」，王吴本改作「琵琶」，殿本又改作「枇杷」，局本沿之。越改越錯。

〔一三〕薩末建　「末」原訛「未」，據北宋本改。

〔一四〕有神祠名拔　「拔」太平寰宇記卷一八三作「跋」。杜環經行記王靜安校本云：「拔當作祆。」

〔一五〕諸國事者　「諸」原訛「詣」，據北宋本、傅校本、明抄本、明刻本改。

〔一六〕曹國　「國」下原側注「附」字，據北宋本、傅校本、明抄本、明刻本、王吴本删。下「何國」、「史國」同。

〔一七〕金破羅闊丈五尺　「金」原脱，據隋書西域傳一八五五頁、御覽卷七九六、太平寰宇記卷一八三補。

〔一八〕每月以駝五頭　御覽卷七九六、太平寰宇記卷一八三同。隋書西域傳一八五五頁、北史西域傳三二三七頁「月」作「日」。

〔一九〕常有千人食之不盡　北史西域傳三二三七頁「千」上有「數」。

〔二〇〕北去康國二百四十里　「四」原作「三」，據隋書西域傳一八五五頁、北史西域傳三二三七頁、御覽卷七九三改。

〔二一〕東去瓜州六千里　隋書西域傳一八五五頁、北史西域傳三二三七頁「六千」下有「五百」。

〔二二〕阿蘭聊國　「聊」原訛「那」，據後漢書西域傳二九二三頁改。

〔二三〕至梁武帝普通初其王厭帶夷栗陁始遣使獻貢黄師子白貂裘波斯錦等物　「栗」原訛「粟」，據梁書諸夷傳八一二頁、南史夷貊傳下一九八四頁改。按：梁書、南史並云：「至梁天監十五年，其王厭帶夷栗陁始遣使獻方物。普通元年，又遣使獻黄師子、白貂裘、波斯錦等物。」杜佑節録，與原意不盡合。

〔二四〕渴槃陀罽賓焉耆龜兹疎勒姑墨于闐句盤等國焉　「陀」、「焉耆」、「句盤」五字原脱。據南史夷貊傳下一九八四頁補。按：梁書諸夷傳八一二頁「渴槃陀」作「盤盤」，太平寰宇記卷一八三作「竭陀盤」，餘同南史。

〔二五〕則使旁國胡爲胡書　原作「使國中爲胡書」，據梁書諸夷傳八一二頁、南史夷貊傳下一九八四頁、太平寰宇記卷一八三補改。

〔二六〕其言語待河南人譯然後通　「河南人」原缺，據梁書諸夷傳八一二頁、南史夷貊傳下一九八四頁、太平寰宇記卷一八三補。

〔二七〕至後魏時謂之滑𠤫　「滑𠤫」太平寰宇記卷一八三作「嚈噠國」。

〔二八〕挹怛同　原無，今增。參〔三二〕條校記。

〔二九〕自金山而南在于闐之西東去長安一萬一百里至後魏文帝時已八九十年矣　「而南」原脱，「百」原作「千」，據魏書西域傳二二七八頁、北史西域傳三二三〇頁補改。「至後魏文帝時已八九十年矣」原在「金山」下，誤，今據太平寰宇記卷一八三移後。又「文」下原有「成」，據北宋本、傅校本、明抄本、明刻本删。

〔三〇〕沙勒　原訛作「疏勒」，據北宋本、傅校本、明抄本、明刻本、王吴本改。按：魏書西域傳二二七九頁、北史西域傳三二三一頁均作「沙勒」。

〔三一〕遣伏子統宋雲使西域　「遣伏子統」魏書西域傳二二七九頁、太平寰宇記卷一八三作「遣王伏子統」，北史西域傳三二三一頁作「遣賸伏子統」，均不可解。

〔三二〕挹怛同　此前原仍有「挹怛同」三字，作爲標題單占一行，各本皆然。乃後人誤會杜氏意而增添者，今參照太平寰宇記卷一八三删去。按：「挹怛同」非國名，謂挹怛與嚈噠同也。

〔三三〕勝兵五六千人　「千」原作「萬」，據隋書西域傳一八五四頁、太平寰宇記卷一八三改。

〔三四〕南去漕國千五百里　「漕」原訛「曹」，據隋書西域傳一八五四頁改。

〔三五〕在葱嶺之南　舊唐書西戎傳五三〇六頁作「在葱嶺西北」。

〔三六〕去長安九千八百里　漢書西域傳上三八九七頁「八百」下有「六十」。

〔三七〕去都護理所二千八百里　漢書西域傳上三八九七頁「八百」下有「六十」。

〔三八〕東至盤起　後漢書西域傳二九二一頁作「磐起」，梁書諸夷傳七九七頁作「槃越」，南史夷貊傳上一九六一頁作「盤越」。

〔三九〕亦名波羅柰斯國　原「波」上衍「皮」，據新唐書西域傳上六二三七頁、太平寰宇記卷一八三刪。

〔四〇〕桓帝延熹二年四年　「四年」原脱，據後漢書西域傳二九二二頁補。

〔四一〕後遂轉盛　「遂」原訛「至」，據後漢書西域傳二九二二頁改。

〔四二〕其王遣長史竺羅達貢獻　原脱「遣」與「達」，據梁書諸夷傳七九九頁、南史夷貊傳上一九六二頁補。

〔四三〕家有奇樂倡伎　「奇」原作「音」，非。據北宋本、王吴本及舊唐書西戎傳五三〇七頁、新唐書西域傳上六二三七頁改。

〔四四〕王爲螺髻於頂餘髮翦之使短　舊唐書西戎傳五三〇七頁「王」作「上」，「短」作「拳」。

〔四五〕虜男女萬三千人　「三」舊唐書西戎傳五三〇八頁、新唐書西域傳上六二三八頁作「二」。

〔四六〕此國在天竺域　「域」三國志烏丸鮮卑東夷傳裴注引魏略西戎傳八五九頁作「城中」。

〔四七〕博士弟子景盧受大月氏王使伊存授浮圖經曰復豆者其人也　「景盧」原訛「秦景館」，「王使」原倒，「經」下衍「國」，據三國志烏丸鮮卑東夷傳裴注引魏略西戎傳八五九頁、太平寰宇記卷一八三刪改乙正。按：北宋本、傅校本、明抄本、明刻本、王吴本訛作「景匿」。北宋本、傅校本、明刻本作「使王使」。北宋本無「國」，而「曰」訛「口」。又，「景盧」魏書釋老志三〇二五頁作「秦景憲」。

〔四八〕臨蒲塞桑門伯聞疏問白開比丘晨門　「臨蒲塞」原作「伊蒲塞」，北宋本、傅校本、明抄本、明刻本、王吴本作「傴蒲塞」，太平寰宇記卷一八三作「偃塞」。據三國志烏丸鮮卑東夷傳裴注引魏略西戎傳八五九頁改。「伯聞」原作「伯開」，據魏略西戎傳、太平寰宇記卷一八三改。「疏問白開」太平寰宇記同，而魏略西戎傳作「疏問白疏閒」。「晨門」原訛「桑門」，據魏略西戎傳、太平寰宇記改。

〔四九〕蓋以爲老子西出關　「以」原作「昔」，據三國志烏丸鮮卑東夷傳裴注引魏略西戎傳八五九頁、太平寰宇記卷一八三改。

〔五〇〕合有二十九不能詳載　「合」原訛「各」，「詳」原訛「計」，據三國志烏丸鮮卑東夷傳裴注引魏略西戎傳八六〇頁、太平寰宇記卷一八三改。按：北宋本、傅校本、明抄本、明刻本、王吴本「詳」字未誤。

〔五一〕恢誕不經　「恢」原作「怪」，據北宋本、傅校本及太平寰宇記卷一八三改。

〔五二〕車離　三國志烏丸鮮卑東夷傳裴注引魏略西戎傳八六〇頁同。後漢書西域傳二九二二頁作「東離」。

〔五三〕别城數十　三國志烏丸鮮卑東夷傳裴注引魏略西戎傳八六〇頁同。後漢書西域傳二九二二頁「别」作「列」。

〔五四〕人皆長八尺　後漢書西域傳二九二二頁同。三國志烏丸鮮卑東夷傳裴注引魏略西戎傳八六〇頁「八尺」作「一丈八尺」。

〔五五〕師子國　「國」原脱，據北宋本、傅校本、明抄本、明刻本、王吴本補。

〔五六〕止有鬼神及龍居之　「及」原訛「有」，據梁書諸夷傳八〇〇頁、南史夷貊傳上一九六四頁改。

〔五七〕鬼神不見其形但出珍寶明其所堪價　「神」和「出」原脱，據梁書諸夷傳八〇〇頁、南史夷貊傳上一九六四頁補。「明」梁書、南史作「顯」，通典避中宗諱改。

〔五八〕宋文帝元嘉五年其王刹利摩訶南遣使貢獻　宋書夷蠻傳二三八四頁同。梁書諸夷傳八〇〇頁「五」作「六」，無「南」。南史夷貊傳上一九六七頁亦無「南」。

〔五九〕迦葉伽羅訶梨耶　「迦」原作「伽」，「梨」原作「黎」，據北宋本改。

〔六〇〕杜環記云　「云」原脱，據北宋本、傅校本補。

〔六一〕又有木難出翅鳥　「出」原訛「金」，據北宋本、王吴本及太平寰宇記卷一八四改。

〔六二〕亂髮拳鬢　「鬢」原作「鬚」，據北宋本、傅校本、明抄本、明刻本改。

〔六三〕又常利得中國縑素解以爲胡綾紺紋　三國志烏丸鮮卑東夷傳裴注引魏略西戎傳八六一頁「縑素」作「絲」，又無「紺紋」二字。

〔六四〕商客往來　「商」原作「使」，據北宋本、傅校本、明抄本、王吴本改。

〔六五〕疑傳者隱之　「隱之」後漢書西域傳二九二〇頁作「過焉」。

〔六六〕近西王母所居處　「居」原脱，據後漢書西域傳二九二〇頁補。

〔六七〕隅巨　太平寰宇記卷一八四作「隅臣」。

〔六八〕拂菻國在苫國西　「在」原訛「有」，據北宋本、傅校本、明刻本、王吴本改。「苫」原作「苦」，王吴本作「石」，太平寰宇記卷一八四作「若」，均誤，今據北宋本改正。

〔六九〕婦人皆服珠錦　太平寰宇記卷一八四「珠」作「朱」。

〔七〇〕各數千里　「千」原訛「十」，據北宋本、傅校本、明刻本、王吴本改。按：太平寰宇記卷一八四、通考卷三三九均作「千」。

〔七一〕又云摩隣國在敎薩羅國西南　「云」原訛「去」，「敎」原訛「秋」，王吴本訛「秧」，據北宋本及太平寰宇記卷一八四改。按：傅校本、明抄本、明刻本、王吴本「云」字不誤。

〔七二〕諸國陸行之所經也　「也」原訛「山」，據太平寰宇記卷一八四改。

〔七三〕不信鬼神　「不」原訛「大」，據北宋本、傅校本、明抄本、明刻本、王吴本改。

〔七四〕小人竭其珍以酬報　御覽卷七九六引通典「珍」下有「貨」。

〔七五〕常貨多用蕉越犀象　御覽卷七九六引通典無「蕉越」。太平寰宇記卷一八五「貨」作「貿」，「蕉」作「焦」。

〔七六〕則用國王之面者　「者」原脱，據御覽卷七九六引通典補。

〔七七〕其理在海中央　「理」原訛「地」，據諸本改。三國志烏丸鮮卑東夷傳裴注引魏略西戎傳八六二頁作

「治」，通典避高宗諱改。

〔七八〕最與安息安谷城相近　「安谷城」原作「城谷」，誤。今據三國志烏丸鮮卑東夷傳裴注引魏略西戎傳八六二頁補乙。

〔七九〕其理去大秦都二千里　「其理」原缺，據北宋本、傅校本、明抄本、明刻本、王吴本補。

〔八〇〕二百三十里　「三」原作「四」，據三國志烏丸鮮卑東夷傳裴注引魏略西戎傳八六二頁、太平寰宇記卷一八五改。

〔八一〕在康居西北勝兵三萬人　「北」原脱，「三」原訛「二」，據三國志烏丸鮮卑東夷傳裴注引魏略西戎傳八六二頁、太平寰宇記卷一八五補改。

〔八二〕隨畜牧　「隨」下原有「水草」，後人臆增，今據北宋本、傅校本、明抄本删。按：三國志烏丸鮮卑東夷傳裴注引魏略西戎傳八六二頁、太平寰宇記卷一八五均無「水草」二字。

〔八三〕白昆子青昆子皮　前「昆」原脱，據三國志烏丸鮮卑東夷傳裴注引魏略西戎傳八六二頁、太平寰宇記卷一八五補。

〔八四〕西南去康居界三千里　「三」原作「二」，據三國志烏丸鮮卑東夷傳裴注引魏略西戎傳八六二頁、太平寰宇記卷一八五改。

〔八五〕而北丁令在烏孫西　「北」原作「此」，據三國志烏丸鮮卑東夷傳裴注引魏略西戎傳八六三頁、太平寰宇記卷一八五改。

〔八六〕又匈奴北有渾窳國有屈射國有丁令國有隔昆國有新犂國明北海之南自復有丁令非此烏孫之西丁令也　「有渾窳國」、「有丁令國」原脱，「明」原作「自」，「海」原脱，「自」原作「又」，「此」和「之」原脱，並據三國志烏丸鮮卑東夷傳裴注引魏略西戎傳八六三頁補改。

〔八七〕馬脛國　「脛」原訛「腦」，據三國志烏丸鮮卑東夷傳裴注引魏略西戎傳八六三頁、太平寰宇記卷一八五改。下同。

〔八八〕王姓波斯　魏書西域傳二二七一頁、北史西域傳三二二二頁作「其王姓波氏名斯」，周書異域傳下九一九頁作「王姓波斯氏」。

〔八九〕東去中國萬餘里　魏書西域傳二二七〇頁、北史西域傳三二二二頁云：「去代二萬四千二百二十八里。」舊唐書西戎傳五三一一頁云：「在京師西一萬五千三百里。」新唐書西域傳下六二五八頁云：「距京師萬五千里而羸。」

〔九〇〕東南去穆國四千餘里　隋書西域傳一八五七頁無「南」，太平寰宇記卷一八五有「南」。

〔九一〕兩廂近下開之亦有巾帔　「廂」原訛「肩」，「亦有」原訛「并布」，據魏書西域傳二二七一頁、周書異域傳下九一九頁、北史西域傳三二二三頁、太平寰宇記卷一八五改。

〔九二〕披大帔　「披大」原脱，據魏書西域傳二二七一頁、周書異域傳下九一九頁、北史西域傳三二二三頁、太平寰宇記卷一八五補。

〔九三〕妃曰防步率　「防步率」原訛作「陟率」，據魏書西域傳二二七一頁、周書異域傳下九一九頁、北史西域傳三二二二頁、太平寰宇記卷一八五、册府卷九六二一一三一八頁改。

〔九四〕事火神天神　魏書西域傳二二七一頁、北史西域傳三二二三頁同。周書異域傳下九二〇頁作「俗事火祆神」，册府卷九六一一一三〇六頁作「俗事火天神」。舊唐書西戎傳五三一一頁云：「俗事天地日月水火諸神，西域諸胡事火祆者，皆詣波斯受法焉。」按：北宋本、傅校本、明抄本、明刻本、王吴本「火」作「大」，疑誤。

〔九五〕一月理服　周書異域傳下九二〇頁「理」作「治」，杜佑避高宗諱改。按：魏書西域傳二二七二頁、北史西域傳三二二三頁作「著」。

〔九六〕唯無稻及黍　太平寰宇記卷一八五同。魏書西域傳二二七一頁、北史西域傳三二二二頁、御覽卷七九四「黍」下有「稷」。周書異域傳下九二〇頁、册府卷九六一一一三〇七頁「黍」下有「秫」。

〔九七〕土出名馬及駝　周書異域傳下九二〇頁同。魏書西域傳二二七一頁、北史西域傳三二二二頁、御覽卷七九四「馬」下有「大驢」。

〔九八〕亦能噉火　「火」原作「人」，後人臆改者。今據北宋本、傅校本及魏書西域傳二二七一頁、北史西域傳三二二二頁、御覽卷七九四、太平寰宇記卷一八五改回。按：舊唐書西戎傳五三一二頁云：「亦能噉犬攫羊，土人極以爲患。」

〔九九〕活褥蚍　舊唐書西戎傳五三一二頁、新唐書西域傳下六二五九頁同。北宋本、傅校本、明刻本、王吴本作「理耨蚍」。

〔一〇〇〕昱昱然光澤　原脱一「昱」，據北宋本、傅校本、明抄本、明刻本、王吳本補。按：魏書西域傳二二六八頁、北史西域傳三二三〇頁均疊「昱」字。

〔一〇一〕皆血出淋漓　「漓」北宋本、傅校本、明抄本、明刻本作「落」。

〔一〇二〕理伏盧尼城在波斯國西北　太平寰宇記卷一八六同。魏書西域傳二二七二頁、北史西域傳三二三三頁「理」作「都」，又無「西」字。

〔一〇三〕朱居槃國　太平寰宇記卷一八六同。新唐書西域傳上六二三四頁「居」作「俱」。

〔一〇四〕今并有漢西夜蒲犁依耐得若四國之地　「有」下原衍「之」，據太平寰宇記卷一八六刪。

〔一〇五〕渴槃陁國　「陁」原脱，據太平寰宇記卷一八六、新唐書西域傳上六二三四頁補。

〔一〇六〕南至葱嶺二百里　「南」原訛「東」，據北宋本、傅校本、明抄本及御覽卷七九六改。按：新唐書西域傳上六二三四頁作「葱嶺北三百里」，方向合，里數異。

〔一〇七〕西至護密國　「西」原涉上而脱，據御覽卷七九三引通典、太平寰宇記一八六補。

〔一〇八〕稍音朔　「朔」原訛「愬」，據北宋本、傅校本、明抄本、明刻本、王吳本改。

〔一〇九〕王坐人牀　「人」原作「金」，據北宋本、傅校本、明抄本、明刻本改。按：新唐書西域傳上六二三四頁作「人」，太平寰宇記卷一八六、通考卷三三九作「金」。

〔一一〇〕太延三年朝獻　「太」原訛「大」，據太平寰宇記卷一八六、新唐書西域傳上六二三四頁改。原「朝」上有「來」，清人擅增，今據北宋本、傅校本、明抄本、明刻本、王吳本刪。

〔一一〕在葱嶺西　「西」字原脱，據御覽卷七九六引通典補。按：魏書西域傳二二七〇頁、北史西域傳三二二一頁並云「在葱嶺之西」。

〔一二〕下臨不測之深人行以繩索相持而度　「深」原訛「淵」，據北宋本、傅校本、明抄本、明刻本改。通典例諱「淵」字。「持」原訛「特」，據諸本改。

〔一三〕唯有馬駝騾　「馬」原脱，據魏書西域傳二二七八頁、北史西域傳三二一九頁補。

〔一四〕殿下有金駝七頭　「殿」原涉上而脱，據北宋本、傅校本、明刻本、王吳本補。

〔一五〕鹽奇水　「鹽」原作「疆」，據魏書西域傳二二七八頁、北史西域傳二二三〇頁、太平寰宇記卷一八六改。

〔一六〕在波知之南　「知」原訛「斯」，據魏書西域傳二二八〇頁、北史西域傳三二三二頁、御覽卷七九六改。

〔一七〕方十餘里　「十」原訛「千」，據北宋本改。按：隋書西域傳一八五〇頁、御覽卷七九三、太平寰宇記卷一八六均作「十」。

〔一八〕突騎施　「突」下原衍「厥」，據舊唐書突厥傳下五一九〇頁、新唐書西域傳下六二四六頁删。

〔一九〕輒墮者莫知所在　「輒」原作「轉」，據北宋本、傅校本、明抄本及太平寰宇記卷一八六改。

〔二〇〕其川西頭有城名曰怛邏斯石國人鎮　太平寰宇記卷一八六「人」作「大」。按：新唐書西域傳下六二四六頁云：「西屬怛邏斯城，石常分兵鎮之。」

〔二一〕從此至西海以來　太平寰宇記卷一八六同。通志卷一九六「來」作「東」。

〔二二〕其俗貴婦人輕丈夫而性不妬忌　北史西域傳三二三五頁無「貴」。隋書西域傳各本原亦無「貴」。

〔二三〕男子皆被髮婦人辮髮而縈之　隋書西域傳一八五〇頁、北史西域傳三二三五頁均作「人皆編髮」。

〔二四〕其王死若無女嗣位國人乃調斂金錢得數百萬還於死王之族買女而立之　册府卷九六一一一三〇五頁「調」作「請」，無「於」。按：隋書西域傳一八五一頁、北史西域傳三二三五頁並作「其女王死，國中厚斂金錢，求死者族中之賢女二人，一爲女王，次爲小王」。與通典、册府異。

〔二五〕犛牛　北史西域傳三二三五頁、御覽卷七九六同。隋書西域傳一八五〇頁、册府卷九六一一一三〇五頁作「氂牛」。

〔二六〕其女王死國中貴人剥取皮　太平寰宇記卷一八六同。隋書西域傳一八五一頁、北史西域傳三二三五頁、御覽卷七九六作「貴人死剥取皮」。

〔二七〕土蝵宜　太平寰宇記卷一八六同。新唐書西域傳下六二五二頁作「土豁羅」。

〔二八〕南去漕國千七百里　「漕」原訛「曹」，太平寰宇記卷一八六誤同。據隋書西域傳一八五四頁、北史西域傳三二三六頁改。按：漕國在烏滸水南，曹國在烏滸水北。

〔二九〕死亡棄於山　御覽卷七九六引通典「山」下有「谷」。

〔三〇〕金鏁　御覽卷七九六引通典同。太平寰宇記卷一八六「鏁」下有「甲」。

〔三一〕所當無敵　「當」原作「向」，據北宋本、傅校本、明抄本、明刻本及太平寰宇記卷一八六改。

〔三二〕亦有文字　「字」原訛「學」，據舊唐書西戎傳五三一五頁、御覽卷七九五改。

〔三三〕惟食駝馬等肉　「馬」原作「象」，據舊唐書西戎傳五三一五頁、御覽卷七九五改。

〔三四〕其大食王號暮門　「暮」御覽卷七九五作「慕」，太平寰宇記卷一八六作「墓」。

〔三五〕繫銀帶　「帶」御覽卷七九五作「束」。

〔三六〕鄮鬨之中　「鄮」原作「里」，據北宋本及太平寰宇記卷一八六改。

〔三七〕蓋不可算數　「算數」原倒，據北宋本、傅校本、明刻本及太平寰宇記卷一八六乙。

〔三八〕其果有偏桃人　「偏」原作「楄」，「人」原訛「又」，據北宋本改。御覽卷七九五作「偏」而脱「人」。太平寰宇記卷一八六作「編桃人」。通考卷三三九作「偏」而「人」訛「又」。按：桃人即桃仁。

〔三九〕一名没囯女甲反師　「囯」原訛「匝」，據北宋本、傅校本、明抄本、明刻本改正。太平寰宇記卷一八六作「回」，通考卷三三九作「回」，並誤。

〔四〇〕黎蘆茇　「黎」原作「蔾」，據北宋本、傅校本、明刻本改。按：太平寰宇記卷一八六作「藜蘆茇」。

〔四一〕其卵大如二升　「二」原作「三」，通考卷三三九同。今據北宋本、傅校本、明抄本及太平寰宇記卷一八六改。

〔四二〕末祿國　「末」原訛「朱」，據北宋本、傅校本及太平寰宇記卷一八六改。下同。通考卷三三九作「米」，蓋亦形訛。

〔四三〕茲土人也　「土」原訛「上」，據北宋本及太平寰宇記卷一八六改。通考卷三三九作「士」，蓋「士」之形訛。

〔四四〕溉灌一州　「州」通考卷三三九作「川」。按：北宋本字不清晰，像是「川」字。

〔四五〕胡芹葛藍軍達茴香茇薤　「芹」原訛「芪」，據北宋本、傅校本、明抄本、明刻本及太平寰宇記卷一八六改。「軍」原訛「單」，據北宋本、傅校本、明抄本、明刻本及太平寰宇記卷一八六、新唐書西域傳下六二六三頁改。「茇」原訛「英」，據北宋本、傅校本、明刻本及新唐書西域傳下六二六三頁改。

〔四六〕苫國在大食西界　「苫」原訛「苦」，據北宋本、傅校本改正。下同。按：太平寰宇記卷一八六訛「若」，通考卷三三九亦訛作「苦」。新唐書西域傳下六二六三頁云：「大食之西有苫者，亦自國。」

王文錦點校

通典卷第一百九十四

邊防十

北狄一

序略　匈奴上

序略

北狄，白虎通云：「狄者，易也，言辟易無別。」說文云：「狄本犬種，故從犬。」以畜牧爲業，隨逐水草，無文書，俗簡易，以言語爲約束，然各有分地。射獵禽獸，食肉衣皮，習於攻戰，此天性也。畜之所多則馬、牛、羊，其奇畜則槖駞、驢、驘、駃騠、騊駼、驒騱。槖駞言能負槖囊而馱物也。驘，驢種而馬生之也。駃騠，駿馬也，生七日而超其母。〔一〕騊駼，野馬類也，生北海。驒騱，駏驉類也。駞，徒河反。駃音決。騠音提。騊音陶。駼音圖。驒音顛。又云：「驒騱，野馬也。」

唐虞則山戎，夏則獯鬻。周則獫狁，懿王時德衰，侵暴及涇陽，〔二〕今安定、平涼郡地，並涇水之陽。獫音險。狁音允。人被其苦。至曾孫宣王，乃命將討伐，至太原，稱爲中興，四夷賓服。

其後山戎越燕伐齊，後又伐燕，齊桓公救燕，敗走之。襄王之時，戎狄至雒邑，東至衞境，侵盜尤甚。晉文公乃興師攘卻，居於西河圁、洛之閒，今洛之上郡、銀川之地。圁音銀。號曰赤翟、白翟。而晉北有林胡、樓煩之戎，今郡則樓煩故地。燕北有東胡、山戎，烏桓之先也，後爲鮮卑。各分散谿谷，自有君長，往往而聚者百有餘戎，然不相統一。及晉悼公納魏絳之謀，和諸戎，戎服而晉强，晉侯賞魏子金石之樂。至安王之時，趙襄子踰句注而破之。句注山一名西陘山，在今雁門郡。

洎於戰國，趙武靈王變俗胡服，習騎射，北破林胡、樓煩，築長城，自代傍陰山下，至高闕爲塞，按漢武帝元朔二年，遣衞青渡西河，至高闕，破匈奴。河自今靈武郡之西南便北流千餘里，過九原郡乃東流。時帝都在秦，所謂西河，疑是此處。其高闕當在河之西，今九原郡之西北也。而置雲中、雁門、代郡。其後燕將秦開襲破東胡，卻千餘里。燕亦築長城，自造陽至襄平，造陽，在今嬀川郡之北。襄平即遼東所理，今安東府。置上谷、今上谷、范陽、文安、河閒、嬀川等郡。漁陽、今漁陽、密雲郡。右北平、今北平郡。遼西、遼東郡以距胡。今安東府地。匈奴之先，夏氏之後，殷伐，奔北夷，〔三〕至七國時，國漸强盛，以爲隣敵。

皮秦始皇平天下，北卻匈奴，築長城，渡河以陰山爲塞。陰山今安北府北。山海經已有匈奴。周書又曰「正北匈奴以橐駝、白玉爲獻」，當時猶微也。

及秦亂，劉項相持之際，未遑邊備，單于頭曼稍稍渡河南，復其故地。今洛交、安化郡地。至冒頓，匈奴益强盛，盡服從北夷，南與諸夏爲敵國，圍漢高帝於白登。今雲中郡東南。帝因婁敬說，後妻以宗女公主，吕后、文帝復通和親。其後復大入蕭關，今平涼郡蕭關縣。燒回中宫。今扶風郡界。於是置細柳、棘門、霸上三軍以備焉。納晁錯說，召人實塞下，終景帝時，不爲大患。

武帝因王恢議誘單于入塞，不克，自爾侵盜尤甚。衛青、霍去病累歲窮討，盡徙漠北矣。漢境又至於陰山，開河西，置酒泉等郡今郡以隔絶羌胡，遂通西域。宣帝時，其國亂，賢王以下争立爲五單于，呼韓邪南移近塞，朝漢爲藩臣。郅支奔康居，爲甘延壽誅滅。成帝時，單于又來朝，賜以後宫王嬙，單于喜甚，上書願保塞上谷今嬀川郡以西至燉煌，今郡請罷邊備塞吏卒，〔四〕以休天子人民。郎中侯應習邊事，陳十不可。

及王莽輔政，易單于璽曰章，改號恭奴，單于復大寇盜。莽又改號降奴、服于，發兵屯戍，議滿三十萬，十道窮追，分裂爲十五單于。嚴尤諫陳五難。

至後漢建武二十四年，其國饑疫死耗，分爲南北單于。其南單于款塞，願永爲藩蔽，扞禦北狄，入居雲中，今榆林郡單于府地。後又移居美稷。今西河郡。臧宫等上書，請遂滅北匈奴，光武務欲息人，不許。和帝時，北單于爲竇憲破滅。安帝時，南單于屢被鮮卑侵掠。

靈、獻之際，轉又挫傷。

魏武帝遂分爲五部，置於西河、離石諸郡。今太原、西河、昌化郡之間。劉元海則左賢王之孫，而南匈奴種微矣。初，烏桓漢武帝時霍去病擊匈奴左地，因徙於上谷、漁陽之閒，爲漢偵察匈奴動静，始置護烏桓校尉監統之。至後漢，漸强盛，光武納班彪册，又置校尉。獻帝以後，寇掠轉甚，竟爲曹公所滅。自桓、靈之際，鮮卑又盛，〔五〕盡有漢北匈奴故地。至光和中，其帥争立，國亂，而檀石槐之種，魏文帝時爲小種鮮卑軻比能破滅。比能明帝以後國亂離散，〔六〕諸部大人慕容、拓跋、宇文更盛，並稱大號，跨有中州焉。

蠕蠕自拓跋初徙雲中，即有種落，後魏太武神䴥中强盛，又盡有匈奴故地。其主社崘始號可汗，猶言皇帝，以後常與後魏爲敵國。明帝熙平以後，其國主争立，大亂。東、西魏之時，突厥既强，蠕蠕主奔西魏，悉被誅滅。

自蠕蠕衰弱，突厥漸盛，至西魏大統中，大破蠕蠕，〔七〕又盡有匈奴故地。其主土門號可汗，猶古之單于也。北齊、後周争結婚姻，傾府藏事之。至大邏便、沙鉢略，分爲二國。大邏便之後爲西突厥焉。隋文帝開皇中，本國荒亂，其主染干朝隋，并徙種落於朔州及夏、勝二州之閒。朔今馬邑郡，夏今朔方郡，勝今榆林郡。煬帝親幸其部。其後始畢可汗圍帝於雁門，因隋亂，華人奔湊，又更强盛，控弦百萬，勢凌中夏。

大唐武德中，寇原州。今平涼郡。貞觀初，頡利又至渭橋。四年，李靖滅其國，靈州今靈武郡總管張寶相擒頡利獻焉。太宗納温彦博議，置其餘種於河南、朔方之地。其後滋繁，分爲六州。至阿史那元珍，叛還故地。開元初，本落亂，又請降，復處河南，俄又叛去。其西突厥，自隋開皇中國亂，各自爲一國。大業末，西突厥被北突厥所滅。北突厥，武太后嗣聖初，其主默啜寇定、趙二州，定今博陵郡，趙今趙郡。大殺掠而去。

自三代以還，北狄盛衰可略而紀。其小國者，時有侵擾不爲大患者，則不暇録焉。唯契丹，武太后萬歲通天初，其帥李盡忠、孫萬榮陷營州，今柳城郡。自稱爲可汗，司農卿麻仁節等二十八將，敗於西峽石黄麞谷，仁節死焉。賊又陷冀州，今信都郡。刺史陸寶積死之。夏官尚書平章事王孝傑率兵十八萬，又敗没於東峽石。又令御史大夫婁師德率兵二十萬拒之。萬榮爲家奴所殺，其黨遂潰。

匈奴上

匈奴，先祖夏氏之裔，曰淳維，殷時奔北方。至周末，七國時，而與燕、趙、秦三國爲邊隣。趙孝成王使李牧備匈奴，善撫士卒，以便宜置吏，市租皆入幕府，〔八〕爲士卒費。日殺牛享士，習騎射，謹烽火，多閒諜。約曰：「匈奴有來入盜者，但急自備。敢捕虜者斬。」而匈奴每入，烽火謹候，輒入收保，不敢戰。如是者數歲，亦不亡失。然匈奴以牧爲怯，雖趙兵亦以爲吾將軍怯。邊士皆曰：「不用賞賜，願得一戰。」於是乃具選車得千三百乘，騎萬三千匹，百金之士五萬人，〔九〕彀者十萬，彀，張也。音工豆反。張弓弩也。悉勒習戰。大縱畜牧，人衆滿野。匈奴小入，佯北不勝，以數千人委之。單于聞之，率衆來入寇。李牧張左右翼擊，大破之，殺匈奴十餘萬騎，滅襜襤，〔一〇〕胡也。襜，處廉反。襤，魯甘反。破東胡，降林胡，單于奔走。十餘歲匈奴不敢近趙邊城。

後秦滅六國，而始皇帝使蒙恬將數十萬人之衆，北擊胡，悉逐出塞，收河南地，渡河，以陰山爲塞，築四十四縣城臨河，徙謫戍以充之。有罪謫合徙者，今徙居之。而通直道，自九原今九原郡至雲陽，因邊山險，塹谿谷，可繕者繕之，繕，補。起臨洮至遼東萬餘里。秦之臨洮在和政郡和政縣，即長城之所起。

匈奴單于曰頭曼，不勝秦，北徙。十餘年至秦亂，諸秦所徙謫戍邊者皆復去，〔一一〕於是復稍渡河，與中國界於故塞。今安化、延安、平涼郡之地。後爲其太子冒頓以鳴鏑射殺之，而自立爲單于，時秦二世元年。遂東襲滅東胡王，虜其民衆畜産。既歸，西擊走月氏，南并樓煩、白羊河南王，樓煩已具前。白羊，未詳所在。疑今朔方、新秦等郡之地。侵燕代，〔一二〕悉復收秦所使蒙恬所奪匈奴地者，與漢關故河南塞，至朝那、膚施。朝那今安定郡臨涇縣。膚施今延安郡膚施縣。是時漢方與項羽相距，中國罷於兵革，故冒頓得自强，控弦之士三十餘萬。自淳維以至頭曼千有餘歲，時大時小，別散分離，尚矣，尚，久遠也。其世傳不可得而次。然至冒頓，而匈奴最强大，盡服從北夷，而南與諸夏爲敵國，其世姓官號可得而記云。

單于姓攣鞮氏，按後漢史，南單于比姓虛連鞮。雖相記有異，而其音相類。攣，力全反。鞮，丁奚反。其國稱之曰「撐犁孤塗單于」。撐，丈庚反。〔三〕匈奴謂天爲「撐犁」，謂子爲「孤塗」，單于者，廣大之貌也，言其象天單于然也。置左右賢王，左右谷蠡，谷音鹿。蠡，盧兮反。左右大將，左右大都尉，左右大當户，左右骨都侯。匈奴謂賢曰「屠耆」，故常以太子爲左屠耆王。自左右賢王以下至當户，大者萬餘騎，小者數千，凡二十四長，立號曰「萬騎」。其大臣皆世官。呼衍氏，蘭氏，顏師古曰：「呼衍，即今鮮卑姓呼延者是也。蘭姓今亦有之。」其後有須卜氏，此三姓，其貴種也。諸左王將居東方，直上谷以東，直，當也。其下並同。今嬀川郡之東。接穢貊、朝鮮；右王將居西方，直上郡以西，今上郡、洛交、延安、咸寧郡之西。接氐、羌，而單于庭直代、雲中。今雲中、單于、安邊郡之北。各有分地，逐水草移徙。而左右賢王、左右谷蠡最爲大國，左右骨都侯輔政。諸二十四長，亦各自置千長、百長、什長、〔一四〕裨小王、裨，頻移反。相、都尉、當户、且渠之屬。且，子餘反。今沮渠姓，蓋本因此官也。歲正月，諸長少會單于庭，祠。五月，大會龍城，祭其先、天地、鬼神。秋，馬肥，大會蹛林，課校人畜計。匈奴秋社八月中會祭處也。蹛者繞也，言繞林木而祭也。鮮卑之俗，自古相傳，秋天之祭，無林木者尚豎柳枝，衆騎馳繞三周乃止。此其遺法。計者，人畜之數。蹛音帶。其刑法，拔刃尺者死，坐盜者没入其家；有小罪者軋，軋者，謂輾轢其骨節，若今之厭踝者也。大者死。獄久者不滿十日，一國之囚不過數人。而單于朝出營，拜日之始生，夕拜月。其坐，長左而北向。左者，以左爲尊。〔一五〕日上戊己。其送死，有棺槨金銀衣裘，〔一六〕而無封樹晉張華曰：「匈奴名冢曰豆落。」喪服；近幸臣妾從死者，多至數十百人。舉事常隨月，盛壯以攻戰，月虧則退兵。其攻戰，斬首虜賜一卮酒，而所得鹵獲因以與之，得人以爲奴婢。故其戰，人人自爲趨利，趨讀曰趣。趣，嚮也。善爲誘兵以包敵。包裹取之。故其逐利，如鳥之集；其困敗，則瓦解雲散矣。戰而扶轝死者，盡得其家財。

是時漢初定，徙韓王信於代，都馬邑。今馬邑郡地。匈奴大攻圍馬邑，韓王信降匈奴。〔一七〕匈奴得信，因引兵南踰句注，攻太原，至晉陽下。今太原府。高帝自將兵往擊之。於是冒頓佯敗走，誘漢兵。漢悉兵三十二萬北逐之。高帝先至平城，在今雲中郡。步兵未盡到，冒頓果出精兵三十餘萬騎圍高帝於白登，七日，白登在平城東南十餘里。高帝乃使使閒厚遺閼氏，冒頓遂引兵去，漢亦罷歸。

是時冒頓兵强，數苦北邊，帝患之，問劉敬。敬曰：「天下初定，士卒罷於兵革，未可以武服也。冒頓殺父，妻羣母，以力爲威，未可以信義説也。獨可以計久遠子孫爲臣矣。陛下誠能以長公主妻單于，厚奉遺之，彼知漢女送厚，蠻夷必慕以爲閼氏，生子必爲太子，代立爲單于也。何者？貪漢重幣也。陛下以歲時漢所餘彼所鮮數問遺，使辯士諷諭以禮節。冒頓在，固爲子壻；死，則外孫爲單于。豈曾聞外孫敢與大父抗禮哉？可無戰以漸臣也。」高帝曰：「善。」使敬往結和親之約。敬從匈奴來，因言「匈奴河南白羊、樓煩，去長安近者七百里，輕騎一日一夜可以至。秦中新破，少人，地肥饒，可益實之。夫諸侯初起時，非齊諸田，楚昭、屈、景莫興。今陛下雖都關中，實少人。北近胡寇，東有六國强族，一日有變，陛下未得安枕而卧也。臣願徙齊諸田，楚昭、屈、景，燕、趙、韓、魏後，及豪傑名家於關中。無事可以備胡，諸侯有變，亦足率以東伐。此强本弱末之術也。」帝曰：「善。」乃從敬議，徙十餘萬口。是後冒頓常往來侵盜代地，〔二八〕今安邊及馬邑郡之北境是。高帝患之，乃使劉敬奉宗室女翁主爲單于閼氏。諸王女曰翁主者，言其父自主昏也。閼，於焉反。氏音支。孝惠、高后時，冒頓寖驕，寖，漸也。迺爲書，使使遺高后，詞甚悖慢。后大怒，召丞相陳平及樊噲、季布等議之。〔二九〕噲曰：「臣願得十萬衆，横行匈奴中。」問布，布曰：「噲可斬也！前時匈奴圍高帝於平城，漢兵三十二萬，噲爲上將軍，不能解圍。天下歌之曰：『平城之下亦誠苦！七日不食，不能彀弩。』今歌吟之聲未絶，傷痍者甫起，甫，始也。而噲欲搖動天下，妄言以十萬衆横行，是面謾也。謾，欺誑也。音慢。〔三〇〕又音莫千反。且夷狄譬如禽獸，得其善言不足喜，惡言不足怒也。」高后曰：「善。」令大謁者張澤報書，卑辭謝之。冒頓得書，復使使來謝曰：「未嘗聞中國禮義，陛下幸而赦之。」因獻馬，遂和親。

至孝文即位，復修和親之事，而寇盜不已。漢議擊與和親孰便。公卿皆曰：「單于新破月氏，乘勝，不可擊也。且得匈奴地，澤鹵非可居也，和親甚便。」漢許之。文帝前六年，復遣宗人女爲公主，〔二一〕妻老上單于爲閼氏，冒頓子，名稽粥也。宗人女，亦諸侯王之女也。使宦者燕人中行説傅公主。姓中行，名説。行音胡郎反。〔二二〕説讀爲悦。説不欲行，漢强使之。説曰：「必我也，爲漢患者。」中行説既至，因降單于，單于愛幸之。初，單于好漢繒絮食物，中行説曰：「匈奴人衆不能當漢之一郡，然所以强之者，以衣食異，無仰於漢也。今單于變俗好漢物，漢物不過什二，則匈奴盡歸於漢矣。其得漢繒絮，以馳草棘中，衣袴皆裂弊，以視不如旃裘堅善也。得漢食物皆去之，去，棄也。以視不如湩酪之便美也。」湩，乳汁也。音直用反。於是説教單于左右疏記，以計識其人衆畜牧。自是之後，漢使欲辯論者，中行説必窮之。日夜教單于候利害處。〔二三〕

十四年，匈奴十四萬騎入朝那、蕭關，虜人民畜産甚多，遂至彭陽，今彭原郡彭原縣。燒回中宮，候騎至雍今扶風郡縣。甘泉。漢甘泉宮，在今雲陽縣。於是文帝發車千乘，十萬騎，軍長安旁以備胡寇。而拜東陽侯張相如爲大將軍等，大發車騎往擊胡。單于留塞内月餘，漢逐出塞即還，不能有所殺。匈奴日以驕，歲入邊，殺掠人民畜産甚衆，雲中、遼東最甚。帝又遺單于書，復約和親事。

帝苦匈奴爲患，數聞趙將李齊之賢，時趙人馮唐爲郎中署長，爲郎署中最長。帝因問唐曰：「父老知之乎？」唐曰：「齊尚不如廉頗、李牧之爲將也。臣聞上古王者之遣將也，跪而推轂，曰『閫以內，寡人制之；閫以外，將軍制之。〔二四〕軍功爵賞皆決於外，歸而奏之』。此非空言也。臣大父言，李牧之爲趙將居邊，軍市之租皆自用饗士，賞賜決於外，不從中覆也。委任而責成功，故李牧乃得盡其智能，是以北逐單于，破東胡，滅澹林，澹，都甘反。西抑强秦，南支韓、魏。〔二五〕當是時，趙幾伯。後會趙王遷立，用郭開讒，而誅李牧，是以爲秦所滅。今臣竊聞魏尚爲雲中守，其軍市租盡以給士卒，出私養錢，五日一殺牛，以饗賓客軍吏舍人，是以匈奴遠避，不近雲中之塞。虜嘗一入，尚帥車騎擊之，所殺甚衆。夫士卒盡家人子，起田中從軍，安知尺籍伍符？終日力戰，斬首捕虜，上功幕府，一言不相應，文吏以法繩之。其賞不行，而法必用。愚以爲陛下法太明，賞太輕，罰太重。且雲中守尚坐上功首虜差六級，陛下下之吏，削其爵，罰作之。由此言之，陛下雖得李牧，不能用也。臣誠愚，觸忌諱，死罪！」文帝説。是日令唐持節赦魏尚，復以爲雲中守，而拜唐爲車騎都尉，主中尉及郡國車士。車騎之士。

時賈誼論邊事曰：「天下之勢方倒懸，願陛下少省之。凡天子者，天下之首也。蠻夷者，天下之足也。蠻夷徵令，是主上之操也；天子共貢，是臣下之禮也。足反居上，首顧居下，是倒懸之勢也。天下倒懸，莫之能解，猶爲國有人乎？〔二六〕非但倒懸而已也。古之正義，東西南北，苟舟車之所達，人迹之所至，莫不率服，而後稱皇。今稱號甚美，而實不出長城。彼非特不服也，又大不敬，邊長不寧，中長不静，辟如伏虎，見便必動，將何時已。〔二七〕臣竊料匈奴控弦大率六萬騎，五口而出介卒一人，五六三十，此即户口三十萬耳，〔二八〕未及漢千石大縣也。而乃敢歲言侵盜，屢欲亢禮，〔二九〕妨害帝義，甚非道也。陛下何不能爲此立一官，置一吏以主匈奴，〔三〇〕雖以千石居之可也。令中國日理，匈奴日危，將必以匈奴之衆爲漢臣人，制之令千家而爲一國，處之塞外，自隴西、延安至遼東，各有分地，以使邊備，月氏、灌窳之變皆屬之。〔三一〕窳音庾。其置郡，然後罷戎休邊人天下之兵，帝之威德，内行外信，〔三二〕四荒悦服矣。不然，不大興不足以旁午走急，數十萬之衆積於北方，天下安得食而饋之！而臨重困則難爲工矣。」〔三三〕帝不能用。

後四年，老上單于死，子軍臣單于立，而中行説復事之。漢復與匈奴和親。軍臣單于立歲餘，匈奴復絶和親，大入上郡、雲中，雲中今單于府榆林郡之地。所殺掠甚衆。於是漢置三將軍，軍長安西細柳、渭北棘門、霸上以備胡。胡騎入代句注邊，烽火通於甘泉、長安數月。

是時匈奴强，數寇邊，上發兵以禦之。太子家令晁錯上言兵事，曰：「臣聞漢興以來，胡虜數入邊地，小入則小利，大入則大利。竊聞戰勝之威，民氣百倍；敗兵之卒，没世不復。自高后以來，匈奴三入隴西，攻城屠邑，敺掠畜産，民氣破傷，無有勝意。今玆隴西之吏，賴社稷之神靈，奉陛下之明詔，和輯士卒，砥礪其節，起破傷之民以當乘勝之匈奴，用少擊衆，殺一王，敗其衆而大有利。〔三四〕非隴西之民有勇怯，乃將吏之制巧拙異也。故兵法曰：『有必勝之將，無必勝之民。』繇此觀之，安邊境，立功名，在於良將，不可不擇也。臣又聞用兵臨戰合刃之急者三：一曰得地形，二曰卒服習，三曰器用利。兵法曰：丈五之溝，漸車之水，漸，浸也。漸音子廉反。山林積石，經川丘阜，草木所在，此步兵之地也，車騎二不當一。土山丘陵，曼衍相屬，平原廣野，此車騎之地也，步兵十不當一。平陵相遠，川谷居閒，〔三五〕仰高臨下，此弓弩之地也，短兵百不當一。兩陣相近，平地淺草，可前可後，此長戟之地也，劍楯三不當一。萑葦竹蕭，草木蒙蘢，枝葉茂接，此矛鋋之地也，鋋，鐵把短兵。鋋，市連反。長戟二不當一。曲道相伏，險阸相薄，〔三六〕此劍楯之地也，弓弩三不當一。士不選練，卒不服習，起居不精，動静不集，趨利弗及，〔三七〕避難不畢，前擊後解，與金鼓之指相失，〔三八〕此不習勒卒之過也，百不當十。兵不完利，與空手同；〔三九〕甲不堅密，與袒裼同；弩不可以及遠，與短兵同；射不能中，與無矢同；中不能入，與無鏃同：此將不省兵之禍也，五不當一。故兵法曰：器械不利，以其卒與敵也；卒不可用，以其將與敵也；將不知兵，以其主與敵也；君不擇將，以其國與敵也。四者，兵之至要也。臣又聞小大異形，强弱異勢，險易異備。夫卑身以事强，小國之形也；合小以攻大，敵國之形也；以蠻夷攻蠻夷，中國之形也。今匈奴地形技藝與中國異。上下山阪，出入谿澗，中國之馬弗與也；險道傾側，且馳且射，中國之騎弗與也；風雨罷勞，飢渴不困，中國之人弗與也：此匈奴之長技也。若夫平原易地，輕車突騎，則匈奴之衆易撓亂也；勁弩長戟，射疏及遠，則匈奴之弓弗能格也；堅甲利刃，長短相雜，遊弩往來，什伍俱前，則匈奴之兵弗能當也；材官騎射之官。騶發，騶謂矢之善者也。矢道同的，言其妙射。則匈奴之革笥以木皮爲鎧。木薦以木板爲楯。弗能支也；下馬地鬭，劍戟交接，去就相薄，則匈奴之足弗能給也：給謂相連及。〔四〇〕此中國之長技也。以此觀之，匈奴之長技三，中國之長技五。陛下又興數十萬之衆，以誅數萬之匈奴，衆寡之計，以一擊十之術也。雖然，兵，凶器；戰，危事也。以大爲小，以强爲弱，在俛仰之閒耳。今降胡義渠蠻夷之屬來歸義者，其衆數千，飲食長技與匈奴同，可賜之堅甲絮衣，勁弓利矢，益以邊郡之良騎，令明將能知其習俗和輯其心者，以陛下之明約將之。即有險阻，以此當之；平地通道，則以輕車材官制之。兩軍相當表裏，各用其長技，衡加之以衆，衡，横。此萬全之術也。」文帝嘉之，乃賜錯璽書寵答焉。

錯復言守邊備塞，勸農力本，當世急務二事，曰：「臣聞秦時北攻胡貉，築塞河上，南攻楊越，置戍卒焉。其起兵而攻胡越者，非所以衞邊地而救民死也，(四一)貪戾而欲廣大也，故功未立而天下亂。且夫起兵而不知其勢，戰則爲人禽，屯則卒積死。夫胡貉之地，積陰之處也，木皮三寸，冰厚六尺，食肉而飲酪，其人密理，鳥獸毳毛，其性能寒。能讀曰耐。下同。楊越之地少陰多陽，其人疏理，鳥獸稀毛，其性能暑。秦之戍卒不能其水土，戍者死於邊，輸者僨於道。僨，仆也。僨音奪。秦民見行，如往棄市，因以謫發之，名曰謫戍。先發吏有謫及贅壻、賈人，後以嘗有市籍者，贅，之説反。賈音古。又後以大父母、父母嘗有市籍者，(四二)後入閭，取其左。發之秦時復除者居閭之左，後發役不供，復役之也。不順，行者深怨，有背叛之心。凡民守戰至死而不降北者，以計爲之也。故戰勝守固則有拜爵之賞，攻城屠邑則得其財鹵以富家室，故能使其衆蒙矢石，赴湯火，視死如生。今秦之發卒也，有萬死之害，而無銖兩之報，死事之後不得一算之復，(四三)天下明知其禍烈及己也。猛火曰烈，取以喻耳。故陳勝行戍，至於大澤，爲天下先倡，天下從之如流水者，秦以威劫而行之之敝也。胡人衣食之業不著於地，其勢易以擾亂邊境。何以明之？胡人食肉飲酪，衣皮毛，非有城郭田宅之歸居，如飛鳥走獸於廣野，美草甘水則止，草盡水竭則移。以是觀之，往來轉徙，時至時去，此胡人之生業，而中國之所以離南畝也。今使胡人數處轉牧行獵於塞下，或當燕代，或當上郡、北地、隴西，北地，今彭原、安化、靈武、五原等郡之地。以候備塞之卒，〔四四〕卒少則入。陛下不救，則邊民絶望而有降敵之心；救之，少發則不足，多發，遠縣纔至，則胡又已去。聚而不罷，爲費甚大；罷之，則胡復入。如此連年，則中國貧苦而民不安矣。陛下幸憂邊境，遣將吏發卒以治塞，甚大惠也。然今遠方之卒守塞，一歲而更，不知胡人之能，不如選常居者，家室田作，且以備之。以便爲之高城深塹，具藺石，布渠荅，藺石，雷石，可投人也。渠荅，鐵蒺藜也。〔四五〕雷，力内反。復爲一城其内，城閒百五十步。要害之處，通川之道，調立城邑，無下千家，調謂筭度之也。總計城邑之中令有千家以上也。〔四六〕調音徒弔反。爲中周虎落。鄭氏曰：「虎落者，外蕃也。」先爲室屋，具田器，乃募罪人及免徒復作令居之；〔四七〕募有罪人及罪人遇赦復作竟其日月者，今皆除其罰，令居之也。不足，募以丁奴婢贖罪及輸奴婢欲以拜爵者；不足，乃募民之欲往者。皆賜高爵，復其家。予冬夏衣，稟食，能自給而止。郡縣之民得買其爵，以自增至卿。謂其等級同於列卿。其無夫若妻者，縣官買予之。人情非有匹敵，不能久安其處。塞下之民，禄利不厚，不可使久居危難之地。胡人入驅而能止其所驅者，以其半予之，言胡人入爲寇，驅掠漢人及畜産，而他人能止得其所驅者，令其本主以半賞之。縣官爲贖胡得漢人，官爲備價贖之耳。其民。如是，則邑里相救助，赴胡不避死。非以德上也，言非以此事欲立德義於主上也。欲全親戚而利其財也。此與東方之戍卒不習地勢而心畏胡者，功相萬也。以陛下之時，徙民實邊，使遠方亡屯戍之事，塞下之民父子相保，亡係虜之患，利施後世，名稱聖明，其與秦之行怨民，相去遠矣。」上從其言，募民徙塞下。

錯復言：「陛下幸募民相徙以實塞下，使屯戍之事益省，輸將之費益寡，甚大惠也。下吏誠能稱厚惠，奉明法，存卹所徙之老弱，善遇其壯士，和輯其心而勿侵刻，〔四八〕使先至者安樂而不思故鄉，則貧民相募而勸往矣。」

時漢兵至邊，匈奴亦遠塞，遠音于萬反。漢兵亦罷。後歲餘，文帝崩，景帝立，復與匈奴和親，通關市，給遺單于，遣翁主如故約。〔四九〕終景帝世，時時小入盜邊，無大寇。

武帝即位，議安邊之術，大行王恢曰：「漢與匈奴和親，率不過數歲即背約，不如舉兵擊之。」御史大夫韓安國曰：「千里而戰，即兵不獲利。今匈奴負戎馬足，懷鳥獸心，遷徙鳥集，難得而制。得其地不足爲廣，有其人不足爲强。自漢數千里爭利，則人馬罷，虜以全制其弊，勢必危殆。以爲不如和親。」於是上明和親約束，厚遇關市，饒給之。自單于以下皆親漢，往來長城下。其後王恢以雁門馬邑豪聶翁壹馬邑，今郡。豪，帥也。〔五〇〕姓聶名壹，翁，老人之稱也。閒闌出物不受禁固謂之闌也。與匈奴交易，私出塞交市也。佯爲賣馬邑城以誘單于，單于信之，乃上言天子。天子召問公卿議之。王恢對曰：「全代之時，〔五一〕北有强胡之敵，內連中國之兵，然尚得養老長幼，種樹以時，倉庫常實，〔五二〕匈奴不輕侵也。今以陛下之威，海内爲一，匈奴侵盜不已者，無他，以不恐之故耳。臣竊以爲擊之便。」〔五三〕韓安國又曰：「不然。自三代之盛，夷狄不與正朔服色，非威不能制，强不能服也，以爲遠方絶域不牧之人，不足煩中國也。且匈奴，輕疾悍亟之兵也，悍，勇也。亟，急也。至如飈必遥反風，〔五四〕去如收電，居處無常，難得而制。今使邊郡久廢耕織，以支胡之常事，其勢不相權也。臣故曰勿擊便。」王恢曰：「不然。昔秦繆公都雍，今扶風郡縣。地方三百里，知時宜之變，攻取西戎，闢地千里，并國十四，隴西、北地是也。及後蒙恬爲秦侵胡，闢地數千里，以河爲境，累石爲城，樹榆爲塞，今榆林郡南即秦榆林塞地。匈奴不敢飲馬於河，置烽燧然後敢牧馬。夫匈奴獨可以威服，不可以仁畜也。今以中國之盛，萬倍之資，遣百分之一以攻匈奴，〔五五〕必不留行矣。臣故曰擊之便。」安國曰：「不然。臣聞用兵者以飽待飢，正理以待其亂，定舍以待其勞。故接兵覆衆，伐國墮城，常坐而役敵國，此聖人之兵也。今將卷甲輕舉，深入長驅，難以爲功；從音縱行則迫脅，〔五六〕横行則中絶，疾則糧乏，徐則後利，不至千里，人馬乏食。兵法曰：『遺人獲也。』言以軍遺敵人，令虜獲也。意者有他繆巧可以擒之，〔五七〕則臣不知也；不然，則未見深入之利。」恢曰：「今臣言擊之者，固非發而深入也。〔五八〕將順因單于之欲，誘而致之於邊，吾選梟騎壯士陰伏而處以爲之備，審遮險阻以爲其戒。吾勢已定，或營其左，或營其右，或當其前，或絶其後，單于可禽，百全必取。」上乃從恢議，陰使聶壹爲閒，〔五九〕亡入匈奴，謂單于曰：「吾能斬馬邑令丞，以城降，則財物可盡得。」單于以爲然而許之。聶壹乃詐斬死罪囚，懸其頭馬邑城下，示單于使者爲信，曰：「馬邑長吏已死，可急來。」於是單于穿塞，乃以十萬騎入武州塞。今在馬邑郡界。是時漢伏兵三十餘萬，匿馬邑傍。於是單于入塞，未至馬邑百餘里，覺之，大驚，乃引還。漢兵追至塞，度追不及，皆罷兵。上怒王恢不擊單于輜重，下恢廷尉以恢逗撓，乃誅之。逗猶行避也。軍法，逗遛畏愞者腰斬。逗音豆。〔六〇〕撓，女巧反。自是後匈奴絶和親，攻盜入邊，不可勝數。

後數年，衞青復出雲中以西至隴西，擊胡之樓煩、白羊王於河南，得胡首虜數千。於是漢遂取河南地，築朔方，復繕故秦時蒙恬所爲塞，因河而爲固。漢亦弃上谷之斗辟縣造陽地以予胡。言縣斗辟曲近胡。〔六一〕斗，絶也。縣之斗曲入匈奴界者，其中有造陽地。辟讀曰僻。在今嬀川郡懷戎縣北。

其後伊穉斜單于時，軍臣之弟。漢使驃騎將軍霍去病將萬騎出隴西，過焉耆山千餘里討之，得胡首虜八千餘級，得休屠王祭天金人。匈奴祭天處本在雲陽甘泉山下，〔六二〕秦擊奪其地。後徙之休屠王右地，故休屠有祭天金人像也。爲天神之主而祭之，即今佛像是其遺法。其夏，霍去病復出隴西、北地二千里，過居延，今張掖郡界。攻祁連山，今交河郡界，一名天山。得胡首虜三萬餘級。單于怒昆音渾邪王、休屠王居西方爲漢所敗，召欲誅之。昆邪、休屠王恐，謀降漢，漢元狩二年。漢使去病迎之。〔六三〕昆邪王殺休屠王，並將其衆降漢，凡四萬餘人。於是已得昆邪，則隴西、北地、河西今武威之西諸郡。益少胡寇，徙關東貧民處所奪匈奴河南地新秦中以實之，今新秦郡。而減北地以西戍卒半。〔六四〕

明年春，匈奴入右北平、今北平郡。定襄今馬邑郡。各數萬騎，殺掠千餘人。其明年春，漢發十萬騎，私負從馬凡十四萬匹，私負衣裝者及私將馬從者，非公家之限。糧重不與焉。負載糧食者。重，直用反。令大將軍青、驃騎將軍去病中分軍，青出定襄，去病出代，咸約絶幕擊匈奴。單于聞之，遠其輜重，以精兵待於幕北。與青接戰，漢兵縱左右翼圍單于，單于自度戰不能如漢兵，度，徒各反。〔六五〕遂獨與壯騎數百潰漢圍西北遁走，漢兵夜追之不得，行捕斬首虜凡萬九千級，且行且捕斬之。北至窴顔山趙信城而還。趙信所作，因以名城。窴，徒千反。去病之出代二千餘里，與左賢王接戰，得胡首虜凡七萬餘人，左賢王將皆遁走。驃騎封於狼居胥山，禪姑衍，臨瀚海而還。是後匈奴遠遁，而幕南無王庭。漢渡河自朔方以西至令居，令音零，下同。在今西平郡。往往通渠置田官，吏卒五六萬人，稍蠶食，地接匈奴以北。言其地相接不絶。初，漢兩將大出圍單于，所殺虜八九萬，而漢士物故者亦萬數，物故謂死也。漢馬死者十餘萬匹。匈奴雖病，遠去，而漢馬亦少，無以復往。於是漢久不北擊胡。

後數歲，滅兩越。是時天子巡邊，親至朔方，勒兵十八萬騎以見武節，見，示。既而使郭吉諷告烏維單于伊稺耶之子。曰：「南越王頭已懸於漢北闕下。今單于即能前與漢戰，天子自將兵待邊；即不能，亟南面而臣於漢。亟，急也。音居力反。何但遠走，亡匿於幕北寒苦無水草之地爲？」語卒，單于大怒，留郭吉不歸，遷辱之北海上。而單于終不肯爲寇於漢邊，數使使好辭甘言求和親。是時漢東拔濊貊、朝鮮以爲郡，〔六六〕濊與穢同。真番、臨屯、樂浪、玄菟四郡，並今安東府之東。而西置酒泉郡今郡以隔絶胡與羌通之路。又西通月氏、大夏，以翁主妻烏孫王，〔六七〕以分匈奴西方之援國。又北益廣田至眩靁爲塞，眩靁，地名，在烏孫北。眩音縣。靁音雷。而匈奴終不敢以爲言。漢使北地王烏如匈奴，匈奴復讇以甘言，讇古諂字。欲多得漢財物，紿王烏曰：「吾欲入漢，紿，詐也。徒改反。〔六八〕見天子，面相結爲兄弟。」王烏歸報漢，漢爲單于築邸於長安。諸所言者，單于特空紿王烏，特，但也。殊無意入漢，數使奇兵侵犯漢邊。乃拜郭昌爲拔胡將軍，及浞野侯浞，士角反。趙破奴屯朔方以東，備胡。

臨菑人臨菑今北海郡縣。〔六九〕主父偃上書諫曰：「臣聞司馬法曰：『國雖大，好戰必亡；天下雖平，忘戰必危。』天下既平，天子大愷。且怒者逆德也，兵者凶器也，争者末節也。夫務戰勝，窮武事，未有不悔者也。昔秦皇帝任戰勝之威，蠶食天下，并吞戰國，海内爲一，功齊三代。務勝不休，欲攻匈奴，李斯諫曰：『不可。夫匈奴無城郭之居，委積之守，遷徙鳥舉，難得而制也。輕兵深入，糧食必絶；運糧以行，重不及事。得其地，不足以爲利；得其民，不可調而守也。勝必弃之，非民父母。靡弊中國，甘心匈奴，非完計也。』秦皇帝不聽，遂使蒙恬將兵而攻胡，却地千里，〔七〇〕以河爲境。然後發天下丁男以守北河，終不能踰河而北。按史記蒙恬傳云「渡河據陰山」，而偃云「不能踰河而北」，未詳何爲不同。是豈人衆之不足，兵革之不備哉？其勢不可也。又使天下飛芻輓粟，起於黃、腄、在東萊。〔七一〕腄音瑞。今文登郡文登縣。瑯琊今郡負海之郡，今景城郡。〔七二〕轉輸北河，朔方北河。率三十鍾而致一石。六斛四斗曰鍾。計百九十二斛而得一石至。〔七三〕男子疾耕不足於糧餉，女子紡績不足於幃幕。百姓靡敝，道路死者相望，蓋天下始叛也。及高皇帝定天下，聞匈奴聚代谷之外而往擊之，果有平城之圍。高帝悔之，乃使劉敬往結和親，然後天下無干戈之事。故兵法曰：『興師十萬，日費千金。』秦常積衆數十萬人，雖有覆軍殺將，係虜單于，適足以結怨深讐，〔七四〕不足以償天下之費。願陛下熟計之而加察焉。」

太初三年，漢使光禄徐自爲出五原塞今九原郡地數百里，遠者千里，築城障，所謂光禄塞也。列亭至盧朐。盧朐，山名。光禄塞，今新秦郡銀城縣之北。

至且鞮侯單于，且，子余反。〔七五〕鞮，丁兮反。烏維之弟，兒單于之叔。漢既誅大宛，威振外國，單于初立，恐漢襲之，盡歸漢使之不降者路充國等於漢。且鞮乃自謂「我兒子，安敢望漢天子！漢天子，我丈人行也」。丈人，尊老之稱也。行音胡浪反。漢遣中郎將蘇武厚幣賂遺單于，單于益驕，〔七六〕禮甚倨，非漢所望也。漢使騎都尉李陵將部兵五千出居延北千餘里，今張掖郡北境。〔七七〕與單于會，合戰，陵所殺傷萬餘人，兵食盡，欲歸，單于圍陵，陵降匈奴，單于乃貴陵，以其女妻之。

狐鹿姑單于且鞮侯之子。立六年，侵盜上谷，其年復入五原、酒泉，殺兩部都尉。於是漢遣貳師將軍七萬人出五原。貳師遣屬國胡騎二千與戰，虜兵壞散，漢軍乘勝追北，〔七八〕至范夫人城，本漢將築此城，將亡，其妻率餘衆完保之，因以爲名。匈奴奔走，莫敢距敵。會貳師妻子坐巫蠱收，坐江充誣陷衛太子相連。聞之憂懼，軍大亂敗，貳師降單于。單于素知其漢大將貴臣，以女妻之，尊寵在衛律上。自貳師没後，漢新失大將軍及士卒數萬人，不復出兵，三歲而武帝崩。漢兵自深入窮追二十餘年，匈奴孕重墮殰，罷極苦之。孕重，懷妊者也。墮，落也。殰，敗也。罷讀曰疲。極，困也。苦之，心厭苦也。殰音讀。自單于以下，常有欲和親計。

及昭帝即位，霍光輔政，徵天下賢良文學之士，問人疾苦。賢良皆言，請罷邊戍，去戰鬬，尚德義，崇禮讓以懷遠，無示奢侈，安人而已。議曰：「夫匈奴之地廣大，而戎馬之足輕利，故利則武卑，〔七九〕病則鳥折。辟鋒鋭而攻罷極，少發則不足以更適，多發則不堪其役，役煩則力罷，用多則財乏。二者不息，而人遺怨，此秦之所以失人之心、寘社稷也。寘音殞。夫地廣而不德者國危，兵强而陵敵者身亡，是以聖王見利慮害，見遠存近。方今爲縣官計者，莫若偃兵休士，〔八〇〕厚幣結和親，脩文德而已。若不恤人之急，不計其難弊，〔八一〕亡十獲一，非文學之所知也。」大夫曰：「漢興以來，脩好結和親，所以聘遺單于者甚厚，然不爲重質厚賂之故改節，而爲暴害滋甚。先帝覩其可以武折，而不可以德懷，故厲將卒奮擊，以誅厥罪，〔八二〕功勳粲然，著於海内，藏於記府，何論亡十獲一乎！夫君子所慮，衆庶疑焉，〔八三〕故常人可與觀成，不可與圖始。此固有司所獨見而文學不覩也。往者匈奴據河山之險，擅田牧之利，人富兵强，衍行爲寇，〔八四〕則句注之内驚動，在今雁門郡，一名西陘山。而上郡以南咸城守。文帝之時，虜入蕭關，烽火通甘泉。匈奴西役大宛、康居之屬，南與羌胡通。先帝推讓斥奪廣饒之地，〔八五〕建張掖以西，今郡隔絶羌胡，瓜分其國，〔八六〕是以西域之國皆爲内臣，匈奴斷右臂，長城之南，濱塞之郡，馬牛放縱，蓄積布野，未覩其計之所過也。」文學曰：「地利不如人和，武力不如文德。周之致遠，不以地利，以人和也。百代不奪，非以阻險，以文德也。吴有三江五湖之難而兼於越，楚有汝泉、〔八七〕兩棠之固而滅於秦，秦有隴阺殽塞而亡於諸侯，〔八八〕晉有太華、〔八九〕九河而奪於六卿，齊有泰山巨海而脅於田常，〔九〇〕桀紂以天下兼於薄鄗，〔九一〕秦王以六合困於陳涉：非地利不固，無術以守之也。今釋邇憂遠，猶吴不内定其國，西絶淮山與齊晉争强也，越國乘其疲，擊其虛。使吴任用子胥修德，無極其衆，則句踐不免爲藩臣，何謀之敢慮也。〔九二〕夫匈奴之車器，無銀黃絲漆之飾，〔九三〕素成而務堅，無文采裙褘曲襟之制，靚成而務完，男無刻鏤奇巧之事，宮室城郭之功，女無綺繡淫巧之制，織纊羅紈之作，〔九四〕事省而致用，易成而難弊。雖無脩戟强弩，〔九五〕戎馬良弓家有其備，人有其用，一朝有急，貫弓上馬而已。資糧不見案首，而支數十日之食，因山谷爲城池，因水草爲倉庫，法約而易辨，求寡而易供，是以刑省而不可犯，指麾而令從。〔九六〕嫚於禮而篤於信，略於文而敏於事，故雖無禮義文書，刻骨卷木，〔九七〕百官有以相紀，而君臣上下有以相使也。羣臣爲縣官計者皆言其易而實難，是以秦欲驅之而反更亡也。〔九八〕故兵者凶器，不可輕用也。其以强爲弱，以存爲亡，非一朝爾。」大夫詞屈，不能對。

壺衍鞮單于既立，狐鹿姑之子。諷謂漢使者，言欲和親，乃歸漢使不降者蘇武、馬宏等，馬宏者，前副光禄大夫王忠使西域，爲匈奴所遮，忠戰死，宏生得，亦不肯降，故匈奴歸此二人，欲以通善意。然其侵盜益希，遇漢使愈厚，欲以漸致和親，漢亦羈縻之。其後漢邊郡烽火候望精明，匈奴爲邊寇者少利，復希犯塞。

宣帝初，烏孫昆彌烏孫國謂王曰昆彌，亦曰昆莫。復上書，言連爲匈奴所侵削，昆彌願發國半精兵人馬五萬騎，盡力擊匈奴，唯天子出兵哀救。本始二年，漢大發關東輕鋭士，選郡國吏三百石伉健習騎射者，皆從軍。遣御史大夫田廣明等凡五將軍，兵十餘萬騎，出塞各二千餘里，及校尉常惠使護發兵烏孫，昆彌自將兵五萬餘騎從西方入，與五將軍兵凡二十餘萬衆。〔九九〕匈奴大破，民衆死傷而去者及畜産遠移死亡不可勝數，於是匈奴遂衰耗，其後漢擊之，匈奴不敢輒當，當者報其直。滋欲嚮和親，而邊境少事矣。

校勘記

〔一〕生七日而超其母　「七」明刻本、王吴本作「十」。

〔二〕侵暴及涇陽　「陽」下原有「地」，據北宋本、傅校本、明抄本、明刻本、王吴本删。

〔三〕殷伐奔北夷　「伐」原作「代」，據北宋本、傅校本、明抄本、明刻本、王吴本改。

〔四〕請罷邊備塞吏卒　「邊備」原倒，據北宋本、傅校本、明抄本、明刻本、王吴本乙。按：漢書匈奴傳下三八〇三頁作「邊備」。

〔五〕鮮卑又盛　「鮮」原訛「先」，據諸本改。

〔六〕爲小種鮮卑軻比能破滅比能明帝以後　「滅」原作「之」，「明」上原有「自」，據北宋本、傅校本、明抄本、明刻本、王吴本改删。

〔七〕大破蠕蠕　「破」原訛「被」，據諸本改。

〔八〕市租皆入幕府　「市」原脱，據史記廉頗藺相如傳二四四九頁補。

〔九〕百金之士五萬人　原缺，據史記廉頗藺相如傳二四五〇頁補。

〔一〇〕襜襤　原訛「襜襤」，據史記廉頗藺相如傳二四五〇頁及北宋本、王吴本改。下同。

〔一一〕諸秦所徙謫戍邊者　「徙謫」原倒，據史記匈奴傳二八八七頁、漢書匈奴傳上三七四九頁乙。

〔一二〕侵燕代　此三字史記匈奴傳二八九〇頁、漢書匈奴傳上三七五〇頁在下文「至朝那、膚施」下。

〔一三〕撐丈庚反　「丈」原訛「大」，據王吴本改。按：漢書匈奴傳上師古注三七五二頁、太平寰宇記卷一八九注均作「丈」。

〔一四〕千長百長什長　「百長」之下「什長」之上原有「行長」，誤衍。今據史記匈奴傳二八九一頁、漢書匈奴傳上三七五一頁、太平寰宇記卷一八九删。

〔一五〕左者以左爲尊　前「左」原作「坐」，王吴本、殿本同，非是。今據漢書匈奴傳上師古注三七五三頁及北宋本、傅校本、明抄本、明刻本改。

〔一六〕有棺槨金銀衣裘　史記匈奴傳二八九二頁、太平寰宇記卷一八九同。漢書匈奴傳上三七五二頁「裘」作「裳」，疑非。

〔一七〕韓王信降匈奴　「王」原脱，據史記匈奴傳二八九四頁、太平寰宇記卷一八九補。

〔一八〕常往來侵盜代地　「往來」原倒，據北宋本乙。按：史記匈奴傳二八九五頁、漢書匈奴傳上三七五四頁作「往來」。

〔一九〕召丞相陳平及樊噲季布等議之　「及」原脱，據北宋本補。按：漢書匈奴傳上三七五五頁有「及」。

〔二〇〕音慢　「慢」原作「曼」，據北宋本、王吴本改。

〔二一〕復遣宗人女爲公主　「爲公」原作「翁」，據北宋本、傅校本、明抄本、明刻本、王吴本改。

〔二二〕行音胡郎反　「郎」原訛「朗」，據諸本改。

〔二三〕日夜教單于候利害處　史記匈奴傳二九〇一頁、漢書匈奴傳上三七六一頁同。北宋本、傅校本、明抄本、明刻本、王吴本「利」下有「漢要」二字。

〔二四〕闑以内寡人制之闑以外將軍制之　漢書馮唐傳二三一四頁同。史記馮唐傳二七五八頁兩「闑」均作「閫」，俱通。

〔二五〕南支韓魏　「韓」原訛「漢」，據諸本改。

〔二六〕猶爲國有人乎　「爲」原作「謂」，據北宋本、傅校本、明刻本、王吴本改。

〔二七〕將何時已　「將」原訛「特」，據賈誼新書威不信篇、太平寰宇記卷一八九改。

〔二八〕此即户口三十萬耳　「此即户口」原作「計此」，「萬」下原有「餘口」，據賈誼新書匈奴篇、太平寰宇記卷一八九删改。按：北宋本、傅校本、明抄本、明刻本作「此與啟口大三十萬耳」，亦誤。

〔二九〕屢欲亢禮　「屢」原作「慮」，據賈誼新書匈奴篇、太平寰宇記卷一八九改。

〔三〇〕立一官置一吏　下「一」原脱，據賈誼新書匈奴篇、太平寰宇記卷一八九補。

〔三一〕月氏灌窳之變皆屬之　前「之」原脱，據賈誼新書匈奴篇、太平寰宇記卷一八九補。

〔三二〕然後罷戎休邊人天下之兵帝之威德内行外信　「戎」原訛「戍」，「人」原作「收」，「德」下有「而」，據北宋本及賈誼新書匈奴篇、太平寰宇記卷一八九改删。傅校本、明抄本、明刻本「戎」字不誤。

〔三三〕而臨重困則難爲工矣　「而」原訛「西」，「工」原作「功」，據北宋本及賈誼新書匈奴篇改。按：諸本亦皆作「工」。

〔三四〕敗其衆而大有利　「而」下原有「法曰」，標點本漢書鼂錯傳二二七九頁從王先謙説，據通志卷九七刪，今從刪。

〔三五〕川谷居間　「谷」原訛「各」，據諸本改。

〔三六〕險阸相薄　「阸」原作「阻」，據北宋本、傅校本、明抄本、明刻本及漢書鼂錯傳二二七九頁改。

〔三七〕趨利弗及　「弗」原作「不」，據北宋本、傅校本、明抄本、明刻本改。按：漢書鼂錯傳二二七九頁作「弗」。

〔三八〕與金鼓之指相失　「指」原訛「音」，據北宋本、傅校本、明刻本改。

〔三九〕與空手同　「手」原訛「守」，據諸本改。

〔四〇〕給謂相連及　「謂」原作「爲」，據漢書鼂錯傳師古注二二八二頁改。

〔四一〕衞邊地　「地」原作「塞」，據北宋本、明抄本改。按：漢書鼂錯傳二二八四頁作「地」。

〔四二〕嘗有市籍者　「嘗」原訛「常」，據明刻本改。

〔四三〕不得一算之復　「算」原訛「等」，據北宋本、傅校本、明抄本、明刻本、王吴本改。按：漢書鼂錯傳二二八四頁作「算」。

〔四四〕以候備塞之卒　「之」原訛「乏」，據北宋本、王吴本及漢書鼂錯傳二二八五頁改。

〔四五〕鐵蒺藜也　「蒺」原脱，據漢書鼂錯傳蘇林注二二八六頁、太平寰宇記卷一九〇補。

〔四六〕令有千家以上也　「有」下原衍「度」，據漢書鼂錯傳師古注二二八七頁、太平寰宇記卷一九〇删。

〔四七〕免徒復作令居之　「徒」原訛「從」，據諸本改。

〔四八〕和輯其心而勿侵刻　「勿」下原衍「使」，據漢書鼂錯傳二二八八頁、太平寰宇記卷一九〇删。

〔四九〕遣翁主如故約　漢書匈奴傳上三七六五頁同。北宋本、傅校本、明抄本、明刻本、王吴本「翁」作「公」。

〔五〇〕豪帥也　原作「朔州也」，清人妄改。今據北宋本、傅校本、明抄本、明刻本、王吴本及太平寰宇記卷一九〇改回。

〔五一〕全代之時　「全」原訛「三」，據漢書韓安國傳二三九九頁、太平寰宇記卷一九〇改。

〔五二〕倉庫常實　「常」原作「皆」，據北宋本改。按：漢書韓安國傳二三九九頁、太平寰宇記卷一九〇作「倉廩常實」。

〔五三〕臣竊以爲擊之便　「以」原脱，據北宋本、王吴本補。

〔五四〕至如飈必遥反風　「飈風」原作「炎飈」，據漢書韓安國傳二四〇一頁、太平寰宇記卷一九〇改。

〔五五〕遣百分之一以攻匈奴　「遣」原訛「未」，據北宋本改。按：漢書韓安國傳二四〇一頁、太平寰宇記卷一九〇均作「遣」。

〔五六〕從行則迫脅　「脅」原訛「力」，據北宋本、傅校本、明抄本、明刻本改。按：漢書韓安國傳二四〇二頁、太平寰宇記卷一九〇均作「脅」。

〔五七〕意者有他繆巧可以擒之　「繆」原訛「言」，「擒」原訛「上」，明刻本、王吴本、殿本同，明人妄改，清人沿之。今據北宋本、傅校本、明抄本改回。按：漢書韓安國傳二四〇二頁、太平寰宇記卷一九〇均作「繆」、「擒」。

〔五八〕固非發而深入也　「發」上原有「强」，據北宋本删。按：漢書韓安國傳二四〇三頁、太平寰宇記卷一九〇皆無「强」字。

〔五九〕陰使聶壹爲間　「爲」原訛「乘」，據北宋本改。按：漢書韓安國傳二四〇三頁、太平寰宇記卷一九〇均作「爲」。

〔六〇〕逗音豆　「豆」原訛「逗」，據諸本改。

〔六一〕言縣斗辟曲近胡　「曲」原訛「西」，據漢書匈奴傳上孟康注三七六七頁改。

〔六二〕本在雲陽甘泉山下　「本」原脱，據漢書匈奴傳上孟康注三七六九頁、太平寰宇記卷一九〇補。

〔六三〕漢使去病迎之　「使」原訛「時」，據諸本改。

〔六四〕而減北地以西戍卒半　「而」原訛「西」，今從劉敞説，據史記匈奴傳二九〇九頁改。

〔六五〕徒各反　「徒」原訛「徙」，據北宋本、傅校本、明刻本、王吴本改。

〔六六〕東拔濊貊朝鮮以爲郡　「郡」原訛「邢」，據諸本改。

〔六七〕以翁主妻烏孫王　漢書匈奴傳上三七七三頁同。北宋本、傅校本、明抄本、明刻本、王吴本「翁」作「公」。

〔六八〕紿詐也徒改反　此六字注原在「結爲兄弟」下，今據北宋本、傅校本、明抄本、明刻本移前。

〔六九〕臨菑今北海郡縣　此七字注原在「主父偃」下，據北宋本、傅校本、明抄本、明刻本、王吳本移前。

〔七〇〕遂使蒙恬將兵而攻胡却地千里　「而」原脱，「却」原作「闢」，據北宋本、傅校本、明抄本、明刻本及漢書主父偃傳二八〇〇頁補改。按：王吳本「却」猶未改動。

〔七一〕起於黃腄在東萊　「黃」上原有「東萊」，據漢書主父偃傳二八〇〇頁、太平寰宇記卷一九〇删。「在」原訛「古」，據北宋本、傅校本、明抄本、明刻本改。

〔七二〕今景城郡　「景」原訛「金」，據諸本改。

〔七三〕計百九十二斛而得一石至　「斛」原訛「石」，據漢書主父偃傳師古注二八〇〇頁改。

〔七四〕係虜單于適足以結怨深讐　「于」下原有「之功亦」，據北宋本、傅校本、明抄本、明刻本及漢書主父偃傳二八〇一頁删。按：王吳本增「之功」，殿本又增「亦」。

〔七五〕子余反　「余」原作「餘」，據北宋本改。

〔七六〕單于益驕　「單于」原涉上而脱，據漢書匈奴傳上三七七七頁補。

〔七七〕今張掖郡北境　「北」原脱，據北宋本、明抄本補。

〔七八〕漢軍乘勝追北　「追」原作「逐」，據北宋本、傅校本、明抄本、明刻本、王吳本改。按：漢書匈奴傳上三七七九頁作「追」。

〔七九〕故利則武卑　「卑」原作「奮」，清人臆改。今據北宋本、傅校本、明抄本、明刻本、王吳本及太平寰宇記卷一九〇改回。按：唐人諱「虎」爲「武」。虎卑者，謂虎見獵物，卑伏其身，將撲攫之也。四部叢刊本鹽鐵論備胡篇作「虎曳」。

〔八〇〕莫若偃兵休士　「士」原作「馬」，據鹽鐵論擊之篇、太平寰宇記卷一九〇改。

〔八一〕不計其難弊　「弊」原脱，據北宋本、傅校本、明抄本、明刻本補。按：鹽鐵論擊之篇、太平寰宇記卷一九〇有「弊」字。

〔八二〕以誅厥罪　原作「誅滅」，王吴本、殿本同。今據鹽鐵論結和篇、太平寰宇記卷一九〇補改。按：北宋本、傅校本、明抄本、明刻本作「誅厥罪」，脱「以」。

〔八三〕衆庶疑焉　「庶」原作「人」，據鹽鐵論結和篇、太平寰宇記卷一九〇改。按：北宋本作「衆疑焉」，脱「庶」，後人臆補「人」字。

〔八四〕衍行爲寇　鹽鐵論西域篇作「行入爲寇」，太平寰宇記卷一九〇作「往往爲寇」。

〔八五〕斥奪廣饒之地　「廣」原訛「席」，據諸本改。

〔八六〕瓜分其國　太平寰宇記卷一九〇同。鹽鐵論西域篇「國」作「援」。

〔八七〕汝泉　鹽鐵論險固篇作「汝淵」，杜佑諱改。

〔八八〕隴阸殽塞　「阸」鹽鐵論險固篇作「阺」，太平寰宇記卷一九〇作「汧」。

〔八九〕太華　太平寰宇記卷一九〇同。鹽鐵論險固篇作「河華」。

〔九〇〕而脅於田常　太平寰宇記卷一九〇同。鹽鐵論險固篇「脅」作「負」。

〔九一〕桀紂以天下兼於薄鄗　「薄鄗」原倒，據太平寰宇記卷一九〇乙。按：寰宇記「薄」作「亳」，字同。

〔九二〕何謀之敢慮也　「慮」原訛「虜」，據鹽鐵論險固篇改。

〔九三〕無銀黄絲漆之飾　「漆」原訛「染」，據鹽鐵論論功篇改。按：「漆」每寫作「柒」，遂訛「染」。

〔九四〕女無綺繡淫巧之制纖纊羅紈之作　鹽鐵論論功篇「制」作「貢」，「纖纊」作「纖綺」。

〔九五〕雖無脩戟强弩　原作「雖無短戟長弩」，王吴本作「雖無短戰短弩」，北宋本、傅校本、明抄本、明刻本作「雖無短戟短弩」，並誤。今據鹽鐵論論功篇訂改。

〔九六〕指麾而令從　「令」下原有「自」，王吴本、殿本同，後人擅增。今據北宋本、傅校本、明抄本、明刻本删。按：鹽鐵論論功篇、太平寰宇記卷一九〇均無「自」。

〔九七〕刻骨卷木　太平寰宇記卷一九〇同。鹽鐵論論功篇「木」作「衣」。

〔九八〕羣臣爲縣官計者皆言其易而實難是以秦欲驅之而反更亡也　「爲縣」原訛「於」，「驅」原訛「驗」，「更」原作「見」，據鹽鐵論論功篇校正。

〔九九〕與五將軍兵凡二十餘萬衆　「與」原脱，據漢書匈奴傳上三七八五頁補。

王文錦點校

通典卷第一百九十五

邊防十一

北狄二

匈奴下　南匈奴

匈奴下

握衍朐鞮單于烏維單于耳孫也，〔一〕名屠耆堂。暴虐，國中不附。烏桓擊匈奴東邊姑夕王，頗得人民，單于怒。姑夕王恐，即與烏禪幕本烏孫、康居閒小國，數見侵暴，率衆降匈奴。及左地貴人共立虛閭權渠單于子稽侯狦山諫反爲呼韓邪單于，虛閭權渠，壺衍鞮之弟。發左地兵四五萬人，西擊握衍朐鞮單于，單于自殺，其民衆盡降呼韓邪。呼韓邪欲令殺右賢王，其下各相猜，自立爲單于，凡五單于，更相攻伐。其後呼韓邪單于兄左賢王呼屠吾斯亦自立爲郅支骨都侯單于，諸單于尋罷，唯呼韓、郅支二單于。在東邊，攻呼韓邪，呼韓邪破走，郅支遂都單于庭。呼韓邪之敗也，左伊秩訾王爲呼韓邪計，勸令稱臣入朝事漢，從漢求助，呼韓從其計，引衆南近塞，遣子右賢王銖婁渠堂入侍。婁，力于反。郅支單于亦遣子右大將駒于利受入侍。

呼韓邪單于自款五原塞，願朝。款，叩也。〔二〕甘露三年正月，會正月朔之朝賀也。〔三〕漢遣車騎都尉韓昌迎，發所過七郡郡二千騎，爲陳道上。所過之郡，每爲發兵陳列於道，以爲寵衞。單于正月朝天子於甘泉宮，漢寵以殊禮，位在諸侯王上，贊謁稱臣而不名，賜以冠帶衣裳金帛各有差。禮畢，使使者導單于先行，宿長平。長平，涇水上坂。上自甘泉宿池陽宮。在今三原縣。上登長平，詔單于無謁。不令拜。單于就邸，留月餘，遣歸國。單于自請願留居光禄塞下，徐自爲所築者也。漢遣車騎都尉韓昌等將騎萬六千，又發邊郡士馬以千數，送單于出朔方雞鹿塞，在朔方窳渾縣西北。又轉邊穀米糒，糒，乾飯也，音備。前後三萬四千斛，給贍其食。

初，呼韓邪來朝，詔公卿議其儀。太子太傅蕭望之以爲：「單于非正朔所加，故稱敵國，宜待以不臣之禮，位在諸侯王上。外夷稽首稱藩，中國讓而不臣，此則羈縻之義也。書曰『戎狄荒服』，言其來服荒忽無常。如使匈奴後嗣卒有鳥竄鼠伏，闕於朝享，不爲叛臣。卒，終也。本以客禮待之，若後不來，非叛臣也。信讓行乎蠻貊，福祚流於無窮，萬代之長策也。」天子采之。

郅支聞漢出兵穀助呼韓邪，〔四〕即遂居右地。自度力不能定匈奴，乃益西，破堅昆，北降丁令，音陵。數遣兵擊烏孫，常勝之。堅昆東去單于庭七千里，南去車師五千里，郅支留都之。元帝初，郅支單于自以道遠，又怨漢擁護呼韓邪，〔五〕遣使上書求侍子。漢遣谷吉送之，郅支殺吉。明年，呼韓邪强盛，北庭人衆稍稍歸之，國中遂定。郅支既殺使者，自知負漢，又聞呼韓邪益强，恐見襲擊，欲遠去。會康居王數爲烏孫所困，以爲匈奴大國，烏孫素服屬之，即使使至堅昆迎郅支，郅支遂引兵而西，人衆中寒道死，纔餘三千人到康居。

建昭二年，西域都護甘延壽與副陳湯議發兵即康居誅郅支。即，就。湯爲人沈勇，多謀策，每過城邑山川，常登視。既領外國，與延壽謀曰：「夷狄畏服大種，其天性也。西域本屬匈奴，今郅支單于威名遠聞，侵陵烏孫、大宛，常爲康居畫計，〔六〕欲降伏之。如得此二國，北擊伊利，西取安息，南排月氏、山離烏弋，數年之閒，城郭諸國危矣。且蠻夷無金城强弩之守，如發屯田吏士，敺從烏孫衆兵，驅帥之，令隨從。直指其城下，彼亡則無所之，守則不足自保，千載之功可一朝而成也。」延壽亦以爲然，欲奏請之，湯曰：「國家與公卿議，大策非凡所見，事必不行。」〔七〕遂矯制發城郭諸國兵、車師戊己校尉屯田吏士。漢兵合胡兵四萬餘人，延壽、陳湯上疏自劾奏矯制，陳言兵狀。即日引軍分行，別爲六校，其三校從南道踰葱嶺徑大宛，〔八〕其三校都護自將，發温宿國，從北道入赤谷，過烏孫，至康居，攻城，陷，斬單于首，得漢使節二及谷吉等所齎帛書，凡斬閼氏、太子、名王以下千五百一十八級，生虜千餘人。

甘延壽、陳湯殺郅支還，石顯、匡衡以爲「湯等矯制興師，幸得不誅，如復加爵土，則後奉使者争乘危徼幸，生事於蠻夷，漸不可開」。議久不決。宗正劉向上疏曰：「郅支單于因殺使者吏士以百數，事暴揚外國，傷威毁重，羣臣皆閔焉。陛下赫然欲誅之，意未嘗有忘。西域都護延壽、副校尉湯承聖旨，倚神靈，總百蠻之君，攬城郭之兵，出百死，入絶域，遂陷康居，〔九〕屠五重城，搴翕侯之旗，斬郅支之首，懸旌萬里之外，揚威昆山之西，掃谷吉之恥，立昭明之功，蠻夷慴伏，莫不震懼。呼韓邪見郅支之誅，且喜且懼，鄉風馳義，稽首來賓。立千載之功，〔一〇〕建萬代之安，功臣之勳莫大焉。論大功者不録小過，舉大美者不疵細瑕。司馬法曰『軍賞不踰月』，欲人速得爲善之利也。蓋急武功，重用人也。昔齊桓前有尊周之功，後有滅項之罪，君子以功覆過而爲之諱其行。諱滅項之事也。貳師將軍李廣利捐五萬之師，靡億萬之費，經四年之勞，而僅獲駿馬三十匹，雖斬宛王之首猶不足以復費，復，償也。復音扶目反。其私罪惡甚多，孝武以爲萬里征伐，不録其過，遂封兩侯、三卿、二千石百有餘人。今康居之國强於大宛，郅支之號重於宛王，殺使者罪甚於留馬，而延壽、湯不煩漢士，不費斗糧，比於貳師，功德百之。大功未著，小惡數布，臣竊痛之。宜以時解懸通籍，除過勿理，尊寵爵位，以勸有功。」於是帝下詔赦之，乃封延壽爲義成侯，湯爲關內侯。

郅支既誅，呼韓邪且喜且懼，上書願入朝見。竟寧元年，單于復入朝，禮賜如初，加衣服錦帛，倍於前時。單于自言願壻漢氏以自親。言欲取漢女，而身爲漢家壻。元帝以後宮良家子王嬙字昭君嬙音牆賜單于。單于驩喜，上書願保塞上谷以西至燉煌，保，守也。自請守之，令無寇盜。傳之無窮，請罷邊備塞吏卒，以休天子人民。天子令下有司議，議者皆以爲便。郎中侯應習邊事，以爲不可許。上問狀，應曰：「周秦以來，匈奴暴桀，寇侵邊境，漢興，尤被其害。臣聞北邊塞至遼東，外有陰山，東西千餘里，草木茂盛，多禽獸，本冒頓單于依阻其中，治作弓矢，來出爲寇，是其苑囿也。至孝武世，出師征伐，斥奪此地，攘之於幕北。建塞徼，起亭隧，隧謂深開小道而行，避敵抄寇也。〔一〕築外城，設屯戍，以守之，然後邊境得用少安。幕北地平，少草木，多大沙，匈奴來寇，少所蔽隱，從塞以南，經深山谷，往來差難。邊長老言匈奴失陰山之後，過之未嘗不哭也。如罷備塞戍卒，示夷狄之大利，不可一也。今聖德廣被，天覆匈奴，如天之覆。匈奴得蒙全活之恩，稽首來臣。夫夷狄之情，困則卑順，强則驕逆，天性然也。前以罷外城，省亭隧，今裁足以候望通烽火而已。古者安不忘危，不可復罷，二也。中國有禮義之教，刑罰之誅，愚民猶尚犯禁，又況單于，能必其衆不犯約哉！三也。必，極也，極保之也。自中國尚建關梁以制諸侯，所以絶臣下之覬欲也。設塞徼，置戍屯，非獨爲匈奴而已，亦爲諸屬國降民，本故匈奴之人，恐其思舊逃亡，四也。近西羌保塞，與漢人交通，吏民貪利，侵盜其畜産妻子，〔二〕以此怨恨，起而背叛，世世不絶。今罷乘塞，則生嫚易分争之漸，五也。乘塞，登之而守也。嫚易，相欺侮也。往者從軍多没不還者，子孫貧困，一旦亡出，從其親戚，六也。又邊人奴婢愁苦，欲亡者多，曰『聞匈奴中樂，無奈候望急何』！然時有亡出塞者，七也。盜賊桀黠，羣輩犯法，如其窘急，亡走北出，則不可制，八也。起塞以來百有餘年，非皆以土垣也，或因山巖石，木柴僵落，谿谷水門，僵落，謂山上樹木摧折，或立死枯僵墮落者。稍稍平之，卒徒築治，功費久遠，不可勝計。臣恐議者不深慮其終始，欲以壹切省繇戍，十年之外，百歲之内，卒有他變，障塞破壞，亭隧滅絶，當更發屯繕治，累世之功不可卒復，九也。如罷戍卒，省候望，單于自以保塞守御，必深德漢，於漢自稱恩德。請求無已。小失其意，則不可測。開蠻夷之隙，虧中國之固，十也。非所以永持至安、威制百蠻之長策也。」對奏，天子有詔「勿議罷邊塞事」。使車騎將軍許嘉諭單于曰：「中國四方皆有關梁障塞，非獨以備塞外也，亦以防中國姦邪放縱，出爲寇害，故明法度以專衆心也。敬諭單于之意，朕無疑焉。」

成帝河平元年，復株纍若鞮單于呼韓邪之子，名雕陶莫皋。纍，力追反。遣右皋林王伊邪莫演等奉獻朝正月。既罷，遣使者送至蒲坂。今河東郡河東縣。伊邪莫演言「欲降。即不受我，我自殺，終不敢還歸」。使者以聞，下公卿議。議者或言宜如故事，受其降。光禄大夫谷永、議郎杜欽以爲：「漢興，匈奴數爲邊害，故設金爵之賞以待降者。今單于屈體稱臣，列爲北藩，遣使朝賀，無有二心，漢家接之，宜異於往時。今既享單于聘貢之質，享，當也。質，誠也。而更受其逋逃之臣，是貪一夫之得而失一國之心。不如勿受，以昭日月之信，抑詐諼之謀。」諼，詐詞，許遠反。對奏，天子從之。遣使往問降狀，伊邪莫演曰：「我病狂，妄言耳。」遣去。歸到，官位如故。四年正月，遂入朝，加賜錦繡繒帛二萬匹，絮二萬斤，他如竟寧時。

哀帝建平四年，烏珠留若鞮單于復株絫之弟，名囊知牙斯。上書願朝五年。時哀帝被疾，或言匈奴從上游來厭人，游猶流也。河水從西北來，故曰上游。亦總謂地形耳，不必係於河水也。厭，一涉反。自黃龍、竟寧時，單于朝中國輒有大故。大故，謂國之大喪。上由是難之，以問公卿，亦以爲虛費府帑，可且勿許。黃門郎揚雄上書諫曰：「臣聞六經之治，貴於未亂；兵家之勝，貴於未戰。已亂而後治之，戰鬬而後獲勝，〔一三〕則不足貴。二者皆微，微謂精妙。然而大事之本，不可不察也。今單于上書求朝，國家不許而辭之，〔一四〕臣愚以爲漢與匈奴從此隙矣。本北地之狄，五帝所不能臣，三王所不能制，其不可使隙甚明。臣不敢遠稱，請引秦以來明之。以始皇之强，蒙恬之威，帶甲四十餘萬，然不敢窺西河，迺築長城以界之。會漢初興，以高祖之威靈，三十萬衆困於平城，士或七日不食。時奇譎之士、石畫之臣甚衆，石言堅固如石也。卒其所以脱者，世莫得而言也。卒，終也。莫得而言，謂自免之計，其事醜惡，故不傳。又高皇后嘗忿匈奴，羣臣廷議，於是大臣權書遺之，以權道爲書，順辭以答。然後匈奴之結解，中國之憂艾。〔一五〕至孝文時，匈奴侵暴北邊，候騎至雍甘泉，京師大駭，發三將軍屯細柳、棘門、霸上以備之，數月迺罷。暨孝武即位，設馬邑之權，欲誘匈奴，使韓安國將三十萬衆徼擊，匈奴覺之而去，徒費財勞師，一虜不可見，況單于之面乎！其後迺大興師數十萬，使衞青、霍去病操兵，前後十餘年，追奔逐北，自是之後，匈奴震怖，益求和親，然而未肯稱臣也。且夫前世豈樂傾無量之費，役無罪之人，快心於狼望之北哉？以爲不壹勞者不久佚，不暫費者不永寧，是以忍百萬之師摧餓虎之喙，運府庫之財填盧山之壑而不悔也。盧山，匈奴中山名。至本始之初，匈奴欲掠烏孫，侵公主，乃發五將之師二十萬騎征之，故北狄不服，中國未得高枕安寢也。至元康、神爵之閒，匈奴內亂，五單于爭立，呼韓邪攜國歸化，扶伏稱臣，然尚羈縻之，計不專制。專制謂以爲臣妾也。自此之後，欲朝者不拒，不欲者不强。其兩反。何者？外國天性忿鷙，鷙，佷。〔一六〕形容魁健，魁，大。負力怙氣，怙，恃。難化以善，易隷以惡，隷謂附屬，惡謂威也。其强難詘，其和難得。故未服之時，勞師遠攻，傾國殫貨，伏尸流血，破堅拔敵，如彼之難也；既服之後，慰薦撫循，交接賂遺，威儀俯仰，如此之備也。往時常屠大宛之城，蹈烏桓之壘，探姑繒之壁，姑繒，西南夷種也，在蜀徼外。籍蕩姐之場，羌屬也。籍猶蹈也。姐音紫。艾朝鮮之旃，拔兩越之旗，艾，絶。近不過旬月之役，遠不離二時之勞，離，歷也。三月爲一時。固以犁其庭，埽其閭，犁，耕也。郡縣而置之，雲徹席卷，後無餘災。唯北狄爲不然，真中國之堅敵也，三垂比之懸矣，前世重之滋甚，未易可輕也。今單于歸義，懷款誠之心，欲離其庭，陳見於前，此乃上世之遺策，神靈之所想望，國家雖費，不得已者也。奈何拒以來厭之辭，疏以無日之期，消往昔之恩，開將來之隙！負前言，緣往辭，（一七）言單于因緣往昔和好之辭以怨漢也。歸怨於漢，因以自絕，終無北面之心，威之不可，諭之不能，焉得不爲大憂乎！夫明者視於無形，聰者聽於無聲，誠先於未然，即蒙恬、樊噲不復施，棘門、細柳不復備，馬邑之策安所設，衞、霍之功何得用，五將之威安所震？不然，壹有隙之後，雖智者勞心於內，辯者轂擊於外，猶不若未然之時也。且往者圖西域，制車師，置城郭都護三十六國，費歲以大萬計者，豈爲康居、烏孫能踰白龍堆而寇西邊哉？龍堆形如土龍身，無頭有尾，高大者二三丈，卑者丈餘，皆東北向，相似也，在西域。乃以制匈奴也。夫百年勞之，一日失之，費十而愛一，臣竊爲國家不安也。」書奏，天子寤而許之，加賜錦繡繒帛各有差。（一八）他如河平時。

至平帝，幼弱，太皇太后稱制，新都侯王莽秉政，奏令中國不得有二名，莽以太后臨朝，欲說太后以威德至盛，因使使者以諷單于，宜上書慕化，爲一名，漢必加厚賞。單于從之，上書言：「幸得備藩臣，竊樂太平聖制，臣故名囊知牙斯，今謹更名曰知。」莽大悅，白太后，遣使者答諭，厚加賜焉。

及王莽篡位，建國元年，遣五威將王駿、陳饒等六人，多齎金帛，遺單于，諭曉以受命代漢狀，因易單于故印。故印文曰「匈奴單于璽」，莽更曰「新匈奴單于章」。新者，莽自係其國號。單于以多得賂遺，乃從之。單于始求稅烏桓，莽不許，因寇掠其人民，重以印文改易，釁由是生，故怨恨。明年，西域車師後王須置離謀降匈奴，都護但欽誅斬之。置離兄狐蘭支將二千餘人，驅畜産，舉國亡降匈奴，舉其一國之人皆亡降也。單于受之。但欽上書言匈奴寇擊諸國。莽於是大怒，分匈奴爲十五單于，遣中郎將藺苞將兵萬騎，多齎珍寶至雲中塞下，詔誘呼韓邪諸子，欲以次拜之。單于聞之，怒曰：「先單于受漢宣帝恩，不可有負也。今天子非宣帝子孫，何以得立。」是後，單于歷告左右部都尉、諸邊王，入塞寇盜，殺掠不可勝數，緣邊虛耗。〔一九〕

莽新即位，怙府庫之富欲立威，乃拜十二部將率，發郡國勇士，武庫精兵，各有所屯守，轉委輸於邊。議滿三十萬衆，齎三百日糧，同時十道並出，窮追匈奴，因分其地，立呼韓邪十五子。莽將嚴尤諫曰：「臣聞匈奴爲害，所從來久矣，未聞上世有必征之者也。後世三家周、秦、漢征之，然皆未有得上策者也。周得中策，漢得下策，秦無策焉。當周宣王時，獫狁内侵，至于涇陽，命將征之，盡境而還。其視戎狄之侵，譬猶蟁蝱之螫，敺之而已。螫，式亦反。故天下稱明，是爲中策。漢武帝選將練兵，約齎輕糧，深入遠戍，雖有克獲之功，胡輒報之，兵連禍結三十餘年，中國罷耗，匈奴亦創艾，而天下稱武，是爲下策。秦始皇不忍小恥而輕民，力築長城之固，延袤萬里，轉輸之行，起於負海，疆境既完，中國内竭，以喪社稷，是爲無策。今天下遭陽九之厄，比年饑饉，西北邊尤甚。發三十萬衆，具三百日糧，東援海岱，南取江淮，然後乃備。計其道里，一年尚未集合，兵先至者聚居暴露，師老械弊，勢不可用，此一難也。邊既空虚，不能奉軍糧，内調調，發也。徒弔反。郡國，不相及屬，此二難也。計一人三百日糧，用糒十八斛，非牛力不能勝，牛又當自齎食，加二十斛，重矣。胡地沙鹵，多乏水草，以往事揆之，軍出未滿百日，牛必物故且盡，物故謂死。餘糧尚多，人不能負，此三難也。胡地秋冬甚寒，春夏甚風，多齎鬴鍑薪炭，重不可勝，鍑，釜之大口者，〔二〇〕音富。湌糒飲水，以歷四時，師有疾疫之憂，是故前世伐胡，不過百日，非不欲久，勢力不能，此四難也。輜重自隨，則輕鋭者少，不得疾行，虜徐遁逃，勢不能及，幸而逢虜，又累輜重，如遇險阻，銜尾相隨，銜，馬銜也。尾，馬尾也。言前後單行，不得並驅。虜要遮前後，危殆不測，此五難也。今既發兵，宜縱先至者，令臣尤等深入霆擊，且以創艾胡虜。」請率見到之兵，且以擊虜。莽不聽，於是天下騷動。初，北邊自宣帝以來，數世不見煙火之警，人民熾盛，牛馬布野。及莽撓亂匈奴，與之搆難，邊民死亡係獲，又十二部兵久屯而不出，吏士罷弊，數年之閒，北邊虚空，野有暴骨矣。

天鳳初，烏累若鞮單于呼韓邪之子，烏珠留單于之弟，名咸。又請和親，遣人造塞，告塞吏曰欲見和親侯王歙。歙，昭君兄子。莽遣歙、歙弟颯使匈奴，〔二〕賀單于初立，賜黄金被繒帛，罷將率屯兵，但置游擊都尉。單于貪莽賂遺，故外不失漢故事，然内利寇掠。莽復遣歙與五威將王咸等，多遺單于金寶，因諭説改其號，號匈奴曰「恭奴」，單于曰「善于」，賜印綬。單于貪莽金幣，故曲聽之，然寇盜如故。匈奴謂孝曰若鞮。自呼韓邪後，見漢謚帝爲「孝」，慕之，故皆爲「若鞮」。莽怒，又更名曰「降奴」、「服于」。至呼都而尸單于，烏累之弟，名輿。侵入北邊尤甚，由是壞敗。

班固論曰：

漢興，忠言嘉謀之臣曷嘗不運籌策相與争論於廟堂之上乎？然總其要歸，兩科而已。縉紳之儒則守和親，介冑之士則言征伐，皆偏見一時之利害，未究匈奴之終始也。自漢興以至於今，曠代歷年，多於春秋，其與匈奴，有修文而和親之矣，有用武而克伐之矣，有卑下而承事之矣，有威服而臣畜之矣，詘伸異變，强弱相反，是故其詳可得而言也。

昔和親之論，發於劉敬。是時天下初定，新遭平城之難，故從其言，約結和親，賂遺單于，冀以救安邊境。至孝惠、高后，時遵而不違，匈奴寇盜不爲衰止，而單于反以加驕倨。逮至孝文，與通關市，妻以漢女，增厚其賂，歲以千金，而匈奴數背約束，邊境屢被其害。是以文帝中年，赫然發憤，遂躬戎服，親御鞍馬，從六郡良家材力之士，〔二〕六郡，謂漢之隴西，今隴西及金城、安鄉郡之南境；漢之天水，今天水郡；漢之安定，今安定、平涼郡地；〔三〕漢之北地，今彭原、安化、靈武、五原、寧朔等郡地；漢之上郡，今咸寧、上郡、延安等郡地；漢之西河，今銀川、西河、昌化等郡地。馳射上林，講習戰陣，聚天下精兵，軍於廣武，顧問馮唐，與論將帥，喟然歎息，思古名臣，此則和親無益，已然之明效也。

仲舒親見四世之事，猶復欲守舊文，頗增其約，以爲「義動君子，利動貪人，如匈奴者，非可以仁義説也，謂勸諭。獨可説以厚利，説音悦。結之於天耳。故與之厚利以没其意。没，溺。與盟於天以堅其約，質其愛子以累其心，匈奴雖欲展轉，奈失重利何，奈欺上天何，奈殺愛子何。展轉，謂移動其心。夫賦斂行賂不足以當三軍之費，城郭之固無以異於貞士之約，而使邊城守境之民，父兄緩帶，稚子咽哺，胡馬不窺於長城，而羽檄不行於中國，不亦便於天下乎！」察仲舒之論，考諸行事，迺知其未合於當時，而有闕於後世也。當孝武時，雖征伐克獲，而士馬物故亦略相當；雖開河南之野，建朔方之郡，今郡。亦棄造陽之北九百餘里。匈奴人民每來降漢，單于亦輒拘留漢使以相報復，其桀驁音傲尚如斯，安肯以愛子而爲質乎？此不合當時之言也。若不置質，空約和親，是襲孝文既往之悔，而長匈奴無已之詐也。襲，重也。重疊其事。夫邊城不選守境武略之臣，修障隧備塞之具，厲長戟勁弩之械，恃吾所以待邊寇，而務賦斂於民，遠行貨賂，割剥百姓，以奉寇讎，信甘言，守空約，而冀胡馬之不窺，不已過乎！

至孝宣之世，承武帝奮擊之威，值匈奴百年之運，因其壞亂幾鉅依反亡之阸，權時施宜，覆以威德，然後單于稽首臣服，遣子入侍，三世稱藩，賓於漢庭。是時邊城晏閉，牛馬布野，三世無犬吠之警，〔二四〕黎庶亡干戈之役。

後六十餘載，遭王莽篡位，始開邊隙，單于由是歸怨自絶，莽遂斬其侍子，邊境之禍搆矣。故呼韓邪始朝於漢，漢議其儀，而蕭望之曰：「戎狄荒服，言其來服荒忽無常，時至時去，宜待以客禮，讓而不臣。如其後嗣遁逃竄伏，使於中國不爲叛臣。」及孝元時，議罷守塞之備，侯應以爲不可，可謂盛不忘衰，安必思危，遠見識微之明矣。至單于咸棄其愛子，昧利不顧，昧，貪。侵掠所獲，歲鉅萬計，而和親賂遺，不過千金，安在其不棄質而失重利也！仲舒之言，漏於是矣。

夫規事建議，不圖萬世之固，而媮恃一時之事者，媮音偷。未可以經遠也。若乃征伐之功，秦漢行事，嚴尤論之當矣。故先王度土，中立封畿。分九州，列五服，物土貢，制外内。物土貢者，各因其土所生之物而貢也。制外内，謂五服之差，遠近異制也。或修刑政，或昭文德，遠近之勢異也。是以春秋内諸夏而外夷狄。夷狄之人貪而好利，被髮左衽，人面獸心，其與中國殊章服，異習俗，飲食不同，言語不通，僻居北垂寒露之野，逐草隨畜，射獵爲生，隔以山谷，壅以沙漠，天地所以絶外内也。是故聖王禽獸畜之，不與約誓，不就攻伐；約之則費賂而見欺，攻之則勞師而招寇。其地不可耕而食也，其人不可臣而畜也，是以外而不内，疎而不戚，戚，近也。政教不及其人，正朔不加其國；來則懲而御之，去則備而守之。其慕義而貢獻，則接之以禮讓，羈縻不絶，使曲在彼，蓋聖王制御蠻夷之常道也。

南匈奴

南匈奴醢落尸逐鞮單于者，烏珠留之子，名比。初季父呼都而尸單于時，以爲右薁鞬日逐王，部領南邊及烏桓兵。薁音於六反。鞬音九言反。後漢光武建武初，彭寵反叛於漁陽，單于與共連兵，因復權立盧芳，使入居五原。今榆林九原即漢之五原郡地。光武方内平諸夏，未遑外事，而匈奴數與盧芳共侵北邊。九年，遣吴漢等擊之，經歲無功，而匈奴轉盛，鈔暴日增。十三年，遂寇河東，州郡不能禁止。於是漸徙幽、并邊人於常山關、居庸關以東，〔二五〕漢常山關在代郡，今安邊、馬邑郡即漢代郡。漢居庸關，在今嬀川郡懷戎縣。匈奴左部遂復轉居塞内。朝廷患之，增緣邊兵郡數千人，大築亭候，脩烽火。匈奴入寇尤深，二十年，遂至上黨、今上黨、樂平、高平、陽城郡地。〔二六〕扶風、今扶風、汧陽、新平。天水。二十一年，復寇上谷、中山，今博陵郡。殺掠甚衆，北邊無復寧歲。二十二年，比從父弟蒲奴立爲單于，而匈奴中連年旱蝗，赤地數千里，草木盡枯，人畜飢疫，死耗太半。單于畏漢乘其弊，乃遣使求和親。而比密遣漢人郭衡奉匈奴地圖，詣河西太守今銀川、新秦、昌化、西河之西境地。求内附。二十四年，八部大人共議立比爲呼韓邪單于，以其大父嘗依漢得安，故欲襲其號。於是款五原塞，今九原郡。願永爲藩蔽，扞禦北虜。光武帝用五官中郎將耿國議，乃許之。東觀記曰：「十二月癸丑，匈奴始分爲南北單于。」二十五年春，遣弟左賢王莫將兵擊北單于，敗之。北單于震怖，却地千里。南單于復遣使詣闕，奉藩稱臣，獻國珍寶，求使者監護，願遣侍子，修舊約。二十六年，〔二七〕漢遣中郎將段郴使南單于，立其庭，去五原西部塞八十里，單于伏拜。郴返命，詔乃聽南單于入居雲中。歲盡輒送侍子入朝，中郎將從事一人將領詣闕。漢遣謁者送前侍子還單于庭，交會道路。元正朝賀，拜祠陵廟畢，漢乃遣單于使，還賞單于以下王侯甚厚，歲以爲常。北單于使騎擊南單于，敗之。於是復詔單于徙居西河美稷，漢屬國都尉所理，今西河郡隰城縣有美稷鄉，蓋其地也。使中郎將段郴擁護之，仍悉復緣邊八郡。南單于既居西河，亦列置諸部王，助爲扞戍，屯北地、朔方、五原、雲中、定襄、雁門、今郡地。代郡，皆領部衆爲郡縣偵邏耳目。北單于惶恐，頗還所掠漢人，以示善意。鈔兵每到南部下，還過亭候，輒謝曰：「自擊亡虜寞鞮日逐耳，非敢犯漢人也。」二十七年，北單于遂遣使求和親，天子召公卿廷議。皇太子明帝也。言曰：「南單于新附，〔二八〕北虜懼於見伐，故傾耳而聽，爭欲歸義耳。今未能出兵，而反交通北虜，臣恐南單于將有二心，北虜降者且不復來矣。」帝然之。

時北虜衰弱，臧宮與馬武上書曰：「今匈奴人畜疫死，旱蝗赤地，疫困之力，〔二九〕不當中國一郡。萬里死命，懸在陛下。福不再來，時或易失，豈宜固守文德而墮武事乎？今命將臨塞，〔三〇〕厚懸購賞，諭告高句麗、烏桓、鮮卑攻其左，發西河四郡、天水、隴西羌胡擊其右。如此，北虜之滅，不過數年矣。」詔報曰：「黄石公記曰『柔能制剛，〔三一〕弱能制强』。柔者德也，剛者賊也，弱者仁之助也，强者怨之歸也。故曰有德之君，以所樂樂人；無德之君，以所樂樂身。樂人者其樂長，樂身者不久而亡。舍近謀遠者，勞而無功；舍遠謀近者，逸而有終。逸政多忠臣，勞政多亂人。〔三二〕故曰務廣地者荒，務廣德者强。有其有者安，貪人有者殘。殘滅之政，雖成必敗。今國無善政，災變不息，百姓驚惶，人不自保，而復欲遠事邊外乎？孔子曰：『吾恐季孫之憂，不在顓臾。』且北狄尚强，而屯田警備傳聞之事，常多失實。誠能舉天下之半以滅大寇，豈非至願；苟無其時，不如息人。」自是諸將莫敢復言兵事。范曄曰：「光武審黄石，存苞桑，閉玉門以謝西域之質，卑辭幣以禮匈奴之使，其意防已弘深，豈其顛沛平城之圍，忍傷黥王之陣乎！」

二十八年，北匈奴復遣使貢馬及裘，更乞和親。帝下三府議酬答之宜。司徒掾班彪奏曰：「臣聞孝宣帝敕邊守尉曰：『匈奴大國，多變詐。交接得其情，則却敵折衝；應對入其數，則反爲輕欺。』今北匈奴見南單于來附，懼謀其國，故數乞和親。臣見其獻益重，知其國益虛，歸親愈數，爲懼愈多。然今既未獲助南，則亦不宜絕北，羈縻之義，禮無不答。謂可頗加賞賜，略與所獻相當，明加曉告以前代呼韓邪、〔三三〕郅支行事。」呼韓單于稱臣受賜，郅支單于背德被誅。帝從之。

明帝永平中，胡邪尸逐侯鞮單于立。醢落之子，名長。時北匈奴猶盛，數寇邊，朝廷以爲憂。會北單于欲合市，遣使求和親，帝冀其交通，不復爲寇，乃許之。八年，遣使報命，而南部須卜骨都侯等知漢與北虜交使，懷嫌怨欲叛，密因北使，令遣兵迎之。漢知之，乃更置大將，以防二虜交通。其秋，北虜果遣二千騎覘候朔方，作馬革船，欲渡迎南部叛者，以漢有備，乃引去。復數寇鈔邊郡，焚燒城邑，殺掠甚衆，河西城門晝閉。帝患之。十六年，大發緣邊兵，遣諸將四道出塞，北征匈奴。虜聞漢兵來，悉渡漠去。時北虜衰耗，黨衆離叛，〔三四〕南部攻其前，丁零寇其後，鮮卑擊其左，西域侵其右，〔三五〕不復自立，乃遠引而去。

章帝章和中，〔三六〕鮮卑入左地擊北匈奴，大破之，斬優留單于，取其胸皮而還。〔三七〕北庭大亂，屋蘭儲、〔三八〕卑胡、都須等五十八部，口二十萬，詣雲中、五原、朔方、北地降。時北虜大亂，加以飢蝗，降者前後而至。南匈奴休蘭尸逐鞮單于胡邪之子，名屯屠何。〔三九〕將討并北庭，會帝崩，竇太后臨朝，單于上言：「令烏桓、鮮卑討北虜，斬單于首。臣與王侯、新降渠帥議方略，皆曰宜及北虜分爭，出兵討伐，〔四〇〕破北成南，并爲一國，令漢家長無北念。」又請漢兵併力，以屯要害。從之。

和帝永元初，乃以耿秉爲征西將軍，與車騎將軍竇憲率騎八千，與度遼兵及南單于衆三萬騎，出朔方擊北虜，大破之。北單于奔走，斬首虜二十餘萬人。二年春，南單于復大破北虜，單于將輕騎數十遁走。是時南部連克獲納降，黨衆最盛，領户三萬四千，口二十三萬七千三百，勝兵五萬一百七十人。三年，北單于復爲右校尉耿夔所破，逃亡不知所在。其弟右谷蠡王於除鞬自立爲單于，將數千人止蒲類海，今北庭府界。遣使款塞。大將軍竇憲以塞北地空，憲欲結恩北虜，乃上書請立於除鞬爲北單于，置中郎將領護，如南單于故事。下公卿議。司徒袁安、司空任隗以爲，光武招懷南虜，非謂可永安内地，正以權時之算，可得扞禦北狄故也。今朔漠既定，宜令南單于反其北庭，并領降衆，無緣復立於除鞬，以增國費。上封事曰：「光武皇帝本所以立南單于者，欲安南定北之策也，恩德甚備，故匈奴遂分，邊境無患。昔孝明皇帝奉承先意，不敢失墜，赫然命將，爰伐塞北。章和之初，降者十餘萬，議者欲置之濱塞，東至遼東，太尉宋由、光祿勳耿秉皆以爲失南單于心，不可，先帝從之。陛下奉承洪業，即和帝也。大開疆宇，大將軍遠師討伐，席卷北庭，此誠宣明祖宗，崇立弘勳者也。宜審其終，以成厥初。伏念南單于屯，先父舉衆歸德，自蒙恩以來，〔四一〕四十餘年。三帝積累，以遺陛下。陛下深宜遵述先志，成就其業。況屯首唱大謀，空盡北虜，輟而不圖，更立新降，以一朝之計，違三代之規。夫論語云：『言忠信，行篤敬，雖蠻貊之邦行矣。』今若失信於一屯，則百蠻不敢復保誓矣。且漢故事，供給南單于費直歲一億九十餘萬，西域歲七千四百八十餘萬。今北庭彌遠，其費過倍，是乃空盡天下，而非建策之要也。」朝廷不從，四年，遣耿夔即授璽綬，賜玉劍、羽蓋，使中郎將任尚持節衞護屯伊吾，如南單于故事。方欲輔歸北庭，會竇憲被誅。五年，於除鞬自叛還北，帝遂遣任尚追斬之，破滅其衆。至十六年，北單于遣使詣闕貢獻，願和親，北之國衆自立單于。〔四二〕修呼韓邪故約。和帝以其舊禮不備，不許。後微，至滅無聞。

安帝延光三年，烏稽侯尸逐鞮單于立。胡邪之子，名拔。先是朔方以西障塞多不修復，鮮卑因此數寇南部，單于憂恐，上言求復障塞，順帝從之。〔四三〕乃遣黎陽營屯兵黎陽即今汲郡黎陽縣。出屯中山北界，〔四四〕增置緣邊諸郡兵，屯塞下。

順帝永和中，去持若尸逐就單于烏稽侯之弟，名休利。〔四五〕左部句龍王吾斯、車紐等背叛，寇西河，圍美稷。單于本不同謀，中郎將陳龜以單于不能制下，逼迫之，單于自殺。大將軍梁商以羌胡新反，黨衆初合，難以兵服，宜用招降，乃上表曰：「匈奴寇叛，自知罪極。種類繁熾，不可殫盡。今轉運日增，三軍疲苦，虛內給外，非國之利。竊見度遼將軍馬續素有權謨，且典邊日久，深曉兵要。宜令續深溝高壁，以恩信招降，宣示購賞，明爲期約。如此則醜類可服，〔四六〕國家無事矣。」帝從之。商又移書續等曰：「中國安寧，忘戰日久。良騎野合，交鋒接矢，決勝當時，戎狄之所長而中國之所短也。强弩乘城，堅營固守，以待其衰，中國之所長戎狄之所短也。宜務所長，以觀其變，設購開賞，宣示反悔，勿貪小功，以亂大謀。」續及諸郡並各遵行，於是右賢王部抑鞮等以萬三千口詣續降。秋，句龍吾斯等立句龍王車紐爲單于，東引烏桓，西收羌戎及諸胡等數萬人，寇掠幽、今范陽、上谷、漁陽郡。并、今太原、西河、榆林、朔方郡。涼、今靈武、安化、平涼、〔四七〕金城郡地。冀等州。冀今常山、博陵、鉅鹿、趙郡地。呼蘭若尸逐就單于兜樓除先在京師，〔四八〕漢安二年立之，遣中郎將護送歸南庭。〔四九〕建康初，中郎將馬寔進擊餘黨，匈奴、烏桓十七餘萬口皆詣寔降。〔五〇〕桓帝建和初，伊陵尸逐就單于立，名居車兒。至延熹九年，諸部並叛，〔五一〕寇緣邊九郡，以張奐爲北中郎將討之，悉降。

靈帝中平五年，〔五二〕右部醢落與休屠各胡白馬銅等十餘萬人反，攻殺單于羌渠。初，單于呼徵爲中郎將張脩所殺，〔五三〕遂立右賢王羌渠爲單于，其子右賢王於扶羅立，爲持至尸逐侯單于，國人殺其父者遂叛，共立須卜骨都侯爲單于，而於扶羅詣闕自訟。會帝崩，天下大亂，單于將數千騎與白波賊合兵寇河内諸郡。今河内、鄴、汲等郡。時人保聚，鈔掠無利，而兵遂挫傷；欲歸，國人不受，乃止河東。須卜骨都侯爲單于一年而死，南庭遂虛其位，以老王行國事。

獻帝興平二年，單于於扶羅死，其弟呼廚泉立爲單于，以兄被逐，不得歸國，數爲鮮卑所鈔。帝自長安東歸，右賢王去卑與白波賊帥韓暹等侍衞天子，拒擊李傕、郭汜。及帝還洛陽，又從遷許，然後歸國。建安二十一年，單于來朝，魏武因留於鄴，而遣去卑歸監其國焉。以其既在内地，人衆猥多，懼必爲寇，始分其衆爲五部，立其中貴者爲帥，選漢人爲司馬以監督之。

魏末，復改帥爲都尉。其左部居於太原故茲氏縣，今西河郡隰城縣。右部居祁縣，今縣。南部居蒲子縣，北部居新興縣，〔五四〕中部居大陵縣，今文水。多者一萬落，少猶四五千落。

晉武帝初，塞外匈奴大水，塞泥、〔五五〕黑難等二萬餘落歸化，帝復納之，使居河西故宜陽城下。後復與晉人雜居，由是平陽、今平陽郡。西河、今西河、昌化郡。太原、今府地。新興、今定襄、雲中郡。上黨、今郡。樂平諸郡，今樂平郡、太原府之閒。靡不有焉。泰始七年，單于劉猛背叛，帝遣婁侯何楨討平之。其後稍因忿恨，漸爲邊患。侍御史西河郭欽上疏曰：「戎狄强獷，歷古爲患。魏初人寡，西北諸郡皆爲戎居。今雖服從，若後有風塵之警，〔五六〕胡騎自平陽、上黨不三日而至孟津，北地、今彭原郡地。西河、太原、馮翊、安定、上郡並今郡盡狄庭矣。宜及平吳之威，謀臣猛將之略，出北地、西河、安定，復上郡，實馮翊，於平陽以北諸縣募取死罪，徙三河、三魏見士四萬家以充之。裔不亂華，漸徙平陽、弘農、魏郡、京兆、上黨雜胡，峻四夷出入之防，明先王荒服之制，萬世之長策也。」帝不納。太康五年，復有匈奴胡太阿厚率其部落三萬人歸化。〔五七〕七年，又有匈奴胡都大博及萎莎胡等各率種類大小凡十萬餘口，〔五八〕匈奴都督大豆得一育鞠等復率其種落大小萬一千五百口，〔五九〕並來降，帝並撫納之。按晉史云：「北狄以部落爲類，其入居塞者，有屠各種、鮮支種、寇頭種、烏譚種、赤勒種、捍蛭種、黑狼種、赤沙種、鬱鞞種、萎莎種、禿童種、勃蔑種、羌渠種、賀賴種、鍾跋種、大樓種、雍屈種、真樹種、力羯種，〔六〇〕皆有部落，不相雜錯。屠各最豪貴，故得爲單于，統領諸種。其國號有左賢王、〔六一〕右賢王、左奕蠡王、右奕蠡王、左於陸王、右於陸王、左漸尚王、右漸尚王、左朔方王、右朔方王、左獨鹿王、右獨鹿王、左顯祿王、右顯祿王、左安樂王、右安樂王，凡十六等，〔六二〕皆用單于親子弟也。其左賢王最貴，唯太子得居之。〔六三〕其四姓，有呼延氏、卜氏、蘭氏、喬氏。而呼延氏最貴，則有左日逐、右日逐，代爲輔相；卜氏則有左沮渠、右沮渠；蘭氏則有左當戶、右當戶；喬氏則有左都侯、右都侯。〔六四〕又有車陽、沮渠、餘地諸雜號，猶中國百官也。其國人有綦毋氏、勒氏，〔六五〕皆勇健，好反叛。蛭，呼丁反。

惠帝元康末，魏武所分左部都尉左賢王劉元海漢初高帝以宮女妻冒頓，約爲兄弟，故子孫遂冒姓劉氏。爲首叛亂，竊大號，據神器，自是戎狄迭有中夏矣。元海父豹，即單于扶羅子左賢王也。

范曄論曰：「自漢興，匈奴强熾爲患，〔六六〕窮力殫財，寇雖頗折，而漢之疲耗略相當矣。

宣帝值虜庭分争，呼韓邪來臣，乃權納懷柔，因爲邊衛，單于保塞稱藩，故曰邊衛。罷關徼之警，息兵民之勞，〔六七〕六十餘年矣。後王莽陵篡，擾動戎夷，〔六八〕續以更始之亂，方夏幅裂。自是匈奴得志，内暴滋深。光武以用事諸華，未遑沙塞之外，因徙幽、并之民，增屯戍之卒而已。其後匈奴争立，日逐來奔，願修呼韓之好，以禦北狄之衝，奉藩稱臣，永爲捍禦。天子乃詔有司開北鄙，擇肥美之地，量水草以處之。於是匈奴分破，始有南北二庭焉。後讐釁既深，互伺便隙，至於陷潰創傷者，靡歲或寧，而漢之塞地晏然矣。後亦頗爲出師，令竇憲，耿夔之徒，前後掩其窟穴，躡北追奔三千餘里。單于震懾，遁走於烏孫之地，而漠北空矣。若因其時勢，及其虛曠，還南虜於陰山，歸西河於内地，〔六九〕上申光武權宜之略，下防戎羯亂華之變，使耿國之算不謬於當世，袁安之議見從於後王，平易正直，若此其弘也。而竇憲矜三捷之效，忽經世之規，狼戾不端，〔七〇〕專行威惠。遂復更立北虜，返其故庭，並恩兩護，以私己福，弃蔑天公，坐樹大鯁。永言前載，何憤恨之深乎！自後經綸失方，叛服不一，其爲疢毒，胡可殫言！降及後世，翫爲常俗，終於吞噬神鄉，丘墟帝宅。謂劉元海等及托跋氏並都中國。嗚呼！千里之差，興自毫端，失得之源，百世不磨矣。」

校勘記

〔一〕烏維單于　「維」原訛「羅」，據北宋本及太平寰宇記卷一九一改。按：烏維單于見漢書匈奴傳上三七七二頁。

〔二〕願朝款叩也　「款叩也」原在「願朝」上，今據北宋本、傅校本、明抄本、明刻本、王吴本移下。

〔三〕會正月朔之朝賀也　「正月朔」，漢書匈奴傳下師古注三七九九頁作「正旦」，杜佑避睿宗諱改。

〔四〕漢出兵轂助呼韓邪　「兵轂」原訛「轂各」，據諸本改。

〔五〕又怨漢擁護呼韓邪　「怨」原訛「恐」，據漢書匈奴傳下三八〇一頁、太平寰宇記卷一九一改。

〔六〕常爲康居畫計　「計」原訛「許」，據諸本改。

〔七〕事必不行　太平寰宇記卷一九一同。漢書陳湯傳三〇一〇頁「行」作「從」。

〔八〕別爲六校其三校　「別」原脱，「三」原訛「所」，據漢書陳湯傳三〇一一頁補改。按：諸本「三」字不誤。

〔九〕遂陷康居　「陷」漢書陳湯傳三〇一七頁作「蹈」。按：諸本作「陷」，「陷」之訛體。

〔一〇〕立千載之功　「載」原作「里」，明刻本、王吴本、殿本同，後人臆改者。今據北宋本、傅校本、明抄本改回。按：漢書陳湯傳三〇一七頁、太平寰宇記卷一九一均作「載」。

〔一一〕避敵抄寇也　「敵」原作「狄」，據漢書匈奴傳下三八〇五頁、太平寰宇記卷一九一改。

〔一二〕侵盜其畜產妻子　「妻子」原作「子女」，據北宋本、王吴本改。按：漢書匈奴傳下三八〇四頁、太平寰宇記卷一九一均作「妻子」。

〔一三〕戰鬭而後獲勝　「獲」原作「捷」，後人擅改者。今據北宋本及漢書匈奴傳下師古注三八一二頁、太平寰宇記卷一九一改回。

〔一四〕國家不許而辭之　「許」原訛「與」，據北宋本、王吴本改。按：漢書匈奴傳下三八一二頁、太平寰宇記卷一九一均作「許」。

〔一五〕中國之憂艾　「艾」漢書匈奴傳下三八一三頁作「平」。按：艾，止也。杜佑以意改之。

〔一六〕鷙佷　「佷」原作「狠」，據北宋本及漢書匈奴傳下師古注三八一五頁改。

〔一七〕緣往辭　漢書匈奴傳下三八一六頁、太平寰宇記卷一九一同。北宋本、傅校本、明抄本、明刻本、王吴本「緣」作「捐」，注同。

〔一八〕加賜錦繡繒帛各有差　「加」原訛「如」，據諸本改。

〔一九〕緣邊虚耗　「虚」原訛「西」，據諸本改。

〔二〇〕鍑釜之大口者　「釜」原訛「斧」，據諸本改。

〔二一〕莽遣歙歙弟颯使匈奴　原脱一「歙」，據漢書匈奴傳下三八二七頁補。

〔二二〕從六郡良家材力之士　「從」原訛「徙」，據漢書匈奴傳下三八三一頁、太平寰宇記卷一九一改。

〔二三〕今安定平涼郡地　「安」原訛「保」，據北宋本、傅校本、明抄本、明刻本、王吴本改。按：太平寰宇記卷一九一也作「安」。「平涼」北宋本、傅校本、明抄本、明刻本、王吴本作「平原」，誤。

〔二四〕三世無犬吠之警 「三」原訛「二」，據北宋本、傅校本、明抄本、明刻本、王吳本改。

〔二五〕於常山關居庸關以東 「以東」原脱，據北宋本、傅校本、明抄本、明刻本、王吳本補。按：後漢書南匈奴傳二九四〇頁、太平寰宇記卷一九二均有「以東」。

〔二六〕今上黨樂平高平陽城郡地 「樂平」原脱，據北宋本、傅校本、明抄本、明刻本、王吳本補。「高平」下原有「長平」，誤，今删。按：北宋本、王吳本作「高平平」，平字誤疊。後人遂於下「平」上增「長」，殊不知唐郡無名「長平」者。

〔二七〕二十六年 原脱，據後漢書南匈奴傳二九四三頁、太平寰宇記卷一九二增補。

〔二八〕南單于新附 「新」原作「親」，據北宋本、王吳本改。按：後漢書南匈奴傳二九四六頁、太平寰宇記卷一九二均作「新」。

〔二九〕疫困之力 「之」原作「乏」，據北宋本及後漢書臧宮傳六九五頁、太平寰宇記卷一九二改。

〔三〇〕今命將臨塞 「命」原脱，據後漢書臧宮傳六九五頁補。

〔三一〕黃石公記曰 「公」原無，據後漢書臧宮傳六九五頁增補。

〔三二〕逸政多忠臣勞政多亂人 兩「政」原俱訛「故」，據北宋本、傅校本、明抄本、明刻本及後漢書臧宮傳六九六頁改。

〔三三〕明加曉告 「加」原訛「示」，據北宋本、傅校本、明抄本、明刻本改。按：後漢書南匈奴傳二九四六頁、太平寰宇記卷一九二均作「加」。

〔三四〕十六年大發緣邊兵至時北虜衰耗黨衆離叛　查後漢書南匈奴傳二九四九頁——二九五〇頁知「十六年」指漢明帝永平十六年，「時」指漢章帝元和二年，兩者相距十二年，不得混爲一談。杜佑縮寫史文，每不顧歷史之時間性。

〔三五〕西域侵其右　「西」原訛「四」，據諸本改。

〔三六〕章帝章和中　下「章」原訛「元」，據後漢書南匈奴傳二九五一頁改。

〔三七〕取其胸皮而還　後漢書南匈奴傳二九五一頁作「取其匈奴皮而還」，太平寰宇記卷一九二作「取北匈奴皮而還」，並誤。劉攽東漢書刊誤云，匈奴一種，安能盡取其皮。

〔三八〕屋蘭儲　原訛「屋南蘭」，據諸本改。按：後漢書章帝紀一五八頁、太平寰宇記卷一九二即作「屋蘭儲」，而後漢書南匈奴傳二九五一頁「屋」作「屈」。

〔三九〕屯屠何　「何」原作「河」，據後漢書南匈奴傳二九五一頁、太平寰宇記卷一九二改。

〔四〇〕出兵討伐　「伐」原作「罰」，據後漢書南匈奴傳二九五二頁、太平寰宇記卷一九二改。

〔四一〕自蒙恩以來　原脱「以」，據北宋本、傅校本、明抄本、明刻本補。

〔四二〕願和親北之國衆自立單于　注文八字原在「願和親」上，今據北宋本、傅校本、明抄本、明刻本及太平寰宇記卷一九二移下。

〔四三〕安帝延光三年烏稽侯尸逐鞮單于立先是朔方以西障塞多不修復鮮卑因此數寇南部單于憂恐上言求復障塞順帝從之　原無「順」，據後漢書南匈奴傳二九五九頁訂補。按：後漢書南匈奴傳「先是」上有「永建元年」云云，則「是」指順帝永建元年，非安帝延光三年也。杜氏下删「順」字，直謂「從之」者爲安帝矣。

〔四四〕黎陽營屯兵　後漢書南匈奴傳二九五九頁無「屯」字。

〔四五〕順帝永和中去持若尸逐就單于烏稽侯之弟名休利　「和」原訛「建」，據後漢書南匈奴傳二九六〇頁訂改。「持」後漢書南匈奴傳作「特」，太平寰宇記卷一九二作「將」。「弟」原訛「子」，據後漢書南匈奴傳訂改。

〔四六〕如此則醜類可服　原脱「如」，據後漢書南匈奴傳二九六一頁、太平寰宇記卷一九二補。

〔四七〕平涼　原訛「平原」，今訂正。按：唐平原郡屬河北道，距靈武、安化、金城諸郡絶遠。

〔四八〕兜樓除　「除」後漢書南匈奴傳二九六二頁、太平寰宇記卷一九二作「儲」，音同。

〔四九〕送歸南庭　原脱「歸」，據北宋本、傅校本、明抄本、明刻本、王吴本補。

〔五〇〕匈奴烏桓十七餘萬皆詣寔降　後漢書南匈奴傳二九六三頁、太平寰宇記卷一九二無「匈奴」，且「十七」作「七十」。

〔五一〕桓帝建和初伊陵尸逐就單于立至延熹九年諸部並叛　原訛作「桓帝延熹初伊陵尸逐就單于立諸部並叛」，據太平寰宇記卷一九二改補。按：伊陵尸逐就單于立，與諸部並叛，兩事相距十三年，不得混言。

〔五二〕靈帝中平五年　「中平」原訛「光和」。太平寰宇記卷一九二作「中平」，與後漢書南匈奴傳二九六四頁——二九六五頁史文合，今據改。

〔五三〕初單于呼徵爲中郎將張脩所殺　太平寰宇記卷一九二同。北宋本、傅校本、明抄本、明刻本、王吳本「呼徵」作「居車兒」，「脩」作「奂」，誤。按：居車兒乃呼徵之祖，曾爲張奂所拘，桓帝詔遣還庭，與此無涉。

〔五四〕南部居蒲子縣北部居新興縣　此十二字原無，今據晉書四夷傳二五四八頁及上下文例訂補。

〔五五〕匈奴大水塞泥　「水」原訛「木」，「塞」原訛「寒」，據晉書四夷傳二五四九頁改。

〔五六〕若後有風塵之警　「警」原訛「驚」，據晉書四夷傳二五四九頁、太平寰宇記卷一九二改。

〔五七〕率其部落三萬人歸化　「歸化」原脱，據晉書四夷傳二五四九頁、太平寰宇記卷一九二補。「三萬人」晉書、寰宇記作「二萬九千三百人」，通典約舉成數。

〔五八〕都大博及萎莎胡　「都大博」原訛「都太傳」，據晉書四夷傳二五四九頁、太平寰宇記卷一九二改。「萎莎」原訛「菨莎」，據北宋本及晉書四夷傳改。按：北宋本作「都大傅」，傅校本、明抄本、明刻本、王吳本、殿本作「都太傅」。太平寰宇記作「蔞莎」。

〔五九〕匈奴都督大豆得一育鞠　晉書四夷傳二五四九頁「匈奴」上有「明年」。

〔六〇〕烏譚種赤勒種捍蛭種黑狼種赤沙種鬱鞞種萎莎種禿童種勃蔑種羌渠種賀賴種鍾跋種大樓種雍屈種真樹種力羯種　「烏」原訛「焉」，據晉書四夷傳二五四九頁、太平寰宇記卷一九二改。「捍」原作「桿」，據北宋本改。「蛭」寰宇記同，晉書作「蛭」。「黑狼種」原脱，據晉書、寰宇記補。「萎」原訛

「荽」，「禿」原訛「香」，據北宋本及晉書改。「蔑」原作「篾」，據諸本改。「鍾跋種」原上脱「鍾」，下脱「種」，據晉書補，而晉書「跋」作「跂」，寰宇記「鍾」作「種」，互有訛字。「樹」原訛「掛」，據北宋本及晉書、寰宇記改。

〔六一〕其國號　「國」原作「官」，據北宋本、王吴本改。按：晉書四夷傳二五五〇頁、太平寰宇記卷一九二均作「國」。

〔六二〕凡十六等　「等」下原衍「王」，據晉書四夷傳二五五〇頁、太平寰宇記卷一九二删。

〔六三〕唯太子得居之　「唯」原訛「爲」，據晉書四夷傳二五五〇頁、太平寰宇記卷一九二改。

〔六四〕其四姓有呼延氏卜氏蘭氏喬氏而呼延氏最貴則有左日逐右日逐代爲輔相卜氏則有左沮渠右沮渠蘭氏則有左當户右當户喬氏則有左都侯右都侯　原訛脱作「其三姓有呼延氏卜蘭氏喬氏而呼延氏最貴又有左日逐出爲輔相則有左沮渠右沮渠左都侯右都侯」。北宋本、傅校本、明抄本、明刻本、王吴本訛誤略同，唯「又」作「則」，「右沮渠」下有「氏則有」三字。今據晉書四夷傳二五五〇頁、太平寰宇記卷一九二改補。

〔六五〕綦毋氏勒氏　原訛作「慕氏勃氏」，今據晉書四夷傳二五五〇頁、太平寰宇記卷一九二改正。按：北宋本、傅校本、明抄本、明刻本作「慕毋氏勒氏」，唯「綦」訛「慕」。

〔六六〕匈奴强熾爲患　「熾」原作「盛」，後人擅改者，今據北宋本改回。按：後漢書南匈奴傳二九六六頁、太平寰宇記卷一九二均作「熾」。

〔六七〕息兵民之勢　「兵民」原倒，據北宋本、王吴本及後漢書南匈奴傳二九六六頁、太平寰宇記卷一九二乙。

〔六八〕擾動戎夷　「夷」原作「狄」，據北宋本、傅校本、明抄本、明刻本、王吴本改。按：後漢書南匈奴傳二九六六頁、太平寰宇記卷一九二作「夷」。

〔六九〕歸西河於内地　「西河」原作「河西」。標點本後漢書南匈奴傳二九六七頁據後漢書集解引陳景雲説乙。今從乙。陳謂「河西」當作「西河」，時南單于屯西河美稷縣也，正與上句「南虜」相對。

〔七〇〕狼戾不端　「狼」原訛「很」，據北宋本、王吴本改。按：後漢書南匈奴傳二九六七頁、太平寰宇記卷一九二均作「狼」。

王文錦點校

通典卷第一百九十六

邊防十二

北狄三

烏桓 鮮卑 軻比能 宇文莫槐 徒河段 慕容氏 拓跋氏 蠕蠕

烏桓

烏桓者，本東胡也。漢初，匈奴冒頓滅其國，餘類保烏桓山，因以爲號。俗與匈奴多同，其異者，怒則殺父兄，而終不害其母，以母有族類，父兄無相讎報故也。以己爲種，無復報者故也。其有勇健能理決鬬訟者，推爲大人，無代業相繼。邑落各有小帥，數百千落自爲一部。大人有所召呼，則刻木爲信。氏姓無常，以大人健者名字爲姓。其嫁娶先私通，掠將女或半歲百日，然後遣媒人送馬牛羊，〔一〕以爲聘幣。壻隨妻至家，無尊卑，朝朝拜之，〔二〕而不拜其父母。爲妻家僕役一二年閒，妻家乃更厚遣送女，居處財物，一皆爲辦。計謀從用婦人，唯鬬戰之事乃自決之。父子男女，相對踞蹲，〔三〕髡頭爲輕便。婦人至嫁時乃養髮，〔四〕分爲髻，著句決，飾以金碧，猶中國有簂步搖也。簂字或爲幗，婦人首飾。釋名云：「皇后首飾上有垂珠，步則搖也。」簂，古陌反。婦人能刺韋作文繡，織氀毼。氀毼，罽也。氀，力於反。毼，胡達反。男子能作弓矢鞍勒，勒，馬銜也。鍛金鐵爲兵器。其土地宜穄及東牆，東牆似蓬草，實如穄子，至十月而熟，能作白酒，而不知作麴，麴米常仰中國。有病，以艾灸，或燒石自熨，燒地臥上，〔五〕或隨病痛處，以刀決脈出血，及祝天地山川之神，無鍼藥。俗貴兵死，有哭泣之哀，至葬則歌舞相送。肥養一犬，以綵繩嬰牽，〔六〕并取死者所乘馬、衣物，皆燒而送之，言以屬累犬，屬累猶付託也。屬，之欲反。累，力瑞反。使護死者神靈歸赤山。赤山在遼東西北數千里，如中國人死者魂神歸岱山也。博物志曰：「泰山，天帝孫也，主召人魂。東方萬物始，故知人生命也。」敬鬼神，祠天地日月星辰山川及先大人有健名者，祠用牛羊，畢皆燒之。飲食必先祭。若相賊殺者，令部落自相報，不止，詣大人告之，〔七〕聽出牛馬羊以贖死命，乃止。

烏桓自爲冒頓所破，衆遂孤弱，常臣服匈奴。漢武帝遣霍去病擊破匈奴左地，因徙烏桓於上谷、漁陽、右北平、遼西、遼東五郡塞外，〔八〕今嬀川、范陽以東至安東，是漢五郡也。爲漢伺察匈奴動靜。其大人歲一朝見，於是始置護烏桓校尉監領之，使不得與匈奴交通。後漸强盛。

至後漢建武中，抄擊匈奴，匈奴轉北徙數千里，〔九〕漠南地空，帝乃以幣帛賂遺之。二十五年，大人郝旦等九百餘人詣闕朝貢，於是封其渠帥爲侯王君長者八十一人，皆居塞內，布於緣邊諸郡。時司徒掾班彪上言：「烏桓天性輕黠，好爲寇賊，若久放縱而無總領者，必復侵掠居人。臣愚以爲宜復烏桓校尉，誠有益於附集，省國家之邊慮。」〔一〇〕帝從之。於是始復置校尉於上谷寧城。在今嬀川郡懷戎縣西北，俗名西吐敎城。〔一一〕至桓帝末，或降或叛。

靈帝初，烏桓漸盛。上谷有難樓者，衆九千餘落，遼西今柳城郡有丘力居者，衆五千餘落，皆自稱王；又遼東蘇僕延，衆千餘落，自稱峭七笑反王；右北平今北平郡烏延，衆八百餘落，自稱汗魯王：並勇健而多計策。中平四年，〔一二〕前中山太守張純中山今博陵郡叛，入丘力居衆中，自稱彌天安定王，遂爲諸郡烏桓元帥，寇掠幽、冀、青、今北海、濟南、平原、樂安郡地。徐今彭城、琅邪郡地。〔一三〕四州。五年，劉虞爲幽州牧，虞購募斬純首，北州乃定。

自匈奴衰弱，而烏桓轉盛。獻帝初平中，丘力居死，從子蹋頓有武略，代立，總攝三王部，衆皆從其號令，邊長老皆比之冒頓，以雄北方。建安初，冀州牧袁紹與前將軍公孫瓚相持不決，蹋頓遣使詣紹求和親，遂遣兵助紹擊瓚，破之。紹矯制賜蹋頓、難樓、蘇僕延、烏延等，皆授以單于印綬。建安十二年，曹公自征烏桓，大破蹋頓於柳城，獲首虜二十餘萬人，其餘衆萬餘落，悉徙居中國爲齊人。西晉王浚爲幽州牧，有烏桓單于審登，前燕慕容儁時，有烏桓單于薛雲，後燕慕容盛時，有烏桓渠帥莫賀咄科敎，並其別種，然而微弱不足云矣。

鮮卑

鮮卑，亦東胡之支也，別依鮮卑山，因號焉。今在柳城郡界。其言語習俗與烏桓同，唯婚姻先髡頭，以季春月大會饒樂水上，今在柳城郡界。然後配合。其獸異於中國者，有野馬、原羊、角端牛，以角爲弓，代謂角端弓者也。郭璞注爾雅曰：「原羊似吴羊而角大，出西方。」前漢書音義曰：「角端似牛，角可爲弓。」又貂、豽、鼲子，〔一四〕皮毛柔軟，豽音女滑反。鼲音胡昆反。貂鼲並鼠屬，豽蜼屬。〔一五〕故天下以爲名裘。

漢初亦爲冒頓所破，遠竄遼東塞外，與烏桓相接，未嘗通中國。至後漢光武建武二十一年，鮮卑與匈奴入遼東，遼東太守祭肜擊破之，斬獲殆盡。三十年，鮮卑大人於仇賁等率種人朝賀，帝封於仇賁爲王。於是鮮卑燉煌、酒泉以東邑落大人，皆詣遼東受賞賜，〔一六〕青徐二州給錢歲二億七千萬以爲常。

和帝永元中，大將軍竇憲遣右校尉耿夔擊匈奴，北單于遁走，留者尚十餘萬落，鮮卑因此徙據其地而有其人，由此漸盛。安帝永初中，鮮卑大人燕荔陽朝賀，鄧太后令止烏桓校尉所居寧城下，因築南北兩部質館。築館以受降質也。鮮卑邑落百二十部，各遣入質。是後或降或叛，邊人歲苦其害。漢雖時有尅獲，而不補所費。

桓帝時，鮮卑檀石槐者，部落畏服，遂推爲大人。檀石槐乃立庭於彈汗山歠仇水，歠，昌悅反。去高柳北三百餘里，今馬邑郡界。兵馬甚盛，東西部大人皆歸焉。因南抄緣邊，北折丁零，東卻夫餘，西擊烏孫，盡據匈奴故地，東西萬四千餘里，南北七千餘里，網羅山川水澤鹽池。分其地爲三部，東接夫餘、濊貊二十餘邑爲東部，從右北平以西至上谷十餘邑爲中部，從上谷以西至燉煌接烏孫二十餘邑爲西部，各置大人主之。

靈帝初，幽、并、涼三州緣邊諸郡無歲不被寇掠。熹平六年，鮮卑寇三邊。烏桓校尉夏育上言：「鮮卑寇邊，〔一七〕自春以來，三十餘發。請徵幽州諸郡兵出塞擊之，一冬二春，必能擒滅。」召百官議。中郎蔡邕上議曰：「自匈奴北遁，鮮卑强盛，據其故地，稱兵十萬，加以關塞不嚴，禁網多漏，精金良鐵，皆爲賊有，漢人逋逃，爲之謀主。夫邊垂之患，手足之蚧搔，中國之困，胷背之瘭疽也。蚧音介。搔，新到反。埤蒼曰：「瘭音必燒反。」杜氏注左傳曰：「疽，惡瘡也。」方今郡縣盜賊尚不能禁，況醜虜而可服乎！昔高祖忍平城之恥，呂后弃慢書之詬，方之於今，何者爲甚？天設沙漠，秦築長城，漢起塞垣，所以別內外、異殊俗也。苟無蹙國內侮之患則可矣，豈與蟲蟻狡寇計爭往來哉！〔一八〕雖或破之，豈可殄盡，而方令本朝爲之旰食乎？夫卹人救急，雖成郡列縣，尚猶弃之，況障塞之外，未嘗爲人居者乎！備邊之術，李牧善其宜，保塞之論，嚴尤申其要，遺業猶在，文章尚存，循二子之策，守先帝之規，臣曰可矣。」帝不從。遂遣育等三萬騎，三道並出其塞二千餘里。檀石槐命三部大人各率衆逆戰，育等大敗奔還，死者十七八。

後種衆日多，田畜射獵不足給食，檀石槐乃自徇行，見烏侯秦水廣從子容反數百里，停不流，其中有魚，不能得之。聞倭人善網捕，〔一九〕於是擊倭國，得千餘家，徙置秦水上，令捕魚以助糧食。至晉猶有數百户。

光和中，〔二〇〕魁頭與從父弟騫曼俱檀石槐之孫。爭國，衆遂離散。自檀石槐後，〔二一〕諸大人遂代相傳襲。魁頭死，弟步度根代立，〔二二〕中兄扶羅韓亦別擁衆數萬人。

魏文帝初，步度根遣使獻馬，帝拜爲王。後數與軻比能更相攻擊，步度根部衆稍弱，將其衆萬餘落保太原、雁門郡。〔二三〕後一心守邊，不爲寇害，而軻比能衆遂强盛。至明帝，務欲綏和戎狄，以息征伐，羈縻兩部而已。其後步度根竟爲比能所殺也。

軻比能

軻比能本小種鮮卑，以勇健，斷法平端，不貪財物，衆推以爲大人。部落近塞，自袁紹據河北，中國人多亡叛歸之，教作兵器鎧楯，頗學文字。故其勒御部衆，擬則中國，出入弋獵，建旌麾，以鼓節爲進退。比能衆遂强盛，控弦十餘萬騎，餘部大人皆敬憚之，然猶未能及檀石槐也。至青龍元年，比能誘説步度根，使叛并州。其後幽州刺史王雄遣勇士韓龍刺殺比能，更立其弟素利、彌加、厥機皆爲大人，在遼西、右北平、漁陽塞外，道遠初不爲邊患，其種衆多於比能也。其後諸子爭立，衆離散，諸部大人慕容、拓跋更盛焉。

宇文莫槐

宇文莫槐出於遼東塞外，代爲東部大人。晉史謂之鮮卑。後魏史云「其先匈奴南單于之遠屬」。又按後周書云：「出自炎帝，爲黄帝所滅，〔二四〕子孫逃漠北，鮮卑奉以爲主。」今考諸家所説，其鮮卑之別部。其語與鮮卑頗異。人皆翦髮而留其頂上，以爲首飾，長過數寸則截短之。婦人被長襦，及足，而無裳焉。後姪孫莫廆立，廆，胡罪反。部衆强盛，自稱單于塞外，諸部咸畏憚之。先得玉璽三紐，自言爲天所相，俗謂天曰宇，故自號宇文。至孫乞得龜，爲慕容廆所敗。別部人逸豆歸殺乞得龜而自立，〔二五〕又爲慕容皝所敗，〔二六〕皝徙其部衆五千餘落於昌黎，〔二七〕自是散滅矣。後周宇文氏源出於此。

徒河段〔二八〕

徒河段日陸眷出於遼西，〔二九〕因亂被賣爲漁陽烏桓大人庫辱官家奴。諸大人集會幽州，皆持唾壺，唯庫辱官獨無，乃唾日陸眷口中。日陸眷含出因咽之，西向拜天曰：「願使主君之智慧禄相盡移入我腹中。」其後漁陽大饑，庫辱官以日陸眷爲健，使將人衆詣遼西逐食，遂招誘亡叛，以至强盛。日陸眷死，後至姪務勿塵，〔三〇〕有遼西之地，而臣於晉。其所統三萬餘家，控弦四五萬騎。封務勿塵爲遼西公，假大單于印綬。後就陸眷立，勿塵之子。與弟匹磾、都泥反。從弟末波等率騎圍石勒於襄國，爲勒所破，擒末波而捨之，就陸眷遂攝軍而還，不復報，歸於遼西。就陸眷死，末波自稱幽州刺史。末波死，國人立日陸眷弟護遼爲主，後爲慕容皝所殺。〔三一〕其弟鬱蘭奔石季龍，以所從鮮卑五千人配之，〔三二〕使屯令支。今北平郡盧龍縣即其地。及冉閔之亂，段龕鬱蘭之子。龕音堪。率衆南移，遂據齊地。慕容儁使弟恪帥衆伐龕於廣固，今北海郡城。執龕，殺之，坑其徒三千餘人。

慕容氏

慕容氏，亦東胡之後，別部鮮卑也。晉史云：「有熊氏之苗裔，因山爲號。」魏初渠帥有莫護跋，率諸部入居遼西，後從司馬宣王討公孫淵有功，拜率義王，始建國於棘城之北。今柳城郡之地。時燕代多冠步摇冠，護跋見而好之，乃斂髮襲冠，諸部因呼之爲「步摇」，其後音訛，遂爲「慕容」焉。或云慕二儀之德，繼三光之容，遂以慕容爲氏。至孫涉歸，魏封爲鮮卑單于，遷居遼東，於是漸慕華夏之風矣。

涉歸有子二人，長曰吐谷渾，西遷河湟之間；今安鄉郡西平縣地。次曰廆，有命世才略。晉太康十年，又遷於徒河之青山。今柳城郡界。廆以大棘城即帝顓頊之墟，元康四年乃移居之，教以農桑，法制同於中國。永嘉初，廆自稱鮮卑大單于。因晉亂，招撫華夷，刑政修明，流亡歸之甚衆，乃立郡統之，冀州人爲冀陽郡，荆河州人爲成周郡，〔三三〕青州人爲營丘郡，并州人爲唐國郡。徵辟儒生，以爲參佐，而奉晉室朝貢，臣禮不闕。

至皝嗣，廆之子。雄毅多權略，日以强盛，遂自稱燕王，遣使於東晉，請受朝命，許之。後遷都於柳城，儁、暐即其子孫也。其後國號燕，具晉史載記。〔三四〕

拓跋氏

拓跋氏亦東胡之後，别部鮮卑也。後魏史云：「出自黄帝子昌意之少子，受封北土，亦因鮮卑山以爲號。」宋齊二史又云「漢降將李陵之後」。或云黄帝之苗胤，以黄帝土德，謂土爲拓，后爲跋，故以爲氏。其裔始均仕堯時，逐女魃於弱水北，人賴其勳，舜命爲田祖。〔三五〕歷三代至秦，不交南夏，是以載籍無聞。六十七代裔孫屯，〔三六〕統國三十六，大姓九十九。其後至詰汾，嘗田於山澤，欻見輜軿自天而下，見美婦人，自稱天女，曰天命相偶。明日請還，期明年復會於此。及期，至先田處，果見天女，以所生男授詰汾曰「此是君之子」，即力微也。力微立，諸部大人悉服，控弦之士二十餘萬，遷於定襄之盛樂。子禄官立，分國爲三部：一居上谷北，濡源西，〔三七〕東接宇文部，自統之；一居代郡之參合陂北，在今馬邑郡。兄子猗㐌統之；一居定襄之盛樂故城，亦在今馬邑郡。使猗㐌弟猗盧統之。後晉封爲代王，置官屬，始出并州，遷雜胡北徙雲中、五原、朔方，又西渡河，擊匈奴、烏桓諸部。自杏城以北八十里今中部郡之西迄長城原，夾道碣石，與晉分界。長城原，在今洛交郡三川縣。姪孫什翼犍始建年號，〔三八〕分置百官。至其孫珪，〔三九〕即後魏道武帝也。

宋文帝元嘉中，每歲爲後魏侵境，勑朝臣博議。何承天論曰：

臣以安邊之計，備在史册，李牧言其端，嚴尤申其要，大略舉矣。曹、孫之霸，才均智侔，江淮之閒，不居者數百里。〔四〇〕魏捨合肥，退保新城，合肥今廬江郡縣。〔四一〕新城在縣西三十里。吴城江陵，移入南岸，〔四二〕濡須之戍，家停羨溪。〔四三〕濡須在今歷陽郡西南百八十里，羨溪在其東三十里。及襄陽之屯，民居星散，〔四四〕晉宣王謂宜徙沔南，以實水北，曹爽不用，果亡沮中，沮中，即今襄陽南沮水左右地。此皆前代之殷監也。何者？斥候之郊，非畜牧之所；〔四五〕轉戰之地，非耕桑之邑。故堅壁清野，以禦其來，〔四六〕整甲繕兵，以乘其弊。雖時有通否，〔四七〕而勢有强弱，保人全境，不出此塗。約而言之，大歸有四：〔四八〕一曰移遠就近，二曰浚復城隍，三曰纂偶車牛，〔四九〕四曰計丁課仗。〔五〇〕

狡虜之性，食肉衣皮，以馳騁爲容儀，以燎獵爲南畝，〔五一〕非有車輿之安，宫室之衞，櫛風沐雨，不以爲勞，露宿莽寢，實惟其性。猋騎蟻聚，輕兵鳥集，踐蹂禾稼，焚爇閭井，雖邊將多略，未審何以禦之。若盛師連屯，廢農必衆，奔馳起役，赴機必遲，散金開賞，費損必大，換土客戍，〔五二〕怨曠必繁。孰若因人所居，並修農戰，無動衆之勞，有捍衛之實，其爲利害，優劣相懸也。

一曰移遠就近，以實內地。今青兗舊人，及冀州新附，在界首者二三萬家，〔五三〕此寇之資也。悉可內徙，青州人宋青州今北海郡。移東萊、平昌、北海諸郡，兗州、冀州人宋兗州今魯郡瑕丘縣，冀州今濟南郡歷陽縣。移泰山以南，〔五四〕南至下邳，〔五五〕今臨淮郡縣是。左沭右沂，〔五六〕田良野沃，西阻蘭陵，今琅邪郡承縣界。北阨大峴，今琅邪郡沂水縣北。四塞之內，其險足固。〔五七〕人性重遷，闇於圖始，無虞之時，憙生咨怨。〔五八〕今新被抄掠，餘懼未息，若曉示安危，居以樂土，宜歌忭就路，視遷如歸。

二曰浚復城隍，以增阻防。〔五九〕古之城池，處處皆有，今雖頹毀，猶可修理。粗計户數，量其所容，新徙之家，悉著城內，假其經用，爲之閭伍，納稼築場，還在一處。婦子守家，長吏爲帥，〔六〇〕丁夫匹婦，〔六一〕春夏佃牧，秋冬入保。〔六二〕寇至之時，一城千室，堪戰之士，不下二千，其餘羸弱，〔六三〕猶能登陴鼓譟。十則圍之，兵家舊說，戰士二千，足抗羣虜二萬矣。

三曰纂偶車牛，以飭戎械。〔六四〕計千家之資，不下五百耦牛，爲車五百兩。參合鉤連，以衛其衆。設使城不可固，平行趣險，賊所不能干。既以族居，易可檢御。〔六五〕號令先明，人知夙戒。有急徵召，〔六六〕信宿可聚。

四曰計丁課仗，〔六七〕勿使有闕。千家之邑，戰士二千，隨其便能，各自有仗，素所服習，銛利由己，〔六八〕還保輸之武庫，銛，胥廉反。出行請以自衛。弓斡利鐵，人不辦得者，官以給之，數年之內，軍用粗備矣。

臣聞軍國異容，施於封畿之內；兵農並備，〔六九〕在於疆埸之表。攻守之宜，皆因其習俗，銓其勇怯。〔七〇〕山陵川陸之形，寒暑温涼之氣，各由本性，易則害生。是故戍申作刺，怨起及瓜，今若以荆、吴鋭師，遠屯清濟，功費既重，嗟苦亦深。〔七一〕以臣料之，未若即用彼衆之易也。管子理齊，寄令於人；商君爲秦，設以耕戰。終能申威定霸，行其志業，非苟任强，實由有數。梁用武卒，其邦日滅；〔七二〕齊用技擊，厥衆亦離。漢魏以來，兹制漸弛，蒐田雖復先王之禮，〔七三〕理兵徒逞耳目之欲。有急之日，人不知戰，至乃廣延賞募，奉以厚秩，發遽奔救，天下騷然。方伯刺史，拱手坐聽，自無經略，唯冀朝廷遣軍，此皆忘戰之害，〔七四〕不教之失也。

今移人實內，浚理城隍，族居聚處，村里比次，課其騎射，通其風俗，長吏簡試，差品能否，甲科上第，漸就優別，明其勳捷，〔七五〕表言州郡。如此則屯部有常，不遷其業，內護老弱，外通官途，〔七六〕朋曹素定，同憂等樂，情由習親，藝因事著，〔七七〕晝戰見貌，足以相識，夜戰聞聲，足以相救，斯教戰之一隅，先哲之遺術也。論者必以古城荒毁，難可修復。〔七八〕今不謂頓便加功，整麗如舊，但欲先定民居，營其閭術，墉壑存者，因則增之，〔七九〕其有毁缺，權時栅斷。足禦彼輕兵，防遏遊騎，假以旬時，〔八〇〕漸就完立。車牛之賦，課仗之宜，〔八一〕攻守所資，軍國之要，今因人所利，導而率之。耕農之器爲府庫之寶，田蠶之氓兼捍城之用，〔八二〕千室之宰總倍旅之兵，萬户之都具全軍之衆，兵强而敵不戒，國富而人不勞，比於優復隊伍、坐食廩糧者，不可同年而校矣。

今承平來久，〔八三〕邊令弛縱，弓簳利鐵，既不都斷，往歲棄甲，垂二十年，課其所任，理應消壞。謂宜明申舊科，嚴加禁塞，諸商賈往來，敢挾藏者，以軍法理之。又界上嚴立關候，杜廢閒蹊。〔八四〕戍保之境，諸所課仗，並加彫鐫，别造程式。若有遺鏃亡刃及私爲竊盜者，皆可立檢，於事爲常。此亦禦敵之要也。

文帝不能用。

蠕蠕

蠕蠕而兗反姓郁久閭。托跋在北荒，部落主力微末，掠騎有得一奴，髮始齊眉，忘本名，其主字之曰木骨閭。「木骨閭」者，首秃也。木骨閭與郁久閭聲相近，故其後子孫因以爲氏焉。木骨閭既壯，免奴爲騎卒。代王猗盧時，坐後期當斬，亡匿廣漠谿谷之間，收合逋逃，得百餘人。至其子車鹿會，雄健，始有部衆，自號柔然。後魏太武以其無知，狀類於蟲，故改其號曰蠕蠕。宋齊謂之芮芮，隋史亦曰芮芮。

又六代孫社崙，兇狡，甚有權略。度漠北，侵高車，深入其地，遂并諸部，凶勢益振。北徙弱落水，始立軍法：千人爲一軍，軍置將一人；百人爲幢，幢置帥一人。其西北有匈奴餘種，國尤富强，盡爲社崙所并，號爲强盛。其西則焉耆之北，東則朝鮮故地之西，北則渡沙漠，窮瀚海，〔八五〕南則臨大磧。其常所會庭，則燉煌、張掖之北。於是自號丘豆伐可汗。〔八六〕可汗之號始於此。「丘豆伐」猶言駕馭開張也，可汗猶言皇帝也。蠕蠕之俗，君及大臣因其行能，即爲稱號，若中國立謚。既死之後，不復追稱。

後又頻擾北邊，後魏神䴥二年夏四月，太武率兵十餘萬襲之。其主大檀社崙從父之弟。震怖，將其族黨，焚燒廬舍，絶跡西走。於是國落四散，竄伏山谷，畜産野布，〔八七〕無人收視。太武帝緣栗水西行，過漢將竇憲故壘。六月，次於兔園水，去平城三千七百餘里。分軍搜討，東至瀚海，西接張掖水，北度燕然山，東西五千餘里，南北三千里。高車諸部又殺大檀種類，〔八八〕前後歸降三十餘萬，俘獲首虜及戎馬百有餘萬。至孫吐賀真，太武又征破之，盡收其户畜産百餘萬，自是邊疆息警矣。

獻文帝皇興中，其主予成吐賀真之子犯塞，〔八九〕征南將軍刁雍上表曰：

臣聞北狄悍愚，同於禽獸。所長者野戰，所短者攻城。〔九〇〕若以所短，奪其所長，則雖衆不能成患，雖來不能内逼。又狄散居野澤，隨逐水草，戰則與家産並至，奔則與畜牧俱逃，不齎資糧而飲食足，是以古人伐北方，攘其侵掠而已。歷代爲邊患者，良由倏忽無常故也。六鎮勢分，倍衆不鬭，互相圍逼，難以制之。

昔周命南仲，城彼朔方，趙靈、秦始，長城是築，漢之孝武，又踵其事。此四代之君，皆帝王之雄傑，所以皆同此役者，非智術之不長，兵衆之不足，乃防狄之要事，其理宜然故也。易稱『天險，不可升；地險，山川丘陵。王公設險，以守其國』。長城之謂歟！

今宜依故於六鎮之北築長城，以禦北虜。雖有暫勞之勤，乃有永逸之益。即於要害，往往開門，造小城於其側，因地卻敵，多置弓弩。狄來有城可守，〔九二〕有兵可捍。既不攻城，野掠無獲，草盡則走，終必懲艾。宜發近州武勇四萬人，及京師二萬人，合六萬人，爲武士。於苑内立征北大將軍府，選忠勇有志幹者以充其選，下置官屬。分爲三軍，二萬人專習弓射，二萬人專習刀楯，二萬人專習騎矟。修立戰場，十日一習。採諸葛亮八陣之法，爲平地禦寇之方。使其解兵家之宜，識旌旗之節，器械精堅，必堪禦寇。使將有定兵，兵有常主，上下相信，晝夜如一。七月發六部兵萬人，各備戎作之具。敕臺北諸屯，隨近作米供送六鎮。至八月，征北部率所鎮與六鎮之兵，直至磧南，揚威漠北。狄若來拒，與之決戰。若其不來，然後分散其地，以築長城。計六鎮東西不過千里，六鎮並在今馬邑、雲中、單于界。後魏宣帝正始中，尚書源思禮撫巡北蕃，以跋野置鎮，居南，與六鎮不齊，更立三戍，亦在馬邑等郡界。若一夫一月之功當三步之地，三百人三里，三千人三十里，三萬人三百里。千里之地，强弱相兼，計十萬人一月必就。運糧一月，不足爲多，人懷永逸，勞而無怨。

計築長城其利有五：罷遊防之苦，其利一也；北部放牧，無抄掠之患，其利二也；登城觀敵，以逸待勞，其利三也；省境防之虞，息無時之備，其利四也；歲常遊運，永得不匱，其利五也。帝從之，邊境獲其利。後帝又北討，大敗之，斬首五萬級，降者萬餘，戎馬器械不可稱計，追奔逐北旬有九日，往返六千餘里。改女水曰武川。

孝明帝熙平初，其主醜奴予成弟之子善用兵，〔九二〕西征高車，大破之，擒其主彌俄突，殺之，盡并叛者，國遂强盛。醜奴死，弟阿那瓌立經十日，其族兄俟力發示發率衆伐之，〔九三〕阿那瓌輕騎南走，歸後魏，封朔方郡公、蠕蠕王，帝給騎二千，援出塞。初，阿那瓌來奔之後，其從父兄婆羅門率衆討示發，〔九四〕破之，衆推婆羅門爲主，會婆羅門爲高車所逐，率部落詣涼州降，今武威郡於是蠕蠕數萬，相率迎阿那瓌。録尚書事高陽王雍、尚書令李崇奏曰：「蠕蠕代跨絶域，感化來歸，阿那瓌委質於前，婆羅門歸誠於後。何一呼韓，〔九五〕得同今美。竊聞漢立南北單于，晉有東西之稱，皆所以相維禦難，爲國藩籬。今臣等參議，以爲懷朔鎮北，土名無結山吐若奚泉，燉煌北西海郡，即漢、晉舊障，〔九六〕二處寬平，原野彌沃。阿那瓌宜置吐若奚泉，婆羅門宜置西海郡，各令總率部落，收離聚散。彼臣下之官，任其舊俗。」

時朝廷問安置之宜於涼州刺史袁翻，翻表曰：

高車、蠕蠕迭相吞噬，始則蠕蠕衰微，高車强盛，及蠕蠕復振，反破高車，主喪人離，不絶如綖。〔九七〕而今高車能終雪其恥、〔九八〕復摧蠕蠕者，正由種類繁多，不可頓滅故也。然鬭此兩敵，即卞莊之算，得使境上無塵。〔九九〕

今蠕蠕内爲高車所討滅，外憑大國之威靈，兩主投身，一期而至，若弃而不受，〔一〇〇〕則虧我大德；若納而禮待，損我資儲，來者既多，全徙内地，非直其情不願，轉送艱難。然夷不亂華，前鑒無遠，覆車在於劉、石，毁轍固不可尋。

蠕蠕尚存，則高車猶有内顧之憂，未暇窺窬上國。蠕蠕全滅，則高車跋扈之計，豈易可知。今蠕蠕雖主奔於上，人散於下，而餘黨實繁，部落猶衆，處處碁布，以係今主耳。〔一〇一〕高車亦未能一時并兼，盡令歸附。

又高車士馬雖衆，主甚懦弱，〔一〇二〕唯以掠盜爲資，淩奪爲業。而河西捍禦强敵，唯涼州、燉煌而已。涼州土廣人稀，糧仗素闕，燉煌、酒泉，空虛尤甚。蠕蠕無復竪立，〔一〇三〕令高車獨擅北垂，則四顧之憂，〔一〇四〕匪朝伊夕。

愚謂蠕蠕二主，〔一〇五〕宜並存之，居阿那瓌於東偏，處婆羅門於西裔。其婆羅門，請修西海故城以安處。西海故郡，本屬涼州，今在酒泉直北、張掖西北千二百里，去高車所住金山千餘里，〔一〇六〕正是北虜往來之要衝，漢家行軍之舊道，土地沃衍，大宜耕殖。非但今處婆羅門於事爲便，即可永爲重戍，〔一〇七〕鎮防西北。宜遣一良將監護婆羅門，雖外爲署蠕蠕之聲，〔一〇八〕内實防高車之策。一二年後，足食足兵，斯固安邊保塞之良計也。〔一〇九〕

若婆羅門能自尅勵，使餘燼歸心，收離聚散，復興其國者，乃漸令北徙，轉渡流沙，〔一一〇〕即是我之外藩，高車勍敵。〔一一一〕西北之虜，可無過慮。如其姦回反覆、孤恩背德者，此不過爲逋逃之寇，〔一一二〕於我何損。今不早圖，戎心一啓，脱先據西海，奪其險要，則酒泉、張掖，自然孤危，長河以西，終非國有。

且西海北垂，即是大磧，野獸所聚，〔一一三〕千百爲羣，正是蠕蠕射獵之處。殖田以自供，籍獸以自給，彼此相資，足以自固。今料度似如小損，歲終大計，其利實多。高車豺狼之心，何可專信？假令稱臣，止可外加優納，〔一二四〕而須内備彌固也。」朝議是之。詔安西將軍、廷尉卿元洪超詣燉煌安置婆羅門。婆羅門尋與部衆謀叛投嚈噠，嚈噠三妻皆婆羅門姊妹也。仍爲州軍討擒之。五年，婆羅門死於洛南之館。阿那瓌部落既和，士馬稍盛，乃號可汗，遣爲長子請尚魏公主，〔一二五〕出帝又自納阿那瓌女爲后。阿那瓌請以其孫女妻齊獻武王子長廣公湛，〔一二六〕阿那瓌有愛女，又請配齊獻王，自此塞外無塵矣。

始阿那瓌初復其國，盡禮朝廷。明帝之後，中原喪亂，阿那瓌統率北方，頗爲强盛，不復稱臣。魏汝陽王暹之爲秦州，遣其典籤齊人淳于覃使於阿那瓌，阿那瓌遂留之，親寵任事。阿那瓌又嘗因到洛陽，心慕中國，乃立官號，擬於王者，遂有侍中、黄門之屬。以覃爲祕書監黄門郎，〔一二七〕掌其文墨。覃教阿那瓌，轉自驕大，每與魏書，鄰敵亢禮。

及齊受東魏禪，後阿那瓌爲突厥所破，自殺，太子菴羅辰菴，烏含反。奔齊。文宣帝乃北討突厥，而立菴羅辰爲主，置之馬邑川。〔一二八〕後背叛，文宣帝親征，皆大破之。

國人立阿那瓌叔父鄧叔子爲主。是時又累爲突厥所破，以西魏恭帝二年，率部落千餘家奔關中。突厥既恃兵强，又藉西魏和好，忌其連類依憑大國，〔一二九〕使驛相係，請盡殺以甘心。周文帝遂收縛蠕蠕主以下三千餘人付突厥使，於青門外斬之。中男以下免死，配王公家爲奴隸。

校勘記

〔一〕遣媒人送馬牛羊　「人」原脱，據三國志烏丸傳裴注引魏書八三二頁補。按：明抄本、明刻本、朝鮮本、王吴本有「人」脱「送」。

〔二〕朝朝拜之　「朝朝」後漢書烏桓傳二九七九頁作「旦旦」，杜氏避睿宗諱改。

〔三〕相對踞蹲　「踞」原作「倨」，據後漢書烏桓傳二九七九頁改。按：三國志烏丸傳裴注引魏書八三二頁、太平寰宇記卷一九二均作「蹲踞」。

〔四〕婦人至嫁時乃養髮　「嫁」原訛「家」，據後漢書烏桓傳二九七九頁、三國志烏丸傳裴注引魏書八三二頁、太平寰宇記卷一九二改。

〔五〕或燒石自熨燒地臥上　明刻本、朝鮮本、王吴本無「燒石自熨」四字，明抄本、殿本及三國志烏丸傳裴注引魏書八三二頁、太平寰宇記卷一九二有。

〔六〕以綵繩嬰牽　「嬰」原訛「纓」，據三國志烏丸傳裴注引魏書八三二頁改。按：嬰，繞也。

〔七〕詣大人告之　後漢書烏桓傳二九八〇頁同。三國志烏丸傳裴注引魏書八三三頁「告」作「平」。

〔八〕因徙烏桓於上谷漁陽右北平遼西遼東五郡塞外　「遼西」原脱，據後漢書烏桓傳二九八一頁、太平寰宇記卷一九二補。

〔九〕匈奴轉北徙數千里 「匈奴」和「數」原脱，據後漢書烏桓傳二九八二頁、太平寰宇記卷一九二補。按：明抄本、明刻本、朝鮮本「匈奴」未脱。

〔一〇〕省國家之邊慮 「家」原脱，據後漢書烏桓傳二九八二頁、太平寰宇記卷一九二補。

〔一一〕西吐教城 「吐」原作「土」，據朝鮮本、王吴本及太平寰宇記卷一九二改。

〔一二〕中平四年 「中」原訛「熹」，明抄本、明刻本、朝鮮本、王吴本訛「嘉」，今據後漢書烏桓傳二九八四頁、太平寰宇記卷一九二改。

〔一三〕今彭城琅邪郡地 原在「四州」下，據太平寰宇記卷一九二移上。

〔一四〕又貂豽鼲子 「貂」原脱，據後漢書鮮卑傳二九八五頁、太平寰宇記卷一九三補。

〔一五〕貂鼲並鼠屬豽蜼屬 「貂」原訛「豽」，據後漢書鮮卑傳李注二九八五頁、太平寰宇記卷一九三注改。「蜼」後漢書李注、太平寰宇記注作「猨」，意同。

〔一六〕三十年鮮卑大人於仇賁等率種人朝賀帝封於仇賁爲王於是鮮卑燉煌酒泉以東邑落大人皆詣遼東受賞賜 查後漢書鮮卑傳二九八五頁——二九八六頁封於仇賁爲王，在光武建武三十年；鮮卑大人並詣遼東受賞，在明帝永平元年。二事相距五年，不得混而言之。

〔一七〕鮮卑寇邊 原「邊」上有「北」，清人擅增者。今據明抄本、明刻本、朝鮮本、王吴本删。按：後漢書鮮卑傳二九九〇頁即無「北」字。

〔一八〕豈與蟲蟻狡寇計爭往來哉 「狡」原作「狄」，「爭」原脱，據太平寰宇記卷一九三改補。按：後漢書鮮卑傳原訛「校」，標點本據黄山後漢書校補改作「狡」。

〔一九〕聞倭人善網捕　後漢書鮮卑傳二九九四頁、太平寰宇記卷一九三同。三國志鮮卑傳裴注引魏書八三八頁「倭」作「汗」，下同。

〔二〇〕光和中　「光和」原訛「和平」，王吴本、殿本同；明抄本、明刻本、朝鮮本倒作「和光」。今據後漢書鮮卑傳二九九四頁、太平寰宇記卷一九三改正。

〔二一〕自檀石槐後　「後」原脱，據後漢書鮮卑傳二九九四頁、太平寰宇記卷一九三補。

〔二二〕弟步度根代立　「弟」原脱，據後漢書鮮卑傳二九九四頁、三國志鮮卑傳裴注引魏書八三八頁補。

〔二三〕將其衆萬餘落保太原雁門郡　「將」原脱，據三國志鮮卑傳八三六頁、太平寰宇記卷一九三補。

〔二四〕爲黄帝所滅　五字原脱，據周書文帝紀上一頁、太平寰宇記卷一九四補。按：明抄本、明刻本、朝鮮本、王吴本涉上而脱「爲黄帝」，猶有「所滅」。

〔二五〕别部人逸豆歸　「别」原作「滅」，清人妄改。今據明抄本、明刻本、朝鮮本、王吴本改回。按：魏書宇文莫槐傳二三〇五頁、北史宇文莫槐傳三二六八頁均作「别」。

〔二六〕又爲慕容皝所敗　「敗」下原有「殺」，非。今據太平寰宇記卷一九四删。按：魏書宇文莫槐傳二三〇五頁、北史宇文莫槐傳三二六八頁並云逸豆歸爲慕容晃所敗，遠遁漠北，遂奔高麗。

〔二七〕五千餘落　「千」原訛「萬」，據魏書宇文莫槐傳二三〇五頁、北史宇文莫槐傳三二六八頁、太平寰宇記卷一九四改。

〔二八〕徒河段　此題下原有「務勿塵附」小字側注四字，今據明抄本、明刻本、朝鮮本刪。

〔二九〕日陸眷出於遼西　「於」明抄本、明刻本、朝鮮本、王吳本作「遊」，與魏書、北史徒河段就六眷傳不合。

〔三〇〕務勿塵　「勿」魏書段就六眷傳二三〇五頁、北史徒河段就六眷傳三二六九頁並作「目」。

〔三一〕後爲慕容皝所殺　「所殺」原作「所破殺之」，據太平寰宇記卷一九四刪。按：魏書段就六眷傳二三〇六頁、北史徒河段就六眷傳三二七〇頁並云：「建國元年，石虎征護遼於遼西，護遼奔平岡山，遂投慕容晃，晃殺之。」

〔三二〕以所從鮮卑五千人配之　「從」原作「略」，王吳本、殿本亦然，今據明抄本、明刻本、朝鮮本改。按：魏書段就六眷傳二三〇六頁、北史徒河段就六眷傳三二七〇頁、太平寰宇記卷一九四均作「徙」。

〔三三〕荆河州人爲成周郡　「荆河州」晉書慕容廆載記二八〇六頁作「豫州」，杜佑避代宗諱改。

〔三四〕具晉史載記　「具」原作「出」，據朝鮮本及太平寰宇記卷一九四改。

〔三五〕人賴其勳舜命爲田祖　「舜」原脱，據北史魏本紀一一頁、太平寰宇記卷一九三補。按：「勳」魏書序紀一頁作「勤」。

〔三六〕六十七代裔孫屯　「屯」明刻本作「毛」。按：魏書序紀一頁、北史魏本紀一一頁作「毛」，御覽卷一〇一、太平寰宇記卷一九三、册府卷一九頁作「屯」。「六十七代」唯北史作「六七十代」。

〔三七〕一居上谷北濡源西　原「北」下衍「之」，據朝鮮本、王吳本及北史魏本紀一四頁刪。

〔三八〕姪孫什翼犍　查魏書序紀三頁——一一頁知什翼犍之父爲鬱律，之祖爲弗，之曾祖爲沙漠汗。沙漠汗乃禄官之弟，則什翼犍爲禄官之姪曾孫，非姪孫。

〔三九〕至其孫珪　「珪」上原衍「涉」，據魏書太祖紀一九頁、北史魏本紀一九頁删。

〔四〇〕不居者數百里　「者」宋書何承天傳一七〇七頁、册府卷四七一五六一三頁作「各」。

〔四一〕合肥今廬江郡縣　「縣」原脱，據朝鮮本及太平寰宇記卷一九三補。

〔四二〕移入南岸　「岸」宋書何承天傳一七〇七頁、册府卷四七一五六一三頁作「涘」。

〔四三〕家停羨溪　「停」原訛「亭」，據明抄本、明刻本、朝鮮本、王吴本改。

〔四四〕民居星散　宋書何承天傳一七〇七頁、册府卷四七一五六一三頁作「民夷散雜」。

〔四五〕非畜牧之所　「畜牧」原倒，據宋書何承天傳一七〇七頁、太平寰宇記卷一九三、册府卷四七一五六一三頁及朝鮮本乙。

〔四六〕以禦其來　「禦」宋書何承天傳一七〇七頁、册府卷四七一五六一三頁作「俟」。

〔四七〕雖時有通否　「通否」宋書何承天傳一七〇七頁、太平寰宇記卷一九三、册府卷四七一五六一三頁作「古今」。

〔四八〕大歸有四　「歸」原作「段」，王吴本、殿本同，明人擅改，清人沿之。今據明抄本、明刻本、朝鮮本及太平寰宇記卷一九三改回。

〔四九〕纂偶車牛　「偶」原作「耦」，據朝鮮本改。下同。按：宋書何承天傳一七〇七頁、南史何承天傳八七〇頁、太平寰宇記卷一九三、册府卷四七一五六一三頁均作「偶」。

〔五〇〕計丁課仗　宋書何承天傳一七〇七頁、南史何承天傳八七〇頁、太平寰宇記卷一九三、册府卷四七一五六一三頁同。明抄本、明刻本、朝鮮本、王吳本「仗」作「力」，非是。

〔五一〕以馳騁爲容儀以燎獵爲南畝　宋書何承天傳一七〇七頁、太平寰宇記卷一九三、册府卷四七一五六一四頁「容儀」作「儀容」，「燎」作「遊」。

〔五二〕換土客戍　「客」原訛「官」，據明抄本、明刻本、朝鮮本改。按：宋書何承天傳一七〇八頁、太平寰宇記卷一九三、册府卷四七一五六一四頁均作「客」。

〔五三〕二三萬家　宋書何承天傳一七〇八頁作「二萬家」，太平寰宇記卷一九三、册府卷四七一五六一四頁作「三萬家」。

〔五四〕兖州冀州人　「人」原脱，據明抄本、明刻本、朝鮮本、王吳本補。

〔五五〕南至下邳　「南」原涉上而脱，據宋書何承天傳一七〇八頁、册府卷四七一五六一四頁補。

〔五六〕左洙右沂　「洙」宋書何承天傳一七〇八頁作「沭」。

〔五七〕其險足固　宋書何承天傳一七〇八頁、太平寰宇記卷一九三、册府卷四七一五六一四頁作「其號險固」。

〔五八〕無虞之時熹生咨怨　「虞」宋書何承天傳一七〇八頁、太平寰宇記卷一九三、册府卷四七一五六一四頁作「虜」，俱通。「咨」原訛「恣」，據宋書、寰宇記、册府改。

〔五九〕以增阻防　「阻」原作「岨」，據宋書何承天傳一七〇八頁、南史何承天傳八七〇頁、册府卷四七一五六一四頁改。按：明刻本、朝鮮本、王吳本作「舊」。

〔六〇〕長吏爲帥　「帥」宋書何承天傳一七〇八頁、册府卷四七一五六一四頁作「師」。

〔六一〕丁夫匹婦　「匹婦」原訛「四歸」，據朝鮮本、王吳本改。按：宋書何承天傳一七〇八頁、太平寰宇記卷一九三、册府卷四七一五六一四頁均作「匹婦」。

〔六二〕秋冬入保　此四字原無，據通鑑卷一二四三九二五頁增補。

〔六三〕其餘羸弱　「餘」原無，據宋書何承天傳一七〇八頁、册府卷四七一五六一四頁、通鑑卷一二四三九二五頁增補。

〔六四〕纂偶車牛以飭戎械　「飭」朝鮮本、王吳本及宋書何承天傳一七〇八頁、南史何承天傳八七〇頁、太平寰宇記卷一九三、册府卷四七一五六一四頁均作「飾」。按：作「飭」是。詩經六月「戎車既飭」。

〔六五〕易可檢御　「御」宋書何承天傳一七〇八頁、册府卷四七一五六一四頁作「括」。杜佑避德宗嫌名而改。

〔六六〕有急徵召　「召」宋書何承天傳一七〇九頁、册府卷四七一五六一四頁作「發」。

〔六七〕計丁課仗　「仗」明抄本、明刻本、朝鮮本、王吳本作「役」，誤。宋書何承天傳一七〇九頁、南史何承天傳八七〇頁、太平寰宇記卷一九三、册府卷四七一五六一四頁、通鑑卷一二四三九二五頁均作「仗」。

〔六八〕銛利由己　「銛利」宋書何承天傳一七〇九頁、太平寰宇記卷一九三、册府卷四七一五六一四頁、通鑑卷一二四三九二五頁作「銘刻」。

〔六九〕兵農並備　宋書何承天傳一七〇七頁、太平寰宇記卷一九三、册府卷四七一五六一四頁「備」作「修」。

〔七〇〕銓其勇怯　「銓」原作「任」，據明刻本、朝鮮本、王吴本改。按：明抄本作「注」。

〔七一〕嗟苦亦深　太平寰宇記卷一九三同。宋書何承天傳一七〇九頁、册府卷四七一五六一四頁、通鑑卷一二四三九二五頁「苦」作「怨」。

〔七二〕梁用武卒其邦日減　宋書何承天傳一七〇九頁、册府卷四七一五六一四頁作「梁用走卒其邦自滅」。

〔七三〕兹制漸弛蒐田雖復先王之禮　太平寰宇記卷一九三同。宋書何承天傳一七〇九頁、册府卷四七一五六一五頁「弛」作「絶」，「雖」作「非」。

〔七四〕此皆忘戰之害　明抄本同。明刻本、朝鮮本、王吴本「害」作「咎」。

〔七五〕明其勳捷　宋書何承天傳一七〇九頁、太平寰宇記卷一九三、册府卷四七一五六一五頁「捷」作「才」。

〔七六〕外通官途　「官」原作「宦」，據明抄本、明刻本、王吴本改。按：宋書何承天傳各本皆作「官」，太平寰宇記卷一九三、册府卷四七一五六一五頁也都作「官」。

〔七七〕藝因事著　「藝」原作「義」，王吴本、殿本同。今據明抄本、明刻本、朝鮮本改。按：宋書何承天傳一七〇九頁、太平寰宇記卷一九三、册府卷四七一五六一五頁均作「藝」。

〔七八〕難可修復　「修復」原倒，王吴本、殿本同。今據明抄本、明刻本、朝鮮本及宋書何承天傳一七〇九頁、太平寰宇記卷一九三、册府卷四七一五六一五頁乙。

〔七九〕因則增之　宋書何承天傳一七一〇頁作「因而即之」，册府卷四七一五六一五頁作「因而葺之」。

〔八〇〕假以旬時　「旬時」宋書何承天傳一七一〇頁、册府卷四七一五六一五頁作「方將」。

〔八一〕課仗之宜　「仗」原訛「役」，據宋書何承天傳一七一〇頁、册府卷四七一五六一五頁改。

〔八二〕田蠶之氓　「氓」原作「民」，據明抄本、明刻本、朝鮮本、王吳本改。

〔八三〕今承平來久　「來」原訛「未」，據諸本改。

〔八四〕杜廢閒蹊　「蹊」原訛「溪」，王吳本、殿本亦然。今據明抄本、明刻本、朝鮮本及宋書何承天傳一七一〇頁、太平寰宇記卷一九三、册府卷四七一五六一五頁改。

〔八五〕窮瀚海　「瀚」原作「澣」，據魏書蠕蠕傳二二九一頁、北史蠕蠕傳三二五一頁、太平寰宇記卷一九三改。下同。

〔八六〕丘豆伐可汗　魏書蠕蠕傳二二九一頁同。北史蠕蠕傳三二五一頁作「豆代可汗」。

〔八七〕畜産野布　魏書蠕蠕傳二二九三頁「野布」作「布野」。

〔八八〕高車諸部　「諸」原訛「都」，據魏書蠕蠕傳二二九三頁、北史蠕蠕傳三二五三頁、通鑑卷一二一三八一一頁改。

〔八九〕予成　「予」原訛「子」，據魏書蠕蠕傳二二九五頁、北史蠕蠕傳三二五五頁、太平寰宇記卷一九三改。

〔九〇〕所長者野戰　「戰」原訛「獸」，據諸本改。

〔九一〕狄來有城可守　「狄」太平寰宇記卷一九三作「敵」。

〔九二〕醜奴　「醜」原訛「配」，據魏書蠕蠕傳二二九七頁、北史蠕蠕傳三二五七頁、太平寰宇記卷一九三改。下同。

〔九三〕侯力發示發　原訛作「候侯力發」，據魏書蠕蠕傳二二九八頁、北史蠕蠕傳三二五八頁、太平寰宇記卷一九三刪補。

〔九四〕示發　「示」原訛「力」，據魏書蠕蠕傳二三〇〇頁、北史蠕蠕傳三二六一頁、太平寰宇記卷一九三、通鑑卷一四九四六六三頁改。

〔九五〕何一呼韓　「何一」原作「漢時」，清人修改者。今據明抄本、明刻本、朝鮮本、王吴本及太平寰宇記卷一九三改回。

〔九六〕即漢晉舊障　「晉」原脱，據魏書蠕蠕傳二三〇一頁、北史蠕蠕傳三二六二頁補。

〔九七〕不絶如綖　「綖」原作「縷」，清人擅改者。今據明抄本、明刻本、朝鮮本及太平寰宇記卷一九三改回。按：魏書袁翻傳一五四一頁作「綫」，字同。

〔九八〕而今高車能終雪其恥　「今」原訛「令」，據太平寰宇記卷一九三改。按：魏書袁翻傳一五四一頁也作「今」，在「車」字下。

〔九九〕得使境上無塵　魏書袁翻傳一五四一頁同。朝鮮本、王吴本及太平寰宇記卷一九三「上」作「土」。

〔一〇〇〕若弃而不受　「弃」原作「存」，清人擅改，今據明抄本、明刻本、朝鮮本、王吴本改回。按：魏書袁翻傳一五四二頁、太平寰宇記卷一九三作「弃」。

〔一〇一〕以係今主耳　「係」魏書袁翻傳一五四二頁作「望」，杜佑避家諱改。

〔一〇二〕主甚懦弱　「懦」魏書袁翻傳一五四二頁、北史袁翻傳一七一五頁作「愚」。

〔一〇三〕無復竪立　「竪」原訛「堅」，據明刻本改。按：魏書袁翻傳一五四二頁、北史袁翻傳一七一五頁、太平寰宇記卷一九三均作「竪」。

〔一〇四〕四顧之憂　太平寰宇記卷一九三同。魏書袁翻傳一五四二頁、北史袁翻傳一七一六頁「四」作「西」。

〔一〇五〕愚謂蠕蠕二主　王吴本、殿本、局本「蠕蠕」下原有「高車」，明人妄增，清人沿之。今據明抄本、明刻本、朝鮮本刪。按：魏書袁翻傳一五四二頁、北史袁翻傳一七一六頁、太平寰宇記卷一九三均無「高車」。蠕蠕二主指阿那瓌和婆羅門，與高車無涉。

〔一〇六〕去高車所住金山千餘里　「去」原脱，據魏書袁翻傳一五四二頁、北史袁翻傳一七一六頁、太平寰宇記卷一九三補。

〔一〇七〕即可永爲重戍　「永」原誤疊，據王吴本及魏書袁翻傳一五四二頁、北史袁翻傳一七一六頁、太平寰宇記卷一九三刪。

〔一〇八〕雖外爲署蠕蠕之聲　北史袁翻傳、太平寰宇記卷一九三同。魏書袁翻傳一五四三頁「署」作「置」，「聲」作「舉」。

〔一〇九〕良計　魏書袁翻傳一五四三頁、北史袁翻傳一七一六頁作「長計」。

〔一一〇〕乃漸令北徙轉渡流沙　魏書袁翻傳一五四三頁、北史袁翻傳一七一六頁「轉」在上，「徙」在下。

〔一一一〕高車勍敵　「勍」原訛「就」，據魏書袁翻傳一五四三頁、北史袁翻傳一七一六頁、太平寰宇記卷一九三改。

〔一二〕此不過爲逋逃之寇　「爲」原脱，據魏書袁翻傳一七一六頁補。

〔一三〕野獸所聚　「獸」原訛「戰」，據魏書袁翻傳一五四三頁、北史袁翻傳一七一六頁、太平寰宇記卷一九三改。

〔一四〕止可外加優納　魏書袁翻傳一五四三頁、北史袁翻傳一七一七頁「止」作「正」。

〔一五〕遣爲長子請尚魏公主　「爲」原作「其」，據朝鮮本改。

〔一六〕齊獻武王　「武王」原倒，據王吴本乙。

〔一七〕遂有侍中黄門之屬以覃爲祕書監黄門郎　原涉下脱「黄門之屬以覃爲祕書監」十字，據北史蠕蠕傳三二六六頁、太平寰宇記卷一九三補。

〔一八〕置之馬邑川　北史蠕蠕傳三二六六頁「置」作「致」。

〔一九〕忌其連類　北史蠕蠕傳三二六七頁作「恐其遺類」，太平寰宇記卷一九三作「忌其遺類」。

王文錦點校

通典卷第一百九十七

邊防十三

北狄四

高車　稽胡　突厥上

高車

高車，蓋古赤狄之種也。初號爲狄歷，〔一〕北方以爲敕勒，諸夏以爲高車、丁零焉。其語略與匈奴同而時有小異。〔二〕或云其先匈奴之甥也。〔三〕其種有狄氏、袁紇氏、斛律氏、解批氏、護骨氏、異奇斤氏。〔四〕其俗云：匈奴單于生二女，姿容甚美，單于曰：「此女安可配人，將以與天。」乃於國北無人之地築高臺，置二女於其上，曰：「請天自迎之。」乃有一老狼，晝夜守臺嘷呼，因穿臺下爲穴，經時不去。其小女曰：「吾父以我與天，而今狼來，或是天處我。」乃下爲狼妻而產子，後遂滋繁成國。故其人好引聲長歌，有似狼嘷。

本無都統大帥督，當種各有君長。爲性麤猛，黨類同心，至於寇難，翕然相依。鬭無行陣，頭別衝突，乍出乍入，不能堅戰。其俗，蹲踞媟嬻，媟音泄。嬻音瀆。無所忌避。婚姻用牛馬納聘，以多爲榮。俗無穀，不作酒。迎娶之日，男女相將，持馬酪熟肉節解。〔五〕主人延賓，亦無行位，穹廬前叢坐，飲宴終日，復留其宿。明日，將婦歸，既而將夫黨還入其家馬羣，〔六〕極取良馬。〔七〕俗不潔淨。喜致震霆，每震，則叫呼射天而弃之移去。至於來歲秋，〔八〕馬肥，復相率集於震所，埋羖羊，燃火，拔刀，女巫祝説，似如中國祓除，而羣隊馳馬旋繞，百匝乃止。人持一束柳枝回，曲豎之，〔九〕以乳酪灌焉。婦人以皮裹羊骸，〔一〇〕戴之首上，縈屈髮鬢而綴之，〔一一〕有似軒冕。其死亡葬送，掘地作坎，坐屍於中，張臂引弓，佩劍挾矟，無異於生，而露坎不掩，走馬遶旋，多者數百匝。男女無小大，〔一二〕皆集會之。其遷徙隨水草，衣皮食肉，牛羊畜産盡與蠕蠕同。唯車輪高大，輻數至多。

後徙於鹿渾海西北百餘里，部落强大，常與蠕蠕爲敵，亦每侵盜後魏。〔一三〕魏道武渡弱水，〔一四〕西行至鹿渾海，〔一五〕襲破之。復討其餘種於狼山，又大破之。又自駮髯水西北，〔一六〕徇略其部，破其雜種三十餘部，虜獲男女五萬餘口，馬牛羊百餘萬，高車二十餘萬乘而還。其後太武帝征蠕蠕，還至漠南，聞高車東部在巳尼陂，相去千餘里，遣騎襲破之，降數十萬，〔一七〕皆徙置漠南千里之地，後又相率北叛。

高車之族又有十二姓：一曰泣伏利氏，二曰叱盧氏，〔一八〕三曰乙旃氏，四曰大連氏，五曰窟賀伏氏，〔一九〕六曰達薄干氏，〔二〇〕七曰阿崘氏，八曰莫允氏，九曰俟斤氏，〔二一〕十曰副伏羅氏，十一曰乞表氏，〔二二〕十二曰右外沛氏。〔二三〕

先是，副伏羅部爲蠕蠕所役屬。魏孝文帝太和十一年，蠕蠕主豆崘犯塞，其酋阿伏至羅率所部之衆西叛。阿伏至羅死，弟子彌俄突立，遣使朝貢。宣武詔曰：「蠕蠕、嚈噠與吐谷渾所以交通者，皆路由高昌國，今交河郡。犄角相接。今高昌内附，遣使迎引。蠕蠕既與吐谷渾路絶，姦勢亦危，〔二四〕於卿彼蕃，便有所益。行途經由，宜相供俟，不得令羣小擁塞王人。」彌俄突尋與蠕蠕主伏圖戰於蒲類海北，大敗。明帝初，彌俄突又被蠕蠕主醜奴大敗，殺之。弟越居，静帝時爲兄子比適所殺，越居子去賓自蠕蠕奔後魏，封爲高車王、肆州刺史，死於鄴。至隋，有突越失國，即後魏之高車國矣。

稽胡

稽胡，一曰步落稽，蓋晉時匈奴别種，劉元海五部之苗裔也。或云山戎赤狄之後。自離石以西，離石，今昌化郡。安定以東，今安定郡是。方七八百里，居山谷間，種落繁熾。其俗土著，亦知種田，地少桑蠶，多衣麻布。其丈夫衣服及死亡殯葬，〔二五〕與中夏略同；婦人多貫蜃貝以爲耳頸飾。又與華人錯居，其渠帥頗識文字。其言語類夷狄，因譯乃通。蹲踞無禮，貪而忍害。俗好淫穢。雖分統郡縣，列於編户，然輕其徭賦，有異齊人。〔二六〕山谷阻深者，未盡役屬，而凶悍恃險，數爲寇亂。

後魏明帝孝昌中，〔二七〕有劉蠡升者，居雲陽谷，今縣界。自稱天子，立年號，署百官。後爲齊神武所滅。

後周明帝武成初，延州稽胡郝阿保、郝狼皮延州，今延安郡。率其種人，〔二八〕附於齊氏，并與其部劉素德共爲影響。〔二九〕周柱國豆盧寧督諸軍，與延州刺史高琳擊破之。建德五年，武帝敗齊師於晉州，今平陽郡。乘勝逐北，齊人所棄甲仗未暇收斂，稽胡乘閒竊出，盜而有之。乃立蠡升孫没鐸爲主，號聖武皇帝。後齊王憲爲行軍元帥討破之。自是寇盜頗息。

突厥上

突厥之先，平涼今平涼郡。雜胡也，蓋匈奴之別種，姓阿史那氏。後魏太武滅沮渠氏，〔三〇〕沮渠茂虔都姑臧，〔三一〕謂之北涼，爲魏所滅。阿史那以五百家奔蠕蠕，代居金山，〔三二〕狀如兜鍪，俗呼兜鍪爲「突厥」，因以爲號。或云，其先國於西海之上，〔三三〕爲鄰國所滅，男女無少長，盡殺之。有一兒，年且十歲，以其小不忍殺之，乃刖足斷臂，弃於大澤中。有牝狼每銜肉至於兒處所，此兒因食之，得以不死。其後遂與狼交，狼有孕焉。負於西海之東，止於山上。其山在高昌西北，有洞穴，狼入其中，遇得平壤茂草，地方二百餘里。後狼生十男，長大外託妻孕，其後各爲一姓，阿史那即其一也。子孫蕃育，漸至數百家。經數代，相與穴處而臣於蠕蠕。〔三四〕又云，先出於索國，在匈奴之北。其部落大人曰阿謗步，〔三五〕兄弟十七人，〔三六〕其一曰伊質泥師都，〔三七〕狼所生也。謗步等性並愚癡，國遂被滅。泥師都既別感異氣，能徵召風雨。娶二妻，云是夏神、冬神之女，一孕而生四男。其大兒名訥都六設，衆奉爲主，號爲突厥。都六所生子，皆以母族爲姓，阿史那是其一也，號阿賢設。此說雖殊，然俱狼種也。

後魏末，其酋帥土門，部落稍盛，始至塞上通中國。至西魏大統十二年，乃求婚於蠕蠕，蠕蠕主阿那瓌大怒，使人罵辱之曰：「爾是我鍛奴，何敢發是言也！」土門發兵擊蠕蠕，大破之於懷荒北，阿那瓌自殺。土門遂自號伊利可汗，後魏太武帝時，蠕蠕主社崙已自號可汗，突厥又因之。猶古之單于也；號其妻爲可賀敦，亦猶古之閼氏也。其子弟謂之特勤，〔三八〕別部領兵者謂之設，其大官屈律啜，次阿波，次頡利發，次吐屯，〔三九〕次俟斤。其初，國貴賤官號凡有十等，或以形體，或以老少，或以顏色、鬚髮，或以酒肉，或以獸名。其勇健者謂之始波羅，亦呼爲英賀弗。〔四〇〕肥麤者謂之大羅便。大羅便，酒器也，〔四一〕似角而麤短，體貌似之，故以爲號。此官特貴，惟其子弟爲之。又謂老爲哥利，故有哥利達官。謂馬爲賀蘭，故有賀蘭蘇尼闕，〔四二〕蘇尼，掌兵之官也。謂黑色者爲珂羅便，故有珂羅啜，官甚高，耆年者爲之。謂髮爲索葛，故有索葛吐屯，〔四三〕此如州郡官也。謂酒爲匐你熱汗，熱汗掌監察非違，鼇整班次。謂肉爲安禪，故有安禪具泥，掌家事如國官也。有時置附鄰可汗，附鄰，狼名也，〔四四〕取其貪殺爲稱。亦有可汗位在葉護下者。〔四五〕或有居家大姓相呼爲遺可汗者，突厥呼屋爲遺，言屋可汗也。

木杆可汗〔四六〕土門之子，名俟斤，一名燕尹。〔四七〕狀貌奇異，面廣尺餘，其色甚赤，眼若琉璃，性剛暴而多智。西破蠕蠕、嚈噠，東走契丹，北并契骨，威服塞外諸國。其地東自遼海以西，西至西海萬餘里，南自沙漠，北至北海五六千里，皆屬焉。

其俗如古之匈奴。其異者，其主初立，近侍重臣者舁之以氈，隨日轉九迴，每一迴，臣下皆拜，訖，乃扶令乘馬，以帛絞其頸，使纔不至絕，然後釋而急問之曰：「你能作幾年可汗？」其主既神情瞀亂，不能詳定多少。臣下等隨其所言，以驗修短之數。其後大官有葉護，次設，次特勤，〔四八〕次俟利發，次吐屯發，及餘小官凡二十八等，〔四九〕皆代襲焉。兵器有角弓、鳴鏑、甲、矟、刀、劍，其佩飾則兼有伏突。旗纛之上，施金狼頭。侍衞之士，謂之附離，夏言亦狼也。蓋本狼生，志不忘舊。其徵發兵馬及科稅雜畜，輒刻木爲數，并一金鏃箭，蠟封印之，以爲信契。候月將滿，輒爲寇抄。其刑法：反叛、殺人者皆死，淫者割勢而腰斬之，鬬傷人目者償之以女，無女則輸婦，損折支體者輸馬，盜者則償贓十倍。有死者，停屍於帳，子孫及諸親屬男女，各殺羊馬，陳於帳前，以刀剺面且哭，剺，理之反。血淚俱流，如此者七度，乃止。春夏死者候草木落，秋冬死者候華葉茂，然後始坎而瘞之。〔五〇〕於墓所立石建標，其石多少，依平生所殺人數。是日，男女咸盛服飾，會於葬所。男有悦愛於女者，歸即遣人聘問，父母多不違也。雖遷徙無常，而各有地分。可汗處於都斤山，每歲率諸貴人，祭其先窟。又以五月中旬，集他人水，〔五一〕拜祭天神。又於都斤西五百里，有高山迥出，上無草樹，謂爲教登疑黎，〔五二〕夏言地神也。其書字類胡，而不知年曆，唯以草青爲記。男子好樗蒲，女踏鞠，飲馬酪取醉，歌呼相對。敬鬼神。

俟斤既盛，使於西魏，請誅蠕蠕主。事具蠕蠕篇。〔五三〕後周武帝納其女爲后。至他鉢可汗，木杆之弟。以攝圖爲爾伏可汗，乙息記可汗之子也，乙息記將死，捨其子攝圖而立俟斤，〔五四〕俟斤即木杆可汗也。統其東面；又以其弟但耨可汗子爲步離可汗，〔五五〕居西方。爾伏與步離皆小可汗。耨，内沃反。控弦數十萬，中國憚之，周、齊争結婚姻，傾府藏事之，仍歲給繒綵十萬段。突厥在京師者待以優禮，衣錦食肉者常以千數。他鉢益驕，曰：「使我在南兩兒孝順，何患貧也！」後攝圖立爲大可汗，號伊利俱盧設莫何始波羅可汗，一號沙鉢略。理都斤山。以他鉢之子菴羅降居獨洛水，稱第二可汗。木杆之子大邏便乃謂沙鉢略曰：「我與你俱可汗子，各承父後。你今極尊，我獨無位，何也？」沙鉢略以爲阿波可汗，還鎮所部。沙鉢略勇而得衆，北狄皆歸附之。

周武帝之婚於木杆也，突厥錦衣肉食在長安者且以萬數。至隋初，並遣之，突厥大怨。俟斤賀敦周趙王招之女千金公主，〔五六〕聞周滅，故悉衆爲寇，控弦四十萬，〔五七〕武威、天水、安定、金城、上郡，〔五八〕並今郡。六畜咸盡。隋文帝以河間王弘、高熲、虞慶則出塞擊之，沙鉢略敗走。時虜飢甚，不得食，於是粉骨爲糧，又多災疫，〔五九〕死者極衆。而沙鉢略襲擊阿波，大破之，阿波西奔達頭可汗。達頭者，名玷厥，沙鉢略之從父也，舊爲西面可汗。達頭，即西突厥步迦可汗。既而大怒，遣阿波率兵而東，與沙鉢略相攻，於是分爲東西部，自此分爲二國焉。迭相侵掠。沙鉢略因擊阿波，爲阿拔國部落乘虛掠妻子。隋遣軍爲擊阿拔，敗之，所獲悉與沙鉢略。沙鉢略大喜，乃立約，以磧爲界，因上表曰：「大突厥伊利俱盧設始波羅莫何可汗臣攝圖言：〔六〇〕突厥自天置以來，五十餘載，地過萬里，士馬億數，常力兼戎夷，抗禮華夏，在於北狄，莫之與大。今被霑德義，仁化所及，禮讓之風，自朝滿野。竊以天無二日，土無二主，豈敢阻兵，偷竊名號，今便歸心有道，永爲藩附。謹遣男臣窟舍真奉表以聞。」〔六一〕後卒，帝爲廢朝三日。

後葉護可汗沙鉢略之弟。西征阿波，生擒之。既而上書，請阿波死生之命。高熲進曰：「骨肉相殘，教之蠹也，宜存養以示寬大。」帝曰：「善。」

頡伽施多那都藍可汗沙鉢略之子名雍虞閭。後與西面泥利可汗連結。阿波可汗既爲處羅侯可汗所擒，其國乃立鞅素特勤之子。時突利可汗居北方，沙鉢略之弟處羅侯之子，名染干。遣使求婚，開皇中，帝妻以宗女安義公主。帝欲離間北狄，故特厚禮，遣牛弘、蘇威、斛律孝卿相繼爲使，突厥前後使入朝三百七十輩。突利本居北方，以尚主之故，南徙度斤舊鎮，錫賚優厚。雍虞閭怒曰：「我，大可汗也，反不如染干！」朝貢遂絶，數爲邊患。雍虞閭與玷厥舉兵攻染干，盡殺其兄弟子姪，遂入蔚州。今安邊郡。染干夜以五騎與隋使長孫晟歸朝，〔六二〕拜爲意利珍豆啟人可汗，華言意智健也，〔六三〕於朔州今馬邑郡築大利城以居之。安義公主死，又以宗女義成公主妻之，部落歸之甚衆。雍虞閭又擊之，帝復令入塞，遂於河南，在夏、勝二州之間，今朔方、榆林郡。發役掘塹數百里，東西距河，盡爲啟人畜牧之地。詔楊素、史萬歲等擊雍虞閭，頻破之。雍虞閭旋爲部下所殺。是歲，泥利可汗及葉護俱被鐵勒所敗，〔六四〕並奚、霫五部内徙，霫，先立反。啟人遂有其衆。

煬帝大業三年，幸榆林，啟人來朝，帝大悦，詔贊拜不名，位在諸侯王上，厚其部落酋長三千五百人，〔六五〕賜物二十萬段。帝親巡雲中，泝金河在今榆林郡。〔六六〕而東，北幸啟人所居。〔六七〕在今馬邑郡。啟人奉觴上壽，跪伏甚恭。明年，朝於東都，禮賜益厚。

始畢可汗染干之子，名咄吉也。十一年，來朝於東都。其年，煬帝避暑汾陽宮，〔六八〕八月，始畢率其種落入寇，圍帝於雁門，今雁門郡。詔諸郡發兵赴援，始畢引去。此後隋亂，〔六九〕中國人歸之者甚衆，又更强盛，勢陵中夏。迎蕭皇后，置於定襄。今定襄郡。薛舉、竇建德、王充、〔七〇〕劉武周、梁師都、李軌、高開道之徒，雖僭尊號，北面稱臣，〔七一〕受其可汗之號。東自契丹，西盡吐谷渾、高昌諸國，皆臣之。控弦百萬，戎狄之盛，近代未之有也。

大唐起義太原，劉文静聘其國，引以爲援。始畢遣特勤康稍利獻馬千匹，〔七二〕會於絳郡，又遣二千騎助軍，從平京城。〔七三〕及高祖受隋禪，以後賞賜不可勝紀。始畢使骨咄禄特勤來朝，賜宴於太極殿，奏九部樂，錫賚甚厚。二年春，始畢帥兵渡河，至夏州，賊帥梁師都出兵會之，謀入抄掠。四月，授馬邑賊帥劉武周兵五百餘騎，〔七四〕遣入句注，又追兵大集，〔七五〕欲侵太原。

是月，始畢卒，其子什鉢苾毗質反以年幼不堪嗣位，立爲泥步設，使居東偏，直幽州之北。立其弟俟利弗設，是爲處羅可汗，始畢之弟。又以隋義成公主爲妻，使人入朝告喪。高祖爲之舉哀，廢朝三日，詔百官就館弔其使者，遣内史舍人鄭德挺往弔處羅，賻物三萬段。先是，隋煬帝蕭后及齊王暕之子政道陷於竇建德，〔七六〕三年春，處羅迎之，至於牙所，立政道爲隋主，其中國人在虜庭者悉隸之，行隋正朔，置百官，居於定襄城，有徒萬餘。時太宗奉詔討劉武周，師次太原，〔七七〕處羅遣其弟步利設率二千騎與官軍會。六月，處羅至并州，總管李仲文出迎勞之，留三日，城中美婦人多爲所掠，仲文不能制。

俄而處羅死，義成公主以其子奥射設醜弱，廢不立之，遂立處羅之弟咄苾，是爲頡利可汗，啟人第三子。又納隋義成公主爲妻，以始畢之子什鉢苾爲突利可汗。按始畢父啟人可汗染干本突利可汗，今更稱突利，蓋襲其先號。〔七八〕遣使入朝，告處羅死，高祖爲之罷朝一日，遣百官就館弔其使。

咄苾初爲莫賀咄設，〔七九〕牙直五原之北。時薛舉猶據隴右，遣其將宗羅睺攻陷平涼郡，北與頡利結連。高祖遣光禄卿宇文歆齎金帛以賂頡利，歆説之，令與薛舉絶。初，隋五原太守張長遜因亂以其所部五城隸於突厥，〔八〇〕歆又説頡利遣長遜入朝，以五原地歸於我。頡利並從之，因發突厥兵及長遜之衆，並會於太宗軍所。

頡利承父兄之資，兵馬强盛，有憑陵中夏之志。高祖以中原初定，未遑外略，每優容之，賜與不可勝計。頡利言辭悖傲，求請無厭。四年四月，〔八一〕頡利自率萬餘騎，與馬邑賊苑君璋將兵六千人共攻雁門，定襄王李大恩擊走之，〔八二〕於是大懼，更請和好，獻魚膠數十斤，令二國同於此膠。

高祖五年春，李大恩奏言突厥飢荒，馬邑可圖。詔大恩與殿内少監獨孤晟帥兵討苑君璋，期以二月會於馬邑，晟後期不至，大恩不能獨進，頓兵新城以待之。頡利遣數萬騎與劉黑闥合軍進圍之，大恩敗績，没於陣。六月，劉黑闥又引突厥萬餘騎入鈔河北，頡利復自率五萬騎南侵，至於并州，〔八三〕太宗帥師出蒲州道以討之。時頡利攻圍并州，又分兵入汾、〔八四〕潞等州，掠男女五千餘口，聞太宗兵至蒲州，乃引兵出塞。

七年八月，頡利、突利二可汗又入寇原州，連營南上。太宗北討，頓兵於豳州。〔八五〕頡利率萬餘騎奄至城西，乘高而陣，將士大駭。太宗乃親率百騎馳詣虜陣，告之曰：「國家與可汗誓不相負，何爲背約深入吾地？我秦王也，故來一決。可汗若自來，我當與可汗兩人獨戰；若欲兵馬總來，我惟百騎相禦耳。」頡利弗之測，笑而不對。太宗又前，令騎告突利曰：〔八六〕「爾往與我盟，急難相救。爾今將兵來，何無香火之情也？亦宜早出，一決勝負。」突利亦不對。太宗因縱反閒於突利，突利悅而歸心焉。其叔姪內離，頡利因遣使請和，許之。

八年七月，頡利領十餘萬騎，大掠朔州，又襲將軍張瑾於太原，〔八七〕瑾全軍没，脫身奔於李靖。靖出師拒戰，頡利不得進，屯於并州。太宗率師討之，次蒲州，頡利引去。

九年七月，頡利又率十餘萬騎進寇武功，京師戒嚴。己卯，進寇高陵，〔八八〕行軍總管、左武候大將軍尉遲敬德與之戰於涇陽，大破之，獲俟斤阿史德烏没啜，斬首千餘級。癸未，〔八九〕頡利遣其腹心執失思力來朝，自張形勢，云「兵百萬今至矣」。太宗誚之曰：「我與突厥面自和親，汝則背之，我實無愧。又義軍入京之初，爾父子並親從我，賜爾玉帛，〔九〇〕

前後極多，何故全忘大恩，自誇强盛，我當先戮爾矣。」〔九一〕思力懼而請命，太宗縶之於門下省。太宗與侍中高士廉、中書令房玄齡、將軍周範馳六騎，幸渭水之上，與頡利隔津而語，責以負約。其酋帥大驚，皆下馬羅拜，而衆軍徑至。頡利見軍容大盛，又知思力就拘，由是大懼。太宗獨與頡利臨水交言，〔九二〕麾諸軍卻而陣焉。蕭瑀以輕敵固諫於馬前，上曰：「吾已籌之矣，突厥所以掃其境内，直入渭濱，應是聞我國家初有内難，我新登九五，將謂不敢拒之。今若閉門，虜必大掠，强弱之勢，在今一策。〔九三〕我故獨出，一以示輕之，又曜軍容，使知必戰。事出不意，乘其不圖，〔九四〕虜入既深，理當自懼。與戰則必尅，與和則必固，制服北狄，自兹始矣。」是日，頡利請和，詔許之。乙酉，又幸城西，刑白馬，與頡利同盟於便橋之上，〔九五〕頡利引兵而退。蕭瑀進曰：「初頡利之未和也，謀臣猛將各欲戰，而陛下不納，臣以爲疑，〔九六〕既而虜自退，其策安在？」上曰：「我觀突厥之兵，雖衆而不整。可汗獨在水西，酋帥皆來謁我，因而襲擊其衆，勢同拉朽。然我所以不戰者，即位日淺，爲國之道，安静爲務，一與虜戰，必有死傷；又兇虜一敗，或當懼而修德，結怨於我，爲患不細。我今卷甲韜戈，啗以玉帛，頑虜驕恣，必自此始，破亡之漸，其在兹乎？」九月，頡利獻馬三千匹，羊萬口，上不受，詔頡利所掠中國户口者令歸之。

貞觀元年，陰山以北薛延陁、迴紇、拔也古等十餘部皆相率叛之，擊走其欲谷設。頡利遣突利討之，師又敗績，輕騎奔還。頡利怒，拘之十餘日，突利由是怨憾，內欲背之。二年，突利遣使奏言與頡利有隙，奏請擊之。詔秦武通以并州兵馬隨便應接。

三年，薛延陁自稱可汗於漠北，遣使來貢方物。頡利稱臣，求尚公主。頡利每委任諸胡，疎遠族類，胡人貪冒，性多翻覆，以故法令滋章，兵革歲動，國人患之，諸部攜貳。頻年大雪，六畜多死，國中大餒。頡利用度不給，復重斂諸部，由是下不堪命，內外多叛之。上以其請和，後復援梁師都，令兵部尚書李靖、代州都督張公謹出定襄道，〔九七〕并州都督李勣、右武衛將軍丘行恭出通漢道，左衛大將軍柴紹出金河道，衛孝節出恆安道，〔九八〕薛萬徹出暢武道，〔九九〕並受靖節度以討之。十二月，突利可汗及郁射設、〔一〇〇〕蔭奈特勤等並率所部來奔。

四年正月，李靖進屯惡陽嶺，夜襲定襄，頡利驚擾，因徙牙於磧口，胡酋康蘇密等遂以隋蕭后及楊政道來降。二月，頡利計窘，竄於鐵山，兵尚數萬，使執失思力入朝謝罪，請舉國內附。太宗遣鴻臚卿唐儉、將軍安修仁等持節安撫之，頡利稍自安。靖乘間襲擊，大破之，遂滅其國，復定襄、恆安之地，斥土界至於大漠。頡利乘千里馬，獨騎奔於從姪沙鉢羅部落。三月，行軍副總管張寶相率衆掩至沙鉢羅營，生擒頡利，送於京師。太宗赦之，令還其家口，館於太僕，廩食之。頡利鬱鬱不得志，與其家人或相對悲歌而泣。上見其羸僡，授虢州刺史，以彼土多麞鹿，縱其畋獵，庶不失物性。頡利辭不願往，遂授右衛大將軍，賜以田宅。八年卒，令其國人葬之，從其俗禮，焚屍灞水之東，贈歸義王，謚曰荒。其舊臣胡祿達官吐谷渾邪自刎以殉。〔一〇一〕渾邪者，頡利之母婆施氏之媵臣也，頡利初誕，以付渾邪，至是感義而死。太宗聞而異之，贈中郎將，乃葬於頡利墓側，令中書侍郎岑文本制頡利及渾邪之碑以紀之。

突利可汗什鉢苾者，〔一〇二〕始畢之嫡子。頡利之姪也。隋大業中，突利年數歲，始畢遣領其東牙之兵，號爲泥步設，隋淮南公主之入北也，遂妻之。頡利嗣位，〔一〇三〕以爲突利可汗，牙直幽州之北，管奚、霫等數十部，徵稅無度，諸部多怨之。貞觀初，奚等並來歸附，頡利怒其失衆，遣北征薛延陁，又喪師旅，遂囚而撻焉。

突利初自武德時，深自結託，太宗亦以恩義撫之，結爲兄弟，與盟而去。後頡利政亂，驟徵兵於突利，突利拒之不與。尋爲頡利所攻，遣使來乞師，太宗因令將軍周範屯太原以圖進取。突利乃率其衆來奔，太宗禮之甚厚，頻賜以御膳。四年，授右衛大將軍，封北平郡王，食實封七百户，〔一〇四〕以其下兵衆置順州都督府，仍拜爲順州都督，遣率部落還蕃。太宗謂曰：「昔爾祖啟人亡失兵馬，一身投隋，隋家豎立，遂至强盛，荷隋之恩，未嘗報德。至爾父始畢，反爲隋家之患。自爾以後，無歲不侵擾中國。天實禍淫，大降災變，爾衆散亂，死亡略盡。既事窮後乃投我，我今所以不立爾爲可汗者，正爲啟人前事故也。改變前法，欲中國久安，爾宗族永固，是以授爾都督。當須依我國法，齊整所部，如違，當獲重罪。」五年，徵入朝，至并州，道病卒，年二十九。太宗爲之舉哀，令中書侍郎岑文本爲其碑文。〔一〇五〕子賀邏鶻嗣。

突利弟結社率，貞觀初入朝，歷位中郎將。十三年，從幸九成宮，陰結部落，得四十餘人，并擁賀邏鶻，相與夜犯御營，踰第四重幕，引弓亂發，殺衛士數十人。折衝孫武開率兵奮擊，乃退，北走渡渭水，欲奔其部落，尋皆捕斬之。詔原賀邏鶻，流於嶺表。

頡利之敗也，其部落或走薛延陁，或走西域，而來降者甚衆。酋豪首領至者皆拜將軍，布列朝廷，五品以上百餘人，殆與朝士相半，惟柘羯不至，詔使招慰之。涼州都督李大亮以爲於事無益，〔一〇六〕徒費中國，因上疏曰：「臣聞欲綏遠者，必先安近。中國百姓，天下本根；〔一〇七〕四夷之人，猶於枝葉。〔一〇八〕擾於根本，以厚枝附，〔一〇九〕而求久安，未之有也。今者招致突厥，雖入提封，臣愚稍覺其費，〔一一〇〕未悟其益也。然河西人庶，積禦蕃夷，州縣蕭條，户口失少，〔一一一〕加因隋亂，減耗尤多。若更勞役，恐致妨損。以臣愚誠，請停招慰。且謂之荒服者，故臣而不内。〔一一二〕隋室早得伊吾，今伊吾郡。兼統鄯善、且末，既得之後，勞費日甚，虛内致外，竟無所益。遠尋秦漢，近觀隋室，動静安危，昭然備矣。伊吾雖曰臣附，遠在蕃磧，人非夏人，地多沙鹵。其自豎立稱藩附庸者，請羈縻受之，使居塞外，必畏威懷德，永爲藩臣，蓋行虛惠而收實福矣。近日突厥傾國入朝，既不能俘之江淮以變其俗，乃置於内地，去京不遠，雖則寬仁之義，亦非久安之計也。每見一人初降，賜物五匹，〔一一三〕袍一領。酋帥悉受大官，禄厚位尊，理多糜費。以中國之租賦，〔一一四〕供積惡之兇虜，其衆益多，非國之利也。」

時降突厥多在朔方之地，其入居京師者近萬家，詔議安邊之術。朝士多言突厥恃强，擾亂中國，爲弊日久。今天實喪之，窮來歸我，本非慕義之心。因其歸命，分其種落，俘之兖、徐之地，〔一一五〕散屬州縣，各使耕織，百萬胡虜可得化爲百姓，則中國有加户之利，塞北可常空虛矣。惟中書令温彦博議請准漢建武時置降匈奴於河南五原塞下，全其部落，得爲捍蔽，〔一一六〕又不離其土俗，因而撫之，一則實空虛之地，二則示無猜心。〔一一七〕若遣向徐、兖，則乖物性，非含育之道。〔一一八〕祕書監魏徵奏言：「北狄自古至今，未有如斯之破敗者也。〔一一九〕且其代寇中國，百姓怨讎，若以其降伏，不能誅滅，即宜遣還河北，居其本土。此人面獸心，非我族類，强必寇盜，弱則卑服，不顧恩義，其本情也。秦漢患其若是，故發猛將以擊之，收取河南，以爲郡縣，奈何以内地居之。且今降者幾至十萬，數年之間，孳息日倍，居我肘腋，甫邇王畿，心腹之疾，將爲後患。」彦博又曰：「天子於物也，如天地覆載，有歸者則必養之。今突厥破滅之餘，歸心降附。若不加憐念，弃而不納，非天地之道，阻四夷之意，臣愚甚謂不可。遣居河南，初無所患，所謂死而生之，亡而存之，懷我德惠，終無背叛。」徵又曰：「晉代有魏時胡落，分居近郡，平吳以後，郭欽、江統勸武帝逐出塞外，不用欽等言，數年之後，遂傾瀍、洛。前代覆車，殷鑒不遠。必遣居河南，所謂養獸自遺患也。」彥博又曰：「臣聞聖人之道，無所不通，古先哲王，有教無類。突厥餘魂，以命歸我，援之護之，收居內地。我指麾之，教以禮法，數載之後，盡爲農人，選其酋首，遣居宿衞，〔二〇〕畏威懷德，何患之有？光武居南單于於內郡，爲漢藩翰，終乎一代，不有叛逆。」太宗竟用其計，〔二一〕於朔方之地，幽州至靈州置順、祐、化、長四州都督府，〔二二〕又分頡利之地六州，左置定襄都督府，右置雲中都督府，以統其衆。自結社率之反也，太宗始患之，上書者多云處突厥於中國殊謂非便，乃徙於河北，立右武候大將軍、化州都督、懷化郡王思摩爲乙彌泥孰俟利苾可汗，賜姓李氏，率所部建牙於河北。

思摩者，頡利族人也。始畢、處羅以其貌似胡人，不類突厥，疑非阿史那族類，故歷處羅、頡利代，常爲夾畢特勤，終不得典兵爲設。武德初，數來朝貢，封爲和順郡王。及其國亂，諸部多歸中國，惟思摩隨逐頡利，竟與同擒。太宗嘉其忠，令統頡利舊部落，〔二三〕居於河南之地，勝兵四萬，馬萬匹，錫其土，南至於大河，北至白道川，以北接薛延陁。爲種落初集，憚薛延陁，不肯出。太宗遣司農卿郭嗣本賜延陁璽書曰：「前破突厥，止爲頡利一人，除百姓之害，所以廢而黜之，實不貪其土地、利其人馬也。自黜廢頡利以後，恆欲更立可汗，是以所降部落等並置河南，任其放牧。今户口羊馬日向孳多，元許册立，不可失信。至秋間，即欲遣突厥渡河，復其國土。我册爾延陁日月在前，今突厥理是居後，後者爲小，前者爲大。爾在磧北，突厥居磧南，各守土境。若其踰越，故相抄掠，我即將兵各問其罪。〔二四〕此約既定，非但有便爾身，貽厥子孫，長守富貴也。」於是命禮部尚書趙郡王孝恭齎册書就思摩部落，築壇於河上以拜之，并賜之鼓纛。突厥及胡在諸州安置者，並令渡河北，還其舊部。又以左屯衛將軍阿史那忠爲左賢王，左武衛將軍阿史那泥孰爲右賢王以貳之。

薛延陁聞思摩渡河北，慮其部落翻附磧北，先蓄輕騎，伺至而擊之。太宗遣使敕止之。時思摩下部衆渡河者凡十萬，勝兵四萬人，思摩不能撫衆，皆不愜服。至十七年，相率叛之，南渡河，請分處於勝、夏二州之閒，詔許之。思摩遂輕騎入朝，尋授右武衛將軍，〔二五〕從征遼東，爲流矢所中，太宗親爲吮血，其見顧遇如此。未幾，卒於京師，贈兵部尚書、夏州都督，陪葬昭陵，立墳以象白道山，詔立碑於化州。

校勘記

〔一〕初號爲狄歷　「初」下原衍「因」，據魏書高車傳二三〇七頁、北史高車傳三二七〇頁、太平寰宇記卷一九四刪。

〔二〕而時有小異　「小」原訛「少」，據明刻本、朝鮮本、王吳本改。按：魏書高車傳二三〇七頁、北史高車傳三二七〇頁、御覽卷八〇一、太平寰宇記卷一九四均作「小」。

〔三〕其先匈奴之甥也　「甥」原訛「人」，據魏書高車傳二三〇七頁、北史高車傳三二七〇頁、御覽卷八〇一、太平寰宇記卷一九四改。

〔四〕解批氏護骨氏異奇斤氏　「批」原作「枇」，據王吳本改。「護骨氏」原脱，「異」下衍「氏」，據魏書高車傳二三〇七頁、北史高車傳三二七〇頁、御覽卷八〇一、太平寰宇記卷一九四補刪。

〔五〕持馬酪熟肉節解　「節解」原訛脱作「即」，據魏書高車傳二三〇七頁、北史高車傳三二七一頁、御覽卷八〇一、太平寰宇記卷一九四改補。

〔六〕既而將夫黨還入其家馬羣　魏書高車傳二三〇七頁同。北史高車傳三二七一頁、太平寰宇記卷一九四無「將」。

〔七〕極取良馬　「極」王吳本、殿本、局本作「揀」，明人擅改，清人沿之。今據明抄本、明刻本、朝鮮本改回。按：魏書高車傳二三〇七頁、北史高車傳三二七一頁、太平寰宇記卷一九四均作「極」。

〔八〕至於來歲秋 「歲」原脱，據明抄本、明刻本、朝鮮本、王吴本補。

〔九〕人持一束柳枝回曲竪之 「人」原脱，據魏書高車傳二三〇八頁、北史高車傳三二七一頁、御覽卷八〇一、太平寰宇記卷一九四補。按：魏書、北史、寰宇記「枝」作「梜」，又無「曲」字。御覽「回」作「因」。

〔一〇〕婦人以皮裹羊骹 「骹」魏書高車傳二三〇八頁、北史高車傳三二七一頁、太平寰宇記卷一九四作「骸」。御覽卷八〇一雖亦作「骸」，而下注「苦交切」，則當以「骹」字爲正，羊骹即今兒童所玩之「羊拐」。

〔一一〕縈屈髮髾而綴之 御覽卷八〇一、太平寰宇記卷一九四同。魏書高車傳二三〇八頁、北史高車傳三二七一頁「髾」作「鬢」。

〔一二〕男女無小大 「小大」原倒，據明抄本、明刻本、朝鮮本乙。

〔一三〕亦每侵盜後魏 「後」原作「於」，據明抄本、明刻本、朝鮮本改。

〔一四〕弱水 太平寰宇記卷一九四同。魏書高車傳二三〇八頁、北史高車傳三二七一頁、御覽卷八〇一作「弱洛水」。

〔一五〕西行至鹿渾海 「行」原脱，據明抄本、明刻本、朝鮮本、王吴本補。

〔一六〕駮髯水 「駮」原訛「骹」，據魏書高車傳二三〇八頁、北史高車傳三二七二頁改。按：太平寰宇記卷一九四也作「駮」，並注云「音剥」。

〔一七〕降數十萬 魏書高車傳二三〇九頁、北史高車傳三二七三頁「萬」下有「落」。

〔一八〕叱盧氏 「叱」魏書高車傳二三一〇頁、北史高車傳三二七三頁、御覽卷八〇一、太平寰宇記卷一九四、册府卷九五六一一二五三頁作「吐」。

〔一九〕窟賀伏氏　册府卷九五六一一二五三頁同。魏書高車傳二三一〇頁、北史高車傳三二七三頁、御覽卷八〇一、太平寰宇記卷一九四無「伏」。

〔二〇〕達薄干氏　「干」原作「于」，據魏書高車傳二三一〇頁、太平寰宇記卷一九四改。周書齊王憲傳云：「憲所生母達步干氏」。按：北史高車傳三二七三頁、御覽卷八〇一作「達薄氏」。

〔二一〕俟斤氏　魏書高車傳二三一〇頁、北史高車傳三二七三頁、御覽卷八〇一、太平寰宇記卷一九四、册府卷九五六一一二五三頁作「俟分氏」。

〔二二〕乞表氏　魏書高車傳二三一〇頁、北史高車傳三二七三頁、御覽卷八〇一、太平寰宇記卷一九四、册府卷九五六一一二五三頁作「乞袁氏」。「表」似「袁」之形訛。

〔二三〕右外沛氏　「外」朝鮮本及册府卷九五六一一二五三頁作「升」，魏書高車傳二三一〇頁、北史高車傳三二七三頁、御覽卷八〇一、太平寰宇記卷一九四作「叔」。疑「叔」字是，「叔」之草書似「升」，「升」又似「外」。

〔二四〕姦勢亦危　「危」原作「沮」，王吴本、殿本亦然，明人擅改，清人沿之。今據明抄本、明刻本、朝鮮本改回。

〔二五〕其丈夫衣服及死亡殯葬　「衣服及」原作「服皮」，據周書異域傳上八九七頁、北史稽胡傳三一九四頁補改。

〔二六〕有異齊人　周書異域傳上八九七頁作「齊民」，北史稽胡傳三一九四頁作「華人」，俱通。

〔二七〕後魏明帝孝昌中　「後」上原有「至」，據明抄本、朝鮮本删。

〔二八〕率其種人　「人」原作「入」，據諸本改。

〔二九〕劉素德　太平寰宇記卷一九四同。周書異域傳上八九七頁、北史稽胡傳三一九五頁「素」作「桑」。

〔三〇〕沮渠氏　「沮」原作「且」，據隋書北狄傳一八六三頁、北史突厥傳三二八六頁、太平寰宇記卷一九四改。注同。

〔三一〕沮渠茂虔　「茂虔」原作「牧犍」，據明刻本、朝鮮本、王吴本改。

〔三二〕代居金山　「山」下原衍「城」，據周書異域傳下九〇七頁、隋書北狄傳一八六三頁、北史突厥傳三二八六頁、太平寰宇記卷一九四、册府卷九五六一一二五一頁删。

〔三三〕或云其先國於西海之上　「先國」原倒，據隋書北狄傳一八六三頁、太平寰宇記卷一九四、册府卷九五六一一二五一頁乙。

〔三四〕相與穴處而臣於蠕蠕　周書異域傳下九〇七頁、太平寰宇記卷一九四「穴處」作「出穴」。隋書北狄傳一八六四頁、北史突厥傳三二八五頁並作「率部落出於穴中臣於蠕蠕」。均與此異。

〔三五〕阿謗步　「阿」原訛「可」，據周書異域傳下九〇八頁、北史突厥傳三二八六頁、太平寰宇記卷一九四、册府卷九五六一一二五二頁改。

〔三六〕兄弟十七人　諸書同，惟北史突厥傳三二八六頁「十七」作「七十」。

〔三七〕伊質泥師都　「師」原訛「帥」，據明抄本、明刻本、朝鮮本、王吴本改。下同。

〔三八〕其子弟謂之特勤　「勤」原訛「勒」，近人考證「特勒」皆「特勤」之訛，今據以改正。下同。

〔三九〕次吐屯　「次」原脱，據舊唐書突厥傳上五一五三頁、太平寰宇記卷一九四、册府卷九六二一一三一九頁補。

〔四〇〕英賀弗　太平寰宇記卷一九四作「英賢服」，册府卷九六二一一三一九頁作「莫賀弗」。

〔四一〕肥麤者謂之大羅便大羅便酒器也　「謂之大羅便」原訛脱作「謂三大羅」，「三」乃「之」之形訛，「便」字涉下而脱。今據上下文例改補。

〔四二〕故有賀蘭蘇尼闕　「有」原脱，據太平寰宇記卷一九四補。

〔四三〕索葛吐屯　太平寰宇記卷一九四「吐」作「土」，册府卷九六二一一三一九頁無「屯」。

〔四四〕附鄰狼名也　原脱「附」，據上文訂補。按：下文云：「持衞之士，謂之附離，夏言亦狼也。」「鄰」「離」同音異譯，有「附」則同。

〔四五〕亦有可汗位在葉護下者　「者」原脱，據明抄本、明刻本、朝鮮本補。

〔四六〕木杆可汗　隋書北狄傳一八六四頁、北史突厥傳三二八七頁同。周書異域傳下九〇九頁「杆」作「汗」。太平寰宇記卷一九四「杆」作「扞」。

〔四七〕土門之子名俟斤一名燕尹　「斤」隋書北狄傳一八六四頁作「斗」。「尹」周書異域傳下九〇九頁、北史突厥傳三二八七頁、太平寰宇記卷一九四均作「都」。

〔四八〕次特勤　「次」原脱，據周書異域傳下九〇九頁、北史突厥傳三二八八頁補。

〔四九〕及餘小官凡二十八等　「及」原脱，據周書異域傳下九〇九頁、北史突厥傳三二八八頁補。

〔五〇〕坎而瘞之　「瘞」原作「葬」，據明抄本、明刻本、朝鮮本、王吴本改。

〔五一〕集他人水　「人」下原有「以」，據殿本及周書異域傳下九一〇頁、北史突厥傳三二八八頁、太平寰宇記卷一九六、册府卷九六二一一三二一頁删。按：寰宇記注云：「他人，水名。」

〔五二〕教登疑棃　「疑」周書異域傳下九一〇頁、北史突厥傳三二八八頁、太平寰宇記卷一九六、册府卷九六一一一三二一頁作「凝」。按：「疑」又音凝。

〔五三〕事具蠕蠕篇　「具」原作「見」，據王吴本改。

〔五四〕乙息計將死捨其子攝圖而立佚斤　「死捨其子」原脱，「圖」原訛「國」，據太平寰宇記卷一九四補改。按：明抄本、明刻本、朝鮮本「圖」字猶不誤。

〔五五〕但耨可汗　太平寰宇記一九四同。隋書北狄傳一八六五頁、北史突厥傳三二九〇頁、册府卷九六七一一三七〇頁作「褥但可汗」。

〔五六〕周趙王招之女千金公主　「趙」原訛「越」，「招」原脱，據周書異域傳下九一二頁、北史突厥傳三二九〇頁、太平寰宇記卷一九四改補。

〔五七〕控弦四十萬　「四」原作「三」，據隋書北狄傳一八六六頁、北史突厥傳三二九一頁、太平寰宇記卷一九四改。

〔五八〕武威天水安定金城上郡　「武」上原有「入」，據明抄本、明刻本、朝鮮本删。按：隋書北狄傳一八六六頁、北史突厥傳三二九一頁「上郡」下尚有「弘化延安」四字。

〔五九〕又多災疫　「疫」原脱，據隋書北狄傳一八六八頁、北史突厥傳三二九二頁補。按：太平寰宇記卷一九四無「災」有「疫」。

〔六〇〕伊利俱盧設始波羅莫何可汗　原脱「何」，據隋書北狄傳一八六九頁補。按北史突厥傳三二九三頁、太平寰宇記卷一九四「莫何」在「始波羅」上。

〔六一〕窟舍真　太平寰宇記卷一九四同。隋書北狄傳一八七〇頁「舍」作「含」，北史突厥傳三二九四頁作「合」。

〔六二〕染干夜以五騎與隋使長孫晟歸朝　「夜」原脱，據明刻本、朝鮮本、王吴本補。按：隋書北狄傳一八七二頁、北史突厥傳三二九七頁均有「夜」。

〔六三〕華言意智健也　「意智」原倒，據隋書北狄傳一八七二頁、北史突厥傳三二九七頁、通鑑卷一七八五五六八頁乙。

〔六四〕雍虞閭旋爲部下所殺是歲泥利可汗及葉護俱被鐵勒所敗　都藍可汗雍虞閭被殺於開皇十九年，泥利可汗被鐵勒所敗在仁壽元年，兩事不在一年，不得言「是歲」。參閲隋書北狄傳一八七二頁——一八七四頁、北史突厥傳三二九六頁——三二九八頁。

〔六五〕厚其部落酋長三千五百人　「三」原訛「二」，據隋書北狄傳一八七五頁、北史突厥傳三二九八頁、太平寰宇記卷一九四改。

〔六六〕在今榆林郡　「郡」下原有「界」，據朝鮮本、王吳本刪。

〔六七〕北幸啟人所居　「居」原訛「部」，據諸本改。

〔六八〕始畢可汗染干之子名咄吉也十一年來朝於東都其年煬帝避暑汾陽宮　王吳本、殿本、局本原作「及始畢可汗染干之子名咄吉也十一年來朝於東都其年煬帝避暑於汾陽宮」，乃明人妄自增刪而清人沿之者。今據明抄本、明刻本、朝鮮本刪補復原。又「咄吉」隋書北狄傳一八七六頁作「咄吉世」，通典避太宗諱而省「世」字。北史突厥傳三二九九頁作「吐吉」，恐誤。

〔六九〕此後隋亂　王吳本、殿本、局本原作「及隋末亂離」，明人擅改，清人沿之。據明抄本、明刻本、朝鮮本改，唯此三本「亂」下衍「入」，復據太平寰宇記卷一九四刪之。

〔七〇〕王充　「王」下有「世」，據明抄本、明刻本、朝鮮本刪。按：通典諱省。

〔七一〕北面稱臣　「北」上原有「俱」，據明抄本、明刻本、朝鮮本刪。

〔七二〕康稍利　原無「稍」，據舊唐書突厥傳上五一五三頁、新唐書突厥傳上六〇二八頁、太平寰宇記卷一九四增補。

〔七三〕從平京城　「京」原訛「涼」，朝鮮本亦然。今據明刻本、王吳本、殿本改。按：舊唐書突厥傳上五一五三頁、太平寰宇記卷一九四均作「京」。

〔七四〕五百餘騎　「五」原脫，據舊唐書突厥傳上五一五四頁、新唐書突厥傳上六〇二八頁、太平寰宇記卷一九四補。

〔七五〕又追兵大集　「追」原作「遣」，據明刻本、朝鮮本及舊唐書突厥傳上五一五四頁改。

〔七六〕政道　舊唐書突厥傳上五一五四頁、太平寰宇記卷一九四同。朝鮮本、王吴本及新唐書突厥傳上六〇二九頁作「正道」。

〔七七〕師次太原　「次」原作「至」，據朝鮮本、王吴本及舊唐書突厥傳上五一五四頁、太平寰宇記卷一九五改。

〔七八〕蓋襲其先號　明抄本、殿本及太平寰宇記卷一九五同。明刻本、朝鮮本、王吴本「號」作「考」。

〔七九〕莫賀咄設　「咄」原脱，據舊唐書突厥傳上五一五五頁、新唐書突厥傳上六〇二九頁、太平寰宇記卷一九五補。

〔八〇〕隋五原太守張長遜因亂以其所部五城隸於突厥　岑仲勉謂「太守」當作「通守」。「五城」新唐書突厥傳上六〇二九頁同，舊唐書突厥傳上五一五五頁、太平寰宇記卷一九五作「五原城」。

〔八一〕四年四月　「四年」原脱，據舊唐書突厥傳上五一五五頁、太平寰宇記卷一九五補。

〔八二〕李大恩　「李」原作「胡」，據舊唐書突厥傳上五一五五頁、新唐書突厥傳上六〇三〇頁、通鑑卷一八九五九一一二頁改。下同。

〔八三〕至於并州　「并」舊唐書突厥傳上五一五六頁作「汾」。

〔八四〕又分兵　「又」下原有「其」，據朝鮮本、王吴本删。

〔八五〕頓兵於豳州　「豳」原訛「幽」，據殿本及舊唐書突厥傳上五一五六頁、新唐書突厥傳上六〇三一頁、太平寰宇記卷一九五、通鑑卷一九一五九九二頁改。

〔八六〕太宗又前令騎告突利曰　原脱「前」，「令」作「命」，據朝鮮本、王吴本及太平寰宇記卷一九五改。

〔八七〕將軍張瑾　「軍」原脱，據舊唐書突厥傳上五一五七頁、太平寰宇記卷一九五補。

〔八八〕己卯進寇高陵　核通鑑卷一九一六〇一七頁——六〇一八頁，知此己卯在八月，此承上文「七月」，非。舊唐書突厥傳上五一五七頁誤同。按：武德九年七月丁亥朔，無己卯。

〔八九〕癸未　「未」原訛「亥」，據明抄本、明刻本、朝鮮本、王吴本改。舊唐書突厥傳上五一五七頁、太平寰宇記卷一九五、通鑑卷一九一六〇一九頁均作「未」。按：此「癸未」亦在武德九年八月，七月無癸未。

〔九〇〕玉帛　原作「金帛」，據朝鮮本、王吴本及舊唐書突厥傳上五一五七頁、太平寰宇記卷一九五改。

〔九一〕我當先戮爾矣　「爾」原作「汝」，清人擅改。今據明抄本、明刻本、朝鮮本、王吴本改回。下同。

〔九二〕太宗獨與頡利臨水交言　「獨」下原有「留」，清人擅增，今據明抄本、明刻本、朝鮮本、王吴本删。

〔九三〕在今一策　「策」原作「舉」，據明抄本、明刻本、朝鮮本、王吴本及太平寰宇記卷一九五改。

〔九四〕乘其不圖　舊唐書突厥傳上五一五七頁、太平寰宇記卷一九五作「乘其本圖」。

〔九五〕與頡利同盟於便橋之上　「與」原脱，據舊唐書突厥傳上五一五七頁、太平寰宇記卷一九五、通鑑卷一九一六〇二〇頁補。

〔九六〕而陛下不納臣以爲疑　「納臣」原脱，據舊唐書突厥傳上五一五八頁、太平寰宇記卷一九五補。

〔九七〕張公謹　「謹」原訛「瑾」，據舊唐書突厥傳上五一五九頁、太平寰宇記卷一九五改。

〔九八〕衞孝節　「孝」明抄本、明刻本、朝鮮本、王吴本作「子」，誤。舊唐書突厥傳上五一五九頁、太平寰宇記卷一九五均作「孝」。

〔九九〕薛萬徹　舊唐書突厥傳上五一五九頁、太平寰宇記卷一九五、通鑑卷一九三六〇三三頁同。朝鮮本、王吴本及新唐書突厥傳上六〇三五頁作「薛萬淑」。

〔一〇〇〕郁射設　「射」原訛「討」，據舊唐書突厥傳上五一五九頁、新唐書突厥傳上六〇三五頁、太平寰宇記卷一九五、通鑑卷一九三六〇六七頁改。

〔一〇一〕胡禄達官吐谷渾邪　「胡」原訛「故」，據舊唐書突厥傳上五一六〇頁、新唐書突厥傳上六〇三六頁、太平寰宇記卷一九五改。

〔一〇二〕突利可汗什鉢苾　「突利」明抄本、明刻本、朝鮮本作「突厥」，誤。

〔一〇三〕頡利嗣位　「位」原作「立」，據朝鮮本及舊唐書突厥傳上五一六〇頁改。

〔一〇四〕食實封七百户　「食」原脱，據明抄本、明刻本、朝鮮本、王吴本及太平寰宇記卷一九五補。

〔一〇五〕爲其碑文　「其」原在「文」下，屬下讀，今據明刻本、朝鮮本及太平寰宇記卷一九五移上。

〔一〇六〕於事無益　「益」原作「用」，據明刻本、朝鮮本、王吴本及舊唐書李大亮傳二三八八頁改。

〔一〇七〕天下本根　「本根」原倒，據明抄本、明刻本、朝鮮本及舊唐書李大亮傳二三八八頁乙。

〔一〇八〕猶於枝葉　「於」原作「之」，據朝鮮本、王吳本及舊唐書李大亮傳二三八八頁改。

〔一〇九〕以厚枝附　「附」原作「葉」，據明抄本、明刻本、朝鮮本及舊唐書李大亮傳二三八八頁改。

〔一一〇〕稍覺其費　「其」舊唐書李大亮傳二三八八頁作「勞」，太平寰宇記卷一九五作「虛」。

〔一一一〕户口失少　「失」舊唐書李大亮傳二三八八頁、太平寰宇記卷一九五作「鮮」。

〔一一二〕故臣而不内　「故」原作「固」，據明抄本、明刻本、朝鮮本、王吳本及舊唐書李大亮傳二三八八頁、太平寰宇記卷一九五改。

〔一一三〕賜物五匹　明抄本、明刻本、朝鮮本作「賜五匹」，脱「物」。王吳本、殿本、局本作「賜馬五匹」，明人妄增「馬」，清人沿之。今據舊唐書李大亮傳二三八九頁改「物」。按：太平寰宇記卷一九五作「絹」。

〔一一四〕以中國之租賦　太平寰宇記卷一九五同。舊唐書李大亮傳二三八九頁「租賦」作「幣帛」。

〔一一五〕俘之兗徐之地　「徐」舊唐書突厥傳上五一六二頁作「豫」。按：本當作「豫」，通典爲避代宗諱而改作「徐」。下同。

〔一一六〕得爲捍蔽　「蔽」原作「禦」，清人擅改，今據明抄本、明刻本、朝鮮本、王吳本改回。按：舊唐書突厥傳上五一六二頁、太平寰宇記卷一九五均作「蔽」。

〔一一七〕二則示無猜心　王吳本、殿本、局本作「二則示無負之心」，明人妄改，清人沿之。據明抄本、朝鮮本及舊唐書突厥傳上五一六二頁、太平寰宇記一九五删改復原。

〔一一八〕非含育之道　「育」原作「蓄」，乃清人擅改者，今據明抄本、明刻本、朝鮮本、王吳本改回。按：舊唐書突厥傳上五一六二頁、太平寰宇記卷一九五均作「育」。

〔一九〕未有如斯之破敗者也　「有」原作「得」，無「者」，亦清人妄加改删者。今據明抄本、明刻本、朝鮮本、王吴本改補復原。

〔二〇〕遣居宿衞　「遣居」原作「使入」，亦清人妄改者，今據明抄本、明刻本、朝鮮本、王吴本回改復原。按：舊唐書突厥傳上五一六三頁、太平寰宇記卷一九五均作「遣居」。

〔二一〕竟用其計　明抄本及太平寰宇記卷一九五同。明刻本、朝鮮本、王吴本及舊唐書突厥傳上五一六三頁「竟」作「遂」。

〔二二〕置順祐化長四州都督府　原脱「祐」和「長」，據舊唐書突厥傳上五一六三頁、太平寰宇記卷一九五補。

〔二三〕令統頡利舊部落　「令」原作「使」，據明抄本、朝鮮本及舊唐書突厥傳上五一六三頁、太平寰宇記卷一九五改。

〔二四〕我即將兵各問其罪　原脱「我」，據朝鮮本及舊唐書突厥傳上五一六四頁補。按：太平寰宇記卷一九五「即」上有「吾」，亦有主語。

〔二五〕尋授右武衞將軍　原脱「武」，據舊唐書突厥傳上五一六五頁、太平寰宇記卷一九五、通鑑卷一九七六二一六頁補。

通典卷第一百九十八

邊防十四

北狄五

突厥中

突厥中

突厥别部車鼻可汗，亦阿史那之族也，代爲小可汗，牙在金山之北。頡利可汗之敗，北荒諸部將推爲大可汗，遇薛延陁爲可汗，車鼻不能當，遂率所部歸於延陁。〔一〕爲人勇烈，有謀略，頗爲衆所附。延陁惡而將誅之，車鼻知其謀，竄歸於舊所。其地去京師萬里，勝兵三萬人，自稱乙注車鼻可汗。西有葛邏禄，北有結骨，皆附隷之。遣其子沙鉢羅特勤來朝，請身自入朝。太宗遣使徵之，竟不至，太宗大怒。貞觀二十三年，遣右驍衛郎將高偘潛引回紇、〔二〕僕骨等兵衆襲擊之。其酋長歌邏禄泥熟闕俟利發及拔塞匐處木昆莫賀咄俟斤等率部落背車鼻，〔三〕相繼來降。永徽元年，偘軍次阿息山。車鼻聞之，召所部兵，皆不赴，遂攜其妻子從數百騎而遁，其衆盡降。侶率精騎追車鼻，獲之，送於京師，乃獻於社廟，〔四〕又獻於昭陵。高宗數其罪而赦之，拜左武衛將軍，賜宅於長安，處其餘衆於鬱督軍山，置狼山都督以統之。車鼻長子羯漫陁先統拔悉密部。〔五〕車鼻未敗前，遣其子菴鑠入朝，太宗嘉之，拜左屯衛將軍，更置新黎州以統其衆。

車鼻既敗之後，突厥盡爲封疆之臣，於是分置單于、瀚海二都護府。單于領狼山雲中桑乾三都督、〔六〕蘇農等十四州，瀚海領金微新黎等七都督、〔七〕仙崿賀蘭等八州，〔八〕各以其酋爲都督、刺史。高宗東封泰山，狼山都督葛邏祿吐利等首領三十餘人，並從至嶽下，勒名於封禪之碑。自永徽以後二十餘年，〔九〕北鄙無事。

調露元年，單于管内突厥首領阿史德温傅、〔一〇〕奉職二部落相率反叛，立泥熟匐爲可汗，二十四州並叛應之。高宗遣鴻臚卿蕭嗣業、右千牛將軍李景嘉率衆討之，反爲温傅敗，兵士死者萬餘人。又令禮部尚書裴行儉爲定襄道行軍大總管，率太僕少卿李思文、營州大都督周道務等統衆三十餘萬，〔一一〕討繫温傅，大破之，泥熟匐爲其下所殺，并擒奉職而還。

永崇元年，〔一二〕突厥又迎頡利從兄之子阿史那伏念於夏州，將渡河立爲可汗，諸部落復響應從之。又令裴行儉率師討之。伏念窘急，詣行儉降，〔一三〕遂虜伏念詣京師，斬於東市。

永淳二年，突厥阿史那骨咄禄復反叛。〔一四〕骨咄禄者，頡利之疎屬，其父本是單于右廂雲中都督舍利元英下首領，〔一五〕代襲吐屯啜。伏念既破，骨咄禄鳩集亡散，入總材山，〔一六〕聚爲羣盗，有衆五千餘人。又抄掠九姓，得羊馬甚多，漸至强盛，乃自立爲可汗，以其弟默啜爲設，咄悉匐爲葉護。其所因温彦博議處河南諸部落分爲六州，後漸滋繁。至阿史德元珍，〔一七〕習中國風俗，知邊塞虚實，在單于檢校降户部落，嘗坐事爲單于長吏王本立所拘縶。會骨咄禄入寇，元珍請依舊檢校部落，本立許之，因而便投骨咄禄。骨咄禄得之，甚喜，立爲阿波大達干，〔一八〕令專統兵馬事。進寇蔚州，都督崔智辯擊之，反爲所殺。文明元年，又寇朔州，殺掠吏人。垂拱二年，骨咄禄又寇朔、代等州，左玉鈐衛中郎將淳于處平爲陽曲道總管，與副中郎將蒲英節率兵赴援，〔一九〕行至忻州，與賊戰，大敗，死者五千餘人。三年，骨咄禄又寇昌平，令左鷹揚衛大將軍黑齒常之擊卻之。其年八月，寇朔州，復以常之爲燕然道大總管，擊賊於黄花堆，大破之，追奔四十餘里，〔二〇〕賊衆遂散走磧北。右監門衛中郎將爨寶璧又率精兵萬三千人出塞窮追，反爲骨咄禄所敗，全軍盡没，寶璧輕騎遁歸。初，寶璧見常之破賊，遽表請窮其餘黨，武太后令常之與寶璧計議，遥爲聲援。寶璧貪功先行，又令人出塞二千餘里覘候，見元珍等部落皆不設備，遂率衆掩襲之。既至，又遣人報賊，令得設備出戰，遂爲賊所覆，寶璧坐此伏誅。武太后大怒，因改骨咄禄爲不卒禄。元珍後率兵討突騎施，臨陣戰死。骨咄禄，天授中卒。

默啜者，骨咄禄之弟也。骨咄禄死時，其子尚幼，默啜遂篡其位，自立爲可汗。長壽三年，〔二一〕率衆寇靈州，殺掠吏人。武太后遣白馬寺僧薛懷義爲代北道行軍大總管，〔二二〕領十八將軍以討之，既不遇賊，尋班師焉。默啜俄遣使來朝，武太后大悦，册授左衛大將軍，封歸國公，賜物五千段。明年，復遣使請和，又加授遷善可汗。萬歲通天元年，契丹首領李盡忠、孫萬榮反叛，攻陷營府，默啜遣使上言「請還河西降户，即率部落兵馬爲國討擊契丹」，許之。默啜遂攻討契丹，〔二三〕部衆大潰，盡俘其家口，默啜自此兵衆漸盛。武太后尋遣使册立默啜爲特進、頡跌利施大單于、〔二四〕立功報國可汗。

聖曆元年，默啜表請與武太后爲子，并言有女，請和親。初，咸亨中，突厥諸部來降附者，多處之豐、勝、靈、夏、朔、代等六州，謂之降户。默啜至是，又索此降户及單于都護府之地，兼請農器、種子。武太后初不許，默啜大怒，言辭甚慢，拘我使人司賓卿田歸道，將害之。時朝廷懼其兵勢，納言姚璹建議請許其和親，遂盡驅六州降户數千帳，并種子四萬餘石、農器三千事以上與之，默啜浸强由此也。

其年，武太后令魏王武承嗣男淮陽王延秀就納其女爲妃，遣右豹韜衛大將軍閻知微攝春官尚書，大齎金帛，送赴虜廷。行至黑沙南庭，默啜謂知微等曰：「我女擬嫁與李家天子兒，你今將武家兒來，我突厥積代以來，降附李家，聞李家天子種末總盡，〔二五〕唯有兩兒在，我今將兵助立。」遂收延秀等，拘之別所，僞號知微爲可汗，與之率衆十餘萬，襲我靜難及平狄、清夷等軍，靜難軍使左玉鈐衞將軍慕容玄崱以兵五千人降，俄進寇嬀、檀等州。〔二六〕武太后令司農卿武重規爲天兵中道大總管，右武威衞將軍沙吒忠義爲天兵西道總管，〔二七〕幽州都督張仁亶爲天兵東道總管，率兵三十萬擊之；左羽林衞大將軍閻敬容爲天兵西道後軍總管，〔二八〕統兵十五萬以爲後援。默啜又出恆岳道寇蔚州，〔二九〕陷飛狐縣，俄進攻定州，殺刺史孫彥高，焚燒百姓廬舍，虜掠男女，無少長皆殺之。〔三〇〕武太后大怒，又改默啜號爲斬啜。尋又圍逼趙州，長史唐波若翻城應之，刺史高叡抗節不從，遂遇害。武太后乃立廬陵王爲皇太子，令統河北道行軍大元帥，軍未發，而默啜盡殺所掠趙、定等州男女八九萬人，從五回道而去，所過殘殺，不可勝紀。沙吒忠義及後軍總管李多祚等皆持重兵，不敢戰。〔三一〕河北道元帥納言狄仁傑總兵十萬追之，無所及。

二年，默啜立其弟咄悉匐爲左廂察，骨咄祿子默矩爲右廂察，各主兵馬二萬餘人。又立其子匐俱爲小可汗，位在兩察之上，仍主處木昆等十姓兵馬四萬餘人，又號爲拓西可汗。自是連歲寇邊。久視元年，掠隴右諸監馬萬餘匹。

長安三年，默啜遣使莫賀達干請以女妻皇太子之子。〔三二〕武太后令太子男平恩王重俊、義興王重明廷立見之。〔三三〕默啜遣大臣移力貪汗入朝，獻馬千匹及方物以謝許親之意。武太后讌之於宿羽亭，太子、相王及朝集使三品以上並會焉，重賜以遣之。

中宗即位，默啜又寇靈州鳴沙縣，靈武軍大總管沙吒忠義拒戰，敗績，死者六千餘人，賊遂進寇原、會等州，掠隴右羣牧馬萬餘匹而去，〔三四〕忠義坐免。中宗令內外各進破突厥之策，右補闕盧俌上疏曰：〔三五〕「遠荒之地，凶悖之俗，難以德綏，可以威制。降自三代，無聞上策。昔方叔帥師，功歌周雅，去病耀武，勳列燕山，則萬里折衝，在乎擇將。春秋謀元帥，取其悅禮樂，敦詩書。晉臣元凱射不穿札，而建平吳之勳，〔三六〕是知中權制謀，不在一夫之勇。其蕃將沙吒忠義等身雖驍悍，志無遠圖，此乃騎將之才，本不可以當大任。且師出以律，將軍死綏，師敗弃軍，古有常典。近者鳴沙之役，主將先逃，輕挫國威，須正邦憲。又其中軍既敗，陣亂矢窮，義勇之士，猶能死戰，功成紀録，以勸戎行，賞罰既明，將士盡節，此擒敵之術也。臣又聞以蠻夷攻蠻夷，中國之長算，故陳湯統西域而郅支滅，常惠用烏孫而匈奴敗。請購辯勇之士，班、傅之儔，傍結諸蕃，與圖攻取，此又犄角之勢也。臣又聞昔置新秦以實塞下，宜因古法，募人徙邊，選其勝兵，免其行役，次廬伍，明教令，則狃習戎事，究識夷險，其所虜獲，因而賞之。近戰則守家，遠戰則利貨，趨赴鋒鏑，不勞訓誓，朝賦『楊柳』，夕歌杕杜，十年之後，可以久安。」上覽而善之。

默啜於是殺我行人假鴻臚卿臧思言，上以思言對賊不屈節，特贈鴻臚卿，仍命左屯衛大將軍張仁愿充朔方道大總管以禦之。景龍二年三月，張仁愿於河北築三受降城。〔三七〕先是，朔方軍北與突厥以河爲界，河北岸有拂雲祠，突厥將入寇，必先詣祠祭酹求福，因牧馬料兵，候冰合渡河。時默啜盡衆西擊娑葛，〔三八〕仁愿乘虛奪取漠南之地，築三城，首尾相應，絶其南寇之路。留年滿兵助成其功。以拂雲祠爲中城，與東西相去各四百里，皆據津濟，遥相應接。北拓三百餘里，於牛頭朝那山北置烽候千八百所。〔三九〕自是突厥不得度山放牧，朔方更無寇掠，減鎮兵數萬人。初羣議不同，中宗竟從仁愿計。〔四〇〕時咸陽兵二百餘人逃歸，仁愿盡擒，斬於城下，軍中股慄盡力，〔四一〕六旬而三城俱就。本不置壅門及曲敵，或問之，仁愿曰：「兵法貴在攻取，不宜退守。寇若至此，即當併力出戰，迴顧望城，猶須斬之，何用守備，生其思歸之心。」其後常元楷爲朔方總管，始築壅門。

默啜西擊娑葛，破滅之。契丹及奚自神功之後，常受其徵役。其地東西萬餘里，控弦四十萬，自頡利之後，最爲强盛。自恃兵威，虐用其衆。默啜既老，部落漸多逃散。開元二年，遣其子移涅可汗及同俄特勤、妹壻火拔頡利發、石阿失畢率精騎圍逼北庭。〔四二〕右驍衛將軍郭虔瓘嬰城固守，俄而出兵擒同俄特勤於城下，斬之，虜因退縮。火拔懼不敢歸，攜其妻來奔，制授左衛大將軍，封燕北郡王，封其妻爲金山公主，賜宅一區，奴婢十人，馬十四，物千段。明年，十姓部落左廂五咄六啜、〔四三〕右廂五弩失畢五俟斤及子壻高麗莫離支高文簡、跌跌都督思太等各率其衆，相繼來降，前後總萬餘帳。令居其河南之舊地。授高文簡左衞員外大將軍，封遼西郡王；〔四四〕跌跌思太爲特進、右衞員外大將軍，兼跌跌都督、樓煩郡公。自餘首領封拜賜物各有差。默啜女壻阿史德胡祿俄又歸朝，〔四五〕授以特進。其秋，默啜與九姓首領阿布思等戰於磧北，〔四六〕九姓大潰，人畜多死，布思率衆來降。

四年，默啜又北討九姓拔曳固，戰於獨樂河，拔曳固大敗。默啜負勝輕歸，而不設備，遇拔曳固迸卒頡質略於柳林中，〔四七〕突出擊默啜，斬之，便與入蕃使郝靈佺傳默啜首至京師。〔四八〕

骨咄祿之子闕特勤鳩合舊部，殺默啜子小可汗及其諸弟并親信略盡，立左賢王默棘連，是爲毗伽可汗。毗伽以開元四年即位，本蕃號爲小殺。性仁友，自以得國是闕特勤之功，固讓之，闕特勤不受，遂以爲左賢王，專掌兵馬。是時，奚、契丹相率款塞，突騎施蘇祿自立爲可汗，突厥部落頗多攜貳，乃召默啜時衙官暾欲谷爲謀主。〔四九〕初默啜下衙官盡爲闕特勤所殺，暾欲谷以女爲小殺可敦，遂免死，廢歸部落，及復用，年已七十餘，蕃人甚敬服之。

俄而降户阿悉爛、跌跌思太等復自河曲叛歸。初，降户南至單于，左衞大將軍單于副都護張知運盡收其器仗，令渡河而南，〔五〇〕蕃人怨怒。御史中丞姜晦爲巡邊使，蕃人訴無弓矢，不得射獵，晦悉給還之，故有抗敵之具。張知運既不設備，與降户戰於青剛嶺，〔五一〕大敗，臨陣生擒知運，擬將送與突厥，朔方總管薛訥率兵追討之。賊至大斌縣，又爲將軍郭知運所擊，賊衆大潰，散投黑山呼延谷，釋張知運而去。上以張知運喪師，斬之以徇。小殺既得降户，謀欲南入爲寇，暾欲谷曰：「唐主英武，人和年豐，未有間隙，〔五二〕不可動也。我衆新集，猶尚疲羸，須且息養三數年，始可觀變而舉。」小殺又欲修築城壁，造立寺觀，暾欲谷曰：「不可。突厥人户寡少，不敵中國百分之一，〔五三〕所以常能抗拒者，正以隨逐水草，居處無常，射獵爲業，人皆習武。强則進兵抄掠，弱則竄伏山林，唐兵雖多，無所施用。若築城而居，改變舊俗，〔五四〕一朝失利，必將爲唐所併。且寺觀之法，教人仁弱，本非用武爭强之道，不可置也。」小殺等深然其計。

八年冬，御史大夫王晙爲朔方大總管，奏請西徵拔悉密，東發奚、契丹兩蕃，期以明年秋初，引朔方兵數道俱入，掩突厥衙帳於稽落河上。小殺聞之，大恐。暾欲谷曰：「拔悉密今在北庭，與兩蕃東西相去極遠，勢必不合。王晙兵馬，計亦無能至此。必若能來，候其臨到，即移衙帳向北三日，唐兵糧盡，自然去矣。且拔悉密輕而好利，聞命必是先來，王晙與張嘉貞不協，奏請有所不愜，必不敢動。若王晙兵馬不來，拔悉密獨至，即擊取之，勢易爲也。」拔悉密果臨突厥衙帳，而王晙兵及兩蕃不至，拔悉密懼而引退。突厥欲擊之，暾欲谷曰：「此衆去家千里，必將死戰，未可擊也，不如以兵躡之。」去北庭二百里，暾欲谷分兵閒道先掩北庭，因縱卒擊，〔五五〕拔悉密之衆，盡爲突厥所擒，并虜其男女而還。暾欲谷迴兵，因出赤亭以掠涼州羊馬。時楊敬述爲涼州都督，遣副將盧公利及判官元澄出兵邀擊之。〔五六〕暾欲谷曰：「敬述若守城自固，即與連和；若出兵相當，即領軍戰。我今乘勝，必有功矣。」敬述下兵至删丹，〔五七〕遇賊，元澄令兵士揎臂持滿，仍急結其袖，會風雪凍烈，盡墮弓矢，由是官軍大敗，元澄脱身而走。敬述坐削除官爵，白衣檢校涼州事。小殺由是大振，盡有默啜之衆。俄又遣使請和，乞與玄宗爲子，許之。仍請尚公主，上但厚賜而遣之。

十三年，上將東巡，中書令張説謀欲加兵以備突厥，兵部郎中裴光庭曰：「封禪告成之事，忽此徵發，豈非名實相乖？」説曰：「突厥比雖請和，獸心難測。且小殺者，仁而愛人，衆爲之用；闕特勤驍武善戰，所向無前；暾欲谷深沈有謀，老而益壯，李靖、徐勣之流也。三虜協心，動無遺策，知我舉國東巡，萬一窺邊，何以禦之？」光庭請遣使徵其大臣扈從，即突厥不敢不從，又亦難爲舉動。〔五八〕説然其言，乃遣中書直省袁振攝鴻臚卿，往突厥以告其意。小殺與其妻及闕特勤、暾欲谷等環坐帳中設宴，謂振曰：「吐蕃狗種，唐國與之爲婚；奚及契丹舊是突厥之奴，亦尚唐家公主。突厥前後請結和親，獨不蒙許，何也？」袁振曰：「可汗既與皇帝爲子，父子豈合婚姻？」小殺等曰：「兩蕃亦蒙賜姓，猶得尚公主，但依此例，有何不可？且聞入蕃公主，皆非天子女，今之所求，豈問真假。頻請不得，亦實羞見諸蕃。」振許爲奏請，小殺乃遣大臣阿史德頡利發入朝貢獻，因扈從東巡。發都，至嘉會頓，引頡利發及諸蕃酋長入仗，仍與之弓箭。時有兔起於御馬之前，上引弓傍射，獲之。頡利發便下馬捧兔舞蹈，曰：「聖人神武超絶，若天上則不知，人間無也。」自是常令突厥入仗馳射，〔五九〕起居舍人呂向上疏曰：「臣聞鴟梟不鳴，未爲瑞鳥，猛虎雖伏，豈齊仁獸，是由醜性毒行久務常積故也。夫突厥者，正同此類，安忍殘賊，莫顧君親。陛下以武義臨之，文德來之，既慴威靈，又沐聲教，以力以勢，不得不庭，故稽顙稱臣，奔命遣使。陛下乃能收其傾効，〔六〇〕雜以從官，赴封禪之禮，參玉帛之會，此德業自盛，固不可名焉。因復許其從遊，召入禁仗，仰英姿之四照，覩神藝之一發，〔六一〕恩義俱極，誠無得踰焉。〔六二〕乃更賜以馳逐，使操弓矢，競飛鏃於前，同獲獸之樂，是屑略太過，未敢取也。雖聖胸豁達，與物無猜，而愚心徘徊，與時加慄。倘此等各懷犬吠，交肆盜憎，荆卿詭動，何羅竊至，暫逼嚴蹕，稍冒清塵，即殪玄方，丘墟幽土，單于爲醢，穹廬爲洿，何塞過責？特願勿復親近，使知分限，待不失常，歸於得所，此謂迴兩曜之鑒，祛九宇之憂，孰不幸甚！」上納其言，遂令諸蕃先發。東封迴駕，設讌厚賜而遣，竟不許其和親。自後滅絶無聞。

校勘記

〔一〕車鼻不能當遂率所部歸於延陁　「能」舊唐書突厥傳上五一六五頁、太平寰宇記卷一九六作「敢」。「遂」原脱，據朝鮮本補。

〔二〕右驍衛郎將　原脱「驍」，據舊唐書突厥傳上五一六五頁、太平寰宇記卷一九六、通鑑卷一九九六二六九頁補。

〔三〕乃拔塞匐處木昆莫賀咄俟斤　「及」原訛「反」，據舊唐書突厥傳上五一六五頁、太平寰宇記卷一九六改。「木」原訛「本」，據諸本改。

〔四〕及獻於社廟　「社」原訛「祖」，據明抄本、明刻本、朝鮮本改。按：舊唐書突厥傳上五一六五頁、太平寰宇記卷一九六均作「社」。

〔五〕車鼻長子羯漫陁　「子」原訛「孫」，據舊唐書突厥傳上五一六五頁、新唐書突厥傳上六〇四二頁改。

〔六〕狼山雲中桑乾　「山雲」原倒，據朝鮮本、王吴本及舊唐書突厥傳上五一六六頁、新唐書突厥傳上六〇四二頁、太平寰宇記卷一九六乙。

〔七〕瀚海領金微新黎等七都督　原脱「領」，據舊唐書突厥傳上五一六六頁、新唐書突厥傳上六〇四二頁、太平寰宇記卷一九六及上文文例補。

〔八〕仙崿　舊唐書突厥傳上五一六六頁、新唐書突厥傳上六〇四二頁、太平寰宇記卷一九六「崿」作「蕚」。

〔九〕自永徽以後　「後」原作「來」，據明抄本、明刻本、朝鮮本改。

〔一〇〕阿史德溫傅　「傅」原脱，據舊唐書突厥傳上五一六六頁、通鑑卷二〇二六三九二頁補。下同。按：太平寰宇記卷一九六作「傳」，誤。

〔一一〕營州大都督周道務　「務」原訛「耆」，據舊唐書突厥傳上五一六六頁、新唐書突厥傳上六〇四三頁、太平寰宇記卷一九六改。按：新唐書諸帝公主傳三六四六頁云，臨川公主下嫁周道務，歷營州都督、檢校右驍將軍。

〔一二〕永崇　「永崇」舊唐書突厥傳上五一六六頁作「永隆」。通典避玄宗諱改。

〔一三〕詣行儉降　「降」原脱，據舊唐書突厥傳上五一六六頁、太平寰宇記卷一九六補。

〔一四〕永淳二年突厥阿史那骨咄禄復反叛　舊唐書突厥傳上五一六六頁同。新唐書突厥傳上六〇四四頁「二」作「元」。按：通鑑卷二〇三六四一二頁亦繫此事於元年。

〔一五〕都督舍利元英　「督」下原衍「尉」，據舊唐書突厥傳上五一六七頁、新唐書突厥傳上六〇四四頁、太平寰宇記卷一九六、通鑑卷二〇三胡注六四一二頁刪。

〔一六〕總材山　「材」原訛「林」，據明刻本、朝鮮本、王吴本改。按：舊唐書突厥傳上五一六七頁、新唐書突厥傳上六〇四四頁均作「材」。

〔一七〕阿史德元珍　「德」原訛「那」，據舊唐書突厥傳上五一六七頁、新唐書突厥傳上六〇四四頁、太平寰宇記卷一九六、通鑑卷二〇三六四一二頁改。

[一八] 阿波大達干　「干」原訛「于」，據舊唐書突厥傳上五一六七頁、新唐書突厥傳上六〇四四頁、太平寰宇記卷一九六、通鑑卷二〇三胡注六四一二頁改。

[一九] 副中郎將蒲英節　「節」原訛「等」，據明抄本、明刻本、朝鮮本及太平寰宇記卷一九六改。按：舊唐書突厥傳上五一六七頁「副」下有「將」。

[二〇] 追奔四十餘里　「十」原訛「千」，據舊唐書突厥傳上五一六七頁、新唐書突厥傳上六〇四四頁、太平寰宇記卷一九六、通鑑卷二〇四六四四五頁改。

[二一] 長壽三年　太平寰宇記卷一九六同。舊唐書突厥傳上五一六八頁「三」作「二」。

[二二] 代北道行軍大總管　「北」原作「朔」，據舊唐書突厥傳上五一六八頁、太平寰宇記卷一九六、通鑑卷二〇五六四九三頁改。按：新唐書突厥傳上六〇四五頁「代北」作「朔方」。

[二三] 遂攻討契丹　原脱「討」，據明抄本、明刻本、朝鮮本補。

[二四] 頡跌利施大單于　「利施」原脱，據舊唐書突厥傳上五一六八頁、新唐書突厥傳上六〇四五頁、太平寰宇記卷一九六、通鑑卷二〇五六五一〇頁補

[二五] 未總盡　舊唐書突厥傳上五一六九頁作「末總盡」，太平寰宇記卷一九六作「末殆盡」。

[二六] 慕容玄崱以兵五千人降俄進寇嬀檀等州　「慕容玄崱」原訛作「慕元山則」，明抄本、明刻本、朝鮮本、王吳本脱作「慕玄崱」，今據舊唐書突厥傳上五一六九頁、新唐書突厥傳上六〇四六頁、太平寰宇記卷一九六、通鑑卷二〇六六五三一頁、册府卷九八六一一五八二頁改正。「俄」原訛「虜」，據明刻本、朝

鮮本及舊唐書、寰宇記、册府改。

〔二七〕右武威衞將軍　原脱「右」，據舊唐書突厥傳上五一六九頁、新唐書突厥傳上六〇四六頁、太平寰宇記卷一九六、册府卷九八六一一五八二頁補。

〔二八〕左羽林衞大將軍　新唐書外戚傳五八三九頁、册府卷九八六一一五八二頁、通鑑卷二〇六六五三三頁同。舊唐書突厥傳上五一六九頁、新唐書突厥傳上六〇六四頁、太平寰宇記卷一九六「左」作「右」。

〔二九〕恆岳道　「岳」明抄本、明刻本、朝鮮本訛「兵」，王吴本、殿本、局本訛「州」，據舊唐書突厥傳上五一六九頁、太平寰宇記卷一九六改。

〔三〇〕無少長皆殺之　「少長」原倒，據朝鮮本、王吴本及舊唐書突厥傳上五一六九頁、太平寰宇記卷一九六乙。

〔三一〕李多祚等皆持重兵不敢戰　原脱「兵」，據舊唐書突厥傳上五一六九頁、太平寰宇記卷一九六補。

〔三二〕長安三年默啜遣使莫賀達干請以女妻皇太子之子　「安」原訛「壽」，「干」原訛「于」，據舊唐書突厥傳上五一七〇頁、新唐書突厥傳上六〇四七頁、太平寰宇記卷一九六改。按：通鑑卷二〇七六五六二頁亦繫此事於長安三年。

〔三三〕平恩王重俊義興王重明　「平恩」原倒，據舊唐書突厥傳上五一七〇頁、新唐書突厥傳上六〇四七頁、太平寰宇記卷一九六、册府卷九七九一一四九八頁乙。按：舊唐書中宗諸子傳二八三五頁、二八三七頁，新唐書三宗諸子傳三五九四頁、三五九五頁，平恩王爲重福，義興王爲重俊，與此異。當以本傳爲正。

〔三四〕賊遂進寇原會等州掠隴右羣牧馬萬餘匹而去　「賊」原脱，「羣」原訛「郡」，據舊唐書突厥傳上五一七〇頁補改。按：朝鮮本、王吴本「賊」字未脱。

〔三五〕盧佣　「佣」原訛「備」，據諸本改。按：舊唐書突厥傳上五一七〇頁、太平寰宇記卷一九六均作「佣」。

〔三六〕而建平吴之勳　「吴」原訛「成」，據明抄本、明刻本、朝鮮本、王吴本改。按：舊唐書突厥傳上五一七〇頁、太平寰宇記卷一九六均作「吴」。

〔三七〕景龍二年三月張仁愿於河北築三受降城　「龍」原訛「雲」，據本書卷一七二東城注、太平寰宇記卷一九六、通鑑卷二〇九六六二〇頁改。按：舊唐書張仁愿傳二九八二頁、新唐書張仁愿傳四一五二頁均繫此事於神龍三年。

〔三八〕娑葛　「娑」原訛「婆」，據舊唐書突厥傳上五一七二頁、太平寰宇記卷一九六改。下同。

〔三九〕於牛頭朝那山北置烽候千八百所　「朝」原訛「胡」，「千八百」原作「百八十」，據舊唐書張仁愿傳二九八二頁、新唐書張仁愿傳四一五二頁、太平寰宇記卷一九八、通鑑卷二〇九六六二一頁改。

〔四〇〕中宗竟從仁愿計　「中」原訛「睿」，今依岑仲勉説，據舊唐書張仁愿傳二九八二頁、新唐書張仁愿傳四一五二頁訂改。按：本書卷一七二東城注、太平寰宇記卷一九六、通鑑卷二〇九謂三受降城建於景龍二年。兩唐書張仁愿傳謂三受降城建於神龍三年。神龍、景龍皆中宗年號，作「中宗」是。

〔四一〕軍中股慄盡力　「中」原作「皆」，據朝鮮本、王吴本及舊唐書張仁愿傳二九八二頁、太平寰宇記卷一九六改。

〔四二〕移涅可汗及同俄特勤妹婿火拔頡利發石阿失畢　「涅」原訛「沮」，據舊唐書突厥傳上五一七二頁、新唐書突厥傳上六〇四七頁、太平寰宇記卷一九六改。「勤」原訛「勒」，據舊唐書改，下同。「火」原訛「大」，據舊唐書、新唐書、太平寰宇記、通鑑卷二一一六六九六頁改，下同。

〔四三〕左廂五咄六啜　「五」原脱，「六」原作「禄」，據舊唐書突厥傳上五一七二頁、太平寰宇記卷一九六補改。按：明抄本、明刻本、朝鮮本、王吳本均作「六」。

〔四四〕封遼西郡王　「王」原作「公」，據舊唐書突厥傳上五一七三頁、新唐書突厥傳上六〇四八頁、太平寰宇記卷一九六、册府卷九六四一一三四二頁改。

〔四五〕阿史德胡禄　「德」原作「得」，據舊唐書突厥傳上五一七三頁、太平寰宇記卷一九六改。下同。

〔四六〕阿布思　「布思」原倒，據明刻本及舊唐書突厥傳上五一七三頁、太平寰宇記卷一九六乙。下同。

〔四七〕遇拔曳固迸卒頡質略於柳林中　「迸卒」原訛「逆率」，據舊唐書突厥傳上五一七三頁、太平寰宇記卷一九六、通鑑卷二一一六七一九頁改。按：胡三省注云：「兵敗潰散，士卒迸走，故曰迸卒。」

〔四八〕郝靈佺　新唐書突厥傳上六〇四九頁、太平寰宇記卷一九六同。舊唐書突厥傳上五一七三頁、通鑑卷二一一六七一九頁「佺」作「荃」。

〔四九〕乃召默啜時衙官暾欲谷爲謀主　「乃」原訛「及」，據殿本及舊唐書突厥傳上五一七三頁、太平寰宇記卷一九六改。

〔五〇〕令渡河而南　原脱「南」，據舊唐書突厥傳上五一七三頁、太平寰宇記卷一九六、通鑑卷二一一六七二一頁補。

〔五一〕張知運既不設備與降户戰於青剛嶺　原脱「既」，「剛」作「岡」，據舊唐書突厥傳上五一七四頁、太平寰宇記卷一九六補改。通鑑卷二一一六七二三頁也作「剛」。按：「既不」明抄本、明刻本、朝鮮本、王吴本誤合作「槩」。

〔五二〕未有閒隙　「有」原作「得」，據朝鮮本、王吴本及舊唐書突厥傳上五一七四頁、太平寰宇記卷一九六、册府卷九六二一一三二二頁、通鑑卷二一一六七二二頁改。

〔五三〕不敵中國百分之一　「敵」原作「及」，據明抄本、明刻本、朝鮮本、王吴本及舊唐書突厥傳上五一七四頁、太平寰宇記卷一九六、册府卷九六二一一三二二頁改。

〔五四〕若築城而居　「居」原脱，據舊唐書突厥傳上五一七四頁、太平寰宇記卷一九六、册府卷九六二一一三二三頁、通鑑卷二一一六七二二頁補。

〔五五〕因縱卒擊　「卒」上原有「兵」，後人所增者。今據明抄本、明刻本、朝鮮本及舊唐書突厥傳上五一七五頁、太平寰宇記卷一九六删。

〔五六〕副將盧公利　「盧公利」原脱，據舊唐書突厥傳上五一七五頁、新唐書突厥傳下六〇五二頁、太平寰宇記卷一九六、通鑑卷二一二六七四三頁補。

〔五七〕敬述下兵至删丹　「删丹」原訛作「那契丹」，據舊唐書突厥傳上五一七五頁、太平寰宇記卷一九六、通鑑卷二一二六七四三頁改。按：胡三省注云：「删丹縣，漢屬張掖郡，後漢、晉屬西郡，後魏曰山丹，隋復曰刪丹，屬甘州。」

〔五八〕又亦難爲舉動　「亦」原訛「不」，據諸本改。按：舊唐書突厥傳上五一七五頁、太平寰宇記卷一九六均作「亦」。

〔五九〕自是常令突厥入仗馳射　「常」原訛「嘗」，據朝鮮本改。

〔六〇〕陛下乃能收其傾効　「陛」原訛「階」，據朝鮮本及舊唐書突厥傳上五一七六頁、太平寰宇記卷一九六改。

〔六一〕覩神藝之一發　舊唐書突厥傳上五一七六頁「一」作「百」。

〔六二〕誠無得踰焉　「得」原脱，據明抄本、明刻本、朝鮮本、王吴本及舊唐書突厥傳上五一七六頁、太平寰宇記卷一九六補。

王文錦點校

通典卷第一百九十九

邊防十五

北狄六

突厥下　鐵勒　薛延陁　僕骨　同羅　都波　拔野古　多濫葛

斛薛　阿跌　契苾羽　鞠國　俞析　大漠　白霫

突厥下

西突厥大邏便。木杆可汗之子。初，木杆與沙鉢略可汗有隙，因分爲二。大邏便即阿波可汗。其國居烏孫之故地，東至突厥國，西至雷翥海，南至疎勒，北至瀚海，在京師西北七千里。〔一〕自焉耆國西北七日行，至其南庭；自南庭又正北八日行，至其北庭。鐵勒、龜茲及西域諸國，皆歸附之。其人雜有都陸及弩矢畢、葛邏禄、處月、處密、伊吾等諸種。風俗大抵與突厥同，唯言語微異。其官有葉護，有設，有特勤，常以可汗子弟及宗族爲之；又有乙斤屈利啜、閻洪達、頡利發、吐屯、俟斤等官，皆代襲其位。

大邏便既爲處羅便可汗所擒，其國立鞅素特勤之子，是爲泥利可汗。至其子達漫，號泥撅處羅可汗。即大邏便之種落，與北突厥處羅可汗號同，非一人也。其母向氏，本中國人，生達漫而泥利卒，而向氏又嫁其弟婆實特勤。隋開皇末，婆實與向氏詣長安。處羅可汗居無常處，然多在烏孫故地。立二小可汗，〔二〕分統所部。一在石國北，以制諸胡；一居龜兹北，其地名應娑。〔三〕每五月八日，〔四〕相聚祭神，歲遣重臣向其先代所居之窟致祭焉。

煬帝大業六年，帝將西討吐谷渾，遣侍御韋節召處羅會於大斗拔谷，其國人不從，處羅謝使者，辭以故。適會其酋長射匱使求婚，裴矩因奏曰：「處羅不朝，自恃强大。臣請以計弱之，分裂其國，則易制也。射匱者，都六之子，達頭之孫，達頭舊爲西面可汗，初與沙鉢略有隙，遂分爲别部，因東可汗雍虞閭死後，自立爲步迦可汗。達頭死後，其孫射匱微弱，不得爲可汗。代爲可汗，君臨西面。今聞其失職，附隸於處羅，故遣使來以結援耳。願厚禮其使，拜爲大可汗，突厥勢分，兩從我矣。」帝從之，遂召其使者，言處羅不順之意，稱射匱有好心，吾將立爲大可汗，令發兵誅處羅，然後當爲婚也。帝取桃竹白羽箭一枝以賜射匱，因謂之曰：「此事宜速疾如箭也。」使者返，路經處羅，處羅愛箭，將留之，使者譎而得免。射匱聞而大喜，興兵襲之，處羅大敗，弃妻子，將左右數千騎東走，遁於高昌東，保時羅漫山。〔五〕高昌王麴伯雅上狀，帝遣裴矩將向氏親要左右往曉諭之，遂入朝。詔留其累弱萬餘口，令其弟闕達設牧畜會

寧郡。〔六〕

處羅可汗，隋煬帝大業中，與特勤大奈入朝，仍從煬帝征高麗，賜號爲曷薩那可汗。遇江都之亂，從宇文化及至河北。化及敗，大唐已革命，歸京師，封歸義郡王。俄貢大珠於高祖，上勞之曰：「珠信爲寶，王但赤心，珠無所用。」不受。自處羅朝隋後，射匱遂有其地。處羅既先與始畢有隙，及在京師，始畢遣使請殺之，高祖不許。羣臣諫曰：「若不與，則是存一人而失一國也，後必爲患。」遲迴久之，不得已，乃引曷薩那可汗於内殿，與縱酒，既而送至中書門下省，縱北突厥使殺之。太宗即位，令以禮改葬。

闕達設初居於會寧，有部落三千餘騎。至隋末，自稱闕達可汗。〔七〕武德初，遣使内屬，厚加撫慰。尋爲李軌所滅。

特勤大奈，隋大業中與曷薩那可汗同歸中國。及從煬帝討遼東，以功授金紫光禄大夫。後分其部落於樓煩。會高祖舉兵，大奈率其衆以從。隋將桑明和襲義軍於飲馬泉，〔八〕諸軍多已奔退，大奈將數百騎出明和後，掩其不備，擊，大破之，諸軍復振。拜光禄大夫。及定京城，以力戰功，賞物五千段，賜姓史氏。武德初，從太宗討薛舉，又從平王充、竇建德、劉黑闥，並有殊功。賜宫女三人，雜綵萬餘段。貞觀三年，累遷右武衛大將軍、檢校豐州都督，封竇國公，實封三百户。十二年卒，贈輔國大將軍。

初，曷薩那之朝隋也，爲煬帝所留，其國人遂立薩那之叔父射匱爲可汗，始開土宇，東至金山，西臨西海，自玉門以西諸國皆役屬之。遂與北突厥爲敵，乃建庭於龜兹北三彌山。尋卒，弟統葉護可汗代立。

統葉護可汗，勇而有謀，善攻戰。遂北并鐵勒，西拒波斯，南接罽賓，悉歸之，控弦數十萬，霸有西域，據舊烏孫之地。又移庭於石國北之千泉。〔九〕其西域諸國王悉授頡利發，并遣吐屯一人監統之，督其征賦，西戎之盛未有也。

武德三年，遣使貢條支巨卵。時北突厥作患，高祖厚加撫結，與之并力以圖北蕃，統葉護許以五年冬。大軍當發，頡利可汗聞之大懼，復與統葉護通和，〔一〇〕無相征伐。統葉護尋遣使來請婚，高祖謂侍臣曰：「西突厥去我懸遠，急疾不相得力，今來請婚，計將安在？」封德彝對曰：「當今之務，莫若遠交而近攻，正可權許其婚，以威北狄。待三數年後，〔一一〕中國全盛，徐思其宜。」高祖許之婚，令高平王道立至其國，統葉護大悦。遇頡利可汗頻歲入寇，西蕃路梗，由是未果爲婚。

貞觀元年，遣真珠統俟斤與道立來獻萬釘寶鈿金帶，馬五千匹。時統葉護自負强盛，〔一二〕無恩於國，部落咸怨，葛羅禄種多叛之。頡利可汗不欲中國與之和親，數遣兵入寇，又遣人謂統葉護曰：「汝若迎唐家公主，要須經我國中而過。」統葉護患之，未克婚，爲其伯父所殺而自立，是爲莫賀咄侯屈利俟毗可汗。〔一三〕先分統突厥種類，〔一四〕爲小可汗，及此自稱大可汗，國人不附。弩矢畢部共推泥熟莫賀設爲可汗，泥熟不從。時統葉護之子咥利特勤避莫賀咄之難，亡在康居，泥熟遂迎而立之，是爲乙毗鉢羅肆葉護可汗。〔一五〕連兵不息，俱遣使來朝，各請婚於我。太宗不許，諷令各保所部，無相征伐。其西域諸國及鐵勒先役屬於西突厥者，悉叛之，國内虚耗。肆葉護既是舊主之子，爲衆心所歸，其西面都陸可汗及莫賀咄可汗二部豪帥，多來附之。又興兵以擊莫賀咄，莫賀咄大敗，遁於金山，尋爲咄陸可汗所害，國人乃奉肆葉護爲大可汗。肆葉護可汗立，大發兵北征鐵勒，薛延陁逆擊之，反爲所敗。肆葉護性猜狠信讒，無統馭之略。有乙利可汗者，於肆葉護功最多，由是授小可汗，以非罪族滅之。羣下震駭，莫能自固。肆葉護素憚泥熟，而陰欲圖之，泥熟遂適焉耆。其後設卑達官與突厥弩矢畢二部豪帥潛謀擊之，〔一六〕肆葉護以輕騎遁於康居，尋卒。國人迎泥熟於焉耆而立之，是爲咄陸可汗。

咄陸可汗者，亦稱大度可汗。父莫賀設，本隸統葉護。武德中，嘗至京師。〔一七〕時太宗居藩，務加懷輯，與之結盟爲兄弟。既被推爲可汗，遣使詣闕請降，太宗賜以名號及鼓纛。貞觀七年，遣鴻臚寺少卿劉善因至其國，册授爲吞阿婁拔奚利邲咄陸可汗。〔一八〕

明年，泥孰卒，其弟同娥設立，〔一九〕是爲沙鉢羅咥利失可汗。咥，徒結反。以貞觀九年上表請婚，獻馬五百匹。朝廷唯厚加撫慰，未許其婚。俄而其國分爲十部，每部令一人統之，號爲十設。每設賜以一箭，故稱十箭焉。又分十箭爲左右廂，一箱各置五箭。〔二〇〕其左廂號爲五咄陸部落，置五大啜，一啜管一箭；〔二一〕右廂號爲五弩矢畢，置五大俟斤，一俟斤管一箭。〔二二〕其後或稱一箭爲一部落，大箭頭爲大首領。五咄陸部落居碎葉以東，五弩矢畢部落居於碎葉以西，自是都號爲十姓部落。咥利失既不爲衆所歸，部衆攜貳，爲其統吐屯所襲，麾下亡散。咥利失以左右百餘騎拒之，戰數合，統吐屯不利而去。咥利失奔其弟步利設，與保焉耆。其阿悉吉闕俟斤與統吐屯等召國人，將立欲谷設爲大可汗，以咥利失爲小可汗。統吐屯爲人所殺，欲谷設兵又爲其俟斤所破，咥利失復得故地，弩矢畢、處月、處密等並歸咥利失。十二年，西部竟立欲谷設爲乙毗咄陸可汗。乙毗咄陸可汗與咥利失中分，自伊列河以西屬咄陸，以東屬咥利失。咄陸可汗又建庭於烏鏃曷山西，〔二三〕謂之北庭。自厥越失、拔悉彌、駮馬、結骨、火燖、觸木昆諸國皆臣之。十三年，咥利失爲吐屯俟利發與欲谷設通謀作難，咥利失窮蹙，奔於鏺汗而死。〔二四〕

弩矢畢部落酋帥迎咥利失弟伽那之子薄布特勤而立之，是爲乙毗沙鉢羅葉護可汗。〔二五〕乙毗可汗既立，建庭於雖合水北，〔二六〕謂之南庭。東以伊列河爲界，自龜茲、鄯善、且末、吐火羅、焉耆、石國、史國、何國、穆國、康國，皆受其節度。累遣使朝貢，太宗降璽書慰勉。〔二七〕貞觀十五年，令左領軍將軍張大師册授焉，賜以鼓纛。於時咄陸可汗與葉護頻相攻擊。會咄陸遣使詣闕，太宗諭以敦睦之道。咄陸兵衆漸强，西域諸國復來歸附。未幾，咄陸遣石國吐屯攻葉護，〔二八〕擒之，送於咄陸，尋爲所殺。

咄陸可汗既并其國，弩矢畢諸姓不服咄陸，皆叛之。咄陸復率兵擊吐火羅，破之。遣兵寇伊州，安西都護郭恪率輕騎二千自烏骨邀擊，〔二九〕敗之。咄陸又遣處月、處密等圍天山縣，郭恪又擊走之。恪乘勝進據處月俟斤所居之城，追奔及於遏索山，斬首千餘級，降其處密之衆而歸。咄陸初以泥熟啜自擅取所部物，〔三〇〕斬之以徇，尋爲泥熟啜部將胡録屋所襲，〔三一〕衆多亡逸，其國大亂。

貞觀十五年，部下屈利啜等謀欲廢咄陸，各遣使詣闕，請立可汗。太宗遣使齎璽書立莫賀咄乙毗可汗之子，是爲乙毗射匱可汗。乙毗立，乃發弩矢畢兵就白水擊咄陸，大敗之。咄陸自知不爲衆所附，乃西走吐火羅國。中國使人先爲咄陸所拘者，射匱悉以禮資送歸長安，復遣使貢方物，請賜婚。太宗許之，令割龜兹、于闐、疎勒、朱俱波、葱嶺等五國以充聘禮。及太宗崩，賀魯反叛，射匱部落爲其所併。阿史那步真既來歸國，咄陸可汗乃立賀阿史那賀魯者，曳步利設射匱特勤之子也。

魯爲葉護，以繼步真，居於多邏斯川，在西州直北千五百里，統處月、處密、姑蘇、葛邏禄、弩矢畢五姓之衆。〔三二〕其俊，咄陸西走吐火羅國，射匱可汗遣兵迫逐，賀魯不常厥居。貞觀二十三年，乃率其部落内屬，詔居庭州。尋授左驍衛將軍、〔三三〕瑶池都督。永徽二年，與其子咥運率衆西遁，據咄陸可汗之地，總有西域諸部，建牙於雙河及千泉，自號沙鉢羅可汗，統攝咄陸、弩矢畢十姓。其咄陸有五啜，弩矢畢有五俟斤，各有所部，勝兵數十萬，並羈屬賀魯。其咄陸有五啜：一曰處木昆律啜；〔三四〕二曰胡禄屋闕啜，〔三五〕賀魯以女妻之；三曰攝舍提暾啜；四曰突騎施賀羅施啜；〔三六〕五曰鼠泥施處半啜。〔三七〕弩矢畢有五俟斤：一曰阿悉結闕俟斤，最爲强盛；二曰哥舒闕俟斤；三曰拔塞幹暾沙鉢俟斤；四曰阿悉結泥熟俟斤；五曰哥舒處半俟斤。西域諸國，亦多附隷焉。賀魯尋立咥運爲莫賀咄葉護，〔三八〕數侵擾西蕃諸部，又進寇庭州。三年，詔遣左武候大將軍梁建方、右驍衛大將軍契苾何力率燕然都護所部回紇兵五萬騎討之，〔三九〕前後斬首九千級，〔四〇〕虜渠帥六十餘人。四年，咄陸可汗死，其子真珠葉護與五弩矢畢請擊賀魯，破其牙帳，斬首千餘級。顯慶二年，遣左屯衛將軍蘇定方，〔四一〕燕然都護任雅相，副都護蕭嗣業，左驍衛大將軍、瀚海都督回紇婆閏等率師討擊，〔四二〕仍使右武衛大將軍阿史那彌射、左屯衛大將軍阿史那步真持節爲安撫大使。定方至曳咥河西，賀魯率胡禄屋闕啜等二萬餘騎列陣而待。定方率副總管任雅相與之交戰，〔四三〕賊衆大敗，斬其大首領護都搭吐荅反達官等二百餘人。〔四四〕賀魯及闕啜輕騎奔竄，渡伊麗河，兵馬溺死者甚衆。嗣業至千泉賀魯建牙之處，彌射進軍伊麗水，處密、處月部落率衆來降。彌射進次雙河，賀魯先使步失達官鳩集散卒，據柵拒戰。彌射、步真攻之，大潰；又與蘇定方攻賀魯於碎葉水，〔四五〕大破之。賀魯與咥運欲投鼠耨設，至石國之蘇咄城傍，人馬飢乏，城主伊沮達官詐將酒食出迎，〔四六〕賀魯信其言入城，反被拘執。蕭嗣業既至石國，鼠耨設乃以賀魯屬之。〔四七〕俘至京師，令獻於昭陵及太社，〔四八〕高宗特免死。分其種落置崑陵、濛池二都護府，其所役屬諸胡國，皆分置州府，西盡於波斯，並隸安西都護府。四年，賀魯卒，詔葬於頡利墓側，刻石以紀其事。

阿史那彌射者，室點密可汗五代孫也。〔四九〕初，室點密從單于統領十大首領，〔五〇〕有兵十萬衆，往平西域諸胡國，自立爲可汗，號十姓部落，世統其衆。〔五一〕彌射在本蕃爲莫賀咄葉護，與族兄步真有隙，以貞觀十三年率所部處月、處密等入朝，授右監門大將軍。其後步真遂自立爲咄陸葉護，其部落多不服，委之遁去。步真復攜家屬入朝，授左屯衛大將軍。彌射從太宗征高麗有功，封平襄縣伯。顯慶二年，轉左武衛大將軍。〔五二〕及討平賀魯，〔五三〕乃册立彌射爲興昔亡可汗兼左衛大將軍、崑陵都護，分押賀魯下五咄陸部落；步真授繼往絶可汗兼右衛大將軍、濛池都護，仍分押五弩矢畢部落，因令與盧承慶等准其部落大小，〔五四〕職位高下，節級授刺史以下官。龍朔中，又令彌射、步真俱率所部從䫻於畢反海道大總管蘇海政討龜茲。步真常欲并彌射部落，遂密告海政云：「彌射欲謀反，請以計誅之。」時海政兵纔數千，懸師在彌射境内，遂集軍吏而謀曰：「彌射若反，我輩即無噍類。今宜先舉事，則可克捷。」乃僞稱有敕，令大總管齎物數百萬段分賜可汗諸首領。由是彌射率其麾下，隨例請物，海政盡收斬之。其後西蕃咸言彌射非反，爲步真所誣，而海政不能審察，濫行誅戮。武太后臨朝，以十姓無主數年，部落多散，垂拱初，遂擢授彌射子左豹韜衛翊府中郎將元慶爲左玉鈐衛將軍兼崑陵都護，〔五五〕令襲興昔亡可汗，押五咄陸部落；步真子斛瑟羅爲右玉鈐衛將軍兼濛池都護，押五弩矢畢部落。尋進授元慶右衛大將軍。〔五六〕如意元年，爲來俊臣誣搆謀反被害。其子獻，配流崖州。長安三年，召還，累授右驍衛大將軍，襲父興昔亡可汗，充安撫招慰十姓大使。獻本蕃漸爲默啜及烏質勒所侵，遂不敢還國。開元中，累遷右金吾大將軍。卒於長安。

阿史那步真者，在本蕃授右屯衛大將軍，與彌射討平賀魯，加授驃騎大將軍、行右衛大將軍、濛池都護、繼往絶可汗，押五弩矢畢部落。尋卒。其子斛瑟羅，本蕃爲步利設，垂拱初，授右玉鈐衛將軍兼濛池都護，襲繼往絶可汗，押五弩矢畢部落。天授元年，拜左衛大將軍，改封竭忠事主可汗，仍兼濛池都護。尋卒。子懷道，神龍中累授右屯衛大將軍、光禄卿，轉太僕兼濛池都護、十姓可汗。〔五七〕自垂拱以後，十姓部落頻被突厥默啜侵掠，死散殆盡。乃隨斛瑟羅統六七萬人，徙居内地，西突厥阿史那氏於是遂絶。

突騎施烏質勒者，西突厥之別種也。初隸在斛瑟羅下，號爲莫賀達干。〔五八〕後以斛瑟羅用法嚴酷，擁衆背之，尤能撫卹其部落，由是爲遠近諸胡所歸附。其下置部督二十員，各統兵七千人。〔五九〕常屯聚碎葉西北界，後漸攻陷碎葉，徙其牙帳居之。東北與突厥爲鄰，西南與諸胡國相接，東南至西、庭州。〔六〇〕斛瑟羅以部衆削弱，自武太后時入朝，不敢還蕃，其地並爲烏質勒所并。及卒，其長子娑葛代統其衆，詔使立娑葛爲金河郡王，〔六一〕仍賜以宫女四人。初，娑葛代父統兵，烏質勒下部將闕啜忠節甚忌之，以兵部尚書宗楚客當朝任勢，密遣使齎金七百兩以賂楚客，請停娑葛統兵。楚客乃遣御史中丞馮嘉賓充使至其境，陰與忠節籌其事，并自致書以申意。在路爲娑葛遊兵所獲，遂斬嘉賓，仍進兵攻陷火燒等城，遣使上表以索楚客頭。〔六二〕景龍三年，娑葛弟遮弩恨所分部落少於其兄，遂叛入突厥，請爲鄉導，以討娑葛。默啜乃留遮弩，遣兵二萬人與其左右來討娑葛，擒之，與娑葛俱殺之。默啜兵還，娑葛下部將蘇禄鳩集餘衆，自立爲可汗。

蘇禄者，突騎施別種也。頗善綏撫，十姓部落漸歸附之，有衆二十萬，遂雄西域之地，尋遣使來朝。開元三年，制授蘇禄爲左羽林衛大將軍、金方道經略大使，特遣侍御史解忠順齎璽書册立爲忠順可汗。〔六三〕自是每年遣使朝獻，上乃立史懷道女爲金河公主以妻之。〔六四〕時杜暹爲安西都護，公主遣牙官齎馬千匹詣安西互市，使者宣公主教與暹，暹曰：「阿史那氏女，豈合宣教與吾節度使耶！」杖其使者，留而不遣，其馬經寒雪，〔六五〕盡死。蘇禄大怒，發兵分寇四鎮。會暹入爲相，趙頤貞代爲安西都護，城守久之，〔六六〕由是四鎮貯積及人畜並爲蘇禄所掠而去，安西僅全。俄又遣使入朝獻方物。十八年，蘇禄使至京師，上御丹鳳樓設宴。時突厥先遣使入朝，是日亦來同宴，與蘇禄使争長。突厥使曰：「突騎施國小，本是突厥之臣，不宜居上。」蘇禄使曰：「今日此宴，乃爲我設，不合居下。」中書門下及百僚議，〔六七〕遂於東西幕下兩處分坐，突厥使在東，突騎施使在西，宴訖厚賚而遣。蘇禄性尤清儉，每戰伐，有所克獲，〔六八〕盡分與將士及諸部落。其下愛之，甚爲其用。潛又遣使南通吐蕃，東附突厥。突厥及吐蕃亦嫁女與之。〔六九〕蘇禄既以三國女爲可敦，又分立數子爲葉護，費用漸廣，先既不爲積貯，晚年抄掠所得者，留不分之，又因風病，一手攣縮，其下諸部，心始攜貳。

有大首領莫賀達干、都摩度兩部落，最爲强盛。〔七〇〕百姓又分爲黄姓、黑姓兩種，互相猜阻。二十六年，莫賀達干勒兵夜攻蘇禄，殺之。都摩度初與莫賀達干連謀，俄又相背，立蘇禄之子吐火仙爲可汗，以輯其餘衆，與莫賀達干自相攻擊。莫賀達干遣使告安西都護蓋嘉運，嘉運率兵討之，大破都摩度之衆，臨陣擒吐火仙，并收得金河公主而還。又欲立史懷道之子昕爲可汗以鎮撫之，莫賀達干不許，曰：「討平蘇祿，本是我之元謀，若立史昕爲主，則國家何以賞於我？」乃不立史昕，便令莫賀達干統衆。二十七年，嘉運率將士詣闕獻俘，上御花蕚樓以宴之，仍命將吐火仙獻於太廟。俄又黄姓、黑姓自相屠殺，各遣使降附。

鐵勒

鐵勒之先，匈奴之苗裔也，種類最多。自西海之東，依據山谷，往往不絶。獨洛河北有僕骨、同羅、韋紇、拔野古、覆羅，並號俟斤，蒙陳、吐如紇、斯結、〔七一〕渾、斛薛等諸姓，勝兵可二萬。伊吾以西，焉耆之北，傍白山，則有契弊、薄落職、乙咥、蘇婆、那曷、烏護、〔七二〕紇骨、〔七三〕也咥、於尼護等，勝兵可二萬。金山西南有薛延陁、咥勒兒、十槃、達契等萬餘兵。康國北，傍阿得水，則有訶咥、〔七四〕曷截、〔七五〕撥忽、比干、〔七六〕具海、曷比悉、阿嵯蘇、〔七七〕拔也未、〔七八〕渴達等三萬餘兵。〔七九〕傍嶷海東西，〔八〇〕有蘇路羯、〔八一〕三索咽、〔八二〕蔑促、〔八三〕薛忽等諸姓，〔八四〕咽，因結反。八千餘兵。拂菻東則有恩屈、阿蘭、北褥、〔八五〕九離、伏嗢昏等，嗢，烏没反。近二萬人。北海南則都波等。雖姓氏各別，總謂爲鐵勒。並無君長，〔八六〕屬東西兩突厥。隨水草流移。人性凶忍，善於騎射，貪婪尤甚，以寇掠爲生。近西邊者，頗爲藝植，多牛羊而少馬。自突厥有國，〔八七〕東西征討，皆資其用，以制北荒。十六國慕容垂時塞北、後魏末河西並云有敕勒部，鐵勒蓋言訛也。

隋大業元年，突厥處羅可汗擊鐵勒諸部，厚其稅斂，又猜忌薛延陁等，恐爲變，遂集其魁帥數百人，盡誅之。由是一時反叛，拒處羅，遂立俟利發、俟斤契弊歌楞爲易勿真莫何可汗，〔八八〕居貪汗山，復立薛延陁内俟斤字也晊爲小可汗。〔八九〕處羅既敗，莫何始大焉，甚得衆心，爲鄰國所憚，伊吾、高昌、焉耆諸國悉附之。

其俗大抵與突厥同，唯丈夫婚畢，便就妻家，〔九〇〕待産乳男女然後歸，此其異也。

薛延陁

薛延陁，鐵勒之别部也，前燕慕容儁時，匈奴單于賀剌頭率部三萬五千來降，〔九一〕延陁蓋其後。〔九二〕與薛部雜居，因號薛延陁。可汗姓壹利吐氏，〔九三〕代爲强族。初蠕蠕之滅也，並屬於突厥，而部落中分，在鬱督軍山者，東屬於始畢；在貪汗山者，西屬於葉護，其主夷男，於大唐貞觀中遣使朝聘，封爲毗伽可汗，〔九四〕居大漠之北，俱淪水南，去長安萬四千餘里。後鐵勒僕骨、同羅共擊薛延陁，大敗之。太宗以其破亡，遣江夏王道宗、左衞大將軍阿史那社爾爲瀚海道安撫使。〔九五〕

初，薛延陁真珠毗伽可汗遣使請婚，太宗許以女妻之，徵可汗備親迎之禮，詔幸靈州與之禮會。延陁先無府藏，調斂其國，且行萬里，既涉沙磧，無水草，而羊馬多死，遂後期。

太宗於是停幸靈州。既而聘羊馬損耗將半，於是反其使者。羣臣或云，許公主以妻延陁，邊境得以休息，納其獻聘，不可失信於蕃人，宜在速成。太宗曰：「君等知古而不知今。昔漢家匈奴强而中國弱，所以厚飾子女，嫁與單于。今中國强而北狄弱，漢兵千人堪擊其數萬。延陁所以扶服稽顙，恣我所爲，不敢驕慢者，以新得立爲君長，雜居非其本屬，將倚大國，用服其衆。彼同羅、僕骨等十餘部落，兵各數萬，〔九六〕足制延陁；所以不敢發者，以延陁爲我所立，懼中國也。若今以女妻之，大國子壻，增崇其禮，深結黨援，雜姓部落，更尊服之。夷狄人豈知恩義，微不得意，勒兵南下，所謂養獸自噬也。今不與其女，〔九七〕使命頗簡，諸姓部落知吾棄之，其爭擊延陁必矣。」既而李恩摩數侵掠之。延陁復使突利失寇定襄，〔九八〕掠百姓，太宗遣英國公李勣援之，虜已出塞而還。太宗以璽書責讓之，可汗乃遣使致謝，復請發兵助軍，太宗優詔答而止焉。

僕骨〔九九〕

僕骨，鐵勒之別部，習俗與突厥略同。在多濫葛東境，〔一〇〇〕勝兵萬餘，與同羅宿敦鄰好，最居北偏。先臣於頡利，苦頡利亂政，後附薛延陁。大唐貞觀中，遣使朝貢。及延陁之滅也，其大酋婆匐、俟利發歌藍伏延詣闕內附。〔一〇一〕

同羅

同羅者，鐵勒之別部也。在薛延陁之北，去長安萬七千五百里，户萬五千，俗與突厥略同。初臣突厥，苦頡利之政亂，太宗時，其酋俟利發時健啜遣使内附。中閒無聞。洎天寶初，其酋帥阿布思以萬餘帳來降，處之朔方河南之地，給其廩食，每歲仍費繒絮數十萬段，其河曲郡縣倉廩爲之空虚。至十年背叛，刼掠諸姓部落，遂還漠北。尋爲回紇所破，黨衆離散。阿布思後奔葛邏禄，北庭節度程千里購之以獻，戮於京師。

都波

都波者，鐵勒別種。南去回紇十三日行。分爲三部，自相統攝。結草爲廬，無牛羊，不知耕稼。土多百合草，取其根以爲糧，兼捕魚射獵爲食，而衣貂、鹿之皮，〔一〇二〕貧者緝鳥羽以爲服。婚姻，富者以馬，貧用鹿皮及草根爲聘禮。死亡以木櫝盛尸，置山中，或懸於樹上，送葬哭泣略與突厥類。莫知四時之候。國無刑罰，偷盜倍徵其贓。大唐貞觀二十一年，遣使朝貢。

拔野古

拔野古者，亦鐵勒之別部。在僕骨東境，勝兵萬餘。其地豐草，〔一〇三〕人皆殷富。其酋俟利發屈利失，貞觀二十一年舉其部來降。其地東北千餘里曰康干河，〔一〇四〕有松木入水，〔一〇五〕二年乃化爲石，其色青，有國人居住，其人謂之「康干石」。〔一〇六〕其松爲石以後，仍似松文。人皆著木脚，冰上逐鹿。以耕種射獵爲業。國多好馬，又出鐵。風俗與鐵勒同，言語稍別。

多濫葛

多濫葛在薛延陁東界，居近同羅水，勝兵萬人。自古未通中國。其大酋、俟斤多濫葛共率所部朝見。〔一〇七〕

斛薛

斛薛，亦鐵勒之別部，在多濫葛北境，兩姓合居，勝兵七千。

阿跌〔一〇八〕

阿跌，亦鐵勒之別部，在多濫葛西北，勝兵千七百。隋代號訶咥部是也。〔一〇九〕遷徙無常所。

契苾羽

契苾羽在多濫葛南，兩姓合居，勝兵二千。〔一一〇〕

鞠國

鞠國在拔野古東北五百里，六日行。〔一一一〕其國有樹無草，〔一一二〕但有地苔。無羊馬，家畜鹿如中國牛馬。使鹿牽車，可勝三四人。人衣鹿皮，食地苔。其國俗聚木爲屋，尊卑共居其中。

俞折〔一一三〕

俞折國在鞠國東十五日行。其土地寬大，百姓衆多。風俗與拔野古同。少牛馬，多貂鼠骨咄也。〔一一四〕

大漠〔一一五〕

大漠國在鞠國北，饒羊馬。〔一一六〕人極長大，長者至丈三四尺。問其國云，北有骨師國，〔一一七〕共大漠相接。

白霫

白霫，在拔野古東，勝兵三千人。其渠帥各率所部歸附，列地爲州，即其酋長爲刺史。自鞠國以下諸國，並貞觀二十一年通。

校勘記

〔一〕在京師西北七千里　舊唐書突厥傳下五一七九頁、太平寰宇記卷一九七、册府卷九五八一一二七八頁無「西」字。

〔二〕立二小可汗　「二」原脱，據隋書北狄傳一八七六頁、北史突厥傳三三〇〇頁補。

〔三〕其地名應娑　「娑」原訛「婆」，據隋書北狄傳一八七六頁、北史突厥傳三三〇〇頁改。

〔四〕每五月八日　「日」原作「月」，據朝鮮本、王吴本及隋書北狄傳一八七七頁、太平寰宇記卷一九七改。

〔五〕時羅漫山　「時」原訛「特」，據明刻本、朝鮮本、王吴本改。按：隋書北狄傳一八七八頁、北史突厥傳三三〇二頁、太平寰宇記卷一九七均作「時」。

〔六〕闕達設　隋書裴矩傳一五八二頁、北史裴矩傳一三九一頁作「闕達度設」。此省「度」字，舊唐書突厥傳下五一八〇頁、太平寰宇記卷一九七同。

〔七〕自稱闕達可汗　原脱「達」，據舊唐書突厥傳下五一八〇頁補。

〔八〕桑明和　舊唐書突厥傳下五一八〇頁、太平寰宇記卷一九七作「桑顯和」。按：本當作「顯」，杜佑避中宗諱改。

〔九〕又移庭於石國北之千泉　「之千泉」原脱訛作「千里」，據舊唐書突厥傳下五一八一頁、太平寰宇記卷一九七補改。

〔一〇〕復與統葉護通和　「與統」原作「許」，據舊唐書突厥傳下五一八一頁改補。

〔一一〕待三數年後　「三」舊唐書突厥傳下五一八一頁作「之」。

〔一二〕自負强盛　「强盛」原作「其强」，據朝鮮本、王吳本及舊唐書突厥傳下五一八二頁、太平寰宇記卷一九七改。

〔一三〕是爲莫賀咄侯屈利俟毗可汗　原訛作「是爲莫賀咄俟屈利毗可汗」，據舊唐書突厥傳下五一八二頁、太平寰宇記卷一九七補乙。

〔一四〕先分統突厥種類　原作「初統葉護令伯父分統突厥種類」，清人擅修者。今據舊唐書突厥傳下五一八二頁删正。按：明刻本、朝鮮本、王吳本唯「先」訛「令」，餘同舊唐書。

〔一五〕乙毗鉢羅肆葉護可汗　原「鉢」上衍「沙」，據舊唐書突厥傳下五一八二頁、太平寰宇記卷一九七删。

〔一六〕設卑達官　太平寰宇記卷一九七同。舊唐書突厥傳下五一八三頁「官」作「干」。

〔一七〕嘗至京師　「嘗」原作「常」，據舊唐書突厥傳下五一八三頁、太平寰宇記卷一九七改。

〔一八〕吞阿婁拔奚利邲咄陸可汗　「阿」原訛「河」，據舊唐書突厥傳下五一八三頁、新唐書突厥傳下六〇五八頁、太平寰宇記卷一九七改。

〔一九〕同娥設　「娥」原作「俄」，據明刻本、朝鮮本及舊唐書突厥傳下五一八三頁、太平寰宇記卷一九七改。

〔二〇〕一箱各置五箭　「一箱」原脱，據舊唐書突厥傳下五一八三頁、太平寰宇記卷一九七補。

〔二一〕一啜管一箭　「一啜」原脱，陳舊唐書突厥傳下五一八三頁、太平寰宇記卷一九七補。

〔二二〕一俟斤管一箭　「一俟斤」原脱，據舊唐書突厥傳下五一八四頁、太平寰宇記卷一九七補。

〔二三〕烏鏃曷山　太平寰宇記卷一九七同。舊唐書突厥傳下五一八四頁、新唐書突厥傳下六〇五九頁無「烏」字。

〔二四〕鏺汗　「鏺」原訛「鏃」，據太平寰宇記卷一九七、通鑑卷一九五六一五一頁改。按：舊唐書突厥傳下五一八四頁、新唐書突厥傳下六〇五九頁作「拔汗那」。

〔二五〕乙毗沙鉢羅葉護可汗　原「毗」下衍「略」，據舊唐書突厥傳下五一八四頁、新唐書突厥傳下六〇五九頁、太平寰宇記卷一九七、通鑑卷一九五六一五一頁删。

〔二六〕雖合水　「雖」舊唐書突厥傳下五一八四頁作「睢」。

〔二七〕太宗降璽書慰勉　「勉」原作「勞」，清人擅改者。今據明刻本、朝鮮本、王吴本改回。按：舊唐書突厥傳下五一八五頁、太平寰宇記卷一九七均作「勉」。

〔二八〕吐屯　「吐」原訛「咄」，據舊唐書突厥傳下五一八五頁、新唐書突厥傳下六〇五九頁、太平寰宇記卷一九七改。

〔二九〕郭恪　「恪」上原有「孝」，據明刻本、朝鮮本、王吴本及舊唐書突厥傳下五一八五頁、太平寰宇記卷一九七删。下同。

〔三〇〕自擅取所部物　「所部物」原作「而」，據舊唐書突厥傳下五一八五頁、太平寰宇記卷一九七補改。

〔三一〕胡録屋　新唐書突厥傳下六〇五九頁、通鑑卷一九六六一七九頁同。舊唐書突厥傳下五一八五頁作「胡禄居」，太平寰宇記卷一九七作「胡屋录」。

〔三二〕弩矢畢　原脱倒作「畢矢」，據舊唐書突厥傳下五一八六頁、新唐書突厥傳下六〇六〇頁補乙。

〔三三〕左驍衛將軍　「驍」原訛「騎」，據舊唐書突厥傳下五一八六頁、新唐書突厥傳下六〇六〇頁、太平寰宇記卷一九七、通鑑卷一九九六二五七頁改。

〔三四〕處木昆律啜　「處」下原衍「月」，據舊唐書突厥傳下五一八六頁、新唐書突厥傳下六〇六一頁、太平寰宇記卷一九七删。

〔三五〕胡禄屋闕啜　「屋」原作「居」，據新唐書突厥傳下六〇六一頁改。按：下文有云：「賀魯率胡禄屋闕啜等二萬餘騎列陣而待。」

〔三六〕突騎施賀羅施啜　前「施」原脱，後「施」訛「陀」，據舊唐書突厥傳下五一八六頁、新唐書突厥傳下六〇六一頁補改。

〔三七〕鼠泥施處半啜　「施」原訛「陁」，據舊唐書突厥傳下五一八六頁、新唐書突厥傳下六〇六一頁、太平寰宇記卷一九七改。

〔三八〕莫賀咄葉護　原脱「莫」，據舊唐書突厥傳下五一八六頁、新唐書突厥傳下六〇六一頁、太平寰宇記卷一九七補。

〔三九〕右驍衛大將軍　「驍」原訛「騎」，據舊唐書突厥傳下五一八六頁、新唐書突厥傳下六〇六一頁、太平寰宇記卷一九七改。

〔四〇〕前後斬首九千級　太平寰宇記卷一九七同。舊唐書突厥傳下五一八六頁「九」作「五」。

〔四一〕左屯衞將軍蘇定方　通鑑卷二〇〇六三〇一頁同。舊唐書突厥傳下五一八七頁、太平寰宇記卷一九七「左」作「右」。

〔四二〕婆閏　「閏」原訛「閆」，據朝鮮本、王吴本及舊唐書突厥傳下五一八七頁、新唐書突厥傳下六〇六二頁、太平寰宇記卷一九七改。

〔四三〕定方率副總管任雅相　「副」原作「嗣業」，據舊唐書突厥傳下五一八七頁、太平寰宇記卷一九七删改。

〔四四〕都搭吐荅反達官　「搭」原作「嗒」，據明刻本、朝鮮本改。「達官」太平寰宇記卷一九七同。舊唐書突厥傳下五一八七頁、新唐書突厥傳下六〇六二頁作「達干」。下同。

〔四五〕碎葉水　原脱「碎」，據舊唐書突厥傳下五一八七頁、新唐書突厥傳下六〇六三頁、太平寰宇記卷一九七補。

〔四六〕伊沮達官　通鑑卷二〇〇六三〇七頁同。舊唐書突厥傳下五一八七頁、新唐書突厥傳下六〇六三頁「沮」作「涅」，太平寰宇記卷一九七作「温」。

〔四七〕乃以賀魯屬之　「屬之」原倒，據舊唐書突厥傳下五一八七頁乙正。

〔四八〕令獻於昭陵及太社　「社」舊唐書突厥傳下五一八七頁、太平寰宇記卷一九七作「廟」。

〔四九〕室點密可汗　太平寰宇記卷一九七同。舊唐書突厥傳下五一八八頁、新唐書突厥傳下六〇六四頁「點」作「點」。下同。

〔五〇〕初室黠密從單于統領十大首領　「從單于統領」原作「爲」，文不可通，今據舊唐書突厥傳下五一八八頁補改。

〔五一〕號十姓部落世統其衆　「十姓部落世統其衆」，原缺，今據舊唐書突厥傳下五一八八頁訂補。

〔五二〕左武衞大將軍　舊唐書突厥傳下五一八八頁、新唐書突厥傳下六〇六四頁、太平寰宇記卷一九七「左」作「右」。通鑑卷二〇〇六三〇七頁無「武」。

〔五三〕及討平賀魯　原脱「平」，據舊唐書突厥傳下五一八八頁、太平寰宇記卷一九七補。

〔五四〕盧承慶　「承」原訛「永」，據舊唐書突厥傳下五一八八頁、太平寰宇記卷一九七、通鑑卷二〇〇六三〇七頁改。按：盧承慶，舊唐書卷八一二七四八頁有傳。

〔五五〕左豹韜衞翊府中郎將　「左」原作「右」，「將」原脱，據舊唐書突厥傳下五一八九頁、太平寰宇記卷一九七、通鑑卷二〇二六四三五頁改補。

〔五六〕右衞大將軍　舊唐書突厥傳下五一八九頁、太平寰宇記卷一九七「右」作「左」。下「右屯衞大將軍」亦然。

〔五七〕兼濛池都護十姓可汗　「都護」原脱，據舊唐書突厥傳下五一九〇頁、新唐書突厥傳下六〇六五頁、太平寰宇記卷一九七補。

〔五八〕莫賀達干　「干」原訛「于」，據舊唐書突厥傳下五一九〇頁、新唐書突厥傳下六〇六六頁、太平寰宇記卷一九七改。下同。

〔五九〕各統兵七千人　「兵」下原有「戈」，據王吳本删。按：舊唐書突厥傳下五一九〇頁、太平寰宇記卷一九七均無「戈」字。

〔六〇〕西南與諸胡國相接東南至西庭州　原脱作「西與諸胡國相接至庭州」，今據舊唐書突厥傳下五一九〇頁補。按：太平寰宇記卷一九七作「西與諸胡國相接東至西庭州」。新唐書突厥傳下六〇六六頁作「西諸胡，東直西庭州」。

〔六一〕詔使立娑葛爲金河郡王　「使」舊唐書突厥傳下五一九〇頁作「便」。

〔六二〕以索楚客頭　「以」原作「欲」，據明刻本、朝鮮本、王吳本改。

〔六三〕特遣侍御史解忠順齎璽書册立爲忠順可汗　舊唐書突厥傳下五一九一頁「特」作「進爲特勤」。

〔六四〕金河公主　舊唐書突厥傳下五一九一頁、太平寰宇記卷一九七同。唐會要卷六、新唐書突厥傳下六〇六七頁「金河」作「交河」。

〔六五〕其馬經寒雪　「寒雪」舊唐書突厥傳下五一九一頁作「雪寒」。

〔六六〕城守久之　原作「城中久乏」，據朝鮮本及舊書唐突厥傳下五一九一頁、太平寰宇記卷一九七改。

〔六七〕中書門下及百僚議　「議」原脱，據舊唐書突厥傳下五一九二頁、太平寰宇記卷一九七補。

〔六八〕有所克獲　「有」下原衍「功」，據舊唐書突厥傳下五一九二頁、太平寰宇記卷一九七删。

〔六九〕突厥及吐蕃亦嫁女與之　「突厥」原涉上而脱，據舊唐書突厥傳下五一九二頁、太平寰宇記卷一九七補。

〔七〇〕兩部落最爲强盛　「落」原脱，據舊唐書突厥傳下五一九二頁、太平寰宇記卷一九七補。按：朝鮮本、王吴本有「落」無「最」。

〔七一〕斯結　「斯」原訛「期」，據明刻本、朝鮮本及隋書北狄傳一八七九頁、北史鐵勒傳三三〇三頁、太平寰宇記卷一九八、册府卷九五六一一二五三頁改。按：舊唐書北狄傳五三四三頁、唐會要卷九六作「思」。

〔七二〕烏護　北史鐵勒傳三三〇三頁、太平寰宇記卷一九八同。「護」隋書北狄傳一八七九頁作「讙」，册府卷九五六一一二五三頁作「灌」。下「於尼護」亦然。

〔七三〕紇骨　原倒作「骨紇」，據隋書北狄傳一八七九頁、北史鐵勒傳三三〇三頁、太平寰宇記卷一九八、册府卷九五六一一二五三頁乙。

〔七四〕訶咥　「訶」原作「阿」，據明抄本、明刻本、朝鮮本改。按：隋書北狄傳一八八〇頁、北史鐵勒傳三三〇三頁、太平寰宇記卷一九八、册府卷九五六一一二五三頁均作「訶」。

〔七五〕曷巀　隋書北狄傳一八八〇頁、册府卷九五六一一二五三頁同。北史鐵勒傳三三〇三頁、太平寰宇記卷一九八「巀」作「截」。

〔七六〕比干　明抄本、明刻本、朝鮮本作「叱干」，王吴本、殿本、局本作「吨干」，今據隋書北狄傳一八八〇頁、北史鐵勒傳三三〇三頁、册府卷九五六一一二五三頁改。按：太平寰宇記卷一九八作「北干」。

〔七七〕阿嵯蘇　太平寰宇記卷一九八同。隋書北狄傳一八八〇頁、北史鐵勒傳三三〇三頁、册府卷九五六一一二五三頁「阿」作「何」。

〔七八〕拔也末　隋書北狄傳一八八〇頁、册府卷九五六一一二五三頁同。北史鐵勒傳三三〇三頁作「拔也末」，太平寰宇記卷一九八作「拔野末」。

〔七九〕渴達　隋書北狄傳一八八〇頁、太平寰宇記卷一九八、册府卷九五六一一二五三頁同。北史鐵勒傳三三〇三頁作「謁達」。

〔八〇〕傍嶷海東西　太平寰宇記卷一九八同。隋書北狄傳一八八〇頁、北史鐵勒傳三三〇三頁、册府卷九五六一一二五三頁「傍」作「得」。

〔八一〕有蘇路羯　原脱「有」，據隋書北狄傳一八八〇頁、北史鐵勒傳三三〇三頁、太平寰宇記卷一九八、册府卷九五六一一二五三頁補。

〔八二〕三索咽　隋書北狄傳一八八〇頁、太平寰宇記卷一九八、册府卷九五六一一二五三頁同。北史鐵勒傳三三〇三頁「索」作「素」。

〔八三〕蔑促　隋書北狄傳一八八〇頁、太平寰宇記卷一九八同。北史鐵勒傳三三〇三頁、册府卷九五六一一二五三頁作「篾促」。

〔八四〕薛忽　册府卷九五六一一二五三頁同。隋書北狄傳一八八〇頁作「隆忽」，北史鐵勒傳三三〇三頁、太平寰宇記卷一九八作「薩忽」。

〔八五〕北褥　「褥」原訛「振」，據隋書北狄傳一八八〇頁、北史鐵勒傳三三〇三頁、册府卷九五六一一二五三頁改。按：太平寰宇記卷一九八作「褥」。

〔八六〕並無君長　「無」原訛「有」，據隋書北狄傳一八八〇頁、北史鐵勒傳三三〇三頁、太平寰宇記卷一九八、册府卷九五六一一二五三頁改。

〔八七〕自突厥有國　原脱倒作「突厥國有」，據隋書北狄傳一八八〇頁、北史鐵勒傳三三〇三頁、太平寰宇記卷一九八補乙。

〔八八〕遂立俟利發俟斤契弊歌楞爲易勿真莫何可汗　上「俟」原訛「侯」，「楞」原訛「槾」，「勿」原脱，據隋書北狄傳一八八〇頁、北史鐵勒傳三三〇三頁、太平寰宇記卷一九八改補。

〔八九〕字也咥　隋書北狄傳一八八〇頁、太平寰宇記卷一九八同。北史鐵勒傳三三〇三頁「字」作「子」。

〔九〇〕便就妻家　「便就」原倒，據明抄本、明刻本、朝鮮本乙。按：隋書北狄傳一八八〇頁、北史鐵勒傳三三〇四頁、太平寰宇記卷一九八均作「便就」。

〔九一〕賀剌頭　「剌」晉書慕容儁載記二八三八頁作「賴」，太平寰宇記卷一九八作「利」。

〔九二〕延陁蓋其後　「延」原脱，據太平寰宇記卷一九八補。

〔九三〕壹利吐氏　「吐」册府卷九五六一一二五三頁作「咄」。

〔九四〕封爲毗伽可汗　「封」原脱，據太平寰宇記卷一九八補。

〔九五〕阿史那社爾　「社」原訛「杜」，據明刻本、朝鮮本改。

〔九六〕兵各數萬　「各」原作「可」，據明抄本、明刻本、朝鮮本及太平寰宇記卷一九八改。

〔九七〕今不與其女　「與」王吴本、殿本、局本作「許」，非通典之舊，據明抄本、明刻本、朝鮮本及太平寰宇記卷一九八改。

〔九八〕延陁復使突利失寇定襄 王吴本、殿本同。明抄本、明刻本、朝鮮本作「延陁復使思摩至定襄」，誤。

〔九九〕僕骨 明抄本、明刻本、朝鮮本、王吴本均作「僕胥」，誤。下同。

〔一〇〇〕多濫葛 「葛」原脱，據舊唐書太宗記下五九頁、册府卷九五八一一二七七頁、通鑑卷一九八六二三九頁補。

〔一〇一〕歌藍伏延 通鑑卷一九八六二四二頁作「歌濫拔延」。

〔一〇二〕而衣貂鹿之皮 「鹿」原訛「鼠」，據明抄本、明刻本、朝鮮本、王吴本、殿本改。按：太平寰宇記卷一九八作「貉」。

〔一〇三〕其地豐草 原「草」下有「盛」，據朝鮮本、王吴本及太平寰宇記卷一九八删。

〔一〇四〕千餘里 「千」下原有「有」，據明抄本、明刻本、朝鮮本、王吴本删。

〔一〇五〕有松木入水 唐會要卷九八同。太平寰宇記卷一九八「有」作「投」。

〔一〇六〕其人謂之康干石 唐會要卷九八同。太平寰宇記卷一九八「入」作「上」，屬上爲讀。

〔一〇七〕共率所部朝見 「共率」太平寰宇記卷一九八作「自統」。

〔一〇八〕阿趺 「趺」原訛「跋」，據太平寰宇記卷一九八改。按：舊唐書太宗紀下五九頁、北狄傳五三四三頁、新唐書回鶻傳上六一一二頁、唐會要卷九六、通鑑卷一九八六二四二頁均作「阿鉄」。

〔一〇九〕隋代號訶咥部是也 「咥」原訛「喹」，據隋書北狄傳一八八〇頁、北史鐵勒傳三三〇三頁、太平寰宇記卷一九八改。

〔二〇〕勝兵二千　「二」原訛「三」，據明刻本、朝鮮本及太平寰宇記卷一九八改。

〔二一〕東北五百里六日行　唐會要卷九八作「東北六日行」。太平寰宇記卷一九八作「東北五十日行」，恐誤。

〔二二〕其國有樹無草　「其」上原有「至」，據朝鮮本、王吴本删。

〔二三〕俞㭆　太平寰宇記卷一九八作「榆㭆」，下同。唐會要卷九八、新唐書回鶻傳下六一四六頁作「俞折」。

〔二四〕多貂鼠骨咄也　「骨咄也」原無，王吴本、殿本亦然，明人擅删，清人沿之。今據明抄本、明刻本、朝鮮本及太平寰宇記卷一九八補回。按：唐會要卷九八作「地多豹鼠骨吐」。

〔二五〕大漠　太平寰宇記卷一九八同。唐會要卷九八作「大漢」。下同。

〔二六〕饒羊馬　「羊」原訛「牛」，據明抄本、明刻本、朝鮮本、王吴本改。按：唐會要卷九八、太平寰宇記卷一九八均作「羊」。

〔二七〕骨師國　太平寰宇記卷一九八同。唐會要卷九八「師」作「帥」。

王文錦點校

通典卷第二百

邊防十六

北狄七

庫莫奚

庫莫奚，聞於後魏及後周。其先，東部鮮卑宇文之別種也。初爲慕容晃所破，遺落者竄匿松漠之間。其地在今柳城郡之北。其俗甚不潔，而善於射獵，好爲寇抄。後魏之初，頻爲寇盜，及突厥興而臣屬之。後稍强盛，分爲五部：一曰辱紇主，二曰莫賀弗，三曰契箇，四曰木昆，五曰室得。理饒樂水北，即鮮卑故地。一名如洛環水，蓋「饒樂」之訛也。每部置俟斤一人爲其帥，隨逐水草，頗同突厥。有阿會氏，五部中爲盛，諸部皆歸之。其俗，死者以葦薄裹屍，懸之樹上。其後款附。至隋代號曰奚，突厥稱蕃之後，〔一〕亦遣使入朝。奚部落並在今柳城郡東北二千餘里。

大唐開元五年二月，奚首領李大酺入朝，封從外生女辛氏爲固安公主以妻之。〔二〕八年，大酺戰死，〔三〕共立其弟魯蘇爲主，詔仍以固安公主爲妻。時魯蘇牙官塞默羯謀害魯蘇，翻歸突厥，公主密知之，遂設宴，誘執而殺之。上嘉其功，賞賜累萬。公主嫡母妬主榮寵，乃上書云主是庶人，〔四〕此實欺罔稱嫡，請更以所生女嫁與魯蘇。上怒，令與魯蘇離婚，又封成安公主女韋氏爲東光公主以妻魯蘇。〔五〕

契丹

契丹之先與庫莫奚異種而同類，并爲慕容氏所破，俱竄於松漠之閒。其俗頗與靺鞨同。父母死而悲哭者爲不壯，但以其屍置於山樹之上。經三年之後，乃收其骨而焚之，因酹酒而祝曰：「冬月時，向陽食；夏月時，向陰食。若我射獵時，使我多得猪鹿。」其無禮頑嚚，於諸夷最甚。

後魏初，大破之，遂逃迸，與庫莫奚分背。經數十年，稍滋蔓，有部落於和龍之北數百里，和龍今柳城郡。多爲寇盜。魏太武帝真君以來，歲貢名馬，於是東北羣狄悉萬丹部、阿大何部、〔六〕伏弗郁部、羽陵部、日連部、匹黎部、〔七〕比六于部各以其名馬文皮入獻，〔八〕皆得交市於和龍、密雲之閒。密雲今郡。其後爲突厥所逼，又以萬家寄於高麗。

隋開皇末，有別部四千餘家，〔九〕背突厥來降。文帝方與突厥和好，重失遠人之情，悉令給糧還本部，敕突厥撫納之。固辭不去。部落漸衆，遂北逐水草，當遼西正北二百里，依託紇臣水而居，〔一〇〕東西亙五百里，南北三百里，亦鮮卑故地。分爲十部，多者三千，少者千餘，隨水草畜牧。

大唐貞觀二十二年十一月，契丹帥窟哥率其部內屬，以契丹部爲松漠都督府，拜窟哥爲持節十州諸軍事、松漠都督於營州，兼置東夷都護，以統松漠、饒樂之地，罷護東夷校尉官。武太后萬歲通天元年五月，窟哥曾孫松漠都督羈縻松漠都護府屬，今柳城郡。李盡忠與其妻兄歸誠州刺史孫萬榮，殺都督趙文翽，舉兵反，陷營州，今柳城。自號可汗。命左鷹揚將軍曹仁師、右金吾將軍張玄遇、右武威大將軍李多祚、司農少卿麻仁節等二十八將討之。遇賊於西硤石、黃麞谷，官軍敗績，玄遇、仁節没於賊。〔一一〕李盡忠死，孫萬榮代領其衆，攻陷冀州，今信都郡。刺史陸寶積死之。又陷瀛州屬縣。今河間郡。又遣夏官尚書、同鳳閣鸞臺三品王孝傑與蘇宏暉率兵十八萬，與孫萬榮戰於東硤石，官軍又大敗，孝傑没於陣，宏暉棄甲而遁。又命河內王武懿宗爲大總管，右肅政御史大夫婁師德爲副，沙吒忠義爲前軍，率兵二十萬以討之。〔一二〕萬榮爲其家奴所殺，其黨遂潰。開元五年十一月，封宗室女爲永樂公主，出降契丹松漠王李失活。十年閏五月，敕餘姚公主女慕容氏封爲燕郡公主，出降

松漠郡王李漠鬱干。〔一三〕

室韋

室韋有五部，後魏末通焉，并在靺鞨之北，路出柳城。諸部不相總一，所謂南室韋、北室韋、鉢室韋、深末怛室韋、大室韋，並無君長，人衆貧弱。突厥沙鉢略可汗嘗以吐屯潘垤統領之，〔一四〕蓋契丹之類也。其在南者爲契丹，在北者號室韋。南室韋在契丹北三千里，後魏書云：自契丹路經啜水、蓋水、犢了山，〔一五〕其山周迴三百里，又經屈利水，始到其國。土地卑濕，至夏則移向西貸勃、欠對二山，〔一六〕多草木，饒禽獸，又多蚊蚋，人皆巢居，以避其患。後漸分爲二十五部，有餘莫不滿咄，〔一七〕猶酋長也。死則子弟代立，〔一八〕嗣絶則擇賢豪而立之。盤髮衣服與契丹同。乘牛車，籧篨爲室，〔一九〕如突厥氈車之狀。度水則束薪爲栰，或有以皮爲舟者。馬則織草爲韉，結繩爲轡。寢則屈木爲室，以籧篨覆上，移則載行。以猪皮爲席，編木藉之。氣候多寒，田收甚薄。無羊，少馬，多猪、牛。造酒、食噉、言語與靺鞨同。婚姻之法，〔二〇〕二家相許，壻輒盜婦去，然後送牛馬爲聘。婦人不再嫁，以爲死人妻，難以共居。部落共爲大棚，人死則置屍其上。居喪三年。其國無鐵，取給於高麗。自南室韋北行十一日至北室韋，分爲九部落。其部落渠帥，號乞引莫賀咄。氣候最寒，冬則入山，居穴中，牛畜多凍死。饒麞鹿，射獵爲務。鑿冰，没水中而網射魚鼈。地多積雪，懼陷坑穽，騎木而行。俗皆捕貂爲業，冠以狐貉，衣以魚皮。又北行千里至鉢室韋，依胡布山而住。人衆多於北室韋，不知爲幾部落。用樺皮蓋屋，其餘同北室韋。從鉢室韋西四日行，〔二一〕至深末怛室韋，因水爲號也。冬月穴居，以避太陰之氣。又西北數千里，至大室韋，徑路險阻，言語不通，尤多貂及青鼠。

北室韋，後魏武帝、隋開皇大業中，並遣使朝獻。

大唐所聞有九部焉，屢有朝貢。所謂嶺西室韋、山北室韋、〔二二〕黄頭室韋、大如者室韋、小如者室韋、訥北室韋、〔二三〕婆萵室韋、〔二四〕達末室韋、〔二五〕駱駝室韋，並在柳城郡之東北，近者三千五百里，遠者六千二百里。〔二六〕

地豆于〔二七〕

地豆于在室韋西千餘里。多牛羊，出名馬。皮爲衣服，無五穀，唯食肉酪。後魏孝文帝延興二年，遣使朝貢。

烏洛侯〔二八〕

烏洛侯亦曰烏羅渾國，後魏通焉。在地豆于之北，其上下溼，多霧氣而寒，冬則穿地爲室，夏則隨原阜畜牧。〔二九〕多豕，有穀麥。無大君長，部落莫弗皆代爲之。其俗繩髮，皮服，以珠爲飾。人尚勇，不爲姦竊，故慢藏野積而無寇盜。好獵射。樂有胡空侯，木槽革面而九絃。其國西北有完水，〔三〇〕東流合於難水，東入於海。又西北二十日行有于巳尼大水，所謂北海也。太武帝真君四年來朝，稱其國西北有魏先帝舊墟石室，南北九十步，東西四十步，〔三一〕高七十尺，室有神靈，人多祈請。太武帝遣中書侍郎李敞告祭焉，刻祝文於石室之壁而還。〔三二〕

大唐貞觀六年，遣使朝貢云。烏羅渾國亦謂之烏護，乃言訛也。東與靺鞨，西與突厥，〔三三〕南與契丹，北與烏丸爲鄰，風俗與靺鞨同。

驅度寐

驅度寐，隋時聞焉，在室韋之北。其人甚長而衣短，不索髮，皆裹頭。居土窟中。唯有豬，更無諸畜。人輕捷，一跳三丈餘，又能立浮，臥浮，履水沒腰，〔三四〕與陸走不別。數乘大船，至北室韋抄掠。無甲冑，以石爲矢鏃。

霫

霫，匈奴之別種，隋時通焉。與靺鞨爲鄰，理潢水北，〔三五〕亦鮮卑故地。勝兵萬餘人。習俗與突厥略同。亦臣於頡利，其渠帥號爲俟斤。

大唐貞觀中，遣渠帥内附。

拔悉彌

拔悉彌一名弊剌國，〔三六〕隋時聞焉。在北庭北海南，結骨東南，依山散居。去燉煌九千餘里。有渠帥，無王號。户三千餘。〔三七〕其人雄健，能射獵。國多雪，恆以木爲馬，雪上逐鹿。其狀似楯而頭高，其下以馬皮順毛衣之，令毛著雪而滑，如著屧屐，縛之足下。屧，先叶反。屐，巨戟反。若下阪，走過奔鹿；若平地履雪，即以杖刺地而走，如船焉；上阪即手持之而登。每獵得鹿，將家室就而食之，盡更移處。其所居即以樺皮爲舍。丈夫翦髮，樺皮爲帽。

流鬼

流鬼在北海之北，〔三八〕北至夜叉國，餘三面皆抵大海，南去莫設靺鞨船行十五日。〔三九〕無城郭，依海島散居，掘地深數尺，兩邊斜竪木，構爲屋。人皆皮服，又狗毛雜麻爲布而衣之，婦人冬衣豕鹿皮，夏衣魚皮，制與獠同。多沮澤，有鹽魚之利。地氣沍寒，早霜雪，每堅冰之後，以木廣六寸，長七尺，施繫其上，以踐層冰，逐及奔獸。俗多狗。勝兵萬餘人。無相敬之禮、官僚之法。不識四時節序。有他盜入境，乃相呼召。弓長四尺餘，箭與中國同，以骨石爲鏃。樂有歌舞。死解封樹，哭之三年，無餘服制。靺鞨有乘海至其國貨易，陳國家之盛業，於是其君長孟蜯遣其子可也余志，〔四〇〕以唐貞觀十四年，三譯而來朝貢。初至靺鞨，不解乘馬，上即顛墜。其長老人傳，言其國北一月行有夜叉人，皆豕牙翹出，噉人。莫有涉其界，未嘗通聘。

迴紇

迴紇在薛延陁北境，居延婆陵水，去長安萬六千九百里，勝兵五萬人。先屬突厥，初有時健俟斤，〔四一〕死，子菩薩立。大唐貞觀初，與薛延陁俱叛突厥頡利可汗，侵其北邊。頡利遣騎討之，戰於天山，大破之，俘其部衆。迴紇由是率其衆附於薛延陁，號爲活頡利發，仍遣使朝貢。其地沙鹵，有大羊，而足長五寸。及薛延陁之敗，其大酋胡禄俟利發吐迷度率其部詣闕，請同編户。自突厥衰滅，其國漸盛，國主亦號可汗。開元十五年，使大臣梅禄啜來朝，獻名馬焉。按諸家敍突厥事，以「梅禄」爲突厥官號，尚謂突厥見存，乃未之詳耳。

骨利幹

骨利幹居迴紇北方瀚海之北，二俟斤同居，勝兵四千五百人。〔四二〕草多百合。地出名馬，頭類橐駝，筋骨麤壯，好者日行數百里。其北又距大海，晝長夜短，日没後，天色正曛，煮一羊胛，纔熟，而東方已曙，蓋近日入出之所。

大唐貞觀二十一年，遣使朝獻駿馬十匹。

結骨

結骨在迴紇西北三千里。勝兵八萬。其國南阻貪漫山。多林木，夏沮洳，沮，咨據反。洳，人庶反。〔四三〕冬積雪，往來險阻，有水從迴紇北流踰山經其國。〔四四〕人並依山而居，身悉長大，赤色，朱髮緑睛。〔四五〕有黑髮者，以爲不祥。人皆勁勇，鄰國憚之。丈夫健者，悉黥手以爲異。婦人嫁訖，自耳以下至項亦黥之。其人服飾以貂豽，女滑反。食用手。其俗大率與突厥同。婚姻無財聘。性多淫佚，與外人通者不忌。男女雜處。每一姓，或千口或五百口共一屋，〔四六〕一牀一被。〔四七〕若死，唯哭三聲，不剺面，〔四八〕火葬，收其骨，踰年而爲墳墓，以木爲室，覆以木皮。土宜粟麥穄豆之屬，無果菜。有馬，出貂。天每雨鐵，收而用之，號曰迦沙，以爲刀劒，甚銛利。其國獵獸皆乘木馬，〔四九〕升降山隥，〔五〇〕追赴若飛。〔五一〕自古未通中國。

大唐貞觀二十一年，其君長遂身入朝。

駮馬

駮馬，其地近北海，去京萬四千里，經突厥大部落五所乃至焉。有兵三萬人，馬三十萬匹。〔五二〕其國以俟斤統領，與突厥不殊。有弓箭刀稍傍排，無宿衞隊仗。不行賞賜。其土境，東西一月行，南北五十日行。土地嚴寒，每冬積雪，樹木不没者纔一二尺，至暖消，逐陽坡，浦波反以馬及人挽犂種五穀。好漁獵，取魚、鹿、獺、貂、鼠等肉充食，以其皮爲衣。少鐵器，用陶瓦釜及樺皮根爲盤盌。隨水草居止，累木如井欄，樺皮蓋以爲屋，土牀草蓐，加氈而寢處之。〔五三〕草盡即移，居無定所。馬色並駮，故以名云。其馬不乘，但取其乳酪充湌而已。與結骨數相侵伐。貌類結骨，而言語不相通。

大唐永徽中，遣使朝貢。突厥謂駮馬爲曷剌，亦名曷剌國。

鬼國

鬼國在駮馬國西，六十日行。其國夜遊晝隱，身著渾剥鹿皮衣。眼鼻耳與中國人同，口在頂上。食用瓦器。土無米粟，噉鹿豕及蛇。

鹽漠念

駮馬國南三十日行至突騎施，二十日行至鹽漠念咄陸闕俟斤部落，又北八日行至可史擔部落。〔五四〕其駮馬、鹽漠並無牛羊雜畜。〔五五〕其婚姻嫁娶與突厥同。土多松、樺樹，每年稅貂獺青白二鼠皮以奉酋長。〔五六〕

大唐貞觀中，戶部奏言，中國人自塞外來歸及突厥前後降附開四夷爲州縣者，男女百二十餘萬口。〔五七〕時諸蕃君長詣闕頓顙，〔五八〕請太宗爲天可汗。制曰：「我爲大唐天子，又下行可汗事乎？」羣臣及四夷咸稱萬歲。〔五九〕是後以璽書賜西域、北荒之君長，皆稱「皇帝天可汗」。諸蕃渠帥死亡者，必詔冊立其後嗣焉。臨統四夷，自此始也。

傅奕曰：「西晉時，匈奴諸部在太原離石，其酋劉元海覆兩都，〔六〇〕執天子。自是戎夷赫連氏、沮渠氏、李氏、石氏、慕容氏、佛氏、禿髮氏、拓拔氏、宇文氏、高氏、苻氏、呂氏、姚氏、翟氏，被髮左衽，遞據中壤，衣冠殄盡。周、齊每以騎戰，驅夏人爲肉籬，詫丑亞反曰『當剉漢狗飼馬，刀刈漢狗頭，不可刈草也』。羌胡異類，寓居中夏，禍福相恤，中原之人衆心不齊，〔六一〕故夷狄少而強，華人衆而弱也。石季龍死，羯胡大亂。冉閔令胡人不願留者聽去，或有留者，乃誅之，死者二十餘萬。氐羌分散，各還本部，部至數萬，故苻、姚代興。鮮卑既入中國，而蠕蠕據其土。後魏時，蠕蠕主阿那瓌大餒，求糧於魏，魏帝使元孚賑恤之，既飽，遂寇暴。及蠕蠕衰而突厥興，自劉石至後周，皆北狄種類，相與婚姻，高氏聘蠕蠕女爲妻，宇文氏以突厥女爲后。北齊供突厥歲十萬匹，周氏傾國事之，錦衣玉食長安者，〔六二〕恆數千人。可汗驕曰：『但使我在南二兒無患貧，何憂哉！』〔六三〕周齊使於突厥遇其喪，剺面如其國臣，其爲夷狄所屈辱也如是。」

天册萬歲二年，補闕薛謙光上疏曰：

臣聞戎夏不雜，自古所誡，夷狄無信，易動難安，故斥居塞外，不遷中國。前史所稱，其來久矣。然而帝德廣被，時有朝謁，受向化之誠請，納梯山之禮貢，事畢則歸其父母之國，導以指南之車，此三王之盛典也。自漢魏以後，遂革其風，務飾虛名，徵求侍子，喻其解辮，使襲衣冠，居室京師，不令歸國，此又中葉之故事也。較其利害，則三王是而漢魏非；論其得失，則備邊長而徵質短。殷鑒在乎往代，豈可不懷經遠之慮哉！昔郭欽獻策於武皇，江統納諫於惠主，咸以爲夷狄處中夏必爲變，晉武不納二臣之遠策，徒好慕化之虛名，縱其習史漢等書，官之以五部都尉，此皆計之失也。若前事之不忘，則後代之龜鏡，〔六四〕此臣所以極言而不隱者也。

竊唯突厥、吐蕃、契丹等往因入貢，並叨殊獎，或執戟丹墀，册名戎秩，或曳裾庠序，高步學門，服胡氈裘，語兼中夏，明習漢法，覩衣冠之儀，目覿朝章，〔六五〕知經國之要，窺成敗於圖史，察安危於古今，識邊塞之盈虛，知山川之險易。或委以經略之功，令其展效；或矜其首丘之志，放使歸蕃。於國家雖有冠帶之名，在夷狄廣其縱横之智。雖則慕化之美，苟悦於當時；而狼子孤恩，旋生於過後。及歸部落，鮮不稱兵。邊鄙罹災，實由於此。故老子云『國之利器，不可示人』。在於齊人，猶不可以示之，況於夷狄乎！

謹按：楚申公巫臣奔晉而使於吴，使其子狐庸爲吴行人，教吴戰陣，使之叛楚，吴於是伐楚，取巢駕克棘，入州來，子反一歲七奔命。〔六六〕其所以能謀楚，良以此也。按漢桓帝遷五部匈奴於汾晉，其後卒有劉、石之難。向使五部不徙，則晉祚猶未可量也。鮮卑不遷，〔六七〕則慕容無中原之僭也。又按漢書陳湯云：『夫胡兵五而當漢兵一，〔六八〕何者？兵刃朴鈍，弓弩不利。今聞頗得漢工，然猶三而當一』。由是言之，利兵尚不可以使胡人得法，況處之中國而使其習見哉！〔六九〕昔漢東平王請太史公書，朝臣以爲太史公書有戰國縱横之説，不可以與諸侯。此則内地諸王尚不可與，況外國乎！

臣竊計秦并天下及劉項之際，累載用兵，人户凋散。以晉惠方之，當八王之喪師，則輕於楚漢之塗地，匈奴冒頓之全實，過於五部之微弱。當曩時冒頓之强盛，乘中國虛弊，高祖餒戹平城，而冒頓不能入中國者何也？非兵不足以侵諸夏，力不足以破汾晉，其所以解圍而縱高祖者，爲不習中土之風，不安中國之美，生長磧漠之北，以穹廬堅於城邑，以氈罽美於章服。〔七〇〕既安其所習，而樂其所生，是以無窺中國之心者，爲生不在漢故也。豈有心不樂漢而欲深入者乎？劉元海，五部離散之餘，而卒能自振於中國者，爲少居内地，明習漢法，非元海悦漢，而漢亦悦之，一朝背叛，〔七一〕四方響應，遂鄙單于之號，竊帝王之寶，賤沙漠而不居，擁平陽而鼎峙者，爲居漢故也。向使元海不内徙，止當劫邊人繒綵麴糵，以歸陰山之北，安能使王彌、崔懿爲其用邪？〔七二〕

當今皇風遐覃，含識革面，凡在虺性，莫不懷馴，方使由余效忠，日磾盡節，以臣愚見，國家方傳無窮之祚於後。脱備防不謹，邊臣失圖，則夷狄稱兵不在方外，非所以肥中國，削四夷，經營萬乘之規，〔七三〕貽厥孫謀之道也。臣愚以爲，願充侍子者，一皆禁絶，必若先在中國者，亦不可更使歸蕃，則夷人保疆，邊邑無事矣。

劉起居貺武指曰：

自昔議邊者，〔七四〕推高於嚴尤、班固。嚴尤議曰：「御匈奴自古無得上策者。周時玁狁內侵，命將征之，盡境而還，譬蚊虻螫人，驅之而已，是爲中策。漢武輕齎深入，連兵三十年，中國罷耗，匈奴亦尅，是爲下策。秦築長城，勤於轉輸，疆境完而中國竭，是爲無策。自古無得其上策者也。」其班固曰：「言匈奴者，大要歸於兩科：縉紳則守和親，介冑則言征伐。漢興以來，有修文以和之，有用武以尅之，有卑下而承事之，有威服而臣畜之。和親之論，發於劉敬。天下新定，故從其言，賂遺以救安邊境。孝惠、高后，遵而不違，匈奴加驕，寇盜不止，與通關市，妻以漢女，歲賂千金，無益之明驗也。仲舒欲復守舊文，厚結以財，質愛子，邊境不選武略之臣，修障隧備塞之具，厲長戟勁弩，恃吾所以待寇，而務賦斂於人，遠行貨賂，割剥百姓，以奉寇讎，信甘言，守空約，而冀胡馬不窺，不亦過乎？王莽時，單于弃其愛子，昧利不顧，侵掠所獲，歲巨萬計，而和親賂遺〔七五〕不過千金，安在其不弃質而失重利也？夷狄之人，貪而好利，人面獸心，聖王禽獸畜之，不與約誓，不就攻伐。約之則費賂而見欺，攻之則勞師而招寇。外而不內，疎而不親，〔七六〕政教不及其人，正朔不加其國。來則懲而禦之，去則備而守之。慕義則接之以禮讓，使曲在彼。蓋聖王禦蠻夷之常道也。」

旣以嚴尤之議辨而未詳，班固之論詳而未盡。推而爲言，〔七七〕周得上策，秦得其中，漢無策焉。何以言之？荒服之外，聲教所遠，其叛也不爲之勞師，其降也不爲之釋備，嚴其守禦，險其走集，犯塞則有執訊之捷，深入則有殪戎之勳，俾其欲爲寇而不能，願臣妾而不得。斯禦戎之上策，禁暴之良算。惠此中夏，以綏四方，周人之道也，既故曰周得上策。

易稱「王公設險，以守其國」。築長城，修障塞，易之設險也。今朔塞之上，多古長城，未知起自何代。七國分爭，國有長城，趙簡子起長城以備胡，燕秦亦築長城，以限中外，則長城之作其來遠矣。秦兼天下，益理城塹，城全國滅，人歸咎焉。自漢至隋，因其成業，或修或築，無代無之。後魏時，築長城議曰：「虜騎輕捷，風來電往，塢壁未遑閉，牛羊不暇收，雷擊至於近郊，雲飛出於塞表，不得不立長城以備之。人築一步，千里之地役三十萬人，〔七八〕不有旬朔之勞，安獲久長之逸。始皇斥中國之戎，出諸塞表，匈奴不敢南下而牧馬，戰士不敢彎弓而報怨。」既故曰秦得中策。

史稱劉敬說高祖以魯元公主嫁匈奴，嗣王則漢之外孫，〔七九〕豈敢與大父爭哉！假立宗女，匈奴不信，無益也。帝欲遣魯元，后泣諫曰：「帝唯一女，奈何弃之匈奴乎！」由是遣宗女行。又按：魯元公主，則趙王張敖之后也。人告趙王反，呂后言趙王以公主故，不宜有此。高祖曰：「使張敖有天下，豈少乃女乎！」高祖審魯元公主不能止趙王之謀，而謂能息匈奴之叛邪？假有欲遣之辭，固戲言耳。且冒頓手刃頭曼，躬射其母，而冀其不與外祖争强，豈不惑哉！然則高祖知和親之不能久安而爲之者，天下初定，苟紓歲月之禍，以息兆人之勤耳！而天姿豁達，不矜智能，沈謀内斷，衆莫之識。武帝時，中國康寧，胡寇益鮮，疎而絶之，此其時也。方更糜耗華夏，連兵積年，嚴尤以爲下策，可矣。漢之失策，非止用兵。至於昭宣，武士練習，斥候精審，胡入則覆亡，居又畏逼，收迹遠徙，窮竄海陰。朝廷不遵宗周之故事，乃襲奉春之過舉，啟寵納侮，傾竭府藏，給西北方，無慮歲二億七十萬，賞賜之費，傳送之勞，尚不計焉。皇室淑女，嬪於穹廬；掖庭良人，降於沙漠。夫貢子女方物，臣僕之職也。詩曰「莫敢不來享，莫敢不來王」，傳稱「荒服者來王」，此皆稱其來，不言當往也。杞用夷禮，經貶其爵；公及吴盟，諱而不書。奈何以天子之尊與匈奴約爲兄弟，帝女之號與胡媪並爲戎妻，媪，烏老反。烝母報子，從其污俗。中國之異於蠻夷者，以有父子、男女之别也。若乃位配天地，職調陰陽，不能革聾昧之性，使漸習華風，〔八〇〕反令婉冶之姿，毁節異類，其爲垢辱，可勝道哉！漢之君臣，曾莫之恥。〔八一〕東漢至曹馬，招來羌狄，内之塞垣，資奉所費，有踰於昔。百人之酋，千口之長，金印紫綬，食王侯之俸者，相半於朝；牧馬之童，乘羊之隸，齎毳毼之資，邀綾紈之利者，相錯於路。九州五服，耒耨之所利，絲枲之所生，方三千里。植於三千里之中，散於數萬里之外，人焉得不勞，國焉得不貧。故夷狄歲驕，〔八二〕華夏日蹙。當其强也，又竭人力以征之；其服也，又如是以養之。病則受養，强則内攻。嗚呼！中國爲羌胡服役且千載而莫之恤，可不大悲哉！爲政者誠能移其財以賞戍卒，則我人富矣；移其爵以餌守臣，則我將良矣。富利歸於我，危亡移於彼，無納女之辱，無傳送之勞，此之不爲，而弃同即異，與頑用嚚，以夷亂華，以裔謀夏，變上國之風俗，汨中和之正氣，貺故曰漢無策焉。

嚴尤深以古無上策者，〔八三〕爲不能臣妾也。聖王誠能之，而不用耳。稱秦氏無策者，謂其攘狄而亡國也。秦亡之咎，非攘狄也。稱漢氏得下策者，謂伐胡而人病。人既病矣，又役人而奉之，是無策也。貺故曰嚴尤之議辨而未詳者也。

班固之論，頗究其情；而曰「其來慕義，接以禮讓，使曲在彼」，是未盡也。何者？禮讓以交君子，不以接小人，況於禽獸夷狄乎！夫奇貨内來，則華夏之情蕩；纖麗外散，則戎羯之心生。華夏情蕩，出兵之源也；戎羯心生，侵盜之本也。聖人唯此之慎，不貴奇貨，不寶遠物，禽獸非其土性不育，器服非其所産不御，豈唯贄幣不通哉！至於飲食聲樂，不與共之，故夷狄來朝，坐之門外，使舌人體委以食之，若禽獸然，不使知馨香嘉味也。獲其聲，不列於庭廟。受其貢，不過楛矢獸皮，不爲贄幣，不爲財貨。利既小矣，酬亦宜然。漢氏習玩驕虜，使悦燕趙之名倡雅質，甘大官之八珍六齊，使五都之文綺羅紈，供之則長欲而增求，絶之則滅德而招怨。加以斥候不明，士卒不習，是猶飽豺狼以良肉，〔八四〕而縱其獵噬疲人。求其禍源，接以禮讓之所致也。故通貢獻則去錦繢而得毛革，討負約則獲犬馬而喪士人，許和親則毁禮義而順戎俗。張騫使西域，得摩訶兜勒曲，漢武採之以爲鼓吹。東漢魏晉，樂則胡笛箜篌，御則胡牀，食則羌炙、貊炙，器則蠻盤，祠則胡天。晉末五胡遞居中夏，豈無天道，亦人事使之然也。華人，步卒也，利險阻；虜人，騎兵也，利平地。彼利馳突，我則堅守，無與追奔，無與競逐。來則杜險使無進，去則閉險使無還。衝以長戟，臨以强弩，非求勝之也，創之而已。措彼頑兇，寘之度外，譬諸蟲豸，方乎虺蜴。如是，何禮讓之接，何曲直之争哉！

四夷之猾夏，尚矣。明達之士論備邊之要，無代無之。國朝有房司空上書諫伐高麗云，比來犯罪死囚，每令三覆，重惜人命至此，而億萬吏卒，無一罪戾，委之鋒刃，實爲冤酷。薛補闕上書諫，諸蕃侍子久在京師，恐其知邊塞盈虚險易，悦華夏服翫聲色，或窺圖籍，兼達古今，如有劉元海之徒，終成大憝。劉起居武指云，秦逐戎狄出塞，〔八五〕限隔華夷，是爲中策。三賢所陳，可謂篤論，言詳理切，度越前古，斯仰歎不暇，豈敢繁述耳。

校勘記

〔一〕突厥稱蕃之後　「之」原訛「人」，據太平寰宇記卷一九八改。

〔二〕外生女　「生」原作「甥」，據明抄本、明刻本、朝鮮本改。意同，今從古本。

〔三〕大酺戰死　「戰」原作「戮」，據舊唐書北狄傳五三五五頁改。

〔四〕云主是庶人　「云」原脱，「人」原作「女」，據太平寰宇記卷一九八補改。按：明抄本、明刻本、朝鮮本、王吴本均作「人」。

〔五〕韋氏　「韋」原訛「嬀」，據舊唐書北狄傳五三五五頁、新唐書北狄傳六一七四頁、太平寰宇記卷一九八改。

〔六〕阿大何部　太平寰宇記卷一九九同。北史契丹傳三一二七頁「阿」作「何」。

〔七〕匹黎部　北史契丹傳三一二七頁、太平寰宇記卷一九九作「匹潔部黎部」。

〔八〕比六于部　「于」原訛「千」，據明抄本、明刻本、朝鮮本、王吴本、殿本及太平寰宇記卷一九九改。按：北史契丹傳三一二七頁作「吐六于部」。

〔九〕有別部四千餘家　「部」下原有「落」，後人所增，今據朝鮮本、王吴本及隋書北狄傳一八八一頁、太平寰宇記卷一九九删。

〔一〇〕依託紇臣水而居　原訛作「依迴紇臨水而居」，太平寰宇記卷一九九訛作「依托回紇臨水而居」。今據隋書北狄傳一八八二頁、北史契丹傳三一二八頁改。

〔一〕玄遇仁節没於賊　「没」太平寰宇記卷一九九作「投」。按：舊唐書北狄傳五三五一頁、新唐書北狄傳六一六九頁並云「玄遇、仁節爲賊所擒」。

〔二〕率兵二十萬以討之　太平寰宇記卷一九九、新唐書北狄傳六一六九頁同。舊唐書北狄傳五三五一頁「二」作「三」。

〔三〕出降松漠郡王李漠鬱干　下「漠」字疑涉上而衍。按：契丹首領窟哥於貞觀二十二年被賜姓李氏。其後有李盡忠、李失活。諸書於「鬱干」皆省賜姓，未有名「李漠鬱干」者。

〔四〕嘗以吐屯潘垤統領之　「嘗」原作「常」，據太平寰宇記卷一九九改。

〔五〕蓋水犢了山　「水」原脱，「了」原訛「子」，據魏書矢韋傳二二二一頁、太平寰宇記卷一九九補改。按：北史室韋傳三一二九頁「蓋」作「善」。

〔六〕至夏則移向西貸勃欠對二山　隋書北狄傳一八八二頁「西」下有「北」，北史室韋傳三一三〇頁「西」作「北」。朝鮮本、王吴本「欠」作「久」。太平寰宇記卷一九九「貸」作「⿰糹貣」。新唐書北狄傳六一七六頁「貸」作「貣」，「欠」作「次」。

〔七〕有餘莫不滿咄　「不滿」隋書北狄傳一八八二頁、北史室韋傳三一三〇頁作「弗瞞」。

〔八〕死則子弟代立　「立」下原衍「之」，據隋書北狄傳一八八二頁删。

〔九〕籧篨爲室　新唐書室韋傳六一七六頁、唐會要卷九六、太平寰宇記卷一九九同。隋書北狄傳一八八二頁、北史室韋傳三一三〇頁「室」作「屋」。

〔二〇〕婚姻之法　「法」原訛「家」，據明抄本、明刻本、朝鮮本、王吳本改。按：隋書北狄傳一八八二頁、北史室韋傳三一三〇頁、唐會要卷九六、太平寰宇記卷一九九均作「法」。

〔二一〕從鉢室韋西四日行　唐會要卷九六、太平寰宇記卷一九九同。隋書北狄傳一八八三頁、北史室韋傳三一三一頁「西」下有「南」。

〔二二〕山北室韋　「山」原脱，據舊唐書北狄傳五三五七頁、新唐書北狄傳六一七六頁、唐會要卷九六、册府卷九五六一一二五四頁補。

〔二三〕訥北室韋　原脱「北室韋」，據舊唐書北狄傳五三五七頁、新唐書北狄傳六一七六頁、唐會要卷九六、太平寰宇記卷一九九、册府卷九五六一一二五四頁補。「訥」原作「納」，據明刻本、朝鮮本改。

〔二四〕婆萵室韋　舊唐書北狄傳五三五七頁、新唐書北狄傳六一七六頁同。唐會要卷九六、太平寰宇記卷一九九「婆」作「娑」。册府卷九五六一一二五四頁亦作「婆」，而「萵」作「芭」，下加小注「烏戈切」。

〔二五〕達末室韋　「末」原訛「木」，據明刻本、朝鮮本、王吳本、殿本改。

〔二六〕遠者六千二百里　「二」原訛「八」，據明抄本、明刻本、朝鮮本、王吳本改。按：舊唐書北狄傳五三五七頁、唐會要卷九六、太平寰宇記卷一九九、册府卷九五六一一二五四頁均作「二」。

〔二七〕地豆于　魏書地豆于傳二二二一頁、太平寰宇記卷一九九同。北史地豆干傳三一三一頁「于」作「干」。

〔二八〕烏洛侯　「洛」原作「落」，據明抄本、朝鮮本改。下同。

〔二九〕夏則隨原阜畜牧　「畜牧」原脱，據魏書烏洛侯傳二二二四頁、北史烏洛侯傳三一三二頁、太平寰宇記卷一九九補。

〔三〇〕完水　原訛「貌水」，據魏書烏洛侯傳二二二四頁、北史烏洛侯傳三一三二頁、太平寰宇記卷一九九改。按：明抄本、明刻本訛作「皃」，朝鮮本、王吴本、殿本、局本因而作「貌」。皃貌古今字。

〔三一〕東西四十步　「四十」原倒作「十四」，據魏書烏洛侯傳二二二四頁、北史烏洛侯傳三一三二頁太平寰宇記卷一九九乙正。

〔三二〕刻祝文於石室之壁而還　「壁」原訛「北」，據魏書烏洛侯傳二二二四頁、北史烏洛侯傳三一三二頁、太平寰宇記卷一九九改。

〔三三〕西與突厥　四字原脱，據舊唐書北狄傳五三六四頁補。

〔三四〕履水没腰　「水」原訛「冰」，據明刻本、朝鮮本、王吴本、殿本改。

〔三五〕潢水　「潢」原訛「黄」，據舊唐書北狄傳五三六三頁、太平寰宇記卷一九九改。

〔三六〕弊剌國　「剌」原訛「利」，據明刻本、朝鮮本、王吴本、殿本及太平寰宇記卷一九九、新唐書回鶻傳下六一四六頁改。

〔三七〕户三千餘　「三」原作「二」，據明刻本、朝鮮本、王吴本改。

〔三八〕流鬼在北海之北　太平寰宇記卷一九九同。唐會要卷九九、新唐書東夷傳六二〇九頁「北海」作「少海」。

〔三九〕莫設鞢鞨　「莫設」唐會要卷九九、新唐書東夷傳六二一〇頁作「莫曳」。

〔四〇〕孟蛑遣其子可也余志　「蛑」太平寰宇記卷一九九作「哞」，餘同。「可也余志」新唐書東夷傳六二一〇頁作「可也余莫貂皮」。

〔四一〕時健俟斤　新唐書回鶻傳上六一一一頁、太平寰宇記卷一九九、冊府卷九六七一一三七二頁同。舊唐書迴紇傳五一九五頁、唐會要卷九八「時」作「特」。

〔四二〕勝兵四千五百人　太平寰宇記卷二〇〇、冊府卷九五八一一二七七頁同。新唐書回鶻傳下六一四四頁作「勝兵五千」。

〔四三〕迦人庶反　「庶」朝鮮本作「度」。

〔四四〕有水從迴紇北流踰山經其國　「經其國」原訛脱作「逕其」，據唐會要卷一〇〇、冊府卷九五八一一二七七頁改補。

〔四五〕赤色朱髮緑睛　唐會要卷一〇〇作「晳面緑睛朱髮」。太平寰宇記卷一九九、冊府卷九六一一一三一二頁作「赤髮緑睛」。新唐書回鶻傳下六一四七頁作「赤髮晳面緑瞳」。

〔四六〕或千口或五百口共一屋　下「或」原脱，據太平寰宇記卷一九九補。

〔四七〕一牀一被　太平寰宇記卷一九九作「用一床共一被」。

〔四八〕若死唯哭三聲不剺面　太平寰宇記卷一九九同。唐會要卷一〇〇作「其婿死喪刀剺其面」，冊府卷九六一一一三一二頁作「其婿死喪葬刀剺其面」。

〔四九〕皆乘木馬　「馬」原脫，據唐會要卷一〇〇、太平寰宇記卷一九九、册府卷九六一一一三二頁補。

〔五〇〕升降山隥　「隥」唐會要卷一〇〇作「磴」，字同。太平寰宇記卷一九九、册府卷九六一一一三二頁作「險」。

〔五一〕追赴若飛　唐會要卷一〇〇、册府卷九六一一一三二頁同。太平寰宇記卷一九九「赴」作「赶」。

〔五二〕馬三十萬匹　太平寰宇記卷二〇〇同。唐會要卷一〇〇作「馬萬匹」。

〔五三〕加氈而寢處之　「加」原訛「如」，據明抄本、明刻本、朝鮮本、王吳本改。

〔五四〕駮馬國南三十日行至突騎施二十日行至鹽漠念咄陸闕俟斤部落又北八日行至可史擔部落　「駮馬國南三十日行至突騎施二十日行至」原在上題鬼國「噉鹿家及蛇」後。詳上下文義此十七字與鬼國無涉，顯與「鹽漠念咄陸闕俟斤部落」二十一字緊相承接，今移於鹽漠念題中。「二」原訛「三」，據朝鮮本、王吳本改。疑「二」上脫「東」字，册府卷九六一一一三二頁云：「鹽漠念咄六闕俟斤部落及可史擔（原作「史檐」）部落並在駮馬東。」可證。按：疑杜氏原稿本無「鹽漠念」標題，此題當係後人所增。自「駮馬國南」至「以奉酋長」凡七十字，太平寰宇記卷二〇〇即於鬼國「噉鹿及蛇」後附記之，不另以「鹽漠念」標題。可證。

〔五五〕其駮馬鹽漠並無牛羊雜畜　「並」原作「念」，清人據標題改。今據明抄本、明刻本、朝鮮本、王吳本及太平寰宇記卷二〇〇改回。按：依古本，疑「鹽漠」不與「念」字連文，上文似應讀作「鹽漠念咄陸闕俟斤部落」。

〔五六〕貂獺青白二鼠皮　太平寰宇記卷二〇〇同。册府卷九六一一一三二頁「二」作「三」。

〔五七〕男女百二十餘萬口　太平寰宇記卷二〇〇「百二十」作「二百」。

〔五八〕詣闕頓顙　「頓」原作「稽」，王吴本、殿本同。今據明抄本、明刻本、朝鮮本及太平寰宇記卷二〇〇改。

〔五九〕羣臣及四夷　「四夷」王吴本、殿本、局本作「諸蕃」，今據明抄本、明刻本、朝鮮本及太平寰宇記卷二〇〇改回。

〔六〇〕劉元海覆兩都　「兩」原作「西」，據明刻本、朝鮮本、王吴本及太平寰宇記卷二〇〇改。

〔六一〕中原之人　「原」原作「國」，據朝鮮本、王吴本及太平寰宇記卷二〇〇改。

〔六二〕錦衣玉食長安者　「長」上原有「在」，據明抄本、明刻本、朝鮮本及太平寰宇記卷二〇〇删。

〔六三〕但使我在南二兒無患貧何憂哉　通考卷三四八同。太平寰宇記卷二〇〇作「但使我在南二兒孝順何憂貧哉」。

〔六四〕則後代之龜鏡　「鏡」原作「鑑」，據明抄本、明刻本、朝鮮本、王吴本改。

〔六五〕目覩朝章　「目」原訛「申」，據明刻本、朝鮮本、王吴本改。按：太平寰宇記卷二〇〇作「日」。

〔六六〕吴於是伐楚取巢駕克棘入州來子反一歲七奔命　左傳成公七年云：「吴始伐楚，伐巢，伐徐，子重奔命。馬陵之會，吴入州來，子重自鄭奔命。子重、子反於是乎一歲七奔命。」昭公四年云：「冬，吴伐楚，入棘、櫟、麻。」據此知「駕」字衍，且取巢入州來在公元前五八四年，克棘在公元前五三八年，相距近半世紀，不得牽合爲文。

〔六七〕鮮卑不遷　全唐文卷二八一「遷」下有「幽州」。

〔六八〕漢書陳湯云夫胡兵五而當漢兵一　原「書」上衍「史」，「漢」下脱「兵」，據太平寰宇記卷二〇〇刪補。

〔六九〕況處之中國　「處」上原有「得」，據明抄本、明刻本、朝鮮本、王吴本刪。

〔七〇〕以氈罽美於章服　「服」原作「紱」，據太平寰宇記卷二〇〇改。

〔七一〕一朝背叛　「叛」原作「誕」，據明刻本、朝鮮本、王吴本及太平寰宇記卷二〇〇改。

〔七二〕爲其用邪　太平寰宇記卷二〇〇「爲」上有「而」，全唐文卷二八一「爲」上有「反」。

〔七三〕經營萬乘之規　「乘」原作「葉」，據朝鮮本及太平寰宇記卷二〇〇、全唐文卷二八一改。

〔七四〕自昔議邊者　「議邊」原訛「廷議」，據明刻本、朝鮮本、王吴本及太平寰宇記卷二〇〇改。

〔七五〕歲巨萬計而和親賂遺　「計」原脱，「遺」原訛「遣」，據漢書匈奴傳下三八三三頁補改。按：明刻本、朝鮮本、王吴本、殿本「遺」字不誤。

〔七六〕疎而不親　「親」漢書匈奴傳下三八三四頁作「戚」，劉昫稱引，以意改之。

〔七七〕推而爲言　「推」原作「権」，據朝鮮本、王吴本及太平寰宇記卷二〇〇、全唐文卷三七八改。

〔七八〕千里之地　「千」原訛「十」，據明刻本、朝鮮本、王吴本及太平寰宇記卷二〇〇改。

〔七九〕嗣王則漢之外孫　太平寰宇記卷二〇〇「王」作「主」。

〔八〇〕使漸習華風　「華」原訛「革」，據明刻本、朝鮮本、王吴本、殿本改。

〔八一〕曾莫之恥　「曾」原作「常」，據太平寰宇記卷二〇〇改。

〔八二〕故夷狄歲驕　「故夷狄」原作「胡夷」，據明刻本、朝鮮本改補。

〔八三〕嚴尤深以古無上策者　「深以」太平寰宇記卷二〇〇作「稱」。

〔八四〕飽豺狼以良肉　「良」原作「食」，據明刻本、朝鮮本、王吳本改。按：太平寰宇記卷二〇〇作「粱」，乃「粱」之訛字。

〔八五〕秦逐戎狄出塞　太平寰宇記卷二〇〇同。明刻本、朝鮮本、王吳本「戎」作「夷」。

王文錦點校

附録一

御製重刻通典序

稽古帝王治天下之大經大法，以及累朝名物制度因革損益之詳，紛綸浩博，散見典籍，未有統貫。唐宰相杜佑於爲淮南節度書記時，始出己意，搜討類次，勒成一書，名曰通典，爲類八，爲書二百卷，自唐肅代間，上溯唐虞，雖亦稍據劉秩政典及開元新禮諸書，要其網羅百代兼總而條貫之，斯已勤矣。厥後，鄭樵廣之作通志，馬端臨續之作通考，三書並行於世。朕以其歷年久遠，頗有殘缺，特命重爲校正刊刻，以廣其傳，通典實先告竣。朕惟三書各有意義，鄭樵主於考訂，故旁及細微；馬端臨意在精詳，故閒出論斷；此書則佑自言徵於人事，將施有政，故簡而有要，核而不文。觀其分門起例，由食貨以訖邊防，先養而後教，先禮而後刑，設官以治民，安内以馭外，本末次第，具有條理，亦恢恢乎經國之良模矣。書曰：「學於古訓乃有獲。」爲國家者，立綱陳紀，斟酌古今，將期與治同道而不泥其迹，則是書實考鏡所必資，豈以供博覽而已哉！爰揭之以告讀是書者。

乾隆丁卯冬十二月

附録二

奉旨開列校刻通典諸臣職名

監理

和碩和親王臣弘晝

武英殿總裁

吏部右侍郎臣德齡

兵部左侍郎臣王會汾

國子監祭酒臣陸宗楷

提調

署日講官起居注翰林院侍讀學士臣林蒲封

原任詹事府詹事兼翰林院侍讀學士今加七品銜臣陳浩

校對

日講官起居注翰林院侍讀學士臣齊召南

左春坊左諭德臣羅源漢

日講官起居注翰林院編修臣陳大崙

翰林院編修臣陸樹本

翰林院編修臣葉酉

翰林院編修臣程景伊

翰林院編修臣儲麟趾

翰林院編修臣邱柱

翰林院檢討臣程恂

翰林院檢討臣阮學浩

翰林院檢討臣萬松齡

翰林院庶吉士臣史貽謨

校録

舉人臣劉湘

貢生臣潘　煇
貢生臣謝　霖
貢生臣劉　岱
貢生臣杜　桂
貢生臣申居鄖
貢生臣楊志粱
貢生臣李　泓
貢生臣盧殿人

武英殿監造

内務府南苑郎中兼佐領加七級紀録二十一次臣雅爾岱
内務府錢糧衙門郎中兼佐領加六級紀録十六次臣永　保
内務府錢糧衙門員外郎兼佐領加一級紀録四次臣永　忠
内務府廣儲司員外郎臣永　泰
内務府廣儲司司庫加一級紀録五次臣三　格
監造加一級臣李　保

監造加三級臣姚文彬

庫掌臣虎什泰

庫掌臣高永仁

附録二

四庫全書總目提要

唐杜佑撰。佑字君卿，京兆萬年人。以蔭補濟南參軍事，歷官至檢校司徒，同中書門下平章事，加太保，致仕，謚安簡。事蹟具唐書本傳。先是，劉秩倣周官之法，摭拾百家，分門詮次，作政典三十五卷。佑以爲未備，因廣其所闕，參益新禮，勒爲此書。凡分八門，曰食貨，曰選舉，曰職官，曰禮，曰樂，曰兵刑，曰州郡，曰邊防。每門又各分子目。自序謂：既富而教，故先食貨；行教化在設官，任官在審才，審才在精選舉，故選舉、職官次焉；人才得而治以理，乃興禮樂，故次禮次樂；教化隳則用刑罰，故次兵次刑；設州郡分領，故次州郡，而終之以邊防。所載上溯黄虞，訖於唐之天寶，肅代以後閒有沿革，亦附載註中。其中如食貨門之賦税，載周官貢賦，而太宰所掌九貢之法失載；載北齊租調之法，河清三年令民十八受田輸租調，而露田之數失載；錢幣不載陳永定元年制四柱錢法，榷酤不載後周榷酒坊法。選舉門不載齊明帝時制士人品第有九品之科，小人之官復有五等法；考績不載宋齊閒治民之官以三年六年爲小滿遷换法。職官門如周禮地官有舍人上士二人掌平宫中之政，乃云中書舍人魏置；又隋書大業時改内史監爲内書監，乃僅云改内史侍郎爲内書侍郎；又「集賢殿書院」載梁有文德殿藏書，不知宋已有總明觀藏書之所。似此之類，未免閒有挂漏。兵門所列諸子目，如分「引退取之」、「引退佯敗取之」爲二門，分「出其不意」、「擊其不備」、「攻其不整」爲三門，未免稍涉繁冗；而火獸、火鳥之類，尤近於戲劇。州郡門分九州以敍沿革，而信都郡冀州當屬兖而誤屬冀；又極詆水經及酈道元水經注爲僻書，詭誕不經，未免過當。邊防門所載多數萬里外重譯乃通之國，亦有僅傳其名不通朝貢者，既不臨邊，亦無事於防，題曰邊防，名實亦舛。然其博取五經羣史及漢魏六朝人文集奏疏之有裨得失者，每事以類相從，凡歷代沿革，悉爲記載，詳而不煩，簡而有要，元元本本，皆爲有用之實學，非徒資記問者可比。考唐以前之掌故者，兹編其淵海矣。至其各門徵引尚書、周官諸條，多存舊詁。如食貨門引尚書「下土墳壚」注，謂「壚，疎也」，與孔疏所引說文「黑剛土也」互異。又「瑶琨篠簜」注「篠竹箭，簜大竹」，亦傳疏所未備。職官門引周官太宰之屬「有司會逆羣吏之治而聽其會計」，注云「逆謂受也，受而鉤考之，可知得失多少」，較賈公彦疏頗爲明晰。似此之類，尤頗有補於經訓。宋鄭樵作通志與馬端臨作文獻通考，悉以是書爲藍本，然鄭多泛雜無歸，馬或詳略失當，均不及是書之精核也。

附録四

通典考證覈實

王文錦

清高宗初期命以弘晝爲首的一批官員校理通典，於乾隆十二年刻印。後來又命以王太岳爲首的一批官員纂輯四庫全書考證，於乾隆四十二年成書，其中通典考證就是針對十二年重刻的通典做出的勘誤。清末浙江書局翻刻殿本通典，附通典考證於後。乾隆十二年重刻通典（考證簡稱之爲刊本，我們簡稱之爲殿本），舛訛繁夥，考證所列，只是其中的一小部分，遺漏甚多。僅就考證所校而言，其錯誤率亦高，難盡憑信。今用北宋本、傅校本、遞修本、明抄本、明刻本、王吴本、殿本、局本及有關古籍，對通典考證逐條進行比勘覈實，繫以按語，謹供讀者參考。

卷一 食貨一

「上地家七人」注「止以七人六人五人爲率者有夫有婦然後爲家」。刊本「止」訛「正」，據別本改。

錦按：別本當指明刻本。「正」字不誤，北宋本、遞修本、明抄本、王吳本、殿本、局本均作「正」。此注採自周禮小司徒鄭注，鄭注即作「正」。

「乃經土地而井牧其田野」注「九夫爲牧二牧當一井」。刊本「二」訛「而」，據別本改。

錦按：北宋本、傅校本、遞修本、明抄本、明刻本、王吳本作「二牧而當一井」，與周禮小司徒鄭注合。殿本、局本脱「牧」，作「二而當一井」。考證云「刊本二訛而」，殿本「二」未嘗訛「而」。

「司徒石苞奏州郡農桑未有殿最之制宜會掾屬令史有所巡幸」。晉志作「循行」。

錦按：應據晉書食貨志改「循行」。會者促使勸行之謂也。讀如周禮宮正「會在什伍」之會。掾屬令史不得言「巡幸」。

「孝文太和元年詔曰今東作既興人須肄業」。刊本「肄」訛「肆」，今改。

錦按：「肄業」是。魏書高祖紀上即作「肄業」。

「寡婦守志者雖免課亦授婦田」。刊本「授」訛「受」，據別本改。

錦按：北宋本、傅校本、遞修本、明抄本、明刻本及魏書食貨志均作「授」。

「諸宰人之官各隨匠給公田」。案：「匠」一本作「廨」。

錦按：北宋本、傅校本、遞修本、明抄本、殿本、局本作「匠」，誤。明刻本作「廨」，臆改。王吳本及魏書食貨志作「地」。册府元龜卷五〇五作「近」，是。「匠」乃「近」之形訛。

卷二 食貨二

「京城四面諸坊之外三十里内爲公田」。刊本「坊」訛「方」，據隋志改。

錦按：各本均訛「方」。隋書食貨志、册府元龜卷四九五作「坊」，是。

「内職事官一品以下逮於羽林虎賁」。刊本「内」訛「户」，據隋志改。「虎」沿唐諱作「武」，今改。後同。

錦按：各本及隋書食貨志均作「户」，户字不誤，屬上「代遷」爲讀，考證所據隋志係誤本。「職」應改「執」，北宋本、傅校本、遞修本、明抄本及隋志均作「執」。唐諱不宜改。

「一品以下至庶人六十人」。刊本「下」訛「上」，據隋志改。

錦按：摘句與正文不合，「一品」應作「八品」。北宋本、傅校本、遞修本、明抄本、明刻本、殿本、局本均訛「上」。王吴本作「下」，與隋書食貨志、册府元龜卷四九五合。

「亦既無田即便逃走」。刊本「便」訛「使」，據别本改。

錦按：殿本、局本訛「使」。北宋本、傅校本、遞修本、明抄本、明刻本、王吴本及册府元龜卷四九五均作「便」。

「隋文帝令自諸生以下皆給永業田多者至百頃少者三十頃」。案：「三十頃」隋志「四十頃」。

錦按：摘句有誤，「諸生」應作「諸王」。「三十頃」應據隋書食貨志改作「四十畝」。考證云隋志作「四十頃」，誤。

「京官又給職分田一品者給田五頃」。案：別本「五頃」下有「每品以五十畝爲差」八字。

錦按：各本皆無「每品以五十畝爲差」八字，隋書食貨志有。

「黄小中丁男子及老男篤疾廢疾寡婦妾當户者各給永業田二十畝」。案：「男子」一本作「男女」。

錦按：作「男女」是。北宋本、傅校本、遞修本、明抄本、明刻本及册府元龜卷四九五均作「男女」。王吴本、殿本、局本訛作「男子」。

「史起爲令民僕歌之曰終古舄鹵兮生稻粱」注「謂鹹鹵之地」。刊本脱「鹵」字，據別本增。

錦按：摘句有誤，應作「史起爲鄴令民歌之曰」。北宋本亦「鹹」下脱「鹵」。此採自漢書溝洫志師古注，應有「鹵」。

「杜元凱上疏曰今者水災東南特劇非但五穀不收居積并損」。案：「積」晉志作「業」。又「既以水爲田當恃魚菜螺蜯」。案：「田」晉志作「困」。

錦按：殿本、局本訛「積」。北宋本、傅校本、遞修本、明抄本、明刻本、王吴本均作「業」，與晉書食貨志合。各本皆作「田」。

「遵縣領應佃二千六百口可謂至少而猶患地狹不足肆力此皆水之爲害也」。刊本「猶」訛

「無」。又「都督度支方復執異非所見之難直以不同害理也」。刊本脱「同」字，並據晉志改增。又「長史二千石躬先勸戒」。案：晉志「戒」作「功」。

錦按：各本均訛「無」脱「同」，應據晉書食貨志改補。「戒」應改「功」。傅校本、遞修本、明刻本、王吴本均作「功」，與晉書食貨志合。北宋本、明抄本作「切」，顯係「功」之形訛。

「後魏刁雍上表曰臣請於河西高渠之北平地鑿渠」。刊本脱「地」字。又「即循高渠而北」。刊本「循」訛「修」，並據魏志增改。

錦按：各本均脱「地」，應據魏書刁雍傳、册府元龜卷四九七補。各本均作「修」。「修」字未必非。「循」「修」每混用。如魏出帝元脩，或作「元循」。

卷三 食貨三

序以明教庠則行禮而視化焉」。刊本「明」訛「名」，據别本改。

錦按：北宋本、傅校本、遞修本、明抄本、明刻本、王吴本均作「明」，殿本、局本訛「名」。

「人各有桑土之懷下役之慮斯誠并兼之所執而非通理之篤論也」。刊本「誠」訛「成」，據晉書改。

錦按：北宋本、傅校本、遞修本、明刻本、王吴本、殿本、局本均訛「成」。明抄本作「誠」，與晉書范甯傳合。

「樂毅宧燕見褒良史」。案：「宧」晉書作「官」。

錦按：各本均作「逭」，晉書范甯傳作「宧」，應據改。考證謂通典作「宧」，晉書作「官」，並誤。

「屬役無漏流亡不歸」。「漏」，據南齊書作「滿」。

錦按：各本均訛「漏」。應據南齊書虞玩之傳改「滿」。

卷四 食貨四

「元鳳四年出口賦」注「民年七歲至十四出口賦錢人二十三二十錢以食天子其三錢者武帝加口錢以補車騎馬」。刊本「三」俱訛「二」，據漢注改。

錦按：王吴本、殿本、局本「三」俱訛「二」。北宋本、傅校本、遞修本、明抄本、明刻本兩「三」俱不誤，與漢書昭帝紀如淳注合。「漢注」應作「漢書注」。

卷五 食貨五

「第九品及舉輦跡禽前驅」。刊本脱「及」字，據隋書食貨志增。

錦按：各本均脱「及」，「轝」並訛「舉」，應據隋書食貸志補改。考證漏校「舉」字。

「殿中虎賁持鉝斧」。刊本「鉝」誤「雄」，據隋志改。

錦按：隋書食貨志作「椎」，是。考證訛作「錐」。北宋本、傅校本、遞修本訛作「推」。殿本、局本訛「雄」。

「租米五石」。案：隋志此下有「禄米二石」四字。又「丁女並半之」。案：隋志此下有「男女年十六以上至六十爲丁」十二字。

錦按：各本均脱「禄米二石」四字，應據隋書食貨志補。「男女年十六以上至六十爲丁」十二字，乃釋丁男丁女語，杜氏蓋有意捨而不録者。

「大縣六班小縣兩轉方至一班品第既殊不可妄載」。刊本上「縣」訛「郡」，「妄」訛「委」，據隋書食貨志改。

錦按：各本均訛「郡」，應據隋書食貨志改「縣」。各本均作「委」，是。隋志作「妄」，非。

「多者及下户」。刊本複衍「户」字，據隋書食貨志删。

錦按：各本「户」字均複衍，應删。

「豐年則全賦中年半之下年一之」。案：隋志「一」作「二」。

錦按：隋書食貨志亦作「一」。考證所據係誤本。

卷六 食貨六

「天寶元年赦文其侍丁孝者假免差科」。刊本「孝」訛「老」，據新、舊唐書改。

錦按：不但「孝」訛「老」，「者假」亦誤倒。應據舊唐書食貨志、唐會要卷八三、册府元龜卷四八七、唐大詔令集卷四改乙。改元天寶赦云：「侍丁者令其養老，孝假者矜其在喪。」

「西平郡貢牸犀角十隻」。刊本犀解誤，據唐書改。

錦按：北宋本、傅校本、明抄本、明刻本、王吴本、殿本均作「西平郡牸羊角十隻」，局本「牸」訛「特」。考證校語有誤，應作「刊本犀訛羊」。元和郡縣志卷三九云：「開元貢，羚羊角兩隻。」新唐書地理志四云：「土貢，牸犀角。」「羊」字未必誤。

「隴西郡貢秦艽」。刊本「艽」訛「膠」，據別本改。

錦按：各本均作「秦膠」。元和郡縣志卷三九、新唐書地理志四作「秦艽」。艽芁同。

「永陽郡今滁州」。刊本「滁」訛「浙」，據唐書改。

錦按：北宋本、明刻本作「條」，傅校本、明抄本、王吴本作「滌」，殿本作「浙」，並誤。考證校語之「浙」應作「浙」。

「吴郡貢魚子五升」。刊本「魚」訛「春」，據唐書改。

錦按：各本均作「春」。新唐書地理志五作「魚」。

「會稽郡貢交梭綾十匹」。刊本「梭」訛「椶」，又脱「綾」字，據唐書改增。

錦按：各本均訛「椶」。元和郡縣志屢見「交梭」之名，如卷二五睦州條，卷二六越州條。「綾」字似不必增。

「新定郡貢文綾二十匹」。刊本「文綾」訛「交椶」，據唐書改。

錦按：各本均作「交椶」。新唐書地理志五作「文綾」，不足爲據。此仍應改作「交梭」，元和郡縣志卷二五睦州條云：「開元貢，交梭。元和貢，交梭二匹。」

「桂陽郡今郴州」。刊本訛「柳」，據唐書改。

錦按：摘句有誤，「彬」應作「郴」。北宋本、傅校本、明抄本及新唐書地理志五均作「郴」。明刻本、王吴本、殿本訛作「柳」，局本訛作「彬」。

「潯陽郡」。刊本「潯」訛「皋」，據唐書改。

錦按：北宋本、傅校本、明抄本、明刻本作「尋」，殿本、局本訛「皋」。元和郡縣志卷二八、新唐書地理志五及王吴本均作「潯」。

「洪源郡貢蜀椒一石今黎州」。刊本「黎」訛「當」。案：唐書洪源郡作黎州，江源郡作當州。黎州洪源郡，則貢升麻、椒、麝。江源郡則以地産當歸，地名當州。今據改。

錦按：各本均訛「當」。黎州洪源郡，當州江源郡，見本書卷一七六及舊唐書地理志四、新唐書地理志六。

「江油郡」。刊本「江油」二字互倒，據唐書改。

錦按：通典各本均倒作「油江」，他處亦然。應據元和郡縣志卷三三、新唐書地理志六、太平寰宇記卷八四乙作「江油」。

「歸誠郡」。刊本「誠」訛「城」，據唐書改。

錦按：各本均訛「城」。本書卷一七六及元和郡縣志卷三二、舊唐書地理志四、新唐書地理志六均作「歸誠郡」。應據改。

卷七 食貨七

「漢桓帝永壽三年户千六十七萬七千」。案：「六十」册府元龜作「六百」。

錦按：通典作「户千六十七萬七千」，與晉書地理志上合。册府元龜卷四八六作「户千六百七萬九百六十」，與續漢書郡國志一劉昭注引帝王世紀合。

「唐高宗永徽元年高履行奏隋大業中户八百九十萬今户三百八十萬」。案：册府元龜「九十」作「七十」，「八十萬」作「八十五萬」。

錦按：北宋本、傅校本、明抄本、明刻本、王吴本及舊唐書高宗紀上、唐會要卷八五、册府元龜卷四八六均作「七十」，殿本、局本訛作「九十」。舊唐書作「三百八十萬」，與通典合。册府元龜作「三百八十五萬」，與唐會要合。

「裴冕等二十九人並攝御史分往天下」注「韋洽」。刊本「洽」訛「治」，據唐書改。

錦按：北宋本、明刻本作「韋洽」，是。王吴本、殿本、局本訛作「韋治」。

「融又上言天下所檢責客户」。案：此奏一作「裴耀卿」。

錦按：唐會要卷八五即繫此奏于裴耀卿名下。

卷八 食貨八

「太公九府圜法」注「圜謂均而通也」。刊本「均」訛「內」，據唐書注改。

錦按：北宋本、傅校本作「均」，是。明刻本、王吳本、殿本、局本訛「內」。考證校語有誤，應作「據漢書注改」。通典此注採自漢書食貨志下師古注。

「人有若干百千之數矣」。刊本「干」訛「千」，「千」訛「十」，據管子改。

錦按：各本均訛「千」訛「十」。考證據管子國蓄篇改之是也。

「周郭其下令不可磨取鎔焉」。案：「下」漢書作「質」。

錦按：各本均作「下」，漢書食貨志下作「質」。考證摘句有誤，「鎔」應作「鋊」。

「致富之道實假於錢」。刊本「富」訛「之」，據別本改。

錦按：各本均作「致之之道」。作「富」誤。富者倉庫充溢，貧者糧靡斗儲，貧者仰富，致之之道，實假於錢。「之」顯指糧食。考證謂「致富」，未得，所據別本，不知究指何本。

卷九 食貨九

「宋文帝元嘉七年立錢署法」。刊本「署」訛「置」，據宋紀及册府元龜改。

錦按：不但「署」訛「置」，「法」字亦衍，各本皆然。宋書文帝紀、南史宋本紀中、册府元龜卷五〇〇均無

「法」。

「刑雖重禁姦弊方密」。案：宋書作「刑禁雖重姦逐方密」。

錦按：各本同。考證校語有誤，宋書何尚之傳作「姦避方密」。

「大唐武德四年鑄開通元寶錢」。刊本「通元」二字互倒，據册府元龜改。

錦按：北宋本、傅校本、明刻本作「開通元寶」。王吳本、殿本、局本作「開元通寶」，唐會要卷八九、舊唐書食貨志上、新唐書食貨志四同。陸容菽園雜記卷六云：「開元錢文，或讀作開通元寶，或作開元通寶，本武德四年所鑄，非開元年間鑄也。」錢上字本當左旋讀之，自應從古本作「開通元寶」。

卷十食貨十

「賈誼上疏曰輸將繇使其遠者不出五百里」。刊本「出」訛「在」，據册府元龜改。

錦按：各本均作「在」，與賈誼新書屬遠篇合。册府元龜卷四九八作「出」，乃後人臆改。

「若以門兵造船便爲闕彼防禦」。刊本「禦」訛「城」，據魏書改。

錦按：遞修本、明刻本、王吳本、殿本、局本作「船」；北宋本、傅校本、明抄本作「舟」，與魏書食貨志合。魏志作「禦」，通典各本皆作「城」，蓋避代宗嫌名。

「令州郡綱典各受租調於所在然後付之十車之中」。刊本「中」訛「牛」，據魏書改。

錦按：明刻本、王吳本、殿本、局本均訛「牛」。北宋本作「中」，與魏書食貨志合。

「若船數有缺且賃假充事」。刊本「數」訛「所」，據魏書改。

錦按：各本皆訛「所」，當據魏書食貨志改作「數」。

「裴耀卿奏曰臣請於河口置一倉納江南租米」。案：「南」册府元龜作「東」。

錦按：殿本、局本作「南」，臆改。北宋本、傅校本、明抄本、明刻本、王吴本及舊唐書食貨志下、册府元龜卷四九八皆作「東」。

「管子曰禺筴之商日二百萬十日二千萬一月六千萬萬乘之國正九百萬也」。刊本脱「國」字，據管子增。

錦按：各本均脱「國」，當依管子海王篇補。

卷十一 食貨十一

「漢孝武天漢三年初榷酒酤」注「如道路設木爲榷者」。刊本脱「設」字，據别本增。

錦按：各本均脱「設」。漢書武帝紀韋昭注有「設」。應據補。

「自東晉至陳淮水北有大市百餘小市十餘」。刊本「百」訛「自」，據册府元龜改。

錦按：北宋本、傅校本、明刻本、殿本、局本均訛「自」。王吴本及隋書食貨志、册府元龜卷五〇四均作「百」，是。

「司馬遷曰夫山西饒材」。刊本「材」訛「林」，據史記改。

錦按：惟明刻本「材」字不誤，他本皆訛「林」。

「二千一百萬之家即二十萬而更繇租賦出其中」。案：史記「二千」下有「户」字。

錦按：「二千」屬上讀。考證所據史記衍「户」字。

「牛千足羊彘千雙」。刊本「雙」訛「隻」，據史記及漢書改。

錦按：王吴本、殿本、局本訛「隻」。北宋本、傅校本、遞修本、明抄本、明刻本均作「雙」，與史記貨殖列傳、漢書貨殖傳合。

「關中富商大賈大抵盡出諸田」。刊本「富」訛「宿」，據史記及漢書改。

錦按：摘句衍「出」字。各本均作「宿」，亦通，杜氏蓋以意改之。

「盡推理去就與時俯仰」。案：「推理」史記及各本皆作「椎埋」。

錦按：通典各本均作「推理」。史記貨殖列傳作「椎埋」。考證謂「各本皆作椎埋」，不確。

「田農拙業也而秦陽以蓋一州」。刊本「農」訛「畝」，據史記改。

錦按：殿本、局本訛「畝」。北宋本、傅校本、遞修本、明抄本、明刻本、王吴本均作「農」，與史記貨殖列傳合。

「掘塚姦事也而曲叔以起」。刊本「曲」訛「田」，據史記改。

錦按：殿本、局本作「田」。北宋本、傅校本、遞修本、明抄本、明刻本、王吴本作「曲」。史記會注考證卷一二九引張文虎曰：「南宋舊刻、毛本作田叔，它本作曲叔」。作「田」雖不誤，但非通典之舊。

「莽乃下詔曰夫周禮有賖貸傳記各有斡焉」。刊本「賖」訛「餘」，「焉」訛「馬」，據周禮及漢書改。

錦按：北宋本、傅校本、遞修本、王吴本均作「賖」。「斡」應作「斡」，北宋本、傅校本、遞修本、明抄本均作「斡」，與漢書食貨志下合。「焉」各本均訛「馬」。

「五穀布帛絲綿之物周於人用」。刊本「之」訛「衣」，據漢書改。

錦按：各本皆訛「衣」，考證據漢書食貨志下改「之」是也。

「洛陽薛子仲張長叔」。刊本「叔」訛「督」，據漢書改。

錦按：各本皆訛「督」，考證據漢書食貨志下改「叔」是也。

「布帛爲租則吏多姦盜」。刊本「吏多」訛「利吏」，據後漢書改。

錦按北宋本、傅校本、遞修本、明抄本作「則吏姦盜」，明刻本、王吴本、殿本、局本作「則利吏姦盜」。考證據後漢書朱暉傳改作「則吏多姦盜」，是。

卷十二 食貨十二

「管子曰智有十倍人之功愚有不賡本之事」注「賡猶償也」。刊本「償」訛「賞」，據管子注改。

錦按：明刻本、王吴本、殿本、局本訛「賞」。北宋本、傅校本、遞修本、明抄本及管子國蓄篇尹注均作

「僨」。

「桓公問於管子曰吾欲守國財而無税於天下」。刊本脱「財」字，據管子增。

錦按：各本均脱「財」，管子地數篇有「財」。

昔武王有巨橋之粟貴糴之數」。刊本「糴」訛「糶」，據管子改。

錦按：王吴本、殿本、局本訛「糶」。北宋本、傅校本、遞修本、明抄本、明刻本及管子地數篇均作「糴」。

「桓公曰齊西水潦人饑齊東豐庸而糶賤」。刊本「糶」訛「糴」，據管子改。

錦按：各本均作「糴」，亦通。管子輕重丁篇作「糶」。

「北郊有堀闕得龜者此檢數百里之地也」注「以此龜爲用者其數可比百里之地」。刊本「此」訛「比」，「可」訛「百」，據管子注改。

錦按：「郊」應據北宋本、傅校本、遞修本、明抄本、明刻本、王吴本及管子山權數篇改「郭」。「堀」亦誤，應改「掘」，「堀」與「窟」同，與「掘」異。北宋本、傅校本、遞修本、明抄本均作「此」「可」，與管子山權數篇尹注合。

「請以瑶爲質以假子之邑粟」。刊本「質」訛「貲」，據管子改。

錦按：北宋本作「質」，與管子山權數篇合。

「使其牆三重而門九襲」注「先託築城」。刊本「託」訛「記」，衍「其」字，據管子注改。

錦按：北宋本、王吴本作「先託築城」，與管子輕重丁篇尹注合。

「魯梁之民俗爲綈」注「綈徒奚反」。刊本「徒」訛「陵」，據管子注改。

錦按：北宋本作「徒」，與管子輕重戊篇尹注合。

「故見予之形而不見奪之理故民愛可洽于上也」。刊本「愛」訛「憂」，據管子改。

錦按：明抄本、明刻本訛「受」，王吴本、殿本、局本訛「憂」。北宋本、傅校本、遞修本均作「愛」，與管子國蓄篇合。

「王霸之君去其所以强求」。刊本「王」訛「五」，據管子改。

錦按：北宋本、明抄本作「王」，與管子國蓄篇合。

「穀石二十錢則大男有八十之籍」。刊本脱「錢」字，據管子增。

錦按：各本均無「錢」，蓋蒙上文「穀石十錢」而省。

「是人君作發號令收穡而户籍也」。刊本「穡」訛「譠」，據管子改，注並改。

錦按：「作」字誤，應據北宋本、傅校本、明抄本、明刻本、局本及管子國蓄篇改「非」。明刻本、殿本訛「譠」，王吴本、局本作「穡」，亦誤。應據北宋本、傅校本、遞修本、明抄本及管子國蓄篇改「嗇」，注同。

「市絲綿綾絹布米大麥江州五百萬」。刊本「綾」訛「紋」，據册府元龜改。

錦按：各本均作「紋」。上文「買絲綿紋絹布」，各本亦均作「紋」，册府元龜卷五〇二作「綾」。宜各仍其舊。

卷十三 選舉一

「待詔或郡國貢選公車徵起悉在焉」。刊本「選」訛「送」，據漢書改。

錦按：各本均作「送」。考證云漢書作「選」，遍查漢書不見。

「光禄勳復於三署中銓第郎吏」。刊本「銓」訛「詮」，據漢書改。

錦按：各本均訛「詮」，當改作「銓」。然漢書不見此節文字。

「其令州縣察吏人有茂材異等」。案：「縣」漢書作「郡」。

錦按：各本均訛「縣」，考證據漢書武帝紀改作「郡」，是。

「令二千石謹察可者當與計偕」。刊本「令」訛「者」，據册府元龜改。

錦按：各本均作「者」，自通，屬上讀。此節杜氏採自漢書儒林傳而略有節改。「當」北宋本、傅校本、遞修本、明抄本、明刻本、王吴本均作「常」，與漢書儒林傳合，應據改。

「後漢光武十二年詔三公舉茂材各一人廉吏各二人」。刊本「二人」訛「一人」，據後漢書百官志改。

錦按：後漢書百官志一劉注引漢官目録作「二人」。考證云據後漢書百官志，略有不合。册府元龜卷六二九作「一人」，與通典同。

卷十四 選舉二

「中正輩擬比隨次率而用之」。刊本「正」下衍「所」字，據魏志删。

錦按：各本均衍「所」，當據三國志夏侯玄傳删。

「周朗上疏曰男子十三至十七皆令學經十七至二十皆令習武」。案：下「十七」宋書作「十八」。

錦按：各本均作「十七」。宋書周朗傳作「十八」。

「每在三年之内各舉一人」。案：「三」北齊書作「二」。

錦按：各本均訛「三」。北齊書孝昭紀、北史齊本紀中作「二」。

「後周宣帝大成元年詔州郡舉經明行脩者上州上郡歲一人」。案：册府元龜作「上州上郡歲三人下州下郡歲一人」，與此異。

錦按：周書宣帝紀作「上州上郡歲一人下州下郡三歲一人」，與册府元龜卷六三九又異。當以周書爲正。周書宣帝紀宣政元年六月高祖崩，宣帝即位，此詔須於八月。翌年春正月始改元大成。通典繫此詔於大成元年，不確。册府元龜詔上冠以「宣政元年八月」，是。

卷十五 選舉三

「李元瓘上言生徒教業必事資經遠則斯道不墜」。刊本「徒」訛「人」，據册府元龜改。

錦按：「瓘」北宋本、傅校本、遞修本、明抄本、明刻本均作「璀」，王吴本、殿本、局本及唐會要卷七五、册府元龜卷六三九作「瓘」。「生徒」各本均作「生人」，唐會要、册府元龜作「生徒」。作「生人」亦通，「生人」即「生民」，通典諱「民」。

「每經帖十取通六以上免試經策十條」。刊本脱「通」字，據册府元龜增。

錦按：各本均脱「通」，當據唐會要卷七五、册府元龜卷六三九補。

「以所習經掩其兩端中間惟開一行」。刊本「惟開」二字互倒，據册府元龜改。

錦按：各本均作「中間開唯一行」，亦通。

「試説文字林凡十帖口試無常限」。案：册府元龜無「口」字。

錦按：各本均有「口」。册府元龜卷六四〇無「口」字。

「自武德以來明經惟有丙丁第進士惟乙科而已」。刊本脱「丙」字，據册府元龜增。

錦按：通典各本均無「丙」，册府元龜卷六四〇有「丙」。

「置十銓試人注魏明帝嘗卒至尚書省陳矯跪問曰陛下欲何之」。刊本「跪」訛「詭」，據唐書改。

錦按：北宋本及唐會要卷七四、册府元龜卷六三〇均作「跪」。

卷十七 選舉五

「唐劉祥道奏稽古之業雖則難成斗筲之材傷於易進」。刊本「則」訛「信」，據唐書改。

錦按：舊唐書劉祥道傳「信」作「則」，「成」作「知」，「傷於」作「何其」，册府元龜卷四七三「信」作「尚」，「成」作「知」，「傷於」作「何期」，均與通典異，各仍其舊爲宜。

「其行署等私犯下第公坐下下雖經赦降情狀可責者亦量配三司」。案：唐書作「其行署私犯公坐情狀可責者雖經赦降亦量配三司」。與此異。

錦按：舊唐書劉祥道傳、册府元龜卷四七三均無「下第」及「下下」。

「乾封八年上列侍臣責以不進賢良」。案：別本「八」作「二」。

錦按：王吴本、殿本、局本訛「八」。北宋本、傅校本、明抄本、明刻本及唐會要卷五二、册府元龜卷六七、通鑑卷二〇一均作「二」，應據改。

「張九齡上書其餘縣令以下固不可勝言」。刊本脱「可」字，據監本改。

錦按：殿本、局本脱「可」。北宋本、傅校本、明抄本、明刻本、王吴本及曲江集卷一六、文苑英華卷六七六均有「可」。

「天下雖廣朝廷雖衆士之明賢誠可知也」。刊本「明」訛「名」，據監本改。

錦按：北宋本、傅校本、殿本、局本及文苑英華卷六七六均作「各」，明刻本作「明」，俱通。

「彼身言及書豈可同爲銓序哉」。刊本「彼」訛「比」，據監本改。

錦按：王吴本、殿本、局本訛「比」。北宋本、傅校本、明抄本、明刻本均作「彼」。

卷十八 選舉六

「評曰昔者唐虞皆訪於衆」。刊本「者」訛「有」，據監本改。

錦按：殿本、局本訛「有」。然「者」亦非杜氏之舊，應據北宋本、傅校本、明抄本、明刻本改「在」。

卷十九 職官一

「棄作后稷」。刊本脱「作」字，據漢書增。

錦按：各本均脱「作」，當據漢書百官公卿表上補。

「五監」注「少府將作國子軍器都水」。刊本「子」訛「予」，今改。

錦按：殿本訛「予」，北宋本、傅校本、明抄本、明刻本、局本均作「子」。

「官數唐六十員」。一本下有「虞十六員」四字。

錦按：北宋本、傅校本、明抄本、明刻本均有「虞六十員」四字，王吴本、殿本、局本脱，應補。「六十」考證倒誤。

卷二十 職官二

「三老五更昔三代所增也」。案：「昔」監本作「者」。

錦按：北宋本、明抄本、殿本、局本均作「昔」。明刻本作「者」。

「漢制三公不與盜賊若領兵入見皆交戟叉頸而前」注「魏武破張繡入覲天子亦行此制汗流浹背」。刊本「浹」訛「洽」，據別本改。

錦按：「洽」字不誤，各本均作「洽」。説文：「洽，霑也。」

「晉初置三上公」注「惠帝天安元年以齊王冏爲太師」。刊本「天」訛「大」，據晉書改。

錦按：各本皆作「大安」，應據晉書惠帝紀改「太安」。考證謂作「天安」，誤。

卷二十一 職官三

「北齊乾明中置丞相清河中分爲左右」。刊本複衍「中」字，據監本删。

錦按：殿本、局本下「中」字複衍。北宋本、傅校本、明刻本、王吴本及隋書百官志下「中」字均不複衍。

「河清」考證誤倒作「清河」。

「散騎常侍後魏北齊位在中書之右其資敍爲第三清」注「明亳曰臣本官常侍是第三清今授

武勇其號至濁」。刊本「勇」訛「通」，據監本改。

錦按：殿本、局本均訛「明亳」，北宋本、傅校本、遞修本、明抄本、明刻本、王吴本作「明亳」，亦誤，應據魏書良吏傳、北史循吏傳改「明亮」。北宋本、傅校本、明抄本、明刻本、王吴本倒作「武勇」，殿本、局本「勇」又訛「通」。魏書、北史作「勇武」，是，應據以乙改。

「大唐武德初爲内史令」注「常有敕而中書門下不時宣行高祖責其遲晚」。刊本「晚」訛「由」，據監本改。

錦按：北宋本、傅校本、明抄本、王吴本、殿本、局本均作「由」，是。責其遲由者，責問其遲宣上敕之緣由也。明刻本作「晚」，臆改。

「中書侍郎晉置四員及江左初又改爲通事郎」。刊本「又」訛「右」，據監本改。

錦按：北宋本、傅校本、遞修本、明刻本、王吴本均作「又」。殿本、局本訛「右」。

卷二十二 職官四

「都堂居中左右分司」注「舊尚令書有大廳當省之中今謂之都堂」。刊本「令」訛「令」，今改。

錦按：殿本、局本訛「令」。北宋本、傅校本、遞修本、明抄本、明刻本、王吴本均作「令」，是。

「尚書左丞兼糾彈之事」注「崔洪曰我舉郄丞而還奏我此挽弓自射之謂也」。刊本「謂也」

訛「所謂」，據别本改。

錦按：北宋本、遞修本、明抄本、殿本、局本作「所謂」，明刻本、王吴本作「謂也」，晉書崔洪傳無「謂」有「也」。

「元嘉以後有二十曹郎」注「元嘉十八年增删定曹郎即魏世之定科郎也」。刊本複衍「郎」字，據監本删。

錦按：「删定曹郎」北宋本、明抄本、殿本、局本均疊「郎」字。明刻本不疊。

卷二十三 職官五

「魏改選部爲吏部晉與魏同」注「江霦爲選官霦音彬」。刊本「彬」訛「林」，據韻會改。

錦按：「霦」晉書江統傳作「虨」。各本均作「虨音林」，應作「霦音彬」。

「大唐龍朔二年改吏部尚書爲司列太常伯」。案：「二」唐書作「元」。

錦按：舊唐書職官志一、唐會要卷五八均作「二」，與通典合。惟新唐書百官志一作「元」。

「考功郎中一人」注「宋元嘉三十年又置功論郎」。刊本脱「上」字，「功」訛「公」，據宋書百官志增改。

錦按：考證校語有誤，應作「刊本脱十字」。各本均脱「十」。傅校本、明刻本作「功」。北宋本「三年」下板殘。

「郎中一人」注「武德初改爲禮部郎中」。刊本「德」訛「帝」，據監本改。

錦按：殿本、局本訛「帝」，北宋本、傅校本、遞修本、明抄本、明刻本均作「德」。

「屯田郎中一人」注「柳彧爲屯田侍郎」。刊本「柳彧」訛「補或」。又「時制三品以上門皆列戟」。刊本「制」訛「以」。又「頞聞而歎服」。刊本「歎」訛「戰」。並據隋書改。

錦按：殿本、局本訛作「補或」，北宋本、傅校本、明抄本、明刻本作「柳彧」。「制」各本皆作「以」。殿本、局本訛「戰」，北宋本、傅校本、遞修本、明抄本、明刻本、王吴本均作「歎」，與隋書柳彧傳合。

卷二十四 職官六

「後漢以來謂之御史臺」注「蔡邕以侍御史轉侍書御史」。刊本「侍」訛「持」，據後漢書改。

錦按：殿本、局本作「持」是，北宋本亦作「持」，與後漢書蔡邕傳合。考證謂後漢書作「侍」，誤。

「北齊瑯琊王爲御史中丞」注「高道穆爲御史中丞壽陽公主行犯清路以赤棒呵之」。刊本「以」上衍「執」字，「棒」下衍「卒」字，據監本改。

錦按：北宋本、遞修本、明抄本、殿本、局本均作「執以赤棒卒呵之」，本通。明刻本删去「執」「卒」二字。

「後周有司憲中大夫二人」注「上嘗謂崔隱甫曰卿爲大夫深副朕意」。刊本「意」訛「委」，據監本改。

錦按：明刻本作「意」，臆改。北宋本、明抄本、殿本、局本均作「委」，是。舊唐書崔隱傳云：「甚副朕之所委也。」委，任也。

「內供奉二員」注「庶僕臺例占闕者得職田」。刊本「得」訛「傳」，據監本改。

錦按：殿本、局本訛「傳」。作「得」是，北宋本、傅校本、遞修本、明刻本、王吳本均作「得」。

「監察御史初秦以御史監理諸郡謂之監察御史漢初罷其名」。刊本脱下「御」字「初」字，據監本增。

錦按：考證據明刻本增「御」字「初」字，誤。北宋本、遞修本、明抄本、殿本、局本均無「御」「初」二字。然各本作「監察史」亦非，應據漢書百官公卿表上改作「監御史」。

「裏行五員并監諸軍出使等」注「比來御史監軍乃有控制軍中大小之事非所以委專征也」。刊本「征」訛「往」，據監本改。

錦按按：各本均作「征」，殿本亦不作「往」。

卷二十七 職官九

「寺人」注「掌王之內人及女宮」。刊本「宮」訛「官」，據周禮改。

錦按：各本均訛「官」。

「內常侍」注「寶應元年敕諸道州所承上命不得輒便信中使宣敕即遵行」。刊本「輒」訛

「懸」，據監本改。

錦按：北宋本、傅校本、遞修本、明抄本、王吳本、殿本、局本及唐會要卷六五均作「懸」，是。懸，虛也。謂諸道州府所承上命，須憑正敕，不得空信中使口説即遵行。明刻本作「輒」，臆改。

「後漢大長秋屬官有中宮謁者三人」。刊本「三」訛「二」，據漢書百官志改。

錦按：殿本、局本訛「二」。北宋本、傅校本、遞修本、明抄本、明刻本、王吳本均作「三」，與後漢書百官志合。考證校語有誤，「漢書」上脱「後」。

「凡中書謁者尚書令僕射中常侍」。刊本「射」訛「侍」，據後漢書改。

錦按：通典各本同。尚書令僕即指尚書令、尚書僕射。考證改「侍」爲「射」，非是。應作「尚書令僕侍中中常侍」，原脱一「中」，當據後漢書百官志增。

「丞漢有六人」注「其後損益」。刊本「後」訛「有」，據監本改。

錦按：北宋本、遞修本、明抄本、殿本、局本均作「有」。明刻本作「後」，臆改。葉德輝輯山公啟事作「甚有頓益」，近是。

「置五經百名」。刊本「名」訛「石」，據監本改。

錦按：摘句應作「郡國置五經百石卒史」。考證因誤讀而誤校。北宋本、傅校本、遞修本、明抄本、殿本、局本均作「石」，與漢書儒林傳合。明刻本妄改「石」作「名」，考證竟從之。

「書學博士」注「鳳閣侍郎王方慶曰臣七代祖僧綽」。刊本「僧」訛「曾」，今改。

錦按：殿本、局本訛「曽」。北宋本、傅校本、遞修本、明抄本、明刻本均作「僧」，是。王僧綽，宋書有傳。

卷二十八 職官十

「魏獻子衛文子並居將軍之號」注「文子爲衛之將軍名彌牟」。刊本「彌」訛「稱」，據禮記改。

錦按：殿本訛「稱牟」。北宋本、傅校本、遞修本、明抄本、明刻本、局本均作「彌牟」，與禮記檀弓合。

卷二十九 職官十一

「魏以司馬景王爲大將軍置掾十人別無屬官」。刊本「別」訛「則」，據監本改。

錦按：北宋本、明抄本、殿本、局本均作「則」，明刻本作「別」，俱通。

「征東將軍」注「以張遼爲之」。刊本脱「之」字，據別本增。

錦按：各本均無「之」。

卷三十 職官十二

「咸亨元年贊善大夫別自爲官皆掌侍從翊贊」。刊本「贊」訛「養」，據監本改。

錦按：殿本、局本訛「翊養」，北宋本、傅校本、明抄本、明刻本、王吴本及唐六典卷二六均作「翊贊」。

卷三十一 職官十三

「十九關内侯」注「如淳曰列侯出關就國也」。刊本「也」訛「侯」，據監本改。

錦按：北宋本、殿本、局本及後漢書百官志五劉注引如淳注均作「侯」，是。如淳曰：「列國出關就國，侯但爵身，其有家累者與之關内之邑，食其租稅也。」侯屬下爲讀。明刻本「侯」妄改「也」，考證竟從之。

卷三十三 職官十五

「天寶元年改州爲郡」注「義寧二年罷竹使符頒銀兔符」。刊本「兔」訛「菟」，據監本改。

錦按：北宋本、傅校本、明抄本、明刻本、王吴本均作「兔」。殿本、局本作「菟」。「菟」通「兔」，改從古本可也，不得云訛。

卷三十四 職官十六

「通議郎」注「散官直」。刊本「直」訛「置」，據監本改。

錦按：殿本、局本訛「置」。北宋本、傅校本、明抄本、明刻本、王吴本均作「直」，與隋書百官志合。

「將仕郎」注「許練通時務者始得參選」。刊本「練」訛「揀」，今改。

錦按：北宋本、明抄本、殿本、局本均作「揀」，明刻本作「練」，舊唐書職官志作「簡」。揀、練、簡，義同，擇也。應從古本。考證謂「練」訛「揀」，非。又，觀考證摘句，似讀破原文。

卷三十六 職官十八

「五命賜則」注「五命賜之以方百里二百里之地也」。刊本脫「地」字，據監本增。

錦按：各本均有「地」。

「第七品太中中散諫議三大夫」。刊本「太中」訛「太史」，今改。

錦按：殿本、局本訛「太史」。北宋本、明抄本、明刻本、王吴本均作「太中」，是。

卷三十七 職官十九

「第五品給事中黄門」。刊本脫「中」字，據宋書增。

錦按：各本均脫「中」。全句應讀作「給事中。黄門、散騎、中書侍郎」。觀考證摘句，似誤讀。

「十五班領護軍將軍」。刊本脫上「軍」字，據隋書增。

錦按：各本均脫上「軍」，應據隋書百官志補。

「十一班祕書監」。刊本「監」訛「郎」，據隋志改。

錦按：北宋本、遞修本、殿本、局本訛「郎」。明刻本、王吴本作「監」，與隋書百官志合。

「大中大夫」。刊本「中」訛「子」，據隋志改。

錦按：北宋本、遞修本、殿本、局本訛「子」。明刻本、王吳本作「中」，與隋書百官志合。

「十班大匠卿」。刊本脱「卿」字，據隋志增。

錦按：各本均脱「卿」，應據隋書百官志補。

「八班皇弟皇子之庶子府長史」。案：隋志此下有「司馬」二字。

錦按：各本均脱「司馬」，應據隋書百官志補。

「五班皇弟皇子湘荆河司益廣青衡七州别駕」。按：隋志「荆河」作「豫」。

錦按：通典避代宗諱而改「荆河」。尚書禹貢「荆河惟豫州。」

「四班嗣王國郎中」。案：隋志此下有「令」字。

錦按：北宋本、遞修本、明抄本、殿本、局本脱「令」。明刻本、王吳本有「令」，與隋書百官志合，應據補。

「三班嗣王庶姓北徐北兖梁交南梁五州别駕」。刊本「南梁」訛「南兖」，據隋志改。

錦按：各本皆訛作「南兖」，應據隋書百官志改。

「二班皇弟皇子國常侍」。刊本「弟」訛「帝」，據隋志改。

錦按：北宋本、明抄本、明刻本、王吳本、局本均作「弟」，殿本訛「帝」。

「武騎常侍」。案：隋志此下有「材官將軍」四字。

錦按：各本均脱「材官將軍」，應補。

「七班太子家丞」。案：隋志「家」下有「令」字。

錦按：北宋本、遞修本、明抄本、殿本、局本脱「令」。明刻本、王吴本有「令」，與隋書百官志合，應據補。

「二衞中員外將軍」。案：隋志「二衞」下有「殿」字。

錦按：各本均脱「殿」，應據隋書百官志補。

「六班嗣王庶姓湘荆河司益廣青衡七州西曹祭酒」。刊本「庶姓」下脱「湘」字，據隋志增。

錦按：各本均脱「湘」，應據隋書百官志補。

「五班皇弟皇子公府東督護」。案：隋志「東」下有「曹」字。

錦按：各本均脱「曹」，應據隋書百官志補。

「太常五宫功曹」。案：隋志此下有「石頭戍軍功曹」六字。

錦按：各本均脱「石頭戍軍功曹」，應據隋書百官志補。考證摘句有誤，「宫」應作「官」。

「四班庶姓節府板行參軍」。案：隋志「節」上有「持」字。

錦按：各本均脱「持」，應據隋書百官志補。

「三品藴位細作令」。案：隋志此下有「導官令」三字。

錦按：各本均脱「導官令」，應據隋書百官志補。

「正厨丞」。刊本「正」訛「平」，據隋志改。

錦按：各本均訛「平」，應據隋書百官志改。

「三品勳位門下集書主事通正令史」。刊本「事通」二字互倒，據隋志改。

錦按：各本均作「主通事正令史」，通典未必倒誤。

「十四班」注「凡將軍加大者唯至貞毅而已」。刊本「凡」訛「九」，據隋志改。

錦按：各本均訛作「九」。

「十班和武」。案：「武」隋志作「戎」。

錦按：各本皆訛「武」，應據隋書百官志改。

卷三十八 職官二十

「第五品越桂霍寧等十五州刺史」。刊本脱「寧」字，據隋志增。

錦按：各本均脱「寧」，應據隋書百官志補。

「第八品武衞常侍」。案：「衞」隋志作「騎」。

錦按：各本均作「武衞常侍」。

「第九品梁秦司南徐等州别駕中從事史」。刊本「等」訛「梁」，據隋志改。

錦按：各本「等」皆訛「梁」，應據隋書百官志改。

「正四品三等鎮將軍」。案：隋志無「軍」字。

錦按：北宋本、遞修本、明抄本、殿本、局本均衍「軍」。明刻本、王吴本及隋書百官志無「軍」，應據删。

「從四品左右備身正都督」。刊本「都督」訛「督軍」，據隋志改。

「從五品三公府掾屬」。刊本「三」訛「二」，據隋志改。

錦按：各本均訛「督軍」。

錦按：殿本、局本訛「二」。北宋本、遞修本、明抄本、明刻本、王吴本均作「三」，與隋書百官志合，應據改。

「從五品開國鄉男爵」。刊本「鄉」訛「卿」，據隋志改。

錦按：北宋本、遞修本、殿本、局本訛「卿」。明刻本、王吴本作「鄉」，與隋書百官志合。

「從七品三等鎮諸曹參軍事」。刊本「諸」訛「將」，據隋志改。

錦按：殿本、局本訛「將」。北宋本、遞修本、明抄本、明刻本均作「諸」，與隋書百官志合。

「正八品三等下郡丞三等下縣令」。刊本脱「三等下郡丞」五字，據隋志增。

錦按：各本均脱「三等下郡丞」。

「從八品三公府長兼左右户行參軍」。刊本「長」下衍「史」字，據隋志删。

錦按：各本均衍「史」。

「正九品太子食官中省典倉等令」。刊本「省」訛「盾」，「倉」訛「食」，又脱「等」字，據隋志改增。

錦按：各本均作「中盾」，是。隋書百官志上文載北齊官制，明言「率更領中盾署令丞各一人掌周衞禁防，漏刻鐘鼓」，而下載北齊官品乃誤作「中省」，不得據彼誤文改通典也。「典倉」，通典各本均訛作「典食」，應據隋志改正。

「從九品諸縣丞」。刊本「丞」訛「令」，據隋志改。

錦按：各本「丞」皆訛「令」。

卷三十九 職官二十一

「隋官品令正三品内史令」。刊本「史令」二字互倒，據隋志改。

錦按：殿本、局本倒作「内令史」。北宋本、明刻本均作「内史令」，與隋書百官志合。

「從四品上鎮將軍」。刊本脱「軍」字，據隋志增。

錦按：各本均無「軍」字，隋書百官志衍「軍」，下文有「中鎮將」、「下鎮將」可證。

「正五品太子内舍人」。刊本「内」訛「府」，據隋志改。

錦按：殿本、局本訛「府」。北宋本、明抄本作「内」，與隋書百官志合。

「從六品直後三寺丞」。刊本「直後」二字互倒，據隋志改。

錦按：各本均誤倒作「後直」。考證「直後三寺丞」連文，誤。「直後」單是一官，觀上文「直寢」、「直齋」可知。

「從八品司儀」。刊本「儀」訛「犧」。又「掌醢」，刊本「醢」訛「醞」，俱據隋志及唐志改。

錦按：各本均訛「犧」。司儀署屬鴻臚寺，隋制無司犧署。殿本、局本訛作「掌醞」。北宋本、明抄本、明刻本、王吳本均作「掌醢」，與隋書百官志合。掌醢署屬光禄寺。

「正九品内寺伯」。刊本「寺」訛「侍」，據隋志改。

錦按：各本「寺」皆訛「侍」。隋制，内侍省置内寺伯二人。

「上關丞」。刊本「丞」訛「令」。案：上關令已見從八品内，今據隋志改。

錦按：北宋本、明抄本、殿本、局本均訛「上關令」。明刻本、王吳本作「上關丞」，與隋書百官志合。

「從九品内署局丞」。案：隋志作「内謁者丞」。

錦按：殿本、局本訛作「内署局丞」。北宋本作「内者局丞」。點校本隋書百官志作「内謁者局丞」，與考證所見隋志不同。

「視正五品同州總監」。刊本「監」訛「管」，據隋志改。

錦按：各本均訛「管」。據隋書百官志「正」當作「從」。隋制，流内視品十四等中，無視正五品一等。

「視從八品皮毛副監」。案：隋志「皮」上有「諸」字，「監」下有「行臺諸副監諸屯副監」九字。

錦按：各本均脱「行臺諸副監諸屯副監」。

「視正九品雍州部郡從字」。刊本「郡」訛「都」，據隋志改。

錦按：考證摘句有誤，「字」應作「事」。各本均訛「都」。

卷四十 職官二十二

「大唐官品正三品左右驍騎」。案：「騎」唐書職官志作「衛」。

錦按：各本均訛「驍騎」。唐六典、舊唐書職官志均作「驍衛」，是。

「正六品中府果毅都尉」。刊本「府」訛「武」。案：從五品有上府果毅都尉，從六品有下府果毅都尉，此正六品自當作「中府」爲是，今據唐志改。

錦按：殿本、局本訛「中武」。北宋本、明抄本、明刻本均作「中府」，與舊唐書職官志合。

「從六品牙市監」。案：「牙」唐志作「互」。

錦按：各本均作「牙」。「互」之俗字作「𠀋」，與「牙」形近，故史書中多以「牙」作「互」。

「正七品詹事司馬」。案：「馬」唐書作「直」。

錦按：各本均訛「司馬」。舊唐書職官志作「司直」，與唐六典卷二六合。司直隸太子詹事府。

「内寺伯」。刊本「寺」訛「侍」，據唐志改。

錦按：各本均訛作「内侍伯」。内寺伯雖屬内侍省，但不名「内侍伯」。

「正八品車府」。今刊本「車」訛「率」。案：唐志作「車」，本書他書亦作「車」，今據改。

錦按：明刻本、王吴本、殿本、局本訛作「率府」。北宋本、明抄本作「車府」，與舊唐書職官志合。

「諸衛羽林龍武諸曹參軍」。刊本脱「龍武」二字，據唐志增。

錦按：各本皆無「龍武」。通典於正八品上階中「諸衞羽林録事參軍」已省「龍武」，於此亦然。

「正九品典廄署主乘」。刊本「乘」訛「丞」，據唐志改。

錦按：殿本、局本訛作「主丞」。北宋本、明刻本均作「主乘」，與舊唐書職官志合。

「從九品太子典廄牧署典乘」。刊本脱上「典」字，「乘」訛「丞」，據唐志增改。

錦按：各本均訛作「典丞」。應據唐六典、舊唐書職官志改作「典乘」。「廄」上通典各本與唐六典均無「典」，舊唐志誤衍。

卷四十一 禮一

「隋文帝命牛宏辛彦之等」。刊本脱「命」字，據别本增。

錦按：北宋本、傅校本、遞修本、明抄本、明刻本、王吴本均有「命」，殿本、局本誤脱。「宏」應作「弘」，考證蓋避清諱改。

「第五十五庶子爲人後其妻爲本舅姑服議」。刊本「子」訛「人」，據别本改。

錦按：殿本、局本訛「人」。北宋本、傅校本、遞修本、明抄本、王吴本均作「子」，不誤。

「第八十一諸州祭社稷」。刊本「祭」訛「禜」，據别本改。

錦按：殿本、局本訛「禜」。北宋本、傅校本、遞修本、明抄本、王吴本均作「祭」，不誤。

卷四十二 禮二

「祀昊天上帝幣用繒長丈八尺」注「鄭玄注曾子問云制幣長丈八鄭約逸巡狩禮文也」。刊本「注」訛「云」，脱「逸」字，並據別本改增。

錦按：王吳本、殿本、局本訛「云」脱「逸」。傅校本、遞修本、明抄本、明刻本均作「注」，有「逸」字。

「禮神之主用四珪」注「一玉俱成圭末四出」。案：別本「俱成」下有「圭本著於璧」五字。

錦按：王吳本、殿本、局本脱「圭本著於璧」。傅校本、遞修本有此五字，與周禮典瑞注合，應據補。

「青幣」注「孤執皮帛」。案：別本此下有「鄭玄云」三字。

錦按：傅校本、遞修本於「孤執皮帛」下有「鄭玄云帛」四字，王吳本、殿本、局本脱，應據補。考證校語脱「帛」。

「王親牽牲而殺之」注「既殺以授亨人」。刊本脱「既」字，據別本增。又「君親牽牲」。刊本「君」訛「若」，據禮記改。

錦按：王吳本、殿本、局本脱「既」訛「若」。傅校本、遞修本、明抄本、明刻本有「既」，作「君」，與周禮太宰鄭注合。考證校語「禮記」應作「周禮注」。

「帝以十月上宿郊見」。案：「帝」別本作「常」。

錦按：王吳本、殿本、局本訛「帝」。傅校本、遞修本、明抄本、明刻本作「常」，與史記封禪書合。

「通爟火」注「舉令光明遠照」。刊本「光」訛「先」，據漢書郊祀志改。

錦按：王吴本、殿本訛「先」。傳校本、明抄本、明刻本、局本均作「光」，與史記封禪書集解引張晏注、漢書郊祀志張晏注合。考證校語「志」下脱「注」字。

「於是貴平至上大夫」。案：「貴」別本作「垣」。

錦按：傳校本、遞修本、明刻本、王吴本作「垣」，非是。明抄本、殿本、局本作「貴」，與史記封禪書、漢書郊祀志合。

「又奏舊神稱皇天上帝」。案：「舊神」一本作「天神」。

錦按：考證校語有誤，應作「舊神」一本作舊天神」。傳校本、遞修本、明抄本作「舊天神」，王吴本、殿本、局本作「舊神」，應補「天」字。

「建武二年制郊兆于雒陽城南」。刊本「兆」訛「北」，今改。

錦按：殿本訛「北」。傳校本、明抄本、明刻本、局本作「兆」，與後漢書光武帝紀合。

「景初元年」。刊本「景」下衍「帝」字。案：「景初」係魏明帝年號，今删。

錦按：傳校本無「帝」，明刻本、王吴本、殿本、局本均衍「帝」。

「大明三年移郊兆於秣陵在宫之午地」。刊本「午」訛「未」，據注及别本改。

錦按：明刻本、王吴本、殿本、局本均訛「未」。傳校本、遞修本作「午」，與宋書禮志合。

「從祀」注「風伯雨師」。刊本脱「伯」字，據别本增。

錦按：明刻本、殿本、局本脱「伯」。傅校本、遞修本、明抄本、王吴本有「伯」，是。

「禮祭月於坎」注「今丘形既廣請五帝座悉於壇上」。刊本「丘」訛「立」，據監本改。

錦按：殿本、局本訛「立」。傅校本、遞修本、明抄本、明刻本、王吴本作「丘」，與隋書禮儀志合。

「文帝天嘉中」。刊本「天」訛「大」，據陳書改。

錦按：王吴本、殿本、局本訛「大」。傅校本、遞修本、明抄本、明刻本均作「天」，是。

「宣帝即位以郊壇卑下更增廣之」注「五帝三王不相沿襲」。刊本「襲」訛「習」，今改。

錦按：王吴本、殿本、局本訛「習」。傅校本、遞修本、明抄本、明刻本作「襲」，與隋書禮儀志合。

「廩犧令掌牲陳於壇前」。刊本「犧」訛「牲」，據魏書禮志改。

錦按：「犧」各本均訛「牲」。魏書官氏志有「廩犧令」。

「執酒七人西向」。刊本脱「人」字，據魏書禮志增。

錦按：各本均訛作「七執酒七西向」。考證校語有誤，作「刊本執上衍七，七下脱人」，方合。文獻通考卷七〇作「執酒七人西向」，與魏書禮志合。

「祭黄帝常以立秋前十八日」。刊本脱「前」字，據别本增。

錦按：殿本、局本脱「前」。傅校本、遞修本、明抄本、明刻本、王吴本均有「前」，與魏書禮志合。

卷四十三 禮三

「燔柴在祭初禮無所惑」。刊本「惑」訛「感」，據別本改。

錦按：王吴本、殿本訛作「禮無所感」。局本作「禮無所惑」。舊唐書禮儀志、通考卷七〇作「理無所惑」。

「以韋巨源爲終獻」注「欽明又奏請以安樂公主爲終獻」。刊本「奏獻」二字互倒，據別本改。

錦按：考證校語有誤，應作「刊本奏請二字互倒」。王吴本、殿本、局本皆誤倒。北宋本、傅校本、遞修本、明抄本、明刻本均作「奏請」，是。

「開元十一年張説爲禮部使韋縚爲副行」。刊本「縚」訛「滔」，據舊唐書禮儀志改。

錦按：考證摘句衍「行」字。殿本、局本訛「滔」。北宋本、傅校本、遞修本、明抄本、明刻本、王吴本作「縚」，與舊唐書禮儀志同。

「配以五人帝」注「炎帝配赤帝」。刊本上「帝」字訛「命」，今改。

錦按：他本皆不誤，惟殿本「炎帝」訛「炎命」。

「漢承秦滅學」注「董仲舒春秋春旱暴巫聚蛇」。刊本「蛇」訛「地」。又「以甲乙日爲大青龍一」。刊本脱「一」字。又「暴釜于壇」。刊本「壇」訛「檀」，並據春秋繁露改。

錦按：北宋本作「蛇」，有「一」，作「壇」，並與春秋繁露求雨篇合。

「閉諸陽」注「爲應龍之狀乃得大雨」。刊本「應龍」二字互倒，據山海經改。

錦按：北宋本作「應龍」，與後漢書禮儀志劉昭注引山海經合。

「隋制五官從祀於下牲用犢十」。刊本「用」訛「周」，據別本改。

錦按：殿本訛「周」。他本均作「用」，與隋書禮儀志合。

卷四十四 禮四

「夏后氏世室四旁兩夾窗」注「每室四戶八窗」。刊本「室」訛「堂」，據周禮注改。

錦按：王吳本、殿本、局本訛「堂」。北宋本作「室」，與周禮匠人鄭注合。

「其制度九尺之筵」注「釋名曰」。刊本「名」訛「文」，據別本改。

錦按：殿本、局本訛「文」。北宋本、傅校本、明抄本、明刻本、王吳本作「名」。

「武太后又於明堂後造佛舍」注「因駕爲九龍盤虯之狀」。刊本脱「爲」字，據別本增。

錦按：明刻本、殿本、局本脱「爲」。北宋本、傅校本、明抄本、王吳本均有「爲」字。

「大褚野夫黄冠」注「大羅氏掌鳥獸」。刊本「掌」訛「業」，據禮記改。

錦按：殿本、局本訛「業」。北宋本、傅校本、明抄本、明刻本、王吳本均作「掌」，與禮記郊特牲合。

卷四十五 禮五

「夏至日禮地大宗伯以匏爵酌醍齊以亞之」。刊本脱「酌」字，據別本增。

錦按：明刻本、殿本、局本脱「酌」。北宋本、傅校本、明抄本、王吴本均有「酌」。

「別爲主以象其神」注「蓋用石爲之以石爲土類故也」。刊本「故」訛「是」，今改。

錦按：王吴本、殿本、局本訛「是」。北宋本、傅校本、明抄本、明刻本均作「故」。

「以血祭祭社稷五祀」。刊本上「祭」字訛「食」，據周禮改。

錦按：王吴本、殿本、局本上「祭」訛「食」。北宋本疊「祭」字，與周禮大宗伯合。

「剡其上以象物生方其下以象地體」。刊本脱「生」字，據唐書增。

錦按：各本均脱「生」。唐會要卷二二有「生」。唐書不見。

卷四十六 禮六

「周制祭五岳王及尸皆服毳冕」注「史記云周公祀泰山以召公爲尸」。案：此出白虎通，非史記，注誤引。

錦按：「周公祀太山召公爲尸」，此語見詩經既醉正義引白虎通，今傳本不見。

「岐山吴山」注「岐在今之岐山縣見山兩岐故俗呼爲箭括嶺吴山在今汧陽郡之吴山縣」。刊本脱上「在」字，「見」訛「岐」，「括」訛「闊」，下「在今」二字互倒，並據漢書改。

錦按：王吴本、殿本、局本脱「在」，北宋本「在」作「即」。北宋本及漢害郊祀志顔注均作「其山兩岐」，王吴本、殿本、局本「其」訛「岐」，考證「其」訛「見」。漢書顔注作「箭括嶺」，通典改「括」作「闊」，避德宗嫌名，喪禮中「括髮」，杜佑於禮典中亦皆改作「斂髮」。「在今」各本均倒作「今在」，應據漢書注乙。考證校語「漢書」下脱「注」字。

「湫泉祠朝那」注「湫泉在安定郡」。刊本脱「泉」字，據漢書增。

錦按：各本均脱下「泉」。漢書郊祀志及顔注均作「湫淵」，杜佑避高祖諱改。考證校語「泉」上脱「下」，「漢書」下脱「注」字。

「籍田晉武帝詔曰今循千畝之制當與羣公卿士躬稼穡之艱難」。刊本脱「與」字，據晉書增。

錦按：各本均脱「與」，應據晉書禮志上補。

卷四十七 禮七

「后妃廟宋孝武大明二注」。刊本「大」訛「太」，據宋書改。

錦按：各本皆訛「太」。

卷四十八 禮八

「諸侯大夫士宗廟祭曰來日丁亥用薦歲事」。刊本「日」訛「月」，今改。又注「直舉一日，則己亥辛亥亦用之」。刊本「直」訛「宜」，據儀禮注疏改。

錦按：各本皆「日」訛「月」，「直」訛「宜」，應據儀禮少牢饋食禮經注改正。

「雍人掄膚」注「膚脅革肉也」。刊本「脅」訛「員」，據儀禮注疏改。

錦按：各本「脅」皆訛作「負」。應據儀禮少牢饋食禮鄭注改。考證云「脅訛員」，不確。

「嘏於主人」注「眉壽萬年」。案：儀禮此下有「勿替引之」四字，刊本脱，今增。

錦按：各本均脱「勿替引之」四字，應據儀禮少牢饋食禮補。

「祝先尸從」注「君與夫人灌各一獻然後迎牲」。刊本脱「後」字。又「設饌於堂然後迎尸于奥」。刊本脱「然」字，今並增。

錦按：各本皆前脱「後」，後脱「然」。

「凡宗廟之器」注「宗廟名器尊彝之屬」。刊本「名」訛「盟」，據注疏改。

錦按：各本「名」皆訛「盟」，與禮記雜記下鄭注違，應改。

「稻曰嘉蔬」注「稻菰蔬之屬」。刊本脱「菰」字，據禮記注疏增。

錦按：各本皆脱「菰」，應據禮記曲禮下鄭注補。

「卿大夫士神主及題板晉劉氏問蔡謨云」注「重主道也埋重則立主」。刊本「埋」訛「理」，據别本改。

錦按：北宋本作「埋」。殿本訛「理」，局本已改正。

「諸藏神主及題板制公羊説主藏太廟室西壁中」注「宗廟有祏室」。刊本「有」訛「在」，據别本改。

錦按：殿本、局本訛「在」。北宋本、傅校本、明抄本、明刻本、王吴本均作「有」。

卷四十九　禮九

「時享王乃以玉爵酌獻鐏中醴齊以獻此三獻也」。案：禮疏作「以玉爵酌著尊泛齊以獻尸」。

錦按：禮疏指禮記禮運孔疏。孔疏引崔靈恩説大祫九獻。杜佑據崔説而參以己意，故尊齊有異。下同。

「於是王以玉爵酌象鐏盎齊以獻尸此五獻也」。案：「象」禮疏作「壺」。

「禮齊以酳尸」。案：「醴」禮疏作「泛」。

「諸侯爲賓者以玉爵酌盎齊」。案：禮疏作「以瑶爵酌壺尊醍齊」。

「季冬之月天子乃嘗魚先薦之寢廟」。刊本「季冬」訛「仲夏」，「先」訛「咸」，據月令改。

錦按：各本皆作「仲夏」和「咸」。「仲夏」蓋高堂隆誤記。「咸」字則不誤，「咸」承上文羔、鮪、魚而言。

「禘祫上將祫祭前期十日之前夕肆師告具」。刊本「具」訛「其」，據別本改。

錦按：北宋本、殿本訛「其」，王吳本、局本作「具」。

「白黑形鹽膴」注「膴生魚爲大臠」。刊本「膴」訛「膴」，據周禮注疏改。

錦按：殿本、局本訛「膴」。北宋本、傅校本、明抄本、明刻本均作「膴」，與周禮籩人鄭注合。

「茆菹麋臡」，刊本「茆」訛「茅」。又「嬴醢」，刊本「嬴」訛「贏」，並據周禮改。

錦按：各本均作「茅」。考證校語有誤，應作「刊本茆訛茅」。北宋本、殿本作「麋」，與周禮醢人合。傅校本、明抄本、明刻本、王吳本訛作「麋」，殿本原不誤，考證摘句反而訛「麋」。殿本、局本訛「贏」，北宋本作「嬴」，與醢人合。

「箈菹鴈醢」注「箈箭萌」。刊本「箭」訛「筍」，據周禮注改。

錦按：王吳本、殿本、局本訛「筍」。北宋本、傅校本、明抄本、明刻本作「箭」，與周禮醢人鄭注合。

卷五十 禮十

「禘祫下文帝元嘉六年」注「晉以春烝曲沃齊十月嘗太公」。刊本「十」下衍「一」字，據宋志删。

錦按：各本皆衍「一」，宋書禮志四作「十月」，是。宋志上文有「諸侯孟月嘗」之語。

「孝武孝建元年十二月」。刊本「孝建」訛「建元」，「十二」訛「十」。又注「宗廟大禮宜依古典」。刊本「依」下衍「舊」字。又「用來年十月殷祀爲允」。刊本「來」下衍「二」字。並據宋志改删。

錦按：各本訛衍與殿本同。考證校語應作「十二訛十一」，脱「一」字。

「大祭宗廟謂之禘者審諦其昭穆也」。刊本「昭穆」下衍「百官」二字，據魏志删。

錦按：各本皆有「百官」。魏書禮志一、册府元龜卷五八〇均無「百官」。

「春祭特礿」。刊本「祭」訛「廢」，據魏志改。

錦按：魏書禮志一亦作「廢」，不作「祭」，考證誤。魏志、通典「廢」下俱脱「祫」，應據禮記王制訂補。

「禘其所自出之祖」。刊本「禘」訛「祖」，據魏志及禮記改。

錦按：各本「禘」皆訛「祖」。

「天子先祫後時諸侯先時後祫此於古爲當在今則煩」。刊本「於」訛「施」，據魏志改。

錦按：各本「於」皆訛「施」。

「四時行事而猶未禘」。刊本「時」訛「月」，據魏志改。

錦按：各本皆訛「月」。

「宜待三年終然後祫禘」。刊本「然」訛「乃」，據魏志改。

錦按：北宋本、傅校本、明刻本與魏書各本均無「三」。魏書禮志二亦作「乃」，考證誤改「然」。

「冬公如晉」。刊本「晉」訛「齊」，據春秋及唐書改。

錦按：北宋本、傅校本、遞修本、明抄本、明刻本、王吴本、殿本均訛「齊」。局本已改作「晉」，與春秋昭公十三年、舊唐書禮儀志六、唐會要卷一三合。

「二周有半實整三年」。刊本「整」訛「枕」，據别本改。

錦按：各本均作「枕」，通典此處用「枕」字，甚爲精當。考證改作「整」，大失原意。舊唐書禮儀志六作「准」，唐會要卷一三作「概」。

「太廟爲始封之祖」。刊本脱「太」字，據别本增。

錦按：傅校本、明刻本、王吴本、殿本、局本全句作「周以后稷配天廟爲始封之祖」。「廟」字衍，舊唐書禮儀志六、唐會要卷一三即無「廟」字，應據删。考證增「太」，非。

「伏請據魏晉舊事爲比」。刊本「爲比」二字互倒。據别本改。

錦按：「事」應據舊唐書禮儀志六、唐會要卷一三、册府元龜卷五八九改「制」。「爲比」北宋本、傅校本、明抄本、明刻本、王吴本、殿本均倒誤。局本已乙正，與諸書合。

卷五十一 禮十一

「七祀袁準著正論以爲五行之官祭於門户行竈中霤中霤土神也」。刊本脱下「中霤」二字，據別本增。

錦按：殿本、局本涉上而脱「中霤」。北宋本、傅校本、明刻本、王吴本有。

卷五十二 禮十二

「上陵外國朝者」注「薛綜曰」。刊本「綜」訛「琮」，今改。

錦按：各本皆訛「琮」。通典此節輯自後漢書禮儀志，劉昭注作「綜」。

卷五十三 禮十三

「大學之禮雖詔於天子無北面」注「武王踐阼召師尚父而問焉曰」。刊本「曰」上衍「師尚父」三字，據禮記注疏删。又「王行西折而南」。刊本「行」下衍「而」字。又「則親疏有序而恩相及矣」。刊本脱「則」字「恩」字，「矣」訛「也」。又「則聖智在位而功不匱矣」。刊本脱「則」字，「匱」訛「遺」。又「退習而端于太傅則德智長而理道得矣」。刊本訛作「退習兩端則德智理矣」。並據大戴禮及禮記注疏增改。

錦按：此節輯自大戴禮記保傅篇、禮記學記鄭注。各本誤同。

「獻帝建安中」注「晉摯虞決疑」。刊本「摯虞」二字互倒，據晉書改。

「宋明帝太始中置玄儒文史四科科置學士十人」。刊本脱一「科」字，據别本增。

錦按：「摯虞」各本皆誤倒。晉書有傳。

錦按：「太始」應作「泰始」。北宋本、傅校本、明抄本、明刻本、王吴本均有兩「科」字。

「釋奠北齊將講於天子講畢以一太牢釋奠孔宣父」。刊本「齊」訛「齋」，今改。

錦按：唯殿本訛作「齋」。「將」字不當有，杜佑編寫失誤。

「景龍二年皇太子釋奠令從臣皆乘馬劉子元議曰方履高冠自是車中衣服且長裙廣袖不宜馳驟於風塵之内」。刊本「且」訛「宜」，據監本改。

錦按：「景龍」應據舊唐書禮儀志四、唐會要卷三五、册府元龜卷五八八改「景雲」。「二年」下脱「七月」，應據北宋本、傅校本、明抄本、明刻本、王吴本補。殿本、局本訛「宜」，以上五本皆作「且」。

「孔子祠黄初二年以孔子二十一代孫羡爲宗聖侯令魯郡修廟置百石吏卒」。刊本「石」訛「户」，據魏孔子廟碑改。

錦按：晉書禮志上作「百户吏卒」，與通典同。

卷五十四 禮十四

「巡狩望秩于山川」注「乃以秩望祭」。刊本訛「乃望秩遥祭」。又「言秩者五岳視三公四瀆視諸侯也」。刊本脱「者」字。並據史記正義改增。

錦按：各本訛脱同。當據史記五帝本紀正義改補。

「歸格于藝祖用特」注「特一牛也」。刊本「牛」訛「牢」。又「每歸用特者明每一岳即歸也」。刊本下「每」字訛「祭」。並據尚書注疏改。

錦按：各本「牛」皆訛「牢」。殿本、局本訛「祭」，北宋本、傅校本、明刻本、王吴本作「每」，與尚書舜典僞孔傳合。

「誦訓氏亦夾王車以所識久遠之事以告王」。刊本「所識」訛「上古」，據周禮注改。

錦按：各本均作「上古」。

「天子乃令太師採人歌謡之事」。刊本「師」訛「保」，據别本改。

錦按：王吴本、殿本、局本訛「保」。北宋本、傅校本、明抄本、明刻本作「師」。

「晉初新禮」注「摯虞」。刊本「摯」訛「贄」，今改。

錦按：王吴本、殿本、局本訛「贄」。北宋本、傅校本、明抄本、明刻本作「摯」。

「封禪建武三十年」注「仰視天門窔遼如從穴中視天」。刊本「窔」訛「突」，據馬第伯封禪記改。

錦按：王吴本、殿本、局本訛「突」。北宋本、傅校本、明刻本作「窔」，與後漢書祭祀志上劉注引馬第伯封禪儀記合。

「四月己卯大赦」注「梁松被誅蓋亦誣神之咎也」。刊本「咎」訛「苔」，據别本改。

錦按：殿本、局本訛「荅」。北宋本、傅校本、明抄本、明刻本、王吴本均作「咎」，與後漢書祭祀志下合。

「麟德二年儀注爲金繩以纏玉匱爲金泥以泥之」。刊本「爲金泥以」下衍「金」字，據別本删。

錦按：「爲金繩以纏玉匱」，應據北宋本、傅校本、明刻本及御覽卷八〇五「金」上補「黄」，「玉」上補「金」。傅校本、明刻本及御覽均作「爲金泥以泥之」，「以」下無「金」字。

「以五色土封之」。刊本脱「土」字，據別本增。

錦按：殿本、局本脱「土」。北宋本、傅校本、明刻本、王吴本均有「土」字。

「巖巖岱宗衍我神主」。刊本「衍」訛「衎」。又「中宗紹運舊邦惟新」。刊本此下脱「睿宗繼明天下歸仁」二句。又「匪功伐高匪德矜盛」。刊本「伐」訛「成」，「矜」訛「務」。又「方士虚誕書儒齷齪」。刊本「齷齪」訛「不足」。並據明皇紀泰山銘增改。

錦按：舊唐書禮儀志三「巖巖」作「巖巍」。各本「衍」皆訛「衎」，舊唐書作「衞」，全唐文卷四一作「衎」，唐文粹卷一九下、全唐文卷四一有「睿宗繼明天下歸仁」八字。舊唐書、全唐文作「匪功伐高匪德矜盛」，各本均「伐」訛「成」，「矜」訛「務」。各本及舊唐書皆作「儒書不足」，意自圓通，考證改爲「書儒齷齪」，未得。

卷五十五 禮十五

「告禮明帝太和六年」注「今則西岳之精申明天意」。刊本「申明」二字訛「神」，據別本改。

錦按：王吴本、殿本、局本訛「神」，北宋本、傅校本、明刻本作「申明」。

「享司寒其藏冰也深山窮谷固陰沍寒」。刊本「也」訛「地」，據左傳改。

錦按：殿本、局本訛「地」。北宋本、傅校本、明抄本、明刻本、王吴本作「也」，與左傳昭公四年文合。

「先以黑牡秬黍祭司寒於凌室之北」。刊本「北」訛「地」，據别本改。

錦按：殿本、局本訛「地」。北宋本、傅校本、明抄本、明刻本、王吴本作「北」，與宋書禮志二合。

「禜晉武帝咸寧及太康中時雨多則禜朱絲禜社」。刊本「禜」訛「榮」，據别本改。

錦按：北宋本、王吴本作「朱絲禜社」，是，與晉書禮志上合。考證誤以「榮社」爲是。且殿本固作「禜」，不作「榮」。

「高禖周禮月令」注「玄鳥遺卵娀簡吞之」。刊本「簡」訛「狄」，據禮記注改。

錦按：殿本、局本訛「娀狄」。北宋本、傅校本、明抄本、明刻本均作「娀簡」，與禮記月令鄭注合。

「晉惠帝元康六年博士議禮無高禖置石之文未知設造所由」。刊本「未」訛「求」，據别本改。

錦按：殿本、局本訛「求」。北宋本、傅校本、明抄本、明刻本、王吴本均作「未」。

「祓禊晉公卿以下至於庶人皆禊洛水之側」。刊本「洛」訛「浴」，今改。

錦按：殿本、局本訛「浴」。北宋本、傅校本、明抄本、明刻本、王吴本均作「洛」，與晉書禮志下合。

「馬融梁冀西第頌」。刊本脱「頌」字，今增。

錦按：各本「第」下均脱「賦」，應據南齊書禮志上補。考證臆增「頌」，無據。

卷五十六 禮十六

「天子加元服將冠筮日筮賓」注「古者聖王重冠筮日筮賓所以敬冠事」。刊本脱「筮日」二字，今增。

錦按：正文「筮日」各本均有。注文「筮日」殿本、局本脱，北宋本、傅校本、明抄本、明刻本、王吴本有，與禮記冠義合。

「周公冠成王命祝雍頌曰」。刊本「祝」訛「史」，據大戴禮改。

錦按：各本均訛「史」。大戴禮記公冠篇、後漢書禮儀志上劉昭注均作「祝」。

「昭帝冠辭蘊積文武之寵德」。刊本「寵」訛「就」，據大戴禮改。

錦按：大戴禮記公冠篇「蘊」作「崇」，「就」作「寵」。通典各本均作「崇」作「就」，亦通。

「陛下永永與天無極」。刊本作「承天無極」四字，據大戴禮增改。

錦按：各本均作「靡不蒙福承天無極」。大戴禮記公冠篇作「靡不息陛下永永與天無極」。後漢書禮儀志上劉昭注引作「靡不蒙德永永與天無極」。並異。宜各仍其舊。

「皇太子冠隋制太子以下皆拜」。刊本脱「皆」字，據別本增。

錦按：殿本、局本脱「皆」。北宋本、傅校本、明抄本、明刻本、王吴本均有「皆」字，與隋書禮儀志四合。

「諸侯大夫士冠已冠而字之」注「字所以相尊也」。刊本「字」訛「因」，據禮記注改。

錦按：各本「字」皆訛「因」，宜據禮記冠義鄭注改。

「主人酬賓」注「飲賓客而從之以財貨曰酬」。刊本脱「飲賓客而從之以」七字，據禮記注增。

錦按：各本均脱「飲賓客而從之以」七字，宜據禮記冠義鄭注補。

「歸賓俎」注「一獻之禮有薦有俎」。刊本「禮」上衍「爲」字，據儀禮注删。

錦按：殿本、局本衍「爲」。北宋本、傅校本、明抄本、明刻本均無「爲」字，與儀禮士冠禮鄭注合。

「遂以贄見於鄉大夫鄉先生」注「鄉中老人爲卿大夫致仕者」。刊本「卿」訛「鄉」，據儀禮注改。

錦按：注文「卿」，北宋本、傅校本、明抄本、明刻本、王吴本、殿本皆訛「鄉」，與儀禮士冠禮鄭注違。劉端臨、王引之斷定正文之「鄉大夫」亦當作「卿大夫」，詳胡培翬儀禮正義。

卷五十七 禮十七

「君臣冠冕巾幘等制度殷制章甫或以冔」注「冔音況甫反」。刊本訛「沈」，據經典釋文改。

錦按：傅校本、王吴本、殿本、局本訛「沈」。北宋本、明抄本、明刻本均作「況」，與經典釋文卷一〇同。考證校語應作「刊本况訛沈」。

「建華冠漢制以鐵爲冠」注「薛綜曰」。刊本「綜」訛「宗」，今改。

錦按：各本皆訛「宗」，應據後漢書輿服志下劉昭注改。

「皇毁因之曰冔」注「所以自飾覆」。刊本「所」訛「覆」，據别本改。

錦按：殿本、局本訛「覆」。北宋本、傅校本、明抄本、明刻本、王吴本均作「所」，與儀禮士冠禮鄭注合。

卷五十八 禮十八

「天子納妃后魯桓公八年祭公來」注「祭音債」。刊本「債」訛「幘」，據别本改。

錦按：王吴本、殿本、局本訛「幘」。北宋本、傅校本、明抄本、明刻本均作「債」。

「北齊納后之禮擇日羣臣上禮又擇日謁廟」。刊本脱「又擇日」三字。又「先以太牢告而後徧見羣廟」。刊本脱「先」字「而」字。並據别本增。

錦按：王吴本、殿本、局本作「羣臣」，擅改。應據北宋本、傅校本、明抄本、明刻本及隋書禮儀志四改作「羣官」。北宋本、傅校本、明抄本、明刻本、王吴本均有「又擇日」、「先」、「而」五字，與隋書禮儀志四合。

「公侯大夫士婚禮女父對曰某之子惷愚弗能教」。刊本「惷」訛「蠢」，據儀禮及别本改。

錦按：王吴本、殿本、局本訛「蠢」。北宋本、傅校本、明刻本作「惷」，與儀禮士昏禮合。「弗」上各本均脱「又」，當據儀禮士昏禮補。

「納徵用玄纁」注「象陰陽備也」。刊本脱「備」字，據儀禮注增。

錦按：各本均脱「備」，應據儀禮士昏禮鄭注補。

「勗帥以敬」注「勉帥婦道以敬其爲先妣之嗣」。刊本脱「帥婦」二字，「道」訛「導」，據儀禮注增改。

錦按：各本均作「勉導以敬其爲先妣之嗣」，與儀禮士昏禮鄭注不盡同，蓋杜佑有意節改者。

「乘墨車」注「士而乘墨車攝盛也」。刊本「而」訛「人」，據儀禮注改。

錦按：明刻本、王吴本作「而」，與儀禮士昏禮鄭注合。北宋本「士而」訛脱作「事」。殿本、局本「而」訛「人」。

「女次純衣纁袡」注「凡婦人不常施袡之衣」。刊本「常」訛「裳」，據别本改。

錦按：北宋本、明抄本、殿本訛作「裳」。明刻本、王吴本、局本均作「常」，是，與儀禮士昏禮鄭注合。

「見舅姑」注「待見於舅姑寢門之外」。刊本脱「待」字，據儀禮注增。

錦按：各本均脱「待」，當補。

卷五十九 禮十九

「公主出降天子之女爲公主既加長字」。刊本「字」訛「主」，據别本改。

錦按：殿本、局本訛作「主」。北宋本、傅校本、明抄本、明刻本、王吴本及唐會要卷六均作「字」。

「若更有以貴加於所尊者令所司隨事糾聞」。刊本「所」訛「有」，「隨」訛「有」，據别本改。

錦按：北宋本、傅校本、明抄本、明刻本均作「令所司隨事糾聞」。王吴本、殿本、局本均訛作「令有司行事糾聞」。考證校語有誤，「隨訛有」應作「隨訛行」。

「婚禮不賀議會吴於鄫」。刊本「鄫」訛「繒」，據左傳改。

錦按：各本均訛作「繒」，與左傳哀公七年文違，應改。

「男女婚嫁年紀議越王句踐使男二十而娶女十七而嫁」。刊本「十七」訛「二十」，據春秋外傳改。

錦按：殿本、局本訛「二十」。北宋本、傅校本、明抄本、明刻本、王吴本均作「十七」，與國語越語上合。

「嫁娶時月議王肅以爲秋冬嫁娶之時也」注「肅據詩云」。刊本「詩」訛「書」，今改。

錦按：殿本、局本訛作「書」。北宋本、傅校本、明抄本、明刻本、王吴本均作「詩」，是。

卷六十 禮二十

「周喪不可嫁娶議給事中王琛有兄喪」。刊本脱「中」字，據别本增。

錦按：殿本、局本脱「中」，北宋本、傅校本、明抄本、明刻本、王吴本均有「中」字。

「推尋舊事元康二年虞濬陳湛各有弟喪」。刊本脱「推」字「各」字，並據别本增。

錦按：北宋本、傅校本、明抄本、明刻本、王吴本有「推」字，「元」作「永」，有「各」字。

「鄭玄以未嫁成人降其旁親以明當及時與不及時同降」。刊本脱「與字不及時」四字，據别本改。

錦按：考證摘句「同降」上脱「者」，校語「與」下衍「字」。北宋本、傅校本、明抄本、明刻本、王吴本均有「與不及時」四字，而殿本、局本脱。

「祖無服父有服可嫁娶議不以父命辭王父命」。刊本脱「辭王父命」四字，據公羊傳增。

錦按：北宋本、傅校本、明抄本、明刻本、王吴本均有「辭王父命」四字，而殿本、局本脱。

「降服及大功未可嫁姊及女議傳都官駁孔議曰」。刊本「議」訛「讓」，據別本改。

錦按：上「及」字衍，應據北宋本、傅校本、遞修本、明刻本、王吴本之禮典目録删。考證摘句有誤。「未」應作「末」，「傳」應作「傳」。殿本、局本「姊」下脱「妹」，北宋本、傅校本、明抄本、明刻本、王吴本有。王吴本、殿本、局本下「議」訛「讓」，北宋本、傅校本、明抄本、明刻本作「議」。

「外屬無服尊卑不通婚議父之姨及堂姨母之姨」。一本無下「之姨」二字。

錦按：殿本有下「之姨」，衍文，應據北宋本、傅校本、明抄本、明刻本、王吴本、局本删。

卷六十一　禮二十一

「君臣服章制度玄冕服祭羣小祀」注「其衣無文裳刺黻而已」。刊本「黻」訛「繡」，據周禮注改。

錦按：明刻本、王吴本、殿本、局本訛「繡」。北宋本、傅校本作「黻」，與周禮司服鄭注合。

「若加餘冠則服其加冠之服」。案：「冠」別本皆作「官」。

錦按：兩「官」字殿本、局本均訛「冠」。北宋本、傅校本、明抄本、明刻本、王吴本均作「官」，與隋書禮儀志六合。

「龍朔二年」注「朝參行列一切不得著黄」。刊本「列」訛「例」，據别本改。

錦按：殿本、局本訛「例」。北宋本、傅校本、明抄本、明刻本、王吴本作「列」。

「神龍二十六年肅宗爲皇太子儀注有服絳紗袍之文太子上表辭不敢當請有以易之」。刊本脱「以」字，據别本增。

錦按：殿本、局本脱「以」。北宋本、傅校本、明抄本、明刻本、王吴本均有「以」字，舊唐書輿服志亦然。

「貞元七年令常參官復衣大綾袍」。刊本脱「大」字，據别本增。

錦按：考證摘句有誤，應作「貞元八年十月賜文武常參官大綾袍」。殿本、局本脱「大」，北宋本、傅校本、明抄本、明刻本、王吴本有。考證所摘句在此句之上，彼句「綾」上各本均無「大」。

卷六十二 禮二十二

「后妃命婦首飾制度南山豐大特」注「有牛從木中出」。刊本「木」訛「水」，據史記注改。

錦按：王吴本、殿本、局本訛「水」。北宋本、傅校本、明抄本、明刻本均作「木」，與史記秦本紀徐廣注合。

「后妃命婦服章制度後周鬠衣」。刊本「鬠」訛「絹」。案：隋志作「鬠」，注云「似髮」。今據改。

錦按：殿本、局本訛「絹」。北宋本作「綃」，是。隋書禮儀志六作「鬙」。

卷六十三 禮二十三

「天子諸侯玉佩劒綬璽印後漢中二千石以下至四百石皆以黑犀」。刊本脱「下」字，據漢志增。

錦按：王吴本、殿本、局本脱「下」。北宋本、傅校本、明抄本、明刻本均有「下」，與後漢書輿服志合。考證謂「據漢志增」，不確。

「貞觀十六年」注「長壽三年改玉璽爲符寶」。刊本脱「符」字，據別本增。

錦按：自「長壽三年改玉璽爲寶」至「具開元禮序例」，共二百零五字注文，北宋本、傅校本、明抄本、明刻本、王吴本無。考證云「據別本增」，不確。云「據下文增」，方合。

卷六十四 禮二十四

「五輅隋輅旗首金龍頭銜鈴及綏垂以結綬」。刊本「綏」訛「縷」，據別本改。

錦按：殿本、局本訛「鏤」，北宋本、傅校本、明抄本、明刻本、王吴本作「綏」。考證校語有誤，「綏訛縷」，應作「綏訛鏤」。

「指南車齊因宋制四角皆施龍子竿」。刊本「竿」訛「於」，據別本改。

錦按：殿本、局本訛「於」。傅校本、明刻本、王吴本作「竿」，是。北宋本作「干」。

卷六十五 禮二十五

「皇太后皇后車輅安車雕面鷖總皆有容蓋」注「鷖總者青黑色」。刊本脱「總」字，據周禮注疏增。

錦按：各本均脱「總」，應據周禮巾車鄭注補。

「公卿大夫等車輅隋制唯有参謁及弔喪者則不張幰」。刊本「参」訛「慘」，又脱「謁」字，據別本改增。

錦按：考證摘句「卿」應作「侯」。殿本、局本作「慘」是也。北宋本、傅校本、明抄本、明刻本、王吴本作「参謁」，誤。有慘謂有朞功之喪，乃南北朝喪紀成語。隋書禮儀志五正作「慘」。

卷六十六 禮二十六

「旃旗黄帝振兵教熊羆貔貅」。刊本「貅」訛「豻」，今改。

錦按：殿本、局本訛「豻」，北宋本、傅校本、明抄本、明刻本均作「貅」。

「師都建旗」注「都人所聚」。刊本「所」訛「之」，據別本改。

錦按：各本均訛「之」，當據周禮司常鄭注改。「人」鄭注作「民」，杜佑諱改。

「後周三曰旐以供旅師」。刊本「旅」訛「旐」，據別本改。

錦按：考證摘句「師」當作「帥」。「旅」殿本、局本訛「旐」，北宋本、傅校本、明抄本、明刻本、王吴本作「旅」。

「鹵簿後漢執注以督整車騎謂之護駕」。案：「注」一本作「杖」。

錦按：北宋本、傅校本、明抄本、殿本、局本作「注」，與後漢書輿服志上合。明刻本、王吴本作「杖」。妄改。

卷六十七 禮二十七

「養老遂設三老五更羣老之席位焉」注「天子以父兄養之」。刊本脱「以」字，據禮記注疏增。

錦按：北宋本、殿本、局本脱「以」。傅校本、明刻本、王吴本有「以」，與禮記文王世子鄭注合。

「天子拜敬保傅晉成帝詔拜敬加舊以明崇德」。刊本脱「舊」字，「明」下衍「傳」字，據別本增刪。

錦按：殿本、局本脱「舊」衍「傳」。北宋本、傅校本、明抄本、明刻本、王吴本有「舊」無「傳」，是。

卷六十八 禮二十八

「天子諸侯大夫士之子事親儀櫛縰笄總」注「總束髮也垂後爲飾」。刊本「飾」訛「編」，據禮記注疏改。

錦按：明刻本、殿本、局本訛「編」。北宋本、明抄本、王吳本作「飾」，與禮記内則鄭注合。

「總角」注「總角收髮結之」。刊本「收」訛「雙」，據禮記注疏改。

錦按：明刻本、殿本、局本訛「雙」。北宋本、王吳本作「收」，與禮記内則鄭注合。

「道路男子由右」注「地道尊右」。刊本「地道」訛「道路」，據禮記注疏改。

錦按：殿本、局本訛「道路」。北宋本、傅校本、明抄本、明刻本、王吳本作「地道」，與禮記内則鄭注合。

「夫人不荅妾拜議禮妾事女君如婦之事姑」。刊本「之」訛「人」，據别本改。

錦按：明刻本、王吳本、殿本、局本訛「人」。北宋本作「之」，是。

「僧尼不受父母拜議整容端坐受其禮拜」。刊本「整」訛「罄」，據别本改。

錦按：殿本、局本訛「罄」。北宋本、傅校本、明抄本、明刻本、王吳本及唐大詔令集卷一一三均作「整」。

卷六十九 禮二十九

「養兄弟子爲後後自生子議賀嶠妻上表陶氏時取孩抱羣恆訶止」。刊本「訶」訛「辭」，據别本改。

錦按：殿本、局本訛「辭」。北宋本、傅校本、明抄本、明刻本、王吴本作「訶」。

卷七十 禮三十

「讀時令魯文公六年閏十月不告朔」。刊本「十」下衍「二」字，據春秋删。

錦按：殿本、局本衍「二」。北宋本、傅校本、明抄本、明刻本、王吴本均無「二」，舊唐書禮儀志二、唐會要卷一二、册府元龜卷五八七亦無「二」。

「魯文公始不視朔」。刊本「視朔」訛「祀告」，據舊唐書禮儀志改。

錦按：諸本「魯」上有「自」，舊唐書禮儀志二、唐會要卷一二、册府元龜卷五八七「魯」下有「自」。北宋本、傅校本、明刻本、王吴本及舊唐書、唐會要、册府元龜均作「視朔」，殿本、局本訛「祀告」。

「元正冬至受朝賀後漢受賀」注「謁者引公卿以次拜徹行出」。刊本「徹」訛「微」，據别本改。

錦按：殿本、局本訛「微」。北宋本、傅校本、明抄本、明刻本、王吴本作「徹」。

「永徽元年敕京官文武五品依舊五日一參」。刊本脱「官」字，據别本增。

錦按：殿本、局本脱「官」。北宋本、傅校本、明抄本、明刻本、王吴本有「官」。

卷七十一 禮三十一

「皇太子監國有司儀注請臺告報知所稱尚書某甲參議」。刊本脱「議」字，據别本增。

錦按：考證摘句有誤，「知」應作「如」。北宋本、傅校本、明抄本、明刻本、王吴本均有「議」字，殿本、局本脱。

「錫命周制五命賜則」注「王之下大夫」。刊本脱「下」字，據周禮注疏改。

錦按：各本皆脱「下」，應據周禮大宗伯鄭注補。

「八命作牧」注「謂侯伯有功德者」。刊本「侯伯」訛「諸侯」，據周禮注疏改。

錦按：王吴本、殿本、局本訛作「諸侯」。北宋本、傅校本、明抄本、明刻本作「侯伯」，與周禮大宗伯鄭注合。

「諸王公城國宫室車服車旗議侯伯七命」。刊本脱「侯」字，據周禮增。

錦按：考證摘句有誤，「車服」王吴本、殿本、局本作「章服」，應從北宋本、傅校本、明抄本、明刻本作「服章」。北宋本、傅校本、明抄本、明刻本、王吴本均有「侯」，殿本、局本脱。

卷七十三 禮三十三

「五宗周制别子爲祖」注「第二子以下悉不得禰君」。刊本「禰」訛「稱」，據别本改。

錦按：王吴本、殿本、局本訛「稱」，北宋本、傳校本、明刻本作「禰」。又應據禮記大傳孔疏「君」上補「先」。

「所以必有宗者長和睦也」。刊本「睦」訛「穆」，據別本改。

錦按：北宋本、傳校本、明刻本、王吴本作「睦」，殿本、局本訛「穆」。

「其兄是嫡長家有代封」。刊本「代封」二字互倒，據別本改。

錦按：北宋本、傳校本、明刻本、王吴本作「代封」，殿本、局本倒作「封代」。

「公子二宗孔穎達曰案公子唯一無他公子無可爲己宗是有無宗也」。刊本上「公」字訛「世」。又「言公子有族人來與之爲宗之道」。刊本脱「族」字。又「公子之宗道也者言此嫡公子爲庶公子宗」。刊本「庶」下脱「公」字，又衍「爲」字。並據禮記注疏改增刪。

錦按：各本上「公」皆訛「世」；各本皆「有」下脱「族」，「爲宗」下脱「敬」；各本皆「庶」下脱「公」，「子」「宗」間衍「爲」：並應據禮記大傳孔疏改正補刪。

「鄉飲酒主人與賓三揖至於階」注「將進揖當塗揖當碑揖也」。刊本「碑」訛「階」，據儀禮注疏改。

錦按：王吴本、殿本、局本訛「階」。北宋本、傳校本、明刻本作「碑」，與儀禮鄉飲酒禮鄭注合。

「遂徹俎乃羞」注「鄉設骨體所以致敬也今進羞所以盡愛也」。刊本「鄉」訛「享」，據儀禮注疏改。

錦按：北宋本譌「饗」，殿本、局本譌「享」。儀禮鄉飲酒禮鄭注作「鄉」，是。鄉乃時間副詞。

「獻於王庭」注「州長春秋習射於序先行鄉飲酒之禮」。刊本脱「行」字，據周禮注疏增。

錦按：各本均脱「行」，當據儀禮鄉飲酒禮賈疏補。考證謂據周禮注疏，不確。

卷七十四 禮三十四

「天子受諸侯朝宗覲遇邦畿方千里」注「其朝貢之歲四方各四分趨四時而來」。刊本「朝」譌「服」，據別本改。

錦按：殿本、局本譌「服」。北宋本、傅校本、明刻本、王吳本作「朝」，與周禮大行人鄭注合。

「司几筵設黼扆」注「以絳帛爲質」。刊本「絳帛」譌「采白」，據儀禮改。

錦按：北宋本、傅校本譌作「綵帛」，殿本、局本譌作「采白」。明刻本、王吳本作「絳帛」，與周禮司几筵鄭注合。考證云「據儀禮改」，誤。

「改祖還襲遂入門左」。刊本「左」譌「右」，據儀禮改。

錦按：北宋本、殿本、局本譌「右」。傅校本、明刻本、王吳本作「左」，與儀禮覲禮合。

「夏則禮日於南門之外」注「變拜言禮者客祀也」。刊本「客」譌「祭」，據儀禮注改。

錦按：各本皆譌作「祭」。考證改作「客」，非。儀禮覲禮鄭注作「容」，是。容，或也。

「秋則禮月與山川丘陵於西門之外」。案：儀禮「禮」字下無「月與」二字。

錦按：各本均有「月與」，蓋涉下文而衍，應據儀禮覲禮删。

「天子受諸侯遣使來聘將行之朝朝服釋幣於禰告爲君使」。刊本脱下「使」字，據儀禮注增。

錦按：各本均脱下「使」字，應據儀禮聘禮鄭注補。

「天子遣使來迎勞諸侯已聘而還珪璋此輕財重禮之義也」。刊本「義」訛「儀」，據禮記改。

錦按：殿本、局本訛「儀」。北宋本、傅校本、明刻本、王吴本均作「義」，與禮記聘義合。

「三恪二王後武德元年詔曰修廢繼絶德澤崇於二代」。刊本「繼」訛「紀」，今改。

錦按：殿本、局本訛「紀」。北宋本、王吴本及唐會要卷二四作「繼」，是。

卷七十五　禮三十五

「天子朝位二曰中朝」注「王西南向而揖之」。刊本「南向」訛「面而」，據周禮注改。

錦按：周禮司士鄭注作「王西南向而揖之」。「西南向」各本脱訛作「西面」。考證校語誤。

「爲壇見諸侯之法天子壇上南面」。刊本「上」訛「土」，據别本改。

錦按：殿本訛「土」。北宋本、傅校本、明刻本、王吴本、局本均作「上」。

「信節道路用旌節」注「如漢之郵行者有程矣」。刊本「程」訛「旌」，據禮記注改。

錦按：殿本、局本訛「旌」。北宋本、傅校本、明刻本、王吴本作「程」，與周禮掌節鄭注合。考證云「據禮記注改」，誤。

卷七十六 禮三十六

「天子諸侯將出征周制類於上帝」注「帝謂五德之帝」。刊本「謂」訛「位」。又「不敢留尊者命也」。刊本「命」訛「久」。並據禮記注疏改。

錦按：各本皆「謂」訛「位」，「命」訛「久」。前者據禮記王制鄭注改，後者據王制孔疏改。

「禡於所征之地」注「禡師祭也」。刊本「也」訛「地」，據禮記注改。

錦按：殿本、局本訛「地」。北宋本、傅校本、明刻本、王吴本均作「也」，與禮記王制鄭注合。

「天子諸侯四時田獵乃鼓退鳴鐃」注「鼓鐸則同異者廢鐲而鳴鐃」。刊本「廢」訛「發」，據周禮注改。

錦按：殿本、局本訛「發」。北宋本、傅校本、明刻本、王吴本作「廢」，與周禮大司馬鄭注合。

「遂以狩田」注「冬田爲狩言守取之」。刊本「守」訛「狩」，據周禮注改。

錦按：王吴本、殿本、局本訛「狩」。北宋本、傅校本、明刻本作「守」，與周禮大司馬鄭注合。

「艾蘭以爲防」注「蘭香草也」。刊本「香」訛「者」，據穀梁傳注改。

錦按：殿本、局本訛「者」。北宋本作「香」，與穀梁傳昭公八年范注合。

「隋大業三年陳冬狩之禮諸將各帥其軍集於旗下」。刊本「將」訛「侯」，據隋書禮志改。

錦按：殿本、局本訛「侯」。北宋本、傅校本、明刻本、王吴本作「將」，與隋書禮儀志三合。

「出師儀制後漢初立秋之日其儀乘輿御戎路」。刊本「其」訛「兵」，據後漢禮儀志改。

錦按：明刻本、王吴本、殿本、局本訛「兵」。北宋本、傅校本作「其」，與後漢書禮儀志中合。

「靈帝中平五年帝躬環甲介馬稱無上將軍」。刊本「無」訛「爲」，據後漢書改。

錦按：王吴本、殿本、局本訛「爲」。北宋本、傅校本、明刻本作「無」，與後漢書何進傳合。

卷七十七　禮三十七

「天子諸侯大射鄉射以貍步張三侯」注「三侯者司裘所供」。刊本「裘」訛「射」，據周禮注改。

錦按：各本皆訛「射」，應據周禮射人鄭注改。

卷七十八　禮三十八

「天子合朔伐鼓北齊制日蝕鳴鼓如嚴鼓法」。刊本「如」訛「加」，今改。

錦按：殿本、局本訛「加」。北宋本、傅校本、明刻本、王吴本作「如」，與隋書禮儀志三合。

「時儺仲秋天子乃儺」注「此儺儺陽氣也」。刊本「也」訛「除」，據周禮注改。

錦按：明刻本訛「瘵」，殿本、局本因臆改作「除」。北宋本、傅校本、王吴本及御覽卷五三〇作「恐」，是也。「氣」字圈斷，「恐」屬下「陽暑至此不衰」爲讀。通典此注採自禮記月令注而略有改動。考證明據月令注改「也」，而誤謂「據周禮注改」。

卷八十 禮四十

「天子爲繼兄弟統制服議夫帝位次自以君道相承」。刊本「夫帝」訛「太常」，據别本改。

錦按：王吴本、殿本、局本均作「太常位次」，不但「夫帝」妄改「太常」，且擅增「次」字。北宋本、傅校本、遞修本、明抄本、明刻本均作「夫帝位」，應據之改删。

「天子不降服及降服議天子爲諸侯絶期」注「天子之子封爲諸侯」。刊本復衍「子」字，今删。

錦按：殿本、局本注中「天子」下復衍「子」字。應據北宋本、傅校本、遞修本、明抄本、明刻本、王吴本删。

卷八十一 禮四十一

「天子弔大臣服議魏蔣濟奏」注「吴射慈喪服圖」。刊本「射」訛「謝」，據隋書經籍志改。

錦按：殿本、局本作「謝」。北宋本、傅校本、明抄本、明刻本作「射」。作「謝」亦不誤，三國志孫奮傳即作「謝慈」。

卷八十二 禮四十二

「皇太子爲太后服議宋文帝元嘉十七年有司奏禫服變除禮畢餘情一同不應復有再禫」。刊本「復」訛「服」，據監本改。

錦按：「同」應作「周」，宋書禮志二作「朞」，通典避玄宗嫌名，例改「朞」爲「周」，「同」顯係「周」之形訛。明抄本、王吴本、殿本、局本訛「服」，北宋本、傅校本、明刻本作「復」，與宋志合。

「皇太子爲所生母服議庶子爲後服所生母緦」。刊本「後」訛「后」，據儀禮改。

錦按：殿本訛「后」。北宋本、局本作「後」，與儀禮喪服同。

「諸王持重爲所生母服議濟南王統昔爲庶母居廬」。刊本「濟」訛「齊」，據監本改。

錦按：「持重」應作「傳重」，北宋本、傅校本、明抄本「傳」作「傅」，顯係形訛。明刻本、王吴本、殿本、局本作「持重」，乃後人臆改。北宋本作「濟」，殿本訛「齊」，局本已改正。

「爲太子妃服議王者體絶大禮」。刊本「禮」訛「理」，據監本改。

錦按：北宋本、明抄本、王吴本、殿本、局本作「理」，是。明刻本作「禮」，非。原文作「王者體大，理絶凡庶」。考證摘句作「王者體絶大禮」，既讀破原句，又擅改舊文，義不可通，與明刻本復異。

「爲諸王喪服議諸侯體國備物典策不異成人」。刊本「策」訛「事」，今改。

錦按：考證摘句有誤，「喪」應作「殤」。各本皆作「事」，無作「策」者。考證妄改「策」，不通。

「若升仕朝列則爲大成」。刊本「大」訛「文」，據宋史禮志改。

錦按：殿本、局本訛「文」。北宋本、傅校本、明抄本、明刻本、王吴本作「大」，與宋書禮志二合。考證云「宋史」，誤。

卷八十三 禮四十三

「復夏采」注「求之王平生常有事之處也」。刊本脱「生」字，據周禮注疏增。

錦按：各本均脱「生」，當據周禮夏采鄭注補。

「中屋履危」。刊本「履」訛「覆」，據禮記改。

錦按：北宋本、傅校本、明抄本、明刻本、王吴本、局本均作「履」，與禮記喪大記合。唯殿本訛「覆」。

「天子諸侯大夫士弔哭議周人去玄冠代以素弁」。刊本「去」訛「云」，據監本改。

錦按：王吴本、殿本、局本訛「云」。北宋本、傅校本、明抄本、明刻本作「去」，是。

「皇子之儀揖而不拜然猶應以練冠功縗迎立於户側」。刊本脱「户」字，據宋書增。

錦按：殿本、局本脱「户」，北宋本、傅校本、明抄本、明刻本、王吴本均有「户」，當補。考證云「據宋書增」，宋書不見。

卷八十四 禮四十四

「沐浴以鬯築鬻」。刊本「鬻」訛「鬻」，據周禮改。

錦按：各本均訛「鬻」，應據周禮肆師改。

「濡濯棄於坎」。刊本「濯」訛「灌」，據禮記改。

錦按：北宋本、傅校本、明抄本、明刻本、王吴本、局本均作「濯」，與禮記喪大記合。惟殿本訛「灌」。

「含舍人供飯米」。刊本「舍」訛「含」，據監本改。

錦按：殿本、局本訛「含」。北宋本、傅校本、明刻本、王吴本作「舍」，與周禮舍人合。

「商祝掩瑱」注「象齒堅也」。刊本「齒」訛「齧」，據儀禮注改。

錦按：各本均訛「齧」，應據儀禮既夕記鄭注改。

「襲決用正王棘」注「以沓指放弦」。刊本「放」訛「於」。又「生者以朱韋爲之」。刊本「生」訛「主」。並據禮記注改。

錦按：殿本、局本「以」上脱「所」，「放」字訛「於」，應據北宋本、傅校本、明抄本、明刻本、王吴本補改。殿本訛「主」，北宋本、傅校本、明抄本、王吴本、局本均作「生」，與儀禮士喪禮鄭注合。通典此節録自儀禮經注，考證云「並據禮記注改」，誤。

「婦人則設中帶」注「中帶若今之褌襂」。刊本「襂」訛「袗」，據禮記注改。

錦按：王吳本、殿本、局本訛「袗」。北宋本、傅校本、明抄本、明刻本作「襂」，與儀禮既夕記鄭注合。考證云「據禮記注改」，誤。

「有前後裳不辟」注「不辟積也」。刊本「積」訛「質」，據禮記注改。

錦按：各本皆作「不辟質也」，與儀禮既夕記鄭注合。辟積，示文；不辟，示質。考證改「質」爲「積」，非。云「據禮記注改」，禮記注無此文。

「設冰君設大盤」注「秋涼而止」。刊本「止」訛「上」，據禮記注改。

錦按：王吳本、殿本、局本訛「上」。北宋本、傅校本、明抄本、明刻本作「止」，與禮記喪大記鄭注合。

「始死變服爲曾祖父母」注「父兄子姓婦人皆坐」。刊本「姓」訛「姪」。又「大夫以上素弁」。刊本「弁」訛「笄」。並據監本改。

錦按：摘句有誤，各本均作「服變」，考證誤倒。殿本、局本訛「姪」，訛「笄」。北宋本、傅校本、明刻本、王吳本作「姓」，作「弁」，是。

「始死禭諸侯相禭以後輅」注「後輅貳車也」。刊本「貳」訛「二」，據禮記注疏改。

錦按：殿本、局本訛「二」。北宋本作「貳」，與禮記雜記上鄭注合。

「小斂袍必有表」注「爲其褻也」。刊本「褻」訛「襲」，據禮記注疏改。

錦按：各本皆訛「襲」，當據禮記喪大記鄭注改作「褻」。

「設百官位次」。刊本複衍「位」字，今刪。

錦按：殿本、局本複衍「位」字，應據北宋本、傅校本、明抄本、明刻本、王吴本删。

卷八十五 禮四十五

「啟殯朝廟遷於祖用軸」注「狀如長牀穿程前後著金而關軸焉」。刊本「程」訛「桯」，「關」訛「閼」，並據儀禮注改。

錦按：明刻本、王吴本、殿本、局本訛「桯」，北宋本、傅校本作「桯」。各本均訛「閼」。十三經注疏儀禮既夕鄭注作「程」，作「關軹」；賈疏述注乃作「桯」，作「關軸」，是。

卷八十六 禮四十六

「薦車馬明器薦馬纓三就入門北面」注「凡入門者參分庭一在南」。刊本「一」訛「二」，據儀禮注改。

錦按：殿本、局本訛「二」。北宋本、傅校本、明抄本、明刻本、王吴本作「一」，與儀禮既夕禮鄭注合。

「陳器之道省陳而盡納之可也」。刊本「可」上衍「不」字，據禮記删。

錦按：殿本、局本「可」上有「不」，清人妄增。北宋本、傅校本、明抄本、明刻本、王吴本無「不」，與禮記喪服小記合。

「挽歌詩稱君子作歌」。刊本「詩」訛「傳」，今改。

錦按：各本皆譌「傳」，據晉書禮志中改。詩句見詩經四月。

「葬儀大唐元陵儀注龍輴至羨道停於帷下南首以竢」。刊本「首」譌「省」，據監本改。

錦按：殿本、局本譌「省」。北宋本、傅校本、明抄本、明刻本、王吳本作「首」，是。

「大旐置於户内」。刊本「旐」譌「幡」，據監本改。

錦按：王吳本、殿本、局本譌「幡」。北宋本、傅校本、明抄本、明刻本作「旐」，是。

卷八十七 禮四十七

「虞祭主人倚杖入祝從」注「主人比旋」。刊本「主」譌「室」，據儀禮注改。

錦按：殿本、局本譌「室」。北宋本、傅校本、明抄本、明刻本、王吳本作「主」，與儀禮士虞禮鄭注合。考證摘句「北」譌「比」，誤同明刻本。

「三虞」注「士則庚日三虞」。刊本「士」譌「是」，據儀禮注改。

錦按：王吳本、殿本、局本譌「是」。北宋本、傅校本、明抄本、明刻本作「士」，與儀禮士虞禮記鄭注合。

「大唐元陵儀注司徒捧俎」。刊本脱「徒」字，據監本改。

錦按：殿本、局本脱「徒」，北宋本、傅校本、明抄本、明刻本、王吳本有。

「祔祭用專膚爲折俎」注「專猶厚也」。刊本「厚」譌「羣」，據儀禮注改。

錦按：殿本譌「羣」。北宋本、傅校本、明抄本、明刻本、王吳本、局本作「厚」，與儀禮士虞禮記鄭注合。

「大唐元陵儀注太樂令設登歌於太廟殿上」。刊本「令」訛「一」，據別本改。

錦按：明刻本、王吴本、殿本、局本訛「一」。北宋本、傅校本、明抄本作「令」，是。

「前一日尚舍與西内使計會」。刊本「與」訛「於」，據監本改。

錦按：王吴本、殿本、局本訛「於」。北宋本、傅校本、明抄本、明刻本作「與」，是。

「侍臣等夾於階閒」。刊本脱「階」字，據監本增。

錦按：考證校語涉下條而誤，各本無脱「階」者，應作「刊本閒訛門」。殿本、局本訛「門」。北宋本、傅校本、明抄本、明刻本、王吴本作「閒」，是。

「引自東階升」。刊本脱「階」字，據監本增。

錦按：殿本、局本脱「階」。北宋本、傅校本、明抄本、明刻本、王吴本有「階」，是。

「詣廟殿北簾下兩階之問」。刊本「兩」訛「西」，據監本改。

錦按：「簾」疑「廉」字之訛。儀禮鄉飲酒禮：「設席于堂廉」。鄭注云：「側邊曰廉」。「兩」殿本、局本訛「西」，北宋本、傅校本、明刻本、王吴本作「兩」。考證摘句有誤，「問」乃「閒」字之訛。

「大祥變大祥有醯醬居復寢」。刊本「醯」訛「醢」，「復」訛「服」，並據禮記改。

錦按：王吴本、殿本、局本訛「醢」，訛「服」。北宋本、傅校本、明抄本、明刻本作「醯」，作「復」，與禮記閒傳合。

「五服成服及變除附麻之有蕡也」注「明孝子有忠實之心」。刊本「忠」訛「終」，據監本改。

錦按：明刻本、王吴本、殿本、局本訛「終」。北宋本作「中」。儀禮喪服鄭注作「忠」，是。

「齊者緝也」注「齊衰不書受月者亦天子諸侯及卿大夫士虞卒哭異數也」。刊本「虞」訛「庶」，據監本改。

錦按：王吴本、殿本、局本訛「庶」。北宋本、傅校本、明抄本、明刻本作「虞」，與儀禮喪服鄭注合。

卷八十八 禮四十八

「斬衰三年晉惠帝元康中傅咸表云率士臣妾豈無攀慕遂服之心」。刊本脱「豈」字。又「復以秦王無後」。刊本脱「以」字，並據晉書增。

錦按：考證摘句「士」訛「土」。各本均脱「豈」和「以」，當據晉書李含傳補。

卷八十九 禮四十九

「後妻子爲前母服議迎父喪歸於舊室以其母祔葬」。刊本「祔葬」訛「葬矣」，據監本改。

錦按：考證摘句有誤，「室」當作「塋」。殿本、局本訛作「葬矣」。北宋本、傅校本、明抄本、明刻本、王吴本均作「祔葬」，是。

「爲高曾祖母及祖母持重服議後魏陳終德欲服祖母齊縗三年以無代爵之重不可上陵諸

父」。刊本「父」訛「叔」，據魏書禮志改。

錦按：各本均作「叔」。魏書禮志四、册府元龜卷五八一作「父」，是。

「祖爲嫡孫周豈祖以嫡服已巳與庶孫同爲祖周於義可乎」。刊本「於」訛「其」，又脱「乎」字，據魏書改增。

錦按：考證摘句「已巳」應作「己已」。各本均訛「其」脱「乎」。魏書禮志四、册府元龜卷五八一作「於義可乎」，是。

「齊縗杖周絶族無施服」注「施音以豉反」。刊本「施」訛「絶」。今改。

錦按：殿本訛作「絶」。北宋本、局本作「施」，是。

「父卒母嫁謂無大功之親已稚子幼」。刊本脱「無」字。據監本增。

錦按：王吴本、殿本、局本脱「無」。北宋本、傅校本、明抄本、明刻本有「無」，是。

「杖周解官文有妻服之外」。刊本「文」訛「交」，據舊唐書改。

錦按：各本均作「交」，亦通。舊唐書禮儀志七、唐會要卷三七、册府元龜卷五八六作「文」。

卷九十 禮五十

「齊縗三月婦人義無二尊故出嫁則降父而服夫」。刊本脱「父而」二字，據監本增。

錦按：殿本、局本誤脱「父而」。北宋本、傅校本、明抄本、明刻本、王吴本有「父而」，是。王吴本擅改

「夫」爲「大功」，誤。

卷九十一 禮五十一

「大功成人九月爲人後者爲其昆弟」。刊本脱「其」字，據儀禮增。

錦按：各本均脱「其」，應據儀禮喪服補。

「君爲姑姊妹女子子嫁於國君者」注「不言諸侯者關天子元士卿大夫也」。刊本「侯」訛「國」，據禮記注改。

錦按：各本均訛「國」，考證改「侯」是也。云「據禮記注改」，禮記注不見。

「周制同母異父昆弟相爲服」注「嫁則外祖父母無服」。刊本「外祖父母」訛「父母外」，據禮記注改。

錦按：考證摘句「嫁」上脱「母」。王吴本、殿本、局本訛作「祖父母外」。北宋本、傅校本、明抄本、明刻本作「外祖父母」，是。考證校語有誤，「父母外」上脱「祖」。云「據禮記注改」，亦屬子虚。

卷九十二 禮五十二

「緦麻成人服三月庶子爲父後者」注「不敢申私親故服緦也」。刊本「服」訛「無」，據儀禮改。

錦按：殿本、局本訛「無」。北宋本、傅校本、明抄本、明刻本、王吴本作「服」，是。考證云「據儀禮改」，不確，今儀禮無馬融注。

「有死于宫中者」注「士雖在庶子爲母皆如衆人」。刊本脱「爲」字，據儀禮增。

錦按：各本均脱「爲」，應據儀禮喪服鄭注補。考證「據儀禮增」，脱「注」字。

卷九十三 禮五十三

「王侯兄弟繼統服議禮君之子孫所以臣諸兄弟者以臨國故也」。刊本脱「弟」字，今增。

錦按：各本與晉書禮志中皆無「弟」，不得擅增。孫毓於此單就「諸兄」立文，義甚圓通。

「三公諸侯大夫降服議五服内外通如周之士禮而三降之典不復同矣」。刊本「復」訛「行」，據監本改。

錦按：北宋本、傅校本、明抄本、王吴本作「服」，明刻本作「復」，殿本、局本作「行」。疑「復」亦非通典原字。

「諸侯大夫及大夫妻降服議」。刊本「夫人」訛「大夫」，據監本改。

錦按：考證摘句誤，「諸侯大夫」應作「諸侯夫人」。王吴本、殿本、局本訛「大夫」。北宋本、傅校本、明抄本、明刻本作「夫人」，是。

「貴不降服議大夫之妻爲長子」注「其所不降亦不降也」。刊本上「不」字訛「當」，據監本改。

錦按：王吳本、殿本、局本上「不」字均訛「當」。北宋本、傳校本、明抄本、明刻本作「不」，是。

卷九十四 禮五十四

「父卒繼母還前親子家繼子爲服議晉摯虞決疑云」。刊本「決」訛「理」，今改。

錦按：各本均訛「理」。隋書經籍志二儀注類：「決疑要注一卷，摯虞撰。」

「父卒繼母還前繼子家後繼子爲服議日月遠近理不有異」。刊本脱「不」字，據監本改。

錦按：殿本、局本脱「不」。北宋本、傳校本、明抄本、明刻本、王吳本有。考證校語「改」應作「補」。

「受之者應有過禮之貶」。刊本「者」訛「日」，據監本改。

錦按：殿本、局本訛「日」。北宋本、傳校本、明抄本、明刻本、王吳本作「者」，是。

卷九十五 禮五十五

「從母被出爲從母兄弟服議便成違禮」。刊本「違」訛「爲」，據監本改。

錦按：王吳本、殿本、局本訛「爲」。北宋本、傳校本、明抄本、明刻本作「違」。

「妻已亡爲妻父母服議爲母之君母母卒則不服君母猶然妻可知矣」。刊本下「君」字訛「若」，據監本改。

錦按：北宋本、傅校本、明抄本、王吴本、殿本、局本均作「若」，是。明刻本作「君」，非通典之舊。

「爲内外妹爲兄弟妻服議晉徐衆論云吾自服姨妹奚爲强謂之服嫂也」。刊本「姨」訛「嫂」，據監本改。

錦按：北宋本、傅校本、明抄本、明刻本、王吴本、局本均作「姨」，惟殿本訛「嫂」。

「兄弟之妻無服乃異於姨妹之有服也」。刊本「異」訛「親」，據別本改。

錦按：北宋本、傅校本、明抄本、明刻本作「乃親於外親之有服也」，是。王吴本作「乃異於姨妹之有服也」，妄改。殿本、局本「親」字改回，而「姨妹」猶誤沿王吴本。

卷九十六 禮五十六

「總論爲人後議魏劉德問以爲人後者支子可也」。刊本「德」訛「得」，據監本改。

錦按：作「德」是，北宋本即作「德」。

「若令捨重適輕違親就疏」。刊本「違」訛「爲」，據監本改。

錦按：明抄本、殿本、局本訛「爲」。北宋本、傅校本、明刻本、王吴本作「違」，是。

「出後者卻還爲本父服議三年之喪稱情而立文」。刊本「文」訛「聞」，據禮記改。

錦按：各本均作「聞」，與禮記三年問不合，應改。

卷九十七 禮五十七

「居親喪除旁親服議周制」注「唯君之喪不除私服」。刊本「除」訛「服」，據禮記注改。

錦按：殿本、局本訛「服」。北宋本、傅校本、明刻本、王吴本作「除」，與禮記雜記下鄭注合。

卷九十九 禮五十九

「爲姑姊妹女子子無主後者服議舉近親之有服則疏者知無服」。刊本「之」訛「知」，今改。

錦按：殿本、局本「之」訛「知」，應據北宋本、傅校本、明抄本、明刻本、王吴本改。北宋本、傅校本、明抄本、明刻本「知」訛「之」，應據王吴本、殿本、局本改。

卷一百 禮六十

「喪遇閏月議今者用閏益合遠日之情也」。刊本脱「合」字，據别本改。

錦按：殿本、局本脱「合」。北宋本、傅校本、明抄本、明刻本、王吴本有「合」，是。考證校語「改」當作「增」。

卷一百二 禮六十二

「父母墓毁服議蕭子晉傳重咨禮官何佟之議」。刊本脱「咨」字，「議」訛「謹」，據隋書禮儀志增改。

錦按：各本均脱「咨」，應據隋書禮儀志三補。北宋本作「議」，與隋志合。

卷一百五 禮六十五

「公子爲其妻之父母」。刊本脱「其」字，據禮記增。

錦按：王吴本、殿本、局本「公」下衍「之」，應删。北宋本、傅校本、明抄本、明刻本無「之」，與禮記大傳鄭注合。禮記注有「其」，通典無「其」，意同，不必補。云「據禮記增」，亦不確。

卷一百七 禮六十七

「大駕鹵簿次羊車」法「駕果下馬」。刊本「果」訛「車」，據監本改。

錦按：考證摘句「法」當作「注」。殿本作「果」，與北宋本、遞修本、明抄本同，未訛作「車」。明刻本、王吴本訛作「車」。考證誤校。

「皇太子鹵簿次中舍人二人」。刊本脱下「人」字，今增。

錦按：各本均脱下「人」，應據開元禮卷二、新唐書儀衛志上增補。

「皇太子妃鹵簿次六柱扇二」。刊本「扇二」二字互倒，據監本改。

錦按：北宋本、遞修本、王吴本、殿本、局本均倒作「二扇」。傅校本、明刻本作「扇二」，與開元禮卷二合。

卷一百八 禮六十八

「齊戎凡大祀」注「臨時闕者通攝行事」。刊本「行事」二字互倒，據監本改。

錦按：王吴本、殿本、局本倒作「事行」。北宋本、傅校本、遞修本、明抄本、明刻本作「行事」，與開元禮卷三合。

卷一百九 禮六十九

「陳設設望燎位於柴壇之北南向」。刊本脱「設」字，據五禮通考增。

錦按：「設望燎位」上正文有「東南西向」四字。北宋本、傅校本、遞修本、明抄本、明刻本、王吴本均脱「東南西向設望燎位於柴壇之」十二字。殿本、局本惟脱「設」字，應據開元禮卷四補。

「日星帝座」。刊本「座」訛「席」，據五禮通考改。

錦按：各本均作「日星帝席」，與開元禮卷四合。五禮通考清人所纂，不足爲據。

「奠玉帛實罇罍玉幣」注「著罇爲上實以汎齊」。刊本「汎」訛「沈」，據五禮通考改。

錦按：殿本、局本訛「沈」。北宋本、傅校本、遞修本、明抄本、明刻本作「汎」，與開元禮卷四合。

卷一百十　禮七十

「皇帝立春祀青帝奠玉帛諸方客使先至者各就門外位」。刊本「至」訛「置」，據監本改。

錦按：北宋本、傅校本、遞修本、明抄本、殿本、局本均作「置」，與開元禮卷一二合。明刻本、王吳本作「至」，妄改。開元禮詞例，凡卑者預陳於位，候尊者來行禮，用「先置」。用「置」者，擬於物。不用「至」者，嫌與尊者體敵。考證昧乎此，以不誤爲誤。

卷一百十二　禮七十二

「皇帝夏至日祭方丘奠玉帛實罇罍玉幣」注「著罇爲上實以泛齊」。案：「泛」五禮通考作「沈」。

錦按：明刻本、朝鮮本作「沈」，誤。殿本、局本作「泛」，與開元禮卷二九、三〇及新唐書禮樂志二均合。考證以誤文爲異文。

「作文武之舞」。刊本「武」訛「舞」，據五禮通考改。

錦按：明抄本、明刻本、朝鮮本、王吳本均作「作文武之舞」，非。殿本、局本作「作文舞之舞」，與開元禮卷二九、三〇合，是。有文舞，有武舞，二者不同時作。皇帝將奠玉幣，作文舞之舞；太尉將亞獻，作武舞。禮文區别甚明。考證是非顛倒。

「執罇者舉冪酌泛齊」。案：「泛」五禮通考作「沈」。

錦按：明刻本、朝鮮本、王吴本作「沈」，非。殿本、局本作「泛」，與開元禮卷二九、三〇合。考證以誤文爲異文。

卷一百十三 禮七十三

「皇帝仲春仲秋上戊祭太社太稷」。刊本脱「太稷」二字，據五禮通考增。

錦按：各本及開元禮卷三三均無「太稷」。考證妄增。開元禮，唐朝官書也；五禮通考，清代私人著述也。此不啻以清代私人著作增竄唐代官書。

卷一百十七 禮七十七

「皇太子釋奠於孔宣父陳設奉禮設皇太子位」注「執事則道南西向」。刊本「道」訛「近」，據監本改。

錦按：殿本、局本訛「近」。傅校本、明抄本、明刻本、朝鮮本均作「道」，與開元禮卷五三合。

卷一百十八 禮七十八

「皇帝巡狩燔柴告至駕至大次門外」。刊本「次門外」訛「門外」，據監本改。

錦按：殿本、局本原作「駕至大門外次」，「次」誤倒在「門外」下。傅校本、明抄本、明刻本、朝鮮本作「駕至大次門外」，與開元禮卷六二合，是。考證校語應作「刊本次門外訛門外次」，脱下「次」。

卷一百十九 禮七十九

「皇帝祀封泰山陳設前祀一日」注「奉禮設御位於壇東南」。刊本脱「於」字，據監本增。

錦按：殿本、局本脱「於」。傅校本、明抄本、明刻本、王吴本有「於」，與開元禮卷六四合。

卷一百二十 禮八十

「諸州祈社稷祝進跪奠版於神座」注「奠祝文與上同」。刊本脱「上」字，據監本增。

錦按：考證摘句有誤，「社稷」應作「諸神」。王吴本、殿本、局本脱「上」。傅校本、明抄本、明刻本有「上」，與開元禮卷七〇合。「奠」字誤，應據開元禮改作「其」。

卷一百二十一 禮八十一

「三品以上時享其廟孝曾孫某」。刊本「某」訛「其」，今改。

錦按：殿本、局本訛「其」。明抄本、明刻本、王吳本脱「某」。北宋本作「某」，與開元禮卷七五合。

卷一百二十二 禮八十二

「皇帝加元服告圜丘實罇罍及玉帛」注「一實明水一實醴齊」。刊本闕下「一」字，今補。

錦按：殿本下「一」處是空白。北宋本、傅校本、明抄本、明刻本、王吳本、局本均有「一」字。

卷一百二十三 禮八十三

「皇后正至受羣官朝賀設文武羣官諸親藩客使等位於宫城門外如朝堂之式」。刊本「位」訛「衞」，據下文改。

錦按：王吳本、殿本、局本訛「衞」。北宋本、傅校本、明抄本、明刻本作「位」，與開元禮卷九八合。

卷一百二十四 禮八十四

「皇帝於明堂讀五時令鑾駕出宫五品以上俱集朝堂」。刊本脱「集」字，據監本增。

錦按：王吴本、殿本、局本脱「集」。北宋本、傅校本、明抄本、明刻本有「集」，與開元禮卷九九合。考證摘句「朝堂」下脱「次」。

「戞敔樂止」法「凡樂皆協律郎舉麾工鼓柷而後作」。刊本「後」訛「復」，今改。

錦按：考證摘句「法」字誤，應作「注」。殿本、局本訛「復」，北宋本作「後」，與開元禮卷九九合。

「贊者在供奉官人内侍臣上」。刊本「供奉」二字互倒，據監本改。

錦按：殿本、局本倒作「奉供」。北宋本、傅校本、明抄本、明刻本、王吴本作「供奉」，與開元禮卷九九合。

「皇帝於太極殿讀五時令典謁各引還本位」。刊本「引」訛「司」，據監本改。

錦按：殿本、局本訛「司」。北宋本、傅校本、明抄本、明刻本作「引」，與開元禮卷一〇三合。

「皇帝養老於太學設尊於東楹之西」。刊本「楹」訛「檻」，據監本改

錦按：殿本、局本訛「檻」。北宋本、傅校本、明抄本、明刻本、王吴本作「楹」，與開元禮卷一〇四合。

「養老惇史執筆録善言善行二舞作於懸中」。刊本「行」上脱「善」字，「作」訛「坐」，並據監本增改。

錦按：考證摘句有誤，「惇」應作「敦」。殿本、局本脱下「善」，「作」訛「坐」。北宋本、傅校本、明抄本、明刻本、王吴本下「善」未脱，「作」字不誤，與開元禮卷一〇四合。

卷一百二十五 禮八十五

「皇后受册伏惟殿下坤象配天德昭厚載」。刊本「德」訛「地」，據監本改。

錦按：殿本、局本訛「地」。北宋本、傅校本、明抄本、明刻本、王吳本作「德」，與開元禮卷一〇五合。

「謁太廟皇太子乘輿出次升輅」。刊本「次」訛「自」，據監本改。

錦按：殿本、局本訛「自」。北宋本、傅校本、明抄本、明刻本、王吳本作「次」，與開元禮一〇六合。

「臨軒册命諸王大臣少退俱西向」。刊本脱「向」字，據監本增。

錦按：明抄本、殿本、局本俱脱「面」。北宋本、王吳本有「面」，與開元禮卷一〇八合。傅校本、明刻本作「向」，亦通。

卷一百二十七 禮八十七

「皇太子納妃親迎若衣若笲」。刊本「笲」訛「花」，據監本改。

錦按：北宋本、明抄本、王吳本、殿本、局本作「花」，與開元禮卷一一一合。明刻本作「笲」，乃據儀禮士昏禮改者。然唐禮與周禮不盡同，此處自當作「花」。

卷一百二十八 禮八十八

「親王冠前三日」注「筮賓如來日之儀」。刊本「來」訛「求」，據監本改。

錦按：北宋本、明抄本、殿本、局本作「求」，與開元禮卷一一七、一一九合。明刻本、王吳本作「來」，妄改。考證是非顛倒。

「凡牲體節折」。刊本「體」訛「醴」，據監本改。

錦按：殿本、局本訛「醴」，北宋本、傅校本、明抄本、明刻本作「體」，與開元禮卷一一四合。

「主人西面請賓」注「一品以下及冠者西南拜賓之贊」。刊本「及」訛「又」，據監本改。

錦按：北宋本、明抄本、王吳本、殿本、局本作「又」，是。明刻本作「及」，誤。考證是非顛倒。

卷一百三十二 禮九十二

「皇帝講武左右廂各爲三軍位」。刊本「位」訛「皆」，據五禮通考改。

錦按：各本均作「皆」，屬下「上軍在北中軍次之下軍在南」爲讀，意自圓通。開元禮卷八五無「皆」，更無「位」。五禮通考不足據。

卷一百三十八 禮九十八

「三品以上喪陳衣小斂各陳其斂衣一十九稱」。刊本「衣」訛「以」，今改。

錦按：殿本訛「以」。北宋本、傅校本、明抄本、明刻本、王吴本、局本均作「衣」，與開元禮卷一三八合。考證摘句有誤，「陳衣小斂」應作「陳小斂衣」。

「成服就祖母前哭亦如之」。刊本脱「母」字，今增。

錦按：「祖」與「前」之間，脱「母及母諸母」五字，應據開元禮卷一三八補。

卷一百三十九 禮九十九

「郭門親賓歸出郭若親賓送者權停柩車」。刊本「送」訛「還」，今改。

錦按：各本及開元禮卷一三九均作「還」，自通。考證妄改，無據。

「小祥祭始食菜果」。刊本「菜」訛「粢」，據禮記改。

錦按：王吴本、殿本、局本訛「粢」。北宋本、傅校本、明抄本、明刻本作「菜」，與開元禮卷一四〇、一四四、一四八合。

「大祥祭掌饌者以饌升自東階入設于座前」。刊本「設」訛「室」，據監本改。

錦按：王吴本作「置」，臆改。殿本、局本訛「室」。北宋本、傅校本、明抄本、明刻本作「設」，與開元禮卷一四〇合。

「祔廟掌廟者開神主」注「若祔妣則出曾祖妣神主而已」。刊本「祔妣」訛「異姓」，據監本改。

錦按：殿本、局本作「異姓」，清人竄改，大誤。北宋本、傅校本、明抄本、明刻本、王吴本作「祔妣」，與開元禮卷一四〇合。

卷一百四十一 樂一

「江左初立宗廟尚書下太常祭祀所用樂名」注「漢氏所用文句長短不齊蓋以歌詠絃節本有因循」。刊本脱「因」字，據監本改。

錦按：北宋本、明抄本、殿本、局本俱脱「因」。傅校本、明刻本、王吴本有「因」，與宋書樂志一合。

卷一百四十二 樂二

「陳武帝初周弘讓奏曰齊氏承宋咸用元徽舊式」。刊本「咸」訛「武」，據隋志改。

錦按：北宋本、傅校本、明抄本、明刻本、殿本、局本「咸」均訛「武」。隋書音樂志上作「咸」，應據改。

「牲出入奏引犧引牲」。案：隋志無「引牲」二字。

錦按：北宋本作「牲出入奏　引牲」，傅校本作「牲出入奏□□引牲」，明刻本、王吴本作「牲出入奏幽隸引牲」，殿本、局本作「牲出入奏引犧引牲」。隋書音樂志上作「牲入出奏引犧」，是，應據以改正。

卷一百四十三 樂三

「五聲八音名義商亂則陂其臣壞」，刊本「臣」訛「官」，據禮記改。

錦按：北宋本、傅校本、明刻本、殿本、局本均作「官」，與禮記樂記合。王吴本作「臣」，誤。考證謂禮記作「臣」，非。

「歷代製造鼓琴吹笛之人多云三調三調之聲其來久矣」。刊本脱「三調」二字，據隋志增。

錦按：各本均涉上而脱一「三調」，應據隋書音樂志中補。

「唐祭天神奏豫和之樂」。刊本「豫」訛「元」，據新唐書音樂志及郭茂倩樂府改。

錦按：各本均作「元和」。舊唐書音樂志一、新唐書禮樂志一一作「豫和」。舊唐書音樂志又云，開元二十九年改稱「元和」。通典例避代宗諱，故不用初稱，用改稱。考證以不誤爲誤。

卷一百四十四 樂四

「金一銑間謂之于」注「鄭衆云于鐘脣之上袪也」。刊本「脣」訛「臀」，據周禮注疏改。

錦按：明刻本、王吴本、殿本、局本訛作「臀」。北宋本、傅校本、明抄本作「脣」，與考工記鳧氏注合。

「篆閒謂之枚」注「枚鐘乳也」。刊本「鐘」下衍「穴」字，據周禮注疏删。

錦按：北宋本衍「中穴」，傅校本、明刻本、王吴本、殿本、局本衍「穴」，應據考工記梟氏注删。

「大鐘十分其鼓閒以其一爲之厚」注「鼓外二鉦外一」。刊本「鼓」字訛在「一」字下，據周禮注疏改。

錦按：明刻本、殿本、局本「鼓」誤在「一」下。北宋本、傅校本、明抄本、王吴本「鼓」在「外」上，與考工記梟氏注合，應據以移改。

卷一百四十五 樂五

「雜歌曲碧玉歌者宋汝南王妾名」。刊本「宋」訛「晉」，據樂苑改。

錦按：各本均作「晉」。晉有汝南王，宋無汝南王。通典是，樂苑非。

「丁都護歌是宋武帝所製」。案：「武帝」宋書樂志作「高祖」。

錦按：各本均作「武帝」。劉裕謚稱武帝，廟號高祖，一也。

「督護初征時」。刊本「初」訛「上」，「時」訛「去」，據樂府詩集改。

錦按：各本均作「督護上征去」，與玉臺新咏合。樂府詩集卷四五作「督護初征時」。俱通。存異可也，不得據樂府詩集改通典。

「讀曲歌云死罪劉領軍誤殺劉第四」。刊本「第四」訛「四弟」，據宋志及樂府詩集改。

錦按：各本均誤作「四弟」，考證據宋書樂志一、樂府詩集卷四六改「第四」，是。

卷一百四十八 兵一

「第十一先取根本附」。刊本「附」訛「同」，據李元陽本改。

錦按：北宋本、殿本、局本作「同」，是。明刻本、王吴本作「附」，非。「先取根本同」原作大字，另爲一題，誤。應據北宋本卷一五八目録改爲小字，側注於上題「攻其必救」之下。

「立軍中軍之鼓」注「中軍則公之里卒也」。刊本「卒」訛「率」，據管子注改。

錦按：各本均作「率」，考證據管子小匡篇尹注改作「卒」，是也。

卷一百五十一 兵四

「死閒者爲誑事於外令吾閒知之而傳于敵閒者也」。刊本「傳」訛「待」，據孫子改。

錦按：各本均作「待」，杜佑所見本如此，可通。似不必據今孫子用閒篇改「傳」。考證摘句有誤，「誑」應作「詸」。

「行師先在量力漢元帝時賈捐之上書朔南暨聲教迄于四海」。刊本脱「迄于四海」四字，據賈捐之傳及禹貢增。又「蠢爾蠻荆」。刊本「蠻荆」二字互倒，據詩經及賈捐之傳改。又「兵出不踰千里費四十餘萬」。刊本脱「萬」字，據賈捐之傳增。

錦按：「西被流沙東漸於海朔南暨聲教」意已完足，故杜氏有意不録「迄于四海」四字，似無須據禹貢及賈捐之傳增補。「蠻荆」各本均誤倒，考證據詩采芑及賈捐之傳乙正是也。各本作「四十餘萬」，賈捐之傳作「四十餘萬萬」，通典「萬」字應疊。如考證説，是通典作「四十餘」矣。

卷一百五十二 兵五

「撫士貞觀中太宗親征高麗仍敕州縣厚加供給」。刊本「敕」訛「勒」，據唐書改。

錦按：各本均訛「勒」，考證改「敕」是也。所謂「據唐書改」者，據新唐書東夷傳「敕州縣治療」一語而改。

「示惠招降吕蒙周游城中家家致問」。刊本「游」訛「旋」，據吴志改。

錦按：各本均作「旋」。三國志吕蒙傳作「游」，是。

「軍師志堅必勝解張侯曰自始合而矢貫余手余折以御」。刊本「折」訛「所」。又「若之何其以病敗君之大事」。刊本「其以」二字互倒，並據左傳改。

錦按：各本均訛「所」，據左傳成公二年文改「折」是也。殿本、局本誤倒作「以其」。北宋本、傅校本、明刻本、王吴本作「其以」，與左傳成公二年文合。

「軍行自表異致敗宋殷孝祖常以鼓蓋自隨軍中人相謂曰若善射者十士相射欲不斃得乎」。刊本「士」訛「主」，據宋志改。

錦按：北宋本、傅校本、明抄本、明刻本、殿本作「主」，王吴本作「人」，局本作「伍」，宋書殷孝祖傳作

「士」，並非是。應據南史殷孝祖傳、御覽卷三三三改「手」。考證改「士」云「據宋志」，亦誤。

卷一百五十三 兵六

「示形在彼而攻於此曹公遣將徐晃遂前至偃城」。刊本「偃」訛「堰」。又「晃得偃城」。刊本脱「得」字，並據魏志改增。

錦按：殿本、局本訛「堰」，北宋本、王吴本作「偃」，是。各本均脱「得」，應據三國志徐晃傳補。

「示强西魏將楊忠自樊城觀兵於漢濱易旗遞進實騎二千」。刊本「實」訛「寶」，今改。

錦按：明刻本、王吴本、殿本、局本訛「寶」。北宋本作「實」，與周書楊忠傳合。

卷一百五十四 兵七

「掩襲王鎮惡襲劉毅舸留一二十」。刊本「二」訛「一」，據宋書改。

錦按：各本均訛「乙」，應據宋書王鎮惡傳改「二」。考證校文有誤，「二訛一」應作「二訛乙」。

卷一百五十五 兵八

「出其不意魏遣鍾會鄧艾伐蜀去成都三百餘里」。刊本「成」訛「城」，今改。

錦按：明刻本、王吴本、殿本、局本均訛「城」。北宋本作「成」，與三國志鄧艾傳合。

卷一百五十八 兵十一

「攻其必救王郎少傅李立爲反閒開門内漢兵」。刊本脱「開」字，據後漢書增。

錦按：明刻本、王吴本、殿本、局本均脱「開」。北宋本有「開」，與後漢書王郎傳合。

卷一百五十九 兵十二

「塞險則勝眭邃曰馬上賫糧不過旬日」。刊本「日」訛「月」，據十六國春秋改。

錦按：各本均訛「月」，應據晉書慕容寶載記改作「日」。崔鴻十六國春秋亡於北宋。今所見十六國春秋乃明人纂輯，不宜作爲校勘依據。

卷一百六十一 兵十四

「因機設權春秋時楚師伐吴箴尹固與王同舟」。刊本「箴」訛「鍼」，據左傳改。

錦按：各本均作「鍼」。「箴」與「鍼」同，考證謂「箴訛鍼」，誤一也。此文引自左傳定公四年，彼正作「鍼」，不作「箴」，誤二也。

「多方以誤之句踐使罪人三行屬劒於頸而辭曰」。刊本「而」訛「面」，據左傳改。

錦按：明刻本、王吴本、殿本、局本均訛「面」。北宋本作「而」，與左傳定公十四年文合。

卷一百六十二 兵十五

「敵無固志可取之吴伐楚夫概王曰困獸猶鬬況人乎」。刊本「王」上衍「謂」字，據左傳删。

錦按：各本均衍「謂」，左傳定公四年無「謂」，應删。

「趙充國討先零羌羌見大軍棄車重欲渡湟水」。刊本「棄」訛「乘」，據漢書改。

錦按：明刻本、王吴本、殿本、局本均訛「乘」。北宋本、傅校本、明抄本作「棄」，與漢書趙充國傳合。

卷一百六十三 刑一

「惟明克允」注「三辟之興皆叔世也」。刊本「之」下衍「刑」字，據左傳删。

錦按：各本「之」下均衍「刑」，與左傳昭公六年文不合。

「漢安帝永初中陳忠奏上三十三條爲決事比」注「比必寐反」。刊本「寐」訛「寤」，據漢書音釋改。

錦按：明刻本、殿本、局本訛「寤」。北宋本、王吴本作「寐」，是。後漢書陳寵傳李賢注也作「寐」。

卷一百六十四 刑二

「宋文帝時劉秀之請改定制令擬部人殺長史科議者謂值赦宜加徒」。刊本「擬」訛「疑」，據李元陽本改。

錦按：各本均作「疑」，與宋書劉秀之傳合，是。考證據誤本改「擬」，不可從。册府元龜卷六一〇作「隸」，亦誤。

「陳武帝制律三七日上測七日一行鞭」。刊本脱下「日」字，據隋書刑法志增。

錦按：王吴本作「三七日上測七日一行鞭」，與隋書刑法志、册府元龜卷六一一合。北宋本、傅校本、明抄本、明刻本脱「上測七日」，殿本、局本脱下「日」。

卷一百六十五 刑三

「老氏云其政悶悶其人淳淳」注「政教寬大」。刊本「教」訛「效」，據道德經注改。

錦按：王吴本、殿本、局本訛「效」。北宋本、傅校本、明抄本、明刻本作「教」，是。

卷一百六十六 刑四

「公族有死罪即磬於甸人」。刊本「磬」訛「罄」，據禮記改。

錦按：各本均訛「罄」，考證據禮記文王世子改「磬」，是。

卷一百六十七 刑五

「後魏宣武帝時詔崔纂可免郎都官尚書悉奪祿一秩」。刊本「官」訛「坐」，據册府元龜改。

錦按：各本均作「坐」，與魏書刑罰志合。考證據册府元龜卷六一五改「官」，非是。明刻本、殿本、局本均作「一秩」，誤。北宋本、明抄本、王吴本作「一時」，與魏書刑罰志、册府元龜卷六一五合，應據改。

「唐永徽二年蕭齡之受智遠等金銀奴婢上怒令於朝堂中處置」。刊本「置」訛「盡」，據册府元龜改。

錦按：各本均作「盡」，與唐會要卷三九合。舊唐書唐臨傳、册府元龜卷六一六作「置」。兩通。

卷一百六十八 刑六

「系蹄在足則猛獸絶其蹯」。刊本「蹯」訛「蟠」，今改。

錦按：明刻本、王吴本、殿本、局本均訛「蟠」。北宋本作「蹯」，是。

卷一百七十一 州郡一

「自東西魏之後」注「文宣天保七年」。刊本「保」訛「寶」，據北齊書改。

錦按：傅校本、明刻本、朝鮮本、王吴本、殿本、局本均訛「寳」，考證據北齊書文宣紀改作「保」，是。

「隋文帝開皇三年」注「以州治人名則因循職事同於郡守」。刊本「職」訛「識」，據文獻通考改。

錦按：殿本、局本訛「識」，明抄本及文獻通考卷三一五作「職」，是。明刻本、朝鮮本、王吴本此卷後兩頁脱文甚多，無從比勘。

卷一百七十三 州郡三

「京兆府武功」注「周后稷封于斄即此斄音台」。刊本「斄」訛「漦」，今改。

錦按：傅校本、明刻本、朝鮮本、王吴本、殿本、局本均訛「漦」。史記周本紀索隱、太平寰宇記卷二七作「斄」，是，應據改。

「華州垂拱元年改爲秦州」。刊本「秦」訛「泰」，據唐書改。

錦按：王吴本、殿本作「泰」，誤；局本據考證改「秦」，更謬。傅校本、明抄本、明刻本、朝鮮本作「太」，與元和郡縣志卷二合，應據改。考證云「據唐書改」，而舊唐書地理志一亦作「太」，不作「秦」。

「寧州羅川」注「黄帝葬處」。刊本「處」訛「虞」，今改。

錦按：殿本訛「虞」。明刻本、朝鮮本、王吴本、局本作「處」。

「原州百泉」注「今縣有彈箏峽」。刊本「箏」訛「笲」，據北史改。

錦按：各本均訛「笲」。考證改「箏」是，元和郡縣志卷三、太平寰宇記卷三三均作「箏」。

「綏州煬帝置雕陰郡」。刊本「郡」訛「都」，據隋書改。

錦按：王吳本、殿本、局本均訛「都」。傅校本、明抄本、明刻本、朝鮮本作「郡」，與隋書地理志上合。

卷一百七十五 州郡五

「商州上洛」注「即今七盤十二繞」。刊本「繞」訛「繂」，據監本改。

錦按：殿本、局本訛「繂」。傅校本、明刻本、朝鮮本、王吳本作「繞」，與漢書王莽傳中師古注合。

卷一百七十七 州郡七

「均州鄖鄉」注「古麇國地」。刊本「麇」訛「麋」，據左傳改。

錦按：各本均訛「麋」。考證據左傳文公十一年改「麇」是也。

卷一百七十八 州郡八

「古冀州夾右碣石入于河」注「言禹夾行此山之右入河逆上也」。刊本「上」訛「山」，據左傳、尚書傳改。

錦按：各本均訛「山」。考證據尚書禹貢僞孔傳改作「上」，是。「左傳」二字，蓋誤衍。

「衞州黎陽」注「有大伾山」。刊本「伾」訛「坯」，據禹貢改。

錦按：明刻本、王吴本、殿本、局本訛「坯」。北宋本作「岯」，禹貢作「伾」，字通，應從通典古本改字。

「幽州」注「山海經有幽都山」。刊本「有」訛「百」，「山」訛「去」，據監本改。

錦按：北宋本、傅校本、明抄本、明刻本、王吴本作「有幽都山」，是。殿本、局本訛作「百幽都出」。考證校語有誤，「山訛去」應作「山訛出」。

卷一百八十 州郡十

「齊州豐齊」注「漢茌縣」。刊本「茌」訛「山茌」，據漢書删改。

錦按：北宋本、傅校本、明刻本、王吴本、殿本、局本均作「山茌」，無作「山荏」者。「山」字衍，當據漢書地理志上删。「茌」漢書作「茬」，宜從宋祁説改作「茌」。

「密州成陽國地」。刊本「成」訛「城」，據漢書改。

錦按：各本均作「城」，與漢書地理志下合。考證謂漢書作「成」，誤。

「兖州」注「今郡理乃北境也」。刊本「北」訛「非」，今改。

錦按：北宋本、傅校本、遞修本、明抄本、明刻本、殿本、局本均作「非」，是也。王吴本作「其」，考證作「北」，皆妄改。杜佑謂兖州本在濟水大河之間，因濟水發源爲名，今兖州所轄在其南，非其境也。

卷一百八十一 州郡十一

「濠州」注「禹所娶會塗山侯國」。刊本「娶」訛「聚」，據漢書改。

錦按：各本均作「聚會」，「聚」是「娶」之訛，「會」字誤衍。應據漢書地理志上應劭注改删。考證「會」字漏校，云「據漢書改」，亦未確。

卷一百八十三 州郡十三

「沔州」注「曹公以文聘爲江夏太守」。刊本「聘」訛「躬」，據魏志改。

錦按：各本「聘」均訛「躬」，考證據三國志文聘傳改是也。

「潭州長沙」注「古青陽地秦始皇時荆王獻青陽以西即此地也」。刊本「青」訛「清」，據漢書及水經注改。

錦按：兩「青」明刻本、王吴本、殿本、局本均訛「清」，北宋本、傅校本、遞修本下「青」猶不誤。應據史記秦始皇本紀改。漢書地理志長沙國下無此注，而鄒陽傳有「越水長沙，還舟青陽」之語。注張晏曰：「青陽，地名也。」蘇林曰：「青陽，長沙縣也。」水經湘水注引之。

卷一百八十五 邊防一

「總序覆載之内」注「骨利幹國從天色暝時煮羊胛纔熟而東方已曙」。刊本「胛」訛「髀」，據唐書改。

錦按：北宋本、明刻本、王吳本作「足」，殿本、局本作「髀」。本書卷二〇〇骨利幹條作「胛」，唐會要卷一〇〇同，應據改。考證據唐書改，不知見於何傳。

「第九西戎總目挹怛國」。刊本「國」訛「同」，據隋書改。

錦按：北宋本、明抄本、明刻本、王吳本、殿本、局本均作「挹怛同」。「挹怛同」者，謂挹怛與嚈噠同也。此「挹怛同」應改小字側注於上題「嚈噠」之下。考證未詳審正文，遽改「同」爲「國」，殊謬。

「馬韓出細尾雞」。案：「細」後漢書作「長」。

錦按：各本均作「細」，後漢書東夷列傳作「長」。

卷一百八十六 邊防二

「閩越漢孝惠三年舉高帝時越功曰閩君猺功多」。刊本「曰」訛「少」，據史記及漢書改。

錦按：各本均訛「少」。考證據史記東越傳、漢書兩粤傳改「曰」，是。

卷一百八十七 邊防三

「獠其丈夫稱阿謩阿段」。刊本「段」訛「改」。據北史改。

錦按：各本均訛「改」。魏書獠傳、周書異域傳上、北史獠傳、御覽卷七九六、太平寰宇記卷一七八、册府元龜卷九六〇均作「段」。

「附國即漢之西夷也」。案：隋書作「即漢西南夷也」。又「土宜小麥青稞」。刊本「稞」訛「斜」，據隋書改。

錦按：各本均作「西夷」，隋書西域傳作「西南夷」。王吴本、殿本、局本訛「斜」，北宋本、明抄本、明刻本作「科」，是，應據改。青科即青稞。隋書西域傳作「青稞」，北史附國傳則作「青稞」。

「哀牢猩猩」注「好酒好屩」。刊本「屩」訛「履」，據後漢書改。

錦按：各本均作「履」。後漢書南蠻西南夷傳李注引南中志作「屩」。屩是草鞋，亦稱草履。杜氏引王綱猩猩傳，非南中志，不必據之改字。

卷一百八十八 邊防四

「嶺南序略烏滸人」。刊本「滸」訛「滸」，據漢書改。

錦按：明刻本、殿本、局本訛「滸」，王吴本訛「滸」。北宋本作「滸」，與後漢書南蠻西南夷傳合，應據改。

考證云「據漢書改」，非。摘句「烏」字亦誤，應作「烏」。

「林邑其一曰西那婆帝」。刊本「那」訛「郡」，據北史改。

錦按：明刻本、王吴本、殿本、局本均訛「郡」。北宋本作「那」，與隋書南蠻傳、北史林邑傳合。

「毗騫南方號曰長頸王」。刊本「頸」訛「頭」，據梁書及南史改。

錦按：北宋本、明抄本、明刻本、殿本、局本均作「頭」，文獻通考卷三三一亦然。梁書諸夷傳、南史夷貊傳上、御覽卷七八八、册府元龜卷九九七均作「頸」。宜各仍其舊。

「千陁利出吉貝」。刊本「吉」訛「古」，據梁書改。

錦按：北宋本、明抄本、明刻本、殿本、局本均作「古」，梁書諸夷傳也作「古」。考證誤。摘句「千」當作「干」。

「教焚州薰緑水膠所出」。刊本「緑」訛「緣」，據文獻通考改。

錦按：明刻本、殿本、局本均訛「緣」。北宋本及文獻通考卷三三二作「緑」，是。

卷一百九十三 邊防九

「康居其妻有髻幪以皂布」。刊本「皂」訛「帛」，據隋書改。

錦按：各本均作「帛」，御覽卷七九三、文獻通考卷三三八同。魏書西域傳、隋書西域傳、北史西域傳作「皂」。

「奄蔡至後漢改名阿蘭聊國」。刊本「聊」訛「那」，據後漢書改。

錦按：各本均訛「那」，考證據後漢書西域傳改「聊」，是。

「波斯丈夫戴白皮帽貫頭衫兩廂近下開之」。刊本「廂」訛「扇」，據魏書改。

錦按：各本均訛「肩」。魏書西域傳、周書異域傳下、北史西域傳、太平寰宇記卷一八五作「廂」，應據改。考證謂通典訛「扇」，非。

「渴槃陁有甲矟弓刀」注「矟音朔」。刊本「朔」訛「愬」，據廣韻、集韻改。

錦按：殿本、局本訛「愬」。北宋本、傅校本、明抄本、明刻本、王吳本均作「朔」。

卷一百九十四 邊防十

「匈奴賈誼論邊事曰辟如伏虎見便必動將何時已」。刊本「將」訛「特」，據賈誼新書改。

錦按：北宋本、傅校本、明刻本、殿本、局本訛「特」，王吳本訛「待」。賈誼新書威不信篇、太平寰宇記卷一八九作「將」，當據改。

卷一百九十五 邊防十一

「南匈奴屈蘭儲卑胡都須等」。刊本「屈」訛「屋」，據後漢書改。

錦按：北宋本、傅校本、明抄本、明刻本、王吳本、殿本均作「屋蘭儲」，唯局本訛作「屋南蘭」。後漢書章帝紀、太平寰宇記卷一九二也作「屋蘭儲」，而後漢書南匈奴傳「屋」作「屈」。考證謂「屈訛屋」，未必。

卷一百九十六 邊防十二

「烏桓婦人至嫁時乃養髮」。刊本「嫁」訛「家」，據後漢書改。

錦按：各本均訛「家」。後漢書烏桓傳、三國志烏丸傳裴注引魏書、太平寰宇記卷一九二作「嫁」，是。

卷一百九十七 邊防十三

「高車其先匈奴之甥也」。刊本「甥」訛「人」，據監本及北史改。

錦按：明刻本、朝鮮本、王吴本、殿本、局本訛「人」。魏書高車傳、北史高車傳、御覽卷八〇一、太平寰宇記卷一九四作「甥」，是。

「突厥上其部落大人曰阿謗步」。刊本「阿」訛「可」，據北史改。

錦按：明刻本、朝鮮本、王吴本、殿本、局本訛「可」。周書異域傳下、北史突厥傳、太平寰宇記卷一九四、册府元龜卷九五六作「阿」，是。

「定襄王李大恩」。刊本「李」訛「胡」，據新、舊唐書改。

錦按：明刻本、朝鮮本、王吴本、殿本、局本訛「胡」。舊唐書突厥傳上、新唐書突厥傳上、通鑑卷一八九作「李」，是。

「其舊臣胡禄達官吐谷渾邪自刎」。刊本「胡」訛「故」，據新、舊唐書改。

錦按：明刻本、朝鮮本、王吴本、殿本、局本均訛「故」。舊唐書突厥傳上、新唐書突厥傳上、太平寰宇記卷一九五均作「胡」，是。

卷一百九十八 邊防十四

「突厥中車鼻長子羯漫陁」。刊本「子」訛「孫」，據新、舊唐書改。

錦按：明刻本、朝鮮本、王吴本、殿本、局本均訛「孫」。舊唐書突厥傳上、新唐書突厥傳上作「子」，是。

「單于領狼山雲中桑乾三都督」。刊本「山雲」二字互倒，據新、舊唐書改。

錦按：殿本、局本倒作「狼雲山中」。朝鮮本、王吴本作「狼山雲中」，是，與舊唐書突厥傳上、新唐書突厥傳上、太平寰宇記卷一九六同。

「静難軍使玉鈐衛將軍慕容元崱以兵五千人降」。刊本「元崱」訛「元山則」，據舊唐書改。

錦按：明抄本、朝鮮本、王吴本作「慕玄崱」，「慕」下脱「容」。殿本、局本作「慕元山則」，脱「容」，避清諱改「玄」爲「元」，又誤將「崱」析爲「山則」二字。舊唐書突厥傳上、新唐書突厥傳上、太平寰宇記卷一九六、通鑑卷二〇六、册府元龜卷九八六並作「慕容玄崱」，是，應據以補改。

「盧俌上疏曰晉臣元凱射不穿札而建平吴之勳」。刊本「吴」訛「成」，據監本及舊唐書改。

錦按：殿本、局本訛「成」。明抄本、明刻本、朝鮮本、王吴本作「吴」，是，與舊唐書突厥傳上、太平寰宇記卷一九六同。考證摘句「盧」乃「盧」字之訛。

「使知分限行不失常婦於得所」。刊本「行」訛「待」，據舊唐書改。

錦按：各本均作「待」，是也。「待不失常」，謂待突厥頡利發等不失常禮，莫「屑略太過」也。舊唐書突厥傳上、太平寰宇記卷一九六亦作「待」。考證改「行」，非；摘句「婦」字亦誤，應作「歸」。

卷一百九十九　邊防十五

「突厥下至隋末自稱闕汗」。案：舊唐書作「闕達可汗」。

錦按：明刻本、朝鮮本、王吴本、殿本、局本均作「闕可汗」，應據舊唐書突厥傳下補「達」。考證摘句「汗」上脱「可」。

卷二百　邊防十六

「庫莫奚又封成安公主女嫣氏爲東光公主以妻魯蘇」。案：新、舊唐書「嫣」作「韋」。

錦按：各本「韋」均訛「嫣」。舊唐書北狄傳、新唐書北狄傳、太平寰宇記卷一九八均作「韋」。

「烏落侯其國西北有貎水」。案：魏書「貎」作「完」。

錦按：明抄本、明刻本訛作「皃」，朝鮮本、王吴本、殿本、局本因訛作「貎」。當據魏書烏洛侯傳、北史烏洛侯傳、太平寰宇記卷一九九改作「完」。

〔唐〕杜佑撰

通典

第七册

卷一〇五—卷一二五

中華書局

通典卷第一百五

禮六十五　沿革六十五　凶禮二十七

喪禮雜制　禮廢

喪禮雜制

周制，服術有六：一曰親親，二曰尊尊，三曰名，四曰出入，五曰長幼，六曰從服。術，道也。親親，父母爲首。尊尊，君爲首。名，世母叔母之屬也。出入，女子子嫁者及在室者也。〔一〕長幼，成人及殤者也。從服，若夫爲妻之父母、妻爲夫之黨服。從服有六：有屬從，子爲母之黨服。有徒從，臣爲君之黨服。有從有服而無服，公子爲妻之父母。〔二〕有從無服而有服，公子之妻爲公子之外兄弟。有從重而輕，夫爲妻之父母。有從輕而重。公子之妻爲其皇姑。徒從者，所從亡則已；謂若爲君母之父母、昆弟、從母。屬從者，所從雖没也服。謂若自爲己之母黨。

自仁率親，等而上之至於祖，名曰輕；自義率祖，順而下之至於禰，名曰重。一輕一重，其義然也。自猶用也。率，循也。用恩則父母重而祖輕，用義則祖重而父母輕。恩重者爲之三年，義重者爲之齊縗。

喪冠條屬以别吉凶。三年之練冠亦條屬，皆右縫。別吉凶者，吉冠不條屬也。條屬者，通屈一條繩若布爲武，垂下爲纓，屬之冠，象太古，喪事略也。吉冠則纓武異材焉。〔三〕右縫者，右辟而縫之。小功以下左縫。左辟象吉，輕也。緦冠澡纓。有事其布以爲纓。〔四〕大功以上散帶。大功以上縗重，〔五〕初而散之。小功緦輕，初而絞之。

女子適人者爲其父母、婦爲舅姑，惡笄有首以髽。卒哭，子折笄首，布總。言以髽，則髽有著笄者明矣。笄有首者，惡笄之有首也。惡笄者，櫛笄也。折笄首者，折吉笄之首也。吉笄者，象笄也。何以言子折笄首而不言婦？終之也。櫛笄，以櫛木爲笄。或曰榛笄。有首者，若今時刻鏤擿頭矣。卒哭而喪之大事畢，女子子可以歸於夫家，而著吉笄。吉笄尊，變其尊者，婦人之義也。折其首者，爲其大飾。〔六〕據在夫家，宜言婦。終之也者，終子之恩於父母也。擿音他的反。〔七〕妾爲女君、君之長子惡笄有首，布總。

主妾之喪，則自祔至於練祥，皆使其子主之。其殯祭不於正室。祔自爲之者，以其祭於祖廟。

國禁哭則止，朝夕之奠即位自因也。禁哭謂大祭祀時也。雖不哭，猶朝夕奠。自因，自用故事。〔八〕

適墓不登壟，不歌。爲不敬也。壟，冢也。墓，塋域也。不歌，非樂所。助葬必執紼。紼，引車索。臨喪不笑，宜有哀容。見柩不歌。入臨不翔。鄰有喪，舂不相。相，送杵聲。里有殯，不巷歌。哭日不歌。哀未忘。送喪不由徑，送葬不避塗潦。所哀在此。

居喪未葬，讀喪禮；既葬，讀祭禮；喪止復常，謂已除喪。讀樂章。

君子已孤不更名，重本也。已孤暴貴不爲父作謚。子事父無貴賤。

居喪不言樂，祭事不言凶。〔九〕非其時也。

喪食雖惡，必充飢。飢而廢事，非禮也。飽而忘哀，亦非禮也。視不明，聽不聰，行不正，不知哀，君子病之。故有疾，〔一〇〕飲酒食肉。五十不致毀，六十不毀，七十飲酒食肉，皆爲疑死。病猶憂也。疑猶恐也。

有服，人召之食，不往。大功以下，既葬適人，〔一一〕人食之，其黨也食之，非其黨也弗食。黨猶親。

功緦食菜果，飲水漿。無鹽酪不能食，食鹽酪可也。〔一二〕功緦，齊斬之末。

孔子曰：「身有瘍則浴，首有創則沐，病則飲酒食肉。毀瘠爲病，君子弗爲也。毀而死，君子謂之無子。」毀而死，是不重親也。

孔子曰：〔一三〕小功以上，非虞祔練祥無沐浴。言不有飾事，則不沐浴也。齊縗之喪既葬，人請見之則見，不請見人，小功請見人可也。大功不以執贄。唯父母之喪，不避涕泣而見人。言重喪不行求見，人來求見己，〔一四〕可見也。不避涕泣，言至哀無飾。三年之喪，祥而從政。周之喪，卒哭而從政。九月之喪，既葬而從政。小功緦麻之喪，既殯而從政。以王制言之，此謂庶人也。從政，從爲政者教令，謂徭役也。

曾申問於曾子曰：「哭父母有常聲乎？」曰：「中路嬰兒失其母焉，何常聲之有！」所謂哭不偯也。

孔子曰：「拜而後稽顙，頹乎其順也。此殷之喪拜也。順者，先拜賓，順於事。稽顙而後拜，頎乎其至也。此周之喪拜也。至者，先觸地無容，哀之至也。頎音懇。三年之喪，吾從其至者。」重者尚哀戚也。自周以下，如殷可也。

大功廢業，或曰大功誦可也。許其口習故也。

小功不爲位也者，是委巷之禮也。譏之也。〔一五〕位謂以親疎序列哭也。委巷猶街里委曲所爲也。子思之哭嫂也爲位。善之也。禮，嫂叔無服。〔一六〕

曾子曰：「居喪有疾，食肉飲酒，必有草木之滋焉。」增以香味，〔一七〕爲其疾不嗜食。以爲薑桂之謂也。

高子皋之執親之喪也，子皋，孔子弟子，名柴。泣血三年，言泣無聲，如出血也。未嘗見齒，言笑之微。君子以爲難。

孔子在衞，有送葬者，而觀之曰：〔一八〕「善哉爲喪乎！足以爲法矣。小子識之。」子貢曰：「夫子何善爾？」曰：「其往也如慕，其反也如疑。」慕謂小兒隨父母啼呼也。疑者哀親之在彼，如不欲還然。識音志。子貢曰：「豈若速反而虞乎？」孔子曰：「小子識之！我未之能行也。」哀戚本也，祭祀末也。

孔子與門人立，拱而尚右，二三子亦尚右。傚孔子也。孔子曰：「二三子之嗜學也。我有姊之喪故也。二三子皆尚左。」復正也。喪尚右，右陰也。吉尚左，左陽也。

弁人有其母死而孺子泣者。言聲無節。孔子曰：「哀則哀矣，此誠哀也。而難爲繼也。失節之中。〔一九〕夫禮，爲可傳也，爲可繼也，故哭踊有節。」

子思之母死於衞。子思，孔子孫，伯魚之子也。伯魚卒，其妻嫁於衞。柳若曰：「子，聖人之後也。四方於子乎觀禮，子盍慎諸？」柳若，衞人也。見子思欲爲嫁母服，恐其失禮，故戒之。子思曰：「吾何慎哉！吾聞之，有其禮，無其財，君子弗行也。謂時可行，而財不足以備禮。有其禮，有其財，無其時，君子弗行也。吾何慎哉！」謂財足以備禮，而時不得行也。喪之禮，如子贈襚之屬，不逾主人也。

季武子寢疾，蟜固不說齊縗而入見曰：「斯道也將亡矣！士唯公門說齊縗。」季武子，魯大夫季孫宿也。世爲上卿，强且專政，國人事之如君。蟜固能守禮，不畏之，矯其俗之失禮也。道猶禮也。説音吐活反。蟜音居沼反。魯之達禮者也。

國昭子之母死，問於子張曰：「葬及墓，男子婦人安位？」國昭子，齊大夫。子張曰：「司徒敬子之喪，夫子相，男子西鄉，婦人東鄉。」夾羑道爲位也。曰：「噫？毋！」噫，弗悟之聲。毋，禁止辭也。毋音無。曰：「我喪也斯沾，斯，盡也。沾讀曰覘，視也。國昭子自謂齊之大家，〔二〇〕有事，人盡視之，欲人觀之，法其所爲。斯音賜。爾專之，賓爲賓焉，主爲主焉。」專猶司也。時子張相。婦人從男子皆西鄉。非也。

季康子之母死，陳褻衣。褻衣，非上服。陳之將以斂。敬姜曰：「婦人不飾，不敢見舅姑。將有四方之賓來，褻衣何爲陳於斯！」命徹之。言四方之賓嚴於舅姑也。敬姜者，康子從祖母。

子路曰：「傷哉貧也！生無以爲養，死無以爲禮。」孔子曰：「啜菽飲水盡其歡，斯之謂孝。斂手足形，還葬而無槨，稱其財，斯之謂禮。」還，疾也。謂不及其日月也。

子路去魯，謂顏回曰：「何以贈我？」贈，送也。曰：「吾聞之也，去國則哭於墓而後行，反其國不哭，展墓而入。」無君事，主於孝也。展，省視也。又謂子路曰：「何以處我？」處猶安也。子路曰：「吾聞之也，過墓則式，過祀則下。」居者主於敬也。

有焚先人之室，則三日哭。謂人燒其宗廟也。哭者，哀精神之有虧傷。故曰新宮火，亦三日哭。

火，人火也。新宮火，在魯成三年。

子思曰：「喪三日而殯，凡附於身者，必誠必信，勿之有悔焉耳矣。三月而葬，凡附於棺者，必誠必信，勿之有悔焉耳矣。」〔二〕言其日月，欲其盡心脩備之。附於身謂衣衾也。

曾子問曰：「君薨，既殯，而臣有父母之喪，則如之何？」孔子曰：「歸居於家，有殷事則之君所。朝夕否。」居家者，因其哀後，崇於父母也。殷事，朔望薦新之奠也。曰：「君既啓，而臣有父母之喪，則如之何？」孔子曰：「歸哭而反送君。」言反送君，則既葬而歸也。歸哭者，服君服而歸，不敢私服。曰：「君未殯，而臣有父母之喪，則如之何？」孔子曰：「歸殯，反於君所。有殷事則歸，朝夕否。其哀雜，主於君。大夫，室老行事，士則子孫行事。大夫士其在君所之時，則攝其事也。大夫內子，有殷事亦之君所，朝夕否。」謂夫之君既殯，而有舅姑之喪者。內子，大夫嫡妻也。妻爲夫之君，如婦爲舅姑服齊縗。

曾子問曰：「大功之喪可以與於饋奠之事乎？」饋奠在殯時也。孔子曰：「豈大功耳，自斬縗以下皆可，禮也。」曾子曰：「不以輕服而重相爲乎？」怪以重服而爲人執事也。孔子曰：「非此之謂也。非謂爲人，謂於其所爲服。天子諸侯之喪，斬縗者奠。爲君服者皆斬縗。唯主人不奠。大夫，齊縗者奠。服斬縗者不奠，避正君也。齊縗者，其兄弟。士則朋友奠。不足則取於大功以下者，不足則反之。」服齊縗者不奠，避大夫也。言不足者，謂殷奠時。曾子問曰：「小功可以與於祭乎？」祭謂虞卒哭時。〔二二〕孔子曰：「何必小功耳，自斬縗以下與祭，禮也。」曾子曰：「不以輕喪而重祭乎？」怪使重者執事。孔子曰：「天子諸侯之喪祭也，不斬縗者不與祭。大夫，齊縗者與祭。士祭不足，則取諸兄弟大功以下者。」曾子問曰：「相識有喪服，可以與於祭乎？」問已有喪服，可以助所識者祭否。孔子曰：「緦不祭，又何助於人。」曾子問曰：「廢喪服，可以與於饋奠之事乎？」謂新除喪服也。孔子曰：「說縗與奠，非禮也。執事於人之神，爲其忘哀疾也。〔二三〕以儐相可也。」

父有服，宮中子不與於樂。母有服，聲聞焉，不舉樂。妻有服，不舉樂於其側。宮中子，與父同宮者也。禮，命士以上，父子異宮。不與者，謂出行見之不得觀也。大功將至，避琴瑟。小功至，不絕樂。

姑姊妹其夫死，而夫黨無兄弟，使夫之族人主喪。妻之黨雖親弗主。此謂姑姊妹無子寡而死也。〔二四〕夫黨無兄弟，無緦之親也。其主喪不使妻之親而使族人，婦人外成，主必宜得夫類也。夫若無族矣，則前後家、東西家；無有則里尹主之。喪無無主也。里尹，閭胥里宰之屬也。或曰主之，而祔於夫之黨。妻之黨自主之，非也。夫之黨，其祖姑也。

初，貞觀中，呂才爲太常博士，與諸陰陽學者十餘人，撰陰陽書凡五十三卷，并舊書行者三十七卷，〔二五〕詔頒下之。才病其有穿鑿拘忌者，故著論曰：

易曰：〔二六〕「上古穴居而野處，後代聖人易之以宮室，蓋取諸大壯。」逮於殷周之際，乃有卜宅之文，〔二七〕故詩稱「相其陰陽」，書云「卜惟洛食」，此則卜宅吉凶，其來尚矣。至於近代師巫，更加五姓之說。言五姓者，謂宮商角徵羽，天下萬姓，〔二八〕悉總配之，行事吉凶，依此爲法。至如張、王等爲商，武、庾等爲羽，欲似同韻相求；〔二九〕及其以柳姓爲宮，以趙姓爲角，又非四聲相管。其閒亦有同是一姓，分屬宮商；復有複姓數字，徵羽不別。驗於經典，本無斯說，諸陰陽書，亦無此語，直是野俗口傳，竟無所出之處。唯按堪輿經，云黃帝對於天老，乃有五姓之言。且黃帝之時，不過姬、姜數姓，暨於後代，賜族者多。至如管、蔡、郕、霍、魯、衞、毛、聃、郜、雍、曹、滕、畢、原、酆、郇，並是姬姓子孫；〔三〇〕孔、殷、宋、華、向、蕭、亳、皇甫，並是子姓苗裔。自餘諸國，準例皆然。因邑因官，〔三一〕分枝布葉，未知此等諸姓，是誰配屬宮商？又檢春秋，以陳、衞及秦並同水族，〔三二〕齊、鄭及宋皆爲火姓，或承所出之祖，或繫所屬之星，或取所居之地，亦非宮商角徵，共相管攝。此則事不稽古，義理乖僻者也。

又敍祿命曰：

謹按史記，宋忠、賈誼譏司馬季主云：〔三三〕夫卜筮高人祿命，〔三四〕以悅人心，矯言禍福，以盡人財。又按王充論衡云：「見骨體而知命禄，覩禄命而知骨體。」〔三五〕此則禄命之書，〔三六〕行之久矣。多言或中，〔三七〕人乃信之。今更研尋，本非實録。〔三八〕但以積善餘慶，不假建禄之吉；積惡餘殃，豈由刼殺之災。皇天無親，常與善人，福之所應，其猶影響。〔三九〕故有夏多罪，天命勦絶；宋景修德，妖孛夜移。學也禄在其中，豈得生當建命，武王憂勤損壽，〔四〇〕不關月值空亡。〔四一〕長平坑卒，未聞共犯三刑；南陽貴士，何必俱當六合。歷陽成湖，非獨河魁之上；蜀郡炎燎，豈由災厄之下。今時亦有同建禄，而貴賤懸殊；共命胎而夭壽更異。

按春秋，魯桓公六年九月，魯莊公生。今按長曆，莊公生當乙亥之歲，建申之月。以此推之，莊公乃當禄之空亡。依禄命書，法合貧賤，又犯句絞六害，背驛馬，生身剋驛馬三刑，當此生者，並無官爵。火命七月，生當病鄉，爲人尪弱，身合矬陋。今按齊詩譏莊公「猗嗟昌兮，頎若長兮。美目揚兮，〔四二〕巧趨蹌兮」。唯有向命一條，法當長壽。依檢春秋，莊公薨時計年四十五矣。此則禄命不驗一也。

又按史記，秦莊襄王四十八年，始皇帝生。宋忠注云：「因正月生，爲此名政。」依檢襄王四十八年，歲在壬寅。〔四三〕此年正月生者，命當背禄，法無官爵，假得禄合，〔四四〕奴婢尚少。始皇又當破驛馬，生驛馬三刑，身剋驛馬，法當望官不到。金命正月，生當絶下，絶下爲人無始有終，老而彌吉。今驗史記，始皇乃是有始無終，老更彌凶。〔四五〕唯建命生，法合長壽，計其崩時，不過五十。禄命不驗二也。

檢漢武故事，武帝以乙酉歲七月七日平明時生。〔四六〕亦當禄空亡下，法主無官爵，雖向驛馬，尚隔四辰。依禄命法，少無官爵，老而方盛。今驗漢書，武帝即位，年始十六，末年以後，户口減半。禄命不驗三也。

又檢後魏書云，孝文帝皇興元年八月生。今按長曆，其年歲在丁未。以此推之，孝文背禄背命，并驛馬三刑，身剋驛馬。依檢禄命書，法無官爵，命當父死中生，法當生不見父。今檢魏書，孝文身受其父之禪。禮云：嗣主位定在於初喪，〔四七〕踰年之後，方始正號。是以天子無父，事三老也。孝文受禪，異於常禮，躬爲天子，以事其親，而禄命倒云不合識父。〔四八〕禄命不驗四也。

又按沈約宋書云，宋高祖癸亥三月生。依此而推，禄之與命，並當空亡。依禄命書，法無官爵，又當子墓中生，〔四九〕唯宜嫡子，假有次子，法當早卒。今檢宋書，〔五〇〕高祖長子先被簒殺，次子義崇，享國多年。〔五一〕高祖又當祖禄下生，〔五二〕法得嫡孫財禄。今檢宋書，其孫劉劭、劉濬並爲簒逆，〔五三〕幾失宗祧。禄命不驗五也。

敍葬書曰：

易曰：「古之葬者，厚衣之以薪，〔五四〕不封不樹，喪期無數。後代聖人易之以棺槨，蓋取諸大過。」禮云：「葬者，藏也，欲使人不見之。」然孝經云：「卜其宅兆而安厝之。」以其復土事畢，長爲感慕之所；窀穸禮終，永作魂神之宅。朝市遷變，豈得先測於將來；泉石交侵，不可先知於地下。是以謀及龜筮，庶無後艱，斯乃備於慎終之禮，曾無吉凶之義。暨於近代以來，加之陰陽葬法，或選年月便利，或量墓田遠近，一事失所，禍及生人，巫者利其貨賄，莫不擅加利害。〔五五〕遂令葬書一術，乃有百二十家，各說吉凶，拘而多忌。且天覆地載，乾坤之理備焉；一剛一柔，消息之義詳矣。或成於晝夜之道，〔五六〕感於男女之化，三光運於上，〔五七〕四氣通於下，斯乃陰陽之大經，不可失之於斯須也。至於喪葬之吉凶，乃附此爲妖妄。〔五八〕

傳云：「王者七日而殯，七月而葬；諸侯五日而殯，五月而葬；大夫經時而葬；士則踰月而已。」此則貴賤不同，禮亦異數。欲使同盟同軌，赴弔有期，量事制宜，遂爲常式。法既一定，不得違之。故先期而葬，謂之不懷；後期而不葬，譏之殆禮。此則葬有定斯，不擇年月，一也。

春秋又云：〔五九〕丁巳，葬定公，雨，不克葬，至於戊午襄事。禮經善之。襄，成也。雨而成事，若汲汲於欲葬。禮記云「卜葬先遠日」，善選月終之日，〔六〇〕所以避不懷也。今檢葬書，以己亥之日用葬最凶。謹按春秋之際，此日葬者凡有二十餘件。此則葬不擇日，二也。

禮記又曰：「周尚赤，大事用平旦。殷尚白，大事用日中。夏尚黑，大事用昏時。」鄭玄注云：「大事者何？謂喪葬也。」此則直取當代所尚，不擇時之早晚。春秋又云，鄭卿子產及子太叔葬鄭簡公，於時司墓大夫室當葬路。若壞其室，即平明而堋；不壞其室，即日中而堋。子產不欲壞室，欲待日中。子太叔云：「若至日中而堋，恐久勞諸侯大夫來會葬者。」然子產既云博物君子，太叔乃爲諸侯之選，國之大事，無過喪葬，必若義有吉凶，斯等豈得不用。今乃不問時之得失，唯論人事可否。曾子問云「葬逢日蝕，舍於路左，〔六一〕待明而行」，所以備非常也。若依葬書，多用乾艮二時，並近半夜，此即反與禮違。〔六二〕今檢禮傳，葬不擇時，三也。

葬書云：富貴官禄，皆由安葬所致；壽命延促，亦由墳壠所招。然今按孝經云：「立身行道，揚名於後代，以顯父母。」易曰：「聖人之大寶曰位，何以守位？曰仁。」是以日慎一日，則澤及於無疆，苟德不逮，而人無援，〔六三〕以此則非由安葬吉凶而論福祚延促。〔六四〕臧孫有後於魯，不關葬得吉日；若敖絶祀於荆，不由遷厝失所。此則安葬吉凶不可信用，其義四也。

今之喪葬吉凶，皆依五姓便利。古之葬者，並在國都之北，兆域既有常所，何取姓墓之義？趙氏之葬，並在九原；漢之山陵，散在諸處。上利下利，蔑爾不論；大墓小墓，其義安在？及其子孫富貴不絶，或與三代同風，或分六國而王。此則五姓之義，大無稽古，吉凶之理，何從而生？其義五也。

且人臣名位，進退何常，亦有初賤而後貴，亦有始泰而終否。是以子文三已令尹，展禽三黜士師。卜筮一定，〔六五〕更不迴改，塚墓既成，〔六六〕曾不革易，何因名位無時蹔安。故知官爵弘之在人，不由安葬所致，其義六也。

野俗無識，皆信葬書，巫者誑其吉凶，〔六七〕愚人因而僥倖。遂使擗踊之際，擇葬地而希官品；荼毒之秋，選葬時以窺財禄。〔六八〕或云辰日不宜哭泣，遂莞爾而受弔問；或云同屬忌於臨壙，乃吉服不送其親。聖人設教，豈其然也？葬書敗俗，一至於斯，其義七也。按：斯論甚精當，以之爲勸戒，故附於斯。〔六九〕

禮廢周

周制，曾子問曰：「諸侯旅見天子，入門不得終禮，廢者幾？」旅，衆。孔子曰：「四。太廟火，日食，后之喪，雨霑服失容，則廢。太廟，始祖廟也。宗廟皆然，主於始祖廟也。諸侯相見，揖讓入門，不得終禮，廢者六。天子崩，太廟火，日食，后夫人之喪，雨霑服失容，則廢。夫人，君之夫人。天子嘗禘郊社五祀之祭，簠簋既陳，天子崩，后之喪，則廢。既陳，謂夙興陳饌牲器時也。天子七祀，言五者，關中言之。孔穎達曰：「關，通也。按周法，天子七祀，〔七〇〕諸侯五，大夫三。今舉中五，則兼上下。」當祭而日食、太廟火，接祭而已矣。如牲至未殺，則廢。接祭而已，不迎尸也。諸侯之祭社稷，俎豆既陳，聞天子崩、后之喪，君薨、夫人之喪，則廢。大夫之祭，鼎俎既陳，籩豆既設，天子崩、后之喪、君薨、夫人之喪、君之太廟火、日食、三年之喪、齊縗、大功，皆廢。外喪自齊縗以下，行也。齊縗異門則祭。其齊縗之祭也，尸入，三飯不侑，酳不酢而已矣。大功，酢而已矣。小功、緦，室中之事而已矣。室中之事，謂賓長獻。士之所以異者，〔七一〕緦不祭。然則士不得成禮者十一。所祭，於死者無服，則祭。」謂若舅、舅之子、從母昆弟。

曾子問曰：「將冠子，冠者至，揖讓而入，聞齊縗、大功之喪，如之何？」冠者，賓及贊者。孔子曰：「內喪則廢，外喪則冠而不醴，徹饌而埽，即位而哭；如冠者未至，則廢。內喪，同門也。不醴，不醴子也。其廢者，喪成服，因喪而冠。如將冠子而未及期日，而有齊縗、大功、小功之喪，則因喪服而冠。」廢吉禮而因喪冠。俱成人之服也。及，至也。「除喪不改冠乎」？孔子曰：「天子賜諸侯大夫冕弁，服於太廟，歸設奠，服賜服，於斯乎有冠醮，無冠醴。酒為醮。冠禮，醴重而醮輕。此服賜服，酌用酒，尊賜也。不醴，明不為改冠。改冠當醴之。父歿而冠，則已冠，埽地而祭於禰。已祭而見伯父、叔父，而後饗冠者。」饗謂禮之。

校勘記

〔一〕女子子嫁者　下「子」原訛「之」，據禮記大傳鄭注及北宋本、傅校本、明抄本、明刻本改。

〔二〕公子爲妻之父母　原「公」下衍「之」，據禮記大傳鄭注及北宋本、傅校本、明抄本、明刻本删。

〔三〕吉冠則纓武異材焉　「材」原訛「制」，據禮記雜記上鄭注及北宋本、傅校本、明抄本、明刻本改。

〔四〕有事其布以爲纓　原「以」下有「緦」，據禮記雜記上鄭注删。

〔五〕大功以上縗重　「縗」原訛「衰」，據北宋本、傅校本、明抄本、明刻本、王吴本改。

〔六〕吉笄尊變其尊者婦人之義也折其首者爲其大飾　原「折其首者爲其大飾」八字在前，據儀禮喪服鄭注及北宋本、傅校本、明抄本、明刻本移正。

〔七〕擿音他的反　「他」原訛「地」，據經典釋文卷一〇及北宋本、傅校本、明抄本、明刻本改。

〔八〕自用故事　原脱「自」，據禮記雜記下鄭注補。

〔九〕祭事不言凶　「事」原訛「祀」，據禮記曲禮下及北宋本、傅校本、明刻本改。

〔一〇〕故有疾　「疾」原作「病」，蓋涉上致誤，據禮記雜記下改。

〔一一〕既葬適人　「適」原訛「食」，據諸本改。

〔一二〕無鹽酪不能食食鹽酪可也　原脱一「食」字，據禮記雜記下補。

〔三〕孔子曰 下文從「小功以上」至「既殯而從政」，出自禮記雜記下。然雜記原文並未冠以「孔子曰」。此蓋杜佑臆增。

〔四〕人來求見己 原脱「己」，據北宋本、傅校本、明抄本、明刻本補。

〔五〕譏之也 「譏」原訛「議」，據諸本改。

〔六〕禮嫂叔無服 原脱「叔」，據禮記檀弓上鄭注補。

〔七〕增以香味 「以」原訛「其」，據禮記檀弓上鄭注及北宋本、傅校本、明抄本、明刻本改。

〔八〕而觀之曰 「而」下原有「夫子」，據北宋本、傅校本、明抄本、明刻本删。

〔九〕失節之中 禮記檀弓上鄭注作「失禮中」。

〔一〇〕國昭子自謂齊之大家 原「大」下衍「夫」，據禮記檀弓下鄭注删。

〔一一〕三月而葬凡附於棺者必誠必信勿之有悔焉耳矣 此二十字原涉上而脱，據禮記檀弓上補。

〔一二〕祭謂虞卒哭時 原訛作「謂既虞卒哭時」，據禮記曾子問鄭注及北宋本、傅校本、明抄本、明刻本改。

〔一三〕爲其忘哀疾也 「疾」原訛「故」，據禮記曾子問鄭注及北宋本、傅校本、明抄本、明刻本改。

〔一四〕姑姊妹 「姑」原訛「婦」，據諸本改。

〔一五〕并舊書行者三十七卷 「三」舊唐書吕才傳（二七二〇頁）、新唐書吕才傳（四〇六二頁）、唐會要卷三六並作「四」。按：新唐書云：「掇可用者爲五十三篇，合舊書四十七，凡百篇。」似作「四」是。

〔一六〕易曰 按：舊唐書吕才傳載此文，前標有「其敍宅經曰」一語。通典於此後幾段文字，均各有標題，一如唐書，唯首段無題，顯係脱落。

〔二七〕乃有卜宅之文　「宅」原訛「擇」，據舊唐書呂才傳二七二〇頁、唐會要卷三六、全唐文卷一六〇改。下同。按：下文之「卜宅吉凶」，北宋本、傅校本、明刻本均作「宅」，不誤。

〔二八〕天子萬姓　「姓」兩唐書呂才傳、唐會要卷三六、全唐文卷一六〇並作「物」。

〔二九〕欲似同韻相求　「似」原作「以」，據北宋本改。按：舊唐書呂才傳二七二〇頁、全唐文卷一六〇並作「似」。

〔三〇〕並是姬姓子孫　原脱「孫」，據舊唐書呂才傳二七二一頁、唐會要卷三六、全唐文卷一六〇補。

〔三一〕因邑因官　下「因」原作「授」，據舊唐書呂才傳二七二一頁、新唐書呂才傳四〇六三頁、唐會要卷三六、全唐文卷一六〇改。

〔三二〕以陳衞及秦並同水族　「族」舊唐書呂才傳二七二一頁、新唐書呂才傳四〇六三頁、全唐文卷一六〇並作「姓」。

〔三三〕宋忠賈誼讖司馬季主云　原脱「讖」，據舊唐書呂才傳二七二一頁、新唐書呂才傳四〇六三頁補。

〔三四〕高人禄命　「人」原訛「談」，據史記日者列傳三二一七頁及北宋本、傅校本、明抄本、明刻本改。

〔三五〕覩禄命而知骨體　此七字原脱，據北宋本、傅校本、明抄本、明刻本補。按：舊唐書呂才傳二七二一頁、唐會要卷三六、全唐文卷一六〇均有此句。

〔三六〕此則禄命之書　「禄命」原倒，據北宋本、傅校本、明抄本、明刻本乙。

〔三七〕行之久矣多言或中　「矣多」原倒，據諸本乙。

〔三八〕本非實録　「録」原訛「禄」，據諸本改。

〔三九〕福之所應其猶影響　「福之所應」，舊唐書呂才傳二七二二頁、全唐文卷一六〇作「禍福之應」。

〔四〇〕武王憂勤損壽　「武」舊唐書呂才傳二七二二頁、新唐書呂才傳四〇六三頁、全唐文卷一六〇作「文」。按：史記周本紀於文王武王均有憂勤政事之文。

〔四一〕不關月值空亡　「關」原訛「聞」，據舊唐書呂才傳二七二二頁、唐會要卷三六、全唐文卷一六〇改。

〔四二〕美目揚兮　「揚」原訛「楊」，據傅校本、明刻本、王吴本、殿本改。

〔四三〕歲在壬寅　原脱「在」，據北宋本、傅校本、明抄本、明刻本、王吴本補。

〔四四〕假得禄合　「禄」原訛「六」，據北宋本、傅校本、明刻本改。按：舊唐書呂才傳二七二二頁、新唐書呂才傳四〇六四頁、唐會要卷三六並作「禄」。

〔四五〕老更彌凶　「更」原作「而」，據北宋本、傅校本、明抄本、明刻本改。

〔四六〕武帝　原脱「武」，據北宋本、傅校本、明抄本、明刻本、王吴本補。下同。

〔四七〕嗣主位定在於初喪　「主」原訛「王」，據北宋本、傅校本、明抄本、明刻本改。

〔四八〕不合識父　「識」原作「見」，據北宋本、明抄本改。按：舊唐書呂才傳二七二三頁、唐會要卷三六均作「識」。

〔四九〕又當子墓中生　「子」原訛「於」，據北宋本、傅校本、明抄本、明刻本改。

〔五〇〕今檢宋書　「檢」原作「驗」，據北宋本改。按：舊唐書呂才傳二七二三頁亦作「檢」。

〔五一〕次子義崇享國多年　指宋文帝劉義隆。通典諱「隆」爲「崇」。

〔五二〕高祖又當祖禄下生　原訛作「高祖又當禄命墓下生」，據舊唐書呂才傳二七二三頁、全唐文卷一六〇改。按：北宋本、傅校本、明抄本及唐會要卷三六作「高祖又當禄祖下生」，「禄祖」倒。

〔五三〕其孫劉劭　「劭」原訛「邵」，據諸本改。

〔五四〕厚衣之以薪　句下原有「葬之中野」四字，後人擅增，今據北宋本、傅校本、明抄本、明刻本删。

〔五五〕莫不擅加利害　「莫」原訛「墓」，據諸本改。

〔五六〕或成於晝夜之道　原脱「或」，據北宋本、傅校本、明抄本、明刻本補。

〔五七〕三光運於上　「運」原作「通」，據舊唐書呂才傳二七二四頁、唐會要卷三六、全唐文卷一六〇改。

〔五八〕乃附此爲妖妄　「妄」原訛「忘」，據諸本改。

〔五九〕春秋又云　「又」原訛「有」，據諸本改。

〔六〇〕善選月終之日　「善」原作「蓋」，據北宋本、傅校本、明抄本、明刻本改。

〔六一〕葬逢日蝕舍於路左　舊唐書呂才傳二七二五頁、新唐書呂才傳四〇六五頁、唐會要卷三六、全唐文卷一六〇及諸本並同。按：「左」字可疑。禮記曾子問原文作「止柩就道右」。鄭注云：「就道右者，行相左也。」

〔六二〕此即反與禮違　「反」舊唐書呂才傳二七二五頁、新唐書呂才傳四〇六五頁、唐會要卷三六作「文」。

〔六三〕苟德不逮而人無援　「逮」舊唐書呂才傳二七二五頁、新唐書呂才傳四〇六六頁、唐會要卷三六、全唐文卷一六〇作「建」。「援」舊唐書、全唐文作「後」。

〔六四〕以此則非由安葬吉凶而論福祚延促　「以」原訛「於」，據諸本改。

〔六五〕卜筮一定　「筮」舊唐書呂才傳二七二五頁、唐會要卷三六、全唐文卷一六〇作「葬」。

〔六六〕塚墓既成　「塚墓」原倒，據北宋本、傅校本、明抄本、明刻本乙。

〔六七〕巫者誣其吉凶　「巫」原訛「筮」，據北宋本、傅校本、明抄本、明刻本改。按：舊唐書呂才傳二七二六頁、唐會要卷三六、全唐文卷一六〇均作「巫」。

〔六八〕以窺財禄　「窺」舊唐書呂才傳二七二六頁、新唐書呂才傳四〇六六頁、通鑑卷一九六六一六七頁、全唐文卷一六〇並作「規」。

〔六九〕按斯論甚精當以之爲勸戒故附於斯　王吴本、殿本、局本無此十五字注文，今據北宋本、傅校本、明抄本、明刻本補。

〔七〇〕天子七祀　原脱「祀」，據北宋本、傅校本、明抄本、明刻本補。

〔七一〕士之所以異者　「士」原訛「十」，據諸本改。

王文錦點校

通典卷第一百六

禮六十六　開元禮纂類一　序例上

五禮篇目　卜日禮　筮日禮　神位用樂及籩豆等數附

五禮篇目

謹按斯禮，開元二十年撰畢。自後儀法，續有變改，並具沿革篇。爲是國家修纂，今則悉依舊文，敢輒有删改。〔一〕本百五十卷，類例成三十五卷，冀尋閲易周，覽之者幸察焉。

大唐開元年之制五禮，其儀百五十有二。

一曰吉禮，其儀五十有五。一、冬至祀昊天於圓丘。二、正月上辛祈穀於圓丘。三、孟夏雩祀於圓丘。四、季秋大享於明堂。五、立春祀青帝於東郊。六、立夏祀赤帝於南郊。七、季夏祀黄帝於南郊。八、立秋祀白帝於西郊。九、立冬祀黑帝於北郊。十、臘日禘百神於南郊。〔二〕十一、春分祀朝日於東郊。十二、秋分祀夕月於西郊。十三、祀風師、雨師、靈星、司中、司命、司人、司禄。十四、夏至祭皇地祇於方丘，后土同。十五、孟冬祭神州於北郊。十六、仲春上戊祭太社、太稷。十七、祭五嶽、四鎮。十八、祭四海、四瀆。十九、時享太廟。二十、祫享太廟。二十一、禘享太廟。二十二、拜陵。二十三、太常卿行諸陵。〔三〕二十四、孟春吉亥享先農，耕籍。　二十五、皇后季春吉巳享先蠶，親桑。　二十六、有司享先代帝王。　二十七、薦新於太廟，季夏祭中霤於太廟。　二十八、孟冬祭司寒，納冰。　二十九、興慶宮祭五龍壇。　三十、皇帝視學。〔四〕　三十一、皇帝、太子釋奠於孔宣父。　三十二、國學釋奠於孔宣父。　三十三、仲秋釋奠於齊太公。　三十四、巡狩告圓丘。　三十五、巡狩告社稷。　三十六、巡狩告宗廟，歸格儀附。〔五〕　三十七、皇帝巡狩。　三十八、封祀於太山，禪於社首山。　三十九、時旱祈太廟。　四十、時旱祈太社。　四十一、時旱祈嶽鎮以下於北郊，報儀同。　四十二、就祈嶽鎮海瀆。　四十三、諸州祭社稷。　四十四、諸州釋奠於孔宣父。　四十五、諸州祈社稷，禱諸神，禜城門。　四十六、諸縣諸里祭社稷。　四十七、諸縣釋奠於孔宣父。　四十八、諸縣祈社稷及諸神。　四十九、諸太子廟時享。　五十、三品以上時享其廟。　五十一、三品以上祫享其廟。　五十二、三品以上禘享其廟。　五十三、四品五品時享其廟。　五十四、六品以上春祠。　五十五、王公以下拜掃寒食，拜掃附。

二曰嘉禮，其儀有五十。　一、皇帝加元服。　二、納后。　三、皇帝正至受皇太子朝賀。　四、皇后受太子朝賀。　五、皇帝正至受皇太子妃朝賀。　六、皇后正至受皇太子妃朝賀。　七、皇帝正至受羣臣朝賀。　八、皇帝千秋節受羣臣朝賀。　九、皇后正至受羣臣朝賀。　十、皇后受外命婦朝賀。　十一、皇帝於明堂讀春令。〔六〕　十二、讀夏令。　十三、讀秋令。　十四、讀冬令。　十五、於太極殿讀五時令。　十六、養老於太學。　十七、臨軒册皇后。　十八、臨軒册皇太子。　十九、内册皇太子。　二十、臨軒册立王公。　二十一、朝堂册諸臣。　二十二、册命内婦。　二十三、遣使册授官爵。　二十四、朔日受朝。　二十五、朝集使辭見。　二十六、皇太子加元服。　二十七、皇太子納妃。　二十八、皇太子正至受羣臣賀。　二十九、皇太子受宮臣朝賀。　三十、皇太子與師傅保相見。　三十一、皇太子受朝集使參辭。　三十二、親王冠。　三十三、親王納妃。　三十四、公主降嫁。　三十五、三品已上子冠。三十六、五品已上子冠。〔七〕三十七、六品已下子冠。三十八、三品已上婚。三十九、四品已下婚。四十、朝集使禮見。四十一、任官初上。四十二、鄉飲酒。四十三、正齒位。四十四、宣赦書。四十五、羣臣詣闕上表。四十六、羣臣起居。四十七、遣使慰勞諸番。四十八、遣使宣撫諸州。四十九、遣使諸州宣制。五十、遣使諸州宣赦書。

三曰賓禮，其儀有六。一、番國主來朝。二、戒番國主見。三、番主奉見。四、受番使表及幣。五、宴番國主。六、宴番國使。

四曰軍禮，其儀二十有三。一、親征類於上帝。二、宜於太社。三、告於太廟。四、禡於所征之地。五、軷於國門。六、告所過山川。七、宣露布。八、勞軍將。九、講武。十、田狩。十一、射宮。十二、觀射。十三、遣將出征宜於太社。十四、遣將告太廟。十五、遣將告齊太公廟。十六、祀馬祖。十七、享先牧。十八、祭馬社。十九、祭馬步。二十、合朔伐鼓。〔八〕二十一、合朔諸州伐鼓。二十二、大儺。二十三、諸州縣儺。

五曰凶禮，其儀十有八。一、凶年振撫。二、勞問疾患。三、中宮勞問。四、皇太子勞問。五、五服制度。〔九〕六、皇帝爲小功以上舉哀。七、敕使弔。八、會喪。九、册贈。十、會葬。十一、致奠。十二、皇后舉哀弔祭。十三、皇帝太子舉哀弔祭。十四、皇太子妃舉哀弔祭。十五、三品已上喪。十六、五品已上喪。十七、六品已下喪。十八、王公已下喪。

卜日禮

國有大祀、中祀應卜日者，昊天上帝、五方上帝、皇地祇神州、宗廟皆爲大祀，日月星辰、社稷、先代帝王、嶽鎮海瀆、帝社、先蠶、孔宣父、齊太公、諸太子廟，並爲中祀，〔一〇〕應卜日。及册命大事，加元服、納后、巡狩、親征封禪、太子納妃。出師命將，並卜日於太廟南門之外。若雩祀之典，有殊古法。傳曰「龍見而雩」。自周以來，歲星差度。今之龍見，乃在仲夏之初，以祈甘雨，遂爲晚矣。今用四月上旬卜日。〔一一〕又先蠶之祀，合用季春吉巳。若其年節氣晚，即於節氣後卜日也。將卜前一日，以右校掃除太廟南門之外。守宮設太常卿以下次於門外之東，皆西向。其日平明，太卜令、卜正、占者其占者，以太卜官之明卜者爲之。俱就次，各服公服。謁者、贊引各絳公服。守宮布卜席於闑西閾外，西向。謁者告事具。謁者引太常卿升立於門東，西面；贊引引太卜令、卜正、占者門西，東面。卜正先抱龜奠於席上，西首，灼龜之具奠於龜北。執龜立於席東，北面。太卜令進受龜，詣太常卿前示高。太常卿受視訖，太卜令受龜，少退俟命。〔一二〕太常卿曰：「皇帝來日某，祇祀於某，尚饗。」若將有策命大事及國有冠婚之禮，則曰「來日某有某事，庶乎從之」。太卜令曰「諾」，遂述命。還即席西面坐，命龜曰：「假爾太龜，有常。」興，授卜正龜，負東扉。卜正坐，作龜訖，興。太卜令進受龜，示太常卿。卿受視，反之。太卜令退復位，東面，與衆占之訖，不釋龜，進告於太常卿：「占曰某日從。」〔一三〕授卜正龜。謁者進太常卿之左，白「禮畢」。〔一四〕謁者引太常卿以下還次。卜者徹龜，守宮徹席以退。若卜册命大事，太常卿以兆奏聞也。若上旬不吉即卜中旬，中旬不吉即卜下旬，皆如初禮。若卜吉日及非大事，皆太卜令涖卜，卜正、占者視高，命龜，作龜。

筮日禮

國有小祀應筮日者，司中、司命、風師、雨師、衆星、山林川澤、州縣社稷、釋奠及諸神祀，並爲小祀，應筮日。〔一五〕及諸王冠婚、公主降嫁等並筮日於太廟南門之外。將筮前一日，右校掃除太廟南門之外。守宮設太卜令以下次於門外之東，皆西向。其日平明，太卜令、卜正、占者其占者，以太卜官之明筮者爲之也。俱就次，各服公服。贊引絳公服也。守宮布筮席於闑西閾外，西向。贊引引太卜令升立於門東，西面；卜正、占者立於門西，東面。卜正開櫝出策，兼執之，東面受命於太卜令。太卜令曰：「皇帝來日某，祭某神於某，尚饗。」若將有冠婚等，則曰「來日某有某事從之」。卜正曰「諾」，遂右還西面，〔一六〕以櫝擊策，遂述曰：「假爾太筮有常，皇帝來日某祭某神，尚饗。」乃釋櫝，坐筮訖，興，執卦以示太卜令。太卜令受視，反之。卜正退復位，東面，與衆占之訖，進告於太卜令：「占曰某日從。」贊引進太卜令之左，白「禮畢」。贊引引太卜令以下還次。卜正櫝策，〔一七〕守宮徹席以退。不吉即筮中旬下旬如初。其王公以下筮日，各附於本篇。

神位用樂及籩豆等數附

冬至祀昊天上帝於圓丘，以高祖神堯皇帝配座，在壇上。座每籩豆各十二，簋簠甄俎各一，都六百八十九座。壇之第一等祀，東方青帝靈威仰、南方赤帝赤熛怒、中央黃帝含樞紐、西方白帝白招拒、北方黑帝叶光紀及大明、夜明等七座，籩豆各八，簠簋甄俎各一也。第二等祀，天皇大帝、北辰、北斗、〔一八〕天一、太一、紫微五帝座，並差在行位前。餘內官諸座及五星十二辰、河漢，都四十九座，齊列在十二陛間。每座籩豆各二，餘如上也。第三等祀。中官市垣座、七公、日星、帝座、大角、攝提、太微、太子、明堂、軒轅、三台、五車、諸王、月星、織女、建星、天紀等十七座及二十八宿，〔一九〕並差在前列。餘百四十二座，齊列，皆在十有二陛間。〔二〇〕每座籩豆等如二等也。又祀外官百五座籩豆簠簋俎各一也。於內壝之內，又設衆星三百六十座於內壝之外。籩豆等與外官同。所謂昊天上帝者，蓋元氣廣大則稱昊天，遠視蒼蒼即稱蒼天，人之所尊，莫過於帝，託之於天，故稱上帝。按此星神之位，蓋渾儀制圖，聖人觀象，羲和所職，推步有徵。傳曰：「萬物之精，上爲衆星。故天有萬一千五百二十星，地有萬一千五百二十物。星之與物，各有所主。」今並依郊壇圖爲也。

正月上辛，祈穀祀昊天上帝於圓丘，以高祖神堯皇帝配。都七座也。又祀五帝於壇第一等。籩豆等數如冬至。國家前禮，祀感生帝於南郊。後禮祀昊天上帝於圓丘，以祈穀實。準左傳「郊祀后稷以祈農事，故啓蟄而郊，郊而後耕」，詩曰「噫嘻，春夏祈穀於上帝」，則祈穀之文，傳之歷代。上帝之號，元屬昊天，而鄭康成云：「天之五帝，遞王四時。王者之興，必感其一。因其所感，別祭尊之。故夏正之月，祭其所生帝於南郊，以其祖配之。

故周祭靈威仰，以后稷配之，因以祈穀。」據所說祀感帝之意，本非祈穀。先儒此說，事恐難憑。且感帝之祀，行之自久。記曰「有其舉之，莫可廢也」。祈穀之禮，於祈穀之壇祭五方帝。夫五方帝者，五行之精，九穀之宗。今二禮並行，六神咸祀也。

孟夏雩祀昊天上帝於圓丘，以太宗文武聖皇帝配座。籩豆等如冬至，都十七座。又祀五方帝於壇之第一等。〔二〕又祀五帝太昊、炎帝、軒轅、少昊、顓頊。〔三〕於壇第二等。籩豆各四，簠簋俎各一也。又祀五官句芒、祝融、后土、蓐收、玄冥也。於內壝之外。每座籩豆各二，餘各一。國家前禮，雩祀五方帝、五帝、五官於南郊。後禮，祀昊天上帝於圓丘，且雩祀上帝，蓋爲百穀以祈甘雨。故月令云：「命有司大雩帝，用盛樂以祈穀實。」鄭玄云：「雩於上帝也。」夫上帝者，天之別號，元屬昊天，祀於圓丘，尊天位也。且雩祀五帝，行之自久。記曰「有其舉之，莫可廢也」。今二祀並行，以成大雩帝之義也。

季秋大享明堂，祀昊天上帝，以睿宗大真皇帝配座。又以五方帝、五帝、五官從祀。籩豆等同雩祀，都十七座。國家前禮，祀五方帝、五帝、五官於明堂。後禮，祀昊天上帝於明堂。準孝經「郊祀后稷以配天，宗祀文王於明堂，〔三〕以配上帝」。先儒以爲天是感精之帝，即太微之五帝，此即皆是星辰之例。按上帝之號，皆屬昊天。鄭玄所引，皆云五帝。周禮曰「王將旅上帝，張氈案，設皇邸。祀五帝，張大次小次」。則上帝與五帝，豈可爲一？孝經云上帝即五帝，故云「嚴父莫大於配天」，下云「宗祀文王以配上帝」，明上帝即天矣。且祀五方帝於明堂，行之自久。記曰「有其舉之，莫可廢也」。今二禮並行，以成月令大享帝之義也。

立春日，祀青帝於東郊。以太昊配句芒，歲星三辰七宿從祀。立夏日，祀赤帝於南郊。炎帝配祝融，熒惑三辰七宿從祀。季夏日，祀黃帝於南郊。軒轅配后土，鎮星從祀。立秋日，祀白帝於西郊。少昊配蓐收，太白三辰七宿從祀。立冬日，祀黑帝於北郊。顓頊配玄冥，辰星三辰七宿從祀。正座配座籩豆各十二，五辰五官三辰七宿籩豆各二，餘各一也。

以上舊樂用本音，〔二四〕皆以黃鍾爲均三成。準周禮云：「圜鍾之均六變，天神皆降，可得而禮。」既云「天神皆降」，明五帝日月星辰皆天神也。〔二五〕又準周禮樂三變唯致丘陵之祇，今改用六變。

臘日祫百神於南郊。都百九十二座。大明、夜明在壇上，每座籩豆各十，簠簋甑俎各一。神農、伊祁、〔二六〕五官每座籩豆各四，簠簋甑俎各一。五星、十二辰、后稷、〔二七〕五方田畯、嶽鎮海瀆、二十八宿、五方山林川澤，每座籩豆各二，簠簋俎各一。丘陵、墳衍、原隰、青龍、朱鳥、白獸、玄武、〔二八〕鱗羽毛介、於菟、井泉等八十五座，籩豆各二，簠簋俎各一。皆準舊禮定也。〔二九〕

春分朝日於東郊。秋分夕月於西郊。以上籩豆各十，簠簋甑俎各一也。舊用黃鍾之均，三成，新改用天神之樂，圜鍾之均，六成。

立春後丑日，祀風師於國城東北。立夏後申日，祀雨師於國城南。立秋後辰日，祀靈星於國城東南。立冬後亥日，祀司中、司命、〔三〇〕司人、司禄於國城西北。已上四祀，舊不用樂，籩豆各八，簋俎等各一也。

夏至日祭皇地祇於方丘壇上，以高祖神堯皇帝配座。每座籩豆各十二，〔三一〕簠簋甑俎各一，都七十二座。祭神州地祇於壇第一等。籩豆各四，餘如上也。祭五嶽、四鎮、四海、四瀆、五山、五川、五林、五澤、五丘、五陵、五墳、五衍、五原、五隰於内壝之外，各依方面。每座籩豆各二，簠簋俎各一，皆準舊禮爲定。立冬後，祭神州地祇於北郊，以太宗文武聖皇帝配座。每座籩豆各十二，簠簋甄俎各一也。舊樂用姑洗三成。準周禮云：「函鍾之均八變，則地祇皆降，可得而禮。」鄭玄云：「祭地有二。一是大地崑崙爲皇地祇，則宗伯黄琮所祭者。二是帝王封域内之神州，〔三二〕則兩圭有邸所祭者。」國家後禮則不立神州之祀，今依前禮爲定。既曰地祇，其樂合用函鍾之均八變。

仲春仲秋上戊，祭太社，后土配。太稷。后土配。每座籩豆各十，簠簋各二，鉶俎各三。舊樂用姑洗之均，三變。社稷之祀，於禮爲尊，豈同丘陵只用三變？合依地祇，用函鍾之均，八變之樂。

五嶽、四鎮、四海、四瀆每年五郊迎氣日，各一祭。東嶽岱山，祭於兖州界。東鎮沂山，祭於沂州界。南嶽衡山，祭於衡州界。南鎮會稽山，祭於越州界。中嶽嵩高山，祭於河南府界。西嶽華山，祭於華州界。西鎮吴山，祭於隴州界。北嶽恒山，祭於定州界。北鎮醫無閭山，祭於營州界。祭東海於萊州界，祭東瀆大淮於唐州界，祭南海於廣州界，祭南瀆大江於益州界，祭西海及西瀆大河於同州界，祭北海北瀆大濟於河南府界。〔三三〕皆本州縣官祭之。以上四祭，每座籩豆各十，簠簋各二，俎各二。

太廟九室，每歲五享。謂四時孟月及臘也。每室籩豆各十二，簠簋各二，甄鉶俎各三。又三年一祫以孟冬，五年一禘以孟夏。祫禘之月，則不時享。祫禘之時，功臣配享於庭。高祖室：殷開山、劉政會、淮安王神通、河間王孝恭。太宗室：房玄齡、魏徵、屈突通、高士廉。高宗室：馬周、李勣、張行成。中宗室：桓彥範、敬暉、張柬之、崔玄暐、袁恕己。睿宗室：蘇瓌、劉幽求也。每時享，因祭七祀。春祀司命及户，夏祀竈，季夏別祀中霤，秋祀門及厲，冬祀行。若臘及禘祫，則徧祀之。肅明皇后廟，孝敬皇帝廟。二廟新修，享儀準大廟例。

孟春吉亥享先農，后稷配。季春吉巳享先蠶。二享準舊禮，定每座籩豆各十，簠簋各二，甑鉶俎各三。

仲春之月，享先代帝王。帝嚳享於頓丘，帝堯享於平陽，稷、禼配。帝舜享於河東，皋繇配。夏禹享於安邑，伯益配。殷湯享於偃師，伊尹配。周文王享於酆，太公配。武王享於鎬，周公、召公配。漢高祖享於長陵。蕭何配。〔三四〕每座籩豆各十，簠簋各二，〔三五〕俎各三。新加帝嚳，餘準舊禮爲定。

仲春仲秋上丁，釋奠於太學。孔宣父爲先聖，顏子爲先師。凡九十五座。先聖先師籩豆各十，簠簋各二，甑鉶俎各三。其七十二弟子及左丘明、公羊高、穀梁赤、伏勝、高堂生、戴聖、毛萇、孔安國、劉向、鄭衆、杜子春、馬融、盧植、鄭玄、服虔、賈逵、何休、王肅、王弼、杜元凱、范甯等從祀。諸座籩豆各二，〔三六〕簠簋俎各一。其七十二弟子新加，餘依舊定。其名具太學篇中。

州縣祭社稷。每座籩豆各八，簠簋各二，俎各三。

仲春、仲秋釋奠於齊太公，以留侯張良配。每座籩豆各十，簠簋各二，甑鉶俎各三。新加享禮。

孟冬祭司寒。籩豆各八，簠簋俎各一，準舊禮爲定。〔三七〕

仲春興慶宮祭五龍壇。五座，每座籩豆各八，簠簋俎各一也。〔三八〕新撰享樂用姑洗之均三成。〔三九〕

隱太子廟、章懷太子廟、懿德太子廟、節愍太子廟、惠莊太子廟、惠文太子廟。以上六廟，每年四享。籩豆各十，簠簋各二，俎三，並新加此禮。

仲春祀馬祖，仲夏祀先牧，仲秋祭馬社，仲冬祭馬步。以上四祭，皆於大澤，用剛日也。

凡有祭祀，皆準前例。若封禪之禮，則依圓丘方澤神位爲定。若巡狩望祭，親征禡類，祈禱昭告，並各依本位爲定。

凡祀昊天上帝及配座，用蒼犢各一，五方上帝、五人帝各用方色犢一，大明青犢一，夜明白犢一，皇地祇及配座用黄犢各一，神州及配座用黝犢各一。凡祀之牲，皆養在滌。大祀九旬，中祀三旬，〔四〇〕小祀一旬。其牲方色難備者，聽以純色代之。大小依禮。告祈之牲不養。凡祭祀牲，不得捶扑損傷，死即埋之，有瘠疾者與替也。宗廟、社稷、帝社、先蠶、先代帝王、五嶽、四鎮、四海、四瀆、孔宣父、齊太公、諸太子廟並用太牢。若冬至祀圓丘，加羊九豕九。祭方丘加羊五豕五。蜡祭神農、伊祁、星辰以下，每方各用少牢，其方不熟則闕之。若行幸，祭大山川用太牢，中山川及州縣社稷、釋奠用少牢，其風師、雨師、靈星、司中、司命、司人、司禄及行幸祭小山川及馬祖、馬社、先牧、馬步各用羊一。軷祭用羝羊一。

凡肉皆實俎，其牲皆升右胖，體十一。前節三：肩、臂、臑。後節二：肫、胳。正脊一，脡脊一，横脊一，長脇一，短脇一，代脇一，皆二骨以並。脊從前爲正，〔四一〕脅旁中爲正。凡供別祭用太牢者，犢一，羊一，豬一，酒二斗，脯一段，醢四合。若供少牢者，去犢，減酒一斗。郊廟罇罍，五齊三酒，並見本儀中也。

凡用籩豆各十二。籩實以石鹽、乾魚、乾棗、栗黄、榛子人、菱人、芡人、〔四二〕鹿脯、白餅、黑餅、糗餌、粉餈。豆實韭葅、醓醢、菁葅、鹿醢、芹葅、兔醢、笋葅、魚醢、脾析葅、豚胉、〔四三〕酏食、糝食。用籩豆各十。籩減糗食、粉食，豆減酏食、糝食。用籩豆各八，籩又減白餅、黑餅，豆減脾析葅、豚胉。用籩豆各四，籩實石鹽、乾棗、栗黄、鹿脯，〔四四〕豆實芹葅、兔醢、菁葅、魚醢也。用籩豆各二，籩實栗黄、牛脯，豆實葵葅、鹿醢。用籩豆各一。籩實牛脯，豆實鹿醢。其應用牛脯者，亦通用羊脯。用簠簋各二，簠實稻粱飯，簋實黍稷飯。〔四五〕用簠簋各一。簠實粱飯，簋實稷飯。〔四六〕㽅。實大羹。鉶。實肉羹。凡神祀之物當時所無者，則以時物代之。

校勘記

〔一〕敢輒有刪改　「敢」原訛「不」，據北宋本改。

〔二〕臘日䄍百神於南郊　「䄍」原作「祀」，據北宋本、傅校本、遞修本、明抄本、明刻本改。

〔三〕太常卿行諸陵　「卿」原訛「節」，據開元禮總目及北宋本、傅校本、遞修本、明抄本、明刻本改。

〔四〕皇帝視學　「視」原訛「祀」，據諸本改。

〔五〕歸格儀附 「儀附」原作「於祖」，據北宋本、遞修本改。按：傅校本、明抄本、明刻本無「附」字。

〔六〕皇帝於明堂讀春令 原脱「於」，據北宋本、傅校本、遞修本、明抄本、明刻本、王吴本補。

〔七〕五品已上子冠 「五」，北宋本、傅校本、遞修本、明抄本、明刻本、王吴本作「四」，非。

〔八〕合朔伐鼓 「朔」原訛「州」，據諸本改。

〔九〕五服制度 「五」字原涉上而脱，據開元禮總目補。

〔一〇〕齊太公諸太子廟 原「廟」誤在「公」下，據開元禮卷一及北宋本、傅校本、明刻本乙正。

〔一一〕今用四月上旬卜日 「卜」原訛「十」，據開元禮卷一及北宋本改。下「於節氣後卜日」同。

〔一二〕少退俟命 「命」原脱，據開元禮卷一、新唐書禮樂志一三一一頁補。

〔一三〕占曰某日從 「占」下原衍「者」，據開元禮卷一及北宋本、傅校本、遞修本、明抄本、明刻本删。下同。

〔一四〕白禮畢 「白」原訛「曰」，據開元禮卷一及北宋本、傅校本、遞修本、明抄本、明刻本改。下同。

〔一五〕應筮日 自「司中司命」至此，北宋本、傅校本、遞修本、明抄本、明刻本、王吴本均作正文大字。

〔一六〕遂右還西面 「面」原作「向」，據北宋本、傅校本、遞修本、明抄本、明刻本改。

〔一七〕卜正櫝策 原「正」下有「徹」，清人妄增。據北宋本、傅校本、遞修本、明抄本、明刻本、王吴本删。

〔一八〕北辰北斗 原「北斗」在前，據開元禮卷一、新唐書禮樂志一三一六頁及傅校本、遞修本、明抄本、明刻本乙。

〔一九〕天紀等十七座　「七」原訛「二」，據諸本改。

〔二〇〕皆在十有二陛閒　原無「皆」，據開元禮卷一補。按：北宋本、傅校本、遞修本、明抄本、明刻本、王吴本有「皆」無「在」。

〔二一〕又祀五方帝於壇之第一等　此句原脱，據開元禮卷一補。

〔二二〕太昊炎帝軒轅少昊顓頊　此十字注文原無，據開元禮卷一增補。按：北宋本、傅校本、遞修本、明抄本有「太昊炎帝軒轅」，脱「少昊顓頊」。

〔二三〕郊祀后稷以配天宗祀文王於明堂　「以」原訛「於」，「王」原訛「武」，據諸本改。按：孝經、開元禮卷一並作「以」作「王」。

〔二四〕以上舊樂用本音　「舊樂」原倒，據開元禮卷一及本卷文例乙。

〔二五〕明五帝日月星辰皆天神也　原脱「明」，據北宋本、傅校本、遞修本、明抄本、明刻本補。

〔二六〕伊祁　「祁」原作「耆」，據北宋本、傅校本、遞修本、明刻本、王吴本改。按：開元禮卷一亦作「祁」。

〔二七〕后稷　開元禮卷一后稷名次在「伊祁」「五官」間。

〔二八〕青龍朱鳥白獸玄武　北宋本、傅校本、遞修本、明抄本、明刻本、王吴本作「龍鱗朱鳥百獸玄武」。開元禮卷一作「青龍朱雀麒麟騶虞玄武」。

〔二九〕皆準舊禮定也　原脱「舊」，據開元禮卷一補。

〔三〇〕司命　原爲空白，據開元禮卷一及諸本補字。

〔三二〕每座籩豆各十二　「二」原訛「一」，據北宋本、傳校本、遞修本、明抄本、明刻本改。按：開元禮卷一、新唐書禮樂志二三三〇頁並作「二」。

〔三三〕二是帝王封域內之神州　「帝」原訛「皇」，據北宋本、傳校本、遞修本、明抄本、明刻本改。「域」原訛「城」，據諸本改。按：開元禮卷一作「帝」，作「域」。

〔三四〕祭北海北瀆大濟於河南府界　原脱「界」，據開元禮卷三六及北宋本、傳校本、遞修本、明抄本、明刻本補。

〔三五〕蕭何　「何」原訛「河」，據傳校本、遞修本、明刻本、王吴本、殿本改。

〔三六〕籩豆各十簠簋各二　原「簠簋各二」在上，據開元禮卷一及北宋本、傳校本、遞修本、明抄本、明刻本移正。

〔三七〕諸座籩豆各二　「二」原訛「三」，據北宋本、傳校本、遞修本、明抄本、明刻本、王吴本改。按：開元禮卷一、新唐書禮樂志二三三〇頁也作「二」。

〔三八〕準舊禮爲定　句上原有「餘」，據開元禮卷一及北宋本、傳校本、遞修本、明刻本删。

〔三九〕簠簋俎各一也　「一」原訛「二」，據北宋本、傳校本、遞修本、明抄本、明刻本、王吴本改。按：開元禮卷一、新唐書禮樂志二三三一頁亦作「一」。

〔四〇〕用姑洗之均三成　「成」原訛「變」，據開元禮卷一及北宋本、遞修本、明抄本改。

〔四〇〕中祀三旬　「三」原訛「五」，據開元禮卷三及北宋本、傳校本、遞修本、明刻本改。

〔四一〕脊從前爲正　「前」原訛「首」，據北宋本、傅校本、遞修本、明抄本、明刻本改。

〔四二〕榛子人菱人芡人　原訛作「牛脯菱芡」，據開元禮卷一及北宋本、傅校本、遞修本、明抄本、明刻本、王吳本改補。

〔四三〕豚拍　「拍」原作「柏」，據北宋本、傅校本、遞修本、明抄本、明刻本、王吳本改。下同。

〔四四〕栗黄鹿脯　「栗」原訛「粟」，據諸本改。「鹿」原訛「牛」，據開元禮卷一、新唐書禮樂志二三三一頁改。按：北宋本、傅校本、遞修本、明刻本脱「鹿」，王吳本、殿本、局本誤補「牛」字。

〔四五〕簠實稻粱飯簋實黍稷飯　原「簠」「簋」訛互，據開元禮卷一、新唐書禮樂志二三三一頁及北宋本、傅校本、明刻本移正。按：凌廷堪禮經釋例云：「凡盛黍稷之器曰簋，盛稻粱之器曰簠。」

〔四六〕簠實粱飯簋實稷飯　原訛作「簠實稻粱簋實黍稷」，今據開元禮卷一、新唐書禮樂志二三三一頁改訂。按：北宋本作「簠實稻粱簋實黍飯」，亦有誤字。

王文錦點校

通典卷第一百七

禮六十七　開元禮纂類二　序例中

大駕鹵簿　皇太后皇后鹵簿　皇太子鹵簿　皇太子妃鹵簿

親王鹵簿　羣官鹵簿　內命婦四妃九嬪婕妤美人才人鹵簿太子良娣以下同　外命婦鹵簿

大駕鹵簿

導駕，先萬年縣令，次京兆牧，次太常卿，次司徒，次御史大夫，次兵部尚書。自縣令以下，並正道威儀，各乘輅。其鹵簿，各依本品給之。次清遊隊，白澤旗二，分左右，各一人執，〔一〕二人引，二人夾也。金吾折衝二人。各領四十騎，戎服，分左右。次金吾大將軍二人，分左右。各二人執⿰禾暴矟，騎從，自龍旗以前檢校。次金吾果毅二人。領虞候佽飛四十八騎，〔二〕夾道單行，分左右，引到黃麾仗也。次外鐵甲佽飛二十四騎。並行，分左右廂，各六重，引到步甲隊。次朱雀旗，一騎執，二騎引，二騎夾。金吾折衝都尉一人。領四十人，執橫刀稍弩弓箭騎從也。次龍旗十二。各一騎執。並戎服，被大袍，橫行正道。每一旗前，二人，騎，爲二重，引前；每旗後，亦二人，護後。副竿二，分左右，又金吾果毅二人騎領也。次指南車，次記里鼓車，次白鷺車，次鸞旗車，十二旗，〔三〕次辟惡車，次皮軒車。並駕四馬，駕士各十四人，匠一人。次引駕十二重。重二人，並行正道，騎，帶橫刀。自皮軒車後，〔四〕均布至細杖前，一重稍弩，〔五〕一重弓箭，相間。金吾果毅一人檢校。次鼓吹令二人，次掆鼓十二面，金鉦十二面，次大鼓百二十面，次長鳴百二十具，次鐃鼓十二面，歌簫笳各二十四；次大橫吹百二十具，節鼓二面，笛、簫、篳篥、笳、桃皮篳篥各二十四；次掆鼓十二面，金鉦十二面，次小鼓百二十面，次中鳴百二十具，次羽葆鼓十二面，歌簫笳各二十四。自前掆鼓以下，工人皆自副並騎，分左右，橫行。每鼓皆二人夾。每隊皆有主帥五人以上統領。〔六〕次殿中侍御史二人。次黃麾，一人執。二人騎夾。次太史令一人。〔七〕次相風轝。轝士八人。次掆鼓金鉦各一，司辰一人，典事一人，刻漏生四人，分左右。次行漏輿正道。匠一人，轝士四十人。次鈒戟前隊，左右武衛果毅各一人，騎。騎分左右。次五色繡幡一。次金節十二。次罕畢各一。左罕右畢。次朱雀幡一。次左青龍幢，右白武幢，各一。次導蓋一，義一。〔八〕次稱長一。次鈒戟。各百四十四人，分左右也。次左右衞將軍各一。次御馬二十四疋。分左右也。次尚乘奉御二人。分左右也。次左青龍旗，右白武旗，各一。次左右衞果毅各一人。〔九〕各領三十五人，〔一〇〕騎分左右。次通事舍人八人，騎分左右。次侍御史二人，次御史中丞二人，次御史二人，次拾遺二人，次補闕二人。並騎分左右。次起居郎一人，在左。次起居舍人一人。在右。次諫議大夫二人。分左右。〔一一〕次給事中二人，在左。〔一二〕次中書舍人二人。在右。〔一三〕次黄門侍郎二人，在左。次中書侍郎二人。在右。次左散騎常侍二人，〔一四〕在左。次右散騎常侍二人。在右。次侍中二人，在左。次中書令二人。在右。自通事舍人以下，皆一人步從。〔一五〕次香蹬一。次左右衛將軍各一人，分左右。次班劍儀刀，左右廂各十二行也。次左右衛郎將各一人，〔一六〕領散手翊衛三十人，帶横刀，〔一七〕騎，在副杖矟翊衛内也。次左右驍衛郎將各一人，各領翊衛二十八人，甲騎具裝，執副仗矟，在散手外，均布曲折至後門。次左右衛供奉中郎將四人。〔一八〕領親勳翊衛四十八人，〔一九〕帶横刀，騎分左右，在三衛仗内也。次玉輅。青質玉飾，駕青騮六，〔二〇〕祭祀、納后則乘之。太僕卿御，駕士四十一人，〔二一〕千牛將軍一人陪乘。次左右衛大將軍各一人，夾玉輅。次千牛將軍一人，次中郎將二人，分左右。次千牛備身，分左右，騎在玉輅後。次御馬二疋，次左右監門校尉各一人。在後門内檢校。次牙門。二人執，四人夾。次左右監門校尉各十二人，騎。監當後門，十二行仗頭各一人。次左右驍衛翊衛各三隊。每隊三十五人，并帶矟、弩箭、横刀，相閒。前第一隊，各大將軍領，執鳳旗。〔二二〕第二隊，各將軍一人領，執飛黄旗。第三隊，各郎將一人領，執吉利旗也。次左右衛夾轂廂，各六隊。隊三十人。每隊各折衝一人果毅一人檢校也。次大繖二，在牙門後。次孔雀扇各四，分左右也。次腰轝一，次小團扇四，次方扇十二，花蓋二。次大輦一，尚輦奉御二人。殿中少監一人。騎從。

次諸司供奉官二人。〔二三〕分左右。次御馬二十四疋，分左右。次尚乘直長二人。分左右。次大繖二，孔雀扇八，夾繖。次小扇十二，次朱畫團扇十二。次花蓋二，〔二四〕次俾倪十二。次玄武幢一，次絳麾二，次細矟十二。次後黄麾一，次殿中侍御史二人。騎分左右。次大角百二十具，金吾果毅一人。領横行十重也。次後部鼓吹：羽葆鼓十二面，工人十二；歌簫笳各工人二十四。次鐃鼓十二面，工人各十二；歌簫笳各工人二十四。次小横吹百二十具，工人百二十；節鼓二面，工人各二；〔二五〕笛、簫、篳篥、笳、桃皮篳篥各工人二十四。次芳輦一，〔二六〕主輦二百人也。次小輦一，主輦六十人也。次小轝一，奉轝十二人。次尚輦直長二人，分左右。次左右武衛五牛旗轝五。黄牛旗處内，赤青在左，白黑在右，〔二七〕各八人執。左右威衛隊正各一人檢校。次乘黄令一人，丞一人。〔二八〕騎分左右，檢校玉輅等。次金輅，赤質以金飾，駕赤騮六，鄉射、還飲至則乘之。次象輅，黄質以象飾，駕黄騮六，行道則乘之。〔二九〕次革輅。白質，鞔之以革，〔三〇〕駕白駱六，〔三一〕巡狩、臨兵事則乘之。各駕士三十二人。次五副輅，各駕四馬，駕士各二十八人。次耕根車，青質，蓋三重，駕六馬，耕籍則乘之，駕士三十二人。次安車，金飾，駕四馬，臨幸則乘之。次四望車，金飾，駕四馬，拜陵、臨弔則乘之。駕士各二十四人。次羊車。駕果下馬一，〔三二〕小吏十四人。次屬車十二，駕牛。駕士各八人。次門下省、〔三三〕中書省、祕書省、殿中監等局官各一人。並騎分左右。次黄鉞車，駕二馬，駕士十二人。次豹尾車。駕二馬，駕士十二人。次左右威衛折衝都尉各一人，領掩後二百人，各執大戟、刀楯、弓箭及弩。各五十人爲一行，並橫行。次前後左右廂步甲隊四十八隊。前後各二十四隊，鍪並鎧弓刀楯，五色相間。隊引各三十人。次左右廂黃麾仗，廂各十二部，部各十二行，並執弓刀戟楯及孔雀氅、鵝毛氅、鷄毛氅等，行引十人。左右領軍黃麾仗，首尾廂各五色繡幡二十口，十口引前，十口掩後。廂各獨揭鼓十二重，重二人，在黃麾仗外。次左右衛將軍各一人，驍衛、武衛、威衛、領軍衛各大將軍一人。檢校黃麾仗。次殳仗，左右廂各十八人。廂別二百十五人執殳，二百十五人執義，每殳一義一相間。次諸衛馬隊。左右廂各二十四隊。從十二旗，隊別主帥以下四十人，每隊皆折衝果毅一人檢校。前第一隊辟邪旗，第二隊應龍旗，第三隊玉馬旗，第四隊三角獸旗，第五隊黃龍負圖旗，第六隊黃鹿旗，第七隊飛麟旗，第八隊駃騠旗，第九隊鸞旗，第十隊鳳旗，第十一隊飛黃旗，第十二隊麟旗，〔三四〕第十三隊角端旗，第十四隊赤熊旗，次後第十五隊兕旗，第十六隊太平旗，第十七隊犀牛旗，第十八隊鵕鸃旗，第十九隊騼䮫旗，第二十隊騶牙旗，第二十一隊蒼烏旗，〔三五〕第二十二隊白狼旗，第二十三隊龍馬旗，第二十四隊金牛旗。次玄武隊，玄武旗一人執，二人引，二人夾。金吾折衝一人，領五十騎，分執矟弩。次玄武隊前，大戟隊後，當正道執殳仗行內置牙門一，二人執，四人夾，騎分左右。次牙門左右廂各開五門。門二人執，四人夾，並騎分左右。第一門在左右威衛黑質步甲隊後，白質步甲隊前。第二門在左右衛步甲隊後，左右領軍黃麾仗前。第三門在左右武衛黃麾仗後，〔三六〕左右驍衛黃麾仗前。第四門在左右領軍衛黃麾仗後，左右衛步甲隊前。〔三七〕第五門在左右武衛白質步甲隊後，黑質步甲隊前。

右自清遊以下諸衛將軍，並平巾幘，紫裲襠，大口袴，錦螣蛇金隱起，帶弓箭橫刀。中郎將、折衝果毅皆平巾幘，緋裲襠，大口袴，錦螣蛇銀梁金隱起，橫刀弓箭。佽飛、執旗人、引駕三衛，〔三八〕並武弁，緋裲襠，大口袴。供奉並武弁朱衣，各一人步從。餘文武官及導駕官，並朱衣冠履，依本品服。其工人駕官，並絳衣平巾幘。餘並戎服準式。

若法駕，減大駕太常卿、司徒、兵部尚書、白鷺車、辟惡車、大輦、五副輅、安車、四望車，屬車減四，其清遊隊、持鈒隊、玄武隊皆四分減一，諸隊、鼓吹三分減一，餘同大駕。縣令以後御史大夫以前威儀，亦三分減一。

小駕又減法駕御史大夫、指南車、記里鼓車、鸞旗車、皮軒車、象輅、革輅、木輅、耕根車、羊車、黃鉞車、豹尾車、屬車、小輦、小轝，諸隊仗及鼓吹各減大駕半，餘同法駕。縣令州牧威儀減半。其新製苣文旗、雲旗、刀旗、〔三九〕肆神幢、長壽幢，及左右千牛將軍衣瑞牛文、左右衞瑞馬文、左右驍衞大蟲文、左右武衞瑞鷹文、左右威衞豹文、左右領軍白澤文、左右金吾辟邪文、左右監門獅子文，並繡爲袍文，將軍中郎將皆同。並冬正大會通服之。

皇太后皇后鹵簿

清遊隊旗，一人執，二人引，二人夾。領三十人，並帶橫刀，執矟弩弓箭而行。〔四〇〕次虞候佽飛二十八人。夾道單行。次內僕令、一人在左。內僕丞。一人在右。次黃麾，一人執。次左右廂黃麾仗，廂各三行，行列百人。左右領軍衞。各領五色繡幡六口。次內謁者監四人，給事二人，內常侍二人，內侍二人。〔四一〕並騎分左右。次內給使百二十人，分左右。單行，後盡宮人車。〔四二〕次偏扇、團扇、方扇，各二十四，分左右，宮人執。次香蹬一，內給使四人舁。次重翟車，青質金飾，駕四馬，受册、從祀、享廟則乘之。駕士二十四人。次行障六具，分左右，宮人執。次坐障三具。分左右，宮人執。次內寺伯二人。領寺人六人，騎分左右，夾重翟車。次腰轝一，執者八人。次團扇二，次大繖四，次孔雀扇八，分左右。次花錦蓋二，次小扇、朱畫團扇，各十二，並横行。次錦曲蓋二十，次錦六柱扇八。〔四三〕分左右。自腰轝以下，並內給使執。次宮人車。次後黃麾一，次供奉宮人在黃麾後。次厭翟車，朱質金飾，駕赤騮四，親蠶採桑則乘之。次翟車，黃質金飾，駕赤騮四，寧於家則乘之。次安車，赤質金飾，駕赤騮四，臨幸及弔則乘之。駕士各二十四人。次四望車，朱質，駕牛，拜陵、臨弔則乘之。次金根車。朱質，駕牛，常行則乘之。駕士各十二人。次左右廂各牙門二，門二人執，四人夾。次左右領軍衛。廂各百五十人，執殳，盡鹵簿曲折陪後門。左右各折衝一人，〔四四〕以領鹵簿後所開牙門，並在殳仗行內。前後部鼓吹：金鉦、㧜鼓、大鼓、小鼓、長鳴、中鳴、鐃吹、羽葆鼓吹、〔四五〕横吹、節鼓、御馬，並減大駕之半。

皇太子鹵簿

家令，次率更令，次詹事，〔四六〕並乘軺車。次太保，次太傅，次太師。自家令以下，並正道威儀，鹵簿各依本品。三師各乘輅。〔四七〕次清遊隊旗，一人執，二人引，〔四八〕二人夾，領三十騎。次左右清道率府率各一人，次外清道直簿二十四人。騎分左右，夾道單行。次龍旗六，各一人騎執，每一旗前，二人騎爲二重，引前；每旗後，亦二人重騎，護後。次細引六重。重二人，並行正道。次率更丞一人，掆鼓金鉦各二面，左鼓，右鉦。次大鼓三十六面，騎，橫行正道。次長鳴三十六具。騎，橫行正道。次鐃吹一部，鐃鼓二面，各一騎執，二人騎夾。簫笳各六。騎，並橫行。次橫吹一部，橫吹十具，節鼓二面，各一騎執，二人騎夾。笛簫篳篥笳各六。騎並橫行。〔四九〕次掆鼓金鉦各二面，一騎執，左鼓，右鉦。次小鼓三十六面，次中鳴三十六具。並騎，橫行正道。次誕馬十疋，分左右，二人執。次廄牧令一人，在左。丞一人。〔五〇〕在右。次左右翊府郎將各一人，騎領班劍。次左右衞翊衞二十四人。騎執班劍。次通事舍人四人，騎分左右。次司直二人，騎分左右。次文學四人，騎分左右。次洗馬二人，騎分左右。次司議郎二人，騎分左右。次太子舍人二人，騎分左右。次中允二人，騎分左右。次中舍人二人，〔五一〕騎分左右。次左右諭德二人，騎分左右。次左右庶子四人，騎分左右。次左右副率各一人。次親勳翊衞廂各中郎將一人，〔五二〕並領儀刀六行。第一行親衞二十三人，第二行親衞二十五人，第三行勳衞二十七人，第四行勳衞二十九人，第五行翊衞三十一人，第六行翊衞三十三人，〔五三〕皆曲折騎陪後行。〔五四〕次三衞十八人，騎分左右。郎將二人。騎分左右，在六行儀刀仗內，〔五五〕夾輅。次金輅，赤質金飾，駕四馬，從祀享廟、正冬大朝、納妃則乘之。〔五六〕僕一人馭，左右率一人執儀刀陪乘，駕士二十二人。次左右衞率各一人，夾輅。次左右率各一人，副率各一人騎。領細刀弓箭。次千牛，騎執細刀、弓箭。次左右監門府直長各六人，監後門。次左右衞率府。廂各翊衞二隊，並騎，在執儀刀行外，前後過三衞仗。次厭角隊各三十六騎。〔五七〕分執旗弓箭矟弩，〔五八〕各郎將一人領。次繖二、扇四，次腰輦一、團扇二、小方扇八，次内直郎二人。檢校腰輦。次⿰革延馬十疋，分左右，次典乘二人，分左右。次朱漆團扇六，紫曲蓋六。次諸司供奉官二人。〔五九〕次大角三十六具，横行，六重。次鐃吹一部，鼓二面，簫笳各六，並騎横行。次横吹一部，横吹十具，節鼓二面，笛簫篳篥笳各六，〔六〇〕並騎横行。次令官師二人。〔六一〕次副輅，駕四馬，駕士二十二人。次軺車，金飾，駕一馬，五日常朝及朝饗宫臣、出入行道則乘之。駕士十四人。次四望車。金飾，駕一馬，臨弔則乘之。駕士十人。次左右廂步隊十六隊，隊别三十人，果毅一人，皆執弓箭刀矟弩，相間。次左右司禦率各一人。檢校步隊。次儀仗，左右廂各六色，色九行，行六人，皆執戟、弓箭、鋋、刀楯、儀鍠五色幡、油戟，相間。廂各獨揭鼓六重。重二人，皆儀仗外。次左右廂，各百五十人，執殳。並分前後，在步隊儀仗外，馬隊内，前接六旗，後盡鹵簿，廂各果毅一人，主帥七人騎領，分前後。次左右廂馬隊，廂各十隊。隊引主帥以下三十一人，並戎服，帶横刀、弓箭、弩矟，隊引旗一，果毅一人領之。次後拒隊，旗一，領三十騎，果毅一人領。前當正道殳仗内，開牙門。次左右廂各開牙門三。前第一門，左右司禦率府步隊後，左右衞率府步隊前。〔六二〕開第二門，左右衞率府步隊後，左右司禦率府儀仗前。開第三門，左右司禦率府儀仗後，左右衞率府儀仗前。〔六三〕每門皆二人執，四人夾。左右監門副率各二人，〔六四〕直長二人，騎，來去檢校也。次左右清道率府副率各二人。〔六五〕杖内檢校，并糾察非違。率應得襮矟從者，並不得將入儀仗内。次少師，次少傅，次少保。隊仗引盡則次三少，正道乘輅，威儀各依本品。文武官以次陪從。若常行及常朝，去諸馬隊、鼓吹、金輅、四望車、家令、率更、詹事、太保、太師、少保、少師。其隊仗三分減一，清道、儀刀、誕馬各減半，乘輅車。餘同大仗。其二傅皆乘犢車，依式導從，所將從不得過十人，〔六六〕太傅加清道二人，導引其鹵簿。內導從官、三師、三少若有事故及無其人，則闕之，總不須攝。餘若有事故及無其人，即別遣人攝行。若皇太子在學，太傅、少傅導從如式。

皇太子妃鹵簿

清道率府校尉六人。騎分左右，爲三重，引帶弓箭橫刀。次青衣十二人，車輻十人，〔六七〕分左右。次導客舍人四人。分左右，引道。次內給使六十人。〔六八〕朱衣，分左右，後盡內人車。次偏扇、團扇、方扇各十八。各分左右，宮人執，並閒，采衣。次行障四具，分左右，夾車，宮人執。次坐障二具。夾車，宮人執。次典內二人。騎分左右。次厭翟車。駕三馬，駕士十四人。次閤師二人。領內給使十八人，分左右。次六柱扇二。〔六九〕內給使執。次供奉內人，乘犢車。次繖一，正道行。大扇二，〔七〇〕團扇四，曲蓋二。並分左右，各內給使執。次戟九十。分左右，在內給使單行前，與青衣齊，後盡內人車。

親王鹵簿

清道六人，爲三重。次幰弩一。次青衣十二人。分左右。次車輻十二人。分左右。次戟九十。分左右。次絳引幡六。次內給使，左右廂各三行。行四十人，〔七一〕各執刀楯弓箭及矟，並戎服。次掆鼓金鉦各一面。一騎執，二人騎夾。次大鼓十八面，騎，橫行正道。次長鳴十八具。騎，橫行正道。次小鼓十面，中鳴十具，分左右，單行，中鳴在小鼓外。節一，夾矟二。次告止幡四，〔七二〕次傳教幡四，次信幡八。次儀鋋二，〔七三〕次儀鍾六，次油戟十八，次儀矟十，次細矟十，次儀刀十八。次𩌦馬八。次府佐六人。騎分左右。次象輅一。駕四馬，駕士十八人。次繖一，扇一。次朱漆團扇四，曲蓋二。次麾幢各一。次大角八騎，二重，橫行正道。次鐃吹一部，鐃鼓二面，簫笳各四騎，橫行。次橫吹一部。橫吹六騎。節鼓一騎，二人夾騎。笛簫篳篥笳各四騎。〔七四〕橫行正道。

羣官鹵簿

一品：清道四人，爲二重，四品以上並二人。幰弩一騎，青衣十人，車輻十人。三品八人，自下遞減二人。戟九十，二品七十，三品六十，四品五十。絳引幡六，二品以下闕之。刀楯弓箭矟各八十。二品六十，三品五十，四品四十。掆鼓金鉦各一，大鼓十六，二品十四，三品十，四品八。長鳴十六。二品以下闕之。〔七五〕節一，夾矟二。告止幡二，傳教幡二，信幡六。其信幡，二品、三品、四品二。餘同一品。𩌦馬六。二品、三品四疋，四品二疋。儀刀十六。二品十四，自下遞減二。其一品，府佐四人夾行。革輅一。四品木輅。並駕四馬，駕士十六人。自下品別減二人。繖一，朱漆團扇四，二品至四品各二。〔七六〕曲蓋二。二品以下一。僚佐本服陪從。麾幡各一。〔七七〕大角八，角自二品至四品各減二。鐃吹一部，鐃簫笳各四。二品各三，三品各二，四品各一。〔七八〕橫吹一部，橫吹六，二品、三品四，四品二。〔七九〕節鼓一，二品以下並闕。笛簫篳篥笳各四。二品以下各一。〔八〇〕

右應給鹵簿者，職事四品以上，散官二品以上，爵郡王以上及二王後，依品給。國公準三品給。官爵兩應給者，從高給。若京官職事五品，身婚葬并尚公主、娶縣主及職事官三品以上有公爵者嫡子婚，並準四品給。凡自王公以下在京拜官初上、正冬朝會及婚葬則給之。婚及拜官初上、正冬朝會，去矟、弓箭、刀楯、大小鼓、橫吹、大角、長鳴、中鳴也。凡應導駕及都督刺史奉辭至任上日，〔八一〕皆依品給。奉辭去矟、弓箭、刀楯、金鉦、掆鼓、大小鼓、橫吹、大角、長鳴、中鳴。

內命婦四妃九嬪婕妤美人才人鹵簿太子良娣以下同

清道二人，青衣二人，青衣，九嬪四人，餘並二人。偏扇、團扇、方扇各十六，九嬪十四，餘並十。行障三具，九嬪以下二具。坐障二具，九嬪以下一具。並婦人執。厭翟車，九嬪翟車，婕妤以下安車，並駕二馬。馭人十，九嬪以下八。〔八二〕內給使十六人，九嬪十四，餘並十人。從車六乘，九嬪四，餘並三乘。繖一，大扇二，九嬪以下無大扇。團扇二，內給使執戟六十。九嬪四十，餘並二十。

外命婦鹵簿

一品：清道二人，青衣六人，二品青衣四人，三品、四品二人。偏扇、團扇、方扇各十六，二品十四，三品十，〔八三〕四品八。行障三具，二品、三品二具，四品一具。坐障二具，以下並一具。厭翟車，從人十六，夾車，駕二馬，〔八四〕馭人八。非公主、王妃並乘白銅飾犢車，駕牛，馭人四。二品從人十四，以下各減二。從車六乘，二品、三品四乘，四品二乘。繖一，大扇一，二品以下無大扇。團扇二，戟六十。二品四十，三品二十，四品無戟。

校勘記

〔一〕各一人執　「一」原訛「二」，據北宋本改。按：開元禮卷二也作「一」。

〔二〕四十八騎　「八」原訛「人」，據北宋本改。按：開元禮卷二、新唐書儀衛志上四九〇頁也作「八」。

〔三〕次鸞旗車十二旗　原脱「十二旗」，據開元禮卷二及北宋本、傅校本、遞修本、明抄本、明刻本、王吳本補。

〔四〕自皮軒車後　「自」原訛「白」，據開元禮卷二、新唐書儀衛志上四九一頁改。

〔五〕一重稍弩　原脱，據開元禮卷二補。

〔六〕皆有主帥五人以上統領　「上」開元禮卷一作「下」。

〔七〕太史令　「令」新唐書儀衛志上四九一頁作「監」。

〔八〕義一　原訛脱作「又」，據開元禮卷二改補。

〔九〕次左右衛果毅各一人　原脱「次」，據開元禮卷二、新唐書儀衛志上四九一頁補。

〔一〇〕各領三十五人　「三」原作「二」，據北宋本、傅校本、遞修本、明抄本、明刻本、王吴本改。按：開元禮卷二作「四」。新唐書儀衛志上四九一頁作「二」。

〔一一〕分左右　原訛作「在左」，據開元禮卷二改。

〔一二〕在左　「左」原訛「右」，據開元禮卷二、新唐書儀衛志上四九二頁改。

〔一三〕次中書舍人二人在右　原脱，據開元禮卷二、新唐書儀衛志上四九二頁補。

〔一四〕次左散騎常侍二人　「二」原訛「三」，據開元禮卷二及北宋本、傅校本、遞修本、明抄本、明刻本、王吴本改。

〔一五〕皆一人步從　原「一人」在「皆」上，據開元禮卷二、新唐書儀衛志上四九二頁乙正。

〔一六〕次左右衛郎將各一人　「各」原訛「軍」，據諸本改。

〔一七〕領散手翊衛三十人帶横刀　「翊」原訛「羽」，「帶」原脱，據開元禮卷二改補。

〔一八〕次左右衛供奉中郎將四人　開元禮卷二疊「郎」。新唐書儀衛志上四九二頁疊「郎將」。

〔一九〕領親勳翊衛四十八人　「親」原訛「雜」，據開元禮卷二、新唐書儀衛志上四九二頁改。又「四」開元禮卷二作「二」。

〔二〇〕駕青駵六　「六」原訛「大」，據開元禮卷二及北宋本、傅校本、明抄本、明刻本、王吴本改。

〔二一〕駕士四十一人　「四十一」開元禮卷二、新唐書儀衛志上四九三頁作「三十二」。

〔二二〕執鳳旗　「執」原訛「統」，據開元禮卷二及傅校本改。

〔二三〕次諸司供奉官二人　「供」原訛「侍」，據開元禮卷二、新唐書儀衛志上四九三頁及本卷下文改。「官」原訛「宫」，據開元禮、儀衛志上及諸本改。

〔二四〕次花蓋二　原脱「二」，據開元禮卷二、新唐書儀衛志上四九四頁補。

〔二五〕節鼓二面工人各二　原脱，據開元禮卷二補。

〔二六〕次芳輦一　原「芳」訛「方」，據開元禮卷二、新唐書儀衛志上四九四頁及北宋本、傅校本、明抄本、明刻本、王吴本改。原脱「一」，據開元禮卷二、新唐書儀衛志上補。

〔二七〕赤青在左白黑在右　原訛脱作「赤青左右」，據開元禮卷二補。

〔二八〕丞一人　「一」原訛「二」，據開元禮卷二、新唐書儀衛志上四九四頁改。

〔二九〕行道則乘之　「乘」原訛「供」，據開元禮卷二及上下文例改。

〔三〇〕白質鞔之以革　原誤作「白質以革飾」，據開元禮卷二改。按：北宋本作「白質鞔之革」。

〔三一〕駕白駱六　「駱」開元禮卷二作「騮」。

〔三二〕駕果下馬一　「一」開元禮卷二作「二」。

〔三三〕門下省　原脱「省」，據開元禮卷二補。

〔三四〕麟旗　開元禮卷二作「麒麟旗」。

〔三五〕蒼鳥旗　「鳥」新唐書儀衛志上四九五頁作「烏」。

〔三六〕第三門在左右武衛黄麾仗後　原脱「武衛黄」三字，據新唐書儀衛志上四九六頁補。

〔三七〕第一門在左右威衛黑質步甲隊後至第四門在左右領軍衛黄麾仗後左右衛步甲隊前　新唐書儀衛志上四九六頁同。開元禮卷二所列四門位置與此迥異：「第一門在左右威衛白質步甲隊後，左右領軍衛黄麾仗前。第二門在左右威衛黑質步甲隊後，左右領軍衛黄麾仗前。第三門在左右領軍衛黄麾仗後，左右驍衛黄麾仗前。第四門在左右驍衛黄麾仗後，左右武衛白質步甲隊前。」

〔三八〕引駕三衛　「衛」原訛「行」，據開元禮卷二改。按：北宋本、傅校本、遞修本、明抄本、明刻本作「衜」，亦誤。

〔三九〕刀旗　「刀」原作「刃」，據開元禮卷二改。

〔四〇〕執稍弩弓箭而行　「執」原訛「直」，據諸本改。

〔四一〕内侍二人　「二」原訛「一」，據開元禮卷二改。

〔四二〕單行後盡宫人車　「盡」原訛「進」，據開元禮卷二及傅校本改。按：北宋本、遞修本、明抄本作「單盡宫人車」。

〔四三〕次錦六柱扇八　「扇八」原倒，據開元禮卷二乙。

〔四四〕左右各折衝一人　原脱「各」，據開元禮卷二補。

〔四五〕羽葆鼓吹　原上脱「羽」，下脱「吹」，據開元禮卷二補。按：北宋本有「吹」。

〔四六〕次詹事　原脱，據開元禮卷二、新唐書儀衛志上五〇〇頁補。

〔四七〕三師各乘輅　「輅」原訛「軺」，據開元禮卷二改。按：下文「次少師次少傅次少保」注，有「正道乘輅」之語。

〔四八〕二人引　「二」原訛「一」，據開元禮卷二、新唐書儀衛志上五〇〇頁改。

〔四九〕次横吹一部横吹十具節鼓二面各一騎執二人騎夾笛簫篳篥笳各六騎並横行　此正文十二字，注文二十字原涉上文而脱，據開元禮卷二補。

〔五〇〕丞一人　「一」原訛「二」，據開元禮卷二、新唐書儀衛志上五〇一頁改。

〔五一〕次中舍人二人　下「人」原脱，據開元禮卷二、新唐書儀衛志上五〇一頁補。

〔五二〕次親勳翊衛廂各中郎將一人　原脱「次」，據開元禮卷二、新唐書儀衛志上五〇一頁補。又，開元禮疊「郎」，新唐書儀衛志疊「郎將」。

〔五三〕翊衛三十三人　開元禮卷二同。北宋本、傅校本、明刻本作「翊衛三十人」。

〔五四〕皆曲折騎陪後行　「行」，開元禮卷二、新唐書儀衛志上五〇一頁作「門」。

〔五五〕在六行儀刀仗内　原脱「行」，據開元禮卷二補。

〔五六〕納妃則乘之　「乘」原訛「供」，據開元禮卷二及本卷文例改。

〔五七〕次䭾角隊各三十六騎　原脱「次」，據開元禮卷二補。

〔五八〕分執旗弓箭矟弩　「旗」原訛「騎」，據諸本改。按：開元禮卷二、新唐書儀衛志上五〇一頁也作「旗」。

〔五九〕次諸司供奉官二人　原脱「二」，據開元禮卷二補。

〔六〇〕節鼓二面笛簫篳篥笳各六　「二」原訛「一」，「六」原訛「五」，據開元禮卷二改。

〔六一〕次令官師二人　「官」原訛「宫」，據開元禮卷二及北宋本、傅校本、遞修本、明抄本、明刻本、王吴本改。

〔六二〕左右衛率府步隊前　原脱「衛」，據開元禮卷二、新唐書儀衛志上五〇三頁補。

〔六三〕左右衛率府儀仗前　原脱「衛」，「儀仗」作「步隊」，據開元禮卷二補改。

〔六四〕左右監門副率各二人　原「二」下衍「十」，據開元禮卷二及傅校本、明刻本删。按：北宋本、遞修本、明抄本作「各一人」。

〔六五〕次左右清道率府副率各二人　原脱「各」，據開元禮卷二、新唐書儀衛志上五〇四頁補。

〔六六〕所將從不得過十人　原脱「所將從」，據開元禮卷二補。

〔六七〕次青衣十二人車輻十人　原脱「十二人車輻」，據開元禮卷二補。

〔六八〕次内給使六十人　原脱「十」，據開元禮卷二、新唐書儀衛志上五〇四頁補。

〔六九〕次六柱扇二　「扇二」原倒，據開元禮卷二及傅校本、明刻本乙。

〔七〇〕大扇二　原訛作「雉尾扇二」，據開元禮卷二及北宋本、傅校本、遞修本、明抄本、明刻本改。

〔七一〕行四十人　「人」原訛「八」，據開元禮卷二改。

〔七二〕次告止幡四　開元禮卷二、新唐書儀衛志下五〇五頁同。「告止」北宋本、傅校本、遞修本、明抄本作「唱上」，下同。

〔七三〕次儀鋋二　「鋋」原訛「鞮」，據諸本改。

〔七四〕箄篥　「篥」原訛「築」，據諸本改。

〔七五〕二品以下闕之　「二」原訛「四」，據開元禮卷二改。

〔七六〕二品至四品各二　原兩「二」字俱訛作「三」，據開元禮卷二改。

〔七七〕麾幡各一　原脱「一」，據開元禮卷二補。

〔七八〕二品各三三品各二四品各一　原訛作「一品二品三品四品各一」，據開元禮卷二改。

〔七九〕四品二　「二」原訛「一」，據開元禮卷二改。

〔八〇〕二品以下各一　「二」原訛「四」，據開元禮卷二改。

〔八一〕都督刺史　「史」原訛「使」，據諸本改。

〔八二〕九嬪以下八　「八」原訛「入」，據諸本改。

〔八三〕三品十　原脱「十」，據開元禮卷二補。

〔八四〕駕二馬　「二」原訛「一」，據開元禮卷二及北宋本改。

王文錦點校

通典卷第一百八

禮六十八　開元禮纂類三　序例下

君臣冕服冠衣制度　皇后王妃内外命婦服及首飾制度　齋戒
祈禱　雜制

君臣冕服冠衣制度

大裘冕，無旒，金飾，玉簪導，以組爲纓，色如其綬。令云：「冕長尺六寸，廣八寸，玄表纁裏。」〔一〕以下廣狹皆準此。〔二〕裘以黑羔皮爲之。令云：「玄領、褾、襟緣，朱裳。」後有詔夏月以葛代裘。白紗中單。令云：「皁領，青褾、襈、裾。」〔三〕革帶，玉鉤鰈，大帶。令云：「素帶朱裏，〔四〕純其外，上以朱，下以緑，紐約用組。」黻，蔽膝也，隨裳色。」鹿盧玉具劍，火珠鏢首。白玉雙珮，玄組雙綬，六采。令云：「玄、黄、赤、白、縹、緑，純玄質，長二丈四尺，五百首，廣一尺。小雙綬長二尺六寸，色同大綬而首半之，間施三玉環。」朱韤赤舄。祀天神地祇則服之。〔五〕

袞冕，垂白珠，十有二旒，令云：「以組爲纓，色如其綬。」黈纊充耳，玉簪導。玄衣纁裳，十二章。令云：「八章在衣，日、月、星辰、山、龍、華蟲、火、宗彝；四章在裳，藻、粉米、黼、黻。衣褾領爲升龍，皆織成爲之。龍山以下，每章一行，重以爲等，每行十二也。」白紗中單。令云：「黻領，青縠、襈、裾，黻加龍山火三章。毳冕以上山火二章，繡冕山一章，〔六〕玄冕無章。」革帶、大帶、劍、玉珮、綬、韈與上同。舄加金飾。享廟、謁廟及朝遣上將、征還、飲至、踐阼、加元服、納后、元日受朝及臨軒册拜王公則服之。

鷩冕，服七章，令云：「三章在衣，華蟲、火、宗彝；四章在裳，藻、粉米、黼、黻。」餘同袞冕，有事遠主則服之。

毳冕，服五章，令云：「三章在衣，宗彝、藻、粉米；二章在裳，黼、黻也。」餘同鷩冕，祭海岳則服之。

繡冕，服三章，令云：「一章在衣，粉米；二章在裳，黼、黻。」餘同毳冕，祭社稷、先農則服之。

玄冕服，令云：「衣無章，裳刺黼一章。」餘同繡冕，䄍祭百神、朝日夕月則服之。

通天冠，加金博山，附蟬十二首，施珠翠，黑介幘，髮纓翠緌，〔七〕玉若犀簪導。絳紗袍，〔八〕白紗中單，令云：「朱領、襈、裾。」白裙襦，令云：「亦裙衫也。」絳紗蔽膝，白假帶，方心曲領。其革帶、劍、珮、綬與上同。白韈黑舄。令云：「若未加元服，則雙童髻，空頂黑介幘，雙玉導，加寶飾也。」諸祭還、冬至受朝、元會、冬會則服之。

武弁，金附蟬，平巾幘，餘同前服。講武、出征、四時蒐狩、大射、禡、類、宜社、賞祖、罰社、纂嚴則服之。

弁服，令云：「弁以鹿皮爲之。」〔九〕十二璂，令云：「璂以白玉珠爲之。」玉簪導，絳紗衣，素裳，革帶，白玉雙佩，鞶囊，〔一〇〕小綬，白韤，烏皮履，朔日受朝則服之。

黑介幘，白紗單衣，白裙襦，革帶，素韤，烏皮履，拜陵則服之。

白紗帽，令云：「赤烏紗帽。」〔一一〕白裙襦，白韤，烏皮履，視朝、聽訟及宴見賓客則服之。

平巾幘，金寶飾，導簪冠支皆以玉，紫褶，令云：「赤白褶。」〔一二〕白袴，玉具裝，真珠寶鈿帶，靴，乘馬則服之。

翼善冠，其常服及白練裙襦通著之。〔一三〕若服袴褶，則與平巾幘通著之。

皇太子衮冕，垂白珠九旒，令云：「以組爲纓，〔一四〕色如其綬。」青纊充耳，犀簪導。玄衣纁裳九章，令云：「五章在衣，山、龍、華蟲、火、宗彝；四章在裳，藻、粉米、黼、黻。織成爲之，每章一行，重以爲等，〔一五〕每行九。」白紗中單。令云：「黼領，青褾、襈、裾。」革帶，金鉤艓，大帶。令云：「素帶不朱裏，亦紕以朱緑，〔一六〕紐約用組。」黻隨裳色，〔一七〕火山二章。」玉具劍，令云：「金寶飾，玉鏢首。」〔一八〕瑜玉雙珮，朱組雙大綬。令云：「四采，赤白縹紺，純朱質。長丈八尺，三百二十首，〔一九〕廣九寸。小雙綬長二尺六寸，色同大綬而首半之，間施二玉環。」〔二〇〕朱韤赤舄。令云：「舄加金飾。」侍從祭祀及謁廟、加元服、納妃則服之。

具服，遠遊三梁冠，加金附蟬九首，施珠翠，黑介幘，髮纓翠緌，犀簪導。絳紗袍，白紗中單，令云：「皁領、褾、襈、裾。」白裙襦，白假帶，方心曲領，絳紗蔽膝。其革帶、劍、珮、綬與上同。白韈黑舃。未冠則雙童髻，空頂黑介幘，雙玉導，加寶飾。謁廟還宮、元日冬至朔日入朝、釋奠則服之。其朔望日入朝，通服袴褶。五日常朝亦準此。

公服，遠遊冠，簪導以上並同前。絳紗單衣，白裙襦，革帶，瑜玉隻珮，方心，紛，鞶囊，令云：「長六尺四寸，廣二寸四分，〔二一〕色同大綬。」白韈，烏皮履。五日常朝、元日冬至受朝則服之。

烏紗帽，白裙襦，白韈，烏皮履，視事及宴見賓客則服之。

弁服，犀簪導，組纓，玉瑧九，絳紗衣，素裳，革鞶囊，小綬，雙珮，〔二二〕白韈，烏皮履，朔日及視事則兼服之。

平巾幘，金飾，犀簪導，紫褶，白袴，玉梁珠寶鈿帶，靴，乘馬服之。

進德冠，九瑧，加金飾，其常服及白練裙襦通著之。若服袴褶，則與平巾幘通著之。

羣官袞冕，垂青珠九旒，以組爲纓，令云：「纓色如綬。」以下旒纓皆如之也。青纊充耳，簪導。令云：「五品以上乃通用犀。」青衣纁裳，服九章。令云：「每章一行，重以爲等，每行九。五章在衣，龍、山、華蟲、火、宗彝。四章在裳，藻、粉米、黼、黻。皆絳爲繡。〔二三〕鷩冕以下亦每章一行，各依旒數。」白紗中單。令云：「中單黼領，朱裏，皆純。中單青領，青褾、襈、裾。」革帶，鉤䚢，大帶，令云：「二品以上，素帶，不朱裏，皆純其外，上以朱，下以緑。五品以上，素帶，紕其垂，外以玄，内以黄。紐約皆用青組。黻皆裳色。〔二四〕毳冕以上，火、山二章。絺冕山一章。玄冕無章。」金玉飾劒，令云：「三品以下用玉，不得加珠寶。」山玄玉珮，緑綟綬。親王朱綬。朱韈赤舄。第一品服之。

鷩冕，八旒，服七章，章數已具前數。水蒼玉珮，紫綬，金飾劒，餘同袞冕，第二品服之。

毳冕，七旒，服五章，水蒼玉珮，紫綬，金飾劒，餘同袞冕，第三品服之。

絺冕，六旒，服三章，水蒼玉珮，青綬，金飾劒，〔二五〕餘同袞冕，第四品服之。

玄冕，五旒，衣無章，裳刺黻一章，水玉珮，黑綬，金飾劒，餘同袞冕，第五品服之。

爵弁，色同爵，無旒無章，玄纓，簪導，青衣纁裳，白紗中單，令云「青領、褾、襈、裾」也。革帶，鉤䚢，大帶，令云：「練帶，紕其垂，内外以緇，紐約用青組。」爵韠，白韈，〔二六〕赤履，九品以上服之。凡冕服及爵弁服，助祭及親迎則服之。若私家祭祀，三品以上及褒聖侯祭孔宣父，服玄冕，五品以上服爵弁，六品以下服進賢冠。凡冕制，以羅爲之，其服用紬爲之，其黻用繒也。

遠遊冠，三梁，黑幘，青綬，凡文官，皆青綬。以下準此也。諸王服之。親王即加金附蟬。

進賢冠，三品以上三梁，五品以上兩梁，九品以上一梁。三師、三公、太子三師三少、五等爵、尚書省、祕書省、諸寺監、太子詹事府、三寺及散官，親王傅友、文學，若諸州縣、〔二七〕關津、岳瀆等流内九品以上服之也。

武弁，平巾幘。武官及中書、門下省，殿中省、內侍省、〔二八〕諸衞及太子諸坊諸率府及鎮戍流內九品以上服之。〔二九〕若侍中、中書令、左右散騎常侍，則加貂蟬，侍左者左珥，侍右者右珥。〔三〇〕

法冠。一名獬豸冠，一角，爲獬豸之形，御史以上服之。

高山冠。內侍省內謁者監、內謁者服之。

卻非冠。亭長、門僕服之。凡應冠而未冠者，並雙童髻，空頂幘。五品以上雙玉導，金飾。二品以上加寶飾，〔三一〕六品以下無飾。

朝服。亦名具服。冠，幘，纓，簪導，絳紗單衣，白紗中單，白裙襦，赤裙衫，革帶，鉤䚢，假帶，曲領方心，絳紗蔽膝，韈，舄，劍，雙綬。〔三二〕一品以下，五品以上，陪祭、朝饗、拜表大事則服之。六品以下，去劍、珮、綬，餘並同也。

公服。亦名從省服。冠，幘，纓，簪導，絳紗單衣，白裙襦，赤裙衫，〔三三〕革帶，鉤䚢，假帶，方心，韈，履，紛，鞶囊，雙珮。〔三四〕一品以下，五品以上，朔望朝謁、見東宮則服之。其六品以下，去紛、鞶囊、雙珮，餘並同。〔三五〕若致仕官，以理去官，被召謁見，皆服前官從省服。

弁服，以鹿皮爲之，通用烏紗也。牙簪導，五品以上通用犀也。纓，玉璂，朱衣，素裳，革帶，鞶囊，小綬，雙珮，白韈，烏皮履，一品九璂，二品八璂，三品七璂，〔三六〕四品六璂，五品五璂。六品以下，去璂及鞶囊、綬、珮。文官職事九品以上尋常公事服之。泥雨則通著常服。

平巾幘，簪導，五品以上通用犀，六品以下通用角。冠支，令云：「皆金飾，五品以上通用玉。」紫褶，令云：「五品以上緋褶，七品以上綠褶，九品以上碧褶。」並白大口袴，起梁帶，三品以上玉梁寶鈿，五品以上金梁寶

鈿，六品以上金飾隱起。烏皮靴，武官及衛官尋常公事則服之。文官乘馬又通服之。武官陪位大杖，加螣蛇裲襠也。〔三七〕

進德冠，五品以上附山雲，璂數準弁，以金飾梁及花趺。〔三八〕三品以上加金絡也。內外百官文官武官九品以上，〔三九〕十月以後，二月以前，常服，及白練裙襦通著之。五品以上行。六品以下，冠去璂珠。若服袴褶，非陪位大仗，則與平巾幘通著。〔四〇〕袴褶，五品以上通用紬綾及羅，六品以下通用小綾也。

凡典謁，武弁，絳公服。學生，黑介幘，青襟服。齋郎，介幘，絳褠服。自外州品子等皆平巾幘，〔四一〕緋衫，大口袴，朝集從事則服之。若外官拜表、受制，皆朝服。

凡職事官三品以上有公爵者，嫡子婚，聽假以四品冕服。若五品以上子孫、九品以上子及五等爵，皆聽爵弁服。〔四二〕若庶人婚，聽假以絳公服。若刻漏生、漏童，服青袴褶總角之服。令云：「諸流外官行署，三品以上介幘，絳公服，方心，革帶，鉤鰈，假帶，韈履。九品以上絳褠衣，制同絳公服，袖狹，形直如溝，〔四三〕不垂，去方心、假帶，餘同絳公服。〔四四〕其非行署者，太常寺謁者、祝史、贊引，鴻臚寺司儀，諸典書、學，內侍省典引，太子右春坊掌儀、內坊導客舍人、諸贊，王公以下舍人，公主謁者等，各準行署，依品服。自外及任雜職掌無官品者，〔四五〕皆平巾幘，緋衫，大口袴，藥童、奉觶年小者，〔四六〕皆總角髻，朝集從事則服之。餘條目，自有制者，不用此例。黑介幘，簪導，深衣，青襟褾領，革帶，韈，履，未冠者雙童髻，空頂黑介幘，去革帶，國子、太學、四門學生、俊士參見則服之。律書算學士、州縣學生，〔四七〕則黑介幘，白裙襦。外官拜表受制皆朝服，本品無朝服者則公服。諸職事官三品以上有公爵者，嫡子謂經命訖者婚，聽假以四品冕服。諸五品以上子孫、九品以上子及五等爵婚，皆聽假以爵弁服。

庶人婚，聽假以絳公服。諸州縣倉督、市令，縣録事、佐史、里正，岳瀆祝史、齋郎，並介幘，絳褠衣。平巾幘，緋褶，大口袴，紫褠，尚食局典膳局主食、太官署監膳史，食官署掌膳服之。平巾緑幘，青布袴褶，尚食局主膳、典膳局典食、太官署食官署供膳、良醖署奉觶服之。五辮，〔四八〕青袴褶，青耳屩，羊車小吏服之。〔四九〕總角髻，青袴褶，漏刻生、漏童服之。諸衣冠應入鹵簿異於本制者，從鹵簿。」

皇后王妃内外命婦服及首飾制度

皇后服，首飾花十二樹，小花如大花之數，并兩博鬢也。褘衣，令云：「深青織成爲之。〔五〇〕文爲翬翟之形，素質，五色，十二等。」素紗中單，令云：「黼領，羅縠褾、襈，皆用朱色。」蔽膝，令云：「隨裳色，以緅爲褾襈，〔五一〕皆用翟爲章，三等。」大帶，令云：「隨衣色，朱裏，紕其外，上以朱錦，〔五二〕下以緑錦，紐約用青組。」青衣，革帶，青韈、舄，令云：「舄加金飾。」白玉雙珮，玄組雙大綬，令云：「章采尺寸與乘輿同。」受册、助祭、朝會諸大事則服之。

鞠衣，黄羅爲衣，其蔽膝、大帶及衣革帶舄，並隨衣色。餘與褘衣同，唯無翟。親蠶則服之。

鈿釵禮衣，十二鈿，服通用雜色，制與上同，加雙珮、小綬，去舄加履。〔五三〕宴見賓客則服之。

皇太子妃服，首飾花九樹，小花如大花之數，並兩博鬢也。褕翟，青織成爲之，文褕翟之形，青質，九色，九等。

素紗中單，令云：「黼領，羅縠褾、襈，皆同朱色。」蔽膝，隨裳色，用緅爲領緣，以褕翟爲章，二等。大帶，令云：「隨衣色，不朱裏，紕其外，上以朱錦，下以緑錦，紐約用青組。」青衣，革帶，青韈、舄，令云：「舄加金飾。」瑜玉雙珮，純朱雙大綬，章綬尺寸與皇太子同也。受册、助祭、朝會諸大事則服之。

鞠衣，黄羅爲之。其蔽膝、大帶、革帶並隨衣色。餘與褕衣同，唯無翟。從蠶則服之。

鈿釵禮衣，九鈿，服通用雜色，制與上同，加雙珮、小綬，去舄，加履。宴見賓客則服之。

内外命婦服花釵，施兩博鬢，寶鈿飾。一品九樹，二品八樹，三品七樹，四品六樹，五品五樹。寶鈿準花樹。翟衣青質，羅爲之，繡爲翟。褕衣，一品翟九等，二品八等，三品七等，四品六等，五品五等。並素紗中單，令云：「黼領，朱褾、襈，亦通用羅縠。」蔽膝，隨裳色，以緅爲領緣，加以文繡，重翟爲章，二等。一品以下同。大帶，以青衣，革帶，青韈、舄，珮，綬，内命婦受册、從蠶、朝會則服之。其外命婦及受册、從蠶、大朝會亦準此。

鈿釵禮衣，一品九鈿，二品八鈿，三品七鈿，四品六鈿，五品五鈿。禮衣，〔五四〕通用雜色，制與上同，加雙珮、小綬，令云：「去舄，加履。」内命婦尋常見，外命婦朝參辭見及禮會則服之。

六尚、寶林、御女、采女及女官等服，禮衣通用雜色，制與上同，唯無首飾珮綬。七品以上有大事則服之，尋常供奉則公服；公服去中單、蔽膝、大帶也。九品以上大事及尋常供奉並公服。東宮準此。女史則半袖裙襦。

凡公主、王妃珮綬同，諸郡縣主、內命婦各準品服。外命婦各從夫及子；若不同夫及子而加邑號，亦準品。

花釵，覆笄而已，并兩博鬢，任以金銀雜寶飾也。大袖連裳，青質，素紗中單，朱褾、襈也。〔五五〕蔽膝，隨裳色，朱爲緣帶也。大帶，紕其外，上以朱，下以綠，紐約用青組。以青衣，革帶，韈，舄履，同裳色也。六品以下九品以上妻及九品以上女嫁則服之。

花釵，以金銀琉璃等塗飾。連裳，青質，〔五六〕以青衣，革帶，韈，履，同裳色也。庶人女嫁則服之。

凡百官女嫁，聽服母服廟見。本生蔭高者，〔五七〕準兄弟。凡王公以下及婦人服飾等級，上得兼下，下不得僭上。

齋戒

凡大祀，齋官皆前七日集尚書省，太尉誓曰：「某月日祀昊天上帝於圓丘，其誓各隨祭享祀事言之。各揚其職，不供其事，國有常刑。」散齋，理事如舊，夜宿止於家正寢，唯不弔喪問疾，不作樂，不判署刑煞文書，不行刑罰，不經穢惡。致齋，唯祀事得行，其餘悉斷。凡大祀之官，散齋四日，中祀三日，小祀二日。致齋，大祀三日，中祀二日，小祀一日。其致齋日，三公於都省安置，所司鋪設。其餘官，皇城内有本司者於本司，無者於太常郊社太廟齋坊安置。皆日未出前到齋所。至祀前一日，各從齋所晝漏上水三刻向祠所。〔五八〕仍令平明清所行之路，道次不得見諸凶穢衰絰，過訖任行。其哭泣之聲聞於祭所者，權斷訖事。非應散齋者，唯清齋一宿於本司及祠所。凡大祀中祀，接神齋官祀前一日皆沐浴。九品以上，皆官給明衣。齋郎升壇行事，亦權給潔服。應齋官所習禮臨時闕者，通攝行事。〔五九〕致齋之日先不食公糧及無本司者，大官準品給食。祈告一日清齋者，設食亦如之。凡散齋有大功以上喪，致齋有周以上喪，並聽赴。即居緦麻以上喪者，不得行宗廟之祭。〔六〇〕其在齋坊病者，聽還。死於齋所，同房不得行事也。

祈禱

京都孟夏以後旱，則祈岳鎮海瀆及諸山川能興雲雨者於北郊，望而告之。又祈社稷，又祈宗廟，皆七日一祈。不雨，還從岳瀆如初。〔六一〕旱甚則修雩，秋分以後不雩。初祈一旬不雨，即徙市，禁屠殺，斷繖扇，造土龍。雨足則報祀。祈用酒脯醢，報用常祀，皆有司行事。已齋及未祈而雨，及所經祈者皆報祀。〔六二〕凡州縣旱則祈雨，先社稷，又祈界内山川能興雲雨者，餘準京都例。若岳鎮海瀆，州刺史上佐行事。其山川，判司行事。縣則縣令、縣丞行事。祈用酒脯醢。〔六三〕報以少牢也。霖雨不已，禜京城諸門。門别三日，每日一禜。不止，乃祈山川岳鎮海瀆三日。〔六四〕不止，祈社稷、宗廟。若州縣，禜城門。不止，祈界内山川及社稷。三禜一祈，皆準京都例，並用酒脯醢。

國城門報用少牢，州縣城門用特牲也。

雜制

皇帝、天子，天下通稱。陛下，對揚咫尺，上表通稱也。至尊，臣下內外通稱。乘輿。服御所稱。車駕。行幸所稱。赴車駕所曰赴行在所也。皇太子以下，率土之內，於皇帝，皆稱臣。皇后以下，率土之內，於皇帝、太皇太后，皆稱妾。六宮以下，率土婦人，於皇后，同稱妾。百官上疏及對皇太子，皆曰殿下。〔六五〕百官自稱名，宮官自稱臣。

文武官朝參。一品以下，九品以上，朔望日朝。五品以上及供奉官、員外郎、監察御史，每日參。昭文、崇文國子生及諸縣令，每季參。若雨霑服失容及泥濘，並停。凡車駕巡幸，每月朔，兩京文武官、職事五品以上，表參起居。州界去行在所三百里內者，刺史遣使參起居。〔六六〕若車駕從比州及州境過，刺史朝見。巡狩還，去京三百里內刺史，遣使參起居。皇太子欲行未發，前一日，在京文武官職事五品以上，詣宮奉辭。還日明朝，詣宮奉參。凡京文武職事五品以上假使者，去皆奉辭，還皆奉見。六品以上奉勅差使，亦如之。

凡踐阼、加元服、册皇后皇太子及元日并巡狩、親征、封禪、拜郊及諸大禮。諸州刺史、都督及京官五品以上在外者，〔六七〕並拜表疏賀，皆禮部爲奏也。

每年二時，遣三公分行諸陵。太常卿爲副也。

太陽虧，有司先奏其日，置五鼓五兵於大社，皇帝不視事，百官各守本司，不理務，過時乃罷。月蝕，奏擊鼓於所司救之。五岳四瀆崩竭及皇帝本服大功以上親及外祖父母、后父母、百官一品喪。皇帝皆不視事三日。國忌日、皇帝本服小功緦麻親、百官五品以上喪。皇帝皆不視事一日。

凡祥瑞依圖書合大瑞者，隨時表奏。〔六八〕百官詣闕，〔六九〕上表奉賀，告廟，頒下。自外諸瑞，並申所司，元日以聞。

位版制。皇帝方尺二寸，厚三寸，題云皇帝位。皇太子方九寸，厚二寸，題云皇太子位。百官一品以下各七寸，厚一寸半，題云某品位。

籍田所收九穀，納於神倉。以擬粢盛及五齊三酒。有餘穰稾，供犧牲也。

凡祭器祭服。有破弊不任修理者，與替訖，器則埋之，服則燒之。

凡祭天神，皆焚柴。地祇，皆瘞埋。祭山，皆皮懸。祭川，皆浮沉。皆以祭祀訖乃焚埋之。〔七〇〕若埋訖，皆令所在官司差人守掌，〔七一〕六十日，止。若埋幣以火焚破，則不守也。

均胙肉。貴者不重，賤者不虛。謂貴者取貴骨，賤者取賤骨。凡前貴於後，上貴於下。〔七二〕

祝版。凡天地郊祀及太廟，欲至享日，所司準程先進版取署，令人送往。若臨時卒急，並令附驛。其版仍令先支一年所用數。若署版後，祭官有故，即削除，題所替行事人也。

五陵上食。皆朔望上食。歲冬至、寒食日，各設一祭。如節祭共朔望日、忌日相逢，依節祭料。若橋陵，除此日外，每日進半口羊食。

圓丘五郊諸壇。差側近人守掌。

王公以下郊廟合祭，臨時遇雨，霑服失容，即以常服從事。若已行事遇雨，則不脱祭服也。

立春前，兩京及諸州縣門外，並造土牛耕人。各隨方色。

季冬晦，行儺。大内六隊，東宮二隊。〔七三〕

百官致敬。凡文武官三品以下，拜正一品。東宮官拜三師，四品以下拜三少。自餘内外屬官於本司，四品拜二品，五品拜三品，六品拜四品，七品拜五品，八品拜六品，九品拜七品。衞判曹拜長史，局署丞拜令，助教拜博士，諸州別駕、長史、鎮將、縣令拜刺史，縣丞拜縣令。其準品應致敬而非相統屬，則不拜。凡致敬者，若非連屬應敬之官相見，或貴或賤懸隔，或有長幼親戚者，任隨私禮。

百官祠廟。凡文武官，二品以上祠四廟，五品以上祠三廟。三品以上不須兼爵，四廟外，有始封祖，通祀五廟。〔七四〕牲用少牢。六品以下，達於庶人，祭祖禰於正寢，用特牲。縱祖父官有高下，皆用子孫之牲也。

百官終稱。凡百官身亡，三品以上稱薨，五品以上稱卒，六品以下達於庶人稱死也。

百官葬墓田。一品方九十步，墳高丈八尺。二品方八十步，墳高丈六尺。三品七十步，墳高丈四尺。四品六十步，墳高丈二尺。五品方五十步，墳高一丈。六品以下並方二十步，墳高不過八尺。其域及四隅，四品以上築闕，五品以上立土堠，〔七五〕餘皆封塋而已。碑碣石獸。五品以上立碑，螭首龜趺，高不得過九尺。〔七六〕七品以上立碑，圭首，方趺，趺上高四尺。其獸等，三品以上六事，〔七七〕五品以上四事。方相纛竿。凡四品以上用方相，七品以上用魌頭，五品以上纛竿九尺，六品以上長六尺。〔七八〕明器。三品以上九十事，五品以上六十事，九品以上四十事。四神駞馬及人不得尺餘，音樂鹵簿不過七寸。三品以上帳高六尺，方五尺；女子等不過三十人，長八寸；園宅方五尺，〔七九〕奴婢等不過二十人，長四寸。五品以上，帳高五尺五寸，方四尺五寸；音聲僕從二十五人，〔八〇〕長七寸五分；園宅方四尺，奴婢十六人，長三寸。〔八一〕六品以下，帳高五尺，方四尺，音聲僕從二十人，長七寸；園宅方三尺，奴婢十二人，長二寸。若三品以上優厚料，〔八二〕則有三梁帳蚊幬，婦人梳洗帳，並準式。

居官遭喪。凡斬衰三年、齊衰三年者，並解官。齊衰杖周及爲人後者爲其父母、若庶子爲其母者，〔八三〕解官，申其心喪。皆爲生己。若嫡繼慈養改嫁或歸宗三年以上斷絶者，及父爲長子、夫爲妻，並不解官，假同齊衰周也。

給假。凡齊衰周，給假三十日，葬五日，除服三日。齊衰三月、五月，大功九月，並給假二十日，葬三日，除服二日。小功五月，給假十五日，葬二日，除服一日。緦麻三月，給假七日，出降者三日，葬及除服各一日。無服之殤，〔八四〕本品周以上，給五日，大功三日，小功二日，緦麻一日。若聞喪舉哀，其假三分減一。師經受業者，喪給三日。冠給假三日，婚給假九日，除程。周親婚假五日，大功三日，小功一日。周以下，百里内除程。私忌日給假一日，忌前之夕聽還。凡内外官，三年一給定省假三十日，五年一給拜掃假十五日，〔八五〕並除程。凡遭喪被起者，以服内忌日給假三日，大小祥各七日，禫五日，每月朔望各一日，祥禫給程。凡私家祔廟給五日，四時祭給四日。〔八六〕

校勘記

〔一〕玄表纁裏　「纁」原訛「纏」，據舊唐書輿服志一九三六頁、新唐書車服志五一四頁改。

〔二〕以下廣狹皆準此　原「此」下有「例」，據北宋本、傅校本、遞修本、明抄本、明刻本删。

〔三〕皁領青褾襈裾　「青」原爲空白，據諸本補。

〔四〕素帶朱裏　原脱「裏」，據舊唐書輿服志一九三六頁、新唐書車服志五一四頁補。

〔五〕天神地祇　「祇」原訛「紙」，據諸本改。

〔六〕繡冕山一章　「繡」原作「絺」，據北宋本、傅校本、遞修本、明抄本、明刻本、王吴本改。下同。

〔七〕髮纓翠綏　「髮」原訛「組」，據開元禮卷三及北宋本、傅校本、遞修本、明抄本、明刻本、王吴本改。

〔八〕絳紗袍　「袍」原訛「袞」，據開元禮卷三、新唐書車服志九一五頁改。下同。

〔九〕弁以鹿皮爲之　「弁」原訛「并」，據諸本改。

〔一〇〕鞶囊　「囊」原訛「龍」，據舊唐書輿服志一九三七頁、新唐書車服志五一六頁改。

〔一一〕赤烏紗帽　「赤」舊唐書輿服志一九三七頁作「亦」。

〔一二〕赤白褶　「赤」舊唐書輿服志一九三七頁作「亦」。

〔一三〕其常服及白練裙襦通著之　「常」原訛「裳」，據開元禮卷三、舊唐書輿服志一九三七頁改。

〔一四〕以組爲纓　「組」原訛「純」，據北宋本改。

〔一五〕每章一行重以爲等　北宋本、傅校本、遞修本、明抄本、明刻本、王吴本「行」「重」之間有「黼」字，衍。

〔一六〕亦紕以朱緑　「紕」原作「純」，據北宋本改。按：隋書禮儀志七二五六頁、舊唐書輿服志一九四〇頁均作「紕」。

〔一七〕紐約用組黻隨裳色　原訛脱作「紐約用緑隨裳色」，據舊唐書輿服志一九四〇頁訂改。

〔一八〕玉鏢首　「鏢」原訛「褾」，北宋本、傅校本、遞修本、明抄本、明刻本訛「縹」，據舊唐書輿服志一九四〇頁改。

〔九〕三百二十首　「二」原訛「三」，據隋書禮儀志七二五六頁、舊唐書輿服志一九四〇頁、新唐書車服志五一七頁改。

〔一〇〕間施二玉環　「二」原訛「三」，據隋書禮儀志七二五六頁、舊唐書輿服志一九四〇頁改。

〔一一〕廣二寸四分　「分」原訛「方」，據北宋本、傅校本、遞修本、明抄本、明刻本、王吳本改。

〔一二〕雙佩　「雙」原訛「隻」，據開元禮卷三、舊唐書輿服志一九四一頁、新唐書車服志五一八頁改。

〔一三〕皆絳爲繡　「絳」原訛「降」，據諸本改。

〔一四〕韍皆裳色　「韍」原訛「黼」，按：本卷大裘冕注云：「韍，蔽膝也，隨裳色。」今據改。

〔一五〕金飾劍　「劍」原訛「歛」，據諸本改。

〔一六〕白韈　原脱「白」，據開元禮卷三、新唐書車服志五二〇頁補。

〔一七〕若諸州縣　原脱「若」，據北宋本、傅校本、遞修本、明抄本、明刻本補。

〔一八〕内侍省　原脱「省」，據開元禮卷三、舊唐書輿服志一九四三頁補。

〔一九〕鎮戍流内九品以上服之　「鎮戍」原倒，據開元禮卷三、舊唐書輿服志一九四三頁乙。

〔二〇〕侍左者左珥侍右者右珥　「珥」原訛「弭」，據諸本改。

〔二一〕二品以上加寶飾　開元禮卷三同。舊唐書輿服志一九四四頁及北宋本「二」作「三」。

〔二二〕雙綬　「綬」原訛「綏」，據開元禮卷三、舊唐書輿服志一九四四頁、新唐書車服志五二二頁改。

〔三三〕白裙襦赤裙衫　原脱「襦赤裙」，據開元禮卷三及本卷同頁朝服注文補。

〔三四〕雙珮　「雙」原訛「隻」，據開元禮卷三、新唐書車服志五二二頁改。下同。

〔三五〕餘並同　原脱「餘」，據開元禮卷三、舊唐書輿服志一九四四頁補。

〔三六〕三品七璂　「七璂」原脱，據開元禮卷三、新唐書車服志五二〇頁補。

〔三七〕加縢蛇裲襠也　「裲」原訛「襦」，據開元禮卷三、舊唐書輿服志一九四五頁、新唐書車服志五二一頁改。

〔三八〕以金飾梁及花趺　「花」原訛「靴」，據開元禮卷三、新唐書車服志五二八頁改。

〔三九〕文官武官　原脱上「官」，據北宋本、傅校本、遞修本、明刻本補。

〔四〇〕則與平巾幘通著　「幘」下原衍「者」，據開元禮卷三、舊唐書輿服志一九四一頁删。

〔四一〕自外州品子等　原脱「自」，據開元禮卷三及北宋本、傅校本、遞修本、明抄本補。又，北宋本、傅校本等無「州」字。

〔四二〕九品以上子及五等爵皆聽爵弁服　原「五」下衍「品」，又脱下「爵」，據開元禮卷三及本段注文删補。

〔四三〕形直如溝　「溝」原訛「褠」，據舊唐書輿服志一九四五頁改。按：釋名釋衣服云：「襌褠，襌衣之無胡者也。言袖夾直形如溝也。」

〔四四〕去方心假帶餘同絳公服　「去」上原衍「朝」，「公」上原脱「絳」，據舊唐書輿服志一九四五頁删補。

〔四五〕自外及任雜職掌無官品者　「任」原訛「在」，據舊唐書輿服志一九四六頁及北宋本、傅校本、遞修本、明抄本改。

〔四六〕奉觶年小者　「小」原作「少」，據北宋本、傅校本、遞修本、明抄本、明刻本改。

〔四七〕州縣學生　「生」原作「士」，據北宋本、傅校本改。

〔四八〕五辮　「辮」原訛「辨」，據北宋本、傅校本改。按：舊唐書輿服志一九四六頁、新唐書車服志五二二頁均作「辮」。

〔四九〕羊車小吏服之　「吏」舊唐書輿服志一九四六頁、新唐書車服志五二二頁作「史」。

〔五〇〕深青織成爲之　「深」原訛「染」，據舊唐書輿服志一九五五頁、新唐書車服志五一六頁改。

〔五一〕以緅爲褾襈　舊唐書輿服志一九五五頁作「以緅爲領」。新唐書車服志五一七頁作「以緅領爲緣」。按：蔽膝非衣，不得言褾襈，疑「褾襈」爲「領緣」之訛，下文皇太子妃褕翟服蔽膝注文可証。舊唐書脱「緣」，新唐書「領爲」當係誤倒。

〔五二〕上以朱錦　原脱「上」，據舊唐書輿服志一九五五頁補。

〔五三〕去舄加履　「加」原訛「如」，據諸本改。

〔五四〕細釵禮衣　「禮」開元禮卷三作「襢」。下同。

〔五五〕朱褾襈也　「朱」原訛「采」，據開元禮卷三及北宋本、傅校本、遞修本、明抄本、明刻本改。

〔五六〕青質　原脱「質」，據開元禮卷三、新唐書車服志五二四頁補。

〔五七〕本生蔭高者　原脱「者」，據開元禮卷三及北宋本、傅校本、遞修本、明抄本、明刻本、王吴本補。

〔五八〕各從齋所晝漏上水三刻向祠所　「祠」原作「祀」，據開元禮卷三改。下同。

〔五九〕通攝行事　「行事」原倒，據開元禮卷三及北宋本、傅校本、遞修本、明抄本、明刻本乙。

〔六〇〕不得行宗廟之祭　原脱「得」，據開元禮卷三及北宋本、傅校本、遞修本、明抄本、明刻本補。

〔六一〕還從岳瀆如初　「從」原訛「徙」，據開元禮卷三改。

〔六二〕已齋及未祈而雨及所經祈者皆報祀　「已」原訛「凡」，「及未」原倒，據開元禮卷三及北宋本、傅校本、遞修本、明抄本、明刻本改乙。下「祈」原脱，據開元禮卷三補。

〔六三〕祈用酒脯醢　「脯醢」原倒，據開元禮卷三及傅校本、明刻本乙。

〔六四〕每日一禜不止乃祈山川岳鎮海瀆三日　「日一」原倒，據開元禮卷三及北宋本、傅校本、遞修本、明抄本、明刻本乙。又「祈」原作「祀」，據開元禮改。

〔六五〕百官上疏及對皇太子皆曰殿下　開元禮卷三作「百官上疏於太皇太后、皇太后、皇后稱殿下，自稱皆曰臣。百官及東宮官對皇太子皆曰殿下」。

〔六六〕刺史遣使參起居　原脱「參」，據開元禮卷三補。

〔六七〕及京官五品以上在外者　原脱「在」，據開元禮卷三補。

〔六八〕隨時表奏　「時」原訛「則」，據開元禮卷三改。

〔六九〕百官詣闕　「闕」原訛「朝」，據開元禮卷三及北宋本改。

〔七〇〕皆以祭祀訖乃焚埋之　「皆」原訛「香」，據諸本改。「乃」原訛「及」，據開元禮卷三改。

〔七一〕令所在官司差人守掌　「掌」原訛「當」，據開元禮卷三改。

〔七二〕凡前貴於後上貴於下　「後上」原倒，據開元禮卷三乙。

〔七三〕東宮二隊　「二」原訛「三」，據開元禮卷三及北宋本、傅校本、遞修本、明抄本、明刻本改。

〔七四〕五品以上祠三廟三品以上不須兼爵四廟外有始封祖通祀五廟　「五品」原訛「三品」，「三品」原訛「五品」，「爵」原訛「祭」，並據開元禮卷三及北宋本、傅校本、遞修本、明抄本、明刻本改。

〔七五〕五品以上立土堠　原脱「堠」，據開元禮卷三補。

〔七六〕高不得過九尺　原脱「得」，據開元禮卷三及傅校本、遞修本、明刻本補。

〔七七〕三品以上六事　「三」原訛「二」，據開元禮卷三及北宋本改。

〔七八〕六品以上長六尺　「六尺」開元禮卷三作「五尺」。

〔七九〕園宅方五尺　「尺」原訛「寸」，據開元禮卷三及北宋本、傅校本、遞修本、明抄本、明刻本改。

〔八〇〕音聲僕從二十五人　「聲」原訛「樂」，據開元禮卷三及北宋本、傅校本、遞修本、明抄本、明刻本、王吴本改。下同。

〔八一〕長三寸　「三」原訛「二」，據開元禮卷三及北宋本改。

〔八二〕若三品以上優厚料　原脱「上」，據開元禮卷三補。

〔八三〕若庶子爲其母者　開元禮卷三「庶子」下有「爲後」二字。

〔八四〕無服之殤　「殤」原訛「殯」，據開元禮卷三改。

〔八五〕五年一給拜掃假十五日　「十五」原誤倒作「五十」，據開元禮卷三乙。

〔八六〕四時祭給四日　原「給」下衍「假」，下「四」訛作「一」，據開元禮卷三及北宋本、傅校本、遞修本、明抄本、明刻本删改。

王文錦點校

通典卷第一百九

禮六十九　開元禮纂類四　吉禮一

皇帝冬至祀圓丘正月上辛祈穀孟夏雩祀及攝事並附

齋戒　陳設　省牲器　鑾駕出宮　奠玉帛　進熟　鑾駕還宮

皇帝冬至祀圓丘正月上辛祈穀孟夏雩祀及攝事並附

齋戒祀官齋戒如別儀

前祀七日，皇帝散齋四日於別殿；致齋三日，其二日於太極殿，一日於行宮。前致齋一日，尚舍奉御設御幄於太極殿西序及室內，俱東向；尚舍直長張帷於前楹下。致齋之日，質明，諸衞勒所部屯門列仗。晝漏上水一刻，侍中版奏：「請中嚴。」諸衞之屬各督其隊，入陳於殿庭如常儀。通事舍人引文武五品以上，袴褶陪位如式。諸侍衞之官各服其器服，諸侍臣並結珮，凡齋者則結珮。俱詣閤奉迎。上水二刻，侍中版奏：「外辦。」上水三刻，皇帝服袞冕，上辛服通天冠、絳紗袍也。結珮，乘輿出自西房，曲直華蓋，警蹕侍衞如常儀。皇帝即御座，東向坐，侍臣夾侍如常。一刻頃，侍中前跪，奏稱：「侍中臣某言，請降就齋室。」俛伏，興，還侍位。皇帝降座，入室。文武侍臣各還本司，直衞者如常，通事舍人分引陪位者以次出。

凡應祀之官，散齋四日，致齋三日。散齋皆於正寢。致齋二日於本司，一日於祀所。其無本司者，皆於祀所焉。〔一〕近侍之官應從升者及從祀羣官、諸方客使，各於本司、館，清齋一宿。無本司，各於家正寢。諸祀官致齋之日，給酒食及明衣布，各習禮於齋所。攝事，無皇帝齋儀。上辛、雩祀同。光祿卿監取明水火。太官令取水於陰鑑，取火於陽燧。火以供爨，水以實罇焉。前祀二日，太尉告高祖神堯皇帝廟，如常告之儀。告以配。雩祀，告神作主。〔二〕孟夏，太宗文武皇帝廟。前祀一日，諸衞令其屬未後一刻各以其器服守壝，每門二人，每隅一人。與太樂工人俱清齋一宿焉。

陳設

前祀三日，尚舍直長施大次於外壝東門之內道北，南向。攝事，守宮設祀官、公卿以下次於東壝之外道南，北向西上焉。〔三〕尚舍奉御鋪御座。衞尉設文武侍臣次上辛、雩祀，守宮設文武侍臣次焉。於大次之前，文官在左，武官在右，俱相向。上辛、雩祀，於大次之後，俱南向。設諸祀官次於東壝之外道南，從祀文官九品以上於祀官之東，東方、南方朝集使於文官之東，東方、南方蕃客又於其東，俱重行，每等異位，北向西上。介公、酅公於西壝之外道南，武官九品以上於介公、〔四〕酅公之西，西方、北方朝集使於武官之西，西方、北方蕃客又於其西，俱重行，每等異位，北向東上。其褒聖侯若在朝位，於文官三品之下。攝事無大次、褒聖等儀。上辛、雩祀同。設陳饌幔於内壝東門西門之外道北，南向；北門之外道東，西向。壇上及東方、南方午陛之東，饌陳於東門外；西方及南方午陛之西，饌陳於西門外；北方之饌陳於北門外。上辛、雩祀但有壝東方之外饌焉。

前祀二日，太樂令設宫懸之樂於壇南内壝之外。東方西方磬簴起北，鐘簴次之；南方北方磬簴起西，鐘簴次之。設十二鎛鐘於編懸之閒，各依辰位。樹雷鼓於北懸之内，道之左右。植建鼓於四隅。置柷敔於懸内。柷在左，敔在右。設歌鐘歌磬於壇上近南，北向，磬簴在西，鐘簴在東。其匏竹者立於壇下，重行，北向，相對爲首。凡懸皆展而編之。諸工人各位於懸後，東方、西方以北爲上，南方、北方以西爲上。右校掃除壇之内外。郊社令積柴於燎壇，其壇於神壇之景地，〔五〕内壝之外。方一丈，高丈二尺，開上南出户，方六尺。

前祀一日，奉禮設御位於壇之東南，西向；設望燎位於柴壇之北，〔六〕南向。設祀官、公卿位於内壝東門之外上辛、雩祀則東門内，攝事亦然。道南，分獻之官於公卿之南，上辛、雩祀無分獻位，以下皆然。執事者位於其後，每等異位，俱重行，西向北上。設御史位於壇下，一位於東南，西向；一位於西南，東向。設奉禮位於樂懸東北，贊者二人在南，差退，俱西向。又設奉禮、贊者位於燎壇東北，西向。皆北上。設協律郎位於壇上南陛之西，東向。設太樂令位於北懸之間，當壇北向。設從祀文官九品以上位於執事之南，東方、南方朝集使於文官之南，東方、南方蕃客又於其南，俱每等異位，重行，西向北上。介公、酅公位於中壝上辛、雩祀內壝。西門之內道南，武官九品以上位於介公、酅公之南，西方、北方朝集使於武官之南，西方、北方蕃客又於其南，俱每等異位，重行，東向北上。其褒聖侯，於文官三品之下。諸州使人各分方位於朝集使之後。攝事無褒聖已上至從祀位。又設祀官及從祀羣官等門外位於東西壝門之外，如設次之式。設牲牓於東壝之外，當門西向。蒼牲一居前，又蒼牲一、又青牲一在北，〔七〕少退，南上。次赤牲一、黃牲一、白牲一、玄牲一，雩祀五方色牲各二。又赤牲一、白牲一上辛、雩祀無日月牲。在南，皆少退，以北爲上。又設廩犧令位於牲西南，史陪其後，俱北向。設諸太祝位於牲東，各當牲後，祝史陪其後，俱西向。設太常卿省牲位於牲前，近北，又設御史位於太常卿之西，俱南向。設酒罇之位，上帝太罇二，犧罇二，山罍二，在壇上東南隅，北向。象罇二，壺罇二，山罍四，在壇下南陛之東，北向。俱西上。設配帝著罇二，犧罇二，象罇二，山罍二，在壇上於上帝酒罇之東，北向西上。五帝日月各太罇二，在第一等。上辛則五帝各太罇二、著罇二、犧罇二、罍一，〔八〕在第一等，神座之左而右向，無日月以下諸座，攝事亦然也。內官每陛閒各象罇二，在第二等。中官每陛閒各壺罇二，在第三等。外官每道閒各概罇二，〔九〕在壇下。衆星每道間各散罇二，於內壝之外。凡罇各設於神座之左而右向。罇皆加勺、冪。五帝日月以上，皆有坫以置爵。雩祀無日月以下罇，其五帝太罇犧罇各二，罍一，在第一等；五人帝犧罇各二，在第二等；五官象罇各二，在壇下。設御洗於午陛東南，亞獻、終獻同洗於卯陛之南，俱北向。攝儀但設洗午陛東南，北面。雩祀設亞獻之洗於御東南，五官洗於罇西。〔一〇〕罍水在洗東，篚在洗西，南肆。篚實以巾、爵。設分獻罍洗篚冪各於其方陛道之左，〔一一〕俱內向。執罇罍篚冪者，各於罇罍篚冪之後。設玉幣之篚於壇上下罇坫之所。

祀前一日晡後，上辛、雩祀皆祀日未明五刻焉。太史令、郊社令各常服，帥其屬升，設昊天上帝神座於壇上北方，南向，席以藁秸。設高祖神堯皇帝神座雩祀則設太宗文武聖皇帝神座焉。於東方，西向，席以莞。設五方帝、日、月神座於壇第一等，青帝於東陛之北，赤帝於南陛之東，黃帝於南陛之西，白帝於西陛之南，〔一二〕黑帝於北陛之西，雩祀又設五人帝座於第二等，如五方之陛位。又設五官座於壇下東南，西向北上。無日月以下諸星位。大明於東陛之南，上辛並無大明以下位矣。夜明於西陛之北，席皆以藁秸。又設五星、十二辰、河漢及內官五十五座於第二等十有二陛之間，各依方面，凡座皆內向。其內官有北辰座於東陛之北，曜魄寶於北陛之西，北斗於南陛之東，天一、太一皆在北斗之東，五帝內座於曜魄寶之東，並差在行位前。又設二十八宿及中官百五十九座於第三等，其二十八宿及帝座、七公、日星、帝席、大角、攝提、太微、太子、明堂、軒轅、三台、五車、諸王、月星、織女、建星、天紀等十七座，並差在行位前。又設外官百五座於內壝之內，又設衆星三百六十座於內壝之外，各依方次十有二道之間，席皆以莞。設神位各於座首。所司陳異寶及嘉瑞等於樂懸之北東西廂。昊天上帝及配帝、五帝、日月之座設訖，〔一三〕卻收，至祀日未明五刻，郊社令、太史令各服其服，升壇重設之。其內官中官外官衆星等諸座，一設定不收也。

省牲器

省牲之日，午後十刻，〔一四〕去壇二百步所，享明堂則於明堂所，廟享則於廟所，皆二百步所焉。諸衛之屬禁斷行人。廟享則太令整拂神幄焉。晡後二刻，郊社令丞帥府史三人、諸儀二人享廟則太廟令帥府史也。及齋郎，以罇、坫、罍、洗、篚、冪入設於位。〔一五〕廟享則籩豆簠鉶皆設位，加以巾蓋。諸器物皆濯而陳之。升壇者各由其陛，升廟堂者升自東陛焉。〔一六〕晡後三刻，謁者、贊引各引祀官、公卿以下俱就東壝門外位，廟享則無壝外公卿位焉。諸太祝與廩犧令以牲就牓位。謁者引司空，諸儀並引太常卿也。贊引引御史，入詣壇東陛，升，行掃除於上，降，行樂懸於下，訖，出還本位。初，司空將升，又謁者引太常卿，贊引引御史，入詣壇東陛，升，視滌濯，於視濯溉，〔一七〕執罇者皆舉冪告絜。廟享升東階。訖，引降就省牲位，南向立。廩犧令少前，曰：「請省牲。」退復位。太常卿省牲。廩犧令又前，舉手曰：「腯。」還本位。諸太祝各循牲一帀，西向舉手曰：〔一八〕「充。」俱還本位。諸太祝與廩犧令以次牽牲詣厨，授太官。謁者引光禄卿詣厨，省鼎鑊，申視濯溉。謁者、贊引各引祀官、〔一九〕御史廟享但引御史。省視饌具。俱還齋所。享廟則進饌者入徹籩豆簠簋鉶甑以出而已。

祀日，未明十五刻，〔二〇〕太官令帥宰人以鸞刀割牲，祝史以豆取毛血，各置於饌所，遂烹牲。廟享毛血每座共實一豆。祝史洗肝於鬱鬯。又取膟膋，每座各實一豆。俱置饌所。膟膋，腸閒脂也。

鑾駕出宫上辛雩祀並同

前出宫三日，本司宣攝内外，各供其職。尚舍設行宫於壇東，南向，隨地之宜。守宫設從祀官五品以上次於承天門外東西朝堂，如常儀。

前二日，太樂令設宫懸之樂於殿庭，如常儀。駕出，懸而不作。

其日晝漏上水五刻，鑾駕發引。發引前七刻，搥一鼓，爲一嚴。三嚴時節，前一日侍中奏裁也。侍中奏開宫殿門及城門。未明五刻，搥二鼓，爲再嚴。侍中版奏：「請中嚴。」奉禮郎設從祀羣官五品以上位，文官於東朝堂之前，西向，武官於西朝堂之前，東向，俱重行北上。從祀羣官五品以上依時刻俱集朝堂次，各服其服。其六品以下及介公、酅公、褒聖侯、朝集使、諸方客使等，並駕出之日便赴祀所。所司陳大駕鹵簿於朝堂。發前二刻，搥三鼓，爲三嚴。〔二一〕諸衛之屬各督其隊與鈒戟，以次入陳於殿庭。通事舍人引從祀羣官各就朝堂前位。諸侍衛之官各服其器服。侍中、中書令以下，俱詣西階奉迎。侍中負寶如式。乘黃令進玉輅於太極殿西階之前，南向。千牛將軍一人執長刀立於輅前，北向。黃門侍郎一人在侍臣之前，贊者二人在黃門之前。侍中版奏：「外辦。」太僕卿攝衣而升，正立執轡。皇帝服衮冕，上辛服通天冠絳紗袍也。乘輿以出，降自西階，稱警蹕如常。千牛將軍執轡，皇帝升輅，太僕卿立授綏，侍中、中書令以下夾侍如常。黃門侍郎進，當鑾駕前跪，奏稱：「黃門侍郎臣某言，請鑾駕進發。」俛伏，興，退復位。凡黃門侍郎奏請，皆進鑾駕前，跪，奏稱「具官臣某言」，訖，俛伏，興。鑾駕動，又稱警蹕，黃門侍郎與贊者夾引以出，千牛將軍夾輅而趨。

駕出承天門，至侍臣上馬所，黃門侍郎奏稱：「請鑾駕權停，勑侍臣上馬。」侍中前承制，退稱：「制曰可。」〔三〕黃門侍郎退稱：「侍臣上馬。」贊者承傳，文武侍臣皆上馬。諸侍衞之官各督其屬，左右翊駕，在黃麾內。符寶郎奉六寶與殿中監後部從，在黃鉞內。侍中、中書令以下夾侍於輅前，贊者在供奉官人內。侍臣上馬畢，黃門侍郎奏稱：「請敕車右升。」侍中前承制，退稱：「制曰可。」黃門侍郎退復位。千牛將軍升訖，黃門侍郎奏稱：「請鑾駕進發。」退復位。鑾駕動，稱警蹕，鼓傳音如常。不鳴鼓吹，不得諠譁。其從祀之官，在玄武隊後如常儀。

駕將至，諸祀官俱朝服結珮，謁者引立於次前，重行，北向西上。駕至行宮南門外，迴輅南向。將軍降，立於輅右。侍中進，當鑾駕前跪，奏稱：「侍中臣某言，請降輅。」俛伏，興，還侍位。皇帝降輅，乘輿入行宮，繖扇華蓋侍衛警蹕如常儀，宿衛如式。謁者、贊引各引祀官，通事舍人分引文武羣官，集行宮朝堂，文左武右，舍人承旨敕羣官等各還次。

奠玉帛

祀日，未明三刻，諸祀官及從祀之官各服其服。〔二三〕郊社令、良醖令各帥其屬入實罇、罍、玉、幣。〔二四〕凡六罇之次，太罇爲上，實以汎齊；著罇次之，實以醴齊；犧罇次之，實以盎齊；象罇次之，實以醍齊；壺罇次之，實以沈齊；〔二五〕山罍爲下，實以三酒。〔二六〕配帝著罇爲上，實以汎齊；〔二七〕犧罇次之，實以醴齊；象罇次之，實以盎齊；山罍爲下，實以清酒。五帝日月俱以太罇實以汎齊，其内官之象罇實以醍齊，中官之壺罇實以沈齊，外官之概罇實以清酒，衆星之散罇實以昔酒。〔二八〕齊皆加明水，酒皆加玄酒，各實於上罇。玉，上帝以蒼璧，青帝以青珪，赤帝以赤璋，白帝以騶虞，黑帝以玄璜，黄帝以黄琮，日月以珪璧。昊天上帝及配帝之幣以蒼，天帝、日月、内官以下，各從方色。各長丈八尺。上辛，則五方帝各太罇爲上，實以汎齊；著罇次之，實以醴齊；犧罇次之，實以盎齊。其用玉，昊天上帝以四珪有邸，餘同。無日月以下罇。雩祀同圓丘，又有五人帝之幣，亦放其方也。太祝以玉幣置於篚。太官令帥進饌者實諸籩豆簠簋等，各設於饌幔内。

未明二刻，奉禮帥贊者先入就位。贊引引御史、博士、諸太祝及令史、祝史與執罇罍篚冪者，〔二九〕入自東壝門，當壇南重行，北面西上。〔三〇〕凡引導者，每曲一逡巡也。立定，奉禮曰：

「再拜。」贊者承傳，凡奉禮有詞，贊者皆承傳。御史以下皆再拜。訖，〔三一〕執罇罍篚冪者各就位。贊引引御史、諸太祝詣壇東陛，御史一人、太祝二人升，行掃除於上，及第一等；御史一人、太祝七人升，行掃除於下。上辛、雩祀，贊引引御史、諸太祝掃除於上，令史、祝史掃除於下。訖，各引就位。

未明一刻，謁者、贊引各引祀官及從祀羣官、客使等俱就門外位。攝儀無從祀羣官、客使，上辛、雩祀同。太樂令帥工人、二舞次入就位，文舞入陳於懸內，〔三二〕武舞立於懸南道西。其升壇者皆脫履於下，降納如常焉。謁者引司空入就位。立定，奉禮曰：「再拜。」司空再拜，訖，謁者引司空詣壇東陛，升，行掃除於上，降，行樂懸於下，訖，引復位。謁者、贊者各引祀官及從祀羣官、客使等，次入就位。

初，未明三刻，諸衞列大駕仗衞，陳設如式。侍中版奏：「請中嚴。」乘黃令進玉輅於行宮南門外，迴輅南向。若行宮去壇稍遠，嚴警如式焉。

未明一刻，侍中版奏：「外辦。」皇帝服衮冕，乘輿以出，繖扇華蓋侍衞如常儀。侍中負寶，陪從如式。皇帝升輅如初。黃門侍郎奏：「請鑾駕進發。」還侍位。鑾駕動，稱警蹕如常，千牛將軍夾輅而趨。若行宮去壇稍遠，奏升輅如式。駕至大次門外，迴輅南向。若將軍升輅，即降立於輅右焉。侍中進，當鑾駕前跪，〔三三〕奏稱：「侍中臣某言，請降輅。」俛伏，興，還侍位。皇帝降輅，乘輿之大次，繖扇華蓋侍衛如常儀。

郊社令以祝版進，御署訖，近臣奉出，郊社令受，各奠於坫。皇帝停大次半刻頃，通事舍人各引從祀文武羣官、介公、酅公、諸方客使，皆先入就位。太常博士引太常卿立於大次門外，當門北向。

侍中版奏：「外辦。」質明，皇帝改服大裘而冕，上辛、雩祀蓋服衮冕。出次，華蓋侍衛如常儀。侍中負寶，陪從如式。博士引太常卿，太常卿引皇帝，〔三四〕凡太常卿前導，皆博士先引焉。至中壝門外。上辛、雩祀內壝。殿中監進大珪，尚衣奉御又以鎮珪授殿中監，殿中監受，進。皇帝搢大珪，執鎮珪，華蓋仗衛停於門外，禮部尚書與近侍者陪從如常儀。大珪如搢不便，請先定近侍承奉焉。〔三五〕皇帝至版位，西向立。每立定，太常卿與博士退立於左。太常卿前奏稱：「請再拜。」退復位。皇帝再拜。攝事無「未明三刻」下，至此再拜儀。上辛、雩祀同。奉禮曰：「衆官再拜。」衆官在位者皆再拜。其先拜者不拜。

太常卿前奏：攝則謁者進太尉之左白，上辛、雩祀同焉。「有司謹具，請行事。」退復位。協律郎跪，俛伏，舉麾，凡取物者皆跪，俛伏而取以興；〔三六〕奠物則跪奠訖，俛伏而後興。他放此。鼓柷，奏元國諱改焉和之樂。〔三七〕乃以圜鍾爲宮，黃鍾爲角，太蔟爲徵，姑洗爲羽，作文舞之舞樂，樂舞六成。圜鍾三奏，黃鍾、太蔟、姑洗各一奏也。偃麾，戛敔，樂止。凡樂，皆協律郎舉麾，工鼓柷而後作，偃麾戛敔而後止焉。太常卿前奏稱：「請再拜。」〔三八〕退復位。皇帝再拜。攝事無太常卿至皇帝拜。上辛、雩祀同也。奉禮曰：「衆官再拜。」衆官在位者皆再拜。

正座配座太祝跪取玉幣於篚，各立於罇所；諸太祝俱取玉及幣，亦各立於罇所。太常卿引皇帝，太和之樂作，皇帝每行，皆作太和之樂。攝則謁者引太尉，以下皆謁者引太尉。太和樂，上辛、雩祀同。皇帝詣壇，升自南陛，侍中、中書令以下及左右侍衞量人從升。以下皆如之。皇帝升壇，北向立，攝則太尉升南陛，北向立。樂止。正座太祝加玉於幣以授侍中，侍中奉玉幣東向進，皇帝搢鎮珪，受玉幣。凡受物，皆搢鎮珪，跪奠訖，執珪，俛伏，興。太尉則搢笏。登歌，作肅和之樂，以大呂之均。太常卿引皇帝進，北向跪奠於昊天上帝神座，俛伏，興，太常卿引皇帝少退，北向再拜訖，太常卿引皇帝立於西方，東向。〔三九〕配座太祝以幣授侍中，侍中奉幣北向進，攝則太祝授太尉，太尉奉玉幣進奠。皇帝受幣。太常卿引進高祖神堯皇帝神座，雩祀則太宗座。俛伏，興，太常卿引皇帝少退，東向再拜訖，登歌止。太常卿引皇帝，樂作，皇帝降自南陛，還版位，西向立，樂止。攝則太尉行，還立無樂也。

初皇帝將奠配帝之幣，謁者七人各分引獻官奉玉幣俱進，跪奠於第一等神座，上辛，則謁者五人，各分引獻官，奉玉幣奠五方帝座。攝事同。雩祀，五人帝、五官相次而畢。餘星座之幣，謁者、贊引各引獻官進奠於首座，餘皆祝史齋郎助奠。訖，引還復位。攝則太尉奠配座，諸太祝及諸獻官各奉玉幣進於神座，訖，還罇所。上辛無星以下座也。

初，衆官拜訖，祝史各奉毛血之豆，〔四〇〕立於門外。登歌止，祝史奉毛血入，各由其陛升，諸太祝迎取於壇上，俱進奠於神座前，諸太祝與祝史退立於罇所。

進熟

皇帝既升，攝則太尉升，上辛、雩祀同。奠玉幣，太官令出，帥進饌者奉饌，各陳於內壝門外。〔四一〕謁者引司徒出詣饌所，司徒奉昊天上帝之俎。初，皇帝既至位，樂止，太官令引饌入。攝事則於太祝奠毛血，其太官引饌入。〔四二〕上辛、雩祀同。俎初入門，奏雍和之樂，以黃鍾之均。自後接神之樂，皆奏黃鍾。饌各至其陛，樂止。祝史俱進，跪徹毛血之豆，〔四三〕降自東陛以出。上帝之饌升自午陛，配帝之饌升自卯陛，青帝之饌升自寅陛，赤帝之饌升自巳陛，黃帝之饌升自未陛，白帝之饌升自酉陛，〔四四〕黑帝之饌升自子陛，大明之饌升自辰陛，夜明之饌升自戌陛，其內官中官諸饌，各隨便而升。上辛無大明以下饌，攝事同。雩祀五人帝饌，各由其陛升。諸太祝迎引於壇上，各設於神座前。籩豆蓋冪，先徹乃升。簠簋既奠，卻其蓋於下也。設訖，謁者引司徒、太官令帥進饌者，俱降自東陛以出，司徒復位，諸太祝各還罇所。又進設外官、衆星之饌，相次而畢。上辛無外官以下饌，雩祀又進設五官饌，並無衆星饌也。

初，壇上設饌訖，太常卿引皇帝詣罍洗，攝則謁者引太尉詣罍洗，上辛、雩祀同也。樂作；皇帝至罍洗，樂止。侍中跪取匜，興，沃水；又侍中跪取盤，興，〔四五〕承水；皇帝盥手。黃門侍郎跪取巾於篚，興，進，皇帝帨手訖，黃門侍郎受巾，跪奠於篚。黃門侍郎又取匏爵於篚，興，進，皇帝受爵。侍中酌罍水，又侍中奉盤，皇帝洗爵，黃門侍郎又授巾皆如初。皇帝拭爵訖，侍中奠盤匜，黃門侍郎受巾奠於篚，皆如常。

太常卿引皇帝，樂作；皇帝詣壇，升自南陛，訖，樂止。攝則太尉洗拭匏爵，無樂作以下儀。謁者引司徒，升自東陛，立於罇所，齋郎奉俎從之後。

太常卿引皇帝詣上帝罇所，執罇者舉冪，侍中贊酌汎齊訖，壽和之樂作。皇帝每酌獻及飲福，皆作壽和之樂。攝則謁者引太尉，升自南陛，詣上帝罇所，執事者舉冪，〔四六〕太尉酌汎齊訖，樂作。太常卿引皇帝，進昊天上帝神座前，北向跪奠爵，興，太常卿引皇帝少退，北向立，樂止。攝儀皆謁者引太尉。太祝持版進於神座之右，東向跪，讀祝文：「維某年歲次月朔日，子嗣天子臣某，敢昭告於攝則云「天子某，謹遣太尉封某臣名，敢昭告於昊天上帝」。上辛、雩祀亦同。昊天上帝：大明南至，長晷初昇，萬物權輿，六氣資始，式遵彝典，慎脩禮物，上辛云：「惟神化育羣生，財成庶品，雲雨作施，普博無私，爰因啟蟄，式遵農事。」雩祀云：「爰茲孟夏，龍見紀辰，方資長育，式遵常禮，敬以玉帛犧牲，粢盛庶品，恭致燔祀，表其寅肅。」敬以玉帛犧齊，粢盛庶品，備茲禋燎，祗薦潔誠，高祖神堯皇帝配神作主。」凡攝事祝版，應御署訖，皇帝北向再拜，侍臣奉版，郊社令受，遂奉出。皇帝再拜。攝則太尉再拜。初讀祝文訖，樂作；太祝進，跪奠版於神座，興，還罇所，皇帝拜訖，樂止。

太常卿引皇帝詣配帝酒罇所，執罇者舉冪，侍中取爵於坫，進，皇帝受爵，侍中贊酌汎齊訖，樂作，太常卿引皇帝，進高祖神堯皇帝神座前，〔四七〕雩祀太宗。東向跪，奠爵，俛伏，興，太常卿引皇帝少退，東向立，樂止。上辛又謁者五人，各引五方上帝太祝，皆取爵於坫，酌汎齊，各進奠於神座訖，還罇所。雩祀同。太祝持版進於神座之左，北向跪讀祝文曰：「維某年歲次月朔日，子孝曾孫開元神武皇帝臣某，攝則云「皇帝臣某謹遣太尉封臣某」。敢昭告於高祖神堯皇帝：履長伊始，肅事郊禋，用致燔祀於昊天上帝。伏惟慶流長發，德冠思文，對越昭升，永言配命，上辛云：「時惟孟春，敬祈嘉穀，用致禋祀昊天上帝。伏惟高祖，睿哲徇齊，欽明昭格，祭祀之禮，肅奉舊章。」雩祀云：「時惟正陽，式遵恒典，伏惟道叶乾元，德施品物，永言配命，對越昭升。」謹以制幣犧齊，粢盛庶品，式陳明薦，侑神作主，尚饗。」訖，興。皇帝再拜。初讀祝文訖，樂作；太祝進，跪奠版於神座，興，還罇所，皇帝再拜訖，樂止。

太常卿引皇帝，進昊天上帝神座前，北向立，樂作。太祝各以爵酌上罇福酒，合置一爵，太祝持爵授侍中，侍中受爵西向進，皇帝再拜，受爵，跪，祭酒，啐酒，奠爵，俛伏，興。太祝各帥齋郎進俎。太祝減神前胙肉皆取前脚第二骨也。加於俎，以胙肉共置一俎上，太祝持俎以授司徒，司徒奉俎西向進，攝則言授。皇帝受以授左右，攝則太尉以授齋郎。謁者引司徒降復位。皇帝跪，取爵，遂飲，卒爵。侍中進受爵以授太祝，太祝受爵，復於坫。皇帝俛伏，興，再拜，樂止。太常卿引皇帝，樂作，皇帝降自南階，還版位，西向立，樂止。文舞退，鼓柷，作舒和之樂，退訖，戛敔，樂止。武舞入，鼓柷，作舒和之樂，立定，戛敔，樂止。自此以上，凡攝皆太尉爲初獻，其儀依皇帝行事，贊佐皆謁者、太祝、齋郎。

皇帝將復位，謁者引太尉攝則太常卿爲亞獻，自下並改太尉爲太常卿。詣罍洗，盥手，洗拭匏爵。訖，謁者引太尉自階升壇，詣昊天上帝著罇所，執罇者舉冪，太尉酌醴齊。訖，武舞作，謁者引太尉，進昊天上帝神座前，北向跪，奠爵，興，謁者引太尉少退，北向再拜。〔四八〕訖，謁者引太尉詣配帝犧罇所，取爵於坫，執罇者舉冪，太尉酌醴齊。訖，謁者引太尉進高祖神堯皇帝神座前，〔四九〕雩祀太宗。東向跪，奠爵，興，謁者引太尉少退，東向再拜。上辛五方祝各取爵酌醴齊，供奠訖，〔五〇〕還罇所。雩祀同。訖，謁者引太尉進昊天上帝神座前，北向立。諸太祝各以爵酌罍福酒，〔五一〕合置一爵，一太祝持爵進太尉之右，〔五二〕西向立。太尉再拜受爵，跪，祭酒，遂飲，卒爵。太祝進受虛爵，復於坫。太尉興，再拜，訖，謁者引太尉卻復位。

初，太尉獻將畢，謁者引光祿卿攝則同以光祿卿爲終獻。詣罍洗，盥手，洗拭匏爵，升，酌盎齊，獻正座、配座。雩祀并獻五方帝也。終獻如亞獻之儀。上辛五帝祀亦各配獻之。訖，謁者引光祿卿降復位。

初，太尉將升獻，攝則太常卿將升獻。謁者七人分引五方帝及大明、夜明等獻官，詣罍洗，〔五三〕盥手，洗拭匏爵訖，各由其陛升，雩祀太尉將升獻，贊引引五帝獻官酌醴齊，奠太昊氏，餘座齋郎助奠。五帝將畢，五官獻官酌醍齊，奠句芒氏，餘座祝史助奠。詣第一等，俱酌汎齊訖，各進跪奠於神座前，興，各引降，還本位。〔五四〕初，第一等獻官將升，謁者五人次引獻官各詣罍洗，盥訖，〔五五〕引各由其陛升壇，詣第二等內官酒罇所，俱酌醍齊，各進跪奠爵於內官座首，興，餘座皆祝史、齋郎助奠，〔五六〕相次而畢，謁者各引獻官還本位。初，第二等獻官將升，謁者四人次引獻官俱詣罍洗盥手，各由其陛升壇，詣第三等中官酒罇所，俱酌清酒沈齊攝儀盎齊。以獻。贊引四人次引獻官詣罍洗，盥洗訖，詣外官酒罇所，俱酌清酒攝儀醍齊。以獻。贊引四人次引獻官詣罍洗，盥洗訖，詣衆星酒罇所，酌昔酒攝儀沈齊。以獻。其祝史、齋郎酌酒助奠，皆如內官之儀。訖，謁者、贊引各引獻官還本位。上辛、雩祀無日月以下獻儀也。

諸獻俱畢，武舞止。上下諸祝各進，跪徹豆，興，還罇所。徹者，籩豆各一少移於故處也。奉禮曰：「賜胙。」贊者唱：「衆官再拜。」衆官在位者皆再拜。已飲福者不拜。元和之樂作，〔五七〕太常卿前奏稱：「請再拜。」退復位。皇帝再拜。樂作一成，止。攝事則奉禮曰「衆官再拜」，衆官在位者皆再拜。

太常卿前奏：「請就望燎位。」攝則謁者進太尉之左，曰「請就望燎位」也。太常卿引皇帝，樂作；皇帝就望燎位，南向立，樂止。攝則謁者引太尉也。於羣官將拜，上下諸祝各執篚，進神座前，取玉幣、祝版，日月以上齋郎以俎載牲體、黍稷飯及爵酒，各由其陛降壇，南行，經柴壇西，過壇東行，自南陛登柴壇，以玉幣、〔五八〕祝版、饌物置於柴上。户内諸祝史又以内官以下之禮幣皆從燎。上辛無日月以下牲幣，雩祀有五帝幣。奉禮曰：「可燎。」東西面各六人，以炬燎火。半柴，太常卿前，奏：「禮畢。」攝則謁者前曰「禮畢」，則太尉出。

太常卿引皇帝還大次，樂作，皇帝出中壝門，上辛、雩祀並内壝。殿中監前受鎮珪，以授尚衣奉御，殿中監又前受大珪，華蓋侍衞如常儀，皇帝入次，樂止。謁者、贊引各引祀官，通事舍人分引從祀羣官、諸方客使以次出。贊引引御史、太祝以下俱復執事位，立定，奉禮曰：「再拜。」御史以下皆再拜，贊引引出。工人、二舞以次出。

鑾駕還宮上辛雩祀同〔五九〕

皇帝既還大次，侍中版奏：「請解嚴。」將士不得輒離部伍。皇帝停大次一刻頃，槌一鼓，爲一嚴，轉仗衞於還塗，如來儀。三刻頃，槌二鼓，爲再嚴，將士布隊仗。侍中版奏：「請中嚴。」皇帝服通天冠，絳紗袍，諸祀官服朝服。乘馬者服袴褶。五刻頃，槌三鼓，爲三嚴，通事舍人分引羣官、客使等序立於大次之前，近南。文武侍臣詣大次奉迎。乘黄令進金輅於大次門外，南向。千牛將軍立於輅右。〔六〇〕

侍中版奏：「外辦。」太僕卿升，執轡。皇帝乘輿出次，繖扇侍衞警蹕如常儀。皇帝升輅，太僕卿立授綏。黃門侍郎奏稱：「請鑾駕進發。」退復位。鑾駕動，稱警蹕如常儀。黃門侍郎、贊者夾引，千牛將軍夾輅而趨。

至侍臣上馬所，黃門侍郎奏稱：「請鑾駕權停，勑侍臣上馬。」侍中前承制，退稱：「制曰可。」黃門侍郎退稱：「侍臣上馬。」贊者承傳，文武侍臣皆上馬畢，黃門侍郎奏稱：「請勑車右升。」侍中前承制，退稱：「制曰可。」黃門侍郎退復位。千牛將軍升訖，黃門侍郎奏稱：「請鑾駕進發。」退復位。鼓傳音，鑾駕動，鼓吹振作而還。文武羣臣導從如來儀。諸方客使便還館。

駕至承天門外侍臣下馬所，鑾駕權停，文武侍臣皆下馬，千牛將軍降立於輅右。訖，鑾駕動，千牛將軍夾輅而趨。〔六一〕

駕入嘉德門，〔六二〕太樂令令撞蕤賓之鍾，左右鍾皆應，鼓柷，奏采茨之樂，至太極門，戛敔，樂止。入太極門，鼓柷，奏太和之樂，駕至橫街北，當東上閤，迴輅南向。侍中進鑾駕前跪，〔六三〕奏稱：「侍中臣某言，請降輅。」俛伏，興，還侍位。皇帝降輅，乘輿以入，繖扇侍衛警蹕如常儀，侍臣從。至閤，戛敔，樂止。

初，文武羣官至承天門外，通事舍人承旨勑羣官並還。皇帝既入，侍中版奏：「請解嚴。」扣鉦，將士各還其所。

校勘記

〔一〕皆於祀所焉　「祀」原訛「司」，「焉」原作「也」，據諸本改。

〔二〕告神作主　「告」原訛「侑」，據北宋本、傅校本、遞修本、明抄本、王吴本改。

〔三〕守宫設祀官公卿以下次於東壝之外道南北向西上焉　原「宫」訛「官」，「以下」作「等」，又脱「於」「之」「焉」三字，據北宋本、傅校本、遞修本、明抄本、明刻本、王吴本改補。

〔四〕介公　原脱「公」，據開元禮卷四補。

〔五〕其壇於神壇之景地　「景」原訛「壬」，據開元禮卷四及北宋本、傅校本、遞修本改。

〔六〕設望燎位於柴壇之北　原脱「設」，據開元禮卷四補。

〔七〕蒼牲一居前又蒼牲一又青牲一在北　原脱「居前又蒼牲一」六字，據開元禮卷四補。

〔八〕罍一　「一」原訛「二」，據北宋本改。按：開元禮卷六作「山罍一」。

〔九〕外官每道間各概罇二　「道」原訛「階」，據開元禮卷四改。

〔一〇〕五官洗於罇西　「西」原訛「北」，據開元禮卷八訂改。

〔一一〕罍水在洗東篚在洗西南肆篚實以巾爵設分獻罍洗篚冪各於其方陛道之左　原「設分獻罍洗」誤在「罍水」上，據開元禮卷四移正。

〔一二〕白帝於西陛之南　「白」原訛「北」，據諸本改。

〔一三〕日月之座設訖　「月」原訛「明」，據諸本改。

〔一四〕午後十刻　「十」原訛「二」，據開元禮卷四、新唐書禮樂志一三一六頁及北宋本、傅校本、遞修本、明抄本、明刻本改。

〔一五〕以罇坫罍洗篚冪入設於位　原脱「罍洗」，據開元禮卷四、新唐書禮樂志一三一六頁補。

〔一六〕升自東陛焉　原脱「升」，據北宋本、傅校本、遞修本、明抄本、明刻本補。

〔一七〕於視濯溉　原脱「溉」，據開元禮卷四補。

〔一八〕西向舉手曰　「西」原訛「四」，據開元禮卷四、新唐書禮樂志一三一六頁改。

〔一九〕祀官　「祀」原訛「祝」，據開元禮卷四、新唐書禮樂志一三一六頁改。

〔二〇〕未明十五刻　原脱「十」，據開元禮卷四、新唐書禮樂志一三一六頁補。

〔二一〕發前二刻搥三鼓爲三嚴　「二」原訛「一」，據開元禮卷四及北宋本、傅校本、遞修本、明抄本、明刻本改。

〔二二〕黄門侍郎奏稱請鑾駕權停勑侍臣上馬侍中前承制退稱制曰可　此二十六字原脱，據開元禮卷四補。

〔二三〕諸祀官及從祀之官各服其服　「及」原訛「入」，據諸本改。

〔二四〕各帥其屬入實罇罍玉幣　「入」原訛「人」，據諸本改。

〔二五〕實以沈齊　「沈」原訛「汎」，據唐六典卷一五、開元禮卷四改。

〔二六〕實以三酒　「三」原訛「清」，據唐六典卷一五、開元禮卷四及北宋本、傅校本、遞修本、明抄本、明刻本改。

〔二七〕實以汎齊　「汎」原訛「沈」，據開元禮卷四及北宋本、傅校本、遞修本、明抄本、明刻本改。

〔二八〕衆星之散罇實以昔酒　「昔」原訛「旨」，據唐六典卷一五、開元禮卷四改。下同。

〔二九〕祝史與執罇罍篚冪者　「祝史」原脱，據開元禮卷四、新唐書禮樂志一三一六頁補。

〔三〇〕北面西上　原脱「西」，據開元禮卷四、新唐書禮樂志一三一六頁補。

〔三一〕訖　原脱，據北宋本、傅校本、遞修本、明抄本、明刻本、王吳本補。

〔三二〕文舞入陳於懸内　「入」原訛「人」，據諸本改。

〔三三〕當鑾駕前跪　原脱「跪」，據開元禮卷四補。

〔三四〕太常卿引皇帝　原脱「卿」，據開元禮卷四、新唐書禮樂志一三一七頁補。

〔三五〕請先定近侍承奉焉　「先」原訛「立」，據北宋本改。按：開元禮卷四作「預」，通典避代宗諱改。

〔三六〕俛伏而取以興　「取」原訛「起」，據諸本改。

〔三七〕奏元國諱改焉和之樂　開元禮卷四作「奏豫和之樂」，通典避代宗諱改。

〔三八〕請再拜　原脱「請」，據開元禮卷四、新唐書禮樂志一三一七頁補。

〔三九〕太常卿引皇帝少退北向再拜訖太常卿引皇帝立於西方東向　原因上下皆有「皇帝」而脱「少退北向再拜訖太常卿引皇帝」十三字，據開元禮卷四補。

〔四〇〕祝史各奉毛血之豆　「奉」原訛「分」，據諸本改。

〔四一〕各陳於内壝門外　原脱「内」，據開元禮卷四、新唐書禮樂志一三三一頁補。

〔四二〕其太官引饌入　「入」原訛「人」，據諸本改。

〔四三〕跪徹毛血之豆　原脱「跪」，據開元禮卷四、新唐書禮樂志一三三一頁補。

〔四四〕升自酉陛　「酉」原訛「西」，據諸本改。

〔四五〕興　原訛「盥」，據開元禮卷四改。

〔四六〕執事者舉冪　「舉」原訛「奉」，據北宋本、傅校本、遞修本、明抄本、明刻本改。

〔四七〕進高祖神堯皇帝神座前　原脱「前」，據開元禮卷四補。

〔四八〕北向再拜　原脱「再」，據開元禮卷四補。

〔四九〕高祖神堯皇帝神座前　原脱下「神」，據開元禮卷四補。

〔五〇〕供奠訖　「奠」北宋本、傅校本、遞修本、明抄本、明刻本、王吴本作「尊」。按：開元禮卷六本作「俱進奠於其神座前訖」，則此「供奠訖」，似應作「俱奠訖」。

〔五一〕諸太祝各以爵酌罍福酒　「諸」原訛「跪」，據開元禮卷四及北宋本、傅校本、遞修本、明抄本、明刻本改。

〔五二〕一太祝持爵進太尉之右　原脱「一」，據開元禮卷四及北宋本補。

〔五三〕詣罍洗　「詣」原訛「謁」，據諸本改。

〔五四〕各引降還本位　原「各」下有「還」，乃涉下而衍，據開元禮卷四删。

〔五五〕盥訖　原脱「盥」，據開元禮卷四補。

〔五六〕各進跪奠爵於内官座首興餘座皆祝史齋郎助奠　原脱「爵」，又脱下「座」，據開元禮卷四及北宋本、傅校本、遞修本、明抄本、明刻本補。

〔五七〕元和之樂　「元」開元禮卷四作「豫」，通典諱改。

〔五八〕玉幣　「玉」原訛「上」，據諸本改。

〔五九〕上辛雩祀同　原「同」上有「並」，據北宋本、傅校本、遞修本、明抄本、明刻本、王吴本删。

〔六〇〕千牛將軍立於輅右　「右」原訛「左」，據開元禮卷四改。

〔六一〕千牛將軍夾輅而趨　「夾」原訛「來」，據諸本改。

〔六二〕嘉德門　「德」原訛「得」，據諸本改。

〔六三〕侍中進鑾駕前跪　原脱「跪」，據開元禮卷四及北宋本、傅校本、遞修本、明抄本、明刻本補。

王文錦點校

通典卷第一百十

禮七十　開元禮纂類五　吉禮二

皇帝季秋大享於明堂攝事附

將祀，有司卜日如別儀。前祀七日，戒誓百官，皇帝散齋、致齋，並如圓丘儀。祀官齋戒同。

陳設

前祀三日，尚舍直長施大次於明堂東門之外道北，〔一〕尚舍奉御鋪御座。守宮設文武侍臣次於大次之後，文官在左，武官在右，俱南向。〔二〕諸祀官次於璧水東門之外道南，從祀官文官九品以上於祀官之東，東方、南方蕃客又於其東，俱重行，每等異位，北向西上。介公、酅公於璧水西門之外道南，武官九品以上於介公、酅公西，西方、北方蕃客又於其西，俱重行，每等異位，北向東上。褒聖侯於文官三品之下。若有諸州使人，分方各位於文武官之後。〔三〕攝事無大次以下儀，〔四〕守宮設祀官、公卿以下次於璧水東門外道南，北向西上。設陳饌幔於璧水東門之內道北，南向。

前祀二日，太樂令設宮懸之樂於明堂前庭，如圓丘之儀。右校清掃明堂內外。〔五〕郊社令積柴於燎壇，其壇於樂懸之南。方一丈，高丈二尺，開上，南出户，方六尺。

前祀一日，奉禮設御位於堂之東南，西向。設祀官、公卿位於東門之內道南，攝事設祀官、公卿位於明堂東南。執事者位於公卿之後，近南，每等異位，俱重行，西面北上。設御史位於堂下，一位在東南，西向，一位在西南，東向，令史各陪其後。設奉禮位於樂懸東北，〔六〕贊者二人在南，差退，俱西向。設協律郎位於堂上午陛之西，東向。〔七〕設太樂令位於北縣之閒，攝事於此下便設望燎位於柴壇之北，〔八〕南向，無太祝以下至褒聖侯之位也。太祝奉玉帛位於柴壇之南，皆北向。設從祀文官九品以上位於執事之南，〔九〕東方、南方蕃客又於其南，俱每等異位，重行，西面北上。介公、酅公位於西門之內，道南，武官九品以上於介公、酅公之後，西方、北方蕃客於武官之南，俱每等異位，重行，東面北上。其褒聖侯於文武三品之下。若有諸州使人，分方位各於文武之後。又設祀官及從祀羣官等門外位於東門外道南，〔一〇〕皆如設次之式。設牲牓於東門之外，當門，西向南上，牲數如雩祀之儀。設酒罇之位於明堂之上下：〔一一〕昊天上帝太罇二，著罇二，犧罇二，山罍二，在室內神座之左。象罇二，壺罇二，山罍二，在堂下東南，西向。配帝著罇二，犧罇二，象罇二，罍二，在堂上神座之左。〔一二〕五方帝各太罇二，著罇二，犧罇二，罍一，〔一三〕各於室內神座之左，內向。〔一四〕五帝各著罇二，在堂上，各於神座之左，俱內向。五官各象罇二，在階下，皆於神座之左，俱右向。堂上之罇皆於坫，階下之罇皆藉以席，俱加勺、冪，設爵於罇下。設御洗於東階東南，攝事設祝官洗。亞獻之洗又於東南，俱北向，罍水在洗東，篚在洗西，南肆。篚實以巾、爵。設五官罍洗篚冪，各於酒罇之左，俱右向。其執罇罍篚冪者，各位於其後。各設玉幣之篚於堂之上下罇坫之閒。

祀日，未明五刻，太史令、郊社令升設昊天上帝神座於明堂太室之內中央，南向，席以槀秸。設睿宗大聖真皇帝神座於上帝之東南，西向，席以莞。設青帝於木室，〔一五〕西向；赤帝於火室，北向；黃帝於太室南户之西，北向；白帝於金室，東向；黑帝於水室，南向：席皆以稾秸。設太昊、炎帝、〔一六〕軒轅、少昊、顓頊之座，各於五方帝之左，俱內向，差退。若非明堂五室，皆如雩祀圓丘設座之禮。設五官座於明堂之庭，各依其方，俱內向，席皆以莞。設神位各於座首。

省牲器如別儀。

鑾駕出宮如圓丘儀。

奠玉帛

祀日未明三刻，諸祀官各服其服。其設鐏罍玉幣、升行掃除、門外位儀，〔一七〕舞人就位、皇帝出行宮之次、羣官入就位、近侍臣陪從儀，並同圓丘。攝亦如圓丘攝事。皇帝至版位，西向立。每立定，〔一八〕太常卿與博士退立於左。太常卿前奏稱：〔一九〕「請再拜。」退復位。皇帝再拜。奉禮曰：「衆官再拜。」衆官在位者皆再拜。〔二〇〕謁者引諸獻官俱詣東陛升堂，立於鐏所。太祝與諸獻官皆跪取玉幣於篚，立於東南隅，西向北上。〔二一〕五方帝、五配帝太祝立於西南隅，東向北上。五方帝、五帝、〔二二〕五官諸太祝及獻官又取幣於篚立於鐏所。

太常卿引皇帝，太和之樂作，皇帝每行，皆振太和之樂。皇帝升自南陛，侍中、中書令以下及左右侍衛量人從升，以下皆如之。攝則謁者引太尉升南陛，奠玉帛。太祝加玉於幣以授侍中，侍中奉玉帛西向進，皇帝搢鎮珪，受玉帛。凡受物皆搢鎮珪，奠訖，執珪，俛伏，興。皇帝升堂，北面立，樂止。太常卿引皇帝進，北向跪奠於昊天上帝神座前，登歌，作肅和之樂，以大呂之均。〔二三〕俛伏，興，太常卿引皇帝立於南方，北面。五方帝之太祝奉玉帛，各奠於神座，還罇所。皇帝再拜訖，太祝又以配帝之幣授侍中，攝事皆謁者贊授太尉，上下皆然。侍中奉幣西向進，皇帝受幣，太常卿引皇帝進，東面跪，奠於睿宗大聖真皇帝神座前，〔二四〕俛伏，興，太常卿引皇帝立於東方，西向。五帝之獻官各奠幣於神座，各還；五官之祝次奠幣神座，各還罇所。皇帝再拜訖，登歌止。太常卿引皇帝，樂作，皇帝降自南陛，還版位，西向立，樂止。

初羣官拜訖，祝史皆奉毛血之豆立於堂下，於登歌止，祝史奉毛血各由其陛升，諸太祝迎取於堂上，俱進奠於神座，諸太祝與祝史退立於罇所。

進熟

皇帝既升奠玉帛，其設饌盥洗罇爵，一如圜丘之儀。攝則太尉既升奠。太常卿引皇帝立於南方，北向。太祝一人持版進於皇帝之右，西面跪讀祝文曰：「維某年歲次某月朔日，子嗣天子臣某敢昭告於攝事云「天子臣某，謹遣太尉封臣名，敢昭告於」。昊天上帝：惟神覆燾羣生，陶甄庶類，〔二五〕不言而信，普博無私。謹擇元辰，祗率恒禮，敬以玉帛犧齊，粢盛庶品，肅恭禋祀，式展誠敬，皇考睿宗大聖真皇帝配神作主，尚饗。」訖，興。皇帝再拜。初讀祝文訖，樂作，太祝進奠版於天帝神座前，〔二六〕還鐏所，皇帝拜訖，樂止。太常卿引皇帝詣配帝酒鐏所，執鐏者舉冪，侍中取爵於坫，進，皇帝受爵，〔二七〕侍中贊酌汎齊。訖，樂作，太常卿引皇帝，進睿宗大聖真皇帝座前，東向跪奠爵，〔二八〕俛伏，興，太常卿引皇帝立於東方，西向。謁者五人引五方帝之太祝詣罍洗盥手，俱取匏爵於坫，酌汎齊，各進奠於其神座前，〔二九〕還鐏所，樂止。配帝太祝一人持版進於皇帝之左，北面跪讀祝文曰：「維某年歲次月朔日，孝子開元神武皇帝臣某，敢昭告於皇考睿宗大聖真皇帝：祗率舊章，肅恭恒禮，敬致禋祀於昊天上帝。惟皇考德光宇宙，道叶乾元，申錫無疆，實膺嚴配。謹以制幣犧齊，粢盛庶品，肅恭明薦，侑神作主，尚饗。」訖，興。皇帝再拜。

初讀祝文訖，樂作，太祝進奠版於神座前，還鐏所，皇帝拜訖，樂止。太常卿引皇帝南方北向立，樂作，其飲福、還宮，並如圓丘儀。攝事亦同雩祀攝事。

皇帝立春祀青帝於東郊立夏祀赤帝於南郊，季夏土王日，祀黄帝於南郊，〔三〇〕立秋祀白帝於西郊，立冬祀黑帝於北郊及攝事並附。

齋戒攝事祀官齋戒如圓丘儀。

前祀七日，平明，太尉誓百官於尚書省曰：「某月某日，祀青帝於東郊，各揚其職，〔三一〕不供其事，國有常刑。」皇帝散齋四日，致齋三日，如圓丘儀。

陳設

前祀三日，尚舍直長施大次於外壝東門之内道北，南向，尚舍奉御鋪御座。攝事則衛尉設祀官、公卿以下次於道南，北向西上。衛尉設陳饌幔於内壝東門之外道南，北向。設文武侍臣次。又設祀官及從祀羣官、諸州使、蕃客等次。

前祀二日，太樂令設宫懸之樂於壇南内壝之内，〔三二〕設歌鐘歌磬於壇上，〔三三〕各如圓丘之儀。右校掃除壇之内外。郊社令積柴於燎壇，其壇於樂懸之南，外壝之内。攝事則其壇於神壇之左，内壝之外。方一丈，高丈二尺，開上，南出户，方六尺。

前祀一日，奉禮設御位在壇之東南，西向。攝事則設祀官、公卿位於内壝東門之内道北，執事位於道南，每等異位，重行西向，以北爲上。設望燎位於柴壇之北，南向。設祀官、公卿位於内壝東門之外道南，分獻之官於公卿之南，執事位於其後。設祀官及從祀羣官位及門外等位，一如圓丘。攝事則御史位於壇上。設牲牓於東壝之外，當門西向；〔三四〕配帝牲牓少退，南上。設廩犧令位於牲西南，史陪其後，〔三五〕俱北向。設諸太祝位於牲東，各當牲後，祝史陪其後，俱西向。設太常卿省牲位於牲前，近北，南向。設青帝夏赤帝，季夏黃帝，秋白帝，冬黑帝。酒罇於壇之上下：太罇二，著罇二，犧罇二，罍二，在壇上，於東南隅，北向；象罇二，壺罇二，山罍二，在壇下，皆於南陛之東，北向西上。設配帝著罇二，犧罇二，象罇二，罍一，在壇上，於青帝酒罇之東，北向西上。歲星、三辰、句芒氏夏祝融，季夏后土，秋蓐收，冬玄冥。以下放此。俱象罇二，各設於神座之左，皆右向；七宿壺罇二，設於神座之右而左向。上帝、配帝之罇置於坫，星辰以下罇藉以席，皆加勺、冪，設爵於罇下。〔三六〕設御洗於壇南陛東南，亞獻之洗又於東南，俱北向。罍水在洗東，篚在洗西，南肆。篚實以巾、爵。設星辰以下罍洗篚冪各於其方陛道之左，〔三七〕俱內向，執罇罍篚冪者各於其後。又設玉幣之篚於壇上下罇坫之所。

祀日未明五刻，太史令、郊社令設青帝靈威仰神位赤帝赤熛怒，黃帝含樞紐，白帝白招拒，黑帝叶光紀。於壇上北方，南向，席以稾秸。設帝太昊氏神座夏神農，季夏軒轅，秋則少昊，冬顓頊。以下倣此。於東方，西向，席以莞。設歲星、三辰之座於壇之東北，七宿之座於壇之西北，各於壇下南向相對爲首；〔三八〕設句芒氏之座於壇之東南，〔三九〕西向。席皆莞。設神位各於座首。

省牲器如別儀。

鑾駕出宮如圓丘儀。

奠玉帛

祀日，未明三刻，諸祀官各服其服。郊社令、良醖令各率其屬入實罇罍玉幣。凡六罇之次，太罇爲上，實以汎齊；著罇次之，實以醴齊；犧罇次之，實以盎齊；象罇次之，實以醍齊；壺罇次之，實以沈齊；山罍下，實以三酒。〔四〇〕配帝著罇爲上，實以汎齊；犧罇次之，實以醴齊；象罇次之，實以盎齊。其歲星、三辰、句芒氏之象罇，俱實以醍齊；七宿之壺罇，俱實以沈齊。玄酒各實於五齊之上罇。禮神之玉，東方以青珪，南方以赤璋，中央以黄琮，西方以騶虞，北方以玄璜。其幣各隨方色，長丈八尺。太官令帥進饌者實籩豆簠簋，〔四一〕入設於内壝東門之外饌幔内。

未明二刻，奉禮帥贊者先入就位，贊引引御史、〔四二〕博士、諸太祝及令史、祝史與執罇罍篚冪者，入自東壝門，當壇南重行，北面西上。立定，奉禮曰：「再拜。」贊者承傳，御史以下皆再拜。訖，執罇罍篚冪者各就位。贊引引御史、博士、諸太祝詣卯陛升，行掃除於上，令史、祝史行掃除於下。訖，引就位。

車駕將至，〔四三〕謁者、贊引引祀官，通事舍人分引從祀羣官、諸方客使先置者，各就門外位。

駕至大次門外，迴輅南向。將軍降，立於輅右。侍中進，當鑾駕前跪，奏稱：「侍中臣某言，請降輅。」俛伏，興，還侍位。皇帝降輅之大次。通事舍人各引文武九品以上從祀之官皆就壝外位。〔四四〕攝則無「車駕將至」下至「壝外位」儀。太樂令帥工人、二舞次入就位，文舞入陳於懸內，武舞立於懸南道西。謁者引司空入行掃除訖，〔四五〕出復位如常儀。

皇帝停大次半刻頃，通事舍人、贊引各引從祀羣官、介公、酅公、諸方客使先入就位。太常博士引太常卿立於大次門外，〔四六〕當門北向。

侍中版奏：「外辦。」攝則初司空入，謁者引祀官，贊引引執事，俱就門外位，司空掃除訖，各引入就位，贊再拜，謁者進太尉之左白「有司謹具請行事」。無「皇帝停大次」下至「太常卿奏謹具」儀。皇帝服大裘而冕，夏服袞冕。出次，華蓋侍衞如常儀。博士引太常卿，太常卿引皇帝，凡太常卿前導，皆博士先引。至內壝門外。〔四七〕殿中監進大珪，尚衣奉御又以鎮珪授殿中監，殿中監受，進。皇帝搢大珪，執鎮珪，華蓋仗衞停於門外，〔四八〕近侍者從入如常，謁者引禮部尚書、太常少卿陪從如常儀。皇帝至版位，西向立。每立定，太常卿、博士即立於左。謁者、贊引各引祀官次入就位。立定，太常卿前奏稱：「請再拜。」退復位。皇帝再拜。奉禮曰：「衆官再拜。」衆官在位者皆再拜。其先拜者不拜。

太常卿前奏：「有司謹具，請行事。」退復位。協律郎跪，俛伏，舉麾，鼓柷，奏角音，夏徵音，季夏宫音，秋商音，冬羽音。乃以黄鍾之均，作文舞之舞樂六成，〔四九〕偃麾，戛敔，樂止。太常卿前奏稱：「請再拜。」退復位。皇帝再拜。攝事拜。奉禮曰：「衆官再拜。」衆官在位者皆再拜。

上下諸太祝俱取玉幣於篚，〔五〇〕各立於罇所。其奠玉幣及毛血，並如圓丘儀。攝則太尉爲初獻，受玉幣，登歌，作肅和之樂，餘亦如圓丘攝事之儀。

進熟

皇帝既升奠玉帛，其設饌盥洗奠，皆如圓丘之儀。攝事如圓丘攝事儀。

太祝持版進於神座之右，東向跪，讀祝文曰：「維某年歲次某月朔某日，子嗣天子臣某，攝事云「嗣天子之臣某，謹遣太尉封臣名」。敢昭告於青帝靈威仰：獻春伊始，時惟發生，品物昭蘇，式遵恒禮，敬以玉帛犧齊，粢盛庶品，肅恭燔祀，暢兹和德，帝太昊氏配神作主，尚饗。」訖，興。夏云「昭告於赤帝赤熛怒，朱明戒序，長嬴馭節，庶品蕃碩，用遵恒典，敬以玉帛犧齊，粢盛庶品，恭敬禋祀，肅昭養德，帝神農氏配神作主」。〔五一〕季夏云「黄帝含樞紐，爰兹溽暑，實惟土潤，戊己統位，黄鍾在宫，敬以玉帛犧齊，粢盛庶品，恭備燔祀，〔五二〕式虔厚德，帝軒轅氏配神作主」。秋云「白帝白招拒，素秋伊始，品物收成，祇率舊章，展其恒禮云云，〔五三〕帝少昊氏配神作主」。冬云「黑帝叶光紀，玄冥戒序，庶類安寧，資此積歲，祇率恒典云云，帝顓頊氏配神作主」。皇帝再拜。初讀祝文訖，樂作，太祝進奠版於神座前，興，還罇所，皇帝拜訖，樂止。

太常卿引皇帝詣配帝酒罇所，執罇者舉冪，侍中取爵於坫，進，皇帝受爵，侍中贊酌汎齊。〔五四〕訖，樂作，太常卿引皇帝進，當太昊氏神座前，東向跪，奠爵，俛伏，興，太常卿引皇帝少退，東向立，樂止。太祝持版進於神座之左，北面跪讀祝文曰：「維某年歲次某月朔日，子開元神武皇帝臣某，敢昭告於帝太昊氏：爰始立春，盛德在木，用致燔燎於青帝靈威仰。〔五五〕惟帝布兹仁政，功叶上玄，謹以制幣犧齊，粢盛庶品，備兹明薦，配神作主，尚饗。」訖，興。夏云「昭告於帝神農氏，時惟孟夏，火德方融，用致明禋於赤帝赤熛怒。惟帝表功協德，允斯作對，謹以制幣犧齊，粢盛庶品，式陳明薦，配神作主」。季夏云「告於帝軒轅氏，時惟季夏，位膺土德，式奉明禋於黄帝含樞紐。〔五六〕惟帝功施厚地，道合上玄，謹以」云云。秋云「告於帝少昊氏，時惟立秋，金德在馭，用致燔燎於白帝白招拒。惟帝立兹義政，〔五七〕叶此神功，謹以」云云。冬云「告於帝顓頊氏，時惟立冬，水德在馭，用致禋燎於黑帝叶光紀。惟帝道合乾元，允兹升配，謹以」云云。

其飲福及亞獻、終獻至還宮，〔五八〕並同圓丘。〔五九〕攝事同圓丘攝事。〔六〇〕

皇帝臘日禮百神於南郊攝事附

齋戒如圓丘儀。從祀官及攝事齋戒並如前儀。

陳設

前禮三日，尚舍直長施大次於外壝東門之内道北，南向，尚舍奉御鋪御座。攝事，衞尉設祀官、公卿以下次於東壝之外道南，北向，以西爲上。衛尉設陳饌幔於内壝東門西門之外，道東，西向。〔六一〕東方南方之饌，陳於東門外，西方之饌陳於西門外，〔六二〕北方之饌陳於北門之外。設文武侍臣次。又設祀官及從祀羣官、諸州使人、蕃客等次。攝則無文武侍臣、蕃客等次。

前䄍二日，太樂令設宮懸歌鐘歌磬，如圓丘之儀。右校掃除壇之内外。郊社令積柴於燎壇，其壇於神壇之左，内壝之外。方八尺，高一丈，開上，南出户，方三尺。〔六三〕右校爲瘞埳於壇之壬地，内壝之外，方深取足容物，南出陛。

前䄍一日，奉禮設御座及望燎位，祀官、從祀羣官、諸州使人、蕃客等位於壝門外，皆如圓丘之儀。〔六四〕攝事如圓丘之儀。設日月酒罇之位。大明太罇二，著罇二，罍一，在壇上，於東南隅，北向；夜明太罇二，著罇二，罍一，在壇上，於西南隅，北向。神農氏、伊耆氏各著罇二，各於其壇上。五星、五官、后稷各象罇二，七宿、田畯、龍、麟、朱鳥、騶虞、玄武等各壺罇二，麟羽臝毛介等散罇二，俱設於神座之左而右向。五方岳鎮海瀆俱山罇二，山林川澤俱蜃罇二，丘陵、墳衍、原隰、井泉、水墉、坊、郵表畷、於菟、猫等俱散罇二，各設於神座之右而左向。伊耆氏以上之罇置於坫，星辰以下之罇藉以席，皆加勺、冪，設爵於罇下。設御洗於壇南陛東南，亞獻之洗又於東南，北向，罍水在洗東，篚在洗西，南肆。篚實以巾、爵。設分獻罍洗篚冪各於其方陛道之左右，〔六五〕俱内向。執罍洗篚冪者，各立於罇罍篚冪之後。各設玉幣之篚於壇之上下罇坫之所。晡後，謁者引光禄卿詣厨視濯溉，又謁者引諸祀官詣厨省饌具，訖，還齋所。

禮日，未明十刻，太官令帥宰人以鸞刀割牲，〔六六〕祝史以豆取毛血置於饌所，遂烹牲。日青牲一，月白牲一，其餘方各少牢一。未明五刻，太史令、郊社令升設日月神座於壇上，大明於北方，少東，夜明於大明之西，俱南向，席皆以稾秸。神農、伊耆神座各於其壇上，俱內向。設后稷氏神座於壇東，西向。設五官、田畯之座各於其方。設五星、十二次、二十八宿、五方、岳鎮、〔六七〕海瀆、山林、川澤、丘陵、墳衍、原隰、井泉神座各於其方之壇。其五方神獸、鱗、羽、羸、毛、介、水墉、坊、郵表畷、於菟、猫等之座各於其方壇之後。俱內向，相對爲首。自神農、伊耆以下百九十座，席皆以莞，設神位各於座首。

鑾駕出宮如圓丘儀。

奠玉帛

禮日未明三刻，諸祀官各服其服。郊社令、良醞令各帥其屬入實罇罍玉幣。凡罇之次，太罇爲上，實以醴齊；著罇次之，實以盎齊。神農、伊耆氏之著罇，實以盎齊；五星、三辰、五官、后稷、田畯之象罇，俱實以醍齊；七宿之壺罇，〔六八〕實以沈齊；五方岳鎮海瀆之山罇，實以醍齊；山林川澤之蜃罇，實以沈齊；〔六九〕丘陵以下之散罇，實以清酒。玄酒各實於諸座之上罇。禮神之玉，大明、夜明以珪璧。〔七〇〕大明之幣以青，夜明以白，神農氏幣以赤，

伊耆氏幣以玄，五星以下之幣各從方色。　太官令帥進饌者實諸籩豆簠簋，各設於内壝之外饌幔内。〔七一〕

其日未明二刻，奠玉幣毛血等如圓丘儀。皇帝服玄冕出次。壇上神位大明夜明。鼓柷，作無射、夷則，奏永和，蕤賓、姑洗、太蔟奏順和，黄鐘奏元和，凡六均，均一成，俱以文舞。攝事如圓丘之攝事儀。

進熟

皇帝既升奠玉帛，其設饌盥洗奠爵，並如圓丘儀。攝事亦同。

太祝持版進於神座之左，西面跪讀祝文曰：「維某年歲次月朔日，子嗣天子臣某，攝則云「謹遣太尉封臣名」，以下改皇帝爲太尉。皆謁者贊引。敢昭告於大明：惟神晷耀千里，精烜萬物，覺寤黎蒸，化成品彙。今璇璣齊運，〔七二〕玉燭和平，六府孔脩，百禮斯洽。謹以玉帛犧齊，粢盛庶品，致其燔燎，尚饗。」訖，興。皇帝再拜。初讀祝文訖，樂作，太祝進，跪奠版於神座，興，還鐏所，皇帝再拜訖，樂止。

太常卿引皇帝詣夜明鐏所，執鐏者舉冪，侍中取匏爵於坫，進，皇帝受爵，侍中贊酌醴齊訖，樂作；太常卿引皇帝進夜明神座前，北向跪，奠爵，俛伏，興，太常卿引皇帝少退，北向立，樂止。太祝持版進於神座之右，東面跪讀祝文曰：「維某年歲次月朔日，子嗣天子臣某，敢昭告於夜明：惟神貞此光華，恒兹盈減，表斯寒暑，節以運行，對時育物，登成是賴。

豐年之報，式備恒禮。謹以制幣犧齊，粢盛庶品，致其燔燎，尚饗。」訖，興。皇帝再拜。讀祝文訖，樂作，太祝進，跪奠版於神座，興，還罇所，皇帝拜訖，樂止。

太常卿引皇帝少退，當兩座前，北向立，樂作，其飲福受胙並如圓丘儀。

皇帝獻將畢，謁者引太尉攝則謁者引太常卿。以下倣此。詣罍洗，盥手、洗匏爵訖，謁者引太尉自東陛升壇，詣大明著罇所，執罇者舉冪，太尉酌盎齊，武舞作，謁者引太尉進大明神座前，北向跪奠爵，興，謁者引太尉少退，再拜。謁者引太尉詣夜明罇所，〔七三〕取匏爵於坫，執罇者舉冪，太尉酌盎齊訖，謁者引太尉進夜明神座前，北向跪奠爵，興，謁者引太尉少退，再拜。謁者引太尉少東，當兩座前，北向立，太尉再拜，受爵，跪，祭酒，遂飲，卒爵，太祝進受爵，復於坫，太尉興，再拜。謁者引太尉降復位。

初太尉獻將畢，謁者引光禄卿攝事同以光禄卿爲終獻。詣罍洗，盥手洗匏爵，升酌盎齊，終獻如亞獻之儀。〔七四〕

初亞獻升壇，〔七五〕謁者二人分引獻官詣罍洗，盥手，洗爵，酌酒，一獻帝伊耆氏，一獻神農氏，跪奠爵神座前，俛伏，興，向神立，太祝持版進於神座之右，跪讀祝文訖，興，獻官再拜訖，謁者引降還本位。

初伊耆氏獻官將升，謁者五人各引獻官詣分獻罍洗，盥手洗爵，詣酒罇所酌酒，一獻歲星，一獻熒惑，一獻鎮星，一獻太白，一獻辰星，〔七六〕各奠於神座，少退，向神立。於獻官奠訖，三辰七宿皆祝史助奠，〔七七〕相次俱畢。太祝各持版進於神座之右，跪讀祝文訖，興，凡讀禬祝文，〔七八〕每一番獻酒，從東方祝文爲始。讀祝訖，次南方，次西方，次北方。〔七九〕餘神亦同也。獻官再拜訖，太祝各進奠版於神座前，還罇所。

謁者遂引五星等獻官詣罍洗，〔八〇〕盥手洗爵，各詣酒罇所酌酒，一獻東岳，一獻南岳，一獻中岳，一獻西岳，一獻北岳，俱奠於神座，少退，向神立。岳鎮、海瀆、山林、川澤、丘陵、墳衍、原隰、井泉皆祝史助奠，相次俱畢。太祝持版進神座之右，跪讀祝文訖，興，獻官再拜訖，太祝奠版於神座，還罇所。謁者各引獻官還本位。

初酌岳鎮酒，贊引五人各引獻官詣罍洗盥洗，詣酒罇所酌酒，一獻句芒氏，一獻祝融氏，一獻后土氏，一獻蓐收氏，一獻玄冥氏。后稷、田畯等各祝史助奠訖，祝史持版進神座之右，跪讀祝文訖，興，餘與東方同，唯無后稷。獻官拜訖，〔八一〕祝史奠版於神座。

贊引遂引五官獻官等詣罍洗盥洗，詣酒罇所酌酒，〔八二〕分獻五靈。其鱗、羽、鸁、毛、介、猫、於菟、坊、水墉、昆蟲等皆齋郎助奠，相次俱畢。祝史持版跪讀祝文訖，興，獻官拜訖，〔八三〕奠版，各引還本位。武舞六成，樂止。

舞獻俱畢，上下諸祝各進徹豆，還罇所。徹者，籩豆各一少移故處。奉禮曰：「賜胙。」贊者唱：「衆官再拜。」衆官在位皆再拜。已飲福受胙者不拜。元和之樂作，太常卿前奏稱：「請再拜。」退位。皇帝再拜。奉禮曰：「衆官再拜。」在位者皆再拜。樂一成，止。

太常卿前奏：「請就望燎位。」攝事，謁者引太尉就望燎位。太常卿引皇帝，樂作，皇帝就望燎位，南向立，樂止。於羣官將拜，上下諸祝各執篚進神座前，跪，取玉帛、祝版，齋郎以俎載牲體、稷黍飯、爵酒，各由其陛降壇南行，經懸内，當柴壇南，東行，〔八四〕自南陛登柴壇，以玉幣、饌物、祝版置於柴上户内，諸祝以星辰七宿以上之禮幣皆從燎。神農、伊耆氏、岳鎮以下諸祝俱詣瘞埳，〔八五〕以玉幣饌物置於埳。訖，奉禮曰：「可燎。」東西面各六人炬燎。初唱可燎，埳東西廂各四人寘土。〔八六〕火半柴，太常卿前奏：「禮畢。」攝事，謁者白禮畢。

太常卿引皇帝還大次，樂作，皇帝出中壝門，殿中監前受鎮珪，以授尚衣奉御，殿中監又前受大珪，華蓋侍衛如常儀，皇帝入次，樂止。

謁者、贊引各引祀官，〔八七〕通事舍人分引從祀羣官、諸國客使以次出。贊引引御史以下俱復執事位。立定，奉禮曰：「再拜。」御史以下皆再拜，贊引引出。工人、二舞以次出。其神農以下祝版，燔於齋所。

鑾駕還宮如圓丘之儀。〔八八〕

伊耆氏祝文曰：「維某年歲次月朔日，子嗣開元神武皇帝諱，謹遣具位臣姓名，敢昭告於帝伊耆氏：惟帝體仁尚義，崇本念功，爰創嘉祀，息農饗物。今九土攸宜，百穀豐稔，備兹八措，大旅四方。謹以制幣犧齊，粢盛庶品，明薦於帝，尚饗。」

神農氏祝文曰：「維某年歲次月朔日，子嗣開元神武皇帝諱，謹遣具位臣姓名，敢昭告於帝神農氏：惟帝肇興播植，粒此黎元。今時和歲稔，神功是賴。謹以制幣犧齊，粢盛庶品，明薦於帝，尚饗。」

東方歲星祝文曰：「維某年歲次月朔日，子嗣天子諱謹遣具位臣姓名，敢昭告於東方歲星七宿：惟神列位垂象，叶贊穹蒼，昭晰羣生，蕃阜庶類。今時和歲稔，恒禮是率，謹陳嘉薦，庶神饗之。」南方、中央、西方、北方準此。

東方岳鎮海瀆祝文曰：「維某年歲次月朔日，子嗣天子諱謹遣具位臣姓名，敢昭告於東方岳鎮海瀆：惟神宣導坤儀，興降雲雨，亭毒庶品，實賴滋液。年穀順成，用通大措，謹薦嘉祀，溥及一方，山林川澤，丘陵墳衍，原隰井泉，庶神咸饗。」南方、西方、北方準此。

句芒氏祝文曰：「維某年歲次月朔日，子嗣開元神武皇帝諱，謹遣具位臣姓名，敢昭告於句芒氏：惟神贊陽出滯，發生品物，萌者畢達，仁德以宣，用陳明薦，神其臨饗。」

后稷氏祝文曰：「維某年歲次月朔日，子嗣開元神武皇帝諱，謹遣具位臣姓名，敢昭告於后稷氏：惟神誕降嘉種，播兹百穀，蒸庶以粒，乂此萬邦，爰及田畯，實勸農穡，謹薦明祀，庶神饗之。」

祝融氏祝文曰：「維某年歲次月朔日，子嗣開元神武皇帝諱，謹遣具位臣姓名，敢昭告於祝融氏：惟神典司火正，淳曜昭明，式贊南訛，厥功以致，豐年之薦，庶神臨饗。」

后土氏祝文曰：「維某年歲次月朔日，子嗣開元神武皇帝諱，謹遣具位臣姓名，敢昭告於后土氏：惟神式贊黄道，典司土正，居中執信，是興稼穡，年穀既登，庶饗嘉薦。」

蓐收氏祝文曰：「維某年歲次月朔日，子嗣開元神武皇帝諱，謹遣具位臣姓名，敢昭告於蓐收氏：惟神典司金正，式贊西成，執矩懷莊，尚義趨力，豐年之報，饗兹嘉祀。」

玄冥氏祝文曰：「維某年歲次月朔日，子嗣開元神武皇帝諱，謹遣具位臣姓名，敢昭告於玄冥氏：惟神典司水正，贊序幽都，厥務安寧，積藏斯在，豐年之祀，庶饗明薦。」

蒼龍祝文曰：「維某年歲次月朔日，子嗣天子諱，謹遣具位臣姓名，敢昭告於蒼龍之神：惟神體備幽明，質兼小大，實爲鱗長，贊明造物，〔八九〕歲稔年登，寔資弭患。式陳嘉薦，百靈是屬。爰集東方鱗羽臝毛介衆族，〔九〇〕猫、於菟、坊、水墉、昆蟲諸神咸饗。」其朱鳥、騶虞、玄武祝文首尾，並與此同。麟祝文發首亦同。

朱鳥之神：「惟神肇自火精，冠兹羽族，輔時宣化，效祥蹈禮，年和歲稔，有賴厥功。」

麟之神：「惟神體信爲質，惟和是歸，作長毛宗，表靈玉牒，年穀豐稔，寔資宣助，式陳嘉薦，庶神臨饗。」

騶虞之神：「惟神性履至仁，稟靈金宿，贊育生類，實參利物，爰兹報功，用率恒祀。」

玄武之神：「惟神誕稟辰精，長兹介族，先知稱貴，誠行攸底，伊此豐年，有憑宜慶。」

校勘記

〔一〕明堂東門之外道北　原脱「門」，據開元禮卷一〇補。

〔二〕俱南向　「南」原訛「相」，據開元禮卷一〇改。按：北宋本、傅校本作「俱向」，脱「南」字。

〔三〕分方各位於文武官之後　原脱「位」，據開元禮卷一〇補。按：北宋本、傅校本、遞修本、明抄本、明刻本「位」在「後」下。

〔四〕攝事無大次以下儀　句上原有「惟」，據北宋本、傅校本、遞修本、明抄本、明刻本删。

〔五〕右校清掃明堂内外　「外」原訛「官」，據開元禮卷一〇改。

〔六〕設奉禮位於樂懸東北　原脱「北」，據開元禮卷一〇及本書卷一〇九補。

〔七〕設協律郎位於堂上午陛之西東向　原「西東」誤倒，據開元禮卷一〇及本書卷一〇九乙。按：北宋本不誤。

〔八〕攝事於此下便設望燎位於柴壇之北　「事」原訛「則」，據北宋本、傅校本、遞修本、明抄本、明刻本改。

〔九〕設從祀文官九品以上位於執事之南　原脱「位」，據本書卷一〇九補。

〔一〇〕又設祀官及從祀羣官等門外位於東門外道南　「位」原訛「道」，據諸本改。

〔一一〕設酒罇之位於明堂之上下　原脱「於」，據開元禮卷一〇補。

〔一二〕在堂上神座之左　「上」原訛「下」，諸本及開元禮卷一〇並誤。觀下文配帝神座在昊天上帝神座之左前側，知兩神座同在堂上無疑。開元禮卷一一季秋大享明堂有司攝事正作「上」，尤爲明證。今據改。

〔一三〕罍一　「一」原訛「二」，據開元禮卷一〇及北宋本、傅校本、遞修本、明抄本、明刻本改。

〔一四〕各於室内神座之左内向　「左内」原倒，據開元禮卷一〇乙正。

〔一五〕設青帝於木室　「木」原訛「本」，據諸本改。

〔一六〕炎帝　「炎」原訛「災」，據諸本改。

〔一七〕其設罇罍玉幣升行掃除門外位儀　原脱「其」，據北宋本、傅校本、遞修本、明抄本、明刻本補。

〔一八〕每立定　原「每」下衍「位」，據北宋本、傅校本、遞修本、明抄本、明刻本删。

〔一九〕太常卿前奏稱　「奏」原訛「奉」，據諸本改。

〔二〇〕衆官在位者皆再拜　開元禮卷一〇於此下尚有奏豫和之樂，舞六成之儀，通典漏載。

〔二一〕西向北上　「西」原訛「東」，據開元禮卷一〇改。

〔二二〕五帝　原脱，據開元禮卷一〇補。

〔二三〕北向跪奠於昊天上帝神座前　原脱「前」，據開元禮卷一〇補。

〔二四〕東面跪奠於睿宗大聖真皇帝神座前　「東」原訛「西」，據開元禮卷一〇改。按：睿宗神座西向，對之跪奠禮幣，自當東面。

〔二五〕陶甄庶類　「陶甄」原倒，據開元禮卷一〇及北宋本、傅校本、遞修本、明抄本、明刻本乙。

〔二六〕天帝神座前　「帝」原訛「地」，據諸本改。又，原無「前」字，據開元禮卷一〇補。

〔二七〕皇帝受爵　原句上衍「引」，據開元禮卷一〇删。

〔二八〕東向跪奠爵　「東」原訛「西」，據開元禮卷一〇改。按：睿宗神座西向，對之跪奠爵，自應東向。

〔二九〕各進奠於其神座前　原脱「其」，據開元禮卷一〇及北宋本、傅校本、遞修本、明抄本、明刻本補。

〔三〇〕季夏土王日祀黄帝於南郊　「王」原訛「旺」，據北宋本、傅校本、遞修本、明抄本、明刻本改。又「黄」原訛「皇」，據諸本改。

〔三一〕各揚其職　「各」原訛「章」，據諸本改。

〔三二〕壇南内壝之内　原脱上「内」，據開元禮卷一二補。

〔三三〕壇上　「上」原訛「土」，據諸本改。

〔三四〕當門西向　原脱「向」，據開元禮卷一二補。

〔三五〕史陪其後　原「史」上衍「御」，據開元禮卷一二删。

〔三六〕設爵於罇下　「爵」原訛「座」，據諸本改。

〔三七〕罍洗篚冪　原脱「冪」，據開元禮卷一一二補。

〔三八〕各於壇下南向相對爲首　「壇下」原訛作「其壇」，據開元禮卷一一二改。

〔三九〕於壇之東南　「南」原訛「面」，據開元禮卷一一二改。

〔四〇〕實以三酒　「三」原訛「清」，據開元禮卷一一二及北宋本、傅校本、遞修本、明抄本、明刻本改。

〔四一〕實籩豆簠簋　原脱「籩」，據開元禮卷一一二補。

〔四二〕贊引引御史　原脱一「引」，據開元禮卷一一二補。

〔四三〕車駕將至　「車」原訛「軍」，據諸本改。

〔四四〕文武九品以上從祀之官皆就壝外位　原脱「之官皆就」四字，據開元禮卷一一二補。又，「九」開元禮作「五」，誤。

〔四五〕謁者引司空入行掃除訖　「引」原訛「令」，據諸本改。「行」原訛「陳」，據開元禮卷一一二改。

〔四六〕大次門外　原脱「外」，據開元禮卷一一二補。

〔四七〕至内壝門外　原脱「門」，據開元禮卷一一二補。

〔四八〕華蓋仗衛停於門外　原脱「外」，據開元禮卷一一二補。

〔四九〕作文舞之舞樂六成　原脱「作」，據開元禮卷一一二補。按：開元禮「樂」下有「舞」。

〔五〇〕諸太祝　「諸」原訛「請」，據諸本改。

〔五一〕配神作主　「神」原訛「帝」，據諸本改。

〔五二〕恭備燔祀　「備」原作「修」，據開元禮卷一六及北宋本改。

〔五三〕展其恒禮云云　原脱「云云」，據北宋本、傅校本、遞修本、明抄本、明刻本補。下同。

〔五四〕侍中取爵於坫進皇帝受爵侍中贊酌汎齊　原涉上而脱「於坫進皇帝受爵」七字，據開元禮卷一二補。

〔五五〕用致燔燎於青帝靈威仰　原脱「於」，據開元禮卷一二補。

〔五六〕式奉明禋於黄帝含樞紐　原脱「式」，據北宋本、傅校本、遞修本、明抄本、明刻本、王吴本補。

〔五七〕惟帝立兹義政　「立兹義政」原訛「立德兹義」，據開元禮卷一八及北宋本、傅校本、遞修本、明刻本改。

〔五八〕終獻　原脱，據北宋本、傅校本、遞修本、明抄本、明刻本補。

〔五九〕並同圜丘　原句下有「之儀」，據北宋本、傅校本、遞修本、明抄本、明刻本删。

〔六〇〕攝事同圜丘攝事　上「事」原訛「官」，據北宋本、傅校本、遞修本、明抄本、明刻本改。

〔六一〕衛尉設陳饌幔於内壝東門西門之外道東西向　開元禮卷二二同。北宋本、傅校本、遞修本、明抄本、明刻本、王吴本「道」下無「東」字。按：陳饌幔於内壝東門外道東西向固宜，而西門外道東西向則悖，西門之外應云「道西東向」。通考郊社考一八「西門之外」下尚有「道北南向北門之外」八字。通典誤脱，應補。

〔六二〕西方之饌陳於西門外　開元禮卷二二、二三俱作「西南方及西方之饌陳於西門外」。

〔六三〕南出户方三尺　原脱「方」，據開元禮卷一一一補。

〔六四〕皆如圓丘之儀　原脱「皆」，據開元禮卷一一一及北宋本、傅校本、遞修本、明抄本、明刻本、王吴本補。

〔六五〕設分獻罍洗篚冪各於其方陛道之左右　「篚冪」原訛脱作「畢」，據開元禮卷一一一改。

〔六六〕太官令　「官」原訛「樂」，據開元禮卷一一一改。

〔六七〕五方岳鎮　「方」原訛「官」，據開元禮卷一一三、通考郊社考一八訂改。

〔六八〕七宿之壺罇　「宿」原訛「星」，據開元禮卷一一一改。

〔六九〕沈齊　「沈」原訛「汎」，據開元禮卷一一一改。

〔七〇〕大明夜明以珪璧　開元禮卷一一一同。按：北宋本、傅校本、遞修本、明抄本「璧」作「邸」。

〔七一〕各設於内壝之外饌幔内　原脱「外」，據開元禮卷一一一補。

〔七二〕今璇璣齊運　原「今」下有「則」，據開元禮卷一一一刪。

〔七三〕詣夜明罇所　「詣」原訛「謁」，據諸本改。

〔七四〕謁者引光禄卿詣罍洗盥手洗匏爵升酌盎齊終獻如亞獻之儀　原脱「謁者」、「盥手洗匏」、「之儀」八字，據開元禮卷一一一補。

〔七五〕初亞獻升壇　前三字原脱，據開元禮卷一一一補。

〔七六〕辰星　「辰」原訛「長」，據諸本改。

〔七七〕三辰七宿　原作「七星」，據開元禮卷一一一補改。

〔七八〕凡讀禮祝文　原脱「禮」，據開元禮卷二二及北宋本、傅校本、遞修本、明抄本、明刻本補。

〔七九〕次北方　三字原脱，據開元禮卷二二補。

〔八〇〕引五星等獻官　「星」原作「方」，據開元禮卷二二及北宋本、傅校本、遞修本、明抄本、明刻本、王吳本改。

〔八一〕獻官拜訖　原脱作「獻拜」，據開元禮卷二二補。

〔八二〕詣罍洗盥洗詣酒罇所酌酒　「盥洗詣」三字原脱，據開元禮卷二二補。

〔八三〕獻官拜訖　原脱「獻官」，據開元禮卷二二補。

〔八四〕當柴壇南東行　原脱「南」，據開元禮卷二二補。

〔八五〕岳鎮以下諸祝　「諸」原訛「之」，據開元禮卷二二改。

〔八六〕各四人實土　「實」原訛「置」，據開元禮卷二二改。按：北宋本作「冥」，傅校本、遞修本、明刻本作「實」，王吳本、殿本、局本作「置」，並誤。惟明抄本作「填」，是。

〔八七〕謁者贊引各引祀官　原脱「各引」，據開元禮卷二二及北宋本、傅校本、遞修本、明抄本、明刻本補。

〔八八〕鑾駕還宮如圜丘之儀　此行正文四字，注文五字，原在卷末，今據開元禮卷二二及北宋本移前。

〔八九〕贊明造物　「贊」原訛「質」，據諸本改。

〔九〇〕爰集東方鱗羽羸毛介衆族　「集」原訛「泉」，據開元禮卷二二改。

王文錦點校

通典卷第一百十一

禮七十一　開元禮纂類六　吉禮三

皇帝春分朝日於東郊秋分夕月於西郊及攝事附〔一〕

齋戒

前祀五日，皇帝散齋三日，致齋二日，如圓丘儀。諸應祀之官齋戒，如別儀。

陳設

前祀二日，尚舍直長施大次於外壝東門之内道北，南向，攝事，衛尉設祀官、公卿次於東壝之外道南，北向西上。尚舍奉御鋪御座。衛尉設陳饌幔於内壝東門之外道南，北向。設文武侍臣次。又設祀官及從祀羣官、諸州使人、蕃客等次。攝事無御座及文武侍臣至蕃客等次。太樂令設宮懸之樂於壇南内壝之内，設歌鐘歌磬於壇上，如圓丘之儀。右校掃除壇之内外。郊社令積柴於燎壇，其壇於神壇之右，内壝之外。方八尺，高一丈，開上，南出户，方三尺。

前祀一日，奉禮設御位及望燎位，祀官、從祀羣官、諸州使人、蕃客等位於内壝之内，皆如圓丘之儀。攝則設祀官、公卿位内壝内道北，執事位於道南，餘同圓丘。設酒罇之位，太罇二，著罇二，罍一，在壇上，於東南隅，〔二〕北向。罇皆置於坫，加勺冪，設爵於罇下。設御洗於壇南陛東南，亞獻之洗又於東南，俱北向。罍水在洗東，篚在洗西，南肆。篚實以巾爵。執罇罍篚冪者，各立於罇罍篚冪之後。設玉幣之篚於壇上罇坫之所。晡後，謁者引光禄卿詣厨視濯溉，又謁者引諸祀官詣厨省饌具訖，俱還齋所。

祀日未明十刻，太官令帥宰人以鸞刀割牲，祝史以豆取毛血置於饌所，遂烹牲。大明青牲一，夜明白牲一。未明五刻，太史令、郊社令升設大明夕月則夜明，下倣此。〔三〕神座於壇上北方，南向，席以藁秸，設神位於座首。

鑾駕出宮如圓丘之儀。

奠玉帛

祀日未明三刻，諸祀官各服其服。郊社令、良醞令各帥其屬入實罇罍玉幣。〔四〕凡罇之次，太罇爲上，實以醴齊；著罇次之，實以盎齊；罍罇實以清酒。其玄酒各實於上罇，罍罇無玄酒。禮神之玉以珪有邸。其幣大明以青，夜明以白。太官令帥進饌者實諸籩豆簠簋，入設於内壝東門之外饌幔内。

未明二刻，奉禮帥贊者先入就位，贊引引御史、太祝及令史與執罇罍篚冪者入自東門，當壇南，重行北面，以西爲上。凡引導者每曲一逡巡。立定，奉禮曰：「再拜。」贊者承傳，凡奉禮有詞，贊者皆承傳。御史以下皆再拜。訖，執罇者升自東陛，立於罇所，壇下執罍洗篚冪者各就位。贊引引御史、太祝詣壇東陛，升，行掃除於上，令史、祝史行掃除於下，訖，引降就位。

駕將至，謁者、贊引各引祀官及從祀羣官、諸國蕃客使先置者，俱就門外位。駕至大次門外，迴輅南向，將軍降立於輅右。侍中進當鑾駕前，跪奏稱：「侍中臣某言，〔五〕請降輅。」俛伏，興，還侍位。皇帝降輅，之大次。通事舍人引文武五品以上從祀之官，皆就門外位。太樂令帥工人、二舞次入就位，文舞入陳於懸内，武舞立於懸南道西。

謁者引司空入就位。立定，奉禮曰：「再拜。」司空再拜訖，謁者引司空詣壇東陛，升，行掃除於上，降，行樂懸於下，訖，引出就位。

皇帝停大次半刻頃，通事舍人分引從祀文武羣官、介公、酅公、諸國客使先入就位。太常博士引太常卿立於大次門外，當門北向。

侍中版奏：「外辦。」皇帝服玄冕出次，華蓋侍衛如常儀。侍中負寶陪從如式。博士引太常卿，太常卿引皇帝，凡太常卿前導，皆博士先引。至南内壝門外。殿中監進大珪，尚衣奉御又以鎮珪授殿中監，殿中監受，進，皇帝搢大珪，執鎮珪。華蓋仗衛停於門外，近侍者從入如常，謁者引禮部尚書、太常少卿陪從如常。皇帝至版位，西面立。每立定，太常卿與博士退立於左。謁者、贊引各引祀官次入就位。立定，太常卿前奏稱：「請再拜。」退復位。皇帝再拜。奉禮曰：「衆官再拜。」在位者皆再拜。

太常卿前奏：「有司謹具，請行事。」攝則初司空入，謁者、贊引各引祀官以次入就位，贊拜訖，謁者進太尉之左曰「請行事」。獻皆以太尉爲初獻，〔六〕下倣此。退復位。協律郎跪，俛伏，舉麾，凡取物者，皆跪俛伏而取以興。奠物則奠訖俛伏而後興。鼓柷，奏元和之樂，〔七〕乃以圜鍾之均，作文舞之舞樂，〔八〕舞六成，偃麾，戛敔，樂止。凡樂皆協律郎舉麾，工鼓柷而後作，偃麾戛敔而後止。太常卿前奏稱：「請再拜。」退復位。攝則奉禮贊曰「衆官再拜」。皇帝再拜。奉禮曰：「衆官再拜。」在位者皆再拜。

太祝取玉幣於篚，立於罇所。太常卿引皇帝，太和之樂作，皇帝每行皆作太和之樂。〔九〕皇帝詣壇，升自南陛，侍中、中書令以下及左右侍衛量人從升，以下皆如之。皇帝升壇，北向立，樂止。攝則謁者引太尉升奠。太祝加玉於幣以授侍中，侍中奉玉幣東向進，皇帝搢鎮珪，受玉幣。每受物，搢鎮珪，奠訖執珪，俛伏，興。登歌，作肅和之樂，乃以大呂之均。太常卿引皇帝進，北面跪奠於大明夕月云夜明。神座，俛伏，興，太常卿引皇帝少退，北面再拜訖，登歌止。太常卿引皇帝，樂作，皇帝降自南陛，還版位，西向立，樂止。攝則謁者引太尉。

初羣官拜訖，祝史奉毛血之豆立於門外，於登歌止，祝史奉毛血入，升自南陛，太祝迎取於壇上，進奠於神座前，太祝與祝史退立於罇所。

進熟

皇帝既升奠攝則太尉既升奠。玉幣，太官令出，帥進饌者奉饌陳於內壝門外，謁者引司徒出，詣饌所，司徒奉俎。

初皇帝既入至位樂止，太官令引饌入，俎初入門，雍和之樂作，以黃鍾之均，饌至陛，樂止。祝史進，徹毛血之豆，降自東陛以出。饌升南陛，太祝迎引於壇上，設於神座前。籩豆，蓋冪先徹，乃升。簠簋既奠，却其蓋於下。設訖，謁者引司徒以下降自東陛，復位，太祝還罇所。

太常卿引皇帝詣罍洗，樂作。其盥洗之儀如圓丘。太常卿引皇帝，樂作，皇帝詣壇，升自南陛，樂止。謁者引司徒升自東陛，立於罇所，齋郎奉俎從升，立於司徒之後。太常卿引皇帝詣罇所，執罇者舉冪，侍中贊酌醴齊訖，壽和之樂作，皇帝每酌獻及飲福，皆作壽和之樂。太常卿引皇帝少退，北向立，樂止。〔一〇〕太祝持版進於神座之右，東面跪讀祝文曰：「維某年歲次月朔日，子嗣天子臣某，攝則云「謹遣太尉封臣名」。敢昭告於大明：惟神宣布太陽，照臨下土，動植咸賴，幽隱無遺。時惟仲春，敬遵常禮，夜明云「昭著玄象，輝耀陰精，理曆授時，仰觀取則，爰茲仲秋，用率常禮」。謹以玉帛犧齊，粢盛庶品，祇祀於神，尚饗。」訖，興。皇帝再拜。初讀祝文訖，樂作，太祝進奠版於神座，還罇所，皇帝拜訖，樂止。

太祝以爵酌上罇福酒授侍中，侍中受爵西向進，皇帝再拜受爵，跪，祭酒，啐酒，奠爵，俛伏，興。太祝帥齋郎進俎，太祝減神前胙肉加於俎，太祝持俎以授司徒，司徒奉俎西向進，皇帝受以授左右。攝則太尉受以授齋郎。謁者引司徒降復位。皇帝跪取爵，遂飲，卒爵，侍中進受爵以授太祝，太祝受爵復於坫，皇帝俛伏，興，再拜，樂止。〔一一〕太常卿引皇帝，樂作，皇帝降自南陛，還版位，西向立，樂止。

文舞出，鼓柷，作舒和之樂，出訖，戛敔，樂止。武舞入，鼓柷，作舒和之樂，立定，戛敔，樂止。

皇帝獻將畢，謁者引太尉詣罍洗，盥手攝則太尉獻將畢，謁者引太常卿下爲亞獻，皆倣此。洗匏爵訖，謁者引太尉自東陛升壇，詣著罇所，執罇者舉冪，太尉酌盎齊，武舞作。謁者引太尉進大明神座前，北向跪奠爵，興，謁者引太尉少退，北向再拜。太祝以爵酌罍福酒，進太尉之右西向立，太尉再拜受爵，跪，祭酒，遂飲，卒爵，太祝進受爵復於坫，太尉興，再拜，謁者引太尉降復位。

初太尉獻將畢，謁者引光禄卿皇帝儀與攝事同以光禄卿爲終獻。詣罍洗，盥洗匏爵，升酌盎齊終獻，如亞獻之儀。訖，謁者引光禄卿降復位。武舞六成，樂止。

舞獻俱畢，太祝進徹豆，還罇所。徹者，籩豆各一少移於故處。奉禮曰：「賜胙。」贊者唱：「衆官再拜。」在位者皆再拜。已飲福受胙者不拜。太和之樂作，太常卿前奏稱：「請再拜。」〔一二〕退復位。皇帝再拜。奉禮曰：「衆官再拜。」在位者皆再拜。樂一成，止。

太常卿前奏：「請就望燎位。」太常卿引皇帝，樂作，攝則謁者引太尉。皇帝就望燎位，南向立，樂止。於羣官將拜，太祝執篚進神座前，跪取玉幣、祝版，齋郎以俎載牲體、黍稷飯、爵酒，興，降自南陛，南行，經懸内，當柴壇南，東行，自南陛登柴壇，以玉幣、祝版、饌物置於柴上户内。訖，奉禮曰：「可燎。」東西各四人以炬燎火。半柴，太常卿前奏：「禮畢。」〔一三〕

太常卿引皇帝還大次，樂作，皇帝出内壝門，殿中監前受鎮珪，以授尚衣奉御，殿中監又前受大珪，華蓋仗衛如常儀，皇帝入次，樂止。

謁者、贊引引祝官及從祀羣官、諸國蕃客以次出。贊引引御史以下俱復執事位，立定，奉禮曰：「再拜。」御史以下俱再拜，贊引引出。工人、二舞以次出。

鑾駕還宮如圓丘之儀。

立春後丑日祀風師〔一四〕

前祀三日，諸應祀之官，散齋二日，致齋一日，並如別儀。

前祀一日，晡後一刻，諸衞令其屬，各以其方器服守衞壝門，俱清齋一宿。衞尉設祀官次於東壝之外道南，北向，以西爲上。設陳饌幔於內壝東門之外道南，北向。郊社令積柴於燎壇，其壇在神壇之左，內壝之外。方五尺，高五尺，開上，南出户。

祀日未明三刻，奉禮郎設祀官位於內壝東門之內道北，執事位於道南，每等異位，俱重行西向，皆以北爲上。設望燎位當柴壇之北，南向。設御史位於壇上西南隅，東向，令史陪其後。於壇下設奉禮位於祀官西南，贊者二人在南，差退，俱西向。又設奉禮贊者位於燎壇東北，西向北上。設祀官門外位於東壝之外道南，每等異位，重行北向，以西爲上。郊社令帥齋郎設酒罇於壇上東南隅，象罇二置於坫，北向西上。設幣篚於罇坫之所。設洗於壇南陛東南，北向，罍水在洗東，篚在洗西，南肆。篚實以巾爵。執罇罍篚冪者，各位於

罇罍篚冪之後。太官令帥宰人以鸞刀割牲，亨於厨。〔一五〕

祀日未明二刻，〔一六〕太史令、郊社令升，設風師神座於壇上近北，南向，席以莞，設神位於座首。

未明一刻，諸祀官各服其服。郊社令、良醞令各帥其屬入實罇罍及幣。實以醍齊，其玄酒實於上罇。太官令帥進饌者實諸籩豆簠簋，〔一七〕入設於内壝東門之外饌幔内。奉禮帥贊者先入就位。贊引引御史、太祝及令史與執罇罍篚冪者入，當壇南，重行北面，以西爲上。立定，奉禮曰：「再拜。」贊者承傳，凡奉禮有詞，贊者皆承傳。御史以下皆再拜。執罇者升自東陛，立於罇所，執罍洗篚冪者各就位。贊引引御史、太祝詣壇東陛，升，行掃除於上，令史行掃除於下，訖，各引就位。

質明，謁者引祀官，贊引引執事者，俱就門外位，謁者、贊引各引祀官以次入就位。立定，奉禮曰：「衆官再拜。」在位者皆再拜。謁者進獻官之左白：「有司謹具，請行事。」退復位。太官令出，帥進饌者陳於門外。〔一八〕初太官令出，太祝跪取幣於篚，興，立於罇所。謁者引獻官升自南陛，〔一九〕進當神座前，北向立，太祝以幣東向進，獻官受幣，進，北面跪奠於神座，俛伏，興，少退，北面再拜訖，謁者引獻官降復位。太官令引饌入，詣南陛升壇，太祝迎引於壇上，設於神座前。籩豆，蓋冪先徹，乃升。簠簋既奠，却其蓋於下。設訖，太官令以下降復位，太祝還鐏所。

謁者引獻官詣罍洗，盥手洗爵訖，謁者引獻官自南陛升壇，詣鐏所，執鐏者舉冪，獻官酌醍齊訖，謁者引獻官進神座前，北向跪奠爵，俛伏，興，少退，北向立。太祝持版進於神座之右，東面跪讀祝文曰：「維某年歲次月朔日，子嗣天子謹遣具位臣姓名，敢昭告於風師：含生開動，必佇振發，功施造物，實彰祀典。謹以制幣犧齊，粢盛庶品，明薦於神，尚饗。」訖，興。獻官再拜。太祝進，跪奠版於神座，興，還鐏所。獻官拜訖，謁者引獻官立於南方，北向。太祝以爵酌福酒，進獻官之右，西向立，獻官再拜受爵，跪祭酒，遂飲卒爵，太祝進受爵，復於坫，獻官俛伏，興。太祝帥齋郎進俎，太祝跪減神座前胙肉，加於俎，〔二〇〕興，以俎西向進，獻官受以授齋郎，謁者引獻官降復位。太祝進，跪徹籩豆，還鐏所。徹者，籩豆各一少移於故處。奉禮曰：「賜胙。」贊唱：「衆官再拜。」在位者皆再拜。已飲福受胙者不拜。

謁者進獻官之左白：「請就望燎位。」遂引獻官就望燎位，南向立。太祝執篚跪取幣、祝版，齋郎以俎載牲體、黍稷飯、爵酒，興，自南陛降壇南行，當柴壇南，東行，自南陛登柴壇，以幣、祝版、饌物置柴上戶內訖，奉禮曰：「可燎。」東西面各二人以炬燎。火半柴，謁者進獻官之左白：「禮畢。」遂引獻官出，贊引引執事者以次出。贊引引御史以下俱復執事位，立定，奉禮曰：「再拜。」御史以下皆再拜，贊引引出。

立夏後申日祀雨師〔二一〕

有司行事，祝文曰：「百昌萬寶，式仰膏澤，〔二二〕率遵典故，用備常祀。」其首尾與風師文同。

立秋後辰日祀靈星

有司行事，祝文曰：「維九穀方成，三時不害，憑兹多祐，〔二三〕介其農穡。」

立冬後亥日祀司中司命司人司禄

於國城西北有司行事。〔二四〕每座象罇二於壇上東南隅，北向，皆有坫，以西爲上。設司中、司命、司人、司禄神座於壇上近北，南向，以西爲上。

初獻司中，祝文曰：「時屬安寧，億兆康乂，〔二五〕用率常禮，報兹祉福。」

次獻司命，祝文曰：「賴兹正直，黎庶康寧，資此良辰，用申常禮。」

次獻司人，祝文曰：「星紀已周，兆庶寧阜，備兹蠲吉，式薦馨香。」

次獻司禄，祝文曰：「玄英紀時，〔二六〕歲事云畢，聿遵典故，脩其常祀。」飲福及行事如風師之儀。

校勘記

〔一〕秋分夕月於西郊及攝事附　原脱「於西郊」，據傅校本、明刻本、朝鮮本卷目補。

〔二〕於東南隅　原脱「東」，據開元禮卷二五補。

〔三〕夕月則夜明下倣此　原「則」訛「云」，又脱「下」，據傅校本、明抄本、明刻本、朝鮮本、王吴本改補。

〔四〕玉幣　「幣」原作「帛」，據開元禮卷二五及傅校本、明刻本、朝鮮本改。下同。

〔五〕侍中臣某言　「言」原訛「官」，據傅校本、明抄本、明刻本、朝鮮本、王吴本改。

〔六〕獻皆以太尉爲初獻　朝鮮本句上有「凡」。

〔七〕元和之樂　「元」開元禮作「豫」，通典避代宗諱改。

〔八〕作文舞之舞樂　「作」原訛「以」，據開元禮卷二五改。

〔九〕皇帝每行皆作太和之樂　原脱「皆」，據傅校本、明抄本、明刻本、朝鮮本補。

〔一〇〕太常卿引皇帝少退北向立樂止　開元禮卷二四此句前尚有「太常卿引皇帝進大明神座前北面跪奠爵俛伏興」二十字。通典誤脱，應補。

〔一一〕皇帝俛伏興再拜樂止　開元禮卷二四無「樂止」二字，是。通典誤衍，應删。

〔一二〕請再拜　原脱「再」，據開元禮卷二五補。

〔一三〕太常卿前奏禮畢　「奏」原訛「奉」，據諸本改。

〔一四〕立春後丑日祀風師　傳校本、明抄本、明刻本、朝鮮本題下有「雨師靈星司中司命司人司禄附」雙行注文十三字。與卷目不合，故不補。

〔一五〕太官令帥宰人以鸞刀割牲亨於厨　原脱「割」，「牲」又誤在「亨」下，據開元禮卷二八補乙。

〔一六〕未明二刻　「二」原訛「三」，據開元禮卷二八及傳校本、明抄本、明刻本、朝鮮本改。

〔一七〕太官令　「官」原訛「史」，據開元禮卷二八改。

〔一八〕帥進饌者陳於門外　原脱「者」，據開元禮卷二八補。

〔一九〕升自南陛　「南」原訛「東」，據開元禮卷二八及傳校本、明抄本、明刻本、朝鮮本、王吳本改。

〔二〇〕太祝跪減神座前胙肉加於俎　原脱「座」脱「於」，據開元禮卷二八補。

〔二一〕立夏後申日祀雨師　原此題下有「以下並同風師儀」單行側注七字，乃清人擅加。今據傳校本、明抄本、明刻本、朝鮮本、王吳本删。

〔二二〕式仰膏澤　「澤」開元禮卷二八作「潤」。

〔二三〕憑兹多祐　「祐」原訛「祜」，據開元禮卷二八及諸本改。

〔二四〕於國城西北有司行事　自此以下原與禮題連屬，今據傳校本、明抄本、明刻本、朝鮮本提行另起。

〔二五〕億兆康乂　「乂」開元禮卷二八作「祐」。

〔二六〕玄英紀時　「英」開元禮卷二八作「冥」，俱通。爾雅釋天：「冬爲玄英。」禮記月令：「孟冬其神玄冥。」

王文錦點校

通典卷第一百十二

禮七十二　開元禮纂類七　吉禮四

皇帝夏至祭方丘后土同孟冬祭神州及攝事並附

齋戒　陳設　省牲器　鑾駕出宮　奠玉帛　進熟　鑾駕還宮

祭五嶽四鎮四海四瀆

皇帝夏至祭方丘(一)后土同孟冬祭神州及攝事附

齋戒

前祭七日，戒誓，皇帝服衮冕。前祭二日，太尉告高祖神堯皇帝廟，如常告之儀。告以配神作主。孟冬祭神州，則告太宗文武聖皇帝廟。餘並如圜丘之儀。

陳設

前祭三日，尚舍直長施大次於外壝東門之外道北，南向，攝事，衞尉設祭官、公卿以下次於東壝外道南，北向西上。尚舍奉御鋪御座。衛尉設文武侍臣次於大次之後，文官在左，武官在右，俱南向。設祭官次於東壝之外道南，北向西上。三師於南壝之外道東，諸王於三師之南，俱西向北上。文官九品以上於祭官之東，北向西上。介公、酅公於南壝之外道西，東向；諸州使人，東方南方於諸王東南，西向；西方北方於介公、酅公西南，東向：皆北上。諸國之客，東方南方於諸州使人之南，西向；西方北方於諸州使人之南，東向：皆北上。武官三品以下七品以上於西壝之外道南，北向東上。其褒聖侯於文官三品之下。攝事無御座以下至此儀。設陳饌幔於内壝東門西門之外道北，南向。〔二〕壇上及神州東方南方之饌，陳於東門外，西向。西方北方之饌，陳於西門外，東向。神州無西門之饌。

前祭二日，太樂令設宮懸之樂於壇南内壝之外，樹靈鼓於北懸之内道之左右，餘如圓丘儀。又爲瘞埳於壇之壬地内壝之外，方深取足容物，南出陛。

前祭一日，奉禮設御位攝事無御位。於壇之東南，西向。設望瘞位於壇西南，當瘞埳北向。設祭官公卿位於内壝東門之外道南，分獻官於公卿之南，執事者位於其後，每等異位，俱重行，西向北上。設御史位於壇上，正位於東南隅，西向；副位於西南隅，東向。設奉禮位於樂懸東北，贊者二人在南，差退，俱西向北上。設奉禮贊者位於瘞埳西南，東向南上。設協律郎位於壇上南陛之西，東向。設太樂令位於北懸之間，當壇北向。設從祭之官、三師位於懸南道東，諸王位於三師之東，俱北向西上。介公、酅公位於道西，北向東上。文官從一品以下九品以上位於執事之南，每等異位，重行西向；武官三品以下九品以上位於西方，當文官，每等異位，重行東向：皆北上。諸州使人位，東方南方於諸王東南，重行，北面西上；西方北方於介公、酅公西南，重行，北面東上。設諸國客使位於內壝南門之外，東方南方於諸州使人之東，每國異位，重行，北面西上；西方北方於諸州使人之西，每國異位，重行，北面東上。攝事無三師以下至此儀。設門外位，祭官公卿以下皆於東壝之外道南，每等異位，重行，北面西上。三師位於南壝之外道東，諸王於三師之南，俱西向；介公、酅公於道西東向：皆北上。文官從一品以下九品以上位於東壝之外祭官之南，每等異位，重行，北面西上；武官三品以下九品以上位於西壝之外道南，每等異位，重行，北面東上。諸州使人位，東方南方於諸王東南，重行西面；西方北方於介公、酅公西南，重行東面：俱北上。設諸國客使位，〔三〕東方南方於諸州使人之南，每國異位，重行西面；西方北方於諸州使人之南，每國異位，重行東面：皆北上。攝事無三師以下至此儀。

牲牓於東壝之外，當門西向。黃牲一居前，又黃牲一在北，少退，玄牲一在南，少退。設廩犧令位於牲西南，史陪其後，〔四〕俱北向。設諸太祝位於牲東，各當牲後，祝史陪其後，俱西向。設太常卿省牲位於牲前近北，南向。設皇地祇酒罇於壇之上下，太罇二，著罇二，犧罇二，罍一，〔五〕在壇上東南隅，北向；象罇二，壺罇二，山罍二，〔六〕在壇下，皆於南陛之東，北向：俱西上。設配帝著罇二，犧罇二，象罇二，罍一，在壇上，皆於皇地祇酒罇之東，北向西上。孟冬北郊酒罇於神州酒罇之東，如夏至之儀。神州太罇二，在第一等，每方嶽鎮海瀆俱山罇二，山林川澤俱蜃罇二，丘陵墳衍原隰俱概罇二。凡罇各設於神座之左而右向。神州以上之罇置於坫，以下之罇俱藉以席，皆加勺冪，設爵於罇下。孟冬儀，壇上之罇置於坫，壇下之罇藉以席。設御洗及設玉幣之篚等，並如圓丘儀。孟冬祭同。

祭日未明五刻，太史令、郊社令各服其服，帥其屬升設皇地祇神座於壇上北方，南向，席以稾秸。設高祖神堯皇帝神座孟冬神州則設太宗文武聖皇帝神座。於東方，西向，席以莞。設神州地祇神座於第一等東南方，席以稾秸。又設嶽鎮海瀆以下之座於內壝之內，各依其方，〔七〕皆有原隰丘陵墳衍之座。又設中嶽以下之座於壇之西南，俱內向。自神州以下六十八位席，皆以莞。設神位各於座首。

省牲器如別儀。

鑾駕出宮服以衮冕。餘如上辛圓丘儀。孟冬北郊同圓丘。

奠玉帛

祭日未明三刻，諸祭官各服其服。郊社令、良醞令各帥其屬入實罇罍玉幣。凡六罇之次，太罇爲上，實以泛齊；著罇次之，實以醴齊；犧罇次之，實以盎齊；象罇次之，實以醍齊；壺罇次之，實以沈齊；山罍爲下，實以三酒。配帝著罇爲上，實以泛齊；犧罇次之，實以醴齊；象罇次之，實以盎齊。以上孟冬同。神州太罇，實以泛齊；五方岳鎮海瀆之山罇，實以醍齊；山林川澤之蜃罇，實以沈齊；丘陵以下之散罇，實以清酒。玄酒各實於諸齊之上罇。禮神之玉，皇地祇以黄琮，其幣以黄。配帝之幣亦如之。神州之玉以兩珪有邸，其幣以玄。孟冬同。嶽瀆以下之幣，各從方色。太官令帥進饌者實饌及禮官就位、〔八〕御史太祝行掃除等，並如圓丘儀。孟冬同。

駕將至，謁者、贊引各引祭官、從祭官、客使等俱就門外位。

駕至大次門外，迴輅南向，將軍降，立於輅右。〔九〕侍中進當鑾駕前，跪，奏稱：「侍中臣某言，請降輅。」俛伏，興，還侍位。五品以上從祭之官，皆就壝外位。攝事無駕至大次下儀。太樂令帥工人、二舞次入就位，文舞入陳於懸内，武舞立於懸南道西。謁者引司空入行掃除訖，出復位。皇帝停大次半刻頃，謁者、贊引各引祀官，通事舍人分引從祀羣官、介公、酅公、諸方客使，皆先入就位。太常博士引太常卿立於大次門外，當門北向。侍中版奏：「外辦。」皇帝服衮冕孟冬神州大裘而冕。出次，華蓋侍衛如常儀。侍中負寶陪從如式。博士引太常卿，太常卿引皇帝，至中壝門外，殿中監進大珪，尚衣奉御又以鎮珪授殿中監，殿中監受進，〔一〇〕皇帝搢大珪，執鎮珪，華蓋仗衞停於門外，侍者從入，謁者引禮部尚書、太常少卿陪從如常儀。皇帝至版位，太常卿請再拜及請行事，並如圓丘儀。攝事如圓丘攝事儀。

協律郎舉麾，工鼓柷，奏順和之樂，乃以林鍾爲宮，太蔟爲角，姑洗爲徵，南呂爲羽，作文舞之舞樂，舞八成，林鍾、太蔟、姑洗、南呂皆再成。偃麾，戛敔，樂止。太常卿前奏稱：「請再拜。」退復位。皇帝再拜。奉禮曰：「衆官再拜。」在位者皆再拜。

皇帝奠玉幣及奏樂之節，並如圓丘。攝事則太尉奠玉帛。下倣此。登歌，作肅和之樂，以應鍾之均。太常卿引皇帝進，北向跪奠於皇地祇孟冬神州。神座，俛伏興及奠配座，並如圓丘儀。攝事同圓丘攝事儀。

進熟

皇帝既升奠玉幣，太官令陳饌之儀如圓丘。俎初入門，奏雍和之樂，以太蔟之均，自後接神之樂用太蔟。饌至陛，樂止。祝史俱進，跪徹毛血之豆，降自東陛以出。皇地祇之饌，升自南陛。配帝之饌，升自東陛。神州之饌，升自巳陛。〔一一〕孟冬神州，升自南陛。諸太祝迎引於壇上，各設於神座前。設訖，謁者引司徒、太官令帥進饌者降自東陛以出，司徒復位，諸太祝還罇所。又進設嶽鎮以下之饌，相次而畢。

太常卿引皇帝詣罍洗，樂作，其盥洗、酌獻、跪奠、奏樂之儀，並如圓丘。攝事如圓丘攝事儀。太祝持版進於神座之右，東向跪讀祝文曰：「維某年歲次月朔日，子嗣天子臣某，攝則云「謹遣太尉臣名」。下倣此。敢昭告於皇地祇：乾道運行，日躔北至，景風應序，離氣效時。嘉承至和，肅若舊典，敬以玉帛犧齊，粢盛庶品，備兹祇瘞，式表誠慤。高祖神堯皇帝配神作主，尚饗。」太祝俛伏，興。孟冬神州云：「包函區夏，載植羣生，溥被域中，賴兹厚德。式遵彝典，練此元辰，〔二〕敬以玉帛犧齊，粢盛庶品，明獻厥誠，備兹祇瘞，皇祖太宗文武聖皇帝配神作主。」皇帝再拜。攝則太尉再拜。初讀祝文訖，樂作，太祝進，跪奠版於神座，興，還罇所。皇帝拜訖，樂止。

太常卿引皇帝詣配帝酒罇所，執罇者舉冪，侍中取爵於坫，進，皇帝受爵，侍中贊酌泛齊訖，樂作，太常卿引皇帝進高祖神堯皇帝神座前，東向跪奠爵，俛伏，興，太常卿引皇帝少退，東向立，樂止。太祝持版進於神座之左，北向跪讀祝文曰：「維某年歲次月朔日，子孝曾孫開元神武皇帝臣某，〔三〕敢昭告於高祖神堯皇帝：時維夏至，肅敬訓典，用祇祭於皇地祇。惟高祖德叶二儀，道兼三統，禮膺光配，敢率舊章，孟冬云「皇曾祖太宗文武聖皇帝，德被乾坤，格於上下，昭配之儀，欽率舊章」。謹以制幣犧齊，粢盛庶品，肅陳明薦，作主侑神，尚饗。」太祝俛伏，興。皇帝再拜。初讀祝文訖，樂作，太祝進跪奠版於神座，興，還罇所，皇帝拜訖，樂

止。〔一四〕

皇帝飲福、受胙及亞獻終獻盥洗酌獻飲福，並如圓丘儀。唯皇地祇太尉亞獻酌醴齊時，武舞作，合六律六同爲異耳。

初太尉將升獻，謁者一人引獻官詣罍洗，〔一五〕盥洗匏爵訖，升自巳陛，詣酒罇所，執罇者舉冪，酌泛齊，進奠於神州座前，引降還本位。謁者五人次引獻官詣罍洗，盥洗訖，各詣酒罇所，俱酌醍齊訖，引獻官各進奠爵於諸方嶽鎮海瀆首座，餘座皆祝史助奠，相次而畢，引還本位。又贊引五人各引獻官詣罍洗盥洗，詣酒罇所酌沈齊，獻山林川澤如嶽鎮之儀。訖，又引獻官詣罍洗，盥洗訖，詣酒罇所，俱酌清酒，獻丘陵以下及齋郎助奠如上儀。訖，各引還本位。武舞六成，樂止。

舞獻俱畢，諸祝徹豆及賜胙、皇帝再拜、奏樂並如圓丘儀。

太常卿前奏：「請就望瘞位。」太常卿引皇帝，樂作，皇帝就望瘞位，北向立，樂止。於羣官將拜，上下諸祝各執篚進神座前，取玉帛，齋郎以俎載神州以上牲體，稷黍飯、爵酒，各由其陛降壇，北行，當瘞埳西行。諸太祝以玉幣饌物置於埳，諸祝又以嶽鎮以下之禮幣及牲體皆從瘞。奉禮曰：「可瘞埳。」東西廂各六人寘土。〔一六〕半埳，太常卿前奏：「禮畢。」引皇帝還大次樂作，從祀羣官、諸方客使、御史以下出，並如圓丘儀。其祝版燔於齋所。

鑾駕還宮如圓丘儀。

祭五嶽四鎮四海四瀆

諸嶽鎮海瀆每年一祭，各以五郊迎氣日祭之。設祭州界，已具歷代祀山川篇。

前祭五日，諸祭官各散齋三日，致齋二日，如別儀。

前一日，嶽令、瀆令清掃内外，又爲瘞埳於壇之壬地，〔一七〕方深取足容物。海瀆則埳内爲壇，高丈四尺，皆爲陛。贊禮者設初獻位於壇東南，亞獻、終獻於初獻南，少退，俱西向北上。設掌事者位於終獻東南，重行西面，以北爲上。設贊唱等諸位於終獻西南，西向北上。設獻官等望瘞位於瘞埳之東北，西向。祭海瀆無望瘞位。設祭官以下門外位於南門之外道東，重行西向，以北爲上。祭器之數，罇六，籩十，豆十，簋二，簠二，俎三。〔一八〕嶽瀆令帥其屬詣壇東陛升，設罇於壇上東南隅，北向西上。罇皆加勺冪，〔一九〕有坫以置爵。設玉篚於罇坫之所。設洗於南陛東南，北向，罍水在洗東，篚在洗西，南肆，篚實以巾爵。執罇罍洗篚者，各位於罇罍洗篚之後。〔二〇〕

祭日未明，烹牲於厨。其牲各隨方色。齋郎以豆先取血毛，置於饌所。夙興，掌饌者實祭器。牲體，牛羊豕皆用右胖。前脚三節，節一段，肩、臂、臑皆載之。後脚三節，節一段，去下節，載上肫胳二節。〔二一〕又取正脊、脡脊、横脊、短脅、正脅、代脅，各二骨以並，餘皆不設。簠實稷黍，簋實稻粱。籩十，實石鹽、〔二二〕乾魚、棗、栗、榛、菱、芡、鹿脯、白餅、黑餅。豆十，實韭菹、醓醢、〔二三〕菁菹、鹿醢、芹菹、兔醢、笋菹、魚醢、脾析菹、〔二四〕豚拍。若土無者，各以其類充之。凡祭官各服其服。三品毳冕，四品繡冕，五品玄冕，六品以下爵弁。若有二品以上，各依令。嶽令、瀆令帥其屬入詣壇東陛，升，設嶽神、瀆神座於壇上近北，南向，〔二五〕席以莞。又實罇罍及玉。凡罇，一實醴齊，一實盎齊，一實清酒，其玄酒各實於上罇。祭神之玉，兩珪有邸。祝版置於坫。嶽令、瀆令又以幣置於篚，齋郎以豆血皆設於饌所。其幣長丈八尺，各隨方色。贊唱者先入就位。祝與執罇罍篚者入，當壇南，重行北面，以西爲上。立定，贊唱者曰：「再拜。」祝以下俱再拜。執罇者升自東陛，立於罇所，執罍篚者各就位。祝詣壇東陛，升，行掃除於上，降，行掃除於下訖，瀆則掃除坫外訖。各就位。

質明，贊禮者引祭官以下俱就門外位。立定一刻頃，〔二六〕贊唱者曰：「再拜。」在位者皆再拜。贊禮者進初獻之左白：「有司謹具，請行事。」退復位。贊唱者曰：「再拜。」在位者皆再拜。祝跪取玉幣於篚，興，立於罇所。凡取物者皆跪俛伏而取以興。奠物則跪奠訖，〔二七〕俛伏而後興。掌饌者帥齋郎奉饌陳於東門之外。

贊禮者引初獻詣壇，升自南陛，進神座前，北向立。祝以玉幣東向進，初獻受玉幣，祝還罇所。〔二八〕贊禮者引初獻進，北向跪奠於神座，興，少退，北向再拜，贊禮者引初獻降還本位。

掌饌者引饌入，升自南陛，祝迎引於壇上，設於神座前。掌饌者帥齋郎降自東陛，復位，祝還罇所。

贊禮者引初獻詣罍洗，盥手洗爵，升自南陛，詣酒罇所，執罇者舉冪，初獻酌醴齊，贊禮者引初獻進詣神座前，北向跪奠爵，興，少退，北向立。祝持版進於神座之右，東面跪讀祝文曰：「維某年歲次月朔日，子嗣天子某，謹遣某官某，敢昭告於東嶽岱宗：維神贊養萬品，作鎮一方，式因春始，南嶽云夏始，中嶽云季夏，西嶽云秋始，北嶽云冬始。謹以玉帛犧齊，粢盛庶品，朝薦於東嶽岱宗，尚饗。」東瀆大淮云：〔二九〕「惟神源流深泌，潛潤溥洽，阜成百穀，疏滌三川，青春伊始，用遵典秩。」南瀆大江云：「惟神總合大川，朝宗巨海，功昭潤化，德表靈長，敬用夏首，脩其常典。」西瀆大河云：「惟神上通雲漢，光啟圖書，分導九枝，旁潤千里，素秋戒序，〔三〇〕用率典常。」〔三一〕北瀆大濟云：「惟神泉源清潔，浸被遐遠，〔三二〕播通四氣，作紀一方，玄冬肇節，聿脩典制。」訖，興。初獻再拜。祝進奠版於神座，還罇所。

祝以爵酌清酒，進初獻之右，西向立。初獻再拜，受爵，跪祭酒，啐酒，奠爵。祝率齋郎以俎進，減神座前三牲胙肉，各取前脚第二節共置一俎上，〔三三〕以授初獻，初獻受以授齋郎。初獻跪取爵，遂飲卒爵，祝進受爵，復於坫，初獻興，再拜，贊禮者引初獻降復位。

於初獻飲福酒，贊禮者引亞獻詣罍洗，盥手洗爵，升自東陛，詣罇所，執罇者舉冪，亞獻酌盎齊，贊禮者引亞獻詣神座前，北面跪奠爵，興，少退，北向再拜。〔三四〕祝以爵酌清酒，進於亞獻之右，西向立。亞獻再拜，受爵，跪祭酒，遂飲卒爵。祝受虛爵，復於坫，亞獻興，再拜，贊者引亞獻降復位。

初亞獻將畢，贊禮者引終獻，盥洗、升獻、飲福如亞獻之儀。訖，贊禮者引終獻降復位。

祝進神座前，徹豆，還罇所。贊唱者曰：「再拜。」非飲福受胙者皆再拜，獻官以下皆再拜。

贊禮者進初獻之左，白：「請就望瘞位。」贊唱者引初獻就望瘞位，西向立。於獻官將拜，嶽令進神座前，〔三五〕跪取幣，齋郎以俎載牲體、黍稷飯詣瘞埳，以饌物置於埳。祭海瀆，獻官拜訖，瀆令及齋郎以幣血沈於瀆，瀆令退就位。東西廂各二人寘土。半埳，贊者進初獻之左，白：「禮畢。」遂引初獻以下出。祝與執罇罍篚冪者俱復執事位。立定，贊唱者曰：「再拜。」再拜訖，遂出。祝版燔於齋所。

校勘記

〔一〕皇帝夏至祭方丘　「至」下原有「日」，據開元禮卷二九删。

〔二〕東門西門之外道北南向　「道」下原衍「少」，據開元禮卷二九及傅校本、明抄本、明刻本、朝鮮本、王吴本删。

〔三〕設諸國客使位　原脱「使」，據開元禮卷二九補。

〔四〕史陪其後　原「史」上有「祝」，蓋涉下文而衍。據開元禮卷二九及本書卷一〇九删。

〔五〕罍一　「一」開元禮卷二九作「二」，而卷三〇作「一」。

〔六〕山罍二　「二」原訛「一」，據開元禮卷二九、卷三〇及傅校本、明抄本、明刻本、朝鮮本改。

〔七〕各依其方　「依」原訛「於」，據開元禮卷二九改。

〔八〕太官令帥進饌者其實饌及禮官就位　「其」原作「入」，據傅校本、明抄本、明刻本、朝鮮本改。

〔九〕將軍降立於輅右　「右」原訛「左」，據開元禮卷二九改。

〔一〇〕殿中監受進　此五字原脱，據開元禮卷二九補。

〔一一〕神州之饌升自巳陛　「巳」原作「北」，開元禮卷二九及傅校本、明抄本、明刻本、朝鮮本作「巳」，與本卷下文合，今據改。

〔一二〕練此元辰　「練此」原作「用練」，據開元禮卷三二及傅校本、明抄本、明刻本、朝鮮本改。

〔一三〕子孝曾孫　原脱「子」，據開元禮卷二九、卷三〇補。按：傅校本、明刻本、朝鮮本、王吴本作「子孝孫」。

〔一四〕太祝進跪奠版於神座興還罇所皇帝拜訖樂止　原脱「進跪」、「興」、「皇帝拜訖」七字，據開元禮卷二九補。按：傅校本、明抄本、明刻本、朝鮮本作「太祝進奠版於神座興還罇所」，脱「跪」、「皇帝拜訖樂止」七字。

〔一五〕謁者一人引獻官詣罍洗　「謁」原訛「贊」，據開元禮卷二七及傅校本、明抄本、明刻本、朝鮮本改。

〔一六〕東西廂各六人實土　「廂」原訛「面」，「實」原訛「置」，據開元禮卷二九改。按：傅校本、明抄本「廂」字不誤，「實」作「寘」，亦誤。

〔一七〕壇之壬地　原脱「之」，據開元禮卷三五補。

〔一八〕俎三　「三」原訛「二」，據開元禮卷三五及傅校本、明抄本改。

〔一九〕罇皆加勺幂　「幂」字處原是空白，據諸本補。

〔二〇〕各位於罇罍洗篚之後　原脱「洗」，據開元禮卷三五補。

〔二一〕載上肫胳二節　「肫」傅校本、明刻本、朝鮮本作「肢」，殿本、局本作「股」，並誤。開元禮卷三五作「肫」，與儀禮特牲饋食禮記合，今據改。

〔二二〕實石鹽　「石」原訛「以」，據開元禮卷三五及傅校本、明抄本改。

〔二三〕實韭菹醓醢　原「實」下衍「以」，「醓」訛「醢」，據開元禮卷三五删改。

〔二四〕脾析菹　「析」原訛「菜」，據開元禮卷三五改。

〔二五〕設嶽神瀆神座於壇上近北南向　原「北」下衍「面」，據開元禮卷三五删。

〔二六〕立定一刻頃　開元禮卷三五、卷三六俱作：「一刻頃贊禮者引祭官以下入就位立定。」通典苟簡，大失原意。

〔二七〕奠物則跪奠訖　原脱「則跪」，據開元禮卷三五補。

〔二八〕祝還罇所　原脱「祝」，據開元禮卷三五補。

〔二九〕東瀆大淮云　原脱「云」，據下文文例增補。

〔三〇〕素秋戒序　「戒」開元禮卷三六作「屆」。

〔三一〕用率典常　「典常」原倒，據開元禮卷三六及傅校本、明抄本、明刻本、朝鮮本乙。

〔三二〕浸被遐遠　「被」原訛「彼」，據開元禮卷三六改。

〔三三〕減神座前三牲胙肉各取前脚第二節共置一俎上　原脱「三牲」、「各取」四字，據開元禮卷三五、卷三六補。

〔三四〕北向再拜　「向」原作「面」，據開元禮卷三五及傅校本、明抄本、明刻本、朝鮮本改。

〔三五〕嶽令進神座前　原脱「前」，據開元禮卷三五補。

王文錦點校

通典卷第一百十三

禮七十三　開元禮纂類八　吉禮五

皇帝仲春仲秋上戊祭太社攝事附

齋戒　陳設　鑾駕出宫　奠玉帛　進熟　鑾駕還宫

季冬措太社

皇帝仲春仲秋上戊祭太社攝事附〔一〕

齋戒如前祭方丘儀。

陳設

前祭三日，尚舍直長施大次於社宫西門之外道北，南向，尚舍奉御鋪御座。衛尉設文武侍臣次於大次之後，文官在左，武官在右，俱南向。設諸祭官次於齋坊之内。攝事無設大次儀，但守宫設祭官次。〔二〕三師於北門之外，道西，〔三〕諸王於三師之北，俱東向南上。文官從一品以下九品以上於齋坊南門之外，重行，東向北上；介公、酅公於北門之外道東，西向，以南爲上。諸州使人，東方南方於諸王西北，東面；西方北方於介公、酅公東北，西面：俱重行南上。〔四〕武官三品以下九品以上於東門之外道北，南向，以西爲上。諸國之客於東門之外，東方南方於武官東北，南向；西方北方於道南，北向：俱以西爲上。攝事無三師以下至此儀。

前祭二日，太樂令設宮懸之樂於壇北，東方西方磬簴起南，鐘簴次之；南方北方磬簴起東，鐘簴次之。設十二鎛鐘於編懸之間，各依辰位。樹靈鼓於南懸之內，道之左右。植建鼓於四隅。置柷敔於懸內。柷在左，敔在右。設歌鐘歌磬各於壇上近北，南向，皆磬簴在東，鐘簴在西。〔五〕其匏竹者各立於壇下，重行南向，〔六〕相對爲首。凡懸皆展而編之。諸工人各位於懸後，東方西方以南爲上，南方北方以東爲上。右校清掃內外。又爲瘞埳二於南門之內，於稷壇西南，攝事爲埋坎二於樂懸之北。〔七〕方深取足容物，北出陛。

前祭一日，奉禮設御位北門之內，〔八〕當社壇之北，〔九〕南向。將祭，奉禮郎一人守之，在版位東北立五步所，南向。〔一〇〕又設望瘞位西門之內，當瘞埳，南向。攝事無御位以下至此儀。設祭官、公卿位於西門之內道北，執事位於其後少退，〔一一〕每等異位，俱重行東面，以南爲上。設御史位於壇上，正位於太社壇東北隅，西向；副位於太稷壇西北隅，東向。攝事令史陪後。設奉禮位於樂懸西北，贊者二人在北，差退，俱東面南上。又設奉禮、贊者位於瘞埳西北，東向北上。攝事無奉禮位。設協律郎位各於壇之上東北隅，俱西向。設太樂令位於南懸之間，〔二〕南向。設從祭官位、三師位於北門之內道西，諸王位於三師之西，〔三〕俱南面東上。設介公、酅公位於道東，南面西上。文官從一品以下九品以上位於執事北，每等異位，俱重行東向；武官三品以下九品以上位於東方，值文官，每等異位，重行西向：皆以南爲上。諸州使人位，東方南方於北門之内道西，於諸王西北，重行南向，以東爲上；西方北方於道東，於介公、酅公東北，重行南向，以西爲上。諸蕃客位於北門之內，東方南方於諸州使人之西，每國異位，俱重行南面，〔四〕以東爲上；西方北方於諸州使人之東，每國異位，俱重行南面，以西爲上。

設門外位。祭官、公卿以下皆於西門之外道南，每等異位，重行北向，以東爲上。三師位於北門之外道西，諸王於三師之北，俱東向；介公、酅公位於道東，西向：皆以南爲上。文官從一品以下九品以上位西門之外，祭官之南，每等異位，重行北面，以東爲上；武官三品以下九品以上位於東門之外道北，每等異位，重行南面，以西爲上。諸州使人位，東方南方於諸王西北，重行東面；西方北方於介公、酅公東北，西面：俱南上。設諸國客位，東方南方於武官東北，每國異位，俱重行南向；西方北方於道南，每國異位，重行北向：皆以西爲上。攝事無三師北門内位至此儀，但設祭官門外之位。

設酒罇之位。太社太罇二、著罇二、罍二在壇上西北隅，〔一五〕南向；設后土氏象罇二、著罇二、罍二於太社酒罇之西。俱南向東上，各置於坫，皆加勺冪。爵皆置於罇下。設太稷后稷酒罇於其壇上，如太社后土之儀。設御洗各於太社太稷壇之西北，南向，亞獻之洗又各於西北，南向，俱罍水在洗西，篚在洗東，北肆，篚實以巾爵。執罇罍篚冪者位於罇罍篚冪之後。各設玉幣之篚於壇上罇坫之所。

晡後，謁者引光禄卿詣厨省饌具訖，還齋所。

祭日未明十刻，太官令帥宰人以鸞刀割牲，祝史以豆取毛血，攝事齋郎取毛血。置於饌所，遂烹牲。牲皆用黝。

未明五刻，太史令、郊社令各服其服，升設太社太稷神座，各於壇上近南，北向。設后土氏神座於太社神座之右，后稷氏神座於太稷神座之左，俱東向，席皆以莞。〔一六〕設神位各於座首。〔一七〕

鑾駕出宮如方丘之儀。

奠玉帛

祭日未明三刻，諸祭官各服其服。郊社令、良醖令各帥其屬入實罇罍玉幣。太罇爲上，實以醴齊，著罇次之，實以盎齊；山罍爲下，〔一八〕實以清酒。配座之罇亦如之。齊加明水，酒加玄酒，各實於上罇。禮神之玉，太社太稷俱以兩珪有邸。幣皆以玄。〔一九〕太官令帥進饌者實諸籩豆簠簋，皆設於神厨。

未明二刻，奉禮帥贊者先入就位。贊引引御史、諸太祝及令史、祝史與執罇罍篚冪者入自西門，當太社壇北，重行南面，以東爲上。凡引導者每曲一逡巡。立定，奉禮曰：「再拜。」贊者承傳，凡奉禮有詞，贊者皆承傳。御史以下皆再拜。訖，執罇者各升自西陛，立於罇所，執罍洗篚冪者各就位。贊引引御史、諸太祝詣太社壇西陛，升，行掃除於上，令史、祝史行掃除於下。降，又詣太稷壇行掃除，如太社之儀。訖，各引就位。駕將至，謁者、贊引各引祭官，通事舍人分引從祭羣官、客使先置者，俱就門外位。

駕至大次門外，迴輅南向，將軍降，立於輅右。侍中進，當鑾駕前跪奏稱：「侍中臣某言，請降輅。」俛伏，興，還侍位。皇帝降輅，之大次。謁者引文武五品以上從祭羣官皆就門外位。攝事，謁者、贊引引祭官各就位，無駕將至至此儀。太樂令帥工人、二舞次入就位，文舞入陳於懸內，武舞立於懸北道東。謁者引司空入就位，立定，奉禮曰：「再拜。」司空再拜訖，謁者引司空詣壇西陛，升，行掃除於上，升稷壇亦如之。訖，降，行樂懸於下。〔二〇〕訖，引就門外位。

皇帝停大次半刻頃，謁者、贊引各引祭官，通事舍人分引從祭文武羣官、介公、酅公、諸國客使先入就位。太常博士引太常卿立於大次門外，當門北向。

侍中版奏：「外辦。」皇帝服繡冕出次，華蓋侍衛如常儀。侍中負璽陪從如式。博士引太常卿，太常卿引皇帝，凡太常卿前導，皆博士先引。至社宮西門外。殿中監進大珪，尚衣奉御又以鎮珪授殿中監，殿中監受進。〔二一〕皇帝搢大珪，執鎮珪，華蓋仗衛停於門外，〔二二〕近侍者從入如常儀。謁者引禮部尚書、太常少卿陪從如常。皇帝至版位，南向立。每立定，太常卿與博士退立於左。謁者、贊引各引祭官次入就位。立定，太常卿前奏稱：「請再拜。」退復位。皇帝再拜。奉禮曰：「衆官再拜。」在位者皆再拜。其先拜者不拜。〔二三〕

太常卿前奏：「有司謹具，請行事。」退復位。攝事，謁者白太尉。下倣此。協律郎跪，俛伏，舉麾，凡取物者，跪俛伏而取以興。奠物則跪奠訖，俛伏而後興。鼓柷，奏順和之樂，乃以函鐘爲均，文舞八成，偃麾，戛敔，樂止。凡樂，皆協律郎舉麾，工鼓柷而後作，偃麾戛敔而後止。太常卿前奏稱：「請再拜。」退復位。皇帝再拜。奉禮曰：「衆官再拜。」在位者皆再拜。

諸太祝俱取玉幣於篚，各立於罇所。太常卿引皇帝，太和之樂作，皇帝每行，皆作太和之樂。皇帝詣太社壇，升自北陛，侍中、中書令下及左右侍衛量人從升，以下皆如之。皇帝升壇，南向立，樂止。太祝加玉於幣以授侍中，侍中奉玉幣西向進，皇帝搢鎮珪，受玉帛。凡授物，皆搢鎮珪，奠訖，執珪，俛伏，興。登歌，作肅和之樂，乃以應鐘之均。太常卿引皇帝進，南向跪奠於太社神座，俛伏，興，太常卿引皇帝少退，南向再拜，太常卿引皇帝立於東方，西向。太祝以幣授侍中，侍中奉幣南向進，皇帝受幣，太常卿引皇帝進，西向跪奠於后土氏神座，俛伏，興，太常卿引皇帝少退，西向再拜訖，登歌止。

太常卿引皇帝降自北陛，樂作，太常卿引皇帝詣太稷壇，升自北陛，南向立，樂止。太祝加玉於幣以授侍中，侍中奉玉帛西向進，皇帝受玉帛，登歌作，太常卿引皇帝進，南向跪奠於太稷神座，俛伏，興，太常卿引皇帝少退，南向再拜訖，太常卿引皇帝立於東方，西向。又太祝以幣授侍中，侍中奉幣南向進，皇帝受幣，〔二四〕太常卿引皇帝進，西向跪奠於后稷氏神座，〔二五〕俛伏，興，太常卿引皇帝少退，西向再拜訖，登歌止。太常卿引皇帝降自北陛，樂作，皇帝還版位，南向立，樂止。

初羣官拜訖，祝史各奉毛血之豆立於門外，於登歌止，〔二六〕祝史奉毛血入，各由其陛升，諸太祝迎取於壇上，俱進奠於神座前，諸太祝與祝史退立於罇所。

進熟

皇帝既升奠玉帛，太官令出，帥進饌者奉饌陳於西門外，謁者引司徒出詣饌所，司徒奉太社之俎。初皇帝既至位樂止，太官令引饌入，太社太稷之饌入自正門，配座之饌入自左闥。俎初入門，雍和之樂作，以太蔟之均，饌至陛，樂止。祝史各進，徹毛血之豆，降自西陛以出。太社太稷之饌升自北陛，配座之饌升自西陛，諸太祝迎引於壇上，各設於神座前。籩豆，蓋冪先徹乃升。簠簋奠訖，却其蓋於下。〔二七〕設訖，謁者引司徒以下降自西陛，復位。諸太祝還罇所。

太常卿引皇帝詣罍洗，樂作，其盥洗之儀並如圓丘。太常卿引皇帝，樂作，皇帝詣太社壇，升自北陛，樂止。謁者引司徒升自西陛，立於罇所；齋郎奉俎從升，立於司徒之後。太常卿引皇帝詣太社酒罇所，執罇者舉冪，侍中贊酌醴齊，壽和之樂作，皇帝每酌獻及飲福，皆作壽和之樂。太常卿引皇帝進太社神座前，南面跪奠爵，俛伏，興，太常卿引皇帝少退，南向立，樂止。太祝持版進於神座之右，西面跪讀祝文曰：「維某年歲次月朔日，子嗣天子某，攝事云「謹遣太尉封臣名」。下同。敢昭告於太社：惟神德兼博厚，道著方直，載生品物，含弘庶類。謹因仲春，仲秋。祇率常禮，敬以玉帛、一元大武、柔毛、剛鬛、明粢、薌合、薌萁、嘉蔬、嘉薦、醴齊，備兹禋瘞，用申報本，以后土句龍氏配神作主，尚饗。」興。皇帝再拜。初讀祝文訖，樂作，太祝進，奠版於神座前，還罇所，皇帝拜訖，樂止。

太常卿引皇帝詣后土氏酒罇所，執罇者舉冪，侍中取爵於坫，進，皇帝受爵，侍中贊酌醴齊，樂作，太常卿引皇帝進后土氏神座前，西向跪奠爵，俛伏，興，太常卿引皇帝少退，西向立，樂止。〔二八〕太祝持版進於神座之左，南面跪讀祝文曰：「維某年歲次月朔日，子開元神武皇帝某，敢昭告於后土氏：爰兹仲春，仲秋。揆日惟吉，恭修常事，薦於太社。惟神功著水土，平易九州，昭配之義，實惟通典。謹以制幣、一元大武、柔毛、剛鬣、明粢、薌合、薌萁、嘉薦、醴齊，陳於表位，作主侑神，尚饗。」訖，興。皇帝再拜。初讀祝文訖，樂作，太祝進，奠版於神座，還罇所，皇帝拜訖，樂止。

太常卿引皇帝進太社神座前，南向立，樂作。太祝各以爵酌上罇福酒，合置一爵，一太祝持爵授侍中，侍中受爵東向進，皇帝再拜受爵，〔二九〕跪祭酒，啐酒，奠爵，俛伏，興。太祝帥齋郎進俎，太祝減太社神座前三牲胙肉，各置一俎上，太祝以俎授司徒，司徒持俎東向以次進，皇帝每受以授左右。皇帝跪取爵，遂飲卒爵，侍中進受爵以授太祝，太祝受爵復於坫，皇帝俛伏，興，再拜，樂止。太常卿引皇帝，樂作，皇帝降自北陛，詣罍洗，樂止。謁者引司徒降壇西陛以從。

皇帝至罍洗，盥手洗爵，侍中、黄門侍郎贊洗如常。訖，太常卿引皇帝，樂作，皇帝詣太稷壇，升自北陛，樂止。謁者引三公，三公與齋郎奉俎升自西陛，立於罇所。皇帝詣太稷酒罇所，執罇者舉冪，侍中贊酌醴齊，樂作，太常卿引皇帝進太稷神座前，南向跪奠爵，俛伏，興，太常卿引皇帝少退，南向立，樂止。太祝持版進於神座之右，西向跪讀祝文曰：「維某年歲次月朔日，子嗣天子某敢昭告於太稷：惟神播生百穀，首兹八政，用而不匱，功濟萌黎。兹惟仲春，仲秋。恭以玉帛、一元大武、柔毛、剛鬣、明粢、薌合、薌萁、嘉薦、醴齊，式陳瘞祭，備脩常禮，以后稷棄配神作主，尚饗。」訖，興。〔三〇〕皇帝再拜。初讀祝文訖，樂作，太祝進奠版於神座，還罇所，皇帝拜訖，樂止。

太常卿引皇帝詣后稷氏酒罇所，執罇者舉冪，侍中取爵於坫，進，皇帝受爵，侍中贊酌醴齊，樂作，太常卿引皇帝詣后稷氏神座前，西向跪奠爵，俛伏，興，太常卿引皇帝少退，西向立，樂止。太祝持版進於神座之左，南面跪讀祝文曰：「維某年歲次月朔日，子開元神武皇帝某，敢昭告於后稷氏：爰以仲春，仲秋。式揀吉辰，敬脩恒禮，薦於太稷。惟神功叶稼穡，闡脩農政，允兹從祀，用率舊章。謹以制幣、一元大武、柔毛、剛鬣、明粢、薌合、薌萁、嘉薦、醴齊，陳於表位，作主配神，尚饗。」訖，興。皇帝再拜。初讀祝文訖，樂作，太祝進奠版於神座前，還罇所，皇帝拜訖，樂止。

太常卿引皇帝進太稷神座前，南向立，樂作，皇帝飲福受胙，如太社之儀。訖，樂止。太常卿引皇帝，樂作，皇帝降自北陛，還版位，南向立，樂止。謁者引司徒降自西陛，復位。

文舞出，鼓柷，作舒和之樂，出訖，戛敔，樂止。武舞入，鼓柷，作舒和之樂，立定，戛敔，樂止。

皇帝獻后土氏將畢，謁者引太尉攝事則引太常卿。下同。詣罍洗，盥手洗爵訖，謁者引太尉自西陛升壇，詣太社酒罇所，執罇者舉冪，太尉酌盎齊。武舞作。謁者引太尉進太社神座前，南向跪奠爵，興，謁者引太尉少退，南向再拜。謁者引太尉詣后土氏酒罇所，取爵於坫，執罇者舉冪，太尉酌盎齊。謁者引太尉進后土氏神座前，西向跪奠爵，〔三二〕興，謁者引太尉少退，西向再拜。謁者引太尉進太社神座前，南向立。太祝各以爵酌罍福酒，合置一爵，一太祝持爵進太尉之右，東向立。太尉再拜受爵，跪祭酒，遂飲卒爵。太祝進受爵，復於坫。太尉興，再拜。謁者引太尉降自西陛，詣罍洗，盥手洗爵，〔三三〕詣太稷壇升獻，如太社之儀。訖，引降復位。

初太尉獻后土將畢，謁者引光禄卿攝事同與光禄卿爲終獻。詣罍洗，盥手洗爵，升酌盎齊終獻，如亞獻之儀。訖，謁者引光禄卿降復位。武舞六成，樂止。

舞獻俱畢，諸太祝各徹豆，還罇所。奉禮曰：「賜胙。」贊者唱：「衆官再拜。」在位者皆再拜，已飲福受胙者不拜。順和之樂作，太常卿奏稱：「請再拜。」退復位。皇帝再拜。奉禮曰：「衆官再拜。」在位者皆再拜。樂一成，止。

太常卿前，奏：「請就望瘞位。」太常卿引皇帝，樂作，皇帝就望瘞位，南向立，樂止。羣官將拜，諸太祝各執篚進神座前取玉幣，〔三三〕齋郎以俎載牲體、稷黍飯、爵酒，各由其陛降壇南行，〔三四〕當瘞埳，西行，諸太祝以玉幣、饌物置於埳。〔三五〕訖，奉禮曰：「可瘞。」埳東西面各四人實土。半埳，太常卿前奏：「禮畢。」太常卿引皇帝還大次，樂作，皇帝出門，殿中監前受鎮珪以授尚衣奉御，殿中監又前受大珪，華蓋侍衞如常儀，皇帝入次，樂止。謁者、贊引引祭官，通事舍人分引從祭羣官、諸方客使以次出。贊引引御史以下俱復執事位，立定，奉禮曰：「再拜。」御史以下皆再拜。贊引引出，〔三六〕工人、二舞以次出。其祝版燔於齋所。

鑾駕還宮如方丘之儀。

季冬禮太社如上儀。

太社祝文曰：維神降祐，百穀時登，謹以玉帛犧齊，粢盛庶品，恭薦於太社，以后土句龍氏配神作主，尚饗。

后土氏祝文曰：今時和年登，恭薦禮祀於太社。惟神功協水土，作主配神，謹以云云。

太稷祝文曰：惟神主兹百穀，粒此黎元。謹率常禮，恭以玉帛云云。

后稷祝文曰：今時和年登，敬薦禮祀於太稷。惟神功協稼穡，作主配神云云。

校勘記

〔一〕攝事附　原無此三字，據傅校本、明刻本、朝鮮本補。

〔二〕守宫　「宫」原訛「臣」，據開元禮卷三三改。按：傅校本、明抄本、明刻本、朝鮮本作「官」，形訛。

〔三〕三師於北門之外道西　「道西」原脱，據開元禮卷三三補。

〔四〕俱重行南上　原脱「重行」，據開元禮卷三三補。

〔五〕皆磬簴在東鐘簴在西　原脱「在東鐘簴」，據開元禮卷三三補。

〔六〕重行南向　原脱「重行」，據開元禮卷三三補。

〔七〕攝事爲埋坎二於樂懸之北　「爲」原訛「無」，據傅校本、明抄本、明刻本、朝鮮本改。

〔八〕設御位北門之内　原脱「御」，據開元禮卷三三補。

〔九〕當社壇之北　原「社」下衍「稷」，脱「之」，據開元禮卷三三删補。傅校本、明抄本「之」字不脱。

〔一〇〕在版位東北立五步所　「版位」原倒，據開元禮卷三三乙。

〔一一〕其後少退　「退」原訛「北」，據開元禮卷三三改。

〔一二〕設太樂令位於南懸之間　「間」原訛「門」，據開元禮卷三三改。

〔一三〕設從祭官位三師位於北門之内道西諸王位於三師之西　原上脱「從」，下脱「諸王位於三師之西」，並據開元禮卷三三補。

〔一四〕俱重行南面　原脱「俱」，據開元禮卷三三補。下同。

〔一五〕在壇上西北隅　原脱「在」，據開元禮卷三三補。

〔一六〕設后土氏神座於太社神座之右后稷氏神座於太稷神座之左俱東向席皆以莞　開元禮卷三三同。疑「右」亦當作「左」。按：太社神座北向，后土氏神座於其左，則東向爲内向。如於其右，則東向爲外向。后土氏既配神作主，其神座固不能側背太社而設也。又原脱「皆」，據開元禮補。

〔一七〕設神位各於座首　「位」原訛「座」，「座」原訛「席」，據開元禮卷三三改。

〔一八〕山罍爲下　原脱「山」，據開元禮卷三三及傅校本、明刻本、朝鮮本補。

〔一九〕幣皆以玄　「幣」下原衍「色」，據傅校本、明抄本、明刻本、朝鮮本删。

〔二〇〕行樂懸於下　「行」下有「視」，又脱「於下」，據開元禮卷三三删補。按：傅校本、明抄本、明刻本、朝鮮本、王吴本作「行樂懸於上」，「上」字誤。

〔二一〕殿中監受進　「殿中監」涉上誤脱，據開元禮卷三三補。

〔二二〕華蓋仗衛停於門外　「仗」原訛「侍」，據開元禮卷三三改。

〔二三〕其先拜者不拜　原爲正文，據開元禮卷三三及傅校本、明抄本、明刻本、朝鮮本、王吴本改爲注文。

〔二四〕皇帝受幣　傅校本、明抄本、明刻本、朝鮮本、王吴本句下有「登歌作」，非。

〔二五〕西向跪奠於后稷氏神座　原脱「西向跪」，據開元禮卷三三補。

〔二六〕於登歌止　原脱「於」，據開元禮卷三三補。

〔二七〕卻其蓋於下　「於」原訛「冪」，據諸本改。

〔二八〕樂止　原脱，據開元禮卷三三補。

〔二九〕皇帝再拜受爵　原脱「再」，據開元禮卷三三補。

〔三〇〕興　原脱，據開元禮卷三三補。

〔三一〕西向跪奠爵　「西」原訛「南」，開元禮卷三三誤同。據開元禮卷三四改。按：后土氏神座既東向，向之跪奠爵自應西向。

〔三二〕詣罍洗盥手洗爵　「盥手洗」原涉上而脱，據開元禮卷三三補。

〔三三〕取玉幣　原脱「玉」，據開元禮卷三三補。

〔三四〕各由其陛降壇南行　原脱「降」，據開元禮卷三三補。

〔三五〕饌物置於埳　原脱「物」，據開元禮卷三三補。

〔三六〕贊引引出　原脱「出」，據開元禮卷三三補。

王文錦點校

通典卷第一百十四

禮七十四 開元禮纂類九 吉禮六

皇帝時享於太廟凡一歲五享謂四孟月及臘宗廟三年一祫以孟冬五年一禘以孟夏及諸享攝事並附

齋戒 陳設 省牲器 鑾駕出宮 晨祼 饋食 祭七祀 祫禘以功臣配享 鑾駕還宮

皇帝時享於太廟凡一歲五享，謂四孟月及臘。宗廟三年一祫以孟冬，五年一禘以孟夏，及諸享攝事並附。

齋戒

將享，有司卜日，如常儀。皇帝散齋四日於別殿，致齋三日於太極殿，服通天冠，絳紗袍，結佩，並如圜丘儀。應享官齋，具序例儀。祫禘儀同。

陳設

前享三日，尚舍直長施大次於廟東門之外道北，南向，尚舍奉御鋪御座。守宮設文武侍臣次於大次之後，文官在左，武官在右，俱南向。設諸享官次於齋坊之內。攝事，右校清掃內外，守宮設享官、公卿以下次於齋坊。九廟子孫於齋坊內近南，西向北上。文官九品以上於齋坊之南，東方南方朝集使又於其南，東方南方蕃客又於其南，俱每等異位，重行，西向北上。介公、酅公於廟西門之外近南，武官九品以上於介公、酅公之南，西方北方朝集使於武官之南，西方北方蕃客又於其南，俱每等異位，重行，東向北上。其褒聖侯位於文官三品之下，諸州使人分方各位於朝集使之後。〔一〕攝事無大次及九廟子孫以下至此儀。

前享二日，太樂令設宮懸之樂於廟庭，如圜丘儀。所異者，樹路鼓及設歌鐘歌磬於廟堂上前楹間耳。〔二〕右校清掃內外。

前享一日，奉禮設御位於廟東陛東南，西向。攝事無御位。下倣此。設享官、公卿位於東門之內道南，執事者位於其後，每等異位，俱重行西面，以北爲上。攝則公卿位於道北，執事位於道南。設御史位於廟堂之下，一位於東南，西向，一位於西南，東向，〔三〕令史各陪其後。設奉禮位於樂懸東北，贊者二人在南，差退，俱西面。設協律郎位於廟堂之上前楹之間，近西，東向。設太樂令位於北懸之間，〔四〕北向。

設從享之官位：九廟子孫於享官、公卿之南，昭穆異位；雖有貴者以齒。文官九品以上位於子孫之南；東方南方朝集使於文官之南；東方南方蕃客又於其南。俱每等異位，重行，西面北上。介公、酅公位於西門之内道南，武官九品以上於介公、酅公之南，少西，當文官；西方北方朝集使於武官之南；西方北方蕃客又於其南。俱每等異位，重行，東面北上。其褒聖侯位於文官三品之下，〔五〕諸州使人分方各位於朝集使之後。

設門外位：享官、公卿以下皆於東門之外道南，每等異位，重行，北面西上。子孫之位於享官、公卿之東，少南，文官九品以上於子孫之東，東方南方朝集使於文官之東，東方南方蕃客又於其東，俱每等異位，重行，北面西上。設介公、酅公位於西門之外道南，武官九品以上於介公、酅公之西，少南，西方北方朝集使於武官之西，西方北方蕃客又於其西，俱每等異位，重行，北面東上。其褒聖侯位於文官三品之下，諸州使人分方各位於朝集使之後。〔六〕攝事無九廟子孫以下至此儀。

設牲牓於東門之外，當門西向，以南爲上。設廩犧令位於牲西南，史陪其後，〔七〕俱北向。設諸太祝位於牲東，各當牲後，祝史各陪其後，俱西向。設太常卿省牲位於牲前，近北，又設御史位於太常卿之西，俱南向。

設罇彝之位於廟堂上前楹間，各於室户之左，北向。春夏每室雞彝一，鳥彝一，犧罇二，象罇二，山罍二。秋冬每室斝彝一，黄彝一，著罇二，壺罇二，山罍二。皆加勺冪，凡宗廟冪皆以黼。皆西上，各有坫焉。祫享設罇彝於廟堂上下。每座斝彝一，黄彝一，犧罇二，象罇二，著罇二，山罍二，在堂上，皆於神座之左。獻祖、太祖、高祖、高宗罇彝在前楹間，北向；懿祖、代祖、太宗、中宗、睿宗罇彝在户外，南向。其壺罇二、太罇二、山罍四，在堂下階間，北向西上。禘享則雞彝、鳥彝，餘同祫享。

設簠簋籩豆之位於廟堂之上，俱東側階之北。每座四簠居前，四簋次之，次以六甑，次以六鉶，籩豆爲後，每座異之，祫禘攝事，簠簋甑鉶與正數半之。皆以南爲上，屈陳而下。

設御洗於東陛東南，亞獻之洗又於東南，俱北向；罍水在洗東，篚在洗西，南肆；篚實以珪瓚巾爵。執罇罍篚冪者各位於罇罍篚冪之後。祫禘儀，享日未明五刻，太廟令服其服，布昭穆之座於户外。自西序以東，皇八代祖獻祖宣皇帝，皇六代祖太祖景皇帝，皇高祖高祖神堯皇帝，皇祖高宗天皇大帝，座皆北廂，南向。皇七代祖懿祖光皇帝，皇五代祖代祖元皇帝，皇曾祖太宗文武聖皇帝，皇伯考中宗孝和皇帝，皇考睿宗大聖真皇帝，座於南廂，北向。每座皆設黼扆，莞席紛純，藻席畫純，次席黼純，左右几。

省牲器

省牲之日午後十刻，廟所禁斷行人，太廟令整拂神幄。祝史各取毛血，每座共實一豆；祝史又洗肝於鬱鬯，又取膟膋共實一豆，俱置饌所。餘並如圓丘儀。膟膋，腸間脂。祫禘祝史洗肝於鬱鬯，〔八〕餘並同圓丘儀。

鑾駕出宮

前出宮三日，本司宣攝内外各供其職，守宮設從享官五品以上次於承天門東西朝堂，如常儀。

前二日，太樂令設宮懸之樂於殿庭，如常儀。駕出，懸而不作。

享日未明七刻，搥一鼓爲一嚴，三嚴時節，前一日侍中奏裁。侍中奏開宮殿門及城門，餘並與圓丘儀同，唯祭官稱享爲異耳。

晨祼

享日未明四刻，諸享官各服其服，太廟令、良醞令各帥其屬入實鐏罍，雞彝、斝彝及犧鐏、象鐏、著鐏、壺鐏之上鐏皆實以明水，山罍之上鐏實以玄酒，鳥彝、黄彝實以鬱鬯；犧鐏、著鐏實以醴齊，象鐏、壺鐏實以盎齊，山罍實以清酒。祫禘之鐏，斝彝及五齊上鐏皆實明水，山罍上鐏實以玄酒，黄彝實以鬱鬯，犧鐏實以汎齊，象鐏實以醴齊，著鐏實以盎齊，壺鐏實以醍齊，太鐏實以沈齊，山罍實以清酒。太官令帥進饌者實諸籩豆簠簋。

未明三刻，奉禮帥贊者先入位，〔九〕贊引引御史、博士、太廟令、〔一〇〕太祝、宮闈令及令史、祝史與執鐏罍篚冪者入自東門，當階間重行，北面西上。立定，奉禮曰：「再拜。」贊者承傳，凡奉禮有詞，贊者皆承傳。御史以下皆再拜訖，執鐏罍篚冪者各就位。贊引引御史、諸太祝詣東陛升堂，行掃除於上，〔一一〕令史祝史行掃除於下，訖，引就位。祫禘又太廟令帥其屬陳瑞物於廟庭太階之西，〔一二〕上瑞爲前，中下相次，及伐國所得寶器，上次先後亦然，俱藉以席。攝事不陳瑞物寶器。

未明二刻，贊引引太廟令、太祝、宮闈令詣東陛升堂，詣獻祖室，入開埳室，太祝、宮闈令奉出神主置於座。祫禘則未明二刻，陳腰輿於東陛之東，每室各二，皆西向北上。立定，贊引引太廟令、太祝、宮闈令帥內外執事者，以腰輿自東陛升，詣獻祖室，入開埳室，太祝、宮闈令奉出神主，各置於輿，出詣座前，奉神主置於座訖，以次奉出懿祖以下如獻祖儀。訖，引太廟令以下次奉出懿祖，次奉出太祖，次奉出代祖，次奉出高祖，次奉出太宗，次奉出高宗，次奉出中宗，次奉出睿宗，神主置於座，如獻祖之儀。皇祖妣以下神主皆宮闈令奉出，俱並而處右。訖，引太廟令以下降還本位。攝事贊引各引享官俱就門外位，無駕將至下至從享官位儀。

駕將至，謁者、贊引引享官，通事舍人分引九廟子孫、從享羣官、諸方客使先置者俱就門外位。〔一三〕

駕至大次門外，迴輅南向，將軍降，立於輅右。侍中進，當鑾駕前跪奏稱：「侍中臣某言，請降輅。」俛伏，興，還侍位。皇帝降輅，乘輿之大次，繖扇華蓋侍衛如常儀。太廟令以祝版奉御署訖，近臣奉出，太廟令受，各奠於坫。通事舍人引文武五品以上從享之官，皆就門外位。太樂令帥工人、二舞入就位，文舞入陳於懸內，武舞立於懸南道西。其升堂座者，皆脫履於下，降納如常。謁者引司空入就位，立定，奉禮曰：「再拜。」司空再拜訖，謁者引司空詣東陛升堂，行掃除於上，降，行樂懸於下訖，引復位。初司空行樂懸，通事舍人、謁者、贊引各引享官及九廟子孫、從享羣官、諸方客使次入就位。攝事無九廟子孫以下至皇帝再拜儀，但享官再拜耳。

皇帝停大次半刻頃，太常博士引太常卿立於大次門外，當門北向。侍中版奏：「外辦。」皇帝出次，華蓋侍衛如常儀。侍中負寶陪從如式。〔一四〕博士引太常卿，太常卿引皇帝，凡太常卿前導，皆博士先引。至廟門外，殿中監進鎮珪，皇帝執鎮珪，華蓋仗衛停於門外，近侍者從入如常。皇帝至版位，西向立。每立定，太常卿與博士退立於左。太常卿前奏稱：「請再拜。」退復位。皇帝再拜。奉禮曰：「衆官再拜。」在位者皆再拜。其先拜者不拜。

太常卿前奏：攝事謁者進太尉之左白「請行事」。凡攝事皆太尉初獻。「有司謹具，請行事」。退復位。協律郎跪，俛伏，舉麾，凡取物者皆跪俛伏而取以興，奠物則跪奠訖，俛伏而後興。鼓柷，奏永和之樂，乃以黃鍾爲宮，大呂爲角，太蔟爲徵，應鍾爲羽，作文舞之舞樂，〔一五〕舞九成，黃鍾三奏，大呂、太蔟、應鍾各再奏。偃麾，戛敔，樂止。凡樂皆協律郎舉麾、工鼓柷而後作，偃麾戛敔而後止。太常卿前奏稱：「請再拜。」退復位。皇帝再拜。奉禮曰：「衆官再拜。」在位者皆再拜。

太常卿引皇帝詣罍洗，太和之樂作，皇帝每行，皆如常樂。皇帝至罍洗，樂止。侍中跪取匜，興，沃水；又侍中跪取盤，興，承水；皇帝搢鎮珪，凡受物則搢珪，奠訖，執珪，俛伏，興。皇帝盥手。黃門侍郎跪取巾於篚，興，進，皇帝帨手訖，黃門侍郎受巾，跪奠於篚。黃門侍郎又取瓚於篚，興，進，皇帝受瓚，侍中酌罍水，又侍中奉盤，皇帝拭瓚訖，侍中奠盤匜，黃門侍郎受巾奠於篚，皆如常。

太常卿引皇帝，樂作，皇帝升自阼階，樂止。侍中、中書令以下及左右侍衛量人從升。以下皆如之。攝事皆太尉升階，盥洗酌獻。太常卿引皇帝詣獻祖罇彝所，執罇者舉冪，侍中贊酌鬱鬯訖，登歌，作肅和之樂，〔一六〕以圜鍾之均。自後登歌，皆用圜鍾。〔一七〕太常卿引皇帝入詣獻祖神座前，北向跪，以鬯祼地，奠之，俛伏，興，太常卿引皇帝出戶，祫禘少退。攝事同。北向再拜。訖，太常卿引皇帝次祼懿祖，次祼太祖，次祼代祖，次祼高祖，次祼太宗，次祼高宗，次祼中宗，次祼睿宗，並如上儀。訖，登歌止。太常卿引皇帝，樂作，皇帝降自阼階，還版位，西向立，樂止。

初羣官拜訖，祝史各奉毛血及肝膋之豆於東門外，齋郎奉爐炭、蕭、稷黍各立於肝膋之後。於登歌止，祝史奉毛血肝膋與奉爐炭蕭稷黍者以次入自正門，升自太階，諸太祝各迎取毛血肝膋於階上，俱入奠於神座前。祝史退立於罇所。齋郎奉爐炭皆置於室戶外之左，其蕭、稷黍各置於爐炭下，降自阼階以出。諸太祝俱取肝，出戶，燔於爐炭，還罇所。

饋食

皇帝既升祼，太官令出，帥進饋者奉饌陳於東門之外，重行西向，以南爲上。謁者引司徒出詣饌所，司徒奉獻祖之俎。皇帝既至位，樂止，太官令引饌入自正門，俎初入門，雍和之樂作，以無射之均，自後接神之樂，堂下皆奏無射。饌至太階，樂止。祝史俱進，徹毛血之豆，降自阼階以出。〔一八〕饌升，諸太祝迎引於階上，〔一九〕各設於神座前。〔二〇〕籩豆蓋冪，先徹乃升。簠簋既奠，却其蓋於下。設訖，謁者引司徒以下降自阼階，復位。諸太祝各取蕭、稷黍，擩於脂，〔二一〕燔於爐炭，還罇所。

太常卿引皇帝詣罍洗，樂作，皇帝至罍洗，樂止。皇帝盥手洗爵，侍中、黄門侍郎贊洗如晨祼之儀。訖，太常卿引皇帝，樂作，皇帝升自阼階訖，樂止。太常卿引皇帝詣獻祖罇彝所，執罇者舉冪，侍中贊酌醴齊訖，〔二二〕光大之舞作，太常卿引皇帝入詣獻祖神座前，北面跪奠爵，少東，俛伏，興。太常卿又引皇帝出，取爵於坫，酌醴齊訖，太常卿又引入詣神座前，北面跪奠爵，少西，興。太常卿引皇帝出户，北面立，樂止。祫享樂終八節止。諸座皆然。太祝持版進於室户外之右，東面跪讀祝文曰：「維某年歲次月朔日，子孝曾孫開元神武皇帝諱，敢昭告於獻祖宣皇帝、攝事云「謹遣太尉封臣名」。下倣此。祖妣宣莊皇后張氏：氣序流邁，時惟孟春，孟夏，孟秋，孟冬。永懷罔極，伏增遠感。謹以一元大武、柔毛、剛鬣、明粢、薌合、薌萁、嘉蔬、嘉薦、醴齊，恭修時享，以申追慕，尚饗。」讀訖，興。以下諸室祝文儀並同。祫享祝云：「暑度環周，歲序云及，永懷追慕，伏增遠感。謹以一元大武、柔毛、剛鬣、明粢、薌合、薌萁、嘉蔬、嘉薦、汎齊，肅雍明獻，恭備祫享。」餘字並同。禘享祝云「祗薦禘事」。太祖以下稱臣。皇帝再拜訖，又再拜。初讀祝文訖樂作，太祝入奠版於神座，出，還罇所，皇帝拜訖，樂止。

太常卿引皇帝詣懿祖罇彝所，執罇者舉冪，攝事太尉詣罇彝所，取爵於坫，執罇者舉冪，太尉酌醴齊。他倣此。侍中取爵於坫，進，皇帝受爵，侍中贊酌醴齊訖，長發之舞作。太常卿引皇帝入詣懿祖神座前，北向跪奠爵，少東，俛伏，興。太常卿又引皇帝出取爵於坫，酌醴齊訖，太常卿引皇帝入詣神座前，北面跪奠爵，少西，興。太常卿引皇帝出户，北向立，樂止。太祝持版進於户之右，東向跪讀祝文曰「維某年歲次月朔日，子孝曾孫開元神武皇帝諱，敢昭告於懿祖光皇帝、祖妣光懿皇后賈氏」。讀祝文訖，樂作，太祝入奠版於神座，〔二三〕出，還罇所，皇帝拜訖，樂止。

太常卿引皇帝詣太祖罇彝所如上儀，大政之舞作，祝文曰「孝曾孫開元神武皇帝臣諱，敢昭告於太祖景皇帝、祖妣景烈皇后梁氏」。餘如上儀。次代祖，大成之舞作，祝文曰「孝曾孫開元神武皇帝諱，敢昭告於代祖元皇帝、祖妣元貞皇后獨孤氏」。獻訖，太常卿引皇帝詣罇彝所，皇帝拜訖，樂止。太常卿引皇帝詣高祖罇彝所如上儀，大明之舞作，祝文曰「孝曾孫開元神武皇帝臣諱，敢昭告於皇高祖神堯皇帝、祖妣太穆皇后竇氏」。訖，次太常卿引皇帝詣太宗罇彝所如上儀，崇德之舞作，祝文曰「孝曾孫開元神武皇帝臣諱，敢昭告於皇曾祖太宗文武聖皇帝、皇曾祖妣文德聖皇后長孫氏」。〔二四〕訖，次太常卿引皇帝詣高宗鐏彝所如上儀，鈞天之舞作，祝文曰「孝孫開元神武皇帝臣諱，敢昭告於皇祖考高宗天皇大帝，皇祖妣大聖天后武氏」。訖，次太常卿引皇帝詣中宗鐏彝所如上儀，酌醴齊，文和之舞作，祝文曰「孝姪開元神武皇帝臣諱，敢昭告於皇伯考中宗孝和皇帝、和思皇后趙氏」。訖，次太常卿引皇帝詣睿宗鐏彝所如上儀，景雲之舞作，祝文曰「孝子開元神武皇帝臣諱，敢昭告於皇考睿宗大聖真皇帝、皇妣昭成皇后竇氏」。訖，興。皇帝再拜訖，又再拜。初讀祝文訖，樂作，太祝入奠版於神座，出，還鐏所，皇帝拜訖，曲終樂止。

太常卿引皇帝詣東序西向立，壽和之樂作。皇帝獻將訖，謁者引司徒詣東階，升立於楹間，北面東上。皇帝獻訖，諸太祝各以爵酌上鐏福酒，合置一爵，一太祝持爵授侍中，侍中受，北向進，皇帝再拜受爵，跪祭酒，啐酒，奠爵，俛伏，興。諸太祝各帥齋郎持俎進，太祝減神座前三牲胙肉各取前脚第二骨。加於俎，又以籩豆取稷黍飯，〔二五〕還鐏所。以胙肉各置一俎上，以飯共置一籩。以飯授司徒，司徒奉進，皇帝受以授左右。太祝又以胙肉授司徒，司徒受俎以次進，皇帝每受以授左右。謁者引司徒降復位。皇帝跪取爵，遂飲卒爵，侍中進受虛爵以授太祝，太祝受爵，復於坫。皇帝俛伏，興，再拜，樂止。太常卿引皇帝，樂作，皇帝降自阼階，還版位，西向立，樂止。

文舞出，鼓柷，作舒和之樂，出訖，戛敔，樂止；武舞入，鼓柷，作舒和之樂，立定，戛敔，樂止。

初皇帝將復位，謁者引太尉詣罍洗，盥手洗爵訖，謁者引太尉升自阼階，攝事則太尉將復位，謁者引太常卿。下倣此。詣獻祖罇彝所，執罇者舉冪，太尉酌盎齊。武舞作。謁者引太尉入詣獻祖神座前，北向跪奠爵，少東，興，謁者引太尉出戶，北向再拜。謁者又引太尉取爵於坫，酌盎齊訖，謁者引入詣神座前，北向跪奠爵，少西，訖，興，謁者引太尉出戶，北向再拜。謁者引太尉次詣懿祖罇彝所，取爵於坫，執罇者舉冪，太尉酌盎齊，謁者引太尉入詣懿祖神座前，北向跪奠爵，少東，興，謁者引太尉出戶，北向再拜。謁者又引太尉取爵於坫，酌盎齊訖，謁者引入詣神座前，北向跪奠爵，少西，訖，興，謁者引太尉出戶，北向再拜。訖，謁者引太尉次獻太祖，次獻代祖，次獻高祖，次獻太宗，次獻高宗，次獻中宗，次獻睿宗，並如上儀。訖，謁者引太尉詣東序西向立。諸太祝各以爵酌罍福酒，合置一爵，一太祝持爵進太尉之左，北向立，太尉再拜受爵，跪祭酒，遂飲卒爵，太祝進受虛爵，復於坫，太尉興，再拜，謁者引太尉降復位。

初太尉獻將畢，謁者引光祿卿攝事同。詣罍洗盥洗，升酌盎齊終獻，如亞獻之儀。訖，引光祿卿降復位。武舞止。

登歌，作雍和之樂，諸太祝各入室徹豆，還罇所，徹者籩豆各一少移於故處。登歌止。奉禮曰：「賜胙。」贊者唱：「衆官再拜。」在位者皆再拜。已飲福者不拜。永和之樂作，太常卿前奏稱：「請再拜。」退復位。皇帝再拜。奉禮曰：「衆官再拜。」在位者皆再拜。樂一成止。

太常卿前奏：「禮畢。」太常卿引皇帝還大次，樂作，皇帝出門，樂止。殿中監受鎮珪，華蓋侍衞如常儀。通事舍人、謁者、贊引各引享官及九廟子孫、從享羣官、諸方客使以次出。贊引引御史、太祝以下俱復執事位，立定，奉禮曰：「再拜。」御史以下皆再拜，贊引引出。工人、二舞以次出。太廟令與太祝、宮闈令納神主如常儀。其祝版燔於齋坊。

祭七祀各因時享祭之，惟中霤季夏別祭。祫禘之日徧祭之，如臘享。

司命户以春，竈以夏，中霤以季夏土王日，〔二六〕門厲以秋，行以冬。

祭日未明一刻，太廟令帥其屬入布神席於廟庭西門之内道南，東向，以北爲上，席皆以莞。設神位各於座首。設酒罇於神座東南，設洗於酒罇東南，俱北向。罍水在洗東，篚在洗西，南肆。篚實以巾爵。太廟令與良醞令之屬入實罇罍如常，其執罇罍篚者，各位於罇罍篚之後。初太祝以下入，祝史與執罇罍篚者次入就位。於堂上設饌訖，太官丞引饌入，祝史迎引於座首，各設於神座前。

於光禄卿將升獻，贊引引獻官詣罍洗盥洗，〔二七〕詣酒罇所，執罇者舉冪，獻官酌酒，贊引引獻官進，西面跪奠於司命神座，少退，西向立。祝史持版進神座之右，北向跪讀祝文曰：「維某年歲次月朔日，子開元神武皇帝遺具位姓名，敢昭告於司命：三陽照物，〔二八〕四序惟始，式遵常禮，謹以犧齊，粢盛庶品，明薦於司命，尚饗。」户云「時維歲首，升陽贊滯」。竈云「時維夏始，盛陽作統」。門云「時維孟秋，升陰紀物」。厲云「時屬賓沈，氣序清肅」。行云「時維冬首，盛陰作紀」。讀祝文訖，興，獻官再拜，祝史進奠版於神座，還罇所。其七祀祝版，祝史一人讀之。獻官再拜訖，贊引引獻官詣酒罇所，酌獻並如上儀。訖，贊引引還本位。於堂上徹豆，祝史進徹豆，還罇所。

臘享祝文：「維某年歲次月朔日，子孝曾孫開元神武皇帝某，敢昭告於獻祖宣皇帝、祖妣宣莊皇后張氏：肅承靈祐，錫兹介福，時和年登，率遵彝典，謹以一元大武、柔毛、剛鬣、明粢、薌合、薌萁、嘉蔬、嘉薦、醴齊，虔恭齋栗，備兹清祀，尚饗。」餘室祝文准此。太祖以下稱臣。

臘享祭七祀文：〔二九〕「維某年歲次月朔日，子開元神武皇帝遺具位姓名，敢昭告於司命、户、竈、中霤、門、厲、行：今時和年豐，式遵常禮，謹以犧齊粢盛庶品，明薦於司命、户、竈、中霤、門、厲、行，尚饗。」

獻官唯獻司命，餘座齋郎助奠，餘如上儀。

袷禘以功臣配享

享日未明一刻，太廟令布功臣神座於太廟之庭：

吏部尚書、贈司空、鄖國公殷開山，光禄卿、渝國公劉政會，開府儀同三司、淮安靖王神通，禮部尚書、贈司空、河間元王孝恭。

右配享高祖廟庭太階之東少南，西向，以北爲上。下並放此。〔三〇〕

司空、贈太尉、梁國文昭公房玄齡，特進、贈司空、鄭國文貞公魏徵，洛州都督、贈尚書左僕射、蔣國忠公屈突通，開府儀同三司、贈司徒、申國文獻公高士廉。

右配享太宗廟庭，少南，西向，以北爲上。

司空、太子太師、贈太尉、英國貞武公李勣，中書令、贈尚書右僕射、高唐縣公馬周，尚書左僕射兼太子少傅、北平縣公張行成。

右配享高宗廟庭，少南，西向，以北爲上。

侍中、譙國公桓彦範，侍中、平陽郡公敬暉，中書令兼吏部尚書、漢陽郡公張柬之，〔三一〕特進、博陵郡公崔玄暐，中書令、南陽郡公袁恕己。

右配享中宗廟庭，少南，西向，以北爲上。

尚書左僕射、太子少傅、贈司空、許國文貞公蘇瓌，尚書左丞相、太子少保、徐國公劉幽求。

右配享睿宗廟庭，少南，西向，以北爲上。

諸座各設版於座首。其版文各具題官爵姓名。每座各設壺罇二於左，北向，玄酒在西，加勺冪，置爵於罇下。設洗於終獻罍洗東南，北向。太廟令與良醞令以齊實罇如常。堂上設饌訖，太官令帥進饌者出，奉饌入，祝迎引於座左，各設於座前，太官令以下出，祝還罇所。亞獻將畢，贊引引獻官詣罍洗，盥手洗爵，詣酒罇所，執罇者舉冪，獻官酌酒，諸助奠者皆酌酒訖，贊引引獻官進詣首座前，東面奠爵，贊引引還本位，於獻官進奠，諸助奠者各進奠於座，還罇所。於堂上徹豆，祝進首座前徹豆，還罇所。

鑾駕還宮如圜丘儀。〔三二〕

校勘記

〔一〕其褒聖侯位於文官三品之下諸州使人分方各位於朝集使之後　兩「位」字原脱，據開元禮卷三七補。

〔二〕樹路鼓及設歌鐘歌磬於廟堂上前楹間耳　「樹」原訛「楹」，據諸本改。

〔三〕一位於東南西向一位於西南東向　原「東南西向」在下，「西南東向」在上，據開元禮卷三七移正。

〔四〕設太樂令位於北懸之間　「間」原訛「南」，據開元禮卷三七及傅校本、明抄本、明刻本、朝鮮本改。

〔五〕其褒聖侯位於文官三品之下　原脱「位」，據開元禮卷三七補。

〔六〕其褒聖侯位於文官三品之下諸州使人分方各位於朝集使之後　原脱上「位」及「各」字，據開元禮卷三七補。

〔七〕史陪其後　原「史」上衍「祝」，據開元禮卷三七及傅校本、明抄本、明刻本、朝鮮本、王吳本删。

〔八〕祝史洗肝於鬱鬯　「洗」原訛「取」，據諸本改。

〔九〕奉禮帥贊者先入位　「贊者先入位」五字原涉下而脱，據開元禮卷三七補。

〔一〇〕太廟令　原「令」下衍「史」，據開元禮卷三七删。

〔一一〕行掃除於上　原「除」字處爲空白，據諸本補。

〔一二〕祫禘又太廟令帥其屬陳瑞物於廟庭太階之西　「又」原訛「則」，據傅校本、明抄本、明刻本、朝鮮本改。

〔一三〕諸方客使先置者俱就門外位　「先置者」原脱，據開元禮卷三七及傅校本、明抄本、明刻本、朝鮮本、王吳本補。

〔一四〕侍中負寶陪從如式　「負」原訛「奉」，據諸本改。王吳本「置」訛「至」。

〔一五〕作文舞之舞樂　上「舞」原訛「德」，據開元禮卷三七及傅校本、明刻本、朝鮮本改。

〔一六〕作肅和之樂　「作」下原有「奏」，清人誤增。今據開元禮卷三七及傅校本、明抄本、明刻本、朝鮮本、王吳本删。

〔一七〕自後登歌皆用圜鐘　「用」原訛「歌」，據開元禮卷三七改。

〔一八〕降自阼階以出　「自」原訛「至」，據諸本改。

〔一九〕諸太祝迎引於階上　「階」原作「陛」，據開元禮卷三七及傅校本、明抄本、明刻本、朝鮮本改。

〔二〇〕各設於神座前　原脱「座」，據開元禮卷三七補。

〔二一〕濡於脂　「濡」開元禮三七作「擩」，兩通。

〔二二〕侍中　「中」原訛「郎」，據開元禮卷三七改。

〔二三〕讀祝文訖樂作太祝入奠版於神座　原脱「樂作太祝入」，據開元禮卷三七補。

〔二四〕皇曾祖妣　原脱「皇」，據傅校本、明抄本、明刻本、朝鮮本補。

〔二五〕又以籩豆取稷黍飯　原脱「飯」，據開元禮卷三七補。

〔二六〕中霤以季夏土王日　原脱「土」，據開元禮卷三七補。

〔二七〕獻官詣罍洗盥洗　上「洗」原脱，據開元禮卷三七補。

〔二八〕敢昭告於司命三陽照物　原脱「敢」，據開元禮卷三七補。下「敢昭告於司命」同。「照」原訛「煦」，據開元禮及傅校本、明抄本、明刻本、朝鮮本、王吳本改。

〔二九〕臘享祭七祀文　開元禮卷三七「祀」下有「祝」，是。應補。

〔三〇〕下並放此　「放」傅校本、明刻本、朝鮮本作「於」。

〔三一〕漢陽郡公張柬之　「漢」開元禮卷三九及傅校本、明抄本、明刻本、朝鮮本、王吳本作「濮」，非。

〔三二〕鑾駕還宮如圜丘儀　此題原在饋食節之後，祭七祀節之前，據開元禮卷三七及傅校本、明抄本、明刻本、朝鮮本、王吳本移正。

王文錦點校

通典卷第一百十五

禮七十五 開元禮纂類十 吉禮七

皇帝孟春吉亥享先農攝事附
齋戒 陳設 鑾駕出宮 饋享 耕籍 鑾駕還宮 勞酒

皇后季春吉巳享先蠶攝事附
齋戒 陳設 車駕出宮 饋享 親桑 車駕還宮 勞酒

皇帝孟春吉亥享先農攝事附

齋戒

前祀五日，皇帝散齋三日於別殿；致齋二日，一日於太極殿，一日於行宮。餘同上辛儀。

陳設

前享三日，陳設如圓丘儀。

前享二日，太樂令設宮懸樂如圓丘儀，唯樂懸樹路鼓，爲瘞埳於壇壬地内壝之外爲異。〔一〕

前享一日，奉禮設御位如圓丘儀，唯設望瘞位於壇西南當瘞埳北向，〔二〕又設奉禮贊者位於瘞埳西南東面南上爲異。〔三〕攝事，右校掃除壇之内外。前享二日，衞尉設享官公卿以下次於外壝東門外道南，北向西上。設陳饌幔於内壝東門外道南，北向。太樂令設宮懸。前享一日，奉禮郎設享官公卿位於内壝東門内道北，執事位於道南，西向北上，設御史位於壇下如式。又設奉禮位於樂懸東北，贊者二人在南差退，俱西向北上。又設奉禮、贊者位於瘞埳西南，東面南上。〔四〕設協律郎位於壇上南陛之西，東向。太樂令位於北懸間。〔五〕享官門外位皆於東壝外道南如式。

又設御耕籍位於外壝南門之外十步所，南向。設從耕位：三公、諸王、諸尚書、諸卿位於御座東南，重行西向，各依推數爲列，其公王尚書卿等非耕者位於耕者之東，重行西向，俱北上。介公、酅公位於御位西南，東向，以北爲上。尚舍設御耒席於三公之北，少西，南向。奉禮又設司農卿位於御耒席東，〔六〕少南，西向。廩犧令於司農卿之南，少退。諸執耒耜者位於公卿耕者之後，非耕者之前，西面。御耒耜一具，〔七〕三公耒耜三具，諸王、尚書、卿各三人，合耒耜九具。以下耒耜，太常各令籍田農人執之。攝事無設耕籍位以下至此儀。

設酒罇之位於壇上。神農氏犧罇二、象罇二、山罍二在東南隅，〔八〕北向。后稷氏犧罇二、象罇二、山罍二在神農酒罇之東，俱北向西上。罇皆加勺冪，有坫以置爵。設御洗於壇南陛東南，亞獻之洗於東陛之南，俱北向。執罇罍篚冪者，各位於罇罍篚冪之後。設幣篚於壇上，各於罇坫之所。晡後，郊社令帥齋郎以罇坫罍洗篚冪入設於位。〔九〕升壇者自東陛。謁者引光禄卿詣厨視濯漑，凡導引者每曲一逡巡。贊引引御史詣厨省饌具。光禄卿以下，每事訖各還罇所。

享日未明十五刻，太官令帥宰人以鸞刀割牲，祝史以豆取毛血，各置於饌所，遂亨牲。未明五刻，太史令、郊社令各服其服，升設神農氏神座於壇上北方，南向，設后稷氏神座於東方，西向，席皆以莞，設神位於座首。

鑾駕出宮

乘耕根車於太極殿前，餘同圓丘儀。

饋享

享日未明三刻，諸享官及從享之官各服其服。郊社令、良醞令帥其屬入實罇罍及幣。犧罇實以醴齊，象罇實以盎齊，山罍實以清酒。齊皆加明水，酒皆加玄酒，各實於上罇。幣皆以青。太官令帥進饌者實諸籩豆簠簋等，入設於饌幔內。

未明二刻，奉禮帥贊者先入就位。其御史及禮官等入再拜、掃除及就位，如圓丘儀。

未明一刻，謁者、贊引各引享官以下就門外位，司空行掃除及從享羣官客使等次入就位，並如圓丘儀。攝事自未明三刻至此與正儀同。

初未明三刻，諸衞列大駕仗衞，陳設如式。侍中版奏：「外辦，請中嚴。」乘黃令進耕根車於行宮南門外，〔一〇〕迴車南向。若行宮去壇稍遠，嚴警如式。

未明一刻，侍中版奏：「外辦。」質明，皇帝服袞冕，乘輿以出，繖扇華蓋侍衞如常儀。侍中負璽陪從如式。皇帝升車訖，乘黃令進耒，太僕受載如初。黃門侍郎奏請鑾駕發引，還侍位，鑾駕動，之大次，並如圓丘儀。郊社令以祝版進御署訖，近臣奉出，郊社令受，各奠於坫，如圓丘儀。初皇帝降車訖，乘黃令受耒耜，授廩犧令而橫執之，左其耜。之耕所，〔一一〕置於席，遂守之。凡執耒耜皆橫之，授則先其耒，後其耜。

皇帝停大次半刻頃，其奏辦、出次、太常卿請行事，並如圓丘儀。攝事，衆官拜訖，謁者白太尉「有司謹具，請行事」，無初未明三刻下至此儀。協律郎舉麾，工鼓柷，以角音奏永和之樂，以姑洗之均，自後接神皆奏姑洗。作文舞之舞樂，〔一二〕舞三成，偃麾，戛敔，樂止。太常卿前奏稱「請再拜」，退復位。皇帝再拜及奠玉幣、奏樂之節，並如圓丘儀。攝事，謁者引太尉升奠幣。太常卿引皇帝進，北面跪奠於神農氏神座，俛伏，興。太常卿引皇帝少退，北向再拜。訖，太常卿引皇帝又立於西方，東向。又太祝以幣授侍中，侍中奉幣北向進，皇帝受幣，太常卿引皇帝進，東面跪奠於后稷氏神座，俛伏，興。太常卿引皇帝少退，東面再拜訖，登歌止。太常卿引皇帝，樂作，皇帝降自南陛，還版位西向立，樂止。

初羣官拜訖，祝史奉毛血之豆立於門外，於登歌止，祝史奉毛血入，升自南陛，配座升自東陛，太祝迎取於壇上，進奠於神座前，太祝退立於罇所。皇帝既升奠幣，太官令出，帥進饌者奉饌陳於内壝東門之外，[一三]謁者引司徒出詣饌所，司徒奉神農之俎。皇帝既至版位，樂止，攝事無。太官令引饌入。俎初入門，雍和之樂作，饌至陛，樂止。祝史進徹毛血之豆，降自東陛以出。神農氏之饌升自南陛，配座之饌升自東陛，太祝迎引於壇上，各設於神座前。籩豆蓋冪先徹乃升，簠簋既奠，却其蓋於下。設訖，謁者引司徒以下降自東陛，復位，太祝各還罇所。

太常卿引皇帝攝事，謁者引太尉。詣罍洗，樂作，其盥洗、奏樂及齋郎奉俎，並如圓丘之儀。太常卿引皇帝詣神農氏酒罇所，執罇者舉冪，侍中贊酌醴齊訖，壽和之樂作，皇帝每酌獻及飲福，皆作壽和之樂。太常卿引皇帝進神農氏神座前，北向跪奠爵，俛伏，興，太常卿引皇帝少退北向立，樂止。太祝持版進於神座之右，東面跪讀祝文曰：「維某年歲次月朔日，子開元神武皇帝某，攝事云「謹遣太尉封臣名」。敢昭告於帝神農氏：獻春伊始，東作方興，率由典則，恭事千畝。謹以制幣犧齊，粢盛庶品，肅備常祀，陳其明薦，以后稷氏配神作主，尚饗。」訖，興。皇帝再拜。攝事，太尉再拜。下倣此。初讀祝文訖，樂作，太祝進，跪奠版於神座，興，還罇所，皇帝拜訖，樂止。

太常卿引皇帝詣后稷氏酒罇所。酌獻樂作並如神農氏，唯皇帝東向立爲異。太祝持版進於神座之左，〔一四〕北向跪讀祝文曰：「維某年歲次月朔日，子開元神武皇帝某，敢昭告於后稷氏：土膏脈起，爰修耕籍，用薦常事於帝神農氏。惟神功協稼穡，實允昭配，謹以制幣犧齊，粢盛庶品，式陳明薦，作主侑神，尚饗。」訖，興。皇帝再拜。初讀祝文訖，樂作，太祝進，跪奠版於神座，俛伏，興，還罇所，皇帝拜訖，樂止。

太常卿引皇帝進神農氏神座前，北向立，樂作，太祝各以爵酌上罇福酒，攝事，太祝酌罍福酒。其飲福、受胙、樂舞等並如圜丘儀。攝事亦同圜丘攝事。

初皇帝將復位，謁者引太尉詣罍洗，攝事，謁者引太常卿爲亞獻。盥手洗爵訖，謁者引太尉自東陛升壇，詣神農氏象罇所，執罇者舉冪，太尉酌盎齊。武舞作。謁者引太尉進神農氏神座前，北向跪奠爵，興，謁者引太尉少退，北向再拜。謁者引太尉詣后稷氏象罇所，取爵於坫，執罇者舉冪，太尉酌盎齊，謁者引太尉進后稷氏神座前，東向跪奠爵，興，謁者引太尉少退，東向再拜。謁者引太尉進神農氏神座前，北向立，太祝各以爵酌罍福酒，合置一爵，一太祝持爵進太尉之右，西向立，太尉再拜受爵，跪祭酒，遂飲卒爵，太祝進受爵，復於坫，太尉興，再拜，謁者引太尉降復位。

初太尉獻將畢，謁者引光祿卿詣罍洗，盥手洗爵，〔二五〕升酌盎齊終獻，如亞獻之儀。訖，謁者引光祿卿攝事同。降復位。武舞止。

諸祝各進，跪徹豆，興，還罇所。徹者，籩豆各一少移於故處。奉禮曰：「賜胙。」贊者唱：「衆官再拜。」在位者皆再拜。已飲福者不拜。永和之樂作，太常卿前奏稱：「再拜。」退復位。皇帝再拜。奉禮曰：「衆官再拜。」在位者皆再拜。樂一成止。

太常卿前奏：「請就望瘞位。」奉禮帥贊者就瘞埳西南位。太常卿引皇帝，太和之樂作，皇帝就望瘞位，北向立，樂止。於羣官將拜，太祝各執篚進神座前取幣，〔二六〕各由其陛降壇詣埳，以幣置於埳訖，奉禮曰：「可瘞。」東西各四人實土。半埳，太常卿前奏：「禮畢，請就耕籍位。」攝事，謁者進太尉之左白禮畢，享官執事再拜出，如圓丘攝事。太常卿引皇帝，樂作，皇帝詣耕籍位，南向立，樂止。初白禮畢，奉禮帥贊者還本位。攝事無詣耕籍位。

耕籍

皇帝將詣望瘞位，謁者引三公及應從耕侍耕者各就耕位，司農先就位，諸執耒者皆就位。

皇帝初詣耕位，廩犧令進詣御耒席南，北面跪，俛伏，搢笏，解耒韜出耒，〔一七〕執耒起，少退，北面立。司農卿受耒以授侍中，侍中奉耒進，皇帝受以三推。侍中前受耒耜反於司農，司農反於廩犧令訖，還本位。廩犧令復耒於韜，執耒起，復位立。

皇帝初耕，執耒者以耒耜各授侍耕者。皇帝耕訖，三公、諸王五推，尚書、卿九推。訖，執耒者前受耒耜，退復位。

侍中前奏：「禮畢。」退復位。太常卿引皇帝入自南門還大次，樂作，皇帝出自內壝東門，殿中監前受鎮珪以授尚衣奉御，殿中監又前受大珪，華蓋侍衛如常儀，皇帝入次，樂止。

謁者、贊引各引享官及從享羣官、諸方客使以次出。贊引引御史、太祝以下俱復執事位，立定，奉禮曰：「再拜。」御史以下皆再拜，贊引引出。工人、二舞以次出。太常卿率其屬以次耕於千畝。其祝版燔於齋所。

鑾駕還宮如圓丘儀。

勞酒

車駕還宮之明日，設會於太極殿，如元會之儀。唯不賀不上壽爲異。

皇后季春吉巳享先蠶 攝事附

齋戒

先祀五日，散齋三日於後殿，致齋二日於正殿。

前致齋一日，尚寢設御幄於正殿西序及室中，俱東向。

致齋之日，晝漏上水一刻，尚儀版奏：「請中嚴。」尚服帥司仗布侍衛，司賓引內命婦陪位並如式。六尚以下各服其服詣後殿奉迎。尚儀版奏：「外辦。」上水三刻，皇后服鈿釵禮衣，結珮，乘輿出自西房，華蓋警蹕侍衛如常儀。皇后即御座東向坐，六尚以下侍衛如常。一刻頃，尚儀前跪奏稱：「尚儀妾姓言，請降就齋室。」興，退復位。皇后降座，乘輿入室。六尚以下各還寢，直衛者如常，司賓引陪位者退。

散齋之日，內侍帥內命婦之吉者，使蠶於蠶室。攝事無以上儀。凡應享之官，散齋三日於其寢，致齋二日，一日於其寢，一日於享所。亞獻終獻則致齋二日皆於其所。六尚以下應從升者及從享內外命婦，各於其寢清齋一宿。諸應享之官，致齋之日給酒食及明衣，各習禮於齋所。光祿卿監取明水火。太官令取水於陰鑑，取火於陽燧，火以供爨，水以實罇。前享一日，諸衛令其屬，〔一八〕未後一刻各以其方器服守衛壝門。每門二人，每隅一人。享日未明，給使代執與女工人等，俱清齋一宿。攝事同。

陳設

前享三日，尚舍直長施大次於外壝東門之內道北，南向，尚舍奉御鋪御座。尚舍直長設內命婦及六尚以下次於大次之後，俱南向。守宮設外命婦次，大長公主、長公主、公主以下於南壝之外道西，三公夫人以下在其南，俱重行，每等異位，東向北上。設陳饌幔於內壝東門之外道南，北向。攝事，守宮設享官次於東壝外道南，〔一九〕北向西上。設陳饌幔於內壝東門外道南，北向。

前享二日，太樂令設宮懸之樂於壇南內壝之內，如圓丘儀。諸女工人各爲位於懸後，東方西方以北爲上，南方北方以西爲上。右校掃除壇之內外。又爲瘞埳於壇之壬地內壝之外，方深取足容物，南出陛。又爲採桑壇於壇南二十步所，方三丈，高五尺，四出陛。〔二〇〕尚舍量施帷帳於外壝之外，四面開門，其東門使容厭翟車。

前享一日，內謁者設御位於壇之東南，西向。設望瘞位於壇之西南，當瘞埳西向。設亞獻終獻位於內壝東門之內道南，執事者位於其後，每等異位，俱重行，西向北上。設典正位於壇下，一位於東南，西向，一位於西南，東向，女史各陪其後。設司贊位於樂懸東北，掌贊二人在南，差退，俱西面。又設司贊、掌贊位於瘞埳西南，東面南上。設典樂舉麾位於壇上南陛之西，東向。設司樂位於北懸之間，當壇北向。設內命婦位於終獻之南，每等異位，重行，西面北上。設外命婦位於中壝南門之外，太長公主以下於道東，西向，當內命婦位差退；太夫人以下於道西，去道遠近准公主；俱每等異位，重行相向，北上。又設御採桑位於採桑壇上，東向。設內命婦採桑位於壇下，當御位東北，每等異位，南向西上；設外命婦採桑位於壇下，當御位東南，每等異位，北向西上。設執御鉤筐者位於內命婦之西，少南，西上。尚功執鉤，司製執筐。〔二一〕設內命婦執鉤筐者位各於其採桑位之後。尚功下四典執鉤，司製下女史執筐。設門外位。享官於東壝之外道南，從享內命婦於享官之東，俱每等異位，重行，北面西上；從享外命婦於南壝之外道西，如設次之式。攝事，內謁者設三獻位於內壝東門之內道北，執事位於道南，每等異位，重行西面，以北爲上。又設望瘞位於壇之東北，當瘞埳西向。〔二二〕又設典正位於壇下，一位於東南，西向，一位於西南，東向，女史各陪其後，糾察違失。設掌贊位於樂懸東北，女史二人在南，差退，俱西向。又設掌贊女史位於瘞埳西南，東向南上。設典樂舉麾位於壇上南陛之西，東向。設司樂位於北懸之間，當壇北向。設三獻以下門外位於東壝之外道南，每等異位，北面西上。無設御位下至此儀。設酒罇之位於壇上東南隅，北向西上，犧罇二，象罇二，山罍二。罇皆加勺冪，有坫以置爵。設御洗於壇南陛東南，攝事無御洗。亞獻之洗又於東南，俱北向。罍水在洗東，篚在洗西，南肆。篚實以巾爵。執罇罍篚冪者位於罇罍篚冪之後。設幣篚於壇上罇坫之所。晡後，內謁者帥其屬以罇坫罍洗篚羃入設於位。升壇者自東陛。

享日未明十五刻，太官令帥宰人以鸞刀割牲，祝史以豆取毛血置於饌所，遂烹牲。其神厨及諸司供事便次，守宫與金吾相之量於壇東張設。

享日未明五刻，司設服其服，升設先蠶氏神座於壇上北方，南向，席以莞，設神位於座首。

車駕出宫

前享一日，金吾奏請：「外命婦等應集壇所者，並聽夜行。其應採桑者四人各具，女侍者進筐鉤，載之而行。」監門先奏請。

享日未明四刻，開所由苑門，諸親及命婦以下以次入詣壇南次所，各服其服。其應採桑者筐鉤各具，女侍者執授内謁者監，内謁者監受之以授執筐鉤者。享日未明三刻，搥一鼓爲一嚴。三嚴時節前日内侍奏裁。未明二刻，搥二鼓爲再嚴。尚儀版奏：「請中嚴。」内命婦各服其服，所司陳車駕鹵簿。未明一刻，搥三鼓爲三嚴。司賓引内命婦入立於庭，重行西面，以北爲上。六尚以下各服其服，俱詣室奉迎。尚服負寶如式。内僕進厭翟車於閤外。尚儀版奏：「外辦。」馭者執轡。皇后服鞠衣乘輿以出，華蓋侍衛警蹕如常，内命婦從出門。皇后升車，尚功、司製進筐鉤，載之，仗衛如常。内命婦及六尚等乘車陪從如式。其内命婦應採桑者四人各服其服，〔二三〕典製等進筐鉤，載之。諸翊駕之官皆乘馬，駕動警蹕如常。不鳴鼓吹，諸衛前後督攝如常。內命婦、宮人以次從。

饋享

享日未明三刻，諸享官各服其服，尚儀及司醞各帥其屬攝事則女史及司醞各帥其屬。入實罇罍及幣，犧罇實以醴齊，象罇實以盎齊，山罍實以清酒。齊加明水，酒加玄酒，各實於上罇。其幣以黑。太官令實諸籩豆簠簋俎等，內謁者帥其屬詣厨奉饌入設於饌幔內。內侍之屬與司膳等掌之。其三牲之肉不上神俎者，〔二四〕亦太官付內謁者同時進入，以供頒胙。自餘供享之物，並請祠前一日先入。駕將至，女相者引先置享官，內典引引命婦，〔二五〕俱就門外位。女相者以尚儀下女史充。攝事，質明，女相者引享官以下就壝外位，掌贊帥女史先入就位。女相者引典正、女祝及女史、女祝史與女執罇罍篚冪者入自東門，〔二六〕當壇南，北面西上，立定，掌贊曰：「再拜。」女史承傳，典正以下皆再拜訖，典正以下各就位。司樂帥女工人入就位。〔二七〕其女祝以典贊充，女祝史以典贊下女史充之。

駕至大次門外，迴車南向。尚儀進車前跪奏稱：「尚儀妾姓言，請降車。」興，還侍位。皇后降車，乘輿之大次，華蓋繖扇侍衛如常儀。尚儀以祝版進御署訖，奉出，奠於坫。初皇后降車訖，尚功、司製進受鉤筐以退。其內命婦鉤筐，則內命婦降車訖，典製等進受之。典贊引亞獻及從享內命婦俱就門外位。〔二八〕司贊帥掌贊先入就位。女相者引尚儀、典正及女史、女祝史女祝史以尚儀下女史充。與女執罇罍篚冪者入自東門，當壇南，北面西上，立定，司贊曰：「再拜。」掌贊承傳，凡司贊有詞，掌贊皆承傳。尚儀以下皆再拜訖，尚儀以下各就位。司樂帥女工人入就位。典贊引亞獻、終獻，女相者引執事者，司賓引内命婦，〔二九〕内典引引外命婦俱入就位。

皇后停大次半刻頃，司言引尚宮立於大次門外，當門北向。尚儀版奏：「外辦。」皇后出次，華蓋侍衛如常，尚服負寶陪從如式。司言引尚宮，尚宮引皇后，凡尚宮前導，皆司言先引。入自東門，華蓋仗衛停於門外，近侍者從入如常。皇后至版位，西向立。每立定，尚宮與司言退立於左。立定，尚宮前奏稱：「請再拜。」退復位。皇后再拜。司贊曰：「衆官再拜。」享官及内外命婦在位者皆再拜。其先拜者不拜。

尚宮前奏：「有司謹具，請行事。」退復位。攝事，女相者各引享官入就位，立定，掌贊曰：「再拜」在位者皆再拜。女相者進尚宮之左白：「有司謹具，請行事。」無駕至以下至此儀。典樂跪舉麾，凡取物者皆跪而取以興，奠物亦跪奠訖而後興。鼓柷，奏永和之樂，以姑洗之均，自後壇下接神之樂，〔三〇〕皆奏姑洗。三成，偃麾，戛敔，樂止。凡樂皆典樂舉麾，工鼓柷而後作，偃麾、戛敔而後止。尚宮前奏稱：「請再拜。」退復位。皇后再拜。司贊曰：「衆官再拜。」享官及内外命婦在位者皆再拜。

壇上尚儀跪取幣於篚，興，立於罇所。攝事，掌贊曰：「再拜。」在位者皆再拜。女祝史跪取幣於篚，興，立於罇所。尚宮引皇后，正和之樂作，皇后每行，皆作正和之樂。皇后詣壇，升自南陛，攝事，女相者引尚宮升壇，以下皆尚宮行事。六尚以下量人從升，以下升皆如之。皇后升壇北面立，樂止。尚儀奉幣東向進，皇后受幣，登歌，作肅和之樂，以南吕之均，尚宮引皇后進，北向跪奠於神座，興，尚宮引皇后少退，北向再拜訖，登歌止。尚宮引皇后，樂作，降自南陛，還版位西向立，樂止。

初内外命婦拜訖，女祝史奉毛血之豆，立於内壝東門之外；於登歌止，女祝史奉毛血入，升自南陛，尚儀迎引於壇上，進，跪奠於神座前，興，女祝史退立於罇所。皇后既升奠幣，攝事，尚宮既升奠幣。下倣此。司膳出，帥女進饌者奉饌陳於内壝東門之外。〔三一〕皇后既降復位，司膳引饌入。俎初入門，雍和之樂作，攝事，自後酌獻皆奏雍和之樂。饌至陛，樂止。女祝史跪徹毛血之豆，降自東陛以出。饌升南陛，尚儀迎引於壇上，攝事，女祝史迎引於上。設於神座前。籩豆蓋冪先徹乃升，簠簋既奠，却其蓋於下。設訖，司膳帥女進饌者降自東陛，復位，尚儀攝事，女祝。還罇所。

尚宮引皇后詣罍洗，樂作，攝事，女相者引尚宮，無樂。皇后至罍洗，樂止。尚儀跪取匜，興，沃水；〔三二〕司言跪取盤，興，承水；皇后盥手。又司言跪取巾於篚，興，進，皇后帨手訖，司言受巾，跪奠於篚。司言跪取爵於篚，興，進，皇后受爵。尚儀酌罍水，司言奉盤，皇后洗爵，司言授巾，〔三三〕皆如初。皇后拭爵訖，尚儀奠匜、司言奠盤巾皆如常。尚宮引皇后，樂作，詣壇，升自南陛，樂止。尚宮引皇后攝事無皇后至罍洗以下至此儀，但女相者引尚宮詣酒罇所。詣酒罇所，執罇者舉冪，尚儀贊酌醴齊訖，壽和之樂作，皇后每酌獻及飲福，皆作壽和之樂。攝事奏雍和。尚宮引皇后進神座前，北面跪奠爵，興，〔三四〕尚宮引皇后少退，北向立，樂止。尚儀持版進於神座之右，東向跪讀祝文曰：「維某年歲次月朔日，子皇后某氏，〔三五〕敢昭告於攝事，女祝持版祝云「子皇后某氏謹遣某官妾姓敢昭告於」。先蠶氏：惟神肇興蠶織，功濟黔黎，爰擇嘉時，式遵令典，謹以制幣犧齊，粢盛庶品，明薦於神，尚饗。」訖，興。皇后再拜。初讀祝文訖，樂作，尚儀進，跪奠版於神座，興，還罇所，皇后拜訖，樂止。

尚儀以爵酌上罇福酒，西向進，攝事，女祝以爵酌罍福酒，進於尚宮之右，西向立。皇后再拜受爵，跪祭酒，啐酒，奠爵，〔三六〕興。尚儀帥女進饌者持籩俎進。尚儀減神前三牲胙肉，以取前脚第二骨。各置一俎上；又以籩取稷黍飯，共置一籩。尚儀先以飯籩西向進，皇后受以授左右；尚儀又以胙俎以次進，皇后每受以授左右。皇后跪取爵，遂飲卒爵，尚儀進受，復於坫，〔三七〕皇后興，再拜訖，樂止。尚宮引皇后，樂作，降自南陛，還版位西向立，樂止。自此以上，若攝事儀，皆尚宮行事，女相、女祝贊之。以下倣此。

皇后獻將畢，典贊引貴妃詣罍洗，盥手洗爵訖，攝事則女相者引尚儀爲亞獻。典贊引貴妃自東陛升壇，詣象罇所，執罇者舉冪，貴妃酌盎齊，典贊引進神座前，北向跪奠爵，興，典贊引貴妃少退，北向再拜。尚儀以爵酌罍福酒，持爵進貴妃之右，西向立，貴妃再拜受爵，跪祭酒，遂飲卒爵，尚儀進受爵，復於坫，貴妃再拜。典贊引貴妃降自東陛，復位。

初貴妃獻將畢，〔三八〕又典贊引昭儀攝事，女相者引尚食爲終獻。詣罍洗，盥手洗爵，升酌盎齊終獻，如亞獻之儀。訖，典贊引昭儀降復位。

尚儀進神座前跪徹豆，興，還罇所。徹者，籩豆各一少移於故處。司贊曰：「賜胙。」掌贊唱：「衆官再拜。」〔三九〕在位者皆再拜。已飲福酒者不拜。攝事，賜胙則掌贊唱賜胙，女史唱再拜也。永和之樂作，尚宮前奏稱：「請再拜。」退復位。皇后再拜。司贊曰：「衆官再拜。」在位者皆再拜，樂一成止。

尚宮前奏：攝事，女相者白。「請就望瘞位。」司贊帥掌贊就瘞埳西南位。尚宮引皇后，樂作，至望瘞位西向立，樂止。於衆官將拜，尚儀執篚進神座前取幣，自北陛降壇西行，詣瘞埳，以幣置於埳訖，司贊曰：「可瘞。」埳東西各四人寘土。半埳，尚宮前贊：「禮畢，請就採桑位。」尚宮引皇后，樂作，詣採桑壇，升自西陛，東向立，樂止。初白禮畢，司贊帥掌贊還本位。

親桑

皇后將詣望瘞位，司賓引內外命婦採桑者俱就採桑位，內外命婦一品各二人，二品三品各一人。諸執鉤筐者各就位。

皇后既至採桑位，尚功奉金鉤，自北陛升壇，進，典製奉筐從升。皇后受鉤採桑，典製奉筐受桑，皇后採桑三條，止，尚功前受鉤，典製以筐，俱退復位。皇后初採桑，典製等各以鉤授內外命婦。皇后採桑訖，內外命婦以次採桑，女史執筐者受之。內外命婦一品各採五條，二品三品各採九條，止，典製等受鉤，與執筐者退復位。司賓各引內外命婦採桑者退復位。

司賓引婕妤一人詣蠶室，尚功帥執鉤筐者以次從至蠶室。尚功以桑授蠶母，蠶母受桑，切之以授婕妤，婕妤食蠶，灑一簿訖，司賓引婕妤還本位。

尚儀前奏：「禮畢。」退復位。尚宮引皇后還大次，樂作，入大次訖，樂止。司賓引內命婦，內典引引外命婦，各還其次。尚儀、典正以下俱復執事位，立定，司贊曰：「再拜。」尚儀以下皆再拜訖，出。女工人以次出。其祝版燔於齋所。

車駕還宮

皇后既還大次，内侍版奏：「請解嚴。」將士不得輒離部伍。皇后停大次一刻頃，搥一鼓爲一嚴，轉仗衛於還塗如來儀。三刻頃，搥二鼓爲再嚴，尚儀版奏：「請中嚴。」皇后服鈿釵禮衣。五刻頃，搥三鼓爲三嚴，内典引引外命婦出次就門外位，司賓引内命婦出次序立於大次之前，六尚以下依式奉迎。内僕進厭翟車於大次門外，南向。尚儀版奏：「外辦。」馭者執轡，皇后乘輿出次，華蓋侍衛警蹕如常。皇后升車，鼓吹振作而行，内命婦以下乘車陪從如來儀。車駕過，内典引引外命婦退還第。駕至正殿門外，迴車南向。尚儀進，當車前跪奏稱：「尚儀妾姓言，請降車。」興，還侍位。皇后降車乘輿入，侍衛如常。内侍版奏：「請解嚴。」將士各還其所。

勞酒

車駕還宮之明日，内外命婦設會於正殿，如元會儀。唯不賀、不上壽爲異。

校勘記

〔一〕爲瘞埳於壇壬地内壝之外　「内」「外」原互倒，據開元禮卷四六乙正。按：新唐書禮樂志二云：「瘞埳皆在内壝之外壬地，南出陛，方深足容物，此壇埳之制也。」

〔二〕設望瘞位於壇西南當瘞埳北向　「壇西南當瘞埳北向」原誤作「内壝東門之内道南」。據開元禮卷四六改。按：開元禮「設望瘞位於壇西南當瘞埳北向」下緊接「設享官公卿位於内壝東門之内道南」，蓋兩句中均有「位於」，以致越行誤抄。

〔三〕又設奉禮贊者位於瘞埳西南東面南上　原脱「贊者」，據開元禮卷四六補。

〔四〕設奉禮贊者位於瘞埳西南東面南上　「西南」原脱，據開元禮卷四七補。

〔五〕太樂令位於北懸間　原脱「位」，據開元禮卷四七補。

〔六〕奉禮又設司農卿位於御耒席東　「禮」字處原是空白，據諸本補。

〔七〕御耒耜二具　「二」原作「一」，據開元禮卷四六及傅校本、明抄本、明刻本、朝鮮本、王吴本改。

〔八〕山罍二在東南隅　原脱「在」，據開元禮卷四六補。

〔九〕罇坫罍洗篚冪　原脱「罇」，據開元禮卷四六補。

〔一〇〕進耕根車於行宫南門外　原脱「行」，據開元禮卷四六補。

〔一一〕之耕所　「耕」原訛「耜」，據開元禮卷四六改。

〔一二〕作文舞之舞樂　上「舞」原訛「武」，又脱「之」，據開元禮卷四六改補

〔一三〕奉饌陳於内壝東門之外　原脱「東」脱「之」，據開元禮卷四六補。

〔一四〕太祝持版進於神座之左　「左」原訛「右」，據開元禮卷四六改。按：后稷氏神座西向，此北向跪讀祝

文，自應在神座之左。

〔一五〕盥手洗爵　「洗」原訛「帨」，據開元禮卷四六及傅校本、明抄本、明刻本、朝鮮本、王吳本改。

〔一六〕太祝　原脱「太」，據開元禮卷四六補。

〔一七〕解耒韜出耒　下「耒」原脱，據開元禮卷四六補。

〔一八〕諸衞　「諸」原訛「詣」，據諸本改。

〔一九〕守宮設享官次於東壝外道南　「外」原訛「内」，據開元禮卷四九改。

〔二〇〕四出陛　「四」原訛「西」，據開元禮卷四八及傅校本、明抄本、明刻本、朝鮮本、王吳本改。

〔二一〕司製執筐　「司」原訛「典」，據開元禮卷四八及傅校本、明抄本、明刻本、朝鮮本、王吳本改。下同。

〔二二〕當瘞埳西向　原「埳」下衍「道」，據開元禮卷四九删。

〔二三〕其内命婦應採桑者四人各服其服　開元禮卷四八及傅校本、明抄本、明刻本、朝鮮本、王吳本無「其服」二字。

〔二四〕其三牲之肉不上神俎者　原脱「三」，「肉」又訛「内」，據開元禮卷四八補改。

〔二五〕内典引引命婦　「内典引」原誤倒作「典内引」，據開元禮卷四八及下文乙正。

〔二六〕女相者引典正女祝及女史女祝史與女執鐏罍筐冪者入自東門　原脱「及」，「祝史」上脱「女」，「與」訛「典」，並據開元禮卷四九補改。傅校本、明抄本、明刻本、朝鮮本有「及」，傅校本、明抄本「與」訛作「輿」。下正文同。

〔二七〕司樂帥女工人入就位　原脱「入」，據開元禮卷四九補。

〔二八〕俱就門外位　原脱「俱」，據開元禮卷四八及傅校本、明抄本、明刻本、朝鮮本、王吴本補。

〔二九〕司賓引内命婦　「賓」原訛「贊」，據開元禮卷四八改。按：下文每言「司賓引内命婦」。

〔三〇〕壇下接神之樂　「接」原訛「享」，據開元禮卷四八及傅校本、明抄本、明刻本、朝鮮本改。

〔三一〕奉饌陳於内壝東門之外　「奉」原訛「進」，據諸本改。

〔三二〕跪取匜興沃水　「興」原訛「盥」，據開元禮卷四六改。

〔三三〕司言授巾　「授」原訛「受」，據傅校本、明抄本、明刻本、朝鮮本改。

〔三四〕尚宫引皇后進神座前北面跪奠爵興　此十五字原脱，據開元禮卷四八補。按：此顯係涉下句前五字「尚宫引皇后」而漏抄者。

〔三五〕子皇后某氏　原脱「子」，據開元禮卷四九及傅校本、明抄本、明刻本、朝鮮本、王吴本補。

〔三六〕啐酒奠爵　原脱「酒」脱「爵」，據開元禮卷四八補。

〔三七〕復於坫　「坫」原訛「坫」，據諸本改。

〔三八〕初貴妃獻將畢　原「初」上衍「如」，據開元禮卷四八删。又「畢」字處原爲空白，據諸本補字。

〔三九〕衆官再拜　原脱「再」，據開元禮卷四八補。

王文錦點校

通典卷第一百十六

禮七十六　開元禮纂類十一　吉禮八

皇帝拜陵　皇后拜陵　太常卿行諸陵　薦新於太廟　薦新物

有司享先代帝王　季夏祭中霤於太廟　孟冬祭司寒納冰開冰附

興慶宮祭五龍壇

皇帝拜陵

將拜陵，所司承制，内外宣攝，隨職供辦。前發二日，太尉告太廟如常儀。將作先修理拜謁之所及寢宫，務極潔敬，不得喧雜。尚舍直長去陵十里所設行宫，奉御鋪御座齋室如常儀。守宫設從駕百官及皇親諸親并客使位及次如常儀。尚舍又於拜陵所道西量設小次，又於寢宫前之西南設大次東向如常儀。守宫量設侍臣次於大次西南，設羣官應陪位者次於侍臣次之西南，隨地之宜，皆東向北上，文官在北，武官在南，朝集使於武官之南。尚食先備太牢之饌，珍羞庶品，務極豐潔。太常滌棧牲牢及粢盛，光禄、司農及長祠人供辦如式。〔一〕

拜謁前一日，皇帝至行宮，詣齋室，仗衛如式。陵令以玉册進，御署訖，近臣奉出，陵令受訖，奉禮設御位於陵東南隅，西向。其有山谷隱映，〔二〕則隨地設位，望陵而拜。又設位於寢宮之内寢殿東階之東南，西向。又設百官位於陵所，行從官及皇親諸親并客使等分方位於神道左右，相對爲首；於寢宮所大次之前，〔三〕分方序立如常，並隨地之宜。

拜謁日未明五刻，諸衛量設黄麾仗於陵寢陳布。其陵寢舊宿衛人，各依本職掌，不得移動。

未明三刻，行從百官及諸皇親五等以上、諸親三等以上并客使等應陪位者俱就位。侍中版奏：「請中嚴。」其布位及進嚴典儀相贊設之。近仗就陳如常。

未明一刻，侍中版奏：「外辦。」皇帝素服乘馬以出，敕侍臣上馬，曲直華蓋繖扇侍衛如常儀，詣陵西南小次，所由控馬以入。〔四〕

少頃，侍中版奏：「外辦。」皇帝步出次，博士引太常卿，太常卿前導，皇帝至位立。〔五〕太常卿前奏：「請再拜。」博士與太常卿退立於後。皇帝再拜。太常卿又前奏：「請更再拜。」〔六〕皇帝又再拜。奉禮曰：「再拜。」贊者承傳，陪位者皆再拜，又再拜訖。凡贊拜進退，〔七〕皆通事舍人贊相，以後准此。少頃，太常卿前奏：「請辭。」皇帝再拜，又再拜。奉禮曰：「奉辭。」贊者承傳，陪位者再拜，又再拜。

太常卿引皇帝還小次，乘馬出次，敕侍臣上馬，儀仗侍衛詣寢宮。皇帝從陵迴詣大次，乘馬以入，其仗衛等各立以俟。〔八〕其行從百官及皇親諸親并客使等，并依位序立於大次之前。所司嚴潔具酒饌。

侍中版奏：「外辦。」皇帝步出大次，博士引太常卿，太常卿前導，皇帝至寢宮南門，仗衛停於門外。其應從入之官，臨時奏聽進止。博士引太常卿，太常卿前導，皇帝入内門，取東廊進至寢殿東階之東南，西面立定。太常卿前奏再拜訖，引皇帝升東階，當神座前，北面再拜訖，又當皇后神座前再拜訖，入，進省服翫，拂拭牀帳。敕所司進太牢之饌，加備珍羞陳設。若有太子、諸王、公主陪葬栢城内者，並於寢殿東廊下所司致祭，功臣陪葬者，於東廊下各奠饌布位，量定獻官行事。太常卿引皇帝出，詣酒罇所，酌酒進，其罇坫陳於堂户外之東南如常儀。〔九〕皇帝入奠酒三爵訖，當神座前北向立。太祝二人對持玉册於室户外之右，東向，一太祝東向跪讀祝文訖，〔一〇〕皇帝再拜，又再拜。若更進奠服翫，即躬自執陳。訖，太常卿引皇帝出户，當神座前北向立。太常卿奏：「請辭。」皇帝再拜，又再拜。訖，太常卿引皇帝出中門，太常卿前奏：「請權停。」其從官及行事官並出大門外奉候。其守宮使、内侍官引内官率寢宮内人謁見訖，皇帝出，侍衛如常儀，還大次。少頃，若猶宿，即乘馬還行宮。若更向前陵，即於大次更進發。〔一一〕皆近侍先奏取進止，與仗衛計會。

皇后拜陵

所司先設大次於寢宮之東，隨地之宜，東向，鋪御座如常。又設先朝妃嬪次於大次之南。守宮設大長公主、長公主及諸親婦人、命婦等次於妃嬪之南，皆東向。及拜謁之處，皆障以行帷。

前一日，内謁者設中宮御位於寢宮東大次前近東，東向。又設先朝妃嬪以下位於御位西南，各於其次之東，皆重行東面，以北爲上。司贊位於妃嬪東北，東面，掌贊二人在南，差退。

皇帝發行宮後，皇后乘四望車如常行之式，發行宮，〔一二〕之大次，改服假髻、白練單衣服。内典引各引妃嬪以下就位立訖，内侍版奏：「外辦。」司言引尚宮，尚宮引皇后每尚宮前導，皆司言先引。出就位。尚服負琮寶以從如式。立定，尚儀前奏：「再拜。」退復位。皇后再拜。司贊曰：「再拜。」掌贊承傳，諸陪位者皆再拜。少頃，尚儀又前奏：「請再拜辭。」皇后再拜。司贊曰：「再拜。」掌贊承傳，諸陪位者皆再拜。尚宮引皇后還大次，謁寢宮如後儀。〔一三〕皇后初還大次，内典引各引陪位者退。

皇后拜陵訖，於寢宮東大次改服鈿釵禮衣，若服常服，臨時聽進止。乘輿詣寢宮，司服負琮寶以從，侍衛如常，先朝妃嬪、大長公主、長公主陪後如常式。至宮北門，降輿入大次。

皇帝既入寢宮，尚宮引皇后侍從如常。詣寢殿前西階之西，東面立。其妃嬪、公主等陪從立於皇后之南，皆東面北上。又設司贊位於妃嬪東北，東面；掌贊二人在南，差退。在位者立定，尚儀前奏：「再拜。」〔一四〕皇后再拜。司贊曰：「再拜。」掌贊承傳，妃嬪以下皆再拜。訖，尚宮引皇后升自西階，入室，妃嬪公主等仍立於階下。詣先帝神座前，北面再拜。訖，尚宮又引皇后詣先帝皇后神座前，北面再拜。訖，復引皇后進省先后服翫。訖，引退西廂東面立。進食訖，皇帝出，尚宮引皇后從出，降自西階，復階下位。尚儀奏：「再拜。」皇后再拜。訖，司贊曰：「再拜。」掌贊承傳，妃嬪以下皆再拜。訖，請皇后之大次更衣，妃嬪以下皆更衣。皇后出寢宮北門，〔一五〕乘四望車還行宮，侍從如來儀。

太常卿行諸陵

所司先擇吉日。

行日之朝，車府令具軺車，駕一馬，清道。青衣、團扇、曲蓋、繖扇俱詣太常寺門布列以候。守宮先於陵南百步道東設次，西向北上。右校令具翦除利器以備灑掃。

太常卿公服乘車，奉禮以下公服陪從，到次降車，停便座。〔一六〕奉禮設卿位於兆門外之左，西向，〔一七〕陵官在卿位東南，執事官又於其南，俱西面北上。設奉禮位在陵官之西，西面，贊者二人在南，少退。

謁者引太常卿出次就位，贊引引諸官以次就位。〔一八〕立定，奉禮曰：「再拜。」贊者承傳，在位者俱再拜。謁者引太常卿，贊引引諸官以次入奉行畢，謁者引復位。奉禮曰：「再拜。」贊者承傳，〔一九〕在位者皆再拜。謁者引太常卿，贊引引諸官各就便座。少頃，乘車發行次，詣諸陵奉行如上儀。若應須灑掃及芟薙修理，皆即隨事處分。

薦新於太廟

薦新之日，太廟令帥齋郎灑掃廟之内外，太官先饌所薦之物於神廚。若有酒者，廟司設罇坫罍洗如式。謁者引太常卿入立於東門之内道北，西向。〔二〇〕謁者贊引稱：「再拜。」太常卿再拜。進饌者奉饌入自正門，升自太階，各設於神座前。〔二一〕籩豆蓋冪徹之如式。訖，降自東階以出。謁者引太常卿升自東階，詣獻祖室户前，盥洗酌獻訖，再拜，又再拜。若無酒即但再拜。〔二二〕訖，謁者引太常卿復位。謁者贊拜，太常卿再拜訖，〔二三〕謁者引出。

薦新物〔二四〕

冬魚、蕨、笋、蒲、白韭、堇、小豆、眢豆、蘘荷、菱人、子薑、麦索、春酒、桑落酒、竹根、黄米、粳米、糯米、粱米、稷米、茄子、甘蔗、芋子、雞頭人、苜蓿、蔓菁、胡瓜、冬瓜、瓠子、春魚、水蘇、枸杞、芙茨、子藕、大麥麪、瓜、油麻、麥子、椿頭、蓮子、栗、冰、〔二五〕甘子、李、櫻桃、杏、林檎、橘、椹、菴羅果、棗、兔脾、麞、鹿、野雞。

薦新物皆以品物時新堪供進者。〔二六〕所司先送太常，令尚食相知揀擇，仍以滋味與新物相宜者配之以薦，皆如上儀。

有司享先代帝王

前享五日，諸享官各散齋三日於正寢，致齋二日於其廟所，如別儀。無廟者祭於壇，其壇制准州社壇。其祭官以當州長官充，無以次通取也。諸享官致齋之日，給酒食及明衣，各習禮於齋所。

前享一日，所在縣官清掃内外，整拂神座。無廟者，享日未明，縣官帥其屬入詣壇東陛升，設神座於壇上近北，南向，席以莞。以後陳設行事，依在廟之位。設配座於神座東南，西向，席以莞。又爲瘞埳於廟後壬地，方深取足容物。贊禮者設初獻位於東階東南，亞獻、終獻於初獻之南，少退，俱西向北上。設掌事者位於終獻東南，重行西面，以北爲上。設贊唱者位於終獻西南，西向北上。設望瘞位於廟堂東北，西向。又設贊唱者位於瘞坎東北，南向東上。設享官以下位於南門之外道東，重行西面，以北爲上。無廟者即設享官以下位於壇東壝門之外道南，〔二七〕重行，北面西上。祭器之數：每座罇六，籩十，豆十，簋二，簠二，鉶三，俎三。罇皆加勺冪，有坫以置爵。縣官帥其屬升設罇於廟堂上前楹間室户之外，北向，正座之罇在西，配座之罇在東。設幣篚於罇所。設洗於東階東南，北向，東西當東霤，南北以堂深；罍水在洗東，篚在洗西，南肆，實爵三巾二在篚。加勺冪。執罇罍洗篚者各位於罇罍洗篚之後。

享日未明，烹牲於廚。夙興，掌饌者實祭器。牲體牛羊豕，皆載右胖。前腳三節，節一段，皆載之。後腳三節，節一段，去上節，載下二節。又取正脊、脡脊、横脊、正脅、代脅、短脅各二骨以並，〔二八〕餘皆不設。簋實稷黍，簠實稻粱。籩十，實石鹽、乾魚、棗、栗、榛、菱、芡、鹿脯、白餅、黑餅。豆十，實韭菹、醓醢，〔二九〕菁菹、鹿醢，芹菹、兔醢，筍菹、魚醢，脾析菹、豚胉。若土無者，各以其類充之。諸享官以下各服祭服。三品毳冕，四品繡冕，五品玄冕，六品以下爵弁。縣官帥其屬入實罇罍及幣，每座之罇，一實醴齊，一實盎齊，一實清酒，其玄酒各實於上罇。幣用帛，長丈八尺，色用白也。祝版各置於坫。贊唱者先入就位。祝與執罇罍篚者入立於庭，重行北面，以西爲上。立定，贊唱者曰：「再拜。」祝以下俱再拜。執罇者升自東階，壇則升自東陛，以後准此。〔三〇〕立於罇所。執罇罍篚者各就位。升自東階，行掃除於上，降，行掃除於下訖，〔三一〕

各引就位。

質明，贊禮者引享官以下俱就門外位。少頃，贊禮者引享官以下以次入就位。〔三二〕立定，贊唱者曰：「再拜。」在位者皆再拜。贊禮者進初獻之左，白：「有司謹具，請行事。」退復位。祝跪取幣於篚，各立於罇所。掌饌者帥執饌者奉饌陳於南門之外。壇則奉饌陳於東壝門之外。贊禮者引初獻升自東階，其壇則升自南陛，以後初獻升降皆准此。進當神座前，北向立。祝以幣東向進，初獻受幣，祝還罇所。贊禮者引初獻入，跪奠於神座，興，出户，北向再拜。贊禮者引初獻入，當配座西壁下東面立。祝以幣北向進，初獻受幣，祝還罇所。贊禮者引初獻進，東面跪奠於配座，興，退復位，東面再拜。贊禮者引初獻降復位。掌饌者引饌入，升自東階，壇則升自南陛。〔三三〕祝迎引於階上，各設於神座前，掌饌者帥執饌者各復本位，祝還罇所。贊禮者引初獻詣罍洗，盥手洗爵，升自東階，詣酒罇所，執罇者舉冪，初獻酌醴齊。贊禮者引初獻入詣神座前，跪奠爵，興，出户，北向立。祝持版進於神座之右，東面跪讀祝文。帝嚳云：〔三四〕維某年歲次月朔日，子開元神武皇帝諱，謹遣具官姓名，敢昭告於帝高辛氏，惟帝能序三辰，功施萬物，式遵祀典，敬以制幣犧齊，粢盛庶品，祗薦於帝高辛氏，尚饗。帝堯云：敢昭告於帝陶唐氏，惟帝則天而行，光被四表，式遵祀典，敬以制幣云云。配座云：敢昭告於唐司徒，惟公敬敷五教，弘贊彝倫，率由舊章，配享於帝陶唐氏云云。帝舜云：敢昭告於帝有虞氏，惟帝道光七政，績宣五典，式遵故實云云。〔三五〕配座云：敢昭告於皋陶氏，惟神爰定五刑，載敷九德，率由舊典云云。夏王禹云：敢昭告於夏王禹，惟王克平九土，功施萬代，式遵故實云云。〔三六〕配座云：敢昭告於伯益氏，惟公贊敷下土，克蕃庶物，率由舊章，配享於夏王禹云云。殷王湯云：惟王革命黜暴，功濟天下，式遵祀典云云。配座云：敢昭告於伊尹氏，惟公弼諧政道，功格天地，率由故實云云。周文王云：惟王受命作周，經緯天地，式遵祠典云云。〔三七〕配座云：敢昭告於太公，惟公純德孔明，翼成周室，率由舊典云云。周武王云：應天順人，克定禍亂，式遵祠典云云。配座云：敢昭告於周文公、召康公，惟公道光十亂，功著分陝，率由舊典云云。漢高帝云：惟帝神武膺期，〔三八〕撫安區夏，式遵祠典云云。配座云：敢昭告於蕭相國，惟公翼成漢業，厥功惟茂，率由舊章云云。訖，興。〔三九〕初獻再拜。祝進，跪奠版於神座，興，還罇所。贊禮者引初獻官詣配座酒罇所，取爵於坫，執罇者舉冪，初獻酌醴齊。贊禮者引初獻入，東面跪奠於配座前，興，進立於西壁下，東面立。祝持版入，立於配座之左，北面跪讀祝文訖，興。初獻再拜。祝進，跪奠版於配位，興，還罇所。贊禮者引初獻出户，北向立。祝各以爵酌清酒，合置一爵，一太祝持爵進於初獻之右，西向立。初獻再拜，受爵，跪祭酒，啐酒，奠爵，興。祝各帥執饌者以俎跪減神座前三牲胙肉，各取前腳第二節共置一俎上，以授初獻。初獻受以授掌饌者。初獻跪取爵，遂飲卒爵。祝進受爵，復於坫。初獻興，再拜。贊禮者引初獻降復位。

於初獻飲福，贊禮者引亞獻詣罍洗，盥手洗爵，升自東階，詣酒罇所，執罇者舉冪，亞獻酌盎齊。贊禮者引亞獻入詣神座前，北面跪奠爵，興，出户，北向再拜。贊禮者引亞獻詣配座酒罇所，取爵於坫，執罇者舉冪，亞獻酌盎齊。贊禮者引亞獻入詣配座前，東向跪奠爵，興，退於西壁下，東面再拜，出户，北向立。祝各以爵酌清酒，合置一爵，一太祝持爵進於亞獻之右，西面立。亞獻再拜，受爵，跪祭酒，遂飲卒爵。祝受爵，復於坫。亞獻興，再拜。贊禮者引亞獻降復位。

初亞獻獻將畢，〔四〇〕贊禮者引終獻盥洗、升獻、飲福，如亞獻之儀。訖，贊禮者引終獻降復位。

祝各進神座前跪徹豆，興，還罇所。贊唱者曰：「再拜。」非飲福受胙者皆再拜。再拜訖，贊唱者又曰：「再拜。」獻官以下皆再拜。

贊禮者進初獻之左，白：「請就望瘞位。」贊禮者引初獻就望瘞位，西向立。贊唱者轉立於望瘞東北位。初獻官拜訖，祝各進神位前跪取幣，興，降自西階，壇則降自南陛。詣瘞埳北，南面以幣置於埳。贊唱者曰：「可瘞。」埳東西面各二人填土。半埳，贊禮者進初獻之左，白：「禮畢。」遂引初獻以下出。贊唱者還本位，祝與執罇罍者俱復執事位。立定，贊唱者曰：「再拜。」祝以下皆再拜以出。祝版焚於齋所。

季夏祭中霤於太廟〔四一〕

季夏土王日，祭中霤於太廟之庭。

前祭三日，諸祭官散齋二日於正寢，致齋一日於廟所，如別儀。

前一日，衞尉陳設如常。

祭日，未明十刻，太官丞具特牲之饌。

未明一刻，太廟令帥其屬入布神座於廟庭西門之內道南，〔四二〕東向，席以莞，設神座於座首。設酒罇於神座東南，設洗又於酒罇東南，〔四三〕俱北向，罍水在洗東，篚在洗西，南肆。篚實以巾爵也。〔四四〕奉禮設太廟令位於神座東南，執事者位於其後，俱北向西上。設門外位皆於東門之外道南，重行北向，以西爲上。

質明，諸行事之官各服其服。良醖之屬入實罇罍，太官丞監實籩豆簠簋。〔四五〕贊引引太廟令，又贊引引執事者，俱就門外位。太祝與執罇罍篚冪者先入，詣神座前，西向再拜訖，各就位。立定，贊引引太廟令，又贊引引執事者入就位。贊引贊拜，太廟令以下皆再拜。太官丞出，詣饌所。

贊引進太廟令之左，白：「有司謹具，請行事。」退復位。太官丞引饌入，太祝迎引於座首，設於神座前訖，太官丞以下還本位，太祝還罇所。

贊引引太廟令詣罍洗，盥手洗爵，詣酒罇所，執罇者舉冪，太廟令酌酒。贊引引太廟令進神座前，西向跪奠爵，俛伏，興，少退，西向立。太祝持版進於神座之右，北向跪讀祝文曰：「維某年歲次月朔日，子開元神武皇帝謹遣具位姓名，敢昭告於中霤：賴茲保養，甿庶以安，式荷神功，祇率常禮，爰以特牲、〔四六〕薌合、薌萁、嘉蔬、嘉薦、醴酒，明祀於神，尚饗。」訖，興。太廟令再拜。太祝進奠版於神座，俛伏，興，還罇所。

太祝以爵酌福酒，進太廟令之左，北面立。太廟令再拜，受爵，跪祭酒，遂飲卒爵。太祝進受爵，還罇所。太廟令俛伏，興，再拜，贊引引還本位。

太祝進，跪徹豆，俛伏，興，還罇所。太祝與執罇罍篚者俱復位。立定，贊引贊拜，太廟令以下皆再拜。贊引進太廟令之左，白：「禮畢。」遂引太廟令以下出。其祝版燔於齋所。

孟冬祭司寒 納冰開冰附

前三日，諸祭官散齋二日於家正寢，致齋一日於祭所。右校掃除祭所，衞尉陳設如常。

祭日未明十刻，太官丞具特牲之饌。

未明一刻，郊社丞入布神座於廟北，南向，設神位於座首。又帥其屬設酒罇於座東南，設洗於酒罇東南，俱北向；罍水在洗東，篚在洗西，南肆；篚實以巾爵。執罇罍篚者各位於鐏罍篚之後。上林令設桃弧棘矢於冰室户内之右。祭訖遂留之。奉禮設上林令位於神座東南，執事者陪其後，俱重行，西向北上。

質明，上林令以下各服其服，郊社丞、良醞之屬入實鐏罍，太官丞監實籩豆簠簋。贊引引上林令，又贊引引執事者，俱就門外位。立定，太祝與執鐏罍篚冪者先入，立於神座前，北向，俱再拜訖，各就位。贊引引上林令，又贊引引執事者，俱入就位。立定，贊引贊拜，〔四七〕上林令以下皆再拜。太官丞出詣饌所。

贊引進上林令之左，〔四八〕白：「有司謹具，請行事。」退復位。太官丞引饌入，太祝迎於座首，設於神座前訖，太官丞以下還本位，太祝還鐏所。〔四九〕

贊引引上林令盥手洗爵，詣酒鐏所，執鐏者舉冪，上林令酌酒。贊引引上林令進神座前，北向跪奠爵，俛伏，興，少退，北向立。太祝持版進於神座之右，東向跪讀祝文曰：「維某年歲次月朔日，開元神武皇帝謹遣某官姓名，敢昭告於玄冥之神：順兹時令，增冰堅厚，式遵常典，將納凌陰，謹以玄牡秬黍，嘉薦清酌，明祀於神，尚饗。」訖，興。上林令再拜。太祝進，跪奠版於神座，俛伏，興，還鐏所。

太祝以爵酌福酒，進上林令之右，西向立。上林令再拜，受爵，跪祭酒，遂飲卒爵。太祝進受爵，還鐏所。上林令跪，〔五〇〕俛伏，興，再拜，贊引引還本位。

太祝進，跪徹豆，俛伏，興，還罇所。太祝與執罇罍篚者俱復位。立定，贊引贊拜，上林令以下皆再拜。贊引進上林令之左，白：「禮畢。」贊引引上林令以下出。其祝版焚於齋所。

興慶宮祭五龍壇

將祭，有司筮日如別儀。

前祀三日，凡應祭之官散齋二日，致齋一日如別儀。

前祭二日，守宮設祭官次於東壝之外道南，北向，以西爲上。設陳饌幔於内壝東門之外道南，北向。太樂令設判懸之樂於壇南。右校掃除壇之内外。

前祀一日，晡後一刻，諸衛令其屬各以其方器服守衛壝門，清齋一宿。奉禮設獻官位於壝東南，西向；執事位於獻官東南，俱西向北上。設奉禮位於獻官西南，贊者二人在南，差退。設祭官以下門外位於東壝之外道南，每等異位，重行北向，以西爲上。郊社令帥齋郎設散罇五龍各二於壇上東南隅，北向西上。罇加勺冪，有坫以置爵。〔五一〕設洗於壇東南，北向；罍水在洗東，篚在洗西，南肆；篚實以巾爵。執罇罍篚冪者各位於罇罍篚冪之後。

祀日未明十刻，太官令帥宰人以鸞刀烹牲於廚。牲以少牢。

未明二刻，〔五二〕郊社令帥齋郎各服其服，升設五龍座於壇上近北，南向東上，席以莞，設神位各於座首。

未明一刻，祭官以上各服其服。郊社令與良醞之屬入實罇罍。太祝以幣置於篚。太官令帥進饌者實諸籩豆簠簋等，設於饌幔內。

質明，謁者引獻官以下就門外位。奉禮帥贊者先入就位。執罇罍篚冪者入，當壇南重行北向，以西爲上。立定，奉禮曰：「再拜。」贊者承傳，執罇罍篚冪者皆再拜訖，自東陛升，立於罇所，各就位。太樂令帥工人入就位。

謁者進獻官之左，白：「有司謹具，請行事。」退復位。協律郎跪，俛伏，舉麾，〔五三〕工鼓柷，乃以姑洗之均，〔五四〕樂舞三成，偃麾，戛敔，樂止。奉禮曰：「衆官再拜。」衆官在位者皆再拜訖，〔五五〕復位。

太祝取幣於篚，立於罇所。太官令帥進饌者奉饌陳於東門之外。

謁者引獻官詣南陛升，北向立。太祝以幣授獻官，獻官受幣。登歌作，以南呂之均。謁者引獻官進，北向跪奠幣於青龍之座前。諸座皆太祝助奠。俱畢，獻官再拜訖，登歌止。謁者引獻官降自南陛，還本位。

太官令引饌入，升自南陛，太祝迎引於壇上，設饌於神座前訖，降復位。

謁者引獻官詣罍洗，盥手洗爵訖，引升南陛，詣酒罇所，執罇者舉冪，獻官酌清酒。謁者引進神座前，北向跪奠爵於青龍之座。太祝等助奠諸座。俱畢，少退，北向立。太祝持版進於青龍座之右，東向跪讀祝文。〔五六〕祝文臨時制撰。讀訖，獻官再拜。太祝進，跪奠版於神座，俛伏，興，還罇所。

太祝以爵酌罍福酒，〔五七〕進獻官之右，西向立。獻官再拜，受爵，跪祭酒，啐酒，奠爵，興。太祝帥齋郎進俎，太祝跪減神前胙肉，興，〔五八〕以授獻官，獻官受以授齋郎。獻官跪取爵，遂飲卒爵。太祝進受爵，復於坫。獻官再拜，謁者引降復位。

太祝跪徹豆，俛伏，興，還罇所。奉禮曰：「賜胙。」贊者唱：「衆官再拜。」衆官在位者皆再拜。獻官不拜。奉禮又曰：「再拜。」在位者皆再拜。謁者進獻官之左，白：「禮畢。」遂引獻官以下出。太祝以下復執事位，立定，奉禮曰：「再拜。」太祝再拜訖，出。其祝版燔於齋所。如沈玉於川，臨時別取進止。

校勘記

〔一〕長祠人　「長」原訛「掌」，據開元禮卷四五及傅校本、明抄本、明刻本、朝鮮本、王吳本改。

〔三〕山谷隱映　「映」原訛「狹」，據開元禮卷四五及傅校本、明抄本、明刻本、朝鮮本改。

〔三〕於寢宮所大次之前　「於」上原衍「又設百官位」，「宮」下脱「所」，據開元禮卷四五删補。傅校本、明抄本、明刻本、朝鮮本、王吴本作「寢宮所於大次之前」，亦誤。

〔四〕所由控馬以入　原脱「由」，據開元禮卷四五補。按：所由是代詞，指執事之人。

〔五〕皇帝至位立　原脱「立」，據開元禮卷四五補。

〔六〕請更再拜　原脱「更」，據開元禮卷四五補。

〔七〕凡贊拜進退　「拜」開元禮卷四五作「引」。

〔八〕其仗衞等各立以俟　「以俟」開元禮卷四五作「於後」。

〔九〕堂户外之東南　「堂」原訛「當」，據開元禮卷四五及傅校本、明抄本、明刻本、朝鮮本改。

〔一〇〕一太祝東向跪讀祝文訖　開元禮卷四五無「一太祝東向」五字。

〔一一〕即於大次更進發　「更」開元禮卷四五作「便」。

〔一二〕發行宮　三字原脱，據開元禮卷四五補。傅校本、明抄本、明刻本、朝鮮本、王吴本有「發行」，脱「宮」。

〔一三〕謁寢宮如後儀　「後」原訛「常」，據開元禮卷四五改。按：皇后謁寢宮之儀，下文始言之，平常無其事，不得云如常儀。

〔一四〕尚儀前奏再拜　原「再拜」上衍「請」，據開元禮卷四五及傅校本、明抄本、明刻本、朝鮮本删。

〔一五〕皇后出寢宮北門　開元禮卷四五句上有「皇帝過」，蓋明皇后出寢宮北門之節者。

〔一六〕到次降車停便座　「座」原訛「定」，據開元禮卷四五改。

〔一七〕奉禮設卿位於兆門外之左西向　「兆」原訛「北」，今本開元禮卷四五誤同。據新唐書禮樂志四三六一頁改。按：陵無北門。況北門之左即門西，立門西又面西，背陵門而行禮，理所必無。

〔一八〕贊引引諸官以次就位　原脱一「引」字，據開元禮卷四五補。

〔一九〕贊者承傳　四字原脱，據開元禮卷四五補。

〔二〇〕立於東門之内道北西向　「東門」原倒作「門東」，據開元禮卷五一乙。「西向」原訛脱作「面」，據開元禮卷五一及明抄本改補。按：傅校本、明刻本、朝鮮本、王吴本訛作「面向」。

〔二一〕各設於神座前　「設」原訛「詣」，據開元禮卷五一改。

〔二二〕若無酒即但再拜　「但」原訛「俱」，據開元禮卷五一改。

〔二三〕太常卿再拜訖　原脱「太常卿再拜」，據開元禮卷五一補。

〔二四〕薦新物　此題下原注有「附」字，據開元禮卷五一及傅校本、明抄本、明刻本、朝鮮本、王吴本删。

〔二五〕冰　「冰」原訛「榛」，據開元禮卷五一及傅校本、明抄本、明刻本、朝鮮本、王吴本改。

〔二六〕薦新物皆以品物時新堪供進者　原脱「以」，據開元禮卷五一補。

〔二七〕位於壇東壝門之外道南　原脱「東」，據開元禮卷五〇補。

〔二八〕各二骨以並　原脱「並」，據開元禮卷五〇及傅校本補。

〔二九〕醯醢　「醯」原訛「醢」，據開元禮卷五〇改。

〔三〇〕以後准此　「准」原作「倣」，據開元禮卷五〇及傅校本、明抄本、明刻本、朝鮮本改。

〔三一〕行掃除於下訖　原脱「行」，據開元禮卷五〇補。

〔三二〕以次入就位　原脱「入」，據開元禮卷五〇補。

〔三三〕壇則升自南陛　「南」，開元禮卷五〇作「東」。

〔三四〕帝嚳云　自此至「厥功惟茂率由舊章云云」，原作正文，非是。今據傅校本、明抄本、明刻本、朝鮮本回改爲注文。又「帝嚳云」上原有「曰」字，於文法不合，據開元禮卷五〇删。

〔三五〕式遵故實　「故實」原作「舊章」，據開元禮卷五〇及傅校本、明抄本、明刻本、朝鮮本改。

〔三六〕式遵故實　「故實」原作「祀典」，據開元禮卷五〇及傅校本、明抄本、明刻本、朝鮮本、王吴本改。

〔三七〕式遵祠典　「祠」原作「祀」，據開元禮卷五〇及傅校本、明刻本、朝鮮本改。下同。

〔三八〕惟帝神武膺期　原脱「惟帝」，據開元禮卷五〇補。

〔三九〕訖興　原無此二字，據開元禮卷五〇補。

〔四〇〕初亞獻獻將畢　原脱一「獻」，據開元禮卷五〇及傅校本、明抄本、明刻本、朝鮮本補。

〔四一〕季夏祭中霤於太廟　原作「祭中霤」，據傅校本、明刻本、朝鮮本卷目增補。

〔四二〕太廟令　「廟」原訛「常」，據開元禮卷五一改。

〔四三〕設洗又於酒罇東南　原脱「又」，據開元禮卷五一及傅校本、明抄本、明刻本、朝鮮本、王吴本補。

〔四四〕篚實以巾爵也　「篚」下衍「俱」，據傅校本、明抄本、明刻本、朝鮮本删。

〔四五〕籩豆簋簠　「簋簠」原倒，據開元禮卷五一及傅校本、明抄本、明刻本、朝鮮本乙。

〔四六〕爰以特牲　傅校本、明刻本、朝鮮本、王吴本、明抄本「特牲」下有「時藏」二字。

〔四七〕贊引贊拜　「贊引」原脱，據開元禮卷五一補。

〔四八〕上林令　「令」原脱，據開元禮卷五一補。

〔四九〕太官丞以下還本位太祝還罇所　「還本位太祝」五字原脱，據開元禮卷五一補。

〔五〇〕上林令跪　原脱「跪」，據開元禮卷五一補。

〔五一〕有坫以置爵　「爵」，開元禮卷五一及傅校本、明抄本、明刻本、朝鮮本作「罇」。

〔五二〕未明二刻　「二」原訛「三」，據開元禮卷五一及傅校本、明抄本、明刻本、朝鮮本改。

〔五三〕俛伏舉麾　原「伏」下衍「興」，據開元禮卷五一及傅校本、明抄本、明刻本、朝鮮本删。

〔五四〕乃以姑洗之均　開元禮卷五一「乃」字下有「奏闕文之樂」大字三，小字二。

〔五五〕衆官在位者皆再拜訖　原脱「衆官」，據開元禮卷五一補。下同。

〔五六〕東向跪讀祝文　原「文」下衍「曰」，據開元禮卷五一删。

〔五七〕太祝以爵酌罍福酒　原脱「罍」，據開元禮卷五一及傅校本、明抄本、明刻本、朝鮮本、王吴本補。

〔五八〕興　此字原脱，據開元禮卷五一補。

王文錦點校

通典卷第一百十七

禮七十七 開元禮纂類十二 吉禮九

皇帝皇太子視學

視學前一日，所司灑掃學堂之內外。尚舍設大次於學堂之後，守宮設皇太子次於大次之東，皆隨地之宜，並如常儀。尚舍設御座學堂上北壁下，〔一〕當中南向。監司設講榻於御座之西，南向。設執讀座於前楹間，當講榻北向。尚舍又設皇太子座於御座東南，西向。設文官三品以上座於皇太子之南，少退，重行，西面北上；設武官三品以上座於講榻西南，當文官，重行，東面北上。設侍講座於執讀西北，武官之前，東面北上。其執如意者一人立於侍講之南，東面。設論議座於講榻之前，北面。三館學官座於武官之後。設脱履席於西階下。〔二〕典儀設版位：皇太子於東階東南，西面；執經於西階西南，東面。文官三品以上於皇太子東南，重行，西面北上；武官三品以上於執經西南。侍講、執讀、執如意等於執經之後，重行，東面北上。學生分於文武官之後，皆重行北上。設典儀位於東階之西，贊者二人在南，差退，俱西面。

出宮

前出宮三日，本司宣攝内外，各供其職。其日，應從駕文武官依時刻集朝堂，諸衞陳設仗衞。侍中版奏：「外辦。」皇帝乘馬，文武侍從，並如常行幸之儀。駕將至，祭酒帥監官、學官、學生等奉迎於路左。學生青衿服。駕至大次門外，降入如常。

視學

皇帝既入大次，執經、侍講、執讀、執如意等及學官各服公服，典儀帥贊者先入就位。謁者、贊引引文武三品以上及執經以下學生等入就堂下位。皇太子立於學堂門外之東，

西向，侍衞如常。〔三〕

侍中版奏：「外辦。」皇帝出大次，升自北階，即御座南向坐。侍臣及近侍量人從升。典儀一人升就東階上，西面立。舍人引皇太子就位立。諸衞率、庶子等量人從入，立於皇太子東南，西向北上。奉禮曰：「再拜。」贊者承傳，皇太子以下在位者皆再拜。

侍中跪奏稱：「請敕皇太子及公王等升坐。」又侍中稱：「制曰可。」侍中詣東階上，西面稱：「敕皇太子及公王等升。」殿上典儀承傳，階下贊者又承傳，皇太子以下應坐者皆再拜。訖，通事舍人引皇太子及羣官坐者各升座。訖，其公服者脱履於階下及降納皆如常。執讀讀所講經，執經釋義。訖，遂行如意。侍講者執如意就論議座，以次論難。

侍中跪奏：「禮畢。」羣官皆起，通事舍人各降堂下位。若有敕賜會，則侍中前承制，降詣堂下宣勑及太官下食案等，並如常儀。皇帝降座，還大次，侍衞如常儀。羣官以下會訖皆出。執經以下改服常服。學生仍青衿服。

車駕還宮

皇帝既還大次，侍中量時刻版奏：「外辦。」皇帝出次，文武官陪從還宮如來儀。初駕出，國子祭酒帥監官、學官、學生等奉辭於路左如常式。

皇太子釋奠於孔宣父國學釋奠、仲春仲秋釋奠於齊太公廟並附。

齋戒

皇太子散齋三日於別殿，致齋二日於正殿。前致齋一日，典設郎設皇太子幄座於正殿東序及室内，俱西向。又張帷於前楹下。殿若無室，張帷爲之。致齋之日質明，諸衛率各勒所部屯門列仗如常。晝漏上水一刻，左庶子版奏：「請中嚴。」近仗就陳於閤外，通事舍人引宮臣文武七品以上袴褶陪位如式。諸侍衛之官各服其器服，諸侍臣並結珮俱詣閤奉迎。左庶子版奏：「外辦。」上水三刻，皇太子服通天冠，絳紗袍，結珮以出，侍衛如常。〔四〕皇太子即座西向坐，侍臣夾侍如常。一刻頃，左庶子前跪奏稱：「左庶子臣某言，請降就齋室。」俛伏，興，還侍位。皇太子降座入室。文武侍臣各還本司，直衛者如常，典謁引陪位者以次出。

凡應享之官散齋三日，致齋二日。散齋皆於正寢。致齋一日於本司，一日於享所。其無本司者皆於享所。近侍之官應從升者及從享羣官、監官、學官、學生等各於本司及學館俱清齋一宿，並如別儀。國學及齊太公廟將享，館司先申享日，本司散下其禮，〔五〕所司隨職供辦。凡應享之官，散齋三日，致齋二日如別儀，無皇太子散齋以下儀。

陳設

前享三日，典設郎設皇太子便次於廟東，西向；又設便次於學堂之後，隨地之宜。守宮設文武侍臣次各於便次之後，文左武右。設諸次，享官於齋坊之内，從享之官於廟東門之外，隨地之宜。國學設獻官以下次於齋坊，太公儀同國學。

前享二日，太樂令設軒懸之樂於廟庭：東方西方磬簴起北，鐘簴次之；北方磬簴起西，鐘簴次之。設三鎛鐘於編懸之間，各依辰位。樹路鼓於北懸之間道之左右，植建鼓於三隅。置柷敔於懸内，柷在左，敔在右。設歌鐘歌磬於廟堂之上前楹間，北向，磬簴在西，鐘簴在東。其匏竹者立於堂下階間，重行北向，相對爲首。凡懸皆展而編之。〔六〕諸工人各位於懸後。右校掃除内外。又爲瘞埳於院内堂之壬地，方深取足容物，南出陛。自設軒懸以下，國學、太公儀並同。

前享一日，奉禮設皇太子位於東陛東南，西向。國學設三獻位於東門之内道北，執事則道南，〔七〕西向北上。太公儀同國學。又設望瘞位於廟堂東北，當埋埳西向。望瘞與國學同，太公儀並同。設亞獻、終獻位於皇太子東南，執事者各位於後，俱重行，西向北上。國學無亞獻以下儀，太公並同。設御史位於廟堂之下西南，東向，令史陪其後。設奉禮位於樂懸東北，贊者二人在南差退，俱西面。又設奉禮贊者位於埋埳東北，南面東上。設協律郎位於廟堂上前楹之間近西，東向。設太樂令位於北懸之間，北向。自御史位以下與國學同。太公儀同國學。設從享官七品以上位國學則館官位，太公儀設廟官位。於樂懸之東，當執事西，南向；監官學官位於樂懸之西，當宮官東向。國學則設學官位於懸西，當館官東向。太公廟設廟官位同。設學生位於宮官、監官、學官之後，俱重行北上。國學學生位於學官、館官後，有觀者於南門內道左右，相對爲首。太公無學生。設門外位：爲亞獻、終獻位於東門之外道南，執事位於後，每等異位，俱北向西上。國學設三獻門外位如常儀，太公儀與國學同。監官、學官位於獻官東南，國學則館官學官位，太公儀廟官位。從享宮官位於學官之東，俱重行北面，以西爲上。設酒罇之位於廟堂之上。先聖犧罇二、象罇二、山罍二在前楹間北向，先師犧罇二、象罇二、山罍二在先聖酒罇之東，俱西上。罇皆加勺冪，有坫以置爵。其先師之爵同置於一坫。太公及留侯同上。洗設於東階東南，亞獻之洗又於東南，俱北向；罍水在洗東，篚在洗西，南肆；篚實以巾爵。執罇罍篚冪者各位於罇罍篚冪之後。設幣篚二各於罇坫之所。典設郎設皇太子座於學堂之上東壁下，西向。監司設講榻於北壁下，南向。又設執讀者座於前楹間，當講榻北向。守宮設太傅少傅座於皇太子西北，南面東上。若有令詹事以下坐，則設座於皇太子西南，北向東上。侍講者座於執讀西北。執如意者一人立於侍講之西。三館學官非侍講者座於侍講者之西，皆北面東上。若有上臺三品以上觀講者，設座於侍講之北，南面東上。設論議座於講榻之前近南，北面。設脱履席於西階之南，東向。掌儀設版位：宮官七品以上於東階東南，〔八〕西向北上。執經侍講等於西階西南。監官及學官非侍講者於侍講者之後；若有上臺三品以上觀講者，〔九〕位於執經之北，少退，重行，皆東面北上。學生分位於宮官、學官之後，皆重行北上。又設掌儀位於宮官西北，贊者二人在南，皆西向。國學無設皇太子座下至此儀。晡後，郊社令帥齋郎以罇坫罍洗篚冪入設於位。升堂者自東階。謁者引祭酒、司業詣廚視濯溉。凡導引者每一曲一逡巡。太公儀引三獻視濯溉。贊引引御史詣廚省饌具。司業以下每事訖，各還齋所。

享日未明十五刻，太官令帥宰人以鸞刀割牲，祝史以豆取毛血置於饌所，遂烹牲。其牲用太牢。二正座及先師首俎皆升右胖十一體，左丘明以下折分餘體升之。國學、太公並同。未明五刻，郊社令帥其屬及廟司各服其服，升設先聖神座於堂上西楹間，東向。國學設神座於廟室內西楹間，東向。太公儀拂神幄。設先師神座於先聖神座東北，南向西上。若前堂不容，則又於堂外之東，〔一〇〕屈陳而北，〔一一〕東向南上。席皆以莞。設神位各於座首。國學儀，其七十二弟子名，已具歷代祀先儒篇。太公儀無先聖神座以下至此。

出宮國學無此儀，太公同。

前出宮二日，本司宣攝內外，各供其職。守宮設從享宮官次於東宮朝堂如常。

其日未明，所司依鹵簿陳設於重明門外。奉禮設從享宮官位於東宮朝堂如常。文武宮臣七品以上依時刻俱集於次，各服公服。諸衞率各勒所部陳設如式。左庶子版奏：「請中嚴。」典謁引宮臣各就位。諸侍衞官各服其器服，左庶子負璽如式。俱詣閤奉迎。僕進軺車於西閤外，南向。若須乘輦則聽臨時進止。內率一人執刀立於車前，北向。中允一人在侍臣之前，贊者二人在中允之前。左庶子版奏：「外辦。」僕奮衣而升，正立執轡。皇太子著具服，遠遊冠，乘輿以出，左右侍衞如常儀。內率前執轡，皇太子升車，僕立授綏，左庶子以下夾侍如常儀。中允進當車前跪奏稱：「請發引。」俛伏，興，退復位。凡中允奏請，皆當車前跪奏稱「具官臣某言」。訖，俛伏，興。車動，中允與贊者夾引以出，內率夾車而趨。出重明門，至侍臣上馬所，中允奏稱：「請車權停，令侍臣上馬。」左庶子前，承令，退稱：「令曰諾。」中允退稱：「侍臣上馬。」贊者承傳，文武侍臣皆上馬。庶子以下夾侍於車前，贊者在供奉官人內。侍臣上馬畢，中允奏稱：「請令車右升。」左庶子前承令，退稱：「令曰諾。」中允退復位。內率升訖，中允奏稱：「請發引。」退復位。皇太子車動，太傅乘車訓導，少傅乘車訓從，出延喜門，不鳴鼓吹，從享宮臣乘馬陪從如常儀。

饋享

享日未明三刻，諸享官各服祭服，諸陪祭之官皆公服，學生青衿服。郊社令、良醞令各帥其屬入實罇罍及幣。犧罇實以醴齊，象罇實以盎齊，山罍實以清酒。齊加明水，酒加玄酒，各實於上罇。

其幣以白，各長一丈八尺。太官令帥其屬實諸籩、豆、簠、簋、俎等。

未明二刻，奉禮帥贊者先入就位。贊引引御史、太祝及令史、祝史與執罇罍篚冪者入自東門，當階間重行，北向西上。立定，奉禮曰：「再拜。」贊者承傳，凡奉禮有辭，贊者皆承傳。御史以下皆再拜訖，執罇罍篚冪者各就位。贊引引御史、太祝詣東階升堂，行掃除於上，令史、祝史行掃除於下，訖，引降還齋所。奉禮以下次還齋所。國學掃除於下訖，引就位，謁者引享官以下俱就門外位，學生就門內位。太公儀無學生位，餘同國學。皇太子將至，謁者、贊引各引享官及從享學官等俱就門外位，〔一二〕學生皆入就門內位。

皇太子至廟門外，迴車南向，內率降立於車右。左庶子進，當車前跪奏稱：「左庶子臣某言，請降車。」俛伏，興，還侍位。皇太子降車，乘輿之便次，侍衛如常。郊社令以祝版進，皇太子署訖，近臣奉出，郊社令受，各奠於坫。國學無皇太子將至以下至此儀，太公並同。

未明一刻，謁者、贊引引從享宮官就門外位。〔一三〕奉禮帥贊者先入就位。贊引引御史以下入就位。國學無謁者以下儀，太公同。太常令帥工人、二舞次入就位，文舞入陳於懸內，武舞立於懸南道西。其升堂坐者皆脫履於下，降納如常。謁者引祭酒入就位，立定，奉禮曰：「再拜。」祭酒再拜訖，謁者引祭酒詣東階升堂，行掃除於上，降，行樂懸於下訖，引還本位。初祭酒行樂懸，謁者、贊引各引祭官及陪祭之官次入就位。國學則謁者引司業，太公儀引亞獻。

皇太子停便次半刻頃，率更令於便次門外，東向。左庶子版奏：「外辦。」皇太子出便次，侍衛如常儀。率更令引皇太子至廟東門，中允進笏，皇太子執笏，近侍者從入如常儀。皇太子至版位，西向立。每立定，率更令退立於左。率更令前啓：「再拜。」退復位。皇太子再拜。奉禮曰：「衆官再拜。」衆官在位者及學生皆再拜。其先拜者不拜。

率更令前啓：「有司謹具，請行事。」退復位。國學，初司業行掃除訖，謁者、贊引各引享官以下學官以上次入就位。立定，奉禮曰：「衆官再拜。」衆官及學生皆再拜，其先拜者不拜。謁者進祭酒之左白：「有司謹具，請行事。」退復位。無停便次以下儀。太公儀，亞獻掃除就位，至入拜訖，謁者白初獻。〔一四〕協律郎跪，俛伏，舉麾，凡取物者皆跪俛伏而取以興，奠物則奠訖俛伏而後興。〔一五〕鼓柷，奏永和之樂，以姑洗之均，自後堂下接神之樂，皆奏姑洗。作文舞之舞，樂舞三成，偃麾，戛敔，樂止。凡樂皆協律郎舉麾，工鼓柷而後作，偃麾戛敔而後止。率更令前啓：「再拜。」退復位。皇太子再拜。國學無率更下至再拜，太公儀並同。奉禮曰：「衆官再拜。」在位者及學生皆再拜。

太祝各跪取幣於篚，立於罇所。率更令引皇太子，永和之樂作，皇太子每行皆作永和之樂。國學引祭酒升東階，無樂。下倣此。太公廟謁者引初獻官。皇太子自東階升，左庶子以下及左右侍衛量人從升。以下皆如之。皇太子升堂，進先聖神座前，西向立，樂止。太祝以幣授左庶子，左庶子奉幣北向進，皇太子搢笏受幣。每受物，搢笏，奠訖執笏，俛伏，興。登歌，作肅和之樂，以南吕之均。率更令引皇太子進，西面跪奠於先聖神座前，俛伏，興，率更令引皇太子少退，西向再拜。訖，率更令引皇太子進先師首座前，北向立。又太祝以幣授左庶子，左庶子奉幣西向進，皇太子受幣，率更令引皇太子進，北向跪奠於先師首座，俛伏，興，率更令引皇太子少退，北向再拜。登歌止。率更令引皇太子，樂作，皇太子降自東階，還版位，西向立，樂止。

初羣官拜訖，各奉毛血之豆立東門外；於登歌止，祝史奉毛血升自東階，太祝迎取於階上，進奠於先聖及先師首座前，太祝與祝史退立於罇所。

初皇太子既奠幣，太官令出，帥進饌者奉饌陳於東門之外。初皇太子既至位樂止，太官令引饌入。俎初入門，奏雍和之樂，自後酌獻皆奏雍和之樂。饌至階，樂止。祝史各進，跪徹毛血之豆，降自東階以出。饌升，太祝迎引於階上，各設於神座前。籩豆蓋冪先徹乃升；簠簋既奠，卻其蓋於下。設訖，太官令以下降復位，太祝還罇所。

率更令引皇太子詣罍洗，樂作，皇太子至罍洗，樂止。左庶子跪取匜，興，沃水；又左庶子跪取盤，興，承水；[一六]皇太子盥手。中允跪取巾於篚，興，進，皇太子帨手訖，中允受巾跪奠於篚；遂取爵於篚，興，進，皇太子受爵。左庶子酌罍水，又左庶子奉盤，皇太子洗爵，中允又授巾皆如初。皇太子拭爵訖，左庶子奠盤匜，中允受巾奠於篚皆如常。

率更令引皇太子，樂作，皇太子升自東階，樂止。詣先聖酒罇所，執罇者舉冪，左庶子贊酌醴齊訖，樂作，率更令引皇太子進先聖神座前，西向跪奠爵，俛伏，興，率更令引皇太子少退，西向立，樂止。太祝持版進於神座之右，北面跪讀祝文曰：「維某年歲次月朔日，子皇太子某國學云「開元神武皇帝謹遣祭酒某封姓名」。下同。太公儀云「謹遣某官某封」。敢昭告於先聖孔宣父：惟夫子固天攸縱，誕降生知，經緯禮樂，闡揚文教，餘烈遺風，千載是仰，俾茲末學，依仁游藝。謹以制幣犧齊，粢盛庶品，祇奉舊章，式陳明薦，以先師顏子等配座，尚饗。」訖，興，太公祝云「爰定六韜，載成七德，功業昭著，生靈攸仰，俾茲末學，克奉舊章」云云，〔一七〕「以張留侯等配」。皇太子再拜。初讀祝文訖，樂作，太祝進，跪奠版於神座，興，還罇所，皇太子拜訖，樂止。

率更令引皇太子詣先師酒罇所，執罇者舉冪，左庶子取爵於坫，進，皇太子受爵，左庶子贊酌醴齊，樂作，率更令引皇太子進先師首座前，北向跪奠爵，俛伏，興，率更令引皇太子少退，北向立，樂止。皇太子既奠首座爵，餘座皆齋郎助奠，相次而畢。〔一八〕其亞獻終獻齋郎助奠亦如之。太祝持版進於先師神座之左，西面跪讀祝文曰：「維某年歲次月朔日，子皇太子某敢昭告於先師顏子等七十二賢：爰以仲春，仲秋。率遵故實，敬修釋奠於先師孔宣父。惟子等或服膺聖教，德冠四科，或光闡儒風，貽範千載。謹以制幣犧齊，粢盛庶品，式陳明薦，從祀配神，尚饗。」訖，興，齊太公配座張留侯等祝云「惟子等宣揚武教，光贊韜鈐，大濟生靈，貽範千載」云云。皇太子再拜。初讀祝文訖，樂作，太祝進，跪奠版於神座，興，還罇所，皇太子拜訖，樂止。

率更令引皇太子詣東序西向立，〔一九〕樂作。太祝各以爵酌上罇福酒，合置一爵，一太祝持爵授左庶子，左庶子奉爵北向進，皇太子再拜受爵，跪祭酒，啐酒，奠爵，興。太祝各帥齋郎進俎，太祝跪減先聖及先師首座前三牲胙肉，皆取前腳第二骨。加於俎。又以籩取稷黍飯，興。〔二〇〕以胙肉各共置一俎上，又以飯共置一籩。太祝以飯籩授左庶子，左庶子奉飯北向進，皇太子受以授左右。太祝又以俎授左庶子，左庶子以次奉進，皇太子每受以授左右。訖，皇太子跪取爵，遂飲卒爵。左庶手進受爵以授太祝，太祝受爵復於坫。皇太子俛伏，興，再拜，樂止。率更令引皇太子，樂作，皇太子降自東階，還版位西向立，樂止。

文舞出，鼓柷，作舒和之樂，出訖，戛敔，樂止。武舞入，鼓柷，作舒和之樂，立定，戛敔，樂止。

初皇太子將復位，謁者引國子祭酒國學謁者引司業，下倣此。太公儀引亞獻。詣罍洗，盥手洗爵訖，謁者引祭酒升自東階，詣先聖酒罇所，執罇者舉冪，祭酒酌盎齊訖，武舞作。謁者引祭酒進先聖神座前，西向跪奠爵，興，謁者引祭酒少退，西向再拜。謁者引祭酒詣先師酒罇所，取爵於坫，執罇者舉冪，祭酒酌盎齊，謁者引祭酒進先師首座前，北向跪奠爵，興，謁者引祭酒少退，北向再拜訖，謁者引祭酒詣東序西向立。太祝各以爵酌罍福酒，合置一爵，一太祝持爵進祭酒之左，北向立。祭酒再拜，受爵，跪祭酒，遂飲卒爵。太祝進受爵，復於坫。祭酒興，再拜。謁者引祭酒降復位。

初祭酒獻將畢，謁者引司業國學謁者引博士，下倣此。太公儀引終獻。詣罍洗，盥洗訖，〔二〕升酌盎齊終獻，如亞獻之儀。訖，謁者引司業降復位，武舞止。

太祝等各進，跪徹豆，興，還鐏所。徹者，籩豆各一少移於故處。奉禮曰：「賜胙。」贊者唱：「衆官再拜。」在位者及學生皆再拜。已飲福者不拜。永和之樂作，率更令前啓：「再拜。」退復位。皇太子再拜。國學無率更令至再拜，太公儀同國學。奉禮曰：「衆官再拜。」在位者及學生皆再拜，樂一成止。

率更令前啓：「請就望瘞位。」率更令引皇太子就望瘞位，西向立。國學謁者引祭酒，太公儀引初獻。奉禮帥贊者轉就瘞埳東北位。〔三〕初在位者將拜，太祝各執篚進神座前，跪以篚取幣，降自西階，詣瘞埳，以幣置於埳訖，奉禮曰：「可瘞。」埳東西廂各四人寘土。半埳，率更令前啓：「禮畢。」國學、太公儀進初獻之左白云。

率更令引皇太子出門，還便次，樂作，國學謁者遂引祭酒出，無率更下至樂作，太公儀同。皇太子出門，樂止。中允進受笏，侍衛如常儀。國學無皇太子出門等儀，太公儀同。謁者、贊引各引亞獻以下以次出。初白禮畢，奉禮帥贊者還本位。贊引引御史、太祝以下俱復執事位，立定，奉禮曰：「再拜。」御史以下皆再拜訖，贊引引出。學生以次出。其祝版燔於齋坊。

講學國學儀無，齊太公同。

皇太子既入便次，改服常服，執經、侍講、執讀、執如意等及三館學官並服公服，學生仍青衿服，餘皆常服。掌儀帥贊者先入就位。謁者各引羣官及學生等次入就位。

左庶子版奏：「外辦。」皇太子乘輿出便次，若須乘馬，臨時聽進止。侍衛如常儀，至學堂後，降輿，升自北階，即座坐。左右侍衛量人從升。太傅、少傅各就座坐。掌儀曰：「再拜。」贊者承傳，羣官及學生等在位者皆再拜。執經不拜。

左庶子跪奏：「請令執經等升。」俛伏，興。又左庶子稱：「令曰諾。」左庶子退，降詣西階下，立於執經等之前，北面宣令曰：「執經以下並升坐。」應坐者皆再拜。執經不拜。通事舍人引執經以下升，各就座坐。〔二三〕其升坐者皆脱履如式。訖，執讀讀所講經，執經釋義訖，〔二四〕執如意者以如意授侍講，侍講興受，進詣論議座，北面問所疑，執經爲通之。訖，興，退以如意授執者，退還本座。執如意者以如意次授諸侍講者，皆如上儀。

總訖，左庶子跪奏：「禮畢。」羣官皆起，通事舍人各引降復堂下位。皇太子降座，降自北階，入學堂後便次。羣官以次出。執經以下改服常服。學生仍青衿服。

還宫

皇太子既入便次，左庶子版奏：「請解嚴。」將士不得輒離部伍。皇太子改服公服，停便次一刻頃，搥一鼓爲一嚴，有司轉仗衞於還塗如來儀。二刻頃，又搥二鼓爲再嚴，左庶子版奏：「請中嚴。」國子祭酒以下學生以上並出，就學外道左奉辭。三刻頃，又搥三鼓爲三嚴，僕進軺車於門外如常。

左庶子版奏：「外辦。」皇太子乘輿出次，至學門外降輿乘車，〔二五〕侍衞如常。左庶子奏請及車右升降、侍臣上馬、文武陪從皆如來儀。車動，鼓吹振作如式。至國子祭酒以下奉辭處，權停車，國子祭酒以下皆再拜，通事舍人承令宣勞及拜皆如常。車至城隅，鼓吹止。過廟，鼓吹作，至延喜門，鼓吹止。入延喜門，鐃吹作。至重明門，宫官文武俱下馬，皇太子乘車入，太傅少傅還。皇太子至殿門，迴車南向。左庶子跪奏：「請降車。」俛伏，興。皇太子降車，乘輿入，侍臣從。至閤門，左庶子版奏：「請解嚴。」將士還本所。

皇太子束脩國學束脩附

束帛一篚，五匹。酒一壺，二斗。脩一案，五脡。

其日平明，皇太子服學生之服，學生青衿服。國學儀並言學生，下倣此。至學門外。博士公服，執事者引立於學堂東階下，西面。相者引皇太子國學贊禮者引學生，下倣此。立於門外之東，西面。不自同於賓客。陳束帛、壺酒、脯案於皇太子之西南，〔二六〕當門北向，重行西上。

將命者出立於門西，東向曰：「敢請事。」皇太子少進曰：「某方受業於先生，敢請見。」將命者入告。博士曰：「某也不德，請皇太子無辱。」若已封王則云「請王無辱」。學生云「請子無辱」。下倣此。將命者出告。皇太子曰：「某不敢爲儀，敢固請。」將命者入告。博士曰：「請皇太子就位，某敢見。」將命者出告。皇太子曰：「某不敢以視賓客，請終賜見。」將命者入告。博士曰：「某辭不得命，敢不從。」將命者出告。

執篚者以篚東面授皇太子，皇太子執篚。博士降俟於東階下，西面。相者引皇太子，執事者奉壺酒脩案以從。皇太子入門而左，詣西階之南，東面。奉酒脩者立於皇太子西南，東面北上。皇太子跪奠篚，再拜。博士答再拜。皇太子還避，遂進，跪取篚，相者引皇太子進博士前，東面授幣；奉壺酒脩案者從奠於博士前。博士受幣，執事者取酒脩幣以東。相者引皇太子立於階間近南，北面。奉酒脩者出。皇太子拜訖，相者引皇太子出。

校勘記

〔一〕尚舍設御座學堂上北壁下「座」原訛「位」，據開元禮卷五二及下文改。

〔二〕設論議座於講榻之前北面三館學官座於武官之後設脱屨席於西階下　「北面三館學官座於武官之後設脱屨席於」十七字原脱，據開元禮卷五二補。

〔三〕侍衛如常　「侍衛」原脱，據開元禮卷五二補。

〔四〕侍衛如常　「侍」原訛「待」，據諸本改。

〔五〕本司散下其禮　「散」原訛「請」，據傅校本、明刻本、朝鮮本改。

〔六〕凡懸皆展而編之　「編」原訛「懸」，據開元禮卷五三改。

〔七〕執事則道南　「道」原訛「近」，據傅校本、明抄本、明刻本、朝鮮本改。

〔八〕宫官七品以上於東階東南　原脱「於」，據開元禮卷五三補。

〔九〕若有上臺三品以上觀講者　原脱「若」，據傅校本、明抄本、明刻本、朝鮮本補。

〔一〇〕則又於堂外之東　開元禮卷五三同。傅校本、明抄本、明刻本、朝鮮本「堂」作「室」。

〔一一〕屈陳而北　「屈」原訛「至」，據開元禮卷五三改。

〔一二〕謁者贊引各引享官及從享學官等俱就門外位　原脱「各」，據開元禮卷五三及傅校本、明抄本、明刻本、朝鮮本、王吴本補。

〔一三〕謁者贊引引從享宫官就門外位　「從享宫官」原作「享官宫官」，據開元禮卷五三改。按：傅校本、明刻本、朝鮮本、王吴本作「享宫官」，明抄本作「享官」。

〔一四〕謁者白初獻　「白」原訛「自」，據諸本改。

〔一五〕奠物則奠訖俛伏而後興　原脱「而後」，據傅校本、明抄本、明刻本、朝鮮本、王吴本補。

〔一六〕左庶子跪取匜興沃水又左庶子跪取盤興承水　兩「興」原皆訛作「盥」，據開元禮卷五三改。

〔一七〕克奉舊章云云　「云云」原作「謹」，清人竄易者。今據明抄本改。按：「云云」指正文已見之祝語。傅校本、明刻本、朝鮮本作「云上」，「上」字誤。

〔一八〕相次而畢　「相」上原衍「引」，據開元禮卷五三删。

〔一九〕皇太子詣東序西向立　原脱「立」，據開元禮卷五三補。

〔二〇〕又以籩取稷黍飯興　原「籩」下衍「豆」，據開元禮卷五三删。

〔二一〕盥洗訖　原脱「盥」，據開元禮卷五三補。

〔二二〕奉禮帥贊者轉就瘞埳東北位　「位」原訛「向」，據開元禮卷五三改。按：前陳設節云：「設奉禮贊者位於埋埳東北，南面東上。」此若作「東北向」，則背瘞埳而立矣。

〔二三〕各就座坐　「坐」原訛「生」，據諸本改。

〔二四〕執讀讀所講經執經釋義訖　開元禮卷五三及傅校本、明抄本、明刻本、朝鮮本無「執經」，恐非。按：開元禮卷五二視學禮云：「執讀讀所講經，執經釋義。」知執讀者不解經。

〔二五〕至學門外降輿乘車　原脱「至」，據開元禮卷五三補。

〔二六〕陳束帛壺酒脯案於皇太子之西南　「南」原訛「面」，據開元禮卷五四改。

王文錦點校

通典卷第一百十八

禮七十八　開元禮纂類十三　吉禮十

皇帝巡狩告圜丘告社廟及歸格禮並附

齋戒

將告，有司卜日如別儀。攝事同。

前一日，皇帝齋於太極殿，如郊祀之儀。凡應告之官，清齋於告所。告社，齋於社所。告廟，齋於廟所。近侍之官應從升者及羣官、客使等，各於本司及公館清齋一宿。〔一〕諸衛令其屬晡後一刻各以其方器服守衛壝門，社則社宮門，〔二〕廟則廟門。與太樂工人俱清齋一宿。

陳設

前告三日，尚舍直長施大次於外壝東門之内道北，南向，社則宮西門，廟則廟東門。尚舍奉御鋪御座。衛尉社則守宮，廟同社。設文武侍臣次於大次之後，文官在左，武官在右，俱南向。設告官及從駕羣官次各於常所。設陳饌幔於内壝東門之外道南，北向。社無饌幔，廟同社。

前二日，太樂令設宮懸之樂於壇南，社則於壇北，廟於庭。設登歌及舉麾位於壇上，廟於殿上。並如常儀。社自此則右校清掃内外，爲瘞埳二於樂懸北如常。

前一日，右校掃除壇之内外。郊社令積柴於燎壇，方一丈，高一丈二尺，開上，南出户，方四尺。〔三〕社無燎壇，廟同社。奉禮設御位於壇之東南，西向。將告，奉禮郎一人守之，在版位西南五步所，西向。社設御位於北門之内，當社壇南向。廟於東階東南，西向。設望燎位，當柴壇之北，南向。設告官及從駕羣官版位於内外如常儀。郊社令廟，太廟令。帥府史一人社，二人。及齋郎以罇坫罍洗篚冪及玉幣之篚入設於位，並如常儀，廟，酒罇位於堂上前楹間，各於室户外之左，〔四〕北向。每室，春夏雞彝一，鳥彝一，犧罇二；秋冬斝彝一，黄彝一，著罇二。皆加勺冪，俱西上，各有坫以置瓚。執罇罍篚冪者各位於罇罍篚冪之後。

告日未明十五刻，太史令、郊社令各服其服，升設昊天上帝神座於壇上北方，〔五〕南向，席以稾秸，設神位於座首。廟，太廟令整拂神幄，又帥府史、齋郎以罇坫罍洗篚冪入設於位。告日未明十刻，太官令帥宰人以鸞刀烹牲於廚。社，告日未明十五刻，太官令帥宰人烹牲於廚，牲用黑牛二，齋郎以豆取牲血如常。未明四刻，太史令、郊社令各服其服，升設神座席位如常。廟每室各一犢。

鑾駕出宮社廟同。

皇帝服袞冕之服，乘玉輅，備大駕及嚴鼓時刻、〔六〕奏請進發、内外器服皆如常儀。

親告告社則薦玉帛及進熟，告廟則晨祼及饋食。

其日未明三刻，諸告官各服其服。郊社令、良醖令各帥其屬入實罇罍玉幣。太罇實以汎齊。〔七〕凡罇皆二，其玄酒各實於上罇。禮神之玉以蒼璧，其幣以蒼。社，太罇實以醴齊，〔八〕配座以象罇，實亦如之。明水實於上罇。玉，兩珪有邸。太祝各以幣置於篚，幣隨牲色，各長丈八尺。晨祼〔九〕雞彝、斝彝、犧罇、著罇之上罇實以明水；〔一〇〕鳥彝、黃彝實以鬱鬯；犧罇、著罇實以醴齊。太官令帥進饌者實籩豆簠簋，入設於内壝東門外饌幔内。社於神廚。〔一一〕

未明二刻，奉禮帥贊者先入就位。贊引引御史、太祝以下入行掃除如常儀，訖，各引就位。廟又未明一刻，贊引引太廟令、太祝、宮闈令入，當階間北面西上，立定，奉禮曰「再拜」。贊者承傳，太廟令以下皆再拜。升東階，入開埳室，奉出獻祖以下九室神主，各置於座訖，各就位。駕將至，謁者、贊引各引告官以下及從告羣官、客使先置者，俱就門外位。

駕至大次門外，迴輅南向，領千牛將軍降立於輅右。侍中進，當鑾駕前跪奏稱：「侍中臣某言，請降輅。」俛伏，興，還侍位。皇帝降輅，之大次。協律郎、太樂令帥工人各入就位。凡升壇坐者，皆脱屨於下，降納如常。社，降輅之大次，郊社令以祝版進署如常儀，謁者、贊引各引從駕羣官俱就門外位，奉禮帥贊者先入就位，贊引引御史及諸太祝與執罇罍篚冪者入就位，太樂令帥工人次入就位，〔一二〕通事舍人各引告官及從告羣官、客使次入就位，升壇者脱屨如上儀。太廟令以祝版進署，〔一三〕通事舍人引從駕羣官就門外位。

皇帝停大次半刻頃，謁者、贊引引從駕羣官入就位；太常博士引太常卿立於大次門外，當門北向。

侍中版奏：「外辦。」皇帝服大裘而冕出次，華蓋侍衛如常儀。侍中負寶陪從如式。〔一四〕社，停大次，太常博士引太常卿立於大次門外，當門北向，侍中版奏「外辦」，皇帝出次，華蓋侍衛如常。告廟同。博士引太常卿，太常卿引皇帝，凡太常卿前導，皆博士先引。至内壝門外，社，社宫北門外。廟，廟門外。殿中監進鎮珪，華蓋仗衛停於門外，近侍者從入如常。謁者引禮部尚書、太常少卿陪從如常。社無謁者引下至如常。廟同社。皇帝至版位，西向立。每立定，太常卿、博士退立於左。告社儀，皇帝南面立。

通事舍人各引從告官及諸王、介公、酅公、諸方客使以次入就位。立定，社無通事舍人各引下至此。廟同社。太常卿前，奏稱：「請再拜。」退復位。皇帝再拜。奉禮曰：「衆官再拜。」贊者承傳，凡奉禮有辭，贊者皆承傳。衆官在位者皆再拜。其先拜者不拜。太常卿前奏：「有司謹具，請行事。」退復位。協律郎跪，俛伏，興，舉麾，凡取物者皆跪俛伏而取以興，奠物則奠訖俛伏而後興。〔一五〕鼓柷，奏元和之樂，乃以圜鍾之均，作文舞之舞，六成，偃麾，戛敔，樂止。凡樂皆協律郎舉麾、工鼓柷而後作，偃麾、戛敔而後止。社奏順和之樂，以函鍾之均，樂八成。廟奏永和之樂，以黃鍾之均，樂九成，黃鍾三奏，大吕、太蔟、應鍾各再奏。太常卿前奏稱：「請再拜。」退復位。皇帝再拜。奉禮曰：「衆官再拜。」衆官皆再拜。廟則晨祼，太常卿引皇帝詣罍洗，太和之樂作，皇帝至罍洗，樂止，〔一六〕侍中跪取匜，興，沃水；侍中跪取盤，興，承水；皇帝搢鎮珪，盥手。黃門侍郎跪取巾於篚，興，進，皇帝帨手訖，黃門侍郎受巾，跪奠於篚。黃門侍郎又取瓚於篚，興，進，皇帝受瓚，侍中酌罍水，又侍中奉盤，皇帝洗瓚，黃門侍郎又授巾皆如初。皇帝拭瓚訖，侍中奠盤匜，黃門侍郎受巾奠於篚皆如常。太常卿引皇帝，樂作，升階，樂止，侍中以下量人從升。太常卿引皇帝詣獻祖鐏罍所，執鐏者舉冪，侍中贊酌鬱酒訖，登歌，作肅和之樂，以圜鍾之均。自後登歌皆用圜鍾。〔一七〕太常卿引皇帝入詣獻祖神座前，〔一八〕北向跪，以鬯祼地，奠之，俛伏，興。太常卿引皇帝出户，北向再拜。訖，太常卿引皇帝詣懿祖鐏彝所，〔一九〕執鐏者舉冪，侍中取瓚於坫，進，皇帝受瓚，侍中贊酌鬱酒訖，太常卿引皇帝入詣懿祖神座前，北向跪，以鬯祼地，奠之，俛伏，興。太常卿引皇帝出户，北向再拜。訖，太常卿引皇帝次祼太祖，次祼代祖、高祖、太宗、高宗、中宗、睿宗並如上儀。訖，登歌止。太常卿引皇帝，樂作，皇帝降自阼階，至版位西向立，樂止。

諸太祝俱取玉幣於篚，各立於鐏所。廟無太祝取玉帛立鐏所。〔二〇〕太常卿引皇帝，太和之樂作，皇帝每行，皆作太和之樂。皇帝詣壇，升自南陛，社升北陛，以下升降皆北陛。近侍者從升如常儀，皇帝升壇北向立，社南向立。樂止。太祝加玉於幣以授侍中，侍中奉玉幣東向進。社西向進。皇帝受玉帛，登歌作肅和之樂，太常卿引皇帝進，北向社南向。跪奠於天帝神座，社，太社座。俛伏，興。太常卿引皇帝少退，北向社南向。再拜訖，登歌止。樂作，社又太常卿引皇帝立於東方，西向，太祝以幣授侍中，侍中奉幣南面進，皇帝受幣，太常卿引皇帝進，〔二〕西向跪奠於后土氏座，興，太常卿引少退，再拜訖，登歌止。皇帝降自北陛，樂作，太常卿引皇帝詣太稷壇，升，奠玉幣於太稷氏，升降如太社壇。皇帝降自南陛，還版位西向立，樂止。

初羣官拜訖，謁者引司徒，太官令出，帥進饌者奉饌陳於內壝東門之外，司徒奉天帝之俎。皇帝既至位樂止，太官令引饌入。俎初入門，雍和之樂作，饌至階，樂止。饌升於南陛，太祝迎引於壇上，各設於神座前。籩豆蓋冪徹之如式。設訖，謁者引司徒以下降自東陛復位，諸太祝各還罇所。社儀，皇帝奠玉帛訖降還版位，下有進熟篇。皇帝既升奠玉幣，太官令出，帥進饌者奉饌陳於西門外，司徒奉太社之俎。初皇帝既至位樂止，太官令引太社太稷之饌入自正門，后土、后稷之饌入自左闈。〔三〕俎初入門，雍和之樂作，饌至陛，樂止。太社太稷之饌升自北陛，后土后稷之饌升自西陛，諸祝迎引於壇上，各設於神座前。廟儀於此有饋食篇。皇帝既升祼，太官令出，帥進饌者奉饌陳於東門外。謁者引司徒出詣饌所，司徒奉獻祖之俎。初皇帝既至位樂止，太官令引饌入自正門。俎初入門，雍和之樂作，以無射之均。自後接神皆奏無射。饌至太陛，諸太祝迎引於階上，樂止，各設於神座前。設訖，謁者引司徒以下降復位，諸祝各還罇所。太常卿引皇帝詣罍洗，樂作，皇帝至罍洗，樂止。盥手洗爵，侍中、黄門侍郎贊洗如晨祼之儀。太常卿引皇帝，樂作，升阼階，樂止。詣獻祖罇彝所，侍中贊酌醴齊，壽和之樂作，每酌獻皆作壽和之樂，太常卿引皇帝入詣獻祖神座前，北面跪奠爵，俛伏，興，出户北向立，樂止。太祝持版進於室户外之右，東面跪讀祝文，祝文臨時撰，讀訖，興，皇帝再拜。初讀祝文訖，樂作，太祝入，跪奠版於神座，興，出還罇所。皇帝拜訖，樂止。〔二三〕太常卿引皇帝詣懿祖罇彝所，酌獻皆如初儀，唯不盥洗。訖，太常卿引皇帝詣東序西向立，樂作。〔二四〕

太常卿引皇帝詣罍洗，樂作，皇帝至罍洗，樂止。侍中跪取匜，興，沃水；又侍中跪取盤，興，承水；皇帝盥手。黄門侍郎跪取巾於篚，興，進；皇帝帨手訖，受巾，跪奠於篚；遂取匏爵於篚，興，進。皇帝受爵，侍中酌罍水，又侍中奉盤承水，〔二五〕皇帝洗爵，黄門侍郎又授巾皆如初。皇帝拭爵訖，侍中奠盤匜，黄門侍郎受巾奠於篚皆如常。

太常卿引皇帝，樂作，皇帝詣壇，升自南陛，社則升太社北陛。樂止。近侍者從升如常。謁者引司徒升自東陛，社升西陛。立於罇所。齋郎奉俎從升，立於司徒之後。太常卿引皇帝詣天帝社云太社，下倣此。酒罇所，執罇者舉冪，侍中贊酌汎齊社醴齊。訖，壽和之樂作，皇帝每酌獻及飲福酒，皆作壽和之樂。太常卿引皇帝進天帝神座前，北向跪社南面。下倣此。〔二六〕奠爵，俛伏，興，太常卿引皇帝少退，北面立，樂止。太祝持版進於神座之右，東面社西面。跪讀祝文祝文臨時撰，社廟同。訖，興，皇帝再拜。初讀祝文訖，樂作，太祝進奠版於神座，還罇所。社，皇帝拜訖，樂止，太常卿引皇帝詣后土氏酒罇所，酌獻、西向奠爵、讀祝文如上儀。訖，太常卿引皇帝詣太稷壇，升降酌獻如太社儀。

太常卿引皇帝進天帝神座前，北面立，樂作。太祝以爵酌福酒合置一爵，一太祝持爵以授侍中，侍中受爵西向進，皇帝再拜受爵，跪祭酒，啐酒，奠爵，俛伏，興。廟，皇帝獻將畢，謁者引司徒升自東階，立於前楹間，北面。諸祝各酌福酒合置一爵，侍中贊祭啐如常儀。諸太祝各帥齋郎進俎，太祝跪減神前胙肉加於俎，〔二七〕興，以胙肉共置一俎上，授司徒，司徒奉俎西向進，皇帝受以授左右。廟，祝帥齋郎減胙肉，又以籩取黍稷飯共置一籩，以胙肉共置一俎上，〔二八〕先以飯授司徒，司徒奉進，皇帝受以授左右，〔二九〕次受胙。皇帝再拜，跪取爵，遂飲卒爵。侍中進受爵以授太祝，太祝受爵復於坫。皇帝俛伏，興，再拜，樂止。太常卿引皇帝，樂作，皇帝降自南陛，社降北陛，太常卿引詣太稷行事如太社，訖，降北陛。廟降阼階。還版位西向立，樂止。謁者引司徒降復位。

太祝各進徹豆，還罇所。徹者，籩豆各一少移於故處。廟，司徒復位，登歌作，諸祝入室徹豆，登歌止。奉禮曰：「賜胙。」贊者唱：「衆官再拜。」在位者皆再拜。樂作，太常卿前奏稱：「請再拜。」〔三〇〕退復位。皇帝再拜。奉禮曰：「衆官再拜。」〔三一〕衆官皆再拜。樂一成，止。

太常卿前奏：「請就望燎位。」社則望瘞，下倣此。太常卿引皇帝，樂作，皇帝至望燎位，社則就望瘞位。南向立，樂止。於羣官將拜，諸太祝各以篚進神座前，取玉帛、祝版，齋郎以俎載牲體、稷黍飯、爵酒，興，各自其陛降壇南行，當柴壇南，東行，自南陛登柴壇，以玉幣饌物置於柴上。訖，奉禮曰：「可燎。」東西面各四人以炬燎火。半柴，社則降壇南行，〔三二〕當瘞埳西行，諸祝以玉帛饌物置於埳，奉禮曰「可瘞」，埳東西面各四人寘土。太常卿前奏：「禮畢。」廟無望燎儀。

太常卿引皇帝還大次，樂作，皇帝出內壝門，〔三三〕社出宮門，廟出廟門。殿中監前受鎮珪，華蓋侍衛如常儀，皇帝入次，樂止。謁者、贊引各引告官及從駕羣臣、諸方客使以次出。〔三四〕贊引引御史以下俱復執事位。立定，奉禮曰：「再拜。」御史以下皆再拜，贊引引出。工人以下以次出。社廟祝版燔於齋所。

鑾駕還宮社廟同

皇帝既還大次，侍中版奏：「請解嚴。」將士不得輒離部伍。皇帝改服通天冠，絳紗袍，乘金輅，鼓吹振作，奏請還宮如常儀。

巡狩告圜丘有司攝事告社廟附

將告，有司卜日如別儀。社廟同。

前二日，守宮設告官以下次各於常所，設陳饌幔於內壝東門之外道北，南向。社無設陳饌幔，廟同社。右校掃除壇之內外，郊社令積柴於燎壇。社爲瘞埳二於壇北如常，廟埳於北門內道西。

前一日，諸告官清齋於告所。社於社所，廟於廟所。諸衛令其屬，晡後一刻各以其方器服守衛壝門。社則社宮門，廟則廟門。奉禮設版位於內外並如常儀。廟又設望瘞位於堂之東北，當瘞埳西向。又設奉禮位於瘞埳東北，南向，贊者二人在西少退。太廟令整拂神幄。郊社令帥其屬以罇坫罍洗篚冪入設，皆如常儀。執罇罍篚冪者各位於罇罍篚冪之後。太官令先饌酒脯醢。〔三五〕

告日未明四刻，太史令、郊社令各服其服，升設神座位如常。廟無未明四刻以下儀。

未明三刻，諸告官各服其服，郊社令、廟則廟令。良醞令之屬入實罇罍及玉幣。〔三六〕天帝太罇二，著罇二，一實以明水爲上，一實以醴齊次之。山罍各二，一實以玄酒爲上，一實以清酒次之。玉以蒼璧，〔三七〕幣以蒼。社正座太罍二，一實明水爲上，一實醴齊次之。配座象罇二，其實亦如之。皆山罍二，一實玄酒爲上，一實清酒次之。玉兩珪有邸。幣以黑，各一丈八尺。廟每室春夏用兩犧罇，秋冬用兩著罇。一實明水爲上，一實醴齊次之。山罍二，一實玄酒爲上，一實清酒次之。幣以白，長一丈八尺。太祝以玉帛置於篚，設於饌所。社無饌幔，廟同。

未明二刻，奉禮帥贊者先入就位，贊引引御史、太祝以下入，再拜行掃除如常儀。〔三八〕訖，各就位。社一刻。廟又贊引引太廟令、太祝、宮闈令入當階間，北面西上立定，奉禮曰「再拜」，贊者承傳，太廟令以下皆再拜。升自東階，入開埳室，奉出獻祖以下九室神主，各置於座如儀訖，各就位。謁者引告官以下俱就門外位。〔三九〕謁者引告官，〔四〇〕贊引引執事者次入就位，立定，奉禮曰「再拜」，告官以下再拜，其先拜者不拜。謁者進告官之左白「有司謹具，請行事」。

未明一刻，社廟則質明。謁者引告官廟又贊引引執事者。以下俱就門外位立定，又謁者引告官、贊引引執事者次入就位立定，社無謁者以下。奉禮曰：「再拜。」贊者承傳，凡奉禮有辭，贊者皆承傳。告官以下皆再拜。謁者進告官之左，白：「有司謹具，請行事。」退復位。奉禮曰：「再拜。」在位者皆再拜。

初謁者白請行事退復位，太官令出，帥進饌者奉饌陳於東門之外。社於西門。初太官令出，太祝跪取玉廟取幣。於篚，興，立於罇所。〔四一〕

謁者引告官升自午陛，北向立，社升北陛南向立。太祝以玉東向授，社西向授。告官受玉，進，北面跪社南面。奠於天帝神座，俛伏，興，社奠太社。少退，北向再拜。〔四二〕社謁者又引告官詣太稷壇，如太社之儀。謁者引降還本位，〔四三〕太祝還罇所。廟謁者引告官升自東階，詣獻祖廟室戶前北向立，〔四四〕太祝以幣東向授，告官受幣，北面跪奠於獻祖神座前，俛伏，興，出戶，北向再拜。訖，謁者引告官次進幣於懿祖以下皆如上儀。〔四五〕訖，謁者引還本位，諸太祝各還罇所。

太官令引饌入，升自午陛，太祝迎引於壇上，設於神座前。籩豆蓋冪徹之如式。〔四六〕社饌入如正儀。設訖，太官令以下降自東陛，復位。社西陛。諸太祝各還罇所。

謁者引告官詣罍洗，盥手洗爵訖，升自南陛，詣天帝酒罇所。社告官詣太社壇，升北陛。執罇者舉冪，告官酌醴齊，謁者引告官詣天帝神座前，北向跪奠爵，俛伏，興，社進太社前，南向跪奠。少退，北向立。太祝持版進於神座之右，東向跪讀祝文祝文臨時撰。社西向。訖，興，告官再拜訖，太祝進，跪奠版於神座，興，還罇所。

告官拜訖，謁者引告官進天帝神座前，北向立。社引詣太社前南面立。廟太官令引饌入自正門，升自太階，諸太祝迎引於階上，各設於神座前訖，太官令以下降復位，諸太祝各還罇所。謁者引告官詣罍洗，盥手洗爵訖，升自東階，詣獻祖酒罇所。執罇者舉冪，告官酌醴齊訖，謁者引告官入詣獻祖神座前，北向跪奠爵，〔四七〕俛伏，興，出户北向立。太祝持版進於室户外之右，東向跪讀祝文訖，興，告官再拜，太祝進，跪奠版於神座，俛伏，興，還罇所。告官拜訖，謁者引告官以次奠如獻祖之儀，唯不盥洗。訖，謁者引告官詣東序，西向立。太祝以爵酌罍福酒，合置一爵，一太祝持爵進告官之右，西向立。社東向，廟北向。告官再拜受爵，跪祭酒，遂飲卒爵。太祝進受爵，復於坫。告官俛伏，興，再拜訖，謁者引告官降復位。社告官拜訖，引降詣太稷壇，〔四八〕升獻如太社，訖，引降復位。

太祝各進跪徹豆，俛伏，興，還罇所。奉禮曰：「再拜。」在位者及告官皆再拜。〔四九〕謁者進告官之左，白：「請就望燎位。」社望瘞位，廟同社。謁者引告官就望燎位，南向立。廟西向立。初衆官將拜，太祝以篚取玉幣及祝版置於柴上户內。瘞則寘於埳。社祝版焚於齋坊，廟同社。柴東西各四人以炬燎火，半柴，社則瘞，左右四人寘土半埳。謁者進告官之左，白：「禮畢。」謁者引告官、贊引引執事者以次出。御史以下俱復執事位，立定，奉禮曰：「再拜。」御史以下皆再拜，贊引引出。太廟儀，初白禮畢，奉禮贊者還本位。御史太史以下俱復執事位，立定，奉禮曰「再拜」，御史以下皆再拜，贊引引出。太廟令、太祝、宫闈令納神主如常儀。

歸告禮同。

皇帝巡狩

鑾駕出宮

將巡狩，所司承制先頒告於東方諸州曰：「皇帝二月東巡狩，各修平乃守，考乃職事，無敢不敬戒，國有大刑。」駕將發，告圜丘、宗廟、社稷，皆如別儀。皇帝出宮備大駕鹵簿皆如常儀。〔五〇〕軷於國門，祭所過山川，如親征之禮。所經州縣，刺史縣令先待於境。通事舍人承制問百年。古先帝王、名臣、烈士，皆州縣致祭。

燔柴告至

將告，將作先於泰山下修圓壇，四出陛。若先有封禪祀天壇，即不須別築。前告三日，尚舍直長施大次於外壝東門之内。又設文武侍臣次，陳饌位。設宮懸樂、燎壇之制。一如圜丘之儀。

前一日，皇帝清齋於行宮。應告之官皆於告所清齋一日。近侍之官應從升者及從告羣官、諸方客使，皆於其所俱清齋一宿。諸衛令其屬晡後一刻各以其方器服守衛壝門，與太樂工人俱清齋一宿。奉禮設御位於壇之東南，西向。設告官司徒、執事者、御史、奉禮、贊者、協律郎、太樂令、望燎位、東方諸州刺史縣令、介公、酅公、文武九品以上官、西方北方蕃客等位，〔五一〕並如上辛圜丘儀。其褒聖侯等亦如之。設告官以下門外位於東西壝門之外道南，皆如設次之式。郊社令帥府史一人及齋郎以罇坫罍洗篚冪入設於位，並如常儀，執罇罍篚冪者各位於罇罍篚冪之後。

告日未明十五刻，太官令帥宰人烹牲於廚。蒼牲一，騂牲一。

未明四刻，太史令、郊社令各服其服，升設昊天上帝神座於壇上北方，南向，席以稾秸；設高祖神堯皇帝神座於東方，西向，席以莞。設神位各於座首。

未明三刻，諸告官以下各服其服。郊社令、良醞令各帥其屬入實罇罍及玉幣，〔五二〕天帝太罇二，配帝著罇二，俱實以汎齊。其明水各實於上罇。玉以蒼璧。幣長一丈八尺。〔五三〕太祝以玉帛置於篚。太官令帥進饌者實諸籩豆簠簋等，皆設於饌幔內。

未明二刻，奉禮帥贊者先入就位，贊引引御史、太祝以下入行掃除如常儀訖，各就位。皇帝服袞冕，乘輅發行宮，奏請進發、內外器服如常儀。駕將至，謁者贊引各引告官，通事舍人引從告羣官、東方刺史縣令、諸方客使，俱就門外位。

駕至大次門外，〔五四〕迴輅南向。其降輅之大次、謁者引告官及從告羣官入就位、皇帝奠玉帛等儀，並如圜丘。初皇帝既升奠玉幣，太官令帥進饌者，其奉饌奏樂之儀，並如圜丘。天帝之饌升自南陛，配帝之饌升自東陛。諸太祝迎引於壇上，各設於神座前。設訖，謁者引司徒以下降自東陛，復位，諸太祝各還罇所。太常卿引皇帝詣罍洗，樂作。其盥洗、酌獻、奏樂、讀祝之儀，並如圜丘。其祝文臨時撰。訖，興，皇帝再拜。初讀祝文訖，樂作，太祝進，奠版於神座，還罇所，其酌獻配帝、奏樂、讀祝之儀，並如圜丘。皇帝拜訖，樂止。太常卿引皇帝進天帝神座前，北向立，樂作，太祝各以爵酌福酒。其飲福、受胙、奏樂、皇帝還版位之儀，並如圜丘。謁者引司徒降復位。太祝各進徹豆，還罇所。奉禮曰「賜胙」。其衆官受胙、皇帝望燎及太祝燎牲體玉幣、皇帝還大次、禮官工人次出等儀，並如圜丘。

鑾駕還行宮

皇帝既還大次，侍中版奏：「請解嚴。」將士不得輒離部伍。〔五五〕皇帝改服通天冠，絳紗袍，乘輅，奏請，還宮如常儀。

望秩於山川

柴之明日，望秩祀於嶽、鎮、海、瀆、山、林、川、澤、丘、陵、墳、衍、原、隰。將祭，所司先爲壇於祭所，其神皆以尊卑爲敍，重行南向。

前三日，守宮設祭官以下次於東壝之外道南，北向，以西爲上。設陳饌幔於内壝東門之外道北，南向。

前二日，太樂令設宮懸之樂於壇南，設登歌於壇上，皆如常儀。右校掃除壇內外，又爲瘞埳於壇北之壬地外壝之內，方深取足容物。

前一日，諸祭官各清齋於祭所。諸衞令其屬晡後一刻各以其方器服守衞壝門，與太樂工人俱清齋一宿。奉禮設祭官位於內壝東門之內道北，執事位於道南，俱西向北上。設御史位於壇下，一位於東南，西向，一位於西南，東向，令史各陪其後。設奉禮位於樂懸東北，贊者二人在南差退，俱西向。協律郎位於壇上，在南陛之西，東向。〔五六〕設太樂令位於北懸之間。設望瘞位於瘞埳之東，西向。設祭官以下門外位於外壝東門之外道南，每等異位，北向西上。設酒罇之位：嶽鎮海瀆各山罇二，〔五七〕山林川澤俱蜃罇二，丘陵墳衍原隰俱散罇二，各於壇上南陛之東，北向西上。其嶽壇上加山罍二，置於山罇東，〔五八〕北向。皆加勺冪。設玉篚於罇坫之所，設洗於壇南陛東南如常，執罇罍篚冪者各位於罇罍篚冪之後，郊社令帥齋郎以罇坫罍洗篚冪入設於位。

祭日未明十五刻，太官令帥宰人以鸞刀割牲，齋郎以豆取毛血置於饌所，〔五九〕遂烹牲。

未明二刻，太史令、郊社令各服其服，入設神座，各於壇上北方，南向，席皆以莞，設神位各於座首。

未明一刻，祭官以下各服其服，郊社令、良醞令入實罇罍及玉，山罇實以醍齊，〔六〇〕蜃罇實以沈齊，散罇及山罍皆實以清酒。齊加明水，酒加玄酒，各實於上罇。祭神之玉以兩珪有邸。太祝以幣置於篚，太官令帥進饌者實諸籩豆簠簋等。奉禮帥贊者先入就位。贊引引御史、太祝與執罇罍篚冪者入自東門，當壇南重行，北向西上。立定，奉禮曰：「再拜。」贊者承傳，御史以下皆再拜。訖，執罇罍篚冪者各就位。贊引引御史詣壇東陛升，行掃除於上，令史祝史行掃除於下，訖，引就位。

質明，謁者引獻官，贊引引執事者，俱就東門外位。太樂令帥工人次入就位。謁者、贊引各引獻官以下入就位。立定，奉禮曰：「再拜。」在位者皆再拜。

謁者進獻官之左，白：「有司謹具，請行事。」退復位。協律郎跪，俛伏，〔六一〕舉麾，鼓柷，奏順和之樂，以蕤賓之均，自後壇下之樂皆奏姑洗。樂三成，偃麾，戛敔，樂止。奉禮曰：「再拜。」獻官以下皆再拜。

太祝取玉於篚，立於罇所。謁者引獻官詣嶽壇，升自南陛，北向。太祝以玉幣東向授，獻官受。登歌作肅和之樂，以函鍾之均。謁者引獻官進，北面跪奠於嶽神之座，俛伏，興。謁者引退，北面再拜訖，登歌止。謁者引獻官降自南陛，還本位。

初獻官升奠玉幣，太官令出，帥進饌者奉饌陳於東門外；於登歌止，太官令引饌入。〔六二〕俎初入門，雍和之樂作，饌至陛，樂止。饌升南陛，太祝迎引於壇上，設於嶽神座前。籩豆蓋冪徹之如式。設訖，太官令以下降自東陛以出，太祝還罇所。其鎮海以下之饌，皆祝史迎於壇上，設於神座前，相次而畢。

訖，謁者引獻官詣罍洗，盥手洗爵訖，謁者引升自南陛，詣酒罇所，執罇者舉冪，獻官酌醍齊訖，樂作，謁者引詣嶽神座前，北向跪奠爵，興，謁者引獻官少退，北向立，樂止。初獻官進奠爵，祝史各以爵酌酒助奠鎮海以下，〔六三〕還罇所。太祝持版於神座之右，東面跪讀祝文。祝文臨時撰。訖，興。獻官再拜。初讀祝文訖，樂作，太祝進奠版於神座，還罇所，獻官拜訖，樂止。

太祝酌罍福酒進獻官之右，西向立。獻官再拜受爵，跪祭酒，啐酒，奠爵，興。太祝帥齋郎進俎，太祝減神前三牲胙肉皆取前腳第二骨。加於俎，西向授，獻官受以授齋郎。獻官跪取爵，遂飲卒爵，太祝受爵復於坫。獻官興，再拜。謁者引獻官降，復位。諸祝各徹豆如常，訖，還罇所。奉禮曰：「賜胙。」贊者唱：「再拜。」在位者皆再拜。獻官不拜。順和之樂作，奉禮又曰：「再拜。」獻官以下皆再拜。樂一成止。

謁者進獻官之左，白：「請就望瘞位。」贊者引獻官就望瘞位，〔六四〕西向立。於衆官將拜，諸太祝各執篚進神座前，跪取玉幣，齋郎以俎載毛血等，各由其陛降壇詣瘞坎，以物置於埳。訖，奉禮曰：「可瘞。」埳東西各四人寘土。半埳，謁者進獻官之左，白：「禮畢。」遂引出。贊引引執事者以次出。又贊引引御史、太祝以下俱復執事位。奉禮曰：「再拜。」御史以下皆再拜訖，出。贊引引工人以次出。其祝版燔於齋所。

肆覲東后

望秩之明日，肆覲東后。於告至之前，刺史縣令皆先奉見如常。將作先於行宫之南爲壝宫，〔六五〕方三百步，面一門，爲壇於壝内，三分壝，一在南，壇方九丈六尺，高四尺，四出陛。南面兩陛，餘三面各一陛。

前二日，太樂令設宫懸之樂於壇南，如殿庭之儀。

前一日，尚舍鋪御座於壇上近北，南向。又設解劒席於南陛之西南。〔六六〕守宫於門外量設百官次，文東武西，以北爲上。東方刺史縣令次於文官之南，蕃客次於武官之南。所司陳輦輅於壇南如常。典儀設羣官版位：文官一品以下九品以上位於壇東南，每等異位，重行西面，以北爲上；武官一品以下九品以上位於壇西南，當文官，每等異位，重行東面，以北爲上；東方刺史縣令於壇南三分庭一在南，每等異位，重行北面，以西爲上；若有蕃客則位於刺史之西，每國異位，重行北面，以東爲上。設典儀位於南陛之東，贊者二人在南差退，俱西向北上。奉禮設門外位：文官一品以下九品以上位於門東，每等異位，重行西面；武官一品以下九品以上位於門西，每等異位，重行東面：俱以北爲上。設東方刺史縣令位於文官之南，每等異位，重行西面，以北爲上。蕃客位於武官之南，每國異位，重行東面，以北爲上。

其日未明三刻，諸衛各以其方器服量設牙旗於壝外四面。

未明一刻，諸衛各勒所部，列黃麾大仗屯門及鈒戟陳於壝內，如殿庭之儀。羣官及刺史以下各集就次，服其朝服。蕃客集次，各服其國服。〔六七〕

侍中版奏：「請中嚴。」近仗陳於行宮門外，諸侍衛之官各服其器服，符寶郎奉寶，俱詣行宮門外奉迎。典儀帥贊者先入就位。吏部、兵部、主客、户部贊羣官客使俱出次，通事舍人各引就門外位。刺史縣令俱執贄，通事舍人引就門外位。贄各以其土所有。錦綺、繒布、葛越之屬，俱五兩爲一束而執之，仍飾以黃帊。其餘當土常貢之物並盛以篚，其屬執之，列於縣令位後。通事舍人引文武官一品以下九品以上先入就位。

侍中版奏：「外辦。」皇帝將出，仗動，太樂令令撞黃鐘之鐘，右五鐘皆應，協律郎舉麾，工鼓柷，奏太和之樂。皇帝服衮冕，乘輿以出，曲直華蓋警蹕侍衛如常儀。皇帝入自北壝門，由北陛升壇即御座，樂止。腰輿退，其羽儀華蓋仍侍於御側。

通事舍人引東方刺史以下入就位，鴻臚引蕃客次入就位。初刺史入壝門，懸下舉麾，舒和之樂作，至位立定，樂止。典儀曰：「再拜。」贊者承傳，執贄者俱跪奠贄，興，在位者皆再拜訖，跪取贄，興。凡拜奠贄皆如之。侍中前承制，降詣刺史東北，西面立，稱有制。蕃客則舍人承旨宣勅。刺史以下皆再拜。宣制訖，又再拜。户部引諸州貢物兩行各入於刺史位前，東西陳之。龜爲前列，金次之，丹漆絲纊，四海九州美物，重行量陳於後訖，執物者各退立於東西廂文武前側立。

通事舍人引刺史爲首者一人執贄詣解劒席，跪，解劒脱舄，執贄興。舍人接引升壇詣御座前，北面跪奏稱：「具官臣姓名等，敢獻壤奠。」遂奠贄，俛伏，興。又舍人跪舉以東授所司。舍人引刺史降詣解劒席，跪，佩劒納舄，興。通事舍人引復北面位。初爲首者奠贄，通事舍人引在庭者以次奠贄於位前訖，各俛伏，興。引退復位訖，刺史以下俱再拜。

户部尚書進詣階間，北面跪奏稱：「户部尚書臣某言，諸州貢物，請付所司。」俛伏，興。侍中前承詔，退稱：「制曰可。」尚書退復位。所司受贄，其執貢物人各進執物，〔六八〕所司引退，俱出東門。

初刺史將朝，中書侍郎以諸州鎮表方别爲一案，〔六九〕俟於西門外，給事中以祥瑞案俟於東門外，俱令史絳公服對舉案，侍郎、給事中俱就侍臣班。初刺史將入門，中書侍郎降，引表案入，詣西階下，東面立；給事中降，引祥瑞案詣東階下，西面立。刺史將升奠，中書令、黄門侍郎俱降立於階下。刺史執贄升階，中書令、黄門侍郎各執所奏之文以次升。初户部尚書奏退復位訖，中書令前跪奏諸方表訖，黄門侍郎又進跪奏祥瑞，各還侍位，侍郎與給事中引案退。司儀曰：「再拜。」贊者承傳，文武羣官、刺史以下及諸國蕃客俱再拜。〔七〇〕訖，通事舍人以次引北面位者出就門外位。

侍中前奏稱：「侍中臣某言，禮畢。」俛伏，興，還侍位。皇帝興，太樂令令撞蕤賓之鐘，左五鐘皆應，太和之樂作，皇帝乘輿降自北陛，警蹕侍衞如來儀，入行宫，樂止。通事舍人引東西面位者以次出。設會如正會之儀。

考制度

朝覲之明日，左右丞相以考制度事奏聞。命太常卿采詩陳之，以觀百姓之風俗。命市納賈，以觀百姓之所好惡。命典禮者考時月、定日、同律，觀禮樂、制度、衣服，正之。〔七一〕山川神祇有不舉者爲不敬，宗廟有不順者爲不孝，不孝不敬者則長官黜以爵。革制度、衣服者爲叛，叛者長官有討。有功德於百姓者加爵賞。

五月南巡狩至於南嶽，如東巡狩之禮。八月西巡狩至於西嶽，如南巡狩之禮。十有一月北巡狩至於北嶽，如西巡狩之禮。歸格於宗禰，用特，如別禮。若告封禪，如別儀。

校勘記

〔一〕各於本司及公館清齋一宿　原「清」上衍「各」，據開元禮卷五六删。

〔二〕社則社宮門　「宫」原脱，據傅校本、明抄本、明刻本、朝鮮本補。

〔三〕方一丈高一丈二尺開上南出户方四尺　原脱「高一丈」，下「方」原訛「高」，據開元禮卷五六補改。

〔四〕各於室户外之左　原脱「户」，據開元禮卷六〇補。

〔五〕太史令郊社令各服其服升設昊天上帝神座於壇上北方　原脱「各服其服升」，據開元禮卷五六補。

〔六〕嚴鼓時刻　原脱「刻」，據開元禮卷五六補。

〔七〕太罇實以汎齊　「罇」原訛「廟」，據開元禮卷五六改。

〔八〕太罇實以醴齊　「罇」原訛「罍」，據開元禮卷五八改。

〔九〕晨祼　按本卷注例，此二字上應有「廟」字。

〔一〇〕著罇之上罇實以明水　原脱下「罇」，據開元禮卷六〇補。

〔一一〕社於神廚　「神」原訛「中」，據開元禮卷五八改。

〔一二〕太樂令帥工人次入就位　「次」原訛「各」，據開元禮卷五八及傅校本、明抄本、明刻本、朝鮮本改。

〔一三〕太廟令以祝版進署　按本卷注例，此句上應有「廟」字。

〔一四〕侍中負寶陪從如式　「式」原作「常」，據開元禮卷五六改。

〔一五〕凡取物者皆跪俛伏而取以興奠物則奠訖俛伏而後興　原脱上「俛」下「而」，據開元禮卷五六補。

〔一六〕皇帝至罍洗樂止　「皇帝至罍洗」原脱，據開元禮卷六〇補。

〔一七〕自後登歌皆用鼗鍾　「用」原作「歌」，據開元禮卷六〇改。

〔一八〕太常卿引皇帝入詣獻祖神座前　原「卿」下衍「初」，據開元禮卷六〇删。

〔一九〕引皇帝詣懿祖鐏彝所　「彝」原訛「罍」，據開元禮卷六〇及傅校本、明抄本、明刻本、朝鮮本改。

〔二〇〕廟無太祝取玉帛立鐏所　「祝」原訛「祖」，據諸本改。「立」原訛「至」，據傅校本、明抄本、明刻本、朝鮮本改。

〔二一〕皇帝受幣太常卿引皇帝進　前八字原脱，據開元禮卷五八補。

〔二二〕左闔　「闔」原訛「門」，據開元禮卷五八及傅校本、明抄本、明刻本、朝鮮本改。

〔二三〕皇帝拜訖樂止　此六字原脱，據開元禮卷六〇補。

〔二四〕訖太常卿引皇帝詣東序西向立樂作　「作」原訛「止」，據開元禮卷六〇改。按：「太常卿引皇帝詣東序西向立樂作」，屬於下文飲福受胙儀節之始，不該截取注此，蓋編纂者偶爾疏忽而誤録者。

〔二五〕侍中酌罍水又侍中奉盤承水　「水」與「承水」原脱，據開元禮卷五六補。

〔二六〕下倣此　三字原脱，據傅校本、明抄本、明刻本、朝鮮本、王吴本補。

〔二七〕太祝跪減神前胙肉加於俎　原脱「跪」，據開元禮卷五六補。

〔二八〕又以籩取黍稷飯共置一籩以胙肉共置一俎上　原「飯」下衍「肉」，「共」下脱「置」，又脱「以胙肉共置一俎上」八字，並據開元禮卷六〇刪補。

〔二九〕皇帝受以授左右　原「皇」上衍「授」，「帝」下脱「受」，據開元禮卷六〇刪補。

〔三〇〕請再拜　原脱「請」，據開元禮卷五六補。

〔三一〕奉禮曰衆官再拜　此七字原脱，據開元禮卷五六補。

〔三二〕社則降壇南行　原脱「行」，據開元禮卷三三補。

〔三三〕太常卿引皇帝還大次樂作皇帝出内壝門　中間「還大次樂作皇帝」七字原脱，據開元禮卷五六補。

〔三四〕謁者贊引各引告官及從駕羣臣諸方客使以次出　原「各引」倒作「引各」，「告官」上衍「從」，據開元禮卷五六及本卷親告節乙删。

〔三五〕太官令先饌酒脯醢　原「先」下有「具」，據開元禮卷五七及傅校本、明抄本、明刻本、朝鮮本删。

〔三六〕良醖令　原脱「令」，據開元禮卷五七補。

〔三七〕玉以蒼璧　原脱「璧」，據開元禮卷五七補。

〔三八〕行掃除如常儀　「如」原訛「加」，據諸本改。

〔三九〕謁者引告官以下俱就門外位　此十二字原脱，據開元禮卷六一補。

〔四〇〕謁者引告官　按：自此至「請行事」，屬有司攝事告廟禮中質明後之行事儀節，且與以下正文禮同，不應入注。

〔四一〕立於罇所　句上原衍「各」，據開元禮卷五七删。

〔四二〕北向再拜　「再」原訛「西」，據諸本改。

〔四三〕謁者引降還本位　「引降」原訛脱作「各」，據開元禮卷五七改。傅校本、明抄本、明刻本、朝鮮本、王吳本脱「引」字。

〔四四〕詣獻祖廟室户前北向立　「室」原訛「堂」，據開元禮卷六一改。

〔四五〕謁者引告官次進幣於懿祖以下皆如上儀　原脱「進幣於」，「皆」訛「告」，據開元禮卷六一補改。傅校本、明抄本、明刻本、朝鮮本「皆」字不誤。

〔四六〕籩豆蓋冪徹之如式　「徹」原訛「敬」，據諸本改。

〔四七〕北向跪奠爵　原脱「爵」，據開元禮卷六一補。

〔四八〕引降詣太稷壇　「引降」原訛作「別引」，據傅校本、明抄本、王吳本改。

〔四九〕在位者及告官皆再拜　原「告官」在前，「在位者」在後，據傅校本、明抄本、明刻本、朝鮮本、王吳本乙。

〔五〇〕皇帝出宮備大駕鹵簿皆如常儀　「備大駕鹵簿」原訛脱作「大備鹵簿」，據開元禮卷六二乙補。

〔五一〕西方北方蕃客等位　「西方北方」原作「諸方客使」，據開元禮卷六二及傅校本、明抄本、明刻本、朝鮮本、王吳本改。

〔五二〕玉幣　原脱「幣」，據開元禮卷六二補。

〔五三〕幣長一丈八尺　原脱「長」，據開元禮卷六二補。

〔五四〕駕至大次門外　原誤作「駕至大門外次」，據開元禮卷六二及傅校本、明抄本、明刻本、朝鮮本乙正。

〔五五〕輒離部伍　「伍」原訛「位」，據開元禮卷六二及傅校本、明抄本、明刻本、朝鮮本、王吴本改。

〔五六〕在南陛之西東向　「南」原訛「西」，據開元禮卷六二改。

〔五七〕嶽鎮海瀆各山罇二　「罇」原訛「罍」，據開元禮卷六二改。

〔五八〕置於山罇東北向　句上原衍「罍」，據開元禮卷六二删。

〔五九〕以豆取毛血置於饌所　「毛」原作「牲」，據開元禮卷六二改。

〔六〇〕山罇實以醍齊　「罇」原訛「罍」，據開元禮卷六二改。

〔六一〕俛伏　原「伏」下有「興」，據開元禮卷六二及傅校本、明抄本、明刻本、朝鮮本删。

〔六二〕太官令出帥進饌者奉饌於東門外於登歌止太官令引饌入　原「帥」上脱「出」，「登」上脱「於」，據開元禮卷六二補。

〔六三〕祝史各以爵酌酒助奠鎮海以下　原脱「酒助」，據開元禮卷六二補。

〔六四〕贊者引獻官就望瘞位　此九字原脱，據開元禮卷六二補。

〔六五〕將作先於行宫之南爲壝宫　「壝宫」原倒，據開元禮卷六二及傅校本、明刻本、朝鮮本、王吴本乙。

〔六六〕又設解劒席於南陛之西南　開元禮卷六二無下「南」字。

〔六七〕蕃客集次各服其國服　原脱「國」，據開元禮卷六二補。

〔六八〕其執貢物人各進執物　原脱「人」，據開元禮卷六二補。

〔六九〕中書侍郎以諸州鎮表方别爲一案　「方」原訛「文」，據開元禮卷六二及傅校本、明抄本、明刻本、朝鮮本、王吴本改。

〔七〇〕諸國蕃客　傅校本、明抄本、明刻本、朝鮮本、王吴本做「諸國客」，開元禮卷六二作「諸州客使」。

〔七一〕觀禮樂制度衣服正之　開元禮卷六二、新唐書禮樂志四三五五頁無「觀」字。

王文錦點校

通典卷第一百十九

禮七十九　開元禮纂類十四　吉禮十一

皇帝封祀泰山禪社首山附

鑾駕進發禪儀無此篇

皇帝將有事於泰山，有司卜日如別儀。告昊天上帝、太廟、太社皆如巡狩之禮。告太廟，高祖祝文加封祀配神作主之意，告睿宗祝文加禪祭配神作主之意。皇帝出宮，備大駕鹵簿，軷於國門，祭所過山川、古先帝王、名臣、烈士，皆如巡狩之禮。通事舍人承制問百年。所經州縣，刺史縣令先待於境。至泰山下，柴告昊天上帝於圜丘壇，如巡狩告至之禮。有司攝事。前祀所司以太牢祭於泰山神廟如常式。

齋戒

前七日，太尉戒誓百官，封云封於泰山，禪云禪於社首山，齋儀同封祀。皇帝散齋於行宮後殿四日，致齋於前殿三日，服衮冕結珮等並如圜丘儀。百官如別儀。

制度

將作大匠先領徒於泰山上立圜臺，廣五丈，高九尺，土色各依其方；又於圜臺上起方壇，廣一丈二尺，高九尺；其臺壇四面各爲一陛。玉板長一尺三寸，廣五寸，厚五分，〔一〕刻牒爲字，以金填之，用金匱盛。其玉牒文，中書、門下進取進止，所由承旨請内鐫。〔二〕其石檢等，並如後制。〔三〕郊社令積柴爲燎壇於山上圜臺之東南，量地之宜。柴高一丈二尺，方一丈，開上，南出户，方六尺。又爲圜壇於山下，三成十二陛，如圜丘之制，隨地之宜。壇上飾以玄，四面依方色。壇外爲三壝。郊社令又積柴於壇南，燎如山上之儀。又爲玉册，皆以金繩連編玉牒爲之。每牒長一尺二寸，廣一寸二分，厚三分，刻玉填金爲字。少府監量文多少爲之。又爲玉匱一，長一尺三寸，并檢方五寸，當纏繩處刻爲五道，當封寶處刻深二分，方取容受命寶印，以藏正座玉册。又爲金匱二，以藏配座玉册，制度如玉匱。〔四〕又爲黄金繩以纏玉匱、金匱。又爲石䃭以藏玉匱，用方石再累，各方五尺，厚一尺，縱鑿石中，廣深令容玉匱。䃭旁施檢處，皆刻深三寸三分，闊一尺，南北各二，東西各三，去隅皆七寸。纏繩處皆刻深三分，闊一寸五分。爲石檢十枚，以檢石䃭，〔五〕皆長三尺，闊一尺，厚七寸；皆刻爲三道，廣一寸五分，深四寸，當封處大小取容寶印，深二寸七分；皆有小石蓋，制與封刻處相應，以檢擫封印；其檢立於䃭旁當刻處。又爲金繩三，以纏石䃭各五周，徑三分。爲石泥以封石䃭。以石末和方色土爲之。〔六〕其封玉匱、金匱、石䃭同用受命寶，並所司量時先奏請出之。爲距石十二枚，皆闊二尺，厚一尺，長一丈，邪刻其首，令與䃭隅相應，分距䃭四隅，皆再累。爲五色土圓封，以封石䃭，上徑一丈二尺，下徑三丈九尺。禪禮制度：將祭，將作先於社首山禪所爲禪祭壇，如方丘之制。八角三成，每等高四尺。上闊十六步，設八陛。上等陛廣八尺，中等陛廣一丈，下等陛廣一丈二尺。爲三重壝，量地之宜。四面開門。玉册、石䃭、玉匱、金匱、金泥、檢距、圓封、立碑等，〔七〕並如封祀之儀。

陳設

前祀三日，衛尉設文武侍臣次於山下封祀壇外壝東門之内道北，皆文官在左，武官在右，俱南向。設諸祀官次於東壝之外道南，北向西上。三師南壝之外道東，諸王於三師之南，俱西向北上。文官從一品以下九品以上於祀官之東，皇親五等以上諸親三等以上於文官之東，東方諸州刺史縣令又於文官之東，俱北向西上。介公、酅公於南壝之外道西，東向；諸州使人於介公、酅公之西，東向。諸方之客，東方南方於諸王東南，西向；西方北方於介公、酅公西南，東向：皆以北爲上。武官三品以下九品以上於西壝之外道南，北向東上。設陳饌幔各於內壝東門西門之外道北，〔八〕南向，北門之外道東，西向。壇上及東方之饌陳於東門外，南方及西方之饌陳於西門外，北方之饌陳於北門外。

前祀二日，太樂令設宮懸之樂於山下封祀壇之南，內壝之外，如圜丘儀。右校掃除壇之內外。禪儀：祭前三日，尚舍壇長施大次於外壝東門內道北，尚舍奉御鋪御座。〔九〕守宮設文武官次於大次前，東西相向。諸祀官次於東壝外，〔一〇〕文官九品以上於祀官東，皇親諸親又於其東，蕃客又於其東。介公、酅公於西壝外道南，武官九品以上於介公、酅公西，蕃客又於其西。褒聖侯於三品文官下。有諸州使，分於文武官後。設陳饌幔於內壝東西門外道北，南向。其壇上及東方饌陳於東門外，南方西方北方饌陳於西門外。其陳樂懸則樹靈鼓。右校掃除又爲瘞埳於壇壬地。

前祀一日，奉禮郎設祀官公卿位於山下封祀壇內壝東門之外道南，分獻之官於公卿之南，執事者位於其後，每等異位，重行，西面北上。設御史位於壇上，一位於東陛之南，西向，一位於西陛之南，東向。設奉禮位於樂懸東北，贊者二人在南差退，俱西向。設協律郎位於壇上南陛之西，〔一一〕東向。設太樂令位於北懸之間，當壇北向。

設從祀之官位：三師位於懸南道東，諸王位於三師之東，俱北面西上。介公、酅公位於道西，北面東上。文官從一品以下九品以上於執事之南，東方諸州刺史縣令又於文官之南，每等異位，重行西向，俱以北爲上。武官三品以下九品以上位於西方，值文官，皇親五等以上、諸親三等以上於武官之南，每等異位，重行東向。諸州使人位於内壝南門之外道西，〔一二〕重行東面，皆以北爲上。設諸國客使位於内壝南門之外，〔一三〕東方南方於諸王東南，每國異位，重行北向，以西爲上；西方北方於介公、酅公西南，每國異位，重行北面，以東爲上。其褒聖侯於文官三品之下，諸州使人各於文武官後。禪儀：奉禮設御位於壇東南。設祀官位於内壝東門外道南，分獻官於祀官南，執事者位於其後。〔一四〕設御史位二於壇下，一位於東南，西向，一位於西南，東向。〔一五〕令史陪後。設奉禮位於懸東北，贊者二人在南差退。協律郎於壇上，太樂令於北懸間，並如常。設望瘞位於壇東北。從祭官於執事南，皇親又於南，諸州刺史縣令又於南，蕃客又於南。介公、酅公於内壝西門外道南，武官於後，蕃客於武官南。設門外位於東西壝門外道南，皆如設次之式。

設牲牓於山下封祀壇之外，當門西向。蒼牲一居前，正座。又蒼牲一；配座。青牲一在北少退，南上，次赤牲一，次黄牲一，次白牲一，次玄牲一；以上五方帝座。又青牲一，大明。又白牲一，〔一六〕夜明也。禪禮，設牲牓於東壝外如式，正座黄牲一，居前；配座黄牲一，在北少退；神州黝牲一，在南少退。設廩犧令位於牲西南，史陪其後，〔一七〕俱北向。設太祝位於牲東，各當牲後，祝史陪其後，俱西向。設太常卿省牲位於牲前，近北。又設御史位於太常卿之西，俱南向。

設昊天上帝酒罇於圜臺之上下：太罇二、著罇二、犧罇二、山罍二在壇上，於東南隅，北向；象罇二、壺罇二、山罍四在壇下，於南陛之東，〔一八〕北面西上。設配帝著罇二、犧罇二、象罇二、山罍二在壇上，皆於昊天上帝酒罇之東，北向西上。其山下封祀壇設五帝日月，俱太罇二，在神座之左。其內官每陛間各象罇二在第二等，中官每陛間各壺罇二在第三等，外官每陛間各概罇二於內壝之內，衆星每道間各散罇二於內壝之外。凡罇各設於神座之左而右向。五帝日月以上之罇置於坫，內官以下罇俱籍以席，皆加勺冪，設爵於罇下。禪儀，設皇地祇太罇二、著罇二、犧罇二、山罍二在壇上東南隅，北向；象罇二、壺罇二、山罍四在壇下南陛之東，北向，俱西上。設配帝著罇二、犧罇二、象罇二、山罍二在壇上正座罇東，北向西上。神州太罇二在第一等。每方岳鎮海瀆俱山罇二，山林川澤各蜃罇二，丘陵以下各散罇二，皆於壇下，皆加勺冪。

設罍洗各於壇南陛東南，亞獻之洗又於東南，〔一九〕俱北向。罍水在洗東，篚在洗西，南肆。篚實以巾爵。設分獻罍洗篚冪各於其方陛道之左，俱西向，執罇罍篚冪者各於罇罍篚冪之後。各設玉幣之篚於壇之上下罇坫之所。

祀日未明五刻，太史令、郊社令各服其服，升設昊天上帝神座於山上圜臺之上北方，〔二〇〕南向，以三脊茅爲神籍。設高祖神堯皇帝神座於東方，西向，席以莞。神位皆於座首。又太史令、郊社令設五天帝、日月神座於山下封祀壇之上，〔二一〕青帝於東陛之北，赤帝於南陛之東，黃帝於南陛之西，白帝於西陛之南，黑帝於北陛之西，大明於東陛之南，夜明於西陛之北，席皆以稾秸。設五星、十二辰、河漢及內官之座於第二等十有二陛之間，各依方面，凡席皆內向，其內官中有北斗、北辰位南陛之內，差在行位前。設二十八宿及中官之座於第三等亦如之。布外官席位於內壝之內，衆星席位於內壝之外，各依方次。席皆以莞，設神位各於座首。禪禮：神位：皇地祇神座於壇上北方，南向，席以稾秸。睿宗大聖真皇帝座於東方，西面，席以莞。神州於第一等東南方，席以稾秸。〔二二〕岳鎮以下於內壝內，各於其方，嵩岳以下於壇西南，俱內向，席皆以莞。所司陳其異寶及嘉瑞等於樂懸之北東西廂。〔二三〕禪禮無瑞物。

省牲器

省牲之日午後十刻，去壇二百步所，諸衛之屬禁斷行人。晡後二刻，郊社令丞帥府史三人及齋郎以罇坫罍洗篚冪入設於位。凡升壇者各由其陛。贊引引御史、諸太祝詣壇東陛，御史二人升，行掃除於上，太祝七人與祝史行掃除於下。〔二四〕其五星以下羊豕所司，各依令先備如常儀。並如別儀。〔二五〕禪禮無五星以下羊豕，餘同。

鑾駕上山 禪無上山儀

前祀三日，本司宣攝內外，各供其職。衞尉設祀官、從祀羣官五品以上便次於行宮朝堂如常儀。

前祀二日，尚舍直長施大次於圜臺東門外道北，又於山中道設止息大次，俱南向，尚舍奉御鋪御座。衞尉設從駕文武羣官及諸方使應從升者次於圜臺南門之外，〔二六〕文東武西，並如常儀。郊社令設御洗於圜臺南陛之東，北向，罍水在洗東，篚在洗西，南肆。設巾冪。其日，奉禮設御位於圜臺南，當壇北向。設羣官五品以上版位於御位之南，文東武西，重行北向，相對爲首。設東方諸州刺史縣令位於文官之東，諸州使人位於武官之西。〔二七〕設國客位，〔二八〕東方南方於文官東南，每國異位，北面西上；西方北方於武官西南，每國異位，北面東上。設御史位於圜臺東西如祀禮。設奉禮贊者位於羣官東北，西面，設執事位於東門之內道南，西面，皆北上。

前祀一日，未明七刻，搥一鼓爲一嚴。三嚴時節，祀前二日侍中奏裁。〔二九〕未明五刻，搥二鼓爲再嚴。侍中版奏：「請中嚴。」從祀官五品以上俱就次各服其服，所司陳大駕鹵簿。未明二刻，搥三鼓爲三嚴。諸衞之屬各督其隊與鈒戟以次陳於行宮門外。謁者、贊引各引祀官，〔三〇〕通事舍人分引從祀羣官，諸侍臣結珮，俱詣行宮門外奉迎。侍中負寶如式。乘黃令進輦於行宮門外，南向。侍中版奏：「請登山。」皇帝服衮冕，乘輦以出，稱警蹕如常儀。黃門侍郎進當輦前，跪奏稱：「黃門侍郎臣某言，請鑾輿進發。」俛伏，興，退復位。鑾輿動，又稱警蹕，黃門侍郎、侍中、中書令以下夾引以出，千牛將軍夾輿而趨。駕至侍臣上馬所，黃門侍郎奏：「請鑾輿權停，勑侍臣上馬。」侍中前承制，退稱：「制曰可。」黃門侍郎退，稱：「侍臣上馬。」贊者承傳，文武侍臣皆上馬。諸侍衛之官各督其屬，左右翊鑾輿，在黃麾内；符寶郎奉六寶與殿中監後部從，在黃鉞内。侍臣上馬畢，黃門侍郎奏：「請鑾輿進發。」退復位。鑾駕動，稱警蹕如常，鼓吹不鳴，不得諠譁。從祀官在玄武隊後如常。若須先置，〔三二〕則聽臨時節度。車輅鼓吹待於山下。御史大夫、刺史、縣令前導如式。至中道，止息大次前，迴輦南向，侍中奏請降輦如常。皇帝降輦，之大次，羣官皆隨便而舍。停大次三刻頃，侍中奏請皇帝出次升輦進發如初。駕至臺東門外大次前，迴輦南向，侍中進當駕前，跪奏稱：「侍中臣某言，請降輅。」俛伏，興。皇帝降輦之大次如常儀。通事舍人承旨敕從祀羣官退就門外位。禪儀，鑾駕出行宮如封泰山之儀。

薦玉幣

祀日未明三刻，諸祀官各服其服。郊社令帥其屬以玉幣及玉册置於山上圜臺壇上坫所，禮神之玉蒼璧，幣以蒼，配座之幣亦如之。又以玉匱、金匱、金繩、金泥盛於篚，置於石礙之側。良醖令帥其屬各入實罇罍玉幣。凡六罇之次，太罇爲上，實以汎齊；著罇次之，實以醴齊；犧罇次之，實以盎齊；象罇次之，實以醍齊；壺罇次之，實以沈齊；山罍爲下，實以三酒。配帝，著罇爲上，實以汎齊；犧罇次之，實以醴齊；象罇次之，實以盎齊；山罍爲下，實以清酒。其玄酒各實於五齊之上罇。禮神之玉，昊天上帝以蒼璧。昊天上帝及配帝之幣以蒼。禋，祭日未明三刻以下實罇至饌幔內，與夏至北郊同也。太官令帥進饌者實諸籩豆簠簋，各設於饌幔內。

未明二刻，奉禮帥贊者先入就位，贊引引御史以下入行掃除如常儀。禋禮，自未明二刻下至掃除訖就位，與夏至方丘同。駕將至，謁者、贊引各引祀官，通事舍人分引從祀羣官、諸方客使俱就門外位。自鑾輿至大次以下至進熟，與方丘同。

未明一刻，謁者、贊引各引文武五品以上從祀之官皆就圜臺南立。謁者引司空入行掃除訖，出復位。

侍中版奏：「外辦。」皇帝服大裘而冕，出次，華蓋侍衞如常儀。侍中負寶陪從如式。博士引太常卿，太常卿引皇帝，凡太常卿前導，皆博士先引。入自東門。殿中監進大珪，尚衣奉御又以鎮珪授殿中監，殿中監受進皇帝。皇帝搢大珪，執鎮珪繅藉，華蓋仗衞停於門外，近侍者從入如常，謁者引禮部尚書、太常少卿陪從如常。大珪如搢不便，請先定近侍承奉之。皇帝至版位，北面立。每立定，太常卿與博士退立於左。謁者、贊引各引祀官次入就位。立定，太常卿前奏：「請再拜。」退復位。皇帝再拜。奉禮曰：「衆官再拜。」在位者皆再拜。

太常卿前奏：「有司謹具，請行事。」退復位。正座、配座太祝取玉幣於篚，各立於罇所。太常卿引皇帝詣壇，升自南陛，侍中、中書令以下及左右侍衞量人從升。以下皆如之。皇帝升壇北向立。太祝加玉於幣以授侍中，侍中奉玉幣東向進皇帝，皇帝搢鎮珪，受玉幣。凡受物皆搢鎮珪，奠訖，執鎮珪，俛伏，興。登歌作肅和之樂，以大吕之均。太常卿引皇帝進，北面跪奠於昊天上帝神座，禪則皇地祇神座。俛伏，興。太常卿引皇帝立於西方，東向。又太祝以幣授侍中，侍中奉幣北向進，皇帝受幣，太常卿引皇帝進，東面跪奠於高祖神堯皇帝神座，俛伏，興。太常卿引皇帝少退，東向再拜訖，登歌止。太常卿引皇帝，樂作，皇帝降自南陛，還版位西向立，樂止。太祝還罇所。

山下封祀壇其日，自山下五步立一人，直至下壇，遞呼萬歲以爲節候。〔三二〕

祀日未明三刻，諸祀官各服其服。郊社令帥其屬以五帝及日月中官外官以下之玉幣，各置於坫所。五帝之玉以四珪有邸，日月以珪璧。幣各依方色。良醖令帥其屬各入實罇罍玉幣。五帝俱以太罇，皆實以汎齊；日月之罇，實以醴齊；其內官之象罇，實以醍齊；中官之壺罇，實以沈齊；外官之概罇，實以清酒；衆星之散罇，實以昔酒。〔三三〕其玄酒各實於五齊之上罇。禮神之玉，青帝以青珪，赤帝以赤璋，黄帝以黄琮，白帝以騶虞，黑帝以玄璜，日月珪邸。五帝日月以下，幣皆從方色。太官令帥進饌者實諸籩豆簠簋，各設於饌幔內。

未明二刻，奉禮帥贊者先入就位。贊引引御史以下入行掃除如常儀。

未明一刻，謁者、贊引各引祀官皆就位。太樂令帥工人、二舞次入就位，文舞入陳於懸内，武舞立於懸南道西。謁者引司空入行掃除訖，出復位。於皇帝奠玉幣也，封祀壇謁者、贊引各引祀官入就位，立定，奉禮曰：「衆官再拜。」在位者皆再拜。其先拜者不拜。協律郎跪，俛伏，興，舉麾，鼓柷，奏元和之樂，乃以圜鍾之宫，黄鍾爲角，太蔟爲徵，姑洗爲羽，圜鍾三奏，黄鍾、太蔟、姑洗各一奏之。舞文舞之舞，樂舞六成，偃麾，戛敔，樂止。奉禮曰：「衆官再拜。」在位者皆再拜。謁者七人各引獻官及諸太祝奉玉幣各進奠於神座如常儀。將進奠，登歌作肅和之樂，以大吕之均，餘星座幣亦如之。進奠訖，各還本位。

初羣官拜訖，夜明以上祝史各奉毛血之豆，立於門外；登歌止，祝史奉毛血各由其陛升壇，以毛血各致其座，諸太祝俱迎受，各奠於神座前，諸太祝與祝史退立於罇所。

進熟

皇帝既升奠玉幣，太官令出，帥進饌者奉饌各陳於内壝門外。謁者引司徒出詣饌所，司徒奉昊天上帝之俎。初皇帝既至位樂止，太官令引饌入。俎初入門，雍和之樂作，以黄鍾之均。自後接神之樂皆用雍和。饌至陛，樂止。祝史俱進跪徹毛血之豆，降自東陛以出。昊天上帝之饌升自午陛，配帝之饌升自卯陛。諸太祝迎引，各設於神座前。設訖，謁者引司徒，太官令帥進饌者，降自東陛以出，司徒復位。諸太祝各還罇所。

太常卿引皇帝詣罍洗，盥手洗爵等並如圜丘儀。太常卿引皇帝，樂作，皇帝詣壇，升自南陛訖，樂止。謁者引司徒升自東陛，立於罇所；齋郎奉俎從升，立於司徒之後。太常卿引皇帝詣昊天上帝酒罇所，執罇者舉冪，侍中贊酌汎齊訖，壽和之樂作，皇帝每酌獻飲福，〔三四〕皆作壽和之樂。太常卿引皇帝進昊天上帝神座前，北向跪奠爵，俛伏，興，太常卿引皇帝少退，北向立，樂止。太祝二人持玉册進於神座之右，東面跪，又太祝一人跪讀册文訖，俛伏，興，册文並中書、門下撰進，少府監刻文。皇帝再拜。初讀册文訖，樂作，太祝進奠册於神座，還罇所，皇帝再拜，樂止。太常卿引皇帝詣配座，以下至終獻光禄卿降復位，並如圜丘儀。

皇帝將升獻，〔三五〕太官令引饌入，其山下封祀壇五帝日月以下之饌，亦相次而入。俎初入門，雍和之樂作，以黄鍾之均，饌至陛，樂止。祝史俱進，跪徹毛血之豆，降自東陛以出。木帝之饌升自寅陛，火帝之饌升自巳陛，土帝之饌升自未陛，金帝之饌升自酉陛，水帝之饌升自子陛，大明之饌升自辰陛，夜明之饌升自戌陛。其内官中官衆星之饌，所由師長皆先陳布。諸太祝迎引於壇上，各設於神座。設訖，謁者引司徒，太官令帥進饌者俱降自東陛以出，司徒復位。諸太祝各還罇所。

於山上太尉之亞獻也，封祀壇謁者七人分引五方帝及大明夜明等獻官詣罍洗，盥手洗匏爵訖，各由其陛升，俱酌汎齊訖，各進跪奠於神座前，興，引降還本位。〔三六〕

初第一等獻官將升，謁者五人次引獻官各詣罍洗，盥洗訖，〔三七〕各由其陛升，詣第二等內官酒罇所，俱酌醴齊，各進跪奠爵於內官首座，興，餘座皆祝史齋郎助奠，相次而畢。謁者四人次引獻官俱詣罍洗盥洗，各由其陛升壇，詣第三等中官酒罇所，俱酌盎齊以獻。贊引四人次引獻官詣罍洗盥洗訖，詣外官酒罇所，俱酌醍齊以獻。贊引四人次引獻官詣罍洗盥洗，詣衆星酒罇所，俱酌沈齊以獻。其祝史齋郎酌酒助奠，皆如內官之儀。訖，謁者、贊引各引獻官還本位。武舞六成，樂止。

舞獻俱畢，上下諸祝各進跪徹豆，興，還罇所。奉禮曰：「賜胙。」贊者唱：「衆官再拜。」在位者皆再拜。元和之樂作，奉禮曰：「衆官再拜。」在位者皆再拜。樂作一成止。

燔燎

終獻將畢，侍中前跪奏曰：「請就望燎位。」太常卿引皇帝就望燎位。太祝奉玉幣等就柴壇，置於柴上戶內訖，奉禮曰：「可燎。」東西面各六人以炬燎火。半柴，侍中前跪奏：「禮畢。」太常卿引皇帝出，贊引引祀官以下皆出。其山下封祀壇獻官獻畢，奉禮曰：「請就望燎位。」諸獻官俱就望燎位。諸太祝各取玉幣等就柴壇，自南陛升，〔三八〕置於柴上戶內訖，奉禮曰：「可燎。」東西面各六人以炬燎火，半柴訖，奉禮曰：「禮畢。」獻官以下皆出。*禪儀，皇帝既升奠玉幣，下至跪奠爵俛伏興，與方丘同。太常卿引皇帝少退北向立，樂止，太祝二人持玉册進於神座之右，*

東向跪，又太祝一人跪讀册文訖，俛伏，興，皇帝再拜，祝文並中書、門下進，少府監刻，初讀祝文訖，至配座讀册，亦皆如之，其拜奠並同方丘。配座初讀册訖，至實土半埳，太常卿引皇帝還版位，與方丘同。

封玉册封檢附

燔燎畢，禪儀，皇帝既就望瘞位。侍中跪奏稱：「具官臣某言，請封玉册。」太常卿引皇帝自南陛升壇，北向立。近侍者從升如式。少府監具金繩金泥等並所用物立於御側，符寶郎奉受命寶立於侍中之側。謁者引太尉進昊天上帝神座前，禪儀，進皇地祇神座前。跪取玉册置於案，進，皇帝受玉册，跪，疊之內於玉匱中，纏以金繩，封以金泥。侍中取受命寶，跪以進，皇帝取寶以印玉匱訖，興，侍中受寶以授符寶郎。通事舍人引太尉進，皇帝跪捧玉匱授太尉，太尉跪受。皇帝興。太尉退復位，側身奉玉匱。太常卿前奏：「請再拜。」皇帝再拜訖，入次如常儀。

太尉奉玉匱之案於石磩南，北向立。執事者發石蓋，太尉奉玉匱跪藏於石磩內。執事者覆石蓋，檢以石檢，纏以金繩，封以石泥訖，太尉以玉寶徧印訖，引降復位。將作帥執事者以石距封固，又以五色土圜封後，續令畢其功。禪儀同。配座玉牒禪儀，太尉又進睿宗大聖真皇帝座，跪取玉册內金匱。封於金匱，皆如封玉匱之儀。訖，太尉奉金匱從降俱復位。封禪還，以金匱內太廟，藏於高祖神堯皇帝之石室，〔三九〕如別儀。

太常卿前奏：「禮畢。」若有祥瑞，則太史監跪奏訖，侍臣奉賀再拜，三稱萬歲。內外皆稱萬歲訖，又再拜。

太常卿引皇帝還大次，樂作，皇帝出東門，禪禮皇帝出中壝門。殿中監前受鎮珪以授尚衣奉御，殿中監又前受大珪，華蓋侍衛如常儀，皇帝入次，樂止。謁者、贊引各引祀官，通事舍人分引從祀羣官以次出復位，立定，奉禮曰：「再拜。」衆官在位者皆再拜訖，贊引引出。工人、二舞以次出。禪禮，祭訖，以奇禽異獸合瑞典者，皆縱之神祀所。

鑾駕還行宮禪儀同

皇帝既還大次，侍中版奏：「請解嚴。」將士不得輒離部伍。轉仗衛於還途如來儀。二刻頃，侍中版奏：「請中嚴。」皇帝服通天冠，絳紗袍，諸祀官服朝服。皇帝出次，升輦降山，下至圜壇所，權停，乘黃令進玉輅，太僕升執轡，以下入宮，並如圜丘儀。

朝覲羣臣禪祭訖行此禮

禪之明日，〔四〇〕朝覲羣官及岳牧以下於朝覲壇，如巡狩儀。皇帝服袞冕，乘輿以出，曲直華蓋警蹕侍衛，入自北壝門，由北陛升壇，即御座。符寶郎奉寶置於座，扇開，樂止。通事舍人引三品以上及岳牧以下入就位如常儀。

通事舍人引上公一人，舒和之樂作，公至西陛，就解劍席，樂止，脫舃，跪解劍，置於席，興；相禮者與通事舍人引進，當御座前，北面跪稱：「具官臣名等言，〔四一〕天封肇建，景福惟新。伏惟開元神武皇帝陛下萬壽無疆。」〔四三〕俛伏，興。通事舍人引上公降壇，詣解劒席，跪，帶劒納舄，樂作，通事舍人引復位，立定，樂止。典儀曰：「再拜。」贊者承傳，上公以下皆再拜。侍中前承制，降詣上公之東北，西向稱：「有制。」上公及羣官皆再拜訖，宣云：「封禪之慶，與公等同之。」上公及羣官又再拜舞蹈，三稱萬歲訖，又再拜，引退。

考制度如巡狩儀

校勘記

〔一〕厚五分　「分」原訛「寸」，據開元禮卷六三改。

〔二〕所由承旨請内鐫　「由」原訛「司」，據開元禮卷六三及傅校本、明抄本、明刻本、王吴本改。按：通鑑卷一七七胡注云：「所由，猶言所主也。」

〔三〕其石檢等並如後制　「石」原訛「名」，據開元禮卷六三及傅校本改。

〔四〕又爲金匱二以藏配座玉册制度如玉匱　前十一字原脱，今本開元禮同。據舊唐書禮儀志三八八五頁補。

〔五〕以檢石磩　原脱「以」，據開元禮卷六三補。

〔六〕以石末和方色土爲之　原脱「之」，據開元禮卷六三補。

〔七〕立碑　「立」傳校本、明抄本、明刻本作「丘」，非。

〔八〕設陳饌幔各於内壝東門西門之外道北　「陳」原訛「諸」，據開元禮卷六三及傳校本、明抄本、明刻本、王吳本改。「内」原訛「力」，據諸本改。

〔九〕尚舍奉御鋪御座　「奉御」原脱，據開元禮卷六四補。

〔一〇〕諸祀官次於東壝外　原脱「次」，據開元禮卷六四補。

〔一一〕設協律郎位於壇上南陛之西　原脱「上」，據開元禮卷六三及傳校本、明抄本、明刻本、王吳本補。

〔一二〕内壝南門之外道西　「南」開元禮卷六三作「東」，非。

〔一三〕設諸國客使位於内壝南門之外　「南」原訛「東」，據開元禮卷六三改。

〔一四〕分獻官於祀官南執事者位於其後　下「官」原訛「宫」，據開元禮卷六四及傳校本、明抄本、明刻本、王吳本改。又脱「其」，據開元禮補。

〔一五〕設御史位二於壇下一位於東南西向一位於西南東向　原「壇」下脱「下一位於」，「西向」下脱「一位於西南東向」，據開元禮卷六四補。

〔一六〕又白牲一　原脱「白」，據開元禮卷六三補。

〔一七〕史陪其後　原「史」上衍「令」，據開元禮卷六三及傳校本、明抄本、明刻本、王吳本删。

〔一八〕於南陛之東　「南」原訛「方」，據諸本改。

〔一九〕亞獻之洗又於東南　原「於」下衍「壇」，據開元禮六三删。

〔一〇〕升設昊天上帝神座於山上圜臺之上北方　原第二「上」字脱，據開元禮六三補。

〔一一〕五天帝　「天」原訛「方」，據開元禮卷六三及傅校本、明抄本、明刻本、王吴本改。

〔一二〕神州於第一等東南方席以稾秸　原「東南方」在「秸」下，據開元禮卷六四移正。

〔一三〕於樂懸之北東西廂　原脱「北」，據開元禮卷六三補。

〔一四〕贊引引御史諸太祝詣壇東陛御史二人升行掃除於上太祝七人與祝史行掃除於下　中間「詣壇東陛御史二人升行掃除於上太祝」十六字原脱，據開元禮卷六三補。

〔一五〕並如別儀　句上疑有脱文。似應作「其視滌、省牲、省鼎鑊、省饌等並如別儀」。

〔一六〕衞尉設從駕文武羣官及諸方使應從升者次於圜臺南門之外　原脱「次」，據開元禮卷六三補。

〔一七〕諸州使人位於武官之西　「西」原作「後」，據開元禮卷六三改。

〔一八〕設國客位　「國」原訛「蕃」，據開元禮卷六三及傅校本、明抄本、明刻本、王吴本改。

〔一九〕祀前二日侍中奏裁　「二」原訛「一」，據開元禮卷六三及傅校本、明抄本、明刻本改。

〔二〇〕謁者贊引各引祀官　原脱「各」，據開元禮卷六三補。

〔二一〕若須先置　「須」原訛「復」，據開元禮卷六三改。

〔二二〕自山下五步立一人直至下壇遞呼萬歲以爲節候　原脱「一」脱「候」，據開元禮卷六三補。按：傅校本、明抄本、明刻本有「候」。

〔二三〕實以昔酒　「昔」原訛「旨」，據開元禮卷六三改。

〔三四〕皇帝每酌獻飲福　原脱「獻」，據開元禮卷六三補。

〔三五〕皇帝將升獻　「升」原訛「拜」，據諸本改。

〔三六〕各進跪奠於神座前興引降還本位　原脱「進跪奠於神座前興」八字，據開元禮卷六三補。

〔三七〕各詣罍洗盥洗訖　原脱「盥洗」，據開元禮卷六三補。

〔三八〕自南陛升　「升」原訛「下」，據開元禮卷六三改。

〔三九〕高祖神堯皇帝之石室　「石」原訛「右」，據開元禮卷六三、新唐書禮樂志四（三五三頁）改。

〔四〇〕禪之明日　「禪」原訛「封」，據開元禮卷六四及傅校本、明抄本、明刻本、王吴本改。

〔四一〕具官臣名等言　「名」原作「某」，據開元禮卷六四及傅校本、明抄本、明刻本、王吴本改。

〔四二〕萬壽無疆　「壽」原作「歲」，據開元禮卷六四及傅校本、明抄本、明刻本改。

王文錦點校

通典卷第一百二十

禮八十　開元禮纂類十五　吉禮十二

時旱祈太廟　時旱祈太社　時旱祈嶽鎮以下於北郊報祠同　時旱就祈嶽鎮海瀆　久雨禜祭國門　諸州祈社稷縣祈附　諸州祈諸神縣祈附　諸州禜城門縣禜附

時旱祈太廟

將祈，有司卜日如別儀。

前二日，守宮設祈官以下次各於常所。右校掃除内外。又爲瘞埳於北門之内道西，方深取足容物。

前一日，諸祈官清齋於廟所，諸衛令其屬晡後一刻各以其方器服守衛廟門，奉禮設版位於内外，並如常儀。設望瘞位於堂之東北，當瘞埳西向。〔一〕又設奉禮位於瘞埳東北，南向，贊者二人在西，少退。太廟令拂拭神幄。又帥其屬以罇坫罍洗篚冪制幣篚入設，皆如常儀，執罇罍篚冪者各位於罇罍篚冪之後。太官令先饌酒脯醢。

告日，未明三刻，諸告官以下各服其服，〔二〕太廟令、良醖令之屬入實罇罍及幣。每室，春夏用兩犧罇，秋冬用兩著罇。一實明水爲上，一實醴齊次之。山罍二，一實玄酒爲上，一實清酒次之。幣以白，各長一丈八尺。

未明二刻，奉禮帥贊者先入就位。贊引引御史、博士、太廟令、宮闈令、太祝以下入，當階間北面西上。立定，奉禮曰：「再拜。」贊者承傳，凡奉禮有詞，贊者皆承傳。御史以下皆再拜訖，升，行掃除於上。太廟令以下升自東階，入開埳室，奉出獻祖以下九室神主，各置於座如常儀。訖，各引就位。

質明，謁者引祈官以下俱就門外位。謁者引祈官，贊引引執事者次入就位。立定，奉禮曰：「再拜。」祈官以下皆再拜。

謁者進祈官之左，白：「有司謹具，請行事。」退復位。太官令出，帥進饌者奉饌陳於東門之外。〔三〕初太官令出，諸太祝俱取幣於篚，各立於罇所。謁者引祈官升自東階，詣獻祖廟室户前，北向立，〔四〕太祝以幣東向授，祈官受幣，進，〔五〕北面跪奠於獻祖神座，俛伏，興，出户，北向再拜。訖，謁者引祈官次進幣於懿祖以下諸室，皆如上儀。訖，謁者引還本位。諸太祝各還罇所。

太官令引饌入自正門，升自太階，諸太祝迎引於階上，各設神座前。訖，太官令以下降復位，諸太祝各還罇所。謁者引祈官詣罍洗，盥手洗爵訖，升自東階，詣獻祖酒罇所，執罇者舉冪，祈官酌醴齊訖，謁者引祈官入詣獻祖神座前，北向跪奠爵，俛伏，興，出户北向立。太祝持版進於户外之右，東向跪讀祝文其文爲水旱、癘疾、蝗蟲及征伐四夷，各臨時制之。訖，興，祈官再拜。太祝進，跪奠版於神座前，俛伏，興，還罇所。謁者引祈官次詣懿祖以下諸室，皆如獻祖之儀。惟不盥洗。訖，謁者引祈官詣東序西向立。

諸太祝各以爵酌罍福酒，合置一爵，一太祝持爵進祈官之左，北向立。祈官再拜受爵，跪祭酒，遂飲卒爵。太祝進受爵，復於坫。祈官俛伏，興，再拜訖，謁者引祈官降復位。

諸太祝各入室，跪徹豆如式，興，還罇所。奉禮曰：「再拜。」在位者皆再拜。已飲福者不拜。〔六〕奉禮曰：「再拜。」祈官以下皆再拜。訖，謁者進祈官之左，白：「請就望瘞位。」奉禮、贊者轉就瘞埳東北位，〔七〕謁者引祈官就望瘞位，西向立。於祈官將拜，諸太祝各執篚進神座前，跪取幣，興，降自太階，詣瘞埳，以制幣置於埳訖，奉禮曰：「可瘞。」東西面各四人寘土。〔八〕半埳，謁者進祈官之左，白：「禮畢。」謁者引祈官，贊引引執事者以次出。初白禮畢，〔九〕奉禮、贊者還本位。御史太祝以下俱復執事位，立定，奉禮曰：「再拜。」御史以下俱再拜，〔一〇〕贊引引出。太廟令、太祝、宮闈令納神主如常儀。其祝版燔於齋坊。若得所祈，報祠用太牢，受胙與時享同，餘與告禮同，祭文臨時制撰。

時旱祈太社

將祈，有司卜日如別儀。行事進止與巡狩告社稷禮並同。〔一一〕太社祝文曰：「維某年歲次月朔日，子嗣天子某謹遣具位姓名敢昭告於太社：爰以農要，〔一二〕久闕時雨，惟神哀此蒼生，敷降靈液。謹以玉帛清酌脯醢明薦於太社，〔一三〕以后土句龍氏配神作主，尚饗。」太稷祝文同。后土氏祝文曰「嗣皇帝某謹遣具位姓名敢昭告於后土氏」，餘同社。〔一四〕后稷文同。得雨報用太牢，瘞幣血，飲福受胙與正祭同，餘與告禮同。太社祝文曰：「往以久闕時雨，敢陳情誠，惟神昭祐，降玆嘉液，率土霑洽，蒼生咸賴。謹以玉帛犧齊、〔一五〕粢盛庶品，明薦於太社，以后土句龍氏配神作主，尚饗。」太稷、后土氏、后稷祝文並同。每配座無玉帛字。

時旱祈嶽鎮以下於北郊報祠同〔一六〕

將祈，有司筮日如別儀。就祈及禜同。

前二日，守宮設祈官以下次於東壝之外道南，北向，以西爲上。設陳饌幔於內壝東門外道北，南向。右校掃除壇之内外，又爲瘞埳於壇之壬地，方深取足容物。

前一日，諸祈官清齋於祈所。諸衛令其屬晡後一刻各以其方器服守衛壝門，俱清齋一宿。奉禮設祈官位於内壝東門之内道北，執事位於道南，每等異位，俱重行西面，以北爲上。設御史位於壇下西南，東向，令史陪其後。設奉禮位於祈官西南，贊者二人次之，少退，俱西向北上。設望瘞位於壇之東北，西向。又設祈官門外位於東壝之外道南，每等異位，重行北向，以西爲上。郊社令以酒罇入設於位，嶽鎮海瀆各山罇二，山川各蜃罇二，每方皆於神座之左，俱右向。皆有坫以置爵。設罍洗篚冪各於其方，皆道之左，俱内向，執罇罍篚冪者位於罇罍篚冪之後。〔一七〕

其日未明二刻，太史令、郊社令各服其服，設嶽鎮海瀆及諸山川神座各於其方，俱内向，席皆以莞，設神位各於座首。

未明一刻，諸祈官以下各服其服，郊社令與良醞令之屬入實罇罍，〔一八〕山罇實以醴齊，蜃罇實以沈齊，其明水各實於上罇。太祝以幣置於篚，設於饌所。嶽鎮海瀆皆有幣，各依方色，俱一丈八尺。太官令帥進饌者實籩豆，入設於内壝東門之外饌幔内。奉禮帥贊者先入就位。贊引引御史、太祝以下與執罇罍篚冪者入，詣南方山川之西南，當門重行北向，以西爲上。立定，奉禮曰：「再拜。」贊者承傳，御史以下皆再拜。執罇罍篚冪者各就位。贊引引御史以下行掃除如常儀，出，還齋所。奉禮以下次還齋所。

質明，謁者引獻官以下俱就門外位。奉禮帥贊者先入就位。贊引引御史以下入就位。謁者引獻官，贊引引執事者次入就位。立定，奉禮曰：「再拜。」獻官以下皆再拜。

謁者進獻官之左，白：「有司謹具，請行事。」退復位。奉禮曰：「再拜。」在位者皆再拜。太祝各取幣於篚以授獻官，獻官受幣，詣東嶽座，諸太祝各奠幣於諸嶽鎮海瀆之座，謁者引獻官再拜訖，降還本位。

於獻官初受幣，太官令帥進饌者奉饌陳於東門之外；獻官奠幣再拜訖，太官令引饌入，諸太祝迎引於座首，各奠於神座前。施設訖，太官令以下還本位，諸太祝各還罇所。〔一九〕謁者引獻官詣罍洗，盥手洗爵，詣東嶽酒罇所，執罇者舉冪，獻官酌酒，謁者引獻官進東嶽神座前，東向跪奠爵，興，少退，東向立。初獻官進奠，祝史以爵酌酒助奠東鎮以下，還罇所。太祝持版進於神座之右，南面跪讀祝文曰：「敢昭告於東方嶽鎮海瀆：久闕時雨，黎元恇懼，惟神哀救蒼生，敷降嘉液，謹以制幣清酌脯醢，明薦於東方嶽鎮海瀆，尚饗。」太祝興，獻官再拜，太祝進，跪奠版於神座，興，還罇所。獻官再拜訖，〔二〇〕謁者引獻官以次獻諸方嶽鎮海瀆如東方之儀。諸方祝文並同。訖，謁者引獻官還本位。

初獻東嶽，贊引次引獻官就罍洗盥手洗爵訖，詣東方山川酒罇所，執罇者舉冪，獻官酌酒訖，贊引引獻官造詣東方山川首座前，跪奠爵，興，少退，東向立。初獻官奠酒，齋郎酌酒助奠，訖，還罇所。祝史持版進於神座之右，西向跪讀祝文。（二）文同嶽祭。祝興，獻官再拜，跪奠版於神座，興，還罇所。獻官再拜訖，贊引引獻官以次獻諸方山川如東方之儀。諸方祝文皆同。訖，贊引引獻官還本位。諸祝各進，跪徹豆如式，興，還罇所。奉禮曰：「再拜。」獻官以下皆再拜。

謁者進獻官之左，白：「請就望瘞位。」謁者引獻官就望瘞位，西向立。於在位者將拜，諸太祝各進神座前跪取幣，置於埳。奉禮曰：「可瘞。」東西廂各二人寘土。半埳，謁者進獻官之左，白：「禮畢。」遂引獻官出，贊引引執事者以次出。御史太祝以下俱復執事位，立定，奉禮曰：「再拜。」御史以下皆再拜，贊引引出。祝版燔於齋所。報祠用牲幣，飲福受胙於東方嶽鎮山川首座之前。其山川唯飲福，即不受胙。埋幣血與正祭同，餘與祈禮同，祝文與報社同。

時旱就祈嶽鎮海瀆

前一日，諸祈官皆於祈所清齋一宿。所司清掃内外，又爲瘞埳於壇南如常。奉禮設祈官位於壇東南，執事者位於祈官東南，奉禮位於執事西南，贊者二人在南，差退，俱西面北上。又設太祝奉幣位於瘞埳之南，北向。海瀆即設奉幣位向沈所。又設祈官以下門外位於南門之外道東，重行，西面北上。設罇坫罍篚各於常所，執罇罍篚者各位於罇罍篚之後。

其日未明，祈官以下各服其服，所司帥其屬入設神座及實罇罍如常儀，太祝以幣置於篚，幣各依方色，長丈八尺。掌饌者實籩豆。籩一，實脯。豆一，實醢。奉禮帥贊者先入就位。贊引引太祝及執罇罍篚者入，當壇南重行北面，以西爲上。立定，奉禮曰：「再拜。」贊者承傳，太祝以下皆再拜。執罇罍者各就位。贊引引太祝升自東陛，行掃除於上訖，降，行掃除於下，皆就位。

質明，謁者引祈官，贊引引執事者俱入就位。立定，奉禮曰：「再拜。」祈官以下皆再拜。其先拜者不拜。謁者進祈官之左，白：「有司謹具，請行事。」退復位。奉禮曰：「再拜。」在位者皆再拜。初白請行事，掌饌者帥進饌者奉饌陳於東門外。祈官拜訖，太祝跪取幣於篚以授祈官，祈官奉幣置於神座，祈官拜訖，降復位。掌饌者引饌入，升自南陛，太祝迎引於壇上，進設於座前。設訖，掌饌者以下降復執事位。

謁者引祈官詣罍洗盥手洗爵，升自南陛，詣酒罇所，執罇者舉冪，祈官酌酒，謁者引祈官進，北面跪奠於神座前，俛伏，興，少退，北向立。太祝持版進於神座之右，東面跪讀祝文。〔二二〕文與祈社同。獄鎮海瀆各隨其稱。祝興，祈官再拜，祝進跪奠版於神座，興，還罇所。祈官拜訖，謁者引祈官降復位。太祝進跪徹豆如式，還罇所。奉禮曰：「再拜。」在位者皆再拜。

謁者進祈官之左，白：「請就望瘞位。」謁者引祈官就望瘞位，西向立。於在位者將拜，太祝進神座前跪取幣，置於埳。東西面各二人寘土，半埳，海瀆則以幣沈之。奉禮曰：「再拜。」祈官以下皆再拜。謁者進祈官之左，白：「禮畢。」遂引祈官出，贊引引執事者以次出。太祝以下俱復執事位，立定，奉禮曰：「再拜。」太祝以下皆再拜以出，奉禮、贊者以次出。其祝版燔於齋所。得雨報祠用特牲。其沈瘞幣血及飲福受胙皆與正祭同，餘與祈禮同，祝文與北郊報祠同。

久雨禜祭國門

將祭，有司筮日如別儀。

前一日，諸祭官清齋於祭所，右校掃除祭所，太官丞先饌酒脯醢。鐏以瓢齎。〔二三〕

其日質明，郊社丞帥其屬設神座，〔二四〕皆内向。設酒鐏各於神座之左，設罍洗及篚於酒鐏之左，俱内向，並實以巾爵。執鐏罍洗篚者各位於鐏罍洗篚之後。奉禮設獻官位於罍洗之左而右向，執事者於其後，皆以近神爲上。郊社丞與良醖之屬實鐏罍。獻官以下俱就位，立定，謁者贊拜，獻官以下皆再拜。祝與執鐏罍洗篚者各就位。〔二五〕太官丞出詣饌所。謁者進獻官之左，白：「有司謹具，請行事。」退復位。太官丞引饌入，太祝迎引設於神座前訖，太官丞以下還本位，祝還罇所。謁者引獻官詣罍洗盥手洗爵，詣酒罇所，執罇者舉冪，獻官酌酒，進神座前跪奠爵，俛伏，興，少退，向座立。太祝持版進於神座之右，跪讀祝文曰：「維某年歲次月朔日，子嗣天子遣具官姓名敢昭告於國門：〔二六〕霖雨淹久，害於百穀，惟靈降福，應時開霽。謹以清酌嘉薦明告於神，尚饗。」祝興，獻官再拜，太祝跪奠版於神座，俛伏，興，還罇所。獻官再拜訖，謁者引還本位。祝進跪徹豆，俛伏，興，還罇所。祝與執罇罍篚者俱復執事位。謁者贊拜，獻官以下皆再拜。謁者進獻官之左，白：「禮畢。」遂引獻官以下出。每祭皆如之。祝版皆燔於齋所。若雨止，報祠用少牢，飲福與祈同。祝文曰：「前日以霖雨式陳誠禱，惟神降祉，應時開霽。謹以清酌少牢，粢盛庶品，明薦於神，尚饗。」

諸州祈社稷縣祈附

前二日，本司掃除壇之內外，又爲瘞埳於壇北如常。設上佐縣則縣丞，以下倣此。以下次於社壇西門之外道北，隨地之宜。

前一日，諸祈官皆於祭所清齋一日。掌事者饌酒脯醢。設上佐位於稷壇西北，掌事以下位於西門之內道北，俱重行東向，以南爲上。設贊唱者位於上佐東北，東面南上。設望瘞位於瘞埳北，南向如常。〔二七〕設上佐以下門外位於西門之外道南，俱重行北面，以東爲上。

其日夙興，本司帥其屬守社壇四門，去壝九十步所縣七十步。禁斷行人。掌事者入設神席罇坫罍洗篚冪如常祭之儀。每座各籩一豆一，〔二八〕篚實巾二爵二。配座皆爵一，並置於坫。〔二九〕

質明，上佐以下各服其服，本司帥掌事者入實罇罍，祝以祝版各置於坫，〔三〇〕又以幣各置於篚，設於饌所。其幣各長一丈八尺。贊禮者引上佐以下俱就門外位。贊唱者先入就位。祝與執罇罍篚者入，當社壇北，重行南向，以東爲上。立定，贊唱者曰：「再拜。」祝以下皆再拜。執罇者各升自西階，立於罇所，執罍篚者各就位。諸祝詣社壇，升自西階，行掃除訖，降，又詣稷壇，〔三一〕升行掃除訖，諸祝出，奉幣篚入，就瘞埳北位。贊禮者引上佐以下入就位，立定，贊唱者曰：「再拜。」上佐以下皆再拜。

贊禮者進上佐之左，白：「請行事。」還本位。贊唱者曰：「再拜。」上佐以下皆再拜。初白請行事，掌饌者帥執饌者奉饌陳於西門之外。祝以幣北向授上佐，〔三二〕贊者引上佐升壇北陛，南向跪奠於社神座前訖，興，少退再拜訖，復位。又祝以幣授上佐，上佐奉幣，升稷壇跪奠如社壇之儀。訖，掌饌者引饌入，社稷之饌升自北階，配座之饌升自西階，諸祝迎引於壇上各設於神座前訖，掌饌者降自西階復位，諸祝各還罇所。

贊禮者引上佐詣罍洗，盥手洗爵，自社壇北階升，詣社神酒罇所，執罇者舉冪，上佐酌酒，造詣神座前，南向跪奠爵，興，少退，南向立。祝持版進於神座之右，西面跪讀祝文曰：「歲月日子如常。刺史姓名，縣則縣令姓名，下倣此。謹遣具位姓名敢昭告於社神，自社稷以下祝文並與國祈同。尚饗。」訖，興，上佐再拜，祝進跪奠版於神座，興，還罇所。上佐再拜訖，贊禮者引上佐詣配座酒罇所，取爵於坫，執罇者舉冪，上佐酌酒，進詣后土氏神座前，西向跪奠爵，興，少退，西向立。祝持版進於神座之左，南面跪讀祝文尚饗訖，興，上佐再拜，祝進跪奠版於神座，興，還罇所。上佐再拜訖，贊禮者引上佐降自北階，詣罍洗盥手洗爵，詣稷壇之北階，升獻如社壇之儀。獻訖，贊禮者引上佐降復位。諸祝各進神座前，跪徹豆，興，還罇所。贊唱者曰：「再拜。」上佐以下皆再拜。

贊禮者進上佐之左，白：「請就望瘞位。」贊者引上佐就望瘞位，南向立。祝以篚進於神前取幣及血、黍稷飯，皆寘於埳。贊唱者曰：「可瘞。」埳東西各二人寘土，半埳，贊者進上佐之左，白：「禮畢。」遂引出，諸執事者以次出。諸祝與執罇罍篚者降復執事位，贊唱者曰：「再拜。」祝以下俱再拜以出。其祝版燔於齋所。得雨報祠以羊豕，其祭器之數及飲福、受胙、瘞幣血皆與正祭同，餘與祈禮同。〔三三〕祝文自社稷及后土、后稷等並與國祈報同。

諸州祈諸神縣祈附

前一日，本司設上佐縣則縣丞，以下倣此。以下次於祈所，隨地之宜。又爲瘞埳於神座之南，方深取足容物。諸祈官皆於祈所清齋一日。掌事饌酒脯醢。每座籩豆各一。

祈日質明，去祭所七十步縣五十步。禁止行人。上佐以下各服其服。祝帥掌事者奉席入設神座於北廂，南向。若更有諸座，則以西爲上。贊禮者帥執罇者設罇於神座之左，北向；設洗於酒罇東，北向；罍水在洗東，篚在洗西，南肆；篚實以巾爵。執罇罍篚者各位於罇罍篚之後。設上佐以下位於神座東南，重行西面，以北爲上。設贊唱者位於上佐西南，西向。設望瘞位於瘞埳之南，北向西上。設門外位於東門之外道南，北向西上。掌事者入實罇罍。祝以祝版置於坫，〔三四〕又以幣置於篚，設於饌所。其幣各長一丈八尺。

贊禮者引上佐以下俱就門外位。贊唱者先入就位。祝與執罇罍篚者入當神座前，〔三五〕重行，北面西上，立定，贊唱者曰：「再拜。」祝以下皆再拜。執罇罍篚者各就位。祝進神座前行掃除訖，贊禮者引上佐以下入就位，立定，〔三六〕贊唱者曰：「再拜。」上佐以下皆再拜。

贊禮者進上佐之左，白：「請行事。」還本位。祝升詣酒尊所，立定，〔三七〕贊唱者曰：「再拜。」上佐以下皆再拜。初白請行事，掌饌者帥執饌者奉饌陳於西門之外。祝以幣授上佐，上佐受幣，跪奠於神座前訖，興，少退再拜訖，復位。掌饌者引饌入，祝迎引於座首，各設於神座前訖，執饌者退復位，祝還罇所。

贊禮者引上佐詣罍洗，盥手洗爵，詣酒罇所，執罇者舉冪，上佐酌酒，贊禮者引上佐詣神座前，北向跪奠爵，興，少退，北向立。祝持版進於神座之右，東面跪讀祝文文與祈社同。訖，興，上佐再拜，祝進跪奠版於神座，興，還罇所，若更有諸座，祈官酌獻皆如其儀，唯不盥洗，其祝文與上同。〔三八〕贊禮者引上佐還本位。祝進神座前跪徹豆，興，還罇所。贊唱者曰：「再拜。」上佐以下皆再拜。

贊禮者進上佐之左，白：「請就望瘞位。」上佐就望瘞位，北面立。祝以幣血寘於埳，〔三九〕埳東西各二人寘土。半埳，贊禮者進上佐之左，白：「禮畢。」遂引上佐以下出。訖，祝與執罇罍篚者俱復執事位。贊唱者曰：「再拜。」祝以下皆再拜以出。〔四〇〕其祝版燔於齋所。若祈海瀆等，其幣沈之。設奉幣位，各向所祈之水。沈之時節，一與瘞同。若祈先代帝王，其瘞幣如正祭之禮。

得雨報祠，牢饌、飲福、受胙、瘞幣血皆同祭社之禮，若非嶽鎮海瀆、先代帝王，唯飲福，不受胙。其瘞埳之位，仍依祈禮。若海瀆等，〔四一〕沈幣，又并沈血。其奉幣血位及沈之儀節，〔四二〕準祈沈之禮。若報祠先代帝王，瘞幣與祈同。餘皆與祈禮同，祝文與祈社同。

諸州禜城門縣禜附

若霖雨不止，禜祭城門，設神座皆内向，設瓢齎之罇各於神座之左，設罍洗及篚於酒罇之左，俱内向。設司功縣則縣尉。位於罍洗之左而右向，執事者位於其後，皆以近神爲上。贊禮者贊拜。無幣，不爲瘞埳，餘與祈諸神同。祝文曰：「維某年歲次月朔日，子刺史姓名縣則縣令姓名。遣具位姓名昭告於城門：霖雨淹久，害於百穀，惟靈降福，應時開霽。謹以清酌嘉薦，明告於城門，尚饗。」若雨止，報祠用特牲飲福，餘與禜同。祝曰「前以霖雨，式陳誠禱，惟靈降祉，應時開霽」。餘同上。

校勘記

〔一〕當瘞埳西向　「向」原訛「南」，據開元禮卷六五改。

〔二〕諸告官以下各服其服　「告」原作「祈」，據開元禮卷六五及傅校本、明抄本、明刻本、王吳本改。

〔三〕帥進饌者奉饌陳於東門之外　原脱「者奉饌」，據開元禮卷六五補。

〔四〕北向立　原脱「立」，據開元禮卷六五補。

〔五〕祈官受幣進　「幣進」原倒，據開元禮卷六五乙。

〔六〕已飲福者不拜　「已」原作「既」，據開元禮卷六五及傅校本、明抄本、明刻本改。

〔七〕奉禮贊者轉就瘞埳東北位　原脱「奉禮」，據開元禮卷六五補。

〔八〕各四人實土　「實土」原訛「寘士」，據開元禮卷六五改。按：諸本「土」字不誤。

〔九〕謁者引祈官贊引引執事者以次出初白禮畢　此十八字原脱，據開元禮卷六五補。

〔一〇〕御史以下俱再拜　「俱」原作「皆」，據開元禮卷六五及傅校本、明抄本、明刻本改。

〔一一〕行事進止　「進止」原訛「薦獻」，據開元禮卷六五改。

〔一二〕爰以農要　「要」原作「功」，據傅校本、明抄本、明刻本改。

〔一三〕謹以玉帛清酌脯醢明薦於太社　原脱「玉帛」，據開元禮卷六五補。

〔一四〕餘同社　校開元禮卷六五后土氏祝文及參下文注「每配座無玉帛字」，知此三字上應標明「無玉帛」始合。

〔一五〕謹以玉帛犧齊　原作「謹以玉帛清酌醴齊」。據開元禮卷六五删改。

〔一六〕報祠同　原脱，據傅校本、明抄本、明刻本、王吴本補。

〔一七〕位於罇罍篚冪之後　原脱「罍」脱「冪」，據開元禮卷六六補。

〔一八〕郊社令　原脱「令」，據開元禮卷六六補。

〔一九〕諸太祝各還罇所　原脱「太」，據開元禮卷六六補。

〔二〇〕獻官再拜訖　「訖」原脱，據開元禮卷六六補。

〔二一〕祝史持版進於神座之右西向跪讀祝文　今本開元禮卷六六亦作「西向」。按：山川神座西向，獻官於神座前東向立，祝史進於神座之右跪讀祝文，例應南向。疑「西」爲「南」字之訛。

〔二二〕東面跪讀祝文　原「文」下衍「曰」，按：下未載祝文，今删。

〔二三〕罇以瓢齎　「齎」開元禮卷六七作「尊」。

〔二四〕郊社丞帥其屬設神座　今本開元禮卷六七「丞」作「令」，疑非。

〔二五〕罇罍洗篚　原脱「洗」，據開元禮卷六七補。

〔二六〕敢昭告於國門　原脱「敢」，據開元禮卷六七補。

〔二七〕設望瘞位於瘞埳北南向如常　原脱「南向」，據開元禮卷七〇補。

〔二八〕每座各籩一豆一　原誤作「每座各一籩豆」，據開元禮卷七〇乙補。

〔二九〕配座皆爵一並置於坫　「配」原訛「每」，又脱「並」，據開元禮卷七〇改補。

〔三〇〕祝以祝版各置於坫　上「祝」原訛「洗」，據開元禮卷七〇改。

〔三一〕又詣稷壇　「又」原訛「入」，據開元禮卷七〇改。

〔三二〕祝以幣北向授上佐　原脱「北向」，據開元禮卷七〇補。

〔三三〕瘞幣血皆與正祭同餘與祈禮同　「祭」字「祈」字原皆訛「餘」，據傅校本、明抄本、明刻本、王吳本改。

〔三四〕祝以祝版置於坫　上「祝」原訛「洗」，據開元禮卷七〇改。

〔三五〕執罇罍篚者　原脱「篚」，據開元禮卷七〇補。

〔三六〕贊禮者引上佐以下入就位立定　此十三字原脱，據開元禮卷七〇補。

〔三七〕祝升詣酒尊所立定　此八字原脱，據開元禮卷七〇補。

〔三八〕唯不盥洗其祝文與上同　原「洗」訛「手」，「其」訛「奠」，又脱「上」，據開元禮卷七〇改補。按：傅校本、明抄本、明刻本有「上」。

〔三九〕祝以幣血寘於埳　原脱「血」，「寘」訛「實」，據開元禮卷七〇補改。

〔四〇〕祝以下皆再拜以出　原脱「以出」，據開元禮卷七〇補。

〔四一〕若海瀆等　原脱「等」，據傅校本、明抄本、明刻本、王吳本補。

〔四二〕其奉幣血位及沈之儀節　原脱「其奉幣血」，「儀」又訛「時」，據開元禮卷七〇補改。

王文錦點校

通典卷第一百二十一

禮八十一　開元禮纂類十六　吉禮十三

諸州祭社稷諸縣祭社稷附

前三日，刺史縣則縣令，下倣此。散齋於別寢二日，致齋於廳事一日。亞獻以下應祭之官，散齋二日各於正寢，致齋一日皆於壇所。上佐爲亞獻，録事參軍及判司爲終獻。若刺史及上佐有故，〔一〕並次差攝之。縣則丞爲亞獻，主簿及尉通爲終獻。若縣令以下有故，並以次差，不足則州官及比縣充。諸從祭之官，各清齋於公館一日。從祭官，刺史未出之前，先赴祭所。齋皆如別儀。

前二日，本司先修除壇之內外，其壇方二丈五尺，高三尺，四出階，〔二〕三等。爲瘞埳一於壇西門之外道北，南向。縣埳於壇北，方深足容物。設刺史次於社壇西門之外道北，南向。縣令同。諸祭官以下次於刺史次西北，俱南向，以東爲上。

前一日晡後，本司帥其屬守社稷壇四門，去壝九十步所縣七十步。禁止行人。本司設刺史位於北門之內道西，南向。若刺史有故，攝祭初獻位於亞獻之前，東面。縣令位同。設亞獻、終獻位於社稷壇西北。設掌事者位於西門之內道北，俱每等異位，東向南上。設贊唱者位於終獻東北，東面南上。設州官位於祭官掌事者之北，東面。縣從祭官位同。府官位於東方，當州官，西面，俱重行南上。縣無府官以下至此。設望瘞位於埳北，南向東上。設門外位：祭官以下於西門之外道南，州官於祭官之南，俱重行北面，以東爲上。縣從祭官位同。府官於東門之外道南，重行北面，以西爲上。祭器之數，每座罇二、籩八、豆八、簠二、簋二、俎三，羊豕及腊各一俎。〔三〕縣同。掌事者以罇坫升自西階，各設於壇上西北隅，配座之罇在西，俱南向東上，皆加勺冪。社稷皆爵一，配座皆爵四，各置於坫。設洗於社壇北陛之西，〔四〕去壇三步所，南向；罍水在洗西，加勺冪，篚在洗東，北肆，實爵六、巾二，加冪；執罇罍洗篚者各位於罇罍

洗篚之後。〔五〕

祭日未明，烹牲於廚。祝以豆二取牲血。夙興，掌饌者實以祭器。牲體羊豕皆載右胖。前腳二節肩臂臑，節一段，皆載之。後腳三節，節一段，去下一節，載上肫胳二節。又取正脊、脡脊、横脊、短脅、正脅、代脅各二骨以並。餘皆不設。簠實黍稷，簋實稻粱。籩實石鹽、乾魚、棗、栗、榛、〔六〕菱、芡、鹿脯。豆實韭菹、醓醢、〔七〕菁菹、鹿醢、芹菹、兔醢、〔八〕笋菹、魚醢。若土無者，各以其類充之。本司帥掌事者以席入自西門，詣壇西階升，設社稷神座各於壇上近南，北向。又設后土氏神座於社神之左，后稷氏神座於稷神之左，俱東向，席皆以莞。

質明，諸祭官及從祭之官各服其服。祭官服祭服。從祭之官應公服者公服，非公服者常服。本司帥掌事者入實罇罍。每座罇二，一實玄酒爲上，一實醴齊次之。祝版各置於坫。祝以幣各置於篚，與血豆俱設於饌所。社稷之幣皆用黑，各長丈八尺。贊唱者先入就位。祝與執罇罍篚者入自西門，當社壇北重行南向，以東爲上。立定，贊唱者曰：「再拜。」祝以下皆再拜。執罇者升自西階，立於罇所。執罍篚者各就位。諸祝詣社壇，升自西階，行掃除訖，降，詣稷壇，升，行掃除如社壇之儀，降，行掃除於下訖，〔九〕皆就位。

刺史將至，縣則縣令將至。下倣此。贊禮者引祭官及從祭之官與掌事者俱就門外位。刺史至，參軍事引之次。贊唱者先入就位。縣令，贊禮者引。下倣此。刺史停於次少頃，服祭服出次，參軍事引刺史入自西門，就位南向；參軍事立於刺史之東，少退，南向。贊禮者引祭官以下及從祭之官以次入就位。凡導引者，每曲一逡巡。立定，贊唱者曰：「再拜。」刺史以下皆再拜。

參軍事少進刺史之左，西面白：「請行事。」退復位。本司帥執饌者奉饌陳於西門之外。祝以幣授刺史，參軍事引刺史自北階升社壇，〔一〇〕南向跪奠幣於社神座前訖，興，少退，再拜。祝又以幣授刺史，參軍事引刺史升稷壇，南向跪奠幣於稷神座如社壇之儀訖，參軍事引刺史降復位。

本司引饌入，社稷之饌升自北階，配座之饌升自西階，諸祝迎引於壇上，設於神座前。籩豆，蓋冪先徹乃升；簠簋既奠，卻其蓋於下。籩居右，豆居左，簠簋居其間。羊豕二俎横而重於右，腊特於左。本司與執饌者降自西階，復位，諸祝各還罇所。

參軍事引刺史縣，贊禮者引縣令。下同。詣罍洗，執罍者酌水，執洗者跪取盤，興，承水，刺史盥手，執篚者跪取巾於篚，興，進，刺史帨手訖，執篚者受巾，跪奠於篚；遂取爵興以進，刺史受爵，執罍者酌水，刺史洗爵，執篚者又取巾於篚，興，進，刺史拭爵訖，受巾，奠於篚，奉盤者跪奠盤，興。參軍事引刺史自社壇北階升，詣社神酒罇所，執罇者舉冪，刺史酌醴齊。參軍事引刺史詣社神座前，南向跪奠爵，興，少退，南向立。祝持版進於神座之右，西向跪讀祝文曰：「維某年歲次月朔日，子某官姓名敢昭告於社神：惟神德兼博厚，道著方直，載生品物，含養庶類。謹因仲春，仲秋。祗率常禮，恭以制幣犧齊，粢盛庶品，備茲明薦，用申報本，以后土句龍氏配神作主，尚饗。」縣祝文以下並同。訖，祝興，刺史再拜，祝進跪奠版於神座，興，還罇所。刺史拜訖，參軍事引刺史詣配座酒罇所，取爵於坫，執罇者舉冪，刺史酌醴齊，參軍事引詣后土氏神座前，西向跪奠爵，興，少退，西向立。祝持版進於神座之左，南面跪讀祝文曰：〔一〕「爰茲仲春，仲秋。厥日惟戊，敬修常事，薦於社神。惟神功著水土，平易九州，昭配之義，實通祀典。謹以犧齊粢盛庶品，式陳明薦，作主侑神，尚饗。」祝興，刺史再拜，祝進跪奠版於神座，興，還罇所。刺史拜訖，參軍事引刺史進當社神座前，南向立。祝各以爵酌福酒，合置一爵，祝持爵進於刺史之右，東向立。刺史再拜受爵，跪祭酒，啐酒，奠爵，興。祝帥執饌者以俎進，跪減社神座前胙肉，〔二〕各取前腳第二骨。共置一俎上，興。祝持俎東向進，刺史受以授左右。刺史跪取爵，遂飲卒爵，祝進受爵，復於坫。刺史興，再拜。

參軍事引刺史降自北階，詣罍洗盥手洗爵，自稷壇北階升，詣稷神酒罇所，執罇者舉冪，刺史酌醴齊。參軍事引刺史詣稷神座前，南向跪奠爵，興，少退，南向立。祝持版進於神座之右，西面跪讀祝文曰：〔三〕「敢昭告於稷神：惟神播生百穀，首茲八政，用而不匱，功濟萌黎。恭以制幣犧齊，粢盛庶品，祇奉舊章，備茲瘞禮，以后稷棄配神作主，尚饗。」訖，祝興，刺史再拜，祝進跪奠版於神座，興，還罇所。刺史拜訖，參軍事引刺史詣配座酒罇所，刺史取爵於坫，執罇者舉冪，刺史酌醴齊。參軍事引刺史詣后稷氏座前，西向跪奠爵，興，少退，西向立。祝持版進於神座之左，南面跪讀祝文曰：〔一四〕「敢昭告於后稷氏：爰以仲春，仲秋。恭修常禮，薦於稷神。惟神功叶稼穡，闡修農政，允茲從祀，用率舊章。謹以犧齊粢盛庶品，式陳明薦，作主配神，尚饗。」訖，祝興，刺史再拜，祝進跪奠版於神座，興，還罇所。刺史拜訖，參軍事引刺史詣稷神座前，南向立，飲福受胙如社壇之儀訖，參軍事引刺史降自本階，還本位。

初刺史獻將畢，贊者引亞獻詣罍洗盥手洗爵，升獻如刺史之儀。唯不讀祝文，不受胙。亞獻將畢，贊禮者引終獻詣罍洗盥洗，〔一五〕升酌終獻如亞獻之儀訖，降復位。

諸祝各進神座前，跪徹豆，興，還罇所。贊唱者曰：「賜胙，再拜。」非飲福受胙者皆再拜。贊唱者又曰：「再拜。」刺史以下皆再拜。

參軍事少進刺史之左，西面白：「請就望瘞位。」參軍事引刺史就望瘞位，南向立。〔一六〕祝於神前取幣及血寘於埳，贊唱者曰：「可瘞。」埳東西面各二人寘土。半埳，參軍事進刺史左白：「禮畢。」遂引刺史出還次，贊禮者引祭官以下次出。諸祝及執罇罍篚者降復掌事位。贊唱者曰：「再拜。」祝以下皆再拜以出。其祝版燔於齋所。

諸州釋奠於孔宣父縣釋奠附〔一七〕

前享三日，刺史縣則縣令，下倣此。散齋於別寢二日，致齋於廳事一日。亞獻以下應享之官，散齋二日各於正寢，致齋一日於享所。上佐爲亞獻，博士爲終獻。若刺史、上佐有故，並以次差攝；博士有故，取參軍以上攝。縣丞爲亞獻，主簿及尉通爲終獻。〔一八〕縣令有故，並以次差充當。縣闕則差比縣及州官替充。其日，助教及諸學生皆清齋於學館一宿。

前享二日，本司掃除内外。又爲瘞埳於院内堂之壬地，方深取足容物，南出階。本司設刺史以下次於門外，隨地之宜。

前享一日晡後，本司帥其屬守門。本司設三獻位於東階東南，每等異位，俱西面；設掌事位於三獻東南，西面北上。設望瘞位於堂之東北，〔一九〕當瘞埳西向。設助教位縣學官位，下倣此。於西階西南，當掌事位；〔二〇〕學生位於助教之後，俱東面北上。設贊唱者位於三獻西南，西面北上。又設贊唱者位於瘞埳東北，南向東上。設三獻門外位於道東，每等異位，俱西面；掌事位於終獻之後，北上。祭器之數與祭社同。掌事者以罇坫升設於堂上前楹閒，北向；先聖之罇在西，先師之罇在東，俱西上，皆加勺冪；先聖爵一，配座爵四，各置於坫。設幣篚於罇所。設洗直東榮，南北以堂深；罍水在洗東，加勺冪；篚在洗西，南肆，實爵三巾二於篚，加冪；執罇罍洗篚者各位於罇罍洗篚之後。〔二一〕

享日未明，烹牲於廚。夙興，掌饌者實祭器。其實與祭社同。本司帥掌事者設先聖神座於堂上西楹閒，東向，設先師神席於先聖神座東北，〔二二〕南向，席皆以莞。

質明，諸享官各服祭服，助教儒服，學生青衿服。本司帥掌事者入實罇罍及幣，每座罇二，一實玄酒爲上，一實醴齊次之。禮神之幣用白，各長丈八尺。祝版各置於坫。贊唱者先入就位。祝二人與執罇罍篚者入立於庭，重行，北面西上。立定，贊唱者曰：「再拜。」〔二三〕祝以下皆再拜。執罇罍篚者各就位。祝升自東階，行掃除訖，降自東階，各還齋所。〔二四〕

刺史將至，贊禮者引享官以下俱就門外位，助教、學生並入就門內位。刺史至，參軍事引之次。縣令，贊禮者引，下倣此。贊唱者先入就位。祝入升自東階，〔二五〕各立於罇後。刺史停於次少頃，服祭服出次，參軍事引刺史入就位，西向立，參軍事退立於左。〔二六〕贊禮者引享官以下次入就位。凡導引者每曲一逡巡。立定，贊唱者曰：「再拜。」刺史以下皆再拜。

參軍事少進刺史之左，北面白：「請行事。」退復位。祝俱跪取幣於篚，興，各立於罇所。凡取物者皆跪俛伏而取以興；奠物則跪奠訖，俛伏而後興。〔二七〕本司帥執饌者奉饌陳於門外。參軍事引刺史升自東階，進先聖神座前，西向立；祝以幣北向授，刺史受幣，參軍事引刺史進，西向跪奠於先聖神座前，興，少退，西向再拜。訖，參軍事引刺史當先師神座前，北向立；祝又以幣西向授，刺史受幣，參軍事引刺史進，北向跪奠於先師神座，興，少退，北向再拜。參軍事引刺史降復位。

本司引饌入，升自東階，祝迎引於階上，各設於神座前。籩豆，蓋冪先徹乃升；簋簠既奠，卻其蓋於下。籩居右，豆居左，簋簠居其間。羊豕二俎橫而重於右，腊特陳於左。設訖，本司與執饌者降出，祝還罇所。

參軍事引刺史詣罍洗，執罍者酌水，執洗者跪取盤，興，承水，刺史盥手，執篚者跪取巾於篚，興，進，刺史帨手訖，執篚者受巾，跪奠於篚；遂取爵興以進，刺史受爵，執罍者酌水，刺史洗爵，執篚者又跪取巾於篚，興，進，刺史拭爵訖，受巾，跪奠於篚，奉盤者跪奠盤，興。參軍事引刺史升自東階，詣先聖酒罇所，執罇者舉冪，刺史酌醴齊。參軍事引刺史詣先聖神座前，西向跪奠爵，興，少退，西向立。祝持版進於神座之右，北面跪讀祝文曰：「維某年歲次月朔日，子刺史縣令，下倣此。具官姓名敢昭告於先聖孔宣父：惟夫子固天攸縱，誕降生知，經緯禮樂，闡揚文教，餘烈遺風，千載是仰，俾茲末學，依仁游藝。謹以制幣犧齊，粢盛庶品，祇奉舊章，式陳明薦，以先師顏子配，尚饗。」祝興，刺史再拜，祝進跪奠版於神座，興，還罇所。

刺史拜訖，參軍事引刺史詣先師酒罇所，取爵於坫，執罇者舉冪，刺史酌醴齊。參軍事引刺史詣先師神座前，北向跪奠爵，興，少退，北向立。祝持版進於神座之左，西向跪讀祝文曰：「敢昭告於先師顏子：爰以仲春，仲秋。率遵故實，敬修釋奠於先聖孔宣父，〔二八〕惟子庶幾具體，德冠四科，服道聖門，實臻壼奧。謹以制幣犧齊，粢盛庶品，式陳明獻，〔二九〕從祀配神，尚饗。」祝興，刺史再拜，〔三〇〕祝進跪奠版於神座，興，還罇所。

刺史拜訖，參軍事引刺史詣東序，西向立。祝各以爵酌福酒，合置一爵，一祝持爵進刺史之左，〔三一〕北面立。刺史再拜受爵，跪祭酒，啐酒，奠爵，俛伏，興。祝各帥執饌者進俎，跪減先聖神座前胙肉，〔三二〕各取前腳第二骨。共置一俎上。又以籩取稷黍飯，〔三三〕共置一籩。興，祝先以飯進，刺史受以授執饌者，又以俎進，刺史受以授執饌者。〔三四〕刺史跪取爵，遂飲卒爵，祝進受爵，復於坫。刺史興，再拜，參軍事引刺史降復位。

初刺史獻將畢，贊禮者引亞獻詣罍洗，盥手洗爵，升獻飲福如刺史之儀。唯不讀祝文，亦不受胙。訖，降復位。初亞獻將畢，〔三五〕贊禮者引終獻詣罍洗盥洗，升獻飲福如亞獻之儀。〔三六〕訖，復位。自此下至燔祝版，如祭社儀，唯祝取幣降西階爲異。

州學生束脩束帛一篚，一疋；酒一壺，二斗；脯一案，五脡。〔三七〕縣禮同。

其日平明，學生青衿服至學門，博士公服若儒服立於學堂東階上，西面。贊禮者引學生立於門東，西面。不自同於賓客。陳束帛篚、酒壺、〔三八〕脯案於學生西南，當門北向，重行西上。將命者出，立於門西，東面白：「敢請行事。」學生少進曰：「某方受業於先生，敢請見。」將命者入告。博士曰：「某也不德，請子無辱。」將命者出告。學生曰：「某不敢爲儀，敢固以請。」將命者入告。博士曰：「請子就位，某敢見。」將命者出告。學生曰：「某不敢以視賓客，請終賜見。」將命者入告。博士曰：「某辭不得命，敢不從。」將命者出告。執篚者以篚東面授學生。博士降俟於東階下，西面。贊禮者引學生，執酒脯者從之。學生入門而左，立於西階之南，東面。執酒脯者立於學生西南，東面北上。學生跪奠篚，再拜。博士答拜，學生還避，遂進，跪取篚。贊禮者引學生進博士前，東面授幣，執酒脯者從奠於博士前。博士受幣，贊者取酒脯幣以東。〔三九〕執酒脯者出。贊禮者引學生立於階間近南，北面再拜訖，引出。

諸里祭社稷

前一日，社正及諸社人應祭者各清齋一日於家正寢。正寢者，謂人家前堂待賓之所。應設饌之家先修治神樹之下。又爲瘞埳於神樹之北，方深取足容物。掌事者設社正位於稷座西北十步所，〔四〇〕東面；諸社人位於其後，東面南上。設祝奉血豆位於瘞埳之北，南向。祭器之數，每座罇酒二并勺一，以巾覆之，俎一，籩二，豆二，爵二，簋二，簠二。無禮器者，量以餘器充之。

祭日未明，烹牲於廚。唯以特豕，祝以豆取牲血，置於饌所。夙興，掌饌者實祭器。牲體載右胖，折節如州縣制，分載二俎。其罇，一實玄酒爲上，一實清酒次之。籩實棗栗，豆實葅醢，簋實稷黍，簠實稻粱。〔四一〕掌事者以席入，社神之席設於神樹下，稷神之席設於神樹西，俱北向。質明，社正以下各服其服。掌事者以盥水器入，設於神樹北十步所，加勺巾二爵一於其下，盛以箱。又以酒罇入，設於神樹北近西，〔四二〕社神之罇在東，稷神之罇在西，俱東上南向，置爵二及祝版於罇下。執罇者立於罇後。掌事者入實罇酒訖，祝及執罇者其祝以社人有學識者充之。入當社神北，南向，以東爲上，皆再拜。執酒罇者就罇後立，其執盥者就盥器後立。贊禮者引社正以下俱就位，立定，贊禮者贊再拜，社正以下皆再拜，祝詣罇所。贊禮者贊再拜，〔四三〕社正以下皆再拜，掌事者以饌入，各設於神座前。葅醢居前左右箱，黍稷在其間，俎居其外。〔四四〕訖，掌事者出。

贊禮者引社正詣盥器所，執盥者酌水，社正洗手，取巾拭手訖，洗爵，拭爵訖，贊禮者引社正詣社神酒罇所，酌酒訖，贊禮者引社正詣社神座前，跪奠爵於饌右，興，少退，南向立。祝持版進社神座東，西面跪讀祝文曰：「維某年歲次月朔日，子某坊村則云某村，以下準此。社正姓名合社若干人等，敢昭告於社神：〔四五〕惟神載育黎元，長茲庶物，時屬仲春，仲秋。日惟吉戊，謹率常禮，恭用特牲清酌，粢盛庶品，祗薦於社神，尚饗。」祝興，社正以下及社人等俱再拜。

贊禮者引社正詣稷神酒罇所，取爵酌酒訖，贊禮者引社正詣稷神饌前，〔四六〕南向跪奠酒於饌右，興，少退，南向立。祝持版進於稷神座西，東向跪讀祝文曰：「若干人等敢昭告於稷神：惟神主茲百穀，粒此羣黎，今仲春吉戊，秋云仲秋。謹率常禮，恭以特牲清酌，粢盛庶品，祗薦於稷神，尚饗。」祝興，社正以下及社人俱再拜。

贊禮者引社正立於社神座前，南向立。祝以爵酌社稷神福酒，合置一爵，進社正之右，社正再拜受酒訖，跪祭酒，遂飲卒爵，祝受爵還罇所，社正興，再拜。

贊禮者引社正還本位，立定，贊禮者贊再拜，〔四七〕社正及社人俱再拜。訖，祝以血置於坫，坫東西各一人實土。半坫，贊禮者少前，白：「禮畢。」遂引社正等出。祝與執罇者復當社神位再拜。〔四八〕訖，出其餘饌，社人等俱於此餕，〔四九〕如常會之儀。其祝版燔於祭所。

諸太子廟時享

齋戒

將享，有司卜日如別儀。凡應享之官，散齋二日，致齋一日，太樂工人等清齋，並如別儀。

陳設

前享三日，右校清掃內外，守官設享官以下次於齋坊之內。

前享二日，太樂令設軒懸之樂於廟庭如式。前享一日，奉禮設享官以下位於東門之內道北，執事位於道南，每等異位，俱重行西向，〔五〇〕以北爲上。設奉禮位於樂懸東北，贊者一人在南，差退，俱西面。設協律郎位於廟堂之上前楹閒近西，東向。設太樂令位於樂懸之閒，北向。設門外位：享官以下皆於東門外道南，每等異位，北向西上。

前享一日，晡前三刻，廟令帥府史齋郎以罇坫罍洗篚冪入設於位，其籩豆鉶瓾陳於廟座之東，加以巾蓋。籩豆各十，甀四，俎二，瓚一，簠簋各二，蕭蒿坫盤各一，罍洗各一。設器物者皆濯而陳之。〔五一〕晡後三刻，贊引引博士詣廚省視濯溉，還齋所。

享日未明十五刻，太官令帥宰人以鸞刀割牲，取膟膋共實一豆，〔五二〕置於饌所。

晨祼

享日未明四刻，諸享官各服朝服，廟令、良醞令各率其屬入實罇罍，犧罇實以醴齊，象罇實以盎齊，罍罇實以清酒。其三罇之上罇實以玄酒。爵七、勺二、篚一，并設洗於堂下。其器並以烏漆。太官令帥進饌者實諸籩豆簠簋。

未明三刻，奉禮帥贊者先入就位。贊引引博士、宮闈令及執罇罍篚冪者入自東門，當階間重行，北面西上。立定，奉禮曰：「再拜。」贊引引博士升堂上，各就位。官闈令開埳室，出神主置於座訖，還執事位。

未明二刻，謁者引享官俱就東門外位。太樂令引工人入訖，贊引引亞獻先入就位，〔五三〕再拜訖，行掃除，復位。

謁者引享官入就位。立定，奉禮曰：「再拜。」享官等再拜訖，謁者進初獻之左，白：「有司謹具，請行事。」退復位。協律郎俛伏，舉麾，工鼓柷，奏肅和之樂，三成，偃麾，戛敔，樂止。奉禮曰：「衆官再拜。」衆官在位者皆再拜。〔五四〕

謁者引初獻詣罍洗，盥手洗瓚訖，謁者引初獻升自東階，詣〔五五〕

饋食〔五六〕

取爵飲以授齋郎虛爵，〔五七〕俛伏，興，再拜訖，贊引引復位。

贊引引亞獻詣罍洗，盥手洗爵，升堂詣罇所，酌酒，入奠於神座前，興，退戶外，再拜訖，少退立。齋郎酌酒兩爵合置一爵，亞獻再拜，跪受爵，啐酒，遂飲卒爵，以爵授齋郎，俛伏，興，再拜訖，引復位。次引終獻如亞獻之儀。

引復位訖，奉禮曰：「賜胙。」贊者曰：「再拜。」飲福酒者不拜。奏肅和之樂，一成止。贊者曰：「再拜。」在位者皆再拜訖，贊引進初獻之左，白：「禮畢。」贊引各引享官以次出。贊引引博士以下俱就執事位。奉禮曰：「再拜。」博士以下皆再拜，引出。官闈令納神主如常儀。其祝版燔於齋坊。

三品以上時享其廟四品五品六品以下附

前享五日，筮於廟門之外。主人公服立於門東，西面；掌事者各服其服立於門西，東面北上。設筮席於闑西閾外，西面。筮者開櫝出册，兼執之，東面受命於主人。主人曰：「孝曾孫某來日丁亥祗享於廟，尚饗。」丁未必亥也，〔五八〕直舉一日以言之，則己亥、辛亥，苟有亥焉可也。

筮者曰：「諾。」造就筮席，西面，以韇擊册，遂述曰：「假爾太筮有常，孝曾孫某，〔五九〕來日丁亥祇享於廟，尚饗。」乃釋韇，坐筮訖，興，降席，東面稱：「占曰從。」〔六〇〕筮吉退；若不吉即筮遠日，還如初儀。贊禮者進主人之左，告禮畢，掌事者徹筮席。

先享三日，主人及亞獻、終獻并執事者，各散齋二日於正寢，致齋一日於廟所。同官僚佐之長爲亞獻，〔六一〕其次爲終獻，無則親賓爲之。子孫及凡入廟者，各於其家清齋，皆一宿。四品五品以上同。六品以下若有廟者，如五品以上之儀。無廟者筮於正寢之堂，主人公服立於堂上楹間近東，西面。掌事者近西，東面北上。設筮席於主人之西，筮者開韇出册兼執之，東面受命於主人。主人曰「孝孫某來日丁亥春祠」，其餘並同五品以上儀。亞獻終獻親賓爲之。

前一日之夕，清掃内外，掌廟者整拂神幄。六品以下無廟者，但清掃内外。贊禮者設主人之位於東階東南，西面，〔六二〕亞獻、終獻位於主人東南，掌事者位於終獻東南，俱重行，西向北上。設子孫之位於庭，重行，北面西上。設贊唱者位於終獻西南，西面。又設亞獻以下位於門外之東，執事者在南差退，俱西向。設牲牓於南門之外，〔六三〕當門北面，以西爲上；掌牲者位於牲西北，東面；諸祝位於牲後，俱北向；設亞獻省牲位於牲前近東，西向。設祭器之數，每室罇二、簋二、簠二、瓶二、鉶二、俎三；〔六四〕籩豆，一品二品各十，三品八。四品五品各六。六品以下簋簠鉶瓶俎各一，籩豆各二。掌事者以罇入設前楹下，各於室户六品以下無廟者不言室户。之東，北面西上，皆加勺冪。首座爵一，餘座皆爵四，置於坫。四品、五品、六品以下皆置於罇下，加勺冪。設祭器於序東，西向。每座簋在前，簠次之，瓴次之，鉶次之，籩次之，豆次之，俎在後；每座異之，皆以南爲上，屈陳而下。設洗於東階東南，東西當東霤，五品以上同，〔六五〕六品以下當東榮，餘同。南北以堂深；罍水在洗東，加勺冪；篚在洗西，南肆，實爵三巾二於篚，加冪；凡器物皆濯而陳之。執罇罍洗篚者各於罇罍洗篚之後。掌牲者以牲就牓位。贊禮者引亞獻入，詣東階升堂，徧視滌濯於視濯，執罇者皆舉冪告潔。訖，引降就省牲位。亞獻省牲，掌牲者前，東面舉手曰：「腯。」還本位。諸祝各循牲一帀，北面舉手曰：「充。」俱還本位。祝引掌牲者以次牽牲付廚。〔六六〕贊禮者引終獻詣廚，省鼎鑊，視濯溉。亞獻以下每事訖，各還齋所。執饌者入徹簋簠籩豆俎鉶以出。

享日未明，烹牲於廚。夙興，掌饌者實祭器。牲體皆載右胖。前腳三節，節一段，肩臂臑皆載之；後腳三節，節一段，去下一節，載上肫胳二節；又取正脊、脡脊、横脊、短脇、正脇、代脇各二骨以並，餘皆不設。簋實稷黍，簠實稻粱，籩實石鹽、乾脯、棗栗之屬，〔六七〕豆實醢醬齏菹之類。六品以下簋實稷，簠實黍，籩實脯棗，豆實菹醢，餘同五品以上。主人以下各服其服，掌事者入實罇罍，每室二罇，一實玄酒爲上，一實醴齊次之。祝版各置於坫。四品五品六品於罇所。諸祝與奄人四品五品無奄人，六品以下於正寢室內。入立於庭，北面西上，立定，皆再拜訖，升自東階，以次出神主，各置於座。夫人之主，奄人奉出，俱並席處右。四品五品祝拜訖，〔六八〕升，整拂几筵。六品以下祝設神座於正寢室內，祖在西，東向，禰在祖東北，南向，〔六九〕皆有几筵。

質明，贊禮者引亞獻以下及子孫俱就門外位。贊唱者先入就位。諸祝與執罇罍者入立於庭，北面西上。立定，贊唱者曰：「再拜。」祝以下俱再拜，各就位。掌饌者奉饌陳於門外。贊禮者引主人入就位，又贊禮者引亞獻以下及子孫以次入就位。立定，贊唱者曰：「再拜。」主人以下皆再拜。贊禮者進主人之左，白：「請行事。」退復位。掌饌者引饌入，升自東階，諸祝迎引於階上，各設於神座前。籩居右，豆居左。簠簋甑鉶居其閒，羊豕二俎橫陳重於右，腊俎特於左。四品五品同。六品特牲俎橫於前。執爐炭、蕭稷、膟膋者，各從其俎升，置於室戶外之左。六品無廟則設於堂戶外之左，餘同。其蕭稷各置於爐炭下，施設訖，掌饌以下降出。諸祝各取蕭稷擩而專反於脂，燔於爐炭，還罇所。

贊禮者引主人詣罍洗，執罍者酌水，執洗者跪取盤，興，承水，主人盥手，執篚者跪取巾於篚，興，進，主人拭手，執篚者受巾，跪奠於篚，遂取爵，興以進，主人受爵，執罍者酌水，主人洗爵，執篚者又跪取巾於篚，〔七〇〕興，進，主人拭爵訖，受巾，跪奠於篚，奉盤者跪奠盤，興。凡取物者，跪俛伏而取以興，奠物則奠訖俛伏而後興。贊禮者引主人自東階升堂，詣某祖酒罇所，六品以下詣祖，下倣此。執罇者舉冪，主人酌酒。贊禮者引主人進詣某祖神座前，〔七一〕北面跪奠爵，興，出戶北面立。四品五品同。六品以下西向奠爵，興，少退西向立。祝持版進於室戶外之右，東面四品五品同。六品以下祝持版進祖座之右，北面。跪讀祝文曰：「維某年歲次月朔日，子孝曾孫某官封某，無封者單稱官。六品以下稱孝孫，餘同。無官者稱名。敢昭告於某祖考某謚、封祖妣某邑夫人某氏：時惟仲春，夏云仲夏，秋云仲秋，冬云仲冬。伏增遠感。謹以柔毛、剛鬣、明粢、薌合、薌萁、嘉蔬、嘉薦、四品五品云柔毛、剛鬣、嘉薦、普淖。六品以下無柔毛，餘同五品。醴齊，恭薦祠享春云祠，夏云礿，秋云嘗，冬云烝。於某祖考某謚，封某祖妣夫人某氏配，尚饗。」祖考及孫各依尊卑稱號。其祝文，四品以下同。訖，興，主人再拜，祝進跪奠版於神座，興，還罇所。贊禮者引主人以次酌獻如上儀。唯不盥洗。訖，贊禮者引主人詣東序，西向立。四品五品同。六品以下詣先祖座前近東，西向立，餘同。

諸祝各以爵酌福酒，合置一爵，一祝持爵進主人之左，北向立。主人再拜受爵，〔七三〕跪祭酒，啐酒，奠爵，興。諸祝各帥執饌者以俎入減神前胙肉，共置一俎上；又以籩徧取稷黍飯共置一籩。祝先以飯籩進，主人受以授左右；祝又以俎次授，主人每受以授左右。訖，主人跪取爵，遂飲卒爵，祝進受爵，復於坫，四品五品六品復於罇所，下倣此。主人興，再拜。贊禮者引主人降自東階，還本位，西向立。

主人獻將畢，贊禮者引亞獻詣罍洗，盥手洗爵，升自東階，詣某祖酒罇所，執罇者舉冪，亞獻酌清酒。贊禮者引亞獻進詣某祖神座前，北向跪五品以上同。六品以下詣先祖前，西向跪奠爵，興，少退，再拜。奠爵，興，出户北向再拜。贊禮者引亞獻以次酌獻如上儀訖，〔七三〕贊禮者引亞獻詣東序，西向立。五品以上同。〔七四〕六品詣祖座近東，西向立。諸祝各以爵酌福酒如初獻儀。唯不受胙。又贊禮者引終獻亦如初獻儀，訖，降復位。

諸祝皆進神座前，跪徹豆，興，還鐏所。徹者，籩豆各一少移於故處。贊唱者曰：「再拜。」非飲福受胙者皆再拜。贊唱者又曰：「再拜。」主人以下皆再拜。贊禮者進主人之左，白：「禮畢。」遂引主人出，贊禮者引亞獻以下出，子孫以次出。諸祝及執鐏罍篚者俱復執事位，立定，贊唱者曰：「再拜。」諸祝以下皆再拜。執鐏罍篚者出。諸祝與奄人匱神主納於埳室如常儀訖，祝版焚於齋所。四品五品以下無匱神主。

褒聖侯祀孔宣父廟及王公以下皆用此禮，唯祝文別。

三品以上祫享其廟 禘享附

前享五日，筮於廟門之外。齋及設位、牲牓、祭器、省牲皆如時享之儀。掌事者以鐏坫入設於廟堂上，皆於神座左。昭座之鐏在前楹閒，北向，始祖及穆座之鐏在户外，南向，俱以近神爲上，皆加勺冪。若始祖在曾祖以下，則設鐏依親廟之式，其首座爵一，餘座爵四，各置於坫。禘享，其未毀廟之鐏坫於前楹下，各於室户之東，皆北向西上。設祭器於序東，西向。每座簋在前，簠次之，甄次之，鉶次之，籩次之，豆次之，俎在後；每座異之，皆以南爲上，屈陳而下。設洗於東階東南，東西當東霤，南北以堂深；罍水在洗東，加勺冪；篚在洗西，南肆，實爵三巾二於篚，加冪；凡器皆濯而陳之。執罇罍篚冪者各位於罇罍篚冪之後。

享日未明，烹牲於廚。〔七五〕夙興，掌饌者實祭器。牲體折節所載及諸祭器所實如時享。掌廟者設神座於廟堂之上，自西序以東。始祖座於西序，東向。昭座於始祖座東北，南向；穆座於東南，北向：俱西上。若始封者仍在曾祖以下，則空東面之座，依昭穆南北設之。每座皆有屏風几席，設趺匱如式。〔七六〕禘又設未毀廟主各於其室，如時享。主人以下各服其服。掌事者入實罇罍。每室四罇：一實醴齊爲上，一實盎齊次之，玄酒各實於上罇。設玄酒者，重古，陳而不酌。祝版各置於坫。諸祝與奄者入立於庭，北面西上；掌事者持腰輿從入，立於東階下，西面北上。〔七七〕立定，祝與奄者皆再拜訖，帥腰輿升自東階，詣始祖廟，入開埳室，出神主置於輿，出詣座前，以主置於座。以次出神主如上儀訖，還齋所。夫人之主，奄人奉出，俱並而出，處右。〔七八〕禘又以次出毀廟主如上，未毀廟主出置於室內之座如時享。

質明，贊禮者引亞獻以下及子孫俱就門外位。〔七九〕贊唱者先入就位。諸祝與執罇罍者入立於庭，北面西上，立定，贊唱者曰：「再拜。」祝以下皆再拜，各就位。掌饌者帥執饌者奉饌陳於門外。

贊禮者引主人入就位，又贊禮者引亞獻以下及子孫以次入就位，立定，贊唱者曰：「再拜。」主人以下皆再拜。贊禮者進主人之左，白：「請行事。」退復位。掌饌者引饌入，升自東階，諸祝迎引於階上，各設於神座前。籩居右，豆居左，簠簋甑鉶居其閒，羊豕二俎橫陳重於右，腊俎特於左。執爐炭、蕭稷、膟膋者從其俎升設於神座之左少後，其蕭稷各置於爐炭下，施設訖，掌饌者以下降出；諸祝各取蕭稷擩於脂，燔於爐炭，還鐏所。

贊禮者引主人詣罍洗，執罍者酌水，執洗者跪取盤，興，承水，主人盥手，執篚者跪取巾於篚，興，進，主人拭手，執篚者受巾，跪奠於篚；遂取爵興以進，主人受爵，執罍者酌水，主人洗爵，執篚者又跪取巾於篚，興，進，主人拭爵訖，受巾，跪奠於篚，奉盤者跪奠盤，興。贊禮者引主人自東階升堂，詣始祖酒鐏所，執鐏者舉冪，主人酌醴齊。贊禮者引主人進詣始祖神座前，西向跪奠爵，興，少退，西向立。祝持版進神座之右，北面跪讀祝文曰：「維某年歲次月朔日，子孝曾孫某官封某敢昭告於始祖考某謚、封祖妣夫人某氏：歲序推遷，伏增遠感。謹以柔毛、剛鬣、明粢、薌合、薌萁、嘉蔬、嘉薦、醴齊，〔八〇〕恭薦祫事禘云禘事。於始祖考某謚，封始祖妣夫人某氏配，尚饗。」祖考及子孫各依尊卑稱號，〔八一〕其祝文同。訖，興，主人再拜，祝進跪奠版於神座，〔八二〕興，還鐏所。贊禮者引主人依昭穆酌獻如上儀。唯不盥洗。訖，贊禮者引主人詣東序，西向立。諸祝各以爵酌福酒，合置一爵，一祝持爵進主人之左，北向立。〔八三〕主人再拜受爵，跪祭酒，啐酒，奠爵，興。諸祝各帥執饌者以俎進，減神座前胙肉，共置一俎上；又以籩徧取稷黍飯，共置一籩。祝先以飯籩進，主人受以授左右；祝又以俎以次進，主人每受以授左右。訖，主人跪取爵，遂飲卒爵，祝進受爵，復於坫，主人興，再拜。贊禮者引主人降自東階，〔八四〕還本位，西向立。

主人獻將畢，贊禮者引亞獻詣罍洗，盥手洗爵，升自東階，詣始祖酒罇所，執罇者舉冪，亞獻酌盎齊。贊禮者引亞獻進詣始祖神座前，西向跪奠爵，興，少退，西向再拜。贊禮者引亞獻以次酌獻如上儀。訖，〔八五〕贊禮者引亞獻詣東序，西向立。諸祝各以爵酌福酒如初獻之儀。唯不受胙。又贊禮者引終獻升獻飲福如亞獻之儀。訖，降復位。

諸祝皆進神座前，跪徹豆，興，還罇所。贊禮者曰：「再拜。」非飲福受胙者皆再拜。贊唱者又曰：「再拜。」主人以下皆再拜。〔八六〕贊禮者進主人之左，白：「禮畢。」遂引主人出，贊禮者引亞獻以下及子孫以次出。諸祝與執罇罍篚者俱復執事位，立定，贊唱者曰：「再拜。」諸祝以下皆再拜。執罇罍篚者出，諸祝與奄者匱神主置於輿，納於埳室如常儀。

王公以下拜掃寒食附

先期卜日如常。

前一日，掌事者設次於塋南百步道東，西向北上。備芟翦草木之器。贊禮者設主人以下位塋門外之東，西面，以北爲上。

其日，主人到次，改服公服，無者常服。贊禮者曰：「再拜。」主人以下俱再拜。贊禮者引主人以下入，奉行墳塋，精靈感慕，有泣無哭。至於封樹内外，環繞哀省三周。〔八七〕其荆棘虛與荒草連接者，皆隨即芟翦，不令火田得及。掃除訖，贊禮者引主人以下復門外位。贊禮者曰：〔八八〕「再拜。」主人以下皆再拜。贊禮者引之次，遂還第。

若解滿或遠行辭墓，〔八九〕若外官解滿或京官辭墓，哭而後行。

其寒食上墓如前拜掃儀，唯不占日。古者宗子去他國，庶子無廟。孔子曰：「許向墓遥爲壇，〔九〇〕以時祭。」即今之上墓，義或有憑。然神道尚幽，不可逼黷塋域，宜於塋南山門之外，設浄席爲位，〔九一〕遥祭以時饌，如平生所嗜。若一塋數墓，每墓各設位席，昭穆異列，以西爲上。主人盥手奠爵，三獻而止。徹饌訖，主人以下泣辭塋。食餘饌者可於他僻處，不見墳所，孝子之情也。〔九二〕

校勘記

〔一〕若刺史及上佐有故　「刺史」原訛「判司」，據開元禮卷六八改。

〔二〕四出階　「四」下原衍「寸」，據開元禮卷六八删。

〔三〕羊豕及腊各一俎　「及」原訛「脾」，王吴本、殿本同，今據開元禮卷六八改。按：北宋本、傅校本、明抄本、明刻本作「皮」。後人不知「皮」爲「及」之形訛，意「皮」爲「脾」之音訛，遂誤改。

〔四〕社壇　「壇」原訛「稷」，據開元禮卷六八改。

〔五〕罇罍洗篚　「洗篚」原倒，據北宋本、傅校本、明抄本、明刻本乙。

〔六〕榛　原脱，據開元禮卷六八補。

〔七〕韭菹醓醢　「韭」原訛「齏」，據開元禮卷六八改。

〔八〕芹菹兔醢　「芹」原訛「韭」，據開元禮卷六八改。

〔九〕行掃除如社壇之儀降行掃除於下訖　原兩「行」字俱脱，據開元禮卷六八補。按：行謂巡視。

〔一〇〕參軍事引刺史自北階升社壇　原脱「自」，據開元禮卷六八補。

〔一一〕祝持版進於神座之左南面跪讀祝文曰　「神座之左南面跪讀」原作「后土氏前」，據開元禮卷六八改。

〔一二〕跪減社神座前胙肉　原脱「跪」，據開元禮卷六八補。

〔一三〕西面跪讀祝文曰　上六字原脱，據開元禮卷六八補。

〔一四〕祝持版進於神座之左南面跪讀祝文曰　「左」原訛「右」，據開元禮卷六八改。按：后稷神座東向，於其前南面讀祝文，自是居神座之左。

〔一五〕引終獻詣罍洗盥洗　原脱「盥洗」，據開元禮卷六八補。

〔一六〕參軍事引刺史就望瘞位南向立　「南」原訛「西」，據開元禮卷六八改。按：望瘞位在埳北，刺史望瘞，自應南向。

〔一七〕縣釋奠附　「附」原訛「同」，據北宋本改。

〔一八〕主簿及尉通爲終獻　「主簿及尉」原作「及簿尉」，據開元禮卷七一補乙。

〔一九〕設望瘞位於堂之東北　「堂」下原衍「上」，按：望瘞位例在瘞埳之側，無在堂上者，據開元禮卷六九删。

〔二〇〕當掌事位　原脱「當」脱「位」，據開元禮卷六九補。

〔二一〕罇罍洗篚　原脱「篚」，據開元禮卷六九補。

〔二二〕先師神席　「席」疑當作「座」。

〔二三〕贊唱者曰再拜　原脱「曰」，據開元禮卷六九補。

〔二四〕降自東階各還齋所　「各還齋所」，開元禮卷六九作「各就位」。

〔二五〕祝入升自東階　開元禮卷六九無「入」。

〔二六〕參軍事退立於左　「立」上原衍「位」，據開元禮卷六九删。

〔二七〕凡取物者皆跪俛伏而取以興奠物則跪奠訖俛伏而後興　上「俛」、上「而」、下「物」、下「跪」原脱，據開元禮卷六九補。

〔二八〕敬修釋奠於先聖孔宣父　「先聖孔宣父」原訛作「先師顏子」，據開元禮卷六九改。

〔二九〕式陳明獻　「獻」原作「薦」，據開元禮卷六九及北宋本、傅校本、明抄本、明刻本改。

〔三〇〕刺史再拜　「拜」下原衍「訖」，據開元禮卷六九刪。

〔三一〕一祝持爵進刺史之左　原「祝」上衍「太」，「爵」上衍「一」，並據開元禮卷六九刪。

〔三二〕跪減先聖神座前胙肉　「先聖」下原有「先師」，據開元禮卷六九刪。按：北宋本、傅校本、明抄本、明刻本、王吴本「先聖」作「先師」，非。

〔三三〕稷黍飯　「稷黍」原倒，據開元禮卷六九及北宋本、傅校本、明抄本、明刻本乙。

〔三四〕又以俎進刺史受以授執饌者　此十二字原脱，據開元禮卷六九補。

〔三五〕初亞獻將畢　原脱「初」、「將」，據開元禮卷六九補。

〔三六〕升獻飲福如亞獻之儀　原脱「飲福」，據開元禮卷六九補。

〔三七〕束帛一篚一疋酒一壺二斗脯一案五脡　「一疋」，開元禮卷六九作「三匹」，新唐書禮樂志五三七二頁作「五匹」。「二斗」新唐書同，開元禮作「五斗」。「五脡」新唐書同，開元禮作「十五脡」。按：此十六字原另起單占一行：「束帛一篚」「酒一壺」「脯一案」爲正文，「一疋」「二斗」「五脡」爲夾注。今據北宋本、傅校本、明抄本、王吴本移入題下。惟北宋本等「脯一案五脡」在「酒一壺二斗」前，與開元禮及本卷下文敍次不合，故不據乙。

〔三八〕酒壺　原脱「壺」，據開元禮卷六九補。

〔三九〕贊者取酒脯幣以東　原脱「脯」，據開元禮卷六九補。

〔四〇〕設社正位於稷座西北十步所　原脱「所」，據開元禮卷七一補。

〔四一〕簋實稷黍簠實稻粱　原誤作「簠實黍稷簋實稻粱」，據開元禮卷七一乙改。

〔四二〕設於神樹北近西　原脱「樹」，據開元禮卷七一補。

〔四三〕贊禮者贊再拜　原脱下「贊」，據開元禮卷七一補。

〔四四〕俎居其外　「居」原訛「在」，據開元禮卷七一及北宋本、傅校本、明抄本、明刻本改。

〔四五〕敢昭告於社神　「敢」原作「今」，據開元禮卷七一改。

〔四六〕神饌前　「饌」原訛「座」，據開元禮卷七一及北宋本、傅校本、明抄本、明刻本、王吴本改。

〔四七〕贊禮者贊再拜　原脱下「贊」，據開元禮卷七一補。

〔四八〕祝與執罇者復當社神位再拜　原脱「當社神」三字，據開元禮卷七一補。

〔四九〕社人等俱於此餕　「餕」原訛「飲」，據開元禮卷七一及北宋本、傅校本、明抄本改。

〔五〇〕俱重行西向　原脱「俱」，據開元禮卷七四及北宋本、傅校本、明抄本、明刻本、王吴本補。

〔五一〕設器物者皆濯而陳之　原脱「皆」，據開元禮卷七四及北宋本、傅校本、明抄本、明刻本、王吴本補。

〔五二〕取膟膋共實一豆　原脱「取」，據開元禮卷七四補。

〔五三〕贊引引亞獻先入就位　原脱一「引」，據開元禮卷七四補。

〔五四〕衆官在位者皆再拜　原脱「衆官」，據北宋本、傅校本、明抄本、明刻本補。

〔五五〕謁者引初獻升自東階詣　原與下節首句「取爵飲以授齋郎虚爵」緊接。開元禮卷七四「詣」下注「闕文」。參校本書卷一一四皇帝時享於太廟，知開元禮與通典此「詣」下俱缺晨祼禮之升祼、奠毛血肝膋兩節文字。

〔五六〕饋食　此題原脱，據開元禮卷七四補。

〔五七〕取爵飲以授齋郎虚爵　原與上文「謁者引初獻升自東階詣」緊接。開元禮卷七四則於「饋食」題後另起，且在句上標注「闕文」二字。參校本書卷一一四皇帝時享於太廟，知開元禮與通典此句上俱缺饋食禮之進饌、酌獻、讀祝、飲福、受胙五節文字。從而可知杜佑當時所見之開元禮已有殘缺。

〔五八〕丁未必亥也　原作「非必丁亥也」，誤。據儀禮少牢饋食禮鄭注、開元禮卷七五改。按：北宋本、傅校本、明抄本、明刻本、王吴本作「丁亥必亥也」，亦非。

〔五九〕孝曾孫某　「某」原訛「其」，據北宋本及開元禮卷七五改。

〔六〇〕東面稱占曰從　「稱」原訛「旅」，據開元禮卷七五及北宋本、傅校本、明抄本、明刻本改。

〔六一〕同官僚佐之長爲亞獻　「同」原訛「國」，據開元禮卷七五改。

〔六二〕設主人之位於東階東南西面　原脱「東南」，據開元禮卷七五補。

〔六三〕設牲牓於南門之外　原脱「牓」，據開元禮卷七五補。

〔六四〕俎三　「三」原訛「二」，據開元禮卷七五改。按：下文注云：「羊豕二俎横陳重於右，腊俎特於左。」禮記郊特牲云：「鼎俎奇而籩豆偶。」

〔六五〕五品以上同　「五」原訛「九」，據開元禮卷七五及北宋本、明抄本改。按：五品以上設洗當東霤，六品以下設洗當東榮。

〔六六〕祝引掌牲者以次牽牲付廚　「引」原訛「與」，據開元禮卷七五改。

〔六七〕棗栗之屬　「栗」原訛「粟」，據諸本改。

〔六八〕祝拜訖　「拜」原訛「奉」，據開元禮卷七七及北宋本、傅校本、明刻本改。

〔六九〕禰在祖東北南向　原脱「南向」，據開元禮卷七八及北宋本、明抄本補。

〔七〇〕執篚者　「篚」原訛「爵」，據開元禮卷七五及北宋本改。

〔七一〕某祖神座前　原脱「神」，據開元禮卷七五補。

〔七二〕北向立主人再拜受爵　此九字原脱，據開元禮卷七五補。

〔七三〕贊禮者引亞獻以次酌獻如上儀訖　「以次酌獻」原脱，據開元禮卷七五補。

〔七四〕五品以上同　「上」原訛「下」。按：開元禮卷七七爲四品五品時享其廟禮，其亞獻酌獻後，贊禮者引亞獻詣東序西向立，與三品以上時享其廟所述同，六品以下則詣祖座近東，西向立。知此「下」必爲「上」字之誤，故改。

〔七五〕享日未明烹牲於廚　「烹」原訛「牽」，據開元禮卷七六改。按：享前一日省牲後，已由祝引掌牲者牽牲於廚。

〔七六〕設趺匱如式　「趺」原訛「跌」，據開元禮卷七六及北宋本、傅校本、明刻本、殿本改。

〔七七〕西面北上　原脱「北上」，據開元禮卷七六補。

〔七八〕夫人之主奄人奉出俱並而出處右　開元禮卷七六無下「出」字。

〔七九〕贊禮者　原脱「禮」，據開元禮卷七六補。下「贊禮者引亞獻」句同。

〔八〇〕謹以柔毛剛鬣明粢薌合薌萁嘉蔬嘉薦醴齊　原脱「薌合」、「蔬嘉薦醴」六字，據開元禮卷七六補。

〔八一〕祖考及子孫各依尊卑稱號　「依」原訛「以」，據開元禮卷七六及北宋本、傅校本、明抄本、明刻本、王吴本改。

〔八二〕祝進跪奠版於神座　原脱「進」，據開元禮卷七六補。按：北宋本、傅校本、明抄本、明刻本、王吴本有「進」脱「祝」。

〔八三〕一祝持爵進主人之左北向立　原脱「一」脱「立」，據開元禮卷七六補。按：北宋本、傅校本、明抄本、明刻本有「立」。

〔八四〕主人興再拜贊禮者引主人降自東階　原脱「主人興再拜贊禮者引」九字，據開元禮卷七六補。

〔八五〕訖　原脱，據開元禮卷七六及北宋本、傅校本、明抄本、明刻本補。

〔八六〕主人以下皆再拜　此句原脱，據開元禮卷七六補。

〔八七〕哀省三周　「哀」開元禮卷七八作「展」。

〔八八〕曰再拜　原脱「曰」，據開元禮卷七八補。

〔八九〕若解滿　「解」開元禮卷七八作「假」，下同。

〔九〇〕許向墓遥爲壇　原作「許望墓而爲壇」，據北宋本、傅校本、明抄本、明刻本改。按：通典原貌如此。

杜佑改「望」爲「向」者，避家諱也。

〔九一〕宜於塋南山門之外設淨席爲位　原「宜」下衍「設」，「南」下衍「門」，據開元禮卷七八删。

〔九二〕食餘饌者可於他僻處不見墳所孝子之情也　原無「僻」無「也」，「處」下有「避」，「所」作「此」，今據開元禮卷七八及北宋本、傅校本、明抄本、明刻本訂改。

王文錦點校

通典卷第一百二十二

禮八十二 開元禮纂類十七 嘉禮一

皇帝加元服

皇帝將加元服，卜日如別儀。

卜日

告圓丘方丘附

前一日，諸告官清齋於告所。其守衞及設罇坫等並前一日陳設，如巡狩圓丘攝事儀。告方丘，自前一日陳設及告官清齋等亦如之。爲埋埳於壝南外壇之內，北出陛。未明二刻，諸告官各服其服，郊社令、良醞令入實罇罍及玉帛。太罇二：一實明水，爲上；一實汎齊，次之。山罍二：一實玄酒，爲上；一實清酒，次之。玉以四珪有邸，幣以蒼。告方丘，太罇二，一實明水，一實醴齊，玉兩珪有邸，幣以黃。未明一刻，奉禮帥贊者先入就位，贊引引御史、太祝以下入行掃除如常儀。質明，謁者引告官以下俱就門外位。奉禮帥贊者先入就位，贊引引御史以下入就位。謁者引告官，贊引引執事者次入就位。立定，〔一〕奉禮曰：「再拜。」贊者承傳，〔二〕凡奉禮有辭，〔三〕贊者皆承傳。告官以下皆再拜。謁者進告官之左，白：「有司謹具，請行事。」儀至禮畢燔祝版於齋所，並同巡狩告圓丘攝事儀。告方丘其儀同，但改昊天爲皇地祇，其玉帛埋之。

告宗廟

其禮與巡狩告宗廟儀有司攝事同，唯祝文臨時撰。

臨軒行事

先一日，尚舍奉御設御冠席於太極殿中楹閒，南向，莞筵紛純，加藻席繢純，加次席黼純。守宮設羣官次於朝堂，太樂令展宮懸於殿庭，並如常儀。設協律郎舉麾位於殿上西階之西，東向；一位於樂懸東南，西向。鼓吹令分置十二案於建鼓之外。乘黃令陳車輅，尚輦奉御陳輿輦，並如常儀。典儀設文官一品以下五品以上位於懸東，六品以下於橫街南，皆重行，西面北上。設武官一品以下五品以上位於懸西，六品以下於橫街南，當文官，皆重行，東面北上。設朝集使位分方於文武官當品之下。設諸親位於四品、五品之中。皇宗親在東，異姓親在西。設蕃客位各分方於朝集使六品之南。諸州使人分方位於朝集使九品之後。又設太師、太尉位於橫街之南道東，北向西上。又設典儀位於懸之東北，贊者二人在南，少退，俱西向。奉禮設門外位於東西朝堂，皆如元日之儀。

其日，諸衞勒所部屯門列黃麾仗如常。羣官依時刻集朝堂，俱就次各服其服，通事舍人引就朝堂前位。侍中版奏：「請中嚴。」太樂令、鼓吹令帥工人入就位。奉禮郎設罍洗於阼階東南，罍在洗東，加勺冪，篚在洗西，南肆，實巾加冪。尚舍奉御設席於東房內，近西，又張帷於東序外。殿中監陳衮服於東房內席上，東領。玄衣纁裳十二章。八章在衣，日、月、星辰、山、龍、華蟲、火、宗彝。四章在裳，藻、粉米、黼、黻。白紗中單，黼領，青褾、襈、裾。革帶，玉鉤鰈，大帶，青帶朱裏，紕其外，上以朱，下以緑，紐約用組。〔四〕朱韍三章，〔五〕龍、山、火。鹿盧玉具劍，火珠鏢首，白玉雙珮，玄組，大雙綬，六綵，玄、黃、赤、白、縹、緑，純玄質，長二丈四尺，五百首，廣一尺。小雙綬，長二尺六寸，色同大綬而首半之，間施二玉環。朱韈，赤舄金飾。纊纚、玉簪及櫛三物同箱，在服南，北向。〔六〕尚舍奉御設莞筵一，紛純，加藻席繢純，加次席黼純，又在南。尚食奉御實醴罇於東序外帷內，〔七〕坫在罇北，實角觶柶各一，加冪。饌陳於罇西，籩豆各十二，俎三，在籩豆北。設罍洗於罇東，罍在洗西，加勺冪，篚在洗東，北肆，實巾加冪。執罍罇籩豆及在庭罍篚者，並絳公服立於其所。衮冕垂白珠十二旒，以組爲纓，色同其綬，黈纊充耳，玉導，置於箱。〔八〕太常博士一人立於西階下近西，東面。諸侍衛之官各服其器服，俱詣閤奉迎。典儀帥贊者先入就位，通事舍人各引羣官入就位。太常博士引太常卿升西階，立於西房外，當户北向。侍中版奏：「外辦。」

皇帝著空頂黑介幘、雙童髻、〔九〕雙玉導、絳紗袍以出，侍衛警蹕如常儀。皇帝將出，太樂令令撞黃鍾之鐘，右五鐘皆應，協律郎舉麾，鼓柷，〔一〇〕奏太和之樂。皇帝出自西房。

太常博士引太常卿，太常卿引皇帝即御座，南向立，樂止。太常卿與博士退立於皇帝之左。通事舍人引太師、太尉就位。凡太師、太尉進退，〔一二〕皆舍人導引。太師初入門，舒和之樂作，至位，樂止。典儀曰：「再拜。」贊者承傳，羣臣在位者皆再拜。太師升自西階，太師初行，樂作；至階，樂止。太師升立於西階上，東面。太尉詣阼階下盥洗盥手，升東階，詣東房内取纚櫛箱，進，跪奠於御座西端。太師詣御座前跪，奏稱：「請坐。」退復位。皇帝坐。太尉進當御座前，少左，跪脱空頂幘，置於櫛箱，櫛畢設纚，興，少西，東面立。太師降盥，初降，樂作；盥訖詣西階下，樂止。太師受冕，〔一三〕右執項，左執前，〔一三〕升西階，進當皇帝前少左，〔一四〕樂作。太師祝曰：「令月吉日，始加元服。壽考惟祺，以介景福。」乃跪冠，興，復西階上位。太尉進皇帝前，少左，跪設簪纓，興，復位。皇帝興，太常卿引適東房。殿中監進徹櫛纚箱以退。皇帝著衮服，太常卿引即席南向坐，樂止。

太尉詣序外帷内，盥手洗觶，酌醴，加柶，覆之，面葉，立於序内，南向。太師進受醴，面柄，進御前，北面祝曰：「甘醴唯厚，嘉薦令芳。承天之休，壽考不忘。」訖，跪進觶，興，退，降立於西階下，東面。於將祝，〔一五〕殿中監帥進饌者奉饌設於御座前，皇帝左執觶，右取脯，擩於醢，〔一六〕祭於籩豆間。太師取胏一以進皇帝，〔一七〕皇帝奠觶於薦西，受胏，卻左手執本，右絶末以祭，〔一八〕上左手，〔一九〕嚌之，授太尉。太尉加於俎，降立於太師之南。皇帝帨手，侍中一人進帨巾。取觶，以柶祭醴，啐醴，建柶，奠觶於薦東。皇帝初受觶，休和之樂作；奠觶訖，樂止。太師、太尉俱復橫街南位。太師初行樂作，至位樂止。典儀唱：「再拜。」贊者承傳，在位者皆再拜。太師、太尉出，初行樂作，出門樂止。侍中前，跪奏：「禮畢。」皇帝興，太樂令令撞蕤賓之鐘，左五鐘皆應，太和之樂作；太常卿引入東房，侍衞警蹕如來儀，入訖，樂止。通事舍人引東西面位者以次出。

見太后

其日冠訖，著通天冠服詣太后所御殿，如常朝見之式。尚宮引就殿前，北向再拜訖，尚宮引出，還宮如常。

謁太廟

將謁，有司卜日如別儀。

前一日，皇帝清齋於太極殿。太尉以下清齋於廟所，近侍之官應從入廟者各於本司清齋一宿。諸衞令其屬晡後一刻各以其方器服守衞廟門，與太樂工人俱清齋一宿。

前三日，尚舍直長施大次於太廟南門之外道西，東向，尚舍奉御鋪御座。守宮設文武侍臣次於大次之後，文左武右，俱東向。設太尉以下次於齋坊內。設三師次於侍臣次之西，東向。

前二日，太樂令設宮懸之樂於廟庭如常儀，右校清掃内外。

前一日，奉禮設御位於樂懸之南道西，北向。設太尉以下及御史等位於内外如常儀。設酒罇之位於廟堂上前楹閒，各於室户之左，北向。每室鷄彝一，鳥彝一，犧罇二，山罍二，皆加勺冪，皆西上，各有坫。以置瓚爵。設罍洗篚如常。篚實珪瓚巾爵。其執罇罍篚冪及烹牲並如巡狩告謁儀。

謁日未明三刻，〔二〇〕太尉以下各服其服，太廟令、良醖令各帥其屬入實罇罍。鷄彝、犧罇之上罇，皆實以明水。山罍之上罇實以玄酒，鳥彝實以鬱鬯，犧罇實以醴齊，山罍實以清酒。太官令帥進饌者實籩豆、行掃除及奏出獻祖以下神主各置於座如常儀，訖各就位，如巡狩告儀。

質明，謁者引太尉以下俱就門外位，太樂令帥工人次入就位。其升堂坐者，皆脱履於階下，降納如常。謁者引太尉，贊引引執事者次入就位。立定，奉禮曰：「再拜。」太尉以下皆再拜。其先拜者不拜。謁者進太尉之左，白：「有司請行事。」其行事儀至讀祝文如時享攝事儀。唯無燔膟膋及奠毛血。讀祝文曰：「維某年歲次月朔日，子孝曾孫皇帝某，〔二一〕太祖以下稱臣某。謹遣太尉臣名，〔二二〕敢昭告於獻祖宣帝、祖妣某氏：敬遵常典，禮加元服，以今吉辰祇見。謹以一元大武、明粢、薌合、薌萁、嘉蔬、嘉薦、醴齊，尚饗。」訖，興，太尉再拜。初讀祝文訖，樂作，太祝進，跪奠版於神座，俛伏，興，還罇所，太尉拜訖，樂止。謁者引太尉以次獻，皆如獻祖之儀。唯不盥洗。偏獻訖，其飲福受胙如常儀。訖，謁者引太尉降復位。贊引引御史、太祝及執罇罍篚冪者俱就執事位，〔二三〕重行，西面立以俟。皇帝既謁廟出門，太祝等升復位訖，登歌作雍和之樂；諸祝各進入室徹豆，出，還罇所，登歌止。奉禮曰：「賜胙。」其贊拜及納神主、燔祝版，並如時享攝事儀。

親謁

前出三日，本司宣攝內外各供其職。

前一日，守宮設羣官五品以上次於東西朝堂如常。〔二四〕

謁日，〔二五〕晝漏上水三刻，鑾駕出宮。發引前七刻，搥一鼓爲一嚴。三嚴時節，前一日侍中奏裁。〔二六〕發引前五刻，搥二鼓爲再嚴。其鑾駕發引之儀與時享出宮儀同，唯陳小駕鹵簿乘金輅爲異。駕過，〔二七〕通事舍人引文武羣官不從者退就次以俟。

駕至大次，迴輅東向，將軍降，立於輅右。〔二八〕侍中進當鑾駕前，跪奏稱：「侍中臣某言，請降輅。」俛伏，興，還侍位。皇帝降輅，乘輿之大次，繖扇華蓋侍衛如常儀。〔二九〕通事舍人引三師各就便座，各服其服，出立於大次門外。太常博士引太常卿立於大次門外，當門西向。侍中版奏：「外辦。」

皇帝出次，華蓋侍衛如常。侍中負寶陪從如式。博士引太常卿，太常卿引皇帝凡太常卿前導，皆博士先引。至廟門外，殿中監進鎮珪，皇帝執鎮珪，華蓋仗衛停於門外，三師、近侍者從入如常。

皇帝初入門，太和之樂作，至版位，北向立，樂止。太常卿與博士退立於左。太常卿前奏稱：「請再拜。」皇帝再拜。少頃，太常卿又奏稱：「請再拜。」皇帝又再拜。訖，太常博士引太常卿，太常卿引皇帝出還大次，初行樂作，出門樂止。殿中監受鎮珪，華蓋侍衛如常儀。

皇帝既還大次，請解嚴，轉仗衛，至既入閤侍中版奏請解嚴，叩鉦將士各還本所，如時享還宮儀。

會羣臣

皇帝見廟之明日會羣臣，如元會之儀。其上壽詞云：「具官臣某言，伏惟皇帝陛下吉辰元服，禮備樂和，臣等不勝大慶，謹上千萬歲壽。」

羣臣上禮

前一日，守宮量設次於東朝堂如常儀。其日應上禮之官，依時刻各集於次，皆服朝服。奉禮先設上禮之官位於東朝堂之前，近南，文東武西，重行北面，相對爲首。又設中書舍人位於吏部爲首者之北，南向。設奉禮位於文官東北，贊者二人在南，差退，俱西向。通事舍人各引應上禮之官就位。立定，〔三〇〕令史二人對舉表案，禮部郎中引就中書舍人前，取表授舍人訖，引案退。奉禮唱：「再拜。」贊者承傳，在位者皆再拜。中書舍人奉表入造。通事舍人引在位者退。

皇帝納后

卜日、告圓丘、方澤並如加元服儀。其祝文臨時撰。

臨軒命使

將行納采，制命太尉爲使者，宗正卿爲副使，吏部承以戒之。問名、納吉、納徵、〔三一〕告期并奉迎並同使。

前一日，尚舍奉御設幄座於太極殿如常。〔三二〕守宮設羣官客使等諸應陪位者次於東西朝堂。太樂令展宮懸於殿庭，設舉麾位於殿上，一位於懸下，鼓吹令設十二案，乘黄令陳車輅，尚輦奉御陳轝輦，皆如元日之儀。典儀設文官一品以下五品以上位於懸東，六品以下於橫街南，皆重行，西面北上。設武官一品以下五品以上位於懸西，六品以下於橫街南，當文官，皆重行，東面北上。設朝集使位各分方於文武官當品之下，設諸親位於四品、五品之下，皇宗親在東，異姓親在西。設蕃客位各分方於朝集使六品之南，諸州使人分方位於朝集使九品之後。設典儀位於懸東北，贊者二人在南，少退，俱西向。設使者受命位於大横街南道東，副使又於其東，少退，俱北面。奉禮設門外位於東西朝堂如元日儀。

其日，諸衞勒所部列黄麾仗如常儀。羣官依時刻集朝堂，俱就次各服其服，〔三三〕通事舍人引就朝堂前位。侍中量時刻版奏：「請中嚴。」〔三四〕鈒戟近仗入陳於殿庭，太樂令帥工人入就舞位，〔三五〕協律郎入就舉麾位。諸侍衞之官各服其器服，〔三六〕符寶郎奉寶，俱就閤奉迎。〔三七〕典儀帥贊者先入就位。通事舍人引羣官入就位，又引使主副入立於太極門外道東，〔三八〕西面。黄門侍郎引主節執幡節，中書侍郎引制書案，立於左延明門内道北，西面北上。侍中版奏：「外辦。」

皇帝服衮冕御轝以出，曲直華蓋警蹕侍衞如常儀。皇帝將出，仗動；出自西房，即御座坐，南向。符寶郎奉寶置於御座如常。通事舍人引使主副入就位。立定，〔三九〕典儀曰：「再拜。」贊者承傳，羣官在位者皆再拜。侍中前承制，降詣使者東北，西面稱：「有制。」使主副俱再拜。侍中宣制曰：「納某官女爲皇后，命公等持節行納采等禮。」宣訖，使主副又再拜。侍中還侍位。黄門侍郎引主節立於使者東北，〔四〇〕西面。主節以節授黄門侍郎，黄門侍郎執節西面授使者，〔四一〕使者受，付主節，主節立於使後，黃門侍郎退。中書侍郎引制書案立於使者東北，西面。中書侍郎取制書，持案退自使後，立於使者之左。西面授使者，使者受制書置於案，持案者退立於使後，中書侍郎退。典儀曰：「再拜。」贊者承傳，羣官在位者皆再拜。舍人引使者主副出，持節者前導，持案者次之。侍中前跪，奏稱：「侍中某臣言，禮畢。」俛伏，興，還侍位。

皇帝降座，御輿，〔四二〕入自東房，侍衞警蹕如來儀。舍人引羣官在位者以次出。初使主副乘輅備儀仗而行，鼓吹備而不作，從者乘車以從；其制書以油絡網犢車載而行。〔四三〕自後皆如之。

納采

前一日，守宮設使者次於后氏大門外道右，南向。

其日大昕，使主副至於后氏大門外，掌次者迎入次。凡賓主及行事者皆公服。主人受於廟。無廟者受於正寢。掌事者布神席於室户外之西，莞筵紛純，加藻席畫純，南向，右雕几。使主副出次，謁者引立於大門外之西，東面北上。〔四四〕持幡節者立於使者之北，少退，東面；令史二人對舉制案立於使者之南，執鴈者又在其南，俱東面。主人立於大門內，西面。儐者立於主人之左，北面受命，出立門東，西面曰：「敢請事。」使者曰：「某奉制納采。」儐者入告。主人曰：「臣某之女若如人，既蒙制訪，臣某不敢辭。」儐者出告，入，引主人出迎使者於大門外之南，北面，主人再拜。使者不答拜。

主人揖使者，先入，至於階，〔四五〕使者及宗正卿入，幡節先導，其持案及執鴈者從入，〔四六〕幡節立西階之西，東面。自後幡節皆如之。使者由西階升，立於兩楹閒，〔四七〕南面；使副在使者西南，持案及執鴈者在使副西南，俱東面。主人升阼階，詣使者前，北面立。〔四八〕持案者以案進使副前，使副取制書，持案者退復位；使副奉制書進授使者，退復位。持節者脱節衣。使者曰：「有制。」主人再拜。宣制畢，〔四九〕主人降詣階閒，北面再拜稽首訖，升，進，北面受制書，退以授左右，仍北面立。使副取鴈以授使者，退復位。使者受鴈，〔五〇〕主人再拜，進，受鴈，退以授左右，仍北面立。儐者引二人對舉答表案進於主人後，少西，儐者取表以授主人，主人受，進授使者訖，退復位，〔五一〕再拜。持節者加節衣。謁者引使者及使副等降自西階以出。

制文凡六禮皆以版，長一尺二寸，博四寸，厚八分。后家答版亦如之。

皇帝曰：咨！具官封姓：渾元資始，肇經人倫，爰及夫婦，以奉天地宗廟社稷。謀於公卿，咸以爲宜。率由舊典，今使持節太尉封某、宗正卿封某以禮納采。

答文

皇帝嘉命，訪婚陋族，備數采擇。臣之女，姑姊妹則云「先臣某官之遺女」。未閑教訓，衣履若如人。〔五二〕欽承舊章，肅奉典制。某官封臣姓名稽首頓首，再拜承制詔。

問名

使者既出，遂立於內門外之西，東向，並如納采位。初使者降，主人降立於內門內東廂，西面。儐者進受命，出請事。使者曰：「將加卜筮，奉制問名。」儐者入告。主人曰：「臣某之子若如人，既蒙制訪，臣某不敢辭。」儐者出告，入引主人出迎使者，至主人受鴈訖出，如納采儀。

使者出立於內門外之西，〔五三〕使副在南，少退，俱東面。初使者降，主人降立於東階下，〔五四〕西面。儐者進受命，出請事。使者曰：「禮畢。」儐者入告。主人曰：「某公奉制至於某之室，某有先人之禮，請禮從者。」〔五五〕儐者出告。使者曰：「某既得將事，敢辭。」儐者入告。主人曰：「先人之禮，敢固以請。」儐者出告。使者曰：「某辭不得命，敢不從。」儐者入告，遂引主人升立於序端。掌事者徹几，改設二筵，東上。各用莞筵紛純，加藻席繢純。設甒醴於東房西牖下，加勺冪；坫在罇北；篚在罇南，〔五六〕實觶二，角柶二；各一籩一豆，〔五七〕實以脯醢，在坫北。又設洗於東階東南如常。

訖，儐者引主人降，迎使者於内門外之東，西面揖使者，先入。使者入門而左，副從之。主人入門而右，至階，主人曰：「請某位升。」使者曰：「某敢辭。」主人曰：「固請某位升。」使者曰：「某敢固辭。」主人曰：「終請某位升。」使者曰：「某敢終辭。」主人升阼階，使者升西階，副從升，俱北面。主人阼階上北面再拜，使者及副西階上北面答再拜。

主人受几於序端，掌事者内拂几三，奉兩端西北向以進；主人東南向外拂几三，振袂，内執之，掌事者一人又執几以從。主人進，西北向。使者序進，迎受於筵前，東南向以俟。主人還東階上，北向再拜送。使者以几避，〔五八〕進，北面跪，各設於座，差退於西階上，北面東上，俱答再拜；立於階西，東面南上。

贊者二人俱升，取觶，降，盥手洗觶，升，實醴，加柶於觶，覆之，面葉，出房南面。主人受醴，面柄，進使者筵前，西北面立，又贊者執觶以從。使者西階上北面各一拜，序進筵前，東南面。主人又以次授醴，使者受，俱復西階上位。主人退復東階上，北面一拜送。掌事者以次薦脯醢於筵前。使者各進升筵，皆坐，左執觶，右取脯，擩於醢，祭於籩豆閒，各以柶祭醴三，始扱一祭，又扱再祭，興，各以柶兼諸觶，上攦，〔五九〕降筵於西階上，俱北面坐，俱啐醴，建柶，各奠觶，遂拜，執觶。主人答拜。使者進，升筵坐，各奠觶於薦東，降筵，序立於西階上，東面南上。

掌事者牽馬入陳於門內三分庭一在南，北首西上。又掌事者奉幣篚升東階以授主人，主人受於序端，進，西面立。〔六〇〕掌事者一人又奉幣篚立於主人之後。使者西階上俱北面再拜。主人進詣楹閒，南面立。使者序進，立於主人之西，俱南面。主人以幣篚授使者，使者受，退立於西階上，東面。掌事者又以幣篚授主人，主人受以授使副，使副受，退立於使者北，俱東面。主人還東階上，北面拜送。使者降西階，從者迓受幣。使者當庭實，揖馬以出，牽馬者從出。使者出大門外之西，〔六一〕東面立，從者迓受馬。主人出門東，西面再拜送。使者退。主人入立於東階下，西面。儐者告主人曰：「賓不顧矣。」主人反於寢。使者奉答表詣闕進。

制文

皇帝曰：咨，某官封姓，兩儀配合，承天統物，正位於內，必俟令族。重章舊典，今使使持節太尉封某、〔六二〕宗正卿封某以禮問名。

答文

皇帝嘉命使者某重宣中制，問臣名族。臣女夫婦所生，先臣故某官之遺玄孫，先臣故某官之遺曾孫，先臣故某官之遺孫，先臣故某官之外孫女，〔六三〕年若干。欽承舊章，謹奉典制。某官臣姓某稽首頓首，再拜承制詔。若女祖以上在，則直云某官臣之孫女等語。

納吉

前一日，守宮設使者次，以下至主人立於大門内西面，如納采儀。儐者進受命，出請事。使者曰：「加諸卜筮，占曰從，制某也納吉。」儐者入告。主人曰：「臣某之女若如人，龜筮云吉，臣占在焉。〔六四〕臣某謹奉典制。」儐者出告，入，引主人出迎使者於大門外，以下至使者降自西階以出，如納采儀。使者出立於内門外之西，使副在南，少退，俱東面。初使者降，主人立於東階下，西面。儐者進受命，出請事。使者曰：「禮畢。」其儐使者如問名之儀。

制文

皇帝曰：咨，某官姓，人謀龜筮，僉曰貞吉，敬順典禮，今使使持節太尉封某、宗正卿封某以禮納吉。

答文

皇帝嘉命使者某重宣中制，太卜元吉。臣陋族卑鄙，憂懼不堪，欽承舊章，肅奉典制。某官臣姓某稽首頓首，再拜承制詔。

納徵

前一日，守宮設使者次如初。

其日大昕，使主副至后氏大門外，掌次者延入次。執事者入布幕於内門之外，玄纁束帛陳於幕上，六馬陳於幕南，北首西上，執事者奉穀珪以匱，〔六五〕俟於幕東，西面。掌事者設几筵如初。

使主副出次，謁者引立於大門外之西，東面北上；持幡節者立於使者之北，少退，東面；令史二人對舉制案立於使副南，東面。主人立於大門内，西面。儐者進受命，出請事。使者曰：「某奉制納徵。」儐者入告。主人曰：「奉制賜臣以重禮，臣某祇奉典制。」〔六六〕儐者出告。入，引主人出迎使者於大門外之南，北面，主人再拜。使者不答拜。

謁者引使者及使副入，〔六七〕幡節前導，持案者從入。使者入門而左，主人入門而右。至於内門，使主副立於門西，東面北上。主人立於門東，西面。

儐者引主人揖使者，先入門，至於階，使者及使副從入，〔六八〕由西階升，立於楹間，南面；使副在使者西南，持案者在使副西南，俱東面。主人由阼階詣使者前，北面立。於主人揖入門，〔六九〕執事者坐啟匱取珪，加於玄纁上，及牽馬者從入三分庭一在南，北首西上，執珪者在馬西，俱北面。持案者以案進使副前，使副取制書，持案者退復位；〔七〇〕使副奉制書進授使者，退復位；持節者脱節衣。使者曰：「有制。」主人再拜。使者宣制畢，主人降詣階閒，北面再拜稽首訖，升，進，北面受制書，退以授左右，仍北面立。儐者引二人對舉答表案，進主人後，少西，儐者取表以授主人，主人受以授使者訖，退復位，再拜。謁者引使者及使副等降自西階以出，立於内門外之西，使副在南，少退，俱東面。初主人受制書訖，左右受玉帛於庭，受馬者自左受之以東，牽馬者既授馬，自前西而出。〔七一〕主人降立於東階下，西面。儐者進受命，出請事。使者曰：「禮畢。」其儐使者如納吉之儀。

制文

皇帝曰：咨，某官姓之女，有母儀之德，窈窕之姿，如山如河，宜奉宗廟，永承天祚，以玄纁珪馬，〔七二〕以章典禮。今使使持節太尉封某、宗正卿封某以禮納徵。

答文

皇帝嘉命使者某重宣中制，降婚卑陋，崇以上公，寵以豐禮，備物典册。欽承舊章，肅奉典制。某官臣姓名稽首頓首，再拜承制詔。

告期

前一日，守宮設使者次，以下至出請事，如納采儀。使者曰：「制使某告期。」儐者入告。主人曰：「臣某謹奉制。」儐者出告，入引主人出迎使者，以下至禮畢，如納采儀。

制文

皇帝曰：咨，某官姓，謀於公卿、太筮、元龜，罔有不臧。率遵典禮，今使使持節太尉封某、宗正卿封某以禮告期。

答文

皇帝嘉命使者某重宣中制，告曰：「惟某月某日可迎。」臣欽承舊章，肅奉典制。某官臣姓某稽首頓首，再拜承制詔。

告廟〔七三〕

有司以特牲告如常告禮。祝文臨時撰。

册后

前一日，守宮設使者次於后氏第大門外之西如常。尚舍設尚宮以下次於后氏閤外道西，東向，〔七四〕障以行帷。

其日臨軒命使，如納采命使之儀。太尉爲正使，司徒爲副使。

奉禮設使者位於大門外之西，東向。使副及内侍位於使者之南，舉册案及寶綬者在南，差退，持節者在使者之北，少退，俱東向。設主人位於大門外之南，北面。設使者以下及主人位於内門外亦如之。設内謁者監位於内門外主人之南，西面。内謁者監設司贊位於東階東南，〔七五〕掌贊二人在南，差退，俱西向。内謁者監又先置一案於閤外，近限。

使主副乘輅持節，備儀仗，鼓吹備而不作，至后氏大門外，使者降輅，掌次者延入次。尚宫以下至閤之次。〔七六〕内僕進重翟以下大門外道西，東向北上。諸衛令其屬布后儀仗如常。

使者出次，謁者引使者以下就門外位。主人朝服出，立於東階下，西面。儐者進受命，出門東，西面曰：「敢請事。」使者曰：「某奉制授皇后備物典册。」儐者入告，遂引主人出迎於大門外，北面再拜。使者不答拜。

謁者引使者入門而左，持節者前導，持案者次之。主人入門而右。至内門外，各就位。立定，奉册寶案者進當使副前，使副受册寶，持案者退復位，使副以册寶進授使者，退復位。内侍進使者前，西面受册寶，東面授内謁者監，退復位。〔七七〕内謁者監持册寶入立於閤外之西，東面跪置册寶於案，俛伏，興。

尚宮以下入閤奉后首飾褘衣，其衣服所司先進。傅姆贊出，尚宮引降，立於庭中，北面。尚宮跪取册，尚服跪取寶綬，興，立於后之右，少前，西向。司言司寶各一人進於后左，少前，東向。尚宮稱：「有制。」尚儀贊：「皇后再拜。」皇后再拜。宣册訖，尚儀又贊：「皇后再拜。」皇后再拜。尚宮奉册進授皇后，皇后受以授司言；尚服又奉寶綬次授皇后，〔七八〕皇后受以授司寶。訖，尚儀贊：「皇后升座。」尚宮引皇后升座，南向坐。內官以下俱降立於庭，重行，北向西上。立定，司贊曰：「再拜。」掌事承傳，內官以下皆再拜訖，諸應侍衛者各升立於侍位。尚儀前跪，奏稱：「禮畢。」皇后降座，尚宮引皇后入於宮。

主人儐使者如告期之儀。使者乘輅而還，〔七九〕詣闕復命。

册文

維某年月日，皇帝使使持節太尉封某、司徒封某册命某官女某氏爲皇后。咨爾易階乾坤，〔八〇〕詩首關雎，王化之本，實由內輔。是故皇英嬪虞，帝道以光；太任姒姬，周胤克昌。〔八一〕皇后其祇勗厥德，以肅承宗廟，虔恭中饋，盡敬於婦道，〔八二〕導師道於六宮，〔八三〕作範儀於四海。皇天無親，惟德是依，可不慎歟！

命使奉迎

其日晡後，侍中量其時刻版奏「請中嚴」。晡後三刻，皇帝服衮冕出，升所御殿，宮人侍衛如常。文武之官五品以上立於東西朝堂如常儀。

奉迎前一日，守宮設使者次於大門外道右，設使副及內侍次於使者次西，俱南向。尚舍設宮人次於閤外道西。奉禮設使者位於大門外之西，東向；使副位於使者之南，持案及執鴈者又在南，差退，持節者在使者北，少退，俱東向。奉禮位於使副西南，贊者二人在南，差退，俱東面。設內侍位於大門外道左，西面。

其日，司贊設宮人以下位於堂前。使主副朝服發朝堂，乘輅持節，備儀仗，至大門外，使者降輅，掌次者延入次。〔八四〕宮人等各之次奉迎。文武官至宿衛及列鹵簿如常儀。

尚儀奏請皇后中嚴，量時刻傅姆導皇后，〔八五〕尚宮前引，出，升堂，宮人等侍衛如常儀。皇后將出，主婦出於房外之西，南向。文武奉迎者皆陪立於大門外，文東武西，北上。

立定，〔八六〕謁者引使者詣大門外位，使副、內侍等各就位。主人立於內門外堂前東階下，西面。儐者受命出請事。使者曰：「某奉制，以今吉辰率職奉迎。」儐者入告。主人曰：「臣謹奉典制。」儐者出告，入，引主人出門南，北面再拜。使者不答拜。

謁者引使者入門而左，持節者前導，使副及持案、執雁者次之。主人入門而右。至內門外堂西階，使者先升，立於兩楹間，南面。使副在使者西南，持案及執雁者在使副西南，俱東面。主人升東階，詣使者前，北面立。持案者以案進使副前，使副取制書，持案者退復位；使副奉制書授使者，退復位。使者曰：「有制。」主人再拜。使者宣制畢，主人降詣階間，北面再拜稽首訖，升，進，北面受制書，退授左右訖，主人再拜，仍北面立。使副取雁授使者訖，主人再拜，〔八七〕進受雁，授左右，仍北面立。儐者引二人對舉答表案，進立於主人後，少西，儐者取表以授主人，主人受以授使者訖，退復位，再拜。

謁者引使者及使副降自西階以出，復門外位。立定，奉禮曰：「再拜。」贊者承傳，使主副俱再拜。使者曰：「令月吉日，某等承制，率職奉迎。」內侍受以入傳於司言，司言受以奏聞。尚儀奏：「請皇后再拜。」皇后再拜訖，主人入，升自東階，〔八八〕進，西面誡之曰：「戒之敬之，夙夜無違命。」主人退立於東階上，西面。母誡於西階上，施衿結帨，曰：「勉之敬之，夙夜無違命。」訖，腰輿進，皇后升輿以降，尚宮前導，六尚以下侍衞如常。皇后升重翟以几，姆加憬。內宮侍從及內侍導引應乘車從者如鹵簿常儀。迎使及百官當引從者皆退，隨便立。皇后車出大門外，以次乘車馬引從如常。

制文

皇帝曰：咨，某官姓，歲吉月令吉日，惟某率由典禮，〔八九〕今遣使持節太尉封某、宗正卿封某以禮迎。

答文

皇帝嘉命使者某重宣中詔，令月吉辰，備禮以迎。螻蟻之族，猥承大禮，憂懼戰悸，欽承舊章，肅奉典制。某官臣姓某稽首頓首，再拜承制詔。

同牢

其日，内侍之屬設皇后大次於皇帝所御殿門外之東，南向，鋪座如常。

將夕，尚寢設皇帝御幄於所御之殿室内之奥，東向，鋪地席重茵，施屏幛。初昏，尚食設洗於東階東南，東西當東霤，南北以堂深，罍水在洗東，篚在洗西，南肆。篚實以巾二、爵二。設后洗於東房近北，罍水在洗西，篚在洗東，北肆。皆加勺冪。饌於東房西墉下，籩豆各二十四，簠簋各二，甑各三，皆加巾蓋，俎三。罇於室内北墉下，玄酒在西，加冪，勺南柄。冪夏用絺，冬用綌。〔九〇〕又罇於房户外之東，無玄酒，坫在南，加四爵、合巹。其器皆烏漆，惟甑以陶，巹以匏。

皇后重翟入大門，鳴鐘鼓，其鐘鼓所司先陳設。鳴鐘鼓者，所以聲告内外。鹵簿止於外，近侍應從者如常。皇后從永巷至大次前，迴車南向，施步障畢，尚儀進當車前跪奏：「請降車。」

興，退復位。皇后降車，御輿，司輿率繖扇等，司燈率執燭者俱布列前後。〔九一〕皇后入就大次，嚴整訖，尚宮引皇后詣所御殿門外之東，西向立。

尚儀跪奏：「外辦，請降座禮迎。」皇帝降座，尚宮前引詣門内之西，東面，揖后以入。尚食徹鐏冪，酌玄酒三注於鐏。尚寢設席於室内之西，東向。莞筵紛純，加藻席繢純，次席黼純。對席亦準此。皇帝導后升西階，入室即席，東向立。皇后入立於鐏西，南向。

皇帝盥於南洗，皇后盥於北洗。尚食率其屬以饌入。設醬於席前，葅醢在其北，俎三入設於豆東，豕俎特於俎北。豆東，葅醢之東。尚食設黍於醬東，稷稻粱又在東。設湇於醬南。饌要方也。設對醬於東，對醬，后醬也。設之當特俎。葅醢在其南，北上。設黍於豕俎北，其西稷稻粱。設湇於醬北。尚食啟會卻於簠簋之南，〔九二〕對簠簋於北，啟，發也。豆蓋徹於房。各加匕箸。尚寢設對席於饌東。尚食西面跪奏：「饌具。」興。

皇帝揖皇后，對席西面，皆坐。尚食跪取韭葅擩醢授皇帝，又尚食跪取韭葅擩醢授皇后；皇帝及皇后俱受，祭於豆閒。尚食又取黍實於左手，遍取稷稻粱，反於右手授皇帝。又尚食取黍實於左手，遍取稷稻粱，反於右手授皇后。皇帝及皇后俱受，祭於豆閒。各取肺皆絶末，授皇帝及皇后。皇帝及皇后俱受，祭於豆閒訖，〔九三〕尚食各以肺加於俎。司飾二人以巾授皇帝及皇后，〔九四〕俱帨手訖，尚食各跪品嘗饌訖，各移黍置於席上，以次授肺脊皇帝及皇后，皆食，三飯卒食。尚食二人俱盥手洗爵於房，入室詣酒罇所，酌酒，進授皇帝及皇后，俱受爵，祭酒。尚食各以肝從，皆奠爵，振祭，嚌之。尚食皆受，實於葅豆。〔九五〕各取爵皆飲訖，尚儀俱進受虛爵，奠於坫。再酳如初。三酳用卺如再酳。尚食俱降東階，洗爵升，酌於户外罇，進，北面俱奠爵，興，再拜，跪，取爵祭酒，遂飲卒爵，奠爵遂拜，執爵興，〔九六〕降，奠於篚，還侍位。

尚儀北面跪，奏稱：「禮畢。」興。皇帝皇后俱興。尚宫引皇帝入東房，釋冕服，御常服。又尚宫引皇后入幄脱服。尚宫引皇帝入。尚食率其屬徹饌，設於東房如初。〔九七〕皇后從者餕皇帝之饌，皇帝侍者餕皇后之饌。

皇后表謝

皇后至宫之明日，〔九八〕服展衣出，司言引尚宫，尚宫前導及左右侍從如常。升正殿兩楹閒，北面立。又尚儀以謝表授皇后，又尚儀以案俟於前，皇后置表案上，尚宫贊拜，皇后再拜訖，尚儀以表降殿授内侍，内侍因中書以聞。初内侍出門，皇后降殿還寢如常。

朝皇太后

其日大昕，所司設皇太后御座、地席於所御之殿，南向。〔九九〕尚食帥司膳設側罇甒醴於東房内東壁下，加勺冪。籩一，豆一，實以脯醢，設於罇北。又設洗於罇西，近北，罍水在洗西，篚在洗東，北肆。篚實以巾冪，角觶一，角柶一。

其日，皇后夙興，沐浴。尚儀版奏：「請皇后中嚴。」質明，六尚及諸侍衛宫人俱詣寢殿奉迎。尚儀版奏：「外辦。」皇后服褘衣，加首飾，御輿，尚宫前導，降自西階以出，侍衛如常。至皇太后閤外，皇后降輿，障扇侍從如常，立於西廂，東面。

皇后將至，尚儀奏：「請皇太后中嚴。」皇后既至閤外，尚儀奏皇太后「外辦」。皇太后服褘衣、首飾，司言引尚宫，尚宫引皇太后出，即御座前，南向坐，侍從如常。

皇后執笲，棗栗腶脩，司言引尚宫，尚宫引皇后入，升西階，北面再拜，進，跪奠笲於皇太后座前。〔一〇〇〕皇太后撫之。尚食進，徹以東。〔一〇一〕司言引尚宫，尚宫引皇后退，北面又再拜。

司設設皇后席於户牖之間，近北，南向。司言引尚宫，尚宫引皇后立於席西，南向。尚食入東房，盥手洗觶，酌醴，加柶，面柄，出，進詣皇后席前，北向立。皇后進，北面再拜，受醴。尚食薦脯醢於席前。皇后升席坐，左執觶，右取脯擩於醢，祭於籩豆閒，以柶祭醴三，始扱一祭，〔一〇二〕又扱再祭，加柶於觶，面葉，興，降席，北面跪，啐醴，建柶，興，北面再拜，進，升席，跪，奠觶於薦東，興，降席。司言引尚宮，尚宮引皇后降自西階以出，御輿而還，侍從如來儀。〔一〇三〕

初皇后出閤，尚儀跪奏稱：「禮畢。」俛伏，興，還侍位。皇太后降座入室如常。

皇后受羣臣賀

右如正冬賀儀。唯辭云：「具官臣某等言，伏惟殿下徽猷昭備，至德應期，凡厥黔黎，不勝慶躍。」

皇帝會羣臣

右如正冬會儀，唯樂備而不作。上壽辭云：「具官臣某等言：皇后坤儀配天，德昭厚載，克崇萬葉，明嗣徽音。凡厥兆庶，載懷鳧藻，臣等不勝慶忭，謹上千萬歲壽。」

外命婦朝會

右如正冬朝會儀，唯賀辭云：「某位妾姓等言：伏惟殿下，坤象配天，德昭厚載，率土含識，不勝抃舞。」會辭惟加「謹上千萬歲壽」。

羣臣上禮

右如加元服上禮之儀。

皇后廟見

前一日，皇后清齋於别殿。內官應從入廟者俱清齋一日於廟所。諸衛令其屬晡後一刻各以其方器服守衛廟門，與太樂工人俱清齋一宿。

前二日，尚舍直長施皇后大次於太廟北門內之西，東向，周以行帷；尚舍奉御鋪御座。尚舍直長又量設內官以下次於大次之後。守宫設外命婦、妃、主以下次於廟北門外之西，道北，南向東上，周以行帷。設行事太尉以下次於齋坊之內。太樂令設宫懸之樂於廟庭如式。

前一日，右校清掃內外。內謁者監設皇后版位於樂懸之北道西，北向。設外命婦位於其次前，北面東上。奉禮設太尉以下及御史等位於內外，並如常儀。設酒罇之位於廟堂上前楹閒，〔一〇四〕各於室户之左，北向；每室彝二、罇二、春夏用雞彝、鳥彝、犧罇，秋冬用斝彝、黄彝、著罇。〔一〇五〕山罍二，皆加勺冪，皆西上，各有坫。以置瓚爵。設洗於東階東南，北向。以下至太祝持版，如加元服謁廟儀。

太祝持版進於室户外之右，東向跪讀祝文曰：「維某年歲次月朔日，子孝曾孫開元神武皇帝某太祖以下稱臣某。謹遣太尉封臣名，敢昭告於皇祖某諡：皇后某氏，太祖以下廟則稱妾某氏。將伸祇見。謹以一元大武、明粢、薌合、薌萁、嘉蔬、嘉薦、醴齊敬薦。尚饗。」訖，興。太尉再拜。初讀祝文，樂作；太祝進，跪奠版於神座前，俛伏，興，還罇所，太尉拜訖，樂止。謁者引太尉以次獻，皆如獻祖之儀。惟不盥洗。偏獻訖以下如加元服謁廟儀，唯執事則每事訖還齋所。

車駕出宫

前出宫三日，本司宣攝内外各供其職。

其日，晝漏上水四刻，車駕出宫。發引前七刻，搥一鼓爲一嚴。三嚴時刻，前一日内侍中奏裁。發引前五刻，搥二鼓爲再嚴。尚儀版奏：「請中嚴。」司贊設内命婦版位於皇后所御殿閤外道東，重行，西向北上。内命婦各服其服。所司陳小駕鹵簿。發引前二刻，搥三鼓爲三嚴。司贊引内命婦各就位。六尚以下各服其服，〔一〇六〕俱詣室奉迎。尚服負璽如式。内僕進重翟於閤外。

尚儀版奏：「外辦。」馭者執轡，皇后首飾禕衣乘輿以出，警蹕侍衛如常儀。皇后升車，仗衛如常，六尚等乘車陪從如式。司賓引内命婦退，隨近以俟。諸翊駕之官皆乘馬，駕動，稱警蹕如常，不鳴鼓角，諸衛前後督攝如常。外命婦三品以上及公主、縣主皆先置，〔一〇七〕各就次俱服其服。車駕將至，內侍之屬守廟四門。內謁者、贊引引外命婦、妃、主等出次，〔一〇八〕內典引引就位立，駕過，引還次。

初駕將至，內侍之屬守廟四門，駕至廟北門，迴車北向。尚儀進，當前跪，奏稱：「尚儀妾姓言，請降車。」興，還侍位。皇后降車，升輿，入大次，繖扇華蓋侍衛如常儀。〔一〇九〕鹵簿停於廟外。

皇后停大次半刻頃，司言引尚宮立於大次門外，當門西向。尚儀版奏：「外辦。」皇后出次，侍衛如常。尚服負璽陪從如式。司言引尚宮，尚宮引皇后，凡尚宮前導，皆司言先引。至版位，北向立。尚宮與司言退立於左。皇后立定，尚宮前奏：「請再拜。」皇后再拜。少頃，尚宮又奏：「請再拜。」皇后又再拜訖，司言引尚宮，尚宮引皇后還大次。內侍版奏：「請解嚴。」將士不得輒離部伍。〔一一〇〕

皇后停大次一刻頃，〔一一一〕搥一鼓爲一嚴，轉仗衛於還途如來儀。三刻頃，搥二鼓爲再嚴，尚儀版奏：「請中嚴。」皇后改著鈿釵禮衣。五刻頃，搥三鼓爲三嚴，六尚以下詣大次奏迎，內僕進重翟於廟北門外。尚儀版奏：「外辦。」馭者執轡，皇后乘輿出次，〔一一二〕華蓋侍衛如常。皇后升車，鼓吹振作而還，六尚等升車陪從如來儀。

皇后將出門，内謁者、贊引引外命婦等出次，〔一三〕内典引引就位。駕至位所，内侍奏：「請駕權停。」外命婦再拜訖，内侍承令令外命婦還，外命婦又再拜。車駕過，内典引引外命婦退，〔一四〕各還第。

駕至所御殿閤外，迴車南向。尚儀進當車前跪，奏稱：「尚儀妾姓言，請降車。」興，〔一五〕還侍位。皇后降車，乘輿以入，〔一六〕侍衛如常。於車駕將至，司賓引内命婦俱就位；皇后既入，司賓引内命婦退。内侍版奏：「請解嚴。」將士各還其所。

校勘記

〔一〕立定　原脱「立」，據開元禮卷九一補。

〔二〕贊者承傳　「贊」上原衍「謁」，據開元禮卷九一删。

〔三〕凡奉禮有辭　「有辭」原訛「者謁」，據開元禮卷九一改。

〔四〕紐約用組　原訛作「鈎用組之」，據開元禮卷九一及明抄本改。按：北宋本作「紐鈎用組之」，亦有訛衍。

〔五〕朱韍三章　「韍」原作「黼」，據開元禮卷九一改。

〔六〕在服南北向　原脱「南」，今本開元禮同。據新唐書禮樂志七三九六頁補。

〔七〕尚食奉御　「食」原訛「舍」，據開元禮卷九一及北宋本、傅校本、明抄本、明刻本改。

〔八〕置於箱　原脱「置」，據開元禮卷九一補。

〔九〕雙童髻　「髻」原訛「髺」，據開元禮卷九一及北宋本、傅校本、明刻本改。

〔一〇〕鼓柷　「柷」原訛「吹」，據開元禮卷九一改。

〔一一〕凡太師太尉進退　原脱「退」，據開元禮九一補。

〔一二〕太師受冕　「師」原訛「常」，據開元禮卷九一、新唐書禮樂志七三九六頁改。

〔一三〕右執項左執前　原誤作「左執頂右執前」，開元禮卷九一「項」字不誤而右左倒置。新唐書禮樂志七三九六頁右左順序不誤而「項」亦訛作「頂」。按：儀禮士冠禮云：「賓右手執項，左手執前」。今據訂正。

〔一四〕進當皇帝前少左　原脱「少」，據開元禮卷九一、新唐書禮樂志七三九六頁補。

〔一五〕於將祝　原脱「於」，據開元禮卷九一及北宋本、傅校本、明抄本、明刻本、王吳本補。

〔一六〕擩於醢　「醢」原訛「醯」，據開元禮卷九一改。

〔一七〕太師取肺一以進皇帝　「肺」原訛「胏」，據開元禮卷九一改。下同。

〔一八〕右絶末以祭　原「右」下衍「手」，據開元禮卷九一及北宋本、傅校本、明抄本、明刻本删。

〔一九〕上左手　「左」原訛「右」，據開元禮卷九一改。按：祭肺前先以右手受肺，再以左手執肺頭，右手掐塊肺尖來祭。上左手即左手在上，使肺尖朝下。參儀禮鄉飲酒禮。

〔二〇〕謁日未明三刻　原脱「謁」，據開元禮卷九二補。

〔二一〕子孝曾孫皇帝某　原脱「子」，據開元禮卷九二及北宋本、傅校本、明抄本、明刻本補。

〔二二〕謹遣太尉臣名　原「臣」爲側注小字，據開元禮卷九二及北宋本、傅校本、明抄本、明刻本、王吴本改作正文大字。

〔二三〕罇罍篚冪　原脱「罍」，據開元禮卷九二補。

〔二四〕於東西朝堂　原脱「於」，據開元禮卷九二補。

〔二五〕謁日　原脱「日」，據開元禮卷九二補。

〔二六〕三嚴時節前一日侍中奏裁　「前一日」原訛作「一刻」，據開元禮卷九二改。

〔二七〕駕過　「過」原訛「迴」，據開元禮卷九二改。

〔二八〕將軍降立於輅右　「立於輅右」原訛脱作「立於路」，開元禮卷九二「右」訛「左」。按：開元禮例，陪乘將軍降車皆立於輅右，今據以改補。

〔二九〕侍衞　「侍」原訛「待」，據諸本改。

〔三〇〕立定　原脱「立」，據開元禮卷九二補。

〔三一〕納吉納徵　原「納徵」誤置前，據開元禮卷九三乙正。

〔三二〕尚舍奉御　「舍」原訛「書」，據開元禮卷九三及北宋本、傅校本、明抄本、明刻本改。

〔三三〕俱就次各服其服　「次」原訛「位」，據開元禮卷九三改。按：次是止息更衣之所。

〔三四〕版奏請中嚴　原脱「奏」，據開元禮卷九三補。

〔三五〕帥工人入就舞位　原脱「入」，據開元禮卷九三補。

〔三六〕諸侍衞之官　「侍」原訛「待」，據北宋本、傅校本、明抄本、明刻本、王吴本改。

〔三七〕符寶郎奉寶俱就閤奉迎　原脱「奉寶俱」三字，北宋本、傅校本、明抄本、明刻本、王吴本脱作「符寶俱就閤奉迎」。今據開元禮卷九三補。

〔三八〕又引使主副入立於太極門外道東　「入」原訛「人」，據北宋本、傅校本、明刻本、王吴本改。

〔三九〕立定　原脱「立」，據開元禮卷九三補。

〔四〇〕引主節立於使者東北　原脱「立」，據開元禮卷九三補。

〔四一〕主節以節授黄門侍郎黄門侍郎執節西面授使者　「授使者」上之十七字原脱，據開元禮卷九三補。

〔四二〕御輿　「御」原作「升」，據開元禮卷九三及北宋本、傅校本、明抄本、明刻本改。

〔四三〕其制書以油絡網犢車載而行　原脱「以」，據開元禮卷九三補。

〔四四〕東面北上　「面」原訛「門」，據開元禮卷九三改。

〔四五〕至於階　原脱「至」，據開元禮卷九三補。

〔四六〕其持案及執鴈者從入　原「持」下衍「節」，據開元禮卷九三删。

〔四七〕立於兩楹閒　原脱「立」，據開元禮卷九三補。

〔四八〕北面立　原脱「立」，據開元禮卷九三補。

〔四九〕宣制畢　原脱「畢」，據開元禮卷九三及北宋本、傅校本、明抄本、明刻本、王吴本補。

〔五〇〕使者受鴈　觀上下文意，「受」應作「授」。

〔五一〕退復位　原脱「退」，據開元禮卷九三及北宋本、傅校本、明抄本、明刻本、王吴本補。

〔五二〕衣履若如人　「如」原作「而」，據開元禮卷九三及北宋本、傅校本、明抄本、王吴本改。下同。

〔五三〕使者出立於内門外之西　「内門外之西」原訛作「門内之西」。北宋本、傅校本、明抄本、明刻本作「内門之西」，脱「外」字。今據開元禮卷九三及下文「迎使者於内門外之東」句乙補。

〔五四〕主人降立於東階下　「降」原訛作「延使」，北宋本、傅校本、明抄本、明刻本、王吴本訛作「使者」。今據開元禮卷九三改。

〔五五〕請禮從者　「者」原訛「之」，據開元禮卷九三改。

〔五六〕篚在罇南　原脱，據開元禮卷九三補。

〔五七〕各一籩一豆　原脱「各」，據開元禮卷九三及北宋本、傅校本、明抄本、明刻本、王吴本補。

〔五八〕使者以几避　「避」原訛「筵」，據開元禮卷九三改。按：以几避者，使者已受几，主人拜送，使者持几稍閃避，示謙不敢當。

〔五九〕上擸　「擸」原訛「躐」，北宋本、傅校本、明抄本、明刻本、王吴本訛「獵」。開元禮卷九三作「擸」，與儀禮聘禮合，今據改。

〔六〇〕西面立　原脱「立」，據開元禮卷九三補。

〔六一〕使者出大門外之西　「外之」原誤倒，據開元禮卷九三及北宋本、傅校本、明抄本、明刻本改。

〔六二〕今使使　原訛作「令使者」，據開元禮卷九三乙。

〔六三〕外孫女　原脱「外」，據開元禮卷九三補。

〔六四〕臣占在焉　「占」北宋本、傅校本作「沼」。按：開元禮卷九三作「預」，通典避代宗諱改。

〔六五〕奉穀珪以匱　「匱」開元禮卷九三作「櫝」。

〔六六〕臣某祇奉典制　原脱「臣」，據開元禮卷九三補。

〔六七〕謁者引使者及使副入　「入」原訛「人」，據諸本改。

〔六八〕至於階使者及使副從入　原脱「於」、「使者及」，據開元禮卷九三補。

〔六九〕於主人揖入門　六字原脱，據開元禮卷九三補。

〔七〇〕持案者退復位　原脱「者」，據開元禮卷九三補。

〔七一〕自前西而出　「西」原訛「面」，據本書卷一二七納徵禮改。按：開元禮卷九三作「自前西面而出」，衍「面」字。

〔七二〕以玄纁珪馬　原脱「以」，據開元禮卷九三及北宋本、傅校本、明抄本、明刻本、王吴本補。

〔七三〕告廟　「廟」原訛「期」，據開元禮九三及北宋本、傅校本、明抄本、明刻本、王吴本改。

〔七四〕東向　開元禮卷九三作「南向」，疑是。

〔七五〕內謁者監　原脱「內」，據開元禮卷九三補。

〔七六〕尚宫以下至閤之次　「閤」原訛「客」，據開元禮卷九三補。

〔七七〕退復位　原脱「退」，據開元禮卷九三補。

〔七八〕又奉寶綬次授皇后　「次」原作「進」，據開元禮卷九三及北宋本、傅校本、明抄本、明刻本、王吴本改。

〔七九〕使者乘輅而還　原句上衍「前」，據開元禮卷九三删。

〔八〇〕易階乾坤　「階」開元禮卷九三作「基」，通典避玄宗諱改。

〔八一〕太任姒姬周胤克昌　開元禮卷九三作「任姒妃周胤嗣克昌」。

〔八二〕盡敬於婦道　「盡敬」原倒，據開元禮卷九三及北宋本、傅校本、明抄本、明刻本乙。

〔八三〕導師道於六宫　「導師道」原訛作「帥導」，據開元禮卷九三及北宋本、傅校本、明抄本、明刻本改。

〔八四〕掌次者延入次　「次」原訛「位」，據開元禮卷九四改。

〔八五〕傅姆　原訛作「姆傅」，據開元禮卷九四改。北宋本、傅校本、明刻本作「姆傅」，誤倒。

〔八六〕立定　「立」原訛「位」，據開元禮卷九四改。

〔八七〕仍北面立使副取雁授使者訖主人再拜　此十六字原涉上文「主人再拜」而脱，據開元禮卷九四補。

〔八八〕主人入升自東階　原脱「入」，據開元禮卷九四補。按：上文使者與主人行禮之處係外堂。下謂主人入内庭升堂誡女，「入」字不可少。

〔八九〕率由典禮　「由」原訛「曰」，據諸本改。

〔九〇〕冬用緆　「緆」原訛「組」，據開元禮卷九四及北宋本改。按：冪用絺，用綌，用緆，無用組者。

〔九一〕俱布列前後　原脱「俱」，據開元禮卷九四及北宋本、傅校本、明抄本、明刻本補。

〔九二〕卻於簋簠之南　「卻」原訛「郄」，「簋簠」互倒，據開元禮卷九四改乙。下同。

〔九三〕各取肺皆絶末授皇帝及皇后皇帝及皇后俱受祭於豆閒訖　此二十四字原涉上文「祭於豆閒」而脱，據開元禮卷九四補。

〔九四〕司飾二人　「二」原訛「三」，據開元禮卷九四改。

〔九五〕實於葅豆　「葅」原訛「俎」，據開元禮卷九四及北宋本、傅校本、明抄本、明刻本改。

〔九六〕奠爵遂拜執爵興　原訛作「奠拜執爵奠興」，據開元禮卷九四改。按：北宋本、傅校本、明抄本、明刻本作「奠爵遂拜執爵奠興」，衍下「奠」字。

〔九七〕設於東房如初　原脱「設」，據開元禮卷九四補。

〔九八〕皇后至宫之明日　原脱「明」，據開元禮卷九四補。

〔九九〕南向　原脱「向」，據開元禮卷九四補。

〔一〇〇〕進跪奠笄於皇太后座前　「進跪」原誤倒，又脱「笄」，據開元禮卷九四乙補。

〔一〇一〕徹以東　此句下原衍「司言引尚儀尚儀引皇后入升西階北面再拜進跪奠笄於皇太后座前皇太后撫之尚食進徹以東」三十九字，據開元禮卷九四删。

〔一〇二〕始扱一祭　「扱一」原誤倒，據開元禮卷九四乙正。

〔一〇三〕侍從如來儀　「來」原作「常」，據開元禮卷九四及北宋本、傅校本、明抄本、明刻本改。

〔一〇四〕設酒罇之位於廟堂上前楹閒　原脱「之位」，「堂」下衍「之」，據開元禮卷九四及北宋本、傅校本、明抄本、明刻本補删。

〔一〇五〕春夏用雞彝鳥彝犧罇秋冬用斝彝黄彝著罇　原「雞彝」下脱「鳥彝」，「斝」下脱「彝」，據開元禮卷九四補。

〔一〇六〕六尚　「尚」原訛「品」，據開元禮卷九四及北宋本、傅校本、明刻本改。

〔一〇七〕公主縣主皆先置　「置」開元禮卷九四作「至」。按開元禮文例，應作「置」。

〔一〇八〕内謁者贊引引外命婦妃主等出次　兩「引」字原脱，據開元禮卷九四補。

〔一〇九〕侍衞如常儀　原「常」下衍「尚」，據開元禮卷九四删。

〔一一〇〕部伍　「伍」原訛「位」，據開元禮卷九四及北宋本、傅校本、明抄本、明刻本改。

〔一一一〕皇后停大次一刻頃　「一」原訛「八」，據開元禮卷九四及北宋本改。

〔一一二〕皇后乘輿出次　「輿」原訛「轝」，據諸本改。

〔一一三〕内謁者贊引引外命婦等出次　原脱一「引」字，據開元禮卷九四補。

〔一一四〕引外命婦退　原脱「退」，據開元禮卷九四補。

〔一一五〕輿　原脱，據開元禮卷九四補。

〔一一六〕乘輿以入　原脱「乘」，據開元禮卷九四補。

王文錦點校

通典卷第一百二十三

禮八十三　開元禮纂類十八　嘉禮二

皇帝皇后正至受皇太子朝賀

前二日，本司宣攝內外，各供其職。

前一日，尚舍奉御設御幄座於太極殿北壁，南向。守宮設皇太子次於承天門外東朝堂北，〔一〕西向。又於東宫朝堂設宫臣次如式。太樂令展宫懸於殿庭如臨軒儀。典儀設皇太子位於横街南道東，北面。設典儀位於懸之東北，贊者二人在南，〔二〕差退，俱西面。奉禮設宫臣版位於東宫朝堂如常。

其日，依時刻宫官俱集於次，各服其服。諸衛率各勒所部陳設如常。左庶子版奏：「請中嚴。」典謁引宫臣各就位。侍衛之官各服其器服，〔三〕右庶子負寶如式。俱詣閤奉迎。僕進金輅於西閤外，南向。内率一人執刀立於輅前，北向。中允一人在侍臣之前，贊者二人在中允前。

左庶子版奏：「外辦。」僕奮衣而升，正立執轡。皇太子具服遠遊冠，若未冠則雙童髻。絳紗袍，升輿以出，左右侍衛如常儀。内率前執轡，皇太子升輅，僕立授綏，左庶子以下夾侍如常。中允進，當輅前跪，奏稱：「中允臣某言，請發引。」俛伏，興，退復位。凡中允奏請，皆如此儀。輅動，中允與贊者夾引以出，内率夾輅而趨。出重明門，〔四〕至侍臣上馬所，中允奏：「請輅權停，令侍臣上馬。」左庶子前承令，退稱：「令曰諾。」中允退稱：「侍臣上馬。」贊者承傳，文武侍臣皆上馬，左庶子以下夾侍於輅前，〔五〕贊者在供奉官人内。〔六〕侍臣上馬畢，中允奏稱：「請令車右升。」左庶子前承令，退稱：「令曰諾。」中允退復位。内率升訖，中允奏：「請發引。」退復位。皇太子輅動，三師乘車訓導，三少乘車訓從，鳴鐃而行，文武宫臣皆乘馬以從。至長樂門，鐃吹止。至次前，迴輅西向，内率降立於輅右。左庶子進，當輅前跪，奏稱：「左庶子臣某言，請降輅。」俛伏，興，還侍位。皇太子降輅，舍人引就次坐，侍衞如常。

其日，依時刻將士填街，諸衞勒所部列黄麾大仗屯門及陳於殿庭如常儀。皇太子既就次，侍中版奏：「請中嚴。」近仗就陳於閤外。〔七〕太樂令帥工人入就位，協律郎入就舉麾位。諸衞之官各服其器服，符寶郎奉寶，俱詣閤奉迎。典儀帥贊者先入就位。〔八〕通事舍人引羣官四品以下次入就位。皇太子出次，舍人引皇太子，三師三少導從如式，入立於太極門外之東，西面。諸衞率、左右庶子、舍人及近侍者量人從入。

侍中版奏：「外辦。」皇帝服衮冕之服，乘輿以出，曲直華蓋警蹕侍衞如常儀。皇帝將出，仗動，太樂令令撞黄鍾之鐘，〔九〕右五鐘皆應。協律郎跪，俛伏，舉麾，工鼓柷，奏太和之樂，鼓吹振作。皇帝出自西房，即御座，南向坐。符寶郎奉寶置於御座如常。協律郎偃麾，戛敔，樂止。

舍人引皇太子入就位。諸衞率、左右庶子以下從入者，立於皇太子東南，西面北上。皇太子初入門，舒和之樂作，至位，樂止。立定，典儀曰：「再拜。」贊者承傳，皇太子再拜。舍人引皇太子詣西階，初行樂作，至階樂止。舍人引皇太子升，進當御座前，〔一〇〕北面跪，賀稱：「元正首祚，景福惟新。伏惟陛下與天同休。」冬至云：「天正長至，伏惟陛下如日之升。」以下諸正至，賀詞並同。俛伏，興。舍人引降，樂作，復位，樂止。皇太子再拜。侍中前承制，降詣皇太子東北，西面稱：「有制。」皇太子再拜。宣制訖，皇太子又再拜。典儀唱：「再拜。」皇太子又再拜。通事舍人引出，初行樂作，出門樂止。皇太子既出，公王入，〔一一〕朝賀如別儀。

皇太子朝賀皇后。前一日，守宮設皇太子次於崇義門內，隨地之宜。其日，司贊設皇太子版位於皇后正殿之庭懸南，北面。皇太子朝皇帝訖，舍人引皇太子從納義門詣崇義門內次權停。外命婦朝賀將訖，舍人引皇太子出立於肅章門。外命婦出訖，內謁者監引皇太子至肅章門，司賓承引皇太子入就位。立定，司贊唱：「再拜。」皇太子再拜訖，司賓又引皇太子詣西階升，〔一二〕當御座前，北面跪賀，其賀詞同賀皇帝，唯改云殿下。俛伏，興，引降復位，〔一三〕皇太子再拜。尚儀前承令，降詣皇太子西北，東面稱：「令旨。」〔一四〕皇太子再拜。宣令訖，又再拜。司贊唱：「再拜。」皇太子又再拜。司賓引皇太子至閤，內謁者監承引以出。舍人引皇太子乘車還宮如來儀。

皇帝皇后正至受皇太子妃朝賀

其日，依時刻諸衛率各勒所部陳布妃儀仗如常。內廄尉進車於閤外。司則量時刻啟：〔一五〕「外辦。」妃服首飾褕衣，乘車以出，侍衞如常。入，至下車所，妃降車，侍從如常。內侍所司引詣閤外。皇帝即御座，南向坐，侍衞如常。司賓引妃升自西階，進，當御座前，北面跪賀。詞與上同，唯加尊號耳。賀訖，起，司賓引降，復位，妃再拜訖，尚儀前承敕，降詣妃西北，東面稱：「有敕。」妃再拜。宣敕訖，又再拜。

司賓引妃出，詣皇后所御殿，〔一六〕立於閤外。六尚以下各服其服，俱詣皇后內閤奉迎如式。皇后出，即御座南向坐，近侍如常。司賓引妃入立於庭，北面，立定，再拜。司賓引妃升自西階，進，當御座前，北面跪賀。賀詞同上。賀訖起，〔一七〕司賓引降復位，妃再拜訖，尚儀前承令，降詣妃西北，東面稱：「令旨。」妃再拜。宣令訖，又再拜。司賓引妃出，乘車還宮如來儀。若諸王妃奉敕同朝，則各服其服先至皇太子妃下車所，〔一八〕待隨入，位在皇太子妃南，北面西上。唯不升以外，〔一九〕與皇太子妃同。若別朝，亦準皇太子妃式。

皇帝正至受羣臣朝賀并會

前一日，尚舍奉御設御幄於太極殿北壁下，南向，鋪御座如常。守宮設羣官客使等次於東西朝堂。太樂令展宮懸於殿庭，設麾於殿上西階之西，東向，一位於樂懸東南，西向。鼓吹令分置十二案於建鼓之外。乘黃令陳車輅，尚輦奉御陳輿輦，尚舍奉御設解劍席於懸西北橫街之南，並如常儀。

典儀設文官三品以上位於橫街之南道東，褒聖侯於三品之下。介公、酅公於道西，武官三品以上於介公、酅公之西，少南，每等異位，重行北面，相對爲首。設文官四品、五品位於懸東，六品以下於橫街南，每等異位，重行，西面北上。設諸州朝集使位：都督、刺史及三品以上，東方南方於文官三品之東，重行，北面西上；西方北方於武官三品之西，重行，北面東上；四品以下皆分方位於文武官當品之下。諸州使人分方位於朝集使之下亦如之。〔二〇〕設諸親位於四品五品之南。皇宗親在東，異姓親在西。設諸方客位：三等以上東方南方於東方朝集使之東，〔二一〕每國異位，重行，北面西上；西方北方於西方朝集使之西，每國異位，重行，北面東上；四等以下分方位於朝集使六品之下，重行，每等異位。設典儀位於懸之東北，贊者二人在南，少退，俱西面。

奉禮設門外位：文官於東朝堂，〔二二〕每等異位，重行西面。褒聖侯於三品之下。介公、酅公於西朝堂之前。武官於介公、酅公之南，〔二三〕少退，每等異位，重行東面。諸親位於文武官四品、五品之南。〔二四〕皇宗親在東，異姓親在西。設諸州朝集使位：東方南方於宗親之南，每等異位，重行西面；西方北方於異姓親之南，每等異位，〔二五〕重行東面。諸州使人分方位於朝集使之下亦如之。諸方客位：東方南方於東方朝集使之南，每國異位，重行，西面北上；

西方北方於西方朝集使之南，東面北上。

其日，依時刻將士填街，諸衛勒所部列黄麾大仗屯門及陳於殿庭如常儀。羣官、諸親、客使集朝堂，皆就次各服其服。侍中版奏：「請中嚴。」太樂令帥工人入就位，協律郎入就舉麾位，諸侍衛之官各服其器服，〔二六〕符寶郎奉寶，俱詣閤奉迎。典儀帥贊者先入就位。吏部、兵部、主客、户部贊羣官客使俱出次，通事舍人各引就朝堂前位。又通事舍人引四品以下及諸親客使等應先置者入就位。

侍中版奏：「外辦。」皇帝服衮冕，冬至則服通天冠，絳紗袍。御輿以出，曲直華蓋警蹕侍衛如常儀。皇帝將出，仗動，太樂令令撞黄鍾之鐘，右五鐘皆應，協律郎俛伏，舉麾，鼓柷，奏太和之樂，以姑洗之均，鼓吹振作。〔二七〕皇帝出自西房，即御座南向坐。符寶郎奉寶置於御座如常。協律郎偃麾，戛敔，樂止。

通事舍人引公王以下及諸方客使等以次入就位。皇太子若來朝，則皇太子朝出訖，〔二八〕典謁引公王以下入。公初之門，舒和之樂作，公至位，樂止。羣官、客使等立定，典儀曰：「再拜。」贊者承傳，羣官、客使等皆再拜訖，通事舍人引上公一人詣西階，公初行樂作，〔二九〕至解劍席，樂止。公就席，脱舄，跪解劍，置於席，俛伏，興。通事舍人引升階，進當御座前，北面跪賀，稱某官臣言。賀詞與太子同，唯稱尊號爲異。賀訖，俛伏，興。通事舍人引降阼，詣席後，〔三〇〕

上公跪著劒，俛伏，興，納舃，樂作，復橫街南位，樂止。羣官、客使等俱再拜。侍中前承詔，降詣羣官東北，西面稱：「有制。」羣官、客使等皆再拜。宣制曰：「履新之慶，與公等同之。」冬至云：「履長之慶，與公等同之。」宣訖，羣官、客使等皆再拜訖，舞蹈三稱萬歲，訖，又再拜。侍中還侍位。

初羣官將朝，中書侍郎以諸州鎮表別爲一案，俟於右延明門外，給事中以祥瑞案俟於左延明門外，俱令史絳公服對舉案。侍郎、給事中俱就侍臣班。於客使初入，〔三一〕户部以諸州貢物陳於太極門東西廂；禮部以諸蕃貢物量可執者蕃客手執入就內位，〔三二〕其重大者陳於朝堂前。初上公將入門，中書侍郎降，引表案入詣西階下，東面立；給事中降，引祥瑞案入詣東階下，西面立。上公將升賀，中書令、黃門侍郎俱降，各立階下。初上公升階，中書令、黃門侍郎各取所奏之文以次升。上公賀訖，中書令前跪奏諸方表訖，黃門侍郎又進跪奏祥瑞訖，俱降，置所奏之文於案，各還侍位。侍郎與給事中引案退至東西階前，案遂出，侍郎、給事中還侍位。

初侍中宣制訖，朝集使及蕃客皆再拜訖，户部尚書進詣階閒，〔三三〕北面跪奏其尚書奏仍侍黃門侍郎奏祥瑞訖。稱：「户部尚書臣某言，諸州貢物請付所司。」〔三四〕俛伏，興。侍中前承制，退稱：「制曰可。」尚書退復位。禮部尚書以次進詣階閒，北面跪奏稱：「禮部尚書臣某言，諸蕃貢物請付所司。」俛伏，興。侍中前承制，退稱：「制曰可。」尚書退復位。侍中還侍位。太府率其屬受諸州及諸蕃貢物出歸仁納義門，執物者隨之。典儀曰：「再拜。」通事舍人以次引北面位者出，公初行樂作，出門樂止。

侍中前跪奏稱：「侍中臣某言，禮畢。」俛伏，興，還侍位。皇帝興，太樂令令撞蕤賓之鐘，左五鐘皆應，奏太和之樂，鼓吹振作。皇帝降座，御輿入自東房，侍衞警蹕如來儀。侍臣從至閤，樂止。通事舍人引東西面位者以次出。蕃客先出。其冬至受朝則不奏祥瑞、貢物，又無諸方表。

會

朝訖，太樂令設登歌於殿上，引二舞入立於懸南。〔三五〕尚舍奉御鋪羣官升殿者座：文官三品以上於御座東南，西向；褒聖侯於三品之下。介公、酅公於御座西南，東向；武官三品以上於介公、酅公之後；朝集使都督刺史及三品以上，東方南方於文官三品之後；西方北方於武官三品之後；蕃客三等以上，東方南方於東方朝集使之後，西方北方於西方朝集使之後。俱重行，每等異位，以北爲上。設不升殿者座各於其位。又設羣官解劒席於懸之西北，橫街之南，並如常儀。尚食奉御設壽罇於殿上東序之端，西向；設坫於罇南，加爵一。太官令設升殿者酒罇於東西廂近北，設殿庭羣官酒罇各於其座之南，皆有坫冪，俱障以帷。施設訖，吏部、兵部、户部、主客贊羣官客使俱出次，通事舍人各引就朝堂前位。典儀帥贊者先入就位。通事舍人各引升殿者次入就位。

侍中版奏：「外辦。」皇帝服通天冠，絳紗袍，冬至則不改服。御輿以出，曲直華蓋警蹕侍衛如常儀。皇帝將出，仗動，太樂令令撞黄鍾之鐘，右五鐘皆應，奏太和之樂，鼓吹振作。皇帝出自西房，即御座南向坐，符寶郎奉寶置於座如常，樂止。

典儀一人升就東階上，西面立。通事舍人引公王以下及諸客使以次入就位。公王初入門樂作，至位樂止。羣官客使立定，若朝會日别，設位贊拜陳引如朝禮。其日二舞與工人俱入就位。侍中進當御座前，北面跪奏稱：「侍中臣某言，請延諸公王等升。」俛伏，興。又侍中稱：「制曰可。」侍中詣東階上，西面稱：「制延公王等升殿上。」典儀承傳，階下贊者又承傳，羣官客使皆再拜，侍中還位。羣官拜訖，通事舍人引應升殿者詣東西階。公初行樂作，至解劒席樂止。公王以下各脱舄，跪解劒，置於席上，俛伏，興。通事舍人接引上公一人升階，少東，西面立定，以下各立於座後立定。

光禄卿進詣階閒，跪奏稱：「臣某言，請賜羣官上壽。」俛伏，興。侍中稱：「制曰可。」光禄卿退詣酒罇所，〔三六〕西面立。通事舍人引上公詣酒罇所，北面立。尚食奉御酌酒一爵授上公，上公搢笏受爵。通事舍人引上公進到御座前，北面授殿中監。殿中監受爵，進置御前。上公執笏，通事舍人引上公退，北面跪稱：「某官臣某等稽首言，元正首祚，冬至云「天正長至」。臣等不勝大慶，謹上千萬歲壽。」俛伏，興，再拜，羣官、客使等上下俱再拜，立於席後。侍中前承制，退稱：「敬舉公等之觴。」羣官、客使等上下又再拜。殿中監取爵奉進，近臣遞進。皇帝舉酒，休和之樂作，羣官、客使等上下皆舞蹈三，〔三七〕稱萬歲。皇帝舉酒訖，殿中監進受虛爵以授尚食奉御，奉御受爵復於坫，樂止。初殿中監受虛爵，殿上典儀唱：「再拜。」階下贊者承傳，羣官、客使等上下皆再拜。〔三八〕

通事舍人引上公就座後立。殿上典儀唱：「就座。」階下贊者承傳，羣官、客使等上下俱就座，俛伏，坐。太樂令引歌者及琴瑟至階，〔三九〕脱履於下，升，就位坐。其笙管者進詣西階閒，北面立。尚食奉御進酒至階，殿上典儀唱：「酒至，興。」階下贊者承傳，羣官、客使等上下皆俛伏，起，立於席後。殿中監到階，省酒。尚食奉御奉酒進，皇帝舉酒。太官令又行羣官酒，酒至，殿上典儀唱：「再拜。」階下贊者承傳，羣官、客使等皆再拜，搢笏受觶。殿上典儀唱：「就座。」階下贊者承傳，羣官、客使等上下皆就座，俛伏，坐，飲。皇帝初舉酒，登歌作昭和之樂三終，尚食奉御進受虛觶，復於坫，登歌訖，降復位。

觴行三周，尚食奉御進御食，食升階，殿上典儀唱：「食至，興。」階下贊者承傳，羣官、客使等上下皆執笏，〔四〇〕俛伏，起，立座後。殿中監到階，省案。尚食奉御品嘗食訖，以次進置御前。太官令又行羣官案，御若不食，及羣官案先下訖，不須興。〔四一〕設食訖，殿上典儀唱：「就座。」階下贊者承傳，羣官、客使等上下皆就座，俛伏，坐。皇帝乃飯，休和之樂作，羣官、客使等上下俱飯；御食畢，樂止。

仍行酒，遂設庶羞。太樂令引二舞以次入作。〔四二〕若賜酒，侍中承詔，詣東階，西面稱：「賜酒。」殿上典儀承傳，階下贊者又承傳，羣官、客使等上下皆執笏，俛伏，起，再拜，搢笏，立受觶，〔四三〕就席，俛伏，坐，飲訖，俛伏，起，立授虛爵，執笏，又再拜，就座。

酒行十二徧，會畢，殿上典儀唱：「可起。」〔四四〕階下贊者承傳，羣官、客使等上下皆俛伏，起，立席後。通事舍人引降階，俱詣席後跪著劍，俛伏，興，納舃，樂作，復橫街南位，樂止。位於殿庭者仍立於席後。立定，典儀曰：「再拜。」贊者承傳，羣官、客使等在位者皆再拜。位於殿庭者拜於席後。若有敕賜物，侍中前承制，降詣羣官東北，西面稱：「有制。」羣官、客使等皆再拜。侍中宣制訖，羣官、客使等又再拜。通事舍人引羣官、客使以次出，公初行樂作，出門樂止。侍中前跪奏稱：〔四五〕「侍中臣某言，禮畢。」俛伏，興，還侍位。皇帝興，太樂令令撞蕤賓之鐘，左五鐘皆應，奏太和之樂，鼓吹振作。皇帝降座，御輿，入自東房，侍衞警蹕如來儀，侍臣從至閤，樂止。通事舍人引東西面位者以次出。蕃客先出。

皇帝若服翼善冠、袴褶，則京官著袴褶，〔四六〕朝集使著公服。升座者服履如式。若設九部樂，則去樂懸，無警蹕。太樂令帥九部伎立於左右延明門外，羣官初唱萬歲，太樂令即引九部伎聲作而入，各就座，以次作如式。

皇帝千秋節受羣臣朝賀并會

前三日，所司供備如式。

前一日，尚舍鋪御座、內外張設並如常御樓之儀。尚食、光禄供辦如式。〔四七〕尚食先置壽罇於樓上御座之東，又置壽罇於樓前之東南。皆有盞斝。

其日平曉，陳引仗衛如常儀。百官常服，咸就横街南，依東西班序立。侍中版奏：「外辦。」皇帝常服即御座，〔四八〕侯褰簾。通事舍人分引羣官詣横街北壽罇之西南，〔四九〕俱北面。中書、門下及供奉官如常式立定。典儀贊再拜，横街南北百官俱再拜訖，尚食奉御酌壽酒以授殿中監，殿中監以授侍中，侍中執酒以立。殿中監受侍中之酒，侍中執笏，稍前跪奏稱：「千秋令節，臣等不勝大慶，謹上千萬歲壽。」奏訖，興，再拜，羣官上下皆再拜。內所由酌壽罇之酒以進，〔五〇〕皇帝受酒，承制宣云：「得卿等壽酒，與卿等內外同慶。」皇帝舉酒，羣官上下又再拜三呼萬歲，舞蹈，又再拜訖，詣座所。太官令酌酒以進，侍中執酒以出，羣官等俱出謝酒訖，就座。太常卿引樂作止如常儀。其横街南羣官應有常食者，引就座如式。餘退。其羣官所獻甘露、醇酎，尚食等所由並其日平曉於樓之便門奉進。會畢，樓上褰簾，羣官各出就位，立定，典儀贊再拜，羣官等俱再拜。若臨時別有進止，隨事贊相。垂簾，羣官退。

皇后正至受羣官朝賀

前一日，尚寢率其屬設御幄座如外命婦朝賀儀。〔五一〕守宮設羣官次於宮城門外如常儀。〔五二〕

其日未明一刻，諸衞各勒所部屯門列仗及陳布於肅章門外。奉禮設文武羣官、諸親、蕃客使等位於宮城門外，〔五三〕如朝堂之式。典儀設文武羣官位於肅章門外，文東武西，俱重行北面，相對爲首。諸親位於文武五品之下，朝集使、蕃客等分方位次如常。設典儀、贊者位於羣官東北，差退，西向北上。又設內給事位於羣官之北，南向。若與外命婦同時朝，則典儀於肅章門外設羣官等版位。文武羣官依時刻集到門外，〔五四〕俱就次各服其服。若與上臺同上朝賀，〔五五〕則上臺禮畢，羣官仍朝服，典謁引從納義門西行就版位。尚儀奏：「請中嚴。」〔五六〕六尚以下各服其服俱詣內閤奉迎。典儀帥贊者先入就位。典謁引文武羣官入就位。

尚儀奏：「外辦。」皇后首飾禕衣以出，即御座南向坐。侍衞警蹕及設琮璽於御座並如常儀。〔五七〕內謁者監引內給事出就南面。典儀曰：「再拜。」贊者承傳，文武羣官等俱再拜。

典謁引爲首者一人進内給事前，〔五八〕北面跪賀。詞正至並與賀皇帝同，〔五九〕唯「伏惟殿下與時同休」爲異耳。賀訖，俛伏，興。典謁引退復位。羣官等皆再拜。内謁者監引内給事入，依式奏聞。内給事承令出，内謁者監引内給事復南面位，〔六〇〕稱：「令旨。」羣官等皆再拜。内給事宣令云：「履新冬至云「履長」。之慶，〔六一〕與公等同之。」羣官等又再拜。内謁者監引内給事入。典謁引羣官等出。〔六二〕尚儀前奏：「禮畢。」皇后降座以入，侍衛警蹕如常儀。

皇后正至受外命婦朝賀并會

前二日，本司宣攝内外各供其職。

前一日，守宫設外命婦次如常儀。尚寢帥其屬設御幄於皇后正殿北壁，南向。又設命婦爲首者脱舄席於西階前近西，東向如式。司樂展宫懸之樂於殿庭，設麾於殿上西階之西，東向。内僕進重翟以下於肅章門外道東，西向北上。司贊設外命婦等版位於殿庭：〔六三〕大長公主以下在東，太夫人以下在西，諸親婦女位於外命婦之下，〔六四〕宗親在東，異姓在西。俱重行北面，相對爲首。内謁者設外命婦等位於肅章門外：大長公主以下於道東，太夫人以下於道西，俱重行相向，北上。命婦有夫，〔六五〕從夫之爵；無夫，從子之爵。〔六六〕設司贊位於東階東南，西向。掌贊二人位於司贊之南，差退，俱西向。

受朝日，依時刻諸衞勒所部屯門列仗及陳布於肅章門外如常儀。外命婦等依時刻集到宮門外，至下車所道西，東向，以車爲次，北上。車次定，外命婦等皆降車，〔六七〕內典引引之次，各服其服。尚儀奏：「請中嚴。」宮官侍衞者皆朝服，司寶奉琮寶，依式俱詣內閤奉迎。司樂帥女工人入就位，典樂升就舉麾位。司贊帥掌贊先入就位。〔六八〕內典引引外命婦俱就肅章門外位。〔六九〕

尚儀奏：「外辦。」皇后首飾褘衣以出，警蹕如常儀。皇后出自西房，典樂舉麾，奏正和之樂；即御座南向坐，司寶奉琮寶置於御座如常，偃麾，樂止。凡樂皆典樂舉麾工鼓柷而後作，偃麾戛敔而後止。司賓承引外命婦以次入就位。爲首者初入門，舒和之樂作，〔七〇〕至位，樂止。命婦等立定，司贊曰：「再拜。」掌贊承傳，外命婦等皆再拜。〔七一〕司賓引爲首者一人詣西階，爲首者初行，樂作，至階樂止。爲首者脫舃，升，進當御座前，北面跪賀，稱「妾姓等言」。賀詞與羣官同。賀訖，起，司賓引爲首者降階納舃，樂作；復位立定，樂止。司贊曰：〔七二〕「再拜。」掌贊承傳，外命婦等皆再拜。司言前承令，〔七三〕降自西階，詣命婦西北，東面稱：「令旨。」外命婦等皆再拜。宣令曰：「履新之慶，冬至云「履長之慶」。與夫人等同之。」〔七四〕司贊曰：「再拜。」掌贊承傳，外命婦等皆再拜。司賓以次引出，爲首者初行，樂作，出閤樂止，內典引承引以出。尚儀前奏：「禮畢。」還侍位。皇后降座，樂作；入自東房，侍衞警蹕如來儀，樂止。女工人退。

會

朝訖，尚寢帥其屬鋪外命婦等之座於殿上，大長公主以下於御座東南，重行西向；太夫人以下於御座西南，重行東向。設不升殿者座席於東西廊下，皆如上儀。又量設脱履席於東西階下。尚食設壽罇於殿上東序之端，西向；有坫、加爵一於罇下。〔七五〕設升殿者酒罇於東西廊下，近北；設廊下者酒罇各於其座之南，皆有坫冪，俱障以帷。設訖，司樂帥諸樂人就位。內典引引外命婦俱詣肅章門外位。

尚儀奏：「外辦。」皇后首飾褘衣以出，警蹕侍衞如常儀。皇后出自西房，典樂舉麾，正和之樂作，即御座南向坐，司寶奉琮寶置於御座如常儀，偃麾，樂止。司賓承引外命婦以次入就位，爲首者初入門，樂作，至位樂止。外命婦立定，若朝會別日，贊拜如朝禮。司言前承令，降詣命婦西北，東向稱：「令旨，夫人等升席坐。」司贊曰：「再拜。」贊者承傳，外命婦等皆再拜。訖，司賓引外命婦應升殿者詣東西階，樂作，爲首者至階，樂止，俱就席，脱舄於階下以升。司賓引爲首者一人升階，近東，西面立，以下各就席後立。司賓引不升殿者詣東西廊下席後立。

上下立定，司賓引爲首者詣酒罇所，北面立。尚食酌酒一爵以授爲首者，司賓引爲首者至御座前，北向授尚食，尚食受爵，進置御座前。司賓引爲首者退，北面，爲首者跪奏稱：「妾姓等言，元正首祚，冬至云「天正長至」。妾等不勝大慶，謹上千萬歲壽。」興，再拜，外命婦等皆再拜訖，司言前承令，宣令云：「令旨，夫人等同納景福。」外命婦等又再拜。尚食取爵奉進，皇后舉酒，樂作，外命婦等皆三稱萬歲；皇后舉酒訖，尚食受虛爵復於坫，樂止。司贊曰：「再拜。」掌贊承傳，外命婦等皆再拜。

司賓引爲首者就席後立。司贊曰：「就座。」掌贊承傳，外命婦等俱就座。〔七六〕尚食進酒，至階，司贊曰：「酒至，興。」掌贊承傳，外命婦等俱興，立席後。尚儀至階省酒。尚食奉酒進，皇后舉酒，樂作如常。又行外命婦酒，酒至，司贊曰：「再拜。」掌贊承傳，外命婦等俱再拜，受觶。司贊曰：「就座。」掌贊承傳，外命婦等俱就座坐飲。皇后舉酒訖，尚食受虛爵復於坫，樂止。

觴行三周，尚食進御食，〔七七〕食升階，司贊曰：「食至，興。」掌贊承傳，外命婦等皆起立席後。尚食至階省案。尚食品嘗食訖，以次進置御前。又行命婦案。御若不食，及外命婦案先下訖，不須興。〔七八〕設食訖，司贊曰：「就座。」掌贊承傳，外命婦等皆就席坐。皇后乃飯，〔七九〕樂作，外命婦等俱飯，御食畢，樂止。

仍行酒，遂設庶羞，諸伎以次作。若賜酒，司言前承令，詣東階上，西向稱：「賜酒。」階下掌贊承傳，外命婦等皆起，再拜，立受觶，坐飲訖，起，立授虛觶，又再拜，就席坐。

酒行十二徧，會畢。司贊曰：「可起。」掌贊承傳，外命婦等皆起，立席後。司賓引降，各納舄，樂作，俱引復階下位，樂止。其廊下者仍立於席後。立定，司贊曰：「再拜。」掌贊承傳，外命婦等在位者皆再拜。若有束帛，則尚功帥其屬以束帛先立於東西廂。司言前承令，降自西階，詣命婦西北，東面稱：「令旨。」外命婦等皆再拜。宣令訖，外命婦等又再拜。尚功帥其屬以次授束帛訖，〔八〇〕外命婦等又再拜。司賓引外命婦等以次出，樂作，出門樂止。内典引承引次出。尚儀前奏：「禮畢。」遂還侍位。皇后降座，樂作，入自東房，警蹕侍衛如來儀，樂止。

校勘記

〔一〕承天門外東朝堂北　原脱「東」，據開元禮卷九五及北宋本、傅校本、明抄本、明刻本補。

〔二〕設典儀位於懸之東北贊者二人在南　「儀」原訛「謁」，據開元禮卷九五改。按：下文有「典儀帥贊者先入就位」之語。

〔三〕侍衛之官各服其器服　原句上衍「如」，據開元禮卷九五删。

〔四〕出重明門　原「出」字誤疊，據開元禮卷九五及北宋本、傅校本、明抄本、明刻本删。

〔五〕左庶子以下夾侍於輅前　「以下」原脱，據開元禮卷九五補。

〔六〕在供奉官人内　「官」原訛「宦」，據開元禮卷九五及北宋本、傅校本、明抄本、王吴本改。

〔七〕近仗就陳於閤外　「近」原訛「進」，據開元禮卷九五及北宋本、傅校本、明抄本、明刻本改。

〔八〕諸衛之官各服其器服符寶郎奉寶俱詣閤奉迎典儀帥贊者先入就位　原脱「器」、「俱」、「帥」三字。「器」據開元禮卷九五補。「俱」據開元禮及北宋本、傅校本、明抄本、明刻本補。「帥」據開元禮及北宋本、明抄本補。

〔九〕太樂令令撞黄鍾之鐘　原脱一「令」，據開元禮卷九五及北宋本、傅校本、明抄本、明刻本補。

〔一〇〕舍人引皇太子升進當御座前　原脱「皇太子升」，據開元禮卷九五補。

〔一一〕公王入　「王」原訛「主」，據開元禮卷九五及北宋本改。

〔一二〕引皇太子詣西階升　原脱「西」，據開元禮卷九五補。

〔一三〕引降復位　原脱「降」，據開元禮卷九五及北宋本、傅校本、明抄本、明刻本補。

〔一四〕降詣皇太子西北東面稱令旨　開元禮卷九五作「降詣皇太子西東北面稱令旨」，「東北」二字蓋誤倒。

〔一五〕司則　「則」原訛「測」，據開元禮卷九六及北宋本、傅校本、明抄本、明刻本、王吴本改。

〔一六〕詣皇后所御殿　「詣」原訛「謁」，據開元禮卷九六及北宋本、傅校本、明抄本、明刻本改。

〔一七〕賀訖起　「訖起」原誤倒，據開元禮卷九六及北宋本、傅校本、明抄本、明刻本乙。

〔一八〕先至皇太子妃下車所　原脱「下」，據開元禮卷九六補。

〔一九〕唯不升以外　原作「唯不升於階上外」，據北宋本、傅校本、明抄本、明刻本删改。

〔二〇〕諸州使人分方位於朝集使之下亦如之　原脱「之下」，據開元禮卷九七補。北宋本、傅校本、明抄本、明刻本有「下」字。

〔二一〕三等以上　「上」原訛「下」，據開元禮卷九七及北宋本、傅校本、明抄本改。

〔二二〕文官於東朝堂　「文官」原脱，據開元禮卷九七及北宋本、傅校本、明抄本、明刻本補。

〔二三〕鄺公　原脱，據開元禮卷九七補。

〔二四〕諸親位於文武官四品五品之南　原脱「於」，據開元禮卷九七補。

〔二五〕重行西面西方北方於異姓親之南每等異位　此十八字原脱，據開元禮卷九七及北宋本、傅校本、明抄本、明刻本補。

〔二六〕諸侍衛之官各服其器服　「衛」原訛「位」，據開元禮卷九七及北宋本改。原脱「器」，據開元禮及北宋本、傅校本、明抄本、明刻本補。

〔二七〕以姑洗之均鼓吹振作　原「鼓吹振作」在上，據開元禮卷九七移改。

〔二八〕則皇太子朝出訖　原脱「則」，據開元禮卷九七及北宋本、傅校本、明抄本、明刻本補。

〔二九〕公初行樂作　原脱「公」，據開元禮卷九七及北宋本、傅校本、明抄本、明刻本補。

〔三〇〕引降陛詣席後　「陛」原作「階」，又脱「詣」，據開元禮卷九七及北宋本、傅校本、明抄本、明刻本改補。

〔三一〕於客使初入　原訛脱作「班初入」，據開元禮卷九七補改。按：北宋本、傅校本、明抄本、明刻本、王吳本作「於客使入」。

〔三二〕量可執者　「量」原訛「最」，據開元禮卷九七及北宋本、傅校本、明抄本改。

〔三三〕户部尚書進詣階閒　原脱「詣」，據開元禮卷九七及北宋本、傅校本、明抄本、明刻本補。

〔三四〕請付所司　原脱「請」，據開元禮卷九七及北宋本、傅校本、明抄本、明刻本、王吳本補。

〔三五〕引二舞入立於懸南　「南」下原衍「面」，據開元禮卷九七删。

〔三六〕光禄卿退詣酒罇所　「退」原訛「進」，據開元禮卷九七及北宋本、傅校本、明抄本、明刻本改。

〔三七〕舞蹈三　原倒作「三舞蹈」，據開元禮卷九七及北宋本、傅校本、明抄本、明刻本乙。

〔三八〕羣官客使　「官」原訛「臣」，據開元禮卷九七及北宋本、傅校本、明抄本、明刻本改。

〔三九〕琴瑟　原倒，據開元禮卷九七及北宋本、傅校本、明抄本、明刻本乙。

〔四〇〕羣官客使　「客使」原倒，據北宋本、傅校本、明抄本、明刻本乙。

〔四一〕御若不食及羣官案先下訖不須興　原脱「及」，「下」又訛「上」，據開元禮卷九七補改。

〔四二〕引二舞以次入作　「作」原訛「侍」，據諸本改。

〔四三〕立受觶　「受」原訛「授」，據北宋本、傅校本、明抄本、明刻本改。

〔四四〕可起　「起」原訛「退」，據開元禮卷九七及北宋本、傅校本、明抄本、明刻本改。

〔四五〕侍中前跪奏稱　原脱「跪」，據開元禮卷九七補。

〔四六〕則京官著袴褶　此六字原涉上而脱，據開元禮卷九七及北宋本、傅校本、明抄本、明刻本補。

〔四七〕尚食　「食」原訛「舍」，據開元禮卷九七及北宋本、傅校本、明抄本、明刻本改。

〔四八〕皇帝常服即御座　原脱「即」，據開元禮卷九七補。

〔四九〕通事舍人分引羣官詣横街北壽罇之西南　原脱「分」、「西」，據北宋本、傅校本、明抄本、明刻本補。

〔五〇〕内所由　「由」原訛「司」，據開元禮卷九七及北宋本、傅校本、明抄本、明刻本、王吴本改。

〔五一〕朝賀儀　原脱「賀」，據開元禮卷九八補。

〔五二〕設羣官次於宫城門外　原脱「羣官」，據開元禮卷九八補。

〔五三〕奉禮設文武羣官諸親蕃客使等位於宫城門外　「位」原訛「衛」，據開元禮卷九八及北宋本、傅校本、明抄本、明刻本改。

〔五四〕文武羣官依時刻集到門外　「到」原作「列」，據北宋本、傅校本、明抄本、明刻本改。按：開元禮卷九八作「於」。

〔五五〕若與上臺同上朝賀　下「上」字開元禮卷九八作「日」。

〔五六〕請中嚴　「中」原訛「申」，據開元禮卷九八及北宋本、傅校本、明抄本、明刻本、王吴本改。

〔五七〕侍衛　「衛」原訛「御」，據開元禮卷九八及北宋本、傅校本、明抄本、明刻本、王吴本改。

〔五八〕典謁　「謁」原訛「儀」，據北宋本、傅校本、明抄本、明刻本改。按：皇帝元正冬至受羣臣朝賀，上公一人跪賀，皆由通事舍人引進引退。此節皇后正至受羣官朝賀，爲首一人跪賀，皆由典謁引進引退。

〔五九〕詞正至並與賀皇帝同　「正至」原倒，據北宋本、傅校本、明抄本、明刻本、王吴本乙。
〔六〇〕内謁者監　原脱「内」，據開元禮卷九八及北宋本、傅校本、明抄本、明刻本、王吴本補。
〔六一〕履新之慶　「之」原訛「大」，據開元禮卷九八及北宋本、傅校本、明抄本、明刻本改。
〔六二〕典謁引羣官等出　原脱「出」，據開元禮卷九八及北宋本、傅校本、明抄本、明刻本、王吴本補。
〔六三〕司贊設外命婦等版位於殿庭　原脱「外」，據開元禮卷九八補。原脱「等」，據北宋本、傅校本、明抄本、明刻本、王吴本補。
〔六四〕諸親婦女位於外命婦之下　「位於外命婦」，原脱，據開元禮卷九八補。
〔六五〕命婦有夫　原脱「夫」，據開元禮卷九八補。
〔六六〕無夫從子之爵　原「夫」下衍「有」，據開元禮卷九八及北宋本、傅校本、明抄本、明刻本、王吴本删。
〔六七〕外命婦　原脱「外」，據開元禮卷九八及北宋本、傅校本、明抄本、明刻本補。
〔六八〕司贊帥掌贊先入就位　原脱「帥掌贊」，據開元禮卷九八補。
〔六九〕外命婦　原脱「外」，據開元禮卷九八補。下同。
〔七〇〕舒和之樂　原脱「之」，據開元禮卷九八及北宋本、傅校本、明抄本、明刻本補。
〔七一〕外命婦等　原脱「等」，據開元禮卷九八及北宋本、傅校本、明抄本、明刻本、王吴本補。

〔七二〕司贊曰　原「贊」下衍「者」，據開元禮卷九八及北宋本、傅校本、明抄本、明刻本、王吳本删。下同。

〔七三〕司言前承令　「前承」原倒，據開元禮卷九八及北宋本、傅校本、明抄本、明刻本、王吳本乙。

〔七四〕與夫人等同之　原脱「與」，據開元禮卷九八補。

〔七五〕有坫加爵一於罇下　原脱「加」，據開元禮卷九八補。

〔七六〕外命婦等俱就座　「座」原訛「位」，據開元禮卷九八及北宋本、傅校本、明抄本、明刻本改。

〔七七〕尚食進御食　「進」原訛「奉」，據開元禮卷九八及北宋本、傅校本、明抄本、明刻本、王吳本改。

〔七八〕御若不食及外命婦案先下訖不須興　原脱「及」，「下」訛「上」，據開元禮卷九八及北宋本、傅校本、明抄本、明刻本補改。

〔七九〕皇后乃飯　原脱「乃」，據開元禮卷九八及北宋本、傅校本、明抄本、明刻本補。

〔八〇〕以次授束帛　「授」原訛「受」，據開元禮卷九八及北宋本、傅校本、明抄本、明刻本改。

王文錦點校

通典卷第一百二十四

禮八十四 開元禮纂類十九 嘉禮三

皇帝於明堂讀五時令

陳設

禮部尚書先讀令三日，奏讀月令，承以宣告。前三日，尚舍直長施大次於青龍門外道北，南向。仲春於青陽太廟；季春於青陽右个；孟夏於朱雀門外道東，西向；仲夏於明堂太廟；季夏於明堂右个；孟秋於白虎門外道北，南向；仲秋於總章太廟；季秋於總章右个；孟冬於玄武門外道西，東向；仲冬於玄堂太廟；季冬於玄堂右个。尚舍奉御設御座。守宮設文武官次於大次之後，文官在左，武官在右，俱南向。夏俱西向，秋俱南向，〔一〕冬俱東向。設羣官次於璧水東門之外，夏南門之外，秋西門之外，冬北門之外。文官在北，夏在東，秋在南，冬在西。武官在南，夏在西，秋在北，冬在東。俱西上。夏北上，秋東上，冬南上。

前一日，尚舍奉御設御幄座於青陽左个，仲春於青陽太廟，季春於青陽右个，孟夏於明堂左个，仲夏於明堂太廟，季夏於明堂右个，季夏土王之日讀土令於太廟太室，孟秋於總章左个，仲秋於總章太廟，季秋於總章右个，孟冬於玄堂左个，仲冬於玄堂太廟，季冬於玄堂右个。近西，東向。夏近北，南向；秋近東，西向；冬近南，北向。守宮設三品以上及諸司長官座於堂上，文官於御座東北，南向，夏東南，西向；秋西南，北向；冬西北，東向。武官於御座東南，北向，夏西南，東向；秋西北，南向；冬東北，西向。俱重行西上。夏北上，秋東上，冬南上。無長官者，次官一人升，判官不合。設刑部郎中讀令座於御座東南，北向，有案。夏西南，東向；秋西北，南向；冬東北，西向。設文官解劍席於丑陛之左，仲春於寅陛之左，季春於卯陛之左，孟夏於辰陛之左，仲夏於巳陛之左，季夏於午陛之左，孟秋於未陛之左，仲秋於申陛之左，季秋於酉陛之左，孟冬於戌陛之左，仲冬於亥陛之左，季冬於子陛之左。設武官解劍席於卯陛之右，仲春於辰陛之右，季春於巳陛之右，孟夏於午陛之右，仲夏於未陛之右，季夏於申陛之右，孟秋於酉陛之右，仲秋於戌陛之右，季秋於亥陛之右，孟冬於子陛之右，仲冬於丑陛之右，季冬於寅陛之右。皆内向。太樂令展宫懸於青陽左个之庭，仲春於青陽太廟之庭，季春於青陽右个之庭，孟夏於明堂左个之庭，仲夏於明堂太廟之庭，季夏於明堂右个之庭，季夏土王之日讀土令，於太廟太室之庭，孟秋於總章左个之庭，仲秋於總章太廟之庭，季秋於總章右个之庭，孟冬於玄堂左个之庭，仲冬於玄堂太廟之庭，季冬於玄堂右个之庭。設舉麾位於堂上寅陛之南，北向，仲春於堂上卯陛之南，季春於堂上辰陛之南，俱北向。孟夏於堂上巳陛之西，仲夏於堂上午陛之西，季夏於堂上未陛之西，俱東向。孟秋於堂上申陛之北，仲秋於堂上酉陛之北，季秋於堂上戌陛之北，俱南向。孟冬於堂上亥陛之東，仲冬於堂上子陛之東，〔二〕季冬於堂上丑陛之東，俱西向。一位於樂懸東北，南向。夏於樂懸東南，西向；秋於樂懸西南，北向；冬於樂懸西北，東向。典儀設三品以上及應升堂者位於懸東，夏於懸南，秋於懸西，冬於懸北。文左武右，俱重行西向，夏北向，秋東向，冬南向，相對爲首。設非升堂者位：文官四品五品於懸北，夏懸東，秋懸南，冬懸西。六品以下於其東，夏於其南，秋於其西，冬於其北。絶位俱南向；夏俱西向，秋俱北向，冬俱東向。武官四品、五品於懸南，夏懸西，秋懸北，冬懸東。六品以下於其東，夏於其南，秋於其西，冬於其北。當文官俱北向。夏東向，秋南向，冬西向。皆重行西上。夏北上，秋東上，冬南上。設典儀位於懸之西北，夏於懸東北，秋於懸東南，冬於懸西南。贊者二人在東，差退，俱南向。夏俱西向，秋俱北向，冬俱東向。奉禮設門外位各於次前，俱每等異位，重行相向，西上。夏北上，秋東上，冬南上。

鑾駕出宫

前出宫三日，本司宣攝内外，各供其職。守宫設從駕之官五品以上次於承天門外東西朝堂如常。

前二日，太樂令設宮懸之樂於殿庭如常儀。

其日未明七刻，搥一鼓爲一嚴。三嚴時節，前一日侍中奏裁。侍中奏開宮殿門及城門。未明五刻，搥二鼓爲再嚴。侍中版奏：「請中嚴。」奉禮設從駕羣官五品以上位：文官於東朝堂之前，西向，武官於西朝堂之前，東向，俱重行北上。從駕羣官五品以上俱集朝堂次，〔三〕各服其服。其六品以下，並駕發之前先赴朝堂所，〔四〕俱就次各服其服。所司陳小駕鹵簿。未明二刻，搥三鼓爲三嚴。諸衞之屬各督其隊與鈒戟以次入陳於殿庭。謁者引從駕羣官各就朝堂前位。〔五〕諸侍衞之官各服其器服，侍中、中書令以下俱詣西閤奉迎。侍中負寶如式。〔六〕乘黄令進金輅於西閤外，南向。千牛將軍一人執長刀立於輅前，北向。黄門侍郎一人在侍臣之前，贊者二人又在黄門之前。

侍中版奏：「外辦。」太僕卿奮衣而升，正立執轡。皇帝服通天冠，青紗袍，夏絳紗，季夏土王之日黄紗，秋白紗，冬黑紗。佩蒼玉，夏佩赤玉，季夏土王之日佩黄玉，秋佩白玉，冬佩玄玉。御輿以出，曲直華蓋警蹕侍衞如常儀。皇帝將出，仗動，太樂令令撞黄鍾之鐘，右五鐘皆應。協律郎跪，俛伏，舉麾，鼓柷，奏太和之樂。千牛將軍前執轡，皇帝升輅，太僕卿立授綏，侍中、中書令以下夾侍如常儀。〔七〕黄門侍郎進，當鑾駕前跪，奏稱：「黄門侍郎臣某言，請鑾駕發引。」

俛伏，興，退復位。凡黄門侍郎奏請，皆進當鑾駕前跪，奏稱具官某言，俛伏，興。鑾駕動，又稱警蹕，黄門侍郎與贊者夾引以出，千牛將軍夾輅而趨。駕至太極門，偃麾，戛敔，樂止。出太極門，鼓柷，奏采茨之樂；出嘉德門，戛敔，樂止。凡樂，皆協律郎舉麾，工鼓柷而後作，〔八〕偃麾戛敔而後止。

至順天門外於明堂讀令則至承天門。侍臣上馬所，黄門侍郎奏：「請鑾駕權停，敕侍臣上馬。」侍中前承詔，退稱：「制曰可。」黄門侍郎皆上馬。諸侍衛之官，各督其屬左右翊駕，在黄麾内。符寳郎奉六寳與殿中監後部從。侍中、中書令以下夾侍於輅前，贊者在供奉官人内。〔九〕侍臣上馬畢，黄門侍郎奏稱：「請敕車右升。」侍中前承詔，退稱：「制曰可。」〔一〇〕黄門侍郎退復位。千牛將軍升訖，黄門侍郎奏稱：〔一一〕「請鑾駕發引。」退復位。鑾駕動，稱警蹕鼓傳音如常，鼓吹振作而行。其從駕之官在玄武隊如常儀。

讀令

其日，依時刻諸衛勒所部屯門列仗及青陽左个之庭如常。仲春青陽太廟之庭，季春青陽右个之庭，孟夏明堂左个之庭，仲夏明堂太廟之庭，季夏明堂右个之庭，孟秋總章左个之庭，仲秋總章太廟之庭，季秋總章右个之庭，孟冬玄堂左个之庭，仲冬玄堂太廟之庭，季冬玄堂右个之庭。先置羣官俱集次，各服其服。駕將至，典謁各引先置羣官俱就門外位。

駕至大次門外，迴輅南向，千牛將軍降立於輅右。侍中進當鑾駕前跪，奏稱：「侍中臣某言，請降輅。」俛伏，興，還侍位。皇帝降輅，御輿之大次，繖扇華蓋侍衞警蹕如常儀。典謁引文武五品以上從駕之官皆就門外位。太樂令帥工人入就位，協律郎入就舉麾位。典儀帥贊者先入就位。典謁引羣官非升座者入就位。刑部郎中以月令置於案，覆以帊；令史二人俱絳公服，對舉案立於武官五品以上東南，郎中立於案後，北面。夏，令史對舉案於五品武官西南，郎中立於案後，東面。秋於五品武官西北，郎中立於案後，南面。冬於武官東北，郎中立於案後，西面。

侍中版奏：「外辦。」皇帝御輿出次，曲直華蓋侍衞警蹕如常儀。入自青龍門，夏入自朱雀門，秋入自白虎門，冬入自玄武門。皇帝初入門，太樂令令撞蕤賓之鐘，左五鐘皆應，鼓柷，奏太和之樂，皇帝升自寅陛，夏升自巳陛，秋升自申陛，冬升自亥陛。入，即御座，東向坐，夏南向坐，秋西向坐，冬北向坐。符寶郎奉寶置於御座，侍臣夾侍如常儀，戛敔，樂止。

典儀一人升，立於左个東北，南向。夏東南，西向。秋西東，北向。冬西北，東向。典謁引公王以下入，就西面位。夏北面位，秋東面位，冬南面位。上公初入門，舒和之樂作，凡公行，皆作舒和之樂。公至位，樂止。羣官立定，典儀曰：「再拜。」贊者承傳，凡典儀有詞，贊者皆承傳。在位者皆再拜。侍中前跪，奏稱：「侍中臣某言，請延公王等升。」俛伏，興。又侍中稱：「制曰可。」侍中詣左个東北，南面夏東南，西面。秋西南，北面。冬西北，東面。稱：「詔延公王等升。」堂上典儀承傳，〔一二〕堂下贊者又承傳，在位者皆再拜。典謁以次引西面位者夏典謁引北面位者，秋引東面位者，冬引南面位者。各詣其階。〔一三〕公初行，樂作；至解劍席，樂止。公王以下俱升席，跪解劍，俛伏，興，脱舄。通事舍人各引升，立於座後。

刑部郎中引案進，〔一四〕立於卯陛下。侍中跪奏：「請讀月令。」俛伏，興。又侍中稱：「制曰可。」〔一五〕侍中退復位。刑部郎中再拜，就解劍席，跪解劍，俛伏，興，脱舄，取令，持案者仍立於下。通事舍人引刑部郎中奉令升自卯陛，夏升自午陛，秋升自酉陛，冬升自子陛。詣席南，北向跪，〔一六〕夏席西，東向。秋席北，南向。冬席東，西向。置令於案，俛伏，興，立於席後。堂上典儀唱：「就座。」公王以下及刑部郎中並就座，俛伏，坐。〔一七〕刑部郎中讀令，每句一絶，使言聲可了。

讀令訖，堂上典儀唱：「可起。」公王以下皆起。通事舍人引公王以下及刑部郎中俱降。刑部郎中以令置於案，〔一八〕與羣官俱跪佩劍，俛伏，興，納舄。典謁各引還本位。公初行樂作，至位樂止。立定，典儀曰：「再拜。」在位者皆再拜。典謁引西面位者出，夏北面，秋東面，冬南面。公初行樂作，出門樂止。

侍中跪奏稱：「侍中臣某言，禮畢。」俛伏，興，還侍位。皇帝興，太樂令令撞黄鍾之鐘，右五鐘皆應，太和之樂作，皇帝降座，御輿以出之便次，警蹕侍衛如來儀，出門樂止。典謁引南北面位者以次出。夏引東西面，秋引南北面，冬引東西面。〔一九〕春令其文具小戴禮篇，故不繁載。

鑾駕還宮

皇帝既還大次，侍中版奏：〔二〇〕「請解嚴。」將士不得輒離部伍。〔二一〕皇帝停大次一刻頃，搥一鼓爲一嚴，轉仗衞於還塗如來儀。〔二二〕三刻頃，搥二鼓爲再嚴，將士布隊仗，侍中版奏：「請中嚴。」五刻頃，搥三鼓爲三嚴，謁者、贊引各引羣官序立於次前，文武侍臣詣大次奉迎，乘黄令進金輅於大次門外，南向，夏北向，秋西向，冬東向。千牛將軍立於輅右。

侍中版奏：「外辦。」太僕卿升執轡，皇帝御輿出次，繖扇侍衞警蹕如常儀，皇帝升輅，太僕卿立授綏。黄門侍郎奏稱：「請鑾駕發引。」退復位。鑾駕動，稱警蹕如來儀，黄門侍郎、贊者夾引，千牛將軍夾輅而趨。至侍臣上馬所，黄門侍郎奏稱：「請鑾駕權停，敕侍臣上馬。」侍中前承詔，退稱：「制曰可。」黄門侍郎退稱：「侍臣上馬。」贊者承傳，文武侍臣皆上馬畢，〔二三〕黄門侍郎奏稱：「請敕車右升。」侍中稱：「制曰可。」黄門侍郎退復位。千牛將軍升訖，黄門侍郎奏稱：「請鑾駕發引。」退復位。鼓傳音，鑾駕動，鼓吹振作而還，文武羣官皆從如來儀。

鑾駕至承天門外侍臣下馬所，鑾駕權停，文武侍臣皆下馬，千牛將軍降立於輅右訖，鑾駕動，千牛將軍夾輅而趨。駕入嘉德門，大樂令令撞蕤賓之鐘，左五鐘皆應，鼓柷，奏采茨之樂，至太極門，戛敔，樂止。入太極門，鼓柷，奏太和之樂。駕至横街北，當東閤，〔二四〕

迴輅南向。侍中進，當鑾駕前跪，奏稱：「臣某言，請降輅。」俛伏，興，還侍位。皇帝降輅，御輿以入，繖扇侍衛警蹕如常儀，〔二五〕侍臣從至閤，戛敔，樂止。初文武羣官至朝堂，〔二六〕通事舍人承旨，敕羣官並還。皇帝既入，侍中版奏：「請解嚴。」叩鉦，將士各還其所。

皇帝於太極殿讀五時令〔二七〕

禮部尚書先讀令三日，奏讀時令，承以宣告。

前一日，尚舍奉御設御幄座於太極殿北廂，南向。尚舍直長設一品以下三品以上及諸司長官座於殿上，〔二八〕文東武西，重行相向，北上。無長官者，次官一人升，判官不合。設刑部郎中讀令座於御座西南，東向，有案，去御座二丈。設解劍席於東西階下如常。〔二九〕太樂令展宮懸於殿庭，設舉麾位於殿上西階之西，東向，〔三〇〕一位於樂懸東南，西向，並如朔朝之儀。典儀設文官三品以上及應升殿者位於南横街之南，〔三一〕道東，設武官位於道西，俱每等異位，重行北向，相對爲首。設非升殿者位於殿庭，〔三二〕文東武西如常。設典儀位於北横街之南，贊者二人在南，差退，俱西向。奉禮設門外位：文官於東朝堂近南，西面，武官於西朝堂近南，東面，每等異位，重行北上。

其日，依時刻諸衛勒所部屯門列仗及陳於殿庭如常。〔三三〕文武官依時刻集朝堂，俱就便次各服其服。侍中量時版奏：「請中嚴。」鈒戟近仗入陳於殿庭，太樂令帥工人入就位，協律郎入就舉麾位。〔三四〕諸侍衛之官各服其器服，〔三五〕符寶郎奉寶，俱詣閤奉迎。〔三六〕典儀帥贊者入就位。典謁引羣官各就門外位。刑部郎中以時令置於案，覆以帊，令史二人俱公服，對舉案立於右延明門內道北，郎中立於案後，東面。典謁者引非升殿者入就位。

侍中版奏：「外辦。」皇帝服通天冠，絳紗袍，御輿出自西房，曲直華蓋警蹕侍衛如常儀。皇帝將出，仗動，太樂令令撞黃鍾之鐘，右五鐘皆應，協律郎跪俛伏，舉麾，鼓柷，奏太和之樂。皇帝出自西房，即御座，南向坐，符寶郎奉寶置於御座如常儀，偃麾，戛敔，樂止。

典儀一人升就東階上，西面立。侍臣夾侍如常儀。典謁引公王以下入就北面位，公初入門，舒和之樂作；公至位，〔三七〕樂止。羣官立定，典儀曰：「再拜。」贊者承傳，在位者皆再拜。侍中前跪，奏稱：「侍中臣某言，請延公王以下等升。」俛伏，興。又侍中稱：「制曰可。」侍中詣東階上，西面稱：「詔延公王等升。」殿上典儀承傳，階下贊者又承傳，〔三八〕在位者皆再拜。典謁以次引北面位者詣東西階。公初行樂作，至解劒席樂止。公王以下俱升席，跪解劒，俛伏，興，脱舄。通事舍人以次引升殿，立於座後。〔三九〕

刑部郎中引案進立於西階下。侍中跪奏：「請讀時令。」俛伏，興。又侍中稱：「制曰可。」侍中退復位。刑部郎中再拜，就解劒席跪解劒，俛伏，興，脱舄，取令，持案者仍立於階下。通事舍人引刑部郎中奉令升自西階，詣席西，東向跪，置令於案，俛伏，興，立於席後。殿上典儀唱：「就座。」公王以下及刑部郎中並就座，俛伏，坐。〔四〇〕刑部郎中讀令，每句一絕，使言聲可了。

讀令訖，殿上典儀唱：「可起。」公王以下皆起。通事舍人引公王以下及刑部郎中俱降。〔四一〕刑部郎中以令置於案，與羣官俱跪佩劍，〔四二〕俛伏，興，納舃。典謁各引還本位。〔四三〕典儀曰：「再拜。」在位者皆再拜。典謁引北面位者出。持令案者自右延明門而出。侍中跪奏稱：「侍中臣某言，禮畢。」俛伏，興，還侍位。皇帝興，太樂令令撞蕤賓之鐘，左五鐘皆應，太和之樂作，皇帝降座，御輿入自東房，警蹕侍衞如來儀，侍臣從至閤，〔四四〕樂止。典謁引東西面位者以次出。讀夏令與春令同。讀秋令與冬令同。設刑部郎中讀令座於御座東南，西向。令案立於左延明門內道北，〔四五〕郎中立於案後，西面。升降自東階。餘與讀春令同。皇帝若御翼善冠，則羣官皆袴褶服，陳解劍席。若不設樂懸，去警蹕。

皇帝養老於太學

陳設

前三日，尚舍直長設大次於學堂之後，隨地之宜。設三老五更次於學堂南門外之西，羣老次於其後，俱東向。設羣官次：文官於門外之東，重行西向，武官於羣老之西，重行東向，皆北上。

前一日，尚舍奉御設御座於堂上東序，西向，莞筵紛純，加藻席畫純，次席黼純。設三老座於西楹之東，近北，南向；設五更座於西階上，東向。設國老三人座於三老座西，俱不屬焉，〔四六〕皆莞筵紛純，加藻席畫純。設衆國老座於堂下西階之西，東面北上，皆蒲筵緇布純，加莞席玄帛純。若三品以上，則莞筵紛純，加藻席畫純。凡五品以上致仕者爲國老。設庶老座於國老之後，〔四七〕皆蒲筵緇布純。六品以下致仕者爲庶老。太樂令展宮懸於學堂之庭，設登歌於堂上及舉麾位等，皆准元會之儀。典儀設文官五品以上位於懸東，六品以下在其南，俱重行，西向北上。武官五品以上位於懸西，六品以下在其南，當文官，俱重行，東向北上。蕃客分方位於文武官之南。若有諸州使人，分方位於文武官九品之後。學生分位於文武官之後。奉禮設門外位如設次之式。尚舍奉御設罇於東楹之西，〔四八〕北向，左玄酒，有坫以置爵。

鑾駕出宮如前讀令儀

養老

仲秋之月，擇吉辰，皇帝親養三老五更於太學。所司先奏定三師三公致仕者，用其德行及年高者一人爲三老，次一人爲五更。尚食先具牢饌。鑾駕將至，通事舍人引先置之官皆就門外位，學生俱青衿服入就位。

鑾駕至太學門，迴輅南向。侍中跪奏：「請降輅。」〔四九〕俛伏，興。皇帝降輅，乘輿入大次，繖扇侍衛如常。通事舍人引文武五品以上從駕之官皆就門外位。〔五〇〕太樂令帥工人、二舞入就位如正會之禮。〔五一〕通事舍人引羣官客使入就位。

初鑾駕出宮，〔五二〕量時刻遣使迎三老五更於其第。三老五更俱服進賢冠，具服乘安車，〔五三〕前後導從如常禮。其國老庶老則有司先戒之。鑾駕既至太學，三老五更及羣老等俱赴集其次，羣老各服其服。太常少卿贊三老五更俱出次，引立於學堂南門外之西，東面北上。奉禮贊羣老出次，〔五四〕引立於三老五更之後。太常博士引太常卿升立於學堂北户之内，當户北向。

侍中版奏：「外辦。」皇帝出户，侍衛如常，侍中負寶陪從如式。殿中監進大珪，皇帝執大珪，博士引太常卿，太常卿引皇帝，每太常卿前導，皆博士先引。協律郎跪，俛伏，舉麾，太和之樂作。皇帝降，迎三老於門内之東，西面立，侍臣從立於皇帝之後，太常卿與博士退立於左。皇帝立定，樂止。

三老五更皆杖，各二人夾扶左右，太常少卿引導，敦史執筆以從。三老入門，舒和之樂作。三老五更立於門西，東面北上，奉禮引羣老隨入，〔五五〕立於其後。初三老立定，樂止。太常卿前奏：「請再拜。」退復位。皇帝再拜，三老五更去杖，攝齊以答再拜畢，皇帝揖進，三老在前，五更從，仍杖夾扶如初。〔五六〕至階，皇帝揖升，俱就座後揖立，樂止。侍衞之官量人從升。〔五七〕皇帝西面再拜三老，三老南面答再拜；皇帝西面再拜五更，五更答再拜。

休和之樂作，三老五更俱坐，三公授几，九卿正履訖，殿中監、尚食奉御進珍羞及黍稷等，皇帝省之，遂設於三老前，樂止。太常卿引皇帝詣三老座前，執醬而饋訖，太常卿引皇帝詣酒罇所，取爵，侍中贊酌酒訖，太常卿引皇帝進，執爵而酳。尚食奉御以次進珍羞酒食於五更前。國老庶老等皆坐，又設酒食於國老庶老前，國老庶老等皆食。皇帝即座。

太樂令引工升，奏韶和之樂，三終。三老乃論五孝六順，典訓大綱，格言宣於上，惠音被於下。皇帝乃虛躬請受，敦史執筆録善言善行。〔五八〕事終，二舞作於懸中，〔五九〕訖，禮畢。三老以下降筵，太常少卿及奉禮引導皆如初。

太常卿引皇帝從以降階，太和之樂作，皇帝逡巡立於階前，樂止。三老五更出，舒和之樂作，太常卿引皇帝升立於階上，三老五更出門，樂止。侍中前奏：「禮畢。」退復位。太常卿引皇帝降，還大次。三老五更升安車，導從而還。通事舍人引羣官及學生等以次出。明日，三老詣闕表謝。

鑾駕還宫如前讀令儀

校勘記

〔一〕秋俱南向　「南」原訛「北」，據開元禮卷一〇一及北宋本、傅校本、明抄本、明刻本、王吴本改。

〔二〕仲冬於堂上子陛之東　「子陛」下原衍「庭下」，據開元禮卷一〇二及北宋本、傅校本、明抄本、明刻本删。下同。

〔三〕俱集朝堂次　原脱「集」，據開元禮卷九九及北宋本、傅校本、明抄本、明刻本補。

〔四〕並駕發之前　原「並」下衍「從」，「駕發」互倒，據開元禮卷九九及北宋本、傅校本、明抄本、明刻本删乙。

〔五〕各就朝堂前位　原脱「前」，據開元禮卷九九及北宋本、傅校本、明抄本、明刻本、王吴本補。

〔六〕侍中負寶如式　「負」原訛「奉」，據北宋本、傅校本、明抄本改。

〔七〕中書令以下夾侍　「下夾」原訛作「次」，據開元禮卷九九及北宋本、傅校本、明抄本、明刻本、王吴本改補。

〔八〕工鼓柷而後作　「後」原訛「復」，據開元禮卷九九及北宋本改。

〔九〕供奉官人　「供奉」原倒，據開元禮卷九九及北宋本、傅校本、明抄本、明刻本、王吴本乙。

〔一〇〕侍中前承詔退稱制曰可　原「制」在上，「詔」在下，據開元禮卷九九及北宋本、傅校本、明抄本、明刻本乙正。

〔一一〕黄門侍郎奏稱　「奏稱」原脱，據開元禮卷九九補。北宋本、傅校本、明抄本、明刻本、王吴本無「奏」有「稱」。

〔一二〕堂上典儀承傳　原誤作「俛伏興又侍中典儀承傳」，據開元禮卷九九及北宋本、傅校本、明抄本、明刻本、王吴本删改。

〔一三〕在位者皆再拜典謁以次引西面位者各詣其階　上「者」原誤在「謁」下，據北宋本、傅校本、明抄本、明刻本移正。「典謁」開元禮卷九九作「通事舍人」。

〔一四〕刑部郎中引案進　「引」原訛「奉」，據開元禮卷九九改。

〔一五〕又侍中稱制曰可　原脱「又」，「稱」下衍「有」，據開元禮卷九九及北宋本、傅校本、明抄本、明刻本補删。

〔一六〕北向跪　原「向」下衍「位」，據開元禮卷九九及北宋本、傅校本、明抄本、明刻本删。

〔一七〕俛伏坐　原「伏」下衍「興」，據開元禮卷九九及北宋本、傅校本、明抄本、明刻本删。

〔一八〕公王以下皆起通事舍人引公王以下及刑部郎中俱降刑部郎中以令置於案　原訛脱作「公王以下及刑部郎中以令置於案」，據開元禮卷九九及北宋本、傅校本、明抄本、明刻本補。

〔一九〕冬引東西面　「東西」原倒，據傅校本、明抄本、明刻本、王吴本乙。

〔二〇〕侍中　原訛「持節」，據開元禮卷九九改。北宋本、傅校本、明抄本、明刻本作「侍郎」，亦誤。

〔二一〕不得輒離部伍　「伍」原訛「位」，據開元禮卷九九及北宋本、傅校本、明刻本改。

〔二二〕轉仗衛於還塗　原「衛」下衍「位」，據開元禮卷九九及北宋本、傅校本、明抄本、明刻本删。

〔二三〕上馬畢　「畢」原作「訖」，據開元禮卷九九及北宋本、傅校本、明抄本、明刻本、王吴本改。

〔二四〕東閤　開元禮卷九九作「東上閤」。

〔二五〕警蹕　「警」原訛「驚」，據北宋本、傅校本、明抄本、明刻本、王吴本改。

〔二六〕朝堂　開元禮卷九九作「東朝堂」。

〔二七〕太極殿　原脱「殿」，據諸本補。

〔二八〕三品以上　「三」原訛「五」，據開元禮卷一〇三及北宋本、傅校本、明抄本、明刻本改。

〔二九〕設解劒席於東西階下如常　原「常」下衍「儀」，據北宋本、傅校本、明抄本、明刻本删。

〔三〇〕設舉麾位於殿上西階之西東向　原脱「上」，又「西東」誤倒，據北宋本、傅校本、明抄本、明刻本補乙。

〔三一〕典儀設文官三品以上　原脱「儀」，又「官」訛「武」，據北宋本、傅校本、明抄本、明刻本補改。

〔三二〕設非升殿者位於殿庭　原脱「設」，據北宋本、傅校本、明抄本補。

〔三三〕其日依時刻　原作「俱依時刻」，據開元禮卷一〇三及北宋本、傅校本、明抄本、明刻本、王吴本改。

〔三四〕協律郎入就舉麾位　原脱「入」，據開元禮卷一〇三及北宋本、傅校本、明抄本、明刻本、王吴本補。

〔三五〕各服其器服　「各」原訛「入」，據開元禮卷一〇三及北宋本、傅校本、明抄本、明刻本改。
〔三六〕俱詣閤奉迎　原脱「俱」，據開元禮卷一〇三補。
〔三七〕公至位　原脱「公」，據開元禮卷一〇三及北宋本、傅校本、明抄本、明刻本補。
〔三八〕階下贊者　「下」原訛「上」，據開元禮卷一〇三及明抄本改。
〔三九〕立於座後　「立」上原衍「者」，據開元禮卷一〇三删。
〔四〇〕俛伏坐　「坐」原訛「興」，據開元禮卷一〇三改。
〔四一〕及刑部郎中俱降　「俱」原訛「退」，據開元禮卷一〇三及北宋本、傅校本、明抄本、明刻本改。
〔四二〕與羣官俱跪佩劒　「與」原訛「興」，據開元禮卷一〇三改。
〔四三〕典謁各引還本位　「引」原訛「司」，據開元禮卷一〇三及北宋本、傅校本、明抄本、明刻本改。
〔四四〕侍臣從至閤　原脱「侍臣」，據開元禮卷一〇三及北宋本、傅校本、明抄本、明刻本補。
〔四五〕左延明門　「左」原訛「右」，據開元禮卷一〇三及北宋本、傅校本、明抄本、明刻本、王吴本改。
〔四六〕俱不屬焉　「俱」原訛「階」，據開元禮卷一〇四及北宋本、傅校本、明抄本、明刻本、王吴本改。
〔四七〕國老之後　「之」原訛「座」，據開元禮卷一〇四及北宋本、傅校本、明抄本、明刻本、王吴本改。
〔四八〕東楹　「楹」原訛「檻」，據開元禮卷一〇四及北宋本、傅校本、明抄本、明刻本、王吴本改。
〔四九〕請降輅　原脱「輅」，據開元禮卷一〇四補。
〔五〇〕文武五品以上　「武」原訛「官」，據開元禮卷一〇四改。

〔五一〕工人二舞入就位　原脱「入」，據開元禮卷一〇四補。

〔五二〕初鑾駕出宫　原脱「初」，據開元禮卷一〇四補。

〔五三〕具服乘安車　原脱「具服」，據開元禮卷一〇四及北宋本、傅校本、明抄本、明刻本、王吴本補。

〔五四〕贊羣老出次　「老」原訛「官」，據開元禮卷一〇四及北宋本、傅校本、明抄本、明刻本改。

〔五五〕引羣老隨入　「老」原訛「官」，據開元禮卷一〇四及北宋本、傅校本、明抄本、明刻本、王吴本改。

〔五六〕仍杖夾扶如初　「如」原訛「入」，據開元禮卷一〇四及北宋本、傅校本、明抄本、明刻本、王吴本改。

〔五七〕侍衞之官　「之」原訛「文」，據開元禮卷一〇四及北宋本、傅校本、明抄本、明刻本改。

〔五八〕善言善行　原脱下「善」字，據開元禮卷一〇四及北宋本、傅校本、明抄本、明刻本、王吴本補。

〔五九〕二舞作於懸中　「作」原訛「坐」，據開元禮卷一〇四及北宋本、傅校本、明抄本、明刻本、王吴本改。

王文錦點校

通典卷第一百二十五

禮八十五 開元禮纂類二十 嘉禮四

臨軒册命皇后

臨軒命使 皇后受册 皇后受羣臣賀 皇后表謝 朝皇太后 皇帝會羣臣 羣臣上禮 皇后會外命婦 皇后廟見

臨軒册命皇太子

臨軒册命 朝皇后 謁太廟 會羣臣 羣臣上禮 皇后受羣臣賀 皇后會命婦 皇太子會羣臣 皇太子會宫臣 宫臣上禮

内册皇太子

臨軒命使 皇太子受册 皇太子朝謁 謁太廟 皇帝會羣臣

羣臣上禮　皇后受羣臣賀　皇后會外命婦　皇太子會羣臣　皇太子會宮臣　宮臣上禮
臨軒册命諸王大臣　朝堂册命諸臣　册内命婦二品以上　遣使册授官爵　朔日受朝　朝集使引見奉辭附

臨軒册命皇后

卜日，告圓丘，告方丘、太廟，〔一〕以上並有司行事，如常告儀。

臨軒命使

將行册禮，所司奏請太尉爲使，司徒爲副。前一日，尚舍奉御設御幄於太極殿，〔二〕殿庭陳設樂懸、〔三〕内外官次、侍衛警蹕並如納后儀。皇帝將出，仗動，太樂令令撞黄鍾之鐘，右五鐘皆應。協律郎跪，俛伏，舉麾，〔四〕鼓柷，奏太和之樂，鼓吹振作，皇帝出自西房，即御座，南向坐，符寶郎奉寶置於御座如常，樂止。通事舍人引册使副入就位，太尉初入門，舒和之樂作，至位，樂止。立定，典儀唱曰：「再拜。」贊者承傳，〔五〕羣官在位者皆再拜。侍中前承制，降詣使者東北，西面稱：「有制。」册使再拜。侍中宣制曰：「册某氏爲皇后，命公等持節展禮。」宣制訖，又俱再拜。侍中還侍位。黄門侍郎持節西面授太尉，太尉受付主節，立於使後。黄門侍郎退。中書侍郎引册案及琮璽綬案立於册使東北，西面。〔六〕中書侍郎取册，〔七〕持案者退自使後，立於太尉之左。西面授太尉，太尉受册置於案，〔八〕持案者退立於使者後。中書侍郎又取琮璽綬以授太尉，太尉受，置於案，皆如受册之儀。中書侍郎退。典儀曰：「再拜。」贊者承傳，羣臣在位者皆再拜。通事舍人引册使出，持節者前導，持案者次之。太尉初行樂作，出門樂止。侍中前跪奏稱：〔九〕「侍中臣某言，禮畢。」俛伏，興，還侍位。皇帝興，太樂令令撞蕤賓之鐘，左五鐘皆應，鼓柷，奏太和之樂。〔一〇〕皇帝降座，侍衛警蹕如來儀，入自東房，樂止。通事舍人引羣官在位者以次出。蕃客先出。〔一一〕

皇后受册

前一日，守宫於肅章門外道西近南，隨便設太尉、司徒等次，東向北上。又於命婦朝堂設外命婦次如常。尚寢率其屬於皇后正殿設御幄座，南向。又設皇后受册位於殿庭階間，北向。又設命婦等脱舄席於西階前近西，東向。司樂展宫懸之樂於殿庭，設麾於殿上西階之西，東向，並如常儀。内僕進重翟以下於肅章門外道東，西向，以北爲上。其日，依時刻諸衛勒所部屯門列仗及陳布於皇后殿正南門之外如常儀。典儀設册使位於肅章門外之西，東向北上。設内侍位於使副之南，舉册案及琮璽綬者又在南，差退，俱東向。又設內給事位於北廂，南向。又設內謁者監位於其東南，西向。內謁者設外命婦位於命婦朝堂，分左右廂，大長公主以下在東，太夫人以下在西，並每等異位，重行相向，〔一二〕以北爲上。司贊設內命婦及內官非供奉者位於受册正殿之庭東廂，西向，重行北上。又設內命婦等朝位於殿庭御道東，重行，北面西上。又設外命婦朝位於殿庭御道左右，〔一三〕近南：大長公主以下在道東，每等異位，重行北面，以西爲上；〔一四〕太夫人以下在道西，每等異位，重行北面，以東爲上。又設司贊位於東階東南，典贊二人在南，差退，俱西向。

內侍版奏皇后：「請中嚴。」外命婦依時刻俱赴集朝堂次，各服其服。內謁者監先置二案於肅章門外，近限。太尉、司徒既受命，出至朝堂，俱乘輅，備鹵簿，鼓吹、持節如式。其册琮璽綬各以油絡網犢車載而行，內侍之屬與所司守掌之。至永安門外，降輅，謁者引入，持節者前導，持案者次之，掌次者俱引入次。內典引引外命婦就朝堂位。司樂帥女工人入就位，〔一五〕典樂升就舉麾位。司贊帥典贊先就殿庭位。〔一六〕內典引各引外命婦兩行俱以次進，至肅章門，內司賓接引進入，〔一七〕立於皇后正殿閤外如朝堂之位。謁者引太尉以下就肅章門外位，〔一八〕持節者立於太尉之北，少退，東面。內謁者監引內給事就南面位，內謁者監退復位。內命婦等應陪列者各服其服，司賓引就陪列位。

尚儀版奏：「外辦。」皇后首飾褘衣，司言引尚宮，尚宮引皇后，出自正殿西房，侍衛警蹕如常儀。首飾褘衣，所司先進。典樂舉麾，奏正和之樂，凡樂皆典樂舉麾，工鼓柷而後作，〔一九〕偃麾戛敔而後止。皇后至兩楹閒，南向立定，樂止。

初内給事既就南面位，太尉進内給事前，北面跪稱：「太尉封臣某、司徒封臣某，奉制授皇后備物典册。」訖，俛伏，興，退復位。〔二〇〕内謁者監引内給事詣肅章門，傳告司言。司言入詣皇后前跪奏訖，興，還侍位。

初司言入，奉册琮璽綬者以次進，當司徒前，司徒取册琮璽綬以次進授太尉，舉案者以次退，司徒授訖，退復位。内侍進太尉前，西面以次受册琮璽綬，東面授内謁者監，量以内謁者等助舉之。退復位。内謁者監持册琮璽綬等進立於肅章門外，跪置册琮璽綬於案，俛伏，興。

初司言奏訖，尚儀贊皇后降，司言引尚宮，尚宮引皇后，降就庭中北面位，皇后初行樂作，〔二一〕立定樂止。初皇后將降，又尚宮詣門跪取册，〔二二〕尚服詣門跪取琮璽綬，興，進，俱入立於皇后之右，少前，西向。〔二三〕司言司寶各一人，進立於皇后之左，少前，東向。尚宮稱：「有制。」尚儀贊皇后再拜，尚宮宣册訖，尚儀又贊皇后再拜。尚宮奉册進授皇后，皇后受以授司言。尚服又奉琮璽綬以次授皇后，皇后受以授司寶訖，〔二四〕尚儀贊皇后升座。皇后御輿，繖扇侍衛如常，皇后升，初行樂作，即御座南向坐，司寶奉琮璽置於御座，樂止。

司賓引內命婦等陪列者以次進，就北面位，爲首者初行，典樂舉麾，舒和之樂作，至位，樂止。司贊曰：「再拜。」掌贊承傳，內命婦皆再拜。司賓引爲首者一人詣西階，初行樂作，至階樂止。爲首者脱舄，升，進當御座前，北面跪奏：〔二五〕「某妃妾姓等言，伏唯殿下坤象配天，德昭厚載，〔二六〕凡厥兆庶，不勝慶躍。」訖起，司賓引爲首者自西階降，納舄樂作，復位樂止。司贊曰：「再拜。」掌贊承傳，內命婦等皆再拜。司言前承令，降自西階，詣內命婦西北，東面稱：「令旨。」內命婦等皆再拜。宣令訖，在位者又再拜。司贊曰：「再拜。」典贊承傳，在位者皆再拜。司賓以次引從隨便門出，〔二七〕各還其寢，爲首者初行樂作，至門樂止。

司賓又引外命婦以次入，爲首者初入門，舒和之樂作，至位樂止。立定，司贊曰：「再拜。」掌贊承傳，外命婦等皆再拜訖，司賓引爲首者一人，進升奉賀，復位拜，樂作止及宣令拜辭等皆如內命婦之儀。〔二八〕訖，引出，爲首者初行，〔二九〕樂作，出門樂止。

司言又奏羣官賀訖，尚儀前跪奏稱：〔三〇〕「尚儀妾姓言，禮畢。」還侍位。皇后降座，樂作，御輿入自東房，侍衛警蹕如常儀，樂止。女工人退。

册命使者乘輅詣朝堂，至降車所，〔三一〕降輅，入，至太極殿庭大横街南，御道東，北面西上立。中書令立於太尉東北，西面。〔三一〕太尉等再拜，復命曰：「奉制授皇后備物典册，禮畢。」又再拜。中書令奏聞。太尉等退。〔三三〕鹵簿幡節等各還本司。〔三四〕

皇后受羣臣賀

皇后表謝

朝皇太后

皇帝會羣臣

羣臣上禮

皇后會外命婦

皇后廟見

右並如納后儀。〔三五〕

臨軒册命皇太子

卜日，告圜丘，告方丘、太廟，並有司行事如常儀。

臨軒册命

前一日，尚舍奉御設御幄座於太極殿北壁下，南向。守宮設皇太子次於東朝堂之北，西向。設羣官次於東西朝堂。太樂令展宮懸於殿庭，又設舉麾位於上下。鼓吹令設十二案於建鼓之外。乘黄令陳車輅，尚輦奉御陳輿輦，並如常儀。典儀設皇太子版位於橫街之南，〔三六〕道東，北向。設羣官版位：文官一品以下五品以上於懸東，六品以下於橫街之南，俱西面北上；武官一品以下五品以上於懸西，六品以下橫街之南，俱東面。諸親於五品以上之南，皇宗親於東，異姓親於西。蕃客分方於六品以下之南，皆以北爲上，並如常儀。若有朝集使，分方於文武官當品之下，〔三七〕諸州使人分方於朝集使九品之後。〔三八〕設典儀位於懸之東北，贊者二人在南，少退，俱西向。奉禮設門外位，皆如元日之儀。

其日，皇太子日未出前二刻，宮官應從者俱服其服，諸衞各勒所部陳設如常。〔三九〕左庶子版奏：「請中嚴。」諸侍衞之官各服其器服，〔四〇〕詣閤奉迎。僕進金輅於閤外，南向；左内率一人執刀立輅前，〔四一〕北向。贊善一人在侍臣之前，贊者二人又在贊善之前。〔四二〕左庶子版奏：「外辦。」僕奮衣而升，正立執轡。皇太子具服，遠遊冠，若未冠則雙童髻。絳紗袍，升輿以出，左右侍衞如常，左内率前執轡。皇太子升輅，僕立授綏。左庶子以下夾侍如式。贊善進當輅前，跪奏稱：「贊善臣某言，請發引。」俛伏，興，退復位。凡贊善奏請，皆進當輅前，跪稱具官臣某言訖，俛伏，興。輅動，贊善與贊者夾引以出，左右內率夾輅而趨。至侍臣上馬所，贊善奏稱：〔四三〕「請輅權停，令侍臣上馬。」左庶子前承令，退稱：「令曰諾。」贊善退稱：〔四四〕「侍臣上馬。」贊者承傳，文武侍臣皆上馬。左庶子以下夾侍於輅前，贊者在供奉官人內。侍臣上馬畢，贊善奏稱：「請令車右升。」左庶子前承令，退稱：「令曰諾。」贊善退復位。左內率升訖，贊善奏稱：「請發引。」退復位。皇太子輅動，三師乘車訓導，三少乘車訓從，鳴鐃而行，文武宮臣皆乘車以從。至下車所，鐃吹止。至次前，迴輅西向，內率降立於輅右。左庶子進當輅前，跪奏稱：「左庶子臣某言，請降輅。」〔四五〕俛伏，興，還侍位。皇太子降輅，舍人引皇太子就便座，侍衞如常儀。

其日，依時刻諸衞勒所部列黃麾仗屯門及陳殿庭如常儀。羣官、諸親、客使等依時刻俱集朝堂次，各服其服。侍中版奏：「請中嚴。」鈒戟近仗入陳於殿庭，太樂令帥工人入就位，協律郎入就舉麾位。〔四六〕諸侍衞之官各服其器服，符寶郎奉寶，俱詣閤奉迎。通事舍人引羣官、客使各就朝堂前位。典儀帥贊者先入就位，舍人各引羣官、客使以次入就位。皇太子出次，舍人引皇太子，三師三少導從如式，入立於殿外之東，西面。諸衞率、左右舍人及近侍者量人從入。〔四七〕黃門侍郎以册及寶綬各置於案，皆令史二人絳公服對舉案，立於門內道北，西面；册案於北，中書侍郎立於案後。

侍中版奏：「外辦。」皇帝服衮冕之服，御輿以出，曲直華蓋警蹕侍衛如常。皇帝將出，仗動，太樂令令撞黄鍾之鐘，〔四八〕右五鐘皆應，協律郎跪，俛伏，〔四九〕舉麾，鼓柷，奏太和之樂，鼓吹振作，皇帝出自西房，即御座南向坐，符寶郎奉寶置於御座如常，協律郎偃麾，戛敔，樂止。

舍人引皇太子入就位，三師三少以下從入者立於皇太子東南，〔五〇〕西面北上。皇太子初入門，舒和之樂作，至位，樂止。典儀曰：「再拜。」贊者承傳，皇太子再拜。典儀曰：「再拜。」羣官在位者皆再拜。中書令降立於皇太子東北，西面。中書侍郎一人引册案，又中書侍郎一人引璽綬案，進立於中書令之南，〔五一〕少退，俱西面。中書侍郎取册授中書令，退復位。中書令稱：「有制。」皇太子再拜。讀册訖，皇太子再拜，進受册，退授左庶子。中書侍郎取璽綬，進授中書令，皇太子又進受璽綬，退授左庶子。〔五二〕中書令以下還侍位，持案者以案退。典儀曰：「再拜。」皇太子再拜。典儀又曰：「再拜。」羣官在位者皆再拜。舍人引皇太子出，初行樂作，出門樂止。

侍中跪奏稱：「侍中臣某言，禮畢。」俛伏，興，還侍位。皇帝興，太樂令令撞蕤賓之鐘，左五鐘皆應，鼓柷，奏太和之樂，鼓吹振作，皇帝降座，御輿入自東房，侍衛警蹕如常儀，侍臣從至閤，樂止。通事舍人引羣官在位者以次出。蕃客先出。

朝皇后

前一日，所司設皇太子次於永安門外之西，東向，周以行帷，鋪座如式。又設三師三少等便座於西南，東向北上。

其日，諸衛各勒所部屯門列仗及陳布於皇后正殿南門之外。皇太子將至，尚儀版奏：「請中嚴。」皇太子受册訖，舍人引皇太子，三師三少導從及餘侍衛皆如常儀，詣皇后所御之殿閤外道東，西面立。六尚以下各服其服，俱詣皇后內閤奉迎。尚儀版奏：「外辦。」皇后首飾褘衣，御輿以出，即御座南向坐，侍衛如式。內謁者監引皇太子至肅章門，其侍衛之官並立於門外。司賓承引皇太子入立於庭，〔五三〕北面立定。皇太子再拜訖，司賓引皇太子至閤，內謁者監承引以出，舍人引之次，侍衛如式。三師三少以下各之次。

謁太廟

前一日，右校掃除廟之內外，守宮設皇太子次於廟西南，〔五四〕東向。又設三師以下及文武官次於皇太子次之後，少近西，俱東向。奉禮設皇太子版位於廟庭道東，北向。

其日，皇太子入受册，所司轉鹵簿仗衛於永安門西以俟。皇太子朝皇后訖，出，舍人引之次，侍衛如常。僕進金輅於次前。〔五五〕左庶子版奏：「外辦。」皇太子出次乘輅，奏請發引及侍臣陪從、鐃吹聲作皆如初儀。至安上門街當廟西，鐃吹止。至次前，迴輅東向，內率降立於輅右。左庶子進當輅前，跪稱：「左庶子臣某言，請降輅。」俛伏，興，還侍位。皇太子降輅，乘輿入次，侍衞如常儀。

皇太子入次一刻頃，率更令立於次門之外。左庶子版奏：「外辦。」皇太子出次，〔五六〕侍衞如常。率更令引皇太子入自南門，三師三少導從如式，庶子二人，一人贊左，一人贊右，舍人二人從，近仗量人從入。皇太子至位，立定，率更令奏：「請殿下再拜。」皇太子再拜。少頃，率更令奏：「殿下辭。」皇太子再拜辭。率更令前奏：「禮畢。」率更令引皇太子出自南門，入次，侍衞如常。

皇太子既入便次，有司轉仗衞於還塗如來儀。僕進金輅於次前如常。左庶子版奏：「外辦。」皇太子乘輿出次，〔五七〕升輅，侍衞如常，侍臣上馬陪從皆如來儀。輅動，過廟，〔五八〕鳴鐃而行。至重明門，宮官文武俱下馬，皇太子乘輅入，三師三少還。皇太子至東閤前，迴輅南向。左庶子跪奏：「請降輅。」俛伏，興。皇太子降輅，乘輿以入，侍臣從至閤。左庶子版奏請將士各還本所。

會羣臣皆如元會之儀。其日上壽辭曰：「具官某等稽首言，皇太子岐嶷夙著，令月吉日，光踐承華，臣等不勝大慶，謹上千萬歲壽。」

羣臣上禮

前一日，守宮量設次於東西朝堂如常。

其日，應上禮之官依時刻各集於次，〔五九〕皆服其服。奉禮先設上禮之官位於東朝堂之前，近南：文東武西，重行北面，相對爲首。設中書舍人位於文官爲首者之北，〔六〇〕南向。設奉禮位於文官東北，贊者二人在南，差退，俱西向。謁者引上禮之官就位立定。令史二人對舉表案，禮部郎中引中書舍人，前取表授舍人訖，引案退。奉禮唱：「再拜。」贊者承傳，在位者皆再拜。中書舍人奉表入進。謁者引在位者退。

皇后受羣臣賀皆如元日奉賀之儀。其賀辭同會禮謹奉賀，以内給事宣令答云知。

皇后會命婦皆如元會之儀。其上壽辭云「具位妾姓等言」，餘同上。

皇太子會羣臣皆如元會之儀。其賀辭云：〔六一〕「伏惟殿下，固天攸縱，德業日新，式光宸宮，普天同慶。某等情百常品，不勝忻悦。」左庶子宣令答云：「某以不敏，夙恭禮訓，祇奉朝命，慙懼惟深。」

皇太子會宮臣皆如元會之儀。其上壽同上。

宮臣上禮

前一日，守宮量設次於東宮朝堂如常。

其日，應上禮之官依時刻各集於次，皆服朝服。奉禮先設上禮之官位於朝堂前，文東武西，重行北向，相對爲首。設太子舍人位於文官爲首者之北，〔六二〕南向。設奉禮位於文官東北，贊者一人在南，差退，俱西向。通事舍人各引上禮之官皆就位立定。令史二人對舉表案，詹事前，承引就太子舍人，取表授舍人訖，引案退。奉禮唱：「再拜。」贊者承傳，在位者皆再拜。舍人以表入。謁者引在位者皆退。

内册皇太子

卜日、告圓丘、方丘、太廟，並有司行事如常儀。

臨軒命使其儀與臨軒册后命使同。惟司徒爲副，及宣制云「册某爲皇太子」爲異。〔六三〕

皇太子受册

前一日，守宮設册使次於重明門外道西，副使次又於其西，俱南向，並鋪床席。又設宮臣文武官次於東宮朝堂如常。所司陳設皇太子羽儀、車輿及樂懸等，並如元日受朝儀。

掌筵設皇太子受册位於内殿之庭階間，北向。掌儀設宫臣版位於殿庭：文官五品以上於懸東，六品以下於横街之南，皆西面北上；武官五品以上於懸西，六品以下於横街南，當文官，皆東面北上。奉禮設朝堂前位如常。

其日，諸衛率各勒所部屯門列仗如式。〔六四〕宫官於册使未到之前，〔六五〕量時刻赴集次，改服朝服，各就朝堂前位。太尉、司徒既受命，出至朝堂，乘輅，備鹵簿、鼓吹，持節如式。其册璽綬各以油絡網犢車載而行。至東宫朝堂，降輅，謁者引就次，持節者前導，持案者從之，掌次者延入次。初册使將至，通事舍人各引宫臣入就殿庭位。左庶子版奏：「請中嚴。」宫臣入訖，通事舍人引太尉、司徒入立於左閤門外，西面北上。持幡節册璽案者至閤門外，並以給使代。〔六六〕

左庶子版奏：「外辦。」皇太子著雙童髻，絳紗袍，就受册位。所司先奏請左庶子一人引導相禮。〔六七〕典直承引太尉以下入。太尉立於階間，南面；司徒立於太尉西南，東面，〔六八〕節在太尉東，少南，西面；册璽案在司徒西南，東面。掌書二人立於皇太子之左，少前，東面。司徒就案取册，進，東面授太尉，持節者脱節衣，太尉稱：「有詔。」左庶子贊皇太子再拜，皇太子再拜。太尉宣册訖，左庶子又贊再拜，皇太子又再拜。左庶子進詣太尉前受册，退授皇太子，皇太子受以授掌書。〔六九〕司徒又次取璽綬進，東面授太尉，〔七〇〕左庶子進太尉前，受，退授皇太子，皇太子受以授掌書訖，持節者加節衣，左庶子贊引皇太子退。典直各引太尉以下出至閤外，通事舍人承引以出。其案及幡節等並轉付令史、主節。又通事舍人各引宮臣以次出。

太尉、司徒乘輅詣朝堂，至降車所，降輅，入至太極殿庭大橫街南，〔七一〕御道東，北向西上立。中書令立於太尉東北，〔七二〕西面。太尉等再拜，復命曰：〔七三〕「奉詔冊皇太子，禮畢。」又再拜。中書令奏聞。太尉等退。鹵簿幡節等還本司。

皇太子朝謁

其日冊訖，皇太子著雙童髻，絳紗袍，詣皇帝所御殿如常內朝之式。至閤，司賓引入，〔七四〕至殿前，北面再拜。司賓引退，詣皇后所御殿前，北面再拜。司賓引出，還宮如常。

謁太廟

皇帝會羣臣

羣臣上禮

皇后受羣臣賀

皇后會外命婦

皇太子會羣臣

皇太子會宮臣

宮臣上禮

右以上並如臨軒册命儀。〔七五〕

臨軒册命諸王大臣

將册命前一日，尚舍奉御設御幄於太極殿北壁，南向。守宮設羣官次於朝堂，太樂令展宮懸於殿庭，又設舉麾位於上下，並如常儀。

其日，典儀設羣官版位：〔七六〕文官一品以下五品以上於懸東，六品以下於大横街之南，俱西面；武官一品以下五品以上於懸西，六品以下於大横街南，俱東面。皆以北爲上，〔七七〕並如常儀。設受册者位於大街之南，道東，〔七八〕重行，北面西上。設典儀位於懸之東北，贊者二人在南，少退，俱西向。奉禮設門外位：文官於東朝堂，西面，武官於西朝堂，東面，俱每等異位，重行北上。

其日，依時刻諸衞勒所部列仗屯門及陳於殿庭如常儀。受册者服朝服，發第備鹵簿，〔七九〕與羣官俱集朝堂次，羣官各服其服。贊引引羣官俱出次，〔八〇〕典謁引就朝堂前位。侍中版奏：〔八一〕「請中嚴。」鈒戟近仗入陳於殿庭，太樂令帥工人入就位，協律郎入就舉麾位。諸侍衞之官各服其器服，符寶郎奉寶，俱詣閤奉迎。典儀帥贊者先入就位。通事舍人引羣官入就位。〔八二〕又引受册者入立於太極門外，道東，西向。中書侍郎以册置於案，令史二人皆絳公服對舉案立於左延明門内道北，〔八三〕西面，侍郎立於案後。

侍中版奏：「外辦。」皇帝服通天冠，絳紗袍，御輿以出，曲直華蓋警蹕侍衞如常儀。皇帝將出，仗動，太樂令令撞黄鍾之鐘，右五鐘皆應，協律郎跪，俛伏，舉麾，〔八四〕鼓柷，奏太和之樂，皇帝出自西房，即御座，南向坐，符寶郎奉寶置於御座如常儀，樂止。

通事舍人引受册者以次入就位。立定，典儀曰：「再拜。」贊者承傳，羣官在位者皆再拜。中書令降立於受册者東北，西面。〔八五〕中書侍郎引册案進，入於中書令之南，少退，俱西面。〔八六〕通事舍人引爲首者一人少前，北面。中書侍郎取册，進授，退復位。中書令稱：「有制。」受册者再拜。中書令讀册訖，〔八七〕受册者又再拜。通事舍人引受册者進受訖，典謁引退，復位。又通事舍人引次受册者前受册如上儀。〔八八〕徧册訖，中書令以下還侍位，持案者以案退。典儀曰：「再拜。」贊者承傳，羣官在位者皆再拜。通事舍人引受册者以次出。

侍中前跪奏稱：「侍中臣某言，禮畢。」俛伏，興，還侍位。皇帝興，太樂令令撞蕤賓之鐘，左五鐘皆應，鼓柷，奏太和之樂。皇帝降座，御輿入自東房，侍衞警蹕如來儀，侍臣從至閤，樂止。通事舍人引羣官在位者以次出。

若册三師、三公、親王，皇帝服衮冕之服，鼓吹令設十二案，乘黄令陳車輅，尚輦奉御陳輿輦，諸衞設黄麾半仗。受册者初入門，舒和之樂作，至位樂止。册畢引出，〔八九〕初行樂作，出門樂止。餘同上儀。册開府儀同三司、太子三師、驃騎大將軍、左右丞相、京都牧、河南牧，並如臨軒册命儀。

朝堂册命諸臣

前一日，守宫設受册者次於東朝堂。

其日平明，受册者朝服，升輅，發第，備鹵簿，詣朝堂，至降車所，降輅，謁者緈公服引就次。奉禮設受册者版位於東朝堂前，近南，北向。又設舍人宣册位於其北，南向。將册，舍人引受册者就版位立。舍人公服先以册書置於案，令史二人緈公服對舉案。又舍人引中書舍人，持節者前導，持案者次之，出詣宣册位，持節者立於舍人之東，少南，西向，持案者立於舍人西南，東向。持節者脱節衣，持案者進舍人前，舍人取册，持案者退復位。舍人稱：「有制。」受册者再拜。宣册訖，又再拜。又舍人引受册者進舍人前，北面受册，退復位。持節者加節衣，典謁引舍人，幡節前導而入。謁者引受册者退，受册者升輅還第如來儀。

册太子少師、太子少傅、太子少保、特進、輔國大將軍、光禄大夫、鎮國大將軍、侍中、中書令、諸衛大將軍、六尚書、太子詹事、太常卿、都督及上州刺史在京者，並同上儀。

册内命婦二品以上〔九〇〕

前一日，守宫設使者及册案便次於肅章門外及永安門外，〔九一〕皆道右東向。司設設受册者位於其寢庭近南，當階間，北向。

其日，典儀設册使位於肅章門外之西，東向北上，舉册案者位在南，差退，俱東向。内謁者監先置案於肅章門外，近限。使者公服發朝堂，乘輅，備鹵簿、鼓吹，持節如式，〔九二〕其册以油絡網犢車載而行。至永安門，降輅，謁者引入，其册不置於册案，則隨使而入。〔九三〕掌次者俱引入次。受册者花釵翟衣，〔九四〕司言引就受册位，侍從如常。謁者引册使出就位，〔九五〕持節者立於使者之北，少退，持册案者立於使副西南，俱東面。持節者脱節衣，持册案者以案進使副前，使副取册於案，持案者退復位。使副以册進授使者，退復位。内給事進使者前，西面受册，進立於肅章門外，跪置册於案，俛伏，興，退。司言詣閤，跪取册，興，進立於受册者之北，南面，稱：「有制。」受册者再拜。宣册訖，又再拜。受册者進受册以退。初册入閤，少頃，謁者引使者出就永安門外次，更衣，乘馬各還其第。鹵簿幡節俱還本司。

遣使册授官爵〔九六〕

前一日，受册之官設使者次於大門外道西，南向。

其日，使者至，守次者引就次，以制書置於案。使者以下皆服朝服。〔九七〕受册者著朝服，非朝服者公服，出立於正寢東階東南，〔九八〕西面。使者出次，贊禮者引使者，持節者前導，〔九九〕立於大門之西，持節者立於使者之北，少退，令史二人對舉册案，立於使者西南，俱東面。立定，贊禮者引受册者迎於大門外之南，北面。〔一〇〇〕又贊禮者引使者，持節者前導，持册案者次之，入門而左，使者詣階間南面立，持節者立於使者之東，少南，西面，持册案者立於使者西南，東面。贊禮者引受册者入立於使者之南，北面。立定，持節者脱節衣，持册案者進使者前，使者取册，〔一〇一〕持案者退復位。使者稱：「有制。」受册者再拜。宣册訖，受册者又再拜。贊禮者引受册者進使者前，〔一〇二〕北面受册，退立於東階東南，西面。

持節者加節衣，贊禮者引使者，持節者前導以出，持案者從之，俱復門外位。贊禮者引受册者出門東，西面再拜送。贊禮引使者還於次。又贊禮者引受册者入。〔一〇三〕

朔日受朝

其朔日讀時令則不行此禮。

前一日，尚舍奉御設御幄於太極殿北壁，南向。守宮設文官次於朝堂如常儀。太樂令展宮懸於殿庭，設舉麾位於殿上西階之西，東向，一位於樂懸東南，西向，並如常儀。

其日，典儀設文官三品以上位於横街之南道東，設武官三品以上位於道西，俱每等異位，重行北面，相對爲首。設文官四品、五品位於懸東，六品以下於横街之南，每等異位，重行，西面北上。設武官四品、五品位於懸西，六品以下於横街之南，當文官，每等異位，重行，東面北上。設典儀位於樂懸東北，贊者二人在南，少退，俱西向。〔一〇四〕奉禮設門外位：文官於東朝堂，西面，武官於西朝堂，東面，皆每等異位，重行，北上。

其日，依時刻諸衞勒所部列仗屯門及陳於殿庭如常儀。羣官集朝堂，〔一〇五〕俱就次，各服公服。吏部、兵部贊羣官俱出次，通事舍人各引就朝堂前位。侍中版奏：「請中嚴。」鈒戟近仗入陳於殿庭，〔一〇六〕太樂令帥工人入就位，協律郎入就舉麾位。諸侍衞之官各服其器服，〔一〇七〕符寶郎奉寶，俱詣閤奉迎。典儀帥贊者入就位。〔一〇八〕通事舍人引四品以下先入

就位。〔一〇九〕

侍中版奏："外辦。"有司承旨索扇，皇帝弁服，絳紗衣，御輿以出，曲直華蓋警蹕侍衛如常儀。皇帝將出，仗動，太樂令令撞黄鍾之鐘，右五鐘皆應，協律郎跪，俛伏，舉麾，鼓柷，奏太和之樂。皇帝出自西房，即御座，南向坐，符寶郎奉寶置於御座如常儀，協律郎偃麾，戛敔，樂止。

通事舍人引三品以上以次入就位，公初入門，舒和之樂作，至位樂止。立定，典儀曰："再拜。"贊者承傳，羣官在位者皆再拜訖，〔一一〇〕典儀又曰："再拜。"贊者承傳，羣官在位者又再拜。舍人引羣官北面位者以次出，公初行樂作，出門樂止。

侍中前跪奏稱："侍中臣某言，禮畢。"俛伏，興，還侍位。有司承旨索扇，皇帝興，太樂令令撞蕤賓之鐘，左五鐘皆應，奏太和之樂。皇帝降座，御輿入自東房，侍衛警蹕如來儀，侍臣從至閤，樂止。舍人引東西面位者以次出。皇帝若御翼善冠，則羣臣皆服袴褶，不設樂懸，去警蹕。

朝集使引見奉辭附

前一日，尚舍奉御先奏，於所御殿設御座如常儀。〔一一一〕

其日，依時刻所由量加隊仗陳列如常式。〔一二二〕典儀於殿庭横街之南北設版位如常儀。其日，朝集使夙興，並集朝堂，各服朝服。〔一二三〕京官文武九品以上，並服袴褶。諸侍奉官及京官文武四品以下就位如式。〔一二四〕通事舍人引京官文武三品以上及朝集使俱就所御殿門外序立以俟。〔一二五〕

侍中進奏：「外辦。」皇帝常服即御座，南向坐，侍衛如常儀。通事舍人分引京官文武三品以上詣横街南相對北面位。立定，典儀曰：「再拜。」羣官在位者皆再拜訖，通事舍人各引就街北東西班序立。〔一二六〕又通事舍人分引朝集使入就北面位。〔一二七〕東方南方在東，西方北方在西。立定，典儀曰：「再拜。」朝集使等俱再拜。通事舍人承旨詣朝集使東，北面立，稱：「有制。」朝集使等皆再拜。舍人宣勑訖，又再拜。答制先定行首一人跪奏，舍人爲奏，聽進止。若承恩慰問，即舞蹈，訖，又再拜。舍人宣勑訖，侍中奏禮畢，皇帝還宫如來儀。侍臣退，羣官等以次退。

其朝集使奉辭，皆准奉參之儀。其京官，但常參官列版位。其朝集使，三品以上引升殿賜食，四品以下於廊下賜食，並臨時奏聽進止。

校勘記

〔一〕告方丘太廟　原脱「告」，據北宋本、傅校本、明抄本、明刻本補。

〔二〕尚舍奉御　「舍」原訛「食」，據開元禮卷一〇五及北宋本、傅校本、明抄本、明刻本、王吳本改。

〔三〕殿庭陳設樂懸　原涉上脱「殿」，據開元禮卷一〇五補。

〔四〕俛伏舉麾　原「伏」下有「興」，據開元禮卷一〇五刪。

〔五〕贊者承傳　原「傳」下衍「命」，據開元禮卷一〇五刪。

〔六〕立於册使東北西面　原脱「西」，據開元禮卷一〇五補。

〔七〕中書侍郎取册　「册」原訛「璽」，據開元禮卷一〇五改。按：取册在先，後乃取琮取璽取綬。

〔八〕西面授太尉太尉受册置於案　原脱一「太尉」，據開元禮卷一〇五及北宋本、傅校本、明抄本、明刻本補。

〔九〕侍中前跪奏稱　原脱「跪」，據開元禮卷一〇五補。

〔一〇〕皇帝興太樂令令撞蕤賓之鐘左五鐘皆應鼓柷奏太和之樂　此二十四字原脱，據開元禮卷一〇五補。

〔一一〕蕃客先出　四字注文原脱，據開元禮卷一〇五及北宋本、傅校本、明抄本、明刻本補。

〔一二〕重行相向　「相」原訛「南」，據開元禮卷一〇五改。

〔一三〕又設內命婦等朝位於殿庭御道東重行北面西上又設外命婦朝位於殿庭御道左右　原脱「東重行北面西上又設外命婦朝位於殿庭御道」十九字，據開元禮卷一〇五及北宋本、傅校本、明抄本、明刻本、王吴本補。

〔一四〕每等異位重行北面以西爲上　原訛脱作「北面西向」，據開元禮卷一〇五補改。

〔一五〕司樂帥女工人入就位　原脱「帥女」，據開元禮卷一〇五及下文「女工人退」句補。按：北宋本、傅校本、明抄本、明刻本有「帥」字。

〔一六〕司贊帥典贊先就殿庭位　下「贊」下原衍「者」，據開元禮卷一〇五及北宋本、傅校本、明抄本、明刻本删。

〔一七〕內司賓　原脱「內」，據開元禮卷一〇五補。

〔一八〕引太尉以下就肅章門外位　原脱「以下」，脱「位」，據開元禮卷一〇五補。按：北宋本、傅校本、明抄本、明刻本有「以下」。

〔一九〕工鼓柷而後作　原脱「工」，據開元禮卷一〇五補。

〔二〇〕退復位　原脱「退」，據開元禮卷一〇五及北宋本、傅校本、明抄本、明刻本補。

〔二一〕尚宫引皇后降就庭中北面位皇后初行樂作　原脱「降就庭中北面位皇后」九字，據開元禮卷一〇五補。

〔二二〕又尚宫詣門跪取册　原脱「跪」，據開元禮卷一〇五補。

〔二三〕立於皇后之右少前西向　原脱「少前」，據開元禮卷一〇五補。

〔二四〕皇后受以授司賓訖　原脱「受」，據開元禮卷一〇五補。

〔二五〕北面跪奏　「奏」原訛「奉」，據諸本改。

〔二六〕德昭厚載　「德」原訛「地」，據開元禮卷一〇五及北宋本、傅校本、明抄本、明刻本、王吴本改。

〔二七〕司賓以次引從隨便門出　原作「司賓以次從隨使出門」，據開元禮卷一〇五改。

〔二八〕樂作止及宣令拜辭等　原脱「作」，「拜」字誤疊，據開元禮卷一〇五補删。

〔二九〕爲首者　原脱「爲」，據開元禮卷一〇五及北宋本、傅校本、明抄本、明刻本、王吴本補。

〔三〇〕尚儀前跪奏稱　原脱「前」，據開元禮卷一〇五及北宋本、傅校本、明抄本、明刻本、王吴本補。

〔三一〕至降車所　原脱「至」，據開元禮卷一〇五及北宋本、傅校本、明抄本、明刻本、王吴本補。

〔三二〕中書令立於太尉東北西面　原脱「立」，「太尉」訛作「太極殿」，據開元禮卷一〇五補改。

〔三三〕太尉等退　「退」原訛「進」，據開元禮卷一〇五及北宋本、傅校本、明抄本、明刻本、王吴本改。

〔三四〕各還本司　原脱「各」，據開元禮卷一〇五補。

〔三五〕右並如納后儀　此六字原側注於「皇后廟見」下。今依北宋本、傅校本、明抄本、明刻本、王吴本改爲正文另起提行。

〔三六〕典儀設皇太子版位　原脱「典儀」，據開元禮卷一〇六補。

〔三七〕文武官　原脱「文」，據開元禮卷一〇六補。

〔三八〕諸州使人　原脱「使」，據開元禮卷一〇六補。

〔三九〕諸衛各勒所部陳設如常　原脱「各」，「常」下衍「儀」，據北宋本、傅校本、明抄本、明刻本、王吴本補刪。

〔四〇〕諸侍衛之官　原脱「侍」，據開元禮卷一〇六補。

〔四一〕左内率一人執刀立輅前　原脱「人」，據開元禮卷一〇六及北宋本、傅校本、明抄本、明刻本、王吴本補。

〔四二〕又在贊善之前　「贊善」原訛作「中正」，據開元禮卷一〇六改。

〔四三〕贊善奏稱　原脱「奏」，據開元禮卷一〇六補。下同。

〔四四〕贊善退稱　原脱「退」，據北宋本、傅校本、明抄本、明刻本、王吴本補。

〔四五〕請降輅　原脱「輅」，據開元禮卷一〇六補。

〔四六〕協律郎入就舉麾位　此八字原脱，據開元禮卷一〇六補。

〔四七〕量人從入　「入」原訛「人」，據諸本改。

〔四八〕太樂令令撞黄鍾之鐘　原脱一「令」，據北宋本、傅校本、明抄本、明刻本、王吴本補。

〔四九〕協律郎跪俛伏　「跪俛伏」原作「俛伏興」，據開元禮卷一〇六改。

〔五〇〕皇太子　原脱「皇」，據開元禮卷一〇六及北宋本、傅校本、明抄本、明刻本、王吴本補。

〔五一〕中書令　原脱「令」，據開元禮卷一〇六及北宋本、傅校本、明抄本、明刻本、王吴本補。

〔五二〕退授左庶子　原脱「退」，據開元禮卷一〇六補。

〔五三〕皇太子入立於庭　原脱「入」，據開元禮卷一〇六補。

〔五四〕皇太子　原脱「皇」，據北宋本、傅校本、明抄本、明刻本、王吴本補。

〔五五〕僕進金輅於次前　「僕」原訛「儀」，據諸本改。

〔五六〕皇太子出次　「次」原脱，據開元禮卷一〇六補。

〔五七〕皇太子乘輿出次　「次」原訛「自」，據開元禮卷一〇六及北宋本、傅校本、明抄本、明刻本、王吴本改。

〔五八〕過廟　「廟」原訛「朝」，據開元禮卷一〇六及北宋本、傅校本、明抄本、明刻本、王吴本改。

〔五九〕依時刻各集於次　原脱「各」，據開元禮卷一〇六及北宋本、傅校本、明抄本、明刻本、王吴本補。

〔六〇〕文官爲首者　原「文」下衍「武」，據開元禮卷一〇六及北宋本、傅校本、明抄本、明刻本、王吴本删。

〔六一〕其賀辭云　原脱「辭」，據開元禮卷一〇六及明刻本補。

〔六二〕設太子舍人位　原「太」上有「皇」，據開元禮卷一〇六及北宋本、傅校本、明抄本、明刻本、王吴本删。

〔六三〕惟司徒爲副及宣制云册某爲皇太子爲異　原脱「及」，「云」作「曰」，據北宋本、傅校本、明抄本、明刻本補改。

〔六四〕諸衛率各勒所部　原脱「各勒」，據開元禮卷一〇七補。按：北宋本、傅校本、明抄本、明刻本、王吴本有「勒」字。

〔六五〕册使未到之前　「前」原作「先」，據開元禮卷一〇七及北宋本、傅校本、明抄本、明刻本、王吴本改。

〔六六〕持幡節册璽案者至閤門外並以給使代　原爲正文，據開元禮卷一〇七及北宋本、傅校本、明抄本、明刻本、王吴本改爲注文。

〔六七〕所司先奏請左庶子一人引導相禮　原爲正文，據開元禮卷一〇七及北宋本、傅校本、明抄本、明刻本、王吴本改爲注文。

〔六八〕司徒立於太尉西南東面　「西南東面」原誤作「東南西面」，據開元禮卷一〇七及北宋本、傅校本、明抄本、明刻本、王吴本乙改。

〔六九〕退授皇太子皇太子受以授掌書　原脱一「皇太子」，據開元禮卷一〇七補。下同。

〔七〇〕東面授太尉　「面」原訛「南」，據諸本改。

〔七一〕入至太極殿庭　原脱「至」，據開元禮卷一〇七及北宋本、傅校本、明抄本、明刻本、王吴本補。

〔七二〕中書令立於太尉東北　原脱「立」，據開元禮卷一〇七補。

〔七三〕復命曰　原脱「命」，據開元禮卷一〇七補。

〔七四〕司賓引入　原脱「入」，據開元禮卷一〇七補。

〔七五〕右以上並如臨軒册命儀　原側注於「宫臣上禮」下，今據北宋本、傅校本、明抄本、明刻本、王吴本改爲正文並提行另起。又原脱「以上」，亦據上列五本補。

〔七六〕羣官　「官」原訛「臣」，據開元禮卷一〇八及北宋本、傅校本、明抄本、明刻本、王吴本改。

〔七七〕皆以北爲上　原脱「皆」，據開元禮卷一〇八補。

〔七八〕於大街之南道東　原脱「道」，據開元禮卷一〇八補。

〔七九〕發第備鹵簿　「發」原作「從」，據開元禮卷一〇八改。按：下册命諸臣禮亦作「發」。

〔八〇〕贊引引羣官俱出次　原上「引」作「者乃」，係清人竄易者。今據開元禮卷一〇八及北宋本、傅校本、明抄本、明刻本、王吴本改。

〔八一〕侍中版奏　原脱「侍中」，據開元禮卷一〇八補。

〔八二〕通事舍人　原脱「舍人」，據開元禮卷一〇八及北宋本、傅校本、明抄本、明刻本、王吴本補。

〔八三〕對舉案立於左延門内道北　原脱「舉案」，據開元禮卷一〇八補。

〔八四〕協律郎跪俛伏舉麾　原「伏」下有「興」，據開元禮卷一〇八删。

〔八五〕立定典儀曰再拜贊者承傳羣官在位者皆再拜中書令降立於受册者東北西面　原作「立定受册者東北西面」，中間脱二十三字，據開元禮卷一〇八補。

〔八六〕俱西面　原脱「面」，據開元禮卷一〇八及北宋本、傅校本、明刻本、王吴本補。

〔八七〕中書令讀册訖　原脱「册」，據開元禮卷一〇八補。

〔八八〕引次受册者前受册如上儀　原脱「者前受册」四字，據開元禮卷一〇八補。

〔八九〕册畢引出　原脱「引出」，據開元禮卷一〇八及北宋本、傅校本、明抄本、明刻本、王吴本補。

〔九〇〕冊内命婦二品以上　「二」原訛「三」，據開元禮一〇八改。按：本卷卷目北宋本、傅校本、明抄本、明刻本並作「二」。

〔九一〕設使者及冊案便次　「便」原訛「使」，據開元禮卷一〇八及北宋本改。按：「使者」即冊使，而舉冊案者不得稱「冊案使」。

〔九二〕備鹵簿　原脱「備」，據開元禮卷一〇八補。

〔九三〕其冊不置於冊案則隨使而入　「不」原訛「下」，據開元禮卷一〇八改。

〔九四〕花釵翟衣　原脱「翟」，據開元禮卷一〇八補。按：新唐書車服志五二三頁謂内外命婦受冊服翟衣。

〔九五〕謁者引冊使出就位　「出」原訛「入」，據開元禮卷一〇八及北宋本、傅校本、明抄本、明刻本、王吴本改。

〔九六〕遣使冊授官爵　「授」原訛「受」，據開元禮卷一〇九改。

〔九七〕使者以下皆服朝服　「朝」開元禮卷一〇九作「公」。

〔九八〕出立於正寢東階東南　原脱「於」，據開元禮卷一〇九及北宋本、傅校本、明抄本、明刻本、王吴本補。

〔九九〕持節者前導　原脱「者」，據開元禮卷一〇九及北宋本、傅校本、明抄本、明刻本補。

〔一〇〇〕贊禮者引受冊者迎於大門外之南北面　今本開元禮卷一〇九「南」作「東」，「北」作「西」，恐非。受冊者迎於門外之東，西向，則以主賓之禮待王使矣。

〔一〇一〕持册案者進使者前使者取册　原作「持册案者取册」，脱「進使者前使者」六字，據開元禮卷一〇九補。

〔一〇二〕贊禮者　原脱「禮」，據開元禮卷一〇九補。

〔一〇三〕又贊禮者　原脱「又」，據開元禮卷一〇九補。

〔一〇四〕俱西向　原作「又」，屬下讀，非。據開元禮卷一〇九補改。按：北宋本、明抄本、王吴本作「西」，傅校本、明刻本作「西向」。

〔一〇五〕羣官集朝堂　「集朝堂」原訛作「朝集官」，據開元禮卷一〇九及北宋本、傅校本、明抄本、明刻本改。

〔一〇六〕入陳於殿庭　原脱「庭」，據開元禮卷一〇九補。

〔一〇七〕侍衛之官　原脱「侍」，據開元禮卷一〇九補。

〔一〇八〕典儀帥贊者入就位　「帥」原訛「司」，據開元禮卷一〇九及北宋本、傅校本、明抄本、明刻本、王吴本改。

〔一〇九〕四品以下　「下」原訛「上」，據開元禮卷一〇九補。

〔一一〇〕羣官在位者皆再拜訖　原脱「羣官」，據開元禮卷一〇九補。又脱「訖」，據開元禮及北宋本、傅校本、明抄本、明刻本、王吴本補。

〔一一一〕於所御殿設御座　「所御殿」原倒作「御殿所」，據開元禮卷一〇九及北宋本、傅校本、明抄本、明刻本、王吴本乙正。

〔一二〕所由　「由」原訛「司」，據開元禮卷一〇九及北宋本、傅校本、明抄本、明刻本改。

〔一三〕各服朝服　原訛作「各服其服朝」，據開元禮卷一〇九删乙。

〔一四〕四品以下　「下」原訛「上」，據開元禮卷一〇九改。

〔一五〕序立以俟　「俟」原訛「次」，據開元禮卷一〇九及北宋本、傅校本、明抄本、明刻本改。

〔一六〕序立　「序」原訛「停」，據開元禮卷一〇九及北宋本、傅校本、明抄本、明刻本、王吴本改。

〔一七〕入就北面位　原脱「就」，據開元禮卷一〇九補。

王文錦點校

〔唐〕杜佑撰

通典

第八册

卷一二六—卷一四五

中華書局

通典卷第一百二十六

禮八十六　開元禮纂類二十一　嘉禮五

皇太子加元服
告太廟　臨軒命賓贊　冠　會賓贊　朝謁　皇太子謁太廟
會羣臣　羣臣上禮　皇太子會宮臣　宮臣上禮

皇太子加元服

告太廟〔一〕

皇太子將冠，先告太廟，如常告之儀。〔二〕

臨軒命賓贊

所司先奏請司徒一人爲賓，卿一人爲贊冠，吏部承以戒之。

前一日，尚舍奉御整飭御幄於太極殿，衞尉設羣官、〔三〕朝集使、諸蕃客次於左右朝堂。太樂令展宮懸之樂於殿庭，設舉麾位於殿上，一位於懸下。鼓吹令設十二案，乘黄令陳車輅，尚輦奉御陳輿輦。典儀設文官一品以下五品以上位於横街之北，西面北上，諸州使人五品以上合班；六品以下位於横街南，諸州使人六品以下、諸蕃客又在南，皆西面北上。設武官五品以上位於横街北，東面北上，諸州使人五品以上合班，諸親位於其南；六品以下位於横街南，諸州使人六品以下及蕃客等又於其南，皆東面北上。設典儀位於懸之東北，贊者二人在南，少退，俱西向。設賓受命位於横街南道東，北面，贊者位又於其後，少東，北面。奉禮郎設門外文官一品以下位於順天門外道東，每等異位，重行西面；武官三品以下位於門西，〔四〕每等異位，重行東面：並以北爲上。

其日，諸衞勒所部列黄麾仗如常儀。羣官各依時刻集朝堂，俱就次各服其服。侍中量時版奏：「請中嚴。」協律郎、太樂令帥工人就位。諸侍衞之官各服其器服奉迎。典儀帥贊者先入就位。通事舍人引先置羣官入，立定，又引賓贊入立於太極門外道東，西向。黄門侍郎引主節持幡節，〔五〕中書侍郎引制書案，立於樂懸東南，西面北上。〔六〕

侍中版奏：「外辦。」皇帝服通天冠、絳紗袍以出，曲直華蓋警蹕侍衞如常儀。皇帝將出，仗動，太樂令令撞黄鍾之鐘，右五鐘皆應，協律郎舉麾，鼓柷，奏太和之樂。皇帝升輿，出自西房，即御座，南向坐，符寶郎奉寶置於御座，樂止。

通事舍人引賓贊入就位，賓贊初行入門，舒和之樂作，至位樂止。立定，典儀曰：「再拜。」侍中及舍人前承制，侍中降至賓前，稱「有制」。公再拜。「將加冠於某之首，公其將事」。公少進，北面再拜稽首，辭曰：「臣不敏，恐不能供事，敢辭。」侍中升奏，〔七〕又承制降稱：「制旨某公將事，無辭。」公再拜，退，復位。侍中退。舍人至卿前，稱「敕旨」。卿再拜。「將加冠於某之首，卿宜贊冠」。卿再拜。舍人退。黄門侍郎引主節至賓所，主節以節授黄門侍郎，〔八〕黄門侍郎執節立於賓東北，西面。〔九〕賓再拜，受節，付主節訖，又再拜。主節立於賓後，黄門侍郎退。中書侍郎引制書案至賓所，〔一〇〕取制書，在賓東北，西面立。賓再拜，受制書，執立，又再拜。持案者立於賓後，中書侍郎退。典儀曰：「再拜。」贊者承傳，羣官在位者皆再拜。舍人引賓贊出，賓贊初行樂作，出門樂止。

侍中前，跪奏稱：「侍中臣某言，禮畢。」俛伏，興，還侍位。皇帝興，太樂令令撞蕤賓之鐘，左五鐘皆應，鼓柷，奏太和之樂。皇帝降座，侍衞警蹕如來儀，入自東房，樂止。舍人引一品以下以次出。初賓贊出門，賓以制書置於案，幡節引制書案升車，〔一一〕從輅而行。威儀鼓吹詣東宫，降輅，入次，賓贊具服。其一品以下以次出。蕃客各還館。九品以上詣東宫朝堂次，服其服，就位如冠儀。

冠

前一日，衞尉設賓次於重明門外道西，南向，贊冠次又於其西，南向，並鋪床席。又於重明門内道西施一次，擬會賓贊。設文武羣官九品以上及諸親并宫臣次如常儀。〔一二〕奉禮設文武羣官九品以上、諸親在五品之下及宫臣門外位如常儀。〔一三〕典儀設殿庭位：文武羣官共宫臣合班，〔一四〕諸親在五品下；文官在東，西面，武官在西，東面，皆以北爲上。又設皇太子位於閤外道東，西向。設三師位於閤外道西，三少位於三師之南，少退，東向。典儀又設皇太子受制位於樂懸北，北面。所由設軒懸之樂於殿庭，〔一五〕又設舉麾位於殿上，〔一六〕一位於懸下。有司設皇太子羽儀車輿於殿庭如常儀。典設郎帥其屬鋪解劍席於懸之東北。

冠日平明，宫臣皆朝服，非宫臣者公服，三師、三少公服，並集於重明門外次。宗正卿乘犢車侍從，詣左春坊權停。左右二率各勒所部屯門列仗。左庶子版奏：「請中嚴。」工人及諸行事之官各入就位。奉禮郎設罍洗於東階東南，罍在洗東，篚在洗西，南肆。篚實巾加勺冪。〔一七〕典禮郎鋪皇太子冠席於殿上東壁下近南，〔一八〕西向。設賓席於西階上，東向。設主人席於皇太子席西南，西向。設三師席於冠席北，三少席於冠席南。典設郎張帷幄於東序内，設褥席於帷中。又張帷幄於序外，擬置饌物等。内直郎陳服於帷内，東領北上。

衮冕服，玄衣纁裳，九章。白紗中單，黼領，青褾、襈、裾。〔一九〕革帶，金鉤䚢，〔二〇〕大帶，朱韍二章，玉具劍火珠鏢首，瑜玉雙珮。朱組雙大綬，〔二一〕四綵赤白縹紺，純朱質，長一丈八尺，三百二十首，廣九寸。小綬長二尺六寸，色同大綬，而首半之，〔二二〕閒施二玉環。白韈赤舄，金飾。象笏。遠遊冠服，絳紗袍，白紗中單，皁領，褾、襈、裾。白方心曲領假帶，絳紗蔽膝。白練裙襦，白韈黑舄。其革帶、劍、珮、綬、笏與冕服同。緇布冠，玄衣素韠，白紗中單，青領、褾、襈、裾。履、韈、革帶、大帶、笏、緇纚。用皁羅巾方六寸，屬帶於前兩隅。犀簪二物同箱，在服南。櫛實於箱，又在南。莞筵四，紛純；繅席四，繢純，又在南。良醞令實側罇甒醴加勺冪於序外帷内。設罍在洗北，篚在洗南，東肆，實巾一，角觶角柶各一，加冪。太官令實饌豆九籩九於罇西，俎三在豆北。〔二三〕執在庭罍洗者，絳公服，立於罍洗之南，北向。執帷内罇罍洗籩豆俎等，並絳公服，立於罇罍豆俎之所。冕，白珠九旒，犀導，組纓，青纊充耳；遠遊三梁冠，金附蟬九首，施珠翠，〔二四〕黑介幘，犀導，髮纓翠緌；〔二五〕緇布冠，青組纓屬於冠。冠冕各一箱盛，奉禮郎三人各執立於階之西，〔二六〕東面北上。主人贊冠者庶子爲之。升，詣東序帷内，〔二七〕少北，戶東西面立。典謁引羣官以次入就常位。

初賓贊入次，左庶子版奏：「外辦。」通事舍人引三師等入就閤外道西位，東面立。皇太子著空頂黑介幘，雙童髻，玉導，寶飾綵衣，紫褶緑袴，織成褾領，緑錦紳，烏皮履。乘輿以出，洗馬迎於閤門外。左庶子跪奏稱：「左庶子臣某言，請殿下降輿。」俛伏，興，還侍位。皇太子降輿，洗馬引之道東位，西向立。左庶子又前跪奏稱：「左庶子臣某言，請殿下再拜。」皇太子再拜，三師、三少答再拜。洗馬引就階東南位，三師訓導在前，三少訓從於後，千牛仗二人夾左右，其餘仗衞列於師保之外。

通事舍人引宗正卿入見皇太子訖，通事舍人引出迎賓。洗馬引皇太子，初行樂作；至階東，西面立，偃麾，樂止。凡樂皆伶官師舉麾，工鼓柷而後作，偃麾戛敔而後止。宗正卿迎賓於門東，〔二八〕西面。賓立於門西，東面。宗正卿再拜，賓不答拜。賓入門，樂作。主人從入立於樂懸東北，西面。賓入，贊冠者從入，舍人引賓贊詣殿階閒南面立，〔二九〕樂止。贊冠者立於賓西南，東面；節在賓東少南，西面；制案在贊冠西南，東面。賓就案取制執。洗馬引皇太子詣受制位，北面立，皇太子初行樂作，至位樂止。主節脫節衣，賓稱：「有制。」皇太子再拜。賓宣詔曰：「制皇太子某，吉日元服，率由舊章，命太尉就宮展禮。」訖，皇太子又再拜。少傅進詣賓前受制書，退授皇太子，皇太子受制書付庶子。案退。

洗馬引皇太子師保等如式升東階，量人從升。初行樂作，至階樂止。入東序帷內，近北西向立。師保等就席位訖，賓升西階，宗正卿升東階，各立席後。初賓升，舍人引贊冠者詣罍洗盥手，升自東階，詣序帷內，於主人贊冠之南，俱西面。贊引皇太子出立於席東，西面。賓之贊冠者取纚櫛二箱，坐奠於皇太子筵南端，〔三〇〕興，席北少東西向立。

賓揖皇太子進，升筵，西向坐。賓之贊冠者進筵前，東面坐，脱空頂黑介幘置於箱，〔三一〕櫛畢，設纚，興，少北南面立。賓降盥，主人從降，樂作，賓升，樂止，主人從升。執緇布冠者升，賓降一等受之，右執項，〔三二〕左執前，進皇太子筵前，東向立，祝曰：「令月吉日，始加元服，棄厥幼志，慎其成德，壽考維祺，以介景福。」乃跪，冠，興，復位東面立。賓之贊冠者進筵前，東面跪，結纓，興，復位。皇太子興，賓揖皇太子，贊冠者引皇太子適東序帷內，著玄衣素裳之服以出，立於席東，西面。

賓揖皇太子，皇太子進，升筵西向坐。〔三三〕賓之贊冠者進筵前東面跪，脱緇布冠，置於黑介幘之箱，櫛纚依舊不解，興，復位。賓降二等受遠遊冠，右執項，左執前，進皇太子筵前，東向祝曰：「吉月令辰，乃申嘉服，克敬威儀，式昭厥德，眉壽萬年，永受祺福。」乃跪，冠，興，復位。賓之贊冠者跪，設簪結纓，興，復位。皇太子興，賓揖皇太子，贊冠者引皇太子適東序帷內，〔三四〕著朝服以出，立於席東，西面。

賓揖皇太子，皇太子進，升筵，西向坐。賓之贊冠者進筵前，東向跪，脱遠遊冠，置於纚箱，櫛纚依舊不解，興，復位。賓降三等受冕，右執項，左執前，進皇太子筵前，東向祝曰：「以歲之正，以月之令，咸加其服，以成厥德，萬壽無疆，承天之慶。」乃跪，冠，興，賓復位。賓之贊冠者跪，設簪結纓，〔三五〕興，復位。皇太子興，賓揖皇太子，贊冠者引皇太子適東序，著衮冕之服以出，立於席東，西面。贊冠者徹纚櫛二箱入於帷內，〔三六〕又取筵入於帷內。〔三七〕

主人贊冠者又設醴皇太子席於室戶西，南向，下莞上藻。賓之贊冠者於東序帷內盥手洗觶；典膳郎酌醴，加柶，覆之，面柄；賓之贊冠者受，面葉，立於序內，南面立。賓揖皇太子，贊冠者引皇太子就筵西，南面立。賓進受醴，加柶，面柄，進皇太子筵前，北面立，祝曰：「甘醴惟厚，嘉薦令芳。拜受祭之，以定厥祥。承天之休，壽考不忘。」皇太子筵西拜受觶，賓復位，東面答拜。贊冠者興進饌者承饌陳於皇太子筵前。〔三八〕皇太子升筵，坐，左執觶，右執脯，擩於醢，祭於籩豆之閒。贊冠者取韭菹，〔三九〕偏擩於豆，以授皇太子，又祭於籩豆之閒。贊冠者取胏一以授皇太子。〔四〇〕皇太子奠觶於薦西，興，受胏，卻左手執本，坐，繚，右手執末以祭，上左手，嚌之，興，以授贊冠者，贊冠者加於俎。〔四一〕皇太子帨手，興，取觶，以柶祭醴三，始扱一祭，又扱再祭，加柶於觶，面葉，興；筵末坐，啐醴，建柶，興；降筵西南，南面坐，奠觶，再拜，執觶興。賓答拜。皇太子升筵，坐，奠觶於薦東，興，降筵。

贊冠者引皇太子降自西階，立於西階之東，南面。賓初答拜訖，降立於西階之西近南，東面，引賓之贊冠者隨降立於賓西南，東面。皇太子立定，賓少進，字之曰：「禮儀既備，令月吉日，昭告厥字，君子攸宜，宜之於嘏，永受保之。奉敕字某。」皇太子再拜，曰：「某雖不敏，敢不祗奉。」又再拜。洗馬引皇太子降，〔四二〕初行樂作，至阼階下位，樂止。三師在南，北面，三少在北，南面，立定，皇太子西面再拜，三師等答再拜以出。於三師拜訖，典儀曰：「再拜。」贊者承傳，羣官在位者皆再拜。左庶子前，稱「禮畢」。皇太子乘輿以入，侍臣從至閤如常儀。初皇太子降，通事舍人引賓贊及宗正卿出就會所。〔四三〕

會賓贊

賓既出，立於會所門外之西，〔四四〕東面北上。宗正卿立於門東，西面。立定，一揖一讓而入。宗正卿立於座東，西面，賓贊立於座西，東面，俱再拜，就座，俛伏，坐。遂行酒，酒至，賓主俱興，再拜，就席坐飲。食至，賓主俱興，設食訖，賓主俱坐食。會訖，賓主俱興，賓贊立於西廂，〔四五〕東面南上；宗正卿立於東廂，西面。執事者奉束帛之篚以授宗正卿，又執事者奉束帛篚立於宗正卿之後，後牽乘馬入陳於庭，〔四六〕北首西上。賓贊俱迴，北面西上，再拜。宗正卿以幣篚進，西南向授賓；執事者以幣進授贊冠者。宗正卿與執事者退復位。賓贊降，從者訝受幣。〔四七〕賓當庭實揖左馬以出，〔四八〕三馬從出，從者訝受馬。宗正卿出門東，西面；賓出門西，東面北上。宗正卿與賓俱揖而退。賓贊就車輅，詣順天門外復命。

朝謁

朝前，衛尉先於順天門外東朝堂之北設太子次，又於後設三師、三少及詹事等次。皇太子冠訖，諸衛率依常行鹵簿，〔四九〕陳列威儀仗衛，前後部鼓吹備列。師傅以下及宫臣皆服其服。〔五〇〕皇太子服遠遊冠，絳紗袍，乘輿以出，儀衛侍從如常禮，洗馬前導。皇太子出重明門，左庶子跪奏：「請降輿升輅。」又右庶子稱：「令曰諾。」〔五一〕左庶子俛伏，興。皇太子降輿升金輅，三師乘軺車訓導在前，三少亦乘軺車訓從在後，威儀仗衛依鹵簿發引，鳴鐃而行。至長樂門，鐃吹止。至順天門次，迴輅西向。左庶子跪奏：「請降輅就次。」又右庶子稱：「令曰諾。」左庶子俛伏，興。皇太子降輅，洗馬前導入次，左庶子侍左，右庶子侍右。〔五二〕舍人引三師、三少、詹事就次。皇太子停於次少頃，舍人奏聞。典儀先於皇帝所御殿前設皇太子位。左庶子跪奏：「請入。」又右庶子稱：「令曰諾。」左庶子俛伏，興。皇太子出次，左庶子等夾侍，舍人引洗馬導引。當門揖，引入。外官不入，〔五三〕諸儀衛鹵簿等悉陳列於門外。皇太子入自東上閤，〔五四〕洗馬、左庶子等從入。至皇帝所御殿前位，北向立，從官陪後。左庶子贊拜，皇太子再拜。侍中宣敕戒曰：「事親以孝，接下以仁，使人以義，養人以惠。」訖，皇太子再拜，少進，稱：「臣雖不敏，敢不祗奉。」又再拜訖，引下詣皇后所御殿。至殿院，内給事奏聞。出，引皇太子入，〔五五〕洗馬、左庶子等不入。太子至皇后所御殿前北向立，再拜。尚儀前承令，降詣皇太子西北，東面稱：「令旨。」皇太子再拜。宣令戒之，詞如皇帝。皇太子再拜，少進，稱：「臣夙夜祇奉，不敢失墜。」又再拜。司言引至閤，舍人承引以出。皇太子還如來儀。

皇太子謁太廟

前一日，皇太子宿齋於正殿，其宮臣從入廟者，宿齋於家正寢。所司掃除廟之内外。衞尉設皇太子次於廟西南角，〔五六〕東向。又設三師以下及宮官次於皇太子之後，少近西，俱東向。又設宮官次於東宮朝堂。奉禮郎設皇太子版位於廟庭道東，〔五七〕北向。典儀設宮臣位於重明門外，文官在東，西面，武官在西，東面，每等異位，重行，俱以北爲上。

其日未明，所司依鹵簿陳設於重明門外。宮臣應從者，依時刻集朝堂次，皆服朝服，非朝服者服常服。諸衞率各勒所部，〔五八〕陳設如式。〔五九〕左庶子版奏：「請中嚴。」僕策輅於西閤外，南向。車右執刀立於輅前，〔六〇〕北向。舍人引宮官各就位。侍衞之官各服其器服，右庶子負寶如式，〔六一〕俱詣閤奉迎。左庶子版奏：「外辦。」僕奮衣而升，正立執轡。皇太子服遠遊冠、絳紗袍以出，左右侍衞如常。洗馬引皇太子升，僕立授綏，命車右升訖，車驅，左庶子以下夾侍如式。出重明門，左庶子進當輅前，跪奏稱：「左庶子臣某言，請車輅權停，令侍臣上馬。」〔六二〕俛伏，興，退稱：「侍臣上馬。」贊者唱：「侍臣上馬。」文武侍臣皆上馬。宮官上馬畢，左庶子進當輅前，跪奏稱：「左庶子臣某言，請發引。」俛伏，興，退復位。〔六三〕皇太子車輅動，鐃吹不作，文官在左，武官在右。至下馬所，侍臣並下車馬。皇太子至次所，迴輅南向。左庶子跪奏稱：〔六四〕「左庶子臣某言，請殿下降輅。」俛伏，興，還侍位。皇太子降輅，洗馬引入次，侍臣立如常。皇太子入次一刻頃，左庶子跪奏稱：「左庶子臣某言，請殿下出次。」俛伏，興。皇太子出次，謁者引家令，家令引皇太子，入自南門，三師三少導從如式。庶子二人，一人贊左，一人贊右。舍人二人從，近仗量人從入。皇太子至位，立定，家令奏：「請殿下再拜。」皇太子再拜。少頃，家令奏：「皇太子再拜辭。」皇太子又再拜訖，家令奏：「事畢。」〔六五〕謁者引家令，家令引皇太子，出自南門，升輅還宮如來儀。至重明門外，皇太子乘輅入。將士停，三師三少還。皇太子至殿前，迴輅。左庶子跪奏：「請殿下降輅。」俛伏，興。皇太子降，入，侍臣從至閤。左庶子跪，奏請將士各還本位。其還宮，鳴鐃吹如常。

會羣臣

皇太子冠見廟之明日，皇帝會羣臣如元會之儀。其上壽詞云：「皇太子爰以吉辰，載加元服，德成禮備，普天同慶。臣等不勝悅慶，謹上千萬歲。」

羣臣上禮

先上禮三日，本司宣令諸應上禮文武之官，一品以下，五品以上。前一日，衛尉量設次於東朝堂。晝漏上水七刻，〔六六〕各集於次，皆朝服。奉禮郎先設上禮之官位於東朝堂南，文東武西，北面重行，相對爲首。又設中書舍人位於文官爲首者之北，南向。設奉禮郎位於文官東北，贊者二人在其南，〔六七〕差退，俱西向。牛酒在文武二位之間，少前。舍人各引應上禮之官就位。立定，〔六八〕令史二人對舉賀録案，禮部郎中引就中書舍人前，取賀録授舍人訖，引案退。奉禮郎唱「再拜」，贊者承傳，在位者皆再拜。中書舍人奉賀録入進。舍人引在位者退。酒十二斛，犢十二頭，赤繩爲籠頭，奏訖，並付所司。

皇太子會宫臣

皇太子會宫臣如常會之儀。上壽與上同詞。

宫臣上禮

先上禮一日，詹事宣告上禮之官，詹事以下，七品以上。晝漏上水七刻，皆朝服集東宫南門之左。典儀先設羣官位於中門外，北面，以西爲上。牛酒置其位西五步，少近。晝漏上水八刻，通事舍人引羣官皆就位。立定，詹事丞奉羣官箇録案於詹事前，東面跪授導客舍人，導客舍人西面立受，迴南向立。典儀唱：「再拜。」詹事以下俛伏，興，皆再拜。導客舍人以簡録案入。通事舍人引羣官以下。左庶子省進酒九斛，〔六九〕盛以銅鍾一斛，犢九頭，赤繩爲籠頭，皆付所司。

校勘記

〔一〕告太廟　原此題下有「先期如常告之儀」七字側注，今據北宋本、傅校本、明抄本、明刻本、王吴本删。

〔二〕皇太子將冠先告太廟如常告之儀　此十四字原無，據北宋本、傅校本、明抄本、明刻本、王吴本增補。

〔三〕羣官　「官」原作「臣」，據開元禮卷一一〇及北宋本、傅校本、明抄本改。下同。

〔四〕武官三品以下　「三」原訛「一」，據開元禮卷一一〇及北宋本、傅校本、明抄本、明刻本改。

〔五〕主節持幡節　原脱作「主持節」，據開元禮卷一一〇及北宋本、傅校本、明抄本、明刻本補。

〔六〕西面北上　「西面」原倒，據開元禮卷一一〇及北宋本乙。

〔七〕侍中升奏　「升」原訛「拜」，據開元禮卷一一〇及北宋本、傅校本、明抄本、王吴本改。

〔八〕主節以節授黄門侍郎　原脱「以節」，據開元禮卷一一〇補。

〔九〕立於賓東北西面　原脱「西」，據開元禮卷一一〇補。

〔一〇〕中書侍郎　「侍郎」原訛「舍人」，據開元禮卷一一〇及北宋本、傅校本、明抄本、王吳本改。

〔一一〕幡節引制書案升車　前六字原涉上而脱，據開元禮卷一一〇補。

〔一二〕諸親　「諸」原訛「羣」，據開元禮卷一一〇及北宋本、傅校本、明抄本改。

〔一三〕宫臣門外位　原脱「門」，據開元禮卷一一〇及明抄本、王吳本補。按：北宋本、傅校本、明刻本作「宫臣門臣外位」，下「臣」字衍。

〔一四〕典儀設殿庭位文武羣官共宫臣合班　原「典儀」在「共」下，其下又衍一「共」字，據開元禮卷一一〇及北宋本、傅校本、明抄本移删。

〔一五〕所由　「由」原訛「司」，據開元禮卷一一〇及北宋本、傅校本、明抄本、明刻本改。

〔一六〕又設舉麾位於殿上　「殿」原訛「庭」，據開元禮卷一一〇改。

〔一七〕篚實巾加勺羃　原「巾」訛「爵」，「勺」訛「巾」，據開元禮卷一一〇及北宋本、傅校本、明抄本、明刻本、王吳本改。

〔一八〕典禮郎　「禮」原訛「設」，北宋本同。據開元禮卷一一〇及傅校本、明刻本、王吳本改。

〔一九〕青褾襈裾　原訛脱作「襟襈裾」，據開元禮卷一一〇、舊唐書輿服志一九四〇頁、新唐書車服志五一七頁補改。

〔二〇〕革帶金鉤䚢　原脱「帶」，據開元禮卷一一〇、舊唐書輿服志一九四〇頁、新唐書車服志五一七頁補。

〔二一〕朱組雙大綬　「朱」原訛「珠」，據開元禮卷一一〇、舊唐書輿服志一九四〇頁、新唐書車服志五一七頁及北宋本改。

〔二二〕而首半之　「而」原訛「面」，據諸本改。

〔二三〕俎三在豆北　原脱「三」，據開元禮卷一一〇補。

〔二四〕施珠翠　「珠」原訛「朱」，據開元禮卷一一〇、舊唐書輿服志一九四〇頁、新唐書車服志五一七頁改。

〔二五〕髮纓翠緌　原訛作「肆髮纓緌」，據開元禮卷一一〇、舊唐書輿服志一九四〇頁、新唐書車服志五一七頁删補。

〔二六〕奉禮郎三人　「三」原訛「二」，據開元禮卷一一〇改。

〔二七〕主人贊冠者升詣東序帷内　原「人」下衍「各」，「詣」訛作「諸」，據開元禮卷一一〇删改。

〔二八〕宗正卿迎賓於門東　原「卿」下衍「引」，據開元禮卷一一〇删。

〔二九〕階間南面立　原脱「面」，據開元禮卷一一〇補。

〔三〇〕坐奠於皇太子筵南端　原脱「筵」，據開元禮卷一一〇補。

〔三一〕空頂黑介幘　原脱「頂」，據開元禮卷一一〇及北宋本補。

〔三二〕右執項　「項」原訛「頂」，據儀禮士冠禮、開元禮卷一一〇改。下同。

〔三三〕賓揖皇太子皇太子進升筵西向坐　原脱一「皇太子」，據開元禮卷一一〇補。下同。

〔三四〕賓之贊冠者跪設簪結纓興復位皇太子興賓揖皇太子贊冠者引皇太子適東序帷内　「賓之」原訛作「主人」，據開元禮卷一一〇及北宋本、傅校本、明抄本、明刻本、王吴本改。「跪設簪結纓興復位皇太子興賓揖皇太子贊冠者」二十字原脱，據開元禮補。

〔三五〕設簪結纓　「設」原訛「受」，據開元禮卷一一〇改。

〔三六〕徹纚櫛二箱　「纚」原訛「纓」，據開元禮卷一一〇及北宋本改。

〔三七〕又取筵入於帷内　此七字原涉上而脱，據開元禮卷一一〇補。

〔三八〕贊冠者興進饌者承饌陳於皇太子筵前　原脱「者承饌」三字，據開元禮卷一一〇補。按：「贊冠者興」，疑「興」是「與」字之形訛。「贊冠者與進饌者承饌」猶皇帝加元服禮中之「殿中監帥進饌者奉饌」也。前未言贊冠者跪，則此不能言興。

〔三九〕贊冠者取韭葅　「韭」原訛「箠」，據開元禮卷一一〇改。按：豆實中有韭葅，見本書卷一〇六。

〔四〇〕贊冠者取胏　「胏」原訛「胇」，據開元禮卷一一〇改。下同。

〔四一〕贊冠者加於俎　「贊冠者」原涉上而脱，據開元禮卷一一〇及北宋本補。

〔四二〕洗馬引皇太子降　按：上已云「皇太子降自西階，立於西階之東」，下無升文，則此不得云「引皇太子降」。疑「降」爲衍文。然今本開元禮卷一一〇亦有「降」，不敢輒删。

〔四三〕宗正卿　原脱「卿」，據開元禮卷一一〇補。

〔四四〕立於會所門外之西　原脱「立」，據開元禮卷一一〇及北宋本、傅校本、明抄本補。

〔四五〕會訖賓主俱興賓贊立於西廂　原脱「賓主俱興賓」五字，據開元禮卷一一〇補。

〔四六〕後牽乘馬入陳於庭　「後」開元禮卷一一〇作「牽馬者」。

〔四七〕從者訝受幣　「訝」原訛「互」，據開元禮卷一一〇改。下同。

〔四八〕揖左馬以出　原「左」下衍「右」，據開元禮卷一一〇删。按：庭實四馬，賓引左馬，餘三馬主方執事者牽而從出，出門則賓方從者訝受也。參儀禮聘禮。

〔四九〕諸衛率　「衛」下原衍「尉」，據開元禮卷一一〇及北宋本删。

〔五〇〕師傅以下及宫臣　原脱「及」，據開元禮卷一一〇及北宋本、傅校本、明抄本、明刻本、王吴本補。

〔五一〕左庶子跪奏請降輿升輅又右庶子稱令曰諾　「右」原訛「左」，據開元禮卷一一〇改。下同。按：唐六典卷二六載左庶子之職，中有掌贊相禮儀，凡皇太子從大祀及朝會，則版奏外辦、中嚴等事。奏請降輿升輅，自屬其贊相之一端。而右庶子亦爲高級侍從文官，職爲「獻納啓奏，宣傳令言」。彼左右庶子職掌，足證此「左」爲「右」之誤。

〔五二〕左庶子侍左右庶子侍右　原脱作「左庶子侍右」，據開元禮卷一一〇補。

〔五三〕外官不入　原訛脱作「外宫」，據開元禮卷一一〇及北宋本、傅校本、明抄本改補。

〔五四〕皇太子入自東上閤　原脱「入」，據開元禮卷一一〇及北宋本、傅校本、明抄本補。

〔五五〕出引皇太子入　「引」原訛「則」，據開元禮卷一一〇改。

〔五六〕設皇太子次於廟西南角　「廟」原作「正寢」，誤。據開元禮卷一一〇改。按：北宋本、傅校本作「寢」，亦非。

〔五七〕設皇太子版位於廟庭道東　「廟庭」原訛「朝堂」，據開元禮一一〇及北宋本、傅校本、明抄本改。

〔五八〕諸衛率　原脱「衛」，據開元禮卷一一〇及北宋本、傅校本、明抄本、王吴本補。

〔五九〕陳設如式　「如」原訛「於」，據諸本改。

〔六〇〕車右執刀立於輅前　「車」原訛「左」，據開元禮卷一一〇及北宋本、傅校本、明抄本、王吳本改。

〔六一〕右庶子負寶如式　「右」原訛「其」，據開元禮卷一一〇改。

〔六二〕令侍臣上馬　「令」原訛「請」，據開元禮卷一一〇改。

〔六三〕退復位　「退復」原訛「還侍」，據開元禮卷一一〇及北宋本、傅校本、明抄本、明刻本、王吳本改。

〔六四〕左庶子　原脱「左」，據開元禮卷一一〇補。

〔六五〕家令奏皇太子再拜辭皇太子又再拜訖家令奏事畢　原脱「皇太子再拜辭皇太子又再拜訖家令奏」十六字，據開元禮卷一一〇補。又「事」原訛「禮」，據開元禮卷一一〇及北宋本、傅校本、明抄本、明刻本、王吳本改。

〔六六〕晝漏　「晝」原訛「畫」，據諸本改。

〔六七〕贊者二人在其南　「其」原訛「東」，據北宋本、傅校本、明抄本、王吳本改。

〔六八〕立定　原脱「立」，據開元禮卷一一〇補。下同。

〔六九〕通事舍人引羣官以下左庶子省進酒九斛　原「羣官」下衍「詹事」，「以下」之下脱「左庶子省」四字，「進」原訛「退」，據開元禮卷一一〇及北宋本、傅校本、明抄本、明刻本删補改。

王文錦點校

通典卷第一百二十七

禮八十七　開元禮纂類二十二　嘉禮六

皇太子納妃

臨軒命使　納采　問名　納吉　納徵　告期　告廟　册妃

臨軒醮戒　親迎　同牢　妃朝見　會羣臣

皇太子納妃

臨軒命使

將行納采，制命使者，吏部承以戒之。

前一日，尚舍奉御設御幄於太極殿北壁下，南向。衞尉設羣官次於東西朝堂，太樂令展宫懸，並如常儀。

其日，典儀設文官一品以下五品以上位於横街之北，西面北上，朝集使五品以上合班；六品以下位於橫街南，朝集使六品以下合班，蕃客又於其南，皆西面北上。設武官五品以上位於橫街北，〔一〕東面北上，朝集使五品以上合班，諸親位於其南；六品以下位於橫街南朝集使六品以下、蕃客等又在南，皆東面北上。設典儀位於懸之東北，贊者二人在南，〔二〕少退，俱西向。設舉麾位於殿上西階之西，東面。設使者受命位於橫街南，道東，北面西上。奉禮設門外位：文官一品以下五品以上位於順天門外道東，每等異位，重行西面；武官三品以下位於門西，〔三〕每等異位，俱重行東面，以北爲上。

未明二刻，諸衞勒所部屯門，布黃麾半仗入陳於殿庭如常儀。羣官依時刻集朝堂，俱就次各服朝服。侍中量時刻版奏：「請中嚴。」鈒戟近仗就陳於閤外。太樂令以下帥工人入就位。諸侍衞之官各服其器服。侍中、中書令以下諸侍臣俱詣閤奉迎。典儀帥贊者先入就位。吏部、兵部各贊羣官出次，典謁各引就門外位。

侍中版奏：「外辦。」皇帝服衮冕出坐如常儀。通事舍人引羣官以次入就位，立定，典儀曰：「再拜。」贊者承傳，羣官在位者皆再拜。吏部與禮部侍郎贊使主副出，典謁引就受命位。侍中前承制，降詣使者西北，東面稱：「有制。」使主副俱再拜。侍中宣制訖，使主副又再拜。〔四〕侍中還侍位。典謁引使主副出。初使者將出，典儀曰：「再拜。」贊者承傳，羣官在位者皆再拜。通事舍人引羣官出。

侍中前跪奏稱：「侍中臣某言，禮畢。」俛伏，興，還侍位。皇帝降座，入自東房，侍衞警蹕如來儀，侍臣從至閤。使主副乘輅備儀仗而行，從者乘車以從。

納采

前一日，主人設使者次於大門之外道右，南向。〔五〕其日大昕，使者公服至於妃氏大門外，掌次者延入次。凡賓主及行事者皆公服。主人受其禮於廟。無廟者受於正寢。掌事者布神席於室户外之西，莞筵紛純，加藻席畫純，南向，右雕几。使者出次，謁者引立於大門外之西，東面。主人立於大門内，西面。儐者立於主人之左，北面受命，出，立於門東，西面曰：「敢請事。」使者曰：「奉制，作儷儲宫，允歸令德，率由舊章，使某納采。」儐者入告。主人曰：「臣某之子不教，若如人，〔六〕既蒙制訪，臣某不敢辭。」儐者出告。掌畜者以雁授使副，使副進授使者，退復位。使者左手執之。儐者引主人迎於大門之南，北面再拜。使者不答拜。謁者引使者入門而左，主人入門而右。使者升自西階，立於楹閒，俱南面，西上。主人升自東階，進使者前，北面。使者曰：「某奉制納采。」主人降詣階閒，北面再拜稽首，升，進，北面受雁，退立於東階上，西面。使者降自西階以出。

問名

使者既出，立於門外之西，東面。初使者降，左右受雁於序端，主人降立於内門東廂，西面。儐者進受命，出請事。使者曰：「某將加卜筮，奉制問名。」儐者入告。主人曰：「制以某之子備數於儲宫，臣某不敢辭。」儐者出告。掌畜者以雁授使副，主人拜迎入，俱升堂南面，如納采儀。使者曰：「某奉制問名，將加諸卜筮。」主人降詣階間，北面，再拜稽首，升，進，北面受雁，少退，仍北面，曰：「臣某第某女，某氏出。」使者降自西階，出，立於内門外之西，東面。初使者降，主人退於阼階東，左右受雁於序端，主人降立於内門東廂，西面。儐者進受，出請事。使者曰：「禮畢。」儐者入告。主人曰：「某公爲事，故至於某之室。某有先人之禮，請禮從者。」其儀與納后禮賓同。

納吉

前一日，主人設使者次如常。

其日大昕，使者至妃氏大門，以下儐者出請事，如納采儀。使者曰：「加諸卜筮，占曰協從，制使某也納吉。」儐者入告。主人曰：「臣某之子弗教，惟恐不堪。龜筮云吉，臣某謹奉典制。」儐者出告。掌畜者以雁授使副，主人迎拜入，俱升堂南面，並如納采儀。主人降詣階閒，北面再拜稽首，升，進，北面受雁。使者降自西階，立於大門外之西，東面。初使者降，主人還阼階東，左右受雁於序端。主人降立於內門，西面。儐者進受命，出請事。使者曰：「禮畢。」其儐使者皆如問名之儀。

納徵

前一日，主人設使者次如常儀。

其日大昕，使者至妃氏大門外，掌次者延入次。執事者設布幕於內門之外，玄纁束帛陳於幕上。乘馬陳於幕南，北首西上。執事者奉穀珪以匵，〔七〕俟於幕東，西面。主人掌事者設几筵如常。使者出次，謁者引立於大門外之西，東面。主人立於大門內，西面。儐者進受命，出請事。使者曰：「制使某以玉帛乘馬納徵。」儐者入告。主人曰：「奉制賜臣以重禮，臣某祇奉典制。」儐者出告。又儐者引主人迎於大門外之南，北面再拜。使者不答拜。謁者引使者入門而左，主人入門而右。至於內門外，使者立於門西，東面北上；主人立於門東，西面。執事者坐，啟匵取珪，加於玄纁上，興，以授使副，使副進授使者，退復位。使者受玉帛。謁者引使者入門而左，主人入門而右。牽乘馬者從入，三分庭一在南，北首西上。〔八〕使者升自西階，立於楹閒，俱南面西上。主人升自東階，進使者前，北面。使者曰：「某奉制納徵。」主人降詣階閒，〔九〕北面再拜稽首，升，進，北面受玉帛。使者降自西階，出，立於內門外之西，東面。初使者降，主人還阼階東，左右受玉帛於序端。主人降立於內門內，西向。於主人受玉帛，受馬者自左受之以東。〔一〇〕牽馬者既授馬，自前西出。〔一一〕儐者進受命，出請事。使者曰：「禮畢。」其儐使者如納吉之儀。〔一二〕

告期

前一日主人設次、設几筵及儐者受命請事等並如納采儀。使者曰：「詢於龜筮，某月某日吉。制使某告期。」其授雁、升堂受命之儀，一如納采。使者曰：「某奉制告期。」主人降詣階間，北面再拜。以下禮畢如納采。其儐使者如納徵儀。

告廟

有司以特牲告如常禮。祝文臨時撰。

册妃

前一日，主人設使者次如常。設宮人次於使者西南，俱東面，障以行幃。

其日，奉禮設使者位於大門外之西，東向，使副及內侍位於使者之南，舉册案及璽綬命服者在南，差退，俱東向。設主人位於門南，北面。設使者以下及主人位於內門外，儀皆如之。設典內位於內門外主人南，西面。設宮人位於門外，於使者之後，俱重行東向，以北爲上，障以行幃。設贊者二人位於東階東南，西向。典內先置一案於閤外，近限。

使主副朝服，乘輅持節，備儀仗，鼓吹備而不作。至妃氏大門外，使者降輅，掌次者延入次。宮人等各之次。掌嚴奉褕翟衣及首飾，內廄尉進厭翟車於大門之外道西，東向，以北爲上。諸衛率其屬布妃儀仗如常。

使者出次，典謁引使者以下，持節者前導，及宮人、典內各就位，持節者立於使者之北，少退，俱東向。主人朝服出迎於大門外之東，西面立定，少頃，北面再拜。〔三〕使者不答拜。典謁引使者，持節者前導，入門而左，持案以下從之。主人入門而右。至內門外，各就位。立定，奉册寶案者進當使副前，使副受册寶，奉案者退復位，使副以册寶進授使者，退復位。內侍進使者前，西面受册寶，東面授典內，退復位。典內持册寶入，立於閤外之西，東面跪置册寶於案，典內俛伏，興。奉衣服及侍衛者從入，皆立於典內之南，俱東面北上。

傅姆贊妃出，引立於庭中，北面。掌書進，跪取玉寶，興，進立於妃前，南向。掌嚴奉首飾及褕翟與諸宮侍衛者次入，侍衛如常。典內還復位。司則前贊妃再拜，還侍位。妃再拜。司則進掌書前，北面受册寶，進妃前南向授妃，妃受以授司閨。司則又前贊妃再拜，還侍位。妃又再拜訖，司則前請妃升座，還侍位。司閨引妃升座，南向坐。宮官以下俱降立於庭，重行北向，以西爲上。立定，贊唱者曰：「再拜。」宮官以下皆再拜訖，諸應侍衞者各升立於侍位。司則前啓「禮畢」。妃降座，司閨引妃入室。主人儐使者如禮賓之儀。使者乘輅而還。

臨軒醮戒

前二日，〔一四〕本司宣攝内外，各供其職。前一日，衞尉設次於東朝堂之北，西向。又設宮官次於重明門外如常儀。

其日，前三刻，宮官俱集於次，各之次皆服其服。諸衞各勒所部依圖陳設。左庶子奏：「請中嚴。」内僕進金輅於閤外，南向，率一人執刀立於輅前，北向。〔一五〕前二刻，諸衞之官各服其器服，以次詣閤奉迎。左庶子負璽如式。宮官應從者，各出次，立於門外，文東武西，重行相向，北上。左庶子奏：「外辦。」太僕奮衣而升，執轡。皇太子著衮冕之服以出，左右侍衞如常儀。〔一六〕皇太子乃升，僕立授綏。車驅，左庶子以下夾侍如常。出門，車權停，令車右升輅陪乘。宮臣上馬訖，皇太子車動，鼓吹振作如式，文武官皆乘馬如常。〔一七〕至承天門下車所，迴輅南向。左庶子進，當輅跪奏稱：「左庶子臣某言，請降輅。」俛伏，興，還侍位。皇太子降輅，典謁引舍人，舍人引皇太子就位，侍衞如常儀。

前一日，尚舍奉御整設御座於太極殿阼階上，西向。衞尉設羣官次於朝堂，太樂令展宮懸於殿庭，乘黃令陳車輅，並如常儀。

其日，尚舍直長鋪皇太子席位於牖間，南向。其席莞筵紛純，加藻席繢純。尚食奉御設酒罇於東序下，有坫，加勺，設冪，實爵一。又陳籩脯一、豆醢一在罇西。晡前三刻，典儀設羣官版位於內，奉禮設版位於外如朝禮。諸衞勒所部屯門，布仗立仗入陳於殿庭。羣官依時刻集朝堂，俱就次各服其服。侍中版奏：「請中嚴。」鈒戟近仗就陳於閤外，太樂令帥工人入就位。晡前二刻，諸侍衞之官各服其器服，〔一八〕侍中、中書令以下俱詣閤奉迎。典儀帥贊者先入就位。吏部兵部贊羣官俱出次，通事舍人各引就門外位。

侍中版奏：「外辦。」皇帝服通天冠、絳紗袍，乘輿以出，曲直華蓋警蹕侍衞如常儀。皇帝將出，仗動，皇帝出自西房，即御座西向坐，符寶郎奉寶置於御座如常。通事舍人引羣官以次入就位。羣官立定，典儀曰：「再拜。」贊者承傳，羣官在位者皆再拜。

初羣官入訖，典謁引舍人，舍人引皇太子，侍從如常式。皇太子每行事，左庶子執儀贊相。至懸南北面立。典儀曰：「再拜。」贊者承傳，皇太子再拜。典儀引舍人，舍人引皇太子，詣西階，皇太子脫舄，舍人引升就席西，南面立。尚食奉御酌酒於序，進詣皇太子西南，東面立。皇太子再拜，受爵。尚食直長又薦脯醢於席前。皇太子升席坐，〔一九〕左執爵，右取脯，擩於醢，祭於籩豆之間，右祭酒，興，降席西，南面坐，啐酒，奠爵，再拜，執爵，興。奉御受虛爵，直長徹薦還於房。

舍人引皇太子進當御座，東面立。皇帝命之曰：「往迎爾相，承我宗事，勖帥以敬。」皇太子曰：「臣謹奉制旨。」遂再拜。舍人引皇太子降自西階，納舄訖，典謁引舍人，舍人引皇太子出門。典儀曰：「再拜。」贊者承傳，羣官在位者皆再拜。通事舍人引羣官以次出。侍中前跪奏稱：「侍中臣某言，禮畢。」俛伏，興，還侍位。皇帝降座，入自東房，警蹕侍衞如來儀，侍臣從至閤。

親迎

前一日，衞尉設皇太子次於妃氏大門之外道西，南向。設侍衞羣官次於皇太子次西南，東向北上。

皇太子既受命，遂適妃第，執燭前馬，〔二〇〕鼓吹振作如式，侍從如常。皇太子車至妃氏大門外次前，迴輅南向。左庶子進當輅前，跪奏稱：「左庶子臣某言，請降輅。」俛伏，興，還侍位。皇太子降輅之次。

車將至，主人設几筵如常，醴女如別儀。妃服褕翟花釵，立於東房，侍從如常。主婦衣禮衣鈿釵，立於房户外之西，南向。主人公服出立於大門之內，西向。在廟則主人以下著祭服。儐者公服立於主人之左，北向。

左庶子前，跪奏稱：「左庶子臣某言，請就位。」俛伏，興，還侍位。皇太子出次，立於門西，東面，侍衞警蹕如常。儐者進受命，出門東，西面曰：「敢請事。」左庶子承傳，進跪奏如常。皇太子曰：「以兹初昏，某奉制承命。」左庶子俛伏，興，傳於儐者。入告。主人曰：「某謹敬具以須。」儐者出，傳於左庶子，奏如初。儐者入，〔二一〕引主人迎於門外之東，西面再拜。左庶子前跪奏稱：「左庶子臣某言，請答拜。」俛伏，興，還侍位。皇太子答再拜。主人揖皇太子，先入。掌畜者以雁授左庶子，左庶子進，〔二二〕東南向奉授，皇太子既執雁進入，侍衞者量入侍從。及内門，主人讓曰：「請皇太子入。」皇太子曰：「某弗敢先。」主人又曰：「固請皇太子入。」皇太子曰：「某固不敢先。」主人揖入，皇太子從入。皇太子入門而左，主人入門而右。及内門，主人揖入。及内霤，〔二三〕將曲揖，當階揖，皇太子皆報揖。至於階，主人曰：「請皇太子升。」皇太子曰：「某敢辭。」主人曰：「固請皇太子升。」皇太子曰：「某敢固辭。」〔二四〕主人又曰：「終請皇太子升。」皇太子又曰：「某敢終辭。」主人揖，皇太子報揖。主人升，立於阼階上，西面。皇太子升，進當房户前，北面跪奠雁，俛伏，興，再拜，降出。主人不降送。

内廄尉進厭翟於内門外。傅姆導妃，司則前引，出於母左，〔二五〕傅姆在右，保姆在左。執燭及侍從如式。父少進，西面戒之，必有正焉，若衣若花，〔二六〕命之曰：「戒之敬之，夙夜無違命。」〔二七〕母戒之西階上，施衿結帨，命之曰：「勉之敬之，夙夜無違。」庶母及門内施鞶，申之以父母之命，命之曰：「敬恭聽宗爾父母之言，〔二八〕夙夜無愆，視諸衿鞶。」

妃既出内門，至輅後，皇太子授綏，姆辭不受，〔二九〕曰：「未教，不足與爲禮。」妃升輅，乘以几，姆加幜。皇太子馭輪三周，馭者代之。皇太子出大門，乘輅還宮，侍衛如來儀，妃仗次於後。主人使其屬送妃以儐從。〔三〇〕

同牢

其日，司閨設妃次於東閤内道東，南向，掌筵鋪褥席。將夕，司閨設皇太子幄於内殿室西廂，〔三一〕東向，鋪地重茵，施屏障。設同牢之席於室内，皇太子之席西廂東向，妃東廂西向。席皆莞筵紛純，加藻席繢純。席閒量容牢饌。典膳監設洗於東階東南〔三二〕東西當東霤，〔三三〕南北以堂深，罍水在洗東，篚在洗西，南肆。篚實以二巾、二爵。設妃洗在東房近北，〔三四〕罍水在洗西，篚在洗東，北肆。皆加勺巾冪。典膳監先饌於房西墉下：籩豆各二十，簠簋各二，鈃各三，瓦甒一，皆加巾冪蓋，俎三。罇在室内北墉下，玄酒在西，加冪勺，南柄。冪夏用紗，冬用緆。罇在房户外之東，無玄酒，篚在南，實四爵、合巹。其器皆烏漆，惟甒以陶，巹以瓢。

皇太子車至侍臣下馬所，車權停，文武侍臣皆下馬，車右降立於輅右。車動，車右夾輅而趨。車至左閤，迴輅南向。左庶子進當輅前，跪奏稱：「左庶子臣某言，請降輅。」俛伏，興，還侍位。皇太子降輅，入，俟於内殿門外之東，西面，侍衛如常儀，左庶子以下皆退。妃至宫門，鹵簿仗衛停於門外，近侍者從如常，入至左閤外，迴輅南向。司則進當輅前，啟「請妃降輅」。掌筵依式執扇，前後執燭如常儀。妃降輅，就次整飾。司閨引妃詣内殿門西，東面。

皇太子揖妃以入。司閨前引升自西階，姆從升，〔三五〕執扇燭者陳於東西階内。皇太子即席東向立，妃即席西向立。司饌進詣階間，北面跪奏稱：「司饌妾姓言，請具牢饌。」興。司則承令曰諾。司饌帥其屬升，奉饌入設於皇太子及妃座前。醬在席前，葅醢在其北，俎三入陳於豆東，豕俎特於俎北。〔三六〕豆東，葅醢之東。〔三七〕司饌設黍於醬東，稷在東，設湆於醬南。饌要方也。〔三八〕設對醬於東，對醬，婦醬也。設之當特俎。葅醢在其南，北上。設黍於豕俎北，其西稷、稻、粱。設湆於醬北。司饌啟會，卻於簋簠之南，對簋簠於北，啟，發也。豆蓋，徹於房内。各加匕箸。設訖，〔三九〕司饌北面跪奏：「饌具。」興。

皇太子及妃俱坐。司饌跪取脯擩於醢，取韭葅擩醢，授皇太子；又司饌取脯擩於醢，取韭葅擩醢，授妃。皇太子及妃俱受，祭於籩豆之閒。司饌興，取黍實於左手，徧取稷，反於右手，授皇太子。又司饌取黍實於左手，徧取稷，反於右手，授妃。皇太子及妃各受，祭於葅醢之閒。司饌俱興，各立取胏，皆絶末，跪授皇太子及妃；俱受，又祭於葅醢之閒。司饌俱以肺加於俎。掌嚴授皇太子巾，又掌嚴授妃巾，皇太子及妃俱帨手，以柶扱上鉶，〔四〇〕徧擩之，祭於上豆之閒。〔四一〕司饌品嘗皇太子饌，又司饌品嘗妃饌。司饌各移黍置於席上，以次跪授肺脊，皇太子及妃皆食以湆醬，三飯卒食。

司饌北面跪奏稱：「司饌妾姓言，請進酒。」司則承令曰：「依奏。」興，司饌二人俱盥手洗爵於房，〔四二〕入室詣酒罇所，酌酒進，北面立。皇太子及妃俱再拜，興，一人進授爵皇太子，一人以爵授妃，皇太子及妃俱受爵，司饌俱退，北面答再拜。皇太子及妃俱坐，皇太子及妃俱祭酒舉酒，〔四三〕司饌各以肝從，司則俱進受虛爵，奠於篚。司饌又俱洗爵酌酒，再酳，皇太子及妃俱受爵，俱飲，司則進受虛爵，奠於篚。三酳用巹，如再酳。〔四四〕皇太子及妃立於席後。司則俱降東階，〔四五〕洗爵，升，酌於户外罇，進，北面俱奠爵，興，再拜。皇太子及妃俱答拜。司則俱坐，取爵祭酒，遂飲卒爵，奠爵，遂拜，執爵興，降，奠爵於篚，還侍位。司饌北面奏稱：「司饌妾姓言，牢饌畢。」〔四六〕司則承令曰「諾」。司饌徹饌，設於房。

司則前跪奏稱：「司則妾姓言，請殿下入。」俛伏，興，還侍位。皇太子入於東房，釋冕服，著袴褶。司則啟妃入幃幄。皇太子及妃俱入室。媵餕皇太子之饌，御餕妃之饌。

妃朝見

其日，晝漏上水一刻，所司列御座於所御殿阼階上，西面。其席莞筵紛純，加藻席畫純，次席黼純，左右玉几。司設設皇后座於室戶外之西，近北，南向。尚食帥司膳設酒罇於房內東壁下，有坫，加勺冪，罇用瓦甒，實以醴酒。籩一豆一，實以脯醢，〔四七〕設於罇北。又設洗於東房，近北，罍水在洗西，篚在洗東，〔四八〕北肆。篚實以巾冪，觶一，角柶一。

其日，夙興，妃沐浴。司則啟：「請妃內嚴。」質明，諸衞帥其屬陳布儀仗如常儀，近仗入陳於寢門外。內廄尉進厭翟於正寢西階之前，南向。司則啟：「外辦。」妃服褕翟，加首飾以出，降自西階，升輅，侍衞如常。至降車所，司則贊妃降輅，司言引妃入，仗衞停於閤外，障扇侍從如常。妃至寢門之外，立於西廂，東面。

諸衞勒所部屯門布仗，三仗入陳於所御殿閤外如常。〔四九〕侍中奏：「請內嚴。」尚儀又奏：「請皇后內嚴。」〔五〇〕妃既至寢門，侍中版奏：「外辦。」皇帝服通天冠、絳紗袍以出，升自阼階，即御座，西向坐，侍衞如常儀。尚儀又奏皇后「外辦」。皇后褘衣首飾，司言引尚宮，尚宮引皇后出，即御座，南向坐，侍從如常。妃奉笲棗栗，司饌又執奉笲腶脩以從。司言引妃入立於庭北，〔五一〕再拜。司賓引妃升自西階，進，東面跪，奠笲於御座前，皇帝撫之，尚食進，徹以東。司言引妃自西階降，復北面位。奉笲腶脩再拜，司言引妃升，進，北面跪，奠笲於皇后座前，皇后撫之，尚食進，徹以東。司言引妃退立於西序，東面，又再拜。

司設設妃席於戶牖之閒，近北，南向。〔五二〕司言引妃立於席西，南向。尚食入東房，〔五三〕

盥手洗觶，酌醴齊，加柶，面柄，出，進詣妃席前，北向立。妃進，東面再拜，受醴。尚食薦脯醢於席。妃升席坐，左手執觶，右取脯，擩於醢，祭於籩豆之閒；以柶祭醴三，始扱一祭，又扱再祭；降席，進，東面跪，啐醴，建柶，奠觶，興，東面再拜；跪取觶，〔五四〕興，即席坐，奠觶於薦東，興，降席。司賓引妃降自西階，出閤，乘車還宮，障扇侍從如來儀。

會羣臣

皇帝會羣臣於太極殿，如正至之儀。唯上壽辭云：「皇太子嘉聘禮成，克崇景福，〔五五〕臣某等不勝慶忭，謹上千秋萬歲壽。」

校勘記

〔一〕設武官五品以上位　原「武官」下衍「一品以下」四字，據開元禮卷一一一及北宋本、傅校本、明抄本、明刻本、王吴本删。

〔二〕贊者二人　「二」原訛「一」，據開元禮卷一一一及北宋本、傅校本、明抄本、王吴本改。

〔三〕武官三品以下位於門西　原「三」訛「五」，「下」訛「上」，「門」訛「道」，據開元禮卷一一一及北宋本、傅校本、明抄本、明刻本、王吴本改。

〔四〕侍中宣制訖使主副又再拜　此十一字原涉上而脱，據開元禮卷一一一補。

〔五〕主人設使者次於大門之外道右南向　今本開元禮卷一一一「南」作「西」，非。

〔六〕臣某之子不教若如人　原「子」訛「女」，據開元禮卷一一一及北宋本、傅校本、明抄本改。下同。「如」原作「而」，據開元禮及北宋本、傅校本、明抄本、明刻本、王吳本改。

〔七〕奉穀珪以匵　「匵」原訛「匱」，據開元禮卷一一一、新唐書禮樂志八四二頁及北宋本、明抄本、殿本改。按：下文「啟匵取珪」，固作「匵」不誤。

〔八〕北首西上　原脱「北」，據開元禮卷一一一補。

〔九〕主人降詣階閒　原脱「詣」，據開元禮卷一一一補。

〔一〇〕左右受玉帛於序端主人降立於内門内西向於主人受玉帛受馬者自左受之以東　原脱「於序端主人降立於内門内西向於主人受玉帛」，又「馬」下脱「者」，並據開元禮卷一一一補。

〔一一〕牽馬者既授馬自前西出　此作「自前西出」是也。開元禮卷一一一「西」下有「面」字，本書卷一二三皇帝納后納徵禮原作「牽馬者既授馬自前面而出」，卷一二九親王納妃納徵禮原作「牽馬者既授馬自門西而出」，並誤。按：儀禮聘禮曰：「牽馬者自前西乃出。」

〔一二〕其儐使者如納吉之儀　「儐」原作「賓」，據北宋本、傅校本、明抄本、明刻本、王吳本改。下同。

〔一三〕少頃北面再拜　原「北」上衍「南」，據開元禮一一一刪。

〔一四〕前二日　「二」開元禮卷一一一作「三」。

〔一五〕内僕進金輅於閤外南向率一人執刀立於輅前北向　開元禮卷一一一「内」在「率」上。

〔一六〕左右侍衛如常儀　「常」原訛「堂」，據諸本改。

〔一七〕文武官皆乘馬如常　開元禮卷一一一「馬」下有「以從」。

〔一八〕晡前二刻諸侍衛之官各服其器服　「二」開元禮卷一一一作「一」，疑是。北宋本、傅校本、明抄本、明刻本、王吴本俱作「三」，非，侍中奏請中嚴前之禮事已標「晡前三刻」。又「侍衛」原誤倒，據開元禮乙正。

〔一九〕皇太子升席坐　「席」原訛「薦」，據開元禮卷一一一改。

〔二〇〕執燭前馬　「前馬」原誤倒，據儀禮士昏禮、開元禮卷一一一乙。

〔二一〕儐者入　原脱「入」，據開元禮卷一一一補。

〔二二〕左庶子進　原脱「左庶子」，據開元禮卷一一一補。

〔二三〕及内霤　原脱「及」，據開元禮一一一補。

〔二四〕某敢固辭　「敢固」原倒，據開元禮卷一一一乙。

〔二五〕出於母左　「母」原訛「姆」，據開元禮卷一一一改。

〔二六〕若衣若花　開元禮卷一一一及北宋本、王吴本、明抄本、殿本同。傅校本、明刻本「花」作「笄」，蓋據儀禮士冠禮校改。

〔二七〕夙夜無違命　「無」原訛「毋」，據開元禮卷一一一及北宋本、明抄本、王吴本改。傅校本、明刻本、殿本作「毋」，同「無」。下同。

〔二八〕敬恭聽宗爾父母之言　「敬恭」原倒，據儀禮士昏禮、開元禮卷一一一、新唐書禮樂志八四一八頁及北宋本乙。

〔二九〕姆辭不受　「姆」原訛「母」，據開元禮卷一一一改。

〔三〇〕主人使其屬送妃以儐從　「以儐從」開元禮卷一一一作「以次旅從」。

〔三一〕内殿室西廂　原脱「内」，據北宋本、傅校本、明抄本、王吴本補。按：下文有「内殿門外」、「内殿門西」。

〔三二〕設洗於東階東南　「東」原作「阼」，據開元禮卷一一一及北宋本、傅校本、明抄本、明刻本、王吴本改。

〔三三〕東西當東霤　「西」原訛「面」，據開元禮卷一一一及北宋本、傅校本、明抄本、明刻本、王吴本改。

〔三四〕東房近北　「近」原訛「筵」，據開元禮卷一一一改。

〔三五〕司閨前引升自西階姆從升　原「司」上衍「又」，「前」下脱「引」，「姆從」訛「妃後」，據開元禮卷一一一刪補改。

〔三六〕豕俎特於俎北　原作「豕俎特在北」，據開元禮卷一一一及北宋本、傅校本、明抄本、明刻本、王吴本補改。

〔三七〕豆東菹醢之東　原訛作「豆在菹醢之東」，據開元禮卷一一一改「在」爲「東」。

〔三八〕饌要方也　原訛作「饌在西也」，據開元禮卷一一一改。北宋本「方」字不誤。

〔三九〕設訖　開元禮卷一一一「設」上有「施」，北宋本、傅校本、明抄本、明刻本、王吴本「設」上有「於」，俱通。

〔四〇〕以柶扱上鉶　「扱」原訛「极」，據開元禮卷一一一改。

〔四一〕祭於上豆之閒　「上」原訛「籩」，據開元禮卷一一一及北宋本、傅校本、明抄本、明刻本、王吴本改。

〔四二〕司饌二人俱盥手　「二人」原訛「北面」，據開元禮卷一一一、新唐書禮樂志八四一九頁及北宋本、傅校本、明抄本、王吴本改。

〔四三〕祭酒舉酒　原脱「舉酒」，據開元禮卷一一一、新唐書禮樂志八四一九頁補。

〔四四〕三酳用巹如再酳　「如再酳」原訛作「如禮再拜」，據開元禮卷一一一、新唐書禮樂志八四一九頁删改。

〔四五〕司則俱降東階　原脱「俱」，據開元禮卷一一一、新唐書禮樂志八四一九頁補。

〔四六〕牢饌畢　「饌」開元禮卷一一一作「禮」。

〔四七〕實以脯醢　「醢」原訛「醴」，據諸本改。

〔四八〕篚在洗東　原脱「洗」，據開元禮卷一一一補。

〔四九〕三仗入陳　「三」原訛「近」，據開元禮卷一一一及北宋本、傅校本、明刻本、王吴本改。

〔五〇〕侍中奏請内嚴尚儀又奏請皇后内嚴　原脱「請内嚴尚儀又奏」七字，據開元禮卷一一一補。

〔五一〕司言引妃入　「言」原訛「則」，據開元禮卷一一一及上下文改。

〔五二〕近北南向　原「北」下衍「面」，據開元禮卷一一一删。

〔五三〕尚食入東房　原「食」下衍「又」，據開元禮卷一一一删。

〔五四〕東面跪啐醴建柶奠觶興東面再拜跪取觶　原脱「啐醴建柶奠觶興東面再拜跪」十二字，據開元禮卷一一一補。唯開元禮「啐醴」間誤竄入「奠」字，據通典卷一二三皇后朝皇太后禮文删之。

〔五五〕克崇景福　「福」開元禮卷一一一作「祚」。

王文錦點校

通典卷第一百二十八

禮八十八　開元禮纂類二十三　嘉禮七

皇太子元正冬至受羣臣賀并會

前二日，本司宣攝内外，各供其職。

前一日，典設郎設皇太子幄座於正殿東序，西向。守宮設羣官等次東宮朝堂。伶官帥展軒懸之樂於殿庭，以姑洗之均；又設三鎛鐘，姑洗、夷則、大呂各依辰位；〔一〕設登歌以南呂之均及設麾於殿上：並如常儀。典設郎鋪羣官牀座於殿上：文官三品以上於皇太子西南，重行北向；武官三品以上於皇太子西北，重行南向：俱以東爲上。朝集使三品以上及都督刺史各依方於文武官之下。設不升殿者座席於殿庭東西廂：文官四品、五品於懸東，六品以下於橫街之南，每等異位，重行，西向北上；武官四品、五品於懸西，六品以下於橫街之南，當文官，每等異位，俱重行，東向北上；朝集使非升殿者，分方各於文武官當品之下；〔二〕諸州使人分方各於朝集使之下，亦如之；諸親於四品五品之下。宗親在東，異姓親在西，掌儀仍各設版位。奉禮設門外位於東宮朝堂之前：文官在東，武官在西，俱每等異位，重行相向，北上；諸親位於文武四品、五品之下。宗親在東，異姓親在西。設諸州朝集使位，東方南方於宗親之南，每等異位，重行西面；西方北方於異姓親之南，每等異位，重行東面：俱以北爲上。典膳郎設罇於西廊下近北，〔三〕設不升殿者酒罇各於其座之南，皆有坫冪，俱障以帷。

其日質明，諸衞率各勒所部屯門列仗，文武羣官依時刻集朝堂次，各服公服。〔四〕左庶子量時刻版奏：「請中嚴。」近仗就陳於閤外。諸侍衞之官各服其器服，俱詣閤奉迎。伶官帥帥工人二舞入就位，〔五〕又伶官帥一人升就舉麾位。〔六〕掌儀帥贊者入就位。吏部、兵

部、户部贊羣官俱出次，〔七〕通事舍人各引就門外位。又舍人引羣官等非升殿者先入就位。〔八〕

左庶子版奏：「外辦。」皇太子著從省服未冠則雙童髻。以出，侍衞如常，伶官帥舉麾，奏承和之樂；〔九〕皇太子即座西向坐，偃麾，樂止。凡樂，皆伶官帥舉麾，工鼓柷而後作，偃麾戛敔而後止。掌儀一人升就西階上，東面立；贊者二人立於階下。通事舍人引羣官以次入就位，公初入門，舒和之樂作。左庶子前跪奏稱：「左庶子臣某言，請殿下爲公至興。」〔一〇〕俛伏，興，還侍位。皇太子降立於座後。若有三公、諸伯叔，則降立於東階下，西面。公至階，則升，立於座後。〔一一〕皇太子升降，伶官帥舉麾樂作止如式。〔一二〕公至階，樂止。公以下升座者俱脱履於階下，所司先設脱履席。通事舍人接引羣官升就位。立定，掌儀唱：「再拜。」贊者承傳，羣官上下皆再拜訖，通事舍人引羣官爲首者一人，進皇太子前，東面立，賀稱：「元正首祚，景福惟新，伏惟皇太子殿下與時同休。」冬至賀云「天正長至，伏惟殿下與時同休」。賀訖，退復位。皇太子答再拜。左庶子前承令，進宣令，訖，羣官上下又再拜。

左庶子前，跪奏稱：「左庶子臣某言，請坐。」俛伏，興，還侍位。皇太子坐。掌儀唱：「就座。」贊者承傳，羣官上下皆就座，〔一三〕俛伏，坐。伶官帥引歌者及琴瑟至階，脱履於下，升，就位坐。其笙管者詣階間，北面立。典膳郎進酒，至階，掌儀唱：「酒至，興。」贊者承傳，羣官上下皆俛伏，興，立席後。左庶子到階省酒，典膳郎奉酒進，皇太子舉酒。食官令又行羣官酒，酒至，掌儀唱：「再拜。」贊者承傳，羣官上下皆再拜。若皇太子遣停拜，即止。羣官皆搢笏，受觶。掌儀唱：「就座。」贊者承傳，羣官上下皆就座，俛伏，坐飲。〔一四〕皇太子初舉酒，登歌作昭和之樂，〔一五〕典膳郎進受虛觶，復於坫。登歌訖，降復位。

觴行三周，典膳郎進食，食升階，左庶子到階省案。掌儀唱：「食至，興。」贊者承傳，羣官上下俛伏，興，立座後。典膳郎品嘗食訖，以次進置皇太子前。〔一六〕食官令又行羣官案。皇太子若不食，及羣官案先下訖，〔一七〕不須興。設食訖，掌儀唱：「就座。」贊者承傳，羣官上下皆就座，俛伏，坐。皇太子乃飯，〔一八〕奏休和之樂，羣官上下俱飯，皇太子食畢，樂止。仍行酒，遂設庶羞。伶官帥引二舞以次入作。〔一九〕

酒行九徧，會畢。掌儀唱：「可起。」贊者承傳，羣官上下皆俛伏，起，立席後。左庶子前，跪奏稱：「左庶子臣某言，請殿下降座。」俛伏，興，還侍位。皇太子降立於座後。掌儀唱：「再拜。」贊者承傳，羣官上下皆再拜，皇太子答再拜。通事舍人引羣官降，納履以出。公初出，樂作；若有三公、諸伯叔，皇太子升降，伶官帥舉麾，樂作止如式。〔二〇〕公出門，樂止。左庶子前，跪奏稱：「左庶子臣某言，請殿下升座。」俛伏，興，還侍位。樂作，皇太子升座，坐，樂止。羣官出畢，非升座者仍立於殿庭。左庶子前，跪奏稱：「左庶子臣某言，禮畢。」俛伏，興，還侍

位。皇太子興，樂作，皇太子降座以入，侍衞如來儀，侍臣從至閤，樂止。又通事舍人引位殿庭者以次出。〔二一〕

皇太子若服袴褶，羣官及宮臣皆袴褶，朝集使公服。升座者脱履如式。若設四部樂，則去樂懸，無警蹕，伶官帥帥四部伎立於左右嘉善門外。羣官初坐，伶官帥引四部伎聲作而入，各就座，以次作如式。

皇太子元正冬至受宮臣朝賀〔二二〕

前二日，本司宣攝内外，各供其職。

前一日，典設郎設皇太子幄座於正殿東序，西向。衞尉設宮臣次於重明門外。伶官帥展軒懸之樂於殿庭，以姑洗之均，設麾於殿上西階之西；又設爲首者解劒席於懸西横街之南，並如常儀。設宮臣版位於懸南，文東武西，俱重行北面，相對爲首。設典儀位於東階東南，〔二三〕贊者二人在南，差退，俱西向北上。設宮臣門外位，文官道東，武官道西，重行相向，以北爲上。

受朝

其日，未明三刻，開諸宮殿門，諸衞率各勒所部屯門列仗如常。宮臣依時刻集重明門外，皆就次各服其器服。〔二四〕左庶子版奏：「請中嚴。」近仗就陳於閤外。伶官帥帥工人入就位，又伶官帥一人升就位。諸侍衞之官各服其器服，俱詣閤奉迎。典儀帥贊者先入就位。通事舍人引宮臣俱就門外位。又舍人引六品以下先入就位。

左庶子版奏：「外辦。」皇太子服遠遊冠、絳紗袍以出，左右侍衞如常儀。皇太子將出，仗動，伶官帥跪，俛伏，興，舉麾，〔二五〕鼓柷，奏永和之樂，〔二六〕皇太子升自阼階，即座西向坐，偃麾，戛敔，樂止。通事舍人引宮臣五品以上以次入就位。〔二七〕宮臣初入門，奏舒和之樂，至位，樂止。宮臣立定，典儀曰：「再拜。」贊者承傳，宮臣在位者皆再拜訖，通事舍人引爲首者一人詣西階。爲首者初行，樂作，至解劍席後，樂止。爲首者就席，跪解劍置於席，〔二八〕俛伏，興。通事舍人引升階，進當皇太子座前，東面跪賀，其賀詞與羣官同。俛伏，興。通事舍人引降詣席後，爲首者跪著劒，俛伏，興，樂作，復懸南位，樂止。宮臣俱再拜。

左庶子前承令，降詣宮臣西北，東面稱：「令旨。」宮臣俱再拜。宣令訖，宮臣又再拜。左庶子還侍位。典儀曰：「再拜。」贊者承傳，宮臣在位者皆再拜。通事舍人以次引出還次，爲首者初行樂作，出門樂止。左庶子前，跪奏稱：「左庶子臣某言，禮畢。」俛伏，興，還侍位。皇太子興，樂作，降座以入，侍衛如來儀，侍臣從至閤，樂止。

會

伶官設登歌於殿上，〔二九〕以南呂之均。典設郎鋪宮臣牀座於殿上，〔三〇〕文官於皇太子幄座西南，重行北向，武官於皇太子西北，重行南向，俱以東爲上。設不升殿者座席於東西廊下，設解劍席於懸西橫街之南，俱以北爲上。典膳郎設壽罇於殿上西序之端，東向，〔三一〕有坫，加爵一於罇下。又設升殿者酒罇於西廊下，近北，設廊下者酒罇各於其座之南，〔三二〕皆有坫冪，俱障以帷。施設訖，〔三三〕通事舍人引宮臣出次，俱就門外位。

左庶子奏：「外辦。」皇太子服遠遊冠、絳紗袍以出，侍衛如常。皇太子將出，仗動，樂作，皇太子升自阼階，即座西向坐，樂止。典儀一人升就東階上，西面立。通事舍人引文武宮臣以次入就位，宮臣初入門，樂作，爲首者至位，樂止。宮臣立定。若朝會別日設會，贊拜如朝禮。左庶子前承令，降，命宮臣升座，在位者皆再拜。〔三四〕通事舍人引應升殿者詣西階，爲首者初行，樂作，至解劍席，樂止。宮臣各脱舄履，跪解劍，置於席上，俛伏，興。通事舍人引升階，宮臣爲首者一人升立於階西，東向；以下各就座後立於其位。又通事舍人引廊下位者就座後。

上下立定，典膳郎前，跪稱：「典膳郎臣某言，請賜宮臣上壽。」俛伏，興。左庶子稱：

「令曰諾。」典膳郎退，升詣酒罇所，〔三五〕東面立。通事舍人引爲首者詣酒罇所，北面立。典膳郎酌酒一爵授，爲首者搢笏，受爵。通事舍人引爲首者詣皇太子座前，東面授左庶子，左庶子受爵，進置皇太子前。爲首者執笏，通事舍人引爲首者退，東面跪稱：「某官臣某等稽首言，〔三六〕元正首祚，〔三七〕冬至云「天正長至」。臣等不勝大慶，謹上千萬歲壽。」俛伏，興，再拜。宮臣等上下皆再拜，立於席後。左庶子前承令，少退，宣令訖，宮臣上下又再拜。左庶子取爵奉進，皇太子舉酒，奏休和之樂，〔三八〕宮臣上下皆舞蹈，三稱萬歲。皇太子舉酒訖，左庶子進受虛爵以授典膳郎，典膳郎受爵復於坫，樂止。初左庶子受虛爵，殿上典儀唱：「再拜。」階下贊者承傳，宮臣上下皆再拜。

通事舍人引爲首者就座後立。殿上典儀唱：「就座。」階下贊者承傳，宮臣上下俱就座，俛伏，坐。伶官帥引歌者及琴瑟至階，脱屣於下，〔三九〕升，就位坐；又引笙管進詣階閒，北面立。典膳郎進酒，至階，殿上典儀唱：「酒至，興。」階下贊者承傳，宮臣上下皆俛伏，起，立席後。左庶子到階省酒，典膳郎奉酒進，皇太子舉酒。食官令又行宮臣酒，酒至，殿上典儀唱：「再拜。」階下贊者承傳，宮臣上下皆再拜，搢笏受觶。殿上典儀唱：「就座。」階下贊者承傳，宮臣上下皆就座，俛伏，坐飲。〔四〇〕皇太子初舉酒，登歌作昭和之樂三終，行觴三周，典膳郎進食，皇太子食奏休和之樂，食畢樂止，仍行酒，設庶羞之奠，如會羣官儀。

伶官帥引諸伎以次入作。〔四一〕若賜酒，左庶子前承令，詣東階上，西向稱：「賜酒。」殿上典儀承傳，階下贊者又承傳，宮臣上下皆執笏，俛伏，起，再拜，搢笏，立受觶，就座，俛伏，坐；飲訖，俛伏，起，授虚觶，再拜，執笏，又再拜，就座，俛伏，坐。

酒行九徧，〔四二〕會畢。殿上典儀唱：「可起。」階下贊者承傳，宮臣上下皆俛伏，起，立席後。通事舍人引宮臣降，詣解劒席後，跪著劒，俛伏，興，納舃屐，樂作，復懸南位，樂止。位於東西廊下者，仍立於席後。立定，典儀曰：「再拜。」贊者承傳，宮臣在位者皆再拜。廊下者拜於席後。諸伎俱作。通事舍人引宮臣以次出，爲首者初行樂作，出門樂止。左庶子跪奏稱：「左庶子臣某言，禮畢。」俛伏，興，還侍位。皇太子興，奏永和之樂，〔四三〕皇太子降座以入，侍衛如來儀，侍臣從至閤，樂止。

皇太子與師傅保相見

前一日，衞尉設師、傅、保次於宮門外道西，南向。〔四四〕伶官帥展軒懸於殿庭，以姑洗之均。

其日質明，諸衞率各勒所部屯門列仗。典儀設師、傅、保位於西階之西，〔四五〕東向，三少位於師、傅、保之南，少退，俱東向北上。太師、太傅、太保及三少至宮門，通事舍人引就次。左庶子奏:「請中嚴。」伶官帥帥工人就位。又通事舍人引師、傅、保及三少立於正殿門西差退,〔四六〕俱東向。左庶子奏:「外辦。」諸侍衛之官各服其器服,俱詣閤奉迎。皇太子著從省服以出,左右侍衛如常儀,永和之樂作,至東階下西面立,樂止。通事舍人引師、傅、保、三少入就位,樂作止如常,〔四七〕師、傅、保立定,皇太子再拜,師、傅、保答再拜。若三少特見,則三少先拜。通事舍人引師、傅、保出,樂作止如常。師、傅、保出門,左庶子前,跪奏稱:〔四八〕「左庶子臣某言,禮畢。」皇太子入,左右侍衛及樂奏止如來儀。〔四九〕

皇太子受朝集使參辭

前一日,典設郎設皇太子幄座於東宮正殿東序,西向。又設宮臣次及朝集使次於重明門外。

其日質明,所司設宮臣及朝集使位於殿庭,〔五〇〕諸衛率各勒所部屯門列仗。東宮文武官依時刻集朝堂就次服袴褶,〔五一〕朝集使並就次服公服。左庶子量時刻版奏:「請中嚴。」近仗就陳於閤外。侍衛之官各服其器服,就閤奉迎。通事舍人各分引羣官及朝集使就門外位。左庶子版奏:「外辦。」皇太子常服即座西向坐,通事舍人引宮臣入就位如常。掌儀曰:〔五二〕「再拜。」贊者承傳,在位者皆再拜。又通事舍人分引朝集使橫行北面立定,〔五三〕掌儀曰：「再拜。」朝集使皆再拜。通事舍人承令詣朝集使前，稱：「有令。」朝集使皆再拜。宣令訖，又再拜。舍人引出，〔五四〕宮臣以次出。其辭禮亦如之。

親王冠

百官一品以下盡九品、庶人並附。其嫡子但以品第。庶子與親王同，其降殺則異。

前三日，本司帥其屬筮日、筮賓於廳事。五品以上嫡子，筮於廟門外。無廟，筮於正寢之堂。主人公服立於楹閒之東，西面。於寢則堂上楹閒近東。掌事者各服其服，立於門西，東面。於寢則楹閒近西，東面，布筮席於主人之西，西面，餘並如別儀。前三日筮賓，如求日之儀。主人，謂將冠者之父也。賓謂可使冠子者。

前二日，主人至賓第，掌次者引之次，主人公服出，立於大門外之西，東面。賓公服立於阼階下，西面。儐者公服進於賓之左，北面受命，出立於門東，西面曰：「敢請事。」主人曰：「皇子某王一品以下曰「某之子某」。〔五五〕下倣此。將加冠，請某公教之。」相稱各隨官爵。儐者入告。賓出立於門左，西面再拜。主人答再拜。主人曰：「皇子某王將加冠，願某公教之。」一品以下云「吾子」。下倣此。賓曰：「某不敏，〔五六〕恐不能供事，一品以下加「以辱吾子」。敢辭。」主人曰：「某猶願某公教之。」賓曰：「王重有命，某敢不從。」主人再拜，賓答拜。主人還，賓拜送。主人命使者戒贊冠者，如戒賓。一品以下，主人戒贊冠者如戒賓，亦通使子弟戒之。

前一日，掌次者設次於大門外之右，南向。

其日夙興，掌事者一品以下贊者，庶子同。設洗於阼階東南，東西當東霤，〔五七〕六品以下當東榮。南北以堂深；罍水在洗東，加勺冪；篚在洗西，南肆。篚實巾一，爵一，加冪。〔五八〕席於東房內西墉下，〔五九〕無房者張帷。陳衣於席，東領北上。衮冕服，青衣纁裳，九章。五章在衣：龍、山、華蟲、火、宗彝。〔六〇〕四章在裳：藻、粉米、黼、黻。一品衮冕服同上。二品鷩冕服，七章。三章在衣：華蟲、火、宗彝；四章在裳：藻、粉米、黼、黻。〔六一〕三品毳冕服，五章。三章在衣：宗彝、藻、粉米；二章在裳：黼、黻。四品繡冕服，三章。一章在衣：粉米；二章在裳：黼、黻。五品玄冕服，衣無章，裳刺黻一章。〔六二〕六品以下爵弁服，青衣纁裳。白紗中單，黼領，青褾、襈、裾。革帶，鉤鞢，大帶。素帶，紕其外，上朱下綠，紐約用組。〔六三〕一品二品素帶皆紕其外，〔六四〕上以朱，下以綠。三品大帶，四品五品素帶，皆紕其垂，外以玄，內以黃。紐約皆用青組。六品以下練帶，紕其垂，內外以緇，紐約用青組。〔六五〕中單，青領。朱韍二章：〔六六〕山、火。三品以上，飾以裳色山火二章。四品繡冕，山一章。五品玄冕，無章。六品爵韠。劍飾以珠玉。三品以上飾以金玉，四品五品飾以金。山玄玉雙珮。纁朱雙綬，四綵，赤黃縹紺，純朱質，纏文織，長丈八尺，二百四十首，廣九寸。小雙綬，長二尺六寸，色同大綬而首半之，間施二玉環。一品雙珮山玄玉。五品以上水蒼玉。〔六七〕雙綬：一品綠綟綬，四綵，綠紫黃赤，純綠質，〔六八〕長丈八尺，二百四十首，廣九寸。二品三品紫綬，三綵，紫黃赤，純紫質，長丈六尺，一百八十首，廣八寸。皆有小雙綬，長二尺六寸，色同大綬而首半之，一品施二玉環。四品青綬，三綵，青白紅，純青質，長丈四尺，一百三十首，廣七寸。五品黑綬，二綵，青紺，純紺質，長丈二尺，一百首，廣六寸。皆有小雙綬，長二尺六寸，色同大綬而首半之。六品以下無劍、珮、綬。朱韤赤舄。五品以上同。六品以下，白韤赤履。庶人黑介幘，服絳公服，方心，革帶，鉤鞢，〔六九〕假帶，韈，履。庶子以上皆同。遠遊冠服，〔七〇〕絳紗單衣，白紗中單，皁領、褾、襈、裾，白裙襦。赤裙衫。〔七一〕一品以下進賢冠。假帶，曲領方心，絳紗蔽膝，白韈黑舄。一品以下，革帶鉤鰈，〔七二〕珮，雙綬。六品以下，無劍綬。八品以下，去中單曲領、蔽膝，黑履。庶人黑介幘服，白裙襦，青領，革帶，韈，履。緇布冠服，青衣素裳，白紗中單，青領、褾、襈、裾，〔七三〕素韠。其革帶、大帶、劍、珮、綬與冕服同，韈舄與遠遊冠服同。三品以上中單，革大帶、劍、珮、綬與冕服同，韈舄與進賢冠同。六品以下中單、革帶、繡帶與爵弁同，韈履與進賢冠服同。庶人帶、韈、履與介幘服同，去韠。緇纚，其纚今用皁巾，方六寸，屬帶於前兩隅。〔七四〕犀簪、櫛實於箱，在服南。莞筵三，紛純，加藻席三，緇純，在南。三品以上莞筵四，加藻席四。四品、五品蒲筵四，緇布純；加萑席四，玄帛純。六品以下蒲筵四，不加萑席。其庶子各如其品。嫡子之席各用三。罇於房户外之西兩甒，玄酒在西，加勺冪。設坫於罇東，置二爵，加冪。豆十籩十在服北，俎三在籩豆北。凡牲體節折，加離肺。〔七五〕俎三，實羊豕及腊。籩實脯棗之類，豆實葅醢之屬。一品以下側罇甒醴在服北，加勺冪。設坫在罇北，〔七六〕實角觶角柶各一，加冪。饌陳於坫北。四品以下無坫，同設篚。庶子罇於房户外之西兩甒，玄酒在西，加勺冪。設坫於罇東，置二爵於坫，加冪。饌陳於坫北。〔七七〕一品俎三、籩十、豆十。三品八，四品七，五品六。六品以下用特牲，俎一、籩二、豆二。〔七八〕庶子同嫡子牲器。〔七九〕設洗於東房近北，罍水在洗西，篚在洗東，北肆，實以巾。

質明，賓贊至於主人大門外，掌次者引之次。賓贊俱公服，諸行事者各服其服。六品以下無公服者服常服。執罇罍篚者皆就位。冕，青珠九旒，青纊充耳，犀簪導，組纓色如其綬；三品以上衮冕，垂青珠九旒，以組爲纓，色如其綬，青纊充耳，角簪導。鷩冕七旒，毳冕五旒，餘皆同衮冕。四品五品繡冕，垂青珠四旒，以組爲纓，色如其綬，青纊充耳，角導。〔八〇〕玄冕三旒，餘同繡冕。六品以下爵弁，玄纓導。〔八一〕庶人則黑介幘。庶子同嫡子。遠遊冠，三梁，金附蟬，黑介幘，纓青緌，犀簪導；〔八二〕三品以上進賢冠，三梁，纓青緌，導。〔八三〕四品、五品兩梁，〔八四〕六品以下一梁。庶人則黑介幘。緇布冠，青組纓。冠冕各一箱，各一人執之，待於西階之西，東面北上。〔八五〕設主人之席於阼階上，西面；賓席於西階上，東面；皇子席於房户之西，南面。房外罇東。俱下莞上藻。一品以下冠者席於主人東北，西面。〔八六〕庶子如親王儀。

主人公服立於阼階東，〔八七〕當東序，西面。諸親公服，〔八八〕非公服者常服，立於罍洗東南，西面北上。一品以下又諸尊者停别室。〔八九〕儐者公服立於門内道東，北面。皇子雙童髻，空頂幘，雙玉導，〔九〇〕金寶飾，綵袴褶，錦紳，烏皮履，四品五品導飾以金，六品以下無金飾。立於房内，南面。主人贊冠者公服立於房内户東，西面。

賓及贊冠者出次，立於門西，贊冠者少退，俱東面北上。儐者進於主人之左，北面受命，出，立於門東，西面，曰：「敢請事。」賓曰：「皇子某王將冠，某謹應命。」三品以下云：「某子有嘉禮，命某執事。」〔九一〕庶子同。儐者入告。主人迎賓於大門外之東，西面再拜，賓答拜。凡賓主拜揖入出，皆贊者相導。主人揖贊冠者，贊冠者報揖。主人又揖賓，賓報揖。主人入，賓及贊冠者次入。及内門，主人揖賓，賓報揖，主人與賓入，贊冠者從。至内霤，將曲揖，賓報揖。

主人及階，主人立於階東，西面；賓立於階西，東面。主人曰：「請公升。」一品以下「請吾子升」。他倣此。賓曰：「某備將事，敢辭。」主人曰：「固請公升。」賓曰：「某敢固辭。」主人曰：「終請公升。」賓曰：「敢終辭。」主人升自阼階，立於席東，西向。賓升自西階，立於席西，東向。贊冠者及庭，盥於洗，升自阼階，〔九二〕入東房，立於主人贊冠者之南，俱西面。

主人贊冠者引皇子出，立於戶外之西，南面。賓之贊冠者取纚櫛簪箱，跪奠於皇子筵東端，一品以下筵南，庶子筵東。興，席東少北南面立。一品以下席北少東西面立。庶子南面。賓揖皇子。賓主俱即席坐。皇子進，升席南面坐。一品以下西面坐。庶子南面。賓之贊冠者進筵前，北面，一品以下東面，庶子北面。跪，脱雙童髻，置於箱，櫛畢，設纚，〔九三〕興，復位。賓主俱興。賓降盥，主人從降，賓東面辭曰：「願王不降。」〔九四〕一品以下云「吾子」。下倣此。主人曰：「公辱降，〔九五〕敢不從。」賓降，至罍洗，盥手訖，詣西階，賓主一揖一讓升，主人立於席後西面，賓立於西階上，東面。執緇布冠者升，賓降一等受之，右執項，〔九六〕左執前，詣皇子筵前，北面跪，冠，興，復西階上席後，東面立。祝文曰：「令月吉日，始加元服，棄爾幼志，順爾成德，壽考維祺，介爾景福。」乃跪奠冠，興。賓之贊冠者進筵前，北面跪，設頍，結纓，興，復位。一品以下東向跪，結纓。庶子同親王而無頍。皇子興，賓揖，皇子適房，賓主俱坐。皇子著青衣素裳之服出，〔九七〕戶西南面立。賓主俱興。賓揖，皇子進立於席後，南向。一品以下進升席，西面坐。一品以下庶子同親王。賓降盥，主人從降，辭對如初。賓盥手，跪取爵於篚，興，洗訖，詣西階，賓主一揖一讓升，主人立於席後，西面。賓詣酒罇所，酌酒，進皇子筵前，北向立，祝曰：「旨酒既清，嘉薦亶時，始加元服，兄弟具來，孝友時格，永乃保之。」皇子筵西拜，受爵，賓復西階上，東面答拜。執饌者薦籩豆於皇子筵前。皇子升筵坐，左執爵，右取脯，擩於醢，祭於籩豆之閒，祭酒，興，筵末坐，啐酒，執爵興，降筵西，跪奠爵，再拜，執爵興。賓答拜。冠者升筵，跪奠爵於薦東，興，立筵西，南向。〔九八〕執饌者徹薦爵。

賓揖，皇子進升筵，南面坐。一品以下，無賓降盥主人從降，下至此儀。其一品以下嫡子，三加冠後，酌醴以禮之，又有祝辭。其庶子則醮而不醴。親王冠同於庶子。賓之贊冠者跪，脱緇布冠，置於箱，櫛畢，設纚，興，復位。賓降二等受遠遊冠，一品以下進賢冠，庶人黑介幘。左執項，右執前，詣皇子筵前，北面跪冠，一品以下，詣冠者筵前東向立，祝曰：「吉月令辰，乃申爾服，敬爾威儀，淑慎爾德，眉壽萬年，永受胡福。」〔九九〕乃跪冠。興，復位。賓之贊冠者坐，設簪，結纓，興，復位。皇子興，賓揖，皇子適房，賓主俱坐。皇子著朝服一品以下庶子著絳紗服，庶人則白裙襦服。出房，户西南面立。賓主俱興。賓揖，皇子進立席後，南面。賓詣酒罇所，一品至三品嫡子冠禮，無「賓詣酒罇所」以下「執饌者徹薦爵」文。〔一〇〇〕取爵酌酒，進皇子筵前，北面立，祝曰：「旨酒既湑，嘉薦伊脯，乃申其服，庶子云「爾服」。禮儀有序，祭此嘉爵，承天之祜。」〔一〇一〕皇子筵西拜，受爵。賓復西階上，東面答拜。

執饌者薦籩豆。皇子升筵坐，左執爵，右祭脯醢，祭酒，興，筵末坐，〔一〇二〕啐酒，執爵興，降筵西，〔一〇三〕跪奠爵，再拜，執爵興。賓答拜。皇子升筵坐，奠爵於薦東，興，立於筵西，南面。執饌者徹薦。

賓揖，皇子進升席，南面坐。賓之贊冠者跪脱進賢冠，庶人脱黑介幘。置於箱，櫛畢，設纚，興，復位。賓降三等受冕，六品以下爵弁，庶人則黑介幘。左執項，右執前，詣皇子筵前，北面跪冠，興，復位。賓之贊冠者坐，設簪，結纓，興，復位。皇子興。賓揖，皇子適房，賓主俱坐。主人贊冠者徹櫛箱入房。皇子著衮冕之服庶子及六品以下爵弁服，庶人絳公服。出房，户西南面立。賓主俱興。賓揖，皇子進立於席後，南面。賓詣酒罇所，取爵酌酒，進皇子筵前，北面立，祝曰：「旨酒令芳，籩豆有楚，咸加其服，庶子云「爾服」。肴升折俎，承天之慶，受福無疆。」〔一〇四〕皇子筵西拜，受爵，賓復位，東面答拜。三品以上，賓之贊冠者跪設簪結纓，興，復位。冠者興，賓揖，冠者適房，賓主俱坐。冠者著絳紗服。庶人白裙襦服。出房，户西南面立。〔一〇五〕賓主俱興。賓揖，冠者進升席，西向坐。賓之贊冠者跪脱進賢冠。庶人黑介幘。置於箱，櫛畢設纚，〔一〇六〕興，復位。賓降三等受冕。六品受爵弁，庶人黑介幘。右執項，左執前，進冠者筵前，東向立，祝曰：「以歲之正，以月之令，咸加爾服，兄弟具在，以成厥德，黄耇無疆，受天之慶。」乃跪冠，興，〔一〇七〕復位。賓之贊冠者設簪結纓，興，復位。冠者興，賓揖，冠者適房，賓主俱坐。主人贊冠者徹纚櫛簪箱及筵入於房。又筵於室户西，南向。冠者著冕服。六品以下爵弁服，庶人絳公服。出房，户西南面立。〔一〇八〕賓主俱興。主人贊冠者盥手洗觶於房，酌醴，加柶覆之，面葉，出房，南面立。賓揖，冠者就筵西，南面立。〔一〇九〕

賓進受醴，於室户東，加柶面柄，進冠者筵前，北面立，祝曰：「甘醴維厚，嘉薦令芳，拜受祭之，以定爾祥，承天之休，壽考不忘。」冠者筵西拜，受觶。賓復西階上，東面答拜。一品以下庶子，與親王儀同。執饌者薦籩豆，設俎於籩豆之南。皇子升筵坐，左執爵，一品以下用觶，下倣此。右祭脯醢。贊冠者取胏一以授，皇子奠爵於薦西，興，受。卻左手執本，坐，右絶末以祭，〔一一〇〕上左手，嚌之，興，加於俎。皇子坐帨手，〔一一一〕執爵祭酒，興，筵末坐，啐酒，興，降筵西，南面坐奠爵，再拜，執爵興。賓答拜。皇子升筵，坐奠爵於薦東，興。

贊冠者引皇子降立於西階之東，南面。〔一一二〕初皇子降，賓降自西階，〔一一三〕直西序，東面立。主人降自東階，〔一一四〕直東序，西面立。賓少進，字之曰：「禮儀既備，令月吉日，昭告爾字，爰字孔嘉，君子攸宜，宜之於嘏，永受保之。曰孟某甫。」仲叔季唯其所當。皇子曰：「某雖不敏，夙夜祗奉。」賓出，主人送於内門之外。一品以下，賓答拜。賓主俱坐。冠者升筵，跪奠觶於薦東，興，進，北面跪取脯，降自西階，入見母，進奠脯於席前，〔一一五〕退，再拜以出。冠者母不在，則使人受脯於西階下。初冠者入見母，賓主俱興，賓降，當西序東向立；〔一一六〕主人降，當東序西向立。冠者既見母，出立於西階之東，南向。賓少進，字之曰：「禮儀既備，令月吉日，昭告爾字，爰字孔嘉，髦士攸宜，宜之於嘏，永受保之。曰字某。」冠者曰：「某雖不敏，夙夜祗奉。」賓出，送於内門外。一品以下庶子取脯見母如嫡子，餘如親王。

主人西面請賓曰：「公辱執事，請禮從者。」賓曰：「某既得將事，敢辭。」主人曰：「敢固以請。」賓曰：「某辭不得命，敢不從。」賓就次，主人入。

初賓出，皇子東面見諸親，諸親拜之，〔二七〕皇子答拜。一品以下，又冠者西面拜賓之贊冠者，贊冠者答拜。〔二八〕庶子同。 皇子入見内外諸尊於别所。

賓主既釋服，改設席訖，賓贊俱出次，立於門西東面。主人出，門東西面。主人揖賓，賓報揖，主人先入，賓贊從之，至階，一揖一讓升，各就座後，立定，俱升座。會就，賓主俱興，賓立於西階上，贊冠者在北，少退，俱東面。主人立於東階上，西面。一品以下，及衆賓降立於西階下，東面。庶子同。 掌事者奉束帛之篚升，〔二九〕授主人於東序端。 主人執篚少進，西面立。又掌事者奉幣篚升，立於主人後。 於幣篚升，牽馬者牽兩馬入陳於内門三分庭一在南，北首，西上，北面。 賓還西階上北面，贊冠者立於左，少退，俱北面再拜。 主人進立於楹閒，南面。 賓贊進立於主人之右，俱南面，東上。 主人授幣篚，賓受之，退復東面位。於主人授幣篚，掌事者又以幣篚授贊冠者，退復位。 主人還阼階上，北面拜送。 賓贊降自西階，從者迓受幣。 賓當庭實，東面揖，出，〔三〇〕牽馬者從出，從者迓受馬於門外。 於賓降，主人降，〔三一〕送於大門外之東，西面再拜。 賓退，主人入。 四品以下，於衆賓降，並立於西階下，掌事者以幣篚升授主人於序端。賓北面再拜。 主人進立於楹閒，南面。 賓進立於主人之右，俱南面。 賓受幣，退復東面位。主人還阼階上，〔三二〕北面再拜送。 賓降自西階，從者訝受幣。〔三三〕賓出，主人送賓於大門外之東，西面再拜。 賓退，主人入。 庶子同親王儀。 孤子則諸父諸兄戒賓。 冠之日，主人髻而迎賓，拜揖讓如冠主。 冠於阼。 醴之、庶子醮之及禮賓，拜送皆如上儀。〔一二四〕明日，見廟，冠者朝服。〔一二五〕無廟者，見祖禰於寢。質明，贊禮者引入廟南門，中庭道西，北面，〔一二六〕贊再拜訖，引出。六品以下，見祖禰於正寢，冠者公服，庶人常服。質明，張几筵於正寢，贊禮者引入，至庭，北面再拜訖，引出。五品以上子孫、九品以上子冠，假用出身品服。其三品以上大功以上親，五品以上期以上親，〔一二七〕冠同八品九品之服。

皇子詣闕，至次，著朝服。通事舍人引皇子入詣皇帝所御之殿，至闕閤，近臣奏，皇帝即御座，南向坐。近臣引皇子入，立於階間，北面再拜訖，近臣引皇子至皇后殿閤外。近臣附奏，皇后即御座，南向坐。司言至閤，引皇子入，立於階間，北面再拜。司言引出閤，皇子出還第如來儀。

校勘記

〔一〕各依辰位　「辰」原訛「其」，據開元禮卷一一二及北宋本、傅校本、明抄本、王吴本改。

〔二〕分方各於文武官當品之下　「於」原訛「依」，據開元禮卷一一二及北宋本、傅校本、明抄本改。

〔三〕典膳郎設罇於西廊下近北　「郎」原訛「量」，又脱「西」，據北宋本、傅校本、明抄本改補。

〔四〕各服公服　上「服」字原脱，據開元禮卷一一二補。

〔五〕伶官帥帥工人二舞入就位　上「帥」原訛「師」，據開元禮文例改。下同。

〔六〕升就舉麾位　原「位」誤在「舉麾」上，據開元禮卷一一二及北宋本、傅校本、明抄本乙正。

〔七〕吏部兵部户部贊羣官俱出次　原脱「户部」，據開元禮卷一一二補。

〔八〕引羣官等非升殿者　原脱「等」，據開元禮卷一一二及北宋本、傅校本、明抄本、王吴本補。

〔九〕奏承和之樂　「承」開元禮卷一一二作「永」。按：新唐書禮樂志一一四六四頁云：「開元定禮，始復遵用祖孝孫十二和。」其三曰永和，以降人鬼。十二曰承和，皇太子在其宫，有會以行。若然，則此作「承和」爲是。

〔一〇〕請殿下爲公至興　「爲」原訛「迎」，「至」原訛「王」，據開元禮卷一一二改。按：北宋本、傅校本、明抄本「爲」字不誤。

〔一一〕立於座後　原「立」下衍「詣」，據開元禮卷一一二及北宋本、傅校本、明抄本删。

〔一二〕伶官帥　原脱「帥」，據開元禮卷一一二及北宋本、明抄本補。

〔一三〕羣官上下皆就座　原「皆」上誤衍「就座」，據開元禮卷一一二及北宋本、傅校本、明抄本、明刻本、王吴本删。

〔一四〕俛伏坐飲　「坐」原訛「興」，開元禮卷一一二誤同，據開元禮卷九七改。

〔一五〕昭和之樂　「樂」原訛「曲」，據開元禮卷一一二及北宋本改。

〔一六〕以次進置皇太子前　「進」原訛「準」，據諸本改。

〔一七〕皇太子若不食及羣官案先下訖　原「皇」字處爲空白，據諸本補。「羣官」原訛作「宫臣」，據開元禮卷一一二改。

〔一八〕皇太子乃飯　「乃」原訛「及」，據開元禮卷一一二及北宋本、傅校本、明抄本改。
〔一九〕引二舞以次入作　原脱「作」，據開元禮卷一一二補。
〔二〇〕伶官帥舉麾樂作止如式　原脱「樂」，據開元禮卷一一二及北宋本、傅校本、明抄本補。
〔二一〕引位殿庭者以次出　「位」原作「侍」，據開元禮卷一一二改。按：北宋本、傅校本作「引殿庭者以次出」，知此「侍」乃後人臆增。
〔二二〕皇太子元正冬至受宫臣朝賀　開元禮卷一一三及北宋本、傅校本、明抄本、明刻本於此題下有「并會」二字注文。
〔二三〕設典儀位於東階東南　原脱下「東」，據開元禮卷一一三補。
〔二四〕皆就次各服其器服　原脱「皆就次」，據開元禮卷一一三及北宋本、傅校本、明抄本、王吴本補。
〔二五〕俛伏興舉麾　「興」字疑衍。
〔二六〕奏永和之樂　疑「永」爲「承」之訛。按：新唐書禮樂志一一謂永和之樂以降人鬼，是祭祀所用。而承和之樂是「皇太子在其宫，有會以行」，與此正合。
〔二七〕宫臣　「臣」原訛「官」，據開元禮卷一一三及傅校本、明刻本改。
〔二八〕跪解劒置於席　原脱「跪」，據開元禮卷一一三補。
〔二九〕伶官設登歌於殿上　「設」原訛「帥」，據開元禮卷一一三改。
〔三〇〕鋪宫臣牀座於殿上　「牀座」原訛「座席」，據開元禮卷一一三及北宋本、傅校本、明抄本、明刻本、王吴本改。

〔三一〕典膳郎設壽罇於殿上西序之端東向　「膳」原訛「設」，「向」原訛「西」，據開元禮卷一一三及北宋本改。

〔三二〕廊下　「廊」原訛「殿」，據開元禮卷一一三及北宋本、傅校本、明抄本改。

〔三三〕施設訖　原脱「施」，據開元禮卷一一三及北宋本補。

〔三四〕在位者皆再拜　原脱「在」，據開元禮卷一一三及北宋本、傅校本、明抄本補。

〔三五〕酒罇所　原脱「所」，據開元禮卷一一三及北宋本補。

〔三六〕某官臣某等稽首言　「官」原訛「宫」，「臣」下脱「某」，據開元禮卷一一三改補。按：明刻本、王吴本「官」字不誤，北宋本、傅校本、明抄本「臣」下有「某」。

〔三七〕元正首祚　「元正」原誤倒，據開元禮卷一一三及北宋本、傅校本、明抄本乙正。

〔三八〕奏休和之樂　「奏」原訛「奉」，據諸本改。

〔三九〕脱屣於下　「屣」原作「履」，據北宋本、傅校本、明抄本、明刻本改。

〔四〇〕宫臣上下皆再拜搢笏受觶殿上典儀唱就座階下贊者承傳宫臣上下皆就座俛伏坐飲　原脱「搢笏受觶殿上典儀唱就座階下贊者承傳宫臣上下皆就座」二十四字，「俛伏」下又衍「興」，據開元禮卷一一三及北宋本、傅校本、明抄本補删。

〔四一〕伶官帥引諸伎以次入作　原「入作」間竄增「樂」，據開元禮卷一一三及傅校本删。

〔四二〕酒行九徧　「行九」原誤倒，據開元禮卷一一三及北宋本、傅校本、明抄本、王吴本乙。

〔四三〕皇太子興奏永和之樂　「永和」開元禮卷一一三作「休和」。檢新唐書禮樂志一一，知永和是祭祀降神用樂，休和是皇帝、皇太子進飯用樂，皆不合於皇太子會畢入宫時奏用。疑此「永和」是「承和」之誤。皇太子於宫中禮會，其始出始入，奏承和之樂。

〔四四〕宫門外道西南向　「道西南向」原誤作「道南西向」，據開元禮卷一一三及北宋本、傅校本、明抄本、王吴本乙正。

〔四五〕典儀設師傅保位　「典儀」開元禮卷一一三作「典謁」。

〔四六〕又通事舍人　原脱「又」，據開元禮卷一一三及北宋本、傅校本、明刻本、王吴本補。

〔四七〕樂作止如常　原脱「止」，據開元禮卷一一三及北宋本補。

〔四八〕跪奏稱　原脱「奏」，據開元禮卷一一三及北宋本補。

〔四九〕皇太子入左右侍衛及樂奏止如來儀　原脱「入」脱「止」，據開元禮卷一一三及北宋本、傅校本、明抄本補。

〔五〇〕設宫臣及朝集使位於殿庭　「位」原訛「次」，據開元禮卷一一三及北宋本、傅校本、明抄本改。

〔五一〕就次服袴褶　「次」原訛「位」，據開元禮卷一一三及北宋本、傅校本、明抄本改。

〔五二〕掌儀　「掌」原作「典」，據開元禮卷一一三及下文改。

〔五三〕通事舍人分引朝集使　「分」原訛「前」，據開元禮卷一一三及北宋本、傅校本、明抄本改。

〔五四〕舍人引出　原脱「出」，據開元禮卷一一三及北宋本、傅校本、明抄本補。

〔五五〕某之子某　下「某」原訛「其」，據北宋本改。

〔五六〕某不敏　「敏」原訛「敢」，據開元禮卷一一四改。

〔五七〕東西當東霤　「西」原訛「面」，據開元禮卷一一四及北宋本、傅校本、明抄本、王吴本改。

〔五八〕篚實巾一爵一加冪　「爵」原訛「勺」，據開元禮卷一一四改。北宋本、傅校本、明抄本作「篚實巾一爵加冪一」，亦誤。

〔五九〕席於東房内西墉下　「墉」原訛「牖」，開元禮卷一一四誤同。據儀禮士冠禮改。按：禮無東房西牖之制。

〔六〇〕龍山華蟲火宗彝　「龍山」原倒，據開元禮卷一一七、舊唐書輿服志一九四二頁、新唐書車服志五一九頁及北宋本、明抄本、王吴本乙。

〔六一〕三章在衣華蟲火宗彝四章在裳藻粉米黼黻　「衣」下原訛作「華蟲藻火」，「裳」下原訛作「宗彝粉米黼黻」。據開元禮卷一一七、舊唐書輿服志一九四二頁、新唐書車服志五一九頁移改。

〔六二〕五品玄冕服衣無章裳刺黻一章　原脱「服」，據上下文例補。「黻」原訛「黼」，據開元禮卷一一七、舊唐書輿服志一九四三頁、新唐書車服志五二〇頁改。

〔六三〕素帶紕其外上朱下緑紐約用組　原「素」訛「青」，「紐」訛「紉」，據開元禮卷一一四改。

〔六四〕素帶　「素」原作「大」，據開元禮卷一一七及北宋本、傅校本、明抄本改。

〔六五〕紕其垂内外以緇紐約用青組　原脱「垂」，脱「紐」，「緇」又訛「編」，據開元禮卷一一七補改。

〔六六〕朱韍　「韍」原作「黼」，據開元禮卷一一四改。

〔六七〕五品以上水蒼玉　「上」原訛「下」，據開元禮卷一一七改。

〔六八〕四綵緑紫黄赤純緑質　原脱作「四綵紫黄赤緑質」，據開元禮卷一一七乙補。

〔六九〕鈎鰈　原訛「紉緤」，據開元禮卷一一七及明抄本、王吴本改。

〔七〇〕遠遊冠服　原脱「服」，據開元禮卷一一四補。

〔七一〕赤裙衫　「裙」原訛「襦」，據諸本改。

〔七二〕鈎鰈　「鰈」原訛「緤」，據北宋本、傅校本改。

〔七三〕青領褾襈裾　原脱「襈」，據開元禮卷一一四補。又「裾」訛「裙」，據北宋本改。

〔七四〕其纚今用皁巾方六寸屬帶於前兩隅　原脱「今」脱「帶」，據開元禮卷一一四及北宋本補。

〔七五〕凡牲體節折加離肺　原「體」訛「醴」，「加」訛「如」，「肺」訛「胇」，據開元禮卷一一四改。

〔七六〕設坫在罇北　原脱「坫」，據開元禮卷一一七改。

〔七七〕饌陳於坫北　「坫」原訛「服」，據開元禮卷一一八改。

〔七八〕豆二　「二」原訛「三」，據開元禮卷一二一及北宋本、明抄本改。按：禮記郊特牲云：「鼎俎奇而籩豆偶。」

〔七九〕庶子同嫡子牲器　北宋本、傅校本、明抄本、明刻本、王吴本作「庶子嫡子之牲器」。

〔八〇〕角導　原「角」下衍「簪」，據開元禮卷一二〇及北宋本、傅校本、明抄本、明刻本删。

〔八一〕爵弁玄纓導　原脱「導」，據開元禮卷一二一及北宋本、傅校本、明抄本、明刻本、王吴本補。

〔八二〕犀簪導　原脱「簪」，據開元禮卷一一四補。

〔八三〕纓青緌導　原「導」上衍「犀」，據開元禮卷一一七及北宋本、傅校本、明抄本、明刻本、王吴本删。

〔八四〕四品五品兩粱　原「五品」下衍「以上」，據開元禮卷一一九删。按：北宋本、傅校本、明抄本、明刻本、王吴本無「上」有「以」。「兩」原作「二」，據北宋本、傅校本、明抄本改。

〔八五〕待於西階之西東面北上　下「西」原脱，「面」又訛「西」，據開元禮卷一一四補改。

〔八六〕冠者席於主人東北西面　原脱「西」，據開元禮卷一一七補。

〔八七〕主人公服立於阼階東　原脱「東」，據開元禮卷一一四補。

〔八八〕諸親公服　原脱「諸」，據開元禮卷一一四補。

〔八九〕一品以下又諸尊者停別室　「又」原訛「偕」，據北宋本、傅校本、明抄本改。

〔九〇〕雙玉導　原脱「雙」，據開元禮卷一一四及北宋本補。

〔九一〕命某執事　原脱「某」，據開元禮卷一一九補。

〔九二〕升自阼階　開元禮卷一一四同。北宋本、傅校本、明抄本「阼」作「西」，恐非。按：開元禮卷九一皇帝加元服，太尉贊冠，盥手後即升自東階。

〔九三〕置於箱櫛畢設纚　「箱櫛」原誤倒，據開元禮卷一一四乙正。

〔九四〕顧王不降　「王」原訛「主」，據開元禮卷一一四及北宋本、傅校本、明抄本改。

〔九五〕公辱降　「辱降」原誤倒，據開元禮卷一一四乙正。

〔九六〕左執項　「項」原訛「頂」，據開元禮卷一一四改。下同。

〔九七〕青衣素裳　「素」原訛「紫」，據開元禮卷一一四及北宋本、傅校本、明抄本改。按：上文作「素」不誤。

〔九八〕南向　原脱，據開元禮卷一一四補。

〔九九〕永受胡福　「胡」原訛「斯」，據儀禮士冠禮及開元禮卷一一四改。按：鄭玄注云：「胡猶遐也。」

〔一〇〇〕無賓詣酒罇所以下執饌者徹薦爵文　「文」原作「立俟」，乃後人妄改。據北宋本、傅校本、明抄本改正。

〔一〇一〕承天之祜　「祜」原訛「祐」，不成字，據儀禮士冠禮、開元禮卷一一四及殿本改。按：北宋本、傅校本、明抄本、明刻本、王吴本作「祐」，失韻，非。

〔一〇二〕皇子升筵坐左執爵右祭脯醢祭酒興筵末坐　原作「皇子升筵末坐」，中間缺十二字，據開元禮卷一一四補。

〔一〇三〕降筵西　原脱「降」，據開元禮卷一一四補。

〔一〇四〕受福無疆　「受福」原作「福壽」，據儀禮士冠禮及開元禮卷一一四改。按：北宋本作「壽福」，「壽」乃「受」之音訛。

〔一〇五〕户西南面立　原脱「立」，據開元禮卷一一七補。

〔一〇六〕置於箱櫛畢設纚　「箱櫛」原倒，據開元禮卷一一七及北宋本乙。

〔一〇七〕乃跪冠興　原「乃」訛「及」並脱「冠」，據開元禮卷一一七及北宋本、傅校本、明抄本改補。

〔一〇八〕出房户西南面立　原脱「房」脱「立」，據開元禮卷一一七補。

〔一〇九〕筵西南面立　原脱「南」，據開元禮卷一一七補。

〔一一〇〕右絶末以祭　原脱「以」，據開元禮卷一一四補。

〔一一一〕皇子坐帨手　原脱「坐」，據開元禮卷一一四補。

〔一一二〕皇子降立於西階之東南面　原「東」上衍「南」，據開元禮卷一一七及北宋本、明抄本删。按：儀禮士冠禮云：「冠者立于西階東，南面。賓字之，冠者對。」賓將字之，固不能背賓而立也。

〔一一三〕賓降自西階　原脱「降」，據開元禮卷一一四補。

〔一一四〕主人降自東階　「東」原作「阼」，據北宋本、傅校本、明抄本、王吴本改。

〔一一五〕奠脯於席前　「席」原訛「薦」，據開元禮卷一一七改。

〔一一六〕當西序東向立　「序」原訛「席」，據開元禮卷一一七及北宋本、傅校本、明抄本改。

〔一一七〕諸親拜之　「諸親」原涉上而脱，據開元禮卷一一四補。

〔一一八〕又冠者西面拜賓之贊冠者贊冠者答拜　「面」原訛「南」，又脱一「贊冠者」，據開元禮卷一一七改補。

〔一一九〕掌事者奉束帛之篚升　「奉」原訛「受」，據開元禮卷一一四改。

〔一二〇〕賓當庭實東面揖出　「實」原訛「賓」，據開元禮卷一一四改。原脱「出」，據開元禮及北宋本、傅校本、明抄本補。

〔三一〕從者迓受馬於門外於賓降主人降　原脱「從者」，又脱下「於」，據開元禮卷一一四補。

〔三二〕主人還阼階上　原脱「上」，據開元禮卷一一九補。按：「阼階」與「阼階上」異處。

〔三三〕從者訝受幣　「訝」原訛「拜」，據開元禮卷一一九改。

〔三四〕庶子醮之　「醮」原訛「醴」，據開元禮卷一一九改。按：嫡子冠用醴祝之，庶子冠用酒祝之。用醴謂之醴，用酒謂之醮。

〔三五〕明日見廟冠者朝服　原「廟」下衍「者」，據開元禮卷一一九删。

〔三六〕北面　「面」原訛「賓」，據開元禮卷一一九改。

〔三七〕五品以上期以上親　此八字原脱，據開元禮卷一二一補。

王文錦點校

通典卷第一百二十九

禮八十九　開元禮纂類二十四　嘉禮八

親王納妃一品以下至庶人並附

納采　問名　納吉　納徵　請期　册妃　親迎　同牢　妃朝見　婚會　婦人禮會　饗丈夫送者　饗婦人送者

公主出降

册公主　公主受册　納采　問名　納吉　納徵　請期　親迎　同牢　見舅姑　盥饋舅姑　婚會　婦人禮會　饗丈夫送者　饗婦人送者

親王納妃一品以下至庶人並附

納采

前一日，主人設使者次百官皆云賓，下准此。於大門外道右，南面。一品以下先使媒氏通書，〔一〕女氏許之，乃致納采之禮。前一日設次如親王。其後納吉、納徵、請期、親迎設次皆如之。

其日大昕，使者公服乘犢車，備儀仗，至於妃氏大門外，掌次者延入次。凡賓主及行事者公服。一品以下使者入次，主人公服，無使者犢車儀仗等事。凡百官以下皆云女氏。主人受其禮於廟。無廟者於正寢。〔二〕掌事者布神席於室户外之西，莞筵紛純，加藻席畫純，南向，右雕几。三品以下布席室户外之西，右几。使者公服不合公服即常服。出次，謁者引立於大門外之西，東面。一品以下無謁者引。主人立於東階下，西面。儐者立於主人之左，北面受命，出於大門外之東，西面曰：「敢請事。」使者曰：「某公貺室某王，謂皇弟、皇子。一品以下，賓曰「吾子有命貺室某」也。吾子，女父。某，婿名。〔三〕凡百官以下相稱，皆云「吾子」。下倣此。某王率由先典，使某也請納采。」某王，主婚者也。某也，使者名。一品以下曰：「某有先人之禮，使某也請納采。」上某，壻父名。下某，使者名。儐者入告。主人曰：「某之子惷愚，〔四〕又弗能教，〔五〕某王命之，某不敢辭。」某王亦謂主婚者。儐者出告。掌畜者以鴈授使者，退立於後。使者左手執之。主人迎於大門外之東，西面再拜。使者不答拜。

主人入門而右，賓入門而左。至於次門，主人揖，入。至内霤，將曲揖，當階揖，至階，〔六〕主人曰：「請吾子升。」賓曰：「某敢辭。」主人曰：「固請吾子升。」使者曰：「某敢固辭。」主人曰：「終請吾子升。」使者曰：「某敢終辭。」主人升東階，當阿阿，棟也。西面，賓升西階，當阿東面。使者曰：「敢納采。」主人阼階上北面再拜，進，立於楹閒，南面。使者進立於主人之西，俱南面，使者授鴈，降自西階以出。〔七〕

問名

納采禮畢，使者既降，立於廟門一品以下内門。下准此。外之西，東面。主人還阼階東，左右受鴈於序端，主人降立於阼階下，西面。儐者進受命，出請事。使者曰：「某既受命，將加諸卜，敢請女爲誰氏。」儐者入告。主人曰：「某王有命，且以備數而擇之，某不敢辭。」儐者出告。掌畜者以鴈授使者，退立於後。儐者引主人迎於廟門外之東，西面揖。使者以入，主人入門而右，使者入門而左，一揖至階，三讓如初。主人升阼階，當阿西面，使者升西階，當阿東面，曰：「敢問名。」主人阼階上北面再拜，進立於楹閒，南面。使者進立主人之西，〔八〕俱南面。使者授鴈，還立西階上，東面。主人還阼階上，西面，曰：「某第某女，某氏出。」使者降，出立於廟門外之西，東面。主人還阼階東，左右受鴈於序端。

主人降立於阼階下，西面。儐者進受命，出請事。使者曰：「禮畢。」儐者入告。主人曰：「吾子爲事，故至於某之室，某有先人之禮，請禮從者。」儐者出告。使者曰：「某既得將事，敢辭。」儐者入告。主人曰：「先人之禮，敢固以請。」儐者出告。使者曰：「某辭不得命，敢不從。」儐者入告，〔九〕遂引主人升立於序端。

掌事者徹几改筵，東上。莞席紛純，〔一〇〕加藻席繢純。一品二品雕几，三品彤几，四品以下漆几。主人設神席亦准此。設罇甒醴於東房內西墉下，〔一一〕加勺冪，坫在罇北，實觶一，角柶一，加冪；籩豆在坫北，實以脯醢。〔一二〕設洗於東房近北，〔一三〕罍水在洗西，篚在洗東，北肆。篚實巾，加勺冪。設訖，儐者引主人降，迎使者於廟門外之東，西向。主人揖使者，使者報揖。〔一四〕主人入，使者從入，至階，一讓升。一品以下二揖至階，三讓升。主人於阼階上北面再拜，旋立於階東，西面。賓於西階上北面答拜，旋立於階西，東面。主人受几於序端，掌事者內拂几三，奉兩端西北向以進；主人東南向外拂几三，振袂，內執之進，西北向；〔一五〕使者迎受於筵前，東南向以俟；主人還阼階上，北面再拜送，西面立；使者以几避，進，北面坐設於座左，興，退於西階上，北面答拜，旋立於階西，東面。

贊者盥手，洗觶，酌醴，加柶於觶，覆之，面葉，出房南面立。主人受醴，〔一六〕面柄，進筵前，北面立。使者西階上北面一拜，進筵前，東南面受醴，復西階上位。主人還阼階上，北面一拜送。贊者薦脯醢於筵前。使者進，升筵坐，左執觶，右取脯，擩於醢，祭於籩豆之閒，以柶祭醴三，始扱一祭，又扱再祭，興，以柶兼諸觶，上擸，降筵，於西階上北面坐，啐醴，建柶，奠觶，遂拜，執觶興。主人答拜。使者進，升筵坐，奠觶於薦東，降筵，立於西階上，東面。

掌事者牽兩馬，入陳於門内三分庭一在南，北首西上。一品以下無馬。又掌事者奉篚幣，升自東階，主人受於序端，進，西面立。使者西階上北面再拜。主人進楹閒，南面立；使者立於主人之西，俱南面。主人以篚幣授使者，使者退立於西階上，東面。主人還阼階上，北面再拜送。使者降自西階，從者訝受幣。使者揖馬以出，牽馬者從之。使者出大門外之西，東面立，從者訝受馬。主人出門東，西面拜送。使者退。主人入立於阼階下，西面。儐者告於主人曰：「賓不顧矣。」主人乃還於寢。一品以下，又於使者歸，主人公服立於阼階下，〔一七〕西面。使者入告，立於主人之左，北面曰：「某既得將事，〔一八〕敢告。」主人曰：「聞命。」使者退，主人入。〔一九〕以下復命准此。

納吉

其日大昕，使者至妃氏大門外，贊禮者一品以下掌事者。延入次。掌事者設几筵如初。使者出次，謁者引立於主人大門外之西，東面。一品以下無謁者。主人立於阼階下，西面。儐者進受命，出請事。使者曰：「某公有貺，命加諸卜，占曰吉。某王使某也敢告。」某王，主婚者。一品以下云：「某使某也敢告。」上某，壻父。下某，使者。儐者入告。主人曰：「某之子弗教，恐弗堪。某王有吉，某與在焉，某不敢辭。」儐者出告。其拜迎、升堂受鴈之儀，並如納采，唯致命云納吉爲異。使者出立於廟門外一品以下次門外。之西，〔二〇〕東面。主人還阼階東，左右受鴈於序端。主人降立於阼階下，西面。儐者進受命，出請事。使者曰：「禮畢。」其禮賓如問名之禮。

納徵

其日大昕，使者至妃氏大門外，掌次者延入次。賓之掌事者入布幕於廟門之外，百官入次門外。玄纁束玄三疋，纁二疋，合束之。陳於幕上，乘馬四品五品兩馬，六品以下鹿皮二，其執皮，内攝之，手相向，左手并執前足，右手并執後足。在幕南，北首西上。〔二一〕掌事者奉璋以匵，俟於幕東，西面。一品以下無璋。主人掌事者設几筵如初。

使者出次，謁者引立於大門外之西，東面。主人立於東階下，西面。儐者進受命，出請事。使者曰：「某公有嘉命，貺室某王。率由先典，一品以下，賓曰「有嘉命貺室某也，有先人之禮束帛乘馬」。六品以下云「束帛儷皮」。使某也以玉帛乘馬請納徵。」儐者入告。主人曰：「某王順先典，貺某重禮，某敢不承命。」儐者出告。又儐者引主人出迎，〔二二〕立於大門外之東，西面再拜。使者不答拜。主人揖入，使者從入；主人入門而右，使者入門而左。至於内門，主人立於門東西面；使者立於門西，東面。一品以下賓立於門西東面。掌事者坐啟匵取璋，一品以下無璋，但取玄纁而已。六品以下取儷皮。加於玄纁上，興，以授使者，退復位。使者奉玉帛，主人揖，與使者俱入。牽馬者從入，陳於庭三分庭一在南，北首西上。主人入，三揖至階，三讓如初。主人升阼階，當阿西面；使者升西階，當阿東面。使者曰：「敢納徵。」六品以下，執儷皮者釋外足，見文。〔二三〕主人阼階上北面再拜，進立於楹閒，南面，使者進立於主人之西，俱南面。使者授玉帛，降自西階，出，〔二四〕立於内門外之西，東面。主人還阼階東，左右受玉帛於序端。主人立於阼階下，西面。主人還受玉帛，受馬者自左受之以東。牽馬者既授馬，自前西而出。〔二五〕儐者進受命，出請事。使者曰：「禮畢。」其禮賓如問名之儀。

請期

前一日，設次。其日大昕，使者至妃氏大門外。其主人設几筵，儐者出請事並如納吉儀。使者曰：「某公有賜，既申受命矣，某王使某也請吉日。」一品以下「既申受命，惟是三族之不虞，使某也請吉日」。儐者入告。主人曰：「既前受命矣，惟命是聽。」儐者出告。使者曰：「某王命聽命於某公。」一品以下云「吾子」。吾子，壻父名也。儐者入告。主人曰：「某唯命是聽。」儐者出告。使者曰：「某王使某受命於某公，公不許，某敢不告期。曰某日。」某，吉日之甲乙。儐者入告。主人曰：「某敢不敬須。」儐者出告。掌畜者以鴈授，其受鴈及禮賓並如納徵之儀。

其日，妃氏親屬咸集。使者公服，乘輅備儀仗，至妃氏大門之外，贊禮者延入次。使主副以下俱公服。使者出次，典謁者引使者，持節者前導，立於門西，東面。持節者立於使者之北少退，使副立於使者西南，史二人對舉册案立於使副之南少退，俱東面。主人公服以出，贊禮者引立於東階東南，諸宗人立於主人東南，俱西面。外姻立於西方，東面，皆北上。妃嚴於別室以俟，姆服禮衣立於其右。傅保各一人。女相者綵禮衣，帥女贊者二人綵禮衣，立於內寢東階東南，西面北上。

贊禮者公服引主人出門東，西面再拜。使者不答拜。謁者引使者，持節者前導，入門而左，使副以下從之。主人立於閤外之東，西面。典謁引使者入閤，立於內寢階間，南面，持節者立於使者之東少南，西面，使副立於使者西南，持册案者又立於使副之南少退，俱東面。女相者引妃出，障以行帷，其侍從提挈如式，姆左右以相，進當使者南，北面立。持節者脱節衣。又女相者引宗人、外姻之婦人序立於東西廂，〔二六〕俱北上。宗人在東，外姻在西。立定，史舉案詣使副前，使副受册，史以案退復位；使副舉册授使者，退復位。使者稱：「有制。」女相者曰：「再拜。」女贊者承傳，妃再拜。使者讀册訖，女相者曰：「再拜。」女贊者承傳，妃再拜訖，女相者引妃少前，傅姆進，受册以退，其羽儀依式俱進。持節者加節衣。典謁引使者，持節者前導以出，俱復門外位。主人拜送於門外。使者還，主人入。初使者出，女相者引妃入。

親迎

其日大昕，妃父服其服告於禰廟。以酒醢脯告之，一獻。無廟者告於寢。一品以下，其日大昕，壻之父、女之父各服其服，告於禰廟。將行，父醮子於正寢。贊者布席於東序，西向。又設席於户牖之間，南向。父公服，庶人常服，坐於東序，西向。子服其上服。其一品袞冕，二品鷩冕，三品毳冕，四品繡冕，五品玄冕，六品爵弁，庶人絳公服。升自西階，進立於席西，〔二七〕南向。贊者酌酒進，北面以授子，子再拜受爵。贊者進脯醢於席前，脯醢出自房。子升席，跪，左執爵，右取脯，擩於醢，祭於籩豆之閒，右祭酒，〔二八〕執爵興，降席西，南面跪，卒爵，〔二九〕奠爵再拜，執爵興。贊者受虛爵，還罇所。子進於父席前，東面。父命之曰：「往迎爾相，承我宗事，勖率以敬先妣之嗣，若則有常。」庶子但云「往迎爾相，勖率以敬」。子再拜曰：「不敢忘命。」又再拜，降出。初昏，設洗於阼階東南，東西當東霤，南北以堂深；罍水在洗東，加勺冪；篚在洗西，南肆，實爵二，巾一，〔三〇〕加冪。設婦洗於東房近北，〔三一〕罍水在洗西，加勺冪，篚在洗東，北肆，實以巾，加冪。陳饌於東房内西墉下，〔三二〕一品以下，牲用少牢及腊，六品以下用特牲魚腊，〔三三〕皆三俎。簋二，簠二，〔三四〕甄一。其豆數：一品十六，二品十四，三品十二，四品十，五品八，六品六。壻及婦共牢，婦之簋簠及豆甄之數，各視其夫。牲體皆節折。簋實稷黍，簠實稻粱，〔三五〕甄實以羹，豆實醢醬齏菹。〔三六〕簋簠豆甄加蓋，俎加冪。罇於室中北墉下，玄酒在西，加勺冪，面柄。又設罇於房户外之東，加勺冪，無玄酒，篚在南，東肆，〔三七〕實四爵合巹，〔三八〕加冪。夫婦酌於内罇，四爵兩巹，凡六，夫婦各三酳。

初昏，〔三九〕王著衮冕之服，乘輅，備儀仗，從者乘車後部從，詣妃第。三品以上主人乘革輅。〔四〇〕四品五品木輅。五品、非京官職事者，乘青通幰犢車。六品以下青偏幰犢車。備儀仗，從者公服，乘車以從。婦車及從車，各准其夫。至婦氏大門外，延入次。車將至，主人布席百官以下贊者布席。於室户外之西，西上，右几。又席於户内，南向。設罇甒醴於東房東北隅，〔四一〕加勺冪，篚在罇南，三品以上醴罇於房内東壁下，坫在北，籩一豆一又在坫北。四品以下篚在北。〔四二〕實觶一，角柶一，脯醢在篚南。王至妃氏大門外，降輅，贊禮者引王停次。

妃著花釵褕衣，纁袡，〔四三〕入於房，即席南向立。百官以下，女各准其夫，〔四四〕服花釵翟衣。一品花釵九樹，翟九等。二品花釵八樹，翟八等。三品七樹，翟七等。四品六樹六等。五品五樹五等。入於房即席南向立。六品以下花釵大袖之服。庶人花釵連裳。〔四五〕姆禮衣在其右，從者陪其後。主人一品以下，父公服。升自阼階，立於房户外之東，西面。内贊者詣醴罇所，以觶酌醴，加柶，覆之，面柄，進妃筵前，北面。妃降席西，南面再拜，受觶。内贊者薦脯醢於席前。妃升席，跪，左執觶，右取脯，擩於醢，祭於籩豆之閒，遂以柶祭醴三，始扱一祭，又扱再祭，興，筵末跪，啐醴，建柶，奠觶於薦東，〔四六〕一品以下豆東。降筵西，南面再拜，升席立。内贊者徹薦觶。

主人降立於東階東南，西面。贊禮者贊王一品以下皆云賓。賓，壻也。下倣此。出次，立於門西東面，〔四七〕左右羽儀及執燭者如常。儐者進受命，出於門東，〔四八〕西面曰：「敢請事。」王曰：「以兹初昏，某將請承命。」〔四九〕一品以下云：「以兹初昏，某父使某將請承命。」儐者入告。主人曰：「某固敬具以須。」儐者引主人迎於大門外之東，西面再拜，王答拜，主人逡巡。百官以下無逡巡。主人揖，王報揖。主人入。掌畜者以鴈進，王受鴈，左首執之以入。〔五〇〕及内門，主人曰：「請王入。」王曰：「某弗敢以先。」主人又曰：「固請王入。」〔五一〕王曰：「某固不敢以先。」主人揖，王報揖，王與主人俱入，左右從者如常。主人揖入，及内霤，將曲揖，當階揖，王皆報。至階，主人曰：「請王升。」王曰：「某敢辭。」主人曰：「固請王升。」王曰：「某敢固辭。」主人曰：「終請王升。」王曰：「某敢終辭。」主人升阼階，西面立。王升西階，進當房户前，北面跪奠鴈，興，再拜，降，出。主人不降送。

初王入門，母出立於房户外之西，南面。於王拜訖，姆導妃出於母左。父少進，西面戒之，必有正焉，若衣若花，命之曰：「戒之敬之，夙夜無違命。」母戒於西階上，施衿結帨，戒之曰：「勉之敬之，夙夜無違。」〔五二〕庶母及門内，施鞶，申之以父母之命，命之曰：「敬恭聽宗父母之言，夙夜無愆，視諸衿鞶。」鞶，囊也。婦人鞶絲，所以盛帨巾之屬。妃出，至車後，〔五三〕王授綏，姆辭不受曰：「未教，不足與爲禮。」〔五四〕妃乘以几，從者二人坐，相對持之，一品以下無持几者。姆加幜。王乃馭輪三周，馭者代之。王出大門，乘輅還第如來儀，妃鹵簿次從而行。一品以下主人使其屬送之。

同牢 一品以下同牢與親迎不別篇

初昏，掌事者設洗、陳饌如一品儀。籩豆各十六，簠簋各二，甄各一，皆加勺蓋。俎三，羊豕及腊，羊豕皆節折。罇坫於室內北墉下，玄酒在西，加冪勺，皆南柄。〔五五〕冪，夏用絺，冬用錫。又設罇於房户外之東，加勺冪，無玄酒，坫在南，實四爵、合巹，加冪。

王至，降輅車以俟。妃至，降車北面立。王南面揖妃以入。及寢門，又揖以入。贊者徹罇冪，酌玄酒三，注於罇。妃從者設席於奧，東向。西南隅謂之奧。一品以下，若室內窄，則席於堂上楹間，東向，設罇於室户東。王導妃升自西階，入於室，即席東面立。妃入，立於罇西，南面。王盥於南洗，妃從者沃之；妃盥於北洗，王從者沃之。盥訖，王及妃俱復位立。

贊者以饌入設於席前。贊者設醬於席前，菹醢在其北。俎三入設於豆東，腊特於豆北。豆東，菹醢之東。設黍於醬東，稷、稻、粱在東，設湇於醬南。設對醬於東，對醬，婦醬也。設之當特俎。菹醢在其南，北上。設黍於腊北，其西稷、稻、粱。設湇於醬北。司饌啟會，卻於簠簋之南，對簠簋於北，啟，發也。皆加匕箸。王從者對席於饌東。贊者西南面告：「饌具。」〔五六〕

王揖妃，妃即對席西面，皆坐。贊者皆授箸，各以菹擩於醢，皆祭於豆閒。又皆祭黍。贊者各取肺皆絕末以授，皆祭，贊者以肺加於俎。凡祭與食皆贊者贊之。贊者各移黍置於席上。授肺脊，皆食以湇醬。三飯卒食。贊者二人俱洗爵於房，酌於室内之罇，詣饌南，北面一品以下户西北面。以酳。王及妃皆興，再拜，受爵。贊者北面答拜。王及妃皆坐，祭酒，贊者以肝從，皆奠爵，取肝，振祭，嚌之，贊者皆受，實於菹豆，〔五七〕各取爵皆飲訖，執爵興。贊者受爵，王及妃皆再拜，贊者以爵覆於坫。王及妃俱坐，一品以下仍立。贊者又以爵酌再酳，王及妃受爵，不祭而飲卒爵，一品以下立受坐飲。〔五八〕贊者受爵覆於坫。三酳用卺如再酳。一品以下主人及婦立於席後。贊者皆降東階，洗爵，升，酌於户外罇，入詣於饌南，北面跪一品以下入户西北面。奠爵，興，再拜，皆坐，取爵祭酒，遂飲卒爵，遂拜，執爵興，降奠於篚。一品以下夫婦答拜，降奠爵於篚。

王出，妃退立於罇西，南面。一品以下主人出，脱衣於房。贊者徹饌，設於東房内如初。婦脱服於室，〔五九〕袵於奥。又徹室内酒罇以出。王脱冕服於房，妃從者受之；妃脱服於室，王從者受之，姆授巾。〔六〇〕王從者袵於奥，妃從者袵良席於東，皆有枕，北趾。一品以下無交受服、姆授巾。王入，燭出。妃從者餕王之餘，王從者餕妃之餘，贊者酌户外罇酳之。王從者皆婦人。妃從者侍於户外，呼則聞。

妃朝見一品以下見舅姑附

其日，依時刻諸衛勒所部屯門列仗。妃夙興沐浴，〔六一〕著花釵，服褕衣，乘厭翟車以出，侍從如常。入，至降車所，妃下車，司賓引妃立於閤外。〔六二〕近臣入奏。皇帝即御座，南向坐，近臣如常。妃奉笲笲，竹器，玄表纁裏。棗栗，司賓引妃入立於庭，北面，妃再拜。司賓引妃升自西階，進，北面跪奠於皇帝前，興。皇帝撫之。尚食進，徹以東。司賓引妃降復位，又再拜。尚儀前承敕，〔六三〕降詣妃西北，東面稱：「敕旨。」妃再拜。宣敕訖，又再拜。司賓引妃出，遂詣皇后所御之殿，立於閤外，奉笲腶脩。六尚以下各服其服，俱詣閤奉迎。尚儀入奏。皇后即御座，南向坐，近臣如常。司賓引妃入立於庭，北面再拜。司賓引妃升自西階，進，北面跪奠於皇后前，興。皇后撫之。尚食進，徹以東。司賓引妃降復位，又再拜。尚儀前承令，降詣妃西北，稱：「令旨。」妃再拜。宣令訖，妃又再拜。司賓引妃出閤，侍從如常，妃乘車還第如來儀。

一品以下見舅姑儀：質明，贊者見婦於舅姑，立於寢門外。贊者布舅席於東序，西向；布姑席於户外之西，南向。〔六四〕舅姑俱即席坐。婦執笲棗栗自門外入，升自西階，東面再拜，進，跪奠於舅席前。舅撫之，贊者進徹以東。婦退復東面位，又再拜，降自西階。受笲腶脩。婦從者執俟於階下。升，進，北面再拜，進，跪奠於姑席前。姑撫之，內贊者徹以東。婦退復北面位，〔六五〕又再拜。贊設婦席於室户西，南面，在姑席之西，少北。側罇甒醴於房內東壁下，加勺冪；籩豆各一實以脯醢，在罇北。設洗於東房近北，〔六六〕罍水在洗西，篚在洗東，北肆，篚實以觶、巾、角柶各一，加冪。婦立於席西，南面。內贊者盥手洗觶，酌醴，加柶，面柄，出房詣婦席前，北面立。婦進，東面拜，受，退復位。內贊者西階上北面拜送。〔六七〕內贊薦脯醢於席前。婦升席坐，左執觶，右取脯，擩於醢，祭於籩豆之閒，以柶祭醴三，〔六八〕始扱一祭，又扱再祭，加柶於觶，面葉，興，降席西，東面坐，啐醴，建柶，〔六九〕興，拜。內贊者答拜。

婦進，升席，跪奠觶於豆東，取脯，降自西階以出，授婦氏，從人於寢門外。婦盥饋儀：舅姑入於室，婦盥饋。贊者布席於室之奥，舅姑共席坐，俱東面，南上。贊者設罇於室内北墉下，〔七〇〕饌於房内西墉下，具饌如同牢，牲體皆節折，右載之於舅俎，左載之於姑俎。〔七一〕婦入，升自西階，入房，以醬進設於舅姑席前。其他饌從者設之。加匕箸，俱以南爲上。俎入，各設於豆東訖，贊者各授箸。舅姑各以韭菹擩於醬，祭於籩豆之間，又祭飯訖，乃食。三飯卒食。婦入於房，〔七二〕盥手洗爵，入室，酌酒酳舅，進奠爵於舅席前少東，西面再拜。舅取爵，祭酒，飲之。婦受爵，出户入房，奠於篚。又盥洗爵，酌酒酳姑，如酳舅之禮。設婦席於室内北墉下罇東，南面。婦徹饌，設於席如初，西上。婦親徹醬設之，其他從者設之。婦進，西面再拜，退，升席南向坐。將餕，舅辭，命易醬，内贊者易之，婦乃餕姑饌。婦祭，内贊者助之。既祭乃食，三飯卒食。内贊者洗爵，酌酒酳婦。婦降席，西面再拜，受爵，升席坐，祭酒，飲訖，執爵興，降席東，南面立。内贊者受爵，奠於篚。〔七三〕婦進，西面再拜。舅姑先降自西階，〔七四〕婦降自阼階。凡庶子婦，舅姑不降，〔七五〕而婦降自西階以出。

婚會

主人及賓俱公服。饌以籩、豆、簠、簋、俎、鉶、罇、爵、匕、巾、坫。〔七六〕

其日，主人至賓大門外之西，東面立。賓立於東階下，西面。儐者進於賓左，北面受命，出，立於門外之東，西面曰：「敢請事。」主人曰：「某有嘉禮，請公有顧。」王則稱王，以下准此。儐者入告，遂引賓出大門外之東，西面再拜，主人答拜。主人曰：「某有嘉禮，請公有顧。」賓曰：「敢辭。」主人曰：「敢固請。」賓曰：「辭不得命，敢不從。」主人拜，賓答拜。主人還，賓遂與諸親從之。

掌事者先鋪賓席於堂上楹間，近北，南向。設賓之宗室席位於賓席西南，〔七七〕賓之異姓席位於宗室之南。又於西廊下一品以下於西階下。設異姓席位，皆重行東向，以北爲上。設主人席位於東階上，西向。設主人宗室席位於主人東北，設異姓席位於宗室之北，皆重行西向，以南爲上。又設主人異姓席位於東廊下，一品以下於東階下。重行西向，以北爲上。

賓至於主人大門外之西，東向。賓之宗室立於賓西南，異姓立宗室之南，俱重行東面，以北爲上。儐者引主人出，立於大門外之東，西面。主人諸親立於大門內之東，〔七八〕重行西面，以南爲上。立定，主人西面再拜，賓東面答拜。主人揖，賓報揖。儐者引主人以入，又儐者引賓以入，賓之諸親以次從入。至門內，主人諸親從入如常。至階，主人揖，賓報揖。賓主及諸親以次升，各立於席後。其在庭者亦如之。立定，賓主及諸親俱坐。

執觴者一品以下執爵者。下倣此。酌酒，升自東階，酒升堂，賓主及諸親皆起。執觴者以酒授主人，儐者引主人進詣賓前，西北面立。〔七九〕賓自席西進，東南向受酒。儐者引主人退復位。賓還席後，賓主及諸親俱坐。執觴者又以酒授主人及諸親。賓主俱祭而飲，諸親不祭而飲。觴行一周，食升堂，賓主及諸親皆起。掌食者以醢醬豆授主人，儐者引主人進設於賓席前。賓曰：「請公無辱。」主人曰：「不敢忘禮。」儐者引主人復位。執饌者以饌進設於賓主席前，加以匕箸。執饌者又以饌設於衆賓以下。設訖，賓主及諸親皆坐。賓主皆祭而食，諸親不祭而食。於賓祭，主人辭曰：「疏食不足祭。」〔八〇〕賓主俱食，三飯而止。主人曰：「請公食。」賓更飯。食畢，遂進庶羞，觴行如常。〔八一〕

會畢，賓主及諸親俱興，儐者各引賓主以下降出。賓主及賓之諸親皆復門外位，主人諸親復門内位。主人再拜送。賓退，儐者引主人入。

婦人禮會

女賓乘車入，至下車所，内儐者引入，主人迎送於門内。相稱之辭，各准其夫，餘如丈夫之禮。

饗丈夫送者

其日，掌事者鋪賓席於堂上楹閒，近北，南向。又鋪主人席於阼階上，西向。又設衆賓席於賓席西南。〔八二〕設從者席位於西廊下，一品以下西階下。俱重行東向，以北爲上。儐者引賓以下立於主人門外之西，重行東向，以北爲上。立定，儐者引主人出，立於門東，西向。主人揖，賓報揖。儐者各引賓主以下入。至階，主人揖，賓報揖，賓主以次升，立於席後。立定，賓主以下俱坐，遂進酒設食如婚會之儀。

會畢，賓主以下俱興。儐者引賓立於西階上，東面。主人掌事者牽乘馬入陳於門内三分庭一在南，〔八三〕北首西上。一品以下無馬。又掌事者奉束帛之篚升，授主人，主人執篚西面立。賓西階上北面再拜。主人進，立於楹閒，南面，賓進立於主人之右，俱南面。主人授篚，賓受之，退立於西階上，北面。主人還阼階上，北面再拜送。儐者引賓以下降自西階，從者訝受篚。賓及庭，東面揖左馬以出，牽馬者從之。在庭者以次出，俱復門外位。〔八四〕從者訝受馬。一品以下無受馬儀。初賓降，儐者引主人降自東階，出門東，西面拜送。賓退，主人入。

饗婦人送者

其日，女贊者鋪賓席於堂上楹閒，近北，南向。又鋪主人席於阼階上，西向。又設衆賓席於賓西南。設從者席位於西廊下，〔八五〕俱重行東向，以北爲上。女相者引賓以下立於主人門外之西，重行東面，以北爲上。立定，女相者引主人出立於門內之東，〔八六〕西面。女相者引賓入，衆賓以下從入。賓入門西，東面。立定，賓主以次進，至階，升，各立於席後。上下立定，俱坐，〔八七〕遂進酒設食，如婚會之儀。

會畢，賓主上下俱興。女相者引賓立於西階上，東面。女相者奉束帛之篚，〔八八〕升，以授主人。主人執篚進於楹閒，南面立；女相者引賓進立於主人之右，俱南面。主人授幣訖，女相者引賓降出，從者迓受篚，衆賓以下從出。初賓降，女相者引主人降，送於門內。

賓出，女相者引主人入。一品以下內相者引賓升，主人迎送於閤內。相稱之辭，各准其夫，酬以束帛，如丈夫之禮。

公主出降

册公主

前一日，尚舍奉御設御幄於太極殿如常。守宮設羣官次於東西朝堂，奉禮設版位。太樂令展宮懸，典儀設舉麾位如常。又設文武羣官版位：五品以上於橫街北，六品以下於橫街南，文東武西，俱重行。諸親於五品之南。皇親在東，諸親在西。設典儀位如常儀，贊者二人在南，少退，俱西向。册使立於懸北，西上，俱北面。副使立於大使東，〔八九〕少退。以後准此。

其日，諸衞屯門列仗如常。册使、羣官等依時刻集朝堂，就次改服朝服，通事舍人各引就朝堂前位。〔九〇〕侍中量時刻版奏「請中嚴」。鈒戟近仗入陳於殿庭。太樂令帥工人入就位，協律郎入就舉麾位。典儀帥贊者先入就位。諸侍衞之官各服其器服，〔九一〕符寶郎先請寶，俱詣閤奉迎。通事舍人分引王公羣官入就位。又通事舍人引册使及副使並入立於殿門外道東，西面以俟。黃門侍郎帥主節奉節及幡立於階仗南，節在前。中書侍郎先請册置於案，令史絳公服各對舉案立於節南道東，西面，中書侍郎立於案後。

侍中版奏：「外辦。」所由承旨索扇，〔九二〕扇上，皇帝服通天冠，絳紗袍，御輿以出，曲直華蓋警蹕侍衛如常。太樂令令撞黃鍾之鐘，右五鐘皆應，協律郎舉麾，鼓柷，樂作；〔九三〕皇帝出自西房，即御座，南向坐，扇開，協律郎偃麾，戞敔，樂止。符寶郎奉寶置於御座。典儀贊拜，羣官在位者俱再拜訖，通事舍人引册使入就位，册使等初入門，舒和之樂作，至位，樂止。立定，典儀曰：「再拜。」贊者承傳，册使等皆再拜。

侍中進當御座前，北面跪奏稱：「侍中臣某言，册公主，請命使。」俛伏，興。又侍中少前，稱：「制曰可。」退，復位。侍中承制，降詣使者東北，西面稱：「有制。」〔九四〕册使副等俱再拜。侍中宣制曰：「册某公主，命公等持節展禮。」宣制訖，使副等又再拜。侍中還侍位。贊禮者引册使少前，黃門侍郎引主節詣册使東北，主節以節授黃門侍郎，主節由後立於使左。〔九五〕黃門侍郎持節西南授，册使跪受，興，付主節，幡隨節立於使左。黃門侍郎退。贊禮者導中書令詣册使東北，西面立。〔九六〕又贊禮者導中書侍郎引詣公主册案，立於中書令之右。中書令於案取公主册，舉案者皆由後立於使左。以後准此。授册使，册使跪受，興，置於案。持案者退立於使後。以後准此。贊禮者引中書令與册使俱北向，退復位。典儀曰：「再拜。」贊者承傳，册使及羣官在位者皆再拜訖，〔九七〕通事舍人引册使等右旋而出。持節者前導，持案者次之。册使等初行，樂作，出門樂止。

侍中前跪，奏稱：「侍中臣某言，禮畢。」俛伏，興，還侍位。所由承旨索扇，扇上，皇帝興，太樂令令撞蕤賓之鐘，左五鐘皆應，〔九八〕鼓柷，奏太和之樂。皇帝降座御輿，入自東房，侍衛警蹕如來儀，侍臣從至閤，扇開，樂止。通事舍人引羣官在位者以次出。舉册者及册使至長樂門外次，如後儀。

公主受册

尚儀二人，讀册。司贊一人，引公主。掌贊二人，知贊拜。女史四人，對舉册案。

前一日，尚舍、守宫計會設使者及册案便次於光範門及長樂門外，皆道右東向。司贊設公主位於長樂門内殿前，〔九九〕近南，當階，北面西上。又分設内命婦應陪位者位於公主東北及西北，嬪御等在東，宫官等在西，〔一〇〇〕重行相對，北上。又於内命婦之前設尚儀位二，皆東向，以北爲上。〔一〇一〕又於尚儀位南少退，設司贊位，掌贊二人陪其後。

其日，典儀設册使立於長樂門外之西，東向北上。又設舉册案者位二在南，差退，東向。内謁者監先取公主册案，置於長樂門外，近限。内命婦以下及應在位者，並服禮衣先就位。公主花釵翟衣，司言引就受册位，侍從如常儀。

通事舍人引册使、副使等出就位，持節者立於使者之北，少退，持册案者立於册使、副使西南，〔一〇二〕俱東向。持節者去節衣，持册案者以案進册使之右，北向相次而立。内侍二人引使者詣門，內謁者舉案少前，使者取公主册，跪置册於內案，〔一〇三〕俛伏，興，通事舍人引册使、副使等俱退就次以俟。〔一〇四〕

尚儀帥女史詣門，舁册案入，各就尚儀之前，對舉册案皆東向。司贊曰：「再拜。」凡司贊有詞，掌贊皆承傳。司言贊公主再拜，在位者皆再拜。〔一〇五〕尚儀取公主册於案，持案者退。少前，北面稱：「有制。」司言贊公主再拜。尚儀執册跪讀訖，退復位，以册進授公主。公主受册以授司言訖，司贊曰：「再拜。」公主再拜，在位者皆再拜。司贊少前，稱：「禮畢。」司言引公主退。在位者以次退。掌贊報內謁者監禮畢，內謁者監傳報册使等。

册使等詣太極殿前南橫街南，〔一〇六〕北面西上立。中書令立於册使等東北，西面。册使再拜，復命曰：「奉制册命某公主，禮畢。」又再拜。中書令奏聞。册使等退，幡節各還本司。

納采

前一日，主人設使者次於大門之外道右，南向。其納吉、納徵、請期、親迎等禮皆如之。

其日大昕，使者至於主人大門外，贊禮者延入次。凡賓主及行事者皆公服。使者出次，贊禮者引至於大門外之西，東面。主人立於東階下，西面。儐者立於主人之左，北面受命，出，立於門東，西面曰：「敢請事。」使者曰：「朝恩貺室於某公之子某，〔一〇七〕某公有先人之禮，使某也請納采。」儐者入告。主人曰：「寡人敢不敬從。」儐者出告。掌畜者以鴈授使者，其餘並如一品婚儀。

問名

「使者既出」至「主人還阼階上，西面曰：皇帝第某女，封某公主」。餘行事並如一品婚儀。〔一〇八〕其禮使者於户牖之間，贈之篚幣及兩馬。詞云：「吾子爲事，故至於寡人之室，寡人有先皇之禮，請禮從者。」

納吉

其日大昕，使者至。請事，使者曰：「加諸卜，占曰吉。使某也敢告。」主人曰：「某公有吉，寡人與在焉，寡人不敢辭。」餘如納采之儀。〔一〇九〕

納徵

其日大昕，使者至，入次。掌事者布幕於内門外，玄纁束帛陳於幕上，乘馬在幕南，北首西上。掌事者奉璋以匱，俟於幕東。使者曰：「朝恩貺室於某公之子某，某公有先人之禮，使某也以束帛乘馬請納徵。」主人曰：「某公順先典，貺以重禮，寡人敢不承命。」餘並如一品婚儀。

請期

其日大昕，使者至，入次至請事，依常禮。使者曰：「某公有賜，既申受命，某公使某請吉日。」儐者入告。主人曰：「寡人既前受命，唯命是聽。」使者曰：「某公命某聽命於王。」儐者入告。主人曰：「寡人固惟命是聽。」使者曰：「某公使某受命於王，王不許，某敢不告期。曰某日。」餘並如一品婚儀。

親迎

其日大昕，壻之父告廟、醮子，並如一品婚儀。子再拜，降出，乘輅備儀仗詣主人之第。賓將至，內贊者布席於東房，當户南向；設罇甒醴等於東房。主人醴公主如一品醴女之儀。公主著花釵，褕翟纁袡，入房以下並如一品醴女儀。訖，主人降立於東階東南，西面。贊禮引賓出次，立於門西，東面。儐者進受命，出門東，西面曰：〔二〇〕「敢請事。」賓曰：「某王命某之父，以茲初昏。某之父命某將請承命。」〔二一〕儐者入告。主人曰：「寡人固敬具以須。」至奠鴈出，如常禮。

初賓入門，主婦出立於房户外之西，南面。於賓拜訖，姆導公主出。主人少進，西面戒之，必有正焉，若衣若花。命之曰：「戒之敬之，夙夜無違命。」主婦戒之於西階上，施衿結帨，戒之曰：「勉之敬之，夙夜無違。」公主出，以下並如常儀。

同牢

初昏，掌事者設洗於東階東南及陳設牢饌鉶俎之數，各依其品。羊豕節折，大羹在於爨。其器皆明烏漆，惟甄以陶，巹以匏。餘並如一品儀。

見舅姑

見之日，公主夙興，沐浴，著花釵，服褕翟。舅服公服，姑著鈿釵禮衣。其儀同一品婚禮。公主降西階以出，無取脯授婦氏之儀。

盥饋舅姑

公主盥饋以少牢。舅、姑、公主服，如見禮。及酳舅姑訖，內贊者設公主席於舅姑席東北，南面。餘並如一品禮。

婚會如一品婚儀

婦人禮會如一品婚儀

饗丈夫送者

同一品儀，加送以乘馬。設從者乃於西廊下。

饗婦人送者

女相者引賓升降，酬以束帛。餘如丈夫禮。〔一一〕

校勘記

〔一〕一品以下　「一」北宋本、傅校本、明抄本、明刻本作「二」。

〔二〕無廟者於正寢　「於」原作「以」，據開元禮卷一二三及北宋本改。

〔三〕某婿名　原訛作「其婿父」，據開元禮卷一二三改。

〔四〕惷愚　「惷」原作「蠢」，據開元禮卷一二三及北宋本、傅校本改。

〔五〕又弗能教　原脱「能」，據開元禮卷一一五補。

〔六〕至階　「階」下原衍「揖」，據開元禮卷一一五删。

〔七〕使者授鴈降自西階以出　「降」原訛作「如儀」，據開元禮卷一一五及北宋本、傅校本、明抄本、明刻本、王吳本改。

〔八〕使者進立主人之西　「立」原作「入」，誤。據北宋本、傅校本、明抄本改。

〔九〕儐者入告　原脱「告」，據開元禮卷一一五補。

〔一〇〕莞席紛純　原訛脱作「莞並紛」，據開元禮卷一一五改補。

〔一一〕設罇瓶醴於東房內西墉下　「墉」原訛「牖」，據北宋本、傅校本、明抄本改。下同。

〔一二〕實以脯醢　「醢」原訛「醴」，據開元禮卷一一五改。下同。

〔一三〕設洗於東房近北　「近」原作「筵」，北宋本作「延」，並誤。據開元禮卷一一五改。

〔一四〕主人降迎使者於廟門外之東西向主人揖使者使者報揖　原脱作「主人降迎使者報揖」，缺十五字，據開元禮卷一一五補。

〔一五〕內執之進西北向　原「之進」誤倒，又脱「西」字，據開元禮卷一一五乙補。

〔一六〕出房南面立主人受醴　原「主人」誤在「立」上，據開元禮卷一一五及北宋本、傅校本、明抄本、明刻本乙正。

〔一七〕主人公服立於阼階下　原脱「阼」，據開元禮卷一一三及北宋本、傅校本、明抄本補。

〔一八〕某既得將事　原脱「將」，據開元禮卷一一三補。

〔一九〕使者退主人入　原「退」下衍「立」，據開元禮卷一一三刪。

〔二〇〕使者出立於廟門外之西　原脱「出」，據開元禮卷一一五補。

〔二一〕乘馬在幕南北首西上　「首」原訛「面」，據開元禮卷一一五改。

〔二二〕儐者引主人出迎　原脱「出」，據開元禮卷一一五補。

〔二三〕執儷皮者釋外足見文　原脱「者」，據開元禮卷一一五補。

〔二四〕降自西階出　原脱「出」，據開元禮卷一一五補。

〔二五〕牽馬者既授馬自前西而出 「前」原訛「門」，據開元禮卷一一五及北宋本、傅校本、明刻本改。按：儀禮聘禮：「牽馬者自前西乃出。」賈疏云：「四馬並北面，牽馬者皆在馬西。士既受馬，其最西頭者便既出門，不須由馬之前。其次東三匹者皆由西於馬前而出，故云牽馬者自前西乃出。」

〔二六〕女相者引宗人外姻之婦人序立於東西廂 「序立於」原訛作「於序位之」，北宋本訛作「於序位於」，據開元禮卷一一五改。

〔二七〕進立於席西 「席」原訛「序」，據開元禮卷一一三改。

〔二八〕祭於籩豆之閒右祭酒 句上原衍「薦」，「祭酒」上原脫「右」，據開元禮卷一一三、一一四、一一五刪補。

〔二九〕卒爵 原訛作「啐酒」，據開元禮卷一一三、一一四、一一五改。

〔三〇〕巾一 「一」原訛「二」，據開元禮卷一一三、一一四、一一五改。

〔三一〕設婦洗於東房近北 「近」原訛「筵」，據開元禮卷一一三、一一四、一一五改。

〔三二〕陳饌於東房內西墉下 「饌」原訛「設」，「墉」原訛「牖」，據開元禮卷一一三、一一四、一一五改。

〔三三〕六品以下用特牲魚腊 「魚」原訛「及」，據開元禮卷一一五改。

〔三四〕簋二簠二 「簋」「簠」原倒，兩「二」原俱訛「三」，據開元禮卷一一三、一一四、一一五乙改。

〔三五〕牲體皆節折簋實稷黍簠實稻粱 原「節折」誤倒，下又衍「俎」，「簋」「簠」譌互，據開元禮卷一一三、一一四刪乙。按：周禮掌客鄭玄注云：「簠，稻粱器也；簋，黍稷器也。」

〔三六〕豆實醯醬齏葅　「齏」原訛「醢」，據開元禮卷一一三、一一四及北宋本改。

〔三七〕篚在南東肆　原脱「東」，據禮例補。按：凌廷堪禮經釋例云：「凡堂上之篚在尊南，東肆。」

〔三八〕實四爵合巹　原訛脱作「實爵加巹」，據開元禮卷一一三、一一四、一一五補改。按：北宋本作「四實爵合巹」，前二字倒。

〔三九〕初昏　「昏」原訛「婚」，據北宋本、傅校本、明抄本、明刻本、王吴本改。下同。

〔四〇〕三品以上　「上」原訛「下」，據北宋本、傅校本、明抄本改。

〔四一〕東房東北隅　「房」原訛「户」，據開元禮卷一一五改。

〔四二〕三品以上醴罇於房内東壁下坫在北籩一豆一又在坫北四品以下篚在北　原脱「豆」上之「一」，據開元禮卷一一三補。又兩「坫」字，今開元禮皆作「篚」。按：通典作「坫」未必誤，卷一二八親王冠禮注云：「四品以下無坫，同設篚」。必有所據。

〔四三〕纁袡　「袡」原訛「衲」，據儀禮士昏禮改。

〔四四〕女各准其夫　「各」原訛「官」，據開元禮卷一一三改。

〔四五〕庶人花釵連裳　原句下有「服」，據北宋本删。

〔四六〕啐醴建柶奠觶於薦東　原「啐」下衍「祭」，「奠」訛作「罇」，據開元禮卷一一五删改。按：北宋本、傅校本、明抄本、明刻本「奠」字不誤。

〔四七〕出次立於門西東面　原作「出次立於門内東」，開元禮卷一一五作「出次立於門内之東」，並誤。今據開元禮卷一一一及本書卷一二七皇太子親迎禮訂改。按：開元禮卷一二三、一二四、一二五分載一品以下各級官員婚禮，其親迎節均作「出次立於門西東面」。

〔四八〕出於門東　原脱「門」，據開元禮卷一一五及北宋本補。

〔四九〕以茲初昏某將請承命　開元禮卷一一五「某」上有「使」字。

〔五〇〕王受鴈左首執之以入　「首」原訛「手」，據北宋本、傅校本改。按：禮記曲禮云：「執禽者左首。」

〔五一〕及内門主人曰請王入王曰某弗敢以先主人又曰固請王入　原「内」上脱「及」，中「曰」上脱「王」，「固請」下脱「王入」，據開元禮卷一一五補。

〔五二〕夙夜無違　開元禮卷一一五及明刻本「無違」下有「宫事」。

〔五三〕至車後　原脱「至」，據開元禮卷一一五補。

〔五四〕未教不足與爲禮　「與」原訛「以」，據開元禮卷一一五改。

〔五五〕皆南柄　「南」原訛「面」，據開元禮卷一一五及北宋本、傅校本、明抄本、明刻本、王吴本改。

〔五六〕贊者西南面告饌具　原脱「面」，據開元禮卷一一五補。

〔五七〕實於葅豆　「葅」原訛「俎」，據儀禮士昏禮改。

〔五八〕一品以下立受坐飲　「坐」原訛「爵」，據北宋本、傅校本、明抄本改。

〔五九〕婦脱服於室　「服」原作「衣」，據北宋本、傅校本、明抄本改。

〔六〇〕姆授巾　「授」原訛「受」，據儀禮士昏禮、開元禮卷一一五改。注同。

〔六一〕妃夙興沐浴　「興」原訛「夜」，據開元禮卷一一五改。

〔六二〕妃立於閤外　「於」原訛「外」，據開元禮卷一一五及北宋本、傅校本、明抄本、明刻本改。

〔六三〕尚儀前承敕　原脱「前」，據開元禮卷一一五補。

〔六四〕布姑席於房户外之西南向　「房户外」原訛作「房中」，據開元禮卷一一三、一一四、一一五改。

〔六五〕婦退復北面位　原脱「婦」，據開元禮卷一一三、一一四、一一五補。

〔六六〕設洗於東房近北　原脱「於」，據開元禮卷一一三、一一四、一一五及北宋本、傅校本、明抄本補。

〔六七〕婦進東面拜受退復位内贊者西階上北面拜送　原脱「受」，脱「北面」，據開元禮卷一一三、一一四、一一五補。

〔六八〕以柶祭醴三　「以」原訛「加」，據開元禮卷一一三、一一四、一一五改。

〔六九〕啐醴建柶　「建」原訛「加」，據開元禮卷一一三、一一四、一一五改。

〔七〇〕贊者設罇於室内北墉下　原脱「者」，據開元禮卷一一三、一一四、一一五補。

〔七一〕右載之於舅俎左載之於姑俎　新唐書禮樂志八四二三頁同。開元禮卷一一三、一一四、一一五俱「左」上「右」下，恐非。按：鄭玄儀禮鄉射注云：「右體，周所貴也。」然則舅尊於姑，自當用右胖。

〔七二〕又祭飯訖乃食三飯卒食婦入於房　原上「飯」訛「飲」，脱「三飯卒食」，「房」下衍「内」，據開元禮卷一一三、一一四、一一五及新唐書禮樂志八四二三頁改。

〔七三〕降席東南面立内贊者受爵奠於篚　原脱「南」脱「者」，據開元禮卷一一三、一一四、一一五補。

〔七四〕舅姑先降自西階　原脱「舅」，據開元禮卷一二三、一二四、一二五補。

〔七五〕舅姑不降　原脱「姑」，據開元禮卷一二三、一二四、一二五補。

〔七六〕罇爵匕巾坫　原脱「匕」，據開元禮卷一一五補。

〔七七〕於賓席西南　原脱「席」，據開元禮卷一一五補。按：北宋本、傅校本、明抄本、明刻本、王吴本無「賓」有「席」。

〔七八〕主人諸親立於大門内之東　「内」原訛「外」，據開元禮卷一一五改。按：下文云：「至門内，主人諸親從入如常。」知主人諸親固未出大門也。

〔七九〕主人進詣賓前西北面立　原脱「西」，據開元禮卷一一五補。

〔八〇〕疏食不足祭　「疏」原訛「蔬」，據開元禮卷一一五及北宋本改。

〔八一〕觴行如常　原脱「行」，據開元禮卷一一五補。

〔八二〕設衆賓席於賓席西南　下「席」原脱，據開元禮卷一一五補。按：北宋本、傅校本、明抄本、明刻本、王吴本有「席」無「賓」。

〔八三〕主人掌事者牽乘馬入陳於門内三分庭一在南　原脱「乘」脱「内」，據開元禮卷一一五補。

〔八四〕在庭者以次出俱復門外位　原作「賓出大門外之西東面立」，係清人竄改，今據開元禮卷一一五及北宋本、傅校本、明抄本、明刻本、王吴本改回。

〔八五〕又設衆賓席於賓西南設從者席位於西廊下　原脱「賓西南設從者席位於西」十字，據開元禮卷一一五補。

〔八六〕女相者引主人出立於門内之東　「内」原訛「外」，據開元禮卷一一五及北宋本、傅校本、明抄本改。

按：女主人迎賓不出門外。

〔八七〕立定賓主以次進至階升各立於席後上下立定俱坐　原涉上而脱作「立定俱坐」，缺十七字，據開元禮卷一一五補。

〔八八〕女相者奉束帛之篚　「束帛」開元禮卷一一五作「束錦」。開元禮卷一一六公主降嫁禮中享婦人送者亦用「束錦」。疑作「束錦」是。

〔八九〕副使立於大使東　「大」原作「册」，據開元禮卷一一六及北宋本、傅校本、明刻本、王吴本改。

〔九〇〕就次改服朝服通事舍人各引就朝堂前位　原脱上「就」，脱「前」，據開元禮卷一一六補。

〔九一〕侍衛之官　「侍」原訛「守」，據開元禮卷一一六改。

〔九二〕所由　「由」原訛「司」，據開元禮卷一一六及北宋本、傅校本、明抄本、明刻本改。下同。

〔九三〕太樂令令撞黄鍾之鐘右五鐘皆應協律郎舉麾鼓柷樂作　此二十三字今本開元禮卷一一六及北宋本、傅校本、明抄本、明刻本、王吴本俱缺。

〔九四〕降詣使者東北西面稱有制　原脱「東」脱「西」，據開元禮卷一一六補。

〔九五〕主節由後立於使左　「由」原訛「者」，據開元禮卷一一六改。

〔九六〕中書令詣册使東北西面立　原脱「西」，據開元禮卷一一六補。

〔九七〕贊者承傳册使及羣官在位者皆再拜訖　「再拜訖」上十三字原脱，據開元禮卷一一六補。

〔九八〕左五鐘皆應　開元禮卷一一六同。北宋本、傅校本、明抄本、明刻本、王吴本「左」作「右」。

〔九九〕設公主位於長樂門内殿前　原「門」下衍「外」，據開元禮卷一一六删。

〔一〇〇〕嬪御等在東宫官等在西　原「東」與「西」下各衍一「階」，北宋本、傅校本、明抄本、明刻本惟「西」下衍「階」，據開元禮卷一一六删。按：兩階不設禮位。

〔一〇一〕皆東向以北爲上　開元禮卷一一六及北宋本、傅校本、明抄本、明刻本、王吴本「北」並作「西」，恐非。按：南向北向者，始能言以西爲上。

〔一〇二〕立於册使副使西南　下「使」原脱，據開元禮卷一一六補。

〔一〇三〕使者取公主册跪置册於内案　原脱「者」脱「内」，據開元禮卷一一六補。按：此「内案」即前置於長樂門外近限之册案，非隨使者來之册案。

〔一〇四〕册使副使等俱退就次以俟　「退」原訛「進」，據開元禮卷一一六改。

〔一〇五〕在位者皆再拜　此六字原脱，據開元禮卷一一六補。

〔一〇六〕册使等詣太極殿前南横街南　原涉上脱「册使等」，據開元禮卷一一六補。

〔一〇七〕朝恩貺室於某公之子某　下「某」原脱，據開元禮卷一一六補。下同。

〔一〇八〕餘行事並如一品婚儀　按：此節不甚明順，雖施標點，亦無助于理解。意謂行事並如一品婚儀。惟主人受鴈後，還阼階上，西面曰：「皇帝第某女，封某公主。」

〔一九〕餘如納采之儀　原脱「餘」，據北宋本、傅校本、明抄本補。

〔二〇〕出門東西面曰　原脱「西」，據開元禮卷一一六補。

〔二一〕某之父命某將請承命　原脱「某之父」，據開元禮卷一一六補。

〔二二〕女相者引賓升降酬以束帛餘如丈夫禮　「束帛」開元禮卷一一六作「束錦」。按：下云「餘如丈夫禮」，則上所云者著其異也。一品婚儀饗丈夫送者爲酬以束帛，此饗婦人送者當酬以束錦。

王文錦點校

通典卷第一百三十

禮九十　開元禮纂類二十五　嘉禮九

朝集使於尚書省禮見并辭　任官初上諸州上佐附　京兆府河南牧初上諸州刺史都督附　萬年長安令初上河南洛陽縣令禮同諸縣令附　鄉飲酒正齒位附　宣赦書　羣臣詣闕上表　羣臣奉參起居　皇帝遣使詣蕃宣勞　皇帝遣使詣諸州宣撫　皇帝遣使詣諸州宣制勞會　皇帝遣使詣諸州宣赦書鎮與州同　諸州上表

朝集使於尚書省禮見并辭

其日，奉禮郎先布版位於尚書省都堂之前，京官九品以上位在東，每等異位，朝集使位在西，亦如之，皆以北爲上。京官及朝集使俱常服。謁者絳公服，先引京官入就位，又謁者引諸方朝集使等入就位。奉禮立於朝集使之北，差退，贊者陪其後。京官及朝集使序立訖，奉禮曰：「再拜。」贊者承傳，朝集使等俱再拜，京官等逡巡揖避；再拜訖，京官等俱答拜，朝集使等逡巡揖避。再拜訖，謁者贊稱「禮畢」。羣官等各以次退，朝集使亦退。其禮辭亦如之。〔一〕

任官初上 諸州上佐附

應册命之官受册訖，朝服乘輅，〔二〕備儀，鳴鐃吹，詣太廟南門，至下車所，鐃吹止。受册者降輅，謁者引入，立於廟庭，北面西上。立定，再拜訖，又再拜辭，謁者引出，乘輅鳴鐃而還。若先受制書者，發第，〔三〕備儀仗詣太廟如上儀。

遂詣本司。〔四〕將至，卑官先到，〔五〕俱公服俟於別席所。初上者至，降輅，贊禮者引入，停於後堂，改著公服。儀仗陳廳事之前。贊禮者引卑官俱立於内門之外西廂，每等異位，重行東面，以北爲上。初卑官就門外位，贊禮者引初上者立於廳事東階東南，西面。贊禮者引卑官以次入，立於西階西南，〔六〕重行東面，以北爲上。立定，卑官俱再拜，初上者答拜。贊禮者引卑官出。贊禮者引初上者就後堂。

卑官俱更衣，贊禮者引應坐者入立於廳事東西階下，其應致敬者立於門外之西，東面，俱北上。贊禮者引初上者出，升堂就榻後，應坐者俱升詣座後。立定，初上者升座，應坐者各依其班而坐。其應致敬者入立於東西階下，俱以北爲上。諸流外官入立於庭，〔七〕重行，北面西上，再拜訖，就東階下品官之後。本司以印及職掌置於案，本司引入，升，詣座前，〔八〕本司取印及職掌以次進置於座上之案訖，本司引案降出。諸司以次諮判三條事訖，俱興，立於座後。贊禮者引初上者還後堂。以外降出設會如常儀。

官卑不合拜廟者，但詣上所。〔九〕不判事者，〔一〇〕禮見而已。若六品以下，初上皆常服。若先任者尊及官位等者，先任者俟於東階下，西面，新任者入立於西階下，東面再拜，先任者答再拜。訖，新任者還於廳事，立於東階下，與卑官相見如上儀。諸州長史縣丞以下初上准此。〔一一〕

京兆府河南牧初上 諸州刺史都督附

其日，州牧備儀仗，至州，停於後堂。兵曹設儀仗於廳事門庭如常儀。本司設牧位於廳事楹閒近北，南向。設州官長史、司馬位於堂下東方，西向，設録事參軍以下位於司馬之南，重行西向，皆以北爲上。設諸縣官位庭中近西，〔一二〕諸鄉長位於縣官之東，〔一三〕每等異位，重行北面，相對爲首。州助教，縣博士、助教，依鄉長班。長史以下集於州南門之外，州官在東，縣官在西，鄉長史在州官東南。各有次，俱公服，鄉長常服。司功整次紙名，入諮。贊禮者引牧出立於廳事東階東南，西向，左右侍從如常，贊禮者立於牧南少退，俱西向。贊禮者引州官入就位，次引縣令以下入門而左，又引鄉長入門而右，俱入就位。立定，贊禮者引牧升自東階，即位，南向立。又引縣令及鄉長五品以上自西階升堂，進當牧前，重行北向，位如在庭之儀。〔一四〕立定，上下俱再拜。牧答拜，上下在位者皆逡巡避位。贊禮者引縣令以下及鄉長俱出。贊禮者引牧降入，贊禮者引長史以下次出，俱更衣。〔一五〕

本司量設牧座於堂上訖，贊禮者引縣令及鄉長俱就西階下，又引長史以下入立於東階下，〔一六〕俱北向。贊禮者引牧出，升堂就榻後。長史以下并縣令職事五品以上應升者，合班俱升詣座後。立定，牧升座，諸應坐者俱坐。州縣佐史以下入庭中，重行，北面西上，州縣學生位於其後，俱再拜訖，就東階下品官之後立。録事以印及職掌置於案，録事一人引入，升詣座前，録事取印及職掌以次進置於牧案訖，録事引案降出。諸司以次諮判三條事訖，坐者俱興。贊禮者贊牧興，引還後堂。長史以下降出。設會如常儀。諸州刺史初上，〔一七〕准此。其鄉長文武官七品以上及德行有聞者，皆升堂。〔一八〕

萬年長安令初上河南洛陽縣令禮同。諸縣令附。

其日，令停於後堂。設令位於廳事楹閒近北，南向。設鄉長位於南方，重行北面，以西爲上。其勳官依出身班，〔一九〕博士、助教依鄉長班。又設丞位於東方，西向，設主簿及尉位於丞南，少退，西向北上。鄉長以下俱集於縣南門外之西，各有次。司功整次紙名入諮。贊禮者引令出立於廳事東階東南，西向，侍從如常儀。贊禮者立於令之南，少退，俱西向。贊禮者引丞以下入就位，又引鄉長入就位。立定，贊禮者引令升自東階即位，南向立。贊禮者引鄉長文武官五品以上升自西階，〔二〇〕進當令前，重行北面，以西爲上。立定，上下在位者俱再拜，令答拜，上下在位者皆逡巡避位。贊禮者引鄉長降自西階以出，鄉長在庭者繼出，贊禮者引令降自東階以入，又引丞以下以次出。

本司量設牀座於堂上訖，贊禮者引鄉長入立於廳事西階下，丞以下立於門外道西，東面，俱北上。贊禮者引令出，升堂就榻後。又贊禮者引丞入及鄉長文武官五品以上俱升，詣座後立。〔二一〕又贊禮者引主簿及尉入，立於東階下。立定，令升座，諸應坐者俱坐。録事及佐史以下入立於庭中，〔二二〕北面西上，學生位於其後，俱再拜訖，就東階下縣尉後立。録事以印及職掌置於案，録事一人引入，升詣座前，〔二三〕録事取印及職掌，以次進置於令案訖，録事引案降出。諸司以次諮判三條事訖，丞及鄉長俱興，贊禮者贊令興，引還後堂，鄉長降出。設會如常儀。諸縣令初上，准此。其鄉長文武官七品以上及德行有聞者皆升堂。

鄉飲酒 正齒位附

鄉飲酒之禮，刺史爲主人，此爲貢人之中，有明經進士身兼德行孝悌，〔二四〕灼然明著，旌表門閭及有秀才者，〔二五〕皆刺史爲主人。若無，上佐攝行事。先召鄉之致仕有德者謀之。賢者爲賓，其次爲介，又其次爲衆賓，與之行禮而賓舉之。介以下無其人則闕。正齒位，每年季冬，縣令爲主人，鄉之老人六十以上有德行者一人爲賓，次一人爲介，又其次爲三賓，又其次爲衆賓。

主人戒賓，立於賓大門外之西，東面；賓立東階下，西面。將命者立於賓之左，北面受命出，立於門外之東，西面，曰：「敢請事。」主人曰：「某日行鄉飲酒之禮，請某子臨之。」將命者入告。賓出立於門東，西面拜辱，〔二六〕主人答拜。主人曰：「吾子學優行高，應茲觀國。某日展禮，請吾子臨之。」賓曰：「某固陋，恐辱命，敢辭。」主人曰：「謀於父師少師，莫若吾子賢，敢固以請。」賓曰：「夫子申命之，某敢不敬須。」主人再拜，賓答拜；〔二七〕主人退，賓拜送。主人戒介亦如之。戒辭曰：「某日行鄉飲酒之禮，請吾子臨之。」正齒位無戒賓。

其日質明，設賓席於楹閒近北，南向；設主人席於阼階上，西向；設介席於西階上，東向；設衆賓正齒位云「三賓」，下倣此。席三於賓席之西，〔二八〕各南向，皆不屬焉。又設堂下衆賓席於西階西南，東面北上。〔二九〕正齒位設衆賓席於楹閒近南，北向東上。設兩壺於賓席之東，少北，〔三〇〕

玄酒在西，加勺冪，置篚於壺南，東肆，實以爵觶。設贊者位於東階東，西面北上。

賓、介及衆賓至，〔三一〕立於廳事大門外之右，東向北上。執事者俱復位。〔三二〕主人迎賓於門外之左，〔三三〕西面拜賓，賓答拜。又西南面拜介，介答拜。又西南面揖衆賓，衆賓報揖。主人又揖賓，賓報揖。主人先入門而右，西面；賓入門而左，東面；介及衆賓序入立於賓西南，東面北上；衆賓非三賓者，皆北面東上。凡賓主拜揖周旋，皆有贊相。〔三四〕正齒位，衆賓立於三賓之後。主人將進揖，當階據禮作「陳」。揖，賓皆報揖。至階，主人曰：「請吾子升。」賓曰：「某敢辭。」主人曰：「固請吾子升。」賓曰：「某敢固辭。」主人曰：「終請吾子升。」賓曰：「某敢終辭。」主人升自阼階，賓升自西階，當楣北面立。

執罇者徹冪，主人適篚，跪取爵，興，適罇實之，進賓席前，西北面獻賓。賓西階上北面拜，〔三五〕主人少退，賓進於席前受爵，退復西階上，北面立。主人退於阼階上，北面拜送爵，賓少退。贊者薦脯醢正齒位菹醢，下倣此。於賓席前。〔三六〕正齒位，賓以下年六十者三豆，七十四豆，八十五豆，九十及主人皆六豆。賓自西方升席，南面立。贊者設折俎。正齒位無折俎。賓跪，左執爵，右取脯擩於醢，〔三七〕祭於籩豆之間，遂祭酒，啐酒，啐，嘗也。興，降席東，適西階上，北面跪卒爵，執爵興，〔三八〕適罇實之，進主人席前，東南面酢主人。〔三九〕主人於階上北面拜，賓少退，主人進受，退復阼階上北面立。〔四〇〕賓退復西階上，北面拜送爵。贊者薦脯醢於主人席前。〔四一〕主人由席東自北方升席。贊者設折俎。正齒位無折俎。主人跪，左執爵，右祭脯醢，〔四二〕遂祭酒，啐酒，興，自南方降席，復阼階上，北面跪卒爵，執爵興，跪奠爵於東序端；興，適篚，跪取觶實之以酬，復阼階上，北面跪奠觶，遂拜，執觶興，賓西階上答拜，主人跪祭，遂飲卒觶，執觶興，適罇實之，進賓席前，西北面。〔四三〕賓拜，主人少退。賓既拜，主人跪奠觶於薦西，興，復阼階上位。賓遂進席前，北面跪取觶，興，復西階上位，〔四四〕主人北面拜送。賓進席前，北面跪奠觶於薦東，興，復西階上位。酬酒不舉者，君子不盡人之歡以全交也。主人北面揖，遂降立於阼階下，西面；賓降立於西階西，當西序，東面。〔四五〕主人將與介爲禮，故賓不居堂上位。

主人進延介，主人揖介，介報揖。至階，一讓升，主人升阼階，介升西階，皆當楣北面立。主人詣東序端，跪取爵，興，適罇實之，進於介席前，西南面獻介。介西階上北面拜，主人少退，介進，北面受爵，退復位。主人於介右，北面拜送爵，介少退，主人立於西階之東。〔四六〕贊者薦脯醢於介席前。介進，自北方升席。贊者設折俎。正齒位無折俎。介跪，左執爵，右祭脯醢，遂祭酒，執爵興，自南方降席，復西階上，〔四七〕北面跪卒爵，執爵興，介授主人爵。主人適罇實之，以酢於西階上，立於介右，北面跪奠爵，遂拜，執爵興。介答拜。主人跪祭，遂飲卒爵，執爵興，〔四八〕進，跪奠爵於西楹南，還阼階上，揖，降。介降立於賓南。

主人於阼階前，西南面揖衆賓，〔四九〕遂升，適西楹南，跪取爵，適罇實之，進於西階上，〔五〇〕南面獻衆賓之長。衆賓長升西階上，〔五一〕北面拜受爵。主人於衆賓長之右，北面拜送。贊者薦脯醢於其席前。衆賓之長升席，跪，左執爵，右祭脯醢，祭酒，執爵興，退於西階上，立飲訖，授主人爵，降復位。主人又適罇實之，進於西階上，南面獻衆賓之次者，如獻衆賓長之禮，又次一人升飲亦如之。主人適罇實酒，進於西階上，南面獻堂下衆賓。每一人升受爵，跪祭立飲，贊者徧薦脯醢於其位。訖，主人受爵奠於篚。

主人與賓一揖一讓升，賓、介、衆賓序升即席。設工人席於堂廉西階之東，〔五二〕北面東上。側邊曰廉。工四人入，先二瑟，後二歌，工持瑟升自西階，就位坐。工歌鹿鳴。卒歌，笙入，〔五三〕立於堂下，北面奏南陔訖，乃閒，歌南有嘉魚，笙崇丘。閒，代也。謂一歌則一吹也。乃合樂周南關雎、召南鵲巢。合謂歌與衆聲俱作也。樂無工人則闕，毋得作淫聲不雅之曲。〔五四〕

訖，司正升自西階，〔五五〕司正謂主人之贊。禮樂之正既成，將留賓，慮有懈惰，立司正以監之。跪取觶於篚，興，適罇實之，降自西階詣階閒，右還，北面跪奠觶，拱手少立，跪取觶，遂飲卒觶，奠觶，再拜，退復西階西。〔五六〕

賓降席，取觶於篚，適罇實之，詣阼階上，北面酬主人。主人降席，進立於賓東。初起旅酬也。凡旅酬者，少長以齒。賓跪奠觶，遂拜，執觶興，主人答拜，賓立飲卒觶，適罇實之，進阼階上，東南面授主人，主人再拜，賓少退；主人受觶，賓於主人之西，北面拜送，旅酬同階，〔五七〕禮殺。賓揖，復席。主人進西階上，北面酬介，介降席自南方，進立於主人西，北面。主人跪奠觶，遂拜，執觶興，介答拜，主人立飲卒觶，適罇實之，進西階上，西南面立。介拜，主人少退；介受觶，主人於介東，北面拜，主人揖，復席。司正升自西階，近西，北面立，〔五八〕相旅曰：「某子受酬。」受酬者降席自西方，進，北面立於介右。旅，序也。於是介酬衆賓，衆賓又以次序相酬也。某者，衆賓姓也。〔五九〕同姓則以伯仲別之。又同，則一以某字別之。受酬者由介東，尊介，使不失故位。司正退立於序端，東面。避受酬者，又便其贊相上下。〔六〇〕介跪奠觶，遂拜，執觶興，某子答拜，介立飲卒觶，〔六一〕適罇實之，進西階上，西南面授某子，某子受觶，介立於某子之左，北面揖，復席。司正曰：「某子受酬。」受酬者降席自西方，〔六二〕立於某子之左，北面。某子跪奠觶，遂拜，執觶興，受酬者答拜，〔六三〕某子立飲卒觶，〔六四〕適罇實之，進西階上，西南面授之。受酬者受觶，某子立於受酬者之右，揖，復席。次一人及堂下衆賓受酬亦如之。卒受酬者以觶跪奠於篚，興，〔六五〕復階下位。

司正適阼階上，東面受命於主人。主人曰：「請坐於賓。」司正迴北面，告於賓曰：「請賓坐。」賓曰：「唯命。」賓主之詞，皆司正傳。賓坐，各就席坐。若賓主俱公服者，則皆降，脱屨於階下，〔六六〕主人先左，賓先右。禮畢，降納如常。正齒位，司正適篚跪取觶，興，進立於楹閒，〔六七〕北面，乃揚觶而言曰：「朝廷率由舊章，敦行禮教。凡我長幼，各相勸勖，忠於國，孝於親，内睦於閨門，外比於鄉黨，無或愆墮，以忝所生。」賓主以下皆再拜。司正跪奠觶，再拜，跪取觶，飲，卒觶，興。賓主以下皆坐。司正適篚，跪奠觶，興，降，復其位。司正降復位。乃羞，羞，進也。所進者肉胾醢。正齒位無進羞。無算爵。算，數也。賓主燕飲，爵行無數，醉而止。三賓以上，贊者二人行爵，以下取足而已。〔六八〕正齒位又無算樂，〔六九〕燕樂亦無數，或間或合，盡歡而止也。〔七〇〕主人之贊者與焉。〔七一〕燕訖，賓主俱興，賓以下降自西階，主人降自東階。賓以下出立於門外之西，東面北上；主人送於門外之東，西面再拜，賓、介逡巡而退。

宣赦書

其日質明，本司承詔宣告内外，隨職供辦。守宮設文武羣官次於朝堂如常儀。羣官依時刻皆集朝堂，俱就次各服其服。奉禮設文武羣官版位於順天門外，〔七二〕東西當朝堂之南，文東武西，重行北面，相對爲首。設中書令位於羣官西北，東向。〔七三〕刑部侍郎帥其屬先陳金雞於西朝堂之東，〔七四〕南向。置鼓杖於金雞之南。〔七五〕遂擊鼓，每一鼓投一杖。〔七六〕刑部侍郎録京師見囚，集於羣官之南，北面西上。囚集訖，鼓止。通事舍人引羣官各就位。中書令受詔訖，遂以詔書置於案，令史二人對舉案。通事舍人引中書令，持幡節者前導，持案者次之，詣門外位立。持節者立於中書令之南，少西，令史舉案者立於中書令西北，〔七七〕俱東面。立定，持節者脱節衣，持案者進詣中書令前，中書令取詔書，持案者以案退復位。中書令稱「有詔」，〔七八〕羣官皆再拜。宣詔訖，羣官又再拜，舞蹈，又再拜。刑部釋囚。〔七九〕刑部尚書前，受詔書，退復位。持節者加節衣。通事舍人引中書令，幡節前導而入。通事舍人引羣官還次。

羣臣詣闕上表〔八〇〕

前一日，守宮設文武羣官次於朝堂如常儀。

其日，量時刻文武羣官集，俱就位各服朝服。奉禮設羣官位於東朝堂之前，近南，文東武西，重行北面，相對爲首。設中書令位於羣官之北，南向。設奉禮位於羣官東北，贊者二人在南，少退，俱西向。奉禮帥贊者先就位。〔八一〕謁者引羣官各就位。禮部令史二人，絳公服，對舉表案立於奉禮之北，西面。〔八二〕立定，典謁引中書令出就南面位。禮部郎中引表案詣中書令前，郎中取表以授，中書令受表，郎中、舉案退復位。奉禮曰：「再拜。」贊者承傳，羣官在位者皆再拜。通事舍人引中書令以表入奏，出復位，〔八三〕南面稱「有詔」，羣官再拜。宣詔訖，又再拜。謁者引爲首一人進，北面受表，退復位。舍人引中書令入，謁者引羣官還次。

羣臣奉參起居〔八四〕

前一日，守宫設文武羣官次於朝堂如常儀。

其日，依時刻文武羣官九品以上俱集朝堂次。奉禮設文武羣官位於東朝堂之前，文左武右，重行北面，相對爲首。又設奉禮位於文武官東北，贊者二人在南，少退，俱西向。又設通事舍人位於文官爲首者之北，少東，西向並如常。奉禮帥贊者先就位。舍人各引文武羣官俱就位。立定，舍人引爲首者少進，通起居訖，退復位。奉禮唱：「再拜。」贊者承傳，羣官在位者皆再拜。舍人入奏訖，舍人承旨出，復位，西面稱：「敕旨。」羣官在位者皆再拜。宣敕訖，〔八五〕又再拜。舍人及羣官俱退。

皇帝遣使詣蕃宣勞

前一日，執事者設使者次於大門外道東，南向。

其日，使者至，執事者引就次，使者以下俱公服。蕃主朝服立於東階東南，〔八六〕西面。使者出次，執事者引使者立於大門外之西，東面。使副立於使者西南，〔八七〕持節者立於使者之北，少退，令史二人對舉詔書案立於使副西南，俱東向。執事者引蕃主迎使者於門外之南，北面再拜。使者不答拜。執事者引使者入，持節者前導，持案者次之，入門而左。使者詣階間，南面立。持節者立於使者之東，少南，西面。使副立於使者西南，持案者立使副西南，俱東面。執事者引蕃主入立於使者之南，北面。持節者脱節衣。持案者進使副前，〔八八〕使副取詔書，持案者退復位；使副進授使者，退復位。使者稱：「有詔。」〔八九〕蕃主再拜。使者宣詔訖，蕃主又再拜。執事者引蕃主進使者前，北面受詔書，退立於東階東南，西面。持節者加節衣。執事者引使者，持節者前導，持案者次之，出，復門外位。執事者引蕃主拜送於大門外。使者還於次，執事者引蕃主入。

皇帝遣使詣諸州宣撫〔九〇〕

前一日，本司設使者次於州大門外道右，〔九一〕南向。又設應集之官次於大門外，文官在道東，武官於使者次西南，俱南向，相對爲首。

其日，使者將至，刺史出城，迎於一里外。相去九十步許，刺史於路左下馬，使者下馬，皆少進，使者命刺史乘馬，使者與刺史俱乘馬而行。使者至鎮及縣，其鎮將與縣令迎，與刺史同。若使者五品以上，鎮將、縣令六品以下，則使者不下馬，命鎮將、縣令乘馬而已。若臨邊者，不出迎。應集者至州門外，各就次服朝服，非朝服者公服。應受制者及應版授官路遠不及期者，則使至別定集日。〔九二〕本司設使者位於廳事階間，南向。設刺史位於使者位之南，北向。設應集之官位於刺史後，〔九三〕每等異位。若有諸老，則位於諸官之後，俱重行北面，以西爲上。又設刺史以下位於大門外之東，每等異位，重行西面，以北爲上。

使者至，掌次者引就次。若別日宣勞，則使者停於館，應集者至日乃集。刺史入。使者以下皆公服，制書及版各置於案。〔九四〕贊禮者引應集之官就門外位。諸老應受版者齒位。八十以上者杖於位。刺史朝服以出，行參軍引立於東階東南，西面。使者出次，贊禮者引使者，持幡節者前導，立於門西，東面。〔九五〕持幡節者立於使者之北，少退，使副立使者西南，史二人對舉制書及版案立於使副西南，〔九六〕俱東面北上。若版多，則量加於案。〔九七〕立定，行參軍引刺史迎於大門外之南，〔九八〕北面再拜。引刺史先入立於內門外之東，西面，州官立於其後。

贊禮者引使者，持幡節者前導，入門而左，使副以下從之。使者詣階間就位，南面立。持幡節者立於使者之東，少南，西面，幡在南。使副立於使者西南，持案者立於使副之南，少退，俱東面。〔九九〕行參軍引刺史，贊禮者引應集之官，以次入就位。立定，持節者脫節衣。持案者進使副前，使副取制書，持案者退復位；使副以制書進授使者，退復位。使者稱：「有制。」刺史等再拜。宣制訖，刺史等又再拜。行參軍引刺史進詣使者前，北面受制書訖，退立於東階東南，〔一〇〇〕西面。贊禮者以次引應受制者別受制如上儀。凡同制書者皆同拜。訖，引立於刺史東南，〔一〇一〕西面北上。若有版授，史以案詔使副前，使副取版進授使者，皆如初。贊者引爲首者一人少前，使者稱：「有制。」爲首者再拜。宣制訖，爲首者又再拜。贊禮者引爲首者進詣使者前，北面受版。若有束帛賑恤，〔一〇二〕依式宣付。凡老者拜，八十以上一坐再拜，〔一〇三〕九十以上子弟拜受。訖，引立刺史之後。又引次受者亦如之。訖，持節者加節衣。贊禮者引使者出，使者幡節導之以出，使副以下從之，俱復門外位。諸老以版授子弟。行參軍引刺史，贊禮者引州府之官及諸老出，復門外位。立定，刺史拜送，贊禮者引使者還於次，行參軍引刺史入，贊禮者引州官及諸老還次。

若在諸縣宣勞、版授，如在州之儀。使者若於隨便宣制受賜物者，縣令先集鄉望立於館門外之南，重行，北面西上。使者至，立於門西，東面。鄉望俱再拜。使者入，詣廳事前，南面立。鄉望隨入。宣勞授受及拜送皆如上儀。〔一〇四〕凡使至，先問百年者，有則宣制致饋，〔一〇五〕酒米牲物。皆子弟代受之。

皇帝遣使詣諸州宣制勞會

前一日，本司設使者次於大門外道右，南向。又設應集之官次於大門外，文官道東，武官於使次西南，〔一〇六〕俱南向，相對爲首。

其日質明，應集之官到州門外，〔一〇七〕各就次服朝服，非朝服者以公服。本司設使者位於廳事階間，南向。〔一〇八〕設刺史位於使之南，北向。設應集之官位於刺史之後，每等異位，重行北面，以西爲上。又設刺史以下位於大門外之東，每等異位，俱重行西面，以北爲上。

使者至，掌次者引就次，以制書置於案，使者以下皆公服。贊禮者引應集之官俱就門外位。刺史朝服以出，行參軍引立於東階東南，西面。使者出次，贊禮者引使者立於門西，東面，史二人對舉制書案立於使者西南，俱東面。立定，行參軍引刺史迎於大門外之南，北面再拜。行參軍引刺史先入立於内門外之東，西面，〔一〇九〕州官立於其後。

贊禮者引使者入門而左，〔一一〇〕持案者從之。使者詣階間就位，南向立，持案者立於使者西南，東面。行參軍引刺史，贊禮者引應集之官以次入就位。立定，持案者進使者前，使者取制書，持案者退復位。使者稱：「有制。」刺史等再拜。宣制訖，〔一一一〕又再拜。行參軍引刺史進詣使者前，北面受制書，退立於東階東南，〔一一二〕西面。贊禮者次引應受制者別受制，如上儀。凡同制書者皆同拜。〔一一三〕訖，引立於刺史東南，西面北上。〔一一四〕贊禮者引使者出，持案者從之，俱復門外位。行參軍引刺史，贊禮者引州官以次出，俱就門外位。刺史拜送。贊禮者引使者還於次，行參軍引刺史入，贊禮者引州官各還次。〔一一五〕

將會，本司改設刺史以下位於廳事之庭如常禮。〔一一六〕又鋪使者席於廳上楹間，東向；刺史席於使者之東，〔一一七〕西向；州官之席於刺史之後，各依資品俱南上。席於庭者，文官在東，武官在西，皆北上。設訖，〔一一八〕刺史以下各服公服若常服。贊禮者引使者，〔一一九〕行參軍引刺史，又贊禮者引應會之官，俱就門外位。立定，贊唱者先入就位。贊禮者引使者先入，行參軍引刺史，贊禮者引應會之官，以次入就位。立定，贊唱者曰：「再拜。」在位者皆再拜。贊禮者引使者，行參軍引刺史，又贊禮者引應升階者，詣東西階以次升，各立於席後。其位於階下者，又引就席後。上下立定，俱就席，俛伏，坐，遂行酒。酒至，上下皆俛伏，興，立於席後，俱再拜，搢笏，立受酒，升席，俛伏，坐飲。酒行三周，進食。食至，上下皆俛伏，興，立於席後。設食訖，俱升席，俛伏，坐食。訖，仍行酒。會畢，俱興，各以次引降復位。立定，贊唱者曰：「再拜。」在位者皆再拜，以次引出。若無臺使，會位贊拜亦准此。

皇帝遣使詣諸州宣赦書 鎮與州同。

其日，本司設使者次於州之大門外道右，南向。〔一二〇〕使者至，掌次者引就次，以赦書置於案。應集之官至州門外服朝服，非朝服者公服。本司設使者位於廳事階閒，〔一二一〕南向。設刺史位於使者位之南，北面。設應集之官位於刺史之後，〔一二二〕文官在東，武官在西，每等異位，重行北面，相對爲首。又設門外位：文官於門東，西向，武官於門西，東向，俱每等異位，重行，以北爲上。本司録州見囚，集於州門之外，北面西上。贊禮者引應集之官俱就門外位。刺史朝服以出，行參軍引立於東南，西向。使者出次，贊禮者引立於門西武官之前，少北，東向。史二人對舉案，立於使者西南，俱東面。立定，行參軍引刺史迎於大門外之南，北面再拜。行參軍引刺史先入，立於内門外之東，〔一二三〕西面，州官立於其後。

贊禮者引使者入門而左，〔一二四〕持案者從之，使者詣階間就位，南面立；持案者立於使者西南，東面。行參軍引刺史，贊禮者引應集之官以次入就位。立定，持案者以案進使者前，使者取赦書，持案者退復位。使者稱：「有制。」〔一二五〕刺史以下皆再拜。宣赦書訖，又再拜，舞蹈，又再拜。本司釋囚。行參軍引刺史進使者前，北面受赦書，退復位。贊禮者引使者出，持案者從之，俱復門外位。行參軍引刺史，贊禮者引州官以次出，復門外位。刺史拜送。贊禮者引使者還於次，行參軍引刺史入，贊禮者引州官各還次。〔一二六〕

諸州上表

前一日，本司設應集之官次於州大門外，文官道東，武官道西，俱南向，相對爲首。其日夙興，本司設使者位於廳事階閒，南向。設刺史位於使者位之南，北向。設應集之官位於刺史之後，文官在東，武官在西，每等異位，重行北面，相對爲首。設贊唱者位於東階東南，〔一二七〕西向北上。設應集之官門外位，文官於門東，西向，武官於門西，東向，俱每等異位，重行，以北爲上。

質明，應集之官至州門外，各就次服朝服，非朝服者公服。贊禮者引應集之官俱就門外位。贊唱者先入就位，佐史對舉表案，立於贊唱者之西，北向。〔一二八〕表每一等爲一案。刺史朝服以出，行參軍引就位。贊禮者引應集之官以次入就位。立定，贊禮者引使者入門而右，詣階閒就位，南向立。贊禮者引表案詣使者前，使者取表，〔一二九〕贊禮者引案退復位。餘表案位於使者西北，南向東上。贊唱者曰：「再拜。」刺史以下皆再拜。贊禮者引使者出，舉表案者從之。行參軍引刺史入，〔一三〇〕贊禮者引州官以次出。

上表者若止一人，則不須諸官陪位。上表者立於廳事東階東南，西面；持案者立於上表者東南，俱西面。使者入立於階閒，南向。持案者以案進上表者前，上表者取表，持案者退復位。上表者詣使者前授表，退，北面再拜。使者出，上表者入。

校勘記

〔一〕其禮辭亦如之　「禮辭」原倒，據開元禮卷一二六及北宋本、傅校本、明抄本、明刻本乙。

〔二〕朝服乘輅　「朝服」原訛作「朝集使」，據開元禮卷一二六删改。北宋本、傅校本作「朝集乘輅」。

〔三〕發第　「第」原訛「卯」，據開元禮卷一二六改。北宋本、傅校本、明抄本、明刻本作「茆」。按：茆同茅。蓋先誤「第」爲「茅」，後又展轉作「茆」作「卯」矣。

〔四〕遂詣本司　「遂」原訛「道」，據開元禮卷一二六及北宋本、傅校本、明抄本改。

〔五〕卑官先到　「到」原訛「引」，據開元禮卷一二六及北宋本、傅校本、明抄本、明刻本改。

〔六〕立於西階西南　原脱「南」，據開元禮卷一二六補。

〔七〕諸流外官　原「諸」上衍「而」，據開元禮卷一二六及北宋本、傅校本删。

〔八〕詣座前　「詣」原訛「諸」，據開元禮卷一二六改。

〔九〕但詣上所　「但」原作「俱」，據北宋本改。按：開元禮卷一二六作「徑」。

〔一〇〕不判事者　原訛作「下判官者」，據開元禮卷一二六及北宋本、傅校本、明抄本、明刻本、王吴本改。

〔一一〕諸州長史縣丞以下　原「長史」在「縣丞」下，據開元禮卷一二六乙。按：本書卷三九下州長史爲正六品，而上縣丞爲從八品，是長史應居前。

〔一二〕設諸縣官位　原脱「諸」，據開元禮卷一二六補。

〔一三〕鄉長　「長」開元禮卷一二六作「望」，下同。按：杜佑蓋避家諱改者。

〔一四〕位如在庭之儀　原「位」誤在「如在」下，據開元禮卷一二六及北宋本、傅校本、明抄本、王吴本乙正。

〔一五〕贊禮者引長史以下次出俱更衣　原脱「出」，據開元禮卷一二六補。北宋本、傅校本、明抄本、王吴本有「出」字，而誤在「次」上。按：謂禮見州牧後，引長史以下序出廳事門外也，此「次」與門外止息更衣之「次」義别。

〔一六〕又引長史以上　原脱「引」，據開元禮卷一二六及北宋本補。

〔一七〕諸州刺史　原脱「州」，據開元禮卷一二六及北宋本、傅校本、明抄本補。

〔一八〕文武官七品以上　原脱「文」，據開元禮卷一二六補。

〔一九〕其勳官依出身班　原脱「依」，據開元禮卷一二六及北宋本、傅校本、明抄本補。

〔二〇〕升自西階　原脱「升」，據開元禮卷一二六補。

〔二一〕詣座後立　原脱「立」，據開元禮卷一二六補。

〔二二〕録事及佐史以下　「佐史」原訛「坐者」，據開元禮卷一二六及北宋本、傅校本、明抄本改。

〔二三〕引入升詣座前　「入升」原倒，據開元禮卷一二六及北宋本、傅校本、明抄本乙。

〔二四〕有明經進士身兼德行孝悌　原「身」上有「出」，據北宋本、傅校本、明抄本、明刻本、王吴本删。

〔二五〕旌表門閭及有秀才者　「旌」原訛「往」，北宋本、明抄本作「德」，傅校本、明刻本、王吴本作「通」，今據開元禮卷一二七改。原脱「者」，據開元禮及北宋本、傅校本、明抄本、王吳本補。

〔二六〕西面拜辱　原訛作「西面北向再拜」，據開元禮卷一二七及北宋本、傅校本、明抄本删補。

〔二七〕賓答拜　原脱「答」，據開元禮卷一二七補。

〔二八〕衆賓　「衆」原訛「正」，據開元禮卷一二七及北宋本、傅校本、明抄本改。

〔二九〕東面北上　原脱「東」，據開元禮卷一二七補。

〔三〇〕設兩壺於賓席之東少北　「少北」原倒，下又衍「退」字，據開元禮卷一二七及北宋本、傅校本、明抄本乙删。

〔三一〕賓介及衆賓至　原脱「衆」，據開元禮卷一二七及北宋本、傅校本、明抄本補。

〔三二〕執事者俱復位　「復」原訛「就」，據開元禮卷一二七及北宋本、傅校本、明抄本、明刻本、王吳本改。

〔三三〕主人迎賓　原「人」下有「出」，據開元禮卷一二七及北宋本、傅校本、明抄本、明刻本、王吳本删。

〔三四〕皆有贊相　「贊相」原倒，據開元禮卷一二七及北宋本、傅校本乙。

〔三五〕北面拜　「拜」原訛「立」，據開元禮卷一二七及北宋本改。

〔三六〕薦脯醢　原脱「醢」，據開元禮一二七及北宋本、傅校本、明抄本、王吳本補。

〔三七〕右取脯擩於醢　原脱「擩於」，據開元禮卷一二七及北宋本、傅校本、明抄本補。

〔三八〕執爵興　「執爵」原涉上而脱，據開元禮卷一二七補。

〔三九〕東南面酢主人　「南面」原倒，據開元禮一二七及北宋本、傅校本、明抄本乙正。

〔四〇〕阼階上　「上」原訛「下」，據開元禮卷一二七及北宋本、傅校本、明抄本改。

〔四一〕主人席前　原脱「人」，據開元禮卷一二七及北宋本、傅校本、明抄本補。

〔四二〕右祭脯醢　「祭」原訛「取」，據北宋本、傅校本、明抄本改。下同。

〔四三〕西北面　原脱「西」，據開元禮卷一二七補。

〔四四〕興復西階上位　原脱「興」，「上」訛「下」，據開元禮卷一二七補改。按：北宋本、傅校本、明抄本「上」字不誤。

〔四五〕當西序東面　「序」原訛「席」，據開元禮卷一二七改。

〔四六〕主人立於西階之東　原「於」下衍「介」，據開元禮卷一二七删。

〔四七〕復西階上　此四字原脱，據開元禮卷一二七補。

〔四八〕執爵興　原脱「興」，據開元禮卷一二七及北宋本、傅校本、明抄本、王吴本補。

〔四九〕西南面揖衆賓　原脱「南」，據開元禮卷一二七補。

〔五〇〕進於西階上　「上」原訛「下」，據開元禮卷一二七及北宋本、傅校本、明抄本改。

〔五一〕衆賓長升西階上　「衆賓長」原脱，據開元禮卷一二七補。

〔五二〕設工人席於堂廉西階之東　「席」原訛「食」，「廉」原訛「廡」，據開元禮卷一二七改。下注「廉」字同。按：北宋本、傅校本、明抄本、王吴本「席」字不誤。

〔五三〕笙入　「笙」原訛「升」，據開元禮卷一二七及北宋本、傅校本、明抄本改。

〔五四〕樂無工人則闕毋得作淫聲不雅之曲　原訛作「樂工人將間則毋作淫聲不雅之曲」，北宋本作「樂工人則問毋得作淫聲不雅之曲」，傅校本、明抄本作「樂工人間則毋得作淫聲不雅之曲」，均有訛誤。據開元禮卷一二七、一二八改。

〔五五〕司正升自西階　原脱「自」，據開元禮卷一二七及北宋本、傅校本、明抄本補。

〔五六〕退復西階西　此五字原脱，據開元禮卷一二七補。

〔五七〕旅酬同階　「階」原訛「皆」，據開元禮卷一二七及北宋本改。

〔五八〕西階近西北面立　原「近」下脱「西」，據開元禮卷一二七及北宋本、傅校本、明抄本補。

〔五九〕某者衆賓姓也　原脱「姓」，據開元禮卷一二七補。

〔六〇〕又便其贊相上下　「便」原訛「使」，據開元禮卷一二七改。

〔六一〕介立飲卒觶　「卒」原訛「執」，據開元禮卷一二七改。

〔六二〕降席自西方　原脱「席」，據開元禮卷一二七補。

〔六三〕受酬者答拜　原脱「答」，據開元禮卷一二七補。

〔六四〕某子立飲卒觶　原「立」上衍「受」，據開元禮卷一二七及北宋本、傅校本删。

〔六五〕卒受酬者以觶跪奠於篚興　原「卒」上衍「於某子」，「篚」下脱「興」，據開元禮卷一二七及北宋本、傅校本、明抄本删補。

〔六六〕脱屨於階下　「屨」原作「履」，據北宋本、傅校本、明抄本改。

〔六七〕司正適篚跪取觶興進立於楹閒　「司正適篚跪取觶興進立」十字原脱，據開元禮卷一二七補。

〔六八〕以下取足而已　「而已」原作「也」，據開元禮卷一二八補改。

〔六九〕無算樂　原脱「樂」，據開元禮卷一二八補。

〔七〇〕盡歡而止也　「歡」原訛「飲」，據北宋本改。

〔七一〕主人之贊者與焉　「與」原訛「興」，據開元禮卷一二八改。按：與，參與也。

〔七二〕順天門外　原脱「外」，據開元禮卷一二九補。

〔七三〕於羣官西北東向　「西」原訛「之」，「東」原訛「南」，據開元禮卷一二九及北宋本、傅校本、明抄本改。按：明刻本、王吴本「東」字不誤。

〔七四〕帥其屬先陳金雞於西朝堂之東　「先」原訛「官」，據開元禮卷一二九及北宋本、傅校本、明抄本改。又「西」開元禮作「東」，不知孰是。

〔七五〕鼓杖　「杖」開元禮卷一二九作「板」。下同。

〔七六〕每一鼓投一杖　原訛作「每擊投一過」，據北宋本、傅校本、明刻本、明抄本改。按：開元禮卷一二九同，唯「杖」作「板」。

〔七七〕立於中書令西北　原脱「立」，據開元禮卷一二九補。

〔七八〕有詔　「有」原訛「宣」，據開元禮卷一二九及北宋本、傅校本、明抄本改。下同。

〔七九〕刑部釋囚　此四字原脱，據開元禮卷一二九及北宋本、傅校本、明抄本補。

〔八〇〕羣臣詣闕上表　「臣」原作「官」，據北宋本卷四一禮典總目改。

〔八一〕奉禮帥贊者先就位　「帥」原訛「郎」，據開元禮卷一二九及北宋本改。

〔八二〕對舉表案立於奉禮之北西面　「西」原作「南」，據北宋本、傅校本改。按：開元禮卷一二九無「西面」。

〔八三〕出復位　「出」原訛「退」，據開元禮卷一二九改。

〔八四〕羣臣奉參起居　「臣」原作「官」，據北宋本卷四一禮典總目改。

〔八五〕宣敕訖　原脱「敕」，據開元禮卷一二九及北宋本、傅校本、明抄本補。

〔八六〕朝服　原作「朝堂」，據開元禮卷一二九及北宋本改。

〔八七〕使副立於使者西南　原脱「南」，據開元禮卷一二九補。

〔八八〕持案者進使副前　「使副」原訛「使者」，據開元禮卷一二九改。

〔八九〕有詔　原脱「有」，據開元禮卷一二九及北宋本、傅校本、明抄本補。

〔九〇〕皇帝遣使詣諸州宣撫　原脱「詣」，據北宋本卷四一禮典總目補。

〔九一〕州大門外　原脱「州」，據開元禮卷一三〇及北宋本、傅校本、明抄本補。

〔九二〕别定集日　「集」原訛「某」，據開元禮卷一三〇及北宋本、傅校本、明抄本改。

〔九三〕設應集之官位　「之官」原倒，據開元禮卷一三〇及北宋本、傅校本、明抄本乙。

〔九四〕各置於案　「各」原訛「案」，據開元禮卷一三〇及北宋本、傅校本、明抄本改。

〔九五〕持幡節者前導立於門西東面　此十二字原涉上而脱，據開元禮卷一三〇補。

〔九六〕史二人對舉制書　原訛脱作「持制書」，北宋本、傅校本、明抄本、明刻本、王吴本作「對制書」，亦有脱文。據開元禮卷一三〇增補。

〔九七〕若版多則量加於案　開元禮卷一三〇無「於」字，含義迥異，無「於」字義長。

〔九八〕行參軍　原脱「行」，據開元禮卷一三〇及上下文補。

〔九九〕俱東面　「俱」上原衍「使」，據開元禮卷一三〇删。

〔一〇〇〕退立於東階東南　原脱「東階」，據開元禮卷一三〇補。

〔一〇一〕引立於刺史東南　原脱「立」，據開元禮卷一三〇補。

〔一〇二〕東帛　「東」開元禮卷一三〇作「粟」，疑是。

〔一〇三〕八十以上一坐再拜　「拜」開元禮卷一三〇作「至」。

〔一〇四〕宣勞授受　原脱「授」，據開元禮卷一三〇補。

〔一〇五〕致饌　「致」原訛「頒」，據開元禮卷一三〇及北宋本、傅校本、明抄本改。

〔一〇六〕武官於使次西南　原脱「南」，據開元禮卷一三〇補。

〔一〇七〕到州門外　「到」原訛「道」，據開元禮卷一三〇及北宋本、傅校本、明抄本改。

〔一〇八〕位於廳事階間南向　原「間」下衍「内」，據開元禮卷一三〇及北宋本删。

〔一〇九〕西面　原「面」下衍「立」，據開元禮卷一三〇删。

〔二〇〕贊禮者引使者入門而左　「引使者」原脱，據開元禮卷一三〇補。

〔二一〕宣制訖　原脱「制」，據開元禮卷一三〇及北宋本、傅校本、明抄本補。

〔二二〕退立於東階東南　「東階」原脱，據開元禮卷一三〇補。

〔二三〕凡同制書者皆同拜　原脱「書」，又「拜」上衍「宣」，據開元禮卷一三〇及北宋本、傅校本、明抄本補删。

〔二四〕西面北上　原脱「面」，據開元禮卷一三〇及北宋本、傅校本、明抄本補。

〔二五〕引州官各還次　原脱「次」，據開元禮卷一三〇補。

〔二六〕本司改設刺史以下位於廳事之庭如常禮　原脱「改」，又「禮」作「儀」，據開元禮卷一三〇及北宋本、傅校本、明抄本補改。

〔二七〕又鋪使者席於廳上楹間東向刺史席於使者之東　原因上下兩有「席於」，而誤脱「廳上楹間東向刺史席於」十字，據開元禮卷一三〇補。

〔二八〕設訖　原訛作「又」，北宋本、傅校本、明刻本、明抄本作「設」，據開元禮卷一〇三及王吳本改。

〔二九〕贊禮者引使者　「引使者」原脱，據開元禮卷一三〇補。

〔三〇〕道右南向　原訛作「道南西向」，據開元禮卷一三〇改。

〔三一〕廳事階間　原脱「事」，據開元禮卷一三〇補。

〔三二〕設應集之官位　原脱「官」，據開元禮卷一三〇及北宋本、傅校本、明抄本補。

〔一二三〕立於内門外之東　原脱「外」，據開元禮卷一三〇及北宋本、傅校本、明抄本補。

〔一二四〕使者入門而左　原「門」下衍「内」，「左」訛「立」，據開元禮卷一三〇及北宋本、傅校本、明抄本删改。

〔一二五〕有制　「制」原訛「赦」，據開元禮卷一三〇及北宋本、傅校本、明抄本改。

〔一二六〕引州官各還次　原脱「各」，據開元禮卷一三〇補。

〔一二七〕設贊唱者位於東階東南　原脱「唱」脱「東階」，據開元禮卷一三〇補。

〔一二八〕立於贊唱者之西北向　原脱「者」，據開元禮卷一三〇及北宋本、傅校本、明抄本補。又，開元禮「西北」作「北西」，不知孰是。

〔一二九〕詣使者前使者取表　原脱「前使者」三字，據開元禮卷一三〇及北宋本、傅校本、明抄本補。

〔一三〇〕行參軍　原脱「行」，據開元禮卷一三〇及北宋本、傅校本、明抄本補。

王文錦點校

通典卷第一百三十一

禮九十一 開元禮纂類二十六 賓禮

蕃主來朝以束帛迎勞 遣使戒蕃主見日 蕃主奉見奉辭禮同 受蕃國使表及幣 皇帝宴蕃國主 皇帝宴蕃國使

蕃主來朝以束帛迎勞

前一日，守宮設次於候館門之外道右，南向。其日，使者至，掌次者引就次。蕃主服其國服，所司引立於東階下，〔一〕西面。凡蕃主進止皆所司先引，〔二〕制使皆謁者前導。使者朝服出次，立於門西，東面，從者執束帛立於使者之南。蕃主有司出門東，西面曰：「敢請事。」使者曰：「奉制勞某主。」稱其國名。有司入告。蕃主迎於館門外之東，西面再拜。使者與蕃主俱入。使者先升立於西階上，執束帛者從升，立於使者之北，俱東面。蕃主升立於東階上，西面。使者執幣稱：「有制。」蕃主將下拜，使者曰：「有後制，無下拜。」蕃主旋，北面再拜稽首。使者宣制訖，蕃主進受幣，采五疋爲一束。其蕃主答勞使，各以土物，其多少相准，〔三〕不得過勞幣。勞於遠郊，其禮同。蕃主還，遺贈於遠郊亦如之。勞蕃使即無束帛也。〔四〕退復位，以幣授左右，又再拜稽首。使者降出，立於館門外之西，〔五〕東面。蕃主送於館門之外，西面，止使者。〔六〕蕃主揖使者俱入，揖讓升，蕃主先升東階上，西面；使者升西階上，東面。蕃主以土物儐使者，使者再拜受，〔七〕蕃主再拜送物。使者降出，蕃主從出門外皆如初。蕃主再拜送，使者還，蕃主入。鴻臚迎引詣朝堂，依方北面立。所司奏聞，舍人承敕出稱：「有敕。」蕃主再拜，宣勞訖，又再拜，所司引就館如常儀。

遣使戒蕃主見日

前一日，守宮設次於館門之外道右，南向。其日，使者至，掌次者引就次。蕃主服其國服降立於東階下，西面，蕃國諸官立於蕃主之後，西面北上。使者服朝服出次，立於門西，東面。蕃主有司出門東，西面曰：「敢請事。」使者曰：「奉制戒某主見日。」〔八〕有司入告。蕃主迎於館門外之東，西面再拜。使者與蕃主俱入。使者升自西階，東面；蕃主升自東階，西面。〔九〕使者稱：「有制。」蕃主再拜。宣制曰：「某日某主見。」〔一〇〕蕃主又再拜，稽首。使者降出，蕃主送於館門之外，西面再拜。使者還，蕃主入。

蕃主奉見 奉辭禮同

前一日，尚舍奉御整設御幄於太極殿北壁，南向。守宮設次，太樂令展宮懸，設舉麾位於上下，鼓吹令設十二案，乘黃令陳車輅，尚輦奉御陳輿輦，尚舍奉御鋪蕃主牀座於御座西南東向，並如常儀。

其日，典儀設蕃主版位於懸南道西，北面。又設蕃國諸官之位於蕃主位後，各依其班重行北面，以西爲上。〔一一〕設典儀位於懸之東北，贊者二人在南，差退，俱西面。〔一二〕諸衛各勒所部，列黃麾仗屯門及陳於殿庭。太樂令帥工人入就位，協律郎入就舉麾位。所司迎引蕃主至承天門外，通事舍人引就次。本司入奏，鈒戟近仗入陳如常。典儀帥贊者先入就位。侍中版奏：「請中嚴。」諸侍衛之官各服其器服，符寶郎奉寶，俱詣閤奉迎。蕃主服其國服出次，〔一三〕通事舍人引立於閤外西廂，東面；若更有諸蕃，以國大小爲序。蕃國諸官各服其服，立於蕃主之後，俱東面北上。

侍中版奏：「外辦。」皇帝服通天冠，絳紗袍，乘輿以出，曲直華蓋警蹕侍衛如常儀。皇帝將出，仗動，太樂令令撞黃鍾之鐘，右五鐘皆應，協律郎舉麾，鼓柷，奏太和之樂以姑洗之均。〔一四〕皇帝出自西房，即御座南向坐，符寶郎奉寶置於御座，侍衛如常，〔一五〕偃麾，戛敔，樂止。〔一六〕通事舍人引蕃主入門，舒和之樂作，至位樂止。典儀曰：「再拜。」贊者承傳，蕃主再拜稽首。侍中承制降詣蕃主西北，東面稱：「有制。」蕃主再拜稽首，宣制訖，蕃主又再拜稽首。侍中迴奏，〔一七〕又承制降勞，敕命升坐，蕃主再拜稽首。舍人引蕃主，樂作，蕃主至階，樂止。〔一八〕舍人接引升，至座後，蕃主就座，俛伏，坐。侍中承制勞問，蕃主俛伏，避席將下拜，侍中承制曰：「無下拜。」蕃主復位，拜對如常。侍中迴奏，又承制勞還館。舍人引蕃主降自西階，典謁者承引，樂作，復懸南位，樂止。蕃主再拜稽首訖，舍人引蕃主，樂作，蕃主出門，樂止。

初蕃主升坐，舍人引蕃國諸官以次入就位。〔一九〕立定，典儀曰：「再拜。」贊者承傳，蕃國諸官俱再拜稽首。舍人承敕，降自西階，詣蕃國諸官西北，〔二〇〕東面稱：「敕旨。」蕃國諸官俱再拜稽首，〔二一〕宣敕訖，蕃國諸官俱再拜稽首，對訖，又再拜稽首。舍人迴奏，又承敕降勞還館，蕃國諸官俱再拜稽首。於蕃主出，〔二二〕舍人引蕃國諸官以次出。

訖，侍中前跪，奏稱：「侍中臣某言，禮畢。」俛伏，興，還侍位。皇帝興，太樂令令撞蕤賓之鐘，左五鐘皆應，鼓柷，奏太和之樂；皇帝降座，乘輿入自東房，侍衛警蹕如常儀，侍臣從至閤，樂止。

受蕃國使表及幣〔二三〕其勞及戒見日如上儀

前一日，尚舍奉御整設御幄於所御之殿北壁，南向。守宮設使者次，太樂令展宮懸，舉麾位於上下，並如常儀。

其日，典儀設使者位於懸南，重行北面，以西爲上。庭實位於客前。設典儀位於懸之東北，贊者二人在南，差退，俱西面。諸衞勒所部列黃麾半仗屯門及入陳於殿庭。太樂令帥工人入就位如上儀。符寶郎奉寶俱詣閤奉迎。〔二四〕使者服其國服，奉書出次，通事舍人引立於閤外西廂，東面；從者執幣及庭實立於後，〔二五〕俱東面北上。

侍中版奏：「外辦。」皇帝服通天冠，乘輿以出，曲直華蓋警蹕侍衞如常儀。皇帝將出，仗動，太樂令令撞黃鍾之鐘如上儀，符寶郎置寶於御座，〔二六〕侍衞如常儀，樂止。中書侍郎一人令史二人持案先俟於西階下，〔二七〕東面北上。舍人引使者及庭實入就懸南位。使者初入門，舒和之樂作，〔二八〕立定樂止。大蕃大使爲設樂，次蕃大使及大蕃中使以下皆不設樂懸及黃麾仗。中書侍郎帥持案者進詣使者前，東面。侍郎受書置於案，迴詣西階。侍郎取書升奏，持案者退。初侍郎奏書，有司各帥其屬受幣馬於庭。典儀曰：「再拜。」贊者承傳，使者以下皆再拜。舍人前承制，降詣使者前，問蕃國主，使者再拜，對訖，又再拜。舍人迴奏，又承敕問其臣下，使者再拜對。又勞使者以下，對拜及舍人迴奏並如常儀。舍人承制敕勞還館，使者以下皆再拜。舍人引使者以下出，〔二九〕樂作止如常儀。

侍中前跪，奏稱：「侍中臣某言，禮畢。」俛伏，興，還侍位。皇帝興，太樂令令撞蕤賓之鐘如上儀，侍臣從至閤，樂止。

皇帝宴蕃國主

前一日，尚舍奉御整設御幄於御殿之北壁，〔三〇〕南向。尚食奉御、太官令命各具饌，守宮設次，太樂令設登歌位於殿上，〔三一〕展宮懸於殿庭，設舉麾位於上下，〔三二〕鼓吹令設十二案，乘黃令陳車輅，尚輦奉御陳輿輦，並如常儀。

其日，尚舍奉御鋪蕃主牀座於御座西南，蕃國諸官應升殿者座於蕃主之後，設不升殿者坐席於西廊下，俱東面北上。尚食奉御設御酒罇，太官令設蕃主以下酒罇，並如常儀。典儀設蕃主版位於懸南。〔三三〕又設蕃國諸官之位於蕃主之後，俱重行，北面西上。設典儀位於懸之東北如常儀。諸衛各勒所部列黃麾仗屯門及陳於殿庭。太樂令帥工人二舞入就位，協律郎入就舉麾位。所司迎引蕃主至承天門外，通事舍人引之次。〔三四〕凡蕃客出入升降，皆掌客監引。所司入奏，鈒戟近仗入陳如常。典儀帥贊者先入就位。侍中版奏：「請中嚴。」諸侍衛之官各服其器服，符寶郎奉寶，俱詣閤奉迎。蕃主服其國服出次，通事舍人引立於閤外西廂，東面，蕃國諸官各服其國服，立於蕃主之後，俱東面北上。

侍中版奏：「外辦。」皇帝服通天冠，絳紗袍，乘輿以出，曲直華蓋警蹕侍衛並如常儀。皇帝將出，仗動，太樂令令撞黃鐘如上儀。〔三五〕典儀一人升立於東階上，〔三六〕贊者二人立於階下，俱西面。〔三七〕通事舍人引蕃主入，蕃國諸官從入。蕃主入門，舒和之樂作，蕃主至位，樂止。其有獻物則從之入，陳於蕃主之前，以西爲上。立定，典儀曰：「再拜。」贊者承傳，蕃主及蕃國諸官皆再拜。侍中承旨降，敕蕃主升座，蕃主再拜。蕃主奉贄其贄隨其國所有，一以輕者爲之。曰：「某國蕃臣某，敢獻壤奠。」侍中升奏。又侍中承旨曰：「朕其受之。」侍中降於蕃主東北，西面稱：「有制。」蕃主再拜。宣制訖，蕃主又再拜訖，以贄授侍中。侍中以贄授所司，又所司受其餘幣俱以東。

舍人承旨降，敕蕃國諸官等坐，蕃國諸官俱再拜。通事舍人引蕃主，又通事舍人引蕃國諸官應升殿者詣西階。蕃主初行樂作，至階樂止。通事舍人各引升立於座後。初蕃國諸官詣西階，其不升殿者通事舍人分引立於廊下席後。〔三八〕立定，殿上典儀唱：「就座。」階下贊者承傳，蕃主以下皆就座，俛伏，坐。太樂令引歌者及琴瑟至階，脱履於下，升就位坐。〔三九〕笙管者就階間北面立。

尚食奉御進酒，至階，殿上典儀唱：「酒至，興。」階下贊者承傳，蕃主以下皆俛伏，興，立座後。殿中監到階省酒，尚食奉御奉酒進，皇帝舉酒，良醞令又行酒殿上。典儀唱：「再拜。」階下贊者承傳，蕃主以下皆再拜訖，搢笏，受觶殿上。典儀唱：「就座。」階下贊者承傳，蕃主以下皆就座，俛伏，坐飲。皇帝初舉酒，登歌作昭和三終。尚食奉御進受虛觶，奠於坫。登歌訖，降復位。

觴行三周，尚食奉御進食。食升階，殿上典儀唱：「食至，興。」階下贊者承傳，蕃主以下皆執笏，俛伏，興，立座後。殿中監到階省案，尚食奉御品嘗食訖，以次進置御前。太官令又行蕃主以下食案。設訖，殿上典儀唱：「就座。」階下贊者承傳，蕃主以下皆就座，俛伏，坐。皇帝乃飯，休和之樂作，蕃主以下皆飯，御食畢，樂止。蕃主以下食訖，尚食太官俱徹案。

又行酒，遂設庶羞，二舞以次入作。若賜酒，舍人前承旨，詣受賜者前，蒙賜者執笏，俛伏，起，立座後。舍人稱「賜酒」，蒙賜者再拜。酒至，蒙賜者搢笏，受觶，就席，俛伏，坐飲，卒觶，俛伏，起，立授虛觶，又再拜，就席，俛伏，坐。

會畢，通事舍人贊蕃主以下興，〔四〇〕蕃主以下皆俛伏，興，立座後。通事舍人引降，樂作，復懸南位。立定，典儀曰：「再拜。」贊者承傳，蕃主以下皆再拜。若有筐篚，舍人前承旨，降宣敕，蕃主以下皆再拜。太府帥其屬以衣物以次授之訖，蕃主以下又再拜。通事舍人引出，樂作，至門樂止。

侍中前跪奏稱：「侍中臣某言，禮畢。」俛伏，興，還侍位。皇帝興，太樂令令撞蕤賓之鐘如常儀。

皇帝宴蕃國使

前一日，尚舍奉御設御幄於所御之殿北壁，南向。太官令具饌，守宮設使者次，太樂令展宮懸於殿庭，設舉麾位於上下並如常儀。〔四一〕若大蕃中使及中蕃大使以下，〔四二〕則不設樂及黄麾仗。

其日，尚舍奉御鋪使者牀座於御座西南，設不升殿者坐席於西廊下，俱東面北上。典儀設使者位於懸南，重行，北面東上。〔四三〕設典儀贊者位於懸之東北如常儀。諸衞各勒所部列黄麾半仗，皆與上儀同。蕃使以下服其國服出次，通事舍人引立於閤外西廂，東面，從者立於使者之後，重行，東面北上。

侍中版奏：「外辦。」皇帝服通天冠，絳紗袍，與上儀同。典儀一人升立東階上，贊者二人立於階下，俱西面。典儀引使者以下入就懸南位，使者初入門，舒和之樂作，至位樂止。

立定，典儀曰：「再拜。」贊者承傳，使者以下皆再拜。舍人前承旨，降敕使者升座，使者以下皆再拜。通事舍人引應升殿者詣西階，樂作止如常。通事舍人引升，立於座後；其不升殿者，分引詣廊下席後。上下立定，殿上典儀唱：「就座。」階下贊者承傳，上下諸客皆就座，俛伏，坐。

酒至階，殿上典儀唱：「酒至，興。」階下贊者承傳，上下諸客皆俛伏，興，立座後。太官行酒殿上，典儀唱：「再拜。」階下贊者承傳，上下諸客皆再拜，搢笏，受觶。殿上典儀唱：「就座。」階下贊者承傳，蕃使以下諸客皆就座，俛伏，坐飲。觴行三周，食升階，殿上典儀唱：「食至，興。」階下贊者承傳，上下諸客皆執笏，俛伏，興，立座後。太官令行諸客案。設食訖，殿上典儀唱：「就座。」階下贊者承傳，上下諸客皆就座，俛伏，坐。上下諸客皆飯。諸客食訖，太官令俱徹案。又行酒，遂設庶羞，二舞以次入作。若賜酒，舍人前承旨，詣受賜者前，蒙賜者執笏，俛伏，起，立座後。舍人稱「賜酒」，蒙賜者再拜。餘與宴蕃國主禮同，皆倣上儀。

校勘記

〔一〕引立於東階下　「階」原訛「堂」，據開元禮卷七九改。

〔二〕所司先引　「所」原訛「主」，據開元禮卷七九及正文改。

〔三〕其多少相准　「多少」原倒，據開元禮卷七九乙。

〔四〕蕃主還遺贈於遠郊亦如之勞蕃使即無束帛也　原脱「遺」，脱「無」，據開元禮卷七九補。按：明刻本、王吴本有「遺」字。

〔五〕立於館門外之西　「外之」原倒，據開元禮卷七九乙。

〔六〕止使者　原訛作「止〇答使者」，據開元禮卷七九及北宋本、傅校本、明抄本、明刻本、王吴本删改。按：殿本、局本校刻者不憭「止使者」之意，而擅於「止」下加圈加「答」，令「止」屬上節，「答使者」作爲另一節之禮稱，而不知其不可通。

〔七〕使者再拜受　「使者」原脱，據開元禮卷七九補。

〔八〕奉制戒某主見日　「戒」下原衍「集」，據開元禮卷七九删。

〔九〕使者升自西階東面蕃主升自東階西面　原脱「西階東面蕃主升自」八字，據開元禮卷七九補。按：此係上下俱有「升自」，因而漏抄者。

〔一〇〕某日某主見　原脱「某主」，據開元禮卷七九補。

〔一一〕其日典儀設蕃主版位於懸南道西北面又設蕃國諸官之位於蕃主位後各依其班重行北面以西爲上　原脱「其日典儀」、「道西北面」，又「後」上脱「位」，下脱「各」，並據開元禮卷七九補。

〔一二〕俱西面　原脱「俱」，據開元禮卷七九及北宋本、傅校本、明抄本補。

〔一三〕蕃主服其國服出次　原脱「次」，據開元禮卷七九補。

〔一四〕奏太和之樂以姑洗之均　「以」原訛「及」，「均」原訛「音」，據開元禮卷七九及北宋本、傅校本、明抄本改。

〔一五〕侍衛如常　原「常」下衍「儀」，據開元禮卷七九及北宋本、傅校本、明抄本、明刻本、王吴本删。

〔一六〕樂止　原下衍「如常」，據開元禮卷七九删。

〔一七〕侍中迴奏　「迴」原訛「面」，據開元禮卷七九及北宋本、傅校本、明抄本删。

〔一八〕蕃主至階樂止　「至」原訛「上」，據開元禮卷七九及北宋本、傅校本、明抄本改。

〔一九〕蕃國諸官　「國」原訛「主」，據開元禮卷七九及北宋本改。

〔二〇〕降自西階詣蕃國諸官西北　「自」原訛「詣」，「詣」原訛「畔」，據開元禮卷七九改。

〔二一〕蕃國諸官　「官」原作「臣」，據開元禮卷七九及北宋本改。

〔二二〕於蕃主出　「於」下原衍「階」，據開元禮卷七九及北宋本、傅校本删。

〔二三〕受蕃國使表及幣開元禮卷七九及北宋本、傅校本無「國」。

〔二四〕太樂令帥工人入就位如上儀符寶郎奉寶俱詣閤奉迎　「上」原訛「常」，據北宋本、傅校本、明抄本改。按：開元禮卷七九作：「太樂令帥工人入就位，協律郎入就舉麾位。所司引客至承天門外，典謁引就次。本司入奏，鈒戟近仗入陳如常。典儀帥贊者先入就位。侍中版奏請中嚴。侍衛之官各服其器服，符寶郎奉寶俱詣閤奉迎。」與前蕃主奉見禮所述略同，故通典於此云「如上儀」也。然通典此處置「如上儀」於「太樂令帥工人入就位」之下，不能統括協律郎以下諸事。且以「符寶郎奉寶俱詣閤奉迎」承接「如上儀」，不僅突兀，「俱」字亦無根也。當作「太樂令帥工人入就位以下，至符寶郎奉寶詣閤奉迎，並如上儀」。

〔二五〕從者執幣及庭實立於後　「及」原訛「玉」，據開元禮卷七九及北宋本、傅校本、明抄本改。

〔二六〕置寶於御座　原脱「御」，據開元禮卷七九及北宋本、傅校本、明抄本補。

〔二七〕先俟於西階下　「俟」原訛「伺」，據開元禮卷七九及北宋本、傅校本改。原脱「下」，據開元禮補。

〔二八〕舒和之樂作　「舒」原訛「太」，據北宋本、傅校本、明抄本改。按：太和之樂爲皇帝出入所用，不得用于蕃使。見新唐書禮樂志一一。

〔二九〕使者以下皆再拜舍人引使者以下出　前「下」原訛「上」，後「下」原脱，據開元禮卷七九及北宋本、傅校本、明抄本改補。按：明刻本前「下」字不誤。

〔三〇〕於御殿之北壁　原作「於所御之殿北壁」，據北宋本、傅校本、明抄本、明刻本、王吳本改。

〔三一〕設登歌位於殿上　原脱「位」，據開元禮卷八〇補。

〔三二〕設舉麾位　原脱「設」，據開元禮卷八〇及北宋本補。

〔三三〕典儀設蕃主版位於懸南　「典儀」原涉上而脱，據開元禮卷八〇補。

〔三四〕引之次　「之」原訛「入」，據開元禮卷八〇及北宋本、傅校本、明抄本改。

〔三五〕太樂令令撞黄鐘　原脱一「令」，據開元禮卷八〇及北宋本、明抄本補。

〔三六〕典儀一人　「典儀」原涉上而脱，據開元禮卷八〇補。

〔三七〕贊者二人立於階下俱西面　「下俱」原脱，據開元禮卷八〇及北宋本、傅校本、明抄本、明刻本補。

〔三八〕分引立於廊下席後　原脱「立」，據開元禮卷八〇補。

〔三九〕升就位坐　「位坐」原倒，據開元禮卷八〇乙。

〔四〇〕贊蕃主以下興　原脱「以下」，據開元禮卷八〇補。

〔四一〕並如常儀　原脱「儀」，據開元禮卷八〇補。

〔四二〕中蕃大使　「中」開元禮卷八〇作「小」。

〔四三〕北面東上　原訛作「東面北上」，據開元禮卷八〇及北宋本、傅校本、明抄本、明刻本、王吴本乙改。

王文錦點校

通典卷第一百三十二

禮九十二　開元禮纂類二十七　軍禮一

皇帝親征類於上帝宜社附

纂嚴　齋戒　陳設　鑾駕出宮　薦玉帛　進熟　鑾駕還宮

皇帝親征告於太廟

齋戒　陳設　鑾駕出宮　晨祼　饋食　鑾駕還宮　解嚴

皇帝親征禡於所征之地　皇帝親征及巡狩郊祭有司軷於國門

皇帝親征及巡狩告所過山川　平蕩寇賊宣露布　遣使勞軍將

皇帝講武　皇帝田狩

皇帝親征類於上帝宜社附

纂嚴

纂嚴前一日，本司承制宣攝内外諸司，各隨職備辦。尚舍奉御施御幄於太極殿北壁下，南向如常。守宫設羣官文武次於東西朝堂如常儀。典儀設羣官位於殿庭，文東武西，每等異位，重行北面，相對爲首。乘黄令陳革輅及玉輅以下及車旗之屬如常。未明一刻，開諸宫門，諸衛勒所部列黄麾仗屯門及陳於殿庭如常儀。

其日平明，留從之官悉集朝堂次。侍臣服平巾幘，袴褶；其將帥等及從行之官亦平巾，袴褶。留守之官公服。上水五刻，侍中版奏：「請中嚴。」鈒戟近仗以次列於殿庭。〔一〕上水三刻，通事舍人引羣官以次入就位，諸侍臣俱詣閤奉迎。〔二〕侍中版奏：「外辦。」皇帝服武弁服，御輿以出，曲直華蓋侍衛警蹕如常，即御座，南向坐。典儀唱再拜，羣官在位者皆再拜訖，中書令承旨敕百僚訖，通事舍人以次引羣官出。侍中跪奏：「禮畢。」俛伏，興。皇帝降御座，乘輿入自東房，侍中從至閤如常。

齋戒

將告，有司卜日如別儀。前一日，皇帝清齋於太極殿，諸應告之官及羣官客使等各於所司及公館，〔三〕諸軍將各於正寢，俱清齋一宿。若在營者，齋於軍幕。餘如郊祀儀。

陳設

前告三日，陳設如巡狩告圓丘儀。社施大次於社宮西門之外道北，〔四〕南向，設告官等次以下如祭社之儀。又設軍將次於外壝南門外道東，西向北上。前二日，設樂懸、燎壇、羣官版位等並如告圓丘之儀。又設軍將位於懸南，每等異位，重行，北面西上。軍將門外位於南壝外道東，西向北上。社，設軍將次於社宮北門之外，道西，東向北上。〔五〕設樂懸等如祭社儀。又爲瘞埳二於樂懸之北如常。〔六〕又前一日，奉禮設御位於北門內，當社壇南向。設太祝等奉血幣位於埳北如常。郊社令帥府史一人及齋郎以罇坫罍洗篚冪入設皆如常。告日未明十五刻，〔七〕亨牲如常。蒼牲二，一正座，〔八〕一配座。社，亨牲於廚，用黑牛二。齋郎以豆取毛血如常。未明四刻，太史令、郊社令各服其服，升設神座如常儀。

鑾駕出宮社同

皇帝武弁乘革輅，備大駕及嚴鼓時刻，〔九〕奏請進發，〔一〇〕內外器服皆如常儀。前後備六軍。諸軍嚴鼓一准大駕。

薦玉帛〔一一〕禮與巡狩告社同

其日未明二刻，下至太常卿引皇帝至内壝門，並如巡狩圜丘親告儀。天帝太罇二，實以汎齊，明水實於上罇。山罍二，一實玄酒，爲上，一實清酒。玉幣以蒼。唯無禮部尚書、太常卿陪從。皇帝至版位，西向立。每立定，太常卿與博士退立於左。太常卿前奏：「請再拜。」退復位。皇帝再拜。以下至奠玉帛訖，降壇還版位，樂止，並如巡狩親告儀。

進熟

皇帝既升奠玉幣，〔一二〕太官令出帥進饌者，以下至皇帝降壇還版位，謁者引司徒降復位，並如巡狩圜丘親告儀。宜社，自引司徒降復位以上，同巡狩告社儀。皇帝既降壇，謁者引諸軍將詣壇東階升，進立於天帝神座前，北面西上。宜社，立於太社神座前，南面西上。初軍將升，太祝帥齋郎以爵酌福酒，進立於軍將之西，東面北上。宜社，於軍將東，西面南上。軍將俱再拜受爵，跪祭酒，啐酒，奠爵興。太祝各帥齋郎進俎，減神前胙肉，以次授，軍將受以授齋郎。軍將俱跪取爵，遂飲卒爵，太祝帥齋郎受爵復於坫。軍將俱興，再拜，謁者引軍將降復位。太祝各進跪徹豆，還罇所。奉禮曰：「賜胙。」贊者唱：「衆官再拜。」衆官在位者皆再拜。已飲福者不拜。元和之樂作。太常卿前奏：「請再拜。」退復位。皇帝再拜及燎燔以下至燔祝版，並如巡狩親告儀。宜社，自皇帝再拜以下至燔祝版，並如巡狩告社儀。

鑾駕還宮如郊社儀。宜社附。

皇帝親征告於太廟〔一三〕

齋戒

將告有司卜日、皇帝清齋及應告官清齋等，並如巡狩告儀。又諸軍將各於正寢清齋一宿。若在營，齋於軍幕。諸衛令其屬守廟門，與太樂工人俱清齋如常儀。〔一四〕

陳設

前告三日，陳設如巡狩告廟儀。又設軍將次於南門外道東，西向北上。前二日，設樂懸。前一日，設御座及從駕官位如巡狩告廟儀。又設軍將位門外道東，每等異位，重行，西向北上。設罇罍洗篚。告日未明十五刻，烹牲等並如巡狩告廟儀。

鑾駕出宮

皇帝服武弁服，乘革輅，前後備六軍，嚴鼓，並准大駕，餘同圜丘儀。

晨祼巡狩告廟同

饋食

皇帝既升祼，下至酌獻九室訖降復位，並如巡狩告廟儀。又皇帝既降，謁者引諸軍將升自東階，進立於睿宗大聖至孝皇帝室户前，北面西上。初軍將升，諸太祝各帥齋郎以爵酌罍福酒，〔一五〕進立軍將之東，西面北上，以下至晬奠降復位，如類上帝儀。登歌作，〔一六〕諸祝各入室徹豆還鐏所，以下至燔版於齋坊，如類上帝儀。

鑾駕還宮

皇帝既還大次，侍中版奏：「請解嚴。」將士不得輒離部伍。皇帝仍武弁，乘革輅還宮如常儀。

凱旋告日，〔一七〕陳俘馘於南門外，北面西上，軍實陳於後。其告奠之禮皆與告禮同。

解嚴

未解嚴前一日，本司各隨職供辦。尚舍奉御設御座於太極殿中楹閒南向如常。守宮設文武百官次於東西朝堂，奉禮於東西朝堂設文武官版位如初。典儀設位於殿庭，文東武西，皆重行北向，相對爲首。設典儀位於東階東南，贊者二人在南差退。乘黄令陳革輅

旌旗之屬於殿庭。〔一八〕

其日平明，諸衞各勒所部屯門列仗，百官服袴褶，督將戎服，皆集朝堂次。晝漏上水五刻，侍中版奏：「請中嚴。」鈒戟以次列於殿庭。上水七刻，典謁引羣官以次入就位。上水十刻，應奉迎之官詣閤奉迎。侍中版奏：「外辦。」皇帝服通天冠，絳紗袍，御輿以出，曲直華蓋警蹕如常。皇帝出自西房，即御座，侍臣夾侍如常。典儀稱再拜，贊者承傳，羣官皆再拜。通事舍人以次引羣官出。侍中跪奏稱：「禮畢。」俛伏，興，還侍位。皇帝降座，御輿入自東房，侍臣從至閤如常。

皇帝親征禡於所征之地

將祭，有司卜日如別儀。

前祭一日，皇帝清齋於行宮。凡應祭之官清齋於祭所。近侍之官與從祭羣官及諸軍將皆於軍幕清齋一宿。諸衞令其屬各以其方器服守衞壝門，亦清齋一宿。尚舍直長施大次及羣官軍將等次，如類上帝儀。右校修除祭所，又爲瘞埳於神座西北内壝之外，方深取足容物。

前一日，奉禮設御位於神座東南，〔一九〕西向。設望瘞位於神座西南，當瘞埳，北上。設諸祭官位於御位東南，執事者位於其後，俱重行，西向北上。設御史位，一位於神座西南，東向；一位於神座東南，西向。設奉禮位於祭官西南，贊者二人在南，差退，俱西向北上。又設奉禮贊者位於瘞埳西，南上。〔二〇〕設從祭羣官位於祭官之南，俱重行，西向北上。設軍將位於南廂，重行，北向西上。設門外位：祭官以下皆於東壝之外道南，從祭羣官位於祭官之南，俱重行，北向西上。軍將位於南壝外道東，重行，西向北上。兵部侍郎建二旗於南門外。去門三十步。郊社令帥府史及齋郎以罇坫罍洗篚冪入設於位，犧罇二、象罇二、山罍二皆於神座東南，俱北向，西上。罇皆加勺冪，有坫以置爵。設御洗又於酒罇東南，〔二一〕諸將罍洗又於東南，北向，及設篚冪如常，篚實以巾爵。執罇罍篚冪者如常。〔二二〕設幣篚於酒罇之所。

祭日未明十五刻，太官令先備特牲之饌。牲以犢。未明四刻，郊社令奉熊席，入設黃帝軒轅氏神座於壝內近北，南向。兵部侍郎置甲冑弓矢於座側，建矟於座後。未明二刻，郊社令、良醞令各帥其屬入實罇罍及幣，犧罇實以醴齊，象罇實以盎齊，山罍實以清酒。齊皆加明水，酒加玄酒，各實於上罇。太官令帥進饌者實諸籩豆簠簋。

未明一刻，奉禮帥贊者先入就位。贊引引御史、太祝與執罇罍篚者入當御座前，重行，北向西上。立定，奉禮曰：「再拜。」贊者承傳，御史以下皆再拜。執罇罍者各就位。贊引引御史、太祝行掃訖，引就位。

皇帝服武弁之服詣祭所，諸將與從祭之官皆戎服陪從如常。駕將至，謁者引行事之官皆就東門外位。駕至大次門外，下馬，之大次。郊社令以祝版進御署如常。謁者、贊引各引從駕羣官及諸將俱就門外位。〔二三〕謁者、贊引各引祭官及從祭羣官、諸軍將等次入就位。皇帝停大次半刻頃，太常博士引太常卿立於大次門外，當門北向。

侍中版奏：「外辦。」皇帝出次，博士引太常卿，太常卿引皇帝入門，仗衛停於門外，近侍者從入如常。皇帝至版位西向立。每立定，太常卿與博士退立於左。太常卿前奏：「再拜。」退復位。皇帝再拜。奉禮曰：「衆官再拜。」衆官在位者皆再拜。太常卿前奏：「有司謹具，請行事。」退復位。太祝跪取幣於篚，興，立於罇所。凡取物者，皆跪俛伏而取以興，奠物則跪奠訖，俛伏而後興。〔二四〕太常卿引皇帝進神座前，北向立。太祝以幣授侍中，侍中奉幣東向進，皇帝受幣。太常卿引皇帝進，北向跪奠於神座，俛伏，興。太常卿引皇帝少退，北向再拜訖，太常卿引皇帝還版位，西向立。於衆官拜訖，太官令出，帥進饌者奉饌陳於東門之外；謁者引司徒出詣饌所，司徒奉俎。皇帝既復位，太官令引饌入，太祝迎引設於神座前，訖，謁者引司徒以下還本位，太祝還罇所。

太常卿引皇帝詣罍洗，侍中、黃門侍郎贊洗，授巾爵並如常儀。謁者引司徒進立於罇所，齋郎奉俎立於司徒之後。皇帝洗爵訖，太常卿引皇帝詣罇所，執罇罍者舉冪，侍中贊酌醴齊訖，太常卿引皇帝進軒轅氏神座前，北向跪奠爵，俛伏，興，太常卿引皇帝少退，北向立。太祝持版進於神座之右，東面跪讀祝文。文臨時撰。訖，興，皇帝再拜，太祝進奠版於神座，還罇所。太祝以爵酌上罇福酒以授侍中，〔二五〕侍中受爵西向進皇帝，皇帝再拜受爵，跪祭、啐、奠爵、受胙，至還本位，如常儀。謁者引亞獻上將詣罍洗，盥手洗爵酌盎齊，奠、啐、受福如上訖，還本位。謁者又引次將終獻，如亞獻儀。太祝進徹豆如式，奉禮曰「賜胙」，以下至望瘞位、禮畢還大次，並如常。其實土，埳東西各四人。若備六軍及嚴鼓，作止如類告之禮。

皇帝親征及巡狩郊祭有司軷於國門

車駕出日，右校先於國門外委土爲軷；軷，爲山象也。又爲瘞埳於神座西北，方深取足容物。太祝布神座於軷前，南向。太官令帥宰人刳羊。郊社令之屬設罇罍篚冪於神座之左，俱右向。置幣於罇所。

駕將至，太祝立於罇洗東南，西向；祝史與執罇罍篚者俱就罇罍所立。太祝再拜，詣罇所取幣，進，跪奠於神座，興，還本位。進饌者薦脯醢於神座前，〔二六〕加羊於軷，西首。太祝詣罍洗盥手洗爵，詣罇所酌酒，進，跪奠於神座前，興，少退，北向立讀祝文訖，祝文臨時撰。太祝再拜，還本位。少頃，太祝帥齋郎奉幣爵酒饌物，〔二七〕宰人舉羊肆解之，太祝并載埋於埳，實之。〔二八〕執罇者徹罍篚席。〔二九〕駕至，權停。太祝以爵酌酒授太僕卿，太僕卿左執轡，右受酒，祭兩軹及軓前，〔三〇〕軹，轂末。軓，軾前。乃飲，授爵而退，〔三一〕遂驅駕轢軷上而行。

皇帝親征及巡狩告所過山川

前一日，諸告官俱清齋於告所，執事者先修除告所。又爲瘞埳，當神座之南如常。太官令備牢饌。嶽鎮海瀆用太牢，中山川用少牢，小山川用特牲。若行速即用酒脯。

告日，郊社丞布神座席於告所，近北南向。設酒罇於神座之左，而右向。〔三二〕設洗於酒罇東南，北向，其執罇者位如常。奉禮設告官位於罍洗東南，西向；執事者位於其後，北上。設奉禮位於告官西南，東向；贊者二人在南，少退。所司實罇罍俎豆，太祝實幣篚，齋郎取豆血。幣長一丈八尺，各隨方色。奉禮帥贊者先入就位，執罇罍篚冪者次入就位，謁者引告官以下次入就位。立定，奉禮曰：「再拜。」贊者承傳，告官以下皆再拜。

謁者進告官之左，白：「有司謹具，請行事。」退復位。奉禮曰：「再拜。」告官以下皆再拜。太祝以幣授告官，告官受幣，謁者引告官詣神座前，北面跪奠幣，俛伏，興，少退，再拜，告官復位。太官丞引饌入，太祝迎引設於神座前，太官丞以下還本位。謁者引告官詣罍洗，盥手洗爵訖，引告官詣酒罇所，執罇者舉冪，告官酌酒，進，跪奠於神座，〔三三〕俛伏，興，少退，北向立。太祝持版進於神座之右，東面跪讀祝文祝文臨時撰。訖，興，告官再拜，太祝進，跪奠版於神座，俛伏，興，還罇所。太祝以爵酌福酒，進告官之右，西向立。告官再拜，受爵，跪祭、啐、奠爵及受胙，以下望瘞等至燔版位，並如常儀。其賓土則埳東西各二人。

平蕩寇賊宣露布

其日，守宫量設羣官次。露布至，兵部侍郎奉以奏聞，仍承制集文武羣官、客使於東朝堂。羣官客使至，俱就次各服其服。奉禮設羣官版位於東朝堂之前，近南，文東武西，重行北向，相對爲首。又設客使位如常儀。設中書令位於羣官之北，〔三四〕南面。量時刻，吏部、兵部贊羣官客使出次，謁者、贊引各引就位。〔三五〕立定，中書令受露布置於案，令史二人絳公服對舉之。典謁者引中書令，舉案者從之，出就南面位，持案者立於中書令西南，東面。立定，持案者進，中書令取露布，持案者退復位。中書令稱：「有制。」羣官客使皆再拜。中書令宣露布訖，羣官、客使又再拜，皆舞蹈訖又再拜。謁者引兵部尚書進中書令前，受露布，退復位，兵部侍郎前受之。典謁引中書令入，謁者引羣官客使各還次。

遣使勞軍將

前一日，執事者先設使者次於營南門之外道右，南向。

使者至，謁者引之次。〔三六〕使者將到，兵部先集大將以下於南門之外，列左右廂，俱重行北向，相對爲首。使者出次，謁者引立於門西，東面；持節者立於使者之北，吏二人持制書案，立於使者西南，俱東面。立定，大將北面再拜。

謁者引使者，持節者前導，入門而左，持案者從之。使者立於幕前，南面；〔三七〕持節者立於使者之東，少南，西面；持案者立於使者西南，東面。又謁者引大將以下入立於使者之南，依左右廂俱重行北面，相對爲首。立定，持節者脱節衣，持案者進使者前，使者取制書，持案者退復位。使者稱：「有制。」大將以下俱再拜。宣詔訖，大將以下又再拜。謁者引大將進使者前，北面受制書，退復位。持節者加節衣，謁者引使者，持節者前導以出，持案者從之，俱復門外位。大將以制書授左右，拜送使者於門外。使者還，〔三八〕大將入。

初使者出，諸將以下以次出。若賜衣物，使者出次立於門外。立定，執事者以衣物立於案南，俱東面北上。使者入，衣物隨入。初大將受制書復位，執事者以衣物徧授之。大將以下受訖，又再拜。

皇帝講武

仲冬之月，講武於都外。

前期十有一日，所司奏請講武，兵部承詔遂命將帥簡軍士。有司先芟萊除地爲場，方一千二百步，四出爲和門。又於其内墠地爲步騎六軍營域處所：左右廂各爲三軍，皆上軍在北，中軍次之，下軍在南，東西相向。中閒相去三百步，五十步立表一行，凡立五行，〔三九〕表閒前後各相去五十步，爲三軍進止之節。又别墠地於北廂，南向，爲車駕停觀之處。

前三日，尚舍奉御設大次及御座於其中如常儀。

前一日，講武將帥及士卒集於墠所，禁止諠譁。依方色建旗爲和門，於都墠之中及四角皆建以五綵牙旗，旗鼓甲仗威儀悉備於墠所。大將以下各有統帥如常式。步軍大將被甲冑乘馬，教騎大將亦乘馬，教習士衆爲戰隊之法。凡教爲陣，少者在前，長者在後；其還則長者在前，少者在後。長者持弓矢，短者持戈矛，力者持旌旗，勇者持鉦鼓。刀楯爲前行，持矟者次之，弓箭爲後行。將帥先教士衆習見旌旗指麾之蹤，旗卧即跪，旗舉即起；金鼓動止之節，聲鼓即進，鳴金即止；知刑罰之苦，〔四〇〕賞賜之利，持五兵之便，戰鬭之備，習串跪起及行列險隘之路。

講武日，未明十刻，軍士皆嚴備。五刻，將士皆貫甲，步軍各爲直陣以相俟，將軍依儀各依格備物，大將軍各依格處分軍中，立於旗鼓之下。凡六軍各鼓一十二、鉦一、角四，並於其軍後表之下。鑾駕出宮如常式。〔四一〕

講武日未明七刻，搥一鼓爲一嚴，三嚴時節，前一日侍中奏裁。出宮以剛日。侍中奏開宮殿門及城門。未明五刻，搥二鼓爲再嚴，侍中版奏「請中嚴」。文武官應從者俱先置，文武官皆公服。所司爲小駕，依圖陳設。未明二刻，搥三鼓爲三嚴，諸衛各督其隊與鈒戟以次入陳於殿庭。諸侍衛之官各服其器服，諸侍臣俱詣西階下奉迎。侍中負璽如式。乘黃令進革輅於太極殿前，皇帝服武弁之服，餘並如圓丘儀。

駕至墠所，兵部尚書介冑乘馬奉引，至講武所，入自都墠北和門，至兩步軍之北，〔四二〕當空南向。黃門侍郎奏稱：「請降輅。」還侍位。皇帝降輅，入大次而觀。兵部尚書停於東廂，西向。三仗小退以通觀路。領軍減小駕騎士，立於都墠之四周。侍臣依左右廂立於大次之前，東西面北上。文武九品以上皆公服，文東武西，在侍臣之外十步所，〔四三〕重行北上。諸州使人及蕃客先集於都墠北和門外，東方南方立於道東，西方北方立於道西，皆向輅而立，以北爲上。駕至和門，奉禮曰：「再拜。」在位者皆再拜，〔四四〕皇帝入次，謁者引諸州使人，鴻臚卿引蕃客，東方南方立於大次東北，南向，以西爲上；西方北方立於大次西北，南向，以東爲上。若有觀者，立於都墠騎士仗外，四周任意。然後講武。

諸州使人及蕃客立定，吹大角三通，中軍將各以鞞令鼓，二軍俱擊鼓。三鼓，有司偃旗，步士皆跪。二軍諸帥果毅以上各集於中軍大將旗鼓之下。左廂中軍大將立於旗鼓之東，西面；諸軍將立旗鼓之南，北面東上。右廂中軍大將立於旗鼓之西，東面；諸軍將立於旗鼓之南，北面西上。以聽誓。大將誓曰：「今行講武，以教人戰，進退左右一如軍法。用命有常賞，不用命有常刑，可不勉之！」誓訖，左右三軍各長史二人，振鐸分循以警衆，諸果毅各以誓詞徧告其所部。遂聲鼓，有司舉旗，士衆皆起，騎徒皆行，〔四五〕及表，擊鉦，騎徒乃止。又擊三鼓，有司偃旗，士衆皆跪。又擊鼓，有司舉旗，士衆皆起，騎驟徒趨，及表乃止，整列立定。〔四六〕東軍一鼓，舉青旗爲直陣，西軍亦鼓而舉白旗爲方陣以應之；次南軍一鼓而舉赤旗爲鋭陣，北軍亦鼓而舉黑旗爲曲陣以應之。次東軍鼓而舉黃旗爲圓陣，西軍亦鼓而舉青旗爲直陣以應之。次西軍鼓而舉白旗爲方陣，東軍亦鼓而舉赤旗爲鋭陣以應之。次東軍鼓而舉黑旗爲曲陣，西軍亦鼓而舉黃旗爲圓陣以應之。凡陣迭爲客主，〔四七〕先舉者爲客，後舉者爲主，從五行相勝之法，爲陣以應之。每變陣，二軍各選刀楯之士五十人，挑戰於兩軍之前。第一、第二挑戰迭爲勇怯之狀，第三挑戰爲敵均之勢，第四、第五挑戰爲勝敗之形。每將變陣，先鼓而爲直陣，然後變從餘陣之法。五陣畢，兩軍俱爲直陣。又擊三鼓，有司偃旗，士衆皆跪。又聲鼓舉旗，士衆皆起，騎馳徒走，左右軍俱至中表，相擬擊而還。每退至一行表，跪起如前，遂復本列。

侍中跪奏：「請觀騎軍。」又侍中稱：「制曰可。」侍中俛伏，興。二軍吹角、擊鼓、誓衆、俱進及表乃止，皆如步軍，唯無跪起耳。騎軍東西迭爲主客，爲五變之陣皆如步軍之法。每陣各八騎挑戰於兩陣之間，如步軍法。五陣畢，俱大擊鼓而前，盤馬相擬擊而罷，遂振旅而還。

凡步騎二軍之士，備則滿數，省則半之，損益隨時，唯不得減將帥。凡相擬擊，皆不得以刃相及。凡步士逐退，過中表二十步而止，不得過也；騎士不在此例。若因田狩，則令講武軍士之外先期爲圍，觀訖，乘馬鼓行親禽如別禮。狩訖，乘輅振旅而還如常儀。

講武罷，侍中跪奏稱：「侍中臣某言，講武禮畢，請還。」俛伏，興。皇帝降御輿，侍衛如常儀。皇帝升輅，太僕卿立授綏，〔四八〕升訖，敕車右升，千牛將軍升輅陪乘。黄門侍郎奏請鑾駕發引，以下如圜丘還宮儀，唯不作鼓吹，不撞蕤賓。解嚴訖，將士各還。明日羣官奉參起居如別儀。

皇帝田狩

仲冬狩田之禮。前期十日，兵部徵衆庶，循田法；〔四九〕虞部量地廣狹，表所田之野。前狩三日，本司建旗於所田之後，隨地之宜。

前一日未明，諸將各帥士徒集旗下，不得諠譁。質明弊旗，後至者罰之。兵部分申田令，遂圍田。其兩翼之將皆建旗，及夜布圍訖，若圍廣，或先期二日、三日。圍闕其南面。且據南面。及狩，隨地所向。

駕出以剛日。其發引、次舍如常。將至田所，皇帝鼓行入圍。鼓吹令以鼓六十陳於皇帝東南，西向；六十陳於皇帝西南，東向，皆乘馬。各備簫角。〔五〇〕諸將皆鼓行赴圍。乃設驅逆之騎百有二十。既設驅逆，皇帝乘馬南向，有司斂大綏以從，諸公王以下皆乘馬帶弓矢陳駕前後，所司之屬又斂小綏以從。乃驅獸出皇帝之前。初一驅過，有司整飭弓矢以前；再驅過，本司奉進弓矢；〔五一〕三驅過，皇帝乃從禽左而射之。每驅必三獸以上。皇帝發，亢大綏。皇帝既發，然後公王發。王著，亢小綏。〔五二〕諸公既發，以次射之訖，驅逆之騎止，然後百姓獵。

凡射獸，自左而射之，達於右腢，爲上射；達右耳本，爲次射；左髀達於右髃，爲下射。〔五三〕羣獸相從，不盡殺。已被射者，不射。又不射其面，不翦其毛。其出表者不逐。

將止，虞部建旗於田內，乃雷擊駕鼓及諸將之鼓，士徒譟呼。諸得禽者，獻於旗下，致其左耳。大獸公之，小獸私之。其上者以供宗廟，次者以供賓客，下者以充庖廚。乃命有司饁獸於四郊，以獸告至於廟社。其因講武以狩，則先設圍亦如之也。

校勘記

〔一〕鈒戟近仗以次列於殿庭　原訛作「文武官各列於殿庭」，據開元禮卷八一及北宋本、傅校本、明抄本、明刻本改。

〔二〕通事舍人引羣官以次入就位諸侍臣俱詣閤奉迎　原脱「以次就位諸侍臣」八字，據開元禮卷八一及北宋本、傅校本、明抄本、明刻本補。

〔三〕諸應告之官及羣官客使等　開元禮卷八一作「諸與告之官清齋於告所侍從之官應從升者及羣官客使等」。

〔四〕施大次　「施」原訛「設」，據開元禮卷八一及北宋本、傅校本、明抄本改。

〔五〕社設軍將次於社宮北門之外道西東向北上　原脱「設」，「將」下衍「位」，「宮」訛作「官」，「西東」誤倒，並據開元禮卷八二補删改乙。按：北宋本、傅校本、明抄本「宫」字不誤；北宋本、傅校本、明抄本、明刻本「西東」不倒。又按：此注應置於上文「又設軍將次於外壝南門外道東西向北上」之下。

〔六〕又爲瘞埳二於樂懸之北如常　「樂懸之」原訛作「神座」，據開元禮卷八二改。按：北宋本、傅校本、明抄本、明刻本、王吴本俱作「樂之」，脱「懸」字。

〔七〕告日未明十五刻　「告日」原脱，據開元禮卷八一補。

〔八〕一正座　原「一」上衍「每」，據開元禮卷八一及北宋本、傅校本、明抄本、明刻本、王吴本删。

〔九〕嚴鼓時刻　「時刻」原訛「侍中」，據北宋本、傅校本、明抄本改。

〔一〇〕奏請進發　原脱「進」，據開元禮卷八一補。

〔一一〕薦玉帛　「薦」開元禮卷八一作「奠」。

〔一二〕皇帝既升奠玉幣　「幣」原作「帛」，據開元禮卷八一及北宋本改。

〔一三〕皇帝親征告於太廟　「告」開元禮卷八三及本書卷四一北宋本禮典目録作「造」。

〔一四〕與太樂工人俱清齋如常儀　原脱「與太樂」三字，據開元禮卷八三補。

〔一五〕以爵酌罍福酒　原脱「罍」，據開元禮卷八三及北宋本、傅校本、明抄本、明刻本補。

〔一六〕登歌作　北宋本、傅校本、明抄本、明刻本、王吴本此句上有「軍將」二字，蓋衍文。

〔一七〕凱旋告日　開元禮卷八三於此段前有「凱旋獻俘」四字標題。

〔一八〕設典儀位於東階東南贊者二人在南差退乘黄令陳革輅旌旗之屬於殿庭　原脱「東南贊者二人在南

差退乘黄令陳」十四字，據開元禮卷八三補。

〔一九〕奉禮設御位於神座東南　開元禮卷八四及北宋本、傅校本、明抄本、明刻本、王吴本無「位於神」三字。

〔二〇〕位於瘞埳西南上　原脱「上」，據開元禮卷八四及北宋本、傅校本、明抄本、明刻本、王吴本補。

〔二一〕設御洗又於酒罇東南　「又」原在「設」上，據開元禮卷八四及北宋本、傅校本、明抄本、明刻本乙正。

〔二二〕執罇罍篚冪者　原脱「篚冪」，據開元禮卷八四補。

〔二三〕諸將　「將」上原衍「軍」，據開元禮卷八四及北宋本、傅校本、明抄本、明刻本、王吴本删。

〔二四〕凡取物者皆跪俛伏而取以興奠物則跪奠訖俛伏而後興　原脱上「興」字，「則跪」作「既」，據開元禮卷八四補改。按：北宋本、傅校本、明抄本、明刻本有「則」脱「跪」。

〔二五〕太祝以爵酌上罇福酒　原脱「上罇」，據開元禮卷八四補。按：北宋本作「太祝以爵酌罇福」。傅校本、明刻本、王吴本作「太祝以爵酌罇受福」。俱有脱誤。

〔二六〕進饌者薦脯醢於神座前　原脱「者」脱「醢」，並據開元禮卷八四、新唐書禮樂志六三八五頁補。按：隋制軷祭禮同，亦薦脯醢，見隋書禮儀志三一六〇頁。

〔二七〕齋郎奉幣爵酒饌物　「奉」原訛「取」，據開元禮卷八四、新唐書禮樂志六三八五頁改。按：北宋本、傅校本、明抄本、明刻本、王吴本脱「奉」，因文義不通，清人遂臆補「取」。

〔二八〕埋於埳實之　原脱「於」，據開元禮卷八四、新唐書禮樂志六三八五頁及北宋本、傅校本、明抄本、明刻本補。「實」原訛「寘」，據開元禮改。下同。

〔二九〕執罇者徹罍篚席　新唐書禮樂志六三八五頁同。開元禮卷八四「席」作「冪」。按：前未言設席，疑作「冪」是。且此席如指神座言之，亦當由布神座之太祝或祝史徹之，不應執罇者兼徹之也。

〔三〇〕祭兩軹及軓前　「軓」北宋本作「軏」，傅校本、明抄本、明刻本作「軏」，王吳本作「軌」，局本作「軏」，並誤。據周禮大馭、開元禮卷八四及殿本改。注同。

〔三一〕授爵而退　「授」原訛「受」，據開元禮卷八四、新唐書禮樂志六三八五頁改。

〔三二〕設酒罇於神座之左而右向　「而右向」原訛脱作「面右」，北宋本、傅校本、明抄本、明刻本作「而右」，脱「向」字。據開元禮卷八四改補。

〔三三〕告官酌酒進跪奠於神座　「進跪」原誤倒，開元禮卷八四同。據開元禮禮例乙正。按：開元禮禮例，凡奠幣、奠酒、奠版於神座前，皆先進神座前而後跪奠。

〔三四〕設中書令位於羣官之北　原脱「位」，據開元禮卷八四、新唐書禮樂志六三八六頁補。

〔三五〕謁者贊引各引就位　原脱「各引」，據開元禮卷八四補。

〔三六〕謁者引之次　「之」原作「入」，據開元禮卷八四及北宋本、傅校本、明抄本、明刻本、王吳本改。

〔三七〕持案者從之使者立於幕前南面　原脱「之使者」三字，據開元禮卷八四補。

〔三八〕使者還　「還」原作「退」，據開元禮卷八四及北宋本改。

〔三九〕凡立五行　「行」開元禮卷八五作「表」。

〔四〇〕知刑罰之苦　「苦」原訛「害」，據隋書禮儀志三一六四頁、開元禮卷八五及本書卷七六出師儀制改。

〔四一〕鑾駕出宫如常式　原脱「宫」，據北宋本、傅校本、明抄本、明刻本補。

〔四二〕至兩步軍之北　原脱「至」，據開元禮卷八五補。

〔四三〕在侍臣之外十步所　原脱「所」，據開元禮卷八五補。

〔四四〕在位者皆再拜　「再拜」原作「拜訖」，據開元禮卷八五、新唐書禮樂志六三八七頁及北宋本、傅校本、明抄本、明刻本、王吴本改。

〔四五〕騎徒皆行　「徒」原訛「從」，據開元禮卷八五改。下「騎徒乃止」同。

〔四六〕整列立定　「立」原訛「位」，據開元禮卷八五改。

〔四七〕迭爲客主　「客主」原倒，據開元禮卷八五及本書卷七六乙。

〔四八〕太僕卿　「卿」原訛「御」，據開元禮卷八五及北宋本、傅校本、明抄本、明刻本改。

〔四九〕循田法　「循」原作「修」，據開元禮卷八五及北宋本、傅校本、明抄本、明刻本、王吴本改。

〔五〇〕各備簫角　「備」原訛「背」，據開元禮卷八五及北宋本、傅校本、明抄本、明刻本改。

〔五一〕本司奉進弓矢　「奉」原訛「奏」，據開元禮卷八五及北宋本、傅校本、明抄本、明刻本、王吴本改。

〔五二〕王著亢小綏　「王著」原訛作「公王發」，據開元禮卷八五及北宋本、傅校本、明抄本、明刻本改。

〔五三〕凡射獸自左而射之達於右腢爲上射達右耳本爲次射左髀達於右䯚爲下射　原訛作「凡射獸自左面射之達於左腢爲上射達左耳本爲中射達右耳本爲次射左脾達於右䯚爲下射」，共錯五字，衍七字。

諸本「而」字不誤，北宋本、傅校本、明抄本、明刻本「中射」作「上射」，餘同局本。今據開元禮卷八四删改。按：箭自獸左側射進，箭鏃只能達於右側，斷無曲達「左腢」「左耳本」之理。又射著級別唯上射、次射、下射三等，後人於上射次射間增中射一等，尤謬。

王文錦點校

通典卷第一百三十三

禮九十三　開元禮纂類二十八　軍禮二

皇帝射於射宮　皇帝觀射於射宮　制遣大將出征有司宜於太社　制遣大將出征有司告於太廟齊太公廟附　仲春祀馬祖　仲夏享先牧仲秋祭馬社仲冬祭馬步附　合朔伐鼓諸州合朔伐鼓附　大儺諸州縣儺附

皇帝射於射宮

前一日，太樂令設宫懸之樂，鼓吹令設十二案於射殿之庭，以當月之調，登歌各以其合；〔一〕東懸在東階東，西面，西懸在西階西，東面；南北二懸，及登歌，廣開中央。〔二〕避箭位也。張熊侯，去殿九十步，設乏於侯西十步，北十步。乏，侯邊避矢物，以革爲之，高廣七尺。先有垛爲之，則不設。設五楅庭前，少西。楅，長三尺，博三寸，〔三〕厚一寸半，龍首蛇身，以委矢。布侍射者位於西階前，東面北上。布司馬位於侍射位之南，〔四〕東面。布獲者位於乏東，〔五〕東面。侍射射位於殿階下，當御前少西，〔六〕橫布，南面。侍射者弓矢俟於西門外。陳賞物於東階下，少東。置罰豐於西階下，少西。豐，所以承罰爵，形似豆大而卑。設罰罇於西階西，南北以堂深。設篚於罇西，南肆，實爵加冪。

其日質明，御服武弁出，樂作，警蹕及文武侍衞皆如常儀。文武官俱公服，典謁引入見，樂作及會如元會儀。酒三遍，侍中奏稱：「有司既具，請射。」又侍中前承制，〔七〕退稱，「制曰可。」王公以下皆降。文官立東階下，西面北上；武官立西階下，於射之後東面北上。〔八〕持鈒隊羣立於兩邊，〔九〕千牛備身二人橫奉御弓矢立於東階上，西面，執弓者在北。設坫於執弓者之前，置御決拾笥於其上。決，今之射沓。拾今之射捍。獲者持旌，自乏南行，當侯東行，至侯，負侯北面立。負侯謂背侯向內立。令衆射者見侯與旌，〔一〇〕深有志於中。侍射者出西門外取弓矢，兩手奉弓，搢乘矢於帶，搢，插。乘矢，四矢。入立於殿下射位西，〔一一〕東面。司馬奉弓自西階升，當西楹前，南面，揮弓命獲者去侯。獲者去侯，〔一二〕西行十步，北行至乏，止。司馬降西階，復位。千牛郎將一人奉決拾以笥，千牛將軍奉弓，千牛郎將奉矢，進立於御榻東，少南，西面。郎將跪奠笥於御榻前少東，拂以巾，取決興，贊設決訖，千牛郎將又跪取拾興，贊設，以笥退，奠於坫上，復位。千牛將軍北面張弓，以袂順左右隈，上再下一，弓左右隈，謂弓上面下面。以衣袂摩拭上面再度，下面一度也。西面，左執弣，右執簫以進御訖，退立於御榻東少後。千牛郎將以巾拂矢進，一一供御。御欲射，協律郎舉麾，先奏鼓吹及樂騶虞五節，御乃射，第一矢與第六節相應，第二矢與第七節相應，以至九節。協律郎偃麾，樂止。千牛將軍以矢行奏，中曰「獲」，下曰「留」，上曰「揚」，左曰「左方」，右曰「右方」。留，矢短不及侯。揚謂矢過侯，左右謂矢偏不正也。御射訖，千牛將軍於御座東，西面受弓，退付千牛於東階上。千牛郎將以笥受決、拾，〔一三〕退奠於坫上，復位。

侍射者進，升射席，北面立，左旋，東面張弓，南面挾矢。協律郎舉麾，樂作，不作鼓吹。奏樂貍首三節，然後發矢。若侍射者多，則齊發。第一發與第四節相應，第二發與第五節相應，以至七節。協律郎偃麾，樂止。射者右旋，東面弛弓，北面立，乃退，復西階下位。其射人多少，臨時聽進止。若九品以上俱蒙賜射，則六品以下後日引射，所司監之。司馬升西階，自西楹前，南面揮弓命取矢，降復位。取矢者以御矢付千牛郎於東階下，〔一四〕侍射者矢加於楅，北闊。侍射者釋弓於位，庭前北面東上。所司奏請賞侍射中者，罰不中者。侍中稱：「制曰可。」所司立楅之西，東面，監唱射矢。〔一五〕取矢者各唱中者姓名。中者立於東階下，西面北上；不中者立於西階下，東面北上。俱再拜。所司於東階下以次付賞物，受訖，退復西面位。〔一六〕酌者於罰罇西，東面酌，進，北面跪奠於豐上，退立於豐南，少西。不中者進豐南，北面跪取豐上爵，立飲卒爵，跪奠豐下，退復東面位。酌者北向跪取虚爵，酌奠如初。

不中者以次繼飲皆如初。訖，典謁引王公以下及侍射者，庭前北面，相對爲首，再拜訖，引出。持鈒隊復位。御入，奏樂警蹕如常儀。所司以弓矢出中門外，〔一七〕付侍射者，引出。

若御射無侍射之人，則不設楅，不陳賞物，不設罰觶。若御燕遊小射，則常服，不陳樂懸，不行會禮，王公以下事訖出，無北面再拜之儀。

皇帝觀射於射宮

前一日，設宮懸、登歌、張麋侯如親射儀。設第一楅於庭前少西，第二楅於第一楅南二步，以次五楅。陳賞物罰豐如親射。布王公以下釋弓矢席位於中門外左右，俱北上。布三品以上會席位於殿上如常儀。布第四品五品會席位於東西階南，在樂懸內，〔一八〕東廂者西面，西廂者東面，俱北上。若殿上人少，四品五品亦升之。布六品以下會席位於樂懸之南，北上。若四品五品升殿，則在懸內。布王公以下將射位於東西階前，北上。布左右司射位於王公將射位前，左者西面，右者東面，俱北上。布司馬位於右司射南，東面。布三品以上及左供奉官射席位於御座東楹間，少前；〔一九〕布三品以上及右供奉官射席位於御座西楹間，少前。〔二〇〕席橫布，各容六人。布四品以下射席位於殿階下如殿上儀。布獲者位於乏東，東面，取矢者在獲者南，俱東面。獲者，謂看矢疎密者。置左右司射各三人，司馬二人。

其日質明，王公以下俱公服，〔二一〕持弓矢，分爲左右引入，至中門外位。御服武弁服出，〔二二〕樂作，警蹕如常儀。王公以下皆跪釋弓矢於位，典謁引入見會如常儀。凡射先行會禮。酒三遍，所司奏請賜王公以下射。侍中前承詔，退稱：「制曰可。」王公以下將射者皆降庭前，北面，相對爲首，再拜訖，典謁引出復中門外位，跪取弓矢，興，兩手奉弓，搢乘矢，典謁引入就將射位。左右司射及司馬及獲者皆就位。執罰鱒者立於鱒南，執篚者立於篚南，皆北面；酌者立於鱒西，東面。獲者持旌自乏南行十步，〔二三〕當侯東行，至侯，負侯北面立。

左右司射各一人先導射，皆搢乘矢於帶，兩手奉弓，左者從東階，右者從西階，至階，左者西面，右者東面，相顧立定，俱升，進，各當席前，北面俱進，升射席。立定，左廂者右旋，西面張弓，右廂者左旋，東面張弓，俱南面，挾一个。挾謂置矢於弓。司馬執弓自西階升，當右射者前，左旋南面，揮弓命獲者去侯。獲者持旌去侯，西行十步，當乏北行，至乏，止。乃射。左司射一發，右司射一發，更迭射訖，左司射左旋西面弛弓，右司射右旋東面弛弓，俱北面立定，俱少退，各從東西階降於階下，相向立定，乃退復位。

左右司射各於王公位前，北面次比王公從首六人，〔二四〕引從東西階升如司射之儀。至射席，相對爲首，北面立，左者右旋西面張弓，右者左旋東面張弓，俱南面，挾一个。所司奏：「請以射樂樂王公以下。」若兩番射，〔二五〕則每番唯射取中侯，未須奏請作樂相應。侍中前承制，退稱：「制曰可。」〔二六〕通事舍人承傳，西面告太常卿，太常卿於西懸内東面命樂正曰：「奏樂，間若一。」言奏七節，節間疎數如一也。司射自西階升，當御前少西，東向誓曰：「無射獲，無獵獲。」不得射侯邊獲者，不得獵過獲者之傍。射者俱逡巡，司射退，降復位。司射又升西階誓曰：「不鼓不釋。」不與鼓節相應，雖中不爲釋算。〔二七〕射者又逡巡，司射退降復位。協律郎舉麾，作貍首之樂三節訖，左右俱一發使與第四節相應，左右又一發使與第五節相應，以至七節射訖，協律郎偃麾，樂止。左厢射者左旋西面弛弓，右厢射者右旋東面弛弓，俱北面立，少退，從東西階降，立於階下，相向北上立定，乃退。左右司射各以次取六人，俱升射如初。四品以下射於殿下，即射席升降及射與樂相應如殿上儀。射訖者，三品以上及近侍之官釋弓於下，升復會位，〔二八〕四品以下皆復會位，坐。其未射者立，繼射如初。

射總訖，司馬升殿，揮弓命取矢。取矢者上中下矢各一人持，其不中者矢亦一人持，至庭前，其第一矢跪加第一楅，〔二九〕北闕，其以下次加楅訖，取矢者各立楅南，北面。王公以下各降，執弓庭前北面立。

所司奏請賞射中者，罰不中者。侍中承制，退稱：「制曰可。」所司立楅之西，東面監唱射矢。取矢者各唱中者姓名。〔三〇〕中者立東階下，西面北上，依射中疎密爲第。其不中者謂四矢俱不中侯也。立於西階下，東面北上，依品爲序。東西俱再拜。所司東階下以次付賞物，受訖者退復西面位。若賜多，且置於位，御入，〔三一〕持出中門外付之。酌者於罰罇西，東面酌，進，北面跪奠爵豐上，立於豐南少西。不中者豐南北面橫奠弓，跪取爵，立飲卒爵，跪奠爵豐下，取弓，退復東面位。酌者繼酌奠於豐，不中者以次飲皆如初。

若更射，則取矢者以矢就東西面位，付射者。訖，左右司射各從首取王公以下六人升射如初，〔三二〕始作樂，與樂相應如上儀。其賞罰皆如初訖，典謁者引中者及不中者及不射者，皆庭前北面，各依品相對，再拜訖，出復中門外位。〔三三〕持鈒者復位。御入，樂作，警蹕如常。所司持矢出中門外，付射者訖，引出。

若御不親觀射，則不設樂懸。王公以下各執弓矢入庭前，北面拜訖，通事舍人宣敕賜王公以下食，王公等皆再拜。典謁引王公以下就東西廊下食訖，舍人又宣敕賜王公以下射，王公以下在位者皆再拜。〔三四〕左右司射引王公以下皆如御前之儀。射訖，王公以下皆北面相對立。通事舍人宣敕云：「射中者依算賜物，不中者罰酒。」王公等皆再拜。其受賞及罰皆如御前之儀。北面再拜，取矢訖，引出。

制遣大將出征有司宜於太社

將告，有司卜日如別儀。

前一日，諸告官致齋於社所。守宮設告官以下次各於常所，諸將次於社宮北門外道西，〔三五〕東向南上。右校清掃内外，又爲瘞埳二於南門内壝西南如常。奉禮設告官以下版位如常儀。設諸將位於北門内，當太社壇，南面東上；設諸將門外位於北門外道西，〔三六〕東向南上。郊社令帥其屬設罇罍玉帛等如式，執罇罍者位如常。

告日未明十刻，太官令先具牢饌。質明，告官等各服其服，太史令、郊社令升設神席，良醞令之屬入實罇罍玉幣。〔三七〕太罍及配座象罇實醴齊，〔三八〕玄酒各實於上罇。玉，社稷兩珪有邸。幣以玄，一丈八尺。奉禮帥贊者先入就位。贊引引御史、太祝以下入，行掃除如常儀訖，就位。贊引引告官以下俱就門外位。謁者引告官，贊引引執事者入就位。立定，奉禮曰：「再拜。」贊者承傳，告官以下皆再拜。太官令出，帥進饌者奉饌陳於西門外。初告官等入，〔三九〕謁者引諸將俱就門外位；告官入訖，謁者引諸將入就位。立定，奉禮曰：「再拜。」大將以下皆再拜。

謁者進告官之左，白：「有司謹具，請行事。」還本位。諸祝俱取玉幣於篚，各立於罇所。謁者引告官詣太社壇升北陛，以下至奠玉幣、酌飲福、受胙，如巡狩告社攝事儀。初告官詣稷壇，〔四〇〕謁者引諸將詣太社壇，〔四一〕升西陛，進立於太社神主前，南面東上。初諸將升，諸祝帥齋郎以爵酌福酒，進諸將東，西面立。諸將皆再拜受爵，跪祭酒，啐酒，奠爵，俛伏，興。諸祝帥齋郎進俎，減神前胙肉以次授，諸將受以授齋郎。諸將俱跪取爵，遂飲卒爵，太祝帥齋郎受爵，復於坫。諸將俛伏，興，再拜訖，謁者引諸將降詣太稷壇，飲福受胙如太社儀訖，還本位。奉禮曰：「再拜。」諸將以下皆再拜，謁者引出。初諸將出，諸祝各進跪徹豆，以下及告官望瘞玉幣至禮畢，如巡狩告社儀。

若凱旋，唯陳俘馘及軍實於北門之外，南面，〔四二〕其告禮如上儀，祝版燔於齋所。

制遣大將出征有司告於太廟齊太公廟附

將告，有司卜日如別儀。

前一日，諸告官致齋於廟所。衞尉設告官以下次各於常所，右校掃除内外，奉禮設告官版位於内外如常。設諸將位於廟庭横階南道東，每等異位，重行北面，西上。〔四三〕又設諸將門外位於南門外道東，重行西向，北上。太廟令整拂神幄，又帥其屬以罇坫罍洗篚冪入設，皆如常儀。

告日未明十刻，太官令先具牢饌如常。其饌每室用特牲一。太公廟具酒脯醢。未明三刻，諸告官以下各服其服，太廟令、良醖令入實罇罍及幣。每室犧罇二：一實玄酒，爲上；一實醴齊，次之。〔四四〕未明二刻，奉禮帥贊者先入就位。贊引引御史、太祝以下再拜入，行掃除皆如常。

自「將告」以下至此，與太公廟儀同。贊引引太廟令、太祝、宮闈令自東階升，入，開埳室，奉出獻祖以下神主，各置於座如常儀。各引就位。又贊引引告官以次入就位。立定，奉禮曰：「再拜。」告官以下皆再拜。〔四五〕其先拜者不拜。太公廟贊引引廟令、太祝等入，當階閒北面西上。立定，奉禮曰：「再拜。」廟令以下皆再拜。升自東階入就位。立定，奉禮曰：「再拜。」告官以下皆再拜。太官令出，帥進饌者奉饌陳於東門外。謁者引諸將以下入就位。立定，奉禮曰：「再拜。」諸將以下皆再拜。

謁者進告官之左，白：「有司謹具，請行事。」還本位。諸祝取幣於篚，各立於罇所。太官令以下至此，太公廟儀同。謁者引告官升自東階，詣獻祖室户前北向立。太祝以幣進，東向授告官，告官受，進，入室，北面跪奠於獻祖座，俛伏，興，出户，北向再拜訖，次懿祖以下並如上儀。謁者引還本位，祝還罇所。太公廟謁者引告官升東階，詣太公座前北向立。太祝以幣東向授告官，告官受，進，北面跪奠於太公座前，俛伏，興，少退，北向再拜訖，謁者引告官當留侯座，受幣奠亦如之。太官令引饌入，自正門升太階，諸祝迎引於階上，各設於神座前訖，太官之屬還本位訖，諸祝各還罇所。〔四六〕謁者引告官盥洗、酌獻、讀祝文，自九室以下及飲福、受胙皆如常儀。再拜訖，謁者引告官降復位。太公廟奠幣訖，謁者引告官升自東階，酌獻太公及留侯並如常儀。告官飲福將訖，謁者引諸將升東階，進當皇考睿宗大聖真皇帝廟室户前，〔四七〕北面西上。初諸將升，諸祝帥齋郎以爵酌福酒詣諸將之東，西面北上。諸將皆再拜受爵，跪祭酒，啐酒，奠爵，俛伏，興。〔四八〕

諸祝帥齋郎進俎，減神前胙肉，以次授諸將。諸將受以授齋郎。諸將俱跪取爵，〔四九〕遂飲卒爵。太祝帥齋郎受爵，復於坫。諸將俛伏，興，再拜訖，謁者引諸將降復位。奉禮曰：「再拜。」諸將以下皆再拜，謁者引出。諸祝各進神座前，跪徹豆，俛伏，興，還罇所。奉禮曰：「賜胙。」贊者唱：「再拜。」在位者俱再拜。已飲福受胙者不拜。太公廟無諸將拜獻之儀。奉禮曰：「再拜。」告官以下皆再拜訖，謁者進告官之左，白：「請就望瘞位。」謁者引告官就望瘞位，〔五〇〕至禮畢如常儀。其寘土，埳東西各二人。太公廟同上。太廟令納神主如常儀，祝版燔於齋坊。

若凱旋，唯陳俘馘及軍實於南門外，北面西上，其告儀如上。

仲春祀馬祖

將祀，有司筮日如別儀。以下先牧、馬社、馬步皆筮日。

前祀三日，應享之官散齋二日、致齋一日如別儀。

前祀二日，守宮設祀官次於東壝外道南，北向西上。陳饌幔於內壝外。郊社令積柴於燎壇，方高五尺。太官令具特牲之饌。

其日未明二刻，〔五一〕太史令、郊社令升設神座於壇上，席以莞，南向。奉禮設獻官位於壇東南，西向；執事位又於東南，俱西向北上。設奉禮位於獻官西南，贊者二人在南差退。又設奉禮贊者位於燎壇東北，俱西向北上。設望燎位當柴壇北，〔五二〕南向。設祀官等門外位於東壝外道南，西上。郊社令設酒罇於壇上東南隅，北向。洗於壇東南，北向，執罇篚者如常，幣篚於罇所。〔五三〕

未明一刻，太祝、獻官等各服其服，郊社令與良醞令入實罇罍及幣。

質明，謁者引獻官以下俱就門外位。奉禮郎帥贊者先入就位。贊引引太祝與執罇罍篚冪者入，當壇南重行，北面西上。立定，奉禮曰：「再拜。」贊者承傳，太祝以下俱再拜。太祝與執罇者，升東階，至罇所，執罍洗篚冪者各就位。謁者引獻官以下入就位。立定，奉禮曰：「再拜。」在位者俱再拜。

謁者進獻官之左，白：「有司謹具，請行事。」退復位。太官令出詣饌所，太祝跪取幣於篚，興，立罇所。謁者引獻官詣神座前，北面立。太祝奉幣東向授獻官，獻官受幣，進，北面跪奠於神座，俛伏，興，少退，北面再拜，謁者引獻官還本位。太官令引饌入，升南陛，太祝迎引於壇上，設於神座前訖，太官令以下降復位，〔五四〕太祝還罇所。謁者引獻官詣罍洗，盥手洗爵訖，謁者引獻官升自南陛，詣酒罇所，執罇者舉冪，獻官酌酒，謁者引獻官進神座前，北向跪奠爵，俛伏，興，少退北向立。太祝持版進於神座之右，東面跪讀祝文曰：「維某年歲次月朔日，天子謹遣具官臣姓名，昭告於馬祖天駟之神：爰以春季，遊牝於牧，祇薦制幣犧齊，粢盛庶品，明薦於馬祖天駟之神，尚饗。」訖，興。獻官再拜。太祝進，跪奠版於神座，俛伏，興，還罇所。太祝以爵酌福酒，進獻官之右，西向立。獻官再拜，受爵，跪祭酒，遂飲卒爵。太祝進受爵，復於坫。〔五五〕獻官俛伏，興。太祝帥齋郎進俎，減神前胙肉，以授獻官。獻官受以授齋郎，謁者引獻官降自南陛，還本位。太祝進，跪徹豆，俛伏，興，還罇所。奉禮曰：「再拜。」在位者皆再拜。已飲福受胙者不拜。奉禮又曰：「再拜。」在位者俱再拜。〔五六〕

謁者進獻官之左，白：「請就望燎位。」謁者引獻官就望燎位，南向立。奉禮又帥贊者退立於燎壇東北位。太祝進神座前，跪取制幣、祝版、爵酒，又以俎載牲體、稷黍飯，興，降自南陛，南行，〔五七〕當柴壇東南行，自南陛登柴壇，以幣、酒、祝版、饌置柴上訖，奉禮曰：「可燎。」東西面各二人以炬燎，火起，〔五八〕以炬投壇上。火半柴，謁者進獻官之左，白：「禮畢。」遂引獻官以下出，奉禮、贊者還本位。贊引引太祝以下俱復執事位。立定，奉禮曰：「再拜。」太祝以下皆再拜，贊引引出。

仲夏享先牧 仲秋祭馬社、仲冬祭馬步附

前享三日，應享之官散齋二日於正寢，致齋一日於享所。右校掃除壇之內外，爲瘞埳於壇之壬地，〔五九〕方深取足容物。衞尉設享官次於東壝外道南，北向西上。太官令具特牲之饌。

其日未明二刻，以下至設贊者位於瘞埳西南，同馬祖儀。設瘞埳位於壇之西南，北向。設享官以下門外位，以下至讀祝文，如馬祖儀。祝文曰「昭告於先牧之神，肇開牧養，厥利無窮，式因頒馬，爰以制幣」云云，尚饗。訖，興，獻官再拜。太祝進跪徹以下，至燔版，如馬祖儀。其埳實土東西各二人。祭馬社祝文曰：惟神肇教人乘，用賴於今，式因肆僕，〔六〇〕爰以制幣云云，尚饗。馬步祝文曰：惟神爲國所重，在於閑牧，神其屏茲凶慝，使無有害，載因獻校，爰以制幣云云，尚饗。

合朔伐鼓 二至二分即不〔六一〕　諸州合朔伐鼓附

其日合朔，前二刻，〔六二〕郊社令及門僕各服赤幘絳衣，守四門，令巡門監察。鼓吹令平巾幘，袴褶，帥工人以方色執麾旒，分置四門屋下，龍蛇鼓隨設於左。東門者立於北塾，南面；南門者立於東塾，西面；西門者立於南塾，北面；北門者立於西塾，東面。門側堂曰塾。麾

杠各長一丈。〔六三〕旒以方色，各長八尺。隊正一人著平巾幘、袴褶，執刀，帥衞士五人執五兵於鼓外，矛處東，戟在南，斧鉞在西，稍在北。郊社令立攢於社壇四隅，以朱絲繩縈之。太史官一人著赤幘、赤衣，立於社壇北，向日觀變。黄麾次之；龍鼓一面，次之在北；弓一張，矢四隻，次之。諸工鼓靜立候。〔六四〕日有變，史官曰：「祥有變。」工人齊舉麾，龍鼓齊發聲如雷。史官稱「止」，工人罷鼓。其日廢務，百官守本司。日有變，皇帝素服，避正殿；百官以下皆素服，各於廳事前重行，每等異位，向日立。明復而止。諸州伐鼓：其日見日有變則廢務，所司置鼓於刺史廳事前。刺史及州官九品以上俱素服，立於鼓後，重行，每等異位，向日，刺史先擊鼓，執事代之。明復俱止。

大儺 諸州縣儺附

大儺之禮。

前一日，所司奏聞。選人年十二以上、十六以下爲侲子，著假面，衣赤布袴褶。二十四人爲一隊，六人作一行。執事者十二人，著赤幘褠衣，執鞭。工人二十二人：其一人方相氏，著假面，黄金四目，蒙熊皮，玄衣朱裳，右執戈，左執楯；其一人爲唱帥，著假面，皮衣，執棒；〔六五〕鼓角各十，合爲一隊。隊別鼓吹令一人，太卜令一人，各監所部巫師二人。令以下皆服平巾幘、袴褶。州縣儺，方相四人執戈楯，唱率四人。侲子，都督及上州六十人，中下州四十人，縣皆二十人。方相、唱率，縣皆二人，〔六六〕皆以雜職差之。其侲子，取人年十五以下，十三以上充之。又雜職八人，四人執鼓鞉，四人執鞭。戈，今以小戟。以逐惡鬼於禁中。有司先備每門雄雞及酒，擬於宮城正門、皇城諸門磔禳設祭。〔六七〕太祝一人，齋郎三人，右校爲瘞埳，各於皇城中門外之右，方深稱其事。〔六八〕先一日之夕，儺者各赴集所，具其器服，依次陳布以待事。諸州縣儺則前一日之夕，所司帥領宿於府門外。其縣門亦如之。

其日未明，諸衞依時刻勒所部，屯門列仗，近仗入陳於階下如常儀。鼓吹令帥儺者各集於宮門外。諸州縣，未辨色，所司白刺史縣令，〔六九〕請引儺者入。內侍詣皇帝所御殿前，奏：「侲子備，請逐疫。」訖，出命內寺伯六人，分引儺者於前長樂門、永安門，以次入，至左右上閤，鼓譟以進。方相氏執戈揚楯，諸州縣儺，將辨色，宦者二人出門，〔七〇〕各執青麾，引儺者入。無宦者外人引導。於是儺，擊鼓鞉，〔七一〕俱譟呼，鼓鞭戈楯而入。唱率侲子和曰：「甲作食殃，胇胃食疫，雄伯食魅，騰簡食不祥，覽諸食咎，伯奇食夢，强梁、祖明共食磔死寄生，〔七二〕委隨食觀，錯斷食巨，窮奇、騰根共食蠱。凡使十二神追惡鬼凶，赫汝軀，拉汝幹，節解汝肌肉，抽汝肺腸，汝不急去，後者爲糧。」唱率侲子以下，諸州縣儺同。周呼訖，前後鼓譟而出。諸隊各趣順天門以出，分詣諸城門，〔七三〕出郭而止。

儺者將出，祝布神席當中門，南向。出訖，宰手齋郎疈牲匈，磔之神席之西，藉以席，北首。齋郎酌酒，太祝受奠之。祝史持版於座右，跪讀祝文諸州縣儺，宦者引之，偏索諸室及門巷訖，宦者引出中門，所司接引出，仍鼓譟而出大門外，〔七四〕分爲四部，各趣四城門，出郭而止。初儺者入，祝五人各帥執事者，以酒脯各詣州門及城四門；儺者出，便酌酒奠脯於門右，禳祝而止，乃舉酒脯埋於西南。酒以爵，脯以籩。曰：

「維某年歲次月朔日，天子遣太祝臣姓名，昭告於太陰之神：玄冬已謝，青陽馭節，惟神屏除凶厲，俾無後艱，謹以清酌敬薦於太陰之神，尚饗。」訖，興，奠版於席，乃舉牲并酒瘞於埳，訖，退。其内寺伯導引出順天門外，止。諸州縣儺，其祝文曰：「維某年歲次月朔日，子祝姓名敢昭告於太陰之神：寒往暑來，陰陽之常度，惟神以屏殄厲，謹以酒脯之奠，敬祭於神，尚饗。」

校勘記

〔一〕以當月之調登歌各以其合　原脱「以」，「各」訛「及」，據開元禮卷八六補改。

〔二〕南北二懸及登歌廣開中央　「及」原訛「各」，據開元禮卷八六、新唐書禮樂志六三八九頁及北宋本、傅校本、明抄本、明刻本改。又「中央」下原衍「廟門中央」四字，據開元禮、新唐書禮樂志六删。按：禮，天子大射於宮。廣開中央者，廣開南北二懸之中央也。與廟門無涉。

〔三〕博三寸　「三」原訛「七」，據儀禮鄉射禮記、開元禮卷八六改。

〔四〕布司馬位於侍射位之南　原脱「位之」，據開元禮卷八六、新唐書禮樂志六三八九頁補。
〔五〕布獲者位於乏東　原脱「布」脱「位」，據開元禮卷八六、新唐書禮樂志六三八九頁補。
〔六〕當御前少西　「當」原訛「尚」，據諸本改。
〔七〕又侍中前承制　原脱「又」，據開元禮卷八六補。按：又侍中者，明另一侍中，非前奏事之侍中也。
〔八〕武官立西階下於射之後東面北上　原脱「於射之後」，據開元禮卷八六及北宋本、傅校本、明抄本、明刻本、王吴本補。新唐書禮樂志六三九〇頁「之」作「乏」，非。按：疑「之」爲「者」之聲訛字。觀上文「布侍射者位於西階前東面北上」，知此「於射之後」謂於侍射者位之後也。乏距殿八十步，去西階甚遠，乃獲者避箭之所，斷非武官堂下立位所在。
〔九〕持鈒隊　原「鈒」下衍「戟」，據開元禮卷八六、新唐書禮樂志六三九〇頁及北宋本、傅校本、明刻本、王吴本删。下同。
〔一〇〕令衆射者見侯與旌　「令」原訛「會」，「與」原訛「爲」，據開元禮卷八六改。
〔一一〕入立於殿下射位西　原脱「入立」，據開元禮卷八六補。
〔一二〕獲者去侯　四字原脱，據北宋本、博校本、明抄本、明刻本補。
〔一三〕退付千牛於東階上千牛郎將以笥受決拾　「決拾」上之十五字原脱，據開元禮卷八六、新唐書禮樂志六三九〇頁補。
〔一四〕千牛郎　原「郎」下有「將」，據北宋本、傅校本、明抄本、明刻本、王吴本删。

〔一五〕所司立楅之西東面監唱射矢　「西東」原倒，據開元禮卷八六、新唐書禮樂志六三九一頁乙。又「射」，開元禮作「取」。

〔一六〕所司於東階下以次付賞物受訖退復西面位　原脱「次」脱「受」，據開元禮卷八六補。

〔一七〕弓矢　原脱「矢」，據開元禮卷八六、新唐書禮樂志六三九一頁補。

〔一八〕布第四品五品會席位於東西階南在樂懸内　「内」原訛「南」，據開元禮卷八六及北宋本改。又「東西階南」，開元禮作「東階西南」，疑非。

〔一九〕三品以上　「上」原訛「下」，據開元禮卷八六改。

〔二〇〕右供奉官射席位　原脱「官」脱「位」，據開元禮卷八六補。下「射席位」同。

〔二一〕王公以下俱公服　「俱公服」原訛脱作「具服」，據開元禮卷八六改補。按：北宋本、傅校本，明抄本、明刻本、王吴本作「俱服」。

〔二二〕御服武弁服出　「御」原作「皇帝」，據開元禮卷八六及北宋本、傅校本、明抄本、明刻本改。

〔二三〕獲者持旌自乏南行十步　原脱「自乏」，據開元禮卷八六補。

〔二四〕北面次比王公從首六人　「比」原訛「北」，據開元禮卷八六改。

〔二五〕兩番射　原脱「射」，據開元禮卷八六補。

〔二六〕侍中前承制退稱制曰可　原脱「退稱制」，據開元禮卷八六補。

〔二七〕雖中不爲釋算　原脱「爲」，「算」下衍「也」，據開元禮卷八六及北宋本、傅校本、明抄本、明刻本補删。

〔二八〕升復會位　原脱「升」，據開元禮卷八六補。

〔二九〕跪加第一榀　「加」原訛「如」，據開元禮卷八六改。

〔三〇〕取矢者各唱中者姓名　「矢」原訛作「六人」，據開元禮卷八六及上文改。

〔三一〕御入　原「入」下衍「後」，據開元禮卷八六及北宋本、傅校本、明刻本、王吴本删。

〔三二〕王公以下六人　開元禮卷八六同。北宋本、傅校本、明抄本、明刻本、王吴本「王公」俱作「公王」，下同。

〔三三〕出復中門外位　原脱「位」，據開元禮卷八六補。

〔三四〕典謁引王公以下就東西廊下食訖舍人又宣敕賜王公以下射王公以下在位者皆再拜　「食」下「訖舍人又宣敕賜王公以下射王公」十四字原脱，據開元禮卷八六補。

〔三五〕守宫設告官以下次各於常所諸將次於社宫北門外道西　兩「次」字原皆訛作「位」，據開元禮卷八七改。按：次者禮前止息之所，位者行禮肅立之處。二者迥異，此爲設次。

〔三六〕設諸將門外位　原脱「設」，據開元禮卷八七及北宋本、傅校本、明抄本、明刻本補。

〔三七〕良醞令　原脱「令」，據開元禮卷八七補。

〔三八〕太罍　開元禮卷八七作「太尊」。

〔三九〕初告官等入　原脱「初」，據開元禮卷八七補。

〔四〇〕初告官詣稷壇　開元禮卷八七於告官升獻太社後，尚有一節記告官升獻太稷文字：「謁者引告官降自北陛，詣罍洗盥手洗爵訖，謁者引告官詣太稷壇北陛，升獻如太社壇之儀訖，引告官降復位。」編者漏載，致使此「初」字無根。

〔四一〕謁者　「謁」原訛「贊」，據開元禮卷八七改。

〔四二〕北門之外南面　「之外」原脱，據開元禮卷八七補。

〔四三〕重行北面西上　「西」原訛「南」，據開元禮卷八八改。

〔四四〕未明三刻　自此至注文「一實醴齊次之」，凡正文二十五字，注文十七字，原脱，據開元禮卷八八補。

〔四五〕奉禮曰再拜告官以下皆再拜　此十二字原脱，據開元禮卷八八補。

〔四六〕諸祝各還罇所　「諸」原訛「太」，據開元禮卷八八改。

〔四七〕睿宗大聖真皇帝　「真」原作「貞」，據開元禮卷八八及北宋本、傅校本、明抄本、王吴本改。

〔四八〕諸將皆再拜受爵跪祭酒啐酒奠爵俛伏興　此十七字原脱，據開元禮卷八八補。

〔四九〕諸將受以授齋郎諸將俱跪取爵　原脱「諸將受以授齋郎諸將」九字，據開元禮卷八八補。

〔五〇〕望瘞位　原脱「位」，據開元禮卷八八補。

〔五一〕其日未明二刻　原脱「其日」，據開元禮卷八九補。

〔五二〕設望燎位　原脱「設」，據開元禮卷八九補。

〔五三〕執罇篚者如常幣篚於罇所　原作「執罇篚者位於罇所如常」，據北宋本、傅校本、明抄本、明刻本、王吴本改。

〔五四〕太官令　原脱「令」，據開元禮卷八九補。

〔五五〕復於坫　原脱「復」，據開元禮卷八九補。

〔五六〕奉禮又曰再拜在位者俱再拜　此十二字原脱，據開元禮卷八九及北宋本、傅校本、明抄本、明刻本、王吴本補。

〔五七〕以俎載牲體稷黍飯興降自南陛南行　原脱「稷」，脱「南陛」，據開元禮卷八九補。

〔五八〕火起　「起」原訛「者」，據開元禮卷八九致。

〔五九〕壇之壬地　「壬」原訛「右」，據開元禮卷八九及北宋本、傅校本、明抄本、明刻本改。

〔六〇〕式因肆僕　原訛作「式用典儀」，據開元禮卷八九及北宋本、傅校本、明抄本、明刻本改。

〔六一〕二至二分即不　「即不」原作「及」，爲「二至二分」、「諸州合朔伐鼓」間之連詞矣。此後人妄改者。按：二至二分即不者，此原撰禮者注語，謂春分、夏至、秋分、冬至逢日蝕則不用此禮也。諸州合朔伐鼓附者，此通典編者語。謂諸州合朔伐鼓儀附見于此也。今據開元禮卷九〇及北宋本、傅校本、明抄本、明刻本改。

〔六二〕前二刻　「二」原訛「三」，據開元禮卷九〇及北宋本、傅校本、明抄本、明刻本改。

〔六三〕麾杠各長一丈　「杠」原訛「制」，據開元禮卷九〇改。按：北宋本、傅校本、明抄本、明刻本訛作「扣」，後人見不可通，遂臆改作「制」。

〔六四〕諸工鼓静立候　開元禮卷九〇同。北宋本、傅校本、明抄本、明刻本「工」作「兵」，疑非。按：下有「工人罷鼓」之文。

〔六五〕執棒　「棒」原訛「捧」，據開元禮卷九〇、新唐書禮樂志六三九二頁改。

〔六六〕縣皆二人　「皆」原訛「儺」，據開元禮卷九〇及北宋本、傅校本、明抄本、明刻本改。

〔六七〕皇城諸門磔禳設祭　原脱「諸」脱「磔禳」，據開元禮卷九〇、新唐書禮樂志六三九三頁補。

〔六八〕各於皇城中門外之右方深稱其事　原脱「中」，脱「深」，據開元禮卷九〇補。

〔六九〕所司白刺史縣令　「白」原訛「自」，據諸本改。

〔七〇〕宦者二人出門　「宦」原訛「官」，據開元禮卷九〇改。下同。

〔七一〕於是儺撃鼓鞉　「儺」原訛「鞭」，據開元禮卷九〇及北宋本、傅校本、明抄本、明刻本、王吴本改。

〔七二〕寄生　「寄」原訛「奇」，據開元禮卷九〇、新唐書禮樂志六三九三頁及傅校本、明刻本、王吴本改。

〔七三〕分詣諸城門　「諸」原脱，據開元禮卷九〇補。

〔七四〕仍鼓譟而出　「仍」原作「乃」，據開元禮卷九〇及北宋本、傅校本、明抄本、明刻本改。

王文錦點校

通典卷第一百三十四

禮九十四　開元禮纂類二十九　凶禮一

賑撫諸州水旱蟲災賑撫蕃國水旱附

勞問諸王疾苦問外祖父后父大臣都督刺史及蕃國主附　中宮問外祖父及諸王附　東宮問外祖父及諸王附　其問師傅保宗戚上臺貴臣同勞問諸王禮

勞問外祖母疾苦中宮問外祖母附　其問王妃宗戚婦女同　東宮問外祖母附　其問妃主妃母疾苦同

五服制度

斬縗三年

正服　加服　義服　縗冠　絰帶屨　杖　絻　總論制度

齊縗三年

正服　加服　義服　縗冠　絰帶屨　杖

齊縗杖周

　正服　義服

齊縗不杖周

　正服　加服　降服　義服

齊縗五月

　正服

齊縗三月

　加服　義服

大功殤長殤九月　中殤七月

　正服　義服

成人九月

　正服　降服　義服

小功五月殤

　正服　降服　義服

成人　正服　降服　義服

緦麻三月殤

正服　降服　義服

成人

正服　降服　義服

改葬緦

繐裳制度

賑撫諸州水旱蟲災 賑撫蕃國水旱附

皇帝遣使賑撫諸州水旱蟲災，本司散下其禮，所司隨職供辦。使者未到之前，所在長官先勒集所部僚佐等及正長、老人。本司先於廳事大門外之右，設使者便次，南向。又於大門外之右設使者位，東向；大門外之左設長官以下及所部位，重行，北向西上。於廳事之庭少北，設使者位，南向。又於使者位之南三丈所，設長官位，北向；其所部僚屬則位於長官之後，文東武西，每等異位，重行北面，相對爲首；正長老人則位其南，重行，北面西上。使者到，所司迎，引入便次。長官及所部嚴肅以待，正長老人等並列於大門外之南，重行，北面西上。

至時使者以下各服其服，〔一〕所在長官及所部僚佐亦各服公服。行參軍引長官以下出，就門外位立。司功參軍引使者就門外位立，持節者立於使者之北，史二人對舉制案，列於使者之南，俱少退東向。行參軍贊拜，長官及所部在位者皆再拜。〔二〕行參軍引長官等以次先入，立於門内之右，重行西面。司功參軍引使者入，幡節前導，持案者從之。使者到庭中位立，持節者於使者東南，西面。持制案者立於使者西南，東面。〔三〕行參軍引長官以下俱入，就庭中位。立定，持節者脱節衣，持案者以案進使者前，使者取制書，持案者退復位。使者稱：「有制。」行參軍贊再拜，長官及諸在位者皆再拜。使者宣制書訖，行參軍又贊拜，長官及諸在位者皆再拜。行參軍引長官進詣使者前，受制書，退復位訖，司功參軍引使者以下出，〔四〕復門外位。行參軍引長官及諸在位者各出即門外位如初。行參軍贊拜，長官及諸在位者皆再拜。司功參軍引使者以下還便次。〔五〕長官退，其正長老人等任散。蕃國賑撫同諸州禮。其國主供待及入出即館饗食之屬則如常，〔六〕但略其燕好。

勞問諸王疾苦

問外祖父、后父、大臣、都督、刺史及蕃國主附。中宮問外祖父及諸王附。東宮問外祖父及諸王附。其問師傅保、宗戚、上臺貴臣，同勞問諸王禮。

皇帝中宮云太皇太后、皇太后、皇后。東宮云皇太子。遣使勞問諸王疾苦，外祖大臣等各隨言之。本司散下其禮，所司隨職供辦。中宮則內給事一人爲使。所司先於受勞問者第大門外之右，設使者便次，南向。於庭中近北設使者位，南面。皇太子儀東向。又於使者位之南皇太子儀位之東。三丈所，設主人位，北向。皇太子儀西向。其府國僚屬並陪列於庭中之左右，國官在東，府僚在西，俱以北爲上。中宮及皇太子儀，無府國官以下儀。

使者至受勞問者第大門外，掌次者延入次。使者及受勞問者皆公服。贊禮者中宮則內典引，下皆倣此。引使者出次，立於門西，東向；史二人中宮則內給使二人。奉制書案中宮及皇太子云「令案」，下准此。立於使者之南，差退。贊禮者引受勞問者出，〔七〕立於門東，西向。受勞問者再拜。贊禮者引受勞問者先入，立於門內之右，西面。贊禮者引使者入，就庭中位立，持案者立於其右。贊禮者引受勞問者進就庭中位，北面立。持案者以案進使者前，使者取制書，持案者退復位。使者稱：「有制。」中宮稱太皇太后等有令。受勞問者再拜。贊禮者引受勞問者進詣使者前，受制書，退復位，再拜訖，贊禮者引使者以下出，又贊禮者引受勞問者隨出，各即門外位。受勞問者再拜訖，贊禮者引使者以下退就次，又贊禮者引受勞問者入。若受勞問者疾未間，不堪受制，則子弟代受如上之儀。都督刺史禮同，所異者，諸導引之官以所勞問州府有司充之。其使於京師者，則謁者導引。

勞問外祖母疾苦

中宮問外祖母附。其問王妃、宗戚婦女同。〔八〕東宮問外祖母附。其問妃主、妃母疾苦同。〔九〕

皇帝中宮云太皇太后、皇太后、皇后。東宮即云皇太子。遣使勞問外祖母疾苦，本司散下其禮，所司隨職供辦。內給事一人皇太子則閹官一人。爲使。所司先於受勞問者第大門外之右，設使者便次，南向。又於內寢庭少北皇太子儀西階前。設使者位，南向。皇太子儀東向。又於使者位之南皇太子位東。三丈所，設受勞問者位，北向。皇太子西向。

使者至受勞問者大門外，掌次者延入次。使者服公服，攝迎者亦公服。使者出次，立於門西，東面；給使二人奉制書案，皇太子令書案，中宮同。餘倣此。立於使者之南，差退。贊禮者引攝迎者出，立於門東，西面。攝迎者再拜訖，贊禮者引攝迎者先入，立於門內之右，西面。內典引引使者入，就內寢庭位立，皇太子儀，使者東面立。持案者立於使者之右。皇太子儀，給使奉令書案隨入，立於使者之南，差退。受勞問者服朝服，女侍者引就庭中位立。持案者以案進使者前，使者取制書，持案者退復位。使者稱：「有制。」太皇太后、皇太后、皇后等即稱「有令」。受勞問者再拜。女侍者進詣使者前，受制書，退授受勞問者，受勞問者又再拜。內典引引使者以下出，女侍者引受勞問者退。贊禮者引攝迎者隨出，各就門外位，攝迎者再拜。內典引引使者退即便次，贊禮者引攝迎者入。若受勞問者疾未間，不堪受制，則攝迎者於外堂之庭拜受制書如上禮。其異者，受制書詣閤授女侍者，女侍者受，奉入授受勞問者。

凡有勞問無正篇者，皆臨時約准上禮而爲之。

凡內侍之屬充使，則內侍、內常侍以下，准所慰勞者尊卑，臨時准約。

皇太子於諸王妃主以下疾苦，其存問家人親屬之禮，率爾遣近侍勞問，則主人受勞問之者待之亦從家人親屬之式，不拜迎拜送及不爲授受之禮。

五服制度

斬縗三年　齊縗三年杖周，不杖周，五月，三月。　大功長殤九月，中殤七月，成人九月。　小功殤、成人並五月。　緦麻殤、成人並三月。

斬縗三年

正服

子爲父。〔一〇〕女子子在室爲父。女子子，重稱子者，別於男子。言在室，關已許嫁。女子子嫁反在父之室爲父。遭喪後而出者，〔一一〕始服齊縗周。出而虞，則受以三年之服。既虞而出，則小祥亦如之。既除喪而出，則已。

加服

嫡孫爲祖。謂承重者。爲曾祖、高祖後亦如之。父爲長子。重其當先祖之正體，又將代已爲宗廟主。故庶子不得爲長子三年，不繼祖與禰也。於庶子之嫡孫乃爲其嫡子三年矣。

義服

爲人後者爲所後父。受重故三年。爲所後祖亦如之。凡爲人後者，不以嫡子也。妻爲夫。夫尊而親。妾爲君。妾謂夫爲君。國官爲國君。布帶繩屨，既葬除之。

縗冠

右正服、加服縗裳三升，義服三升半。冠同六升，右縫，通屈一條繩爲武，垂下爲纓，冠外縪。凡服：上曰縗，下曰裳。布八十縷爲升。外縪者，冠前後屈而出於武，外厭縫之。〔一二〕婦人之縗連裳，以六升布爲總。總，束髮也。童子亦連裳。

絰帶屨

右苴麻絰帶。首絰大九寸，左本在下，繩纓。五分首絰去一以爲腰絰，大七寸二分，絞垂兩結，相去四寸。婦人絰如男子。男子又有絞帶。〔一三〕苴，惡貌也。首絰象緇布冠之頍項，腰絰象大帶。絞帶象革帶，五分腰絰去一爲之，齊縗以下用布。菅屨外納。外納，納其餘於外也。婦人屨亦如男子。

杖

右苴竹杖。其大如腰絰，長齊其心，本在下。主婦亦杖，諸婦則不杖。童子不杖，其當室者則絻而杖。童子及婦人不杖者，以其不能病。然而童子當室杖者，尊爲喪主。

絻

右狀象冠，廣寸，無辟積。童子當室亦服之。

總論制度

王公以下皆三月而葬，〔一四〕葬而虞，〔一五〕三虞而卒哭。十三月小祥，除首絰，練八升布爲冠，纓武亦如之；婦人練總，除腰絰。二十五月大祥，除靈座，自後有祭設几席。除縗裳，去絰杖，十五升布深衣，布縞冠，素紕纓，革帶素屨；婦人除縗裳，去絰，縞總，衣屨如男子。二十七月禫祭，玄冠皁纓，仍布深衣，革帶吉屨，婦人緇總，衣屨如男子。〔一六〕踰月，復平常。

齊縗三年

正服

子爲母。舊禮父卒爲母，〔一七〕今改與父在同。　爲祖後者祖卒則爲祖母。爲曾高祖後者，爲曾祖母高祖母亦如之。〔一八〕　母爲長子。

加服

繼母如母。繼母之配父，與親母同。　慈母如母。妾之無子者，妾子之無母者，父命爲母子，〔一九〕生則養之如母，死則喪之如母，貴父之命也。

義服

繼母爲長子。　妾爲君之長子。與嫡妻同，不敢輕服夫之正統。

縗冠

右正服、加服縗裳四升，義服五升。其縷四升半，成布四升。冠七升，右縫，布纓武，冠内縪。前後縫於武，内厭縫。

經帶屨

右牡麻絰帶。首絰大七寸二分，本在上，繩纓。五分首絰去一以爲腰絰，大五寸七分半。布帶代絞帶。〔二〇〕屨内納。

杖

桐杖大如腰絰，通圓之，長齊其心，本在下。

十三月小祥，〔二一〕除首絰，練九升布爲冠，纓武亦如之。其他祥禫變除與斬縗同。踰月，復平常。

齊縗杖周

正服

父卒母嫁及出妻之子爲母，皆報。父卒，爲父後者爲嫁母出母無服，〔二二〕母猶服之，不爲出母之黨服，則爲繼母之黨服。爲祖後者祖在爲祖母。爲曾祖高祖後者亦如之。

義服

父卒繼母嫁，從，爲之服，報。若繼母出則不服。若繼母出嫁，子從而寄育則服；不從則不服。夫爲妻。

齊縗不杖周

正服

爲祖父母。父所生庶子亦同，〔二三〕唯爲祖後者乃不服。　爲伯叔父。　爲兄弟。　爲衆子。衆子者，長子之弟及妾子。凡父母於子、舅姑於婦，不傳重於嫡，將所傳重非嫡及養子爲後者，服之皆如衆子衆婦。〔二四〕　爲兄弟之子。女在室亦然，報之。　爲嫡孫。有嫡子則無嫡孫。凡爲後承嫡者，雖曾孫玄孫與孫同。　爲姑姊妹女子子在室及適人無主者，姑姊妹報無主，無祭主，謂無夫與子，人之所哀憐，不忍降之。　女子子爲祖父母。雖出嫁猶不敢降其祖。　妾爲其子。

加服

女子子適人者爲兄弟之爲父後者。出嫁猶不降爲父後者，婦人有歸宗之義，故不自絕其族類。

降服

妾爲其父母。凡妾爲私親如衆人。　爲人後者爲其父母，報。凡爲人後者，本親降一等，〔二五〕其妻又降夫一等。　女子子適人者爲其父母。

義服

爲伯叔母。服與伯叔同。爲繼父同居者。子無大功之親，與之適人，〔二六〕所適者亦無大功之親，是謂繼父同居。繼子之子不從服，爲繼父不報。妾爲嫡妻。嫡妻不爲妾服。妾爲君之庶子。婦爲舅姑。其夫爲曾祖高祖後者，其妻從服亦如舅姑。爲夫兄弟之子。男女同報。舅姑爲嫡婦。其夫應三年者，然後爲其婦齊縗周。

齊縗五月

正服

爲曾祖父母。本三月，以其降殺太多，故新議改從五月。女子子在室及嫁者爲曾祖父母。

齊縗三月

加服

爲高祖父母。重其縗麻，尊尊也。減其日月，因恩殺。〔二七〕女子子在室及嫁者爲高祖父母。不敢降其祖也。

義服

爲繼父不同居。先同今異。繼父有子及有大功之親，雖同住亦爲異居。元不同者不服。

右降服亦繐裳四升，冠七升；正服五升，冠八升；義服六升，冠九升。右縫，布纓武，冠内縪，前後縫於武，内厭縫之。婦人則布總，精麤如男子之冠。〔二八〕其絰帶與三年同。其杖三年及杖周皆桐杖，各大如腰絰，通圓之，長齊其心，本在下。麤屨内納。不杖周則麻屨，五月、三月則繩屨。其三年者與斬縗同。〔二九〕杖周者十一月小祥，十三月大祥，十五月禫，逾月除，復平常。禫變節皆與斬縗同。〔三〇〕其父卒母嫁出妻之子爲母及爲祖後祖在爲祖母，雖周除，仍心喪三年。義服齊縗三月者，縗裳六升，冠九升，絰帶與周親同而繩屨。

大功殤長殤九月，中殤七月。

正服

爲子女子子之長殤中殤。殤者，男女未成人而死，而哀傷者。男子已娶，女子許嫁，皆不爲殤。年十九至十六爲長殤，十五至十二爲中殤，十一至八歲爲下殤。八歲以下爲無服之殤，哭之以日易月，本服周者哭之十三日，〔三一〕大功九日，小功五日，緦麻三日。

爲叔父之長殤、中殤。　爲姑姊妹之長殤、中殤。

爲兄弟之長殤、中殤。爲嫡孫之長殤、中殤。嫡曾孫、嫡玄孫亦同。爲兄弟之子女子子之長殤、中殤。

義服

爲夫之兄弟之子女子子之長殤、中殤。

成人九月

正服

爲從父兄弟。今之同堂兄弟，姊妹之在室者。爲庶孫。女在室亦然。

降服

爲女子子適人者。出降者，兩女各出，不再降。若兩男各爲人後亦如之。出母爲女子子適人者。女服同。〔三二〕爲兄弟之女適人者，報。爲人後者爲其兄弟。爲人後者爲其姑姊妹在室者，報。

右成服繐裳八升，冠十升，餘皆與長殤同。

義服

爲夫之祖父母。爲夫伯叔父母，報。報者，旁尊不足以尊降。爲夫之兄弟女適人者，報。爲人後者其妻爲本生舅姑。爲衆子婦。

右降服繐裳七升，正服八升，〔三三〕冠同十升；義服繐裳九升，冠十升。〔三四〕婦人則布總，精麤如男子冠。牡麻絰，首絰大五寸七分半。長殤及成人皆九月，絰以繩纓；中殤皆七月，絰無纓：俱五分首絰去一以爲腰絰，大四寸六分。布帶，繩屨。

小功五月殤

正服

爲子女子子之下殤。爲叔父之下殤。爲姑姊妹之下殤。爲兄弟之下殤。爲嫡孫之下殤。爲兄弟之子女子子之下殤。爲從父兄弟姊妹之長殤。爲庶孫丈夫婦人之長殤。

降服

爲人後者爲其兄弟之長殤。爲姪丈夫婦人之長殤。出嫁姑爲之服。爲人後者爲其姑姊妹之長殤。

義服

爲夫之兄弟之子女子子之下殤。爲夫之叔父之長殤。

右降正服，冠縗同十升，義服十一升。澡麻絰帶，澡謂去其浮垢，〔三五〕不絶其本。冠左縫，不厭。婦人布總，精麤如男子。首絰大四寸六分，五分首絰去一以爲腰絰，大三寸七分。布帶吉屨，無絇。婦人縗絰精麤如男子。降服不澡。

成人

正服

爲從祖祖父，報。祖之兄弟也。兄弟之孫女在室亦如之。爲從祖父，報。父之同堂兄弟。同堂兄弟之女之在室亦如之。爲從祖姑姊妹在室者，報。父之同堂姊妹，及己再從姊妹。爲從祖兄弟，報。再從兄弟。爲從祖祖姑在室者，報。祖之姊妹。爲外祖父母。爲舅及從母丈夫婦人，報。母之兄弟姊妹。

降服

爲從父姊妹適人者，報。同堂姊妹。爲孫女適人者。爲人後者爲其姑姊妹適人者，報。

義服

爲從祖祖母，報。祖之兄弟妻。爲從祖母，報。父之同堂兄弟妻。爲夫之姑姊妹在室及適人者，報。　娣姒婦，報。　爲同母異父兄弟姊妹，報。　爲嫡母之父母兄弟從母。謂妾子爲嫡母之父母兄弟姊妹。嫡母卒則不服。　爲庶母慈己者。謂庶母之乳養己者。　爲嫡孫之婦。有嫡婦則無嫡孫之婦。曾孫玄孫爲後者，服其婦如嫡孫之婦。　母出，爲繼母之父母兄弟從母。母卒則爲其母之黨服，不爲繼母之黨服。　嫂叔報。兄娣弟妻同。

右降服繐裳十升，正服繐裳十一升，冠同十一升。義服繐裳十二升，冠與繐同。其經如小功五月，唯麻斷本。

緦麻三月殤

正服

爲從父兄弟姊妹之中殤、下殤。　爲庶孫丈夫婦人之中殤、下殤。　爲從祖叔父之長殤。　爲從祖兄弟之長殤。　爲舅及從母之長殤。　爲從父兄弟之子之長殤。　爲兄弟之孫之長殤。　爲從祖姑姊妹之長殤。

降服

爲人後者爲其兄弟之中殤、下殤。　爲姪丈夫婦人之中殤。出嫁姑爲之服。　爲人後者爲其姑姊妹之中殤、下殤。

義服

爲人後者爲從父兄弟之長殤。　爲夫之叔父之中殤、下殤。　爲夫之姑姊妹之長殤。

成人

正服

爲族兄弟。三從兄弟、三從姊妹。出嫁即無服。　爲族曾祖父，報。曾祖之兄弟。曾孫女出嫁即無服。　爲族祖父，報。祖之同堂兄弟。〔三六〕孫女出嫁則不服。　爲曾孫、玄孫。　爲外孫。女子子之男女。　爲從母兄弟姊妹。今謂之姨兄弟姊妹。　爲姑之子。外兄弟姊妹。　爲舅之子。内兄弟姊妹。　爲族曾祖姑在室者，報。曾祖之姊妹。　爲族祖姑在室者，報。祖之同堂姊妹。　爲族姑在室者，報。父之再從姊妹。

降服

爲從祖姑姊妹適人者，報。父之同堂姊妹及己之再從姊妹。　女子子適人者爲從祖父，報。謂同堂伯叔父。　庶子爲父後者爲其母。若無嫡母及嫡母卒則申。妾子不服外祖父母、舅、從母服。〔三七〕　爲從祖祖姑適人者，報。祖之姊妹。　爲人後者爲外祖父母。本生外祖父母。　爲兄弟之孫女適人者，報。

義服

爲族曾祖母，報。曾祖兄弟之妻。　爲族祖母，報。祖之同堂兄弟之妻。　爲族母，報。父之再從兄弟之妻。　爲庶孫之婦。　女子子適人者爲從祖伯叔母。同堂伯叔母。〔三八〕　爲庶母。父妾有子者。　爲乳母。　爲壻。女子子之夫，報。　爲妻之父母。從妻服之。　爲夫之曾祖高祖父母。　爲夫從祖祖父母，報。夫之祖兄弟及妻。　爲夫之從祖父母，報。夫之父同堂兄弟及其妻。　爲夫之外祖父母，報。　爲夫之從祖兄弟之子。夫之再從兄弟之子。　爲夫之從父兄弟之妻。　爲夫之從父姊妹在室及適人者。　爲夫之舅及從母，報。

改葬緦子爲父母，妻妾爲夫，既葬除之。

右降正義服，冠縗同十五升去其半，有事其縷，無事其布。冠右縫不厭。婦人布總，〔三九〕精麤如男子之冠。　澡麻斷本以爲絰，首絰大三寸七分，五分首絰去一以爲腰絰，大二寸九分。〔四〇〕布帶。　吉屨，無絇。　皇家所絕旁親服者，皇弟子爲之皆降一等。　凡童子不緦，當室則緦。

縗裳制度

凡縗外削幅，裳內削幅，幅三袧。削猶殺也。袧者，謂辟兩側空中央也。凡裳，前三幅，後四幅。　若齊，裳內縗外。齊，緝也。凡五服之縗，一斬四緝。緝裳者內展之，緝縗者外展之。負廣出於適寸；負，在背者也。適，辟領也。負出於辟領外旁一寸。適博四寸，出於縗；博，廣也。辟領廣四寸，則與闊中八寸，兩之爲尺六寸。出於縗者，旁出縗外也。縗長六寸，博四寸。廣長當心。衣帶下尺。衣帶下尺者，腰也廣尺，足以掩裳上際。衽二尺有五寸。衽所以掩裳際也。上正一尺，燕尾二尺五寸，凡用布三尺五寸。袂屬幅。〔四一〕屬猶連也。連幅謂不削也。衣二尺有二寸，此謂袂中也。衣自領至腰二尺二寸，倍之四尺四寸。加辟領八寸，又倍之。凡衣用布一丈四寸。袪尺二寸。袪，袖口也。

校勘記

〔一〕各服其服　「其」開元禮卷一三二作「公」。

〔二〕在位者皆再拜　「拜」下原衍「訖」，據開元禮卷一三二及北宋本、傅校本、明抄本、明刻本、王吳本刪。

〔三〕持制案者立於使者西南東面　此十二字原脫，據開元禮卷一三二補。「西南東面」開元禮訛作「東南西面」。按：開元禮例，宣制前持制案者一概立於使者之右側少前而內向也。故據之乙正。

〔四〕司功參軍　原誤作「功曹參軍」，據開元禮卷一三二及上下文改。

〔五〕行參軍贊拜長官及諸在位者皆再拜司功參軍引使者以下還便次　原脫「贊拜長官及諸在位者皆再拜司功參軍」十六字，據開元禮卷一三二補。

〔六〕其國主供待及入出即館　「主」原訛「王」，據開元禮卷一三一及北宋本、傅校本、明刻本改。「入出」原倒，據開元禮乙。

〔七〕引受勞問者出　原脱「出」，據開元禮卷一三一補。

〔八〕王妃　原誤作「妃主」，據開元禮卷一三一改。

〔九〕妃母　原脱「妃」，據開元禮卷一三一補。

〔一〇〕子爲父　三字下原有「則斬縗三年」小注，據開元禮卷一三二及北宋本、傅校本、明抄本、明刻本删。

〔一一〕遭喪後而出者　「喪」北宋本、傅校本、明抄本、明刻本作「哀」。

〔一二〕外厭縫之　原脱「縫」，據開元禮卷一三二補。

〔一三〕男子又有絞帶　「男子」原涉上而脱，據開元禮卷一三二及北宋本補。

〔一四〕王公　「王」原訛「三」，據開元禮卷一三二及北宋本、傅校本、明抄本、明刻本改。

〔一五〕葬而虞　「葬」原涉上而脱，據開元禮卷一三二補。

〔一六〕衣屨如男子　原「屨」字處爲空白，據諸本補字。

〔一七〕舊禮父卒爲母　原「母」下衍「周」，開元禮卷一三二誤同。據儀禮喪服齊衰三年章删。按：舊禮絶無「父卒爲母周」之規定。父卒爲母者，謂父不在世而今母亡，子爲之服齊衰三年之服也。

〔一八〕曾祖母　原脱「祖母」，據開元禮卷一三二補。

〔一九〕父命爲母子　原脱「母」，據開元禮卷一三二補。

〔二〇〕布帶代絞帶　原「布」下脱「帶」，據開元禮卷一三二補。

〔二一〕十三月小祥　此節開元禮卷一三二於前有「節制」二字標題。

〔二二〕爲嫁母出母無服　原脱「出母」，據開元禮卷一三二補。

〔二三〕父所生庶子亦同　「子」原訛「母」，據開元禮卷一三二改。

〔二四〕凡父母於子舅姑於婦不傳重於嫡將所傳重非嫡及養子爲後者服之皆如衆子衆婦　「不」原作「并」，「將」原作「孫」，「衆婦」原作「婦服」，乃後人妄改者，今據開元禮卷一三二及北宋本、傅校本、明抄本、明刻本改回。

〔二五〕本親降一等　原脱「一」，據開元禮卷一三二及北宋本、傅校本、明抄本補。

〔二六〕與之適人　「與」上原衍「母」，據開元禮卷一三二及北宋本、傅校本、明抄本、明刻本、王吴本删。

〔二七〕因恩殺　原訛作「爲恩殺也」，據開元禮卷一三二及北宋本、傅校本、明抄本、明刻本改。

〔二八〕婦人則布緫精麤如男子之冠　原脱「人」，「麤」下衍「亦」，據開元禮卷一三二及北宋本、傅校本、明抄本、明刻本、王吴本補删。

〔二九〕斬縗　「斬」原訛「齊」，據開元禮卷一三二改。按：「其三年者」，此處指齊衰三年者，言其祥禫變節與斬衰同也。

〔三〇〕禫變節　開元禮卷一三二「禫」上有「祥」字。

〔三一〕本服周者哭之十三日　原脱「本」，據開元禮卷一三二及北宋本、傅校本、明抄本補。

〔三二〕女服同　「服」開元禮卷一三二作「報」。

〔三三〕正服八升　「正服」下原有「縗裳」，據開元禮卷一三二及北宋本、傅校本、明抄本、明刻本删。

〔三四〕冠十升　開元禮卷一三二作「冠十一升」。

〔三五〕澡謂去其浮垢　「浮」原訛「莩」，據開元禮卷一三二改。按：北宋本作「孚」。

〔三六〕祖之同堂兄弟　原訛作「曾祖之兄弟同堂兄弟」，據開元禮卷一三二删「曾」、「兄弟」三字。按：曾祖之兄弟，於己則爲族曾祖父；同堂兄弟，於己爲共祖之兄弟。前者大己三輩，後者與己同輩，均不得稱之爲族祖父也。

〔三七〕妾子不服外祖父母舅從母服　原脱「不」，據開元禮卷一三二補。北宋本、傅校本、明抄本、明刻本、王吴本脱「子」而有「不」。按：此言外祖父母，言舅，言從母，均就妾子生文也。

〔三八〕同堂伯叔母　原脱「母」，據開元禮卷一三二補。

〔三九〕婦人布緫　原脱「布」，據開元禮卷一三二補。

〔四〇〕大二寸九分　原脱「大」，據開元禮卷一三二補。

〔四一〕袂屬幅　「袂」原訛「衽」，據開元禮卷一三二及北宋本、傅校本、明抄本、明刻本改。

王文錦點校

通典卷第一百三十五

禮九十五　開元禮纂類三十　凶禮二

訃奏

皇帝爲外祖父母舉哀　爲皇后父母舉哀　爲諸王妃主舉哀

爲内命婦宗戚舉哀　爲貴臣舉哀　爲蕃國主舉哀

臨喪

皇帝臨諸王妃主喪　臨外祖父母喪

除服

除外祖父母喪服　除皇后父母喪服

勑使弔

弔諸王妃主喪　勑使弔外祖父母喪

賵賻

會喪

制遣百僚會王公以下喪

策贈

敕使策贈諸王　敕使策贈外祖父母

會葬

遣百僚會王公以下葬

致奠

敕使致奠諸王妃主喪　敕使致奠外祖父母喪

訃奏

皇帝爲外祖父母舉哀

本司散下其禮，所司隨職供辦。尚舍奉御先於別殿設素下牀席，〔一〕爲舉哀成服位，南向。尚衣奉御先製小功五月之服。守宮先於舉哀殿外門之外，隨便設百官文武次如常。

其日舉哀前三刻，諸衞屯門列仗如常，諸應陪慰者並赴集次所，典儀於舉哀殿門外布百官位亦如常。又於殿前設諸王三品以上哭位，文東武西，重行北面，相對爲首，諸親位於文武官五品之下。皇宗親在東，異姓親在西。又於階下當御位北向設太尉奉慰位。文武百官到，入次改服素服。侍中版奏：「請中嚴。」亦在三刻之前，尚衣奉御以篋奉繐服升，立於殿東間北面。典謁引諸王百官一品以下九品以上俱就門外位。文武侍衞之官詣閤奉迎。

舉哀前一刻，侍中版奏：「外辦。」皇帝服素服，御輿出，升別殿，降輿，即哭位南向坐，侍衞如常。至時，侍中跪奏：「請爲故某官若某郡君。舉哀。」俛伏，興。皇帝哭，十五舉聲。侍中跪奏：「請哭止成服。」俛伏，興。皇帝止。尚衣奉御以篋奉繐服進，跪授，興，仍贊變服焉。於變服，則權設步障，已而去之。成服已，侍中又跪奏：〔二〕請哭。」俛伏，興。皇帝哭。通事舍人引諸王、文武百官三品以上入就殿庭位，舍人贊拜，羣官在位者皆再拜；舍人贊哭，羣官在位者皆哭；十五舉聲，舍人贊止，羣官在位者皆止。舍人引諸王爲首者一人進詣奉慰位，跪奉慰，俛伏，興，舍人引退還本位。又舍人次引百官文武行首一人進詣奉慰位，跪奉慰，俛伏，興，舍人引退還本位。舍人贊拜，在位者皆再拜。舍人引三品以上退出。其四品以下位於門外者，典謁贊拜、贊哭、贊止，引退如殿庭之儀。侍中跪奏：「請哭止，還。」〔三〕俛伏，興。皇帝止，御輿降還，侍衞從至閤如初。所司宣仗散。

其日晡哭，則晡前二刻奏嚴，一刻奏辦。皇帝服緦服，出即位次哭如初。百官不集。自後朝晡凡三日而止。

爲皇后父母舉哀與爲外祖父母禮同。其異者，製緦麻三月之服，朝晡再哭而止。〔四〕

爲諸王妃主舉哀

本司散下其禮，所司隨職供辦。尚舍奉御先於肅章門外道東設大次，南向，周以行帷，鋪御座，〔五〕設素牀褥席。守宮隨便於永安門外設文武官五品以上便次。其日舉哀前三刻，侍中版奏：「請中嚴。」前二刻，諸衛列仗如常。典儀於大次前量遠近設一品以下應陪集者哭位，文東武西，重行北面，相對爲首。百官皆集次，改服素服就位。又於大次前設奉慰位。前一刻，文武侍衛之官詣閤奉迎如常。侍中版奏：「外辦。」皇帝素服御輿複道以出，從幃宮後門入，之大次，其無複道者，百官於外門外爲位立。降即哭位，南向坐，侍衛如常。至時，侍中跪奏：「請爲故臣某官若主若妃。舉哀。」俛伏，興。皇帝哭。通事舍人贊羣官拜，羣官在位者皆再拜。若百官爲門外位者，候入大次，通事舍人引三品以上入次前位，四品以下仍門外位。舍人贊哭，羣官在位者皆哭，十五舉聲，舍人贊止，羣官在位者皆止。舍人引文武官行首皆一人，詣奉慰位，跪奉慰，俛伏，興，引退還本位。舍人贊拜，羣官在位者皆再拜訖，有門外位者，典謁贊拜、贊哭、贊止。侍中跪奏：「請哭止。」俛伏，興。又奏請還宮，退本位立。皇帝哭止，御輿降還，其侍衛從至閤如常。所司宣仗散。

其日晡哭，則晡前二刻奏嚴，一刻奏辦。皇帝仍初服出即位次哭如初。〔六〕侍衛如初，〔七〕百官不集。自後本服周者，凡三朝哭而止。本服大功者，其日晡哭而止。本服小功以下，一舉哀而止。若皇太子陪舉哀，則素服，左庶子啓引從帷宮南門入，至大次前，啓再拜訖，引升東閒之南，北面哭。於百官哭止，皇太子哭止，進御座前，跪，俛伏，興，再拜。於百官退，引降拜還如初。其宮官等應陪拜慰者，則隨班於上臺，自下皆然。

爲內命婦宗戚舉哀與爲諸王妃主禮同。其三夫人以上，其日仍晡哭而止。其九嬪以下，一舉哀而止，亦隨恩賜之深淺。〔八〕

爲貴臣舉哀與爲諸王禮同，其異者一舉哀而止。貴臣謂職事二品以上，散官一品。其餘官則隨恩賜之深淺。

爲蕃國主舉哀與爲貴臣禮同，其異者，城外張帷幔爲次，向其國而哭之，至舉聲而止。〔九〕

臨喪

皇帝臨諸王妃主喪

本司散下其禮，所司隨職供辦。尚舍直長先設行宮大次於主人第大門外之西，南向。

守宮於主人大門外，隨便設諸從駕文武之官便次。其所臨者五屬之親，於乘輿未到之前，並先集列於主人之第。其執事先於其寢北設幃幔，爲主人五屬婦女拜哭次。

其日，未出宮前四刻，侍中版奏：「請中嚴。」

出宮前三刻，搥一鼓爲一嚴，三嚴時節，前一日侍中奏裁。所司整設小駕鹵簿於所出宮門外如常儀。

出宮前二刻，又搥二鼓爲再嚴，奉禮於所出宮門外設陪從之官位如常。尚舍奉御先於主人第大門外便殿之内，〔一〇〕設皇帝便座，南向。又於主人堂上中閒設素下牀席，〔一一〕爲哭位，亦南向。典儀又於主人庭中設陪從官位，文東武西，重行北面，相對爲首。又於御座前階下設奉慰位。主人執事於堂下設五屬之親位於東階之東，重行，西面北上。又設五屬婦女位於堂北幔下：主女位於東廂，西面南上；妻妾位於西廂，東面南上；衆婦人位於北廂，重行南面。諸親在東，相對爲首。以服精麤爲序，而尊者差前。其五屬外内並陪臨於此所。〔一二〕諸陪從之官，各服常服赴集其位。〔一三〕有司整列皇帝四望車以下及仗衛之屬應列鹵簿者於内外如常儀。

出宮前一刻，又搥三鼓爲三嚴，侍衛之官詣閤奉迎如常。侍中版奏：「外辦。」皇帝服常服，御輿以出，繖扇華蓋侍衛警蹕如常儀。皇帝降輿升車，黄門侍郎進，當車前跪，奏稱：「黄門侍郎臣某言，請乘輿發。」退復位。凡黄門侍郎奏請，皆進跪奏稱具官臣某言，〔一四〕訖，俛伏，興。駕動，警蹕如常，黄門侍郎與贊者夾輅以出。至侍臣上馬所，黄門侍郎進，跪奏稱：「請駕權停，勑侍臣上馬。」俛伏，興。侍中前承詔，退稱：「制曰可。」黄門侍郎退，唱：「侍臣上馬。」贊者承傳，文武侍臣上馬畢，黄門侍郎奏稱：「請乘輿發。」退復位。鑾駕動，稱警蹕，鼓吹不作。文武羣官應陪從者乘馬以從。

駕至行宫門外，侍中進，跪奏：「請降車。」俛伏，興，退復位。皇帝降車，御輿就大次。其輿輦以下鈒戟仗衛之屬，陳列於大次之前左右。皇帝變服素服，其陪從之官各舍於便次變服素服，其侍臣及武官不變服。主人相者引主人内外五屬之親，各服縗服就堂下外内位次哭。典儀一人立於堂下東階東南，贊者二人立於其南少退，俱西面。

皇帝變服訖，御輿出，侍衛如常。〔一五〕主人免絰去杖，司儀令引出大門外，望見乘輿，止哭，再拜迎。仍引主人先入門右西面立，不哭。其未殯即通拜迎拜送於大門内。相者贊衆主人以下皆止哭。〔一六〕皇帝至堂，侍中跪奏：「請降輿，升。」俛伏，興。於所臨喪者非尊秩，則御輿升堂。皇帝降輿，升自東階，即哭位。〔一七〕巫祝各一人先升，巫執桃立於東南，祝執茢立於西南，相向。千牛四人執戈隨升，二人先，二人後。侍臣夾升，列於户内外及階下左右。其仗衛鹵簿止列於門外内如常。司儀令引主人入中庭，北面。典儀稱拜，主人内外皆再拜。勑引主人升。司儀令引主人升立於户内之東，西面。

侍中跪奏：「請哭。」俛伏，興。皇帝哭。典儀稱哭，贊者承傳，唱「可哭」。凡典儀有詞，贊者皆承傳。主人以下在位者皆哭。典謁引諸從官應陪臨者入即班位。立定，典儀稱拜，從官在位者皆再拜；典儀稱哭，從官在位者皆哭；十五舉聲，典儀稱止，從官在位者皆止。典謁引諸王爲首者一人進，舍人接引詣奉慰位，跪奉慰，俛伏，興，舍人引退，典謁接引還本位。又典謁次引諸從官文武行首一人進，舍人接引詣奉慰位，跪奉慰，俛伏興，舍人引退，典謁接引還本位。典儀稱拜，在位者皆再拜訖，〔一八〕典謁引從官在位者出。又典謁次引諸王等以次出。侍中跪奏：「請哭止。」俛伏，興。皇帝止。典儀稱哭止，主人以下皆止。司儀令引主人降立於庭中之東，北面，典儀稱拜，主人以下皆再拜。

侍中跪奏：「請還宫。」俛伏，興。皇帝降，御輿出，侍衞警蹕如初。司儀令引主人先出，俟於大門外拜送。皇帝至大次，降輿即御座變服。司儀令引主人哭還廬次。皇帝停大次，未發前三刻，侍中版奏：「請中嚴。」所司先奏三嚴每嚴挝鼓如初，〔一九〕整列仗衞鹵簿於還途如來儀。奉禮於行宫南門外道左，向道重行設陪從之官位，文左武右。陪從之官於便次變服常服，赴集位所，典謁引即班位。三嚴已，侍中版奏：「外辦。」皇帝御輿出，侍衞警蹕並如初。皇帝降輿升車，黄門侍郎奏請及羣官陪從、鼓吹不作並如來儀。〔二〇〕乘輿至殿前，若閤外。迴車。侍中跪奏：「請降入。」俛伏，興。皇帝降車御輿入，侍臣從至閤如初。侍中版奏：「解嚴。」將士各還其所，百官皆退。

臨外祖父母喪皇后父母、宗戚、貴臣並與臨諸王妃主禮同。

其臨諸王妃主喪及凡內喪，則並幸其前寢次也。其尊應就喪殯寢者，則臨殯寢可。〔二一〕凡臨諸王妃主尊親者及師保傅與三老五更、二王後喪，則敬同外祖。其所臨幸者若第鄰宮闕，率爾往還，則容不備鹵簿與嚴鼓，皆稟當時別儀注。其內外文武陪從官，準駕備略。備謂官從具，略謂減省之。車駕若經太廟，則侍中跪奏式，過乃復常。

除服

除外祖父母喪服

本司散下其禮，所司隨職供辦。守宮先於別殿外門外，隨便設百官文武便次如初。於除服前之夕，尚舍奉御於別殿設素下牀席焉。〔二二〕

至日，平曉而除服。外祖父母則五月先下旬之吉也。其從朝制公除，則外祖父母五日也。〔二三〕於除服前三刻，侍中版奏：「請中嚴。」諸衞勒所部屯門列仗如常。典儀於別殿前設諸王百官三品以上位如初。又設奉慰位如初。設一品以下九品以上位於別殿門外如初。百官文武應陪臨者，並赴集大門便次，各服素服，典謁引就別殿門外位。尚衣奉御以篋奉素服吉屨升殿，位於殿東閒，北面立。腰輿進於寢庭，侍衞之官詣閤奉迎如常式。

除服前一刻，侍中版奏：「外辦。」皇帝仍服縗服，御輿出，左右直衞鈒戟警蹕並如初。皇帝升別殿，降輿，即哭位，〔二四〕侍衞如初。侍中跪奏：「請哭。」俛伏，興。皇帝哭，十五舉聲，侍中跪奏：「請哭止，從禮制除服。」俛伏，興。皇帝止，尚衣奉御以篋奉衣履進，跪授，興，仍贊變除。於變除則權設步障，已而去之。變除已，侍中又跪奏：「請哭。」俛伏，興，還本位。皇帝哭。通事舍人引諸王百官三品以上入，各就班位。立定，〔二五〕舍人贊拜，羣官在位者皆再拜；舍人贊哭，羣官在位者皆哭；十五舉聲，舍人贊止，羣官在位者皆止。舍人引諸王爲首者一人進詣奉慰位，跪奉慰，俛伏，興，舍人引退還本位。又舍人次引百官文武行首一人進詣奉慰位，跪奉慰，俛伏，興，舍人引退還本位。舍人贊拜，在位者皆再拜，舍人引三品以上出。其四品以下位於門外者，典謁贊拜、贊哭、贊止、引退如三品以上之儀。

侍中跪奏：「請哭止，還。」俛伏，興。皇帝止，御輿降還，其夾御之官從至閤如初。所司奏宣解嚴如常儀。

除皇后父母喪服與除外祖父母禮同。其異者，后父母則三月先下旬之吉除也。〔二六〕公除則三日而除之。

勑使弔

弔諸王妃主喪

本司散下其禮，所司隨職供辦。守宮先於主人第大門外之右設使者次，南向。其日，使者至，掌次者引之次。内外縗服，司儀引主人以下俱立哭於東階下，婦人立哭於殯所如常儀。使者素服出次，司儀引立於大門外之西，東面。持節者立於使者之北，少退，史二人對舉弔書案，立於使者之南，差退，俱東面。城外者不持節。司儀入告，主人去杖免絰。司儀引主人出門，止哭，迎於大門外，見賓先入，立於門右，北面。司儀引使者入，持節者先導，持案者次之。内外止哭。使者入門而左，立於階間，南面；節在使者之東少南，西向；持案者立於使者西南，東面。司儀引主人進當使者前，北面。持節者脱節衣。史以案進詣使者前，使者取弔書，持案者退復位。使者稱：「有制，弔。」主人哭拜，稽顙，内外皆哭。司儀引主人進受弔書，退立於東階下，西面哭。持節者加節衣。司儀引使者，持節者先導，持案者次之，出，復門外位。主人以弔書授左右，司儀引主人，出内門止哭，拜送於大門外。使者還。主人杖哭而入，取弔書於階下，升，奠於柩東。

使人若須私弔，則通名，引入，弔如常禮訖，引出。

若朝使致賻，賓至，主人迎受如弔書儀，唯賻物掌事者受以東。東藏之也。其賻物簿受如受弔書儀。〔二七〕

勑使弔外祖父母喪后父母、宗戚、貴臣、蕃國主並與弔諸王妃主喪同。〔二八〕

賵賻

其賵賻之禮與弔使俱行，則有司先備物數。多少準令。

其日，使者至主人大門外便次，物輿陳於使者幕南，東西爲列；馬陳於使者東南，北首西上。於使者以下入即庭中位，物輿陳於使者位南，亦東西爲列；馬從入，陳於庭，北首西上。於使者出，主人有司受而以東。其特行也，〔二九〕亦準弔禮。

會喪

制遣百僚會王公以下喪

守宫先於主人第大門外，隨便量設百官文武應會弔者便次。其日，司儀令先於主人第前寢庭，北面重行設百官位，以西爲上。百官應會弔者，並赴集主人第門外便次，各服素服，司儀以次引入就班位。立定，司儀贊可哭，諸官在位者皆哭，十五舉聲，司儀贊可止，諸官在位者皆止。司儀引諸官行首一人升，詣主人前席位展慰非應致敬者則立慰。訖，引降出。又司儀引諸在位者以次出。〔三〇〕不致敬者出，應致敬者再拜引退。

策贈〔三一〕

勑使策贈諸王

守宫於主人大門外之西，設使者及使副次，南向。

其日，〔三二〕使人及副公服從朝堂受册，載於犢車。使人及副各備鹵簿，鼓樂備而不作。至主人大門外，降車，掌次者引之次。內外縗服。司儀引主人以下就東階下位，婦人升就堂上位，皆立哭。使者出次，謁者絳公服引立於門西，東面。使副立於使者之南，持節者立於使者之北，少退，史二人對舉册案，立於使副西南，俱東面。城外者無鹵簿，不持節。司儀入告，主人去杖免絰。司儀引主人出門，止哭，迎使者於大門外，見賓先入，立於門右，北面。

謁者引使者入，持節者先導，使副及持册案者次之。內外止哭。使者升，立於柩東，北廂，南面。持節者在使者之東少南，西向。使副立於持節南，持册案者立於使副東南，俱西面。司儀引主人升，立於階上，當使者北面。持節者脱節衣。史以册案進使副前，使副取册，案退復位；使副以册進，使者受，稱：「有制。」主人降於階閒，北面哭拜稽顙，內外皆哭。司儀引主人升，復北面位。內外止哭。使者讀册訖，主人降於階閒，北面哭拜稽顙，內外皆哭。司儀引主人升，詣使者前受册，退，跪奠於柩東，興，降立於東階下，西面。初使人授册訖，持節者加節衣。謁者引使者，持節者先導，使副及持案者次之，出，復門外位。司儀引主人出內門，止哭，拜送於大門外。使者還，主人絰杖哭而入。其使者應私弔則通名，引入弔如常禮，引出。

勅使策贈外祖父母后父母、貴臣、蕃國主並與册贈諸王禮同。若主人六品以下，則拜及受制皆於堂下。

凡册贈使者之尊卑，並準吉授。若册贈妃主，則内侍之屬爲使，其先行事者亦如之，〔三三〕同準吉授。凡册贈應謚者，則文兼謚又致祭焉，而致祭不必有贈謚。凡贈官，通以蠟印而畫綬。凡册贈之禮，必因其啓葬之節而加焉。其或既葬者，則主人仍於靈寢受之，其禮如初。其或既除服乃追而册贈者，主人受之於廟，禮亦如之。其異者，主人不哭，其服則公服若單衣介幘。其於靈寢若廟並先設祭以告神。其未立廟者，則受之於正寢。

會葬

遣百僚會王公以下葬並與百僚會喪禮同。〔三四〕

致奠

勅使致奠諸王妃主喪

守宮於主人大門外量設便次。使者至，掌次者引之次。内外縗服。司儀引主人以下俱就東階下位，婦人就堂上位，皆立哭。使者公服出次，謁者綘公服引立於門西，東面。執事者陳牢饌於使者東南，當門北向，西上。司儀入告，主人去杖，司儀引主人出内門，止哭，迎於大門外，見賓先入，立於門右，北面。

謁者引使者入，内外止哭。使者升自東階，立於柩東少北，南面。執事者以牢饌入，升設於柩東，西向南上。司儀引主人升自西階，立於階上，當使者北面。執事者北面酌酒，〔三五〕西面奠於席，退復位。使者曰：「某封若某位將歸幽宅，制使某奠。」主人降詣階閒，北面哭拜稽顙，内外俱哭。謁者引使者及從者降出，復門外位。初主人拜稽顙訖，〔三六〕司儀引主人退哭於東階下；使者出，司儀引主人出内門，止哭，拜送於大門外。使者還，主人杖哭而入。

敕使致奠外祖父母喪后父母、貴臣、蕃國主喪奠，並與諸王、妃主禮同。

校勘記

〔一〕素下牀席　原作「素牀褥席」，據北宋本、傅校本改。開元禮卷一三三及明抄本、明刻本、王吳本作「素褥牀席」。

〔二〕侍中又跪奏　「奏」原訛「奉」，據諸本改。

〔三〕請哭止還　原脱「還」，據開元禮卷一三三補。

〔四〕再哭而止　「哭」原訛「器」，據諸本改。

〔五〕鋪御座　原脱「鋪」，據開元禮卷一三三補。

〔六〕出即位次哭如初　原脱「即」，據開元禮卷一三三補。

〔七〕侍衛如初　「初」原訛「常」，據開元禮卷一三三及北宋本、傅校本、明抄本、明刻本改。

〔八〕恩賜之深淺　「深淺」開元禮卷一三三作「淺深」。下同。

〔九〕至舉聲而止　「舉」原訛「三」，據開元禮卷一三三及北宋本、傅校本、明抄本、明刻本改。

〔一〇〕大門外便殿之内　「便殿」開元禮卷一三三作「次」。

〔一一〕素下牀席　「下」開元禮卷一三三作「褥」。

〔一二〕並陪臨於此所　原脱「陪」，據開元禮卷一三三補。

〔一三〕各服常服赴集其位　原脱上「服」，據開元禮卷一三三補。

〔一四〕奏稱具官臣某言　「具」原訛「某」，據開元禮卷一三三及北宋本改。

〔一五〕侍衛如常　「衛」原訛「御」，據開元禮卷一三三及北宋本改。

〔一六〕相者贊衆主人以下皆止哭　此十一字原脱，據開元禮卷一三三補。

〔一七〕即哭位　原「位」下衍「坐」，據開元禮卷一三三及北宋本、傅校本、明抄本、明刻本删。

〔一八〕典謁接引還本位典儀稱拜在位者皆再拜訖　此十八字原脱，據開元禮卷一三三補。

〔一九〕所司先奏三嚴每嚴搥鼓如初　原脱「每嚴」，脱「如初」，據開元禮卷一三三補。

〔二〇〕羣官　「官」原訛「臣」，據開元禮卷一三三及北宋本、傅校本、明抄本、明刻本改。

〔二一〕則臨殯寢可　「可」原作「所」，據開元禮卷一三三及北宋本改。

〔二二〕於別殿設素下牀席焉　開元禮一三三「下」在「殿」下。

〔二三〕則外祖父母五日也　開元禮卷一三三及北宋本、傅校本、明抄本、明刻本、王吴本均無「外」字。按：詳上文義，此「外」字應有。

〔二四〕即哭位　原「位」下有「坐」，非。據開元禮卷一三三及明刻本删。按：北宋本、傅校本、明抄本、王吴本作「即哭位哭」，下「哭」字亦系衍文。

〔二五〕立定　原脱「立」，據開元禮卷一三三補。

〔二六〕后父母則三月先下旬之吉除也　原脱「則」，據開元禮卷一三三及北宋本、傅校本、明抄本、明刻本補。

〔二七〕其賻物簿受如受弔書儀　上「受」字原脱，據開元禮卷一三四補。

〔二八〕蕃國主　原「主」下有「等喪」，據北宋本、傅校本、明抄本、明刻本、王吴本删。

〔二九〕其特行也　開元禮卷一三四同。北宋本、傅校本、明抄本、明刻本「特」作「持」。

〔三〇〕以次出　「出」原訛「立」，據開元禮卷一三四改。

〔三一〕策贈　「策」原訛「榮」，據開元禮卷一三四及北宋本、傅校本、明抄本改。下同。按：北宋本、傅校本、明抄本作「筞」，乃「策」之俗字，明刻本、王吴本、殿本、局本遂誤爲「榮」。

〔三二〕其日　原脱「日」，據開元禮卷一三四補。

〔三三〕若册贈妃主則内侍之屬爲使其先行事者亦如之　「先」開元禮卷一三四作「預」。按：通典避代宗諱，例改「預」爲「先」。惟此改「先」，實失原意。此謂册贈妃主以宦者爲使，其隨使者行事之使副、持節、舉案等人，亦以宦者爲之，故云亦如之也。預謂參預，非預先之意也。

〔三四〕並與百僚會喪禮同　此上兩層標題及此注文八字，原誤置於上節末段「凡册贈」云云前。按：上節末段乃「策贈」禮節後之補充説明，所言盡屬册贈、贈謚、追贈之事，與會葬禮儀無關。兹據開元禮卷一三四移正。

〔三五〕執事者北面酌酒　原脱「北面」，據開元禮卷一三四補。

〔三六〕稽顙　「顙」原訛「首」，據開元禮卷一三四及傅校本、明抄本、明刻本改。

王文錦點校

通典卷第一百三十六

禮九十六　開元禮纂類三十一　凶禮三

遣使弔

弔外祖父母喪　弔諸王妃主喪及弔宗戚喪

東宮舉哀

皇太子爲諸王妃主舉哀　爲外祖父母舉哀并成服除服　妃父母附

臨喪

臨諸王妃主喪　臨外祖父母喪妃父母師傅保宗戚宮臣並與諸王妃主禮同

遣使弔

賻贈

遣使致奠

中宮舉哀

太皇太后皇太后皇后爲父母祖父母舉哀

本司散下其禮，所司隨職供辦。舉哀前三刻，尚寢於后別殿東壁下設薦，〔一〕爲舉哀位，西向。爲祖父母則北壁下，南向。前二刻，内謁者監於别殿前幔下，設六宫哭位，重行，北向西上。其六宮並集列於閤外次。司贊一人升立於殿上東楹之南，掌贊二人立於階下，俱西面。前一刻，尚儀版奏：「外辦。」至時引后出，升殿，侍衛如常。内侍版奏訃，尚儀傳奏，稱「某官若某夫人。以某月日辰薨」。后啼若哭，父母啼，祖父母哭。六宮從哭，盡一哀。后問故，又哭，盡哀。乃變素服，六宮皆素服，哭不絕聲，又盡哀。司賓引其六宮入，各就班位。司贊稱拜，掌贊承傳，凡司贊有詞，掌贊皆承傳。六宮在位者皆再拜；司贊稱哭，六宮在位者皆哭；十五舉聲，司贊稱止，六宮在位者皆止；司贊稱拜，六宮在位者皆再拜；司贊稱下，司賓引六宮退。尚儀跪奏：「請哭止。」后止，從臨者皆止。后退舍別次，六宮以下侍衛如初。於閤哭臨如常禮。

其日晡臨，晡前二刻奏嚴，六宮赴集，一刻奏辦，至時引后就哭位，餘各如常。尚儀跪奏：「請哭。」后哭，六宮從臨者皆哭。十五舉聲，司贊稱：「哭止。」六宮在位者皆止。無復拜禮，其他贊引如初。自後奔赴如別禮。

若有疾故，未及奔喪，則自後朝晡赴集奏引即位哭及於閤臨皆如初，以至成服而後奔喪。后爲父母之舉哀也，其有在宮公主，爲外祖父母小功。亦服素服，引升即位於户内之東，北面，與后俱哭臨，於六宮等退也，贊止引退。其有曾祖高祖父母薨，舉哀與爲祖父母同。爲外祖父母儀同，其異者，於別宮次，其日晡後臨，凡三朝臨而止。爲諸王妃主與外祖父母同，其本服大功者，其日晡哭而止；其本服小功下者，一舉哀而止。爲内命婦、宗戚等並與爲諸王妃主同，其九嬪以下一舉哀而止。

成服

爲父母祖父母后聞喪有奔喪之禮，〔二〕故成服篇在舉哀之後。

三日成服，本司散下其禮，所司隨職供辦。尚寢先於后舉哀别殿東壁設素下牀席，〔三〕爲后成服位，西向。爲祖父母則北壁下，南向。尚服先製后齊縗周之服，又製六宫之服亦如之。

其日，成服前三刻，尚儀版奏：「請中嚴。」其别殿上女侍臨者代哭如初。成服前二刻，司贊於别殿前幔下，整設六宫哭位如初；又於殿上后位前設席爲奉慰位。六宫並仍初服，集列於閤外次。女侍者各以篋奉其縗服進授，仍贊變服焉。司贊一人升立於殿上東楹之南，掌贊二人立於階下，俱西面。尚服以篋奉縗服，升東階，北面立。成服前一刻，尚儀版奏：「外辦。」

至時，后仍初服即位，六尚以下侍衞如初。〔四〕尚儀跪奏：「請哭。」后哭，從臨者皆哭，十五舉聲，尚儀跪奏：「請哭止成服。」后止，尚服以篋奉縗服進，跪授，興，仍贊變服焉。於變服則權設步障，已而去之。變服已，尚儀又跪奏：「請哭。」后哭。司賓引六宫入即班位，立定，司贊稱拜，六宮在位者皆再拜；司贊稱哭，六宮在位者皆哭；十五舉聲，司贊稱止，六宮在位者皆止。司賓引六宮行首一人升，詣后前，跪奉慰，興，司賓引降還本位。司贊稱拜，六宮在位者皆再拜訖，司賓引六宮退。尚儀跪奏：「請哭止。」后止，從臨者皆止，后退舍別殿，六尚以下侍衞如初。於閤哭臨如初。其日晡臨，晡前二刻奏嚴，六宮赴集；一刻奏辦，引即位哭臨如初。

其有公主應從成服者，則製小功五月之服，引即哭位如初，〔五〕與后俱成服哭臨，先拜慰如六宮之儀。於六宮退，贊止引退。自後朝晡哭臨如初，以至卒哭。若公除則如別禮。其爲曾祖高祖父母，則與其六宮成齊縗三月之服如常禮。爲外祖父母成服，與爲祖父母同。其異者，與六宮俱成小功五月之服。其日内外應交慰者，赴集奏引即上下位次，哭臨撫慰及拜哭奉慰如常禮。自後皆然。外命婦及百官三品以下並無服，〔六〕諸親等亦赴集奉慰如常。自後亦然。其親王妃主以下哭，〔七〕則舉哀之日奉慰。

奔喪

后奔父母祖父母喪

本司散下其禮，所司隨職供辦。尚舍先設行宮便殿於主人大門内之右，南向。又於便殿之後及左右廂，量設六宮以下陪從者便次。又於喪寢前設障幔，爲六宮以下拜哭次。

主人五屬之親，於車駕未至之前，並集列於主人第。

其日，出宮前四刻，尚儀版奏：「請中嚴。」出宮前三刻，諸衞等備列常行仗衞鹵簿所出宮門外內如常儀。出宮前二刻，內謁者監於主人第喪寢戶西，若殯西。設薦席爲后哭位，東向。其奔祖父母喪則戶內之西，南廂北面。又於喪寢庭幔下，北面重行設六宮以下拜哭位次，北向西上。鴻臚於喪寢北張幃幕，爲主人五屬婦人哭位。其六宮以下從者各素服集列以俟，陪從如常式。已成服則服縗服。內僕進壂車，其仗衞之屬應充鹵簿者，並以次整列於所出宮門外內如常儀。〔八〕未出宮前一刻，其六尚以下應陪從者，並以次進迎如常式。小輿進於中庭。

至時，尚儀版奏：「外辦。」后仍舉哀之服，升輿出，已成服則服縗服。三面周以白布行幃。至閤外，后降輿，升壂車。內僕執御，其內侍以下前導夾引輿，六尚以下乘車陪從如常儀，六宮等應從者乘車以次序從如常，仗衞夾引。后哭，從臨者隨哭不絕聲。於后未至之前，司儀贊主人內外五屬之親，各出就前堂哭位，五屬婦人出就後幕下位，俱如喪寢之儀。內謁者監一人升立於喪寢東楹之南，內給使二人立於階下，並西面。

后至主人第降車所，尚儀跪奏：「請降車入。」后降車，仍哭，入自闈門，三面周以行幃。從臨者仍哭從不絕聲，六尚以下哭從如初，侍者夾扶。主人降詣東階之南，仍立哭；其奔祖喪，則主人仍立哭以待〔九〕衆主人並降立於主人之後，西面北上立哭。以服精麤爲序。后至喪寢庭，主人哭止，再拜，仍立哭。女侍者扶引后哭，升自西側階，進戶西，跪憑尸，撫心哭，從臨者皆哭。於后之升也，内謁者監及司賓引六宮以下從奔者各權舍於便次，其仗衛鹵簿屯列於外内如常式。主人以下應升者升，各即位哭。后哭，盡一哀，仍扶引即位哭，從臨者仍哭。若已殯，則先引進靈前，跪憑靈哭，盡哀，奏引退，西面再拜，乃即位而哭。内謁者監及司賓引六宮以下入即班位，内謁者監稱拜，給使承傳，唱「可拜」，凡内謁者監有詞，給使皆承傳。六宮以下皆再拜；内謁者監稱哭，六宮以下在位者皆哭；十五舉聲，内謁者監稱止，六宮以下在位者皆止；若已成服，則引行首升拜慰如常禮。内謁者監稱拜，六宮以下在位者皆再拜。内謁者監及司賓引六宮以下退還便次。尚儀跪奏：「請哭止。」后止，從臨者皆止。后降即便殿，内侍版奏：「解嚴。」將士仍不得輒離部伍。

其成服已，〔一〇〕則百官應奉慰者皆赴奉慰如常禮。自後，后依時哭臨如常禮。其爲父若祖父喪，〔一一〕則自後奏引哭於後寢次。其未成服而奔，則至成服日，即與主人俱成服。其奔父母之喪，則成服而還宮。其有別勑令還宮，則隨旨期。其未即還宮也，則諸鹵簿仗衛及六宮以下應還者先還；其六宮以下之留者，與后依時哭臨及成服如后之禮。

於后還宮日之朝，諸應奉迎之官及仗衛鹵簿等，並赴主人第奉迎如式。於還宮日，車從未發前三刻，尚儀版奏：「請中嚴。」諸衞整列仗衞鹵簿於還途如來儀。至時，尚儀版奏：「外辦。」后哭拜訖，六尚夾引后降出，常侍從者夾引左右如初。主人拜送如常禮。后出内門，奏哭止，升車，從臨者皆止，三面周以行幃，六宮以下各乘其車，序從如初。至閤外，尚儀跪奏：「請降入。」后降車，升輿入，内侍以下陪從至閤如初。内侍版奏：「解嚴。」諸列鹵簿者各還其所。自後赴葬及練祥則出入如初禮。

皇太后、皇后於父母若祖父母之喪，比葬已還而不赴葬，〔一二〕則於啓日之朝，與六宮以下服縗服，奏引各即上下位次，哭臨拜慰如初。若父在若祖父在爲母若祖母之喪，十一月而小祥，則與六宮以下，於位次行變除之禮，易以練總，除腰絰，哭臨受慰如常禮。其稟旨行公除之禮，則十三日而除，其行除禮如别條。

臨喪

后臨外祖父母喪〔一三〕

並與奔祖父母喪禮同。其異者，乘犢車，其仗衞羽儀之屬則如平常，而位於喪寢中閒之西，北壁下，南面。即位乃哭，其主人内外五屬之親並哭於前堂，婦人哭於後庭。應升者待令乃升。皇太后、皇后每出臨，若須嚴鼓，並須準所臨遠近及鹵簿備略，稟旨在於當時。

臨内命婦喪

后臨内命婦喪，本司散下其禮，所司隨職供辦。降臨前二刻，尚儀版奏：「請中嚴。」尚寢先於命婦以下寢中閒北廂，設素下牀席，爲后哭位，南向。小輿進於内庭。降臨前一刻，尚儀版奏：「外辦。」后服素服升輿，出，常侍從者侍衞如常式。至内命婦以下喪寢，降輿即位哭，侍衞如常式。於后之將至也，女侍者啓引亡者所生皇子，降東階之南，西面再拜；已成服則去杖。又女侍者啓引亡者所生皇女，出北户，降寢北，南面再拜。引並升，復位，哭如初。尚儀跪奏：「請哭。」后哭，從臨者皆哭，十五舉聲，尚儀跪奏：「請哭止，撫慰皇子等。」后止。女侍者引皇子就后前跪哭，后撫慰，皇子興，再拜，仍立哭。又引皇女進，撫慰如撫慰皇子之禮。尚儀跪奏：「請還。」后升輿，引降還，侍衞如初。於后之降也，侍者啓引皇子降拜，引升復位哭，女侍者啓引皇女降拜，引升復位哭，並如初。

除服

后除父母祖父母喪服

本司散下其禮，所司隨職供辦。尚服先製后及六宫以下素服。内謁者監先於宫別殿閤外，整設六宮以下便次如初；又於別殿前整設障幔，爲六宮以下拜哭次如初。以十三月而除服。於除服前之夕，后晡臨已，有司除其故位次，而設新下牀席焉。〔一四〕

其日，平明後而除服。於除服前三刻，尚儀版奏：「請中嚴。」六宮以下各其司啓嚴。〔一五〕女侍臨者升列於別殿上，哭臨如初。除服前二刻，司贊於別殿前幔下，整設六宮以下位次如初；又於堂上后位前設席，爲跪奉慰位如初。六宮以下仍縗服，集列於閤外便次。女侍者以篋奉素服進授，仍贊變除焉。司贊一人升，立於堂上東楹之南，掌贊二人立於堂下，並西面。尚服以篋奉素服升，東閒北面立。前一刻，尚儀版奏：「外辦。」

后仍服縗服出，升，即位次，侍衞如初。后哭，從臨者皆哭，十五舉聲，尚儀跪奏：「請哭止，從禮制除服。」后止。尚服以篋奉素服進，跪授，興，仍贊變除焉。於變服則權設步障，已而去之。其侍臨者亦從變除。變除已，尚儀又跪奏：「請哭。」后哭。司賓引六宮以下入，即班位。司贊稱拜，掌贊唱「可拜」，凡司贊有詞，掌贊皆承傳。六宮以下在位者皆拜。司贊稱哭，六宮以下在位者皆哭；十五舉聲，司贊稱止，六宮以下在位者皆止。司賓引六宮行首一人升，進后前席位，跪奉慰，興，司賓引降還本位。司贊稱拜，六宮以下在位者皆再拜。司賓引六宮以下出，各還宮寢如常。尚儀跪奏：「請哭止，還。」后哭止，從臨者皆止。后降還內寢，侍衞如初。除外祖父母服，與祖父母同。其行公除之禮，〔一六〕則五日而除。

遣使弔

弔外祖父母喪

本司散下其禮，所司隨職備辦。〔一七〕内給事二人爲使者。守宫先於主人第大門外之右，〔一八〕設使者次，南向。

其日，使者至，〔一九〕掌次者延入次。内外縗服。司儀引主人以下俱立哭於東階下，婦人立哭於殯所如常儀。使者素服出次，内典引引使者立大門外之西，東面。内給使二人以案奉令書，立於使者之南，差退，俱東面。司儀入告，主人去杖免絰，司儀引出門，止哭，迎於大門外，見賓先入，立於門右，北面。内典引引使者以下入，内外止哭，使者入門而左，立於階閒，南面；持案者立於使者西南，東面。司儀引主人進當使者前，北面。内給使以案進詣使者前，使者取弔書，持案者退復位。使者稱：「有令弔。」〔二〇〕主人哭拜稽顙，内外皆哭。司儀引主人進受弔書，退立於東階下，西面哭。内典引引使者以下出，復門外位。主人以弔書授左右，司儀引主人出内門，止哭，拜送於大門外。使者還，主人杖哭而入，取弔書於階下，升，奠於柩東。若使者須私弔，則通名，引入弔如常禮訖，引出。

弔諸王妃主喪及弔宗戚喪〔二一〕皆與遣使弔外祖父母喪禮同。凡葬及練祥使弔之禮並同。

東宮舉哀

皇太子爲諸王妃主舉哀

本司散下其禮，所司隨職供辦。齋帥先於宜秋門外道東設皇太子次，〔二二〕南向，周以行幃，〔二三〕設素下牀褥席。守宮於重明門外設宮臣七品以上便次。

其日，舉哀前三刻，左庶子版奏：「請中嚴。」舉哀前二刻，諸衞率列仗如常。掌儀於次前設宮臣五品以上哭位，文東武西，重行北面，相對爲首；又設一品以下七品以上於帷宮門外，亦如之。又於次前設奉慰位。宮臣七品以上應陪慰者，並赴集便次，改服素服。前一刻，通事舍人引一品以下俱就門外位。文武侍衞之官並詣閤奉迎如常式。左庶子版奏：「外辦。」

皇太子服素服，升腰輿出閤，從帷宮後門入，降輿，就哭位即坐，侍衞如常儀。左庶子跪奏：「請爲某王若某公主，〔二四〕某王太妃。舉哀。」俛伏，興。皇太子哭。通事舍人引宮臣五品以上入，各就班位。立定，舍人贊拜，宮臣在位者皆再拜；舍人贊哭，宮臣在位者皆哭；十五舉聲，舍人贊止，宮臣在位者皆止。舍人引宮臣行首一人進詣奉慰位，跪奉慰，俛伏，興，舍人引退，還本位。舍人贊拜，宮臣在位者皆再拜。舍人引宮臣等出。其六品以下位於門外者，典謁贊拜、贊哭、贊止、引退皆如門内之儀。左庶子跪奏：「請哭止。」俛伏，興，還本位。皇太子止，升腰輿還，侍衛從至閤如常。

其日晡哭，則晡前二刻奏嚴，一刻奏辦，皇太子仍初服出即位次，哭如初。其宮臣等非近侍者，其日晡臨不集。

皇太子於師保傅奉慰再拜，則左庶子奏：「興受。」答再拜，乃坐哭。自後本服周者，三朝哭而止。本服大功者，其日晡哭而止。本服小功以下，一舉哀而止。其有皇子皇孫應陪舉哀者，皇子則位於皇太子之下，絶位，皇孫則位於東閒之南，北面，與皇太子俱哭。於引宮臣以下退已，乃贊止，引退。其應拜慰者，引進跪奉慰如常禮。自下皆然。為良娣舉哀，則於内別殿，三朝哭而止。為良媛一舉哀而止。師傅保與諸王同，宗戚與妃主同，宮臣與諸王同，(二五)並一舉哀而止。宮臣通第三品以上，其餘官隨恩深淺。

為外祖父母舉哀并成服、除服。妃父母附。

本司散下其禮，所司隨職供辦。齋帥先於東宮別殿北壁下設素下牀席，為皇太子舉哀成服位，南向。有司先製皇太子小功五月之服。其為妃父母，則製緦麻三月之服。所司先於重明門外之左右，量設宮臣以下次。其日，舉哀前三刻，餘與爲諸王妃主舉哀同。又設一品以下九品以上哭位於舉哀殿門外，亦如之。又於階下當舉哀位，北向設奉慰位。宮臣應陪臨者，並赴集便次服素服。齋帥以篋奉緦服，升立於殿東閒，北面立。典謁引一品以下九品以上俱就門外位。文武侍衞之官詣閤奉迎。舉哀前一刻，左庶子版奏：「外辦。」至時，皇太子服素服升輿出，升別殿，降輿即哭位坐，〔二六〕侍衞如常。左庶子跪奏：「請爲故某官若某郡君。舉哀。」俛伏，興。皇太子哭，十五舉聲，左庶子跪奏：「請哭止，成服。」俛伏，興。皇太子止哭。齋帥以篋奉緦服進，跪授，興，仍贊變服焉。於變服則權設步障，已而去之。成服，左庶子跪奏：「請哭。」俛伏，興。以下至成服訖請哭止，如諸王妃主儀。皇太子止，升輿降還，侍衞從至閤如常。其日晡哭，則晡前二刻奏嚴，一刻奏辦，皇太子服緦服，出即位次，哭如初。宮官不集。自後朝晡凡三日而止。

將除服，本司散下其禮，所司隨職供辦。守宮先於重明門外之左右，設宮臣次如初。於除服前之夕，有司於別殿設下牀席焉。其日平明而除服。外祖父母則五月，妃父母則三月，並先下旬之吉。其從朝制公除，則外祖父母五日，妃父母三日而除之。〔二七〕於除服前三刻，左庶子版奏：「請中嚴。」餘與爲外祖父母舉哀禮同。〔二八〕宮官文武應陪臨者並赴集便次，各改服素服，掌儀引就門外位。齋帥以篋奉素服吉屨，升殿東閒，北面立。腰輿詣寢庭，侍衞之官詣閤奉迎如常式。

除服前一刻，左庶子版奏：「外辦。」皇太子仍縗服御輿出，升堂，降輿即位。其近侍之官從升，侍衛夾引如常儀。左庶子跪奏：「請哭。」俛伏，興。皇太子哭，十五舉聲，左庶子跪奏：「請哭止除服。」俛伏，興。皇太子止。齋帥奉衣履進，跪授，興，仍贊變服焉。於變服，權設步障，已而去之。於變除已，左庶子跪奏：「請哭。」俛伏，興，還本位。餘與爲諸王妃主舉哀同。皇太子於師傅保奉慰再拜，則左庶子奏：「興受。」答再拜，乃坐哭。皇太子爲外祖父母除服，則皇子等位於太子之下，差退。即位次哭，變服素服又哭，引退如皇太子之儀。其皇孫等服素服，侍者引即庭拜，引升位於東閒之南，北面，與皇太子俱哭。於皇太子變服已重哭，則引進皇太子前，跪奉慰，俛伏，興，再拜，復位哭。於宫官等退，贊哭止，引復階下位，拜退。

臨喪〔二九〕

臨諸王妃主喪

本司散下其禮，所司隨職供辦。守宫先於重明門外之左設三師等次；又於主人第大門外之右設皇太子便次，南向；又於大門之左右隨便設陪從之官次。其所臨者五屬之親先集列於主人之第。其執事先於寢北設障幔，爲主人五屬婦人拜哭次。

其日，出宮前四刻，左庶子版奏：「請中嚴。」出宮前三刻，搥一鼓爲一嚴，三嚴時節，前一日左庶子奏裁。二衛率等備列常行仗衛鹵簿於所出宮門外内如常儀。〔三〇〕出宮前二刻，又搥二鼓爲再嚴，奉禮於重明門外之左右設宮官從者位，文東武西，重行相向，皆以北爲上。齋帥先於主人第大門外次内，設皇太子座，南向；又於主人堂上中間近北設素下牀席，爲皇太子哭位，南向。掌儀於主人庭設從官之位，文東武西，重行北面，相對爲首；又於皇太子座前階下設奉慰位。主人執事於堂下設五屬之親位於東階之東，重行，西面北上。以服精麤爲序，而尊者差前。下皆準此。又設五屬婦女位於堂北幔下：主女位於東廂，西面南上；妻妾位於西廂，東面南上；衆婦人位於北廂，南面，諸婦在西，諸親在東，相對爲首。其五屬内外，並陪臨於此所。其陪從宮官以下皆常服赴集其位。有司整列皇太子四望車及副車仗衛之屬應列鹵簿者於外内如常儀。出宮前一刻，又搥三鼓爲三嚴，諸侍衛之官俱詣閤奉迎。左庶子版奏：「外辦。」

皇太子服常服，升輿以出，扇蓋及侍從如常儀。皇太子降輿升車，中允進，跪奏稱：「中允臣某言，請車發。」俛伏，興，退復位。凡中允奏請，皆進跪奏稱「某官臣某言」，訖，俛伏，興。車動，中允與贊者夾引以出。至侍臣上馬所，中允奏稱：「請車權停，令侍臣上馬。」左庶子承令，退稱：「令曰諾。」中允退稱：「侍臣上馬。」贊者承傳，文武侍臣皆退，上馬畢，中允奏：

「請車發。」退復位。皇太子車動，鼓吹不作，三師乘車訓導，三少乘車訓從，宮臣文武應陪從者皆乘馬以從如常。

至主人大門次前，左庶子進，跪奏：「請降車。」俛伏，興，還侍位。皇太子降車，升輿入次。其車輿以下鹵簿仗衛之屬，列於次前之左右。皇太子變服素服，其陪從之官各就次變服素服，侍臣及文武官不變服。相者引主人內外五屬之親，各服縗服就堂下位次哭。掌儀一人立於堂下東階東南，贊者二人立於其南差退，俱西面。皇太子變服訖，升輿出，侍衛左右如初。主人免絰去杖，相者引出門外，遥見輿，止哭再拜迎。仍引主人先入，門右西面立，〔三一〕不哭。若未殯，則通拜迎拜送於大門之內。相者贊衆主人以下皆止哭。

皇太子至堂，左庶子跪奏：「請降輿，升。」俛伏，興。於所臨之喪非尊者，則仍輿升堂。〔三二〕皇太子降輿，升自東階，即哭位。應拜者則奉引拜靈乃坐。〔三三〕侍臣夾引列於户內外及階下之左右，〔三四〕其仗衛鹵簿止列於門內外之左右，並如常儀。司儀引主人進中庭，北面。掌儀稱拜，主人以下應拜者皆再拜。令引主人升。司儀引主人升，立於户內之東，西面。

左庶子跪奏：「請哭。」俛伏，興。皇太子哭。掌儀稱哭，贊者承傳，唱：「可哭。」凡掌儀有詞，贊者皆承傳。主人以下及在位者皆哭。通事舍人引諸從官應陪位者入，即班位。立定，掌儀稱拜，從官在位者皆再拜；掌儀稱哭，從官在位者皆哭；十五舉聲，掌儀稱止，從官在位者皆止。通事舍人引從官行首一人進詣奉慰位，跪奉慰，俛伏，興，引退還本位。掌儀稱拜，從官在位者皆再拜訖，舍人引從官出。左庶子跪奏：「請哭止，撫慰主人。」俛伏，興。皇太子止，興，就主人前執手訖，主人再拜，皇太子復位哭，又盡一哀。凡所臨非本服五屬之親，則一哭而止。左庶子跪奏：「請哭止。」俛伏，興。皇太子止。掌儀稱止，主人以下在位者皆止。司儀引主人降立於庭中之東，北面。掌儀稱拜，主人以下在位者皆再拜。

左庶子奏：「請還。」皇太子降，升輿出，侍衞如初。司儀引主人先出，俟於大門外，拜送。皇太子至次，降輿，即座服常服。司儀引主人哭還廬次。

皇太子停大次，未發前三刻，左庶子版奏：「請嚴。」有司依式先奏三嚴搥鼓如初。二衞率等整列仗衞鹵簿於還途如來儀。〔三五〕奉禮設宮官陪從者位於皇太子次前道左，文武皆重行向道。陪從之官各於次變服訖，謁者各引就班位。三嚴已，左庶子又奏：「外辦。」皇太子升輿出，升車還宮。左庶子奏請及宮官陪從、不鳴鼓吹皆如來儀。到重明門外，宮官文武皆下馬，三師三少各還。皇太子至殿前，迴車南向。左庶子跪奏：「請降車。」俛伏，興。皇太子降車，乘輿入，侍臣從至閤。左庶子奏請解嚴，將士各還其所，宮臣皆退。

臨外祖父母喪妃父母、師傅保、宗戚、宮臣並與諸王妃主禮同。

其臨諸王妃主以下内喪，則並位於前寢次。其尊親應就喪殯寢者，則臨殯寢可。〔三六〕凡所臨諸王妃主以下喪，若未殯，若已殯，或臨啓引，或練禫，皆以本服親疏及恩賜深淺而爲疏數之異。其親臨之儀及主人迎待之式，其禮如初。其所臨者若鄰宮闕，率爾往還，則容不備常行仗衛與嚴鼓，皆禀當時别旨而爲儀注。其宮臣陪從文武之官，亦準臨時備略。備之言警衛備也，略之言不備。皇太子每過太廟，則左庶子奏式，過乃復常。

遣使弔弔諸王妃主、外祖父母、妃之父母、師傅保、宗戚、宮臣、〔三七〕上臺貴臣，並與訃奏弔儀同。〔三八〕

賻贈其所弔宮臣喪葬，若有賻贈之禮，如訃奏賻贈，唯無馬。

遣使致奠致奠外祖父母、妃之父母、〔三九〕師傅保、宮貴臣，〔四〇〕並與訃奏致奠同。

校勘記

〔一〕尚寢於后别殿東壁下設薦　「后」原訛「後」，據北宋本、傅校本、明抄本、明刻本改。

〔二〕后聞喪有奔喪之禮　開元禮卷一三五同。北宋本、傅校本、明抄本、明刻本上「喪」作「哀」。

〔三〕素下牀席　「下」開元禮卷一三五作「褥」。

〔四〕六尚以下侍衞如初　「尚」原作「宮」，據諸本改。

〔五〕引即哭位如初　「哭位」原倒，據開元禮卷一三五及北宋本乙。

〔六〕外命婦及百官三品以下並無服　「三品以下」，開元禮卷一三五作「五品以上」。

〔七〕其親王妃主以下哭　開元禮卷一三五作「其諸王妃主以下喪」。

〔八〕並以次整列於所出宮門　「於」原訛「次」，據開元禮卷一三五及北宋本、傅校本、明抄本改。

〔九〕則主人仍立哭以待　「立哭」開元禮卷一三五作「喪位」。

〔一〇〕其成服已　原脱「成」，據開元禮卷一三五補。

〔一一〕其爲父若祖父喪　原訛作「其爲外祖父母喪」，據開元禮卷一三五改。北宋本、傅校本、明抄本、明刻本、王吴本作「其爲父母祖父喪」，亦誤。

〔一二〕比葬已還而不赴葬　「比」原訛「已」，據開元禮卷一三五改。北宋本、傅校本、明抄本作「以」，蓋「比」之形訛。

〔一三〕后臨外祖父母喪　此節標題七字與正文一百〇八字，原皆誤作注文，又誤繫於上節正文之後。今據開元禮卷一三五改作正文，並移入臨喪禮內。按：北宋本、傅校本、明抄本、明刻本亦誤繫於上節之後，唯「后臨外祖父母喪」作正文大字耳。

〔一四〕設新下牀席焉　「下」開元禮卷一三五作「衣」。

〔一五〕六宮以下各其司啓嚴　「各其司」開元禮卷一三五作「各具本司」。

〔一六〕其行公除之禮　「行」原訛「異」，據開元禮卷一三五改。

〔一七〕所司隨職備辦　「備」原作「供」，據北宋本、傅校本、明抄本、明刻本改。

〔一八〕大門外之右　「外之」原誤倒，據開元禮卷一三五乙。

〔一九〕使者至　原脱「者」，據開元禮卷一三五補。

〔二〇〕有令弔　原脱「有」，據開元禮卷一三五及北宋本、傅校本、明抄本、明刻本補。

〔二一〕弔諸王妃主喪及弔宗戚喪　北宋本、傅校本、明抄本、明刻本、王吴本無「及」字。

〔二二〕齋帥　「帥」原訛「師」，據北宋本改。下同。按：唐六典卷二六云：「隋門下坊領齋帥局，有齋帥四人，正七品下，皇朝因之。」又按：北宋本原作「帥」，段玉裁周禮漢讀考云：「唐以前俗字帥作師，故誤爲師耳。」

〔二三〕周以行幃　「幃」原訛「幔」，據諸本改。

〔二四〕若某公主　原脱「主」，據開元禮卷一三六補。

〔二五〕宫臣與諸王同　「宫」原訛「人」，據諸本改。

〔二六〕降輿即哭位坐　原脱「輿」，據開元禮卷一三六補。

〔二七〕妃父母　「妃」原訛「后」，據開元禮卷一三六改。説詳〔三九〕條校記。

〔二八〕餘與爲外祖父母舉哀禮同　「餘」原訛「除」，據本書文例改。下同。按：杜氏每用「餘與……同」句式，節敍禮文。兩處「餘」字，均因涉文中「除服」「變除」而被傳刻者誤定爲「除」，殊不知作「除」絶不可通。

〔二九〕臨喪　此兩字題原無，據北宋本、傅校本、明刻本卷目增。

〔三〇〕備列常行仗衛鹵簿於所出宫門外内　原脱「於」，據開元禮卷一三六補。

〔三一〕門右西面立　「右」原訛「左」，據開元禮卷一三六改。按：門右謂門内東側。於門右西面立者，恭候太子入門也。於門左西面立，則背向太子矣。

〔三二〕則仍輿升堂　「仍」開元禮卷一三六及明刻本作「乘」。

〔三三〕應拜者則奉引拜靈乃坐　「坐」原訛「哭」，據開元禮卷一三六改。按：此言太子升堂即哭位而坐。下文左庶子跪奏請哭，乃哭。

〔三四〕侍臣夾引列於户内外及階下之左右　「引」原訛「升」，據開元禮卷一三六改。按：禮言升皆指升堂。此作「升」則與「階下之左右」違牾。

〔三五〕整列仗衛鹵簿於還途　原脱「於」，據開元禮卷一三六補。

〔三六〕則臨殯寢可　原脱「寢」，據開元禮卷一三六補。

〔三七〕宫臣　「宫」原訛「貴」，據開元禮卷一三六改。

〔三八〕並與訃奏弔儀同　原脱「並」，據北宋本、傅校本、明抄本、明刻本、王吴本補。

〔三九〕外祖父母妃之父母　「妃」原訛「后」，據開元禮卷一三六改。按：此節爲東宫禮，皆就太子立文。外祖父母即后之父母也，不得重出。此妃專指太子正妻，太子正妻無后稱。

〔四〇〕宫貴臣　原脱「宫」，據開元禮卷一三六補。

王文錦點校

通典卷第一百三十七

禮九十七　開元禮纂類三十二　凶禮四

東宮妃聞喪

聞父母祖父母喪

奔喪

奔父母祖父母喪

臨喪

臨外祖父母喪　臨良娣以下喪

除喪

除父母祖父母喪除外祖父母喪附

東宮妃聞喪

聞父母祖父母喪

皇太子妃爲父母、祖父母舉哀。

其日，赴喪者至，本司散下其禮，所司隨職供辦訖，舉哀前三刻，司則版啓：「請中嚴。」掌筵先於別殿東壁下設薦，爲妃舉哀位，西向。爲祖父母則北壁下，南向。別殿前設幔，下北面設良娣以下位，西上。前二刻，女侍臨者集列於閤外便次。司則一人升立於殿上東楹之南，女史二人立於階下，並西面。至前一刻，司則版啓：「外辦。」

至時，引妃出，升殿，侍衞如常。典内版啓赴聞，司則傳啓，稱「某官若某夫人。以某月日辰薨」。妃啼若哭，父母啼，祖父母哭。女侍者以司閨下女史充之。〔一〕引良娣以下入，各就位。司則稱拜，女者皆素服，哭又盡哀。盡一哀；問故，又哭盡哀。妃改素服，良娣以下侍臨史承傳，凡司則有詞，女史皆承傳。良娣以下在位者皆再拜；司則稱哭，良娣以下在位者皆哭；十五舉聲，司則稱止，良娣以下在位者皆止；司則稱拜，良娣以下在位者皆再拜；司則稱下，女侍者引良娣以下退。司則跪啓：「請哭止。」妃止，從臨者皆止。妃退舍別次，侍從者侍衞如常。於閤哭臨如常禮。

其日晡臨，前二刻啓嚴，良娣以下赴集。一刻啓辦。至時，引各復位。司則跪奏：「請哭。」妃哭臨如初，良娣以下皆哭，十五舉聲，司則稱止皆止，但無拜，其他如前儀。

妃爲父母之舉哀也，其妃女亦素服，引升位於户内之東，北面，與妃俱哭；於良娣以下之退也，贊止引退。自後奔赴如別禮。其有疾故未及奔，則自後朝晡赴集，啓引即位哭臨如初，以至成服。聞外祖父母喪，則於別宫次，其日晡臨後，三朝哭臨而止。爲諸王妃主本服大功者，其日晡臨而止，小功以下一舉哀而止。爲良娣、宗戚與諸王妃主同。良媛以下一舉哀而止。其日内外應奉慰者，(二)赴集、啓引、即上下位次、哭臨、撫慰及拜哭、奉慰如常禮。其日宫官等應奉慰者，赴集宫門奉慰如常禮。自後皆然。

三日成服。本司散下其禮，所司隨職供辦。掌筵先於妃舉哀別殿東壁設素下牀席，爲妃成服位，西向。爲祖父母則北壁下，南向。所司先製妃齊縗周之服，又製良娣以下服亦如之。

其日，成服前三刻，司則版啓：「中嚴。」女侍臨者升列於別殿上，哭不絕聲。前二刻，司則於別殿前幔下整設良娣以下哭位如初；又於殿上妃位前設席，爲奉慰位。良娣以下仍初服，集列於閤外次。女侍者各以篋奉其縗服進授，仍贊變服焉。司則一人升立於殿上東楹之南，女史二人立於階下，並西面。掌嚴以篋奉縗服升，東閒北面立。成服前一刻，司則版啓：「外辦。」

妃仍初服即位，侍衛如初。司則跪啓：「請哭。」妃哭，從臨者皆哭，十五舉聲，司則跪奏：「請止，成服。」妃止，掌嚴以篋奉縗服進，跪授，興，仍贊變服焉。於變服則權設步障，已而去之。變服已，司則又跪啓：「請哭。」妃哭。女侍者引良娣以下入即位，司則稱拜，良娣以下在位者皆再拜；司則稱哭，良娣以下在位者皆哭；十五舉聲，司則稱止，良娣以下在位者皆止。女侍者引良娣行首一人升，詣妃前席位，跪奉慰，興，女侍者引降，還本位。司則稱拜，良娣以下在位者皆再拜。女侍者引良娣以下退。司則跪啓：「哭止。」妃止，從臨者皆止。妃退舍別室如常禮，侍從者侍衞如初，於妃哭臨如初。其日晡臨，晡前二刻啓嚴，〔三〕良娣以下赴集。一刻啓辦，引即位哭臨如初。

其有妃女應成服者，則製小功五月之服，引升即位如初，與妃俱成服，哭臨先拜慰如良娣之儀。於良娣以下退，贊止引退。自後朝晡哭臨如初，以至卒哭。若公除則如別禮。其爲曾祖高祖父母，則與良娣以下俱成齊縗三月之服如常禮。爲外祖父母、諸王妃主、良娣、宗戚等舉哀，並與祖父母聞喪禮同。其異者，於別宮次。其日晡臨，後三朝哭臨而止。〔四〕諸王妃主以下一舉哀而止。

奔喪

奔父母祖父母喪

本司散下其禮，所司隨職供辦。守宮先設行宮便殿於主人大門外之右，南向。又於便殿之後及左右廂，設良娣以下及諸陪從者便次如式。〔五〕又於喪寢前設障幔，爲良娣以下拜哭次。主人五屬之親於妃未至之前，集列於主人第。

其日，出宮前四刻，司則版啓：「請中嚴。」出宮前三刻，諸率等備列常行仗衛鹵簿於所出宮門外內如常儀。出宮前二刻，導客舍人於主人第喪寢戶西若殯西設薦席爲妃哭位，東向。其奔祖父母喪，則戶內之西，南廂，北面。導客舍人又於喪寢庭幔下，北面重行設良娣以下拜哭位次，北面西上。其良娣以下陪從者各服素服，〔六〕集列以俟，陪從如常。已成服則服縗服。內廄尉進翟車，其仗衛鹵簿並以次整列於所出宮門外內如常儀。〔七〕出宮前一刻，司閨以下應陪從者，並以次進迎如常。小輿進於內庭。

至時，司則又版啓：「外辦。」妃仍舉哀之服，升輿出，已成服則服縗服。三面周以白布行帷。至閤外，妃降輿，升翟車，內廄尉執御，典內以下前導夾引與司閨以下乘車陪從如常儀。〔八〕良娣以下應從者，〔九〕乘車以次序從如常。仗衛夾引。妃哭，從臨者隨哭不絕聲。於妃未到之前，司儀贊主人內外五屬之親並出就前堂哭，其位如殯堂之儀。導客舍人一人升立於喪寢東楹之南，內給使二人立於階下，並西面。

妃至主人第降車所，司則啓：「請降入。」妃降車仍哭，入自闈門，三面周以行帷，從臨者仍哭從不絕聲，司閨以下哭從如初，侍者夾扶。主人降詣東階之南，仍立哭；其奔祖父母喪，則主人仍立哭以待。衆主人並降立於主人之後，西面北上，立哭。以服精麤爲序。妃至喪寢庭。主人哭止，再拜，仍立哭。女侍者扶引，妃哭升自西側階，進尸西，跪，憑尸撫心哭，從臨者仍哭。於妃之升也，導客舍人引良娣以下從奔者，各權舍於便次，其杖衞鹵簿屯列於外內如常。主人以下應升者升，各就位哭。妃哭盡一哀，仍扶引即位哭，從臨者仍哭。若已殯，則先引進靈前，跪憑靈哭，盡哀，啓引退，西面再拜，乃即位哭。導客舍人引良娣以下入即班位。導客舍人稱拜，給使承傳，唱「可拜」，〔一〇〕凡舍人有詞，給使皆承傳。良娣以下在位者皆再拜；導客舍人稱哭，良娣以下在位者皆哭；十五舉聲，導客舍人稱止，良娣以下在位者皆止；若已成服，則引行首升慰皆如常禮。導客舍人稱拜，良娣以下在位者皆再拜訖，導客舍人引良娣以下退還便次。司則跪啓妃哭止，妃止哭，從臨者皆止，妃退降，即便次。典內版啓：「解嚴。」將士仍不得輒離部伍。

其成服已，則宮官等應奉慰者並赴奉慰如常禮。自後妃依時哭臨如常禮。其爲父若祖父喪，則自後啓引哭於後寢次。〔一一〕其未成服而奔，則至成服日，即與主人俱成服。其奔父母之喪，則成服而還宮。其有別勑令還宮，則隨旨期。其未即還宮也，其良娣以下及鹵簿仗衞應還者先還；〔一二〕留者與妃依時哭臨，〔一三〕及成服則如妃之禮。

於妃還宮日之朝也，諸應奉迎之官及仗衞鹵簿等並赴主人第，〔一四〕奉迎如式。於還宮日，車發前三刻，司則版啓：「請中嚴。」諸率等整列仗衞鹵簿於還塗如來儀。至時，司則版啓：「外辦。」妃哭拜訖，主人以下各列本次，拜哭如初。〔二五〕其尊及長則不降拜。司閨扶引妃降出，侍從者如初。妃至中門，啓哭止，升車，從臨者皆止，三面周以行帷。良娣以下乘車序從如初。妃至閤外，司則跪啓：「請降入。」妃降車，升輿入，典内以下陪從至閤如初。典内版啓：「請解嚴。」諸列鹵簿者各還其所。自後赴葬及練祥，則出入如初禮。

皇太子妃於祖父母若父母之喪不赴葬，則於啓日之朝也，與良娣以下服繐服，啓引各即上下位次，哭臨拜慰如初。若父在若祖父在爲母若祖母之喪，十一月而小祥，則與良娣以下，於位次行變除之禮，易以練緫，除腰絰，哭臨受慰如常禮。其稟旨行公除之禮，則十三日而除，其行除禮如別條。

臨喪

臨外祖父母喪

與奔祖父母喪禮同。其異者，乘常行之車，其仗衞羽儀之屬則如平常，而位於喪寢中閒之西北壁下，南面，即位乃哭。其主人内外五屬之親，並哭於喪寢前後庭。應升者，如太子臨外祖父母喪主人以下待之禮。皇太子妃每出臨，若須嚴鼓，並須準所臨遠近及仗衞備略，備，如常。略，不備。稟旨在於當時。

臨良娣以下喪

妃臨良娣以下之喪，本司散下其禮，所司隨職供辦。降臨前二刻，司則版啓：「請中嚴。」掌筵先於喪寢中閒北廂設素下牀席，爲妃哭位，南向。腰輿進於内庭。降臨前一刻，司則版啓：「外辦。」妃服素服，升輿出，常侍從者侍衞如常。至喪寢所，降輿，升喪寢，即位坐，哭，侍從者侍衞如常。於妃之將至也，女侍者啓引亡者之子，降東階之南，西面再拜。已成服則去杖。又女侍者啓引亡者之女，出北户，降寢北，南面再拜。〔一六〕引並升，復位哭如初。司則跪啓：「請哭。」妃哭，從臨者皆哭，十五舉聲，跪啓：「止，撫慰。」妃止。女侍者引亡者之子詣妃前跪哭，撫慰之，子興，再拜，引退復位。又引亡者之女如上禮。司則跪啓：「請還。」妃升輿，引降，還，侍衞如初。於妃之降也，侍者啓引亡者之子降拜，引升，復位哭。女侍者啓引亡者之女降拜，引升，復位哭並如初。

除喪

除父母祖父母喪除外祖父母喪附

妃除父母、祖父母喪服之制。本司散下其禮，所司隨職供辦。所司先製妃及良娣以下素服。導客舍人先於別殿閤外，整設良娣以下便次如初。又於別殿前整設障幔，爲良娣以下拜哭次。〔一七〕以十三月而除服。於除服前之夕妃晡臨已，有司除其故位次，而設新下牀席焉。

其日，平明後而除服。於除服前三刻，司則版啟：「中嚴。」女侍臨者升列於別殿上，哭臨如初。除服前二刻，司則於別殿前幔下，整設良娣以下位次；又於殿上妃位前設席焉，爲跪奉慰位。良娣以下仍縗服，集列於閤外便次。女侍者以篋奉其素服進授，仍贊變除焉。司則一人升立於堂上東楹之南，女史二人立於堂下，並西面。掌嚴以篋奉素服升，東閒北面立。前一刻，司則版啓：「外辦。」

妃仍服縗服，引出，升，即位次，常侍從者侍衛如初。〔一八〕妃哭，從臨者皆哭，十五舉聲，司則跪啟：「哭止，從禮制除服。」妃止。掌嚴以篋奉素服進，跪授，興，仍贊變除焉。於變服，則權設步障，已而去之。其侍臨者亦從變除。變除已，司則又跪啓：「請哭。」妃哭。女侍者引良娣以下入，即班位。司則稱拜，女史承傳，唱「可拜」，凡司則有詞，女史皆承傳。良娣以下在位者皆再拜。司則稱哭，良娣以下在位者皆哭，十五舉聲，司則稱止，良娣以下在位者皆止。女侍者引良娣行首一人升，進妃前席位，跪奉慰，興，女侍者引降，還本位。司則稱拜，良娣以下在位者皆再拜，女侍者引良娣以下出，各還宮寢如常禮。司則跪啓：「請哭止，還。」

妃哭止，從臨者皆止，妃降還內寢，侍衞如初。除外祖父母服，與祖父母服同。其行公除之禮，則五日而除之。

校勘記

〔一〕以司閨下女史充之　「充」原訛「爲」，據開元禮卷一三七及北宋本、傅校本、明抄本、明刻本改。

〔二〕其日內外應奉慰者　「應奉」原訛「府交」，據開元禮卷一三七改。按：北宋本、傅校本、明刻本、王吳本、殿本作「應交」。

〔三〕晡前二刻啓嚴　原脱「晡」，據開元禮卷一三七及北宋本、傅校本、明抄本、明刻本補。

〔四〕三朝　「朝」原訛「月」，據諸本改。

〔五〕守宮先設行宮便殿於主人大門外之右南向又於便殿之後及左右廂設良娣以下及諸陪從者便次如式　原脱「便殿於主人大門外之右南向又於」十四字，據開元禮卷一三七補。按：此因涉上下句中均有「便殿」一詞而誤脱者。

〔六〕設良娣以下拜哭位次北面西上其良娣以下陪從者各服素服　原「哭」上脱「拜」，「位」下脱「次北面西上其良娣以下」。據開元禮卷一三七補。

〔七〕以次整列於所出宮門外內　原脱「於」，據開元禮卷一三七補。

〔八〕與司閨以下乘車陪從　「與」原訛「輿」，據開元禮卷一三七及北宋本、傅校本、明抄本、明刻本改。

〔九〕良娣以下應從者 原「從」上衍「陪」，據開元禮卷一三七及北宋本、傅校本、明抄本、明刻本删。

〔一〇〕可拜 「可」原訛「再」，據開元禮卷一三七改。

〔一一〕其爲父若祖父喪則自後啓引哭於後寢次 兩「父」字下原皆誤衍「母」，據開元禮卷一三七删。北宋本、傅校本、明抄本、明刻本惟前「父」下衍「母」。按：此謂妃於父或祖父喪，惟奔喪哭於喪寢，自後哭臨則於後寢位次；而於母或祖母喪，則皆哭於喪寢位次。二者不同，故注分别言之。

〔一二〕其良娣以下 「其」原作「則」，此後人擅改者。據開元禮卷一三七及北宋本、傅校本、明抄本、明刻本回改。

〔一三〕留者與妃依時哭臨 原脱「妃」，據開元禮卷一三七補。

〔一四〕諸應奉迎之官 「應」原訛「府」，據諸本改。

〔一五〕拜哭如初 「哭」原訛「辭」，據開元禮卷一三七改。

〔一六〕出北户降寢北南面再拜 原脱「南」，開元禮卷一三七誤同。據開元禮卷一三五中宫臨内命婦喪補。按：無「南」字，勢必讀成「出北户，降寢，北面再拜」。於寢北而北面拜，則背妃而拜矣。

〔一七〕爲良娣以下拜哭次 原脱「次」，據開元禮卷一三七補。

〔一八〕侍衞如初 原脱「衞」，據開元禮卷一三七補。

王文錦點校

通典卷第一百三十八

禮九十八　開元禮纂類三十三　凶禮五

三品以上喪上四品以下至庶人附

三品以上喪上四品以下至庶人附

初終

有疾，丈夫婦人各齊於正寢北墉下，東首。墉，牆也。東首，順生氣。養者男子婦人皆朝服，齊。親飲藥，子先嘗之。嘗，度其所堪。疾困，去故衣，加新衣，爲人來穢惡也。徹樂，清掃内外，爲賓客來問。分禱所祀。盡孝子之情也。五祀及所封境内名山大川。四品五品祀中霤、門、户、竈、行。六品以下祀門及行。侍者四人六品以下俱四人也。坐持手足。爲不能自屈伸。内喪則婦人持之。遺言則書之。屬纊以候氣，纊，新綿，置於口鼻。氣絶，廢牀，寢於地。人始生在地，庶其生氣反也。主人啼，餘皆哭。哀有深淺者。男子易以白布衣，被髮，徒跣。婦人青縑衣，被髮，不徒跣，女子子亦然。父爲長子，爲人後者爲其本生父母，皆素冠不徒跣。女子子嫁者髽。六品以下内外改著素服，〔一〕妻妾皆被髮徒跣，女子子不徒跣，出嫁者髽。出後人者爲本生父母，素服不徒跣，主人主婦衣服無改，男女隨事設帷幃。齊縗以下丈夫素冠，婦人去首飾。謂齊縗婦人也。内外皆素服。素服謂有服者白布十五升；無服者不服列綵，則常服素衣。〔二〕主人坐於牀東，啼踊無數。衆主人在主人之後，兄弟之子以下又在其後，俱西面南上哭。妻坐於牀西，妾及女子子在妻之後，哭踊無數；兄弟之女以下又在其後，俱東面南上，藉藁坐哭。〔三〕六品以下又孫及兄弟孫在諸子之後，女孫及兄弟女孫在兄弟女子子之後。各依服精麤爲坐先後，〔四〕下準此。内外之際，隔以行帷。帷堂内門南北隔之。祖父以下於帷東北壁下，南面西上；祖母以下於帷西北壁下，南面東上：皆舒席坐哭。六品以下爲嫡子三年者則草薦。外姻丈夫於户外之東，北面西上；婦人於主婦西南，北面東上：皆舒席坐哭。若舍窄則宗親丈夫在户外之東，北面西上；外姻丈夫在户外之西，北面東上。諸内喪，則尊行丈夫、外親丈夫席位於前堂，若户外之左右，俱南面，宗親户東西上，外親户西東上。凡喪位，皆以服精麤爲序。國官位於門内之東，重行北面，以西爲上，俱衰巾帕頭，〔五〕舒稾薦坐；參佐位於門内之西，重行北面，以東爲上，俱素服，舒席坐哭。自國官以下，六品以下無。斬縗三日不食，齊縗二日不食，大功一日不食，小功、緦麻再不食。

復始死則復

復於正寢。復者三人，復謂招魂復魄。四品五品則二人。皆常服，以死者之上服左荷之，升自前東霤，六品以下則升自前東榮。榮，屋翼也。當屋履危，〔六〕北面西上。危，棟。左執領，右執腰，招以左。每招，長聲呼某復。〔七〕男子皆稱字及伯仲，婦人稱姓，其復者人數依其夫也。六品以下男子稱名。三呼而止，以衣投於前，承之以篋，六品以下以箱。升自阼階，入以覆尸。若得魂魄返然。復者徹舍西北扉，降自後西霤。〔八〕不由前降，不以虚返。因徹西北扉，若云此室凶，不可居然。自是行死事。所徹扉之薪，以充煮沐。六品以下西榮，餘同。復衣不以襲斂。浴則去之。乃設牀。

設牀

設牀於室户内之西，去腳，舒簟，設枕，施幄。六品以下不施幄。去裙，遷尸於牀，南首，覆用斂衾，去死衣。斂衾，大斂所用之衾，黄表素裹也。死衣，病時所加新衣。楔齒用角柶。爲將含也。綴足以燕几，校在南，綴猶拘也。校，几脛也。尸南首，几脛在南以拘足，〔九〕則不使辟戾。侍者坐持之。其內外哭位如始死之儀。乃奠。

奠六品以下於含而後奠，文與此同。

奠以脯、醢、酒，用吉器，無巾柶，升自阼階，奠於尸東，當腢。鬼神無象，故設奠以憑依之。〔一〇〕內喪，內贊者皆受於户外而設之。凡內喪，皆內贊者行事。既奠，贊者降出帷堂。初氣絶，室內隨事設帷，至此事小訖，故設帷堂。〔一一〕若有赴者遣赴，赴禮合在此。下含篇後爲與勅使弔篇宜相近，故列在後也。

沐浴自沐浴下至設重，其事皆可同時而興。

掌事者掘埳於階閒，近西，南順，〔一二〕廣尺，長二尺，深三尺，南其壤。爲塊竈於西墻下，東向，以俟煮沐。新盆、盤、瓶、六甂四品五品四甂，六品以下二甂。皆濯之，陳於西階下。新此器者，重死事。塊竈，〔一三〕累土爲竈。盆以盛水，盤以承濡濯，瓶以汲也。甂，瓦甖，受二升，有蓋。濯謂滌溉。沐巾一，浴巾二，用絺若綌，實於笲，巾所以拭也。浴巾二者，上體下體異。絺，細葛。綌，麤葛也。笲，竹器也。櫛實於箱若簞，浴衣實於篋，浴衣，以浴所衣之衣，其制今之眠帕也。六品以下櫛及浴衣各實於箱。皆具於西序下，南上。水淅稷米，六品以下淅粱米。取潘煮之。又汲爲湯，以俟浴。以盆盛潘，及沐盤升自西階，授，沐者執潘及盤入。主人皆出户外。象平生沐浴，子孫不在旁。主人出而袒簀，謂牀簀去席。主人以下於户東，北面西上，主婦以下皆於户西，北面東上，俱立哭。其尊行者，丈夫於主人之東，北面西上，婦人於主婦之西，北面東上，俱坐哭。婦人權障以帷。主人以下既出，乃沐櫛。〔一四〕櫛，梳。束髪用組，挋用巾。〔一五〕挋，晞也，清也。浴則四人六品以下則二人。抗衾，二人浴，拭用巾，挋用浴衣。設牀於尸東，〔一六〕衽下莞上簟。浴者舉尸，易牀，設枕。翦髪斷爪如平常，鬌髪爪盛以小囊，大斂内於棺。楔齒之柶、浴巾，皆埋於坎，寘之。著明衣裳，〔一七〕以方巾覆面，仍以大斂之衾覆之訖，内外入就位，哭。乃襲。

襲

陳襲事於房内。襲衣三稱，六品以下一稱。西領南上，朝服一稱，常服二稱。凡陳衣者實之以箱篋，〔一八〕承以席。明衣裳，合用生絹單衫。〔一九〕舃一；六品以下履一。帛巾一，方尺八寸；充耳用白纊；面衣用玄，方尺，纁裏，組繫；六品以下裏亦纁。握手用玄，纁裏，長尺二寸，〔二〇〕廣五寸，削約於内旁寸，著以綿，組繫。握手，手所握者。〔二一〕面衣及手衣皆通用餘色。〔二二〕六品以下繫手衣一具。執服者陳襲衣，庶襚繼陳不用。庶，衆也。不用，不襲也。多陳之爲榮，少納之爲貴。〔二三〕將襲，具牀席於西階西，内外皆出哭於户外，其位如浴時。襲者以牀升，入設於户東，布枕席如初。自庶襚繼陳以下。六品以下無。執服者陳襲衣於席。祝去巾，六品以下襲者去巾。加面衣，設充耳，著握手，納舃若履。凡衣死者，左衽不紐。〔二四〕將襲辟奠，既襲則設。六品以下皆納履，著手衣。既襲，乃覆以大斂之衾。始死時所覆衾。内外俱入，復位坐哭。諸尊者於卑幼之喪及嫂叔兄姒弟婦相哭，〔二五〕朝晡之間非有事，則休於別室。

含

贊者奉盤水及笲，笲，竹器。飯用粱，含用璧，四品五品用稷與璧，六品以下粱與貝。升堂。含者盥手於户外，贊者沃盥，含者洗粱、璧，四品五品洗稷璧，六品以下洗粱貝。實於笲，執以入，祝從入，北面。六品以下無祝從。徹枕，去楔。受笲，奠於尸東。含者六品以下主人含。坐於牀東，西面，鑿巾，巾先覆面，將含，當口鑿之。六品以下去巾。〔二六〕納飯含於尸口。既含，主人復位。楔齒之柶與浴巾同埋於坎。〔二七〕六品以下於此後用奠與上文同。

赴闕六品以下無。

遣使赴於闕。使者進立於西階，東面南上。主人詣使者前，北面曰：「臣某之父某官臣某薨，〔二八〕若母若妻，各隨其稱。四品以下言死，餘同。謹遣某官臣姓某奉聞。」訖，再拜。使者出，主人哭入，復位。

勑使弔

使者公服入立於寢門外之西，東面。相者入告。主人素冠降自西階，迎於寢門外，見賓不哭，先入立於門右，北面。內外皆止哭。開帷。帷堂之帷。事畢則下之。使者入，升立西階上，〔二九〕東面。進主人於階下，北面。使者稱：「有勑。」主人再拜。使者宣勑云：「某封位薨，無封者稱姓位。四品五品云某封喪，餘同。情以惻然，如何不淑。」主人哭拜稽顙，內外皆哭。使者出，主人拜送於大門外。親故爲使弔者，既出，易服入，向尸立哭十數聲，止，降出。主人候勑使出，〔三〇〕升降自西階。主人升降自西階者，親始死，未忍當主位。

銘 銘，明旌也。〔三一〕

爲銘以絳，〔三二〕廣充幅，四品以下廣終幅。長九尺，韜杠。杠，銘旌竿也。〔三三〕杠之長準其絳也。公以上杠爲龍首。〔三四〕四品五品幅長八尺，龍首，韜杠。六品以下幅長六尺，韜杠。書曰「某官封之柩」。在棺曰柩。婦人其夫有官封，云「某官封夫人姓之柩」。子有官封者，云「太夫人之柩」。郡縣君隨其稱。若無封者，云「某姓官之柩」。六品以下亦如之。置於宇西階上。

重

重木，刊鑿之，爲懸孔也，長八尺，四品五品長七尺，六品以下六尺。橫者半之，置於庭三分庭一在南。以沐之米爲粥，實於鬲，既實以踈布蓋其口，繫以竹篾，懸於重木。覆用葦席，北向，屈兩端交於後，西端在上，綴以竹篾。祝取銘置於重。殯堂前楹下，夾以葦席，簾門以布，又設葦障於庭。

陳小斂衣

小斂之禮，以喪之明日，各陳其斂衣一十九稱。無者各隨所辦。六品以下服一稱，於東房，西領，夏則裙衫。〔三五〕朝服一稱，自餘皆常服。陳於東序，四品五品以下於東房。西領，北上。笏一。凡斂非正色不入，絺綌不入。乃奠。將小斂，又奠。

奠

饌於東堂下：凡奠器皆素。六品以下籩豆無漆。以下至虞祭，其器同。瓦甒二，實醴及酒，觶二，六品以下瓦甒一，實酒，觶一。角柶一，六品以下無。少牢及腊六品以下特牲。三俎，籩豆各八。籩實鹽脯棗栗之屬也。豆實醓醬虀菹之類也。四品五品則籩豆各六。六品以下籩豆之數各二，實亦如之。設盆盥於饌東，布巾。爲奠者設盥。喪事略，故無洗。贊者辟脯醢之奠於尸牀西南。〔三六〕乃斂。

小斂

將小斂，具牀席於堂西，又設盆盥於西階之西如東方。爲舉尸者設盥。斂者盥訖，與執服者以斂衣入。主人以下少退，西面，主婦以下少退，東面，內外俱哭。斂者斂訖，覆以夷衾，設牀於堂上兩楹閒，〔三七〕衽下莞上簟，尸卧之席。有枕。卒斂，開帷，主人以下西面憑哭，

主婦以下東面憑哭，俱南上。凡憑尸，父母先，妻子後。訖，退。乃斂髮。〔三八〕

斂髮

男子斂髮，衮巾帕頭，六品以下則男子以衮巾束髮。女子斂髮而髽。主人以下立哭於尸東，西面南上；主婦以下坐哭於尸西，東面南上。祖父母以下仍哭於位各如初，外姻丈夫婦人哭於位各如初。斂者舉尸，男女從奉之，遷於堂，仍覆以夷衾。棺衣。哭位皆如室内。

奠

贊者盥手，奉饌至階，豆去蓋，籩俎去巾冪，升，奠於尸東，醴酒奠於饌南，西上。訖，其俎，祝受巾巾之。六品以下奉饌升，奠於尸東訖，斂者受巾巾之。奠者徹襲奠，自西階降，出。下帷，内外俱坐。有國官僚佐者，以官代哭，無者以親疎爲之。夜則爲燎於庭。厥明，滅燎，乃大斂。

陳大斂衣

大斂之禮，以小斂之明日。其日夙興，陳衣於序東三十稱，無者各隨所辦。〔三九〕六品以下上服三稱，西領南上。各具上服一稱，西領南上，自餘皆常服。冕具導、簪、纓，在北。内喪花釵、衾一。衾以黄爲表，素爲裏。六品以下朝服、公服、常服俱各爲一稱，〔四〇〕制用隨所有。

奠

奠於堂東階下兩甒醴及酒，六品以下甒酒置於席。醴在南，各加勺。六品以下無。篚在東，南肆，四品五品云東肆。〔四一〕實角觶二，木柶一。六品以下一籩一豆。豆在甒北，籩次之，牢饌如小斂。籩豆俎皆冪以功布。有簟席、素几、功布巾在饌北。掘殯埳於西階之上。喪從外來者，殯於兩楹之閒。〔四二〕乃斂。

大斂

將大斂，棺入，内外皆止哭，升棺於殯所。棺中之具灰炭、枕席之類，皆先設於棺内。置棺訖，内外皆哭。熬穀八筐，〔四三〕熬所以惑蚍蜉，令不至棺旁。四品五品則六筐，六品以下則二筐。黍稷稻粱各二，六品以下無。皆加魚腊。〔四四〕燭俟於饌東。設盆盥於東階東南。六品以下設盆盥於饌西。祝盥訖，六品以下掌事者盥於門外。升自阼階，徹巾授執巾者，〔四五〕執巾者降待於阼階下。祝盥。六品以下掌事者盥。贊者徹小斂之饌，降自西階，設於序西南，當西霤，六品以下西榮。如設於堂上，堂上謂尸東。凡奠設序西者，事畢而去之。乃適於東階下新饌所。帷堂内外皆少退，立哭。御者斂，丈夫加冠，婦人加花釵，覆以衾。六品以下御者設覆以衾。斂訖，開帷，主人以下西面憑哭，主婦以下東面憑哭，退，復位次，諸親憑哭。斂者四人舉牀，男女從奉之，奉尸斂於棺，乃加蓋，覆以夷衾，内外皆復位如初。設熬穀首足各一筐，旁各三筐，〔四六〕六品以下一筐。以木覆棺上，乃塗之。設帟於殯上。帟，柩上承塵。祝取銘置於殯。六品以下既殯，設靈座於殯東。

奠

將奠，執巾、几、席者升自阼階，入設於室之西南隅，東面，右几，加以巾。四品以下升自阼階，設於座右，加以巾。贊者以饌升，入室，西面設於席前。六品以下設於靈座前席上。殯於外者，施蓋訖，設大斂之奠於殯東。祝受巾，巾俎。六品以下掌事者受巾。奠者降自西階以出。下帷，内外皆就位，哭如初。既殯，設靈座於下室西間，東向，施牀、几案、屏障、服飾，〔四七〕以時上膳羞及湯沐皆如平生。當殷奠之日，不饋於下室。下室謂燕寢。無下室者，則設靈座於殯東，朝夕進常食之具於靈前，如平常也。自當殷奠之日以下，六品以下無文。

廬次

將成服，掌事者先爲廬於殯堂東廊下，六品以下於墉下。〔四八〕近南，北户，設苫甴於廬内。諸子各一廬。凡廬，五品以上營之。齊縗於廬南累墼爲堊室，俱北户，翦蒲爲席，不緣。父兄不次殯所，各在其正寢之東爲廬次、堊室。祖爲嫡孫居堊室，有牀。皆南面，西出户。父不爲衆子次於外。於庶子略，自若居寢。大功於堊室之南，張帷，席以蒲。小功、緦麻於大功之南，設牀，席以蒲。婦人次於西房若殯後，施下牀；殯堂無房者，次於後若別室。

成服

三日成服，皆除去死日數。六品以下則并死日爲三日。內外皆哭，盡哀。內外俱降，就次著縗服。無服者仍素服。相者引主人以下俱杖，三日而後食，杖而後能起，衆子皆杖，以病故也。童子、婦人不能病，故不杖，亦不居廬，不著菲屨。若嫡子，雖童亦杖，幼不能自杖，人代執之，所謂當室杖者也。自此以後，唯嫡子及有爵之庶子，皆得杖在位。其庶子無爵者，杖於他所，不杖在位。凡正寢，户內曰室，户外曰堂，虞杖不入室，祔杖不升堂。以今言之，即靈堂户之內外也。〔四九〕周人祔在卒哭，今之百日也。哀衰敬生，故其杖不升靈寢。當之堂前，其縗服及杖皆致之於廬內。應杖者，朝夕哭則杖之。若孝子，出無異適，唯向殯又向墳墓而已。〔五〇〕遠則乘車，近則使人代執杖。六品以下則不著菲屨。升，立哭於殯東，西向南上。齊縗以下就位。婦人升詣殯西位，若殯逼西壁，婦人皆位於殯北，南面東上。尊行者坐。內外皆哭，盡哀。諸子孫就祖父及諸父前跪哭，皆撫哭盡哀，就祖母及母、諸母前哭亦如之。〔五一〕女子子對祖母及諸母哭，遂就祖父前哭，如男子之儀，唯諸父不撫之耳。訖，各復位。伯叔母以下就主婦哭亦如之。始遭親喪，孝子荒迷，三日不食，服又成矣，是以尊卑內外聚哭盡哀。〔五二〕諸尊者降出還次。主人以下降立於阼階下，外姻在南少退，俱西面，北上，哭盡哀，各還次。闔户。小功以下各還歸其家。自成服之後，諸尊者及婦人於諸親男女之喪，有事則哭於殯所；無事有時須哭者，或在正寢，則於北壁下舒席南面坐哭。父母喪，食粥，朝米四合，暮米四合。不能食粥，以米爲飯。婦人皆以米爲飯。

朝夕哭奠朝奠日出，夕奠逮日。〔五三〕

每日先具朝奠於東階下。瓦甒二，實以醴及酒，樿杓，疏布冪。角觶一，木柶一。〔五四〕籩一，豆一，實以脯醢也。六品以下瓦甒一，實以酒，素勺，疏布冪。籩一，豆一，實脯醢。內外夙興，各縗服，凡言縗服，應杖者皆杖，以下準此。男子就東階下位，若升哭於殯東也，其位如始成服之式。婦人升詣殯西位，內外皆哭。凡朝夕哭皆開帷。質明，掌事者升自阼階，入，徹奠出，置於序西南，如殯東之儀。又以朝奠入，至阼階，豆去蓋，籩甒去巾冪，升阼階，入設於室如初。執饌者出，降自西階。日出後少頃，內外皆止哭，各還次。朝夕之間，主人及諸子、妻、妾、女子子哭於其次，無時。至夕，內外俱就位哭，徹朝奠，進夕奠如初儀。日入後，內外俱止哭，各還次。哭者出，闔門。自是以後，至於啟殯，每朝夕如上儀。既殯，大功以下異門者，歸於家。

賓弔親故同。

賓至，掌次者引之次，賓著素服。相者入告。內外縗服。相者引主人以下立哭於阼階下，婦人升哭於殯西。相者引賓入立於庭，北面西上。爲首者一人進，當主人東面立，云「如何不淑」。主人哭，再拜稽顙。爲首者復北面位。弔者俱哭十餘聲。〔五五〕相者引出。少頃，相者引主人以下各還次。

親故哭五品以下無。

若有親故哭殯者，內外俱升就殯堂位，尊者坐，若賓敵體以上，賓初入則起，賓坐亦坐，賓起亦起。內外俱哭。相者引賓入，升堂立於殯東，西面南上，尊者坐，俱哭盡哀。尊者起，相者引出。卑者再拜訖，乃就主人前稍南，東北面執慰。〔五六〕相者引以次出。恩深者，賓拜訖，又哭盡哀，〔五七〕或就孝子撫哭盡哀而出。少頃，相者引主人以下降還次。

州縣官長弔

若刺史哭其所部，主人設席於柩東，西向。刺史素服將到，相者引主人去杖立於門內之左，〔五八〕北面。刺史入，升自東階，即座，西向坐哭。主人升就位哭。刺史哭盡哀，將起，主人降復階下位。刺史降出，主人拜送於大門外，杖哭而入。

刺史遣使弔

若刺史遣使弔，使者至，掌次者引就次。內外俱縗服。主人以下就階下位，婦人入就堂上位，內外俱哭。使者素服執書，相者引入門而左，立於階間東面。使者致辭，主人拜，稽顙，相者引主人進詣使者前，西面受書，退復位，左右進，受書。主人拜送於位，相者引使者出。使者若自入弔哭，如上弔儀。客出少頃，內外止哭，各就次。〔五九〕

親故遣使致賻六品以下無。〔六〇〕

使者立於大門外之西，東面。從者以篚奉玄纁束帛立於使者西南，俱東面。凡賻通以貨財，使者隨執其物，不限以玄纁。相者入告。主人立哭。相者進主人前，東面受命，出，詣使者前，西面曰：「敢請事。」使之從者以篚進詣使者前，西向以授使者，退復位。使者曰：「某封若某官無官封者即稱某子。使某賻。」相者入告，出曰：「孤某須矣。」相者引使者入，立於內門外之西，東面。主人止哭。使者少進，東面曰：「某封若某官使某賻。」主人哭，再拜。使者少進，坐委之，興，復位。掌事者進，坐舉之，興以東。相者引使者出，主人拜送。若使者致物不以器，堂事者迓受之，不委於地。其餘賻物，從者執之，立於使者東南，北面西上。掌事者受之以東，藏之。

殷奠六品以下無。

每朔望具殷奠，饌於東堂下。瓦甒二，實以醴及酒。角觶二，角柶一。少牢及腊三俎，二簋，二簠，二鉶，六籩，六豆。設盆盥於饌東，布巾。爲奠者盥。其日，內外夙興，縗服，升就位哭。質明，執饌者徹宿奠，遂以饌入，至阼階，去巾蓋，升，入室，設於席前。酌奠訖，冪俎以巾，執饌者降自西階以出。少頃，內外各還次，既出，闔門。及夕，執饌者升，徹殷奠，進夕奠如常禮。若有薦新，如朔奠。薦五穀若時物新出者。其日不饋於下室。不饋於下室者，爲殷奠有黍稷。〔六一〕

卜宅兆六品以下筮宅。

既度宅兆，掘四隅，外其壤；掘中，南其壤。宅，葬居也。兆，域也。南其壤者，爲葬將北首故。壤，土。〔六二〕

既朝哭，主人遂哭出，乘堊車詣宅兆所。出國門，止哭。六品以下出郭門止哭。掌事者先設主人以下次於宅兆東南。將到，主人又哭。至宅兆所，主人停於次，止哭。涖卜者一人國官若僚佐之長涖之。無者親屬爲之。緇布冠，不緌，布深衣，因喪屨。涖卜者非國官，則吉冠素服。祝及卜師凡行事者，皆吉冠素服。掌事者布卜筮席於兆南，北向西上。相者引涖卜筮者及祝立於卜筮席西南，東面南上；卜師、筮師立於祝南，東面北上。相者引主人詣卜筮席南十五步許，當內壤北向立。相者立於主人之左少南，俱北向。親賓及從者立於筮席東南，重行西面，諸親北上，諸賓南上。立定，相者少進，東面稱：「事具。」退復立。主人免首絰，左擁之。涖卜者進立於主人東北，西面。卜師抱龜，筮師開韇出策，兼執之，韇，藏策器。執韇以擊策，擊之以動其神。進立於涖卜前，東面南上。涖卜者命曰：「孤子姓名爲父某官封某甫，某甫，且字也。〔六三〕無封者去封。四品以下，父祖稱孤子孤孫，母及祖母稱哀子哀孫，〔六四〕下皆準此。度茲幽宅，無有後艱。」度，謀也。〔六五〕宅，居也。言爲父卜筮葬居。今謀此以爲幽冥居域之處，得無有後艱難乎？謂有非常崩壞。若内喪，云爲某母夫人某氏。卜師、筮師俱曰諾，遂述命，訖，右旋就席北面坐，命龜筮曰：「假爾泰龜有常，假爾泰筮有常。」指中封遂卜筮。訖，興，各以龜筮東面稱：「占曰從。」〔六六〕還本位。主人絰，哭，從者哭，盡哀，止。相者進主人之左，東面稱：「禮畢。」相者遂引主人退立於東南隅，西面。又相者引卜者立於主人之後，重行西面，俱北上。掌事者徹卜席。當安墓處立一標，又於四隅各立一標，當南門兩廂各立一標。

祝帥掌事者入鋪后土氏神席於墓左，〔六七〕南向。設酒罇於神座東南，加勺冪。設洗於酒罇東南，罍水在洗東，篚在洗西，南肆。篚實以巾爵，加以冪。相者引告者及祝與執罇罍篚者，俱立於罍洗東南，重行西面，以北爲上。國官若僚佐之長告。〔六八〕無國官僚佐者，親賓及主人告之。主人告俱去絰杖。〔六九〕立定，俱再拜。祝與執罇罍篚者先立於罇罍篚之後。執饌者以脯醢跪設於神座前，興，還本位。相者引告者詣罍洗，盥手洗爵，詣酒罇所，酌，進，跪奠於神座前，興，少退，北向立。祝持版進於神座之右，東面跪讀祝文曰：「維年月朔日，子某官姓名，若主人自告，父稱孤子，母稱哀子名字。敢昭告於后土氏之神：今爲某官姓名，若主人自告，云爲父某官封某甫，母云太夫人若郡君某氏，各隨官職稱之。〔七〇〕營建宅兆，神其保佑，俾無後艱。謹以清酌脯醢，祇薦於后土之神，尚饗。」訖，興。告者再拜。相者引告者還本位，西面再拜，相者引出。掌事以下俱復位，再拜，遂徹饌席罇罍以出。

主人哭還，去墓三里許，止哭。及國門，又哭。內外升，哭於位。主人入，升詣殯前，北面哭，盡哀止哭，西面再拜，降，就次。有國官僚佐，從主人入，就門內哭，主人拜，俱再拜，主人降就次，各就次。〔七一〕若不從，又卜筮擇地如初儀。

卜葬日六品以下筮日。

既朝哭，主人及諸子以下出，立於殯門外之東壁下，西面北上。國官僚佐之長涖卜無國官僚佐者，親賓爲之。行事者俱吉服，立於門西，東面南上。〔七二〕卜師抱龜六品以下筮人執韇。韇，藏策器。在其南，東面。闔門東扇，主婦立於其內。掌事者設卜席於閾外闑西。相者詣主人前，東面告事具，遂引主人立於門南，北面；相者立於主人之左，少退，俱北面。主人免首絰，左擁之。涖卜者進立於主人東北，西面。卜師少進，筮則筮人開韇出策，兼執之少進。涖卜前東面受命。涖卜命曰：「孤子某來日謀卜葬某父某官封某甫，〔七三〕母則云「爲某母太夫人某氏」。考降無有近悔。」考，登也。降，下也。言卜此日葬，魂神上下，〔七四〕得無近於咎悔也。卜師曰諾，遂述命。訖，右旋進，就席西面坐，六品以下執韇擊策。〔七五〕命龜曰：「假爾太龜筮云太筮。〔七六〕有常。」乃作龜。筮云遂筮。〔七七〕訖，興，以龜退，東面稱：「占曰從。」筮云「以卦東面旅占曰從。」從，順。〔七八〕主人絰，興，諸子以下哭，盡哀。〔七九〕相者告於主婦，哭入。遂使人告於親賓。諸親及僚友卜日不來者。卜師以龜退。筮則筮人以韇退。掌事者徹卜席。相者進，六品以下涖筮進。告禮畢。主人與諸子以下入，〔八〇〕升詣殯前，北面立哭，內外俱哭，盡哀。內外各還次。若不從，又卜擇如初儀。

啓殯

葬有期，前一日之夕，掌事者除葦障，備啓奠。其饌如大斂。〔八一〕設賓次於大門外之右，南向。〔八二〕內外夕哭如常儀。啓殯之日，內外夙興，繐服，主人及諸子皆去冠絰，以袞巾帕頭。國官亦以袞巾帕頭。內外升階就位哭。尊行者坐，國官及僚佐就下位哭之。祝繐服執功布，功布長五尺也。六品以下祝素服，執功布長三尺。升自東階，詣殯南，北向。內外皆止哭。祝三聲噫嘻，乃曰：「謹以吉辰啓殯。」既告，內外皆哭，盡哀，內外各還次。祝降，與執饌者升，徹宿奠如常。祝取銘，置於重北建之。掌事者升，徹殯塗訖，設席於柩東，升柩於席上，〔八三〕又設席於柩東。祝執功布升，以拂柩，覆用夷衾，降出。周設帷，東面開戶。若不爲坎而殯，則徹塗訖，設席於柩東。相者引主人以下升，哭於帷東，西向；妻、妾、女子子以下哭於帷西，東向，俱南上。諸祖父以下哭於帷東北壁下，南面西上；諸祖母以下哭於帷西北壁下，南面東上。外姻丈夫帷東，北面西上；婦人帷西，北面東上。尊者坐。內外俱哭。祝與進饌者各以奠升，設於柩東席上，祝酌醴奠之，內外俱哭於位，如未成服之禮。親賓致奠如別儀。有國官僚佐者，以官代哭，無者以親疎爲之，晝夜不絕聲。

贈謚六品以下無。

告贈謚於柩。無贈者，設啓奠訖即告謚。其日，主人入，升立於饌東，西面。祝持贈謚文升自東階，進立於柩東南，北向。內外皆止哭。祝少進，跪讀文訖，興。主人哭拜稽顙，內外應拜者皆再拜。祝進，跪奠贈謚文於柩東，興，退復位。內外皆就位坐哭。

親賓致奠

啓之日，親賓致奠於主人。設啓奠後，諸奠者入，立於寢門之外，東向。謂卑幼者。其有故則遣使。祭具陳於奠者東南，北向西上。相者入告。內外卑者皆興，立哭於位。又相者引奠者入，升，當柩東，西面。奠者哭，祭具從升，陳於柩東奠者之西，〔八四〕西向南上。設饌訖，執饌者降出。奠者止哭，詣酒罇所，取爵酌酒，跪奠於柩東，興，少退，西面立。內外皆止哭。奠者曰：「某封若某位伯叔，各從官爵稱之。將歸幽宅，謹奉奠。」若異姓，各從其稱。若使者，云「某封若某姓位，聞某封若某官將歸幽宅，使某奉辭」。奠畢，應拜者再拜，內外皆哭，主人哭拜稽顙。奠者哭，盡哀止，相者引出。執事者以次徹饌而出。〔八五〕

校勘記

〔一〕内外改著素服　「改」原訛「皆」，據開元禮卷一四六及北宋本、傅校本改。

〔二〕常服素衣　「服」原訛「所」，據開元禮卷一三八改。

〔三〕藉稾坐哭　「坐哭」原倒，據開元禮卷一三八乙。

〔四〕各依服精麤爲坐先後　原脱「各依」，據開元禮卷一四六補。

〔五〕衺巾帕頭　「衺」開元禮卷一三六作「衰」。下同。

〔六〕當屋履危　「屋」原訛「居」，據開元禮卷一三八、新唐書禮樂志一〇四四七頁改。按：本書卷八三亦作「屋」。

〔七〕長聲呼某復　「某」原訛「其」，據開元禮卷一三八及北宋本、傅校本、明刻本改。

〔八〕降自後西霤　原脱「霤」，據開元禮卷一三六及北宋本、傅校本、明抄本補。

〔九〕几脛在南以拘足　「足」原訛「之」，據儀禮既夕禮鄭注、開元禮卷一三八改。

〔一〇〕故設奠以憑依之　「憑依」原倒，又脱「之」，據儀禮士喪禮鄭注、開元禮卷一三八乙補。

〔一一〕故設帷堂　「設」原訛「室」，據開元禮卷一三八及北宋本、傅校本、明抄本、明刻本、王吴本改。

〔一二〕南順　「順」原訛「其」，據開元禮卷一三八及北宋本、傅校本、明抄本、明刻本、王吴本改。

〔一三〕塊竈　「塊」原訛「埋」，據開元禮卷一三八及北宋本、傅校本、明抄本改。

〔一四〕乃沐櫛　「乃」原訛「及」，據開元禮卷一三八、新唐書禮樂志一〇四四八頁改。

〔一五〕抳用巾　「抳」原訛「柅」，據北宋本、傅校本、明刻本、王吴本改。下同。

〔一六〕設牀於尸東　「尸」原訛「户」，據開元禮卷一三八及北宋本、傅校本、明抄本、明刻本、王吴本改。

〔一七〕著明衣裳　原「衣」字誤疊，據開元禮卷一三八删。

〔一八〕凡陳衣者實之以箱篋　「篋」原訛「筐」，據開元禮卷一三八、一四六改。

〔一九〕合用生絹單衫　「合」原訛「今」，據開元禮卷一三八、一四六改。

〔二〇〕長尺二寸　「二」原訛「一」，據儀禮士喪禮、開元禮卷一三八及北宋本改。

〔二一〕握手手所握者　原脱一「手」，據開元禮卷一三八及北宋本補。

〔二二〕通用餘色　原脱「用」，據開元禮卷一三八補。

〔二三〕少納之爲貴　「貴」原訛「實」，據儀禮士喪禮鄭注、開元禮卷一三八改。

〔二四〕左衽不紐　「紐」原訛「組」，據開元禮卷一三八及北宋本、傅校本、明刻本改。

〔二五〕嫂叔兄妐弟婦相哭　原訛作「嫂叔兄弟娣侄婦哭」。據開元禮卷一三八改。惟開元禮「妐」訛「姑」，復據北宋本、傅校本改訂。按：北宋本、傅校本作「嫂叔兄妐弟姪婦」。

〔二六〕六品以下去巾　「巾」原訛「席」，據諸本改。

〔二七〕浴巾　「浴」原訛「沐」，據開元禮卷一三八及北宋本、傅校本、明抄本、明刻本、王吴本改。

〔二八〕臣某之父某官臣某薨　原脱下「某」，據開元禮卷一三八及北宋本、傅校本、明刻本補。

〔二九〕升立西階上　原脱「上」，據開元禮卷一三八補。

〔三〇〕主人候勅使出　「候」原訛「唯」，據開元禮卷一三八、一四二改。

〔三一〕銘明旌也　「明」原訛「名」，據禮記檀弓下、儀禮士喪禮鄭注、開元禮卷一三八改。

〔三二〕爲銘以絳　原訛「帛以絳」，據開元禮卷一三八及北宋本、傅校本、明抄本、明刻本改。

〔三三〕杠銘旌竿也　「銘」原訛「名」，據儀禮士喪禮鄭注、開元禮卷一三八改。

〔三四〕公以上杠爲龍首　「公以上」原訛作「王公以下」，據開元禮卷一三八删改。

〔三五〕夏則裙衫　原訛脱作「下則衫」，據開元禮卷一四六改補。按：北宋本作「夏則衫」。

〔三六〕於尸牀西南　「南」原訛「面」，據諸本改。

〔三七〕設牀於堂上兩楹閒　「上兩」原訛「下西」，據開元禮卷一三八改。按：北宋本、傅校本、明抄本、明刻本「兩」字不誤。

〔三八〕乃斂髮　「髮」原訛「鬈」，據諸本改。

〔三九〕無者各隨所辦　「者」原訛「官」，據開元禮卷一三八改。按：前陳小斂衣節亦有此注語。

〔四〇〕俱各爲一稱　「俱」原訛「具」，據開元禮卷一四六改。

〔四一〕四品五品云東肆　「東肆」北宋本、傅校本、明抄本、明刻本作「東順」，意同。按：開元禮卷一四二大斂前奠作「篚在東，南肆」，不作「東肆」。凌廷堪禮經釋例卷二云：「凡堂下之篚在洗西，南肆。」

〔四二〕殯於兩楹之閒　「兩」原訛「西」，據開元禮卷一三八改。

〔四三〕熬穀八筐　原脱「穀」，據開元禮卷一三八補。

〔四四〕黍稷稻粱各二皆加魚腊　原脱「稻」，「腊」原訛「臘」，據開元禮卷一三八補改。按：腊，乾肉也。北宋本、傅校本、明抄本、明刻本、王吴本「腊」作「臘」，亦誤。

〔四五〕徹巾授執巾者　「者」原誤在上「巾」字下，據開元禮卷一三八、一四二乙正。

〔四六〕旁各三筐　「三」原訛「二」，據開元禮卷一三八改。按：開元禮卷一四二謂四品五品旁各二筐，卷一四六謂六品以下旁各一筐。此注不言四品五品者，差次可知也。

〔四七〕施牀几案屏障服飾　「障」原訛「幢」，據北宋本、傅校本、明抄本、明刻本、王吴本改。按：開元禮卷一三八、一四二皆作「帳」。

〔四八〕六品以下於墉下　「墉」原訛「牖」，據開元禮卷一四六改。

〔四九〕即靈堂户之内外也　原「靈」上衍「廬」，據開元禮卷一三八删。

〔五〇〕唯向殯又向壙墓而已　「又」原作「及」，據開元禮卷一三八及北宋本、傅校本、明抄本、明刻本改。

〔五一〕就祖母及母諸母前哭亦如之　原脱「母及母諸母」五字，據開元禮卷一三八補。

〔五二〕始遭親喪孝子荒迷三日不食服又成矣是以尊卑内外聚哭盡哀　原訛作「如遭親喪孝子荒迷三日而食及成服矣以尊卑内外聚居哀哭」。據開元禮卷一三八改。按：北宋本、傅校本、明刻本作「如遭親喪孝子荒迷三日而食服又成矣以尊卑内外聚展哀哭」，亦有脱誤。

〔五三〕夕奠逮日　原訛作「夕奠日入」，據開元禮卷一三八、一四二、一四六改。

〔五四〕木柶一　「一」原訛「二」，據開元禮卷一三八及北宋本改。

〔五五〕俱哭十餘聲　原「聲」上衍「舉」，據開元禮卷一三八及北宋本、傳校本、明抄本、明刻本、王吴本删。

〔五六〕東北面執慰　「慰」原訛「爵」，據開元禮卷一三八及北宋本、傳校本、明抄本改。

〔五七〕又哭盡哀　「又」原訛「主」，據開元禮卷一三八、一四二及北宋本改。

〔五八〕主人去杖立於門内之左　「左」開元禮卷一三八、一四二俱作「右」。按：覩下文刺史升自東階，則此作門内之右者，未必是也。

〔五九〕内外止哭各就次　「次」原訛「位」，據開元禮卷一三八、一四二改。

〔六〇〕六品以下無　此五字原脱，據北宋本、傳校本、明抄本、王吴本補。下同。

〔六一〕不饋於下室者爲殷奠有黍稷　原脱「下」，脱「奠」，據開元禮卷一三八、一四二補。

〔六二〕爲葬將北首故壤土　原脱「葬」，「土」又訛「南」，據開元禮卷一三八及北宋本、傳校本、明抄本、明刻本補改。

〔六三〕某甫且字也　「且」原訛「父」，據北宋本、傳校本、明抄本、明刻本改。按：禮記曲禮下云：「死曰薨，復曰：某甫復矣。」鄭注云：「某甫且字。」開元禮卷一三八作「其」，乃「且」之形訛字。

〔六四〕母及祖母稱哀子哀孫　下「哀」字原訛「子」，據諸本改。

〔六五〕度謀也　原「謀」下衍「度」，據北宋本、傳校本、明抄本、明刻本、王吴本删。

〔六六〕命龜筮曰假爾泰龜有常假爾泰筮有常指中封遂卜筮訖興各以龜筮東面稱占曰從　因上下兩出「龜

筮」，原誤脱「曰假爾泰龜有常假爾泰筮有常指中封遂卜筮訖興各以龜筮」二十五字，據開元禮卷一三八補。

〔六七〕祝帥掌事者　「帥」原訛「師」，據開元禮卷一三八改。

〔六八〕國官若僚佐之長告　「告」原訛「若」，據開元禮卷一三八改。

〔六九〕親賓及主人告之主人告俱去絰杖　原脱「之主人告」四字，據開元禮卷一四二補。

〔七〇〕母云太夫人若郡君某氏各隨官職稱之　原脱「云」，「之」訛「者」，據開元禮卷一三八、一四二補改。

〔七一〕各就次　此三字原脱，據開元禮卷一三八、一四二補。

〔七二〕西面北上國官僚佐之長涖卜無國官僚佐者親賓爲之行事者俱吉服立於門西東面南上　原作「西面南上」。「西面」和「南上」之間，脱正文二十二字，注文十字，據開元禮卷一三八、一四二補。

〔七三〕來日謀卜葬　原脱「謀」，據開元禮卷一三八、一四二補。

〔七四〕魂神上下　「魂」原訛「云」，據開元禮卷一三八、一四二、一四六改。

〔七五〕擊策　「策」原訛「筮」，據開元禮卷一四六改。

〔七六〕筮云太筮　四字原脱，據北宋本、傅校本、明抄本、明刻本、王吳本補。

〔七七〕筮云遂筮　「遂」原訛「太」，據北宋本、傅校本、明抄本改。

〔七八〕旅占曰從從順　「旅」原訛「稱」，又脱一「從」，據開元禮卷一四六及北宋本、傅校本、明抄本、明刻本、王吳本改補。

〔七九〕主人經興諸子以下哭盡哀　開元禮卷一三八、一四二同。按：疑「興」爲「與」之形訛。前無跪坐之文，此不得言「興」。

〔八〇〕主人與諸子以下入　「與」原訛「興」，據開元禮卷一三八及北宋本、傅校本、明抄本、明刻本改。

〔八一〕其饌如大斂　「其」原訛「具」，據開元禮卷一三八及北宋本、傅校本、明抄本、明刻本改。

〔八二〕南向　原「向」下衍「立」，據開元禮卷一三八删。

〔八三〕升柩於席上　「柩」原訛「殯」，據開元禮卷一三八及北宋本、傅校本、明抄本、明刻本、王吴本改。

〔八四〕陳於柩東奠者之西　原脱「陳」，據開元禮卷一三八補。

〔八五〕相者引出執事者以次徹饌而出　上「出」原脱，下「出」原訛「去」，據開元禮卷一三八、一四二補改。

王文錦點校

通典卷第一百三十九

禮九十九　開元禮纂類三十四　凶禮六

三品以上喪中四品以下至庶人附

將葬陳車位　陳器用　進引　引輴　輴在庭位　祖奠　輴出　升車　遣奠　遣車　器行序　諸孝從柩車序　郭門親賓歸　諸孝乘車　宿止　宿處哭位　行次奠　親賓致賵　塋次　到墓　陳明器　下柩哭序　入墓　墓中置器序　掩壙　祭后土　反哭　虞祭　卒哭祭　小祥祭　大祥祭　禫祭　祔廟

三品以上喪中四品以下至庶人附

將葬陳車位

啓日之夕，納柩車於大門之內，當門南向。進靈車於柩車之右。內外所乘之車陳於大門外，丈夫之車門西，婦人之車門東，俱服重者在上。以近門及北方爲上。女子子、妻妾之車，以木爲之，不漆飾。無者以籧篨衣車，以蒲纏轅轂，若白土堊之，以麤布爲幌幰。〔一〕周及大功之車，以白土堊之，或衣籧篨，皆以布爲幌幰。其布如服布也。掌事者先於宿所張吉凶帳幕，凶帷在西，吉帷在東，俱南向。設靈座於吉帷下如常式。

陳器用

啓之夕，發引前五刻，搥一鼓爲一嚴。無鼓者，量時而行事。陳布吉凶儀仗，方相、黄金四目爲方相。六品以下設魌頭之車，魌頭兩目也。誌石、大棺車及明器以下，陳於柩車之前。一品引四，披六，鐸左右各八，黼翣二，黻翣二，畫翣二。二品、三品：引二，披四，鐸左右各六，黼翣二，畫翣二。四品、五品：引二，披二，鐸左右各四，黼翣二，畫翣二。六品以下，引二，披二，鐸、畫翣各二，唯無黼黻翣耳。凡引者，輴車索也。披者，繫於輴車，四樹在旁，執之以備傾覆。鐸者，以銅爲之，所以節挽者。翣者，以木爲筐，廣二尺，高二尺四寸，其形方，兩角高，衣以白布，柄長五尺。黼翣黻翣，畫黼黻文於翣之内，四緣畫以雲氣。〔二〕畫翣者，内外四緣皆畫雲氣。庶人無引、披、鐸、翣。

進引

二刻頃，搥二鼓爲二嚴。六品以下無鼓嚴。掌饌者徹啓奠以出，初徹奠，内外俱興，立哭於位。執紼者皆入，掌事者徹帷。持翣者升，以翣障柩。執紼者升。執鐸者入，夾西階立。執纛者入，當西階南，北面立。六品以下無纛，下皆準此。掌事者取重出，倚於門外之東。執旌者立於執纛南，北面。諸執披、紼、鐸、旌、纛、翣者，皆布深衣，介幘。六品以下，但執旌者立於西階南，北面，餘皆同。陳布將訖，搥三鼓爲三嚴。進靈車於内門外，南向。祝以腰輿詣靈座前，内喪則婦人執腰輿。祝於輿左，西向跪，昭告曰：「孤子某母云哀子謹用吉辰，奉歸先寢，若新卜宅，云「奉遷幽宅」。四品以下先兆、幽宅。靈車就引，神道紆迴，惟以荒寥，無任鯁絶。」興，立，少頃，腰輿出，降自西階，羽儀六品以下云威儀從者如平生，詣靈車後，少頃，輿退。

引輴四品以下舉柩，下皆如此。

將引輴，輴即柩車。執鐸者俱振鐸，引輴降就階閒，南向。初輴動及進止，執鐸者皆振鐸，每振者先摇之，摇訖，三振之。其持翣者常以翣障於輴，輴降階，〔三〕執纛者卻行而引，輴止則迴北面立，執旌者亦漸而南，輴止，迴北向立。主人以下以次從輴而降，主婦又次其後降。

輴在庭位

輴至庭，庭内先施席以居柩。主人及諸子以下立哭於輴東，西向南上；祖父以下立哭於輴東北，南向西上；異姓之丈夫立哭於主人東南，西面北上。婦人以次從降，妻、妾、女子子以下立哭於輴西，東向南上；祖母以下立哭於輴西北，南向東上；異姓之婦人立哭於主婦西南，東面北上。内外之際，障以行帷。凡帷用，如服布。國官立哭於執紼者東南，北面西上；六品以下無國官也。〔四〕僚佐立哭於執紼者西南，北面東上。

祖奠

庭位既定，祝帥執饌者設祖奠於輴東，如大斂之儀。祝酌奠訖，進饌南，北面跪曰：「永遷之禮，靈辰不留，謹奉柩車，式遵祖道，尚饗。」少頃，徹之。

輴出升車

執披者執前後披，執紼者引輴出。四品以下無。輴車動，旌先纛次，主人以下從哭於輴車後，婦人次哭於後。輴出，到轜車，執紼者解紼，屬於轜車，四品以下唯柩出到轜車，餘同。設帷障於輴車後，執紼執披者如常，遂升柩。内外哭位如在庭之儀。〔五〕

遣奠

既升柩，祝與執饌者設遣奠於柩東，如祖奠之禮。〔六〕祝酌奠於饌前，少頃徹之。

遣車

既遣奠，掌事者以蒲葦苞牲體下節，七苞，四品五品五苞，六品以下二苞。以繩束之，盛以盤，載於車，列於旌前。

器行序

徹遣奠，靈車動，從者如常，鼓吹振作而行。六品以下無鼓吹。先靈車，〔七〕後次方相車，六品以下魌頭車也。次誌石車，次大棺車，次輴車，誌石與大棺若先設者，不入陳布之次。四品以下無輴車。次明器輿，次下帳輿，次米輿，五穀米實以五筲，各斗二升，〔八〕冪用疏布。次酒脯醢輿，酒實以壺，各五升，冪用功布。醢實於二甕，各三升，〔九〕冪用疏布。次苞牲輿，次食輿，食盤椀具自足。〔一〇〕方相以下駕士馭，士舁明器、下帳等，〔一一〕人皆介幘深衣。六品以下魌頭，無駕士。次銘旌，次纛，次鐸，鐸分左右。次輀車。

諸孝從柩車序

主人及諸子俱絰杖縗服，禿者縗巾加絰。徒跣哭從，諸丈夫婦人各依服精麤以次從哭。出門，內外尊行者皆乘車馬，〔一二〕哭不絕聲。

郭門親賓歸

出郭，若親賓還者，權停柩車，內外尊行者皆下車馬，依服之麤細爲序，立哭如式。相者引親賓以次就柩車之左，向柩立哭盡哀，卑者再拜而退，婦人亦如之。

諸孝乘車

親賓既還，内外乘車馬。若墓遠及病不堪步者，雖無親賓還，主人及諸子亦乘堊車，去塋三百步皆下。

宿止

靈車到帷門外，迴，南向。進腰輿於靈車後。威儀從者如常。〔一三〕少頃，輿入，詣靈座前，少頃降出。遂進常食於靈座，若食頃，徹之。每至停宿之所，於室設靈座，進食如初。柩車到，入凶帷，停於西廂，南轅。祝設几席於柩車東。

宿處哭位

初至宿處，内外皆就柩車所。主人及諸子以下於柩車之東，西面南上；妻妾、女子子、婦人於柩車之西，東面南上；祖父以下於柩車東北，南面西上；異族有服者於柩車東南，西面北上；祖母以下於柩車西北，南面東上；異姓婦人又於柩車西南，東面北上；國官於帷外柩之東，北面西上；僚佐於柩之西，北面東上。俱立哭。自國官以下，六品無。

行次奠

凡停宿，進酒脯之奠於柩東，如朝奠之儀。〔一四〕既設奠，内外各還次，迭哭不絶聲。及夕，内外就柩車所哭，進夕奠如朝奠之儀。訖，迭哭如常。厥明，又就位哭，進朝奠亦如之。若食頃，徹之。吉凶儀仗依式發引，内外從哭如初儀。

親賓致賵

賓有賵禮，在主人設祖奠之時。賓立於大門外西廂，東面。從者以篚奉玄纁，立於賓西南，俱東面。牽馬者以馬陳於賓東南，北首西上。相者入告，遂詣主人之左，北面受命，出，對賓前西面曰：〔一五〕「敢請事。」賓曰：「某敢賵。」相者入告，出曰：「孤某須矣。」賓之從者坐奠篚，取幣，興，詣賓前，西面以授賓，退復位。相者引賓入。牽馬者先以馬入，陳於輴車南，北首西上。四品以下於柩車南。〔一六〕賓入，由馬西，當輴車東南，北面立。内外權止哭。賓曰：「某謚封若某位，將歸幽宅，敢致賵。」辭畢而哭，内外皆哭，主人拜稽顙。賓止哭，相者引賓進輴車東，西面奠幣於車上，相者引賓又由輴車前以西而出。初賓出，掌事者由主人右詣輴車東，西面舉幣以東。東藏之。受馬者由前旋牽馬者後，適其右受之，牽者由前以西而出。賓將出，主人拜稽顙送之。

塋次〔一七〕

前一日之夕，掌事者先於墓門内道西，張帷幕，設靈座如初。

到墓

乘車者卑行見墳而下，尊行及塋而下，〔一八〕序哭。靈車至帷門外，迴車南向，祝以腰輿詣靈車後，少頃，入詣靈座前，少頃，以輿降出，遂設酒脯之奠如初。柩車至壙前，迴南向，丈夫婦人之位如遣奠之儀。

陳明器

掌事者陳明器於壙東南，西向北上。

下柩哭序

進輴車四品以下布席。於柩車之後，張帷，下柩於輴。丈夫柩東，婦人柩西，以次進憑柩哭，盡哀，各退復位。內外卑者再拜辭訣。相者引主人以下哭於羨道東，西面北上。妻及女子子以下婦人皆障以行帷，哭於羨道西，東面北上。

入墓

施席於壙户內之西。四品以下遂下柩於壙。〔一九〕執紼者屬紼於輴，六品以下無執紼者。遂下柩於壙户內席上，北首，覆以夷衾。

墓中置器序〔二〇〕

輴出。四品以下無輴車，但有持翣者。持翣者入，倚翣於壙内兩廂，〔二一〕遂以下帳張於柩東，南向。米、酒、脯陳於下帳東北，食盤設於下帳前，苞牲置於四隅，醯醢陳於食盤之南，藉以版，明器設於壙内之左右。

掩壙

掌事者以玄纁授主人，主人授祝，祝奉以入，奠於靈座，主人拜稽顙。施銘旌誌石於壙門之内，〔二二〕置設訖，掩户，設關籥，遂復土三。主人以下稽顙哭，盡哀，退，〔二三〕俱就靈所哭。掌儀者設祭后土於墓左，如後儀。

祭后土

先於墓左除地爲祭所。柩車到，祝吉服鋪后土氏神席北方，南向。設酒罇於神座東南，北向。設洗於酒罇東南，北向，罍水在洗東，篚在洗西，南肆，以巾爵實於篚。既復土，告者吉服，國官僚佐之長。若無者親賓充也。〔二四〕相者引告者與祝及執罇罍篚者，俱立於罍洗東南，重行西面，以北爲首。立定，俱再拜。祝與執罇罍篚者俱就罇罍篚之後。相者進告者之左，北面白：「請行事。」〔二五〕掌饌者以饌入，祝迎引設於神座前，置設訖，掌饌者出。相者引告者詣罍洗，盥手洗爵，相者引告者詣酒罇所，執罇者舉冪，告者酌酒，進，跪奠於神座前，俛伏，興，少退，北向立。祝持版進於神座之右，東面跪讀祝文曰：「維年月朔日，子某官姓名，敢昭告於后土之神：某官封謚，窆兹幽宅，神其保佑，俾無後艱。謹以犧齊粢盛庶品，明薦於后土之神，尚饗。」訖，興。告者再拜。祝進，跪奠版於神座，興，還罇所。相者引告者退復位，再拜，相者引告者出。祝以下俱復位，再拜，徹饌席以出。

反哭

既下柩於壙，〔二六〕搥一鼓爲一嚴，無鼓者量時陳布也。掩墓户。搥二鼓爲再嚴，内外就靈所。搥三鼓爲三嚴，徹酒脯之奠，進靈車於帷外，陳布儀衞六品以下唯陳布儀。〔二七〕如來儀。又進腰輿，入詣靈座前，少頃，出詣靈車後，少頃，輿退，靈車發行，〔二八〕内外從哭如初儀。出墓門，尊行者乘車馬，去墓百步許，卑者乘車馬以哭從。〔二九〕靈車到第，内外皆下車馬。靈車入，至西階前，迴南向，祝以腰輿詣靈車後，少頃，升，入詣靈座前。主人以下從升，立於靈座東，西面南上。少頃，腰輿降出。内外俱升。諸祖父以下哭於帷東，北壁下，南面西上；妻及女子子以下婦人哭於靈西，東面南上；諸祖母以下哭於帷西，北壁下，南面東上；外姻哭於南廂：丈夫於帷東，北面西上；婦人於帷西，北面東上。有親賓弔哭者，升堂，西向靈哭如常。其弔於庭者，稱「痛當柰何」，餘如常儀。哭盡一哀，〔三〇〕相者引主人以下降，各還次。沐浴以俟虞。斬縗者沐而不櫛，齊縗者以下櫛。

虞祭

柩既入壙，國官若僚佐之長與祝六品以下無國官，以下同。先歸修虞事。牢饌如殷奠，器用烏漆。先造虞主，以烏漆匱匱之，〔三二〕盛於箱，烏漆趺，一皆置於别所。虞主用桑，主皆長一尺，方四寸，上項圓，徑一寸八分，四廂各刻一寸一分，又上下四方通孔，徑九分。其匱，底蓋俱方，底自下而上，蓋從上而下，與底齊。其趺方一尺，厚三寸。將祭，出神主置於座，其匱安於神主之後。四品以下無。具饌於堂東。靈車將至，掌事者先施靈座於寢堂室内户西，東向；於靈東又南北設帷，〔三三〕東出户。若室内窄，則設靈座於堂。腰輿將入，祝奉虞主入置於靈座，東向，設素几於右。自腰輿以下，四品以下無。掌事者設洗於西階西南，北向，東西當西霤，六品以下西榮。南北以堂深；罍水在洗西，篚在洗東，南肆，篚實爵一，巾一，加冪。設瓦甒二於靈座之左，北墉下，醴酒在東，冪用絺，加勺，南柄。

既沐浴，主人及諸子、妻妾、女子子内外升詣靈所。主人及諸子倚杖於室户外，及應拜者哭於靈東西如初，内外皆哭。祝與執罇罍篚者各就罇罍篚所立。執饌者以饌入，俱升自東階，陳設如殷奠之儀，訖，掌饌者降出。

相者引主人降自西階詣罍洗，主人止哭，執罍洗者酌水，主人盥手，執篚者取巾於篚，興，授主人，主人拭手訖，受巾奠於篚。又取爵，興，以授主人，執罍洗者又酌水，主人洗廢爵，爵無足者。執篚者又授巾，主人拭爵訖，受巾奠於篚。相者引主人升自西階，詣酒罇所，執罇者舉冪，主人酌醴。相者引主人進詣靈座前，西向跪，奠爵於饌前，俛伏，興，少退，西向立。祝以祝文進立於神座之右，北面，内外皆止哭。祝跪讀祝文曰：〔三三〕「維年月朔日，子哀子某，〔三四〕孫稱哀孫，此爲母及祖母所稱也。父祖則稱孤子孤孫。敢昭告於考某官封謚：妣則云妣夫人某氏。孫爲喪主，則稱祖。〔三五〕日月遄速，奄及反虞，叩地號天，五情糜潰。謹以潔牲柔毛、剛鬣、明粢、薌合、薌萁、嘉蔬、嘉薦、醴齊，四品以下，謹以潔牲剛鬣、嘉薦、普淖、明齊、溲酒。餘同。哀薦祫事於考某官封謚，尚饗。」祝興。主人哭，再拜。内外應拜者，〔三六〕皆哭，再拜。祝進，跪奠版於靈座，興，出復位。哭盡哀。

相者引主人以下出，杖，降自西階各就次。〔三七〕妻妾、女子子以下各還別室。祝闔户，與執罇罍者降出。少頃，祝與掌饌者入，開户，徹饌，祝匱主，四品以下無主。闔户以出。掌事者埋重於門外道左。

閒日再虞，後日三虞，禮皆與初虞同。又閒日爲卒哭祭。其虞祝辭，再虞云「哀薦虞事」，第三虞云「哀薦成事」。

卒哭祭

前一日之夕，掌事者改廬，翦屏，柱楣，塗廬不塗見面，塗廬裏，不塗廬外。翦蒲爲席，不緣，以木爲枕。牢饌如虞祭。其日夙興，祝入，燭先，升自阼階，入於室，祝整拂几筵，啓匱，出神主，置於座以出。自啓匱以下，四品以下無。掌事者設洗於西階西南，北向，東西當西霤，六品以下當西榮。南北以堂深；罍水在洗西，篚在洗東，南肆，篚實爵一，巾一，加冪。設瓦甒二於靈座之左，北墉下，醴酒在東，冪用絺，加勺，南柄。掌事者具饌於堂東。祝與執鐏罍篚者先入，立於鐏罍篚之後。

内外縗服俱升。主人及諸子倚杖於室户外，俱立於靈座東，西面南上；妻妾、女子子立於靈座西，東面南上。〔三八〕内外各就位，坐哭。應拜者立。掌饌者以饌升，入設於靈座前。〔三九〕

相者引主人降自西階，詣罍洗，主人止哭，盥手洗爵；相者引主人升自西階，入詣酒鐏所，主人酌醴；相者引主人進，跪奠於靈座前，俛伏，興，少退，西面立。應拜者陪於後。祝持版入，立於靈座之南，北面。内外止哭。祝跪讀祝文曰：「維年月朔日，子哀子某，敢昭告於考某官封謚：妣云妣夫人某氏。〔四〇〕日月不居，奄及卒哭，追慕永往，攀號無逮。謹以潔牲柔毛、剛鬣、明粢、薌合、薌萁、嘉蔬、嘉薦、醴齊，四品以下，謹以潔牲柔毛、剛鬣、嘉薦、普淖、明齊、溲酒。

餘同。六品以下無柔毛，餘與四品、五品同。下皆準此。哀薦成事於考某官封謚，尚饗。」主人以下哭再拜，内外應拜者皆再拜哭。祝興，進，跪奠版於靈座前，興，還鐏所。祝讀版訖，興，跪進版，與主人哭同時。相者引主人退復位，哭盡哀，内外各還次。祝闔户，與執鐏罍者降出。少頃，與掌饌者入，開户，徹饌，祝匱主，〔四一〕闔户以降。

自卒哭之後，朝一哭，夕一哭，蔬食飲水，周而小祥。

小祥祭

主人有司先制栗主并趺匱等，如喪主之禮。〔四二〕四品以下無。前一日之夕，毀廬爲堊室，設蒲席。周喪堊室者除之，設地席。陳練冠於次。主人及諸子俱沐浴，櫛，爪翦。牢饌及器如卒哭之禮。

其日夙興，祝入，燭先，升自阼階，入於室。四品以下無主人，加整拂几筵以出。祝於靈座之西更設喪主座，〔四三〕東向。祝奉喪主置於座訖，祝出，迎栗主入置於舊靈座，〔四四〕祝開匱，奉出栗主，置於靈座訖，設几於右，乃出。四品以下無奉主儀。

掌事者設罍洗篚於西階西南如初。篚實爵一，巾一，加冪。設瓦甒二於靈座之左，北墉下，〔四五〕醴酒在東，冪用絺，加勺，南柄。具饌於堂東。祝與執鐏罍篚者先入，立於鐏罍篚之後。

內外繐服。主人倚杖於階東，俱升就位，〔四六〕應拜者立。哭盡哀，相者引降，主人杖就次，主婦以下各就次。主人及諸子除首絰，著練冠，妻妾、女子子除腰絰。周服者除之，丈夫素服吉冠屨，婦人素服吉屨。相者引主人及諸子倚杖如初，內外俱升就位哭。掌饌者以饌升自東階，入設於靈座前，設訖，掌饌者降自西階以出。

相者引主人降自西階，詣罍洗，主人止哭，盥手洗爵；相者引主人升自西階，入詣酒罇所酌醴，進，跪奠於靈座前，俛伏，興，少退，西面立。祝持版進立於靈座之右，北面。內外皆止哭。祝跪讀祝文曰：「維年月朔日，子哀子父殁稱孤子。〔四七〕某敢昭告於考某官封謚：妣云妣夫人某氏。歲月警迫，奄及小祥，攀慕永遠，重增屠裂。謹以潔牲柔毛、剛鬣、明粢、薌合、薌萁、嘉蔬、嘉薦、醴齊，四品以下，謹以潔牲柔毛、剛鬣、嘉薦、普淖、明齊、溲酒。餘同。祇薦祥事於考某官封謚，尚饗。」主人哭再拜，內外應拜者皆再拜哭。祝興，進，跪奠版於靈座，〔四八〕興，還罇所。主人哭拜與祝興奠版同時。相者引主人就位，哭盡哀，內外各還次。主人杖如式。〔四九〕祝闔户，與執罇罍者降出。少頃，祝與進饌者入，開户，徹饌，祝匱主，闔户以降。其喪主祝奉出，埋之於廟門外之左。四品以下，但祝闔户以降，無匱主儀。

自小祥之後，止朝夕之哭，哭無時，哀至則哭。始食菜果，〔五〇〕飯素食，飲水漿。無鹽酪不能食，鹽酪可。又周而大祥。

大祥祭

前一日之夕，除堊室，張帷，又備內外受服謂之大祥之服。各於其次。〔五一〕主人及諸子俱沐浴，櫛，爪翦。牢饌及器如小祥之禮。

其日夙興，內外各服其緣服，並於次哭，盡哀。除服者著除服訖，又哭，盡哀止。昧爽前，六品以下云夙興。祝入，燭先，升自阼階，入於室，祝整拂靈筵，啓匱出神主，置於座，右几以出。〔五二〕四品以下，唯祝入整拂几筵以出。

掌事者設罍洗篚於西階西南如初，篚實爵一，巾一，加羃。設瓦甒二於靈座之左，北墉下，〔五三〕醴酒在東，羃用絺，加勺，南柄。具饌於堂東。祝與執罇罍者先入，立於罇罍之後。內外俱升，就位哭。掌饌者以饌升自東階，入設於座前，〔五四〕置設訖，掌饌者降自西階以出。

相者引主人降自西階，詣罍洗，主人止哭，盥手洗爵。相者引主人升自西階，詣酒罇所，酌醴，進，跪奠於靈前，俛伏，興，少退，西面立。祝持版進立於靈座之右，〔五五〕北面。內外皆止哭。祝跪讀祝文曰：「維年月朔日，子哀子父喪稱孤子。某敢昭告於考某官封謚：〔五六〕妣云妣夫人某氏。日月逾邁，奄及大祥，攀慕永遠，無任荒蹐。謹以潔牲柔毛、剛鬣、明粢、薌合、薌萁、嘉蔬、嘉薦、醴齊，四品以下，謹以潔牲柔毛、剛鬣、嘉薦、普淖、明齊、溲酒。餘同。祇薦祥事於考某官封謚，尚饗。」主人哭再拜，應拜者皆再拜哭。祝興，進，跪奠版於靈座，興，還鐏所。

相者引主人就位哭，盡哀。

主人以下各還外寢，妻妾、女子子以下還於寢。祝闔户，與執鐏罍者降出。少頃，掌饌者入，開户，徹饌，祝匱主，四品以下但掌事者除靈座。闔户而出。

閒月而禫。自大祥之後，外無哭者，食有醯醬。

禫祭

前一日，掌事者先備内外禫服，各陳於別所。主人及諸子俱沐浴、櫛、爪翦，仍宿於外寢。牢饌及器如大祥之禮。

其日夙興，祝入，燭先，升，拂几筵，啓匱，出神主置於座。四品以下唯設几筵於奠。掌事者設罍洗篚於東階東南如常，篚實爵一，巾一，加冪。設瓦甒二於座之左，北墉下，醴酒在東，冪用絺，加勺，南柄。具饌於堂東。祝與執鐏罍篚者先入，立於鐏罍篚之後。

主人及諸子、妻妾、女子子仍祥服，爲長子三年者亦祥服。〔五七〕内外俱升就位，哭盡哀，降，釋祥服，應禫服者著禫服。相者引主人以下俱升，就位哭。掌饌者以饌入，升，設於座前訖，執饌者出。

相者引主人降自東階，詣罍洗，盥手洗爵；相者引主人升自東階，詣酒鐏所，酌醴，進，跪奠於座前，俛伏，興，少退，西面立。祝持版進立於座之右，北面。内外皆止哭。祝跪讀祝文曰：〔五八〕「維年月朔日，子孤子某，敢昭告於考某官封謚：妣曰妣夫人某氏。禫制有期，追遠無及，謹以絜牲柔毛、剛鬣、明粢、薌合、薌萁、嘉蔬、嘉薦、醴齊，四品以下謹以絜牲柔毛、剛鬣、嘉薦、普淖、明齊、溲酒。餘同。祗薦禫事於考某官封謚，尚饗。」主人哭再拜，應拜者再拜，内外皆哭。祝興，進，跪奠版於座，〔五九〕還鐏所。

相者引主人以下出，降自東階，還寢；内相者引妻妾、〔六〇〕女子子以下降自西階側，還於寢。祝闔户，與執鐏罍者降出。少頃，掌饌者入，開户，徹饌以出；祝匱神主，闔户以降。

祔廟如別儀。自禫之後，内無哭者，始飲醴酒，食乾肉。

祔廟六品以下云祔祭。

將祔，卜日如常儀。四品以下筮日如常儀。〔六一〕

將祔，掌事者先於始祖廟室内西壁爲埳室。〔六二〕四品以下無此儀。前三日，主人及亞獻、終獻及諸執事者俱散齋二日，致齋一日。

前一日，掌事者清掃廟之内外。〔六三〕其廟應遞遷者，皆出神主置於座，四品以下，但遞遷者設座，無神主，下同。主人以酒脯告遷訖，遂移牀幄，以次遷神主，置於幄座，又奠酒脯醢以安神。少頃，掌饌者徹饌以出，〔六四〕掌廟者以次匱神主納於埳室訖，六品以下，但前一日掌事者清掃正寢之内外。其日未明，掌事者設曾祖之座於正寢室内之奥，東向。又設考之祔座於曾祖室内東壁下，西向，右几。妣則祔於曾祖姑，設座亦如之。〔六五〕言曾祖及曾祖姑，皆據孝子之言，於亡者祖及祖姑也。祔於曾祖，則曾祖妣配，〔六六〕有事於尊，可以及卑者。六品以下，設考之祔座於曾祖座東南，北向，〔六七〕皆右几。餘同。設主人位於東階東南，西向。設子孫位於南門内道東，北面西上。設亞獻、終獻位於主人東南，設掌事者以下位於終獻東南，〔六八〕俱西面北上。亞獻終獻以國官僚佐，若無，親賓充。設贊唱者位於主人西南，西面。設酒罇於堂上室户之東南，北向西上。設洗於阼階東南，北向，東西當東霤，六品以下云東榮。南北以堂深；罍水在洗東，篚在洗西，南肆，篚實爵三，巾二，加冪。其爵數每廟三。

祔日，内外夙興，掌饌者先具少牢之饌二座，各俎三，簋二，六品以下具特牲之饌二座，各俎一，簋二。餘同。簠二，鉶二，酒罇二。其二罇，一實玄酒，爲上；一實清酒，次之。上罇加玄酒者，重古。其籩豆，一品者各十二。二品三品各八，四品五品各六，六品以下者各四。主人及行事者各服祭服。掌事者具腰輿。掌廟者開神主置於座，降出。曾祖妣神主並而處右。若祔妣則出曾祖妣神主而已。〔六九〕執罇罍篚者入就位。四品以下，則主人以下皆入就位，又諸婦人停於門外，周以行帷，俟祭訖而還。六品以下，則諸婦人位於西階西南，餘與四品以下同。

内外俱就靈室所。祝進座前，西面告曰：「以今吉辰，奉遷神主於廟。」執輿者以輿升，入，進輿於座前。祝納神主於匱，置於輿，祝仍扶於左，若祔妣，則閹寺之屬扶於右。降自西階，子孫內外陪從於後。至廟門，諸婦人停於門外，周以行帷，俟祭訖而還。神主入自南門，升自西階，入於室。〔七〇〕諸子孫從升，立於室户西，重行東面，以北爲上。行事者從入，各就位。輿詣埳室前，〔七一〕迴輿西向。祝啓匱，出神主置於座。〔七二〕輿降，立於西階下，東向。相者引主人以下降自東階，各就位。自內外各就靈室以下，四品以下無。祝立定，贊唱者曰：「再拜。」在位者皆再拜。掌饌者引饌入，升自東階，入於室，各於神座前施設訖，掌饌以下降出。

相者引主人詣罍洗，盥手洗爵，升自東階，詣酒罇所，執罇者舉冪，主人酌酒，相者引主人入室，進，北面跪奠爵於曾祖神座前，俛伏，興；相者引主人出，詣酒罇所，取爵酌酒，入室，進，東向跪奠於祖神座前，〔七三〕俛伏，興，出户北面立。羣祖及考皆如之。祝持版進於室户外之右，東向跪讀祝文曰：「維年月朔日，子孝曾孫某官封某敢昭告於曾祖某官封謚、若無官封，但云曾祖之靈。祔母云曾祖妣夫人某氏，〔七四〕不告曾祖。祖某官封謚、若祔母，云祖妣某氏。以下無官封者，但云考妣之靈。考某官封謚：若祔母，云妣某氏。如父在，不可遽遷祖妣，先妣宜於廟東北，當別立一室，藏其主，待考同祔。某罪積不滅，歲及免喪，先王制禮，練主入祔，宗廟上遷，昭穆繼序，是用適於皇考封謚，以遷王考封謚，躋祔孫某封謚。〔七五〕無官封者，但云以適遷於祖，躋祔某孫。若母同祔，則云適還於祖姑夫人某氏，以躋祔孫婦夫人某氏。各隨所稱。無官封者，但云以適還於祖姑某氏，以躋祔孫婦某氏。謹以潔牲剛鬣，嘉薦、普淖、明齊、溲酒，祗薦於曾祖某官封謚，曾祖妣某氏配；祖某官封諡，祖妣某氏配；考某官封謚。若祔母，則云曾祖妣某氏，祖妣某氏。尚饗。」興。主人再拜。祝進，入，奠版於曾祖神座，興，還罇所。相者引主人入室，立於西壁下，東面再拜。〔七六〕相者引主人出，降，還本位。

初主獻將畢，相者引亞獻詣罍洗，盥手洗爵，升詣酒罇所，酌酒，入，進，北面跪奠於曾祖座前，俛伏，興；相者引亞獻詣酒罇所，取爵酌酒，入，進，東面跪奠於祖神座，考亦如之。俛伏，興，出户北面再拜訖，又入室，立於西壁下，東面再拜，相者引出，降復位。

亞獻將畢，相者引終獻詣罍洗，盥手，升酌終獻如亞獻之儀訖，相者引終獻降復位。祝入，徹豆，還罇所。贊唱者曰：〔七七〕「再拜。」在位者皆再拜。相者引主人出，又相者引在位子孫以下出。掌饌者入，徹饌以出。掌廟者與祝、閽寺納曾祖神主於埳室，出。又以腰輿升，詣考神座前，祝納主於匱，置於輿，詣考廟，出神主置於座，進酒脯之奠於座前，〔七八〕少頃徹之，祝納神主於埳室。自掌廟者以下，六品以下無。

齊縗三年，其虞、卒哭、祥、禫變除之節，與斬縗同。父在爲母、爲妻當二祥及禫，日月之期雖異，其儀節則同。周服以下變除，依其月算，各以其日之晨，備縗服，升就位，哭盡哀，降詣別室，釋縗服，著素服，〔七九〕又就位哭盡哀，出就別室終日。異門者至夕，〔八〇〕各還其家。

校勘記

〔一〕幌𢄼　「幌」原訛「幌」，據開元禮卷一三九、一四三改。下同。

〔二〕四緣畫以雲氣　原脱「四」，據開元禮卷一三八、一四二補。

〔三〕輴降階　「輴」原涉上而脱，據開元禮卷一三九補。

〔四〕六品以下無國官也　原脱「以」脱「也」，據北宋本、傅校本、明抄本、明刻本、王吴本補。

〔五〕内外哭位　原「外」下衍「俱」，據開元禮卷一三九及北宋本、傅校本、明抄本、明刻本、王吴本删。

〔六〕如祖奠之禮　「禮」原作「儀」，據開元禮卷一三九及北宋本、傅校本、明抄本、明刻本改。

〔七〕先靈車　「先」原訛「去」，據開元禮卷一三九改。

〔八〕五穀米實以五筲各斗二升　「二」原訛「三」，據開元禮卷一三九、一四三改。按：儀禮既夕禮鄭注云：「筲，畚種類也。其容蓋與簋同一觳也。」賈疏云：「觳受斗二升。」

〔九〕醯實於二甕各三升　「三」原訛「二」，據開元禮卷一三九、一四三及北宋本改。

〔一〇〕食盤椀具自足　開元禮卷一三九、一四三作「食輿盤椀俱足」。

〔一一〕士舁明器下帳等　「舁」原訛「昇」據開元禮卷一三九、一四三及北宋本、傅校本、明抄本改。

〔一二〕內外尊行者　「尊」原訛「奠」，據諸本改。

〔一三〕威儀從者如常　「威」原訛「羽」，據開元禮卷一三九及北宋本、傅校本、明抄本、明刻本、王吳本改。

〔一四〕如朝奠之儀　「朝」開元禮卷一三九、一四三作「常」。

〔一五〕對賓前西面曰　「對」開元禮卷一三九、一四三作「到」。

〔一六〕四品以下於柩車南　「四」原訛「六」，據開元禮一四三訂改。按：作「六」則謂四品五品用輴車矣。下墓中置器序注云：「四品以下無輴車。」

〔一七〕塋次　「次」原作「夕」，據開元禮卷一三九、一四三及北宋本、傅校本、明刻本卷目改。

〔一八〕卑行見壙而下尊行及塋而下　「見」開元禮卷一三九、一四三作「望」，杜佑避家諱改。原脱下「行」，據開元禮補。

〔一九〕四品以下遂下柩於壙　原「壙」下有「空」字，後人妄加，今據北宋本、傅校本删。

〔二〇〕墓中置器序　「置」原訛「祭」，據開元禮卷一三九、一四三及北宋本、傅校本、明抄本、明刻本改。

〔二一〕壙內兩廂　原脱「內」，據開元禮卷一三九、一四三及北宋本、傅校本、明抄本、明刻本補。

〔二二〕施銘旌誌石於壙門之內　原脱「施」，「銘旌」誤倒，據開元禮卷一三九、一四三及北宋本、傅校本、明抄本、明刻本補乙。

〔二三〕盡哀退　原脱「退」，據開元禮卷一三九、一四三補。

〔二四〕若無者親賓充也　原脱「若」，據北宋本、傅校本、明刻本、王吳本補。

〔二五〕北面白請行事　原「白」訛「曰」，又脱「行」，據開元禮卷一三九、一四三及北宋本、傅校本、明抄本改補。

〔二六〕既下柩於壙　原脱「柩」，據開元禮卷一三九、一四三及北宋本、傅校本、明抄本、明刻本補。

〔二七〕六品以下唯陳布儀　「儀」原訛「也」，據北宋本、傅校本、明抄本、明刻本改。

〔二八〕靈車發行　「行」開元禮卷一三九、一四三作「引」。

〔二九〕卑者乘車馬　原脱「車」，據開元禮卷一三九、一四三、一四七補。

〔三〇〕哭盡一哀　原脱「哭」，據北宋本、傅校本、明抄本、明刻本補。

〔三一〕以烏漆匱匱之　「匱」開元禮一三九作「匵」。以下皆然。

〔三二〕於靈東又南北設帷　「東又」原訛「車之」，據開元禮卷一三九、一四三、一四七及北宋本、傅校本、明抄本、明刻本改。

〔三三〕祝跪讀祝文曰　原脱「文」，據開元禮卷一三九、一四三、一四七及北宋本、傅校本、明抄本、明刻本補。

〔三四〕子哀子某　「哀子」下原衍「孤子」，據開元禮卷一三九、一四三、一四七删。按：觀下注知此不當有「孤子」。

〔三五〕孫爲喪主則稱祖　原「祖」下衍「妣」，據開元禮卷一三九、一四三及北宋本、傅校本、明抄本、明刻本删。

〔三六〕内外應拜者　「拜」原訛「哭」，據開元禮卷一三九、一四三及北宋本、傅校本、明抄本、明刻本改。

〔三七〕降自西階　原脱「自」，據開元禮卷一三九及北宋本、傅校本、明抄本、明刻本補。

〔三八〕女子子立於靈座西東面南上 「西東」原倒，據開元禮卷一四〇、一四四及北宋本、傅校本、明刻本乙。

〔三九〕入設於靈座前 「設」原訛「室」，據開元禮卷一四〇、一四四及北宋本、傅校本、明抄本、明刻本改。

〔四〇〕妣云妣夫人某氏 原訛作「妣云妣某夫人氏」，又誤爲正文。據下小祥祭、大祥祭、禫祭三禮文乙正，並改爲注文。

〔四一〕祝匱主 原訛作「祝跪主人」，據開元禮卷一四〇及傅校本、明刻本删改。按：北宋本、明抄本作「祝匱主人」，衍「人」字。

〔四二〕如喪主之禮 「喪」原訛「桑」，據開元禮卷一四〇及北宋本、傅校本、明抄本、明刻本改。

〔四三〕更設喪主座 「喪」開元禮卷一四〇作「桑」。下同。

〔四四〕迎栗主入置於舊靈座 原脱「座」，據開元禮卷一四〇補。

〔四五〕靈座之左北墉下 「左」原訛「右」，據開元禮卷一四〇及北宋本、傅校本、明抄本、明刻本、王吴本改。按：靈座東向，其左爲北，故近北墉。

〔四六〕俱升就位 「升」原訛「先」，據諸本改。

〔四七〕父殁稱孤子 原脱「子」，據開元禮卷一四〇、一四四補。

〔四八〕跪奠版於靈座 原「座」下有「前」，據開元禮卷一四〇、一四四、一四八及傅校本、明抄本、明刻本删。

〔四九〕主人杖如式　「杖如式」原訛「依次立」。據開元禮卷一四〇、一四四、一四八改。按：北宋本、傅校本、作「杖次式」，誤「如」爲「次」。

〔五〇〕始食菜果　「菜」原訛「椉」，據開元禮卷一四〇、一四四、一四八及北宋本、傅校本、明抄本、明刻本改。

〔五一〕又備内外受服　「又」原訛「入」，據開元禮卷一四〇、一四四、一四八改。

〔五二〕置於座右几以出　原「几」下衍「筵」，據北宋本、傅校本、明刻本删。按：開元禮卷一四〇作「置於右几以出」。

〔五三〕北墉下　「墉」原訛「牖」，據開元禮卷一四〇及北宋本、傅校本、明抄本、明刻本改。下同。

〔五四〕入設於座前　「設」原訛「室」，據開元禮卷一四〇及北宋本、傅校本、明抄本、明刻本改。

〔五五〕立於靈座之右　原脱「靈」，據開元禮卷一四〇、一四四、一四八補。

〔五六〕考某官封謚　原脱「考」，據開元禮卷一四〇、一四四、一四八及北宋本、傅校本、明抄本、明刻本補。

〔五七〕爲長子三年者亦祥服　原訛作「爲長子者二年亦祥」，據開元禮卷一四〇改。

〔五八〕祝跪讀祝文曰　原脱「跪」，據開元禮卷一四〇及北宋本、傅校本、明抄本、明刻本、王吴本補。

〔五九〕進跪奠版於座　「進跪」原倒，據開元禮卷一四〇乙。按：先進前而後跪，禮無跪行之儀。

〔六〇〕内相者引妻妾　「者」下原衍「内」，據開元禮卷一四〇、一四四、一四八删。

〔六一〕將祔卜日如常儀四品以下筮日如常儀　此正文七字，注文九字，原皆作注文附在本節禮題注語之下。

今據北宋本、傅校本、明抄本、明刻本移改。

〔六二〕西壁爲埳室　「壁」下原衍「下」，據開元禮卷一四〇删。

〔六三〕清掃廟之内外　「廟」原訛「室」，據開元禮卷一四〇及北宋本、傅校本、明抄本、明刻本改。

〔六四〕掌饌者徹饌以出　原脱「者徹饌」，據開元禮卷一四〇、一四四補。

〔六五〕妣則祔於曾祖姑設座亦如之　「妣」原訛「祔」，又脱「設座」，據開元禮卷一四〇、一四四改補。

〔六六〕曾祖妣配　「妣」原訛「姑」，據開元禮卷一四〇、一四四改。

〔六七〕設考之祔座於曾祖座東南北向　「南北」原誤倒，據昭穆之制乙改。開元禮卷一四八作「設考之座於祖之西南北面」，則誤衍「西」字。按：據開元禮云「設曾祖之座於室内之奥東向，設祖之座於曾祖之座東北南向」。則祖座於曾祖座之左前方，是爲左昭之位也。而考者，曾祖之孫、祖之子也，其座必於曾祖座之東南即右前方而北面，適與祖座南北相對，是爲右穆之位也。曾祖座之東北南向位，乃祖座所處，非考座之所當設也。

〔六八〕設掌事者以下位於終獻東南　原脱「者」，據開元禮卷一四〇、一四四補。「終獻」原訛「主人」，據諸本改。

〔六九〕若祔妣則出曾祖妣神主而已　「祔妣」原作「異姓」，乃清人竄改。據開元禮卷一四〇及北宋本、傅校本、明抄本、明刻本、王吴本改正。

〔七〇〕入於室　「室」原訛「堂」，據開元禮卷一四〇、一四四及新唐書禮樂志一〇四五五頁改。按：禮無「入堂」之文。

〔七一〕輿詣埳室前　原「輿」下衍「者」，「室」上脱「埳」，據開元禮卷一四〇删補。按：北宋本、傅校本、明抄本、明刻本、王吴本無「者」字。

〔七二〕出神主置於座　原脱「置」，據開元禮卷一四〇補。

〔七三〕跪奠於祖神座前　原脱「祖」，據開元禮卷一四〇及王吴本補。按：北宋本、傅校本、明抄本、明刻本有「祖」無「神」。

〔七四〕祔母云曾祖妣夫人某氏　原脱「祔」，據開元禮卷一四〇及北宋本、傅校本、明抄本、明刻本補。

〔七五〕躋祔孫某封謚　此六字原誤作注文，且「躋」訛「祭」，據開元禮卷一四〇、一四四、一四八改作正文，並改「祭」爲「躋」。

〔七六〕相者引主人入室立於西壁下東面再拜　此十六字原涉下「相者引主人出」而誤脱，據開元禮卷一四〇補。

〔七七〕贊唱者曰　原脱「者」，據開元禮卷一四〇補。

〔七八〕進酒脯之奠於座前　原脱「座」，據開元禮卷一四〇及北宋本、傅校本、明抄本、明刻本補。

〔七九〕釋繐服著素服　「素」原訛「諸」，據開元禮卷一四〇、一四四、一四八及北宋本改。

〔八〇〕異門者至夕　「夕」原訛「外」，據開元禮卷一四〇、一四四、一四八及北宋本改。

通典卷第一百四十

禮一百　開元禮纂類三十五　凶禮七

三品以上喪下四品以下至庶人附

改葬

卜宅　啓請　開壙　舉柩　奠　升柩車　斂　奠　設靈

進引　告遷　哭柩車位　設遣奠　輀車發　宿止　到墓

虞祭

王公以下居喪雜制

舉哀　奔喪　三殤　初喪聚主　食飲節　哭節　居常節　不

及期葬　外喪　諱名　追服　喪冠嫁娶　樂禁　主諸喪　婚

遇喪　室次節　居重問輕

三品以上喪下四品以下至庶人附

改葬

卜宅〔一〕

將改葬者，吉服卜宅兆，其餘如葬卜宅兆之儀。先於壝所，隨地之宜張白布帷幕，南向開户。

啓請

其日，内外諸親應集者，皆至墓所，各就便次。主人、衆主人、妻妾、女子子俱緦麻服，餘周親以下皆素服，丈夫於墓東，西向，婦人於墓西，東向，皆北上，婦人障以行帷，俱立哭盡哀，卑者再拜。〔二〕

開墳

祝立於羨道南，北向。内外皆哭止。祝三聲噫嘻，啓以開墳改葬之故。其意敍改葬所由之事，隨時爲之。内外又哭盡哀，權就别所。掌事者開墳訖，内外又就位，哭如初。

舉柩

掌事者設席於幕下，舉柩出，置於席上，内外俱從柩哭於幕所。〔三〕主人以下柩東，西面，主婦以下柩西，東面，俱南上。丈夫周親以下於主人東北，南面西上；婦人周親以下於主婦西北，南面東上。外姻丈夫於主人東南，北面西上；婦人於主婦西南，北面東上。尊者坐。國官於帷門外之東，北面西上；六品以下無國官以下儀。僚佐於帷門外之西，北面東上。皆舒席爲位。

奠

祝以功布拭棺，改加新褚。設洗於幕西南隅，罍水在洗西，〔四〕加勺冪，篚在洗東，南肆，實巾一、〔五〕爵一於篚，加冪。設席於柩東，設啓奠於席上，設醴酒之罇於饌南。〔六〕主人詣罍洗，盥手洗爵，進，酌酒，奠於席前，興，少退，西面再拜。内外卑者俱再拜。少頃，徹奠。

升柩車

既奠，進輀車六品以下柩車，下準此。於帷門外，南向。掌事者升柩於輀車，遂詣施設所，内外俱哭從。掌事者先設牀於幕下，有枕席，周設帷。柩車至帷門外，丈夫於柩東，婦人於柩西，俱立哭。掌事者舉柩，降置於輴，〔七〕入設於牀東，若於墓所即斂，初奠訖不進輴車，設牀於柩東而加枕席，遂舉尸以斂之。舉尸出，置於牀，南首。柩初入定，內外就位哭，如墓所之儀。

斂

陳衣於幕東帷內，明衣裳及上服各一稱，西領南上。冕六品以下則弁若冠。具導、簪、纓，在北。內喪則花釵。衾一。衾以黃爲表，素爲裏。具饌於幕東，兩甒醴酒。柩初至幕下，舉尸於牀，主人、衆主人稍退，仍西向，妻妾、女子子稍退，仍東向。遂斂，丈夫加冕，六品以下則弁若冠。婦人以花釵，又覆以衾。於主人、衆主人妻妾、女子子憑哭，斂將訖，掌事者以棺入，〔八〕設於西廂，藉以席。於棺入，內外皆止哭；置棺定，乃哭。舉者四人入舉牀，男女從奉之舉尸斂於棺，乃加蓋，覆以衾。設帷於棺東，內外就位哭如初。〔九〕

奠

既斂，祝執巾、几、席入，設於柩東，右几，加以巾。掌事者設罍洗於幕西南隅如初。祝以饌升設於席前，施設訖，執饌者降，出。相者引主人盥洗酌酒，進奠於席前，興，少退，〔一〇〕西面再拜。內外卑者皆再拜訖，主人以下各退就位，俱坐哭。

設靈

既斂，設靈於吉帷内幕下西廂，東向，施牀帷、屏几、服飾。以時上膳羞及湯沐，皆如平常。

進引

前一日之夕，掌事者進輀車於凶帷外，六品以下進柩車於凶帷外。當門南向。其下帳、明器及苞牲等輿，陳於輀車前少西，東向。其日進引前，量時刻搥一鼓爲一嚴，六品以下無鼓，但量時而已。陳靈車儀仗如常。在陳車篇。少頃，搥二鼓爲再嚴，侍靈者俱詣靈所，腰輿威儀入陳如常。進靈車於帷門外，南向。少頃，搥三鼓爲三嚴，〔一〕掌事者入，徹饌以出。内外皆興，立哭於位。執披紼者入，〔二〕掌事者徹帷，持翣者入，以翣障柩。執披紼者各進，執鐸者各入，夾於柩前，東西相向。執纛者六品以下無纛，下準此。立於鐸南，執銘旌者入，立於纛南，北面。諸執披、紼、鐸、旌、纛者，皆布深衣，介幘。六品以下則執銘旌者立於柩前近南，北面。〔三〕餘同。

告遷

三嚴訖，祝帥腰輿入詣靈座前，西面告曰：「以今吉辰，用即宅兆。」少頃，輿出，詣靈車後，少頃，退。若内喪，女祝迎之。執紼者引輴，四品以下無執紼、輴車，但將舉柩皆振鐸而已。旌先，纛次，鐸次，輀車次。〔一四〕引輴初動，執鐸者皆振鐸，每振鐸先摇之，摇訖三振之。其持翣者常以翣障柩。於輴車進，執鐸者夾左右，每曲及進止皆振鐸。内外俱從柩後。柩出，到輀車後，執紼者解紼屬於輀車，設帷帳於輴車後，掌事者升柩。

哭柩車位

丈夫俱立哭於輀車東，重行西面，婦人哭於輀車西，重行東面，俱南上。外姻丈夫哭於輀車東南，重行北面，以西爲上；婦人哭於輀車西南，重行北面，以東爲上。國官哭於外姻之東，北面西上；僚佐哭於國官之西，北面東上，立定。六品以下無國官。

設遣奠

設遣奠之饌於輀車東，置設訖，相者引主人酌酒，進奠於席前，興，少退，西面哭，再拜，内外皆哭，卑者再拜。若食頃徹之，以蒲葦苞牲體下節七苞，四品五品則五苞，六品以下則二苞。載於輿以之墓。

輀車發

既徹奠，吉凶儀仗依式進引，靈車動，鼓吹振作而行。六品以下則既徹奠，吉凶威儀依式進引。主人、衆主人以下皆以次步從，哭於柩車後；妻妾、女子子以下皆步從，哭於丈夫之後，障以行帷。轜車去停所三百步，親賓有還者，弔哭如別儀。辭訖，進引尊者乘車馬，從柩者更哭不絕聲。

宿止

掌事者先於宿所張吉凶帷幕，吉帷在左，凶帷在右。〔一五〕將至宿所，尊者俱下車馬，步哭。靈車到帷門外，迴車南向。祝帥腰輿詣車後，少頃，輿入詣靈座前，少頃，輿出。進常食於靈座，若食頃，徹之。柩車至於凶帷，內外哭於柩車所，其位如初。掌饌者進酒脯之奠於柩車東席上。既設奠，內外各還次，更哭不絕聲。及墓，內外俱就位哭，進夕奠如初訖，內外各還次，迭哭終夜。及明，嚴鼓，內外又就位哭，進朝奠於柩東。進常食於靈座，若食頃，徹之。迎靈發引，尊者乘車馬，哭從如上儀。

到墓

到墓，尊者俱下車馬。靈車到帷門外，迴南向。〔一六〕祝帥腰輿詣車後，少頃，輿入詣靈座前，少頃，輿退，設酒脯之奠。柩車至壙前，迴南向，內外哭位如遺奠之儀。掌事者布席張帷於柩車後，下柩於輴。四品以下則下柩於席上。主人以下、妻妾、女子子各前撫柩哭盡哀，退復位；周親以下又前撫哭盡哀，退復位。俱再拜辭。執紼者屬紼於輴，掌事者下柩於壙，輴出。既窆，親賓先還者弔哭如別儀。國官之長奉玄纁束帛六品以下則掌事者奉玄纁束帛。〔一七〕授主人，主人受以授祝，主人稽顙再拜，祝奉以入，奠於柩東。持翣者入，倚翣於壙內兩廂；執事者以下帳、明器、苞牲、酒米等物入置於壙內，皆藉以版；施銘旌誌石於壙户內。置設訖，掌事者掩壙户，加關鑰，復土。既復土，內外俱就靈所哭，墓左祭后土如始葬之儀。〔一八〕

虞祭

初下柩於墓，掌事者具虞祭之饌，設罍洗篚於靈幕西南如常。內外既就靈所哭，掌饌者進虞祭之饌於靈座。相者引主人盥洗酌酒，進奠於靈座前，興，少退，西面立。內外皆止哭。祝持版進立於靈座之右，北面跪讀祝文曰：「維年月朔日，子孝子某，敢昭告於考某官封謚：妣；郡縣夫人鄉君某氏，各隨所稱。改遷幽宅，禮畢終虞，夙夜匪寧，啼號罔極。四品以下則「攀號永遠，無所逮及。」〔一九〕餘同。謹以潔牲柔毛、剛鬣、明粢、薌合、薌萁、嘉蔬、嘉薦、醴齊，祗薦虞事於考某官封謚，四品五品則「謹以潔牲柔毛、剛鬣、嘉薦、普淖、明齊、溲酒」。餘同。六品以下無柔毛，餘同四品五品。尚饗。」主人哭，再拜，內外皆哭，卑者再拜，盡哀。相者引主人以下出就別所，釋縗服，著素服而還。掌饌者徹饌，掌事者徹靈座。

王公以下居喪雜制

舉哀

諸聞喪舉哀者，〔二〇〕於聞喪所哭盡哀，問故，又哭盡哀，改著素服。子、妻、妾、女子子俱被髮。周親以下，婦人去首飾。子於堂上東壁下，〔二一〕西面，以南爲上；周親以下於北壁下，南面，以西爲上。妻、妾、女子子於西壁下，東面，以南爲上；周親以下婦人，於北壁下，南面，以東爲上。内外之際，障以帷。若婦人在别堂舉哀，〔二二〕則周親以下婦人在北壁下，南面西上。周親以下舉哀哭位亦然。三日成服及廬、堊室、苫凷、薦席變除之節，皆如在家之禮，唯不設奠祭。以其精神不在於此。若除喪而後歸，則之墓，諸子以下素服待於墓東，西向，婦人待於墓西，東向，俱北上。奔喪者素服，至於隧南，北面哭，盡哀，再拜，又哭盡哀，再拜。於家不哭。

奔喪

奔喪之禮：始聞親喪，〔二三〕以哭答使者，盡哀，問故，又哭盡哀。服布深衣，素冠，遂行。日行百里，不以夜行。唯父母之喪，見星而行，見星而舍。若未得奔，則成服而後行。過州至境則哭，盡哀而止。哭避市朝。望其州境，哭。此父母之喪。

至於家，內外哭待於堂上。奔喪者入門而左，升自西階，殯東西面憑殯哭，盡哀，少退，再拜；退於序東，被髮，復殯東，西面坐哭，又盡哀，尊卑撫哭如常。訖，內外各還次，奔喪者乃還次。〔二四〕厥明，坐於殯東如初。未成服者三日成服。若至在小斂前，與主人俱成服。若小斂以後至者，自用日數。

凡奔喪，齊縗望鄉而哭，大功望門而哭，小功至門而哭，緦麻即位而哭。齊縗以下奔喪者升殯東，西面哭。〔二五〕主人以下哭待於堂上如常。奔喪者哭盡哀，再拜，又哭盡哀，尊卑撫哭亦如之。訖，內外各還次。三日成服。有賓弔者，〔二六〕拜賓如常。奔喪者非主人，則主人爲之拜賓。

婦人奔喪，入自闈門，側門曰闈。升自西階側，側階，旁階。〔二七〕殯西東面，妻妾、女子子則憑殯哭，盡哀，少退，再拜；退於西房若西室，妻妾、女子子被髮，出嫁女髽。〔二八〕復位，坐哭，又盡哀，尊卑撫哭如常，內外俱還次，奔喪者乃還次。周喪以下婦人奔喪者，升哭拜、又哭盡哀、〔二九〕尊卑撫哭及還次皆如之。

奔喪者不及殯，先之墓，北面近隧哭。主人以下哭待於墓左，西面，主婦以下哭待於墓右，東面，皆北上。主人以下內外初至墓，先拜而後哭。於相者告禮畢，〔三〇〕則再拜辭。奔喪者哭盡哀，再拜，又於隧東被髮，復位坐哭，盡哀。相者告禮畢，奔喪者又再拜，遂冠而歸。入門而左，升自西階，靈東西面憑靈哭。主人以下升哭於堂上如常。〔三二〕奔喪者哭盡哀，再拜。若經宿，主人以下哭盡哀，皆再拜哭，降堂，相者告就次，主人以下各就次。三日成服。

齊縗周以下不及殯，先之墓，西面哭盡哀，再拜，又哭盡哀，相者告禮畢，奔喪者再拜，遂冠而歸，哭就次如上儀。奔喪者若妻妾、女子子，皆被髮於隧西，哭盡哀，髽如常，餘如男子。齊縗周以下婦人奔喪，哭於隧西，餘如丈夫之禮。

三殤

三殤之喪：始死，浴襲及大小斂與成人同。其長殤有棺及大棺，中殤下殤有棺、靈筵，祭奠、進食、葬送、哭泣之位與成人同。其苞牲及明器，長殤三分減一，中殤三分減二。唯不復魂，無含，事辦而葬，不立神主，既虞而除靈座。其虞祝辭云：維年月朔日，父云告子某。若兄，云告弟某。若弟，云弟某昭告某兄。日月易往，奄及反虞，悲念相續，心焉如燬。兄云「悲慟猥至，〔三三〕情何可處」。弟云「悲痛無已，至情如割」。今以弟祭兄則云「謹以」。潔牲、嘉薦、普淖，明齊，溲酒，薦虞事於子某，弟某，兄某，魂其饗之。弟祭兄云「尚饗」。嫡殤者時享，皆祔食於祖，無別祝文，亦不拜。設祔食之座於祖座之左，西向，一獻而已。不祝不拜者，以其從食其祖。祝辭末云「孫其祔食」。庶子不祔食。庶子之嫡祔如嫡殤禮。凡無服，四歲以上略與下殤同，又無靈筵，唯大斂小斂奠而已；三歲以下斂以瓦棺，葬於園，又不奠。

初喪聚主

凡遭喪，廟有主者，則取羣廟之主藏於祖廟。卒哭而後，主各歸其廟。藏於祖廟，象有凶事聚也。

食飲節〔三三〕

父母之喪，食粥，朝一溢米，暮一溢米。二十兩曰溢。一溢爲米一升二十四分升之一也。〔三四〕不能食粥，則以爲飯，菜羹。婦人皆以爲飯。諸齊縗之喪，蔬食水飲，〔三五〕不食菜果。三月既葬，食肉，不飲酒。九月之喪猶周之喪。

哭節

凡哭，斬縗若往而不反，齊縗若往而反，大功三曲而偯，小功、緦麻哀容可。

居常節

父母之喪，居倚廬，寢苫枕凷，寢不脱絰帶。頭有瘡則沐，身有瘍則浴。有疾則飲酒食肉，疾止復初。不勝喪乃比於不慈不孝。毁瘠不形，視聽不衰。爲其廢事。形謂骨見〔三六〕升降不由阼階，出入不當門隧。常若親存。隧，道也。五十不致毁，六十不毁，七十唯縗麻在身，飲酒食肉，處於內。所以養衰老。人年五十始衰。喪食雖惡，必充虛。虛而廢事，非禮；〔三七〕飽而忘哀，〔三八〕亦非禮。視不明，聽不聰，行不正，不知哀，君子病之。斬縗唯而不對，齊縗對而不言，大功言而不議，小功、緦麻議而不及樂，故喪事不言樂。非其時也。父母之喪，不避泣涕而見人。言重喪不行求見人，人來求見己，〔三九〕可以見之。不避涕泣，言至哀無飾也。非喪事不言，言而不語，對而不問。言者言己事。爲人説爲語。言而事行者，杖而起，身自執事而後行者，面垢而已。杖而起謂有官爵者。面垢而已謂庶人。凡廬堊室之内，不與人坐。在堊室之内，非時見於母，則不入門。居喪未葬讀喪禮，既葬讀祭禮。兄弟各處異方而父母喪，各依聞喪日月而除之。三年之喪，凡見人，皆不去絰。父母之喪，賓客已弔而重來者，主人哭而見，其去也又哭之。其未葬，必備縗絰而後見。居父母之喪，遠行而還者，必告返。〔四〇〕父有艱未除，則子不衣文綵。三年之喪，雖功縗不弔。〔四一〕功縗謂既練之後，服布如大功，謂之功縗。凡三年及周喪，不數閏。禫則數之。以閏月亡者，祥及忌日皆以閏所祔之月爲正。庶子不爲長子斬，不繼祖與禰也。

不及期葬

速葬者速虞，三月而後卒哭。謂不及期而葬，既葬即虞，安神也。卒哭之祭待哀殺。父母之喪周而葬者，則以葬之後月小祥，其大祥則依再周之禮，禫亦如之。若再周而後葬者，則以葬之後月練，又後月爲大祥，祥而即吉，無復禫矣。其未再周葬者，則以二十五月練，二十六月祥，二十七月禫。必練祥禫者，明深哀不可頓除之，〔四二〕故爲之漸以安孝子之心。禫一月者，終二十七月之數。久而不葬者皆變服，唯主喪者不除，其餘各終月數而除之，皆無受服，至葬及反其服，虞則除之。若亡失尸柩，則變除如常禮。

外喪

凡死於外者，小斂而反則子素服，袞巾帕頭，〔四三〕徒跣而從，大斂而反亦如之。凡死於外大斂而反，毁門西牆而入。

諱名

卒哭而諱。凡父之所諱，子亦諱之。母之所諱，不言於內。妻之所諱，不言於其側。

追服

小功以下，日月過制而聞喪，則不追服。猶爲舉哀。降而在緦小功者，追服之。生不及祖父母、諸父母、兄弟，而父追服，己則否。謂子生於外者。父以他故居異邦而生己，己不及此親存時歸見之，〔四四〕今其死，於喪服年月已過乃聞之，父爲之服，己則否者，不責非時之恩於人所不能。〔四五〕當其時則服之。

喪冠嫁娶

因喪冠者，雖三年之喪可也。既冠於次，入哭盡哀乃出。言雖者，明齊縗以下皆可因喪冠也。始遭喪，〔四六〕以其冠月，因喪服則冠矣。非其冠月，待變除卒哭而冠也。次，廬也。大功之末，可以冠子、嫁子。父小功之末，可以冠子，可以嫁子，可以娶婦。己雖小功，既卒哭，可以冠、娶妻。下殤之小功則不可。此皆謂可用吉禮之時也。父大功卒哭而可冠子、嫁子，小功卒哭而可娶婦；己大功卒哭可以冠子，小功卒哭可以娶妻：必偕祭乃行也。〔四七〕下殤小功，齊縗之親，除喪而後婚。〔四八〕凡冠者，其時當冠，則因喪而冠也。三年喪，如遺之酒肉則受之，必三辭，主人縗絰而受之；受之必正服，明不苟於滋味也。如君命，則不敢辭，受而薦之。薦之於宗廟，貴君之禮。父母之喪，不遺人；居重喪者，志不在施惠。人遺之，雖酒肉，受也。三年之喪既葬，尊者遺之食，則食，不避粱肉；若酒醴，則辭也。見於顏色者則不可。

樂禁

父有服，子不與於樂。母有服，聲聞焉，不舉樂。妻有服，不舉樂於其側。大功至則辟琴瑟，小功至則不絕樂。

主諸喪

凡主兄弟之喪，雖疏必虞。此謂兄弟或在他方，或無亂嗣，而爲之主。

婚遇喪

娶妻有吉日，而婿之父母喪，則婿之伯叔父使人致命於女氏曰：「某之子有父母之喪，不得嗣爲兄弟，使某致命。」女氏受命而不敢嫁。婿既免喪，女父母使人請之，婿弗取而後嫁之，禮也。女之父母喪亦如之。親迎在塗而婿之父母死，則女素服縞總以赴喪，〔四九〕其縗服與成服之禮同婿。除喪之後，束帶相見，不行初婚之禮。女在塗而女之父母死，則反。婿親迎未至而有周、大功之喪，則夫改服於外次，婦入，〔五〇〕改服於内次，即位而哭。既虞卒哭，婿入束帶相見而已，不行初婚之禮。娶婦有吉日而婦死，婿齊縗而往弔，既葬除之。夫死亦如之，妻服斬縗。

室次節

爲人後者爲其父母居堊室，舅姑服嫡婦不爲次，昆弟之女適人者不爲次。次謂堊室之屬也。

居重問輕〔五一〕

諸先遭重喪，後遭輕喪，皆爲制服，往哭則服之，反則服其重服。其除之也，亦服其服而除。有殯，聞遠兄弟之喪，哭之他室，明所哭者異，哭之爲位。凡言兄弟，小功、緦麻之親皆是。無他室，哭於門内之右。近南者，爲之變位也。〔五二〕入奠，卒奠出，改服即位，如始即位之禮。謂後日之哭也。朝入奠於其殯，既乃更即位就他室哭，如始至之時。

校勘記

〔一〕卜宅　「宅」原訛「葬」，據開元禮卷一四一及北宋本、傅校本、明抄本、明刻本、王吳本改。

〔二〕卑者再拜　「再」原訛「皆」，據開元禮卷一四一及北宋本、傅校本、明抄本改。

〔三〕内外俱從柩哭於幕所　「幕」開元禮卷一四一、一四五、一四九俱作「墓」。按：前云設席於幕下而柩置於席上，似作「幕」爲是。

〔四〕罍水在洗西　原脱「洗」，據開元禮卷一四一、一四五、一四九補。

〔五〕實巾二　原脱「實」，據開元禮卷一四一及北宋本、傅校本、明抄本、明刻本補。

〔六〕設醴酒之罇於饌南　「醴」原訛「進」，據開元禮卷一四一及北宋本、傅校本、明抄本、明刻本改。

〔七〕降置於輴　原「降」下衍「柩」，據開元禮卷一四一删。

〔八〕掌事者以棺入　「棺」原訛「冠」，據開元禮卷一四一及北宋本、傅校本、明抄本改。

〔九〕内外就位哭如初　原脱「哭」，據開元禮卷一四一及北宋本、傅校本、明抄本、明刻本補。

〔一〇〕少退　「退」原訛「頃」，據開元禮卷一四一及傅校本、明抄本、明刻本改。

〔一一〕進靈車於帷門外南向少頃搥三鼓爲三嚴　原脱「門」，脱「搥」，據開元禮卷一四一、一四五補。

〔一二〕執披紼者入　原脱「披」，據開元禮卷一四一及北宋本、傅校本、明抄本、明刻本補。

〔一三〕立於柩前近南北面　原脱「北」，據開元禮卷一四九補。

〔一四〕輀車次　「次」原訛「而」，據開元禮卷一四一改。

〔一五〕吉帷在左凶帷在右　原「左」「右」訛互，據開元禮卷一四一、一四五、一四九及北宋本、傅校本、明抄本、明刻本乙正。

〔一六〕迴南向　原「迴」下有「車」，清人擅增。今據開元禮卷一四一及北宋本、傅校本、明抄本、明刻本、王吳本删。下同。

〔一七〕掌事者奉玄纁束帛　「束帛」原訛作「縞」，據開元禮卷一四九改。

〔一八〕如始葬之儀　原脱「始」，據開元禮卷一四一、一四五、一四九補。

〔一九〕無所迨及　「迨」原訛「追」，據開元禮卷一四五及北宋本、傅校本、明刻本改。

〔二〇〕諸聞喪舉哀者　「諸」原訛「如」，又脱「舉」，據開元禮卷一五〇及北宋本、傅校本、明抄本改補。

〔二一〕子於堂上東壁下　開元禮卷一五〇「子」上有「男」。

〔三〕婦人在別堂舉哀　「堂」開元禮卷一五〇作「室」。

〔三〕始聞親喪　「始」原訛「如」，據開元禮卷一五〇改。

〔四〕奔喪者乃還次　「次」原訛「以」，據開元禮卷一五〇改。

〔五〕西面哭　原脱「面」，據開元禮卷一五〇補。

〔六〕有賓弔者　「有」原訛「者」，據開元禮卷一五〇改。

〔七〕側階旁階　此注文四字原脱，據開元禮卷一五〇及北宋本、傅校本、明抄本補。

〔八〕出嫁女髽　原「女」下衍「改」，據開元禮卷一五〇及北宋本、傅校本、明抄本、明刻本刪。

〔九〕又哭盡哀　原脱「哭」，據開元禮卷一五〇補。下「奔喪者哭盡哀」同。

〔一〇〕於相者告禮畢　原脱「告」，據開元禮卷一五〇補。

〔二〕主人以下升哭於堂上如常　原脱「哭」，據開元禮卷一五〇補。北宋本、傅校本、明抄本、明刻本、王吴本俱作「坐」，誤。

〔三〕悲慟猥至　「慟」原作「傷」，據開元禮卷一五〇及北宋本、傅校本、明抄本、明刻本改。

〔三〕食飲節　「食飲」原倒，據開元禮卷一五〇及北宋本、傅校本、明抄本、明刻本乙。

〔四〕一升二十四分升之一也　上「一」原脱，據開元禮卷一五〇及北宋本、傅校本、明抄本、明刻本補。

〔五〕諸齊縗之喪蔬食水飲　「齊縗」原訛「縗絰」，「水飲」原倒，據開元禮卷一五〇及北宋本、傅校本、明抄本、明刻本改乙。

〔三六〕形謂骨見　「謂」原訛「衰」，據開元禮卷一五〇及北宋本、傅校本、明抄本、明刻本改。

〔三七〕喪食雖惡必充虛虛而廢事非禮　按：兩「虛」禮記雜記下俱作「飢」，蓋杜氏避玄宗之嫌名而改作「虛」。開元禮卷一五〇作「飢」。

〔三八〕飽而忘哀　「忘哀」原訛「志衰」，據禮記雜記下、開元禮卷一五〇及北宋本、傅校本、明刻本、王吳本改。

〔三九〕人來求見己　原脱「求」，據禮記雜記下鄭注、開元禮卷一五〇及北宋本、傅校本、明抄本、明刻本、王吳本補。

〔四〇〕遠行而還者必告返　原脱「返」，據開元禮卷一五〇補。

〔四一〕三年之喪雖功縗不弔　原「縗」下衍「而」，據禮記雜記下、開元禮卷一五〇及北宋本、傅校本、明抄本、明刻本、王吳本删。

〔四二〕明深哀不可頓除之　「哀」原訛「衣」，據開元禮卷一五〇改。

〔四三〕衰巾帕頭　「衰」原作「縗」，據北宋本、傅校本、明刻本改。

〔四四〕已不及此親存時歸見之　原「及」下衍「見」，據禮記喪服小記鄭注及北宋本删。

〔四五〕不責非時之恩於人所不能　「恩」原訛「思」，開元禮卷一五〇誤同，據禮記喪服小記鄭注改。

〔四六〕始遭喪　三字原脱，據禮記雜記下、開元禮卷一五〇及北宋本、傅校本、明抄本補。

〔四七〕必偕祭乃行也　「偕」原訛「皆」，據禮記雜記下鄭注改。

〔四八〕除喪而後婚　原脱「喪」，據禮記雜記下鄭注、開元禮卷一五〇及北宋本、傅校本、明抄本、明刻本補。

〔四九〕女素服縞總以赴喪　「縞」原訛「總」，據禮記曾子問、開元禮卷一五〇及北宋本、傅校本、明抄本、明刻本改。

〔五〇〕婦入　原脱「入」，據禮記曾子問、開元禮卷一五〇及北宋本、傅校本、明抄本、明刻本補。

〔五一〕居重問輕　「問」開元禮卷一五〇作「聞」。

〔五二〕爲之變位也　「爲」原訛「謂」，據開元禮卷一五〇及北宋本、傅校本、明抄本、明刻本改。

王文錦點校

通典卷第一百四十一

樂一

樂序　歷代沿革上

樂序〔一〕

夫音生於人心，心慘則音哀，心舒則音和。然人心復因音之哀和，亦感而舒慘，則韓娥曼聲哀哭，一里愁悲；曼聲長歌，衆皆喜忭，〔二〕斯之謂矣。是故哀、樂、喜、怒、敬、愛六者，隨物感動，播於形氣，叶律呂，諧五聲。舞也者，詠歌不足，故手舞之，足蹈之，動其容，象其事，而謂之爲樂。樂也者，聖人之所樂，可以善人心焉。所以古者天子、諸侯、卿大夫無故不徹樂，士無故不去琴瑟，以平其心，以暢其志，則和氣不散，邪氣不干。此古先哲后立樂之方也。周衰政失，鄭衛是興。秦漢以還，古樂淪缺，代之所存，韶武而已。下不聞振鐸，上不達謳謠，但更其名，〔三〕示不相襲，知音復寡，罕能制作。而況古雅莫尚，胡樂荐臻，其聲怨思，其狀促遽，方之鄭衛，又何遠乎！爰自永嘉，戎羯迭亂，事有先兆，其在於兹。聖唐貞觀初作破陣樂，舞有發揚蹈厲之容，象其威武也。歌有麤和嘽發之音，麤謂初用干戈平戎，戎既平，子愛百姓，有和樂之心。嘽謂樂心，發謂喜心，言天下既安，功成而喜樂也。嘽音昌善反。表興王之盛烈，何謝周之文武，〔四〕豈近古相習所能關思哉！而人間胡戎之樂，久習未革。古者因樂以著教，其感人深，乃移風俗。將欲閑其邪，正其頽，唯樂而已矣。

第一　歷代沿革上

第二　歷代沿革下

第三　十二律　五聲八音名義　五聲十二律旋相爲宫　五聲十二律相生法　歷代製造

第四　權量　八音〔五〕　樂懸

第五　歌　雜歌曲　舞　雜舞曲

第六　清樂　坐立部伎　四方樂　散樂　前代雜樂

第七　郊廟宫懸備舞議　郊廟不奏樂廟諸室别舞議　祭日不宜徧舞六代樂議　舞佾議　宗廟迎送神樂議　散齋不廢樂議　臨軒拜三公奏樂議　三朝行禮樂失制議　三朝上壽有樂議　三朝不宜奏登歌議　徹食宜有樂議　巴渝舞雜

武舞議　皇后樂議　東宮宴會奏金石軒懸及女樂等議　皇帝幸東宮鼓吹作議

國哀廢樂議：　遏密不設懸議　大喪而弟嗣位未三年廢樂議　大喪在寇梓宮未返廢樂議　皇后崩服未終廢樂議　太后父喪廢樂議　皇后母喪廢樂議　公主喪廢樂議　太子所生喪廢樂議　大臣喪廢樂議　忌月不廢樂議

歷代沿革上〔六〕伏羲　神農　黃帝　少皞　顓頊　帝嚳　唐　虞　夏　商　周　秦　漢　後漢　魏　晉　宋

伏羲樂名扶來，〔七〕亦曰立本。

神農樂名扶持，亦曰下謀。見帝系譜及孝經緯。又按隋樂志云：「伊耆有葦籥之音，伏羲有網罟之詠，〔八〕葛天八闋，神農五絃，事與功偕，其來尚矣。」

黃帝作咸池。堯增修而用之。咸，皆也。池，施也。言德之無不施也。〔九〕又云：池言其包容浸潤。〔一〇〕周禮曰「大咸」。〔一一〕

少皞作大淵。見帝王代記。〔一二〕

顓頊作六莖。莖，根也，謂澤及下也。〔一三〕

帝嚳作五英。英，謂華茂也。〔一四〕

堯作大章。章，明也。言堯德章明也。舜作大韶。韶，繼也。言舜能繼堯之德。周禮曰「大磬」。書曰：「夔，命汝典樂，教胄子。胄，長也。謂元子以下，至公卿大夫子弟，以歌詩蹈之舞之，教長國子中和祗庸孝友也。〔一五〕聲依永，律和聲，聲謂五聲，宮、商、角、徵、羽。律調六律、六呂，十二月之音氣。言當依聲律以和樂也。八音克諧，無相奪倫，神人以和。倫，理也。八音能諧，理不錯奪，則神人咸和。命夔，使勉之。夔曰：『於！予擊石拊石，百獸率舞。』」石，磬也。音之清者。拊，亦擊也。舉清者和，則餘皆從矣。樂感百獸，使相率而舞，則神人和可知也。於音烏。禹作大夏。夏，大也。言禹能大堯舜之德。禹命登扶氏爲承夏之樂，有鐘、鼓、磬、鐸、鞉。鐘，所以記有德；椎鼓，所以謀有道；擊磬，所以待有憂；搖鞉，所以察有訟。〔一六〕理天下以五聲，爲銘於簨簴。湯作大護。湯以寬理人，而除邪惡，其德能使天下得其所，言盡護救於人也。紂弃先祖之樂，迺作淫聲，書曰：「作奇伎淫巧，以悦婦人。」言紂廢至尊之敬，營卑褻之事，作過制伎巧，以資耳目之娱。周武王作大武。武，以武功定天下也。周公作勺，勺，言勺先祖之道。勺讀曰酌，勺，取也。又有房中之樂，歌以后妃之德。春官大司樂：「以樂舞教國子，公卿大夫之子弟。舞雲門、大卷、大咸、大韶、大夏、大護、大武。此周所存六代之樂。黄帝曰雲門、大卷。黄帝能成名萬物，以明人共財，言其德如雲之所出，人得以有族類也。〔一七〕卷音其爰反。以六律、六呂、五聲、八音、六舞大合樂，以致鬼神祇，以和邦國，以諧萬人，以安賓客，以説遠人，以作動物。六律，合陽聲者。六呂，合陰聲者。此十二者，以銅爲管，轉而相生，黃鍾爲首，律長九寸，各因而三之，上生者三分益一分，下生者三分去一分焉。國語曰：「律所以立均出度也。古者，瞽考中聲而量之，度律均鍾。」言以中聲定律，以律立鍾之均也。大合樂者，謂徧作六代之樂也，以冬日至作之，致天神、人鬼，以夏日至作之，致地祇、物魅、動物、羽羸之屬。虞書云：夔曰：「戛擊鳴球，搏拊琴瑟以詠，祖考來格。虞賓在位，羣后德讓。下管鼗鼓，合止柷敔，笙鏞以間，鳥獸蹌蹌。簫韶九成，鳳皇來儀。」夔又曰：「於！予擊石拊石，百獸率舞，庶尹允諧。」此其於宗廟九奏而應之。乃分樂而序之，以祭，以饗，以祀；分，謂各用一代之樂。乃奏黃鍾，歌大呂，舞雲門，以祀天神；以黃鍾之鍾，大呂之聲，爲之均也。黃鍾，陽聲之首，大呂爲之合奏之，以祀天神，尊之也。天神，五帝及日月星辰。王者又各以夏正月，祀其所受命之帝於南郊，尊之。孝經説曰「王者祭天於南郊，就陽位」是也。乃奏太蔟，歌應鍾，舞咸池，以祭地祇；太蔟，陽聲第二者，應鍾爲之合。咸池，大咸。地祇，所祭於北郊，謂神州之神及社稷。乃奏姑洗，歌南呂，舞大韶，以祀四望；姑洗，陽聲第三者，南呂爲之合。四望，五嶽、四鎮、四瀆。此言祀者，司中、司命、風師、雨師或亦用此樂。乃奏蕤賓，歌函鍾，舞大夏，以祭山川；蕤賓，陽聲次四者，函鍾爲之合。函鍾亦名林鍾。函，户南反。乃奏夷則，歌小呂，舞大濩，以享先妣；夷則，陽聲次五，小呂爲之合。〔一八〕小呂，一名中呂。先妣，姜嫄履大人迹，感神靈而生后稷，是周之先母。周立廟，自后稷爲始祖，而姜嫄無所配，是以特立廟而祭之，謂之閟宮。乃奏無射，歌夾鍾，舞大武，以享先祖。無射，陽聲之下者，夾鍾爲之合。夾鐘一名圜鍾。先祖，謂先公先王也。王出入，則令奏王夏；尸出入，則令奏肆夏；牲出入，則令奏昭夏。三夏皆樂章名。凡日月蝕，四鎮五嶽崩，大傀異災，諸侯薨，令去樂。四鎮，山之重大者，謂揚州之會稽，青州之沂，幽州之醫無閭，冀州之霍山。

五嶽，岱在兗州，衡在荊州，華在荊河州，〔一九〕吳在雍州，〔二〇〕恒在并州。傀，猶怪也。傀音鬼。大怪之異災，謂天地之奇變，若星辰奔霣及地震裂爲害者，〔二一〕去樂藏之。春秋傳曰：「壬午，猶繹，萬入去籥。」萬言入，則去者不入，藏之可知。大札，大凶，大災，大臣死，凡國之大憂，令弛懸。札，疫癘也。凶，凶年也。災，水火也。弛，釋下之，若今休兵鼓之爲。凡建國，禁其淫聲、過聲、凶聲、慢聲。」淫聲，若鄭衞者。過聲，失哀樂之節。凶聲，亡國之音，若桑間、濮上。慢聲，謂侮慢不恭。

夫樂本情性，浹肌膚而藏骨髓，雖經乎千載，其遺風餘烈尚猶不絕。春秋時，陳公子完奔齊。完，陳厲公子，即敬仲也。〔二二〕莊二十二年遇難奔齊。陳，舜之後，韶樂在焉。故孔子適齊聞韶，三月不知肉味，曰：「不圖爲樂之至於斯！」美之甚也。周道始衰，怨刺之詩起。王澤既竭，而詩不能作。〔二三〕樂官師瞽，抱其器而奔散於諸侯，益壞缺矣。

秦始皇平天下，六代廟樂惟韶武存焉。二十六年，改周大武曰五行，房中曰壽人，衣服同五行樂之色。

漢興，樂家有制氏，魯人，善樂。以雅樂聲律，世世在太樂官，但能紀其鏗鏘鼓舞，而不能言其義。鏗鏘，金石之聲。高祖時，叔孫通因秦樂人制宗廟樂。太祝迎神於廟門，奏嘉至，嘉，善也，善神之至。猶古降神之樂也。皇帝入廟門，奏永至，以爲行步之節，猶古采薺、肆夏也。薺，才私反。乾豆上，奏登歌，乾豆，脯羞之屬。獨上歌，不以管絃亂人聲，欲在位者徧聞之，猶古清廟之歌也。登歌再終，下奏休成之樂，美神明既饗也。休成樂，叔孫通所奏作。皇帝就酒東廂，坐定，奏永安之樂，美禮已成也。又有房中祠樂，高帝唐山夫人所作也。高帝姬。唐山，姓也。周有房中樂，至秦名曰壽人。凡樂，樂其所生，禮不忘本。高祖樂楚聲，故房中樂楚聲也。孝惠二年，使樂府令夏侯寬備其簫管，更名曰安世樂。

高廟奏武德、文始、五行之舞；孝文廟奏昭德、文始、四時、五行之舞；孝武廟奏盛德、文始、四時、五行之舞。武德舞者，高帝四年作，以象天下樂己行武以除亂也。文始舞者，曰本舜韶舞也，高祖六年更名曰文始，以示不相襲也。而五行仍舊。四時舞者，孝文所作，以示天下之安和也。蓋樂己所自作，明有制也；言自制作也。樂先王之樂，明有法也。遵前代之法。孝景采武德舞以爲昭德，以尊太宗廟。文帝也。至孝宣，采昭德舞爲盛德，以尊世宗廟。武帝。諸帝廟皆常奏文始、四時、五行舞云。高祖六年又作昭容樂、禮容樂。昭容者，猶古之昭夏也，主出武德舞。言昭容樂生於武德舞。禮容者，主出文始、五行舞。舞人無樂者，將至至尊之前，不敢以樂也；出用樂者，言舞不失節，能以樂終也。大抵皆因秦舊事焉。抵，歸也。

初，高祖既定天下，過沛，與故人父老相樂，醉酒歡哀，作「風起」之詩，令沛中僮兒百二十人習而歌之。至孝惠時，以沛宮爲原廟，原，重也。言已有正廟，更重立之。皆令歌兒習吹以相和，常以百二十人爲員。文景之間，禮官肄業而已。肄音弋二反。習也。

至武帝，乃立樂府，始置之也。樂府之名蓋起於此，哀帝時罷之。采詩夜誦，采詩，依古遒人徇路，采取百姓謳謡，以知政教得失也。夜誦者，言辭或祕不可宣露，故於夜中歌誦也。有趙、代、秦、楚之謳。以李延年爲協律都尉，多舉司馬相如等數十人造爲詩賦，略論律吕，以合八音之調，作十九章之歌。以正月上辛用事甘泉圜丘，用上辛，依周禮郊天日也。辛，取齋戒自新之義。使童男女七十人俱歌，昏祠至明。然未有本於祖宗之事，八音調均，又不協於鍾律，而内有掖庭才人，外有上林樂府，皆以鄭聲施於朝廷。昔殷周之雅頌，上本有娀、音嵩姜嫄，卨、稷始生，玄王、公劉、古公、太伯、王季、姜女、亶甫之妃也。太任、太姒之德，乃及成湯、文、武、受命，武丁、成、康、宣王中興，下及輔佐阿衡、周、召、太公、申伯、召虎、仲山甫之屬，君臣男女有功德者，靡不褒揚。功德既信美矣，褒揚之聲盈乎天地之間，是以光名著於當世，遺譽垂於無窮。漢之樂有異於此，故無得而稱焉。

是時，河間獻王有雅才，亦以爲治道非禮樂不成，與毛生等共采周官及諸子言樂事者，以著樂記，因獻所集雅樂。天子下太樂官，常存肄之，〔二四〕歲時以備數，然不常御。

至成帝時，謁者常山王禹世受河間樂，能説其義，其弟子宋曅等上書言之，下大夫博士平當等考試。當以爲「河間王所獻雅樂，立之太樂。春秋鄉射，作於學官，〔二五〕希闊不講。故自公卿大夫觀聽者，但聞鏗鏘，不曉其意，而欲風諭衆庶，其道無由。風，化也。是以行之百有餘年，德化至今未成。宜風示海內。」事下公卿，以爲久遠難分明，當議復寢。是時，鄭聲尤甚。黃門名倡丙强、景武之屬富顯於世，貴戚五侯、定陵、富平外戚之家五侯，王鳳以下。定陵，淳于長也。富平，張放。淫侈過度，至與人主爭女樂。哀帝自爲定陶王時疾之，又性不好音，及即位，下詔曰：「惟世俗奢泰文巧，而鄭衞之聲興。夫奢泰則下不遜而國貧，文巧則趨末背本者衆，鄭衞之聲興則淫僻之化流，而欲黎庶敦朴家給，猶濁其源而求其清流，豈不難哉！孔子不云乎，『放鄭聲』，『鄭聲淫』。其罷樂府官。郊祭樂及古兵法武樂，在經非鄭衞之樂者，條奏，別屬他官。」丞相孔光、大司空何武奏：〔二六〕「樂人員大凡八百二十九人，其三百八十八人不可罷，可領屬大樂；其四百四十一人不應經法，或鄭衞之聲，皆可罷。」奏可。然百姓漸漬日久，又不制雅樂有以相變，豪富吏民沈湎自若，陵夷壞於王莽也。

後漢光武平隴、蜀，增廣郊祀，高帝配食，樂奏青陽、朱明、西皓、玄冥、雲翹、育命之舞。北郊及祀明堂，並奏樂如南郊。迎時氣五郊：春歌青陽，夏歌朱明，並舞雲翹之舞；秋歌西皓，冬歌玄冥，並舞育命之舞；季夏歌朱明，兼舞二舞。

明帝永平三年，東平王蒼總定公卿之議，曰：「宗廟宜各奏樂，不應相襲，所以明功德也。」遂采文始、五行、武德爲大武之舞，薦之光武之廟。時樂四品：一曰大予樂，郊廟、上陵之所用焉；二曰雅頌樂，辟雍、鄉射之所用焉；三曰黄門鼓吹樂，天子宴羣臣之所用也；四曰短簫鐃歌樂，軍中之所用也。又采百官詩頌，以爲登歌。

章帝元和元年，籍田，玄武司馬班固奏：「籍田，歌辭用商頌載芟，祠先農。」自東京大亂，絶無金石之樂，樂章亡缺，不可復知。

魏武帝平荆州，獲杜夔，善八音，常爲漢雅樂郎，尤悉樂事，於是使創定雅樂。時又有散騎郎鄧静、尹商，〔二七〕善調雅樂，歌師尹胡能歌宗廟郊祀之曲，舞師馮肅能曉知先代諸舞，夔悉領之。遠考經籍，近采故事，考會古樂，始設軒懸鍾磬，復先代古樂，自夔始也。而柴玉、左延年之徒，妙善鄭聲被寵，唯夔好古存正。

文帝受禪後，改漢巴渝舞曰昭武舞，改安世樂曰正世樂，嘉至樂曰迎靈樂，武德樂曰武頌樂，昭容樂曰昭業樂，雲翹舞曰鳳翔舞，育命舞曰靈應舞，武德舞曰武頌舞，〔二八〕文始舞曰大韶舞，五行舞曰大武舞。其衆歌詩，多則前代之舊，使王粲改作登歌、安世及巴渝詩而已。

明帝太和初，詔曰：「凡音樂以舞爲主，自黄帝雲門以下，至於周大武，皆太廟舞名也。然則其所司之官，皆曰太樂，所以總領諸物，不可以一物爲名。樂官自如故爲太樂。」太樂，漢舊名，後漢依讖改爲太予樂官，至是改復舊。於是公卿奏：「今請太祖武皇帝樂宜曰武始之舞。武，神武也。武，又跡也。言神武之始，又王跡所起也。高祖文皇帝宜曰咸熙之舞。咸，皆也。熙，興也。言應受命之運，天下由之皆興也。夫歌以詠德，舞以象事。於文，文武爲斌。臣等謹製樂舞名章斌之舞。所以章明聖德。今有事於天地宗廟，則此三舞宜並以薦享，及臨朝大享，並宜舞之。臣等思惟，三舞宜有總名，〔二九〕可名大鈞之樂。鈞，平也。〔三〇〕言大魏三代同功，以至崇平也。」又奏：「祀圓丘以下，武始舞者，平冕，黑介幘，玄衣裳，白領袖，絳領袖中衣，〔三一〕絳合幅袴，絳袜，〔三二〕黑韋鞮。咸熙舞者，冠委貌，〔三三〕其餘服如前。章斌舞者，與武始、咸熙同服。奏於朝廷，則武始舞者，武冠，〔三四〕赤介幘，生絳袍單衣，絳領袖，皁領袖中衣，〔三五〕絳合幅袴，白布袜，黑韋鞮。咸熙舞者，進賢冠，黑介幘，生黃袍單衣，白合幅袴。此三舞皆執羽籥，其餘服如前。」自茲以降，文武舞舞冠服並同，不復重出。侍中繆襲又奏：「安世歌本漢時歌名。今詩非往歌之文，則宜變改。安世樂，猶同房中之樂也。〔三六〕往昔議者以房中歌后妃之德，以風天下，正夫婦焉，宜改安世之名而爲正始之樂。襲又省安世歌詩有后妃之義，方今享先祖，恐失禮意，可改安世歌曰享神歌。」奏可。文帝已改安世爲正始，而襲至是又改爲享神。王肅議：「高皇至高祖、文昭廟，皆宜兼用先代及武始、大鈞之舞。」

按漢時有短簫鐃歌之樂，其曲有朱鷺、思悲翁、艾如張、上之回、雍離、戰城南、巫山高、上陵、將進酒、君馬黃、芳樹、有所思、雉子班、聖人出、上邪、〔三七〕臨高臺、遠如期、石留、務成、玄雲、〔三八〕黃雀、釣竿等曲，列於鼓吹，多序戰陣之事。及魏受命，改其十二曲，使繆襲爲詞，述以功德，言代漢之意。是時吴亦使韋昭制吹鐃部十二曲，以述堅、權功德。

晉武帝初，郊廟明堂禮樂權用魏儀，蓋遵周室肇稱殷禮之義，但改樂章，而使傅玄爲之詞。又令荀勖、張華、夏侯湛、成公綏等，各造郊廟諸樂歌詞。九年，荀勖以杜夔所製律吕，校太樂、總章、鼓吹八音，與律吕乖錯，依古尺作新律吕，以調聲韻。律成，遂頒下太常，使太樂、總章、鼓吹、清商施用。隋平陳，獲宋、齊舊樂，詔於太常置清商署以管之，蓋採此爲名。求得陳太樂令蔡子元、于普明等復居其職。荀勖遂典知樂事，啟朝士解音者共掌之。使郭夏、宋識等造正德、大悅二舞，〔三九〕其樂章亦張華所作。又改魏昭武舞曰宣武舞，羽籥舞魏武始、咸熙、章斌三舞，皆執羽籥。曰宣文舞。傅玄又作先農、先蠶歌詩。咸寧元年，詔定祖宗之號，而廟樂同用正德、大悅之舞。

自武帝受禪，命傅玄改漢鼓吹鐃歌，還爲二十二曲，述以功德代魏。鼓角横吹曲，按周禮「以鼖鼓鼓軍事」，説者云蚩尤氏帥魑魅與黃帝戰於涿鹿，帝乃命吹角爲龍吟以禦之。其後魏武王北征烏丸，越沙漠，而軍士多思，於是減爲半鳴，而尤更悲矣。胡角者，本以應胡笳之聲，後漸用之横吹，有雙角，即胡樂也。張騫入西域，傳其法於西京，唯得摩訶兜勒一曲。李延年因胡曲更造新聲二十八解，乘輿以爲武樂。後漢以給邊將，和帝時萬人將軍得用之。〔四〇〕魏晉以來，二十八解不復具存，用者有黄鵠、〔四一〕隴頭、出關、入關、出塞、入塞、折楊柳、黄覃子、赤之楊、想行人十曲。〔四二〕

懷帝永嘉之末，伶官樂器皆没於劉、石。至江左初立宗廟，尚書下太常祭祀所用樂名，太常賀循答云：「魏氏增損漢樂，以爲一代之禮，未審大晉樂名所以爲異。遭離喪亂，舊典不存。然此諸樂，皆和之以鍾律，文之以五聲，詠之以歌詞，陳之於舞列，宫懸在庭，琴瑟在堂，八音迭奏，雅樂並作，登歌下管，各有常詠，周人之舊也。自漢以來，依於此禮，自造新詩而已。舊京荒廢，今既散亡，音韻曲折，又無識者，張華表曰：「漢氏所用，文句長短不齊。蓋以歌詠絃節，本有因循，〔四三〕而識樂知音，足以制聲度曲。二代三京，襲而不變。」則於今難以意言。」於時以無雅樂器乃伶人，省太樂并鼓吹令。是後頗得登歌，食舉之樂，猶有未備。明帝太寧末，又詔阮孚等損益之。成帝咸和中，乃復置太樂官，以戴綬爲令，鳩集遺逸，而尚未有金石也。

初，荀勖既以新律造二舞，又更修正鐘磬，未竟，而勖薨。惠帝元康三年，詔其子黄門郎藩修定金石，以施郊廟。尋遇喪亂，遺聲舊制，莫有記者。庾亮爲荆州，與謝尚共爲朝廷修復雅樂，亮尋薨。庾翼、桓温專事軍旅，〔四四〕樂器在庫，遂至朽壞焉。及慕容儁平冉閔，兵戈之際，而鄴下樂人頗有來者。謝尚時鎮壽陽，於是採拾樂人，以備太樂，并製石磬，雅樂始頗具。而王猛平鄴，慕容氏所得樂聲又入關右。孝武太元中，破苻堅，獲其樂工楊蜀等，〔四五〕閑習舊樂，於是四廂金石始備焉。乃使曹毗、王珣等增造宗廟歌詩，然郊祀遂不設樂。

宋武帝永初元年，有司奏：「皇朝肇建，廟祀應設雅樂，乃晉樂也，太常鄭鮮之等各撰立新歌。黄門侍郎王韶之撰歌辭七首，並合施用。」〔四六〕十二月，又奏：「依舊正朝設樂，〔四七〕改太樂諸歌辭詩。」〔四八〕王韶之又撰二十二章。〔四九〕改正德舞曰前舞，大悦舞曰後舞。

文帝元嘉九年，太樂令鍾宗之更調金石。至十四年，治書令史奚縱又改之。二十二年，〔五〇〕南郊，始設登歌，詔顏延之造歌詩，廟舞猶闕。

孝武孝建二年，〔五一〕有司奏：「前殿中曹郎荀萬秋議，郊廟宜設樂。」於是使内外博議。竟陵王誕等並同萬秋議。建平王宏議：「以凱容爲韶舞，宣烈爲武舞。祖宗廟樂，總以德爲名。章皇太后廟，奏文樂。永至等樂，仍舊。皇帝祠南郊及廟迎神、送神，並奏肆夏。皇帝入廟門，奏永至。皇帝南郊初登壇，及廟門中詣東壁，奏登歌。其初獻，奏凱容、宣烈之舞。終獻，奏永安之樂。郊廟同。」孝武又使謝莊造郊廟舞樂、明堂諸樂歌辭。二年，有司又奏：「先郊廟舞樂，皇帝親奉，初登壇及入廟詣東壁，並奏登歌，不及三公行事。」左僕射建平王宏重議：「公卿行事，亦宜奏登歌。」有司又奏：「元會及二廟齋祠，登歌依舊並於殿庭設作。廟祠，依新儀注，登歌人上殿，絃管在下；〔五二〕今元會，登歌人亦上殿，絃管在下。」〔五三〕

按廢帝元徽五年，太樂雅鄭共千餘人，後堂雜伎不在其數。梁裴子野宋略曰：「先王作樂崇德，以格神人，通天下之至和，節羣生之流放。故天子之於士庶，〔五四〕未曾去其樂，而無非僻之心也。及周道衰微，音失其序，亂代先之以忿怒，亡國從之以哀思。優雜子女，蕩目淫心。充庭廣奏，則以魚龍靡慢爲瓌瑋；會同饗覲，〔五五〕則以吳趙楚舞爲妖妍。纖羅霧縠侈其衣，疎金鏤玉砥其器。在上班賜寵臣，羣下從風而靡，〔五六〕王侯將相，歌伎填室；鴻商富賈，舞女成羣。競相夸大，互有爭奪，如恐不及，莫爲禁令。〔五七〕傷風敗俗，莫不在此。」優音又收反。

校勘記

〔一〕樂序　原無「序」，今增。北宋本、傅校本、明刻本作「樂一」。明刻本於下行單標「序」字。

〔二〕衆皆喜忭　「忭」北宋本、傅校本、明抄本、明刻本作「抃」。

〔三〕但更其名　「但」原訛「俱」，據北宋本、傅校本、明抄本、明刻本改。按：唐會要卷三二也作「但」。

〔四〕何謝周之文武　「謝」原作「讓」，據北宋本、傅校本、明抄本、明刻本改。

〔五〕八音　原作「金一石二土三革四絲五木六匏七竹八八音之外又有三」，乃清人增改。今據北宋本、傳校本、明抄本、明刻本、王吴本惟留「八音」二字。

〔六〕歷代沿革上　原此題前一行有「樂一」二字，據北宋本、傳校本、明抄本、明刻本删。

〔七〕伏羲樂名扶來　「名」原作「曰」，據北宋本、傳校本、明抄本、明刻本、王吴本改。

〔八〕伊耆有葦籥之音伏羲有網罟之詠　原「伊耆有葦籥之音」在下，今據隋書音樂志上二八六頁移上。

〔九〕堯增修而用之咸皆也池施也言德之無不施也　原「堯增修而用之」在下，今據禮記樂記鄭注及，北宋本、傳校本、明抄本、明刻本、王吴本移上。

〔一〇〕又云池言其包容浸潤　此九字原被清人删去，今據北宋本、傳校本、明抄本、明刻本、王吴本補回。

〔一一〕周禮曰大咸　此句下原有「按大司樂以樂舞教國子舞雲門大卷鄭注云雲門大卷黄帝能成名萬物以明民共財言其德如雲之所出民得以有族類而樂記曰咸池備矣鄭注云咸池黄帝所作樂名也堯增修而用之兩注不同賈公彦曰周公以堯時所存黄帝咸池爲堯樂名則更爲黄帝樂立名曰雲門雲門之與大卷爲一名也」一百一十八字，乃清人擅增，今據北宋本、傳校本、明抄本、明刻本、王吴本删。

〔一二〕見帝王代記　見下原有「皇甫謐」三字，乃清人擅增，今據北宋本、傳校本、明抄本、明刻本、王吴本删。通典避太宗諱，改「世」爲「代」。

〔一三〕謂澤及下也　句下原有「又樂緯云樂名五莖」八字，非通典之舊，今據北宋本、傳校本、明抄本、明刻本、王吴本删。

〔一四〕英謂華茂也　句下原有「又樂緯云樂名六英」八字，據北宋本、傳校本、明抄本、明刻本、王吴本删。

〔一五〕中和祗庸孝友也　「中和」，北宋本、傅校本、明抄本、明刻本、王吴本作「忠肅」。按：「中和祗庸孝友」語見周禮大司樂。

〔一六〕所以察有訟　「訟」原訛「説」，據北宋本、傅校本、明抄本、王吴本改。

〔一七〕人得以有族類也　「人」原訛「入」，據諸本改。

〔一八〕小吕爲之合　原脱，據周禮大司樂鄭注補。

〔一九〕華在荆河州　「華」原訛「嵩」，據周禮大司樂鄭注及北宋本、傅校本、明抄本、明刻本、王吴本改。「荆河州」鄭注作「豫州」，通典避代宗諱而改「荆河州」。

〔二〇〕吴在雍州　「吴」原訛「華」，據北宋本、傅校本改。按：周禮大司樂鄭注作「嶽」。按：吴山亦曰嶽山、吴嶽。

〔二一〕若星辰奔賈　「奔」原訛「飛」，據周禮大司樂鄭注及北宋本、傅校本、明刻本改。

〔二二〕即敬仲也　「即」原作「則」，據漢書禮樂志二顔注一〇四二頁改。

〔二三〕王澤既竭而詩不能作　原作「王澤竭而不作」，意不可通，據漢書禮樂志二一〇四二頁補。

〔二四〕常存肄之　「肄」原訛「隸」，據漢書禮樂志二一〇七〇頁改。

〔二五〕作於學官　「作」原脱，據漢書禮樂志二一〇七二頁補。

〔二六〕大司空何武　「空」原作「馬」，據漢書禮樂志二一〇七三頁改。

〔二七〕尹商　宋書樂志一五三四頁同。三國志魏書方技傳八〇六頁作「尹齊」。

〔二八〕武德舞曰武頌舞　下「武」原作「舜」，據宋書樂志一五三四頁改。

〔二九〕三舞宜有總名　「三」原訛「二」，據宋書樂志一五三六頁改。

〔三〇〕鈞平也　「鈞」原訛「均」，據北宋本、傅校本、明抄本、明刻本改。

〔三一〕絳領袖中衣　「絳領袖」原涉上而脱，據宋書樂志一五三六頁補。

〔三二〕絳絝　「絳」原脱，據宋書樂志一五三六頁補。

〔三三〕冠委貌　「貌」原訛「白」，據宋書樂志一五三六頁改。

〔三四〕武冠　「武」原脱，據宋書樂志一五三六頁補。

〔三五〕皁領袖中衣　「皁領袖」原涉上而脱，據宋書樂志一五三六頁補。

〔三六〕猶同房中之樂也　「同」宋書樂志一五三六頁作「周」。

〔三七〕上邪　「邪」原訛「雅」，據晉書樂志下七〇一頁、宋書樂志四六六五頁改。

〔三八〕玄雲　「玄」原作「元」，清人諱改，今據晉書樂志下七〇一頁改。按：北宋本、傅校本、明抄本、明刻本、王吴本均作「立」，誤。

〔三九〕使郭夏宋識等造正德大悦二舞　「郭夏」晉書樂志上六九二頁同，而宋書樂志一五三九頁作「郭瓊」。「悦」晉志、宋志俱作「豫」，通典避代宗諱而改作「悦」，下同。按：爾雅釋詁云，悦、豫，樂也。

〔四〇〕和帝時萬人將軍得用之　「用」原脱，據晉書樂志下七一五頁補。

〔四一〕黄鵠　「鵠」原訛「鶴」，據晉書樂志下七一五頁改。

〔四二〕想行人　「想」原作「望」，據北宋本、傅校本、明抄本、明刻本、王吴本改。按：晉書樂志下七一六頁作「望」，杜佑避家諱而改作「想」。

〔四三〕本有因循　「因」原脱，據宋書樂志一五三九頁及傅校本、明刻本、王吴本補。

〔四四〕庾翼桓温專事軍旅　「專」原作「等」，據晉書樂志下六九七頁、宋書樂志一五四〇頁改。

〔四五〕獲其樂工楊蜀等　「蜀」原訛「蜀」，據晉書樂志下六九八頁、宋書樂志一五四〇頁改。

〔四六〕並合施用　「合」原訛「令」，據宋書樂志一五四一頁改。

〔四七〕依舊正朝設樂　「朝」宋書樂志一五四一頁作「旦」，通典避睿宗諱改。

〔四八〕改太樂諸歌辭詩　「詩」原訛「時」，據北宋本、傅校本、明抄本、明刻本、王吴本改。按：宋書樂志一五四一頁作「改太樂諸哥舞詩」。

〔四九〕王韶之又撰二十二章　上「二」宋書樂志一五四一頁作「三」。

〔五〇〕二十二年　下「二」原脱，據宋書樂志一五四一頁補。

〔五一〕孝建二年　「二」原訛「元」，據宋書樂志一五四一頁改。

〔五二〕絃管在下　「在」原訛「住」，據宋書樂志一五四五頁改。下同。

〔五三〕絃管在下　原「絃」上衍「歌」，據宋書樂志一五四五頁删。

〔五四〕故天子之於士庶　「故」原脱，據北宋本、傅校本、明抄本、明刻本補。

〔五五〕會同饗覲　「覲」原作「覲」，據北宋本改。按：儀禮聘禮聘享後有私覿儀節。

〔五六〕在上班賜寵臣羣下從風而靡　「臣羣」原誤倒，「下」字原脱，今據北宋本、傅校本、明抄本、明刻本乙補。

〔五七〕莫爲禁令　「禁」原訛「楚」，據諸本改。

劉俊文點校　王文錦覆校

通典卷第一百四十二

樂二

歷代沿革下 齊 梁 陳 後魏 北齊 後周 隋 大唐

齊武帝建元二年，有司奏：郊廟雅樂歌辭，舊使學士博士撰，搜簡採用。參議，太廟登歌宜用司徒褚彦回之辭，餘悉用黄門郎謝超宗辭。超宗所撰，多刪顔延之、謝莊辭以爲新曲。其太廟二室及郊配辭，並尚書令王儉所作。其祀南郊，羣臣出入，奏肅咸之樂；〔一〕牲出入，奏引牲之樂；薦籩豆，呈毛血，奏嘉薦之樂；迎送神，奏昭夏之樂；皇帝入壇東門，奏永至之樂；升壇，奏登歌；初獻，奏文德宣烈之樂，次奏武德宣烈之樂；太祖高皇帝配享，奏高德宣烈之樂；飲福酒，奏嘉胙之樂；就燎位，奏昭遠之樂；還便殿，奏休成之樂。〔二〕還北郊，〔三〕初獻，奏地德凱容之樂，次奏昭德凱容之樂；瘞埋，奏隸幽之樂；餘樂並與南郊同。明堂，初獻，奏凱容宣烈之樂，賓出入及餘樂與南北郊同。祠廟，皇帝入廟門，奏永至之樂；太祝祼地，奏登歌；諸皇祖，各奏凱容；帝還東壁上福酒，奏永胙；送神，奏肆夏；其羣臣出入、牲出入、薦毛血、迎神、詣便殿，並與兩郊、明堂同。太祖神室，奏高德宣烈之樂；穆后神室，奏穆德凱容之樂；高宗神室，奏明德凱容之樂。〔四〕四年，籍田，詔驍騎將軍江淹造籍田歌二章。六年，制「位未登黃門郎，不得畜女妓」。黃門班在五品。明帝建武二年，雩祭明堂，用謝朓造辭。

梁武帝思弘古樂，天監元年，下詔求學術通明者皆陳所見。時對樂者七十八家，咸言樂之宜改，不言改樂之法。帝素善音律，遂自制四器，名之爲通，以定雅樂，莫不和韻。〔五〕語在制造篇中。

初，齊永明中，舞人所冠幘並簪筆，武帝曰：「筆笏蓋以記事受言，舞不受言，何事簪筆。豈有身服朝衣，而足綦繡履。」綦音忌。於是去筆。

乃定郊禋宗廟及三朝之雅樂，以武舞爲大壯舞，取易云「大者壯也」，「正大而天地之情可見也」。以文舞爲大觀舞，取易云「大觀在上」，〔六〕觀天之神道而四時不忒也。國樂以「雅」爲稱，取詩序云：「言天下之事，形四方之風，謂之雅。雅者，正也。」止乎十二，則天數也。乃去階步之樂，增徹食之雅焉。皇帝出入，宋孝武孝建二年起居注奏永至，齊及梁初亦同。至是改爲皇雅，取詩「皇矣上帝，臨下有赫」也。二郊、太廟同用。皇太子出入，奏胤雅，〔七〕取詩「君子萬年，永錫爾胤」。王公出入，奏寅雅，取尚書、周官「貳公弘化，寅亮天地」也。〔八〕上壽酒，奏介雅，取詩「君子萬年，介爾景福」也。食舉，奏需雅，取易「雲上於天，需，君子以飲食宴樂」也。撤饌，奏雍雅，取禮記「大饗客出以雍撤」也。並三朝用之。牲出入，宋廢帝元徽二年儀注奏引牲，〔九〕齊及梁初亦同。至是改爲滌雅，取禮記「帝牛必在滌三月」也。薦毛血，宋元徽三年儀注奏嘉薦，至是爲牷雅，取左氏傳「牲牷肥腯」。北郊、明堂、太廟並同用。降神及迎送，宋元徽三年儀注奏昭夏，齊及梁初亦同。至是改爲諴雅，取尚書「至諴感神」。皇帝飲福酒，宋元徽三年儀注奏嘉胙，至齊不改，梁初改爲永胙。至是改爲獻雅，取禮記祭統「尸飲五，君洗玉爵獻卿」。〔一〇〕今之福酒，亦古獻之義也。北郊、明堂、太廟同用。就燎位，宋元徽三年儀注奏昭遠，及齊不改；〔一一〕就埋位，齊永明六年儀注奏隸幽。至是燎埋俱奏禋雅，取周禮大宗伯「以禋祀昊天上帝」也。衆官出入，宋元徽三年儀注奏肅咸，齊及梁初亦同。〔一二〕至是改爲俊雅，取禮記「司徒論選士之秀者而升之于學，〔一三〕曰俊士」也。二郊、太廟、明堂，三朝同用焉。其辭並沈約所製也。是時禮樂制度，粲然有序。

鼓吹，宋、齊並用漢制曲，又充庭用十六曲。武帝乃去其四曲，留其十二，合四時也。更制新歌，以述功德。天監七年，將有事于太廟。詔曰：「禮云『齊日不樂』，今親奉始出宮，〔一四〕振作鼓吹。外可詳議。」八座丞郎參議，請輿駕始出，鼓吹從而不作，還宮如常儀。

帝從之，遂以定制。

初，武帝之在雍鎮，有童謡云：「襄陽白銅蹄，反縛揚州兒。」識者言，白銅謂金，蹄謂馬也；白，金色。及義師之興，實以鐵騎，揚州之士皆面縛，果如謡言。故即位之後，更造新聲，帝自爲之詞三曲，又令沈約爲三曲，以被管絃。帝既篤敬佛法，又制善哉、大樂、大勸、〔一五〕天道、仙道、神王、龍王、滅過惡、除愛水、斷苦輪等十篇，名爲正樂，皆述佛法。又有法樂童子伎、童子倚歌梵唄，音敗。設無遮大會則爲之。

其後臺城淪没，簡文帝受制於侯景。景以簡文女溧音栗陽公主爲妃，〔一六〕請帝及主母范淑妃宴於西州，奏梁所常用樂。〔一七〕景儀同索超世亦在宴筵。帝潸然屑涕。〔一八〕景興曰：「陛下何不樂也？」帝强笑曰：「丞相言索超世聞此以爲何聲？」景曰：「臣且不知，何獨超世。」自此樂府不修，風雅咸盡矣。及王僧辯破侯景，諸樂並送荆州。〔一九〕經亂，工器頗闕，元帝詔有司補綴纔備。荆州陷没，周人初不知採用，工人有知音者並入關中，隨例多没爲奴婢。

陳初，武帝詔求宋、齊故事。太常卿周弘讓奏曰：「齊氏承宋，咸用元徽舊式，〔二〇〕宗祀朝饗，奏樂俱同，唯北郊之禮，頗有增益。皇帝入壝門，奏永至；飲福酒，奏嘉胙；太尉亞獻，奏凱容；埋牲，奏隸幽；帝還便殿，奏休成；衆官入出，並奏肅咸。〔二一〕此乃元徽所闕，永明六年之所加也。唯送神之樂，宋孝建二年秋起居注云『奏肆夏』，齊永明中改奏昭夏。」帝遂依之。是時並用梁樂，唯改七室舞辭。

文帝天嘉元年，始定圓丘、明堂及宗廟樂。都官尚書到仲舉奏：「衆官入出，〔二二〕皆奏肅咸。牲入出，奏引牲。〔二三〕薦毛血，奏嘉薦。迎送神，奏昭夏。皇帝入壇，奏永至。皇帝升陛，奏登歌。皇帝初獻及太尉亞獻、光禄勳終獻，並奏宣烈。皇帝飲福酒，奏嘉胙；就燎位，奏昭遠；還便殿，奏休成。」

宣帝太建元年，定三朝之樂，採梁故事，奏相和五引，各隨王月。祠用宋曲，宴准梁樂，蓋取人神不雜也。五年，詔尚書左丞劉平、儀曹郎張崖，定南北郊及明堂儀注。改天嘉中所用齊樂，盡以「韶」爲名。工就位定，協律校尉舉麾，太樂令跪贊云：「奏懋韶之樂。」降神，奏通韶；牲入出，奏潔韶；帝入壇及還便殿，奏穆韶。帝初再拜，舞七德，工執干楯，曲終復綴。出就懸東，繼舞九序，工執羽籥。獻爵於天神及太祖之座，奏登歌。帝飲福酒，奏嘉韶；就燎位，奏報韶。至六年十一月，侍中尚書左僕射徐陵、儀曹郎中沈罕奏，〔二四〕來年元會儀注，先會一日，太樂展宮懸、高絙、五案於殿庭。客入，奏相和五引。帝出，黄門侍郎舉麾於殿上，掌固應之，舉於階下，奏康韶之樂。詔延王公登，奏變韶。〔二五〕奉珪璧訖，初引下殿，奏亦如之。帝興，入便殿，奏穆韶。更衣又出，奏亦如之。帝舉酒，奏綏韶。

進膳，奏侑韶。帝御茶果，太常丞跪請進舞七德，繼之九序。其鼓吹雜伎，取晉、宋之舊，微更附益。

及後主嗣位，沈荒於酒，〔二六〕視朝之外，多在宴筵。尤重聲樂，遣宮女習北方簫鼓，謂之代北，酒酣則奏之。又於清樂中造黃鸝留及玉樹後庭花、金釵兩臂垂等曲，與幸臣製其歌詞，綺豔相高，極於輕蕩。男女唱和，其音甚哀。

後魏道武皇帝定中山，獲其樂懸，未遑創改，因時而用之。代歷分崩，頗有遺失。天興元年冬，詔尚書吏部郎鄧彥海定律呂，協音樂。及追尊曾祖、祖、考諸帝，樂用八佾，〔二七〕舞皇始舞。皇始舞，道武所作也，以明開大始祖之業。後更製宗廟。皇帝入廟門，奏王夏，太祝迎神於廟門，奏迎神曲，猶古降神之樂；乾豆上，奏登歌，猶古清廟之樂；曲終，下奏神祚，嘉神明之饗也；皇帝行禮七廟，奏陛步，〔二八〕以爲行止之節；皇帝出門，奏總章，次奏八佾舞，次奏送神曲。道武初，冬至祭天于南郊圓丘，樂用皇矣，奏雲和之舞，事訖，奏維皇，將燎；夏至祭地祇于北郊方澤，樂用神祚，〔二九〕奏大武之舞。正月上日，饗羣臣，宣布政教，備列宮懸正樂，兼奏燕、趙、秦、吳之音，五方殊俗之曲。四時饗會亦用焉。又有掖庭中歌真人代歌，上敍祖宗開業所由，下及君臣廢興之跡，凡有百五十章。六年冬，詔太樂、總章、鼓吹增修雜伎，以備百戲，大饗設之於殿庭，如漢、晉之舊也。明元帝初，又增修之，撰合大曲，更爲鐘鼓之節。

太武帝破赫連昌，獲古雅樂，及平涼州，破沮渠氏。得其伶人、器服，並擇而存之。後通西域，又以悦般國鼓舞設於樂署。其後古樂音制，罕復傳習，舊工更盡，聲曲多亡。

孝文帝太和初，司樂上書，陳樂章有闕，求集羣官議定其事，并訪吏人有能體解古樂者，與之廣修器數，甄立名器，〔三〇〕以諧八音。詔可。雖經衆議，卒無洞曉音律，〔三一〕樂部不能立，其事彌有殘缺。然方樂之制及四夷歌舞，稍列於太樂，金石羽旄之飾，爲壯麗於往時矣。後又詔中書監高閭，令與太樂詳採古今，以備樂典。歷年未精，而閭卒。

宣武帝正始中，詔太常卿劉芳主修營樂器。時揚州人張陽子、義陽人倪鳳皇、〔三二〕陳孝孫、戴當千、吴殿、陳文明、〔三三〕陳成等七人頗解雅樂正聲，八佾、文武二舞，鐘磬、管絃、登歌聲調，芳皆令教習，參取是非。

初，御史中尉元匡與芳等競論鐘律。孝明帝熙平二年冬，匡復上言其事，太師、高陽王雍等奏停之。〔三四〕先是，有陳仲儒者自江南歸國，頗閑樂事，請依京房立准，以調八音。神龜二年夏，有司及蕭寶寅等奏言：「仲儒輒持己心，輕欲製作，不可依許。」詔曰：「如所奏。」語在製造篇中。

正光中，詔侍中、安豐王延明與其門生河間信都芳博採古今樂事，芳後乃選延明所集樂説并諸器物准圖二十餘事而注之，不得在樂署考正聲律也。

至普泰初，前廢帝詔尚書長孫稚、太常卿祖瑩理金石。武帝永熙二年春，祖瑩復議曰：「按周兼六代之樂，聲律所施，咸有次第。自滅學以後，禮樂散亡，漢來所存，二舞而已。今請改韶舞爲崇德，武舞爲章烈，總名曰嘉成。漢樂章云：『高張四懸，神來讌饗。』宗廟所設，宮懸明矣。計五郊天神，尊於人鬼；六宮陰極，體同至尊。理無減降，〔三五〕宜皆用宮懸。其舞人冠服制裁咸同舊式。」詔曰：「以『成』爲號，良無間然。六代之舞，皆以大爲名，今可准古爲大成也。其舞但依舊爲文武而已。餘如議。」

後太樂令崔九龍言於太常卿祖瑩曰：「聲有七聲，調有七調，以今七調合之七律，起於黃鍾，終於中呂。今古雜曲，隨調舉之，將五百曲。恐諸曲名，後致亡失，今輒條記，存之於樂府。」瑩依而上之。〔三六〕九龍所録，或雅或鄭，至於謡俗、四夷雜歌，但記其聲折而已，不能知其本意。又名多舛謬，莫識所由，隨其淫正而取之。樂署悉令傳習，其中復有所遺，至於古雅，尤多亡失。

初，孝文皇帝因討淮、漢，宣武定壽春，收其聲伎。江左所傳中原舊曲明君、聖主、公莫、白鳩之屬，及江南吴歌、荆楚西聲，總謂清商。至於殿庭饗宴兼奏之。其圓丘、方澤、上辛、地祇、五郊、四時拜廟、三元、冬至〔三七〕、社稷、馬射、籍田樂人之數，各有差等。

自宣武已後，始愛胡聲，洎於遷都。屈茨，琵琶，五絃，箜篌，胡篁，胡鼓，銅鈸，打沙羅，胡舞鏗鏘鏜鐺，上音湯。下音塔。〔三八〕洪心駭耳，撫箏新靡絕麗，歌響全似吟哭，〔三九〕聽之者無不悽愴。琵琶及當路琴瑟殆絕音。皆初聲頗復閑緩，度曲轉急躁。按此音所由，源出西域諸天諸佛韻調，婁羅胡語，直置難解，況復被之土木？是以感其聲者，莫不奢淫躁競，舉止輕飆，或踊或躍，乍動乍息，蹻羌嬌反脚彈指，撼頭弄目，情發於中，不能自止。論樂豈須鐘鼓，但問風化淺深，雖此胡聲，足敗華俗。非唯人情感動，衣服亦隨之以變，長衫戇帽，闊帶小鞾，自號驚緊，爭入時代；婦女衣髻，亦尚危側，不重從容，俱笑寬緩。蓋驚危者，勢不久安，此兆先見，何以能立！形貌如此，心亦隨之。亡國之音，亦由浮競，豈唯哀細，獨表衰微。操絃執籥，雖出瞽史；易俗移風，實在時政。

北齊文宣初，尚未改舊章。宮懸各設十二鎛鐘，於其辰位，四面並設編鐘編磬各一筍簴，合二十架。設建鼓於四隅。郊廟朝會同用之。〔四〇〕其後將有創革，尚藥典御祖珽上書曰：「魏氏來自雲、朔，未移其俗。至道武破慕容寶于中山，獲晉樂器，不知採用，皆委棄之。天興初，吏部郎鄧彥海奏上廟樂，創製宮懸，而鐘管不備。樂章既闕，雜以簸邏迴歌。初用八佾，作皇始之舞。至太武帝平河西，得沮渠蒙遜之伎，賓嘉大禮，皆雜用焉。此聲所興，蓋苻堅之末，呂光平西域得胡戎之樂，因又改變，雜以秦聲，所謂秦漢樂也。至永熙中，録尚書長孫承業名雅，〔四一〕已具後魏事中。共臣先人太常卿瑩等，斟酌繕修，戎華兼採，至於鐘鼓律吕，奂然大備。自古相襲，損益可知，今之創製，請以爲准。」珽因採魏安豐王延明及信都芳等所著樂説，而定正聲。始具宮懸之器，仍雜西涼之曲，樂名廣成，而舞無所號，〔四二〕所謂「洛陽舊樂」者也。

武成之時，始定四郊、宗廟之樂。羣臣入出，奏肆夏。牲入出，薦毛血，並奏昭夏。迎送神及皇帝初獻、祼獻、禮五方上帝，並奏高明之樂，〔四三〕爲覆燾之舞。皇帝入壇門及升壇飲福酒，就燎位，還便殿，並奏皇夏。以高祖配饗，奏武德之樂，爲昭烈之舞。祼地，奏登歌。其四時祭廟及禘祫六代、五代、高祖、曾祖、祖諸神室，並奏始陛之樂，〔四四〕爲恢祚之舞。神武皇帝神室，奏武德之樂，爲昭烈之舞。文襄皇帝神室，奏文德之樂，爲宣政之舞。文宣皇帝神室，奏文正之樂，爲光大之舞。孝昭皇帝神室，奏文明之樂，爲休德之舞。其入出之儀，〔四五〕同四郊之禮。其時郊廟宴享之樂，皆魏代故西涼伎，即是晉初舊聲，魏太武平涼所得也。秦漢二代，是魏晉相承之樂；其吴聲者，是江南宋、齊之伎。

鼓吹朱鷺等二十曲，皆改古名，以敍功德。古又有黄雀、釣竿二曲，〔四六〕略而不用。並議定其名，〔四七〕被於鼓吹。諸州鎮戍，各給鼓吹樂，〔四八〕多少各以大小等級爲差。諸王爲州，皆給赤鼓、赤角，〔四九〕皇子則增給吴鼓、長鳴角，上州刺史皆給青鼓、青角，中州刺史以下及諸鎮戍皆給黑鼓、黑角。樂器皆有衣，並同鼓色。〔五〇〕雜樂有西涼鼙舞、清樂、龜兹等。然吹笙、〔五一〕彈琵琶、五絃及歌舞之伎，自文襄以來，皆所愛好。至河清以後，傳習尤盛。後主唯賞胡戎樂，耽愛無已。於是繁習淫聲，〔五二〕争新哀怨。故曹妙達、安未弱、安馬駒之徒，至有封王開府者，遂服簪纓而爲伶人之事。後主亦自能度曲，親執樂器，悦翫無倦，遂倚絃而歌，别採新聲，爲無愁曲，音韻窈窕，極於哀思，使胡兒閹官之輩，齊唱和之，曲終樂闋，莫不殞涕。雖行幸道路，或時馬上奏之，樂往哀來，竟以亡國。

後周文帝霸政，平江陵，大獲梁氏樂器。及建六官，乃令有司詳定郊廟樂歌舞各有等差，雖著其文，竟未之行也。

及武帝天和初，造山雲舞，以備六代。南北郊、雩壇、太廟、禘祫，俱用六舞。南郊則大夏降神，大護獻熟，次作大武、正德、武德、山雲之舞。北郊則大護降神，大夏獻熟，次作大武、正德、武德、山雲之舞。雩壇以大武降神，正德獻熟，次作大夏、大護、武德、山雲之舞。太廟禘祫，則大武降神，山雲獻熟，次作正德、大夏、大護、武德之舞。時享太廟，以山雲降神，大夏獻熟，次作武德之舞。拜社，以大護降神，大武獻熟，〔五三〕次作正德之舞。五郊朝日，以大夏降神，大護獻熟。神州、夕月、籍田，以正德降神，大護獻熟。

建德二年十月，六代樂成，奏於崇信殿。宫懸，依梁三十六架。朝會則皇帝出入，奏皇夏。皇太子出入，奏肆夏。王公出入，奏驁夏。驁音遨。五等諸侯元日獻玉帛，〔五四〕奏納夏。宴族人，奏族夏。大會至尊執爵，奏登歌十八曲。食舉，奏深夏，舞六代大夏、大護、大武、正德、武德、山雲之舞。於是正定雅音，爲郊廟樂。創造鍾律，頗得其宜。乃以梁鼓吹熊羆十二按，每元正大會，列於懸間，與正樂合奏。

初，太祖輔魏之時，高昌款附，及得其伎，教習以備饗宴之禮。天和六年，〔五五〕罷掖庭四夷之樂。其後，帝聘皇后於突厥，得其所獲康國、龜兹等樂，更雜以高昌之舊，並於大司樂習焉。採用其聲，被於鐘石，取周官制以陳之。

宣帝時，改前代鼓吹朱鷺等曲，製爲十五曲，述受魏禪及戰功之事。帝每晨出夜還，恒陳鼓吹。嘗幸同州，自應門至赤岸，數十里間，鼓吹俱作。祈雨仲山還，令京城士女，於街巷奏樂以迎之。公私頓弊，以至於亡也。

隋文帝開皇二年，尚因周樂，命工人齊樹提檢校樂府，改換聲律，益不能通。俄而沛公鄭譯奏上，請更修正。於是詔太常卿牛弘、國子祭酒辛彦之、國子博士何妥等議正樂。然淪謬既久，積年議不定。帝怒曰：「我受天命七年，樂府猶歌前代功德。」命治書侍御史李諤引弘等下，〔五六〕將罪之。諤奏曰：「武王克殷，至周公相成王始制禮樂。斯事體大，不可速成。」帝意稍解。九年，平陳，獲宋、齊舊樂，詔於太常置清商署以管之。求得陳太樂令蔡子元、于普明等，復居其職。

隋代雅樂，唯奏黃鍾一宮，郊廟朝饗用一調，〔五七〕迎氣用五調。舊工更盡，其餘聲律皆不復通。或有能爲蕤賓之宮者，享祀之際肆之，〔五八〕竟無覺者。弘又修皇后房内之樂。文帝龍潛時，頗好音樂，故嘗因倚琵琶，作歌二首，名曰地厚、天高，託言夫妻之義。因即取之爲房内曲，命婦人并登歌、上壽並用之。職在宮内，女人教習之。於是祕書監牛弘、祕書丞姚察、散騎常侍許善心、儀同三司劉臻、内史舍人虞世基等，更共詳議。按周官大司樂：「奏黃鍾，歌大呂，舞雲門，以祀天神。奏太蔟，歌應鍾，舞咸池，以祭地祇。奏姑洗，歌南呂，舞大韶，以祀四望。奏蕤賓，歌函鍾，舞大夏，以祭山川。奏夷則，歌小呂，舞大護，以享先妣。奏無射，歌夾鍾，舞大武，以享先祖。」此乃周制，立二王三恪，通己爲六代之樂。至四時祭祀，則分而用之。以六樂配十二調，一代之樂，則用二調矣。隋去六代之樂，又無四望、先妣之祭，今既與古祭法有別，乃以神祇位次分樂配焉。奏黃鍾，歌大呂，以祀圓丘。黃鍾所以宣六氣也，燿魄天神，最爲尊極，故奏黃鍾以祀之。奏太蔟，歌應鍾，以祭方澤。太蔟所以贊陽出滯，崑崙厚載之重，故奏太蔟以祀之。奏姑洗，歌南呂，以祀五郊、神州。〔五九〕姑洗所以修潔百物，五郊神州，〔六〇〕天地之次，故奏姑洗以祀之。奏蕤賓，歌函鍾，〔六一〕以享宗廟。〔六二〕蕤賓所以安靜神人，〔六三〕祖宗有國之本，〔六四〕故奏蕤賓以祀之。奏夷則，歌小呂，以祭社稷、先農。〔六五〕夷則所以詠歌九穀，貴在秋成，故奏夷則以祀之。奏無射，歌夾鍾，以祭巡狩方嶽。無射所以示人軌物，〔六六〕視秩觀風，〔六七〕故奏無射以祀之。同用文武二舞。其圓丘降神六變，方澤降神八變，〔六八〕宗廟禘祫降神九變，皆用昭夏。其餘享祀皆一變。皇帝入出，奏皇夏。羣官入出，皆奏肆夏。舉酒上壽，奏需夏。迎送鬼神，奏昭夏。薦獻郊廟，奏咸夏。宴饗殿上，奏登歌。并文舞武舞，合為八曲。古有宮、商、角、徵、羽五引，梁以三朝元會奏之。今改為五音，其聲悉依宮商，不使差越。唯迎氣於五郊，降神奏之，月令所謂「孟春其音角」是也。通前為十三曲。并內官所奏天高、地厚二曲，於房中奏之，合十五曲。其登歌，祀神宴會通行之。若有大祀臨軒，陳於階壇之上。若冊拜王公，設宮懸，不用登歌。釋奠則唯用登歌，而不設懸。古者人君食，皆用當月之調，以取時律之聲，使不失五常之性，調暢四體，令得時氣之和。故東漢太子丞鮑鄴上言，天子食飲，必順四時，有食舉樂，所以順天地，養神明，可作十二月均，感天地和氣。此則殿庭月調之義也。祭祀既已分樂，〔六九〕臨軒朝會，並用當月之律。正月懸太蔟之均，乃至十二月懸大呂之均，〔七〇〕欲感人君情性，〔七一〕允協陰陽之序也。并撰歌詩三十首，詔並令施用。〔七二〕

先是，文帝遣內史侍郎李元操、直內侍省盧思道等，製清廟歌詞十二曲，令於太樂教習，以代周歌。至仁壽中，煬帝為太子時，從饗於太廟，乃上言：「清廟之詞，文多浮麗，不足以宣功德，請更議之。」於是詔吏部尚書牛弘、開府儀同柳顧言、祕書丞許善心、內史舍人虞世基、禮部侍郎蔡徵等，更詳故實，刱製雅樂歌詞。

煬帝大業元年，詔修高祖廟樂。唯新造高祖歌九首。〔七三〕仍屬戎車，不遑刊正，禮樂之事，竟無成功。而帝矜奢，頗耽淫曲，御史大夫裴蘊揣知帝情，奏搜周、齊、梁、陳樂工子弟及人間善聲調音律凡三百餘人，並付太樂。倡優猱雜，咸來萃止。其哀管雜聲，淫絃巧奏，皆出鄴城之下，高齊之舊曲也。

大唐太宗文皇帝留心雅正，勵精文教。貞觀之初，合考隋氏所傳南北之樂，〔七四〕梁、陳盡吳、楚之聲，周、齊皆胡虜之音。乃命太常卿祖孝孫正宮調，起居郎呂才習音韻，協律郎張文收考律呂，平其散濫，爲之折衷。漢以來郊祀、明堂，有夕牲、迎神、登歌等曲。近代加裸地、迎牲、飲福酒。今夕牲、裸地不用樂，公卿攝事又去飲福酒之樂。周享神諸樂，多以「夏」爲名，宋以「永」爲名，梁以「雅」爲名，後周亦以「夏」爲名，隋氏因之。今國家以「和」爲名。旋宮之樂久喪，漢章帝建初三年鮑鄴始請用之，順帝陽嘉二年復廢。累代皆黃鍾一均，〔七五〕變極七音，則五鐘廢而不擊，反謂之啞鐘。祖孝孫始爲旋宮之法，造十二和樂，合四十八曲，八十四調。至開元中，又造三和樂，共十五和樂，其曰元和、順和、永和、肅和、雍和、壽和、太和、舒和、休和、昭和、祴和、音陔正和、承和、豐和、宣和。又制文舞、武舞，文舞朝廷謂之九功舞，武舞朝廷謂之七德舞。樂用鐘、磬、柷、敔、晉鼓、節鼓、琴、瑟、筝、筑、竽、笙、簫、笛、篪、塤、錞于、鐃、鐸、撫拍、舂牘，謂之雅樂。雅樂唯郊廟、元會、冬至及册命大禮，〔七六〕則辨其曲度章句，而分始終之次焉。

夾鍾宮元大曆十四年國諱改焉和一變，黃鍾角元和一變，太蔟徵元和一變，姑洗羽元和一變。

右四曲冬至於圓丘大祭奏之，以文舞六變降神替昭夏。若祭五方上帝、日月，則黃鍾宮奏元和，以文舞三變降神。若其送神，皆奏一變。

林鍾宮順和二變，太蔟角順和二變，姑洗徵順和二變，南呂羽順和二變。

右四曲夏至於皇地祇大祭則奏之，以文舞八變降神替昭夏。若祭祀社稷及神州、籍田，則於太蔟宮奏順和，以文舞三變降神。若其送神，皆奏一變。

黃鍾宮永和三變，大呂角永和三變，太蔟徵永和二變，應鍾羽永和二變。

右四曲於宗廟大祭則奏之，以文舞九變降神替昭夏。若四時小祭，則於無射宮奏永和，以文舞三變降神也。〔七七〕若送神，皆奏一變。

無射宮永和，夷則宮永和，蕤賓宮順和，姑洗宮順和，太蔟宮順和，黃鍾宮元和。

右六曲於雩壇蜡百神各奏一變，總六變，以文舞降神替昭夏。若送神，則於黃鍾宮奏元和一變。

九德之歌、宗廟登歌則奏之，替昭夏。若大祭，則於大呂宮奏之；若四時小祭，則於夾鍾宮奏之。肅和、奠玉及諸郊登歌同奏之，替昭夏。祭祀之日，懸下奏黃鍾，登歌奏大呂；懸下奏太蔟，登歌奏應鍾。雍和、諸郊廟有司行事，進俎及酌酒、讀祝文、徹豆奏之，替咸夏。壽和、諸郊廟皇帝親行事，酌酒、讀祝文同奏之，替咸夏。宮音、土王日祭黃帝，奏黃鍾宮三變降神，替舊宮音。商音、立秋日祭白帝，奏太蔟商三變降神，〔七八〕替舊商音。角音、立春日祭青帝，奏姑洗角三變降神，替舊角音。徵音、立夏日祭赤帝，奏林鍾徵三變降神，替舊徵音。羽音、立冬日祭黑帝，奏南呂羽三變降神，替舊羽音。凱和、諸郊廟武舞則奏之六成，替舊武舞。太和、皇帝臨軒受朝入出則奏之，替皇夏。舒和、王公朝會入出及諸郊送神二舞郎入出同奏之，替肆夏。休和、皇帝食舉食及羣臣上壽則奏之，〔七九〕替需夏。昭和、皇帝元日上壽酒登歌奏之，替舊登歌。採茨、皇帝乘輿出則奏之。祴和、三公升殿會訖，下階履行則奏之。〔八〇〕騶虞、皇帝大射則奏之。貍首、諸侯射則奏之。九功、殿庭朝會文舞則奏之，替舊文舞。七德、殿庭朝會武舞則奏之，替舊武舞。正和、皇后入宮受朝，〔八一〕入出則奏之，替房內。承和、皇太子殿軒懸受朝，入出奏姑洗宮，替肆夏。豐和、饗先農則奏之。宣和。孔宣父廟、齊太公廟奏之。

漢明帝養老亦奏樂，自後遂亡。今郊社廟同用宮懸二舞，〔八二〕改名易調爲異。舊釋奠唯有登歌，今設軒懸。雨師、山川並不設樂。於是雅樂大備，故天下靡然向風矣。

凡有事於太廟，每室酌獻，各用舞焉：獻祖室用光大之舞，黃鍾宮調。懿祖室用長發之舞，黄鍾宮調。太祖室用大政之舞，太蔟宮調。代祖室用大成之舞，姑洗宮調。高祖室用大明之舞，蕤賓宮調。太宗室用崇德之舞，夷則宮調。〔八三〕高宗室用鈞天之舞，黄鍾宮調。中宗室用太和之舞，〔八四〕太蔟宮調。睿宗室用景雲之舞，〔八五〕黄鍾宮調。孝敬廟用承光之舞，諸太子廟用凱安之舞。

凡祀昊天上帝及五方、大明、夜明之樂，皆六成；夾鍾宮調三成，黄鍾角調一成，太蔟徵調一成，姑洗羽調一成。若五郊迎氣，〔八六〕黄帝用黄鍾宮調，青帝用姑洗角調，白帝用太蔟商調，赤帝用林鍾徵調，黑帝用南吕羽調。祭皇地祇、神州，社稷樂，皆八成；林鍾宮調二成，太蔟角二成，姑洗徵二成，南吕羽二成。享宗廟之樂，九成；黄鍾宮三成，大吕角二成，太蔟徵三成，應鍾羽一成。〔八七〕其餘祭祀，三成而已。皆用姑洗之均。〔八八〕

校勘記

〔一〕奏肅咸之樂　「咸」原訛「成」，據南齊書樂志一六七頁及北宋本、傅校本、明抄本、明刻本、王吴本改。

〔二〕奏休成之樂　「成」原作「和」，據南齊書樂志一七〇頁、隋書音樂志上三〇六頁改。

〔三〕還北郊　按：「還」蓋涉上而衍。

〔四〕奏明德凱容之樂　「德」原作「和」，據南齊書樂志一八四頁改。

〔五〕莫不和韻　「和」原訛「知」，據隋書音樂志上二八九頁改。

〔六〕取易云大觀在上　「易云」原脱，據隋書音樂志上二九二頁補。

〔七〕胤雅　「胤」原作「允」，清人諱改，今據北宋本、傅校本、明抄本、明刻本、王吳本改回。下同。

〔八〕寅亮天地　「地」原訛「工」，據隋書音樂志上二九二頁及北宋本、傅校本、明抄本，明刻本改。

〔九〕宋廢帝元徽二年儀注奏引牲　隋書音樂志上二九二頁同。按：下文「宋廢帝元徽三年儀注」凡五見，疑此「二」亦當作「三」。

〔一〇〕尸飲五君洗玉爵獻卿　「君」原脱，據禮記祭統補。

〔一一〕及齊不改　隋書音樂志上二九三頁作「齊及梁不改」。

〔一二〕宋元徽三年儀注奏肅咸齊及梁初亦同　「咸」原訛「成」，「初」原脱，據隋書音樂志上二九二頁及北宋本、傅校本、明抄本、明刻本改補。王吳本亦作「咸」，惟脱「初」。

〔一三〕司徒論選士之秀者　「論」原脱，據禮記王制、隋書音樂志上二九二頁補。

〔一四〕今親奉始出宫　「奉」原訛「奏」，據隋書音樂志上三〇五頁改。

〔一五〕大勸　隋書音樂志上三〇五頁作「大歡」。

〔一六〕景以簡文女溧陽公主爲妃　「景」原涉上而脱，據隋書音樂志上三〇四頁補。

〔一七〕奏梁所常用樂　「奏」原訛「秦」，據隋書音樂志上三〇四頁改。

〔一八〕帝潸然屑涕　「屑」原作「出」，據隋書音樂志上三〇四頁及北宋本、傅校本、明抄本、明刻本改。

〔一九〕諸樂並送荆州　「送」原作「在」，據隋書音樂志上三〇四頁改。

〔二〇〕咸用元徽舊式　「咸」原訛「武」，據隋書音樂志上三〇六頁改。

〔二一〕並奏肅咸　「咸」原訛「成」，據北宋本、傅校本、明抄本、明刻本、王吴本改。下同。

〔二二〕衆官入出　「入出」原倒，據隋書音樂志上三〇七頁及北宋本、傅校本、明抄本、明刻本乙。

〔二三〕牲入出奏引牲　「入出」原倒，「引牲」上原衍「引犧」，據隋書音樂志上三〇八頁乙删。

〔二四〕儀曹郎中沈罕奏　「儀」原訛「議」，據隋書音樂志上三〇九頁改。

〔二五〕詔延王公登奏變詔　「公」下原衍「謙」，「變」原訛「燮」，據隋書音樂志上三〇九頁及明刻本删改。按：北宋本、傅校本、明抄本、王吴本「變」字亦不誤。

〔二六〕沈荒於酒　「沈」隋書音樂志上三〇九頁作「耽」。

〔二七〕樂用八佾　「佾」原訛「允」，據魏書樂志二八二七頁改。下同。按：北宋本、傅校本、明抄本、明刻本、王吴本訛作「胤」，故清人諱改「允」。

〔二八〕奏陛步　「陛」原訛「陞」，據魏書樂志二八二七頁及北宋本、傅校本、明抄本、明刻本、王吴本改。

〔二九〕樂用神祚　「神」魏書樂志二八二八頁作「天」。

〔三〇〕與之廣修器數甄立名器　「廣修」魏書樂志二八二八頁作「修廣」，「名器」魏志作「名品」。

〔三一〕卒無洞曉音律　「卒」原作「率」，據魏書樂志二八二八頁改。

〔三二〕義陽人倪鳳皇　「皇」魏書樂志二八三二頁作「鳴」。

〔三三〕陳文明　魏書樂志二八三二頁作「陳文顯」，通典避中宗諱改。

〔三四〕高陽王雍　「雍」原訛「維」，據魏書樂志二八三三頁改。

〔三五〕理無減降　「理」原作「禮」，據魏書樂志二八四二頁及北宋本改。

〔三六〕瑩依而上之　「上」原訛「正」，據魏書樂志二八四三頁改。

〔三七〕三元冬至　「元冬」原誤倒，據魏書樂志二八四三頁乙。

〔三八〕下音塔　「塔」原訛「荅」，據北宋本、傅校本、明抄本、明刻本改。

〔三九〕歌響全似吟哭　「響」原作「音」，據北宋本、傅校本、明抄本改。明刻本訛作「饗」。

〔四〇〕郊廟朝會同用之　「朝」原脱，據隋書音樂志中三一三頁補。

〔四一〕名雅　「名」原訛「各」，據北宋本、傅校本、明抄本、明刻本改。

〔四二〕而舞無所號　「舞」原脱，據隋書音樂志中三一四頁訂補。

〔四三〕迎送神及皇帝初獻祼獻禮五方上帝並奏高明之樂　「祼」原訛「亞」，據隋書音樂志中三三〇頁訂改。

按：皇帝親祭，例不亞獻。

〔四四〕並奏始陛之樂　「陛」原作「基」，據北宋本、傅校本、明抄本、明刻本、王吴本改。按：本應作「基」，通典避玄宗諱改爲「陛」。

〔四五〕其入出之儀　「入出」原倒，據隋書音樂志中三一四頁及北宋本、傅校本、明抄本、明刻本乙。

〔四六〕古又有黄雀鈞竿二曲　「又」原訛「文」，據隋書音樂志中三三一頁改。

〔四七〕並議定其名　「並」原作「蓋」，北宋本、傅校本、明抄本、明刻本作「盂」，俱誤。據隋書音樂志中三三一頁改。

〔四八〕各給鼓吹樂　「樂」下原衍「人」，據隋書音樂志中三三一頁刪。

〔四九〕皆給赤鼓赤角　「皆給」下原衍「鼓吹」，據隋書音樂志中三三一頁刪。

〔五〇〕並同鼓色　「鼓色」原誤倒，據隋書音樂志中三三一頁及北宋本、傅校本、明抄本、明刻本、王吴本乙。

〔五一〕吹笙　「笙」隋書音樂志中三三一頁作「笛」。

〔五二〕繁習淫聲　「習」隋書音樂志中三三一頁作「手」。

〔五三〕大武獻熟　「大武」原訛「正德」，據隋書音樂志中三三二頁改。

〔五四〕五等諸侯元日獻玉帛　「元」隋書音樂志中三三三頁作「正」。

〔五五〕天和六年　「天和」原脱，據隋書音樂志中三四二頁補。

〔五六〕命治書侍御史李諤引弘等下　「等」下原衍「以」，據隋書音樂志中三四五頁刪。

〔五七〕郊廟朝饗用一調　隋書音樂志下三五四頁無「朝」字。

〔五八〕享祀之際肆之　「肆」原訛「隸」，據隋書音樂志下三五四頁改。

〔五九〕以祀五郊　「以」原脱，據隋書音樂志下三五六頁補。

〔六〇〕五郊神州　「郊」原訛「帝」，據隋書音樂志下三五六頁改。

〔六一〕歌函鍾　「函」原訛「林」，據隋書音樂志下三五六頁改。

〔六二〕以享宗廟　「享」原作「祀」，據北宋本、傅校本、明抄本、明刻本改。

〔六三〕蕤賓所以安靜神人　「神人」原訛「社稷」，據隋書音樂志下三五六頁改。

〔六四〕祖宗有國之本　「本」原訛「大」，據隋書音樂志下三五六頁改。

〔六五〕以祭社稷先農　「祭」原作「祀」，據隋書音樂志下三五六頁及北宋本、傅校本、明抄本、明刻本改。

〔六六〕無射所以示人軌物　「無射」原訛「巡狩」，據隋書音樂志下三五七頁及北宋本、傅校本、明抄本、明刻本改。

〔六七〕視秩觀風　「視」隋書音樂志下三五七頁作「望」，杜佑避家諱改。

〔六八〕其圓丘降神六變方澤降神八變　「六變方澤降神」原脱，據隋書音樂志下三五七頁補。

〔六九〕祭祀既已分樂　「分樂」下原衍「迎氣」，據隋書音樂志下三五八頁删。

〔七〇〕乃至十二月懸大吕之均　「乃至」原脱訛作「及」，據隋書音樂志下三五八頁補改。按：北宋本、傅校本、明抄本、明刻本有「乃」脱「至」。

〔七一〕欲感人君情性　「情性」原倒，據隋書音樂志下三五八頁及北宋本乙。

〔七二〕詔並令施用　「詔」原脱，據隋書音樂志下三五九頁及北宋本、傅校本、明抄本、明刻本、王吴本補。

〔七三〕唯新造高祖歌九首　「唯」原訛「雅」，據隋書音樂志下三七三頁及北宋本、傅校本、明抄本改。

〔七四〕合考隋氏所傳南北之樂　「合」唐會要卷三二作「命」。

〔七五〕累代皆黄鍾一均　「皆」原訛「會」，據北宋本、傅校本、明抄本改。

〔七六〕雅樂唯郊廟元會冬至及册命大禮　「雅樂」原無，據北宋本、傅校本、明抄本、明刻本補。

〔七七〕以文舞三變降神也　「舞」原訛「武」，據北宋本、傅校本、明刻本改。「降神」原誤倒，據上下文例乙。

〔七八〕奏太蔟商三變降神　「三」原作「二」，據北宋本、傅校本、明抄本、明刻本改。下「奏姑洗角三變降神」同。

〔七九〕皇帝食舉食及羣臣上壽則奏之　下「食」原脱，據北宋本、傅校本、明刻本補。

〔八〇〕下階屨行則奏　「屨」原作「履」，據北宋本、傅校本、明刻本改。

〔八一〕皇后入宫受朝　「后」原訛「帝」，據北宋本、傅校本、明抄本、明刻本改。

〔八二〕今郊社廟同用宫懸二舞　「同」原訛「而」，據諸本改。

〔八三〕夷則宫調　「夷則」原訛「黄鍾」，據大唐六典卷一四、舊唐書音樂志四一一三一頁及北宋本、傅校本、明抄本改。

〔八四〕中宗室用太和之舞　「太」原訛「文」，據唐會要卷三三、舊唐書音樂志四一一三二頁、新唐書禮樂志一一四六七頁改。

〔八五〕睿宗室用景雲之舞　「雲」原訛「文」，據大唐六典卷一四、唐會要卷三三、舊唐書音樂志四一一三二頁、新唐書禮樂志一一四六七頁改。

〔八六〕若五郊迎氣　「若五」原訛「共六成」，據大唐六典卷一四及北宋本、傅校本、明抄本、明刻本改。

〔八七〕應鍾羽一成　「一」原訛「二」，據大唐六典卷一四及北宋本、傅校本、明抄本、明刻本、王吴本改。

〔八八〕皆用姑洗之均　「均」大唐六典卷一四作「調」。

劉俊文點校　王文錦覆校

通典卷第一百四十三

樂三

十二律 五聲八音名義 五聲十二律旋相爲宮 五聲十二律相生法 歷代製造

十二律

先王通於倫理，以候氣之管爲樂聲之均，吹建子之律，以子爲黃鍾，十一月之辰名子。子者，孳也，陽氣至此更孳益而生，故謂之子也。律，法也。隸首作數，博物志曰：「隸首，黃帝臣。」一說隸首，算法者。大撓作甲子，呂氏春秋曰：「黃帝師大撓。」又博物志曰：「容成氏造曆，黃帝臣也。」夫推曆生律制器，規圓矩方，權衡平准。度長短者，不失毫釐。量多少者，不失圭撮。權輕重者，不失黍累。紀於一，協於十，長於百，大於千，廣於萬，故一十百千萬可得而綜也。丑爲大呂，十二月之辰名丑。丑者，紐也，言居終始之際，故以丑爲名。寅爲太蔟，正月之辰名寅。寅者，津也，津者塗之義。正月之時，生萬物之津塗，故謂之寅。卯爲夾鍾，二月之辰名爲卯。卯者，茂也，〔一〕言陽氣至此，物生孳茂也，故謂之卯。辰爲姑洗，三月之辰名辰。辰者震動之義，此月物皆震動而長，故謂之辰。巳爲中吕，四月之辰名巳。巳者，起也，物至此時皆長而起也，故謂之巳。午爲蕤賓，五月之辰名午。午者，長也，明物皆長大，〔二〕故謂之午。未爲林鍾，六月之辰名未。未者，味也，言時物向成，皆有氣味，故謂之未。申爲夷則，七月之辰名申。申者，身也，言萬物皆身體而成就，故名爲申。〔三〕酉爲南吕，八月之辰名酉。酉者緧縮之義，此月時物皆縮小而成也，故謂之酉。戌爲無射，九月之辰名戌。戌者，滅也，言時衰滅也，故謂之戌。亥爲應鍾。十月之辰名亥。亥者，劾也，言陰陽氣劾殺萬物，故謂之亥。陽管有六爲律者，謂黄鍾。十一月之管，謂之黄鍾。黄鍾者，是陰陽之中，若天有六氣，降爲五味，天有六甲，地有五子，總十一，而天地之數畢矣，故以六爲中。黄鍾者，是六律之首，故以黄鍾爲名。黄者，土之色，陽氣在地中，故以黄爲稱。鍾者，動也，聚也。陽氣潛動於黄泉，聚養萬物，萌芽將出，故名黄鍾也。太蔟、太者，大也。蔟者，臻也。言正月之時，萬物之生，隨於陽氣，蔟地而出，故謂之太蔟。姑洗、姑之言枯，洗者洗濯之義。三月之時，物生新絜，〔四〕洗除其枯，改柯易葉，謂之姑洗。亦云姑者，古也。洗者，鮮也。言萬物去古而就鮮。蕤賓、蕤者，葳蕤垂下之義。賓者，敬也。五月陽氣下降，陰氣始起，共相賓敬，謂之蕤賓。夷則、夷，平。則，法也。七月之時，萬物將成，〔五〕平均結實，皆有法則，故謂之夷則。亦云夷者，傷之義。言秋之時，萬物始被刑法而傷其性，故以爲名。無射，射者，出也，言冬時陽氣上，萬物收藏不復出。亦云射，厭也，〔六〕九月之中，物皆成實，無可厭要也。〔七〕又云，射，終也，言萬物隨陽而復，又隨陽而起，無有終極，故以爲名也。此六者爲陽月之管，謂之律。律者，法也，言陽氣施生，各有其法；〔八〕又律者，帥也，所以帥導陽氣，使之通達。陰管有六爲呂者，謂大呂、十二月之時，陽方生育之功，其道廣大，故謂之大呂。呂者，侶也，言與陽爲侶，對生萬物。又呂者，距也，言陽氣欲出，陰氣不許，恐出傷己，故距之。應鍾、十月之時，歲功皆成，應陽之功，收而積聚，故謂之應鍾。又應者，應和之義，言萬物聚於土中，應陽氣而動於下，故謂之應鍾。南呂、南者，任也。八月之中，物皆含秀，懷任之象，陰任陽功，助陽成功之義，故謂之南呂。林鍾、林者，茂也，盛也。六月之中，物皆茂盛，積於林野，故謂之林鍾。又林，衆也，言萬物成就，種類衆盛，謂之林鍾也。中呂、又云小呂。四月之時，陽氣盛長，陰助功微，故謂之小呂。夾鍾，夾者，佐也。二月之中，物未盡出，陰佐陽氣，聚物而出，故謂之夾鍾。又夾者，言萬物爲孚甲而俠，至此分解，所夾鍾聚而出之，因以爲名。此六者陰月之管，謂之爲呂。呂者，助也，所以助陽成功也。變陰陽之聲，故爲十二調，調各文之以五聲，播之以八音，乃成爲樂，故有十二懸之樂焉。

周禮春官：「太師掌六律六同，以合陰陽之聲。陽聲：黃鍾、太蔟、姑洗、蕤賓、夷則、無射。陰聲：大呂、應鍾、南呂、函鍾、小呂、夾鍾。皆文之以五聲：宮、商、角、徵、羽。播之以八音：金、石、絲、竹、匏、土、革、木。〔九〕以合陰陽之聲者，〔一〇〕陰陽各有合也：黃鍾，子之氣，十一月建焉，而辰在星紀；大呂，丑之氣，十二月建焉，而辰在玄枵；太蔟，寅之氣，正月建焉，而辰在娵訾；應鍾，亥之氣，十月建焉，而辰在析木；姑洗，辰之氣，三月建焉，而辰在大梁；南呂，酉之氣，八月建焉，而辰在壽星；蕤賓，午之氣，五月建焉，而辰在鶉首；林鍾，未之氣，六月建焉，而辰在鶉火；夷則，申之氣，七月建焉，而辰在鶉尾；中呂，巳之氣，四月建焉，而辰在實沉；無射，戌之氣，九月建焉，而辰在大火；夾鍾，卯之氣，二月建焉，而辰在降婁。辰與建交錯貿處，如表裏然，是其合也。其相生，則以陰陽六體爲之，黄鍾初九下生林鍾之初六，林鍾又上生太蔟之九二，太蔟又下生南吕之六二，南吕又上生姑洗之九三，姑洗又下生應鍾之六三，應鍾又上生蕤賓之九四，蕤賓又上生大吕之六四，大吕又下生夷則之九五，夷則又上生夾鍾之六五，夾鍾又上生無射之上九，無射又下生中吕之上六。同位者象夫妻，異位者象子母。所謂律娶妻而吕生子者也。黄鍾長九寸，其實一籥，下生者三分去一，上生者三分益一，五上六下，乃一終矣。文之者以調五聲，使之相次如錦繡之有文章也。播，猶揚也，揚之以八音，乃可得而觀矣。凡爲樂器，以十有二律爲之數度，以十有二聲爲之齊量。數度，度廣長也。齊量，侈弇之所容也。凡和樂，亦如之。」和樂，謂調故器。

五聲八音名義

五聲者，一曰宮，宮者，義取宮室之象，所以安容於物。宮者，土也，土亦無所不容，故謂之宮。又宮者，中也，義取中和之理。其餘四聲而和調之。二曰商，商者，金也，金堅强，故名之。亦當時物皆强堅成就之義也。三曰角，角者，觸也，言時萬物象陽氣觸動而出。角者，木生從地而出，觸動之義也。四曰徵，徵者，止也，言物盛則止，象陽氣盛而止。又徵者，火也，火生炎盛之義也。五曰羽。羽者，舒也，時陽氣將復，萬物孳育而舒生也。

八音者，八卦之音，卦各有風，謂之八風也。一曰乾之音石，其風不周。乾主於石，故磬音屬之。其風謂之不周。不周者，象天道廣被，無不周徧。二曰坎之音革，其風廣莫。坎主皮革，鼓音屬之。其風謂之廣莫。廣者，大也；莫者，虚無也。言時風體大，養物於地下，陽氣虚無，難見之道，故以廣莫爲名。三曰艮之音匏，其風融。艮主於匏，故笙、竽之聲屬之。其風謂之融。融者，明也。建寅之時風養物出於地，地有可明見，〔一一〕故謂之融。四曰震之音竹，其風明庶。震主於竹，故以簫、箎之音屬之。其風謂爲明庶。〔一二〕庶者，衆也。言風之生物，明見者衆，故爲明庶。五曰巽之音木，其風清明。巽主木，故柷、敔之音屬之。其風謂之清明。清者，潔也；明者，浄也。言風生萬物，皆清潔明浄，故謂之清明。六曰離之音絲，其風景。離主於絲，故琴、瑟之音屬之。其風謂之景。景者，大也。其風養萬物，皆長大明盛也，故謂之景。七曰坤之音土，其風涼。坤主於土，故塤音屬之。其風謂之涼。涼者，陰氣也，〔一三〕故謂之涼。八曰兑之音金，其風閶闔。兑主於金，故鐘音屬之。其風謂之閶闔。閶者，唱帥之義；闔者，覆闔之理。謂時萬物將歸復於土，陽唱而入，陰隨而闔，故謂之閶闔。

月令云：「正月，其音角。謂樂器之聲，三分羽益一以生角，角數六十四。屬木，以其清濁中，人象也。春氣和，則角聲調。其二月、三月不見者，並同正月。他皆倣此。〔一四〕四月，其音徵。三分宫去一以生徵，徵數五十四。屬火，以其徵清，事之象也。夏氣和，則徵聲調。中央土，其音宫。聲始於宫，宫數八十一。屬土，以其最大也。七月，其音商。三分徵益一以生商，商數七十二。屬金，以其濁次宫，臣之象也。秋氣和，則商聲調。十月，其音羽。」三分商去一以生羽，羽數四十八。屬水，以爲最清，〔一五〕物之象也。冬氣和，則羽聲調。樂記曰：「宫爲君，居中，總四方。商爲臣，秋義斷決。角爲人，春物並生，各以區別，人之象也。徵爲事，夏物盛，故多事。羽爲物，冬物聚也。五者不亂，則無怗懘之音矣。五者，君、臣、人、事、物也。凡聲濁者尊，清者卑。怗懘，敝敗不和貌。怗音昌占反。懘音昌制反。宮亂則荒，其君驕；商亂則陂，彼義反。注同。其官壞；角亂則憂，其人怨；徵亂則哀，其事勤；羽亂則危，其財匱。五者皆亂，迭相陵，謂之慢，如此則國之滅亡無日矣。君、臣、人、事、物其道亂，則其音應而亂。荒，猶散也。陂，傾也。書曰：「王耄荒。」易曰：「無平不陂。」夫民有血氣心知之性，而無哀樂喜怒之常，應感起物而動，〔一六〕然後心術形焉。言在所以感之也。術，所由也。形，猶見也。是故志微、噍殺之音作，而民思憂；嘽諧、慢易、繁文、簡節之音作，而民康樂；粗厲、猛起、奮末、廣賁之音作，而民剛毅；廉直、勁正、莊誠之音作，而民肅敬；寬裕、肉好、順成、和動之音作，而民慈愛；流辟、邪散、狄成、滌濫之音作，而民淫亂。志微，意細也。吳公子札聽鄭風而曰：「其細已甚，民弗堪也。」簡節，少易也。奮末，動使四支也。賁讀爲憤，〔一七〕憤怒，氣充實也。春秋傳曰：「血氣狡憤。」肉，肥也。狄、滌，往來疾貌。濫，僭差也。此皆民心無常之徵也。肉或爲潤。然後聖人作爲鞉、鼓、椌、楬、壎、篪，此六者，德音之音也。六者爲本，以其聲質也。椌、楬，謂柷敔也。壎、篪，或爲簨簴。鞉，徒刀反。椌，苦江反。楬，苦八反。壎音諠。篪音池。然後鐘磬竽瑟以和之，干戚旄狄以舞之，此所以祭先王之廟也。鐘聲鏗，鏗以立號，號以立橫，橫以立武，君子聽鐘聲則思武臣；號令所以警衆也。橫，充也，謂氣作充滿也。橫音光浪反。石聲磬，磬以立辨，辨以致死，君子聽磬聲則思死封疆之臣；言磬聲清響，能明別於節義也。絲聲哀，哀以立廉，廉以立志，君子聽琴瑟之聲則思志義之臣；廉，謂廉隅。竹聲濫，濫以立會，會以聚衆，君子聽竽笙簫管之聲則思畜聚之臣；濫，猶擥也。會，猶聚也。鼓鼙之聲讙，讙以立動，動以進衆，君子聽鼓鼙之聲則思將帥之臣：聞讙囂則人意動作。君子之聽音，〔一八〕非徒聽其鏗鎗而已，彼亦有所合之也。」合成己之志意也。

五聲十二律旋相爲宮

伏羲氏作易，紀陽氣之初，以爲律法。建日冬至之聲，〔一九〕以黄鍾爲宮，太蔟爲商，姑洗爲角，林鍾爲徵，南吕爲羽，應鍾爲變宮，蕤賓爲變徵。此聲氣之元，五音之正也。〔二〇〕按應鍾爲變宮，蕤賓爲變徵。自殷以前，但有五音，此二者，自周以來加文、武二聲，謂之爲七音。五聲爲正，二聲爲變。變者，和也。故各統一日。其餘以次運行，〔二一〕當日者各自爲宮，而商徵以類從焉。揚子雲曰：「聲生於日，律生於辰。」取法於五行，十二辰之義也。聲生於日者，謂日有五，故聲亦有五日，謂甲己爲角，乙庚爲商，丙辛爲徵，丁壬爲羽，戊癸爲宮，是五行合爲五日，五音之聲生於日也。〔二二〕律生於辰者，十二律出於十二辰，子爲黄鍾之類是也。餘已見上文。漢書云：「黄帝使伶倫，自大夏之西，至崑崙之陰，取竹生於嶰谷其竅厚薄均者，斷兩節之間而吹之，以爲黄鍾之宮。〔二三〕因制十二管，吹以准鳳鳴，而定律吕之音。」用生六律六吕之制，以候氣之應，而立宮商之聲，以應五聲之調。鳳有雄雌，〔二四〕鳴亦不等。故吹陽律以候於鳳，吹陰律以擬於皇，故能協和中聲，候氣不爽，清濁相符，倫理無失。五聲六律旋相爲宮，其用之法，先以本管爲均，八音相生，或上或下，取五聲令足，然後爲十二律旋相爲宮。若黄鍾之均，以黄鍾爲宮，黄鍾下生林鍾爲徵，林鍾上生太蔟爲商，太蔟下生南呂爲羽，南呂上生姑洗爲角，此黄鍾之調也。姑洗皆三分之次，故用正律之聲也。若大呂之均，以大呂爲宮，大呂下生夷則爲徵，夷則上生夾鍾爲商，夾鍾下生無射爲羽，無射上生中呂爲角，此大呂之調也。中呂皆三分之次，故用正律之聲也。太蔟之均，以太蔟爲宮，太蔟下生南呂爲徵，南呂上生姑洗爲商，姑洗下生應鍾爲羽，應鍾上生蕤賓爲角，此太蔟之調也。蕤賓皆三分之次，故用正律之聲也。夾鍾之均，以夾鍾爲宮，夾鍾下生無射爲徵，無射上生中呂爲商，中呂上生黄鍾爲羽，黄鍾正律之聲長，非商三分去一之次，此用其子聲爲羽也。黄鍾下生林鍾爲角，林鍾子聲短，非中呂爲商之次，故還用林鍾正管之聲爲角。夾鍾之調，有四正聲，一子聲。姑洗之均，以姑洗爲宮，姑洗下生應鍾爲徵，應鍾上生蕤賓爲商，蕤賓上生大呂爲羽，大呂正聲長，非蕤賓三分去一之次，故用其子聲爲羽，是三分去一之次。大呂下生夷則爲角，夷則子聲短，非蕤賓爲商三分去一之次，故還用正聲爲角。〔二五〕此爲姑洗之調，亦正聲四，子聲一也。中呂之均，以中呂爲宮，中呂上生黄鍾爲徵，正聲長，非中呂三分去一之次，故用其子聲爲徵，是其三分去一之次。黄鍾下生林鍾爲商，林鍾子聲短，非中呂爲宮之次，故還用正聲爲商。林鍾上生太蔟爲羽，太蔟正聲長，非林鍾爲商三分去一之次，故用其子聲爲羽，亦是三分去一之次。太蔟下生南呂爲角。此中呂之調，正聲二，子聲三也。蕤賓之均，以蕤賓爲宮，蕤賓上生大呂爲徵，大呂下生夷則爲商，夷則上生夾鍾爲羽，正聲長，非夷則三分去一爲羽之次，故用子聲爲羽，亦是三分去一之次。夾鍾上生無射爲角，子聲短，非夷則爲商之次，還用正聲爲角。此蕤賓之調，亦二子聲，三正聲也。林鍾之均，以林鍾爲宮，林鍾上生太蔟爲徵，太蔟正聲長，非林鍾爲宮三分去一爲徵之次，故用子聲，亦是徵三分去一之次。太蔟下生南呂爲商，南呂上生姑洗爲羽，姑洗正聲長，非南呂三分去一爲羽之次，故用子聲，亦是去一之次。姑洗下生應鍾爲角，應鍾子聲短，非南呂爲商之次，故還用正聲爲角。此林鍾之調，亦子聲二，正聲三也。夷則之均，以夷則爲宮，夷則上生夾鍾爲徵，夾鍾正聲長，非夷則三分去一爲徵之次，故用子聲爲徵，亦是三分去一之次。夾鍾下生無射爲商，子聲短，非夷則爲商之次，故還用正聲爲商。無射上生中呂爲羽，中呂正聲長，非無射三分去一之次，故用子聲爲羽，亦是三分去一之次。中呂上生黃鍾爲角，黃鍾正聲長，非無射三分去一爲角之次，故用子聲爲角。此夷則之調，正聲二，子聲三也。南呂之均，以南呂爲宮，上生姑洗爲徵，姑洗正聲長，非南呂三分去一爲徵之次，故用子聲爲徵，亦是三分去一之次。姑洗下生應鍾爲商，應鍾子聲短，非南呂三分去一之次，故用正聲爲商。應鍾上生蕤賓爲羽，蕤賓上生大呂爲角。〔二六〕大呂正聲長，非應鍾爲商三分去一之次，故用子聲爲羽。蕤賓上生大呂爲角，正聲長，非應鍾爲商之次，故用子聲爲角，亦是三分去一之次。此南呂之調，正聲二，子聲三也。無射之均，以無射爲宮，無射上生中呂爲徵，中呂正聲長，非無射三分去一爲徵之次，故用子聲爲徵，亦是三分去一之次。中呂上生黃鍾爲商，黃鍾正聲長，非無射爲宮之次，故用子聲爲商，亦是其宮之次。黃鍾下生林鍾爲羽，林鍾正聲長，非黃鍾爲商三分去一之次，故用子聲爲羽。林鍾上生太蔟爲角，太蔟正聲長，非黃鍾爲商三分去一之次，故用子聲爲角。此無射之調，正聲一，子聲四。應鍾之均，以應鍾爲宮，應鍾上生蕤賓爲徵，蕤賓正聲長，非應鍾三分去一爲徵之次，故用子聲爲徵。蕤賓上生大呂爲商，大呂正聲長，非應鍾爲宮之次，故用子聲爲商。大呂下生夷則爲羽，夷則正聲長，非蕤賓爲徵之次，故用子聲爲羽。夷則上生夾鍾爲角，夾鍾正聲長，非大呂爲商之次，故用子聲爲角。此應鍾之調，亦正聲一，子聲四也。此謂迭爲宮商角徵羽也。若黃鍾之律自爲其宮，爲夾鍾之羽，爲中呂之徵，爲夷則之角，爲無射之商，此黄鍾之五聲也。大吕之律自爲其宫，爲姑洗之羽，爲蕤賓之徵，爲南吕之角，爲應鍾之商，此謂大吕之五聲也。太蔟之律自爲其宫，爲中吕之羽，爲林鍾之徵，爲無射之角，爲黄鍾之商，此謂太蔟之五聲也。夾鍾之律自爲其宫，爲蕤賓之羽，爲夷則之徵，爲應鍾之角，爲大吕之商，此爲夾鍾之五聲也。中吕之律自爲其宫，爲夷則之羽，爲無射之徵，爲大吕之角，爲夾鍾之商，此謂中吕之五聲也。蕤賓之律自爲其宫，爲南吕之羽，爲應鍾之徵，爲太蔟之角，爲姑洗之商，此謂蕤賓之五聲也。林鍾之律自爲其宫，爲無射之羽，爲黄鍾之徵，爲夾鍾之角，爲中吕之商，此謂林鍾之五聲也。夷則之律自爲其宫，爲應鍾之羽，爲大吕之徵，爲姑洗之角，爲蕤賓之商，此謂夷則之五聲也。南吕之律自爲其宫，爲黄鍾之羽，爲太蔟之徵，爲中吕之角，爲林鍾之商，此謂南吕之五聲也。無射之律自爲其宫，爲大吕之羽，爲夾鍾之徵，爲蕤賓之角，爲夷則之商，此謂無射之五聲也。應鍾之律自爲其宫，爲太蔟之羽，爲南吕之商，爲姑洗之徵，爲林鍾之角，此謂應鍾之五聲也。所謂五聲六律十二管旋相爲宫者也。

五聲十二律相生法

古之神瞽考律均聲，必先立黄鍾之均。五聲十二律，起於黄鍾之氣數。黄鍾之管，以九寸爲法，度其中氣，明其陽數之極。故用九自乘爲管絃之數。九九八十一數。管數多者則下生，其數少者則上生，相生增減之數皆不出於三。以本起三才之數也。又生取之數不出於八，以本法八風之義也。宮從黃鍾而起，下生得八爲林鍾，上生太蔟亦復依八而取爲商。其增減之法，〔二七〕以三爲度，以上生者皆三分益一，下生者皆三分去一，宮生徵，三分宮數八十一，分各二十七，下生者去一，去二十七，餘有五十四，以爲徵，故徵數五十四也。徵生商，三分徵數五十四，則分各十八，上生者益一，加十八於五十四，得七十二，以爲商，故商數七十二也。商生羽，三分商數七十二，則分各二十四，下生者去一，去二十四，得四十八，以爲羽，故羽數四十八。羽生角，三分羽數四十八，則分各十六，上生者益一，加十六於四十八，得六十四，以爲角，故角數六十四。此五聲大小之次也。是黃鍾爲均，用五聲之法，以下十二辰，辰各有五聲，其爲宮商之法亦如之，故辰各有五聲，合爲六十聲，〔二八〕是十二律之正聲也。聲本制，唯以宮、商、角、徵、羽各得上下三分之次爲聲。

其十二律相生之法，皆以黃鍾爲始，黃鍾之管，九寸。下生者三分去一，上生者三分益一，五下六上，仍得一終。黃鍾下生林鍾，林鍾之管，六寸。林鍾上生太蔟，太蔟之管，八寸。太蔟下生南呂，南呂之管，五寸三分寸之一。南呂上生姑洗，姑洗之管，長七寸九分寸之一。姑洗下生應鍾，應鍾之管，長四寸二十七分寸之二十。應鍾上生蕤賓，蕤賓之管，長六寸八十一分寸之二十六。蕤賓上生大呂，大呂之管，長四寸二百四十三分寸之五十二，倍之爲八寸二百四十三分寸之一百四。〔二九〕大呂下生夷則，夷則之管，長五寸七百二十九分寸之四百五十一。夷則上生夾鍾，夾鍾之管，長三寸二千一百八十七分寸之一千六百三十一，倍之爲七寸二千一百八十七分寸之一千七十五。〔三〇〕夾鍾下生無射，無射之管，長四寸六千五百六十一分寸之六千五百二十四。〔三一〕無射上生中呂，中呂之管，〔三二〕長三寸萬九千六百八十三分寸之六千四百八十七，倍之爲六寸萬九千六百八十三分寸之萬二千九百七十四。〔三三〕此謂十二律長短相生一終於中呂之法。〔三四〕

又制十二鍾准，爲十二律之正聲也。鳧氏爲鐘，鄭玄云：「官有代功，若族有代業，則以氏名官也。」以律計自倍半。半者，准半正聲之半，以爲十二子律，制爲十二子聲。比正聲爲倍，則以正聲於子聲爲倍；以正聲比子聲，則子聲爲半。但先儒釋用倍聲，自有二義：一義云，半以十二正律，爲十子聲之鐘；二義云，〔三五〕從於中宮之管寸數，以三分益一，上生黃鍾，以所得管之寸數然半之，以爲子聲之鐘。〔三六〕其爲半正聲之法者：以黃鍾之管，正聲九寸爲均，子聲則四寸半，黃鍾下生林鍾之子聲，三分去一，故林鍾子聲律，三寸。〔三七〕林鍾上生太蔟之子聲，三分益一，太蔟子聲之律，四寸。太蔟下生南呂之子聲，三分去一，南呂子聲之管，長二寸三分寸之二。南呂上生姑洗之子聲，三分益一，姑洗子聲之律，〔三八〕長三寸九分寸之五。姑洗下生應鍾之子聲，三分去一，應鍾子聲之律，長二寸二十七分寸之十。應鍾上生蕤賓之子聲，三分益一，蕤賓子聲之律，三寸八十一分寸之十三。〔三九〕蕤賓上生大呂之子聲，三分益一，〔四〇〕大呂子聲之律，四寸二百四十三分寸之五十二。〔四一〕大呂下生夷則之子聲，三分去一，〔四二〕夷則子聲之律，長二寸七百二十九分寸之五百九十。夷則上生夾鍾之子聲，三分益一，〔四三〕夾鍾子聲之律，長三寸二千一百八十七分寸之一千六百三十一。夾鍾下生無射之子聲，三分去一，〔四四〕無射子聲之律，二寸六千五百六十一分寸之三千二百六十二。無射上生中呂之子聲，三分益一，〔四五〕中呂子聲之律，三寸一萬九千六百八十三分寸之六千四百八十七。〔四六〕還終於中呂。此半正聲法。其半相生之法者，以正中呂之管長六寸，一萬九千六百八十三分寸之萬二千九百七十四。中呂上生黃鍾，三分益一，得八寸五萬九千四十九分寸之五萬一千八百九十六，半之，得四寸五萬九千四十九分寸之二萬五千九百四十八，以爲黃鍾。黃鍾下生林鍾，〔四七〕三分去一，還以六生所得林鍾之管寸數半之，〔四八〕以爲林鍾子聲之管，以次而爲上下相生，終於中呂，皆以相生所得之律寸數半之，各以爲子聲之律，故有正聲十二，子聲十二。分大小有二十，〔四九〕以爲二十四鍾，通於二神，迭爲五聲，合有六十聲，即爲六十律。其正管長者爲均之時，則通自用正聲五音；正管短者爲均之時，則通用子聲爲五音。亦皆三分益一減一之次，還以宮、商、角、徵、羽之聲得調也。

歷代製造 漢　魏　晉　梁　陳　後魏　北齊　隋　大唐

漢文帝令丞相北平侯張蒼始定律歷。武帝以李延年爲協律都尉，蓋掌音律也。

元帝時，郎中京房知五音六十律之數，上使韋玄成等試問房於樂府。房對：「受學於故小黃令焦延壽。六十律相生之法：以上生下，皆三生二，以下生上，皆三生四，陽下生陰，陰上生陽，終於中呂，而十二律畢矣。中呂上生執始，執始下生去滅，上下相生，終於南事，六十律畢矣。夫十二律之變至於六十，〔五〇〕猶八卦之變至於六十四也。又造准，形如瑟，而十三絃，隱間九尺，中央一絃，下有畫分寸，〔五一〕六十律之節。史官傳之。至後漢建武之後，不能定其絃緩急矣。王莽徵天下通知鍾律者，有百餘人，令劉歆領之，造銅律，其所制與房不殊。

魏武帝時，杜夔精識音韻，爲雅樂郎中。鑄銅工柴玉巧有意思，〔五二〕形器之中，多所造作，亦爲時人見知。夔令玉鑄鐘，其聲均清濁多不如法，數毀改作。玉甚厭之，謂夔清濁任意，更相訴白於魏武。魏武取所鑄鐘，雜錯更試，然後知夔爲精而玉之謬也。

明帝青龍中，鑄大鐘，高堂崇諫曰：「夫禮樂者，爲治之大本也。故簫韶九成，鳳凰來儀，雷鼓六變，天神以降，是以政平刑措，和之至也。新聲發響，〔五三〕商辛以隕；大鐘既鑄，周景以死。存亡之機，恒由此作。君舉必書，古之道也，作而不法，何以示後。」帝稱善焉。

晉張華、荀勗校魏杜夔所造鍾律，其聲樂多不諧合，乃出御府古今銅竹律二十五，銅尺、銅斛七具，校減新尺，短夔尺四分，因造十有二笛，笛具五音，以應京房之術。笛體之音，皆各用蕤賓、林鍾之角，短則又倍之，二笛八律而後成，去四分之一，而以本宮管上行度之，則宮穴也；〔五四〕因宮穴，〔五五〕以本宮徵管上行度之，則徵穴也。各以其律展轉相因，隨穴疎密所宜置之，或半之，或四之，以調律呂，正雅樂。正會殿庭作之，自謂宮商克諧，然論者謂勗爲暗解。初，勗常於路逢趙賈人牛鐸。及掌樂事，律呂未諧，曰：「得趙人牛鐸則諧矣。」遂下郡國，悉送牛鐸，果得諧者。時阮咸善達八音，論者謂之神解。咸常心譏勖新律聲高，以謂高近哀思，不合中和。每公會作樂，勖自以爲遠不及咸，常意咸謂之不調，以爲異己，乃出咸爲始平相。後有田夫耕於野，得周玉尺，勖以校己所理鍾石絲竹，皆短校一米，於此伏咸之妙，復徵咸歸。

梁武帝天監元年，下詔博採古樂，竟無所得。帝既素善音律，詳悉舊事，遂自制立四器，名之爲通。通受聲廣九寸，宣聲長九尺，〔五六〕臨岳高寸二分。每通施三絃。一曰玄英通：應鍾絃，用百四十二絲，長四尺七寸四分差强；黄鍾絃，用二百七十絲，長九尺；大吕絃，用二百五十二絲，長八尺四寸三分差弱。二曰青陽通：太蔟絃，用二百四十絲，長八尺；夾鍾絃，用二百二十四絲，長七尺五寸弱；姑洗絃，用二百一十四絲，長七尺一寸一分强。〔五七〕三曰朱明通：中吕絃，用百九十九絲，〔五八〕長六尺六寸六分弱；蕤賓絃，用百八十九絲，長六尺三寸二分强；林鍾絃，用百八十絲，長六尺。〔五九〕四曰白藏通：夷則絃，用百六十八絲，長五尺六寸二分弱；南吕絃，用百六十絲，長五尺三寸二分大强；〔六〇〕無射絃，用百四十九絲，〔六一〕長四尺九寸九分强。因以通聲，轉推月氣，悉無差違，而還相得中。又制爲十二笛，黄鍾笛長三尺八寸，大吕笛長三尺六寸，太蔟笛長三尺四寸，夾鍾笛長三尺二寸，姑洗笛長三尺一寸，中吕笛長二尺九寸，蕤賓笛長二尺八寸，林鍾笛長二尺七寸，夷則笛長二尺六寸，南呂笛長二尺五寸，無射笛長二尺四寸，應鍾笛長二尺三寸。用笛以寫通聲，飲古鐘玉律并周代古鐘，〔六二〕並皆不差。於是被以八音，旋以七聲，莫不和韻。

陳山陽太守毛爽，習京房候氣術。陳亡，祖孝孫學之於爽。周歲之日，日異其律。冬至之日，以黃鍾爲宮，林鍾爲徵，太蔟爲商，南呂爲羽，姑洗爲角，應鍾爲變宮，蕤賓爲變徵。隨月異宮，匝歲而復。

後魏孝明帝神龜元年，有陳仲儒者自江南歸魏，頗閑樂事，請依前漢京房立准，以調八音。有司問，仲儒言：

前被符，問：「京房准定六十律之後，雖有器存，曉之者尠，至後漢熹平末，張光等猶不能定絃之急緩，聲之清濁。仲儒授自何師，出何典籍，而云能曉？」答曰：仲儒在江左之日，頗愛琴，又常覽司馬彪所撰續漢書，見京房准術，成數昭然，而張光等不能定。仲儒不量庸昧，竊有意焉。遂竭愚思，鑽研甚久。雖未能測其機妙，〔六三〕至於聲韻，頗有所得。度量衡曆，出自黃鍾，雖造管察氣，經史備存，但氣有盈虛，黍有巨細，差之毫釐，失之千里。自非管應時候，聲驗吉凶，則是非之源，諒亦難定。此則非仲儒淺識所敢聞之。至於准者，本以代律，〔六四〕取其分數，調校樂器，則宮商易辨。若尺寸小長，〔六五〕則六十宮商相與微濁，若分數加短，則六十徵羽類皆小清。至於清濁相宣，諧會歌管，皆得應合。雖積黍驗氣，取聲之本，清濁諧會，亦須有方。若閑准意，則辨五聲清濁之韻；若善琴術，則知五調調音之體。參此二途，以均樂器，則自然應和，不相奪倫。如不練此，必至乖謬。

按後漢順帝陽嘉二年冬十月，行禮辟雍，奏應鍾，始復黃鍾作樂，器隨月律。是謂十二之律必須次第爲宮，而商角徵羽以類從之。〔六六〕尋調聲之體，宮商宜濁，徵羽用清。若依公孫崇止以十二律聲，〔六七〕而云還相爲宮，清濁悉足，非唯未練五調調器之法，至於五聲次第，〔六八〕自是不足。何者？黃鍾爲聲氣之元，其管最長，故以黃鍾爲宮，太蔟爲商，林鍾爲徵，則一任相順。〔六九〕若均之八音，猶須錯採衆聲，配成其美。若以應鍾爲宮，大呂爲商，蕤賓爲徵，則徵濁而宮清，雖有其韻，不成音曲。若以夷則爲宮，〔七〇〕則十二律中唯得取中呂爲徵，其商角羽並無其韻。若以中呂爲宮，則十二律內全無所取。何者？中呂爲十二之窮，變律之首。依京房書，中呂爲宮，乃以去滅爲商，執始爲徵，然後方韻。而崇乃以中呂爲宮，猶用林鍾爲商，黃鍾爲徵，何由可諧？仲儒以爲調和樂器，文飾五聲，非准不妙。若如嚴嵩父子，心賞清濁，是則爲難。若依案見尺作准，調絃緩急，清濁可以意推耳。

但音聲精微，史傳簡略，舊志唯云准形如瑟十三絃，隱間九尺，以應黃鍾九寸，調中一絃，令與黄鍾相得。按畫以求其聲，遂不辨准須柱以不。〔七一〕柱有高下，絃有麤細，餘十二絃復應若爲？致令攬者迎前拱手。〔七二〕又按房准九尺之内爲十七萬七千一百四十七分，〔七三〕一尺之内爲萬九千六百八十三分，又復十之，是爲於准一寸之内亦爲萬九千六百八十三分。然則於准一分之内，乘爲二千分，又爲小分，以辨强弱。中間至促，雖離朱之明，〔七四〕猶不能窮而分之。雖然，仲儒私曾考驗，但前却中柱，使入常准尺分之内，〔七五〕相生之韻已自應合。然分數既微，器宜精妙。其准面平直，〔七六〕須如停水；其中絃一柱，高下須與二頭臨岳一等，移柱上下之時，不使離絃，不得舉絃。又中絃麤細，須與琴宫相類。中絃須施軫如琴，以軫調聲，令與黄鍾一管相合。中絃下依數畫出六十律清濁之節。〔七七〕其餘十二絃，須施柱如箏。又凡絃皆須素張，〔七八〕使臨時不動，即於中絃按畫一周之聲，度著十二絃上。然後依相生之法，以次運行，取十二律之商徵。商徵既定，又依琴五調調聲之法，以均樂器。其瑟調以宫爲主，清調以商爲主，〔七九〕平調以角爲主。然後錯採衆聲以文飾之，方如錦繡。〔八〇〕

自上代以來，消息調准之方，並史文所略，出仲儒愚思。若事有乖此，聲則不和。〔八一〕仲儒尋之分數，精微如彼，定絃急緩，艱難若此。而張光等視掌，尚不知藏中有准。既未識其器，又安能施絃也？且燧人不師資而習火，延壽不束脩以變律，故云『知之者欲教而無從，心達者體知而無師』。苟有毫釐所得，皆關心抱，豈必要經師授然後爲奇哉！〔八二〕但仲儒自省庸淺，才非贍足，正可麤識音韻，纔言其理致耳。

時尚書蕭寶夤又奏：〔八三〕「金石律吕，制度調均，自古以來尠或通曉。仲儒雖麤述，而學不師授，云出己心；又言舊器不任，必須更造，然後克諧。上違用舊之旨，輕欲製造。臣竊思量，不合依許。」詔曰：「禮樂之事，蓋非常人能明，可如所奏。」

北齊神武霸府田曹參軍信都芳，世號知音，能以管候氣，仰觀雲色。常與人對語，則指天曰：「孟春之氣至矣。」人往驗管，而飛灰已應。每月所候，言皆無爽。又爲輪扇二十四埋地中，以測二十四氣，每一氣感，則一扇自動，他扇並住，與管灰相應，若合符契焉。

隋文帝開皇二年，詔求知音之士，參定音樂。沛國公鄭譯云：「考尋樂府鍾石律吕，皆有宫、商、角、徵、羽、變宫、變徵之名。七聲之内，三聲乖應，每常求訪，終莫能通。初，周武帝時，有龜茲人曰蘇祗婆，從突厥皇后入國，善胡琵琶。聽其所奏，一均之中間有七聲。因而問之，答云：『父在西域，稱爲知音。代相傳習，調有七種。』以其七調，勘校七聲，冥若合符。一曰婆陁力，華言平聲，即宫聲也。二曰雞識，華言長聲，即商聲也。〔八四〕三曰沙識，華言質直聲，即角聲也。四曰沙侯加濫，〔八五〕華言應聲，即變徵聲也。五曰沙臘，華言應和聲，即徵聲也。六曰般贍，華言五聲，即羽聲也。七曰俟利箑，〔八六〕華言斛牛聲，即變宮聲也。」譯因習而彈之，始得七聲之正。然其就此七調，又有五旦之名，旦作七調。以華言譯之，旦者則謂之「均」也。其聲亦應黃鍾、太蔟、林鍾、南呂、姑洗五均，以外七律，更無調聲。遂因其所捻琵琶，絃柱相飲爲均，推演其聲，更立七均。合成十二，以應十二律。律有七音，音立一調，故成七調十二律，合八十四調，旋轉相交，盡皆和合。仍以其聲考校太樂所奏，林鍾之宮，應用林鍾爲宮，乃用黃鍾爲宮；應用南呂爲商，乃用太蔟爲商；應用應鍾爲角，乃取姑洗爲角。故林鍾一宮七聲，三聲並戾。其十一宮七十七音，例皆乖越，莫有通者。又以編懸有八，因作八音之樂。七聲之外，更立一聲，謂之應聲。譯因作書二十餘篇，明其指趣。至是譯以其書宣示朝廷，並立議正之。

有萬寶常者，妙達鍾律，徧解八音。〔八七〕常與人方食，論及聲調，時無樂器，因取前食器及雜物，以箸扣之，品其高下，宮商畢備，諧於絲竹。文帝後召見，問鄭譯所定音樂可否，對曰：「此亡國之音，豈陛下之所宜聞。」遂極言樂聲哀怨淫放，非雅正之音，請以水尺爲律，以調樂器。上遂從之。遂造諸樂器，其聲率下於譯調二律。並撰樂譜六十四卷，〔八八〕論八音旋相爲宮之法，改絃移柱之變。〔八九〕爲八十四調，百四十四律，變化終於千八百聲。〔九〇〕時人以周禮有旋宮之義，自漢魏以來，知音者皆不能通，見寶常特創其事，〔九一〕皆哂之。至是，試令爲之，應手成曲，無所凝滯，見者莫不嗟異。於是損益樂器，不可勝紀，其聲雅淡，不爲時所好，太常善聲者多排毁之。

又太子洗馬蘇夔駮譯曰：「韓詩外傳所載樂聲感人，及月令所載五音所中，並皆有五，不言變宫、變徵。又左氏所云：『七音六律，以奉五聲。』〔九二〕准此而言，每宫應立五調，不聞更加變宫、變徵二調爲七調。七調之作，所出未詳。」譯答曰：「周有七音之律。漢書律曆志，天地人及四時，謂之七始。黄鍾爲天始，林鍾爲地始，太蔟爲人始，是爲三始。姑洗爲春，蕤賓爲夏，南吕爲秋，應鍾爲冬，是爲四時。四時三始，是以爲七。今若不以二變爲調曲，則是冬夏聲闕，四時不備。是故每宫須立七調。」於是衆從譯議。譯又與夔俱云：「按今樂府黄鍾，乃以林鍾爲調首，失君臣之義；清樂黄鍾宫，以小吕爲變徵，乖相生之道。今請雅樂黄鍾宫，以黄鍾爲調首；〔九三〕清樂去小吕，還用蕤賓爲變徵。」衆皆從之。

夔又與譯議，欲累黍立分，正定律吕。時以音律久不通，譯、夔等一朝能爲之，以爲樂聲可定。而何妥舊以學問推爲儒首，帝素不悦學，不知樂，妥又恥己宿儒不逮譯等，欲沮壞其事。乃立議非十二律旋相爲宫，曰：「經文雖道旋相爲宫，恐是直言其理，亦不通隨月用調，是以古來不取。若依鄭玄及司馬彪，須用六十律，方得和韻。今譯唯取黄鍾之正宫，兼得七始之妙義。非止金石諧韻，亦乃簨簴不繁，可以享百神，可以合萬舞矣。」而又非其七調之義，曰：「近代書記所載，縵樂鼓琴吹笛之人，多云三調。三調之聲，〔九四〕其來久矣。請存三調而已。」時牛弘總知樂事，不能精究音律。寶常又修洛陽舊曲，〔九五〕言幼學音律，師於祖孝徵，知其上代修調古樂。周之璧翣，〔九六〕殷之崇牙，懸八用七，盡依周禮備矣。所謂正聲，又近前漢之樂，不可廢也。是時競爲異議，〔九七〕各立朋黨，是非之理，紛然淆亂。或欲各令修造，待成，擇其善者而從之。妥恐樂成，善惡易見，乃請張樂試之。遂先說曰：「黃鍾者，以象人君之德。」及奏黃鍾之調，〔九八〕帝曰：「洋洋和雅，甚與我會。」〔九九〕妥因陳用黃鍾一宮，不假餘律。帝大悅，班賜妥等修樂者。自是譯等議寢。

帝又遣毛爽及蔡子元、于普明等，以候節氣。依古，於三重密屋之内，以木爲案，十有二具。每取律吕之管，隨十二辰位，〔一〇〇〕置於案上，而以土埋之，上平於地。中實葭莩之灰，以輕緹素覆律口。每地氣至，與律冥符，則灰飛衝素，散出於外。而氣應有早晚，灰飛有多少，或初入月其氣即應，或至中下旬間氣始應者；或灰飛出三五夜而盡，〔一〇一〕或終一月纔飛少許者。帝異之，問牛弘。弘對曰：「灰飛半出爲和氣，灰全出爲猛氣，吹灰不能出爲衰氣。和氣應者其政平，猛氣應者其臣縱，衰氣應者其君暴。」帝駁之曰：「臣縱君暴，其政不平，非月別而有異也。今十二月律，於一歲内，應並不同。安得暴君縱臣若斯之甚也。」弘不能對。

初，萬寶常聽太常所奏樂，泫然而泣。人問其故，對曰：「樂淫厲而哀，天下不久相殺。」當時四海全盛，聞其言皆謂不然。大業末，其言卒驗。而寶常貧困，無人贍遺，饑餒將死，取其所著書焚之，曰：「何用此爲。」見者於火中探得數卷，見行於世。開皇初，有盧賁、蕭吉並撰著樂書，皆爲當時所用。至於天機，去寶常遠矣。又有安馬駒、曹妙達、王長通、郭金樂等，〔一〇二〕能造曲，爲一時之妙，多習鄭聲。而寶常所爲，皆歸於雅正。雖公議不服，然皆謂以爲神。

煬帝將幸江都，有樂人王令言妙達音律，令言之子常從，於户外彈胡琵琶，作翻調安公子曲。〔一〇三〕令言時臥室中，聞之大驚，蹶然而起，變色，急呼其子曰：「此曲興自早晚？」對曰：「頃來有之。」令言歔欷流涕，謂其子曰：「汝慎無從行，帝必不返。此曲宮聲往而不返。宮，君也。吾所以知之。」帝竟被弒於江都。

大唐高祖受禪後，軍國多務，未遑改刱，樂府尚用隋氏舊文。至武德九年正月，始命太常少卿祖孝孫考正雅樂，至貞觀二年六月樂成，奏之。太宗謂侍臣曰：「禮樂之作，蓋聖人緣情設教，以爲撙節，〔一〇四〕治之興替，豈此之由。」御史大夫杜淹對曰：「前代興亡，實由此樂。陳之將亡也，爲玉樹後庭花。齊之將亡也，爲伴侶曲。行路聞之，〔一〇五〕莫不悲泣，所謂亡國之音也。以是觀之，蓋樂之由也。」太宗曰：「不然。夫音聲能感人，自然之道也。故歡者聞之即大悅，憂者聞之即大悲。悲悅之情，在於人心，非由樂也。將亡之政，其人必苦，然苦心所感，故聞之則悲耳。何有樂聲哀怨，能使人悅者悲乎。今玉樹後庭花、伴侶之曲，其聲具存，〔一〇六〕朕當爲公奏之，知公必不悲矣。」

初，孝孫以梁、陳舊樂，〔一〇七〕雜用吳、楚之音；周、齊舊樂，多涉胡戎之伎。於是斟酌南北，考以古音，而作大唐雅樂。以十二律各順其月，旋相爲宮。按禮記云「大樂與天地同和」。「治世之音，安以樂，其政和」。故製十二和之樂，合三十二曲，八十有四調。祭圜丘以黃鍾爲宮，方澤以林鍾爲宮，〔一〇八〕宗廟以太蔟爲宮，五郊、朝賀、〔一〇九〕享宴則隨月用律爲宮。初，隋但用黃鍾一宮，唯扣七鐘，餘五鐘虛懸而不扣。及孝孫建旋宮之法，扣鐘皆徧，無復虛懸也。凡祭天神奏元和之樂，〔一一〇〕地祇奏順和，宗廟奏永和，天地、宗廟登歌俱奏肅和，皇帝臨軒奏太和，王公出入奏舒和，皇帝食舉及飲酒奏休和，皇帝受朝奏正和，皇太子軒懸出入奏承和，元日、冬至皇帝禮會登歌奏昭和，郊廟俎入奏雍和，皇帝祭饗酌酒、讀祝文及飲福酒、受胙奏壽和，五郊迎氣各以月律而奏其音。又郊廟祭享奏化康、凱安之舞。周禮旋宮之義，亡絕已久，莫能知之，一朝復古，自孝孫始也。

貞觀初，張文收善音律，嘗覽蕭吉樂譜，以爲未甚詳悉，乃取歷代沿革，截竹爲十二律吹之，備盡旋宮之義。太宗召文收於太常，令與少卿祖孝孫參定雅樂。太樂有古鍾十二，近代唯用其七，餘有五鐘，俗號啞鐘，莫能通者。文收吹律調之，聲皆響徹，時人咸服其妙。尋授協律郎。及孝孫卒，文收復採三禮，更加釐革。依周禮，祭昊天上帝，以圜鍾爲宮，黃鍾爲角，太蔟爲徵，姑洗爲羽，奏元和之舞。若封泰山，同用此樂。皇地祇方丘，以函鍾爲宮，太蔟爲角，姑洗爲徵，南呂爲羽，奏順和之舞。禪梁甫，同用此樂。禘祫宗廟，以黃鍾爲宮，大呂爲角，太蔟爲徵，應鍾爲羽，奏永和之舞。五郊、日月星辰及類上帝，黃鍾爲宮，奏元和之曲。大蜡、大報，以黃鍾、太蔟、姑洗、蕤賓、夷則、無射等調奏元和、順和、永和之舞。明堂、雩，以黃鍾爲宮，奏元和之曲。神州、社稷、籍田，宜以太蔟爲宮，〔一二〕雨師以姑洗爲宮，山川以蕤賓爲宮，並奏順和之曲。臨軒出入，奏舒和之樂，並以姑洗爲宮。饗先妣，以夷則爲宮，奏永和之曲。大饗讌會，奏姑洗、蕤賓二調。皇帝食畢，以月律爲宮，並奏休和之曲。皇帝郊廟出入，奏太和之曲；臨軒出入，奏舒和之樂；皇帝大射，奏騶虞之曲；並以姑洗爲宮。皇太子奏狸首之曲。皇太子軒懸，姑洗爲宮，奏永和之曲。凡奏黃鍾，歌大呂；奏太蔟，歌應鍾；奏姑洗，歌南呂；奏蕤賓，歌林鍾；奏夷則，歌中呂；奏無射，歌夾鍾。凡黃鍾、蕤賓爲宮，其樂九變；大呂、林鍾爲宮，其樂八變；太蔟、夷則爲宮，其樂七變；夾鍾、南呂爲宮，其樂六變；姑洗、無射爲宮，其樂五變；中呂、應鍾爲宮，其樂四變。天子十二終，上公九終，侯伯七終，子男五，卿六，大夫四，士三。然後樂教大備。

總章中，潤州得玉磬以獻，張文收試扣其一，曰：「是晉某歲閏月造者，得月數當十三，〔一三〕今闕其一，於黃鍾東九尺掘必得焉。」下州求之，如言而得。裴知古，武太后朝以知音直太常，〔一一三〕路逢乘馬者，聞其聲，竊云：「此人當墜馬。」好事者隨觀之，行未半里，馬驚，墮殆死。〔一一四〕常觀人迎婦，聞婦珮玉聲，〔一一五〕曰：「此婦人不利姑。」是日，姑有疾，竟亡。其知音皆此類也。近代言樂，衛道弼爲最，天下莫能以聲欺者，曹紹夔次之。夔、弼皆爲太樂令。享北郊，監享御史有怒於夔，欲以樂不和爲之罪，雜扣鐘聲，使夔闇各之，〔一一六〕無誤者，由是反歎伏。又洛陽有僧房中磬日夜自鳴，僧以爲怪，懼而成疾，求術士百方禁之，終不能已。紹夔素與僧善，來問疾，僧尋以告。俄擊齋鐘，磬復作聲。紹夔笑曰：「明日可設盛饌，當與除之。」僧雖不信紹夔言，冀其或效，乃具饌以待。紹夔食訖，出懷中錯，鑢磬數處而去，〔一一七〕聲遂絕。僧苦問其所以，紹夔云：「此磬與鍾律合，故擊彼此應。」僧大喜，疾亦愈。

前上元三年十一月敕：「新造上元之舞，先令大祠享皆將陳設，自今以後，圓丘、方澤、太廟祀享然後用此舞，餘祭並停。」

乾元元年三月，肅宗以太常舊鐘磬，自隋以來，所傳五聲，或有差錯，〔一一八〕謂太常少卿于休烈曰：「古者聖人作樂，以應天地之和，以合陰陽之序。和則人不夭札，物不疵癘。且金石絲竹，樂之器也。比親享郊廟，每聽樂聲，或宮商不倫，或鐘磬失度。可盡將鐘磬來，朕當於內定。」太常進入，上集樂工考試數日，審知差錯，然後令再造及磨刻。二十五日，一部先畢，召太常樂工，上臨三殿親觀考擊，皆合五音，送太常。又於內造樂章三十一章，送太常，郊廟歌之。

校勘記

〔一〕卯者茂也　「者」原脱，據北宋本、傅校本、明抄本、明刻本補。

〔二〕明物皆長大　「大」原脱，據晉書樂志上六七八頁及北宋本、傅校本、明抄本、明刻本、王吴本補。

〔三〕故名爲申　「名爲」原作「謂之」，據北宋本、傅校本、明抄本、明刻本改。

〔四〕物生新絜　「生」原脱，據晉書樂志上六七九頁補。

〔五〕萬物將成　「將」原訛「皆」，據晉書樂志上六七九頁及北宋本、傅校本、明刻本改。

〔六〕亦云射厭也　「亦云」原脱，據北宋本、傅校本、明抄本、明刻本、王吴本補。

〔七〕物皆成實無可厭要也　原「實」下有「而」，「要」作「惡」，乃後人妄自增改。今據北宋本、傅校本、明抄本、明刻本改回。按：要，屈也。

〔八〕言陽氣施生各有其法　「施」原訛「始」，據晉書樂志上六七八頁及北宋本、傅校本、明刻本改。

〔九〕播之以八音金石絲竹匏土革木　此十三字原誤作小字注文，今據周禮大師改爲正文。

〔一〇〕以合陰陽之聲者　句上原有「謂之八音」，今據周禮大師鄭注删。

〔一一〕地有可明見　「地」原訛「物」，據北宋本、傅校本、明抄本、明刻本改。

〔一二〕其風謂爲明庶　「謂」原脱，據北宋本、傅校本、明抄本、明刻本補。

〔一三〕涼者陰氣也　「氣」原脱，據北宋本、傅校本、明抄本、明刻本補。

〔一四〕他皆倣此　「皆」原訛「物」，據北宋本、傅校本、明抄本、明刻本、王吴本改。

〔一五〕以爲最清　「爲」原作「其」，據禮記月令鄭注及北宋本、傅校本、明刻本改。

〔一六〕應感起物而動　「起」原脱，據禮記樂記補。

〔一七〕賁讀爲憤　「讀」原訛「改」，據禮記樂記鄭注及北宋本、傅校本改。

〔一八〕君子之聽音　「音」下原有「聲」，據禮記樂記删。

〔一九〕建日冬至之聲　「日冬」原倒，據後漢書律曆志上三〇〇〇頁、宋書律曆志上二〇九頁乙正。

〔二〇〕此聲氣之元五音之正也　「氣」原脱，「音」原作「聲」，據後漢書律曆志上三〇〇〇頁、宋書律曆志上二〇九頁補改。

〔二一〕其餘以次運行　「次」原脱，據後漢書律曆志上三〇〇〇頁、宋書律曆志上二〇九頁補。

〔二二〕五音之聲　原作「五聲之音」，據北宋本、傅校本、明刻本乙。

〔二三〕斷兩節之間而吹之以爲黄鍾之宫　「吹之以」原脱，「宫」原訛「管」，據漢書律曆志一上九五九頁補改。

〔二四〕鳳有雄雌　「雄雌」原倒，據北宋本、傅校本、明刻本、王吴本乙。

〔二五〕故還用正聲爲角　「正」原訛「其」，據北宋本、傅校本、明抄本、明刻本改。

〔二六〕蕤賓上生大吕爲角　「角」北宋本、傅校本、明抄本、明刻本作「羽」，疑誤。

〔二七〕其增減之法　「法」原訛「數」，據北宋本、傅校本、明抄本、明刻本改。

〔二八〕合爲六十聲　「爲」原脱，據北宋本、傅校本、明抄本、明刻本補。

〔二九〕倍之爲八寸二百四十三分寸之一百四　「二百四十三」原脱，據周禮大師鄭注、晉書律曆志上四八七頁補。「一」原訛「二」，據周禮大師鄭注、晉書律曆志上及北宋本、傅校本、明抄本、明刻本改。

〔三〇〕倍之爲七寸二千一百八十七分寸之一千七十五　「二千一百八十七」原脱，據周禮大師鄭注、晉書律曆志上四八七頁補。

〔三一〕長四寸六千五百六十一分寸之六千五百二十四　「長四寸六」下原衍「分」，據周禮大師鄭注、晉書律曆志上四八八頁删。

〔三二〕中吕之管　「中吕」原訛「無射」，據周禮大師鄭注、晉書律曆志上四八八頁改。

〔三三〕長三寸萬九千六百八十三分寸之六千四百八十七倍之爲六寸萬九千六百八十三分寸之萬二千九百七十四　「三寸萬九千六百八十三分寸之六千四百八十七倍之爲」及下「之」字並脱，「六寸萬九千」之「九」，原訛「七」，今據周禮大師鄭注、晉書律曆志上四八八頁補改。按：北宋本、傅校本、明抄本、明刻本、王吴本「九」字不誤。

〔三四〕一終於中吕之法　原脱「於」，據北宋本、傅校本、明抄本、明刻本補。

〔三五〕二義云　「二」原作「一」，據北宋本、傅校本、明抄本、明刻本改。

〔三六〕以爲子聲之鐘　「鐘」原訛「中」，據北宋本、傅校本、明抄本、明刻本改。

〔三七〕三寸　「寸」原訛「分」，今訂改。按：黄鍾子聲之管長四寸半，下生林鍾之子聲，三分「四寸半」而去其一分，故林鍾子聲之管長三寸也。

〔三八〕姑洗子聲之律　「子聲之」原無，今據上下文例補。

〔三九〕三寸八十一分寸之十三　「三寸」原訛「三分」，據北宋本、傅校本、明抄本、明刻本改。

〔四〇〕蕤賓上生大吕之子聲三分益一　王吴本、殿本、局本「上」作「下」，「益」作「去」，乃妄改，今據北宋本、傅校本、明抄本改回。明刻本「益」亦訛「去」。按：大吕律長於蕤賓律。大吕律之長是由蕤賓律三分益一上生所得。改爲「下生」「三分去一」，大誤。

〔四一〕四寸二百四十三分寸之五十二　「五十二」原訛「五十一」，據北宋本、傅校本、明刻本改。

〔四二〕大吕下生夷則之子聲三分去一　王吴本、殿本、局本「下」作「上」，「去」作「益」，乃妄改。今據北宋本、傅校本、明抄本、明刻本改回。按：夷則律短於大吕律。夷則律之長，是由大吕律三分去一下生所得。明人改爲「上生」「三分益一」，大誤。清人誤沿之。

〔四三〕夷則上生夾鍾之子聲三分益一　殿本、局本「上」作「下」，「益」作「去」，乃清人妄改。今據北宋本、傅校本、明抄本、明刻本、王吴本改回。

〔四四〕夾鍾下生無射之子聲三分去一　殿本，局本「下」作「上」，「去」作「益」，乃清人妄改。今據北宋本、傅校本、明抄本、明刻本、王吴本回改。

〔四五〕無射上生中吕之子聲三分益一　殿本、局本「上」作「下」，「益」作「去」，乃清人妄改。今據北宋本、傅校本、明抄本、明刻本、王吴本回改。

〔四六〕八十三分寸　「三」原訛「二」，據北宋本、傅校本、明抄本、明刻本改。

〔四七〕黄鍾下生林鍾　「下」北宋本、傅校本、明抄本、明刻本作「六」。

〔四八〕還以六生所得林鍾之管寸數半之　疑「六」當作「下」。

〔四九〕分大小有二十　疑當作「各大小有二十」。

〔五〇〕夫十二律之變至於六十　「至」原脱，據後漢書律曆志上三〇〇〇頁補。

〔五一〕中央一絃下有畫分寸　「央」原訛「使」，「畫」原訛「尺」，據後漢書律曆志上三〇〇一頁改。按：北宋本、傅校本、明抄本、明刻本「央」訛「史」，「畫」訛「盡」。

〔五二〕鑄銅工柴玉巧有意思　「鑄」上原衍「令」，據三國志魏書方技傳八〇六頁删。

〔五三〕新聲發響　「聲」原訛「春」，據三國志高堂隆傳七〇九頁改。

〔五四〕則宫穴也　「穴」原訛「定」，據北宋本、傅校本、明抄本、明刻本、王吴本改。下「徵穴」同。

〔五五〕宫穴　「穴」原訛「宂」，據北宋本、傅校本、明抄本、明刻本、王吴本改。下「隨穴」同。

〔五六〕通受聲廣九寸宣聲長九尺　原「廣」上衍「亮」，據隋書音樂志上二八九頁及北宋本、傅校本、明抄本、明刻本删。「宣聲」原訛脱作「直」，北宋本、傅校本、明抄本、明刻本有「宣」無「聲」，據隋書音樂志上改補。

〔五七〕用二百一十四絲長七尺一寸一分强　「二百一十四」原訛作「百四十二」，「一寸」原訛「二寸」，據隋書音樂志上二八九頁改。

〔五八〕用百九十九絲　下「九」原脱，據隋書音樂志上二八九頁補。

〔五九〕用百八十絲長六尺　「六尺」下原衍「四寸四分」，據隋書音樂志上二八九頁刪。按：北宋本、傅校本、明抄本、明刻本惟衍「四寸」。

〔六〇〕長五尺三寸二分大強　「二分」原訛「三分」，據隋書音樂志上二八九頁改。

〔六一〕用百四十九絲　「四」原訛「二」，據隋書音樂志上二八九頁改。

〔六二〕飲古鐘玉律并周代古鐘　「飲」原訛「敓」，據隋書音樂志上二八九頁及北宋本，傅校本、明刻本改。上「鐘」上原衍「夾」，據隋志删。

〔六三〕雖未能測其機妙　「未」原作「不」，據魏書樂志二八三三頁及北宋本、傅校本、明抄本、明刻本改。

〔六四〕本以代律　「本」原訛「木」，據魏書樂志二八三四頁及北宋本、傅校本、明抄本、明刻本、王吴本改。

〔六五〕若尺寸小長　「小」原作「少」，據魏書樂志二八三四頁及北宋本、傅校本、明抄本、明刻本改。

〔六六〕而商角徵羽以類從之　「羽」原誤倒在「角徵」上，據魏書樂志二八三四頁及北宋本、傅校本、明抄本、明刻本乙。

〔六七〕公孫崇止以十二律聲　「止」原訛「上」，據魏書樂志二八三四頁改。

〔六八〕至於五聲次第　「第」原作「序」，據魏書樂志二八三四頁及北宋本、傅校本、明抄本、明刻本改。

〔六九〕則一任相順　「一任」魏書樂志二八三四頁作「宫徵」。

〔七〇〕若以夷則爲宫　「則爲宫」原涉下而脱，據魏書樂志二八三四頁補。

〔七一〕遂不辨准須柱以不　「不」原訛「下」，據魏書樂志二八三五頁及北宋本、傅校本、明抄本、明刻本改。

〔七二〕致令攬者迎前拱手　「攬」原訛「攪」，據魏書樂志二八三五頁改。「迎前」魏書作「望風」，杜佑避家諱改。

〔七三〕爲十七萬七千一百四十七分　「爲」原作「若」，據魏書樂志二八三五頁及北宋本改。

〔七四〕雖離朱之明　「雖」原脱，據魏書樂志二八三五頁及北宋本、傅校本、明抄本、明刻本、王吴本補。

〔七五〕使入常准尺分之内　「常准」魏書樂志二八三五頁作「准常」。

〔七六〕其准面平直　「面平」原倒，據魏書樂志二八三五頁乙。

〔七七〕中絃下依數畫出六十律清濁之節　「畫」原脱，後漢書律曆志上三〇〇一頁云：「中央一弦，下有畫分寸，以爲六十律清濁之節。」今據以訂補。按：魏書樂志二八三五頁作「盡」，蓋「畫」之形訛。

〔七八〕又凡絃皆須素張　「素」魏書樂志二八三五頁作「豫」，杜氏避代宗諱改。

〔七九〕其瑟調以宫爲主清調以商爲主　「瑟」及下「以」原脱，據魏書樂志二八三五頁補。

〔八〇〕方如錦繡　「方」原脱，據魏書樂志二八三六頁補。

〔八一〕聲則不和　「和」下原衍「平」，據魏書樂志二八三六頁删。

〔八二〕豈必要經師授然後爲奇哉　「爲」原訛「尋」，據魏書樂志二八三六頁改。

〔八三〕蕭寶夤　「夤」原訛「寅」，據北宋本、傅校本、明抄本、明刻本改。

〔八四〕即商聲也　「商」原訛「南吕」，隋書音樂志同。標點本隋書三四六頁據宋史律曆志四改，今從改。

〔八五〕沙侯加濫　「侯」原作「候」，據北宋本、傅校本、明刻本、王吴本改。

〔八六〕侯利箑　「侯」原訛「侯」，據北宋本、傅校本、明抄本、明刻本改。按：隋書音樂志中三四六頁作「侯利箑」。

〔八七〕妙達鍾律偏解八音　「達」原作「通」，「八」原訛「六」，據隋書藝術傳一七八三頁改。按：北宋本、傅校本、明抄本、明刻本作「達」，惟「八」亦訛「六」。

〔八八〕並撰樂譜六十四卷　原「六」在「樂譜」上，據隋書藝術傳一七八四頁乙正。

〔八九〕改絃移柱之變　「絃」原作「絲」，據隋書藝術傳一七八四頁改。

〔九〇〕變化終於千八百聲　「百」原脱，據隋書藝術傳一七八四頁補。

〔九一〕見寶常特創其事　「特」原訛「時」，據隋書藝術傳一七八四頁及北宋本改。

〔九二〕以奉五聲　「奉」原訛「奏」，據隋書音樂志中三四六頁及北宋本、傅校本、明抄本、明刻本改。

〔九三〕今請雅樂黄鍾宫以黄鍾爲調首　「雅」原訛「推」，「樂」及「以黄鍾」原脱，據隋書音樂志中三四七頁改補。

〔九四〕三調之聲　「三調」原涉上而脱，據隋書音樂志中三四七頁補。

〔九五〕寶常又修洛陽舊曲　「曲」原訛「典」，據隋書音樂志中三四七頁改。

〔九六〕周之璧翣　「璧」原訛「壁」，據隋書音樂志中三四七頁及北宋本、傅校本、明刻本改。

〔九七〕是時競爲異議　「競」原訛「竟」，據隋書音樂志中三四七頁及北宋本、傅校本、明抄本、明刻本改。

〔九八〕及奏黄鍾之調　「調」原訛「詞」，據隋書音樂志中三四八頁改。

〔九九〕洋洋和雅甚與我會　隋書音樂志中三四八頁作「滔滔和雅甚與我心會」。

〔一〇〇〕隨十二辰位　「位」原脱，據隋書律曆志上三九四頁補。

〔一〇一〕或灰飛出三五夜而盡　「灰飛」原倒，據隋書律曆志上三九四頁及北宋本、傅校本、明刻本乙。

〔一〇二〕郭金樂　「樂」原脱，據隋書藝術傳一七八五頁補。

〔一〇三〕作翻調安公子曲　「調」原脱，據隋書藝術傳一七八五頁補。

〔一〇四〕以爲搏節　「搏」原訛「樽」，據北宋本、傅校本、明刻本、王吴本改。

〔一〇五〕爲伴侶曲行路聞之　「曲」原脱，「路」下原衍「難」，據貞觀改要卷七、舊唐書音樂志一一〇四一頁補删。

〔一〇六〕其聲具存　「具」原訛「且」，據北宋本、傅校本、明抄本、明刻本改。

〔一〇七〕孝孫以梁陳舊樂　「樂」原訛「業」，據舊唐書音樂志一一〇四一頁、唐會要卷三二改。

〔一〇八〕方澤以林鍾爲宫　「方澤」上原有「郊朝」，今據舊唐書音樂志一一〇四一頁、唐會要卷三二删。

〔一〇九〕朝賀　「朝」原訛「廟」，據舊唐書音樂志一一〇四一頁、唐會要卷三二及北宋本、傅校本、明抄本、明刻本改。

〔一一〇〕凡祭天神奏元和之樂　「元和」舊唐書音樂志一一〇四二頁、新唐書禮樂志一一四六四頁作「豫和」。開元二十九年已改稱「元和」，見舊唐志一〇四四頁。通典例避代宗諱，故不用初稱，用改稱。

〔一一一〕宜以太蔟爲宫　「宜」原訛「並」，據舊唐書音樂志上一〇四二頁及北宋本、傅校本、明抄本、明刻本改。

〔一二〕得月數當十三　「十三」原作「十二枚」，據北宋本、傅校本、明抄本、明刻本改删。

〔一三〕武太后朝以知音直太常　「直」原訛「在」，據北宋本、傅校本、明抄本、明刻本改。

〔一四〕隳殆死　「隳」原作「墜」，據北宋本、傅校本、明抄本、明刻本改。

〔一五〕聞婦珮玉聲　「珮」原脱，據北宋本、傅校本、明抄本、明刻本補。

〔一六〕使夔闇名之　「名」原作「辨」，據北宋本、傅校本、明刻本改。

〔一七〕出懷中錯鑢磬數處　「錯」下原衍「鑛」，「鑢」又訛作「錯」，據北宋本、傅校本、明抄本、明刻本删改。

〔一八〕或有差錯　「差錯」原倒，據舊唐書音樂志一一〇五二頁、唐會要卷三三及北宋本乙。

劉文俊點校　王文錦覆校

通典卷第一百四十四

樂四

權量　八音金一　石二　土三　革四　絲五　木六　匏七　竹八　八音之外又有三　樂懸

權量虞　漢　魏　隋　大唐

虞書曰：「乃同律度量衡。」三代式遵斯制。秦滅學之後，紛綸莫定。

漢書曰：「夫推歷生律制器，規圓矩方，權重衡平，準繩嘉量，探賾索隱，鉤深致遠，莫不用焉。度長短者不失毫釐，量多少者不失圭撮，權輕重者不失黍累。紀於一，協於十，長於百，大於千，衍於萬，其法在算術。宣於天下，小學是則。職在太史，羲和掌之。度者，分、寸、尺、丈、引也，所以度長短也。本起黄鍾之長。以子穀秬黍中者，子，北方。北方黑，謂黑黍也。一黍之廣，度之九十分，〔一〕黄鍾之長。黄鍾，九寸。一爲一分，〔二〕十分爲寸，十寸爲尺，十尺爲丈，十丈爲引，而五度審矣。量者，龠、合、升、斗、斛也，所以量多少也。本起於黃鍾之龠，用度數審其容，以子穀秬黍中者千有二百實其龠，〔三〕以井水準其槩。十龠爲合，十合爲升，十升爲斗，十斗爲斛，而五量嘉矣。權者，銖、兩、斤、鈞、石也，所以稱物平施，知輕重也。本起於黃鍾之重。一龠容千二百黍，重十二銖，兩之爲兩。二十四銖爲兩，十六兩爲斤，三十斤爲鈞，四鈞爲石。權與物鈞而生衡，衡運生規，規圓生矩，矩方生繩，繩直生準，準正則平衡而鈞權矣。是謂五則也。位於北方，太陰爲智，爲水，水曰潤下，智者謀，謀而深，故爲權，北方之義也。大小有准，輕重有數，各應其象，五權謹矣。」

魏初，杜夔造斛，即周禮所謂「嘉量」也。深尺，方尺，實一鬴。音輔。臀一寸，實一豆。耳三寸，實一升。重一鈞。聲中黃鍾。晉氏播遷，亡其彝量。

隋制，前代三升當今一升，三兩當今一兩，一尺二寸當今一尺。

大唐貞觀中，張文收鑄銅斛、秤、尺、升、合，咸得其數。詔以其副藏於樂署。至武延秀爲太常卿，以爲奇翫，以律與古玉尺、玉斗升合獻焉。〔四〕開元十七年，將考宗廟樂，有司請出之。敕惟以銅律付太常，而亡其九管。今正聲有銅律三百五十六，銅斛二，銅秤二，銅甌十四。〔五〕斛左右耳與臀皆正方，積十而登，以至於斛。銘云：「大唐貞觀十年，歲次玄枵，月旅應鍾，依新令累黍尺，定律校龠，成茲嘉量，與古玉斗相符，同律度量衡。協律郎張文收奉敕修定。」秤盤銘云：「大唐貞觀秤，同律度量衡。」匣上有朱漆題「秤尺」二字，尺亡，其跡猶存。以今常用度量校之，尺當六之五，衡皆三之一。一斛，一秤，是文收總章年所造。斛正圓而小，與秤相符也。

八音〔六〕

金一　鐘　棧鐘　鎛　錞于　鐃　鐲　鐸　方響　銅鈸　銅鼓

鐘，世本云：「黃帝工人垂所造。」山海經云：「炎帝之孫鼓延始爲鐘。」又禮記云：「垂之和鐘。」〔七〕鄭玄云：「垂，堯時鐘工。」並未知孰是。〔八〕周禮冬官考工記：「鳧氏爲鐘，兩欒謂之銑，銑，鐘口兩角。銑間謂之于，于上謂之鼓，鼓上謂之鉦，鉦上謂之舞，此四名者，鐘體也。鄭衆云：「于，鐘脣之上袪也。」〔九〕鼓所擊處。」舞上謂之甬，甬上謂之衡。此二名者，鐘柄也。甬，並音勇。鐘懸謂之旋，旋蟲謂之幹。旋屬鐘柄，所以懸之也。鄭衆云：「旋蟲者，旋以蟲爲飾也。」鄭玄謂：「今時旋有蹲熊、盤龍、辟邪。」鐘帶謂之篆，篆間謂之枚，枚謂之景。〔一〇〕帶，所以介其名也。介在于鼓、鉦、舞、甬、衡之間，凡四。鄭衆云：「枚，鐘乳也。」〔一一〕鄭玄云：「今時鐘乳俠鼓與舞，〔一二〕每處有九，四面三十六。」于上之攠謂之隧。攠，所擊之處攠敝也。隧在鼓中，窐而生光，有似夫隧。攠音摩，〔一三〕又莫賀反。窐音烏華反。十分其銑，去二以爲鉦。以其鉦爲之銑間，去二分以爲之鼓間。以其鼓間爲之舞修，去二分以爲舞廣。此言鉦之徑，居銑徑之八分，而銑間與鉦之徑相應。鼓間又居銑徑之六，與舞修相應。舞修，舞徑也。舞上下促，以橫爲修，從爲廣。舞廣四分，今亦去徑之二分，以爲之間，則舞間之方，常居銑之四也。舞間方四，則鼓間六亦其方也。鼓六，鉦六，舞四，此鐘口十者，其長十六也。鐘之大數，以律爲度，廣長與圜徑假設之耳。其鑄之則各隨鐘之制，〔一四〕爲長短大小也。凡言間者，亦爲從篆以分之。鉦間亦當六，今時鐘或無鉦間。以其鉦之長，爲之甬長。并衡數也。以其甬長，爲之圍。參分其圍，去一以爲衡圍。衡居甬上，又小。參分其甬長，二在上，一在下，以設其旋。今衡居一分，則參分旋，亦二在上，一在下，以旋半當甬之中央，是其正。鐘已厚則石，太厚則聲不發。已薄則播，太薄則聲散。侈則柞，側柏反。弇則鬱，聲不舒揚。長甬則振。鐘掉則聲不正。掉音徒弔反。是故大鐘十分其鼓間，以其一爲之厚；小鐘十分其鉦間，以其一爲之厚。言若此則不石不播。鼓鉦之間同方六，而今宜異，又十分之一，猶太厚，皆非也。若言鼓外鉦外，則近之。鼓外二，鉦外一。〔一五〕鐘大而短，則其聲疾而短聞；淺則躁，躁則易竭也。聞音問。下同。鐘小而長，則其聲舒而遠聞。深則安，安難息。爲隧，六分其厚，以其一爲之深而圜之。厚，鐘厚也。深，謂窐之也。其窐圜。爾雅曰：「大鐘曰鏞，中者曰剽，音漂。小者曰棧。」春秋左氏傳曰：景王將鑄無射，無射，鐘名。律中無射。伶州鳩曰：「王其以心疾死乎！伶，樂官也。州鳩，其名。夫樂，天子之職也。職，所主也。夫音，樂之輿也；樂因音而行也。而鐘，音之器也。音由器以發也。天子省風以作樂，省風俗，作樂以移之。器以鐘之，鐘，聚也。以器聚音也。輿以行之。樂須音而行也。小者不窕，窕，細不滿也。窕音他刁反。下同。大者不摦，摦，橫大不入也。摦音户化反。下同。則和於物。物和則嘉成。嘉樂成也。故和聲入於耳而藏於心，心億則樂。億，安也。窕則不感，不充滿人心也。感音户暗反。下同。摦則不容，心不堪容也。〔一六〕心是以感，感實生疾。今鐘摦矣，王心不堪，其能久乎！」

棧鐘，東晉初得，則爾雅所謂鐘小者棧也。小而編次之，曰編鐘。

鎛，如鐘而大。按前代有大鐘，若周之無射，非一，皆謂之鐘。

錞于，古禮器也。錞音淳。圜如碓頭，大上小下。周禮「以金錞和鼓」。宋史云「今人間猶時有其器」，則宋非廟廷所用。〔一七〕廣漢什邡人段祖以錞于獻始興王鑑，其器高三尺六寸六分，圍二尺四寸，圓如筩，音動。銅色黑如漆，甚薄。上有銅馬，以繩縣馬，令去地尺餘，灌之以水，又以器盛水於下，以芒莖當心跪注錞于，〔一八〕以手震芒，則其聲如雷，清響良久乃絶。後周平蜀得之，斛斯徵觀曰：「錞于也。」依干寶周禮注驗之，如其言也。

鐃，如編鐘而無舌，有柄摇之，以止鼓。漢鼓吹曲有鐃歌。釋名曰：「鐃聲鐃鐃也。」〔一九〕

鐲，鉦也。形如小鐘，軍行鳴之，以爲鼓節。周禮「以金鐲節鼓」。〔二〇〕近代有如大銅疊，懸而擊之以節鼓，呼曰鉦。

鐸，大鈴也。周禮「以金鐸通鼓」。三禮圖云：「其匡以銅爲之。木舌爲木鐸，金舌爲金鐸。」

方響，梁有銅磬，蓋今方響之類也。方響，以鐵爲之，修九寸，廣二寸，圓上方下。架如磬而不設業，倚於架上以代鐘磬。人間所用者，纔三四寸。

銅鈸，亦謂之銅盤，出西戎及南蠻。其圓數寸，隱起如浮漚，貫之以韋，相擊以和樂也。南蠻國大者圓數尺，或謂齊穆士素所造，非也。〔二一〕

銅鼓，鑄銅爲之，虛其一面，覆而擊其上。南夷扶南、天竺類皆如此。嶺南豪家則有之，大者廣丈餘。西戎有吹銅角者，長可二尺，形如牛角。〔二二〕

石二　磬　毊

磬，世本云：「叔所造。」不知何代人。又曰：「無句作磬。」古史考曰：「堯時人也。」禮記曰：「叔之離磬。」〔二三〕周禮冬官考工記：「磬氏爲磬，倨句一矩有半，必先度一矩爲句，一矩爲股，而求其弦。既而以一矩有半觸其弦，則磬之倨句也。磬之制有大小，此假矩以定倨句，〔二四〕非用其度耳。其博爲一，博，謂股博也。博，廣也。股爲二，鼓爲三。參分其股博，去一以爲鼓博，以其一爲之厚。鄭衆云：「股，磬之上大者。鼓，其下小者，所當擊也。」鄭玄謂：「股外面，鼓內面也。假令磬股廣四寸半者，股長九寸也，鼓廣三寸，長尺三寸，厚一寸。」已上則摩其旁，鄭衆云：「磬聲太上，則摩鑢其旁。」玄謂：「太上聲清也。薄而廣則濁。」已下則摩其耑。」太下聲濁也。〔二五〕短而厚則清。磬師掌教擊磬，教視瞭也。磬亦編。〔二六〕教縵樂、燕樂之鐘磬。鄭玄云：「縵，謂雜聲之和樂者。學記曰：『不學操縵，不能安絃。』〔二七〕燕樂，房中之樂，所謂陰聲。二樂皆教其鐘磬。」

毊，虛嬌反。爾雅注云：「形似犁錧，以玉石爲之。」〔二八〕書云「泗濱浮磬」，言泗濱石可爲磬。〔二九〕近代出華原也。

土三 塤 缶

塤，許袁反。世本云：「暴辛公所造。」亦不知何代人。周畿内有暴國，豈其時人乎？宋均曰：「爲塤久矣，此掌其官也。」爾雅注曰：「燒土爲之，大如鵝子，銳上，平底，形似秤錘，六孔。小者如雞子。」大者曰嘂。音叫。

缶，說文曰：「瓦器也。所以盛酒漿。秦人鼓之，以節歌也。」爾雅云「盎謂之缶」，注云：「盆也。」〔三〇〕「坎其擊缶」。澠池會，秦王爲趙王擊缶是也。李斯云：「擊甕扣缶，真秦之聲。」〔三一〕

革四 鼓 齊鼓 擔鼓 羯鼓 都曇鼓 毛員鼓 荅臘鼓 雞樓鼓 正鼓 節鼓 撫拍 雅

鼓，世本云：「夷作鼓。」以桴擊之曰鼓，以手搖之曰鞉。周禮地官：「鼓人掌教六鼓四金之音聲，以節聲樂，以和軍旅，以正田役。音聲，五聲合和者。教爲鼓，而辨其聲用：教爲鼓，教擊鼓者大小之數，又別其聲而用事也。以雷鼓鼓神祀，雷鼓，八面鼓。神祀，祀天神也。以靈鼓鼓社祭，靈鼓，六面鼓。社祭，祭地祇也。〔三二〕以路鼓鼓鬼享，路鼓，四面鼓也。鬼享，享宗廟也。以鼖鼓鼓軍事，大鼓謂之鼖鼓。〔三三〕鼖鼓，長八尺。鼖音扶云反。以鼛鼓鼓役事，鼛鼓，長丈二尺。鼛音古刀反。以晉鼓鼓金奏。」晉鼓，長六尺六寸。金奏，謂樂作擊編鐘。〔三四〕冬官考工記：「韗人爲皋陶，鄭衆云：「韗，書或爲鞠。皋陶，鼓木也。」鄭玄謂：「鞠者，以皐陶名官。〔三五〕鞠，從革耳。」韗音運，鞠音陶。長六尺有六寸，左右端廣六寸，中尺，厚三寸，板中廣頭狹爲穹隆。鄭衆云：「謂鼓木一判者，其兩端廣六寸，而中央廣尺，如此乃得有腹。」穹者三之一，鄭衆云：「穹讀爲志無空邪之空，謂鼓木腹穹隆者居鼓三之一。」鄭玄：「讀如穹蒼之穹。穹隆者居鼓面三分之一，〔三六〕則其鼓四尺者，版穹一尺三寸三分寸之一，倍之爲二尺六寸三分寸之二，加鼓四尺，穹之徑六尺六寸三分寸之二，此鼓合二十版也。」〔三七〕上三正，鄭衆云：「謂兩頭一平，中央一平。」鄭玄謂：「三讀當爲參，正，直也。〔三八〕參直者，穹上一直，兩端又直，各居二尺二寸，不弧曲也。此鼓兩面，以六鼓差之。賈侍中云，晉鼓大而短，近晉鼓也。以晉鼓鼓金奏。」鼓長八尺，鼓四尺，中圍加三之一，謂之鼖。中圍加三之一者，加於面之圍以三分之一也。面四尺，其圍十二尺，加以三分一四尺，則中圍十六尺，徑五尺三寸三分寸之一也。今亦合二十版，則版穹六寸三分寸之二。大鼓謂之鼖。以鼖鼓鼓軍事。〔三九〕鄭衆云：「鼓四尺，謂革所蒙者廣四尺。」爲皐鼓，長尋有四尺，鼓四尺，倨句磬折。以皐鼓鼓役事。磬折，中曲之不參正也。中圍與鼖鼓同，以磬折爲異。凡冒鼓，必以啟蟄之日，啟蟄，孟春之中。蟄蟲始聞雷聲而動，鼓所取象也。〔四〇〕冒，蒙鼓以革也。良鼓瑕如積環。〔四一〕革調急也。〔四二〕鼓大而短，則其聲疾而短聞；音問。下同。小而長，則其聲舒而遠聞。」禮記云：「夏后之鼓足，殷楹鼓，周懸鼓。」足，謂四足也。楹，謂之柱貫中上出也。懸，懸之簨簴。詩殷頌曰：「植我鼗鼓。」周頌曰：「應朄懸鼓。」朄，以刃反。應鼓在大鼓側，以和大鼓。小鼓有柄曰鞀，音桃。大鞀謂之鞞，月令「仲夏修鞀、鞞」是也。〔四三〕然則鞀、鞞，即鞉類也。帝王世紀曰：「帝嚳命垂作鞞。」又有鼉鼓焉。

近代有腰鼓，大者瓦，小者木，皆廣首而纖腹。

齊鼓，如漆桶，大一頭，〔四四〕設齊於鼓面如麝齊，故曰齊鼓。

擔鼓，如小甕，先冒以革而漆之。

羯鼓，正如漆桶，兩頭俱擊。以出羯中，故號羯鼓，亦謂之兩杖鼓。

都曇鼓，似腰鼓而小，以槌擊之。

毛員鼓，似都曇而稍大。

荅臘鼓，制廣羯鼓而短，以指揩之，其聲甚震，俗謂之揩鼓。

雞樓鼓，正圓，而首尾可擊之處，平可數寸。

正鼓、和鼓者，一以正，一以和，皆腰鼓也。

節鼓，狀如博局，中開圓孔，適容其鼓，擊之以節樂也。節，不知誰所造。傅玄節賦云：「黃鐄唱歌，〔四五〕九韶興舞。口非節不詠，手非節不拊。」此則所從來亦遠矣。鐄音橫。

撫拍，以韋爲之，實之以糠，撫之以節樂也。

雅，周禮春官：「笙師掌教雅，〔四六〕以教祴樂。」教，教視瞭也。鄭衆曰：「雅狀如漆筩而弇口，大二圍，長五尺六寸，以羊韋鞔之，〔四七〕有兩紐疏畫之。」賈公彦云：「長疏而畫之，賓醉而出奏祴夏，以此器築地爲之行節，明不失禮。」祴，鼓來反。

絲五　琴　瑟　筑　箏　琵琶　阮咸　箜篌

琴，世本云：「神農所造。」琴操曰：「伏羲作琴，所以修身理性，反其天真。」白虎通曰：「琴，禁也，禁止於邪，以正人心也。」廣雅曰：「琴長三尺六寸六分，象三百六十六日；五弦象五行。〔四八〕大絃爲君，寬和而温；小絃爲臣，清廉不亂。文王、武王加二絃，以合君臣之恩也。」琴操曰：「廣六寸，象六合也。」又：「上曰池，言其平；〔四九〕下曰濱，言其服。前廣後狹象尊卑，上圓下方象天地。」一絃琴十有二柱，柱如琵琶。擊琴，柳惲所作。惲嘗爲文詠，思有所屬，摇筆誤中琴絃，因爲此樂。以管承絃，又以片竹約而束之，使絃急而聲亮，舉以擊之，以爲節曲。楊雄琴清英曰：「舜彈五絃之琴，而天下化；堯加二絃，以合君臣之恩。」桓譚新論曰：「五絃，第一絃爲宮，其次商、角、徵、羽，文王、武王各加一絃，以爲少宮、少商。」説者不同。又琴之始作，或云伏羲，或云神農，諸家所説，莫能詳定。爾雅曰：「大琴謂之離。」二十七絃。今無其器。齊桓公曰「號鐘」，楚莊曰「繞梁」，相如曰「緑綺」，伯喈曰「焦尾」，而傅玄琴賦云非伯喈也。一云「焦尾」，蔡邕琴。

瑟，世本云：「庖羲作，五十絃。黄帝使素女鼓瑟，哀不自勝，乃破爲二十五絃，具二均聲。」爾雅曰：「大瑟謂之灑。」禮圖舊云：「雅瑟，長八尺一寸，廣一尺八寸，二十三絃。其常用者，十九絃。頌瑟，長七尺二寸，廣尺八寸，二十五絃，盡用之。」易通卦驗曰：「人君冬至日，使八能之士，鼓黄鐘之瑟，〔五〇〕瑟用槐木，長八尺一寸；夏至日，瑟用桑木，長五尺七寸。」〔五一〕槐取氣上也。桑取氣下也。

筑，不知誰所造也。史籍唯云高漸離善擊筑，漢高祖過沛所擊。釋名曰：「筑，以竹鼓之也。」似箏，細項。按今制，身長四尺三寸，項長三寸，圍四寸五分，頭七寸五分，上闊七寸五分，下闊六寸五分。

箏，秦聲也。傅玄箏賦序曰：「代以爲蒙恬所造。今觀其器，上崇似天，下平似地，中空准六合，絃柱擬十二月，設之則四象在，〔五二〕鼓之則五音發，斯乃仁智之器，豈蒙恬亡國之臣能關思哉！」今清樂箏並十有二絃，他樂皆十有三絃。軋箏以片竹，潤其端而軋之。彈箏用骨爪，長寸餘，以代指。

琵琶，傅玄琵琶賦曰：「漢遣烏孫公主嫁昆彌，念其行道思慕，故使工人裁箏、筑，爲馬上之樂。今觀其器，中虛外實，天地象也；盤圓柄直，陰陽敍也；柱十有二，配律呂也；四絃，法四時也。以方俗語之曰琵琶，取其易傳於外國也。」風俗通曰：「以手琵琶，因以爲名。」釋名曰：「推手前曰批，引手却曰把。」杜摯曰：「秦苦長城之役，百姓絃鼗而鼓之。」並未詳孰實。其器不列四廂。今清樂奏琵琶，俗謂之「秦漢子」，圓體修頸而小，疑是絃鼗之遺制。傅玄云：「體圓柄直，柱有十二。」其他皆充上銳下，〔五三〕曲項，形制稍大，本出胡中，俗傳是漢制。兼似兩制者，謂之「秦漢」，蓋謂通用秦、漢之法。梁史稱侯景之害簡文也，使太樂令彭雋齎曲項琵琶就帝飲，則南朝似無曲項者。五絃琵琶，稍小，蓋北國所出。舊彈琵琶，皆用木撥彈之，大唐貞觀中始有手彈之法，今所謂搊琵琶者是也。風俗通所謂以手琵琶之，知乃非用撥之義，豈上代固有搊之者？手彈法，近代已廢，自裴洛兒始爲之。

阮咸，亦秦琵琶也，而項長過於今制，列十有三柱。武太后時，蜀人蒯朗於古墓中得之，晉竹林七賢圖阮咸所彈與此類同，因謂之阮咸。咸，晉世實以善琵琶、知音律稱。〔五四〕蒯朗初得銅者，時莫有識之。太常少卿元行沖曰：「此阮咸所造。」乃令匠人改以木爲之，聲甚清雅。

箜篌，漢武帝使樂人侯調所作，以祠太一。〔五五〕或云侯暉所作。其聲坎坎應節，謂之坎侯，聲訛爲空侯。侯者，因樂工人姓耳。古施郊廟雅樂，近代專用於楚聲。宋孝武大明中，吴興沈懷遠被徙廣州，造繞梁，其器與箜篌相似。懷遠亡，其器亦絶。或謂師延靡靡樂，非也。舊説一依琴制。今按其形，似瑟而小，七絃，〔五六〕用撥彈之，如琵琶也。

豎箜篌，胡樂也。漢靈帝好之。體曲而長，二十二絃，〔五七〕豎抱於懷中，用兩手齊奏，俗謂之擘箜篌。鳳首箜篌，頸有軫。〔五八〕

木六　柷敔　舂牘　拍板

柷，敔，不知誰所造。樂記曰：「聖人作爲椌、楬。」〔五九〕謂柷、敔也。椌，苦江反。楬，苦八反。柷如漆桶，方二尺四寸，深一尺八寸，中有椎柄，連底，旁開孔。内手於中擊之，以舉樂。敔狀如伏虎，背上有二十七鉏鋙。碎竹以擊其首而逆戞之，以止樂。

舂牘，周制，春官笙師掌教舂牘，以教裓樂。〔六〇〕鄭衆曰：「舂牘，以竹大五六寸，長七尺，短者一二尺，其端有兩空髹畫，以兩手築地。賓醉而出，以節之。」髹音許牛反。〔六一〕虛中如筩，無底，舉以頓地如舂杵，〔六二〕亦謂之「頓相」。相，助也，以節樂也。或謂梁孝王築睢陽城，擊鼓爲下杵之節。睢陽操用舂牘，後代因之。

拍板，長闊如手，重十餘枚，以韋連之，擊以代抃。抃，擊其節也。情發於中，手抃足蹈。抃者，因其聲以節舞。龜茲伎人彈指爲歌舞之節，亦抃之意也。

匏七笙 竽

笙，世本云：「隨作笙。」未知其何代人也。禮記曰：「女媧之笙簧。」説文云：「笙，正月之音。物生，故謂之笙。十三簧，象鳳之身。」列管匏内，施簧管端。宫管在中央。三十六簧曰竽，宫管在左旁。十九簧至十三簧曰笙。其他皆相似也。「大笙謂之巢，〔六三〕小笙謂之和」。詩傳云「吹笙則簧鼓矣」，蓋笙中之簧也。周禮春官大司樂：「笙師掌教歙竽笙。」鄭衆云：「竽三十六簧，笙十三簧。教，教視瞭也。」〔六四〕歙音吹。爾雅曰：「笙十九簧者曰巢，十三簧者曰和。」漢章帝時，零陵文學奚景於舜祠得笙，白玉管。後代易之以竹耳。釋名曰：「笙，生也，象物貫地而生。竹之貫匏，〔六五〕以匏爲之，故曰匏。」

竽，亦笙也。今之笙竽，以木代匏而漆，殊愈於匏。荆梁之南，尚仍古制。南蠻笙則是匏，其聲甚劣。

竹八 簫 管 篪 七星 籥 笛 篳篥 笳 角

簫，世本曰：「舜所造。」其形參差，象鳳翼，十管，長二尺。爾雅曰：「編二十三管，長一尺四寸者曰䇾；音言。十六管，長尺二寸者曰筊。」音交。凡簫一名籟。前代有洞簫，今無其器。蔡邕曰：「簫，編竹有底。大者二十三管，小者十六管。長則濁，短則清。以蜜蠟實其底而增減之，則和。」然則邕時無洞簫矣。

管，爾雅曰：「長尺，圍寸，併漆之，有底。」「大者曰簥。音嬌。中者曰篞。乃結反。小者曰篎。」音妙。古者以玉爲管，舜時西王母獻白玉琯是也。〔六六〕月令：「均琴、瑟、管、簫。」蔡邕章句曰：「管者，形長尺，圍寸，有孔無底。其器今亡。」說文曰：「管如篪，六孔，十二月之音。」詩云：「嘒嘒管聲。」周禮：「孤竹之管，於圓丘奏之；孫竹之管，於方丘奏之；陰竹之管，於宗廟奏之。」鄭玄云：「孤竹，竹特生者也。孫竹，竹枝根之末生者。陰竹，生於山北者。」

篪，世本云：「暴新公所造。」舊志云一曰管，非也。雖不知暴新公何代人，而非舜前人明矣。舜時西王母獻琯，則是已有此器，新公安得造篪乎？爾雅曰：「大篪謂之沂。」音銀。篪，以竹爲之，長尺四寸，圍三寸，一孔，上出寸三分，名曰翹，横吹之。小者尺二寸。廣雅云「八孔」。今有胡吹，非雅器也。蔡邕月令章句云：「篪，竹也，六孔，有距，横吹之。」詩云：「仲氏吹篪。」

七星，不知誰所作。其長盈尋。

籥，不知誰所造。〔六七〕按禮記「葦籥，伊耆氏之樂」，則伊耆已有籥矣。周禮有籥師，掌教國子秋冬吹籥。歷代文舞之樂所執羽籥是也。蓋詩所謂「左手執籥，〔六八〕右手秉翟」。爾雅云：「籥如笛，三孔而短小。」廣雅云：「七孔。大者曰産，中者曰仲，小者曰箹。」中音丁仲反。箹音握。

笛，馬融長笛賦「此器起於近代，出於羌中，京房備其五音」，又稱「丘仲工其事」，不言所造。風俗通曰：「丘仲造笛，長尺四寸，七孔，武帝時人。後更有羌笛。」二説不同，未詳孰實。今横笛去觜。其加觜者，謂之義觜笛。按横笛，小篪也。〔六九〕漢靈帝好胡笛。宋書云「有胡篪出於胡吹」，〔七〇〕即謂此。梁胡吹歌云：〔七一〕「快馬不須鞭，拗折楊柳枝。〔七二〕下馬吹横笛，愁殺路旁兒。」此歌詞元出於北國，知横笛是北名也。

篳篥，本名悲篥，出於胡中，其聲悲。〔七三〕或云，儒者相傳，胡人吹角以驚馬。後乃以笳爲首，〔七四〕竹爲管。

笳，杜摯有笳賦云：「李伯陽入西戎所造。」晉先蠶儀注：「車駕住，吹小箛；發，吹大箛。」箛即笳也。又有胡笳。〔七五〕漢書筝笛録有其曲，不記所出本末。

角，書記所不載。或出羌胡，以驚中國馬。馬融又云出吴越。

八音之外又有三

一、桃皮。東夷有卷桃皮，似篳篥也。二、貝。大蠡也，容可數升。並吹之以節樂。

亦出南蠻。三、葉。銜葉而嘯，其聲清震。橘柚尤善。或云卷蘆葉爲之，形如笳首也。

樂懸 周 漢 魏 宋 梁 隋 大唐

周禮春官：「大司樂掌凡樂事，〔七六〕大祭祀宿懸，遂以聲展之。」叩聽其聲，具陳次之，〔七七〕以知完不。小胥「正樂懸之位，王宮懸，諸侯軒懸，卿大夫判懸，士特懸，辨其聲。樂懸，謂鐘磬之屬懸於筍簴者。鄭衆云：「宮懸四面懸，〔七八〕軒懸去其一面，判懸又去其一面，特懸又去其一面。四面象宮室四面有牆，故謂之宮懸。軒懸三面，其形曲，故春秋傳曰「請曲懸繁纓以朝」，〔七九〕諸侯之禮。」玄謂：「軒懸去南面，避王也。判懸左右之合，又空北面。特懸懸於東方，或於階間而已。」凡懸鐘磬，半爲堵，全爲肆。」鐘磬者，編懸之，二八十六枚而在一簴，謂之堵。鐘一堵，磬一堵，爲之肆。半之者，謂諸侯之卿大夫士也。〔八〇〕諸侯之卿大夫半天子之卿大夫，西懸鐘，東懸磬。士亦半天子之士，懸磬而已。鄭衆云：「以春秋傳曰歌鐘二二肆。」故孔子之堂，聞金石之音；魏絳之家，有鐘磬之樂。

漢丞相田蚡，扶粉反。前庭羅鐘磬，置曲旃。光武又賜東海恭王鐘簴之樂，即漢代人臣尚有金石樂。漢樂歌云「高張四懸，神來燕饗」，謂宮懸也。漢儀云「高廟撞千石之鐘十枚」，即上林賦所謂「撞千石之鐘，立萬石之簴」也。鐘當十二，而此十枚，未識其義。議者皆言漢代不知用宮懸。按漢章、和代實用旋宮，漢代羣儒備言其義，牛弘、祖孝孫所由準的，知漢代之樂爲最備矣。後漢則亡矣。

魏杜夔修雅樂，稍備。遭晉喪亂，江左金石不具。本史云，至孝武帝太元中，破苻堅，獲樂工楊蜀等，正四廂樂，金石始備。

宋文帝元嘉中，鍾宗之更調金石。十四年，〔八一〕奚縱之又改之。晉及宋、齊，懸鐘磬大準相似，皆十六架。黃鍾之宮：北方，北面，編磬起西，其東編鐘，衡大於鎛，不知何代所作，其東鎛鐘。太蔟之宮：東方，西面，起北。蕤賓之宮：南方，北面，起東。姑洗之宮：西方，東面，起南。所次皆如北面。〔八二〕設建鼓於四隅，懸內四面，各有柷敔。諸家著晉史者，皆言太元四年，四廂金石大備。其實樂府止有黃鍾、姑洗、蕤賓、太蔟四格而已。六律不具，何謂四廂？備樂之文，其義焉在？

梁去衡鐘，設十二鎛鐘，〔八三〕各依辰位，而應其律。每一鎛鐘，則設編鐘磬各一簴，〔八四〕合三十六架。植建鼓於四隅。元正大會備用之。

隋參用儀禮及尚書大傳，〔八五〕爲宮懸陳布之法。北方北向，應鍾起西，磬次之，黃鍾次之，林鍾次之，大呂次之，皆東陳。一建鼓在其東，東鼓。東方西向，太蔟起北，磬次之，夾鍾次之，姑洗次之，皆南陳。一建鼓在其南，東鼓。〔八六〕南方北向，中呂起東，黃鍾次之，蕤賓次之，磬次之，林鍾次之，皆西陳。一建鼓在其西，西鼓。西方東向，夷則起南，鍾次之，南呂次之，磬次之，無射次之，皆北陳。一建鼓在其北，西鼓。大射，則徹北面而加鉦鼓。又准儀禮，宮懸四面設鎛鐘十二簴，各依辰位。又甲、丙、庚、壬位各設鐘一簴，〔八七〕乙、丁、辛、癸位各陳磬一簴。共爲二十簴。其宗廟殿庭郊丘社並同。樹建鼓於四隅，以象二十四氣。依月爲均，四廂同作，蓋取毛詩傳曰「四懸皆同」之義。古者鎛鐘據儀禮擊爲節檢，而無合曲之義。又大射有二鎛，皆亂擊焉，乃無成曲之理。依後周以十二鎛相生擊之，聲韻克諧。

大唐造蓬萊宮成，充庭七十二架。武后還東都，乃省之。皇后庭、諸后廟及郊祭並二十架，〔八八〕同舞八佾。先聖廟及皇太子朝廟並九架，舞六佾。懸間設柷敔各一，柷於左，敔於右。錞于、撫拍、頓相、鐃、鐸次列於路鼓南。舞人列於懸北。〔八九〕登歌二架，登於堂上兩楹之前。編鐘在東，編磬在西。登歌工人坐堂上，竹人立堂下。殿庭加設鼓吹於四隅。燕享陳清樂、西涼樂。架對列於左右廂，設舞筵於其間。舊皇后庭但設絲管，隋大業尚侈，始置鐘磬，猶不設鎛鐘，以鎛磬代。武太后稱制，用鐘，因而莫革。〔九〇〕

開元中太樂曲制：凡天子宮懸，太子軒懸。宮懸之樂，〔九一〕鎛鐘十二，編鐘十二，編磬十二，凡三十有六簴。宗廟與殿庭同。郊丘社稷則二十簴，〔九二〕面別去編鐘磬各二簴。〔九三〕東方西方，磬簴起北，鐘簴次之；南方北方，磬簴起西，鐘簴次之。鎛鐘在於編懸之間，各依辰位。四隅建鼓，左柷右敔。又設笙、竽、笛、簫、篪、塤，繫於編鐘之下；偶歌琴、瑟、箏、筑，繫於編磬之下。其在殿庭前，則加鼓吹十二案於建鼓之外，羽葆之鼓、大鼓、金錞、歌簫笳置於其上焉。又設登歌鐘、磬、〔九四〕節鼓、琴、瑟、箏、筑於堂上，笙、笳、簫、篪、塤於堂下。宮懸登歌工人，皆介幘，朱連裳，革帶，烏皮履。鼓人及階下工人皆武弁，朱褠衣，〔九五〕革帶，烏皮履。若在殿庭，加白練褡襠，白布襪。〔九六〕鼓吹工人亦如之。軒懸之樂，去其南面鎛鐘、編鐘、編磬各三，〔九七〕凡九簴，設於辰丑申之位，三建鼓亦如之，餘如宮懸之制。凡宮懸、軒懸之作，奏二舞以爲衆樂之容：一曰文舞，二曰武舞。宮懸之舞八佾，軒懸之舞六佾。文舞之制，左執籥，右執翟，二人執纛以引之。文舞六十四人，供郊廟，服委貌冠，玄絲布大袖，白練領褾，白紗中單，絳領褾，絳布大口袴，革帶，烏皮履，白布襪。其執纛人衣冠各同。文舞謂之九功。武舞之制，左執干，右執鏚，二人執旌居前，二人執鼗，二人執鐸，四人持金錞，二人奏之，二人執鐃以次之，二人執相在左，二人執雅在右。武舞六十四人，供郊廟，服平冕，〔九八〕餘同文舞。若供殿庭，服武弁，平巾幘，金支緋絲布大袖，裲襠，甲金飾，白練褡襠，錦騰蛇起梁帶豹文大口布袴，烏布鞾。〔九九〕其執旌人衣冠各同當色舞人，餘同工人也。武舞謂之七德。凡簨簴，飾以崇牙、旒蘇、樹羽。宮懸每架則金五博山，軒懸則金三博山。鼓承以花趺，覆以華蓋。樂懸橫曰簨，竪曰簴，飾簨以飛龍，飾趺以飛廉，鐘簨以鷙獸，磬簴以鷙鳥。上列樹羽，〔一〇〇〕旁懸旒蘇，周制也。懸以崇牙，殷制也。飾以博山，後代所加也。凡樂器之飾，天地之神尚赤，宗廟及殿庭尚彩，東宮亦赤。〔一〇一〕凡中宮之樂，則以大磬代鐘鼓，餘如宮懸之制。〔一〇二〕凡磬，天地之神用石，宗廟及殿庭用玉。凡有事於天神用雷鼓、雷鼗，地神用靈鼓、靈鼗，〔一〇三〕宗廟及帝社用路鼓、路鼗，〔一〇四〕皆建於宮懸之內。凡大燕會，〔一〇五〕設十部之伎於庭，以備華夷：一曰燕樂伎，有景雲之舞，慶善樂之舞，破陣樂之舞，承天樂之舞；二曰清樂伎；三曰西涼伎；四曰天竺伎；五曰高麗伎；六曰龜茲伎；七曰安國伎；八曰疎勒伎；九曰高昌伎；十曰康國伎。其十部所用工人、樂器，在清樂及四方樂篇中。每先奏樂三日，太樂令宿設懸於庭。其日，率工人入居次。協律郎舉麾，樂作；仆麾，樂止。文舞退，武舞進。

校勘記

〔一〕度之九十分　「分」原訛「黍爲」，據漢書律曆志上九六六頁及北宋本、傅校本、明抄本、明刻本改。

〔二〕一爲一分　「爲」原訛「謂」，據漢書律曆志上九六六頁及諸本改。

〔三〕以子穀秬黍中者千有二百實其龠　「以」原脱，據漢書律曆志上九六七頁及北宋本、傅校本、明抄本、明刻本、王吴本補。

〔四〕以律與古玉尺玉斗升合獻焉　「玉尺」原脱，據北宋本、傅校本、明抄本、明刻本補。

〔五〕銅甌十四　「甌」原訛「瓴」，據北宋本、傅校本、明抄本改。

〔六〕八音 原無，據北宋本、傳校本、明刻本卷首目録增。

〔七〕垂之和鐘 「和」原脱，據禮記明堂位及北宋本、傳校本、明抄本、王吴本補。

〔八〕並未知孰是 「並」原脱，據北宋本、傳校本、明抄本、王吴本補。

〔九〕鐘唇之上祛也 「脣」原訛「臀」，據考工記鳧氏鄭注及北宋本、傳校本、明抄本改。

〔一〇〕枚謂之景 「枚」下原誤衍「間」，據考工記鳧氏删。

〔一一〕枚鐘乳也 原「鐘」下衍「穴」，據考工記鳧氏鄭注删。

〔一二〕今時鐘乳俠鼓與舞 「俠」原訛「狹」，據考工記鳧氏鄭注及北宋本改。按：俠同夾。

〔一三〕攠音摩 「摩」原訛「靡」，據考工記鳧氏鄭注及北宋本、傳校本、明抄本、明刻本、王吴本改。

〔一四〕其鑄之則各隨鐘之制 「其鑄之」原訛作「其銑之形」，據考工記鳧氏鄭注改删。

〔一五〕鼓外二鉦外一 「鼓」原誤在「一」下，據考工記鳧氏鄭注及北宋本、傳校本、明抄本、王吴本移上。

〔一六〕心不堪容也 「堪」原脱，據左傳昭公二十一年杜注及北宋本、傳校本、明抄本補。

〔一七〕則宋非廟廷所 「廟」原訛「朝」，據舊唐書音樂志二一〇七八頁及北宋本改。

〔一八〕以芒莖當心跪注錞于 「莖」原脱，據南齊書高祖十二王傳六二九頁補。

〔一九〕鐃聲鐃鐃也 「鐃鐃」原作「譊譊」，清人妄改。今據釋名釋樂器及北宋本、傳校本、明抄本、明刻本、王吴本改回。

〔二〇〕以金鐲節鼓 「以」下原衍「爲」，據周禮鼓人及北宋本删。

〔二一〕或謂齊穆士素所造非也　「士」原訛「王」，「非也」原脱，據舊唐書音樂志二一〇七八頁改補。按：北宋本「所造」下空白。

〔二二〕形如牛角　「牛」原脱，據舊唐書音樂志二一〇七九頁補。

〔二三〕古史考曰堯時人也禮記曰叔之離磬　「禮記」原在「古史」下，誤。今據北宋本、傅校本乙正。

〔二四〕此假矩以定倨句　「此假」原誤倒，據考工記磬氏鄭注及北宋本乙。

〔二五〕太下聲濁也　「太」原訛「已」，據考工記磬氏鄭注及北宋本、傅生本、明抄本改。

〔二六〕磬亦編　原作「磬亦編如鐘」，北宋本、傅校本、明抄本、明刻本作「磬亦編於鐘」，周禮磬師注作「於」，「如」爲後人臆改。按：周禮原文作「磬師掌教擊磬擊編鐘」，鄭注云：「教，教視瞭也。磬亦編，於鐘言之者，鐘有不編者，鐘師擊之。」杜佑誤讀鄭注，故摘引爲「磬亦編於鐘」。今刪正。

〔二七〕縵謂雜聲之和樂者學記曰不學操縵不能安絃　「雜」原訛「絲」，「學記曰」原脱，據周禮磬師鄭注及北宋本、傅校本、明抄本改補。

〔二八〕爾雅注云形似犂錧以玉石爲之　原脱「注」。按：「形似犂錧，以玉石爲之」九字，乃郭璞注，非爾雅正文，今訂補「注」字。下同。

〔二九〕言泗濱石可爲磬　「言」原脱，據舊唐書音樂志二一〇七八頁補。

〔三〇〕爾雅云盎謂之缶注云盆也　「盎謂之缶注云」原脱，據北宋本、傅校本、明抄本補。

〔三一〕真秦之聲　「真」原訛「者」，據史記李斯傳二五四四頁及北宋本、傅校本、明抄本改。

〔三三〕社祭祭地祇也　原脱一「祭」，據周禮鼓人鄭注補。

〔三三〕大鼓謂之鼖鼓　六字原脱，據周禮鼓人鄭注及北宋本、傅校本、明抄本、王吳本補。

〔三四〕金奏謂樂作擊編鐘　「金」原脱，據周禮鼓人鄭注補。

〔三五〕鄭玄謂鞠者以皋陶名官　「鄭」下九字原脱，據考工記韗人鄭注及北宋本、傅校本、明抄本、王吳本補。

〔三六〕穹隆者居鼓面三分之一　「隆」「分」原脱，據考工記韗人鄭注補。

〔三七〕此鼓合二十版也　「二十」原誤倒，據考工記韗人鄭注乙。

〔三八〕正直也　原「正」上有「言」，非。據考工記韗人鄭注删。

〔三九〕以鼖鼓鼓軍事　「以鼖」原脱，據考工記韗人鄭注及北宋本、傅校本、明抄本補。

〔四〇〕鼓所取象也　原作「鼓乃所以取象」，明刻本、王吳本、殿本同。北宋本、傅校本、明抄本作「鼓可所以取象」。今據考工記韗人鄭注删改。

〔四一〕良鼓瑕如積環　「良」原訛「革」，據考工記韗人及北宋本改。

〔四二〕革調急也　「調」原訛「謂」，據考工記韗人鄭注改。

〔四三〕月令仲夏修鞀鞞是也　「夏」原訛「春」，據禮記月令及宋書樂志一五五五頁改。

〔四四〕大一頭　「一」原脱，據舊唐書音樂志二一〇七九頁補。

〔四五〕黄鐄唱歌　「黄鐄」原作「鐄鐘」，據北宋本、傅校本、明刻本、王吳本改。按：宋書樂志一五五五頁及明抄本作「黃鐘」。

〔四六〕笙師掌教雅　原「雅」上有「應」，據北宋本、傅校本、明抄本、明刻本、王吴本刪。

〔四七〕以羊韋鞔之　「韋」原作「革」，據周禮笙師鄭注及北宋本改。

〔四八〕五弦象五行　此五字原脱，據北宋本、傅校本、明抄本、明刻本、王吴本補。

〔四九〕又上曰池言其平　北宋本、傅校本、明抄本、明刻本、王吴本「又」作「文」，無「其」字。

〔五〇〕鼓黃鐘之瑟　「瑟」原訛「琴」，據北宋本改。

〔五一〕瑟用桑木長五尺七寸　「瑟」原訛「琴」，據文獻通考卷一三七改。「木長」原訛「本木」，據諸本改。

〔五二〕設之則四象在　「在」原訛「柱」，據北宋本、傅校本、明抄本改。按：御覽卷五七六也作「在」。

〔五三〕其他皆充上鋭下　明刻本、王吴本、殿本及舊唐書音樂志二一〇七六頁同。北宋本、傅校本及文獻通考卷一三七「充」作「兑」。

〔五四〕晉世實以善琵琶知音律稱　「晉」原脱，據舊唐書音樂志二一〇七六頁補。

〔五五〕侯調所作以祠太一　「作」原作「造」，「祠」原作「祀」，據北宋本改。

〔五六〕七絃　「七」原脱，據舊唐書音樂志二一〇七六頁補。

〔五七〕二十二絃　舊唐書音樂志二一〇七七頁、文獻通考卷一三七及傅校本、明刻本、殿本同。北宋本、明抄本、王吴本作「二十三絃」。

〔五八〕頸有軫　原「頸」上有「篌」，據北宋本刪。按：舊唐書音樂志二一〇七七頁作「有項如軫」。

〔五九〕聖人作爲椌楬　「作」原脱，據禮記樂記及北宋本補。

〔六〇〕春官笙師掌教舂牘以教祴樂　原「舂牘」下有「應雅」，與此項内容無關，今據北宋本、傅校本删。然北宋本、傅校本「掌舂牘」亦無，非是。

〔六一〕鄭衆曰至髹音許牛反　此條注文原誤置「虚中如筒無底舉」下，今據周禮笙師經注移前。又「兩手築地」下原有「應長六尺五寸」，「髹」下無「音」，乃後人擅自增删，今據北宋本、傅校本删補。

〔六二〕虚中如筒無底舉以頓地如舂杵　「以頓地如」原脱，據舊唐書音樂志二一〇七五頁、御覽卷五八四補。

〔六三〕大笙謂之巢　「巢」原訛「簧」，據爾雅釋樂、宋書樂志一五五七頁改。

〔六四〕教視瞭也　「教」下原衍「之」，據北宋本、傅校本删。

〔六五〕竹之貫匏　原訛作「竹母曰匏」，據爾雅釋樂改。

〔六六〕舜時西王母獻白玉琯是也　「玉」原脱，據宋書樂志一五五七頁補。

〔六七〕不知誰所造　「造」原作「作」，據宋書樂志一五五八頁及北宋本改。

〔六八〕蓋詩所謂左手執籥　「蓋」原脱，據宋書樂志一五五八頁及北宋本補。

〔六九〕按横笛小篪也　「按」原脱，「小」下衍「吹」，據北宋本、傅校本、明抄本補删。

〔七〇〕有胡篪出於胡吹　上「胡」下原衍「笛小」，據舊唐書音樂志二一〇七五頁及北宋本、傅校本删。

〔七一〕梁胡吹歌云　「梁」原訛「歟」，據舊唐書音樂志二一〇七五頁及北宋本、傅校本改。

〔七二〕拗折楊柳枝　「拗折」舊唐書音樂志二一〇七五頁作「反插」。

〔七三〕其聲悲　「其」原脱，據北宋本、傅校本、明抄本、明刻本補。

〔七四〕後乃以笳爲首　原作「一名笳管以蘆爲首」，今據北宋本、傅校本、明抄本及御覽卷五八四改。

〔七五〕又有胡笳　「又」原訛「古」，據宋書樂志一五五八頁及北宋本、傅校本、明抄本改。

〔七六〕大司樂掌凡樂事　「事」原脱，據周禮大司樂及北宋本補。

〔七七〕具陳次之　「之」原脱，據北宋本、傅校本、明抄本、明刻本、王吴本補。

〔七八〕宫懸四面懸　下「懸」原脱，據周禮小胥鄭注及北宋本、傅校本、明抄本補。

〔七九〕故春秋傳曰請曲懸繁纓以朝　「故」原脱，據周禮小胥鄭注及北宋本補。

〔八〇〕謂諸侯之卿大夫士也　「之」原脱，據周禮小胥鄭注及北宋本、傅校本、明抄本補。

〔八一〕十四年　「年」原脱，據宋書樂志一五四一頁及北宋本補。

〔八二〕所次皆如北面　「北面」原作「黄鐘之宫」，據隋書音樂志上二九一頁及北宋本改。

〔八三〕設十二鎛鐘　「設」原脱，據隋書音樂志上二九一頁及北宋本補。

〔八四〕每一鎛鐘則設編鐘磬各一簴　「鎛」及下「鐘」原脱，據隋書音樂志上二九一頁補。

〔八五〕尚書大傳　「大傳」原訛「太傳」，據隋書音樂志下三五五頁及北宋本改。

〔八六〕東鼓　「東」原訛「南」，據隋書音樂志下三五五頁及北宋本、傅校本、明抄本改。

〔八七〕又甲丙庚壬位各設鐘一簴　「位」原脱，據隋書音樂志下三五五頁及北宋本補。

〔八八〕並二十架　「並」原訛「立」，據舊唐書音樂志二一〇八一頁及北宋本改。

〔八九〕舞人列於懸北　「北」原訛「皆」，據舊唐書音樂志二一〇八一頁及北宋本、傅校本、明抄本、王吳本改。

〔九〇〕因而莫革　「莫」原作「不」，據北宋本、傅校本、明抄本、王吳本改。

〔九一〕宮懸之樂　「宮懸」原脱，據大唐六典卷一四補。

〔九二〕郊丘社稷則二十簴　「十」原脱，據大唐六典卷一四及北宋本、傅校本、明抄本補。

〔九三〕面別去編鐘磬各二簴　「面」原訛「而」，據大唐六典卷一四及北宋本、傅校本、明抄本改。

〔九四〕磬　此字原脱，據大唐六典卷一四補。

〔九五〕朱褠衣　「褠」原訛「褔」，據大唐六典卷一四及北宋本、傅校本、明抄本改。

〔九六〕白布襪　「襪」原訛「襖」，據大唐六典卷一四及北宋本、傅校本、明抄本改。

〔九七〕鎛鐘編鐘編磬各三　「各」原訛「名」，據諸本改。

〔九八〕服平冕　「服」原脱，據大唐六典卷一四補。

〔九九〕烏布鞾　「鞾」原訛「韡」，據大唐六典卷一四及北宋本、傅校本、明抄本改。

〔一〇〇〕上列樹羽　「列」原訛「則」，據舊唐書音樂志二一〇八〇頁及北宋本改。

〔一〇一〕東宮亦赤　「亦」下原有「用」，據北宋本、傅校本、明抄本、明刻本、王吳本删。

〔一〇二〕餘如宮懸之制　「如」原作「與」，「制」下有「同」，據大唐六典卷一四及北宋本、傅校本、明抄本、明刻本、王吳本改删。

〔一〇三〕靈鼓靈鼗　原作「靈鼗靈鼓」，據大唐六典卷一四及北宋本、傅校本、明抄本、王吳本乙。

〔一〇四〕宗廟及帝社用路鼓路鼗　「帝」原訛「禘」，「鼓」「鼗」互倒，據大唐六典卷一四及北宋本改乙。傅校本、明抄本、王吴本亦「鼓」字在前。

〔一〇五〕凡大燕會　「凡」下原衍「有」，據大唐六典卷一四及北宋本、傅校本、明抄本、明刻本、王吴本删。

劉俊文點校　王文錦覆校

通典卷第一百四十五

樂五

歌　雜歌曲　舞　雜舞曲

歌

釋名曰："人聲曰歌。歌者，柯也。所歌之言，是其質也。以聲吟詠，其上下如草木之有柯葉。"說文曰：〔一〕"詠，歌也，從言，永聲也。"爾雅曰"徒歌謂謠"，齊歌也。

虞書曰："九功惟序，九序惟歌。六府三事之功有次序，皆可歌樂，乃德政之致也。勸之以九歌，俾勿壞。"歌以勸之，使政勿壞，〔二〕在此三者而已。又："帝庸作歌曰：『勑天之命，惟時惟幾。』用庶尹允諧，〔三〕故作歌以戒之，安不忘危也。勑，正也。奉天命以臨民，惟政在順時，在慎微。乃歌曰：『股肱喜哉，元首起哉，百工熙哉。』元首，君也。股肱之臣，喜樂盡忠，君之治功乃起，百官之業乃廣。乃賡載歌曰：〔四〕『元首明哉，股肱良哉，庶事康哉。』賡，續。載，成也。帝歌歸美股肱，乃安以成其美。〔五〕賡音加孟反。又歌曰：『元首叢脞哉，股肱惰哉，萬事墮哉。』」叢脞，細碎無大略也。君如此，則臣懈惰，〔六〕萬事墮廢，其功不成，歌以申戒。〔七〕

帝王世紀曰：「舜恭己無爲，歌南風之詩。詩曰：南風之時兮，可以阜吾人之財兮；〔八〕南風之薰兮，可以解吾人之愠兮。」

禹省南土，塗山之女令其妾候禹於塗山之陽，女乃作歌，始爲南音。昔有娀氏二女居九成臺，天帝使鷰夜往，二女覆以玉筐，既而視之，鷰遺二卵，五色，北飛不反。二女作歌，始爲北音。夏后孔甲田於東陽萯山，〔九〕天大風，晦冥，迷入人室，主人方乳，〔一〇〕或曰：「后來是良日也，必大吉。」或曰：「不勝之子，必有殃。」后乃取以歸，曰：「以爲余子，〔一一〕誰敢殃之！」後析橑，斧破斷其足。孔甲曰：「嗚乎！有命矣。」乃作破斧之歌，始爲東音。周昭王南征，殞於漢中，王右辛餘靡，長且多力，振王北濟，周公乃封之西翟，徙宅西河，追思故處，作歌，始爲西音。此蓋四方之歌也。

夏太康失道，畋游十旬弗反。其弟五人，待于洛汭，述大禹之戒，作五子之歌。

周禮春官，太師，大祭祀帥瞽登歌。〔一二〕小師，掌教絃歌。教，謂教瞽矇。〔一三〕絃，謂琴瑟。歌，依詠詩也。樂師，帥學士而歌徹。於有司徹而歌雍也。〔一四〕

樂記：「師乙曰：『夫歌者，直己而陳德也。寬而静、柔而正者，宜歌頌；廣大而静、疏達而信者，宜歌大雅；恭儉而好禮者，宜歌小雅；正直而静、廉而謙者，宜歌風；肆直而慈愛者，宜歌商；温良而能斷者，宜歌齊。故商者，五帝之遺聲也，商人識之，故謂之商；齊者，三代之遺聲也，齊人識之，故謂之齊。』又曰：『歌者，上如抗，下如墜，曲如折，止如槀木，倨中矩，句中鉤，纍纍乎端如貫珠。言歌聲之著，動人心之審，有如此事也。郊特牲曰：「歌者在上，匏竹在下，貴人聲也。」注云：「匏，笙也。」故歌之爲言也，長言之也。說之，故言之；言之不足，故長言之；長言之不足，故嗟歎之；嗟歎之不足，故不知手之舞之，足之蹈之也。』長言，引其聲也。嗟歎，和續之也。不知手足舞蹈，懽之至也。

周衰，有秦青者，善謳，而薛談學謳於青，未窮青之伎而辭歸。青餞之於郊，乃撫節悲歌，聲振林木，響遏行雲。遂留不去，以卒其業。

又有韓娥，東之齊，至雍門，匱糧，乃鬻歌假食，既而去，餘響繞梁，三日不絕，左右謂其人不去也。又過逆旅，〔一五〕逆旅人辱之，韓娥因曼聲哀哭，一里老幼悲愁，垂涕相對，三日不食。遽而追之，韓娥還，復爲曼聲長歌，衆皆喜躍抃舞，不能自禁，遺向之悲也。〔一六〕乃厚賂遣之。〔一七〕故雍門之善歌哭，効韓娥之遺聲也。〔一八〕許慎曰：「曼聲，長聲也。」衞人王豹處淇川，〔一九〕善謳，河西之人皆化之。〔二〇〕齊人綿駒居高唐，善歌，齊之右地亦傳其業。

漢有虞公，善歌，能令梁上塵起。

武帝時，李延年善歌，爲協律都尉。

但歌，四曲，出自漢代。〔二一〕無絃節，作伎最先，〔二二〕一人唱，三人和。魏武帝尤好之。〔二三〕時有宋容華者，清徹好聲，善唱此曲，當時稱妙。自晉以來不復傳，遂絶。

齊有朱顧仙，善聲讀曲，齊武朱子尚又善歌，二人遂俱蒙厚賚。

梁有吴安泰，善歌，後爲樂令，精解聲律。初改西曲別江南、上雲樂，〔二四〕内人王金珠善歌吴聲西曲，又製江南歌，當時妙絶。令斯宣達選樂府少年好手，〔二五〕進内習學。吴弟，安泰之子，又善歌。次有韓法秀，又能妙歌吴聲讀曲等，古今獨絶。

大唐貞觀中，有尚書侯貴和，妾名麗音，特善唱行天，清暢舒雅，含嚼淴態，〔二六〕有喉牙吐納之異。後改號方等。女亦傳其母伎。方等卒後，有郝三寶亦善歌行天。有人引三寶歌之，諸女隔簾聽之，發聲便笑。三寶初不知，怒曰：「亦堪女郎終身倣效，何忽嗤笑。」女曰：「上客所爲，殊有乖越，請一聽之。」始發一聲，三寶便拜伏曰：「真方等聲也，誠遠所不及也。」

雜歌曲

白雪，周曲也。平調、清調、瑟調，皆周房中之遺聲也。漢代謂之三調。大唐顯慶二年，上以琴中雅樂，古人歌之，近代以來，此聲頓絶，令所司脩習舊曲。〔二七〕至三年十月，太常寺奏：「按張華博物志云：『白雪，是天帝使素女鼓五絃琴曲名。』以其調高，人和遂寡。自宋玉以來，迄今千祀，未有能歌白雪者。臣今准勑，依琴中舊曲，定其宫商，然後教習，並合於歌。輒以御製雪詩，爲白雪歌辭。又，樂府奏正曲之後，皆有送聲，君唱臣和，事彰前史。輒取侍中許敬宗等奏和雪詩十六首，以爲送聲，各十六節。」上善之，仍付太常，編於樂府。

明君，漢曲也。漢元帝時，〔二八〕匈奴單于入朝，詔以待詔王嫱配之，即昭君也。及將去，入辭，光彩射人，悚動左右，天子悔焉。漢人憐其遠嫁，爲作此歌。晉石崇妓緑珠善舞，以此曲教之，而製新歌曰：「我本漢家子，將適單于庭。昔爲匣中玉，今爲糞土英。」晉文王諱昭，故晉人謂之明君。

相和，漢舊曲歌也。絲竹更相和，執節者歌。本一部，魏明帝分爲二，更遞相夜宿。本十七曲，〔二九〕朱生、宋識、列和等復合之爲十三曲。

吴歌雜曲，並出江東，晉、宋以來，稍有增廣。凡此諸曲，始皆徒歌，既而被之絃管。又有因絃管金石，造歌以被之，魏世三調歌辭之類是也。魏晉之代，有孫氏善弘舊曲，〔三〇〕宋識善擊節唱和，陳左善清歌，列和善吹笛，郝素善彈箏，〔三一〕朱生善琵琶，尤發新聲。〔三二〕故傅玄著書曰：「人苦欽所聞而忽所見，〔三三〕不亦惑乎。設此六人生於上代，越古今而無儷，何但夔牙同契哉。」按此説，則自兹以後，皆孫、朱等之遺則。

鳳將鶵，漢代舊歌曲也。應璩百一詩云：「爲作陌上桑，反言鳳將鶵。」〔三四〕然則鳳將鶵其來久矣。特由聲曲訛變，以至於此矣。

碧玉歌者，晉汝南王妾名。寵好，故作歌之。

懊憹歌，〔三五〕石崇綠珠所作「絲布澀難縫」一曲而已。東晉隆安初，〔三六〕人間訛謡之曲云：「春草可攬結，女兒可攬擷。」齊高帝謂之中朝歌。

子夜歌者，有女子曰子夜，造此聲。〔三七〕晉孝武帝太元中，瑯琊王軻之家有鬼歌子夜。〔三八〕殷允爲章郡，僑人庾僧虔家亦有鬼歌子夜。殷允爲章郡，亦是太元中，則子夜此時以前人也。

長史變者，晉司徒左長史王廞臨敗所製。

阿子歌、歡聞歌者，晉穆帝升平初，童子輩或歌於道，歌畢輒呼「阿子，汝聞否」，又呼「歡聞否」，以爲送聲。後人演其聲，以爲此二曲。宋、齊時用「莎乙子」之語，稍訛異也。

桃葉歌者，是晉王子敬妾名，緣於篤愛，所以作歌。

前溪歌者，晉車騎將軍沈玩所製也。〔三九〕

團扇歌者，晉中書令王珉與嫂婢有情，愛好甚篤。嫂鞭撻婢過苦，〔四〇〕婢素善歌，而珉好持白團扇，故云：「團扇復團扇，持許自遮面。憔悴無復理，羞與郎相見。」

督護歌者，彭城內史徐逵之爲魯軌所殺，宋武帝使內直督護丁旿音五收殯殮之。逵之妻，帝長女也，呼旿至閤下，自問殮送之事，每問輒嘆息曰：「丁督護。」其聲哀切，後人因其聲廣其曲焉。歌是宋武帝所製，云：「督護上征去，〔四一〕儂亦惡聞許。願作石尤風，四面斷行旅。」

讀曲歌者，人爲宋彭城王義康所製也。〔四二〕其歌云：「死罪劉領軍，誤殺劉第四。」〔四三〕

烏夜啼，宋臨川王義慶所作也。元嘉十七年，徙彭城王義康於章郡，〔四四〕義慶時爲江州，至鎮，相見而哭，爲文帝所怪，徵還。義慶大懼，伎妾聞烏夜啼聲，叩齋閤云：「明日應有赦。」其年更爲兗州刺史，因作此歌。故其和云：「籠窻窻不開，烏夜啼，夜夜憶郎來。」今所傳歌似非義慶本旨，辭曰：「歌舞諸年少，娉婷無種則。〔四五〕昌蒲花可憐，聞名不相識。」

石城樂，宋臧質所作也。石城在竟陵，〔四六〕質嘗爲竟陵郡，於城上眺矚，見羣少年歌謠遒暢，〔四七〕因作此曲。云：「生長石城下，開門對城樓。樓中美年少，出入見依投。」

莫愁樂者，出於石城樂。〔四八〕石城女子名莫愁，善歌謠，且石城樂中有「忘愁」聲，〔四九〕故歌云：「莫愁在何處，莫愁石城西。艇子打兩槳，催送莫愁來。」

襄陽樂者，劉道彥爲襄陽太守，有善政，百姓樂業，人户豐贍，蠻夷順服，悉緣沔而居，由此有襄陽樂歌也。隨王誕又作襄陽樂。〔五〇〕誕始爲襄陽郡，〔五一〕元嘉末仍爲雍州刺史，夜聞羣女歌謠，因而作之。所以歌和中有「襄陽來夜樂」之語也。其歌云：「朝發襄陽城，暮至大隄宿。大隄諸女兒，〔五二〕花豔驚郎目。」

壽陽樂者，南平穆王爲荆河州作也。

棲烏夜飛者，荆州刺史沈攸之所作也。攸之舉兵發荆州來，未敗之前，思歸京師，所以歌云：「日落西山還去來。」

三洲歌者，諸商客數由巴陵三江口往還，因共作此歌。又因三洲曲而作采桑。

估客樂者，齊武帝之所製也。布衣時，常游樊、鄧，登祚已後追憶往事，而作歌：「昔經樊鄧後，假楫梅根渚。感昔追往事，〔五三〕意滿情不敍。」使太樂令劉瑶教習，百日無成。或啟釋寶月善音律，帝使寶月奏之，便就。敕歌者常重爲感憶之聲。梁改其名爲商旅行。

楊叛兒，〔五四〕本童謡也。齊隆昌時，女巫之子曰楊旻，隨母入内，及長，爲太后所寵愛。童謡云：「楊婆兒，共戲來。」所歌語訛，〔五五〕遂成楊叛兒。歌云：「暫出白門前，暢柳可藏烏。歡作沈水香，儂作博山鑪。」

襄陽蹋銅蹄者，梁武西下所作也，沈約又作其和。

上聲歌者，此因上聲促柱得名。或用一調，或用無調，名如古歌辭。所謂哀思之音，不合中和。梁武因之改辭無邪句。

常林歡者，蓋宋、梁間曲。宋代荆、雍爲南方重鎮，皆王子爲之牧。江左辭詠，莫不稱之，以爲樂土。故宋隨王誕作襄陽之歌，齊武帝追憶樊、鄧。梁簡文樂府歌云：「分手桃林岸，遂别峴山頭。〔五六〕若欲寄音信，漢水向東流。」又曰：「宜城投音豆酒今行熟，停鞍繫馬暫棲宿。」桃林在漢水上，宜城在荆山北。〔五七〕荆州有長林縣。江南謂情人爲歡。「常」「長」聲相近，蓋樂人誤「長」爲「常」。

玉樹後庭花、堂堂、黄鸝留、金釵兩臂垂，並陳後主所造。恒與宮女、學士及朝臣相唱和爲詩，太樂令何胥采其尤輕豔者，以爲此曲。

驍壺者，蓋是投壺樂也。隋煬帝所造。以投壺有躍矢爲驍壺，今謂之驍壺是也。〔五八〕汎龍舟，煬帝幸江都宮所作。又令太樂令白明達造新聲期萬歲樂、〔五九〕藏鉤樂、七夕樂、相逢樂、〔六〇〕舞席同心髻、玉女行觴、神仙留客、擲磚續命、〔六一〕鬬雞子、鬬百草、還舊宮樂，〔六二〕掩抑摧藏，哀音斷絶。

舞

夫樂之在耳者曰聲，在目者曰容。聲應乎耳，可以聽知；容藏於心，難以貌觀。故聖人假干戚羽旄以表其容，發揚蹈厲以見其意，聲容選和，則大樂備矣。詩序曰：「詠歌之不足，不知手之舞之，足之蹈之也。」然樂心內發，感物而動，不覺手之自運，歡之至也。此舞之所由起也。

虞書曰：「帝乃誕敷文德，舞干羽于兩階。七旬，有苗格。」

樂記：「孔子曰：『夫樂者，象成者也。象成功而爲樂也。總干而山立，總持干楯，山立不動。武王之事也；發揚蹈厲，太公之志也；志在鷹揚。武亂皆坐，周召之治也。武亂，武之治也。皆坐，蓋以象其人無事。且夫武，始而北出，象觀兵孟津時。再成而滅商，成，猶奏也。再奏，象克殷時。三成而南，誅紂而南。四成而南國是疆，有南國疆界也。五成而分，周公左，召公右，分陝東西而治之也。六成復綴以崇。六奏，象兵還振旅也。復綴，反位止也。崇，充也。凡六奏，以充武樂。天子夾振之，而四伐，盛威於中國也。』」夾振之者，王將夾舞者，振木舞以爲節也。武舞，戰象也。四伐者，伐四方也。每奏四伐，一擊一刺爲一伐。

周禮地官：「舞師掌教兵舞，帥而舞山川之祭祀；教帗舞，帥而舞社稷之祭祀；教羽舞，帥而舞四方之祭祀；教皇舞，帥而舞旱暵之事。」四方祭祀，謂四望也。旱暵之事，謂雩也。暵，熱氣也。春官：「樂師掌國學之政，以教國子小舞。謂以年幼少時教之舞。內則曰：「十三舞勺，成童舞象，二十舞大夏。」凡舞，有帗舞，有羽舞，有皇舞，有旄舞，有干舞，有人舞。鄭衆云：「帗舞者，全羽；羽舞者，析羽；皇舞者，以羽冒覆頭上，衣飾翡翠之羽；旄舞者，氂牛之尾；干舞者，兵舞；人舞者，手舞。社稷以帗，宗廟以羽，四方以皇，辟雍以旄，兵事以干，星辰以人舞。」玄謂：「帗，析五采繒，今靈星舞子持之是也；皇，雜五采羽，如鳳皇色，持以舞；人舞無所執，以手袖爲威儀。四方以羽，宗廟以人，山川以干，旱暵以皇。」旄人，凡四方之以舞仕者屬焉。〔六三〕凡祭祀、賓客，舞其燕樂。籥師掌教國子舞羽吹籥。文舞有持羽籥者，所謂籥舞。文王世子：「秋冬學羽籥。」詩云：「左手執籥，右手秉翟。」祭祀則鼓羽籥之舞，鼓之者，恆爲之節也。〔六四〕賓饗則亦如之。」

五經通義曰：「王者之樂有先後者，各尚其德也。以文得之，〔六五〕先文樂，持羽毛而舞；以武得之，先武舞，持朱干玉戚，所以增威武也。戚，斧；干，楯也。玉取其德，干取其仁，明當尚德行仁，以斷斬也。」又曰：「東夷之樂持矛舞，助時生也；南夷之樂持羽舞，助時養也；西夷之樂持鉞舞，助時殺也；北夷之樂持干舞，助時藏也。」

蔡邕月令章句曰：「天子省風以作樂，所以節八音而行八風。天子八佾，諸侯六，大夫四，士二。佾，舞列也，每佾八人。每服冕而執戚，有俯仰張翕之容，行綴長短之制，所以受命而歌王者之功也。人之動而有節者莫若舞，肆舞所以動陽氣而導物也。」

雜舞曲

公莫舞，即巾舞也。相傳云，項莊劒舞，〔六六〕項伯以袖隔之，使不得害高帝，且語莊云

「公莫」。古人相呼曰「公」，言公莫害漢王也。〔六七〕後之用巾，蓋像項伯衣袖之遺式。按琴操又有公莫渡河曲，〔六八〕然則其聲從來已久。俗云項伯，非也。

巴渝舞者，漢高帝自蜀漢將定三秦，閬中范且率賨人以從帝，〔六九〕爲前鋒，號「板楯蠻」，勇而善鬬。及定三秦，封且爲閬中侯，復賨人七姓。其俗喜舞，高帝樂其猛鋭，觀其舞，後使樂人習之。閬中有渝水，因以爲名，故曰巴渝舞。舞曲有矛渝、安臺、弩渝、行辭本歌曲，有四篇。其辭既古，莫能曉其句度。魏初，使王粲改創其調。晉及江左皆製其辭。

槃舞，〔七〇〕漢曲，至晉加之以杯，謂之世寧舞也。張衡舞賦云：「歷七槃而縱躡。」王粲七釋云：〔七一〕「七槃陳於廣庭。」顔廷之云：「遞間開於槃扇。」鮑昭云：「七槃起長袖。」皆以七槃爲舞也。干寶云：「晉武帝太康中，天下爲晉代寧舞，矜手以接槃反覆之。」至危之象，言晉代之士苟貪飲食，智不及遠。至宋，改爲宋世寧。至齊，改爲齊代昌舞。今謂之槃舞，隸清部樂中。

鞞舞，未詳所起，然漢已施於燕享矣。傅毅、張衡所賦，皆其事也。魏曹植鞞舞歌序曰：「漢靈帝西園鼓吹有李堅者，能鞞舞，遭亂西隨段煨。先帝聞其舊伎，召之。堅既中廢，兼古曲多謬誤，異代之文，未必相襲，故依前曲改作新歌五篇。不敢充之黄門，近以成

下國之陋樂焉。」〔七二〕

明之君，漢代鞞舞曲也。〔七三〕梁武帝時，改其曲詞以歌君德也。

鐸舞，漢曲也。晉鞞舞歌亦五篇，及鐸舞歌一篇、幡舞一篇、鼓舞伎六曲，並陳於元會。鞞舞故二八，桓玄將即真，太樂遺衆伎，尚書殿中郎袁明子啟增滿八佾。相承不復革。宋明帝自改舞曲，歌詞猶存，舞並闕。其鞞舞，梁謂之鞞扇舞也。幡舞、扇舞今並亡。

白鳩，吳朝拂舞曲也。楊泓拂舞序云：「自到江南，見白符舞曲，〔七四〕或云白鳧鳩，云有此來數十年。察其詞旨，乃是吳人患孫皓虐政，思屬晉也。」隋牛弘請以鞞、鐸、巾、拂舞陳之殿廷，帝從之，而去其所持巾拂等。

白紵舞，按舞辭有巾袍之言。沈約云，紵本吳地所出，疑是吳舞也。晉俳歌云：「皎皎白緒，節節爲雙。」吳音呼「緒」爲「紵」，疑即「白緒」也。梁武帝又令沈約改其辭，曰有四時白紵之歌，〔七五〕約集所載是也。今中原有白紵曲，辭旨與此全殊。

前代樂飲，酒酣，必起自舞。詩云「屢舞仙仙」是也。宴樂必舞，但不宜屢耳。前代譏在屢舞，不譏舞也。漢武帝樂飲，長沙定王舞是也。魏晉已來，尤重以舞相屬，謝安以屬桓嗣是也。近代以來，此風絶矣。宋孝武帝大明中，以鞞、拂、雜舞合之鐘石，施於廟庭。

鶴舞、馬舞，竹書、穆天子傳亦有之。宋鮑昭又有舞鶴賦。此舞或時而有，非樂府所統。今翔麟、鳳苑廄有蹀馬，俯仰騰躍，皆合曲節，朝會用樂，則兼奏之。

校勘記

〔一〕說文 「說」原訛「談」，據諸本改。

〔二〕使政勿壞 「政」原訛「致」，據尚書大禹謨僞孔傳及北宋本改。

〔三〕用庶尹允諧 「用」原作「因」，據尚書益稷僞孔傳及北宋本、傅校本、明抄本改。

〔四〕乃賡載歌曰 「乃」上原有「皋陶」，據北宋本、傅校本、明抄本、明刻本删。

〔五〕乃安以成其美 「安」原訛「賡」，據尚書益稷僞孔傳及北宋本、明抄本改。

〔六〕則臣懈惰 「惰」原作「怠」，據尚書益稷僞孔傳及北宋本改。

〔七〕歌以申戒 「歌」原訛「故」，據尚書益稷僞孔傳及北宋本、傅校本、明抄本改。

〔八〕可以阜吾人之財兮 「人」原作「民」，據北宋本、傅校本、明抄本改。下同。

〔九〕夏后孔甲田於東陽萯山 「田」原訛「游」，北宋本、傅校本訛「曰」，據宋書樂志一五四八頁改。

〔一〇〕主人方乳 「方」原訛「万」，據諸本改。

〔一一〕以爲余子 「余」原作「我」，據宋書樂志一五四八頁及北宋本、傅校本、明抄本改。

〔一二〕大祭祀帥瞽登歌 原脱「大」，據周禮大師及北宋本、明抄本補。

〔一三〕教謂教瞽矇 原「矇」下有「出音」二字。周禮鄭注本作「教教瞽矇也。出音曰鼓」。杜氏誤讀鄭注而衍「出音」，今刪。

〔一四〕於有司徹而歌雍也　「雍」原訛「詠」，據周禮樂師鄭注及北宋本、傅校本、明抄本改。

〔一五〕又過逆旅　原「旅」下衍「人」，據宋書樂志一五四九頁刪。

〔一六〕遺向之悲也　「遺」原作「非」，據北宋本、傅校本、明抄本改。按：宋書樂志一五四九頁作「忘」，杜佑避父嫌名而改爲「遺」。

〔一七〕乃厚賂遣之　「遣」原訛「遺」，據宋書樂志一五四九頁及北宋本、傅校本、明抄本改。

〔一八〕効韓娥之遺聲也　「効」原作「即」，據宋書樂志一五四九頁及北宋本、傅校本、明抄本改。

〔一九〕衞人王豹處淇川　宋書樂志一五四九頁同。北宋本、傅校本、明抄本「淇」作「湛」。

〔二〇〕河西之人皆化之　下「之」原脱，據宋書樂志一五四九頁及北宋本、明抄本補。

〔二一〕出自漢代　「出」原脱，據晉書樂志下七一六頁、宋書樂志三六〇三頁補。

〔二二〕作伎最先　「作」原脱，據宋書樂志三六〇三頁補。

〔二三〕魏武帝尤好之　「武」原脱，據晉書樂志下七一六頁、宋書樂志三六〇三頁補。

〔二四〕初改西曲別江南上雲樂　「西」原作「四」，據北宋本、傅校本、明抄本、明刻本改。下同。

〔二五〕令斯宣達選樂府少年好手　「令」原訛「今」，據北宋本、傅校本改。

〔二六〕含嚼恣態　「恣」原作「姿」，據北宋本、傅校本、明抄本、明刻本改。

〔二七〕令所司脩習舊曲　「脩」原作「臨」，據北宋本、傅校本、明抄本改。按：唐會要卷三三也作「脩」。

〔二八〕漢元帝時　「元」原訛「宣」，據舊唐書音樂志二一〇六三頁改。

〔二九〕更遞相夜宿本十七曲　「相」原脱，「本」原訛「爲」，據北宋本、傅校本、明刻本補改。

〔三〇〕有孫氏善弘舊曲　「弘」原作「歌」，清人諱改。據晉書樂志下七一六頁及北宋本改回。按：明抄本作「引」。

〔三一〕郝素善彈箏　「善」原脱，據晉書樂志下七一六頁補。

〔三二〕尤發新聲　晉書樂志下七一六頁同。北宋本、明抄本「新」作「清」。

〔三三〕人苦欽所聞而忽所見　「苦」原作「若」，據北宋本、傅校本、明抄本改。

〔三四〕反言鳳將鶵　「反」原訛「及」，據宋書樂志一五四九頁及北宋本、明抄本改。

〔三五〕懊憹歌　「憹」原訛「儂」，據北宋本、傅校本、明抄本、明刻本改。

〔三六〕東晉隆安初　「東」上原衍「及」，據北宋本、傅校本、明抄本删。

〔三七〕造此聲　「造」上原衍「歌」，據晉書樂志下七一六頁、宋書樂志一五四九頁删。

〔三八〕王輌之　「之」原脱，據晉書樂志下七一六頁、宋書樂志一五四九頁補。

〔三九〕晉車騎將軍沈玩所製也　「玩」原作「充」，據北宋本、傅校本、明抄本、明刻本改。按：宋書各本並作「沈玩」。

〔四〇〕愛好甚篤嫂鞭撻婢過苦　「愛」「婢」原脱，據晉書樂志下七一七頁、宋書樂志一五五〇頁補。

〔四一〕督護上征去　「上征去」，樂府詩集卷四五作「初征時」。

〔四二〕人爲宋彭城王義康所製也　「人爲宋」原倒作「宋人爲」，據北宋本、傅校本、明抄本、明刻本乙。

〔四三〕誤殺劉第四　「第四」原訛「四弟」，據宋書樂志一五五〇頁、樂府詩集卷四六改。

〔四四〕徙彭城王義康於章郡　「徙」原訛「從」，據舊唐書音樂志二一〇六二頁改。按：章郡即豫章郡，通典避代宗諱，省稱「章郡」。

〔四五〕娉婷無種則　「則」舊唐書音樂志二一〇六五頁作「跡」。

〔四六〕石城在竟陵　「城」下原衍「名」，據舊唐書音樂志二一〇六五頁删。

〔四七〕見羣少年　「年」原脱，據舊唐書音樂志二一〇六五頁補。

〔四八〕出於石城樂　「石城樂」原脱，據舊唐書音樂志二一〇六五頁及北宋本、傅校本、明抄本補。

〔四九〕且石城樂中有忘愁聲　「樂」原脱，據舊唐書音樂志二一〇六五頁補。

〔五〇〕隨王誕又作襄陽樂　「又」原脱，據北宋本、明抄本補。

〔五一〕誕始爲襄陽郡　「誕」原脱，據舊唐書音樂志二一〇六五頁補。

〔五二〕暮至大隄宿大隄諸女兒　「宿」原訛「曲」，下「大隄」原訛「隄上」，據舊唐書音樂志二一〇六五頁及北宋本、傅校本、明抄本改。

〔五三〕昔經樊鄧後假楫梅根渚感昔追往事　舊唐書音樂志二一〇六六頁「後」作「役」，「假楫」作「阻潮」，「感昔」作「感憶」。

〔五四〕楊叛兒　舊唐書音樂志二一〇六六頁作「楊伴」，下同。

〔五五〕所歌語訛　「歌」原訛「歡」，據舊唐書音樂志二一〇六六頁改。

〔五六〕遂别峴山頭　舊唐書音樂志二一〇六七頁「遂」作「送」。

〔五七〕宜城在荆山北　「山」舊唐書音樂志二一〇六六頁作「州」。

〔五八〕今謂之驍壺是也　「今謂之驍壺」原脱，據舊唐書音樂志二一〇六六頁及北宋本、傅校本、明抄本補。

〔五九〕又令太樂令白明達造新聲期萬歲樂　隋書音樂志下三七九頁「太樂令」作「樂正」，「期」作「創」。

〔六〇〕七夕樂相逢樂　隋書音樂志下三七九頁作「七夕相逢樂投壺樂」。

〔六一〕擲磚縛命　隋書音樂志下三七九頁「縛」作「續」。

〔六二〕還舊宫樂　隋書音樂志下三七九頁作「還舊宫長樂花及十二時等曲」。

〔六三〕旄人凡四方之以舞仕者屬焉　「旄人」及「以」原脱，據周禮旄人補。

〔六四〕恆爲之節也　原作「恆以爲節也」，據周禮籥師鄭注及北宋本、傅校本、明抄本、明刻本改。

〔六五〕以文得之　「得」北宋本、傅校本、明抄本、明刻本作「德」。下同。

〔六六〕項莊劒舞　「劒舞」原倒，據晉書樂志下七一七頁、宋書樂志一五五一頁及北宋本、明抄本乙。

〔六七〕言公莫害漢王也　「言公」原涉上而脱，據晉書樂志下七一七頁補。

〔六八〕公莫渡河曲　「莫」原作「無」，據晉書樂志下七一七頁、宋書樂志一五五一頁改。

〔六九〕范且　「且」原作「因」，據北宋本、傅校本、明抄本、明刻本改。下同。

〔七〇〕鞶舞　「鞶」北宋本、傅校本、明抄本、明刻本作「鞶」。下同。

〔七一〕王粲七釋　「七」原脱，據宋書樂志一五五一頁補。

〔七二〕近以成下國之陋樂焉　「近」原訛「僅」，據宋書樂志一五五一頁及北宋本、傅校本、明抄本、明刻本改。

〔七三〕鞞舞曲　「舞」原脱，據舊唐書音樂志二一〇六四頁補。

〔七三〕見白符舞曲　「白符」原訛「樂府」，據宋書樂志一五五一頁、舊唐書音樂志二一〇六四頁改。

〔七五〕曰有四時白紵之歌　「曰」原作「乃」，據北宋本、傅校本、明抄本、明刻本改。

劉俊文點校　王文錦覆校

〔唐〕杜佑撰

通典

第九册

卷一四六—卷一六二

中華書局

通典卷第一百四十六

樂六

清樂　坐立部伎　四方樂　散樂隋以前謂之百戲　前代雜樂

清樂

清樂者，其始即清商三調是也，並漢氏以來舊曲。〔一〕樂器形制，并歌章古調，與魏三祖所作者，皆備於史籍。屬晉朝遷播，夷羯竊據，其音分散。苻永固平張氏，於涼州得之。宋武平關中，因而入南，不復存於内地。及隋平陳後獲之。文帝聽之，善其節奏，曰：「此華夏正聲也。昔因永嘉，流於江外，我受天明命，今復會同。雖賞逐時遷，而古致猶在。可以此爲本，微更損益，去其哀怨，考而補之。〔二〕以新定吕律，更造樂器。」因置清商署，總謂之清樂。先遭梁、陳亡亂，而所存蓋尠。隋室以來，日益淪缺。大唐武太后之時，猶六十三曲。

今其辭存者有：白雪、公莫、巴渝、明君、明之君、鐸舞、白鳩、白紵、子夜、吳聲四時歌、前溪、阿子歡聞〔三〕團扇、〔四〕懊憹、〔五〕長史變、督護、讀曲、烏夜啼、石城、莫愁、襄陽、棲烏夜飛、估客、楊叛、雅歌、驍壺、常林歡、三洲采桑、春江花月夜、玉樹後庭花、堂堂、泛龍舟等共三十二曲。明之君、雅歌各二首，四時歌四首，合三十七曲。其吳聲四時歌、雜歌、春江花月夜並未詳所起，餘具前歌舞雜曲之篇。又七曲有聲無辭：上林、鳳雛、〔六〕平調、清調、瑟調、平折、命嘯，通前爲四十四曲存焉。

當江南之時，巾舞、白紵、巴渝等，衣服各異。梁以前，舞人並十二人，梁武省之，咸用八人而已。〔七〕令工人平巾幘，〔八〕緋褶。舞四人，碧輕紗衣，裙襦大袖，畫雲鳳之狀，漆鬟髻，飾以金銅雜花，狀如雀釵，錦履。舞容閑婉，曲有姿態。沈約宋書惡江左諸曲哇淫，至今其聲調猶然。觀其政已亂，其俗已淫，既怨且思矣，而從容雅緩，猶有古士君子之遺風，他樂則莫與爲比。樂用鐘一架，磬一架，琴一，一絃琴一，瑟一，秦琵琶一，臥箜篌一，筑一，箏一，節鼓一，笙二，笛二，簫二，篪二，葉一，歌二。

自長安以後，朝廷不重古曲，工伎轉缺，能合於管絃者，唯明君、楊叛、驍壺、春歌、秋歌、白雪、堂堂、春江花月夜等八曲。〔九〕舊樂章多或數百言，武太后時明君尚能四十言，〔一〇〕今所傳二十六言，就之訛失，〔一一〕與吳音轉遠。劉貺以爲宜取吳人使之傳習。〔一二〕開元中，有歌工李郎子。郎子北人，聲調已失，云學於俞才生。才生，〔一三〕江都人也。自郎子亡後，清樂之歌闕焉。又聞清樂唯雅歌一曲，〔一四〕辭典而音雅，閱舊記，其辭信典。

自周、隋以來，管絃雜曲將數百曲，多用西涼樂，鼓舞曲多用龜兹樂，其曲度皆時俗所知也。唯彈琴家猶傳楚、漢舊聲及清調、琴調，〔一五〕蔡邕五弄、楚調四弄調，〔一六〕謂之「九弄」，雅聲獨存。非朝廷郊廟所用，故不載。

昔唐虞訖三代，舞用國子，欲其早習於道也；樂用瞽師，謂其專一也。漢魏以來，皆以國之賤隸爲之，唯雅舞尚選用良家子。國家每歲閱司農户，容儀端正者歸太樂，與前代樂户總名「音聲人」。歷代滋多，至有萬數。

坐立部伎

安樂，後周武帝平齊所作也。〔一七〕行列方正，象城郭，周代謂之城舞。舞者八十人，刻木爲面，狗喙獸耳，〔一八〕以金飾之，垂線爲髮，畫襖皮帽，〔一九〕舞蹈姿制猶作羌胡狀。

太平樂，亦謂之五方師子舞。師子摯獸，出於西南夷天竺、師子等國。綴毛爲衣，象其俛仰馴狎之容。二人持繩拂，爲習弄之狀。五師子各依其方色，百四十人歌太平樂，舞抃以從之，服飾皆作崑崙象。

破陣樂，大唐所造也。太宗爲秦王時，征伐四方，人間歌謡有秦王破陣樂之曲。及即位，貞觀七年，製破陣樂舞圖：左圓右方，先偏後伍，魚麗鵝鸛，箕張翼舒，交錯屈伸，首尾迴互，以象戰陳之形。令起居郎吕才依圖教樂工百二十人，被甲執戟而習之。凡爲三變，每變爲四陣，有來往疾徐擊刺之象，〔二〇〕以應歌節。數日而就。發揚蹈厲，聲韻慷慨。〔二一〕歌和云「秦王破陣樂」。〔二二〕饗宴奏之。太宗謂侍臣曰：「朕昔在藩邸，屢有征伐，人間遂有此歌，豈意今日登於雅樂。然其發揚蹈厲，雖異文容，功業由之，致有今日，所以被於樂章，示不忘於本也。」〔二三〕右僕射封德彝進曰：「陛下以聖武戡難，立極安人，功成化定，陳樂象德，實弘濟之盛烈，爲將來之壯觀。文容習儀，豈得爲比。」太宗曰：「朕雖以武功定天下，終當以文德綏海内。文武之道，各隨其時。公謂文容不如蹈厲，斯爲過矣。」其後，若殿廷奏，天子避位，公卿以下坐宴者皆興焉。

慶善樂，亦大唐造也。太宗生於武功慶善宫，既貴，〔二四〕宴宫中，賦詩，被以管絃。舞童六十四人，〔二五〕皆進德冠，紫大袖裙襦，漆髻皮履。舞蹈安徐，以象文教洽而天下安樂也。正至饗宴及國有大慶，奏於庭。先是，神功破陣樂、功成慶善樂二舞每奏，上皆立對。高宗時，太常博士裴守真奏議曰：「竊惟二舞肇興，謳吟攸屬，贊九功之茂烈，〔二六〕叶萬國之歡心，義均韶夏，用兼賓祭，皆祖宗盛德，而子孫饗之。詳覽傳記，未有皇王立觀之禮。」並謂守真議是。

大定樂，高宗所造，出自破陣樂。舞者百四十人，被五綵文甲，持槊。歌云「八紘同軌樂」，以象平遼東而邊隅大定也。

上元樂，高宗所造。舞者八十人，〔二七〕畫雲衣，〔二八〕備五色，以象元氣，故曰「上元」。

聖壽樂，高宗、武后所作也。舞者百四十人，金銅冠，五色畫衣。舞之行列必成字，十六變而畢。有「聖超千古，道泰百王，皇帝萬年，〔二九〕寶祚彌昌」。

光聖樂，玄宗所造也。〔三〇〕舞者八十人，鳥冠，五綵畫衣。兼以上元、聖壽之容，以歌王業所興。

自安樂以後，皆雷大鼓，雜以龜茲樂，聲振百里，並立奏之。其大定樂加金鉦，唯慶善樂獨用西涼樂，最爲閑雅。舊破陣、上元、慶善三舞，〔三一〕皆易其衣冠，合之鐘磬，以饗郊廟。自武太后革命，此禮遂廢。自安樂部謂之立部伎。

讌樂，武德初，未暇改作，每讌享，因隋舊制，奏九部樂。一讌樂，二清商，三西涼，四扶南，五高麗，六龜茲，七安國，八疏勒，九康國。至貞觀十六年十一月，宴百寮，奏十部。先是，伐高昌，收其樂，付太常。至是增爲十部伎，其後分爲立坐二部。立部伎有八部：一安樂，後周平齊所作，周代謂之城舞。二太平樂，亦謂之五方師子舞。三破陣樂。四慶善樂。五大定樂，亦謂之八紘同軌樂，高宗平遼時作也。六上元樂，高宗所造。七聖壽樂，武太后所作。八光聖樂，高宗所造。坐部伎有六部：一讌樂，張文收所作，又分爲四部，有景雲、慶善、破陣、承天等。二長壽樂，武太后長壽年所作。三天授樂，武太后天授年所作。四鳥歌萬歲樂，武太后所造。五龍池樂，玄宗所作。六破陣樂，玄宗作，生於立部伎也。貞觀中，景雲見，河水清。協律郎張文收采古朱雁天馬之義，製景雲河清歌，名曰讌樂，奏之管絃，爲諸樂之首；今元會第一奏者是。景雲樂，〔三二〕舞八人，花錦袍，五色綾袴，緑雲冠，〔三三〕烏皮靴；慶善樂，〔三四〕舞四人，紫綾袍，〔三五〕大袖，絲布袴，假髻；破陣樂，舞四人，緋綾袍，錦衿褾，〔三六〕緋綾袴；承天樂，舞四人，紫袍，進德冠，並金銅帶。樂用玉磬一架，大方響一架，搊箏一，〔三七〕筑一，臥箜篌一，大箜篌一，小箜篌一，大琵琶一，小琵琶一，大五絃琵琶一，小五絃琵琶一，吹葉一，大笙一，小笙一，大篳篥一，小篳篥一，大簫一，小簫一，正銅鈸一，和銅鈸一，長笛一，尺八一，短笛一，揩鼓一，連鼓一，鞉鼓二，浮鼓二，歌二。此樂唯景雲舞近存，〔三八〕餘並亡。

長壽樂，武太后長壽年所造也。舞十有二人，〔三九〕畫衣冠也。

天授樂，武太后天授年所造也。舞四人，畫衣五綵，鳳冠。

鳥歌萬歲樂，武太后所造也。時宮中養鳥能人言，又常稱萬歲，爲樂以象之。舞三人，緋大袖，並畫鸜鵒，冠作鳥象。今嶺南有鳥，似鸜鵒，養之久，則能言，名吉了。音料。〔四〇〕

龍池樂，玄宗龍潛之時，宅於崇慶坊，宅南坊人所居變爲池，瞻氣者亦異焉。〔四一〕故中宗末年，汎舟池内。玄宗正位，以宅爲宫，池水逾大，瀰漫數里，爲此樂以歌其祥也。舞有七十二人，冠飾以芙蓉。

小破陣樂，玄宗所作也。生於立部伎破陣樂。舞四人，金甲胄。

自長壽樂以下，皆用龜兹樂，舞人皆著靴，唯龍池樂備用雅樂，而無鐘磬，舞人躡履。（四二）自讌樂並謂之坐伎。初，太宗貞觀末，有裴神符，（四三）妙解琵琶，初唯作勝蠻奴、火鳳、傾盃樂三曲，聲度清美，太宗深悦之。高宗之末，其伎遂盛，流於時矣。自武太后、中宗之代，大增造坐立諸舞，（四四）隨亦寖廢。

四方樂

周官：「韎師掌教韎樂，祭祀則帥其屬而舞之，舞之以東夷之舞。韎，音妹。大饗亦如之。」「旄人掌教夷樂，夷樂，四夷之樂，亦皆有聲歌及舞。凡四方之以舞仕者屬焉」。（四五）又有「鞮鞻氏上音低，下音屨。（四六）掌四夷之樂，與其聲歌，祭祀則龡而歌之，讌亦如之」。作先王樂，貴能包而用之。納四夷之樂者，美德廣之所及也。東夷之樂曰侏離，離言陽氣所通，萬物離地而生也。南蠻之樂曰任，任言陽氣用事，萬物懷任也。西戎之樂曰禁，禁言陰氣始通，禁止萬物生長。北狄之樂曰昧，昧言陰氣用事，萬物衆形暗昧。其聲不正，作之四門之外，各持其方兵，獻其聲而已。自周衰，此禮則廢。

東夷二國。高麗、百濟。高麗樂，工人紫羅帽，飾以鳥羽，黃大袖，紫羅帶，大口袴，赤皮鞾，五色蹈繩。舞者四人，椎髻於後，以絳抹額，飾以金璫。二人黃裙襦，赤黃袴；二人赤黃裙，襦袴。極長其袖，烏皮鞾，雙雙併立而舞。樂用彈箏一，搊箏一，臥箜篌一，豎箜篌一，琵琶一，五絃琵琶一，義觜笛一，笙一，橫笛一，簫一，小篳篥一，大篳篥一，桃皮篳篥一，腰鼓一，齊鼓一，擔鼓一，貝一。大唐武太后時尚二十五曲，今唯能習一曲，〔四七〕衣服亦寖衰敗，失其本風。百濟樂，中宗之代，工人死散。開元中，岐王範爲太常卿，復奏置之，是以音伎多闕。舞者二人，紫大袖裙襦，章甫冠，皮履。樂之存者，箏、笛、桃皮篳篥、箜篌、歌。

南蠻二國。扶南、天竺。扶南樂，舞二人，朝霞衣，朝霞行纏，赤皮鞋。隋代全用天竺樂，今其存者有羯鼓、都曇鼓、毛員鼓、簫、橫笛、篳篥、銅鈸、貝。天竺樂，樂工皁絲布幞頭巾，白練襦，紫綾袴，緋帔。舞二人，辮髮，朝霞袈裟，若今之僧衣也。行纏，碧麻鞋。樂用羯鼓、毛員鼓、都曇鼓、篳篥、橫笛、鳳首箜篌、琵琶、五絃琵琶、銅鈸、貝。其都曇鼓今亡。

西戎五國。高昌、龜茲、疏勒、康國、安國。高昌樂，舞二人，白襖錦袖，赤皮靴、皮帶，紅抹額。樂用荅臘鼓一，腰鼓一，雞婁鼓一，羯鼓一，簫一，〔四八〕橫笛二，〔四九〕篳篥二，五絃琵琶二，琵琶二，銅角一，豎箜篌一，今亡。笙一。〔五〇〕龜茲樂，工人皁絲布頭巾，〔五一〕緋絲布袍，錦袖，緋布袴。舞四人，紅抹額，緋襖，白袴帑，〔五二〕烏皮靴。樂用豎箜篌一，琵琶一，五絃琵琶一，笙一，橫笛一，簫一，篳篥一，荅臘鼓一，〔五三〕腰鼓一，羯鼓一，毛員鼓一，今亡。雞婁鼓一，銅鈸二，〔五四〕貝一。疏勒樂，工人皁絲布頭巾，白絲布袍，錦衿褾，白絲布袴。舞二人，白襖，錦袖，赤皮靴，赤皮帶。樂用豎箜篌一，琵琶一，五絃琵琶一，橫笛一，簫一，篳篥一，荅臘鼓一，腰鼓一，羯鼓一，雞婁鼓一。康國樂，工人皁絲布頭巾，緋絲布袍，錦衿。〔五五〕舞二人，緋襖，錦袖，綠綾渾襠袴，赤皮靴，白袴帑。舞急轉如風，俗謂之胡旋。樂用笛二，〔五六〕正鼓一，和鼓一，〔五七〕銅鈸二。安國樂，工人皁絲布頭巾，錦衿褾，〔五八〕紫袖袴。舞二人，紫襖，白袴帑，赤皮靴。樂用琵琶一，五絃琵琶一，豎箜篌一，簫一，橫笛一，大篳篥一，雙篳篥一，正鼓一，銅鈸二，箜篌一。

乞寒者，本西國外蕃之樂也。神龍二年三月，并州清源縣令呂元泰上疏曰：「臣謹按洪範八政，曰『謀時寒若』。君能謀事，則寒順之。何必裸露形體，澆灌衢路，鼓舞跳躍而索寒也。禮記曰：『立秋之日行夏令，則寒暑不節。』夫陰陽不調，政令之失也，休咎之應，君臣之感也。理均影響，可不戒哉！」景雲二年，左拾遺韓朝宗諫曰：〔五九〕傳曰，辛有適伊川，見被髮於野者，曰不及百年，此其戎乎。其禮先亡矣。後秦晉遷陸渾之戎於伊川，以其中國之人，習戎狄之事。一言以貫，百代可知。今之乞寒，濫觸胡俗，伏願三思，籌其所以。」至先天二年十月，中書令張說諫曰：「韓宣適魯，見周禮而嘆；孔子會齊，數倡優之罪。列國如此，況天朝乎！今外國請和，〔六〇〕選使朝謁，所望接以禮樂，示以兵威。雖曰戎夷，不可輕易，焉知無駒支之辯，由余之賢哉！且乞寒、潑胡，未聞典故，裸體跳足，盛德何觀；揮水投泥，失容斯甚。法殊魯禮，褻比齊優，恐非干羽柔遠之義，樽俎折衝之道。願擇芻言，〔六一〕特罷此戲。」至開元元年十二月敕：「臘月乞寒，外蕃所出，漸浸成俗，因循以久。自今以後，無問蕃漢，即宜禁斷。」

北狄三國。鮮卑、吐谷渾、部落稽。〔六二〕北狄樂，皆爲馬上樂也。鼓吹本軍旅之音，馬上奏之，故自漢以來，北狄樂總歸鼓吹署。後魏樂府始有北歌，即魏真人歌是也。代都時，命掖庭宮女晨夕歌之。周、隋代，與西涼樂雜奏。今存者五十三章，其名目可解者六章：慕容可汗、吐谷渾、部落稽、鉅鹿公主、白淨王太子、〔六三〕企俞也。其餘不可解，咸多可汗之詞。按今大角，即後魏代簸邏迴是也，〔六四〕其曲亦多可汗之詞。北虜之俗，皆呼主爲可汗。吐谷渾又慕容別種，如此歌是燕、魏之際鮮卑歌，〔六五〕其詞虜音，不可曉。梁有鉅鹿公主歌詞，似是姚萇時歌，其詞華音，與北歌不同。梁樂府鼓吹又有大白淨皇太子、小白淨皇太子、企俞等曲。隋鼓吹有白淨王太子曲，〔六六〕與北歌校之，其音皆異。大唐開元中，歌工長孫元忠之祖受業於侯將軍貴昌，〔六七〕并州人也，亦代習北歌。貞觀中，有詔令貴昌以其聲教樂府。元忠之家代相傳如此，雖譯者亦不能通知其詞，蓋年歲久遠，失其真矣。絲桐，唯琴曲有胡笳聲大角，金吾所掌。

龜兹樂者，起自吕光破龜兹，因得其聲。吕氏亡，其樂分散，後魏平中原，復獲之。有曹婆羅門，〔六八〕受龜兹琵琶於商人，代傳其業，至於孫妙達，尤爲北齊文宣所重，常自擊胡鼓和之。周武帝聘突厥女爲后，西域諸國來媵，於是有龜兹、至隋，有西龜兹、齊龜兹、土龜兹凡三部，〔六九〕開皇中大盛於閭閈。疏勒、安國、康國之樂。帝大聚長安胡兒，羯人白智通教習，頗雜以新聲。

初，張重華時，天竺重譯致樂伎，後其國王子爲沙門來遊中土，又得傳其方伎。宋代得高麗、百濟伎。魏平馮跋，亦得之而未具。周師滅齊，二國獻其樂，合西涼樂，凡七部，通謂之國伎。隋文帝平陳，得清樂及文康禮畢曲，而黜百濟。至煬帝，乃立清樂、龜兹、西涼、天竺、康國、疏勒、安國、高麗、禮畢爲九部。平林邑國，獲扶南工人及其匏瑟琴，陋不可用，但以天竺樂傳寫其聲，而不列樂部。

高昌樂者，西魏與高昌通，始有高昌伎。〔七〇〕隋文帝開皇六年，高昌獻聖明樂曲，帝令知音者於官所聽之，歸而肄習，及客獻，先於前奏之，胡夷大驚。大唐平高昌，盡收其樂，又進讌樂，〔七一〕而去禮畢曲。今著令者，唯十部。龜兹、疏勒、安國、康國、高麗、西涼、高昌、讌樂、清樂伎、天竺，凡十部。

南蠻、北狄國俗，皆隨髮際斷其髮，今舞者咸用繩圍首，反約髮杪，〔七二〕內於繩下。

又有新聲自河西至者，號胡音聲，與龜兹樂、散樂俱爲時重，諸樂咸爲之少寢。

散樂 隋以前謂之百戲

散樂，非部伍之聲，俳優歌舞雜奏。

後漢天子臨軒設樂，舍利獸從西方來，戲於殿前，激水化成比目魚，跳躍嗽水，作霧翳日，而化成黃龍，長八丈，出水遊戲，輝耀日光。以兩大繩繫兩柱，相去數丈，二倡女對舞行於繩上，切肩而不傾。如是雜變，總名百戲。

江左猶有高絙紫鹿、跂行鼈食、齊王捲衣、笮鼠、夏育扛鼎、巨象行乳、神龜抃戲、背負靈岳、桂樹白雪、畫地成川之伎。

晉成帝咸康七年，散騎侍郎顧臻表曰：「末代之樂，設禮外之觀，逆行連倒。四海朝覲，言觀帝庭，而足以蹈天，頭以履地，反天地之順，傷彝倫之大。」乃命太常悉罷之。其後復高絙紫鹿。又有天台山伎。

齊武帝嘗遣主書董仲民，按孫興公賦造莓苔石橋、道士捫翠屏之狀，〔七三〕尋省焉。

梁又設跳鈴、跳劒、〔七四〕擲倒、獼猴幢、青紫鹿、緣高絙、變黃龍弄龜等伎。陳氏因之。

後魏道武帝天興六年冬，詔太樂、總章、鼓吹增修雜戲，造五兵、角觝、麒麟、鳳凰、仙人、長虵、白象、白武及諸畏獸、魚龍、辟邪、鹿馬仙人車、高絙百尺、長趫、緣幢、〔七五〕跳丸，以備百戲。大饗設之於殿前。明元帝初，又增修之，撰合大曲，更爲鐘鼓之節。

北齊武平中，〔七六〕有魚龍爛漫、俳優、侏儒、山車、巨象、拔井、種瓜、殺馬、剥驢等，奇怪異端，百有餘物，名爲百戲。

後周武帝保定初，詔罷元會殿庭百戲。宣帝即位，鄭譯奏徵齊散樂，並會京師爲之。蓋秦角觝之流也。而廣召雜伎，增修百戲，魚龍漫衍之伎常陳於殿前，累日繼夜，不知休息。

隋文帝開皇初，周、齊百戲並放遣之。煬帝大業二年，突厥染干來朝，帝欲誇之，總追四方散樂，大集東都。於華林苑積翠池側，〔七七〕帝令宮女觀之。有舍利、繩柱等，如漢故事。又爲夏育扛鼎，取車輪、石臼、大盆器等，各於掌上而跳弄之。并二人戴竿，其上舞，忽然騰透而換易。千變萬化，曠古莫儔。染干大駭之。自是皆於太常教習。每歲正月，萬國來朝，留至十五日，於端門外、建國門内，綿絙八里，列爲戲場。百官起棚夾路，〔七八〕從昏達曙，以縱觀之，至晦而罷。伎人皆衣錦繡繒綵。其歌者多爲婦人服，鳴環佩，飾以花髦者，殆三萬人。初課京兆、河南製此服，而兩京繒錦爲之中虛。六年，諸夷大獻方物，突厥啟人以下皆國主親來朝賀。乃於天津街盛陳百戲，自海内凡有伎藝，無不總萃。崇侈器翫，盛飾衣服，皆用珠翠金銀，錦罽絺繡。其營費鉅億萬。關西以安德王雄總之，東都以齊王暕總之，〔七九〕金石匏革之聲，聞數十里外。彈絃擫管以上，萬八千人。大列炬火，光燭天地，百戲之盛，振古無比。自是每年以爲常焉。〔八〇〕

大抵散樂雜戲多幻術，皆出西域，始於善幻人至中國。漢安帝時，天竺獻伎，能自斷手足，刳剔腸胃，自是歷代有之。大唐高宗惡其驚人，敕西域關津，不令入中國。睿宗時，婆羅門獻樂，舞人倒行，而以足舞於極銛刀鋒，倒植於地，抵目就刃，〔八一〕以歷臉中；又植於背下，吹篳篥者立其腹上，〔八二〕曲終而亦無傷。又伏伸其手，兩人躡之，旋身繞手，百轉無已。漢代有橦末伎，〔八三〕又有盤舞。晉代加之以杯，謂之杯盤舞。梁有長蹻伎、〔八四〕跳鈴伎、〔八五〕躑倒伎、跳劒伎，今並存。又有舞輪伎，蓋今之戲車輪者。透三峽伎，蓋今之透飛梯之類也。高絚伎，蓋今之戲繩者也。梁有獼猴幢伎，今有緣竿伎，又有獼猴緣竿伎，未審何者爲是。又有弄椀珠伎、丹珠伎。〔八六〕歌舞戲，有大面、撥頭、踏摇娘、窟礧子等戲。玄宗以其非正聲，置教坊於禁中以處之。婆羅門樂，用漆篳篥二，〔八七〕齊鼓一。散樂，用横笛一，拍板一，腰鼓三。其餘雜戲，變態多端，皆不足稱也。

大面出於北齊。蘭陵王長恭才武而貌美，常著假面以對敵。嘗擊周師金墉城下，勇冠三軍，齊人壯之，爲此舞以效其指麾擊刺之容，謂之蘭陵王入陣曲。

撥頭出西域。胡人爲猛獸所噬，其子求獸殺之，爲此舞以象也。踏搖娘生於隋末。河内有人醜貌而好酒，常自號郎中，醉歸必毆其妻。妻美色善自歌，〔八八〕乃歌爲怨苦之詞。河朔演其曲而被之管絃，因寫其妻之容。妻悲訴，每搖其身，故號踏搖云。近代優人頗改其制度，〔八九〕非舊旨也。

窟礧子，亦曰魁礧子，作偶人以戲，善歌舞。本喪樂也，漢末始用之於嘉會。北齊後主高緯尤所好。高麗之國亦有之。今閭市盛行焉。

若尋常享會，先一日具坐立部樂名，上太常，太常封上，請所奏御注而下。及會，先奏坐部伎，次奏立部伎，次奏蹀馬，次奏散樂。然所奏部伎，並取當時進止，無准定。

前代雜樂

鼓吹者，蓋短簫鐃歌。蔡邕曰：「軍樂也，黄帝岐伯所作，以揚德建武，勸士諷敵也。」周官曰：「師有功則凱樂。」左傳晉文公勝楚，振旅，凱而入。司馬法曰：「得意則凱歌。」雍門周説孟嘗君「鼓吹於不測之泉」。説者云，鼓自一物，吹自竽、籟之屬，〔九〇〕非簫鼓合奏，别爲一樂之名也。然則短簫鐃歌，此時未名鼓吹矣。應劭漢鹵簿圖，唯有騎執箛。箛即笳，不云鼓吹。而漢代有黄門鼓吹。漢享宴食舉樂十三曲，與魏代鼓吹長簫同。〔九一〕長簫短簫，伎録並云絲竹合作，執節者歌。又建初録云，務成、黄爵、玄雲、遠期皆騎吹曲，非鼓吹曲。此則列於殿庭者爲鼓吹，今之從行鼓吹爲騎吹，二曲異也。又孫權觀魏武軍，作鼓吹而還，應是此鼓吹。〔九二〕魏晉代給鼓吹甚輕，牙門督將五校，悉有鼓吹。晉江左初，臨川太守謝摛每寢，夢聞鼓吹。有人爲占之曰：「君不得生鼓吹，當得死鼓吹。」摛擊杜弢戰殁，追贈長水校尉，葬給鼓吹焉。謝尚爲江夏太守，詣安西將軍庾翼於武昌諮事，翼以鼓吹賞尚射，破便以其副鼓吹給之。齊、梁至陳則甚重矣，各製曲辭以頌功德焉。至隋，亡。

西涼樂者，起符氏之末，吕光、沮渠蒙遜等據有涼州，變龜兹聲爲之，號爲秦漢伎。後魏太武既平河西，得之，謂之西涼樂。至魏、周之際，遂謂之國伎。魏代至隋咸重之。其曲項琵琶、豎頭箜篌之徒，〔九三〕並出自西域，非華夏舊器。楊澤新聲、神白馬之類，生於胡歌，非漢、魏遺曲，故其樂器聲調悉與書史不同。〔九四〕其歌曲有永世樂，解曲有萬代豐，舞曲有于闐佛曲。〔九五〕工人平巾幘〔九六〕緋褶。白舞一人，方舞四人。白舞今闕。方舞四人，假髻，玉支釵，紫絲布褶，白大口袴，五綵接袖，烏皮靴。其樂器用：鐘一架，磬一架，彈箏一，搊箏一，卧箜篌一，豎箜篌一，琵琶一，五絃琵琶一，笙一，簫一，大篳篥一，小篳篥一，長笛一，横笛一，腰鼓一，齊鼓一，擔鼓一，〔九七〕貝一，銅鈸二。今亡。〔九八〕

禮畢者，本自晉太尉庾亮家。亮卒，其伎追思亮，因假爲其面，執翳以舞，象其容，取其謚以號之，〔九九〕謂文康樂。每奏九部樂，終則陳之，故以禮畢爲名。其曲有散華樂等。隋平陳，得之，入九部樂。樂器有笙、笛、簫、篪、鈴槃、鞞、腰鼓等七種，〔一〇〇〕三懸爲一部。工人二十二人。今亡。

校勘記

〔一〕並漢氏以來舊曲　「曲」原訛「典」，據隋書音樂志下三七七頁、唐會要卷三三改。

〔二〕考而補之　「考」原訛「者」，據隋書音樂志下三七八頁及北宋本、傅校本、明刻本改。

〔三〕阿子歡聞　原訛脱作「阿子歌」，據北宋本、傅校本、明抄本、明刻本改。按：舊唐書音樂志二一〇六二頁作「阿子及歡聞」。

〔四〕團扇　「扇」下原有「歌」，據舊唐書音樂志二一〇六二頁及北宋本、傅校本、明抄本、明刻本刪。下「督護」、「讀曲」同。

〔五〕懊憹　「憹」原訛「儂」，據舊唐書音樂志二一〇六二頁及北宋本、傅校本、明抄本、明刻本改。

〔六〕鳳雛　「雛」原訛「曲」，據舊唐書音樂志二一〇六三頁及北宋本、明抄本改。

〔七〕咸用八人而已　「咸」原訛「減」，據舊唐書音樂志二一〇六七頁及北宋本、傅校本、明抄本改。

〔八〕令工人平巾幘　「工」原訛「二」，據舊唐書音樂志二一〇六七頁及北宋本、明抄本改。

〔九〕春江花月夜等八曲　「等」下原衍「共」，據舊唐書音樂志二一〇六八頁及北宋本、傅校本、明抄本、明刻本删。

〔一〇〕武太后時明君尚能四十言　「武太后」原脱，據舊唐書音樂志二一〇六八頁補。

〔一一〕就之訛失　「之」原作「中」，據舊唐書音樂志二一〇六八頁及北宋本、傅校本、明抄本、明刻本改。

〔一二〕劉貺以爲宜取吴人使之傳習　「劉貺」原脱，據舊唐書音樂志二一〇六八頁補。

〔一三〕才生　原涉上而脱，據舊唐書音樂志二一〇六八頁補。

〔一四〕又聞清樂唯雅歌一曲　「聞」原涉上而誤作「闕」，據舊唐書音樂志二一〇六八頁改。

〔一五〕琴調　舊唐書音樂志二一〇六八頁作「瑟調」。

〔一六〕楚調四弄調　「楚調四弄」原脱，據北宋本、明抄本補。

〔一七〕後周武帝平齊所作也　「帝」原脱，據舊唐書音樂志二一〇五九頁、通考卷一四五補。

〔一八〕狗喙獸耳　「獸」原訛「戰」，據諸本改。

〔一九〕畫襖皮帽　通考卷一四五同。舊唐書音樂志二一〇五九頁「襖」作「猰」。

〔二〇〕有來往疾徐擊刺之象　「來往」原倒，據北宋本、傅校本、明抄本、明刻本乙。

〔二一〕聲韻慷慨　「慷慨」原倒，據北宋本、傅校本、明抄本、明刻本乙。

〔二二〕歌和云秦王破陣樂　「歌」原脱，據北宋本、傅校本、明抄本補。

〔二三〕示不忘於本也　「示」原訛「亦」，據舊唐書音樂志一一〇四五頁、御覽卷五六六改。

〔二四〕既貴　「既」上原有「及」，據北宋本、傅校本、明抄本、明刻本删。

〔二五〕舞童六十四人　「六十四」原訛脱作「十六」，據舊唐書音樂志二一〇六〇頁、唐會要卷三三、通考卷一四五改。

〔二六〕贊九功之茂烈　「功」原訛「成」，據北宋本、傅校本、明抄本、明刻本改。

〔二七〕舞者八十人　「者」原脱，據北宋本、傅校本、明抄本、明刻本補。

〔二八〕畫雲衣　原作「衣畫雲水」，北宋本、傅校本、明抄本、明刻本作「畫雲水」，今據舊唐書音樂志二一〇六〇頁改。

〔二九〕皇帝萬年　「年」原作「歲」，據北宋本、傅校本、明刻本改。按：舊唐書音樂志二一〇六〇頁、唐會要卷三三也都作「年」。

〔三〇〕玄宗所造也　「玄」原訛「高」，據北宋本、傅校本、明抄本、明刻本改。按：舊唐書音樂志二一〇六〇頁也作「玄」。

〔三一〕舊破陣上元慶善三舞　「舊」上原衍「其」，據北宋本、傅校本、明抄本、明刻本删。

〔三二〕景雲樂　「樂」原脱，據舊唐書音樂志二一〇六一頁補。

〔三三〕綵雲冠　「綵」原訛「緑」，據北宋本、明抄本改。

〔三四〕慶善樂　「樂」原脱，據北宋本、傅校本、明抄本、明刻本補。

〔三五〕紫綾袍　「袍」原脱，據舊唐書音樂志二一〇六一頁補。

〔三六〕錦衿褾　「衿」原訛「袊」，據北宋本改。下同。按：舊唐書音樂志二一〇六一頁作「衿」。

〔三七〕搊箏一　「搊」原訛「笛」，據舊唐書音樂志二一〇六一頁及北宋本、明抄本改。

〔三八〕此樂唯景雲舞近存　「此」上原有「按」，據北宋本、傅校本、明抄本、明刻本删。

〔三九〕舞十有二人　「有」原脱，據北宋本、傅校本、明抄本、明刻本補。

〔四〇〕音料　舊唐書音樂志二一〇六一頁作「亦云料」。

〔四一〕瞻氣者亦異焉　舊唐書音樂志二一〇六二頁「瞻」作「望」。按：本當作「望氣」，杜佑避家諱改。

〔四二〕而無鐘磬舞人躡履　原訛脱作「笙磬舞人躡」，北宋本、傅校本、明刻本訛脱作「而磬舞人躡」，今據舊唐書音樂志二一〇六二頁、唐會要卷三三補改。

〔四三〕裴神符　「神」原訛「禆」，據唐會要卷三三及北宋本、傅校本、明抄本改。

〔四四〕大增造坐立諸舞　「立」原訛「伎」，據舊唐書音樂志二一〇六一頁、唐會要卷三三及北宋本、傅校本、明抄本改。

〔四五〕凡四方之以舞仕者屬焉　「以」上原衍「舞」，據周禮旄人删。

〔四六〕上音低下音屨　「低」原訛「伋」，據明抄本改。「屨」原訛「屢」，據北宋本、傅校本改。按：北宋本作「㐌」，俗低字。

〔四七〕今唯能習一曲　「習」原脱，據北宋本、傅校本、明抄本、明刻本補。按：舊唐書音樂志二一〇七〇頁、唐會要卷三三都有「習」。

〔四八〕簫一　「一」舊唐書音樂志二一〇七一頁作「二」。

〔四九〕橫笛二　「二」原訛「一」，據北宋本、傅校本、明抄本、明刻本改。按：舊唐書音樂志二一〇七一頁也作「二」。

〔五〇〕笙一　舊唐書音樂志二一〇七一頁無此二字。

〔五一〕工人皁絲布頭巾　「工」原訛「二」，據北宋本、傅校本、明抄本、明刻本改。下同。按舊唐書音樂志二一〇七一頁也都作「工」。

〔五二〕緋襖白袴帑　原訛脱作「緋白袴奴」，據舊唐書音樂志二一〇七一頁補改。下「帑」逕改，不再出校。

〔五三〕荅臘鼓一　此四字上舊唐書音樂志二一〇七一頁有「都曰雲鼓一」。

〔五四〕銅鈸二　「二」舊唐書音樂志二一〇七一頁作「一」。下同。

〔五五〕錦衿　原作「錦衿褾」，據北宋本、傅校本、明抄本、明刻本改删。按：舊唐書音樂志二一〇七一頁作「錦領」。

〔五六〕笛二　「笛下原衍「鼓」，據北宋本、傅校本、明抄本删。按：舊唐書音樂志二一〇七一頁也無「鼓」字。

〔五七〕和鼓一　此三字上原有「小鼓一」，後人妄增。今據舊唐書音樂志二一〇七一頁及北宋本、傅校本、明抄本、明刻本删。

〔五八〕錦衿褾　北宋本、明抄本作「錦褾衿」，舊唐書音樂志二一〇七一頁作「錦褾領」。

〔五九〕左拾遺　「左」原作「右」，據北宋本、傅校本、明抄本、明刻本改。

〔六〇〕今外國請和　「和」唐會要卷三四作「賀」。

〔六一〕願擇芻言　原作「願揮綸言」，後人擅改。今據北宋本、明抄本改回。按：唐會要卷三四也作「願擇芻言」。

〔六二〕部落稽　原訛脱作「郎落」，今據明抄本改補。按：北宋本作「部落」，脱「稽」。

〔六三〕白淨王太子　「王」原作「皇」，據舊唐書音樂志二一〇七二頁及北宋本、傅校本、明抄本改。

〔六四〕即後魏代簸邏迴是也　「簸」原脱，據舊唐書音樂志二一〇七二頁及北宋本、明抄本補。

〔六五〕如此歌是燕魏之際鮮卑歌　「如」舊唐書音樂志二一〇七二頁作「知」。

〔六六〕白淨王太子曲　「王」原作「皇」，據北宋本、傅校本、明抄本、明刻本改。

〔六七〕受業於侯將軍貴昌　「業」原脱，據舊唐書音樂志二一〇七二頁補。

〔六八〕曹婆羅門　「曹」原訛「唐」，據舊唐書音樂志二一〇六九頁、唐會要卷三三改。

〔六九〕土龜兹　「土」原訛「五」，據隋書音樂志下三七八頁及北宋本、明抄本改。

〔七〇〕始有高昌伎　「高」原脱，據舊唐書音樂志二一〇六九頁補。

〔七一〕又進讌樂　「進」北宋本、傅校本、明抄本、明刻本作「近」。舊唐書音樂志二一〇六九頁作「造」。

〔七二〕今舞者咸用繩圍首反約髮杪　「今」原訛「令」，「杪」原訛「抄」，據舊唐書音樂志二一〇七二頁改。按：北宋本、明抄本「今」字不誤。

〔七三〕道士捫翠屏之狀　「狀」北宋本、明抄本作「杖」。

〔七四〕跳鈴跳劍　原訛脱作「跳跈劍」，據隋書音樂志上三〇三頁及傅校本改補。

〔七五〕緣幢　「緣」原脱，據魏書樂志二八二八頁補。

〔七六〕北齊武平中　原訛作「北齊神武平中山」，據隋書音樂志下三八〇頁删改。

〔七七〕於華林苑積翠池側　「華林」隋書音樂志下三八一頁作「芳華」。

〔七八〕百官起棚夾路　「起」原訛「赴」，據隋書音樂志下三八一頁改。

〔七九〕齊王暕　「暕」原訛「睞」，據北宋本改。

〔八〇〕自是每年以爲常焉　「以」原脱，據隋書音樂志下三八一頁及北宋本補。

〔八一〕抵目就刃　「抵」舊唐書音樂志二一〇七三頁作「低」。

〔八二〕又植於背下吹篳篥者立其腹上　「植」及「者立」原脱，據舊唐書音樂志二一〇七三頁補。

〔八三〕橦末伎　「末」舊唐書音樂志二一〇七三頁作「木」。

〔八四〕長蹻伎　「蹻」原訛「橋」，據隋書音樂志上三〇三頁、舊唐書音樂志二一〇七三頁改。

〔八五〕跳鈴伎　「鈴」原訛「跉」，據北宋本、傅校本、明抄本、明刻本改。按：隋書音樂志上三〇三頁作「鈴」。

〔八六〕丹珠伎　原涉上而脱，今據舊唐書音樂志二一〇七三頁補。

〔八七〕用漆篳篥二　原脱「漆」，據舊唐書音樂志二一〇七三頁補。按：北宋本、傅校本、明抄本、明刻本作「七篳篥二」，脱「用」，「漆」又訛「七」。

〔八八〕妻美色善自歌　「妻」原涉上而脱，據傅校本補。

〔八九〕近代優人頗改其制度　「近」原訛「並」，據舊唐書音樂志二一〇七四頁及北宋本、明抄本改。

〔九〇〕竽籟之屬　「竽」原訛「竿」，據諸本改。

〔九一〕與魏代鼓吹長簫同　「長簫同」原脱，據宋書樂志一五五八頁補。

〔九二〕應是此鼓吹　「此」宋書樂志一五五九頁作「今」。

〔九三〕豎頭箜篌之徒　「豎頭」原訛脱作「堅」，據隋書音樂志下三七八頁改補。

〔九四〕故其樂器聲調悉與書史不同　「器」原脱，「悉」原訛「志」，據隋書音樂志下三七八頁補改。

〔九五〕舞曲有于闐佛曲　「舞」原脱，據隋書音樂志下三七八頁補。

〔九六〕工人平巾幘　「巾」原訛「上」，據舊唐書音樂志二一〇六八頁改。

〔九七〕擔鼓一　「擔」舊唐書音樂志二一〇六八頁作「檐」。

〔九八〕貝一銅鈸二今亡　舊唐書音樂志二一〇六八頁作「銅鈸一貝一編鐘今亡」。

〔九九〕取其謚以號之　「其」原脱，據隋書音樂志下三八〇頁補。

〔一〇〇〕樂器有笙笛簫篪鈴槃鞞腰鼓等七種　「樂」原涉上而脱，「種」原訛「鐘」，據隋書音樂志下三八〇頁補改。

劉俊文點校　王文錦覆校

通典卷第一百四十七

樂七

遏密不設懸議　大喪而弟嗣位未三年廢樂議

大喪在寇梓宮未返廢樂議　皇后崩服未終廢樂議

太后父喪廢樂議　皇后母喪廢樂議

公主喪廢樂議　太子所生喪廢樂議

大臣喪廢樂議　忌月不廢樂議

郊廟宮懸備舞議魏　宋　梁　大唐

魏散騎常侍王肅議曰：「王者各以其禮制事天地，今説者據周官單文爲經國大體，〔一〕懼其局而不弘也。漢武帝東巡狩封禪還，祠太一於甘泉，祭后土於汾陰，皆盡用其樂。言盡用者，謂盡用宮懸之樂也。天地之性貴質者，蓋謂其器之不文，不謂庶物當減也。禮，天子宮懸，舞八佾。今祀圜丘、方澤，宜以天子制，設宮懸之樂、八佾之舞。」奏可。

肅又議曰：「説者以爲周家祀天唯舞雲門，〔二〕祭地唯舞咸池，〔三〕宗廟唯舞大武，〔四〕似失其義矣。周禮，賓客皆作備樂。左傳：『王子頹享五大夫，樂及徧舞。』六代之樂也。然則一會之日，具作六代之樂。天地宗廟，事之大者，賓客讌會，比之爲細。王制曰：『庶羞不踰牲，燕衣不踰祭服。』可以燕樂而踰天地宗廟之樂乎？周官：『以六律、六同、〔五〕五聲、八音、六舞大合樂，以致鬼神，以和邦國，以諧萬民，以安賓客，以悅遠人。』夫六律、六呂、五聲、八音，皆一時而作之，至於六舞獨分擘而用之，所以不厭人心也。〔六〕又周官：『韎師掌教韎樂，韎音莫拜切。祭祀則帥其屬而舞之，大享亦如之。』韎，東夷之樂也。又：『鞮鞻掌四夷之樂與其聲歌，祭祀則吹而歌之，燕亦如之。』四夷之樂，乃入宗廟；先代之典，獨不得用。大享及燕曰如之者，明古今夷夏之樂皆主之於宗廟，而後播及其餘也。夫作先王樂者，貴能苞而用之也。納四夷之樂者，美德廣之所及也。高皇帝、太皇帝、太祖、高祖、文昭廟，皆宜兼用先代及武始、大鈞之舞。」

尚書盧毓奏：「協律中郎將左延年議，按周禮『以雲門祀天，咸池祀地』，又今宗廟用宮懸，則祀天地宜用宮懸。博士趙怡以爲，古無四懸，四懸自周始耳，〔七〕未有作古樂而用近懸也。按今天地之樂懸，謂之上下管，與虞舜笙鏞同。不言二懸，宜如故事，但設上下管而已。」

侍中繆襲議：「周存六代之樂，故各有所用。今樂制既亡，唯承漢氏韶武。魏承舜，又周爲二王之統，故文始、大武、武德、武始、大鈞可以備四代之樂。奏黃鍾，舞文始，以禮天地；奏太蔟，舞大武，以祀五郊、明堂；奏姑洗，舞武德，巡狩以祭四望山川；奏蕤賓，舞武始、大鈞，以祀宗廟；及二至祀丘澤，於祭可兼舞四代。又漢有雲翹、育命之舞，不知所出，舊以祀天。今可兼以雲翹祀圜丘，兼以育命祀方澤。〔八〕祀天地宜宮懸，如延年議。」

司空衞臻議：「圜丘宜用大韶，樂宜宮懸。宗廟之樂，宜用武始、咸熙。」

宋武帝永初始調金石。文帝元嘉十八年，有司奏：「二郊宜奏登歌。」後詔顏廷之造歌詩，廟舞猶闕。

孝武孝建二年，前殿中曹郎荀萬秋議：「按禮，祭天地有樂者，爲降神也。故易曰：『雷出地奮豫。先王以作樂崇德，殷薦之上帝，以配祖考。』周官曰：『作樂於圜丘之上，天神皆降。作樂於方澤之中，地祇皆出。』又曰：『乃奏黃鍾，歌大呂，舞雲門，以祀天神。乃奏太簇，〔九〕歌應鍾，舞咸池，以祀地祇。』由斯而言，以樂祭天地，〔一〇〕其來尚矣。今郊享闕樂，竊以爲疑。祭統曰：『夫祭有三重焉：獻之屬莫重於裸，聲莫重於升歌，舞莫重於武宿夜，此周道也。』至於漢奏五行，魏舞咸熙，皆以用享。爰逮晉氏泰始之初，傅玄作晉郊廟歌詩三十二篇。元康中，〔一一〕荀藩受詔成父勖業，定金石四懸，用之郊廟。是則相承郊廟有樂之證也。今廟祠登歌雖奏，而舞象未陳，懼闕備禮。方茲禮儀遺逸，罔不具舉，而況出祇降神，輟樂於郊祭，昭德舞功，〔一二〕有闕於廟享。謂郊廟宜設備樂。」於是竟陵王誕等五十一人並同萬秋議。

梁武帝制曰：「先儒皆以宗廟宜設宮懸。按周官：『奏黄鍾，歌大吕，舞雲門，以祀天神；奏太蔟，歌應鍾，舞咸池，以祭地祇；奏夷則，歌小吕，舞大護，以饗先妣；奏無射，歌夾鍾，舞大武，以享先祖。』虞書云：『戛擊鳴球，搏拊琴瑟以詠，祖考來格。下管鼗鼓，〔一三〕合止柷敔，笙鏞以間。』周禮則分樂享祀，虞書則止鳴兩懸，〔一四〕求之於古，無宮懸之文。按所以不宮懸者，事人禮縟，音辱，數也。事神禮簡。禮器云：『天子之堂九尺，而至敬不壇。天子龍衮，而至敬不文。觀天下物，無可以稱其德者，則以少爲貴。』郊特牲云：『宗廟之器，可用也，而不可便其利。〔一五〕所以交於神也，不可以同於所安樂之義也。』王肅初不分析此前數旨，直言用天子之制。若郊廟既均其制，二神禮文復何以同？今宜祀天地宗廟，逐所應須。便即設之，則非宮非軒，非判非特，直以至敬所應施用耳。」〔一六〕

大唐麟德二年十月，詔：「國家平定天下，革命創制，紀功旌德，久被樂章。今郊祀四懸，猶用干戚之舞，先朝作樂，韞而未伸。其郊廟享宴等所奏宮懸，文舞宜用功成慶善之樂，皆著履執拂，依舊服袴褶、童子冠；其武舞宜用神功破陣之樂，皆衣甲持戟，其執纛之人亦著金甲。人數並依八佾，仍量加簫、笛、歌鼓等，於懸南列坐，若舞即與宮懸合奏。其宴樂内二色舞者，仍依舊别設。」

儀鳳二年十一月，太常少卿韋萬石奏曰：「據貞觀禮，郊享日文舞奏元和、順和、永和等樂，〔一七〕其舞人著委貌冠服，手執籥翟，其武舞奏凱安，其舞人著平冕，手執干戚。奉麟德二年十月敕，文舞改用功成慶善樂，武舞改用神功破陣樂，并改器服。但以慶善樂不可降神，〔一八〕破陣樂又未入雅樂，雖改用器服，其舞曲依舊，迄今不改。事既不安，恐須別有處分。」詔曰：「舊文舞、武舞既不可廢，并器服總宜依舊。若懸作上元舞日，仍奏神功破陣樂及功成慶善樂，〔一九〕并殿庭用舞，並須引出懸外而作。其安置舞曲，宜更商量作安穩法。并録凱安六變法象奏聞。」萬石又與刊正樂官等奏曰：「謹按凱安舞是貞觀年中所造武舞，準貞觀禮及今禮，但郊廟祭享奏武舞之樂即用之。凡有六變。一變象龍興參墟，二變象克靖關中，三變象東夏賓服，四變象江淮寧謐，五變象獫狁讋伏，六變象兵還振旅。謹按貞觀禮，祭享日武舞唯作六變，亦如周之大武，六成樂止。今禮奏武舞六成，而數終未止，既非師古，不可依行。其武舞凱安，請依古禮及貞觀禮，六成樂止。〔二〇〕立部伎內破陣樂五十二徧，修入雅樂，只有兩徧，名七德。立部伎內慶善樂五十徧，修入雅樂，只有一徧，名九功。上元舞二十徧，今入雅樂，一無所減。每見祭享日三獻已終，上元舞猶自未畢，〔二一〕今更加破陣樂、慶善樂，恐酌獻以後，〔二二〕歌舞更長。其雅樂內破陣樂、慶善樂、上元舞三曲，並請修改通融，令長短與禮相稱，冀於事爲便。破陣樂有象武事，慶善樂有象文事。按古六代舞，有雲門、大咸、大韶、大夏等，是古之文舞，殷之大護、周之大武，是古之武舞。先儒相傳，國家以揖讓得天下，則先奏文舞；若以征伐得天下，則先奏武舞。請應用二舞日，先奏神功破陣樂，次奏功成慶善樂。先奉敕於圜丘、方澤、太廟祠享日，則用上元之舞。臣據見行禮，欲於天皇酌獻降復位高皇在位尊號天皇。以後，即作凱安，六變樂止，其神功破陣樂、功成慶善樂、上元舞三曲，待改修訖，以次通融作之，即得新舊並行，前後有序。」詔從之。

開元八年九月，瀛州司法參軍趙慎言論郊廟用樂表曰：

祭天地宗廟，樂合用商音。又周禮三處大祭，俱無商調。鄭玄云：「此無商調者，祭尚柔，商堅剛也。」以臣愚知，斯義不當。但商音，金也；周德，木也。金能尅木，作者去之。今皇唐土王，即殊周室。五音損益，須逐便宜，豈可將木德之儀，施土德之用？又説者以商聲配金，即作剛柔理解，殊不知聲無定性，音無常主，剛柔之體，實由其人，人和則音和，人怒則聲怒，故禮稱「怒心感者，其聲麤以厲；愛心感者，其聲和以柔。」秖如宮聲爲君，商聲爲臣，豈以臣位配金，金爲臣道，便爲剛乎？〔二三〕其三祭並請加商調，去角調。

又郊廟二舞人，不依古制，未協人神。按周禮：「以樂舞教國子，舞雲門、大咸、大護、大武。」是知古之舞者，即諸侯子孫，容服鮮麗，故得神祇降福，靈光燭壇。今之舞人，並容貌蕞陋，〔二四〕屠沽之流，用以接神，欲求降福，固亦難矣。有隋之際，猶以品子爲之，號爲「二舞郎」，逮乎聖朝，遂變斯制。誠願革兹近誤，考復古道。其二舞人，望取品子年二十以下，顔容修正者充。〔二五〕令太常博士主之，準國子學給料。行事之外，習六樂之道，學五禮之儀。十周年，量文武授散官，號曰「雲門生」。

又按周禮：「奏太蔟，歌應鍾，以享地祇。」注云：「地祇，謂神州、社稷也。」太蔟，陽也，位在寅。應鍾，陰也，位在亥。故斗建亥，則日月會於寅；斗建寅，則日月會於亥。是知聖人之制，取合於陰陽；歌奏之儀，用符於交會。今之祭社，即乖古法，乃下奏太蔟，上歌黃鍾。但太蔟、黃鍾，俱是陽律，上下歌奏不異，乃是陽合於陽，非特違其禮經，抑亦乖於會合。其社壇歌黃鍾，請改爲應鍾均。〔二六〕

又五郊，工人、舞人衣服合依方色。按周禮：「以蒼璧禮天，以黃琮禮地，以青珪禮東方，以赤璋禮南方，以白琥禮西方，以玄璜禮北方。」是知五天帝德，色玉不同；四時文物，各隨方變。冀以同色相感，同事相宜，陰陽交泰，莫不由此。今祭器茵褥，總隨於五方，五郊衣服，獨乖於方色，舞者常持皁飾，工人恆服絳衣。以臣愚知，深爲不便。其工人、舞人衣服，〔二七〕請各依方色。其宗廟黃色，仍各以所主色褾袖。

又以樂治身心，禮移風俗，請立樂教以化兆民。周禮曰：「以樂教國子中、和、祇、庸、孝、友。」其國子諸生請教以樂經，〔二八〕同於禮傳，則人人知禮，家家知樂，自然風移俗易，災害不生。其樂經章目雖詳，稍乖旨要，請委通明博識修撰訖，然後頒下。二十五年，太常卿韋縚令博士韋逌、直太樂李尚沖、〔二九〕樂正沈元福、郊社令陳虔、申懷操等，詮敘前後所行用樂章，爲五卷，以付太樂、鼓吹兩署，〔三〇〕令工人習之。時太常舊相傳有議樂五調歌詞各一卷。〔三一〕或云貞觀中侍中楊恭仁妾趙方等所詮集，詞多鄭、衞，皆近代詞人雜詩。至是，縚又令太樂令孫玄成更加整比，爲七卷。

開元二十九年六月，太常奏：「東封太山日所定雅樂，其樂曰：元和六變以降天神，順和八變以降地祇，皇帝行用太和之樂，其封太山登歌奠玉幣用肅和之樂，迎俎用雍和之樂，酌福飲福酒用福和之樂，送文迎武用舒和之樂，亞獻、終獻用凱安之樂，送神用夾鍾元和之樂，禪社首送神用林鍾宮順和之樂，享太廟迎神用永和之樂，獻祖宣皇帝酌獻用光大之舞，懿祖光皇帝酌獻用長發之舞，太祖景皇帝酌獻用大政之舞，代祖元皇帝酌獻用大成之舞，高祖神堯皇帝酌獻用大明之舞，太宗文武皇帝酌獻用崇德之舞，高宗天皇大帝酌獻用鈞天之舞，中宗孝和皇帝酌獻用太和之舞，睿宗大聖真皇帝酌獻用景雲之舞，徹豆用雍和之舞，〔三二〕送神用黃鍾宮永和之樂。臣以樂章殘缺，積有歲時。自有事東巡，親謁九廟，聖情慎禮，精祈感通，〔三三〕皆祠前累月，考定音律。請編入史册，萬代施行。」乃下制曰：「王公卿士，爰及有司，頻詣闕上言，請以唐樂爲名者。斯至公之事，朕安得而辭焉！然則大咸、大韶、大護、大夏，皆以大字表其樂章。今依所請，宜曰大唐樂。」

郊廟不奏樂廟諸室别舞議宋　大唐

宋顏竣七旬反議曰：「郊之有樂，蓋生周易、周官，歷代著議，莫不援準。夫『掃地而祭，器用陶匏』，唯質與誠，以章天德，文物之備，理固不然。孝經云：『郊祀后稷以配天，宗祀文王於明堂，以配上帝。』則豫之作樂，非郊天也。大司樂職：『奏黄鍾，歌大呂，舞雲門，以祀天神。』鄭注：『天神，五帝及日月星辰也。』王者以夏正月，祀其所受命之帝於南郊，則二至之祀，又非天地。考之衆經，郊祀有樂，未見明證。宗廟之禮，事炳載籍。爰自漢元，迄於有晉，雖時或更制，大抵相因，其惟不襲名號而已。今樂典淪滅，知音代寡，改作之事，臣聞其語。正德、大豫，禮容具存，宜殊其徽號，飾而用之。以正德爲宣化之舞，大豫爲興和之舞，庶足以光表世烈，悦彼後昆。前漢祖宗，廟處各異，主名既革，〔三四〕舞號亦殊。今七廟合食，殿庭共所，舞蹈之容，不得廟有别制。後漢東平王蒼已議之矣。又王肅、韓祗以王者德廣無外，六代四夷之舞，金石絲竹之樂，宜備奏宗廟。愚謂蒼、肅之議，合於典禮，適於當今。

左僕射建平王宏又議：「竣據周禮、孝經，天與上帝，連文重出，故謂上帝非天，則易之作樂，非爲祭天也。按易稱『先王以作樂崇德，殷薦之上帝，以配祖考』。尚書云『肆類于上帝』。春秋傳曰『告昊天上帝』。凡上帝之言，無非天也。天尊不可以一稱，故或謂之昊天，或謂之上帝，或謂之昊天上帝，不得以天有數稱，〔三五〕便謂上帝非天。徐邈推周禮『國有故，則旅上帝』，以知禮天，旅上帝，同是祭天。言禮天者，謂常祀也；旅上帝者，有故而祭也。孝經稱『嚴父莫大於配天』，故云『郊祀后稷以配天，宗祀文王於明堂以配上帝』。既以配天爲義，則上帝猶天益明也。不欲使二天文同，故變言上帝耳。周禮祀天之言再見，故鄭注以前天神爲五帝，後冬至所祭爲昊天。竣又云『二至之祀，又非天地』。未知天地竟應以何時致享？記云：『掃地而祭，器用陶匏。』旨明所用質素，無害以樂降神。荀萬秋謂郊宜有樂，事有典據。竣又云『東平王蒼以爲前漢諸祖別廟，〔三六〕是以祖宗之廟可得各有舞樂。至於祫祭始祖之廟，則專用始祖之舞。故謂後漢諸祖，共廟同庭，雖有祖宗，不宜人人別舞』。此誠一家之意，而未統適時之變也。後漢從儉，故諸祖共廟，猶以異室存別廟之禮。晉氏以來，登歌頌美，諸室繼作。至於祖宗樂舞，何獨不可迭奏？荀所詠者殊，雖共庭亦非嫌也。魏三祖各有舞樂，豈復是異廟邪？」衆議並同。

大唐貞觀十四年六月，詔曰：「殷薦祖考，以崇功德，比雖加誠潔，而廟樂未稱。宜令所司詳諸故實，制定奏聞。」祕書監顏師古議曰：「伏惟皇祖弘農府君、宣簡公、懿王，並積德累仁，重光襲軌，化覃行葦，慶崇瓜瓞。詩云：『濬哲維商，長發其祥。』言殷之先祖，久有深智，虞、夏二代，發貞祥也。三廟之樂，請同奏長發之舞，其登歌則各爲辭。太祖景皇帝，迹肇沮、漆，教漸豳、岐，胥宇之志既勤，靈臺之萌始附。詩云：『君子萬年，永錫祚胤。』言遐遠之期，〔三七〕惟天所命，長與福祚，流於子孫也。廟樂請奏永錫之舞。代祖元皇帝，丕承鴻緒，克紹宏猷，實啟蕃昌，用集寶命。易大有：「象曰：其德剛健而文明，應乎天而時行。』言德應天道，行不失時，剛健靡滯，文明不犯也。廟樂請奏大有之舞。高祖大武皇帝，膺期馭曆，揖讓受終，奄有四方，仰齊七政，介以景福，申茲多祜，〔三八〕式崇勿替，誕保無疆。易曰：『大明終始，六位時成。』謂終始之道，皆能大明，故不失時，成六位也。詩有大明之篇，稱文王有明德。廟樂請奏大明之舞。文德皇后，厚德載物，凝暉麗天。易曰：『含弘光大，品物咸亨。』言坤道至靜，柔順利貞，資生庶類，皆暢達也。廟樂請奏光大之舞。」

給事中許敬宗議曰：「臣聞七廟觀德，義冠於宗祀；三祖在天，式彰於嚴配。前聖所履，莫大於茲。鍾律革音，播鏗鏘於享薦；羽籥成列，申蹈厲於蒸嘗。爰制典司，加崇稱號，循聲覈實，敬闡尊名。謹備樂章，式昭彝範。皇祖弘農時君、宣簡公、懿王廟樂，請同奏長發之舞。太祖景皇帝廟樂，請奏大階之舞。〔三九〕代祖元皇帝廟樂，請奏大成之舞。〔四〇〕高祖大武皇帝廟樂，請奏大明之舞。文德皇后廟樂，請奏光大之舞。七廟登歌，請每室別奏。」詔曰：「可。」

祭日不宜徧舞六代樂議梁　陳

梁武帝時，太常任昉奏：「據魏王肅議，周禮，賓客皆作備樂。況天地宗廟，事之大者。周官『以六律、六同、五聲、八音、六舞大合樂，〔四一〕以致鬼神，以和邦國』。請依王肅，祀祭郊廟備六代樂。」帝曰：「按言『大合樂』者，是使六律與五聲克諧，八音與舞蹈合節耳，豈謂致鬼神祇用六代樂也。其後即言『乃分樂而序之，以祭以享以祀』，此則曉然已明，肅則失其旨矣。推檢記載，初無宗廟郊禋徧舞之文。唯明堂位云：『以禘禮祀周公於太廟，朱干玉戚，冕而舞大武，皮弁素積，裼而舞大夏。〔四二〕納夷蠻之樂於太廟，言廣魯於天下也。』按所以舞大武、大夏者，止欲備其文武二舞耳，非兼用六代也。夏以文受，周以武功，所以兼之。〔四三〕而不用護者，護，武舞也。周監於二代，質文乃備。納蠻夷樂者，此明功德所須，蓋止施禘祭，不及四時也。今四時之祭而不徧舞者何？夫祭尚於敬，不欲使樂繁禮縟。故季氏逮闇而祭，日不足繼之以燭，雖有强力之容，肅敬之心，皆倦怠矣。有司跛彼義反倚乙利反以臨祭，其爲不敬大矣。他日祭，子路與焉，質明而始行事，晏朝而退。孔子聞之，曰：『誰謂由也而不知禮乎！』儒者知子穎宴享猶舞六代，不知有司跛倚，不敬已大。若依肅議，用六代樂者，郊堂既有迎神之樂，又登歌各頌功德，徧以六律，繼以出入，〔四四〕方待樂終，然後罷祭者，此則乖仲尼韙晏朝之旨。若三獻禮畢，即便卒事，則無勞於徧舞也。」陳武帝欲設備樂，有司議以梁武帝議爲非。時碩學名儒，朝端在位者，咸希上旨，並即注同。祠部侍郎姚察乃博引經籍，〔四五〕獨違羣議，據梁樂爲是。當時驚駭，莫不慙服。

舞佾議宋

宋文帝元嘉十三年，司徒彭城王義康於東府正會，依舊給伎。總章工馮大列：「相承給諸王伎十四種，其舞伎三十六人。」太常博士傅崇議以爲：〔四六〕「未詳此人數所由。唯杜氏注左傳佾舞云，諸侯六六三十六人，〔四七〕以爲非也。夫舞者所以節八音也，八音克諧，然後成樂，故樂必以八人爲列，自天子至士，降殺以兩，兩者，減其二列耳。杜以爲一列又減二人，〔四八〕至士止餘四人，豈復成樂？按服虔注左傳云：『天子八八，諸侯六八，大夫四八，士二八。』其議甚允。今諸王不復舞佾，其總章舞伎，即古之女樂也。殿庭八八，諸王則應六八。春秋、鄭伯納晉悼公女樂二八，晉以一八賜魏絳，此樂以八人爲列之證也。若如議者，唯天子有八，則鄭應納晉二六，晉應賜絳一六也。自天子至士，其文物典章，尊卑差級，莫不以兩。未有諸侯既降二列，又一列輒減二人，近降太半，〔四九〕非唯八音不具，於兩義亦乖。」

宗廟迎送神樂議宋 梁

沈約宋書曰：「東晉及宋，太祝唯送神而不迎神。近議者或云廟以居神，恆如在也，不應有迎送之事，意以爲並乖其衷。〔五〇〕立廟居靈，四時致享，以申孝思之情。夫神升降無常，何必恆安故處？故祭義云『樂以迎來，哀以送往』。鄭注云：『迎來而樂，樂親之來；送往而哀，哀其享否不可知也。』尚書曰：『祖考來格。』漢書安世房中歌曰：『神來宴娭。』〔五一〕詩云『三后在天』，又云『神保遹歸』，注曰歸於天也。〔五二〕此蓋言神有去來，則宜有送迎明矣。〔五三〕即周肆夏之名，備迎送之樂。古以尸象神，故儀禮有迎尸送尸。今近代雖無尸，豈可無迎送之禮？又傅玄有迎神送神歌辭，明江左不迎，非舊典也。」

梁有司議曰：「漢禮樂志云：『太祝迎神於廟門，奏嘉至，猶古降神之樂也。』宋孝建則奏肆夏，元徽則奏昭夏。魏晉無文。齊則因宋。按周禮：『尸出入則令奏肆夏，牲出入則令奏昭夏。』〔五四〕二者尸、牲所奏，本無迎送之義。郊特牲曰：『殷以樂降神，周以鬯降神。』殷尚質，據天而起，先聲樂乃灌地，周尚文，據地而生，〔五五〕先灌地乃擊樂。以殷而言，止施郊壇。清廟嚴閟，此唯靈宅，主安於龕，神若是依。既無出入，何事迎送？？歌陽而迎，彌非降神之敬。儒者云，周祀，尸出入，奏肆夏；今無復尸，即以迎神。尸非神，神非尸，迴此迎神，失之已遠。宗廟則應省迎送樂。」武帝制曰：「禮云：『祭之日，樂與哀半。樂以迎來，哀以送往。』尚書有『高宗肜日』之文，詩著絲衣『繹賓尸』之作。故儒者說：『言今日之祭，明日又祭。殷曰肜，周以爲繹。』肜繹之祭，在乎門傍，名以爲祊，此豈不以神靈不測，於此庶或遇之？殷人求陽，周人求陰。今既絕灌地之禮，〔五六〕宜在求陽之義。尸非神，神非尸，今可得言主非神，神非主。以不若爾，主雖安於龕室，神則無所不之。送迎之樂彌會，陰陽不測之理。前儒之議，如似可安，今隨人所用。」

散齋不廢樂議後漢

後漢仲長統論散齋可宴樂。御史大夫郗慮奏改國家齋日從古制，諸祭祀皆十日，致齋七日，散齋三日。致齋、散齋之日內，有嘉慶之事，或言可賀會宴樂，或言不可。尚書令荀彧與臺郎董遇議曰：「禮志云：〔五七〕三日齋，一日用之，猶恐不敬。二日伐鼓，何居。』音姬。又云：『君致齋於外，夫人致齋於內。』散齋則是事之漸。然則散齋未絕外內與宴樂之事也。今一歲之內，大小祭祀，齋將三百日，如此，無復用樂之時。古今之制，當各從所宜。若外張多日，而內實犯禮，乃所以廢齋也。散齋宜從得會宴樂。」

臨軒拜三公奏樂議 晉

晉博士張放議，臨軒遣使應作樂。放引：「泰始間，皇太子冠，太子進而樂作，位定而樂止。王者、諸侯，尊卑雖殊，至於禮秩，或有同者。冠之與拜，俱爲嘉禮，是以準昔儀注，謂宜作樂。今符云：『至尊受太子拜時，無鐘磬之樂也。』又按泰始三年，有司奏：『皇太子明膺休命，光啟嘉祚，宜依漢魏故事大會。』武帝詔曰：『情懷哀慘，每歲正會，以四方集，故不從心耳，此日可不會。』循如前典，無不應會。但時有險夷，故禮異耳，〔五八〕非謂斯時不應會也。」太常蔡謨等言：「拜三公應有樂，宿設懸於殿庭。今門下云，非祭享則無樂。按冠禮有樂。傳曰：『國卿，君之貳也。』是以命使之日，御親臨軒，百僚陪位，此即敬事之意也。古者，天王饗下國之使，命將帥，遣使臣，皆有樂。故詩敍曰：『皇皇者華，君遣使臣也。』『歌采薇以遣之，出車以勞還，杕杜以勤歸』。皆作樂而歌之。今命大使，拜輔相，比於下國之臣，輕重殊矣。輕誠有之，重亦宜然。博士考古，以事義相準，故謂臨軒遣使，宜有金石之樂。至於隨時之宜，或樂制未備，非守禮之官所裁。」詔曰：「三公鼎司，皇帝有拜興之禮，〔五九〕何以不設樂？又正位南面，何以不服冕？」尚書顧和又言：「臨軒拜三公不應有樂，〔六〇〕禮無其文。按衛宏所撰漢儀，拜丞相亦無樂。古之燕饗有樂者，以暢賓之歡耳。〔六一〕今拜三公，事畢於庭階，禮成於拜立，歡宴未交，無庸於樂。」

三朝行禮樂失制議晉

晉司律中郎將陳頎云：昔杜夔傳舊雅樂四曲，一曰鹿鳴，二曰騶虞，三曰伐檀，四曰文王，皆古聲辭。太和中，左延年改夔騶虞、伐檀、文王三曲，更自作聲節，其名雖存，而聲實異。唯因夔鹿鳴，全不改易也。魏代正朝大會，太尉奉璧，羣后行禮，東廂雅樂常作者是也。後又改三篇，第一曰於赫篇，詠武帝，聲節與古鹿鳴同；第二曰巍巍篇，詠文帝，用左延年所改騶虞聲；第三曰洋洋篇，詠明帝，亦用延年所改文王聲；第四復用鹿鳴。鹿鳴之聲重用，〔六二〕而除古伐檀。及晉初，食舉亦用鹿鳴。按左傳：「穆叔如晉，晉侯享之，工歌鹿鳴之三，三拜。『鹿鳴，所以嘉寡君也，敢不拜嘉』？」毛詩云：「鹿鳴，燕羣臣嘉賓也。既飲食之，又實幣帛筐篚，以將其厚意，然後忠臣嘉賓得盡其心也。」詩、傳並無行禮。又叔孫通所製漢儀，復無別行禮事。〔六三〕荀氏云：「魏氏行禮、食舉，再取周詩鹿鳴以爲樂章。又鹿鳴以宴嘉賓，〔六四〕無取於朝，考之舊聞，未知所應。」荀勖乃除鹿鳴舊歌，更作行禮詩四篇，先陳三朝朝宗之義。食舉樂歌詩十二篇。〔六五〕三元肇發，羣后奉璧，趨步拜起，莫非行禮，豈容別設一樂謂之行禮邪？荀譏鹿鳴之失，似悟昔謬，還製四篇，復襲前軌。

三朝上壽有樂議

禮記但有獻酬，無上壽文。唯詩雅云：「武拜稽首，〔六六〕天子萬壽。」豳風云：「爲此春酒，以介眉壽。」雖非灼然明文，要是髣髴其事。古者詩工皆歌之，故可得而言也。漢興，叔孫通定禮儀。〔六七〕七年，長樂宮成，諸侯朝，禮畢，復置法酒，侍坐殿上皆伏，以尊卑次起上壽。漢故事「上壽四會曲」，注言「但有鐘鼓，而無歌詩」。魏初作四會，有琴筑，但無詩。雅樂郎郭瓊云：「明帝青龍二年，以長笛食舉第十二古大置酒曲代四會，〔六八〕又易古詩名曰羽觴，行用爲上壽曲，施用最在前，鹿鳴以下十二曲名食舉樂，而四會之曲遂廢。」漢故事、鄧、吳及瓊等食舉之曲，與時增損。張華上雅樂詩表云：「魏上壽、食舉詩及漢氏所施用，其文句長短不齊，皆未合於古雅。」漢故事則云「上壽四會曲」，華亦言有歌辭，〔六九〕其注當是闕文。晉代歌詩，傅玄述具存。

三朝不宜奏登歌議

禮記燕居：「入門而金作，示情也；升歌清廟，示德也；下管象武，示事也。是故古之君子，不必親相與言也，以禮樂以相示。」郊特牲云：「奠酬而工升歌，發德也。歌者在上，匏竹在下，貴人聲也。」明堂位云：「升歌清廟，下管象武。」太師職云「大祭祀，帥瞽登歌，令奏擊拊。」〔七〇〕小師職云：「大祭祀，登歌擊拊。」尚書大傳云：「古者，帝王升歌清廟之樂，大琴練絃達越，大瑟朱絃達越，以韋爲鼓，竽瑟之聲亂人聲。清廟升歌，先人功烈德深也。周公升歌文王之功烈德深，苟在廟中嘗見文王者，〔七一〕愀然如復見文王。故書曰：『搏拊琴瑟以詠，祖考來格。』此之謂也。」按：登歌各頌祖宗之功烈，去鐘徹竽，以明至德。所以傳云：「其歌呼也，曰『於穆清廟』。於者，歎之也。穆者，敬之也。清者，欲其在位者徧聞之也。」檢以經記，悉施郊廟耳，非元日所宜奏也。若三朝大慶，百辟具陳，升工席殿，〔七二〕以歌祖宗，君臣相對，便應涕淚，豈可獻酬舉爵以申歡宴邪？若改辭易旨，苟會一時，則非古人登歌之義。

徹食宜有樂議

周官云：「王大食，三侑，皆令鐘鼓。」〔七三〕漢蔡邕云：「王者食舉以樂。今但有食舉樂，食畢則無樂。按膳夫職『以樂侑食』，〔七四〕禮記云：『客出，以雍徹，以振羽。』論語云：『三家者，以雍徹。子曰：相維辟公，天子穆穆，奚取於三家之堂。』如此，則徹食應有樂，不容同用食舉也。」

巴渝舞雜武舞議 魏 宋

魏文帝黄初二年，改巴渝舞曰昭武。至明帝景初元年，尚書奏：「考覽三代禮樂遺曲，〔七五〕據功象德，奏作武始、咸熙、章斌三舞，皆執羽籥。」晉又改魏昭武曰宣武舞，羽籥舞曰宣文舞。武帝咸寧元年，詔定祖宗之號，而廟樂乃停宣武、宣文二舞，而同用荀勖所使郭瓊、宋識等所造正德、大豫二舞。〔七六〕

宋武帝永初元年，改正德舞爲前舞，大豫舞爲後舞。建武二年，有司奏：「宋承晉氏郊廟之樂，未有名稱，直號前舞、後舞，有乖古制。」於是改前舞爲凱容，謂之文舞；後舞爲宣烈，謂之武舞。何承天三代樂序云：「正德、大豫二舞，蓋出於二容樂，然則其聲節有古之遺音焉。」晉使郭瓊、宋識等造正德、大豫舞，初不言因革昭業等兩舞，〔七七〕承天空誤二容，竟自無據。按正德、大豫二舞，即出宣武、宣文、魏大武三舞也。何以知之？宣武，魏昭武舞也；宣文，魏文始舞也。魏改巴渝爲昭武，五行曰大武。今凱容舞則執籥翟，此即魏文始舞也。〔七八〕宣烈舞有牟弩，有干戚。牟弩，漢巴渝舞也；干戚，周武舞也。宋代止革其辭與名，不變其舞。舞相傳習，至今不改。瓊、識所造，正是雜用二舞，以爲大豫耳。夷蠻之樂，雖陳宗廟，不應雜以周舞也，遂皆稱雅正，以爲盛德。歷代景行，所差實遠。

皇后樂議魏　隋

魏文帝黄初二年，侍中繆襲奏曰：「文昭皇后四懸之樂，當銘顯其均奏次第，〔七九〕依太祖之名，號曰昭廟之具樂。」尚書奏曰：「禮，婦人繼夫之爵，同牢配食者，樂不異文。昭皇后今雖別廟，至於宮懸樂器音均，宜如襲議。」〔八〇〕奏可。

隋牛弘修皇后房内之樂。據毛萇、侯苞、孫毓故事，皆有鐘磬，而王肅之意，乃言不可。又陳統云：「婦人無外事，而陰尚柔，以静爲體，不宜用金石。」弘等采肅、統言，以取正焉。煬帝大業元年，祕書監柳顧言增房中樂，益其鐘磬，奏曰：「房内樂者，主爲王后絃歌諷誦，以事君子。文王之風，由近及遠，樂以感人，須存雅正。既不設鐘鼓，義無四懸，何以取正於婦道也。磬師職云：『燕樂之鐘磬。』鄭玄曰：『燕樂，房中樂也。』〔八一〕以此而論，房中之樂，非獨絃歌，必有鐘磬也。請以歌磬、歌鐘，〔八二〕各設二簴，土革絲竹並副之。女伎肄習，〔八三〕朝燕則用之。」詔曰：「可。」

東宮宴會奏金石軒懸及女樂等議梁　大唐

梁武帝天監六年，東宮新成，皇太子出宮後，於崇正殿宴會。兼殿中郎司馬褧口迥反〔八四〕議謂：「既於崇正殿宴會，太子臨座，其事重，宜依禮會奏金石軒懸之樂。」舊東宮元會儀注，宮臣先入，入時無樂，〔八五〕至上宮客入，方奏樂。天監中，掌賓禮賀瑒議：「按禮，賓入而懸興，示易以敬也。和易以敬，宮人皆然，謂不應有異。愚以宮臣始入，〔八六〕便應奏樂。」制曰：「宜。」瑒又議：「上宮元會，奏大壯武舞、大觀文舞。舊東宮儀注既不奏，問樂府有，恐是舊儀注闕。」〔八七〕制曰：「學者今止云應猶未見，〔八八〕其儀更可議。」議曰：〔八九〕「按禮記云：『天子爲樂也，以賞諸侯之有德。〔九〇〕其治人勞者，舞行綴遠；其治人逸者，舞行綴短。觀其舞，知其德。』以此而求，諸侯舞時，王之樂可知也。況皇儲養德春宮，式瞻攸屬，謂宜備二舞，以宣文武之德焉。」制曰：「依議。」瑒又議：「上宮元會始作樂，先奏相和五引。今未審東宮元會同不？」制曰：「宜同。」

大唐先天元年正月，皇太子令宮臣就率更寺閱女樂。太子舍人賈曾諫曰：「臣聞作樂崇德，以感人神。〔九一〕韶夏有容，咸英有節，婦人媟黷，無廁其間。昔魯用孔子，幾致於霸，齊人懼之，饋以女樂，魯君既受，孔子遂行。戎有由余，兵强國富，秦人反間，遺之女妓，戎王耽悅，由余乃奔。斯則大聖名賢，嫉之已久矣。良以婦人爲樂，必務冶容，哇姣動心，〔九二〕蠱惑喪志。上行下效，淫俗將成，敗國亂人，實由茲起。殿下監撫餘閑，宴私多適，後庭妓樂，古或有之；至於所司教習，章示羣僚，慢妓淫聲，實虧睿化。伏願並令禁斷。」

皇帝幸東宮鼓吹作議晉

晉武帝時，儀曹關皇太子：「某月某日納妃，依禮，舊不作樂。未審至尊明幸東宮，應作鼓吹與不？」輿曹郎虞龢議謂：「輿駕度宮，雖爲婚行，迹實遊情求治，作鼓吹非嫌。」

國哀廢樂議

遏密不設懸議晉　大唐

晉有司下太常曰：〔九三〕「朝廷遏密則素會」。時云「應懸而不樂」。博士孔恢議曰：「素會宜都去懸。設樂爲作，不作則不宜懸也。孟獻子懸，自是應作而不作耳，故夫子曰『加於人一等』，非爲不應作而應懸也。國諱尚近，謂金石不可陳於庭也。」於時不從恢議，正朝自懸而不作。

大唐貞觀二十三年，高宗即位，詔宜以來年正月二日受朝，其樂懸及享羣臣並停。永徽元年正月，有司言：「依禮，享祀郊廟並奏宮懸。比停教習，恐致廢忘。伏尋故實，漢魏祇祔之後，庶事如舊。國之大禮，祠典爲先。今既逾年，理宜從吉。若不肄習，實慮不調，誠敬有虧，致招罪責。」並從之。

大曆十四年十二月，禮儀使、吏部尚書顏真卿奏：「謹按周禮大司樂職云：『諸侯薨，令去樂。大臣死，令弛樂。』鄭注云：『去，謂釋下也。』是知哀輕者釋，〔九四〕哀重者藏。又晉元后秋崩，武帝咸寧元年饗萬國，不設樂。晉博士孔恢議，朝廷遏密，懸而不樂。恢以爲：『宜都去懸。〔九五〕設樂爲作，不作則不宜懸。國哀尚近，謂金石不可陳於庭。』伏請三年未畢，朝會都不設懸。如有大臣薨歿，則量事輕重，懸而不作。」敕付所司。

大喪而弟嗣位未三年廢樂議晉

晉懷帝永嘉元年冬，惠帝三年制未終。司徒左長史江統議，二年正會不宜作樂，以爲：「自古帝王相承，雖生及有異，〔九六〕而受重同禮。禮，王侯尊殊，得臣諸父兄弟。故以僖嗣閔，左氏謂之逆祀。雖代變時殊，質文不同，至於受重尊祖敬宗，其義一也。書稱遏密諒闇之事，或以縗麻卒禮，或以心喪終制。故周景王有后嫡子之喪，既葬，除服而宴樂，叔向曰『王宴樂已早』。二年正會，不宜作樂。」

大喪在寇梓宮未返廢樂議晉

晉愍帝建興元年十二月，元帝時爲丞相，在建業。主簿熊遠議以：「懷帝梓宮未返，正會不宜作樂。謹按尚書，堯崩，四海遏密八音。禮，凶年，天子徹樂減膳。孝懷皇帝崩於虜廷，梓宮未返，人神同忿，兆庶怨嗟。公與國同體，憂容未歇。如矜黎庶塗炭之困，以廢歡悦伎樂之事，謂宜設饌，以賜羣下而已。」

大將軍王敦時，南閣祭酒范堅白事云：「伏見每宴會，〔九七〕衆樂備奏，倡伎兼作，愚淺多蔽，竊有未安。今國恥未雪，梓宮幽遐，不應備樂。」敦使州府博議。參軍周武議云：「禮古今不同，謂宜取則於朝廷。」〔九八〕敦從之。

皇后崩服未終廢樂議 晉

晉符問：「章皇后雖哀限未終，后主已入廟，當作樂不？」博士徐虔議引：「周景王有后嫡子之喪，既葬，除服，而宴樂，叔向猶譏之。今宜不懸。」虔又引：「周禮『有憂則弛懸』。今天子蒙塵，攝主不宜作樂。〔九九〕但先人血祀不可廢耳。魯莊公主已入廟，閔公二年吉禘，猶曰『未可以吉』，是不係於入廟也。謂不宜設樂。」

太后父喪廢樂議 晉

晉征北將軍褚裒薨，皇太后之父。未葬，太后居喪。符問：「皇帝元會，當作樂不？」尚書王彪之議：「今若鐘懸鼓吹皆可以作者，其餘羽毛絲竹，奚爲廢之？竊所未喻。元皇后秋崩，武帝咸寧元年饗萬國，設樂；恭皇后夏崩，成帝咸康八年饗萬國，不盡徹樂。未詳二帝故事，孰得孰失？且恭皇后崩，垂向周月，朝行權制，六宮煥然，故以即吉經時，雖尊於萬國，然於帝爲卑，不盡徹樂之詔，或指在於斯也。縱令咸康末不盡徹樂以爲合禮，亦非所以證今明喻也。禮云：『母有喪聲聞焉，則不舉樂。』夫人之事親尊，自王者達於庶人，不以貴賤異禮也。皇太后始居至哀，縗服在躬，號哭無時，鼓鐘歌簫之音，實聞於内殿，非禮所謂『不舉樂』之説。今所欲存者輕，所爲廢者重，略輕崇重，附禮合情，敦於體訓，於是乎在。意如前議，謂應設鼓懸鐘而不作。」

皇后母喪廢樂議晉

晉時，廣昌鄉君喪，御史中丞熊遠表宜廢小會。遠言：「被符，冬至後小會。廣昌鄉君喪殯日淺。禮，大夫死，廢一時之祭。祭猶可廢，況餘事乎？冬至唯宜羣下奉賀而已，未宜便小會。」有詔，以遠表示太常賀循，〔一〇〇〕曰：「咸寧二年武皇帝故事，〔一〇一〕三朝發哀，踰月舉樂；一朝發哀，三日不舉樂。〔一〇二〕今舊事明文，卿詳疑處答。」〔一〇三〕循言：「臣按禮雜記，『君於卿大夫，比卒哭不舉樂』。今雖降而無服，三月之内，猶錫縗以居，不接吉事，如遠所啟。咸寧詔書雖不合古義，然隨時立宜，已爲定制，誠非羣下所得諧論。」

公主喪廢樂議晉

晉穆帝升平元年，冬至節小會。廬陵公主未葬，符問應作樂不？博士荀訥、〔一〇四〕曹耽等言：「君於卿大夫，〔一〇五〕比卒哭不舉樂。公主加有骨肉之親，宜闕樂。」太常王彪之引晉武帝詔應作樂：〔一〇六〕「按武皇詔，三朝舉哀者，三旬乃舉樂；其一朝舉哀者，三日則舉樂。泰始十年春，長樂長公主薨，太康七年秋，扶風武王薨，武皇並舉哀三日而已。中興以來，更參論不改此制。今小會宜作樂。」

太子所生喪廢樂議晉

晉惠帝永寧元年冬，愍懷太子母喪，三年制未終。大司馬府參軍江統議，二年正會，不宜舉樂。引「春秋傳曰『母以子貴』」。而儒者謂傳重非嫡，服同衆子。經無明據，於義爲短。今愍懷太子正位東宮，繼體承業，監國嘗膳，既處其重，無緣復議其輕制也。二年正會，不宜舉樂」。

大臣喪廢樂議周　晉

禮記檀弓曰：「智悼子卒，未葬，平公飲酒，師曠、李調侍，鼓鐘。杜蕢自外來，入寢，〔一〇七〕歷階而升，酌，曰：『曠飲斯。』又酌，曰：『調飲斯。』降趨而出。平公呼而進之，曰：

『爾飲曠何也？』曰：『子卯不樂。智悼子在堂，斯其爲子卯也大矣。』〔一〕紂以甲子死，桀以乙卯亡，王者謂之疾日，不舉樂。大臣喪重於疾日。

晉賀循議曰：「上車騎大將軍未葬表，不應作鼓吹。鼓吹之興，雖本爲軍之凱樂，有金革之音，於宮庭發明大節，以此爲盛，與樂實同。按禮，於貴臣，比卒哭不舉樂。今車騎未葬，不宜作也。」

忌月不廢樂議晉　唐

晉穆帝納后用九月，九月是康帝忌月，於時疑不定，下太常禮官。荀訥議稱：「禮只有忌日，無忌月語。若有忌月，即有忌時、忌歲，益無理據。」當時從訥所議。

大唐武太后天册萬歲二年，清邊道大總管建安王攸宜平契丹凱旋，欲以十二月詣闕獻俘。內史王及善以爲：「軍將入城，例有軍樂。今既屬先帝忌月，請備而不奏。」鸞臺侍郎王方慶奏曰：「臣按禮經，但有忌日，而無忌月。軍樂是軍容，與常樂不等。臣謂振作，於事無嫌。」從之。

校勘記

〔一〕今説者據周官單文爲經國大體　「單」原訛「屬」，據宋書樂志一五三七頁及北宋本、明抄本改。

〔二〕說者以爲周家祀天　「以爲」原作「謂」，據宋書樂志一五三七頁及北宋本改。

〔三〕祭地　「祭」原作「祀」，據宋書樂志一五三七頁及北宋本改。

〔四〕唯舞大武　「大武」原訛「八佾」，據宋書樂志一五三七頁及北宋本、明抄本改。

〔五〕以六律六同　「同」上原衍「吕」，據周禮大司樂删。

〔六〕所以不厭人心也　「不」原脱，據宋書樂志一五三八頁補。

〔七〕四懸自周始耳　「四懸」原涉上而脱，據北宋本補。按：文獻通考卷一四〇與北宋本同。

〔八〕今可兼以雲翹祀圜丘兼以育命祀方澤　上「兼以」原倒，下「兼」原脱，據北宋本、明抄本乙補。按：文獻通考卷一四〇與北宋本、明抄本同。

〔九〕乃奏太蔟　「太蔟」原訛「大吕」，據周禮大司樂、宋書樂志一五四二頁改。

〔一〇〕以樂祭天地　「天」原脱，據宋書樂志一五四二頁補。

〔一一〕元康中　「元」原訛「太」，據宋書樂志一五四二頁及北宋本、明抄本改。

〔一二〕昭德舞功　「舞」原訛「報」，據宋書樂志一五四二頁及北宋本、明抄本改。

〔一三〕下管鼗鼓　「鼗」原訛「鞉」，據尚書益稷及北宋本、傅校本、明抄本、明刻本改。

〔一四〕虞書則止鳴兩懸　「兩」原訛「四」，據隋書音樂志上二九〇頁改。

〔一五〕而不可便其利　「便」原訛「使」，據禮記郊特牲及明抄本改。

〔一六〕直以至敬所應施用耳　「至」原訛「致」，據隋書音樂志上二九一頁及北宋本、明抄本改。

〔一七〕郊享日文舞奏元和順和永和等樂　「日」原訛「曰」，據北宋本改。下「祭享日」同。

〔一八〕但以慶善樂不可降神　「但」原訛「俱」，據唐會要卷三三及北宋本、明抄本改。「神」原訛「顧」，據舊唐書音樂志一一〇四八頁、唐會要卷三三改。

〔一九〕仍奏神功破陣樂及功成慶善樂　「仍」原訛「依」，據舊唐書音樂志一一〇四八頁及北宋本改。

〔二〇〕六成樂止　「止」原訛「坐」，據舊唐書音樂志一一〇四九頁、唐會要卷三三改。

〔二一〕上元舞猶自未畢　「自」原訛「舞」，據舊唐書音樂志一一〇四九頁及北宋本、明抄本改。

〔二二〕恐酌獻以後　「酌獻」原訛「獻酌」，據舊唐書音樂志一一〇四九頁、唐會要卷三三及北宋本、傅校本、明抄本、明刻本改。

〔二三〕金爲臣道便爲剛乎　「金」原涉上而脱，據唐會要卷三三補。「便」原訛「使」，據唐會要卷三三及北宋本、傅校本、明抄本、明刻本改。

〔二四〕並容貌蕞陋　「蕞」原訛「最」，據唐會要卷三三及北宋本改。

〔二五〕顔容修正者充　「顔容」原倒，據北宋本、傅校本、明抄本、明刻本乙。

〔二六〕請改爲應鍾均　「均」原脱，據北宋本、傅校本、明抄本、明刻本補。

〔二七〕其工人舞人衣服　「舞人」原脱，據唐會要卷三三補。

〔二八〕請教以樂經　「以」原訛「而」，據北宋本、傅校本、明抄本、明刻本改。

〔二九〕太常卿韋縚令博士韋逌直太樂李尚沖　「令」原訛「合」，據諸本改。「逌」原訛「迴」，據北宋本改。

「李」唐會要卷三三、册府卷五六九六八四二頁作「季」。

〔三〇〕以付太樂鼓吹兩署　「樂」原訛「常」，據舊唐書音樂志三一〇八九頁、唐會要卷三三、册府卷五六九六八四二頁改。

〔三一〕時太常舊相傳有讌樂五調歌詞各一卷　「時」原訛「隋」，據北宋本、明抄本改。按：舊唐書音樂志三一〇八九頁、唐會要卷三三、册府卷五六九六八四二頁也都作「時」。

〔三二〕徹豆用雍和之舞　「豆」原作「俎」，據唐會要卷三三及北宋本、明抄本改。

〔三三〕精祈感通　「感」原訛「咸」，據唐會要卷三三及北宋本、明抄本改。

〔三四〕廟處各異主名既革　「處」下原衍「所」，「主」原訛「王」，據宋書樂志一五四四頁删改。按：北宋本、傅校本、明抄本、明刻本「主」字不誤。

〔三五〕不得以天有數稱　「稱」原脱，據宋書樂志一五四四頁補。

〔三六〕竣又云東平王蒼以爲前漢諸祖别廟　「竣又云」原脱，「爲」原作「謂」，據宋書樂志一五四五頁補改。

〔三七〕言遐遠之期　「言」北宋本、傅校本、明抄本、明刻本作「今」。

〔三八〕申兹多祜　唐會要卷三三同。北宋本作「祐」，傅校本、明抄本、明刻本作「佑」。

〔三九〕請奏大階之舞　「大階」原訛「永錫」，據北宋本、傅校本、明抄本、明刻本改。按：舊唐書音樂志一一〇四三頁作「大基」，本當作「大基」，通典避玄宗諱改。

〔四〇〕請奏大成之舞　「成」原訛「有」，據舊唐書音樂志一一〇四三頁及北宋本、傅校本、明抄本、明刻本改。

〔四二〕以六律六同五聲八音六舞大合樂 「同」原訛「呂」，據周禮大司樂改。

〔四三〕裼而舞大夏 「裼」原訛「裼」，據禮記明堂位及北宋本改。

〔四三〕所以兼之 北宋本、傅校本、明抄本、明刻本「所以」下有「故」。

〔四四〕郊堂既有迎神之樂又登歌各頌功德徧以六律繼以出入 原無「堂」，「又」下有「有」，「律」作「代」，下「以」作「之」，乃後人妄加删改者。今據北宋本、傅校本、明抄本、明刻本復原。

〔四五〕乃博引經籍 「博」原作「轉」，據陳書姚察傳三四九頁改。

〔四六〕傅崇 宋書樂志一五四七頁作「傅隆」，通典避玄宗諱改。

〔四七〕諸侯六六三十六人 「三」上原衍「六」，據宋書樂志一五四七頁及北宋本、傅校本、明抄本、明刻本删。

〔四八〕杜以爲一列又減二人 「列」原訛「例」，據宋書樂志一五四七頁改。下同。

〔四九〕近降太半 「近」原訛「通」，據宋書樂志一五四七頁及北宋本、傅校本、明抄本、明刻本改。

〔五〇〕意以爲並乖其衷 「衷」原訛「義」，據宋書樂志一五四三頁改。按：北宋本、傅校本、明抄本、明刻本作「象」，亦誤。

〔五一〕神來宴娭 漢書禮樂志一〇四六頁同。宋書樂志一五四三頁及北宋本、傅校本、明刻本「娭」作「娱」，誤。

〔五二〕又云神保遹歸注曰歸於天也 「遹」原訛「適」，「注曰」原脱，據宋書樂志一五四三頁及北宋本、傅校本、明刻本改補。

〔五三〕則宜有送迎明矣　「送迎」原訛「迎神」，據宋書樂志一五四三頁及北宋本、傅校本、明抄本、明刻本改。

〔五四〕尸出入則令奏肆夏牲出入則令奏昭夏　「則令奏肆夏牲出入則令」十字原脱，據周禮大司樂補。

〔五五〕據地而生　「生」北宋本、傅校本、明抄本、明刻本作「主」。

〔五六〕今既絶灌地之禮　「既」原訛「已」，據北宋本改。

〔五七〕禮志云　「志」疑當作「記」。按：下二處引文，分別見於禮記郊特牲、祭統。

〔五八〕故禮異耳　「禮」原訛「謂」，據北宋本、傅校本、明抄本、明刻本改。

〔五九〕皇帝有拜興之禮　「拜興」原訛「典拜」，據北宋本、傅校本、明刻本改。

〔六〇〕臨軒拜三公不應有樂　「拜」原脱，據北宋本補。

〔六一〕以暢賓之歡耳　「暢」原訛「揚」，據北宋本改。

〔六二〕鹿鳴之聲重用　「鹿鳴」原涉上而脱，據晉書樂志上六八四頁補。

〔六三〕復無別行禮事　「復」原訛「後」，據北宋本、明抄本改。

〔六四〕再取周詩鹿鳴以爲樂章又鹿鳴以宴嘉賓　「以爲樂章又鹿鳴」原脱，據晉書樂志上六八五頁補。

〔六五〕食舉樂歌詩十二篇　晉書樂志上六八五頁作「又爲正旦大會王公上壽歌詩并食舉樂歌詩合十三篇」。通典删節失當，「三」又訛「二」。

〔六六〕武拜稽首　「武」北宋本、傅校本、明抄本、明刻本作「再」，誤。詩大雅江漢「武」本作「虎」，因通典例避李虎諱，故後人改作「武」。

〔六七〕叔孫通定禮儀　「定」原脱，據北宋本、傅校本、明抄本、明刻本補。

〔六八〕大置酒曲代四會　「大」原脱，據北宋本、傅校本、明抄本、明刻本補。

〔六九〕漢故事則云上壽四會曲華亦言有歌辭　「會」原誤倒在「辭」下，不可通。按：上文有「漢故事上壽四會曲」，今據訂乙。

〔七〇〕令奏擊拊　「令」原訛「金」，據周禮大師改。

〔七一〕苟在廟中嘗見文王者　「嘗」北宋本、傅校本、明抄本、明刻本作「當」。

〔七二〕升工席殿　「工」北宋本、傅校本、明抄本、明刻本作「二」。

〔七三〕皆令奏鐘鼓　「令」原訛「合」，「奏」原脱，據周禮大司樂改補。

〔七四〕膳夫　「夫」原訛「大」，據諸本改。

〔七五〕考覽三代禮樂遺曲　「覽」原訛「按」，「曲」原訛「典」，據晉書樂志上六九四頁改。按：北宋本、傅校本、明抄本、明刻本「覽」字不誤。

〔七六〕荀勖所使郭瓊宋識等所造正德大豫二舞　「使」原作「次」，北宋本、傅校本、明抄本、明刻本作「以」，並誤。據晉書樂志上六九四頁改。

〔七七〕初不言因革昭業等兩舞　按上文疑「昭業」當作「昭武」。

〔七八〕此即魏文始舞也　「文」北宋本、傅校本、明抄本、明刻本作「武」。

〔七九〕當銘顯其均奏次第　「奏」原訛「族」，據宋書樂志一五三七頁改。

〔八〇〕宜如龔議　「龔」原脱，據宋書樂志一五三七頁及北宋本、傅校本、明抄本、明刻本補。
〔八一〕燕樂　「樂」原脱，據隋書音樂志下三七六頁補。
〔八二〕請以歌磬歌鐘　「歌磬」原脱，據隋書音樂志下三七四頁及北宋本、明抄本補。
〔八三〕女伎肄習　「肄」原訛「隸」，據隋書音樂志下三七四頁改。
〔八四〕口迴反　原脱，據北宋本補。
〔八五〕入時無樂　「入」原訛「人」，據諸本改。
〔八六〕愚以宮臣始入　「臣」原訛「人」，據北宋本、明抄本改。
〔八七〕恐是舊儀注闕　「恐」原訛「綴」，據北宋本、明抄本改。
〔八八〕學者今止云應猶未見　「云」原訛「充」，據北宋本、明抄本改。
〔八九〕議曰　「議」原脱，據北宋本、明抄本補。
〔九〇〕以賞諸侯之有德　「德」原訛「功」，據禮記樂記及北宋本、明抄本改。
〔九一〕以感人神　「人神」原倒，據北宋本、明抄本乙。
〔九二〕哇姣動心　「姣」原訛「咬」，據唐會要卷三四改。
〔九三〕晉有司下太常曰　「有司」原訛作「有后喪」，據北宋本、傅校本、明刻本删改。按：通考卷一四八也作「有司」。
〔九四〕是知哀輕者釋　「哀輕者釋」原脱，據北宋本、明抄本補。按：唐會要卷三四也有「哀輕者釋」。

〔九五〕宜都去懸　「去」原訛「公」，據諸本改。

〔九六〕雖生及有異　「生」原作「世」，據北宋本、傅校本、明抄本、明刻本改。

〔九七〕伏見每宴會　「宴」通考卷一四八作「元」。

〔九八〕謂宜取則於朝廷　「宜」原脱，據北宋本、明抄本補。

〔九九〕攝主不宜作樂　「主」原作「王」，據北宋本、明抄本改。

〔一〇〇〕以遠表示太常賀循　原「表」下衍「議」，據晉書禮志中六三〇頁删。

〔一〇一〕武皇帝故事　「皇」原脱，據北宋本、傅校本、明抄本、明刻本補。

〔一〇二〕三朝發哀踰月舉樂一朝發哀三日不舉樂　原脱「踰月舉樂一朝發哀」，據晉書禮志中六三〇頁訂補。

〔一〇三〕卿詳疑處答　「答」原脱，據北宋本、傅校本、明抄本、明刻本補。

〔一〇四〕荀訥　晉書禮志中六三〇頁作「胡訥」。

〔一〇五〕君於卿大夫　「卿」原脱，據晉書禮志中六三〇頁補。

〔一〇六〕王彪之　「王」原訛「三」，據諸本改。

〔一〇七〕入寢　「寢」原脱，據禮記檀弓下補。

劉俊文點校　王文錦覆校

通典卷第一百四十八

兵一

兵序　敍兵　收衆　選擇附　立軍　今制附　論將　搜才附

兵序〔一〕

三皇無爲，天下以治。五帝行教，兵由是興，所謂「大刑用甲兵，而陳諸原野」，於是有補遂之戰，〔二〕阪泉之師。若制得其宜則治安，失其宜則亂危。

商周以前，封建五等，兵徧海内，强弱相并。秦氏削平，罷侯置守，歷代因襲，委政郡縣。緬尋制度可采，唯有漢氏足徵：重兵悉在京師，四邊但設亭障；又移天下豪族，輳居三輔陵邑，以爲强幹弱枝之勢也。或有四夷侵軼，則從中命將，發五營騎士，六郡良家。貳師、樓船，伏波、下瀨，咸因事立稱，畢事則省。雖衛、霍之勳高績重，身奉朝請，兵皆散歸。斯誠得其宜也。其後若王綱解紐，主權外分，藩翰既崇，衆力自盛，問鼎輕重，無代無之，如東漢之董卓、袁紹，晉之王敦、桓玄，宋謝晦、劉義宣，齊陳達、〔三〕王敬則，梁侯景，陳華皎，後魏爾朱榮、高歡之類是矣。斯誠失其宜也。

國朝李靖平突厥，李勣滅高麗，侯君集覆高昌，蘇定方夷百濟，李敬玄、王孝傑、婁師德、劉審禮皆是卿相，率兵禦戎，戎平師還，並無久鎮。其在邊境，唯明烽燧，審斥候，立障塞，備不虞而已。實安邊之良算，爲國家之永圖。玄宗御極，承平歲久，天下乂安，財殷力盛。開元二十年以後，邀功之將，務恢封略，以甘上心，將欲蕩滅奚、契丹，翦除蠻、吐蕃，喪師者失萬而言一，勝敵者獲一而言萬，寵錫云極，驕矜遂增。哥舒翰統西方二師，安祿山統東北三師，〔四〕踐更之卒，俱授官名；郡縣之積，罄爲祿秩。開元初，每歲邊費約用錢二百萬貫，開元末已至一千萬貫，天寶末更加四五百萬矣。按兵部格，破敵戰功各有差等，其授官千纔一二。〔五〕天寶以後，邊帥怙寵，便請署官，易州遂城府、坊州安臺府別將、果毅之類，每一制則同授千餘人，〔六〕其餘可知。雖在行間，僅無白身者。〔七〕關輔及朔方、河、隴四十餘郡，河北三十餘郡，每郡官倉粟多者百萬石，少不減五十萬石，給充行官祿。暨天寶末，無不罄矣。麋耗天下，若斯之甚。於是驍將銳士、善馬精金，空於京師，萃於二統。邊陲勢强既如此，朝庭勢弱又如彼，姦人乘便，樂禍覬欲，脅之以害，誘之以利。祿山稱兵內侮，未必素蓄凶謀，是故地逼則勢疑，力侔則亂起，事理不得不然也。

昔漢祖分裂土地，封建王侯，吳芮獨卑弱而忠，韓、彭皆强大而悖。賈誼覩七國之盛，獻書云：「治天下者，令海内之勢，如身之使臂，臂之使指，莫不制從。若憚而不能改作，末大本小，終爲禍亂。」文景因循莫革，遂致誅錯之名。向使制置得其適宜，諸侯孰不信順？姦謀邪計，銷於胸懷，豈復有干紀作亂之事乎！語曰「朝爲伊、周，夕成桀、跖」，形勢驅之而至此矣。又兵法曰：「將者，人之司命，國家安危之主。」固當先之以中和，〔八〕後之以材器。或未馴其性，苟求其用，授以銛刃，委之專宰，利權一去，〔九〕物情隨之，噬臍之喻，不其然矣。

夫戎事，有國之大者。自昔智能之士，皆立言作訓。其勝也，或驗之風鳥七曜，或參以陰陽日辰；其教陣也，或目以天地五行，或變爲龍蛇鳥獸。人之聰穎，方列軒冕，知吉凶冠婚之禮，習慶弔俯仰之容，稍或非精，則乖常度。故仲尼入廟，每事皆問，是必不免有所失也。矧其萬千介夫，出自閭井，若使心存進退之令，耳聽金鼓之聲，手侯擊刺之宜，〔一〇〕足趨鵝鸛之勢，隨地形而變陣，飈馳電發之疾，因我便而乘敵，勝負頃刻之閒，事繁目多，應機循古，得不令衆心繫名數而無暇，安能奮勇鋭而爭利哉！以愚管窺，徒有其說，只恐雖教亦難必成。然其訓士也，但使聞鼓而進，聞金而止，坐作舉措，左旋右抽，識旗幟指麾，習器械利便，斯可矣。其撫衆也，有吮癰之恩，投醪之均，挾纊之感，行令之必，賞罰之命。斯可矣。此乃用無弱卒，戰無堅敵，而況以直伐曲、以順討逆者乎！若以風鳥可徵，則謝艾梟鳴牙旗而克麻秋，〔一一〕宋武麾折沈水而破盧循；若以日辰可憑，則鄧禹因癸亥克捷，後魏乘甲子勝敵：略舉二，不其證歟？似昔賢難其道，神其事，令衆心之莫測，俾指顧之皆從。

語有之曰：「天時不如地利，地利不如人和。」誠謂得兵術之要也。以爲孫武所著十三篇，旨極斯道，故知往昔行師制勝，誠當皆精其理。今輒捃摭與孫武書之義相協，并頗相類者纂之，庶披卷足見成敗在斯矣。凡兵以奇勝，皆因機而發，但取事頗相類，不必一二皆同，覽之者幸察焉。其與孫子義正相叶者，即朱書其目；〔一二〕頗相類者，即與墨書。其法制可適於今之用者，亦附之於本目之末。

第一　敍兵　收衆　選擇附　立軍　令制附　論將　搜才附〔一三〕

第二　法制〔一四〕　雜教令附

第三　料敵制勝　敵十五形帥十過附　察而後動　驗虛聲知無實　敵降審察

第四　間諜　行師先在量力不可窮兵　臨敵易將　軍政不一必敗　軍無政令敗
推誠　示信　示義

第五　撫士　明賞罰　賞宴不均致敗　行賞安衆　分賞取敵　行賞招降　示惠招降　軍師志堅必勝　軍將驕敗　敵屢勝驕不備可敗　軍行自表異致敗　師

行衆悲恐則敗〔一五〕　聲感人附　守則有餘　守拒法附
第六　示弱　示怯　示緩　聲言擊東其實擊西　示形在彼而攻於此　示無備設伏取之　示强　敵軍攻城久不下師老擊敗之〔一六〕
第七　佯敗引退取之　僞稱敗怠敵取之　引退設伏取之　聲言退誘敵破之　引退設伏潛兵襲其營　設伏引敵鬭襲其營　示退乘懈掩襲　敵退追奔　縱敵退於歸路設伏取之　兵機務速　掩襲　甘言厚幣乘懈襲之
第八　避鋭　堅壁持久候隙破之　堅壁挫鋭　不戰挫鋭　敵飢以持久弊之　因敵飢乘其弊而取之　因敵三鼓氣衰敗之　致敵力疲夾攻敗之　陣久疲致敗　出其不意　擊其不備　攻其不整　先設備而勝
第九　以逸待勞　師不襲遠　餌敵取勝　軍勝虜掠被追襲多敗〔一七〕　抽軍附　卑辭怠敵取之〔一八〕　稱降及和因懈敗之　兩軍相對取背破之　兩軍相對繼遣軍助即勝　兵多力有餘宜分軍相繼　我寡敵衆自遠至乘疲敗之　挑戰　敵處高勿攻　敵黨急之則合緩之則離　假託安衆
第十　行軍下營審擇其地　鄉導　下營斥候并防捍及分布陣附　先據要地及水草識水泉隔山取水越山度險附〔一九〕　據倉廩

第十一　攻其必救先取根本同〔二〇〕　軍師伐國若中路城大兵多須下方過　必攻其易輕易致敗　乘敵亂而取之　分敵勢破之　審敵勢破之附　布陣大勢分易敗惜軍勢　力少分軍必敗

第十二　按地形知勝負　自戰其地則敗　據險隘　塞險則勝否則敗　死地勿攻總論地形附〔二一〕　勵士決戰　衆寡勢百相懸勵士攻其帥〔二二〕　乘卒初鋭用之激怒其衆

第十三　圍敵勿周　圍師量無外救緩攻取之　攻城戰具附　絶糧道及輜重　火攻火兵火獸火禽火盜火弩附〔二三〕　乘風取勝　水攻　水平及水戰具附　敵半涉水擊必勝　軍行渡水附　禦敵水軍絶下流敗之

第十四　因機設權　多方誤之　先攻其心　奪敵心計

第十五　敵無固志可取之　歸師勿遏　大陣動則亂因乘之而敗〔二四〕　先設伏乘勢逐敵敗之　乘勝　乘勢先聲後實　因敵懼遂取之　推人事破災異　散衆風雲氣候雜占〔二五〕

敍兵〔二六〕

孫子曰：「兵者，國之大事，死生之地，存亡之道，不可不察。故經之以五，校之計而索其情：〔二七〕謂下五事，彼我之情。一曰道，德化。二曰天，惠覆。三曰地，慈愛。四曰將，經略。五曰法。制作。道者，令人與上同意也，〔二八〕謂導之以政令，齊之以禮教也。故可與之死，與之生，而人不佹。〔二九〕佹者，疑也。上有仁施，下能致命也。故與處存亡之難，不畏傾危之敗。若晉陽之圍，沈竈生蛙，人無叛疑心矣。天者，陰陽、寒暑、時制也。地者，遠近、險易、廣狹、死生也。言以地形勢不同，因時制度。夫未戰而廟算勝者，得算多也；未戰而廟算不勝者，得算少也。多算勝，少算不勝，〔三〇〕而況無算乎！吾以此觀之，勝負易見也。凡用兵之法，日費千金，然後十萬之衆舉矣。久暴師則國用不足。夫頓兵挫鋭，力屈貨殫，則諸侯乘其弊而起，雖有智者，不能善其後也。雖當時有用兵之術，不能防其後患。兵聞拙速，雖拙，有以速勝。未覩巧之久者也。言其無也。故善用兵者，役不再藉，糧不三載；藉，猶賦也。言初賦人便取勝，不復歸國發兵也。始載糧，遂因食於敵，還方入國。因釁而動，兼惜人力，舟車之運，不至於三也。取用於國，因糧於敵，故軍食可足。兵甲戰具，取用國中，糧食因敵也。取資用於我國，因糧食於敵家也。晉師館穀於楚是也。兵久而國利者，未之有也。言兵者凶器，久則生變。若智伯圍趙，逾年不歸，卒爲襄子所擒，身死國分。故新序傳曰：「好戰窮武，未有不亡者也。」不盡知用兵之害者，不能得用兵之利也。〔三一〕言謀國動軍行師，不先慮危亡之禍，則不足使利也。〔三二〕若秦伯見襲鄭之利，不顧崤函之敗；吴王矜伐齊之功，而忘姑蘇之禍。凡用兵之法，全國爲上，破國次之；敵國來服爲上，以兵擊破爲次。全軍爲上，破軍次之；萬二千五百人爲軍。全卒爲上，破卒次之；〔三三〕一校下至百人。〔三四〕全伍爲上，破伍次之。百人以下至五人也。百戰百勝，非善之善者；不戰而屈人之兵，善之善者。未戰而敵自屈服。故君之所以患於軍者三：不知軍之不可以進而謂之進，不知軍之不可以退而謂之退，是謂之縻軍。縻，御也。縻爲反。〔三五〕君不知軍之形勢，而欲從中御也。故太公曰：「國不可以從外治，兵不可以從中御。」不知軍中之事，而欲同軍中之政，〔三六〕則軍士惑矣；軍容不入國，國禮不可以治兵也。〔三七〕夫治國尚禮讓，兵貴於權詐，形勢各異，教化不同。而君不知其變，軍國一政，〔三八〕以用治民，則軍士疑惑，不知所措。故兵經曰「在國以信，在軍以詐」也。不知三軍之權，而欲同三軍之任，則軍士疑矣。〔三九〕不得其人之意志知之。君既闇於用臣，不知權變，而謬以爲勢位，授非其人，則舉措失所，軍覆敗也。〔四〇〕若趙不用廣武君，〔四一〕而任成安君。三軍既惑且疑，則諸侯之難至矣。」三軍之衆，疑其所任，惑其所爲，則鄰國諸侯，因其乖錯，作難而至也。故太公曰「疑志不可以應敵」也。〔四二〕

甲兵之用，〔四三〕其來尚矣。周因井田，以定兵賦。夏官司馬掌軍戎，天子六軍，諸侯大國三軍，次國二軍，小國一軍。井田之制：地方一里爲井，井十爲通，通十爲成，成方十里；〔四四〕成十爲終，終十爲同，同方百里；同十爲封，封十爲畿，畿方千里。有稅有賦，稅以足食，賦以足兵。故四井爲邑，四邑爲丘。丘，十六井也，有戎馬一疋，牛三頭。四丘爲甸。甸，六十四井也，有戎馬四疋，兵車一乘，牛十二頭，甲士三人，步卒七十二人，干戈備具，是謂乘馬之法。一同百里，提封萬井，除山川沈斥、城池邑居、園囿術路三千六百井，定出賦六千四百井，戎馬四百疋，兵車百乘，此卿大夫采地之大者也。一封三百一十六里，提封十萬井，定出賦六萬四千井，戎馬四千疋，兵車千乘，此諸侯之大者。天子畿方千里，提封百萬井，定出賦六十四萬井，戎馬四萬疋，(四五)兵車萬乘。於是戎馬、車徒、干戈素具矣。術音遂。春蒐，夏苗，秋獮，冬狩，講武習藝，無闕於時。具軍禮篇。歷代皆同。以九伐之法正邦國：憑弱犯寡則眚之，眚，猶瘦，四面削其地。賊賢害民則伐之，暴內陵外則壇之，壇，讀爲墠。謂置之空墠之地，出其君，更立其次賢也。野荒民散則削之，負固不服則侵之，賊殺其親則正之，執治其罪。放弑其君則殘之，殘滅之。犯令陵政則杜之，杜塞，使不得與鄰國交通。外內亂，鳥獸行，則滅之。謂有禽獸之行。此禁暴靖民之大略也。

洎周衰，齊、晉、吳、楚迭爲霸國，更相吞滅，以至七雄。班孟堅有言曰：「當是時也，吳有孫武，齊有孫臏，魏有吳起，秦有商鞅，皆擒敵立勝，垂著篇籍。故齊愍以技擊强，兵家之技巧，習手足，便器械，積機關，以立攻守之勝。魏惠以武卒奮，奮，盛起也。秦昭以鋭士勝。鋭，勇利也。若齊之技擊，得一首則受賜金。事小敵脆，則偷可用也；偷，謂苟且。事鉅敵堅，則渙然離矣。鉅，大也。渙然，散貌。是亡國之兵也。魏氏武卒，衣三屬之甲，上身一，髀褌一，脛繳一，凡三屬也。屬，聯也。操十二石之弩，負矢五十个，置戈其上，冠胄帶劍，贏三日之糧，胄，兜鍪也。冠胄帶劍者，冠兜鍪而又帶劍也。贏，謂擔負也。日中而趨百里，一日之中也。中試則復其户，利其田宅。試之而中科條也。復，謂免其賦稅也。利田宅者，給其便利之處也。中，竹仲反。復，方目反。如此，其地雖廣，其稅必寡，其氣力數年而衰。是危國之兵也。〔四六〕秦人，其生民也陿阸，其使人也酷烈。陿，地小也。陿，固也。酷，重厚也。烈，猛威也。狃之以賞慶，導之以刑罰，狃，串習也。使其民所以要利於上者，非戰無由也。功賞相長，五甲首而隸五家，能得著甲者五人首，使得隸役五家，是爲相君長也。是最爲有數，故能四代勝於天下。然皆干賞蹈利之兵耳，未有安制矜節之理也。矜，持也。雖地廣兵彊，鰓鰓常恐天下之一合而共軋己也。鰓，懼貌也。軋，踐轢也。鰓音先祀反。軋音於黠反。然則齊桓、晉文之兵，可謂入其域而有節制矣，入王兵之域，而未盡善也。〔四七〕猶未本仁義之大統也。故齊之技擊不可以遇魏之武卒，魏之武卒不可以直秦之銳士，直，亦當也。秦之銳士不可以當桓、文之節制，桓、文之節制不可以敵湯、武之仁義。老氏曰：『善師者不陳，善陳者不戰，善戰者不敗，善敗者不亡。』若夫舜脩百僚，咎繇作士，命以『蠻夷猾夏，寇賊姦宄』，刑無所用，所謂善師不陳者也。湯、武征伐，陳師誓衆，而放擒桀、紂，所謂善陳不戰者也。齊桓南服彊楚，使貢周室，北伐山戎，爲燕開路，存亡繼絶，功爲伯首，所謂善戰不敗者也。楚昭王遭闔廬之禍，國滅出亡，父老送之。王曰：『父老返矣！何患無君？』父老曰：『有君如是其賢也！』相與從之。或奔走赴秦，號哭請救，秦人爲之出兵，昭王返國，所謂善敗不亡者也。若秦因四代之勝，據河山之阻，任用白起、王翦豺狼之徒，奮其爪牙，〔四八〕禽獮六國，以并天下。窮武極詐，士民不附，卒隸之徒，還爲讎敵，猋起雲合，果共軋之。斯爲下矣。」猋音標。

管子曰：「夫爲兵之數，存乎聚財，論工，造軍器。〔四九〕制器，兵器。選士，政教，軍中號令。服習，謂便習武藝。〔五〇〕偏知天下，謂偏知其地形隘易，〔五一〕主將工拙，士卒勇怯也。明於機數。此八者，皆須無敵。故兵未出境，而無敵者八悉備，然後能正天下。」又曰：「凡人之所以守戰至死而不德其上者，或守或戰，雖復至死，不敢恃之以德於上，則有數存焉於其閒，故至於此也。曰：大者，親戚墳墓之所在也，一變。田宅富厚足居也，二變。不然，則州黨與宗族足懷樂也，〔五二〕三變。不然，則上之教訓習俗慈愛之於民也厚，無所往得之也，君之恩厚，皆在於民，無所他往，故得民致死。四變也。不然，則山林澤谷之利足生也，五變。不然，地形險阻，易守而難攻也，六變。不然，則罰嚴而可畏也，賞明而足勸也，七變。不然，則有深怨於敵人也，八變。不然，則有厚功於上也。功厚則祿多，故亦自爲戰，而不德於君。〔五三〕九變。今恃不信之人，而求以利用不守之民，〔五四〕而欲以固將不戰之卒，而幸以勝，此兵之三闇。」

漢文帝時，匈奴屢入寇，晁錯上書論備邊之要。其略曰：「丈五之溝，漸車之水，漸音子廉反。陵阜崎嶇，積石相接，此步兵之地，車騎二不當一。〔五五〕平原廣澤，漫衍相屬，此車騎之地，步兵十不當一。候視相及，川谷分限，此弓弩之地，短兵百不當一。兩陣相近，平地淺草，此長戟之地，刀楯三不當一。〔五六〕草木蒙蘢，枝葉蔚茂，此矛鋋之地，長戟二不當一。穹崇險隘，阻阨相視，此刀楯之地，弓弩三不當一。」〔五七〕衞公李靖曰：「危阪高陵，谿谷阻難，則用步卒。平原廣衍，草淺地堅，則用車。追奔逐北，乘虛獵散，反覆百里，則用騎。故步爲腹心，車爲羽翼，騎爲耳目，三者相待，參合迺行。」具邊防匈奴篇。

宋文帝元嘉中，每歲爲後魏侵境，令朝臣博議。何承天陳備邊之要，其大略：一曰移遠就近，以實内地；二曰浚復城隍，以增阻防；三曰纂偶車牛，以飭戎械；四曰計丁課仗，〔五八〕勿使有闕。具邊防拓跋氏篇。

收衆

後漢建安中，劉表爲荆州牧，今江陵郡。劉備時在荆州，衆力尚少。諸葛亮曰：「荆州非少人也，而著籍者寡，平居發調，即人心不悦。〔五九〕可語劉荆州，令凡有游户，皆使自實，因録以益衆可也。」備言其計，故表衆遂强。

選擇附

大唐衞公李靖兵法曰：「諸兵士將戰，身貌尪弱，不勝衣甲。又戎具所施，理須堅勁，

須簡取强兵，并令試練器仗。兵須勝舉衣甲，器仗須徹札陷堅。須取甲，試令斫射，然始取中。」〔六〇〕

立軍

周制：萬二千五百人爲軍，軍將皆命卿；〔六一〕二千五百人爲師，師帥皆中大夫；〔六二〕五百人爲旅，旅帥皆下大夫；百人爲卒，卒長皆上士；二十五人爲兩，兩司馬皆中士；五人爲伍，伍皆有長。軍、師、旅、卒、兩、伍，皆衆名。伍一比，兩一閭，卒一族，旅一黨，師一州，軍一鄉，家所出人也。按司馬法，二十五人爲兩，四兩爲卒，百人也；五卒爲旅，五百人也；五旅爲師，二千五百人也；五師爲軍，萬二千五百人也。萬二千象十二月，五百象閏也。

管子言於齊桓公曰：「欲正卒伍，脩甲兵，則大國亦將爲之。君有征戰之事，則小國有守圉之備矣。公欲速得意於天下諸侯，則事有所隱而政有所寓。不明習其兵事，故曰事有所隱。軍政寓之田獵，故曰政有所寓。公作内政而寓軍令焉：〔六三〕三分齊國，爲高子之里，爲國子之里，爲公之里，以爲三軍。擇其賢人，使爲里君。每里皆使賢者爲君。鄉有行伍卒長，則其制令，〔六四〕且以田獵，因以賞罰，因田獵之功過，寄行賞罰。則百姓通於軍事矣。」於是乃制五家以爲軌，軌爲之長；十軌爲里，里有司；四里爲連，連爲之長；十連爲鄉，鄉有良人，以爲軍令。是故五家爲軌，故五人爲伍，軌長率之；十軌爲里，故五十人爲小戎，里有司率之；四里爲連，故二百人爲卒，連長率之；十連爲鄉，故二千人爲旅，鄉良人率之；五鄉一帥，故萬人爲一軍，五鄉之帥率之。三軍：故有中軍之鼓，中軍，則公之里率也。有高子之鼓，有國子之鼓。春以田，曰蒐振旅；因寓軍政，而且整旅。秋以田，曰獮治兵。順殺氣，因治兵。是故卒伍政定於里，軍旅政定於郊，內教既成，令不得遷徙。故卒伍之人，人與人相保，家與家相受。〔六五〕少同居，長同游，祭祀同福，死喪同恤，〔六六〕禍福同憂，居處同樂，行作同和，哭泣同哀。是故夜戰，其聲相聞，足以無亂；晝戰，其目相見，足以相識，歡欣足以相死。是故以守則固，以戰則勝。君有此教士三萬人，〔六七〕以横行於天下。教士，謂先教習之士。

司馬穰苴曰：「五人爲伍，十伍爲隊，一軍凡二百五十隊，餘奇爲握奇。故一軍以三千七百五十人，爲奇兵隊七十有五，以爲中壘，守地六千尺，積尺得四里，以中壘四面乘之，一面得地三百步，壘內有地三頃，餘百八十步。正門爲握奇，大將軍居之，六纛、五麾、金鼓、府藏、輜積皆中壘。外餘八千七百五十人，隊百七十五，分爲八陣，六陣各有千九十四人，六陣各減一人，以爲一陣之部署。舉一軍則千軍可知。」凡兵者，有四正四奇，或合而爲一，或離而爲八，是曰八陣。故以正合爲奇勝也。〔六八〕

一說：「凡立軍，一人曰獨，二人曰比，三人曰參，比參曰伍，五人爲列〔六九〕，列有頭。二烈爲火，十人，有長，立火子。五火爲隊，五十人，有頭。二隊爲官，百人，立長。二官爲曲，二百人，立候。二曲爲部，四百人，立司馬。二部爲校，八百人，立尉。二校爲裨，千六百人，立將軍。二裨爲軍。」三千二百人，有將軍、副將軍也。

大唐衛公李靖兵法曰：

諸大將出征，且約授兵二萬人，即分爲七軍。如或少，臨時更定。大率十分之中，以三分爲奇兵。中軍四千人，内取戰兵二千八百人，五十人爲一隊。計五十六隊。戰兵内，弩手四百人，弓手四百人，馬軍千人，跳盪五百人，奇兵五百人。左右虞候各一軍，每軍各二千八百人，内各取戰兵千九百人，共計七十六隊。戰兵内，每軍弩手三百人，弓手三百人，馬軍五百人，跳盪四百人，奇兵四百人。左右廂各二軍，軍各二千六百人，各取戰兵千八百五十人。戰兵内，每軍弩手二百五十人，弓手三百人，馬軍五百人，跳盪四百人，奇兵四百人。馬步通計，總當萬四千，共二百八十隊當戰，餘六千人守輜重。〔七〇〕

諸圍三徑一，尺寸共知，復造幕，尺丈已定。且以二萬人爲軍，四千人爲營在中心，左右虞候、左右廂四軍共六總管，各一千人爲營，兵多外面，逐長二十七口幕，横列十八，六面援中軍。六總管下，各更有兩營。其虞候兩營，兵多外面，逐長二十七口幕，横列十八口幕。四總管有營，外面逐長二十二口幕，横列各十八口幕，四步下，計當千一百三十六步。又有十二營街，各别闊十五步，計當百八十步，通前當千三百十六步。以圍三徑一取中心豎徑，當四百二十九步以下。下營之時，先定中心，即向南北東西各步二百十四步，並令南北東西及中心標端。四面既定，即斜角更安四標，準南北令端。從此以後，分擘配營極易。計二萬兵，除守輜重六千人，馬軍四千人，步兵令當二百隊，别取六步三尺二寸地，〔七一〕並衡塞總盡。若地土寬廣，不在賊庭，即五步以上下幕準算折；若地狹，安置不得，即須逐角長斜算計尺寸，一依下營法。

凡以五十人爲隊，其隊内兵士，須結其心。每三人自相得意者，結爲一小隊；又合三小隊得意者，結爲一中隊；又合五中隊爲一大隊。〔七二〕餘欠五人：〔七三〕押官一人，隊頭執旗一人，副隊頭一人，左右傔旗二人，即充五十。至於行立前卻，當隊並須自相依附，如三人隊失一人者，九人隊失小隊二人者，臨陣日仰押官、隊頭便斬不救人。陣散，計會隊内少者，勘不救所由，斬。

今制附

每軍：大將一人，别奏八人，傔十六人。副二人，分掌軍務。奏、傔減大將半。〔七四〕判官二人，典四人，總管四人，二主左右虞候，二主左右押衙。〔七五〕傔各五人。子將八人，委其分行陳，辨金鼓及部署。傔各二人。執鼓十二人，吹角十二人，司兵、司倉、司騎、司胄、城局各一人。〔七六〕每隊五十人：押官一人，隊頭一人，副二人，旗頭一人，副二人，火長五人。六分支甲，八分支頭牟，四分支戟，一分支弩，一分支棒，三分支弓箭，一分支槍，一分支排，八分支佩刀。

纛，大將六口，中營建，出引。軍門旗二口，色紅，八幅，出前列。門鎗二根，以豹尾爲刃榼，苦盍反。出居紅旗後，止居帳門前左右。五方旗五口，中營建，出隨六纛後，在營亦於纛後，隨方而建。嚴警鼓十二面，營前左右行隊列各六面，在六纛後。角十二具，於鼓左右各列六具，以代金。隊旗二百五十口，尚色圖禽獸與本陳同。五幅認旗二百五十口，尚色圖禽獸與諸隊不同，各自爲誌認，出居隊後，恐士卒交雜。陳將門旗，各任所色，不得以紅，恐亂大將陳。將鼓百二十五面，恐設疑警敵用。每隊驢六頭，幕五口。每火鍋一。乾糧麨袋（以皮爲之），〔七七〕不然，馬盂，刀子，錯子，鉗子，鑽子，藥袋，火石袋，鹽袋（用夾帛），解結錐，袴奴，抹額，六帶帽子，氈帽子，攤子，鞦韀（鞦，莫忽反。韀音孔。〔七八〕），鋸，鑿：各二分。鐮四分，切草刀二分，行布槽一分，大小瓢二分。馬軍：鞍轡、〔七九〕革帶、披氈、被馬氈皆二，絆、插、揵，每馬一疋，〔八〇〕韋皮條各皆三。揵音健。〔八一〕

論將〔八二〕

孫子曰：「將者，智、信、仁、勇、嚴也。故知兵之將，人之『司命』，國家安危之主也。將

者，國之輔。輔周則國必强，〔八三〕將周密，謀不洩。〔八四〕輔隙則國必弱。形見外也。〔八五〕

春秋時，楚圍宋，晉侯將救之。於是乎蒐於被廬，作三軍，謀元帥。中軍帥也。趙衰曰：「郤穀可。衰，初危反。臣亟聞其言矣，説禮樂而敦詩書。詩書，義之府也；禮樂，德之則也；德義，利之本也。夏書曰：『賦納以言，明試以功，車服以庸。』尚書虞夏書也。賦納以言，觀其志也；明試以功，考其事也；車服以庸，報其勞也。賦，猶取也。庸，功也。君其試之！」乃使郤穀將中軍，郤溱佐之。狐毛將上軍，狐偃佐之。狐毛，偃之兄也。欒枝將下軍，先軫佐之。荀林父御戎，魏犨爲右。荀林父，中行桓子也。犨，赤周反。終勝楚於城濮。

戰國秦與趙兵相距長平，趙孝成王使趙奢之子爲將。〔八六〕藺相如曰：「王以名使人，若膠柱而鼓瑟耳。此子徒能讀其父奢書傳，〔八七〕不知合變也。」趙王不聽。奢子自少時學兵法，言兵事，以天下莫能當。嘗與其父言兵事，奢不能難，然不謂善。其母問奢，奢曰：「兵，死地也，而乃易言之。趙若以爲將，破趙軍者必是兒也。」及是，其母上書具言不可，曰：「始妾事其父，時爲將，大王及宗室所賞賜者，盡以予軍吏士大夫，受命之日，不問家事。今此兒爲將，東向而朝，軍吏無敢仰視者，王所賜金帛，歸藏於家，而日視便利田宅買之。王以爲何如其父？〔八八〕且父子異心，願王勿遣。」王曰：「吾已決矣。」其母因曰：「即有不稱，妾得無隨罪乎？」王許諾之。遂與秦軍戰，死，軍敗，數十萬衆降秦，秦悉坑之。

漢文帝時，匈奴大入朝那，殺北地都尉印。〔八九〕帝以問馮唐：「安得廉頗、李牧爲將也？」唐對曰：「臣聞上古王者之遣將也，跪而推轂，曰：『閫以内者，寡人制之；閫以外者，將軍制之。軍功爵賞，皆決於外，歸而奏之。』此非虚言也。臣大父言，李牧之爲趙將居邊，軍市之租皆自用饗士，賞賜決於外，不從中御也。委任而責成功，故李牧乃得盡其智能，選車千三百乘，彀騎萬三千疋，百金之士十萬，是以北逐單于，破東胡，滅澹林，西抑强秦，南支韓、魏。當是之時，趙幾霸。會趙王遷立，其母倡也。王遷立，乃用郭開讒，卒誅李牧，令顔聚代之。是以兵破士北，爲秦所滅。今臣竊聞魏尚爲雲中守，其軍市租盡以給士卒，出私養錢，五日一椎牛，饗賓客軍吏舍人，是以匈奴遠避，不近雲中之塞。虜曾一入，尚率車騎擊之，所殺甚衆。夫士卒盡家人子，起田中從軍，安知尺籍伍符。終日力戰，斬首捕虜，上功幕府，一言不相應，文吏以法繩之。其賞不行，而吏奉法必用。臣愚，以謂陛下法太明，賞太輕，罰太重。且雲中守魏尚坐上功首虜差六級，陛下下之吏，削其爵，罰作之。〔九〇〕由此言之，陛下雖得廉頗、李牧，不能用。」文帝悦。是日令馮唐持節赦魏尚，復以爲雲中守，而拜唐爲車騎都尉。

漢武帝以李廣爲未央衞尉，而程不識亦爲長樂衞尉。不識故與廣俱嘗屯邊，而廣行無部伍行陳，就善水草屯止，人人自便，不擊刁斗以自衛，以銅作鐎器，受一斗，晝取飲食，夜擊持行，名曰刁斗。鐎音譙，形如銷。銷音火玄反，即銚也。俗呼銅銚，音挑。幕府省約文籍事，然亦遠斥候，未嘗遇害。程不識正部曲行伍營陳，擊刁斗，士吏治軍簿至明，軍不得休息，然亦未嘗遇害。不識曰：「李廣軍極簡易，然虜卒犯之，而無以禁；其士卒亦佚樂，咸爲之死。我軍雖煩擾，然虜亦不得犯我。」是時漢邊郡李廣、程不識皆爲名將，然匈奴畏廣之略，士卒亦多樂從廣而苦程不識。

後漢末，曹公征張魯於漢中，使張遼與樂進、李典等將七千餘人守合肥，〔九一〕教與護軍薛悌，署函邊曰「賊至乃發」。俄而吴主孫權率十萬衆圍合肥，乃共發，教云：「若孫權至者，張、李將軍出戰；樂將軍守，護軍勿得與戰。」諸將皆疑。遼曰：「公征在外，比救至，彼破我必矣。是以教指及其未合逆擊之，〔九二〕折其盛勢，以安衆心，然後可守。成敗之機，在此一戰，諸君何疑？」〔九三〕李典亦與遼同。於是遼夜募敢死之士，得八百人，椎牛饗將士，明日大戰。平明，遼被甲持戟，先登陷陣，殺數十人，斬二將，大呼自名，〔九四〕衝壘入，至權麾下，權大驚，衆不知所爲，走登高冢，以長戟自守。遼叱權，權不敢動，遥見所將衆少，乃聚圍遼數重。遼左右麾圍，直前急擊，圍開，遼將麾下數十人得出，餘衆號呼曰：「將軍棄我乎！」遼復還突圍，拔出餘衆。權人馬皆披靡，無敢當者。自朝戰至日中，吴人奪氣。

還修守備，衆心乃安，諸將咸服。權攻合肥十餘日，城不可拔，乃引退。遼率諸軍追擊之，幾復獲權。孫盛曰：「夫兵固詭道，奇正相資，若羣帥不和，則棄師之道也。至於合淝之守，懸弱無援，專任勇者則好戰生患，專任怯者則懼心難保。且彼衆我寡，必懷貪惰；以致命之兵，擊貪惰之卒，其勢必勝。勝而後守，則必固。是以魏武雜選武力，〔九五〕參以同異，爲之密教，即宜其用，〔九六〕事至而應，若合符契矣。」

搜才附

凡爲將統戎，在知士之器局。當設科目，差等優異，應機而任，以收其效。

選士之科：沈謀密略出人者；詞辯縱横，能移奪人之性情，堪辯説者；能往來聽言語，覽視四方之事，軍中之情僞，日列於前者；能得敵之主佐、門廬、請謁之情，堪間諜者；能知山川險易，行止形勢，利害遠近，井泉水草，逕路迂直，堪鄉導者；巧思出人，〔九七〕製造五兵及攻守器械者；引彊徹札，戈鋋劒戟，便於利用，挺身捕虜，搴旗斬將，堪陷陳者；趫捷若飛，踰城越塹，出入無形，堪窺覘者；趫，起嬌反。覘，世厭反。〔九八〕往返三百里不及暮至者；破格舒鉤，或負六百斤行五十步，四百斤行百步者；推步五行，瞻風雲氣候轉式，多言天道，詭説陰陽者；此雖非兵家本事，所要資權譎以取勝耳。罪犯者；父子兄弟欲執仇者；〔九九〕貧窮忿怒，將欲快其志者；故贅壻人虜，〔一〇〇〕欲昭迹揚名者。贅音章鋭反。

校勘記

〔一〕兵序　原無「序」，今增。按：北宋本、明抄本作「兵第一」。明刻本作「兵一并序」，且下行上端有「序」字，單占一行。

〔二〕於是有補遂之戰　「補」北宋本作「輔」。明刻本「補遂」作「涿鹿」，蓋臆改。

〔三〕陳達　原作「陳顯達」，據北宋本、明抄本、明刻本删。按：南齊大將陳顯達，此作「陳達」者，通典避中宗諱而省。

〔四〕安禄山統東北三師　「師」北宋本作「帥」。按：「帥」即「帥」，俗體。

〔五〕其授官千纔一二　「千」原訛「十」，據北宋本、明抄本改。

〔六〕每一制則同授千餘人　「授」原訛「拔」，據北宋本、明抄本、明刻本改。

〔七〕僅無白身者　「僅」原脱，據北宋本、明抄本、明刻本補。按：僅猶近也。

〔八〕固當先之以中和　「固」原訛「用」，據北宋本改。

〔九〕利權一去　「利」原訛「刑」，據諸本改。

〔一〇〕手俟擊刺之宜　「俟」原訛「候」，據北宋本改。

〔一一〕則謝艾梟鳴牙旗而克麻秋　「梟鳴牙旗」北宋本、明抄本、明刻本作「梟牙以旗」。

〔一二〕即朱書其目　「目」原訛「言」，據諸本改。

〔一三〕選擇附　「附」原爲大字，據北宋本改作小字側注。下同。

〔一四〕法制　「制」下原有「附」，據北宋本、明刻本删。

〔一五〕師行衆悲恐則敗　「則」原脱，據北宋本卷一五二卷目補。

〔一六〕敵軍攻城久不下師老擊敗之　「敗」原脱，據北宋本卷一五三卷目補。

〔一七〕軍勝虜掠被追襲多敗　「多」原脱，據北宋本、明刻本補。

〔一八〕卑辭怠敵取之　「取之」原脱，據北宋本、明刻本補。

〔一九〕識水泉隔山取水越山度險附　下「山」原訛「出」，據卷一五七正文標題改。

〔二〇〕攻其必救先取根本同　「先取根本同」原作大字，另爲一題，誤。今據北宋本卷一五八改爲小字側注於「攻其必救」下。

〔二一〕總論地形附　原「論」下有「其」，據北宋本、王吴本卷一五九正文標題删。

〔二二〕衆寡勢百相懸勵士攻其帥　「帥」原訛「師」，據北宋本卷一五九卷目改。

〔二三〕火兵火獸火禽火盗火弩附　原「兵」「獸」「禽」下均有「附」字，今據北宋本卷一六〇正文標題删。

〔二四〕大陣動則亂因乘之而敗　「之」原在「而敗」下，今據北宋本卷一六二卷目上移。

〔二五〕風雲氣候雜占　原「占」下有「附」，據北宋本、明刻本删。

〔二六〕敍兵　原作「兵一」，據北宋本、明抄本、明刻本改。

〔二七〕故經之以五校之計而索其情　孫子計篇「五」下有「事」，「計」上有「以」。

〔二八〕令人與上同意也　「上」下原衍「下」，據孫子計篇删。

〔二九〕而人不佹　孫子計篇作「而不畏危」。

〔三〇〕少算不勝　「不勝」原作「敗」，據孫子計篇改。按：北宋本脱「不勝」，後人補「敗」。

〔三一〕不能得用兵之利也　孫子作戰篇作「則不能盡知用兵之利也」。

〔三二〕則不足使利也　十一家注孫子作戰篇杜佑注「使」作「取」。

〔三三〕全卒爲上破卒次之　孫子謀攻篇此句上尚有「全旅爲上破旅次之」八字。

〔三四〕一校下至百人　「二」上原有「自」，據北宋本、明抄本删。

〔三五〕縻爲反　原作「又縶也」，據北宋本改。按：十一家注孫子謀攻篇杜佑注也作「縻爲反」。

〔三六〕不知軍中之事而欲同軍中之政　兩「軍中」孫子謀攻篇皆作「三軍」。

〔三七〕軍容不入國國禮不可以治兵也　「國禮」二字之間原有「容不入軍」四字，今據北宋本删。

〔三八〕軍國一政　「國」北宋本、明抄本、明刻本作「因」。

〔三九〕則軍士疑矣　「士」原訛「覆」，據孫子謀攻篇改。

〔四〇〕不得其人之意志知之君既闇於用臣不知權變而謬以爲勢位授非其人則舉措失所軍覆敗也　按：「不得其人之意志知之」，「而謬以爲勢位」，皆語不明順，疑有訛誤。十一家注孫子謀攻篇杜佑注作「不得其人也。君之任將，當精擇焉。將若不知權變，不可付以勢位。苟授非其人，則舉措失所，軍覆敗也」。較此明晰。

〔四一〕若趙不用廣武君　「君」原脱，據十一家注孫子謀攻篇杜佑注補。

〔四二〕故太公曰疑志不可以應敵也　此十二字原脱，據北宋本、明抄本、明刻本補。

〔四三〕甲兵之用　此段前原有「敍兵」一題，單佔一行，非。今據北宋本、明抄本、明刻本删。

〔四四〕成方十里　原脱，據漢書刑法志一〇八一頁補。

〔四五〕戎馬四萬疋　「戎」原脱，據漢書刑法志一〇八二頁補。

〔四六〕是危國之兵也　「危」原訛「衰」，據漢書刑法志一〇八六頁改。

〔四七〕入王兵之域而未盡善也　「善也」原脱，據漢書刑法志孟康注一〇八八頁補。

〔四八〕奮其爪牙　「爪牙」原倒，據漢書刑法志一〇八九頁乙。

〔四九〕造軍器　原作「告軍費」，誤兩字。北宋本作「告軍器」，誤一字。今據管子七法篇尹注訂改。

〔五〇〕謂便習武藝　「便」原訛「使」，據管子七法篇尹注改。

〔五一〕地形隘易　「隘」管子七法篇尹注作「險」。

〔五二〕州黨　管子九變篇作「州縣鄉黨」。

〔五三〕而不德於君　「不」原脱，據管子九變篇尹注補。

〔五四〕而求以利用不守之民　「利」管子九變篇作「智」。

〔五五〕車騎二不當一　「二」原訛「五」，據漢書鼂錯傳二二七九頁改。

〔五六〕此弓弩之地短兵百不當一兩陣相近平地淺草此長戟之地刀楯三不當一　「短兵百不當一兩陣相近

平地淺草此長戟之地」原脱，今據漢書晁錯傳二二七九頁訂補。
〔五七〕三不當一　「三」原訛「二」，據漢書晁錯傳二二七九頁改。
〔五八〕四曰計丁課仗　「仗」原訛「役」，據宋書何承天傳一七〇九頁改。
〔五九〕即人心不悦　「即」原作「則」，據北宋本改。
〔六〇〕然始取中　「始」原訛「後」，據北宋本改。按：御覽卷二六七亦作「始」。
〔六一〕軍將皆命卿　「軍」原脱，據周禮夏官補。
〔六二〕師帥皆中大夫　「帥」原訛「師」，據周禮夏官及諸本改。
〔六三〕公作内政而寓軍令焉　「公」原作「乃」，據北宋本改。
〔六四〕則其制令　管子小匡篇同。北宋本、明刻本「其」作「有」。
〔六五〕家與家相受　「受」原訛「愛」，據北宋本改。按：管子集校也作「受」。
〔六六〕死喪同恤　「同」北宋本、明抄本、明刻本作「相」。
〔六七〕君有此教士三萬人　北宋本、明抄本、明刻本「君」下有「一」。
〔六八〕故以正合爲奇勝也　原作「故曰以正合以奇勝也」，據北宋本改。
〔六九〕五人爲烈　「烈」原作「列」，據北宋本、明抄本、明刻本改。下同。
〔七〇〕餘六千人守輜重　「千」原訛「十」，據武經總要卷五改。
〔七一〕别取六步三尺二寸地　「二」原作「六」，據北宋本、明刻本改。

〔七二〕又合五中隊爲一大隊 「大」原脱，據武經總要卷五補。

〔七三〕餘欠五人 「欠」原訛「又」，據北宋本、明刻本改。按：武經總要卷五也作「欠」。

〔七四〕奏傔減大將半 「將」下原衍「軍」，據御覽卷二九八删。

〔七五〕二主左右押衙 「主」原脱，據北宋本補。按：御覽卷二九八也有「主」。

〔七六〕司冑城局各一人 「局」原訛「扃」，據北宋本改。

〔七七〕乾糧麨袋以皮爲之 「麨」原訛「面」，據北宋本改。

〔七八〕⿰革悤⿰革蒙⿰革悤莫忽反⿰革蒙音孔 原作「⿰革聰⿰革蒙⿰革聰莫恖反⿰革蒙奇孔反」，今據北宋本改正。

〔七九〕鞍⿱䜌口 「鞍」原訛「⿰革支」，據北宋本改。

〔八〇〕絆插揵 「揵」北宋本作「健」。

〔八一〕揵音健 原作「絆揵音健」，北宋本作「絆音健」，今删「絆」字。

〔八二〕論將 此題原在「孫子曰」段後，「春秋時」段前，誤。今移前。

〔八三〕輔周則國必强 「則國」原脱，據孫子謀攻篇補。

〔八四〕將周密謀不洩 原脱，據北宋本、明抄本、明刻本補。

〔八五〕形見外也 原脱，據北宋本補。

〔八六〕使趙奢之子爲將 趙奢之子趙括，通典避德宗嫌名而不稱其名。

〔八七〕徒能讀其父奢書傳 「書傳」原作「書使傳之」，意不可通，據史記廉頗藺相如傳二四四六頁删「使」和

「之」。

〔八八〕王以爲何如其父　「何」原脱，據史記廉頗藺相如傳二四四七頁補。

〔八九〕殺北地都尉印　「印」原訛「卬」，據史記馮唐傳二七五八頁改。

〔九〇〕陛下下之吏削其爵罰作之　上「之」及「作」原脱，據史記馮唐傳二七五九頁補。

〔九一〕將七千餘人守合肥　「七」原脱，據三國志張遼傳五一八頁補。

〔九二〕是以教指及其未合逆擊之　「指」「其」原脱，據三國志張遼傳五一九頁補。

〔九三〕諸君何疑　「君」原訛「軍」，據三國志張遼傳五一九頁改。

〔九四〕大呼自名　「名」原訛「若」，據三國志張遼傳五一九頁改。

〔九五〕雜選武力　三國志張遼傳裴注引孫盛曰作「推選才方」。

〔九六〕即宣其用　「即」三國志張遼傳裴注引孫盛曰作「節」。

〔九七〕巧思出人　「人」原訛「入」，據御覽卷二九九改。

〔九八〕覘世厭反　「世」原訛「甘」，據北宋本改。

〔九九〕父子兄弟欲執仇者　「欲」原訛「破」，據御覽卷二九九改。

〔一〇〇〕故贅壻人虜　「人」原訛「入」，據北宋本改。

劉俊文點校　王文錦覆校

通典卷第一百四十九

兵二

法制　雜教令附

法制〔一〕

孫子曰：「法者，曲制，官道，主用也。曲制者，部曲、幡幟、金鼓之制也。官者，百官之分用也；道者，糧路也。主用者，主軍費用。卒已親附而罰不行者，〔二〕則不可用也。故令之以文，齊之以武，文仁，武法。是謂必取。文恩，武罰。令素行，以教其人者也。令素行，則人服；令素不行，則人不服。令素信著者，與衆相得也。〔三〕厚而不能使，愛而不能令，亂而不能治，譬如驕子，不可用也。言恩不可純任，還爲己害也。軍政曰：『言不相聞，故爲金鼓；〔四〕金，鉦鐸也。〔五〕聽其音聲，以爲耳候。視不相見，故爲旌旗。』瞻其指麾，以爲目候。夫金鼓旌旗者，所以一人之耳目也；齊一耳目之視聽，使知進退之度。人既專一，則勇者不得獨進，怯者不得獨退。齊之以法教，使强弱不得相踰。紛紛紜紜，鬬亂而不可亂；旍旗亂也。示敵若亂，以金鼓齊之。〔六〕紛紛，旍旗像。紜紜，士卒貌。言旍旗翻轉，一合一離；士卒進退，或往或來；視之若散，擾之若亂。然其法令素定，度幟分明，各有分數，擾而不亂者也。渾渾沌沌，形圓而不可敗。」車騎齊轉。形圓者，出入有道，齊整也。渾渾，車輪轉行。沌沌，步驟奔馳。視其行陳縱横，圓而不方，然則指趣，各有所應。故王子曰：「將欲内明而外暗，内治而外渾，所以示敵之輕己者也。」渾，胡本反。沌，徒損反。〔七〕

周初，〔八〕太公曰：「教戰之法，必明告吏士，申三五之令，〔九〕教其操兵，起居進止，旍旗指麾，陣而方之，坐而起之，行而止之，左而右之，列而合之，絶而解之，無犯進止之節，無失飲食之宜，無絶人馬之力。令吏士一人學戰，教成十人；十人學戰，教成百人；百人學戰，教成千人；千人學戰，教成萬人；萬人學戰，教成三軍之衆；大戰之法，教成令之百萬之師，〔一〇〕故能成大功也。」又覆軍誡法曰：「諸軍出行，將令百官士卒曰：某日出某門，吏士不得刈稼穡，伐樹木，殺六畜，掠取財物，姦犯人婦女，違令者斬。」又曰：「凡行軍，吏士有死亡者，給其喪具，使歸邑墓，〔一一〕此堅軍全國之道也。軍人被瘡，即給醫藥，使謹視之。醫不即治視，鞭之。軍夜驚，吏士堅坐陣，將持兵，無讙譁動搖，有起離陣者斬。軍門常交戟，謹出入者；若近敵，當譏呵出入者。」三略曰：「軍中巫祝，不得與軍人卜筮吉凶，爲其誤惑軍士也。」

周末，吳王闔閭以孫武爲將，而謂武曰：「可小試勒兵乎？」對曰：「可。」闔廬曰：「可試以婦人乎？」曰：「可。」於是出宮中美人百八十人。武分爲二隊，以王寵姬二人各爲隊長，皆令持戟。令之曰：「汝知而心與左右手、背乎？」婦人曰：「知之。」武曰：「前，則視心；左，視左手；右，視右手；後，即視背。」婦人曰：「諾。」約束既布，乃設鈇鉞，即三令五申之。於是鼓之右，婦人大笑。武曰：「約束不明，申令不熟，將之罪也。」復三令五申而鼓之左，婦人復大笑。武又曰：「約束不明，申令不熟，將之罪也。既已明而不如法者，〔一二〕吏士之罪也。」乃欲斬左右隊長。吳子從臺上觀，見且斬愛姬，大駭。趣使下令曰：「寡人已知將軍能用兵矣。寡人非此二人，食不甘味，勿斬也。」武曰：「臣既已受命而將，將在軍，君命有所不受。」遂斬隊長二人以徇。用其次爲隊長，於是復鼓之。婦人左右前後跪起皆中規矩繩墨，無敢出聲者。於是武使使報吳子曰：「兵既整齊，王試下觀，唯王所欲用之，雖赴水火猶可也。」吳子曰：「將軍罷休就舍，寡人不願下觀。」〔一三〕武曰：「王徒好其言，不能用其實。」於是闔廬知孫子能，卒以爲將，西破楚，入郢，北威齊、晉。

晉伐齊阿、鄄，阿，今濟陽郡東阿縣。鄄音絹，今濮陽郡鄄城縣是也。而燕侵河上，齊師敗績。晏平仲薦司馬穰苴文能附衆，武能威敵。景公以爲將，率兵扞燕、晉之師。穰苴曰：「臣素卑賤，君擢之閭伍之中，士卒未附，百姓不信，人微權輕，願得君之寵臣，國中所尊者，〔一四〕以監軍。」乃使莊賈往。穰苴既辭，與莊賈約曰：「日中會於軍門。」穰苴先馳至軍，立表下漏待賈。暮時乃至，穰苴曰：「何後期爲？」賈謝曰：「大夫、親戚送之，故留也。」穰苴曰：「將受命之日則忘其家，臨軍約束則忘其親，援枹鼓之急則忘其身。今敵國深侵，邦内騷動，士卒暴露於境，〔一五〕公寢不安席，食不甘味，百姓之命皆縣於君，何謂相送乎！」召軍正問曰：「軍法期而後者云何？」對曰：「當斬。」遂斬莊賈以徇三軍。士皆震慄。燕、晉之師聞之，悉引而歸，皆復反所侵之地。

吴起教戰法：短者持矛戟，長者持弓弩，强者持旌旗，勇者持金鼓，弱者給厮養，智者爲謀士。〔一六〕鄉里相比，什伍相保。一鼓整兵，二鼓戰陣，三鼓趣食，四鼓嚴辦，〔一七〕五鼓就行。聞鼓聲合，然後舉旗。

孫臏曰：「用騎有十利：一曰迎敵始至；二曰乘敵虚背；三曰追散亂擊；四曰迎敵擊後，使敵奔走；五曰遮其糧食，絶其軍道；六曰敗其津關，發其橋梁；七曰掩其不備，卒擊其未整旅；八曰攻其懈怠，出其不意；九曰燒其積聚，虚其市里；十曰掠其田野，係纍其子弟。此十者，騎戰利也。夫騎者，能離能合，能散能集，百里爲期，千里而赴，出入無閒，故名離合之兵也。」

後漢魏武軍令：吾將士無張弓弩於軍中。其隨大軍行，其欲試調弓弩者得張之，不得著箭。犯者鞭二百，没入吏。不得於營中屠殺賣之，犯令没所賣皮。〔一八〕都督不糾白，杖五十。始出營，豎矛戟，舒幡旗，鳴鼓；行三里，辟矛戟，結幡旗，止鼓；將至營，舒幡旗，鳴鼓；至營訖，復結幡旗，止鼓。違令者，髡翦以徇。軍行，不得斫伐田中五果、桑、柘、棘、棗。

舡戰令曰：〔一九〕雷鼓一通，吏士皆嚴；再通，什伍皆就舡，整持櫓棹，戰士各持兵器就船，各當其所，幢幡旗鼓各隨將所載船；鼓三通鳴，大小戰船以次發，左不得至右，右不得至左，前後不得易處。〔二〇〕違令者，斬。

步戰令曰：嚴鼓一通，步騎悉裝；再通，騎上馬，步結屯；三通，以次出之，隨幡住者，結屯住幡後。聞急鼓音，整陣，斥候者視地形廣狹，從四角面立表，〔二一〕制戰陣之宜。諸部曲者，各自安部。陣兵疏數，兵曹舉白不如令者，斬。兵若欲作陣對敵，營先白表，乃引兵就表而陣。臨陣皆無讓譁，明聽鼓音，旗幡麾前則前，麾後則後，麾左則左，麾右則右。〔二二〕不聞令而擅前後左右者，斬。伍中有不進者，伍長殺之；伍長有不進者，什長殺之；什長有不進者，都伯殺之。督戰部曲將，拔刃在後察，違令不進者，斬之。一部受敵，餘部不進救者，斬。臨戰，兵弩不可離陣，離陣，伍長、什長不舉發與同罪。無將軍令，有妄行陣閒者，斬。臨戰陣騎皆當在軍兩頭，前陷陣騎次之，遊騎在後。違令，髡鞭二百。兵進退入陣閒者，斬。若步騎與賊對陣，臨時見地勢便，欲使騎獨進討賊者，聞三鼓音，騎特從兩頭進戰，〔二三〕視麾所指；聞三金音，還。此但謂獨進戰時也。其步騎大戰，進退自如法。吏士向陣騎馳馬者，斬。吏士有妄呼大聲者，斬。追賊，不得獨在前在後。犯令者罰金四兩。士將戰，皆不得取牛馬衣物。犯令者斬。進戰，士各隨其號，不隨號者，雖有功不賞。進戰，後兵出前，前兵在後，雖有功不賞。臨陣，牙門將、騎督明受都令。諸部曲都督將吏士各戰時，校督部曲督住陣後，察凡違令畏懦者。有急，聞雷鼓音絶後，六音嚴畢，白辨便出。卒逃歸，斬之。一日家人弗捕執，〔二四〕及不言於吏，盡與同罪。

大唐衛公李靖兵法曰：

諸軍將五旗，〔二五〕各準方色：赤，南方，火；白，西方，金；皁，北方，水；碧，東方，木；合是青，爲與皁色相亂，故改爲碧。黄，中央，土。土既不動，用爲四旗之主，而大將行動，持此黄旗於前立。如東西南北有賊，各隨方色舉旗，當方面兵急須裝束。旗向前亞，方面兵急須進；旗正豎，即住；卧，即迴。審細看大將軍所舉之旗，須依節度。

諸每隊給一旗，行則引隊，住則立於隊前。其大總管及副總管，則立十旗以上，子總管則立四旗以上，行則引前，住則立於帳側。統頭亦別給異色旗，擬臨陣之時，則辨其進退。駐隊等旗，别樣别造，令引輜重。各令本軍營隊識認其旗。如兵數校多，軍營復衆，若以異色認旗，遠看難辨，即每營各别畫禽獸，自爲標記亦得。不然，旗身旗脚但取五方色迴互爲之，則更易辨。唯須營營自别，務使指麾分明。凡將出師，其旌旗切須堅牢。若或傾側，衆生異議也。

諸教戰陣，每五十人爲隊，從營纏槍幡。至教場左右廂，各依隊次解幡立隊，隊别相去名十步，其隊方十步，分布使均。其駐隊塞空，去前隊二十步。列布訖，諸營十將一時即向大將處受處分。每隔一隊，定一戰隊，即出向前，各進五十步。聽角聲第一聲絶，諸隊即一時散立；第二聲絶，諸隊一時捺槍卷幡，張弓拔刀；第三聲絶，諸隊一時舉槍；第四聲絶，諸隊一時籠槍跪膝坐，目看大總管處大黄旗，耳聽鼓聲。黄旗向前亞，鼓聲動，〔二六〕齊唱「嗚呼！嗚呼！」並去聲。齊向前，至中界，一時齊鬭，唱「殺」齊入。敵退敗訖，可趁行三十步，審知賊徒喪敗，馬軍從背逐北。聞金鉦動，即須息叫卻行，膊上架槍，側行迴身，向本處散立。第一聲絶，一時捺槍，便解幡旗；第二聲絶，一時舉槍；第三聲絶，一時簇隊。一看大總管處兩旗交，即五隊合一隊，即是二百五十人爲一隊，其隊法及卷幡、舉槍、簇隊、鬭戰一依前法。一看大總管處五旗交，即十隊合爲一隊，即是五百人爲一隊，其隊法及舉幡、舉槍、簇隊、鬭戰法並依前。〔二七〕聽第一聲角絶，即散，二百五十人爲一隊；第二聲角絶，即散，五十人爲一隊。如此凡三度，即教畢。諸十將一時取大將賞罰進止。第三角聲絶，即從頭卷引還軍。一云：初出營，竪矛戟，舒旗旛，鳴鼓角。行三里，辟矛戟，結旗旛，止鼓角。未至營三里，復竪矛戟，舒旗旛，鳴鼓角。至營，復結旗旛，止鼓角。臨陣皆無諠譁，明聽鼓音，謹視旗旛，麾前則前，麾後則後，麾左則左，麾右則右，視麾所指。〔二八〕聞三金音止，三金音還。

又云：

教戰練兵，中間隊須加減，審看大總管處白碧兩旗交，跳盪隊、戰鋒隊、駐隊每色三隊，合爲一隊，添入中隊，計會使稀稠均，即是一百五十人爲隊。如不須更合隊，便即交戰，一準前捺槍、解旛。如須加兵合隊，即看大總管處赤皁兩旗交，諸隊各依本色，又三隊合爲一隊，準前添入中隊，使稀稠均，即是四百五十人爲一隊。如須教戰，卷旛、舉槍、簇隊並依前。

教戰了，欲散還營，看大總管處兩旗卧，即分散，卻爲一百五十人隊，各依舊立；又兩旗卧，即散，五十人爲一隊，還依舊初立；聽角第一聲絶，〔二九〕一時捺槍，便解旛；第二聲絶，一時舉槍；第三聲絶，一時簇隊，聽還營進止。如放散，更聽一會角聲，即依軍伍次發引還營。

其應前進而不進，應卻退而不退，應坐而不坐，應起而不起，應簇而不簇，應散而不散，應捺而不捺，應卷而不卷，應合隊而不合隊，應擘而錯擘入他隊，言語讙譁，不聞鼓聲，旌旗分擾，疏密失所，並節級科罰。其教法，各令子總管以下錄一本，教依兵士教旗法。以上並衞公兵法。

一云，凡教旗，於平原曠野登高遠視處，大將居其上，南向，左右各置鼓十二面，角十二具，左右各樹五色旗，六纛居前，列旗次之，左右牙官駐隊如偃月形爲後騎，下臨平野，使士卒目見旌旗，耳聞鼓角，心存號令。乃命諸將分爲左右，皆去兵刃，〔三〇〕精新甲冑。幡幟分爲左右廂，各以兵馬使長班布其次。陣間容陣，隊間容隊，曲間容曲，以長參短，以短參長，迴軍轉陣，以後爲前，以前爲後，進無奔迸，退無趨走，孫子所謂「紛紛紜紜，鬭亂而不可亂；渾渾沌沌，形圓而不可敗」者，奇正也。以正合，以奇勝，聽音覩麾，乍合乍離。於是三令五申，白旗點，鼓音動，則左右廂齊合；朱旗點，角聲動，則左右廂齊離。合之與離，皆不離中央之地。左廂陽向而旋，右廂陰向而旋，左右各復本初。〔三一〕白旗掉，鼓音動，左右各雲蒸鳥散，彌川絡野，然而不失部隊之疏密；朱旗掉，角音動，左右各復本初，前後左右，無差尺寸。散則法天，聚則法地。如此則三合而三離，三聚而三散，不如法者，吏士之罪，從軍令。〔三二〕於是大將出五綵旗十二口，各樹於左右廂陣前，每旗命壯勇士五十人守旗，選壯勇士五十人奪旗，〔三三〕左廂奪右廂，右廂奪左廂，鼓音動而奪，角音動而止。得旗者勝，失旗者負，勝賞而負罰。離合之勢，聚散之形，勝負之理，賞罰之信，因是而教之。一士學戰，教成合之十人；十人學戰，教成合之百人；漸至三軍之衆。校獵：一人守圍地三尺，量人多少，以左右兩將爲交頭，其次左右將各主士伍爲行列，皆以金、鼓、旗爲節制。其初起圍張翼，隨山林地勢，無遠近部分。其合圍地，虞候先擇定訖。以善弧矢者爲圍中騎，其步卒槍幡守圍，有漏獸，坐守圍吏。大獸公之，小獸私之，以觀進止。斯亦教戰一端也。

趙國公王琚教射經上篇曰：「凡射，必中席而坐，一膝正當垜，一膝橫順席。執弓必中，在把之中，且欲當其弦心也。以弓當左膝，前竪按席，稍吐下弰向前，微令上傾向右，然後取箭，覆其手，微拳，令指第二節齊平，以三指捻箭三分之一，加於弓亦三分之一，以左手頭指受之，則轉弓令弦稍離身就箭，即以右手尋箭羽，下至闊，以頭指第二指節當闊，約弦徐徐送之，令衆差池如鳳翮，使當於心，又令當闊羽向上。弓弦既離身，即易見箭之高下，取其平直，然後擡弓離席，目睨其的，按手頤下，引之令滿，其持弓手，與控指及右臂肘平如水準，令其肘可措杯水。〔三四〕故曰端身如幹，直臂如枝。直臂者，非初直也，架弦畢便引之，比及滿使臂直是也。引弓不得急，急則失威儀而不主皮；不得緩，緩則力難爲而箭去遲。唯善者能之。箭與弓把齊爲滿，地平之中爲盈，貫信美而術難成。要令大指知鏃至，然後發箭。故曰鏃不上指，必無中矢；指不知鏃，同於無目。試之至也，或以目視鏃，馬上與暗中則乖，此爲無術矣。故矢在弓右，視在弓左，箭發則靡其弰，厭其肘，仰其腕，目以注之，手以駐之，心以趣之，其不中何爲也！」

下篇曰：「矢量其弓，弓量其力，無動容，無作色，和其支體，調其氣息，一其心志，謂之楷式。知此五者爲上德。故曰莫患弓軟，服當自遠；莫患力羸，恆當引之。但力勝其弓，則容貌和，發無不中。故始學者，先學持滿，須能制其弓，定其體，後乃射之。然其的必始於一丈，百發百中，寸以加之，漸至於百步，亦百發百中，乃爲之術成。或升其的於高山，或致其的於深谷，或曳之，或擲之，使其的縱橫前卻，所以射禽獸與敵也。凡弓惡右傾，箭惡其檽，（三五）音儒。頤惡傍引，頸惡卻垂，胸惡前亞，背惡後傴，皆射之骨髓疾也。故身前竦爲猛武方騰，額前臨爲封兕欲鬬，出弓弰爲懷中吐月，平箭闊爲弦上縣衡，此皆有威容之稱也。」

又曰：「凡控弦有二法：無名指疊小指，中指壓大指，頭指當弦直豎，中國法也；屈大指，以頭指壓勾指，此胡法也。此外皆不入術。胡法力少，利馬上；漢法力多，利步用。然其持妙在頭指閒。世人皆以其指末齪弦，則致箭曲，又傷羽。但令指面隨弦直豎，即脆而易中，其致遠乃過常數十步。古人以爲神而祕之。胡法不使大指過頭指，亦爲妙爾。其

執弓，欲使把前入弝，把後當四指本節，平其大指承鏃，卻其頭指使不得，則和美有聲而俊快也。射之道備矣哉。」〔三六〕

弩，古有黃連、百竹、八擔、雙弓之號。今有絞車弩，中七百步，攻城拔壘用之；擘張弩，中三百步，步戰用之；〔三七〕馬弩，中二百步，馬戰用之。弩張遲，臨敵不過一二發，所以戰陣不便於弩。非弩不利於戰，而將不明於弩也。〔三八〕不可雜於短兵，〔三九〕當別爲隊，攢箭注射，則前無立兵，對無橫陣。復以陣中張，陣外射，番次輪迴，〔四〇〕張而復出，射而復入，則弩不絕聲，敵無薄我。夫置弩必處其高，爭山奪水，守隘塞口，破驍陷果，非弩不克。教法令曰：張弩丁字立，當弩八字立，高揎手，揎音宣。屈衫襟，左手承橦，〔四一〕右手迎上，當心看張。張有闊狹，右胜右膊，〔四二〕還復當心。安箭高舉肘，敵遠擡弩頭，敵近平身放，敵在左右迴身放，敵在高上掔腳放，放箭訖唱殺。卻掣拗蝎尾，〔四三〕覆弩還著地。

夫軍城及野營行軍在外，日出日沒時，撾鼓千搥：撾，陟瓜反。三百三十三搥爲一通；鼓音止，角音動，吹十二聲爲一疊；角音止，鼓音動。如此三角三鼓，而昏明畢之。

每營中兩廂置土馬十二疋，大小如常馬，具鞍。令士卒擐甲冑，櫜音高弓矢，佩刀劍，持矛楯，左右上下，以便習其事。

雜教令附

大唐衞公李靖兵法曰：

古之善爲將者，必能十卒而殺其三，次者十殺其一。三者，威振於敵國；一者，令行於三軍。是知畏我者不畏敵，畏敵者不畏我。如曰盡忠益時、輕生重節者，〔四四〕雖仇必賞；犯法怠惰、敗事貪財者，雖親必罰；服罪輸情、質直敦素者，雖重必捨；遊辭巧飾、虛僞狡詐者，雖輕必戮；善無微而不贊，惡無纖而不貶：斯乃勵衆勸功之要術。昔馬謖軍敗，葛亮對泣而行誅；〔四五〕鄉人盜笠，吕蒙先涕而後斬；馬逸犯麥，曹公割髮而自刑；兩掾辭屈，黄蓋詰問而俱戮。故知威克其愛，雖少必濟；〔四六〕如愛勝其威，雖多必敗。蓋賞罰不在重，在必行；不在數，在必當。故尉繚子曰：「吴起與秦人戰，戰而未合，有一夫不勝其勇，乃怒而前，獲首而返。吴起斬之。吏曰：『此壯士也，不可斬。』吴子曰：『雖壯士，然不從令者，必斬之。』」故須勸之以重賞，威之以嚴刑，隨時而與之移，因機而與之化，可謂不濫矣。凡人耳目，不可以視千里之外；因人耳目而視聽之，即無善不聞，無惡不見。故目貴明，耳貴聰，心貴智，三者並進，則明不可蔽。如能賞罰不欺，明於察聽，則千里之外，隱微之事，莫不陰變而爲忠信。若賞罰直於耳目之前，其不聞見者，誰肯用命哉？故上無疑令，則下不二聽；動無疑事，則衆不二志。由是言之，則持軍之急務，莫大於賞罰矣。

諸每營病兒，各定一官人，令檢校煮羹粥養飼及領將行。其初得病及病損人，每朝通狀，報總管，令醫人巡營，將藥救療。如發，〔四七〕仰營主共檢校病兒官，量病兒氣力能行者，給傔一人；如重，不能行者，加給驢一頭；如不能乘騎畜生，通前給驢二頭，傔二人，縛轝將行。〔四八〕如棄擲病兒，不收拾者，不養飼者，檢校病兒官及病兒傔人各杖一百；未死而埋者，斬。

諸將士不得倚作主帥及恃己力强，欺傲火人，全無長幼，兼笞撻懦弱，減削糧食、衣資，并軍器、火具恣意令擎，勞逸不等。

諸應請甲數葉行數，於甲襻上鈔記；〔四九〕其袍，秤知斤兩，於袍背上具注斤兩；并槍，量長短尺丈：軍司並立爲文案。如事了卻納，取按勘數，長短斤兩同即納；如有欠少，隨即科決徵備。其軍器，常須磨礪修補，亦不得毀棄。

諸兵士死亡祭埋之禮，祭不必備以牲牢，埋不必備以棺槨，務令權宜，輕重折衷。如賊境死者，單酌祭酹，墓深四尺，主將使人臨哭。內地非賊庭死者，準前祭哭，遞送本貫。

諸兵士隨軍被袋上，具注衣服物數，并衣資、弓箭、鞍轡、器仗，並令具題本軍營、州縣府衛及己姓名，仍令營官視檢押署，營司鈔取一本立爲文案。如有破用，隊頭、火長須知用處，即鈔爲文記，五日一申報營司。如其勘檢衣資，與簿不同，物有賸數，即是偷來。並仰當火隊見有他物，即須勘當，狀送營司。其衣資不上文歷，縱使道失，官不爲理，亦不得遞相寄附。即是盜來，受寄及寄物人並科罪。

諸拾得闌遺物，當日送納虞候者，五分賞一。如緣軍須者，不在分賞之限。三日內不送納官者，〔五〇〕後殿見而不收者，收而不申軍司者，並重罪。三日外者，斬。諸有人拾得闌物，隱不送虞候，旁人能糾告者，賞物二十段。知而不糾告者，杖六十。其隱物人斬。

諸有功合賞，不得踰時；有罪合罰，限三日內。

諸軍內不得扇動兵士，恐嚇隊伍，謬作是非，敗損營壘。

諸營幕作食事，須及早，天暗以後即須滅火。如夜有文牒須讀及鈔寫者，須先狀上營主。

諸軍內行僞，無首從，同罪。資財沒官。官典取兵士十錢以上，絹一尺以上，重罪。盜軍資雜物，并被賊偷賂一錢以上，〔五一〕無首從，同罪。如貨易官物，計滿一疋，無首從，同罪。應減截兵馬糧料一升以上，無首從，同罪。棄擲軍糧二升以上，無首從，行盜一疋以上，無首從，並同罪。

諸軍中有樗蒲博戲，賭一錢以上同坐，所賭之物没官。

諸營各令作異旗一放馬，每隊作記旗放驢。其馬中央放，〔五二〕驢令四面援馬放，其驢馬子並於驢羣四面圍遶驢羣，知更牧放。狂賊偷馬，例須奔走，驢羣在外，驅趁稍難，以此防閑，亦甚允便。營別即令別放，諸軍不得相交。非直發引之時不難，忽有不虞，追喚亦易。諸行軍立營，驢馬各於所管地界放牧。〔五三〕如營側草惡，便擇好處放，仍與虞候計會，不使交雜。〔五四〕各執本營認旗，如須追喚，見旗即知驢馬處所。諸軍驢馬牧放，不得連繫，每軍營令定一官，專檢校逐水草合羣放牧；仍定一虞候果毅，專巡諸營水草，各令分界牧放，不使參雜。諸營除六馱外，火別遣買驢一頭，有病瘆，擬用搬運。如病人有偏，併其驢，先均當隊馱，如當隊不足，均抽比隊比營。比音毗。諸每營折衝、果毅，先各請馬，衙參往來，自合乘騎。隊馬當直，擬防機急，官人以下，不得乘騎。其雜畜，除非警急，兵士不得輒騎。諸軍馬聚會，其數既衆，應行六畜，並仰明爲軍印，仍須别爲營印，防闌失，〔五五〕擬憑理認。諸營兵發以後，捉得闌遺畜生，亦有兵士失卻驢馬、衣服，馱運不能勝舉，并仰於捍後虞候處取闌遺畜生，馱至前營，其六畜卻分付虞候，不得不經虞候。擅取者及借不送，并翦破印及毛尾者，斬。　諸六畜隨軍，如有死者，須詣所部官陳牒檢驗，是當營六畜，檢印記同，〔五六〕然後許令剥皮。如印不是本營印，即是盜他六畜殺。　諸將雜畜，不得非理誤死損，違徵填。〔五七〕諸軍內六畜，〔五八〕不得擅借人乘用。　諸非圍獵，不得乘官馬遊獵。若因巡檢便行即聽，及迴換軍司六畜，并重科。　諸應乘官馬，事非警急，不得輒奔走，致馬汗及打脊破。以上並衞公軍令具所科罪。若臨敵則須重，平居則校輕，隨時裁定。

諸將三日一巡本部吏士營幕，〔五九〕閱其食飲麤精，均勞逸，恤疾苦，視醫藥。有死即上陳，以禮祭葬，優給家室。有死於行陣，同火收其屍，及因敵傷致斃，並本將校具陳其狀，亦以禮祭葬弔贈。如但爲敵所損，即隨輕重優賞。　有糾告違教令者，比常賞倍之。　有告得與敵通情者，其家妻妾、僕馬、資産悉以賞之。　有糾告主者欺隱，應所給比常賞倍之。　搴旗斬將，陷陣摧鋒，上賞。　破敵所得資物、僕馬等，並給戰士。　每收陣之後，裨將、虞候輩收斂，對總帥均分。　與敵鬬，旗頭被傷，救得者重賞。

漏洩軍事，斬之。　背軍逃走，斬之。　後期，斬之。有故，不坐。　行列不齊，旌旗不正，金革不鳴，〔六〇〕斬之。　與敵私交通，斬之。言語、書疏並同。　或説道釋，祈禱鬼神，陰陽卜筮，災祥訛言，以動衆心，與其人往還言議，斬之。　無故驚軍，叫呼奔走，謬言烟塵，斬之。　凡言覘候，或更相推託，謬說事宜，兼復漏洩者，並斬之。　吏士所經歷，因便侵掠，斬之。　姦人妻女，及將女婦入營，〔六一〕斬之。　不戰而降敵，沒其家。　凡有私讎，須先言狀，令其避仇。　若不言，因戰陣報復者，斬之。　布陣旗亂，吏士驚惶，罪在旗頭，斬之。　陣定，或輒進退，或輒先取敵，致亂行者，前後左右所干之行便斬之。　或有弓弩已注矢而迴顧者，或干行失位者，後行斬前行，不動行斬干失之行。　守圍不固，一火及主吏並斬之。　遇敵攻圍危急，若前後左右部隊不救致陷者，全部隊皆斬之。　設奇伏掩襲，務應機速捷。　前將先合，後將即副。　進退應接乖者，並斬之。　爲敵所乘，失旗鼓節鉞者，全隊斬之。　戰敵，旗頭被敵殺，爭得屍首者免坐；不得者，一旗皆斬之。　凡戰敵，失主將，隨從者皆斬之。　一將禦敵，裨將以下等差主率，〔六二〕不齊力同戰、更相救助者，便任斬之。〔六三〕　吏士雖破敵，濫行殺戮，發塚墓，焚廬室，踐稼穡，伐樹木者，皆斬之。　擒獲敵人，或有來降者，直領見總帥，不得輒訪問敵中事。〔六四〕若違，因而漏洩者，斬之。　破敵，先虜掠者，斬之。入敵境同。　凡隱欺破虜所收獲，及吏士身死，有隱欺其資物，兼違令不收恤者，斬之。　違總帥一時之令，斬之。

飲宴集聚音樂者，違律。軍中奔走車馬，違律。自陣將軍以下，並步入營。〔六五〕騎入者同。更鋪失候，犯夜失號，止宿他火，違律。軍行舍信，各以校部前後爲次。失位及樵蘇取水出表外者，違律。凡有見奇異禽獸、蟲蛇、雜類詭怪之狀，或近軍伍，或入營壘，當時報本將，領見總帥。輒有傳説者，違律。吏士在行營，切防爲人謟誘。如有親故贈遺書信，使人來往，〔六六〕即領見本將，詰辨真僞。或擲遺射書，獲者不得輒開，密封送上總帥。而違者，違律。凡違律，詳輕重論罰，而爲等差，衛公李靖兵法悉已載之。如於庶務或未盡者，〔六七〕故以此具之。

校勘記

〔一〕法制　原無，據北宋本、明抄本、明刻本、王吴本增補。

〔二〕卒已親附而罰不行者　「親附」原誤倒，據孫子行軍篇乙。

〔三〕令素行以教其人者也令素行則人服令素不行則人不服令素信著者與衆相得也　按：孫子行軍篇作「令素行以教其民，則民服；令不素行以教其民，則民不服。令素行者，與衆相得也」。

〔四〕故爲金鼓　「金鼓」原作「鼓鐸」，誤。今據孫子軍爭篇改。按：下云「夫金鼓旌旗者」，可證。

〔五〕金鉦鐸也　「鐸」原誤倒在「金鉦」上。據十一家注孫子軍爭篇杜佑注乙。

〔六〕以金鼓齊之　原訛作「以金閒之」，據十一家注孫子勢篇曹操注補改。

〔七〕沌徒損反　「徒」原訛「陟」，據北宋本、明抄本、明刻本改。

〔八〕周初　此段右殿本、局本原有「法制附」一題，單佔一行，而無「周初」，皆清人妄自增删者。今據北宋本、明抄本、明刻本、王吴本删補復原。

〔九〕必明告吏士申三五之令　殿本、局本無「明告吏士」，「五」作「伍」，亦清人妄自删改者。今據北宋本、明抄本、明刻本、王吴本及六韜教戰篇補改復原。

〔一〇〕教成令之百萬之師　「教成令之」原無，據六韜教戰篇增補。

〔一一〕使歸邑墓　「邑墓」原訛「而葬」，據北宋本、明抄本、明刻本改。按：王吴本訛作「使歸也墓」，不可通，殿本遂臆改爲「而葬」矣。

〔一二〕既已明而不如法者　「明」原脱，據史記孫子吴起列傳二一六一頁補。

〔一三〕寡人不願下觀　原無「觀」，據史記孫子吴起列傳二一六二頁增補。

〔一四〕國中所尊者　「尊」原作「重」，據史記司馬穰苴列傳二一五七頁及北宋本、王吴本改。

〔一五〕士卒暴露於境　「境」下原衍「外」，據史記司馬穰苴列傳二一五七頁删。

〔一六〕智者爲謀士　「士」，吴子治兵作「主」。

〔一七〕四鼓嚴辦　「嚴辦」明刻本、王吴本、殿本、局本訛作「白辨」，北宋本訛作「然辨」，據吴子治兵改。

〔一八〕犯令没所賣皮　「皮」原訛「及」，據北宋本、明抄本、明刻本、王吴本改。

〔一九〕舡戰令曰　「舡」原作「船」，據北宋本改。下「什伍皆就舡」同。

〔二〇〕前後不得易處　「處」原脱，據御覽卷三三四增補。

〔二一〕從四角面立表　「面」原訛「而」，據北宋本、王吴本改。

〔二二〕麾右則右　句下原衍「麾」，據御覽卷二九六删。

〔二三〕騎特從兩頭進戰　北宋本「特」作「持」。

〔二四〕一日家人弗捕執　「日」原訛「曰」，據北宋本、王吴本改。

〔二五〕諸軍將五旗　「五」原作「伍」，據北宋本改。

〔二六〕鼓聲動　「聲」原訛「角」，據北宋本、明抄本、明刻本、王吴本改。

〔二七〕其隊法及舉幡舉槍簇隊鬬戰法並依前　「其隊」原脱，據上下文例補。

〔二八〕視麾所指　「視麾」原誤倒，據北宋本、明抄本、明刻本、王吴本乙正。

〔二九〕聽角第一聲絶　原「角」下衍「聲」，據北宋本、王吴本删。

〔三〇〕皆去兵刃　「去」原訛「要」，據北宋本、王吴本及御覽卷二九七改。

〔三一〕左廂陽向而旋右廂陰向而旋左右各復本初　上「旋」字下誤衍「右」，下「旋」字下誤衍「左」，據北宋本删。

〔三二〕從軍令　「從」上原有「務」，據北宋本、王吴本删。

〔三三〕每旗命壯勇士五十人守旗選壯勇士五十人奪旗　原脱「勇士五十人守旗選壯」九字，據御覽卷二九七補。

〔三四〕與控指及右臂肘平如水準令其肘可措杯水　「臂」原作「肘」，據北宋本改。下「肘」原訛「射」，據北宋本、明抄本、明刻本改。
〔三五〕箭惡其檽　「檽」原訛「穤」，據北宋本改。
〔三六〕射之道備矣哉　「哉」原脱，據北宋本、明抄本、明刻本補。
〔三七〕步戰用之　「步」原涉上而脱，據御覽卷三四八補。
〔三八〕而將不明於弩也　「不明」原訛「用」，據御覽卷三四八改。
〔三九〕不可雜於短兵　「不可」原誤倒，據御覽卷三四八乙。
〔四〇〕番次輪迴　「次」原訛「火」，據御覽卷三四八改。
〔四一〕左手承橦　「橦」原訛「撞」，據御覽卷三四八改。
〔四二〕右陛左膊　「陛」原訛「陞」，據諸本改。
〔四三〕放箭訖唱殺卻掣拗蝎尾　「唱」「蝎」原皆訛「喝」，據北宋本及御覽卷三四八改。
〔四四〕輕生重節者　「生」原訛「行」，據御覽卷二九六改。
〔四五〕葛亮對泣而行誅　「葛」上原有「諸」，後人所增。今據北宋本及御覽卷二九六删。
〔四六〕雖少必濟　「少」原作「小」，據御覽卷二九六改。
〔四七〕如發　「發」原訛「法」，據北宋本改。
〔四八〕縛鞸將行　「縛」原訛「縛」，據北宋本、王吴本改。

〔四九〕於甲襻上鈔記　「襻」原作「襟」，據北宋本改。

〔五〇〕三日内不送納官者　北宋本「三」作「二」。

〔五一〕并被賊偷賂一錢以上　「被」北宋本作「破」。

〔五二〕其馬中央放　「央」原訛「夾」，據北宋本、明抄本、明刻本改。

〔五三〕驢馬各於所管地界放牧　「管」原訛「營」，據北宋本改。

〔五四〕不使交雜　「使」原訛「許」，據北宋本改。下「不使參雜」同。

〔五五〕防闌失　「闌」原訛「閑」，據北宋本改。

〔五六〕檢印記同　「檢」原作「驗」，據北宋本改。

〔五七〕違徵填　「徵」原訛「衝」，據北宋本改。

〔五八〕諸軍内六畜　「六」原訛「馬」，據北宋本、明抄本、明刻本、王吴本改。

〔五九〕諸將三日一巡本部吏士營幕　「一」原脱，據北宋本、明刻本、王吴本補。

〔六〇〕金革不鳴　「鳴」原訛「明」，據北宋本及御覽卷二九六改。

〔六一〕及將女婦入營　「女婦」原倒，據北宋本乙。

〔六二〕裨將以下等差主率　「等」上原衍「不」，據北宋本及御覽卷二九六删。

〔六三〕便任斬之　「便任」原訛「仗法」，據北宋本改。按：御覽卷二九六作「任便」。

〔六四〕不得輒訪問敵中事　「輒」原脱，據御覽卷二九六補。

〔六五〕並步入營　「入」原訛「大」，據北宋本改。

〔六六〕使人來往　「來往」原倒，據北宋本乙。

〔六七〕如於庶務或未盡者　原脱訛作「於所未盡者」，據北宋本補改。

劉俊文點校　王文錦覆校

通典卷第一百五十

兵三

料敵制勝　敵十五形帥十過附　察而後動　驗虛聲知無實　敵降審察

孫子曰：「用兵之道，校之以計，而索其情。索其勝負之情。索音山格反，搜索之義。曰：主孰有道？將孰有能？道德智能。主，君也。先考校兩國之君，誰知誰否也。〔一〕若荀息斷虞公貪而好寶，宮之奇懦不能强諫是也。天地孰得？視兩軍所據，知誰得天時地利。〔二〕法令孰行？設而不犯，犯而必誅。發號出令，知誰能施行者。兵衆孰强？知誰兵器强利，士卒簡練者。士卒孰練？故王子曰：「士不素習，當陣惶惑；將不素習，臨陣闇變。」賞罰孰明？賞善罰惡，知誰分明者。故王子曰：「賞無度則費而無威；罰無度則戮而無威。」吾以此知勝負矣。以此上七事，料得情，〔三〕知勝負也。知吾卒之可用以擊之，而不知敵之不可擊，勝之半也；知敵之可以擊，而不知吾卒之不可用以擊，勝之半也；知敵之可以擊，知吾卒之可用以擊，而不知地形之不可以戰，勝之半也。勝之半者，未可知也。故曰，知兵者動而不迷，舉而不頓。〔四〕將不能料敵，以少合衆，以弱擊强，兵無選鋒，曰「北」。其勢若是，必走之兵。夫料敵制勝，計極險易利害遠近，〔五〕上將之道也。知此而用戰者必勝，不知此而用戰者必敗。夫唯無慮而易於敵者，必擒於人也。己無智慮，而外易人者，必爲人所擒。故策之而知得失之計，策度敵情，觀其所施，計數可知。作之而知動静之理，〔六〕喜怒動作，察其舉止，則情理可得。故知動静權變，爲其勝負也。形之而知死生之地，形相敵情，觀其所據，則氣勢死生可得而知之。角之而知不足有餘之處。角，量也。角量彼我軍馬，〔七〕則長短可知也。知勝有五：知可以戰與不可以戰者勝，能料知敵情，審其虚實者，勝也。知衆寡之用者勝，言兵之形，有衆而不可擊寡，或可以弱制强，而能變之者，勝也。故春秋傳曰「師克在和，不在衆」是也。上下同欲者勝，言君臣和同，勇而戰者勝。故孟子曰：「天時不如地利，地利不如人和。」以虞待不虞者勝，虞，度也。以我有法度之師，擊彼無法度之兵。故春秋傳曰「不備不虞，不可以師」是也。將能而君不御者勝。司馬法曰：「進退唯時，無曰寡人。」將既精能，曉練兵勢，君能專任，任事不從中御。故王子曰「指授在君，決戰在將」者，是矣。此五者，知勝之道。此上五事。故曰：知己知彼，百戰不殆；審知彼强弱之勢，雖百戰，實無危殆。不知彼而知己，一勝一負；雖不知敵之形勢，恃己能克之者，勝負各半。不知彼，不知己，每戰必殆。外不料敵，内不知己，用戰必殆。知天知地，勝乃可全。」知地之便，知天時孤虚而向背晦暝風雪，爲之譎詭。

料敵制勝

春秋時，晉侯將伐虢。大夫士蒍曰：「不可。蒍，爲委反。虢公驕，若驟得勝於我，必棄其民。棄民不養之。無衆而後伐之，欲禦我，誰與？夫禮、樂、慈、愛，戰所畜也。夫民，讓事、樂和、愛親、哀喪，而後可用也。上之使民，以義讓哀樂爲本，言不可以力强。虢弗蓄也，亟戰，將饑。」言虢不蓄義讓而力戰。後終爲晉所滅。

春秋時，秦伯伐晉。晉將趙盾禦之，上軍佐臾駢曰：「秦不能久，請深壘固軍以待之。」秦人欲戰。秦伯謂士會曰：「若何而戰？」晉士會先奔秦。對曰：「趙氏新出其屬曰臾駢，必實爲此謀，將以老我師也。」臾駢，趙盾屬大夫，新出佐上軍。趙有側室曰穿，晉君之壻也，側室，支子。有寵而弱，不在軍事；弱，年少。又未嘗涉知軍事。好勇而狂，且惡臾駢之佐上軍也。若使輕者肆焉，其可也。肆，暫往而退也。秦軍掩晉上軍。趙穿追之，不及。上軍不動，趙穿獨追之。返，怒曰：「裹糧坐甲，固敵是求。敵至不擊，將何俟？」軍吏曰：「將有待也。」待可擊也。穿曰：「我不知謀，將獨出。」乃以其屬出。趙盾曰：「秦獲穿也，獲一卿矣。晉自有散位從卿者。秦以勝歸，我何以報？」乃皆出戰，交綏，而退。司馬法曰：「逐奔不遠，從綏不及。逐奔不遠則難誘，從綏不及則難陷。」然則古名退軍爲綏。秦、晉志未能堅戰，短兵未致争而兩退，〔八〕故曰交綏。

春秋時，晉師伐楚。月晦，楚晨厭晉軍而陣。晉大夫郤至曰：「楚有六閒，古莧反。其二卿相惡，子重，子反。王卒以舊，罷老不代。鄭陣而不整，不整列也。蠻軍而不陣，蠻夷從楚者，不結陣。陣不違晦，晦，月終，陰之盡也。故兵家以爲忌。在陣而囂，囂，諠譁也。〔九〕合而加囂。陣合宜静，而益有聲。各顧其後，莫有鬭心；人恤其所底也。舊不必良，以犯天忌，我必尅之。」終敗楚於鄢陵。

管子曰：「天時地利，其數多少，其要必出於計數。故凡攻伐之爲道也，計必定於內，然後兵出乎境，計未定而出兵，是則戰之自毀也。故不明敵人之政，〔一〇〕不能加也；未可加兵。不明敵人之情，〔一一〕不能約也；不能約誓。不明敵人之將，不先軍；不明敵人之士，不先陣。是故以衆擊寡，以治擊亂，以富擊貧，以能擊不能，以教卒練士擊毆衆白徒，故百戰百勝也。」又曰：「善攻者料衆以攻衆，量吾衆寡，彼衆寡，然後攻。餘倣此。料食以攻食，料備以攻備。以衆攻衆，衆存不攻；彼衆存，則我不能亡之也，故不攻。以食攻食，食存不攻；以備攻備，備存不攻。釋實而攻虛，知其實，宜避之。釋堅而攻毳，釋難而攻易。夫國摶不在敦古，在於合今時宜。摶，聚也。治世不在善政，在於權宜。霸王不在曲成。」在於全大體也。

戰國魏武侯問吳起曰：「兵以何勝？」對曰：「以治爲勝。」「不在衆乎？」起曰：「法令不明，賞罰不信，聞鼓不進，聞金不止，雖有百萬之師，何益於用！所爲治者，居則有禮，動則有威，進不可當，退不可追，前卻有節，〔一二〕左右應麾，雖絕成陣，雖散成行，投之所往，〔一三〕天下莫當。」又曰：「凡敵有不卜而與戰，有不占而避之。疾風大寒，早興冥遷，剖冰濟度；盛夏炎熱，興役無閒，行飢驅渴，務取於遠；師久無糧，士衆怨怒，妖祥疑惑，上不能止；軍資既竭，時多霖注，欲掠無便；師衆不多，地土不利，人馬疾疫；道遠日暮，士卒勞倦，飢未及食，解甲而息，將薄吏輕，士卒無固，三軍數驚，師徒無助；陣而未定，舍而未畢，行坂涉險，半隱半出：諸如此類，擊而勿疑。若土地廣大，人衆富盛；上愛其下，惠施流布；賞信刑察，發止得時；行陣居列，任賢使能；師徒習教，兵甲精鋭；四鄰有助，大國之援：凡如此類，憚而避之。故曰，見可而進，知難而退。」

漢王在漢中，拜韓信爲大將軍。信因問王曰：「今東嚮争權天下，豈非項王邪？」漢王曰：「然。」「大王自料勇悍仁彊孰與項王？」〔一四〕漢王曰：「不如也。」信再拜曰：「唯信亦以爲大王不如也。然臣嘗事項王，請言項王之爲人也。項王喑嗚叱咤，千人皆廢，〔一五〕然不能任屬賢將，此特匹夫之勇耳。項王與人恭謹，〔一六〕人有疾病，涕泣與之分食，至於功當封爵者，印刓五丸反〔一七〕弊，忍不能予，此乃特婦人之仁耳。項王雖霸天下而臣諸侯，不居關中而都彭城，又背義帝之約而以親愛王，諸侯不平。諸侯之見項王遷逐義帝置江南，亦皆歸逐其主而自王善地。項王所過無不殘滅者，天下多怨，百姓不親附，特刦於威强耳。名雖爲霸，實失天下心。故曰其强易弱。今大王誠能反其道，任天下武勇，何所不誅！以天下城邑封功臣，何所不服！以義兵從思東歸之士，何所不尅！且三秦王爲秦將，將秦子弟數歲矣，所殺亡不可勝計，又欺其衆降諸侯，至新安，項王詐坑秦降卒二十餘萬，唯獨邯、欣、翳得脱，章邯，司馬欣、董翳也。秦父兄怨此三人，痛入骨髓。今楚强以威王此三人，秦民莫愛也。大王之入武關，秋毫無所害，除秦苛法，與秦民約，法三章耳，〔一八〕秦民無不欲得大王王秦者。於諸侯之約，大王當王關中，關中民咸知之。大王失職入漢中，秦民無不恨者。今大王舉而東，三秦可傳檄而定也。」於是漢王大喜，自以爲得信晚。遂聽信計，定秦，滅項。項籍圍漢王於滎陽城，久之，漢王患之，請割滎陽以西以和。項王不聽。漢王謂陳平曰：「天下紛紛，何時定乎？」陳平曰：「項王爲人，〔一九〕恭敬愛人，士之廉節好禮者多歸之。至於行賞功爵邑，重之，言愛惜之。士亦以此不附。今大王慢人少禮，〔二〇〕士廉節者不來。然大王能饒人以爵邑，士之頑鈍嗜利無恥者亦多歸王。誠能去其兩短，襲其兩長，天下指麾則定矣。」

漢高帝時，黥布反。帝召薛公問之，對曰：「使布出於上計，東取吴，西取楚，并齊與魯，傳檄燕、趙，固守其所，山東非漢之有也。出中計，東取吴，西取楚，并韓取魏，據敖倉之粟，塞成臯之口，勝敗之數未可知也。出下計，東取吴，西取下蔡，歸重於越，身歸長沙，陛下高枕而卧，漢無事矣。」上曰：「是計將安出？」對曰：「必出下計。布故驪山之徒耳，致萬乘之主，此皆爲身，不顧其後，不爲百姓萬世慮也。」布果出下計。上自將，東擊布。布之初反，謂其將曰：「上老矣，厭將兵，必不能自來。諸將獨患淮陰、彭越，今皆已死，餘不足畏也。」故遂反。果如薛公籌之，東擊荆，荆王劉賈敗死。時劉賈都丹徒。漢終破布。

後漢末，張遼屯長社，〔二一〕軍中有謀反者，夜驚亂起火，一軍盡擾。遼謂左右：「勿動。是不一營盡反，必有造變者，欲以動亂人耳。」乃令軍中，其不反者安坐。〔二二〕遼將親兵數十人，中陣而立。有頃定，即得首謀者殺之。張遼審計，立擒賊首，亦同料敵之義。

後漢末，曹公征荆州，劉琮降，得其水軍及步兵，遂遺書孫權云：「今將水軍八十萬，當與將軍會獵於長洲之苑。」將士聞之恐。權延見羣下，問計。咸曰：「曹操託名漢相，挾天子以征四方，動以朝廷爲辭，今日拒之，事更不順。且將軍大勢，可以拒操者，長江也。劉表治水軍，艨艟鬭艦千數，操悉浮以沿江，兼有步軍，水陸俱下，此則長江之險與我共之矣。〔二三〕而勢力衆寡，愚謂大計不如迎之。」權將周瑜曰：「操雖名漢相，其實漢賊。將軍神武雄材，兼仗父兄遺烈，據有江東，地方數千里，兵精足用，英豪樂業，尚當横行天下，爲漢家除殘去穢。況操自送死，豈可迎之邪？請爲將軍籌之：使北土已安，操無内憂，能曠日持久，來争疆場，又能與我校勝負於船檝，可也。今北土既未安，加以馬超、韓遂在關西，爲操後患。且捨鞍馬，仗舟檝，與吴越争衡，本非中國所長。又今盛寒，馬無藁草。驅中國士衆遠涉江湖，不習水土，必生疾病。此數四者，〔二四〕用兵之患也，而操皆冒行之。瑜請得精兵三萬人，徑進夏口，保爲將軍破之。」權曰：「老賊欲廢漢自立久矣，但忌二袁、吕布、劉表與孤耳。今諸雄已滅，唯孤尚存，孤與老賊勢不兩立。君言當擊，甚與孤合也。」權拔刀斫前奏案，曰：「諸將吏敢復言迎曹操者，與此案同。」果有赤壁之捷焉。

蜀大將諸葛亮悉衆十萬，由斜谷出始平，據武功五丈原。魏大將司馬宣王帥師拒之，與亮對於渭南。亮分兵屯田，爲久駐之本。耕者雜於渭濱，而百姓安堵，軍無私焉。屢使交書，又致巾幗音號婦人之飾，以怒宣王。王亦屢表請戰。魏使衛尉辛毗持節勒懿及軍吏以下，不許出戰。姜維謂亮曰：「辛毗仗節而到，賊不復出矣。」亮曰：「彼本無戰心，所以固請者，示武於衆矣。將在軍，君命有所不受，苟能制吾，豈千里請戰邪！」宣王使二千餘人，就軍營東南角，大聲稱萬歲。亮使問之，答曰：「吳朝有使至，請降。」亮謂曰：「計吳朝必無降法。卿是六十老翁，何煩詭誑如此。」懿與亮相持百餘日，亮卒於軍中。及軍退，懿追焉。亮長史楊儀結陣，反旗鳴鼓，若將向懿，遽退，不敢追。經二日，乃行其營壘曰：「天下奇才也。」懿乃追之，儀多布鐵蒺藜，懿使軍士二千人著輭材平底木屐前行，蒺藜悉著屐，然後馬步徑進，追至赤岸，方知審問。百姓爲之諺曰：「死諸葛走生仲達。」懿笑曰：「吾能料生，不料死故也。」孔明料吳不降，明矣。司馬不料亮死，暗矣。

陳將吳明徹進逼壽陽，北齊將王琳拒守，又遣大將皮景和率兵數十萬來援，去壽陽三十里，頓軍不進。諸將咸曰：「堅城未拔，大援在近，不審明公計將安出？」明徹曰：「兵貴在速，而彼結營不進，自挫其鋒，吾知其不敢戰明矣。」於是躬擐甲冑，疾攻，一鼓而尅壽陽。

西魏遣將于謹討梁元帝於江陵，長孫儉問謹曰：「爲蕭繹之計，將欲如何？」謹曰：「耀兵漢、沔，席卷渡江，直據丹陽，是其上策；移郭内居民，退保子城，峻其陴堞，以待援至，是其中策；若難於移動，據守羅郭，是其下策。」儉曰：「揣繹定出何策？」謹曰：「必用其下。」儉曰：「彼棄上而用下，何也？」對曰：「蕭氏保據江南，綿歷數紀。屬中原多故，未遑外略。又以我有齊氏之患，必謂力不能分。且繹懦而無謀，多疑少斷。人難慮始，皆戀邑居，既惡遷移，〔二五〕當保羅郭。所以用下策也。」謹乃令中山公護及楊忠等率精騎先據江津，斷其走路。梁人豎木柵於外城，〔二六〕廣輪六十里。尋而謹至，悉衆圍之。梁主屢遣兵於城南出戰，輒爲謹所破。旬有六日，外城遂陷。梁主退保子城。翌日，率其太子以下，面縛出降，尋殺之。

大唐衛公李靖兵法曰：

夫決勝之策者，在乎察將之材能，審敵之彊弱，〔二七〕斷地之形勢，觀時之宜利，先勝而後戰，守地而不失，是謂必勝之道也。

若上驕下怨，可離而間；營久卒疲，可掩而襲；昧去迷就，士衆猜嫌，可振而走；

重進輕退，遇逢險阻，可邀而取。若敵人旌旗屢動，士馬數顧，其卒或縱或横，〔二八〕其吏或行或止，追北恐不利，見利恐不獲，〔二九〕涉長途而未息，入險地而不疑，勁風劇寒，剖冰濟水，烈景炎熱，倍道兼行，陣而未定，合而未畢，若此之勢，乘而擊之，此爲天贊我也，豈有不勝哉！

若軍有賢智而不能用者，敗；上下不相親而各述己長者，敗；賞罰不當而衆多怨言者，敗；知而不敢擊，不知而擊者，敗；地利不得而卒多戰阨者，敗；勞逸無別，不曉車騎之用者，敗；覘候不審而輕敵懈怠者，敗；行於險道而不知深溝絶澗者，敗；陣無選鋒而奇正不分者，敗。凡此十敗，非天之殃，將之過也。

夫兵者寧千日而不用，〔三〇〕不可一日而不勝。故白起對秦王曰：「明王愛其國，忠臣愛其名。臣寧伏其重誅，而不忍爲辱軍之將。」〔三一〕又嚴顔謂張飛曰：「卿等無狀，侵奪我州，有斷頭將軍，無降將軍也。」故二將咸重其名節，〔三二〕就死而不求生者，蓋知敗衂之恥，斯誠甚矣。

又曰：「凡與敵相逢，持軍相守，欲知彼算，將揣其謀，則如之何？」對曰：「士馬驍雄，示我以羸弱；陣伍齊肅，示我以不戰；見小利佯爲不敢争，伏奇兵故誘以奔北；内實嚴警，外爲弛慢；恣行閒諜，託以忠告；或執使以相忿，或厚賄以相悦；移師則減竄，合營則偃旗；智足以及謀，勇足以及怒，〔三三〕非得地而不舍，非全軍而不侵；以多擊少，必取於晨朝，以寡擊衆，必候於日暮：如此則兵多詭伏，將有深謀，理須曲爲防慎，不可入其規畫。〔三四〕故傳曰：『見可而進，知難而退，軍之善政也。』但敵固無小，〔三五〕蜂蠆有毒。且鳥窮則啄，獸窮猶觸者，皆自衞其生命，而求免於禍難也。若困而不鬭，乃智不逮於鳥獸，其能將乎？〔三六〕必須料敵制勝，誡於小利，然後可立大功矣。」

或又問曰：「所謂料敵者何？」對曰：「料敵者，料其彼我之形，定乎得失之計，始可兵出而決於勝負矣。當料彼將吏孰與己和，主客孰與己逸，排甲孰與己堅，器械孰與己利，教練孰與己明，地勢孰與己險，城池孰與己固，騎畜孰與己多，糧儲孰與己廣，工巧孰與己能，秣飼孰與己豐，資貨孰與己富：以此揣而料之，焉有不保其勝哉！夫軍無小聽，聽必審也；戰無小利，利必大也。審聽之道，詐亦受之，實亦受之，巧亦受之，拙亦受之，其詐而似實亦受之，其實而似詐亦受之，但當明聽其實，參會衆情，徐思其驗，鍛鍊而用。不得逆詐自聽，挫折愚人之詞；又不得聽庸人之說，稱敵寡弱，輕侮衆心，而不料其實；又不得受敵人以小利餌我勇士，輒掠財畜，獲其首級，將闇不斷，而重賞之。忽敵無備，必爲所敗。揣敵之術，亦易知矣。若辭怒而不戰者，待其援也；杖而立，汲而先飲者，倍程迫速渴之兼也。〔三七〕夫欲行無窮之勢，圖不測之利，其事煩多，略陳梗槩而已。若遇小寇而有不可擊者，爲其將智而謀深，士勇而軍整，鋒甲堅鋭而地險，騎畜肥逸而令行：如此則士蓄必死之心，將懷擒敵之計，此當固而待之，未得輕而犯也。如逢大敵而必可鬬也者，彼將愚昧而政令不行，士馬雖多而衆心不一，鋒甲雖廣而兵刃不堅，〔三八〕居地無固而糧運不繼，卒無攻戰之志，旁無軍馬之援：此可襲而取之。抑又聞之，統戎行師，攻城野戰，當須料敵，然後縱兵。夫爲將能識此之機變，知彼之物情，亦何慮攻不逮、鬬不勝哉！」衛公兵法，悉出孫子。如本已具，不復重出。

敵十五形帥十過附

敵有十五形可擊：新集，始至，行陣未定，可擊。〔三九〕未食，雖已結陣，須饋食也。〔四〇〕不順，逆風向月建。後至，敵後來，不得山川地勢利。〔四一〕奔走，行軍失次，用力不齊，陣布不均。不戒，我示弱，誘敵不設備。勤勞，倍道兼行，人馬未息，衣甲馳路，雖陣不堅。將離，大將已去，獨任小吏，素不威服。長路，趨戰争利，日夜不息。候濟，半渡，疾擊。不暇，貪利求勝，不暇盡陣。險路，泥濘阻狹，車馬單行，左右難救。擾亂，行列失敍，進退不齊，縱不相載，〔四二〕横不相對，或坐或立。驚怖，卒阸相逢，都無備擬，鼓噪掩擊，三軍震慴。不定。陣數移動，人馬數顧。

帥有十過：勇而輕死，可暴。貪而好利，可遺。仁而不忍，可勞。知而心怯，可窘。信而喜信人，可誑。廉潔而愛人，可侮。慢而心緩，可襲。剛毅自用，可誘。懦志多疑，可惑。急而心速。可久。

孫子曰：「軍旁有險阻、蔣潢井、生葭葦、山林、翳薈者，〔四三〕必謹覆索之，此伏姦之所藏處也。險者，一高一下之地。〔四四〕阻者，雨水地也。〔四五〕蔣者，水草之蘩生也。潢者，池也。井者，下也。葭葦者，衆草所聚也。山林者，衆木所居也。翳薈者，可以屏蔽之處也。此以上相地形，此以下察敵情也。翳薈草木之相蒙蔽，可以藏兵處，必覆索之也。敵近而靜者，恃其險也；敵遠而挑戰者，〔四六〕欲人之進也，其所處者居易利也。〔四七〕所居利也。言敵去我近，但遣輕挑我，〔四八〕欲使前就之，其所處者平利也。挑，徒弔反。衆樹動者，來也；斬伐樹木，除道進來，故動。衆草多障者，疑也；結草爲障，欲使我度稠草中。多障蔽者，敵必避去，恐追及，多作障蔽，使人疑有伏焉。鳥起者，伏也；下有伏兵往藏，觸鳥而驚起也。獸駭者，覆也；敵廣陳張翼，來覆我也，〔四九〕故獸驚駭也。塵高而銳者，車來也；車馬行疾，〔五〇〕塵相衝，故高也。卑而廣者，徒來也；散而條達者，薪采來也；塵散衍而條達，〔五一〕各行所求。少而往來者，營軍也。欲立營壘，以輕兵往來爲斥候，故塵少也。辭卑而益備者，進也；其人來使辭卑，使閒視之，敵增備也，必進來也。辭強而進驅者，〔五二〕退也；詭詐馳驅，無所畏，是知欲退者也。〔五三〕輕車先居其側者，陣也；陣兵，欲戰也。輕車馳車在陣側。無約而請和者，謀也；未有要約，而使來請和，有閒謀也。奔走而陳兵者，期也；自與偏將期也。半進半退者，〔五四〕誘也。倚仗而立者，飢也；倚仗矛戟而立者，飢之意。汲役先飲者，〔五五〕渴也；向人見利而不進者，〔五六〕勞也；士疲勞也。敵人來，見我利而不能擊進者，疲勞也。鳥集者，虛也；敵大作營壘，示我衆，〔五七〕而鳥集止其中者，虛也。夜喧呼者，〔五八〕恐也；軍士夜喧呼，將不勇也。相驚無備者，恐懼也。軍擾者，將不重也；無威重也。旌旗動者，〔五九〕亂也；旌旗謬動，抵東觸西傾倚者，〔六〇〕亂也。吏怒者，倦也；軍吏悉怒，將者疲倦也。粟馬食肉，〔六一〕軍無縣箠，〔六二〕不反其舍者，〔六三〕窮寇也；穀馬食肉，不復蓄積，〔六四〕無縣箠之食，〔六五〕欲死戰，此窮寇也。〔六六〕箠，即箠之類也。諄諄翕翕，徐言入入者，〔六七〕失其衆也；諄諄，語貌，又不足貌。翕翕者，不真也。其上失卒之心，少氣之意。徐言入人者，與之言安徐之貌也，此將失其衆也。諄，章倫反。翕，許及反。數賞者，窘也；軍不素敵，數行賞，欲士卒之力戰者，此恐窘也。窘，渠殞反。〔六八〕數罰者，困也；數行刑罰者，教令弛廢，〔六九〕是困軍也。先暴而後畏其衆者，不精之至也；先行卒暴於士卒，而後欲畏己者，此將不精之極也。來委謝者，欲休息也。戰未相伏，而下意氣相委謝者，欲休息也。兵怒而相迎，久而不合，又不相去，必謹察之。」備奇伏也，此必有閒謀也。〔七〇〕

察而後動

春秋時，齊師伐魯，敗退。魯莊公將逐之，曹劌曰：「未可。夫大國難測也，懼有伏焉。」恐詐而奔也。劌，居衛反。登軾而觀之，其旗靡，其轍亂，曰：「可逐之。」

又，春秋時，秦、晉戰於羈馬，交綏。秦行人夜戒晉師曰：「兩君之士皆未憖也，（七一）明日請相見也。」憖，缺也。魚覲反。晉大夫臾駢曰：「使者目動而言肆，懼我也，目動，心不安；言肆，聲放散，失常節也。駢，蒲田反。將遁矣。薄諸河，必敗之。」薄，迫也。（七二）晉裨將胥甲、趙穿當軍門呼曰：「死傷未收而棄之，不惠也。不待期而薄人於險，無勇也。」乃止。秦師果夜遁。

春秋時，晉師伐齊。齊侯畏衆，齊師夜遁。師曠曰：「鳥烏之聲樂，（七三）齊師其遁。」鳥烏得空營，故樂也。邢伯曰：「有班馬之聲，夜遁，馬不相見，（七四）故鳴也。班，列也。齊師其遁。」叔向曰：「城上有烏，齊師其遁。」

春秋時，晉師伐楚，將戰，楚子登巢車，以觀晉軍。巢車，車上爲櫓。楚將子重使大宰伯州黎侍於王後。州黎，晉伯宗子，先奔楚也。王曰：「騁而左右，何也？」騁，走也。曰：「召軍吏也。」「皆聚於中軍矣。」曰：「合謀也。」「張幕矣。」曰：「虔卜於先君也。」虔，敬也。「撤幕矣。」曰：「將發命也。」「甚囂，且塵上矣。」曰：「將塞井夷竈而爲行也。」夷，平也。行，户郎反。「皆乘矣，乘，承證反。左右執兵而下矣。」曰：「聽誓也。」左將帥，右車右。（七五）「戰乎？」曰：「未可知也。」「乘而左右皆下矣。」曰：「戰禱也。」禱，請諸鬼神也。（七六）竟敗楚於鄢陵。

東晉末，宋武帝自京口舉義兵討桓玄，玄將桓謙屯於東陵，卞範之屯覆舟山西以拒之。宋武疑賊有伏兵，謂小將劉鍾曰：「此山下當有伏兵，卿可率部下指往摸之。」摸音莫。

鍾應聲馳進，果有伏兵數百，一時奔走。

宋雍州刺史袁顗舉兵反，顗，魚起反。沿流入鵲尾，與官軍相持既久，官軍主張興世越鵲尾上據錢溪，顗將劉胡攻之，不下，遣人傳唱錢溪已平，官軍之衆並懼，宋將沈攸之曰：「不然。〔七七〕若錢溪實敗，萬人中要應有逃亡得還者。必是彼戰失利，唱空聲以惑衆耳。」勒軍中不得輒動。錢溪信尋至，果大破賊。〔七八〕攸之悉以錢溪所送胡軍耳鼻示之，顗駭懼，急追胡還，遂潰之。〔七九〕

後魏將司馬楚之討蠕蠕，蠕蠕潛遣姦覘，〔八〇〕蠕，如兗反。〔八一〕覘，丑厭反。入楚之軍，截驢耳而去。有告失驢耳者，諸將莫能察。楚之曰：「必是覘賊截之以爲驗，賊將至矣。」即使軍人伐柳爲城，水灌令凍，城立而賊至。冰峻城固，不可攻逼，賊乃走散。

西魏將韓果性强記，兼有權略，所行之處，山川形勢，輒能記憶，兼善伺敵虛實，揣知情狀。有潛匿溪谷爲間偵者，間，古莧反。偵，丑鄭反。果登高視之，所疑之處，往必有獲。

周武帝帥師攻圍高齊，後主將兵十萬自來援之。時柱國、陳王純屯千里徑，大將軍、永昌公椿屯雞棲原，〔八二〕大將軍宇文盛守汾水關，並受齊王憲節度。憲密謂椿曰：「兵者詭道，去留不定，見機而作，不得遵常。汝今爲營，不須張幕，可伐栢爲菴，示有形勢。令兵去之後，賊猶致疑也。」〔八三〕時齊主分軍萬人向千里徑，〔八四〕又令其衆出汾水關，自率大兵與椿對陣。宇文盛馳騎告急，憲自以千騎救之。齊人覩谷中塵起，相率遽退。盛與柱國侯莫陳芮涉汾逐之，多有斬獲。俄而椿告齊衆稍逼，憲又迴軍赴之。會椿被敕追還，〔八五〕率兵夜返。齊人果謂柏菴爲帳幕也，不疑軍退，翌日始悟。周人設疑，齊人不察。菴音諳。

驗虛聲知無實

後漢末，劉備遣將吴蘭屯下邳，曹公遣曹洪征之。備遣張飛屯固山，欲斷軍後。衆議狐疑，洪曰：「賊實斷道者，〔八六〕當伏兵潛行，今反張聲，此其不能也。宜及其未集，促擊蘭，蘭破，則飛自走。」集兵擊蘭，大破之，飛果走。

東晉末，宋武帝率兵北伐，圍南燕慕容超於廣固，未下。時後秦姚興遣使告宋武云：「慕容見與鄰好，又以窮告急，今當遣鐵騎十萬，〔八七〕逕據洛陽。晉軍若不退者，便當長驅而進。」宋武呼興使答曰：「語汝姚興，我定燕之後，息甲三年，當平關、洛。今能自送，便可速來。」〔八八〕劉穆之聞興使，馳入，而宋武發遣已去。以興所言并答，具語穆之。穆之曰：「常日事無大小，必賜與謀。此宜善詳，云何率爾便答。未能威敵，〔八九〕正促彼怒耳。若燕未可拔，興救奄至，不審何以待之？」宋武笑曰：「此是兵機，非卿所解，故不語耳。夫兵貴神速，彼若審能遣救，必畏我知，寧容先遣信命。此是其見我伐燕，内已懷懼，自强之辭耳。」興竟不能出師。廣固終拔，擒慕容超，平齊地。

敵降審察

楚漢相持，項羽圍漢王於滎陽。漢王請和，割滎陽以西者爲漢。亞父勸項王急攻滎陽，漢王患之。陳平反間既行，羽果疑亞父，亞父大怒而去，發病死。漢將紀信曰：「事急矣，臣請誑楚，可以閒出。」於是陳平夜出女子東門三千餘人，楚因擊之，紀信乃乘王車，黄屋左纛，曰食盡，漢王降楚。楚軍皆呼萬歲，之城東觀之。以故漢王得與數十騎出西門，遁走。

後魏万俟醜奴、万音墨。俟音其。宿勤明達等反叛，寇掠涇州，魏將崔延伯率衆討之。時醜奴置營涇州西北七十里。衆軍將出營討賊，未戰之閒，有賊數百騎，詐持文書，云是降簿，乞且緩師。延伯謂其事實，逡巡未鬭。俄而，宿勤明達率衆自東北而至，〔九〇〕乞降之賊從西競下，諸軍前後受敵。延伯上馬突陣，賊勢摧挫，便爾逐北，逕造其營。〔九一〕賊本輕騎，延伯軍兼步卒，兵力疲怠，賊乃乘閒得入排城。〔九二〕延伯軍遂大敗，死傷者二萬人。

西魏大將周文征東魏，戰於邙山，裨將于謹率其麾下僞降，立於路左。東魏大將齊神武軍乘勝逐北，不以爲虞。追騎過盡，謹乃自後擊之，敵人大駭。獨孤信又收集兵士於後奮擊，齊神武軍遂亂，以此西魏軍得全而返。

校勘記

〔一〕誰知誰否也　原作「主知誰能也」，誤。今據十一家注孫子計篇杜佑注改。按：北宋本、明刻本「否」字不誤。

〔二〕知誰得天時地利　「得」原訛「能」，據十一家注孫子計篇杜佑注及北宋本、明抄本、明刻本改。

〔三〕料得情　「料」原訛「斷」，據北宋本、明抄本、明刻本改。

〔四〕舉而不頓　「頓」　孫子地形篇作「窮」。

〔五〕計極險易利害遠近　孫子地形篇作「計險阨遠近」。

〔六〕作之而知動静之理　「作」原訛「候」，據孫子虚實篇改。

〔七〕角量彼我軍馬　「馬」下原衍「之」，今删。

〔八〕短兵未致争而兩退　「短」原訛「拒」，據左傳文公十二年杜注及北宋本、明抄本、明刻本改。

〔九〕囂諠譁也　此注原誤在「合而加囂」之下，今據左傳成公十六年杜注及北宋本、明抄本、明刻本移前。

〔一〇〕不明敵人之政　「政」原訛「攻」，據管子七法篇改。

〔一一〕不明敵人之情　「情」原訛「積」，據管子七法篇改。按：管子尹注云：「不明敵情，未可約士約誓。」

〔一二〕前卻有節　「有」原訛「如」，據吴子治兵改。

〔一三〕投之所往　「之」下原衍「無」，據吴子治兵删。

〔一四〕勇悍仁彊　「勇悍」原作「智勇」，據史記淮陰侯傳二六一一頁、漢書韓信傳一八六四頁改。

〔一五〕千人皆廢　史記淮陰侯傳二六一二頁、漢書韓信傳一八四六頁同。北宋本、明抄本、明刻本「廢」作「靡」。

〔一六〕項王與人恭謹　「與」原作「爲」，據北宋本、明抄本、明刻本改。

〔一七〕五丸反　「丸」原訛「凡」，據北宋本改。

〔一八〕與秦民約法三章耳　「民」原脱，據史記淮陰侯傳二六一二頁補。

〔一九〕項王爲人　「項」上原衍「然」，據史記陳丞相世家二〇五五頁删。

〔二〇〕慢人少禮　「人」原作「而」，據北宋本、明抄本、明刻本改。

〔二一〕長社　「社」原訛「社」，據諸本改。

〔二二〕其不反者安坐　「坐」原訛「陣」，據三國志張遼傳五一八頁改。

〔二三〕此則長江之險與我共之矣　「長」原作「上」，據三國志周瑜傳一二六一頁改。

〔二四〕此數四者　「數」原脱，據北宋本、明抄本、明刻本補。

〔二五〕既惡遷移　「惡遷」原誤倒，據周書于謹傳二四七頁及明抄本、明刻本乙。

〔二六〕梁人豎木栅於外城　「豎」原訛「堅」，據周書于謹傳二四七頁、北史于栗磾傳八四八頁改。

〔二七〕審敵之彊弱　「審」原訛「察」，據北宋本、明抄本、明刻本改。按：御覽卷三三二也作「審」。

〔二八〕其卒或縱或横　下「或」原脱，據御覽卷三三二補。

〔二九〕見利恐不獲　「獲」原訛「護」，據諸本改。

〔三〇〕夫兵者寧千日而不用　「千」原訛「十」，據御覽卷三二三及北宋本、明抄本、明刻本改。

〔三一〕而不忍爲辱軍之將　「軍」原訛「君」，據御覽卷三二三改。

〔三二〕故二將咸重其名節　「重」原訛「盡」，據北宋本改。按：御覽卷三二三也作「重」。

〔三三〕勇足以及怒　北宋本、明抄本、明刻本「怒」作「恕」。

〔三四〕不可入其規畫　「入」原訛「失」，據北宋本、明抄本、明刻本改。按：御覽卷二九一也作「入」。

〔三五〕但敵固無小　「固」原訛「國」，據北宋本、明刻本改。按：御覽卷二九一也作「固」。又明抄本作「故」，雖訛，亦可證原不作「國」。

〔三六〕其能將乎　「能將」原誤倒，據北宋本、明刻本乙。按御覽卷二九一也作「能將」。

〔三七〕倍程迫速渴之兼也　原訛作「倍程逼迫饑渴兼也」，據北宋本、明抄本、明刻本删改。按：御覽卷二九一與北宋本同。

〔三八〕鋒甲雖廣而兵刃不堅　「兵」原訛「衆」，據御覽卷二九一改。

〔三九〕行陣未定可擊　「可擊」原脱，據北宋本、明抄本、明刻本補。

〔四〇〕雖已結陣須饋食也　「已」「也」原脱，據北宋本、明抄本、明刻本補。

〔四一〕不得山川地勢利　「山川」及「利」原脱，據北宋本、明抄本、明刻本補。按：御覽卷二九一與北宋本同。

〔四二〕縱不相載　「載」原作「連」，據北宋本、明抄本、明刻本改。按：御覽卷二九一也作「載」。

〔四三〕軍旁有險阻蔣潢井生葭葦山林翳薈者　今孫子行軍篇「旁」作「行」，又無「蔣」「生」二字。

〔四四〕險者一高一下之地　此上原有「此言伏姦之地當覆索也」十字，蓋後人擅增，今據北宋本、明抄本、明刻本删。

〔四五〕阻者雨水地也　「雨」原訛「兩」，據北宋本改。

〔四六〕敵遠而挑戰者　「戰」原作「人」，蓋涉下而誤。今據孫子行軍篇改。

〔四七〕其所處者居易利也　孫子行軍篇作「其所居易者利也」。

〔四八〕言敵去我近但遣輕挑我　「挑」原訛「捷」，據北宋本改。按：據正文，此「近」似當作「遠」。

〔四九〕敵廣陣張翼來覆我也　原脱「翼」及「也」，據北宋本、明抄本、明刻本補。

〔五〇〕車馬行疾　「馬」原訛「來」，據十一家注孫子行軍篇杜佑注及北宋本改。

〔五一〕塵散衍而條達　「衍」原訛「行」，據北宋本改。

〔五二〕辭強而進驅者　原作「辭詭而强進驅者」，係後人竄改。今據孫子行軍篇及北宋本、明刻本改回。

〔五三〕詭詐馳驅無所畏是知欲退者也　「詭詐」下原有「也來」，「知」原訛「敵」，據十一家注孫子行軍篇杜佑注删改。按：北宋本、明抄本、明刻本「知」作「之」，亦誤。

〔五四〕半進半退者　「者」原脱，據孫子行軍篇補。

〔五五〕汲役先飲者　「役」孫子行軍篇作「而」。

〔五六〕向人見利而不進者　孫子行軍篇無「向人」。

〔五七〕示我衆　「衆」原脱，據十一家注孫子行軍篇杜佑注及北宋本、明抄本、明刻本補。

〔五八〕夜喧呼者　孫子行軍篇無「喧」。

〔五九〕旌旗動者　「旌」原脱，據孫子行軍篇補。

〔六〇〕抵東觸西傾倚者　「觸」原脱，據十一家注孫子行軍篇杜佑注補。

〔六一〕粟馬食肉　「食肉」孫子行軍篇作「肉食」。

〔六二〕軍無縣箠　「箠」原作「缶」，據北宋本改。注同。按：箠者，盛糧竹器。

〔六三〕不反其舍者　「反」原訛「及」，據孫子行軍篇改。

〔六四〕不復蓄積　「蓄積」原倒，據北宋本乙。

〔六五〕無縣箄之食　「箄」原訛「箪」，據北宋本改。下同。

〔六六〕此窮寇也　「此」原脱，據北宋本補。

〔六七〕徐言入入者　孫子行軍篇作「徐與人言者」。

〔六八〕窘渠殞反　「窘」原脱，據注例補。

〔六九〕教令弛廢　「弛廢」原倒，據北宋本乙。

〔七〇〕備奇伏也此必有閒謀也　「奇」原訛「其」，「謀」原訛「諜」，據北宋本改。按：明抄本、明刻本「奇」字不誤。

〔七一〕兩君之士皆未慭也　「君」原訛「軍」，「士」原訛「事」，據左傳文公十二年改。按：北宋本「士」字不誤。

〔七二〕薄迫也　「迫」原作「逼」，據北宋本、明抄本、明刻本改。

〔七三〕烏烏之聲樂　「烏烏」原誤倒，據左傳襄公十八年及北宋本、明抄本、明刻本乙。注同。

〔七四〕馬不相見　「見」原訛「及」，據左傳襄公十八年杜注及北宋本、明抄本改。

〔七五〕左將帥右車右　原作「右將帥左車佐」，誤。據左傳成公十六年杜注及明刻本改。按：北宋本「右車右」訛作「右車車」。

〔七六〕請諸鬼神也　「諸」原脱，據北宋本、明刻本補。

〔七七〕不然　原訛作「不可」，據宋書沈攸之傳一九二九頁及北宋本、明刻本改。

〔七八〕果大破賊　「破」原作「敗」，據宋書沈攸之傳一九二九頁及北宋本、明刻本改。

〔七九〕遂潰之　「潰之」原作「大潰」，據北宋本、明刻本改。

〔八〇〕蠕蠕潛遣姦覘　「蠕蠕」原涉上而脱，據魏書司馬楚之傳八五六頁補。

〔八一〕蠕如兖反　「兖」原訛「衮」，據北宋本改。

〔八二〕雞棲原　「棲」原訛「捷」，據周書齊煬王憲傳一九一頁及北宋本改。

〔八三〕不須張幕可伐栢爲菴示有形勢令兵去之後賊猶致疑也　原作「勢令兵去之後賊猶致疑不須張幕可代疑也」，倒脱訛誤不成語，今據周書齊煬王憲傳一九一頁乙改。按：北史周室諸王傳二〇八九頁與周書略同。

〔八四〕時齊主分軍萬人向千里徑　「主」原訛「王」，據周書齊煬王憲傳一九一頁改。按：齊主指北齊後主高緯。此若作「齊王」，則與上文北周之齊王憲混。

〔八五〕會椿被敕追還　「椿」原脱，據周書齊煬王憲傳一九二頁補。

〔八六〕賊實斷道者　「賊」原作「即飛」，非通典之舊。今據北宋本、明刻本删改。

〔八七〕今當遣鐵騎十萬　「十」原訛「一」，據宋書武帝紀上一七頁改。

〔八八〕便可速來　「速」原訛「送」，據宋書武帝紀上一七頁改。

〔八九〕未能威敵　「未」上原衍「曰」，據宋書武帝紀上一七頁及北宋本删。

〔九〇〕宿勒明達率衆自東北而至　「衆」原脱，據魏書崔延伯傳一六三九頁、北史崔延伯傳一三六七頁補。

〔九一〕逕造其營　「其」原訛「某」，據魏書崔延伯傳一六三九頁、北史崔延伯傳一三六七頁改。

〔九二〕賊乃乘閒得入排城　「排」原脱，據魏書崔延伯傳一六三九頁、北史崔延伯傳一三六七頁補。

劉俊文點校　王文錦覆校

通典卷第一百五十一

兵四

間諜　行師先在量力不可窮兵　臨敵易將　軍政不一必敗　軍無政令敗　推誠　示信　示義

孫子曰：「用間有五：有因間，有內間，有反間，有死間，有生間。五間俱起，莫知其道，是謂神紀。因間者，因其鄉人而用之者也。因敵鄉人知敵表裏虛實之情，故就而用之，可使伺候也。內間者，因其官人而用之者也。因在其官失職者，若刑戮之子孫與受罰之家也。因其有隙，就而用之。反間者，因其敵間而用之者也。敵使間來視我，我知之，因厚賂重許，反使爲我間也。蕭世誠曰：「言敵使人來候我，我佯不知，而示以虛事，前卻期會，使歸相語，故曰反間。」死間者，爲誑事於外，令吾間知之，而待於敵間者也。〔一〕作詐誑之事於外，佯漏泄之，使吾間知之。吾間至敵中，爲敵所得，必以誑事輸敵，從而備之。吾所行不然，間則死矣。又云，敵間來，聞我誑事，〔二〕以持歸，然皆非所圖也。二間皆不能知幽隱深密，故曰死間也。蕭世誠曰：「所獲敵人，及己叛亡軍士有重罪繫者，故爲貸免，相敕勿洩，佯不祕密，令敵間竊聞之。吾因縱之使亡，亡必歸。〔三〕敵必信焉，往必死，故曰死間。」生間者，反報者也。擇已有賢才智謀，能自開通於敵之親貴，察其動静，知其事計，彼所爲已知其實，還報，故曰生間。故三軍之親莫親於間，若不親撫，重以祿賞，則反爲敵用，洩我情實。賞莫厚於間，厚賞之，賴其用。事莫密於間，間事不密，則爲己害。非聖智不能用間，不能得間人之用。非仁義不能使間，〔四〕非微密者不能得間之實。用意密而不漏。間事未發而先聞，其間者與所告者皆死。凡軍之所欲擊，所欲擊之軍。城之所欲攻，所欲攻之城者。人之所欲殺，所欲殺之人者。必先知其守將、左右、謁者、門者、舍人之姓名，守，謂官守職任者。謁，告也，主告事者也。門者，守門者也。舍人，守舍之人也。必先知之爲親舊，〔五〕有急則呼之，則不見呵止，亦因此知敵之情。令吾間必索知之。〔六〕敵間之來間我者，因以利導而舍之，舍，居止也。令吾人遺以重利，復遇而舍止之，〔七〕可令詭其辭。故反間可得而用也。故能取敵之間而用之。因是而知之，故鄉間、内間可得而使也。〔八〕因反敵間而知敵情，鄉間、内間者皆可得使。因是而知之，故死間爲誑事可使告敵，〔九〕因是可得而攻也。〔一〇〕因誑事而知敵情，生間往返，可使知其敵之腹心所在。因是而知之，故生間可使如期。五間之事，主必知之，人主當知五間之用，厚其祿，豐其財。故反間不可不厚也。反間，五間之本，事之要也，故當在厚待。則伊、吕之在夏、殷，〔一一〕爲殷、周反間，豈不重之哉！唯明主賢將，〔一二〕能以上智爲間者，必成大功。此兵之要，三軍所恃而動者也。」

間諜

春秋時，楚師伐宋，九月不服，將去宋。楚大夫申叔時曰：「築室反耕者，宋必聽命。」楚子從之。築室於宋，分兵於田，示無去志。王從其言。宋人懼，使華元夜入楚師，登子反之牀，起之，曰：「寡君使元以病告，兵法：因其鄉人而用之，必先知其守將、左右、謁者、門者、舍人之姓名，因而利導之。華元蓋用此術得以自通。曰：『敝邑易子而食，析骸以爨。雖然，城下之盟，有以國斃，不能從也。寧以國斃，不從城下盟。去我三十里，唯命是聽。』」子反懼，與之盟，而告楚子，退三十里。宋及楚平。華元若不因間諜，無由得入楚軍。

戰國鄭武公欲伐胡，先以其子妻胡，因問羣臣曰：「吾欲用兵，誰可伐者？」大夫關思期曰：「胡可。」武公怒而戮之，曰：「胡，兄弟之國，子言伐之，何也！」胡君聞之，以鄭爲親己，不備。鄭襲胡，取之。此用死間之勢。

戰國燕昭王以樂毅爲將，破齊七十餘城。及惠王立，與毅有隙。齊將田單乃縱反間於燕，宣言曰：「齊王已死，城不拔者二耳。樂毅畏誅而不敢歸，以伐齊爲名，實欲連兵南面而王齊。齊人未附，故且緩師。使他將來，即墨殘矣。」燕王以爲然，使騎劫代毅。燕人士卒離心。單又縱反間曰：「吾懼燕人掘吾城外塚墓，僇音戮先人。」燕軍從之。即墨人激怒，請戰，大敗燕師，所亡七十餘城悉復之。

戰國秦師圍趙閼與，趙將趙奢救之，去趙國都三十里，不進。秦間來，奢善食音寺遺之。間以報秦將，以爲奢師怯弱，而止不行。奢隨而卷甲趨秦師，擊破之。具示緩篇。此則反用彼間也。

戰國秦與趙兵相拒長平，趙孝成王使廉頗爲將，固壁不戰。秦數挑戰，廉頗不出。秦之間言曰：「秦之所患，獨畏馬服君趙奢之子爲將耳。」〔一三〕趙王信之，因以奢子爲將，終爲秦將白起所敗。

楚、漢相持，未決勝負。陳平言於漢王曰：「彼項王骨鯁之臣以亞父范增、鍾離眛、龍且、周殷之屬，不過數人。大王誠能出捐數萬斤金，行反間，間其君臣，〔一四〕以疑其心，項王爲人意忌信讒，必内相誅。漢因舉兵而攻之，破楚必矣。」漢王然之，遂出黄金四萬斤，與平，恣所爲，不問出入。既多以金縱反間於楚軍，宣言諸將鍾離眛等爲項王將，功多矣，〔一五〕然終不得裂地而王，欲與漢爲一，滅項氏，分王其地。項王果疑之，使使至漢。漢爲太牢之具，舉進。見楚使，舉鼎俎而來。即佯驚曰：「吾以爲亞父使，乃項王使也！」復持去，以惡草具進楚使。去肴肉，更以草菜之具。〔一六〕使歸具報項王，項王果大疑亞父。亞父欲急擊下滎陽城，項王不信，不肯聽亞父。亞父聞項王疑之，乃大怒曰：「天下事大定矣。君王自爲之！願賜骸骨歸。」歸未至彭城，疽發背而死。漢遣紀信詐降，而漢王宵遁，終滅項羽。羽不悟反閒而亡。

漢使酈食其說齊王田廣，捨兵，與酈生縱酒。漢將韓信因齊無備，襲齊，破之。田廣烹食其。此偶成韓信用死閒之勢。

漢高帝被匈奴單于冒頓圍於白登，乃使閒厚遺閼氏，閼氏乃謂冒頓曰：「兩主不相困。今得漢地，而單于終非能居之。且漢主亦有神，單于察之。」冒頓乃解圍之一角。於是高帝令士皆持滿傅矢外嚮，從解角直出，竟與大軍合，而冒頓遂引兵而去。

後漢西域將兵長史班超發于闐諸國兵，擊莎車、龜茲二國。揚言兵少不敵，罷散。乃陰緩生口，歸以告。龜茲王喜而不虞。超即潛勒兵，馳赴莎車，大破，降之。具聲言退誘敵破之篇。斯亦同死閒之勢。

晉益州牧羅尚遣將隗伯，攻蜀賊李雄於郫城，互有勝負。雄乃募武都人朴泰，鞭之見血，使譎羅尚，欲爲內應，以火爲期。尚信之，悉出精兵，遣隗伯等率兵從泰擊雄。雄將李驤於道設伏。泰以長梯倚城而舉火，伯軍見火起而爭緣梯，泰又以繩汲上尚軍百餘人，皆斬之。雄因放兵，內外擊之，大破尚軍。此用內閒之勢。

十六國後涼呂光將呂延伐乞伏乾歸，大敗之。乾歸乃縱反閒，稱衆潰，東奔成紀。延信而追之。延司馬耿稚曰：「告者視高而色動，必有姦計，不可。」延不從，相遇，戰敗，死之。具聲言退誘敵破之篇。斯亦同班超破莎車之勢。

東魏將段琛據宜陽，遣將牛道常扇誘邊人。〔一七〕西魏將韋孝寬拒之，遣諜人訪獲道常手迹，令善書者僞作道常與孝寬書，論歸款之意，又爲落燼燒迹，若火下書者，還令諜人遺之於琛營。〔一八〕琛得書，果疑之。道常所經略皆不見用。孝寬知其離沮，因出奇兵掩襲，擒道常及琛等，〔一九〕崤、澠遂清。澠音沔。

東魏大將齊神武率兵趣沙苑，西魏大將周文帝遣達奚武覘之。武從三騎，皆衣敵人衣服。至日暮，去營數百步，下馬潛聽，得其軍號。因上馬歷營，若警夜者，有不如法者，往往撻之。具知敵之情狀，〔二〇〕以告周文帝。

齊斛律光字明月，爲當時名將。後周將韋孝寬守玉壁，今絳郡稷山縣。忌光英勇。孝寬參軍曲嚴頗知卜筮，謂孝寬曰：「來年，齊朝必大相殺戮。」孝寬因令嚴作謡言，令閒諜漏其文於鄴，曰：「百升飛上天，明月照長安。」又曰：「高山不推自崩，槲樹不扶自豎。」祖珽因續之曰：「盲老翁背上下大斧，饒舌老母不得語。」令小兒歌之於路。〔二一〕穆提婆聞之，〔二二〕以告其母陸令萱。令萱以饒舌斥己也，陸令萱即後主乳母。盲老翁謂祖珽也，遂相與協謀，以謡言啟後主誅光。周武帝聞之，遂大赦境內，始有滅齊之志，竟平其國。

大唐衛公李靖伐突厥頡利可汗，以唐儉先在突厥結和親，突厥遂不備，靖因掩擊破之。亦以唐儉爲死間之勢。

李靖兵法曰：

夫戰之取勝，此豈求之於天地，在乎因人以成之。歷觀古人之用間，其妙非一，即有間其君者，有間其親者，有間其賢者，有間其能者，有間其助者，有間其鄰好者，有間其左右者，有間其縱横者。故子貢、史廖、陳軫、蘇秦、張儀、范雎等，皆憑此術而成功也。

且間之道，其有五焉：有因其邑人，使潛伺察，而致詞焉；有因其仕子，故洩虚假，令告示焉；有因敵之使，矯其事而返之焉；有審擇賢能，使覘彼向背虚實，而歸説之焉；有佯緩罪戾，微漏我僞情浮計，使亡報之焉：凡此五間，皆須隱祕，重之以賞，密之又密，始可行焉。

若敵有寵嬖，任以腹心者，我當使間遺其珍玩，恣其所欲，順而傍誘之；敵有重臣失勢，不滿其志者，我則啗以厚利，詭相親附，采其情實而致之；敵有親貴左右，多詞夸誕，好論利害者，我則使間曲情尊奉，厚遺珍寶，揣其所間而反間之；敵若使聘於我，我則稽留其使，令人與之共處，矯致殷勤，僞相親暱，朝夕慰喻，倍供珍味，觀其辭色而察之，仍朝暮令使獨與己伴居，我遣聰明者潛於複壁中聽所聞，使既遲違，恐彼怪責，必是竊論心事，我知事計，〔二三〕遣使而用之。

且夫用閒以閒人，人亦用閒以閒己，己以密往，人以密來，〔二四〕理須獨察於心，參會於事，則不失矣。若敵使人來，欲候我虛實，察我動靜，覘知事計而行其閒者，我當佯爲不覺，舍其厚利而善啗之，微以我僞言誑事，示以前卻期會，即我之所須，爲彼之所失者，因其有閒而反閒之，彼若將我虛而以爲實，我即乘其弊而得其志矣。

夫水所以能濟舟，亦有因水而覆没者；閒所以能成功，亦有憑閒而傾敗者。若束髮事主，當朝正色，忠以盡節，信以竭誠，不詭伏以自容，不權宜以爲利，雖有善閒，其可用乎？

行師先在量力不可窮兵

春秋時，息侯伐鄭，鄭伯與戰於境，息侯大敗而還。君子是以知息之將亡也。不度德，鄭莊賢。不量力，息國弱。不親親，鄭、息同姓之國。不徵辭，不察有罪，言語相恨，當明徵其辭，以審曲直，不宜輕鬭。犯五不韙，而以伐人，其喪師也，不亦宜乎！韙音於鬼反。

漢武帝患匈奴屢爲邊患，雁門馬邑豪聶壹因大行王恢言：「匈奴初和親，親信邊，可誘以利致之，伏兵襲擊，必破之道也。」帝召問公卿，曰：「今欲舉兵攻之，何如？」韓安國曰：「臣聞高皇帝圍於平城，匈奴至者投鞍高如城者數所。〔二五〕平城之飢，七日不食，天下歌之。解圍之後，而無忿怒之心。夫聖人以天下爲度者也，不以私怒傷天下之政，故乃遣劉敬，奉金千斤，以結和親，〔二六〕至今爲五世利。孝文皇帝又嘗一擁天下精兵聚之廣武，終無尺寸之功，而天下黔首無不憂者。孝文悟於兵之不可宿，故復合和親之約。〔二七〕此二聖之跡，足以爲效矣。竊以勿擊爲便。」

漢元帝時，朱崖、儋耳二郡夷數反，賈捐之上書請不擊。〔二八〕其略曰：「臣聞堯舜禹三聖之德，地方不過數千里，西被流沙，東漸於海，朔南暨聲教，欲與聲教則治之，不欲與者不强治也。是以頌聲並作，視聽之類咸樂其生。秦氏興兵遠攻，貪外虛内，務欲廣地，而天下潰畔。賴聖漢爲百姓請命，平定天下。至孝武皇帝，以國富人逸，攘卻匈奴，西連諸國，至於安息，東過碣石，造鹽鐵酒榷之利以佐用度，猶不能足。當此之時，寇盜並起，征伐不休之故也。今陛下不忍悁悁之忿，欲毆士衆，擠之大海之中，悁，居緣反。快心幽冥之地，非所以保全元元也。詩云：『蠢爾蠻荆，〔二九〕大邦爲讎。』自古而患之久矣，何況乃復其南方萬里之蠻乎！〔三〇〕臣竊以往者羌軍言之，暴師曾未一年，兵出不踰千里，費四十餘萬萬，〔三一〕大司農錢盡，乃以少府禁錢續之。夫一隅爲不善，費尚如此，況於勞師遠攻，亡士無功乎！臣愚以爲非冠帶之國，禹貢所及，〔三二〕皆可且無以爲。」於是遂罷其郡。具邊防南蠻篇。

後漢光武建武中，北匈奴衰弱，臧宮、馬武上書：「請臨塞，厚懸購賞，喻告高句麗、烏桓、鮮卑攻其左，發河西四郡及天水、隴西羌胡擊其右，如此，北虜之滅，不過數年矣。」帝曰：「舍近謀遠者，勞而無功；舍遠謀近者，逸而有終。故曰務廣地者荒，務廣德者强。有其有者安，貪人有者殘。殘滅之政，雖成必敗。今國無善政，災變不息，百姓驚惶，人不自保，而復遠事邊外乎？孔子曰：『吾恐季孫之憂，不在顓臾。』」自是諸將莫敢復言兵事。具邊防匈奴篇。

魏將諸葛誕據壽春反，魏將王基討之。司馬文王欲遣諸將輕兵深入，招迎吳將唐咨等子弟，〔三三〕因釁有蕩覆吳之勢。基諫曰：「昔吳將諸葛恪乘東關之勝，竭江表兵，以圍新城，城既不拔，而衆死者太半。蜀將姜維因洮上之利，輕軍深入，糧餉不繼，軍覆上邽。夫既勝之後，必輕敵，則慮難不深。今賊新敗於外，〔三四〕又内患未弭，是其修備設慮之時也。〔三五〕且兵出踰年，人有歸心。今俘馘十萬，罪人斯得，自歷代征伐，未有全兵獨克如今之盛者也。昔武皇帝破袁紹於官渡，自以所獲已多，不復追奔，懼挫威也。」從之。

宋文帝勵精爲治，俗阜人康，元嘉數十年閒，比漢之文景。自以財殷力盛，遂經略中原，命王玄謨等大舉北伐，遂至後魏太武親率二十萬衆至於瓜步，喪師蹙國，斯不量力、黷武之謂也。

陳宣帝即位數年，遣吳明徹率師十萬渡江，盡克淮南之地。息師不一二載，更攻後周之彭城，大敗於吕梁，明徹並將卒並没。江左削弱，自此之由。斯亦不量力而黷武窮兵之謂也。〔三六〕

後周武帝伐齊，軍次并州。齊將安德王延宗擁兵四萬出城拒帝，帝率諸軍合戰，齊人退，帝乘勝逐北，率千餘騎入城東門，令諸軍繞城置陣。至夜，延宗率其衆排陣而前，〔三七〕城中軍卻，人相蹂踐，大爲延宗所敗，死傷略盡。齊人欲閉門，以閫下積屍，扉不得闔。帝從數騎，崎嶇危嶮，僅乃得出。至明，率諸軍更戰，大破之，擒延宗，并州平。周武窮兵，幾於不濟。

臨敵易將

戰國燕昭王使將樂毅下齊七十餘城，唯莒、即墨二城未下。惠王嗣立，以騎劫代毅，遂爲齊將田單所敗，得齊地復歸於齊。

秦師伐趙，趙王使廉頗禦之，頗固壁不戰。趙王惑秦之閒，以趙奢之子代頗，趙師大敗。

晉鎮南將軍杜元凱都督荆州諸軍事，襲吴西陵督張政，西陵，今夷陵郡。大破之。政，吴之名將，據要害之地，耻無備取敗，不以實聞於孫晧。元凱欲閒吴邊將，乃請還其所獲之衆於晧。晧果召政，遣武昌監劉憲代之。故晉軍將至，使其將帥移易，成傾蕩之勢，竟殄滅焉。晧不悟致敗。

後周末，隋文帝作相，尉遲迥據相州舉兵，隋文帝遣鄖公韋孝寬爲東道元帥，師次沁水，水漲，未得渡。沁音七鴆反。〔三八〕長史李詢上密啟云：「大將梁士彦、宇文忻、崔弘度等并受尉遲迥饟金。」軍中慅慅，人情大異。文帝以爲憂，欲代此三人。李德林獨進計云：「公與諸將並是國家貴臣，未相伏馭，今以挾令之威，使得之耳，安知後所遣者能盡腹心，前遣之人獨致乖異？又取金之事，虚實難明，即令換易，彼將懼罪，恐其逃逸，便須禁錮，然則鄖公以下，必有驚疑之意。且臨敵代將，自古所難，樂毅所以辭燕，趙奢之子所以致敗於趙。如愚所見，但遣公一腹心，明於智略，爲諸將舊來所信服者，速至軍所，觀其情僞。縱有異意，必不敢動。」文帝大悟，即令高熲馳驛往軍所，爲諸將節度，竟成大功。隋文悟之而勝。〔三九〕

孫子曰：「將在軍，君命有所不受。」苟便於事，不拘於君命也。〔四〇〕故曰「不從中御」。

軍政不一必敗

春秋時，楚子伐鄭，晉師救之。楚子北師次於郔。郔，鄭北地。音延。聞晉師濟河，楚子欲還，伍參言於楚子曰：參，倉含反。「晉之從政者新，未能行令。其佐先縠剛愎不仁，未肯用命。其三帥者，專行不獲。欲專其所行，而不得。聽而無上，衆誰適從？此行也，晉師必敗。」楚改乘轅而北之，次於管以待之。晉師在敖、鄗苦高反之閒。晉魏錡求公族未得，欲爲公族大夫。而怒，欲敗晉師。請致師，不許。請使，許之。遂往，請戰而還。趙旃求卿未得，旃，趙穿子。請挑戰，不許。請召盟，許之，與魏錡皆命而往。郤克曰：「二憾往矣，弗備必敗。」隨會曰：「若二子怒楚，楚人乘我，喪師無日矣，乘，猶登也。不如備之。楚之無惡，除備而盟，何損於好？若以惡來，有備不敗。且雖諸侯相見，軍衞不徹，警也。」徹，去也。先縠不可。不肯設備。隨會使鞏朔、韓穿帥七覆於敖前，帥，將也。覆，謂伏兵七處。故上軍不敗。而中軍、下軍皆敗績。

春秋時，吳師伐楚州來，楚救之。吳人禦諸鍾離。楚將子瑕卒，楚師熸。音尖。吳、楚之閒，謂火滅爲熸。軍中重主喪亡，故其戰人無復氣勢也。吳將公子光曰：「諸侯從於楚者衆，而皆小國也，畏楚而不獲已，是以來。吾聞之：『作事威剋其愛，雖小必濟。』剋，勝也。軍事尚威。胡、沈之君幼而狂，性無常。陳大夫齧壯而頑，頓與許、蔡疾敵。楚大將死，其師熸。薳越爲帥，帥賤，多寵，政令不一。越非正卿也，軍多寵人，政令不一於越也。薳，爲委反。七國同役而不同心，七國，楚、頓、胡、沈、蔡、陳、許也。帥賤而不能整，無大威命，楚可敗也。先分師以犯胡、沈與陳，必先奔，諸侯之師乃摇心矣。諸侯乖亂，楚必大奔。請先者去備薄威，示之以不整，以誘之。後者敦陳整旅。」敦，厚。吴子從之。戰於雞父。音甫。吴子以罪人三千先犯胡、沈與陳，囚徒不習戰，以示不不整。三國争之。吴爲三軍以擊於後，中軍從王，光帥右軍，掩餘帥左軍。吴之罪人或奔或止，三國亂，吴師擊之，敗，獲胡、沈之君及陳大夫。舍胡、沈之囚，使奔許與蔡、頓，曰：「吾君死矣！」〔四一〕師譟而從之，三國奔，三國，許、蔡、頓。楚師大奔。

後漢末，曹公擊馬超。始，賊每一部到，公輒有喜色。賊破之後，諸將問其故。答曰：「關中長遠，若賊各依嶮阻，征之，不一二年不可定也。今皆來集，其衆雖多，莫相歸伏，軍無適音的主，一舉可滅，爲功甚易，吾是以喜。」

軍無政令敗

後魏末，原州人豆盧狼害都督大野樹兒等，據州城反。州人李賢乃招集豪傑謀曰：「賊起倉卒，便誅二將，其勢雖盛，〔四二〕其志已驕。然其政令莫施，惟以殘剥爲業。夫以羈旅之賊，而馭烏合之衆，〔四三〕勢自離解。今若從中擊之，賊必喪膽。如吾計者，指日取之。」衆皆從焉。賢乃率敢死士三百人，分爲兩道，乘夜鼓譟而出。羣賊大驚，一戰而敗，狼遁走，追斬之。

推誠

後漢更始初，光武爲蕭王，定河北諸賊。銅馬餘衆降，封其渠帥爲列侯。降者猶不自安，光武知其意，勑令各歸營勒兵，〔四四〕乃自乘輕騎按行部陣。降者更相語曰：「蕭王推赤心置人腹中，安得不投死乎！」投死，猶言致死。由是皆服。

東晉末，劉道規爲荆州刺史，桓玄餘黨荀林屯江津，桓謙軍枝江，二寇交逼，以絶都邑之閒。荆、楚既桓氏義舊，並懷異心。道規乃會將士，告之曰：「桓謙今在近畿，聞諸軍頗有去就之計。吾東來，文武足以濟事。若欲去者，本不相禁。」因夜開城門，達曉不閉。衆咸憚服，莫有去者。

西魏將王羆之守華州也，今馮翊郡。西魏師與東魏師戰於河橋，不利，東魏降卒趙青雀據長安城，所在莫有固志。羆乃大開州門，召城中軍民謂之曰：「如聞天子敗績，不知吉凶，諸人相驚，咸有異心。王羆受委於此，以死報恩。諸人若有異圖，可來見殺。必恐城陷没者，亦任出城。如有忠誠能與王羆同心者，〔四五〕可共固守。」軍民見其誠信，皆無異志。

示信

春秋時，晉文公圍原，命三日之糧。原不降，命去之。諜出，諜，間也。曰：「原將降矣。」軍吏請待之，公曰：「信，國之寶也，人之所庇也。得原失信，何以庇之？所亡滋多。」退一舍而原降。

晉文公伐楚，歸國行賞，狐偃爲首。或曰：「城濮之事，先軫之謀。」文公曰：「城濮之事，偃說我無失信，不背三舍之約。先軫所謀，軍事，吾用之以勝。然此一時之說，偃言萬世之政，奈何以一時之利，而加萬世之功乎？是以先之。」衆皆悦服。

魏明帝自征蜀，至長安，遣張郃諸軍勁卒四十餘萬向劒閣。〔四六〕諸葛亮有戰士萬二千，更下者八千。〔四七〕時魏軍始陣，番兵適交，〔四八〕亮參佐咸以敵衆强多，非力所制控，權停下兵并聲勢。亮曰：「吾聞用武行師，以大信爲本。得原失信，古人所惜。去者束裝以待期，妻子企踵而計日。」乃勑速遣。於是去者感悦，願留一戰；住者憤踊，咸思致命。臨軍之日，莫不拔刃争先，以一當十，殺張郃，卻司馬宣王，一戰大尅，此之由也。

示義

春秋時，晉將荀吴伐鮮虞，圍鼓。鼓，白狄之别邑。鼓人或請以城叛，吴曰：「吾聞諸叔向：『好惡不愆，人知所適，事無不濟。』愆，過。適，歸。或以吾城叛，吾所甚惡也；人以城來，吾獨何好焉？賞所甚惡，若所好何？無復加所好。若其弗賞，是失信也，何以庇民？力能則進，不能則退，量力而行。吾不可以欲城而邇姦也，所喪滋多。」使鼓人殺叛人而繕守備。圍鼓三月，鼓人或請降。使其民見，曰：「猶有食色，姑修而城。」軍吏曰：「獲城而不取，勤人而頓兵，何以事君？」吴曰：「所以事君也。獲一邑而教民怠，將焉用邑？邑以賈怠，不如完舊。完，猶保守也。賈音古。賈怠無卒，終也。棄舊不祥。鼓人能事其君，我亦能事吾君。率義不爽，好惡不愆，城可獲而民知義所，知義所在也。荀吴必其能獲，故因以示義。有死命而無二心，不亦可乎？」鼓人告食竭力盡，而後取之。尅鼓而返，不戮一人。

秦末，天下兵起，范增説項梁曰：「陳勝敗固當。夫秦滅六國，楚最無罪。自懷王入秦不返，楚人憐之至今，故楚南公曰『楚雖三户，亡秦必楚』。今陳勝首事，不立楚後而自立，其勢不長。今君起江東，楚蜂起之將皆争附君者，以君世世楚將，爲能復立楚之後也。」乃求楚懷王孫心，立爲懷王，以從民欲。

漢、楚相持之際，項羽擊陳留、外黃，外黃不下。數日，降，羽悉令男子年十五以上詣城東，欲坑之。外黃令舍人兒年十三，令之舍人，卑也。以其幼弱，故係其父。往說羽曰：「彭越强劫外黃，强音其掌反。外黃恐，故且降大王。大王至，又坑之，百姓豈有所歸心哉！從此以東，梁地十餘城皆恐，莫肯下矣。」羽然其言，乃赦外黃當坑者，而東至睢陽，聞之皆爭下。

漢王至洛陽，新城三老董公遮說漢王以義帝死，請發喪。漢王從之，遂爲義帝發喪，袒而大哭，哀臨三日。發使告諸侯曰：「天下共立義帝，北面事之。今項王放殺義帝江南，大逆無道。寡人親爲發喪，兵皆縞素。悉發關中兵，收三河士，南浮江漢以下，願從諸侯王擊楚之殺義帝者。」於是諸侯多從之。

晉征南大將軍，都督荆州諸軍事羊祜至鎮，〔四九〕務修德信，〔五〇〕以懷柔初附，慨然有吞吴之心。每與吴人交兵，尅日方戰，不爲掩襲之計。將帥有欲進譎詐之策者，輒飲以醇酒，使不得言。人有掠吴二兒爲俘者，祜遣送還其家。後吴將夏詳、邵顗等降，二兒之父亦率其屬與俱。吴將潘景、陳尚來寇，祜追斬之，而美其死節，厚加殯殮。景、尚子弟迎喪，祜以禮遣還。吴將鄧香掠夏口，祜募生縛香，既至，宥之。香感其恩，率部曲而降。祜出軍行吴境，刈穀爲糧，皆計所侵，送絹償之。每會衆江、沔遊獵，常止晉地。若獸先爲吴人所傷而爲晉兵所得者，皆封還之。於是吴人翕然悦服，稱爲羊公，不之名也。祜與陸抗相對，使命交通，抗稱祜之德，雖樂毅、諸葛孔明不能過也。抗常病，祜饋之藥，抗服之無疑心。人多諫抗，抗曰：「羊祜豈酖人者！」時談以爲華元、子反復見於今。抗每告其戍曰：「彼專爲德，我專爲暴，是不戰而自服也。」

東晉末，宋武帝爲將，北伐後秦姚泓，以檀道濟爲前鋒。至洛陽，凡拔城破壘，俘四千餘人，議者謂應以戮爲京觀。道濟曰：「伐罪弔民，正在今日。」皆釋而遣之。於是戎夷感悅，相率歸之者甚衆。

後魏遣將慕容白曜伐宋無鹽城，尅之，將盡以其人爲軍實。副將酈範曰：「齊四履之地，號爲『東秦』，不遠爲經略，恐未可定也。今皇威始被，人未霑澤，連城有懷貳之將，比邑有拒守之夫。宜先信義，示之軌物，然後人心可懷，二州可定。」白曜從之。進次肥城，白曜將攻之。範曰：「肥城雖小，攻則淹日，得之無益軍聲，失之有損軍勢，且見無鹽之卒，死者塗炭，成敗之機，足爲鑒矣。若飛書告諭，可不攻自伏；縱其不降，亦當逃散。」白曜乃以書曉之，肥城果潰。

隋桂州人李光仕舉兵作亂，隋將周法尚討之。光仕帥勁兵保白石洞，〔五一〕法尚捕得其弟光略、光度，大獲家口。其黨有來降附者，輒以妻子還之。居旬日，降其數千人。法尚遣兵列陣，以當光仕，親率奇兵，蔽林設伏。兩陣始交，法尚馳擊其柵，柵中人皆走散，光仕大潰，追斬之。

大唐武德中，李靖既剋江陵，降蕭銑。時諸將咸云：「銑之將帥與官軍拒戰，罪狀既重，請籍没其家，以賞將士。」靖曰：「王者之師，義存弔伐。百姓既受驅逼，拒戰豈其所願？且犬吠非主，無容同叛逆之科，此蒯通所以免大戮於漢祖也。今所定荆、郢，宜弘寬大，以慰遠近之心。降而籍之，恐非救焚拯溺之義，但恐自此以南城鎮各堅守不下，非計之善。」於是遂止。江、漢之城聞之，莫不争下。

校勘記

〔一〕而待於敵閒者也　「待」今孫子用閒篇作「傳」。

〔二〕聞我誑事　「聞」原訛「閒」，據十一家注孫子用閒篇杜佑注改。

〔三〕亡必歸　「亡」原訛「去」，據北宋本、傅校本、明抄本、明刻本改。

〔四〕非仁義不能使閒　孫子用閒篇同。北宋本、傅校本、明抄本、明刻本無此句。

〔五〕必先知之爲親舊　「親」原訛「新」，據十一家注孫子用閒篇杜佑注及北宋本改。

〔六〕令吾閒必索知之　「令」原訛「今」，據北宋本、傅校本、明抄本、明刻本改。

〔七〕復遇而舍止之　「遇」原作「導」，據北宋本、傅校本、明抄本、明刻本改。按：遇謂禮遇之也。

〔八〕故鄉閒内閒可得而使也　「鄉」原訛「因」，據孫子用閒篇及北宋本、傅校本、明抄本、明刻本改。注同。

〔九〕故死閒爲誑事可使告敵　「死閒」原脱，據孫子用閒篇補。

〔一〇〕因是可得而攻也　今孫子用閒篇無此句。

〔一一〕則伊吕之在夏殷　「則」原作「昔」，據北宋本、傅校本、明抄本、明刻本改。

〔一二〕唯明主賢將　「唯」原作「故」，據北宋本、傅校本、明抄本、明刻本改。

〔一三〕馬服君趙奢之子爲將耳　「君」原脱，據史記廉頗藺相如傳二四四六頁補。按：史記「子」下有「趙括」，通典因避德宗嫌名而有意省略。

〔一四〕閒其君臣　「閒」原涉上而脱，據史記陳丞相世家二〇五五頁、漢書陳平傳二〇四二頁補。

〔一五〕功多矣　「功」下原衍「已」，據北宋本、傅校本、明抄本、明刻本删。

〔一六〕去肴肉更以草菜之具　「肴肉」原訛「太牢」，「更」上衍「因」，據傅校本、明抄本，明刻本改删。按：北宋本「肴」訛「者」。

〔一七〕段琛據宜陽遣將牛道常扇誘邊人　「段」原訛「叚」，據周書韋孝寬傳五三六頁改。「牛道常」周書作「牛道恒」，蓋唐人避穆宗諱改。

〔一八〕還令諜人遺之於琛營　「遺」北宋本、傅校本、明抄本、明刻本作「遣」。按：周書韋孝寬傳五三六頁作「送」。

〔一九〕擒道常及琛等　「擒」原脱，據周書韋孝寬傳五三六頁、北史韋孝寬傳二二六〇頁補。

〔二〇〕具知敵之情狀　「之」原脱，據北宋本、傅校本、明抄本、明刻本補。

〔二一〕令小兒歌之於路　「兒」原作「童」，據北史斛律金傳一九七〇頁及傅校本、明刻本改。按：北宋本、明抄本作「語」，涉上而誤。

〔二二〕穆提婆　「提婆」原倒，據北齊書恩倖傳六八九頁、北史斛律金傳一九七〇頁乙正。

〔二三〕我知事計　「事」原脱，據十一家注孫子用間篇杜佑注引李靖語、御覽卷二九二補。

〔二四〕已以密往人以密來　「已以密往」原脱，「人」原作「彼」，據十一家注孫子用間篇杜佑注引李靖語、御覽卷二九二補改。

〔二五〕匈奴至者投鞍高如城者數所　前「者」原訛「日」，據漢書韓安國傳二三九九頁及北宋本改。

〔二六〕以結和親　「以」原脱，據北宋本、傅校本、明抄本、明刻本補。

〔二七〕故復合和親之約　「合」原作「固」，後人擅改。今據漢書韓安國傳二四〇〇頁及北宋本、傅校本、明抄本、明刻本改回。

〔二八〕賈捐之上書請不擊　「擊」下原衍「便」，據北宋本、傅校本、明抄本、明刻本删。

〔二九〕蠢爾蠻荆　「蠻荆」原倒，據詩采芑、漢書賈捐之傳二八三四頁乙正。

〔三〇〕何況乃復其南方萬里之蠻乎　「復」原訛「服」，據漢書賈捐之傳二八三四頁改。

〔三一〕費四十餘萬萬　原脱一「萬」，據漢書賈捐之傳二八三四頁補。

〔三二〕禹貢所及　「所」下原衍「不」，據漢書賈捐之傳二八三四頁删。

〔三三〕招迎吴將唐咨等子弟　「迎」原訛「通」，據三國志王基傳七五四頁改。按：傅校本、明刻本作「遞」，明抄本作「遽」，並誤。

〔三四〕今賊新敗於外　「敗」原訛「取」，據三國志王基傳七五四頁改。

〔三五〕是其修備設慮之時也　「備」原作「政」，據三國志王基傳七五四頁改。

〔三六〕黷武窮兵之謂也　「謂」原作「累」，據明抄本改。

〔三七〕延宗率其衆排陣而前　「陣」原訛「車」，據周書武帝紀下九八頁、北史周本紀下三六五頁改。

〔三八〕沁音七鴆反　此五字注原在上「沁」字下，今據傅校本、明抄本、明刻本移後。

〔三九〕隋文悟之而勝　原「文」下有「帝」，今據傅校本、明抄本、明刻本删。

〔四〇〕不拘於君命也　「拘」原訛「徇」，據傅校本、明抄本、明刻本改。

〔四一〕吾君死矣　「君」原訛「軍」，據左傳昭公二十三年改。

〔四二〕其勢雖盛　「盛」原訛「勝」，據周書李賢傳四一五頁改。

〔四三〕而馭烏合之衆　「馭」原訛「驅」，據周書李賢傳四一五頁及傅校本、明抄本改。

〔四四〕勑令各歸營勒兵　「勑令」原脱，據後漢書光武帝紀上一七頁補。

〔四五〕如有忠誠能與王羆同心者　「誠」原作「臣」，據傅校本、明抄本、明刻本改。

〔四六〕遣張郃諸軍勁卒四十餘萬向劒閣　「四」三國志諸葛亮傳九二六頁裴注引郭沖五事作「三」。

〔四七〕諸葛亮有戰士萬二千更下者八千　三國志諸葛亮傳九二六頁裴注引郭沖五事作「亮時在祁山，旌旗利器，守在險要，十二更下，在者八萬」。

〔四八〕番兵適交　「番」傅校本、明抄本、明刻本作「飜」，三國志諸葛亮傳九二六頁裴注引郭沖五事作「幡」。

〔四九〕都督荆州諸軍事羊祜至鎮　「都」原脱，據晉書羊祜傳一〇一四頁補。

〔五〇〕務修德信　「信」原作「行」，據北宋本改。

〔五一〕光仕帥勁兵保白石洞　「帥」下原衍「勤」，據隋書周法尚傳一五二八頁删。按：「帥勁兵」北宋本訛作「師勤勁兵」。

劉俊文點校　王文錦覆校

通典卷第一百五十二

兵五

撫士　明賞罰　賞宴不均致敗　行賞安衆　分賞取敵　行賞招降　示惠招降　軍師志堅必勝　軍將驕敗　敵屢勝驕不備可敗　軍行自表異致敗　師行衆悲恐則敗　聲感人附　守則有餘　守拒法附

孫子曰：「視卒如嬰兒，可與之赴深谿；視卒如愛子，可與之俱死。」

撫士

春秋時，楚師伐宋，圍蕭。蕭潰。楚大夫申公巫臣曰：「師人多寒。」楚子於是巡三軍，拊而勉之，三軍之士皆如挾纊。纊，綿也。〔一〕言悦以亡寒。

又，晉聲子詒楚，謂令尹屈建曰：「雍子奔晉，以爲謀主。彭城之役，晉、楚遇於靡角之谷。雍子曰：『歸老幼，返孤疾，二人役，歸一人。簡兵蒐乘，簡，擇。蒐，閱。秣馬蓐食，師陳焚次，次，舍也。焚舍，示必死。明日將戰。』行歸者，逸楚囚。欲使楚知之。楚師宵潰，晉降彭城而歸諸宋。楚失東夷，子辛死之，則雍子之爲也。」

戰國魏以吴起爲將，與士卒最下者同衣食。卧不設席，行不騎乘，親裹贏音盈糧，〔一〕與士分勞。卒有病疽者，吴起爲吮之。卒母聞而哭之。或謂之曰：「母子卒也，而將自吮其疽，何哭爲？」母曰：「非然也。往年吴公吮其父，父戰不旋踵，遂死於敵。今又吮此子，妾不知其所死處矣。是以哭之。」於是擊秦，拔其五城。

劉、項相持之際，田横據有齊地。漢將韓信、灌嬰平齊，横走歸彭越。漢滅項籍後，横與其徒屬五百人入海，居隝音島中。帝使使赦横罪而召之，曰：「横來，大者王，小者侯；大者，横身。小者，徒屬。不來，且發兵加誅。」横乃與其客二人乘傳詣洛陽。至尸鄉廄置，謂其客曰：「陛下所以欲見我，不過欲一見我面貌耳。陛下在洛陽，今斬吾頭，馳三十里閒，形容尚未能改，猶可知也。」遂自剄，令客奉其頭，從使者馳奏之高帝。以王者禮葬。横既葬，二客穿其冢旁，皆自剄。餘尚五百人在海島中，聞横死，亦皆自殺。於是乃知田横兄弟能得士也。

漢李廣歷七郡太守，前後四十餘年，得賞賜輒分其麾下，飲食與士卒共之。家無餘財，終不言生產事。將兵乏絕處，見水，士卒不盡飲，不近水；不盡餐，不嘗食。寬緩不苛，士以此愛樂爲用。

後漢桓帝以段熲爲破羌將軍，征羌。行軍仁愛，士卒疾者，親自瞻省，手爲裹瘡。在邊十餘年，未嘗一日蓐寢。與將士同勤苦，故皆樂爲死戰。

皇甫規，延熹中爲中郎將，持節監討零吾等羌。會軍中大疫，死者十三四。〔三〕規親入菴廬，巡視將士，三軍感悅。東羌遂遣使乞降。

魏將諸葛誕守壽春，以司馬氏累代擅權，遂舉兵，稱匡輔魏室爲辭。司馬文王率師討之，壽春城陷，誕死。文王招其徒，不降。且招且戰。數百人拱手爲列，每斬一人，輒遣降之，皆曰：「爲諸葛公死，無恨。」以至於盡，無一人降。時人比之田橫矣。吳將于詮曰：〔四〕「大丈夫受命其主，以兵救人，既不能克，又束手於敵，吾不取也。」乃免冑冒陣而死。其得士心如此。

西魏將梁椿，性果毅，善於撫納，所獲賓物分賜麾下，故每踐敵場，咸得其力。

又王思政守潁川郡城，〔五〕東魏帥十萬攻之，〔六〕備盡攻擊之術，以潁川灌城，陷之。思政知事不濟，率左右據土山，謂之曰：「吾受國任城，遽辱王命，力屈道窮，計無所出。惟當效死，以謝朝恩耳。」因仰天大哭。左右皆號慟。思政西向再拜，便欲自刎。先是，齊文襄告城中人曰：「有生致王大將軍者，封侯，重賞。若大將軍身有損，親近左右，皆從大戮。」都督駱訓謂思政曰：「公常語訓等，但將我頭降，非但得富貴，亦是活一城人。今高相既有此言，〔七〕公豈不哀城中士卒！」固共止之，不得引決。齊文襄遣其散騎常侍趙彥深就土山執手申意。引見文襄，辭氣慷慨，涕泗交流，無屈撓之容。文襄以其忠於所事，禮遇甚厚。思政初入潁川，士卒八千人，及城陷之日，存者纔三千人，遂無叛者。

後周武帝大舉伐齊，次於晉州。初，齊攻晉州，恐周師卒至，於城南穿塹，自喬山屬於汾水。帝率諸軍八萬人，置陣東西二十餘里。帝乘常御馬，從數人巡陣處分，所至輒呼主帥姓名慰勉之。將士感見知之恩，各思自勵。將戰，有司請換馬。帝曰：「朕獨乘良馬，欲何所之？」齊主亦於北塹列陣。帝欲薄之，以礙塹遂止。自旦至日中，相持不決。申後，齊人乃填塹南引。帝大喜，勒諸軍擊之，兵纔合，齊人便退，逐北斬首萬餘級，齊主與其麾下數十騎走還并州，於是齊衆大潰。

大唐貞觀中，太宗親征高麗，駕次定州，兵士到者，幸定州城北門親慰撫之。有從卒一人，病不能起，太宗招至牀前，問其所苦，仍敕州縣厚加供給。〔八〕凡在征人欣然，縱有病者，悦以忘疲。師次白巖城，將軍李思摩中弩矢，〔九〕太宗親爲之吮血，由是從行文武競思奮勵。及軍迴，行次柳城，招集戰亡人骸骨，設太牢以祭之，太宗慟哭盡哀，軍人無不灑泣。兵士觀者，歸家以言，其父母曰：「吾兒之死，天子哭之，死無所恨。」

司空李勣每將兵在軍，識其臧否，聞人片善，扼腕而從。事捷之日，多推功於下。前後在軍所得金帛，皆散之將士。以是人皆爲用，所向多克捷。及薨，哭之或有嘔血者。

明賞罰

後漢大將曹公每攻城破邑，得靡麗之物，則悉以賜有功者。若勳勞宜賞，則不恡萬金；無功冀施，分毫不與。

賞宴不均致敗

春秋時，鄭師伐宋。將戰，華元殺羊食士，食音嗣。其御羊斟不與。及戰，斟曰：「疇昔之羊，子爲政；今日之事，我爲政。」與入鄭師，故敗。

行賞安衆

漢高帝已封大功臣二十餘人，其餘爭功，未得行封。帝居南宮，從複道上見諸將往往耦語，以問張良。良曰：「陛下起布衣，以此屬共取天下，今已爲天子，而所封皆蕭、曹故人及所親愛，所誅皆平生讎怨。今軍吏計功，以天下爲不足用徧封，言有功者多，而土地少。而恐以過失及誅，故相聚謀反耳。」帝曰：「爲之奈何？」良曰：「取上素所不快，言有舊嫌者。計羣臣所共知最甚者一人，先封，以示羣臣。羣臣見雍齒封，則人人自堅矣。」於是，三月，上置酒，封雍齒爲什邡侯，因趣丞相急定功行封。〔一〇〕羣臣皆喜曰：「雍齒且侯，我屬無患矣。」趣，讀曰促。

分賞取敵

漢王與韓信、彭越期會擊楚，至固陵，不會，楚擊漢軍，大破之。漢王謂張良曰：「諸侯不從，奈何？」對曰：「楚兵且破，〔一一〕未有分地，其不至固宜。君王能與共天下，可立致也。今能取睢陽以北至穀城與彭越，自陳以東傅海與齊王信，信家在楚，其意欲復得故邑。能出捐此地，以許兩人，使各自爲戰，則楚易敗也。」於是發使，韓信、彭越皆引兵來，圍羽垓下。

行賞招降

漢高帝時，陳豨反於代，帝自往擊之。至邯鄲，喜曰：「豨不南據邯鄲，北阻漳水，吾知其無能爲也。」上令周昌選趙壯士可令將者，白見四人。帝嫚罵曰：「豎子，能爲將乎！」四人慙，皆伏地上。封各千户，以爲將。左右諫曰：「從入蜀漢伐楚，賞未徧行。今封此，何功？」帝曰：「非汝所知。陳豨反，趙代地皆豨有。吾以羽檄徵天下兵，未有至者，今計唯獨邯鄲中兵耳。吾何愛四千户，不以慰趙子弟。」皆曰：「善。」及聞豨將皆故賈人，乃多以金購之，豨將多降。賈音估。

示惠招降

春秋魯叔弓帥師圍費，弗克，敗焉。平子怒，令見費人執之，以爲囚俘。冶區夫曰：「非也。區夫，魯大夫。若見費人，寒者衣之，饑者食之，爲之令主，而供其乏困，費來如歸，南氏亡矣。人將叛之，誰與居邑？若憚之以威，懼之以怒，人疾而叛，爲之聚也。若諸侯皆然，費人無歸，不親南氏，將焉入矣。」平子從之，費人叛南氏。

蜀大將關羽圍魏氏之樊，留兵將備公安及南郡。吳將吕蒙襲之，兵到南郡，羽下守將麋芳降。蒙入據城，盡得羽及將士家屬，蒙皆撫慰，約令軍中不得干歷人家有求取。蒙麾下士，是汝南人，取民家一笠以覆官鎧，官鎧雖是公事，蒙猶以爲犯軍令，不可以鄉里故而廢法，遂垂涕斬之。於是軍中震慄，道不拾遺。蒙朝暮使親近存恤耆老，問所不足，疾病者給醫藥，飢寒者賜衣糧。羽府藏財寶，皆封閉以待吳主孫權至。羽還，路數使人與蒙相聞，蒙輒厚遇其使，周游城中，〔一二〕家家致問，或手書示信。羽人還，私相參訊，咸知家門無恙，〔一三〕見待過於平時，故羽吏士無鬭心。會權至，羽自知孤窮，乃走麥城，西至漳鄉，衆皆委羽而降。

軍師志堅必勝

春秋時，晉師伐齊，陳於鞌。晉解張御郤克，鄭丘緩爲右。及戰，郤克傷於矢，流血及履，未絕鼓音，中軍將自執旗鼓，故雖傷而擊鼓不息。曰：「余病矣！」張曰：「自始合，而矢貫余手及肘，余折以御，〔一四〕左輪朱殷，烏閑反。豈敢言病？吾子忍之。」丘緩曰：「自始合，苟有險，余必下推車，子豈識之？然子病矣！」以其不識推車。張曰：「師之耳目，在吾旗鼓，進退從之。此車一人殿之，可以集事。殿，鎮也。集，成也。若之何其以病敗君之大事？〔一五〕擐甲執兵，固即死也，即，就也。擐音患。病未及死，吾子勉之！」左并畢正反轡，右援枹音桴而鼓。馬逸不能止，師從之。晉師從郤克車。〔一六〕齊師敗績。

東晉將周訪討江、沔閒賊杜曾，訪有衆八千，進至沌陽。〔一七〕曾銳氣甚盛，訪曰：「先人有奪人之心，善謀也。」使將軍李恒督左甄，許朝督右甄，自領中軍，高張旗幟。曾果先攻左右甄。曾勇冠三軍，訪甚惡之，自於陣後射雉以安衆心。令小將趙胤領其父餘兵屬左甄，力戰，敗而復合。胤馳馬告急，訪怒，叱令更進。胤號哭還戰，自辰至申，兩甄皆敗。訪選精鋭八百人，自行酒飲之，敕不得輒動，聞鼓音乃進。賊未至三十步，訪親鳴鼓，將士皆騰躍奔赴，曾遂大潰，殺千餘人，遂定漢、沔。

東晉將朱伺善戰，人或問之，伺答曰：〔一八〕「諸人以舌擊賊，伺唯以刃耳。」又問曰：「將軍前後擊賊，何以每得勝耶？」伺曰：「兩敵共對，唯當忍之。彼不能忍，我能忍，是以勝耳。」

軍將驕敗

春秋末，吳子問孫武曰：「敵勇不懼，驕而無慮，兵衆而强，圖之奈何？」武曰：「詘而待之，以順其意；無令省覺，以益其懈怠；因敵遷移，潛伏候待，前行不瞻，後往不顧，中而擊之，雖衆可取。攻驕之道，不可争鋒。」

秦末，項梁起兵吳中，比至定陶，再破秦軍，項羽等又斬秦三川守李由，益輕秦，有驕色。宋義諫曰：「戰勝而將驕卒惰者，必敗。今少惰矣，秦兵日益，臣爲君畏之。」梁不聽。乃使宋義於齊，説高陵君顯封於高陵。曰：「公將見項梁乎？」曰：「然。」義曰：「臣論武信君軍必敗。公徐行則免，疾行則及禍。」秦果悉起兵益其將章邯，夜銜枚擊梁，大破定陶，梁敗而死。梁自號武信君。

後周末，隋文帝輔政，周大將尉遲迥在河北舉兵拒命，遣將略地，河南州縣多下之。隋文帝遣將于仲文率兵討之。仲文軍至汴州之東倪塢，與迥將劉子昂、劉浴德等相遇，〔一九〕進擊破之。軍次蓼音了隄，迥將檀讓擁衆數萬，仲文以羸師戰。讓悉衆來拒，仲文僞北，讓軍頗驕。於是遣精兵左右翼擊之，大敗讓軍，生獲五千餘人。

隋末，翟讓、李密起兵於河南，滎陽郡通守張須陀以兵攻讓。讓數爲須陀所敗，聞其來，大懼，將遠避之。密曰：「須陀勇而無謀，兵又驟勝驕很，可一戰而擒之，公但列陣以待，保爲公敗之。」讓不得已，勒兵將戰，密分兵千餘人於林木閒，詐與戰不利，軍稍卻，密發伏自後掩之，讓合擊，須陀衆大敗之，遂斬須陀於陣。

敵屢勝驕不備可敗

春秋楚大饑，庸人率羣蠻以叛楚，庸，楚之小國。楚使廬戢黎侵庸。庸逐之，囚子楊窗。窗，戢黎官屬。三宿而逸，曰：「庸師衆，羣蠻聚焉，不如且起王卒，合而後進。」楚將潘尪曰：「不可。姑又與之遇以驕之。〔二〇〕彼驕我怒，而後可克。」又與之遇，七遇皆北，軍敗曰北。唯裨、鯈、魚人實逐之。裨、鯈、魚，庸三邑也。輕楚，故但三邑人逐之。庸人曰：「楚不足與戰矣。」遂不設備。楚子乘馹，〔二一〕會師於臨品，馹，傳車也。〔二二〕臨品，地名。分爲二隊，隊，部也。兩道攻矣。楚將子越自石溪，子貝音筠自仞以伐庸，〔二三〕遂滅之。

軍行自表異致敗

春秋時，狄人伐衞，戰於滎澤，衞師敗績。衞侯不去其旗，是以敗。遂滅衞。

東晉末，桓玄簒晉，宋武帝起義討之。玄敗，泝流奔荆州，留其將何澹之、郭詮、郭昶之守溢口。宋武將何無忌等次桑落洲，澹之等率軍來戰。澹之常所乘舫旍旗甚盛，無忌謂將曰：「賊帥必不居此，欲詐我耳，宜亟紀力反攻之。」衆咸曰：「澹之不在其中，縱得無益。」無忌曰：「今衆寡不敵，戰無全勝。澹之雖不居此舫，取則易獲，因縱兵騰之，〔二四〕可一鼓而敗也。」遂進攻，獲舫，因傳呼曰：〔二五〕「得何澹之矣！」賊中驚擾，無忌之衆亦謂然，因乘勝逕進，無忌鼓譟赴之，澹之遂潰。何澹之表而不處，何無忌悟而取之。

宋晉安王子勛音勳舉兵潯陽，宋將殷孝祖討之。時賊據赭圻，孝祖將進攻之，與賊合戰，常以鼓蓋自隨，軍中人相謂曰：「殷統軍可謂死將矣。〔二六〕今與賊交鋒，而以羽儀自標異，若善射者十手相射，〔二七〕欲不斃，得乎？」是日，於陣爲矢中而死。

東魏大將齊神武與西魏大將周文戰邙山。時周文見齊神武出旗鼓，識之，乃募敢勇三千人，令賀拔勝總之，以犯其軍。適與齊神武相遇，時募士皆用短兵接戰，勝逐齊神武數里，〔二八〕刃垂及之。會勝馬爲流矢所中，死，比副騎至，齊神武已逸去。

東魏將高敖曹與侯景等攻魏將獨孤如願於金墉城，大將周文帝率衆救之，〔二九〕戰於邙山。敖曹心輕敵，建旗蓋以陵陣，周人盡鋭擊之，一軍皆没，敖曹輕騎走河陽城，仰呼索縣繩，又不得，拔刀剜門，追兵至，敖曹奮頭詬曰：「來！吾與爾開國公。」追者斬之。

師行衆悲恐則敗〔三〇〕

後燕慕容垂遣其子寶步騎七萬伐後魏，戰於參合陂，大敗。寶以數千騎奔免，〔三一〕士衆還者十一二。寶恨參合之敗，屢言魏有可乘之機。垂由是自率大衆伐魏。至參合陂，見往年戰處積骸如山，設弔祭之禮，死者父兄一時號哭，軍中皆慟。垂慚憤歐血，因而寢疾，卻還，道卒。

聲感人附

夫聲感人。享宴將士，以激勵於衆，酒酣，使拔劒起舞，作朋角抵，伐鼓叫呼，以增其氣。絲竹哀怨之聲不可奏，使人悽愴，〔三二〕損鋭氣，挫壯心，則難勝敵。漢王圍項羽垓下，令師人四面楚歌，羽衆久苦征戰，思歸，遂潰。晉將劉琨守太原，羣胡圍之，琨計窘，吹笳，聲寥亮。胡人久倦征戍，夜聞遂潰。並具先攻其心篇中。斯以聲感人也。

孫子曰：「昔之善戰者，先爲不可勝，先咨之廟堂，慮其危難，然後高壘深溝，使兵士練習，故敵不得勝。以待敵之可勝。以此守備之固，待敵之闕，則可勝之。不可勝在己，言守備之固，制敵在外。可勝在敵，守備之固自修理，以俟敵之虛懈。已見敵有闕漏之形，〔三三〕然後可勝。故善戰者能爲不可勝，不能使敵必可勝。若敵曉練兵事，策與道合，深爲己備者，亦不可强勝之。故曰勝可知而不可爲。敵有備也。已料敵，見敵形者，則勝負可知。若敵密而無形，亦不可强使爲敗。故范蠡曰：「時不至，不可强生；事不究，不可强成。」不可勝者，守也；形藏也。〔三四〕若未見其形，彼衆我寡，則自守也。可勝者，攻也。敵攻己，乃可勝也。已見其形，彼寡我衆，則可攻。故善守者，藏於九地之下。」善守備者，務因其山川之阻，丘陵之固，使不知所攻。言其深密，藏於九地之下。又曰：「城有所不攻。」固而多糧。

守則有餘

後漢涼州賊王國圍陳倉，左將軍皇甫嵩督前將軍董卓救之。〔三五〕卓欲速進赴陳倉，嵩不聽。卓曰：「智者不後時，勇者不留決。速救則城全，不救則城滅，全滅之勢，在於此也。」嵩曰：「不然。百戰百勝，不如不戰而屈人之兵。是以先爲不可勝，以待敵之可勝。不可勝在我，可勝在彼。〔三六〕彼守不足，我攻有餘。有餘者動於九天之上，不足者陷於九地之下。今陳倉雖小，城守固備，非九地之陷也。王國雖强，而攻我之所不救，非九天之勢也。夫勢非九天，攻者受害；陷非九地，守者不拔。國今以陷受害之地，而陳倉保不拔之城，我可不煩兵動衆，而取全勝之功，將何救焉！」遂不聽。王國圍陳倉，自冬迄春，八十餘日，城堅守固，竟不能拔。賊衆疲弊，〔三七〕果自解去。

守拒法附

城有不可守者：大而人少；小而衆多；糧寡而柴水不供；壘薄而攻具不足；土疎地下，灌溉可汎；邑闕人疲，修緝未就。凡若此類，速徙之。壘高土厚，城堅溝深，糧實衆多，地形險阻，〔三八〕所謂無守而無不守也。故曰：「善守者，敵不知其所攻。」

凡築城，下闊與高倍，上闊與下倍。城高五丈，下闊二丈五尺，上闊一丈二尺五寸。高下闊狹，〔三九〕以此爲準。料功：上闊加下闊，〔四〇〕得三丈七尺五寸，半之，得一丈八尺七寸五分；以高五丈乘之，一尺之城，積數得九十三丈七尺五寸。每一功，日築土二尺，計功約四十七人。一步五尺之城，計役二百三十五人，一百步，計功二萬三千五百人，三百步，計功七萬五百人。率一里，則十里可知。其出土負簣，並計之大功之內。〔四一〕以城中壯男爲一軍，壯女爲一軍，老弱爲一軍，三軍無令相遇。壯男遇壯女，則志散而力不專。〔四二〕遇老弱，則老使壯悲，弱使强憐。悲憐在心，則勇人更慮，壯夫不戰。

凡敵欲攻，即去城外五百步內，井、樹、牆、屋並填除之。井有填不盡者，投藥毒之。木石甎瓦，茭芻百物，皆收之。入不盡者，並焚除之。其什物、五穀、糗糒、魚鹽、布帛、醫藥、功巧、戎具、鍛冶、秸藁、茅荻、蘆葦、灰沙、鐵炭、松樺、蒿艾、脂麻、皮氈、荆棘、笓籬、釜鑊、盆瓮、礨木、鍬斧、錐鑿、刀鋸、長斧、長刀、長錐、長鎌、長梯、短梯、大鉤、連鏁、連枷、連棒、白棒、蘆竹，爲稕之順反插以松樺，城上城下，咸先蓄積，緣人間所要公私事物，一切修緝。

抛石，大小隨事。

礨木，長五尺，徑一尺，小至六七寸。

城外四面壕內，去城十步，更立小隔城，厚六尺，高五尺，仍立女牆。謂之羊馬城。

城門縣板木，爲重門。

城門扇及樓堠，以泥塗厚，備火。

城門先造連拒、馬鎗、壯鋭，以鏁連之。

城内面別穿井四所，置水車，大瓮二十口，竈十所。

卻敵上建堠樓，以版跳出爲櫓，與四外烽戍，晝夜瞻視。

城壕，面闊二丈，深一丈，底闊一丈，以面闊加底積數大半之，得數一丈五尺，以深一丈乘之，鑿壕一尺，得數一十五丈。每一人功，日出三丈，計功五人，一步五尺，計功二十五人；十步，計功二百五十人；百步，計功二千五百人；一里，計功七萬五百人。以此爲率，則百里可知。

弩臺，高下與城等，去城百步，每臺相去亦如之。下闊四丈，高五丈，上闊二丈，上建女牆。〔四三〕臺内通闇道，安屈膝梯，〔四四〕人上便卷收。中設氈幕，置弩手五人，備乾糧水火。

城上一步一甲卒，十步加五人，以備雜供之要。五步有伍長，十步有什長，五十步、百步皆有將長，文武相兼，量材受任，而統領精鋭。驍勇簡募或十隊、二十隊、三十隊，大將、副將各領隊，巡城曉喻，激勵赴救。

城上立四隊，別立四表，以爲候視：若敵欲攻之處，則去城五六十步，〔四五〕即舉一表；橦梯逼城，舉二表；敵若登梯，舉三表；欲攀女牆，舉四表。夜即舉火如表。城上四隊之間，各置八旗：若須木檁音稟拯板，舉蒼旗；須灰炭稕鐵，舉赤旗；須檑木樵葦，舉黃旗；須沙石甎瓦，舉白旗；須水湯不潔，舉黑旗；須戰士鋭卒，舉熊虎旗；須戈戟弓矢刀劍，舉鷙旗；須皮氈麻鍱鍬钁斧鑿，舉雙兔旗。〔四六〕城上舉旗，主當之官隨色而供。城内老小丁女，除營食之外，皆令脣役城上，〔四七〕分爲八隊，使識文者點檢常旗，備擬物爲八部。

城内對敵營，自鑿城内爲闇門，多少臨事，令五六寸勿穿，或於中夜，於敵初來，營列未定，精騎從突門躍出，擊其無備，襲其不意。

城門先自鑿扇爲數十孔，出强弩射之，長矛刺之，則敵不得近門。

棧，以泥厚塗之，備火。柴草之類貯積，泥厚塗之，防火箭飛火。

轉關橋，一梁，端著横檢，按去其檢，橋轉關，人馬不得過度，皆傾水中。

笓音毗籬戰格，於女牆上跳出椽，去牆三尺，〔四八〕著横檢，椽端安鐯，〔四九〕以荊柳編爲之，長一丈，闊五尺，縣安椽端，用遮矢石。

布幔，複布爲之，以弱竿縣挂於女牆外，去牆外七八尺，以折抛石之勢，〔五〇〕則矢石不復及牆。

木弩，以黄連桑柘爲之，弓長一丈二尺，徑七寸，兩弰三寸，〔五一〕絞車張之，大矢自副，一發，〔五二〕聲如雷吼，敗隊之卒。

鸗尾炬，縛葦草爲之，尾分爲兩歧，〔五三〕如鸗尾狀，以油蠟灌之，加火，從城墜下，使人騎木驢而燒之。

松明，以鐵鑠縋下，巡城照，恐敵人夜中乘城而上。夜中城外每三十步縣大燈於城半腹，置警犬於城上，吠之處，即須加備。

脂油炬，於城中四衢、要路、門户，晨夜不得絶明，用備非常。

行鑪，鎔鐵汁，舁行，以灑敵人。

游火，〔五四〕鐵筐盛火，加脂蠟，鏁縣縋下，燒穴中腔城人。

灰麩、糠粃，因風於城上擲之，以眯敵目，因以鐵汁灑之。

連梃，如打禾連枷狀，打女牆外上城敵人。

叙竿，如槍，刃爲兩歧，用叉飛梯及人。〔五五〕

鉤竿，如鎗，兩旁有曲刃，可以鉤物。

油囊，盛水，於城上擲安火車中，囊敗火滅。

天井，敵攻城爲地道來返，自於地道上直下穿井以邀之，積薪安井中，加火薰之，敵人自焦灼。

地聽，於城内八方穿井，各深二丈，以新甖用薄皮裹口如鼓，使聰耳者於井中託甖而聽，則去城五百步内悉知之。審知穴處，助鑿迎之，與外相遇，即就以乾艾一石，燒令煙出，以板於外密覆穴口，勿令煙洩，仍用鞴袋鼓之；又先爲桔槔縣鐵鏁，長三丈以上，束柴葦焦草而燃之，(五六)墜於城外所穴之孔，以煙熏之，敵立死。

城上八隊之間，安轉關小抛二，機關大抛一，雲梯、撞抛等其閒。先從城身，用木出跳，爲重女牆，高於土女牆五寸以上，以板覆其上，隨事緩急而開閉之。敵若以大石擊牆樓，石下之處，出跳空中，縣生皮氈毯等袋，以乘其石。

城内人家，咸令置水防火，先約失火者斬。火發之處多，恐奸人放火，但令便近主當八部官人，領老小丁女救之。火起，所部急白大將，大將領親信人左右救火。城中有卒驚及雜人，城上不得輒離職掌，亂走街巷者斬。

敵若推輪排來攻，先以抛打，手抛既衆，所中必多，來者被傷，力不齊矣。

凡攻城之兵，禦捍矢石，頭戴蚤帽，仰視不便，袍甲厚重，進退又難，前既不得上城，退則其帥逼迫，人衆煩鬧。我作轉關女牆，騰出城外，以轆轤墜鐵索，索頭安鐵鴟腳，當聚鬧之處，擲下撥人。

敵若兵衆氣盛，將卒有疑，即迴易左右前後，或替一日再動，或數夜不移，審察安危，隨時變改。

飛書檄必誘我人，速封，馳送大將。

每夜巡城，皆改易契，令信人持僞契巡行，所由不覺，罰之，覺則送使。有外往來，主司押領上使，輒不得問其事由，外人輒不得與語。

敵若縱火焚樓堞，以钃竹長一丈，鎪音搜去節，以生薄皮合縫爲袋，貯水三四石，將筩内於袋内，急縛如溅筒，令壯士三五人撮水口，急蹙之救火。每門常貯兩具。如無竹，以木合筩，漆之而用，並小溅筩二十具兼助之。門内常以瓮貯水添用。

敵若推轒車，我作钃鐵鐶，并屈桑木爲之，用索相連，轒頭適到，速以鐶串轒頭，於其傍便處，分令壯士牽之翻倒，弓弩兩射，自然敗走。

敵若木驢攻城，用鐵蒺藜下而敦之。其法：以熟鐵闊徑尺長一尺二寸四條，〔五七〕縱横布如蒺藜形，鎔生鐵灌其中央，重五十斤，上安其鼻，連鏁擲下，敦訖，以轆轤拗上。若木驢上有牛皮并泥，敦著即舉，速放火炬，灌油燒火。

凡敵攻城，多背旺相，〔五八〕起土爲臺。我於城内薄築，長高於敵臺一丈已上，即自然制彼，無所施力。

又於城上以木爲棚，容兵一隊，高長柄鐵鉤、〔五九〕陌刀、錐斧，隨要便以爲之備。若敵攀女牆踊身，待其身出，十鉤齊搭，掣入城中，斧刀助之。

城若卑地下，敵人壅水灌城，速築牆壅諸門及陷穴處，更於城内促團周市，視水高中而闊築牆，牆外取土，高一丈以上城立，立後於牆内取土，而薄築之。精兵備城，不得雜役。如有洩水之處，即十步爲一井，井内潛通引洩漏。城中速造舡一二十隻，〔六〇〕簡募解舟檝者，載以弓弩、鍬钁，每舡載三十人，自暗門銜枚而出，潛往斫營，決彼隄堰，覺即急走，〔六一〕城上鼓噪，急出兵助之。

敵有驍勇衝門入來，門内多穿坑穽，又於重牆内，卒出其不意，敵必傍走，自入穽中。

城門外簡擇健卒，貯備器具，看敵懈怠，即開門，驍勇齊擊，乘馳逐北不得過二百步，緩急城上應接易爲。

敵攻日久，衆巧俱施，蟻附緣城，不惜士衆，野無所得，糧路又絶，兵衆離心，將帥懈倦，必精兵擁守，防我城門。我當乘閒，驍雄四出，與城上人應期，内外齊攻。專精與疲怠者，尤絶必須審察，賊多僞謀。其所穴之孔，於城内深闊爲坑，〔六二〕坑上安轉關板橋，若敵入來，得三五十人後，啟發機關，自然先斃。

鐵菱，狀如鐵蒺藜，要路、水中置之，以刺人馬。

陷馬坑，長五尺，闊一尺，深三尺，坑中埋鹿角槍、竹籤，其坑似亞字相連，狀如鉤鏁，以草及細塵覆其上。軍城、營壘、要路皆設之。

拒馬槍，以木徑二尺，〔六三〕長短隨事，十字鑿孔，縱横安檢，長一丈，鋭其端，可以塞城門、巷、要路，〔六四〕人馬不得奔馳。

木柵，爲敵所逼，不及築城壘，或因山河險勢，多石少土，不任版堞，乃建立木爲之，方圓高下隨事，深埋木根，重複彌縫，其闕内重加短木爲閣道，〔六五〕外柱木重長出四尺爲女牆，皆泥塗之，内七尺又立閣道，内柱上布板木爲棧，立欄杆於柵上。縣門、壅牆、濠塹、拒馬防守，〔六六〕一如城壘法。

烽臺，於高山四顧險絶處置之，無山亦於孤迴平地置。下築羊馬城，高下任便，常以三五爲準。臺高五丈，下闊二丈，上闊一丈，形圓。上建圓屋覆之，屋徑闊一丈六尺，一面跳出三尺，以板爲上覆下棧。屋上置突竈三所，臺下亦置三所，並以石灰飾其表裏。復置柴籠三所，流火繩三條，在臺側近。上下用屈膝梯，上收下乘。屋四壁開覷賊孔及安視火筒，置旗一口，鼓一面，弩兩張，抛石、壘木、停水甕、乾糧、麻蘊、火鑽、火箭、蒿艾、狼糞、牛糞。每晨及夜平安，舉一火；聞警，固舉二火；〔六七〕見煙塵，舉三火；見賊，燒柴籠。如每晨及夜，平安火不來，即烽子爲賊所捉。一烽六人，五人爲烽子，遞知更刻，〔六八〕觀視動静；一人烽率，知文書、符牒、轉牒。

馬鋪，每鋪相去三十里，於要路山谷閒，牧馬兩匹，與游奕計會。有事警急，煙塵入境，即奔馳報探。〔六九〕

土河，於山口賊路，横斷道，鑿闊二丈，深二尺，以細沙散土填平，每日檢行，掃令淨平，人馬入境，即知足跡多少。

游奕，於軍中選驍果、諳山川泉井者充，常與烽鋪土河計會交牌，〔七〕日夕邏候（邏，盧箇反。）於亭障之外，捉生問事。其軍中虚實舉用，勿令游奕人知。其副使子將，並久軍行人，取善騎射者兼。

令人枕空胡禄臥，有人馬行三十里外，東西南北，皆響見於胡禄中，名曰「地聽」，則先防備。

校勘記

〔一〕纊綿也　「綿」原訛「繒」，據北宋本、傅校本、明抄本、明刻本、王吴本改。

〔二〕親裹贏糧　「裹」原脱，據史記吴起傳二一六六頁補。

〔三〕會軍中大疫死者十三四　「疫」原作「疾」，「三」原脱，據後漢書皇甫規傳二一三三頁改補。

〔四〕吴將于詮曰　「吴」原訛「戍」，據三國志諸葛誕傳裴注七七三頁引干寶晉紀改。

〔五〕王思政守領川郡城　「川」原訛「州」，據周書王思政傳二九六頁及北宋本、傅校本、明抄本、明刻本、王吴本改。

〔六〕東魏帥十萬攻之　「帥」原作「師」，據北宋本改。
〔七〕今高相既有此言　「相」原訛「明」，據周書王思政傳二九七頁、通鑑卷一六二五〇一九頁改。
〔八〕仍勑州縣厚加供給　「勑」原訛「勒」，據通典考證改。
〔九〕李思摩　「摩」原訛「麾」，據舊唐書突厥傳上五一六五頁、通鑑卷一九七六二三二頁及殿本改。
〔一〇〕因趣丞相急定功行封　「急」原作「亟」，據北宋本、傅校本、明抄本、明刻本改。
〔一一〕楚兵且破　「兵」原作「軍」，據北宋本、傅校本、明抄本、明刻本、王吴本改。
〔一二〕周游城中　「游」原作「旋」，據三國志吕蒙傳一二七九頁改。
〔一三〕咸知家門無恙　「門」原作「閒」，據三國志吕蒙傳一二七九頁改。
〔一四〕余折以御　「折」原訛「所」，據左傳成公二年改。
〔一五〕若之何其以病敗君之大事　「其以」原倒，據左傳成公二年及北宋本、傅校本、明刻本、王吴本乙。
〔一六〕晉師從郤克車　「車」原訛「軍」，據左傳成公二年杜注及北宋本改。
〔一七〕進至沌陽　「沌」原訛「張」，據晉書周訪傳一五八〇頁改。
〔一八〕伺答曰　「伺」原脱，據北宋本、傅校本、明抄本、明刻本、王吴本補。
〔一九〕劉浴德　「浴德」原訛「裕得」，據隋書于仲文傳一四五二頁改。按：北宋本作「裕德」。
〔二〇〕姑又與之遇以驕之　「又」原訛「且」，據左傳文公十六年及北宋本、傅校本、明抄本、明刻本、王吴本改。

〔二一〕楚子乘馹　「馹」原訛「驛」，據左傳文公十六年及北宋本、傳校本、明刻本改。注同。

〔二二〕馹傳車也　「車」原訛「軍」，據左傳文公十六年杜注及北宋本改。

〔二三〕子員音筠自仞以伐庸　「員」左傳文公十六年作「貝」。

〔二四〕取則易獲因縱兵騰之　「易」原脱，「騰」原訛「乘」，據晉書何無忌傳二二一五頁改。按：北宋本，傳校本、明抄本、明刻本、王吳本「騰」訛「勝」。

〔二五〕因傳呼曰　「傳」原訛「使」，據諸本改。

〔二六〕殷統軍可謂死將矣　「將」原脱，據南史殷孝祖傳一〇〇〇頁、御覽卷三一三補。

〔二七〕若善射者十手相射　「手」原訛「伍」，據南史殷孝祖傳一〇〇〇頁、御覽卷三一三改。按：北宋本、傳校本、明抄本、明刻本、殿本作「主」。

〔二八〕勝逐齊神武數里　「數」下原衍「十」，據周書賀拔勝傳二一九頁、北史賀拔允傳一七九九頁删。

〔二九〕周文帝　「帝」原脱，據北宋本、傳校本、明抄本、明刻本補。

〔三〇〕師行衆悲恐則敗　「則」原脱，據北宋本卷目補。

〔三一〕賓以數千騎奔免　「免」原訛「逸」，據晉書慕容垂傳三〇八九頁及北宋本、傳校本改。

〔三二〕使人悽愴　「愴」原訛「慘」，據北宋本、傳校本、明抄本、明刻本改。

〔三三〕已見敵有闕漏之形　「形」原訛「處」，據北宋本、傳校本、明抄本、明刻本改。按：十一家注孫子形篇杜佑注亦作「形」。

〔三四〕形藏也　十一字注孫子形篇杜佑注作「藏形也」。

〔三五〕前將軍董卓　「將」原脱，據後漢書皇甫嵩傳二三〇五頁補。

〔三六〕可勝在彼　「可」原訛「不」，據後漢書皇甫嵩傳二三〇五頁及王吴本改。

〔三七〕賊衆疲弊　「弊」原作「憊」，據後漢書皇甫嵩傳二三〇五頁及北宋本、王吴本改。

〔三八〕地形險阻　「險阻」原倒，據北宋本乙。

〔三九〕高下闊狹　「闊狹」原倒，據傅校本、明抄本、明刻本、王吴本乙。

〔四〇〕上闊加下闊　「加下」原倒，據上下文義乙。

〔四一〕並計之大功之内　「大」原作「夫」，據北宋本、傅校本、明抄本、明刻本、王吴本改。

〔四二〕壯男遇壯女則志散而不專　「遇」原脱，據太白陰經築城篇補。

〔四三〕上建女牆　「上」原訛「下」，據北宋本、傅校本、明抄本、明刻本、王吴本改。

〔四四〕屈膝梯　「膝」原訛「勝」，據太白陰經築城篇改。按：下文有「屈膝梯」，亦可證此應作「膝」。

〔四五〕則去城五六十步　「五六十」北宋本、傅校本、明抄本、明刻本、王吴本作「五十六」。

〔四六〕舉雙兔旗　「旗」原脱，據王吴本補。

〔四七〕皆令膺役城上　「膺」原作「應」，據北宋本改。

〔四八〕去牆三尺　「去」原作「出」，據北宋本、傅校本、明抄本、明刻本改。按：御覽卷三三七也作「去」。

〔四九〕掾端安鐯　「端」原脱，據御覽卷三三七補。

〔五〇〕以弱竿縣挂於女牆外去牆外七八尺以折抛石之勢　「外去牆外七」及「以」原脱，據御覽卷三三七補。

〔五一〕兩䔥三寸　「三」御覽卷三三七作「二」。

〔五二〕大矢自副一發　御覽卷三三七無「自副」二字。

〔五三〕尾分爲兩歧　「尾」原脱，據御覽卷三三七補。

〔五四〕游火　「火」原訛「人」，據諸本改。按：御覽卷三三七也作「火」。

〔五五〕用叉飛梯及人　「用叉」原倒，據北宋本、傅校本、明抄本、明刻本乙。

〔五六〕束柴葦焦草而燃之　「焦」北宋本、傅校本、明抄本、明刻本作「照」。

〔五七〕以熟鐵闊徑尺長一尺二寸四條　按：「徑」下原脱「尺」，據王吴本增。

〔五八〕多背旺相　北宋本「旺」作「王」。

〔五九〕高長柄鐵鉤　「高」原作「作」，據北宋本改。

〔六〇〕城中速造舡一二十隻　「舡」原作「船」，據北宋本改。下同。

〔六一〕覺即急走　北宋本、傅校本、明抄本、明刻本無「走」。

〔六二〕於城内深闊爲坑　「闊」原訛「門」，據北宋本改。

〔六三〕以木徑二尺　「二」御覽卷三三七作「一」。

〔六四〕可以塞城門巷要路　「城」下原衍「中」，據北宋本、傅校本、明抄本、明刻本删。按：御覽卷三三七也無「中」。

〔六五〕其闕内重加短木爲閣道　「加」「木」原脱，據御覽卷三三七補。

〔六六〕拒馬防守　「防」原脱，據御卷三三七補。

〔六七〕固舉二火　「固」原作「因」，據北宋本、傅校本、明抄本、明刻本改。

〔六八〕遞知更刻　「知」原訛「如」，據北宋本、明抄本改。

〔六九〕即奔馳報探　「奔」原訛「奕」，據北宋本、傅校本、明抄本、明刻本改。

〔七〇〕常與烽鋪土河計會交牌　「土」原訛「上」，據諸本改。

劉俊文點校　王文錦覆校

通典卷第一百五十三

兵六

示弱　示怯　示緩　聲言擊東其實擊西　示形在彼而攻於此　示無備設伏取之　示强　敵軍攻城久不下師老擊敗之

孫子曰：「兵者，詭道也。無常形，以詭詐爲道。若息侯誘楚子謀宋。故能用示之不能用，〔一〕言己實能用師，外示之怯也。若孫臏示弱而制龐涓。近而示之遠，遠而示之近。欲近而設其遠也，欲遠而設其近也，〔二〕誑曜敵軍，示之以遠，本從其近。若韓信之襲安邑，陳舟臨晉而度夏陽。古之善用兵者，能使敵人前後不相及，衆寡不相待，〔三〕貴賤不相救，上下不相扶，〔四〕卒離而不集，兵合而不齊。多設詐變，〔五〕出東見西，攻南引北，亂之，使彼章惶離亂，〔六〕而不集聚。合於利而動，暴之使離，亂之使不齊，動兵而戰。不合於利而止。」

示弱

春秋時，晉聲子謂楚令尹屈建曰：「若敖之亂，伯賁之子苗賁皇奔晉，以爲謀主。及鄢陵之役，楚晨壓晉軍而陣。苗賁皇曰：『楚師之良在中軍王族而已，若塞井夷竈，〔七〕成陣以當之，欒、范易行以誘之，欒書時將中軍，〔八〕范燮佐之。易行，謂簡易兵備，欲令楚貪己，不復顧二穆之兵。易，以豉反。行，胡郎反。中行、二郤必克二穆，郤錡時將上軍，中行偃佐之，郤至佐新軍。令此三人分良以攻二穆之兵。楚子重、子辛皆出穆王，故曰二穆。錡，魚綺反。〔九〕吾乃四萃於其王族，〔一〇〕必大敗之。』四萃，四面集攻。晉人從之，楚師大敗，王夷師熸，夷，傷也。吳楚之閒，謂火滅爲熸。子廉反。子反死之。鄭叛，吳興，則苗賁皇之爲也。」

漢初，韓王信反，高帝自往擊。至晉陽，聞信與匈奴欲擊漢，帝使人使匈奴。〔一一〕匈奴匿其壯士肥牛馬，匿，藏。徒見老弱及羸畜。使者十輩來，皆言匈奴易擊。帝使劉敬復往使匈奴，還報曰：「兩國相擊，此宜誇矜見所長。見，示也。今臣往，徒見羸胔老弱，胔音漬，謂死者之肉也。一說胔讀曰瘠，〔一二〕瘠，瘦也。此欲見短，伏奇兵以爭利。愚以爲匈奴不可擊也。」是時漢兵已踰句注，二十餘萬兵已業行。〔一三〕帝怒，以爲沮吾軍，沮謂止，壞也。材汝反。械繫敬廣武。遂往，至平城，匈奴果出奇兵圍高帝白登，七日然後得解。

後漢末，孫策遣軍攻陳登於匡琦城。賊初到，旌甲覆水，羣下咸以衆寡不敵。〔一四〕登乃閉門自守，示弱不戰，將士銜聲，寂若無人。登乘城觀形勢，〔一五〕知其可擊。乃申命士衆，宿整兵器，昧爽，開南門，引軍詣賊營，〔一六〕步騎鈔其後。賊周章，方結陣，不得還船。登縱兵乘之，賊遂大敗。

陳武帝東討杜龕，侯安都居守。北齊軍入據石頭，遊騎至於闕下。安都閉門偃旗幟，示之以弱，且令城中曰：「有登陴看賊者斬。」及夕，賊收軍還石頭，安都夜令士卒密營禦敵之具。明晨，賊騎又至，安都率甲士三百人，開東西掖門與戰，大敗之，賊乃退還石頭，不敢逼臺城。

後周末，隋文帝作相之初，尉遲迥拒命，遣將于仲文率兵定關東。〔一七〕軍次蓼隄，迥將檀讓擁衆數萬，仲文以羸師戰，讓悉衆來拒，仲文僞北，讓軍頗驕。於是遣精兵左右翼擊之，大敗讓軍。進攻梁郡，迥守將劉子寬棄城遁走。

示怯

周初，武王問太公曰：「敵人先至，已據便地，形勢又强，則如之何？」對曰：「當示怯弱，設伏佯走，自投死地。敵見之，必疾速而赴，擾亂失次，必離故所，入我伏兵。齊起，急擊前後，衝其兩旁。」

戰國趙將李牧，常居代鴈門，備匈奴。以便宜署吏，市租皆輸入幕府，爲士卒費。日擊數牛饗士，習騎射，謹烽火，多閒諜，厚遇戰士。〔一八〕爲約曰：「匈奴即入盜，急入收保，〔一九〕有敢捕虜者斬。」匈奴每入，烽火謹，輒入收保，不敢戰。如是數歲，亦不亡失。然匈奴謂牧爲怯。趙王讓牧，牧如故。王怒，使他人代將。歲餘，匈奴每來，出戰，數不利。復遣牧。牧至，如故約。匈奴數歲無所得，〔二〇〕終以爲怯。邊士皆願一戰。於是乃具選兵車得千三百乘，騎萬三千匹，百金之士五萬，彀弓弩者十萬人，悉勒習戰。大縱畜牧，人衆滿野。匈奴小入，佯北不勝，以數千人委之。單于聞之，大喜，率衆來。牧多爲奇陣，張左右翼擊之，破殺匈奴十餘萬騎，單于奔走。十餘歲不敢近邊。

戰國韓、魏相攻，齊將田忌率兵伐魏。魏將龐涓聞之，去韓而歸。孫臏謂田忌曰：「彼三晉之兵素悍勇而輕齊，齊號爲怯。善戰者因其勢而利導之。兵法，百里而趨利者蹶上將軍，蹶猶挫也。蹶，紀劣反。五十里而趨利者軍半至。〔二一〕使齊軍入魏地爲十萬竈，明日爲五萬竈，又明日爲三萬竈。」〔二二〕龐涓行三日，大喜，曰：「我固知齊卒怯，入吾地三日，士卒亡者過半矣。」乃棄其步兵，與其輕銳倍日并行逐之。并，畢正反。孫子度其行，暮當至馬陵。〔二三〕馬陵道狹，而旁多阻隘，〔二四〕可伏兵，乃斫大樹白而書之曰：〔二五〕「龐涓死此下。」於是令萬弩夾道而伏，期曰：「暮見火舉而俱發。」龐涓夜至斫木下，見白書，乃鑽火燭之。讀書未畢，齊軍萬弩俱發，軍大亂，龐涓乃自刎。

隋煬帝大業中，彭城賊張大彪、宗世模等衆至數萬，〔二六〕保縣薄山，寇掠徐、兖。隋將董純討之。純初閉營不與戰，賊屢挑之不出，賊以純爲怯，不設備，縱兵大掠。純選精鋭擊賊，合戰於昌慮，大破之，斬首萬餘級，築爲京觀。

隋末，山賊孟讓衆號十萬，屯盱眙。煬帝遣王世充保都梁山以拒之，久不與戰，乃宣言士卒亡叛，使賊中聞之。讓果大笑曰：「王世充文法吏，何能爲將。吾當生縛之。」於是進攻其栅，充與戰，佯不勝。讓益輕之，乃分兵虜掠。世充知其可擊，令軍中移竈撤幕，設方陣四面而出戰，大破之，虜男女十萬餘口，讓僅以身免。

示緩

戰國秦伐韓，軍於閼與。趙王召問趙奢，奢對曰：「道遠險狹，譬猶兩鼠鬬於穴中，〔二七〕將勇者勝。」王令奢救之。兵去邯鄲三十里，而令軍中曰：「有以軍事諫者死。」秦軍武安西，秦軍鼓噪勒兵，武安屋瓦盡震。軍中候有一人言急救武安，奢立斬之。堅壁，留二十八日不行，復益增壘。秦閒來，奢善食遣之。閒以報秦將，秦將大喜曰：「夫去國三十里而軍不行，乃增壘，瘀與非趙地也。」奢既已遣秦閒，乃卷甲而趨之，〔二八〕二日一夜至，令善射者去閼與五十里而軍。。〔二九〕壘成，秦人聞之，悉甲而至。奢縱兵擊破之，閼與圍解。

後漢末，曹公進軍攻袁尚將審配於鄴，先鑿塹圍，風迴四十里，初令淺，示若可越。審配遥見，笑而不出争利。曹公令一夜濬之，廣深二丈，決漳水以灌之。數月，城中餓死過半。尚將馬廷臨陣降，遂克鄴城。

魏將司馬宣王征公孫文懿，賊保襄平，宣王進軍圍之。會霖潦，大水平地數尺，三軍恐懼，欲移營。宣王令軍中敢有言徙者斬。都督令史張静犯令，斬之，軍中乃定。賊恃水，樵牧自若。諸將欲取之，皆不聽。司馬陳珪曰：「昔攻上庸，八部並進，晝夜不息，〔三〇〕故能一旬之半拔堅城，斬孟達。今者遠來而更安緩，愚竊惑焉。」宣王曰：「孟達衆少而食支一年，吾將士四倍於達而糧不淹一月，以一月圖一年，安可不速？以四擊一，正令半解，猶當爲之。是以不計死傷，與糧競也。今賊衆我寡，賊飢我飽，水雨乃爾，功力不設，雖當促之，亦何所爲。〔三一〕自發京師，不憂賊攻，但恐賊走。今賊糧垂盡，〔三二〕而圍落未合，掠其牛馬，鈔其樵採，此故驅之走也。夫兵者詭道，善因事變。賊憑衆恃雨，故雖飢困，安肯束手，當示無能爲之。若取小利以驚之，非計也。」既而雨止，遂合圍。起土山地道，楯櫓鉤橦競發，〔三三〕矢石雨下，晝夜攻而拔之。

後魏末，万俟醜奴稱亂關右，魏將賀拔岳討之，軍於汧、渭之閒，宣告遠近曰：「今氣候漸熱，非征討之時，待至秋涼，更圖進取。」醜奴聞之，遂以爲實，分遣諸軍散營農於岐州之北百里細川，使其大將侯伏侯元進領兵五千，據險立栅。其千人以下爲栅者亦有數處，且田且守。岳知其勢分，乃密嚴備。晡時，潛遣輕騎先行斷諸路，於後諸軍盡發。昧旦，攻圍元進栅，拔之。諸所俘執皆放之，自餘栅悉降。岳星言徑趣涇州，〔三四〕其刺史侯長貴亦以城降。醜奴乃棄平亭而走。

聲言擊東其實擊西

後漢初，岑彭將兵三萬餘人南擊秦豐，拔黃郵，豐與其大將蔡宏拒彭等於鄧，數月不得進。彭夜勒兵馬，申令軍中，使明早西擊山都。乃緩所獲虜，令得逃亡，歸以告豐，豐即悉其軍西邀彭。彭乃潛兵渡沔水，擊其將張楊於阿頭山，〔三五〕大破之。從川谷閒伐木開道，直襲黎丘，破諸屯兵。豐聞大驚，馳歸救之。彭依東山爲營，豐與蔡宏夜攻彭，彭先爲之備，出兵逆擊之，豐敗走。

後漢初，張步據齊地，漢將耿弇征之，弇音甘。張步將費邑分遣其弟敢守巨里。弇進兵先脅巨里，使多伐樹木，揚言以填塞坑塹。數日，有降者言邑聞弇欲攻巨里，謀來救之。

弇乃嚴令軍中趣修攻具，宣勒諸部，後三日當悉力攻巨里城。陰緩生口，令得亡歸。歸者以弇期告邑，邑至日果自將精兵三萬餘人來救之。弇喜，謂諸將曰：「吾所以修攻具者，欲誘致邑耳。今來，適其所求也。」即分三千人守巨里，自引精兵上岡坂，乘高合戰，大破之，臨陣斬邑。既而收首級以示巨里城中，城中恟懼，〔三六〕費敢悉衆亡歸張步。時張步都劇，使其弟藍將精兵二萬守西安，又令將萬餘人守臨淄，相去四十里。弇進軍畫胡麥反中，〔三七〕居二城之閒。弇視西安城小而堅，且藍兵又精，臨淄名雖大而實易攻，乃勒諸將校後五日攻西安。藍聞之，晨夜警守。至期夜半，弇勒諸將皆蓐食，會明至臨淄城。護軍荀梁等爭之，以爲宜速攻西安。弇曰：「不然。西安聞吾欲攻之，日夜爲備；臨淄出不意至，必驚擾，吾攻之一日必拔。拔臨淄即西安孤，張藍與步隔絶，必復亡去，所謂擊一而得兩者也。若先攻西安，定不卒下，頓兵堅城，死傷必多。縱能拔之，張藍引軍還奔臨淄，并兵合勢，觀人虛實，吾深入敵地，後無轉輸，旬月之閒，不戰而困。諸君之言，未見其宜也。」遂攻臨淄，半日拔之，入據其城。張藍聞之大懼，遂將衆亡歸劇。

示形在彼而攻於此

春秋時，越伐吳，吳子禦於笠澤，夾水而陣。越爲左右句卒，句卒，鉤伍相著，別爲左右屯也。

使夜或左或右，鼓譟而進；吳師分以禦之。越以三軍潛涉，當吳中軍而鼓之，吳師大亂，遂敗之。左右句卒爲聲勢，以分吳軍而三。吳越春秋曰：「越伐吳，起軍於江南，乃具左右軍，將有私卒六千人爲中軍。日昏，乃令左軍銜枚泝江五里，右軍銜枚沿江五里，夜半鳴鼓，吳師聞之，大駭曰：『越人來攻我乎？』因分其軍爲二陣拒越，越王乃以其中軍銜枚，潛涉不譟，以襲攻之，吳師大敗。」此語左氏傳同，其語小異，故附於注末。

漢王遣將韓信擊魏，魏王盛軍蒲坂，塞臨晉，信乃益爲疑兵，陳船欲渡臨晉，而伏兵從夏陽以木罌缻渡軍，〔三八〕以木爲器，如罌缻。以度軍無船且尚密。襲安邑，虜魏王豹。

漢吳王濞反，漢將周亞夫率師禦之，壁於下邑。吳師奔壁東南，亞夫使備西北，吳果以精兵奔西北，不得入，乃大敗之。亞夫悟之而勝。

後漢將吳漢、岑彭討公孫述，述使其將廷岑等悉兵拒廣漢及資中，又遣將侯丹率二萬餘人拒黃石。彭乃多張疑兵，使護軍楊翕與臧宮拒延岑等，自分兵浮江下還江州，今南平郡，即漢江州縣。泝都江而上，〔三九〕都江，成都江。襲擊侯丹，大破之。因晨夜倍道兼行二千餘里，徑拔武陽。使精騎馳廣都，去成都數十里，勢若風雨，所至皆奔散。初，述聞漢軍在平曲，故遣大兵逆之。及漢軍至武陽，繞出道廷岑軍後，蜀地震駭。

後漢馬援爲隴西太守，發步騎三千人擊先零羌。羌將其妻子輜重移阻於允吾谷，允吾，音鉛牙。援乃潛行閒道，掩赴其營。羌大驚壞，〔四〇〕復遠徙唐翼谷中，援復追討之。羌引精兵聚北山，援陳軍向山，而分遣數百騎繞襲其後，乘夜放火，擊鼓叫譟，虜遂大潰。

後漢末，黄巾賊起，漢將朱儁率兵討之。賊帥韓忠據宛拒儁，儁兵少不敵，乃長圍結壘，起土山以臨城内，因鳴鼓攻其西南，賊悉衆赴之。儁自將精卒五千，掩其東北，乘城而入，忠乃退保小城，惶懼乞降。

後漢末，曹公與袁紹相持官渡，紹遣將郭圖、淳于瓊、顔良攻東郡太守劉延於白馬，紹引兵至黎陽，將渡河。曹公北救廷，荀攸説公曰：「今兵少不敵，分其勢乃可。公到廷津，若將渡兵向其後者，紹必西應之，然後輕兵襲白馬，掩其不備，顔良可擒也。」公從之。紹聞兵渡，即分兵西應之。公乃引軍兼行趣白馬，未至十餘里，良大驚，來逆戰。使張遼、關羽前登，擊破，斬良。遂解白馬圍。

後漢末，曹公擊破馬超，超走涼州，關中平。諸將或問公曰：「初，賊守潼關，渭北道缺，不從河東擊馮翊而反守潼關，引日而後北渡，何也？」公曰：「賊守潼關，若吾入河東，賊必引守諸津，則西河未可渡。吾故盛兵向潼關，賊悉衆南守，西河之備虚，故徐晃等得擅取西河；然後引軍北渡，賊不能與吾争西河者，以有二將之軍也。連車豎柵，爲甬道而南，既爲不可勝，且以示弱。渡渭爲堅壘，虜至不出，所以驕之也，故賊不爲營壘而求割地。吾順言許之，所以從其意，使自安而不爲備，因蓄士卒之力，一旦擊之，所謂疾雷不及掩耳，兵之變化，固非一道也。」

後漢末，蜀將關羽圍曹公將曹仁於樊，又圍將軍呂常於襄陽。曹公遣將徐晃救仁，以羽難與争鋒，遂前至偃城。〔四一〕晃到，詭道作都塹，示欲截其後，賊燒屯走。晃得偃城，〔四二〕兩面連營，稍前，去賊圍三丈所，未攻。賊圍頭有屯，又別屯四冢。晃揚聲當攻圍頭屯，而密攻四冢。羽見四冢欲壞，自將步騎五千出戰，晃擊之，退走，遂追陷與俱入圍，破之，或自投沔水死。曹公令曰：〔四三〕「賊圍塹鹿角十重，將軍致戰全勝，遂陷賊圍，多斬首虜。吾用兵三十餘年，及所聞古之善用兵，未有長驅徑入敵圍者也。」

後漢末，田國讓守馬城，爲鮮卑攻圍之十重。國讓密嚴使司馬建旌旗，鳴鼓吹，將步騎從南門出，胡人皆屬目往赴之。國讓將精鋭自北門出，鼓譟而赴，兩頭俱發，出虜不意。虜衆散亂，皆無弓馬，步走二十餘里，僵屍蔽地。

魏將司馬宣王征公孫文懿，〔四四〕次於遼水。文懿遣將軍卑衍、〔四五〕楊祚等步騎數萬阻遼隧以距之，圍塹二十餘里。宣王令其軍穿圍，盛兵多張旗幟出其東南，賊盡鋭赴之。乃汎舟潛濟急東北，斜趣襄平。衍等恐襄平無守，夜遁走。

魏將郭淮討叛羌，其羌師屯河關、白土故城，據河拒官軍。淮見形上流，密於下渡兵據白土城，〔四六〕擊，大破之。

蜀將諸葛亮出斜谷，司馬宣王屯北原。亮盛兵西行，諸將皆欲攻西圍，郭淮獨以爲此見形於西，欲使官兵重應之，必攻陽遂耳。其夜果攻陽遂，有備不得上。

十六國前燕將慕容垂討丁零翟釗於滑臺，次於黎陽津，釗於南岸拒守，垂徙營就西津，爲牛皮船百餘艘，載疑兵列仗，泝流而上。釗先以大衆備黎陽，見垂向西津，乃棄營西拒。垂潛遣其桂林王慕容鎮、驍騎慕容國於黎陽津夜濟，壁於河南。釗聞而奔還，士衆疲渴，走歸滑臺，釗攜妻子率數百騎北趣白鹿，垂遣追擊之，盡擒其衆。

東晉末，宋武帝遣將朱齡石伐譙縱於蜀。宋武曰：「往年劉敬宣出黄虎，無功而退。賊謂我今應從外水往，而料我當出其不意，猶從内水來也。如此，必以重兵守涪音浮城，以備内道。若向黄虎，正墮其計。今以大衆自外水取成都，疑兵出内水，此制敵之奇也。」而慮此聲先馳，賊審虛實，乃別有函書，全封付齡石，署函邊曰：「至白帝乃開。」諸軍雖進，未知處分所由。至白帝，發書，曰：「衆軍悉從外水取成都，臧熹、朱林於中水取廣漢，使羸弱乘高艦十餘，由内水向黄虎。」衆軍乃倍道兼行，譙縱果備内水，使其大將譙道福以重兵戍涪城，遣其將侯輝、譙詵等率衆萬餘屯彭模，夾水爲城。齡石至彭模，諸將以賊水北城險阻衆多，〔四七〕咸欲先攻其南城，齡石曰：「不然。雖寇在北，今屠南城，不足以破北；若盡鋭以拔北壘，南城不麾而自散也。」遂攻北城，詰朝戰，至日昃，焚其樓艣，四面並登，斬侯輝、譙銑，仍迴軍以麾，南城即時潰散。

宋劉道濟爲益州刺史，刑政失中，羣盜蜂起，攻圍州城。道濟將裴方明出東門，破賊三營，斬首數百級。賊雖敗，已復還合。方明復僞出北門，迴擊城東大營，殺千餘人。時天大霧，方明等復揚聲出東門，而潛自北門出攻城北、城西諸營，賊衆大潰，於是奔散。

西魏末，岷州羌據州城反，魏將獨孤信討之。信勒兵向萬年，頓三交谷口。賊并力拒守，信因詭道趨緺松嶺。〔四八〕緺，直留反。賊不虞信兵之至，覩風奔潰。乘勝逐北，徑至城下，賊並出降。

西魏宋，涼州刺史宇文仲和據州不受代，魏將獨孤信率兵討之。仲和嬰城固守，信夜令諸將以衝梯攻其東北，信親率壯士襲其西南，遲明克之。遲，直吏反。未明也。天未明之頃，已襲之，事畢然後天明，明遲於事耳。

隋漢王諒作亂，遣其將余公理自太行下河內。隋將史祥討之，軍於河陰，久不得濟。祥謂軍吏曰：「余公理輕而無謀，才用素不足稱，又新得志，謂其衆可恃。恃衆必驕。且河北人先不習兵，所謂擁市人而戰，不足圖也。」乃令軍中修攻河陽具。公理使諜知之，果屯兵於河陽内城以備祥。祥於是艤船河南，公理聚甲以當之。〔四九〕祥乃簡精鋭於下流潛渡，公理率衆拒之。祥至淏古闃反水，〔五〇〕兩軍相對，公理未成列，祥縱擊，大破之。

孫子曰：「利而誘之，親而離之。」以利誘之，使五閒並入，辯士馳說，親彼君臣，分離其形勢。若秦遣反閒，欺誑趙君，使廢廉頗而任趙奢之子，卒有長平之敗。

示無備設伏取之

後魏將傅永守楚王戍，蕭齊將裴叔業來攻。永令填塞外塹，夜伏戰士一千人於城外。曉而叔業等至，頓於城東，列陣，將置長圍。永所伏兵於左道擊其後軍，〔五一〕破之。叔業乃令將佐守所列之陣，自率精甲數千人救之。永上門樓，觀叔業南行五六里許，便開門奮擊，遂摧破之。叔業進退失圖，於是奔走。左右欲追之，永曰：「弱卒不滿三千，彼精甲猶盛，非力屈而敗，直墮吾計中耳。既不測我之虛實，足喪其膽。俘此足矣，何假逐之。」〔五二〕

後周韓褒爲汾州刺史，州界北接太原，當千里徑。先是，高齊寇數入，民廢耕桑，前後刺史，莫能防捍。褒至，適會寇來，褒乃不下屬縣。民既不及設備，以故多被抄掠。齊人喜，相謂曰：「汾州不覺吾至，先未集兵，今者之還，必莫能追躡我矣。」由是益懈，不爲營壘。褒已先勒精銳，伏北山中，分據險阻，邀其歸路。乘其衆怠，縱伏擊之，盡獲其衆。孫子曰：「夜戰多火鼓，晝戰多旌旗，所以變人耳目。〔五三〕以治待亂，以靜待譁，此治心者也。」以我之清淨，待彼之諠譁，此治人心者也。故太公曰：「事莫大於必克，用莫大於玄默。」〔五四〕

示强

春秋時，楚將子元以車六百乘伐鄭，師於桔柣之門。桔柣，鄭遠郊之門也。桔，胡結反〔五五〕。柣，徒結反。又入自純門及逵市。純門，鄭外郭門也。逵市，郭門道上市。懸門不發，效楚言而出。子元曰：「鄭有人。」懸門施於內城門。鄭示楚以閒暇，故不閉城門。出兵而效楚言，故子元畏之不敢進。諸侯救鄭。楚師夜遁。鄭人將奔桐丘，諜言曰：「楚幕有烏。」乃止。諜，閒也。幕，帳也。

春秋時，楚大饑，戎伐其西南，戎，山夷也。庸人帥羣蠻以叛楚，庸，屬楚之小國。麇人率百濮將伐楚。百濮，夷也。麇，居筠反。於是申、息之北門不啟。備中國。楚人謀徙於阪高。楚險地也。蔿賈曰：「不可。我能往，寇亦能往，不如伐庸。夫麇與百濮，謂我饑不能師，故伐我也。〔五六〕若我出師，必懼而歸。百濮離居，將各走其邑，誰暇謀人？」乃出師。旬有五日，百濮乃罷。自廬以往，振廩同食。往，往伐庸也。振，發也。廩，倉也。同食，上下無異饌。

春秋時，晉文公率諸侯伐楚，楚將子玉從晉師。晉退三舍，楚師不止，晉師又次於城濮，楚師背酅而舍，酅音攜。酅，陵險阻名。文公患之。聽輿人之誦，恐衆畏險，故聽其歌誦。曰：「原田莓莓，莫杯反。舍其舊而新是謀。」高平曰原。喻晉軍美盛，若原田之草莓莓然，可以謀立新功，不足念舊惠也。公疑焉。疑衆謂己背舊謀新。晉大夫狐偃曰：「戰也！戰而捷，必得諸侯。若其不捷，表裏山河，必無害也。」晉國外河而內山。晉車七百乘，〔五七〕韅、呼見反。靷、與進反。鞅、於兩反。靽。音半。五萬二千五百人也。在背曰韅，在胷曰靷，在腹曰鞅，在後曰靽，言駕乘修備。〔五八〕晉侯登有莘古國名之墟以觀師，〔五九〕曰：「少長有禮，其可用也。」遂伐其木，以益其兵。伐木以益攻戰之具。蓋以示强。〔六〇〕終敗楚師。

春秋時，晉侯伐齊，齊侯登巫山以觀晉師。晉人使司馬斥山澤之險，雖所不至，必旆而疏陣之。斥，候也。疏建旌旗以爲陣，示衆也。使乘車者左實右僞，以旆先，僞以衣物爲人形也，建旆以先驅。輿曳柴而從。以揚塵。齊侯見之，畏其衆也，乃脱歸。脱，不張旗幟也。

春秋時，晉聲子聘楚，謂令尹屈建曰：「子儀之亂，析公奔晉，以爲謀主。繞角之役，析公曰：『楚師輕佻，易震蕩也。若多鼓鈞聲，以夜軍之，鈞同其聲楚師必遁。』晉人從之，楚師宵潰。晉遂侵蔡，襲沈，獲其君，敗申、息之師於桑隧，獲申麗而還。鄭於是不敢南面。楚失華夏，〔六一〕則析公之爲也。」

漢景帝時，匈奴大入上郡，天子使中貴人從李廣中官之幸貴者。勒習兵擊匈奴。貴人將數十騎出獵，見匈奴三人，與戰，被射傷。中貴人走廣，廣曰：「是必匈奴射鵰者也。」鵰善飛，故使善射者射。廣乃遂從百騎以馳三人，令其騎張左右翼，而廣身射彼三人，殺其二人，生得一人，果射鵰者也。遥見匈奴有數千騎，見廣，以爲誘騎，皆驚，上山陣。廣之百騎皆大恐，欲馳還走。〔六二〕廣曰：「吾去大軍數十里，今若走，匈奴追射我立盡。今我留，匈奴必以我爲大軍誘之，必不敢擊我。」廣令諸騎曰：「前。」未到匈奴陳二里所，止，令曰：「皆下馬解鞍。」其騎曰：「虜多且近，即有急，奈何？」廣曰：「彼虜以我爲走，今皆解鞍以示不走，用堅其意。」胡騎遂不敢擊。有白馬將出護其兵，於是廣上馬與十餘騎奔射殺之，而復還其騎中，解鞍，令士皆縱馬卧。是時會暮，胡兵終怪之，卒不敢擊。向夜半時，胡兵以爲漢有伏軍於旁欲夜取之，皆引兵去。詰朝，廣乃歸其大軍。

後漢廉范爲雲中太守，會匈奴大入塞，范自率士卒拒之。虜衆盛，不敵。會日暮，令軍士各交縛兩炬，三頭燃火。虜遥見火多，謂漢兵救至，待朝將退。范乃令軍中蓐食，晨往擊之，斬首數百級，虜自此不敢向雲中。

後漢虞詡爲武都太守，以討叛羌，羌乃率衆數千，遮詡於陳倉、崤谷，詡即停軍不進，〔六三〕而言上書請兵，須到當發。羌聞之，乃分鈔旁縣，詡因其兵散，日夜進道，兼行百餘里。令吏上各作兩竈，日增倍之，羌不敢逼。或問：「孫臏減竈而君增之。兵法，日行不過三十里，戒不虞，而今日且二百，何也。」詡曰：「虜衆多，吾兵少。徐行則易爲所及，速進則彼所不測。虜見吾竈日增，必謂郡兵來迎。〔六四〕衆多行速，必憚追我。孫臏見弱，吾今示强，勢有不同故也。」〔六五〕既到郡，兵不滿三千，而羌衆萬餘，攻圍赤亭數十日。詡乃令軍中，使强弩勿發，先用小弩。羌以爲矢力弱，不能至，并兵急攻。詡於是使二十强弩共射一人，發無不中，羌大震，退。詡因出城奮擊，多所殺傷。明日悉陳其衆，令從東郭門出，北郭門入，換衣服，迴轉數周。羌不知其數，更相恐動。詡計賊當退，乃潛遣五百餘人於淺水設伏，候其走路。虜果奔，因掩擊，大破之。

蜀將諸葛亮屯於陽平，遣魏延諸軍并兵東下，〔六六〕亮唯留萬人守城。魏將司馬宣王率二十萬衆拒亮，而與魏延軍錯道，逕前，當六十里。偵昌鄭反候白宣王説亮在城中兵力弱。將士失色，亮是時意氣自若，勒軍中皆卧旗偃息，不得輒出菴幔，〔六七〕開西門，掃地卻洒。〔六八〕宣王疑其有伏，於是引軍北趣山。亮謂參佐曰：「司馬懿謂吾有强伏，循山走矣。」候邏還白，如亮所言。〔六九〕宣王後知，深以爲恨矣。

後漢末，陳登爲廣陵太守，〔七〇〕孫策遣軍攻登於匡琦城。登使人求救於曹公，而密去城十里理軍營處所，多取柴薪，兩束一聚，相去十步，縱横成行，令夜俱起火，〔七一〕互然其聚，城上稱慶，若大軍到。賊覩火驚潰，登勒兵追奔，斬首萬級。

西晉杜元凱伐吴，陳兵於江陵，遣牙門管定、周旨、伍巢等率奇兵八百，〔七二〕汎舟夜渡，以襲樂鄉，〔七三〕多張旗幟，起火巴山，出於要害之地，〔七四〕以奪賊心。吴都督孫歆震恐，〔七五〕與吴將伍延書曰：「北來諸軍，乃飛渡江也。」旋皆破之。

十六國後趙石勒荆州監軍郭敬寇晉襄陽，勒驛令敬退屯樊城，戒之使偃藏旗幟，寂若無人，彼若使人觀察，則告之曰：「自愛堅守，後七八日大騎將至，相禁不復得走矣。」敬使人浴馬於津，周而復始，晝夜不絕。偵諜還告晉南中郎將周撫，撫以爲勒軍大至，〔七六〕懼而奔於武昌，敬遂入襄陽焉。

十六國前涼張重華以謝艾爲軍師將軍，率騎三萬，進軍臨河。後趙石勒將麻秋以三萬衆拒之。艾乘軺音遥車，冠白帢，〔七七〕苦洽反。鳴鼓而行。秋遥觀而怒曰：「艾年少書生，冠服如此，輕我也。」命黑矟音朔龍驤三千人馳擊之。艾左右大擾。或勸艾乘馬，艾不從，乃下車踞胡牀，指揮處分。賊以爲伏兵發也，懼不敢進。又遣將緣河截其後，秋軍乃退。艾乘勝奔擊，〔七八〕遂大敗之，斬秋將杜勳、汲漁，〔七九〕俘斬一萬三千級，秋走馬奔大夏也。

東晉末，宋武帝爲將，討海賊孫恩，恩在扈瀆。海鹽令鮑陋遣子嗣之以吴兵一千，請爲前驅。宋武曰：「賊兵甚精，吴人不習戰，若前驅失利，必敗我軍。可在後爲聲援。」不從。是夜，宋武多設伏兵，兼置旗鼓，然一處不過數人。明日，賊率衆萬餘迎戰。前驅既交，諸伏皆出，〔八〇〕舉旗鳴鼓。賊謂四面有軍，乃引退。嗣之追奔，爲賊所没。宋武且戰且退，賊既盛，所領死傷且盡。宋武慮不免，至伏兵處，乃止，令左右脱取死人衣。賊謂當走反停，疑猶有伏。宋武因呼更戰，氣色甚猛，賊良以爲然，乃引軍去。宋武徐歸，然後散兵稍集。

東晉末，桓玄篡晉，宋武帝起義討玄，玄使將桓謙、何澹之屯覆舟山。〔八一〕武帝使羸弱登蔣山，多張旗幟，玄不之測，大懼。武帝與劉毅等分數隊，進突謙陣，皆殊死戰，無不一當百。〔八二〕時東北風急，毅軍放火，煙塵張天，鼓譟之音，震駭京邑。謙等諸軍，一時奔散。

蕭梁將馮道根守阜陵。〔八三〕初到阜陵，理城隍，遠斥候，有如敵將至者。衆頗笑之。道根曰：「怯防勇戰，此之謂也。」理城未畢，會魏將党（德浪反）法宗、傅豎眼率衆二萬，奄至城下，道根塹壘未固，城中衆少，皆失色。道根命廣開門，緩服登城，選精鋭二百人出與魏軍戰，敗之。魏人見意閑，且戰又不利，因退走。

西魏將宇文測行綏州事。每歲河冰合後，突厥即來寇掠，先是常先遣居人入城堡以避之。測至，皆令安堵如舊。乃於要路數百處並多積柴，仍遠遣斥候，知其動靜。是年十二月，突厥從連谷入寇，去界數十里，測命積柴之處，一時縱火。突厥謂有大軍至，懼而遁走，自相蹂踐，委棄雜畜及輜重不可勝數。測徐率所部收之，分給百姓。自是突厥不敢復至。

梁雍州刺史岳陽王蕭詧雖稱藩於西魏，而尚有二心。西魏將楊忠自樊城觀兵於漢濱，易旗遞進，實騎二千，〔八四〕登樓觀之，以爲三萬，懼而服焉。

敵軍攻城久不下師老擊敗之〔八五〕

後漢初，龐萌、董憲反，與蘇茂、佼彊佼音效合兵三萬，〔八六〕急圍桃城。光武時在蒙，聞之，乃留輜重，自將輕騎三千，〔八七〕步卒數萬，晨夜馳赴，師次任城，去桃城六十里。旦日，〔八八〕諸將請進，賊亦挑戰。帝不聽，乃休士養銳，以挫其鋒。城中聞車駕至，衆心益固。時吴漢等在東郡，馳使召之。萌等乃悉兵攻城，二十餘日，衆疲困而不能下。及吴漢等到，乃率衆軍進桃城，帝親自搏戰，大破之。

十六國前趙劉曜敗石勒將石季龍於高堠，今絳州聞喜縣界。遂圍洛陽。勒將親救，程遐等固諫曰：「劉曜乘勝兵盛，難與爭鋒，金墉糧豐，攻之未可卒拔。曜懸軍千里，〔八九〕勢不支久。不可親動，動無萬全，大業去矣。」勒大怒，按劒叱遐等出。召徐光而謂之曰：「劉曜乘高堠之勢，圍守洛陽，庸人之情皆謂其鋒不可當也。然曜帶甲十萬，攻一城而百日不克，師老卒殆，以我初銳擊之，可一戰而擒。若洛陽不守，曜必送死冀州，自河以北，席卷北向，〔九〇〕吾事去矣。程遐等不欲吾親行，卿以爲何如？」光對曰：「劉曜乘高堠之勢而不能進臨襄國，更攻金墉，此其無能爲也。懸軍三時，無攻戰之利，若鑾旗親駕，必覩旌奔敗。定天下之計，在今一舉。」勒笑曰：「光之言是也。」使内外戒嚴，有諫者斬。命石堪、石聰、桃豹等各統見衆會滎陽，使石季龍進據石門，以左衞石邃都督中軍事，勒統步騎四萬赴金墉。勒顧謂徐光曰：「曜盛兵成皋關，上計也；阻洛水，其次也；坐守洛陽者，成擒也。」勒諸軍至成皋。勒見曜無守軍，大悅，乃卷甲銜枚詭道兼略，出於鞏、訾之間。知曜陳其軍十餘萬人於城西，彌悅。勒入自宣陽門，升故太極前殿。季龍步卒三萬，〔九一〕自城北而西，攻其中軍；〔九二〕石堪、石聰等各以精騎八千，城西而北，擊其前鋒，大戰於西陽門。勒躬貫甲冑，出自閶闔，夾擊之。曜軍大潰，於陣擒曜，以徇於軍。

校勘記

〔一〕故能用示之不能用　今孫子計篇作「故能而示之不能，用而示之不用」。

〔二〕欲近而設其遠也欲遠而設其近也　原作「欲進而理去道也言多疑設其近」，語不明順，今據十家注孫子計篇杜佑注改。

〔三〕衆寡不相待　「待」孫子九地篇作「恃」。

〔四〕上下不相扶　「扶」孫子九地篇作「收」。

〔五〕多設詐變　「詐變」原倒，據北宋本、傅校本、明抄本、明刻本乙。

〔六〕使彼章惶離亂　「章」原作「倉」，後人臆改。今據北宋本、傅校本、明抄本、明刻本改回。

〔七〕若塞井夷竈　「塞井」原脱，據左傳襄公二十六年補。

〔八〕欒書時將中軍　「時」原倒在「欒」上，據左傳襄公二十六年杜注及北宋本、傅校本、明抄本、明刻本乙。

〔九〕魚綺反　「綺」原訛「騎」，據北宋本、傅校本、明刻本改。

〔一〇〕吾乃四萃於其王族　「吾」原訛「君」，據左傳襄公二十六年及北宋本、傅校本、明刻本改。

〔一一〕帝使人使匈奴　下「使」原脱，據史記劉敬傳二七一八頁補。

〔一二〕一説觜讀曰瘠　「觜」原脱，據北宋本、傅校本、明抄本、明刻本補。

〔一三〕二十餘萬兵已業行　「二」原訛「三」，「萬」下衍「衆」，「已業」原倒，據史記劉敬傳二七一八頁改刪乙正。

〔一四〕羣下咸以衆寡不敵　「咸以」原脱，據三國志呂布傳裴注引先賢行狀二三〇頁補。

〔一五〕登乘城觀形勢　「乘」原脱，據三國志呂布傳裴注引先賢行狀二三〇頁補。

〔一六〕引軍詣賊營　「詣」原訛「指」，據三國志呂布傳裴注引先賢行狀二三〇頁改。

〔一七〕遣將于仲文率兵定關東　「于」原訛「崔」，據隋書于仲文傳一四五二頁改。

〔一八〕厚遇戰士　「戰士」原訛「單于」，據史記廉頗藺相如傳二四四九頁改。

〔一九〕急入收保　「收」原脱，據史記廉頗藺相如傳二四四九頁補。下同。

〔二〇〕匈奴數歲無所得　「數」原訛「終」，據史記廉頗藺相如傳二四五〇頁改。

〔二一〕五十里而趨利者軍半至　原訛脱作「五十里走者半之」，今據史記孫子吴起傳二一六四頁補改。按北宋本、傅校本、明抄本、明刻本「至」字不誤。

〔二二〕又明日爲三萬竈　「三」原訛「二」，據史記孫子吴起傳二一六四頁改。

〔二三〕暮當至馬陵　「暮」原訛「期」，據史記孫子吴起傳二一六四頁改。

〔二四〕而旁多阻隘　「隘」原訛「險」，據史記孫子吴起傳二一六四頁及北宋本、傅校本、明抄本、明刻本改。

〔二五〕乃斫大樹白而書之曰　「斫大」原倒，據史記孫子吴起傳二一六四頁乙。

〔二六〕宗世模　「宗」原訛「宋」，據隋書董純傳一五四〇頁改。

〔二七〕譬猶兩鼠鬭於穴中　「譬」上原有「難救」，衍文。今據史記廉頗藺相如傳二四四五頁删。

〔二八〕乃卷甲而趨之　「而」下原衍「行」，據史記廉頗藺相如傳二四四五頁删。

〔二九〕令善射者　「射」原訛「兵」，據史記廉頗藺相如傳二四四五頁改。

〔三〇〕晝夜不息　「息」原訛「怠」，據晉書宣帝紀一一頁及北宋本改。

〔三一〕亦何所爲　「亦」原作「欲」，據晉書宣帝紀一一頁改。

〔三二〕不憂賊攻但恐賊走今賊糧垂盡　上「賊」原訛「戰」，「走今賊」原脱，據晉書宣帝紀一一頁改補。

〔三三〕楯櫓鉤橦競發　「橦」原訛「撞」，據晉書宣帝紀一一頁及傅校本、明刻本改。

〔三四〕岳星言徑趣涇州　「星」原訛「聲」，據周書賀拔勝傳二二四頁及北宋本、傅校本、明抄本、明刻本改。

〔三五〕擊其將張楊於阿頭山　「楊」原作「陽」，「阿」原作「河」，據後漢書岑彭傳六五七頁改。

〔三六〕城中恟懼　「城中」原涉上而脱，據後漢書耿弇傳七〇九頁補。

〔三七〕晝胡麥反中　「胡麥反」原脱，據北宋本、傅校本、明刻本補。

〔三八〕以木罌缻渡軍　「缻」原訛「缾」，據北宋本、傅校本、明抄本、明刻本改。注同。

〔三九〕泝都江而上　「都江」上原衍「江」，據後漢書岑彭傳六六二頁删。注同。

〔四〇〕羌大驚壞　「壞」原訛「潰」，據後漢書馬援傳八三五頁及北宋本改。

〔四一〕遂前至偃城　「偃」原訛「堰」，據北宋本、王吴本改。下同。

〔四二〕晃得偃城　「得」原脱，據三國志徐晃傳五二九頁補。

〔四三〕曹公令曰　「令曰」原訛作「曰今日」，據三國志徐晃傳五二九頁删改。

〔四四〕公孫文懿　即公孫淵，通典避高祖諱，故稱其字。

〔四五〕將軍卑衍　「卑」原訛「單」，據三國志公孫淵傳二五四頁及北宋本、傅校本、明抄本、明刻本改。

〔四六〕密於下渡兵據白土城　「城」上原有「故」，據三國志郭淮傳七三五頁删。

〔四七〕險阻衆多　「阻」原脱，據宋書朱齡石傳一四二三頁補。

〔四八〕信因詭道趨綢松嶺　「詭」原訛「危」，據周書獨孤信傳二六六頁及北宋本、傅校本、明抄本、明刻本改。「綢」北史獨孤信傳二二六九頁作「稠」。

〔四九〕公里聚甲以當之　「甲」原訛「艘」，據隋書史祥傳一四九六頁及北宋本改。

〔五〇〕祥至溴古闃反水　「溴」北宋本作「淏」，誤。「闃」原訛「閴」，今訂正。

〔五一〕永所伏兵於左道擊其後軍　「左道」原倒，據魏書傅永傳一五五二頁乙。

〔五二〕何假逐之　「假」原訛「暇」，據魏書傅永傳一五五二頁及北宋本改。

〔五三〕所以變人耳目　「變」原訛「便」，據孫子軍争篇及北宋本、傅校本、明抄本、明刻本改。

〔五四〕用莫大於玄默　「用」原訛「重」，據十一家注孫子軍争篇賈林注改。

〔五五〕胡結反　「結」原訛「桔」，據北宋本、傅校本、明抄本、明刻本、王吴本改。

〔五六〕故伐我也　「伐我」原倒，據左傳文公十六年及傅校本、明刻本、王吴本乙。

〔五七〕晉車七百乘　「車」原訛「軍」，據左傳僖公二十八年及北宋本改。

〔五八〕言駕乘修備　「修備」原倒，據左傳僖公二十八年杜注乙。

〔五九〕晉侯登有莘之墟以觀師　「以」原脱，據北宋本、傅校本、明抄本、明刻本補。

〔六〇〕蓋以示強　「蓋」原訛「巷」，據諸本改。

〔六一〕楚失華夏　「華夏」原作「諸華」，據左傳襄公二十六年改。

〔六二〕欲馳還走　「馳還」原倒，據史記李將軍傳二八六八頁乙。

〔六三〕詡即停軍不進　「軍」原訛「車」，據後漢書虞詡傳一八六八頁及北宋本、傅校本、明抄本、明刻本、王吴本改。

〔六四〕必謂郡兵來迎　「郡」原訛「羣」，據後漢書虞詡傳一八六八頁改。

〔六五〕勢有不同故也　「勢」原脱，據後漢書虞詡傳一八六八頁補。

〔六六〕遣魏延諸軍并兵東下　「諸」原脱，據三國志諸葛亮傳裴注引郭沖三事九二一頁補。

〔六七〕不得輒出菴幔　「菴」原訛「巻」，據三國志諸葛亮傳裴注引郭沖三事九二一頁改。「輒」郭沖三事作「妄」，杜佑避其父嫌名而改「輒」。

〔六八〕掃地卻洒　原訛作「掃地卻飲酒」，據三國志諸葛亮傳裴注引郭沖三事九二二頁删改。

〔六九〕如亮所言　「如」原脱，據三國志諸葛亮傳裴注引郭沖三事九二二頁補。

〔七〇〕陳登爲廣陵太守　「太」原脱，據三國志呂布傳裴注引先賢行狀二三〇頁補。

〔七一〕令夜俱起火　「夜」原脱，據三國志呂布傳裴注引先賢行狀二三〇頁補。

〔七二〕遣牙門管定周旨伍巢等　「旨」下原有「及」，據北宋本、傅校本、明抄本、明刻本、王吳本删。

〔七三〕以襲樂鄉　「鄉」原訛「卿」，據晉書杜預傳一〇三〇頁及北宋本改。

〔七四〕出於要害之地　「出」原脱，據晉書杜預傳一〇三〇頁補。

〔七五〕吴都督孫歆　「吴」下原衍「郡」，據晉書杜預傳一〇三〇頁及王吳本删。

〔七六〕晉南中郎將周撫撫以爲勒軍大至　「周」原訛「同」，據北宋本改。下「撫」原脱，據晉書石勒載記下二七四七頁補。

〔七七〕冠白帢　「帢」原訛「幍」，據晉書張軌傳二二四二頁改。

〔七八〕艾乘勝奔擊　原脱「勝奔」，據晉書張軌傳二二四二頁補。

〔七九〕汲漁　「汲」原訛「伋」，據晉書張軌傳二二四三頁及北宋本改。

〔八〇〕諸伏皆出　「出」原脱，據宋書武帝紀上三頁補。

〔八一〕玄使將桓謙何澹之屯覆舟山　「玄」原涉上而脱，據晉書劉毅傳二二〇五頁補。

〔八二〕無不一當百　「一」原脱，據晉書劉毅傳二二〇五頁、宋書武帝紀上九頁補。

〔八三〕蕭梁將馮道根守阜陵　「梁」原訛「齊」，據史訂改。按：此乃梁天監二年事，見梁書馮道根傳二八七頁。

〔八四〕實騎二千　「實」原訛「寶」，據周書楊忠傳三一六頁及北宋本改。

〔八五〕敵軍攻城久不下師老擊敗之　「敗」原脱，據北宋本、明抄本、王吴本補。

〔八六〕佼彊　「彊」原訛「疆」，據後漢書龐萌傳四九六頁及北宋本改。

〔八七〕自將輕騎三千　「三」原訛「二」，據後漢書龐萌傳四九六頁改。按：北宋本訛「一」。

〔八八〕旦日　「旦」原訛「日」，據後漢書龐萌傳四九六頁及北宋本改。

〔八九〕曜懸軍千里　「懸」原脱，據晉書石勒載記下二七四四頁補。

〔九〇〕席卷北向　晉書石勒載記下二七四四頁「北」作「南」，非。按：後趙都襄國，劉曜若自洛陽席卷而來，自當北向。

〔九一〕季龍步卒三萬　「卒」原訛「騎」，據晉書石勒載記下二七四五頁及北宋本、傅校本、明抄本、明刻本改。

〔九二〕攻其中軍　「中」原脱，據晉書石勒載記下二七四五頁補。

劉俊文點校　王文錦覆校

通典卷第一百五十四

兵七

佯敗引退取之　僞稱敗怠敵取之　引退設伏取之　聲言退誘敵破之　引退設伏潛兵襲其營　設伏引敵鬬襲其營　示退乘懈掩襲　敵退追奔　縱敵退於歸路設伏取之　兵機務速　掩襲　甘言厚幣乘懈襲之

孫子曰：「佯北勿從。」北，奔走也。敵方戰，形勢未衰，便奔走而陣兵者，〔一〕必有奇伏，勿深入從之。故太公曰：「夫出甲陣兵，從卒亂行者，〔二〕所以多爲變。」

佯敗引退取之

春秋時，晉楚戰於城濮，楚將子玉從晉師。晉師陣於莘北。胥臣以下軍之佐當陳、蔡。子玉以若敖之六卒將中軍，曰：「今日必無晉矣。」鬬宜申將左，鬬勃將右。晉禆將胥臣蒙馬以虎皮，先犯陳、蔡。陳、蔡奔，楚右師潰。陳、蔡屬楚右師。狐毛設二旆而退之。旆，大旗也。又建一旆而退，使若大將稍卻者。欒枝使輿曳柴而僞遁，曳柴起塵，詐爲衆走。楚師馳之，原軫、郤溱側巾反〔三〕以中軍公族橫擊之。公族，公所帥之軍。狐毛、狐偃以上軍夾攻之，楚左師潰。楚師敗績。子玉收其卒而止，故不敗。晉師三日館穀。館，舍也。食楚軍穀三日。

春秋時，楚將鬬廉帥師及巴師圍鄾。鄧將養甥、聃甥帥師救鄾。三逐巴師，不克。鬬廉衡陣其師於巴師之中，以戰，而北，衡，横也。分巴師爲二部，鬬廉横陣於其閒，〔四〕以與鄧師戰，而僞北。北，走也。鄧人逐之，背巴師，而夾攻之。楚師僞走，鄧師逐之，背巴師，巴師攻之，楚師自前還與戰。鄧師大敗。鄾人宵潰。宵，夜。

戰國秦師伐趙，趙以趙奢之子代廉頗爲將，〔五〕拒秦將王齕恨勿反於長平。秦王聞之，乃陰使武安君白起爲上將軍，而王齕爲裨將軍，令軍中有敢洩言武安君將者斬。馬服子至，則出兵擊秦軍，秦軍佯敗而走，張二奇兵以劫之。趙軍逐勝，追造秦壁。秦壁堅拒不得入，而秦奇兵二萬五千人絶趙軍後，又一軍五千騎絶趙壁閒，趙軍分而爲二，糧道絶。而秦出輕兵擊之。趙戰不利，因築壁堅守，以待救至。秦王聞趙食道絶，王自之河内，賜民爵各一級，發年十五以上悉詣長平，遮絶趙救及糧食。至九月，趙卒不得食四十六日，皆内陰相殺食。來攻秦壘，欲出。爲四隊，四五復之，不能出。其時馬服子與鋭卒自搏戰，秦軍射殺之。軍大敗，卒四十餘萬人降，〔六〕皆坑之。

漢王與諸侯兵共擊項羽，決勝垓下。韓信將三十萬自當之，孔將軍當左，費將軍當右，漢王後，絳侯、柴將軍在漢王後。項羽之卒可十萬。韓信先合，不利，卻。孔將軍、費將軍縱，楚兵退，信復乘之，大敗垓下。

後漢初，馮異與鄧禹率車騎將軍鄧弘等議攻赤眉，異曰：「賊餘衆尚多，可稍以恩信傾誘，〔七〕難以卒用兵破也。上今使諸將屯澠池要其東，而異擊其西，一舉取之，此萬成計也。」禹、弘不從。弘遂大戰移日，赤眉佯敗，棄輜重走。車皆載土，以豆覆其上，兵士飢，爭取之。赤眉引還擊弘，弘軍潰亂。異與禹合兵救之，赤眉小卻。異以士卒飢倦，可且休，禹不聽，復戰，大爲所敗。

東魏末，齊神武薨，子澄立。侯景叛歸梁，而圍彭城，澄遣慕容紹宗討之。將戰，紹宗以梁人剽悍，恐其衆之撓也，一一引將卒而誑之曰：「我當佯退，誘梁人使前，汝可擊其背。」申明誡之。景又命梁人曰：「逐北勿過二里。」會戰，紹宗實敗走，梁人不用景言，乘敗深入，魏人以紹宗之言爲信，爭掩擊，遂大敗之。

西魏末，遣將史寧與突厥木汗可汗同伐吐谷渾，俱會於青海。〔八〕寧謂木汗曰：「樹敦、賀真二城，是吐谷渾巢穴。今若拔其本根，餘種自然離散，乃上策也。」木汗從之，即分爲兩軍。木汗從北道向賀真，寧趣樹敦。吐谷渾婆周王率衆逆寧，寧擊之。踰山履險，遂至樹敦。樹敦即吐谷渾之舊都，〔九〕多諸珍藏。而其主先己奔賀真，〔一〇〕留其征南王及數千人固守。寧進兵攻之，僞退，吐谷渾人果開門逐之，因迴兵奮擊，門未及闔，寧兵遂得入。生獲其征南王，俘虜男女、財寶，盡歸諸突厥。

僞稱敗怠敵取之

隋末，楊玄感反，攻東都。刑部尚書衛玄與玄感戰，兵始會，玄感詐令人大呼曰：「官軍已得玄感矣。」官軍稍怠，玄感與數千騎乘之，玄兵於是大潰。

引退設伏取之

春秋時，北戎侵鄭，鄭伯禦之，曰：「彼徒我車，懼其侵軼我也。」徒，步兵也。軼，突也。公子突曰：「使勇而無剛者，嘗寇而速去之，嘗，試也。勇則能往，無剛不恥退。君爲三覆以待之。覆，伏兵也。戎輕而不整，貪而無親，勝不相讓，敗不相救。先者見獲，必務進；進而遇覆，必速奔。後者不救，則無繼矣。」從之。戎人之前遇覆者奔，鄭將祝聃逐之，衷戎師，前後擊之，盡殪。爲三部伏兵，祝聃帥勇而無剛者，先犯戎而速奔，以遇二伏兵，〔一一〕至後伏兵起，戎還走，祝聃返逐之，戎前後及中三處受敵，故曰衷戎師。殪，於計反，死也。衷，竹仲反。〔一二〕

春秋時，吴侵楚，楚將養由基奔命，楚司馬子庚以師繼之。養由基曰：「吴乘我喪，謂我不能師也，必易我而不戒。戒，備。子爲三覆以待我，我請誘之。」子庚從之。戰於庸浦，楚地。大敗吴師。

後漢末，荆州牧劉表遣劉備北侵，至葉，〔一三〕曹公遣將李典與夏侯惇拒之。備一旦燒屯去，惇率諸軍追擊之，典曰：「賊無故退，疑必有伏。南道窄狹，草木深，不可追也。」惇不聽，與將于禁追之，典留守。惇等果入賊伏裏，戰不利，典往救，備覩見救至，乃退。

十六國後趙將石季龍攻晉將劉演於廩丘，晉將邵續使文鴦救演，季龍退止盧關津以避之，文鴦弗能進，屯於景亭。兖州豪右張平等起兵救演。季龍夜棄營設伏於外，揚聲將歸河北。張平以爲信然，入於空營。季龍迴擊敗之，遂陷廩丘。

十六國夏赫連勃勃進屯依力川，〔一四〕後秦姚興來伐，至三城，勃勃率騎禦之。興遣其將姚文宗拒戰，勃勃僞退，伏以待之。興將姚榆生等追，伏兵夾擊，皆擒之。

後魏万俟醜奴作亂關中，魏將賀拔岳率兵討之。岳以輕騎八百北渡渭，殺掠其民以挑之。醜奴大將尉遲菩薩果率步騎三萬至渭北。岳以陘騎數十與菩薩隔水交言，岳稱揚國威，菩薩自言强盛，往復數返，時已逼暮，於是各還。岳密於渭南傍水分精騎數十爲一處，隨地形便置之。明日，自將百餘騎，隔水與賊相見。岳漸前進，先所置騎隨岳而集。

騎既漸增，賊不復測其多少。行二十里許，〔一五〕至水淺可濟之處，岳便馳馬東出，以示奔遁。〔一六〕賊謂岳走，乃棄步兵，南渡渭水，輕騎追岳。岳東行十餘里，〔一七〕依橫崗設伏兵待之。賊以路險不得齊進，前後繼至，半度崗東。岳乃迴與賊戰，身先士卒，急擊之，賊便退走。岳號令所部，賊下馬者皆不聽殺。賊顧見之，便悉投馬。俄而虜獲三千人，馬亦無遺。遂擒菩薩，仍渡渭北，降步卒萬餘。

大唐武德中，太宗圍王世充於東都，竇建德自河北率兵十二萬來救。太宗自率騎二千五百、步卒千人趣武牢。四月，建德自滎陽西上，築壘于板渚。〔一八〕太宗以五百騎出武牢東二十餘里，將挑戰，先伏李勣、程齩金、秦叔寶，齩，五巧反。令尉遲敬德執矟造建德壘下，大呼致師。賊衆大驚擾，出兵數千騎。太宗逡巡漸卻，遂引賊以入伏內，李勣等奮擊，大破之，獲其大將殷秋、石瓚，昨旱反。斬首數百級。

聲言退誘敵破之

後漢西域莎車國王不供，〔一九〕將兵長史班超發于闐、疎勒諸國二萬五千人擊之，莎車求救龜茲，龜茲王遣將發溫宿、姑墨、尉頭合五萬人助之。超召諸將及于闐、疎勒王議曰：「兵少不敵，莫如各解散去。于闐從此東歸，長史亦從此西歸，夜半聞鼓聲便發。」衆皆以爲然。乃陰緩所擒得生口，歸以超言告龜茲。龜茲聞之喜，使其將以萬騎於西界遮超，溫宿王將八千騎於東界遮于闐王。人定後，超密令諸司馬勒兵，至雞鳴，馳赴莎車草營，〔二〇〕掩覆之，胡皆驚走，斬首五千級，莎車遂降。

十六國後涼呂光遣將呂廷，伐西秦乞伏乾歸，大敗之。乾歸因大泣歎曰：「死中復生，正在今日也。」乃縱反間，稱乾歸東奔成紀。呂廷信之，引師輕進。廷司馬耿雅諫曰：〔二一〕「乾歸雄勇過人，權略難測，破王廣，剋楊定，皆羸師以誘之，雖蕞爾小國，蕞，左外反。〔二二〕亦不可輕也。困獸猶鬭，況乾歸而可覩風自散乎！今宜部陣而前，步騎相接，徐俟諸軍大集，可以一舉滅之。」廷不從，戰敗，死之。

十六國北涼沮渠蒙遜伐西涼李士業於酒泉，先攻浩音閤亹，音門。有蛇盤於帳前。蒙遜笑曰：「前一爲騰蛇，〔二三〕今盤在吾帳前，天意欲吾迴師。」燒攻具而還，次於川巖。聞李士業徵兵欲攻張掖，〔二四〕蒙遜曰：「入吾計矣。但恐聞吾迴軍，不敢前也。兵事尚權。」乃露布西境，稱得浩亹，將進軍黃谷。〔二五〕士業聞而大悅，進入都瀆澗。蒙遜潛軍逆之，敗士業於懷城，遂進克酒泉。

東晉末，妖賊孫恩北出海鹽，宋武帝爲將，築城於海鹽。賊日來攻城，城内兵力甚弱，宋武獨深慮之。〔二六〕一夜，偃旗匿衆，若已遁者。明旦開門，使羸疾數人登城。賊遥問宋武所在。曰：「夜已走矣。」信之，乃率衆大上。宋武乘其懈怠，奮擊，大破之。

後魏太武征夏赫連昌於統萬城，師次城下，收衆僞退。昌鼓譟而前。會有風雨從東南來，沙塵昏冥。宦者趙倪進曰：〔二七〕「今風雨從賊後來，我向彼背，天不助人。將士飢渴，願陛下避之，更待後日。」崔浩曰：「是何言歟！千里制勝，〔二八〕一日之中豈得變易？賊前行不止，後已離絶，宜分軍隱出，掩擊不意。風道在人，豈有常也！」帝從之。分騎奮擊，昌軍大潰。

引退設伏潛兵襲其營

漢王遣將韓信擊趙，趙師拒於井陘。信與趙軍戰良久，棄旗鼓走，趙空壁逐信。信先遣奇兵二千騎，持漢赤幟，從閒道依山潛伏，候趙壁空，馳入，乃拔趙幟，立漢幟二千。趙軍既攻信不克，歸營見之，遂驚潰走。

隋末，羣盜起，隋將張須陀擊盧明月於下邳。賊連營十萬，須陀纔萬人，力勢不敵，〔二九〕去賊六七里地立栅，相持經十餘日，糧盡將退，謂將士曰：「賊見兵卻，必輕來追我。其衆若出，營内即虚，欲以千人襲營，可有大利。此誠危險，誰能去者？」人皆莫對，唯秦叔寶與羅士信皆曰：「願行。」於是須陀委栅而遁，使二人分領千兵潛伏於草莽。既而明月悉兵追之，叔寶、士信馳至其柵，柵門閉不得入，二人超昇其樓，拔賊幟，各殺數人，營中大亂。叔寶斬關而納外兵，因散縱火，焚其三十餘柵，煙燄漲天。明月奔還，須陀卻逐之，大破賊衆。明月以數百騎遁去，餘皆虜之。

設伏引敵鬭襲其營

隋末，李密擊宇文化及，精兵良將多有死傷。王世充在東都，乘其弊而擊之，率步騎二萬，營於洛南。李密軍於偃師北。世充潛遣二百騎，夜伏於邙山，〔三〇〕自統其衆，遲明渡水，人奔馬馳，以襲密營。密遽出兵以拒之，〔三一〕陣未成，兩軍已合。伏兵於北山中乘高而下，馳入密營，燒其廬舍。密見營中火發，因而遁走。

示退乘懈掩襲

後漢末，曹公征張魯，至陽平，張魯使弟衛據陽平關，横山築城十餘里，攻之不拔，乃引軍還。賊見大軍退，其守備懈。公乃密遣驍將等乘險夜襲，大破之。

後魏將慕容白曜南征宋，以酈範爲副。師次無鹽，宋將申纂憑城拒守。議者僉以攻具未周，不宜便進。範曰：「今輕軍遠襲，深入敵境，無宜淹留，久稽機候。且纂必以我軍來速，不在攻守，謂方城可憑，弱卒可恃。今若外潛威形，內整戎旅，密勵將士，出其不意，可一攻而克之。」白曜遂潛軍僞退，示以不攻。纂果不設備，於是即夜部分，晨便騰城，崇朝而剋。

後魏末，幽州刺史劉靈助以莊帝被爾朱兆所弑，遂舉兵倡義，諸州豪右咸相通結。靈助進屯於定州之安固，〔三二〕魏遣將叱列延慶討之。諸將謂延慶曰：「靈助善於卜占，百姓信惑，所在響應，未易可圖，〔三三〕若萬一戰有利鈍，則大事去矣。未若還師西入，據關拒險，以待其變。」延慶曰：「劉靈助，庸人也。天道深遠，豈其所識。大兵一臨，彼皆恃其妖術，〔三四〕坐看符厭，寧肯戮力致死，與吾爭勝負哉！如吾計者，正欲出營城外，詭言西歸，靈助聞之，必信而自寬，潛軍往襲，可一舉而擒。」乃出頓城西，聲云將還。簡精騎一千夜發，詰朝造靈助壘，戰於城北，遂破擒之。

西魏末，宕昌羌獠甘作亂，逐其王彌定，魏遣將史寧討破之，甘將百騎走投生羌鞏廉王。彌定遂得復位。寧以未獲獠甘，密欲圖之，乃揚聲欲還。甘聞之，復招引叛羌，依山起柵，欲攻彌定。寧謂諸將曰：「此羌入吾術中，當進兵擒之耳。」諸將思歸，咸曰：「羌之聚散無常，依據山谷，今若追討，恐引日無成。〔三五〕且彌定還得守藩，將軍功已立矣。獠甘勢弱，定能制之。以此還軍，策之上者。」寧曰：「一日縱敵，數世之患，豈可捨垂滅之寇，更煩再舉。人臣之禮，知無不爲。以此觀諸君不足與計事也。〔三六〕如更沮衆，寧豈不能斬諸君邪！」遂進軍，〔三七〕獠甘衆亦至，與戰，大破之，生獲獠甘，并獲翟廉王。

隋巂州烏蠻反，〔三八〕隋將周法尚討之。軍將至，賊棄州城，走散山谷間，法尚捕不能得。於是遣使慰諭，假以官號，僞班師，日行二十里。〔三九〕軍再合，潛遣人覘之，知其首領盡歸柵，聚飲相賀。法尚選步騎數千人，襲擊破之。

敵退追奔

後漢末，曹公征張繡於穰，一朝引軍退，繡自追之。賈詡謂繡曰：「不可，追必敗。」繡不從，大敗而還。詡謂繡曰：「更追之，必勝。」繡曰：「不用公言，以至於此。今已敗，奈何復追？」詡曰：「兵勢有變，亟紀力反往必利。」繡信之，遂收散卒赴追，戰，果以勝還。問詡曰：「繡以精兵追退軍，而公曰必敗；及以敗卒擊勝兵，而公曰必勝。悉如公言，何其皆驗？」詡曰：「此易知耳。將軍雖善用兵，非曹公敵也。軍新退，曹公必自斷後；追兵雖精，將既不敵，〔四〇〕彼士亦鋭，故知必敗。曹公攻將軍無失策，力未盡而退，必國內有故；已破將軍，必輕軍速進，留諸將斷後，諸將雖勇，亦非將軍敵，故雖用敗兵而戰必勝也。」繡大服。

後周大將晉公護東伐高齊，遣將尉遲迥圍洛陽，爲敵所敗。周將達奚武與齊王憲於邙山禦之。至夜，收軍。憲欲待明更戰，武欲還，固争未決。武曰：「洛陽軍散，〔四一〕人情駭動。若不因夜速還，明日欲歸不得。武在軍旅久矣，備見形勢。大王少年，未經軍事，豈可將數營士衆，一旦棄之乎！」憲從之，遂全軍而返。齊人不悟而不追擊耳。

大唐衞公李靖兵法曰：「諸戰鋭等隊打賊敗，其駐隊隊別量抽驍健二十人逐北。其輜重隊遥叫作聲援，不得輒動。跳盪隊、奇兵隊趁賊退不得過百步，如審知賊徒敗散，仍須取機追逐。」

縱敵退於歸路設伏取之〔四二〕

高齊將段韶與右丞相斛律光率師伐後周，五月，攻服秦城。周人於姚襄城南更起城鎮，東接定陽，又作深塹，〔四三〕斷絶行道。韶乃密抽壯士從北襲之，又遣潛渡河告姚襄城中，令内外相應。渡者千有餘人，周人始覺，於是合戰，大破之。諸將咸欲攻其新城，韶曰：「此城一面阻河，三面地險，不可攻。就令得之，一城地耳。不如更作一城，壅其要路。破服秦城，併力以圖定陽，〔四四〕計之長者。」將士咸以爲然，遂圖定陽，其城主楊範固守不下。韶登山以觀城勢，乃縱兵急攻之。七月，屠其外城。韶謂光曰：「此城三面重澗險阻，並無走路，唯慮東南一處耳。賊若突圍，必從此出。但簡精兵專守，自是成擒。」光乃令壯士千餘人設伏於東南澗口。其夜，果如其策，賊遂出城，伏兵擊之，大潰。範等面縛，盡獲其衆。

孫子曰：「激水之疾，至於漂石者，勢也；言水性柔弱，石性剛重，至於漂轉大石，投之洿下，皆由急疾之流，激得其勢。鷙鳥之疾，至於毀折者，節也。發起討敵，如鷹鷂之所攫撮也，〔四五〕必能挫折禽獸者，皆由伺候之明，激得屈折之節也。王子曰：「鷹隼一擊，百鳥無以争其勢；猛虎一奮，萬獸無以争其威。」不責於人，言勝負之道，自圖於中，不求之下責怒師衆，強使力進也。若秦穆悔過，不替孟明也。故能擇人而任勢也。權變之明，能簡置於人，任己之形勢也。任勢者，〔四六〕其戰人也，如轉木石。木石之性，安則靜，危則動；言投之安地則安，投之危地則危，不知有所迴避也。方則止，圓則行。任勢自然也。方圓之形，猶兵勝負之形。〔四七〕故善戰人之勢，〔四八〕如轉圓石於千仞之山者，勢也。言形勢之相因。是以善戰者，其勢險，險，猶疾也。其節短。短，近也。節，斷也。短近，言能因危取勝，以卒擊近。〔四九〕勢如彍弩，節如發機。在度內不遠，發則中。彍，張也。言形勢之彍，如弩之張；奔擊之易，如機之發也。故太公曰：「擊之如發機，所以破精也。」然用兵之法，莫難於軍争。從始受命，至於交和，軍争難也。〔五〇〕軍門謂之和門，兩軍對争，交門而止。先據便勢之地，最其難者，相去促迫，動則生變化。軍争之難者，以迂爲直，以患爲利。示以遠，速其道里，〔五一〕先敵者至也。故迂其塗，示之遠也。而誘之以利，已外張形勢，迴從遠道，敵至於應争從其近，皆得敵情，誑之以利。後人發，先人至，明於度數，先知遠近之計。此先知迂直之計者也。是故軍爭爲利，衆爭爲危。〔五二〕善者則以利，不善者則以危也。言兩軍交爭，有所奪取，得之則利，失之則危也。舉軍而爭利，則不及。遲不及也。舉軍悉行，爭赴其利，則道路悉不相逮。是故卷甲而趨利，則日夜不處，行不休息。倍道兼行，百里而爭利，則擒三將軍。若慮上二事，欲從速疾，卷甲束仗，〔五三〕潛軍夜行，若敵知其情，邀而擊之，則三軍之將，爲敵所擒也。若秦伯擊鄭，三帥皆獲是也。勁者先，罷者後，其法十而一至；百里爭利，非也。三將軍皆爲擒也。强弱不復相待，率十有一人至軍也。罷音疲。五十里而爭利，則蹶上將軍，其法以半至，蹶，猶挫也。前軍之將，以爲敵所蹶敗。三十里而爭利，則三分之二至。道近，至者多，故無死敗。古者用師，日行三十里，步騎相須。今走而趨利，〔五四〕三分之二至。以是知軍爭之難。」

兵機務速

後漢末，荀攸從曹公征呂布，至下邳，布敗固守，攻之不拔，連戰，士卒疲，曹公欲還。攸與郭嘉說公曰：「呂布勇而無謀，今三戰皆北，其鋭氣衰。三軍以將爲主，主衰則軍無奮意。且布之謀主陳宮，有智而遲，今及布氣之未復，宮謀之未定，進急攻之，布可拔也。」乃引沂、泗灌城，〔五五〕城潰，生擒布。

蜀將諸葛亮伐魏，魏將司馬宣王、郭淮等禦亮。張郃音合勸宣王分軍住雍、郿音眉爲後鎮，（五六）宣王曰：「料前軍能獨當之者，將軍言是也。若不能當，而分爲前後，此楚之三軍所以爲黥布擒也。」遂進軍隃麋。亮聞大軍且至，乃自帥衆將芟上邽古攜反之麥。諸將皆懼，宣王曰：「亮慮多決少，安營自固，然後芟麥，吾得二日兼行足矣。」於是卷甲晨夜赴之，亮覩塵而遁。宣王曰：「吾倍道疲勞，此曉兵者之所忌也。亮不敢據渭水，此易與耳。」進次漢陽，與亮相遇，宣王列陣以待之。使將牛金輕騎餌之，兵纔接，而亮退。

蜀將孟達之降魏也，魏朝以達領新城太守，假節。達於是連吴固蜀，潛圖中國，謀洩，將舉兵。司馬宣王秉政，恐達速發，以書安之，紿音殆達。達得書，猶與不決。（五七）宣王乃潛軍進討。諸將皆言達與二賊交搆，宜審察而後動。宣王曰：「達無信義，此其相疑之時也，當及其未定往決之。」乃倍道兼行，八日到其城下。吴、蜀各遣其將向西城安橋、木蘭塞以救達，宣王分諸將以拒之。初，達與諸葛亮書曰：「宛去洛八百里，去吾千二百里，（五八）聞吾舉事，當表上天子，比相反復，一月間也，則吾城已固，諸軍足辦。所在深險，司馬公必不自來；諸將來，吾無患矣。」及兵到，達又告亮曰：「吾舉事八日，而兵至城下，何其神速也。」上庸城三面阻水，達於城外爲水柵以自固。宣王渡水，破其柵，直造城下。八道攻之，旬有六日，達甥鄧賢、（五九）將李輔等開門出降，遂斬達。

十六國後秦姚萇與苻登相持，萇將苟曜據逆萬堡，密引苻登。萇與登戰，敗於馬頭原，收衆復戰。姚碩德謂諸將曰：「上慎於輕戰，每欲以計取之。今戰既失利，而更逼賊，必有由也。」萇聞而謂碩德曰：「登用兵遲緩，不識虛實，今輕兵直進，逕據吾東，必苟曜豎子與之連結也。事久變成，其禍難測。所以速戰者，欲使豎子謀之未就，好之未深，散敗其事耳。」果大敗之。

姚萇與苻登相持未解，登將魏褐飛自稱大將軍、衝天王，率氐胡萬人，攻萇將姚當城於杏城，〔六〇〕萇將雷惡地叛應褐飛，攻萇將姚漢得於李潤。萇議將討之，羣臣咸曰：「陛下不憂六十里苻登，乃憂六百里褐飛？」萇曰：「登非可卒殄，吾城亦非登所能卒圖。惡地多智，非常人也。南引褐飛，東結董成，甘言美説以成姦謀，若得杏城、李潤，惡地據之，控制遠近，相爲羽翼，長安東北非復吾有。」於是潛軍赴之。萇時衆不滿二千，褐飛、惡地衆至數萬，氐胡赴之者首尾不絕。萇每見一軍至，輒有喜色。羣下怪而問之，萇曰：「今同惡相濟，皆來會集，吾得乘勝席卷，一舉而覆其巢穴，東北無復餘也。」褐飛等以萇兵少，盡衆來攻。〔六一〕萇固壘不戰，示之以弱，潛遣子崇率騎數百，出其不意，以乘其後。褐飛兵擾亂，萇遣將王超等率步騎擊之，褐飛衆大潰，斬褐飛。惡地請降，萇待之如初。

東魏荊州刺史辛纂據穰城，西魏將楊忠從獨孤信討之，纂迎戰，敗，退走。信令忠爲前驅，馳至其城，叱門者曰：「今大軍已至，城中有應，爾等求活，何不避走！」門者盡散。

忠乘城而入，彎弓大呼，纂兵衞百餘人莫之敢禦，遂斬纂以徇，城中慴伏。

隋宋，高祖義師發太原，次靈石縣賈胡堡，隋將宋老生率精兵二萬屯霍邑以拒之。會久雨糧盡，與長史裴寂及諸將議曰：「宋老生頓霍邑，屈突通鎮河東，二人同心，非造次可進，欲且還太原，以圖後舉。」太宗曰：「本興大義，以救蒼生，當須先入咸陽，號令天下。今遇小敵，便即班師，將恐義徒一朝解體！還守太原，一城之地，此爲賊爾，何以自全。」高祖乃止。太宗引師赴霍邑，遂平老生。

大唐武德中，太宗征薛仁杲，其將宗羅睺來拒，〔六二〕大破於淺水原，因率左右二十餘騎追奔，直趣折思歷反墌之恕反以乘之。仁杲列陣城下，太宗據涇水以臨賊，賊徒氣沮，〔六三〕無敢進戰。其驍將渾翰等數人臨陣來降，請還取馬，太宗縱遣之，於是各乘良馬，須臾並至。仁杲大懼，嬰城自守。太宗具知賊中虛實，將夕，大軍繼至，四面合圍，因縱辯士諭以禍福，仁杲遂開門降。既而，諸將奉賀，因問曰：「始大王野戰破賊，其主尚保堅城，王無攻具，輕騎騰逐，不待步兵，徑薄城下，咸疑不剋，而竟下之，何也？」太宗曰：「此以權道迫之，使其計不暇發，以故剋也。〔六四〕羅睺恃往前之勝，兼復養鋭日久，見吾不出，意在相輕。今喜吾出，悉兵來戰，吾雖破之，擒殺蓋少，若不急躡，還走投城，〔六五〕仁杲收而撫之，則便未可盡矣。且其兵衆皆隴西人，一敗被追，〔六六〕不及迴顧，散歸隴外，則折墌自虛，我軍隨而迫之，所以懼而降也。此可成算，諸君盡不見也。」

武太后初，徐敬業舉兵於江都，稱匡復皇家，以盩厔尉魏思溫爲謀主，問計於思溫，對曰：「明公既以太后幽縶少主，志在匡復，兵貴拙速，〔六七〕但宜早渡淮北，親率大衆，直入東都。山東將士知公有勤王之舉，必以死從。此則指日刻期，天下必定。」敬業將從其策，薛璋又說曰：「金陵之地，王氣已見，宜早應之。兼有大江設險，足可以自固。請且攻取常、潤等州，以爲王霸之業，然後率兵北上，鼓行而前，此則退有所歸，進無不利，實爲良算也。」敬業以爲然，乃自率兵四千人南渡，以擊潤州。思溫密謂杜求仁曰：「兵勢宜合不可分。今敬業不知并力渡淮，率山東之衆以取洛陽，必是無能成事，命也可知。」敬業尋亦悔之，〔六八〕所以遂敗。

衞公李靖兵法曰：「用兵上神，戰貴其速。簡練士卒，申明號令，曉其目以麾幟，習其耳以鼓金，嚴賞罰以誡之，重芻豢以養之，浚溝塹以防之，指山川以導之，召才能以任之，述奇正以教之。如此，則雖敵人有雷電之疾，而我亦有所待也。若兵無先備則不應卒，卒不應則失於機，失於機則後於事，後於事則不制勝而軍覆矣。故呂氏春秋云：『凡兵者，欲急捷，所以一決取勝，不可久而用之矣。』或曰：『兵之情雖主速，乘人之不及；然敵將多謀，戎卒輯睦，令行禁止，兵利甲堅，氣鋭而嚴，力全而勁，豈可速而犯之邪？』答曰：若此則當卷迹藏聲，蓄盈待竭，避其鋒勢，與其持久，安可犯之哉！廉頗之拒白起，守而不戰；宣王之抗武侯，抑而不進是也。」

掩襲

後漢末，廬江太守劉勳理皖城，今同安郡。恃兵强士勇，横於江、淮之間，無出其右者。孫策惡之。時已有江左，自領會稽太守，使人卑辭厚幣而說之曰：「海昬上繚宗人數欺下國，患之有年矣，擊之，路由不便，幸因將軍神武而臨之。且上繚國富廪實，吴娃越姬充於後庭，明珠大貝被於帑藏，取之可以資軍，雖蜀郡成都金碧之府未能過也。策願舉敝邑，躬率士卒，以爲外援。」勳然之。劉曄諫曰：「上繚雖小，而城堅池深，守之則易，攻之則難，不可旬日而拔也。且兵見疲於外，而國虚於內，孫策多謀而善用兵，乘虚襲我，將何禦之。而將軍進屈於敵，退無所歸，羝音低羊觸藩羸力爲反其角，不能退，不能進，其在兹乎。」勳不從。遂大興師伐上繚，其廬江果爲策所襲。勳窮蹙，遂奔於曹公。

後漢末，袁紹將許攸降曹公，言曰：「今袁氏輜重有萬餘兩，屯軍無嚴備，今以輕兵襲之，不虞而至，燔其積聚，不過三日，袁氏自敗。」公大喜，選精鋭步騎，皆用袁氏軍旗幟，銜枚縛馬口，夜從閒道出，人把束蕘薪，所歷道有問者曰：「何之？」曰：「袁公恐曹操掠抄後軍，還兵以益備。」聞者信以爲然，皆自若。既至，圍屯，大放火，營中驚亂，大破之，盡燔其糧穀寶貨，紹故敗。

後漢末，蜀將關羽遣糜芳守南郡，羽領兵圍樊。吴主遣將吕蒙屯陸口，蒙外倍修恩厚，與關羽結好。羽多留兵備南郡，恐蒙有變。蒙上疏曰：「羽討樊而多留兵，必恐蒙圖其後故也。蒙常有病，乞分衆還建業，以理病爲名。羽聞之，必徹備，徐以大軍泝江馳上，襲其空虚，則南郡可下，而羽易擒耳。」吴主然之。蒙遂稱病，而還建業。羽果稍撤備，而悉衆赴樊城。蒙遂發兵，逆流而上，伏甲於舟，使更衣爲商人，以理征棹，達曙兼行，過羽所置屯戍輒縛之，羽遂失驚。〔六九〕師次於南郡，襲奪其城。羽吏士攻樊城未下，聞城已陷，而家屬無恙，見待甚於平時，無復鬬心，稍稍而散。羽竟爲吴師所擒，荆州遂平。

東晉末，宋武帝秉政，劉毅爲荆州刺史，每多異同之議。裕率兵討之，遣裨將王鎮惡先襲，至豫章口，豫章口去江陵城二十里。自鎮惡進路，揚聲劉蕃上。先是，毅稱病，表請從弟兖州刺史蕃爲副。毅謂爲信然，不知見襲。鎮惡自豫章口捨船步上，小將蒯恩軍在前，鎮惡次之。舸留一二士，〔七〇〕卒之次者。對舸岸上豎六七旗，每旗下安一鼓。語所留人：「計我將至城，便長嚴，令如後有大軍狀。」〔七一〕次又分隊在後，令燒江津船艦。鎮惡逕前襲城，語前軍：「若有問者，但云劉兖州至。」津戍及百姓皆言劉蕃實上，晏然不疑。未至城五六里，逢毅親將朱顯之與十許騎、步從者數十，欲出江津，問是何人？答曰：「劉兗州至。」顯之馳前問蕃在所，答云：「在後。」顯之既至畢後，不見蕃，而見軍人擔彭排戰具，又遥見江津船艦已被焚燒，煙焰張天，〔七二〕而鼓嚴之聲甚盛，知非蕃上，便躍馬馳去告毅：「外有大軍，似從下上，垂已至城，江津船悉被火燒矣。」〔七三〕行命閉諸城門。鎮惡亦馳進，軍人緣城得入，門猶未及下關，因得開大城東門。〔七四〕大城内，毅凡有八隊，帶甲千餘，〔七五〕已得戒嚴。蒯恩入東門，便北迴擊射堂，前攻金城東門。〔七六〕鎮惡入東門，便直擊金城西門。〔七七〕軍分攻金城南門。毅金城内東從舊將士，猶有六隊千餘人；西將及能細直吏快手，復有二千餘人。〔七八〕食時就鬭，至中晡，西人退散及歸降略盡。〔七九〕鎮惡入城，便因風放火，燒大城南門及東門。金城内亦未信裕自來。鎮惡軍人與毅東來將士，〔八〇〕或有是父兄子弟中表親者，鎮惡因命鬭且共語，衆並知劉裕自來，人情離懈。一更許，廳事前陣散潰。毅左右兵猶閉東西閤拒戰，〔八一〕鎮惡慮暗夜自相傷犯，乃引軍出，繞金城，開其南面以爲退路。〔八二〕毅慮南有伏兵，三更中，率左右三百許人開北門突出城，於佛寺自縊死。

大唐高宗遣將薛仁貴、郭待封等伐吐蕃大非川，將進赴烏海，仁貴謂待封曰：「烏海險遠，車行艱澀，若引輜重，將失事機。又破賊即迴，不煩轉運，彼多瘴癘，無宜久留。大非川嶺上寬平，足堪置栅。可留二萬人，作兩栅，輜重並留栅内。吾等輕鋭倍道，掩其未整，即撲滅之矣。」仁貴遂率衆先行，至河口遇賊，擊破之，斬獲甚衆，收其牛羊萬餘頭。

甘言厚幣乘懈襲之

東晉初，石勒僞推奉晉幽州刺史王浚，浚不疑，勒於是輕騎襲幽州，以火宵行。至易水，浚督護孫緯馳遣白浚，引軍拒勒。浚將佐咸請出擊勒，浚怒曰：「石公來，〔八三〕正欲奉戴我也，敢言擊者斬。」乃命設饗以待之。勒晨至薊，叱門者開門。疑有伏兵，先驅牛羊數千頭，〔八四〕聲言上禮，實欲填諸街巷，使兵不得發。浚乃懼，或坐或起。勒入城，升其廳事，命甲士執浚，立之於前，數其罪惡而誅之，遂陷幽州。

梁末，侯景反，陷建業。高州刺史李遷仕據大皐圖逆，召高梁太守馮寶。寶欲往，其妻沈氏止之曰：〔八五〕「刺史無故不合召太守，此詐君，欲爲反耳。頃者京師危迫，羽檄徵兵徧於郡縣，刺史稱疾不赴，繕甲訓兵，今已備矣，而更召君，往必見留，追君兵衆，此意可知矣。魚不可脱於泉，願且勿行，遣使譎之，曰身疾篤，請遣妻傳意，并送土物以省之。彼聞喜，必無防，爲君取之如反掌耳。」寶從之。於是沈氏自將千人，〔八六〕皆藏短兵，步擔雜物，唱言賝貨，先書報遷仕曰：「太守馮寶疾篤，謹令妻沈氏傳啟，并奉土貢，以資軍費。」遷仕大悦，出迎，沈氏因釋擔出刃，大破之，遷仕脱身而遁。沈氏入據其州，盡收其衆。

校勘記

〔一〕便奔走而陣兵者　「兵」原作「卻」，據北宋本、傅校本、明抄本、明刻本、王吴本改。按：十一家注孫子軍争篇杜佑注也作「兵」。

〔二〕從卒亂行者　「行者」原脱，據十一家注孫子軍争篇杜佑注補。

〔三〕側巾反　「側」原作「測」，據北宋本改。

〔四〕鬭廉横陣於其閒　「横」原作「衡」，據北宋本、傅校本、明抄本、明刻本改。

〔五〕趙奢之子　杜氏避德宗嫌名，故不言趙括，而稱趙奢之子，或馬服子。

〔六〕卒四十餘萬人降　「四」原訛「二」，據史記白起傳二三三五頁改。

〔七〕可稍以恩信傾誘　「誘」原脱，據後漢書馮異傳六四六頁補。

〔八〕俱會於青海　「青」原訛「清」，據諸本改。

〔九〕樹敦即吐谷渾之舊都　「樹敦」原涉上而脱，據北史史寧傳二一八七頁補。

〔一〇〕而其主先已奔賀真　「主」原作「王」，據北宋本、傅校本、明抄本、明刻本改。

〔一一〕以遇二伏兵　「二」原訛「三」，據左傳隱公九年杜注及北宋本改。

〔一二〕殪於計反死也衷竹仲反　原在注文前，今參照北宋本、傅校本、明抄本、明刻本移在最後。

〔一三〕至葉　「葉」原訛「鄴」，據三國志李典傳五三四頁改。

〔一四〕赫連勃勃進屯依力川　「進」原脱，據晉書赫連勃勃載記三二〇四頁及北宋本、傅校本、明抄本、明刻本、王吳本補。

〔一五〕行二十里許　「里許」原倒，據魏書賀拔勝傳一七八二頁乙轉。

〔一六〕岳便馳馬東出以示奔遁　「馳」原訛「騎」，「以」原訛「似」，「示」原脱，據魏書賀拔勝傳一七八二頁改補。按：北宋本惟脱「示」字。傅校本、明抄本、明刻本、王吳本「以」字不誤。

〔一七〕岳東行十餘里　「岳」原涉上而脱，據魏書賀拔勝傳一七八二頁補。

〔一八〕築壘于板渚　「于」原訛「千」，「板」原作「坂」，據北宋本改。按：舊唐書太宗紀上二七頁同北宋本。

〔一九〕莎車國王不供　「供」原作「服」，清人擅改，今據北宋本、傅校本、明抄本、明刻本、王吳本改回。按：御覽卷二八四亦作「供」。

〔二〇〕馳赴莎車草營　「草」原作「軍」，據北宋本、傅校本、明抄本、明刻本改。按：御覽卷二八四亦作「草」。

〔二一〕耿雅　御覽卷二八六同。晉書呂光載記三〇六一頁作「耿稚」。

〔二二〕蕞左外反　「左」原訛「本」，據諸本改。

〔二三〕前一爲騰蛇　「前一」原訛「太乙」，據晉書沮渠蒙遜載記三一九九頁及北宋本、傅校本、明抄本、明刻本改。

〔二四〕聞李士業徵兵欲攻張掖　「聞」原訛「閒」，據晉書沮渠蒙遜載記三一九九頁及北宋本改。

〔二五〕將進軍黄谷　「黄谷」原脱，據晉書沮渠蒙遜載記三一九九頁、御覽卷二八六補。按：北宋本、傅校本、明抄本、明刻本有「黄」脱「谷」。

〔二六〕宋武獨深慮之　「獨深」原倒，據宋書武帝紀上三頁及王吴本乙正。

〔二七〕宦者趙倪進曰　「倪」原作「兒」，據魏書崔浩傳八一五頁、北史崔宏傳七七九頁改。

〔二八〕千里制勝　「里」原訛「日」，據魏書崔浩傳八一五頁、北史崔宏傳七七九頁改。

〔二九〕力勢不敵　「力勢」原倒，據舊唐書秦叔寶傳二五〇一頁及北宋本乙。

〔三〇〕夜伏於邙山　「邙」原訛「氓」，據諸本改。

〔三一〕密遽出兵以拒之　「密」原脱，參照舊唐書王世充傳二二三〇頁訂補。

〔三二〕靈助進屯於定州之安固　「固」原訛「國」，據魏書叱列延慶傳一七七二頁及北宋本改。

〔三三〕未易可圖　「易可」原倒，據魏書叱列廷慶傳一七七二頁及北宋本乙。

〔三四〕彼皆恃其妖術　「彼」上原衍「且」，據魏書叱列延慶傳一七七二頁删。

〔三五〕恐引日無成　「日成成」原訛「入吾城」，據周書史寧傳四六七頁及北宋本、傅校本、明抄本、明刻本改。

〔三六〕以此觀諸君不足與計事也　「以此」原脱訛作「比」，據周書史寧傳四六七頁補改。按：北宋本脱「以」，「此」字不誤。

〔三七〕寧豈不能斬諸君邪遂進軍　「諸君」原脱，王吴本、殿本同。據周書史寧傳四六七頁補。北宋本脱「君邪」。傅校本、明抄本、明刻本有「諸君」，無「邪遂」。

〔三八〕隋巂州烏蠻反　原作「隋遂州獠反」，杜氏誤録。今據隋書周法尚傳一五二八頁訂改。

〔三九〕日行二十里　「日」原訛「自」，據隋書周法尚傳一五二八頁改。

〔四〇〕將既不敵　「將」原訛「兵」，據三國志賈詡傳三二九頁改。

〔四一〕洛陽軍散　「散」原訛「敗」，據周書達奚武傳三〇五頁及北宋本、傅校本、明刻本改。

〔四二〕縱敵退於歸路設伏取之　「敵」原訛「賊」，據北宋本、傅校本、明抄本、明刻本、王吴本改。

〔四三〕又作深塹　「塹」原訛「壘」，據諸本改。

〔四四〕併力以圖定陽　「併」下原衍「加」，據北齊書段韶傳二一三删。

〔四五〕如鷹鷂之所攫撮也　「攫」原訛「擨」，據北宋本改。按：十一家注孫子勢篇杜佑注同北宋本。

〔四六〕任勢者　「任」原脱，據孫子勢篇補。

〔四七〕猶兵勝負之形　「猶」原作「由」，據十一家注孫子勢篇杜佑注改。下同。

〔四八〕故善戰人之勢　「善」原脱，據孫子勢篇補。

〔四九〕以卒擊近　「卒」原訛「遠」，據北宋本、傅校本、明刻本改。按：十一家注孫子勢篇杜佑注作「卒」。

〔五〇〕軍争難也　「争」原訛「多」，據十一家注孫子軍争篇曹操注改。

〔五一〕速其道里　「速」原訛「近」，據十一家注孫子軍争篇曹操注改。

〔五二〕是故軍争爲利衆争爲危　「故」原作「以」，據北宋本、傅校本、明抄本、明刻本改。按：今孫子軍争篇「衆」亦作「軍」。

〔五三〕欲從速疾卷甲束仗　「從」原訛「行」，「仗」原訛「伏」，據十一家注孫子軍争篇杜佑注改。按：北宋本、傅校本、明抄本「從」字不誤。

〔五四〕今走而趨利　「走」十一家注孫子軍争篇杜佑注作「徒」。

〔五五〕乃引沂泗灌城　「泗」下原有「水」，據三國志荀攸傳三二三頁及北宋本删。

〔五六〕張郃音合勸宣王分軍住雍郿音眉爲後鎮　「音合」原脱，據北宋本、傅校本、明抄本補。「住」原訛「往」，據北宋本改。按：晉書宣帝紀七頁也作「住」。

〔五七〕猶與不決　「與」原作「豫」，據晉書宣帝紀五頁及北宋本、傅校本、明抄本、明刻本改。

〔五八〕去吾千二百里　「吾」原訛「吴」，據晉書宣帝紀五頁改。

〔五九〕達甥鄧賢　「鄧」原訛「劉」，據晉書宣帝紀五頁改。

〔六〇〕攻萇將姚當城於杏城　上「城」原脱，據晉書姚萇載記二九六九頁補。

〔六一〕盡衆來攻　「衆」原訛「數」，據晉書姚萇載記二九六九頁及北宋本改。

〔六二〕宗羅睺　「宗」原訛「宋」，「睺」原訛「睺」，據舊唐書薛仁杲傳二二四八頁改正。

〔六三〕賊徒氣沮　「沮原訛「阻」，據北宋本、傅校本、明抄本、明刻本改。

〔六四〕使其計不暇發以故剋也　「發以」原倒，據舊唐書太宗紀上二四頁、御覽卷二九三乙正。

〔六五〕還走投城　「還」原訛「遠」，據北宋本、傅校本、明刻本改。按：舊唐書太宗紀上二四頁、御覽卷二九三俱作「還」。

〔六六〕一敗被追　御覽卷二九三同。舊唐書太宗紀上二四頁作「一敗披退」。

〔六七〕兵貴拙速　御覽卷二九三同。舊唐書李勣傳二四九二頁「拙」作「神」。俱通。

〔六八〕敬業尋亦悔之　「亦」原訛「以」，據御覽卷二九三改。

〔六九〕羽遂失驚　「驚」當作「警」。

〔七〇〕舸留一二十　「二」原訛「乙」，據宋書王鎮惡傳一三六六頁改。

〔七一〕令如後有大軍狀　原脱「如」「狀」，據宋書王鎮惡傳一三六六頁補。

〔七二〕又遥見江津船艦已被焚燒煙焰張天　「又」上原衍「不入」，「張」原訛「漲」，據宋書王鎮惡傳一三六七頁删改。按：北宋本、傅校本、明抄本、明刻本「張」字不誤。

〔七三〕江津船悉被火燒矣　「船」原脱，據宋書王鎮惡傳一三六七頁補。

〔七四〕因得開大城東門　「開大」原誤倒，據宋書王鎮惡傳一三六七頁乙正。

〔七五〕帶甲千餘　「帶甲千」原脱，據宋書王鎮惡傳一三六七頁補。

〔七六〕前攻金城東門　「前」下原衍「軍」，「東」原訛「西」，據宋書王鎮惡傳一三六七頁删改。

〔七七〕便宜擊金城西門　「直」下原衍「西」，據宋書王鎮惡傳一三六七頁删。

〔七八〕西將及能細直吏快手復有二千餘人　此十五字原涉上而脱，今據宋書王鎮惡傳一三六七頁補。

〔七九〕西人退散及歸降略盡　「人」原訛「入」，據宋書王鎮惡傳一三六七頁改。

〔八〇〕鎮惡軍人與毅東來將士　「惡」下原衍「至」，據宋書王鎮惡傳一三六七頁删。

〔八一〕毅左右兵猶閉東西閤拒戰 「西」原訛「門」，據宋書王鎮惡傳一三六七頁及北宋本、傅校本、明抄本、明刻本改。

〔八二〕開其南面以爲退路 「爲」「路」原脱，據宋書王鎮惡傳一三六七頁補。

〔八三〕石公來 「公」原作「勒」，據晉書石勒載記上二七二三頁改。按：北宋本「公」訛「止」。

〔八四〕先驅牛羊數千頭 「羊」原訛「畜」，據晉書石勒載記上二七二三頁及北宋本改。

〔八五〕其妻沈氏止之曰 「沈」原作「洗」，據北宋本、傅校本、明抄本、明刻本及御覽卷三一六改。下同。

〔八六〕於是沈氏自將千人 「自」原脱，據北宋本、傅校本、明抄本、明刻本補。

劉俊文點校　王文錦覆校

通典卷第一百五十五

兵八

避銳　堅壁持久候隙破之　堅壁挫銳　不戰挫銳　敵飢以持久弊之

因敵飢乘其弊而取之　因敵三鼓氣衰敗之　致敵力疲夾攻敗之陣

久疲致敗　出其不意　擊其不備　攻其不整　先設備而勝

孫子曰：「銳卒勿攻。強而避之，避其所長也。彼府庫充實，士卒強盛，則當備避以待其虛。〔一〕欲以弱制強，不若變也。〔二〕少而逃之，高壁壘，勿與戰也。彼衆，我之師寡，不可敵，則當自逃，守匿其形。〔三〕不若則能避之。引兵備之，強弱不敵，勢不相若，則引軍避，待利而動。故小敵之堅，大敵之擒。小不能當大也。言小國不量其力，敢與大邦爲仇，雖權時堅城固守，然後必見擒獲。春秋傳曰：「既不能強，又不能弱，所以敗也。」無邀正正之旗，無擊堂堂之陣，此理變者也。正正者，整齊也。堂堂者，大也，威盛貌。〔四〕正正者，孤特之象也。言敵前有孤特之兵，後有堂堂之陣，必有倚伏詐誘之謀，審察以待，勿輕邀截也。此理變詐。是故朝氣銳，晝氣惰，暮氣歸。善用兵者，避其鋭氣，擊其惰歸，此理氣者也。」避其精鋭之氣，擊其懈惰、欲歸，此理氣者。故曹劌曰：「夫戰，勇氣也。一鼓作氣，再而衰，三而竭。彼竭我盈，故剋之。」

避鋭

戰國魏武侯問吴起曰：「暴寇卒至，掠吾田野，取吾牛馬，〔五〕則如之何？」起曰：「暴寇之來，必精且强。善守勿應，潛伏路傍。暮去必卒，〔六〕朝乘重裝。〔七〕驍騎逐擊，勢必莫當。遇我伏内，〔八〕如雪逢湯。」

後漢末，袁尚據鄴，率兵圍擊兄譚於南皮，留蘇由、〔九〕審配守。曹公圍鄴，尚還救鄴，諸將皆以爲「此歸師，人自爲戰，不如避之」。公曰：「尚從大道來，當避之，若循西山來者，此成擒耳。」尚果循西山來，臨滏音父水爲營。〔一〇〕夜遣兵犯圍，公逆擊破走之，城中崩潰。

東晉末，宋武帝伐南燕慕容超，嶺南賊盧循、徐道覆乘虚襲建業。循多疑少決，每欲以萬全爲慮，謂道覆曰：「大軍未至，晉吏部尚書孟昶便覩風自裁，大勢言之，自當計日潰亂。今決勝負於一朝，既非必定之道，且殺傷士卒，不如按兵待之。」宋武奔還拒守。宋武曰：「賊若新亭直上，且當避之，回泊蔡洲，乃成擒耳。」於是登石頭城以覩循軍，初見引向新亭，宋武顧左右失色。既而回泊蔡洲。道覆猶日日欲上，循禁之。使羸老悉乘舟艦向白石。宋武慮其從白石步上，乃率劉毅、諸葛長民北出拒之。賊遂率衆數萬屯丹陽郡。宋武率諸軍馳歸。衆慮賊過江，咸謂當逕還拒戰。宋武乃先引軍還石頭，衆莫之曉。是日大熱，三軍疲頓，既入城，解甲息士，〔一〕洗浴飲食，久之，乃出列陣於南塘。參軍褚叔度、朱齡石率勁勇千餘人過淮。賊數千，皆長刀矛鋋，精甲耀日，〔二〕奮躍争進。齡石所領多鮮卑，善步矟，並結陣以待之。賊短兵弗能抗，死傷者數百人，乃退走。

堅壁持久候隙破之

蜀先主率大衆東伐吴，吴將陸遜拒之。蜀主從建平連圍至夷陵界，〔三〕立數十屯，以金帛爵賞誘動諸夷，先遣將吴班以數千人於平地立營，欲以挑戰。諸將皆欲擊之，遜曰：「備舉軍東下，鋭氣始盛，且乘高守險，難可卒攻，攻之縱下，猶難盡克，若有不利，損我大勢，非小故也。今但且奬勵將士，廣施方略，以觀其變。若此閒則是平原廣野，當恐有焱音標沛交馳之憂。今緣山行軍，勢不得展，自當疲頓於木石之閒，徐制其弊耳。」備知其計不行，乃引伏兵八千人，從谷中出。遜曰：「所以不聽諸君擊班者，〔四〕揣之必有巧故也。」諸將並曰：「攻備當在初，今乃令入五六百里，相銜持經七八月，其諸要害已固守，擊之必無利矣。」遜曰：「備是猾虜，更嘗事多，其軍始集，思慮精專，未可干也。今住已久，不得我便，兵疲意沮，計不復生，犄角此寇，正在今日。」乃攻一營，不利。遜曰：「吾已曉破之之術。」乃令各持一把茅，以火攻拔之。〔一五〕俄爾勢成，遂率諸軍同時俱攻，破四十餘營。備升馬鞍山，陳兵自繞。遜督促諸軍四面蹙之，〔一六〕土崩瓦解，死者萬數。備因夜遁。

堅壁挫鋭

春秋時，晉將欒書伐楚。將戰，楚晨壓晉軍而陣。壓窄其未備。軍吏患之。裨將范匄音蓋趨進，曰：「塞井夷竈，陣於軍中，而疏行戶郎反首。疏行首者，當陣前決開營壘，爲戰道。晉、楚唯天所授，何患焉？」書曰：「楚師輕窕，土凋反。固壘而待之，三日必退。退而擊之，必獲勝焉。」終敗楚師。

秦將王翦率兵六十萬擊楚，楚王悉國中兵以拒之。王翦至，堅壁而守之，不肯戰。楚兵數出挑戰，終不出。王翦日休士洗沐，而善飲食拊循之，親與士卒同食。久之，王翦使人問軍中戲乎？對曰：「方投石超距。」於是王翦曰：「士卒可用矣。」楚又數挑戰而秦不出，乃引而東。翦因舉兵追之，令壯士擊，〔一七〕大破楚軍鄿南，因而滅其國。

漢景帝初，吴王濞反，總兵渡淮，與楚戰，遂敗棘壁，乘勝前，鋭甚。梁孝王恐，遣六將軍擊吴，又敗，梁兩將士卒皆還走。梁數使使報漢大將周亞夫求救，亞夫不許。又使使惡烏路反亞夫於帝，帝使人告之救梁，亞夫復守便宜，不行。梁使韓安國及楚死事相弟張羽爲將軍，楚相張尚，諫吳王而死。乃得頗敗吳兵。吳兵欲西，梁城守堅，不敢西，即走亞夫軍，會下邑。吳師欲戰，亞夫堅壁，不肯戰。吳糧絶，卒飢。數挑戰，遂死奔亞夫壁，亞夫終不出。軍中夜驚，内相攻，擾亂至帳下，亞夫卧不起，頃之，復定。吳士卒多飢死，遂以叛散。

後漢更始初，光武在河北擊銅馬賊於鄡，吳漢將突騎來會清陽。賊數挑戰，光武堅營自守；有出鹵掠者，輒擊取之，鹵與虜同，掠奪取之。絶其糧道。積月餘日，賊食盡，夜遁去，追至館陶，大破之。受降未盡，而高湖、重連賊從東南來，與銅馬餘衆合，光武復與大戰於蒲陽，悉破降之。

魏末，吳將諸葛恪圍新城，司馬景王使鎮東將軍毌丘儉、揚州刺史文欽等拒之。儉、欽請戰，景王曰：「恪卷甲深入，投兵死地，其鋒未易當。且新城小而固，攻之未可拔。」遂命諸將高壘以弊之。〔一八〕相持數月，恪攻城力屈，死傷太半。景王乃令欽督鋭卒趣合榆，要其歸路，〔一九〕儉帥諸軍以爲後繼。恪懼而遁，欽逆擊，大破之，斬首萬餘級。

十六國前趙劉曜遣將討氐羌，大酋權渠率衆保險阻，曜將游子遠頻敗之。權渠欲降，其子伊餘大言於衆中曰：「往日劉曜自來，猶無若我何，況此偏師自欲降乎！」遂率勁卒五萬人，晨壓子遠壘門。左右勸出戰，子遠曰：「吾聞伊餘有專諸之勇，慶忌之捷，士馬之强，人百匪敵；其父新敗，怒氣甚盛；且西戎勁悍，其鋒不可擬也。〔二〇〕不如緩之，使氣竭而擊之，此曹劌之勝也。」乃堅壁不戰。伊餘有驕色。子遠候其無備，夜分，誓衆秣馬蓐食；先晨，具甲掃壘而出；〔二一〕遲直吏反〔二二〕明，設覆而出戰，擒伊餘於陣，盡俘其衆。

宋桂陽王休範舉兵於潯陽，已發東下，宋朝惶駭。宋相齊高帝議曰：「昔上流謀逆，皆因淹緩，至於覆敗。休範必遠懲前失，輕兵急下，乘我無備。今應變之術，〔二三〕不宜在遠，若偏師失律，則大沮衆心。宜頓新亭、白下，堅守宮掖、東府、石頭以待。賊千里孤軍，〔二四〕後無委積，求戰不得，自然瓦解。請頓新亭以當其鋒。」休範果敗。

大唐武德中，太宗領兵征薛仁杲於折思曆反墌之恕反城。〔二五〕賊有十餘萬，〔二六〕兵鋒甚銳，數來挑戰。諸將咸請戰，太宗曰：「我士卒新經挫衄，銳氣猶少，賊驟勝，必輕進好鬭。我且閉壁以折之。〔二七〕待其氣衰而後擊，可一戰而破，此萬全計也。」因令軍中曰：「敢言戰者斬！」相持者久之。賊糧盡，軍中頗攜貳，〔二八〕其將翟長孫、梁胡郎率所部相繼來降。太宗知仁杲心腹內離，謂諸將曰：「可以戰矣。」令行軍總管梁實營於淺水原以誘之。賊大將宗羅睺自恃驍悍，〔二九〕求戰不得，氣憤者久之，及是盡銳攻梁實，冀逞其志。梁實固險不出，以挫其鋒，羅睺攻之愈急。太宗度賊已疲，〔三〇〕復謂諸將曰：「彼氣將衰，吾當取之必矣。」

中令諸軍，遲明合戰。復令將軍龐玉陣於淺水原南，出賊之右，以先餌之。羅睺併軍共戰，玉軍幾敗。太宗親御大軍，奄自原北，出其不意。羅睺回師相拒，我師表裏齊奮，呼聲動天。羅睺氣奪，於是大潰。

武德中，太宗率師往河東討劉武周，江夏王道宗時年十七，從軍。太宗登玉壁城覩賊，顧謂道宗曰：「賊恃其衆，來邀我戰，汝謂如何？」〔三一〕對曰：「羣賊鋒不可當，易以計屈，難與力競。今深壁高壘，以挫其鋒。烏合之徒，莫能持久，糧運致竭，自當離散，可不戰而擒。」太宗曰：「汝意見暗與我合。」後賊果食盡夜遁，追及介州，一戰敗之。

不戰挫銳

大唐武德中，李靖隨河間王孝恭討蕭銑，師至於清江，剋銑，遣其將乘勝入北江，〔三二〕銑悉兵以拒之。孝恭將戰，李靖止之曰：「楚人輕銳，難與爭鋒。今新失荆門，盡兵出戰，此救敗之師也，非其本圖，勢不能久。一日不戰，賊必兩分，留輕兵以抗我，退羸師以自守，此即勢隳力弱，擊之必捷。」孝恭不從，遣靖按營，自以銳師水戰。孝恭果敗，奔於南岸。河間違之而敗。

敵飢以持久弊之

後漢初，河南賊董憲招誘五校餘賊步騎數千人屯建陽，去昌慮三十里。光武親征，至蕃，音反。去憲所百里。諸將請進，帝不聽，知五校乏食當退，勑各堅壁以待其弊。頃之，五校糧盡，果引去。帝乃親臨，四面攻憲，三日，大破之。

後漢王霸、馬武既破周建、蘇茂營，賊復聚衆挑戰，霸堅臥不出，軍吏皆曰：「茂前日已破，今易擊也。」霸曰：「不然。蘇茂客兵遠來，糧食不足，故數挑戰，以徼吉堯反一切之勝。徼，要也。一切，猶權時也。今閉營休士，所謂不戰而屈人之兵，善之善者也。」茂、建既不得戰，乃引還營。其夜，建兄子誦反，閉城拒之，茂、建遁去，誦以城降。

後漢末，青州黄巾衆百餘萬入兖州界，刺史劉岱欲擊之，鮑信諫曰：「今賊衆百萬，百姓皆震恐，士卒無鬬志，不可敵也。觀賊衆羣輩相隨，軍無輜重，唯以鈔掠爲資。〔三三〕今不若畜士衆之力，先爲固守，使彼欲戰不得，攻則不能，其勢必離散，然後選精鋭據其要害，〔三四〕擊之可破也。」岱不從，遂與戰，果爲所殺。劉岱違之而敗。

後漢末，荀攸從曹公征張繡。攸言曰：「繡與劉表相恃爲强，然繡以遊軍仰食表，表不能供也，勢必離。不如緩軍以待之，可誘而致也。」不從。表果救之，軍不利。曹公謂攸曰：「不用君言至是。」曹公違之而敗。

隋煬帝征高麗，九軍已渡鴨渌水，糧盡，義欲班師。諸將多異同，又不測帝意。會高麗國相乙支文德來詣其營，都將宇文述不能執，文德逃歸。述内不自安，遂與諸將更進追擊。時文德見軍中多飢色，欲疲述衆，每鬬便北，述一日之中七戰皆捷，既恃驟勝，又内逼羣議，於是遂進逼平壤城。文德僞降，述料攻之未可卒拔，因而班師，文德隨擊之，大敗。

文德七戰七北，還延令敵飢疲，亦同持久之義。

隋末，宇文化及弑煬帝後，率兵來攻李密於黎陽。密知化及糧且盡，因僞與和，以弊其衆。化及弗之悟，大喜，恣其兵食，冀密饋之。會密下有人獲罪，亡投化及，具以告密情。化及大怒，其食又盡，乃渡永濟渠，與密戰於童山之下，自辰達酉。〔三五〕密爲流矢所中，丁仲反。頓於汲縣。化及掠汲郡，北趣魏縣。其將陳知略、〔三六〕張童仁等率所部兵歸於密者，前後相繼。

大唐武德初，劉武周據太原，使其將宋金剛屯於河東。太宗往征之，謂諸將曰：「金剛懸軍千里，深入吾地，精兵驍將，皆在於此。武周自據太原，專倚金剛，以爲捍蔽。金剛雖衆，内實空虛，虜掠爲資，意在速戰。我堅營蓄鋭，以挫其鋒，分兵汾、隰，衝其心腹，彼糧盡計窮，自當遁走。當待此機，未宜速戰。」於是遣劉弘等絶其糧道，其衆遂餒，金剛乃遁。

因敵飢乘其弊而取之

漢王以項籍約中分天下，漢欲西歸，張良、陳平説曰：「漢有天下太半，而諸侯皆附之。楚兵疲食盡，此天亡之時也，不如因其飢而遂取之。〔三七〕今釋之不取，所謂養虎自遺患也。」從之，終滅羽。

因敵三鼓氣衰敗之

春秋時，齊師伐魯。魯莊公將戰，曹劌請從，公與之同乘。戰於長勺，公將鼓之，歲曰：「未可。」齊人三鼓，劌曰：「可矣。」齊師敗績。公問其故，對曰：「夫戰，勇氣也。一鼓作氣，再而衰，三而竭。彼竭我盈，故剋之。」

晉將毌丘儉、文欽反，司馬景王遣鄧艾督太山軍屯樂嘉，欽將攻艾，景王銜枚徑造樂嘉。欽子鴦，年十八，勇冠三軍，謂欽曰：「及其未定，請登城鼓譟，擊之可破也。」既謀而行，三鼓譟而欽不能應，鴦退，相與引而東。景王謂諸將曰：「欽走矣。」發鋭軍以追之。諸將曰：「欽舊將，鴦少而鋭，〔三八〕引軍內入，未有失利，必不走也。」王曰：「一鼓作氣，再而衰，三而竭。鴦三鼓而欽不應，其勢已屈，不走何待。」欽將遁，鴦曰：「不先折其勢，不得去也。」乃與驍騎十餘推鋒陷陣，〔三九〕所向皆披靡，遂引去。王遣驍騎八千翼而追之，〔四〇〕欽父子與麾下走保項。儉聞欽敗，棄衆宵遁淮南。安風津都尉追儉，斬之。

致敵力疲夾攻敗之

後漢初，光武遣將王霸、馬武擊河南賊周建於垂惠。賊帥蘇茂將五校兵四千餘人救建，而先遣精騎遮擊馬武軍糧，武往救之。建從城中出兵夾擊武，武恃霸之援，戰不甚力，爲茂、建所敗。武軍奔過霸營，〔四一〕大呼求救。霸曰：「賊兵盛，出必兩敗，努力而已。」〔四二〕閉營堅壁。軍吏皆諍之。霸曰：「茂兵精鋭，其衆又多，吾吏士心恐，而馬武與吾相恃，兩軍不一，此敗道也。今閉營固守，示不相援，賊必乘勝輕進；馬武無救，其戰自倍。如此，茂衆疲勞，吾承其弊，乃可克也。」茂、建果悉出兵攻武。合戰良久，霸軍中壯士路潤等數十人斷髮請戰。霸知士心鋭，乃開營後，出精騎襲其背。〔四三〕茂、建前後受敵，驚亂敗走。

十六國前燕慕容儁已剋幽、薊，至於冀州，冉閔帥騎拒之，與儁將慕容恪相遇於魏昌。閔將董閏言於閔曰：「鮮卑乘勝氣勁，〔四四〕不可當也，請避之以溢其氣，然後濟師以擊之，可以捷也。」閔怒曰：「吾成師以出，將平幽州，斬慕容儁。今遇恪而避之，〔四五〕人將侮我矣。」閔威名素震，燕衆咸憚之。恪謂諸將曰：「閔勇而無謀，一夫之敵耳。雖有甲兵，不足擊也。吾今分軍爲三部，〔四六〕掎角以待之。閔性輕鋭，又知吾軍勢非敵，必出萬死衝吾中軍。吾今貫甲厚陣以俟其至，諸軍但勵卒，從傍須其戰合，夾而擊之，必尅。」閔與恪遇，十戰皆敗之。恪乃以鐵鏁連馬，簡善射鮮卑勇而無剛者五千，方陣而前。閔乘駿馬，左仗雙刃矛，〔四七〕右執鉤戟，順風擊之，斬鮮卑三百餘級。〔四八〕俄而燕騎大至，圍之數周。閔衆寡不敵，躍馬潰圍東走，行二十里，爲恪所擒。

陣久疲致敗

大唐武德中，太宗圍王充於東都，竇建德悉衆來救，太宗頓武牢拒之。建德陣於汜音祀水東，彌亙數里。諸將有懼色，太宗將數騎登高丘以觀之，謂諸將曰：「賊起山東，未見大敵，今渡險而囂，是軍無政令；逼城而陣，有輕我心也。我按兵不出，待彼氣衰，陣久卒飢，必將自退，追而擊之，何往不尅。」建德列陣，自卯至午，兵士飢倦，皆列坐，〔四九〕又争飲水。太宗令宇文士及率三百騎經賊陣之西，馳而南，誡之曰：「賊若不動，止宜引歸。如其覺動，宜引東出。」士及纔過，〔五〇〕賊衆果動。太宗曰：「可擊矣。」乃命騎將建旗列隊，自武牢城乘高入南山，循谷而東，以掩賊背。建德遽引其陣，卻上東原，未及整列，太宗率輕騎擊之，所向披靡。程齩音咬金等衆騎纏幡而入，直突出賊陣後，齊張旗幟，表裏俱奮，賊徒大潰，生擒建德。

武太后初，徐敬業起兵於揚州，〔五一〕武太后令將軍李孝逸討之，敬業拒於高郵之下阿谿。敬業置陣既久，士卒多疲怠，皆顧瞻，陣不能整。孝逸遂率衆擊之，因風縱火，敬業懼燒而退，孝逸進擊，大破之。

孫子曰：「出其不意。」攻其空虛，出其不意之塗也。〔五二〕故太公曰「動莫神於不意，勝莫大於不識」也。〔五三〕

出其不意

後漢初，光武遣將鄧禹西征，〔五四〕至河東，禹擊更始將王匡，禹軍不利。戰罷，明日癸亥，匡以六甲窮日不出，禹因得更整兵勒衆。明旦，匡悉軍出攻禹，禹令軍中無得輒動，既至營下，因傳發諸將鼓而並進，大破之。

魏末，遣將鍾會、鄧艾伐蜀，蜀將姜維守劍閣，鍾會攻維未能剋。艾上言：「請從陰平由邪徑經廣漢德陽亭趣涪，音浮。出劍閣西百里，〔五五〕去成都三百餘里，〔五六〕奇兵衝其腹心。劍閣之守必還赴涪，則會方軌而進；劍閣之軍不還，則應涪之兵寡矣。軍志有之曰：『攻其不備，出其不意。』今掩其空虛，破之必矣。」冬十月，艾自陰平行無人之地七百餘里，鑿山通道，造作橋閣。山高谷深，至爲艱險，又糧運將匱，瀕於危殆。艾以氈自裹，推轉而下。將士皆攀木緣崖，魚貫而進。先登至江由，〔五七〕蜀守將馬邈降。諸葛瞻自涪還緜竹，列陣相拒，大敗之，〔五八〕斬瞻及尚書張遵等首，遂進軍至成都。蜀主劉禪面縛舁櫬，詣軍門降。

晉將鎮南將軍杜元凱伐吳樂鄉城，晉牙門管定、周旨等伏兵樂鄉城外。吳都督孫歆先遣軍出拒晉將王濬於上流，大敗而還。旨等發伏兵，隨歆軍而入，敵不覺，直至帳下，虜歆。於是進逼江陵。吳督將伍廷僞請降，〔五九〕而列兵登陴，晉師攻剋之。

晉末，河閒王顒在關中，遣將張方討長沙王乂。方率衆自函谷入屯河南，乂遣左將軍皇甫商拒之而敗，張方率兵入洛陽。乂奉惠帝討方於城內，方軍遥見乘輿，於是引退，方止之不得，衆遂大敗。方退壁於十三里橋，〔六〇〕人情挫衄，無復固志，或勸方夜遁。方曰：「兵之利鈍是常，〔六一〕貴因敗以爲成功耳。我更前作壘，出其不意，此用兵之奇也。」乃夜潛進逼洛陽城七里。乂既新捷，不以爲意，忽聞方壘成，乂師乃出戰，遂大敗。

西晉末，石勒據襄國，晉將王浚遣督護王昌及鮮卑段就六眷、末柸等部衆五萬餘以討勒。時城隍未修，乃築隔城重柵以待之。就六眷屯於渚陽，勒分遣諸將連出挑戰，頻爲就六眷所敗。又聞其大備攻具，勒顧謂其將佐曰：「今寇來轉逼，彼衆我寡，恐攻圍不解，外救不至，内糧罄絶，必敗不能固也。吾將簡練將士，大陣於野以決之，何如？」諸將曰：「宜固守以疲寇，彼師老自退，〔六二〕追而擊之，必剋。」張賓曰：「聞就六眷剋來月上旬送死北城，今以我軍勢寡弱，謂不敢出戰，意必懈怠。今段氏種衆之悍，末柸尤最，其卒之精勇，悉在末柸所，可勿復出戰，示之以弱。速鑿北壘爲突門二十餘道，候賊列守未定，出其不意，直衝末柸帳，敵必震惶，計不及設，所謂迅雷不及掩耳。末柸之衆既奔，餘自摧散。擒末柸之後，王浚指辰而定。」勒納之，即以孔萇爲攻戰都督，造突門於北城。鮮卑入屯北壘，勒候其陣未定，躬率將士鼓譟於城上。〔六三〕會孔萇督諸突門伏兵俱出擊之，生擒末柸，就六眷等衆遂奔散。萇乘勝追擊，枕屍三十餘里，獲鎧甲馬五千匹。就六眷收其遺衆，屯於渚陽，遣使求和，送鎧馬金銀，并以末柸三弟爲質而請末柸。諸將并勸殺末柸以挫之，勒曰：「遼西鮮卑與我素無怨讎，爲王浚所使耳。今殺一人，結怨一國，非計也。放之必悦，不復爲浚用矣。」於是納其質，而遣末柸。就六眷等引還，終獲其用也。

東魏西荆州爲梁將曹義宗所圍，東魏召人赴救，慕容儼應募赴之。東魏北清音育太守宋帶劍謀叛，儼乃輕騎，出其不意，直至城下，語云：「大軍已到，太守何不出迎？」帶劍造次，惶恐不知所爲，便出迎，儼即執之，一郡遂定。

東魏大將齊神武率兵伐西魏，屯軍蒲坂，造三道浮橋渡河，又遣其將竇泰趨潼關，高敖曹圍洛州。今上洛郡。周文帝出軍廣陽，召諸將謂曰：「賊今掎居綺反吾三面，又造橋於河，示欲必渡，欲綴吾軍，使竇泰得西入耳。久與相持，〔六四〕必得行其策也。且高歡用兵，常以泰爲先驅，其下多鋭卒，屢勝而驕。今出其不意，襲之必剋。剋泰，則歡不戰而自走矣。」諸將咸曰：「賊在近，捨而遠襲，事若差跌，徒結反。悔無所及。」周文曰：「歡前再襲潼關，吾軍不過霸上。今者大來，兵未出郊。賊顧謂吾但自守耳，〔六五〕無遠鬬意，又忸於得志，有輕我之心。乘此擊之，何往不剋。賊雖造橋，未能徑至。比五日中，吾取竇泰必矣。公等勿疑。」周文遂率騎六千還長安，聲言欲保隴右。辛亥，潛出軍。癸丑旦，至小關。〔六六〕竇泰卒聞軍至，惶懼，依山爲陣，未及成列，周文縱兵擊破之，盡俘其衆，斬泰，傳首長安。高敖曹適陷洛州，聞泰没，焚輜重棄城走。〔六七〕齊神武亦撤橋而退。周文初與諸將謀，咸難之。周文乃隱其事，佯若未有謀者，而獨問策於尚書直事郎中宇文深。對曰：「竇泰，歡之驍將也，亟勝而輕敵。今者大軍若就蒲坂，則高歡拒守，竇泰援之，内外受敵，取敗之道也。不如選輕鋭之卒，潛出小關。竇泰性躁急，必來決戰，高歡持重，未即救之，則竇可擒也。既擒竇泰，歡勢自沮。〔六八〕慈吕反。迴軍禦之，〔六九〕可以制勝。」周文喜曰：「是吾心也。君即吾之陳平也。」

後周末，隋文帝爲丞相，益州總管王謙舉兵拒命，隋文遣將梁睿討之，進至龍門。謙將趙儼、秦會擁衆十萬，〔七〇〕據險爲營，周亘三十里。睿令將士銜枚出自間道，四面奮擊，破之。王謙又令高阿那瓌、達奚惎等以盛兵攻利州，聞梁睿將至，惎分兵據開遠。睿顧謂將士曰：「此虜據要，〔七一〕欲遏吾兵勢，吾當出其不意，破之必矣。」遣一將趨劍閣，一將詣巴西，〔七二〕一將水軍入嘉陵。睿遣將分道攻惎，自午及申，破之。惎奔歸於謙。睿進逼成都，謙令達奚惎城守，親率精兵五萬，〔七三〕背城結陣。睿擊之，謙不利，將入城，惎以城降，〔七四〕謙將麾下三十騎遁走，斬之。

大唐武德中，突厥突利、頡利二可汗到原州，太宗率兵拒之。雨甚，太宗乃召諸將謂之曰：「虜控弦鳴鏑，音的。弓馬是憑。今雨彌時，弧矢俱弊，突厥人衆，如鳥鎩所八反翮。我屋宿火食，槍槊侈利，料我之逸，揣敵所勞，此而不乘，夫復何待！〔七五〕今欲先令勁兵亂其陣，乃率突騎驅其後，虜俗進不相讓，退不相救，自此以北，澗谷深長，時有一道，魚貫以度，〔七六〕因而追之，彼十萬騎坑穽中物耳。追至黃河，縱不盡擒，必當十獲八九。此曉兵者所解，諸君勿疑。」於是潛師夜出，冒雨而進，醜徒震駭。因縱反間於突利，悅而歸心焉，二可汗內離。頡利欲戰不可，因請和而去。

貞觀中，蘇定方率兵討突厥賀魯，大雪，平地二尺，軍中咸請停兵候晴。定方曰：「虜恃雪深，謂我不能前進，必當憩息，追之可及。若緩以縱之，則漸遠難追。省日兼功，在此舉也。」於是勒兵凌雪，晝夜兼進，所經收其人衆，遂至雙河，去賀魯所居二百餘里，布陣長驅，徑至金牙山賀魯牙所。〔七七〕時賀魯集衆欲獵，定方縱兵擊之，盡破其牙帳，生擒數萬人。賀魯脱走，投石國。定方於是悉命諸部歸其所居，埋瘞骸骨，存問疾苦，復其産業，賀魯所虜掠者悉檢責還之。於是西域諸國，安堵如故。令副將蕭嗣業往石國以追賀魯，遂擒，歸於京師。

貞觀中，突厥諸部離叛，朝廷將圖進取，以李靖爲代州道行軍總管，率驍騎三千，自馬邑出其不意，直趣惡陽嶺以逼之。頡利可汗不虞於靖，〔七八〕見官軍掩至，相謂曰：「唐兵若不傾國而來，靖豈孤軍而至！」一日數驚。四年，靖進擊定襄城，破之。突厥諸部落並走磧北。突利可汗來奔。獲隋齊王暕之子楊正道及煬帝蕭后，送於京師。頡利可汗大懼，退保鐵山，遣使入朝謝罪，請舉國内附。又以靖爲定襄道行軍總管，往迎之。頡利雖外請朝謁，而内懷持疑。靖揣知其意，是時詔遣鴻臚卿唐儉攝户部尚書慰諭之，靖謂副將張公謹曰：「詔使到彼，虜必自寬。乃選精騎一萬，齎二十日糧，引兵自白道襲之。」公謹曰：「既許其降，詔使在彼，未宜討擊。」靖曰：「此兵機也，非君所及。如唐儉輩，何足可惜。」督軍疾進，師至陰山，遇其斥候千餘帳，皆俘以隨軍。頡利見使者大悦，不虞官兵至也。靖前鋒乘霧而行，將逼其牙帳七里，虜始覺，列兵未及行陣，頡利畏威先走，部衆因而潰散。靖斬首萬餘級，俘男女十餘萬，殺其妻隋義成公主。頡利乘千里馬將走投吐谷渾，西道行軍總管張寶相擒之以獻。遂滅其國，復定襄、恆安之城，斥土界自陰山北至於大漠。

貞觀中，吐谷渾寇邊，以李靖爲西海道行軍大總管，統兵部尚書侯君集、刑部尚書任城王道宗等五總管征之。軍次伏俟城，吐谷渾燒去野草，以餧我師，退保大非川。諸將咸言春草未生，馬已羸瘦，不可赴敵。唯靖決計而進，深入敵境，遂踰積石山。前後戰數十合，〔七九〕殺傷甚衆，大破其國。

孫子曰：「攻其無備。」擊其懈怠不備之處。

擊其不備

春秋時，衛人燕師伐鄭，南燕姓姞。姞，巨乙反。鄭將祭側介反足、原繁、泄私列反駕以三軍軍其前，使曼伯、子元潛軍軍其後。燕人畏鄭三軍，而不虞制人。鄭二將以制人敗燕師於北制。君子曰：「不備不虞，不可以師。」

魏將李典與程昱等以船運軍糧，〔八〇〕會袁尚遣將高蕃將兵屯河上，絶水道，典與諸將議曰：「蕃軍少甲而恃水，有懈怠之心，擊之必克。宜亟擊之。」昱亦以爲然。遂北渡河，攻蕃，破之，水道得通。

十六國北涼沮渠蒙遜率兵伐南涼禿髮傉內沃反檀，至顯美，徙數千户而還。傉檀追及蒙遜於窮泉，蒙遜將擊之。諸將皆曰：「賊已安營，不可犯也。」蒙遜曰：「傉檀爲吾遠來疲弊，必輕而無備，及其壘壁未成，可一鼓而滅。」進擊，敗之，乘勝至於姑臧，夷夏降者萬數千户。傉檀懼，請和而歸。

隋末，李密破宇文化及還，其勁兵良馬多死。隋將王充守東都，欲乘其弊，練精勇兵得二萬人，馬千餘疋於洛水南，密軍偃師北山上。時密新得志於化及，有輕充之心，不設壁壘。充夜遣二百餘騎潛入北山，伏溪谷中；令軍士秣馬蓐食，既而宵濟，人奔馬馳，遲明而薄密。密出兵應之，陣未成列，而兩軍合戰，其伏兵蔽山而上，潛登北原，乘高而下，馳壓密營，營中亂，無能拒之者。即入縱火，密軍大驚而潰。〔八一〕

攻其不整

春秋時，宋襄公及楚人戰于泓。烏宏反。宋人既成列，楚人未既濟，未盡渡泓水。司馬子魚曰：「彼衆我寡，及其未既濟也，請擊之。」公曰：「不可。」既濟而未成列，又以告，公曰：「未可。」既陳而後擊之，宋師敗績。國人皆咎公。公曰：「君子不重傷，不擒二毛。頭白有二色。〔八二〕古之爲軍也，不以阻隘也。不因阻隘以求勝。〔八三〕寡人雖亡國之餘，不鼓不成列。」宋，商之後，恥以詐勝。子魚曰：「君未知戰。勍敵之人，隘而不成列，天贊我也。勍，强也。言楚在險隘，不得陣列，天所以佐宋也。阻而鼓之，不亦可乎？猶有懼焉。雖因阻擊之，猶恐不勝也。且今之勍者，皆吾敵也。雖及胡耇，音苟。獲則取之，何有於二毛。今之勍者，謂與吾競者也。胡耇，元老之稱。明恥教戰，求殺敵也。明設刑戮，〔八四〕以恥不果。傷未及死，如何勿重。言尚能害己也。〔八五〕若愛重傷，則如勿傷；愛其二毛，則如服焉。言苟不欲傷殺敵人，則本可不須鬬也。〔八六〕三軍以利用也，爲利興也。金鼓以聲氣也。〔八七〕鼓以佐士衆之聲氣。利而用之，阻隘可也；聲盛致志，鼓儳可也。」儳巖，未整陣也。〔八八〕儳音讒。宋公違之而敗。

後漢末，曹公討鮮卑，出盧龍塞，塞外道絶不通，乃塹山堙谷五百餘里，經白檀，歷平岡，〔八九〕涉鮮卑庭，東指柳城。〔九〇〕未至二百里，虜乃知之，將數萬騎逆軍。登白狼山，卒與虜遇，衆甚盛。公登高，觀虜陣不整，縱兵擊之，使張遼爲先鋒，虜大敗也。

孫子曰：「用兵之法，無恃其不來也，恃吾有能以待之也；無恃其不攻吾也，恃吾不可攻也。」安則思危，存則思亡，常有備。

先設備而勝

周末，荆人伐陳，吴救之，軍行三十里，雨十日，夜不見星。左史倚相謂荆大將子期曰：「雨十日，甲輯兵聚，吴人必至，不如備之。」乃爲陣。而吴人果至，見荆有備，而反。左史曰：「其反覆六十里，其君子休，〔九一〕小人爲食。我行三十里，擊之，必剋。」從之。遂破吴軍。

魏大軍南征吴，到精湖，〔九二〕魏將滿寵帥諸軍在前，與賊隔水相對。〔九三〕滿寵謂諸將曰：「今夕風甚猛，賊必來燒營，宜爲之備。」諸軍皆警。〔九四〕夜半，賊果遣十部來燒營，〔九五〕寵掩擊，破之。〔九六〕

晉將羅尚遣廣漢都尉曾元、牙門張顯等潛率步騎三萬，襲蜀賊李特營。特素知之，〔九七〕乃繕甲厲兵，戒嚴以待之。元等至，特安臥不動，待其衆半入，發伏擊之，殺傷者甚衆，遂害曾元、張顯等。

十六國北燕馮跋蒲撥反據遼東，其弟萬泥阻兵以叛，跋遣將馮弘與將軍張興討之。弘遣使諭之曰：「昔者兄弟乘風雲之運，撫翼而起。羣公以天意所鍾，〔九八〕逼奉主上光踐寶位。列土疏爵，當與兄弟共之，奈何欲尋干戈於蕭牆，棄友于而爲鬩伯。過貴能改，善莫大焉。宜舍兹嫌，同奬王室。」〔九九〕萬泥不從，剋期出戰。〔一〇〇〕興謂弘曰：「賊明日出戰，今夜必來驚營，宜備不虞。」弘乃密嚴備，仍人課草十束，蓄火伏兵以待之。〔一〇一〕是夜，萬泥果遣壯士千餘人斫營。衆火俱起，伏兵邀擊，俘斬無遺，遂平萬泥等。

校勘記

〔一〕則當備避以待其虚　「備」原作「謹」，據北宋本、傅校本、明抄本、明刻本改。

〔二〕不若變也　「若變」原訛「可支」，據北宋本、傅校本、明抄本、明刻本改。

〔三〕則當自逃守匿其形　「當」原作「軍」，據十一家注孫子謀攻篇杜佑注改。「守」原訛「以」，據北宋本、傅校本、明抄本、明刻本改。

〔四〕堂堂者大也威盛貌　原作「堂堂者盛大之貌也」，據北宋本、傅校本、明抄本、明刻本改。

〔五〕取吾牛馬　御覽卷二九五同。吴子應變「馬」作「羊」。

〔六〕暮去必卒　「卒」原訛「醉」，據北宋本、傅校本、明刻本改。按：吴子應變、御覽卷二九五也作「卒」。

〔七〕朝乘重裝　「朝」御覽卷二九五作「車」。

〔八〕遇我伏内　「遇」原訛「過」，據北宋本、傅校本、明刻本改。按：吴子應變、御覽卷二九五也作「遇」。

〔九〕蘇由　「由」原訛「油」，據三國志武帝紀二五頁改。

〔一〇〕臨滏音父水爲營　「滏」原訛「溢」，「父」原訛「奕」，據北宋本改。傅校本、明抄本、明刻本「父」字不誤。

〔一一〕解甲息士　「甲」原訛「兵」，據宋書武帝紀上二〇頁及北宋本、傅校本、明刻本改。

〔一二〕精甲耀日　「精」原訛「刃」，據宋書武帝紀上二〇頁及北宋本改。

〔一三〕蜀主從建平連圍至夷陵界　「圍」原訛「營」，據北宋本、傅校本、明抄本、明刻本、王吴本改。按：三國志陸遜傳一三四六頁作「圍」。

〔一四〕所以不聽諸君擊班者　「君」原訛「軍」，據北宋本、傅校本、明抄本、明刻本改。按：三國志陸遜傳一三四六頁作「君」。

〔一五〕以火攻拔之　「拔」原訛「破」，據北宋本、傅校本、明抄本、明刻本改。按：三國志陸遜傳一三四七頁作「拔」。

〔一六〕遜督促諸軍四面蹙之　「促」原訛「率」，據北宋本、傅校本、明抄本、明刻本改。按：三國志陸遜傳一三四七頁作「促」。

〔一七〕令壯士擊　「令」原脱，據史記王翦傳二三四一頁補。

〔一八〕遂命諸將高壘以弊之　「弊」原訛「蔽」，據北宋本、傅校本、明抄本、明刻本改。

〔一九〕要其歸路　「要」上原有「斷」，據晉書景帝紀二六頁删。

〔二〇〕其鋒不可擬也　「擬」原作「當」，後人臆改。今據晉書劉曜載記二六八七頁及北宋本、傅校本、明抄本改回。

〔二一〕具甲掃壘而出　「而出」原脱，據北宋本、傅校本、明抄本、明刻本、王吳本補。

〔二二〕直吏反　「吏」原訛「史」，據諸本改。

〔二三〕今應變之術　「今」原訛「夫」，北宋本、傅校本、明抄本、明刻本、王吳本訛「分」，今據南齊書高帝紀上七頁改正。

〔二四〕賊千里孤軍　「賊」下原衍「至」，據南齊書高帝紀上七頁删。

〔二五〕折墌城　「折」原作「析」，據舊唐書太宗紀上二三頁及北宋本、王吳本改。

〔二六〕賊有十餘萬　「賊」原脱，據舊唐書太宗紀上二三頁、十一家注孫子軍争篇何氏注補。

〔二七〕我且閉壁以折之　「折」原訛「拒」，據北宋本、傅校本、明刻本改。按：舊唐書薛仁杲傳二二四八頁、十一家注孫子軍争篇何氏注作「折」。

〔二八〕軍中頗攜貳　「貳」原脱，據十一家注孫子軍争篇何氏注補。

〔二九〕宗羅睺　「宗」原作「宋」，據舊唐書太宗紀上二四頁、薛仁杲傳二二四八頁、十一家注孫子軍争篇何氏注改。

〔三〇〕太宗度賊已疲　「已」原訛「久」，據北宋本改。按：通鑑卷一八六五八二一頁、十一家注孫子軍争篇何氏注作「已」。

〔三一〕汝謂如何　「如何」原倒，據北宋本、傅校本、明抄本、明刻本乙。按：舊唐書宗室傳二三五四頁、十一家注孫子軍争篇何氏注作「如何」。

〔三二〕遣其將乘勝入北江　「江」原訛「山」，據諸本改。按：通鑑卷一八九五九三三頁也作「北江」，胡注云：「百里洲在枝江縣江中，江水至此分流，出百里洲北而東流者，因謂之北江。」

〔三三〕唯以鈔掠爲資　「唯」原訛「難」，據北宋本、傅校本、明抄本、明刻本改。按：三國志武帝紀九頁作「唯」。

〔三四〕然後選精鋭據其要害　「鋭」下原衍「兵」，據北宋本、傅校本、明抄本、明刻本删。按：三國志武帝紀九頁無「兵」。

〔三五〕自辰達酉　「酉」原訛「西」，據諸本改。

〔三六〕陳知略　「陳」原訛「王」，據隋書李密傳一六三一頁、舊唐書李密傳二二二二頁改。

〔三七〕不如因其飢而遂取之　「如」原脱，據史記項羽本紀三三一頁補。按：史記「飢」作「機」。

〔三八〕鷙少而鋭　「少」原作「小」，據晉書景帝紀三〇頁改。

〔三九〕推鋒陷陣　「推」原作「衝」，後人臆改。今據北宋本、傅校本、明刻本、王吴本改回。按：晉書景帝紀三一頁作「推」。

〔四〇〕王遣驍騎八千翼而追之　「千」原訛「十」，據北宋本、傅校本、明抄本、明刻本、王吴本改。按：晉書景帝紀三一頁也作「千」。

〔四二〕武軍奔過霸營　「軍」原訛「將」，據北宋本、傅校本、明抄本、明刻本改。按：後漢書王霸傳七三六頁作「軍」。

〔四三〕努力而已　「努」原訛「弩」，據王吳本改。

〔四四〕出精騎襲其背　「出」下原衍「兵」，據後漢書王霸傳七三六頁删。

〔四五〕鮮卑乘勝氣勁　「氣」原脱，據晉書石季龍載記下二七九六頁補。

〔四六〕今遇恪而避之　「今」原訛「令」，據北宋本、傅校本、明抄本、明刻本、王吳本改。

〔四七〕吾今分軍爲三部　「軍」原作「兵」，據諸本改。

〔四八〕左仗雙刃矛　「雙刃矛」，原訛脱作「雙刀」，據晉書石季龍載記下二七九六頁改補。

〔四九〕斬鮮卑三百餘級　「百」原訛「萬」，據晉書石季龍載記下二七九六頁及北宋本、傅校本、明抄本、明刻本改。

〔五〇〕自卯至午兵士飢倦皆列坐　舊唐書太宗紀上二七頁、通鑑卷一八九五九一四頁「卯」作「辰」，「列坐」作「坐列」。

〔五一〕士及纔過　「過」原訛「遇」，據北宋本、王吳本改。

〔五二〕徐敬業起兵於揚州　「揚」原訛「陽」，據諸本改。

〔五三〕出其不意之塗也　「出其不意」原脱，據北宋本、王吳本補。

〔五四〕故太公曰動莫神於不意勝莫大於不識也　「故」「也」原脱，據北宋本、傅校本、明抄本、明刻本。王吴本補。按：十一家注孫子計篇孟氏注「勝」作「謀」，「大」作「善」。

〔五四〕光武遣將鄧禹西征　「將」原脱，據北宋本、傅校本、明抄本、明刻本補。

〔五五〕出劍閣西百里　「百」上原衍「四」，據三國志鄧艾傳七七八頁删。

〔五六〕去成都三百餘里　「成」原訛「城」，據北宋本改。下同。

〔五七〕先登至江由　「由」原作「油」，據三國志鄧艾傳七七九頁及北宋本、傅校本、明刻本、王吴本改。

〔五八〕大敗之　「敗」原作「破」，據北宋本、傅校本、明抄本、明刻本改。

〔五九〕吴督將伍延僞請降　「督」上原衍「都」，據晉書杜預傳一〇三〇頁删。

〔六〇〕方退壁於十三里橋　「三」原訛「二」，據晉書張方傳一六四四頁改。

〔六一〕兵之利鈍是常　「鈍」原訛「鋭」，據晉書張方傳一六四四頁及北宋本、王吴本改。

〔六二〕宜固守以疲寇彼師老自退　「寇」原訛「老」，「師」字誤重，今據晉書石勒載記上二七一八頁改删。按：北宋本、傅校本、明抄本、明刻本「寇」字不誤。

〔六三〕鼓譟於城上　「譟」原訛「操」，據諸本改。

〔六四〕久與相持　原作「與之相持」，據周書文帝紀下二三頁及北宋本改。

〔六五〕賊顧謂吾但自守耳　「顧」原訛「固」，據周書文帝紀下二三頁及北宋本改。

〔六六〕至小關　「小」原作「潼」，據周書文帝紀下二二頁改。

〔六七〕焚輜重棄城走　「走」原作「而去」，後人竄改。今據周書文帝紀下二三頁及北宋本、傅校本、明抄本、明刻本改回。

〔六八〕歡勢自沮　「沮」原訛「阻」，據周書宇文深傳四五六頁及北宋本改。

〔六九〕迴軍禦之　「禦」原作「擊」，據周書宇文深傳四五六頁及北宋本改。

〔七〇〕秦會　「秦」原訛「泰」，據隋書梁睿傳一一二五頁改。

〔七一〕此虜據要　「據」原脱，據隋書梁睿傳一一二六頁補。

〔七二〕一將詣巴西　「詣」原訛「指」，據隋書梁睿傳一一二六頁訂改。

〔七三〕謙令達奚碁城守親率精兵五萬　「城守」原倒，「親」上原有「而」，據北宋本、傅校本、明抄本、明刻本乙删。

〔七四〕碁以城降　「碁」下原有「即」，據北宋本、傅校本、明抄本、明刻本删。

〔七五〕夫復何待　「待」原訛「時」，據北宋本、傅校本、明抄本、明刻本改。按：御覽卷二八九、通鑑卷一九一五九二頁並作「待」。

〔七六〕魚貫以度　「魚貫」原倒，據北宋本、傅校本、明刻本乙。按：御覽卷二八九也作「魚貫」。

〔七七〕徑至金牙山賀魯牙所　「所」御覽卷二八九作「帳」。

〔七八〕頡利可汗不虞於靖　「頡」原訛「突」，據通鑑卷一九三六〇七一頁訂改。

〔七九〕前後戰數十合　「十」原脱，據舊唐書李靖傳二四八一頁、御覽卷二八九補。

〔八〇〕程昱　「昱」原訛「翌」，據三國志李典傳五三三頁改。下同。

〔八一〕即入縱火密軍大驚而潰　「火」下原有「焚之」，「軍」下原有「由是」，王吴本、殿本亦然，乃後人妄增，今據隋書王充傳一八九七頁及北宋本、傅校本、明抄本、明刻本删。

〔八二〕頭白有二色　「色」原訛「毛」，據諸本改。

〔八三〕不因阻隘以求勝　「隘」原訛「險」，據左傳僖公二十二年杜注及北宋本、傅校本、明抄本、明刻本改。

〔八四〕明設刑戮　「刑」原訛「形」，據諸本改。按：左傳僖公二十二年杜注「設」作「殺」。

〔八五〕言尚能害己也　「己」原訛「及」，據諸本改。按：左傳僖公二十二年杜注作「已」。

〔八六〕則本可不須鬭也　「本」原訛「寧」，據左傳僖公二十二年杜注改。按：北宋本、傅校本、明抄本、明刻本作「命」，亦誤。

〔八七〕金鼓以聲氣也　「氣」原訛「勢」，據左傳僖公二十二年及北宋本、傅校本、明抄本、明刻本改。

〔八八〕未整陣也　「未」原作「不」，據左傳僖公二十二年杜注及北宋本、傅校本、明抄本、明刻本改。

〔八九〕歷平岡　原訛倒作「歷剛平」，據三國志武帝紀二九頁乙改。

〔九〇〕東指柳城　「指」原訛「蹈」，據三國志武帝紀二九頁、通鑑卷六五二〇七二頁改。按：北宋本作「陷」，亦誤。

〔九一〕其君子休　「子」下原有「少」，據北宋本、傅校本、明抄本、明刻本删。

〔九二〕魏大軍南征吴到精湖　「大」下原衍「將」，「精」原訛「積」，據三國志滿寵傳七二三頁删改。

〔九三〕與賊隔水相對　原訛作「與賊人隔湖水」，據三國志滿寵傳七二三頁及北宋本、傅校本、明抄本、明刻本改。

〔九四〕諸軍皆警　「警」原訛「驚」，下又有「恐」，據三國志滿寵傳七二三頁改删。按北宋本、傅校本、明抄本、明刻本惟「警」訛「驚」，無「恐」。

〔九五〕賊果遣十部來燒營　「賊」下原衍「人」，據三國志滿寵傳七二三頁及北宋本删。

〔九六〕破之　「破」上原有「大」，據三國志滿寵傳七二三頁及北宋本、傅校本、明抄本、明刻本删。

〔九七〕特素知之　「特」上原有「李」，據北宋本、傅校本、明抄本、明刻本删。

〔九八〕羣公以天意所鍾　「鍾」原訛「在」，據晉書馮跋載記三一二九頁及北宋本改。

〔九九〕同奬王室　「奬」原訛「扶」，據晉書馮跋載記三一二九頁及北宋本、明抄本、王吴本改。

〔一〇〇〕尅期出戰　「尅」原作「刻」，據晉書馮跋載記三一二九頁及北宋本改。

〔一〇一〕蓄火伏兵以待之　「蓄」原訛「之」，據晉書馮跋載記三一二九頁改。

劉俊文點校　王文錦覆校

通典卷第一百五十六

兵九

以逸待勞　師不襲遠　餌敵取勝　軍勝虜掠被追襲多敗　抽軍附　卑辭怠敵取之　稱降及和因懈敗之　兩軍相對取背破之　兩軍相對繼遣軍助即勝　兵多力有餘宜分軍相繼　我寡敵衆自遠至乘疲敗之　挑戰　敵處高勿攻　敵黨急之則合緩之則離　假託安衆

孫子曰：「凡先處戰地而待敵者佚，有餘力也。言已先處形勢之地，以待人之來，則軍有備，士馬閑逸。後處戰地而趣戰者勞。若敵已處便勢之地，己方赴利，士馬勞倦。故善戰者致人，而不致於人。言兩軍相遠，强弱俱敵，彼可使歷險而來，我不可歷險而往，必能引致敵人，己不往從也。能使敵自致者，利之也；誘之以利。以近待遠，以逸待勞，以飽待飢，此理力者也。」以我之近，待彼之遠；以我之閑逸，待彼之疲勞；以我之充飽，待彼之飢虚：此理人力者也。

以逸待勞

梁司州刺史柳仲禮留其長史馬岫守安陸，自率步騎一萬寇西魏襄陽。西魏將楊忠帥衆南伐，攻梁隨郡，克之，進圍安陸。仲禮聞隨郡陷，恐安陸不守，遂馳歸赴援。諸將恐仲禮至則安陸難下，請急攻之。忠曰：「攻守勢殊，未可卒拔。若引日勞師，表裏受敵，非計也。南人多習水軍，不閑野戰。仲禮迴師，已在近路，吾出其不意，以奇兵襲之，彼怠我奮，一舉必克，則安陸不攻自拔，諸城可傳檄而定也。」於是選騎二千，銜枚夜進，遇仲禮於漴。漴音崇。水所衝曰漴。〔一〕忠親自陷陣，擒仲禮，悉俘其衆。安陸及竟陵郡皆降，如忠所策。

後周遣將，率突厥之衆，逼齊晉陽。齊將段韶禦之。時大雪之後，周人以步卒爲前鋒，從西山而下，去城二里。諸將咸欲逆擊之，韶曰：「步人氣力，勢自有限。今積雪既厚，逆戰非便，不如陣以待之。彼勞我逸，破之必矣。」既而交戰，大破之，敵前鋒盡殪，無復孑遺，自餘通宵奔遁。

孫子曰：「國之貧於師者遠師遠輸，遠師遠輸者則百姓貧。〔二〕兵車轉運千里之外，財則費於道路，人有困窮者。近師者貴賣，貴賣則百姓財竭。」〔三〕言近軍師，市多非常之賣。〔四〕當時貪貴以趣末利，

然後財貨殫盡，家國虛也。〔五〕

師不襲遠

春秋時，秦伯使大夫杞子戍鄭，使告於秦伯曰：「鄭人使我掌其北門之管，管，鑰。若潛師以來，國可得也。」穆公訪諸蹇叔。蹇叔曰：「勞師以襲遠，非所聞也。蹇叔，秦大夫。師勞力竭，遠主備之，無乃不可乎！且行千里，其誰不知？」公辭焉。辭，不受其言。召孟明、西乞、白乙，使出師於東門之外。蹇叔哭之，曰：「孟子，吾見師之出而不見其入也。」蹇叔之子與師，哭而送之，曰：「晉人禦師必於殽，殽有二陵焉。大阜曰陵。其南陵，夏后皋之墓，皋，夏桀之祖父。其北陵，文王之所避風雨。此道在二殽之閒，南谷中谷深委曲，兩山相嶔，故可以避風雨，古道由此。魏武帝西討巴、漢，嘆其險，而更開北山高道。必死是閒，〔六〕余收爾骨焉。」秦師遂東。原軫曰：「秦違蹇叔，而以貪勤人，天奉我也。奉，與也。奉不可失，敵不可縱。縱敵，患生；違天，不祥。必伐秦師。」欒枝曰：「未報秦施，而伐其師，其爲死君乎？」先軫曰：「秦不哀吾喪，而伐吾同姓，秦則無禮，何施之爲？吾聞之：『一日縱敵，數世之患也。』謀及子孫，可爲死君乎！」言不可謂背君。遂發命，遽興姜戎。子墨縗絰。晉文公未葬，故襄公稱子，以凶服從戎，故墨之。遂敗秦師於殽，獲百里孟明視、西乞術、白乙丙以歸。

孫子曰：「餌兵勿貪。」以小利來餌己士卒，無取也。

餌敵取勝

後漢末，曹公西征馬超，與超夾關爲軍。公急持之，而潛遣徐晃、朱靈等夜渡蒲坂津，據河西爲營。公自潼關北渡，未濟，超赴船急戰。公放牛馬以餌賊，賊亂取牛馬，公得渡，循河爲甬道而南。賊退，距渭口，公乃多設疑兵，潛以舟載兵入渭，爲浮橋，夜分兵結營於渭南。賊夜攻營，伏兵擊破之。

後漢末，曹公與袁紹相持官渡，曹公循河而西。紹於是渡河追公軍，至延津南。公勒兵駐營南坂下，使登壘視之，曰：「可五六百騎。」有頃，復白：「騎稍多，步兵不可勝數。」公曰：「勿復白。」乃令騎解鞍放馬。是時，白馬輜重就道。諸將以爲敵騎多，不如還保營。荀攸曰：「此所以餌敵也，如何去之。」紹騎將文醜與劉備將五六千騎前後至。諸將復白：「可上馬。」公曰：「未也。」有頃，騎至稍多，或分趣輜重。公曰：「可矣。」乃皆上馬。時騎不滿六百，遂縱兵擊，大破之。

晉將劉牢之、宋武帝討妖賊孫恩，恩敗走，虜男女二十餘萬口，一時入海。懼官軍之躡，乃緣道多棄寶物子女，時東上殷實，莫不粲麗盈目，牢之等遽收斂，故恩復得逃入海。

孫恩用此術復免。〔七〕

晉將李矩守滎陽，後趙石勒親率兵襲矩。矩遣老弱入山，令所在散牛馬，因設伏以待之。賊爭取牛馬，伏發，齊呼，聲動山谷，遂大破之，斬獲甚衆。勒乃退。

十六國南涼秃髮傉檀傉，奴沃反。守姑臧，後秦姚興遣將姚弼等至於城下。傉檀驅牛羊於野，弼衆採掠，傉檀因分擊，大破之。

後魏末，大將廣陽王元深伐北狄，使于謹單騎入賊中，示以恩信，於是西部鐵勒酋長也列河等三萬餘户並款附，〔八〕相率南遷。廣陽欲與謹至折敦嶺迎接之。〔九〕謹曰：「破六汗拔陵兵衆不少，聞也列河等歸附，必來要擊。彼若先據險要，則難與爭鋒。今以也列河等餌之，當競來抄掠，然後設伏而待，必指掌破之。」廣陽然其計。拔陵果來要擊，破也列河於嶺上，部衆皆没。謹伏兵發，賊遂大敗，悉收得也列河之衆。

隋煬帝征高麗，隋將于仲文率軍指樂浪道，〔一〇〕軍次烏骨城。仲文簡羸馬驢數千，置於軍後。既而率衆東過，高麗出兵掩襲輜重，仲文迴擊，大破之。

軍勝虜掠被追襲多敗傉檀以恡所獲致敗，〔一一〕亦貪之累，故附餌敵之後。

十六國南涼秃髮傉檀伐北涼沮渠蒙遜於姑臧，至番禾、苕藋，徒弔反。掠五千餘户。其將屈右進曰：〔一二〕「陛下轉戰千里，前無完陣，徙户資財，盈溢衢路，宜倍道旋師，〔一三〕早度峻嶮。蒙遜善於用兵，士衆習戰，若輕軍卒至，出吾慮表，大敵外逼，徙户内攻，危道也。」衞尉伊力延曰：「我軍勢方盛，將士勇氣自倍，彼徒我騎，勢不相及。若倍道旋師，必捐棄資財，示人以弱，非計也。」俄而昏霧風雨，蒙遜軍大至，傉檀大敗而還。

抽軍附〔一四〕

大唐衞公李靖兵法曰：「諸兵馬被賊圍遶，抽拔須設方計。一時齊拔，賊即逐背揮戈，因此必敗。其兵共賊相持，事須抽拔者，即須隔一隊，抽一隊。所抽之隊，去舊隊百步以下，遂便立隊，令持戈槍刀棒並弓弩等，張施待賊。張施了，即抽前隊。如賊來逼，所張弓弩等人，便即放箭奮擊。如其賊止不來，其所抽隊，便過向前百步以下，遂便準前立隊〔一五〕，張施弓弩等待賊。既張施訖，準前抽前隊，隔次立陣，即免被賊奔蹙。其被抽之隊，不得急走，須徐緩而行。如賊相逼，即須迴拒戰。其隊頭、押官押後，副隊頭引前。如有走者，仰押官、隊頭便斬；違失節度者，斬全隊。」

孫子曰：「卑而驕之。」彼其舉國興師，怒而欲進，則當外示屈撓，以高其志；俟惰歸，邀而擊之。故王子曰：

「善用法者，如狸之與鼠，力之與智，示之猶卑，〔一六〕靜而下之。」

卑辭怠敵取之〔一七〕

戰國燕軍大破齊國，齊將田單守即墨，知士卒可用，乃身操板插，與士卒分功，妻妾編行伍之閒，盡散飲食饗士。令甲卒皆伏，使老弱女子乘城。遣約降於燕，燕軍皆呼萬歲。田單又收民金，得千鎰，令即墨富豪遣使遺燕將書曰：「即墨即降，願無虜掠吾族家妻妾，令安堵。」燕將大喜，許之。燕軍由此益懈。田單出軍擊，大敗之。

稱降及和因懈敗之

秦末，天下兵起，沛公西入武關，欲以二萬人擊秦嶢關下軍，張良曰：「秦兵尚强，未可輕也。臣聞其將屠者子，賈豎易動以利。願且留壁，使人行，爲五萬人具食，益張旗幟諸山之上，爲疑兵，令酈食其持重寶啗秦將。」〔一八〕貪而忽名，〔一九〕可貨以賂。秦將果欲連和俱西襲咸陽，沛公欲聽之。良曰：「此獨其將欲叛，士卒恐不從。不從必危，不如因其懈怠擊之。」沛公乃引兵擊之，秦軍大破。

晉將李矩守滎陽城，前趙劉聰將劉暢步騎三萬討矩，屯於韓王故壘，相去七里，遣使招矩。〔二〇〕時暢卒至，矩未暇爲備，遣使奉牛酒詐降於暢，潛匿精勇，見其老弱。暢不以爲虞，大饗渠帥，人皆醉飽。矩謀夜襲之，暢僅以身免。

大唐貞觀初，突厥頡利自原州卻歸，時遣李靖討之。頡利計窘，使執失思力入朝謝罪，請爲藩臣。太宗遣唐儉、安修仁持節出塞，以安撫之。頡利不肯朝覲，謀待草青馬肥，將踰沙磧。靖與其副將張公謹謀曰：「制使到彼，虜必自寬，須率精騎，齎二十日糧，乘閒掩襲。」諸將皆曰：「詔許其降，行人在彼，奈何攻之？」靖曰：「此兵機也。」督軍疾進，奄踰白道，過其斥候千餘帳，皆俘以隨軍。頡利見使者甚悦，不虞官兵之至。靖軍奄到，縱擊之，遂滅其國。

孫子曰：「凡戰者，以正合，以奇勝。正者當敵，奇兵從傍擊不備，以正道合戰，以奇變取勝也。故善出奇者，無窮如天地，不竭如江河。言應變出奇，無窮竭。終而復始，日月是也。死而復生，四時是也。」日月運行，入而復出；四時更王，興而復廢。言奇正變化，或若日月之進退，四時之盛衰也。

兩軍相對取背破之

後漢初，赤眉、青犢十餘萬衆並在射犬，光武引兵將擊之。耿純軍在前，去衆營數里，賊忽夜攻純，雨射營中，士多死傷。純勒部曲，堅不動。選敢死士二千人，俱持强弩，各傅三矢，使銜枚閒行，傅，著。繞出賊後，〔二一〕齊聲呼譟，强弩並發，賊衆驚走，追擊，遂破之。

宋柳元景爲隨郡太守，既至，而蠻反，斷驛道，欲攻郡。郡內力少，糧仗又乏，元景設方略，得六七百人，乃分五百人屯驛道。或曰：「蠻將逼城，不宜分衆。」元景曰：「蠻聞郡遣重戍，豈悟城內兵少。且表裏合勢，於計爲長。」會蠻垂至，乃使驛道兵潛出其後，戒曰：「火舉馳進。」前後俱發，蠻衆驚擾，投鄖水死者千餘人，斬獲數百，郡境肅然，無復寇抄。

蕭齊末，梁武帝發雍州東下，雍州，今襄陽郡。大軍次江寧，梁武使呂僧珍與王茂率精兵先登赤鼻邏。王茂頓於越城，〔二二〕呂僧珍猶守白板。齊主東昏將李居士密覘知城中衆少，率鋭卒萬人直來薄城。僧珍謂將士曰：「今力既不敵，不可與戰，可勿遥射。須至塹裏，當併力破之。」俄而皆越塹，拔柵，僧珍分人上城，矢石俱發，自率馬步三百人出其後，守陴者復踰城而下，陴，婢支反。內外齊擊，居士等應時奔散。〔二三〕

陳將周炅鎮安、蘄等州，高齊遣將陸騫以衆二萬出自巴、蘄，與炅相遇。炅留羸弱輜重，設疑兵以當之，身率精鋭，由閒道邀其後，大敗騫軍，虜獲器械馬驢不可勝數。

隋漢王諒據并州反，隋將楊素率衆數萬討諒。時晉、絳、呂三州並爲諒城守，素各以二千人縻之而去。諒遣將趙子開擁衆十餘萬，柵絕徑路，屯據高壁嶺，布陣五十里。素令諸將以兵臨之，自引兵入霍山，緣崖谷而進，直指其營，一戰破之，殺獲數萬。

兩軍相對繼遣軍助即勝

後漢初，河南賊張步據齊地，漢將耿弇討之，壁於臨淄。步與其三弟藍、弘、壽及故大彤渠帥重異等兵重，姓。異，名也。號二十萬，至臨淄大城東，將攻弇。弇先出淄水上，與重異遇，突騎欲縱，弇恐挫其鋒，令步不敢進，故示弱以盛其氣，乃引歸小城，〔二四〕陳兵於內。步氣盛，直攻弇營，裨將劉歆等合戰，弇升王宮壞臺覩之，臨淄本齊國所都，即齊王宮中之壞臺也。東觀記作「環臺」。〔二五〕視歆等鋒交，乃自引精兵橫交突步陣於東城下，〔二六〕大破之。

後漢末，呂布復從東昏與陳宮將萬餘人來與曹公戰。時兵皆出取麥，在者不能千人，屯營不固。曹公乃命婦人守陴，悉將兵拒之。屯西有大隄，其南樹木幽深。布疑有伏，乃相謂曰：「曹操多詐，勿入伏中。」引軍南屯十餘里。明日復來，曹公隱兵隄裏，出半兵隄外。布益進，乃令輕兵挑戰，既合，伏兵乘隄，步騎並進，遂大破之。

大唐武德初，王充據東都，太宗往征之，屯青城宮，營壘未立。王充率衆二萬，自方諸門出臨穀水，以禦大軍，諸將甚懼。太宗以精騎陣於北邙，登後魏宣武陵以觀賊陣，謂左右曰：「賊勢迫矣，悉衆而出，利在一戰。今日破之，其後不能出矣。」乃令屈突通率步卒五千，渡水布陣以當之。因戒通曰：「待兵交，即放煙，吾當率馬軍南下。」兵纔接，太宗以騎衝之，挺身先進，表裏合勢。賊衆殊死戰，散而復合者數焉。地既險隘，賊多排穳，穳，鋋也。子管反。騎戰稍難。〔二七〕太宗親自射之，莫不應弦而倒。起辰及午，賊衆始退，因乘之，迫於城塹，俘斬七千人。自是不敢復出。

兵多力有餘宜分軍相繼

東魏大將齊神武大舉伐西魏，將渡蒲津，其將薛琡曰：琡，昌六反。「西賊連年饑饉，但宜置兵諸道，勿與野戰，比及來年麥秋，人衆盡應餓死，西賊自然歸降，願王無渡河也。」侯景亦曰：「今者之舉，兵衆極大，萬一不捷，卒難收斂。不如分爲二軍，相繼而進，前軍若勝，後軍全力；前軍若敗，後軍承之。」神武皆弗納，遂有沙苑之敗。齊神武違之而敗。

我寡敵衆自遠至乘疲敗之

晉司空劉琨守太原，遣將姬澹率衆十餘萬討石勒。勒將拒之，或諫曰：「澹兵馬精盛，其鋒不可當，宜深溝高壘以挫其鋭，攻守之勢，必獲萬全。」勒曰：「澹大衆遠來，〔二八〕體疲力竭，犬羊烏合，號令不齊，可一戰擒之，何强之有。寇已垂至，胡可捨去，大軍一動，豈易中還。若澹乘我之退，顧走乃無暇，焉得深溝高壘乎！此爲不戰而自滅亡之道。」立斬諫者。以孔萇爲前鋒都督，令三軍後出者斬。設疑兵於山上，分爲二伏。勒輕騎與澹戰，僞收衆而北。澹縱兵追之，勒前後伏發，夾擊，澹軍大敗。〔二九〕

梁將陳慶之、曹仲宗伐後魏之渦陽，渦，孤和反。魏遣將元昭等率兵來援，前軍至駝澗，去渦陽四十里。慶之欲逆戰，諸將以：「賊之前鋒，必是輕鋭，與戰若捷，不足爲功；如其不利，沮我軍陣勢。兵法所謂以逸待勞，不如勿擊。」慶之曰：「魏人遠來，皆已疲倦，去我既遠，必不見疑。及其未集，須挫其氣。出其不意，必無敗理。且聞虜所據營，林木甚盛，必不夜出。諸君若皆疑惑，慶之請獨取之。」於是與麾下五百騎奔擊，破其前軍，魏人震恐。

齊神武與魏孝武帝搆隙，自太原舉兵逼洛陽，帝遣將元斌之、斛斯椿丑倫反鎮武牢，〔三〇〕遣使告周文帝。周文帝謂左右曰：〔三一〕「高歡數日行八九百里，曉兵者所忌，正須乘便擊之。而主上以萬乘之重，不能渡河決戰，方緣津據守。且長河萬里，扞禦爲難，若一處得渡，大事去矣。」果如其言，帝西奔長安。孝武違之而敗。

東魏將齊神武伐西魏，軍至許原西。周文帝至渭南，徵諸州軍皆未會，乃召諸將謂之曰：「高歡越山渡河，〔三二〕遠來至此，天亡之時也。今及其新至，便可擊之。」即造浮橋於渭，令軍人齎子奚反三日糧，輕騎渡渭，輜重自渭南夾渭而西。〔三三〕軍至沙苑，距齊神武軍六十餘里。齊神武聞周文至，引軍來會，覘周文軍少，競馳而進，〔三四〕不爲行列，總萃於左軍。兵將交，周文鳴鼓，士皆奮起。其將于謹等六軍與之合戰，李弼等率鐵騎横擊之，絶其軍爲二，遂大敗之，斬六千餘級，臨陣降者二萬餘人。齊神武夜遁，追至河上，復大克獲。前後虜其卒七萬。留其甲士二萬，餘悉縱歸。

孫子曰：「忿速，可侮。〔三五〕急疾之人，可忿怒而致死。忿速易怒者，狷戇疾急，不計其難，可動作欺侮。主不可以怒而興軍，將不可以慍而致戰，合於利而用，〔三六〕不合於利而止。人主聚衆興軍，以道理勝負之計，不可以己之私怒。將舉兵則以策，不可以慍恚之故而合戰也。怒可以復喜，慍可以復悦，亡國不可以復存，死者不可以復生也。主怒興軍伐人，無素謀明計，則破亡矣。將慍怒而鬬，倉卒而合戰，所傷殺必多。怒慍可以復悦喜，〔三七〕言亡國不可以復存，〔三八〕死者不可以復生，言當慎之。故曰明主慎之，良將儆之，此安危之道也。」儆，戒也。

挑戰

戰國魏武侯問吴起曰：「兩軍相當，不知其將，欲擊何如？」起曰：「令賤而勇者，〔三九〕將而擊鋭，交合而北，告而勿罰，觀敵進取，一來一起；其政以理。奔北不追，見利不取；〔四〇〕此將有謀。若其衆追北，旗幟離亂，自止自行，或縱或橫，貪利務得；凡若此類，將令不行。」

楚、漢相持，彭越數絶楚糧道，項羽欲討越，謂其將曹咎曰：「謹守成皋，漢欲挑戰，慎勿與戰，無令得東。我十五日必誅彭越，定梁地。」漢果數挑戰，楚軍不出。使人辱之，五六日，曹咎怒，渡兵汜水。漢擊之，大破楚軍，盡得楚國貨賄。曹咎自刎於汜水之上。

十六國姚襄據黄落，前秦苻生遣將苻黄眉、鄧羌等率步騎討之。襄深溝高壘，固守不戰。鄧羌説黄眉曰：「傷弓之鳥，落於虚發。襄頻爲晉將桓温、張平所敗，鋭氣喪矣。今固壘不戰，是窮寇也。襄性剛狠，易以剛動。若長驅鼓行，直壓其壘，〔四一〕襄必怒而出師，可一戰擒也。」黄眉從之，遣羌率騎三千軍於襄壘。果怒，盡鋭出戰。羌僞不勝，引騎而退，襄追之，至於三原，羌迴騎拒襄。俄而黄眉至，大戰，斬之，盡俘其衆。

宋將沈攸之反，自江陵舉兵東下，分兵出夏口，據魯山。攸之既至郢，以郢城弱小不足攻，宋郢州，今江夏郡。〔四二〕遣人告郢州守將柳世隆曰：「被太后令，當暫還都。卿既相與奉國，想得此意。」世隆答曰：「東下之師，久承聲問。郢城小鎮，自守而已。」攸之將去，世隆遣軍於西渚挑戰，攸之果怒，令諸軍登岸燒郭邑，築長圍攻之。世隆隨宜拒應，衆皆披卻。

攸之軍因之敗潰。

隋末，高祖起兵，自太原至霍邑，隋將宋老生守城。太宗以數騎詣其城下，舉鞭指麾，若將圍城者。老生怒，開門出兵。高祖因謂隴西公建成曰：「汝看兩陣將交，引左軍直趨東門。」命太宗引右軍直趨南門，以斷其歸路。老生之軍背城而列陣，高祖以中軍與建成合陣於城東，太宗陣於城南。老生麾兵疾進，先薄高祖，而建成墜馬，老生乘之，中軍與左軍咸卻。太宗自南原遥見塵起，知義師退，率二百騎馳下峻坂，殺一賊將，遂衝斷其軍，出其陣後，表裏齊譟，隋師大潰，遂擒老生，而平霍邑。

孫子曰：「凡處軍，視生處高，高，陽也。視，謂目前生地。（四三）處軍當在高。戰降無登，無迎高也。降，下也，謂山下也。戰於山下，敵引之上山，無登逐也。此處山谷之軍也。喜高而惡下，貴陽而賤陰，山南曰陽。山北曰陰。是爲必勝。軍無百疾，丘陵隄防，（四四）必處其高陽，而右背之。隄者，積土所作，皆當處其陽而右之職，戰之便也。此兵之利，而地之助也。故用兵之法，高陵勿向也，敵若據山陵，依附險阻，陳兵待敵，勿輕攻趣也。既馳勢不便，有殞石之衝也。背丘勿迎也。」（四五）敵背丘陵爲陣，無有後患，則當引置平地，勿迎而擊也。

敵處高勿攻

蜀諸葛亮兵法曰：「山陵之戰，不仰其高；水上之戰，不逆其流；草上之戰，不涉其深；平地之戰，不逆其虛：此兵之利也。故戰鬭之利，〔四六〕唯氣與形也。」

後周遣將討高齊，師圍洛陽，齊將段韶禦之。韶登邙坂，聊欲觀周軍形勢，至大和谷，便值周軍，即遣馳告諸營，與諸將結陣以待之。周軍以步人在前，上山逆戰。〔四七〕韶以彼徒我騎，且卻且引，待其力弊，乃遣下馬擊之，短兵始交，周人大潰。洛城之圍並即奔遁。

敵黨急之則合緩之則離

後漢末，曹公征張繡於穰。荀攸曰：「繡仰食於劉表，久而勢必離。今緩之，可誘致；急之，則相救。」公不從，與繡戰，表果救之。公敗歸。曹公違之，故敗。

曹公既克鄴，袁尚、袁熙遂奔遼東，衆有數千。初，遼東太守公孫康恃遠不服。曹公破烏丸，或說公遂征之，尚、熙可擒。公曰：「吾方使康斬送其首，不煩兵矣。」公引兵還，康果斬送尚、熙，傳其首。諸將或問曰：「公還而斬尚、熙，何也？」公曰：「彼素畏尚、熙，其急之則併力，緩之則自相圖，其勢然也。」

假託安衆

春秋時，晉文公卒，將殯於曲沃。出絳，柩有聲如牛。如牛吼聲。卜偃使大夫拜，曰：「君命大事：將有西師過軼我，擊之必大捷焉。」秦伯使孟明視等三將襲鄭，晉師禦於殽而敗之。聲自柩出，故曰君命也。大事，戎事也。卜偃聞秦密謀，故因柩聲以正衆心也。

燕將騎劫代樂毅，攻齊即墨。齊將田單拒守，乃令城中人食必祭其先祖於庭，〔四八〕飛鳥悉翔舞城中下食。燕人怪之。單復宣言曰：「神來下教我。」又令曰：「當有神人爲我師者。」有卒曰：「臣可以爲師乎？」返走。田單乃起，引還，東鄉坐，〔四九〕師事之。卒曰：「臣欺君，誠無能。」田單曰：「子勿言也。」因師之。每出約束，必稱神。衆心乃安，竟破燕軍。

秦二世初，天下亂，陳勝、吳廣起兵於蘄，欲收人心，謀曰：「項燕爲楚將，數有功，愛士卒，楚人憐之。或以爲在。今誠以吾衆爲天下唱，宜多應者。」謂首號令。廣以爲然。迺行卜。卜者知其指意，曰：「足下事皆成功。然足下卜之鬼乎。」卜者云事成有功，然須假託鬼神，乃可興起耳。故勝、廣曉其意，則爲魚書、狐鳴以威衆也。勝、廣喜，僉曰：〔五〇〕「此教我先威衆耳。」迺丹書帛曰「陳勝王」，置人所罾魚腹中。卒買魚烹食，得書，已怪之矣。又閒令廣之次所旁叢祠中，夜構火，狐鳴呼去聲曰：「大楚興，陳勝王。」閒謂竊令人行也。密於廣所次舍處旁側叢祠中爲之。叢謂草木之岑蔚者也。祠，神祠也。構，謂結起也。卒皆夜驚恐。旦日，卒中往往指目勝、廣。因而號令，衆遂從之。

世説新書，曹公軍行失道，三軍皆渴，公令曰：「前有大梅林，饒子，酸，可以解渴。」士卒聞之，口皆水出，乘此得及前水。〔五〕

晉將李矩守滎陽城，劉聰將劉暢討矩。矩奉牛酒詐降，謀夜襲之，兵士以賊衆，皆有懼色。矩令郭誦禱鄭子産祠曰：「君昔相鄭，惡鳥不鳴。凶胡臭羯，何得過庭。」使巫揚言：〔五二〕「東里有教，當遣神兵相助。」將士聞之，皆踴躍争進。乃使精選勇敢千人，夜掩暢營，獲鎧馬甚多，斬首數千級，暢僅以身免。

十六國後趙石勒使將麻秋等伐張重華於武威，重華將謝艾曰：「乞假臣兵七千，爲殿下吞之。」重華以艾爲中堅將軍，配步騎五千擊秋。引師出振武，夜有二梟鳴於牙中，艾曰：「梟，邀也，六博得梟者勝。今梟鳴牙中，克敵之兆。」於是進戰，大破之，斬首五千級。

十六國後燕慕容寶遣將慕容賀麟率三萬餘人寇新市。甲子晦，後魏道武帝進軍討之，太史令晁崇奏曰：「昔紂以甲子亡，兵家忌之，不可出。」帝曰：「紂以甲子亡，周武不以甲子勝乎？」崇無以對。帝遂進軍新市，賀麟退阻泒水，〔五三〕依漸洳澤以自固。洳，而據反。

甲戌，帝臨其營，戰於義臺塢，大破之。

東晉末，宋武帝討慕容超，圍廣固城，數月不拔。或説裕曰：「昔石勒將石季龍攻曹嶷，瞻氣者以爲澠音繩水帶城，非可攻拔，若塞五龍口，城必自陷。季龍從之，而嶷降。慕容恪圍段龕亦如之，而龕降。降後無幾，〔五四〕又震開之。今舊跡猶在，可塞之。」裕從其言。於是，城中男女患腳弱疾者太半。時有蒼鷲飛入帳坐，衆咸驚愕，其將胡蕃獨賀曰：「蒼者，胡色也。鷲者，我也。胡虜歸我之徵。」衆大悦。將攻城，諸將咸諫曰：「今往亡之日，兵家所忌。」裕曰：「我往彼亡，吉孰大焉！」乃命悉登，遂平廣固。

東晉末，嶺南賊盧循寇建業，宋武帝擊破，走至彭蠡湖，乃悉力栅斷左里。〔五五〕大軍至左里，將戰，帝所執麾竿折，旛沈水，衆並怪懼。帝歡笑曰：「往年覆舟之戰，旛竿亦折，今者復然，賊必破矣。」即攻栅而進。循兵雖殊死戰，弗能禁。諸軍乘勝奔之，循單舸走。所殺及投水死，凡萬餘人。納其降附，宥其逼掠。遣劉藩、孟懷玉輕軍追之。循收散卒，尚有數千人，遥還廣州。〔五六〕

梁庾域爲華陽太守，後魏軍攻圍南鄭。時糧儲寡少，人情恟懼。恟，許拱反。州有空倉數十所，域手自封題，指示將士云：「此中粟皆滿，足支二年，但努力堅守。」衆心以安，虜退。

隋末，李密據興洛倉，破宇文化及還，士卒皆疲倦。隋將王充欲乘其弊而擊之，恐衆心不一，乃假託鬼神，言夢見周公，乃立祠於洛水之上，遣巫宣言周公欲令僕射急討李密，當有大功，不則兵皆疫死。充兵多楚人，俗信妖。言以惑之，衆皆請戰，遂破密。

校勘記

〔一〕水所衝曰㶇　「所」原訛「流」，據北宋本、明刻本改。

〔二〕國之貧於師者遠師遠輸遠師遠輸者則百姓貧　上下「遠師」，今孫子作戰篇並無。

〔三〕貴賣則百姓財竭　「貴賣」原涉上而脱，據孫子作戰篇補。

〔四〕市多非常之賣　「賣」原訛「買」，據十一家注孫子作戰篇杜佑注改。

〔五〕家國虛也　「家國」原倒，據十一家注孫子作戰篇杜佑注及北宋本乙。

〔六〕必死是閒　「是」原訛「此」，據左傳僖公三十二年及北宋本、明抄本、明刻本改。

〔七〕孫恩用此術復免　「復」原作「獲」，據北宋本改。

〔八〕也列河　北史于栗磾傳八四六頁同。周書于謹傳二四四頁「也」作「乜」。

〔九〕廣陽欲與謹至折敦嶺迎接之　「陽」原訛「楊」，「折」原訛「析」，據北宋本、明抄本、明刻本、王吴本改。

〔一〇〕隋將于仲文率軍指樂浪道　「軍指」原作「衆從」，據隋書于仲文傳一四五五頁改。按：北宋本、明抄本、明刻本、王吳本「軍」字不誤。

〔一一〕傉檀以悋所獲致敗　「悋所」原訛「悅聽」，據北宋本改。明刻本作「怯所」，明抄本作「儂所」，王吳本作「恡所」，並誤。

〔一二〕其將屈右進曰　「屈右」原訛「窟古」，據晉書禿髮傉檀載記三一五四頁改。

〔一三〕宜倍道旋師　「旋」原訛「遊」，據晉書禿髮傉檀載記三一五四頁改。下同。

〔一四〕抽軍附　「附」原脱，據北宋本、明刻本、王吳本補。

〔一五〕遂便準前立隊　「遂」原訛「隊」，據諸本改。

〔一六〕示之猶卑　「示」原訛「卜」，北宋本訛「十」，王吳本訛「下」，據十一家注孫子計篇杜佑注改。

〔一七〕卑辭怠敵取之　「取之」原脱，據北宋本、王吳本補。

〔一八〕令酈食其持重寶啗秦將　「將」原脱，據史記留侯世家二〇三七頁、漢書張良傳二〇二六頁補。

〔一九〕貪而忽名　「名」原訛「略」，據北宋本、明刻本、王吳本改。

〔二〇〕遣使招矩　「使」原脱，據北宋本、明抄本、明刻本、王吳本補。

〔二一〕繞出賊後　「繞」原訛「純」，據後漢書耿純傳七六三頁改。

〔二二〕率精兵先登赤鼻邏王茂頓於越城　「赤鼻邏」原脱，「王茂」原訛「梁武」，據梁書呂僧珍傳二一二頁訂正。

〔二三〕居士等應時奔散　「散」原作「敗」，據梁書吕僧珍傳二一二頁及北宋本、明抄本、明刻本、王吴本改。

〔二四〕乃引歸小城　「小」原訛「以」，據後漢書耿弇傳七一〇頁改。

〔二五〕東觀記作環臺　「環」原訛「褱」，據後漢書耿弇傳李賢注七一一頁及北宋本改。按：明抄本、明刻本作「瓌」，王吴本作「壞」，並誤。

〔二六〕突步陣於東城下　「步」原訛「布」，據諸本改。

〔二七〕騎戰稍難　「戰」原訛「賊」，據諸本改。

〔二八〕澹大衆遠來　「大衆」原倒，據晉書石勒載記下二七二五頁乙。

〔二九〕澹軍大敗　「軍」原作「兵」，據晉書石勒載記下二七二五頁及北宋本、王吴本改。

〔三〇〕斛斯椿　「椿」原訛「捧」，據北宋本、明抄本、明刻本、王吴本改。

〔三一〕周文帝謂左右曰　「周文帝」原涉上而脱，今參照周書文帝紀一二頁訂補。

〔三二〕高歡越山渡河　「山」原訛「出」，據諸本改。

〔三三〕輜重自渭南夾渭而西　「西」原脱，據周書文帝紀下二四頁補。

〔三四〕競馳而進　「競」原訛「竟」，據周書文帝紀下二四頁改。

〔三五〕忿速可侮　「侮」原訛「悔」，據北宋本、明抄本、明刻本、王吴本改。注同。

〔三六〕合於利而用　「用」今孫子火攻篇作「動」。

〔三七〕怒愠可以復悦喜　原作「怒愠可以復喜悦」，北宋本、明抄本、明刻本作「怒愠以復可悦喜」，今據王吳本乙改。按：十一家注孫子火攻篇杜佑注作「怒愠復可以悦喜」。

〔三八〕言亡國不可復存　「言」原作「而」，據北宋本改。

〔三九〕令賤而勇者　「賤」原訛「賊」，據王吳本改。按：御覽卷三一一也作「賤」。

〔四〇〕見利不取　「取」原訛「起」，據諸本改。

〔四一〕直壓其壘　「直」原作「且」，據晉書苻生載記二八七八頁改。

〔四二〕今江夏郡　「郡」原訛「祁」，據諸本改。

〔四三〕視謂目前生地　「目」原作「自」，「地」原作「也」，據十一家注孫子行軍篇杜佑注改。

〔四四〕是爲必勝軍無百疾丘陵隄防　孫子行軍篇「軍無百疾」四字在上。然銀雀山漢墓竹簡孫子兵法行軍篇作「……無百疾陵丘隄」，通典文次與之合。

〔四五〕背丘勿迎也　孫子軍爭篇及王吳本「迎」作「逆」，意同。

〔四六〕故戰鬭之利　「戰鬭」原倒，據北宋本、明抄本、明刻本、王吳本乙。

〔四七〕上山逆戰　「山」原脱，據北齊書段韶傳二一二頁、北史段韶傳一九六二頁補。

〔四八〕必祭其先祖於庭　「庭」上原衍「中」，據史記田單傳二四五四頁删。

〔四九〕返走田單乃起引還東嚮坐　「返走」原在「乃起」下，「還」與「坐」並脱，據史記田單傳二四五四頁乙補。

〔五〇〕僉曰　「僉」原訛「念」，據北宋本、明抄本、明刻本、王吳本改。

〔五一〕士卒聞之口皆水出乘此得及前水　「口」與「此得」原脱，據世説新語假譎補。按：北宋本、王吳本有

「口」。

〔五二〕使巫揚言　「揚」原訛「陽」，據晉書李矩傳一七〇七頁及北宋本、王吳本改。

〔五三〕賀麟退阻泒水　「泒」原訛「沮」，北宋本、明抄本、明刻本訛作「洳」，王吳本作「沮洳」，據魏書太祖紀三一頁改。

〔五四〕而龕降降後無幾　原「而」下有「段」，又脱一「降」字，據晉書慕容超載記三一八四頁及北宋本、明抄本、明刻本、王吳本刪補。

〔五五〕乃悉力柵斷左里　「左」原訛「尤」，據宋書武帝紀上二二頁、南史宋本紀上一二頁改。下同。

〔五六〕遥還廣州　「遥」宋書武帝紀上二三頁作「逕」。

劉俊文點校　王文錦覆校

通典卷第一百五十七

兵十

行軍下營審擇其地　鄉導　下營斥候并防捍及分布陣附　先據要地及水草　識水泉隔山取水越山度險附　據倉廩

行軍下營審擇其地

孫子曰：「絶斥澤，唯亟去無留；斥，鹹鹵之地，水草惡，〔一〕浸洳不可處軍也。亟，紀力反。為交軍於斥澤之中，〔二〕必依水草而背衆樹，不得已為與敵戰，而會斥澤之中，當背稠樹以為固守。此處斥澤之軍。平陸處易，車騎之利也。〔三〕而右背高，前死後生，戰便。此處平陸之軍也。」

周武王將伐紂，問太公曰：「今引兵深入其地，與敵行陣相守，被敵絶我糧道，又越我前後，吾欲與戰則不敢，以守則不固，為之奈何？」太公曰：「夫入敵地，必按地形勢勝便處之，必依山陵、險阻、水草為固，謹守關梁隘塞。敵若卒去不遠，未定而復反，彼用其士卒若太疾則後不至，後不至則行亂而未及陣，急擊之，以少克衆。」太公曰：「夫出軍征戰，安營陣，以六爲法，亦可方六百步，亦可六十步，量人地之置表十二辰。〔四〕將軍自居九天之上，竟一旬，復徙開牙門，常背建向破太歲太陰大將軍。凡軍不欲飲死水，不欲居死地，不居地柱，不居地獄。」死水者，不流之水。死地者，丘墓之閒。地柱者，四下中高。地獄者，四高中下是也。太公曰：「以步與車馬戰者，必依丘墓險阻，强弩長兵處前，短兵弱弩居後，孫子曰：「强弱長短雜用。」更發更止。敵人軍馬雖衆而至，堅陣疾鬬，材士强弩以備前後。」孫子曰：「遠則用弩，近則用兵，兵弩相解也。」武王曰：「我無丘墓，又無險阻，敵人之至甚衆，以車騎翼我兩傍，獵我前後，吾三軍恐怖，亂敗而走，爲之奈何？」太公曰：「令我士卒十行布鐵蒺藜，遥見敵車騎將來，均置蒺藜，掘地迎廣以深五尺，名曰命籠。人持行馬進退，闌車以爲壘，推而前後，直而爲屯，以强弩備我左右。然則命我三軍皆疾戰，而必勝也。」孫子曰：「以步兵十人擊之騎一匹。」

管子曰：「凡兵主者，必審知地圖。轘轅之險，謂路形若轅，而又還曲。緱氏東南有轘轅道。濫車之水，其水深渺，能汎車。名山、通谷、經川、謂常川也。陵陸、丘阜之所在，苴草、林木、蒲葦之所茂，苴草，謂其草深茂，能有所覆藏。道里之遠近，城郭之大小，名邑廢邑困殖之地，困，謂其地墝埆不可種藝。殖，謂壤田可播殖者。必盡知之，凡如此，皆兵主所當知也。〔五〕地形之出入相錯者盡藏，藏，謂苞蘊在心。〔六〕然後可以行軍襲邑，舉措知先後，不失地利。此地圖之常也。」

大唐高宗遣將軍裴行儉討突厥，軍至單于都護府之北，際晚下營，壕塹方周，遽令移就崇崗。將士云：「衆已就安堵，不可勞擾。」行儉不從，更令徙之。此夜，風雨暴至，前設營所水深丈餘，將吏驚服，問行儉曰：「何以知風雨也？」行儉笑曰：「自今但依我節制，何須問我所由知也！」

鄉導

孫子曰：「不用鄉導者，不得地利。不任彼鄉人而導軍者，則不能得道路之便利也。先知迂直之計者勝，此軍爭之法也。」

大唐衛公李靖兵法曰：「凡是賊徒，好相掩襲。須擇勇敢之夫，選明察之士，兼使鄉導，潛歷山原，密其聲，晦其跡，或刻爲獸足，而却履於中途；〔七〕或上冠微禽，而幽伏於叢薄。然後傾耳以遥聽，竦目而深視，專智以度事機，注心而候氣色，見水痕則可以測敵濟之早晚，觀樹動則可以辨來寇之驅馳也。故煙火莫若謹而審，旌旗莫若齊而一。爵賞必重而不欺，刑戮必嚴而不捨。敵之動静，而我必有其備；彼之去就，而我豈不得保其全哉！」必須先覘敵國道路遠近，水潦山川，谿谷險阨，城邑大小，溝渠深淺，蓄積多少，兵革之數，豪傑姓名，審而知之，用兵之要也。

下營斥候并防捍及分布陣附

衛公李靖兵法曰：

諸逢平原廣澤，無險可恃，即作方營。兵既有二萬人，已分爲七軍，中軍四千人，左右四軍各二千六百人，虞候兩軍各二千八百人。左右軍及左右虞候軍別三營，六軍都當十八營，中軍作一大營。如其無賊，田土寬平，每營中間使容一營。如地狹，不得使容一營，中軍在中央，六軍總管在四畔，〔八〕象六出花。軍出日，右虞候引前，其營在中營前右廂向南，〔九〕左虞候押後，在中營後左廂近北，結角，兩虞候相當，狀同丑未。若左虞候在前，即右虞候在後，諸軍並卻轉。其左右兩廂營在四面，各令依近本軍卓幕，得相統攝，急緩須有救援。若欲得放馬，其營幕即狹長卓，務取營裏寬廣，不使街巷窄狹。如其拓隊兵少，〔一〇〕量抽不戰隊相助。如兵有多少，準數臨時加減。其隊去幕二十步，布列使均。諸地帶半險，須作月營：其營單列，面平背險，兩翅向險，如月初生。其營相去，中間亦令容一營。如逼賊庭，不得使容一營。若有警急，畜牧並於營後安置，其隊依前，於營外去幕二十步，均列布之。

諸道狹不可並行者，即第一戰鋒隊爲首，其次右戰隊次之，其次左戰隊次之，其次右駐隊次之，其次左駐隊次之。若道平川闊，可得並行者，宜作統行法。其統法：每統，戰鋒隊居前，兩戰隊並行次之，又兩駐隊並行次之，餘統準此。若更堪齊頭行者，每統五隊，橫列齊行，後統次之。如每統三百人，〔一一〕簡取二百五十人，分爲五隊，第一隊爲戰鋒隊，第二、第三隊爲戰隊，第四、第五隊爲駐隊，每隊隊頭一人，副隊頭一人；其下等五十人，爲輜重隊，別著隊頭一人，副隊頭一人，擬戰日押輜重遥爲聲援。若兵數更多，皆此類。

諸軍當軍折衝、果毅，必須排定隊伍，每行引發營，須依次第。戰日有罪須罰，有功須賞，依名排次，甚爲省易。不然推逐稍難，爭競不定。

諸每隊給一旗，行則引隊，住則立於隊前。其大總管及副總管則立十旗以上，子總管則立四旗以上，行則引前，住則立於帳側。統頭亦別給異色旗，擬臨陣之時，辨其進退。駐隊等旗，別樣別造，令引輜重。〔一二〕各令本軍營隊，識認此旗。

諸軍相去既遠，語聲難徹，走馬報又勞煩，故建旗幟，用爲節度。其方面旗舉，當方面兵急須裝束；旗向前亞，方面兵急須進；旗正豎，即住；旗卧，即迴。審細看大將所舉之旗。〔一三〕大將方面旗，東方碧，南方赤，西方白，北方黑。專看方色旗亞處，即是其方賊來，便須捍禦攻擊。具法制篇中。

諸大將置鼓四十面，子總管給十面，營別給鼓一面，行即負隨纛下，晝夜及在道有警急，擊之傳響，令諸軍嚴警，兼用防備賊侵逼。如軍行引之時，先軍卒逢賊寇，〔一四〕先軍即急擊之鼓，中腰及後軍聞聲，急須向前相救；中腰逢賊，即須擊鼓，前軍聞聲便住，後軍聞聲須急向前赴救；後頭逢賊，即擊鼓，前頭、中腰聞聲即須住，並量抽兵相救。如發引稍長，鼓聲不徹，中腰支料更須置鼓傳響，使前後得聞。其諸營自須著鼓一面，用防夜中有賊犯營，即急擊，令諸軍有警備。

諸行軍立營數多，則計或逢泥溺，〔一五〕或阻山河，同聽角聲，俱共齊發，路狹難進，徒餓馬驢。〔一六〕應發營第一角聲絕，右虞候捉馬驢；第二角聲絕，即被駕，右一軍捉馬驢；第三角聲絕，右虞候即發引，右一軍被駕，右二軍捉馬驢；第四角聲絕，右一軍即發引，右二軍被駕。以後諸軍，每聽角聲，裝束被駕準此。每營各出一戰隊，令取虞候進止，防有賊至，便用騰擊，前有賊前頭用，後有賊迴捍後。如其路更細小，即須更加角聲，仍令虞候及當營官人虞候子排比，催督急過，〔一七〕不得停擁。過訖，以後軍準前排比，催迫急過。

諸軍馬行動，得知次第。出，先右虞候馬軍爲首，次右虞候步軍，次右軍馬軍，次右軍步軍，次前軍馬軍，次前軍步軍，次中軍馬軍，次中軍步軍，次後軍馬軍，次後軍步軍，次左軍馬軍，次左軍步軍，其次左虞候馬軍，次左虞候步軍。其馬軍去步軍兵一二里外行，每有高處，即令三五騎馬於上立，四顧以候不虞。以後餘軍，準前立馬四顧。右虞候既先發安營，踏行道路，修理泥溺、橋津，檢行水草；左虞候排窄路、橋津，捍後，收拾闌遺，排比隊仗，整齊軍次，使不交雜。若軍迴入，先左虞候馬軍，次左虞候步軍，次左馬軍，次左步軍，其次第準前卻轉。其虞候軍職掌，準初發交換。

諸軍營各量置虞候子，並使排比，依軍次行。如此發引，卒逢寇賊，部伍甚易；若零疊散行，牽率難就，萬一賊至，並非所管。

諸軍討伐，例有數營，發引逢賊，首尾難救。行引之時，須先爲方陣，應行之兵，分爲四分，輜重爲兩道引，戰鋒等隊亦爲兩道引：其第一分初發，輜重及戰鋒分爲四道行，兩行戶郎反。下同。〔一八〕輜重在中心雙引，兩行戰鋒隊並各在輜重外，左右夾雙引；其次一分，戰鋒隊與前般左右行戰鋒隊相當，輜重隊與前行輜重相當；又其次一分，準上；最後一分，亦準上。初發第一分引，戰鋒、輜重相當。如其逢賊，前後分四行，兩行輜重抽縮，兩行戰鋒橫引，〔一九〕作前面甚易。其次兩分，先作四行長引，其戰鋒即在外，便充兩面。〔二〇〕其後分亦先作四行，其輜重進前，戰鋒隊橫列相接，便充後面亦易。其方陣立即可成。如此發引，縱使狹路，急緩亦得成陣。每軍戰鋒等隊，須過本軍輜重尾，輜重稠行，戰鋒等隊稠引，常令輜重併近前頭。戰鋒隊相去十步下一隊，輜重隊相去兩步下一隊，如此行，即須相裹得，若逢川陸平坦，〔二一〕彌加穩便。其戰鋒、輜重等隊，分布使均。

諸軍馬既逼賊庭，探候事須明審。諸營住及營行，前後及左右廂肋上，五里著馬兩騎，十里更加兩騎。十五里更加兩騎，至三十里，一道用人馬十二騎。若兵多，發引稍長，肋上即更量加一兩道，〔二二〕使令相見。其乘馬人，每令遥相見，常接高行，各執一方面異旗，無賊此旗常卷，見賊即須速展。軍營見旗展，即知賊至，須覓穩處。既先知賊來，得設機伏，整齊部伍，迎前出戰。〔二三〕其最遠及以次遠人，須與好馬乘騎，不然被賊捉將。

諸軍馬擬停三五日，即須去軍一二百里以來，安置爟烽，如有動静，舉烽相報。其烽並於賊路左側逐要置，每二十里置一烽應接，令遣到軍。其遊弈馬騎，晝日遊弈候視，至暮速作食，喫訖，即移十里外止宿，慮防賊徒暮間見烟火，夜深掩襲捉將。其賊路左右草中，著人止宿，以聽賊徒，如覺來，報烽烟家，〔二四〕舉烽遞報軍司：如覺十騎以上，〔二五〕五十騎以下，即放一炬火，前烽應訖，即滅火；若一百騎以上，二百騎以下，即放兩炬火，準前應滅；賊若五百騎以上，五千騎以下同，〔二六〕即放三炬火，準前應滅。前鋒應訖，即赴軍，若慮走不到軍，即且投山谷，逐空方可赴軍。如以次烽候視不覺，其舉火之烽即須差人，急走告知。賊路既置爟烽，軍内即須應接。又置一都烽，應接四山諸烽。其都烽如見烟火，急報大總管，云「某道烟火起」，大總管當須嚴備，收拾畜生，遣人遠探。每烽令別奏一人押，一道烽令折衝、果毅一人都押。

諸軍營將發之時，當營跳盪、奇兵、馬軍去營二三里外，當面布列；戰鋒隊、駐隊各持仗，依營四面去擬徹幕處二十步，布列隊伍，一如臨陣法。待營中裝束輜重訖，其步兵、輜重隊二十步引，馬軍去步軍二里外行引。

諸軍營將下之時，當營跳盪、奇兵、馬軍並戰鋒隊、駐隊各令嚴備持仗，一準發法。待當營卓幕訖，方可立隊，釋仗，各於本隊下安置。〔二七〕若有警急，隨方禦捍。其馬軍下營訖，取總管進止，其馬合羣牧放。〔二八〕

諸兵馬發引，或逆泥溺，或阻山河，其路有須填補，有須開拓。左右虞候軍兵，先多於諸軍取充虞候子，右虞候先將此兵修理橋梁泥濘，開拓窄路；左虞候排窄路，捍後，收拾闌遺。

諸兵士每下營訖，先令兩隊共掘一廁。

諸行軍出師，兵士不得浪費衣資，廣爲喫用。又不得近田苗及城市下營，〔二九〕須去城十里外。要有市買入城，〔三〇〕營司判官許，差人押領，不許輒入城郭。必免酗酒、鬬打、偷盜、姦非，亦不損暴田苗也。

諸兵馬每下營訖，營主即須句當四司官典、司兵及左右，令分頭巡隊，問兵士到否。如有卒忽未到，即差本隊、本火主，將畜生及水食卻迎取。如其逃走，速差人捕捉。〔三一〕

諸軍下營訖，〔三二〕司騎及佐，分頭巡隊，〔三三〕檢驗驢馬羣，先有脊破，即令翦毛洗瘡，傅藥療救，不許連絆；如新打破，作瘡腫，并有繫絆，〔三四〕即將所由人領過營主，量事決罰。司胄及佐，下營訖即巡隊，檢校兵甲等色，如有破綻損汙，〔三五〕須即修緝磨礪；如其棄失，申上所由，便爲按記，準法科結。司倉及佐，捉搦兵士糧食，封署點檢，勿令廣費。

諸軍營下定，事須防禦。於營外去幕二十步，列隊仗，如臨陣對寇法，晝夜嚴警。縱逢雨雪，并押隊官並不得離隊。每營留五疋馬，并鞍轡放飼，防有警急，即令馳告。至夜，每陣前百步外，〔三六〕各著聽子二人，一更一替，以聽不虞。仍令探更人探聽子細，勿令眠睡。〔三七〕其晝日，諸軍前各亦逐高要處，安置斥候，以視動靜。〔三八〕

諸軍營隊伍，每夜分更，令人巡探。人不得高聲唱號，〔三九〕行者敲弓一下，坐者扣稍三下，方擲軍號，以相應會。當營界探，周而復始。擲號錯失，便即決罰。當軍折衝、果毅，並押鋪宿，盡更巡探，遞相分付；虞候及中軍官人，通探都巡。

諸軍營常須慮有卒急，要設外鋪。每夜，軍別量抽三五人，於當軍前，或於軍側三五里外，穩便要害之處，安置外鋪，仍令各將一兩面鼓自隨。如夜中有賊犯大營，其外鋪看賊與大營交戰，即從鳴鼓大叫，以擊賊後，乘得機便，必當克捷。

諸軍營下定，每營夜別置外探。每營折衝、果毅相知作次，每夜面別四人，各領五騎馬，於營四面去營十里外遊弈，以備非常。如有警急，奔馳報軍。

諸晝日有賊犯營，被犯之營即急擊鼓，諸營亦擊鼓相應。應訖，無賊之營即止；唯所犯之營，非賊散，鼓聲不得輒止。諸軍各著衣甲持仗，看大將五方旗所指之方，即是賊來之路，裝束兵馬，出前布陣，諸軍嚴警。如須兵救，一聽大總管進止，不得輒動。

諸夜有賊犯軍營，被犯之營擊鼓傳警，一如晝日，非賊去不得輒止。仍須盡力禦捍，百方防備。諸軍擊鼓傳警訖，鼓音即止，各自防備，不得輒動。被犯之營，賊侵逼急，即令告中軍，大總管自將兵救；餘軍各準常法，於營前後出隊布陣，以聽進止。

諸狂賊夜來犯，被犯之營但擊鼓拒戰，不得叫喚。諸營擊鼓傳警訖，鼓音即止，當頭著衣甲防備。被犯之營既鼓聲不止，大總管自將兵救。先與諸將平章，兵士或隨身將胡桃鈴爲標記，不然打鼓從内向外，以相救助。其被犯之營，聞鼓鐸之聲，即知大總管兵至。其軍内節度，大總管臨時改變處分，每晨朝即共諸軍將論一日事，至暮即共論一夜事。若先爲久長定法，則恐有漏洩，狂賊萬一得知，翻輪機便。其胡桃鈴或鐸之類，皆不可先定，恐賊知誤人也。

諸且以二萬人軍，用一萬四千人戰，計二百八十隊。有賊，將出戰布陣，先從右虞候軍引出，即次右軍，即次前軍，即次中軍，即次後軍，即次左軍，即次左虞候軍。〔四〇〕除馬軍八十隊，其步軍有二百隊。其中軍三十六隊，左右虞候兩軍各二十八隊，共五十六隊，其左右廂四軍各二十七隊，〔四一〕共一百隊。其分人定隊，具軍制篇中。須先造大隊，以三隊合爲一隊，慮防賊徒併兵衝突。其隊居當軍中心，安置使均。其大隊一十五隊，〔四二〕中軍三隊，餘六軍各二隊。通五十人隊，〔四三〕合有一百七十隊，爲戰、駐等隊。隊別通隊，及街閒空處，據地二十步；十隊當二百步，以八十五隊爲戰隊，據地計一千七百步。其八十五隊爲駐隊，塞空處。其馬軍，各在當戰隊後，駐軍左右，下馬立。布陣訖，鼓音發，其弩手去賊一百五十步即發箭，弓手去賊六十步即發箭。若賊至二十步内，即射手、弩手俱捨弓弩，令駐隊人收。其弓弩手先絡膊，將刀棒自隨，即與戰鋒隊齊入奮擊。其馬軍、跳盪、奇兵亦不得輒動。若步兵被賊蹙迴，其跳盪、奇兵、馬軍即迎前騰擊，步兵即須卻迴，整頓援前。〔四四〕若跳盪及奇兵、馬軍被賊排退，戰鋒等隊即須齊進奮擊。其賊卻退，奇兵及馬軍亦不得遠趁，審知賊驚怖散亂，然可乘馬追趁。〔四五〕其駐隊不得輒動。前卻打賊，退敗收軍，舉槍卷幡，一依教法。如營不牢固，無險可恃，即軍別量抽一兩隊充駐隊，使堅營壘。如其輜重牢固，不要防守，駐隊亦須出戰也。

諸逢賊布陣，須有次第。先右虞候爲首，其次右軍，其次前軍，其次中軍，其次後軍，其次左軍，其次左虞候。其諸軍跳盪、奇兵、馬軍，各隨本軍以次行。至戰所，並於本軍戰鋒隊、駐隊前布列，待五方旗節度。如戰鋒等隊打賊不入，其跳盪、奇兵排後即入。每入山谷林木蒙密之處并渡水狹路及下營戰處，百里以來，總須搜踏清靜。不然，兵引過半，臨戰下營，伏兵起發，致損軍旅。其收軍還營，卻抽左虞候先入，即左軍、後軍、中軍、前軍、右軍、右虞候。

諸賊徒恃險固，〔四六〕阻山布陣，〔四七〕不得横列，兵士分立，宜爲豎陣。其陣法：弩手、弓手與戰鋒隊相間引前，兩駐隊兩邊相翊。布列既定，諸軍即聽角聲，其角聲節度一準前。看黄旗向賊亞，聞鼓聲發，諸軍弩手、弓手及戰鋒隊，各令人捉馬，一時籠槍，大叫齊入。若弩手、弓手、戰鋒等隊引退，跳盪、奇兵隊一時齊入，戰鋒等隊排比迴面，還與奇兵同入。如見黄旗卻立不亞及聞金鉦聲，乃止，膊上架槍引還，各於舊處，準前聽角聲，卷幡、簇隊一準前。如便放散，即更聽一會角聲，依軍次發引。

諸方陣既成，逢賊鬬戰，或打頭，或打尾。打頭，其陣行行不前進，〔四八〕陣既不進，自然牢密；如其打尾，頭行不停，其陣中間多有斷絶，須面别各定總管，都押句當，勿令斷絶。

諸軍將戰，每營跳盪隊、馬軍隊、奇兵隊、戰鋒隊、駐隊等，分析爲五等，〔四九〕當軍等别各令一官押領。出戰之時，先用某等兵戰鬬，如更須兵，以次更取某等兵用盡。當營輜重隊不得輒用，亦各一官押領，使堅壘，各令知其部伍，不使紛雜。自餘節度，一依横陣。

諸每隊布立，第一立隊頭，居前引戰；第二立執旗一人以次立，左傔旗在左次立，右傔旗在右次立。其兵分作五行，傔旗後左右均立。第一行戰鋒七人次立，第二行戰鋒八人次立，第三行戰鋒九人次立，第四行戰鋒十人次立，第五行戰鋒十一人次立，並横列鼎足，分布爲隊。隊副一人撰兵後立，〔五〇〕執陌刀，觀兵士不入者便斬。果毅領傔人，又居後立督戰，覩不入便斬。並須先知左肩右髆，行立依次。

諸每隊，戰鋒五十人，重行在戰隊前，布陣立隊訖，聞鼓聲發，戰鋒隊即入，其兩戰隊亦排後即入。若戰隊等隊有人不同入，同隊人能斬其首者，賞物五十段。別隊見不入人，能斬其首者，準前賞物。唯駐隊人不得輒動。凡與敵鬬，其跳盪、奇兵、馬軍等隊，即須量抽人下馬當之。隊別量抽捉馬人，先定名字。若臨鬬時，捉馬人有前卻及應捉撩亂失次第，致失鞍馬者，斬。若其賊退，步趁不得過三十步，亦不得即乘馬趁。審知賊退，撩亂驚怖，然可騎馬逐北，〔五一〕仍與諸隊齊進。其折衝、果毅，當鬬之時，雖塹下馬，賊徒敗退以後，〔五二〕即任騎馬檢校騰逐。

諸軍弩手，隨多少布列。五十人爲一隊，人持弩一具，箭五十隻，人各絡髆，將陌刀棒一具，各於本軍戰隊前雁行分立，調弩上牙，去賊一百五十步内戰，齊發弩箭；賊若來逼，相去二十步即停弩，持刀棒，從戰鋒等隊過前奮擊，違者斬。如其共賊相持守捉城邑，其弩手等，〔五三〕即依弩式，看旗發用。

諸隊頭共賊相殺，左右傔旗急須前進相救；若左右傔被賊纏繞，〔五四〕以次行人急須前進相救；其進救人又被賊纏繞，以次後行人準前急須進救。〔五五〕其前行人被賊殺，後行不救者，仰押官及隊副使便斬。但有隊被賊纏繞，比隊亦須速救，臨陣不救者，皆斬。

凡將，須使兵士簡靜，處分有序，將百萬之衆，如領一人。每軍定一官知高聲，營別有虞候差主帥一人知高聲，營四面各差一人知高聲，隊別亦定一人知高聲。

諸見賊聲高喧鬧者，仰押隊官及隊頭便斬。押隊官、隊頭不斬者，即斬押隊官及隊頭。諸軍將或在前，或在後，須傳聲喚隊及人者，仰押隊官自傳，兵士不得輒傳。以上並衛公兵法。

凡置營，左有草澤，右有流泉，背山險，向平易，通達樵採，牧飲相近。地又有八種不堪安營：山中之高，謂之天柱；澤中之高，謂之地柱；高中之下，謂之天獄；下中之下，謂之地獄；斥鹵多石，少草無水，謂之窮極；故邑破營，謂之虛耗；川谷衝口，柴草乾深，謂之天竈；穹崇鐵形，四面坳瀉，謂之沃燋。皆急過勿留。亦不得飲死水。

凡軍行營壘，先使腹心及鄉導前覘丑驗切審知，各令候吏先行，定得營地；擘五軍分數，立四表候視，然後移營。又先使候騎前行，持五色旂，見溝坑揭去列反黃，衢路揭白，水澗揭黑，林木揭青，野火揭赤，以鼓本數應之，〔五六〕仍須數相接。立旗鼓，令相聞見。若渡水踰山，〔五七〕深邃林藪，精騎驍勇搜索，數里無聲，四周絕跡。高山樹頂，令人遠視，精兵四向，要處防禦。然後分兵前後，以爲鎮拓。乃令輜重老少，次步後馬，切在整肅，防敵至，人馬無聲，不失行列。險地狹徑，亦以部曲鱗次，或須環迴旋轉，以後爲前，以左爲右，行則魚貫，立則雁行。到前止處，遊騎精鋭四向散列而立，各依本方下營。一人一步，隨師多少。咸表十二辰，豎六旍，長二丈八尺，審子午卯酉地，〔五八〕勿令邪僻。以朱雀旍豎午地，白獸旍豎酉地，玄武旍豎子地，青龍旍豎卯地，招摇旍豎中央。其樵採牧飲，不得出表外。

一說，安營之法與圓陣相侔，每一大營有四十子營，營各四十幕爲一部。其一子營皆空，其内八閒，開三徑，十二旗，十六鼓，左矛右戟，前楯後弩，旗鼓中央，大將之所。〔五九〕安營之法，其道略同，而附於此。

先據要地及水草

戰國吴子曰：「凡行師越境，必審地形，則知主客之向背。地利若不悉知，往必敗矣。故軍有所至，先五十里内山川形勢，〔六〇〕使軍士伺其伏兵，將必自行，視地之勢，因而圖之，知其險易也。」

戰國秦師伐韓，圍閼與。趙遣將趙奢救之，軍士許歷曰：「秦人不意趙師至此，其來氣盛，將軍必厚集其陣以待之。不然，必敗。」又曰：「先據北山者勝，後至者敗。」趙奢即發萬人趨之。秦兵後至，争山不得上，趙奢縱兵擊之，大破秦軍。遂解閼與之圍。與音餘。

後漢初，諸將征隗囂，爲囂所敗。光武令悉軍栒邑，未及至，栒音詢。隗囂乘勝使其將王元、行巡將二萬餘人下隴，〔六一〕因分遣巡取栒邑。漢將馮異即馳兵，欲先據之。諸將皆曰：「虜兵盛而新乘勝，不可與争。宜止軍便地，徐思方畧。」異曰：「虜方兵盛臨境，〔六二〕忸忕小利，忸忕，〔六三〕猶貫習也。謂貫習前事而復爲之。爾雅曰「忸，復也。」郭景純曰：「謂忸忕復爲之也。」忸音女九反。〔六四〕忕音逝。貫音慣。復，扶又反。遂欲深入。若得栒邑，三輔動摇，是吾憂也。夫『攻者不足，守者有餘』。今先據城，以逸待勞，非所以争鋒也。」遂潛往閉城，偃旗鼓。行巡不知，馳赴之。異乘其不意，卒擊鼓建旗而出，巡軍驚亂奔走，追擊數十里，大破之。

後漢武都參狼羌爲寇，殺長吏，馬援將四千餘人往擊之。羌在山上，援軍據便地，奪其水草，不與戰，羌遂窮困，悉降。

蜀諸葛亮兵要云：「軍已近敵，羅落常平明以先發，絶軍前十里内，各按左右下道；亦十里之内，數里之外，五人爲部，人持一白幡，登高外向，明看隱蔽之處。〔六五〕軍至，轉尋高而前。第一見賊，轉語後第二，第二誥主者，白之。凡候見賊百人以下，但舉幡指；百人以上，便舉幡大呼。主者遣疾馬往視察之。」

諸葛亮出斜谷，是時魏將司馬宣王屯渭南。郭淮策亮必争北原，若亮跨渭登原，連兵北山，隔絶隴道，摇盪民、夷，此非國之利也。宣王善之，淮遂屯北原。塹壘未成，蜀兵大至，淮逆擊走之。

魏將諸葛誕、胡遵等伐吴，攻東興，吴將諸葛恪率水軍拒之。及恪上岸，部將丁奉與唐咨、吕據、留贊等，〔六六〕俱從山西上。奉曰：「今諸軍行遲，若敵據便地，則難與争鋒矣。」乃辟諸軍使下道，率麾下三千人逕進。時風便，奉舉帆二日至，遂據徐塘。〔六七〕天寒大雪，時魏諸將置酒高會，奉見其前部兵少，相謂曰：「取封侯爵賞，正在今日。」乃使兵解鎧著冑，持短兵。敵人從而笑焉，不爲設備。奉縱兵斫之，大破敵前屯。會據等至，魏軍遂潰。

東晉末，宋武帝率師伐南燕慕容超。晉師度峴，慕容超懼，率卒四萬就其將段暉等於臨朐，其俱反。謂其將公孫五樓曰：「宜進據川源，〔六八〕晉軍至而失水，亦不能戰矣。」臨朐有巨蔑水，去城四十里，五樓馳據之。龍驤將軍孟龍符領騎居前，奔往争之，五樓乃退，〔六九〕因而大敗。

十六國後秦姚興與前秦苻登相持，登自六陌向廢橋，興乃自將精騎以迎登，使將尹緯領步卒，據廢橋以抗登。〔七〇〕登因急攻緯，緯將出戰，興馳遣使謂緯曰：「兵法不戰而制人者，蓋謂此也。苻登窮寇，特宜持重，不可輕戰。」緯曰：「先帝登遐，人情擾懼，不因思奮之力梟殄逆豎，大事去矣。」遂與登戰，大破之，登衆渴死者十二三，其夜大潰。

十六國夏赫連勃勃屯依力川，後秦姚興將王奚聚羌胡三千餘户於勑奇堡，勃勃進攻之。奚驍悍有膂力，短兵接戰，勃勃之衆多爲所傷。於是堰斷其水，堡人窘迫，執奚出降。

東魏將齊神武伐西魏，軍過蒲津，〔七二〕涉洛，至許原。西魏將周文帝軍至沙苑，齊神武聞周文至，引軍來會。詰朝，候騎告齊神武軍且至。周文部將李弼曰：「彼衆我寡，不可平地置陣。此東十里有渭曲，可先據以待之。」遂軍至渭曲，背水東西爲陣。合戰，大破之。

隋文帝初，突厥寇蘭州，隋將賀樓子幹率衆拒之，至可洛峐古哀反山，與賊相遇。賊衆甚盛。子幹阻川爲營，賊軍不得水數日，人馬甚弊，縱擊，大破之。

大唐衛公李靖兵法曰：「諸行軍下營，雖有泉澗而乏水處，差人監當，勿令濁亂并有踐踏。其放牧草亦然。」

識水泉隔山取水越山度險附

軍行砂磧鹹鹵之中，有野馬黄羊蹤，尋之，有水。

烏鳥所集處，有水。

地生葭葦、蘆茨、菰蒲之處，下有伏泉。

地有蟻壤之處，下有伏泉。

渴烏隔山取水，〔七二〕以大竹筩雄雌相接，勿令漏洩，以麻漆封裹，推過山外，就水置筩，入水五尺，即於筩尾，取松樺乾草，當筩放火，火氣潛通水所，即應而上。

踰越山阻，以組繫竿頭，引挂高處，礙固勝人，便即令上，又增組，次引人，又加大組，續更汲上，則束馬懸車，可以力辦。

據倉廩

隋末，天下大亂，李密起兵於雍丘。是時河南、山東大水，死者將半。密將李勣言於密曰：「今人多阻飢，若據得黎陽倉，大事濟矣。」密乃遣勣領麾下五千人，自源武濟河掩襲，即日剋之，開倉恣食，一旬之間，勝兵二十餘萬人。

校勘記

〔一〕水草惡　「惡」原脱，據北宋本、明抄本、明刻本、王吴本補。

〔二〕爲交軍於斥澤之中　「爲」，今孫子行軍篇作「若」。

〔三〕車騎之利也　「車騎」原訛脱作「軍」，據十一家注孫子行軍篇曹操注改補。按：北宋本有「車」脱「騎」。

〔四〕量人地之置表十二辰　「置」原訛「宜」，據北宋本、明抄本、明刻本、王吳本改。

〔五〕皆兵主所當知也　「皆」原訛「者」，據北宋本、明抄本、明刻本、王吳本改。

〔六〕藏謂苞蘊在心　「在」原訛「如」，據北宋本改。按：王吳本作「於」。

〔七〕而却履於中途　「却」原作「印」，據北宋本改。按：十一家注孫子軍争篇杜牧注引也作「却」。

〔八〕六軍總管在四畔　「管」武經總要卷五作「營」。

〔九〕其營在中營前右廂向南　「前」原脱，據武編卷前二〇引補。按：下云「左虞候押後，在中營後左廂近北，結角兩虞候相當」，可證有「前」是。

〔一〇〕如其拓隊兵少　「拓」原訛「招」，據北宋本改。「拓隊」王吳本作「拓陣」。

〔一一〕如每統三百人　「如」原訛「加」，據御覽卷二九九改。

〔一二〕令引輜重　「令」原訛「軍」，據北宋本改。按：御覽卷二九九也作「令」。

〔一三〕審細看大將所舉之旗　「所舉之旗」原脱，據北宋本、明抄本、明刻本、王吳本補。按：御覽卷二九九亦有此四字。

〔一四〕卒逢賊寇　「賊寇」原倒，據北宋本、王吳本乙。

〔一五〕諸行軍立營數多則計或逢泥溺　「多則」原倒，據武經總要卷五及王吳本乙。

〔一六〕徒餓馬驢　「徒餓」原訛「途飼」，據北宋本改。

〔一七〕催督急過　「過」原作「迴」，據武經總要卷五改。

〔一八〕户郎反下同　原脱，據北宋本補。

〔一九〕兩行戰鋒横引　「引」御覽卷三〇六作「列」。

〔二〇〕便充兩面　御覽卷三〇六同。武編卷前二〇「面」下有「甚易」。

〔二一〕即須相裹得若逢川陸平坦　「得若」原倒，據北宋本、明抄本、明刻本、王吴本乙。按：御覽卷三〇六亦作「得若」。

〔二二〕肋上即更量加一兩道　「更」原訛「便」，據北宋本、王吴本改。按：御覽卷三三一也作「更」。

〔二三〕迎前出戰　「迎前」原倒，據北宋本、明抄本、明刻本、王吴本乙。按：御覽卷三三一亦作「迎前」。

〔二四〕報烽烟家　「家」原訛「皆」，據北宋本改。按：御覽卷三三五作「報烽家」，無「烟」字。

〔二五〕如覺十騎以上　「如」原訛「知」，據北宋本、王吴本改。按：御覽卷三三五也作「如」。

〔二六〕五千騎以下同　「以下」原脱，據御覽卷三三五補。

〔二七〕方可立隊釋仗各於本隊下安置　「仗各」原倒，據武經總要卷五乙。

〔二八〕其馬合羣牧放　「合」原訛「令」，據武經總要卷五改。

〔二九〕城市　「市」原作「中」，據北宋本改。

〔三〇〕要有市賈入城　「賈」原作「買」，據北宋本、王吴本改。按：武編卷前二〇也作「賈」。

〔三一〕如其逃走速差人捕捉　「逃」原訛「地」，「速」原訛「遠」，據北宋本改。

〔三二〕諸軍下營訖　「諸」原訛「許」，據北宋本改。按：武經總要卷六也作「諸」。

〔三三〕分頭巡隊　「隊」原脱，據武經總要卷六、武編卷前二〇補。

〔三四〕并有繫絆　「繫」原訛「擊」，據北宋本改。

〔三五〕如有破綻損汙　「綻」原訛「壞」，據北宋本、明抄本、明刻本、王吴本改。按：武經總要卷六也作「綻」。

〔三六〕每陣前百步外　「陣」原訛「隊」，據北宋本、明抄本、明刻本、王吴本改。按：御覽卷三三一也作「陣」。

〔三七〕仍令探更人探聽子細勿令眠睡　「更人探」及「細」原脱，「令眠」原訛「合眼」，據御覽卷三三一補改。按：北宋本、明抄本、明刻本、王吴本「令」字不誤，明抄本「眠」字亦不誤。

〔三八〕以視動静　「視」原訛「示」，據御覽卷三三一改。

〔三九〕人不得高聲唱號　「人」原脱，據北宋本、王吴本補。按：御覽卷三三一也有「人」字。

〔四〇〕即次左虞候軍　「軍」原脱，據武經總要卷五補。

〔四一〕其左右廂四軍各二十七隊　「七」原訛「五」，據北宋本、王吴本改。

〔四二〕其大隊一十五隊　「其」上原有「得」，清人擅增，今據北宋本、明抄本、明刻本、王吴本删。

〔四三〕通五十人隊　「人」原訛「八」，據諸本改。

〔四四〕整頓援前　「援」原訛「緩」，據武經總要卷五改。

〔四五〕然可乘馬追趁　「可」原訛「後」，據北宋本、王吴本改。

〔四六〕諸賊徒恃險固　「固」原訛「因」，據北宋本、王吳本改。

〔四七〕阻山布陣　「阻」原脱，據御覽卷三〇一、武經總要卷五補。

〔四八〕其陣行行不前進　御覽卷三〇一「行」字不疊。

〔四九〕分析爲五等　「析」原作「折」，據北宋本改。按：北宋本作「扸」，俗「析」字。

〔五〇〕隊副一人撰兵後立　「撰」原作「於」，清人妄改。今據北宋本、明抄本、明刻本、王吳本改回。按：撰，持也。

〔五一〕然可騎馬逐北　「可」原訛「或」，據北宋本、明刻本、王吳本改。按：武編卷前二〇也作「可」。

〔五二〕賊徒敗退以後　「徒」原訛「從」，據北宋本改。按：武編卷前二〇也作「徒」。

〔五三〕其弩手等　「手」原訛「守」，據諸本改。

〔五四〕若左右傔被賊纏繞　原「傔」下衍「如」，據武編卷前二〇删。

〔五五〕以次後行人準前急須進救　「準」原作「參」，據北宋本改。

〔五六〕以鼓本數應之　「本」原訛「五」，據北宋本、明刻本、王吳本改。

〔五七〕令相聞見若渡水踰山　「見若」原倒，據御覽卷三三一乙。

〔五八〕審子午卯酉地　「酉」原訛「西」，據諸本改。

〔五九〕大將之所　原訛作「大將凡」，明抄本、明刻本、王吳本作「大將之」，脱「所」，據北宋本改補。

〔六〇〕先五十里内山川形勢　「内」原訛「因」，據諸本改。

〔六一〕將二萬餘人下隴　「隴」原訛「龍」，據諸本改。

〔六二〕虜方兵盛臨境　「方」「盛」原無，據北宋本、明抄本、明刻本、王吳本補。

〔六三〕忸忕　「忕」原訛「怏」，據諸本改。

〔六四〕忸音女九反　「女」原訛「友」，據北宋本、明抄本、明刻本、王吳本改。

〔六五〕明看隱蔽之處　御覽卷三三一無「看」字。

〔六六〕留贊　「留」原訛「劉」，據三國志丁奉傳一三〇一頁改。

〔六七〕遂據徐塘　「徐」原訛「涂」，據三國志丁奉傳一三〇一頁及明刻本、王吳本改。

〔六八〕宜進據川源　「源」原訛「原」，據晉書慕容超載記三一八二頁改。

〔六九〕五樓乃退　「乃」原脱，據北宋本、明刻本、王吳本補。

〔七〇〕據廢橋以抗登　「抗」原訛「掠」，據晉書姚興載記上二九七六頁及北宋本改。

〔七一〕東魏將齊神武伐西魏軍過蒲津　「伐西魏軍過」原訛作「聞周文至引」，據北宋本改。

〔七二〕渴烏隔山取水　「烏」原訛「鳥」：據諸本改。

劉俊文點校　王文錦覆校

通典卷第一百五十八

兵十一

攻其必救先取根本同　軍師伐國若中路城大兵多須下方過　必攻其易輕易致敗　乘敵亂而取之　分敵勢破之　審敵勢破之附　布陣大勢分易敗　惜軍勢　力少分軍必敗

孫子曰：「安能動之。攻其所愛。故我欲戰，敵雖高壘深溝，不得不與我戰者，攻其所必救也。絕糧道，守歸路，攻其君主也。上兵伐謀，敵始有設謀，伐之易。其次伐交。」不令合。

攻其必救先取根本同〔一〕

春秋時，楚子圍宋，晉侯將救之，大夫先軫曰：「報施救患，取威定霸，於是乎在矣。」狐偃曰：「楚始得曹，而新婚於衛，若伐曹、衛，楚必救之，則宋免矣。」從之，而解。

戰國魏、趙相攻，齊將田忌引兵救趙。孫臏必刃反曰：「夫解雜亂紛糾者不控捲，丘員反。救鬬者不搏撠，音戟。〔二〕批亢擣虛，形格勢禁，則自爲解耳。今魏、趙相攻，輕兵鋭卒必竭於外，老弱罷於內。君不若引兵疾走大梁，據其街路，衝其方虛，彼必釋趙而自救。是我一舉解趙之圍而收弊於魏也。」田忌從之，直走大梁，魏師遂退。

漢先零、罕、开音汧二種羌解仇合黨爲寇，漢將趙充國討之，守便宜上書曰：「先零羌虜欲爲背叛，故與罕、开解仇，〔三〕然其私心恐漢兵至而罕、开背之也。臣愚以爲其計請先討先零，〔四〕若先擊罕羌，先零必助之。今虜馬肥，糧食方饒，〔五〕擊之恐不能傷害，適使先零得施德於罕羌也，堅其約，合其黨。虜交堅黨合，誅之用力數倍，臣恐國家憂累猶十年數，不二三歲而已。〔六〕先誅先零，則罕、开之屬不煩兵服矣。」宣帝從之，果如其策。

王莽末，光武起兵據昆陽城，時唯有八九千人，莽遣將王尋、王邑、嚴尤討之，軍到城下者且十萬。光武留王鳳等守城，與李軼等十餘騎夜出。既至郾、定陵，悉發諸營兵。嚴尤說王邑曰：「昆陽城小而堅，今假號者在宛，亟急也〔七〕進大兵，彼必奔走，則昆陽自服。」邑曰：「吾昔以虎牙將軍圍翟義，坐不生得，以見責讓。今將百萬之衆，遇城而不能下，何謂邪！」遂圍之數十重，列營百所，雲車十餘丈，瞰臨城中，旗幟蔽野，埃塵連天，鉦鼓之聲聞數百里。〔八〕或爲地道，或衝輣蒲萌反撞城，積弩亂發，矢下如雨，城中負户而汲。〔九〕王鳳等乞降，不許。光武遂與諸營部俱進，自將步騎千餘，前去大軍四五里而陣。尋、邑亦遣兵數千合戰。光武奔之，斬首數十級。諸部喜曰：「劉將軍平生見小敵怯，今見大敵勇，甚可怪也，且復居前。請助將軍。」光武復進，尋、邑兵卻，諸部共乘之，〔一〇〕斬首數百千級。連勝，遂前，因大敗之。王邑違先攻宛，所以敗也。

王莽末，王郎起河北，鉅鹿郡太守王饒據城，光武圍數十日，連攻不剋。耿純說曰：「久守王饒，士衆疲弊，〔一一〕不如及大兵精鋭，進攻邯鄲，若王郎已誅，王饒不戰自服矣。」從之。乃留兵守鉅鹿，而進軍邯鄲，屯其郭北。郎數出戰，無利，城守。急攻之，二十餘日，郎少傅李立爲反閒，開門内漢兵，〔一二〕遂拔邯鄲，郎黨悉平。

後漢將軍耿秉與竇固合兵萬四千騎，擊車師。車師有後王、前王，〔一三〕前王即後王之子，其庭相去五百餘里。秉議先赴後王，以爲并力根本，則前王自服。固計未決。秉奮身而起，衆軍不得已，遂進。並縱兵鈔掠，斬首數千級，收馬牛羊十餘萬頭。〔一四〕後王安得震怖，從數百騎出迎秉，降。

後漢末，袁紹、曹公相持於官渡，沮側居反授說紹：「可遣蔣奇别爲支軍於外，以絶曹公之援。」紹不從。許攸進曰：「曹公兵少，而悉師拒我，許下餘守勢必空弱，若分遣輕軍，星行掩襲，許拔，則操爲成擒。〔一五〕如其未潰，可令首尾奔命，破之必也。」紹又不用。竟爲曹公所敗。袁紹違之而敗。

後漢末，魏武征河北，師次頓丘，黑山賊于毒等攻東武陽。魏武乃引兵西入山，攻毒等本屯。毒聞之，棄武陽還。魏武要擊於內黄，大破之。

魏將司馬宣王征公孫文懿，汎舟潛濟遼水，作長圍，忽棄賊而向襄平。諸將言：「不攻賊而作圍，非所以示衆也。」宣王曰：「賊堅營高壘，欲以老吾兵也。攻之，正入其計，此王邑所以恥過昆陽也。古人云，敵雖高壘，〔一六〕不得不與我戰者，攻其所必救也。賊大衆在此，則巢窟虚矣。我直指襄平，必人懷内懼，懼而求戰，破之必矣。」遂整陣而過。賊見兵出其後，果邀之。宣王謂諸將曰：「所以不攻其營，正欲致此，不可失也。」乃縱兵逆擊，大破之，三戰皆捷。

東晉將蘇峻反，攻剋石頭城，據之。晉將陶侃、温嶠率兵討之，諸將請於查浦築壘，監軍部將李根曰：〔一七〕「查浦地下，又在水南，唯白石峻極險固，可容數千人，賊來攻不便，戮賊之術也。」侃從之，夜立壘訖。賊見壘大驚。賊攻大業，〔一八〕侃將救之，長史殷羨曰：「若遣救大業，〔一九〕步戰不如峻，則大事去矣。但當急攻石頭，峻必救之，而大業自解。」侃又從羨言。峻果棄大業而救石頭。諸軍與峻戰東陵，侃督護竟陵太守李陽部將彭世斬峻於陣，〔二〇〕賊衆遂潰。

梁司州刺史陳慶之率衆圍東魏南荆州，東魏將堯雄與行臺侯景救之。雄曰：「白苟堆，梁之北面重鎮，因其空虛，攻之必剋，彼若聞難，荆圍自解，此所謂機不可失也。」遂率攻之，慶之果棄荆州來，未至，雄陷其城，擒梁鎮將苟元廣。〔二一〕

東魏將齊神武率兵伐西魏，大軍濟河，集諸將議進趣之計。斛律羌舉曰：「宇文黑獺雖聚凶黨，强弱可知。若固守，無糧援可恃。今揣其情，已同困獸。若不與其戰，而逕趣長安，長安空虛，〔二二〕可不戰而剋。拔其根本，彼無所歸，則黑獺之首懸於軍門矣。」諸將議有異同，遂戰於渭曲，大敗而歸。齊神武違之而敗。

隋末，王世充與李密相持於東都，充夜渡，陣於洛水之北，其時密亦渡洛水陳兵，與充相對，東接月城，西至石窟。密兵多馬騎長槍，宜平寬放縱；充兵多戈矛稍穳，宜隘險。〔二三〕然南逼洛水，北限大山，地形褊促，騎不成列，充縱稍穳蹙之，密軍失利。密與數騎登船南濟，〔二四〕自餘兵馬皆東走月城。充乘勝長驅，直至月城下。密既渡南岸，即策馬西上，直向充本營，左右麾旌相繼而至。充營内見密兵來逼，急連舉六烽，充乃捨月城之圍，收兵西退，自洛北達於黑石，中閒四十餘里，奔北顛狽，大喪師徒。密之此行也，東北之圍不救而自解，西南之寇不戰而成功。充伏其權奇，不復輕出。

軍師伐國若中路城大兵多須下方過

秦末，沛公破南陽郡，南陽守齮魚綺反走，〔二五〕保城守宛。沛公引兵過而西。張良諫曰：「沛公雖欲急入關，秦兵尚衆，距險。今不下宛，宛從後擊，强秦在前，此危道也。」於是沛公乃夜引軍從他道還，更旗幟，〔二六〕黎明，圍宛城三匝。黎，或作邌，音黎也。〔二七〕天未明之頃已圍之，事畢方明。又言黎，黑也，亦未明之候也。南陽守欲自剄，其舍人陳恢曰：「死未晚也。」乃踰城見沛公，曰：「臣聞足下約，先入咸陽者王之。今足下留守宛。宛，大郡之都也，連城數十，民庶衆，積蓄多，吏民自以爲降必死，故皆堅守乘城。今足下盡日止攻，〔二八〕士死傷者必多；引兵去宛，宛必隨足下後：〔二九〕足下前則失咸陽之約，後又有强宛之患。爲足下計，莫若約降，封其守，因使止守，引其甲卒與之西。諸城未下者，聞聲爭開門而待足下矣。」沛公曰：「善。」乃以宛守爲殷侯，封陳恢千户。引兵西，無有不下者。

蕭齊末，梁武帝自襄陽率兵東下，至郢州，今江夏郡。攻未拔。蕭穎胄在江陵遣衛尉席闡文勞軍，因謂梁武曰：「今頓兵兩岸，不併軍圍郢，定西陽、武昌，取江州，此機已失；莫若請救於魏，與北連和，猶爲上策。」梁武謂闡文曰：「漢口路通荆、雍，控引秦、梁，糧道資儲，聽此氣息。兵若前進，魯山必阻沔路，所謂扼喉；若糧運不通，自然離散，何謂持久？

鄧元起近欲以三千兵往定尋陽，彼若懼然悟機，一酈生亦足；脱拒我師，固非三千能下。西陽、武昌，取便得耳，得便應鎮守。守兩城不減萬人，糧儲稱是，卒無所出。脱東軍有上者，萬人攻一城，兩城勢不能相救。若我分軍應援，則首尾俱弱；如其不遣，孤城必陷。一城既没，諸城相次土崩，天下大事於是去矣。若郢州既拔，席卷沿流，西陽、武昌自然風靡。何遽分兵散衆，自貽其憂？且丈夫舉動，言静天步，況擁七州之兵以誅羣豎，懸河注火，奚有不滅？豈容北面請救，以自示弱。彼未必能信，徒貽我醜聲，此是下計，何謂上策！及拔郢城，向下城戍，無不風靡，遂克建業。

大唐武德初，宇文化及據聊城，淮安王神通進兵躡之。祕書丞魏徵謂神通曰：「化及今據聊城，莘人爲其固守。若至莘，即宜攻取，但拔莘縣，聊城益懼，因而逼之，易同俯拾。須以攻具自隨，一足威敵，二不乏用。不然，兵至莘城，見無攻具，不下。如不能剋莘，而遠追化及，〔三〇〕恐亦無功，則化及非旬月可獲。莘人阻我糧運，化及爲之外援，恐非計之善者。」神通不從，軍次莘，果不下而退散。

武德中，李靖隨河閒王孝恭討輔公祏。音石。賊一軍舟師三萬頓於當塗，柵斷江口，傍江築城，又遣陸軍二萬據當塗南路，亦造柵自固，並蓄力養鋭，以抗大軍。諸將皆云：「二軍並是强兵，爲不戰之計，城柵既固，卒不可攻。請直指丹陽，掩其巢穴，若丹陽既破，二軍可不戰而破。」靖曰：「公祏精鋭，雖在水陸二軍，然其自統之兵，〔三一〕亦是勁勇。二軍城栅尚不可攻，公祏既保石頭，豈應易拔？若我帥師至丹陽，留停旬月，進則石頭未平，退則歸路已絶，此便腹背受敵，恐非萬全之計。然此二軍皆是百戰餘賊，必不憚於野戰。今若攻其城栅，乃是出其不意，滅賊之機，唯在此舉。」靖乃率諸將水陸俱進，苦戰破之，二軍悉潰走。靖遂率輕兵先至丹陽，公祏餘衆雖多，不敢復戰，擁兵東走，相次擒獲。

孫子曰：「兵之形象水，水之行也，避高而就下；兵之形也，避實而擊虛。故水因地而制形，〔三二〕兵因敵而制勝。兵無常勢，水無常形，能因敵變化而取勝者，謂之神。〔三三〕勢盛必衰，形露必敗，故能因敵變化，勝之若神。進不可禦者，衝其虛也。」衝突其虛空也。

必攻其易

春秋時，桓王以諸侯伐鄭，鄭伯禦之。王爲中軍，虢公林父將右軍，蔡人、衛人屬焉；周公黑肩將左軍，陳人屬焉。鄭子元請爲左拒，以當蔡人、衛人；拒，方陣。爲右拒，以當陳人，曰：「陳亂，民莫有鬭心。若先犯之，必奔。王卒顧之，必亂。蔡、衛不枝，固將先奔。不能相枝持也。既而萃於王卒，可以集事。」從之。萃，聚。集，成也。曼伯爲右拒，祭仲足爲左拒，原繁、高渠彌以中軍奉公，爲魚麗之陣。先偏後伍，伍承彌縫。司馬法，車戰二十五乘爲偏，以車居前，以伍次之，承偏之隙而彌縫闕漏也。五人爲伍，此蓋魚麗陣法。戰於繻葛。鄭地。命二拒曰：「旝動而鼓！」旝，旃也，通帛爲之，蓋今大將之麾也，執以爲號令。旝，古外反。蔡、衛、陳皆奔，王卒亂，鄭師合以攻之，王卒大敗。

春秋時，楚伐隨，軍於漢、淮之閒。隨將季梁曰：「楚人上左，君必左，君，楚君也。無與王遇。且攻其右。右無良焉，必敗。偏敗，衆乃攜矣。」攜，離也。隨將少師曰：「不當王，非敵也。」弗從。不從季梁謀。戰於速杞。隨師敗績。少師違之而敗。

春秋時，吳、楚二師陣於柏舉。吳子闔廬之弟夫槩王晨請於闔廬曰：「楚相囊瓦不仁，其臣莫有死志。先伐之，其卒必奔；而後大師繼之，必剋。」以其屬五千先擊囊瓦之卒。楚師亂，吳師大敗之。

春秋時，晉師伐楚。苗賁皇言於晉侯曰：「楚之良，在其中軍王族而已。請分良以擊其左右，而三軍萃於王卒，必大敗之。」及戰，晉呂錡射楚共王，中目。楚師宵遁。晉師入楚，三日館、穀。

東晉將王敦反，兵至石頭城，欲攻晉將劉隗，五罪反。其將杜弘曰：「劉隗死士衆多，未易可克，不如攻石頭，其守將周札少恩，〔三四〕兵不爲之用，必敗。札敗，隗自走。」敦從之。

札果開城門納弘。諸將與敦戰，晉師大敗。

後周末，隋文帝遣將韋孝寬率兵討尉遲迥於相州，軍進至鄴，迥悉其卒十三萬陣於城南。迥舊習軍旅，雖老，猶被甲臨陣。其麾下三千兵，〔三五〕皆關中人，爲之力戰。孝寬等軍失利而卻。鄴中士女，觀者如堵。高熲與李詢乃整陣先犯觀者，〔三六〕因其擾而乘之。迥衆大敗，遂拔鄴城。

大唐太宗嘗謂羣臣曰：「朕自興兵，每執金鼓，必自指揮，習觀其陣，即知强弱。常以吾弱對其强，以吾强對其弱。敵犯吾弱，追奔不踰百數十步；吾擊其弱，必突過其陣，自背返擊之，無不潰。多用此而制勝，思得其理深也。」

輕易致敗

春秋時，鄭公子歸生伐宋，戰於大棘，宋師敗績。宋將狂狡輅吾駕反。輅，迎。鄭人，鄭人入於井。倒戟而出之，獲狂狡。君子曰：「失禮違命，宜其爲擒也。戎，昭果毅以聽之之謂禮。聽，謂常存於耳，著於心，想聞其政令。殺敵爲果，致果爲毅。易之，戮也。」易，反易也。

春秋時，吳子諸樊伐楚，門於巢。攻巢門。巢牛臣曰：「吳王勇而輕，若啓之，將親門。啓，開門也。我獲射之，必殪。殪，死。是君也死，疆其少安」。吳子門焉，牛臣隱於短牆以射之，卒。

隋煬帝征吐谷渾，至覆袁川。時吐谷渾主與數騎而遁，〔三七〕其名王詐爲渾主，保車我真山，〔三八〕帝令將張定和率師擊之。定和既與賊相遇，輕其衆少，呼之命降，賊不肯下。定和不被甲，挺身登山，賊伏兵於巖石之下，發矢中之而斃。

乘敵亂而取之

大唐武德中，李靖隨河間王孝恭討蕭銑於江陵，王不從靖謀，致敗。賊委舟大掠，人皆負重。靖見其軍亂，進兵擊之，賊大敗，又乘勝進入其郛郭，攻其水城，尅之。悉取其舟艦散於江中，賊救兵見之，謂城已陷，莫敢輕進。銑内外阻絶，城中携貳，由是懼而出降。

孫子曰：「我專而敵分，我專一而敵分散也。我專爲一，敵分爲十，是以十攻其一也；〔三九〕我料見敵形，審其虛實，〔四〇〕故所備者少，專爲一屯。以我之專，擊彼之散卒，〔四一〕爲十共擊一也。則我衆而敵寡；〔四二〕我專爲一，故衆。敵分爲十，故寡。能以衆敵寡者，則吾所與戰者，約矣。言約少而易勝。吾所與戰之地不可知，言舉動微密，情不可見，使彼知所出而不知吾所舉，知所舉而不知吾所集。〔四三〕不可知，則敵所備者多；敵所備者多，則吾與戰者寡矣。形藏敵疑，則分離其衆備我也。言少而易擊也。故備前則後寡，備後則前寡，備左則右寡，備右則左寡，無不備者無不寡。言敵之所備者多，則士卒無不分散而少。寡者，備人者也；敵分散而少者，皆先備人也。衆者，使人備己者也。敵所以備己多者，由我專而衆故也。故知戰之地，知戰之日，則千里而會戰。〔四四〕以度量知空虛，先知戰地之形，又審必戰之日，則可千里期會，先往以待之。若敵已先至，可不往以勞之。不知戰地，不知戰日，則左不能救右，右不能救左，前不能救後，後不能救前，而況遠者數十里，近者數里乎。敵已先據形勢之地，己方趣利欲戰，則左右前後，疑惑進退，不能相救，況十數里之間也。〔四五〕故善用兵者，辟如率然。率然者，常山之蛇也。擊其首則尾至，擊其尾則首至，擊其中則首尾俱至。」夫善戰者，必知戰之日，知戰之地。度道設期，分軍雜卒，遠者先進，近者後發，千里之會，同時而合，若會都市。其會地之日，無令敵知，知之則所備處多。備寡則專，備多則分。分則力散，專則力并。

分敵勢破之

項籍圍漢王於滎陽，漢將紀信詐降之，故漢王得出走入關，收兵欲復東。袁生說漢王曰：「漢與楚相距滎陽數歲，漢常中困。願君王出武關，項羽必引兵南走，王深壁，令滎陽、成皋閒且得休息。使韓信等平河北趙地，連燕、齊，君王乃復走滎陽，未晚也。如此，則楚所備者多，力分，漢將得休息，復與之戰，破楚必矣。」漢王從其計，出軍宛、葉閒，與黥布行收兵。項羽聞漢王在宛，果引兵南，漢王深壁不與戰。終以此弊楚也。

蜀先主劉備東下伐吳。魏文帝聞備樹栅連營七百餘里，〔四六〕謂羣臣曰：「備不曉兵權，豈有七百里營可以拒敵者乎！『包原隰險阻而爲軍者，爲敵所擒』，此兵忌。緩急不相救，一軍潰則衆必恐矣。」數日，果有備敗書至。蜀主軍勢分，故敗。

梁將王僧辯、陳霸先之破侯景也，耀軍於張公洲，高旗巨艦，遏江蔽日，乘潮順流。景登石頭城而覘之，不悦曰：「彼軍上有如堤之氣，〔四七〕不可易也。」因率鐵騎萬人，聲鼓而進。霸先謂僧辯曰：「善用兵者，如常山之蛇，首尾相應。賊今送死，欲爲一戰，我衆彼寡，宜分其勢。」僧辯然之。乃以强弩攻其前，輕鋭蹂女九反〔四八〕其後，大徑衝其中，〔四九〕景遂大潰，棄城而遁。

後魏末，賊莫折後熾所在寇掠，原州人李賢率鄉兵與涇州刺史史寧討之。後熾列陣以待。賢謂寧曰：「賊聚結歲久，徒衆甚多，數州之人，皆爲其用。我若總爲一陣併力擊之，彼既同惡相濟，理必總萃於我。勢既不分，衆寡莫敵。我便救首救尾，無以制之。今若令諸軍分爲數隊，多設旗鼓，掎角而前，以脅諸栅；公別統精兵，〔五〇〕直指後熾，按甲而待，莫與交鋒。後熾欲前，則憚公之鋭；諸栅欲出，則懼我疑兵。令其進不得戰，退不得走，〔五一〕以候其懈，擊之必破。後熾一敗，則衆栅不攻自拔矣。」寧不從，屢戰頻北。賢乃率數百騎，徑掩後熾營，收其妻子、僮僕五百餘人，并輜重等。屬後熾與寧戰勝，方欲追奔，忽與賢遇，乃棄寧與賢接戰，遂大敗，後熾單騎遁走。

審敵勢破之附

大唐衛公李靖兵法曰：「凡事有形同而勢異者，亦有勢同而形別者。若順其可，則一舉而功濟；如從未可，則蹔動而必敗。〔五二〕故孫臏曰：『計者，因其勢而利導之。』兵法曰：『百里而趨利，則蹶上將；五十里而趨利者，半至。』善動敵者，形之而敵從之，與之而敵取之，以奇動之，以本待之，此戰勢之要術也。若我士卒已齊，法令已行，奇正已設，置陣已定，誓衆已畢，上下已怒，天時已應，地利已據，鼓角已震，風勢已順，敵人雖衆，其奈我哉！譬虎之有牙，兕之有角，身不蔽捍，手無寸刃，而欲搏之，勢不可觸，其亦明矣。故兵有三勢，一曰氣勢，二曰地勢，三曰因勢。若將勇輕敵，士卒樂戰，三軍之衆，志厲青雲，〔五三〕氣等飄風，聲如雷霆，此所謂氣勢也。若關山狹路，大阜深澗，龍蛇盤陰，羊腸狗門，一夫守險，千人不過，此所謂地勢也。若因敵怠慢，勞役飢渴，風波驚擾，將吏縱橫，前營未舍，後軍半濟，此所謂因勢也。若遇此勢，當潛我形，出其不意，用奇設伏，乘勢取之矣。是以良將用兵，審其機勢，而用兵氣，仍須鼓而怒之，感而勇之，賞而勸之，激而揚之，若鷙鳥之擾，猛獸之搏，必修其牙距，度力而下，遠則氣衰而不及，近則形見而不得。故良將之戰，必整其三軍，礪其鋒甲，設其奇伏，量其形勢。遥則力疲而不及，〔五四〕近則敵知而不應。若不通此機，乃智不及於鳥獸，亦何能取勝於勍寇乎。乃須怒士勵衆，〔五五〕使之奮勇，故能無强陣於前，無堅城於外。以弱勝强，必因勢也。」

布陣大勢分易敗

西魏末，東魏遣將侯景、高敖曹等圍西魏將獨孤信於洛陽東，東魏大將齊神武繼後。西魏大將周文帝率軍救信，進軍至於瀍東。景等夜解圍去。及晨，周文帝率輕騎追之，至於河上。景等北據河橋，南背邙山爲陣，與諸軍合戰。周文馬中流矢，驚逸，遂失之，因此軍中擾亂。都督李穆下馬授周文，軍以復振。於是大捷，斬高敖曹，虜其甲士一萬五千，赴河死者以萬數。是日，置陣既大，首尾懸遠，從晨至未，戰數十合，氛霧四塞，莫能相知。獨孤信、李遠居右，趙貴、怡峰居左，戰並不利，又未知周文所在，皆棄其卒先歸。開府唐公等爲後軍，遇信等退，即與俱還。由是乃班師，洛陽亦失守。大軍至弘農，守將皆已棄城西走。

隋文帝遣將賀若弼伐陳，陳後主令中領軍魯廣達陳兵白土岡，〔五六〕居衆軍之南偏，鎮東大將軍任忠次之，護軍樊毅、都官尚書孔範又次之，侍中、驃騎大將軍蕭摩訶軍最居北，衆軍南北亙二十里，首尾進退，各不相知。賀若弼初謂未戰，將輕騎，登山觀視形勢，及見衆軍，因馳下置陣。廣達首率所部進薄，弼軍屢卻，俄而復振，更分軍趣北突諸將，孔範出戰，兵交而走，諸將支離，陣猶未合，騎卒潰散，駐之弗止，因而大敗。

惜軍勢

魏末，諸葛誕據壽春反，魏將王基討之，吴遣朱异來救誕，軍於安城。詔王基引諸軍轉據北山，基謂軍將曰：「今圍壘固，兵馬向集，但當精修守備以待越逸，而更移兵守險，使得放縱，雖有智者不能善其後矣。」遂守便宜上疏曰：「今與賊家對敵，〔五七〕當不動如山。若遷移依險，人心搖蕩，於勢大損。諸軍並據深溝高壘，衆心皆定，不可傾動，此禦兵之要也。」書奏，報聽之。壽春竟拔。司馬文王與書曰：「初議者云云，求移甚衆，〔五八〕時未臨履，亦謂宜然。將軍深筭利害，獨秉固志，上違詔命，下距衆議，終至制敵擒寇，雖古人所述，不足過也。」

力少分軍必敗

漢高帝末，黥布反，渡淮擊楚。楚發兵與戰徐、僮閒，楚爲三軍，欲以相救爲奇兵。或説楚將曰：「布善用兵，人素畏之。且兵法，自戰其地爲散地。今别爲三軍，彼敗吾一軍，餘皆走，安能相救。」楚將不聽。布果破其一軍，二軍散走。遂西，與上兵遇蘄西，大戰，布軍敗走。

後漢初，漁陽太守彭寵反，自將二萬餘人攻幽州刺史朱浮於薊。光武使將軍鄧隆救薊。隆軍潞南，浮軍雍奴，遣吏奏狀。帝讀檄，怒謂使者曰：「營相去百里，其勢豈得相及。比若還，北軍必敗矣。」寵果盛兵臨河以拒隆，又别發輕騎三千襲其後，〔五九〕大破隆軍。朱浮遠，遂不能救，〔六〇〕引而去。

後漢將吴漢討公孫述，乃進軍攻廣都，拔之。光武戒漢曰：「成都十餘萬衆，不可輕也。但堅據廣都，待其來攻，勿與争鋒。若不敢來，公轉營迫之，須其力疲，乃可擊也。」漢乘利，遂自將步騎二萬餘進逼成都，去城十里，阻江北爲營，作浮橋，使副將劉尚將萬餘人屯於江南，相去二十餘里。帝聞大驚，使讓漢曰：「公既輕敵深入，又與尚别營，事有緩急，不復相及。賊若出兵綴公，而以大衆攻尚，尚破，公即敗矣。急引兵還廣都。」詔書未到，述果使其將謝豐、袁吉攻漢，使別將攻尚。漢敗入壁，豐圍之。漢乃召諸將勵之曰：「今與劉尚二處受圍，勢既不接，其禍難量。欲潛師就尚於江南，并兵禦之。能同心一力，人自爲戰，大功可立；如其不然，敗必無餘。〔六一〕成敗之機，在此一舉。」於是饗士秣馬，閉營三日不出，乃多排幡旗，使煙火不絶，夜銜枚引兵與尚合軍。豐等不覺，明日，乃分兵拒水北，自將攻江南。漢悉兵迎戰，自旦至晡，遂大破之，斬謝豐、袁吉，獲甲首五千餘級。於是引還廣都，留劉尚拒述。帝報曰：「公還廣都，甚得其宜，述必不敢略尚而擊公也。署，猶過也。若先攻尚，公從廣都五十里悉步騎赴之，適當值其疲困，破之必矣。」自是漢與述戰於廣都、成都之間，〔六二〕八戰八剋。

十六國前秦苻堅遣將吕光領軍伐龜兹。光軍其城南，五里爲一營，〔六三〕深溝高壘，廣設疑兵，以木爲人，被之以甲，羅之壘上。龜兹王帛純嬰城自守，乃傾國財寶，請諸國來救。溫宿、尉頭等國王，〔六四〕合七十餘萬衆以救之。胡便弓馬，善矛矟，鎧如連鎖，射不可入，衆甚憚之。諸將咸欲每營結陣，按兵拒之。光曰：「彼衆我寡，營又相遠，勢分力散，非良策也。」於是遷營相接陣，爲勾鎖之法，精騎爲遊軍，彌縫其闕。戰於城西，大敗之，純遁走，王侯降者三十餘國。吕光悟之而勝。

校勘記

〔一〕先取根本同　原作大字，據北宋本、明抄本、明刻本、王吴本改作小字側注。按：王吴本「同」作「附」。

〔二〕音戟　二字原脱，據北宋本補。

〔三〕故與罕开解仇　「开」原脱，據漢書趙充國傳二九八二頁及王吴本補。

〔四〕臣愚以爲其計請討先零　按：漢書趙充國傳二九八二頁原文作「臣愚以爲其計常欲赴罕开之急以堅其約」。「其」指先零羌。通典改寫如摘句，謂臣請先討先零，意固與下文無忤，然猶用「其計」，殊戾文法。

〔五〕今虜馬肥糧食方饒　漢書趙充國傳二九八二頁同。北宋本、明抄本、明刻本、王吴本作「今虜馬肥精饒」，「精」蓋「糧」之訛。

〔六〕臣恐國家憂累猶十年數不二三歲而已　「年數」原倒，「二三」原作「一二」，據漢書趙充國傳二九八二頁乙改。

〔七〕急也　二字原脱，據北宋本補。

〔八〕鉦鼓之聲聞數百里　後漢書光武帝紀上七頁同。北宋本、明抄本、明刻本、王吴本「百」作「十」。

〔九〕城中負户而汲　後漢書光武帝紀上七頁同。北宋本、明抄本、明刻本、王吴本「户」作「楯」。

〔一〇〕諸部共乘之　後漢書光武帝紀上八頁同。北宋本、明抄本、明刻本、王吴本「共」作「兵」。

〔一一〕士衆疲弊　「弊」原訛「幣」，據諸本改。

〔一二〕開門内漢兵　「開」原脱，據北宋本補。

〔一三〕車師有後王前王　「車師」原涉上而脱，據後漢書耿秉傳七一七頁補。

〔一四〕收馬牛羊十餘萬頭　「十」原訛「千」，據北宋本改。按：後漢書耿秉傳七一七頁無「羊」字。

〔一五〕則操爲成擒　「成」原作「我」，據北宋本改。

〔一六〕敵雖高壘　「壘」下原有「深溝」，後人擅增，今據晉書宣帝紀一一頁及北宋本、明抄本、明刻本删。按：北宋本、明抄本、明刻本脱「高」。

〔一七〕監軍部將李根曰　原作「監軍鄧岳曰」，據晉書陶侃傳一七七四頁、通鑑卷九四二九五八頁補改。按：胡三省通鑑注云：「是時同盟諸將無監軍事者，竊意李根蓋郗鑒軍部將也。前史即逸『郗』字，後人遂改『鑒』爲『監』。」

〔一八〕賊攻大業　「業」原訛「葉」，據晉書陶侃傳一七七四頁改。下同。

〔一九〕若遣救大業　「遣救」原脱，據晉書陶侃傳一七七五頁補。

〔二〇〕侃督護竟陵太守李陽　「護」原脱，據晉書陶侃傳一七七五頁補。

〔二一〕擒梁鎮將苟元廣　「苟」原訛「荀」，據北齊書堯雄傳二六八頁及北宋本、明抄本、明刻本、王吴本改。

〔二二〕而逕趣長安長安空虚　原脱一「長安」，北齊書斛律羌舉傳二六六頁、北史斛律羌舉傳一九一二頁作「而徑趣咸陽，咸陽空虛」，今據彼文例補。

〔二三〕宜隘險　「隘險」原倒，據北宋本、王吳本乙。

〔二四〕密與數騎登船南濟　「騎」北宋本、明刻本作「子」。

〔二五〕沛公破南陽郡南陽守齮走　原下「南陽」脫，「守」下衍「宋」，今據史記高祖本紀三五九頁、漢書高帝紀上一九頁補刪。

〔二六〕更旗幟　「更」原作「偃」，據史記高祖本紀三五九頁及北宋本、明抄本、明刻本、王吳本改。

〔二七〕黎或作邌音黎也　「邌」原作「遲」，下「黎」原作「犂」，據北宋本改。

〔二八〕今足下盡日止攻　「止」原訛「相」，據史記高祖本紀三六〇頁、漢書高帝紀上一九頁及北宋本、明抄本、明刻本改。

〔二九〕宛必隨足下後　「宛」原涉上而脫，據史記高祖本紀三六〇頁、漢書高帝紀上一九頁補。

〔三〇〕而遠追化及　「追」原訛「造」，據諸本改。

〔三一〕然其自統之兵　「統」原作「將」，據舊唐書李靖傳二四七八頁改。按：北宋本作「銳」，明刻本作「得」，明抄本、王吳本作「衞」，並誤。

〔三二〕故水因地而制形　「形」今孫子虛實篇作「流」。按：銀雀山漢墓竹簡孫子兵法實虛篇作「行」，義長。

〔三三〕能因敵變化而取勝者謂之神　「神」下原衍「勢」，據孫子虛實篇刪。按：銀雀山漢墓竹簡孫子兵法作「能與敵化之胃神」，亦無「勢」字。

〔三四〕其守將周札少恩　「札」原訛「禮」，據晉書王敦傳二五五九頁改。下同。按：周札，晉書有傳一五七四頁。

〔三五〕其麾下三千兵　周書尉遲迥傳三五二頁無「三」。

〔三六〕高熲　「熲」原訛「潁」，北宋本訛「穎」，據周書尉遲迥傳三五二頁改。按高熲，隋書有傳一一八〇頁。

〔三七〕時吐谷渾主與數騎而遁　「主」下原有「至覆」，涉上而衍。今據隋書張定和傳一五〇九頁删。

〔三八〕保車我真山　「車」下原衍「師」，據隋書張定和傳一五〇九頁删。

〔三九〕是以十攻其一也　「攻」原訛「共」，據孫子虛實篇改。按：銀雀山漢墓竹簡孫子兵法作「是以十擊壹也」。

〔四〇〕審其虛實　「其」原訛「共」，據諸本改。

〔四一〕擊彼之散卒　「卒」原訛「是」，據北宋本、王吳本改。

〔四二〕則我衆而敵寡　「寡」下原衍「者」，據孫子虛實篇删。

〔四三〕知所舉而不知吾所集　「知所舉而」原脱，據十一家注孫子虛實篇杜佑注補。

〔四四〕則千里而會戰　今孫子虛實篇「則」下有「可」，銀雀山漢墓竹簡孫子兵法實虛篇作「千里而戰」。

〔四五〕況十數里之閒也　「十數」原倒，據北宋本、王吳本乙。按：十一家注孫子虛實篇杜佑注也作「十數」。

〔四六〕魏文帝聞備樹栅連營七百餘里　「樹」原脱，據三國志文帝紀八〇頁及北宋本、王吳本補。

〔四七〕彼軍上有如堤之氣　陳書高祖紀上五頁作「此軍上有紫氣」。

〔四八〕女九反　三字原脱，據北宋本補。

〔四九〕大徑衝其中　「徑」原作「陣」，後人臆改。今據北宋本、明抄本、明刻本改回。按：「大」下疑脱「兵」，通鑑卷一六四五〇八一頁有「大兵繼進」之語。

〔五〇〕公別統精兵　「統」原訛「繞」，據周書李賢傳四一五頁及北宋本、王吳本改。

〔五一〕退不得走　「走」原訛「守」，據周書李賢傳四一五頁及北宋本、明抄本、明刻本、王吳本改。

〔五二〕則塹動而必敗　「塹」原作「擊」，據御覽卷三一三改。

〔五三〕志厲青雲　「厲」原訛「勵」，據諸本改。

〔五四〕遥則力疲而不及　「遥」原作「遠」，據北宋本、明抄本改。按：御覽卷三一三也作「遥」。

〔五五〕乃須怒士勵衆　「乃」御覽卷三一三作「仍」。

〔五六〕中領軍魯廣達　「中」原脱，據陳書魯廣達傳四一九頁補。

〔五七〕今與賊家對敵　「家」原訛「交利」，據三國志王基傳七五四頁改。

〔五八〕求移甚衆　「甚」原訛「其」，據三國志王基傳七五四頁及北宋本、王吳本改。

〔五九〕又別發輕騎三千襲其後　「三」原作「二」，據後漢書彭寵傳五〇四頁改。

〔六〇〕朱浮遠遂不能救　「朱」上原有「去」，據後漢書彭寵傳五〇四頁删。

〔六一〕敗必無餘　「必」原訛「之」，據後漢書吳漢傳六八二頁改。

〔六二〕自是漢與述戰於廣都成都之間　「述」原訛「尚」，據後漢書吴漢傳六八二頁改。
〔六三〕五里爲一營　「一」原脱，據晉書吕光載記三〇五四頁補。
〔六四〕尉頭等國王　「尉」原訛「衛」，據晉書吕光載記三〇五五頁改。

劉俊文點校　王文錦覆校

通典卷第一百五十九

兵十二

按地形知勝負　自戰其地則敗　據險隘　塞險則勝否則敗　死地勿攻　總論地形附　勵士決戰　衆寡勢百相懸勵士攻其帥　乘卒初鋭用之　激怒其衆

孫子曰：「地形者，兵之助。故用兵有散地，有輕地，有争地，有交地，有衢地，有重地，有圮地，有圍地，有死地。九地之名。凡諸侯自戰其地，爲散地。戰其境内之地，士卒意不專，有潰散之心，故曰散地。入人之地而不深者爲輕地。入人之地未深，意尚未專，輕走，謂之輕地。我得則利，彼得亦利者，爲争地。謂山水阨口，有險固之利，兩敵所争。我可以往，彼可以來者，爲交地。交地，有數道往來，〔一〕交通無可絶。諸侯之地三屬，我與敵相當，旁有他國也。先至而得天下之衆者，爲衢地。先至其地，交結諸侯之衆爲助也。入人之地深，倍城邑多，〔二〕難以返者，爲重地。難返還也。背，去也，背與倍同。〔三〕多，道里多也。遠去已城郭，深入敵地，心專意一，謂之重地也。行山林、險阻、沮澤，凡難行之道者，爲圮地。少固也，沮洳之地。圮音皮美反。所由入者隘，所從歸者迂，彼寡可以擊吾衆者，爲圍地。所從入阨險，歸道遠也，持久則糧乏。故敵可以少擊吾衆者，爲圍地也。疾戰則存，不疾則亡者，〔四〕爲死地。前有高山，後有大水，進不得前，退則有阻礙，〔五〕又糧乏絶，故爲死地。在死地者，當及士卒尚飽，强志殊死戰，故可以俱免也。是故散地則無戰，士卒顧家，不可輕戰。輕地則無止，志未堅，不可遇敵。爭地則無攻，三道攻，當先至得其地者不可攻。交地則無相絶，相及屬也。俱可進退，不可以兵絶之。衢地則合交，交結於諸侯。重地則掠，蓄積糧食。入深，士卒堅固，則可掠取財物。圮地則行，無稽留也，不可止。圍地則謀，發奇謀也。居此則當權謀詐譎，〔六〕可以免難。死地則戰。殊死戰也。是故，散地吾將一其志，輕地吾將使其屬，使相仍也。輕地還師，當安道促行，然令相屬續，〔七〕以備不虞也。爭地吾將趣其後，利地在前，當進其後。爭地先據者勝，不得者負，故從其後，使相及也。交地吾將固其結，〔八〕交結諸侯，固其交結。〔九〕衢地吾將謹其市，〔一〇〕衢地，四通交易之地。市，變事之端也。方與諸侯結和，當謹約，使勿殆，使諸侯爭之。重地吾將繼其食，將掠彼也。深入，當繼糧，不可使絶也。圮地吾將進其塗，疾過去也。疾行無留。圍地吾將塞其闕，以一士心也。塞其闕，不欲走之意也。死地吾將示之以不活。」勵士也。焚輜重，棄糧食，塞井夷竈，示之無活，必殊死戰。

又：「有通，有掛，有支，有隘，有險，有遠。此六地之名。教民居之，得便利則勝也。我可以往，彼可以來，曰通。謂俱在平陸，往來通利也。居通地，先據其地，居高陽，〔一一〕利糧道，以戰則利。寧致人，無致於人。〔一二〕已先據高地，分爲屯守於歸來之路，無使敵絶己糧道也。〔一三〕可以往，難以返，曰掛地。掛，相掛牽也。掛形曰，〔一四〕敵無備，出而勝之；敵有備，出而不勝，難以返，不利。敵無備，而出攻之勝，可也；有備，不得勝之，則難還返也。我出而不利，彼出而不利，曰支。支，久也。俱不便久相持也。支形曰，敵雖利我，我無出也；引而去也，〔一五〕令敵半出而擊之，利。利，利我也。佯背我去，無出逐，待其引而擊之，可敗也。隘形曰，我先居之，必盈之以待敵；盈，滿也。以兵陣滿隘形，欲使敵不得進退也。若敵先居之，盈而勿從，不盈而從之。隘形者，兩山之間通谷也。敵怒勢不得撓我也。〔一六〕先居之，前必齊阨口，陣而守之，以出奇也。敵即先居此地，齊口陣，勿從也；即半隘陣者，從而與敵共争此地利也。險形曰，我先居之，必居高陽以待敵；居高陽之地，以待敵人，敵人從其下陰而來，〔一七〕擊之則勝也。若敵先居，則引而去之，勿從也。地險先據，〔一八〕不可致於人也。夫遠形，均勢，難以挑戰，戰而不利。挑，迎敵也。遠形，去國遠也。地勢均等，〔一九〕無獨便利，先挑之戰，不利也。凡此六者，地之道也。將之至任，不可不察也。故曰深草蓊穢者，〔二〇〕所以遁逃也；深谷阻險者，所以止禦車騎也；李靖曰：「此車騎之敗地。」〔二一〕隘塞山林者，所以少擊衆也；衆少，可以夜擊敵也。沛澤杳冥者，所以匿其形也。是以塗有所不由，扼難之地，所不當從也。不得已從之，故爲變也。道雖近而中不利，則不絶也。〔二二〕軍有所不擊，軍雖可擊，以地險難久，〔二三〕留之失前利，若得之利薄也。窮困之卒，隘陷之軍，不可攻，爲死戰也。當固守之，〔二四〕以待隙也。地有所不争也。皆與上同。曹公曰：「操所以置華費而得入徐州十四縣，縣小地形可争。得而易失，則不争也。」凡地有絶澗，遇天井、天牢、天羅、天陷、天郄，必亟去之，勿近也。山水深大者，爲絶澗。四方高，中央下者，爲天井。深水大澤，葭葦蒙蘢所隱蔽者，〔二五〕爲天牢。可以羅絶人者，爲天羅。陂湖泥濘，地形陷者，爲天陷。山澗迫狹，地形深數尺，長數丈者，或丘陵坑坎，地形墝埆，爲天郄也。吾遠之，敵近之；吾迎之，敵背之。用兵常遠六害，令敵近之，背則我凶矣。此六者，當迎不當背也。不知山林、險阻、沮澤之形者，不能行軍。」高而崇者爲山。〔二六〕衆樹所聚爲林。堆者爲險。一高一下者爲阻。水草坑塹者爲沮。衆水所歸而不流者爲澤。不先知軍之所據及山川之形者，則不能行師也。

按地形知勝負

周書陰符太公曰：〔二七〕「步貴知變動，車貴知地形，騎貴知別徑奇進，〔二八〕故三軍同名異用。可往而無以還者，車之死地；越險絶阻，乘敵遠行者，車之竭地；前易後險者，車之困地；容車貫阻，出而無返者，車之患地；左險右易，上陵仰坂者，車之逆地；深塹黏土者，車之勞地；殷草横畝，〔二九〕犯歷深澤者，車之拂地；車少地易，與步不辭者，車之敗地；後有溝瀆，左有深山，右有峻坂者，〔三〇〕車之壞地；〔三一〕日夜霖雨，旬月不止，泥淖難前者，車之陷地。凡騎以陷敵，〔三二〕而不能破敵，敵人佯走，以步騎反擊我後，〔三三〕此騎之敗地也；追背踰限，〔三四〕長驅不止，敵伏我兩傍，又絶我後，此騎之困地也；〔三五〕往無以返，入無以出，陷於天井，填於地牢，〔三六〕此騎之死地也；所由入者隘，所由去者遠，〔三七〕彼弱可以擊我强，少可以擊我衆，此騎之没地，大澗深谷，蓊穢林草，〔三八〕此騎之竭地；左右有水，前有大阜，後有高山，戰於兩水之間，乘敵過邑，是謂表裏相合，左有深溝，右有峭坑，高下與地平，覩之廣易，進退相敵，此並騎之陷地；汙下沮澤，進退漸洳者，騎之患地。拙將之所以見擒，明將之所務避也。」

周末，吴子問孫武曰：「吾至輕地，始入敵境，士卒思還，難進易退；未背險阻，三軍恐懼；大將欲進，士卒欲退，上下異心。而敵盛守，修其城壘，整其軍騎，〔三九〕或當吾前，或擊吾後，則如之何？」武曰：「軍在輕地，士卒未專以入爲務，無以戰爲。故無近其名城，無由其通路，設疑佯惑，示若將去。乃選驍騎，銜枚先入，掠其牛馬六畜。三軍見得進，乃不懼。分吾良卒，密有所伏，敵人若來，擊之勿疑；若其不至，捨之而去。」又問曰：「争地，敵先至，據要保利，簡兵練卒，或出或守，以備我奇，〔四〇〕則如之何？」武曰：「争地之法，讓之者得，求之者失。敵得其處，慎勿攻之。引而佯走，建旗鳴鼓，趣其所愛，曳柴揚塵，惑其耳目；分吾良卒，密有所伏，敵必出救，人欲我與，人棄吾取，此争先之道。若我先至，而敵用此術，則選吾鋭卒，固守其所，輕兵追之，分伏險阻，敵人還鬭，伏兵旁起，此全勝之道也。」又問曰：「交地，吾將絶敵，令不得來，必全吾邊城，修其所備，〔四一〕深絶通道，固其阨塞。若不先圖，敵人已備，彼可得來，而吾不可往，衆寡又均，則如之何？」武曰：「既吾不可以往，彼可以來，吾分卒匿之，守而易怠，〔四二〕示其不能。敵人且至，設伏隱廬，出其不意也。」又問曰：「衢地必先，吾道遠，發後，雖馳車驟馬，至不能先，則如之何？」武曰：「諸侯參屬，其道四通，我與敵相當，而傍有國。所謂先者，必重幣輕使，約和傍國，交親結恩，兵雖後至，衆以屬矣。簡兵練卒，阻利而處，親吾軍事，〔四三〕實吾資糧，令吾車騎，出入瞻候。我有衆助，彼失其黨，諸國掎角，震鼓齊攻，敵人驚恐，莫知所當。」又問曰：「吾引兵深入重地，多所踰越，糧道絶塞。設欲歸還，勢不可過。欲食於敵，持兵不失，則如之何？」武曰：「凡居重地，士卒輕勇，轉輸不通，則掠以繼食。下得粟帛，皆貢於上，多者有賞，士無歸意。若欲還出，切爲戒備，深溝高壘，示敵且久。敵疑通途，私除要害之道，乃令輕車銜枚而行，塵埃氣揚，以牛馬爲餌。敵人若出，鳴鼓隨之，陰伏吾士，與之中期，内外相應，其敗可知。」又問曰：「吾入圮地，山川險阻，難從之道，行久卒勞，敵在吾前而伏吾後，營居吾左而守吾右，良車驍騎，要吾隘道，則如之何？」武曰：「先進輕車，去軍十里，與敵相候，接期險阻。或分而左，或分而右，大將四觀，擇空而取，皆會中道，倦而乃止。」又問曰：「吾入圍地，前有强敵，後有險難，敵絶我糧道，〔四四〕利我走勢，敵鼓噪不進，以觀吾能，則如之何？」武曰：「圍地之宜，必塞其闕，示無所往，則以軍爲家，萬人同心，三軍齊力。并炊數日，無見火煙，故爲毀亂寡弱之形。敵人見我，備之必輕。告勵士卒，令其奮怒；陳伏良卒，左右險阻，擊鼓而出。敵人若當，疾擊務突，前鬬後拓，左右掎角。」又問曰：「敵在吾圍，伏而深謀，示我以利，縈我以旗，紛紛若亂，不知所之，奈何？」武曰：「千人操旍，分塞要道；輕兵進挑，陣而勿搏，交而勿去，此敗謀之法。」

戰國魏武侯問吴起曰：「有師甚衆，據險高壘，守以强弩，退如山移，進如風雨，糧食又多，不能長久，則如之何？」起曰：「車騎步徒，分軍五衢，敵人必惑，莫知所如。敵若堅守，急行閒諜，以觀計謀。〔四五〕彼聽吾説，解軍而去；不聽吾説，吾軍疾戰，勝而勿追，不勝疾歸。或佯北安行，設伏疾鬬，一結其後，一絶其路。〔四六〕兩軍銜枚，或左或右，而襲其處，吾軍交至，〔四七〕必有其利。」又問曰：「谿谷險阻，與敵相逢，彼衆我寡，則如之何？」起曰：「息而待之，持弓滿弩，且備且慮，亂則擊之勿疑，理則退後隨之。凡過山谷丘陵，亟行勿留。高山深谷，卒然遇敵，必先鼓譟乘之。」又問曰：「左右高山，地甚隘狹，卒逢敵人，擊之不敢，去之不得，爲之奈何？」起曰：「此爲谷戰，勇者雖衆勿用。募吾材士，與敵相當，輕足利刃，以爲陣行；〔四八〕分車列騎，退隱四方，〔四九〕且拒且去，乘勢不臧。敵若堅陣，行山列營，應須更圖。」又問曰：「敵近而薄我，我無道路，我衆甚懼，爲之奈何？」對曰：「爲此之術，我衆彼寡，參分而裹之；彼衆我寡，合陣從之。」又問曰：「若暴寇近薄，驅我馬牛，取我禾稼，爲之奈何？」對曰：「寇暴之至，善守而勿應。彼將暮去，其裝必重，其心必恐，退還務速，必有不屬，追而擊之，〔五〇〕其兵必散，雖衆可破也。」

自戰其地則敗

春秋時，鄖人軍於蒲騷，音蕭。〔五一〕將與隨、絞、州、蓼伐楚師。楚將屈瑕病之。大夫鬭廉曰：「鄖人軍其郊，必不誡。且日虞四邑之至。虞，度也。四邑，隨、絞、州、蓼也。君次於郊郢，以禦四邑，君謂屈瑕也。郊郢，楚地。我以鋭師宵加於鄖。鄖有虞心而恃其城，恃其近城。莫有鬭志。若敗鄖師，四邑必離。」從之。遂敗鄖師於蒲騷。

周末，吴子問孫武曰：「散地，士卒顧家，不可與戰，則必固守不出。〔五二〕敵攻我小城，掠吾田野，禁吾樵採，塞吾要道，待吾空虚而急來攻，則如之何？」武曰：「敵人深入吾都，多背城邑，士卒以軍爲家，專志輕鬭；吾兵在國，安土懷生，以陣則不堅，以鬭則不勝。當集人衆，聚穀蓄帛，保城備險，〔五三〕遣輕兵絶其糧道。彼挑戰不得，轉輸不至，野無所掠，三軍困餒，因而誘之，〔五四〕可以有功。若欲戰，必因勢。勢者，依險設伏，無險則隱於天陰暗昏霧，出其不意，襲其懈怠。」

後魏太武帝親征後燕將慕容德於鄴，戰，前軍敗績。德又欲攻之，別駕韓諄進曰：「今魏不可擊者四，燕不宜動者三。魏懸軍遠入，利在野戰，一不可擊也。深入近畿，致兵死地，二不可擊也。前鋒既敗，後陣方固，三不可擊也。彼衆我寡，四不可擊也。官軍自戰其地，一不宜動。動而不勝，衆心不固，二不宜動。隍池未修，敵來無備，三不宜動。此皆兵機也。深溝高壘，以逸待勞，彼千里饋糧，野無所掠，久則三軍靡費，攻則士衆多斃，師老釁生，詳而圖之，可以捷也。」德曰：「韓別駕之言，良、平之策也。」

據險隘

周末，吳子問孫武曰：「敵人保據山險，擅利而處之，〔五五〕糧食又足，挑之則不出，乘間則侵掠，爲之奈何？」武曰：「分兵守要，謹備勿懈。潛探其情，密候其怠。以利誘之，禁其牧採。〔五六〕久無所得，自然變改。待離其固，奪其所愛。敵據險隘，我能破之也。」

後漢末，曹公使夏侯妙才、張郃屯漢中。蜀先主進兵漢中，次於陽平關，南渡沔水，沿山稍前，於定軍山勢作營。〔五七〕妙才將兵來爭其地。先主命黄忠乘高鼓噪攻之，大破妙才軍，斬妙才。曹公自長安南征。先主遥策之曰：「曹公雖來，無能爲也，我必有漢川矣。」及曹公至，先主斂衆拒險，〔五八〕終不交鋒。積日不戰，兵士亡者多，曹公果引軍退還，先主遂有漢中。

魏將曹爽之伐蜀，司馬文王同行，〔五九〕出駱谷，次於興勢。〔六〇〕蜀將王林夜襲文王營，文王堅臥不動。〔六一〕林退，文王謂諸將曰：「費禕已據險拒守，進不獲戰，〔六二〕攻之不可，宜亟紀力反還軍，以爲後圖。」爽等引退，禕果馳兵趣三嶺，爭險乃得過。

東晉末，大將宋武帝討南燕慕容超。超召羣臣，議拒晉師。大將公孫五樓曰：「吴兵輕果，所利在速戰，初鋒勇鋭，不可争也。宜據大峴，使不得入，曠日延時，沮其鋭氣。〔六三〕徐簡精騎二千，循海而南，絶其糧運；别勅段暉率兗州之軍，緣山東下。腹背擊之，上策也。各命守宰，依險自固，〔六四〕校其資儲之外，餘悉焚蕩，芟除粟苗，使敵無所資，堅壁清野，以待其釁，〔六五〕中策也。縱賊入峴，出城逆戰，下策也。」超曰：「吾京都殷盛，户口衆多，未可以一時入守。青苗布野，非可卒芟。設使芟苗城守，以全性命，朕所不能。今據五州之强，帶山河之固，戰車萬乘，鐵馬萬羣，縱令過峴，至於平地，徐以精騎踐之，此成擒也。」其將慕容鎮曰：「若如聖旨，必須平原用馬爲便，宜出峴逆戰，戰而不勝，猶可退守。不宜縱敵入峴，自貽窘逼。昔成安君不守井陘之險，終屈於韓信；諸葛瞻不據束馬之險，卒擒於鄧艾。以爲天時不如地利，但守大峴，〔六六〕策之上也。」超又不從。乃攝莒、梁父二戍，〔六七〕修城隍，簡士馬，蓄鋭以待之。其夏，晉師次東莞，超遣其左軍段暉等步騎五萬，進據臨朐。俄而晉師度峴，慕容超懼，率兵四萬就段暉等於臨朐，戰敗，超奔還廣固。宋武圍廣固，〔六八〕數月而拔，齊地悉平矣。

塞險則勝否則敗

春秋時，蔡侯、吴子、唐侯伐楚。舍舟於淮汭，自豫章與楚夾漢。豫章，漢東江北地名。楚左司馬沈尹戌謂楚將子常曰：「子沿漢而與之上下，沿，緣也。緣漢上下，遮使勿渡。我悉方城外以毁其舟，以方城外人毁吴所舍舟。還塞大隧、直轅、冥阸。三者，漢東之隘道。隘，烏革反。子濟漢而伐之，我自後擊之，必大敗之。」既謀而行。楚大夫武城黑謂子常曰：「吴用木也，我用革也，用，軍器。不可久也，不如速戰。」大夫史皇謂子常曰：「楚人惡子而好司馬。若司馬毁吴舟於淮，塞城口而入，城口，三隘道之總名。是獨克吴也。子必速戰，不然，不免。」乃濟漢而陣，自小别至於大别。禹貢，漢水至大别南入江，然則此二别在江夏界。三戰，子常知不可，欲奔。」知吴不可勝。史皇曰：「安，求其事；求知政事。難而逃之，將何所入？子必死之。」子常違左司馬戌之言故敗。

漢時，匈奴呼韓邪單于來朝，元帝以後宮良家子王嫱音牆字昭君賜單于。單于歡喜，上書「願保塞上谷以西至燉煌，請罷邊備，以休天子人民」。帝下有司議。郎中侯應上言，以爲不可。其略曰：「自周秦漢興以來，匈奴寇掠甚矣。其北邊有陰山，東西千餘里，〔六九〕本冒頓單于依阻其中。至孝武帝，出師征伐，斥奪此地，攘之於漢北，建塞徼，起亭隧，築外城，設屯戍以守之，然後邊境少安。夫夷狄之情，困則卑順，强則驕逆，天性然也。前已罷外城，省亭隧，今纔足以候視通烽火而已。安不忘危，不可復罷。且中國尚建關梁以制諸侯，所以絶臣下之覬欲。起塞以來，百有餘年，非皆以土垣，或因山巖石，〔七〇〕木柴殭落，谿谷水門，卒徒築理，功費久遠，不可勝計。今欲以一切省徭戍，十年之外，卒有他變，障塞破壞，亭隧滅絶，當更發屯繕理，累世之功不可卒復。非所以永持至安，威制百蠻之長策也！」帝納之。具在邊防匈奴篇中。

後魏遣將伐後燕慕容寶，已平并州、潞川，頻勝。寶在中山，引羣臣議之。中山尹苻謨曰：「魏軍强盛，千里轉鬭，乘勝而來，勇氣兼倍，若逸騎平原，形勢彌盛，殆難爲敵。宜杜險拒之。」〔七一〕中書令眭息爲反邃曰：「魏軍多騎，師行剽鋭，〔七二〕馬上齎糧，不過旬日，〔七三〕宜令郡縣聚千家爲一堡，深溝高壘，清野待之，至無所掠，資食既罄，不過六旬，自然窮退。」尚書封懿曰：「今魏師十萬，天下之勍敵也。百姓雖欲營聚，不足自固，是則聚糧集兵以資强寇，且又動衆心，示之以弱。阻關拒戰，計之上也。」慕容麟曰：「魏今乘勝氣鋭，其鋒不可當，宜完守設備，待其弊而乘之。」於是修城積粟，爲持久之備。魏攻中山不剋，進據博陵魯口，諸將覘風奔退，郡縣悉降於魏。竇違塞險之計，故敗。

大唐武德中，太宗圍王充於東都，王充勢窮，竇建德自河北來救。諸將及蕭瑀等咸請且退師避之，太宗不許，曰：「王充糧盡，内外離心，我當不勞攻擊，坐收其弊耳。建德新破孟海公，將驕卒惰。今我據武牢，扼其襟要，若賊恃盛，冒險争鋒，吾當攻之必矣；賊若不戰，旬日之間，王充自潰，彼敗我振，兵足以臨之。一行兩定，在於斯舉。若不速進，賊入武牢，諸城新附，必不能守，二賊并力，將若之何？」秦府記室薛收進曰：「王充據東都，府庫填積，所患者在於乏食，是以爲我所持。建德總十餘萬衆，來拒王師，亦當盡彼驍雄，期於速戰。若縱其兩寇相連，轉河北之積以相資給，則伊、洛間戰鬬不已。大王今欲親率猛鋭，先據成皋之險，訓兵坐甲，當彼疲弊之衆，一戰必剋。建德破，則王充自下，不過數旬，二國之君，可面縛麾下。蕭瑀等奈何遂請退兵！」太宗曰：「善。」而從之。留齊王元吉圍王充，親率三千五百人趨武牢，守之不與戰，相持二十餘日。五月，建德謀伺官軍芻盡，牧馬於河北，必將襲武牢。太宗聞之，遂牧馬千餘匹於河渚間以誘之。詰朝，建德果悉衆而至，陣於汜水東。太宗候其陣久卒飢，令宇文士及率騎經賊陣之西，馳而南上，賊陣動，因而諸軍奮擊之，大潰，竟如太宗本策。

死地勿攻

周末，吴子問孫武曰：「吾師出境，軍於敵人之地。敵人大至，圍我數重，欲突以出，四塞不通。欲勵士激衆，使之投命潰圍，則如之何？」武曰：「深溝高壘，示爲守備。安静勿動，以隱吾能。告令三軍，示不得已。殺牛燔車，以饗吾士。燒盡糧食，填夷井竈，割髮捐冠，〔七四〕絶去生慮。將無餘謀，士有死志。於是砥甲礪刃，并氣一力，或攻兩旁，震鼓疾譟，敵人亦懼，莫知所當。鋭卒分行，疾攻其後。此是失道而求生。故曰，困而不謀者窮，窮而不戰者亡。」吴子曰：「若吾圍敵，則如之何？」武曰：「山谷峻險，難以踰越，謂之窮寇。擊之之法：伏卒隱廬，開其去道，示其走路，求生透出，必無鬬意，因而擊之，雖衆必破。」又問曰：「吾在死地，糧道已絶，敵伏吾險，進退不得，則如之何？」武曰：「燔吾蓄積，盡我餘財，激士勵衆，使無生慮。鼓呼而衝，進而勿顧，決命争强，死而須鬬。若敵在死地，士卒氣勇，欲擊之法：順而勿抗，陰守其利，絶其糧道，恐有奇伏，〔七五〕隱而不覩，使吾弓弩，俱守其所。」

漢王遣將韓信擊趙，未至井陘口三十里，止舍。夜半傳發，傳令軍中使發也。選輕騎二千人，人持一赤幟，從間道萆山萆音蔽。依山自覆蔽也。而觀趙軍，誡曰：「趙見我走，必空壁逐我，汝疾入趙壁，拔趙幟，立漢赤幟。」令其裨將傳飧，曰：「今日破趙會食。」信乃使萬人先行，出，背水陣。趙軍遥見而大笑。平旦，信建大將之旗鼓，鼓行出井陘口，〔七六〕趙開壁擊之，大戰良久，於是信走水上軍。趙軍空壁逐信，信已入水上軍，軍皆殊死戰，不可敗。信所出奇兵二千騎，馳入趙壁，皆拔趙幟，立漢赤幟。趙軍攻信既不得，還壁，見漢幟，大驚，遂亂，遁走。於是漢兵夾擊，大破虜趙軍，斬陳餘泜音遲水上，擒趙王歇。諸將因問信曰：「兵法右背山陵，前左水澤，今者將軍令臣等反背水陣，曰破趙會食，臣等不服。然竟以勝，此何術也？」信曰：「此在兵法，顧諸君不察耳。兵法不曰『陷之死地而後生，置之亡地而後存』？且信非得素拊循士大夫也，拊，孚武反。此所謂『驅市人而戰』，其勢非置之死地，使人人自爲戰；今與之生地，皆走，寧尚可得而用之乎！」諸將皆服曰：「非所及也。」

十六國後涼呂光遣二子紹、纂伐段業，南涼秃髮烏孤遣其弟鹿孤及楊軌救業。紹以業等軍盛，欲從三門關挾山而東。〔七七〕纂曰：「挾山示弱，取敗之道，不如結陣衝之，彼必憚我而不戰也。」紹乃引軍而南。業將擊之，其將沮渠蒙遜諫曰：「楊軌恃虜騎之强，有窺覦之志。〔七八〕紹、纂兵在死地，必決戰求生。不戰則有太山之安，戰則有累卵之危。」〔七九〕業曰：「卿言是也。」乃按兵不戰。紹亦難之，各引兵歸。段業悟而不敗。

梁將陳慶之守渦陽城，〔八〇〕與後魏軍相持，自春至冬，數十百戰，〔八一〕師老氣衰，魏之援兵復欲築壘於軍後，諸將恐腹背受敵，議退師。慶之曰：「共來至此。涉歷一歲，靡費糧仗，其數極多，諸君並無鬬心，皆謀退縮，豈是欲立功名，直聚爲抄暴耳。吾聞置兵死地，乃可求生。須虜圍合，然後與戰，必捷。」諸將壯其計，從之。魏人犄角作十三城，慶之銜枚夜出，陷其四壘。所餘九城，兵甲猶盛，乃陳其俘馘，鼓吹而攻，遂大奔潰，斬獲略盡矣。

後魏末，齊神武興義兵於河北，時爾朱兆等四將兵馬號二十萬，夾洹音桓水而軍。時神武士馬不滿三萬，以衆寡不敵，遂於韓陵山爲圓陣，繫牛驢以塞道，於是將士皆死戰，四面奮擊，大破之。齊神武兵少，天光等兵十倍，圍而缺之，神武因自塞其缺，士皆有必死之志，是以破敵也。

南齊北豫州刺史司馬消難請降，後周將楊忠與柱國達奚武援之。〔八二〕於是共率騎士五千，人各兼馬一匹，〔八三〕從間道馳入齊境五百里。前後遣三使報消難，而皆不返命。去北豫州三十里，武疑有變，欲還。忠曰：「有進死，無退生。」獨以千騎夜趣城下，四面峭絶，徒聞擊柝之聲。武親來，麾數百騎以西。忠勒餘騎不動，候門開而入，乃馳遣召武。時齊鎮城將伏敬遠勒甲士二千人據東陴，舉烽嚴警。武憚之，不欲保城，乃多取財帛，以消難及其屬先歸。忠以三千騎爲殿，到洛南，皆解鞍而卧。齊衆來追，至於洛北。〔八四〕忠謂將士曰：「但飽食。今在死地，賊必不敢渡水以當吾鋒。」食畢，齊兵佯若渡水，忠馳將擊之，齊兵不敢逼，遂徐引而還。

大唐衞公李靖兵法曰：「若敵人在死地，無可依固，糧食已盡，救兵不至，謂之窮寇。擊此之法，必開其去道，勿使有鬬心，雖衆可破。當精騎分塞要道，輕兵進而誘之，陣而勿戰，敗謀之法也。」

總論地形附〔八五〕

大唐衞公李靖兵法曰：

軍志云：失地之利，士卒迷惑，三軍困敗。飢飽勞逸，地利爲寳，不其然矣。是以彼此俱利之地，則讓而設伏，趨其所愛而傍襲之；彼此不利之地，則引而佯去，待其半出而邀擊之。平易之所，則率騎而與陣；險隘之處，則勵步以及徒。往易歸難，左險右阻，沮洳幽穢，垣埳溝瀆，此車之害地也。有入無出，長驅迴驅，大阜深谷，洿泥塹澤，此騎之敗地也。候視相及，限壑分川，斯可以縱弓弩；聲塵既接，深林盛薄，斯可以奮矛鋋。蘆葦深草，則必用風火；蔣潢翳薈，則必索其伏。〔八六〕平坦則方布，污斜則圓形，左右俱高則張翼，後高前下則鋭衝。凡戰之道，以地形爲主，虚實爲佐，變化爲輔，不可專守險以求勝也。仍須節之以金鼓，變之以權宜，用逸待勞，掩遲爲疾。不明地利，其敗不旋踵矣。

或有進師行軍，不因鄉導，陷於危敗，爲敵所制。左谷右山，束馬懸車之逕；前窮後絶，雁行魚貫之巖。兵陣未整，而强敵忽臨，進無所憑，退無所固，求戰不得，自守莫安。住則日月稽留，動則首尾受敵。野無水草，軍乏資糧，馬困人疲，知窮力極。〔八七〕一人守隘，萬夫莫向。如彼要害，敵先據之，如此之利，我已失守，〔八八〕縱有驍兵利器，亦何以施其用？事至於此，可不慎之哉！若此死地，疾戰則存，不戰則亡，當須上下同心，併氣一力，抽腸濺血，一死於前，〔八九〕因敗爲功，轉禍爲福矣。已具前篇吳子孫武問答語中。

勵士決戰

兵者凶器，不得已而用之。戰者危事，亦不必常勝。若非激勵，無以成功。今故於死地勿攻之後，〔九〇〕他皆類此也。

昔周武王將伐紂，問太公曰：「若今敵人圍我，斷後絶糧，吾欲徐以爲陣，以敗爲勝，奈何？」太公曰：「不可。此天下之困兵也，暴用之則勝，徐用之則敗。可爲四衝陣，以驍騎驚其君親，左軍疾左，右軍疾右，中軍迭前迭後，〔九一〕往敵之空，吾軍疾擊，鼓呼而當。」又問曰：「敵疏其陣，又遠其後，跳我流矢，以弱我弓弩，勞我士卒，爲之奈何？」太公曰：「發我鋭士，先擊其前，車騎獵其左右，引而分隊，以隨其後，三軍疾戰。凡以少擊衆，避之於易，要之於險；避之以晝，取之於夜。故曰：以一擊十，莫善於阨；以十擊百，莫善於險；以千擊萬，莫善於阻。用衆者務易，用少者務阨也。」

戰國秦圍趙邯鄲急，且降，平原君甚患之。邯鄲傳舍吏子李同説平原君曰：〔九二〕「君不憂趙亡邪？」平原君曰：「趙亡則勝爲虜，何爲不憂乎？」李同曰：「邯鄲之民，炊骨易子而食，可謂急矣，而君之後宫以百數，婢妾被綺縠，餘粱肉，〔九三〕而人褐衣不完，糟糠不厭。或剡木爲矛矢，而君器物鐘磬自若。使秦破趙，君安得有此？使趙得全，君何患無有？今君誠能令夫人以下編於士卒之間，分功而作，家之所有盡散以饗士，士方其危苦時，易德耳。」於是平原君從之，得敢死之士三千人。李同遂與之赴秦軍，秦軍爲之卻三十里。會魏信陵君以師來救，秦軍遂退。

戰國齊上將田單率師將攻狄。魯仲連子曰：「將軍攻狄，必不能下矣。」單曰：「吾以破亡餘卒，破萬乘之燕，今攻狄而不能下，何也？」上車不謝而去。遂攻狄，三月不剋。齊嬰兒謡曰：「大冠若箕，修劒拄頤。攻狄不能，下壘枯丘。」單乃懼，問魯仲連子。對曰：「將軍在即墨之時，坐則織簣，立則杖插，爲士卒倡。當此之時，將軍有死之心，而士卒無生之志，聞若言，〔九四〕莫不掩泣奮臂而欲戰，此所以破燕也。當今將軍東有掖邑之封，西有淄上之寶，〔九五〕足以樂生而惡死，此之所以不勝也。」田單明日結髮厲氣，立於矢石之間，引枹而鼓之，狄人乃下。

秦末，秦軍攻趙，〔九六〕項羽救之，引兵渡河，皆沈船，破釜甑，燒廬舍，持三日糧，以示必死，無一還心。於是至則圍秦將王離，九戰，絶其甬道，〔九七〕大破，虜王離。當是時，楚兵冠諸侯。諸侯軍救鉅鹿下者十餘壁，皆莫敢縱兵。〔九八〕及楚擊秦將，諸侯皆從壁上觀。楚戰士無不一當十，楚兵呼聲動天地，諸侯軍無不人人惴之睡反恐。

後漢將吴漢率兵，圍蘇茂於廣樂。劉永將周建來救，漢將輕騎迎戰，不利，墮馬傷膝，〔九九〕還營。諸將謂漢曰：「大敵在前，而公傷卧，衆心懼矣。」漢乃勃然裹瘡而起，椎牛饗士，令軍中曰：「賊衆雖多，皆劫掠羣盗，勝不相讓，敗不相救，非有仗節死義者也。今日封侯之秋，諸君勉之。」於是軍士激怒，人倍其氣。明日，建、茂出兵圍漢。〔一〇〇〕漢選四部精兵三千餘人，〔一〇一〕齊鼓而進。建軍大潰，還奔城。漢長驅追擊，大破之。

十六國前秦苻堅將王猛討前燕慕容暐，暐遣將慕容評屯於潞川以拒之。猛與評相持，遣裨將郭慶以鋭卒五千，〔一〇二〕夜從間道出評營後，傍山起火，燒其輜重。暐懼，遣使讓評，催之速戰。猛知評賣水鬻薪，有可乘之會，評又求戰，乃陣於潞原而誓衆曰：「今與諸君深入賊地，〔一〇三〕宜各勉進，不可退也。願戮力行間，以報恩顧，受爵明君之朝，慶觴父母之室，不亦美乎！」衆皆勇奮，破釜棄糧，大呼競進。猛覩評師之衆，惡之，謂鄧羌曰：「今日之事，非將軍莫可以捷，將軍其勉之。」羌曰：「若以司隸見與者，公無以爲憂。」猛曰：「此非吾之所及。必以本郡太守、萬户侯相處。」羌不悦而退。俄而兵交，猛召之，羌寢而不應。猛馳就許之，羌於是大飲帳中，與張蚝、徐成等蚝，大吏反。跨馬運矛，馳入評軍，出入數四，傍若無人，搴旗斬將，殺傷甚衆。戰及日中，大敗評衆，俘斬五萬。

十六國前秦苻堅爲姚萇所殺，苻登率兵伐姚萇，〔一〇四〕皆刻鉾鎧爲「死休」字，〔一〇五〕示以戰死爲志。每戰以長矟鉤刃爲方圓大陣，〔一〇六〕知有厚薄，〔一〇七〕從中分配，故人自爲戰，所向無前。

東晉末，宋武帝作相，舉兵伐後秦姚泓，以王鎮惡爲前鋒，軍至渭橋。鎮惡所乘皆蒙衝小艦，鎮惡登岸，渭水流急，倏忽閒，〔一〇八〕諸艦悉逐流去。時泓屯軍在長安城下，猶數萬人。鎮惡撫慰士卒曰：「卿諸人並家在江南，此是長安城北門外，去家萬里，而舫乘衣糧，並已逐流去，豈復有求生之計邪！唯宜死戰，可以立大功。不然，則無遺類耳。」乃身先士卒，衆亦知無復退路，莫不騰踴争先，泓衆一時奔潰，即陷長安城。

隋時，突厥入寇，隋將楊素擊之。先是，諸將與虜戰，每慮胡騎奔突，皆戎車步騎相參，舁鹿角爲方陣，騎在其內。素謂人曰：「此乃自固之道，非取勝之方也。」於是悉除舊法，令諸軍爲騎陣。突厥達頭可汗聞之大喜，率精騎十餘萬而至。素奮擊，大破之。素多權略，乘機赴敵，應變無方，然大抵馭戎嚴整，有犯軍令者立斬之，無所寬貸。每將臨寇，求人過失而斬之，多者百餘人，少不下十數。流血盈前，言笑自若。及其對陣，先令一二百人赴敵，陷陣而還者則已，如不能陷陣而還者，無問多少，悉斬之。又令二三百人復進，還如向法。將士股慄，有必死之心，由是戰無不勝，時稱名將。

衆寡勢百相懸勵士攻其帥〔一〇九〕

王莽末，劉伯升起兵，光武守昆陽。莽將王尋、王邑來討，兵號百萬，先至昆陽已十萬，圍數重。時伯升已拔宛三日，而光武尚未知，乃僞使持書報城中，云「宛下兵到」，而佯墮其書。尋、邑得之，不喜。諸將既經累捷，膽氣益壯，無不一當百。光武乃與敢死者三千人，從城西水上衝其中堅，尋、邑陣亂，乘勢崩之，遂殺王尋。城中亦鼓噪而出，中外合勢，震呼動天，莽兵大潰，走者相騰踐。

乘卒初鋭用之

劉、項争天下之際，漢王至南鄭，諸將及士卒皆歌思歸。韓信説漢王曰：「項羽王諸將之有功者，而王獨居南鄭，是遷也。軍吏士卒皆山東之人，日夜跂而思歸，及其鋭而用之，可以有大功。天下已定，人皆自寧，不可復用。不如決策東向，争權天下。」漢王從之，終滅項籍。

後周末，隋文帝作相，遣將于仲文先以兵定關東，破尉遲迥將檀讓。初，仲文在蓼隄，諸將皆曰：「軍自遠來，士馬疲弊，不可決勝。」仲文令三軍趣食，列陣大戰。既而破賊，諸將皆請曰：「前兵疲不可交戰，竟而克勝，其計安在？」仲文笑曰：「吾所部將士皆山東人，果於速進，〔一〇〕不宜持久。乘勢擊之，所以制勝。」諸將皆以爲非所及也。

激怒其衆

春秋時，晉侯逆秦師，使大夫韓簡視師。復曰：「師少於我，鬬士倍我。」公曰：「何故？」對曰：「出因其資，謂奔梁求秦。入用其寵，爲秦所納。饑食其粟，三施而無報，是以來也。今又擊之，我怠，秦奮，倍猶未也。」壬戌，戰於韓原。晉戎馬還濘而止。濘，泥也。還，便旋也。小駟不調，故墮泥中。秦伯獲晉侯以歸。晉曲而怠，秦直而怒，所以勝也。

春秋時，楚子伐隨，軍於漢、淮之間。隨將季梁謂隨侯曰：「請下之，弗許而後戰，下之，請服也。所以怒我而怠寇也。」隨少師曰：「必速戰，不然，將失楚師。」隨侯禦之，戰於速杞，隨師敗績。若用季梁之謀則勝矣。

戰國燕將騎劫攻齊即墨，齊將田單拒守，妄宣言曰：「吾唯懼燕軍之劓所得齊卒，置之前行，與我戰，即墨敗矣。」燕人聞之，如其言。城中人見齊諸降者盡劓，皆怒，堅守，唯恐見得。田單又縱反間曰：「吾懼燕人掘吾城外冢墓，戮先人，可爲寒心。」燕軍盡掘壟墓，〔一一一〕燒死人。即墨人從城上遥見，皆涕泣，俱欲出戰，〔一一二〕怒皆十倍，大敗燕師。

後漢度尚爲荆州刺史，討桂陽賊。渠帥卜陽、潘鴻等徒入山谷，〔一一三〕尚窮追數百里，遂入南海，破其三屯，多獲珍寶。而陽、鴻等黨衆猶盛，尚欲攻之，而士卒驕富，莫有鬭心。尚計緩之則不戰，逼之必逃亡，乃宣言卜陽、潘鴻作賊十年，習於攻守，今兵寡少，未易可進，當須諸郡所發悉至，乃并力攻之。申令軍中，恣聽射獵。兵士喜悦，〔一一四〕大小皆相與從禽。尚乃密使所親客潛焚其營，珍積皆盡。獵者來還，莫不涕泣。尚人人慰勞，〔一一五〕深自咎責，因曰：「卜陽等財寶足富數代，諸卿但不并力耳。所亡少少，何足介意。」衆聞咸憤踊，〔一一六〕尚乃令秣馬蓐食，明晨，徑赴賊屯。陽、鴻等自以深固，不復設備，吏士乘鋭，大破平之。

校勘記

〔一〕交地有數道往來　「有」原訛「者」，北宋本、明抄本、明刻本脱，據十一家注孫子九地篇杜佑注改。

〔二〕倍城邑多　孫子九地篇「倍」作「背」，銀雀山漢墓竹簡孫子兵法九地篇作「倍」。「倍」與「背」同。

〔三〕背去也背與倍同　正文爲「倍」，疑此注應作「倍去也倍與背同」。

〔四〕不疾則亡者　孫子九地篇「疾」下有「戰」，銀雀山漢墓竹簡孫子兵法九地篇無「戰」。

〔五〕退則有阻礙　「礙」原脱，據北宋本、王吴本補。

〔六〕居此則當權謀詐譎　「居此」原脱，「譎」原作「詭」，據十一家注孫子九地篇杜佑注補改。按：北宋本也作「譎」。

〔七〕然令相屬續　「屬」原脱，據北宋本、明抄本、明刻本、王吴本補。按：十一家注孫子九地篇杜佑注有「屬」。

〔八〕交地吾將固其結　銀雀山漢墓竹簡孫子兵法九地篇「結」作「結」，按：結縷，草名，於義無取，蓋係「結」之形訛。十一家注孫子九地篇「固其結」作「謹其守」，疑非。

〔九〕固其交結　原脱，據北宋本、明抄本、明刻本、王吴本補。

〔一〇〕衢地吾將謹其市　銀雀山漢墓竹簡孫子兵法九地篇「市」作「恃」，十一家注孫子九地篇「謹其市」作「固其結」。

〔一一〕居通地先據其地居高陽　十一家注孫子地形篇作「通形者先居高陽」。

〔一二〕寧致人無致於人　「寧致」下原衍「於」，下「人」原脱，據十一家注孫子地形篇杜佑注删補。按：北宋本作「寧致於人無至於人」，王吴本作「寧致於人無致於人」。

〔一三〕無使敵絶己糧道也　「己」原脱，據十一家注孫子地形篇杜佑注及北宋本、明抄本補。按：明刻本、王吴本「己」作「其」。

〔一四〕掛形曰　「曰」孫子地形篇作「者」，下「支形曰」、「隘形曰」、「險形曰」亦然。

〔一五〕引而去也　「也」原作「之」，據北宋本、明刻本、王吴本改。

〔一六〕敵怒勢不得撓我也　十一家注孫子地形篇曹操注無「怒」字。

〔一七〕以待敵人敵人從其下陰而來　「以」原脱，「而」原訛「之」，據十一家注孫子地形篇杜佑注補改。按：北宋本有「以」字。

〔一八〕地險先據　「地」原作「雖」，據十一家注孫子地形篇杜佑注及北宋本改。

〔一九〕地勢均等　「勢」原脱，據十一家注孫子地形篇杜佑注補。

〔二〇〕故曰深草蓊薉者　自此至「沛澤杳冥者所以匿其形也」凡四十六字正文，今孫子不見。

〔二一〕此車騎之敗地　「地」原訛「也」，據北宋本改。

〔二二〕道雖近而中不利則不絶也　「絶」原作「由」，清人妄改，今據北宋本、明抄本、明刻本、王吴本改回。按：横度爲絶。

〔二三〕以地險難久　「久」原訛「人」，據十一家注孫子九變篇杜佑注改。

〔二四〕當固守之　「固」原訛「利」，據十一家注孫子九變篇杜佑注改。

〔二五〕所隱蔽者　「者」原脱，據北宋本、明抄本、明刻本、王吴本補。下「長數丈者」同。

〔二六〕高而崇者爲山　「而」原作「石」，據北宋本改。

〔二七〕周書陰符太公曰　按：下引文見六韜戰車篇。

〔二八〕騎貴知別徑奇進　「進」六韜戰車作「道」。

〔二九〕殷草橫畝　「殷草」原作「隱帶」，據六韜戰車改。

〔三〇〕車之拂地車少地易與步不辭者車之敗地後有溝瀆左有深山右有峻坂者　此三十字原脱，據六韜戰車補。

〔三一〕車之壞地　「壞」原訛「壤」，據北宋本、明抄本、明刻本改。

〔三二〕凡騎以陷敵　「敵」六韜戰騎作「陣」。

〔三三〕以步騎反擊我後　「步」六韜戰騎作「車」。

〔三四〕追背踰限　「限」六韜戰騎作「險」。

〔三五〕此騎之困地也　「困」六韜戰騎作「圍」。

〔三六〕填於地牢　「牢」六韜戰騎作「穴」。

〔三七〕所由去者遠　「去」六韜戰騎作「出」。

〔三八〕蓊穢林草　「草」六韜戰騎作「木」。

〔三九〕整其軍騎　「軍」十一家注孫子九地篇何氏注作「車」。

〔四〇〕以備我奇　「奇」原訛「騎」，據北宋本、明抄本、明刻本、王吳本改。按：十一家注孫子九地篇何氏注也作「奇」。

〔四一〕令不得來必全吾邊城修其所備　十一家注孫子九地篇何氏注「令」作「使」，「全」作「令」，「所」作「守」。

〔四二〕守而易怠　「易」原作「勿」，據北宋本、明抄本、明刻本改。按：十一家注孫子九地篇何氏注也作「易」。

〔四三〕親吾軍事　「事」原作「士」，據北宋本、明抄本、明刻本改。

〔四四〕敵絶我糧道　「我」原脱，據十一家注孫子九地篇何氏注補。

〔四五〕以觀計謀　「計謀」吴子應變作「其慮」。

〔四六〕一結其後一絶其略　吴子應變作「一結其前一絶其後」，義長。

〔四七〕吾軍交至　「吾」吴子應變作「五」。

〔四八〕以爲陣行　「陣」原作「前」，據北宋本、明抄本、明刻本改。

〔四九〕退隱四方　吴子應變作「隱於四傍」。

〔五〇〕其裝必重其心必恐退還務速必有不屬追而擊之　北宋本、明抄本、明刻本作「必卒其心甚恐弱者不屬連而擊之」。

〔五一〕音蕭　「蕭」原訛「薰」，據北宋本改。

〔五二〕則必固守不出　原「固守」誤疊，據十一家注孫子九地篇何氏注删。

〔五三〕保城備險　「備」原訛「避」，據十一家注孫子九地篇何氏注改。

〔五四〕因而誘之　「因」原脱，據十一家注孫子九地篇何氏注補。

〔五五〕擅利而處之　「擅」原訛「常」，據御覽卷三三一改。

〔五六〕禁其牧採　「牧」十一家注孫子九地篇何氏注作「樵」。

〔五七〕於定軍山勢作營　「於」下原衍「是」，「山」原脱，據三國志先主傳八八四頁删補。

〔五八〕先主斂衆拒險　「拒」原作「據」，據北宋本、明抄本、明刻本改。按：三國志先主傳八八四頁作「拒」。

〔五九〕司馬文王同行　「文」原訛「景」，按：隨曹爽伐蜀者乃司馬昭，非司馬師。據晉書文帝紀三二頁訂改。下同。

〔六〇〕次於興勢　「勢」原訛「元」，據晉書文帝紀三二頁改。

〔六一〕文王堅卧不動　「文王」原脱，參照晉書文帝紀三二頁訂補。

〔六二〕進不獲戰　「進」原脱，據晉書文帝紀三三頁補。

〔六三〕沮其鋭氣　「沮」原訛「阻」，據晉書慕容超載記三一八一頁及北宋本改。

〔六四〕依險自固　「固」原脱，據晉書慕容超載記三一八一頁補。

〔六五〕以待其釁　「釁」原作「弊」，後人臆改，今據晉書慕容超載記三一八一頁及北宋本、明刻本改回。

〔六六〕但守大峴　晉書慕容超載記三一八二頁「但」作「阻」。

〔六七〕乃攝莒梁父二戍　「乃」上原衍「晉」，北宋本「乃」上衍「又」，據晉書慕容超載記三一八二頁删。

〔六八〕宋武圍廣固　「宋」原訛「朱」，北宋本訛「守」，參照晉書慕容超載記三一八三頁訂改。
〔六九〕東西千餘里　「千」上原有「二」，據漢書匈奴傳上三八〇三頁刪。
〔七〇〕或因山巖石　「或」原訛「城」，據漢書匈奴傳上三八〇四頁改。
〔七一〕宜杜險拒之　「杜」晉書慕容寶載記三〇九四頁作「度」。
〔七二〕師行剽鋭　「行」原脱，據晉書慕容寶載記三〇九四頁補。
〔七三〕不過旬日　「日」原訛「月」，據晉書慕容寶載記三〇九四頁改。
〔七四〕割髮捐冠　「冠」原訛「寇」，據王吴本改。按：十一家注孫子九地篇何氏注也作「冠」。
〔七五〕恐有奇伏　「伏」明刻本、王吴本作「兵」。
〔七六〕鼓行出井陘口　「鼓」原涉上而脱，據史記淮陰侯傳二六一六頁補。
〔七七〕欲從三門關挾山而東　「從」原脱，據晉書沮渠蒙遜載記三一九〇頁補。
〔七八〕有窺覦之志　「窺」原作「覬」，後人擅改，今據北宋本、明抄本、明刻本改回。按：晉書沮渠蒙遜載記三一九〇頁即作「窺」。
〔七九〕不戰則有太山之安戰則有累卵之危　「不」原誤在「安」下，據晉書沮渠蒙遜載記三一九〇頁移上。
〔八〇〕陳慶之守渦陽城　「渦」原訛「濡」，據梁書陳慶之傳四六〇頁、南史陳慶之傳一四九八頁改。
〔八一〕數十百戰　「十」原訛「千」，據北宋本改。按：梁書、南史陳慶之傳皆作「十」。
〔八二〕達奚武援之　「達」原訛「逵」，「援」原訛「據」，據周書楊忠傳三一七頁改。按：諸本「達」字不誤。

〔八三〕人各兼馬一匹　「兼」原訛「乘」，據周書楊忠傳三一七頁改。

〔八四〕至於洛北　「洛」原訛「河」，據周書楊忠傳三一七頁改。

〔八五〕總論地形附　原「論」下有「其」，據北宋本、王吴本删。

〔八六〕蔣潢翳薈則必索其伏　「潢」原作「蒲」，「索」原訛「率」，王吴本、殿本同誤。據北宋本、明抄本改。按：明刻本「潢」訛「蒲」，「索」字不誤。

〔八七〕知窮力極　「極」原作「竭」，清人妄改。今據北宋本、明抄本、明刻本、王吴本改回。

〔八八〕我已失守　「失」原訛「知」，據北宋本改。按：十一家注孫子九地篇杜牧注也作「失」。

〔八九〕一死於前　「於」原訛「二」，據十一家注孫子九地篇杜牧注改。

〔九〇〕今故於死地勿攻之後　原「故」下有「附」，後人擅增，今據北宋本、明抄本、明刻本、王吴本删。

〔九一〕左軍疾左右軍疾右中軍迭前迭後　「疾左右軍」及「中」原脱，據御覽卷三一一補。

〔九二〕邯鄲傳舍吏子李同　「吏」原脱，據史記平原君傳二三六九頁補。

〔九三〕餘粱肉　「粱」原訛「糧」，據史記平原君傳二三六九頁改。

〔九四〕聞若言　「若」原脱，據戰國策齊策補。按：北宋本、明刻本、王吴本作「聞是言」。

〔九五〕東有掖邑之封西有淄上之賓　「掖」原作「夜」，「賓」原訛「實」，據北宋本、王吴本改。

〔九六〕秦軍攻趙　北宋本、明抄本、明刻本、王吴本「趙」下有「兵」。

〔九七〕絶其甬道　「道」原訛「通」，據諸本改。

〔九八〕皆莫敢縱兵　「兵」原脱，據史記項羽本紀三〇七頁補。

〔九九〕墮馬傷膝　「馬」原訛「焉」，據諸本改。

〔一〇〇〕建茂出兵圍漢　「出」原訛「合」，據北宋本、明抄本、明刻本改。按：後漢書吴漢傳六七九頁作「出」。

〔一〇一〕漢選四部精兵三千餘人　按：後漢書吴漢傳六七九頁作「漢選四部精兵黄頭吴河等及烏桓突騎三千餘人」，通典節録失原意。

〔一〇二〕裨將郭慶　原「慶」下衍「之」，據晉書苻堅載記上二八九二頁删。

〔一〇三〕今與諸君深入賊地　「君」原訛「軍」，據晉書苻堅載記上二八九二頁改。

〔一〇四〕前秦苻堅爲姚萇所殺苻登率兵伐姚萇　「苻堅」原訛「苻健」，王吴本訛「苻生」，據北宋本、明抄本、明刻本改。「苻登」原訛「苻生」，北宋本、明抄本、明刻本、王吴本訛「苻堅」，據晉書苻登載記二九四九頁訂改。

〔一〇五〕皆刻鉾鎧爲死休字　「鉾」原訛「鋒」，據晉書苻登載記二九四九頁改。

〔一〇六〕長矟鉤刃　「矟」原訛「稍」，據晉書苻登載記二九四九頁及北宋本改。

〔一〇七〕知有厚薄　「有」原訛「其」，據晉書苻登載記二九四九頁改。

〔一〇八〕倏忽間　「間」原訛「聞」，據宋書王鎮惡傳一三六九頁改。

〔一〇九〕衆寡勢百相懸勵士攻其帥　「帥」原訛「師」，據北宋本、明刻本改。

〔一一〇〕果於速進　「速」原脱，據隋書于仲文傳一四五二頁補。

〔一一〕燕軍盡掘壟墓 「壟」原作「塚」，據史記田單傳二四五四頁及北宋本、明抄本、明刻本改。

〔一二〕俱欲出戰 「俱」原訛「其」，據史記田單傳二四五四頁改。

〔一三〕潘鴻等徙入山谷 「徙」原訛「從」，據後漢書度尚傳一二八五頁改。

〔一四〕兵士喜悦 「兵」原脱，據後漢書度尚傳一二八五頁及北宋本、明抄本、明刻本、王吴本補。

〔一五〕尚人人慰勞 「尚」原脱，據後漢書度尚傳一二八五頁補。

〔一六〕衆聞咸憤踊 「聞」原脱，據後漢書度尚傳一二八五頁及北宋本補。

劉俊文點校　王文錦覆校

通典卷第一百六十

兵十三

圍敵勿周　圍師量無外救緩攻取之　攻城戰具附　絶糧道及輜重

火攻　火兵火獸火禽火盜火弩附　乘風取勝　水攻　水平及水戰具附　敵半涉水擊必勝　軍行渡水附　禦敵水軍絶下流敗之

孫子曰：「下政攻城。言攻城屠邑，政之下者，所害者多。攻城之法，爲不得已。修櫓轒轀，上汾，下温。具器械，三月而後成，修櫓，長櫓也。轒轀，四輪車。皆可推而往來，冒以攻城。器械，謂雲梯、浮格衡、飛石、連弩之屬。攻城總名。言修此攻具，經一時乃成也。距闉又三月而後已。距闉者，踊土積高而前，以附於城也。積土爲山曰堙，以距敵城，觀其虚實。春秋傳曰：「楚司馬子反乘堙而闚宋城。」將不勝心之忿，而蟻附之，則殺士卒三分之一，守過二時，敵人不服，將不勝心之忿，多使士卒蟻附其城，殺傷我士民三分之一也。而城不拔者，此攻城之災。言攻趣不拔，還爲己害，故韓非曰：「夫一戰不勝，則禍曁矣。」故善用兵者，屈人之兵而非戰，言伐謀伐交，不至於戰。故司馬法曰：「上謀不鬬。」拔人之城而非攻也，言以威刑服敵，不攻而取，若鄭伯肉袒以迎楚莊王之類。毁人之國而不久也，若誅理暴逆，毁滅敵國，不暴師衆也。故兵不鈍而利可全，此謀攻之法也。不與敵戰，〔一〕而必完全得之，立勝於天下，不頓兵血刃。故用兵之法，什則圍之，以十敵一，則圍之，是爲將智勇等，而兵利鈍均也。若主弱客勁，不用十也。曹公操所以倍兵圍下邳，生擒吕布。若敵壘固守，依附險阻，彼一我十，乃可圍也。敵雖盛，所據不便，未必十倍然後圍之。伍則攻之。」若敵并兵自守，不與我戰，彼一我五，乃可攻戰也。或與敵人内外之應，未必五倍然後攻之。

又曰：「兵之情，圍則禦，相禦持也。〔二〕窮則同心守禦。不得已則鬬，勢有不得已也。言鬬太過，戰不可以惡勝，走不能脱，恐其有降人之心者。過則從。陷之甚過，則計從也。圍師必闕。司馬法曰：「圍其三面，開其一面，以示生路。」此用兵之法。」若圍敵平陸之地，必空一面，以示其虚，欲使戰守不固，而有去留之心。若敵臨危據險，强救在表，當堅固守，未必闕也。此用兵之法。

又曰：「倍則分之。己二敵一，則一術爲正，一術爲奇；彼一我二，不足爲變，故疑兵分離其軍也。故太公曰：「不能分移，未可語奇。」微乎微微，至於無形；言其微妙，所不可見。神乎神神，至於無聲，故能爲變化司命。」言變化之形，倏忽若神，故能料敵死生，若天之司命。

又曰：「善攻者，動於九天之上也。」善攻者，務因天時地利，爲水火之變，使敵不知所備。言其雷震發動，若於九天之上也。

圍敵勿周

後漢初，張步據齊地，漢將耿弇總兵討之。張步使其大將費邑軍歷下，又分守祝阿、鍾城。弇先擊祝阿。自旦攻城，未日中而拔之，故開圍一角，令其衆得奔歸鍾城。鍾城人聞祝阿已潰，大恐懼，遂空壁亡去。

後漢妖巫維汜弟子單臣，〔三〕相聚入原武城，劫吏人，自稱將軍。光武遣臧宫將北軍數千人圍之。〔四〕賊穀食多，數攻不下，士卒死傷。帝召公卿諸侯王問方略，明帝時爲東海王，獨對曰：「妖巫相劫，勢無久立，其中必有悔欲亡者。但外圍急，不得走耳。宜小挺緩，挺，解也。令得逃亡，則一亭長足以擒也。」帝即勑宫撤圍緩賊，賊衆分散，〔五〕遂斬臣等。

後漢末，將軍朱儁與荆州刺史徐璆共討黄巾，擊賊帥趙弘，〔六〕斬之。餘賊帥韓忠復據宛，乞降，司馬張超請聽之。儁曰：「兵有形同而勢異者。昔秦、項之際，人無定主，故賞降附以勸來耳。今海内一統，唯黄巾造寇，納降無以勸善，討之足以懲惡。今若受之，更開逆意，賊利則進戰，鈍則乞降，縱敵長寇，非良計也。」因急攻，連戰不剋。儁登土山觀之，顧謂張超曰：「吾知之矣。賊今外圍周固，内營逼急，乞降不受，欲出不得，所以死戰也。萬人一心，猶不可當，況十萬乎！其害甚矣。不如撤圍，并兵入城。忠見圍解，勢必自出，出則意散，易破之道也。」既而解圍，忠果出戰，儁因擊，大破之。忠等皆降。

後漢末，曹公破袁尚，拔鄴，進圍壺關。公曰：「城拔，皆坑之。」連月不能下。其將曹仁謂公曰：「夫圍城必開之，所以開其生路也。今公許之必死，將卒自以爲守。且城固而糧多，攻之則士卒傷，守之則曠日持久。今頓兵堅城之下，攻必死之虜，非良計也。」曹公從之，遂降其城。

後魏末，齊神武起義兵於河北。其時，爾朱兆、天光、度律、仲遠等四將同會於鄴南，士馬精强，號二十萬，夾洹水而軍。洹音桓。〔七〕時神武馬不滿二千，步卒不至三萬，以衆寡不敵，遂於韓陵山爲圓陣，連繫牛驢自塞之。於是將士死戰，四面奮擊，大破兆等。齊神武兵少，天光等兵十倍，圍而缺之，神武自塞其缺，士皆必死，是以破敵也。具死地勿攻篇。〔八〕

圍師量無外救緩攻取之

十六國前燕將慕容恪率兵討段龕於廣固，〔九〕恪圍之，諸將勸恪宜急攻之，恪曰：「軍勢有宜緩以剋敵，有宜急而取之。若彼我勢均，〔一〇〕且有强援，慮腹背之患者，須急攻之，以速大利。如其我强彼弱，外無救援，力足制之者，當羈縻守之，以待其斃。兵法十圍五攻，此之謂也。龕恩結賊黨，衆未離心，今憑固天險，上下同心。攻守勢倍，軍之常法。若其促攻，不過數旬，剋之必矣，但恐傷吾士衆。當持久以取耳。」乃築室反耕，嚴固圍壘。終剋廣固。

前燕將呂護據野王，陰通晉，事覺，燕將慕容恪等率衆討之。將軍傅顏言於恪曰：「護窮寇假合，王師既臨，〔一〕則上下喪氣，必士卒攝魂，敗亡之驗也。殿下前以廣固天險，守易攻難，故爲長久之策。今賊形便不與往同，宜急攻之，以省千金之費。」恪曰：「護老賊，經變多矣。觀其爲備之道，未易卒圖。今圈之窮城，〔二〕樵採路絶，内無蓄積，〔三〕外無强援，不過十旬，其斃必矣，何必遽殘士卒之命而趣一時之利哉！吾嚴濬圍壘，〔四〕休養將卒，以重官美貨間而離之，事淹勢窮，其釁易動；我則未勞，而寇已弊。此爲兵不血刃，坐以制勝也。」遂列長圍守之。凡經六月，而野王潰，護南奔於晉，悉降其衆。

攻城戰具附

攻城戰具：

作四輪車，上以繩爲脊，生牛皮蒙之，下可藏十人，填隍推之，直抵城下，可以攻掘，金火木石所不能敗。謂之「轒轀車」。凡力有餘者攻，先絶諸國之交，使無外救。糧多而人少，攻而勿圍；糧少而人多，圍而勿攻。

以大木爲牀，下置六輪，上立雙牙，牙有檢，梯節長丈二尺；有四桄，桄相去三尺，〔一五〕勢微曲，遞互相檢，飛於雲間，以窺城中。有上城梯，首冠雙轆轤，枕城而上。謂之「飛雲梯」。

以大木爲牀，下安四獨輪，上建雙陛，陛間橫檢，中立獨竿，首如桔槔狀，其竿高下、長短、大小以城爲準。首以窠盛石，大小、多少隨竿力所制，人挽其端而投之。其車推轉，逐便而用之。亦可埋脚著地，逐便而用。其旋風四脚，亦可隨事而用。謂之「抛車」。

作軸轉車，車上定十二石弩弓，以鐵鉤繩連，車行軸轉，引弩弓持滿弦。牙上弩爲七衢，中衢大箭一，鏃刃長七寸，廣五寸，箭簳長三尺，圍五寸，以鐵葉爲羽；左右各三箭，次小於中箭。其牙一發，諸箭齊起，及七百步。所中城壘，無不摧隕，樓櫓亦顛墜。謂之「車弩」。

以木爲脊，長一丈，徑一尺五寸，下安六脚，下闊而上尖，高七尺，內可容六人，以濕牛皮蒙之，人蔽其下。舁直抵城下，木石鐵火所不能敗，用攻其城。〔一六〕謂之「小頭木驢」。〔一七〕

於城外起土爲山，乘城而上，古謂之「土山」，今謂之「壘道」。〔一八〕用生牛皮作小屋，并四面蒙之，屋中置運土人，以防攻擊者。「土山」，即孫子所謂「距闉」也。

鑿地爲道，行於城下，用攻其城：往往建柱，積薪於其柱間而燒之，〔一九〕柱折城摧，謂之「地道」。〔二〇〕

以八輪車，上樹高竿，竿上安轆轤，以繩挽板屋，止竿首，以窺城中。板屋方四尺，高五尺，有十二孔，四面別布。車可進退，圜城而行，於營中遠視。亦謂之「巢車」，如鳥之巢，即今之「板屋」也。

以板爲幔，立桔槔於四輪車上，懸幔逼城堞間，使趫捷者蟻附而上，矢石所不能及，謂之「木幔」。

以小瓢盛油，冠矢端，射城樓櫓板木上，瓢敗油散，因燒矢鏃內簳中，射油散處，火立然。復以油瓢續之，則樓櫓盡焚。謂之「火箭」。

磨杏子中空，以艾實之，繫雀足上，加火，薄暮羣放，飛入城壘中棲宿，其積聚廬舍，須臾火發，謂之「火杏」。

孫子曰：「使敵不得至者，〔二一〕害之也。致其所必走，攻其所必救，〔二二〕能守其險害之要路，敵不得自至。〔二三〕故王子曰：「一犬當穴，〔二四〕萬鼠不敢出；一虎當溪，萬鹿不敢過。」言守之上也。〔二五〕故飽能飢之。絶其糧。委軍而爭利，則輜重捐。委置庫藏，輕師而行，若敵乘虛而來，〔二六〕抄絶其後，則已輜重皆悉棄捐。是以軍無輜重則亡，無糧食則亡，無委積則亡。」無此三者，亡之道也。委積，芻草之屬。

絶糧道及輜重

漢王遣將韓信，以兵數萬欲東下井陘擊趙。趙王與陳餘聚兵井陘口，號稱二十萬。李左車說陳餘曰：「韓信涉西河，虜魏王，擒夏說，欲以下趙，此乘勝而去國遠鬬，其鋒不可當。臣聞『千里餽糧，士有飢色；樵蘇後爨，樵，取薪也。蘇，取草也。師不宿飽』。今井陘之道，車不得方軌，騎不得成列，行數百里，其勢糧食必在其後。願足下假臣奇兵三萬人，從間道絶其輜重。足下深溝高壘，堅營勿與戰。使前不得鬬，退不得還。吾奇兵絶其後，野無所掠鹵，〔二七〕不至十日，而韓信之頭可致於戲下。不然，必爲所擒矣。」陳餘，儒者，常稱「義兵不用詐謀奇計」，曰：「吾聞兵法，十則圍之，倍則戰。今韓信兵號數萬，千里而襲我，亦已罷極，今如避不擊，後有大者，何以加之！則諸侯謂吾怯，而輕來伐我。」不聽。韓信使人間視，知其不用，大喜，乃敢引兵遂進，竟破趙軍。陳餘遠之而敗。

漢景帝初，吴、楚七國反，以太尉周亞夫禦之。亞夫問父絳侯客鄧都尉曰：「策安出？」客曰：「吴楚兵鋭甚，難與争鋒，而剽輕不能久。莫若引兵東北，壁昌邑，以梁委吴，吴必盡鋭攻之。將軍深溝高壘，使輕兵絶淮、泗口，塞吴饟式亮反道。彼吴梁相敝而糧食竭，〔二八〕乃以全强制其疲極，破吳必矣。」亞夫言於帝，許之，遂破吳軍。

王莽末，天下亂，光武兄伯升起兵討莽，爲莽將甄阜、梁丘賜所敗，復收會兵衆，還保棘陽。阜、賜乘勝，留輜重於藍鄉，引精兵十萬南渡潢，臨泚水，潢音黃。泚音眦。阻兩川間爲營，絕後橋，示無還心。伯升於是大饗軍士，設盟約，休卒三日，分爲六部，〔二九〕潛師夜起，襲取藍鄉，盡獲其輜重。明旦，漢軍自西南攻甄阜，下江兵自東南攻梁丘賜，至食時，陣潰，遂斬阜、賜。

後漢末，曹公與袁紹相持官渡。沮授側居反〔三〇〕言於紹曰：「北兵數衆而果勁不及南，〔三一〕南穀虛少而貨財不及北，南利在於急戰，北利在於緩持。宜曠以日月。」紹不從。連營稍前，逼官渡，合戰，曹公軍不利，出，復壁。紹爲高櫓，起土山，射營中，營中皆蒙楯，衆大懼。曹公乃爲發石車，擊紹樓，皆破，紹衆號曰霹靂車。〔三二〕紹爲地道，欲襲曹公營。〔三三〕曹公輒於内爲長塹以拒之，又遣奇兵襲擊紹運車，大破之，盡焚其穀食。會紹遣淳于瓊等，將兵萬餘人北迎運車，〔三四〕沮授説紹：「可遣將別爲軍於表，以絕曹公之鈔。」紹復不從。瓊宿烏巢，去紹軍四十里。紹謀士許攸奔曹公。攸謂曹公曰：「公孤軍獨守，外無求索，〔三五〕危急之時也。今袁氏輜重有萬餘兩，而無嚴備，可輕兵襲之，不慮而至，燔其積聚，不過三日，袁氏自敗也。」公乃選精銳步馬，秉袁氏旗幟，夜銜枚縛馬口，從間道出，〔三六〕

人負束薪，時有問者，紿音怠之曰：「袁公恐曹操抄掠後軍，遣兵以益備。」〔三七〕聞者信之。既至輜重，圍屯燎薪，火光亙天地。破瓊等，悉斬之。數日，紹棄甲而遁。

蜀將姜維率衆侵魏，依麴山築二城，使牙門將句安、李歆等守之，〔三八〕聚羌胡質任寇逼諸郡。〔三九〕魏將陳泰禦之，泰謂諸將曰：「麴城雖固，去蜀險遠，當須運糧。羌夷患維勞役，必未肯附。今圍而取之，可不血刃而拔其城。雖其有救，〔四〇〕山道險阻，非行兵之地。」乃使鄧艾等進兵圍之，斷其運道及城外流水。安等挑戰，不許，將士困窘，分糧聚雪以稽日月。維果來救，出自牛頭山，〔四一〕與泰相對。泰曰：「兵法貴在不戰而屈人。今絕牛頭，維無返道，則我之擒也。」敕諸軍各堅壘勿與戰，〔四二〕自南渡白水，循水而東，使諸將截其還路。維懼，遁走，安等孤懸，遂皆降。

十六國前趙劉曜遣將劉胤西伐張駿之武威，駿遣將辛巖、韓璞東拒劉胤，〔四三〕屯於狄道城。韓璞進渡沃干嶺。〔四四〕辛巖曰：「我握衆數萬，藉氐、羌之鋭，宜速戰以滅之。不爾，久則變生。」〔四五〕璞曰：「自夏末以來，太白犯月，〔四六〕辰星逆行，白虹貫日，皆變之大者，不可以輕動。動而不捷，爲禍更深。吾將久而斃之。且曜與石勒相攻，胤亦不能久也。」積七十餘日，軍糧竭，遣辛巖督運於金城。胤聞之，大悦，謂其將士曰：「韓璞之衆，十倍於吾。吾糧廪將懸，〔四七〕難以持久。今分兵運糧，可謂天授吾也。〔四八〕若敗辛巖，璞等自潰。彼衆

我寡，宜以死戰。戰而不捷，當無匹馬得還。」士衆咸奮。於是率騎三千，襲巖於沃干，大敗之，璞軍遂潰，死者二萬餘人。〔四九〕

十六國後趙石勒將石季龍大掠荆河州而去，〔五〇〕留將桃豹守城，〔五一〕住西臺。勒將以驢千頭運糧以餽桃豹，晉將祖逖遣韓潛、馮鐵等追擊於汴水，盡獲之。桃豹宵遁。

十六國前秦苻堅遣將王猛伐前燕慕容暐，師次潞川。〔五二〕燕將慕容評率兵十萬禦之，以持久制之。猛乃遣其將郭慶率騎五千，〔五三〕夜從間道起火於高山，因焚評輜重，火見鄴中。評性貪鄙，障固山泉，賣樵鬻水，積錢絹如丘陵，三軍莫有鬭志，因而大敗。

大唐高宗遣將薛仁貴、郭待封伐吐蕃，仁貴留二萬人作兩栅，輜重並留栅内，倍道掩之。待封不從仁貴之策，領輜重繼進。未至烏海，〔五四〕吐蕃二十餘萬悉衆救其前軍，迎擊待封，敗之，待封趨山，軍糧及輜重並爲賊所掠。仁貴遂退，軍遂大敗。郭待封失輜重，所以致敗。

孫子曰：「火攻有五：一曰火人，與敵陳師，敵傍近草，因風燒之，戰之助也。二曰火積，燒其蓄積。〔五五〕三曰火輜，燒其輜重。四曰火庫，當使閒人入敵營，燒其兵庫也。五曰火墜。墜，墮也。以火墮入營中也。矢頭之法，以鐵籠火著箭頭，强弩射敵營中。一曰火道，燒絶其糧道也。行火必有因，因姦人也。又因風燥而焚燒。煙火素具。燒烟具也。先具燒燧之屬。發火有時，起火有日。時者，天之燥也；燥者，旱也。日者，宿在戊箕、東壁、翼、軫也。戊，翼參四宿。此宿之日則風也。凡此四宿者，風起之日。蕭世識曰：「春丙丁，夏戊己，秋壬癸，冬甲乙，此日有疾風猛雨也。吾勘太乙中有飛鳥十，精知風雨期，五子元運式也。各候其時，可以用火也。」凡火攻，必因五火之變而應之。火發於內，則早應之於外。以兵應之。使閒人縱火於敵營內，當速進以攻其外也。火發而其兵靜者，待而勿攻；極其火力，可從而從之，不可從而止。見利則進，〔五六〕知難則退。極，盡也。盡火力，可則應，不可則止，無使敵知所爲。火可發於外，無待於內，以時發之。發於上風，無攻下風。不便也。燒之必退，退而逆攻之，必爲所害也。晝風久，夜風止。數常也。陽，風也。晝風則火氣相動也，夜風卒。欲縱火亦當如風之長短。〔五七〕凡軍必知五火之變，以數守之。既知起五火五變，當復以數消息其可否。故以火佐攻者明。」取勝明也。

火攻

漢將李陵征匈奴，戰敗，班師，爲單于所逐，及於大澤，匈奴於上風縱火。陵亦先放火，燒斷葭葦，〔五八〕用絶火勢。蕭世識曰：「敵用火勢焚吾門，思火滅門敗吾，當便積薪助火，使火勢盛，敵不得入，亦拒火之方也。」

後漢末，漢將皇甫嵩討黄巾賊張角，嵩保長社。賊來圍城，嵩兵少，軍中皆恐，乃召軍吏謂曰：「兵有奇變，不在衆寡。今賊依草結營，易爲風火。若因夜縱火，必大驚亂。吾出兵擊之，其功可成。」其夕遂大風，嵩乃約勒軍士皆束炬乘城，使鋭士間出圍外，縱火大呼，城上舉燎應之，嵩因鼓而奔其陣，賊驚亂奔走。嵩進兵討之，與角弟梁戰於廣宗。〔五九〕梁衆精勇，嵩不能剋。明日，乃閉營休士，以觀其變。知賊意稍懈，〔六〇〕乃潛夜勒兵，雞鳴馳赴其陣，至晡時大破之。

後漢末，劉表死，曹公剋荆州，得劉琮水軍，沿流東下。吴主孫權遣周瑜領兵逆曹公，遇於赤壁，初一交戰，曹公軍披退，引兵次江北。瑜等在南岸，瑜部將黄蓋曰：「今寇衆我寡，難與持久。然觀操軍，方連船艦，首尾相接，可燒而走也。」乃取蒙衝鬬艦數十艘，實以薪草，膏灌其中，裹以帷幕，上建牙旗。先書報曹公，期以欲降。又先備走舸，各繫火大船後，因風相次俱前。曹公軍吏士皆延頸遥觀，指言蓋降。蓋放諸船，同時發火。時風盛猛，悉延燒岸上營落。頃之，熛焰張天，〔六一〕熛音標，〔六二〕火飛也。人馬燒溺死者甚衆，軍遂敗退。

東晉將殷浩北伐，其長史江逌取數百雞，以長繩連之，其脚皆繫火。一時驅放，羣雞飛散，火熱羌營，因而奮擊羌將姚襄，大敗走之。

後周遣將伐高齊，齊將段韶與太尉蘭陵王長恭同往扞禦。至西境，有柏谷城者，乃絶險，古城千仞，〔六三〕諸將莫肯攻圍。〔六四〕韶曰：「汾北河東，勢爲國家之有，若不去柏谷，事同痼疾。計彼援兵，會在南道，今斷其要路，救不得來。且城勢雖高，其中甚狹，火弩射之，一旦可盡。」諸將稱善，遂鳴鼓而攻之，城潰，獲儀同薛敬禮，大斬獲首虜。仍城華谷，置戍而還。

隋文帝時，高熲獻取陳之策，〔六五〕曰：「江南土薄，舍多竹茅，所有儲積，皆非地窖。〔六六〕密遣行人，因風縱火，待彼修葺，復更燒之。不出數年，自可財力俱盡。」帝行其策，由是陳人益弊。

火兵火獸火禽火盜火弩附

火兵：以驍騎夜銜枚，縛馬口，人負束薪、束緼，懷火直抵敵營，一時舉火，營中驚亂，急而乘之；〔六七〕靜而不亂，捨而勿攻。凡火攻，皆因天時燥旱，營舍、茅竹、積芻、穗糧、軍營於秸草宿莽之中，因風而焚之。

火獸：以艾煴於問反火置瓢中，瓢開四孔，〔六八〕繫瓢於野猪、麞鹿項上，〔六九〕針其尾端，向敵營而縱之，〔七〇〕奔走入草，瓢敗火發。

火禽：以胡桃剖分，空中實艾火，開兩孔，復合，繫野雞項下，〔七一〕針其尾而縱之，奔入草中，〔七二〕器敗火發。

火盜：遣人音、服與敵同者，夜竊號逐便懷火偷入營，焚其積聚，火發，亂而出。

火弩：以擘張弩射及三百步者，以瓢盛火，冠矢端，以數百張中夜齊射敵營中芻草、積聚。

乘風取勝

後漢楊琁爲零陵太守。是時蒼梧、桂陽猾賊相聚，攻郡縣，賊衆多而力强，吏人憂恐。〔七三〕琁乃特製馬車數十乘，以排音敗囊盛石灰於車上，排囊者，即今排袋。繫布索於馬尾，又爲兵車，專彀弓弩，剋期會戰。〔七四〕乃令馬車居前，順風鼓灰，賊不得視，因以火燒其布，布然馬驚，〔七五〕奔突賊陣，因使後車弓弩亂發，鉦鼓鳴震。羣寇大駭破散，追逐傷斬無數，郡境以清。

陳武帝有江東，梁將王琳率兵東下，陳遣大將侯瑱等拒之。瑱等以琳軍威方盛，乃引軍入蕪湖避之。是時，西南風至急，琳謂得天時，將取揚州，侯瑱等徐出蕪湖，以躡其後。比及兵交，西南風翻爲瑱用，琳兵放火燧以擲瑱船者，皆反燒其船，琳兵潰亂，透水死者十二三，其餘皆棄船上岸，爲陳軍所殺殆盡。

孫子曰：「以水佐攻者强。水以爲衝，故强。水可以絶，而不可以奪。」水但能絶其敵道，分敵軍耳，不可以奪敵蓄積及計數也。

水攻

漢王遣韓信已定齊臨淄，遂東追齊王田廣至高密。項羽使龍且將二十萬，救齊。〔七六〕齊、楚自居其地戰，兵易敗散。不如深壁，令齊王使其信臣招所亡城。城聞其王在，楚來救，必反漢。漢兵二千里客居齊，齊城皆反之，其勢無所得食，可無戰而降也。」龍且曰：「吾救齊，不戰而降之，吾何功？今戰而勝之，齊之半可得，何爲止？」遂戰，與信夾濰音唯水陣。韓信乃夜令人爲萬餘囊，盛沙，壅水上流，引軍半渡，擊龍且。佯不勝，還走。龍且果喜曰：「固知信怯也。」遂追信渡水。信使人決壅囊，水大至，龍且軍太半不得渡，即急擊，殺龍且。水東軍遂敗走。

後漢董卓將兵三萬討先零羌，爲羌胡所圍，糧食乏絶，進退逼急。乃於所渡水中僞立隁，音堰。以爲捕魚，而潛從隁下過。比賊追之，〔七七〕決水已深，不得渡。時衆軍敗退，〔七八〕唯卓全師而還。

後漢末，曹公圍呂布於下邳，引沂、泗二水灌城，〔七九〕尅之。具兵機務遠篇。

陳閩中守陳寶應舉兵反，據建安、晉安二郡界，水陸爲栅。陳將章昭達討之，據其上流，命軍士伐木帶枝葉爲筏，施栢音拍於其上〔八〇〕綴以大索，相次列營，夾兩岸。寶應數挑戰，昭達按甲不動。俄而暴雨，江水大漲，昭達大放筏衝突水栅，盡破。又出兵攻其步軍。寶應大潰，遂剋定閩中。

陳將歐陽紇據嶺南反，陳將章昭達督衆軍討之。紇乃出栅洭口，音匡。〔八一〕多聚沙石，以竹籠置於水栅之外，用遏舟艦。〔八二〕昭達居其上流，裝艦造栢，〔八三〕以臨賊栅。又令軍人銜刀，潛行水中斫竹籠，籠篾皆解。因縱大艦隨流突之，〔八四〕賊衆大敗，因而擒紇。

大唐武德中，劉黑闥據河北背反，太宗率兵討之。先遣堰洺水上流，使淺，令黑闥得渡水。及戰，遽令決堰，水至深丈餘，賊徒既敗，争渡水，溺死者數千人，咸以爲神。黑闥與二百餘騎奔於突厥，悉虜其兵衆，河北悉平。

武德中，李靖隨河間王孝恭討蕭銑，屬江水汎漲，諸將皆請停兵，以待水退。靖謂孝恭曰：「兵者以速爲神，機者時不可失。今若乘水漲之勢，倏忽至其城下，可謂疾雷不及掩耳，兵家上策也。」孝恭從之，進兵次夷陵。銑將文士弘屯清江，靖與之決戰，大破賊軍。仍率所部，星馳進發，營於荆州城下。士弘既敗，銑衆莫不震讋。之涉反。靖又破其將楊君茂、鄭文秀等，遂圍城數重。其夜，銑遣使請降。靖即入據其城，號令嚴肅，軍無私焉。

水平及水戰具附

木槽長二尺四寸，〔八五〕兩頭及中間鑿爲三池，池横闊一寸八分，縱闊一寸，深一寸三分，池間相去一尺五分，間有通水渠，〔八六〕闊二分，深一寸三分。三池各置浮木，木闊狹微小於池，匡厚三分，上建立齒，高八分，闊一寸七分，厚一分。槽下爲轉關，脚高下與眼等。以水注之，三池浮木齊起，眇目視之，三齒齊平，則爲天下準。或十步，或一里，乃至數十里，目力所及，置照版度竿，亦以白繩計其尺寸，則高下、丈尺、分寸可知，謂之水平。

照版，形如方扇，長四尺，下二尺黑，上二尺白，闊三尺，柄長一尺，大可握。度竿，長二丈，刻作二百寸，二千分，每寸内小刻其分。隨向遠近高下立竿，以照版映之，眇目視三浮木齒及照版，〔八七〕以度竿上尺寸爲高下，遞而往視，尺寸相乘，則山崗、溝澗、水源下高深淺可以分寸而度。

水戰之具：

其船，闊狹、長短隨用大小；勝人多少，皆以米爲率，一人重米二石。其檝棹、篙櫓、帆席、絙索、沉石、調度，與常船不殊。

樓船：船上建樓三重，列女牆戰格，樹幡幟，開弩牕、矛穴，置拋車、壘石、鐵汁，狀如城壘。忽遇暴風，人力不能制，〔八八〕此亦非便於事；然爲水軍，不可不設，以成形勢。

蒙衝：以生牛皮蒙船覆背，兩廂開掣棹孔，前後左右有弩窗、〔八九〕矛穴，敵不得近，矢石不能敗。此不用大船，務於疾速，乘人之不及，非戰之船也。

鬬艦：船上設女牆，可高三尺，牆下開掣棹孔；船內五尺，又建棚，與女牆齊；棚上又建女牆，重列戰敵，上無覆背，前後左右樹牙旗、旛幟、金鼓。此戰船也。

走舸：舷上立女牆，置棹夫多，戰卒少，皆選勇力精鋭者，往返如飛鷗，乘人之不及，金鼓、旗幟列之於上。此戰船也。

遊艇：無女牆，舷上置槳音獎床，左右隨大小長短，四尺一牀。計會進止，迴軍轉陣，其疾如風，虞候居之，非戰船也。

海鶻：頭低尾高，前大後小，如鶻之狀，舷下左右置浮版，形如鶻翅翼，以助其船，雖風濤漲天，免有傾側。覆背上，左右張生牛皮爲城，牙旗、金鼓如常法，此江海之中戰船也。

孫子曰：「敵若絶水，必遠水；引敵，使寬而渡之。客絶水而來，勿迎之於水內，令半渡而擊之，利。半渡勢不并，故可敵。欲戰，無附於水而迎客；附，近也。近水待敵，不得渡也。視生處高，水上亦當處其高，前向水，後當依高處也。〔九〇〕無迎水流，恐溉我也。逆水流，在下流也，不當處人之下流也，爲其水流溉灌人也，或投毒藥於上流也。此處水上之軍也。上雨水，水沫至，〔九一〕欲涉者，待其定也。」恐半渡水而遂漲。上雨，水當清，〔九二〕而反濁沫至，此敵人上遏水之占也，欲以中絕軍。凡地有水欲漲，沫先至，皆爲絕軍，當待其定也。

敵半涉水擊必勝

春秋時，晉將陽處音杵父音甫侵蔡，〔九三〕楚將子上救之，與晉師夾泜直尼反〔九四〕而軍。處父患之，使謂子上曰：「吾聞之『文不犯順，武不違敵』。子若欲戰，則吾退舍，子濟而陣，欲避楚，使渡成陣而後戰。遲速惟命。不然，紓我。紓，緩。老師費財，亦無益也。」乃駕以待。子上欲涉，大孫伯曰「不可。晉人無信，半涉而薄我，悔敗何及？不如紓之。」乃退舍。陽子宣言曰：「楚師遁矣。」遂歸。楚師亦歸。太子商臣譖子上曰：「受晉賂而避之，楚之恥也。罪莫大焉。」王殺子上。子上悟之不涉，終被讒而誅之，彰楚君不明。

楚、漢相持，項羽自擊漢將彭越於梁地，令其將大司馬曹咎守成皋。漢將挑楚軍，咎渡汜水戰，漢將候半涉，擊，大破之。具挑戰篇。〔九五〕

後漢末，青、徐黃巾三十萬衆入渤海界，欲與黑山合。〔九六〕公孫瓚率步騎二萬人，逆擊於東光南，大破之，斬首三萬餘級。〔九七〕賊棄車重數萬兩，奔走渡河。瓚因其半濟薄之，賊復大破，〔九八〕死者數萬人。

魏將郭淮在漢中，蜀主劉備欲渡漢水來攻。諸將議衆寡不敵，依水爲陣以距之。淮曰：「此示弱而不足挫敵，非算也。不如遠水爲陣，引而致之，半濟而後擊，備可破也。」既陣，備疑不敢渡。蜀主悟之，不敗。

大唐武德中，薛萬均與羅藝守幽燕，竇建德率衆十萬來至范陽，萬均謂藝曰：〔九九〕「衆寡不敵，今若出鬭，百戰百敗，當以計取之。可令羸兵弱馬，阻水背城爲陣以誘之，賊若渡水交兵，請分精騎百人伏於城側，待其半渡而擊之，破之必矣。」從之。建德引兵渡水，萬均擊之，大破。

軍行渡水附

軍行，遇大水、河渠、溝澗，無津梁舟栰，以木罌渡。用木縛瓮爲筏，受二石，力勝一人。瓮間闊五寸，〔一〇〇〕底以繩勾聯，編槍於其上，形長勿方，〔一〇一〕前置拔頭，後置梢，〔一〇二〕左右置棹。

又用槍栰：槍十根爲一束，力勝一人。〔一〇三〕四千一百六十六根即成一栰，皆去鑽刃，〔一〇四〕以束爲魚鱗次，横檢而縛之，可渡四百一十六人。以此爲率，多少用濟。

又用蒲栰：以蒲九尺圍，顛倒爲束十道，縛似束槍，爲栰，量長短多少。無蒲，亦用葦栰，量大小以濟人。

又用挾絙：以善游者繫小繩，先浮渡水，次引大絙於兩岸，立大橛，急定絙，使人挾絙浮渡，大軍可爲數十道。

又用浮囊：以渾脱羊皮，吹氣令滿，繫其孔，束於腋下，浮渡。

禦敵水軍絶下流敗之

梁將趙祖悦率水軍偷據峽石，後魏將崔廷伯率兵討之。〔一〇五〕延伯夾淮爲營，遂取車輪，去輞，〔一〇六〕削鋭其輻，兩兩接對，揉人久反竹爲絙，貫連相屬，並十餘道，横水爲橋，兩頭施大轆轤，出没任情，不可燒斫。既斷祖悦走路，又令舟舸不通。梁武援軍不能赴救，祖悦合軍咸見俘虜。

後周將達奚長儒圍陳將吴明徹於吕梁，陳遣驍將劉景率勇士七千來爲聲援。長儒於是取車輪數百，繫以大石，沉之清水，連轂相次，以待景軍。景至，船艦礙輪不得進，長儒乃縱奇兵，水陸俱發，大破之，因擒明徹。

校勘記

〔一〕不與敵戰　「敵戰」原倒，據十一家注孫子謀攻篇曹操注乙。

〔二〕相禦持也　「相禦」原倒，據北宋本、明抄本、明刻本、王吳本乙。

〔三〕維汜弟子單臣　「汜」原訛「泥」，據後漢書臧宫傳六九四頁及北宋本、明刻本改。

〔四〕將北軍數千人圍之　後漢書臧宫傳六九四頁「軍」下有「及黎陽營」四字。

〔五〕賊衆分散　「賊」原涉上而脱，據後漢書臧宫傳六九五頁補。

〔六〕擊賊帥趙弘　「弘」原訛「帆」，據後漢書朱儁傳二三〇九頁及北宋本、王吳本改。

〔七〕洹音桓　「桓」原脱，據諸本改。

〔八〕具死地勿攻篇　「具」原訛「見」，據北宋本改。

〔九〕前燕將慕容恪　「將」原脱，據北宋本、王吳本補。

〔一〇〕若彼我勢均　「均」原訛「成」，據晉書慕容儁載記二八三七頁及北宋本、明抄本、王吳本改。明刻本訛「城」。

〔一一〕王師既臨　「臨」下原衍「事」，據晉書慕容暐載記二八四八頁删。

〔一二〕今圈之窮城　「圈」原訛「圍」，據晉書慕容暐載記二八四八頁及北宋本、明抄本、明刻本改。

〔一三〕内無蓄積　「蓄積」原倒，據晉書慕容暐載記二八四八頁及北宋本、明抄本、明刻本、王吳本乙。

〔一四〕吾嚴濬圍壘　「濬」原訛「固」，王吳本誤同。今據晉書慕容暐載記二八四八頁及北宋本、明抄本、明刻本改。

〔一五〕桃相去三尺　「去」下原衍「有」，據北宋本、明抄本、明刻本、王吳本删。按：御覽卷三三七也無「有」。

〔一六〕用攻其城　「用」上原有「則」，據北宋本删。

〔一七〕謂之小頭木驢　「小」御覽卷三三七作「尖」。

〔一八〕今謂之壘道　御覽卷三三七同。北宋本、明刻本「壘」作「疊」。

〔一九〕積薪於其柱間而燒之　「間」原訛「圜」，據北宋本、明抄本改。按：御覽卷三三七也作「間」。

〔二〇〕謂之地道　四字原脱，據御覽卷三三七補。

〔二一〕使敵不得至者　「使」原訛「彼」，據孫子虛實篇及北宋本、王吳本改。

〔二二〕致其所必走攻其所必救　「致」原訛「至」，「救」原訛「敗」，據十一家注孫子虛實篇杜佑注改。按：北宋本「救」字不誤。

〔二三〕敵不得自至　十一家注孫子虛實篇杜佑注同。北宋本、明抄本、明刻本「至」作「致」。

〔二四〕一犬當穴　十一家注孫子虛實篇杜佑注「犬」作「貓」。

〔二五〕言守之上也　「言」原作「此」，據北宋本、明抄本改。

〔二六〕乘虛而來　「虛」原訛「空」，據北宋本、明抄本、明刻本、王吳本改。

〔二七〕野無所掠鹵　「掠鹵」原作「虜掠」，據漢書韓信傳一八六七頁及北宋本、明抄本、明刻本、王吴本改。

〔二八〕使輕兵絶淮泗口塞吴饟式亮反道彼吴梁相敝而糧食竭　原作「使輕兵絶淮泗口糧道絶彼吴必將斃而糧絶矣」，王吴本、殿本同。北宋本作「使輕兵絶糧淮泗口吴饟式亮反道絶彼吴梁將弊而糧食絶竭」，明抄本、明刻本略同。並不明通。今據史記吴王濞傳二八三三頁、漢書荆燕吴傳一九一三頁訂改。「式亮反」則據北宋本、明抄本、明刻本補。

〔二九〕分爲六部　原無「分」，據後漢書宗室四王三侯傳五五〇頁補。

〔三〇〕側居反　原脱，據北宋本、明抄本、明刻本、王吴本補。

〔三一〕北兵數衆而果勁不及南　「衆」原訛「重」，據三國志袁紹傳一九九頁及北宋本、王吴本改。

〔三二〕霹靂車　「車」原訛「軍」，據三國志袁紹傳一九九頁及北宋本改。

〔三三〕欲襲曹公營　「營」原脱，據北宋本、明刻本、王吴本補。

〔三四〕北迎運車　「車」原脱，據三國志袁紹傳一九九頁補。

〔三五〕外無求索　「求索」原作「捄援」，據北宋本、明抄本、殿本改。

〔三六〕夜銜枚縛馬口從間道出　「夜」「間」原脱，據北宋本、明抄本、明刻本、王吴本補。

〔三七〕遣兵以益備　「遣」原脱，據三國志武帝紀裴注引曹瞞傳二一頁補。

〔三八〕李歆　「歆」原訛「韶」，據三國志陳泰傳六三八頁改。

〔三九〕聚羌胡質任寇逼諸郡　「聚」原訛「衆」，據三國志陳泰傳六三八頁改。

〔四〇〕雖其有救　「其」原作「或」，後人擅改。今據三國志陳泰傳六三九頁及北宋本、明抄本、明刻本改回。

〔四一〕出自牛頭山　「山」原脱，據三國志陳泰傳六三九頁補。

〔四二〕敕諸軍各堅壘勿與戰　「敕」原脱，據三國志陳泰傳六三九頁補。

〔四三〕韓璞東拒劉胤　「璞」原作「瑛」，據晉書張軌傳二二三四頁改；「胤」原作「允」，清人諱改，據北宋本、明抄本、明刻本、王吳本改回。下同。

〔四四〕沃干嶺　「沃」原訛「汷」，據晉書張軌傳二二三四頁及明刻本、王吳本改。下同。

〔四五〕久則變生　「變生」原倒，據晉書張軌傳二二三四頁及北宋本乙。

〔四六〕太白犯月　「月」原訛「日」，據晉書張軌傳二二三四頁改。

〔四七〕吾糧廩將懸　「吾」原脱，據晉書張軌傳二二三四頁補。

〔四八〕可謂天授吾也　「也」原脱，據晉書張軌傳二二三四頁補。

〔四九〕死者二萬餘人　「二」原作「三」，據晉書張軌傳二二三四頁改。

〔五〇〕大掠荆河州　「荆河」晉書祖逖傳一六九六頁作「豫」，通典避代宗諱改。尚書禹貢「荆河惟豫州」。

〔五一〕留將桃豹守城　「桃」原訛「姚」，據晉書祖逖傳一六九六頁改。下同。

〔五二〕師次潞川　「次」原作「至」，據北宋本、明抄本、明刻本改。

〔五三〕郭慶率騎五千　「慶」原作「虔」，據晉書慕容暐載記二八五七頁改。

〔五四〕未至烏海　「未」舊唐書薛仁貴傳二七八三頁作「比」。

〔五五〕燒其蓄積　「蓄積」原倒，據北宋本、王吴本乙。

〔五六〕見利則進　「見」上原有「當」，後人擅增者，今據北宋本、明抄本、明刻本删。按：十一家注孫子火攻篇杜佑注無「當」字。

〔五七〕欲縱火亦當如風之長短　「欲」原訛「至」，據北宋本、明抄本、明刻本、王吴本改。

〔五八〕燒斷葭葦　「葭葦」原倒，據漢書李陵傳二四五三頁及北宋本乙。

〔五九〕與角弟梁戰於廣宗　「宗」原訛「崇」，據後漢書皇甫嵩傳二三〇一頁改。

〔六〇〕知賊意稍懈　「稍」原作「少」，據北宋本、王吴本改。

〔六一〕熛焰張天　「焰」原訛「煙」，據北宋本、王吴本改。

〔六二〕熛音標　「標」原訛「剽」，據北宋本改。

〔六三〕古城千仞　北齊書段韶傳二一二頁「古」作「石」。

〔六四〕諸將莫肯攻圍　「肯」原作「敢」，據北宋本、明抄本、明刻本改。按：北齊書段韶傳二一二頁也作「肯」。

〔六五〕高熲　「熲」原訛「頬」，據殿本改。按：北宋本訛「潁」。

〔六六〕所有儲積皆非地窖　「儲積」、「地窖」原皆誤倒，據隋書高熲傳一一八一頁及北宋本乙。

〔六七〕急而乘之　「急」原脱，據北宋本補。按：御覽卷三二一也有「急」字。

〔六八〕瓢開四孔　「瓢」原脱，據北宋本補。御覽卷三二一有「瓢」字。

〔六九〕繫瓢於野猪麋鹿項上　御覽卷三二一「上」作「下」。

〔七〇〕向敵營而縱之　「敵」原脱，據御覽卷三二一補。

〔七一〕繫野雞項下　「下」原作「上」，據北宋本改。按：御覽卷三二一作「下」。

〔七二〕奔入草中　「中」原脱，據御覽卷三二一補。

〔七三〕吏人憂恐　「恐」原作「愁」，據北宋本改。按：後漢書楊琁傳一二八八頁作「恐」。

〔七四〕剋期會戰　「期」原作「共」，據後漢書楊琁傳一二八八頁改。

〔七五〕布然馬驚　「布」原脱，據後漢書楊琁傳一二八八頁補。

〔七六〕救齊　「齊」原涉下而脱，據史記淮陰侯傳二六二〇頁、漢書韓信傳一八七二頁補。

〔七七〕比賊追之　「比」原訛「北」，據後漢書董卓傳二三二〇頁及北宋本改。

〔七八〕時衆軍敗退　「軍」原脱，據後漢書董卓傳二三二〇頁補。

〔七九〕引沂泗二水灌城　「二」原脱，據北宋本、王吴本補。

〔八〇〕施栢音拍於其上　原無「音」，「拍」爲正文大字，今據北宋本、明抄本、明刻本、王吴本補「音」，並改爲小字注文。

〔八一〕浬口音匡　「音匡」原在「口」上，據北宋本乙。「匡」原訛「浬」，據北宋本、明抄本、明刻本改。

〔八二〕以竹籠置於水栅之外用遏舟艦　「水」原訛「木」，「舟艦」原訛「船艬」，據陳書章昭達傳一八三頁改。按：字書無「艬」字。

〔八三〕裝艬造栢　原「栢」下衍「拍」，據北宋本、明抄本刪。

〔八四〕因縱大艦隨流突之　「流」原作「水」，後人擅改。今據陳書章昭達傳一八三頁及北宋本、明抄本、明刻本改。

〔八五〕木槽長二尺四寸　「木」太白陰經水攻具篇、御覽卷三三一作「水平」。

〔八六〕間有通水渠　太白陰經水攻具篇、御覽卷三三一「間」上有「中」。

〔八七〕眇目視三浮木齒及照版　「版」原訛「缺」，據北宋本、明抄本、明刻本、王吳本改。按：御覽卷三三一也作「版」。

〔八八〕人力不能制　「不」原作「莫」，據北宋本、明抄本、明刻本、王吳本改。按：御覽卷三三四作「不」。

〔八九〕前後左右　原作「左右前後」，據北宋本、王吳本乙。按：御覽卷三三四亦作「前後左右」。

〔九〇〕水上亦當處其高前向水後當依高處也　「上」原訛「深」，「依」原訛「使」，據十一家注孫子行軍篇曹操注及北宋本改。按：王吳本「上」字不誤。

〔九一〕上雨水水沫至　「雨」原訛「而」，據孫子行軍篇、銀雀山漢墓竹簡孫子兵法行軍及王吳本改。下「水」原訛「來」，據北宋本、明抄本、明刻本改。按：孫子行軍篇作「上雨水沫至」，銀雀山漢墓竹簡孫子兵法行軍作「上雨水水流至」。

〔九二〕上雨水當清　「雨」原訛「而」，據王吳本改。

〔九三〕晉將陽處音杵父音甫侵蔡　原「蔡」下有「處音杵父音甫」六小字。今據北宋本、明抄本、明刻本、王吳本移改。

〔九四〕直尼反　此三字原脱，據北宋本、明抄本、明刻本、王吴本補。

〔九五〕具挑戰篇　此四字原脱，據北宋本、明抄本、明刻本、王吴本補。

〔九六〕欲與黑山合　「山」下原有「賊」，清人擅增。今據後漢書公孫瓚傳二三五九頁及北宋本、明抄本、明刻本、王吴本删。

〔九七〕斬首三萬餘級　「三」原作「二」，據後漢書公孫瓚傳二三五九頁改。

〔九八〕賊復大破　「賊」原訛「敗」，據後漢書公孫瓚傳二三五九頁及北宋本、明抄本、明刻本、王吴本改。

〔九九〕萬均謂藝曰　「萬」原脱，據北宋本、明抄本、明刻本、王吴本補。

〔一〇〇〕瓮間闊五寸　「瓮」原訛「甖」，據北宋本、明抄本、明刻本改。「闊」原訛「關」，據諸本改。

〔一〇一〕形長勿方　「勿」御覽卷三〇六作「而」。

〔一〇二〕後置梢　「梢」原訛「稍」，北宋本訛「矟」，據御覽卷三〇六改。

〔一〇三〕力勝一人　「力勝」原倒，據北宋本、王吴本乙。按：御覽卷三〇六也作「力勝」。

〔一〇四〕皆去鑽刃　「刃」原訛「刊」，據北宋本改。按：御覽卷三〇六也作「刃」。

〔一〇五〕後魏將崔延伯率兵討之　「魏」下原有「遣」，據北宋本、明抄本、明刻本删。

〔一〇六〕去輞　「輞」原訛「輌」，據北宋本改。按：魏書崔延伯傳一六三七頁即作「輞」。

劉俊文點校　王文錦覆校

通典卷第一百六十一

兵十四

因機設權　多方誤之　先攻其心　奪敵心計

孫子曰：「水因地而制形，〔一〕兵因敵而制勝。言水因地傾側而制其流，兵因敵之虧闕而取其勝者也。故兵無常勢，水無常形，言兵有變化，故地有方圓。能隨敵變化而取勝者，謂之神。勢盛必衰，形露必敗。故能因敵變化，勝之若神。懸權而動。量敵動也。故五行無常勝，四時無常位，五行，謂金、木、水、火、土。四時，謂春、夏、秋、冬。言五行更王，四時迭用。日有短長，月有生死。」兵無成勢，盈縮隨敵。日月盛衰，猶兵之形勢或弱或强也。

因機設權

春秋時，晉師伐秦。秦人毒涇上流，師人多死也。

春秋時，楚師伐吴，鍼尹固與王同舟。王使執燧象以奔吴師。燒火燧，繫象尾，使赴吴師，驚卻之。鍼，職深切。

春秋時，邾人城翼，翼，邾邑也。還，將自離姑。離姑，邾邑也。從離姑，則道經魯之武城也。大夫公孫鉏曰：「魯將禦我。」欲自武城還，循山而南。至武城而還，依山南行，〔三〕不欲過武城。大夫徐鉏曰：「道下，遇雨，將不出，是不歸也。」謂此山道下濕。遂自離姑。遂過武城。武城人塞其前，以兵塞其前道。斷其後之木而弗殊，邾師過之，乃推而蹷之，遂取邾師。〔四〕

春秋時，晉將荀吴敗無終及羣狄於太原，無終，山戎也。初，將戰，魏舒曰：「彼徒我車，所遇又阨，地險不便車。以什共車，必克。更增十人，以當一車之用。困諸阨，又克。〔五〕車每困於阨道，今去車，故爲必克也。阨，烏介切。請皆卒，去馬，用步卒。自我始。」乃毁車以爲行，魏舒先自毁其屬車，爲步陣也。行，户郎切。五乘爲三五。乘車者三人，五乘十五人，今改去車，更以五人爲五，分爲三五。爲五陣以相離，兩於前，伍於後，專爲右角，參爲左角，偏爲前矩，皆臨時處置之名。以誘之。狄人笑之。笑其失常也。未陣而薄，大敗之。

戰國燕師伐齊，已下七十餘城，圍即墨，未下。齊將田單乃收城中得千餘牛，爲絳繒衣，畫以五彩龍文，束兵刃於其角，而灌脂束葦於尾，燒其端。鑿城數十穴，夜縱牛，壯士五千人隨其後。牛尾熱，怒而奔燕軍，燕軍大驚。牛尾炬火光明炫耀，燕軍視之皆龍文，所觸盡死傷。五千人因銜枚擊之，而城中鼓噪從之，老弱者皆擊銅器，聲動天地。燕軍大

駭，敗走。而齊七十餘城皆復爲齊。〔六〕

後漢初，馮異將數萬人，與賊約期會戰。使壯士變服與赤眉同，伏於道側。明日，赤眉使萬人攻異前部，異裁出兵以救之。裁少出兵，所以示弱。賊見勢弱，遂悉衆攻異，異乃縱兵大戰。日昃，賊氣衰，伏兵卒起，衣服相亂，赤眉不復識別，衆遂驚潰。追擊，大破於崤底。

後漢末，袁尚征袁譚於平原，〔七〕使其將審配守鄴。曹公攻鄴城，尚聞鄴急，棄平原而救，求人城以計事者。主簿李孚請行，尚曰：「當何所辦？」孚曰：「今鄴圍甚急，多人則不可。」孚乃自選溫信者三人，不示其謀，各給駿馬，令釋戎器，著平上冠，持問事杖。投暮，直抵鄴下，自稱曹公都督，巡歷圍壘，所過呵責，失候者輒捶之。自東歷西，徑入曹公營。當城門，復怒守圍者，收縛之，因開圍馳入城下。配以縋引之，孚得入城中，鼓噪皆呼萬歲。守圍者以狀聞，公笑曰：「此非徒入，方且復出。」孚計事訖，以還而外圍益急，〔八〕謂配曰：「城中穀少，無用老弱爲，〔九〕不如驅出之，省穀。」配乃夜揀得一千人，皆令持白幡，秉脂燭，從三門而出請降。孚將所來騎，隨降人而出。時守圍吏聞城中悉降，火光照耀，但共觀火，不復視圍，孚出北門而歸尚。明日，曹公聞孚已得去，〔一〇〕曰：「果如吾言。」

曹公征馬超於關中，軍於渭南，爲賊衝突，營不得立，地又純沙，不勝版築。其將婁子伯說公曰：〔一一〕「今天寒，可起沙爲城，以水灌之，須臾成冰，堅如鐵石。」功不達曙，百堵斯立，雖金湯之固，未能過也。」公從之，比明而就。

吴將周瑜使甘寧據夷陵，魏將曹仁圍寧。呂蒙往救之，仍分遣三百人柴斷嶮道，賊走可得其馬。軍到夷陵，即日交戰，所殺過半。敵夜遁去，行遇柴道，〔一二〕騎皆捨馬步走。蒙兵追蹙擊，獲馬三百餘匹，方船載還。

吴將賀齊討黟、音伊歙，賊帥陳僕、祖山等二萬人屯林歷山。〔一三〕林歷山四面壁立，高數十丈，徑路危狹，不容刀楯，〔一四〕賊臨高下石，不可得攻。軍住經日，將吏患之。齊身出周行，〔一五〕觀視形便，陰募輕捷士，爲作鐵弋，〔一六〕密於隱嶮賊所不備處，以弋拓山爲緣道，道成，夜令人潛上，乃多懸布以授下人，得上百數十人，四面流布，俱鳴鼓角，齊勒兵待之。賊夜聞鼓聲四合，謂大軍悉已得上，驚懼惑亂，不知所爲，守路備嶮者皆走還依衆。大軍因是得上。賊中有善禁術者，〔一七〕吴師刀劒不得拔，弓弩射矢皆還自向，輒致不利。齊曰：「吾聞之雄黄勝五兵，還丹能威敵。夫金有刃，蟲有毒者，皆可禁之，以無刃之兵，不毒之蟲，彼必無能爲也。」遂伐木爲棓，與棒同。列陣，四面羅布，〔一八〕俱鳴鼓角，勒兵待曙。賊惶遽無依，禁術不效，遂大破而降之。

十六國後趙石勒將石季龍大掠陳、蔡間而去，留將桃豹守譙城，〔一九〕住西臺。東晉將祖逖遣將韓潛等鎮東臺。同一大城，賊從南門出入放牧，逖軍開東門，相守四旬。逖以布囊盛土如米狀，使千餘人運上臺，又令數人擔米，〔二〇〕僞爲疲極而息於道，賊果逐之，皆棄擔而走。賊既獲米，謂迯士衆豐飽，而胡戎饑久，〔二一〕益懼，無復膽氣也。

十六國前秦苻堅陷襄陽，晉將桓沖攻之。堅將慕容垂等率步騎五萬救襄湯，〔二二〕以石越爲前鋒，次於沔水。垂、越夜命三軍，人持火炬於樹枝上，光照數里。沖懼，退還上明。

東晉末，大將宋武帝北征廣固，嶺南賊將徐道覆謂其帥盧循曰：「今日之機，萬不可失。既克都邑，劉裕雖還，無能爲也。」循從之。初，道覆密欲裝舟艦，乃使人伐船材於南康山，僞云將下都貨之。後稱力少不能得致，〔二三〕即賤賣之，價減數倍，居人貪賤，賣衣物而市之。贛古暗切石水急，出船甚難，皆儲之。如是者數四，故船板大積，而百姓弗之疑。及道覆舉兵，案賣券而取之，無得隱匿者，乃并裝之，旬日而辦。遂舉衆寇南康、盧陵、豫章諸郡，〔二四〕守相皆委任奔走。

東晉末，宋武帝作相，率兵伐後秦姚泓，後魏遣將鵝青等步騎十萬屯河北，〔二五〕常有數千騎，〔二六〕緣河隨晉軍進止。時軍人緣河南岸，牽百丈，河流迅急，有漂渡北岸者，輒爲魏人所殺掠。遣軍纔過岸，即退，〔二七〕軍還，復來。宋武乃遣白直隊主丁旿，音午。率七百人，車百乘，於河北岸上，去水百餘步，爲卻月陣，兩頭抱河，車置七仗士，事畢，使豎一白毦。仍吏切。羽毛飾。〔二八〕魏人見數百人步牽車上，不解其意，並未動。宋武先命將朱超石戒嚴二千人，白旄既舉，超石馳往赴之，并齎大弩百張，一車益二十人，設彭排於轅上。魏人見營陣立，〔二九〕乃進圍營。超石先以軟弓小箭射敵，敵以衆少兵弱，〔三〇〕四面俱至攻營，於是百弩俱發，又遣善射叢箭射之。魏衆既多，弩不能制。超石初行，〔三一〕別齎大鎚并千餘張稍，乃斷稍長四尺，以鎚鎚之，一稍輒洞貫三四人。魏衆不能當，遂奔潰。

宋檀祇爲廣陵相，亡命司馬國璠兄弟自北徐州界聚衆數百，潛過淮，因天夜陰暗，率百許人緣廣陵城得入，叫喚直上廳事。祇驚起，出門將處分，賊射之，傷股，〔三二〕卻入。祇密語左右曰：「賊乘暗得入，掩我不備。但打五鼓，懼曉，必走矣。」賊聞鼓鳴，將謂曉，〔三三〕於是奔散。追討，盡獲之。

宋將宗慤征林邑，圍區粟城。林邑王范陽邁遣將范毗沙達率萬餘人來救。慤謂諸將曰：「寇衆我寡，難與争鋒。」乃分軍爲數道，偃旗卧鼓，慤潛進令曰：「聽吾鼓噪乃出。」山路榛深，賊了不爲備，卒見軍至，驚懼退走，慤乘勝追討，散歸林邑，〔三四〕仍攻區粟，拔之。汎海陵山，徑入象浦，有大渠南來注浦，宋軍阻渠置陣，林邑王傾國來逆，限渠不得渡，〔三五〕以具裝被象。諸將憚之，請待前後軍集，然後擊。慤曰：「不然。吾已屠其堅城，破其鋭衆，我氣方厲，彼已破膽，一戰可定，何疑焉！」慤以爲外國有師子威服百獸，乃製其形與象相禦，象果驚奔，衆皆潰亂。慤率兵直渡渠奮擊，陽邁遁走，其衆奔散，遂克林邑。

蕭齊將魯康祚、趙公政衆號一萬，侵後魏荆河州之太倉口。魏將傅永率三千人擊之。時康祚等軍於淮南，永舍於淮北十有餘里。永量吳楚之兵好夜斫營，即夜分兵爲二部，出於營外。又以賊若夜來，必應於渡淮之所，以火記其淺處。永既設伏，仍密令人以瓠盛火，渡淮南岸，當深處置之，教之云：「若有火起，即亦然之。」其夜，康祚、公政等果親領兵來斫永營。東西二伏夾擊之，康祚等奔趨淮水。火既競起，不能記其本濟，遂覩永所置之火而爭渡焉。水深，溺死、斬首者數千級，〔三六〕生擒公政。康祚人馬墜淮，曉而獲其屍。

梁將侯景反，兵逼建業，衆皆危懼。梁將羊侃爲守城督，因僞稱得外射書，云「邵陵王、西昌侯兵已至近路」，衆乃少安。賊爲尖頭木驢攻城，矢石所不能制。侃作雉尾炬，施鐵鏃，以油灌之，擲驢上，焚之俄盡。賊又東西兩面起土山以臨城，城中震駭。侃命爲地道，潛倒其土，山不能立。賊又作登城樓車，高十餘丈，欲臨射城內。侃曰：「車高塹虛，彼來必倒，可卧而觀之，不勞設備。」及車動果倒，衆皆服焉。賊頻攻不捷，會侃病死，城方陷。〔三七〕

後魏雍州刺史蕭寶夤據州反，魏大將長孫稚討之，軍次弘農。副將楊侃曰：「昔魏武與韓遂、馬超挾關爲壘，勝負之理，久而無決。豈才雄相類，算略抗衡，當以河山嶮阻，難用智力。今賊守潼關，全據形勢，縱曹操復出，亦無所逞奇。必須取蒲坂，飛棹西岸，置兵死地，人有鬬心，潼關之賊必覩風而散。諸處既平，長安自剋。」雉曰：「賊黨薛循義已圍河東，薛鳳賢又保安邑，〔三八〕都督宗正孫珍停師虞坂，〔三九〕又不能進，雖有此計，猶用爲疑。」侃曰：「孫珍本行陣一夫，因緣進達，可爲人使，未可使人。一朝受元帥之任，處分三軍，精神亂矣，寧堪圖賊！河東治在蒲坂，西帶河湄，所部之人，多在東境。循義驅率壯勇，西圍郡邑，父老妻弱，尚保舊村。若步卒一臨，方寸各亂，人人思歸，則郡圍自解。不戰而勝，昭然在目。」雉從之，令其子彦等領騎與侃於弘農北渡，所統悉是騎士，習於野戰，未可攻城，便據石錐壁。侃乃班告曰：「今且停軍於此，以待步卒，兼觀人情向背，然後行。若送降名者，各自還村，候臺軍舉烽火，亦應之，以明降款。其無應烽者，即是不降之村，理須殄戮，賞賚軍士。」人遂轉相告報，〔四〇〕未實降者，亦詐舉烽，一宿之間，火光遍數百里内。賓龕將時圍河東，不測所以，各自散歸。長安賊平，侃頗有力。

後魏末，河北賊葛榮别帥韓樓、郝長等有衆數萬人，屯據薊城，〔四一〕魏將侯泉率騎七百討之。〔四二〕遂廣張聲勢，多設供具，親以數百騎深入樓境，欲執行人以問虚實。去薊百餘里，值賊帥陳周馬步萬餘，泉遂潛伏以乘其背，大破之，虜其卒五千餘人。尋還其馬仗，縱令入城。左右諫曰：「既獲賊衆，何爲復資遣之？」泉曰：「我兵既少，不可力戰，事須爲計以離隙之。」泉度其已至，遂率騎夜進，昧旦，叩其城門。韓樓果疑降卒爲泉内應，遂遁走，追擒之。

葛榮率衆將向洛陽，衆號百萬。魏將爾朱榮自太原討之，率精騎七千，馬皆有副，倍道兼行，東出滏口。葛榮自鄴以北列陣數十里，箕張而進。榮潛軍山谷爲奇兵，分督將以上三人爲一處，處有數百騎，令所在揚塵鼓譟，使賊不測多少。又以人馬逼戰，刀不如棒，密勒軍士各齎棒一枚，置於馬側。至戰時，不聽斬級，以棒棒之而已，慮廢騰逐。乃分命壯勇所當衝突，號令嚴明，將士同奮。榮身自陷陣，出於賊後，表裏合擊，大破之，於陣擒葛榮。

西魏將王羆爲華州刺史，嘗修城未畢，梯在城外。齊神武遣將韓軌從河東宵濟襲羆，羆不知覺。比曉，軌衆已乘梯入城。羆尚卧未起，聞閤外洶洶有聲，〔四三〕羆袒身露髻徒跣，持一白梃，大呼而出。敵見之驚退，逐至東門，〔四四〕左右稍集，合戰破之。軌衆遂投城遁走。

東魏遣將斛律金寇洛陽，師至於河北。周文帝患其渡河，乃於上流縱火船而下，以燒河橋。金先備小艇，半盛以水，鐵鎖連之，亘絕中流。〔四五〕火船至而不前，須臾火滅，而橋獲全。遂進軍洛陽。

西魏將韋孝寬守玉壁，東魏大將齊神武命攻之。連營數十里，至於城下，乃於城南起土山，〔四六〕欲乘之以入。當其山處，城上先有兩高樓。孝寬更縛木接之，令極高峻，多積戰具以禦之。敵人以樓高不得入，遂於城南塹地道，又於城北起土山，且作且攻，晝夜不息。孝寬復掘長塹，截其道，仍置戰士屯於塹上。城外每穿至塹，戰士即擒殺之。又於塹外積柴貯火，〔四七〕敵人有在地道内者，便下柴火，以皮韝吹，火氣一衝，咸即灼爛。城外又造攻車，車之所及，莫不摧毁。雖有排楯，莫之能抗。孝寬乃縫布爲幔，隨其所向則張設之。布既懸於空中，其車竟不能壞。城外又縛松麻於竿，灌油加火，規以燒布，并欲焚樓。孝寬復長作鐵鉤，〔四八〕利其鋒刃，火竿每來，以鉤遥割之，松麻俱落。又於城四面穿地，〔四九〕作二十一道，分爲四路，於其中各施梁柱，復以油灌柱，放火燒之，柱折而城並崩壞。孝寬又隨壞處豎木柵以扞之，敵不得入。城外盡其攻擊之術，孝寬咸拒破之，城竟以全。

西魏末，蠕蠕侵魏，魏大將元纂禦之，蠕蠕遂逃出塞。纂令將士于謹率二千騎追之，至郁對原，〔五〇〕前後十七戰，〔五一〕盡降其衆。率輕騎出塞覘賊，屬鐵勒數千騎奄至，〔五二〕謹以衆寡不敵，退必不免，乃散其衆騎，使匿叢薄間，又遣人升山指麾，若分部軍衆者。賊遥見，雖疑有伏兵，既恃其衆，不以爲慮，乃進軍逼謹。謹常乘駿馬，一紫一騧，〔五三〕音瓜。賊先所識，乃使二人各乘一馬，〔五四〕突陣而出。賊以爲謹也，皆争逐之。謹乃率餘軍擊追騎，賊遂奔走，因得入塞。

西魏將王思政守潁川城，東魏太尉高岳率步騎十萬來攻。思政卧鼓偃旗，寂若無人者。岳恃衆，謂一戰可屠，乃四面鼓譟而上。思政選城中勇騎，開門出戰。岳衆不能當，引軍亂退。思政登城遥見岳陣不整，乃率步騎三千出邀擊之，殺傷甚衆，然後還城，設守禦之備。岳知不可卒攻，乃多備營壘，又隨地勢高處，築土山以臨城中，飛梯火車，晝攻擊之法。思政亦作火䂨，子算切。因迅風便投之土山。又射以火箭，燒其攻具。仍募勇士，縋而出戰。岳衆披靡，其守土山人亦棄山而退。思政即命據其兩土山，置折堞以助防守。〔五五〕岳等於是奪氣，不敢復攻。齊文襄更益岳兵，堰洧水以灌城。雖有怪獸，每衝壞其堰，然城被灌已久，多亦頽壞。岳悉衆苦攻，分任迭進，一旬之中，晝夜不息。思政身當矢石，與士卒同勞苦。又屬大雪，平地三尺，衆斃於鋒刃及凍餓死者不可勝數。岳乃更修堰，〔五六〕作鐵龍雜獸，用厭水怪。堰成，水大至。城中水泉湧溢，不可防止。懸釜而炊，糧力俱竭。不敢逼城。齊文襄乃率步騎十萬來攻，〔五七〕自於堰下督勵士卒，增功築堰。時盛夏水壯，城北面遂壞。頃之，水便溢滿，無措足之地，遂被擒。文襄義而禮之。

後周將賀若敦率騎六千渡江，取陳湘川，陳將侯瑱討之，江路遂斷。糧援既絶，人懷危懼，敦於是分兵抄掠，〔五八〕以充資費。恐瑱等知其糧少，乃於營内聚土，覆之以米，集諸營軍士，各持囊，遣官司部分，若欲給糧者。〔五九〕因召側近村人，佯有所訪問，令於營外遥見，遂即遣之。瑱等聞之，良以爲實，〔六〇〕乃據守要險，欲曠日老敦。敦又增修營壘，造廬舍，示以持久。敦軍數有叛人乘馬投瑱者，遂納之。敦又別取一馬，牽以趨船，船中逆以鞭之。如是者再三，馬即畏船不上。後伏兵於江岸，遣人乘畏船馬以招瑱軍，詐稱投附。瑱便遣兵迎接，競來牽馬。馬既畏船不上，敦發伏掩之，盡殪。又湘、羅之人乘輕船，載米粟及籠雞鴨以餉瑱軍。敦患之，乃僞馬上人，〔六一〕裝船伏甲士於中。瑱兵人見之，謂餉船至，逆來争取，敦甲士出而擒之。此後實有饋餉及亡命奔瑱者，猶謂之設詐，逆遣扞擊，並不敢受。相持歲餘，瑱不能制。

後周末，隋文帝輔政，周大將尉遲迥在河北拒命，河南州縣多從迥。隋文帝遣將于仲文討之。迥將檀讓屯成武，別將高士儒以萬人屯永昌。仲文詐移書州縣曰：「大軍將至，可多積粟。」〔六二〕讓謂仲文未能卒至，方椎牛享士，仲文知其怠，選精騎襲之，一日便至，遂拔成武。迥將席毗羅衆十萬，屯於沛縣，將攻徐州。其妻子住金鄉。仲文遣人詐爲毗羅使者，謂金鄉城主徐善淨曰：「檀讓明日午時到金鄉，將宣蜀公令，即尉遲迥。賞賜將士。」金鄉人以爲信然，皆喜。仲文簡精兵，僞建迥旗幟，倍道而進。善淨遥見仲文軍且至，以爲檀讓，乃出逆謁。〔六三〕仲文執之，遂取金鄉。諸將多勸屠之，仲文曰：「此城是毗羅起兵之所，當寬其妻子，其兵可自歸。如即屠之，彼意絶矣。」衆皆稱善。於是毗羅恃衆來薄官軍，仲文背城結陣，出軍數里，設伏於麻田中。兩陣纔合，伏兵俱發，曳柴鼓噪，塵埃張天。毗羅軍大潰，仲文乘之，賊皆投洙水而死，〔六四〕水爲之不流。獲檀讓，檻送京師，河南悉平。寬毗羅之衆妻子，如吕蒙襲剋南郡，恤關羽之衆戚屬同。

隋開皇中，文帝大議伐陳，諸將皆云大江潤遠，兵不習水，以此爲疑，若一登南岸，秦兵一可當百。襄邑公賀若弼獻十策。其一事，請多造船。須船既多，賊必防擬更甚。今南地無馬，請付傍江諸州二十歲以上老馬，令秣飼，以平陳爲名，賊必懼而求馬擬戰。密敕刺史，令私買博大船。江南下濕，特不宜馬，不逾周年，並當死盡，然終不爲彼用。陳主叔寶果大造船市馬，輸船既多，方覺不便而止。高熲請所博得船運諸州米，貯壽陽；穿大池，以魚蓮遨遊爲名，造船教水戰。仍以賀若弼爲壽州總管，終以此平陳也。

隋煬帝初，漢王諒據并州反，代州總管李景爲諒將喬鍾馗所圍，隋將楊義臣率兵救之。義臣自以兵少，悉取軍中牛驢，得數千頭，復令兵數百人，人持一鼓，潛驅山谷，出其不意。義臣晡後復與鍾馗戰，兵初合，驅牛驢者疾進，一時鳴鼓，塵埃張天，鍾馗軍不知，以爲伏兵發，〔六五〕擊之，因而大潰。

隋將劉方率兵討林邑國，其王梵志率其徒乘巨象而戰，方軍不利。〔六六〕於是掘小坑，以草覆其上，因以兵挑之。梵志悉衆而陣，方詐爲奔北，梵志逐之，至坑所，其象多陷，〔六七〕

轉相驚駭，軍遂亂，方縱兵擊之，大破。

大唐貞觀中，北狄鐵勒薛延陀發同羅、僕骨、回紇等衆，合二十萬，度漠，屯白道川，據善陽嶺，以擊突厥可汗李思摩之部。思摩引其種落走朔州，留精騎以拒戰。延陀乘之，及塞。太宗令張儉、李勣等率兵，數道擊之。太宗誡之曰：「延陀負其兵力，踰漠而來，經途數千，馬已疲瘦。夫用兵之道，見利速進，〔六八〕不利速退。吾先敕思摩，燒薙秋草，延陀糧肉日盡，〔六九〕野無所獲。頃者，偵人來云，其馬畜齧噉林木，枝皮略盡。卿等掎角思摩，不須前戰，俟其將退，〔七〇〕一時奮擊，制勝之舉也。」於是李勣擊延陀之衆，破之。先是，延陀擊突厥沙鉢羅及社爾，皆以步兵戰而勝。及其將來寇也，先講武於國中，教習步戰，每五人，以一人經習戰陣者使執馬，而四人前戰，克勝，即授馬以追奔。〔七一〕失於應接，罪至於死，没其家口，以賞戰人。至是遂行其法。突厥先合輒退，延陀乘勝而逐之。勣兵拒擊之，而延陀弓矢俱發，〔七二〕傷我戰馬。李勣乃令去馬步陣，率長矟數百爲隊，齊奮以衝之，其衆潰散。副總管薛萬徹率數千騎，收其執馬者。其衆失馬，莫知所從，因擊之，乃大敗。

高宗遣將軍裴行儉討突厥於黑山，至朔州，〔七三〕謂其下曰：「兵法尚詐者，謂以權謀制敵也。若御其下，則非誠信，不可行也。前遣副將蕭嗣業運糧被掠，兵多餧死，所以敗也。狡寇狃怏，不可以不備。」乃詐爲糧車三百乘，每車伏壯士五人，各齎陌刀、勁弩，以羸兵數百人援之，兼伏精兵，居險以待之。賊果大下，羸兵棄車散走。賊驅車就泉井，解鞍牧馬，方擬取糧，車中壯士齊發，伏兵亦至，殺獲殆盡，賊衆奔潰。自是續遣糧運，無敢近者。

多方誤之

春秋時，吴子闔廬問於伍員曰：「伐楚何如？」員音筠。對曰：「楚執政衆而乖，莫適任患。若爲三師以肄焉，肄，猶勞也。一師至，彼必皆出。彼出則歸，彼歸則出，楚必道弊。罷弊於道。亟肄以罷之，亟音器。罷音疲。多方以誤之。既罷而後以三軍繼之，必大克之。」闔廬從之，楚於是乎始病，終於吴師入郢。郢，楚都也。

春秋時，吴伐越，越子句踐禦之，陳於檇李。檇，將遂切。句踐患吴之整也，使死士再擒焉，不動。使敢死之士往，輒爲吴師所擒，欲使吴師亂取之，而吴不動矣。使罪人三行，屬劍於頸，以劍注頸。〔七四〕行，户郎切。而辭曰：〔七五〕「二君有治，治軍旅也。臣干旗鼓。〔七六〕犯軍令也。不敏於軍之行前，不敢逃刑，敢歸死。」〔七七〕遂自剄也。師屬之目，越子因而伐之，大敗吴師。

後漢末，曹公征關中，進軍渡渭。馬超、韓遂數請戰，不許；因請割地，求送任子，公用賈詡計，僞許之。韓遂請與公相見，公與遂交馬語移時，不及軍事，但説京都故舊，拊手歡笑。既罷，超等問遂：「公何言？」遂曰：「無所言也。」超等疑之。他日，公又與遂書，多所點抹，如遂改定者，超等愈疑遂。公與剋日會戰，先以輕兵挑之，戰良久，乃縱驍騎夾擊，大破之，遂、超等走涼州。

魏將田國讓率兵擊鮮卑軻比能，〔七八〕單將銳卒，深入虜庭。胡人衆多，抄軍前後，斷截歸路。國讓乃進軍，去虜十餘里結屯營，多聚牛馬糞燃之，從他道引去。胡見煙火不絶，以爲尚在，行數十里乃知之。

魏末，諸葛誕、文欽反，據壽春，招吴請援。司馬文王總兵討之，〔七九〕謂諸將曰：「彼當突圍，決一朝之命。或謂大軍不能久，省食減口，冀有他變。料賊之情，不出此二者。今當多方以亂之，備其越逸，此勝計也。」因命合圍，分遣羸疾就穀淮北，廪軍士大豆，〔八〇〕人三升。欽聞之，果喜。文王愈羸形以示之，〔八一〕多縱反間，揚言吴救方至。誕等益寬恣食，俄而城中乏糧。諸將並請攻之。文王曰：「誕聚糧完守，外結吴人，自謂足據淮南，必不便走。今若急攻之，損遊軍之力。外寇卒至，表裏受敵，此危道也。且堅守三面。若賊陸道而來，軍糧必少，吾以遊兵輕騎絶其轉輸，可不戰而破外賊。〔八二〕外賊破，欽等必爲我擒矣。」誕、欽等出攻長圍，諸軍逆擊，走之。初，誕、欽内不相協，及至窮蹙，轉相疑貳。誕殺欽，欽子鴦踰城降，以爲將軍，封侯，使巡城而呼。文王見城上持弓者不發，因令攻而拔之。

東晉初，前燕慕容廆胡罪切封略漸廣，據棘城。晉平州刺史、東夷校尉崔毖陰結高句麗及宇文、段國等，謀滅廆以分其地。太興初，三國伐廆，廆曰：「彼信崔毖虛説，邀一時之利，烏合而來耳。既無統一，莫相歸伏，吾今破之必矣。然彼軍初合，其鋒甚鋭，幸我速戰。若逆擊之，落其計矣。靖以待之，〔八三〕必懷疑貳，迭相猜防。一則疑吾與毖譎而覆之，〔八四〕二則自疑三國之中與吾有韓魏之謀者，待其人情沮惑，然後取之必矣。」於是三國攻棘城，廆閉門不戰，遣使送牛酒以犒宇文，大言於衆曰：「崔毖昨有使至。」於是二國果疑宇文同於廆也，引兵而歸。宇文悉獨官曰：「二國雖歸，吾當獨兼其國，何用人爲。」盡衆逼城，連營三十里。廆簡鋭士配皝，音晃。推鋒於前；〔八五〕翰領精騎爲奇兵，從傍出，直衝其營；廆方陣而進。悉獨官自恃其衆，不設備，見廆軍之至，方率兵拒之。前鋒始交，翰已入其營，縱火焚之，衆遂大敗。皝、翰皆廆之子。

十六國後燕慕容盛據遼東，其遼西太守李朗陰引後魏軍，〔八六〕上表請發兵以拒寇。盛曰：「此必詐也。」召其使而詰之，果驗，滅其族，遣將李旱率騎討之。〔八七〕師次建安，召旱旋師。朗聞其家被誅也，〔八八〕擁三千餘户以自固。〔八九〕及聞旱中路而還，謂有內變，不復爲備，留其子養守令支，迎魏師於北平。旱候知之，襲剋令支，遣裨將追朗，及于無終，斬之。盛謂羣臣曰：「前以追旱還者，〔九〇〕朗新爲叛逆，必忌官威，一則鳩合同類，劫害良善，二則亡竄山澤，未可卒平，故非意而還，以盈其怠，卒然掩之，必剋之理也。」羣臣皆曰：「非所及也。」

齊末，東昏侯以劉山陽爲巴西太守，配精兵三千，使過荆州就行事蕭穎胄以襲襄陽。梁武帝時爲雍州刺史，知其謀，乃遣參軍王天獸、〔九一〕龐慶國詣江陵，偏與州府人書。及山陽西上，梁武謂諸將曰：「荆州本畏襄陽，又加以脣亡齒寒，自有傷弦之急，寧不闇同邪？我若總荆、雍之兵，〔九二〕掃定東夏，韓、白重出，不能爲計，況以無算之昏主哉！我能使山陽至荆州便即授首，諸軍試觀何如。」及山陽至巴陵，〔九三〕梁武復令天獸齎書與穎胄兄弟。去後，梁武謂張弘策曰：「夫用兵之道，攻心爲上，攻城次之，心戰爲上，兵戰次之，今日是也。先遣天獸往州府，〔九四〕人皆有書。今段乘驛甚急，止有兩封與行事兄弟，云『天獸口具』。及問天獸，而口無所說。行事不暗相聞，〔九五〕不容矯有所道。天獸是行事心膂，彼聞必謂行事與天獸共隱其事，〔九六〕必人人生疑。山陽惑於衆口，判相嫌貳，〔九七〕則行事進無以自明，必恐漏吾謀内，是馳兩空函定一州矣。」〔九八〕山陽至江安，聞之，果疑不上。穎胄大懼，乃斬天獸，送首山陽。山陽信之，將數十人馳入，穎胄伏甲斬之，送首梁武，以州歸之。

東魏初，齊神武破爾朱兆，兆奔保秀容，分兵守險，出入抄掠。每揚聲云欲討之，師出復止，如此者數四。神武揣兆歲首必應會飲，使將竇泰率精騎先驅，一日一夜行三百里。

兆軍人因宴休惰，忽見泰軍，莫不奪氣，因而克之。

後周陵州木籠獠恃險，〔九九〕每行抄劫，周將陸騰討之。獠因山爲城，攻之不可拔。遂於城下多設聲樂及諸雜伎，示無戰心。諸獠果棄其兵仗，或攜妻子臨城觀樂。知其無備，密令衆軍俱上，諸賊惶懼，不知所爲。遂縱兵討擊，盡破之。

後周將周法尚初自陳來歸，陳將樊猛濟江討之，法尚遣部曲督韓朗詐爲背己奔於陳，〔一〇〇〕僞告猛曰：「法尚部兵不願降北，〔一〇一〕人皆竊議，盡欲叛還。若得軍來，〔一〇二〕必無鬭者，自當於陣倒戈耳。」猛以爲然，引師急進。〔一〇三〕法尚乃佯爲畏懼，自保於江曲。猛陳兵挑戰，法尚先伏輕船於浦中，又伏精鋭於古村之北，自張旗幟，逆流拒之。戰數合，僞退登岸，投古村。猛捨舟逐之，法尚又疾走，行數里，與村北軍合，復前擊猛。猛退走赴船，既而浦中伏船取其舟楫，〔一〇四〕建周旗幟。猛於是大敗，僅以身免矣。

隋高熲獻取陳之策曰：「江北地寒，田收差晚，江南土熱，水田早熟。量彼收穫之際，徵集士馬，聲言掩襲，必屯兵禦守，足得廢其農時。彼既聚兵，我便解甲，再三若此，賊以爲常。後雖集兵，彼必不信，持疑之頃，我乃濟師，登陸而戰，兵氣益壯。」文帝行其策，陳人益弊。

隋賀若弼鎮淮南。先是，弼請沿江防人每交代之際，必集歷陽。於是大列旗幟，營幕被野，陳人以爲大兵至，悉發國中士馬。既知防人交代，其衆復散。後以爲常，不復設備。其後，弼以大軍濟江，陳人弗之覺也，遂滅陳。

大唐武德中，突厥突利、頡利二可汗到原州，太宗率兵拒之。〔一〇五〕兩陣將交，太宗以數騎出，謂之曰〔一〇六〕：「不念昔日香火之言，乃來相侵。」知二可汗外同内異，故以此言疑之。頡利見太宗輕出，又聞香火之言，乃陰猜突利，因遣使曰：「王不須慮，我無惡意，更欲與王自斷當耳。」〔一〇七〕於是殿軍引卻也。

孫子曰：「上兵伐謀。」敵方設謀欲舉衆師，伐而抑之，是其上。故太公云「善除患者，慮其未生；善保勝者，出於無形」也。

先攻其心

戰國齊將孫臏謂齊王曰：「凡伐國之道，攻心爲上，務先服其心。今秦之所恃爲心者，燕、趙之權。今説燕、趙之君，勿虚言空辭，必將以實利以回其心，所謂攻其心也。」

漢王既破項羽於垓下，羽兵尚衆，漢兵圍之，而皆爲楚歌，楚人久苦征戰，因敗思鄉，遂潰。斯亦攻心之機。

蜀大將諸葛孔明率衆定南夷帥孟獲，七縱七擒，獲曰：「公，天威也，南人不復反矣。」斯攻心服之。具邊防南蠻篇。

晉大將司空劉琨守太原，羣胡攻圍，久未下。琨計窘，吹笳，聲悲寥亮，胡夜聞之，〔一〇八〕愁思，遂潰散。斯亦攻心之機也。

奪敵心計

後漢初，寇恂征隗囂，囂將高峻守第一，鎮守處也。遣軍師皇甫文出謁恂，辭禮不屈。〔一〇九〕恂怒，斬之，遣其副歸告峻曰：「軍師無禮，已戮之矣。欲降，急降；不欲，固守。」峻惶恐，即日開城降。諸將皆賀，因曰：「敢問殺其使而降其城，何也？」恂曰：「皇甫文，峻之腹心，〔一一〇〕其所取計者。今來，辭意不屈，必無降心。全之則文得其計，殺之則峻亡其膽，是以降耳。」諸將皆曰：「非所及也。」

校勘記

〔一〕水因地而制形　「形」孫子虛實篇作「流」。銀雀山漢墓竹簡孫子兵法實虛篇作「行」，義長。

〔二〕言兵有變化　「兵」原訛「其」，據北宋本、傅校本、明抄本、明刻本、王吴本改。

〔三〕依山南行　「山南」原倒，據左傳昭公二十三年杜注乙。

〔四〕遂取郲師　「取」原訛「敗」，據左傳昭公二十三年及北宋本改。

〔五〕又克　「又」下原衍「烏」，據左傳昭公元年及北宋本、傅校本、明抄本、明刻本、王吴本删。

〔六〕而齊七十餘城皆復爲齊　上「齊」原訛「燕」，據史記田單傳二四五五頁及北宋本、王吴本改。

〔七〕袁尚征袁譚於平原　「征」原作「擊」，清人擅改，今據北宋本、傅校本、明抄本、明刻本、王吴本改回。

〔八〕以還而外圍益急　「以」原作「將」，清人擅改，今據北宋本、傅校本、明抄本、明刻本、王吴本改回。

〔九〕無用老弱爲　「弱」原作「幼」，據三國志賈逵傳裴注引魏略列傳四八五頁及北宋本、王吴本改。

〔一〇〕明日曹公聞孚已得去　「日」原訛「曰」，「孚」原訛「争」，據諸本改。

〔一一〕婁子伯　「子伯」原倒，據三國志武帝紀裴注引曹瞞傳三六頁乙。

〔一二〕行遇柴道　「遇」原訛「過」，據三國志吕蒙傳一二七四頁改。

〔一三〕林歷山　「山」原脱，據三國志賀齊傳一三七八頁補。

〔一四〕不容刀楯　「刀」原作「方」，據三國志賀齊傳一三七八頁改。

〔一五〕齊身出周行　「周」原脱，據三國志賀齊傳一三七八頁及北宋本、傅校本、明抄本、明刻本改。按：王吴本作「營」，臆改。

〔一六〕爲作鐵弋　「弋」原訛「戈」，據三國志賀齊傳一三七八頁改。下同。

〔一七〕賊中有善禁術者　「賊」原訛「其」，「者」字原脱，據三國志賀齊傳一三七九頁裴注引抱朴子改補。

〔一八〕列陣四面羅布　原「布」在上，「列」在下，據北宋本、傳校本、明抄本移換。

〔一九〕留將桃豹守譙城　「桃」原訛「姚」，據晉書祖逖傳一六九六頁改。

〔二〇〕又令數人擔米　「令」原作「使」，據晉書祖逖傳一六九六頁及北宋本改。

〔二一〕而胡戎饑久　「戎」晉書祖逖傳一六九六頁作「戍」。

〔二二〕慕容垂等率步騎五萬救襄陽　「等」原脱，據北宋本、傳校本、明抄本、明刻本、王吴本補。

〔二三〕後稱力少不能得致　「後」原脱，據晉書盧循傳二六三五頁補。

〔二四〕豫章諸郡　「諸郡」原倒，據晉書盧循傳二六三五頁、宋書武帝紀上一八頁乙正。

〔二五〕鵝青　「鵝」原作「俄」，據宋書朱齡石傳一四二五頁及北宋本、傳校本、明抄本、明刻本、王吴本改。

〔二六〕常有數千騎　「常」原訛「帝」，據宋書朱齡石傳一四二五頁改。

〔二七〕即退　「退」原訛「率」，據諸本改。

〔二八〕羽毛飾　「飾」原訛「節」，據北宋本改。

〔二九〕魏人見營陣立　「立」原脱，據宋書朱齡石傳一四二五頁、南史朱齡石傳四五九頁補。

〔三〇〕敵以衆少兵弱　「敵」原涉上而脱，參照宋書朱齡石傳一四二六頁訂補。

〔三一〕超石初行　「初」原訛「遂」，據宋書朱齡石傳一四二六頁、南史朱齡石傳四五九頁改。

〔三二〕傷股　「股」原訛「敗」，據宋書檀祇傳一四一六頁、南史檀祇傳四四八頁改。

〔三三〕將謂曉　疑當作「謂將曉」。

〔三四〕散歸林邑　「散」原作「敗」，清人臆改，今據北宋本、傅校本、明抄本、明刻本、王吳本改回。

〔三五〕限渠不得渡　「限」原作「阻」，據北宋本、傅校本、明抄本、明刻本、王吳本改。

〔三六〕斬首者數千級　「數」原脱，據魏書傅永傳一五五一頁、北史傅永傳一六六八頁補。

〔三七〕城方陷　「方」原作「乃」，據北宋本、王吳本改。

〔三八〕薛鳳賢　「鳳」原作「風」，據魏書楊侃傳一二八二頁改。

〔三九〕都督宗正孫珍停師虞坂　「虞」原訛「蒲」，據魏書楊侃傳一二八二頁及北宋本、傅校本、明刻本、王吳本改。

〔四〇〕人遂轉相告報　「轉」原作「傳」，非，據魏書楊侃傳一二八二頁改。

〔四一〕屯據蓟城　「蓟」原訛「蒯」，據魏書侯淵傳一七八六頁、北史侯深傳一七九三頁改。下同。

〔四二〕侯泉　魏書一七八六頁作「侯淵」，通典避高祖諱改。下同。

〔四三〕聞閤外洶洶有聲　「聞」原脱，據周書王羆傳二九二頁補。

〔四四〕逐至東門　「逐」原訛「遂」，據周書王羆傳二九二改。

〔四五〕亘絶中流　「亘」原誤析作「一旦」，據北宋本、傅校本、明刻本改。

〔四六〕乃於城南起土山　「乃」原訛「及」，據周書韋孝寬傳五三六頁改。

〔四七〕又於壍外積柴貯火　「壍」下原衍「上」，據周書韋孝寬傳五三七頁删。

〔四八〕孝寬復長作鐵鈎　「長作」原倒，據周書韋孝寬傳五三七頁及北宋本、王吳本乙。

〔四九〕又於城四面穿地　「四」原訛「西」，據周書韋孝寬傳五三七頁改。

〔五〇〕郁對原　「對」原作「郅」，據周書于謹傳二四四頁、通鑑卷一四九四六七三頁改。

〔五一〕前後十七戰　「十七」原倒，據周書于謹傳二四四頁、北史于謹傳八四六頁乙。

〔五二〕屬鐵勒數千騎奄至　「鐵勒數千」原無，據周書于謹傳二四四頁、北史于謹傳八四六頁增補。

〔五三〕謹常乘駿馬一紫一騧　下「一」原脱，據周書于謹傳二四四頁、北史于謹傳八四六頁補。

〔五四〕乃使二人各乘一馬　「二」原脱，據北宋本補。按：周書于謹傳二四四頁、北史于謹傳八四六頁均有「二」。

〔五五〕置折堞以助防守　「折」北史王思政傳二二〇七頁作「樓」。

〔五六〕岳乃更修偃　「岳」原脱，據北史王思政傳二二〇七頁補。

〔五七〕齊文襄乃率步騎十萬來攻　「攻」原脱，據北宋本、傅校本、明抄本、明刻本、王吳本補。

〔五八〕敦於是分兵抄掠　「抄掠」原倒，據周書賀若敦傳四七五頁及北宋本、傅校本、明抄本、明刻本、王吳本乙。

〔五九〕若欲給糧者　「若欲」原訛脱作「各」，據周書賀若敦傳四七五頁改補。

〔六〇〕良以爲實　「良」原訛「量」，據周書賀若敦傳四七五頁改。

〔六一〕乃僞爲土人　「僞」原脱，「土原訛「士」，據周書賀若敦傳四七五頁補改。

〔六二〕可多積粟　「多」原訛「移」，據隋書于仲文傳一四五二頁改。

〔六三〕乃出逆謁　「逆」原作「迎」，據北宋本、傅校本、明抄本、明刻本、王吳本改。

〔六四〕賊皆投洙水而死　「洙」原訛「漆」，據隋書于仲文傳一四五三頁改。

〔六五〕以爲伏兵發　「以」原訛「所」，據隋書楊義臣傳一五〇〇頁改。

〔六六〕方軍不利　「軍」原訛「戰」，據北宋本、傅校本、明抄本、明刻本、王吳本改。按：隋書南蠻傳一八三三頁作「軍」。

〔六七〕其象多陷　「象」隋書南蠻傳一八三三頁作「衆」，疑非。

〔六八〕見利速進　「見」原訛「先」，據御覽卷二八九改。

〔六九〕糧肉日盡　「肉」原作「餉」，後人臆改。今據北宋本、傅校本、明抄本、明刻本改回。

〔七〇〕俟其將退　「俟」原作「候」，據北宋本、王吳本改。按：御覽卷二八九也作「俟」。

〔七一〕即授馬以追奔　「即授」原訛「則援」，據御覽卷二八九改。

〔七二〕弓矢俱發　「弓」御覽卷二八九作「萬」。

〔七三〕討突厥於黑山至朔州　「突厥」原倒，「州」原訛「川」，據舊唐書裴行儉傳二八〇三頁訂改。按：北宋本、王吳本「突厥」未倒。

〔七四〕以劍注頸　「注頸」原訛「主頭」，據左傳定公十四年杜注改。

〔七五〕而辭曰　「而」原訛「面」，據左傳定公十四年及北宋本改。

〔七六〕臣干旗鼓　「干」原訛「千」，據諸本改。

〔七七〕敢歸死　「敢」原作「將」，據左傳定公十四年改。

〔七八〕田國讓　即田豫，三國志有傳。通典避代宗諱，故稱其字。

〔七九〕司馬文王總兵討之　「文」原訛「景」，據北宋本、傅校本、明抄本、明刻本、王吳本改。

〔八〇〕分遣羸疾就穀淮北廩軍士大豆　「廩」原誤在「淮北」上，據晉書文帝紀三四頁及北宋本、傅校本、明抄本、明刻本、王吳本乙正。

〔八一〕文王愈羸形以示之　「文」原訛「景」，諸本同。今據晉書文帝紀三四頁訂改。下同。

〔八二〕可不戰而破外賊　「外」原訛「水」，據晉書文帝紀三五頁改。下同。

〔八三〕靖以待之　「靖」原作「静」，據晉書慕容廆載記二八〇六頁及北宋本、傅校本、明刻本、王吳本改。

〔八四〕疑吾與毖譎而覆之　「覆」原訛「復」，據晉書慕容廆載記二八〇七頁及北宋本、傅校本、明刻本、王吳本改。

〔八五〕廆簡鋭士配皝推鋒於前　「配」原訛「令」，「推」原作「摧」，據晉書慕容廆載記二八〇七頁及北宋本、傅校本、明抄本、明刻本、王吳本改。

〔八六〕李朗陰引後魏軍　「陰」原脱，據晉書慕容盛載記三一〇二頁及北宋本、傅校本、明抄本、明刻本、王吳本補。

〔八七〕遣將李旱率騎討之　「旱」原作「早」，據晉書慕容盛載記三一〇三頁改。下同。

〔八八〕朗聞其家被誅也　「朗」下原有「既」，「被」原作「盡」，據晉書慕容盛載記三一〇三頁及北宋本、明抄本删改。按：明刻本脱「被」，王吴本「被」作「已」。

〔八九〕三千餘户　「三」原作「二」，據晉書慕容盛載記三一〇三頁改。

〔九〇〕前以追旱還者　「以」上原有「所」，清人擅增。今據晉書慕容盛載記三一〇三頁及北宋本、傅校本、明抄本、明刻本、王吴本删。

〔九一〕王天獸　梁書武帝紀上四頁「獸」作「虎」，下同。通典避李虎諱而改「獸」。

〔九二〕我若總荆雍之兵　「若」字原脱，「雍」原作「州」，據梁書武帝紀上四頁補改。按：北宋本有「若」字。

〔九三〕及山陽至巴陵　「陵」原訛「邱」，各本訛「丘」，據梁書武帝紀上四頁、南史梁本紀上一七二頁改。

〔九四〕先遣天獸往州府　「先」上原有「迺」，據北宋本、王吴本删。

〔九五〕行事不暗相聞　「暗」梁書武帝紀上五頁作「得」。

〔九六〕彼聞必謂行事與天獸共隱其事　「彼」原脱，據梁書武帝紀上五頁、南史梁本紀上一七二頁補。

〔九七〕判相嫌貳　「判」原訛「迭」，明刻本、王吴本同。據梁書武帝紀上五頁、南史梁本紀上一七二頁及北宋本、傅校本改。

〔九八〕是馳兩空函定一州矣　「函」原訛「亟」，據諸本改。

〔九九〕木籠獠　「獠」原訛「獛」，據周書陸騰傳四七一頁改。下同。

〔一〇〇〕部曲督韓朗　「朗」北史周法尚傳二五九九頁同，隋書周法尚傳一五二六頁作「明」。

〔一〇一〕法尚部兵不願降北　「部」原作「步」，據隋書周法尚傳一五二六頁、北史周法尚傳二五九九頁改。

〔一〇二〕盡欲判還若得軍來　「欲」「若」原互訛，據隋書周法尚傳一五二六頁及北宋本、傅校本、明抄本、明刻本、王吳本乙轉。

〔一〇三〕引師急進　「師」原作「軍」，據隋書周法尚傳一五二六頁及北宋本改。

〔一〇四〕既而浦中伏船取其舟楫　「舟」原脱，據隋書周法尚傳一五二六頁補。

〔一〇五〕太宗率兵拒之　「率」原作「陳」，據北宋本、傅校本、明抄本、明刻本、王吳本改。

〔一〇六〕謂之曰　「之」原脱，據北宋本、傅校本、明抄本、明刻本、王吳本補。

〔一〇七〕更欲與王自斷當耳　「自斷當」，原作「固盟約」，清人擅改者。今據北宋本、傅校本、明抄本、明刻本、王吳本改回。按：舊唐書突厥傳上五一五六頁也作「自斷當」。

〔一〇八〕胡夜聞之　「胡」上原有「羣」，清人擅加，今據北宋本、傅校本、明抄本、明刻本、王吳本删。

〔一〇九〕辭禮不屈　「禮」原訛「理」，據北宋本改正。按：後漢書寇恂傳六二五頁即作「禮」。

〔一一〇〕峻之腹心　「腹心」原倒作「心腹」，據後漢書寇恂傳六二六頁及北宋本、王吳本乙。

劉俊文點校　王文錦覆校

通典卷第一百六十二

兵十五

敵無固志可取之　歸師勿遏　大陣動則亂因乘之而敗　先設伏乘勢逐敵敗之　乘勝　乘勢先聲後實　因敵懼遂取之　推人事破災異散衆　風雲氣候雜占

孫子曰：「必生，可虜。」〔一〕將怯弱，〔二〕則有必生之意，可急擊而取之。

敵無固志可取之

春秋時，晉師伐楚，至於邲。毗必切。楚師出陣。楚將孫叔敖曰：「進之！寧我薄人，無人薄我。詩云：『元戎十乘，以先啟行。』先人也。元戎戎車在前，詩小雅言，王者軍行，則必有戎車十乘，在前開道，先人爲備也。軍志曰：『先人有奪人之心。』薄之可也。」奪敵戰心，蘇見切。遂疾進師，車馳，卒奔，乘晉軍。晉帥荀林父不知所爲，鼓於軍中曰：「先濟者有賞！」中軍、下軍爭舟，舟中之指可掬。兩手曰掬。中軍裨將趙嬰齊使其徒先具舟於河，〔三〕故敗而先濟。先具舟，有必生之意。

春秋時，晉侯伐齊，齊侯駕，將走郵棠。郵棠，齊邑。太子與郭榮扣馬，太子，光也。榮，齊大夫也。曰：「師速而疾，略也。言欲行略其地，無久攻意。將退矣，君何懼焉？且社稷之主，輕則失衆。君必待之！」將犯之。太子抽劒斷鞅，乃止。於是晉師東侵至濰，南及沂。齊侯納太子諫，遂不敗。

春秋時，吳伐楚，楚師敗，及清發，水名。將擊之。夫槩王曰：〔四〕「困獸猶鬬，況人乎？若知不免而致死，必敗我。若使先濟者知免，後者慕之，蔑有鬬心矣。半濟而後可擊也。」從之，又敗之。楚人爲食，吳人及之，奔食而又從之，敗諸雍澨。五戰，及郢。奔食，食者走不陣。澨音誓。

漢將趙充國討先零羌，羌久屯聚，解弛，覩見大軍，棄車重，〔五〕欲渡湟水，道阨狹，充國徐行驅之。或曰逐利行遲，充國曰：「此窮寇不可迫也。緩之則走不顧，急之則還致死。」諸將校皆曰：「善。」虜果赴水，溺死者數百，於是破之。

後漢涼州賊王國圍陳倉，不拔而去。漢將皇甫嵩進兵擊之。董卓曰：「不可。兵法，窮寇勿追，歸衆勿迫。〔六〕今我追國，是迫歸衆，追窮寇也。困獸猶鬭，蜂蠆有毒，況大衆乎！」嵩曰：「不然。前吾不擊，避其鋭也。今而擊之，待其衰也。所擊疲師，非歸衆也。國衆且走，莫有鬭志。以整擊亂，非窮寇也。」遂獨進擊之，使卓爲後拒。連戰大破，斬首萬餘級，國走而死矣。

晉將劉毅泝江追桓玄，戰於峥嶸洲。於時官軍數千，玄兵甚盛，而玄懼有敗衂，常漾輕舸於舫側，故其衆莫有鬭心。官軍乘風縱火，盡鋭争先，玄衆大潰。

隋煬帝征高麗，大將宇文述與九軍過鴨緑水，又東濟薩水，去高麗平壤城三十里，因山爲營。高麗國相乙支文德遣使僞降，〔七〕請述曰：「遂旋師者，奉其主高元朝行在所。」述見士卒疲弊，不可復戰，又平壤險固，卒難致力，遂因其詐而還。半濟，賊擊後軍，於是大潰不可禁止，九軍敗績，一日一夜還至鴨緑水，行四五百里。初，渡遼九軍三十萬人，還至遼東城，唯二千七百人耳。〔八〕

孫子曰：「歸師勿遏。」若窮寇遠還，依險而行，人人懷歸，敢能死戰。徐觀其變，而勿遠遏截之。〔九〕

歸師勿遏

後漢末，曹公圍張繡於穰，劉表遣兵救繡，以絶軍後。公將引還，繡兵來追，公軍不得進，連營稍前。到安衆，繡與表兵合守險，公軍前後受敵。公乃夜鑿險爲地道，悉過輜重，設奇兵。〔一〇〕會明，賊謂公爲遁也，悉軍來追。縱奇兵步騎夾攻，大破之。公謂荀彧曰：「虜遏吾歸師，而與吾死地戰，〔一一〕吾是以知勝矣。」

十六國前秦苻堅自伐晉，於壽春敗還長安，慕容泓起兵於華澤，堅將苻叡、以芮反。竇衝、姚萇討之。苻叡勇果輕敵，不恤士衆。泓聞其至也，懼，率衆將奔關東，叡驅兵要之。姚萇諫曰：「鮮卑有思歸之心，宜驅令出關，不可遏也。」叡弗從，〔一二〕戰於華澤，叡敗績，被殺。

十六國夏赫連勃勃伐南涼禿髮傉檀，大敗之，〔一三〕驅掠二萬七千口、牛馬羊數十萬而還。傉檀率衆追之，其將焦朗謂曰：「勃勃天姿雄鷙，御軍齊肅，未可輕也。今因抄掠之資，率思歸之士，人自爲戰，難與爭鋒。不如從温圍北度，趣萬斛堆，〔一四〕阻水結營，制其咽喉，百戰百勝之術也。」傉檀不從。勃勃聞而大喜，乃於陽武下峽鑿淩埋車以塞路。勃勃乃勒衆逆擊，大敗之，殺傷萬計。

十六國後涼呂弘攻段業於張掖，不勝，將東走，業議欲擊之。其將沮渠蒙遜諫曰：「歸師勿遏，窮寇勿追，此兵家之戒也。不如縱之，以爲後圖。」業曰：「一日縱敵，悔將無及。」遂率衆追之，爲弘所敗。業嘆曰：「不能用子房之言，以至於此。」

孫子曰：「兵以詐立，以利動，以分合爲變者也。兵一分一合，以敵爲變。兵法詐詭，以利動敵心，或合或離，爲變化之術。故其疾如風，進退應機。其徐如林，不見利不前，如風吹林，小動而其大不移。侵掠如火，猛烈也。不動如山，守也。不信敵之誑惑，安固如山。難知如陰，莫測如天之陰雲，不見列宿之象。動如雷霆。疾速不及應也，故太公曰「疾雷不及掩耳，疾電不及瞑目」也。指嚮分衆，〔一五〕因敵而制勝也。旌旗之所指嚮，則分離其衆。先知迂直之計者勝，此軍争之法也。」

大陣動則亂因乘之而敗 違不動如山之義也。

東晉，前秦苻堅率兵來伐晉，晉將謝石、謝玄拒之。堅遣其將朱序説石等以衆盛，欲脅而降之。序謂石曰：「若秦百萬之衆皆至，則莫可以敵也。及其衆未集，宜在速戰，若挫其前鋒，可以得志。」晉將遣使請戰，許之。堅師列陣逼淝水，晉師不得渡。晉將使謂堅將苻融曰：「君懸軍深入，〔一六〕置陣逼水，此持久之計，豈欲戰者乎？若小退師，令將士周旋，僕與明公緩轡而觀之，不亦美乎？」堅衆皆曰：「宜阻淝水，莫令得上，我衆彼寡，勢必萬全。」堅曰：「但卻軍，令得過，我以鐵騎向水逼而殺之。不然，因其濟水而覆之。」於是麾軍卻陣，軍遂奔退，制之不可止。玄以八千精卒度淝水逼之，融馳騎略陣，馬倒，被殺，軍遂大敗。晉師乘勝追擊，死者相枕。堅爲流矢所中，單騎遁走。

後周末，隋文帝作相輔少主，相州總管尉遲迥舉兵不從。隋文帝遣將韋孝寬討之。迥男惇都昆切率衆十萬人入武德，軍於沁東拒之，沁，七鴆切。與孝寬隔水相持，乃布兵二十餘里，麾軍小卻，欲待孝寬軍半渡而擊之。孝寬因其卻，乃鳴鼓齊進，惇遂大敗。

大唐光宅初，武太后臨朝稱制，徐敬業於揚州起兵，以匡復皇家爲辭，月餘日間，致精卒數萬。太后遣將軍李孝逸領兵討之。敬業率軍拒於下阿谿，方成列，敬業謂其徒曰：「自知衣甲非厚者，居後。」衆乃争退。〔一七〕孝逸之師因其動噪而奔擊，乃大敗焉。

先設伏乘勢逐敵敗之

東晉末，盧循率衆數萬，方艦而下。晉相宋武帝率兵拒之，出輕利鬬艦，躬提幡鼓，命衆軍齊力擊之。又上步騎於西岸。右軍參軍庾樂生乘艦不進，斬而殉之。於是衆軍騰踊争先。軍中多萬鈞神弩，所至莫不摧陷。宋武自於中流蹙之，因風水之勢，賊艦悉泊西岸。岸上軍先備火具，乃投火焚之，煙焰翳天，賊衆大敗，追奔至夜乃歸。循等還潯陽。初，分遣步兵，莫不疑怪，及燒賊艦，衆乃悅服。

乘勝

後漢末，曹公征張魯，定漢中，劉曄進說曰：「明公以步卒五千，將誅董卓，北破袁紹，南征劉表，九州百郡，十并其八，威振天下，勢慴內外。今舉漢中，蜀人覩風，破膽失守，推此而前，蜀可傳檄而定也。劉備，人傑也，有智度而遲，新得蜀，人猶未附。今破漢中，蜀人震恐，其勢自傾。以公之神明，因其傾而壓之，無不剋也。若少緩之，則諸葛亮明於理而爲相，關羽、張飛勇冠三軍而爲將，蜀人既定，據險守要，則不可犯也。今不取，必爲後憂。」曹公不從。居數日，蜀降者說：「蜀中一日數十驚，備斬之而不能禁也。」曹公悔之，又問曄曰：「今尚可擊否？」曄曰：「今已小定，未可擊也。」曹公違之而失。

晉鎮南將軍、都督荆州杜元凱，襲吳樂鄉，在今江陵郡松滋縣東六十里。虜都督孫歆。沅、湘以南，至於交、廣，覩風送款。時衆會議，或曰：「百年之寇，未可盡克。今將暑熱，水潦方降，疾疫將起，宜俟來冬大舉。」元凱曰：「昔燕樂毅藉濟西一戰，以併强齊。今王師兵威已震，譬如破竹，數節之後，皆迎刃而解也。」遂指授羣帥，〔一八〕直詣秣陵。所過城邑，莫不束手，遂平吴國。先議者慙而謝焉。

十六國蜀李特攻晉將張徵，〔一九〕徵軍潰。特議欲釋徵還涪，音浮。諸將進曰：〔二〇〕「徵軍連戰，士卒傷滅，智勇俱竭，宜因其弊遂擒之。若舍而寬之，徵養病收亡，餘衆更合，圖之未易也。」特從之，復進攻，徵潰圍走。特遣將水陸追之，遂害徵，生擒徵子存，以徵喪還之。

東晉將周訪討賊杜曾，曾大潰，殺千餘人。訪夜追之，諸將請待明日，〔二一〕訪曰：「曾驍勇能戰，向之敗也，彼勞我逸，是以克之。宜及其衰乘之，可滅。」鼓行而進，遂定漢沔。

大唐武德初，劉武周據太原，使其將宋金剛屯於河東。太宗往征，金剛遁走。太宗追擊，大破之，乘勝逐北，日一夜行二百餘里，轉戰數十合，士卒疲弊。至高壁嶺，總管劉弘執馬而諫曰：〔二二〕「糇糧已竭，士卒疲頓，願且停營，待兵糧咸集，而後決戰。」太宗曰：「功者，難成易敗，機者，難得易失。金剛走到汾州，衆心已沮，我及其未定，當乘其勢擊之，〔二三〕此破竹之義也。如更遲留，賊必生計，此失機之道。」遂策馬而去。諸軍乃進，莫敢以飢乏爲辭，夜宿於雀鼠谷之西原。太宗不食二日，不解甲三日，軍中苦飢。此夕唯有一羊，太宗撫將士，與之同食，三軍感恩，皆飽而思奮。明日，趨汾州。金剛列陣，南北七里，以抗官軍。太宗遣總管李勣等當其北，翟長孫等當其南，親御大軍以臨之。諸軍戰小卻，〔二四〕爲賊所乘，太宗率精騎三千直趨金剛，賊衆大潰。

武德初，太宗征薛仁杲，大破之，乘勝遂逼折墌城。竇抗等苦諫曰：「賊主猶據堅城，〔二五〕雖破其將宗羅睺，未可即逼。請按兵以候其變。」太宗曰：「算之久矣。破竹之勢，不可失也。賊大軍已敗，〔二六〕餘衆何足爲虞，凶魁之計盡於此矣。」遂率衆而進。至夜半，軍臨賊城，守陴者皆亂，爭自投而下。仁杲窮蹙，開門請降。

乘勢先聲後實

春秋，晉侯伐齊。齊侯禦諸平陰，塹防門而守之，廣里。晉將范宣子告齊大夫析文子，曰：「吾知子，敢匿情乎？魯人、莒人皆請以車千乘自其鄉入，既許之矣。若入，君必失國。子盍圖之！」子家以告公。公恐。晏嬰聞之，曰：「君固無勇，而又聞是，弗能久矣。」不能久敵。齊師夜遁。

漢王遣韓信破陳餘，後信購致廣武君李左車，師事之。韓信曰：「僕欲北攻燕，東伐齊，若何而有功？」對曰：「今將軍涉西河，虜魏王，擒夏説閼與，一舉而下井陘，不終朝破趙二十萬衆，〔二七〕誅成安君，名聞海內，威振天下。此將軍之所長也。然而衆勞卒罷，音疲。其實難用。今將軍欲舉倦弊之兵，頓之燕堅城之下，欲戰恐力不能拔，〔二八〕情見勢屈，曠日糧竭。而弱燕不服，齊必距境以自强也。燕齊相持而不下，〔二九〕劉項之權未有所分也。若此者，將軍所短也。臣聞善用兵者不以短擊長，而以長擊短。爲將軍計，莫如按甲休兵，鎮趙，撫其孤弱，百里之内，牛酒日至，以饗士大夫醳兵。魏都賦曰：「肴醳順時。」〔三〇〕劉逵曰：〔三一〕「醳，酒也。」北首燕路，而後遣辯士奉咫尺之書，暴所長於燕，燕必不敢不聽從。燕已從，使者東告齊，齊必從風而服，雖有智者，亦難爲齊計矣。如是，則天下事可圖也。兵固有先聲而後實者，此之謂也。」韓信並從之。燕、齊從風而靡也。

因敵懼遂取之

春秋時，晉侯圍曹，門焉，多死。攻曹城門。曹人尸諸城上，磔晉死人於城。晉侯患之。聽輿人之誦，稱「舍於墓」。舍墓，謂將發塚也。師遷焉。曹人兇懼，遷至曹人墓也。兇，恐懼聲也。音吁勇反。爲其所得者，棺而出之。因其兇也而攻之，〔三二〕遂入曹。

晉將朱齡石伐蜀賊譙縱，縱將譙道福重兵守涪。齡石師次平模，去成都二百餘里。縱遣將侯暉、譙詵屯平模，〔三三〕夾岸連城立柵。齡石謂裨將劉鍾曰：「天方暑熱，賊今固險，攻之難拔，祇困我師。吾欲蓄鋭息兵，伺隙而進，卿以爲何如？」鍾曰：〔三四〕「不然。前揚聲言大衆由内江，故譙道福不敢捨涪，今重軍逼之，出其不意，侯暉之徒已破膽矣。祇可因其兇懼而攻之，勢當必剋。剋平模之後，自可鼓行而前，成都必不能守。若緩兵相持，虛實相見，涪軍復來，難爲敵也。進不能戰，退無所資，二萬餘人悉爲蜀子虜耳。〔三五〕從之。翌日，進攻皆剋，斬侯暉等，縱之城守相次瓦解。

推人事破災異

周武王伐紂，師至汜水牛頭山，〔三六〕風甚雷疾，鼓旗毀折，王之驂乘惶震而死。太公曰：「用兵者，順天之道未必吉，逆之不必凶，若失人事，則三軍敗亡。且天道鬼神，視之不見，聽之不聞，智將不法，而愚將拘之。若乃好賢而能用，舉事而得時，此則不看時日而事利，不假卜筮而事吉，不待禱祀而福從。」〔三七〕遂命驅之前進。周公曰：「今時逆太歲，龜灼告凶，卜筮不吉，星變爲災，請還師。」太公怒曰：「今紂刳比干，囚箕子，以飛廉爲政，伐之有何不可？枯草朽骨，安可知乎！」〔三八〕乃焚龜折蓍，援枹而鼓，率衆先涉河，武王從之，遂滅紂。

大唐武德中，淮南道行臺僕射輔公祏據丹陽反，遣趙郡王孝恭爲行軍元帥討之。將發，與諸將宴集，命取水，忽變爲血，在座者皆失色，孝恭舉止自若，徐諭之曰：「禍福無門，惟人所召。自顧無負於物，諸君何憂懼之深！〔三九〕公祏惡積禍盈，今承廟算以致討，盌中之血，乃公祏授首之徵。」遂盡歡而罷。時人服其識度而能安衆。竟平公祏焉。

散衆

後漢初，河南賊張步據齊地，漢將耿弇討敗之，步肉袒負斧鑕於軍門。鑕，鍖也。示必死。鑕，之日反。鍖，竹林反。弇傳步詣行在，而勒兵入據其城。樹十二郡旗鼓，弇凡平城陽、〔四〇〕琅琊、高密、膠東、東萊、北海、齊、千乘、濟南、平原、泰山、臨淄。令步兵各以郡人詣旗下，衆尚十餘萬，輜重七千餘輛，皆罷遣歸鄉里。齊地悉平。

後魏末，河北賊葛榮爲爾朱榮所擒，餘衆悉降。榮以賊徒既衆，〔四一〕若即分割，恐其疑懼，或更結聚，乃普告勒各從所樂，〔四二〕親屬相隨，任所居止。於是羣情喜悅，登即四散，數十萬衆，一時散盡。待出百里之外，乃始分道押領，隨便安置，咸得其宜。擢其渠帥，量才受用，新附者咸安。時人服其處分機速。〔四三〕

孫子曰：「天者，陰陽、寒暑、時制也。」〔四四〕謂順天行誅，因陰陽四時剛柔之制。故司馬法曰：「冬、夏不興師，所以兼愛吾民。若細雨沐軍，臨機必有捷；迴風相觸，道還而無功。雲類羣羊，必走之道；氣如驚鹿，必敗之勢；黑雲出壘，赤氣臨軍，皆敗之兆。若烟非烟，此慶雲也，必勝；若霧非霧，是泣軍也，必敗。」是知風雲之占，〔四五〕其來久矣。

風雲氣候雜占

語曰：「天時不如地利，地利不如人和。」故附於末篇。

太公曰：「凡興軍動衆陳兵，天必見其雲氣，示之以安危，故勝敗可逆知也。」其軍中有知曉時氣者，厚寵之，常令清朝若日午，察彼軍及我軍上氣色，皆須記之。若軍上氣不盛，加警備守，輒勿輕戰，戰則不足，守則有餘。察氣者，軍之大要，常令三五人參馬登高若臨下察之，〔四六〕進退以氣爲候。

凡興兵動衆，忌大風雷，而陰不見日。

凡氣初出，如甑上氣，勃勃上積爲霧，霧爲陰，陰氣結爲虹霓暈珥之屬。如不積不結，散漫一方，不能爲災，必和。雜殺氣，森森然疾起，乃可論占，常以平旦下晡日出没時候之，期内有風雨，災不成。或有黑氣如幢，出於營中，上黑下黄，敵欲來求戰，無誠實言，及九日内必覺，備之吉。或日月陰沉，無光不雨，或十日晝夜不見日月，名曰蒙日。久陰不雨，下謀上也。

凡敵上氣黄白潤澤者，將有威德；或軍上氣發，漸漸如雲，變作山形，將有深謀；或敵上氣黑中赤在前者，將精悍：皆不得擊。

凡氣上與天連，軍中將賢良。

凡氣如龍如虎，如火煙之形，或如火光之狀，或如山林，或如塵埃頭尖而卑，或氣黑如門上樓，〔四七〕皆猛將氣。

凡敵上氣青而疏散者，將怯弱。前大後小，將怯不明。

凡軍上氣渾渾圓長，赤氣在其中，或有氣如赤杵在黑雲中，皆有伏兵。或兩軍相當，赤氣在前後左右者，有伏兵。隨氣所在防之。或有雲絞絞綿綿，此以車騎爲伏兵；或有雲如布席之狀，此以步卒爲伏兵；或有雲如山岳，在外有伏兵。不可不審察也。

凡降人之氣，如人十十五五，皆叉手低頭，降之象。或有氣上黃下白，名曰喜氣，所臨之軍，欲求和退。若風不旁勃，旌旗暈暈順風而揚舉，或向敵終日，軍行有功，勝候也。

凡敵軍上氣如山隄上林木，不可與戰；在吾軍，大勝。或如火光，亦大勝。或敵上白氣坌沸如樓，緣以赤氣者，兵勁不可擊；在吾軍，必大勝。

或敵上氣黃白，厚潤而重者，勿與戰。

或遥視軍上雲如鬭雞，赤白相隨，在氣中，得天助，不可擊。兩軍相當，上有氣如蛇，舉頭向敵者，戰必勝。

凡軍營上有五色氣，上與天連，此應天之軍，不可擊。有赤黃氣干天，亦不可攻。或有雲如日月，而赤氣繞之，如日暈狀有光者，所見之地大勝，不可攻。敵上氣如虎狀，其軍不可攻。

若逆風來，應氣旁勃，牙旗折，陰不見日，旌旗激揚，敗候也。

若雲氣從敵所來，終日不止，〔四八〕吾軍不可出，出則不利。若風氣俱來，此爲敗候，在急也。

凡敵上氣色如馬肝，如死灰，或類偃蓋，皆敗徵。或黑氣如壞山墮軍上者，軍必敗。或軍上氣昏發，連夜照人，則軍士散亂。

或軍上有氣，五色雜亂，東西南北不定者，其軍必敗。

或軍上有赤氣，炎炎降天，將死，衆亂。

或軍上有黑氣，如牛馬形，從氣霧中下，漸漸入軍，名曰天狗下食血，敗軍也。

或有雲氣蓋道，蒙蔽盡山，此敗候。

凡城中有白氣如旗者，不可攻。〔四九〕或有黄雲臨城，有大喜慶。或有青色如牛頭觸人者，城不可攻屠。或城中氣出東方，其色黄，此天鉞也，不可伐，伐者死。或城上氣如火烟，主人欲出戰；其氣無極者，不可攻。或氣如杵，從城中向外者，内兵突出，主人勝，不可攻。或城上有雲，分爲兩彗狀者，攻不可得。凡攻城圍邑，過旬日不雷雨者，城有輔助，疾去之，勿攻也。此皆勝氣。

凡攻城圍邑，赤氣在城上，黄氣四面遶之，城中有大將死，城降。城上有赤氣如飛鳥，擊之，可破矣。〔五〇〕或有氣出入者，人欲逃。或有氣如灰，氣出如覆其軍上者，士多病，〔五一〕城屠。或城上無雲氣，士卒散。或城營上有赤雲，狀如衆人頭，下多死喪，流血。攻城，有白氣繞城而入者，急攻可得。若有曲蛇從城外入城者，三日内城屠。此皆敗氣。

敵上有雲如車蓋，不可擊。若有雲如雙青蛇，雲去，可擊，大勝。

伏兵氣如幢節，在黑雲中轉高，鋭不可擊。

城營上見有雲如雄雞，城必降。

邊城雲如蛟龍，所見處軍將失魄。敵上有雲，長如引素，如陣前鋭，或白黑色，有謀；青色，有兵；赤色，有反；黄色，急去。

敵上有氣如牽牛，未可擊。有雲如坐人，赤色，所臨必有卒兵來至，驚恐，須臾而去。

凡占軍氣，與敵相對，將當訪軍中善相氣者，厚寵之，當令清朝若日中時，〔五二〕察彼軍及我軍上氣，皆紙筆録記，上將軍，將軍察之。若我軍上氣不善，但警備鎮守，勿接戰。敵在東，日出時候之。在南，日中候之。在西，日入候之。在北，夜半候之。每庚子日及辰戌午未，登五丈高臺，去一里占，百人以上便有氣。

氣如塵埃，前卑後高者，將士精鋭，不可擊。

氣如隄阪，前後摩地，避之勿擊。

見彼軍上氣如塵埃沸粉，其色黄白，如旗旛，暉暉然無風而動，將士勇猛，不可擊。我軍如此，亦不用戰。

對敵，或有氣來甚卑，不蔭覆人，上下掩搆蓋道者，大賊必至，食不及飽，嚴備之。〔五三〕

凡雲起，王相者吉，〔五四〕囚死者凶。有勝無，實勝虚，高勝下，澤勝枯，長勝短，厚勝薄。我軍在西，賊軍在東，西高東下，西厚東薄，西澤東枯，西長東短，則我軍勝也。他皆倣此。

兩軍相對，遥見軍上有氣，紛紛勃勃，如烟如塵，賊凶敗。

軍上下日無氣者，其軍必敗。若我軍無氣，將修德，撫士衆，存問寒暑，警誡固守。

有赤色氣如火，從天下入軍，軍亂，將死。有黑氣如牛、猪者，瓦解之氣，軍必敗。〔五五〕有白雲如瓜蔓連結，部隊相逐，須臾罷而復出，〔五六〕及至八九而不斷者，賊必至，嚴守之。

若兩氣蒙圍城有入處者，外兵當攻入；若有出者，内兵當突出。

凡氣安，即軍安也；氣動摇，則軍不安，氣四散去，軍破且敗。其氣如羣羊，擊之，必大剋。

兩軍相當，有氣如飛鳥，徘徊在其城上，或來而高者，兵鋭，不可擊。

兩軍相去十里内、三里外，軍上無氣，是死兵，擊之，必大勝也。

兩軍欲戰，視彼軍氣氛氳，如焚生草之煙者，初必精鋭不可當，待其氣散擊之，必勝。其氣黑出如山帶黄，是謝氣，敵人自降。

軍敗之氣，如羣鳥亂飛，疾伐之，〔五七〕必大勝。

氣乍明乍暗，皆有詐謀。　氣過旬不散，城有大輔，即去之，勿攻。

凡敵上氣如雙蛇、飛鳥，如缺垣，如壞屋，如人無頭，如驚麞，如走鹿相逐，如雞相向，皆爲敗軍殺將之氣。

敵上氣如囷倉，正白，見日益明者，將士猛鋭，不可擊之。

敵上氣黑中有赤氣在前，精悍不可當。

敵上氣如轉蓬者，擊之立破。

天子雲，如千石倉，如高樓，如城門、華蓋，或赤黄，正四方。

遊兵氣，如彗雲掃除，或數百丈，萬萬無根本。

敗軍之氣，如破車，如人無足無臂。

若下輕其將，妖怪並作，衆口相惑，當修德審令，繕礪鋒甲，勤誠誓士，以避天怒。　然後復擇吉日，祭牙旗，具太牢之饌，震鼓鐸之音，誠心啟請，以備天問，〔五八〕觀其祥應矣。

若人馬喜躍，旌旗皆前指，金鐸之聲揚以清，鞞鼓之音宛以鳴，此得神明之助，持以安衆心，乃可用矣。雖云用賢使能則不占而事利，令明法審則不筮而計成，封功賞勞則不禱而福從，共苦同甘則犯逆而功就，然而臨機制用，亦有此爲助焉。〔五九〕

校勘記

〔一〕孫子曰必生可虜　此引孫子語，北宋本、傅校本、明抄本、明刻本、王吴本皆置於下題「敵無固志可取之」後另起，後文引孫子「歸師勿遏」、「兵以詐立」云云、「天者陰陽寒暑時制也」亦置有關各題之後，並與兵典纂例不合。殿本、局本皆移置題前，是。

〔二〕將怯弱　「怯弱」原倒，據北宋本、傅校本、明抄本、明刻本、王吴本乙。

〔三〕中軍裨將趙嬰齊　「中」北宋本、傅校本、明抄本、明刻本、王吴本作「下」。

〔四〕夫槩王曰　原「王」上衍「謂」，據左傳定公四年删。

〔五〕棄車重　「棄」原訛「乘」，據漢書趙充國傳二九八三頁及北宋本、傅校本、明抄本改。

〔六〕窮寇勿追歸衆勿迫　「追」「迫」原互訛，據後漢書皇甫嵩傳二三〇五頁乙改。

〔七〕乞支文德　「乞」隋書宇文述傳一四六六頁作「乙」。

〔八〕唯二千七百人耳　「二」原訛「三」，據隋書宇文述傳一四六六頁及北宋本、傅校本、明抄本、明刻本、王吴本改。

〔九〕若窮寇遠還至而勿遠遏截之　上「遠」北宋本、傅校本作「追」，王吴本作「迢」。按：十一家注孫子軍争篇杜佑注作「人人有室家鄉國之往不可遏之徐觀其變而制之」，與此不盡同。

〔一〇〕設奇兵　「奇」原訛「守」，據三國志武帝紀一五頁改。

〔一一〕而與吾死地戰　「吾」下原有「争」，據北宋本、王吴本删。「戰」原脱，據三國志武帝紀一六頁補。

〔一二〕叡弗從　「弗」原訛「復」，據晉書苻堅載記下二九二〇頁及北宋本、傅校本、明抄本、明刻本改。

〔一三〕大敗之　「敗」原作「破」，據北宋本、傅校本、明抄本、明刻本、王吴本改。

〔一四〕趣萬斛堆　「斛」原訛「解」，據晉書赫連勃勃載記三二〇三頁改。

〔一五〕指嚮分衆　「指嚮」孫子軍争篇作「掠鄉」。

〔一六〕君懸軍深入　「君」原訛「若」，據晉書苻堅載記下二九一八頁及北宋本改。

〔一七〕居後衆乃争退　「後衆」原倒，據北宋本、傅校本、王吴本乙。

〔一八〕遂指授羣帥　「帥」原訛「師」，據諸本改。

〔一九〕張徽　御覽卷三一四引崔鴻十六國春秋同。晉書惠帝紀九九頁作「張微」，李特載記三〇二八頁作「張徵」。下同。

〔二〇〕諸將進曰　原訛作「諸葛亮曰」，據諸本改。

〔二一〕諸將請待明日　「日」原脱，據晉書周訪傳一五八一頁補。

〔二二〕劉弘　即劉弘基，通典避玄宗諱而省稱「劉弘」。

〔二三〕當乘其勢擊之　「擊」原作「逐」，清人擅改，今據北宋本、傅校本、明抄本、明刻本、王吳本改回。

〔二四〕諸軍戰小卻　「卻」原脱，據舊唐書太宗紀上三五頁、御覽卷三一四補。

〔二五〕賊主猶據堅城　「據堅」原倒，據御覽卷三一四乙。

〔二六〕賊大軍已敗　「敗」原作「破」，清人擅改，今據北宋本、傅校本、明抄本、明刻本、王吳本改回。

〔二七〕不終朝破趙二十萬衆　「終」原作「旬」，據史記淮陰侯傳二六一八頁改。

〔二八〕欲戰恐力不能拔　「拔」原脱，據北宋本、傅校本、明抄本、明刻本補。

〔二九〕燕齊相持而不下　「燕齊」原倒，據北宋本、傅校本、明抄本、明刻本、王吳本乙。

〔三〇〕肴醳順時　「肴醳」原訛「醳者」，據文選左思魏都賦、史記淮陰侯傳二六一九頁集解引魏都賦改。

〔三一〕劉逵　「逵」原訛「達」，據諸本改。

〔三二〕因其兇也而攻之　「因」上原有「晉侯」，清人擅增，今據左傳僖公二十八年及北宋本、傅校本、明抄本、明刻本、王吳本刪。

〔三三〕譙詵屯平模　「詵」原作「悦」，據晉書譙縱傳二六三七頁、通鑑卷一一六三六六〇頁改。

〔三四〕鍾曰　原「鍾」上有「劉」，據北宋本、傅校本、明刻本、王吳本刪。

〔三五〕悉爲蜀子虜耳　「子」原作「所」，據晉書譙縱傳二六三七頁及北宋本改。

〔三六〕牛頭山　十一家注孫子計篇杜牧注作「共」。

〔三七〕不待禱祀而福從　「待」原脱，據十一家注孫子計篇杜牧注補。

〔三八〕安可知乎　「可」原訛「所」，據北宋本、傅校本、明抄本、明刻本、王吴本改。

〔三九〕諸君何憂懼之深　「深」下原有「耶」，清人擅增，今據北宋本、傅校本、明抄本、明刻本、王吴本删。

〔四〇〕弇凡平城陽　「弇」原脱，據北宋本、傅校本、明抄本、明刻本、王吴本補。

〔四一〕榮以賊徒既衆　「榮」原作「魏將」，據魏書爾朱榮傳一六五〇頁改。按：北宋本、王吴本脱「榮」，「魏將」乃後人臆增。

〔四二〕乃普告勒各從所樂　原「乃」上有「榮」，「勒各」原作「衆聽」，乃後人增改者。今據魏書爾朱榮傳一六五〇頁改正。按：北宋本、王吴本作「乃普告勒從所樂」，惟脱「各」字。

〔四三〕時人服其處分機速　原「分」下有「之」，「速」下有「焉」，據北宋本、傅校本、明抄本、明刻本删。按：王吴本脱「速」。

〔四四〕天者陰陽寒暑時制也　原「時」下有「節」，衍文，據孫子計篇删。按：銀雀山漢墓竹簡孫子兵法也無「節」字。

〔四五〕是知風雲之占　「雲」原作「雨」，據北宋本、王吴本改。

〔四六〕常令三五人　「常」原作「當」，據北宋本、傅校本、明抄本、明刻本改。

〔四七〕或氣黑如門上樓　「門」原訛「明」，據諸本改。

〔四八〕終日不止　「止」原訛「上」，據北宋本、傅校本、明抄本、明刻本改。

〔四九〕凡城中有白氣如旗者不可攻　「白」原訛「曰」，「不」原訛「下」，據諸本改。

〔五〇〕可破矣　原作「可敗也」，清人擅改。今據北宋本、傅校本、明抄本、明刻本、王吴本改回。

〔五一〕氣出如覆其軍上者士多病　「如」原訛「入」，「士」原訛「上」，據北宋本、傅校本、明抄本、明刻本、王吴本改。按：殿本「士」字不誤。

〔五二〕當令清朝若日中時　「當」原作「留」，據北宋本、傅校本、明抄本改。

〔五三〕嚴備之　「備」原訛「侯」，據北宋本、傅校本、明抄本、明刻本、王吴本改。

〔五四〕王相者吉　「王」原訛「旺」，據北宋本、傅校本、明抄本、明刻本、王吴本改。

〔五五〕軍必敗　「敗」原訛「散」，據北宋本、傅校本、明抄本、明刻本、王吴本改。

〔五六〕須臾罷而復出　「出」原作「去」，據北宋本、傅校本、明刻本、王吴本改。

〔五七〕疾伐之　「疾」原訛「即」，據北宋本、傅校本、明抄本、明刻本、王吴本改。

〔五八〕以備天問　「問」原訛「門」，據北宋本、傅校本、明抄本、明刻本、王吴本改。

〔五九〕雖云用賢使能至亦有此爲助焉　此五十四字，北宋本爲雙行小字注文。

劉俊文點校　王文錦覆校

〔唐〕杜佑撰

通典

第四册

卷四七—卷六三

中華書局

通典卷第四十七

禮七　沿革七　吉禮六

天子宗廟　后妃廟　皇太子及皇子宗廟

天子宗廟

唐　虞　夏　殷　周　漢　後漢　魏　晉　東晉　宋　齊　梁　陳　後魏　北齊　後周　隋　大唐

昔者先王感時代謝，思親立廟，曰宗廟。廟，貌也。宗廟者，先祖之尊貌也。因新物而薦享，以申孝敬。遠祖非一，不可徧追，故親盡而止。

唐虞立五廟。鄭玄按禮緯元命苞云：「天子五廟，二昭二穆，以始祖而五。」〔一〕其祭尚氣，先迎牲，殺於庭，取血告於室以降神。然後奏樂，尸入，王祼以鬱鬯。血腥爓祭，用氣者也。尚謂先薦之。

夏氏因之。夏太祖無功而不立。自禹與二昭二穆也。

殷制，七廟。商書云：「七世之廟，可以觀德。」王制云「天子七廟。」鄭玄復云：「殷制六廟，〔二〕自契及湯，二昭二穆。」

周制，小宗伯掌建國之神位，左宗廟。庫門内，雉門外之左。王立七廟，一壇一墠。曰考廟，曰王考廟，曰皇考廟，曰顯考廟，曰祖考廟：皆月祭之。遠廟爲祧，有二祧，享嘗乃止。去祧爲壇，去壇爲墠。壇墠，有禱焉祭之，無禱乃止。去墠曰鬼。王、皇，皆君也。顯，明也。〔三〕祖，始也。名先人以君明始者，所以尊本之意。祧之爲言超也，超然上去意也。封土曰壇，除地曰墠。天子遷廟之主，以昭穆合藏於二祧之中。

鄭玄云：「周制七廟，太祖及文王、武王之祧與親廟四，并而七。」太祖，后稷。王肅云：「尊者尊統於上，故天子七廟。其有殊功異德，非太祖而不毁，不在七廟之數，其禮與太祖同，則文武之廟是。」按玄注王制據禮緯元命苞云「唐虞五廟，殷六廟，周七廟」。〔四〕又注祭法云：「天子遷廟之主，以昭穆合藏於二祧之中。」王肅非之曰：「周之文武，受命之主，不遷之廟。殷之三宗，宗其德而存其廟，並不以爲常數也。凡七廟者，不稱周室，不及文武，〔五〕而曰天子諸侯，是同天子諸侯之名制也。孫卿子曰：『有天下者事七廟。有一國者事五代，所以積厚者流澤廣，積薄者流澤狹也。』祭法云『遠廟曰祧』，親盡之上，猶存二廟也。文武百代不遷者，祭法不得云『去祧爲壇』。又曰『遷主所藏曰祧』，『先公遷主藏后稷之廟，先王遷主藏文武之廟』，是爲三祧，〔六〕而祭法云『有二祧』焉。祭法親廟四與太祖皆月祭之，二祧享嘗乃止，是后稷月祭，文武則享嘗，非禮意也。祭法又曰『王下祭殤五，嫡子、嫡孫、嫡曾孫、嫡玄孫、嫡來孫』。〔七〕此爲下祭五代來孫，則無親之孫也，而上祭何不及無親之祖乎？」馬昭非王曰：「喪服小記『王者立四廟』，王制曰『天子七廟』。是則立廟之正，以爲親限不過四也。親盡爲限，不過四也。親盡之外，有大功德，可祖宗者也。有其人則七，無其人則少。故夏氏無太祖則五，殷人祖契而宗湯則六，周尊后稷、文、武則七。禮器『周旅酬六尸』，一人發爵，〔八〕周則七廟矣。肅言文武不得稱遠廟，不得爲二祧者，凡別遠近以親爲限，親内爲近，親外爲遠，文武適在親外當毀，故言遠廟。自非文武，親外無不毀者。」孔晁曰：「夫無功德則以親遠近爲名。文武以尊重爲祖宗廟，何取遠近。故后稷雖極遠，以爲太祖，不爲遠也。」

試評曰：禮有以多爲貴，王制云：『天子七廟，諸侯五廟。』祭法云：『遠廟爲祧，有二祧焉，享嘗乃止。』而鄭玄以文武之廟曰祧，不亦疏乎！若以天子之祖功德則不立二祧，二祧不廟數，與諸侯同，何以爲降殺哉！〔九〕虞喜云：『七廟不始於周，伊尹已言七代之廟矣。』成王六年制禮，七廟亦已有見數。文王爲祖，武王爲禰，祖非遠廟也。周官掌宗廟而職曰守祧，周公不稱祖禰爲遠祧也。當須逆數成，〔一〇〕然後廟得別出，不可於成王之代以文武逆云爲遷主所藏矣。

漢高帝令諸侯都，皆立上皇廟。高帝崩，孝惠即位，令奉常叔孫通定宗廟儀法。帝東朝太后長樂宮，及間往，數音朔蹕煩人，作複道武庫南。通奏曰：「陛下何自築複道高帝寢，衣冠月出遊高廟，謂從高帝陵寢出衣冠，遊於高廟，每一月爲之，其道正值今之所作複道。子孫奈何乘宗廟道上行哉！」帝懼曰：「急壞之。」通曰：「人主無過舉。舉事不當有過失也。今已作，百姓皆知之矣。願陛下爲原廟原，重也。先有廟，今更立之，故云重也。渭北，衣冠出遊之，益廣宗廟，大孝之本。」帝乃立原廟。又尊帝廟爲太祖廟。景帝尊孝文廟爲太宗廟，所常幸郡國各立太祖、太宗廟。至宣帝本始二年，〔一一〕復尊孝武廟爲世宗廟，凡所巡狩亦立焉。凡祖宗在郡國者六十八，合百六十七所。而京師自高祖下至宣帝，與太上皇、悼皇考各自居陵旁立廟，悼皇考，宣帝之父，即史皇孫也。并爲百七十六。又園中各有寢、便殿。凡言便殿便室者，〔一二〕皆非正大之處也。寢者，陵上正殿，若平生路寢矣。便殿者，寢側之別殿。日祭於寢，月祭於廟，時祭於便殿。寢，日四上食；廟，歲二十五祠；漢儀：宗廟一歲十二祠。又每月一太牢，如閏，加一祠，與此共二十五祠也。〔一三〕便殿，歲四祠。又月一游衣冠。而昭靈后、武哀王、昭哀后、孝文太后、孝昭太后、衞思后、戾太子、戾后各寢，與諸帝合，三十一所。〔一四〕凡一歲祠，上食二萬四千四百五十五，用衞士四萬五千一百二十九人，祝宰樂人一萬二千一百四十七人，養犧卒不在數。〔一五〕元帝罷昭靈后、武哀王、昭哀后、衞思后、戾太子、戾后園，皆不奉祠，裁置吏卒守焉。罷郡國廟。時丞相韋玄成等曰：「臣聞唯聖人爲能饗帝，孝子爲能饗親。立廟京師之居，躬親承事。春秋之義，父不祭於支庶之宅，君不祭於臣僕之家。臣等以爲宗廟在郡國，宜勿復修。」奏可。以高皇帝爲太祖，孝文皇帝爲太宗，孝景皇帝爲昭，孝武皇帝爲穆，孝昭皇帝與孝宣皇帝俱爲昭。〔一六〕皇考廟親未盡。太上、孝惠廟皆親盡，宜毀。太上廟主宜瘞園，孝惠帝爲穆，主遷於太廟，寢園皆罷修。玄成等又奏議曰：「禮，王者始受命，諸侯始封之君，皆爲太祖。繼太祖以下，五廟而迭毀，毀廟之主藏乎太祖，五年而再殷祭，言一禘一祫也。」禘者，各當其廟而行，祭法始有功之臣，以毀廟之主升於太祖。祫者，毀廟之主皆陳於太祖，未毀廟之主皆升合食於太祖。「父爲昭，子爲穆，孫復爲昭，古之正禮也。」昭，明也；穆，美也；父子易號序也。〔一七〕「禮，廟在大門內，不敢遠親也。」臣愚以爲高皇帝受命定天下，宜爲帝者太祖之廟，代代不毀，承後屬盡者宜毀。今宗廟異處，昭穆不序，宜入就太祖廟，而序昭穆如禮。太上皇、孝惠、孝文、孝景廟，皆親盡宜毀，皇考廟親未盡，如故。」悼皇考於元帝爲祖也。大司馬許嘉等以爲孝文皇帝除誹謗，去肉刑，躬節儉，宜爲太宗之廟。諫大夫尹更始等以爲皇考廟上序於昭穆，〔一八〕非正禮，宜毀。帝乃下詔曰：「高皇帝爲漢太祖，孝文皇帝爲太宗，代代承祀，傳之無窮。孝宣皇帝爲孝昭皇帝後，於義一體。」一體者，俱爲昭也。禮，孫與祖俱爲昭，孝宣於昭爲從孫，故云一體也。「孝景皇帝廟及皇考廟皆親盡，其正禮儀」。玄成等又奏以高皇爲太祖，文爲太宗等，詔從之。王莽制九廟：一曰黃帝太初祖廟，二曰帝虞始祖昭廟，三曰陳胡王統祖穆廟，四曰齊敬王代祖昭廟，五曰濟北愍王王祖穆廟，〔一九〕六曰濟南伯王尊禰昭廟，〔二〇〕七曰元城孺王尊禰穆廟，八曰陽平頃王昭廟，九曰新都顯王穆廟。殿皆重屋。太祖廟東西南北各四十丈，高十七丈，餘廟半之。爲銅薄櫨，飾以金銀琱文，窮極百工之巧。工費數百鉅萬，卒徒死者萬數。

後漢光武皇帝建武二年，立高廟於雒陽。高帝爲太祖，文帝爲太宗，武帝爲世宗，如舊。三年正月，立親廟雒陽，祀父南頓君以上至舂陵節侯。節侯名買，買生鬱林太守外，外生鉅鹿都尉回，回生南頓令欽，欽即光武父。時寇賊未平，祀儀未設。至十九年，議立平、哀、成、元帝廟，代今親廟。兄弟以下，使有司祠。宜爲南頓君立皇考廟，祭上至舂陵節侯，羣臣奉祠。時五官中郎將張純、太僕朱浮等奏議：「禮，爲人之子事大宗，降其私親。當除今親廟四。〔二一〕孝宣皇帝以孫後祖，爲父立廟於奉明，曰皇考廟，獨羣臣侍祠。願下有司議先帝四廟當代親廟者，及皇考廟事。」下公卿議，時從大司徒戴涉奏。詔曰：「以宗廟處所未定，且祫祭高廟。其成、哀、平且祠祭長安故高廟。其南陽舂陵歲時各且因故園廟祭祀。園廟去太守理所遠者，在所令長行太守事侍祠。宗廟在章陵，南陽太守稱使者往祭。不使侯王祭者，諸侯不得祖天子，凡臨祭宗廟，皆爲侍祠。惟孝宣帝有功德，其上尊號曰中宗。」於是雒陽高廟四時加祭孝宣、孝元，凡五帝。其西廟成、哀、平三帝主，四時祭於故高廟。東廟京兆尹侍祠，冠衣車服如太常祠陵廟之禮。皇考南頓君以上至曾祖祭，皆就園廟。張純又云：「禮，三年一祫，五年一禘。毁廟之主，陳於太祖。未毁廟之主，皆升合食於太祖。父爲昭，南向；子爲穆，北向。父子不並坐，而孫從王父。」後以三年冬祫五年夏禘之時，但就陳祭毁廟之主而已，謂之殷。太祖東面，惠、文、武、元帝爲昭，景、宣帝爲穆。惠、景、昭三帝，非殷祭時不祭。按周制三年一禘，五年一祫，至此則革周制。

明帝以光武撥亂中興，更爲起廟，上尊號曰世祖廟。蔡邕曰：「孝明帝立世祖廟，以明再受命祖有功之義，後嗣遵儉，不復改立，皆藏主其中。聖明所制，一王之法也。自執事之吏，下至學士，莫知所以兩廟之意。」以元帝於光武爲穆，故雖非宗，不毁也。後遂爲常。明帝遺詔，遵儉無起寢廟，藏主於世祖廟更衣。孝章初，不敢違，以更衣有小別，上尊號曰顯宗廟，間祠於更衣，四時合祭於世祖廟。章帝遺詔，無起寢廟，如先帝故事。和帝初，不敢違，上尊號曰肅宗。後帝承遵，皆藏主于世祖廟，積多無別，是後顯宗但爲陵寢之號。靈帝時，京都四時所祭高廟五主，世祖廟七主，少帝三陵，殤、沖、質，三少帝。追尊后三陵，安帝追尊祖妣宋貴人曰敬隱皇后、皇妣左氏曰孝德皇后。順帝追尊皇妣李氏恭愍皇后。凡牲用十八太牢，皆有副倅。故高廟三主親毁之後，亦但殷祭之歲奉祠。毁廟之主，藏於始祖之廟。〔三〕一世爲祧，祧猶四時祭之。二世爲壇，三世爲墠，四世爲鬼，祫乃祭之，有禱亦祭之。祫於始祖之廟，禱則迎主出，陳於壇墠而祭之，事訖還藏故室。迎送皆蹕。

獻帝初平中，董卓與蔡邕等以和帝以下，功德無殊，而有過差，不應爲宗，及餘非宗者追尊三后，皆奏毁之。蔡邕論曰：「漢承亡秦滅學之後，宗廟之制，不用周禮。每帝即世，輒立一廟，不止於七，不列昭穆，不定迭毁。孝元帝時，丞相匡衡、御史大夫貢禹始建大議，請依典禮。孝文、孝武、孝宣皆以功德茂盛，爲宗不毁。孝宣尊崇孝武，廟稱世宗。中正大臣夏侯勝等猶執異議，不應爲宗。至孝成帝，議猶不定。太僕王舜、中壘校尉劉歆，據不可毁，〔二三〕上從其議。古人據正重順，不敢私其君父，若此其至也。後遭王莽之亂，光武受命中興，廟稱世祖。孝明帝聖德聰明，政參文、宣，廟稱顯宗。孝章帝至孝烝烝，仁恩博大，廟稱肅宗。比方前代，得禮之宜。自此以下，政事多舋，權移臣下，嗣帝殷勤，各欲褒崇至親而已。〔二四〕臣下懦弱，莫能執夏侯之直。〔二五〕今聖朝遵古復禮，以求厥中，誠合事宜。元帝世在第八，光武世在第九，故以元帝爲考廟，尊而奉之。孝明遵述，亦不敢毁。孝和以下，穆宗、恭宗、敬宗、威宗之號，〔二六〕皆宜省去。五年而再殷祭，合食于太祖，〔二七〕以遵先典。」議遂施行。四時所祭，高廟一祖二宗，及近帝四，凡七帝。

魏文帝受禪，追尊大父曰大皇帝，諱嵩，後漢太尉大長秋曹騰養子也。考曰武皇帝。以洛京宗廟未成，乃祠武帝於建始殿，親執饋奠，如家人禮。按禮，將營宮室，宗廟爲先，庶人無廟，則祭於寢。帝者行之，非禮甚矣。明帝太和三年，又追尊高祖大長秋曰高皇，夫人吳氏曰高皇后，並在鄴廟。〔二八〕之所祠則文帝之高祖處士、沛國譙人曹萌。曾祖高皇、萌之子騰。祖大皇帝共一廟，考太祖武皇帝特一廟，百代不毁，然則所祠止於親廟四室也。其年十一月，洛京廟成，則以親盡遷處士主置園邑，使宗正曹恪持節迎高皇以下神主，〔二九〕共一廟，猶爲四室而已。

景初元年六月，羣公更奏定七廟之制，曰武皇帝肇建洪基，爲魏太祖。文帝繼天革命，爲魏高祖。上集成大命，宜爲魏烈祖。於太祖廟北爲二祧，其左爲文帝廟，號曰高祖昭祧，其右擬明帝，號曰烈祖穆祧。其明帝時見存，〔三〇〕造廟及稱祖，當時之制，非前代舊規也。三祖之廟，萬世不毁。其餘四廟，親盡迭遷，一如周后稷、文、武廟祧之禮。吳孫權不立七廟，以父堅嘗爲長沙太守，乃於臨湘縣立堅廟，依後漢奉南頓故事，令太守奉祠。後又尊堅廟曰始祖廟，而不在京師。又以吳芮冢材爲屋，〔三一〕未之聞也。於建業立兄長沙桓王策廟朱雀橋南。權疾，令太子禱焉。子亮立，明年於宮東立權廟曰太祖廟，既不在宮南，又無昭穆之序。蜀劉備稱帝號於成都，〔三二〕立宗廟。備雖紹代而起，〔三三〕亦未辨繼何帝爲禰，〔三四〕亦無祖宗之號。及劉禪面縛降魏，北地王諶哭於昭烈之廟，〔三五〕則備廟別立也。

晉武帝即位，追尊皇祖宣王爲宣皇帝，伯考景王爲景皇帝，考文王爲文皇帝，權立一廟。初有司奏置七廟，帝重其勞役，權立一廟。後用魏廟追祭征西將軍、名鈞，字升平。章郡府君、鈞之子，名景，章郡太守，字公度。章郡上一字，爲代宗廟諱除也。潁川府君、景之子，名儁，潁川太守，字元異。京兆府君，儁之子，名防，京兆尹，字建公，生宣帝。與宣帝、景帝、文帝爲三昭三穆。羣臣奏曰：「上古清廟一宮，尊遠神祇。逮至周室，制爲七廟，以辨宗祧。聖旨深弘，遠跡上世，捨七代之繁華，尊一宮之遠旨。昔舜承堯禪，受終文祖，遂陟帝位，蓋三十載，月正元日，又格於文祖，此則虞氏不改唐廟。可依虞氏故事，即用魏廟。」奏可。是時宣皇未升，太祖虛位，所以祠六代，與景帝爲七廟。其禮據王肅説。廟制，於中門外之左，通爲屋，四阿。殿制，堂高三尺，隨見廟數爲室，代滿備遷毁。太常博士孫毓議云：「考工記『左祖右社』。

孔子曰：「周人敬鬼神而遠之，近人而忠焉。」禮，諸侯三門，立廟宜在中門外之左。宗廟之制，外爲都宮，內各有寢廟，別有門垣。太祖在北，左昭右穆，次而南。今宜爲殿，皆如古典。」太康元年，靈壽公主修麗祔於太廟。按周漢未有其准，至魏明帝則別立平原主廟，晉又異魏也。六年，廟陷，〔三六〕當改修創，羣臣議奏曰：「古者七廟異所，自宜如禮。」詔又曰：〔三七〕「古雖七廟，自近代以來，皆廟七室，於禮無廢，於情爲敍，亦隨時之宜也。」

東晉元帝上繼武帝，於禮爲禰。如漢光武上繼元帝故事。時西京神主，陷於虜庭，江左建廟，皆更新造。尋登懷帝之主，又遷潁川府君。位雖七室，其實五代。蓋從刁協議以兄弟爲代數故也。於時三祖毀主，權居別室。太興三年，將祭愍帝之主，乃更定制，還復章郡、潁川於昭穆之位。以同惠帝嗣武故事，而惠、懷、愍三帝自從春秋尊尊之義，〔三八〕在廟不替也。元帝崩，則章郡復遷。元帝神位猶在愍帝之下，故有坎室者十也。至明帝崩，而潁川又遷，猶十室也。於時續廣太廟，故三遷主並還西儲，名之曰祧，以準遠廟。成帝咸康五年，〔三九〕始作武悼皇后神主，祔廟，配饗世祖。成帝崩而康帝承統，以兄弟一代，故不遷京兆，始十一室也。康帝崩，穆帝立，京兆遷入西儲，同謂之祧，如前三祖遷主之禮，故正室猶十一也。穆帝崩，而哀帝、海西並爲兄弟，無所登除。咸安之初，簡文皇帝上繼元皇帝，於是潁川、京兆二主復還昭穆之位。簡文崩，潁川又遷。孝武帝太元十六年，〔四〇〕始改作太廟殿，正室十四間，東西儲各一間，合十六間，棟高八丈四尺。備法駕遷神主於行廟，征西至京兆四主及太子太孫，〔四一〕各用其位之儀服。四主不從帝者儀，是與太康異也。及孝武崩，京兆又遷，如穆帝之世四祧故事。

宋武帝即尊位，祠七代爲七廟。永初初，追尊皇考晉陵郡功曹翹，即武帝父。晉陵，本郡。爲孝穆皇帝，〔四二〕皇妣趙氏爲穆皇后。三年，孝懿蕭皇后崩，又祔廟。高祖崩，神主升廟，猶昭穆之序，如魏晉之制，虛太祖之位。文帝元嘉初，追尊所生胡婕妤爲章皇太后，立廟於太廟西。其後，孝武昭太后、明帝宣太后並祔章太后廟。

齊高帝追尊父爲宣皇帝，右軍將軍承之。母爲昭皇后，七廟。蕭子顯曰：「晉用王肅之議，以文、景爲共代，上至征西，其實六也。尋此意，非以兄弟爲後，當以立主之義，可容於七室。及楊元后崩，征西之廟不毀，則知不以元后爲代數。廟有七室，數盈八主。晉太常賀循立議以後，弟不繼兄，故代必限七，主無定數。宋臺初立五廟，以臧后爲代室。就禮而求，亦親廟四矣。若據伊尹之言，必及七代，則子昭孫穆，不列婦人。若依鄭玄之說，廟有親稱，妻者言齊，豈或濫享。且閟宮之德，周七非數，〔四三〕楊元之祀，晉八無傷。今謂之七廟，而止唯六祀，〔四四〕使受命之君，流光之典不足。若謂太祖未登，〔四五〕則昭穆之數何繼，斯故禮官所宜詳也。」

梁武帝受禪，遷神主於太廟，爲三昭三穆，凡六廟。追尊皇考爲文皇帝，丹陽尹，順之。皇妣爲德皇后，廟號太祖。皇祖以上，皆不追尊。擬祖遷於上，而太祖之廟不毁，與親廟爲七，皆同一堂，共庭而別室。

陳依梁制，七廟如禮。初，文帝入嗣，而皇考始興昭烈王廟在始興國，謂之東廟。天嘉中，徙神主祔於梁之小廟，改曰國廟。祭用天子儀。後魏之先，居於漠北，鑿石爲祖宗之廟於烏洛侯國西北。明元帝永興四年，立太祖道武帝廟於白登山。歲一祭，具太牢，帝親奉，無常月。又於白登西，太祖舊遊之處，立昭成、獻明、太祖廟，常以九月十月之交，帝親祭，牲用馬牛羊，又親行貙劉之禮。孝文太和三年六月，親謁七廟。〔四六〕時羣官議曰：「大魏舊事，多不親謁。今陛下孝誠發中，思親執祀。謹按舊章，集爲親拜之儀。」制可。

十五年四月，改營太廟。詔曰：「祖有功，宗有德，後者不得擅祖宗之名，居二祧之廟。今述遵先志，宜制祖宗之號。烈祖有創業之功，代祖有開拓之德，宜爲祖宗，百代不遷。而遠祖平文功未多於昭成，然廟號爲太祖；道武建業之勳，高於平文，廟號爲烈祖。比校似爲未允。朕今奉尊道武爲太祖，與顯祖爲二祧，〔四七〕餘皆以次而遷。平文既遷，廟唯有六，如今七廟，一則無主。唯當朕躬此事，亦臣子所難言。朕以不德，忝承洪緒，若宗廟之靈，獲全首領以没於地，爲昭穆之次，心願畢矣。必不可先設，可垂文示後。」司空長樂王穆亮等奏言：「升平之會，事在於今。推功考德，實如明旨。但七廟之祀，備行日久，無宜闕一，虛有所待。臣等愚謂依先尊祀，可垂文示後。俚衷如此，不敢不言。」八月，詔郡國有時果可薦者，並送京師，以供廟享。其白登山、鷄鳴山廟，唯遣有司行事。十一月，釋禫祭太和廟。帝衮冕，與祭者朝服。丁卯，遷廟之神主於太廟，百官陪從。奉神主於齋車，至新廟。有司升神主於太廟，諸王侯牧守、蕃附等，〔四八〕各以其職來祭。

十六年十月詔：〔四九〕「先王制禮，經綸萬代。白登廟者，有爲而興，昭穆不次。太祖有三層之宇，已降無方丈之室。又常用季秋，躬駕虔祀。今授衣之月，享祭明堂；立冬之始，奉烝太廟。若復齋白登，便爲一月再駕。緬詳二理，謂宜省一。可廢東山之祀，成此二享之敬。可敕有司，但命內典神者，攝行祭事。獻明、道武各有廟稱，可具依舊式。」自太宗諸帝，昔無殿宇，因停之。

十九年，遷都洛邑。二月，詔曰：「太和廟已就，神儀靈主，宜時奉寧。可剋五月奉遷於廟。〔五〇〕其出金墉之儀，一准出代都太和之式。入新廟之典，可依近至金墉之軌。其威儀鹵簿，如出代廟。百官奉遷，宜可省之。但令朝官四品以上、侍官五品以上、宗室奉迎。」

北齊文宣帝受禪，置六廟。獻武以下不毀，以上則遞毀。並同廟而別室。既而遷神主於太廟。文襄、文宣，並太祖之子，文宣初疑其昭穆之次，欲別立廟，衆議不同。至二年秋，始附太廟。五祭同梁制。

後周閔帝受禪，而右宗廟。追尊皇祖爲德皇帝名肱，生泰。父文王爲文皇帝，廟號太

祖。太師周國公，名泰。擬祖以上三廟遞遷，至太祖不毀。其下相承置二昭二穆爲五焉。〔五一〕

明帝崩，廟號代宗，武帝崩，廟號高祖，並爲祧廟不毀。

隋文帝受命，遣兼太保宇文善奉策詣同州，告皇考桓王廟，兼用女巫，同家人禮。追尊號爲武元皇帝，大司空名忠。皇妣爲元明皇后，迎神歸於京師。改立左宗廟。未言始祖，又無受命之祧，自高祖以下，置四親廟，同殿異室。一、皇高祖太原府君廟，二、皇曾祖康王廟，三、皇祖獻王廟，四、皇考太祖武元皇帝廟。擬祖遷於上，而太祖之廟不毀。至煬帝，立七廟。太祖、高祖各一殿，〔五二〕准周文、武二祧，與始祖而三。餘並分室而祭。始及祧之外，從迭毀之法。時禮部侍郎許善心等議：「案周制，自太祖以下，各別立廟，至於禘祫，皆食於太祖。是以前漢亦隨處而立。後漢光武新平寇亂，務從省約，乃總立一堂，而羣主異室。自此以來，因循不變。今請立七廟。」詔可。既營洛邑，後有司奏，請於東京建立宗廟。帝謂祕書監柳䛒曰：「今始祖及二祧已具，今後子孫，處朕何所？」〔五三〕又下詔，准議別立高祖之廟，屬有行役，復寢。

大唐武德元年，追尊高祖曰宣簡公，曾祖曰懿王，祖曰景皇帝，考曰元皇帝，法駕迎神主，祔於太廟，始享四室。

貞觀九年，高祖崩，增修太廟。中書侍郎岑文本議曰：「祖鄭玄者則陳四廟之制，述王肅者則引七廟之文，貴賤混而莫辨，是非紛而不定。春秋穀梁傳及禮記王制祭法禮器、孔子家語，並云『天子七廟，諸侯五廟，大夫三廟，士一廟』。尚書咸有一德曰『七世之廟，可以觀德』。至於孫卿、孔安國、劉歆、班彪父子、孔晁、虞喜、干寶之徒，商較今古，咸以爲然。故其文曰『天子三昭三穆，與太祖之廟而七』。是以晉、宋、齊、梁，皆依斯義，立親廟六，豈非有國之茂典，不刊之休烈乎！〔五四〕然若使違羣經之正說，從累代之疑議，背子雍之篤論，遵康成之舊學，則天子之禮，下逼於人臣，諸侯之制，上僭於王者，非所謂尊卑有序，名位不同者也。臣等參詳，請依晉宋故事，立親廟六，其祖宗之制，式遵舊典。」制從之。於是增修太廟，始崇祔弘農府君及高祖神主，〔五五〕并舊四室爲六室。

太宗崩，遷弘農府君神主於夾室，太宗神主祔太廟。高宗崩，神主祔太廟，又遷宣皇帝神主於夾室。

睿宗垂拱四年正月，〔五六〕又於東都立高祖、太宗、高宗三廟，四時享祀，如京廟之儀。別立崇先廟以享武氏祖考。武太后又令議崇先廟室數，所司議，遂止。博士周悰請立七廟，其皇家太廟，請減爲五室。春官侍郎賈太隱奏曰：「秦漢太后臨朝稱制，並據禮經正文，天子七廟，諸侯五廟。今周悰別引浮議，廣述異文，直崇權儀，〔五七〕不依常度。其崇先廟，合同諸侯之數，〔五八〕國家宗廟不可移變。」太后遂止。既革命稱帝，改大唐京太廟爲享德廟，四時唯享高祖以下三室，餘四室閉其門，廢享祀之禮。又於東都改制太廟爲七室，祔武氏七代神主。又改京崇先廟爲崇尊廟，〔五九〕其享祀如太廟之儀。仍改太廟署爲清廟臺，加官員，崇其班秩。

神龍元年，改享德廟依舊爲京太廟。遷武氏七廟神主於西京崇尊廟。東都置太廟，以景皇帝爲太祖，廟崇六室。

時太常博士張齊賢建議曰：「始封之君，謂之太祖。太祖之廟，百代不遷，商之玄王、周之后稷是也。但商自玄王以後，十有四代，至湯而有天下。周自后稷以後，十有七代，至武王而有天下。其間代數既遠，遷廟親廟皆出太祖之後，〔六〇〕故得合食有序，尊卑不差。其後漢高受命，無始封祖，即以高祖皇帝爲太祖。魏武創業，文帝受命，亦以武帝爲太祖。晉宣創業，武帝受命，亦以宣帝爲太祖。宇文以文皇帝爲太祖，隋室以武元皇帝爲太祖。國家景皇帝始封唐公，實爲太祖。中間代數既近，列在三昭三穆之內，故皇家太廟，唯有六室。其弘農府君、宣光二帝，尊於太祖，親盡則遷，不在昭穆合食之數。奉敕『七室以下，依舊號尊崇。』續又奉敕『既立七廟，須尊崇始祖，速令詳定』者。伏尋禮經，始祖即太祖，太祖之外，更無始祖。後周太祖之外，以周文王爲始祖，不合禮經。或有引白虎通義云『后稷爲始祖，文王爲太祖，武王爲太宗』，及鄭玄注詩雍序云〔六一〕『太祖謂文王』以爲說者。其義不然。何者？彼以禮『王者祖有功而宗有德，周人祖文王而宗武王』，以謂文王爲太祖耳，非祫祭羣主合食之太祖。今議者，或有欲立涼武昭王爲始祖者，殊爲不可。何者？昔在商周，稷、卨始封，湯武之興，祚由稷、卨，故以爲太祖，即皇家之景帝是也。涼武昭王勳業未廣，後主失守，國土不傳。景皇始封，實本明命。今乃捨封唐之盛烈，崇西涼之遠構，〔六二〕求之前古，實乖典禮。魏氏不以曹參爲太祖，晉氏不以殷王卬爲太祖，宋氏不以楚元王爲太祖，齊、梁不以蕭何爲太祖，陳、隋不以胡公、楊震爲太祖，則皇家安可以涼武昭王爲太祖乎？漢之東京，大議郊祀，多以周郊后稷，漢當郊堯。唯杜林議，獨以爲『周室之興，祚由后稷。漢業特起，功不緣堯。祖宗故事，所宜因循。』竟從林議。又傳稱『欲知天上，事問長人』，以其近之。武德、貞觀之時，去涼武昭王，蓋亦近於今矣。當時不立者，不可立故也。今既年代寖遠，方復立之，實恐景皇失職而震怒，武昭虚位而不荅，非社稷之福也。請准敕加太廟爲七室，享宣皇帝以備七代。其始祖不合别有尊崇。」

太常博士劉承慶議曰：「夫太祖以功建，昭穆以親崇，有功百代而不遷，親盡七葉而當毁。或以太祖代淺，廟數非備，更於昭穆之上，遠立合遷之君，曲從七廟之文，深乖迭毁之制。景皇帝濬德基唐，代數猶近，號雖崇於太祖，親尚列於昭穆，〔六三〕且臨六室之位，未申七代之尊。是知太廟當六，未合有七。故先朝唯有宣、光、景、元、神堯、文武六代親廟。大帝登遐，神主升祔於廟室，以宣皇帝代數當滿，准禮復遷。今止有光皇帝以下六代親廟，非是天子之廟數不當有七，本由太祖有遠近之異，故初建有多少之殊。宣皇既非始祖，又廟無祖宗之號，親盡既遷，其廟不合重立。恐違王制之文，不合先朝之旨。光崇六室，不虧古義。」

時有制，令宰臣更加詳定。禮部尚書祝欽明等奏言：「張齊賢以始同太祖，〔六四〕不合更祖昭王；劉承慶以王制三昭三穆，不合重崇宣帝。臣等商量，請依張齊賢以景皇帝爲太祖，依劉承慶尊崇六室。」制從之。

三年，改武氏崇尊廟爲崇恩廟，依天授時享祭。其廟齋郎將用五品子，後却止。時武三思用事，密令安樂公主諷中宗，故有此制。尋又特令崇恩廟齋郎取五品子充。〔六五〕太常博士楊孚奏曰：〔六六〕「太廟齋郎只取七品子。〔六七〕今崇恩廟既取五品子，太廟齋郎作何等級？」帝曰：「亦准崇恩。」孚曰：「宗恩爲太廟之臣，以臣准君，猶爲僭逆，以君准臣，天下疑懼。」乃止。

睿宗廢崇恩廟。

開元四年，改題則天神主云「則天皇后武氏」。太常卿姜皎復與禮官上言曰：「今太廟中則天皇后配高宗題云『天后聖帝武氏』。神龍之初，已去帝號。岑羲不閑正禮，〔六八〕復題帝名，恐非通典。請直題云『則天皇后武氏』。」〔六九〕從之。

十年，制移中宗神主就正廟，仍創立九室。其後制獻祖、懿祖、太祖、代祖、高祖、太宗、高宗、中宗、睿宗太廟九室也。中宗、睿宗，兄弟相繼。孫平子上書論之。具兄弟昭穆篇中。

二十三年正月，赦文：〔七〇〕「宗廟致享，務在豐潔。禮經沿革，必本人情。籩豆之薦，或未能備物。宜令禮官學士詳議具奏。」太常卿韋縚奏：「宗廟之奠，每座籩豆各加十二。又酒爵制度全小，僅無一合，執持甚難，請稍令廣大。」付尚書省集衆官詳議。

太子賓客崔沔議曰：「竊聞識禮樂之情者能作，知禮樂之文者能述。述作之義，聖賢所重，禮樂之本，古今所崇，變而通之，所以久也。所謂變者，變其文也；所謂通者，通其情也。祭禮之興，肇於太古，人所飲食，必先嚴獻。未有火化，茹毛飲血，則有毛血之薦；未有麴糵，汙樽抔飲，則有玄酒之奠。施及後王，禮物漸備，作爲酒醴，伏其犧牲，〔七一〕以致馨香，以極豐潔，故有三牲八簋之盛，五齊九獻之殷。然以神道至玄，可存而不能測也，〔七二〕祭禮至敬，〔七三〕可備而不可廢也，是以毛血腥爓，玄罇犧象，靡不畢登於明薦矣。然而薦貴於新，味不尚褻，雖則備物，猶存節制，故禮云『天之所生，地之所長，苟可薦者，莫不咸在』。備物之情也。又曰『三牲之俎，八簋之實，美物備矣；昆蟲之異，草木之實，陰陽之物備矣』。此節制之文也。〔七四〕鉶俎籩豆，簠簋罇罍之實，皆周人之時饌也，其用通於讌饗賓客，而周公制禮，咸與毛血玄酒，同薦於先。晉中郎盧諶，近古知禮者也。著家祭禮，〔七五〕皆晉時常食，不復純用舊文。然則當時飲食，不可闕於祀祭明矣，是變禮文而通其情也。我國家由禮立訓，因時制範，考圖史於前典，稽周漢之舊儀。清廟時享，禮饌畢陳，用周制也而古式存焉；園寢上食，時膳具設，遵漢法也而珍味極焉。職貢來祭，致遠物也；有新必薦，順時令也。苑囿之內，躬穡所收，蒐狩之時，親發所中，莫不割鮮擇美，薦而後食，盡誠敬也。若此至矣，復何加焉？但當申敕祭如神在，毋或簡怠，增舃虔誠。其進珍羞，或時鮮美，考諸祠典，有所漏略，〔七六〕皆詳擇名目，編諸甲令，因宜而薦，以類相從，則新鮮肥醲盡在是矣，不必加於籩豆之數也。至於祭器，隨物所宜。故太羹，古食也，盛於㽅；㽅，古器也。和羹，時饌也，盛於鉶；鉶，時器也。亦有古饌而盛於時器，故毛血盛於盤，玄酒盛於罇。未有薦時饌而追用古器者。古質而今文，便於事也。雖加籩豆十二，未足以盡天下美物，而措諸清廟，有兼倍之名，近於侈矣。又據漢書藝文志，墨家之流，出於清廟，是以貴儉。由此觀之，清廟之不尚於奢，舊矣。太常所請，恐未可行。又稱『酒爵全小，須加廣大』。竊據禮文，有以小爲貴者，獻以爵，貴其小也。小不及制，敬而非禮，是有司之失其傳也。固可隨失釐正，無待議而後革。未知今制，何所依准，請兼詳令式，據文而行。」

上曰：〔七七〕「享祀實思豐潔，不應法制者，亦不可用。」於是更令太常量加品味。韋縚又請「每室加籩豆各六，每四時異品，以當時新果及珍羞同薦」。制可之。又酌獻酒爵，上令用龠升一升，〔七八〕合於古義，而多少適中。自是常依行焉。

天寶三載詔：「頃四時有事於太廟，兩京同日告享。雖卜吉辰，俱遵上日，而義深如在，禮或有乖。自今以後，兩京宜各別擇吉日告享。」

五載詔：「祭神如在，傳諸古訓，以多爲貴，著自禮經。膟膋之儀，蓋昔賢之尚質；甘旨之品，亦孝子之盡誠。既切因心，方資變禮。〔七九〕其以後享太廟，宜料外每室加常食一牙盤。仍令所司，務盡豐潔。」

九載七月，制曰：「承前有事宗廟，皆稱告享。茲乃臨下之辭，頗虧尊上之義。静言斯稱，殊未爲允。自今以後，每親告獻太清太微宮，改爲朝獻，有司行事爲薦獻。親告享廟，改爲朝享，有司行事爲薦享。親巡陵改爲朝拜，有司行事爲拜陵。應緣諸事告宗廟者，並改爲奏。其郊天后土及諸祝文云『敢昭告』者，並改爲『敢昭薦』。」乾封元年，詔曰：「每惟宗廟至敬，虔誠祼享，而二等一奠，惟有未安。〔八〇〕思革舊章，用崇嚴配。自今以後，宗廟薦享爵及簠簋甑鉼，各宜別奠。其餘牢饌，〔八一〕並依恒典。」貞元九年十一月九日，謁太廟，有敕：「至廟行禮，不得施褥。至敬之所，自合履地而行。南郊亦宜准此。」

后妃廟 周 魏 東晉 宋 齊 梁 大唐

周祭先妣之廟，姜嫄履大人跡，感神靈而生后稷，是周之先母也。周立廟自后稷爲始祖，而姜嫄無所配，是以特立廟祭之，謂之閟宮。閟，神之。〔八二〕四時薦。禘祫與七廟皆祭。樂奏夷則，歌小吕，〔八三〕舞大濩。夷則，陽聲次五，小呂爲之合。

魏文思后依周姜嫄廟禘祫。高堂隆議。文帝甄后賜死，故不列廟。明帝即位，有司奏請追謚曰文昭皇后，使司空王朗持節奉策告祠於陵。時三公又奏曰：「自古周人歸祖后稷，〔八四〕又特立廟以祀姜嫄。今文昭皇后於後嗣，聖德至化，豈有量哉！夫以皇家世妃之尊，神靈遷化，而無寢廟，非以報顯德，昭孝敬也。宜依周禮，別立寢廟。」太和元年二月，立廟於鄴。四月，洛邑初營宗廟，掘地得玉璽，方一寸九分，其文曰「天子羨思慈親」。明帝爲之改容，以太牢告廟。景初元年十二月，有司又奏：文昭皇后立廟京師，永傳享祀，樂舞與祖廟同，廢其在鄴廟。

東晉元帝初爲晉王，妃虞氏先亡。王導與賀循書，論虞廟元帝爲琅琊王，納虞氏爲妃，永嘉中亡，帝爲晉王，追謚爲后。而元帝子明帝自有母，時以此疑，故比兄弟昭穆之義也。云：「王所崇惜者體也，未敢當正位入廟及毁廢之數，〔八五〕不知便可得爾不？」循答曰：「漢光武於屬，以元帝爲父，故於昭穆之敍，便居成帝之位，而遷成帝之主於長安高廟。今聖上於惠帝爲兄弟，亦當居惠帝之位，而上繼武帝，惠帝亦宜別廟，則虞妃廟位，當以此定。」導又云：「戴若思欲於太廟立后別室。」循答曰：「愚以尊王既當天之正統，而未盡宸居之極稱，既名稱未極，更於事宜爲難。或謂可立別廟，使進退無犯。意謂以尊意所重施於今，宜如有可爾理。若全尊尋備，昭穆既正，則俯從定位，亦無拘小別。然非常禮，無所取准。於名則未滿，於禮則變常。竊以戴所斟酌，於人情爲未安。」

宋孝武大明二年，有司奏，皇代殷祭，無事於章太后。博士孫武議：「祭統曰：『有事於太廟，則羣昭羣穆咸在，不失其倫。』殷祀是合食太祖而序昭穆。〔八六〕章太后既屈於上，不列正廟。〔八七〕若迎主入太廟，既不敢配列於正序，又未聞於昭穆之外別立爲位。章太后廟，四時享薦，雖不於孫止，若太廟禘祫，獨祭別宮，與四時烝嘗不異，則非禘大祭之義，又無取於祫合食之文。謂不宜與太廟同殷祭之禮也。」詔曰：「章皇太后追尊極號，禮同七廟，豈容獨闕殷薦，隔茲盛祀？閟宮遥祫，既行有周，魏晉從饗，式範無替。宜述附前典，以宣情敬。」博士王燮之議：〔八八〕按禘祫小廟，〔八九〕禮無正文，求之情例，如有可准。推尋祫之爲名，雖在合食，而祭典之重，於此爲大。〔九〇〕夫以孝享親，尊愛罔極，既殷薦於太祖，亦致盛祀於小廟。譬有事於尊者，可以及卑。故魏高堂隆所謂猶以祫故而祭之也。是以魏之文思，晉之宣后，雖不並序於太廟，〔九一〕而猶均禘於姜嫄，其意如此。又徐邈所引四不祫，就而祭之，以爲別饗之例，斯其證矣。愚謂章太后廟，亦宜殷薦。」從之。

七年，詔立宣貴妃廟。時有司奏：「故宣貴妃既加殊禮，未詳應立廟不？」虞龢議曰：「婚義云『后立六宮』，后之有三妃，猶天子之有三公也。三公既尊於列國諸侯，三妃亦貴於庶邦夫人。據春秋，仲子得考彼別宮。今貴妃理應立此新廟。」詔可。龢音禾。〔九二〕其祀禮，王親執奠爵。有故，三卿行事。時有司又奏言：「新安王服宣貴妃齊衰周，十一月練，〔九三〕十三月縞，十五月禫，心喪三年。未詳宣貴妃祔廟在何時？〔九四〕入廟之日，當先有祔，爲但即入新廟而已？若在大祥未及禫中入廟者，〔九五〕遇四時便得祭不？又新安王在心制中，得親奉祭不？」左丞徐爰議以：「禮有損益，古今異儀。春秋傳雖云卒哭而祔，祔而作主，代之諸侯，皆禫終入廟。且麻衣縓緣，革服於元嘉；苫絰變除，申情於皇宋。〔九六〕況宣貴妃誕育叡蕃，〔九七〕葬加殊禮，靈筵廬位，皆主之哲聖，〔九八〕考宮創祀，不復問之朝廷。〔九九〕謂禫除之後，宜親執奠爵，王若有故，〔一〇〇〕三卿行事。」詔可。緦音七絹反。

明帝泰始二年，〔一〇一〕昭太后崩。有司奏：「太后於至尊無親，上特制義服。祔廟之禮，下禮官詳議。」乃躋新祏于上位，其祭使有司行禮。博士王略等奏：「昭皇太后正位母儀，尊號允著，祔廟之禮，宜備彝典則。愚謂神主應入章后廟。又宜依晉元皇之於愍帝，安帝之於永安后，祭祀之日，不親執觴爵，使有司行事。」時太宗宣后已祔章太后廟，〔一〇二〕虞龢議以爲：「春秋之義，庶母雖名同崇號，而實異正嫡。是以猶考別宮，而公子主其祀。今昭皇太后既非所生，益無親奉之理。周禮宗伯職云『若王不與祭，則攝位』，然則使有司行其禮。又婦人無常秩，各以夫爲定，夫亡以子爲次。昭皇太后即正位於前，宣太后追尊在後，以次序而言，宜躋祏于上位。」〔一〇三〕詔可。六月，有司奏：「七月嘗祠二廟，依舊車駕親奉。孝武皇帝室，至尊親進觴爵。又昭皇太后室應拜，〔一〇四〕及祝文稱皇帝。御名。又皇后今月二十五日虔見於禰，拜孝武皇帝、昭皇太后。並無明文。」禮官議曰：「今上既纂嗣文皇，於孝武進拜而已。觴爵使有司行事。昭皇太后祝文稱皇帝。御名。孝武、昭皇太后二室，廢薦告。」

後廢帝元徽二年十月丙寅，有司奏：至尊親祠太廟文皇帝太后廟之日，孝武皇帝及昭皇太后，雖親非正統，而嘗經北面，〔一〇五〕宜執孝武皇帝觴爵，昭皇太后依舊三公行事。左丞孫緬議：「晉代祖宗孝宗、顯宗、烈宗、肅宗，並是晉帝之伯，今朝明准，而初無有司行事之文。愚謂主上親執孝武皇帝觴爵，有愜情敬。皇太后君母之貴，見尊一時，與章、宣二廟同享閟宮，非惟不可躬奉，乃宜議其毀替。請且依舊，三公行事。」從之。

齊明帝建武二年，有司奏遷景懿后於新廟。車服之儀，乘重翟車，服之褘衣，首飾以覆。侍中、散騎常侍、黃門侍郎、散騎侍郎各二人，分從前後部，同於王者。內職有女尚書、女長御啟引。

梁武帝立小廟。太祖、太夫人廟也。非嫡，故別立廟。皇帝每祭太廟訖，乃詣小廟，亦以一太牢，如太廟禮。

大唐立肅明皇后廟，時享，有司行事。如開元禮。

皇太子及皇子宗廟東晉　大唐

東晉孝武帝太元六年，詔曰：「亡大兄以司馬珣之爲國後，祭禮何儀？」〔一〇六〕博士江熙議：「穀梁傳云『公子之重，視大夫』，則王子一例也。請皇子廟祭，〔一〇七〕用大夫禮，三廟。博士沈寂等議：「禮，大夫三廟，無貴賤之別，然則上至皇子，下及陪臣，其禮無二。」牲用少牢。若繼嗣之身未准大夫，祭用士禮。按會稽王嗣子，即簡文帝長子。博士沈寂等議：「會稽王嗣子既以疾廢，當降從之公子，則皆如大夫，牲用少牢。」宜權立行廟，告嗣，而後迎繼嗣之身。江熙議：「皇子雖有廟，然無子不立廟，故詔使立後，烝嘗之祀，稱『皇帝有命，命某繼嗣』。」博士沈寂議：「皇子依如大夫禮，應立後，宜先告，權爲行廟。告，於禮無文。准先立廟告嗣，〔一〇八〕而後迎繼嗣之身。案禮，君薨嗣子生，太祝裨冕告於殯。〔一〇九〕既葬嗣子生，祝告於禰。〔一一〇〕明夫宗廟者，神靈之所宅，是以存亡吉凶必先告於廟，古今不革之制，三代不易之典。豈有興滅繼絕，傳祀百代，而誣亡者之靈，疑告生之義耶？〔一一〕緣情依禮，謂宜先告於靈，後迎於子。」〔一二〕庾蔚之謂：「嗣子以無子不廟，今有嗣子，〔一三〕乃立廟耶？告生者是先自有廟，不得引以爲例。」

大唐開元三年，右拾遺陳貞節以諸太子廟不合守供祀享，上疏：「伏見章懷太子等四廟，遠則從祖，近則堂昆，並非有功於人，立事於代，而寢廟相屬，獻祼連時，事不師古，以克永代，臣實疑之。今章懷太子等乃以陵廟，分署官寮，八處修營，四時祭享，物須官給，人必公糧，〔一四〕合樂登歌，咸同列帝。謹按周禮，始祖以下，猶稱小廟，未知此廟，厥名維何？臣謂八署司存，〔一五〕員寮且省，四時祭祀，供給咸停。臣又聞磐石維城，既開封建之典；別子爲祖，非無大小之宗。其四陵廟等應須祭祀者，並令承後子孫，自修其事。崇此正典，冀合禮經。」上令有司集禮官及羣臣詳議奏聞。

駕部員外郎裴子餘議曰：「謹按前件四廟等，並前皇嫡胤，〔一六〕殞身昭代，聖上哀骨肉之深，錫烝嘗之享，憲章往昔，垂範將來。昔嫄廟列周，戾園居漢，並位非七代，置在一時，斯並前代宏規，後賢令範。又按春秋，狐突適下國，遇太子，使登僕，曰：『予將以晉畀秦，秦將祀予。』此則太子之言，無後明矣。對曰：『神不歆非類，人不祀非族，君祀無乃殄乎！』此則晉有其祀，立廟必矣。又定公元年，立煬宮。經傳更無異說。鄭玄注云：『煬公，伯禽之子，季氏禱而立其宮也。』考之漢儲晉嫡則如彼，言乎周廟魯宮則如此，豈可使晉求秦祀，戾匪漢思？〔一一七〕求枉者深，所直者鮮，黷神慢禮，理必不然。且尊以儲后，位絶諸侯，謚號既崇，官吏有典。去羊存朔，非理所安，狥利忘禮，何以爲國。」

太常博士段同泰議曰：「伏據隱太子等，皆稟殊恩，式創陵寢。一羞蘋藻，〔一一八〕驟移檀柘，豈非睦親繼絶，悼往推恩者歟！況漢置戾園，晉循虞祀，書稱咸秩，禮紀百神，紛綸葳蕤，可略言矣。隱太子等並特降絲綸，别營祠宇，義殊太廟，恩出當時。借如逝者之錫蘋蘩，亦猶生者之開茆土，寵章所及，誰謂非宜？且自古帝王，封建子弟，〔一一九〕寄以維城之固，咸登列郡之榮，〔一二〇〕豈必有功於人，立事於代？生者曾無異議，逝者輒此奏停，雖存没之跡不同，而君親之恩何别！此則輕重非當，情禮不均，神道固是難誣，人情孰云其可。」

開元二十二年七月敕：「贈太子頃年官爲立廟，并致享祀，雖欲歸厚，而情且未安。烝嘗之時，子孫不及，若專令官祭，是以疏間親，遂此爲常，豈云教孝。其諸贈太子有後者，但官置廟，各令子孫自主祭，其署及官悉停。若無後者，宜依舊。」

上元二年二月，禮儀使、太常卿杜鴻漸奏：「讓帝七廟等，請停四時享獻。每至禘祫之月，則一祭焉。樂用登歌一部，牲獻罇俎之禮，同太廟一室之儀。」

校勘記

〔一〕以始祖而五　「以」原作「與」，據北宋本、傅校本、遞修本、明抄本、明刻本、王吳本改。

〔二〕殷制六廟　「六」原訛「太」，據禮記王制鄭注及北宋本、傅校本改。

〔三〕顯明也　原脱，據禮記祭法鄭注補。

〔四〕按玄注王制據禮緯元命苞云唐虞五廟殷六廟周七廟　孔穎達禮記正義謂鄭玄據禮緯稽命徵及鉤命決爲説，此誤爲元命苞。

〔五〕不及文武　「不」原訛「下」，據北宋本改。

〔六〕是爲三祧　「三」原訛「二」，據禮記王制孔穎達正義及北宋本、傅校本改。

〔七〕嫡子嫡孫嫡曾孫嫡玄孫嫡來孫　原脱「嫡曾孫嫡玄孫嫡來孫」，據禮記祭法補。

〔八〕一人發爵　原脱「一人」，據禮記王制孔穎達正義引馬昭説補。

〔九〕何以爲降殺哉　「降」原作「隆」，據北宋本、傅校本、遞修本、明抄本改。

〔一〇〕當須逆數成　「逆」北宋本作「迭」。

〔一一〕至宣帝本始二年　「本」原訛「太」，宣帝年號爲本始，今改。

〔一二〕凡言便殿便室者　原脱下「便」字，據漢書韋賢傳顔注三一一六頁補。

〔一三〕宗廟一歲十二祠又每月一太牢如閏加一祠與此共二十五祠也　「十二」原訛「十三」，又脱「又每月一太牢」。據漢書韋賢傳晉灼注三一一六頁改補。

〔一四〕三十一所　漢書韋賢傳三一一六頁無「一」字。

〔一五〕養犧卒　「犧」原作「牲」，據北宋本、傳校本、遞修本、明抄本改。按：漢書韋賢傳三一一六頁作「養犧牲卒」。

〔一六〕孝宣皇帝　原脱「皇」，據傳校本、明抄本、明刻本、王吳本補。

〔一七〕禘者各當其廟至父子易號序也　此七十四字，原作「祫祭者，毀廟與未毀廟之主皆合食於太祖，父爲昭，子爲穆，孫復爲昭，古之正禮也。祭法曰：『王者禘其祖所自出，以其祖配之，而立四廟。』立親廟四，親親也。親盡而迭毀，親疏之殺，示有終也」。明刻本、殿本同。今據北宋本、傳校本、遞修本、明抄本、王吳本改。按：觀北宋、傳校等本，知杜佑於此乃節引韋玄成奏議而隨文施注，明刻本之校刻者，僅見其與漢書韋奏不盡合，即據彼妄予删增，遂失原貌，而殿本、局本誤沿之。又按：「王者禘其祖所自出，以其祖配之而立四廟」一語，兩見于喪服小記和大傳，明刻本、殿本、局本冒以「祭法曰」，非；韋賢傳冠以「祭義曰」，或古本祭義亦有此語歟？

〔一八〕諫大夫尹更始　「諫」下衍「議」，「更」上脱「尹」，據漢書韋賢傳三一一九頁删補。按：傳校本、明抄本、王吳本有「尹」，北宋本、遞修本有「尹」無「更」。

〔一九〕濟北愍王王祖穆廟　下「王」原訛「玉」，據漢書韋賢傳、王莽傳四一六二頁及北宋本、傳校本、遞修本、明抄本改。

〔二〇〕濟南伯王尊禰昭廟　「禰」原訛「祖」，據漢書王莽傳四一六二頁改。

〔二一〕當除今親廟四　原脱「當除」，據後漢書祭祀志下三一九三頁補。

〔二二〕始祖之廟　「始」原訛「世」，據後漢書祭祀志下劉昭注引三一九九頁及北宋本改。

〔二三〕據不可毁　原「據」下有「經傳義處」四字，後人臆增，今據後漢書祭祀志下劉昭注引三一九九頁及北宋本、傅校本删。

〔二四〕褒崇至親而已　原脱「已」，據後漢書祭祀志下劉昭注引三一九九頁及北宋本、傅校本、遞修本、明抄本、王吴本補。

〔二五〕莫能執夏侯之直　「能」原作「敢」，據後漢書祭祀志下劉昭注引三一九九頁及北宋本、傅校本、遞修本、明抄本改。

〔二六〕穆宗恭宗敬宗威宗之號　原脱「恭宗敬宗」，後漢書同。標點本後漢書祭祀志下三一九九頁據盧文弨校補。今從補。

〔二七〕合食于太祖　「合」原訛「祫」，據後漢書祭祀志下三一九九頁及北宋本、傅校本改。

〔二八〕並在鄴廟　「在」原訛「生」，據諸本改。

〔二九〕迎高皇以下神主　「皇」原訛「祖」，據三國志魏書明帝紀九六頁、晉書禮志上六〇一頁改。按：上文亦作「高皇」。

〔三〇〕其明帝時見存　「存」原作「在」，據北宋本、傅校本、遞修本、明抄本、明刻本、王吴本改。

〔三一〕以吴芮冢材爲屋　「冢」原訛「家」，據宋書禮志三四四五頁及北宋本、傅校本改。

〔三二〕蜀劉備稱帝號於成都　「蜀」原訛「獨」，據北宋本、傅校本改。

〔三三〕備雖紹代而起　「紹代」原倒，據宋書禮志三四四六頁乙。

〔三四〕亦未辨繼何帝爲禰　「禰」原訛「稱」，據宋書禮志三四四六頁及傅校本改。

〔三五〕北地王諶哭於昭烈之廟　原脱「北地王諶」，據宋書禮志三四四六頁補。

〔三六〕六年廟陷　標點本宋書禮志三校勘記二一五條四五九頁指出，據晉書武帝紀，太廟之壞在太康八年正月。

〔三七〕詔又曰　原脱「詔」，據晉書禮志上六〇三頁補。

〔三八〕春秋尊尊之義　下「尊」原訛「卑」，據晉書禮志上六〇四頁改。

〔三九〕成帝咸康五年　「五」晉書禮志上六〇四頁作「七」。

〔四〇〕孝武帝太元十六年　「六」原訛「二」，據晉書孝武帝紀二三八頁、禮志上六〇七頁改。

〔四一〕征西至京兆四主及太子太孫　原脱「太子」，據晉書禮志上六〇七頁補。

〔四二〕永初初追尊皇考爲孝穆皇帝　原脱一「初」，脱「穆」，據宋書禮志三四四九頁補。

〔四三〕周七非數　「周」原訛「用」，據南齊書禮志上一三一頁改。

〔四四〕而止唯六祀　「止」南齊書禮志上一三一頁作「上」，義長。

〔四五〕若謂太祖未登　「祖未」原訛「廟齊」，據南齊書禮志上一三一頁及北宋本、傅校本改。

〔四六〕孝文太和三年六月親謁七廟　「三年六月」，魏書禮志一二七四〇頁作「六年十一月」。

〔四七〕與顯祖爲二祧　原脱「與」，據魏書禮志一二七四八頁補。

〔四八〕諸王侯牧守　「王侯」原倒，據魏書禮志一二七四九頁乙。

〔四九〕十六年十月詔　原脱「十六年」，據魏書禮志一二七五〇頁補。

〔五〇〕可剋五月奉遷於廟　「五月」，魏書禮志一二七五一頁作「三月三日己巳」。

〔五一〕其下相承置二昭二穆爲五焉　原脱「二昭」，據隋書禮儀志二一三六頁補。

〔五二〕太祖高祖各一殿　原脱「高祖」，據隋書禮儀志二一三九頁補。

〔五三〕處朕何所　原脱「朕」，據隋書禮儀志二一三九頁補。

〔五四〕豈非有國之茂典不刊之休烈乎　原脱「非」，據舊唐書禮儀志五九四三頁、唐會要卷一二、文苑英華卷七六三補。

〔五五〕始崇祔弘農府君及高祖神主　原脱「祔」，據舊唐書禮儀志五九四三頁、唐會要卷一二補。

〔五六〕睿宗垂拱四年正月　通考卷九三作「武太后垂拱四年」。通典標睿宗者，蓋不承認武則天政權耳。

〔五七〕直崇權儀　「儀」原訛「議」，據舊唐書禮儀志五九四四頁及北宋本、傅校本改。

〔五八〕合同諸侯之數　「合」原訛「今」，據舊唐書禮儀志五九四五頁及北宋本、傅校本改。

〔五九〕又改京崇先廟爲崇尊廟　「又」原訛「及」，據舊唐書禮儀志五九四五頁及北宋本改。

〔六〇〕遷廟親廟皆出太祖之後　原脱下「廟」，據舊唐書禮儀志五九四七頁、唐會要卷一二、文苑英華卷七六三補。

〔六一〕鄭玄注詩雍序云　原脱「雍」，據舊唐書禮儀志五九四六頁、唐會要卷一二、文苑英華七六三補。

〔六二〕崇西涼之遠構　「構」原作「搆」，據舊唐書禮儀志五九四七頁、唐會要卷一二、通考卷九三改。

〔六三〕親尚列於昭穆　「尚」原訛「上」，據舊唐書禮儀志五九四八頁、唐會要卷一二、文苑英華卷七六三、通考卷九三改。

〔六四〕張齊賢以始同太祖　殘宋本册府卷五八七作「張齊賢以景帝始封爲唐太祖」。

〔六五〕尋又特令崇恩廟齋郎　原脱「特」，據舊唐書禮儀志五九四九頁及北宋本、傅校本、遞修本、明抄本、王吴本補。

〔六六〕太常博士楊孚奏曰　「孚」原作「浮」，據舊唐書禮儀志五九四九頁改。下同。

〔六七〕只取七品子　「只」原作「唯」，據北宋本、傅校本、遞修本、明抄本改。

〔六八〕不閑正禮　舊唐書禮儀志五九五一頁、册府卷五八八七〇二八頁作「不閑政體」。

〔六九〕請直題云則天皇后武氏　「直」原訛「宜」，據舊唐書禮儀志五九五一頁及北宋本、傅校本改。

〔七〇〕二十三年正月赦文　「三」舊唐書禮儀志五九六九頁、唐會要卷一七作「二」。「赦」舊唐書作「制」，唐會要作「勑」。

〔七一〕伏其犧牲　「伏」原訛「嚴」，據文苑英華卷七六四及北宋本、傅校本、遞修本、明抄本改。

〔七二〕可存而不能測也　「能」唐會要卷一七、唐文粹作「可」。

〔七三〕祭禮至敬　「至」原作「致」，據唐會要卷一七、文苑英華卷七六四及北宋本、傅校本改。

〔七四〕此節制之文也　原脱「此」，據文苑英華卷七六四及北宋本、傅校本、遞修本、明抄本、王吴本補。

〔七五〕著家祭禮　原「家」下衍「廟」，據唐會要卷一七、文苑英華卷七六四及北宋本、傅校本删。

〔七六〕有所漏略　「有所」，唐會要卷一七作「無有」。

〔七七〕上曰　「曰」原訛「日」，據舊唐書禮儀志五九七三頁、唐會要卷一七改。

〔七八〕上令用龠升一升　「上」原訛「止」，「龠升」原訛「藥汁」，據舊唐書禮儀志五九七二頁、唐會要卷一七改。

〔七九〕方資變禮　「變」原訛「慶」，據唐會要卷一七、唐大詔令集卷七五及北宋本、傅校本改。

〔八〇〕而二等一奠惟有未安　唐大詔令集卷七五作「而一尊而止情有未安」。

〔八一〕其餘牢饌　「餘」原訛「惟」，據唐大詔令集卷七五及北宋本、傅校本改。

〔八二〕闕神之　「之」原訛「也」，據周禮大司樂鄭注及北宋本改。

〔八三〕歌小吕　三字原脱，據周禮大司樂鄭注及北宋本補。

〔八四〕周人歸祖后稷　「歸」原訛「既」，據晉書禮志上六〇二頁及北宋本、傅校本、遞修本、明抄本改。

〔八五〕入廟及毁廢之數　「數」原訛「所」，據北宋本改。

〔八六〕殷祀是合食太祖　原脱「食」，據宋書禮志四四七一頁補。

〔八七〕章太后既屈於上不列正廟　「屈」原訛「居」，「列」原訛「立」，據宋書禮志四四七一頁改。按：北宋本

「屈」字不誤。

〔八八〕王燮之　「燮」原訛「夔」，據宋書禮志四四七一頁改。

〔八九〕禘祫小廟　宋書禮志四四七一頁作「禘小祫大」。

〔九〇〕於此爲大　原脱「於」，據宋書禮志四四七一頁補。

〔九一〕雖不並序於太廟　「不並」宋書禮志四四七一頁作「並不」，較長。

〔九二〕穌音禾　「禾」原訛「蘇」，據北宋本、傅校本改。按：通考卷九五亦作「禾」。

〔九三〕十一月練　「一」原訛「二」，據禮記雜記下、宋書禮志四四七七頁及北宋本改。

〔九四〕未詳宣貴妃祔廟在何時　「祔」原訛「立」，據宋書禮志四四七七頁及北宋本、傅校本、遞修本、明抄本改。

〔九五〕若在大祥未及禫中入廟者　「在」原訛「是」，據宋書禮志四四七七頁及北宋本、傅校本、遞修本、明抄本改。按：宋書禮志無「未」字。

〔九六〕申情於皇宋　「情於」原訛「行諸」，據宋書禮志四四七七頁及北宋本、傅校本、遞修本、明抄本改。

〔九七〕誕育叡蕃　「叡」原訛「獻」，據宋書禮志四四七八頁及北宋本改。

〔九八〕皆主之哲聖　「聖」宋書禮志四四七八頁作「王」。

〔九九〕不復問之朝廷　宋書禮志四四七八頁作「不得關之朝廷」。

〔一〇〇〕王若有故　原脱「王」，據北宋本、傅校本、遞修本、明抄本、王吳本補。

〔一〇一〕明帝泰始二年　「泰」原訛「太」，宋明帝年號爲泰始。今改。

〔一〇二〕時太宗宣后已祔章太后廟　「宗」原訛「后」，據宋書禮志四四七二頁、通考卷九五及北宋本改。

〔一〇三〕宜躋祏于上位　宋書禮志四四七三頁作「宜躋新禰之上」。

〔一〇四〕又昭皇太后室應拜　「又」原訛「及」，據宋書禮志四四七三頁改。

〔一〇五〕而嘗經北面　「嘗」原作「常」，據宋書禮志四四六九頁改。

〔一〇六〕祭禮何儀　「禮」原作「祀」，據北宋本、傅校本、遞修本、明抄本改。

〔一〇七〕請皇子廟祭　「請」北宋本作「謂」。

〔一〇八〕准先立廟告嗣　「准」原作「宜」，「立」原作「行」，據北宋本、傅校本、遞修本、明抄本改。

〔一〇九〕太祝禆冕告於殯　「殯」原訛「廟」，據北宋本、傅校本、遞修本、明抄本改。

〔一一〇〕祝告於禰　「禰」原訛「廟」，據北宋本、傅校本、明抄本改。

〔一一一〕疑告生之義耶　「疑」原訛「滅」，據北宋本、傅校本、遞修本、明抄本改。

〔一一二〕後迎於子　原作「後迎繼嗣之身」，據北宋本、傅校本、遞修本、明抄本、明刻本改。

〔一一三〕今有嗣子　原訛脱作「合有嗣」，據北宋本、傅校本、遞修本、明抄本改補。

〔一一四〕人必公糧　「糧」唐會要卷一九作「差」。

〔一一五〕八署司存　「八」原訛「入」，據諸本改。

〔一一六〕前皇嫡胤　「胤」原作「允」，清人諱改，據北宋本改回。

〔一七〕戾匪漢思　「思」原訛「恩」，據唐會要卷一九、文苑英華卷七六三及北宋本、傅校本、遞修本、明抄本改。

〔一八〕一羞蘋藻　「羞」原訛「著」，據唐會要卷一九、文苑英華卷七六三及北宋本改。

〔一九〕封建子弟　「弟」原訛「孫」，據文苑英華卷七六三及北宋本、傅校本、遞修本、明抄本改。

〔二〇〕咸登列郡之榮　「列」原訛「别」，據唐會要卷一九、文苑英華卷七六三及北宋本、傅校本改。

王文錦點校

通典卷第四十八

禮八　沿革八　吉禮七

諸侯大夫士宗廟庶人祭寢附○周　後漢　晉　宋　後魏　東魏　北齊　大唐

周制，諸侯五廟，於中門外之左，考工記曰「左祖右社」。二昭二穆，與太祖廟而五。太祖，始封之君。曰考廟，王考廟，皇考廟，皆月祭之。顯考廟，祖考廟，享嘗乃止。王肅曰：「諸侯五廟，又兩廟降於天子，不月祭也。」鄭玄曰：「王、皇，皆君也。顯，明也。祖，始也。名先人以君明始者，所以尊本也。享嘗，四時祭。」大夫三廟，一昭一穆，與太祖廟而三。盧植云：「天子之大夫也。」鄭玄曰：「太祖，別子。始爵者亦然。」曰考廟，王考廟，皇考廟，享嘗乃止。王肅曰：「大夫無祖考廟，唯別子爲宗者，有祖考廟。然有祖考廟者，無皇考廟也。」〔一〕祭法云：「大夫三廟二壇。顯考祖考無廟，有禱焉，爲壇祭之。去壇爲鬼。」鄭玄曰：「大夫有祖考者，亦鬼其百代，不禘祫，無主耳。」適士二廟，曰考廟，王考廟，享嘗乃止。適士，上士。官師一廟，曰考廟。王肅曰：「官師，中、下士也。」

將祭，主人各服其服，筮於廟門外。五等諸侯皆服玄冕。二王後及方伯爲上公者，〔二〕與魯侯於周公廟服衮冕。大夫以朝服。士以玄冠玄端也。日用丁己，〔三〕内事用柔日。必丁己者，取其令名，自丁寧，自變改，皆以爲謹敬也。〔四〕必先諏此日，明日乃筮也。筮旬有一日，旬，十日也。以先月下旬之己，筮來月上旬之己。〔五〕曰「來日丁亥，用薦歲事」。〔六〕丁者未必遇亥也，直舉一日以言之。〔七〕則己亥、辛亥亦用之，苟有亥焉可矣。既得日吉，乃官戒，宗人命滌，宰命爲酒，宿戒尸。先宿尸者，重所用，又將筮。明日，朝服筮尸，吉，乃遂宿尸，祝儐。筮吉又遂宿尸，重尸也。祝爲儐者，尸神象也。明日，主人朝服，即廟門外東方位，南面。宰、宗人西面，北上。牲北首，東上。司馬刲羊，司士擊豕，宗人告備，乃退。刲、擊，皆殺也。此既省，告備乃殺。雍爨在門東南，北上。特牲饋食禮：「陳鼎於門外，北面。棜在南，實獸腊。牲在其西，北首東足。宗人視牲，告充，雍人作豕。」崔靈恩云：「二王後則自用其牲。」棜音於據反。司宮概籩豆爵觶於東堂下。雍人陳鼎五。士禮：主婦視饎爨於西堂下，亨於門外東方，〔八〕罇於户東，實籩豆於房中。司馬升羊右胖。骨十一體。腸、胃、祭肺，各三。舉肺一。升，上也。髀不升，〔九〕近竅，賤也。此據大夫也。若諸侯則太牢，士則特牲。胖音判。士升豕。如升胖之儀。雍人掄膚九，實於一鼎。掄，擇也。膚，脅革肉也。〔一〇〕擇之取美。司士又升魚腊。司宫鐏兩甒音武於房户間，〔一一〕有玄酒。小祝設槃匜餘之反於西階東。爲尸將盥。主人朝服立於阼階東。〔一二〕司宫設筵於奥，祝設几於筵上，右之。布神座也。室中西南隅謂之奥。主人出迎鼎，主人先入。尊導。有司各升，實籩、豆、鐏、俎。祝盥，升西階。主人盥，升阼階。祝先入，南面。主人從入户内，西面。將納祭也。祝先，接神也。士禮則主婦、宗人、宗婦升，實籩豆等。主婦被鬄，他計反。衣侈袂，薦自東房。士禮：主婦纚笄宵衣，盥，自房中薦豆。〔一三〕崔靈恩云：「二王後夫人各以本國盛服，侯伯夫人則服揄狄，子男及三公大夫夫人闕狄。」佐食、司士序升西階，相從設俎。主婦設稷，興，入房。祝酌，奠，祝，主人再拜。祝出，迎尸。尸升西階，祝從。尸升筵，祝、主人皆拜妥尸。尸不言，答拜，遂坐。拜之使安坐也。尸自此答拜，遂坐而卒食。尸祭，卒食，告飽。主人酌酒酳尸，尸拜受，主人拜送。尸祭，啐，卒爵。祝酌，授尸，尸酢主人，主人卒爵。祝與佐食盥手，取黍以授尸，尸執以命祝，祝受以東，嘏於主人。其辭曰：「皇尸命工祝，承致多福無疆於汝孝孫，來汝孝孫，使汝受禄於天，宜稼於田，眉壽萬年，勿替引之。」〔一四〕主人再拜稽首，受黍，嘗之，納諸内。嘗之者，重之至也。納，入也。主人獻祝，又酌，獻佐食。主婦酌，獻尸，受，主婦拜送。尸祭酒，卒爵，又酢主婦。主婦酌獻祝與上佐食，亦如之。及賓長獻尸，〔一五〕尸酢賓。主人出，立於阼階；祝立西階，告曰：「利成。」利，養也。成，畢也。孝子養禮畢。祝入，尸謖，主人降。謖，起也。謖音所六反。祝先，尸從，遂出於廟門。事尸之禮，訖於廟門。崔靈恩云：「二王後各得行其先王之禮，尸各服其君之服。尸、君、夫人入，皆作樂。殷人先樂降神，後酌鬱鬯以獻尸。方伯之祭，同服冕，行九獻之法，不得同二王後食前六獻，食後三，當食前四，至酳爲五，更行四獻爲九也。王之兄弟封爲侯伯，時祭則尸坐，南面，主在東面。〔一六〕侯伯則行七獻之禮，子男則行五獻，皆依其命數。凡五等之爵，自祭皆用玄冕。未賜珪瓚者，不以鬱鬯，直以酒灌神也。凡諸侯灌，用黃目爲上，齊則獻象以下。尸如君服以入，奏肆夏。君與夫人灌，各一獻。然後迎牲，〔一七〕麗於碑，鸞刀啟其毛血以授祝。祝入，詔於室。及殺，始行朝踐之事。尸南面，主在西，東面。取膟膋燎於爐炭，入，詔神於室。夫人酌盎齊以獻尸，爲三獻。至薦熟時，先以羹告，設饌於堂，後迎尸於奧。君拜妥尸，酌清酒以獻，爲四獻。至酳五獻，酬酢至七獻，禮成。」

庶人祭於寢。寢，適寢也。祭法曰：「庶人無廟，死曰鬼。」鄭玄曰：「庶人，府史之屬也。」

記曰〔一八〕：「君子將營宮室，宗廟爲先，廄庫爲次，居室爲後。重先祖及國之用。凡家造，祭器爲先，犧賦爲次，養器爲後。大夫稱家，始造事也。犧賦，以稅出牲。無田祿者，不設祭器；有田祿者，先爲祭服。」祭器可假，祭服宜自有。「成廟則釁之。其禮，祝、宗人、宰夫、雍人皆爵弁純衣。廟新成必釁，尊而神之也。宗人先請於君曰：「請命以釁某廟。」〔一九〕君諾之，乃行。雍人拭羊，宗人視之，宰夫北面於碑南，東上。居上者，宰夫也。〔二〇〕宰夫，攝主也。拭，靜也。雍人舉羊升屋，自中，中屋南面，刲羊血流於前，乃降。門、夾室皆用雞，先門而後夾室，其衈如志反皆於屋下。割雞，門當門，夾室中室。自，由也。衈謂將欲割牲以釁，先滅耳旁毛薦之。耳，聽聲者也，告神，欲其聽之。有司皆向室而立，門則有司當門北面。有司，宰夫、祝、宗人也。既事，宗人告事畢，乃皆退。告者，告宰夫也。反命於君曰『釁某廟事畢』。反命於寢，君南向於門內，朝服。既反命，乃退。君朝服者，不至廟也。路寢成，則考之而不釁。釁屋者，交神明之道也。言路寢者，生人所居。不釁者，不神之也。〔二二〕考之者，設盛食以落之耳。晉獻文子成室，諸大夫發焉是。凡宗廟之器，其名者，成則釁之以豭豚。」宗廟名器，〔二三〕罇彝之屬。「凡宗廟之禮，牛曰一元大武，豕曰剛鬣，豚曰腯肥，羊曰柔毛，鷄曰翰音，犬曰羹獻，雉曰疏趾，兔曰明視，脯曰尹祭，稾魚曰商祭，鮮魚曰脡祭，水曰清滌，酒曰清酌，黍曰薌合，粱曰薌萁，稷曰明粢，稻曰嘉蔬，韭曰豐本，鹽曰鹹鹺，玉曰嘉玉，幣曰量幣」。此皆號牲物者，異於人用也。元，頭也。武，跡也。腯，肥。翰，長也。羹獻，食人之餘也。尹，正也。稾音考，乾也。商，量也。脡，直也。萁，辭也。嘉，善也。稻，菰蔬之屬。〔二三〕豐，茂也。大鹹曰鹺。「辨九拜，一曰稽首，二曰頓首，三曰空首，四曰振動，五曰吉拜，六曰凶拜，七曰奇拜，八曰褒拜，九曰肅拜」。稽首，頭至地。頓首，頭叩地。空首，頭至手，所謂拜手也。吉拜，拜而後稽顙，謂齊衰不杖以下者。言吉者，此殷之凶拜，周以其拜與頓首相近，故云吉拜。凶拜，稽顙而後拜，謂三年服者。杜子春云：「振讀爲振鐸之振。動音慟。奇讀爲奇偶之奇。謂先屈一膝，今雅拜也。」或曰：「奇讀爲倚。倚拜謂持節持戟拜，身倚之以拜是也。」鄭大夫云：「動讀爲董，書亦或爲董。振董，以兩手相擊也。奇謂一拜也。褒讀爲報，報拜，再拜是也。」鄭司農云：「褒拜，今時持節拜是也。肅拜，但俯下手，今時撎是也。介者不拜，故曰『爲事故，敢肅使者』。」鄭玄謂：「振動，戰慄變動之拜。書曰『王動色變』。一拜，答臣下拜；再拜，拜神與尸也。」撎音於志反。

後漢獻帝封曹操爲魏公，〔二四〕依諸侯禮立五廟於鄴。後進爵爲王，無所改易。

晉安昌公荀氏進封大國，祭六代。荀氏祠制云：「今祭六代，未立廟，暫以廳事爲祭室。須立廟，如制備。」

又張祖高問謝沈曰：「諸侯祭五廟，先諏日，卜吉而行事，爲祭五廟諸畢耶？按儀，視殺、延尸，厥明行事，晏朝乃闋。五廟盡爾，將終日不了；若異日，未見其義。」沈答曰：「五廟同時，助祭者多，晏朝乃闋。季氏逮闇，繼之以燭，雖有强力之容，肅敬之心，皆倦怠也。子路爲宰，與祭，室事交乎戶，堂事交乎階，晏朝而退。孔子聞之曰：『誰謂由不知禮。』」

賀循祭儀云：「祭以首時及臘，首時者，四時之初月。歲凡五祭。將祭，前期十日散齋，不御，不樂，不弔。前三日，沐浴改服，居於齋室，不交外事，不食葷辛，靜志虛心，思親之存。及祭，施位。范汪祠禮云：「凡夫婦者皆同席，貴賤同也。兄弟同席，謂未婚也。」牲，大夫少牢，士以特豕。祭前之夕，及腊鼎陳於門外，主人即位，西面。宗人袒，告充。主人視殺於門外，主婦視饎於西堂下。設洗於阼階東南，酒醴甒於房戶。牲皆體解。肩臂臑三骨，屬肱。肩次臂，臂次臑。膊骼二，屬股。不取髀，近竅不取。骼，股之本。膊次體，骼次膊。脊，以前爲正。脇，旁中爲正。周人尚右胖，俎以骨爲主，貴者取貴骨。羊一俎：十一體，舉肺一，祭肺三。豕一俎：十一體，舉肺一，祭肺三。腊，大夫全鹿一俎，魚一俎。麷蕡白黑，四物已廢，今之俱出稻麥者代之。〔二五〕此朝事之籩，大夫有之。腶脩，大夫賓尸，主婦薦之。糗餌粉餈四物，羞籩。酏食糝食，羞豆也。自糗以下六物，少牢主人酬尸而薦。以上皆大夫所加於士也。凡新物皆隨時有而薦，不可逆載。從獻上炙，主人以肝，主婦以肉，謂之燔，隨酒而行禮祭。主婦視饎爨於西堂下，遂親設黍稷及葅醢及棗栗之薦。

今飯果出房，明婦職也。餎音古白反。臑音奴到反。〔二六〕平明，設几筵，東面，爲神位。進食，乃祝。祝乃酌，奠，拜，祝訖，拜退，西面立，少頃，酌酳。禮一獻畢，拜受酢，飲畢，拜。婦亞獻，薦棗栗，受酢如主人。凡獻皆有炙，主人以肝，主婦以肉。其次，長賓三獻，亦以燔從，如主人。次及兄弟獻，始進俎、庶羞。〔二七〕衆賓兄弟行酬，一徧而止。徹神俎羹飯爲賓食，食物如祭。餕畢，酌酳一周止。佐徹神饋，饌于室中西北隅，以爲厞祭。孝子不知神之所在，改置於此，〔二八〕庶幾見饗。既設，閉牖户。以爲幽暗。宗人告畢，賓乃退。凡明日將祭，今夕宿賓。祭日，主人、羣子孫、宗人、祝、史皆詣廳事西面立，以北爲上。有薦新，在四時仲月。大夫士有田者，既祭而又薦；無田者薦而不祭。禮貴勝財，不尚苟豐，貧而不逮，無疑於降，大夫降視士，士從庶人可也。晉賀循云：「古者六卿，天子上大夫也，今之九卿、光祿大夫、諸秩中二千石者當之。古之大夫亞於六卿，今之五營校尉、郡守、諸秩二千石者當之。〔二九〕上士亞於大夫，今之尚書丞郎、御史及秩千石、縣令在官六品者當之。古之中士亞於上士，今之東宮洗馬、舍人、六百石、縣令在官七品者當之。古之下士亞於中士，今之諸縣長丞尉在官八品九品者當之。」又不及，飯菽飲水皆足致敬，無害於孝。」

或問諸侯廟，博士孫毓議曰：「按禮，諸侯五廟，二昭二穆及太祖也。今之諸王，實古之諸侯也。諸侯不得祖天子，當以始封之君爲太祖，百代不遷，或謂之祧。其非始封，親盡則遷。其沖幼紹位未踰年而薨者，依漢舊制不列於宗廟，四時祭祀於寢而已。」

又王氏問謝沈云：「祖父特進、衛將軍海陵亭恭侯應立五廟不？」沈答：「亭侯雖小，然特進位高，似諸侯也。」又問：「曾祖父侍御史，得入特進恭侯廟不？」答：「父爲士，子爲諸侯，尸以士服，祭以諸侯之禮。御史雖爲士，應自入恭侯廟也。」

邵戢議桓宣武公立廟云：「禮，父爲士，子爲諸侯，祭以諸侯，則宜立親廟四。封君之子則封君高祖親盡廟毀，封君之孫則封君曾祖親盡廟毀，封君之曾孫則封君之祖親盡廟毀，封君之玄孫則封君之父親盡廟毀，〔三〇〕封君玄孫之子則封君親盡廟宜毀，然以太祖不毀，五廟之數於是始備。至封君玄孫之孫則毀封君之子，封君之子玄孫之孫復毀封君之孫。如此隨代迭毀，以至百代。」

宋劉裕初受晉命爲宋王，建宗廟於彭城，從諸侯五廟之禮。

後魏孝明帝神龜初，靈太后父司徒胡國珍薨，贈太上秦公。太傅清河王懌議：「按禮記『二昭二穆與太祖而五』，並是後代追論備廟之文，皆非當時據立神位之事。今秦公初構國廟，追立神位，唯當仰祀二昭二穆，上極高曾，四代而已。何者？秦公身是始封之君，將爲不遷之祖。若以功業崇重，越居正位，恐以卑臨尊，亂昭穆也。如其權立始祖，以備五廟，恐數滿便毀，非禮意也。昔司馬懿立功於魏，爲晉太祖，及至子晉公昭，乃立五廟，亦祀四代，止於高祖、曾祖。太祖之位，虛俟宣、文，待其後裔，數滿乃止。此亦前代之成事，方今所殷鑒也。〔三一〕禮緯云：『夏四廟，至於孫五；殷五廟，至於孫六；周六廟，至於孫七。』明知當時太祖之神，仍依昭穆之序，要待子孫代代相推，〔三二〕然後太祖出居正位耳。」懌又議曰：「古者廟堂皆别，光武以來，異室同堂。是以相國構廟，惟制一室，周祭祖考。〔三三〕比來諸王立廟者，不依公令，或五或一，參差無准。相國之廟，已造一室，〔三四〕寔合朝令。宜即依此，展其享祀。」詔依懌議。

東魏静帝武定六年，營齊獻武王廟，四室二間，兩頭各一夾室，厦頭徘徊鴟尾。開四門，南面開三門，餘面及外院四面皆一門。其内院墻，四面皆架爲步廊。南出夾門，各置一屋，以置禮器及祭服。内外門墻，並用赭堊。廟東門道南置齋坊；道北置二坊，西爲典祀廨並廚宰處，東爲廟長廨并置車輅；其北爲養犧牲之所。將營宫廟，崔昂等議：「按禮記，諸侯五廟，太祖及親廟四。今獻武王始封之君，便是太祖，既通在親廟，不容立五室。且帝王親廟，亦不過四。又按禮圖，諸侯廟止開南門，而二王後祔祭儀注云『執事者列於廟東門之外』。既有東門，明非一門。獻武禮數既崇，備物殊等。准據今廟，宜開四門。」

北齊，王及五等開國執事官、散從二品以上，皆祀五代。五等散官正三品以下，從五品以上，祭三代。三品以上，牲用太牢，以下少牢。執事官正六品以下，〔三五〕從七品以上，祭二代，用特牲。正八品以下，達於庶人，祭於寢。

大唐制，凡文武官二品以上，祠四廟。三品以上須兼爵，四廟外有始封祖，通祠五廟。五品以上，祠三廟。牲皆用少牢。六品以下，達於庶人，祭祖禰於正寢。縱祖、父官有高下，皆用子孫之牲，用少牢。如侍中王珪通貴漸久，而不營私廟，四時烝嘗，猶祭於寢。貞觀六年，坐爲法司所劾。太宗優容之，因官爲立廟，以媿其心。儀鳳三年正月，於文水縣置太原郡王廟，武太后父士彠。

天寶十年正月敕文〔三六〕：「天子七廟，諸侯五廟，大夫三廟，士一廟。今三品以上，〔三七〕乃許立廟，永言廣敬，載感於懷。其京官正員四品清望官，及四品五品清官，並許立私廟。」其廟享儀制，各具開元禮。

天子皇后及諸侯神主 周 漢 晉 大唐

五經異義曰：「主者，神象也。孝子既葬，心無所依，所以虞而立主以事之。唯天子諸侯有主，卿大夫無主，尊卑之差也。卿大夫無主者，依神以几筵，故少牢之祭，但有尸無主。三王之代，小祥以前主用桑者，始死尚質，故不相變。既練易之，遂藏於廟，以爲祭主。凡虞主用桑。桑，猶喪也。公羊傳曰：「既虞而作主，至祔，奉而祔於祖廟。」左傳：「於祔始作之，至練則祔。」練主，夏后氏以松，殷人以柏，周人以栗。」白虎通曰：「魯哀公問主於宰我，〔三八〕宰我對曰：『夏后氏以松，所以自竦動。殷人以柏，所以自迫促。周人以栗，所以自戰慄。亦不相襲。廟主以木爲之，木有終始，與人相似。題之，欲令後可知。』」春秋左氏傳曰：「凡君薨，卒哭而祔。祔而作主，特祀於主。既葬反虞則免喪，〔三九〕故曰卒哭。卒，止也。以新死者之神祔於祖。尸柩已遠，孝子思慕，造木主立几筵焉，特用喪禮，祭祀於寢，不同之於宗廟也。〔四〇〕言凡君者，〔四一〕謂諸侯以上，不通於卿大夫。〔四二〕烝嘗禘於廟。」〔四三〕新主既特祀於寢，則宗廟四時常祀自如舊。三年禮畢，大禘乃皆同於吉也。主之制，四方，穿中央達四方。天子長尺二寸，諸侯一尺，皆刻謚於背。集禮志云：在尸之南。

漢儀云：「帝之主九寸，前方後圓，圍一尺。后主七寸，圍九寸。木用栗。」

晉武帝太康中制，太廟神主尺二寸，后主一尺與尺二寸中間。木以栗。

大唐之制，長尺二寸，上頂徑一寸八分，四廂各剡一寸一分。〔四四〕上下四方通孔。徑九分。玄漆匱，玄漆趺。其匱，〔四五〕底蓋俱方，底自下而上，蓋從上而與底齊。趺方一尺，厚三寸。皆用古尺古寸。以光漆題謚號於其背。〔四六〕

卿大夫士神主及題板 後漢 晉 後魏

後漢許慎五經異義：「或曰：『卿大夫士有主不？』答曰：『按公羊說，卿大夫非有土之君，不得祫享昭穆，故無主。大夫束帛依神，士結茅爲菆。』」菆，則牛反。慎據春秋左氏傳曰：「衛孔悝反祏於西圃。祏，石主也。言大夫以石爲主。」鄭駁云：「少牢饋食，大夫祭禮也，束帛依神；特牲饋食，士祭禮也，結茅爲菆。」鄭志：「張逸問：『許氏異義駁衛孔悝之反祏有主者何謂也？』答：『禮，大夫無主而孔獨有者，或時末代之君賜之，使祀其所出之君也。諸侯不祀天而魯郊，諸侯不祖天子而鄭祖厲王，皆時君之賜也。』」

晉劉氏問蔡謨云：「時人祠有板，板爲用當主，爲是神坐之榜題？」謨答：「今代有祠板木，乃始禮之奉廟主也。主亦有題，今板書名號，亦是題主之意。」安昌公荀氏祠制：「神板皆正長尺一寸，博四寸五分，厚五寸八分。大書某祖考某封之神座，夫人某氏之神座，以下皆然。書訖，蠟油炙，令入理，刮拭之。」徐邈云：「左傳稱孔悝反祏。又公羊，大夫聞君之喪，攝主而往。注義以爲攝斂神主而已，〔四七〕不暇待祭也。皆大夫有主之文。大夫以下不云尺寸，雖有主，無以知其形制，然推義謂亦應有。按喪之銘旌，題別亡者，設重於庭，亦有所憑，祭必有尸，想像平存。〔四八〕此皆自天子及士，並有其禮，但制度降殺爲殊，何至於主，唯侯王而已？禮言重，主道也，埋重則立主。今大夫士有重，亦宜有主，主以紀別座位。〔四九〕有尸無主，何以爲別？將表稱號題祖考，何可無主？」今按，經傳未見大夫士無主之義，有者爲長。

後魏孝明帝孝昌中，清河王懌議曰：「原夫作主之禮，本以依神，孝子之心，非主莫展。今銘旌紀柩，設重憑神，祭必有尸，神必有廟，皆所以展事孝敬，想像平存。上自天子，下達於士，如此四事，並同其禮。何至於主，唯謂王侯？若位擬諸侯者則有主，位爲大夫者則無主，便是三神有主，〔五〇〕一位獨闕，求諸情理，實所未安。宜通爲主，以銘神位。」

諸藏神主及題板制追加易主附○周　魏　東晉(五一)　大唐

周制，公羊說：主藏太廟室西壁中，以備火災。西方，長老之處，尊之也。春秋左氏傳說曰(五二)：「主祏於宗廟，言宗廟有祏室，(五三)所以藏神主。」

魏代，或問高堂隆曰：「昔受訓云，馮君八萬言章句，說正廟之主，各藏太室西壁之中。遷廟之主，於太祖太室北壁之中。按逸禮，藏主之處，似在堂上壁中。」答曰：「章句但言藏太祖北壁中，不別堂室。愚意以堂上無藏主，當室之中也。」蜀譙周禮祭集志：「四時祭各於其廟室中神位，(五四)奧西牆下，東嚮。諸侯廟，木主在戶之南，爲在戶上也。東嚮，以南爲上。」

東晉尚書符問太常賀循：「太廟制度，南向七室，北向陰室復有七。帝后應共處七室埳中，當別處陰室？」循上曰：「謹按后配尊於帝，神主所居，同太室。」循又按：「漢儀藏主於室中西牆壁埳中，去地六尺一寸。當祠則設座於埳下。禮，天子達嚮者牖也，謂夾戶之窗。古者帝各異廟，(五五)今者共堂別室，制度不同，疑室戶亦異。」又按：「古禮，神主皆盛以石函。餘薦藉，文不備見。摯虞決疑云：『廟主藏於戶之外西墉之中，有石函，名曰宗祏。函中笥，以盛主。』」

又瑯琊王妃敬后前薨，而王後纂統，追加謚號，改神主，訪賀循云：「瑯琊典祠令孫文立議：『使者奉主及册命詣中閤，中人受取入內，易著石函中。故主留於廟閤。新主出廟，國官拜送。』如文議，則非於行廟受册。」循答曰：「崇謚敬后，宜立行廟。以王后之號，有加常尊，輕重不同，則宜禮有變改。〔五六〕既立行廟，則常主宜出居座位。臨加册謚而並易以新主，則故主宜還埋故廟兩階之間。」〔五七〕

又穆帝永和二年，有司奏征西、章郡、潁川、京兆四府君毁主藏處。尚書郎徐禪議：「禮，去祧爲壇，去壇爲墠，〔五八〕歲祫則祭之。今四祖遷主，可藏之石室，有禱則祭壇墠。」又遣禪至會稽訪處士虞喜。曰：「漢代韋玄成等以毁主瘞於園。魏朝議者云應埋兩階間。且神主本在太廟，若今別室而祭，則不如永藏。又四君無追號之禮，益明應毁而無祭。」〔五九〕於是會稽王昱等奏四祖同居而祧，藏主石室，禘祫乃祭。按賀循與王導書云：「代祖武皇帝初成太廟，時正神既七，而有楊元后之神，時亦權立一室。永熙元年，告世祖謚於太廟八室。」刁協按，元皇后於太廟東陰室中安神主，不增立一室。

安昌公荀氏祠制，神板藏以帛囊，白縑裹盛，〔六〇〕如婚禮囊板。板與囊合於竹箱中，以帛緘之，檢封曰「祭板」。

大唐永徽中，禮部尚書許敬宗奏：「皇祖弘農府君廟應迭毁。〔六一〕謹按舊議，漢丞相韋玄成以爲毁主瘞埋。萬國宗饗，有所從來，一朝埋藏，事不允愜。又按晉博士范宣欲別立廟宇，方之瘞埋，頗叶情理，然事無典故，亦未足依。今謹准量，去祧之外，猶有壇墠，祈禱所及，竊謂合宜。今廟制與古不同，共階別室，〔六二〕西方爲首。若在西夾之中，仍處尊位，〔六三〕祈禱則祭，未絶祇享，方諸舊儀，情實可安。弘農府君廟遠親殺，詳據舊章，禮合迭毁。臣參議遷奉神主，藏於夾室，本情篤教，〔六四〕在理爲弘。」詔從之。

兄弟相繼藏主室

晉太常華恒被符，宗廟宜時有定處。恒按前議以爲：「七代制之正也，若兄弟旁及，禮之變也。則宜爲神主立室，不宜以室限神主。今有七室，而神主有十，宜當別立。臣爲聖朝已從漢制。今聖上繼武帝，廟之昭穆，四代而已。前太常賀循等，並以爲惠、懷、愍三帝別立寢廟。臣以爲廟當以容主爲限，亦無常數。據殷祭六廟，而有三祖三宗不毁。〔六五〕又漢之二祖，寢廟各異。明功德之君，自當特立。若繫之七室，則殷之末代，當祭禰而已。准之前議，知以七爲正，不限之七室。故雖有兄弟旁及，至禘祫不越昭穆，則章郡、潁川宜全七代之禮。按周官有先公先王之廟，今宜爲京兆以上，別立三室於太廟西廂。宣皇帝得正始祖之位，〔六六〕惠、懷二帝不替，而昭穆不闕，於禮爲安。」

驃騎長史温嶠議：「惠、懷、愍於聖上以春秋而言，因定先後之禮。夫臣子一例，君父敬同。故可以准於祖禰，然非繼體之數也。按太常恒所上，欲還章郡、潁川以全七代。〔六七〕愚謂是恒又求京兆以上三代在廟之西廂，臣竊不安。」

溫嶠爲王導答薛太常書曰：「省示并博士議，今明尊尊不復得繫本親矣。先帝平康北面而臣愍帝，及終而升上，懼所以取譏於春秋。今所論太廟坎室足容神主不耳，而下愍帝於東序，此爲違尊尊之旨。〔六八〕愍帝猶子之列，不可爲父，與兄弟之不可一耳。魯閔公、僖公兄弟也，〔六九〕而傳云『子雖齊聖，不先父食』。如此無疑，愍帝不宜先帝上也。今唯慮廟窄，更思安處，宜令得並列正室。」

又荀松與王導書曰：「三年當大禘，愍帝以居子位，復居父位。且『子雖齊聖，不先父食』。此君即父也。此爲愍帝是先帝之父，懷帝是愍帝之父，惠帝是懷帝之父，二代便重四代，所以爲疑處也。」答曰：「意謂君位永固，無復暫還子位之理。惠帝至先帝雖四君，今亦不以一君爲一代，何嫌二代之中重四君耶？今廟尚居上，祀何得居下！若暫下則逆祀也。」

孔衍議：「別廟有非正之嫌，似若降替，不可行也。」

博士傅純議云：「議者既欲據傳疑文，又欲安之陰室。據傳則所代爲禰，陰室非禰所處，此矛盾之說。夫陰室以安殤主，北向面陰，非人君正位。更衣者，帝王入廟便殿，當歸盛位。漢明以存所常居，故崩以安神。而議者謂卑於陰室，實所未喻。惠、懷、愍宜更別立廟。」

元帝崩，温嶠答王導書云：「近詔以先帝前議所定，唯下太常安坎室數。今坎室窄，其意不過欲定先神主，存正室，故下愍帝也。廟窄之與本體，各是一事，那何以廟窄而廢本體也？」〔七〇〕

明帝崩，祠部以廟過七室，欲毁一廟；又正室窄狹，欲權下一帝。温嶠議：「今兄弟同代，已有七帝。若以一帝爲一代，則當不得祭於禰，乃不及庶人之祭也。夫兄弟同代，於恩既順，於義無否。至於廟室已滿，大行皇帝神主當登正室。又不宜下正室之主，〔七一〕遷之祧位。自宜增廟。權於廟上設幄坐，〔七二〕以安大行之主。若以今增廟違簡約之旨，或可就見廟直增坎室乎？此當問廟室之寬窄。」其廟室寬窄，〔七三〕亦所未詳。

移廟主

東晉孝武太元十六年，〔七四〕改新太廟，立行廟，移神主。祠部郎傅瑗問徐邈其儀。答曰：「禮，祫祭，祝迎四廟之主。又，國有大故，斂羣廟之主於祖廟。尋文求旨，蓋並同時。〔七五〕既出坎而不殊，謂可同時告奠。奠訖，次引大駕鹵簿列於外。左右侍衛各從神輿，不復待一主入室迎一主也。其陪位者，每神輿出，輒遥拜致敬。遷引既畢，乃辭退。特遷主之晨，宜依告以設奠，而啟鼓嚴之節。」瑗又問：「今既啟嚴，復應奏解嚴不？」邈云：「吉凶有事，可相比方者。山陵每啟嚴而不解嚴。嚴是遷主之節，不可以不告。解嚴自爲軍徒休息，〔七六〕何取於告神乎！」瑗又問：「四府君室狹，不容四座，可以户外張幔不？」邈云：「室狹不容四座，户外張幔，可謂禮從宜。」初，武帝咸寧三年，燕國遷廟主當之國，國子博士孫繁按：〔七七〕「禮，凡告事以特牲。又禮，盛主以簞笥，載以齋車，即古之金輅也。每舍奠焉。又禮，廟事考妣，同席共饌，一尸而祭，以神合爲一也。今王之國，迎廟主而行，宜以發日，夙興，告廟迎主。今無齋車，當以犢車，二主同車共祠，合於古。宗祀國遷，掌奉主祏當侍從。主車在王鹵簿前，設導從。每頓止，傳主車於中門外，左，設脯醢醴酒之奠，而後即安之。」

師行奉主車夏　周

夏啟與有扈氏戰於甘之野，誓師云：「用命賞於祖，不用命戮於社。」祖謂遷主。

周制，記曰：「『古者師行，必以遷廟主行乎？』孔子曰：『天子巡狩，必以遷廟主行，載于齋車，言必有尊也。今也取七廟之主以行，則失之矣。』曾子問曰：『古者師行無遷主，則何主？』孔子曰：『主命。天子諸侯將出，必以幣帛皮圭，告于祖禰。遂奉以出，載于齋車以行。每舍，奠焉，而后就舍。〔七八〕以脯醢禮神，乃敢即安也。所告而不以出，即埋。反必告，設奠。卒，斂幣玉，藏諸兩階閒，乃出。蓋貴命也。』」

立尸義夏 殷 周

尸，神象也。祭所以有尸者，鬼神無形，因尸以節醉飽，孝子之心也。夏氏立尸而卒祭。夏禮，尸有事乃坐。殷坐尸。無事猶坐。周坐尸，詔侑無方。其禮亦然，其道一也。言此亦周所因於殷也。方猶常也。告尸行節，勸尸飲食無常，若孝子之爲也。〔七九〕孝子就養無方也。又云「旅酬六尸」。使之相酌也。后稷之尸，發爵不受旅。曾子問曰：「祭必有尸乎？言無益，無用爲。若厭祭亦可乎？」厭時無尸。孔子曰：「祭成喪者，必有尸。尸必以孫。孫幼，則使人抱之。無孫，則使同姓可也。」人以有子孫爲成人。子不殤父，義由此也。夫祭之道，孫爲王父尸。所使爲尸者，於祭者爲子行户郎反也。父北面而事之，所以明子事父之道。子行猶子列也。祭祖則用孫列，皆取於同姓之嫡孫也。〔八〇〕天子諸侯之祭，朝事延尸於户外，〔八一〕是以有北面事尸之禮。君子抱孫不抱子，此言孫可以爲王父尸，子不可以爲父尸。以孫與祖昭穆同。〔八二〕爲君尸者，大夫、士見則下之。君知所以爲尸者，則自下之。尊尸也。下，下車也。〔八三〕國君或時幼小，不能盡識羣臣，〔八四〕有以告者，乃下也。尸必式，禮之也。乘必以几。尊者慎也。君迎牲而不迎尸。别嫌也。尸在廟門外則疑於臣，在廟中則全於君。君在廟門外則疑於君，入廟中則全於臣，全於子，是故不出者，明君臣之義。不迎尸者，欲全其尊也。尸，神象也。鬼神之尊，在廟中。人君之尊，出廟門則伸也。祝迎尸於廟門之外者，象神從外來也。天子宗廟之祭，以公卿大夫孫行者爲尸。一云：天子不以公爲尸，諸侯不以卿爲尸，爲其太尊，嫌敵君。故天子以卿爲尸，諸侯以大夫爲尸。周公祭太山而以召公爲尸者，外神，賓主相見敬之道，不嫌也。卿大夫不以臣爲尸，俱以孫者，避君也。天子諸侯雖以卿大夫爲尸，皆取同姓之嫡也。夫婦共尸者，婦人祔從於夫，同牢而食，故共尸也。始死無尸者，尚如生，故未立也。檀弓云：「既封，主人贈，而祝宿虞尸。」贈，以幣送死者於壙也。於主人贈，祝先歸也。封，彼驗反。白虎通曰：「祭所以有尸者，鬼神聽之無聲，視之無形，升自阼階，仰視榱桷，俯視几筵，其器存，其人亡，虛無寂寞，思慕哀傷，無所寫洩，故座尸而食之，毁損其饌，欣然若親之飽，尸醉若神之醉矣。詩云『神具醉止，皇尸載起。』」

說曰：按鳧鷖詩，美成王能持盈守成，神祇祖考安樂之也。其詩五章，每章有公尸。鄭玄以初章爲宗廟，其二爲四方百物，其三爲天地，其四爲社稷、山川，其五爲七祀，則是周代大小神祀皆有尸也。至於周人輕重各因其象類。又按周公祭太山，以召公爲尸，是三公之類也。又秋官職，祭亡國之社以士師爲尸，是刑戮之義，則其餘亦可知矣。

議曰：古之人樸質，中華與夷狄同，有祭立尸焉，有以人殉葬焉，有茹毛飲血焉，有巢居穴處焉，有不封不樹焉，有手摶食焉，〔八五〕有同姓婚娶焉，有不諱名焉。中華地中而氣正，人性和而才惠，繼生聖哲，漸革鄙風。今四夷諸國，地偏氣獷，則多仍舊。具邊防序中。

自周以前，天地、宗廟、社稷一切祭享，凡皆立尸。秦漢以降，中華則無矣。或有是古者，猶言祭尸禮重，亦可習之，斯豈非甚滯執者乎！按後魏文成帝拓跋濬時，高允獻書云：「祭尸久廢。今風俗則取其狀貌類者以爲尸，祭之宴好，敬之如夫妻，事之如父母，敗損風化，黷亂情禮。」據文成帝時，其國猶在代北。又按周隋蠻夷傳巴、梁間俗，〔八六〕每秋祭祀，鄉里美鬚面人，送迎爲尸以祭之。〔八七〕今郴、道州人，〔八八〕每祭祀，迎同姓丈夫、婦人伴神以享，亦爲尸之遺法，有以知古之中華則夷狄同也。

校勘記

〔一〕皇考廟　「皇」原作「王」，據北宋本、傅校本、遞修本、明抄本、明刻本改。

〔二〕方伯爲上公者　原脱「上」，據北宋本、傅校本、遞修本、明抄本、王吴本補。

〔三〕日用丁己　「己」原訛「巳」，據儀禮少牢饋食禮改。下同。按：丁己俱爲柔日，非日辰相配之「丁巳」。

〔四〕皆以爲謹敬也　「謹敬」原倒，據儀禮少牢饋食禮鄭注及北宋本、傅校本、明抄本、明刻本、王吴本乙。

〔五〕筮來月上旬之己　「己」原訛「以」，據儀禮少牢饋食禮鄭注改。

〔六〕曰來日丁亥用薦歲事　「曰」原訛「有」，「日」原訛「月」，據儀禮少牢饋食禮改。

〔七〕直舉一日以言之　「直」原訛「宜」，據儀禮少牢饋食禮鄭注改。

〔八〕亨於門外東方　「亨」原訛「享」，據儀禮少牢饋食禮改。按：鄭注：「亨，煮也。」

〔九〕髀不升　「髀」原訛「脾」，據儀禮少牢饋食禮及北宋本、傅校本、明抄本、明刻本改。

〔一〇〕膚脅革肉也　「脅」原訛「負」，據儀禮少牢饋食禮鄭注改。

〔一一〕司宮罇兩甒於房户閒　原脱「房」，據儀禮少牢饋食禮補。

〔一二〕主人朝服立於阼階東　原脱「東」，據儀禮少牢饋食禮補。按：主人將祭在堂下阼階東之位，祭在堂上室内，故下有「主人盥升阼階」之文。

〔一三〕自房中薦豆　「房中」原誤倒，據儀禮特牲饋食禮乙正。

〔一四〕勿替引之　原脱，據儀禮少牢饋食禮補。

〔一五〕及賓長獻尸　「及」疑「又」字之訛。

〔一六〕主在東面　以禮例衡量，此句不通。禮言「東面」皆謂「東向」。疑「在」下脱「西」，下文「尸南面，主在西東面」可證。

〔一七〕然後迎牲　原脱「後」，據通典考證補。

〔一八〕記曰　「記」北宋本、傅校本、遞修本、明刻本、明抄本作「説」。按：以下所引皆禮記成文，作「記」義長。

〔一九〕請命以釁某廟　「請」上原衍「日」，據禮記雜記下删。

〔二〇〕居上者宰夫也　「居」原訛「東」，據禮記雜記下鄭注改。

〔二一〕不神之也　原脱「之」，據禮記雜記下鄭注補。

〔二二〕宗廟名器　「名」原訛「盟」，據禮記雜記下鄭注改。

〔二三〕稻菰蔬之屬　原脱「菰」，據禮記曲禮下鄭注補。

〔二四〕後漢獻帝封曹操爲魏公　原脱「獻」字，據北宋本、傅校本、遞修本、明抄本、明刻本補。

〔二五〕稻麥者代之　「者」原訛「羞」，據北宋本、傅校本、遞修本、明抄本、王吳本改。

〔二六〕臑音奴到反　原下有「醢音海」三字，後人擅增，今據北宋本、傅校本、遞修本、明抄本、明刻本删。

〔二七〕庶羞　「羞」原訛「姜」，據諸本改。

〔二八〕改置於此　「此」原訛「北」，據北宋本、傅校本、遞修本、明抄本、明刻本改。

〔二九〕諸秩二千石者當之　「秩」原訛「侯」，據北宋本、傅校本、遞修本、明抄本、明刻本改。

〔三〇〕親盡廟毁　「廟毁」原倒，據北宋本、傅校本、遞修本、明抄本、明刻本、王吳本乙。

〔三一〕方今所殷鑒也　「所」原訛「之」，據魏書禮志二七七〇頁及北宋本、傅校本、遞修本、明抄本、明刻本改。

〔三二〕代代相推　「推」原訛「繼」，據魏書禮志二七七〇頁及北宋本、傅校本、遞修本、明抄本改。

〔三三〕惟制一室周祭祖考　「周」魏書禮志二二七七一頁、册府卷五八二六九七七頁作「同」。

〔三四〕已造一室　「已」原作「以」，據魏書禮志二二七七二頁、册府卷五八二六九七七頁改。

〔三五〕正六品以下　「正」原訛「止」，據北宋本、傅校本、遞修本、明抄本、明刻本、王吳本改。

〔三六〕天寶十年正月赦文　「赦」唐會要卷一九作「敕」。

〔三七〕今三品以上　「今」原訛「士令」，據唐大詔令集卷六八、唐會要卷一九改。

〔三八〕問主於宰我　「主」原訛「社」，據北宋本、傅校本、遞修本、明刻本改。

〔三九〕既葬反虞則免喪　「反」原訛「及」，據左傳僖公三十三年杜注及北宋本、傅校本、遞修本、明抄本、明刻本改。

〔四〇〕特用喪禮祭祀於寢不同之於宗廟也　「用」原訛「別」，「祭」原訛「既」，「同」原訛「用」，據左傳僖公三十三年杜注及北宋本、傅校本、遞修本、明抄本改。

〔四一〕言凡君者　「言凡」原倒，據左傳僖公三十三年杜注乙。

〔四二〕不通於卿大夫　「通」原訛「逮」，據左傳僖公三十三年杜注及北宋本改。

〔四三〕烝嘗禘於廟　「禘」原訛「祔」，據左傳僖公三十三年及北宋本、傅校本改。

〔四四〕各剡一寸一分　下「一」原訛「二」，據北宋本、傅校本、遞修本、明抄本、明刻本改。按：本書卷一三九亦作「一」。

〔四五〕其匱　「匱」原訛「匵」，據北宋本、傅校本、遞修本、明抄本、明刻本改。下同。按：本書卷一三九亦作「匱」。

〔四六〕題謚號於其背　原脱「其」，據北宋本、傅校本、遞修本，明抄本、王吳本補。

〔四七〕攝斂神主而已　「攝斂」原倒，據北宋本、傅校本、明抄本、明刻本、王吳本乙。

〔四八〕想像平存　「平」原訛「乎」，據北宋本、傅校本、遞修本、明抄本、明刻本改。下同。按：魏書禮志二二七七一頁亦作「平」。

〔四九〕主以紀別座位　「主」原涉上而脱，據北宋本、傅校本、遞修本、明抄本、王吴本補。

〔五〇〕便是三神有主　「便是」北宋本、傅校本、遞修本、明抄本、明刻本、王吴本作「使是」，殿本、局本乙作「是使」，俱非。據魏書禮志二二七七一頁改。

〔五一〕東晉　原脱「東」，據諸本補。

〔五二〕春秋左氏傳説　「説」原訛「疏」，據傅校本、遞修本、明抄本改。按：北宋本此字不清。

〔五三〕宗廟有祏室　「有」原訛「在」，據北宋本、傅校本、明抄本、明刻本、王吴本改。

〔五四〕廟室中神位　原脱「室」，據北宋本、傅校本、遞修本、明抄本、明刻本、王吴本補。

〔五五〕古者帝各異廟　「各」原訛「后」，據北宋本、傅校本、遞修本、明抄本、明刻本改。

〔五六〕則宜禮有變改　「改」原訛「故」，據北宋本、傅校本、明抄本改。

〔五七〕則故主宜還埋故廟兩階之閒　原脱上「故」，據北宋本、傅校本、遞修本、明抄本、明刻本、王吴本補。

〔五八〕去壇爲墠　原脱「去壇」，據晉書禮志上六〇五頁及北宋本補。

〔五九〕益明應毁而無祭　原脱「無」，據晉書禮志上六〇五頁補。

〔六〇〕白縑裹盛　「裹」原訛「裏」，據北宋本改。

〔六一〕弘農府君廟應迭毁　原脱「應」，據舊唐書禮儀志五九四四頁、唐會要卷一二、册府卷五八五七〇〇三頁補。

〔六二〕共階別室　舊唐書禮儀志五九四四頁、册府卷五八五七〇〇三頁作「共基別室」，通典諱「基」爲「階」。按：唐會要卷一二作「共堂別室」。

〔六三〕仍處尊位　「處」原訛「取」，據舊唐書禮儀志五九四四頁、唐會要卷一二、册府卷五八五七〇〇三頁及北宋本、傅校本、遞修本、明抄本、明刻本改。

〔六四〕本情篤教　「教」原訛「敬」，據舊唐書禮儀志五九四四頁、册府卷五八五七〇〇三頁及北宋本、傅校本、遞修本、明抄本改。

〔六五〕而有二祖三宗不毀　「二」原訛「三」，據晉書禮志上六〇四頁、宋書禮志三四四九頁改。

〔六六〕宣皇帝得正始祖之位　「正」北宋本、傅校本、遞修本、明抄本作「上」。

〔六七〕欲還章郡潁川　「還」北宋本、傅校本、遞修本、明抄本、明刻本作「遺」。按：晉書禮志上六〇四頁作「還」。

〔六八〕此爲違尊尊之旨　原訛作「若按尊尊之旨」，據北宋本、傅校本、明抄本、王吳本改。

〔六九〕魯閔公僖公兄弟也　原作「按閔公僖公之弟也」，後人擅改。今據北宋本、傅校本、遞修本、明抄本改回。

〔七〇〕廟窄之與本體各是一事那何以廟窄而廢本體也　原脱「那」，據北宋本補。按：「那」「奈」同。傅校本、遞修本、明抄本、王吳本形訛作「耶」，不可通，明刻本、殿本、局本遂删之矣。

〔七二〕宜下正室之主　北宋本、傅校本、遞修本、明抄本、明刻本無「室」字。

〔七三〕權於廟上設幄坐　「上」北宋本、傅校本、遞修本、明刻本作「止」。

〔七四〕其廟室寬窄　北宋本「室」下有「屋」字。傅校本、明抄本、明刻本「室」作「屋」。

〔七五〕東晉孝武太元十六年　「太」原訛「泰」，晉孝武帝年號作「太元」，今改。

〔七六〕蓋並同時　「並」原訛「亦」，據北宋本、傅校本、遞修本、明抄本、明刻本改。

〔七七〕軍徒休息　「徒」原訛「從」，據諸本改。

〔七八〕燕國遷廟主當之國國子博士孫繁按　「國子博士」，北宋本、遞修本、明抄本涉上脱「國」字，明刻本、王吴本、殿本、局本覺「子博士」不可通，遂改「子」爲「時」，殊不知「子」字不誤而誤在脱「國」也。今補改。又按：嚴可均全晉文卷六七校云：「繁疑毓之誤。」

〔七九〕而后就舍　「而后」原作「然後」，據禮記曾子問及北宋本、傅校本、遞修本、明抄本改。

〔八〇〕若孝子之爲也　原「子」下衍「就」，據禮記禮器鄭注删。

〔八一〕皆取於同姓之嫡孫也　「皆」原訛「者」，據禮記祭統鄭注及北宋本、傅校本、遞修本、明抄本改。

〔八二〕朝事延尸於户外　「事」原訛「士」，「户外」原倒，據禮記祭統鄭注改乙。

〔八三〕以孫與祖昭穆同　「祖」原訛「子」，據禮記曲禮上鄭注及北宋本改。

〔八四〕下下車也　原脱訛作「下事也」，據禮記曲禮上鄭注補改。

〔八五〕不能盡識羣臣　原脱「能」，據禮記曲禮上及北宋本、傅校本、遞修本、明抄本、明刻本、王吴本補。

〔八五〕有手摶食焉　「摶」原訛「搏」，據北宋本、傅校本、遞修本、明抄本、明刻本改。

〔八六〕巴梁間俗　原脱「俗」，據北宋本、傅校本、遞修本、明抄本、王吳本補。

〔八七〕送迎爲尸以祭之　「送」原訛「迭」，據北宋本改。

〔八八〕今郴道州人　「郴」原訛「柳」，據北宋本改。按：舊唐書地理志三一六一六——一六一七頁郴州、道州兩州毗隣，同屬江南西道。

王文錦點校

通典卷第四十九

禮九　沿革九　吉禮八

時享薦新附　祫禘上

時享薦新附○虞　夏　殷　周　漢　後漢　魏　宋　齊　梁　陳　後魏　北齊　後周　隋　大唐

先王制禮，依四時而祭者，時移節變，孝子感而思親，故奉薦味，以申孝敬之心，慎終追遠之意。故禮記云：「霜露既降，君子履之，必有悽愴之心；雨露既濡，君子履之，必有怵惕之感。」皆以孟月，無常日，擇月中柔日，卜，得吉則祭之，敬之至也。

有虞氏四時之祭名：春曰禴，夏曰禘，秋曰嘗，冬曰烝。其祭尚氣，郊特牲云「血、腥、爓祭，用氣也。」尚謂先薦之也。法先迎牲，殺之取血，告於室，以降其神，然後用樂而行祭事。其祭貴首。

夏氏時祭之名，因有虞。其祭貴心。

殷禴禘嘗烝，亦因虞夏之制。王制云「春禴，夏禘，秋嘗，冬烝」。鄭玄云「此夏殷之法」。其祭尚聲，郊特牲云：「臭味未成，滌蕩其聲，樂三闋，然後出迎牲，聲音之號，所以詔告於天地之間也。」〔一〕滌蕩猶搖動也。其祭貴肝。

周祭，春曰祠，夏曰禴，秋曰嘗，冬曰烝。以禘爲殷祭之名。其祭尚臭，郊特牲云：「周人尚臭，灌用鬯臭，鬱合鬯，臭陰達於淵泉，〔二〕既灌，然後迎牲，致陰氣也。」灌謂以珪瓚酌鬱鬯始獻神。已乃迎牲，於庭殺之。其祭貴肺。行九獻之禮。其禮備陳於下。

祭之日，王服袞冕而入廟，工則奏以王夏。王入，立於東序。后則副褘而入，立於西序，尸入之後，乃就於西房。轉就西房者，所以放陰陽之義。禮器云：「大明生於東，月生於西，陰陽之分，夫婦之位也。」尸服袞冕而入，工則奏肆夏。王反於室，〔三〕而不迎尸。祭統云：「君迎牲而不迎尸，所以別嫌也。」於是王以珪瓚酌雞彝之鬱鬯以獻尸，尸以祼地降神，尸祭之，啐之，奠之。此爲祼神之一獻也。后乃以璋瓚酌鳥彝之鬱鬯以獻尸，尸祭之，啐之，奠之。〔四〕此爲二獻也。王乃祖而迎牲於門，牲入門則奏昭夏。王親牽牲，公卿大夫執幣以從，入而告於庭云「博碩肥腯」。王乃麗牲於碑，親執鸞刀，啟其毛血以授於祝。祝入，告於幽全之義。遂乃殺牲，始行朝踐之事。凡牲，廟用一牢。公羊傳曰：「周公白牡，魯公騂剛，羣公不毛。」朝踐之時，〔五〕尸出於室，坐於户西，南面。主在西，東面。郊特牲云：「詔祝於室，坐尸於堂。」鄭玄注云：「謂朝事時，〔六〕迎尸於户外。〔一七〕時尸、主之前，薦以籩豆脯醢而已。乃取牲膟膋燎於爐炭，入以詔神於室。於時王親洗肝於鬱鬯而燔之，以隳於主。主人親制其肝，所謂制祭也。次乃升牲首於室中北墉下，尊首尚氣之義也。時又薦腥於尸、主之前，謂之朝踐。於時王乃以玉爵酌獻素何反，下同。鐏中醴齊以獻。此三獻也。〔八〕后於是薦朝事之籩，〔九〕時堂上以夾鍾之調歌，堂下以無射之調作大武之樂。后於是亦以玉爵酌獻鐏醴齊以獻尸。此四獻也。時堂下之樂亦作也。〔一〇〕於時王自阼階而西酌獻，后從西階東酌獻。所謂「禮交動乎上，樂交應乎下」。至薦熟之時，謂之饋食。先薦熟於堂。視陳此設饌之禮，非謂即食。設饌之時，王及尸皆有倚住之處，設机於傍，故云變机也。設席之後，更設尸主之席於堂，在户内西方，〔一一〕東面，尸在其北。布尸主席訖，乃遷所設於堂上之饌，置尸主坐前。時祝又以斝酌奠，奠於饌南，所謂天子奠斝。又取腸間脂焫之蕭合羶薌，鄭云：「羶當爲馨，字之誤。」燎於爐炭，所謂臭陽達於牆屋。乃迎尸主入室，即席，舉奠斝將祭之。時祝則詔王拜妥尸，郊特牲云「舉斝角詔妥尸」是也。拜訖，尸遂祭酒以菁茅，謂之縮酒。左傳云：「爾貢苞茅不入，王祭不供，無以縮酒。」尸遂啐之，奠之，尸乃坐。於是王以玉爵酌象鐏盎齊以獻尸。此五獻也。〔一二〕時后薦饋食之籩，〔一三〕又以玉爵酌象鐏醴齊以獻尸。此六獻也。王及后每獻，皆作樂如初。尸食訖，王以玉爵酌朝踐之獻鐏醴齊以酳尸，〔一四〕謂之朝獻，亦鐏相因。此七獻也。后薦加事之豆籩。尸飲七，王可以獻公。

尸飲訖，授祝，祝酌清酒以授尸，尸以酢王，王乃設酢席於户内。尸少祭饌黍稷，并假福王，王乃以出，量人與鬱人受之。周禮宗伯職云：「量人與鬱人受舉斝之卒爵。」后以玉爵酌饋食象罇之盎齊以獻尸，曰再獻，亦罇之相因。尸酢后如王之法，后飲酢酒。此八獻也。尸飲八，王可以獻卿。諸侯爲賓者以玉爵酌盎齊，〔一五〕備卒食三獻。合九獻，凡王及后各四，諸侯爲賓者一也。尸飲九，王可以獻大夫、士。取惠均於下之義。尸飲訖，又酢諸臣，如后之法。自九獻之後，遂降，冕而撫干，舞大武之樂以樂尸。祭統云：「君執干戚就舞位，冕而總干，率其羣臣，以樂皇尸。」九獻之後，更爲嗣子舉奠，與諸臣進獻，更行三爵，皆謂之加爵，則用璧散璧角。明堂位云「加以璧散璧角」。〔一六〕即行旅酬無算之爵。樂作亦然。旅酬既訖，則尸出。尸出之後，則嗣子餕之。文王世子云：「登餕受爵以上嗣，〔一七〕尊祖之道。」鄭玄注云：「上嗣，祖之正統。」〔一八〕厥明，更以一牢繹於祊。於廟門之外而行其禮。

其四時新物初登，〔一九〕皆先薦寢廟而後食。二月獻羔開冰，春分方温，獻羔以祭司寒，而後開冰。左傳曰：「北陸而藏冰，西陸朝覿而出之。」先薦寢廟而後食。四月以彘嘗麥，麥之新，氣尤盛，〔二〇〕以彘食之，散其熱。七月登穀，黍稷之屬，於是月始熟，而先薦。八月嘗麻，九月嘗稻，皆初熟而薦之。十二月嘗魚。此時魚得陽氣，潔美。

漢惠帝時，叔孫通曰：「古者有春嘗果。方今櫻桃熟，可獻。」遂獻宗廟。顔師古曰：「禮記，仲夏月，羞以含桃，先薦寢廟，即此櫻桃也。」諸果之獻由此興。

後漢光武帝建武二年正月，〔二〕立高廟於雒陽，漢舊儀曰：「故孝武廟。」古今注曰：「於雒陽校官立之。」四時祫祀，高帝爲太祖，文帝爲太宗，武帝爲世宗，如舊。餘帝四時春以正月，〔三〕夏以四月，秋以七月，冬以十月及臘，一歲五祀。靈帝時，京都四時所祭高廟五主，世祖廟七主，少帝三陵，〔三〕追尊后三陵，凡牲用十八太牢。

古不墓祭，漢諸陵皆有園寢，承秦所爲也。說者以爲古宗廟前制廟，後制寢，以象人君之居前有朝，後有寢。月令有「先薦寢廟」，詩稱「寢廟奕奕」，言相通也。廟以藏主，以四時祭。寢有衣冠几杖象生之具，以薦新物。秦始出寢，起於墓側，漢因而弗改，故陵上稱寢殿，起居衣服象生人之具，古寢之意也。建武以來，關西諸陵以轉久遠，但四時特牲祠；帝每幸長安謁諸陵，乃太牢祠。自雒陽諸陵至靈帝，皆以晦望、二十四氣、伏臘及四時祠。廟日上飯，大官送用物，園令、食監典省，其親陵所宮人，隨鼓漏理被枕，具盥水，陳嚴具。

魏初，高堂隆云：「按舊典，天子諸侯月有祭事，其孟，則四時之祭也，三牲、黍稷，時物咸備。其仲月、季月，皆薦新之祭也。大夫以上將之以羔，或加以犬而已，不備三牲也。士以豚。庶人則唯其時宜，魚雁可也。皆有黍稷。禮器曰：『羔豚而祭，百官皆足；太牢而祭，不必有餘。』羔豚則薦新之禮也，太牢則時祭之禮也。詩云『四之日，〔二四〕其蚤獻羔祭韭』。周之四月則夏之二月也。月令：仲春，天子乃獻羔開冰。季春之月，天子始乘舟薦鮪。仲夏之月，天子乃嘗魚。〔二五〕咸薦之寢廟。此則仲春季月薦新之禮也。」蜀譙周禮祭集志曰：「天子之廟，始祖及高、曾、祖、考，皆月朔加薦，以象平生朔食也，謂之月祭。二祧之廟，〔二六〕無月祭也。凡五穀新熟，〔二七〕珍物新成，天子以薦宗廟。禮，未薦不敢食新，孝敬之道也。其月朔薦及臘薦、薦新，皆奠，無尸。故羣廟皆一朝之間盡畢。」

宋四時祭祀，將祭必先夕牲。皇帝散齋七日，致齋三日。百官掌事者亦如之。致齋之日，御太極殿幄坐，著絳紗袍，黑介幘，通天金博山冠。祠之日，車駕出，百官應齋從駕留守填街先置者，〔二八〕各依宣攝從事。上水一刻，皇帝著平冕龍袞服，升金根車，到廟北門。理禮、〔二九〕謁者各引太樂令、太常、光祿勳、三公等皆入在位。皇帝降車，入廟，脱舄，盥及洗爵，訖，升殿。初獻，奠爵，樂奏。太祝令跪讀祝文，訖，進奠神座前，皇帝還本位。博士引太尉亞獻，訖，謁者又引光祿勳終獻。皇帝不親祠，則三公行事，而太尉初獻，太常亞獻，光祿勳終獻。

齊永明九年正月，〔三〇〕詔太廟四時祭，薦宣皇帝麪起餅、鴨臛；孝皇后筍、鴨卵、脯醬、炙白肉；高皇帝薦肉膾、葅羹；昭皇后茗、粣、炙魚：皆所嗜也。此皆當時所尚，〔三一〕無典禮之制。

先是，世祖夢太祖曰：「宋祖諸帝嘗太廟從我求食，可別爲吾祠。」帝乃敕章郡王妃庾氏四時還青溪宮舊宅，處内合堂，奉祠二帝二后，〔三二〕牲牢服章，用家人禮。

梁武帝宗廟四時及臘，一歲五享。天監十六年，詔曰：「夫神無常饗，饗於克誠，所以西隣禴祭，實受其福。宗廟祭祀，猶有牲牢，無益至誠，有累冥道。自今四時烝嘗外，可量代。」八座議：「以大脯代一元大武。」八座又奏：「既停宰殺，無復省牲之事，請立省饌儀。其衆官陪列，並同省牲。」帝從之。又詔：「今雖無復用腥，猶有脯脩之類，即之幽明，義爲未盡。〔三三〕可更詳定，悉薦時蔬。」左丞司馬筠等參議：「大餅代脯，餘悉用蔬菜。」帝從之。又舍人朱异議：「二廟祀，相承止有一鉶羹。蓋祭祀之禮，應有兩羹，相承止於一鉶，即禮爲乖。請加熬油蓴羹一鉶。」帝從之。於是起至敬殿、景陽臺，〔三四〕立七廟座。月中再設淨饌。自是訖於臺城破，諸廟遂不血食。

陳制，一歲五祠，謂春夏秋冬臘也。每祭共以一太牢，始祖以三牲首，餘唯骨體而已。

後魏孝文皇帝太和六年十一月，將親祀七廟，有司依禮具儀。於是羣官議曰：「昔有虞親虔，祖考來格；殷宗躬謁，介福攸降。大魏七廟之祭，依先朝舊事，多不親謁。今陛下孝誠發中，思親執祀，稽合古義，禮之常典。臣等謹按舊章，并采漢魏故事，撰祭服冠屨牲牢之具，〔三五〕罍洗簠簋俎豆之器，百官助祭位次，樂官節奏之引，升降進退之法，別集爲親拜之儀。」制可。於是帝乃親祭。其後四時常祀，皆親之。

十六年，詔曰：「夫四時享祀，人子常道。然祭薦之禮，貴賤不同。故有邑之君，祭以首時，無田之士，〔三六〕薦以仲月。況七廟之重，而用中節者哉！自頃烝嘗之禮，頗違舊義。今將仰遵遠式，以此孟月，特禴於太廟。〔三七〕但朝典初改，衆務殷湊，無遑齋潔，遂及於今。又接神饗祖，必須擇日。今禮律未宣，有司或不知此。可敕太常令剋日以聞。」

北齊制，春祠、夏禴、秋嘗、冬烝，皆以孟月，凡四祭。每祭，室一太牢。武成帝始以皇后亞獻。河清中定令，四時祭廟及元日廟庭，並設庭燎二所。

後周之制，其四時祭，各於其廟，亦以皇后亞獻。其儀與北齊同。所異者，皇后亞獻訖，又薦加豆之籩，其實菱、芡，芹菹、兔醢，冢宰終獻訖，皇后親徹豆，降還版位，然後太祝徹焉。

隋四時之祭，各以太牢。四時薦新於太廟，有司行事，而不出神主。祔祭之禮，〔三八〕並准時享。

大唐四時各以孟月享太廟，室各用一太牢。若品物時新堪進御者，有司先送太常，令尚食相知，簡擇務令潔淨，仍以滋味與新物相宜者配之。太常卿及少卿一人奉薦太廟。卿及少卿有故，即差五品以上攝。有司行事，不出神主。仲春薦冰，亦如之。

祫禘上虞 夏 殷 周 後漢 魏 晉 東晉

古者天子諸侯三年喪畢，皆合先祖之神而享之。以生有慶集之懽，死亦應備合食之禮。緣生以事死，因天道之成而設禘祫之享，皆合先祖之神而享之。

虞夏先王崩，新王元年二年喪畢而祫。三年春特禴，夏特禘，秋特嘗，冬特烝。四年春特禴，夏祫禘，秋祫嘗，冬祫烝。每間歲皆然，以終其代。高堂隆云：「喪以奇年畢則祫亦常在奇年，偶年畢則祫亦常在偶年。」

殷先王崩，新王二年喪畢而祫。三年春特禘，夏特禴，秋特嘗，冬特烝。四年春特禘，夏祫禴，秋祫嘗，冬祫烝。間歲奇偶如虞夏。按殷改虞夏春禴曰禘，又改禘爲禴。按郊特牲「春禘秋嘗」，則殷祭。

周制，天子諸侯三年喪畢，禫祭之後，乃祫於太祖，來年春禘於羣廟。祫，毀廟未毀廟皆合升於太祖。禘則不及親廟，但文武以下毀主依昭穆於文武廟中祭之，王季以上於后稷廟祭之。知先祫後禘者，約春秋魯僖公、宣公、定公皆八年而禘，〔三九〕以再殷祭推之。爾後五年再殷祭，一禘一祫，所以喪必有此禘祫者，爲後再殷之祭本也。喪畢之祫，祫之本；明年之禘，禘之本也。從此後各自數，每至三年，〔四〇〕則各爲之，故得五年再殷祭。因以法五歲再閏，天道大成也。禘以夏，祫以秋。詩閟宮傳云「諸侯夏禘則不礿，秋祫則不嘗，唯天子兼之」是也。崔靈恩云：「禘以夏者，以審諦昭穆，序列尊卑，夏時陽在上，陰在下，尊卑有序，故大次第而祭之，故禘者諦也，第也。祫

以秋者，以合聚羣主，其禮最大，必秋時萬物成熟，大合而祭之，故祫者合也。」〔四一〕

將祫祭，前期十日之前夕，肆師告具，太宰、太宗、太史帥執事而卜日，既卜，司隸隸僕修除糞洒其廟。將祭前夕，於太廟南門之外展牲，庖人告牷。太宰眡滌濯祭器。掌次於廟門外之東，設主人及公卿以下次幕，其尸次兼設幄。掌次云：「凡祭祀，張其旅幕，張尸次。」鄭玄云：「旅，衆也。公卿以下即位所祭祀之門外，以待事，爲之張大幕。尸則有幄。」鄭司農云：「尸次，尸所居，更衣帳。」次百司所供之物，皆至廟門外。司徒奉牛牲，司馬奉羊牲，司空奉豕牲，每廟各一牢。按公羊傳：「周公白牡，魯公騂剛，羣公不毛。」是各牲也。司烜氏以夫燧取明火於日，〔四二〕以照饌；以鑒取明水於月，以加五齊。欲得陰陽之潔氣也。加謂於上陳之。籩人陳四籩之實。朝事之籩有麷，熬麥也。音豐。蕡，熬枲實。白，熬稻。黑，熬黍。形鹽，鹽之似虎形者。膴，牒生魚爲大臠。〔四三〕火吴反。鮑魚鱐。鮑者於楅室中糗乾之魚。鱐者析乾之魚。鱐音所求反。饋食之籩：其實有棗，栗，桃，乾䕩，乾梅也。音老。榛實。似栗而小。加籩之實：菱，芡，栗，脯。四物各二籩，凡八籩也。羞籩之實：糗餌，粉餈。謂粉稻米、黍米，合烝之爲餌，餅之則爲餈。恐餌餈粘，著籩，〔四四〕故以糗粉藉之。糗，熬大豆也。醢人掌四豆之實。朝事之豆，其實：韭菹、醓醢，醓音毯，肉汁也。昌本、麋臡，昌本，昌蒲根也。切之四寸爲菹。醢之有骨者爲臡，音泥。菁菹、鹿臡，茆菹、麇臡。〔四五〕菁，蔓菁。茆，鳧葵。饋食之豆，其實：葵菹、蠃音騾醢，〔四六〕脾析、蠯蒲佳切醢，脾析，牛百葉。蠯，蛤也。蜃、蚳醢，蜃，大蛤也。豚拍、魚醢。豚膊肩。〔四七〕加豆之實：芹菹、兔醢，深蒲、醓醢，深蒲，蒲始生水中子。箈菹、鴈醢，箈，箭萌。音臺。〔四八〕筍菹、魚醢。筍，竹萌也。羞豆之實：酏食，糝食。酏，饘也。小切狼臅膏，以與稻米爲饘。糝，取牛羊豕之肉，三如一，小切之，與稻米二肉一，合以爲餌，煎之。酏音飼。〔四九〕臅音昌欲反。〔五〇〕醢人共音供，下同。五齏、七菹、醢醬等。鹽人共苦鹽、顆鹽。散鹽。今海鹽也。小史敍昭穆之俎簋。酒正共五齊三酒，以實八罇。司罇彝共斝彝、黄彝。〔五一〕司罇彝云：「秋嘗冬烝祼，用斝彝黄彝。」鄭玄注：〔五二〕「斝彝，畫禾稼。黄彝，黄目罇也。」謂以黄金爲目，設於罇上，以祫在秋，故用。冪人共畫布巾以冪之。亨人共鼎鑊及大羹鉶羹。鑊，所以煮肉及魚腊之器。既熟，乃升於鼎。舍人共簠簋。甸師氏共齍盛及蕭茅。蕭茅則納於鄉師，鄉師得而束之，長五寸切之，以藉祭。凡后所陳薦玉齍、玉敦音對等物，皆九嬪共之。獻尸之瑶爵等，内宰共之。天府陳國之玉鎮大寶器，陳於東西序。即尚書顧命者是也。〔五三〕九服内諸侯及夷狄等來助祭，所貢方物珍異等，皆陳廟庭。其几筵，〔五四〕司几筵云：「吉事變几。」〔五五〕祼於室，饋食於堂，繹於祊，每事易几，神事文，示新也。席皆以莞筵紛純，加繅席畫純，加次席黼純，左右玉几。紛，如綬有文而狹者。繅席則削蒲蒻，展之，編以五采，若今合歡矣。畫謂雲氣。〔五六〕次席，桃枝席，有次列成文。司服共，享先王則袞冕，享先公則鷩冕，尸服亦然。凡百司所共之物，皆太史校數之，及教所當置處。太史職云「祭之日，執書以次位常」是。王所乘輅，雞人呼晨，司樂宿懸等，一如圜丘。

其日夙興，陳酒齊等室中，近北陳鬱鬯，鬱鬯之南陳明水，明水之南室户之内陳泛齊、醴齊、盎齊，室户之外堂上陳醍齊而已。次堂下陳沈齊，沈齊之南陳玄酒，玄酒之南陳事酒、昔酒、清酒。於是大宗伯出高祖以下木主，守祧出先王先公祧主，皆入太祖后稷廟中。於室中之奥西壁下，〔五七〕東面布太祖后稷位，尸在東，北面。太祖之子於席前之北，南面，爲昭。次昭之子在南方北面相對，〔五八〕爲穆。以次而東，孫與王父並列，直至禰。其尸各居木主之左，凡七尸。七尸者，逸禮文。按禮器云「周旅酬六尸」。鄭玄云「后稷尸發爵不受旅」是也。

用九獻。王服袞冕而入，奏王夏；后服副褘從王而入，則奏齊夏；次尸入，奏肆夏。祭統云：「君迎牲而不迎尸，別嫌也。」王乃珪瓚酌斝彝鬱鬯以授尸，尸受之，灌地祭之以降神，乃啐之，奠之，此爲求神之始也。此爲一獻。樂章歌九功之德，詩用清廟。次后以璋瓚酌黄彝之鬱鬯以亞獻，尸亦祭之，啐之，奠之。此爲二獻。次奏黄鍾爲宫，大吕爲角，太蔟爲徵，應鍾爲羽，路鼓路鼗，陰竹之管，龍門之琴瑟，九德之歌，九韶之舞，於宗廟之中奏之。若樂九變，則人鬼可得而禮矣。人鬼則主后稷。先奏是樂以致其神，然後合樂而祭焉。路鼓，四面鼓也。〔五九〕九德之歌，春秋所謂六府三事也。九功之德皆可歌樂。陰竹，生山北者。龍門，山名。九韶當爲大韶。前祼及樂，皆爲求神，謂之二始。以周人尚臭，故以鬯臭。次王出迎牲，入，奏昭夏。郊特牲云：「既灌然後迎牲。」王親牽牲，大夫贊，執幣而從。禮器注云：「納牲於庭時也，當用幣以告神而殺牲。」乃以牲告庭云「博碩肥腯」。禮器云「納牲詔於庭」是也。王乃親執鸞刀，啟其血毛，謂耳傍毛也。以授於祝，祝入，告神於室，幽全之義也。禮器云「血毛詔於室」是也。〔六〇〕幽謂血，全謂色純也。乃延太祖尸主，坐於室戶外之西，南面，主在其右，亦南面。昭在東，穆在西，相向而坐，主各在其右。王乃親射牲而殺之，以行朝事之禮。乃延尸於戶西，南面。取牲膟膋燎於爐炭，洗肝於鬱鬯而燔之，入，以詔神於室，又出，以隳於主。隳謂分減肝膋以祭主。隳音許規反。次乃升牲首於室中，置於北墉下。尊首尚氣。〔六一〕乃薦腥肉於尸主前，謂之朝踐之禮。王乃以玉爵酌泛齊以獻尸，謂之朝踐之獻。凡三獻也。后於是薦朝事之籩豆，時堂上以大呂之調歌清廟之詩，堂下以黃鍾之調作大武之樂。奏大武之時，則歌維清及大武之詩。詩序云：「維清，奏象舞也。武，奏大武也。」獻后稷尸時，樂同降神，樂章則歌思文。詩序云：「思文，后稷配天也。」獻先王先公，則大司樂云「奏無射，歌夾鍾，舞大武，以享先祖」。先王先公。樂章則歌天作。〔六二〕詩序云：「天作，祀先王先公。」獻文王尸，歌清廟，詩序云：「清廟，祀文王。」獻武王尸，歌執競，詩序云：「執競，祀武王。」樂同先王先公。凡歌，皆大司樂帥瞽人登歌之。將時，〔六三〕小師先擊拊。堂下管奏時，先鼓朄。音胤。〔六四〕后薦之後，遂以瑤爵酌著罇之醴齊以亞獻。凡四獻也。於是堂下樂亦作，時王從東階而西酌以獻尸，后則從西而東酌獻尸。按禮器云：「君西酌犧象，夫人東酌罍樽，禮交動乎上，樂交應乎下。」至將薦熟時，先以所薦之饌設於堂以告尸主。禮器云：「設祭於堂。」鄭玄云：「設饌於堂，人君禮。」時祝以斝爵酌奠於饌之右。鄭玄注郊特牲云：「天子尊斝。」〔六五〕此時又取膟膋及黍稷焫於蕭蒿，令臭陽達於牆室，既乃迎尸入室，各即席。祝取向時所奠斝爵將祭之，祝乃詔王拜尸以安之，尸遂坐，祭酒，啐之，奠之。於是王又以玉爵酌壺鐏盎齊以獻尸，謂之再獻。凡五獻也。〔六六〕時后薦饋食之籩豆，薦訖，乃以瑶爵酌壺鐏醍齊以亞獻。凡六獻也。每獻作樂如初。尸乃食，食訖，王以玉爵酌朝踐著鐏之泛齊以酳尸，謂之朝獻。凡七獻也。司鐏彝云：「朝獻用兩著鐏。」鄭玄云：「變朝踐爲朝獻，鐏相因。」后乃薦加事豆籩。尸飲訖，授祝，祝酌清酒以授尸，尸以酢王，乃設酢席於户内。司几筵云：「祀先王，酢席亦如之。」鄭玄注云：「尸卒食，王酳之，卒爵，祝受之，又酌授尸，尸以酢王，〔六七〕於是席王於户内。后及諸臣已下致爵乃設席。」於是后以瑶爵酌壺鐏醍齊以獻尸，謂之再獻。凡八獻也。鄭玄注司鐏彝云：「王酳尸之後，后酌亞獻。」尸乃酢后，后飲酢酒。次諸臣爲賓酌壺鐏沈齊，以備卒食三獻。凡九獻。司鐏彝注：「王及后各四，諸臣一，祭之正也。」〔六八〕大祝乃設饌於廟門外之西室以索祭，名爲祊。郊特牲云「索祭祝於祊」是也。緣此處生平待賓客之處，故廣求。既九獻，王乃冕而揔干戚，率羣臣，王在東，舞大武樂皇尸。所謂八佾。又皮弁而舞大夏，兼作六代之樂，遂行加爵，爲旅酬之始。禮器云「周旅酬六尸」是也。加爵者，謂太子所謂上嗣舉奠。及三公之長一人、九卿之長一人，用璧角酌沈齊，各行一加爵。按少牢、特牲之祭，加爵但止於三也，通前凡十二獻，亦得倣天數也。明堂位云「加以璧散璧角」也。然後煇、胞、上許眷反，〔六九〕下音炮。翟、閽等皆有所賜予。於來日又祭，名爲繹，亦謂之祊。爾雅云：「繹，又祭也。」春秋云：「壬午猶繹。」杜注云「先日辛巳有事於太廟」是也。又鄭玄注禮器云：「祊，祭明日之繹祭也。謂之祊者，以於廟門之傍，因名焉。」其禮，先設饌於廟門外之西室，而事尸於堂。其祭室之禮簡，而事尸禮大，以孝子求神非一處也，〔七〇〕不知神之所在，於彼乎，於此乎。

其禘祭，前期十日，肆師、〔七一〕太宰以下卜日之儀，如祫祭。其典祀糞洒，充人展牲，太宰眡濯，前夕告期，掌次設次，三公奉牲牢，司烜共明水，及籩人等共醯醢，冪人共巾冪，〔七二〕亨人陳鼎鑊，舍人共簠簋，甸師氏共齍盛、蕭茅，九嬪、內宰共后玉齍、玉敦，典瑞共祼珪璋，天府陳國寶，司几筵陳几席，司服共祭服，典輅出玉輅，司樂宿懸，王及牲尸等用樂，王后副褘九獻之節，廟堂之樂所用樂章，祼獻之儀，璧角之加爵，朱干玉戚之親舞，血腥爓熟之先後，告堂告室之差次，膟膋制祭，祊室繹堂，一如祫祭。所異者，但祭毀廟以上，不及親廟。詩周頌云「雍，禘太祖也。」鄭箋云：「禘，大祭也。大於四時而小於祫也。」又逸禮記禘於太廟禮云：「毀廟之主皆升合食，而立二尸。」〔七三〕又韓詩內傳云：「禘，取毀廟之主，皆升合食於太廟。」是也。其神主位，按鄭玄禘祫志云：「太王王季以上遷主，祭於后稷之廟，其坐位與祫祭同。文武以下遷主，若穆之遷主，祭於文王之廟，文王居室之奧，東面。文王孫成王居文王之東而北面。以下穆主直至親盡之祖，〔七四〕以次繼而東，皆北面，無昭主。若昭之遷主，祭於武王之廟，武王亦居室之奧，東面。其昭，孫康王亦居武王之東而南面。〔七五〕亦以次繼而東，直至親盡之祖，無穆主也。」其尸：后稷廟中后稷尸一，昭穆尸各一；文王廟中，文王尸一，穆尸共一；武王廟中，武王尸一，昭尸共一。逸禮稱二尸者，〔七六〕據文武之廟及太祖昭穆而言也。其實太祖文武廟三尸也。故云「獻昭尸如穆尸之禮」。其五齊，自醴齊而下四齊而已，無泛齊。酒亦三酒。所陳設之處，所加之明水玄酒等，一如禘祭於文王之廟，無降神之樂。故大司樂云黃鍾爲宮以下等樂云「若九變，人鬼可得而禮矣」。鄭玄云：「人鬼謂后稷也。先奏是樂以致其神，禮之以玉而祼焉，〔七七〕然後合樂而祭焉。」則不據文武也。其祼鐏用雞彝、鳥彝，司鐏彝云「春祠夏礿祼，用雞彝鳥彝」，以禘在夏故也。朝踐用兩犧鐏，再獻用兩象鐏。其迎尸出在堂之時，其后稷文武之尸，皆南向，餘尸主如室中之左右也。〔七八〕謂后稷以下昭穆，昭西面，穆東面。文王以下穆主在西，東面；武王以下昭主在東，西面也。合樂時，作四代之樂。其祭禮，后稷、文王、武王廟中，每廟各一日。凡祭之禮，質明行祼，謂之晨祼。次朝踐，次乃饋熟以下，是則每廟各行此禮。〔七九〕以其禮煩，難可一日而畢，又乖朝踐之義。繹祭則同一日。以其禮略，故可同日而畢。

議曰：聖人制禮，合諸天道，使不數不怠，故有四時之祭焉。而又設殷祭者，因天道之成，以申孝敬之心，用盡事終之禮。禘祫二禮，俱是大祭，先賢所釋，義各有殊。馬融、王肅皆云禘大祫小；鄭玄注二禮，以祫大禘小；賈逵、劉歆則云一祭二名，禮無差降。數家之說，非無典據，至於弘通經訓，鄭義爲長。嘗試論之。以禮經及春秋所書，皆祫大於禘。按春秋公羊傳云：「大事於太廟，大事者祫也，祫者，毁廟之主陳於太祖，未毁廟之主皆升合食於太祖。」至於禘，則云「禘於莊公」、「禘於僖公」。既不於太祖，則小於祫也。又按逸禮記祫於太廟之禮云「毀廟之主升合食而立二尸」，〔八〇〕又按韓詩内傳云「禘，取毀廟之主，皆升合食於太祖」，則禘小於祫也。祫則羣廟之主悉升於太祖廟，禘者各於其廟而行祭禮，一祭俱及毀主。禘之時，文王以上毀主，自在后稷廟而祭；文王以下毀主，自在二祧之廟而祭。禘之以祫，用得爲殷，禘則小於祫而大於四時也。曾子問主，夫子云：「自非祫祭，七廟五廟無虛主。」而不言禘，小於祫明矣。其祫則備五齊三酒，禘惟四齊三酒；祫則備用六代之樂，禘則四代而下，又無降神之樂，以示其闕也。

後漢光武建安二十六年，詔問張純，禘祫之禮，不行幾年。純奏：「舊制，三年一祫，毀廟之主合食高廟，存廟主未嘗合。元始中，始行禘禮。父爲昭，南嚮；子爲穆，北嚮。父子不並坐，而孫從王父。決疑要注曰：「始祖東面。父南面，故曰昭。昭，明也。子北面，故曰穆。穆，順也。」禘之爲言諦也，是審諦之義。以夏四月陽氣在上，陰氣在下，故正尊卑之義。祫以冬十月，五穀成熟，物備禮成，故合聚飲食。祖宗廟未定，且合祭高廟爲常。」後以三年冬祫五年夏禘之時，但就陳祭毀廟主而已，謂之殷。太祖東面，惠文武元四帝爲昭，景宣二帝爲穆。惠景昭三帝非殷祭時不祭也。

魏明帝太和六年，尚書難王肅以「曾子問唯祫於太祖，羣主皆從，而不言禘，知禘不合食。」肅答曰，以爲：「禘祫殷祭，羣主皆合，舉祫則禘可知也。」袁準正論曰：〔八一〕「先儒或爲同，或爲異，然『祫及壇墠，禘及郊宗石室』，此所及近遠之殺也。大傳曰：『禮不王不禘』。諸侯不禘，降於天子也。若禘祫同貫，此諸侯亦不得祫，非徒不禘也。」

武宣皇后太和四年六月崩，至六年三月，有司以今年四月禘告。王肅議曰：「今宜以崩年數。按春秋魯閔公二年夏，禘於莊公。是時縗絰之中，至二十五月大祥便禘，不復禫，故譏其速也。去四年六月，武宣皇后崩，二十六日晚葬，除服即吉，四時之祭，皆親行事。今當計始除服日數，當如禮須到禫月乃禘。」趙怡等以爲：皇帝崩二十七月之後，乃得禘祫。

王肅又奏：「如鄭玄言各於其廟，則無以異四時常祀，不得謂之殷祭。以粢盛百物豐衍備具爲殷之者，夫孝子盡心於事親，致敬於四時，比時具物，不可以不備，無緣儉齊其親，累年而後一豐其饌也。〔八二〕夫謂殷者，因以祖宗並陳，昭穆皆列故也。設以爲毀廟之主皆祭謂殷者，夫毀廟祭於太祖，而六廟獨在其前，所不合宜，非事之理。近尚書難臣以『曾子問唯祫於太祖，羣主皆從，而不言禘，知禘不合食』。臣答以爲『禘祫殷祭，羣主皆合，舉祫則禘可知也』。論語孔子曰：『禘自既灌而往者，吾不欲觀之矣。』所以特禘者，以禘大祭，故欲觀其盛禮也。〔八三〕禘祫大祭，獨舉禘，則祫亦可知也。於禮記則以祫爲大，於論語則以禘爲盛，進退未知其可也。漢光武時下祭禮，〔八四〕以禘者毁廟之主皆合於太祖，祫者唯未毁之主合而已矣。鄭玄以爲禘者各於其廟。原其所以，夏商夏祭曰禘，然其殷祭亦名大禘。商頌長發，是大禘之歌也。至周改夏祭曰礿，以禘唯爲殷祭之名。周公以聖德用殷之禮，故魯人亦遂以禘爲夏祭之名。是以左傳所謂『禘於武宮』，又曰『烝嘗禘於廟』，是四時祀，非祭之禘也。鄭斯失矣。至於經所謂禘者，則殷祭之謂。鄭據春秋，與大義乖。」按太和八年用王肅議。

袁準曰：「『祫及壇墠，禘及郊宗石室』，此所及遠近之殺也。大傳曰『禮不王不禘』，諸侯不禘，降殺於天子也。若禘祫同貫，此諸侯亦不得祫也，然則禘大而祫小。謂祫爲殷祭者，大於四時，皆大祭也。國語曰：『禘郊不過繭栗，烝不過把握。』明禘最大，與郊同也。公羊傳曰：『大事者何？祫也。毁廟之主陳於太祖，未毁廟之主皆升合食乎太祖。』〔八五〕何謂也？曰：夫禘及壇墠，則毁廟也，俱祭毁廟，但所及異耳。所及則異，毁與未毁則同。此論者所惑。鄭謂不同是也，謂禘不及毁廟則非也。劉歆、賈逵同毁與未毁是也，不別禘祫遠近則非也。」

晉武帝泰始中，尚書杜元凱議稱：「易曰『上古之代，喪期無數』。自殷高宗諒闇三年，不稱服喪三年，而稱諒闇三年，此釋服心喪之謂。大戴篇曰：『昔武王崩，成王十三而嗣立，周公居冢宰攝政。明年六月既葬，周公冠成王而朝於祖，以見諸侯，命祝雍作頌。』是三年之內時明矣，故今礿祠烝嘗於是行焉。〔八六〕昔仲尼之制春秋也，因魯史以明王法，喪中之祥祫，譏貶之文著焉。」徐禪按：杜議行武皇盛明之朝，其左傳解云亦三年之喪禮畢而禘。

東晉升平五年五月，〔八七〕穆帝崩，十月殷。興寧三年二月，哀皇帝崩，廢帝太和元年五月，〔八八〕皇后庾氏崩，廢帝海西公后也。十月殷。此哀皇帝再周之內，庾氏既葬之後殷也。太元二十一年十月應殷，其年九月孝武崩，至隆安三年，國家大吉，乃循殷事。元興三年夏，應殷，太常博士徐乾等議，應用孟秋，進用孟冬時。孔安國云：自太和四年已後，殷祭皆用冬夏。復詳徐乾議用孟秋，非失也。安帝義熙三年，當殷，御史中丞范泰議，以章后喪未一周，不應殷祠。時從太常劉瑾議「小君之喪，不以廢大禮」。泰議曰：「今雖既祔之後得以烝嘗，而無殷祭之禮，有喪則廢吉祭，〔八九〕祭新主於寢。今不設別寢，既祔遂祭於廟。故四時烝嘗，以寄追遠之思；三年一禘，以習昭穆之序。義本各異。三年喪畢，則合食太祖，過時而殷，無取於限三十月也。隆安之初，以喪而廢矣。」瑾議曰：「臣尋升平已後殷祭，皆在周內。永和十年至今五十餘載，三十月輒殷，是依禮五年再殷，而泰言非當。若臣啟不允，則責失奏彈。」往安帝元興三年四月，〔九〇〕不得殷祀，進用十月。若計常限，今當用冬；若更起端，則應四月。時尚書奏從領司徒王謐議，反初四月爲殷祠之始。謐議曰：「有非常之慶，必有非常之禮。殷祭舊准不差，至於義熙之慶，經古莫二，雖曰反正，理同受命。愚謂履運唯新，於是乎始，宜用四月。」太常劉瑾議：「殷無定日，考時致敬，且禮意尚簡。〔九一〕去年祠雖於日有差，而情典允備。宜仍以爲正。」徐乾議：「三年一祫，五年一禘。經傳記籍，不見補殷之文。」著作郎徐廣議：「若用三十月，今則應用四月。於時有殷而遷在冬，從太元元年十月殷祠。若依常三十月，〔九二〕今則應用二年四月，是追計辛未歲十月，未合六十月而再殷。」劉潤之等議：「太元元年四月應殷，而禮官情失，逮用十月，〔九三〕本非正朝以失爲始。」尚書奏從謐議。博士陳舒表：「三歲一閏，五年祭，八年又殷，兩頭如四，實不盈三。又十一年殷，十四年殷，凡間含二，則十年四殷，與禮五年再殷其義合矣。」〔九四〕博士徐禪議：「春秋左氏傳曰：『歲祫及壇墠，終禘及郊宗石室。』許慎稱舊說曰：『終者，謂孝子三年喪終則禘於太廟，以致新死者也。』」徐邈議：「禮五年再殷，凡六十月，分中，每三十月殷也。」太學博士曹述初難云：「三年之喪，其實二十五月，則五年何必六十月。禮，天子特礿，三時皆祫。禘祫雖有定年，而文無定月。」按明堂位「夏六月，以禘禮祀周公」，則今之四月。「七月日至，〔九五〕孟獻子禘其祖」，則今之五月。春秋文公二年「大事於太廟」，則今之六月。邈答曰：「五年再殷，象再閏，無取三年喪也。祫三時皆可者，蓋喪終則吉而祫，服終無常，故祫隨所遇，唯春不祫，故曰特礿，非殷祀常也。禮，大事有時日，故烝嘗以時，況祫之重，無定月乎！」今據徐邈議，每三十月當殷祀。賀循祫祭圖：太祖東向，昭北行，南向；穆南行，北向。

校勘記

〔一〕所以詔告於天地之間也　「詔」原訛「昭」，據禮記郊特牲改。

〔二〕臭陰達於淵泉　原脱「泉」，據禮記郊特牲補。

〔三〕王反於室　「反」原訛「及」，據北宋本改。

〔四〕啐之奠之　原「啐之」誤在下，據北宋本、傅校本移正。按：尸例啐而後奠。

〔五〕朝踐之時　「時」原訛「事」，據北宋本、傅校本、明抄本、明刻本改。

〔六〕謂朝事時　「事」原作「踐」，據禮記郊特牲鄭注改。

〔七〕迎尸於户外　原脱「户」，據北宋本、明抄本補。

〔八〕以玉爵酌獻素何反下同罇中醴齊以獻此三獻也　「素何反」原訛「后獻及」，據北宋本、傅校本、明抄本、明刻本改。通典考證云：禮疏作「以玉爵酌著尊泛齊以獻尸」。按：禮疏謂禮記禮運孔疏。疏引崔靈恩説大祫九獻，杜佑據崔説而有修改，故罇齊有異。下同。

〔九〕朝事之籩　原「籩」下衍「豆」，據北宋本、傅校本、明抄本、明刻本删。

〔一〇〕時堂下之樂亦作也　「作」原訛「然」，據北宋本、傅校本、明抄本改。

〔一一〕設席之後更設尸主之席於堂在户内西方　疑上「席」字應作「饌」，「堂」應作「室」。按：於室故云在户内，於堂不得言在户内。上文已言設饌於堂，此設饌之後，又更設尸主之席於室。後遂遷堂上之饌於室，繼而有迎尸主入室之節。

〔二〕於是王以玉爵酌象罇盎齊以獻尸此五獻也　「象」通典考證云禮疏禮運孔疏作「壺」。「此」字原脫，今據上下文例增。

〔三〕饋食之籩　原「籩」下衍「豆」，據北宋本、傅校本、明抄本、明刻本刪。

〔四〕醴齊以酳尸　通典考證云：「醴」禮記注疏作「泛」。

〔五〕以玉爵酌盎齊　通典考證云：禮記注疏作「以瑶爵酌壺尊醍齊」。

〔六〕加以璧散璧角　原訛脫作「用璧角」，據禮記明堂位補改。

〔七〕登餕受爵以上嗣　「餕」原訛「飲」，據禮記文王世子及北宋本改。

〔八〕上嗣祖之正統　原作「上嗣祖之上」，不成語，據禮記文王世子鄭注補改。

〔九〕其四時新物初登　「初登」原脫，據北宋本補。

〔一〇〕氣尤盛　「尤」原訛「方」，據禮記月令鄭注及北宋本改。

〔一一〕光武帝　原脫「帝」，據後漢書祭祀志下三一九三頁及北宋本、傅校本、王吳本補。

〔一二〕餘帝四時春以正月　原「餘帝」下衍「不祀」，據後漢書祭祀志下三一九三頁刪。

〔一三〕少帝三陵　「少」原訛「成」，據後漢書祭祀志下三一九七頁及北宋本、傅校本改。

〔一四〕四之日　北宋本、傅校本、明刻本作「四月」。按：詩七月作「四之日」。

〔一五〕仲夏之月天子乃嘗魚　按：禮記月令天子嘗魚薦寢廟在季冬，此云仲夏，蓋高氏誤記。

〔二六〕二祧之廟　原脱「二」，據北宋本、傅校本、明刻本補。

〔二七〕五穀新熟　「新」原訛「成」，據北宋本、傅校本、明刻本改。

〔二八〕百官應齋從駕留守填街先置者　原脱「街」，據宋書禮志一三四九頁補。

〔二九〕理禮　宋書禮志一三四九頁作「治禮」，杜氏諱改。

〔三〇〕齊永明九年正月　「九」原訛「元」，據南齊書禮志上一三三頁、通鑑卷一三七四三〇五頁、通考卷九七改。

〔三一〕此皆當時所尚　「尚」原作「上」，據北宋本、傅校本、明刻本改。

〔三二〕處内合堂奉祠二帝二后　原訛脱作「處内合嘗奉二后」，據南齊書禮志上一三三頁改補。

〔三三〕義爲未盡　「爲」原訛「猶」，據隋書禮儀志二一三四頁及北宋本、傅校本改。

〔三四〕於是起至敬殿景陽臺　原脱「起」，據隋書禮儀志二一三四頁、通考卷九七補。

〔三五〕祭服冠屨　「屨」原作「履」，據魏書禮志一二七四〇頁及北宋本、傅校本改。

〔三六〕無田之士　「士」原訛「祀」，據魏書禮志一二七四九頁、通考卷九七及北宋本改。

〔三七〕特禴於太廟　「特」原訛「時」，據魏書禮志一二七四九頁、通考卷九七及北宋本改。按：魏書作「犆礿於太廟」。「犆礿」爲「特禴」之異體。

〔三八〕祔祭之禮　「祭」原訛「袷」，據隋書禮儀志二一三六頁及北宋本改。

〔三九〕約春秋魯僖公宣公定公皆八年而禘　「約」原訛「按」，據北宋本、傅校本、明抄本改。

〔四〇〕每至三年　「三」原訛「二」，據北宋本改。

〔四一〕故祫者合也　原脱「故」，據北宋本、傅校本補。

〔四二〕司烜氏以夫燧取明火於日　「夫」原訛「大」，據周禮司烜氏及殿本改。

〔四三〕腜生魚爲大臠　「腜」原訛「膴」，據周禮籩人鄭注及北宋本、傅校本、明抄本、明刻本改。

〔四四〕恐餌餈粘著籩　原脱「籩」，據周禮籩人賈疏及北宋本、傅校本補。

〔四五〕茆菹麋臡　「茆」原作「茅」，「麋」原訛「麇」，據周禮醢人改。下同。

〔四六〕嬴醢　「嬴」原訛「羸」，據周禮醢人改。

〔四七〕豚膊肩　「肩」原訛「骨」，據周禮醢人鄭注及北宋本改。

〔四八〕箈箭萌音臺　「箭」原訛「筍」，據周禮醢人鄭注及北宋本、傅校本、明抄本、明刻本改。「音」原訛「甘」，據北宋本、傅校本、明抄本、明刻本改。

〔四九〕酏音飼　「飼」原訛「移」，據經典釋文卷八及北宋本、傅校本、明抄本改。

〔五〇〕矚音昌欲反　原脱「音」，據北宋本、傅校本、明抄本、王吴本補。

〔五一〕司罇彝共斝彝黄彝　原「共」下衍「牢」，據周禮司尊彝删。

〔五二〕鄭玄注　原脱「鄭玄」，據北宋本、傅校本補。

〔五三〕即尚書顧命者是也　「者」原訛「篇」，據諸本改。

〔五四〕其几筵　「其」原訛「共」，據北宋本、傅校本、明抄本、明刻本改。

〔五五〕吉事變几　「吉」原訛「台」，據周禮司几筵及諸本改。

〔五六〕畫謂雲氣　「畫」原訛「書」，據周禮司几筵鄭注改。

〔五七〕於室中之奧西壁下　原脱「中」，據北宋本、傅校本、明抄本、明刻本、王吴本補。

〔五八〕次昭之子在南方　「次」原訛「及」，據北宋本、傅校本、明抄本、明刻本改。

〔五九〕路鼓四面鼓也　上「鼓」原訛「鼗」，據周禮鼓人鄭注及北宋本、傅校本、明抄本改。

〔六〇〕禮器云血毛詔於室　原「器」下衍「註」，今删。按：「血毛詔於室」爲禮記禮器正文，非注，故删。

〔六一〕尊首尚氣　「首」原訛「者」，據北宋本、傅校本、明抄本、明刻本、王吴本改。

〔六二〕樂章則歌天作　「天」原訛「大」，據北宋本改。按：「天作」，詩周頌篇名。

〔六三〕將時　原脱「將」，據北宋本、傅校本補。

〔六四〕音胤　「胤」原作「允」，清人諱改。據北宋本、傅校本、明刻本、王吴本改回。

〔六五〕天子奠斝　原「奠」下衍「純」，據禮記郊特牲鄭注及北宋本删。

〔六六〕謂之再獻凡五獻也　「再」當作「饋」。按：九獻之禮，王行第五獻，謂之饋獻；后行第八獻，始謂之再獻。

〔六七〕尸以酢王　原脱「尸」，據周禮司几筵鄭注及北宋本、傅校本、明抄本、明刻本補。

〔六八〕尸乃酢后后飲酢酒次諸臣爲賓酌壺罇沈齊以備卒食三獻凡九獻司罇彝注王及后各四諸臣一祭之正也　以上正文二十七字，注文十六字，原脱。據北宋本、傅校本補。

〔六九〕許眷反　「眷」原訛「春」，據北宋本、傅校本、明抄本、明刻本、王吴本改。

〔七〇〕以孝子求神非一處也　原脱「子」，據北宋本、傅校本補。

〔七一〕肆師　據前祫祭文，此「肆師」下似脱「告具」二字。

〔七二〕冪人共巾冪　原脱「巾」，據北宋本、傅校本補。

〔七三〕而立二尸　「二」原訛「一」，據北宋本、傅校本改。

〔七四〕以下穆主直至親盡之祖　「主」原訛作「王」，各本同誤，據陳祥道禮書卷七一改。按：據史記三代世表五〇一頁文王孫成王，成王孫昭王，皆屬穆；武王孫康王，康王孫穆王，皆屬昭。此若指實爲穆王且躋之入穆位，則昭穆紊矣。

〔七五〕孫康王亦居武王之東而南面　「而」北宋本、傅校本、明抄本作「北」。按：武王主東面，諸昭主似不宜居其正前而南面也，宜在其左前方而南面。古本作「居武王之東北南面」，疑是。若然，則前之「文王孫成王居文王之東而北面」之「而」亦「南」字之形訛矣。

〔七六〕逸禮稱二尸者　「者」原訛「圖」，據北宋本、傅校本改。

〔七七〕先奏是樂以致其神禮之以玉而裸焉　原「先」訛「迭」，又脱「而裸焉」，據周禮大司樂鄭注改補。

〔七八〕餘尸主如室中之左右也　「如」原訛「於」，據北宋本、傅校本、明抄本、明刻本改。

〔七九〕是則每廟各行此禮　原脱「則」，「此」訛「上」，據北宋本、傅校本補改。

〔八〇〕又按逸禮記祫於太廟之禮云毁廟之主升合食而立二尸　原脱「逸」，據北宋本、傅校本、明抄本、明刻本補。按：以上節禘祭注文校之，則此「祫」應作「禘」，「升」上應有「皆」。

〔八一〕袁準正論曰　按：以下數行與下文重複。

〔八二〕無緣儉齊其親累年而後一豐其饌也　原「齊」訛「於」，下脱「也」，據北宋本、傅校本、明抄本改補。

按：詩楚茨鄭箋云：「齊，減取也。」

〔八三〕欲觀其盛禮也　「盛」原訛「成」，據北宋本、傅校本、明抄本、明刻本改。

〔八四〕漢光武時下祭禮　「下」原訛「言」，據北宋本、傅校本、明抄本、明刻本、王吴本改。

〔八五〕皆升合食乎太祖　「祖」原訛「廟」，據春秋文公二年公羊傳改。

〔八六〕故今礿祠烝嘗於是行焉　「祠」原訛「祀」，按「礿祠烝嘗」一語始見詩小雅天保，據改。

〔八七〕東晉升平五年五月　「升」原訛「昇」，據北宋本改。下同。按「升平」爲東晉穆帝年號。

〔八八〕廢帝太和元年五月　「廢」原訛「明」，太和爲廢帝年號，故改。下同。

〔八九〕有喪則廢吉祭　「則」原訛「薦」，據北宋本、傅校本改。

〔九〇〕往安帝元興三年四月　「往」原訛「初」，據北宋本改。又「安」各本俱訛「元」，據上文改。按：大興爲元帝年號，元興爲安帝年號。改上「元」爲「安」而不改下「元」爲「大」者，因上文云「元興三年夏應殷，太常博士徐乾等議應用孟秋，進用孟冬時」也。

〔九一〕殷無定日考時致敬且禮意尚簡　「日」原訛「月」，「且」原訛「其」，據北宋本、傅校本、明抄本改。

〔九二〕若依常三十月　「依」原訛「用」，據北宋本、傅校本、明抄本、明刻本改。

〔九三〕而禮官情失逮用十月　「情」原訛「墮」，「逮」原訛「遂」，據北宋本、傅校本、明抄本改。

〔九四〕其義合矣　「義」原訛「議」，據北宋本、傅校本、明抄本、明刻本改。

〔九五〕七月日至　原脱「日」，據禮記雜記下及北宋本、明抄本補。

王文錦點校

通典卷第五十

禮十　沿革十　吉禮九

祫禘下　功臣配享

祫禘下 宋 梁 後魏 大唐

宋制，殷祭皆即吉乃行。武帝永初三年九月十日，奏傅亮議，權制即吉，聖代宜耳。文帝元嘉六年，祠部定十月三日殷祀，十三烝禮。〔一〕太學博士徐道娱議曰：「按祫禘之禮，三年一，五年再。在四時，禮也。周禮仲冬享烝，月令季秋嘗稻。晉以春烝曲沃，齊十月嘗太公，此並孟仲區分不共之明文矣。〔二〕尋殷烝祀重，祭薦禮輕，輕尚異月，重寧反同？且祭不欲數，數則黷，今隔旬頻享，於禮爲煩。」孝武孝建元年十二月，〔三〕有司奏：依舊令，今元年十月，是殷祠之月。領曹郎范義參議：「依永初三年例，須再周之外殷祭。尋祭再周，來二年三月，若以四月殷，則猶在禫內。」下禮官議正。國子助教蘇瑋生議：〔四〕「按禮，三年喪畢，然後祫於太祖。又云『三年不祭，唯祭天地、社稷，爲越紼而行事』。且不禫即祭，見譏於春秋。求之古禮，喪服未終，固無祼享之義。〔五〕自漢文以來，〔六〕一從權制，宗廟朝聘，莫不皆吉。」太學博士徐宏議：「三年之喪，雖從權制，再周祥變，猶服縞素，未爲純吉，無容以祭。謂來年四月，未宜便殷，十月則允。」太常丞朱膺之議：「虞禮云：『中月而禫。是月也吉祭，猶未配。』謂二十七月既禫祭，當四時之祭月，則未以其妃配，哀未忘也。推此，未禫不得祭也。春秋閔公二年『吉禘於莊公』。鄭注云：『閔公心懼於難，務自尊成以厭其禍，〔七〕凡二十二月而除喪，又不禫。』明禫內不得禘也。按舊說，三年喪畢，遇禘則禘，遇祫則祫。鄭玄云：『禘以孟夏，祫以孟秋。』今相承用十月，如宏所上公羊之文，亦以魯閔因紀制耳，〔八〕何必全許素冠。可吉禘。」郎中周景遠參議：「永初三年九月十日，傅亮議曰『權制即吉，聖代宜耳。宗廟大禮，宜依古典』。〔九〕則是皇宋開代成準。〔一〇〕謂徐宏朱膺之議用來年十月殷祀爲允。」〔一一〕詔可。大明七年二月，有司奏，四月應殷祠，〔一二〕若事中未得，用孟秋。領軍長史周景遠議：「按禮記云『天子祫禘祫嘗祫烝』，則夏秋冬皆殷。晉義熙初，僕射孔安國議『自太和四年，相承殷祭，皆用冬夏』。又云『永和十年至今五十餘年，用三十月輒殷祀』。博士徐乾據禮難安國，〔一三〕又引晉咸康六年七月殷祠，是不專用冬夏。時雖不從乾議，而安國無以奪之。今若以來年四月未得殷祀，遷用孟秋，於禮無違。」詔可。

梁武帝初，用謝廣議，三年一禘，五年一祫，謂之殷祭。禘以夏，祫以冬。

後魏孝文帝太和十三年詔：「鄭玄云：『天子祭圓丘曰禘，祭宗廟大祭亦曰禘。三年一祫，五年一禘。祫則毀廟羣廟之主於太祖廟，合而祭之。禘則增及百官配食者，審諦而祭之。魯禮，三年喪畢而祫，明年而禘。圓丘、宗廟大祭俱稱禘，祭有兩禘明也。』王肅又云：『天子諸侯皆禘於宗廟，非祭天之祭。郊祀后稷不稱禘，宗廟稱禘。禘祫一名也，合祭故稱祫，禘而審諦之故稱禘，非兩祭之名。三年一祫，五年一禘，總而互舉，故稱五年再殷祭，不言一禘一祫，斷可知矣。」諸儒之説，大略如是。公卿可議其是非。」

尚書游明根言曰：「鄭氏之義，〔一四〕禘者大祭之名。大祭圓丘謂之禘者，審諦五精星辰也；大祭宗廟謂之禘者，審諦其昭穆、百官也。〔一五〕圓丘常合不言祫，宗廟時合故言祫。斯則宗廟祫禘並行，圓丘一禘而已。宜於宗廟俱行禘祫之禮。二禮異，故名殊。依禮，春廢祫，特礿，於禘則祫禘，於嘗於烝則祫嘗祫烝，不廢三時，三時皆行禘祫之禮。」〔一六〕

中書監高閭又言：「禘祭圓丘與鄭義同者，以爲有虞禘黄帝，黄帝非虞在廟之帝，不在廟，非圓丘而何？又大傳云禘其所自出之祖，〔一七〕又非在廟之文。論語稱『禘自既灌以往』，爾雅稱『禘，大祭也』。諸侯無禘。禮唯夏祭稱禘，又非宗廟之禘。魯行天子之儀，不敢專行圓丘之禘，改殷之禘，取其禘名於宗廟，因先有祫，遂生兩名。其宗廟禘祫之祭，據王氏之義，祫而禘，禘止於一時，一時者，祭不欲數。〔一八〕一歲三禘，愚以爲過數。」

詔曰：「明根、閭等，據二家之義，〔一九〕論禘祫詳矣。至於事取折衷，猶有未允。閭以禘祫爲名，義同王氏，禘祭圓丘，事與鄭同。無所閒然。明根與鄭氏同，〔二〇〕兩名兩祭，並存並用，理有未稱。俱據二義，一時禘祫，而闕二時之禮，事有難從。先王制禮，内緣人子之情，外協尊卑之序。故天子七廟，數盡則毁，藏主於太祖之廟，三年而祫祭之。代盡則毁，以示有終之義；三年而祫，以申追遠之情。禘祫既是一祭，分而兩之，事無所據。毁廟三年一祫，又有不盡四時，於禮爲闕。七廟四時常祭，祫則三年一祭，而又不究四時，於情爲簡。王以禘祫爲一祭，〔二一〕王義爲長；鄭以圓丘爲禘，與宗廟大祭同名，義亦爲當。今互取鄭、王二義。禘祫并爲一名，從王；禘是祭圓丘大祭之名，上下同用，從鄭。若以數則黷，五年一禘，改祫從禘。五年一禘，則四時盡禘，以稱今情。禘則依禮文，〔二二〕先禘而後時祭。便即施行，著之於令，永爲代法。」

宣武帝景明中，祕書丞孫惠蔚上言：「魏明帝以景初三年正月崩，至廢帝正始二年，積二十五晦爲大祥。有司以爲禫在二十七月，到其年四月，依禮應祫。王肅以爲禫在祥月，〔二三〕至其年二月，宜應祫祭。雖各異議，至於喪畢之祫，明年之禘，其義一焉。請取鄭捨王，禫終此晦，來月中旬，禮應大祫。六室神祏，〔二四〕升食太祖。明年春享，咸禘羣廟。自茲以後，五年爲常。又古之祭法，時祫並行，天子先祫後時，諸侯先時後祫。此於古爲當，〔二五〕在今則煩。且禮有升降，事有文質，適時之制，聖人弗違。當祫之月，宜減時祭。」從之。

延昌四年正月，宣武帝崩，孝明即位。三月，時議來秋七月應祫祭於太祖。太常卿崔亮上言曰：「今宣武皇帝主雖入廟，然烝嘗時祭，猶別寢室，至於殷祫，宜存古典。按禮，三年喪畢，祫於太祖，明年春禘於羣廟。又按杜元凱云：『卒哭而除，三年喪畢而禘。』魏武皇后以太和四年六月崩，其月既葬，除服即吉，四時行事，〔二六〕而猶未禘。王肅以爲今除即吉，〔二七〕故特時祭，至於禘祫，宜存古禮。高堂隆如肅議，於是停不殷祭。〔二八〕又仰尋太和二十三年四月，孝文帝崩，其年十月祭廟，景明二年七月祫於太祖，〔二九〕三年春禘於羣廟，亦三年乃祫。準古禮及晉魏之議，并景明故事，愚謂來秋七月，祫祭應停，宜待年終而後祫禘。」〔三〇〕從之。

大唐前上元三年，有司祫享於太祖廟。時議者以禮緯「三年一祫，五年一禘」，公羊傳云「五年而再殷祭」，兩義互文，莫能決斷。太學博士史玄璨議曰：「按禮記正義引鄭玄禘祫志云：〔三一〕『春秋，僖公三十三年十二月薨。文公二年八月丁卯，大享於太廟。公羊傳云：大享者何？祫也。』是三年喪畢，新君二年當祫，明年春禘於羣廟。〔三二〕僖公、宣公八年皆有禘，則後禘去前禘五年。以此定之，則新君二年祫，三年禘。自爾之後，五年而再殷祭，則六年當祫，八年當禘。又昭公十年，齊歸薨，至十三年喪畢當祫，爲平丘之會，冬，公如晉。至十四年祫，十五年禘，傳云『有事於武宮』是也。至十八年祫，二十年禘。二十三年祫，二十五年禘。昭公二十五年『有事於襄宮』是也。如上所云，則禘後隔三年祫，以後隔二年禘。此則有合禮經，不違傳義。」自此禘祫之祭，依璨議。

開元六年秋，睿宗皇帝喪畢，祫享於太廟。自後相承三年一祫，五年一禘，各自計年，不相通數。至二十七年，凡經五禘七祫。其年夏禘訖，冬又當祫。太常議曰：

禘祫二禮，俱爲殷祭，祫謂合食祖廟，禘謂諦序尊卑。申先君逮下之慈，成羣嗣奉親之孝，事異常享，有時行之。而祭不欲數，數則黷；亦不欲疏，疏則怠。故王者法諸天道，制祀典焉。烝嘗象時，禘祫如閏。五歲再閏，〔三三〕天道大成，宗廟法之，再爲殷祭者也。謹按禮記王制、鄭玄注周官宗伯，並云「國君嗣位，三年喪畢，祫於太祖。明年禘於羣廟。自爾以後，五年再殷，一祫一禘」。漢魏故事，貞觀以後，並用此禮，以爲三年一閏，天道小備，五年再閏，〔三四〕天道大備故也。此則五年再殷，通計其數，一祫一禘，〔三五〕迭相乘矣。今太廟禘祫，各自數年，兩岐俱下，不相通計。〔三六〕或比年頻合，或同歲再序，或一禘之後，併爲再祫，或五年之內，驟有三殷。法天象閏之期，既違其度；五歲再殷之制，〔三七〕數又不同。求之禮文，頗爲乖失。夫以法天之度，既有指歸，稽古之禮，若茲昭著。禘祫二祭，通計明矣。今請以開元二十七年己卯四月禘，至辛巳年十月祫，至甲申年四月又禘，〔三八〕至丙戌年十月又祫，至己丑年四月又禘，至辛卯年十月又祫。自此五年再殷，周而復始。

又禘祫之說，非唯一家，五歲再殷之文，既相師矣，法天象閏之理，大抵亦同。而禘後置祫，或近或遠，盈縮之度，有二法焉：鄭玄、高堂隆則先三而後二；徐邈之議，則先二而後三。謹按鄭氏所序先三之法，約三祫五禘之文，以爲甲年既禘，丁年當祫，己年又禘，壬年又祫，甲年又禘，丁年又祫，周而復始，以此相承。祫後去禘，十有八月而近，禘後去祫，四十二月而遥，分析不均，粗於算矣。假如攻乎異端，置祫於秋，則三十九月爲前，二十一月爲後，雖小有愈，其閒尚偏。竊據本文，皆云象閏，二閏相去，則平分矣，兩殷之序，何不等耶？且又三年之言，本舉全數，二周有半，實枕三年，於此置祫，不違文矣，何必拘滯隔三正乎？蓋千慮一失，通儒之蔽。徐氏之議，有異於是，研覈周審，〔三九〕最爲憑準。以二禘相去，爲月六十，中分三十，置一祫焉。若甲年夏禘，〔四〇〕丙年冬祫，己年夏禘，辛年冬祫，有象閏法，毫釐不偏。三年一祫之禮，既無乖越，五歲再殷之制，疏數又均。校之諸儒，義實長矣。今請依據以定二殷，先推祭月，周而復始。

時皆以其議爲允。

十七年四月十日，禘享太廟九室，命有司攝行禮。初，唐禮，祫，序昭穆；禘各於其室。時禮官太常卿韋縚等奏曰：「準古禮，五年再殷祭，一祫一禘。其義合聚昭穆，定次序。又孔安國、王肅等先儒皆以爲序昭穆。〔四一〕唯鄭玄云『禘，各於其室』。若如鄭旨，即與常享不異，恐鄭説謬於周經。請依古禮，王肅等議，序列昭穆。」

天寶八載閏六月五日，赦文：〔四二〕「禘祫之禮，以存序位，質文之變，蓋取隨時。國家系本仙宗，業承聖祖。重熙累盛，既錫無疆之休；合享登神，思弘不易之典。自今以後，每禘祫並於太清宮聖祖前設位序正，上以明陟配之禮，欽若玄宗，〔四三〕下以盡虔恭之誠，無違至道。比來每緣禘祫，則時享暫停，事雖適於從宜，禮或虧於必備。以後每緣禘祫，其常享無廢，享以素饌，三焚香以代三獻。」

建中二年九月，太常博士陳京上疏言：「今年十月，祫享太廟，并合享遷廟獻祖、懿祖二神主。春秋之義，毀廟之主陳於太祖，未毀廟之主皆升合食於太祖。則太祖之位，在西而東嚮，其下子孫，昭穆相對，南北爲別，無毀廟遷主不享之文。徵是禮也，自於周室，而國朝祀典，當與周異。周以后稷配天，爲始封之祖，〔四四〕而下乃立六廟。廟毀主遷，皆在太祖之後。禘祫之時，無先於太祖者，故太祖東嚮之位，全其尊而不疑。然今年十月祫饗太廟，伏請據魏晉舊制爲比，〔四五〕則構築別廟。東晉以征西等四府君爲別廟，至禘祫之時，則於太廟正太祖之位以申其尊，別廟登高皇、太皇、征西等四府君以序其親。〔四六〕伏以國家若用此義，則宜別爲獻祖、懿祖立廟，禘祫祭之以重其親，則太祖於太廟遂居東向以全尊。伏以德明、興聖二皇帝，曩既立廟，至禘祫之時，常用享禮，〔四七〕今別廟之制，便就興聖廟藏祔爲宜。」敕下尚書省集百僚議。

禮儀使太子少師顏真卿議曰：「伏以太祖景皇帝以受命始封之功，處百代不遷之廟，配天崇享，是極尊嚴。且至禘祫之時，暫居昭穆之位，屈己申孝，敬奉祖宗，緣齒族之禮，廣尊先之道，此實太祖明神烝烝之本意，亦所以化被天下，率循孝悌。請依晉蔡謨等議，奉獻祖神主居東面之位，自懿祖、太祖洎諸祖宗，遵左昭右穆之列。」

貞元七年，太常卿裴郁奏曰：「禘祫之禮，殷周以遷廟皆出太祖之後，故得合食有序，尊卑不差。及漢高受命，無始封祖，以高皇帝爲太祖。太上皇，高帝之父，立廟享祀，不在昭穆合食之列，爲尊於太祖故也。魏武創業，文帝受命，亦即以武帝爲太祖。其高皇、太皇、處士君等，並爲屬尊，不在昭穆合食之列。晉宣創業，武帝受命，亦即以宣帝爲太祖。其征西、潁川等四府君，亦爲屬尊，不在昭穆之列。國家誕受天命，累聖重光，景皇帝始封唐公，實爲太祖。中間代數既近，在三昭三穆之內，故皇家太廟，唯有六室。其弘農府君、宣光二祖，尊於太祖，親盡則遷，不在昭穆之數。著在禮志，可舉而行。開元中，加置九廟，獻、懿二祖皆在昭穆，是以太祖景皇帝未得居東向之尊。今二祖已祧，九室惟序，則太祖之位又安可不正。伏以太祖上配天地，百代不遷，而居昭穆，獻、懿二祖，親盡廟遷，而居東向，徵諸故實，深所未安。請下百僚僉議。」

八年正月，太子左庶子李嶸等七人議：

按王制曰：「天子七廟，三昭三穆，與太祖而七。」周制也。七者，太祖、文王及武王之祧，與親廟四也。太祖，后稷也。殷則六廟也，契及湯與二昭二穆也。夏則五廟，無太祖，禹與二昭二穆而已。晉朝博士孫欽議云：「王者受命太祖及諸侯始封之君，〔四八〕其以前神主，據以上數，過五代即毀其廟，禘祫不復及也。禘祫所及者，謂受命太祖之後，迭毀主升藏於二祧者。〔四九〕雖百代，禘祫及之。」伏以獻、懿二祖，則太祖以前親盡之主也。據三代以降之制，則禘祫不及矣。代祖神主，則太祖以下毀廟之主也，則公羊傳所謂「已毀廟之主，陳於太祖」者是也。謹按：漢元帝下詔，議罷郡國廟及親盡之祖，丞相韋玄成議太上、孝惠廟，皆親盡宜毀，太上廟主宜瘞北園，孝惠神主遷於太祖廟。奏可。太上，則太祖以前之主，瘞北園，禘祫不及故也，則今獻、懿二祖之比也。孝惠遷於太祖廟，明太祖以下子孫，則禘祫所及，則今代祖元皇帝神主之比也。自魏晉及宋齊陳隋相承，始受命之君皆立六廟，虛太祖之位。自太祖之後，至七代君，則太祖當東向位，乃成七廟。太祖以前之主，魏明帝則遷處士主置於園邑，歲時使令丞奉薦，代數猶近故也。至東晉明帝崩，以征西等三祖遷入西除，名之曰祧，以準遠廟。至康帝崩，穆帝立，於是京兆遷入西除，同謂之祧，如前之禮，並禘祫不及。

國朝始饗四廟，宣、光并太祖、代祖神主祔於廟。至貞觀九年，將祔高祖於太廟，朱子奢請準禮立七廟，其三昭三穆，各置神主。太祖，依晉宋以來故事，虛其位，待遞遷方處之東嚮位。於是始祔弘農府君及高祖爲六室，虛太祖之位而行禘祫。至二十三年，太宗祔廟，〔五〇〕弘農府君乃藏於西夾室。文明元年，高宗祔廟，始遷宣皇帝於西夾室。〔五一〕開元十年，玄宗特立九廟，於是追尊宣皇帝爲獻祖，復列於正室，光皇帝爲懿祖，以備九室。禘祫猶虛太祖之位。祝文於三祖不稱臣，明全廟數而已。至德二載克復後，新作九廟神主，〔五二〕遂不造弘農府君神主，〔五三〕明禘祫不及故也。至寶應二年，祔玄宗、肅宗於廟，遷獻、懿二祖於西夾室，始以太祖當東嚮位次，獻、懿二祖爲是太祖以前親盡神主，準禮禘祫不及，凡十八年。

至建中二年十月，將祫饗，禮儀使顏真卿狀奏：合出獻、懿二祖神主行事，其布位次第及東面尊位，〔五四〕請準東晉蔡謨等議爲定。遂以獻祖當東嚮，以懿祖於昭位南嚮，以太祖於穆位北嚮，以次左昭右穆，陳列行事。且蔡謨當時雖有其議，事竟不行，而我唐廟祧，豈可爲準？臣嶸等伏以嘗禘郊社，尊無二上，瘞毀遷藏，禮有義斷。獻、懿已爲親盡之主，〔五五〕太祖以當東嚮之尊，一朝改移，實非典故。請宜復先朝故事，〔五六〕獻、懿神主藏於西夾室，以類祭法所謂「遠廟爲祧，去祧爲壇，去壇爲墠，壇墠有禱則祭，無禱則止」。太祖既昭配天地，位當東嚮之尊。庶上守貞觀之首制，〔五七〕中奉開元之成規，下遵寶應之嚴式，符合經義，不失舊章。

吏部郎中柳冕等十二人議曰：

天子受命之君，諸侯始封之祖，皆爲太祖。〔五八〕故雖天子，必有尊也，是以尊太祖也。故太祖以下，親盡而毁。洎秦滅學，漢不及禮，不列昭穆，不建迭毁。晉既失之，宋又因之。於是有違王廟之制，〔五九〕於是有虚太祖之位。不列昭穆，非所以示人有序也；不建迭毁，非所以示人有殺也；違王廟之制，非所以示人有别也；虚太祖之位，非所以示人有尊也。此禮之所由廢也。謹按：禮「父爲士，子爲天子，祭以天子，葬以士」。今獻祖祧也，懿祖亦祧也，唐未受命，猶士禮也。是故高祖、太宗以天子之禮祭之，不敢以太祖之位易之。今而易之，無乃亂先王之序乎？昔周有天下，追王太王、王季以天子之禮，及其祭也，親盡而毁之。漢有天下，尊太上皇以天子之禮，及其祭也，親盡而毁之。唐有天下，追王獻、懿二祖以天子之禮，及其祭也，親盡而毁之。則不可代太祖之位明矣。

又按：周禮有先公之祧，先王之祧。先公之遷主，藏乎后稷之廟，其周未受命之祧乎？先王之遷主，藏之文武之廟，其周已受命之祧乎？故有二祧，所以異廟也。今獻祖以下之祧，猶先公也；太祖以下之祧，猶先王也。請築别廟以居二祖，則行周之禮，復古之道。故漢之禮，因於周也；魏之禮，因於漢也；隋之禮，因於魏也。皆立三廟，有二祧。又立私廟四於南陽，亦後漢制也。爲人之子，事大宗降其私親，故私廟所以尊本宗也，太廟所以尊正統也。雖古今異時，文質異禮，而知禮之情與問禮之本者，莫不通其變，酌而行之。故上致其崇，則太祖屬尊乎上矣；下盡其殺，則祧主親盡於下矣；中處其中，則王者主祧於中矣。

工部郎中張薦等議曰：「昔殷周以稷、契始封，爲不遷之祖，其毁廟之主，皆稷、契之後，所以昭穆合祭，尊卑不差。如夏后氏以禹始封，遂爲不遷之祖。故夏五廟，禹與二昭二穆而已。此則鯀之親盡，其主已遷。左氏既稱『禹不先鯀』，足明遷廟之主，雖屬尊於始封祖者，亦在合食之位矣。又據晉、宋、齊、梁、北齊、周、隋史，其太祖以上，並同禘祫，未嘗限斷遷毁之主。伏以南北八代，非無碩學巨儒，宗廟大事，議必精博，驗於史册，其禮僉同。又詳魏晉宋齊梁北齊周隋故事，〔六〇〕及貞觀、顯慶、開元禮所述，禘祫並虚東嚮。既行之已久，實羣情所安。且太祖處清廟第一之室，其神主雖百代不遷，永歆烝嘗，上配天地，位於郊廟，無不正矣。〔六一〕若至禘祫之時，暫居昭穆之列，屈己申孝，以奉祖禰，豈非伯禹烝烝敬鯀之道歟？亦是魏晉及周隋之太祖，不敢以卑厭尊之義也。議者或欲遷二祖於興聖廟，及請别築室，至禘祫年饗之。夫祫，合也。此乃分食，殊乖禮意。又欲藏於西夾室，永不及祀，無異漢代瘞園，尤爲不可。輒敢徵據正經，考論舊史，請奉獻、懿二祖與太祖並從昭穆之位，而虛東嚮。」

司勳員外郎裴樞議曰：「禮之必立宗子者，蓋爲收是族人，東嚮之主，亦由是也。若祔於遠廟，無乃中有一閒，等上不倫。西位常虛，則太祖永厭於昭穆；異廟別祭，則祫享何主乎合食？永閟比於姜嫄，則推祥禖而無事。禮云：『親親故尊祖，尊祖故敬宗，敬宗故收族，收族故宗廟嚴，宗廟嚴故重社稷。』由是言之，太祖之上復有追尊之祖，則親親尊祖之義，無乃乖乎？太廟之外，輕置別祭之廟，〔六二〕則宗廟無乃不嚴，社稷無乃不重乎？且漢丞相韋玄成請瘞於園，晉徵士虞喜請瘞於廟兩階之閒。喜又引左氏說，古者先王日祭於祖考，月祀於曾高，時享及二祧，歲祫及壇墠，終禘及郊宗石室。是爲郊宗之上，復有石室之祖，斯最近矣。但當時議所處石室，未有準的。喜請於夾室中。愚以爲石室可據，所以處之之道未安。何者？夾室謂居太祖之下毁主，非是安太祖之上藏主也。未有卑處正位，尊在傍居，考理即心，恐非允叶。今若建石室於園寢，遷神主以永安，採漢晉之舊章，依禘祫之一祭，修古禮之殘缺，爲國朝之典故，庶乎春秋變之正禮，〔六三〕動也中者焉。」

京兆府同官縣尉仲子陵議曰：「今儒者乃援『子雖齊聖，不先父食』之語，欲令已祧獻祖，權居東嚮，配天太祖，屈居昭穆，此不通之甚也。凡左氏『不先食』之言，且以正文公之逆祀，〔六四〕儒者安知非夏氏廟數未足之時，而言禹不先鯀乎！且漢之禘祫，蓋不足徵。魏晉已還，太祖皆近。是太祖之上，皆有遷主。歷代所疑，或引閟宮之詩而永閟，或因虞主之義而瘞園，或緣遠廟爲祧以築宮，或言太祖實卑而虛位。唯東晉蔡謨憑左氏「不先食」以爲說，欲令征西東嚮。均之數者，此最不安。且蔡謨此議，非晉所行。前有司不本謨改築之言，取「征西東嚮」之一句爲萬代法，此不可甚也。臣又思之，永閟瘞園，則臣子之心有所不安；權虛正位，則太祖之尊無時而定。則別築一事，〔六五〕義差可安。且興聖之於獻祖，乃曾祖也，昭穆有序，饗祀以時。伏請奉獻、懿二祖遷祔於德明、興聖廟，此其大順也。或以祫者合也，今二祖別廟，是分食也，何合之爲？臣以爲德明、興聖二廟，每禘祫之年，亦皆饗薦，是以分食，奚疑於二祖乎？」

左司郎中陸淳奏曰：「臣竊尋七年百僚所議，考其意有四：一曰藏諸夾室，二曰置之別廟，三曰遷於園寢，四曰祔於興聖。藏諸夾室，是無饗獻之期，異乎周人藏於二祧之義，禮不可行也。置之別廟，始於魏明之說，禮經實無其文。晉義熙九年，雖立此議，以後亦無行者。遷於園寢，是亂宗廟之儀，既無所憑，殊乖禮意，事不足徵也。唯有祔於興聖之廟，禘祫之歲乃一祭之，庶乎合於禮者之體，〔六六〕而得變之正也。」

功臣配享殷　周　漢　魏　晉　梁　大唐

殷盤庚云：「茲予大享於先王，爾祖其從與享之。」

周制，夏官司勳掌六鄉賞地之法，以等其功。賞地，賞田。在遠郊之內，屬六鄉焉。等猶差也，以功大小爲差。王功曰勳，輔成王業，若周公。國功曰功，保全國家，若伊尹。民功曰庸，法施於人，若后稷。事功曰勞，以勞定國，若禹。治功曰力，制法成理，若咎繇。戰功曰多。克敵出奇，若韓信、陳平。司馬法曰「尚多前虜」，〔六七〕謂勝敵功多。〔六八〕凡有功者，銘書於王之太常，祭於大烝，司勳詔之。銘之言名，生則書於王旌，以識其人與其功，死則於烝先王祭之。詔謂告其神以辭，若盤庚告其卿大夫曰「茲予大享於先王，爾祖其從與享之」是也。大功司勳藏其貳。貳猶副也。功書藏於天府，又副於此者，以其主賞。

漢制，祭功臣於庭。生時侍讌於堂，死則降在庭位，與士庶爲列。

魏高堂隆議曰：「按先典，祭祀之禮，皆依生前尊卑之敍，以爲位次。功臣配食於先王，象生時侍讌。讌禮，大夫以上皆升堂，以下則位於庭，其餘則與君同牢，至於俎豆薦羞，唯君備。公降於君，〔六九〕卿大夫降於公，士降於大夫。使功臣配食於烝祭，所以尊崇其德，明其勳，以勸嗣臣也。議者欲從漢氏祭之於庭，此爲貶損，非寵異之謂也。貴者取貴骨，賤者取賤骨。凡牲體，前貴後賤。今使配食者因君之牢，以貴賤爲俎，庶合事宜。周志曰：

『勇則害上，不登於明堂。』共用，死國用。言有勇而無義，死不登堂而配食。此即配食之義，位在堂之明審也。下爲北面三公朝立之位耳，讌則脱屨升堂，不在庭也。凡獻爵，有十二、九、七、五、三之差，君禮大夫三獻，太祝令進三爵於配食者可也。」

晉散騎常侍任茂議：「按魏功臣配食之禮，敍六功之勳，祭陳五事之品，〔七〇〕或祀之於一代，或傳之於百代。蓋社稷五祀，所謂傳之於百代者。古之王臣有明德大功，若句龍之能平水土，〔七一〕柱之能植百穀，則祀社稷，異代不廢也。昔湯既勝夏，欲遷其社，不可，乃遷稷，而周弃德可代柱，而句龍莫廢也。若四敍之屬，分主五方，則祀爲貴神，傳之異代，載之春秋。非此之類，則雖明如咎繇，勳如伊尹，功如吕尚，各於當代祀之，不祭於異代也。然則伊尹於殷，雖有王功之茂，不配食於周之清廟矣。今之功臣，論其勳績，比咎繇、伊尹、吕尚，猶或未及。凡云配食，各配食於主也，〔七二〕今主遷廟，臣宜從饗。」大司馬石苞等議，魏氏代功臣，宜歸之陳留國，使脩常祀，允合事理。

梁武帝初，何佟之議曰：「禘於夏首，物皆未成，故爲小祫。於冬，萬物皆成，其禮斯大。近代禘祫，並及功臣，有乖古典。請唯祫祭，乃及功臣。」從之。

大唐貞觀十六年，有司言：禮，祫享，功臣配享於廟庭，〔七三〕禘享則不配。依令禘祫之日，功臣並得配享。請集禮官學士等議。太常卿韋挺等議曰：「古者臣有大功享禄，其後子孫率禮，絜粢豐盛，礿祠烝嘗，四時不輟，國家大祫，又得配焉。所以昭明其勳，尊崇其德，以勸嗣臣也。其禘及時享，功臣皆不應享。故周禮六功之官，皆配大烝而已。先儒皆以大烝爲祫祭。梁初誤禘功臣，左丞何佟之駁議，武帝允而依行。降暨周、齊，俱遵此義。竊以五年再殷，合諸天道之大小，小則人臣不與，大則兼及有功。禮禘無配功臣，誠謂禮不可易。」〔七四〕從之。其儀具開元禮。

校勘記

〔一〕十三烝禮　宋書禮志四四六二頁作「十二日烝祀」。

〔二〕齊十月嘗太公此並孟仲區別不共之明文矣　原「十」下衍「一」，「明文」誤倒，據宋書禮志四四六三頁刪乙。

〔三〕孝武孝建元年十二月　原「孝建」訛「建元」，「二」訛「一」，據宋書禮志三四五五頁改。

〔四〕蘇瑋生　「瑋」原訛「偉」，據宋書禮志三四五五頁及北宋本、傅校本、明抄本、明刻本改。

〔五〕固無祼享之義　「固」原作「故」，據宋書禮志三四五五頁改。

〔六〕自漢文以來　原脱「文」，據宋書禮志三四五五頁補。

〔七〕務自尊成以厭其禍　「成」原訛「大」，據宋書禮志三四五六頁及北宋本、傅校本、明抄本改。

〔八〕如宏所上公羊之文亦以魯閔因紀制耳　宋書禮志三四五六頁作「如宏所上公羊之文，如爲有疑，以魯閔設服，因言喪之紀制爾」。

〔九〕宜依古典　原「依」下衍「舊」，據宋書禮志三四五六頁刪。

〔一〇〕則是皇宋開代成準　此句原脱，據宋書禮志三四五六頁及北宋本、傅校本、明抄本、明刻本補。按：北宋本等脱「宋」字。

〔一一〕用來年十月殷祀爲允　原「來」下衍「二」，據宋書禮志三四五六頁刪。

〔一二〕四月應殷祠　「祠」原訛「祀」，據宋書禮志三四五六頁及北宋本、傅校本、明刻本改。下同。

〔一三〕博士徐乾據禮難安國　原脱「禮」，據宋書禮志三四五六頁補。

〔一四〕鄭氏之義　「義」原作「議」，據魏書禮志一二七四二頁、册府卷五八〇六九五四頁及北宋本、明抄本改。

〔一五〕審諦其昭穆百官也　魏書禮志一二七四二頁、册府卷五八〇六九五四頁無「百官」。

〔一六〕依禮春廢祫特礿於禘則祫禘於嘗於烝則祫嘗祫烝不廢三時三時皆行禘祫之禮　原作「依禮春廢特礿於嘗於烝則祫嘗祫烝不於三時皆行禘祫之禮」，魏書禮志一二七四二頁作「依禮春廢犆礿於嘗於烝則祫不於三時皆行禘祫之禮」，脱訛略同。册府卷五八〇六九五四頁作「依禮春廢祫犆礿於禘則禘祫嘗則禘嘗於烝則祫烝不廢三時三時皆行禘祫」，稍有倒誤。標點本魏書禮志一校勘記一四條二七四四頁以禮記王制天子犆礿祫禘祫嘗祫烝之文，訂正如摘句，甚是。今據改。

〔一七〕禘其所自出之祖　「禘」原訛「祖」，據禮記大傳改。

〔一八〕據王氏之義祫而禘禘止於一時一時者祭不欲數　魏書禮志一二七四二頁作「據王氏之義，祫而禘祭之，故言禘祫，總謂再殷祭，明不異也。禘祫一名也。其禘祫止於一時，止於一時者，祭不欲數」。册府卷五八〇六九五四頁略同。通典苟簡，難於索解。

〔一九〕據二家之義　「義」原訛「議」，據魏書禮志一二七四二頁及北宋本、傅校本、明抄本、明刻本改。

〔二〇〕明根與鄭氏同　原作「明根以鄭氏等」，據魏書禮志一二七四二頁、册府卷五八〇六九五四頁改。册府誤脱「與」字。

〔二一〕王以禘祫爲一祭　原脱「禘」，據魏書禮志一二七四三頁、册府卷五八〇六九五四頁補。

〔二二〕禘則依禮文　原訛作「則旅天禮文」，據魏書禮志一二七四三頁、册府卷五八〇六九五四頁補改。

〔二三〕王肅以爲禫在祥月　原脱「禫在」，據魏書禮志二二七六〇頁補。

〔二四〕六室神祏　「神」原訛「宗」，據魏書禮志二二七六〇頁及北宋本、傅校本、明抄本、明刻本改。

〔二五〕此於古爲當　「於」原訛「施」，據魏書禮志二二七六〇頁改。

〔二六〕四時行事　「時」原訛「月」，據魏書禮志二二七六二頁改。

〔二七〕王肅以爲今除即吉　「今」原訛「既」，據北宋本、傅校本、明抄本、明刻本改。

〔二八〕於是停不殷祭　原脱「不」，據魏書禮志二二七六二頁及北宋本、傅校本、明抄本、明刻本補。

〔二九〕景明二年七月祫於太祖　「二」原訛「元」，按：元年七月距文帝死僅十五月，不合「三年乃祫」之義。據魏書禮志二二七六二頁及北宋本、傅校本、明抄本、明刻本改。

〔三〇〕宜待年終而後祫禘　原「年」上有「三」，後人擅增，今據北宋本、傅校本、明刻本刪。

〔三一〕按禮記正義引鄭玄禘祫志云　「引」原訛「列」，據舊唐書禮儀志六九九六頁、唐會要卷一三、册府卷五八六七〇二一頁改。

〔三二〕明年春禘於羣廟　唐會要卷一三、册府卷五八六同。舊唐書禮儀志六九九六頁「春」作「當」。按：似唐志爲是。

〔三三〕五歲再閏　原脱，據舊唐書禮儀志六九九七頁、唐會要卷一三、册府卷五八九七〇四一頁及北宋本、明抄本補。

〔三四〕天道小備五年再閏　此八字原脱，據舊唐書禮儀志六九九七頁、唐會要卷一三、册府卷五八九七〇四一頁補。

〔三五〕一祫一禘　原倒作「一禘一祫」，據舊唐書禮儀志六九九七頁、册府卷五八九七〇四一頁乙。

〔三六〕兩岐俱下不相通計　原脱作「兩岐俱不通計」，北宋本、傅校本脱作「兩岐俱下通計」，今據舊唐書禮儀志六九九八頁、册府卷五八九七〇四一頁補。

〔三七〕五歲再殷之制　「制」原訛「祭」，據舊唐書禮儀志六九九八頁、册府卷五八九七〇四一頁改。

〔三八〕至辛巳年十月祫至甲申年四月又禘　原兩「年」字脱，據舊唐書禮儀志六九九八頁及北宋本補。

〔三九〕研覈周審　「覈」原作「覆」，據舊唐書禮儀志六九九九頁、唐會要卷一三、册府卷五八九七〇四二頁改。

〔四〇〕若甲年夏禘　「夏」原訛「既」，據舊唐書禮儀志六九九九頁、唐會要卷一三、册府卷五八九七〇四二頁改。

〔四一〕先儒皆以爲序昭穆　原脱「序」，據北宋本補。

〔四二〕天寶八載閏六月五日赦文　「赦」舊唐書禮儀志六一〇〇〇頁、唐會要卷一三作「敕」。據唐大詔令集卷九則作「赦」是。又「五」舊唐書、唐會要作「六」。

〔四三〕欽若玄宗　「宗」原訛「象」，據唐大詔令集及諸本改。

〔四四〕爲始封之祖　「爲」上原衍「廟」，據舊唐書禮儀志六一〇〇〇頁、唐會要卷一三删。

〔四五〕伏請據魏晉舊制爲比　「制」原作「事」，據舊唐書禮儀志六一〇〇〇頁、唐會要卷一三、册府卷五八九七〇四六頁改。

〔四六〕別廟登高皇太皇征西等四府君以序其親　册府卷五八九七〇四六頁同。舊唐書禮儀志六一〇〇〇頁、唐會要卷一三「登」作「祭」。

〔四七〕常用享禮　舊唐書禮儀志六一〇〇一頁同。「常」唐會要卷一三作「當」，册府卷五八九七〇四六頁作「尚」。

〔四八〕王者受命太祖及諸侯始封之君　「王」原訛「五」，據舊唐書禮儀志六一〇〇二頁、唐會要卷一三、册府卷五九〇七〇五七頁及諸本改。

〔四九〕迭毁主升藏於二祧者　「主」原訛「上」，據舊唐書禮儀志六一〇〇二頁、唐會要卷一三、册府卷五九〇七〇五七頁改。

〔五〇〕太宗祔廟　「宗」原訛「祖」，據舊唐書禮儀志六一〇〇三頁、唐會要卷一三、册府卷五九〇七〇五七頁及北宋本、傅校本、明抄本、明刻本改。

〔五一〕始遷宣皇帝於西夾室　原脱「帝」，據舊唐書禮儀志六一〇〇三頁、唐會要卷一三、册府卷五九〇七〇五七頁補。

〔五二〕至德二載克復後新作九廟神主　「二」原訛「三」，「廟」原訛「室」，據舊唐書禮儀志六一〇〇三頁、册府卷五九〇七〇五七頁改。

〔五三〕遂不造弘農府君神主　「遂」原作「唯」，據舊唐書禮儀志六一〇〇四頁及北宋本、傅校本、明抄本、明刻本改。

〔五四〕東面尊位　「面」原訛「西」，據舊唐書禮儀志六一〇〇四頁及北宋本、傅校本、明刻本改。

〔五五〕獻懿已爲親盡之主　「已」原訛「以」，據北宋本、傅校本、明刻本改。

〔五六〕請宜復先朝故事　「復」原訛「效」，據舊唐書禮儀志六一〇〇四頁、唐會要卷一三、册府卷五九〇七〇五七頁及北宋本、傅校本、明抄本、明刻本改。

〔五七〕上守貞觀之首制　「首」原訛「定」，據舊唐書禮儀志六一〇〇四頁、唐會要卷一三、册府卷五九〇七〇五八頁及北宋本、傅校本、明抄本、明刻本改。

〔五八〕皆爲太祖　「祖」原訛「廟」，據舊唐書禮儀志六一〇〇四頁、唐會要卷一三及北宋本、傅校本、明抄本、明刻本改。

〔五九〕於是有違王廟之制　「王」原訛「五」，據諸本改。下同。

〔六〇〕又詳魏晉宋齊梁北齊周隋故事　「周」原誤在「北齊」上，據舊唐書禮儀志六一〇〇六頁、唐會要卷一三、册府卷五九〇七〇五八頁乙正。

〔六一〕位於郊廟無不正矣　「郊」原訛「太」，據舊唐書禮儀志六一〇〇六頁、唐會要卷一三、册府卷五九〇七〇五八頁及北宋本改。

〔六二〕輕置别祭之廟　「置」原訛「制」，據舊唐書禮儀志六一〇〇七頁、唐會要卷一三、册府卷五九〇七〇五八頁及北宋本改。

〔六三〕變之正禮　原作「變禮之正」，據册府卷五九〇七〇五九頁及北宋本、明抄本、王吴本、殿本乙。

〔六四〕且以正文公之逆祀　「文」原訛「僖」，據舊唐書禮儀志六一〇〇八頁、唐會要卷一三、册府卷五九〇七〇五九頁及北宋本改。

〔六五〕則别築一事　「事」舊唐書禮儀志六一〇〇八頁、唐會要卷一三、册府卷五九〇七〇五九頁作「室」，兩通。

〔六六〕庶乎合於禮者之體　「合」原訛「亡」，據北宋本、明抄本、殿本改。「體」原訛「禮」，據諸本改。

〔六七〕尚多前虜　「虜」原訛「勇」，據周禮司勳鄭注改。

〔六八〕謂勝敵功多　原脱「勝」，據北宋本補。

〔六九〕公降於君　「公」北宋本、傅校本作「以」。

〔七〇〕祭陳五事之品　「事」原訛「祀」，據北宋本改。按：文獻通考卷一〇三亦作「事」。

〔七一〕若句龍之能平水土　「平」原作「治」，據北宋本改。按：文獻通考卷一〇三、五禮通考卷一二二亦作「平」。

〔七二〕各配食於主也　「主」原訛「王」，據北宋本、明抄本、殿本改。按：文獻通考卷一〇三、五禮通考卷一二二亦作「主」。

〔七三〕禮祫享功臣配享於廟庭　原脱「祫享」，據舊唐書禮儀志六九九六頁、唐會要卷一八、册府卷五八五七〇〇二頁及殿本補。

〔七四〕誠謂禮不可易　「禮」原作「理」，據舊唐書禮儀志六、唐會要卷一八、册府卷五八五七〇〇二頁改。

王文錦點校

通典卷第五十一

禮十一　沿革十一　吉禮十

天子七祀諸侯附○殷　周　漢　後漢　魏　晉　隋　大唐

殷制，天子祭五祀：戶一，竈二，中霤三，門四，行五也。〔一〕歲徧。凡祭五祀於廟。門戶主出入，竈主飲食，中霤主堂室居處。韋昭云：「古者穴居，故名室曰中霤。」行主道路行作者。諸侯大夫與天子同。

周制，王爲羣姓立七祀：曰司命，曰中霤，曰國門，曰國行，曰泰厲，曰戶，曰竈。此小神居人之閒，〔二〕司察小過作譴告者。司命，督察三命。〔三〕厲主殺罰。司命與厲其時不著，是則春祀司命，秋祀厲也。或者合而祀之也。諸侯爲國立五祀：曰司命，曰中霤，曰國門，曰國行，曰公厲。大夫立三祀：

曰族厲，曰門，曰行。適士立二祀：曰門，曰行。庶人立一祀：或立竈，〔四〕或立户。

漢立五祀。白虎通云：「户一祀，春萬物觸户而出，亦爲陽氣之生，欲留之，〔五〕即祭户。户者，人所出入者。竈二祀，夏火主長養萬物，即祭竈。竈者火之主，人所以自養也。門三祀，秋萬物成熟，將内之，從外而入内自守而祭門。門者所以閉藏。井四祀，冬水主萬物伏藏而祭井。〔六〕井者水主，藏在冬。中霤五祀。六月土王，而祭中霤者，象土位在中也。歲一徧，有司行事，禮頗輕於社稷。」祭五祀，〔七〕天子諸侯以牛，因四時祭牲也。一説户以羊，〔八〕竈以鷄，中霤以豚，〔九〕門以犬，井以豕。或曰：中霤用牛，不得用牛者用豕，井用魚也。

後漢建武初，有五祀之祭：門，户，井，竈，中霤也。有司掌之，其祀簡於社稷矣。人家祀山神、門、户。山即厲也。鬼有所歸，乃不爲厲。

魏武王始定天下，興復舊祀，而造祭五祀：門、户、井、竈、中霤也。

晉傅玄云：「帝之都城宜祭一門，正宫亦祭一門，正室祭一户，井、竈及中霤，各擇其正者祭之。」以後諸祀無聞，唯司命配享於南郊壇。

隋制，其司命、户以春，竈以夏，門以秋，行以冬，各於享廟日，中霤則以季夏祀黄帝日，夏季土德王。各命有司祭於廟西門道南，牲以少牢。

大唐初，廢七祀，唯季夏祀祭中霤。開元中制禮，祭七祀，各因時享，祭之於廟庭。司命、户以春，竈以夏，門、厲以秋，行以冬，中霤以季夏。其儀具開元禮。

說曰：天子諸侯必立五祀。五祀者，爲其有居處出入飲食之用，祭之所以報德也。歷代同，或五或七。周禮，天子祭七，諸侯祭五，降殺之差也。殷天子、諸侯、大夫皆五。鄭注云殷禮者，以祭法差降殊異故言之。鄭又云：「祭竈，祀老婦人，古之始炊者也。」以此推之，七祀皆應古之始造者焉。馬融以七祀中之五：門、户、竈、行、中霤，即句芒等五官之神配食者。句芒食於木，祝融食於火，該食於金，脩及玄冥食於水，〔一〇〕句龍食於土。月令五時祭祀，〔一一〕只是金木水火土五行之祭也。許慎云：「月令孟夏祀竈。王者所祭古之有功德於人，非老婦也。」鄭玄云：「爲祭五祀，竈在廟門外之東，祀竈禮，設主於竈陘。」祝融乃古火官之長，猶后稷爲堯司馬，上公也。今但就竈陘而祭之，屈上公之神，何其陋也！又月令云「其帝炎帝，其神祝融」，文列在上，與祀竈絶遠，而推合之，文義不次，焉得爲義也！又左傳云：「五官之神，生爲上公，死爲貴神。」若祭之竈陘，豈傳謂貴神乎！〔一二〕特牲饋食禮云「尸謖而祭饎爨」，〔一三〕以謝先炊者之功。知竈神是祭老婦，報先炊之義也。臧文仲燔柴竈，夫子譏之云「盛於盆，罇於瓶」，若是祝融之神，豈可以盆瓶之器，置於陘而祭之乎？鄭沖云：「五祀雖出天地之間，陰陽之氣，實非四時五行陰陽之正者也。月令春祀户，祭先脾；秋祀門，祭先肝。此順氣所宜，藏所值耳。又司命則司命星下食人閒，司譴過小神矣。」袁準著正論，〔一四〕以爲：「五行之官祭於門、户、行、竈、中霤。中霤，土神也。〔一五〕

火正祀竈，而水正不祀井，非其類也，且社奚爲於人家之屋棟閒哉！禮記王七祀，諸侯五，大夫三，冬其祀行，是記之誤也。井不輕於竈，行不唯冬。白虎通云『月令冬祀井』是也。」秦静云：「今月令謂行爲井，是以時俗或廢行而祀井。魏武興復舊祀，而祭門、户、井、竈、中霤，凡五祀焉。按漢諸儒戴聖、聞人通漢等白虎通議五祀則有井之説，蓋當時已行，中閒廢闕，至魏武重修舊典而祭井焉。

高堂生月令仲冬，祀四海井泉。祭井自從小類，不列五祀，儒家誤以井於五祀，宜除井而祀行。」傅玄曰：「七祀五祀，月令皆云祀行而無井。月令先儒有直作井者。既祭竈而不祭井，於事則有闕，於情則不類，謂之井者近是也。」〔一六〕又按白虎通曰：「共工之子曰修，好遠遊，舟車所至，足跡所達，靡不窮覽，故祀以爲祖神。」祖者，徂也。徂即行之義也。

宗室助祭議後魏

後魏孝明帝熙平二年，侍中江陽王繼表言：「臣功緦之内，太祖道武皇帝之後，於臣始是曾孫。道武帝受命之主，配天郊祀，百代不遷。而曾玄之孫，烝嘗之薦，不獲拜於廟庭，霜露之感，闕陪奠於階席。伏見孝文皇帝著令銓衡，取曾祖之服，以爲資蔭；而況曾祖爲帝，而不見録。請付外博議，永爲定準。」

小學博士王僧奇等議：「按孝經曰：『郊祀后稷以配天，宗祀文王於明堂，以配上帝。』

然則太祖不遷者，尊王業之初階；〔一七〕二祧不毀者，旌不朽之洪烈。其旁枝遠冑，豈得同四廟之親哉？而四廟者，在當代服屬之内，可以與於子孫之位，若廟毀服盡，豈得同於此例乎？請以四廟爲斷。」

國子博士李琰之議：「按祭統曰：『有事於太廟，羣昭羣穆咸在。』謂宜入廟之制，率從議親之條，〔一八〕祖祧之裔，各聽盡其玄孫。〔一九〕使得駿奔堂壇，肅承禘祫，則情理差通，事無舛駮。」

侍中任城王澄等奏：「臣等參議，江陽之於今帝也，計親則枝宗三易，數代則廟應四遷，吉凶尚不告聞，拜薦寧容輒與。高祖孝文皇帝聰明玄覽，師古立政，陪拜止於四廟，哀恤斷自緦宗。即之人情，冥然符一；推之禮典，事在難違。此所謂明王相沿今古不革者也。」〔二〇〕

太常少卿元端議：〔二一〕「祭法云：王立七廟，曰考廟，曰王考廟，曰皇考廟，曰顯考廟，曰祖考廟，遠廟爲祧，有二祧。而祖考以功重不遷，二祧以盛德不毀。迭遷之義，其在四廟。記云『五廟之孫，祖廟未毀』，雖爲有所援引，然與朝儀不同。如依其議，〔二二〕匪直太祖曾玄，諸廟子孫，悉應陪列。既無正據，竊謂太廣。」

靈太后令曰：「議親律注云：『非唯當代之屬籍，歷謂先帝之五代。』此乃明親親之義篤，骨肉之恩重。公卿衆議，以遠及諸孫太廣致疑，百僚助祭，可得言狹也？祖廟未毁，曾玄不與壇堂之敬，便是宗人之昵，反外於附庸，王族之近，更疏於羣辟。先朝舊儀，草剏未定，刊制律憲，垂之不朽。琰之援據，甚允情理。可依所請。」

庶子攝祭 周

周制，曾子問：「宗子爲士，庶子爲大夫，其祭如之何？」孔子曰：「以上牲祭於宗子之家。貴禄重宗也。上牲，大夫少牢。祝曰『孝子某爲介子某薦其常事』。介，副也。不言庶，使若可以祭然。若宗子有罪，居於他國，庶子爲大夫，其祭也，祝曰『孝子某使介子某執其常事』。此謂宗子攝大夫也。攝主不厭祭，不旅，不嘏，不綏祭，不配。皆避正主也。厭，厭飫神也。〔二三〕厭有陰有陽，迎尸之前，祝酌奠，奠之且饗，〔二四〕是陰厭也。尸謖之後，徹薦俎敦，設於西北隅，是陽厭也。此不厭者，不陽厭也。不旅，不旅酬也。不嘏，不嘏主人也。不綏祭，謂今主人也。今主人，謂攝主也。若正主人，即得綏。綏，謂減毁神前饌，〔二五〕若神有饗也。不配者，祝辭不言以某妃配某氏也。〔二六〕綏，許恚切。〔二七〕敦音對。布奠於賓，賓奠而不舉。布奠謂主人酬賓，奠觶於薦北也。〔二八〕賓奠謂取觶奠於薦南也。此酬之始也。奠之不舉，〔二九〕止旅也。不歸肉。肉，俎也。謂與祭者留之共燕耳。〔三〇〕其辭於賓曰『宗兄、宗弟、〔三一〕宗子在他國，使某辭』。」辭猶告也。宿賓之辭也。與宗子爲列，則曰宗兄若宗弟。昭穆異者，曰宗子而已。其辭若云「宗兄某在他國，使某執其常事，使某告」也。曾子問：「宗子去在他國，庶子無爵而居者，可以祭乎？」孔子曰：「祭哉！」有子孫存，不可以乏先祖之祀。「請問其祭如之何？」孔子曰：「向墓而爲壇，〔三〕以時祭。不祭於廟，無爵者賤，遠避正主。若宗子死，告於墓，而後祭於家。言祭於家，容無廟也。宗子死，稱名不言孝，孝，宗子之稱，不敢與之同也。其辭但言「子某薦其常事」也。身歿而已。至子可以稱孝者也。子游之徒，有庶子祭者，以此，以，用也。用此禮祭也。若義也。若，順也。今之祭者，不首其義，故誣於祭也。」首，本也。

庶子在他國不立廟議晉

晉劉氏問蔡謨曰：「非小宗，及一家之嫡分張不在一處，得立廟不？」答曰：「禮，宗子在他國，而庶子在家，則祭。先儒說曰：『有子孫在，不可以乏先祖之祀也。』不乏祀者，〔三三〕明宗子在他國，不得廟祭，故令庶子祭於家也。苟在他國，雖是宗子，猶不得立廟，況非嫡長乎！」

兄弟不合繼位昭穆議晉　東晉　大唐

晉武帝泰始四年，詔荀崧紹高祖彧封爵，繼崧兄敬侯。崧父太尉顗以爲宜依文帝、景帝，同爲一穆。崧顧命子蕤垂範，遵而奉焉。

東晉元帝建武中，尚書符云：「武皇帝崩，遷征西府君；惠皇帝崩，遷章郡府君；懷帝入廟，當遷潁川府君。」

賀循議：「古者帝各異廟，廟之有室，以象常居，未有二帝共處之義也。如惠懷二主，兄弟同位，於禘祫之禮，會於太祖，自應同列異坐而正昭穆。至於常居之室，不可以尊卑之分，義不可黷故也。昔魯夏父弗忌躋僖公於閔上，春秋謂之逆祀。僖公，閔之庶兄，閔公先立，嘗爲君臣故也。左氏傳曰：『子雖齊聖，不先父食。』懷帝之在惠帝代，居藩積年，君臣之分也；正位東宮，父子之義也。雖同歸昭穆，尊卑之分與閔僖不異，共室褻黷，非殊尊卑之禮。以古義論之，愚謂未必如有司所列，惠帝之崩，當已遷章郡府君，又以懷帝入廟，當遷潁川府君，此是兩帝兄弟各遷一祖也。又，主之迭毁，以代爲正，下代既升，則上代稍遷，代序之義也。若兄弟相代，則共是一代，昭穆位同，不得兼毁二廟，禮之常例也。又殷之盤庚，不序陽甲之廟，而上繼先君，以弟不繼兄故也。既非所繼，則廟應別立。由此言之，是惠帝應別立，上祖宜兼遷也。故漢之光武，不入成帝之廟，而上繼元帝，義取於此。今惠懷二帝，不得不上居太廟，〔三四〕潁川未遷，見位餘八。非祀之常，不得於七室之外假立一神位。」庾蔚之謂：「爾時愍帝尚在關中，元帝爲晉王，立廟猶以愍帝爲主，故上至潁川爲六代。懷、景二帝雖非昭穆之正數，而廟不合毁，是以見位餘八也。」循又議曰：「殷人六廟，比有兄弟四人襲爲君者，便當上毁四廟乎？如此四代之親盡，無復祖禰之神矣。又按殷紀，成湯以下至於帝乙，父子兄弟相繼爲君，合十二代，而正代唯六。易乾鑿度曰：『殷帝乙，六代王也。』以此言之，明不數兄弟爲正代。」

大唐開元四年，太常卿姜皎及禮官太常博士陳貞節、蘇獻等上七廟昭穆議曰：「禮，天子三昭三穆，與太祖之廟爲七，而太祖常存，聖人之大典也。若禮名不正，則奠獻無序矣。謹按中宗孝和皇帝在廟，七室已滿。今太上皇是中宗之弟，以六月升遐，甫及仲冬，禮當遷祔。但兄弟入廟，古則有焉，遞遷之禮，昭穆須正。謹按晉太常賀循議：『兄弟不相爲後也。故殷之盤庚，不序於陽甲，而上繼於先君；漢之光武，不嗣於孝成，而上承於元帝。』又曰：『晉惠帝無後，懷帝承統，懷帝自繼於代祖，而不繼於惠帝。其惠帝當同陽甲、孝成，〔三五〕別出爲廟。』又曰：『若兄弟相代，則共是一代，昭穆位同，不可兼毁二廟，此蓋禮之常例。』荀卿子曰『有天下者事七世』，謂從禰以上。尊者統廣，故恩及遠祖。若旁容兄弟，上毁祖考，此則天子有不得全事七代之義也。孝和皇帝有中興之功，而無後嗣，請同殷之陽甲、漢之成帝，出爲別廟，時祭不虧，大祫之辰，合食太祖。奉睿宗神主升祔太廟，上繼高宗，則昭穆永貞，獻祼長序，禮也。此萬代之典，〔三六〕敢不颺言。」從之。改造中宗廟於太廟之西。

時河南人孫平子上封事曰：〔三七〕「臣竊見今年正月，太廟毁，此乃躋聖賢之所致也。臣按左傳云：『君薨，卒哭而祔，祔而作主，特祀於主，烝嘗禘於廟。』今日有違於此也。昔魯文公二年，宗伯弗忌躋僖公於閔公上，後致太室壞，春秋異而書之，今日有同彼也。君子以弗忌爲失禮。又按五行志書，〔三八〕僖公雖閔公之兄，嘗爲閔公臣，臣在君上，是爲失禮，遂令太室壞。且兄臣於弟，猶不可躋之弟上，弟臣於兄，可躋弟於兄上耶！昔莊公三十二年薨，閔公二年吉禘。自薨至禘，尚有二年，春秋猶非之失禮，況夏崩冬禘，不亦太速乎！諸議云太廟中央曰太室，〔三九〕尊高象也。魯自是陵夷，〔四〇〕將墜周公之祀。以此斷之，即太廟毁，亦今日將欲陵夷之象，墜先帝之祀也。斯亦上天祐我唐國，乃降此災。以陛下去年禘孝和於别室，吉祭於太廟。〔四一〕未祭孝和，先祭太上皇，此乃與僖閔事同，先臣後君也。昔躋兄弟上，〔四二〕今弟先兄祭，過有甚於古也；昔登臣君上，〔四三〕今亦如之，事豈不同耶？昔太室壞，今聖朝太廟毁，變豈不同耶？若以兄弟同昭，則不合出致别廟；〔四四〕若以臣子一例，則孝和合進爲昭。昔武氏簒國十五餘年，〔四五〕孝和挺劍龍飛，再興唐祚，此則有大功於天下也。今禘於别室，是廢先聖之訓，棄中興之功，下君上臣，〔四六〕輕長重幼。昔晉太康五年，宣帝廟地陷梁折。〔四七〕八年正月，太廟毁陷，改作殿，築階下及泉。更營新廟，遠致名材，雜以銅柱，自八年九月造，至十年四月乃成。十一月，又梁折毁壞。以此言之，天降災譴，非枯朽也。晉不知過，天下分崩，王室大亂。特望天恩，少垂詳察，速召宰相以下謀議，移孝和入廟，何必苦違禮典，以同魯、晉哉！」詔下禮官議。蘇獻固執前議。平子口辨，所稱咸有經據。蘇頲爲宰相，獻即頲從祖兄。平子竟被貶爲康州都城尉，至任，尋卒。

兄弟俱封各得立禰廟議晉 宋

晉中山王睦上言乞依六蓼之祀皋陶，杞鄫之祀相立廟。按睦，譙王之弟，兄弟俱封，〔四八〕今求各立禰廟，下太常議。

博士祭酒劉熹等議：〔四九〕「王制諸侯五廟，是則立始祖，謂嫡統承重一人，得立祖禰之廟，羣弟雖並爲諸侯始封之君，未得立廟也。唯今正統當立祖廟，中山不得並也。後代中山乃得爲睦立廟，爲後代子孫之始祖耳。」〔五〇〕

司徒荀顗議以爲，宜各得立廟。時詔從顗議。又詔曰：「禮，諸侯二昭二穆，與太祖之廟而五，太祖即始封君也，其廟不毀。前詔以譙王、中山王父非諸侯，尊同，禮不相厭，故欲令各得祭以申私恩也。然考之典制，事不經通。若安平王諸子並封，皆得立廟祭禰，親盡數終，其廟當毀，無故下食支庶之國，猥更隨昭穆而廢，非尊祖敬宗之義也。其如前奏施行。」

虞喜曰：「譙與中山俱始封之君，父非諸侯，尊同體敵，〔五一〕無所爲厭，並立禰廟，恩情兩伸，荀議是也。詔書所喻，恐非禮意。今上祭四代，自以諸侯位尊，得申其恩，祭及四代，不論毀且不毀，爲始封之君，則譙王雖承父統，禰廟亦在應毀之例，不得長立也。又安平獻王自爲始封，諸子雖別封，而同爲諸侯，諸侯尊同，故不復各立，此則公子爲諸侯不得立禰廟也。而譙王父非諸侯，使與諸侯同列，不得並祭。或難曰：『禮，庶子不祭禰，明其宗也。若俱得祭父，則並統二嫡，非明其宗也。』答曰：『若宗子與庶子位俱爲士，禰已有廟，無爲重設，與公子爲諸侯不立禰廟同也。若尊卑不同，則己恩得施，並祭無嫌也。禮，大夫三廟，太祖百代不遷者也。使大夫之後有庶統爲諸侯者，當上祭四代，四代之前不得復祭。若當奪宗，則大夫太祖爲廢其祀。以此推之，明得兼祭。一者恩得伸，隨代而毀；一者繼太祖百代不替也。』」

徐禪非荀是虞曰：「愚等謂尊祖敬宗，禮之所同。若列國秩同，則祭歸嫡子，所以明宗也；嫡輕庶重，禮有兼享，所以致孝也。今譙王爲長，既享用重禄，中山之祀，無以加焉，二國兩祭，禮無所取，詔書禁之是也。詔稱安平獻王諸子並封，不可各全立廟，〔五二〕是荀暢之義美矣。然愚謂中山父非諸侯，〔五三〕而祭更闕疑如禮意也。虞徵士答衞將軍虞喜以嫡爲大夫，庶爲諸侯，諸侯禮重，應各立廟，禪謂爲允矣。喜曰尊同體敵，恩情兩伸，諸兄弟俱始爲諸侯，命數無降。今士庶始封之君，尚得上祭四代，不拘於嫡，以貴異之。況已尊同五等，更嫌不得其均用豐禮，並祭四代，所以寵之，理非替宗。此蓋先王以孝理天下，肅恭明祀之達義也。昔周公有王功，魯立文王之廟，鄭有平王東遷之勳，特令祖厲，是爲榮之，非計享之祭在於周室，魯鄭豈得過之哉！」

宋庾蔚之謂：大夫、士，尊不相絶，故必宗嫡而立宗，承別子之嫡謂之宗子，收族合食糾正一宗者也。故特加齊縗三月之服。至四小宗則服無所加，唯昆弟之爲人後，姊妹雖出，一降而已。曾子問「宗子爲士，庶子爲大夫，以上牲祭於宗子之家」。鄭云「貴禄重宗也」。上牲，大夫少牢者也。小記「庶子不祭禰者，明其宗也」。明尊宗，不敢別祭也。至諸侯尊絶大夫，不得以太牢祭卿大夫之家，是以經無諸侯爲宗服文，則知諸侯奪宗各自祭，不復就宗祭也。又諸侯別子封爲國君，亦得各祭四代。何以知其然？諸侯既不就祭，人子不可終身不得享其祖考，居然別祭四代。或疑神不兩享，舉魯鄭祭文祖厲足以塞矣。〔五四〕徐以弟禄卑於兄，〔五五〕不得兩祭；虞以爲可兩祭，由於父非諸侯：又未善也。

遭難未葬入廟議晉

晉懷帝蒙塵，崩於平陽，梓宮未反京師。元帝立廟之時，欲遷入廟，喪已過三年。太常賀循議云：「懷帝梓宮未反，遭時之故，事難非常，〔五六〕不得以常禮自拘，宜以時入太廟，修祭祀之禮。」

亡失其親立廟議晉

晉劉智釋問曰：「『亡其親者，不知其死生則不敢服，然則終身不祭乎？』智曰：『唯疑其生，故不敢服也；必疑死焉，可不祭乎！古之死者必告於廟。今亡其親，必告其先廟，使咸知之。求之三年，若不得也，則又告之。告之者，欲令其生也，則隨而祔之。其後疑，祭必告，令知其疑，不受他鬼，〔五七〕死者終歸饗也。祝辭以告疑，則遠廟不遷矣。〔五八〕憑靈之心，加崇於尊，此孝子之情也。』」

校勘記

〔一〕行五也　「也」原訛「祀」，據北宋本、傅校本、明抄本、明刻本改。

〔二〕此小神　「小」原訛「七」，據禮記祭法鄭注及北宋本、傅校本、明抄本、明刻本改。

〔三〕督察三命　原「三」上衍「人」，據禮記祭法鄭注删。

〔四〕或立竈　原「立」下衍「霤」，據禮記祭法删。

〔五〕欲留之　「留」原作「由」，據北宋本、傅校本、明抄本、明刻本改。

〔六〕萬物伏藏　「伏」原訛「歸」，據白虎通卷一及北宋本、傅校本、明抄本、明刻本改。

〔七〕祭五祀　原脱「五」，據白虎通卷一補。

〔八〕一説户以羊　「一説」原作「祀」，據白虎通卷一補改。

〔九〕中霤以豚　「豚」原訛「牛」，據白虎通卷一改。

〔一〇〕該食於金脩及玄冥食於水　原作「蓐收食於金玄冥食於水」，據北宋本、傅校本、明抄本、明刻本、王吴本補改。

〔一一〕月令五時祭祀　原「月」上衍「故」，據北宋本、傅校本、明抄本、明刻本删。

〔一二〕豈傳謂貴神乎　「傳」原訛「得」，據北宋本、傅校本、明抄本、明刻本改。

〔一三〕尸謖而祭饎爨　特牲饋食禮原文作「尸卒食而祭饎爨」。

〔一四〕袁準著正論　北宋本、傅校本、明刻本、王吴本作「袁準正論者」。

〔一五〕中霤土神也　「中霤」原涉上而脱，據北宋本、傅校本、明刻本、王吴本補。

〔一六〕於情則不類謂之井者近是也　「則」下原涉上衍「有」，據北宋本、傅校本、明抄本、明刻本删。又

「近」下北宋本、傅校本、明抄本有「日」，疑衍。

〔一七〕尊王業之初階　「階」魏書禮志二二七六三頁作「基」，杜佑諱改。

〔一八〕率從議親之條　「議親」原倒，據魏書禮志二二七六四頁乙。

〔一九〕祖祧之裔各聽盡其玄孫　「裔」原訛「旁」，「聽」原脱，據魏書禮志二二七六四頁、册府卷五八二一六九七八頁改補。

〔二〇〕此所謂明王相沿今古不革者也　原脱「相沿」，據魏書禮志二二七六五頁、册府卷五八二一六九七九頁補。

〔二一〕太常少卿元端議　「元」原訛「玄」，據魏書禮志二二七六五頁及北宋本、殿本改。按：殿本避清諱「玄」均作「元」，局本間有回改。然作爲古服之「元端」改爲「玄端」則是；而此處作爲人名之「元端」改爲「玄端」，則非。後魏拓跋氏改姓「元」，元端魏書有傳。

〔二二〕如依其議　「議」原訛「儀」，據魏書禮志二二七六五頁、册府卷五八二一六九七九頁改。

〔二三〕厭飫神也　「飫」原訛「飲」，據禮記曾子問鄭注及北宋本改。按：陸德明釋文云：「飫，於去反。」孔穎達正義云：「以其無尸，設饌欲神之歆饗而厭飫是也。」

〔二四〕祝酌奠奠之且饗　原脱一「奠」字，據禮記曾子問鄭注補。

〔二五〕綏謂減毁神前饌　「綏」原訛「殺」，據北宋本、傅校本、明抄本、明刻本改。

〔二六〕以某妃配某氏也　原脱「妃」，據禮記曾子問鄭注補。

〔二七〕許恚切　「切」原作「反」，據北宋本、傅校本、明抄本、明刻本改。

〔二八〕奠觶於薦北也　「奠觶」原倒，據禮記曾子問鄭注乙。

〔二九〕奠之不舉　「之」原訛「而」，據禮記曾子問鄭注及北宋本、傅校本、明抄本、明刻本改。

〔三〇〕謂與祭者留之共燕耳　「謂」原訛「諸」，「留」原訛「召」，據禮記曾子問鄭注改。

〔三一〕宗兄宗弟　原脫下「宗」，據禮記曾子問補。

〔三二〕向墓而爲壇　「向」禮記曾子問本作「望」，杜氏避家諱改。

〔三三〕不乏祀者　原「祀」下有「云」，據北宋本、傅校本、明抄本、明刻本刪。

〔三四〕不得不上居太廟　「上」北宋本作「止」。

〔三五〕其惠帝當同陽甲孝成　原脫「同」，據舊唐書禮儀志五九五〇頁、唐會要卷一二、册府卷五八八七〇二八頁補。

〔三六〕此萬代之典　原脫「此」，據北宋本、傅校本、明刻本補。

〔三七〕時河南人孫平子上封事曰　按：唐會要卷一七孫平子於開元五年十月七日上封事，與上文載事已隔年餘。

〔三八〕五行志書　「志書」原倒，據唐會要卷一七、册府卷五八八七〇二九頁及北宋本、傅校本、明刻本乙。

〔三九〕諸議云太廟中央曰太室　「諸議云」，唐會要卷一七、册府卷五八八七〇二九頁作「且」。

〔四〇〕魯自是陵夷　原脫「是」，據唐會要卷一七、册府卷五八八七〇二九頁補。

〔四一〕吉祭於太廟　「吉」唐會要卷一七作「告」。

〔四二〕昔躋兄弟上　「躋兄」原倒，據北宋本、傅校本、明抄本、明刻本乙。

〔四三〕昔登臣君上　「登臣」原倒，據北宋本、傅校本、明抄本、明刻本乙。

〔四四〕則不合出致別廟　「致」唐會要卷一七作「置」。

〔四五〕昔武氏簒國十五餘年　「五」原作「有」，據唐會要卷一七、册府卷五八八七〇二九頁及北宋本、傅校本、明抄本、明刻本改。

〔四六〕下君上臣　原倒作「君下臣上」，據北宋本、傅校本、明抄本、明刻本乙正。

〔四七〕宣帝廟地陷梁折　原脱「帝」，據唐會要卷一七、册府卷五八八七〇二九頁補。

〔四八〕兄弟俱封　原脱「弟」，據北宋本、傅校本、明抄本、明刻本補。

〔四九〕劉熹　「熹」原訛「喜」，據晉書宗室傳一一一二頁、册府卷五七五六六九一四頁改。

〔五〇〕後代中山乃得爲睦立廟爲後代子孫之始祖耳　原脱「山」脱「祖」，據晉書宗室傳一一一二頁、册府卷五七五六六九一四頁補。

〔五一〕尊同體敵　「體敵」原倒，據北宋本、傅校本、明抄本、明刻本乙。

〔五二〕不可各全立廟　「全」原作「令」，據北宋本、傅校本、明抄本改。

〔五三〕然愚謂中山父非諸侯　「愚」原訛「虞」，據北宋本、傅校本、明抄本改。

〔五四〕足以塞矣　原脱「以」，據北宋本、傅校本、明抄本、明刻本補。

〔五五〕徐以弟禄卑於兄　「徐」原訛「余」，據北宋本、傅校本、明抄本改。

〔五六〕遭時之故事難非常　原「難」在「故」上，據北宋本、傅校本、明抄本、明刻本乙正。

〔五七〕令知其疑不受他鬼　「他」原訛「也」，據北宋本、傅校本、明抄本改。

〔五八〕則遠廟不遷矣　「遠」原訛「還」，據北宋本、傅校本、明抄本改。

王文錦點校

通典卷第五十二

禮十二　沿革十二　吉禮十一

喪廢祭議晉　宋　齊　梁　大唐

晉武帝咸寧五年十一月，弘訓羊太后崩，宗廟廢一時之祀，天地明堂去樂，且不上胙。〔一〕孝武帝太元十一年九月，皇女亡，應烝祠，〔二〕中書侍郎范甯奏：「按禮喪服傳『有死宮中者，三月不舉祭』，不別長幼之與貴賤也。皇女雖曰嬰孩，臣竊以爲疑。」於是使三公行事。賀循祭議云：「禮，在喪者不祭。祭，吉事故也。其義不但施於生人，亦祖禰之情，同其哀戚，故云於死者無服則祭也。今人者有服祭祀如故，吉凶相干，〔三〕非禮意也。」

宋文帝元嘉七年四月，有司奏：「禮云『有死於宮中者，三月不舉祭』。今礿祀既戒，而掖庭有故，下太常詳正。〔四〕領祠部郎謝元議，以爲『遵依禮傳，使有司行事，於義爲安』。」從之。

齊高帝建元四年，武帝在諒闇。尚書令王儉奏曰：「權典既行，喪禮斯奪，事興漢代，源由甚遠。殷宗諒闇，非有服之稱，周王即吉，唯宴樂爲譏。〔五〕春秋之義，〔六〕嗣君踰年則會聘。左氏云『凡君即位，卿出並聘，踐修舊好』，『謀事補闕，禮之大者』。自斯而談，朝聘烝嘗之典，卒哭而備行，婚禘蒐樂之事，三載而後舉，通塞興廢，各有由然。按禮稱武王崩，明年六月既葬，周公冠成王而朝於祖，以見諸侯。又曾子問『孔子曰：天子崩，國君薨，則祝取羣廟之主而藏諸祖廟，禮也。卒哭成事，而後主各反其廟』。左氏傳『凡君卒哭而祔，祔而後特祀於主，烝嘗禘於廟』。先儒云：『特祀於主者，特以喪禮奉新亡者主於寢，不同於吉。烝嘗禘於廟者，卒哭成事，羣廟之主，各反其廟。則四時之祭，皆即吉也。』三年喪畢，吉禘於廟，躋羣主以定新主也。皆著在經誥。晉宋因循，同規前典，卒哭公除，親奉烝嘗，率禮無違，因心允協。爰至宋明帝時，禮官立議，不宜親奉，乃引『三年之制，自天子達庶人』，曾不知本在至情，既葬釋除，事以權奪，越紼之旨，事施未葬，卒哭之後，何紼可越？晉武在喪，每欲伸寧戚之懷，不全依諒闇之典，至於四時烝嘗，蓋以哀疚未堪，非便頓改舊式。江左通儒，守而弗革。又且即心而言，〔七〕公卿大事，〔八〕則負扆親臨，三元告始，則會朝萬國，〔九〕豈曰能安，國家故也。宗廟烝嘗，孝敬所先，寧容吉事備行，斯典獨廢？就令必宜廢祭，則應三年永闕，乃復同之他故，有司攝禮，進退二三，彌乖喪典。謂宜依禮親奉。」從之。

梁武帝天監四年，安成國稱：欲遷立所生吳太妃神主。國王既有妃喪，欲使臣下代祭。明山賓議，以爲：「宜待王妃服竟，〔一〇〕親奉盛禮。」

大唐元陵之制，未殯，遇夏至，祭皇地祇，禮官議停祭。時監察御史張朔牒禮儀使：「伏準遺詔，皇帝已聽政，合告郊廟，所司祭地祇無文，合廢。又按曾子問：『天子崩，未殯，五祀之祭不行，既殯而祭。』所言五祀不行，即明天地之祭不合廢。又，王制：『喪三年不祭，唯祭天地、社稷，爲越紼而行事。』注云：『不敢以卑廢尊。』又按春秋杜氏注：〔一一〕『天王崩，未葬而郊者，不以王事廢天事也。』〔一二〕今禮儀使牒引祠令，『諸饗廟官有緦麻以上喪，不得充饗官』，此蓋指私喪，不足爲今日之證。請更參詳。報禮儀使。」報：「來牒稱，天子崩，五祀之祭不行，既殯而祭，所言五祀不行，即明天地之祭不合廢者。謹按：曾子問：『天子崩，五祀之祭不行，既葬而祭。』鄭玄注云『郊社亦然』，然則五祀之與郊社之祭同也。則來牒所言『五祀不行，則明天地之祭不合廢』，與鄭玄所云『郊社亦然』之義乖也。又按：曾子問上文曰：『天子嘗禘郊社五祀之祭，簠簋既陳，天子崩，后之喪，如之何？』孔子曰：『廢。』下文云：『天子崩，未殯，五祀之祭不行，既殯而祭。』孔穎達云：『以初崩哀戚，未遑祭祀，雖當五祀祭時，不得行也。既殯，哀情殺而後祭也。』又云：『自啓至於反哭，五祀之祭不行，已葬而祭。』此言無事時則祭，有事時則廢。未殯以前，是有事；既殯已後，未啓已前，爲無事。故王制云『越紼而行事』。紼者，屬於龍輴之轅索也。天子攢塗龍輴，謂殯時所設也。今百官成服，準祠令，諸祀齋之日，〔一三〕平明赴祠所。又開元禮云：『祀前七日，〔一四〕受誓戒，散齋四日，致齋三日。散齋之內，不得弔死問病；致齋之內，唯祀事則行，其餘悉斷。』苟或違此，則非爲祭，所以崇嚴潔也。今若斂髮赴廟，則嚴潔之道於是乎廢也。成服而行，則祀典之文可得而踰也。且哀戚之殺，大斂孰與夫自啓？凶穢之甚，緦麻孰與夫斬縗？未殯之時，非謂無事；扱衽之祭，可謂不遑。況皇帝即位，未告太廟，哀戚在疚，未許聽政，如何告太祖以配北郊乎？參詳古今，實難議祭也。」

旁親喪不廢祭議東晉

東晉穆帝永和六年五月九日，安平王薨。〔一五〕博士孫欽議：「禮，有死於宫中，闕一時之祀。又按魏高堂隆議，平原公主薨，二月春祠，不宜闕。〔一六〕臣聞伯叔父、同産昆弟、庶子、庶孫及次妃以下，天子諸侯則降而不服，於四時之祭無闕廢，禮也。漢文帝前代盛德之君也，猶不忍以三年之喪，妨廢孝享，割損年月，早葬速除，追思祖考，念在烝嘗，所以重宗廟也。且宮中有死者，三月不舉祭，傳發於緦麻三月之章，天子諸侯周大功，皆降而不服，何緦麻之有乎！誠亦儒者之迷誤也。」

緦不祭議晉 宋

晉荆州刺史殷仲堪問：「禮文如是，此指釋有緦麻服而猶得祭者也？當不普言新喪之親於所祭者耶？」别駕庾叡、功曹滕恢、主簿劉恬答：〔二七〕「尋禮文，當是指明有緦服可以祭耳，不以新喪之親於所祭者有服爲疑。今世中傳重者，而有從祖小功之服，服既除，恐不得以二祖服近而不祭也。」

宋庾蔚之謂：「殷庾釋文句甚允，但未統立言大意。記所明重其已與神交而不終，外喪尸殯不在此，可得少申其事。故大夫之祭，鼎俎既陳，籩豆既設，内喪小功緦麻，外喪齊縗以下，行。特爲已與神交，故隨輕重各有所行。又云『士之所以異緦不祭』者，加大夫，有小功緦麻皆廢。故鄭云『然則士不得成禮者十一』也。又云『所祭於死者無服則祭』者，〔二八〕言所異於未與神交唯有此，〔二九〕則外内之喪通廢，士卑故也。言有始末，義統有本。尋禮者多斷取義，不辯已與神交之異，故申之云。」

奪宗議晉

晉元帝建武初，孫文上事：宣帝，支子，不應祭章郡、〔二〇〕京兆二府君。僕射刁協云：「諸侯奪宗，聖庶奪嫡，豈況天子乎！〔二一〕自皇祚以來，五十餘年，宗廟已序，而文攻乎異端，宜加議罪。」按漢梅福云「諸侯奪宗」。此謂父爲士，庶子封爲諸侯，則庶子奪宗嫡，主祭祀也。在諸侯尚有奪義，豈況天子乎！所言聖庶者，謂如武王庶子，有聖德，奪代伯邑考之宗嫡也。

殤及無後廟祭議宋

宋孝武皇帝孝建元年，有司奏：「東平沖王年幼無後，唯殤服五月。雖臣不殤君，應有主祭，而國是追贈，又無其臣。未詳毀靈立廟，爲當他祔？」太學博士徐宏議：「王既無後，追贈無臣，殤服既竟，靈便合毁。記曰：『殤與無後者，從祖祔食。』又曰：『士大夫不得祔於諸侯，祔諸祖之爲士大夫者。』按沖王則宜祔諸祖之爲王者，應祔長沙景王廟。」詔可。

大明六年，有司奏：「故晉陵孝王子雲未有嗣，安廟後三日，國臣從權制除釋，晦朔周忌，〔二二〕應還臨哭與不？又祭之日，誰爲主？」〔二三〕太常丞庾蔚之議：「靈筵存，諸臣宜還臨哭，變服，使上卿主祭。王既未有後，又無三年服者，周親服除，而國尚存，便宜立廟，爲國之始祖。服除之日，神主暫祔食祖廟。還居新廟之室。未有嗣之前，四時饗薦，常使上卿主之。」詔可。七年十一月，有司奏：「晉陵國刺：〔二四〕孝王廟依廬陵等國例，一歲五祭。二國以王有衡陽王服，今年内不祠。尋國未有嗣王，三卿主祭。應同無服者之例與不？」左丞徐爰議：「嗣王未立，將來承胤未知疎近。〔二五〕豈宜空計服屬，以虧祭敬。」詔可。八年，有司奏：「故齊敬王子羽未立後，未詳便應作主立廟？爲須有後之日？〔二六〕未立廟者，爲於何處祭祀？」爰議以爲：「國無後，於制服除罷。始封之君，實存繼嗣。皇子追贈，爲始祖。臣不殤君，事著前準，〔二七〕豈容虛闕烝嘗以俟有後？謂宜立廟作主，三卿主祭依舊。」

祭殤周　晉

周制，曾子問：「『祭殤必厭，蓋弗成也。厭飫而已，不成其爲人也，〔二八〕故其禮不備。祭成喪而無尸，是殤之也。』與不成人同也。孔子曰：『有陰厭，有陽厭。』言祭殤之禮，有於陰厭之者，有於陽厭之者。曾子問曰：『殤不備祭，何謂陰厭陽厭？』言殤乃不成人，祭之不備禮也，而云陰厭陽厭乎？失孔子旨也。祭成人始設奠於奧，〔二九〕迎尸之前，謂之陰厭。〔三〇〕尸謖之後，改饌於西北隅，謂之陽厭。殤則不備也。孔子曰：『宗子爲殤而死，庶子弗爲後也。族人以其倫代之，明不序於昭穆立之廟也。其祭之，就其祖而已。代之者主其禮也。按此殤未成人，無立後之道，故取於族人之中兄弟之倫而主其祭。其祭之就所祭者之祖，服除乃止。其吉祭特牲。尊宗子，從成人也。凡殤則特豚。自卒哭成事之後，爲吉祭也。祭殤不舉，無肵俎，無玄酒，不告利成，此其無尸及所降也，其他如成人。舉肺脊、肵俎、利成，禮之於尸也。肵音祈。是謂陰厭。是宗子而殤，祭之於奥之禮也。小宗爲殤，其祭禮亦如之。凡殤與無後者，祭於宗子之家，當室之白，罇於東房，是爲陽厭。』」凡殤，謂庶子之嫡也，或昆弟之子，或從父昆弟。無後者，如有昆弟及諸父。此則今死者，皆宗子大功之内親共祖禰者也。言祭於宗子之家者，爲有異居之道也。無廟者爲墠祭之，親者供其牲物，宗子皆主其禮。當室之白，罇於東房，異於宗子之爲殤也。當室之白，謂西北隅得户明者也。明者曰陽。凡祖廟在小宗之家，小宗祭之亦然。宗子之嫡亦爲凡殤，過此以往則不祭也。祭法：「王下祭殤五：嫡子，嫡孫，嫡曾孫，嫡玄孫，嫡來孫。〔三一〕諸侯下祭三，大夫下祭二，嫡士及庶人祭子而止。」祭嫡殤者，重嫡也。祭嫡殤於廟之奥，謂之陰厭。王子公子祭其嫡殤於其黨之廟。大夫以下庶子祭其嫡殤於宗子之家。〔三二〕皆當室之白，謂之陽厭。凡庶殤不祭也。蜀譙周云：「庶子之爲殤者，祔祠於祖廟，庶子共其牲物，而宗子主其禮。〔三三〕士庶人之庶子，雖成子而無後，亦祔祠於祖，其主之如祭殤。殤及無後雖祔祠於祖廟，〔三四〕皆異日別祭於其處耳。天子諸侯之庶子無子，不得祔祠於其廟，當從其庶祖，昭穆同也。」

晉范甯祭殤議云：「祭法王祭嫡殤，下及五代。愍懷太子、殤太子、哀太孫、沖太孫，自是先帝嫡殤，歷代彌久，而廟祀之禮，於今未廢，謂非禮典之意，宜從埋主之例。」

未立廟祭議晉

晉安昌公荀氏祠制云：「荀氏進封大國，今祭六代，暫以廳事爲祭室，須立廟如制備物。」

殷仲堪問庾叡：「綱紀有承重之身，身服已除，其應祭，吾尚有服，當得於廳事上祭不？」按殷宗有五等封。庾叡等答曰：「宜在別室。」又問云：「依禮，祭皆於宗子之家，支子每往助祭耳。〔三五〕又如吾家五等封，乃應有廟。今既無廟，而共家常以廳事爲烝嘗之所。今一朝忽移別室，意殊不安。」劉功曹答云：「昔魯襄公尚於兄弟之廟，假鐘磬以成禮，〔三六〕今於廳事當無嫌也。」

公除祭議東晉　宋

東晉成帝咸和七年，虞潭上表云：「今之諸侯服其親，皆與士同，無復降殺。大宗之家，喪服累仍，若皆不祭，是先人之享嘗，永爲有廢。或難曰：「士獨非孝子也？」答曰：「士賤，不得伸其意也。」臣謂三月之後，禮情漸殺，若非父母之喪，尚通內外，服踰月，既葬，可祭宗廟。」博士通議，宜如潭所上，會有軍事，未及施行。

咸康三年十月二十七日，虞潭有嗣子喪，既葬，依令文行喪三十日，至十二月十日公除，其日禘祭宗廟。潭自爲論曰：「余身受公除，歲終大禘，至敬兼興，如當遂闕，心所不安，故諮之有識。〔三七〕難曰：『禮，素衣蒭席，〔三八〕不入廟門，不以凶干神明之位。〔三九〕緦喪雖輕，脫服而祭，況嗣子當承祚者乎？』答曰：『高宗三年諒闇，今則不爾，帝王既葬，縞素躬親宗廟之獻，不以喪遂闕者，蓋國之大事，在祀與戎也。且吉祭廷有金石鏗鏘之和，今去凶制而奉烝嘗，干戚戢而不振，慎終之情不遠，隨時之義亦通也。』」

徐藻議云：「古無公除，吉凶之服不可相干，故緦不祭耳。今既公除，吉服而行，則可吉祭。今既吉服，無事不可，而大事反可闕耶？若以心喪爲疑者，則出母子爲父後，得以含悲而祭矣。又禮有死宮中，三月不舉祭；齊縗之禮，三月不從政。意者雖速公除，猶宜待滿三月。又問：『同宮之喪而未葬，雖公除，可以祭不？』答曰：『公除不祭，本與於外喪耳。若同宮之喪，雖未葬，此不可也。』」

宋庾蔚之謂：「公除是公家除其喪服，以從公家之吉事。若公家無齋禁，則其受弔臨靈，及私常著喪服，豈得輒釋凶服以執吉祭乎？徐藻乃云外喪公除，雖停殯，可吉祭，恐此非祖禰之所享也。兄弟別居，便爲外喪，未葬公除而可以烝嘗，未之聞也。」

上陵 拜掃及諸節上食附○漢　後漢　魏　晉　東晉　宋　後魏　大唐

三代以前無墓祭，至秦，始起寢殿於墓側。

漢因秦，上陵皆有園寢，故稱寢殿。起居衣服象生人之具，古寢之意也。

後漢都雒陽，以關西諸陵久遠，但四時特牲祀，每帝西幸，即親謁。其雒陽陵，每正月上丁，祀郊廟畢，以次上陵。百官、四姓親家婦女、公主、諸王大夫、〔四〇〕袁宏漢紀曰：「明帝永平九年，爲外戚樊氏、郭氏、陰氏、馬氏諸子弟立學，號曰四姓小侯。」獨斷曰：「凡與先后有瓜葛者。」外國朝者侍子、郡國計吏會陵。晝漏上水，大鴻臚設九賓，隨立寢殿前。薛綜曰：〔四一〕「九賓謂王、侯、公、卿、二千石、六百石下及郎、吏、匈奴侍子，凡九等也。」鐘鳴，謁者、理禮引客，〔四二〕羣臣就位如儀。乘輿自東廂下，太常導出，西向拜，折旋升阼階，〔四三〕拜神座，退。後公卿羣臣謁神座，太官上食，太常樂奏食舉，舞文始、五行之舞。文始舞者，本舜韶舞也。高祖更名文始，以示不相襲也。五行舞者，本周舞也，秦始皇更名五行之舞也。樂闋，羣臣受賜食畢，郡國上計吏以次前，當神軒告其郡國穀價，〔四四〕人所疾苦，欲神知其動靜。孝子事親，盡敬愛之心也。謝承漢書曰：「靈帝建寧五年正月，車駕上原陵，蔡邕爲司徒掾，從公行，到陵，見其儀，愾然謂同座者曰：『聞古不墓祭。朝廷有上陵之禮，始謂可損，〔四五〕今見其儀，察其本意，乃知孝明至孝惻隱，不可易舊。』或曰：『本意云何？』『昔在長安時，其禮不可盡得聞也。光武即世，始葬於此。明帝嗣位，踰年，羣臣朝正，感先帝不復聞見此禮，〔四六〕乃帥公卿百僚，〔四七〕就園陵而刱焉。尚書階西祭設神座，天子事亡事存之意也。以帝聖孝之心，親服三年，久在園陵，初興此儀，仰察几筵，下顧羣臣，悲切之心，必不可堪。』邕見太傅胡廣曰：『國家禮有煩而不省者，昔不知先帝用心周密之至於此也。』廣曰：『然。子當載之，以示學者。』邕退而記焉。」最後親陵，遣計吏，賜之帶佩。八月飲酎，上陵，禮亦如之。丁孚漢儀曰：「酎金律，文帝所加，以正月朝作酒，八月成，名酎酒。因令諸侯助祭貢金。」漢律金布令：「諸侯、列侯各以人口數，率千口奉金肆兩，奇不滿千口至五百口亦四兩，〔四八〕皆會酎，少府受。又九真、交趾、日南者，〔四九〕用犀角二，長九寸以上，若玳瑁甲一，鬱林用象牙長三尺以上，〔五〇〕若翡翠各二十，〔五一〕準以當金。」漢舊儀曰：「皇帝於八月酎。〔五二〕皇帝暮視牲，以鑑燧取水於月，以火燧取火於日，〔五三〕爲明水火。左袒，以水沃牛右肩，手執鸞刀，以切牛尾之毛，〔五四〕即更衣，侍中上熟，乃祀。」至靈帝，皆以弦、晦、二十四氣、伏、社、臘及四時祀祠廟。日上飯，太宫人隨鼓漏，理被枕，盥水，陳嚴具。

魏文帝詔曰：「先帝躬履節儉，遺詔省約。子以述父爲孝，臣以繫事爲忠。〔五五〕古不墓祭，皆設於廟。先帝高平陵上殿皆毁壞，車馬還廄，衣服藏府，以從先帝儉德之志。」遂革上陵之禮。及齊王在位九載，始一謁高平陵。

晉宣王遺令「子弟羣官皆不得謁陵」，景、文遵旨。武帝猶再謁崇陽陵，景帝陵。一謁峻平陵，文帝陵。然遂不敢謁高原陵，宣帝陵。至惠帝復止也。

東晉元帝崩後，諸公始有謁陵辭陵之事，蓋由眷同友執，率情而舉也。成帝時，中宫亦年年拜陵，議者以爲非禮，遂止。穆帝時，褚太后臨朝，又拜陵，帝時幼也。孝武崩，驃騎將軍會稽王道子曰：「今雖權制釋服，〔五六〕至於朔日月半諸節，自應展情陵所，以一周爲斷。」於是至陵，變服單衣，煩瀆無準，非禮也。及安帝元興元年，左僕射桓謙奏：「百僚拜陵，起於中興，非晉舊典，積習生常，遂爲近法。尋武帝詔，乃不使人主諸王拜陵。」及義熙初，又復江左之舊。

宋文帝每歲正月謁初寧陵，武帝陵。孝武、明帝亦每歲拜初寧、長寧陵。文帝陵。

後魏太和十六年九月辛未，孝文帝哭於文明太后陵左，終日不絕聲。素幕越音活席爲次，侍臣侍哭。壬申，孝文又哭如昨。帝二日不御食。癸酉，朝中夕三時，哭拜於陵前。夜宿鑒玄殿，是夜徹次。〔五七〕甲戌，帝拜哭辭陵，還永樂宮。

大唐貞觀十三年，太宗朝於獻陵。先是日，宿設黃麾仗周衞陵寢，〔五八〕至是質明，七廟子孫及諸侯百僚、蕃夷君長，皆陪列於司馬門內。太宗至小次，降輿納履，哭於闕門，西面再拜，〔五九〕慟絕不能興。禮畢，改服入於寢宮，〔六〇〕親執饌，閱視高祖先后服御之物，悲慟，左右侍御者莫不歔欷。禮畢，太宗出自寢宮，步過司馬門，泥行二百餘步。〔六一〕上入寢，〔六二〕哭踊，絕於地。進至東階，西面再拜，號慟久之。乃進太牢之饌，加珍羞具品。引大尉無忌、司空勣、越王貞、趙王福、曹王明及左屯衞將軍程知節，並入執爵進俎。上至神座前，拜哭，奠饌，閱先帝先后衣服，拜辭訖，行哭出寢北門，乃御小輦還宮。

高宗永徽二年，有司言：「謹按獻陵三年之後，每朔及月半上食，其冬夏至、伏、臘、清明、社等節日，亦上食。其昭陵請依獻陵故事。」上從之。六年正月，謁於昭陵。有司先設儀衛於陵寢，質明，七廟子孫、二王後、百僚、州鎮藩牧、四夷君長等並陪列於位。皇帝降輦，入次，易服出次，行哭就位，再拜，擗踊慟絶。禮畢，又改服，奉謁寢宮。其妃嬪、公主先於神座左右侍列如平生。帝入寢門即哭，瞻視幄座，踊絶於地。進至東階，西面再拜，號哭。乃進牢饌珍羞，引三公、諸王並入執爵進俎。帝至神座前，再拜哭，自奠饌，閲先帝先后衣服，更增感絶，拜辭訖，行哭出寢北門。

景龍二年，〔六三〕是時每日奠祭。太常博士彭景直上疏曰：「謹按三禮正文，無諸陵日祭之事。又按禮論譙周祭志云：『天子之廟，始祖及高祖、曾祖、祖、考，〔六四〕皆每月朔加薦新，以象平生朔食也，謂之月祭。二祧之廟，時祭，無月祭。』〔六五〕此譙周所著，與古禮義合，本無日祭之文。今諸陵月祭，〔六六〕有朔日月半并諸節日料，則古禮殷事之義矣，諸節日猶薦新之義矣。故鄭玄注禮記云：『殷事，朔日月半薦新之奠也。』又注儀禮云：『月朔月半，猶平常之朝夕也。大祥之後，即四時祭焉。』〔六七〕此則古者祭皆在廟。近代以來，始分月朔月半及諸節日，祭於陵寢。至後漢陵寢致祭，無明文以言。自魏三祖以下，不於陵寢致祭，並符於古禮。至於江左，亦不崇園寢。及宋齊梁陳，〔六八〕其祭無聞。今參詳以爲三禮者，不刊之書，懸諸日月。外傳所記，不與經合，不可依憑。其諸陵請準禮停日祭。」帝曰：「禮因人情，事有沿革，陵寢如昨，祇薦是常。乍覽此奏，但增哀慕。乾陵宜依舊朝晡進奠，昭獻二陵，每日一進，以爲恆式。」

舊制，每年四季之月，常遣使往諸陵起居。是日太常博士唐紹上疏曰：〔六九〕「自安宅兆，禮不祭墓。當謂送形而往，山陵爲幽靜之宮；迎精而返，宗廟爲享薦之室。但以春秋仲月，〔七〇〕命使巡陵，鹵簿衣冠，禮容必備。自天授以後，時有起居，因循至今，乃爲常事。起者以起動爲稱，居者以居止爲名，參候動止何如，義非陵寢之法。生事以禮，必勤於定省；死葬以禮，當闕於安厝。〔七一〕豈可以事居之道，行送往之時？〔七二〕敢辭命使勞繁，但恐不安靈域。又降誕之日，穿針之辰，皆以續命爲名，〔七三〕時人多有進奉。今聖靈日遠，仙駕難攀，進止起居，恐乖先典。請停四季及降誕并節日起居陵使，但準式二時巡陵，庶義合禮經，陵寢安謐。」不從。

開元二十年四月，制曰：「寒食上墓，禮經無文，近代相傳，浸以成俗，士庶有不合廟享，何以用展孝思？宜許上墓同拜掃。禮於塋南門外，奠祭饌訖，泣辭。食餘饌任於他處。不得作樂。仍編入五禮，永爲恆式。」

二十三年四月，敕：「獻昭乾定橋恭六陵，朔望上食，歲冬至寒食日，各設一祭，如節祭共，朔望日相逢，依節祭料。橋陵除此日外，仍每日進半口羊食。」

天寶二年七月勑：〔七四〕「朕承丕業，肅恭祀事，至於諸節，常修薦享。且詩著授衣，令存休澣，在於臣子，猶及恩私，恭事園陵，未標令式。自今以後，每至九月一日，薦衣於陵寢。貽範千載，庶展孝思。且仲夏端午，事無典實，傳之淺俗，遂乃移風，況乎以孝道人，因親設教，變游衣於漢紀，成獻服於禮文，宜宣示庶僚，令知朕意。」初，顯慶五年二月二十四日，高宗以每年二時，太常少卿分行二陵，事重人輕，又不備鹵簿，威儀有闕，乃詔三公行事，太常卿少卿爲副。太常造鹵簿。事畢則納於本司，仍著於令。

校勘記

〔一〕且不上胙　「胙」原訛「阼」，據晉書禮志上六〇八頁改。

〔二〕應烝祠　「祠」原訛「祀」，據晉書禮志上六〇八頁、册府卷五七五六九一二頁及北宋本、傅校本、明抄本、明刻本改。

〔三〕今人者有服祭祀如故吉凶相干　「者」原訛「若」，據北宋本改。「干」原訛「于」，據諸本改。

〔四〕今礿祀既戒而掖庭有故下太常詳正　原「今」在「太」上，據宋書禮志四四六三頁及諸本移正。

〔五〕唯宴樂爲譏　「唯」原訛「雖」，據南齊書禮志上一三一頁及王吴本改。

〔六〕春秋之義　「義」原訛「議」，據南齊書禮志上一三一頁及北宋本、傅校本、明抄本、明刻本、王吴本改。

〔七〕又且即心而言　「且」原訛「宜」，據南齊書禮志上一三三頁改。

〔八〕公卿大事　「事」南齊書禮志上一三三頁作「夫」。

〔九〕會朝萬國　「會朝」南齊書禮志上一三三頁作「朝會」。

〔一〇〕宜待王妃服竟　「竟」原作「除」，此後人擅改者。據隋書禮儀志三一五三頁及北宋本改回。

〔一一〕春秋杜氏注　「氏」原作「預」，此亦後人改者。通典例避代宗諱，今據北宋本、傅校本、明抄本改回。

〔一二〕不以王事廢天事也　原「以」下衍「爲」，據北宋本、傅校本、明抄本、明刻本删。

〔一三〕準祠令諸祀　原倒作「準令祀諸祠」，據北宋本、傅校本、明抄本、明刻本乙改。

〔一四〕祀前七日　「祀」原訛「祠」，據北宋本、傅校本、明抄本、明刻本、王吴本改。

〔一五〕東晉穆帝永和六年五月九日安平王薨　「永」原訛「太」，永和爲穆帝年號，故改。按：晉書宗室傳一〇八五頁言安平王司馬隆咸寧二年薨，無子絶國。此安平王蓋東晉紹封者。

〔一六〕二月春祠不宜闕　「祠」原訛「祀」，又「闕」下衍「祭」，據北宋本改删。

〔一七〕主簿劉恬答　原「答」下有「曰」，據北宋本、傅校本、明抄本、明刻本删。

〔一八〕所祭於死者無服則祭者　「所祭於」原訛作「於所」，據禮記曾子問補正。按：北宋本唯脱「祭」字。

〔一九〕言所異於未與神交唯有此　「唯」原訛「時」，據北宋本、傅校本、明抄本改。

〔二〇〕章郡　原作「豫章」，清人所改。今據北宋本、傅校本、明抄本、明刻本、王吴本改回。按：通典避代宗諱，例改「豫章」、「豫章郡」爲「章郡」。

〔二一〕豈況天子乎　「豈」原作「而」，清人擅改。今據北宋本、傅校本、明抄本、明刻本、王吴本回改。

〔二二〕晦朔周忌　宋書禮志四四七六頁作「朔望周忌」，杜氏避家諱改。

〔二三〕誰爲主　原「誰」下衍「與」，據宋書禮志四四七六頁及北宋本、傅校本、明抄本、明刻本删。

〔二四〕晉陵國剌　「剌」原訛「制」，據宋書禮志四四七八頁及北宋本、傅校本、明抄本、明刻本、王吴本改。

〔二五〕將來承胤　「胤」原作「允」，清人諱「胤」爲「允」，據宋書禮志四四七八頁及北宋本回改。

〔二六〕爲須有後之日　「須」原作「復」，據宋書禮志四四七八頁改。

〔二七〕事著前準　原作「著在前經」，後人擅改者。北宋本、明抄本、明刻本作「著前准」，脱「事」。今據宋書禮志四四七八頁補正。

〔二八〕不成其爲人也　「不」原作「弗」，後人擅改者。今據禮記曾子問鄭注及北宋本、傅校本、明抄本、明刻本、王吴本改回。

〔二九〕祭成人始設奠於奥　「祭」原訛「爲」，據禮記曾子問鄭注改。

〔三〇〕謂之陰厭　原脱「謂之」，據禮記曾子問鄭注補。

〔三一〕嫡玄孫嫡來孫　兩「嫡」字原脱，據禮記祭法及北宋本、傅校本、明抄本、明刻本補。

〔三二〕大夫以下庶子祭其嫡殤於宗子之家　原脱「庶子」，脱「嫡」，據禮記祭法鄭注補。

〔三三〕而宗子主其禮　「子」北宋本作「兄」。

〔三四〕雖祔祠於祖廟　「雖」原訛「者」，據北宋本、傅校本、明抄本改。

〔三五〕支子每往助祭耳　「每」北宋本、傅校本、明抄本、明刻本、王吴本作「無」，疑非。

〔三六〕魯襄公尚於兄弟之廟假鐘磬以成禮　「公」北宋本、傅校本、明刻本作「仲」，非。事見左傳襄公九年。

〔三七〕故諮之有識　「識」原訛「議」，據北宋本改。

〔三八〕素衣翦席　北宋本、傅校本、明抄本、明刻本、王吴本無「衣」字。

〔三九〕不以凶干神明之位　原脱「凶」，據北宋本、傅校本、明抄本補。

〔四〇〕諸王大夫　原脱「王」，據後漢書禮儀志上三一〇三頁補。

〔四一〕薛综　「综」原訛「琮」，據後漢書禮儀志上劉昭注三一〇三頁改。

〔四二〕謁者理禮引客　「理」原作「贊」，後人擅改者。今據北宋本、傅校本改回。按：後漢書禮儀志上三一〇三頁本作「治」，唐人諱「治」爲「理」。

〔四三〕折旋升阼階　原脱「阼」，據後漢書禮儀志上三一〇三頁補。

〔四四〕告其郡國穀價　「告」後漢書禮儀志上三一〇三頁作「占」。

〔四五〕始謂可損　「謂」原作「爲」，後漢書禮儀志上三一〇三頁盧文弨校改「爲」作「謂」，今從改。

〔四六〕羣臣朝正感先帝不復聞見此禮　「正」原訛「士」，「此」下脱「禮」，據後漢書禮儀志上劉昭注三一〇四頁補改。

〔四七〕乃帥公卿百僚　原「乃」下有「躬」，據後漢書禮儀志上劉昭注三一〇四頁及北宋本、傅校本、明抄本、明刻本、王吴本删。

〔四八〕奇不滿千口至五百口亦四兩　「口亦四兩」原訛作「以下者」，據後漢書禮儀志上劉昭注三一〇四頁改。

〔四九〕日南者　「者」原訛「則」，據後漢書禮儀志上劉昭注三一〇四頁及北宋本、傅校本、明抄本、明刻本、王吴本改。

〔五〇〕鬱林用象牙　原「林」下衍「邑」，據後漢書禮儀志上劉昭注三一〇四頁及北宋本、傅校本、明抄本、明刻本、王吴本删。

〔五一〕若翡翠各二十　原脱「翡」，據後漢書禮儀志上劉昭注三一〇四頁補。按：翡爲赤羽，翠爲青羽，故言各。

〔五二〕皇帝於八月酎　「皇」原訛「武」，據後漢書禮儀志上劉昭注三一〇四頁及北宋本、傅校本、明抄本、明刻本、王吴本改。

〔五三〕以火燧取火於日　原脱「以火燧」三字，據後漢書禮儀志上劉昭注三一〇四頁補。

〔五四〕以切牛尾之毛　後漢書禮儀志上劉昭注三一〇四頁作「以切牛毛薦之」。

〔五五〕臣以繫事爲忠　「繫」原作「繼」，據晉書禮志中六三四頁及北宋本、傅校本、明抄本改。

〔五六〕今雖權制釋服　原脱「權」，據晉書禮志中六三四頁補。

〔五七〕夜宿鑾玄殿是夜徹次　原脱「徹」，據魏書禮志三二七九〇頁補。

〔五八〕宿設黄麾仗周衞陵寢　舊唐書禮儀志五九七二頁、唐會要卷二〇「宿」下有「衞」字。

〔五九〕西面再拜　原脱「面」，據舊唐書禮儀志五九七二頁、唐會要卷二〇補。

〔六〇〕改服入於寢宫　「宫」原訛「躬」，據舊唐書禮儀志五九七二頁、唐會要卷二〇改。

〔六一〕泥行二百餘步　核舊唐書禮儀志五九七三頁、唐會要卷二〇知此下有脱文。

〔六二〕上入寢　上方言「出寢宫」，何以「泥行二百餘步」，又忽「入寢」，殊令人不解。檢唐會要卷二〇，知「上入寢」至「乃御小輦還宫」一節，乃高宗永徽六年謁拜昭陵禮文，編者誤繫於此。下文載六年正月高宗謁於昭陵，雖與此節文字有異，然實屬一事。

〔六三〕景龍二年　「景」唐會要卷二〇作「神」。按：唐中宗年號有二：一爲神龍，一爲景龍。

〔六四〕始祖及高祖曾祖祖考　原脱「曾祖」，據唐會要卷二一補。

〔六五〕時祭無月祭　「月」原訛「日」，據唐會要卷二一、册府卷五八七七〇二一頁改。

〔六六〕今諸陵月祭　「陵」原訛「侯」，據唐會要卷二一、册府卷五八七七〇二一頁改。

〔六七〕即四時祭焉　原脱「祭」，據儀禮士喪禮鄭注補。

〔六八〕及宋齊梁陳　原脱「宋」，據唐會要卷二一、册府卷五八七七〇二一頁補。

〔六九〕是日太常博士唐紹上疏曰　據唐會要卷二一彭景直上疏在神龍二年二月，卷二〇載唐紹此疏在景龍二年三月。據册府卷五八七七〇二〇—七〇二一頁則彭唐兩疏均在景龍二年。

〔七〇〕但以春秋仲月　原脱「春秋」，據唐會要卷二〇、册府卷五八七七〇二三頁補。

〔七一〕當闕於安厝　「當」原作「宜」，據册府卷五八七七〇二三頁改。按：北宋本、傅校本、明抄本、明刻本、王吴本脱「當」，後人遂臆補「宜」。

〔七二〕行送往之時　「時」原訛「禮」，據册府卷五八七七〇二二頁及北宋本、傅校本、明抄本、明刻本改。

〔七三〕皆以續命爲名　「續」原訛「贖」，據册府卷五八七七〇二二頁及北宋本、傅校本、明抄本、明刻本、王吴本改。

〔七四〕二年七月敕　原「敕」下衍「曰」，據北宋本、傅校本、明抄本、明刻本、王吴本删。

王文錦點校

通典卷第五十三

禮十三　沿革十三　吉禮十二

大學小學庠序附　諸侯立學　釋奠　祀先代帝王名臣附　老君祠先賢附　孔子祠先儒及弟子附　太公廟

大學小學庠序附○虞　夏　商　周　漢　後漢　魏　晉　東晉　宋　齊　後魏　隋　大唐

有虞氏大學爲上庠，小學爲下庠。大學篇曰：「古之欲明明德於天下者，先治其國。欲治其國者，先齊其家。欲齊其家者，先修其身。欲修其身者，先正其心。」尊師敬長而大學之道著焉。學記曰：「君子如欲化民成俗，其必由學乎！玉不琢，不成器；人不學，不知道。是故古之王者，建國君民，教學爲先。」魏文侯孝經傳曰：「大學，中學也。庠言養也，所以養雋德也。舜命夔曰：『汝典樂，以教胄子。』胄子，國子也。」

夏后氏大學爲東序，小學爲西序。次序先王之道而學之。

殷制，大學爲右學，小學爲左學，又曰瞽宗。王制曰：「小學在公宮南之左，大學在郊。」鄭玄云：「學，所以學士之宮也。尚書傳曰：『百里之國，二十里之郊。七十里之國，九里之郊。五十里之國，三里之郊。』」宗，尊也。瞽，無目之名，以喻童蒙。又云「瞽矇之所宗也」。

周制，大學爲東膠，小學爲虞庠。膠之言糾也，所以糾收學士也。鄭注祭義云：「周有四郊之虞庠也。」以小學爲虞庠之制。又云「天子曰辟雍」。辟，明也。雍，和也。以明和爲名，化道天下之人，使之成士。或云〔一〕「辟者，圓璧也。雍之以水而圓象天，於陽德之施行，取流無極，〔二〕使學者進德而不已，亦所以明和政教之至」。崔靈恩云：「學制有二。一云制，與明堂同體。五室四堂在一基之上，四方堂則以其方名學，中央堂謂之大學。二云凡立學之法，有四郊及國中，在東郊曰東學，並方名之，在國中謂之大學。故鄭注祭義曰『周有四郊之虞庠』。」王太子，王子，羣后之太子，卿、大夫、元士之適子，國之俊選，皆造焉。王子，王之庶子也。羣后，公及諸侯。

樂正崇四術，立四教。樂正，樂官之長，掌國子之教。幼者教之於小學，長者教之於大學。尚書傳曰：「年十五始入小學，十八始入大學。」春秋教以禮樂，冬夏教以詩書。春夏，陽也，詩樂者聲，聲亦陽也。秋冬，陰也，書禮者事，事亦陰也。師氏掌以媺詔王。馬融曰：「媺，媺道也。告王以善道。師者教人以事而喻諸德也。」媺音美也。

以三德教國子：一曰至德，以爲道本；馬融曰：「德行，内外之稱，在心爲德，施之爲行。至德者，中德也。中庸曰『天命之謂性，率性之謂道。』失中庸則無以至道，故曰以爲道本。」鄭玄曰：「至德，中和之德，覆燾持載含容者也。」二曰敏德，以爲行本；敏德，仁義順時者也。三曰孝德，以知逆惡。馬融曰：「教以孝德，使知逆惡之不可爲也。」鄭玄曰：「孝德，尊祖愛親，守其所以生也。」〔三〕教三行：一曰孝行，以親父母；善事父母之行，盡其愛敬。二曰友行，以尊賢良；馬融曰：「教以朋友之行，使擇益友。」三曰順行，以事師長。馬融曰：

「師，德所不如也。長，老者。」凡國之貴游子弟學焉。王公之子弟游無官司者也。凡學必時，春夏學干戈，秋冬學羽籥，皆於東序。干，盾也。戈，句孑戟也。干戈，萬舞，象武也，用動作之時學之。羽籥，籥舞，象文，用安静之時學之。詩云：「左手執籥，右手秉翟。」春誦夏絃，太師詔之瞽宗。秋學禮，執禮者詔之；冬讀書，典書者詔之。禮在瞽宗，書在上庠。周立三代之學，學書於有虞氏之學，典謨之教所興也。學舞於夏后氏之學，文武中也。〔四〕學禮樂於殷之學，功成治定，與己同也。誦謂歌樂也。絃謂以絲播詩。陽用事則學之以聲，陰用事則學之以事者也。大學之禮，雖詔於天子，無北面，所以尊師也。尊師，重道焉，不使處臣位也。武王踐阼，召師尚父而問焉，曰：〔五〕「昔黄帝、顓頊之道存乎？意亦忽而不可見與？」師尚父曰：「在丹書，王欲聞之則齊矣。」王齊三日，端冕。師尚父亦端冕，奉書而入，負屏而立。王下堂南面而立。師尚父曰：「先王之道不北面。」王行西折而南，〔六〕東面而立。師尚父西面道書之言。大戴禮保傅篇曰：「帝入東學，尚親而貴仁，親疏有序而恩相及也。〔七〕入西學，尚賢而貴德，聖智在位而功不匱也。〔八〕入南學，尚齒而貴信，長幼有差而人不誣也。入北學，尚貴而尊爵，貴賤有等而下不踰也。入大學，承師而問道，退習兩端則德智理矣。」〔九〕大學之教也，時教必有正業。業必先王經典。古之教者，家有塾，黨有庠，術有序，國有學。術當爲遂。古者仕焉而已者，歸教於閭里，朝夕坐於門側之堂，謂之塾。周禮，五百家爲黨，萬二千五百家爲遂。黨屬於鄉，遂在遠郊之外。比年入學，中年考校。中，間也。間歲則考學者之德行。三歲大比，乃考焉。一年視離經辨志，三年視敬業樂羣，五年視博習親師，七年視論學取友，謂之小成。九年知類通達，强立而不反，謂之大成。夫然後足以化民易俗，近者説音悦服，而遠者懷之，此大學之道也。王制：「耆老皆朝於庠，元日習射上功，習鄉上齒，大司徒帥國之俊士與執事焉。」將習禮使之觀焉。此庠謂鄉學。又修六禮以節民性，明七教以興民德，齊八政以防民淫，一道德以同俗，養耆老以致孝，恤孤獨以逮不足，上賢以崇德，簡不肖以絀惡。司徒，地官卿，掌邦教者。命鄉簡不帥教者以告於王，王命三公、九卿、大夫、元士皆入學。不變，王親視學。亦謂使習禮以化之也。不變，王又親臨視，重棄賢者之子孫也。此習禮皆於大學也。不變，命國之右鄉，簡不帥教者移之左；命國之左鄉，簡不帥教者移之右，如初禮。中年考校而又不變，轉徙其居，覬其見新人有所化也。不變，移之郊。郊，鄉界之外也，稍出遠之。不變，移之遂。遂，郊外也。〔一〇〕大夫掌使習禮也。不變，屏之遠方，終身不齒。遠方，九州之外也。頃秦始皇焚書坑儒，大學從此缺矣。

漢高帝以叔孫通爲奉常，諸弟子共定禮儀者，咸爲選首，其後亦未遑庠序之事。至孝文時，頗登用，言少用文學之士也。然帝本好刑名之言。及孝景，不任儒學，竇太后又好黄老術，故諸博士具官待問，未有進者。具官，謂備員而已。武帝立，後竇太后崩，田蚡爲丞相，黜黄老、刑名百家之言，延儒者百數。自漢興，言易有淄川田生；言書有濟南伏生；言詩於魯則申培公，於齊則轅固生，燕則韓太傅嬰；言禮則魯高堂生；言春秋，於齊則胡毋生，於趙則董仲舒。而公孫弘爲丞相封侯，天下靡然向風矣。培音陪也。制曰：「蓋聞導人以禮，風之以樂。今禮廢樂崩，朕甚愍焉，故詳延天下方聞之士，咸登諸朝。詳，悉也。方，道也。有道及博聞之士也。其令禮官勸學，講議洽聞，舉遺興禮，以爲天下先。」舉遺，謂經典遺逸者，求而舉之。太常議曰：「聞三代之道，鄉里有教，勸學興禮，崇化厲賢，以風四方，太平之原也。」因舊博士置弟子五十人。太常擇年十八以上儀狀端正者，補博士弟子。事具選舉中。自景帝時，文翁爲蜀郡守，設學校，選張叔等十餘人入京就學。學既成，教蜀中子弟。〔一〕自是蜀之學者，比於齊魯焉。昭帝舉賢良文學，增博士弟子員數滿百人。至成帝時，劉向請興辟雍，設庠序，帝下公卿議，會向病卒。成帝末，增弟子員三千人。歲餘如故。及王莽爲宰衡，欲耀衆庶，遂興辟雍，增元士之子得受業如弟子甲乙之科。具選舉中。

後漢質帝本初元年，詔大將軍以下至六百石，悉遣子弟就學，每春秋輒於鄉射月一會，有勸勉進用之端，於是遊學者增至三萬餘生。自本初後二十四年，高生皓首，見拔者少。桓帝建和初，詔諸學生課試補官。具選舉篇。元嘉二年，詔曰：「書生汝南胡憲、陳留恭幸爽睾，〔二〕或六十以下，常以月朔會辟雍，垂白安貧。童子潁川王通通經，〔三〕拜太子舍人。」因試憲等，補郎舍人。後皆限六十以上，七十以下，年有增減，不應得試。易：「凡天地之數，〔四〕五十有五，此所以成變化。」令五十在試科，是應天地之數也。永壽二年，復課試諸生，補郎舍人。具選舉篇。獻帝建安中，侍中鮑衡奏：「按王制，立大學、小學，自王太子以下，皆教以詩書，而升之司馬，謂之賢者，任之以官，故能致刑措之盛，立太平之化也。今學博士並設表章，而無所教授，兵戎未戢，人並在公，而學者少。可聽公卿一千石、〔五〕六百石子弟在家及將校子弟見爲郎舍人，皆可聽詣博士受業。其高才秀達，學通一藝，太常爲作品式。」從之。晉摯虞決疑云：〔一六〕「漢初置博士，而無弟子。後置弟子五十人，與博士俱共習肄禮儀。又增滿五百人，漢末至數千人。」

魏文帝黃初五年，立大學於洛陽。時慕學者，始詣大學爲門人。滿二歲，試通一經者，稱弟子；不通一經，罷遣。弟子滿二歲，試通二經者，補文學掌故；不通經者，聽須後輩試，試通二經，亦得補掌故。掌故滿二歲，試通三經者，擢高第爲太子舍人；不第者，隨後輩復試，試通亦爲太子舍人。舍人滿二歲，試通四經者，擢其高第爲郎中；不通者，隨後輩復試，試通亦爲郎中。郎中滿二歲，能通五經者，擢高第，隨才敘用；不通者，隨後輩復試，試通亦敘用。齊王正始中，劉靖上疏，〔一七〕簡高門子孫爲生曰：「黃初以來，崇立大學，二十餘年，而成者蓋寡。由博士選輕，諸生避役，高門子孫，〔一八〕恥非其倫，故學者雖有其名，而無其實，雖設其教，而無其功。宜高選博士，取行爲人表，經任人師者，掌教國子。依遵古法，使二千石以上子孫，年從十五，皆入大學。明制黜陟，陳榮辱之路。」〔一九〕不從。吳孫休永安元年，〔二〇〕立學制曰：「古者建國，教學爲先，所以遵理爲時養器也。〔二一〕宜按舊制置學宮，立五經博士，覈取應選，加其寵祿。見吏之中及將吏子弟有志好者，各令就業。一歲課試，差其品第，加以位賞。使見之者樂其榮，聞之者羨其稱。〔二二〕以惇王化，以正風俗。」不行也。〔二三〕

晉武帝初，大學生三千人。泰始八年，有司奏：「大學生七千餘人，才任四品，聽留。」詔曰：「已試經者留之。大臣子弟堪受教者，令入學。其餘遣還郡國。」咸寧二年，起國子學。法周禮國之貴游子弟，國子受教於師者也。惠帝元康三年，以人多猥雜，欲辨其涇渭，於是制立學官品，第五以上得入國學。

東晉元帝時，太常賀循上言：「尚書被符，經置博士一人。又多故歷紀，儒道荒廢，學者能兼明經義者少。且春秋三傳，俱出聖人，而義歸不同，自前代通儒，未有能通得失兼而學之者也。況今學義甚頹，不可令一人總之。今宜周禮、儀禮二經置博士二人，春秋三傳置博士三人，其餘則經置一人，合八人。」太常車胤上言：「按二漢舊事，博士之職，唯舉明經之士，遷轉各以本資，初無定班。魏及中朝多以侍中常侍儒學最優者領之，職雖不同漢氏，盡於儒士之用，〔二四〕其揆一也。今博士八人，愚謂宜依魏氏故事，擇朝臣一人經學最優者，不繫位之高下，常以領之。每舉太常，共研厥中。其餘七人，自依常銓選。」太興初，欲脩立學校，唯周易王氏、尚書鄭氏、古文孔氏、毛詩、周官、禮記、論語、孝經鄭氏，春秋左傳杜氏、服氏，各置博士一人。其儀禮、公羊、穀梁及鄭易皆省，不置博士。太常荀崧上疏曰：「昔武皇帝崇儒術，以賈馬鄭杜服孔王何之徒，章句傳注衆家之學，置博士十九人。二十州之中，〔二五〕師徒相傳，學士如林，猶選張華、劉寔居太常之官，以重儒教。伏聞節省之制，皆三分置二，博士舊員十有九人，今五經合九人，準古計今，猶未中半。九人以外，猶宜增置。〔二六〕周易有鄭氏注，其書根源，誠可深惜。儀禮，所謂曲禮也，鄭玄於禮特明，皆有證據。昔周之衰，孔子作春秋，左丘明、子夏造膝親受，孔子沒，丘明撰其所聞，爲之傳，微辭妙旨，無不精究。公羊高親受子夏，立於漢朝，多可採用。穀梁赤師徒相傳，諸所發明，或是左氏、公羊不載，亦足有所訂正。臣以爲宜各置一人，以傳其學。」遇王敦難，不行。訂音汀。〔二七〕孝武帝太元初，於中堂立行大學。於時無復國子生，置大學生六十人，國子生權銓大臣子孫六十人，事訖罷。其國子生見祭酒、博士，單衣角巾，執經一卷以代手板。自穆帝至孝武，並以中堂爲大學。太元九年，尚書謝石請興復國學，以訓冑子，頒下州郡，普修鄉校。帝納其言。明年，選公卿二千石子弟生，增造廟房屋百五十五間。而品課無章，君子恥與其列。國子祭酒殷茂上言：「臣聞舊制，國學生皆取冠族華冑，比列皇儲。而中混雜蘭艾，遂令人情恥之。」詔雖褒納，竟不施行。

宋武帝詔有司立學，未就而崩。文帝元嘉二十年，立國學；二十七年，廢。明帝泰始中，〔二八〕初置總明觀祭酒一人，有玄儒文史四科，科置學士十人。〔二九〕

齊高帝建元四年，〔三〇〕詔立國學，置學生百五十人。〔三一〕取王公以下子孫年十五以上，二十以下，家去都二千里爲限。帝崩，乃以國諱廢學。〔三二〕武帝永明三年，詔立學，乃省總明觀，召公卿以下子弟，置生二百二十人。〔三三〕其年秋中悉集。東昏侯永元初，詔依永明舊事廢學。時有司奏，國學大學兩存焉。領國子助教曹思文上表曰：〔三四〕「古之建國君人者，必教學爲先，將以節其邪情，化人裁俗。〔三五〕今制書既下，而廢學先聞，將恐觀國之光，有以闕也。若以國諱宜廢，昔漢武立學，爰洎元始，百餘年中，未嘗蹔廢，其閒豈無國諱矣。永明以無太子故廢，〔三六〕斯非古典。尋國之有學，本以興化致理，〔三七〕故記云『天子出征，受命於祖，受成於學』。今之國學，即古之大學，天子入國學，以行禮也；太子入國學，以齒讓也。大學之與國學，斯是晉代殊其士庶，異其貴賤耳。然貴賤士庶，皆須教，國學大學兩存之也。」〔三八〕時立學，太尉王儉復依晉代國子生，單衣角巾，執經代手板也。

後魏道武帝初定中原，始於平城立大學，置五經博士，生員千餘人。天興二年春，增國子、大學生員三千。〔三九〕太武始光三年，別起大學於城東。後徵盧玄、高允等，令州郡各舉才學，於是人多砥厲，儒術轉興。獻文帝天安初，立鄉學，郡置博士二人，助教二人，學生六十人。後令大郡立博士二人，助教四人，學生百人；次郡立博士二人，助教四人，學生八十人；中郡博士一人，助教二人，學生六十人；下郡立博士一人，助教一人，學生四十人。郡縣學始乎此矣。孝文太和中，改中書爲國子，又開皇子之學。及遷都洛邑，立國子、大學、四門小學。

隋文帝開皇中，國子寺不隸太常。自前代皆屬太常也。

大唐武德元年，詔皇族子孫及功臣子弟，於祕書外省別立小學。七年，詔諸州縣及鄉，並令置學。有明一經以上者，有司試策，加階敍。貞觀五年，太宗數幸國學，遂增築學舍千二百間。國學、太學、四門亦增生員，其書算各置博士，凡三千二百六十員。其屯營飛騎，亦給博士，授以經業。無何，高麗、百濟、新羅、高昌、吐蕃諸國酋長，亦遣子弟請入國學。於是國學之內八千餘人。〔四〇〕國學之盛，近古未有。龍朔二年，東都置國子監、丞、主簿、録事各一員，四門博士、助教、四門生三百員，俊士二百員。置弘文館於上臺，生徒三十人。置崇文館於東宮，生徒二十人。皆以皇族緦麻以上親，皇太后、皇后大功以上親，散官一品、中書門下平章事六尚書、功臣身食實封者、京官職事正三品、供奉官三品子孫，京官職事從三品、中書黄門侍郎子孫爲之。並尚書省補。西京國子監領六學：生徒皆尚書省補。〔四一〕一曰國子學，生徒三百人；分習五經，一經六十人。以文武官三品以上及國公子孫、從二品以上之曾孫爲之。二曰大學，生徒五百人；每一經百人。以四品五品及郡縣公子孫及從三品之曾孫爲之。三曰四門學，生徒千三百人；分經之制，與大學同。其五百人以六品七品及侯伯子男之子爲之，其八百人以庶人之俊造者爲之。四曰律學，生徒五十人；取年十八以上，二十五以下，以八品九品子孫及庶人之習法令者爲之。五曰書學，生徒三十人；以習文字者爲之。六曰算學，生徒三十人。以習計數者爲之。凡二千二百一十人。州縣生徒有差。州縣學生門蔭與律、書、算學同。諸生皆限年十四以上，十九以下，皆郡縣自補。京都八十員，大都督、中都督府、上郡各六十員，下都督府、中郡各五十員，下郡四十員，京縣五十員，上縣四十員，中縣三十員，下縣二十員也。凡諸學，皆有博士、助教授其經藝。〔四二〕每歲仲冬，郡縣館監課試，其成者，長吏會屬僚，設鄉飲之禮。開元七年十月，皇太子詣國學，行齒胄禮。〔四三〕二十六年正月，敕文：〔四四〕「古者鄉有序，黨有塾，將以弘長儒教，誘進學徒，化人成俗，率由於是。其天下州縣，每一鄉之内，里别各置一學，〔四五〕仍擇師資，令其教授。」又敕：諸州鄉貢見訖，令就國子監，謁先師，學官爲之開講，所司設食。弘文、崇文館學生及監内學生，亦許聽焉。天寶初，明經、進士習爾雅。九載，國子監置廣文館，知進士業博士助教各一人。十二載七月詔，舉人不得充鄉貢，〔四六〕皆補學生，四門俊士停之。永泰二年正月，國子祭酒蕭昕上言，請崇儒學，以正風教。敕曰：「頃以戎狄多虞，急於經略，大學空設，諸生蓋寡，絃誦之地，寂寥無聲，函丈之間，殆將不掃，上庠及此，(四七)甚用憫焉。其諸道節度、觀察、都督、防禦使等，朕之腹心，久鎮方面，眷其子弟，各奉義方，并宰相朝官及神策六軍軍將子弟欲習業者，(四八)自今以後，並令補國子學生。欲其業重籯金，器成琢玉，日新厥德，代不乏賢。其中身雖有官，欲附學讀書者，聽。其學官，委中書門下即簡擇行業堪爲師範者充。學生員數多少，所習經業，考試等第，并所供糧料及緣學館破壞，要量事脩理，(四九)各委本司作事件聞奏。」

諸侯立學 周 後漢 東晉

周制，諸侯學曰頖宮。頖之言班，所以班政教。五經通義云：「泮水者，泮之言半也。天子曰辟雍，謂以土雍水，外員如璧，故曰辟雍，義取四方來觀者平均耳。泮宮水雍其半，蓋東西門以南通水，北無水也。」頖音泮也。王制：「天子命之教，然後爲學。」崔靈恩云：「諸侯爲學之法，但一堂之上，不爲五室，唯南向爲之。置立之處，一如時王之法，貴尚是同。然則周之諸侯，大學東膠在王宮之左，小學虞庠在西郊。所以知一如時王之法者，鄭玄注王制『小學在公宮南之左大學在郊』云：『殷諸侯置學之處，得同天子。』」(五〇)魯立三代之學：米廩，有虞氏之庠也；序，夏后氏之序也；瞽宗，殷學也。庠、序，亦學也。庠之言詳也，於以考禮詳事也。魯謂之米廩，虞帝上孝，〔五一〕今藏粢盛之委焉。序，次序王事也。〔五二〕瞽宗，樂師瞽矇之所宗也。古者有道有德者教焉，〔五三〕死則以爲樂祖，於此祭之也。崔靈恩云：「凡諸侯之子入學之法，亦以十年而出就外傅，學書計。入學之時，祭先聖先師，釋奠之事如王子之法。」〔五四〕

後漢建安末，魏國作頖宮於鄴城南。

東晉穆帝永和中，征西將軍庾亮在武昌開置學官，起立講舍。亮家子弟及參佐大將子弟，悉令入學。四府博學識義，通涉文學經論者，建儒林祭酒，班同三署，厚其供給，皆妙選邦彥，必有其宜者，〔五五〕以充此舉。近臨川、臨賀二郡，並求修復學校。若非束脩之流，禮教所不及，而欲階緣免役者，不得爲生，明爲條制，令法清而人貴。教曰：「人情重交而忽財，好逸而惡勞。學業致苦，而祿答未厚，〔五六〕由捷徑者多，故莫肯用心，洙泗邈遠，風雅彌替，後生放縱，不復憲章典謨。臨官宰政者，務目前之理，遂令詩書荒廢，頌聲寂寞。〔五七〕昔魯秉周禮，齊不敢侮；范會崇典，晉國以理。楚魏之君，皆阻帶山河，而不能保，禮義之固孰與金城湯池哉！今江表晏然，王道日崇，三時既務，五教並修，軍旅已整，俎豆無廢，豈非善哉！」〔五八〕便處分安學校處所，又繕造禮器，將行大射之禮，亮死，尋廢。

釋奠

周　魏　晉　東晉　宋　齊　梁　北齊　隋　大唐

周制，凡始立學，必釋奠於先聖先師。及行事，必以幣。謂天子命之教始立學官者也。先聖，若周公、孔子也。凡釋奠者，必有合也，國無先聖先師，則所釋奠者，當與鄰國合也。有國故則不。故謂國有可爲先聖先師者。若唐虞有夔、伯夷，周有周公，魯有孔子。各自奠之，不合之也。凡學，春官釋奠於先師，秋冬亦如之。官謂禮樂詩書之官也。〔五九〕周禮「凡有道者有德者使教焉，死則以爲樂祖，祭於瞽宗」，〔六〇〕此之謂先師之類。不言夏，從春可知。釋奠者，設薦饌酌奠而已，〔六一〕無迎尸以下之事。始立學者，既釁器用幣，禮樂之器，成則釁之。又用幣告先聖先師以器成也。然後釋菜。告先聖先師以器成，有時將用也。〔六二〕學記曰：「太學始教皮弁祭菜，示敬道也。」鄭玄曰：「禮先聖先師也。菜，芹藻之屬也。」不舞，不授器。釋菜禮輕也。釋奠則舞，舞則授器。司馬之屬，司兵、司戈、司盾，祭祀授舞者兵也。乃退，儐於東序，一獻，無介語，可也。言乃退者，謂得立三代之學者，釋菜於虞庠，則儐賓於東序也。魯之學，有米廩、東序、瞽宗也。天子視學，大昕鼓徵，所以警衆也。早昧爽擊鼓，以召衆也。〔六三〕警猶起也。凡用樂，大胥以鼓徵學士。〔六四〕衆至，然後天子至。乃命有司行事，興秩節，祭先師先聖焉。興，猶舉也。秩，常也。節，猶禮也。使有司攝其事，舉常禮焉，祭先師先聖。不親祭之者，視學觀禮耳，非爲彼報也。有司卒事，反命。告祭畢也。祭畢，天子乃入。將出征，受命於祖，告祖也。受成於學。定兵謀也。出征，執有罪，反，釋奠於學，以訊馘告。釋菜奠幣，禮先師也。訊馘，所生獲斷耳者。詩云「執訊獲醜」，又曰「在頖獻馘」。馘或爲國。

魏齊王正始中，每講經徧，輒使太常釋奠於辟雍，以太牢祠孔子，以顏回配。

晉武帝泰始七年、惠帝元康三年，二釋奠，皆於太學。泰始六年、元康五年，〔六五〕二行鄉事，皆於辟雍。鄉事，鄉飲酒禮也。惠帝之爲太子，及愍懷太子講經竟，並親釋奠於大學。

東晉明帝之爲太子，亦行釋奠禮。成、穆、孝武三帝，皆親釋奠，惟成帝在辟雍，自是一時制也。孝武以大學在水南懸遠，有司議依穆帝升平元年，於中堂權立行大學釋奠，禮畢，會百官六品以上。時無國子生，有司奏：應須二學生百二十人。大學生取見人六十，國子生權銓大臣子孫六十人，事訖罷也。

宋文帝元嘉二十二年，太子釋奠，採晉故事。裴松之議：應舞六佾，宜設軒懸之樂，牲牢器用，悉依上公。祭畢，親臨學宴會，太子以上悉在。

齊武帝永明三年，有司奏：「宋元嘉舊事，學生到，先釋奠先聖先師，禮又有釋菜，未詳今當行何禮？用何樂及禮器？」時從喻希議，用元嘉故事，設軒懸之樂，六佾之舞，牲牢器用悉依上公。尚書令王儉議：「周禮『春入學，釋菜合舞』。記云『始教，皮弁祭菜，示敬道也』。又云『始入學，必釋奠先聖先師』。中朝以來，釋菜禮廢，金石俎豆，皆無明文。方之七廟則輕，比之五祀則重。陸納、車胤謂宣尼廟宜依亭侯之爵；范甯欲依周公之廟，用王者儀，范宣謂當其爲師則不臣之，釋奠日，宜備帝王禮樂。此則車、陸失於過輕，二范傷於太重。喻希云『若王者自設禮樂，則肆賞於致敬之所；若欲嘉美先師，則須所況非備』。〔六六〕細尋此說，守附情理。皇朝屈尊弘教，待以師資，〔六七〕引同上公，即事惟允。元嘉裴松之議故事可依也。」

梁武帝天監八年，皇太子釋奠。周捨議：「既惟大禮，請依東宮元會，太子著絳紗襮，音博，衣領也。樂用軒懸。合升殿坐者，皆服朱衣。」帝從之。又有司以爲，禮云「凡爲人子者，升降不由阼階」。吏部郎徐勉議：「鄭玄云：『由命士以上，父子異宮。』宮室既異，〔六八〕無不由阼階之禮。請釋奠及宴會，太子升堂，並宜由東階。若鑾駕幸學，自然中階。其會賓客，依舊西階。」大同七年，皇太子表其子寧國、臨城公入學，時議者以與太子有齒胄之議，疑之。僕射臣纘等以爲：「參、點、回、路，並事宣父，鄒魯稱盛，洙汶無譏。〔六九〕師道既光，得一資敬，〔七〇〕無虧亞二。」制可。

北齊將講於天子，講畢，〔七一〕以一太牢釋奠孔宣父，配以顏回，列軒懸樂，六佾舞。皇太子每通一經，及新立學，必釋奠禮先聖先師，每歲春秋二仲，常行其禮。每月朔制，〔七二〕祭酒領博士以下及國子諸學生以上，大學、四門博士升堂，助教以下、大學諸生階下，拜孔聖，揖顏回。日出行事。其郡學則於坊內立孔、顏廟，博士以下，亦每月朝。張憑議曰：「不拜顏子者，按學堂舊有聖賢之像，既備禮盡敬，奉尼父以爲師，而未詳顏子拜揖之儀。臣以聖者，君道也。師者，賢臣道也。若乃推舜禹於君位，則稷契與我並爲臣矣。師玄風於洙泗，則顏子吾同門也。夫大賢恭己，既揖讓於君德；回也如愚，豈越分於人師哉！是以王聖佐賢，而君臣之義著；拜孔揖顏，而師資之分同矣。」

隋制，國子寺，每歲四仲月上丁，釋奠於先聖先師。年別一行鄉飲酒禮。州縣學則以春秋仲月釋奠，亦每年於學一行鄉飲酒禮。

大唐武德二年，於國子學立周公、孔子廟各一所，四時致祭。貞觀二十一年制，左丘明以十二十二人同享。初以儒官自爲祭主，直云博士姓名，昭告於先聖。又州縣釋奠，亦博士爲主。

許敬宗奏曰：〔七三〕「秦漢釋奠無文，魏氏則太常行事。自晉宋以降，時有親行，而學官爲主，全無典實，在於臣下，理不合專。今請國學釋奠，令國子祭酒爲初獻，詞稱『皇帝謹遣』，仍令司業爲亞獻，博士爲終獻。其州學，刺史爲初獻，上佐爲亞獻，博士爲終獻。縣學，令爲初獻，丞爲亞獻，主簿及尉通爲終獻。修附禮令，以爲永制。」七年二月，高祖幸國子學，親臨釋奠。引道士、沙門，與博士雜相駮難久之。貞觀十四年二月，太宗幸國子學，觀釋奠。永隆二年二月，皇太子親行釋奠之禮。開耀元年二月，皇太子釋奠於國學。〔七四〕景雲二年七月，〔七五〕皇太子將親釋奠於國學，有司草儀注，令從臣皆乘馬，著衣冠。太子左庶子劉子玄進議曰：「古者，自大夫以上皆乘車，而以馬爲騑服。魏晉以降，迄於隋氏，朝士又駕牛車。至如李廣北征，解鞍憩息，馬援南伐，據鞍顧眄，〔七六〕斯則鞍馬之設，行於軍旅，戎服所乘，貴於便習者也。按江左官至尚書郎，而輒輕乘馬，則爲御史所彈。又顏延年罷官後，好騎馬出入閭里，當時稱其放誕。此則專車憑軾，可擐朝衣，〔七七〕單馬御鞍，宜從褻服，求之近古，灼然之明驗也。褒衣博帶，方履高冠，本非馬上所施，自是車中衣服。且長裙廣袖，〔七八〕襜如翼如，鳴佩紆組，鏘鏘奕奕，馳驟於風塵之内，出入於旌棨之間，儻馬有驚逸，人從顛墜，遂使屬車之右，遺履不收，清道之傍，絓驂相續，因以受嗤行路，有損威儀。其乘馬衣冠，竊謂宜從廢改。」皇太子令付外宣行，〔七九〕仍編入令，以爲常式。開元十一年，詔春秋釋奠用牲牢，其屬縣用酒脯而已。二十七年八月，因釋奠文宣王，始用宮懸之樂。二十八年二月，敕：「文宣王廟，春秋釋奠，宜令攝三公行禮，著之常式。」國子祭酒劉瑗奏：〔八〇〕「準故事，釋奠之日，羣官道俗等，皆合赴監觀禮。請依故事，著之常式。」制可之。其儀具開元禮。

祀先代帝王 名臣附○漢 後漢 魏 東晉 後魏 隋 大唐

漢武帝時，有人言，古者天子以春解祠，祠黃帝，用一梟破鏡。張晏曰：「黃帝，五帝之首也。春，歲之始也。梟，惡逆之鳥。方士虛誕，云以歲始祓除凶災，令神仙之帝食惡逆之物，使天下爲逆者破滅。」梟，鳥名，食母。破鏡，獸名，食父，〔八一〕如貙首而武眼。〔八二〕黃帝欲絕其類，使百吏祠皆用之。〔八三〕漢使東郡送梟，五月五日作羹以賜百官。解祠者，解罪求福也。

後漢章帝元和春，東巡狩，使使者奉一太牢，祠帝堯於濟陰。

魏武帝少時，漢太尉橋玄獨先禮異焉，故建安中，遣使祠以太牢。蜀主劉禪景耀六年，詔爲丞相諸葛亮立廟於沔陽。先是，所在各請立廟，不許，百姓遂私祭之，或以爲可立於京師，禪皆不納。步兵校尉習崇、〔八四〕中書侍郎向充等言於禪曰：「自漢以來，小德而圖形立廟者多矣。況亮德範遐邇，勳蓋季世，而烝嘗止於私門，廟貌闕而莫立，非所以存德念功，遠追在昔也。〔八五〕今若盡從人心，則黷而無典；建之京師，又逼宗廟。宜因近其墓，〔八六〕立之於沔陽，使所屬以時賜祭，凡其臣故吏欲奉祠者，〔八七〕皆限至廟，斷其私祀。」於是從之。何承天駁之曰：「周禮，凡有功者祭於大烝，故後代遵之，元勳配饗。充等曾不是式，禪又從之，蓋非禮也。」

東晉孝武帝寧康三年七月，〔八八〕故事，禮皋陶於廷尉寺，新禮移祀於律署，以同祭先聖於大學。舊祀以社日，新改用孟秋，以應秋政。摯虞按：「虞書皋陶作士，惟明克允，國重其功，人思其當，是以獄官禮其神，繫者致其祭，功在斷獄之成，不在律令之始也。大學之設，義重太常，〔八九〕故祭於大學。律之署，卑於廷尉，移祀於署，是去重而就輕。律非正署，〔九〇〕廢興無常，宜如舊祀於廷尉。祭用仲春，義取重生，改用孟秋，以應刑殺，理未足以相易。宜定新禮，皆如舊制。」

後魏文成帝東巡，歷橋山，祀黃帝。孝文太和十六年，詔曰：「法施於人，祀有明典，立功垂惠，祭有常式。其孟春應祀者，頃以事殷，遂及今日。可令以仲月而饗祀焉。凡在祀令者有五。帝堯樹則天之功，興巍巍之治，可祀於平陽。虞舜播太平之風，致無爲之化，可祀於廣寧。夏禹禦洪水之災，建天下之利，可祀於安邑。周文公制禮作樂，垂範萬葉，可祀於洛陽。其宣尼廟已於中省，別敕有司行事。自文公以上，可令當界牧守，各隨所近，攝行祀事，皆用清酌尹祭也。」曲禮曰：「脯曰尹祭。」

隋制，使祀先代王公：帝堯於平陽，以契配；帝舜於河東，咎繇配；夏禹於安邑，伯益配；商湯於汾陰，伊尹配；文王、武王於灃渭之郊，周公、召公配；漢帝於長陵，〔九一〕蕭何配。各以一太牢而無樂。配者饗於廟庭。

大唐前修禮令，無祭先代帝王之文。禮部尚書許敬宗等奏：「謹按禮記祭法云：『聖王之制祭祀也，法施於人，以死勤事，以勞定國，能禦大災，能捍大患則祀之。』其漢高祖祭法無文，但以前代迄今，多行秦漢故事。始皇無道，所以棄之。漢祖典章，法垂於後。自隋以上，亦在祠例。今請聿遵故實，三年一祭，以仲春之月。」天寶六載正月，制：三皇置一廟，五帝置一廟，有司以時祭饗。至七載五月，詔：「三皇以前帝王，宜於京城內共置一廟，仍與三皇五帝廟相近，以時致祭。天皇氏、地皇氏、人皇氏、有巢氏、燧人氏其祭料及樂，請準三皇五帝廟，以春秋二時饗祭。歷代帝王肇跡之處，未有祠宇者，所由郡置一廟饗祭，〔九二〕仍取當時將相德業可稱者二人配饗。」

老君祠 先賢附○後漢　大唐

後漢桓帝延熹八年，使中常侍之陳國苦縣，祠老子。九年，親祠老子於濯龍中。文罽爲壇，飾純金釦器，〔九三〕設華蓋座，用郊天樂。

大唐乾封元年，追號老君爲太上玄元皇帝。〔九四〕文明元年九月，册玄元皇帝妻爲先天太后，立尊像於老君廟所。開元二年三月，〔九五〕親祠玄元皇帝廟，追尊玄元皇帝父周上御史大夫敬，追尊爲先天太皇，〔九六〕仍於譙郡置廟，歲餘一祀以上，〔九七〕準先天太后廟例。二十九年，兩京及諸州各置廟一所，并置崇玄館。天寶元年，親祠玄元廟，又於古今人表昇玄元皇帝爲上聖。其時同制莊子號南華真人，文子號通玄真人，列子號沖虚真人，庚桑子號洞靈真人，又以其所著之書並爲經。其年九月，改兩京玄元廟爲太上玄元皇帝宫。其告饗所奏樂，降神用混成之樂，送神用太一之樂。〔九八〕二載，西京改爲太清宫，東京改爲太微宫，天下諸郡爲紫極宫。三月，敕：「古之制禮，祭用質明，義兼取於尚幽，情實緣於既沒。我聖祖湛然常在，〔九九〕爲道之宗，既殊有盡之期，須展事生之禮。自今以後，每聖祖宫有昭告，宜改用卯時以前行禮。」四載四月，敕：「比太清宫行事官，皆具冕服，〔一〇〇〕爰及奏樂，未易舊名，并告獻之時，仍陳册祝，既非事生之禮，皆從降神之儀。且真俗殊倫，幽明異數，理有非便，亦在從宜。自今以後，每太清宫行禮官，宜改用朝服，兼停祝版，改爲清詞於紙上。其告獻辭，及所奏樂章，朕當别自修撰。仍令所司具儀注聞奏。」十三載正月，令有司，〔一〇一〕每至孟月，〔一〇二〕則修薦獻上香之禮。仍爲常式。七載五月，詔：〔一〇三〕後漢張天師册贈太師，梁貞白陶先生册贈太保。興元元年十二月，詔：太清宫改太常卿亞上香，光禄卿終上香；改三禮拜爲再拜。貞元元年正月，敕：薦饗太清宫，亞獻太常卿充，終獻光禄卿充。仍永爲常式。

孔子祠 先儒及弟子附○漢　後漢　魏　晉　宋　後魏　北齊　後周　隋　大唐

漢元帝時，孔霸以帝師賜爵，號褒成君，奉孔子後。平帝元始初，追謚孔子曰褒成宣尼公，追封孔均爲褒成侯。

後漢光武建武十三年，封均子志爲褒成侯。章帝元和二年二月，東巡狩，因幸魯，祠孔子、七十二弟子。漢晉春秋曰：「闕里者，仲尼之故宅也，在魯城中。帝升廟，西面，羣臣中庭北面，皆再拜。帝進爵而後坐。」東觀書曰「既禮畢，〔一〇四〕命儒者論難」也。和帝永元四年，徙封爲褒尊侯，相傳至獻帝初，國絕。

魏文帝黄初二年，以孔子二十一代孫議郎羡爲宗聖侯，邑百户，奉孔子祠。令魯郡修舊廟，置百户吏卒守衛。〔一〇五〕

晉武帝泰始三年，改封孔子二十三代孫宗聖侯震爲奉聖亭侯。又詔大學及魯國，四時備三牲以祀孔子。明帝太寧三年，詔給奉聖亭侯四時祠孔子祭直，〔一〇六〕如泰始故事。

宋文帝元嘉八年，奉聖侯有罪奪爵。至十九年，又授孔隱之。隱之兄子熙先謀逆，又失爵。二十八年，更以孔惠雲爲奉聖侯。後有重疾，失爵。孝武大明二年，又以孔邁爲奉聖侯。邁卒，子莽詡俱反嗣，〔一〇七〕有罪，失爵。

後魏封孔子二十七葉孫乘爲崇聖大夫。孝文帝太和十九年，改封二十八葉孫珍爲崇聖侯。〔一〇八〕文成帝詔：其宣尼之廟，當別敕有司行薦饗之禮。

北齊改封三十一葉孫爲恭聖侯。

後周武帝平齊，改封鄒國公。

隋文帝仍舊封鄒國公。煬帝改爲紹聖侯。

大唐貞觀十一年，封孔子裔德倫爲褒聖侯。二十一年，制：以左丘明、卜子夏、公羊高、穀梁赤、伏勝、高堂生、戴聖、毛萇、孔安國、劉向、鄭衆、杜子春、馬融、盧植、鄭玄、服虔、何休、王肅、王弼、杜元凱、范甯、賈逵，總二十二人，並爲先師。永徽中，制令：改周公爲先聖，黜夫子爲先師，顏回、左丘明從祀。顯慶二年，禮部尚書許敬宗等奏曰：「準貞觀二十一年詔，以孔子爲先聖，更添左丘明等二十二人，與顏子俱配宣父於大學，並爲先師。今據永徽令，改用周公爲先聖，黜孔子爲先師，顏回、左丘明並爲從祀。按禮記『凡學，春，官釋奠於其先師』。鄭玄注曰：『官謂禮樂詩書之官也。〔一〇九〕先師者，若禮有高堂生，樂有制氏，詩有毛公，書有伏生，可以爲之。』又曰『始立學，釋奠於先聖。』鄭注曰『若周公、孔子也。』聖則非周即孔，師則偏善一經。漢魏以來，〔一一〇〕取捨各異。顏回、夫子互作先師，〔一一一〕宣父、周公更爲先聖，求其節文，遞有得失，所以貞觀之制，正夫子爲先聖，加衆儒爲先師。而今新令，輒事刊改，但周公攝政，制禮作樂，功比王者，祀之儒館，實貶其功。仲尼生衰周之末，拯文喪之弊，〔一一二〕祖述堯舜，憲章文武，弘聖教於六經，闡儒風於千載，〔一一三〕故孟軻稱生靈以來，一人而已。〔一一四〕自漢以降，奕葉繼侯，崇奉其聖，迄於今日，胡可降茲上哲，俯入先師？且又丘明之徒，見行其學，貶爲從祀，亦無故事。今請改令從詔，於義爲允。其周公仍依禮配饗武王也。」高宗乾封元年正月，東巡，次兖州鄒縣頓，祭宣父廟，贈太師。總章元年二月，皇太子詣學，贈顔回太子少師，曾參太子少保。神龍初，詔以鄒魯百户封崇道公宣尼采邑，〔一一五〕用供薦饗。又授裔孫褒聖侯崇階朝散大夫，仍許子孫以相傳襲。開元八年，敕改顔生等十哲爲坐像，悉應從祀。曾參大孝，德冠同列，特爲塐像，坐於十哲之次。圖畫七十子及二十二賢於廟壁上。〔一一六〕以顔子亞聖，親爲之贊，以書於石。閔損以下，令當朝文士分爲之贊。時國子司業李元瓘奏稱：「先聖孔宣父廟，先師顔子配坐，今其像立侍，配饗合坐。十哲弟子，雖復列像廟堂，不應饗祀。〔一一七〕謹檢祠令：何休、范甯等二十二賢，猶霑從祀。其十哲請春秋釋奠，列享在二十二賢之上。七十子，請準都監廟堂圖形於壁，兼爲立贊。又曾參孝道可崇，獨受經於夫子，請準二十二賢應饗。」二十七年八月，制：「夫子追贈謚爲文宣王，宜令三公持節册命，〔一一八〕並撰儀注。昔緣周公南面，夫子西坐，今位既有殊，坐豈仍舊，宜補其墜典，永作常式。自今以後，夫子南面而坐，内出王者衮冕之服以衣之。十哲等東西列侍。顔子淵既云亞聖，須優其秩。顔子贈兖國公，閔子騫贈費侯，冉伯牛贈鄆侯，冉仲弓贈薛侯，宰子我贈齊侯，端木子貢贈黎侯，〔一一九〕冉子有贈徐侯，仲子路贈衛侯，言子游贈吴侯，卜子夏贈魏侯。又夫子格言，參也稱魯，雖居七十之數，不載四科之目。頃雖參於十哲，終未殊於等倫，久稽先旨，俾修舊位。庶乎禮得其序，人焉式瞻。」命尚書右丞相裴耀卿攝太尉，〔一二〇〕持節就國子廟册贈，〔一二一〕册畢，所司奠祭，亦如釋奠之禮。又遣太子少保崔琳往東都，就廟行册禮。又敕兩京及兗州舊宅廟像，宜改服衮冕。其諸州及縣，廟宇既小，但移南面，不須改衣服。兩京樂用宫懸。春秋二仲上丁，令三公攝行事。七十子並宜追贈：曾參贈郕伯，顓孫師贈陳伯，澹臺滅明贈江伯，宓子賤贈單伯，原憲贈原伯，公冶長贈莒伯，南宫子容贈郯伯，〔一二二〕公晳哀贈郳伯，曾點贈宿伯，顔路贈杞伯，商瞿贈蒙伯，高柴贈共伯，漆雕開贈滕伯，公伯寮贈任伯，司馬牛贈向伯，樊遲贈樊伯，有若贈卞伯，公西赤贈郜伯，巫馬期贈鄫伯，梁鱣贈梁伯，顔柳贈蕭伯，冉孺贈紀伯，曹卹贈曹伯，伯虔贈聊伯，〔一二三〕公孫龍贈黄伯，冉季贈東平伯，秦子南贈少梁伯，漆雕子斂贈武城伯，顔子精贈瑯琊伯，一作子驕。〔一二四〕漆雕徒父贈須句伯，壤駟赤贈北徵伯，商澤贈睢陽伯，石作蜀贈石邑伯，任不齊贈任城伯，公夏守贈亢父伯，〔一二五〕公良孺贈東牟伯，后處贈營丘伯，秦子開贈彭衙伯，奚容蒧贈下邳伯，〔一二六〕公肩定贈新田伯，顔襄贈臨沂伯，鄡單贈銅鞮伯，句井疆贈淇陽伯，罕父黑贈乘丘伯，秦商贈上洛伯，申黨贈邵陵伯，公祖子之贈期思伯，榮子期贈雩婁伯，〔一二七〕縣成贈鉅野伯，左人郢贈臨淄伯，燕伋贈漁陽伯，鄭子徒贈滎陽伯，〔一二八〕顔之僕贈東武伯，原亢贈萊蕪伯，樂顔贈昌平伯，一作欬。〔一二九〕廉潔贈莒父伯，〔一三〇〕顔何贈開陽伯，叔仲會贈瑕丘伯，狄黑贈臨濟伯，邽巽贈平陸伯，〔一三一〕孔忠贈汶陽伯，公西與如贈重丘伯，〔一三二〕公西箴贈祝阿伯，〔一三三〕蘧瑗贈衞伯，施常贈乘氏伯，〔一三四〕林放贈清河伯，秦非贈汧陽伯，陳亢贈潁伯，申根贈魯伯，琴牢，未詳。顏噲贈朱虛伯，步叔乘贈淳于伯，琴張贈南陵伯。

太公廟大唐

大唐開元十九年四月，兩京及天下諸州，各置太公廟一所，以張良配饗，春秋取仲月上戊日祭。諸州賓貢武舉人，準明經進士，行鄉飲酒禮。每出師命將，辭訖，發日，便就廟引辭，仍簡取自古名將，功成業著，弘濟生人者十人，準十哲例配饗。至乾元元年九月十二日，太常少卿于休烈奏：「臣一昨因秋饗漢高祖廟，〔一三五〕見傍無侍臣；饗太公廟，有張良在側。伏以子房生於漢初，翊奉高祖，坐籌帷幄，佐定天下，考其年代，不接太公。自古配食廟庭，陪葬陵寢，皆取當時佐命，同受哀榮。太公人臣，不合以張良配饗，請移於漢祖廟。」從之。上元元年閏四月，敕：「昔周武創業，克寧區夏，〔一三六〕惟師尚父，實佐興王。況德有可師，義當禁暴，稽諸古昔，爰崇典禮。其太公望，可追封爲武成王，有司依文宣王置廟。仍委中書門下，擇古今名將，準文宣王置亞聖及十哲等。饗祭之典，一同文宣王。」貞元四年八月，兵部侍郎李紓奏曰：「太公廟準式以太常少卿充三獻官。〔一三七〕祝文云『皇帝遣某官，敢昭告』。至上元元年，追贈爲武成王，饗祭之典，一同文宣王。有司因差太尉充獻，兼進祝版親署。臣伏以太公，即周之太師；張良，漢之少傅。聖朝列在祀典，已極褒崇，載在祝詞，必資折中，理或過當，神何敢歆。今者屈禮於至尊，施敬於臣佐，每請御署，並稱昭告，竊謂非宜。一同文宣王，恐未爲允。臣以爲文宣垂訓，百代宗師，五常三綱，非其訓不明，有國有家，非其制不立，故孟軻稱，有生人以來，〔一三八〕一人而已。由是正素王之法，加先聖之名，樂用宮懸，獻差太尉，尊師崇道，雅合正經。且太公述作，〔一三九〕止於六韜，勳業形於一代，豈可擬其盛德，均其殊禮哉！前件祝文，請自今更不進署；其『敢昭告』，請改爲『致祭』；其獻官，請準式差太常卿以下。」〔一四〇〕詔令百僚集議聞奏。兼大理卿于頎等四十六人議同李紓。左領軍大將軍令狐建等二十四人議曰：「當今兵革未偃，宜崇武教以尊古，重忠烈以勸今，欲有貶損，非激勸之道也。追尊王位，以時祠之，爲武教之主，若不尊其禮，則無以重其教也。文武二教，國宜並立，〔一四一〕廢一不可，況其典禮之制，已歷二聖，〔一四二〕今欲改之，恐非宜也。」至九月，有敕：以上將軍以下充獻官，餘事依李紓所奏。其祭饗獻儀，具開元禮。

校勘記

〔一〕或云　原「或」下衍「又」，據北宋本、傅校本、明抄本、明刻本删。

〔二〕取流無極　「取」原作「周」，據北宋本、傅校本、明抄本、王吳本改。

〔三〕守其所以生也　「所以」原在「守其」上，誤。據周禮師氏鄭注及北宋本、傅校本、明抄本、明刻本乙正。

〔四〕文武中也　「中」原訛「備」，據禮記文王世子鄭注及北宋本、傅校本、明抄本、明刻本改。

〔五〕武王踐阼召師尚父而問焉曰　「焉」原訛「於」，據諸本改。原「曰」上衍「師尚父」，據大戴禮記武王踐阼删。

〔六〕王行西折而南　原「行」下衍「而」，據大戴禮記武王踐阼删。

〔七〕親疏有序而恩相及也　原脱「恩」，據大戴禮記保傅補。

〔八〕入西學尚賢而貴德聖智在位而功不匱也　「匱」原訛「遺」，據大戴禮記保傅改。又保傅敍「入西學」事，次於「入南學」事後。

〔九〕入大學承師而問道退習兩端則德智理矣　北宋本、傅校本、明刻本、明抄本無「則」字。按：大戴禮記保傅原文作：「帝入太學，承師問道，退習而端於太傅，太傅罰其不則而達其不及，則德智長而理道得矣。」「退習而端於太傅」，謂退習而就正於太傅。杜佑改「而」爲「兩」，將以下二十四字删省爲「端德智理矣」五字。不僅費解，且原意盡失。

〔一〇〕遂郊外也　禮記王制鄭注：「遠郊之外曰遂。」疑此「郊」上脱「遠」字。

〔一一〕學既成教蜀中子弟　原「成」下有「就乃遣張叔分」六字，乃後人所增。今據北宋本、傅校本、明抄本、明刻本删。

〔一二〕陳留恭幸爽睾　原脱「睾」，據北宋本、傅校本、明抄本補。按桓帝此詔今僅見於通典此卷，「恭幸爽睾」，不似人名，不知所謂。

〔一三〕童子潁川王通通經　北宋本、傅校本、明抄本、明刻本「通」字不疊，王吴本上「通」字處作空圍。

〔一四〕易凡天地之數　「凡」北宋本、傅校本、明抄本作「記」。

〔一五〕一千石　「一」原作「二」，據北宋本、傅校本、明抄本、明刻本改。

〔一六〕晉摯虞決疑云　「摯虞」原倒，據通典考證乙。

〔一七〕齊王正始中劉靖上疏　「靖」各本均作「馥」，宋書禮志一三五六頁亦作「馥」。檢三國志劉馥傳四六三頁知劉馥已死於建安十三年，上此疏者乃劉馥之子劉靖。今據以訂改。

〔一八〕高門子孫　三國志劉馥傳四六四頁「孫」作「弟」。

〔一九〕明制黜陟陳榮辱之路　三國志劉馥傳四六四頁無「陳」字。

〔二〇〕吴孫休永安元年　「安」原訛「壽」，據三國志吴書三嗣主傳一一五六頁改。

〔二一〕所以遵理爲時養器也　三國志吴書三嗣主傳一一五八頁作「所以道世治性爲時養器也」。「世」「治」皆唐諱，杜佑避改。

〔二二〕聞之者羡其稱　「稱」三國志吴書三嗣主傳作「譽」。通典蓋避代宗李豫之嫌名。

〔二三〕不行也　「行」北宋本、傅校本、明抄本、明刻本、王吴本作「從」，義短。

〔二四〕盡於儒士之用　「之」原作「取」，清人擅改。今據北宋本、傅校本、明抄本、明刻本、王吳本回改。

〔二五〕二十州之中　「二十」，宋書禮志一三六〇頁作「九」。

〔二六〕九人以外猶宜增置　「外」原訛「升」，據北宋本、傅校本、明抄本改。按：宋書禮志一三六一頁「置」作「四」。

〔二七〕訂音汀　三字原脱，據北宋本、傅校本、明抄本補。

〔二八〕明帝泰始中　「泰」原訛「太」，宋明帝年號爲「泰始」，今改。

〔二九〕有玄儒文史四科科置學士十人　原脱一「科」字，據北宋本、傅校本、明抄本、明刻本、王吳本補。

〔三〇〕齊高帝建元四年　「元」原訛「和」，齊高帝年號爲「建元」，今改。

〔三一〕詔立國學置學生百五十人　原脱「百」，據南齊書禮志上一四三頁及北宋本、明抄本、王吳本補。

〔三二〕乃以國諱廢學　原脱「學」，據北宋本、傅校本、明抄本、明刻本補。

〔三三〕置生二百二十人　册府卷五七七六九二八頁同。南齊書禮志上一四三頁作「凡置生二百人」。

〔三四〕領國子助教　原「子」下衍「監」，據南齊書禮志上一四四頁及北宋本、傅校本、明刻本、王吳本删。

〔三五〕化人裁俗　「裁」原訛「成」，據南齊書禮志上一四四頁及北宋本、傅校本、明抄本改。

〔三六〕永明以無太子故廢　「無」原訛「德」，據南齊書禮志上一四四頁改。

〔三七〕本以興化致理　「理」原訛「禮」，據北宋本、傅校本、明抄本、明刻本、王吳本改。按：南齊書禮志上一四五頁本作「治」，唐人諱「治」爲「理」。

〔三八〕兩存之也　「之」下原有「可」，後人擅增者。今據南齊書禮志上一四五頁及北宋本、傅校本、明抄本、明刻本、王吳本删。

〔三九〕大學生員三千　原「千」下有「人」，據北宋本、傅校本、明抄本、明刻本删。

〔四〇〕請入國學於是國學之内八千餘人　原脱「於是國學」，據唐會要卷三五、通考卷四一補。按：不補此四字，則謂外國留學生有八千餘人矣。

〔四一〕生徒皆尚書省補　原「皆」下有「隸」，據北宋本、傅校本、明抄本、明刻本删。

〔四二〕授其經藝　「藝」原作「義」，據北宋本、傅校本、明抄本、明刻本、王吳本改。

〔四三〕開元七年十月皇太子詣國學行齒胄禮　「十月」唐會要卷三五作「十一月」。舊唐書玄宗紀一八〇頁云：「冬十月辛卯，幸新豐之温湯。癸卯，至自温湯。戊寅，皇太子詣國學行齒胄禮。」按：開元七年十月乙酉朔，辛卯爲初七，癸卯爲十九，戊寅在十一月下旬，則作「十一月」爲是。

〔四四〕二十六年正月赦文　「赦」唐會要卷三五作「敕」。

〔四五〕里别各置一學　唐大詔令集卷七三四〇八頁無「里」字。

〔四六〕十二載七月詔舉人不得充鄉貢　原脱「詔」，據舊唐書禮儀志四九二一頁補。

〔四七〕上庠及此　「庠」原作「序」，非。據舊唐書禮儀志四九二二頁、唐大詔令集卷一〇五五三九頁改。按：國學無「上序」之稱。

〔四八〕及神策六軍軍將子弟欲習業者　原脱「軍將」，據舊唐書禮儀志四九二三頁補。

〔四九〕及緣學館破壞要量事脩理　原作「及脩理閒」，北宋本、傅校本、明抄本、明刻本作「及緣循理」，均訛脱不成語。今據唐大詔令集卷一〇五五三九頁補正。

〔五〇〕鄭玄注王制小學在公宫南之左大學在郊云殷諸侯置學之處得同天子　檢今禮記王制「小學在公宫南之左大學在郊」句下鄭注中無此句。

〔五一〕虞帝上孝　「孝」原訛「庠」，據禮記明堂位鄭注及北宋本、傅校本、明刻本改。

〔五二〕序次序王事也　原脱下「序」，據禮記明堂位鄭注補。

〔五三〕古者有道有德者教焉　禮記明堂位鄭注無下「有」字，「教」上有「使」字。

〔五四〕釋奠之事　「之事」原作「二」，據北宋本、傅校本、明抄本、明刻本、王吴本改。

〔五五〕必有其宜者　「宜」原作「實」，據北宋本、傅校本、明抄本改。

〔五六〕禄荅未厚　「禄」原訛「録」，據北宋本、傅校本、明抄本改。

〔五七〕頌聲寂寞　「寞」原作「寥」，據北宋本、傅校本、明抄本、明刻本改。

〔五八〕豈非善哉　「豈」原作「庸」，據北宋本、傅校本、明抄本、明刻本、王吴本改。

〔五九〕禮樂詩書　原倒作「詩書禮樂」，據禮記文王世子鄭注及北宋本、傅校本、明抄本、明刻本乙正。

〔六〇〕祭於瞽宗　原脱「於」，據禮記文王世子鄭注及北宋本、傅校本、明抄本、明刻本、王吴本補。

〔六一〕設薦饌酌奠而已　原脱「奠」，據禮記文王世子鄭注及北宋本、傅校本、明抄本補。

〔六二〕有時將用也　「有」原訛「乃」，據禮記文王世子鄭注及北宋本、傅校本、明抄本改。

〔六三〕以召衆也　「衆」原作「庶」，據禮記文王世子鄭注及北宋本、傅校本、明抄本、明刻本、王吳本改。

〔六四〕以鼓徵學士　「學」原訛「舉」，據禮記文王世子鄭注改。

〔六五〕元康五年　「五」晉書禮志下六七〇頁、宋書禮志一三六七頁作「九」。

〔六六〕則須所況非備　南齊書禮志上一四四頁無「須」字。

〔六七〕待以師資　「待」原作「惟」，蓋涉下「惟」字而誤者。據南齊書禮志上一四四頁改。

〔六八〕宫室既異　「既」原訛「即」，據隋書禮儀志四一八一頁及北宋本、傅校本、明抄本、明刻本、王吳本改。

〔六九〕洙汶無譏　「譏」原訛「議」，據隋書禮儀志四一八一頁及北宋本、傅校本、明抄本、明刻本、王吳本改。

〔七〇〕得一資敬　「一」原訛「以」，據隋書禮儀志四一八一頁及北宋本、傅校本、明抄本、明刻本改。

〔七一〕北齊將講於天子講畢　隋書禮儀志四一八〇頁作「後齊將講於天子，先定經於孔父廟」。「將」與「先」呼應，此下尚有六十餘字，方接「講畢」。杜佑率爾删節，以致戾於文法。

〔七二〕每月朔制　「朔制」隋書禮儀志四一八一頁作「旦」。按：睿宗名旦，杜佑避改。

〔七三〕許敬宗奏曰　按：舊唐書禮儀志九一七頁、唐會要卷三五均繫此奏於貞觀二十一年。杜佑置此奏於武德二年、七年之間，誤。

〔七四〕永隆二年二月皇太子親行釋奠之禮開耀元年二月皇太子釋奠於國學　按：舊唐書高宗紀下一〇八頁云：「冬十月丙寅朔，日有蝕之。乙丑，改永隆二年爲開耀元年。」通鑑卷二〇二六三九九頁同。則此二條實爲一事，不當並列重出。唐會要卷三五誤同。

〔七五〕景雲二年七月　「景雲」原訛「景龍」，據舊唐書禮儀志四九一九頁、唐會要卷三五、册府卷五八八七〇二六頁改。原脱「七月」，據北宋本、傅校本、明抄本、明刻本、王吴本補。按：舊唐書睿宗紀謂景雲二年八月丁巳，皇太子釋奠於太學。此作「七月」者，下文云「將親釋奠於國學，有司草儀注」，七月準備，八月行禮，時間固無矛盾。

〔七六〕據鞍顧眄　「眄」原作「盼」，據北宋本、傅校本、明抄本、明刻本改。

〔七七〕可擐朝衣　「擐」册府卷五八八七〇二六頁作「襲」。

〔七八〕且長裙廣袖　「且」原訛「宜」，據唐會要卷三五、册府卷五八八七〇二六頁及北宋本、傅校本、明抄本、明刻本、王吴本改。

〔七九〕皇太子令付外宣行　原脱「太」，「付」原訛「附」，據北宋本、傅校本、明抄本、明刻本補改。

〔八〇〕國子祭酒劉瑗奏　「瑗」原作「援」，據北宋本改。按：唐會要卷三五也作「瑗」。

〔八一〕梟鳥名食母破鏡獸名食父　原脱「鳥」，脱「獸」，據漢書郊祀志上孟康注一二一九頁補。

〔八二〕如貙首而武眼　漢書郊祀志上孟康注一二一九頁無「首」，「武」作「虎」，唐人諱「虎」爲「武」。

〔八三〕使百吏祠皆用之　原作「使百司皆用焉」，據漢書郊祀志孟康注一二一九頁改。

〔八四〕步兵校尉習崇　「習崇」三國志諸葛亮傳裴注九二八頁作「習隆」，杜氏諱改。

〔八五〕遠追在昔也　「遠」三國志諸葛亮傳裴注九二九頁作「述」。

〔八六〕宜因近其墓　「墓」原訛「基」，據三國志諸葛亮傳裴注九二九頁及諸本改。

〔八七〕凡其臣故吏欲奉祠者　原脱「吏」，據三國志諸葛亮傳裴注九二九頁補。

〔八八〕東晉孝武帝寧康三年七月　以下所載乃晉初史事，而冠以「東晉孝武帝寧康三年七月」，時誤約百年。按：故事者，謂晉以前之故事。新禮者，謂司馬昭命荀顗所撰之新禮。此新禮太康初付摯虞討論，摯虞以元康元年上呈。見晉書禮志上五八一頁。注文所載摯虞評議新禮移祀皋陶於律署、改用孟秋之不當，即其討論之一端。考通典致誤之由，蓋晉書禮志上「故事禮皋陶」六〇〇頁一節，上承釋奠一節，五九九頁。釋奠節最後數語爲：「孝武寧康三年七月，帝講孝經通，並釋奠如故事。穆帝孝武並權以中堂爲太學。」杜佑未審章節之異，遽截取「孝武寧康三年七月」一語加諸「故事禮皋陶」一節之上，遂張冠而李戴矣。

〔八九〕大學之設義重太常　「設」原訛「祀」，「重」原訛「同」，據晉書禮志上六〇〇頁及北宋本、明抄本改。

〔九〇〕律非正署　原脱「律」，據晉書禮志上六〇〇頁及北宋本、傅校本、明抄本、明刻本補。

〔九一〕漢帝於長陵　「陵」原訛「安」，據隋書禮儀志二一三七頁及北宋本改。

〔九二〕所由郡置一廟　「由」原訛「在」，據北宋本、傅校本、明抄本、明刻本、王吴本改。

〔九三〕飾純金釦器　「釦」原訛「釭」，據後漢書祭祀志中三一八八頁改。

〔九四〕爲太上玄元皇帝　「元」原訛「玄」，此是局本改清諱改不當改者，今據北宋本、傅校本、明刻本、王吴本改正。下同。

〔九五〕開元二年三月　下載李隆基親祠玄元皇帝廟及追尊事，舊唐書玄宗紀二一六頁與禮儀志四九二六頁、唐會要卷五〇、通鑑卷二一五六八五七頁均繫於天寶二年三月。此云「開元」，誤。

〔九六〕追尊玄元皇帝父周上御史大夫敬追尊爲先天太皇　「敬」原訛「復」，據北宋本、傅校本、明抄本、明刻本、王吴本改。按：舊唐書玄宗紀下二一六頁云：「制追尊聖祖玄元皇帝父周上御史大夫敬曰先天太上皇。」

〔九七〕歲餘一祀以上　北宋本、傅校本、明刻本、明抄本作「餘一事以上」。

〔九八〕太一之樂　「一」原作「乙」，據北宋本、傅校本、明抄本、明刻本、王吴本改。

〔九九〕我聖祖湛然常在　「湛」唐會要卷五〇作「澹」。

〔一〇〇〕皆具冕服　原脱「具」，據唐會要卷五〇、唐大詔令集卷七五四二三頁及北宋本、傅校本、明抄本、明刻本、王吴本補。

〔一〇一〕令有司　原「令」上衍「詔」，據北宋本、傅校本、明抄本、明刻本删。

〔一〇二〕每至孟月　「孟月」唐會要卷五〇作「春日」。

〔一〇三〕七載五月詔　「七」原作「六」，據北宋本、傅校本、明抄本、王吴本改。按唐會要卷五〇作「六」。

〔一〇四〕既禮畢　「既」原訛「祀」，據北宋本改。

〔一〇五〕置百户吏卒守衛　「户」，通典考證云：魏孔子廟碑作「石」。

〔一〇六〕詔給奉聖亭侯四時祠孔子祭直　「祠」原訛「祀」，「直」原訛「宜」，據晉書禮志上五九九頁改。

〔一〇七〕子夸詡俱反嗣　「夸」原作「⿱艹孝」，北宋本作「⿱艹孝」，據宋書禮志四四八五頁改。按：字書無「⿱艹孝」、「⿱艹孝」，而

「荂」有「敷」「誇」「花」「吁」諸音。吁，況于切，與通典注音合。

〔一〇八〕改封二十八葉孫珍爲崇聖侯　「孫」原訛「孔」，據北宋本、傅校本、明抄本、明刻本、王吳本改。

〔一〇九〕官謂禮樂詩書之官也　「謂」原訛「爲」，據北宋本、傅校本、明抄本、明刻本、王吳本改。

〔一一〇〕漢魏以來　「漢」上原有「考」，據北宋本、傅校本、明刻本、王吳本刪。

〔一一一〕夫子　「夫」原作「孔」，據北宋本、傅校本、明抄本、明刻本、王吳本改。

〔一一二〕拯文喪之弊　「拯」原作「振」，據唐會要卷三五及傅校本、明刻本、王吳本改。按：北宋本、明抄本作「極」，蓋「拯」字之形訛。

〔一一三〕闡儒風於千載　「千」原訛「萬」，清人擅改者。據北宋本、傅校本、明抄本、明刻本、王吳本改回。

〔一一四〕孟軻稱生靈以來一人而已　「靈」孟子公孫丑上作「民」，杜佑諱改。

〔一一五〕崇道公　「崇」舊唐書禮儀志四九一八頁作「隆」，杜佑諱改。

〔一一六〕圖畫七十子及二十二賢於廟壁上　「廟」原訛「堂」，據舊唐書禮儀志四九二〇頁及北宋本、傅校本、明抄本、明刻本、王吳本改。

〔一一七〕不應饗祀　「應」舊唐書禮儀志四九一九頁作「預」，杜佑避代宗諱改作「應」。下同。

〔一一八〕宜令三公持節册命　「册」原訛「敕」，據舊唐書禮儀志四九二〇頁、唐會要卷三五及北宋本、傅校本、明抄本、明刻本、王吳本改。

〔一一九〕宰子我贈齊侯端木子貢贈黎侯　舊唐書禮儀志四九二一頁、唐會要卷三五排宰我、子貢二人於子有、子路之後，與史記仲尼弟子列傳見二一九〇頁至二一九五頁合。

〔二〇〕右丞相裴耀卿　「右」舊唐書裴耀卿傳三〇八二頁、禮儀志四九二一頁作「左」。

〔二一〕就國子廟册贈　原脱「贈」，據舊唐書禮儀志四九二一頁補。

〔二二〕南宫子容贈郯伯　「子容」史記仲尼弟子列傳二二〇八頁作「括」，論語憲問作「适」，杜佑避德宗名諱，因稱字。

〔二三〕伯虔贈聊伯　「聊」唐會要卷三五作「鄒」。

〔二四〕顔子精贈瑯琊伯一作子驕　史記仲尼弟子列傳二二二一頁作「子驕」。

〔二五〕公夏守贈亢父伯　「守」史記仲尼弟子列傳二二二三頁、唐會要卷三五作「首」。史記會注考證云：「今家語作公夏守。」「亢」原訛「元」，據唐會要卷三五、通考學校考四改。

〔二六〕奚容蒧贈下邳伯　「蒧」史記仲尼弟子列傳二二二二頁及北宋本作「箴」，唐會要卷三五作「箴」。

〔二七〕榮子期贈雩婁伯　「期」史記仲尼弟子列傳二二二三頁作「祈」。

〔二八〕鄭子徒贈滎陽伯　「滎」原訛「榮」，據唐會要卷三五及北宋本、傅校本、明刻本改。

〔二九〕樂顔贈昌平伯一作欬　史記仲尼弟子列傳二二二五頁云「樂欬字子聲」。

〔三〇〕廉潔贈莒父伯　「潔」史記仲尼弟子列傳二二二五頁作「絜」，二字同，「絜」爲本字。北宋本、傅校本、明抄本、明刻本、王吴本作「梁」，蓋「絜」之誤字。

〔三一〕邽巽贈平陸伯　「邽」史記仲尼弟子列傳二二二五頁作「邦」。

〔三二〕公西與如贈重丘伯　「與」史記仲尼弟子列傳二二二六頁作「輿」，云：「公西輿如字子上。」索隱云：「家語同。」北宋本、明抄本作「舉」。

〔三三〕公西箴贈祝阿伯　「箴」原作「葴」，據北宋本、明抄本改。按：史記仲尼弟子列傳二二二六頁作「葴」，史記索隱、正義、會注考證均作「箴」，而唐會要卷三五作「箴」。

〔三四〕施常贈乘氏伯　「施常」史記仲尼弟子列傳二二二四頁、唐會要卷三五作「施之常」。

〔三五〕臣一昨因秋饗漢高祖廟　原脱「一」，據北宋本補。

〔三六〕克寧區夏　原脱「克寧」，據北宋本、傅校本、明抄本、明刻本、王吴本補。

〔三七〕以太常少卿充三獻官　一官不能充三獻之官。唐會要卷二三作「以太常少卿丞等充三獻官」，始通。

〔三八〕有生人以來　「有」原作「自」，據北宋本、傅校本、明抄本、明刻本、王吴本改。

〔三九〕且太公述作　「且」原訛「其」，據北宋本、傅校本、明抄本、明刻本改。

〔四〇〕請準式差太常卿以下　原脱「差」，據北宋本、傅校本、明抄本、明刻本、王吴本補。

〔四一〕國宜並立　「宜並」原倒，據北宋本、傅校本、明抄本、明刻本乙。

〔四二〕已歷二聖　北宋本、傅校本、明抄本、明刻本、王吴本「歷」作「列」。唐會要卷二三「二」作「三」。

通典卷第五十四

禮十四　沿革十四　吉禮十三

巡狩　封禪

巡狩唐　虞　夏　周　秦　漢　後漢　魏　晉　宋　後魏　隋　大唐

唐虞天子五載一巡狩。晏子對齊景公曰：「天子適諸侯曰巡狩。」白虎通曰：「巡者，循也。狩者，牧也。爲天下循行守牧民也。〔一〕道德太平，恐遠近不同化，〔二〕幽隱有不得所者，故親行之。〔三〕行禮謹敬，重人之至也。」鄭玄云：「諸侯爲天子守士，時一巡省之」。書曰「五載一巡狩。」所以必五年者，因天道時有所生，歲有所成，三歲一閏，天道小備，〔四〕五歲再閏，天道大備也。歲二月，東巡狩，至于岱宗，柴，岱宗，東岳也。特謂太山爲岱宗者，〔五〕以其處東北，居寅丑之間，萬物終始之地，陰陽交代之所，爲衆山之宗，故云岱宗也。望秩于山川。張守節云：「乃以秩望祭東方諸侯境内名山大川也。〔六〕言秩者，〔七〕五岳視三公，四瀆視諸侯也。」羣后四朝，孔安國曰：「各會朝於方岳之下，〔八〕凡四處，故曰四朝也。」堯舜同道，舜攝則然，堯又可知也。〔九〕肆覲東后，遂見東方之諸侯。協時月正日，同律度量衡，時，四時也。月，十二月也。日，三百六十日也。律，法制也。度，丈尺也。量，斗斛也。衡，斤兩也。鄭玄曰：「協正四時之月數日名，備其失誤。」具節氣晦朔，恐諸侯有不同，故因巡狩而合正之。修五禮吉、凶、賓、軍、嘉禮。〔一〇〕五玉五等諸侯之瑞也。執之曰瑞，陳列之曰玉。三帛二生一死贄。〔一一〕三帛，纁、玄、黄，三孤所執也。二生，羔、鴈，卿大夫所執也。一死者，雉，士所執爲禮焉。五月，巡狩至南嶽；衡山也。八月，巡狩至西嶽；華山也。十一月，巡狩至北嶽；恒山也。皆如岱宗之禮。白虎通曰：「二月、八月，晝夜分；五月、十一月，陰陽終也。」歸，格于藝祖，用特。孔安國曰：「巡狩四嶽，然後歸，告至文祖之廟。藝，文也。言祖則考著。特，一牛也。」〔一二〕鄭玄注尚書云：「每歸用特者，明每一岳即歸也。」〔一三〕如尚書、王制之文，所以不一岳之後而云歸者，因明四岳禮同，使其文相次，是以終巡狩之後乃始云歸耳。〔一四〕

夏后氏因之。王肅云：「天子五年一巡狩。」鄭玄云：「五年者，虞夏之制也。」

周制，十二年一巡狩。大行人云：「十有二歲，王巡狩殷國。」殷，衆也，謂當方諸侯。周以木德王，歲星是木王之星，〔一五〕十二歲一周，以木象之。故梁崔靈恩云「取歲星一周天道之備數」。天子將巡狩，類乎上帝，宜乎社，造乎禰。帝謂五精之帝所配祭南郊者，〔一六〕謂靈威仰也。類、宜、造，皆祭名也。按曾子問「諸侯適天子，告祖禰」。此不言祖者，白虎通云：「七廟皆告之，獨言禰者，辭時先從禰，〔一七〕後至祖以上，遂行，不敢留尊者之命故也。」職方氏先戒四方諸侯曰：「各修平乃守，考乃職事，無敢不敬戒，國有大刑。」乃猶汝也。守謂國境之內。職事，所當供具。及王之所行，先道，帥其屬而巡戒令。先道，先由王所從道，居前，行其前日所戒之令。大馭掌犯軷之禮。謂祖道也。土訓氏夾王車而行，以待王問九州形勢，所謂以道地圖。山川所宜。所謂以詔地事。誦訓氏亦夾王車，以所識久遠之事以告王；〔一八〕誦訓所謂掌道方志以詔觀事。若魯有大庭氏之庫，殽之二陵也。又掌道方慝，方慝，四方言語所惡。以詔辟忌，以知地俗。辟音避。乘金輅，建大旂，巾車云：「金輅，鉤，樊纓九就，建大旂以賓。」歲二月，東巡狩，至於岱宗，柴而望祀山川，燔柴告感生之天帝。覲諸侯。覲，見也。其方之諸侯，先於境首待之。祭義云：「天子巡狩，諸侯待於境。」所過山川，則使祝宗先以三等璋瓚，皆以黃金爲鼻流，酌鬱鬯以禮神。次乃校人殺黃駒以祭之。玉人云：「大璋中璋九寸，邊璋七寸，射四寸，厚寸。黃金勺，青金外，朱中，鼻寸，衡四寸，有繅。天子以巡狩，宗祝以前馬。」鄭玄云：「鼻，勺流也。衡，謂勺徑也。於大山川則用大璋，加文飾也。於中山川用中璋，殺文飾也。於小山川用邊璋，半文飾也。」又校人云：「凡將事於四海山川，則殺黃駒。」鄭玄曰：「謂王巡狩過大山川也。」每宿舍，掌舍設梐枑再重，謂行馬。再重者，以周衞有外內列。枑音互。其外，則土方氏又設藩籬。土方氏云：「王巡狩則樹王舍。」鄭玄云：「爲之藩籬。」既至方岳，先問百年，就見之。若未滿百年，八十九十者，路經其門則見之，不然則不。祭義所謂「東行西行弗敢過」。天子乃令太師採人歌謠之詩，〔一九〕以樂播而陳之，以觀人風俗，以審其善惡。所謂命太師陳詩以觀人風也。命典市之官，陳百物之貴賤，以觀人之所好惡。所謂「命市納賈以觀人之所好惡，志淫好僻」。故鄭云「淫則侈物貴，人之志淫邪，則所好者不正也」。又命典禮之官，考校四時節氣，月之晦朔，甲乙等日，及候氣之律呂，所用禮樂、宮室、車旗等制度，君臣上下之衣服，皆以王者所頒制度考校之。所謂「命典禮考時月定日，同律禮樂，制度衣服，正之」。注云：「同，陰律也」。諸侯封內有名山大川，不舉而祭之者，爲不敬；不敬者，君削其地。有祭宗廟不順昭穆者，爲不孝；不孝者，君絀以爵。不順，謂若逆昭穆者。〔二〇〕以宗廟可以表官爵，故絀之。變禮易樂者，爲不從；不從者，君流。流，放也。革制度衣服者，〔二一〕爲畔；畔者，君討。有功德於人者，加地進律。律，法度也。其諸侯待王之牢禮以一犢。掌客云：「王巡狩殷國，則國君膳以牲犢。」又郊特牲云：「天子適諸侯，諸侯膳用犢，貴誠之義也。天子牲孕弗食也。」

既黜陟諸侯，乃與之相見於方岳之下，築壇，與覲禮壇制同。鄭玄注司儀職引覲禮制，「王巡狩殷國而同，則其爲宮亦如此歟」是也。〔二二〕其壇外爲土埒，方三百步，開四門。壇方九十六尺，高四尺，上爲堂，下爲三等，謂之三成，成每等高一尺。其堂上置司盟之神位，謂之方明。覲禮云：「諸侯覲於天子，爲宮方三百步，開四門。壇十有二尋，〔二三〕深四尺，加方明於其上。」〔二四〕鄭玄云：「宮謂壝土爲埒，以象牆壁。〔二五〕八尺曰尋，十二尋則方九十六尺也。深謂高也，從上向下曰深。方明者，上下四方神明之象也。會同而盟，明神監之。〔二六〕天之司盟有象者，猶宗廟之有主乎。」其方明狀，具朝覲篇。司儀職云：「其壇三成，宮旁一門。」鄭玄云：「成猶重也。三重者，下差之爲三等，每面丈二尺也。」見諸侯之時，據鄭注司儀及覲禮，諸侯之上介，各以其君之旂，置於宮內，以表立位之處。乃詔王升壇，訖，諸侯皆就其旂而立其位。

鄭按明堂位，諸公中階之前，北面東上；諸侯阼階之東，西面北上；諸伯西階之西，東面北上；諸子門東，北面東上，〔二七〕諸男門西，北面東上。王乃於壇上揖之，以定其位。其揖之節有三儀：與王無親者，推手小下之；司儀所謂土揖庶姓。與王婚姻之親者，平推手揖之；所謂時揖異姓。與王同姓者，推手小舉之。所謂天揖同姓。王既揖定其位，諸侯乃進，升壇奠玉。又按司儀職及鄭注云：公於上等奠桓珪玉，陳擯者五人禮之。侯、伯於中等奠信珪、躬珪玉，陳擯者四人禮之。子、男於下等奠穀璧、蒲璧玉，陳擯者三人禮之。諸侯各奠玉訖，降拜，又升，成拜。訖，擯者乃延諸侯升堂，授王玉。訖，乃以璧琮行享禮，謂之將幣。玉人云「璧琮九寸，諸侯以享天子」是也。諸侯既朝見王訖，乃退而自相與盟，王宮之伯臨之，其神主於月，必因以祭之。覲禮云：「祭天燔柴，祭山丘陵升，祭川沈，祭地瘞。」鄭注云：「升沈必就祭者也。就祭則是謂王巡狩，諸侯之盟祭也。」

其餘：五月，南巡狩，至於南嶽，如東巡狩之禮；八月，西巡狩，至於西嶽，如南巡狩之禮；十有一月，北巡狩，至於北嶽，如西巡狩之禮。巡狩之月皆用正歲之仲月者，以王者考禮正刑，當得其中，春秋分，晝夜均，冬夏至，陰陽終，欲取終平之義，故唐虞以還，皆用仲月也。巡狩訖，却歸，每廟用一牛以告至，謂之「歸格於祖禰用特」。特，一牛。

秦始皇三年，東巡郡縣，祠鄒嶧山，頌功業。其年復遊海上。二年，遊碣石，從上郡歸。五年，始南至湘山，遂登會稽，並海，到沙丘崩。〔二八〕此求神仙奇藥之術，無復觀人風問百年也。並音步浪反。下同。二世元年，東巡碣石，並海，南歷泰山，至會稽，皆禮祠之，而刻勒始皇所立石書旁，以彰始皇之功德。

漢武帝元狩四年，〔二九〕始巡郡縣，寖尋於泰山。寖，漸。尋，就也。寖音浸。元封初，復至海上，又北至碣石，巡自遼西，歷北邊，至九原。五月，乃至甘泉。〔三〇〕周萬八千里。武帝亦如秦始皇之事。

後漢光武建武三十年三月，幸魯，漢祀令曰：「天子行有所之，出河，沈用白馬珪璧各一，衣以繒緹五尺，〔三一〕祠用脯二束，酒六升，鹽一升。涉渭、灞、涇、洛他名水如此者，沈珪璧各一。律，在所給祠具；及行，沈祠他川水，先驅投石，少府給珪璧。不滿百里者不沈。」過泰山，祭山及梁父。章帝元和二年二月，東巡狩，使使者奉一太牢祠帝堯於濟陰成陽靈臺。〔三二〕至泰山，辛未，柴祭天地羣神如故事。壬申，宗祀五帝於孝武所作汶上明堂，光武配。卒事，遂覲東后，饗賜王侯羣臣。因行郡國，幸魯，祠東海恭王及孔子、七十二弟子。四月，還京師。庚申，告至，祠高祖廟、〔三三〕光武廟，各一特牛。安帝延光三年，東巡狩，至泰山，柴祭及祠汶上明堂，如元和中故事。

魏明帝凡三東巡狩，所過存問高年，恤疾苦，或賜穀帛，有古巡幸之風焉。齊王正始中，巡洛陽縣，賜高年、力田，各有等差。

晉初新禮，巡狩方岳，柴望告、設壝宮如禮。諸侯之覲者，賓及執贄皆如朝儀，〔三四〕而不建旗。摯虞以：〔三五〕「覲禮，諸侯各建其旗章，所以殊爵命，示等威。詩稱『君子至止，言觀其旂』。宜定新禮，建旗如舊禮。」詔可其議，然終晉代，其禮不行。武帝泰始四年，詔使使持節、侍中、黄門侍郎，銜命四出，周行天下。其萬人之利害爲一書，禮俗政事教理刑禁逆順爲一書，〔三六〕悖逆暴亂作慝犯令爲一書，喪荒凶厄貧苦爲一書，康樂和親安平爲一書，每國辨異之，以反命於王。

宋文帝元嘉四年二月，東巡狩，至於丹徒，告覲園陵。三月，饗會父老舊勳於行宮，加賜衣裳幣帛，蠲租原刑。戰亡之家、單孤，並隨宜隱卹。二十六年二月，東巡，幸至京城，并謁二陵，會舊京故老萬餘人，饗勞賚發，赦蠲徭役。〔三七〕

後魏文成帝和平元年正月，東巡狩，歷橋山，祀黄帝；幸遼西，〔三八〕遥祀醫無閭山。遂緣海，幸冀州，北至中山，過常嶽，〔三九〕禮其神而返。明年，南巡，過石門，遣使者用玉璧牲牢，禮常嶽。

隋煬帝自文帝山陵纔畢，即事巡遊，乃慕秦皇、漢武之事，〔四〇〕西征東幸，無時暫息，六宮與文武吏士，常十餘萬人，然非省方展義之行也。

大唐皇帝將巡狩，所司承制先頒告於東方諸州曰：「皇帝二月東巡狩，各修平乃守，考乃職事。」駕將發，告圓丘、宗廟、社稷，皆如開元禮。高宗調露元年九月，幸并州，令度支郎中狄仁傑爲知頓使。〔四一〕并州長史李知玄以道出妬女祠，〔四二〕俗云盛衣服過者，必致風雷之變，遂發數萬人，別開御道。仁傑曰：「天子之行，千乘萬騎，風伯清塵，雨師洒道，何妬女之害！」遽令罷之。上聞之嘆曰：「真大丈夫也。」

評曰：梁崔靈恩三禮義宗云：〔四三〕「唐虞五載巡狩一嶽，二十年方遍四嶽，周則四十八年矣。若一出四嶽皆遍，且闕四時祭享。唐虞衡山爲南嶽，周氏霍山爲南嶽。其制，吉行五十里，若以二月到東嶽，五月到南嶽，八月到西嶽，十一月到北嶽，路程遼遠，固必不及。以此知每至一嶽即歸，〔四四〕斯義爲長也。按尚書周官篇云：「六年五服一朝，又六年王乃時巡，考制度，〔四五〕諸侯各朝於方嶽，大明黜陟。」孔安國注云：「周制十二年一巡狩，春東，夏南，秋西，冬北，故曰時巡。考制度，正禮法如虞帝然。其四方諸侯，各覲於方岳之下，大明考績，黜陟幽明。」又按堯舜簡儉，常稱茆茨土階，巡狩四方，羽儀導從必少。一年四嶽，五載復往，宗廟享祭，暫委有司。展義省方，觀風察俗之大政，如或二十年方遍，乃於民物，〔四六〕不亦乖疏？詳周官本文與孔氏注解，既改制十有二載，比唐虞已甚遐闊，如四十八年乃遍，豈非益爲曠邈乎！且周雖尚文，天子諸侯，降殺以兩，穆王巡歷天下，萬姓不甚告勞。〔四七〕始皇遊幸四方，屬車八十一乘，二漢以降，至於有隋，〔四八〕或東封告成，或觀省風俗，百辟悉至，羣司畢從，不下十餘萬人，何止千乘萬騎！所以曠代多闕斯禮。崔生謂堯舜及周帝王行幸車徒禮數，與秦漢以後無異。斯不達古今豐約之別，復不詳周官之文，輒肆臆度之說耳！

封禪 無懷 伏羲 神農 黃帝 顓頊 帝嚳 帝堯 舜 禹 湯 周 秦 漢 後漢 魏 晉 宋 後魏 北齊 隋 大唐

古者帝王之興，每易姓而起，以致太平，必封乎泰山，所以告成功也。禮云「因名山升中于天」。封禪必於泰山者，萬物交代之處，封增其高，順其類也。升，上也。中，成也。刻石紀號，著己功績。封訖，而禪梁甫，亦以告太平也。封禪者，高厚之道也。封土於山，而禪祭於地。天以高爲尊，地以厚爲德。增泰山之高以報天，厚梁甫之階以報地。明天之所命，功成事就，有益於天地，若天地之更高厚然。〔四九〕梁甫者，泰山之支山卑下者也。能以其道配成高德，〔五〇〕故禪梁甫亦以告太平也。

無懷氏封泰山禪云云。管仲對齊桓公曰：「古者封泰山禪梁父者七十二家，而夷吾所記者十有二焉。」而昔有無懷氏，古之王者，在伏羲前。韓詩外傳曰：「孔子升泰山，觀易姓而王可得而數者七十餘氏，不可得而數者萬數。」袁准正論曰：「唯周官有王大封之文。按成王封禪，而文武皆不在七十二君，而無一言見於經傳，學者疑焉。」服虔曰：「云云在梁甫東，山名也。」晉灼曰：「云云在蒙陰縣故城東北，下有云云亭。」〔五一〕

伏羲、神農並因之。

黃帝禪亭亭。服虔曰：「亭亭山在牟陰。」〔五二〕晉灼曰：「漢地理志，〔五三〕鉅平有亭亭山。」

顓頊、帝嚳、帝堯、舜復禪云云。

禹禪會稽。會稽在越地。〔五四〕

湯依禪云云，〔五五〕其所封皆於泰山也。

周成王封泰山，禪社首。應劭曰：「社首，山名，在博縣。」晉灼曰：「在鉅平南十三里。」〔五六〕其儀不存。

襄王時，齊桓公既霸，會諸侯於葵丘，而欲封禪，謂管仲曰：「寡人兵車之會三，而乘車之會六，九合諸侯，一匡天下，諸侯莫違我。昔三代受命，〔五七〕亦何以異乎？」於是管仲覩桓公不可窮以辭，因設之以事曰：「古之封禪，必鄗上之黍，北里之禾，所以爲盛；江淮之間，一茅三脊，所以爲藉也。東海致比目之魚，西海致比翼之鳥，然後物有不召而自至者十有五焉。今鳳凰麒麟不至，嘉禾不生，而欲封禪，無乃不可乎！」於是桓公乃止。

秦始皇平天下，三年，東巡郡縣，祠騶嶧山，〔五八〕頌秦功業。於是徵齊魯儒生七十人，至於泰山下。諸儒或議曰：「古者封禪爲蒲車，惡傷山之土石草木；掃地而祭，席用葅稭，音戛，稭，禾稾也。去其皮以爲席。葅音租。〔五九〕言其易遵也。」始皇聞此議各乖異，難施用，由此黜儒生。而遂除車道，上自泰山陽，至巔，立石頌德。文曰：「事天以禮，立身以義，事父以孝，成人以仁。四守之內，莫不郡縣，四屬八蠻，咸來貢職。人庶蕃息，天祿永得，刻石改號。」文出晉太康郡國志。有金册石函金泥玉檢之事焉。從陰道下，禪梁甫。其禮頗采泰祝之祀雍上帝所用，〔六〇〕而封藏皆祕之，〔六一〕固不得而記焉。封禪之後十二歲，秦亡。諸生疾秦焚詩書，戮文學，皆僞曰「始皇上泰山，爲風雨所擊，〔六二〕不得封禪」。

漢武帝立二十八年，元鼎中，汾陰得寶鼎，遂議封禪，而羣儒不能知其儀，又牽拘於詩書古文，於是帝盡罷諸儒。三月，東上泰山，命人上石立之泰山巔。石高二丈一尺，方博皆三尺。壇及墠皆廣長十二丈，增高三尺。帝因東至海上。四月，還至奉高。晉太康郡國志曰：「奉高户千五百六户。此爲奉高者以事東岳帝王禪代之處，是以殊之也。故有明堂，在縣西南四里，又有奉高宫。」又至梁父，禮祠地主。乙卯，令侍中、儒者皮弁薦紳，射牛行事。封泰山下東方，如郊祠太一之禮。封廣丈二尺，高九尺。其下則有玉牒書，書祕。禮畢，天子獨與侍中奉車子侯霍去病子也。上泰山，亦有封。其事皆禁。明日，下陰道。丙辰，禪泰山下趾東北肅然山，晉太康郡國志曰：「漢武封泰山，禪梁父，參諸家所説，宜肅然爲定也。」如祭后土禮。天子皆親拜見，〔六三〕衣尚黄而盡用樂焉。江淮間一茅三脊爲神藉。五色土益雜封。縱遠方奇獸飛禽及白雉諸物，頗以加禮。兕牛犀象之屬不用。皆至泰山祭后土。封禪祠，其夜若有光，晝有白雲起封中。天子從禪還，坐明堂，羣臣更上壽。改元爲元封。時作明堂於汶上。太史公曰「其封禪之禮，則有司存」，而漢史不得其制。

後漢光武建武三十年，羣臣上言，宜封禪泰山。詔書曰：「即位三十年，百姓怨氣滿腹，吾誰欺，欺天乎？」三月，帝幸魯，過祭泰山及梁父。

三十二年，詔梁松按索河雒讖文，言九世封禪事者。松等列奏，乃許焉。東觀書曰：「羣臣奏言：登封告成，爲民報德，百王所同。陛下輒拒絶不許，臣下不敢頌功述德業。」求元封時故事，議封禪所施用。有司奏：「當用方石再累置壇中，皆方五尺，厚一尺，用玉牒書藏方石。牒厚五寸，長尺三寸，廣五寸，〔六四〕有玉檢。又用石檢十枚，列於石旁，東西各三，南北各二，皆長三尺，廣一尺，厚七寸。檢中刻三處，深四寸，方五寸，有蓋。檢用金縷五周，以水銀和金以爲泥。玉璽一，其一方一寸二分，其一方五寸。〔六五〕方石四角又有距石，皆再累。枚長一丈，厚一尺，廣二尺，皆在圓壇上。其下用距石十八枚，皆高三尺，厚一尺，廣二尺，如小碑，環壇立之，去壇三步。距石下皆有石跗，入地四尺。又用石碑，高九尺，廣三尺五寸，厚尺二寸，立壇丙地，去壇三丈以上，以刻書。」帝以用石功難，又欲及二月封禪，故詔梁松欲因故封石空檢，更加封而已。欲及二月者，虞書「歲二月，東巡狩，至於岱宗，柴」。祭山曰燔柴，積柴加牲於其上而燔之也。〔六六〕松上疏爭之，以爲：「登封之禮，告功皇天，垂後無窮，以爲萬民也。承天之敬，尤宜章明。奉圖書之瑞，尤宜顯著。今因舊封，竄寄玉牒故石下，恐非重命之義。受命中興，宜當特異，以明天意。」遂使泰山郡及魯趣音促石工，宜取完青石，無必五色。令印工刻玉牒書，書祕。刻方石中，命容玉牒。〔六七〕

二月，帝至奉高，應劭漢官馬第伯封禪儀記曰：〔六八〕「車駕正月二十八日發雒陽宮，二月九日到魯，十二日宿奉高。遣虎賁郎將先上山，三按行。還，益治道徒千人。〔六九〕十五日，始齋。諸扈從王公以下及東方諸侯盡齋。馬第伯自云，某等七十人先之山虞，觀祭山壇治石。石二枚，狀博平，圜九尺，此壇上石也。其一石，武帝時石也。時用五車不能上，因置山下，爲屋，號五車石。四維距石長丈二尺，廣二尺，厚尺半所，四枚。檢石長三尺，廣六寸，狀如封篋。長檢十枚。一紀號石，高丈二尺，廣三尺，厚尺二寸，名曰立石。一枚，刻文字，紀功德。是朝上山騎行，往往道峻峭，下騎，步牽馬，乍步乍騎，且相半，至中觀，留馬。去平地二十里，南向極眺無不覩。仰望天關，如從谷底仰觀抗峰。其爲高也，如視浮雲。其峻也，石壁窅窱，如無道逕，殊不可上。四布僵卧石上，有頃復蘇。亦賴賫酒脯，處處有泉水，目輒爲之明。復勉强相將行，到天關，自以已至，尚十餘里。其道傍山脇，大者廣八九尺，狹者五六尺。仰窺岩石松樹，鬱鬱蒼蒼，若在雲中。俛視谿谷，碌碌不可見丈尺。遂至天門之下。仰視天門，窔遼如從穴中視天。〔七〇〕直上七里，賴其羊腸逶迤，名曰環道，往往有絙索，可得而登也。兩從者扶掖，前人相牽，後人見前人履底，前人見後人頂，如畫重累人耳。早食上，晡後到天門。〔七一〕使者得銅物，形狀如鐘，又方柄有孔，疑封禪具也。汝南人陽通得之。〔七二〕東北百餘步，得封所，始皇立石及闕在南方，漢武在其北。二十餘步得北垂圓臺，高九尺，方圓三丈所，有兩陛。從東陛上，臺上有壇，方一丈二尺所，上有方石，四維有距石，四面有闕。鄉壇再拜謁，人多置錢物壇上，亦不掃除。國家上見之，則詔書所謂酢梨酸棗狼藉，散錢處數百，幣帛具，道是武帝封禪至泰山下，未及上，百官爲先上跪拜，置梨棗錢於道以求福，即此也。」遣侍御史與蘭臺令史，將工先上山刻石。文曰：「維建武三十有二年二月，皇帝東巡狩，至於岱宗，柴，望秩於山川，班於羣神，遂覲東后。從臣太尉憙、行司徒事特進高密侯禹等。漢賓二王之後在位。孔子之後褒成侯，序在東后，蕃王十二，咸來助祭。河圖赤伏符曰：『劉秀發兵捕不道，四夷雲集龍鬬野，四七之際火爲主。』河圖會昌符曰：『赤帝九世，巡省得中，治平則封，誠合帝道孔矩，則天文靈出，地祇瑞興。帝劉之九，會命岱宗，誠善用之，姦僞不萌。赤漢德興，九世會昌，巡岱皆當。天地扶九，崇經之常。漢大興之，道在九世之王。封於泰山，刻石著紀，禪於梁父，退省考五。』河圖合古篇曰：『帝劉之秀，九名之世，帝行德，封刻政。』河圖提劉予曰：〔七三〕『九世之帝，方明聖，持衡矩，九州平，天下予。』〔七四〕雒書甄曜度曰：『赤三德，昌九世，會修符，合帝際，勉刻封。』孝經鉤命決曰：『予誰行，赤劉用帝，三建孝，九會修，專茲竭行封岱青。』河雒命后，經讖所傳。昔在帝堯，聰明密微，讓與舜庶，後裔握機。王莽以舅后之家，三司鼎足冢宰之權勢，依託周公、霍光輔幼歸政之義，遂以篡叛，僭號自立。宗廟隳壞，社稷喪亡，不得血食，十有八年。楊、徐、青三州首亂，兵革横行，延及荆州，豪傑并兼，〔七五〕百里屯聚，往往僭號。北夷作寇，千里無烟，無雞鳴狗吠之聲。皇天睠顧皇帝，以匹庶受命中興，年二十八載興兵，以次誅討，十有餘年，罪人斯得。〔七六〕黎庶得居爾田，安爾宅。書同文，車同軌，人同倫。舟輿所通，人迹所至，靡不貢職。建明堂，立辟雍，起靈臺，設庠序。同律度量衡，修五禮五玉三帛二牲一死贄。吏各修職，復於舊典。在位三十有二年，年六十有二。乾乾日昃，不敢荒寧，涉危歷險，親巡黎元，恭肅神祇，惠恤耆老，理庶遵古，聰允明恕。皇帝惟慎河圖、雒書正文，是月辛卯，柴，登封泰山。甲午，禪於梁陰。以承靈瑞，以爲兆民，永茲一宇，垂於後昆。百寮從臣，〔七七〕郡守師尹，咸蒙祉祐，〔七八〕永永無極。」二十二日辛卯晨，燎祭天於泰山下南方，羣神皆從祀，用樂如南郊。諸王、王者後二公、孔子後褒成君，皆助祭位事也。事畢，將升封。或曰：「泰山雖已從食於柴祭，今親升告功，宜有禮祭。」於是使謁者以一特牲於常祠泰山處，告祠泰山，〔七九〕如親耕、貙劉、先祠、先農、先虞故事。至食時，帝御輦升山，日中後到山上，更衣，〔八〇〕早晡時即位於壇，北面。羣臣以次陳後，西上，畢位升壇。尚書令奉玉牒檢，皇帝以寸二分璽親封之，訖，太常命人發壇上石，尚書令藏玉牒已，復石，覆訖，尚書令以五寸印封石檢。封禪儀曰：「以金爲繩，以石爲檢。〔八一〕東方西方各三檢。檢中石泥及壇土，各如其方色。」事畢，皇帝再拜，羣臣稱萬歲。命人立所刻石碑，乃復道下。二十五日甲午，禪，祭地於梁甫陰，以高后配，山川羣神從祀，如元始中北郊故事。服虔曰：

「禪，廣土地。」〔八二〕項威曰：「除地曰墠。後改墠曰禪，神之也。」四月己卯，大赦天下，以建武三十二年爲建武中元元年，以吉日刻玉牒書函藏金匱，璽印封之。乙酉，使太尉行事，以特牲告至高廟。太尉奉匱以告高廟，藏於廟室西壁石室高主室之下。司馬彪論曰：「自上皇以來，封泰山者，至周七十二代。易姓則改封者，著一代之始，明不相襲也。繼世之王巡狩，〔八三〕則有修封以祭而已。自秦始皇、孝武帝封泰山，本因好神仙信方士之言，及造石檢印封之事也。〔八四〕天道質誠，約而不費，故牲用犢，器用陶匏，殆將無事與檢封之間，而樂難攻之石也。且唯封爲改代，夏少康、周宣王，由廢復興，不聞改封。光武欲因孝武故封，而梁松固争，以爲必改，乃當天意。既封之后，〔八五〕未有能福，而松卒被誅死，雖罪由身作，蓋亦誣神之咎也。〔八六〕且帝王所以能大著於後者，〔八七〕實在其德加於人，不聞其在封矣。」崔靈恩曰：「自周以前，封者皆封土爲壇，至秦皇、漢武，始用石檢。」袁宏曰：「夫揖讓受終，〔八八〕必有至德於天下；征伐革命，則有大功於萬物。是故王者初基，則有封禪之事，蓋以其成功告於神明者也。夫東方者，〔八九〕萬物之所始；山岳者，靈氣之所宅。故求之物本，必於其始；取其所通，必於所宅。崇其壇場，則謂之封；明其代興，則謂之禪。然則封禪者，王者開務之大禮也。德不周洽，不得輒議斯事；功不弘濟，不得髣髴斯禮。曠代一有，其道至高。故自黃帝、〔九〇〕堯、舜，至於三代，各一得封禪，未有中修其禮者也。雖繼體之君，時有功德，此蓋率復舊業，增修其前政，不得仰齊造國同符改物者也。〔九一〕夫神道貞一，其用不煩；天地易簡，其禮尚質。故藉用白茅，貴其誠素；器用陶匏，取其易從。然封禪之禮，〔九二〕簡易可也。若夫石函玉牒，非天地之性也。」

魏明帝時，中護軍蔣濟請封禪，帝雖拒濟議，而實使高堂隆草封禪儀，以天下未一，不欲便行大禮。會高堂隆卒，不行。

晉武帝平吳，太康元年，〔九三〕衛瓘議封禪，帝曰：「此盛德之事，所未議也。」瓘等又奏，至於再三，詔報絶之。

宋文帝在位長久，有意封禪，詔學士山謙之草其儀注。屬後魏師南逼，其意乃息。孝武大明元年十一月戊申，〔九四〕太宰江夏王義恭表三請，帝以文軌未一，不從。

北齊有巡狩之禮，並登封之儀，竟不行。

隋開皇十四年，羣臣請封禪，文帝命牛弘等創定其禮，帝曰：「此事體大，朕何德以堪之！但當東狩，因拜岱山。」

大唐貞觀十一年，左僕射房玄齡等議：「按封禪者，本以功成告於上帝，天道崇質，義取醇素，故藉用藁秸，罇以瓦甒。又按梁甫是謂梁陰，近代設禮壇於山上，乃乖處陰之義。今定壇位於山北。」又議昊天上帝壇：「將封先祭，義在告神，因當爲壇下趾，先陳齋絜。〔九五〕贊饗已畢，然後登封，既表重慎之深，兼示行事有漸。今請祭於泰山下，設壇以祀上帝，太祖景皇帝配享。壇方十二丈，高丈二尺。」又議制玉牒：「長尺三寸，廣厚各五寸，玉檢厚二寸，長短闊狹一如玉牒。其印齒請隨璽大小，〔九六〕仍纏以金繩五周。」又議玉册：「四枚，各長尺三寸，廣寸五分。每册五簡，俱以金編。其一奠上帝，一奠太祖座，一奠皇地祇，一奠高祖座。」又議金匱：「長短令容玉册，高廣各六寸。形制如今之表函。纏以金繩，封以金泥，印以受命璽。」又議方石：「三枚，以爲再累。〔九七〕其十枚石檢，刻方石四邊而立之。纏以金繩，封以石泥，印以受命璽。」又議泰山上圓壇：「廣五丈，高九尺，用五色土加之。四面各設一陛。御位在壇南，升自南陛，〔九八〕而就上封玉牒。」又議圓壇上土封曰：「凡言封者，皆是積土之名。今請於圓壇上，安方石，璽緘既畢，加土築以爲封。高丈二尺，而廣二丈，以五色土益封，玉牒書藏其內。祀禪之所，土封制亦同此。」又議玉璽曰：「詳前載方石緘封，〔九九〕玉檢金泥，必資印璽，以爲祕固。今請依令用受命璽以封石檢。〔一〇〇〕其玉檢既與石檢大小不同，請更造璽一枚，方寸二分，文同受命，以封玉牒。石檢形制，依後漢建武故事。」又議立碑曰：「勒石紀號，垂裕後昆，美盛德之形容，闡后王之休烈，其義大矣。請刻頌立碑，明揚功業。」又議設告至壇曰：「既至山下，禮行告至，〔一〇一〕柴於東方上帝，望秩遍禮羣神。〔一〇二〕今請其壇方八十一尺，高三尺，陛仍四出。其禪方壇及自餘儀式，〔一〇三〕請如今禮。仍請柴祭望秩，〔一〇四〕同時行事。」又議廢石闕及大小距石。詔從此議，餘皆罷之，遂附制於今禮。太常舊儀，封禪降神樂歌，並用郊丘之辭。〔一〇五〕韋安仁駁之曰：「夫祭天作樂，本謂神聽高遠，聲臭難接，所以歌詠文辭，依倚絃管，滌蕩宣暢，冀其來格。今瘞玉燔柴於岱宗之下，播聲昭告，請降圜丘之上，夫神聽聰明，不可濫假，如依樂聲，應臨國內，而泰山之下神，其可得祀乎？〔一〇六〕又毛詩周頌，郊祀歌昊天，封禪歌時邁，二篇各別，足是證明。謂宜採周頌，創新詞，〔一〇七〕告精誠於上天，請皇靈於東岳，〔一〇八〕於事合古。」其后竟從安仁之議。

麟德二年，有司進儀注：「於太嶽南四里爲圓壇，三成，十二陛，如圜丘之制。壇上飾以青，四面各依方色，并造燎壇及壝三重。又造玉册三枚，皆以金繩編玉牒爲之。〔一〇九〕每牒長尺二寸，廣寸二分，厚三分，刻玉填金爲字。又爲玉匱一，以藏正座玉册；〔一一〇〕爲金匱二，以藏配座玉册：各長尺三寸。并玉檢方五寸，當繩纏處刻爲五道，當封璽處刻深二分，方寸二分。又爲黄金繩以纏金玉匱，〔一一一〕各五周，爲金泥以泥之。〔一一二〕爲玉璽一枚，方寸二分，文同受命璽，以封金玉匱。又爲石磩，以藏玉匱。用方石再累，各方五尺，厚一尺。刻方石中令容玉匱。磩旁施檢處，皆刻深三寸三分，闊一尺。當繩處皆刻深三分，闊寸五分。爲石檢十枚，以檢石磩，皆長三尺，闊一尺，厚七寸。皆刻爲印齒三道，深四寸。當封璽處方五寸，當通繩處闊寸五分。皆有小石蓋，制與檢刻處相應，以檢擫於協反封泥。其檢立於磩旁，南方北方各三，東方西方各二，去磩隅皆七寸。爲金繩三以纏石磩，〔一一三〕各五周，徑三分。爲石泥以泥石磩，其泥，末石和方色土爲之。爲距石十二枚，分距磩隅，皆再累，各闊二尺，厚一尺，長一丈，斜刻其首，令與磩隅相應。以五色土封之。〔一一四〕泰山之上，設登封之壇，上徑五丈二尺，〔一一五〕高九尺，四出陛。壇上飾以青，四面依方色。一壝，隨地之宜。又爲降禪壇於社首山上，方壇八隅，一成八陛，如方丘之制。壇上飾以黄，四面依方色。三壝，隨地之宜。其玉册、玉匱、石磩、石檢、距石等，亦同封祀之制。又封祀以高祖、太宗同配，〔一一六〕禪社首以太穆、文德皇后同配，皆以公卿充亞獻、終獻之禮。」制曰：「古今典制，文質不同，至於制度，皆隨代沿革，唯祀天地，獨不改張，斯乃自處於厚，奉天以薄。又今封禪，即用玉牒金繩，器物之間，復有瓦罇秸席，一時行禮，文質頓乖，駁而不倫，深爲未愜。其封祀、降禪所設上帝、后土位，先設藁秸、瓦甒、瓢杯等物，並宜改用茵褥罍爵。其諸郊祀，亦宜准此。」於是昊天上帝之座褥以蒼，皇地祇褥以黃，〔一一七〕配帝及后褥以紫，五方上帝及大明、夜明、時帝褥皆以方色，〔一一八〕內官以下席皆以莞。封禪使許敬宗與禮官等又奏曰：〔一一九〕「謹按司馬彪續漢書曰，〔一二〇〕建武三十二年封泰山，求元封故事所施用者。有司奏用玉牒書藏方石中，厚五寸，長尺三寸，廣五寸。有玉檢，厚二寸，長短闊狹，一如玉牒。又按說文云：『簡，牒也。』則知牒是簡之別名，且牒是片竹，故其字從片。封禪牒雖用玉，其制宜與竹同。廣厚五寸，何名簡牒？又按孝經鉤命決云：『六經冊長尺四寸，孝經冊長尺二寸。』遍檢古之簡牒，無尺三寸之制。臣等參詳典故，務取折衷，其玉牒請同玉簡冊，長尺二寸，廣寸二分，厚三分，以金繩連編，同簡之數，〔一二一〕隨文多少，盛之玉匱，封牒石內，則合古文，於事爲允。」詔從之。三年春正月戊辰朔，有事於泰山，親祀昊天上帝於封祀之壇。己巳，登於泰山，行封禪之禮。庚午，降禪於社首山。壬申，大赦天下，改元乾封。初議射牛事，太常博士裴守貞奏曰：「據周禮及國語，郊祀天地，天子自射其牲。漢武封泰山，令侍中儒者射牛行事。至於餘祀，亦無射牲之文。但親春射牲，雖是古禮，久從廢省。〔一二二〕據封禪禮：祀日，〔一二三〕未明十五刻，宰以鸞刀割牲。比鑾駕至時，牢牲總畢，陛下唯奠玉酌獻而已。今若祀前一日射牲，事即傷早。祀日方始射牲，事又傷晚。若依漢武故事，即非親射之儀，〔一二四〕事不可行。」

武太后天册萬歲二年臘月甲申，登封於嵩岳，大赦天下，改元爲萬歲登封。丁亥，禪於少室山。

開元十二年，制：「以十三年有事泰山。所司與公卿諸儒詳擇典禮，先爲備具。」中書令張說、右散騎常侍徐堅等與禮官撰東封儀注。張說謂徐堅等曰：「乾封舊儀，禪社首，享皇地祇，以先后配享。王者父天而母地，皇地祇雖當今皇母位，亦當往帝之母也，子配母饗，亦有何嫌？而以皇后配地祇，非古之制也。天鑒孔明，福善如響。乾封之禮，文德皇后配皇地祇，天后爲亞獻，越國太妃爲終獻。以宮闈接神，有乖舊典。上玄不祐，遂有授命易姓之事，宗社中圮，公族誅滅，皆由此也。景龍之季，有事圜丘，韋庶人爲亞獻，皆以婦人升壇執籩豆，褻黷穹蒼，享禮不潔。未及踰年，國有大難，亞獻、終獻皆受其咎，平座齋郎及女人執祭者，〔一二五〕多亦夭卒。今主上尊天敬神，事資革正。〔一二六〕斯禮請以睿宗大聖真皇帝配皇地祇，〔一二七〕侑神作主。」從之。〔一二八〕「又按顯慶年許敬宗因修禮奏改燔柴在祭前，狀稱『祭祀之禮，〔一二九〕必先降神。周人向臭，祭天則燔柴』者。臣等謹按，禮，迎神之儀，樂六變而天神降，八變而地祇出，九變則鬼神可得而禮矣。則降神以樂，周禮正文，非謂燔柴以降神也。又按晉郭璞南郊賦及注爾雅，亦祭後方燔。又按宋志所論，亦祭後燔柴。又檢南齊、北齊又梁郊祀，亦先飲福酒訖燔燎。請依貞觀舊禮，先祭後燎」。

考功員外郎趙冬曦、〔一三〇〕太學博士侯行果又曰：「先焚者本以降神，行之已久。若設祭後燔，則神無由降矣。」張說又執奏曰：「凡祭者，本以心爲主，心至則通於天地，達於神祇。既有先燔、後燔，自可斷於聖意，聖意所至，則通於神。燔之先後，臣等不敢裁定。」〔一三一〕上令依後燔及先奠牲璧之議。是後太常卿寧王憲奏請郊壇時祭，〔一三二〕並依此先奠璧而後燔。從之。

先是紛議未定，國子博士康子元執後燔最堅。張說謂子元曰：「康國子獨出蒙輪，以當一隊耶？」時又有四門助教施敬本駁奏舊封禪禮八條，其略曰：「舊禮，侍中跪取匜盥，〔一三三〕非禮也。夫盥手洗爵，人君將以致潔而尊神，故使小臣爲之。今侍中，大臣也，而沃盥於人君；太祝，小臣也，乃詔祝於天神。是接天神以小臣，〔一三四〕奉人君以大臣，故爲非禮。按周禮大宗伯曰：『鬱人，下士二人，贊祼事。』〔一三五〕則沃盥此其職也。漢承秦制，無鬱人之職，故使近侍爲之。魏晉至今，因而不改。然則漢侍中行之則可矣，今以侍中爲之，則非也。漢侍中，其始也微。高帝時，籍孺爲之；惠帝時，閎孺爲之，留侯子辟彊年十五爲之。後漢婁堅以議郎拜侍中。魏代蘇則爲之，時友人嘲之曰：『仕進不止執武子』，〔一三六〕是言其褻臣也。今侍中，名則古官，人非昔任，掌同燮理，寄重鹽梅，非復漢魏『執獸』之班，異乎周禮鬱人之職。夫祝以傳命，通人主之意以薦達於神明，非賤職也。故兩君相見，則卿爲上儐。況天人之際，其肅恭之禮，以兩君爲喻，不亦大哉！今太祝，下士也，非所以重命而尊神之意也。然則周漢太祝，是禮矣。何者？按周禮大宗伯曰：『太祝，下大夫二人，上士四人，掌六祝之詞。』大宗伯爲上卿，今禮部尚書、太常卿比也；小宗伯中大夫，今侍郎、少卿比也；太祝下大夫，今郎中、太常丞比也；上士四人，今員外郎、太常博士比也。故可以處天人之際，致尊極之詞矣。今太祝下士之卑，〔一三七〕而居下大夫之職。又舊禮，謁者引大尉升壇亞獻，非禮也。謁者已賤，升壇已重，是徵名用之於古，而大體實變之於今也。〔一三八〕古之謁者，秩異乎今。謁者班微，以之從事，可謂疏矣。」又曰：「舊禮，尚書令奉玉牒。今無其官，請以中書令從事。」議奏，上令張説、徐堅召敬本，與之對議詳定。説等奏曰：「敬本議，其中四事，先以改定。有不同者，望臨時量事改攝。」從之。

十三年十一月，封祀於泰山，〔一三九〕去山趾五里，西去社首山三里。丁亥，服衮冕於行宫，致齊於供帳前殿。己丑，大備法駕，至山下，乃御馬而登，侍臣從。帝以靈山清潔，不欲多人上，欲初獻於山上壇行事，亞獻、終獻於山下壇行事。召禮官學士賀知章等入講儀注，因問之，知章等奏曰：「昊天上帝，君位；五方精帝，臣位；帝號雖同，而君臣各異。〔一四〇〕陛下享君位於山上，羣臣祀臣位於山下，誠足以垂範來葉，爲變禮之大者也。〔一四一〕禮成於三，初獻、亞、終，合於一處。」〔一四二〕於是三獻悉於山上行事，其五方帝及諸神座於山下壇行事。

玉牒詞曰：「有唐嗣天子臣某，敢昭告於昊天上帝。天啓李氏，運興土德。高祖、太宗，受命立極。高宗升中，六合殷盛。中宗紹復，繼體不定。上帝眷祐，錫臣忠武。底綏内難，推戴聖父。恭承大寶，十有三年。敬若天意，四海晏然。封祀岱岳，謝成於天。子孫百禄，蒼生受福。」

庚寅，祀昊天上帝於山上封臺之前壇，高祖神堯皇帝配享焉。辛卯，享皇地祇於社首之泰折壇，折音之設反。睿宗大聖真皇帝配。壬辰，上御朝覲之帳殿，〔一四三〕大備陳布。文武百僚、二王後、孔子後、諸方朝集使、岳牧舉賢良，咸在位。

銘曰：「維天生人，立君以理，維君受命，奉天爲子。代去不留，人來無已，德涼者滅，道高斯起。赫赫高祖，明明太宗，爰革隋政，奄有萬邦。罄天張宇，盡地開封，〔一四四〕武稱有截，文表時雍。高宗稽古，德施周溥，茫茫九夷，削平一鼓。禮備封禪，功齊舜禹，巖巖岱宗，〔一四五〕衎我神主。〔一四六〕中宗紹運，舊邦維新，睿宗繼明，天下歸仁。〔一四七〕恭己南面，氤氳化淳，告成之禮，留諸後人。緬余小子，重基五聖，匪功伐高，匪德矜盛。〔一四八〕欽若祀典，丕承永命，至誠動天，福我萬姓。古封泰山，七十二君，〔一四九〕或禪亭亭，或禪云云。其迹不見，其名可聞，祗遹文祖，光昭舊勳。方士虛誕，儒書不足，佚后求仙，誣神檢玉。秦災風雨，漢汙編録，德未合天，或承之辱。道在觀政，名非從欲，銘心絕岩，播告羣岳。」時中書令張說撰封祀壇頌、侍中源乾曜撰社首壇頌、禮部尚書蘇頲撰朝覲壇頌以紀聖德焉。其儀具開元禮。

校勘記

〔一〕狩者牧也爲天下循行守牧民也　禮記王制孔疏引白虎通作「守者收也爲天子循行守土收民」。

〔二〕恐遠近不同化　「化」原訛「他」，據白虎通卷三及諸本改。

〔三〕故親行之　「故」原訛「敬」，據白虎通卷三及禮記王制孔疏引白虎通改。

〔四〕天道小備　「小」原訛「少」，據白虎通卷三及北宋本、傅校本、明抄本、明刻本、王吳本改。

〔五〕特謂太山爲岱宗者　「特」原訛「時」，據北宋本、傅校本改。

〔六〕乃以秩望祭　原訛作「乃望秩遥祭」，從通典考證説，據史記五帝本紀正義二六頁改。

〔七〕言秩者　原脱「者」，據史記五帝本紀正義二六頁補。

〔八〕各會朝於方岳之下　「會朝」原倒，據北宋本、傅校本、明抄本、明刻本乙。

〔九〕堯又可知也　「可」北宋本、傅校本、明刻本作「所」。

〔一〇〕吉凶賓軍嘉禮　原脱「禮」，據北宋本、傅校本、明抄本、明刻本補。

〔一一〕一死贄　史記五帝本紀二四頁「贄」上有「爲」字。

〔一二〕特一牛也　「牛」原訛「牢」，從通典考證説，據尚書舜典孔傳改。

〔一三〕明每一岳即歸也　「每」原作「祭」，據北宋本、傅校本、明刻本、王吳本改。

〔一四〕乃始云歸耳　自「鄭玄注尚書云」至此共五十九字，北宋本、傅校本、明抄本置之于下文注中崔靈恩云「取歲星一周天道之備數」一語之後，非。

〔一五〕歲星是木王之星　「木」北宋本、傅校本、明抄本、明刻本、王吳本作「本」。

〔一六〕帝謂五精之帝所配祭南郊者　「精」禮記王制鄭注作「德」。

〔一七〕辭時先從禰　「時」原訛「特」，據北宋本改。

〔一八〕以所識久遠之事以告王　「所識」原訛「上古」，從通典考證説，據周禮誦訓鄭注改。

〔一九〕天子乃令太師採人歌謠之詩　「師」原訛「保」，據北宋本、傅校本、明抄本、明刻本改。

〔二〇〕不順謂若逆昭穆者　「謂若」原作「爲背」，據禮記王制鄭注改。按：北宋本、傅校本、明刻本「若」字不誤。

〔二一〕革制度衣服者　「服」原訛「冠」，據禮記王制及北宋本、傅校本、明抄本、明刻本改。

〔二二〕則其爲宮亦如此歟是也　原脱「歟是也」三字，據北宋本、傅校本、明抄本、明刻本、王吴本補。

〔二三〕壇十有二尋　「十有」原倒，據北宋本、傅校本、明抄本、明刻本、王吴本乙。

〔二四〕加方明於其上　原脱「其」，「上」原訛「土」，據儀禮覲禮及北宋本、傅校本、明抄本、明刻本、王吴本補改。

〔二五〕宮謂壝土爲埒以象牆壁　「謂壝」原訛「爲壇」，據儀禮覲禮鄭注及北宋本、傅校本、明刻本、王吴本改。

〔二六〕明神監之　原脱「明神」，據儀禮覲禮鄭注補。

〔二七〕諸子門東北面東上　下「東」原訛「西」，據禮記明堂位、儀禮覲禮鄭注、周禮司儀鄭注改。

〔二八〕其年復遊海上二年遊碣石從上郡歸五年始南至湘山遂登會稽並海到沙丘崩　「二」北宋本作「三」。按：史記封禪書，一三六六頁——一三七〇頁秦始皇即位三年祠騶嶧山，上泰山，禪梁父，遂東遊海上。其明年，復遊海上。後三年，游碣石，從上郡歸。後五年，南至湘山，遂登會稽並海。還至沙丘崩。死時在後六年七月。時間俱與秦始皇本紀合。通典此處所標「其年」「二年」「五年」，十分錯亂。「其年」應作「其明年」，「二年」應作「後三年」，「五年」應作「後五年」。

〔二九〕元狩四年　按：史記孝武本紀四六一頁和封禪書一三八九頁始巡郡縣皆繫於元狩二年。

〔三〇〕乃至甘泉　「乃」史記封禪書一三九九頁作「反」。

〔三一〕衣以繒緹五尺　「繒」原訛「繪」，據後漢書祭祀志上三一六二頁及北宋本、傅校本、明抄本、明刻本、王吴本改。

〔三二〕成陽　「成」原訛「咸」，據諸本改。

〔三三〕高祖廟　原無「祖」，據北宋本、傅校本、明抄本、明刻本、王吴本補。

〔三四〕晉初新禮巡狩方岳柴望告設壝宫如禮諸侯之覲者賓及執贄皆如朝儀　晉書禮志下六五三頁同。宋書禮志二三八〇頁「告」下有「至」，「賓」作「擯」。當以宋書爲是。

〔三五〕摯虞　「摯」原訛「贄」，據北宋本、傅校本、明抄本、明刻本改。

〔三六〕禮俗政事教理刑禁逆順爲一書　「刑禁」原訛「科禁」，據北宋本改。按：周禮小行人、晉書禮志下六五三頁、宋書禮志二三八〇頁均作「刑禁」。

〔三七〕饗勞賚發赦蠲傜役　「賚」原訛「齎」，據北宋本、傅校本、明抄本、明刻本改。按：宋書禮志二三八一頁作「往還饗勞，孤疾勤勞之家，咸蒙卹賚，發赦令，蠲傜役」。通典删留八字。

〔三八〕幸遼西　原脱「幸」，據魏書禮志一二七三九頁補。

〔三九〕過常嶽　「常」魏書禮志一二七三九頁作「恒」，通典諱改。

〔四〇〕乃慕秦皇漢武之事　「慕」原訛「襲」，據北宋本、傅校本、明抄本、明刻本、王吳本改。

〔四一〕知頓使　「頓」原訛「鎮」，據舊唐書狄仁傑傳二八八七頁、唐會要卷二七及北宋本、傅校本、明刻本改。

〔四二〕李知玄　「玄」原作「元」，據北宋本、傅校本、明刻本、王吳本改。「知」舊唐書狄仁傑傳二八八七頁、唐會要卷二七作「沖」。按：唐書中無「李知玄」，宗室傳二三五一頁有「李沖玄」，疑通典誤。

〔四三〕三禮義宗　「義」原訛「議」，據隋書經籍志一九二四頁改。

〔四四〕以此知每至一嶽即歸　原脱「以」，據北宋本、傅校本、明抄本補。

〔四五〕考制度　尚書周官作「考制度于四岳」，通典節引。

〔四六〕乃於民物　「乃」原訛「及」，據北宋本、傅校本、明抄本、明刻本、王吳本改。

〔四七〕不甚告勞　「告」原訛「苦」，據北宋本、傅校本、明抄本、明刻本、王吳本改。

〔四八〕至於有隋　原脱「有」，據北宋本、傅校本、明抄本、明刻本、王吳本補。

〔四九〕若天地之更高厚然　「若」上原衍「有」，據北宋本、傅校本、明抄本、明刻本、王吳本删。

〔五〇〕能以其道配成高德　原脱「其」，據北宋本、傅校本、明抄本、明刻本、王吳本補。

〔五一〕云云在蒙陰縣故城東北下有云云亭　「東北」原倒，並脱「下」，據史記封禪書晉灼注一三六二頁補乙。按：北宋本、傅校本、明刻本、王吳本有「下」。

〔五二〕亭亭山在牟陰　原脱「山」，據北宋本、傅校本、明抄本、明刻本、王吳本補。

〔五三〕漢地理志　原脱「漢」，據北宋本、傅校本、明抄本、明刻本、王吴本補。

〔五四〕會稽在越地　原脱「在」，據北宋本、傅校本、明抄本、明刻本、王吴本補。

〔五五〕湯依禪云云　「依」原作「亦」，據北宋本、傅校本、明抄本、明刻本改。

〔五六〕在鉅平南十三里　原脱「南」，「三」訛「二」，據史記封禪書晉灼注一三六二頁補改。

〔五七〕昔三代受命　「昔」原訛「者」，據史記封禪書一三六一頁及北宋本、傅校本、明抄本、明刻本改。

〔五八〕騶嶧山　「騶」原作「鄒」，據史記封禪書一三六六頁及北宋本、傅校本、明抄本、明刻本、王吴本改。

〔五九〕葅音租　「租」原作「祖」，據史記封禪書注一三六七頁改。

〔六〇〕其禮頗采泰祝之祀雍上帝所用　原「祝」「祀」互訛，據史記封禪書一三六七頁乙正。

〔六一〕而封藏皆祕之　原「而」在「皆」上，據史記封禪書一三六七頁移正。

〔六二〕爲風雨所擊　「風」原訛「雷」，據史記封禪書一三六七頁及北宋本、傅校本、明抄本、明刻本改。

〔六三〕天子皆親拜見　「見」原訛「冠」，據史記封禪書一三九八頁及北宋本、傅校本、明抄本、明刻本、王吴本改。

〔六四〕廣五寸　「寸」原訛「尺」，據後漢書祭祀志上三一六四頁及諸本改。

〔六五〕其一方五寸　原脱「方」，據後漢書祭祀志上三一六四頁補。按：「五」北宋本、傅校本、明抄本、明刻本、王吴本作「三」。

〔六六〕祭山曰燔柴積柴加牲於其上而燔之也　「曰」原訛「日」，「積柴」原脱，據後漢書祭祀志上劉昭注三一六五頁及北宋本改補。

〔六七〕命容玉牒　「命」原作「令」，據後漢書祭祀志上三一六五頁及北宋本、傅校本、明抄本改。

〔六八〕應劭漢官馬第伯封禪儀記曰　原「劭」下衍「曰」，據後漢書祭祀志上劉昭注三一六六頁删。

〔六九〕益治道徒千人　原「千」上有「一」，據後漢書祭祀志上劉昭注三一六七頁及北宋本、傅校本、明抄本、明刻本删。

〔七〇〕窔遼如從穴中視天　「窔」原訛「突」，據後漢書祭祀志上劉昭注三一六七頁及北宋本、傅校本、明刻本改。

〔七一〕晡後到天門　「晡」原訛「脯」，據後漢書祭祀志上劉昭注三一六七頁改。

〔七二〕陽通　「陽」原訛「楊」，據後漢書祭祀志上三一六七頁及北宋本、傅校本、明抄本、明刻本改。

〔七三〕河圖提劉予　「予」原訛「子」，據後漢書祭祀志上三一六五頁及北宋本改。

〔七四〕方明聖持衡矩九州平天下予　「予」原作「子」，張森楷後漢書校勘記謂：「拒」「予」爲韻，作「子」不叶，非也。今據後漢書祭祀志上三一六五頁及北宋本、傅校本改。又「矩」，後漢書作「拒」，無所取義，疑非。

〔七五〕豪傑并兼　「并兼」原倒，據後漢書祭祀志上三一六六頁及北宋本、傅校本、明抄本、明刻本乙。

〔七六〕以次誅討十有餘年罪人斯得　句上原衍「起是」，「以」下衍「中」，「人」下衍「則」，滯礙難通。標點本後漢書祭祀志上三一六六頁據盧文弨羣書拾補删，今從删。

〔七七〕百寮從臣　「從」原作「羣」，據後漢書祭祀志上三一六六頁及北宋本、傅校本、明抄本、明刻本、王吳本改。

〔七八〕咸蒙祉祐　「祐」後漢書祭祀志上三一六六頁作「福」。

〔七九〕告祠泰山　「祠」原訛「祀」，據後漢書祭祀志上三一六九頁及諸本改。

〔八〇〕日中後到山上更衣　原脱「上」，據後漢書祭祀志上三一六九頁及北宋本、傅校本、明抄本、明刻本、王吳本補。

〔八一〕以石爲檢　「爲」原訛「三」，後漢書同。黄山後漢書校補謂通考注作「爲」是。標點本後漢書祭祀志上劉昭注三一七〇頁據校補改。今從改。

〔八二〕禪廣土地　「地」原訛「也」，據後漢書祭祀志上服虔注三一七〇頁及北宋本、明抄本改。

〔八三〕繼世之王巡狩　「世」原訛「王」，據後漢書祭祀志下三二〇五頁及諸本改。

〔八四〕及造石檢印封之事也　「印」原訛「即」，據後漢書祭祀志下三二〇五頁改。又「及造」，後漢書祭祀志下作「造爲」。疑此「及」爲「乃」之形訛。

〔八五〕乃當天意既封之后　後漢書祭祀志下三二〇五頁作「乃當夫既封之後」。

〔八六〕蓋亦誣神之咎也　「咎」原訛「答」，據後漢書祭祀志下三二〇五頁及北宋本、傅校本、明抄本、明刻本、王吳本改。

〔八七〕大著於後者　「著」後漢書祭祀志下三二〇五頁作「顯」，杜佑諱改。

〔八八〕夫揖讓受終　「終」原訛「封」，據後漢書祭祀志上劉昭注三一七一頁及北宋本、傅校本、明抄本、明刻本、王吴本改。

〔八九〕夫東方者　「夫」原訛「天」，據後漢書祭祀志上劉昭注三一七二頁及北宋本、傅校本、明抄本、明刻本、王吴本改。

〔九〇〕黄帝　「黄」原訛「皇」，據後漢書祭祀志上劉昭注三一七一頁及北宋本、明抄本改。

〔九一〕不得仰齊造國同符改物者也　「造」原訛「建」，「同符」原訛「開基」，據後漢書祭祀志上劉昭注三一七一頁及北宋本、傅校本、明抄本改。

〔九二〕然封禪之禮　原脱「然」，據後漢書祭祀志上劉昭注三一七一頁及北宋本、傅校本、明抄本補。

〔九三〕太康元年　「元」原訛「九」，據晉書禮志下六五五頁改。

〔九四〕孝武大明元年十一月戊申　「一」原訛「二」，據宋書禮志三四三九頁及北宋本、傅校本、明抄本、明刻本、王吴本改。按：十一月丙午朔，隔日即戊申。

〔九五〕因當爲壇下趾先陳齋絜　舊唐書禮儀志三八八二頁作「固當於壇下阯預申齋潔」，俱通。

〔九六〕其印齒請隨璽大小　「齒」原訛「函」，據舊唐書禮儀志三八八二頁改。按：下載麟德二年儀注亦有「印齒」之稱。

〔九七〕以爲再累　「再」原訛「册」，據舊唐書禮儀志三八八三頁改。

〔九八〕升自南陛　原脱「南」，據舊唐書禮儀志三八八三頁及王吴本補。

〔九九〕詳前載方石緘封　「前載」原倒，據舊唐書禮儀志三八八三頁及北宋本、傅校本、明刻本乙正。

〔一〇〇〕今請依令用受命璽以封石檢　原脱「今」，「令」訛「今」，據舊唐書禮儀志三八八三頁補改。

〔一〇一〕既至山下禮行告至　原脱「行」，據舊唐書禮儀志三八八四頁補。

〔一〇二〕望秩遍禮羣神　原脱「望秩」，「禮」訛「於」，據舊唐書禮儀志三八八四頁補改。

〔一〇三〕自餘儀式　「儀」原訛「議」，據舊唐書禮儀志三八八四頁及諸本改。

〔一〇四〕仍請柴祭望秩　原脱「望秩」，據舊唐書禮儀志三八八四頁補。

〔一〇五〕並用郊丘之辭　「丘」原訛「祀」，據北宋本、傅校本、明抄本、明刻本、王吴本改。

〔一〇六〕而泰山之下神其可得祀乎　「神其」原倒，據北宋本、傅校本、明抄本、明刻本、王吴本乙。

〔一〇七〕創新詞　「詞」原訛「篇」，據北宋本、傅校本、明刻本、王吴本改。

〔一〇八〕請皇靈於東岳　「靈」原訛「陵」，據北宋本、傅校本、明抄本、明刻本、王吴本改。

〔一〇九〕皆以金繩編玉牒爲之　舊唐書禮儀志三八八五頁「繩」下有「連」，又「牒」作「簡」，下同。

〔一一〇〕以藏正座玉册　原脱「玉」，據舊唐書禮儀志三八八五頁及王吴本補。下「配座玉册」同。

〔一一一〕又爲黄金繩以纏金玉匱　原脱「黄」，又脱下「金」字，據御覽卷八〇五及北宋本、傅校本、明刻本補。

〔一一二〕爲金泥以泥之　原「以」下衍「金」，據御覽卷八〇五及傅校本、明刻本删。

〔一一三〕爲金繩三以纏石𥖀　原脱「三」，據北宋本、傅校本、明刻本、王吴本補。

〔一一四〕以五色土封之　原脱「土」，據北宋本、傅校本、明刻本、王吴本補。

〔一五〕上徑五丈二尺　舊唐書禮儀志三八八六頁無「二尺」。「五」北宋本、傅校本、明刻本、王吴本作「一」。

〔一六〕又封祀以高祖太宗同配　原脱「封祀」，脱「同」，據舊唐書禮儀志三八八六頁補。

〔一七〕皇地祇褥以黄　原「祇」下衍「座」，據舊唐書禮儀志三八八八頁及北宋本、傅校本、明刻本、王吴本删。

〔一八〕大明夜明時帝褥皆以方色　原脱「時帝」，據北宋本、傅校本、明刻本、王吴本補。

〔一九〕許敬宗與禮官等又奏　「與」原訛「爲」，據北宋本、王吴本改。

〔二〇〕續漢書曰　原脱「曰」，據北宋本、傅校本、明刻本、王吴本補。

〔二一〕同簡之數　「同」原訛「固」，據北宋本、傅校本、王吴本改。

〔二二〕但親春射牲雖是古禮久從廢省　原「春」訛「自」，「古」字脱，「禮」下衍「書」，據舊唐書禮儀志三八九〇頁及北宋本、傅校本、明抄本、明刻本、王吴本改補删。

〔二三〕據封禪禮祀日　原訛脱爲「據封禪記曰」，據文苑英華卷七六一及北宋本、傅校本、明抄本、明刻本、王吴本補改。

〔二四〕即非親射之儀　「射」原訛「祀」，據舊唐書禮儀志三八九一頁及諸本改。

〔二五〕平座齋郎　「平」舊唐書禮儀志三八九三頁作「掌」。

〔二六〕事資革正　「資」原訛「皆」，據舊唐書禮儀志三八九三頁及北宋本、傅校本、明抄本、明刻本改。

〔二七〕睿宗大聖真皇帝　「真」舊唐書禮儀志三八九三頁作「貞」。下同。

〔二八〕從之　檢舊唐書禮儀志三八九三頁知通典此處删録失當。按：「從之」以上記張説與助手徐堅等人之商討，「從之」以下記徐堅等向玄宗之建言。兩者間不能以「從之」承遞。前者張説取得徐堅等同意後，「乃定議奏聞」，而「上從之」。通典於商討語後逕書「從之」，則從之者只能理解爲徐堅等人，不能理解爲玄宗。

〔二九〕狀稱祭祀之禮　「狀」原訛「伏」，據舊唐書禮儀志三八九四頁改。

〔三〇〕考功員外郎　原脱「郎」，據舊唐書禮儀志三八九五頁及北宋本、傅校本、明抄本、明刻本、王吴本補。

〔三一〕不敢裁定　「敢」原訛「可」，據諸本改。

〔三二〕奏請郊壇時祭　原脱「祭」，據舊唐書禮儀志三八九六頁補。

〔三三〕舊禮侍中跪取匜盥　「匜」原訛「沃」，據北宋本、傅校本、明抄本、明刻本、王吴本改。

〔三四〕是接天神以小臣　「天」原訛「大」，據舊唐書禮儀志三八九六頁及北宋本、王吴本改。

〔三五〕鬱人下士二人贊祼事　「鬱」原訛「欝」，下同。「人」下脱「贊」。據周禮及舊唐書禮儀志三八九六頁補改。按：北宋本、傅校本、明抄本、明刻本「鬱」字不誤。

〔三六〕執武子　「武」原作「獸」，後人據唐志改者。今據北宋本、傅校本、明抄本改回。按：唐人諱「虎」爲「武」、爲「獸」，然此處通典自作「武」。

〔三七〕今太祝下士之卑　原脱「之」，據舊唐書禮儀志三八九七頁補。

〔三八〕是徵名用之於古而大體實變之於今也　「徵」原作「微」，據北宋本、傅校本、明抄本、明刻本、王吴本改。

「大」北宋本等作「不」。舊唐書禮儀志三八九七頁作「是微者用之於古，而大體實變之於今也」。册府卷三六四〇〇頁作「是徵名用之欲合於古，而不知戾於古而變於今也」。

〔三九〕十三年十一月封祀於泰山　原脱「一」，據舊唐書禮儀志三八九九頁補。按：玄宗十二年下制：「可以開元十三年十一月十日式遵故實，有事泰山。」舊唐書八九二頁而十三年十一月庚寅封祀泰山上。八九九頁十一月辛巳朔，而庚寅恰是十日。

〔四〇〕帝號雖同而君臣各異　「各異」舊唐書禮儀志三八九八頁作「異位」。

〔四一〕爲變禮之大者也　「禮」原訛「理」，據諸本改。

〔四二〕初獻亞終合於一處　原「亞」「終」下皆有「獻」字，乃後人所增。今據舊唐書禮儀志三八九八頁及北宋本、傅校本、明抄本、明刻本删。

〔四三〕壬辰上御朝覲之帳殿　「辰」原訛「申」，據舊唐書禮儀志三九〇〇頁及北宋本、傅校本、明抄本、明刻本、王吳本改。按：開元十三年十一月無「壬申」，而「壬辰」爲是月十二日。

〔四四〕盡地開封　「盡」原訛「畫」，據舊唐書禮儀志三九〇三頁、全唐文卷四一改。

〔四五〕巖巖岱宗　下「巖」舊唐書禮儀志三九〇三頁作「魏」。

〔四六〕衍我神主　「衍」原訛「衎」，據全唐文卷四一改。

〔四七〕睿宗繼明天下歸仁　原脱此八字。標點本舊唐書禮儀志三九〇三頁據唐文粹卷一九下、全唐文卷四一補。今從補。

〔一四八〕匪功伐高匪德矜盛　「伐」原訛「成」，「矜」原訛「務」，據舊唐書禮儀志三九〇三、全唐文卷四一改。

〔一四九〕七十二君　原誤作「二十七君」，據諸本乙正。

王文錦點校

通典卷第五十五

禮十五　沿革十五　吉禮十四

告禮　歷代所尚　享司寒藏冰開冰附　禜　禳祈　高禖　祓禊　諸雜祠　淫祀興廢

告禮商　周　魏　東晉　梁　大唐

古者天子將巡狩，必先告於祖，命史告羣廟及社稷、圻内名山大川。七月而徧。親告用牲，史告用幣。子思之語。

商湯將伐桀，告天云：「余小子履，履，湯名。敢用玄牡，敢昭告于皇皇后帝，商尚白，未變夏禮，故用玄牡。有罪不敢赦，帝臣不蔽，簡在帝心。言桀居帝臣之位，罪過不敢隱蔽，已簡在天心。朕躬有罪，無以萬方，萬方有罪，罪在朕躬。」

周制，天子將出，類乎上帝，造乎禰。太祝告土用牲幣。〔一〕鄭玄云：「牲當爲制。」王肅云：「親告以牲，有奠故也，使祝史用幣。」又云：「吉則用牲，凶則用幣。」

魏尚書薛悌奏：「涼州刺史所上靈命瑞圖，當下洛陽留臺，使太尉醮告太祖、文昭皇后廟。」博士秦靜議曰：「靈命瑞圖可祀天皇大帝五精之帝於洛陽，祀南郊所祭，祭訖，奉誥冊文，脯、醢、酒，告太祖廟。藏冊於石函。」尚書奏曰：「秦靜議當遣兼太尉告祠，以武皇帝從五精以上六座。餘衆神皆不設牲用如郊祭。」明帝詔：「每祀天輒以地配，今不地配耶？」尚書奏：「孫欽議：『周禮祀天南郊，無地配之文，大魏受禪，因漢祀天以地配，此謂正月南郊常祀也。今告靈瑞，不須以地配。』王肅議：『禮，有事於王父，則以王母配，不降於四時常祀而不配也。且夫五精之帝，非重於地，今奉嘉瑞以告，而地獨闕，於義未通。以地配天，於義正宜。』」詔曰：「祀天以地配，此既正義，今告瑞祭於五精之帝，則地不得闕也。」又詔曰：「告皇天及五精，今冊文中都不見五精之帝，意何以耶？」尚書奏：「冊文，侍中韋誕所作。文中『皇皇后帝』，即五精之帝。昔舜受禪，告天云『皇皇后帝』，亦合五精之帝。於文少，不可分別。可更增五精字。」奏可。秦靜上告瑞祝文曰：「孝孫皇帝諱使太尉臣某，以靈命瑞圖冊告於天郊。事訖，〔二〕將納冊於石函。謹使太常臣某，帥有司以脯醢旨酒，敢昭告於皇祖武皇帝，以武宣后卞氏配，〔三〕尚饗。」

明帝太和六年，〔四〕征西大將軍臣懿等言：「長安典農中郎將張烈書言，『所部人左先，雨後於地得玉印』。臣今謹遣夏裕送。」詔：「推原符瑞，有感而至，宜因祭祀，奠於文思皇后神座前，以慰神靈之思念。」散騎常侍高堂隆議：「按典瑞，天子有事，必告宗廟，以象生也。〔五〕凡宗廟，祖尊而禰親。祭祀告事，皆先尊而後親。往者得瑞璽以告宗廟，而奠於親廟；此則告於尊，奠於親，故事明比。文皇帝、文思皇后，其爲慈親一體也。告之日，質明，守官筵於廟堂之奧，設玉几，近南。設洗於阼階東南。酒人設醴酒於堂。脯人醢人執籩脯豆醢於洗北，西面。公位於阼階西南，北面。太常位於阼階，北面，〔六〕差出公後。百執事敍立於卿後。執璽使者立公西北，東面。諸博士差退。唯籩人豆人不拜，餘皆拜。拜訖，解劒納履。博士引公，祝導盥，升自阼階。博士立於高皇廟室户外西，東面。祝先入室，南面。公入户内，西面。博士并引卿盥，從公。〔七〕籩人、醢人、百執事皆從升。博士引使者升階，如在庭之位。卿受脯於户外，入於筵前。〔八〕醢人以醢授卿，卿不興，〔九〕受，設於籩北，興，出，俟事於太皇帝室，南面。祝酌酒，奠籩南。祝導公，博士引使者執邸受瑞璽於户。祝西面立於户外東，使者還復位。公奠璽於几東，興，復位。祝入。公再拜稽首，興，立漏移一刻，公執璽邸授使者户外。遂造太皇帝、武皇帝、文皇帝，皆如高皇，出。禮畢之後，可使都督黄門兼諸官告瑞於文思皇后寢堂，如廟之禮。」高堂隆又議：往者得瑞璽，祝文曰：「於惟往者，坤靈吐燿，天球玉璽見於宗廟之宫。〔一〇〕今則西岳之精，申明天意，〔一一〕重出瑞璽王國之域，〔一二〕實爲皇天后土明報皇高曾祖武文之德，德祚洋溢，光潤萬國。孝皇帝諱謹使上公臣某，敢用嘉薦醴酒，奉呈瑞璽以告先靈。尚饗。」其祝辭，唯曰「明報聖慈文思皇后之德」爲異耳。

東晉元帝爲瑯琊王，將即極位告廟，王導書問賀循云：「或謂宜祭壇拜受天命者；或謂直當稱億兆羣情告四祖之廟而行者，〔一三〕若爾，當立行廟。王今固辭尊號，俯順羣情，還依魏晉故事。然魏晉皆稟命而行，不知今進璽當云何？」循答曰：「愚謂告四祖之廟而行。蜀書劉先主初封漢王時，羣臣共奏上勳德，承以即位。今雖事不正同，然議可方論。〔一四〕導又書曰：「得刁僕射書曰如此：京兆是宣帝祖，章郡是父也。至惠帝，爲七廟。至懷帝，京兆府君應落。想足下亦是識。刁侯不欲告惠懷二帝，不知於禮云何？」循答曰：「古禮及漢氏之初，皆帝帝異廟。即位大事，謁於太祖。故晉文朝於武宮，漢文謁於高廟也。至光武之後，唯有祖宗兩廟而已。祖宗兩廟，昭穆皆共堂別室。魏晉依之，亦唯立一廟。則一廟之中，苟在未毀，恐有事之日，不得偏有不告。然人不詳太廟定議，不敢必據欲依古禮，唯告宣帝一廟。人意以祖宗非一，且太廟合共，事與古異，〔一五〕不得以古禮爲斷。」

太常問：「今封建諸王，爲告廟不？若告，廟册與告諸王同異？祝文同不？當以竹册白簡？隸書篆書也？」博士孫毓議：「按尚書洛誥『王命作册，逸祝册，唯告周公其後』。謂成王已冠，命立周公後，作爲册書逸誥以告伯禽也。又周公請命於三王，乃納册於金縢匱中。今封建諸王，裂土樹藩，爲册告廟，篆書竹册，執册以祝，訖，藏於廟。及封王之日，又以册告所封之王。册文不同。前以言告廟祝文，當竹册篆書，以爲告廟册，册之文即祝祠也。舊告封王、告改年號，故事，事訖皆當藏於廟，以皆爲册書。四時享祀祝文，事訖不藏，故但禮稱祝文尺一，白簡隸書而已。」

又王岷議云：「中朝大事告天地，先郊後廟。」徐邈云：「天子將出，類乎上帝，造乎禰。如此次，則宜先告郊也。」按元帝大興元年詔曰：「當先告廟，出便南郊，先人事而後天理，自親及尊耶？」虞先云：「武王克商，先祭後郊。」

賀循議：「告謚南郊，不當用牲。然先告代祖謚於太廟，復有用牲，於禮不正，〔一六〕理不應有牲。告郊廟皆不用牲，牲惟施於祭及禱耳。」徐邈又議云：「按武帝永熙元年，告謚南郊，用牲。自江左以來，哀帝興寧中、簡文帝咸安中告謚，並蒼璧制幣，告立太子、太孫。」

邈與范寧書，問：「告定用牲否？禮，郊牲在滌三月，此謂常祀耳。宗廟告牲，亦不展芻豢，日既逼，不容得備。又禮，郊特牲在滌宮，而稷牛唯具。傳曰『帝牛不吉，則卜特牲而用之』，〔一七〕如無復九旬之別也。謂今牲至則用，當無疑否？」范甯答云：「禮，郊牲必在滌三月。公羊傳『養二卜』。二卜者，謂本卜養二牲也。帝牲不吉則卜稷牲，稷牲不吉則不郊。蓋所以敬天神而後人鬼也。無本郊不滌牲之禮。〔一八〕牲唯具用，非吾所聞也。凡告用制幣，先儒有明義也。」

孝武帝太元十六年，告移廟奠幣。祠部郎傅瑗問徐邈：「應設奠否？」邈答曰：「禮，君出境，以遷廟主行，每舍奠焉。凡事關宗廟，非幣則薦，未有不告而行。將還主之晨，宜依告以設奠。」瑗難曰：「言依告設奠，〔一九〕但三薦相去近，恐犯春秋再烝之譏。〔二〇〕禮，諸侯薨及禘祫，則迎羣主歸太祖廟。又云『主出廟入廟必蹕』，無將行設奠之文。奠重於蹕而文不及，無奠明矣。禮又云：『天子諸侯將出，必以幣帛皮圭告於祖禰。遂奉以出，每舍奠焉，而後就舍。』此謂雖侯王之貴，必有尊也。若徵此文，事非其喻。」邈曰：「禮，諸侯出朝，既告祖禰，臨行，又徧告。〔二一〕告不嫌再。所引每舍奠者，取其疏數若隨宜然，〔二二〕則奠不爲數。今之告廟，戒出期也；至日又告，告將出也。」又曰：「新故兩廟，各有其事。『左宗人擯曰「有司具，請升」。君升，祝奉幣從。〔二三〕祝聲三，曰「孝嗣侯某，敢以嘉幣告於皇考，成廟，將徙，敢告。」君及祝再拜，興，祝導君降於阼階』。下云『至於新廟，筵於户牖間，祝奠幣於几東，薦脯醢。君盥，酌，奠於薦西。祝聲三，曰「敢用嘉薦，告於皇考」。又曰「孝嗣侯某，潔爲明薦，尚饗」。』又大戴遷廟禮文云：〔二四〕『凡以幣告，皆執幣而告。告畢，乃奠幣於几東。小宰升，取幣，埋兩階間。』禮，『天子諸侯將出，以幣告廟，遂奉幣以出。反告設奠，〔二五〕乃斂幣而藏之兩階。』此則初告之幣，待後告而藏之。藏之必須事訖，〔二六〕未訖則未藏。〔二七〕今何不陳於新廟耶？去舊之新，當即新以藏幣。故先奠几東，乃取而藏之，非爲舊廟虛告而新廟兼設也。且初告，告將移，祝曰『敢以嘉幣』；後告而明享，〔二八〕祝曰『敢用嘉薦』。尋此二祝之稱，則知幣也薦也，各施於一廟矣。」

伏系問：「宣后移廟，爲但告東廟，亦告太廟耶？〔二九〕」宣后，簡文帝所生母，别在東廟。徐邈答：「此無禮文。意謂初崇號，以告太廟。今自一別廟之遷耳，於太廟無事。無事而告，則近黷矣。古大事必告，初崇進而告是也。今徙廟，事之末，恐不得復告也。」

康帝立，准禮將改元，尚書下侍御史、太常主者：「殿中屬應告廟，其勒禮官并太史，擇吉日，撰祝文，及諸應所用備辦，符到奉行。」博士徐禪議曰：「按魯文公之書即位也，僖公未葬。蓋改元之道，宜其親告，不以喪闕。昔代祖受終，亦在諒闇。既正其位於天郊，必告成命於父祖。事莫大於正位，禮莫盛於改元。傳曰：元，始也，首也，善之長也。故君道重焉。謂應告。」尚書奏：「按惠帝起居注，改永熙二年爲永平元年，使持節太尉石鑒造於太廟。前朝明准，不應革易。如禪議。」禪告文曰：「維建元元年正月日，〔三〇〕子孝曾孫嗣皇帝諱，謹遣使持節兼太尉某官某甲，敢昭告於皇祖高祖宣皇帝，諱以眇身，屬膺明命，爲兆人主。惟神器之重，夙夜祗勵。夫首元正位，改物承天，先王之典刑，建國之大禮。今改咸康八年，爲建元元年。享祖宗之保佑，膺乾坤之休靈。敢薦告事，一元大武，薌合薌萁，嘉薦庶羞，清滌清酌，明告於皇祖高祖宣皇帝、穆皇后張氏，尚饗。」告始祖廟等十一室同辭也。

梁禮官司馬筠議：「大事徧告七廟，小事止告一室。」時議以「封禪、南北郊、祀明堂、巡省四方、御臨戎出征、皇太子加元服、寇賊平蕩、築宮立闕、纂戎、解嚴，合十一條，則徧告七廟。講武、修宗廟明堂、臨軒封拜公王、四夷款化貢萬物，〔三一〕諸公王以愆削封及討、封王紹襲，合六條，則告一室。」帝從之。

大唐儀鳳二年二月二十九日，太常以仲春告祥瑞於太廟。高宗令禮官徵求故實。太常博士賈大隱對曰：「古者祭以首時，薦用仲月。近代相承，元日奏祥瑞，二月然後告於廟。蓋緣告必有薦，便於禮也。又檢貞觀以來，敕令無文，禮司因循，不知所起。」上令依舊行焉。

歷代所尚

高陽　高辛　唐　虞　夏　商　周　秦　漢　後漢　魏　晉　東晉　宋　齊　梁　陳　後魏　北齊　後周　隋　大唐

高陽氏尚赤，以十一月爲正。薦玉以赤繒。

高辛氏尚黑，以十三月爲正。〔三二〕薦玉以黑繒。

陶唐氏尚白，以十二月爲正。薦玉以白繒。

有虞氏尚赤。以十一月爲正。〔三三〕並出尚書中候。

夏后氏尚黑。以建寅爲正。此時物生色黑。禮三正記云：「正朔三而改，文質再而復。」又書傳略說云：「天有三統，物有三變，故正有三生三死，土有三王，王有一生一死。〔三四〕故元命苞云夏以十三月爲正，息卦受泰，其色尚黑，以平明爲朔。古者易姓而王，示不相襲，明受之於天也。」大事斂用昏，昏時亦黑。此大事謂喪事也。戎事乘驪，戎，兵也。馬黑色曰驪。牲用玄，玄，黑類也。以黑爲徽號。崔靈恩云：「徽謂旌旗斿也。」盧植云：「徽，章也。號所以書之於綏。若夏，則書其號爲夏也。」朝燕服收冠而黑衣。宮室之制，屋。詩云：「夏屋渠渠。」十寸爲尺。白虎通曰：「夏法日，日數十也。〔三五〕日無所不照，〔三六〕至尺所度，無所不極，故以十寸爲尺。」

殷人尚白。以建丑月爲正。物芽色白。元命苞曰：「殷以十二月爲正，息卦受臨，其色尚白，以雞鳴爲朔。」大事斂用日中，日中，時亦白也。戎事乘翰，翰，白色馬。牲用白，以白爲徽號。朝燕服冔冠而縞衣。宮室之制，屋。韓詩曰：「殷商屋而夏門也。」十二寸爲尺。白虎通云：「法十二月，言歲中無所不成。」

周人尚赤。以建子之月爲正。物萌色赤。元命苞曰：「周以十一月爲正，息卦受復，其色尚赤，以夜半爲朔。」大事斂用日出，日出時亦赤。戎事乘騵，騵，騮馬白腹。〔三七〕騵音原。牲用騂，騂，赤類。以赤爲徽號。朝燕服冕冠而玄衣。宮室之制，屋。傳曰：周，夏屋而商門。八寸爲尺。白虎通云：「周據地而生，地者陰，以婦人爲法，婦人大率奄八寸，故以八寸爲尺。王者改正朔，本天有三統，謂三微之月也。周以十一月，殷以十二月，夏以十三月也。」崔靈恩云：「若以書傳中候文，依三正記推之，則三皇五帝之所尚，可得而知也。以周人代殷用天正而尚赤，殷人代夏用地正而尚白，夏以人正代舜而尚黑，則知虞氏之王當用天正而尚赤，陶唐氏當用地正而尚白，高辛氏當用人正而尚黑，高陽氏當用天正而尚赤，〔三八〕少皞氏當用地正而尚白，黃帝當用人正而尚黑，炎帝當用天正而尚赤，共工氏當用地正而尚白，太皞當用人，正而尚黑也。」

秦水德。〔三九〕漢書律曆志：「秦自以水德，故十月爲歲首。」

漢火德。初亦以十月爲歲首，及文帝立，公孫臣言「漢當土德，應黃龍見」。丞相張蒼以爲漢乃水德，河決金隄，其符也。年始冬十月，色外黑內赤。〔四〇〕十月陰氣在外，故黑。陽氣尚伏在內，故赤。明年，黃龍果見於成紀。帝於是令博士諸生申明土德，草改曆及服色事。〔四一〕至武帝元封七年，用兒寬等議，改用夏正，以建寅月爲歲首。劉向以爲赤帝斬蛇之符，爲火德。

後漢並同前漢。

魏土德。文帝以建寅月爲正，服尚黃，臘以丑，牲以白，節毛尚赤，節幡尚黃。郊祀朝會四時之服如漢制，宗廟所服如周禮。明帝青龍五年三月，用博士秦静等議，改爲景初元年，以建丑月爲正。孟夏四月制，服色尚黃，犧牲用白，戎事乘黑首之白馬，建大赤之旗，朝會建大白之旗。春夏秋冬孟仲季月雖與正歲不同，〔四二〕至於郊祀、迎氣，礿祠烝嘗、〔四三〕巡狩、蒐田、分至啓閉、班宣時令、中氣早晚、〔四四〕敬授人事，諸若此者，皆以正歲斗建爲節。按服色尚黃，據土行也。〔四五〕犧牲旂旗，一用殷禮，行殷之時故也。周禮巾車職，建大赤以朝，大白以即戎，此則周以正色之旗以朝，以先代之旗即戎。魏用殷禮，變周之制，〔四六〕故建太白以朝，大赤即戎也。又詔曰：「今祭皇皇帝天、皇皇后地、天地郊、明堂、宗廟，皆宜用白。其别祭五郊，各隨方色。祭日月星辰之類，用騂。社稷山川之屬，用玄。此則尊卑方色陰陽衆義暢矣。」三年正月，帝崩。齊王立，以明帝建丑月崩，若以其月正朝會設樂，不合於禮，於是改以建寅之月爲歲首。袁準正論曰：「自非繼亂，不宜改正也。」

晉金德。武帝泰始二年，〔四七〕散騎常侍傅玄上議：「帝王受命，應曆禪代，則不改正朔，遭變征伐則改之。舜正月上日，受終於文祖，無改正之文，唐虞正朔皆同，明矣。至殷周革命，乃改。魏受漢禪，亦已不改，至於服色，皆從其本，唯節幡用黃。大晉以金德王天下，順五行三統之序矣。」詔從之。由是正朔服色，並依前代。孫盛晉陽秋論曰：「孔子修春秋，列三統，爲後王法，令仍舊，非也。〔四八〕晉爲金行，而服色尚赤，考之古道，乖違甚矣。」

東晉並同西晉。

宋水德，亦如魏晉故事。

齊木德，餘一依前代。

梁火德，餘一依前代。

陳木德，餘一依前代。

後魏初爲土德，言繼黃帝之後也，故數用五，服尚黃，犧牲用白。至孝文太和十四年，用祕書丞李彪等議，承晉後，改爲水德，祖辰臘申。

北齊木德，正朔服色，皆如後魏。

後周承西魏用水德，以文帝誕玄氣之祥，有黑水之讖故也。建寅月爲正，服色尚黑。

隋火德，以赤雀降祥之故，衣服、旗幟、犧牲尚赤，戎服以黃，七月帝始服黃。

大唐土德，建寅月爲歲首。〔四九〕武太后永昌元年十一月一日，依周制，以建子之月爲正，改元爲載初元年，改十一月爲正月，十二月爲臘月，來年正月爲一月，十月建亥爲年終。載初元年九月九日，改元天授，稱周，改皇帝爲皇嗣。二年正月，旗幟尚赤。天寶九載制：〔五〇〕應緣隊仗所用緋色幡等，〔五一〕並改爲赤黃色，天下皆然。納崔昌議，以土德承漢火行。

享司寒 藏冰開冰附○周　宋　隋　大唐

周制，凌人掌冰。正歲十有二月，令斬冰，三其凌。正歲季冬，火星中，大寒冰方盛之時也。〔五二〕凌，冰室也。三其凌，三倍其冰，備消釋也。春始治鑑，鑑如甀，大口，以盛冰，置食物於中，以禦温氣。春而始治之，爲二月將獻羔而開冰。〔五三〕鑑，胡暫反。甀音直僞反。祭祀供冰鑑，賓客供冰，賓客不以鑑往，嫌使停膳羞。大喪供夷槃冰，夷之言尸也。尸之槃曰夷槃。夏頒冰掌事，暑氣盛，王以冰頒賜，則主爲之。秋刷。刷，清也。鄭衆云：「刷除冰室，當更內新冰也。」月令：〔五四〕「仲春，天子乃獻羔開冰，先薦寢廟。」謂立春藏冰，至春分，方温，故獻羔以祭司寒，而后開冰。先薦寢廟而後食之。左傳魯大夫申豐曰：「古者日在北陸而藏冰，陸，道也。夏十二月，日在虛危，冰堅而藏之。西陸朝覿而出之。夏三月，日在昴畢，蟄蟲出而用冰。春分之中，奎婁在東方。〔五五〕其藏冰也，〔五六〕深山窮谷，固陰冱寒，用黑牡、秬黍以享司寒，於是取而藏之也周。冱，閉也。必取積陰之冰，所以導達其氣，使不爲災。黑牡，黑牲也。秬黍，黑黍也。司寒，北方之神，故物皆用黑。周，密也，密藏之。其出之也，桃弧棘矢以除其災，於是以風出而用之。順春風而散用之。其用之也徧。及老疾朝之禄位，賓食喪祭，自命夫命婦，至於老疾，冰皆與焉。老，致仕在家者。則冬無愆陽，愆，過也，謂冬温。夏無伏陰，謂夏寒也。春無淒風，秋無苦雨，雷出不震，淒風寒也。

也，霖雨為人害。震，霆也。無菑霜雹，癘疾不降，〔五七〕民不夭扎。」癘，惡氣也。短折為夭，少死為扎。

宋孝武帝大明六年，立凌室藏冰。有司奏：季冬之月，冰壯之時，凌室長率山虞及輿隸取冰於深山窮谷固陰沍寒之處，以納於凌陰。務令周密，無洩其氣。先以黑牡秬黍祭司寒於凌室之北。〔五八〕仲春之月，春分之日，以黑羔秬黍祭司寒。啓冰室，先薦寢廟。夏祠用鑑盛冰，室一鑑，以禦温氣蠅蚋。王御殿及太官饍羞，並以鑑供冰。自春分至立秋，〔五九〕不限稱數以周喪事。繕制夷槃，隨冰供給。〔六〇〕凌室在樂遊苑內，〔六一〕置長一人，吏一人，〔六二〕保舉吏二人。

隋以季冬藏冰，仲春開冰，並因用黑牡秬黍於冰室祭司寒神。開冰依以桃弧棘矢。

大唐制，先立春三日，因用黑牡秬黍，祭司寒之神於冰室。祭訖，鑿冰千段，方三尺，厚尺五寸而藏之。仲春開冰，祭如藏禮，依以桃弧棘矢設於冰室戶內之右。禮畢，遂留之。餘具開元禮。

禜 周 漢 晉 梁 隋 大唐

周制，春官大祝掌六祈，其四曰禜。鬯人禜門用瓢齎。禜謂營酇。所祭門，國門也。齎讀為齊。取甘瓠割去柢以齊為罇也。魯莊公二十五年：「秋，大水，鼓用牲於門。」左氏以為用牲非常也。凡天災有幣無牲。祭法云：「幽禜，祭星也。雩禜，祭水旱也。」幽禜謂星壇也，雩禜亦謂水旱壇也。春秋左氏傳曰：「日月星辰之神，則雪霜風雨之不時，於是乎禜之。山川之神，則水旱癘疫之災，於是乎禜之。」

漢制，謂禜爲請晴，服赤幘朱衣。

晉武帝咸寧及太康中，時雨多則禜祭，赤幘朱衣，閉諸陰，朱絲縈社，〔六三〕伐朱鼓焉。

梁制，霖雨祈晴，亦如雩禮。

隋制，霖雨則禜京城諸門。三禜不止，則祈山川岳鎮海瀆社稷。又不止，則祈宗廟神州。報以太牢。州郡縣苦雨，亦各禜其城門。不止則祈界內山川及社稷。報用羊豕。

大唐因之。禜門不止，乃祈山川岳鎮海瀆。三日不止，祈社稷宗廟。並用酒脯。國城門用少牢。

禳祈〔六四〕夏　商　周　漢　後漢　魏　晉　宋

夏后氏金行，初作葦茭，言氣所交也。風俗通曰：「傳曰：『萑葦有叢。』呂氏春秋曰：『湯始得伊尹，〔六五〕祓之於廟，薰以萑葦。』故用葦者，欲人之子孫蕃殖，不失其類，有如萑葦。茭者交易，陰陽代興之義也。」

殷人水德，以螺首，慎其閉塞，使如螺也。

周人木德，以桃爲梗。梗，更也。言氣相更也。春官大宗伯以疈辜祭四方百物。鄭玄云：「疈，疈牲胷也。〔六六〕疈而磔之謂磔攘。」疈音普逼反。大祝掌六祈，以同鬼神祇。一曰類，二曰造，三曰禬，四曰禜，五曰攻，六曰説。攻、説，則以辭責之。禬未聞焉。天神人鬼地祇不和，則六癘作見，〔六七〕故以祈禮同之。造音七告反。禬古外反。國有大故，天災，祈祝社稷禱祠。〔六八〕大故，兵寇。天災，疫癘。諸祈禱祠之以報。〔六九〕小祀掌小祭祀將事侯禳禱祠之祝號，以祈福祥，順豐年，逆時雨，寧風旱，彌災兵，遠罪疾。侯之言候也。候嘉慶，祈福祥之屬。禳，攘卻凶咎，寧風旱之屬。順豐年而順爲之祝辭。逆，迎也。彌讀爲弭。弭，安也。祭法曰：「禳祈於坎壇，祭寒暑也。」禳猶却也。〔七〇〕祈，求也。寒暑不時，則或禳之或祈之。〔七一〕寒於坎，暑於壇也。

漢制，厲殃，祀天地日月星辰四時陰陽之神，以師曠配之。其壇常祀以禳災，兼用三代葦茭、桃梗。五月五日，朱索五色印，爲門户飾，以儺止惡氣。

後漢仲夏之月，萬物方盛。日夏至，陰氣萌作，恐物不懋。其禮：以朱索連葷菜，彌牟朴蠱鍾。以桃印長六寸，方三寸，五色書文如法，以施門户。

魏祀五郊六宗及厲殃。何晏議：「月令季春磔攘大儺，非所以祀皇天也。夫天道不諂，不貳其命，若之何禳之？國有大故，可祈於南郊。至於祈禳，自宜止於山川百物而已。」王肅云：「厲殃，漢之淫祀耳。〔七二〕日月有常位，五帝有常典。師曠自是樂祖，無事於厲殃。厲殃同人非禮器，雄黃等非禮飾。漢文除祕祝，所以稱仁明也。」陳留范宣曰：「舜有拂卵無磔雞。〔七三〕及魏明帝大修禳祭儀，雞特禳釁之事。〔七四〕磔雞宜起於魏，桃印本漢制，〔七五〕所以輔卯金，又宜魏所除也。」

晉制，每歲朝設葦茭桃梗，磔雞於宮及百寺之門，以辟惡氣。泰始二年，有司奏，春分祠厲殃及禳祠，詔曰：「不在祀典，除之。」

宋皆省其禮，而郡縣往往猶存。

高禖

周　漢　後漢　魏　晉　北齊　隋　大唐

周制，月令：「仲春，玄鳥至之日，以太牢祠於高禖。高辛氏之代，玄鳥遺卵，娀簡吞之，〔七六〕生契，後王以爲媒官嘉祥，而立其祠。又月令章句曰：「高，尊也。禖，祀也。〔七七〕吉事先見之象也。蓋爲人所以祈子孫之祀。玄鳥感陽而至，其來主爲孚乳蕃滋，〔七八〕故重其至日，因以用事。契母簡狄，蓋以玄鳥至日有事高禖而生契焉。故詩云：『天命玄鳥，降而生商。』」盧植曰：「玄鳥至時陰陽中，〔七九〕萬物生，故於是以三牲請子於高禖之神。居明顯之處，故謂之高。因其求子，故謂之禖。以爲古者有媒氏之官，因以爲神。」鄭但言後王，不知起於何代。天子親往，后妃帥九嬪御，乃禮天子所御，帶以弓韣，授以弓矢於高禖之前。」天子所御，謂今有娠者。禮謂酌飲於高禖之庭。帶以弓韣，求男之祥。

漢武帝年二十九乃得太子，甚喜，始立爲高禖之祠於城南，祭以特牲。晉博士束皙云：「漢武帝晚得太子，始爲立高禖之祠。高禖者，人之先也。故立石爲主，祀以太牢也。」

後漢因之，祀於仲春之月。

魏禖壇有石。青龍中造。許慎云：「山陽人以石爲主。」

晉以仲春之月高禖，祠於城南，祀以特牲。惠帝元康六年，高禖壇上石，中破。博士議：「禮無高禖置石之文，未知設造所由。〔八〇〕既已毀破，可無改造。」束皙議以爲：「石在壇上，蓋主道也。禮，祭器弊則埋而置新，今宜埋而更造，不宜遂廢。」後得高堂隆故事，詔更鐫石，令如舊，置高禖壇上。埋破石入地一丈。按江東太廟北門內，道西有石，文如竹葉，〔八一〕小屋覆之。宋文帝元嘉中，修廟所得石。陸澄以爲晉孝武時郊禖石。然則江左亦有此禮矣。或曰百姓祀其傍，或謂之落星也。

北齊制高禖壇於南郊傍，〔八二〕廣輪二十六尺，高九尺，四陛三壝。每歲玄鳥至之日，皇帝親帥六宮，祀青帝於壇，以太昊配，而祀高禖之神以祈子。其儀：青帝北方南向，配帝東方西向，禖神壇下東陛之南，西向。禮用青珪束帛，牲共以一太牢。祀日，〔八三〕皇帝袞冕，乘玉輅；皇后褘衣，乘重翟。皇帝初獻，降自東陛，皇后亞獻，降自西陛，並詣便座。夫人終獻。上嬪獻於禖神訖，帝及后並詣攢位，乃送神。皇帝皇后及羣官皆拜，乃撤就燎。禮畢而還。

隋亦以玄鳥至日，祀高禖於南郊壇，牲用一太牢。

大唐月令，亦以仲春玄鳥至之日，以太牢祀於高禖，天子親往。月令經文及注，不言有壇廟也。

祓禊　周　漢　後漢　晉　東晉　齊

周制，春官女巫掌歲時祓除、釁浴。歲時祓除，如今三月上巳，如水上之類。釁浴謂以香薰草藥沐浴之。月令：暮春，天子始乘舟。蔡邕章句曰：「陽氣和暖，鮪魚時至，將取薦宗廟，因乘舟浮川也。」

漢高后八月，祓於霸上。

後漢三月上巳，官民皆潔於東流水上，〔八四〕曰洗濯祓除去宿垢疢爲大潔。潔者，言陽氣布暢，萬物訖出，始潔之矣。禊者，潔也，言自潔濯也。

晉公卿以下，至於庶人，皆禊洛水之側。〔八五〕

東晉元帝又詔罷三日弄具。〔八六〕海西公於鍾山立流杯曲水，延百僚。

齊以三月三日曲水會，古禊祭也。今相承爲百戲之具，雕弄巧飾，增損無常。

說曰：按禊與曲水，〔八七〕其義參差。晉趙王倫篡位三日，會天泉池，誅張林。懷帝亦會天泉池，〔八八〕賦詩。陸機云：「天泉池南石溝引御溝水，池西積石爲禊堂，跨水，流杯飲酒。」〔八九〕不言曲水。韓詩曰：「鄭國之俗，三月上巳，之溱洧兩水之上，〔九〇〕招魂續魄。秉蘭草，祓除不祥。」蔡邕曰：「今三月上巳，祓於水濱，蓋出此也。」凡言祓者祉也，〔九一〕以爲祈介祉也。一說：三月三日，清明之節，將修事於水側，禱祀以祈豐年也。後漢杜篤云：「郭虞三月三日上辰産二女，上巳日産一女，〔九二〕二日産三女，並不育。俗以爲大忌，至此月巳日諱止家，皆於東流水上，爲祈禳自潔濯，謂之禊祠，引流行觴，遂成曲水。」梁劉昭曰：「郭虞之說，良爲虛誕。假有庶人旬内夭其三女，何足警彼風俗乎？杜篤賦乃稱『王侯公主，暨於富商，用事伊、洛，帷幔玄黄』。本傳大將軍梁商，亦歌泣於洛禊也。」馬融梁冀西第賦云：〔九三〕「西北戌亥，玄石承輸。蝦蟆吐寫，庚辛之域。」即曲水之象。劉楨魯都賦曰：「素秋二七，天漢指隅，人胥祓禳，〔九四〕國子水嬉。」〔九五〕此用七月十四日也。

諸雜祠周　秦　漢　東晉　後魏

周立壽星祠於下杜、亳，〔九六〕韋昭曰：「亳音薄，湯所都也。」瓚曰：「濟陰亳縣是也。」師古曰：「杜即京兆杜縣也。此亳非湯都也。徐廣云京兆杜縣有亳亭，〔九七〕斯近之矣。」時奉焉。又立杜主祠，因宣王殺右將軍杜伯不以罪，後宣王田於圃田，杜伯執弓矢射宣王，宣王伏弓衣而死，〔九八〕故周人尊其鬼而以歲時奉祠焉。

秦立陳寶祠，因文公獲若石，於陳倉北阪城祠之。蘇林曰：「質如石，似肝。」顔師古曰：「陳倉之北阪上城中也。」其神或歲不至，或歲數。〔九九〕來也常以夜，光輝若流星，光色赤黄，長五丈，從東方來，集於祠城，若雄野雞，其聲殷殷云，野雞夜鳴。言陳寶若來而有聲，則野雞皆鳴以應之也。〔一〇〇〕祠以一牢，名曰陳寶。臣瓚曰：「陳倉縣有寶夫人祠，或一歲二歲與葉君合。葉君神來時，天爲之殷殷雷鳴。」二世時，若陳寶節來，一祠。春夏用騂，秋冬用駵。德公立，卜居雍，即今扶風郡雍縣。雍之諸祠自此興。用三百牢於鄜音孚時，作伏祠。孟康曰：「六月伏日也。周時無，至此乃有之。」師古曰：「伏者，謂陰氣將起，迫於殘陽而未得升，故爲藏伏，因名伏日也。立秋之後，以金代火，金畏於火，故至庚日必伏。庚者，金也。」磔狗邑四門，以禦蠱災。始皇東遊海上，祠八神，求仙人。其祀莫知起時。八神：一曰天主，祠天齊。天齊淵水，居臨菑南郊山下下者。二曰地主，祠泰山梁父。蓋天好陰，祠之必於高山之下時，命曰時。地貴陽，祭之必於澤中圜丘。三曰兵主，祠蚩尤。蚩尤在東平陸監鄉，齊之西境也。四曰陰主，祠三山。三山即蓬萊、方丈、瀛洲三神山。五曰陽主，祠之罘山。山在東萊。六曰月主，祠之萊山。山在東萊長廣。皆在齊北，〔一〇一〕並勃海。七曰日主，祠盛山。山在東萊不夜縣，斗入海，最居齊東北隅，以迎日出。八曰四時主，祠瑯琊。瑯琊在齊東北，蓋歲之所始也。皆各用牢具祠，而巫祝所損益，珪幣雜異焉。罘音浮。

漢高帝天下已定，令祝立蚩尤之祠於長安。又置祠祀官、女巫。其梁巫祠天、地、天社、天水、房中、堂上之屬；晉巫祠五帝、東君、雲中君、巫社、巫祠、族人炊之屬；師古曰：「東君，日也。雲中君謂雲神也。巫社、巫祠，皆古巫之神也。族人炊，古主炊母之神也。炊謂饎爨也。」秦巫祠杜主、巫保、族纍之屬；杜主，即周之杜伯也。巫保、族纍，二神名。纍音力追反。荆巫祠堂下、巫先、司命、施糜之屬；堂下，在堂之下。巫先，巫之最先者也。〔一〇二〕司命，說者云文昌第四星也。〔一〇三〕施糜，其先常施設糜鬻者也。九天巫祠九天。師古曰：「九天者，謂中央鈞天，東方蒼天，東北旻天，北方玄天，西北幽天，西方浩天，西南朱天，南方炎天，東南陽天也。其説見淮南子。一説云：東方旻天，〔一〇四〕東南陽天，南方赤天，西南朱天，西方成天，西北幽天，北方玄天，東北變天，中央鈞天也。」皆以歲時祠宮中。武帝即位，厚禮置祠神君於内中，聞其言，不見其人。神君者，長陵女子，産乳而死，見神於妯宛若。宛若祠之其室，人多往祠。平原君往祠，其後子孫以尊著。〔一〇五〕平原君，武帝外祖母也。宛若，字也。妯音軸。又帝師少君求仙，〔一〇六〕始親祠竈。少君言於帝曰：「祠竈皆可致物。物，鬼也。致物而丹沙可化爲黄金。」又立粵祠，雞卜自此用。持雞骨而卜，如鼠卜也。〔一〇七〕是時既滅兩粵，粵人勇之乃言粵人俗鬼。師古曰：「勇之，粵人名也。」俗鬼，言其土俗尚鬼神之事。」而其祠皆見鬼，〔一〇八〕數有效。昔東甌王敬鬼，壽百六十歲。後世怠慢，故衰耗。乃命粵巫立粵祝祠，安臺無壇，亦祠天神帝百鬼。〔一〇九〕宣帝時，南郡獲白虎，獻其皮牙爪，帝爲立祠。又方士言隋侯、劍寶、玉寶璧、周康寶鼎，立四祠於未央宮。又祠天封苑火井於鴻門。〔一一〇〕西河鴻門有天封苑火井祠，火從地中出也。又立歲星，辰星、太白、熒惑、南斗祠於長安城傍。又祠三山八神於曲城，〔一一一〕東萊之縣。蓬山石社石鼓於臨朐。又有月祠、蚩尤、勞谷、五牀山、五帝、仙人、玉女、金馬碧雞等神，遣諫大夫王褒使持節而求焉。〔一一二〕

東晉哀帝欲於殿前鴻祀，以鴻雁來爲候，因而祭之，謂之鴻祀。或曰：「鴻，大也。鴻雁初來，必將大祀。」侍中劉遵等啓稱：「此唯出大傳，不在六籍，劉向、鄭玄雖爲其訓，自後不同。前代以來，並無其式。」

後魏道武帝初，有兩彗星見，劉后使占者占，曰：「祈之則掃定天下。」后從之，故立其祀。又立歲神十二，歲一祭，以十月，〔一一三〕用牛一、雞三。又立土神四，歲二祭，常八月、十月，用羊。又立獻明以上所立天神四十所，歲二祭，〔一一四〕其神尊以馬，次以牛，小以羊，皆女巫行事。

淫祀興廢〔一一五〕秦　漢　魏　晉　東晉　宋　後魏

秦德公立，卜居雍。即今雍縣也。子孫飲馬於河，遂都雍。雍祠自此興，〔一一六〕用三百牢。伏祠已具前也。

漢成帝立，〔一一七〕丞相匡衡等奏：「罷雍鄜、密、上下畤及陳寶祀等。〔一一八〕凡六百八十三所，其二百八所應禮，及疑無明文，可奉祠如故。其餘四百七十五所不應禮，或復重，請皆罷。」奏可。本雍舊祠二百三所，惟山川諸星十五所爲應禮。杜主祠有五，置其一。高帝所立梁、晉、秦、荆等巫，九天、南山、萊中之屬及孝文渭陽、孝武薄忌太一、〔一一九〕三一、黃帝、冥羊、馬行，孝宣三山並諸山、蚩尤等，皆罷之也。後帝以無繼嗣故，復陳寶等祠。末年頗好鬼神，故多上書言祭祀方術者，皆得待詔。谷永說曰：「臣聞明於天地之性者，不可惑以神怪；知萬物之情者，不可罔以非類。諸背仁義之正道，廣崇無福之祀，皆姦人惑衆，是以聖人絕而不言。伏惟陛下拒絕，無令姦人有窺朝者。」帝善之。哀帝即位，寢疾，博徵方士，京師諸縣皆有侍祠使者，盡復前代諸神祠，凡七百餘所，一歲三萬七千祠。平帝末年崇淫祀，〔二〇〕自天地六宗以下，凡千七百所，用三牲鳥獸三千餘種。不能備，乃以雞當雁鶩，犬當麋鹿。

魏武王秉漢政，普除淫祀。文帝黄初五年，詔：「先王制祀，〔二一〕五行名山川澤，非此族也，不在祀典。叔世衰亂，崇信巫史，至乃宫殿之内，户牖之間，無不沃酹，甚矣。自今敢設非禮之祭，巫祝之言，皆以執左道論，著於令。」明帝青龍初，又詔：郡國山川不在祀典，勿祀。

晉武帝泰始元年詔曰：「昔帝王修岳瀆山川，〔二二〕各有定制。然以道莅天下，〔二三〕其鬼不傷人，〔二四〕故祝史薦而無媿辭，而淫祀不作。末世妖孽相煽，音扇。捨正爲邪，故魏朝疾之。宜按禮爲制，使妖淫之鬼，不亂其間。」

東晉穆帝升平中，何琦請備五岳祠曰：〔二五〕「唐虞之制，天子五年一巡狩，柴燎五岳，徧於羣神。及秦漢都西京，涇、渭、長水雖不在祀典，以近咸陽故，盡得比大川立祀。自永嘉之亂，唯灊之天柱，在王畿之内，選百户吏卒，以奉其職。中興之際，未有官守，廬江郡遣大吏兼假四時禱賽，〔二六〕春釋寒而冬請冰。自咸和迄今，又復隳替。計今非典之祠，可謂非一。考其正名，則淫昬之鬼；推其縻費，則百姓之蠹。而山川大神，更爲簡闕。可令禮官作式，其諸妖孽，可粗依法先去其甚，俾邪不瀆正。」時不行。

宋武帝永初二年，普禁淫祀。由是蔣子文祠以下，皆絶。孝武孝建初，〔一二七〕更修蔣侯祠，所在山川，漸皆修復。〔一二八〕明帝立九州廟於雞籠山，大聚羣神，〔一二九〕加蔣侯爵位至相國、大都督、中外諸軍事，加鍾山王。蘇侯，驃騎大將軍。四方諸神，咸加爵秩。

後魏初，自天地社稷以下，合千七十五所，歲用牲七萬五千五百頭。孝文帝詔曰：「朕承天事神，以育羣品，而咸秩處廣，用牲甚衆。夫神聰明正直，〔一三〇〕享德與信，何必在牲！其令有司，非天地宗廟社稷之祀，皆用酒脯。」太和十五年詔：〔一三一〕「自先朝以來，享祀凡千二百餘處。今欲減省，務從簡易。先常有水火之神四十餘名，及城北星神。今圜丘之下，既祭風伯、雨師、司中、司命等，明堂祭五祀，皆有此四十神，悉罷之。」初，每以正月吉日，於庭設幕，〔一三二〕中置松柏樹，設五帝座。至孝文，詔曰：「禮云，自外至者，無主不止。〔一三三〕此既無祖配，揆之古典，實無所取，又探册之祭，可悉罷之。」

校勘記

〔一〕太祝告土用牲幣　「土」原訛「王」，據周禮太祝及北宋本、傅校本、明刻本改。

〔二〕事訖　「訖」原作「畢」，據北宋本、傅校本、明抄本、明刻本改。

〔三〕以武宣后卞氏配　「卞」原訛「夏」，據北宋本、傅校本、明抄本、明刻本改。

〔四〕明帝太和六年　「太」原訛「泰」，據三國志魏書明帝紀及北宋本、傅校本、明抄本、明刻本改。

〔五〕按典瑞天子有事必告宗廟以象生也　按：周禮典瑞無此文意。

〔六〕太常位於阼階北面　按：「阼階」下疑有脱字，下云「差出公后」，則當亦於阼階西南。

〔七〕博士并引卿盥從公　「盥」原訛「與」，據王吴本改。按：北宋本作「興」，顯係「盥」之形訛。

〔八〕卿受脯於户外入於筵前　「入」下疑脱「設」字。按：設籩脯後乃可受豆醢。

〔九〕卿不興　「不」原訛「拜」，據北宋本、傅校本、明抄本、明刻本改。

〔一〇〕天球玉璽見於宗廟之宫　「宫」原訛「官」，據諸本改。

〔一一〕西岳之精申明天意　「申明」原訛脱爲「神」，據北宋本、傅校本、明刻本改補。

〔一二〕重出瑞璽王國之域　「國」北宋本、傅校本、明抄本、明刻本作「母」。

〔一三〕直當稱億兆羣情　「情」原訛「臣」，據北宋本、傅校本、明抄本、明刻本、王吴本改。

〔一四〕議可方論　「議」王吴本作「義」。

〔一五〕人意以祖宗非一且太廟合共事與古異　「人」原訛「今」，「且」原訛「但」，據北宋本、傅校本、明抄本改。

〔一六〕於禮不正　「禮」原訛「理」，據北宋本、傅校本、明刻本、王吴本改。

〔一七〕則卜特牲而用之　「特牲」原作「稷牛」，據北宋本、傅校本、明抄本、明刻本、王吴本改。

〔一八〕無本郊不滌牲之禮　「牲」原訛「郊」，據諸本改。

〔一九〕言依告設奠　「依」原訛「倞」，據諸本改。

〔二〇〕恐犯春秋再烝之譏　「譏」原訛「議」，據北宋本、傅校本、明抄本、明刻本、王吴本改。

〔二一〕臨行又徧告　「徧」原訛「偏」，據諸本改。

〔二二〕取其疎數若隨宜然　原「若」在「宜」下，今據北宋本、傅校本、明抄本、明刻本、王吴本乙。

〔二三〕君升祝奉幣從　「祝」原訛「視」，據諸本改。

〔二四〕又大戴遷廟禮文云　下引文今大戴遷廟篇不見。

〔二五〕反告設奠　「反」原訛「及」，據禮記曾子問改。

〔二六〕藏之必須事訖　「藏之」原涉上而脱，據北宋本、傅校本、明抄本、明刻本、王吴本補。

〔二七〕未訖則未藏　上「未」，北宋本、傅校本作「事」。

〔二八〕後告而明享　「而」原作「告」，據北宋本、傅校本、明抄本、明刻本、王吴本改。

〔二九〕宣后移廟爲但告東廟亦告太廟耶　原「移」訛「徙」，「爲」訛「或」，脱「耶」，據北宋本、傅校本、明抄本、明刻本、王吴本改補。

〔三〇〕維建元元年正月日　「日」王吴本作「甲」，與下「子」字連文。

〔三一〕四夷欵化貢萬物　「欵」原訛「欽」，據北宋本、傅校本、明抄本、明刻本、王吴本改。

〔三二〕以十三月爲正　通志禮略二無「三」字。

〔三三〕以十一月爲正　「一」原訛「二」，據北宋本、傅校本、明抄本、明刻本、王吴本改。

〔三四〕故正有三生三死土有三王王有一生一死　「三生」原作「二生」，「土」原作「王」，據北宋本、王吴本改。

〔三五〕夏法日日數十也　原脱一「日」字，據白虎通盧文弨校本補。

〔三六〕日無所不照　原脱「所」，據北宋本、傅校本、明抄本、明刻本補。

〔三七〕騵騂馬白腹　原作「騵馬腹赤」，誤。據禮記禮弓鄭注改。

〔三八〕高陽氏　原作「炎帝」，誤。據北宋本、傅校本、明抄本、明刻本改。

〔三九〕秦水德　「德」原訛「得」，據諸本改。

〔四〇〕色外黑内赤　「色」原訛「以」，據漢書郊祀志上一二一三頁改。

〔四一〕草改曆及服色事　原脱「草」，據漢書郊祀志一二一三頁補。按：「草」北宋本、傅校本、明抄本、明刻本誤作「革」。

〔四二〕春夏秋冬孟仲季月雖與正歲不同　原脱「夏」脱「正」，據三國志魏書明帝紀一〇八頁補。

〔四三〕礿祠烝嘗　「祠」原訛「祀」，據三國志魏書明帝紀一〇八頁改。

〔四四〕中氣早晚　「早晚」原倒，據三國志魏書明帝紀一〇八頁乙。

〔四五〕據土行也　「行」原訛「形」，據三國志魏書明帝紀裴注一〇八頁及北宋本、傅校本、明抄本、明刻本、王吴本改。

〔四六〕變周之制　「周」原訛「用」，據三國志魏書明帝紀裴注一〇八頁及諸本改。

〔四七〕武帝泰始二年　原脱「武帝」，據北宋本、傅校本、明抄本補。

〔四八〕令仍舊非也　「令」王吴本、殿本作「今」。

〔四九〕建寅月爲歲首　「首」原訛「月」，據諸本改。

〔五〇〕天寶九載　「載」北宋本、傅校本、明抄本、明刻本作「年」。

〔五一〕緋色幡　「緋」原作「絳」，據北宋本、傅校本、明抄本改。

〔五二〕冰方盛之時也　原脱「方」，據周禮凌人鄭注及北宋本、傅校本、明抄本、明刻本、王吴本補。

〔五三〕獻羔而開冰　原「羔」下衍「祭」，據北宋本、傅校本、明抄本、明刻本、王吴本删。

〔五四〕月令　「令」原訛「合」，據諸本改。

〔五五〕奎婁在東方　左傳昭公四年杜注作「奎星朝見東方」。

〔五六〕其藏冰也　「也」原訛「地」，據左傳昭公四年文及北宋本、傅校本、明抄本、明刻本、王吴本改。

〔五七〕癘疾不降　「疾」原訛「疫」，據左傳昭公四年文及北宋本、傅校本、明抄本、明刻本改。

〔五八〕祭司寒於凌室之北　「北」原訛「地」，據宋書禮志二四一一頁及北宋本、傅校本、明抄本、明刻本、王吴本改。

〔五九〕自春分至立秋　「春分」宋書禮志二四一一頁作「立夏」。

〔六〇〕隨冰供給　「供」宋書禮志二四一一頁作「借」。

〔六一〕凌室在樂遊苑内　「凌」原訛「度」，據宋書禮志二四一一頁及北宋本、王吳本改。

〔六二〕吏一人　宋書禮志二四一二頁無此三字。

〔六三〕朱絲縈社　「縈」原訛「禜」，據晉書禮志上五九七頁及北宋本、王吳本改。

〔六四〕禳祈　「禳祈」原倒，據北宋本、傅校本、明抄本、王吳本乙。

〔六五〕湯始得伊尹　原脱「湯」，據後漢書禮儀志中劉昭注三一二三頁及王吳本補。

〔六六〕鄭玄云疈疈牲胷也　原脱一「疈」字，據周禮大宗伯鄭注補。

〔六七〕則六癘作見　「見」原訛「是」，據周禮大祝鄭注及北宋本、傅校本、明刻本、王吳本改。

〔六八〕祈祝社稷禱祠　「祈祝」，周禮大祝作「彌祀」。

〔六九〕諸祈禱祠之以報　「祠」原作「祀」，據北宋本、傅校本、明抄本、明刻本改。按：周禮大祝鄭注作「諸所禱既則祠之以報焉」。

〔七〇〕禳猶却也　「却」原訛「卯」，據禮記祭法鄭注及諸本改。

〔七一〕則或禳之或祈之　原作「則或祈之或禱之」，據禮記祭法鄭注及北宋本改。

〔七二〕淫祀　「祀」原作「祠」，據北宋本、傅校本、明抄本、明刻本、王吳本改。

〔七三〕舜有拂卵無磔雞　「卵」北宋本作「夘」。「拂卵」疑係「桃印」之訛。

〔七四〕雞特禳釁之事　「釁」原訛「宜」，據晉書禮志上六〇〇頁及北宋本、傅校本、明抄本、明刻本、王吳本改。

〔七五〕桃印本漢制　原脱訛作「卵本漢制」，「卵」北宋本、傅校本、明抄本、明刻本作「夘」，亦非。據晉書禮志上六〇〇頁補改。

〔七六〕娀簡吞之　「簡」原作「狄」，據禮記月令鄭注及北宋本、傅校本、明抄本、明刻本改。

〔七七〕禖祀也　「祀」原作「祠」，據後漢書禮儀志上劉昭注三一〇七頁改。

〔七八〕其來主爲孚乳蕃滋　「爲」原作「於」，據後漢書禮儀志上劉昭注三一〇七頁及北宋本、傅校本、明抄本、明刻本改。

〔七九〕玄鳥至時陰陽中　「時」原訛「而」，據後漢書禮儀志上劉昭注三一〇八頁及北宋本、傅校本、明抄本、明刻本、王吳本改。

〔八〇〕未知設造所由　「未」原訛「求」，據北宋本、傅校本、明抄本、明刻本、王吳本改。

〔八一〕文如竹葉　「文」原訛「處」，據隋書禮儀志二一四六頁改正。

〔八二〕北齊制高禖壇於南郊旁　「制」原作「置」，據北宋本、傅校本、明抄本、明刻本改。

〔八三〕祀日　原脱，據隋書禮儀志二一四七頁及王吳本補。

〔八四〕官民皆潔於東流水上　後漢書禮儀志上三一一〇頁同。「潔」晉書禮志下六七一頁及王吳本作「禊」。

〔八五〕皆禊洛水之側　「洛」原訛「浴」，據晉書禮志下六七一頁、南齊書禮志上一四九頁及北宋本、傅校本、明抄本、明刻本、王吳本改。

〔八六〕東晉元帝又詔罷三日弄具　「帝」原訛「年」，「日」原訛「月」，據晉書禮志下六七一頁、南齊書禮志上一四九頁改。按：北宋本、傅校本、明抄本「日」字不誤。

〔八七〕按禊與曲水　原脱「按」，據北宋本、傅校本、明抄本、明刻本、王吳本補。

〔八八〕會天泉池　「泉」晉書禮志下六七一頁、宋書禮志二三八六頁、南齊書禮志上一四九頁作「淵」，通典諱改。

〔八九〕跨水流杯飲酒　南齊書禮志上一四九頁同。晉書禮志下六七一頁「跨」作「本」。

〔九〇〕三月上巳之溱洧兩水之上　原「溱」上衍「日」，「洧」下脱「兩」，據後漢書禮儀志上劉昭注三一一一頁、宋書禮志二三八六頁刪補。

〔九一〕祓者祉也　南齊書禮志上一四九頁「祓」作「巳」。

〔九二〕上巳日産一女　「巳」原訛「祀」，據後漢書禮儀志上劉昭注三一一一頁、宋書禮志二三八五頁及諸本改。

〔九三〕馬融梁冀西第賦云　原脱「賦」，據南齊書禮志上一五〇頁補。

〔九四〕人胥祓禳　「禳」原作「禊」，據北宋本、傅校本、明抄本、明刻本改。按：宋書禮志三八六頁作「除」。

〔九五〕國子水嬉　「子」原訛「予」，據宋書禮志二三八六頁及北宋本、傅校本、明抄本、王吳本改。

〔九六〕周立壽星祠於下杜亳　漢書郊祀志上一二〇七頁無「下」字。

〔九七〕亳亭　漢書郊祀志上顏注一二〇八頁作「薄亭」。亳薄同音通用。

〔九八〕宣王伏弓衣而死　原脱「衣」，據漢書郊祀志上顏注一二〇八頁補。

〔九九〕或歲數　「或歲」原倒，據漢書郊祀志上一一九五頁及北宋本、傅校本、明抄本、明刻本、王吳本乙。

〔一〇〇〕野雞皆鳴以應之也　「皆鳴」原訛「聞之」，據漢書郊祀志上顏注一一九六頁及北宋本、傅校本、明抄本、明刻本、王吴本改。

〔一〇一〕皆在齊北　「齊」原訛「西」，據史記封禪書一三六七頁、漢書郊祀志上一二〇二頁改。

〔一〇二〕巫之最先者也　「先」原訛「前」，據漢書郊祀志上顏注一二一一頁及北宋本、傅校本、明抄本、明刻本、王吴本改。

〔一〇三〕説者云文昌第四星也　原脱「説者云」，據漢書郊祀志上顏注一二一一頁及北宋本、傅校本、明抄本、明刻本、王吴本補。

〔一〇四〕東方旻天　「旻」原訛「昊」，據漢書郊祀志上顏注一二一一頁及北宋本、傅校本、明抄本、明刻本改。

〔一〇五〕其後子孫以尊著　「著」原作「顯」，據北宋本、傅校本、明抄本、明刻本改。按：通典例避中宗諱。

〔一〇六〕又帝師少君求仙　「君」原訛「翁」，據史記孝武本紀四五五頁、封禪書一三八五頁和漢書郊祀志上一二一六頁改。下同。

〔一〇七〕持雞骨而卜如鼠卜也　原脱「骨」字，據漢書郊祀志下李奇注一二四一頁補。

〔一〇八〕而其祠皆見鬼　「見」原訛「用」，據史記封禪書一三九九頁、漢書郊祀志下一二四一頁及北宋本、傅校本、明抄本、明刻本改。

〔一〇九〕亦祠天神帝百鬼　「帝」原訛「祭」，據漢書郊祀志下顏注一二四一頁及北宋本、傅校本、明刻本改。

〔一一〇〕又祠天封苑火井於鴻門　原脱「天」，據漢書郊祀志下一二五〇頁補。下同。

〔一一一〕曲城　「城」原訛「成」，據漢書郊祀志下一二五〇頁改。

〔一二〕又有月祠蚩尤勞谷五牀山五帝仙人玉女金馬碧雞等神遣諫大夫王褒使持節而求焉　「諫」下原衍「議」，據漢書郊祀志下一二五〇頁刪。按：西漢無諫議大夫。又按：據漢志遣王褒使持節所求之神，惟益州之金馬碧雞。此失原意。

〔一三〕以十月　魏書禮志一二七三五頁作「以十一月」。

〔一四〕又立獻明以上所立天神四十所歲二祭　原脱「所立」、「二」，據魏書禮志一二七三五頁補。

〔一五〕淫祀興廢　「祀」原作「祠」，據北宋本、傅校本、明抄本、明刻本改。

〔一六〕子孫飲馬於河遂都雍雍祠自此興　原脱「馬」，脱一「雍」，據史記封禪書一三六〇頁、漢書郊祀志上一一九六頁補。

〔一七〕漢成帝立　原脱「立」，據北宋本、傅校本、明抄本、王吴本補。

〔一八〕奏罷雍鄜密上下畤　原脱「密」，據漢書郊祀志下一二五七頁補。

〔一九〕孝武薄忌太一　「忌」原訛「志」，據漢書郊祀志下一二五七頁及北宋本、傅校本、明抄本改。

〔二〇〕平帝末年崇淫祀　檢漢書郊祀志下一二七〇頁知此節所敍淫祀乃王莽末年事。

〔二一〕先王制祀　「祀」三國志魏書文帝紀八四頁作「禮」，蓋杜佑針對本節淫祀而改作「祀」。

〔二二〕昔帝王修岳瀆山川　「修」原作「循」，據晉書禮志上六〇〇頁改。

〔二三〕然以道莅天下　「莅」原訛「別」，據晉書禮志上六〇〇頁改。按：北宋本音訛作「利」，後人遂改「別」矣。

〔二四〕其鬼不傷人　晉書禮志上六〇〇頁作「其鬼不神其神不傷人」。

〔二五〕何琦請備五岳祠曰　「琦」原作「瑾」，據晉書禮志上五九八頁改。按：晉書無「何瑾」。

〔二六〕廬江郡遣大吏兼假四時禱賽　「吏」原訛「夫」，據晉書禮志上五九八頁改。

〔二七〕孝武孝建初　原脱「孝武」，據宋書禮志四四八八頁補。

〔二八〕漸皆修復　「修」原作「循」，據宋書禮志四四八八頁改。

〔二九〕明帝立九州廟於雞籠山大聚羣神　「帝」原訛「年」，「神」原訛「臣」，據宋書禮志四四八八頁改。

〔三〇〕夫神聰明正直　原脱「聰」，據魏書禮志一二七四〇頁補。

〔三一〕太和十五年詔　「五」原訛「四」，據魏書禮志一二七四八頁改。

〔三二〕於庭設幕　魏書禮志一二七四八頁「庭」上有「朝」。

〔三三〕自外至者無主不止　「止」原訛「立」，魏書禮志一二七四八頁同。北宋本、傅校本、明刻本、王吴本「正」，亦誤。今據公羊傳宣公三年文訂正。

王文錦點校

通典卷第五十六

禮十六 沿革十六 嘉禮一

天子加元服 皇太子冠皇子皇孫附 諸侯大夫士冠 大功小功末冠議 女笄

天子加元服周 漢 後漢 魏 東晉 後魏 北齊 大唐

周制，文王年十二而冠，文王十三生伯邑考。左傳曰：「冠而生子，禮也。」許慎五經異義曰：「春秋左氏傳說，歲星爲年紀十二而一周於天，天道備，故人君子十二可以冠。〔一〕自夏殷天子，皆十二而冠。」成王十五而冠。譙周五經然否論云：「古文尚書說，武王崩，成王年十三。推武王以庚辰歲崩，周公以壬午歲出居東，癸未歲反。禮公冠記，〔二〕周公冠成王，命史作祝辭告，是除喪冠也。周公未反，成王冠弁，開金縢之書，時十六矣。是成王十五，周公冠之而后出也。」許慎五經異義云：「武王崩，後管蔡作亂，周公出居東，是歲大風，王與大夫冠弁開金縢之書，成王年十四，是喪冠也者，恐失矣。」按禮、傳天子之年，近則十二，遠則十五，必冠矣。將冠，筮日、筮賓。冠義曰：「古者，聖王重冠，筮日筮賓，〔三〕所以敬冠事。」既言古者，則不起於周。行之於廟，冠義曰：「重冠故行之於廟者，不敢擅重事，所以自卑而尊先祖也。」冠委貌於阼，三加彌尊。冠義曰：「冠於阼，以著代也。三加彌尊，加有成也。」大戴禮公冠篇曰「公冠四加，三同士，後加玄冕。天子亦四加，後加衮冕。」祼享樂於廟。所以知冠有享樂者，春秋左傳曰：「晉侯問魯大夫季武子襄公年，曰：「君可冠矣。」武子對曰：「君冠必以祼享之禮行之，以金石之樂節之，以先君之祧處之。」周公冠成王，命祝雍頌曰：〔四〕「近於人，〔五〕遠於年，遠於佞，近於義，嗇於時，惠於財，祿賢使能。」〔六〕

說曰：冠義云：「冠者，禮之始也。凡人之所以爲人者，禮義也。禮義之始，在於正容體，齊顏色，順辭令，而後禮義備，以正君臣，親父子，和長幼。故冠而後服備，服備而後容體正，顏色齊，辭令順。古者聖王重冠，所以爲國本也。」五經要義云：「冠，嘉禮也。冠，首服也。首服既加，而後人道備，故君子重之，以爲禮之始矣。孔子曰：『正其衣冠，尊其瞻視，儼然人望而畏之。』又曰『不莊以莅之，則民不敬』。此人君早冠之義也。〔七〕王教之本，不可以童子之道理焉。」或云：「周禮雖有服冕之數，而無天子冠文。又儀禮云公侯冠禮者，王肅、鄭玄皆以爲夏末衰亂，篡弒所由生焉，故作公侯冠禮，則明無天子冠禮之審也。〔八〕又無大夫冠禮，古者五十而後爵，何大夫冠禮之有。周人五十而有賢才，則試以大夫之事，猶行士禮。故筮日筮賓，冠於阼以著代，〔九〕醮於客位，三加彌尊，皆士禮也者。」今按：大戴禮有公冠篇云：「公冠四加，天子亦四加。」又家語冠頌云：「王太子之冠，擬諸侯之冠；天子之元子，亦擬諸侯四加；諸侯之子同於士。」據此，自天子至於諸侯，非無冠禮，但因秦焚書，遂同蕩滅。其周制士冠禮，頗備，王者時採行焉。

漢改皇帝冠爲加元服。惠帝加元服，用正月甲子若景子爲吉。〔一〇〕昭帝冠辭曰：「陛下摛著先帝之光輝，〔一一〕以承皇天之嘉祐，〔一二〕欽奉仲春之吉辰，〔一三〕普尊大道之郊域，〔一四〕秉率萬福之丕靈，〔一五〕始加昭明之元服，推遠沖孺之幼志，〔一六〕蘊積文武之就德，〔一七〕肅勤高祖之清廟，六合之內，靡不蒙福，承天無極。」〔一八〕

後漢制，正月甲子若景子爲吉日，可加元服，儀從冠禮。乘輿初加緇布進賢，次爵弁，次武弁，次通天，冠訖，皆於高廟如禮謁見。〔一九〕續漢書云：「加元服，乘輿皆於高祖廟，謁見世祖廟，〔二〇〕始冠緇布冠於宗廟，從古制。」和帝冠以正月甲子，乘金根車，駕六玄虬，至廟成禮，乃迴軫反宮，朝服以饗宴，撞太蔟之庭鐘，咸獻壽焉。黃香頌云：「惟永元之盛代，聖皇德之茂純，躬烝烝之至孝，崇敬順以奉天。以三載之孟春，建寅月之上旬，皇帝時加玄冕，簡甲子之元辰。皇輿幸夫金根，六玄虬之連蜷，建螭龍以爲旂，鳴節路之和鑾。既臻廟以成禮，乃迴軫而反宮，正朝服以享燕，撞太蔟之庭鐘。祚蕃屏與鼎輔，暨夷蠻之君王，咸進爵於金罍，獻萬壽之玉觴。」頌文多，今但録其事耳。蜷音權。順帝以初月景子，加元服於高廟。時兼用曹褒新禮，其儀不存。順帝都洛陽，亦立高祖廟矣。獻帝興平元年正月甲子，加元服。司徒淳于嘉爲賓，加賜玄纁駟馬。賜貴人、王、公、卿、司隸校尉、城門五校、侍中、尚書、給事黃門侍郎各一人爲太子舍人。

魏氏天子冠一加。其説曰：「古之士禮，服必三加彌尊，所以喻其志。至於天子諸侯加數無文者，〔二一〕將以踐阼臨人，尊極德成，不復與士以加喻勉爲義。」禮冠於廟，自魏不復在廟矣。

東晉諸帝冠儀，一加幘冕。將冠，金石宿設，百僚陪位。又先於殿上鋪大牀，御府令奉冕、幘、簪導、衮服以授侍中常侍，〔二二〕太尉加幘，太保加冕。〔二三〕將加冕，太尉跪讀祝文曰：〔二四〕「令日吉辰，〔二五〕始加元服。皇帝穆穆，思弘衮職。欽若昊天，六合是式。率遵祖考，永永無極。〔二六〕眉壽惟祺，介茲景福。」加冕訖，侍中繫玄紘，〔二七〕脱帝絳紗服，加衮服。〔二八〕冠事畢，太保率羣臣奉觴上壽，〔二九〕王公以下三稱萬歲乃退。孫毓五禮駮曰：「魏氏天子一加，三加嫌同諸侯。毓按，玉藻記曰：『玄冠朱組纓，〔三〇〕天子之冠也。緇布冠繢緌，諸侯之冠也。』其説謂皆始冠，則是有次加之辭。此二冠皆卑服質古，勢不一加，必重加朝祭之服，以崇彌尊。聖人制禮，所以一時歷加衆服者，今始成人，卜擇令日而徧加之，所以重始也。若冠日有不加者，後必不擇吉而服，非重始也。又禮器有以少爲貴者，冠不在焉。記有彌尊喻志之言，蓋以服從卑始，象德日新，不可先服尊服，轉而即卑。今嫌士禮喻志之文，因從魏氏一加之制，考之玉藻，似非古典。今三加者，先冠皮弁，次冠長冠，後冠進賢冠，以爲彌尊，於意又疑。裴頠答治禮問，『天子禮玄冠者，形之成也。爲君未必成人，故君位雖定，不可孩抱而服冕弁』。摯虞以爲『天子即位之日，即爲成君，冕服以備，不宜有加』。諸侯即位爲成君，位豈不定？〔三一〕諸侯成君，不拘盛典而可以冠，天子成君，獨有火龍黼衣便不可乎？意爲宜冠有加。」

成帝用三元吉日，既加元服，拜於太廟。穆帝、孝武將冠，皆先以幣告廟，訖事，又廟見。臺符問：「修復未畢，吉凶不相干，爲可加元服與不？」太常王彪之議：「禮雖有喪冠，當是應冠之年，服制未終，若須服終，便失應冠之年故也。禮所以冠無定時月，春夏不可，便用秋冬。若今歲内修復未畢，入新年，卜仲春之日，加元服，不失年，不失禮。今便准喪冠，闕饗樂而行事，誠有倚傍。然加衮冕，火龍焕然，以准喪儀，情有不體。若別有事，必速加元服，權諸輕重，不須修復畢者，便當准喪冠耳。」又議：「新年至尊當加元服。今若依成帝故事用三元日者，冠有金石之樂，恐修山陵未畢，於樂便闕。禮，冠自卜日。又云『夏葛屨，冬皮屨』，明無定時，〔三二〕不必三元也。按晉故事及兩漢，皆非三元，當任時事之宜耳。」又議：「近訪得成皇帝加元服儀注，闕無拜廟事。按禮，冠皆於廟。儀禮云『既畢，賓出，主人送於廟門』。明必在廟。近代以來，不復在廟。成皇帝既加元服，拜太廟以告成，蓋亦猶擬在廟之儀。今既加元服，亦應拜廟。」

後魏正光元年秋，孝明帝年十一，加元服訖，拜太廟，大赦改元。

北齊制，皇帝加元服，以玉帛告圜丘方澤，以幣告廟。擇日臨軒，中嚴，羣官位定，皇帝著空頂介幘以出。太尉盥訖，升，脱空頂幘，以黑介幘奉加。訖，太尉進太保之右，北面讀祝。訖，太保加冕，侍中繫玄紘，〔三三〕脱絳紗袍，加衮服。事畢，太保上壽，羣官三稱萬歲。皇帝入温室，移御座，會而不上壽。〔三四〕後日，文武羣官朝服，〔三五〕上禮酒十二鍾，米十二囊，牛十二頭。又擇日，〔三六〕親拜圜丘方澤，謁廟。

大唐之制，如開元儀。

皇太子冠 皇子皇孫附○周　漢　魏　晉　宋　齊　梁　後魏　北齊　隋　大唐

周制，天子元子猶士也，天下無生而貴者也。元子，嗣子也。無生而貴，皆由下升也。明人有賢行著德，乃得貴之。家語冠頌曰：〔三七〕「天子之元子之冠，擬諸侯之冠，四加。」

漢宣帝冠太子以正月。冠諸王，遣使行事。

魏氏冠太子，再加。皇子、王公嗣子，乃三。孫毓以爲一加再加，皆非禮也。冠諸王，因漢遣使行事。

晉惠帝之爲太子，將冠，武帝臨軒，使兼司徒高陽王珪加冠，兼光祿大夫、屯騎校尉華廙贊冠。武、惠冠太子，冠訖，皆即廟見，斯亦擬在廟之儀。泰始六年，〔三八〕南宮王承年十五，依舊〔三九〕應冠。有司議奏：〔四〇〕「禮十五成童。國君十五而生子，以明可冠之宜。〔四一〕又漢魏遣使冠諸王，非古典。」於是制儀，王十五而冠，〔四二〕遂革使命。咸寧二年秋閏九月，遣使冠汝南王柬。惠帝以正月景午，冠太子訖，乃廟見。懷帝亦以正月冠皇太子。

宋冠皇太子及藩王以一加。

齊武帝孫南郡王昭業冠，從尚書令王儉議，使太常持節一加冠，大鴻臚爲贊，醮酒之儀，國官陪位，拜賀如常。其日，内外二品清官以上，詣公車門集賀，并詣東宮南門通牋。別日上禮，宮臣亦詣門稱慶，(四三)如上臺之儀。既冠之後，剋日謁廟。儉議曰：「皇孫冠事，歷代所無，禮雖有嫡子無嫡孫，然南郡王體自儲暉，實惟國重，(四四)元服之典，宜異列藩。依於諸王則輕，同於儲皇則重。按士冠禮：『主人玄冠朝服。』注云：『主人，冠者之父兄也。』尋其言父及兄，則明祖在，父不爲主也。(四五)又春秋之義，『不以父命辭王父命』，則皇太子無專用之道。宜使太常持節一加冠。」并撰立贊冠醮酒二辭，不依藩國。詔可也。祝辭曰：「皇帝使給事中、太常、武安侯蕭惠本加南郡王冠。(四六)筮日戒賓，(四七)肇加元服。棄爾幼志，從厥成德。親賢使能，克崇景福。」(四八)醮酒辭曰：「旨酒既清，嘉薦既盈。兄弟具在，淑慎儀形。(四九)永永眉壽，(五〇)於穆斯寧。」明帝冠太子用正月。

梁武帝天監十三年正月，冠太子於太極殿，修前代之儀。

後魏孝文帝冠皇太子恂於廟。詔曰：「司馬彪漢志：漢帝有四加冠，一緇布，二進賢，三武弁，四通天。朕見家語冠頌篇，四加冠，公也。家語，孔子之言，與正經何異？諸儒忽司馬彪志，(五一)致使天子之子，而行士冠。朕以爲有賓，諸儒皆以爲無賓。孔氏所云『斐然成章』，其斯之謂矣。」

北齊制，皇太子冠，則太尉以制幣告七廟。擇日臨軒，有司供帳於崇正殿。中嚴，皇太子空頂幘公服出，立東階之南，西面。使者入，立西階之南，東面。受詔訖，〔五二〕入室盥櫛，出，南面。使者進揖，詣冠席，西面坐。光禄卿盥訖，詣太子前跪櫛。使者又盥，奉進賢三梁冠，至太子前，東面祝，脱空頂幘，加冠。太子興，入室更衣，出，又南面就席。光禄卿盥櫛。使者又盥祝，脱三梁冠，再加遠遊冠。太子又入室更衣。設席中楹之西，使者揖就席，南面。光禄卿洗爵酌醴，使者詣席前，北面祝。太子拜，受醴，即席坐，祭之，啐之，奠爵，降階，復本位，西面。三師、三少及在位羣官拜事訖。又擇日會宫臣，又擇日謁廟。

隋制，皇太子將冠，前一日，帝齋於大興殿。太子與賓贊及預從官，齋於正寢。其日質明，有司告廟，各設筵於阼。〔五三〕帝衮冕即御座。〔五四〕賓揖太子進，〔五五〕升筵，西向坐。贊冠者坐櫛，設纚。賓盥訖，初加緇布冠，贊冠進設頍丘癸切纓。〔五六〕賓揖太子適東序，衣玄衣素裳以出。贊者又坐櫛，賓進加遠遊冠。改服訖，賓又受冕。太子適東序，改服以出。賓揖太子南面立，賓受醴，〔五七〕進筵前，北面立祝。之又切。太子拜受觶。賓復位，東面答拜。贊者奉〔五八〕饌於筵前，太子祭奠。禮畢，降筵，進當御，東面拜。納言承詔，詣太子戒訖，太子拜。贊者引太子降自西階。賓少進，字之。贊者引太子進，立於庭，東面。諸親拜訖，贊者拜，太子皆答拜。與賓贊俱復位。〔五九〕納言承詔降，命令有司致禮。賓贊又拜。〔六〇〕帝復降阼階下，拜，太子以下皆拜。〔六一〕帝出，更衣還宫。太子從至閤，〔六二〕因入見皇后拜而

還。〔六三〕

大唐貞觀五年正月，〔六四〕有司上言：「皇太子將行冠禮，〔六五〕宜用二月爲吉，請追兵以備儀注。」太宗曰：「今東作方興，恐妨農事。」令改用十月。〔六六〕太子少保蕭瑀奏稱：「准陰陽家，用二月爲勝。」上曰：「陰陽拘忌，朕所不行。若動靜必依陰陽，不顧禮義，欲求福祐，其可得乎！若所行皆遵正道，自然當與吉會。且吉凶在人，豈假陰陽拘忌？農時甚要，不可暫失。」開元六年，侍中宋璟上表曰：「臣伏以太常狀，准東宮典記，〔六七〕有上禮之儀。謹按上禮非古，從南齊、後魏方始有此事。而垂拱、神龍，更扇其道，羣臣斂錢獻食，君上厚賜答之，姑息施恩，方便求利。皇太子冠乃盛禮，自然合有錫賚。上臺東宮兩處宴會，〔六八〕非不優厚。其上禮宜停。」其儀具開元禮。

諸侯大夫士冠 夏 周 後漢 晉 大唐

夏小正記：二月，冠子之時也。

周制，繼世以立諸侯，象賢也。象，法也。爲子孫能法其先祖之賢，故使之繼世。諸侯之子冠，亦用士禮也。冠禮，筮日筮賓，冠於阼，醮於客位，三加彌尊。阼謂主人之北也。嫡子冠於阼，若不醴，則醮用酒。於客位，敬而成之也。户西爲客位。庶子冠於房户外，〔六九〕又因醮焉，不代父也。冠者初加緇布，次加皮弁，次加爵弁，每加益尊，所以益成也。已冠而字之。成人之道也，字所以相尊也。〔七〇〕見於母，母拜之。見於兄弟，兄弟拜之。成人而與爲禮。

左傳曰：「晉侯問襄公年，大夫季武子對曰：〔七一〕『會於沙隨之歲，寡君以生。』晉侯曰：『十二年矣，是謂一終，一星終也。國君十五而生子，冠而生子，禮也。君可以冠矣，〔七二〕大夫盍爲冠具？』武子對曰：『君冠必以祼享之禮行之，以金石之樂節之，以先君之祧處之。今寡君在行，未可具也。請及兄弟之國而假備焉。』晉侯曰：『諾。』公還，〔七三〕及衞，冠於成公之廟，假鐘磬焉，禮也。」大戴禮公冠篇云「公冠四加」。家語冠頌云「諸侯之子，冠同於士」。

士，男子二十而冠。漢戴聖云：「男子，陽也。陽成於陰。偶數起於二，終二十，謂之小成，而冠。」鄭玄云：「任士職，居士位，故曲禮云，二十曰弱冠。」孔穎達云：「十九以下爲殤。身有德行，幼爲大夫，則不待二十而冠。」將冠，筮日於廟門。廟，禰廟也。冠必筮日於廟門者，重以成人之禮。不於堂者，嫌蓍之靈由廟神。主人玄冠，〔七四〕朝服，緇帶，素韠，即位于門東，西面。主人，將冠者之父兄也。玄冠，委貌也。朝服者，十五升布衣而素裳也。衣不言色者，衣與冠同也。筮必朝服者，尊蓍龜之道也。緇帶，黑繒帶也。士帶博二寸，再繚四寸，屈垂三尺。素韠，白韋韠也。凡染黑，五入爲緅，六入爲玄，爲緇。有司如主人服，即位于西方，東面北上。筮與席、所卦者，具饌于西塾。布席于門中，闑西閾外，西面。筮人執筴，抽上韇，兼執之，進，受命於主人。宰自右少退贊命。筮人許諾，右還，即席坐，西面。卦者在左。卒筮，書卦，執以示主人。主人受視，反之。筮人還，東面，旅占，卒，進告吉。若不吉，則筮遠日如初儀。旬之外日。

主人戒賓，戒，告也。賓，主人之僚友也。將冠子，故就告使來。〔七五〕曰：「某有子，某將加布於其首，願吾子教之。」賓對曰：「某不敏，恐不能共事，以病吾子，敢辭。」病猶辱也。共音恭。主人曰：「某猶願吾子之終教之。」賓對曰：「吾子重有命，某敢不從。」主人再拜，賓答拜。主人退，賓拜送。退，去歸也。

前期三日，〔七六〕筮賓，如求日之儀。賢者恆吉，冠必筮日筮賓者，所以敬冠事、重冠禮者也。乃宿賓。賓如主人服，出門左，西面再拜，主人東面答拜，宿，進也。如主人服，朝服。乃宿曰：「某將加布於某之首，吾子將蒞之，敢宿。」賓對曰：「敢不夙興。」主人再拜，賓答拜。主人退，賓拜送。乃宿賓者，親相見，致其辭。宿贊冠者一人，亦如之。贊冠者，佐賓爲冠事者。

冠日夙興，設洗，直於東榮。榮，屋翼也。直音值。陳服於房中西墉下，東領，北上。冠時先用卑服，故北上，便。爵弁服：纁裳，純衣，緇帶，韎韐。此助君祭之服。爵弁，冕之次也，其色赤而微黑，如爵頭然。用布三十升。纁裳，淺絳裳也。純衣，絲衣也。韎音妹。韐音閤。皮弁服：素積，緇帶，素韠。此與君視朔之服也。皮弁者，以白鹿皮爲冠，象上古也。積猶辟也，以素爲裳，辟蹙要中。衣布亦以十五升，其色象焉。玄端：玄裳、黄裳、雜裳可也，緇帶，爵韠。此莫夕於朝之服。玄端即朝服之衣易其裳耳。上士玄裳，中士黄裳，下士雜裳。雜裳者，前玄後黃。士皆爵韋爲韠，其爵同。不以玄冠名服者，爲緇布冠陳之。緇布冠頍項，青組纓屬於頍；緇纚，廣終幅，長六尺；皮弁笄；爵弁笄；緇組紘，纁邊；同篋。緇布冠無笄，著頍，圍髮際，結項中，隅爲四綴以固冠，項中有䋲，亦由固頍之爲耳。今未冠笄者，著卷幘，頍象之所生也。屬猶著也。纚今之幘梁。終，充也。纚一幅長六尺，足以韜髮而結之矣。笄，今之簪。有笄者屈組爲紘，垂爲飾；無笄者纓而結其絛。纁邊，組側赤也。同篋謂此上六物。隋方曰篋。〔七七〕隋音他果切。櫛實於簞，簞，笥也。蒲筵二，在南。敷陳曰筵，藉之曰席。上重者皆言席，取相承藉之義，在地多言筵也。側尊一甒醴，在服北。側猶特也，無玄酒也。爵弁、皮弁、緇布冠，各一匴，蘇管切。執以待於西坫南，南面，東上。匴，今時冠箱。執之者，有司也。

主人玄端爵韠，立阼階下，直東序，西向。玄端，士入廟服也。爵韠，謂淺赤色韋爲韠。兄弟畢袗玄，立於洗東，西面北上。兄弟，主人親戚也。畢猶盡。袗，同也。同玄衣、玄裳、緇帶、緇韠。袗音之忍切。儐者玄端，負東塾。門内東堂，負之北面。將冠者采衣紒，在房中，南面。采衣，未冠所服。凡童子緇布衣錦緣，錦紳并紐，錦束髮，皆朱錦也。紒，結髮也。

賓至，主人拜迎於外門之外，揖讓而入。主人升，立於東序端，西面。賓西序，東面。主人賓俱升，〔七八〕立相鄉。贊者盥于洗，西升，立于房中，西面南上。盥于洗西，由賓階升也。立于房中，近其事也。南上，尊于主人之贊者。

主人之贊者，筵於東序，少北，西面。嫡子冠於阼，少北，避主人也。若庶子則冠於户外，南面，遂醮焉。不於客位者，不代父，成而不尊。將冠者出房，南面。贊者奠纚、笄、櫛於筵南端。贊者，賓之贊冠者也。奠，停也。賓揖將冠者即筵坐。贊者坐櫛，設纚。賓降西階一等，執冠者升一等，東面授賓。〔七九〕冠，緇布冠。賓右手執項，左手執前，進容，進容者，行翔而前蹌焉。〔八〇〕乃祝曰：「令月吉日，始加元服，棄爾幼志，順爾成德，壽考維祺，介爾景福。」元，首也。祺，祥。介、景，皆大也。坐乃冠，興，復位。贊者卒。卒謂設頍項，結纓。冠者興，賓揖之，適房，服玄端爵韠，出房南面。復出房南面者，一加禮成，觀衆以容體。

賓揖之即筵，降二等，受皮弁，右手執項，左手執前，進，祝曰：「吉日令辰，乃申爾服，敬爾威儀，淑慎爾德，眉壽萬年，永受胡福。」申，重也。胡猶遐遠無窮也。今按詁訓，胡不訓遐，疑胡當爲嘏，嘏訓爲大。或當時傳寫謬誤，鄭玄不加審正，臆斷爲遐耳。加之如初，復位，贊者卒紘。卒紘，謂繫屬也。興，賓揖之，適房，服素積素韠，容，出房南面。容者，再加彌成，其儀益繁。

賓降三等，至地也。受爵弁，進，祝曰：「以歲之正，以月之令，咸加爾服，兄弟具在，以成厥德，黃耇無疆，受天之慶。」正猶善也。加之，服纁裳韎韐，其他如加皮弁之儀。他謂卒紘容出。徹皮弁、冠、櫛、筵，入於房。主人贊者徹之。

筵於户西，南面。筵主人之贊也。贊者洗于房中，側酌醴，加柶，覆之，面葉。〔八一〕賓揖冠者就筵，筵西南面。〔八二〕賓受醴於户東，筵前北面，辭曰：「甘醴惟厚，嘉薦令芳，拜受祭之，以定爾祥，承天之休，壽考不忘。」嘉，善也。嘉薦謂脯醢。芳，香。不忘，長有令名。冠者筵西拜，受觶，賓東面答拜。筵西拜，南面拜也。賓還，答拜於西序之位。東面者，明成人與爲禮，異於答主人。

冠者奠觶於薦東，降筵，北面坐，取脯，降自西階，適東壁，北面見於母。薦東，薦左也。適東壁者，出闈門也。時母在闈門之外。婦人入廟由闈門也。〔八三〕母拜受，子拜送，母又拜。婦人於丈夫，雖其子，猶俠拜之。若冠者母不在，則使人受脯於西階下。〔八四〕不在，謂疾病或歸寧。使人受脯而後歸。

賓降，直西序，東面。主人降，復初位。初位，初至階讓升之位也。冠者立於西階東，南面。賓字之，曰：「禮儀既備，令月吉日，昭告爾字，爰字孔嘉，髦士攸宜，宜之於嘏，永受保之。曰伯某甫。」伯仲叔季，惟其所當。爰，於也。孔，甚也。髦，俊也。攸，所也。於猶爲也。嘏，大也。伯仲叔季，長幼稱也。甫，丈夫之美稱。冠者對。其辭未聞。

賓出，主人送於廟門外。冠者見於兄弟，兄弟再拜，冠者答拜。見贊者西面拜，亦如之。〔八五〕入見姑姊如見母。入，入寢門。〔八六〕不見妹，卑也。

乃醴賓以一獻之禮。一獻者，主人獻賓而已，即燕。無亞獻者獻酢酬，賓與主人各兩爵而禮成。〔八七〕主人酬賓束帛、儷皮。飲賓客而從之以財貨曰酬。〔八八〕束帛，十端。儷皮，兩鹿皮也。贊者皆與，贊冠者爲介。贊者，衆賓也。皆與，亦飲酒。介，賓之輔，以贊爲之，尊之。賓出，主人送於外門外，再拜。歸賓俎。一獻之禮，有薦有俎。〔八九〕使人歸諸賓家。〔九〇〕其牲未聞。

冠者易服，服玄冠，玄端，爵韠，奠贄見於君。遂以贄見於鄉大夫，〔九一〕鄉先生。易服不朝服者，非朝事也。贄，雉也。鄉先生，鄉中老人爲卿大夫致仕者。

父殁而冠，則已冠，埽地而祭於禰。盧植曰：「本父當成之，不能成，故已冠而祭之，若成之矣。」已祭而見伯父、叔父，而後饗冠者。盧植曰：「飲賓也。」鄭玄曰：「享禮之。」王肅曰：「兄弟飲冠者身。」

曾子問曰：「將冠子，冠者至，揖讓而入，聞有齊縗大功之喪，如之何？」冠者，賓及贊者。孔子曰：「內喪則廢。外喪則冠而不醴，徹饌而埽，即位而哭，如冠者未至則廢。內喪，同門也。不醴，不醴子也。其廢者，喪成服，因喪冠矣。若將冠子，未及期日，而有齊縗、大功、小功之喪，則因喪服而冠。」廢吉禮而因喪冠，俱成人之服也。〔九二〕及，至也。「除喪不改冠乎？」孔子曰：「天子賜諸侯大夫冕弁服於太廟，歸設奠，服賜服，〔九三〕於斯乎有冠醮，無冠醴。」

議曰：冠者表成人之容，正尊卑之序，而令母兄姑姊與之交拜，豈非混淆長幼，黷亂人倫者乎？所言答拜之文，未必周公之旨。東周衰末，王室已卑，諸侯踰僭，削去典法，重以秦皇蕩滅，十無一存。況復編斷簡蠹，傳寫訛謬，先儒注釋，不加參詳，遂令後學，有所疑誤。又按九拜之儀，肅拜，今揖也。尊屬欣其備禮，〔九四〕念其成人，以揖示敬，在理非爽，〔九五〕便同匹敵，竊謂不然。本制冠禮，正長幼之序。鄭康成注云「忻其成人與爲禮」，若令母兄交拜，豈非崇虛而損其實。

後漢何休冠儀約制云：「將冠子者具衣冠。冠者父兄若諸父宗族之尊者一人爲主，主人告所素敬僚友一人爲冠賓。必自告其家，告曰：『某之子某若弟某長矣，將加冠於首，願吾子教之。』賓既許，主人自定吉日。先冠一日，宿告賓曰：『請以明日行事。』賓曰：『敢不從命。』主人灑掃，内外皆肅。執事者於兩楹間，爲冠者設北嚮筵，又設賓東嚮筵，兩筵相接。授冠以篋器設於兩筵。〔九六〕又設罇爵於東方。冠者如常服，待命於房。夙興，賓到，迎延揖讓如常。坐定，執事白：『請行事。』〔九七〕主人跪告賓曰：『請勞吾子。』賓跪答曰：『敬諾。』賓起，立西序，東面聽命行禮。〔九八〕冠者興，西嚮拜賓，賓答拜訖，命就筵。賓主各還坐，冠者北嚮筵坐，伏。〔九九〕賓跪曰：『吾子之使，請將命。』主人跪答曰：『勞吾子。』賓起，就東嚮筵。執事者執爵，跪向冠者祝曰：『令月吉日，始加元服，棄爾幼志，順爾成德，壽考維祺，介爾景福。』冠者即坐，賓跪加冠訖，冠者執爵酹地，然後啐酒，訖，賓興，復還本坐，主人亦起，乃俱坐。冠者還房，自整飾，出拜父，父爲起，若諸父、羣從父及兄應答拜者，〔一〇〇〕答拜如常。入拜母，母答拜。其餘兄弟姑姊妹，皆相拜如常。主人命冠者出，更設酬爲勸，乃罷。異日有祭事白告祖考者，自如舊祭禮常儀。」

晉王堪冠禮儀云：「永平元年惠帝時。正月戊子，冠中外四孫。立於步廣里舍之阼階，設一席於東廂。引冠者以長幼次於席南，東上。賓宗人立於西廂，東面南上。堪立於東軒西，南面西上。陳元服於席上。宗人執儀，以次呼冠者，各應曰『諾』。宗人申誡之曰：『以歲之正，以月之令，兄弟具來，咸加爾服，棄爾幼志，順爾成德，敬慎威儀，惟人之則，壽考維祺，永受景福。』冠者高跪而冠，各自著布。興，再拜，從立於賓，南上。酌四杯酒，各拜醮而飲。事訖，上堂，向御史府君再拜。訖，冠者皆東面坐，如常燕禮時。賓宗人東平王隆叔祚、王循道安、王業建始。此皆古禮也，但以意斟酌，從其簡者耳。」

大唐制，如開元禮。

大功小功末冠議周 晉

周制，「大功之末，可以冠子、嫁子。父小功之末，可以冠子、嫁子，可以娶婦。己雖小功，既卒哭，可以冠，可以娶妻。下殤之小功則不可。」此皆謂可以用吉禮之時。父大功卒哭，而可冠子；己大功卒哭，而可以冠矣。〔一〇一〕

晉傅純難曰：「按雜記本文，己在小功則得冠，在大功不得冠也。鄭氏云『己大功卒哭可以冠』，〔一〇二〕與本文不同，何邪？又要記不見己冠，不知己冠當在何條？」賀循答曰：「禮云『大功小功之末，可以冠娶』，道父爲子嫌，〔一〇三〕但施於子，不施於己。故下言『己雖小功』著己與子亦同也。俱同則大功之末，己可以冠。以理推之，正自應爾，非爲與本文不同。要記不見己冠，直是文句脱耳。」

高崧問范汪曰：「按小功之末，可以冠子；己雖小功，卒哭可以冠。而鄭、孫二家注，並云『己大功卒哭可以冠』。〔一〇四〕求之於禮，無可冠之文。」范汪答曰：「『大功之末，可以冠子』。此於子，已爲無服。又云『父小功可以冠子』，疑與上章，俱有『末』語。特於下言，『己雖小功，卒哭可以冠』，是爲小功卒哭，皆得行冠娶之事也。大夫三月而葬，葬而後虞，虞而後卒哭，是爲父雖小功，子服盡也。大功許冠婚，則小功便無所不可也。」高崧重問范汪曰：「下殤小功則不可，而云小功之末可以冠婚何？」范汪重答曰：「下殤小功，此是周服之下殤，不可以服輕而恩踈也。」

或曰：「因喪而冠，亦禮之明文，何以復於大功小功喪中，每言冠乎？」答曰：「在喪，冠而已，不行冠禮也。於大功小功之末，故可行冠禮。因喪而冠，與備行冠禮殊也。」

或問者曰：「禮：『大功之末，可以冠子、嫁子。父小功之末，可以冠子、嫁子，〔一〇五〕可以娶婦。己雖小功，既卒哭可以娶妻。』按經大功之末，雖云可以冠子、嫁子，不言己可以冠，而鄭氏注云『己大功卒哭而可以冠』。未解。經又云『大功之末』，而注云『卒哭』，不知此言末，便是卒哭，爲非卒哭邪？」答曰：「記云『大功之末可以冠子嫁子』，而注又云『己大功卒哭而可以冠，小功卒哭而可以冠娶妻』者，冠而後娶，今既云冠嫁其子，則於文不得復自著己冠，故注家合而明之。以小功得娶妻，則大功亦可以得冠，冠輕婚重，故大功之末得自冠，小功之末得自娶，以記文不備，故注兼明之。注之有此比。禮，三月既葬，卒哭，於小功則餘有二月，是末也。於大功則正三分之一，便謂之末，意常以疑之。然鄭氏注喪服經云，『葬，喪之大事』，既畢，故謂之末邪？」

重問曰：「省及申釋注意，甚爲允也。然僕猶有所未了。禮小功卒哭可以娶者，婚禮『娶婦之家三日不舉樂』，明婚雖屬吉，而有嗣親之感；小功餘喪，不重祖考之思，故可以娶也。大功可冠，猶有疑焉。夫吉禮將事，必先筮賓，然後成禮。大功之末可以冠嫁其子者，以己大功之末，於子則小功服已過半，情降既殊，日算浸遠，故子可以行吉事。至於己身，親有功布重制，月數尚近，而便釋親重之服，行輕吉之禮，於此稱情，無乃薄邪？且非禮正文，出自注義耳。若有廣比，想能明例以告之。」答曰：「齊縗之喪，則冠婚皆廢。大功則廢婚而行冠，冠吉輕而婚吉重故也。冠吉輕故行之於大功之末，婚吉重故行之於小功之餘。〔一〇六〕但以大功末云可以冠子，而自著己冠之文不便。賢者以三隅反之，推小功得自娶，則大功得自冠。以身有功服，月數尚近，釋親重之服，行輕吉之事。今正以小功大功之末，俱得行吉禮，故施輕吉於重末，行重吉於輕餘。重服不可以行重吉，故許其輕者；輕服可以通重吉，故因得行之。若大功之冠，則行吉冠之禮而反喪服。若服在齊縗，不得行吉，則因喪而冠，以冠禮貴及，不可踰時。而齊縗之服崇重，則大功之末差輕，輕則行以吉，重則因以凶也。」

女笄周

周制，女子許嫁，笄而醴之，稱字。許嫁，已受納徵禮也。笄女禮猶冠男也，使主婦、女賓執其禮。祖廟未毀，教於公宫三月；祖廟已毀，則教於宗室。祖廟，女高祖爲君者之廟，以有緦麻之親，就尊者之宫教之也。教以婦德、婦言、婦容、婦功。〔一〇七〕宗室，大宗子之家。公羊傳：「婦人許嫁，笄而字之，死則以成人之喪埋之。」謂不爲殤也。魯僖公九年，伯姬卒是。雜記：「女雖未許嫁，年二十而笄，禮之，婦人執其禮。」雖未許嫁，年二十亦爲成人矣。禮之，酌以成之。〔一〇八〕言婦人執其禮，明非許嫁之笄。賈公彦云：「許嫁笄，當使主婦對女賓執其禮，其儀如冠男也。〔一〇九〕又許嫁者用醴禮之，不許嫁者，〔一一〇〕當用酒醮之，敬其早得禮。」燕則鬈首。既笄之後去之也，猶若女有鬌紒也。鬈音巨員切。鬌，丁果切。

校勘記

〔一〕故人君子十二可以冠　「子」原訛「年」，據北宋本、傅校本、明抄本、明刻本、王吴本改。

〔二〕禮公冠記　「禮」原訛「誼」，據諸本改。

〔三〕筮日筮賓　原脱「筮日」，據禮記冠義及北宋本、傅校本、明抄本、明刻本、王吴本補。

〔四〕命祝雍頌曰　「祝」原作「史」，據大戴禮公冠篇、後漢書禮儀志上劉昭注三一〇五頁改。

〔五〕近於人　「人」大戴禮公冠篇、後漢書禮儀志上劉昭注三一〇五頁作「民」，通典諱改。

〔六〕禄賢使能　「禄」原作「任」，據北宋本、傅校本、明抄本、明刻本改。

〔七〕此人君早冠之義也　「早」原訛「重」，據北宋本、傅校本、明抄本、明刻本改。

〔八〕則明無天子冠禮之審也　原脱「無」脱「也」，據晉書禮志下六六二頁補。

〔九〕故筮日筮賓冠於阼以著代　原脱「筮日」脱「冠」，據晉書禮志下六六二頁補。

〔一〇〕若景子爲吉　「景」後漢書禮儀志上三一〇五頁作「丙」，通典諱改。下同。

〔一一〕陛下摛著先帝之光輝　大戴禮公冠篇、後漢書禮儀志上劉昭注三一〇五頁「著」作「顯」，「輝」作「耀」。

〔一二〕以承皇天之嘉祐　大戴禮公冠篇、後漢書禮儀志上劉昭注三一〇五頁「祐」作「禄」。

〔一三〕欽奉仲春之吉辰　後漢書禮儀志上劉昭注同。大戴禮公冠篇「奉」作「順」，「辰」作「日」。

〔一四〕普尊大道之郊域　大戴禮公冠篇作「遵並大道邠或」。

〔一五〕秉率萬福之丕靈　「率」大戴禮公冠篇作「集」，「萬」後漢書禮儀志上劉昭注作「百」。「丕」大戴禮公冠篇、後漢書禮儀志上劉昭注作「休」。

〔一六〕推遠沖孺之幼志　「沖孺」大戴禮公冠篇作「稚免」。

〔一七〕蘊積文武之就德　大戴禮公冠篇「蘊」作「崇」，「就」作「寵」。

〔一八〕靡不蒙福承天無極　大戴禮公冠篇作「靡不息陛下永永與天無極」。後漢書禮儀志上劉昭注作「靡不蒙德永永與天無極」。

〔一九〕如禮謁見　「禮」原作「儀」，據後漢書禮儀志上三一〇五頁及北宋本、傅校本、明抄本改。

〔二〇〕謁見按世祖廟　「廟」原訛「制」，據北宋本、傅校本、明抄本、明刻本、王吳本改。按：「按」字疑衍。閱晉書禮志下六六三頁似可知此「按」字致衍之故。

〔二一〕至於天子諸侯加數無文者　原脱「加」脱「者」，據王吳本補。

〔二二〕以授侍中常侍　原脱「授」，據晉書禮志下六六三頁及王吳本補。

〔二三〕太保加冕　原脱「加冕」，據晉書禮志下六六三頁補。

〔二四〕太尉跪讀祝文曰　原脱「跪」，據晉書禮志下六六三頁補。

〔二五〕令日吉辰　晉書禮志下六六三頁作「令月吉日」。

〔二六〕永永無極　「極」原訛「斁」，據晉書禮志下六六四頁及北宋本、傅校本、明抄本、明刻本改。

〔二七〕侍中繫玄紘　「紘」原訛「紞」，據王吳本改。

〔二八〕加衮服　原脱，據晉書禮志下六六四頁及北宋本、傅校本、明抄本、明刻本補。

〔二九〕太保率羣臣奉觴上壽　「保」原訛「祝」，據晉書禮志下六六四頁及王吳本改。

〔三〇〕玄冠朱組纓　「纓」原訛「綏」，據禮記玉藻及北宋本、傅校本、明抄本改。

〔三一〕諸侯即位爲成君位豈不定　原脱「君位」，據王吳本補。

〔三二〕明無定時　原脱「明」，據北宋本、王吴本補。

〔三三〕侍中繫玄紘　「紘」原訛「紞」，據隋書禮儀志四一七六頁及王吴本改。

〔三四〕會而不上壽　原脱「會」，據隋書禮儀志四一七六頁補。

〔三五〕文武羣官　「官」原作「臣」，據隋書禮儀志四一七六頁及北宋本、傅校本、明刻本改。

〔三六〕又擇月　原脱「又」，據北宋本、傅校本、明抄本、明刻本、王吴本補。

〔三七〕冠頌　「頌」下原有「篇」字，據北宋本、傅校本、明抄本、明刻本、王吴本删。

〔三八〕泰始六年　「六」晉書禮志下六六四頁、宋書禮志一三三五頁作「十」。

〔三九〕依舊　此下自「應冠有司議奏」至「東西答拜贊者奉」原共四十行，局本未刻，錯將卷五七自「號水有盛德之祥」至「大唐因之其纓改以翠緌」四十行刻入。下據殿本删補。

〔四〇〕有司議奏　「議奏」原倒，據晉書禮志下六六四頁、宋書禮志一三三五頁乙。

〔四一〕以明可冠之宜　「宜」原訛「儀」，據晉書禮志下六六四頁、宋書禮志一三三五頁改。

〔四二〕於是制儀王十五而冠　「儀」晉書禮志下六六四頁、宋書禮志一三三五頁作「諸」。

〔四三〕宫臣亦詣門稱慶　「慶」南齊書禮志上一四六頁作「賀」。

〔四四〕實惟國重　「重」南齊書禮志上一四五頁作「裔」。

〔四五〕則明祖在父不爲主也　原脱「父」，據南齊書禮志上一四五頁補。

〔四六〕武安侯蕭惠本　「本」南齊書禮志上一四六頁作「基」，通典諱改。

〔四七〕筮日戒賓　「戒」南齊書禮志上一四六頁作「筮」。

〔四八〕克崇景福　「崇」南齊書禮志上一四六頁作「隆」，通典諱改。

〔四九〕淑慎儀形　「形」原訛「型」，據南齊書禮志上一四六頁及北宋本、傅校本、明抄本改。

〔五〇〕永永眉壽　下「永」南齊書禮志上一四六頁作「屆」。

〔五一〕諸儒忽司馬彪志　「忽」原訛「惑」，據魏書禮志四二八一〇頁及北宋本、傅校本、明抄本、明刻本、王吴本改。

〔五二〕受詔訖　原脱「詔」，據隋書禮儀志四一七六頁補。

〔五三〕各設筵於阼　原「阼」下衍「階」，據北宋本删。按：階非設筵之處。

〔五四〕帝衮冕即御座　隋書禮儀志四一七七頁「即」上有「入拜」二字。

〔五五〕賓揖太子進　原脱「賓」，據隋書禮儀志四一七七頁及王吴本補。

〔五六〕贊冠進設頍纓　原脱「贊冠」，據隋書禮儀志四一七七頁及王吴本補。

〔五七〕賓受醴　隋書禮儀志四一七七頁「賓」下有「進」字。

〔五八〕贊者奉　到此，以殿本删補畢，以下仍用浙江書局本爲底本。

〔五九〕與賓贊俱復位　原脱「贊」，據隋書禮儀志四一七七頁及王吴本補。

〔六〇〕賓贊又拜　原脱「贊」，據隋書禮儀志四一七七頁補。

〔六一〕太子以下皆拜　原脱「皆」，據隋書禮儀志四一七七頁及北宋本、傅校本、明抄本、明刻本、王吴本補。

〔六二〕太子從至闕　「闕」原訛「閤」，據隋書禮儀志四一七七頁及北宋本、傅校本、明抄本、明刻本、王吴本改。

〔六三〕因入見皇后拜而還　原脱「拜」，據隋書禮儀志四一七七頁補。

〔六四〕貞觀五年正月　「五年」唐會要卷二六作「三年」。

〔六五〕皇太子將行冠禮　原脱「行」，據唐會要卷二六補。

〔六六〕令改用十月　「令」原訛「今」，據唐會要卷二六及北宋本、王吴本改。

〔六七〕臣伏以太常狀准東宮典記　唐會要卷二六「狀」下有「以皇太子冠」五字，則文義顯明。

〔六八〕上臺東宮兩處宴會　原脱「兩」，據唐會要卷二六及北宋本、傅校本、明抄本、明刻本補。

〔六九〕庶子冠於房户外　原「房」下衍「内」，據禮記冠義鄭注删。

〔七〇〕字所以相尊也　「字」原訛「因」，據禮記冠義鄭注改。

〔七一〕大夫季武子對曰　原脱「季」，據左傳襄公九年及王吴本補。

〔七二〕君可以冠矣　此句原脱，據左傳襄公九年及王吴本補。

〔七三〕請及兄弟之國而假備焉晉侯曰諾公還　原脱「而假備焉晉侯曰諾公」九字，據左傳襄公九年及王吴本補。

〔七四〕主人玄冠　自此至「卒進告吉若」凡正文一百一十九字，注文八十五字，原脱，據儀禮士冠禮及王吴本補。

〔七五〕故就告使來　原脱「來」，據儀禮士冠禮及諸本補。

〔七六〕前期三日　「期」原脱，據儀禮士冠禮補。

〔七七〕隋方曰篋　「隋」原作「墮」，據儀禮士冠禮改。下同。

〔七八〕主人賓俱升　自此至「尊于主人之贊者」，凡正文十五字，注文三十四字，原脱。據儀禮士冠禮及王吴本補。

〔七九〕執冠者升一等東面授賓　此十字原脱，據儀禮士冠禮補。

〔八〇〕行翔而前蹌焉　原脱「前」，據儀禮士冠禮鄭注及王吴本補。

〔八一〕贊者洗于房中側酌醴加柶覆之面葉　原作「贊者房中酌醴」，據儀禮士冠禮及王吴本增補。

〔八二〕就筵筵西南面　原脱一「筵」，據儀禮士冠禮補。

〔八三〕由闈門也　「由」下原衍「西」，據儀禮士冠禮鄭注及王吴本删。

〔八四〕受脯於西階下　原脱「下」，據儀禮士冠禮鄭注及北宋本補。

〔八五〕冠者見於兄弟兄弟再拜冠者答拜見贊者西面拜亦如之　此二十三字原脱，據儀禮士冠禮及王吴本增補。

〔八六〕入入寢門　原脱一「入」字，據儀禮士冠禮鄭注及王吴本補。

〔八七〕無亞獻者獻酢酬賓與主人各兩爵而禮成　原脱「者獻」，「酢酬」倒，據儀禮士冠禮及王吴本補乙。

〔八八〕飲賓客而從之以財貨曰酬　原脱「飲賓客而從之以」七字，據儀禮士冠禮鄭注增補。

〔八九〕一獻之禮有薦有俎　原「禮」上衍「爲」，據儀禮士冠禮鄭注及北宋本、傅校本、明抄本、明刻本删。

〔九〇〕使人歸諸賓家　原脱「賓」，據儀禮士冠禮補。

〔九一〕鄉大夫　劉端臨、王引之考定「鄉」當作「卿」，詳胡培翬儀禮正義卷一。

〔九二〕廢吉禮而因喪冠俱成人之服也　「因」原訛「用」，「俱」訛「得」，據禮記曾子問鄭注及王吴本改。

〔九三〕天子賜諸侯大夫冕弁服於太廟歸設奠服賜服　原「於」上脱「服」，「奠」下脱「服賜」，據禮記曾子問及王吴本補。

〔九四〕肅拜今揖也尊屬欣其備禮　「今」北宋本、傅校本作「已」，明抄本作「以」；「也」北宋本、傅校本、明抄本作「而」。

〔九五〕在理非爽　「理」原作「禮」，據北宋本、傅校本、明抄本、明刻本改。

〔九六〕授冠以篋器設於兩筵　王吴本「冠」下有「者」。

〔九七〕執事白請行事　「白」原訛「曰」，據傅校本、明抄本、明刻本、王吴本改。

〔九八〕聽命行禮　原訛「聽命之禮賓」，據王吴本删改。

〔九九〕冠者北嚮筵坐伏　「伏」原訛「復」，據北宋本、傅校本、明抄本、明刻本改。

〔一〇〇〕若諸父羣從父及兄應答拜者　原脱下「父」字，據王吴本補。

〔一〇一〕已大功卒哭而可以冠矣　「矣」禮記雜記下鄭注作「子」。

〔一〇二〕已大功卒哭可以冠　原脱「可」，據王吴本補。

〔一〇三〕道父爲子嫌　王吴本作「道父子爲嫌」。
〔一〇四〕而鄭孫二家注並云已大功卒哭可以冠　按：禮記雜記下鄭注未嘗言「已大功卒哭可以冠」，惟言「已大功卒哭可以冠子」。下同。
〔一〇五〕父小功之末可以冠子嫁子　原脱「父」，據禮記雜記下補。
〔一〇六〕小功之餘　「餘」原作「末」，據北宋本、傅校本、明抄本、明刻本改。
〔一〇七〕教以婦德婦言婦容婦功　原「婦言」在下，據禮記昏義、儀禮士昏禮鄭注移正。
〔一〇八〕酌以成之　「之」原訛「人」，據禮記雜記下鄭注及北宋本、傅校本、明抄本改。
〔一〇九〕其儀如冠男也　「冠男」原作「男子」，據儀禮士昏禮賈疏改。
〔一一〇〕不許嫁者　原脱「者」，據儀禮士昏禮賈疏及王吴本補。

王文錦點校

通典卷第五十七

禮十七　沿革十七　嘉禮二

君臣冠冕巾幘等制度

冕　大裘冕　衮冕　鷩冕　毳冕　絺冕　玄冕　通天平冕　平天冕　蒼冕　青冕　赤冕　黄冕　素冕　黑冕　象冕　山冕　火冕　藻冕　方冕　祀冕

緇布冠　進賢冠

牟追冠　章甫冠　委貌冠

通天冠

長冠　劉氏冠　齋冠

遠遊冠　具服遠遊冠　公服遠遊冠

高山冠　側注冠

法冠　獬豸冠

建華冠　鷸冠

趙惠文冠　武冠　武弁　大冠　鵕鸃冠　鶡冠　繁冠　建冠　籠冠　柱後惠文冠

方山冠

巧士冠

卻非冠

樊噲冠

術氏冠

卻敵冠

進德冠

翼善冠

皇收　冔　爵弁　廣冕

皮弁

韋弁

幘　童子幘　空頂幘　納言幘　赤幘　緗幘　素幘　黑幘　紺幘　緑幘　青幘

帢　白帢　烏紗帢

帽　皮帽　皁帽　翠帽　黑帽　高屋白紗帽　高頂帽　岑帽　突騎帽

葛巾　角巾

幅巾　縑巾　黄巾

巾子

君臣冠冕巾幘等制度

上古衣毛帽皮，後代聖人見鳥獸冠角，乃作冠纓。黃帝造旒冕，〔一〕始用布帛，冕者，冠之有旒。唐虞以上，冠布無緌，緌，纓飾。夏后以牟追，音丁回反。以收，所以收斂髮。殷制章甫，或以冔，〔二〕章，明也，言以表明丈夫。甫或爲父。冔，覆也，自覆飾。冔音況甫反。〔三〕形制並無文。至周六冕，章數始備，故孔子曰「服周之冕」，言中禮也。洎乎幽厲衰微，秦焚六籍，圖寫紛雜，記注混淆。今徵其實録，捃拾沿革，爲冠冕篇云。

冕大裘冕　衮冕　鷩冕　毳冕　絺冕　玄冕　通天平冕　平天冕　蒼冕　青冕　赤冕　黃冕　素冕　黑冕　象冕　山冕　火冕　藻冕　方冕　祀冕○有熊氏　周　秦　後漢　魏　晉　東晉　宋　齊　梁〔四〕陳　北齊　後周　隋　大唐

黃帝作冕，垂旒，目不邪視也。充纊，示不聽讒言也。〔五〕事見世本。

周制，弁師掌王之五冕，皆玄冕，朱裏，綖紐。冕服有六而言五者，大裘之冕蓋無旒，不聯數也。綖，冕之覆，在上，是以名焉。紐，小鼻在武上，笄所貫。五采繅十有二就，皆五采玉十有二，玉笄朱紘。繅，雜文之名，合五色絲爲繩，垂之綖前後。各十二，所謂邃綖也。就，成也。繩之每匝貫五采玉十二旒，旒則十二玉。每就閒一寸。朱紘，以朱組爲紘，紘一條屬兩端於武。此謂衮衣之冕十二旒，則用玉二百八十八。鷩冕繅九旒，用玉二百一十六。毳冕七旒，用玉一百六十八。絺冕五旒，用玉一百二十。玄冕三旒，用玉七十二。諸侯及孤卿大夫之冕，各以其等爲之。各以其等者，繅玉如其命數。冕則侯伯繅七就，用玉九十八。子男繅五就，用玉五十。繅玉皆三采。孤繅四就，用玉三十二。三命之卿繅三就，用玉十八。再命之大夫繅再就，玉八。繅玉皆朱緑。禁令不得相僭踰。

秦滅禮學，郊社服用，皆以袀玄，〔六〕以從冕旒，前後邃綖。蔡邕獨斷云：「袀，紺繒也。」班固東都賦注云：「袀，皁也。」袀音鈞。

後漢光武踐祚，祀天地明堂，皆冠旒冕。孝明帝永平初，詔有司採周官、禮記、尚書皋陶篇夏侯氏説，冕皆廣七寸，長尺二寸，前圓後方，朱緑裏，玄上，前垂四寸，後垂三寸，繫白玉珠爲十二旒，蔡邕獨斷云「九旒」也。以其綬采色爲組纓。禮記曰：「玄冠朱組纓，天子之冠也。」〔七〕其旒珠，用真白玉。三公諸侯七旒，青玉珠；卿大夫五旒，黑玉珠。皆有前無後，各以其色綬爲組纓，旁垂黈纊。助天子郊祀天地、明堂則冠之。〔八〕

魏因漢故事。明帝好婦人之飾，冕旒改用珊瑚珠。

晉因之。

東晉元帝初過江，服章多闕，〔九〕而冕飾以翡翠珊瑚珠。〔一〇〕侍中顧和奏：「舊禮，冕旒用白玉珠。今美玉難得，〔一一〕不能備，可用白璇珠。」〔一二〕從之。後帝郊祀天地明堂宗廟，元會臨軒，改服黑介幘，通天冠，平冕。冕，皂表，朱緑裏，〔一三〕廣七寸，長一尺二寸，加於通天冠上，前圓後方，垂白玉珠十二旒，以朱組爲纓，無緌。王公卿助祭郊廟，冠平冕。王公八旒，卿七旒，組爲纓，色如綬也。

宋因之，更名曰平天冕，天子郊祀及宗廟服之，王公並用舊法。

齊因之。

梁因之。其制，前垂四寸，後垂三寸，旒長齊肩，以組爲纓，色如其綬，旁垂黈纊，充耳珠以玉瑱。乘輿郊祀天地明堂、享宗廟、元會臨軒則服之。五等諸侯助祭，平冕九旒，青玉爲珠，有前無後，各以其綬色爲組纓，旁垂黈纊。

陳因之，以爲冕旒。皇太子朝服遠遊冠，〔一四〕侍祭則平冕九旒。五等諸侯助祭郊廟，皆平冕九旒，青玉爲珠，有前無後，各以其綬色爲組纓，旁垂黈纊。

北齊採陳之制，旒玉用五采，以組爲纓，色如其綬。其四時郊祀封禪大事，皆服衮冕。皇太子平冕，黑介幘，白珠九旒，飾以三采玉，以組爲纓，色如其綬；未加元服，則空頂黑介幘，雙童髻，雙玉導。

後周設司服之官，掌皇帝十二冕。祀昊天則蒼冕，五帝各隨方色，朝日用青冕，夕月用素冕，地祇用黄冕，神州、社稷用玄冕，享先皇、加元服等以象冕，〔一五〕享先帝、〔一六〕食三老、耕籍等以衮冕，視朔、大射等以山冕，視朝、臨法門、適宴等以鷩冕，皆十有二旒。〔一七〕韋弁、皮弁，見在下文。諸公之冕九，方、衮、山、鷩、火、毳等六，皆九旒；韋弁、皮弁、玄冠三，合上爲九。諸侯八，無衮冕。諸伯七，又無山冕。諸子六，又無鷩冕。諸男五，又無火冕，冕五旒。三公之冕九，祀、火、毳、藻、繡、爵弁等冕六，韋弁、皮弁、玄冠，合上九。三孤自祀冕而下八，無火冕。公卿七，又無毳冕。上大夫六，又無藻冕。中大夫五，又無皮弁。下大夫四，又無爵弁。士服三，祀弁、爵弁、玄冕。庶士玄冠而已。其弔服，諸侯當事則弁絰，不則皮弁。以下亦如之。

隋採北齊之法，衮冕垂白珠十二旒，以組爲纓，〔一八〕色如其綬，黈纊充耳，玉笄。太子庶子裴政奏：〔一九〕「色並用玄，旒齊於膊，纊齊於耳。唯應著幘者，任依漢晉法。」皇太子衮冕，垂白珠九旒，青纊充耳，犀笄。國公冕，青珠九旒，初受册命、執贄、入朝、祭祀、親迎、三公助祭，並服之。侯伯則鷩冕，子男則毳冕。五品以上繡冕，九品以上爵弁。

大唐依周禮，制天子之六冕，有大裘冕、衮冕、鷩冕、毳冕、繡冕、玄冕。大裘冕，無旒，廣八寸，長一尺六寸，玄表纁裏，以下廣狹准此。金飾，玉簪導，釋名云：「簪，建也，所以建冠於後也。亦謂之笄，所以拘冠使不墜也。導以擽鬢，使入巾幘之中。」以組爲纓，色如其綬。祀天神地祇服之。衮冕，加金飾。垂白珠十有二旒，以組爲纓，色如其綬，黈纊充耳，玉簪導，諸祭祀及踐祚、享廟、遣上將、〔二〇〕征還、飲至、加元服、元日受朝等服之。鷩冕，有事遠主服之。按周禮，遠主謂先公。毳冕，祭海嶽服之。繡冕，祭社稷、帝社服之。玄冕，蜡百神、朝日夕月服之。自衮冕以下，旒數並依周禮。皇太子衮冕，白珠九旒。諸臣衮冕，青珠九旒，青纊充耳，簪導，第一品服之。〔二一〕鷩冕七旒，第二品服之。毳冕五旒，第三品服之。繡冕四旒，第四品服之。玄冕三旒，第五品服之。〔二二〕龍朔二年九月，司禮少常伯孫茂道奏稱：「准令諸臣九章服，君臣服冕，〔二三〕章數雖殊，飾龍名衮，尊卑相亂。今請諸臣九章衣以雲及麟代龍，昇山爲上，〔二四〕仍改冕名。」當時紛議不定。至儀鳳二年十一月，太常博士蘇知機上言曰：「去龍朔中，〔二五〕孫茂道奏請諸臣九章服，當時竟未施行。今請制大明冕十二章，乘輿服之，加日、月、星辰、龍、虎、山、火、麟、鳳、玄龜、雲、水等象。鷩冕八章，三公服之。毳冕六章，三品服之。繡冕四章，五品服之。」詔下有司詳議，崇文館學士楊炯奏曰：「謹按虞書：『予欲觀古人之象，日、月、星辰、山、龍、華蟲作繪，宗彝、藻、火、粉米、黼、黻絺繡。』由此言之，則其所從來者尚矣。逮及有周，乃以日月星辰爲旌旗之飾，又登龍於山，登火於宗彝，於是制衮冕以祀先王也。九章者，法陽數也。以龍爲首章者，衮者卷也，龍德神異，應變潛見，表聖王深沈遠智，卷舒神化也。又制鷩冕以祭先公也，鷩者雉也，有耿介之志，表公有賢才，能守耿介之節也。夫以周公之多才也，故化定制禮，功成作樂。夫以孔宣之將聖也，故行夏之時，服周之冕。先王以法服，乃此之自出也；天下之能事，於是乎畢矣。今蘇知機「請制大明冕十二章乘輿服之」者。謹按，日月星辰者，已施於旌旗矣；龍虎山火者，〔二六〕又不踰於古矣。而云麟鳳有四靈之名，玄龜有負圖之應，雲有紀官之號，水有盛德之祥，〔二七〕此蓋別表休徵，終是無踰比象。〔二八〕然則皇王受命，天地興符，仰觀則璧合珠連，俯察則銀黃玉紫，此固不可畢陳於法服也。若夫禮唯從俗，則命爲制，令爲詔，乃秦皇之故事，猶可以適於今矣。若夫義取隨時，則出稱警，入稱蹕，乃漢國之舊儀，猶可以行於代矣。亦何取於變周公之軌物，改尼父之法度者哉！」由是竟寢知機所請。

緇布冠進賢冠〇周　後漢　晉　宋　齊　梁　陳　北齊　隋　大唐

周制，士冠禮云緇布冠，頍項，青組纓屬於頍。緇布冠無笄者，著頍，圍髮際，結項中，隅爲四綴以固冠。項中有緪，亦由固頍爲之耳。今未冠笄者，著卷幘，頍象之所生也。以爲始冠之冠，冠而弊之可也。初加緇布冠，再加皮弁，次加爵弁。加皮弁後而棄之。

後漢改之，制進賢冠，爲儒者之服。前高七寸，後高三寸，長八寸。公侯三梁，中二千石以下至博士兩梁，蔡邕獨斷云：「千石以下一梁。」小吏私學子皆一梁。

晉因之。天子元服，始加則冠五梁進賢冠。三公及封郡公、縣侯、鄉亭侯則三梁。卿大夫下至千石則兩梁。中書門下至門郎小吏，並一梁。

宋因之，爲儒冠。

齊因之，爲開國公侯下至小吏之服，其以梁數爲降殺，則依晉制。

梁因之，以爲乘輿宴會之服，則五梁進賢冠。

陳因之，爲文散內外百官所服，以梁數爲高卑，天子所服則五梁。

北齊進賢五梁冠，不通於下。

隋因陳制，內外文官通服之，降殺一如舊法。

大唐因之，若親王則加金附蟬爲飾。〔二九〕復依古制，緇布冠爲始冠之冠，進賢、緇布二制存焉。

牟追冠章甫冠　委貌冠〇夏　殷　周　漢　宋

夏后氏牟追冠，長七寸，高四寸，廣五寸，後廣二寸，制如覆杯，前高廣，後卑銳。

殷因之，制章甫冠，高四寸半，後廣四寸，前櫛首。

周因之，制委貌，司服云「凡甸，冠弁服」。甸，田獵也。冠弁，委貌。

漢制，委貌以皁繒爲之，形如委穀之貌，上小下大，長七寸，高四寸，前高廣，後卑銳，無笄有纓。行大射禮於辟雍，諸公卿大夫行禮者冠之。

宋依漢制。

通天冠秦 漢 晉 宋 齊 梁 陳 北齊 隋 大唐

秦制通天冠，其狀遺失。

漢因秦名，制高九寸，正豎，頂少邪卻，〔三〇〕乃直下爲鐵卷梁，前有山，展筩爲述，筩駮犀簪導，〔三一〕乘輿所常服。

晉依漢制，前加金博山述，乘輿常服。述即鷸也。鷸知天雨，故冠像焉。前有展筩。

宋因之，又加黑介幘。舊有冠無幘。幘，冠理展筩。前代古圖，畫三皇五帝，或有服通天冠，深誤矣。

齊因之，東昏侯改用玉簪導。

梁因之，復加冕於其上，爲平天冕。〔三二〕此復依晉冕法。

陳因之。

北齊依之，乘輿釋奠所服。

隋因之，加金博山，附蟬十二首，施珠翠，黑介幘，玉簪導。朔日、元會、冬朝會、〔三三〕諸祭還則服之。

大唐因之，其纓改以翠緌。

長冠劉氏冠　齋冠○漢　晉　梁

漢高帝採楚制，長冠形如板，以竹爲裏，亦名齋冠，後以竹皮爲之，高七寸，廣三寸。以高帝所制，曰劉氏冠，故爲享廟之服，敬之至也。鄙人或謂之鵲尾冠。

晉依之，去竹用漆纚，救日蝕諸祀則冠之。

梁天監中，祠部郎中沈宏議：「竹葉冠是漢祖微時所服，不可爲祭服，宜改用爵弁。」司馬褧云：「若必遵三王，則所廢非一。」武帝竟不改矣。

遠遊冠具服遠遊冠　公服遠遊冠○秦　漢　晉　梁　陳　北齊　隋　大唐

秦採楚制。楚莊王通梁組纓，似通天冠，而無山述，有展筩橫之於前。

漢因之。天子五梁，太子三梁，諸侯王通服之。

晉皇太子及王者後常冠焉，以翠羽爲緌，綴以白珠。帝之兄弟、帝之子封郡王者通服之，〔三四〕則青絲爲緌。

梁爲皇太子朝服，加金博山、翠緌。

陳因之，其藻飾服用，依晉故事也。

北齊依之，制五梁冠，乘輿所服，不通於下。

隋依之，制三梁，加金附蟬九首，施珠翠，黑介幘，翠緌，犀簪導。皇太子元朔、入朝、釋奠則服之。〔三五〕

大唐因之，其制具開元禮序例。

高山冠側注冠○秦 漢 魏 晉 宋 齊 梁 陳 隋 大唐

秦滅齊，獲其君冠而制之。形如通天冠，頂不邪卻，直豎，鐵爲卷梁，高九寸，無山述展筩。〔三六〕一名側注冠。其體側立而曲注，因名之。以賜近臣，中外官、〔三七〕謁者、僕射、行人、使者等所服。

漢舊儀云：「乘輿冠高山冠，飛月之纓，一云飛翮之纓。丹紈裏。」按此高山冠亦通天子之服。〔三八〕

魏明帝因改之，卑下於通天、遠遊，除去卷筩，加介幘，幘上加物以象山，行人使者服之。

晉宋齊梁陳，歷代因之。

隋依魏制，參用之，形如賢進冠，加三峰，〔三九〕謁者大夫以下服之，梁數依其品降殺。

大唐因之，內侍省內謁者監及親王司閤等服之。

法冠獬豸冠　柱後惠文冠○秦　漢　晉　宋　齊　梁　陳　隋　大唐

秦滅楚，獲其君冠，賜御史。以纚爲展筩，鐵爲柱卷。取其不曲撓也。一名柱後惠文冠。執法者服之，或謂之獬豸冠。獬豸，神羊，一角，能別曲直。楚王獲之，以爲冠。

漢晉至陳，歷代相因襲不易。

隋開皇中，於進賢冠上加二真珠，爲獬豸角形。大業中，改制一角。或云：獬豸，神獸，蓋一角。今二角者，非也。執法者服之。

大唐法冠，一名獬豸冠，一角，爲獬豸之形，御史臺監察以上服之。

建華冠鷸冠○漢　晉　宋　齊　梁〔四〇〕　陳

漢制，以鐵爲柱卷，貫大銅珠九枚，形似縷鹿。薛綜曰〔四一〕「下輪大，上輪小」也。記曰：「知天者冠述，知地者履絇。」左氏傳曰：「鄭子臧好聚鷸冠。」建華是也。天地、五郊、明堂育命舞，樂人服之。〔四二〕

晉及陳，代相因不易，餘並無聞。

趙惠文冠武冠 武弁 大冠 鵕鸃冠 鶡冠 繁冠 建冠 籠冠〔四三〕○秦 漢 晉 宋 齊 梁 陳 北齊 隋 大唐

秦滅趙，以其君冠賜近臣。胡廣曰：「趙武靈王效胡服，以金璫飾首，前插貂尾，爲貴職。或以北土多寒，胡人以貂皮温額，後代效之。」亦曰「惠文」。惠者，蟪也。其冠文細如蟬翼，故名「惠文」。或曰：「齊人見千歲涸澤神，名之曰慶忌，冠大冠，乘小車，好疾馳，因象其冠。」

漢因之，曰武弁，一名大冠，〔四四〕諸武官冠之。侍中、中常侍加黄金璫，〔四五〕附蟬爲文，貂尾爲飾。侍中插左貂，常侍插右貂，用赤黑色。王莽用黄貂，各隨服色所尚。後漢應劭漢官儀曰：「金取堅剛，百鍊不耗。蟬居高飲潔，〔四六〕貂内勁捍而外温潤。」又名鵕鸃冠。倉頡解詁曰：「鵕鸃，鷩，即翬翟，山雞之屬，尾彩鮮明，是將飾冠以代貂。」幸臣閎孺爲侍中，皆服大冠。天子元服，亦爲先加。又加雙鶡尾豎左右，〔四七〕名鶡冠。鶡，鷙鳥之暴疏者也，每所攫撮，應爪摧碎。天子武騎故冠之。徐廣曰：「鶡似黑野雞，出上黨。」

晉依之，名繁冠，一名建冠，一名籠冠，即惠文冠也。

宋因之不易。

齊因之，侍臣加貂蟬，餘軍校武職、黄門散騎等皆冠之，唯武騎武賁插鶡尾於武冠上。

梁因制遠遊平上幘武冠。〔四八〕

陳因之不易，後爲鷃冠，武者所服。

北齊依之，曰武弁，季秋講武、出征告廟則服之。

隋依名武弁，武職及侍臣通服之。侍臣加金璫附蟬，以貂爲飾。侍左者左珥，侍右者右珥。〔四九〕天子則金博山，三公以上玉枝，〔五〇〕四品以上金枝，文官七品以上毦白筆，八品以下及武官皆不毦筆。〔五一〕

大唐因之，乘輿加金附蟬，平巾幘。侍中、中書令則加貂蟬。侍左者左珥，侍右者右珥。〔五二〕諸武官府衞領軍九品以上等亦准此。

方山冠 漢 晉

漢制，似進賢，以五采縠爲之。祠宗廟，八佾、四時、五行樂人服之，冠衣各如其方之色而舞焉。

晉因之。

巧士冠 漢 晉

漢制，高七寸，要後相通，〔五三〕直豎，似高山冠。不常服，唯郊天，黄門從官者四人冠之，在鹵簿中，次乘輿車前，以備宦者四星云。

晉因之。自後無聞。

卻非冠漢 梁 隋 大唐

漢制，似長冠，皆縮垂五寸，有纓緌，宮殿門吏僕射等冠之。〔五四〕

梁北郊圖，執事者縮纓緌。

隋依之，門者禁防伺非服也。

大唐因之，亭長門僕服之。

樊噲冠漢 晉 宋 齊 陳

漢將樊噲造次所冠，以入項羽軍。其制似平冕，廣九寸，高七寸，〔五五〕前後出各四寸，司馬殿門衞士服之。或曰：「樊噲常持鐵楯，聞項羽有意殺漢王，噲裂裳以裹盾，〔五六〕冠之入軍門，立漢王傍，視項羽。」

晉宋齊陳，不易其制，餘並無聞。

術氏冠〔五七〕漢 晉

漢制，前圓，差池四重。趙武靈王好服之。今不施用。〔五八〕或曰「楚莊王解冠」是

也。〔五九〕

晉因之。宋以後無聞。

卻敵冠晉　陳

晉制之，〔六〇〕前高四寸，通長四寸，後高三寸，似進賢冠。凡當殿門衞士服之。

陳依之，餘並廢。

進德冠大唐

大唐制，九琪，加金飾。皇太子侍從皇帝祭祀及謁見、加元服、納妃則服之。〔六一〕

翼善冠大唐

大唐貞觀中，制，月一日、十五日視朝，常服之。又與平巾幘通用。太宗初服翼善冠，賜貴臣進德冠，因謂侍臣曰：「幞頭起於周武帝，蓋取便於軍容耳。今四海無虞，此冠頗採古法，兼類幞頭，乃宜常服。」開元十七年，廢不行用。乾元元年十月，知司天臺事韓穎奏：〔六二〕「五官正，奉敕創置，其官職配五方，上稽五緯。臣請冠上加一星珠，衣從本方正色。每至正冬朔望朝會及諸大禮，即服以朝見，仍望永爲恒式。」奉敕旨宜依。

皇收　冔　爵弁　廣冕○虞　夏　殷　周　漢　晉　隋　大唐

有虞氏皇而祭，其制無文，蓋爵弁之類。

夏后氏因之，曰收，收之言所以收斂髮。純黑，前小後大。

殷因之，曰冔，冔名出於幠。幠，覆也。所以自飾覆。〔六三〕黑而微白，前大後小。

周因制爵弁，爵弁，冕之次。赤而微黑，如爵頭然，前小後大。三代以來，皆廣八寸，長尺二寸，如冕無旒，皆三十升布爲之。士冠禮三加，成人服之。

漢依周制。或云「中古以下，其制用絲」。祠天地五郊明堂，雲翹舞樂人服之。〔六四〕

晉依漢制，更名廣冕，有收持笄，服用如舊。

隋依，以角爲簪導，士助君祭服之。

大唐因之，以紬代布，用玄纓、簪導。九品以上冠、親迎、助祭、家私祭祀服之。

皮弁周　晉　後周　隋　大唐

周禮弁師云：「王之皮弁會五采玉璂，象邸玉笄。」會，縫中也。璂，結也。皮弁之縫中，每貫結五采玉十二以爲飾，謂之璂。邸，下柢也，以象骨爲之。司服云：「視朝則皮弁服。」〔六五〕士冠禮曰：「三王共皮弁。按皮弁，韋弁，〔六六〕侯伯璂飾七玉，子男璂飾五玉，三采。孤璂飾四，三命之卿璂飾三，再命之大夫璂飾二玉，二采。皮弁以鹿皮爲之。璂音其。

晉依舊制，以鹿淺毛黃白色者爲之，〔六七〕其服用等級並准周官。

後周田獵則服之，以鹿子皮爲之。

隋因之。大業中所造，通用烏漆紗，前後二傍如蓮葉，四閒空處又安拳花，頂上當縫安金梁。梁上加璂，天子十二真珠爲之。〔六八〕皇太子及一品九璂，二品八璂，下六品各殺其一璂，〔六九〕以玉爲之，皆犀簪導。六品以下無璂，皆象簪導。唯天子用含稜。〔七〇〕後制鹿皮弁，以賜近臣。〔七一〕

大唐因之，以鹿皮爲之，玉簪導，十二璂，朔日受朝則服之。

韋弁周　晉　宋　後周

周官司服云：「凡兵事韋弁服。」以韎韋爲弁。〔七二〕齊人名蒨爲韎韐，〔七三〕以染韋爲絳色，曰「韎韋」。

晉以韋爲之，頂上少尖。〔七四〕

宋因之，或爲車駕親戎、中外戒嚴之服。

後周巡兵即戎則服之。自此以來，無復其制。

幘童子幘　空頂幘　納言幘　赤幘　緗幘　素幘　黑幘　紺幘　緑幘　青幘〔七五〕○秦　漢　晉　東晉　宋　齊　梁　陳　隋　大唐

古者有冠無幘，其戴也加首有頍，所以安物，故詩曰「有頍者弁」，此之謂也。幘者，賾也。頭首嚴賾。

秦雄諸侯，乃加其武將首爲絳袙，以表貴賤，其後稍稍作顔題。袙音盲百切。

漢因，續其顔，卻摞之，施巾連題，卻覆之。至孝文乃高其顔題，續之爲耳，崇其巾爲屋，上下羣臣貴賤皆服之。文者長耳，武者短耳，稱其冠也。尚書幘收，方三寸，〔七六〕名曰納言，示以忠正，明近職也。迎氣五郊，各如其色，從章服也。武吏常赤幘，成其威也。未冠童子幘無屋者，示未成人也。入學小童幘句卷屋者，〔七七〕示尚幼小，未遠冒也。喪幘卻摞，反本禮也。蔡邕獨斷曰：「幘，古者之卑賤執事不冠者所服也。漢元帝額有壯髮，不欲使人見，始進幘服之，〔七八〕羣臣皆隨焉。然尚無巾，王莽頂禿，幘上施屋。」壯髮謂當額前，侵下而生，今俗呼爲「主頭」者是。制，紺幘以齋，青幘以耕，緗幘以獵。緑幘，漢董偃召見服之。

晉因之。

東晉哀帝從博士曹弘之等議，〔七九〕立秋御讀月令，改用素幘。〔八〇〕

宋因之，以黑幘，騎吏、鼓吹、武官服之；其救日蝕，文武官皆免冠著赤幘。〔八一〕

齊因之，以黑幘拜陵所服。

梁因之，以黑介幘爲朝服，元正朝賀畢，還儲更出所服。〔八二〕未加元服，則空頂介幘。〔八三〕

陳因之，諸軍司馬服平巾幘，長吏介幘，御節郎、黄鉞郎朝服，赤介幘，簪筆。

隋依之，天子畋獵、御戎，文官出遊，武官一品以下，并流外吏等，上下通服黑介幘、平巾黑幘。又制緑幘，庖人服之。其平巾黑幘之制，玉枝金花飾，犀簪導，紫羅褶。其御五輅人，逐其車色。

大唐因制，乘輿空頂黑介幘，雙玉導，加寶飾，祭還及冬至朔日受朝會、臨軒拜王公則服之。〔八四〕黑介幘，拜陵則服之。平巾幘，金寶飾。導簪冠支皆以玉，乘馬則服之。皇太子平巾幘，乘馬則服之。空頂介幘，雙玉導，加寶飾，謁廟還宫、元日冬至朔日入朝、釋奠則服之。〔八五〕冠幘，五品以上陪祭服之。〔八六〕

帢白帢　烏紗帢○魏　晉　齊〔八七〕　梁　陳　隋　大唐

魏武以天下凶荒，資財乏匱，擬古皮弁，裁縑帛以爲帢，苦洽切。合乎簡易隨時之義，以色別其貴賤，本施軍飾，非爲國容。或云：「本未有岐，荀文若巾之行，觸樹枝成岐，因之爲善，遂不改。」因通以慶弔。帢與帢同。

晉因之，咸和中，制聽尚書八座丞郎、門下三省侍官乘車白帢。〔八八〕

齊依，以素爲之，舉哀臨喪服之。

梁因之，以代古疑縗爲弔服，爲羣臣舉哀臨喪則服之。〔八九〕

陳因之，而初婚冠送餞亦服之。〔九〇〕

隋依梁不易。

大唐因之。

帽皮帽　皁帽〔九一〕　翠帽　黑帽　高屋白紗帽　高頂帽　岑帽　突騎帽○周　魏　晉　宋　齊　梁　陳　後魏　隋　大唐

上古穴居野處，衣毛帽皮，以此而言，不施衣冠明矣。玄中記云「旬始作帽」。

周成王問周公曰：「舜之冠何如焉？」曰：「古之人上有帽而句領。」〔九二〕或云：「帽名猶冠也，義取於加覆其首，本纚也。古者冠下有纚，以繒爲之。後世施幘於冠，因裁纚爲帽。自乘輿宴居，下至庶人無爵者，皆得服之。」

魏管寧在家，嘗著皁帽。吳書云：「陸遜破曹休於石亭，還，當反西陵，朝廷燕賜終日，〔九三〕上脱翠帽以賜遜。時同羣臣朝謁而服之。」

晉因之。

宋制，黑帽，綴紫標，〔九四〕標以繒爲之，長四寸，廣一寸，後制高屋，白紗帽。

齊因之。

梁因制，頗同，〔九五〕至於高下翅之卷小異耳。皆以白紗爲之。

陳因之，天子及士人通冠之。白紗者，名高頂帽。皇太子在宮則烏紗，在永福省則白紗。又有繒皁雜紗爲之，高屋下裙，蓋無定准。又制岑帽，鞦角五音帥長服之。

後魏咸著突騎帽，〔九六〕如今胡帽，垂裙覆帶，蓋索髮之遺象也。又文帝項上瘤疾，不欲人見，每常著焉。時爲雅服，小朝公宴，咸許戴之。

隋文帝開皇初，嘗著烏紗帽，自朝貴已下，至於冗吏，通著入朝。後復制白紗高屋帽，接賓客則服之。大業中，〔九七〕令五品以上通服朱紫，是以烏紗帽漸廢，貴賤通服折上巾。按後漢郭林宗行遇雨，霑巾角折。後周武帝建德中，因制折上巾。

大唐因之，制白紗帽，又制烏紗帽，視朝、聽訟、宴見賓客則服之。

葛巾角巾〇東晉　齊　陳　北齊

東晉制，以葛爲之，形如帢，而橫著之，尊卑共服。太元中，國子生見祭酒博士，冠角巾。

齊依之。其角巾，宋不存，至齊立學，王儉議更存焉。

陳依之。

北齊依之。自後無聞。

幅巾縑巾　黄巾〇後漢　後周　大唐

後漢末，王公名士以幅巾爲雅，是以袁紹、崔鈞之徒雖爲將帥，〔九八〕皆著縑巾。時有妖賊，以黄爲巾，時謂之黄巾賊。按巾，六國時，趙魏之間，通謂之承露。袁紹戰敗，幅巾渡河。按此則庶人及軍旅皆服之。用全幅皁而向後幞髮，謂之頭巾，俗人謂之幞頭。

後周武帝因裁幅巾爲四脚。

大唐因之。

巾子大唐

大唐武德初，始用之初，尚平頭小樣者。天授二年，武太后内宴，賜羣臣高頭巾子，呼爲「武家諸王樣」。景龍四年三月，中宗内宴，賜宰臣已下内樣巾子。其樣高而踣，皇帝在藩時所服，人號爲「英王踣樣」。

校勘記

〔一〕黄帝造旒冕　「旒冕」原倒，據北宋本、傅校本、明抄本、明刻本乙。

〔二〕或以冔　「冔」原訛「哻」，據儀禮士冠禮改。下同。

〔三〕冔音况甫反　「况」原訛「沈」，據陸德明經典釋文卷一〇及北宋本、明抄本、明刻本改。

〔四〕梁　原脱，據北宋本、傅校本、明抄本、明刻本、王吴本補。

〔五〕示不聽讒言也　「示」原作「耳」，據北宋本、傅校本、明抄本、明刻本改。

〔六〕郊社服用皆以袀玄　「社」後漢書輿服志下三六六二頁作「祀」。

〔七〕天子之冠也　「冠」原訛「服」，據禮記玉藻改。

〔八〕助天子郊祀天地明堂則冠之　原「祀」在「天地」下，據北宋本、傅校本、明抄本、明刻本、王吴本乙。

〔九〕服章多闕　「服章」原訛作「帝服」，據晉書輿服志七六六頁及北宋本、傅校本、明抄本、明刻本、王吴本改。

〔一〇〕而冕飾以翡翠珊瑚珠　晉書輿服志七六六頁「珠」上有「雜」字。

〔一一〕今美玉難得　「玉」原訛「石」，據晉書輿服志七六六頁改。

〔一二〕可用白璇珠　原作「可用白玉旋珠」，據晉書輿服志七六六頁删改。

〔一三〕通天冠平冕冕皁表朱緑裏　原脱「冠」，脱一「冕」，據晉書輿服志七六五頁增補。

〔四〕皇太子朝服遠遊冠　「服」原訛「冠」，據隋書禮儀志六二一八頁改。

〔五〕加元服等以象冕　原脱「以」，據王吴本補。

〔六〕享先帝　「帝」原訛「聖」，據隋書禮儀志六二四四頁及北宋本、傅校本、明抄本、明刻本、王吴本改。

〔七〕皆十有二旒　原脱「有」，據北宋本、傅校本、明刻本、明抄本補。

〔八〕以組爲纓　原脱「以」，據隋書禮儀志七二五四頁及王吴本補。

〔九〕太子庶子裴政奏　「政」原作「正」，據隋書本傳改。

〔一〇〕遣上將　原脱「上」，據舊唐書輿服志一九三六頁及北宋本、傅校本、明抄本、明刻本、王吴本補。

〔一一〕衮冕青珠九旒青纊充耳簪導第一品服之　「第一品服之」原脱，據舊唐書輿服志一九四二頁補。

〔一二〕玄冕三旒第五品服之　按：舊唐書輿服志載武德令一九四三頁作「玄冕衣無章裳刻黻一章餘同繡冕第五品服之」。未言三旒，果「餘同繡冕」，則亦當四旒。

〔一三〕君臣服冕　「服冕」舊唐書輿服志一九四六頁作「冕服」。

〔一四〕以雲及麟代龍昇山爲上　「麟」原訛「鱗」，「昇」原訛「昊」，據舊唐書輿服志一九四六頁改。按：諸本「昇」字不誤。

〔一五〕去龍朔中　「去」原作「前」，據北宋本、傅校本、明抄本、明刻本改。

〔一六〕龍虎山火者　原脱「山」，據舊唐書輿服志一九四八頁、唐會要卷三一補。唐會要「山火」倒。

〔一七〕水有盛德之祥　「盛」舊唐書輿服志一九四八頁、唐會要卷三一作「感」。

〔二八〕終是無踰比象　「踰」原訛「餘」，據舊唐書輿服志一九四八頁、唐會要卷三一及王吳本改。

〔二九〕若親王則加金附蟬爲飾　按：唐遠遊冠有親王加金附蟬之制，進賢冠則無此制。此蓋杜佑編寫之誤。

〔三〇〕頂少邪卻　「頂」原訛「項」，據後漢書輿服志下三六六五頁及諸本改。

〔三一〕簂駮犀簪導　按：後漢書輿服志下三六六五頁無此句，集解引惠棟説，謂脱「簂綏犀簪導」五字。

〔三二〕爲平天冕　「冕」隋書禮儀志六二一五頁作「冠」。

〔三三〕冬朝會　「冬」原訛「各」，據隋書禮儀志七二五五頁及北宋本、傅校本、明抄本、明刻本改。

〔三四〕帝之兄弟帝之子封郡王者通服之　下「帝」原脱，據晉書輿服志七六七頁補。

〔三五〕皇太子元朔入朝釋奠則服之　「朝」原訛「廟」，據隋書禮儀志七二五六頁改。

〔三六〕無山述展簂　原脱「述」，據後漢書輿服志下三六六六頁補。

〔三七〕中外官　原脱「官」，據後漢書輿服志下三六六六頁補。

〔三八〕按此高山冠亦通天子之服　「亦」原訛「以」，據後漢書輿服志下劉昭注三六六六頁改。

〔三九〕形如進賢冠加三峰　隋書禮儀志七二七一頁「冠」下有「前」。

〔四〇〕宋齊梁　三字原脱，據北宋本、傅校本、明刻本、王吳本補。

〔四一〕薛綜　「綜」原訛「宗」，據後漢書輿服志下劉昭注三六六八頁改。

〔四二〕育命舞樂人服之　原脱「育命」，據後漢書輿服志下三六六八頁補。

〔四三〕鷸冠繁冠建冠籠冠　原作「繁冠籠冠建冠鷸冠」，今據文中敍次移正。

〔四四〕曰武弁一名大冠　後漢書輿服志下三六六八頁作「武冠一曰武弁大冠」。

〔四五〕侍中中常侍　原脱一「中」字，據後漢書輿服志下三六六八頁及北宋本、傅校本、明抄本、明刻本、王吴本補。

〔四六〕居高飲潔　「居高」原倒，上又衍「取」，據後漢書輿服志下劉昭注三六六八頁及北宋本、傅校本、明抄本、明刻本删乙。

〔四七〕又加雙鷸尾　原脱「加」，據北宋本、傅校本、明抄本、明刻本補。

〔四八〕梁因制遠遊平上幘武冠　「上」原訛「土」，據隋書禮儀志六二一六頁及諸本改。按：隋書禮儀志六梁制天子冕服則用通天冠平冕，朝服用通天冠，此外又有五梁進賢冠、遠遊、平上幘武冠三種，杜佑誤合二爲一。

〔四九〕侍左者左珥侍右者右珥　「珥」原作「耳」，據隋書禮儀志七二五七頁改。

〔五〇〕三公以上玉枝　「玉枝」隋書禮儀志七二六五頁作「玉冠枝」。

〔五一〕八品以下及武官　「下」原訛「上」，據隋書禮儀志七二六六頁改。

〔五二〕侍左者左珥侍右者右珥　原訛脱作「侍左右珥」，據舊唐書輿服志一九四三頁增補。

〔五三〕要後相通　「要」原訛「前」，據後漢書輿服志下三六六九頁及北宋本、傅校本、明抄本、明刻本改。

〔五四〕宫殿門吏僕射等冠之　原脱「殿」，據後漢書輿服志下三六六九頁及北宋本、傅校本、明抄本、明刻本、王吴本補。

〔五五〕高七寸　原脱，據後漢書輿服志下三六六九頁及王吴本補。

〔五六〕噲裂裳以裹盾　「噲」下原有「即」，據後漢書輿服志下三六六九頁及北宋本、傅校本、明抄本、明刻本刪。

〔五七〕術氏冠　「氏」原訛「士」，據後漢書輿服志下三六六九頁、晉書輿服志七七〇頁及北宋本、傅校本、明刻本改。

〔五八〕今不施用　原「不」下衍「以」，據後漢書輿服志下三六六九頁刪。

〔五九〕或曰楚莊王解冠是也　後漢書輿服志下劉昭注三六六九頁作「淮南子曰楚莊王所復鯡冠者是」（標點本據殿本改「復」爲「服」）。晉書輿服志七七〇頁作「或曰楚莊王復讐冠是也」。

〔六〇〕晉制之　按：却敵冠始見於後漢書輿服志下三六六九頁。「晉」應作「漢」，「衛士服之」下應補「晉因之」。小目「晉」上亦應補「漢」字。此編纂之疎。

〔六一〕大唐制九琪加金飾皇太子侍從皇帝祭祀及謁見加元服納妃則服之　「見」爲「廟」字之訛。按：舊唐書輿服志引武德令一九四〇頁及本書卷一〇八所載開元禮皆謂皇太子侍從皇帝祭祀及謁廟、加元服、納妃服衮冕。此謂服進德冠，誤。進德冠乃太子常服或服袴褶所用。

〔六二〕知司天臺事韓穎奏　原脱「事」，據北宋本補。按：唐會要卷三〇亦有「事」字。

〔六三〕所以自飾覆　「所」原訛「覆」，據儀禮士冠禮鄭注及北宋本、傅校本、明抄本、明刻本、王吴本改。

〔六四〕雲翹舞樂人服之　「舞樂」原倒，據後漢書輿服志下三六六五頁乙。

〔六五〕視朝則皮弁服　「則」原作「即」，據周禮司服及王吳本改。

〔六六〕按皮弁韋弁　「韋弁」原訛「韋皮」，據周禮弁師鄭注及王吳本改。

〔六七〕以鹿淺毛黄白色者爲之　晉書輿服志七七〇頁「鹿」下有「皮」字。

〔六八〕十二真珠　原脱「真」，據北宋本、傅校本、明抄本、明刻本、王吳本補。

〔六九〕下六品各殺其一璂　觀隋書禮儀志七二六六頁文意，此處應作「下至五品，各殺其一璂」。

〔七〇〕唯天子用含稜　「含」王吳本作「金」。

〔七一〕後制鹿皮弁以賜近臣　「弁」原訛「者」，據隋書禮儀志七二六六頁改。

〔七二〕以韎韋爲弁　「韎」原訛「韐」，據周禮司服鄭注及北宋本改。

〔七三〕齊人名蒨爲韎韐　「蒨」原訛「舊」，據儀禮士冠禮鄭注改。

〔七四〕頂上少尖　「少」原訛「小」，據北宋本、傅校本、明抄本、明刻本改。

〔七五〕青幘　以上十幘之次序，北宋本、傅校本、明刻本作：「童子幘、空頂幘、赤幘、紺幘、納言幘、緑幘、青幘、緗幘、素幘、黑幘。」與此差互，而均與正文敘次不甚切合，且有遺漏，蓋杜氏原即隨手標列之者。

〔七六〕尚書幘收方三寸　原脱「方」，據後漢書輿服志下三六七一頁補。

〔七七〕入學小童幘句卷屋者　「入」上原衍「未」，據後漢書輿服志下三六七一頁删。

〔七八〕始進幘服之　「進」原訛「用」，據後漢書輿服志下三六七一頁及北宋本、傅校本、明抄本、明刻本改。

〔七九〕曹弘之　原無「之」，據晉書輿服志七七一頁補。

〔八〇〕改用素幘　晉書輿服志七七一頁作「改用素白帢」。

〔八一〕宋因之以黑幘騎吏鼓吹武官服之其救日蝕文武官皆免冠著赤幘　按：宋書禮志五五〇四頁所記「又有赤幘，騎吏、武吏、乘輿鼓吹所服。救日蝕，文武官皆免冠，著赤幘，對朝服，示威武也」，乃追敍漢制，於宋制唯云「宋乘輿鼓吹，黑幘武冠」。通典糅合爲一，謂爲宋制，失之遠矣。

〔八二〕還儲更出所服　「儲」原訛「宫」，據隋書禮儀志六二一六頁及北宋本、傅校本、明抄本、明刻本、王吴本改。

〔八三〕未加元服則空頂介幘　原脱「介」，據隋書禮儀志六二一六頁補。

〔八四〕大唐因制乘輿空頂黑介幘雙玉導加寶飾祭還及冬至朔日受朝會臨軒拜王公則服之　按：舊唐書輿服志一九三七頁及本書卷一〇八開元禮所載，天子諸祭還及冬至朔日受朝、臨軒拜王公、元會、冬會，服通天冠；若天子未加元服，則雙童髻，空頂黑介幘。可知已冠天子本不用空頂黑介幘。通典於此未加分别。

〔八五〕空頂介幘雙玉導加寶飾謁廟還宫元日冬至朔日入朝釋奠則服之　「朝」原訛「廟」，據舊唐書輿服志一九四一頁及北宋本、傅校本、明抄本、明刻本、王吴本改。按：通典此條之失與上條同。

〔八六〕冠幘五品以上陪祭服之　檢舊唐書輿服志載武德令一九四四頁及本書卷一〇八載開元禮，知羣臣之朝服、公服中均有冠幘，只朝服用於陪祭、朝享、拜表大事。且朝服冠幘以陪祭朝享拜表者不限五品以上，六品以下亦同，惟去劍、珮、綬爲異耳。通典所云未晰。

〔八七〕齊　原訛「宋」，據北宋本、傅校本、明刻本、王吴本改。

〔八八〕門下三省侍官　原脱「省」，據晉書輿服志七七二頁、宋書禮志五五二〇頁補。又「官」宋書作「郎」。

〔八九〕爲羣臣舉哀臨喪則服之　原脱「爲」，據隋書禮儀志六二二六頁補。

〔九〇〕陳因之而初婚冠送餞亦服之　「亦」原作「以」，據隋書禮儀志六二三五頁改。按：據隋志，齊、梁以白帢爲弔服，陳則「通爲慶弔之服」，而「初婚冠送餞亦服之」。可知陳制與齊、梁制本異，通典未晰。

〔九一〕皁帽　「皁」原訛「白」，據正文改。按：三國志管寧傳也作「皁帽」。

〔九二〕古之人上有帽而句領　「句領」王吴本作「勾額」。

〔九三〕朝廷燕賜終日　「廷」原訛「臣」，據王吴本改。

〔九四〕綴紫標　「標」，宋書禮志五五〇四頁作「褾」，下同。

〔九五〕梁因制頗同　「制」原作「之」，據北宋本、傅校本、明抄本、明刻本改。

〔九六〕後魏咸著突騎帽　「後魏」隋書禮儀志七二六六頁作「後周」。按：此節文字即採自隋志。下言「文帝」，乃指宇文泰，非後魏之文帝；「時爲雅服」之「時」，即隋志之「有周一代」，則作「後周」自是。蓋杜佑以宇文泰相魏，雖大權在握，而終其身未嘗爲帝，遂遽改「周」爲「魏」，殊不知顧此而失彼。

〔九七〕大業中　「中」原訛「年」，據王吳本改。

〔九八〕是以袁紹崔鈞之徒　「鈞」原訛「豹」，據晉書輿服志七七一頁改。按：崔鈞與袁紹俱起兵山東，見後漢書崔駰傳一七三二頁。

王文錦點校

通典卷第五十八

禮十八　沿革十八　嘉禮三

天子納后冊后附　天子冊妃嬪夫人　皇太子納妃皇子諸王附　公侯大夫士婚禮

天子納后〔一〕冊后附○遂皇　伏犧　五帝　夏　殷　周　漢　後漢　魏　晉　東晉　北齊　大唐

遂皇氏始有夫婦之道。〔二〕人皇是。〔三〕

伏犧氏制嫁娶以儷皮爲禮。

五帝馭時，娶妻必告父母。

夏氏親迎於庭。〔四〕

殷迎於堂。〔五〕

周制，限男女之歲，定婚姻之時。媒氏云：「令男三十而娶，女二十而嫁。」婚姻之時，即仲春之月。親迎於户。何休曰：「後代漸文，而迎於户，示其親。」六禮之儀始備。一曰納采，用鴈，謂始語言采擇可不。二曰問名，用鴈，謂問女名目，將卜之也。三曰納吉，用鴈，謂卜得吉，往告之也。四曰納徵，用束帛。徵，成也，謂婚姻禮成也。五曰請期，用鴈，娶婦日也。六曰親迎，用鴈。天子聘女，納徵加穀珪。鄭玄云：「納徵加於束帛。」賈公彥曰：「士以上皆用玄纁束帛，天子加以穀珪也。」靈王求婚於齊，遣使稱制拜后。靈王求婚於齊，大夫晏桓子對曰，「夫婦所生若而人」，姑姊妹則稱，「先守某公之遺女若而人」。此則天子之命，〔六〕自得下達，臣下之答，徑自上通，故遣使稱制拜后。魯桓公八年，祭音債〔七〕公來，遂逆王后于紀。祭公，諸侯爲天子三公者也。王使魯主婚，故祭公來受命而迎也。〔八〕天子無外，故稱王后矣。春秋左氏說：「王者至尊無敵，無親迎之禮。諸侯禮合親迎，有故則使上卿迎之也。祭公逆之，〔九〕王后未至京師稱后，知天子不行而禮成也。公子翬如齊逆女，春秋不譏，知諸侯有故得使卿逆。」

說曰：禮記婚義云：〔一〇〕「婚禮者，將合二姓之好，上以事宗廟，下以繼後代也，〔一一〕故君子重之。共牢而食，合卺而酳，所以合體同尊卑而親之也。成男女之別，立夫婦之義，而後父子親，君臣正，故曰婚禮者禮之本也。」公羊說，天子至庶人，皆親迎。左氏說，王者至尊，無敵體之義，不親迎。鄭玄駁之曰：「文王親迎於渭，則天子親迎也。天子雖尊，其於后，夫婦也。夫婦無判，禮同一體，所謂無敵，豈施於此哉！禮記哀公問曰：『冕而親迎，不已重乎？』孔子對曰：『合二姓之好，以繼先聖之後，以爲天地、宗廟、社稷之主，君何謂已重焉！』此言繼先聖之後，以爲天地之主，〔一二〕非天子則誰乎？」是鄭以天子當親迎也。杜元凱以爲天子不親迎。按：春秋祭公逆王后於紀。傳曰「禮也」。劉夏逆王后，譏卿不行，皆不譏王不親行，明是天子不當親迎也。文王之迎太姒，身爲公子，迎在殷代，未可據此以爲天子之禮。孔子之對哀公，自論魯國之法，魯以周公之後，得郊祀上帝，故以先聖天地爲言耳，非説天子之禮。

漢惠帝納后，納采鴈璧，乘馬束帛，聘黄金二萬斤，〔一三〕馬十二疋。呂氏爲惠帝娶魯元公主女，故特優其禮。平帝立，王莽納女爲后以固權。遣宗正劉宏、尚書令平晏納采，太師孔光、大司徒馬宮等四十九人，賜皮弁素積。皮弁，鹿皮爲冠也。素積，以十五升布爲衣，積素以爲裳。以禮雜卜筮，太牢告宗廟，封后父百里，尊而不臣。有司奏「故事，聘皇后黄金二萬斤，爲錢二萬萬」。〔一四〕莽深辭讓，受四千萬，而以其三千三百萬予十一媵家。有詔，復益二千三百萬，合爲三千萬。莽復以其千萬分予九族貧者。遣甄豐奉璽綬，拜帝母衞姬爲中山孝王后。四年春，遣大司徒宮等奉乘輿法駕，迎皇后於安漢公第。授皇后璽紱，顔師古曰：「紱，所以繫璽。」登車稱警蹕，便時取日時之便。上林延壽門，〔一五〕入未央宮前殿。羣臣就位行禮，大赦天下。益封安漢公地滿百里，賜迎皇后及行禮者，自三公以下至騶宰執事皆增秩，〔一六〕賜金帛各有差。皇后立三月，以禮見高廟。尊父號曰宰衡，位在諸侯王上。王莽篡立後，聞劉伯升及聖公立爲帝，莽恐。欲外示安，進所徵天下淑女杜陵史氏女爲皇后，〔一七〕聘黄金三萬斤，〔一八〕車馬奴婢雜帛珍寶以鉅萬計。莽親迎於前殿兩階間，〔一九〕成同牢禮於上西堂。〔二〇〕備和嬪美御，其和人三，位視公；〔二一〕嬪人九，視卿；美人二十七，視大夫；御人八十一，視元士：凡百二十人，皆佩印紱，執弓韣。月令「仲春，后親祠高禖，乃帥嬪御，禮天子所御，帶以弓韣，授以弓矢於高禖之前」。求男子之祥。莽故祈之。韣，弓衣。

後漢桓帝立，明年，有司奏「太后曰春秋迎皇后於紀，在塗則稱后。今大將軍冀女弟，膺紹聖善，結婚之際，有命既集，桓帝爲蠡吾侯，梁太后徵，欲與后爲婚，未及嘉禮，會質帝崩。后即順烈皇后女弟。宜備禮進徵幣。請下三公、太常，按禮儀。」奏可。於是悉依孝惠皇帝納后故事，聘黃金二萬斤，納采鴈璧，乘馬束帛，一如舊典。周禮「王者以穀珪」。此云璧，形制雖異，爲玉同也。乘馬，四疋也。雜記曰：「幣一束，束五兩，〔二二〕兩，五尋。」然則每端二丈。靈帝册宋貴人爲皇后，天子御章德殿軒，百官陪位。太尉襲使持節奉璽紱，皇后北面，帝南面，太尉立階下東向，宗正大長秋西向，宗正讀册。文曰：「惟建寧四年七月乙未，制詔：皇后之尊，與帝同體，〔二三〕供奉天地，祇承宗廟，母臨天下。故有莘興殷，姜任母周，二代之崇，蓋有內德。長秋宮闕，中宮曠位。宋貴人秉淑媛之懿，體河山之儀，威容昭曜，德冠後庭。羣僚所咨，人曰宜哉；〔二四〕卜之蓍龜，卦得坤乾；〔二五〕有司奏議，宜稱紱組，以母兆人。今使太尉襲使持節奉璽紱，宗正祖爲副，立貴人爲皇后。后其往踐爾位，敬遵禮典，肅慎中饋，無替朕命，永終天祿。」册文畢，皇后拜稱臣妾畢，任位。〔二六〕太尉授璽紱，中常侍、長秋太僕、高鄉侯覽長跪受璽紱，奏於殿前，女使授，婕妤長跪受以授，昭儀受，長跪以帶皇后。皇后伏，起，拜稱臣妾畢，黃門鼓吹三通。鳴鼓畢，羣臣以次出。后即位，大赦天下。皇后秩比國王即位威儀，赤紱玉璽也。漢志：乘輿黃赤綬，四采，黃赤縹紺，純黃質，長二丈九尺九寸。太子、太后與乘輿同。

魏制，天子册后，以皮馬庭實加穀珪。齊王正始四年，立后甄氏，其儀不存。

晉武帝咸寧二年，〔二七〕臨軒遣太尉賈充册立皇后楊氏，因大赦，賜王公以下各有差，百僚上禮。納悼后。太康八年，有司奏，大婚納徵，用玄纁束帛加穀珪，馬二駟，羊鴈酒米如故。尚書朱整議：按魏婚故事，天子以皮馬爲庭實，加以穀珪。

東晉成帝咸康二年，帝臨軒，遣使持節、兼太保、領軍諸葛恢，兼太尉、護軍孔愉，六禮備物，拜皇后杜氏。即日入宫，帝御太極殿，羣臣畢賀。賀，非禮也。王者婚禮，禮無其制。春秋「祭公逆王后於紀」，穀梁、左氏説與公羊又不同。而況漢魏遺事，闕略者衆。晉武、惠納后，江左又無儀注。故成帝將納杜后，太常華恒始與博士參定其儀。據杜元凱左氏傳説，主婚是供其婚禮之幣而已。又，周靈王求婚於齊，先儒以爲丘明詳録爲王者婚禮。故成帝臨軒，遣使稱制拜后，然其儀注，又不具存。

康帝建元元年，納后褚氏，而儀注陛者不設旄頭。殿中御史奏：「今迎皇后，依昔成恭皇后入宫御物，而儀注至尊衮冕升殿，旄頭不設。昔迎恭皇后，唯作青龍旂，其餘皆即御物。今臨軒遣使，而立五牛旂，〔二八〕旄頭畢罕並出。即用舊制，今闕。」詔曰：「今所以正法服、升太極者，以敬其始，故備禮也。今何闕所重而撤法物邪？又恭后神主入廟，先帝詔后禮宜有降，不宜建五牛旂，既不設五牛旂，〔二九〕則旄頭畢罕易具也。」又詔：「舊制既難準，〔三〇〕且於今而備法服，儀飾鸁舉，兼副雜器停之。」

穆帝永和十年，臺符問：「六禮版文，舊稱皇帝，今太后臨朝，當何稱？」博士曹耽云：「公羊傳，婚禮不稱主人，母命諸父爲主。」傳：紀裂繻來迎女，不稱使也，無母，辭窮，乃命使者耳。太常王彪之云：「三傳異義，不可全據。今皇后臨朝稱制，文告所達，國之大典，皆仰稟成命，非無外事也。豈婚聘獨不通乎！六禮版文，應稱皇太后詔。」彪之又曰：「天子嫁女使同姓之國爲主者，以受體於皇極，則有虧婚姻之敵禮。至於迎后之制，必禮成而後入，雖復戚屬之尊，亦臣妾也。天王之后，寧可先之蕃國，然後入臨六宮乎？是以祭公來迎王后於紀，使我爲媒，不云爲主。」符又問：「今后還政，不復臨朝，當何稱？」彪之云「當稱皇帝詔」。

升平元年，將納皇后何氏，彪之正禮始更大引經傳及諸故事，深非公羊「婚禮不稱主人」之義。曰：「王者之於四海，無不臣妾，雖復父兄之親，師友之賢，皆純臣也。夫崇三綱之始，定乾坤之儀，安有天父之尊，而稱臣下之命以納伉儷；安有臣下之卑，而稱天父之名以行大禮。遠尋古禮，於義不通。按咸寧二年，納悼皇后時，弘訓太后母臨天下，〔三一〕而無命戚屬之臣爲武皇父兄主婚之文。考咸寧故事不稱父兄師友，則咸康華恒所上合於舊也。〔三二〕謂今納后儀制，宜一依咸康故事。」〔三三〕從之。華恒定六禮，云宜依舊及大晉已行之制，此恒猶識前事，故王彪之言從咸康，〔三四〕由此也。唯以「娶婦之家三日不舉樂」，而咸康羣臣賀爲失禮，故但依咸寧上禮，不復賀也。〔三五〕其告廟六禮版文等，皆彪之所定。博士荀納云：「凡六禮版，長尺二寸，以應十二月；博四寸，以象四時；厚八分，以象八節。皆真書。后家答則以鮫脚書之。」納采，用鴈一頭，白羊一口，酒十二斛，米十二斛。文曰：「皇帝咨前太尉參軍、都鄉侯何：渾元資始，肇經人倫，爰及夫婦，以奉宗廟天地社稷。謀於公卿，咸以爲宜。率由舊典，今使使持節、〔三六〕崇德衛尉、領太常彪之，兼宗正、散騎侍郎綜，以禮納采。」后家答曰：「皇帝嘉命，訪婚陋族，備數采擇。臣之先臣散騎侍郎準之遺女，未嫻教訓，衣履若而人。〔三七〕欽承舊章，肅奉典制。前太尉參軍、都鄉侯糞土臣何琦稽首頓首，〔三八〕再拜承制詔。」問名，用鴈羊酒米如前。〔三九〕文曰：「皇帝曰：咨前某官某侯何：兩儀配合，承天統物，正位乎内，必俟令族。重申舊典，今使使持節、某官彪之，某官綜，以禮問名。」后家答：「皇帝嘉命，使者彪之重宣中詔，問臣名族。臣族女父母所生，〔四〇〕先臣故光禄大夫、雩婁侯楨之遺玄孫，〔四一〕先臣故蔡州刺史、〔四二〕關内侯惲之曾孫，〔四三〕先臣故安豐太守、關内侯叡之孫，〔四四〕先臣故散騎侍郎準之遺女。外出自於先臣故尚書左丞孔胄之外曾孫，〔四五〕先臣故侍中、關内侯夷之外孫女，年十七。欽承舊章，肅奉典制。〔四六〕前某官某侯糞土臣何琦稽首頓首，再拜欽承制詔。」納吉，用鴈羊酒米如前。〔四七〕文曰：「皇帝曰：咨前某官某侯何：人謀龜從，僉曰貞吉。敬順典禮，今使使持節、某官彪之，某官綜，以禮納吉。」后家答：「皇帝嘉命，使者彪之重宣中詔，〔四八〕大卜元吉。臣陋族卑鄙，憂懼不堪。欽承舊章，肅奉典制。前某官某侯糞土臣何琦稽首頓首，再拜承制詔。」納徵，用白羊一口，玄纁帛三疋，〔四九〕絳二疋，絹二百疋，獸皮二枚，錢二百萬，玉璧一枚，酒十二斛，白米十二斛，馬六匹。文曰：「皇帝曰：咨某官某侯何之族女，有母儀之德，窈窕之姿，如山如河，宜奉宗廟，永承天祚。以玄纁皮帛，馬羊錢璧，〔五〇〕以彰典禮。今使使持節、兼司徒、光禄勳、關内侯恪，崇德衛尉、領太常彪之，以禮納徵。」后家答：「皇帝嘉命，使者恪重宣中詔，降婚卑陋，命以上公，〔五一〕寵以豐禮，備物典册。欽承舊章，肅奉典制。前某官某侯某云云，再拜承制詔。」請期，用鴈羊酒米如初。文曰：「皇帝曰：咨前某官某侯何：謀於公卿，大筮元龜，罔有不臧。率遵典禮，今使使持節某官彪之，某官綜，以禮請期。」后家答：「皇帝嘉命，使者彪之重宣中詔，吉日惟八月壬子可迎。臣欽承舊章，肅奉典制。前某官某侯某，再拜承制詔。」迎用鴈羊酒米如初。文曰：「皇帝曰：咨前某官某侯何：歲吉月令，吉日惟某，率禮以迎。今遣使持節、兼太保、侍中、太宰、武陵王晞迎。」后家答：「皇帝嘉命，使者晞重宣中詔，令月吉辰，備禮以迎。上公宗卿兼至，副介近臣百兩。臣螻蟻之族，〔五二〕猥承大禮，憂懼戰悸。欽承舊章，肅奉典制。前某官某侯糞土臣某，謹因使者兼某官某王晞上謹答。」册皇后文曰：「惟升平元年八月，皇帝使使持節、兼太保、侍中、太宰、武陵王晞册命故散騎侍郎女何氏爲皇后。咨爾易本乾坤，詩首關雎，王化之本，實由內輔。是故皇英嬪虞，帝道以光；任姒母周，胤嗣克崇。皇后其祗勖厥德，以肅承宗廟，虔恭中饋，盡敬婦道，帥導六宮，作軌儀於四海。〔五三〕皇天無親，惟德是依，可不慎歟！」

北齊皇帝納后之禮，納采、問名、納徵訖，告圓丘方澤及廟。是日，皇帝臨軒，命太尉爲使，司徒副之。持節詣后行宮，東向，奉璽綬册以授中常侍。〔五四〕皇后受册於行殿。使者出，〔五五〕與公卿以下皆拜。有司備迎禮。太保、太尉受詔而行。〔五六〕主人公服，迎拜於門。使者入，升自賓階，東面。主人升自阼階，西面。禮物陳於庭。設席於兩楹間，〔五七〕童子以璽書版升，主人跪受。〔五八〕送使者，拜於大門外。有司先於昭陽殿兩楹間供帳，爲同牢之具。皇后服大嚴繡衣，帶綬珮，加幜。幜音景。女長御引出，升畫輪四望車。女侍中負璽陪乘。鹵簿如大駕。皇帝服衮冕出，升御座。皇后入門，大鹵簿住門外，〔五九〕小鹵簿入。到東上閤，施步障，降車，席道以入昭陽殿。前至席位，姆去幜，皇后先拜後起，皇帝後拜先起。升自西階，詣同牢座，與皇后俱坐。各三飯訖，又各酳二爵一巹。奏禮畢，后興，南面立。皇帝御太極殿，王公以下拜，皇帝興，入。明日，后展衣，於昭陽殿拜表謝。〔六〇〕又明日，以榛栗棗脩，〔六一〕見皇太后於昭陽殿。擇日，羣官上禮。〔六二〕又擇日，謁廟。〔六三〕皇帝使太尉，先以太牢告，〔六四〕而後徧見羣廟。

大唐皇帝納后，卜日，告天地，臨軒命太尉爲使，宗正卿爲副，並如開元禮。

天子册妃嬪夫人周 後漢 晉

周制，天子后立六宮，三夫人、九嬪、二十七世婦、八十一御女，〔六五〕以聽天下之內治。天子六寢，而六宮在後，六官在前，所以承副，施外內之政也。〔六六〕三夫人以下百二十人，周制也。三公以下百二十人，似夏時也，以治外。而六宮內政，取其相應焉。又三小者爲次妃，帝堯因焉。至舜不告娶，不立正妃也。但立三妃而已，謂之三夫人，離騷所歌三夫人，舜妃也。夏后氏增以三三而九，合十二人，春秋説云，天子娶十二，即夏制也。以虞夏及周等差之，則殷人又增以三九二十七，合三十九人。周人上法帝嚳立正妃，又三九二十七人爲八十一以增之，〔六七〕合百二十人。其位：后也，夫人也，嬪也，世婦也，御女也。五者相參，定尊卑也。公羊云：「諸侯娶一國，則二國往媵之，以姪娣從。」公羊說曰：「天子諸侯娶三國，凡九女，法地有九州，是以承天之施。娶三國者，廣異類也。恐一國有血脈相似，俱無子也。姪娣媵者，不相妬嫉也。年雖幼，待年於父母之國。古者女嫁則姪娣從，謂之媵。」

後漢獻帝建安十八年，曹操進三女憲、節、華爲夫人。聘以束帛玄纁，絹五萬疋。〔六八〕小者待年於國。留住於國，待年長。二十年，並拜貴人。

晉武帝泰始十年，將聘三夫人、九嬪，有司奏：「禮，皇后聘以穀珪，無妾媵禮贄之制。」詔曰：「拜授可依魏氏故事。」於是臨軒，使使持節兼太常拜三夫人，兼御史中丞拜九嬪。

皇太子納妃皇子諸王附○漢　晉　東晉　宋　齊　北齊　隋　大唐

漢制，皇太子納妃，奉常迎。時叔孫通定禮，以天子無親迎之義，皇太子以奉常迎也。

晉太康中，有司奏：太子婚，納徵用玄纁束帛，加羊馬二駟。〔六九〕

東晉太子婚，納徵禮用玉璧一，虎皮二。王彪之上書曰：「或者獸取威猛有斑彩，〔七〇〕玉象德而有溫潤。尋珪璋亦玉之美者，〔七一〕豹皮彩蔚，以譬君子。」王肅納徵辭云：「玄纁束帛，儷皮鴈羊。」前漢亦無用羊之禮。鄭氏婚物贊曰「羊者祥也」，婚之有羊，自漢末始。

宋文帝元嘉十五年四月，皇太子納妃，六禮文與納后不異。百官上禮。其月壬戌，於太極殿西堂敍宴，二宮隊主副、司徒征北鎮南三府佐、揚兗江三州綱、彭城江夏南譙始興武陵廬陵南豐七國侍郎以上，〔七二〕諸二千石在都邑者，並在會。又詔今小會可停伎樂。〔七三〕

時有臨川曹太妃喪。

明帝泰始五年，有司奏：「按晉江左以來，太子婚，納徵禮，用璧一，〔七四〕獸皮二，未詳所准。今法章徽儀，方將大備，宜憲範經籍。今皇太子婚，納徵，禮合用珪璋豹皮熊羆皮與不？〔七五〕下禮官詳議，依經記更正。〔七六〕若應用者，爲各用一？爲用兩？」〔七七〕博士裴昭明議：〔七八〕「按周禮，納徵，玄纁束帛儷皮。鄭玄曰：「束帛以致命。兩皮，庭實。皮，鹿皮。」晉納妃以獸豹皮二。獸豹雖文，禮所不用。熊羆吉祥，婚典不及。珪璋雖美，〔七九〕爲用各異。今儲皇聘納，宜准經誥。」兼太常丞孫詵議以爲：「聘幣之典，損益惟義。〔八〇〕今儲后崇聘，禮先訓遠，〔八一〕皮玉之美，宜盡輝備。禮稱束帛儷皮，〔八二〕則珪璋數合同璧，〔八三〕熊羆文豹，各應用二。」博士虞龢音和議：「按儀禮直云『玄纁束帛儷皮』。禮記郊特牲云虎豹皮與玉璧，非虛作也。虎豹皮居然用兩，珪璋宜仍舊各一。」〔八四〕參議詵、龢二議不異，今加珪璋各一，豹熊羆皮各二，龢議爲允。詔可。

齊武帝永明年中，以婚禮奢費，〔八五〕敕諸王納妃，上御及六宮，依禮上棗栗腶脩，〔八六〕加以香澤花粉，其餘衣物皆停。唯公主降嫁，則上遺舅姑。

北齊皇太子納妃禮，皇帝遣使納采，有司備禮物。會畢，使者受詔而行。主人迎於大門外。禮畢，會於廳事。其次問名、納吉，並如納采。〔八七〕納徵，則使司徒及尚書令爲使，備禮物而行。請期，則以太常宗正卿爲使，如納采。親迎，則太尉爲使。三日，妃朝皇帝於昭陽殿，又朝皇后於宣光殿。擇日，羣臣上禮。他日，妃還。又他日，皇太子拜閤。皇太子及王聘禮，納采、問名、納吉、請期、親迎皆用羔羊一口，鴈一隻，酒黍稷稻米麪各一斛。〔八八〕納徵，用玄三疋，纁二疋，束帛十疋，大璋一，虎皮二，錦采六十疋，絹二百疋，羔羊一口，羊四口，犢二頭，酒黍稷稻米麪各十斛，從車百乘。

隋皇太子納妃禮，皇帝臨軒，使者受詔而行。主人俟於廟門。使者執鴈，主人迎拜於大門之東。使者入，升自西階，立於楹間，南面。納采訖，乃行問名儀。〔八九〕事畢，主人請致禮於從者。禮有幣馬。其次擇日納吉。又擇日，以玉帛乘馬納徵。又擇日告期。〔九〇〕又擇日，命有司以特牲告廟册妃。皇太子將親迎，皇帝臨軒，醮而誡曰：「往迎爾相，承我宗事，勖帥以敬。」對曰：「謹奉詔。」既受命，〔九一〕羽儀而行。主人几筵於廟，妃服褕翟，立於東房。主人迎於門外，〔九二〕西面拜。皇太子答拜。主人揖皇太子先入，主人升，立於阼階，西面。皇太子升進，當房户前，北面，跪奠鴈，俛伏，興，拜，降出。妃父少進，〔九三〕西面戒之。母於西階上，施衿結帨，及門內，施鞶申之。出門，妃升輅，乘以几。姆加幜。皇太子乃馭，輪三周，馭者代之。皇太子出大門，乘輅，羽儀還宮。妃三日，〔九四〕雞鳴夙興以朝。〔九五〕奠笲音煩於皇帝，皇帝撫之。又奠笲於皇后，皇后撫之。席於户牖間，妃立於席西，祭奠而出。

大唐皇太子納妃禮，臨軒命使，行納采，問名，納吉，納徵，〔九六〕請期，告廟，臨軒醮戒，親迎，同牢，朝見，並如開元禮。

公侯大夫士婚禮周 漢 後漢 魏 晉 東晉 齊 梁 北齊 大唐

周制，婚禮下達，納采用鴈。〔九七〕達，通也。將合婚，必先媒氏下通其言，乃使納采。采，擇也。鴈取順陰陽往來之義，如有從夫之道。主人筵於户西，西上，右几。主人，女父也。筵，爲神布席，將以先祖遺體許人，故受於禰廟。席西上，右設几，神不統於人。席有首尾。使者玄端至，〔九八〕使者，夫家之屬，若羣吏使往來者。儐者出，請事。曰：「吾子有惠，貺室某也。吾子，女父也。有惠，明下達。貺，賜也。室，妻也。某，壻名。〔九九〕某有先人之禮，使某請納采。」上某，壻父名。下某，使者名。女父對云：「某之子惷愚，又弗能教，〔一〇〇〕吾子命之，某不敢辭。」吾子，使者。主人如賓服，迎於門外，再拜。賓不答拜，揖入。不答拜，奉使不敢當其盛。賓升西階，當阿東面。阿，棟也。入堂深，示親。〔一〇一〕使者致命曰：「敢納采。」主人阼階上，北面再拜。授於楹間，南面。授於楹間，明爲合好，其節同也。南面並授之。〔一〇二〕賓降出，主人降，授老鴈。老，羣吏之尊者。又執鴈，請問名，如初禮。曰：「某既受命，將加諸卜，敢請女爲誰氏？」某，使名也。誰氏，謙也，不必斥其主人之女。對曰：「吾子有命，且以備數而擇之，某不敢辭，曰某氏。」儐者出，請醴賓曰：「子爲事故至於某室，某有先人之禮，請醴從者。」言從者，謙不敢斥。賓對曰：「某既得將事矣，敢辭。」儐者曰：「先人之禮，敢固以請。」賓曰：「某辭不得命，敢不從。」醴賓以醴酒，薦以脯醢，略如一獻之禮。禮畢，出，主人送於門外，再拜。

納吉用鴈，如納采禮。歸卜於廟，得吉兆，復使使往告之，婚姻此始定。曰：「吾子有貺，命某加諸卜，占曰吉，使某也敢告。」上某，壻父名。對曰：「某之子不教，唯恐不堪，子有吉，我與在，不敢辭。」與猶兼也。

納徵用玄纁束帛儷皮，如納吉禮。徵，成也。使使者納幣以成婚禮。〔一〇三〕用玄纁者，象陰陽備也。〔一〇四〕雜記曰：「納幣一束，束五兩，兩五尋。」則每端二丈。兩兩合其卷，因謂之匹，猶匹偶之云。玄三匹，纁二匹，取三天兩地之義也。曰：「吾子有嘉命，貺室某也。某有先人之禮，儷皮束帛，使某也請納徵。」對曰：「吾子順先典，貺某重禮，某不敢辭，敢不承命。」

請期用鴈，主人辭，賓許，告期。如納徵禮。主人辭者，陽唱陰和，期日宜由夫家來也。夫家必先卜，得吉日，乃使使者往，辭即告。曰：「吾子有賜命，某既申受命矣。惟是三族之不虞，使某請吉日。」三族謂父昆弟、己昆弟、子昆弟也。〔一〇五〕虞，度也，不億度，謂卒有死喪。此三族者，己及子皆服周，〔一〇六〕周則踰年，欲及今之吉。對曰：「某既前受命矣，惟命是聽。」前受命者，申前日事。使者曰：「某命某聽命於吾子。」上某，壻父名。對曰：「某固惟命是聽。」使者曰：「某使某受命於吾子，〔一〇七〕吾子不許，某敢不告期，曰某日。」對曰：「某敢不敬須。」

凡使者歸反命曰：「某既得將事矣，敢以禮告。」禮，所執腒。主人曰：「聞命矣。」凡行事必用昏昕。賈公彦曰：「行此五禮，皆用昕時。昕，早朝也。親迎一禮用昏時。」鄭玄曰：「必昏時，陽往陰來之義，故名爲昏。日入二刻半爲昏，未盡二刻半爲明。」〔一〇八〕

親迎期日，父醮子，命之曰：「往迎爾相，承我宗事。相，助也。宗事，宗廟之事。勖帥以敬，先妣之嗣，若則有常。」勖，勉也。若猶汝也。勉導以敬其爲先妣之嗣，〔一〇九〕汝之行則當有常，深戒之也。子曰：「諾。唯恐不堪，不敢忘命。」期，初昏，陳三鼎於寢門外東方，北面北上；設洗於阼階東南；洗所以承盥弃水者。饌於房中，醯醬二豆，菹醢四豆；罇於室中北墉下，有禁，玄酒在西，綌冪，加勺，皆南柄；墉，牆也。禁，所以庋甒也。玄酒，不忘古也。庋音居委反。罇於房户之東，無玄酒，篚在南，實四爵合巹。無玄酒，畧之。夫婦酌於内罇，其餘酌於外罇。合巹，破匏也。四爵兩巹，凡六，爲夫婦各三酳。一升曰爵。記曰：「共牢而食，同尊卑也。器用陶匏，尚禮然也。」主人爵弁，纁裳，緇袘，乘墨車，從車二乘，執燭前馬。主人，壻也。壻爲婦主。爵弁而纁裳，玄冕之次也。大夫以上，親迎冕服。冕服迎者，〔一一〇〕鬼神之。鬼神之者，重之親之也。纁裳者，衣緇衣。不言衣與帶而言袘者，明與袘俱用緇。〔一一一〕袘謂緣，袘之言施，〔一一二〕以緇緣裳，象陽氣下施也。墨車，漆車也。士而乘墨車，〔一一三〕攝盛也。袘，以豉切。婦車亦如之，有裧。車同等。士妻之車，夫家共之。大夫以上嫁女，則自以車送之。裧，車裳帷也。周禮謂之容車，有容固有蓋也。裧音昌占切。至婦氏大門外，儐者出請。曰：「吾子命某以茲初昏，使某將請承命。」上某，壻父名。下某，壻名。茲，此也。將，行也。使某行昏禮來迎。對曰：「某固敬具以須。」主人筵於户西，西上，右几。主人，女父也。筵，爲神布席。〔一一四〕女次，純衣，纁袡，立於房中，南面。次，首飾也，今時髲也。袡，緣也，袡之言任也，以纁緣其衣，象陰氣上任也。凡婦人，不常施袡之衣，盛昏禮，爲此服耳。喪大記曰「復衣不以袡」，明非常服。袡，汝占切。姆纚，笄，宵衣，在其右。姆，婦人年五十無子，出而不復嫁，能以禮教人者。纚，縚髪纚也。笄，今時簪也。纚，廣充幅，長六尺。宵讀爲綃。詩云「素衣朱綃」。綃，綺屬。姆亦玄衣，以綃爲領，在女右，詔以婦禮。主人玄端迎賓於門外，西面再拜，賓東面答拜。賓，壻也。主人揖入，賓執鴈從。至廟門，揖入，三揖，至於階，三讓，主人升，西面。賓升，北面，當楣北面。奠鴈，再拜稽首，降出，婦從降自西階。主人不降送。賓升奠鴈拜，主人不答拜，明主爲授女耳。主人不降送，禮不參。初，女出於母左，父西面戒之，必有正焉，若衣若笄，言如衣如笄，恒在身不忘。曰：「戒之敬之，夙夜無違命。」命，舅姑之教令。母戒諸西階上，不降，施衿結帨，曰：「勉之敬之，夙夜無違宮事。」帨，佩巾。庶母及門內，施鞶，申之以父母之命，曰：「敬恭聽宗爾父母之言，夙夜無愆，視諸衿鞶。」庶母，父之妾。鞶，囊也。女子鞶絲，所以盛帨巾之屬，〔一一五〕爲謹敬也。申，重也。宗，尊也。諸，之也。示以衿鞶，託戒使識之也。壻御婦車，授綏，姆辭不受，曰：「未教，不足與爲禮也。」婦乘以几，從者二人坐，持几相對。持几者，重慎也。乘以几，尚安舒。姆加幦，乃驅，御者代。幦之制，如明衣，加之以爲行道禦塵。驅，行也。輪三周，御者乃代壻。壻乘其車，先俟於門外。乘之先，導之也。男率女，女從男，夫婦剛柔之義。俟，待也。門外，〔一一六〕壻家大門外。婦至，主人揖婦以入。及寢門，揖入，婦入寢門，〔一一七〕升自西階。媵布席於奥。夫入於室，即席。婦鐏西，南面。升自西階，導婦入。〔一一八〕贊設同牢饌，卒食，三酳用巹。〔一一九〕主人脱服於房，媵受。婦脱服於室，御受。姆授巾。巾所以自潔清。〔一二〇〕御衽於奥，媵衽良席在東，皆有枕，北趾。衽，卧席也。婦人稱夫曰良。趾，足也。主人入，親脱婦之纓。入者，從房還入室也。婦人十五許嫁，笄而禮之，因著纓，明有繫屬也。蓋以五采爲之，其制未聞。燭出。昏禮畢。

見舅姑盥饋。夙興，婦沐浴，纚，笄，宵衣，以俟見。昏明日之晨也。待見於舅姑寢門之外。〔一二一〕古者命士以上，年十五，父子異宮。質明，贊見婦於舅姑，席於阼，〔一二二〕舅即席。席於房外，南面，姑即席。質，平也。房外，房户外之西。婦執笲棗栗，自門入，升自西階，進，拜，奠於席。笲，竹器有衣者，其形如今之筥筶籚也。記曰：「笲，緇被纁裏，加於橋。」被，表也。橋制未聞。笲音煩。筶音羌居切。舅坐撫之，興，答拜。婦還，又拜。還於先拜之處。又拜，婦人與丈夫爲禮，則俠拜。降階，受笲腶脩，升，進，北面拜，奠於席。姑坐，舉以興，拜，授人。人，有司也。贊禮婦。〔一二三〕席於户牖之間。室户西，〔一二四〕牖東，南面位。婦立於席西。贊者酌醴，〔一二五〕加柶，面柄，出房，席前北面。婦東面拜受，贊西階上，北面拜送，婦又拜。薦脯醢，婦拜，〔一二六〕贊者答拜，婦又拜。奠於薦東，北面，坐，取脯，降出，授人於門外。奠於薦東，升席奠之。取脯降出授人，親徹且榮得禮。人謂婦氏人。舅姑入於室，婦盥饋特豚。饋者，婦道既成，成以孝養。舅姑共饗婦以一獻之禮，舅獻爵，姑薦脯醢。〔一二七〕舅姑先降自西階，婦降自阼階。授之室，使爲主，明代己也。歸婦俎於婦氏人。言俎，則饗禮有牲矣。婦氏人，丈夫送婦者。使有司歸俎，當以反命於女之父母，明其得禮。舅饗送者以一獻之禮，酬以束錦。送者，女家之有司。姑饗婦人送者，酬以束錦。婦人送者，隸子弟之妻妾。凡婦人相饗無降。姑饗婦人送者於房。無降者，以北洗，篚在上。

漢平帝詔光禄大夫劉歆等雜定婚禮。四輔、公卿、大夫、博士、郎、吏家屬皆以禮娶，親迎立軺倂馬。〔一二八〕軺，立乘小車也。〔一二九〕倂馬，儷駕也。新定此制也。倂音步幸切。

後漢鄭衆百官六禮辭，大略因於周制，〔一三〇〕而納采，女家答辭末云「奉酒肉若干，再拜」。反命，其所稱前人，不云吾子，皆云君。六禮文皆封之，先以紙封表，又加以皁囊，著篋中。又以皁衣篋表訖，以大囊表之。題檢文言：謁篋某君門下。其禮物，凡三十種。各内有謁文，外有贊文各一首。封如禮文，篋表訖，蠟封題，用皁帔蓋於箱中，無大囊表，〔一三一〕便題檢文言：謁篋某君門下。便書贊文，通共在檢上。禮物按以玄纁、羊、鴈、清酒、白酒、粳米、稷米、蒲、葦、卷柏、嘉禾、長命縷、膠、漆、五色絲、合歡鈴、九子墨、金錢、禄得香草、鳳皇、舍利獸、鴛鴦、受福獸、魚、鹿、烏、九子婦、陽燧，總言物之所衆者。〔一三一〕玄象天，纁法地，羊者祥也，羣而不黨，鴈則隨陽，清酒降福，白酒歡之由，粳米養食，稷米粢盛，蒲衆多性柔，葦柔仞之久，〔一三二〕卷柏屈卷附生，嘉禾頒祿，〔一三三〕長命縷縫衣延壽，膠能合異類，漆內外光好，五色絲章采屈伸不窮，合歡鈴音聲和諧，九子墨長生子孫，金錢和明不止，祿得香草爲吉祥，鳳皇雌雄伉合，舍利獸廉而謙，鴛鴦飛止須匹，鳴則相和，受福獸體恭心慈，魚處淵無射，鹿者祿也，烏知反哺，孝於父母，九子婦有四德，陽燧成明安身。又有丹爲五色之榮，青爲色首，東方始。

魏制，諸侯娶妃以皮馬爲庭實，加以大璋。王娶妃、公主嫁之禮，〔一三五〕用絹百九十匹。

晉太康八年，有司奏：王侯婚禮玄纁束帛，加璧、乘馬。大夫用玄纁束帛，加羊。奏曰：「古者以皮馬庭實，天子加穀珪，諸侯加大璋。可依周禮改璧用璋。其羊鴈酒米玄纁如故。」〔一三六〕諸侯婚禮，加納采、告期、親迎各帛五匹，及納徵馬四匹。皆令夫家自備，唯璋，官爲具足。尚書朱整議：「按魏氏故事，王娶妃、公主嫁之禮，天子諸侯以皮馬爲庭實，天子加以穀珪，諸侯加以大璋。漢高后制，聘后黃金二百斤，馬十二匹；聘夫人金五十斤，馬四匹。〔一三七〕魏制，娶妃、公主嫁之禮，用絹一百九十匹。晉興，〔一三八〕故事用絹三百匹。」詔曰：「公主嫁由夫氏，不宜皆備物，賜錢使足而已。唯給璋，餘如故事。」〔一三九〕

東晉王堪六禮辭，並爲贊頌。儀云：「於版上各方書禮文、壻父名、媒人正版中，納采於版左方。裏以皁囊，白繩纏之，如封章，某官某君大門下封，某官甲乙白奏，無官言賤子。禮版奉案承之。酒羊鴈繒采錢米，別版書之，裏以白繒，同著案上。羊則牽之，豕鴈以籠盛，繒以笥盛，采以匳音廉盛，米以黃絹囊盛。米稱斛數，酒稱器，脯腊以斤數。媒人齊禮到女氏門，使人執鴈，主人出，相對揖畢，以鴈付主人侍者，媒人進，主人侍者執鴈立於堂下，從者以奉案入。媒人退席，當主人前跪曰：『甲乙使某敬薦不腆之禮。』按禮，唯婚辭云不得稱不腆，故婚記云：「幣必誠，辭無不腆。」此恐王堪之誤。〔一四〇〕主人跪答曰：『君之辱，不敢辭。』事畢還座。從者進奉案主人前，主人侍者以鴈退，禮物以次進中庭。主人設酒，媒人跪曰：『甲乙使某獻酒。』却，再拜，主人答拜，還座。主人酢媒人，媒不復答。」

齊東昏侯永元元年，尚書令徐孝嗣上議曰：「按婚禮實篚以四爵，加以合巹，既崇尚質之禮，又象判合之義。〔一四一〕三王作之，而用大古之器，重夫婦之始也。今雖以方標示約，而彌乖昔典。又連巹以鎖，蓋出近俗。復別有牢燭，雕費彩飾，〔一四二〕亦虧曩制。〔一四三〕請除金銀連鎖，自餘雜器，悉用埏陶。堂人執燭，足充焫燎，〔一四四〕牢燭華侈，亦宜停省。」奏可。

梁大同五年，臨城公婚，公夫人於皇太子妃爲姑姪，進見之制，〔一四五〕議者互有不同。皇太子令曰：「纁鴈之儀，既稱合於二姓，酒食之會，亦有姻不失親。〔一四六〕若使榛栗腶脩，贄饋必舉，副笄編珈，盛飾斯備，不應婦見之禮，獨以親闕。頃者敬進酏醴，已傳婦事之則，而奉盤沃盥，〔一四七〕不行侯服之家。是知繁省不同，質文異代。臨城公夫人於妃既是姑姪，宜停省。」

北齊娉禮，〔一四八〕第一品以下至三品，用玄三匹，纁二匹，束帛十匹，璧一，四品以下皆無璧。

豹皮二。六品以下至從九品用鹿皮。錦采四十匹，二品三十匹，三品二十匹。四品雜采十六匹，五品十匹，六品七品五匹。絹百四十匹，二品百二十匹，三品百匹。六品以下至九品，遞降二十匹。〔一四九〕羔羊一口，羊二口，犢二頭，酒黍稷稻米麪各四斛。四品五品犢一，酒黍以下各二斛。六品以下無犢，酒黍以下各一斛。〔一五〇〕

議曰：上古人食禽獸之肉，而衣其皮毛，周氏尚文去質，玄衣纁裳，猶用皮爲韠，所以制婚禮納徵，用玄纁儷皮，充當時之所服耳。秦漢以降，衣服制度與三代殊，乃不合更以玄纁及皮爲禮物也。又有用虎皮豹皮者，王彪之云「取威猛有斑彩」，尤臆説也。彪之當時有學知禮者。且婦人主中饋，婦道本柔順，乃云取其威猛，何乃謬誤。人之常情，非今是古，不詳古今之異制，禮數之從宜。今時俗用五色，信頗謂得禮之變也。或曰：「近代所以尚循玄纁儷皮之制，男女配合，教化大倫，〔一五一〕示存古儀，務重其禮，安可捨棄，有類去羊。」答曰：「玄纁及皮，當時之要。詳觀三代制度，或沿或革不同，皆貴適時，並無虛事。豈今百王之末，畢循往古之儀？如三代制，天子諸侯至庶人，祭則立尸，秦漢則廢。又天下列國，唯事征伐，志存於射，建侯擇士，皆主於斯。秦漢以降，改制郡縣，戰爭既息，射藝自輕，唯祀與戎，國之大事，今並豈要復舊制乎！其朝宗覲遇，行朝享禮畢，諸侯皆右肉袒於廟門之東，乃入門右，北面立，告聽事，今豈須行此禮乎！賓禮甚重，兩楹間有反爵之坫，〔一五二〕築土爲之，今會客豈須置坫乎！又並安能復古道邪？〔一五三〕略舉數事，其餘可知也。何必納徵猶重無用之物！徒稱古禮，是乖從宜之旨。易曰「隨時之義大矣哉」！先聖之言，不可誣也。

大唐顯慶四年十月詔：「天下嫁女受財，三品以上之家，不得過絹三百匹，四品五品不得過二百匹，六品七品不得過一百匹，八品以下不得過五十匹。皆充所嫁女資裝等用，其夫家不得受陪門之財。」李義府奏。

太極元年十一月，左司郎中唐紹上表曰：「士庶親迎之禮，備諸六禮，所以承宗廟，事舅姑，當須昏以爲期，詰朝謁見。往者下俚庸鄙，時有障車，邀其酒食，以爲戲樂。近日此風轉盛，上及王公，乃廣奏音樂，多集徒侶，遮擁道路，留滯淹時，邀致財物，動踰萬計。遂使障車禮貺，過於聘財，歌舞喧譁，殊非助感，既虧名教，又蠹風猷。請一切禁斷。」〔一五四〕從之。

開元十九年四月，敕於京城置禮會院，屬司農寺，其什物各令所司供。院在崇仁坊南街。

建中元年十一月，禮儀使顏真卿等奏：「郡縣主見舅姑，請於禮會院過事。明日早，舅姑坐堂，行執笲之禮。其觀華燭，伏以婚禮主敬，竊恐非宜。並請停障車下壻、却扇等。〔一五五〕行禮之夕，可以感思，至於聲樂，竊恐非禮，並請禁斷。相見儀制，近代設以氈帳，擇地而置，此乃虜禮穹廬之制。合於堂室中置帳，請准禮施行。俗忌今時以子卯午酉年，〔一五六〕謂之當梁年，其年娶婦，舅姑不相見，蓋理無所據，〔一五七〕亦請禁斷。」並從之。

其制多因周禮，以三品以上，五品以上，六品以下爲降殺，並如開元禮。

校勘記

〔一〕天子納后　原「后」上衍「妃」，據北宋本、傅校本、遞修本、明抄本、明刻本、王吳本卷四一禮典目録刪。

〔二〕遂皇氏　原脱「氏」，據北宋本、傅校本、明抄本、明刻本補。

〔三〕人皇是　「是」原作「氏」，據北宋本、傅校本、明抄本、明刻本改。

〔四〕夏氏親迎於庭　原脱「氏」，據北宋本、傅校本、明抄本、明刻本、王吳本補。

〔五〕殷迎於堂　原脱「迎」，據北宋本、傅校本、明抄本、明刻本補。

〔六〕此則天子之命　原脱「此」，據北宋本、傅校本、明抄本、明刻本補。

〔七〕音債　「債」原訛「幘」，據北宋本、傅校本、明抄本、明刻本改。

〔八〕受命而迎也　「也」原作「女」，據北宋本、傅校本、明抄本、明刻本改。

〔九〕祭公逆之　「逆」原作「迎」，據北宋本、傅校本、明抄本、明刻本改。

〔一〇〕禮記婚義云　原脱「禮」，據北宋本、傅校本、明抄本、明刻本、王吳本補。

〔一一〕後代　「代」原作「世」，據北宋本、傅校本、明抄本、明刻本改。按：唐人諱「世」爲「代」。

〔一二〕以爲天地之主　原脱「以」，據北宋本、傅校本、明抄本、明刻本補。

〔一三〕聘黄金二萬斤　「二萬」，宋書禮志一三三六頁、通志禮略三均作「二百」。

〔一四〕爲錢二萬萬　「二」原作「一」，據漢書王莽傳上四〇五二頁改。

〔一五〕上林延壽門　「林」原訛「臨」，據漢書外戚傳四〇一〇頁及北宋本改。

〔一六〕自三公以下至騶宰執事　原脱作「三公以下宰執」，據漢書外戚傳四〇一〇頁補。

〔一七〕進所徵天下淑女杜陵史氏女爲皇后　「進」原訛「静」，「史」原脱，據漢書王莽傳下四一八〇頁改補。按：北宋本、傅校本、明抄本、明刻本「進」字不誤。

〔一八〕聘黄金三萬斤　「三」原作「二」，據漢書王莽傳下四一八〇頁改。

〔一九〕前殿兩階間　「前殿」原倒，據漢書王莽傳下四一八〇頁及北宋本、傅校本、明抄本、明刻本乙。

〔二〇〕成同牢禮於上西堂　「上西堂」原訛脱作「四堂」，據漢書王莽傳下四一八〇頁補改。按：「西」字諸本不誤。

〔二一〕備和嬪美御其和人三位視公　原訛脱作「備其嬪御其夫人三視公」，據漢書王莽傳下四一八〇頁及北宋本、傅校本、明抄本、明刻本補改。

〔二二〕幣一束束五兩　原脱一「束」，據禮記雜記下及北宋本補。

〔二三〕與帝同體　「同」原作「齊」，據北宋本、傅校本、明抄本、明刻本、王吴本改。

〔二四〕人曰宜哉　「人」原作「僉」，據北宋本、傅校本、明抄本、明刻本改。

〔二五〕卦得坤乾　「坤」原作「承」，據北宋本、傅校本、明抄本、明刻本、王吴本改。

〔二六〕任位　「任」原作「住」，據北宋本、傅校本、明抄本、明刻本改。

〔二七〕咸寧二年　「二」原訛「三」，據晉書禮志下六六四頁及北宋本、傅校本、明抄本、明刻本、王吴本改。

〔二八〕而立五牛旂　原脱「立」，據晉書禮志下六六五頁、宋書禮志一三三七頁補。

〔二九〕既不設五牛旂　「設」原訛「説」，又脱「牛」字，據晉書禮志下六六六頁、宋書禮志一三三七頁改補。

〔三〇〕舊制既難準　原脱「準」，據晉書禮志下六六六頁、宋書禮志一三三八頁補。

〔三一〕弘訓太后母臨天下　原脱「母」，據晉書禮志下六六六頁、宋書禮志一三三八頁補。

〔三二〕則咸康華恒所上合於舊也　晉書禮志下六六六頁「合」上有「禮」，「舊」下無「也」。册府卷五七五「禮」在「舊」下。

〔三三〕宜一依咸康故事　「宜」原脱，「康」原訛「寧」，據晉書禮志下六六六頁、宋書禮志一三三八頁補改。

〔三四〕故王彪之言從咸康　「康」原訛「寧」，據晉書禮志下六六六頁、宋書禮志一三三八頁及北宋本、傅校本、明抄本、明刻本改。

〔三五〕故但依咸寧上禮不復賀也　「寧」原訛「康」，原「不」上衍「羣臣」，據晉書禮志下六六六頁、宋書禮志一三三八頁改删。按：北宋本、傅校本、明抄本、明刻本無「羣臣」。

〔三六〕今使使持節　原脱一「使」字，據晉書禮志下六六六頁、宋書禮志一三三八頁補。

〔三七〕衣履若而人　原脱「而」，據晉書禮志下六六六頁、宋書禮志一三三八頁補。

〔三八〕稽首頓首　「稽」「頓」原倒，據晉書禮志下六六七頁移正。

〔三九〕問名用鴈羊酒米如前　原脱「酒米」，據晉書禮志下六六八頁、宋書禮志一三三九頁補。

〔四〇〕臣族女父母所生　原脱「臣族」，據晉書禮志下六六七頁、宋書禮志一三三八頁補。

〔四一〕先臣故光禄大夫雩婁侯楨之遺玄孫　「雩」原訛「呼」，「楨」原訛「偵」，據宋書禮志一三三八頁改。按：宋書「楨」原作「禎」，標點本宋書三三八頁據三國志魏書管寧傳注引文士傳「何楨字元榦，廬江人，入晉爲尚書、光禄大夫」，改爲「楨」。今從改。

〔四二〕先臣故蔡州刺史　「蔡」晉書禮志下六六七頁、宋書禮志一三三八頁作「豫」，杜佑諱改。

〔四三〕關内侯憚之曾孫　「内」晉書禮志下六六七頁、宋書禮志一三三八頁作「中」。

〔四四〕關内侯叡之孫　原「内」下衍「中」，據王吴本删。「叡」原作「友」，據晉書禮志下六六七頁、宋書禮志一三三八頁改。

〔四五〕外出自於先臣故尚書左丞孔胄之外曾孫　「胄」原訛「曹」，據晉書禮志下六六七頁、宋書禮志一三三八頁改。

〔四六〕肅奉典制　「肅」原作「謹」，據晉書禮志下六六七頁、宋書禮志一三三八頁及北宋本、傅校本、明抄本、明刻本改。

〔四七〕納吉用鴈羊酒米如前　原脱「米」，據晉書禮志下六六八頁、宋書禮志一三三九頁補。

〔四八〕重宣中詔　「詔」原作「制」，據晉書禮志下六六七頁、宋書禮志一三三九頁及北宋本、傅校本、明抄本、明刻本改。下同。

〔四九〕玄纁帛三疋　「三」原訛「二」，據晉書禮志下六六八頁、宋書禮志一三三九頁及北宋本、明抄本改。

〔五〇〕以玄纁皮帛馬羊錢璧　原脱「帛」，據晉書禮志下六六七頁、宋書禮志一三三九頁補。

〔五一〕命以上公　「命」原訛「崇」，據北宋本、傅校本、明抄本、明刻本改。

〔五二〕臣螻蟻之族　原脱「臣」字，據晉書禮志下六六八頁、宋書禮志一三三九頁及北宋本補。

〔五三〕帥導六宮作軌儀於四海　「帥」北宋本作「伸」，明刻本作「師」。「軌」原作「範」，據北宋本、傅校本、明抄本、明刻本改。

〔五四〕奉璽綬册以授中常侍　「册以」原倒，據隋書禮儀志四一七七頁乙。

〔五五〕使者出　原脱「出」，據隋書禮儀志四一七七頁補。

〔五六〕太保太尉受詔而行　原「太保」在下，據隋書禮儀志四一七七頁乙正。

〔五七〕設席於兩楹間　原脱「設」，據隋書禮儀志四一七七頁及北宋本、傅校本、明抄本、明刻本、王吴本補。

〔五八〕主人跪受　原「主人」下衍「升」，據隋書禮儀志四一七七頁删。按：上文已言「主人升自阼階」。

〔五九〕大鹵簿住門外　「住」原訛「位」，據隋書禮儀志四一七八頁及王吴本改。

〔六〇〕王公以下拜皇帝輿入明日后展衣於昭陽殿拜表謝　原訛脱作「王公以下拜表謝」，據隋書禮儀志四一七八頁增補。

〔六一〕以榛栗棗脩　原作「奉栗棗腶修」，據隋書禮儀志四一七八頁及北宋本、傅校本、明抄本、明刻本、王吴本改。

〔六二〕羣官　「官」原訛「臣」，據隋書禮儀志四一七八頁及北宋本、傅校本、明抄本、明刻本改。

〔六三〕又擇日謁廟　「又擇日」原脱，據隋書禮儀志四一七八頁及北宋本、傅校本、明抄本、明刻本、王吴本補。

〔六四〕先以太牢告　原脱「先」，據隋書禮儀志四一七八頁及北宋本、傅校本、明抄本、明刻本、王吴本補。

〔六五〕八十一御女　「女」禮記昏義作「妻」。

〔六六〕施外内之政也　「外内」原作「内外」，據禮記昏義鄭注乙。

〔六七〕又三九二十七人爲八十一以增之　疑「九」涉上而衍，「三二十七」謂三個二十七也。「以」原訛「人」，據北宋本、傅校本、明抄本、明刻本改。

〔六八〕束帛玄纁絹五萬疋　原脱「絹」，據三國志魏書武帝紀裴注四二頁補。

〔六九〕加羊馬二駟　原「加」下衍「璧」，據晉書禮志下六六九頁删。

〔七〇〕有斑彩　原「斑」下衍「文」，據晉書禮志下六六九頁删。按：北宋本、傅校本、明抄本、明刻本、王吴本作「有斑彩蔚」。

〔七一〕尋珪璋亦玉之美者　原脱「尋」，據晉書禮志下六六九頁、宋書禮志一三四〇頁及北宋本、傅校本、明抄本、明刻本補。

〔七二〕司徒征北鎮南三府佐揚兗江三州綱彭城江夏南譙始興武陵廬陵南豐七國侍郎以上　原作「司徒侍郎以上」，脱二十九字。據宋書禮志一三四〇頁補。

〔七三〕又詔今小會可停伎樂　「今」原訛「令」，據宋書禮志一三四〇頁改。

〔七四〕納徵禮用璧一　「禮」下衍「合」，據宋書禮志一三四〇頁及王吳本删。

〔七五〕禮合用珪璋豹皮熊羆皮與不　原脱「珪」，上「皮」下衍「及」，據宋書禮志一三四〇頁删補。

〔七六〕依經記更正　「經」下原衍「史」，據宋書禮志一三四〇頁删。

〔七七〕爲用兩　宋書禮志一三四〇頁作「爲應用兩」。

〔七八〕博士裴昭明議　原脱「議」，據宋書禮志一三四〇頁補。

〔七九〕珪璋雖美　原脱「雖」，據宋書禮志一三四〇頁補。

〔八〇〕損益惟義　「義」原訛「我」，據宋書禮志一三四一頁、册府卷五七六六九二三頁改。

〔八一〕禮先訓遠　「先」原訛「光」，據宋書禮志一三四一頁、册府卷五七六六九二三頁改。

〔八二〕禮稱束帛儷皮　原「禮」上有「儀」，據宋書禮志一三四一頁及北宋本、傅校本、明抄本、明刻本、王吳本删。

〔八三〕則珪璋數合同璧　原脱「合」，據宋書禮志一三四一頁、册府卷五七六六九二三頁補。

〔八四〕珪璋宜仍舊各一　原脱「珪」，據宋書禮志一三四一頁、册府卷五七六六九二三頁補。

〔八五〕以婚禮奢費　「費」原訛「貴」，據南齊書禮志上一四七頁改。

〔八六〕依禮上棗栗腶脩　「上」，南齊書禮志上一四七頁作「止」。下同。

〔八七〕並如納采　「如」原訛「於」，據隋書禮儀志四一七八頁及北宋本、傅校本、明抄本、明刻本、王吳本改。

〔八八〕酒黍稷稻米麪各一斛　原脱「稻」，據隋書禮儀志四一七九頁補。

〔八九〕乃行問名儀　「乃」原作「仍」，據隋書禮儀志四一七八頁及王吳本改。

〔九〇〕又擇日告期　「期」原訛「命」，據隋書禮儀志四一七八頁及王吳本改。

〔九一〕既受命　原脱「受」，據隋書禮儀志四一七八頁補。

〔九二〕主人几筵於廟妃服褕翟立於東房主人迎於門外　原訛脱作「主人几筵於門外」，據隋書禮儀志四一七八頁補。

〔九三〕妃父少進　原脱「少」，據隋書禮儀志四一七八頁補。

〔九四〕妃三日　原脱，據隋書禮儀志四一七八頁補。

〔九五〕夙興以朝　原「以」下衍「妃」，據隋書禮儀志四一七九頁及北宋本、傅校本、明抄本、明刻本删。

〔九六〕納吉納徵　原「納吉」在下，與禮次不合。據北宋本、傅校本、明抄本、明刻本乙正。

〔九七〕納采用鴈　原脱「納」，據儀禮士昏禮及北宋本、傅校本、明抄本、明刻本、王吳本補。

〔九八〕使者玄端至　原脱「玄端」，據儀禮士昏禮及王吳本補。

〔九九〕某婿名　「名」原訛「也」，據儀禮士昏禮鄭注及北宋本、傅校本、明抄本改。

〔一〇〇〕某之子惷愚又弗能教　「惷」原訛「蠢」，又脱「又」，據儀禮士昏禮改補。

〔一〇一〕入堂深示親　儀禮士昏禮鄭注疊「親」字。

〔一〇二〕南面並授之　「南面」原倒，據儀禮士昏禮鄭注及北宋本、傅校本、明抄本、明刻本乙。

〔一〇三〕使使者納幣以成婚禮　原脱一「使」，據儀禮士昏禮鄭注補。

〔一四〕用玄纁者象陰陽備也　原脱「備」，據儀禮士昏禮鄭注及明抄本、王吴本補。

〔一五〕三族謂父昆弟己昆弟子昆弟也　原脱「謂」，據儀禮士昏禮鄭注及明抄本、王吴本補。

〔一六〕此三族者己及子皆服周　原脱「此」「者」，據儀禮士昏禮鄭注補。按：北宋本、傅校本、明抄本、明刻本、王吴本有「此」字。又「周」鄭注作「期」，通典諱改。期音基，玄宗嫌名。

〔一七〕某使某受命於吾子　儀禮士昏禮無「於吾子」，杜佑以意加。

〔一八〕未盡二刻半爲明　原訛作「日出二刻半爲昕」，據北宋本、明抄本改。

〔一九〕勉導以敬其爲先妣之嗣　儀禮士昏禮鄭注作「勉帥婦道以敬爲先妣之嗣」。

〔二〇〕冕服迎者　原脱「迎」，據儀禮士昏禮鄭注補。

〔二一〕明與袘俱用緇　儀禮士昏禮鄭注句上尚有「空其文」三字。

〔二二〕袘謂緣袘之言施　「緣袘之言施」原脱，據儀禮士昏禮鄭注補。

〔二三〕士而乘墨車　「而」原訛「人」，據儀禮士昏禮鄭注改。

〔二四〕爲神布席　原作「布神席」，據儀禮士昏禮鄭注及王吴本補乙。

〔二五〕所以盛帨巾之屬　原脱「所」，據儀禮士昏禮鄭注及北宋本、傅校本、明抄本、明刻本、王吴本補。

〔二六〕門外　原脱，據儀禮士昏禮鄭注補。

〔二七〕婦入寢門　四字原脱，據北宋本、傅校本、明抄本、王吴本補。

〔二八〕導婦入　「入」原訛「人」，據儀禮士昏禮鄭注及諸本改。

〔一九〕卒食三酳用巹　節寫失當。按：前二酳用爵，惟第三酳用巹。

〔二〇〕巾所以自潔清　「清」原訛「浄」，據儀禮士昏禮鄭注及北宋本、傅校本、明抄本、明刻本改。

〔二一〕待見於舅姑寢門之外　原脱「待」，據儀禮士昏禮鄭注補。

〔二二〕席於阼　原作「席於阼階」，非。據儀禮士昏禮删。按：阼在堂上，北當房户之東，南當阼階。無「席於阼階」之理。

〔二三〕贊醴婦　「醴」原作「醴」，據北宋本、傅校本、明抄本、明刻本改。

〔二四〕室户西　「室户」原誤倒，據儀禮士昏禮鄭注及北宋本乙。

〔二五〕贊者酌醴　原脱「者」，據儀禮士昏禮及北宋本、傅校本、明抄本、明刻本、王吴本補。

〔二六〕婦拜　按：儀禮士昏禮「婦」與「拜」之間尚有「升席左執觶右祭脯醢以柶祭醴三降席東面坐啐醴建柶興」二十四字。

〔二七〕姑薦脯醢　「薦」原訛「獻」，據儀禮士昏禮鄭注改。

〔二八〕親迎立軺倂馬　原脱「親」，據漢書平帝紀三五五頁補。

〔二九〕軺立乘小車也　原脱「軺」，據漢書平帝紀注三五五頁補。

〔三〇〕大略因於周制　「因」原作「同」，據北宋本、傅校本、明抄本、明刻本改。

〔三一〕無大囊表　原脱「大」，據北宋本、傅校本、明抄本、明刻本、王吴本補。

〔三二〕總言物之所衆者　「總」北宋本、傅校本、明刻本、王吴本作「鑽」。

〔三三〕葦柔仞之久　原脱「仞」，據北宋本補。

〔三四〕嘉禾頒禄　「頒」原訛「須」，據北宋本改。

〔三五〕王娶妃公主嫁之禮　「之」原訛「五」，據宋書禮志一三三六頁改。

〔三六〕其羊鴈酒米玄纁如故　原「纁」下衍「之禮並」，據宋書禮志一三三六頁及北宋本、傅校本刪。

〔三七〕漢高后制聘后黄金二百斤馬十二匹聘夫人金五十斤馬四匹　原上「后」訛「祖」，「百」訛「萬」，「人」下衍「黄」，下「十」訛「千」，據宋書禮志一三三六頁及北宋本、傅校本、明抄本改刪。

〔三八〕晉興　上原衍「及」，據宋書禮志一三三六頁及北宋本、傅校本、明抄本、明刻本、王吴本刪。

〔三九〕餘如故事　原脱「事」，據宋書禮志一三三六頁補。

〔四〇〕此恐王堪之誤　原作「此恐王堪之説有誤云」，係後人增改，今據北宋本、傅校本刪正。

〔四一〕又象判合之義　「又」原訛「及」，據南齊書禮志上一四七頁改。

〔四二〕復別有牢燭雕費彩飾　「別有」北宋本、傅校本、明抄本、明刻本、王吴本作「有別」。

〔四三〕亦虧曩制　原脱「虧」，據南齊書禮志上一四七頁補。

〔四四〕足充炳燎　原脱「炳」，據南齊書禮志上一四七頁補。

〔四五〕公夫人於皇太子妃爲姑姪進見之制　「公」字原脱，「進」原訛「遂」，據隋書禮儀志四一八〇頁增改。

〔四六〕姻不失親　「姻」原訛「因」，據隋書禮儀志四一八〇頁及北宋本改。

〔四七〕而奉盤沃盥　「奉」原訛「舉」，據隋書禮儀志四一八〇頁改。

〔一四八〕北齊娉禮　原訛作「北齊婚禮聘」，據隋書禮儀志四一七九頁及北宋本改。

〔一四九〕六品以下至九品遞降二十匹　按：此漏書四品五品匹數。言「六品以下至九品遞降二十匹」，亦與隋書禮儀志四一七九頁所載不合。彼處云「四品八十匹，五品六十匹，六品、七品五十匹，八品、九品三十匹。」

〔一五〇〕各一斛　原「各」上衍「俱」，據隋書禮儀志四一七九頁及北宋本、明抄本刪。

〔一五一〕教化大倫　「大」原訛「人」，據北宋本、傅校本、明抄本、明刻本改。

〔一五二〕反爵之坫　「坫」原訛「坫」，據諸本改。下同。

〔一五三〕又並安能復古道邪　原「復」下衍「言」，據北宋本、傅校本、明抄本、明刻本刪。

〔一五四〕請一切禁斷　「請」上原衍「諸」，據北宋本、傅校本、明抄本、明刻本刪。

〔一五五〕並請停障車下壻却扇等　唐會要卷八三「扇」下有「詩」字。

〔一五六〕子卯午酉　「卯午」原倒，據北宋本、傅校本、明抄本、明刻本乙。

〔一五七〕蓋理無所據　「理」原作「禮」，據北宋本、傅校本、明刻本改。

通典卷第五十九

禮十九　沿革十九　嘉禮四

宗子父歿母命婚父母俱歿自命婚及支子稱宗弟稱宗兄等婚議　舅姑俱歿婦廟見　公主出降拜舅姑附　不親迎壻見外舅姑反馬送女附　婚禮不賀議上禮附　婚不舉樂議　男女婚嫁年幾議　嫁娶時月議　已拜時而後各有周喪迎婦遣女議　已拜時壻遭小功喪或婦遭大功喪可迎議　拜時婦三日婦輕重議

宗子父歿母命婚父母俱歿自命婚及支子稱宗弟稱宗兄等婚議〔一〕周

周制，宗子無父，母命之，〔二〕親皆歿，己躬命之。宗子，嫡長子也。命之，命使也。支子則稱其宗，支子，庶昆弟，稱其宗子命使者。弟稱其兄。弟，宗子母弟。春秋：「紀裂繻來逆女。」公羊傳云：「何以不稱使？據宋公使公孫壽來納幣稱使也。婚禮不稱主人。爲養廉遠恥也。然則何稱？

稱諸父兄師友。宋公使公孫壽來納幣，則其稱主人何？辭窮也。辭窮者何？無母也。禮有母，母當命諸父兄師友，稱諸父兄師友以行。〔三〕宋公無母，莫使命之，辭窮，故自命之。自命之，故不得不稱使也。〔四〕然則紀有母乎？曰：有。以不稱使。〔五〕有則何以不稱母？據非主人可稱母通使。〔六〕母不通也。」禮，婦人無外事，但得命諸父兄師友，稱諸父兄師友以行事。〔七〕母命不得達，故不得稱母通使文，所以遠別也。

舅姑俱歿婦廟見 周　漢　北齊

周制，若舅姑既歿，則婦入三月乃奠菜。〔八〕奠菜者，以篚祭菜也。蓋用菫。〔九〕三月一時，婦道可成也。孔穎達曰：「若舅歿姑在者，則當時見姑，三月亦廟見舅。若舅在姑歿，婦人無廟可見。或更有繼姑，自然如常禮。」席於廟奧，東面，右几。席於北方，南面。廟，考妣之廟也。北方，北墉下。〔一〇〕祝盥，婦盥於門外，婦執笲菜，祝帥婦以入。祝告，稱婦之姓，曰：「某氏來婦，〔一一〕敢奠嘉菜於皇舅某子。」帥，導也。入，入室也。某氏，齊女則曰姜氏，魯女則曰姬氏。來婦，言來爲婦也。嘉，美也。皇，君也。某子者，若今言某官府君也。婦拜，扱地，坐，奠菜於几東席上，又拜，如初禮。扱地，手至地也。婦人扱地，猶男子稽首。賈公彥曰：「婦人肅拜爲正，今云手扱地，則婦人之重拜，猶男子稽首。扱地，首不至地，但手至地也。」扱音楚甲反。〔一二〕婦降堂，取笲菜以入，祝曰：「某氏來婦，敢告於皇姑某氏。」奠菜於席，如初禮。降堂，階上也。室事交於户，今降堂者，敬也。於姑言敢告，舅尊於姑者也。婦出，〔一三〕祝闔牖户。凡廟無事，户則閉之。老醴婦於房中，南面，如舅姑醴婦之禮。因於廟見禮之。賈公彥曰：「如始至時，使贊醴婦之禮，處所則別也。」壻饗婦送者丈夫婦人，如舅姑饗禮。

漢平帝四年，以王莽女爲皇后，見於高廟。

北齊納后，以朝見後，又擇日謁廟。皇帝使太尉先以太牢告，而後徧見羣廟。

公主出降 拜舅姑附○大唐

大唐貞觀五年，〔一四〕長樂公主出降，太宗以皇后所生，敕有司資送倍於永嘉長公主。祕書監魏徵諫曰：「不可。昔漢明帝欲封其子，〔一五〕云『我子豈得與先帝子等！可半楚、淮陽』。前史以爲美談。天子姊妹爲長公主，天子之女爲公主，既加長字，〔一六〕即是有所尊崇。或可情有淺深，無容禮有踰越。」上然其言。長孫皇后遣使齎絹四百疋，詣徵家送之。〔一七〕

貞觀中，侍中王珪子敬直尚太宗女南平公主。禮有婦見舅姑之儀，自王姬下降，此事多略。珪曰：「此禮之廢，由來久矣。今上欽明，動循法制，吾受公主謁見，豈爲身榮哉！所以成國家之美耳。」〔一八〕於是夫妻西向坐，公主親執笲，行盥饋之道，禮成而退。物議善之。是後公主有舅姑者，皆備婦禮，自珪始也。

明慶二年，〔一九〕詔曰：「比聞公主出適，王妃作嬪，舅姑父母皆降禮答拜。此乃子道云替，婦德不循，何以式序家邦，儀刑列辟！自今以後，可明加禁斷，使一依禮法。若更有以貴加於所尊者，令所司隨事糾聞。」〔二〇〕

三年又詔曰：「古稱釐降，唯屬王姬。比聞縣主適人，皆云出降；娶王女者，亦云尚主。濫假名器，深乖禮經。其縣主出嫁宜稱適，〔二一〕取王女者稱娶。仍永以爲式。」開元十六年，唐昌公主出降，有司進儀注，於紫宸殿行五禮。右補闕施敬本等上疏曰：「竊以紫宸殿者，漢之前殿，周之路寢，陛下所以負黼扆，正黃屋，饗萬國，朝諸侯，人臣至敬之所，〔二二〕猶玄極可見不可得而升也。昔周女出降於齊，而以魯侯爲主，〔二三〕但有外館之法，而無路寢之事。今欲紫宸會禮，即當臣下攝行，馬入於庭，醴升於牖。主人授几，逡巡紫宸之間；賓使就筵，登降赤墀之地。又據主人辭稱『吾子有事，至於寡人之室』。言辭僭越，事理乖張，既黷威靈，深虧典制。其問名納采等事，並請權於別所。」從之。遂移於光順門外，設次行禮。

不親迎壻見外舅姑 反馬送女附○周

周制，婚禮，壻若不親迎，則婦入三月，然後壻見，曰：「某以得爲外婚姻，請覿。」女氏稱婚，壻氏稱姻。覿，見也。若壻不親迎，三月後，壻往見婦之父母。主人對曰：「某以得爲外婚姻之數，某之子未得濯溉於祭祀，是以未敢見。今吾子辱，請吾子之就宮，某將走見。」主人，女父也。對曰：「某以非他故，不足以辱命，請終賜見。」非他故，彌親之辭也。命謂將走見之言。〔二四〕對曰：「某以得爲婚姻之故，不敢固辭，敢不從。」不言外，亦彌親之辭也。主人出門左，西面。壻入門，東面，奠贄再拜，出。〔二五〕出門，出内門也。入門，入大門也。出内門不出大門者，異於賓客。壻見於寢。奠贄者，壻有子之道焉，不敢授之。贄，雉也。擯者以贄出，請受。欲使以賓客禮相見。壻禮辭許，受贄，入，主人再拜受，壻再拜送，出。出，已見女父。見主婦。主婦闔扉立於其内，主婦，主人之婦也。見主婦者，兄弟之道，宜相親也。闔扉者，婦人無外事也。扉，左扉也。爾雅曰：「母及妻黨爲兄弟。」壻立於門外，東面。主婦一拜，壻答再拜，主婦又拜。壻出。必先一拜者，婦人於丈夫則俠拜。主人請醴，及揖讓入，醴以一獻之禮。主婦薦，奠酬，無幣。及，與也。無幣，異於賓客。壻出，主人送，再拜。

春秋，齊大夫高固詣魯逆叔姬，又與子叔姬歸寧，反馬也。禮，送女留其送馬，謙不敢自安也。三月廟見，遣使反馬。高固遂與叔姬歸寧，〔二六〕故經傳具見，以示譏也。凡諸侯嫁女於敵國，姊妹則上卿送之，以禮於先君。公子則下卿送之。於大國，雖公子亦上卿送之。於天子，則諸卿皆行，公不自送。於小國，則上大夫送之。尊不送卑。大夫亦遣臣送之。士則有司送之。

婚禮不賀議上禮附○周　東晉　宋　北齊

周制，記曰：「婚禮不賀，人之序也。」序猶代也。賀娶妻者曰：「某子使某，聞子有客，使某羞。」謂不在賓客之中，使人往者。羞，進也，言進於客，古者謂羞爲進，其禮蓋壺酒束脩若犬也。不斥主人，婚禮不賀故也。古者致禮於人用犬，即食犬也。

東晉成帝納后，羣臣畢賀，時謂非禮。議具納后篇。穆帝永和三年，納后，〔二七〕議賀不？王述曰：「婚是嘉禮，應賀。」述按：「春秋傳曰『娶者大吉，非常吉』。又傳曰：『鄭子罕如晉，賀夫人。』鄰國猶相賀，況臣下邪！如此，便應賀，但不在三日內耳。今因廟見成禮而賀，亦是一節也。」王彪之議：「婚禮不賀，〔二八〕無應賀之禮。」彪之按：「婚禮不賀不樂。傳稱子罕如晉賀夫人，既無明文，又傳不云禮也。禮，娶婦之家三日不舉樂。至於不賀，無三日之斷。」撫軍答諸尚書云：「禮官所據，誠是古典。然禮亦隨時，今既已從近代而上禮，上禮即是稱慶，將是賀例。又恭后時已賀，今依舊，亦可通。」恭后，成帝后杜氏，即鎮南將軍元凱曾孫也。彪之云：「納悼后，起居注無賀文，而有上禮。武帝以長秋再建，感愴不敍，詔通斷之。納恭后，記注有賀文，時亦上禮。按禮云『婚禮不賀』，又云『賀娶妻者』，〔二九〕愚謂禮傳婚姻，無直相賀之禮，而有禮貺共慶會之義，〔三〇〕今代所共行。」范汪云：「先朝所以上禮而不賀者，依傍賀娶妻也。雖名曰賀，實是酒食無慶語也；但是吉事，故曰賀耳。思親之序，故慶辭不可以達於主人；然吉禮宜有敍情，故獻酒食而已。先朝行之，近代得禮。至於恭后時賀，是王丞相導以明君臣之恩，本不以爲將來之法。」彪之云：「足下不賀意同，而敍之小異。吾謂婚禮不賀者，謂不如今三節特賀也。禮記所以復言賀娶妻者，因獻酒食而有慶語也。〔三一〕是不明然賀之，而於會同因有獻辭。足下今云都不應有慶辭，則何得獻酒肉會同邪？亦與足下上禮辭不同，自爲矛楯。又從伯丞相時賀，〔三二〕何必非失。足下以往賀爲美事，以今不賀爲得禮，亦不能兩濟斯義。」庾蔚之謂〔三三〕：「按禮文及鄭注，是親友聞主人有吉事，故遣人送酒肉以賀之，但婚有嗣親之感，故不斥主人以賀婚，唯云爲有客而已。今上禮既所爲者婚，亦不得都無慶辭。彪之議爲允。」於時竟不賀，但上禮。

升平元年，臺符問：「皇后拜訖，何官應上禮？上禮悉何用？」太常王彪之上書以爲：「上禮唯酒犢而已，犢十頭，酒十二斛。王公以下，名在三節祥瑞自簡慶賀録者，悉賀。左傳曰：『會吳於鄫，〔三四〕吳徵百牢。子服景伯曰：周制，上物不過十二，天之大數也。』太學博士雖不在賀，而常小會者同，悉應上禮。」

宋皇太子納妃，上禮。語具本篇。

北齊納后太子納妃，羣臣上禮。語見本篇。

婚不舉樂議東晉

東晉升平元年八月，符問：「迎皇后大駕，應作樂不？」博士胡訥議：「臨軒儀注，無施安鼓吹處所，又無舉麾鳴鐘之條。」太常王彪之以爲：「婚禮不樂。鼓吹亦樂之總名。儀注所以無者，依婚禮也。〔三五〕臣伏重詳禮云：『婚禮不用樂，幽陰之義也，〔三六〕樂，陽氣也。』又云『娶婦之家，三日不舉樂，思嗣親也』。自王者下達。迎大駕鹵簿及至尊升太極，並闕此條，當是依三日不舉樂之禮。愚謂殿庭及大駕鹵簿鼓吹，〔三七〕並可備儀而已。」蘭臺太常主者按：「儀注云『皇后列人自閶闔掖門，鳴鐘鼓，填門露仗』。如儀注之條按諸門，唯有鼓無鐘。既云鳴鐘，則應施鐘，既施鐘則施建鼓。若如寺卿今意不作樂者，當復安懸而不作？」彪之又議：「魏晉舊制，晝夜漏既盡，門鳴鼓鳴鐘。吉凶鼓鐘常用，非樂也。舊儀，皇后乘輿列閶闔掖門，〔三八〕鳴鐘鼓，〔三九〕所以聲告內外耳。今自應施鐘。若他事會，黃門侍郎舉麾，舊應作宮懸金石之樂，鳴鐘鼓。〔四〇〕中朝無宮懸，設軒懸。中興以來無此樂，故唯作鼓吹鳴鐘，以擬宮懸金石耳。婚禮三日不作樂，經典明文。愚謂宜如舊儀，至尊升殿，舉麾作樂；迎皇后大駕，不應鼓吹。」

男女婚嫁年幾議〔四一〕太古　周　大唐

太古男五十而娶，女三十而嫁。中古男三十而室，女二十而嫁。逸禮本命篇云然。堯舉舜曰「有鰥在人間」，鰥，三十也。以其二女妻之，二十而行之。

周文王十五生武王。左傳曰：「國君十五而生子，禮也。」許慎云：「文王十五生武王，武王已有兄，知人君早娶矣。」地官媒氏掌萬民之判。判，半也，得耦爲合。言主合其半以成夫婦也。令男三十而娶，〔四二〕女二十而嫁，三二者，天地相承覆之數也。易曰：「參天兩地而倚數。」有故則二十三而嫁。故謂父母之喪。曲禮曰：「男子三十曰壯，有室。」許慎云包字，以爲：「象人懷姙，〔四三〕巳在其中，象子未成形也。元氣起於子，子人所生也。〔四四〕男左行三十，女右行二十，俱立於巳，爲夫婦。懷姙於巳，巳爲子也。十月而生男，起巳至寅，女起巳至申。故男年始寅，女年始申。」尚書大傳：「孔子曰：男子三十而娶，女子二十而嫁。女二十而通織紝績紡之事，黼黻文章之美，不若是則上無以孝於舅姑，下無以事夫養子也。」春秋穀梁傳：「男子二十而冠，冠而列丈夫，三十而娶。」白虎通云：「男三十娶、女二十嫁何？〔四五〕陽數奇，陰數耦也。男長女幼何？陽道舒，陰道促。男三十，筋骨堅强，任爲人父；女二十，肌膚充盛，任爲人母。合爲五十，應大衍之數，可生萬物也。禮曰：女子十五許嫁，笄而字，禮之稱字。故陰繫於陽，所以專一之節也。陽尊，無所繫，二十五繫者，就陰節也。陽舒而陰促。三十數三終，奇，陽節也；二十數再終，耦，陰節也。陽小成於陰，大成於陽，故二十而冠，三十而娶。陰小成於陽，大成於陰，故十五而笄，二十而嫁也。一說，春秋穀梁傳曰：『男二十五繫心，〔四六〕女十五許嫁，感陰陽也。』陽數七，陰數八，男八歲毀齒，女七歲毀齒。陽數奇，故三，三八二十四，加一，爲二十五而繫心也。陰數耦，故再成十四，加一爲十五，故十五許嫁也。各加一者，明其專一繫心，所以防淫佚也。」周末，越王句踐蕃育庶人，欲速報吳，使男二十而娶，女十七而嫁。〔四七〕春秋外傳云然。

議曰：鄭玄據周禮、春秋穀梁、逸禮本命篇等，男必三十而娶，女必十五乃嫁。王肅據孔子家語、服經等，以爲男十六可以娶，〔四八〕女十四可以嫁，三十、二十，言其極耳。又按家語：「魯哀公問於孔子曰：『男子十六而精通，女子十四而化育，是則可生人矣。而禮必三十而室，女必二十而嫁，豈不晚哉？』孔子曰：『夫禮言其極耳，不是過也。男二十而冠，有爲人父之端；女十五許嫁，有適人之道。』」又曰「孔子年十九，而娶於宋之幵官氏」。又曰「孔子七十三而終，伯魚年五十，先孔子而卒」。而服經有「爲夫姊之長殤」。據此，王鄭之說，義並未明。今按，三十二十而娶嫁者，〔四九〕周官云「掌萬民之判」，即衆庶之禮也。故下云「於是時也，奔者不禁」。服經「爲夫姊之長殤」，士大夫之禮也。左傳「十五而生子」，國君之禮也。且官有貴賤之異，而婚得無尊卑之殊乎！則卿士大夫之子，十五六之後，皆可嫁娶矣。

大唐貞觀元年二月詔：「其庶人男女無室家者，並仰州縣官人以禮聘娶，皆任其同類相求，不得抑取。男年二十女年十五以上，及妻喪達制之後，孀居服紀已除，並須申以婚媾，令其好合。若守志貞潔，並任其情，無勞抑以嫁娶。」

嫁娶時月議夏　周

夏小正記曰：二月娶妻之時也。〔五〇〕

周制，仲春之月，令會男女。仲春陰陽交，以成婚禮，順天時也。白虎通曰：「嫁娶以春者何？春天地交通，萬物始生，陰陽交接之時也。詩云：『士如歸妻，迨冰未泮。』於是時也，奔者不禁。重天時，權許之。

議曰：按鄭玄嫁娶必以仲春之月。玄之所據周官媒氏「仲春之月，令會男女」。王肅以爲秋冬嫁娶之時也，仲春期盡之時矣。肅據詩云「三星在天」。[五一]三星謂參，十月見東方時，可以嫁娶矣。肅言三時務業，因向休息而合婚姻。孫卿云：「霜降迎女，冰泮殺止。」且霜降而婦功成，於時迎女。董仲舒書曰：「聖人以男女當天地之陰陽。天之道，[五二]向秋冬而陰氣來，向春夏而陰氣去。是故古之人霜降而迎女，冰泮而殺止，與陰俱近，與陽俱遠。詩云：『匪我愆期，子無良媒。將子無怒，秋以爲期』也。」將音七羊反。孔子家語云：「羣生閉藏於陰而育之始，故聖人因時以合偶男女。窮天數，霜降而婦功成，嫁娶者行焉。冰泮而農桑起，婚禮殺於此焉。」又云：「冬合男女，春班爵位，皆謂順也。」馬昭非肅曰：「周禮：仲春，令會男女。殷頌：天命玄鳥，降而生商。月令：仲春玄鳥至之日，祀於高禖。玄鳥孚乳之月，[五三]以爲嫁娶之候。」孔晁答曰：「周官云『凡娶判妻入子者，皆書之』。此謂霜降之後，[五四]冰泮之時，正以禮婚者也。次言『仲春令會男女，奔者不禁』。此婚期盡，不待備禮。玄鳥至，祀高禖，求男之象，非嫁娶之候。」昭又難曰：「詩云『有女懷春，吉士誘之』。『春日遲遲，女心傷悲』。『嘒彼小星，三五在東』。『綢繆束芻，三星在隅』。『我行其野，蔽芾其樗』。『倉庚于飛，熠燿其羽』。凡此皆興於仲春，嫁娶之候。」晁曰：「『有女懷春』，謂女無禮，過時故思。『春日遲遲』，蠶桑始起，女心悲矣。『嘒彼小星』，喻妾侍從夫人。『三星在隅』，孟冬之月，參見東方，舉正昏以刺時。[五五]『蔽芾其樗』，喻行遇惡夫。[五六]『熠燿其羽』，喻嫁娶盛飾。皆非仲春嫁娶之候。玄據期盡之教，以爲正婚，則奔者不禁，過於是月。」昭又曰：「肅窮無經引，『秋以爲期』，[五七]此乃淫奔之時矣。」[五八]張融曰：「易泰卦：『六五，帝乙歸妹，以祉元吉。』舊說，六五爻辰在卯，春爲陽中，萬物生育，嫁娶大吉也。春秋魯迎夫人，四時通用。家語限以冬，不符春秋，非孔子言也。三代嫁娶，以仲春爲期盡之言。且婚姻而合德天地配陰陽，會通之數，合於春女樂與公子同歸之志，符於南山採薇之歌，協於我行蔽芾之歎，同於行露厭浥之節，驗於夏小正綏多士女之制，不殊咸泰之卦，暢於周禮仲春之令矣。」庾蔚之謂：「王鄭皆有證據，以人情言之，王爲優矣。」嘒音乎銳反。芾音方味反。按束晳云：「春秋二百四十年，魯女出嫁，夫人來歸，大夫逆女，天王娶后，自正月至十二月，悉不以得時失時爲褒貶，何限於仲春季秋以相非哉！夫春秋舉秋毫之善，貶纖芥之惡，故春狩於郎，書時，禮也；夏城中丘，書不時也。此人間小事，猶書得時失時，況婚姻人倫端始，禮之大者，不譏得時失時不善者邪！若婚姻季秋，期盡仲春，則隱二年冬十月，夏之八月，未及季秋，伯姬歸於紀；周之季春，夏之正月也，桓九年春，季姜歸於京師；莊二十五年六月，夏之四月也，已過仲春，伯姬歸於杞。〔五九〕或出盛時之前，或在期盡之後，而經無貶文，三傳不譏，何哉？凡詩人之興，取義繁廣，或舉譬類，或稱所見，不必皆可以定時候也。又按桃夭篇敍美婚姻以時，蓋謂盛壯之時，而非日月之時，故『灼灼其華』，喻以盛壯，非爲嫁娶當用桃夭之月。其次章云『其葉蓁蓁』，『有蕡其實』，之子于歸』，此豈在仲春之月乎！又摽有梅三章注曰，夏之向晚，迨冰未泮，正月以前。『草蟲喓喓』，未秋之時。〔六〇〕或言嫁娶，或美男女及時，然詠各異矣。周禮以仲春會男女之無夫家者，蓋一切相配合之時，而非常人之節。曲禮曰：『男女非有行媒，不相知名。故日月以告君，齋戒以告鬼神。』若萬人必在仲春，〔六一〕則其日月有常，不得前却，何復日月以告君乎？夫冠婚笄嫁，男女之節，冠以二十爲限，而無春秋之期，笄以嫁而設，不以日月爲斷，何獨嫁娶當繫於時月乎？王肅云『婚姻始於季秋，止於仲春』，不言春不可以嫁也。而馬昭多引春秋之證，以爲反詩，於難錯矣。〔六二〕兩家俱失，義皆不通。通年聽婚，蓋古正禮也。」今按：士婚禮請期之辭云「唯是三族之不虞」，卜得吉日，則可配合。婚姻之義，在於賢淑，四時通用，協於情禮，〔六三〕安可以秋冬之節，方爲合好之期？先賢以時月爲限，恐非至當，束氏之説，暢於禮矣。

已拜時而後各有周喪迎婦遣女議晉　東晉　宋〔六四〕

晉懷帝永嘉中，太常潘尼爲子娶黄門郎李循女，已拜時，後各有周喪，〔六五〕潘迎婦，李遣女。國子博士江統、侍中許遐同議：「已拜舅姑者，宜准女在塗之禮，齊縗大功三月既葬，可迎婦。按禮記，在塗而壻之父母死，則改服赴喪；女之父母死，則反而服周。今已拜舅姑，其義全於在塗也，〔六六〕降其親而服夫黨，非婦而何？禮，父母既殁而娶，三月廟見，成婦之義；舅姑存則盥饋特豚，以成婦道：皆明重其成婦，不繫其成妻也。然則未廟見，女死，還葬於女氏；若已見舅姑，雖無衽席之接，固當歸葬於夫家，此非可否之斷乎！禮

『壻親迎，女未至，而有齊縗大功之喪，男不入，改服於外次，女入，改服於內次，即位哭』。又齊縗大功之喪，三月既葬，雖不可以納徵，而可正御矣。」何琦駮江、許議曰：「夫正名者，理道之本。然拜時非古，而行之歷代，遂以成俗。古者布其几筵，恭告祖禰，將納他族，以奉宗事，父親醮子而命之迎。女受父母之遺，以涉夫氏之庭，而交拜敬之禮。方之在塗，〔六七〕喪紀定矣，服制既正，齊功卒哭可迎。此不闕於古而通於今，議是也。然婚姻之道，公私急務，愚以爲拜時及一日二日之婦，婦名既正，即宜一揆。其衾幬未接，歸葬其黨。」

東晉廢帝太和中，平北將軍郄愔上言，功曹魏隲周喪內迎拜時婦，鄉曲以違禮譏之。謝奉與郄牋曰：「魏隲後來之良，足以日新其美，近聞邑有異議。從弟異，亦當拜時，婦家遭喪，即是其例。夫拜時之禮，誠非舊典，蓋由季代多難，男女宜各及時，故爲此制，以固婚姻之義也。雖未入壻門，今年吉辰拜後，歲俗無忌，便得以成婦迎之，正以策名委質有定故也。」謝安議：「拜時雖非正典，代所共行久矣。將以三族多虞，歲有吉忌，故逆成其禮。」

宋庾蔚之謂：「俗既流弊，故以拜時代三日，推其始意，當是貪得從省，以赴吉歲。若周大功之喪既葬，不可迎已拜之婦，則與始婚不異，非其旨也。」

已拜時壻遭小功喪或婦遭大功喪可迎議晉

東晉〔六八〕

晉中書郎范汪問劉惔曰：「從妹與荀始文婚，已及好歲拜時，有從叔父德度喪，會叔親患危篤，欲令荀氏迎從妹，盡婦敬於夫氏，以有此喪爲難，故爲此議。拜時出於近代，將以宗族多虞，吉事宜速，故好歲拜，新年便可迎也。惡歲可迎，是拜時已成婦也。在塗之婦，猶服夫氏，況已交拜禮成，便當迎是長還也。」惔答云：「荀今從叔喪五月小功之服，〔六九〕禮云『小功之末可以納妻』，如此自可比初婚，何疑！」蔡謨曰：「古人君爵命其臣，在遠則遣使。太公既封齊，五侯九伯，實得征之，即王使召康公所命也。至今詔使拜授，亦當如此，豈有疑乎？易曰『家有嚴君，父母之謂』。今壻父命使拜其婦，女父遣女拜受此命，即是太公受命於召康公，今人拜爵於詔使也。而云未拜舅姑，未爲成婦，然則太公未拜周王，亦非方伯乎？不修婦禮，是其失耳。至於是婦與非，自當以典禮爲正，安得從彼所行。假令太公不行臣禮，王者便當不臣之乎？謂拜壻之宗親與拜舅姑，於禮無異。」

又會稽王道子與王彪之書曰：「東海王來月欲迎妃，而女身有大功服，此於常禮，當是有疑。但先拜時，大禮已交，且拜時本意，亦欲通如此之閡耳！不得同之初婚，固當在於可通。」彪之答曰：「女有大功服，若初婚者，禮例無許；既已拜時，猶復不同。昔中朝許侍中等曾議此事，以爲拜時不應以喪爲疑，倚傍經禮，甚有理據，談者多謂是。殿下可視而量之。」

拜時婦三日婦輕重議

按禮經婚嫁無「拜時」「三日」之文，自後漢魏晉以來，或爲拜時之婦，或爲三日之婚。魏王肅、鍾毓、毓弟會、陳羣、羣子泰，咸以拜時得比於三日。晉武帝謂山濤曰：「拜於舅姑，可准廟見；三日同牢，允稱在塗。」濤曰：「愚論已拜舅姑，重於三日，所舉者但不三月耳。」張華謂：「拜時之婦，盡恭於舅姑；三日之婚，成吉於夫氏。准於古義，可爲成婦，已拜舅姑，即是廟見。」常侍江應元等謂：「已拜舅姑，其義全於在塗。或曰『夫失時之女，許不備禮，蓋急嫁娶之道也』。三日之婦，亦務時之婚矣。雖同牢而食，同衾而寢，此曲室衽席之情義耳，豈合古人亡則奠菜，存則盥饋而婦道成哉！且未廟見之婦，死則反葬女氏之黨，以此推之，貴其成婦，不係成妻，明拜舅姑爲重，接夫爲輕。所以然者，先配而後祖，陳鍼子曰：『是不爲夫婦，誣其祖矣，非禮也。』此春秋明義，拜時重於三日之徵也。」

議曰：有夫婦而後有父子，有父子而後有君臣，則婚姻王化所先，人倫之本。拜時之婦，禮經不載，自東漢魏晉及於東晉，咸有此事。按其儀，或時屬艱虞，歲遇良吉，急於嫁娶，權爲此制。以紗縠幪女氏之首，而夫氏發之，因拜舅姑，便成婦道。六禮悉捨，合巹復乖，隳政教之大方，成容易之弊法。王肅、鍾毓、陳羣、山濤、張華、蔡謨，皆當時知禮達識者，何謂不非之邪？豈時俗久行，因循且便，或彼衆我寡，議論莫從者乎？宋齊以後，斯制遂息，後之君子，無愧前賢。

校勘記

〔一〕稱宗兄　原脱「稱」，據北宋本、傅校本、明抄本、明刻本補。

〔二〕母命之　「命之」原倒，據儀禮士昏禮及北宋本、傅校本、明抄本、明刻本、王吴本乙正。

〔三〕稱諸父兄師友以行　原脱「諸」，據公羊傳隱公二年何注及北宋本、傅校本、明抄本補。

〔四〕故不得不稱使也　公羊傳隱公二年何注「故」作「則」。

〔五〕以不稱使　公羊傳隱公二年何注「使」下有「知有母」三字。

〔六〕據非主人可稱母通使　公羊傳隱公二年何注作「據非主人何不稱母通使文」。

〔七〕稱諸父兄師友以行事　「事」原作「耳」，據北宋本、傅校本、明抄本改。

〔八〕則婦入三月乃奠菜　「入」原訛「人」，據儀禮士昏禮及諸本改。

〔九〕以篚祭菜也蓋用堇　「菜也」原倒，據儀禮士昏禮鄭注乙正。

〔一〇〕北方北墉下　「墉」原訛「牖」，據儀禮士昏禮鄭注及北宋本、傅校本、明刻本改。

〔一一〕某氏來婦　「婦」原訛「歸」，據儀禮士昏禮改。下同。

〔一二〕扱音楚甲反　「楚」原訛「禁」，據北宋本、傅校本、明抄本改。

〔一三〕婦出　「出」原訛「坐」，據儀禮士昏禮及北宋本、傅校本、明抄本、明刻本、王吴本改。

〔一四〕貞觀五年　「五」原訛「六」，據唐會要卷六及北宋本、傅校本、明抄本、明刻本、王吴本改。

〔一五〕漢明帝　原「帝」上衍「皇」，據北宋本、傅校本、明抄本、明刻本删。

〔一六〕既加長字　「字」原訛「主」，據唐會要卷六及北宋本、傅校本、明抄本、明刻本、王吴本改。

〔一七〕詣徵家送之　「送」原作「賜」，據北宋本、傅校本、明抄本、明刻本、王吴本改。

〔一八〕所以成國家之美耳　原脱「所」，據唐會要卷六及北宋本、傅校本、明抄本、明刻本、王吴本補。

〔一九〕明慶二年　「明」原作「顯」，「二」原訛「三」，據北宋本、傅校本、明抄本、明刻本改。按：通典避中宗諱，改作「明」。

〔二〇〕令所司隨事糾聞　「所」原訛「有」，「隨」原訛「行」，據北宋本、傅校本、明抄本、明刻本改。

〔二一〕縣主出嫁　原脱「出」，據唐會要卷六及北宋本、傅校本、明抄本、明刻本、王吴本補。

〔二二〕人臣至敬之所　「人」原訛「大」，據北宋本、傅校本、明抄本、明刻本改。

〔二三〕而以魯侯爲主　原「魯」下衍「之」，據北宋本、傅校本、明抄本、明刻本、王吴本删。

〔二四〕命謂將走見之言　「言」原訛「命」，據儀禮士昏禮鄭注改。

〔二五〕奠贄再拜出　原脱「出」，據儀禮士昏禮補。

〔二六〕高固遂與叔姬歸寧　「歸」北宋本、傅校本、明抄本、明刻本作「俱」。

〔二七〕穆帝永和三年納后　〔三〕晉書禮志下六六八頁作「二」。標點本晉書校勘記云：「諸史考異：永和二年，穆帝四歲，無納后之文。」

〔二八〕婚禮不賀　「禮」原訛「姻」，據北宋本、傅校本、明抄本、明刻本改。

〔二九〕按禮云婚禮不賀又云賀娶妻者　北宋本、傅校本無「又云賀」三字。

〔三〇〕而有禮貺共慶會之義　「共」原訛「其」，據晉書禮志下六六九頁及北宋本、傅校本、明刻本改。

〔三一〕因獻酒食而有慶語也　「因」原訛「固」，據北宋本、傅校本、明抄本、明刻本、王吴本改。

〔三二〕又從伯丞相時賀　原「時」下衍「相」，據北宋本、傅校本、明抄本、明刻本、王吴本删。

〔三三〕庾蔚之謂　「謂」原訛「議」，據北宋本、傅校本、明抄本、明刻本改。按：庾蔚之乃劉宋孝武帝時禮學名家，此引其評論耳，自應作「謂」。

〔三四〕會吴於鄫　「鄫」原訛「繒」，據左傳哀公七年文改。

〔三五〕依婚禮也　「依」原訛「爲」，據北宋本、傅校本、明抄本、明刻本改。

〔三六〕婚禮不用樂幽陰之義也　「用」原作「作」，原脱「也」，據禮記郊特牲改補。

〔三七〕殿庭及大駕鹵簿鼓吹　「及」原訛「設」，據北宋本、傅校本、明抄本、明刻本改。

〔三八〕皇后　「后」原訛「帝」，據北宋本、傅校本、明抄本、明刻本改。

〔三九〕鳴鐘鼓　「鐘鼓」原倒，據北宋本、傅校本、明抄本、明刻本乙。

〔四〇〕舊應作宮懸金石之樂鳴鐘鼓　北宋本、傅校本、明抄本、明刻本作「舊應作宮懸之樂金石鳴鼓鐘」。

〔四一〕男女婚嫁年幾議　「幾」原訛「紀」，據北宋本、傅校本、明抄本、明刻本、王吴本改。

〔四二〕令男三十而娶　原脱「令」，據北宋本、傅校本、明抄本、明刻本、王吴本補。

〔四三〕象人懷姙　原脱「人」，據説文卷九上補。

〔四四〕子人所生也　原脱「子」，據説文卷九上補。

〔四五〕男三十娶女二十嫁何　原男女下均有「子」，後人臆加，據白虎通卷四上及北宋本、傅校本、明抄本、明刻本删。

〔四六〕男二十五繫心　原脱「心」，據白虎通卷四上補。

〔四七〕女十七而嫁　「十七」原訛「二十」，據國語越語上及北宋本、傅校本、明抄本、明刻本、王吴本改。

〔四八〕男十六可以娶　原脱「以」，據北宋本、傅校本、明抄本、明刻本、王吴本補。

〔四九〕三十二十而娶嫁者　「娶嫁」原倒，據北宋本、傅校本、明抄本、明刻本乙。

〔五〇〕二月娶妻之時也　按：大戴禮夏小正「妻」作「婦」。

〔五一〕肅據詩云三星在天　「詩」原訛「書」，據北宋本、傅校本、明抄本、明刻本、王吴本改。按：「三星在天」見詩經綢繆。

〔五二〕天之道　原「天」下衍「地」，據北宋本、傅校本、明抄本、明刻本删。

〔五三〕玄鳥孚乳之月　「孚」原訛「孕」，據諸本改。

〔五四〕霜降之後　「後」原訛「候」，據北宋本、傅校本、明抄本、明刻本、王吴本改。

〔五五〕三星在隅孟冬之月参見東方舉正昏以刺時　此十八字原脱，據孫詒讓校文補。見周禮正義卷二六媒氏疏。

〔五六〕喻行遇惡夫　「夫」原作「人」，據孫詒讓周禮正義卷二六媒氏疏中校文改。

〔五七〕肅窮無經引秋以爲期　原作「肅引經秋以爲期」。據北宋本、傅校本、明抄本、明刻本補改。

〔五八〕淫奔之時　「時」原訛「詩」，據北宋本、傅校本、明抄本、明刻本改。

〔五九〕伯姬歸於杞　「杞」原訛「紀」，據春秋莊公二十五年文改。

〔六〇〕草蟲喓喓未秋之時　「未」原訛「末」，按：詩草蟲：「喓喓草蟲，趯趯阜螽。」鄭箋：「草蟲鳴，阜螽躍而從之。」草蟲阜蟲均活躍於夏季間，故改。

〔六一〕若萬人必在仲春　「萬」原作「常」，據北宋本、傅校本、明抄本、明刻本改。

〔六二〕多引春秋之證以爲反詩於難錯矣　原作「多引春秋以爲之證反詩相難錯矣」，係後人妄改。今據北宋本、傅校本、明抄本、明刻本乙改。

〔六三〕協於情禮　「情」原訛「詩」，據北宋本、傅校本、明抄本、明刻本改。

〔六四〕宋　原脱，據北宋本、傅校本、明抄本補。

〔六五〕後各有周喪　原無「周」，乃清人妄删，今據北宋本、傅校本、明抄本、明刻本、王吴本補回。

〔六六〕其義全於在塗也　「全」原訛「同」，據北宋本、傅校本、明抄本、明刻本、王吳本改。下同。

〔六七〕方之在塗　原脱「方之」，據北宋本、傅校本、明抄本、明刻本補。

〔六八〕東晉　原無，據正文内容增。

〔六九〕五月小功之服　「五」原訛「三」，據北宋本改。

王文錦點校

通典卷第六十

禮二十　沿革二十　嘉禮五

周喪不可嫁女娶婦議斬縗公除附　周服降在小功可嫁女娶妻議　大功末可爲子娶婦議　祖無服父有服可娶婦嫁女議　降服大功末可嫁姊妹及女議　降服喪已除猶在本服月內可嫁議　同姓婚議　內表不可婚議　外屬無服尊卑不通婚議

周喪不可嫁女娶婦議斬縗公除附○晉　大唐

晉惠帝元康二年，司徒王渾奏云：「前以冒喪婚娶，傷化悖禮，下十六州推舉，今本州中正各有言上。太子家令虞濬有弟喪，嫁女拜時；鎮東司馬陳湛有弟喪，嫁女拜時；上庸太守王崇有兄喪，嫁女拜時；夏侯俊有弟子喪，爲息恒納婦，恒無服；國子祭酒鄒湛有弟婦喪，爲息蒙娶婦拜時，蒙有周服；給事中王琛有兄喪，[二]爲息稜娶婦拜時；并州刺史羊暨有兄喪，爲息明娶婦拜時；征西長史牽昌有弟喪，爲息彥娶婦拜時。湛職儒官，身雖無服，據爲婚主。按禮『大功之末可以嫁子，小功之末可以娶婦』。無齊縗嫁娶之文，虧違典憲，宜加貶黜，以肅王法。請臺免官，以正清議。」尚書符下國子學處議。國子助教吴商議：「今之拜時，事畢便歸，婚禮未成，不得與娶婦者同也。俊、琛、稜並以齊縗娶婦、娶妻，所犯者重。恒雖無服，當不義而不諍，〔二〕亦禮所譏，然其所犯者猶輕於稜也。湛身既平吉，子雖齊縗，義服之末，又不親迎，吉凶别處，〔三〕則所犯者輕。濬、暨爲子拜時，拜時禮輕當降也。」〔四〕國子祭酒裴頠議以爲：「吉凶之别，禮之大端，子服在凶，而行嘉禮，非所以爲訓。雖父兄爲主，事由己興，此悉人倫大綱，典章所慎也。」詔曰：「下殤小功，不可嫁娶，〔五〕俊等簡忽喪紀，輕違禮經，皆宜如所正。」

司直劉隗上言：「文學王籍有叔母服，未一月，納吉娶妻，虧俗傷化，宜加貶黜，輒下禁止。妻父周嵩知籍有喪而成婚，無王孫恥奔之義，失爲父之道。王廙、王彬，於籍親則叔父，皆無君子幹父之風，應清議者，任之鄉論。」主簿江啟曰：「夫風節不振，無以蕩弊俗；禮義不備，無以正人流。籍以名門，擢登賓友，不能率身正道，公違典憲，誠是愷悌垂恕，體例宜全。又東閤祭酒顔含，居叔父喪而遣女。〔六〕推尋舊事，〔七〕元康二年，〔八〕虞濬、陳湛各有弟喪，〔九〕嫁子拜時，司徒王渾奏免。竊謂弟喪不重於叔父，成婚之禮不輕。〔一〇〕含犯違禮典。夫崇禮謂之有方之士，不崇禮謂之無方之人。況虧淳創薄，崇俗棄禮，請免官禁止。」從事中郎謝灊議：「鄭玄以爲女子成人，逆降旁親及將出者。昔陳湛以女年過二十，依鄭義不責，遷任徐州，不爲坐免，久爲成比。若含女未過二十，宜如隗奏；若謂鄭玄説與禮違，當先除而後禁，不宜制未下而責人也。」主簿孔夷議：「鄭玄以未嫁成人，降其旁親，以明當及時與不及時者同降，〔一一〕若嫁有時而遭喪，因喪而降之，非言齊縗之中可嫁女。學者多昧此旨，非獨在今。含應見原。」

王濛息叔仁兄十月亡，至十二月，詔其子與瑯琊王婚拜時，叔仁以喪辭。范尚書與會稽王牋，爲伸其意。會稽王答曰：「既有所准，情理可通，故人主權而行之，自君作故，古之制也。古人墨絰從時，〔一二〕豈情所安，逼於君命之所制，奪人臣之所屈，乃至於此。〔一三〕以今方之，事情輕重，豈得同日而欲執違耶？又今自拜時，未爲備禮，暫一致身，交拜而已，即之於情，有何不可？且今王氏情事，與國家正同，王命既定，事在必行。」太常王彪之與會稽王牋曰：「王濛女有同生之哀，〔一四〕計其日月，尚未絶哭，豈可成婚？凡在君子，猶愛人以禮，況崇化之主耶！以此爲聖人故事，〔一五〕寧可執訓，當令宣流後裔。〔一六〕忝備禮官，情有不安，謹具白所懷。」

大唐永徽元年正月，衡山公主欲出降長孫氏，議者以時既公除，〔一七〕合行吉禮。侍中于志寧上疏曰：「伏見衡山公主出降，欲就今秋成禮。竊按禮記云：『女十五而笄，二十而嫁，有故，二十三年而嫁。』鄭玄云：『有故謂遭喪也。』固知須終三年。其有議者云『准制，公除之後，須並從吉』。此漢文創制其儀，爲天下百姓。至於公主，服是斬縗，縱使服隨例除，無宜情隨例改。心喪之内，方復成婚，非唯違於禮經，亦是人情不可。陛下方獎仁孝之日，〔一八〕敦崇名教之秋，此事行之若難，猶宜抑而守禮；況行之甚易，何容廢而受譏。伏願遵高宗之令軌，略孝文之權制，國家於法無虧，公主情禮得畢，則天下幸甚。」

周服降在小功可嫁女娶妻議晉　東晉　宋

晉范朗問蔡謨曰：「甲有庶兄乙爲人後，甲妹景已許嫁而未出。今乙亡，如鄭玄意已許嫁便降旁親者，景今應爲乙服小功，本是周親，甲今於禮可得嫁景不？」蔡答曰：「按禮『大功之末，可以嫁子』，〔一九〕不言降服復有異也。兄在大功，嫁降服小功，嫁小功之女也。謂甲今嫁景，於禮無違。」范難曰：「禮『小功不税，降而小功則税之』。又『小功不易喪之練冠，而長殤中殤之小功則變三年之葛』。又『小功之末可以娶妻，而下殤之小功則不可』。據此數事，則明降服正服，所施各異，今子同之，其理何居？」〔二〇〕蔡答曰：「夫服有降有正，此禮之常也。若其所施，必皆不同，則當舉其一例，無爲復説税與娶也。今而然者，明其所施有同有異，不可以一例舉，故隨事而言之也。鄭君以爲下殤小功不可娶者，本齊縗之親也。按長殤大功亦齊縗親，而禮但言下殤不可以娶，而不言長殤不可以嫁，明殤降之服，雖不可娶而可嫁也。所以然者，陽唱陰和，男行女從，和從者輕，唱行者重，二者不同，故其制亦異也。」范又難曰：「禮舉輕以明重，下殤猶不可娶，況長殤大功何可以嫁。〔二一〕知禮所謂大功末者，唯正服大功末耳。」蔡答曰：「下殤不可娶妻者，〔二二〕謂己身也。吾言長殤可以嫁子者，〔二三〕謂女父也。身自行之，於事爲重；但施於子，其理差輕。然則下殤之不娶，未足以明長殤之不嫁也。」

東晉臺符：〔二四〕廬陵公主薨，瑯琊、東海二王，於禮爲應得婚與不？」太學博士袁犄之等按：「公主於二王屬爲姑，二王出爲人後，主又出適，今應降服小功。然本是周親，雖降而爲疏，本親情重，始薨方當制服，〔二五〕而疑可婚與不。」太常王彪之曰：〔二六〕「二王出後二國，禮，爲人後，降本親一等，又云『爲姑姊妹適人者小功』。二王應制小功之服。禮，小功絕哭，可以娶妻；下殤之小功則不可。先儒之說，本齊縗之親，故除喪而後可婚。今二王雖以出後降服，本亦齊縗之親，情例如禮，不應成婚。」彪之與會稽王牋曰：「王者君臨萬國，以禮義聲教也。今若皇子獨違規矩，恐遐邇之談，不必許也。〔二七〕且自元康以來，朝臣之家犯禮婚者，不見重責。故尚書僕射裴頠，當代名士，於時以兄弟子喪末，爲息拜時，其息服除也。議者謂父子並應貶責。兄弟子下流之喪，不同於姑。古者諸侯絕周，而卿大夫之喪，在殯猶不舉樂，不以本

周喪未葬行嘉禮也。況廬陵長公主，於禮不應絶服，〔二八〕喪今未葬乎！」〔二九〕

宋庾蔚之謂：「禮云『下殤之小功則不可』，而不云再降之小功，則知再降之小功可以娶。」

大功末可爲子娶婦議 晉

晉御史中丞高崧有從弟喪，在服末欲爲兒婚，〔三〇〕書訪尚書范汪曰：「禮有『大功之末可以嫁子，小功之末可以娶婦』。下章云『己雖小功，既卒哭，可以娶妻』。己有小功喪，則父便應有大功喪。以義例推之，小功卒哭可以娶妻，則大功卒哭可以娶婦邪？」有舅姑曰婦。無舅姑曰妻。范答曰：「按禮『大功之末，可以冠子嫁子』。此於子已爲無服也。〔三一〕以己尚在大功喪中，猶未忍爲子娶婦，近於歡事也。故於冠子嫁子則可，娶婦則不可矣。己有緦麻之喪，於祭亦廢，婚亦不通矣，況小功乎！」崧又曰：「禮『己雖小功，既卒哭，可以娶妻』。己有小功，則父有大功。己既小功卒哭可娶妻，則父大功卒哭可娶婦，〔三二〕將不嫌邪？」汪曰：「五服之制，各有月數，月數之內，自無吉事，故曰『縗麻非所以接弁冕也』。春秋左氏傳：齊侯使晏子請繼室於晉，叔向對曰：『寡君之願也。縗絰之中，是以未敢請。』時晉侯有少姜之喪耳。禮貴妾緦，而叔向稱在縗絰之中。推此而言，雖輕喪之麻，〔三三〕猶無婚姻之道也，而敦本敬始之義，每於婚冠見之矣。〔三四〕雜記曰『大功之末可以嫁子，小功之末可以娶婦』。按大功之末，猶未忍爲子娶婦，〔三五〕小功之末，乃爲子娶耳。而下章云『已雖小功，卒哭，可冠、娶妻也』。二文誠爲相代，尋此旨，爲男女失時或繼嗣未立者耳，非通例也。禮，男三十而娶，女二十而嫁。至於仲春會男女，〔三六〕便云『於此時也，奔者不禁』。此亦是權禮，非經常之典也。」崧又訪於江虨，虨答曰：「按『大功之末可以嫁子，小功之末可以娶婦』。又『已小功卒哭，〔三七〕可以娶妻』。此悉是明文正例，當不如范語。爲此議者，皆於爲婚之主也。娶婦則父爲主，娶妻則己爲主，故父大功之末不得行此嘉禮，至於己小功之末則可行之。又禮稱娶妻，則是無父之正文。謂大功之末娶婦，〔三八〕於禮例猶尚不安。今所爲者重，所虧者輕。又准時人由來之比，自不致嫌。」於是崧依議爲兒婚。

祖無服父有服可娶婦嫁女議 晉 宋

晉劉嗣問徐野人曰：「嗣去年十二月，有周慘，欲用六月婚，兒服早已除。〔三九〕大人本無服，便是一家主，想無復異？」徐答曰：「此議本據祖爲孫兒婚，〔四〇〕自平吉可得娶妻，不計兒之有慘也。」嗣弟損又重問野人曰：「諸賢唯云祖尊一家，得爲婚主。若便婚，損疑速也。」徐答曰：「今歸重於王父，理無取於遲速。」損重問曰：「禮云『嫁女之家，三夜不息燭；

娶婦之家，三日不舉樂』。得不有輕不？又『大功之末，可以嫁女』，則男不得婚。向家是嫁女，今是兒子婚，〔四一〕男女詎無異邪？」向家亦是祖無服，而父有周慘，得嫁女。徐答曰：「秉燭寢樂，居然輕重，故嫁娶殊品。至於今事，理本分塗，唯取歸重極尊，而不別異男女也。」〔四二〕

宋向歆問何承天曰：「父有伯母慘，女服小功。祖尊統一家，年末可得嫁孫女不？」何答曰：「吾謂祖爲婚主，女身又小功服，不嫌於婚。」鄭尚書曰：「祖爲婚主，女父不與婚事，意謂可婚。」周續之曰：「禮，『己雖小功，可以冠、娶妻』，則女身雖有服，謂出門無嫌也。伯母義服，而祖爲家主，於理可通。」徐野人曰：「禮許變通。記所稱父大功者，當非有祖之家。〔四三〕又公羊傳云：『不以父命辭王父命。』〔四四〕推附名例，義在尊無二上，容或可通理邪！」

降服大功末可嫁姊妹及女議〔四五〕晉　宋

晉南陽中正張輔言司徒府云：「故涼州刺史揚欣女，〔四六〕以九月二十日出赴姊喪殯，而欣息俊因喪後二十六日，〔四七〕强嫁妹與南陽韓氏，而韓就揚家共成婚姻。韓氏居妻喪，不顧禮義，三旬内成婚，傷化敗俗，非冠帶所行。下品二等，本品第二人，〔四八〕今爲第四。請正黄紙。」梁州中正梁某言：〔四九〕「俊居姊喪嫁妹，犯禮傷義，貶爲第五品。」

宋江氏問裴松之曰：〔五〇〕「從兄女先剋此六月與庾長史弟婚，其姊蔡氏去三月亡，〔五一〕葬送已畢。從兄無嗣，兄子簡爲後。今與從妹同服大功。大功末可以嫁子，不知無父而兄有大功服，可復嫁妹不？」答曰：「意謂父有大功，尚可嫁子；兄在大功，理無不可。今所未了者，未知女身大功，亦可得嫁不？又降而在大功，得與本服九月者同不？見宗濤答范超伯問，『娶婦之與嫁子，輕重有一等之差，己身小功可以娶妻，女身大功何爲不可以嫁』。謂此言爲是，但其論降在大功者，如爲不盡。吾以爲聘納禮重，故探其本情；適人差輕，故以見服爲斷。禮無降在大功不可嫁子之文，不應於外生疑。且有下殤小功之喪，〔五二〕過五月便可以娶，降在九月者，過三月而後嫁，計其日月，亦一等之謂也。」荀伯子難裴曰：「本不謂父可而兄反不可，今所疑謂父兄及女身並不可耳。按禮，小功之初，不妨嫁子，其末則可以娶妻。下殤之小功則不可，以所本是周服故也。〔五三〕今降在大功，亦本是周服，何容復於降殺之內以行婚姻之禮邪？〔五四〕禮云大功之末可以嫁子者，自是論本服耳；所以不明降在大功不可者，正以下殤之小功，足以包之也。若謂降與不降必其不殊者，其兄弟出後、姊妹出適，便再降爲小功矣，請問居此小功服，在始亦可即以嫁子乎？三月卒哭，又可以娶妻乎？奚獨慈於下殤而薄於出降之甚邪？」何承天通裴難荀曰：〔五五〕「婚禮吉而非樂，貴不失時。元康中有犯喪者，爲憲司所糾，都無降服大功嫁女之彈，彼豈輕犯周制，重犯功服邪？固於禮自通，不應致譏耳！足下謂下殤小功不可娶，足以包降在大功不可嫁。〔五六〕夫徹樂興嗣親之感，繼燭發離別之悲。唱行重於和從，受禮輕於納聘，既有一等之差，本服周者雖不得娶，何疑得嫁邪？若本降爲大功不可嫁者，大功降爲小功亦不可娶，豈獨下殤小功而已乎？斯不然矣。」宗炳稱何議降大功可嫁子，爲人所疑，云：「要正以下殤小功不可娶，舉輕以包重，謂長殤大功亦不可嫁者，意謂非也。且子嫁降親，生離恒山之苦，〔五七〕禽鳥猶哀，況在人理。其哀既深，〔五八〕則吉實輕，故情安於大功之末。娶納吉慶爲重，吉重故可於小功卒哭。〔五九〕夫舉重之不可，何妨輕者初自可乎！〔六〇〕而反云舉輕明重，其義不例。夫銜孔懷之哀，從鼇降之命，〔六一〕而與新婚者同，其不可哉。若使親表脱有其例，當斷其可乎？」〔六二〕

李嵩爲息邃婚張康女，未成禮而康有姊喪，已葬，二家婚皆務速，書問太常馮懷。懷曰：「降服不與正服同者，謂居處之節耳。大功之末可以冠子嫁子，明冠宜時成，嫁宜及時。先儒云『末者，服半之後也』。〔六三〕張氏所服既半，將非所疑。」嵩又以父在大功則子應小功，父服在末則子服除者可也。〔六四〕今降服雖末，而子未除，以疑問丁纂。纂曰：「服末情殺，可行吉事。」

又魏放之問孔琳之曰：「降在大功，當得嫁女不？」答曰：「吾意，降者似不得婚。記稱『大功之末可以嫁子，〔六五〕小功之末可以娶妻，下殤之小功則不可』，按如此文，唯云降者不可娶妻，〔六六〕不云不可嫁子，此便是得嫁也。」傅都官駮孔議曰：〔六七〕「娶妻嫁子雖爲不同，然可以例求也。何者？小功絶哭之後可以娶妻，至於下殤之小功則不可也。本服重而降在小功，既不得同小功而娶妻，本服周而降在大功，豈可同大功而嫁子乎？」孔答曰：「娶妻事重，嫁子事輕。今若云不可納婦，容可以嫁子爲難耳。既不明不可以嫁子，而獨明不可以以娶妻，事重非其類矣。」傅難曰：「今舉重以明輕，何以謂之不類？」孔答曰：「傳意謂本周而在大功小功者，〔六八〕則不得冠子、嫁子、納婦、娶妻四事。夫冠嫁納婦三事，皆子身之吉事，事不在己；娶妻一事，非在他人，親己身之吉事。〔六九〕在子則輕，在身則重。輕故可行之於服末，重必卒哭而後可。以降殺之明義，亦既差降，則事何必齊。今若欲徵其文，觀雩知旱者，則應明輕者猶不可，〔七〇〕則重者不言自彰。而今獨言小功之殤不可以娶妻，指是言重者不可也，〔七一〕重者自不可，輕者自可有差，何得輕必從重邪？」傅曰：「按禮葬後卒哭，之與服末，故是一語，直辭異耳。」〔七二〕孔答曰：〔七三〕「以葬後便爲末，虞畢乃卒哭。且末與卒哭若果實同而名異者，則當疊言小功之末可以納婦娶妻，〔七四〕如大功之末疊言可以冠子嫁子，何以別更起條云『己雖小功卒哭可以娶妻』邪？〔七五〕推文明矣。」

宋庾蔚之曰：「昔爲禮記畧解，已通此議。大功重而嫁輕，〔七六〕小功輕而娶重，故大功之末可以嫁，小功之末可以娶也。〔七七〕所以然者，下殤小功，本周親者，以其殤折之痛，既人情所哀，不可以娶。長殤大功，鄰於成人大功，接於齊縗，猶親服之內，於情差申，〔七八〕冠嫁之事可同於成人之大功，故不言長殤大功之不嫁也。」

降服喪已除猶在本服月内可嫁議晉〔七九〕

晉謝琰問車胤曰：「人有妹喪，降服已除，本服未周，可得嫁不？」答曰：「禮，小功不税，音他外反。降在小功者則税。是推本情，不計見服也。時人有以此婚嫁者，僕常疑之。」孫騰答：「人有卜日除服便以婚，况降服已除，禮有大斷，此都無疑。」

同姓婚議殷　周　漢　晉

昔人皇之代，始有夫婦之道。〔八〇〕

殷以上而婚不隔同姓。

周制，則不娶宗族。禮記曰：「娶妻不娶同姓，以厚其別也。」厚猶遠也。按禮記大傳云：「四世而緦，服之窮也。五世祖免，殺同姓也。六世親屬竭矣。其庶姓別於上，而戚單於下，婚姻可以通乎。」又云：「繫之以姓而弗別，綴之以食而弗殊，雖百世而婚姻不通者，〔八一〕周道然也。」故買妾不知其姓，則卜之。」妾或時非媵，取於賤者，世無本繫。許慎五經異義：〔八二〕「諸侯娶同姓。今春秋公羊說：『魯昭公娶於吳，爲同姓也，謂之吳孟子。』春秋左氏說：『孟子，非小君也，不成其喪，不當譏。』又按易曰：『同人于宗，吝。』言同姓相娶，吝道也。即犯誅絶之罪，言五屬之内禽獸行，乃當絶。」

漢呂后妹嫁呂平。王莽娶宜春侯王咸女，後稱曰宜春氏。

晉劉頌，漢廣陵王後，臨淮陳矯本劉氏子，與頌近親，出養始改姓陳。頌女適陳氏，時人譏之。若同姓得婚，論如虞陳之類，禮所不禁，同姓不殖，非此類也。難者不能屈。

濮陽太守劉嘏與同姓劉疇婚。司徒下太常諸博士議，非之。嘏以爲：「同姓有庶姓，〔八三〕有正姓，有複姓，有單姓。鍾云出於鍾離之後，胡母與胡公同本。複鍾單鍾，複胡單胡，今年共婚，不以損一字爲疎，增一字爲親；不以共其本爲悔，取其同者爲吝。宜理在可通，而得明始限之別，故婚姻不疑耳。今並時比族，年齊代等，至於庶姓，禮記書其別於上，始祖正姓明其斷於下，以之通議，則人倫無闕。按太常總言博士議述敍姓變爲始祖者，始此姓爲祖也。此既非禮所謂始祖爲正姓之義，即便棄經從意，謂義可通，如今衆庶之家，或避國諱遁仇逃罪變音易姓者，便皆可言是始祖正姓，〔八四〕爲婚之斷，如此禮稱『附遠厚別』『百代不通』之義，復何所施乎？此惑之甚者也。論者又以爲開通同姓婚，則令小人致濫。按禮自有限禁，〔八五〕之外，〔八六〕本自禮所不責。不可以不禁、禮所不應責者，〔八七〕而云通禮所應責也。王皆、王沈，魏晉名儒，同周室之後共婚者，二門譜第皆存。〔八八〕昌黎張仲娶范陽張璉妹，諮張公而後婚。今日若考經據事，足以取正。唯大府裁之。」

嘏又與卞壼疏云：「堯妻舜女，其代不遠。又春秋云『畢原酆郇，文之昭；邗晉應韓，武之穆』。代俗之所惑，上惑堯舜之代，下惑應韓之昭穆，欲追過堯舜邪，則經歷聖人。〔八九〕論者或謂巍巍蕩蕩之德，〔九〇〕可以掩堯舜之疵；或謂代近姓異，可以通應韓之婚：豈其然哉！若代近姓異，可以通應韓之婚，則周公立百代之限，禮記云『娶於異姓，附遠而厚別』，此二義復何所施？如其不然，則明始限之外，堯舜可以婚；理終之後，應韓可以通。堯舜之婚，以正姓分絶於上；應韓之通，庶姓異終於下也。絶則無繫，終則更始，斷可識矣。」

壼以暇書示朝賢光禄大夫荀崧。〔九一〕答卞云：「如暇所執，苟在限内，雖遠不可；苟在限外，不遠可通也。吾無以異之。王伯輿，鄭玄高雋弟子也，爲子稚賓娶王處道女，當得禮意，於時清談，盡無譏議。今難者雖苦，竟不能折其理。春秋不伐有辭，謂暇不應見責。」

庾蔚之謂：「暇據王者必有始祖，始祖爲正姓，共始祖之後，則百代不得通婚。故魯娶於吳，爲失禮。暇云『堯舜之婚，以正姓分絶於上』者，當謂各立始祖則可通婚也。又云『應韓之通，以庶姓理終於下』者，〔九二〕當謂帝王遞代，〔九三〕始祖既謝，屬籍亦廢，則爲理終於下，亦可通婚也。暇雖明始限之外與理終之後，皆可得通婚，而未有親疎之斷。昭穆祚胤，無代不有，若周代既遷，屬籍已息，應韓之婚，以其昭穆久遠。今所疑雖在始限之外理終之後而親未遠者，〔九四〕當以何斷？按禮云『六代親屬竭矣』。故當宜以此爲斷邪？若周室已遷，無復后稷之始祖，則當以別子及始封爲判。今宗譜之始，亦可以爲始祖也。古人數易姓，姓異不足明非親，故婚姻必原其姓之所出。末代不復易姓，異姓則胡越，不假復尋其由出，同姓必宜本其由。是以各從首易，不爲同姓之婚。且同姓之婚，〔九五〕易致小人情巧，又益法令滋章。暇在邊地，無他婚處，居今行古，致斯云耳。」

内表不可婚議魏

魏袁準正論曰：「或曰：『同姓不相娶，何也？』曰：『遠別也。』曰：『今之人外内相婚，禮歟？』曰：『中外之親近於同姓，同姓且猶不可，而況中外之親乎！古人以爲無疑，故不制也。今以古之不言，因謂之可婚，此不知禮者也。』或云：『國語云：「同德則同姓，同姓雖遠，男女不相及；異德則異姓，異姓雖近，男女相及也。」〔九六〕斯言何故也？』曰：『此司空季子明有爲而言也。文公將求秦以反國，不敢逆秦故也。季子曰：「子於子圉，道路之人也。」咎犯曰：「將奪之國，而況妻乎！」趙衰曰：「有求於人，必先從之。」此不既了乎！』」

外屬無服尊卑不通婚議大唐

大唐永徽元年，御史大夫李乾祐奏言：「鄭州人鄭宣道先聘少府監主簿李玄乂妹爲婦，〔九七〕即宣道堂姨。玄乂先雖執迷，許其姻媾，後以情禮不合，請與罷婚。宣道經省陳訴，省以法無此禁，〔九八〕判許成親。何則？同堂姨甥，雖則無服，既稱從母，何得爲婚？又母與堂姨，本是大功之服，大功以上，禮實同財，〔九九〕況九月爲服，親亦至矣。子而不子，辱以爲妻，名教所悲，人倫是棄。且堂姑堂姨，内外之族，雖别而父黨母黨，骨肉之恩是同，愛敬本自天性。禽獸亦猶知母，豈可令母之堂妹降以爲妻？從母之名，將何所寄。古人正名遠别，後代違道任情，〔一〇〇〕恐寖以成俗。然外屬無服而尊卑不可爲婚者，〔一〇一〕非止一條，請付羣官詳議，永爲後法。」左衛大將軍紀王慎等議：「父之姨及堂姨母，父母之姑舅姊妹，堂外甥，並外姻無服，請不爲婚。」詔可。

校勘記

〔一〕給事中王琛　原脱「中」，據北宋本、傅校本、明抄本、明刻本、王吴本補。

〔二〕當不義而不諍　「義」原訛「議」，據王吴本改。

〔三〕吉凶別處　原脱，據北宋本、傅校本、明抄本、明刻本、王吴本補。

〔四〕拜時禮輕當降也　「拜時」原涉上而脱，據北宋本、傅校本、明刻本、王吴本補。

〔五〕下殤小功不可嫁娶　「不可嫁娶」原作「可以嫁娶」，此清人妄改者，今據禮記雜記下訂正。按：北宋本、傅校本、明抄本、明刻本、王吴本作「不以娶」。

〔六〕居叔父喪　原脱「父」，據北宋本、傅校本、明抄本、明刻本、王吴本補。

〔七〕推尋舊事　原脱「推」，據北宋本、傅校本、明抄本、明刻本、王吴本補。

〔八〕元康二年　「元」，北宋本、傅校本、明抄本、明刻本、王吴本作「永」。按：上文作「元康」。

〔九〕各有弟喪　原脱「各」，據北宋本、傅校本、明抄本、明刻本、王吴本補。

〔一〇〕成婚之禮不輕　原「輕」下有「於拜時」，據北宋本、傅校本、明抄本、明刻本、王吴本删。

〔一一〕以明當及時與不及時者同降　原脱「與不及時」，據北宋本、傅校本、明抄本、明刻本、王吴本補。

〔一二〕古人墨絰從時　「時」原作「事」，據北宋本、傅校本、明抄本、王吴本改。

〔一三〕乃至於此　「此」原作「斯」，據北宋本、傅校本、明抄本、明刻本改。

〔一四〕王濛女有同生之哀　「哀」原訛「縗」，據北宋本、傅校本、明刻本、王吴本改。

〔一五〕以此爲聖人故事　「人」原作「朝」，據北宋本、傅校本、明抄本、明刻本改。

〔一六〕當令宣流後裔　原訛作「當今宜流示後裔」，據北宋本、傅校本、明抄本改。按：王吴本「宜」亦作「宣」。明刻本、王吴本亦無「示」字。

〔一七〕議者以時既公除　原脱「者」，據唐會要卷六補。

〔一八〕陛下方獎仁孝之日　原訛作「陛下方將隆大孝之日」，據唐會要卷六及北宋本、傅校本、明抄本、明刻本改。

〔一九〕按禮大功之末可以嫁子　「禮」原訛「經」，又脱「以」，據北宋本、傅校本、明抄本、明刻本改補。

〔二〇〕其理何居　「理」原訛「禮」，據北宋本、傅校本、明刻本改。

〔二一〕下殤猶不可娶況長殤大功何可以嫁　原前「可」下衍「言」，又「況」訛「則」，據北宋本、明抄本删改。

〔二二〕下殤不可娶妻者　原脱「下」，據北宋本、傅校本、明抄本、明刻本、王吴本補。

〔二三〕吾言長殤可以嫁子者　原脱「長」，據北宋本、傅校本、明抄本、明刻本、王吴本補。

〔二四〕東晉臺符　「符」北宋本作「刺」。

〔二五〕始薨方當制服　原訛作「公主方當始薨」，據北宋本、傅校本、明抄本、明刻本改。

〔二六〕王彪之　原脱「之」，據北宋本、傅校本、明抄本、明刻本、王吴本補。

〔二七〕恐遐邇之談不必許也　「談」原訛「譏」，「不必」原倒，據北宋本、傅校本、明抄本、明刻本改乙。

〔二八〕於禮不應絶服　「禮」下原衍「法」，據北宋本、傅校本、明抄本、明刻本、王吴本删。

〔二九〕喪今未葬乎　原作「況喪未葬乎」，據北宋本改。

〔三〇〕欲爲兒婚　「兒」原作「子」，據北宋本、傅校本、明抄本、明刻本改。

〔三一〕此於子已爲無服也　原脱「已」，據北宋本、傅校本、明抄本、明刻本補。

〔三二〕卒哭可娶婦　原「可」下衍「以」，據北宋本、傅校本、明抄本、明刻本删。

〔三三〕雖輕喪之麻　原作「雖緦麻之喪」，據北宋本、傅校本、明抄本、明刻本、王吴本改。

〔三四〕每於婚冠見之矣　「婚冠」原倒，據北宋本、傅校本、明刻本乙。

〔三五〕猶未忍爲子娶婦　「爲」原訛「於」，據北宋本、傅校本、明抄本、明刻本、王吴本改。

〔三六〕至於仲春會男女　原脱「至」，據北宋本、傅校本、明抄本、明刻本、王吴本補。

〔三七〕己小功卒哭　「己」原訛「以」，據北宋本、傅校本、明抄本、明刻本改。

〔三八〕則是無父之正文謂大功之末娶婦　「正文謂」原訛作「子又未」，據北宋本、傅校本、明抄本、明刻本改。

〔三九〕兒服早已除　「兒」原訛「而」，據北宋本、傅校本、明抄本、明刻本、王吴本改。

〔四〇〕祖爲孫兒婚　「孫兒」原倒，據北宋本、傅校本、明抄本、明刻本、王吴本乙。

〔四一〕今是兒子婚　「兒」原訛「以」，據北宋本、明抄本改。

〔四二〕而不別異男女也　原「也」上衍「一」，據北宋本删。

〔四三〕當非有祖之家　原脱「當」，據北宋本、傅校本、明抄本、明刻本、王吴本補。

〔四四〕辭王父命　原脱，據北宋本、傅校本、明抄本、明刻本、王吴本補。

〔四五〕降服大功末可嫁姊妹及女議　原「服」下衍「及」，「妹」上脱「姊」，據北宋本、傅校本、明刻本本本卷卷目删補。

〔四六〕揚欣　「揚」原作「楊」，據北宋本、傅校本、明刻本改。下同。

〔四七〕而欣息俊因喪後二十六日　「俊」原訛「後」，「後」原訛「服」，據北宋本、傅校本、明抄本、明刻本改。按：王吴本「俊」字亦不誤。

〔四八〕下品二等本品第二人　原誤作「下本品二等第二人」，據北宋本、傅校本、明抄本、明刻本、王吴本改。又，王吴本無「人」，義優。

〔四九〕梁某　原脱「梁」，據北宋本、傅校本、明抄本、明刻本補。

〔五〇〕裴松之　「松」原訛「崧」，據北宋本、傅校本、明抄本、明刻本改。

〔五一〕蔡氏去三月亡　「去」原訛「先」，據北宋本、傅校本、明抄本、明刻本改。

〔五二〕且有下殤小功之喪　「小功」原誤倒在「小殤」之上，據北宋本、傅校本、明抄本、明刻本乙正。

〔五三〕以所本是周服故也　「以」北宋本、傅校本、明抄本、明刻本、王吴本作「今」。「所」下王吴本有「論」。

〔五四〕何容復於降殺之内以行婚姻之禮邪　「容」原作「得」，據北宋本、傅校本、明抄本、明刻本改。

〔五五〕何承天通裴難荀曰　「通裴」原倒，據北宋本、傅校本、明抄本、明刻本、王吴本乙。

〔五六〕足以包降在大功不可嫁　「嫁」原訛「娶」，據北宋本、傅校本、明抄本、明刻本、王吴本改。

〔五七〕恒山之苦　「恒」原訛「桓」，據北宋本、傅校本、明抄本、明刻本改。

〔五八〕其哀既深　「其」原訛「亦」，據北宋本、傅校本、明刻本、王吴本改。

〔五九〕吉重故可於小功卒哭　「功」下原衍「於」，據北宋本、傅校本、明抄本、明刻本删。

〔六〇〕何妨輕者初自可乎　「初」原訛「仍」，據北宋本、傅校本、明抄本、明刻本改。

〔六一〕從釐降之命　「釐」北宋本、傅校本、明抄本、明刻本作「離」。

〔六二〕若使親表脱有其例當斷其可乎　「表」原訛「喪」，據北宋本、傅校本、明抄本、明刻本改。又，北宋本等無「乎」字。

〔六三〕末者服半之後也　原脱「之」，據北宋本、傅校本、明抄本、明刻本補。

〔六四〕父服在末則子服除者可也　原脱「父」，「服在」又倒，據北宋本、傅校本、明抄本、明刻本、王吴本補乙。

〔六五〕記稱大功之末可以嫁子　「記」原訛「既」，據北宋本、傅校本、明抄本、明刻本改。

〔六六〕唯云降者不可娶妻　「云」下原有「不」，據北宋本、傅校本、明抄本、明刻本删。

〔六七〕傅都官駮孔議曰　「議」原訛「讓」，據北宋本、傅校本、明抄本、明刻本改。

〔六八〕傳意謂本周而在大功小功者　原脱「小功」，據北宋本、傅校本、明抄本、明刻本補。

〔六九〕親己身之吉事　「親」原作「乃」，據北宋本、傅校本、明抄本、明刻本、王吴本改。

〔七〇〕觀雩知旱者則應明輕者猶不可　「觀雩知旱者則」原作「觀於輕者則知重者」，乃後人臆改者。今據北宋本、傅校本、明抄本、明刻本改回。

〔七一〕指是言重者不可也　「指是」原倒，據北宋本、傅校本、明抄本、明刻本乙。

〔七二〕故是一語直辭異耳　原「故」作「固」，「耳」作「邪」，據北宋本、傅校本、明抄本、明刻本改。
〔七三〕孔答曰　原脱「孔」，據北宋本、傅校本、明抄本、明刻本、王吴本補。
〔七四〕則當疊言小功之末可以納婦娶妻　「疊」原訛「輒」，據北宋本、傅校本、明抄本、明刻本改。下同。
〔七五〕何以别更起條云已雖小功卒哭可以娶妻邪　原脱「已」，據北宋本、傅校本、明抄本、明刻本、王吴本補。
〔七六〕大功重而嫁輕　原脱「輕」，據北宋本、傅校本、明抄本、明刻本補。
〔七七〕小功之末可以娶也　句上原有「輕故」，據北宋本、傅校本、明抄本、明刻本删。
〔七八〕猶親服之内於情差申　原訛作「周親之内於情差重」，據北宋本、傅校本、明抄本、明刻本改。
〔七九〕晉　原脱，據北宋本、傅校本、明抄本、明刻本補。
〔八〇〕始有夫婦之道　「道」原訛「教」，據北宋本、傅校本、明刻本、王吴本改。
〔八一〕雖百世而婚姻不通者　原脱「者」，據禮記大傳及北宋本、傅校本、明抄本、明刻本補。
〔八二〕五經異義　「義」原訛「議」，據北宋本、傅校本、明抄本、明刻本、王吴本改。
〔八三〕同姓有庶姓　原脱「有」，據北宋本、傅校本、明抄本、明刻本補。
〔八四〕便皆可言是始祖正姓　「皆可」原倒，據北宋本、傅校本、明抄本、明刻本乙。
〔八五〕按禮自有限禁　「限禁」原倒，據北宋本、傅校本、明抄本、明刻本、王吴本乙。
〔八六〕之外　原作「禁限之外」，「禁限」乃後人所增，今據北宋本、傅校本、明抄本、明刻本、王吴本删。

〔八七〕不可以不禁禮所不應責者　「禁」上「不」原脱，據北宋本、傅校本、明抄本、明刻本、王吴本補。

〔八八〕二門譜第皆存　「第」原訛「地」，據北宋本、傅校本、明抄本、明刻本、王吴本改。

〔八九〕則經歷聖人　「經」原訛「輕」，據北宋本、王吴本改。

〔九〇〕論者　「論」原訛「議」，據北宋本、傅校本、明抄本、明刻本改。

〔九一〕荀崧　「崧」原訛「菘」，據北宋本、傅校本、明抄本、明刻本改。

〔九二〕以庶姓理終於下者　「終」原訛「通」，據北宋本、傅校本、明抄本、明刻本改。

〔九三〕當謂帝王遞代　「謂」原作「爲」，據北宋本、傅校本、明抄本、明刻本、王吴本改。

〔九四〕理終之後　「後」原訛「外」，據北宋本、傅校本、明抄本、明刻本、王吴本改。

〔九五〕且同姓之婚　此五字原脱，據北宋本、傅校本、明抄本、明刻本、王吴本補。

〔九六〕同德則同姓同姓雖遠男女不相及異德則異姓異姓雖近男女相及也　按：國語晉語原文作「異姓則異德，異德則異類，異類雖近，男女相及，以生民也。同姓則同德，同德則同心，同心則同志，同志雖遠，男女不相及，畏黷敬也。」此省其文，而「姓」「德」位置顛倒。

〔九七〕李玄乂　原作「李玄義」，據北宋本、傅校本、明抄本、明刻本改。下同。

〔九八〕省以法無此禁　「省」原訛「議」，據北宋本、傅校本、明抄本、明刻本改。

〔九九〕大功以上禮實同財　「以」原訛「之」，「財」原訛「重」，據北宋本、傅校本、明抄本、明刻本改。按：王吴本「財」字不誤。

〔一〇〇〕違道任情　「情」原訛「意」，據北宋本、傅校本、明抄本、明刻本改。

〔一〇一〕外屬無服　「外」原訛「本」，據北宋本、傅校本、明抄本、明刻本、王吴本改。

王文錦點校

通典卷第六十一

禮二十一　沿革二十一　嘉禮六

君臣服章制度袍附○黄帝　唐　虞　夏　殷　周　秦　後漢　魏　晉　宋　齊　梁　陳　後周　隋　大唐

上古穴處衣毛，未有制度，後代以麻易之。先知爲上以制其衣，後知爲下復制其裳，衣裳始備。

黄帝、堯、舜垂衣裳，蓋取諸乾坤，故衣玄而裳黄。旁觀翬翟草木之華，乃染五色，始爲文章以表貴賤，而天下理。虞書曰：「予欲觀古人之象，日、月、星辰、山、龍、華蟲作繢，宗彝、藻、火、粉米、黼、黻絺繡。」備十二章。玄衣纁裳，上六章在衣，下六章在裳。上畫下繡。

夏殷之代，相襲無變。

周官司服掌王之吉凶衣服。大裘以祀天，大裘，羔裘，祀天示質也。以其祀天，故以大言之。衮冕服享先王，升日月於旌旗。服備九章：一曰龍，二曰山，三曰華蟲，四曰火，五曰宗彝，皆畫以爲繢；六曰藻，七曰粉米，八曰黼，九曰黻，皆絺以爲繡。則袞之衣五章，裳四章，凡九。鷩冕服享先公，鷩，畫鷩翟，謂華蟲也。其衣三章，裳四章，凡七。毳冕服祀四望山川，毳，畫虎蜼，謂宗彝也。其衣三章，裳二章，凡五也。蜼音維癸反。絺冕服祭社稷五祀，絺，刺粉米無畫，其衣一章，裳二章，〔一〕凡三。玄冕服祭羣小祀。其衣無文，裳刺黻而已。〔二〕凡冕服，皆玄衣纁裳。凡兵事韋弁服，以靺韋爲弁，又以爲衣裳。春秋傳曰，晉郤至衣「靺韋之跗注」是。眡朝則皮弁服，視外內朝之事。其服十五升，〔三〕白布衣，積素以爲裳。王受諸侯朝覲於廟，則袞冕。凡甸，冠弁服。甸，田獵也。冠弁，委貌。其服緇布衣，亦積素以爲裳。司裘仲秋獻良裘，良，善也。仲秋鳥獸毛毨，因其良時而用之。仲秋所獻善裘者，爲八月誓獮田所用，故獻之。鄭司農云：「良裘王所服。」季秋獻功裘。功裘，人功微麤，謂狐青麛裘之屬也。

公之服，自袞冕而下如王之服；侯伯之服，自鷩冕而下如公之服；子男之服，自毳冕而下如侯伯之服；孤之服，自絺冕而下如子男之服；卿大夫之服，自玄冕而下如孤之服；士之服，自皮弁而下如大夫之服。其齋服有玄端素端。自公之袞冕，至卿大夫之玄冕，皆其朝聘天子及助祭之服。諸侯非二王後，其餘皆玄冕而祭於己。雜記曰：「大夫冕而祭於公，弁而祭於己；士弁而祭於公，冠而祭於己。」大夫爵弁自祭家廟，唯孤耳。其餘皆玄冠，與士同。玄冠自祭其廟者，其服朝服玄端。

秦制，水德，服尚袀玄。〔四〕袀音均。

後漢光武踐祚，始修郊祀。天子冕服，從歐陽氏說。〔五〕三公、九卿、特進侯、朝侯、侍祠侯，從夏侯氏說。祀天地明堂，皆冠旒冕，衣裳皆玄上纁下，一服而已。明帝永平中，議乘輿備文，日月十二章，刺繡文。東觀書曰：「永平二年正月，公卿議春南北郊，〔六〕東平王蒼議曰：『高皇帝始受命創業，制長冠以入宗廟。光武受命中興，建明堂，立辟雍。陛下以聖明奉遵，以禮服龍袞，祭五帝。禮闕樂崩，久無祭天地冕服之制。接尊事神，絜齋盛服，敬之至也。日月星辰，山龍華藻，天王袞冕十有二旒，以則天數；旂有龍章日月，以備其文。』」三公、諸侯用山龍九章，九卿以下用華蟲七章，皆備五采，大佩，赤舄絇履，以承大祭。百官執事者，冠長冠，皆祗服。五嶽、四瀆、山川、宗廟、社稷諸沾秩祠，〔七〕皆袀玄服，絳緣領袖爲中衣，絳袴襪，示其赤心奉神也。其五郊迎氣，衣幘袴襪各如方色云。百官不執事者，各服長冠袀玄以從。大射禮於辟雍，公卿諸侯大夫行禮者，冠委貌，衣玄端素裳。鄭玄曰：「端者取其正也。」鄭衆曰：「衣襦裳者爲端。」執事者冠布弁，衣緇麻衣，皁領袖，下素裳。若冠通天冠，服衣深衣制，〔八〕有袍，隨五時色。梁劉昭曰：〔九〕「袍者，或曰周公抱成王宴居，故施袍。『孔子衣逢掖之衣。』逢掖其袖，合而逢大之，近今袍者也。今下至賤更小史，〔一〇〕皆通制袍，單衣，皁緣領袖中衣，爲朝服云。」

魏氏多因漢法，其所損益之制，無聞。按後漢志：「孝明皇帝永平二年，詔從歐陽、夏侯二家所說，制冕服。乘輿刺繡文，公卿以下織成文。」據晉志云：「魏明帝以公卿袞冕之飾，擬於至尊，多所減損，始制服刺繡，公卿織成。」未詳孰是。〔一一〕

晉因不改。大祭祀，衣皁上絳下，前三幅，後四幅，衣畫而裳繡，日月星辰凡十二章。

素帶廣四寸，朱裏，以朱緣裨飾其側。中衣以絳緣領袖。赤皮爲韍，絳袴韈，赤舄。未加元服則皁紗袍，絳緣中衣，絳袴韈，黑舄。〔一二〕又朝服，通天冠，絳紗袍，皁緣中衣。拜陵則黑介幘，單衣。雜服有青赤黃白黑五色紗袍。其武弁，素服單衣。〔一三〕公卿助祭郊廟，王公山龍以下九章，卿華蟲以下七章。其緇布冠，衣黑而裳素，中衣以皁緣領袖。袴褶之制，未詳所起，近代車駕親戎、中外戒嚴服之。無定色，冠黑帽，綴黑標，標以繒爲之，〔一四〕長四寸，廣一寸，腰有絡帶以代鞶革。中官紫標，外官絳標。又有纂嚴戎服而不綴標，行留文武悉同。

宋因之，制平天冕服，不易舊法。更名韍曰蔽膝。其未加元服、釋奠先聖、視朝、拜陵等服，及雜色紗裙、武冠素服，〔一五〕並沿舊不改。王公助祭郊廟，章服降殺亦如之。其冠委貌者，衣黑而裳素，中衣以皁緣領袖。〔一六〕玄冠、韋弁、絳韋戎衣，復依漢法。袴褶因晉不易，腰有絡帶以代鞶革。中官紫標，外官絳標。又有纂嚴戎服，而不綴標，行留文武悉同。其畋獵巡幸，則唯從官戎服，帶鞶革。文帝元嘉中，巡幸、蒐狩、救廟水火皆如之。

明帝泰始四年，詔曰：「車服之飾，象數是遵。故盛皇留範，列聖垂制。朕近改定，〔一七〕今修成六服，沿時變禮，所施之事，各有條敘，便可載之典章。朕以大冕純玉繅，玄衣黃裳，祀天宗明堂。又以法冕，玄衣絳裳，祀太廟，〔一八〕元正大會朝諸侯。又以飾冕，紫衣紅裳，小會宴饗，送諸侯，臨軒會王公。又以紘冕，青衣裳，耕稼、饗國子。又以通天冠，朱紗袍，爲聽政之服。」

泰始六年正月，有司奏：「被敕皇太子正冬朝賀，合著衮冕九章不？」儀曹郎丘仲起議：「按周禮，公自衮冕以下。鄭注：『衮冕以至卿大夫之玄冕，皆其朝聘天子之服也。』伏尋古之上公，尚得服之，皇太子以倅副之尊，率土瞻仰，愚謂宜式遵盛典，服衮九章以朝賀。」詔可。

齊因制平天冠服，不易舊法，郊廟臨朝所服也。舊衮服用織成，建武中，明帝以織太重，乃采畫爲之，加金飾銀薄，時亦謂爲天衣。通天冠服，絳紗袍，皁緣中衣，乘輿臨朝所服，臣下皆同。拜陵則黑介幘，服無定色。舉哀臨喪，白帢單衣，〔一九〕亦謂之素服。王公助祭，平冕服，山龍以下九章，卿七章，皆畫皁絳繒爲之。袴褶相因不改。

梁因制平天冠服，衣畫而裳繡，十二章。素帶朱裏，以朱緣裨飾其側。更名赤皮韍爲韠。或云韠之名，其來已久。餘同舊法。又有通天冠服，絳紗袍，皁緑中衣，黑舄，是爲朝服，元正賀畢，還儲更衣，出所服也。其釋奠先聖，則皁紗袍，絳緣中衣，絳袴韈，黑舄。拜陵則箋布單衣。又有白帢單衣，以代古之疑縗。

天監三年，何佟之議：「公卿以下祭服，〔二〇〕裏有中衣，即今中單也。後漢從夏侯氏說，祭服絳緣領袖爲中衣，〔二一〕絳袴襪，示其赤心奉神也。今中衣絳緣，足有所明，無俟於袴。既非聖法，謂不可施。」遂依議除之。

七年，周捨議：「按禮：『有虞氏皇而祭，深衣而養老。』鄭玄云，皇是畫鳳皇羽也。又按禮『如袞冕』，則袞是衣。有虞氏言皇，皇亦是衣，非冕。今袞服宜畫鳳皇，以示差降。」又王僧崇云：「尋冕服無鳳，應改爲翟。〔二二〕又裳有圓花，於禮無礙，是畫飾加葩藹耳。〔二三〕藹音於美反。藻米黼黻，並乖古制，今請改正，并去圓花。」帝曰：「古文日月星辰，〔二四〕此以一辰攝三物也。山龍華蟲，又以一山攝三物也。藻火粉米，又以一藻攝三物也。是爲九章。今袞服畫龍，則宜畫鳳。孔安國云『華者，花也』，則爲花非疑。若一向畫翟，差降之文，復將安寄？」帝又曰：「禮：『王祀昊天，服大裘而冕。』大裘不存，其於質敬，恐未有盡。」五經博士陸瑋等並云：「王祀昊天服大裘，明諸臣禮不得同。自魏以來，皆用袞服。今請依古，更制大裘。」詔可。瑋等又按：「鄭玄注司服云，『大裘，羔裘也』，既無所出，未爲可據。按六冕之服，皆玄上纁下。今宜以繒爲之，其制式如裘，其裳以纁，皆無文繡。」詔可。又制黑幘單衣，宴會服之。

九年，司馬筠等議云：「按玉藻：『諸侯玄冕以祭，裨冕以朝。』雜記又云：『大夫冕而祭於公，弁而祭於己。』今之尚書，上異公侯，下非卿士，止有朝衣，本無冕服。既從齋祭，不容同於在朝，宜依太常及博士諸齋官例，著皁衣，〔二五〕絳褠，中單，竹葉冠。」

陳因之。永定元年，武帝即位，徐陵白：〔二六〕「乘輿御服，皆採梁制。」帝曰：「今天下初定，務從節儉。應用繡、織成者，並可采畫。」至文帝天嘉初，悉改易之。其皇太子絳紗袍，皁緣白紗中衣，〔二七〕白帶，大小會、祠廟、朔望、五日還朝，皆朝服，常還上宮則朱服。〔二八〕若釋奠，玄朝服，〔二九〕絳緣中單，絳袴韈，玄舄。侍祀，袞衣九章，白紗絳緣中單，絳繒韠，赤舄，絳韈。皇太子舊有五時朝服，自梁天監之後則朱服。諸王朝服，朱衣，絳紗袍，皁緣中衣，素帶，黑舄。若加餘官，則服其加官之服。〔三〇〕開國公侯伯子男，並朝服，紗朱衣。若助祭郊廟，皆袞，玄上纁下，山龍以下九章，備五采，大佩，赤舄，絇履。〔三一〕餘文官朝服。〔三二〕武賁中郎將、羽林監，絳紗縠單衣。〔三三〕州刺史絳朝服。直閤將軍、諸殿主帥，朱服，〔三四〕正直絳衫，從則裲襠衫。太子衛率、率更令丞，皁朝服。殿中將軍、員外將軍、州郡都尉司馬、中書通事舍人、〔三五〕太子通事等，並朱服。玄衣，赤幘，袴褶，太子二傅騎吏所服。〔三六〕武冠，絳褠，殿前威儀、武賁威儀、散給使、〔三七〕閤將、鼓吹士帥副、太子鹵簿戟吏所服。

後周設司服之官，掌皇帝十二服。祀昊天上帝，則蒼衣；五方上帝，各隨方色；朝日用青衣；祭皇地祇用黃衣；夕月用素衣；神州、社稷用玄衣；享先皇、加元服、納后、朝諸侯則象衣：〔三八〕十二章。享諸先帝、食三老五更、耕籍等，自龍以下，九章。祀星辰、視朔、〔三九〕大射、饗羣臣等，八章。羣祀、臨太學、入道法門、燕射、養庶老、適諸侯家，七章。其九章以下，衣重；衮、山、鷩，裳重黼黻：俱十有二等。通以升龍爲領褾。巡兵即戎，則韎韋爲衣裳。田獵則皮弁，白布衣而素裳也。

諸公之服九章，服之章數，隨冕而降其一。其八章以下，衣重藻粉米，裳重黼黻，〔四〇〕俱九等，皆以山爲領褾。諸侯服八章，而下俱八等，〔四一〕皆以華蟲爲領褾。諸伯服七章，而下俱七等，〔四二〕以火爲領褾。諸子服六章，俱六等，〔四三〕皆以宗彝爲領褾。諸男服五章，皆以藻爲領褾。三公之服有九，章有六，衣重藻與粉米，裳重黼黻。〔四四〕俱爲九等，皆以宗彝爲領褾。三孤之服有八，章有五，衣重藻與粉米，裳重黼黻，爲八等。公卿服有七，章有四，衣重粉米，裳重黼黻，爲七等。皆以粉米爲領褾。大夫之服有六，章有三，衣重粉米，裳重黼黻，爲六等。中大夫之服有五，章有三，衣重粉米，爲五等。下大夫服有四，章有三，衣重粉米，爲四等。士則祀弁、爵弁、玄冠服，皆玄衣；其裳，上士以玄，中士以黃，下士雜裳。謂前玄後黃。庶士玄冠服，其在官府史之屬，服緇衣裳。〔四五〕

隋文帝即位，將改後周制度，乃下詔曰：「宣尼制法，損益可知。朕受天命，赤雀來儀，五德相生，並宜火色。其郊丘廟社，可依衮冕之儀，朝會衣裳，宜盡用赤。昔丹烏木運，姬有大白之旂，黄星土德，曹乘黑首之馬。在祀與戎，其尚恒異。今之戎服，皆可尚黄，在外常所著者，通用雜色。祭祀之服，須合禮經，宜集通儒，更可詳議。」太子庶子、攝太常少卿裴政奏：〔四六〕「後周制冕，並非典故。〔四七〕今採東齊之法。」

乘輿衮冕，玄衣纁裳。〔四八〕衣，山、龍、華蟲、火、宗彝五章；裳，藻、粉米、黼、黻四章。衣重宗彝，裳重黼黻，爲十二等。衣褾領織成升龍，白紗内單，黼領，青褾、襈、裾。革帶，玉鉤䚢；大帶，素帶朱裏，紕其外，上以朱，下以緑。韍隨裳色，山龍火三章。轆轤玉具劍，火珠鏢首。白玉雙佩，玄組。雙大綬，六采，玄黄赤白縹緑，純玄質，長二丈四尺，五百首，廣一尺；小雙綬，長二尺六寸，色同大綬，而首半之，間施三玉環。朱韈，赤舄，舄加金飾。祀圓丘、方澤、感帝、明堂、五郊、雩、禘、封禪、朝日、夕月、宗廟、社稷、籍田、廟遣上將、征還飲至、元服、〔四九〕納后、正月受朝及臨軒拜王公，則服之。通天冠服，絳紗袍，深衣制，〔五〇〕白紗内單，皁領，褾、襈、裾，絳紗蔽膝，白假帶，方心曲領。其革帶、劍、佩、綬、舄，與上同。〔五一〕黑介幘，白紗單衣，烏皮履，拜陵則服之。白紗帽，白練裙襦，烏皮履，視朝、聽訟及宴見賓客，皆服之。白帢，白紗單衣，烏皮履，舉哀則服之。

皇太子衮服，玄衣纁裳。衣，山、龍、華蟲、火、宗彝五章；裳，藻、粉米、黼、黻四章。織成爲之。白紗内單，黼領，青褾、襈、裾。革帶，金鉤䚢；大帶，素帶不朱裏，亦紕以朱緑。

韍隨裳色，火、山二章。玉具劍，火珠鏢首。瑜玉雙佩，朱組。雙大綬，四綵，赤白縹紺，純朱質，長丈八尺，三百二十首，廣九寸；小雙綬，長二尺六寸，色同大綬，而首半之，間施二玉環。朱韈，赤舄，以金飾，侍從皇帝祭祀及謁廟、加元服、納妃，則服之。遠遊冠服，絳紗袍，白紗内單，皁領、褾、襈、裾，白假帶，方心曲領，絳紗蔽膝，韈，舄。其革帶、劍、佩、綬，與上同。謁廟、還宫、元日朔日入朝、〔五二〕釋奠，則服之。遠遊冠公服，絳紗單衣，革帶，金鉤鰈，假帶，方心。紛長六尺四寸，廣二寸四分，色同其綬。金縷鞶囊，韈，履。五日常朝，則服之。

衮冕服，九章，同皇太子。王、公、開國公初受册，執贄，入朝，祭祀，親迎，則服之。三公助祭者亦服之。鷩冕服，七章。衣，華蟲、火、宗彝三章；裳，藻、粉米、黼、黻四章。侯、伯初受册，執贄，入朝，祭祀，親迎，則服之。毳冕服，五章。衣，宗彝、藻、粉米三章；裳，黼、黻二章。子、男初受册，執贄，入朝，祭祀，親迎，則服之。絺冕服，三章。正三品以下，從五品以上，助祭則服之。自王公以下服章，皆繡爲之。祭服冕，皆簪導、青纊充耳。玄衣纁裳，白紗内單，黼領，絺冕以下，内單青領。青褾、襈、裾。革帶，鉤鰈，大帶，王、三公及公侯伯子男，素帶，不朱裏，皆紕其外，上以朱，下以緑。正三品以下，從五品以上，素帶，紕其垂，外以玄，内以黄。紐約皆用青組。朱韍，凡韍皆隨裳色。衮、鷩、毳，火、山二章；絺，山一章。劍，佩，綬，韈，赤舄。爵弁服，從九品以上，助祭則服之。其制服，玄衣纁裳無章，白絹內單，青領、褾、襈、裾，革帶，大帶，練帶紕其垂，內外以緇。紐約用青組。爵韠，韈，赤履。

委貌冠，未冠則雙童髻，空頂黑介幘，皆深衣，青領，烏皮履。白帢，白紗單衣，烏皮履，上下通服之。

朝服，亦名具服。絳紗單衣，白紗內單，皁領、袖，皁襈，革帶，鉤䚢，假帶，曲領方心，絳紗蔽膝，韈，舄，綬，劍，佩。從五品以上，陪祭、朝饗、拜表，凡大事則服之。六品以下，從七品以上，去劍、佩、綬，餘並同。自餘公事，皆從公服。亦名從省服。絳紗單衣，革帶，鉤䚢，假帶，方心，韈，履，紛，鞶囊。從五品以上服之。絳褠衣公服，褠衣即單衣不垂胡者也。袖狹，形直如褠內。餘同從省也。流外五品以下，九品以上服之。〔五三〕

左右衞、左右武衞、左右武候大將軍，領左右大將軍，並武弁，絳朝服，劍、佩、綬；侍從則平巾幘，紫衫，大口袴褶。左右衞、左右武衞、左右武候將軍、領左右將軍、左右監門衞將軍、太子左右衞、左右宗衞、左右內等率、〔五四〕左右監門郎將及諸副率，並武弁，絳朝服，劍，佩，綬；侍從則平巾幘，紫衫，大口袴。直閤將軍、直寢、直齋、太子直閤，武弁，絳朝服，劍，佩，綬；侍從則平巾幘，絳衫，大口袴褶。〔五五〕

大唐制，天子衣服，有大裘、衮冕、鷩冕、毳冕、絺冕、玄冕、通天冠、武弁、黑介幘、白紗帽、平巾幘、白帢，凡十二等。

貞觀四年制，三品以上服紫，四品、五品以上服緋，六品、七品以上綠，八品、九品以上青。婦人從夫之色。仍通服黃。至五年七月敕，〔五六〕七品以上，服龜甲雙巨十花綾，其色綠。九品以上，服絲布及雜小綾，其色青。

顯慶元年，修禮官臣無忌、志寧、敬宗等言：「准武德初撰衣服令，乘輿祀天地，服大裘冕，無旒。臣勘前件令，是武德初撰，雖憑周禮，理極未安。謹按郊特牲云：『周之始郊，日以至。』『被衮以象天，戴冕藻十有二旒，則天數也』。而此二禮，俱說周郊，衮與大裘，〔五七〕事乃有異。按月令：『孟冬，天子始裘。』明以禦寒，理非當暑。若啟蟄祈穀，冬至報天，行事服裘，義歸通允。至於季夏迎氣，〔五八〕龍見而雩，炎熾方盛，如何可服？謹尋歷代，唯服衮章，與郊特牲義旨相協。周遷輿服志云：『漢明帝永平二年，詔採周官、禮記，始制祀天地服，唯天子備十二章。』沈約宋書志云：『魏晉郊天，亦皆服衮。』宋、魏、周、齊、隋禮令，祭服悉同。斯則百王通典，炎涼無妨，復與禮經，事無乖舛。今請憲章故實，郊祭天地，皆服衮冕，其大裘請停，仍改禮令。又檢新禮，皇帝祭社稷繡冕，〔五九〕四旒，衣三章。祭日月服玄冕，三旒，衣無章。謹按令文，是四品五品之服，此三公亞獻，皆服衮衣，孤卿助祭，服毳及鷩，斯乃乘輿章數，同於大夫，君少臣多，殊爲不可。據周禮云：『祀昊天上帝則服大裘而冕，五帝亦如之。享先王則衮冕，享先公則鷩冕，祀四望山川則毳冕，祭社稷五祀則絺冕，諸小祀則玄冕。』又云：『公侯伯子男孤卿大夫之服，衮冕以下，皆如王之服。』所以三禮義宗，遂有二釋。一云公卿大夫助祭之日，所著之服，降王一等。又云悉與王同。求其折衷，俱未通允。但名位不同，禮亦異數。天子以十二爲節，義在法天，豈有四旒三章，翻爲御服？若諸臣助祭，冕與王同，便是貴賤無分，君臣不別。如其降王一等，〔六〇〕則王著玄冕之時，羣臣次服爵弁，既屈天子，又貶公卿。周禮此文，久不施用。是故漢魏以降，相承舊事，皆服衮冕。今新禮親祭日月，乃服五品之服，唯臨事施行，〔六一〕極不穩便。請遵歷代故實，諸祭並用衮冕。」制可之。

無忌等又奏曰：「皇帝爲諸臣及五服親舉哀，依禮著素服。〔六二〕今令乃云白帢，禮令乖舛，須歸一途。且白帢出自近代，事非稽古，雖著令文，不可行用。請改素服，以會禮文。」從之。

龍朔二年九月，孫茂道奏：「准舊令，八品九品著青。深青亂紫，非卑品所服。望請著碧，朝參之處，並依此服；非朝參處，聽兼服黃。」從之。前令九品以上，朝參及視事，聽服黃。以洛陽縣尉柳誕服黃夜行，爲部人所毆，高宗聞之，以章服錯亂，故此詔申明之，朝參行列一切不得著黃。〔六三〕

武太后延載元年五月，內出繡袍，以賜文武三品以上官。其袍文，仍各有炯誡。〔六四〕諸王則飾以盤龍及鹿，〔六五〕宰相飾以鳳池，尚書飾以對鴈，左右衛將軍飾以對麒麟，左右武威衛飾以對武，〔六六〕左右鷹揚衛飾以對鷹，左右千牛衛飾以對牛，左右豹韜衛飾以對豹，左右玉鈐衛飾以對鶻，〔六七〕左右監門衛飾以對獅子，左右金吾衛飾以對豸。又銘其襟背，各爲八字迴文，其詞曰「忠正貞直，〔六八〕崇慶榮職」。「文昌翊政，勳彰慶陟」。「懿沖順彰，義忠慎光」。「廉正躬奉，謙感忠勇」。

神龍二年九月，敕停京六品以下著緋袴褶令，各依本品爲定。

開元四年二月制，軍將在陣，賞借緋紫，本是從戎缺胯之服，一得之後，遂別造長袍，遞相倣傚。又入蕃使，別敕借緋紫者，〔六九〕使迴合停。自今以後，衙內宜專定殿中侍御史糾察。

十一年六月，敕諸衛大將軍、中軍中郎、郎將袍文：千牛衛瑞牛文，左右衛瑞馬文，驍衛大蟲文，武衛鷹文，威衛豹文，領軍衛白澤文，金吾衛辟邪文，監門衛師子文。每正冬陳設，朝日著甲，會日著袍。

二十六年，肅宗爲皇太子，受册，太常所撰儀注，有服絳紗袍之文。太子以爲與皇帝所稱同，上表辭不敢當，請有以易之。〔七〇〕上令百官詳議。尚書左丞相裴耀卿、太子太師蕭嵩等奏曰：「謹按衣服令，皇太子具服，有遠遊冠，三梁，加金附蟬九首，施珠翠，〔七一〕黑介幘，髮纓緌，犀簪導，絳紗袍，白紗中單，皁領、褾、襈，白裙襦，方心曲領，絳紗蔽膝，革帶，劍，佩，綬等，謁廟還宮、元日冬至朔日入朝、釋奠則服之。其絳紗袍，則是冠衣之內一物之數，與裙襦、劍、佩等無别。至於貴賤之差，尊卑之異，則冠爲首飾，名制有殊，并珠旒及裳采章之數，多少有别，自外不可事事差異。亦有上下通服，名制是同，禮重則具服，禮輕則從省。今以至敬之情，有所不敢，衣服不可減省，謂須更變名。望所撰儀注，不以絳紗袍爲稱，但稱爲具服，則尊卑有差，謙光成德。」議奏上，手敕改爲朱明服，下所司行用焉。

其三品以上服，准武德四年敕大科紬綾及羅，〔七二〕其色紫，飾用玉。五品以上，服小科紬綾及羅，其色朱，飾用金。六品以上，服絲布，雜小綾，交梭及雙紃，其色黄。六品、七品飾銀。八品、九品鍮石。流外庶人服紬、綾、絁、布，〔七三〕其色通用黄白，〔七四〕飾用銅鐵。

貞元七年十一月，令常參官復衣綾袍，金玉帶。至八年十月，賜文武常參官大綾袍。〔七五〕

校勘記

〔一〕裳二章　原脱「章」，據北宋本、傅校本、明抄本、明刻本、王吴本補。

〔二〕裳刺黻而已　「黻」原訛「黼」，據周禮司服鄭注及北宋本、傅校本改。

〔三〕其服十五升　「五」原訛「二」，據周禮司服鄭注及北宋本、傅校本、明抄本改。

〔四〕服尚袀玄　原句上衍「郊社」，據北宋本、傅校本、明抄本、明刻本、王吴本删。

〔五〕天子冕服從歐陽氏說　自此至「皆玄上纁下一服而已」，檢後漢書輿服志下三六六三頁至三六六四頁，知此乃明帝永平之制。杜佑誤繫于光武名下。

〔六〕公卿議春南北郊　原脱「春」，據後漢書輿服志下三六六三頁及北宋本、傅校本、明抄本、明刻本、王吳本補。

〔七〕社稷諸沾秩祠　「沾」原訛「沽」，據後漢書輿服志下三六六三頁及諸本改。

〔八〕服衣深衣制　前「衣」原脱，據後漢書輿服志下三六六六頁及北宋本、傅校本、明抄本、明刻本補。

〔九〕梁劉昭曰　下文自「袍者」至「爲朝服云」五十八字，係後漢書輿服志下三六六六頁司馬彪正文，非劉昭注語。

〔一〇〕今下至踐更小史　「踐」原訛「賤」，「更」原訛「吏」，據後漢書輿服志下三六六六頁改。北宋本「吏」字不誤。

〔一一〕未詳孰是　原句上有「然」，據北宋本、傅校本删。

〔一二〕未加元服則皁紗袍絳緣中衣絳袴韤黑舄　按：晉書輿服志七六六頁先言天子郊祀天地明堂宗廟、元會臨軒，頭戴黑介幘、通天冠平冕，身穿皁上絳下、衣畫而裳繡之章服，腰横素帶，足登赤舄。嗣言天子未加元服者，若行此郊天宗廟大禮，則不得用黑介幘、通天冠平冕，而戴空頂介幘，至于兖服素帶赤舄之屬，固無以異。下又云「其釋奠先聖則皁紗袍，絳緣中衣，絳袴韤，黑舄」。此「其」通指天子，非單指未加元服之天子。杜佑未詳上下文意，而誤編寫如摘句。應訂正作「其釋奠先聖則皁紗袍，絳緣中衣，絳袴韈，黑舄」。

〔三〕其武弁素服單衣　按：天子素服與武弁無涉。晉書輿服志七六六頁云：「其雜服，有青赤黄白緗黑色介幘，五色紗袍，五梁進賢冠、遠遊冠、平上幘武冠。其素服，白帢單衣。」知平上幘武冠自屬天子雜服範圍。杜佑未詳上下文意，誤以「武弁」「素服」連文編寫如摘句。應訂正爲「其素服，白帢單衣」。

〔四〕綴黑標標以繒爲之　「黑」晉書輿服志七七二頁作「紫」。原脱一「標」，據晉書補。

〔五〕武冠素服　核晉書輿服志七六六頁、宋書禮志五五〇二頁可知「武冠」「素服」分屬上下爲讀，杜佑合而爲一，實誤。説詳第〔三〕條校記。

〔六〕中衣以皁緣領袖　原脱「緣」，據宋書禮志五五〇三頁補。

〔七〕朕近改定　「朕」改訛「服」，據宋書禮志五五二五頁改。

〔八〕祀太廟　「祀」原作「祭」，據宋書禮志五五二四頁及北宋本、傅校本、明抄本、明刻本改。

〔九〕白帢單衣　「帢」原訛「袷」，據南齊書輿服志三四一頁及北宋本、傅校本、明抄本、明刻本、王吴本改。下同。

〔一〇〕公卿以下祭服　原脱「下」，據隋書禮儀志六二一六頁補。

〔一一〕絳緣領袖爲中衣　原脱「衣」，據隋書禮儀志六二一六頁補。

〔一二〕應改爲翟　「翟」隋書禮儀志六二一七頁作「雉」。下同。

〔一三〕是畫飾加葩蘤耳　「飾」隋書禮儀志六二一七頁作「師」，較勝。

〔二四〕古文日月星辰　原脱「文」，據隋書禮儀志六二一七頁補。

〔二五〕著皁衣　「皁」原訛「白」，據隋書禮儀志六二一八頁改。

〔二六〕徐陵白　「白」原訛「曰」，據隋書禮儀志六二一八頁改。

〔二七〕皁緣白紗中衣　「緣」原訛「領」，據隋書禮儀志六二一八頁改。

〔二八〕常還上宫則朱服　「服」原訛「衣」，據隋書禮儀志六二一八頁及北宋本、傅校本、明抄本、明刻本、王吴本改。

〔二九〕若釋奠玄朝服　「玄朝服」原訛脱作「及朝」，據隋書禮儀志六二一八頁改。

〔三〇〕若加餘官則服其加官之服　兩「官」原均訛「冠」，並據隋書禮儀志六二一九頁及北宋本、傅校本、明抄本、明刻本、王吴本改。

〔三一〕絇履　「履」隋書禮儀志六二二〇頁作「屨」。

〔三二〕餘文官朝服　「官」原訛「武」，據北宋本、傅校本、明抄本、明刻本改。

〔三三〕武賁中郎將羽林監絳紗縠單衣　隋書禮儀志六二二三頁載：武賁中郎將、羽林監服爲朝服、武冠；其在陛牙及備鹵簿者，始著髦尾，絳紗單衣。通典未加分别。

〔三四〕朱服　「服」原訛「衣」，據隋書禮儀志六二二六頁及北宋本、傅校本、明抄本、明刻本改。

〔三五〕中書通事舍人　原脱「書」，據隋書禮儀志六二二六頁補。

〔三六〕太子二傅騎吏所服　原脱「騎吏」，據隋書禮儀志六二二三頁補。

〔三七〕武賁威儀　原脱「威儀」，據隋書禮儀志六二二三頁補。

〔三八〕朝諸侯則象衣　原脱「象衣」，據隋書禮儀志六二二四四頁補。

〔三九〕視朔　「朔」原訛「朝」，據隋書禮儀志六二二四四頁改。

〔四〇〕其八章以下衣重藻粉米裳重黼黻　按：隋書禮儀志六二二四五頁載諸公之服，其三爲山冕服，八章，衣重宗彝。其四爲鷩冕服，七章，衣重火與宗彝。其五爲火冕服，六章，衣重宗彝及藻，裳重黻。其六爲毳冕服，五章，衣重藻粉米，裳重黼黻。杜佑誤以偏概全。

〔四一〕而下俱八等　隋書禮儀志六二二四五頁謂「鷩冕以下俱八等」，杜佑編寫不確切。

〔四二〕而下俱七等　隋書禮儀志六二二四六頁謂「火冕以下俱七等」，杜佑編寫不確切。

〔四三〕俱六等　隋書禮儀志六二二四六頁謂「毳冕以下俱六等」，杜佑編寫不確切。

〔四四〕衣重藻與粉米裳重黼黻　按：隋書禮儀志六二二四六頁載三公之服，其二爲火冕服，六章，衣重宗彝與藻，裳重黻。其三爲毳冕服，五章，衣重藻與粉米，裳重黼黻。其四爲藻冕服，四章，衣重藻與粉米，裳重黼黻。其五爲繡冕服，三章，衣重粉米，裳重黼黻。杜佑節寫爲一句，則與隋志不盡合。

〔四五〕庶士玄冠服其在官府史之屬服緇衣裳　「史」原訛「吏」，據隋書禮儀志六二二四七頁及傅校本、明刻本、王吴本改。禮記王制鄭注云：「庶人在官，謂府史之屬。」按：庶士即庶人在官府史之屬，冠玄冠，服緇衣裳，隋志有明文。杜佑於此誤分爲二。

〔四六〕裴政　「政」原訛「正」，據隋書本傳一五四八頁改。

〔四七〕並非典故　「非」原作「無」，據北宋本、傅校本、明抄本、明刻本改。

〔四八〕玄衣纁裳　此句上王吳本、殿本、局本有「垂白珠十有二旒以組爲纓色如其綬黈纊充耳玉笄」二十字，係後人據隋書禮儀志七所增，今據北宋本、傅校本、明抄本、明刻本删。按：通典卷五七詳載冠冕制度，此卷則專記服章制度，此二十一字固杜佑有意不録者。

〔四九〕元服　原「元」上有「加」，據隋書禮儀志七二二五五頁及北宋本、傅校本、明抄本、明刻本删。

〔五〇〕通天冠服絳紗袍深衣制　原作「通天冠加金博山附蟬十二首施珠翠黑介幘玉簪導絳紗袍深衣制」，係後人據隋書禮儀志七擅增，非杜佑節寫舊貌，今據北宋本、傅校本、明抄本、明刻本删改復原。

〔五一〕其革帶劒佩綬舄與上同　此句之下原尚有：「若未加元服則雙童髻空頂黑介幘雙玉導加寶飾朔日受朝元會及冬會諸祭還則服之武弁金附蟬平巾幘餘服具服講武出征四時蒐狩大射禡類宜社賞祖罰社纂嚴則服之」七十字，亦後人據隋書禮儀志七所增，今據北宋本、傅校本、明抄本、明刻本删。按：杜氏悉捨置不録，其失在於遺漏朝天冠服之服用場合。後人增補，其失在於越出服章範圍，違杜氏編例。

〔五二〕元日朔日入朝　「朝」原訛「廟」，據隋書禮儀志七二二五六頁及北宋本、傅校本、明抄本、明刻本改。

〔五三〕流外五品以下九品以上服之　原脱「以下九品」，據隋書禮儀志七二二五八頁補。

〔五四〕左右内等率　「等率」原倒，據隋書禮儀志七二二五九頁乙正。

〔五五〕大口袴褶　原脱「褶」，據隋書禮儀志七二二六〇頁補。

〔五六〕五年七月敕　「七」舊唐書輿服志一九五二頁作「八」。

〔五七〕袞與大裘　「袞與」原倒，據舊唐書輿服志一九三八頁、唐會要卷三一乙正。

〔五八〕季夏迎氣　「季」原訛「秋」，據舊唐書輿服志一九三八頁、唐會要卷三一改。

〔五九〕皇帝祭社稷繡冕　「繡」原訛「黼」，據舊唐書輿服志一九三八頁改。

〔六〇〕如其降王一等　「一」原訛「二」，據舊唐書輿服志一九三九頁、唐會要卷三一及北宋本、傅校本、明抄本、明刻本、王吳本改。

〔六一〕唯臨事施行　原脱「唯」，據北宋本、傅校本、明抄本、明刻本補。

〔六二〕依禮著素服　「依」原訛「以」，據舊唐書輿服志一九三九頁、唐會要卷三一及北宋本、傅校本、明抄本、明刻本、王吳本改。

〔六三〕朝參行列一切不得著黄　「列」原訛「例」，據北宋本、傅校本、明抄本、明刻本、王吳本改。

〔六四〕各有炯誡　「炯」原作「訓」，據北宋本、傅校本、明抄本、明刻本改。

〔六五〕諸王則飾以盤龍及鹿　「龍」原訛「石」，據舊唐書輿服志一九五三頁、唐會要卷三二改。

〔六六〕左右武威衛飾以對武　原脱「威」，據舊唐書輿服志一九五三頁補。「對武」即「對虎」，唐人諱「虎」爲「武」。

〔六七〕左右玉鈐衛飾以對鶻　「鈐」原訛「鈴」，據舊唐書輿服志一九五三頁改。

〔六八〕忠正貞直　「正貞」，唐會要卷三二作「貞正」。

〔六九〕別敕借緋紫者　「別」原訛「則」，據北宋本、傅校本、明抄本、明刻本、王吴本改。

〔七〇〕請有以易之　原脱「以」，據舊唐書輿服志一九四一頁及北宋本、傅校本、明抄本、明刻本、王吴本補。

〔七一〕施珠翠　「珠」原訛「朱」，據舊唐書輿服志一九四一頁、唐會要卷三一及北宋本、王吴本改。

〔七二〕大科　「科」舊唐書輿服志一九五二頁同。唐會要卷三二作「料」。下同。

〔七三〕紬綾絁布　「絁」原訛「絁」，據舊唐書輿服志一九五二頁、唐會要卷三二改。

〔七四〕其色通用黄白　唐會要卷三二同。舊唐書輿服志一九五二頁無「白」字。

〔七五〕賜文武常參官大綾袍　原脱「大」，據北宋本、傅校本、明抄本、明刻本、王吴本補。

王文錦點校

通典卷第六十二

禮二十二　沿革二十二　嘉禮七

后妃命婦首飾制度　后妃命婦服章制度

后妃命婦首飾制度周　漢　魏　晉　宋　齊　陳　後魏　北齊　後周　隋　大唐

周制，追師掌王后之首服，爲副、編、次，追衡、笄，爲九嬪及外内命婦之首服，以待祭祀、賓客。追師，掌冠冕之官，故并主王后之首服。鄭玄謂：「副之言覆，所以覆首爲之飾，其遺象若今步摇矣，服之以從王祭祀。編，編列髮爲之，其遺象若今假紒矣，服之以桑也。次，次第髮長短爲之，所謂髲髢也，服之以見王。王后之燕居，亦纚笄總而已。追猶治也，詩云『追琢其璋』。王后之衡笄，皆以玉爲之，惟祭服有衡，垂於副之兩旁，當耳，其下以紞懸瑱。詩云『玼兮玼兮，其之翟也。鬒髮如雲，不屑髢也。玉之瑱也』是也。笄，卷髮者。外内命婦衣鞠衣襢衣者服編，衣褖衣者服次。」追音堆。髢，徒計反。髲，皮寄反。襢，知善反。褖音彖。

漢制，太皇太后、皇太后入廟，蔮簪珥。珥，耳璫垂珠也。釋名云：「簪，達也，所以達冠於後也。一曰笄。笄，係也，所以拘冠使不墜也。」簪以瑇瑁爲擿，長一尺，端爲華勝，上爲鳳凰爵，以翡翠爲毛羽，下有白珠，垂黃金鑷。左右一橫簪之，以安蔮。諸簪珥皆同制，其擿有等級焉。皇后謁廟，假結，步搖，簪珥。步搖以黃金爲山題，貫白珠爲桂枝相繆，一爵九華，〔一〕熊、武、〔二〕赤羆、天鹿、〔三〕辟邪、南山豐大特六獸，詩所謂「副笄六珈」者。詩傳曰：「副者，后夫人之首飾，編髮爲之。笄，衡笄也。珈，笄飾之最盛者，所以別尊卑也。」鄭玄曰：「珈之言加也。副，既笄而加飾，如今步搖上飾，古制未聞。」其南山豐大特，按史記：「秦文公二十七年，伐南山大梓，豐大特。」徐廣注云：「今武都故道有怒特祠，圖大牛，上生樹本，〔四〕有牛從木中出，〔五〕後見於豐水中。」諸爵獸皆以翡翠爲毛羽，金題，白珠璫繞，以翡翠爲華云。貴人助蠶制，大手結，墨瑇瑁，〔六〕又加簪珥。長公主加步搖，公主大手結，皆有簪珥。公、卿、列侯、中二千石、二千石夫人，紺繒蔮，黃金龍首銜白珠，魚須擿，長一尺，爲簪珥。

魏制，貴人、夫人以下助蠶，皆大手髻，〔七〕七鏌音莫蔽髻，黑瑇瑁，又加簪珥。九嬪以下五鏌，世婦三鏌。諸王妃、長公主，大手髻，七鏌蔽髻。其長公主得有步搖，皆有簪珥。公特進列侯卿校代婦、中二千石以下夫人，〔八〕紺繒蔮，黃金龍首銜白珠，魚須擿，長一尺，爲簪珥。

晉依前代，皇后首飾：假髻，步搖，簪珥。步搖以黃金爲山題，貫白珠爲枝相繆，八爵九華，熊、武、赤羆、天鹿、辟邪、南山豐大特六獸。諸爵獸皆以翡翠爲毛羽，金題，白珠璫繞，以翡翠爲花。元康六年詔改。〔九〕

宋依漢制，太后入廟祭祀，首飾翦氂幗。皇后親蠶，首飾假髻，步搖，八雀九華，加以翡翠。復依晉法，皇后十二鏌，步搖，大手髻。公主、三夫人大手髻，〔一〇〕七鏌蔽髻。公夫人，五鏌。代婦三鏌。其長公主得有步搖。公特進列侯夫人、二千石命婦年長者，紺繒幗。

齊因之。公主會見大手髻，不易舊法。

陳依前制，〔一一〕皇后謁廟，首飾假髻，步搖，簪珥。步搖以黃金爲山題，貫白珠，爲枝相繆，八爵九華，熊、虎、赤羆、天鹿、辟邪、南山豐大特六獸。諸爵獸皆以翡翠爲毛羽，金題，白珠璫繞，以翡翠爲華。〔一二〕開國公侯太夫人，〔一三〕大手髻，七鏌蔽髻。九嬪及公夫人，五鏌。世婦三鏌。其長公主得有步搖。公、特進、列侯、卿、校、中二千石夫人，紺繒幗，黃金龍首銜白珠，魚須擿，長一尺，爲簪珥。

後魏天興六年，詔有司始制冠冕，各依品秩，以示等差，然未能皆得舊法。

北齊依前制，皇后首飾假髻，步搖，十二鏌，八雀九華。内命婦以上，蔽髻，唯以鏌數花釵多少爲品秩。二品以上金玉飾，三品以下金飾。内命婦、左右昭儀、三夫人視一品，假髻，九鏌；三品五鏌蔽髻；四品三鏌；五品一鏌。又有宮人女官：第二品七鏌蔽髻，三品五鏌，四品三鏌，五品一鏌，六品、七品大手髻，〔一四〕八品、九品偏髾所交反髻。〔一五〕皇太子妃，假髻，步摇，九鏌。郡長君七鏌蔽髻。〔一六〕太子良娣視九嬪、女侍中，五鏌。内外命婦、宫人女官從蠶，則各依品次，還著蔽髻。

後周制，皇后首飾，花釵十有二樹。〔一七〕諸侯之夫人，亦皆以命數爲之節。三妃、三公夫人以下，又各依其命。一命再命者，又俱以三爲節。

隋因之。皇后首飾，花十二樹；皇太子妃、公主、王妃、三師三公及公夫人、一品命婦，並九樹；侯夫人、二品命婦，並八樹；伯夫人、三品命婦，並七樹；子夫人、代婦及皇太子昭訓、四品以上官命婦，並六樹；男夫人、五品命婦，並五樹；女御及皇太子良娣，三樹。自皇后以下，小花並如大花之形。〔一八〕

大唐武德中制令，皇后褘衣，首飾花釵十二樹，〔一九〕餘各有差。開元中，又定品命。其制度，並見開元禮序例。

后妃命婦服章制度周　漢　魏　晉　宋　齊　陳　北齊　後周　隋　大唐

周制，内司服掌王后之六服：褘衣，揄翟，闕翟，鞠衣，展衣，褖衣。素沙。王后之服，刻繒爲之形而采畫之，綴於衣以爲文章。褘衣，畫翬者。揄翬，畫摇者。闕翟，刻而不畫。此三者皆祭服。從王祭先王則服褘衣，祭先公則服揄翟，祭羣小祀則服闕翟。今世有圭衣者，蓋三翟之遺俗。鞠衣，黄桑服也，色如麴塵，象桑葉始生。

月令：「三月，薦鞠衣於先帝」，〔二〇〕告桑事。展當爲禮。禮衣，以禮見王及賓客之服，其色白。〔二一〕褖衣，御於王之服，亦以燕居，其色黑。〔二二〕六服備於此矣。以下推次其色，則闕翟赤，揄翟青，褘衣玄。此鄭玄據五行相生爲説也。〔二三〕婦人尚專一，〔二四〕德無所兼，連衣裳不異其色。素沙者，今之白縳也。六服皆袍制，以白縳爲裏，使之張顯。今世有沙縠者，名出於此。其翟多少，各依命數。揄音搖。縳音絹。辨內外命婦之服：鞠衣，展衣，褖衣。素沙。內命婦之服：鞠衣，九嬪也；展衣，世婦也；褖衣，女御也。外命婦者，其夫孤也，則服鞠衣；其夫卿大夫也，則服展衣；其夫士也，則服褖衣。三夫人及公之妻，其闕翟以下乎？侯伯之夫人揄翟，子男之夫人亦闕翟，唯二王後褘衣也。

漢制，太皇太后、皇太后、皇后入廟服，紺上皁下；蠶服，青上縹下：皆深衣制，徐廣曰：「即單衣也。」縹音疋繞反。隱領袖緣。貴人助蠶服，純縹上下。長公主見會。自公主封君以上皆帶綬，以采組爲緄帶，各如其綬色；〔二五〕黃金辟邪首爲帶鐍，飾以白珠。公卿列侯、中二千石夫人入廟佐祭者，服皁絹上下；助蠶者，縹絹上下。自二千石夫人以上至皇后，皆以蠶衣爲朝服。公主、貴人、妃以上，嫁娶得服錦綺羅縠繒，采十二色，重緣袍。特進列侯以上錦繒，采十二色。六百石以上重練，采九色，禁丹紫紺。三百石以上五采，青絳黃紅綠。二百石以上四采，青黃紅綠。賈人，緗縹而已。緗，赤黃色。

魏之服制，不依古法，多以文繡。

晉依前漢制，皇后謁廟，服皁上皁下；〔二六〕蠶，青上縹下。隱領袖緣。元康六年，詔以純青服。貴人、夫人、貴嬪，是爲三夫人，皆金章紫綬。九嬪銀印青綬，佩采瓄音獨玉。助蠶之服，純縹爲上下。皇太子妃，金璽龜鈕，纁朱綬，佩瑜玉。諸王太妃、妃、諸長公主、公主、封君，〔二七〕金印紫綬，佩山玄玉。自公主、封君以上，〔二八〕皆帶綬，以采組爲緄帶，各如其綬色，金辟邪首爲帶玦。郡縣公侯太夫人、夫人，〔二九〕銀印青綬，水蒼玉。公特進列卿代婦、中二千石夫人入廟助祭者，皁絹上下；助蠶者，縹絹上下。〔三〇〕自二千石夫人以上至皇后，皆以蠶衣爲朝服。

宋制，太后、皇后入廟，服袿襹上圭，下屬。大衣，謂之褘衣。公主、封君以上皆帶綬，以采組爲緄帶，〔三一〕各如綬色。公特進列侯夫人、卿校代婦、二千石命婦年長者，入廟佐祭，皁絹上下；助蠶則青絹上下。自皇后至二千石命婦，皆以蠶衣爲朝服。按漢劉向曰：「古者天子至於士，王后至於命婦，必佩玉，尊卑各有其制。」王后至命婦所佩玉，古制不存，今與外同制。

齊因之。袿襹用繡爲衣裳，黃綬。〔三二〕貴嬪、夫人、貴人、王太妃、長公主、封君，皆紫綬。六宮、郡公、侯夫人，青綬。

陳依前制，皇后謁廟，袿襹大衣，皁上皁下，親蠶則青上縹下，隱領袖緣。貴妃、嬪，〔三三〕金章龜鈕，紫綬，佩于闐玉，獸頭鞶。九嬪，金章龜鈕，青綬，獸頭鞶，佩采璸玉。婕妤以下，銀印珪鈕，艾綬，獸頭鞶。美人等，銅印環鈕，墨綬，獸頭鞶。

皇太子妃，金璽龜鈕，〔三四〕纁朱綬，佩瑜玉。良娣，銀印珪鈕，佩采璸玉，青綬，獸爪鞶。

寶林，佩水蒼玉，餘同。開國公侯太夫人，〔三五〕獸頭鞶，餘同。長公主、公主、封君，金印龜鈕，紫綬，佩山玄玉，獸頭鞶。公主封君以上皆帶綬，以采組爲緄帶，各以其綬色，金辟邪首爲帶玦。自二千石以上至皇后，皆以蠶衣爲朝服。

北齊皇后助祭、朝會以褘衣，祠郊禖以褕翟，小宴以闕翟，親蠶以鞠衣，禮見皇帝以展衣，宴居以褖衣。六服俱有蔽膝、織成緄帶。

內外命婦從二品以上，〔三六〕金章，紫綬，服褕翟，雙佩山玄玉。九嬪視三品，銀章，青綬，鞠衣，佩水蒼玉。世婦視四品，銀印，青綬，展衣。八十一御女視五品，銅印，墨綬，〔三七〕褖衣。

又有宮人女官服：二品闕翟；〔三八〕三品鞠衣；四品展衣；五品、六品褖衣；七品、八品、九品，俱青紗公服。

皇太子妃，璽綬佩同皇太子，〔三九〕服褕翟，從蠶則青紗公服。〔四〇〕郡長公主、公主、王國太妃、妃，〔四一〕纁朱綬，章服佩同內命婦一品。郡長君，玄朱綬，闕翟，章佩與公主同。郡君、縣主，〔四二〕佩水蒼玉，餘與郡長君同。太子良娣視九嬪服。〔四三〕縣主青朱綬，餘與良娣同。女侍中，假金印紫綬，服鞠衣，佩水蒼玉。縣君銀章，青朱綬，除與女侍中同。太子孺子同世婦。太子家人子同御女。〔四四〕鄉主、鄉君，素朱綬，佩水蒼玉，餘與御女同。

外命婦皆如其夫；若夫假章印綬佩，妻則不假。一品、二品服闕翟，三品服鞠衣，四品展衣，五品褖衣。

內外命婦、宮人從蠶，則各依品次，皆服青紗公服。其外命婦，綬帶鞶囊，皆准其夫公服之例。百官之母詔加太夫人者，朝服公服，各與其命婦服同。

後周制，皇后之服，十有二等。其翟衣六：從皇帝祀郊禖，享先皇，〔四五〕朝皇太后，則服翬衣，祭陰社，朝命婦，則服揄衣；祭羣小祀，受獻繭，則服鷩衣；採桑則服鳪衣；黄色。音卜。從皇帝見賓客，聽女教，則服鵫衣；白色。音罩。食命婦，歸寧，則服翐衣。玄色。音秩。俱十有二等，以翬翟爲領褾，各十有二。臨婦學及法道門，燕命婦，有時見命婦，則蒼衣；春齊及祭還，則青衣；夏齊及祭還，則朱衣；採桑齊及採桑還，則黄衣；秋齊及祭還，則素衣；冬齊及祭還，則玄衣。自青衣而下，其領褾以相生之色。〔四六〕

諸公夫人九服，其翟衣翟皆九等，俱以揄翟爲領褾，各九。自揄衣以下，鷩、鳪、鵫、翐、朱、黄、素、玄等衣九也。〔四七〕自朱衣而下，其領褾亦用相生之色。諸侯夫人，自鷩衣而下八；其翟衣翟皆八等，俱以鷩翟爲領褾；無揄衣。諸伯夫人，自鳪衣而下七；其翟衣翟皆七等，俱以鳪翟爲領褾；又無鷩衣。〔四八〕諸子夫人，自鵫衣而下六；其翟衣翟皆六等，〔四九〕俱以鵫翟爲領褾；又無鳪衣。諸男夫人，自鴩衣而下五；其翟衣翟皆五等，俱以鴩翟爲領褾，又無鶾衣。

三妃、三公夫人之服九：鳪衣，鶾衣，鳺衣，青衣，朱衣，黃衣，素衣，玄衣，綃衣。〔五〇〕其翟亦九等，以鳪翟爲領褾，各九。　三㚤、〔五一〕三孤之內子，自鶾衣而下八。翟皆八等，以鶾翟爲領褾，各八。　六嬪、〔五二〕六卿之內子，自鳺衣而下七。翟皆七等，以鳺翟爲領褾，各七。上媛、上大夫之孺人，自青衣而下六。　中媛、中大夫之孺人，自朱衣而下五。下媛、下大夫之孺人，〔五三〕自黃衣而下四。　御婉、士之婦，自素衣而下三。　中宮六尚，緅子侯反衣。　諸命秩之服曰公服，其餘常服曰私衣。〔五四〕

隋制，皇后褘衣、鞠衣、青衣、朱衣四等。　褘衣，深青質，織成領袖，文以翬翟，五采重行，十二等。　素沙內單，黼領，羅縠褾、襈，色皆以朱。　蔽膝隨裳色，以緅爲緣，用翟三章。大帶隨衣裳，飾以朱綠之錦，青緣。　革帶，青韈、舄，舄以金飾。　白玉佩，玄組、綬，章采尺寸同於乘輿。　祭及朝會大事服之。　鞠衣，黃羅爲質，織成領袖。　蔽膝，革帶及舄，隨衣色。　餘准褘衣，親蠶服也。　青服，〔五五〕去花、大帶及佩綬，金飾履，禮見天子則服之。　朱服，如青服。　有金璽，盤螭鈕，〔五六〕文曰「皇后之璽」。　冬正大朝，則并璜琮，各以笥貯，進於座隅。　皇太后同於后服，而貴人以下並亦給印。

三妃，服揄翟，金章龜鈕，文從其職。　紫綬，金縷織成獸頭鞶囊，〔五七〕佩于闐玉。　九嬪，服闕翟，金章龜鈕，〔五八〕文從其職。金縷織成獸頭鞶囊，〔五九〕佩采瓄玉。婕妤，銀縷織成獸頭鞶囊，〔六〇〕他如嬪服。美人、才人，鞠衣，銀印珪鈕，獸爪鞶囊，佩水蒼玉。餘同。〔六一〕寶林，服展衣，艾綬。鞶囊、佩玉，同婕妤。承衣刀人、采女，皆褖衣，無印綬。

皇太子妃，服褕翟衣，九章。金璽龜鈕。素紗内單，黼領，羅褾、襈，〔六二〕色皆用朱，〔六三〕蔽膝二章。大帶，同褘衣，青緑革帶，朱襪，青舄，舄加金飾。佩瑜玉，纁朱綬，獸頭鞶囊。凡大禮見皆服之。唯侍親桑，則用鞠衣，佩綬與褕衣同。良娣，鞠衣，銀印，青綬，獸爪鞶囊。餘同世婦。寶林、八子，展衣，銅印，佩水蒼玉，艾綬。

諸侯王太妃、妃、長公主、公主、〔六四〕三公夫人、一品命婦，褕翟，繡爲九章。佩山玄玉，獸頭鞶囊，綬同夫色。公夫人、二品命婦，亦褕翟，繡八章。從親桑，同鞠衣。自此以下，佩皆水蒼玉。侯伯夫人、三品命婦，亦服褕翟，繡爲七章。子夫人、四品命婦，服闕翟，刻赤繒爲翟，綴衣上，爲六章。男夫人、五品命婦，闕翟，五章。若從親蠶，皆同鞠衣。

大唐制，武德令，〔六五〕皇后服有褘衣、鞠衣、鈿釵禮衣三等。皇太子妃褕翟鞠衣。〔六六〕自皇后至内外命婦衣服制度，並具開元禮序例。

校勘記

〔一〕一爵九華　「一」原作「八」，據後漢書輿服志下三六七六頁及北宋本、傅校本、明抄本改。

〔二〕熊武　「武」原作「虎」，據北宋本回改。下同。按：通典諱「虎」爲「武」。

〔三〕天鹿　「鹿」原作「禄」，據後漢書輿服志下三六七六頁及北宋本、傅校本、明抄本、明刻本、王吴本改。下同。

〔四〕上生樹本　「本」原訛「木」，據史記秦本紀徐廣注一八〇頁及諸本改。

〔五〕有牛從木中出　「木」原訛「水」，據史記秦本紀徐廣注一八〇頁及北宋本、傅校本、明抄本、明刻本改。

〔六〕墨瑇瑁　「墨」原作「黑」，據後漢書輿服志下三六七七頁及北宋本改。

〔七〕大手髻　「手」原訛「首」，據北宋本、傅校本改。下同。

〔八〕公特進列侯卿校代婦中二千石以下夫人　原「中二千石」在「代婦」上，據晉書輿服志七七四頁移正。「代」原作「世」，據北宋本、傅校本改。下同。

〔九〕元康六年詔改　按：前既云「晉依前代」，所載復與漢魏之制不異，此又云「元康六年詔改」，不知所云。查晉書輿服志七七四頁元康六年詔改者，謂魏以來皇后蠶服皆以文繡，非古義，今改純服青。原與首飾無關。此係編寫之駁文，定稿時未予删削者。

〔一〇〕公主三夫人大手髻　原「公主」下衍「會見」，「手髻」上脱「大」，據宋書禮志五五〇五頁删補。

〔一一〕陳依前制　「依」原作「因」，據北宋本、傅校本、明刻本改。

〔一二〕諸爵獸皆以翡翠爲毛羽金題白珠璫繞以翡翠爲華　原脱「毛羽金題白珠璫繞以翡翠爲」十二字，隋書禮儀志六同。標點本隋書二三七頁據續漢志後漢書輿服志下三六七七頁補。今從補。

〔一三〕開國公侯太夫人　原「太夫人」下衍「夫人」，據隋書禮儀志六二三七頁刪。

〔一四〕六品七品大手髻　原脱「六品」，據隋書禮儀志六二四三頁補。

〔一五〕八品九品偏髾髻　原脱「九品」，據隋書禮儀志六二四三頁補。

〔一六〕郡長君七鏌蔽髻　「君」原訛「公主」，據隋書禮儀志六二四三頁改。

〔一七〕花釵十有二樹　隋書禮儀志六二四九頁無「釵」字。

〔一八〕小花並如大花之形　「形」隋書禮儀志六二六〇頁作「數」。

〔一九〕首飾花釵十二樹　舊唐書輿服志一九五五頁無「釵」字。

〔二〇〕薦鞠衣於先帝　「先」原作「上」，據禮記月令改。

〔二一〕展當爲襢襢衣以禮見王及賓客之服其色白　原作「展衣以禮見王及賓客之服字當爲襢襢之爲言亶亶誠也」。據北宋本、傅校本、明抄本、明刻本、王吴本刪補。

〔二二〕其色黑　原作「男子之褖衣黑則是亦黑也」，據北宋本、傅校本、明抄本、明刻本、王吴本刪改。

〔二三〕以下推次其色則闕翟赤揄翟青褘衣玄此鄭玄據五行相生爲説也　原作「揄摇展襢聲相近緣字之誤也此鄭玄以五行相生爲説也以下推次其色則闕翟赤揄翟青褘衣玄」，據北宋本、傅校本、明抄本、明刻本、王吳本刪乙。

〔二四〕婦人尚專一　「尚專」原倒，據周禮内司服鄭注及北宋本、傅校本、明抄本、明刻本乙。

〔二五〕長公主見會自公主封君以上皆帶綬以采組爲緄帶各如其綬色　按：後漢書輿服志下三六七七頁作：「長公主見會衣服，加步摇，公主大手結，皆有簪珥，衣服同制。自公主封君以上皆帶綬，以采組爲緄帶，各如其綬色。」通典截取「長公主見會」五字冠於前，既不成語，亦與本題「后妃命婦服章制度」無關。顯係編寫失誤。

〔二六〕服皁上皁下　原前「皁」訛「紺」，據晉書輿服志七七四頁及北宋本、傅校本、明抄本、明刻本、王吳本改。

〔二七〕諸王太妃妃諸長公主公主封君　原上脱一「妃」，下脱「公主封君」，據晉書輿服志七七四頁補。

〔二八〕自公主封君以上　原脱「封君」，據晉書輿服志七七四頁補。

〔二九〕郡縣公侯太夫人夫人　原脱「太夫人」，據晉書輿服志七七四頁補。

〔三〇〕縹絹上下　「縹」原訛「緗」，據晉書輿服志七七五頁改。

〔三一〕公主封君以上皆帶綬以采組爲緄帶　原「公主」下衍「會見」，「采」下脱「組」，據宋書禮志五五〇五頁刪補。

〔三二〕黄綬　按：南齊書輿服志三四三頁謂皇后之綬「與乘輿同赤」，而前三四二頁又云「乘輿黄赤綬」。

〔三三〕貴妃嬪　原脱「嬪」，據北宋本、傅校本、明抄本補。

〔三四〕金璽龜紐　「龜」原訛「珪」，據隋書禮儀志六二三七頁及北宋本、傅校本、明抄本、明刻本改。

〔三五〕開國公侯太夫人　原脱「太」，據隋書禮儀志六二三七頁補。

〔三六〕内外命婦從二品以上　原「婦」下衍「以上」，據隋書禮儀志六二四三頁删。

〔三七〕墨綬　「墨」原作「黑」，據隋書禮儀志六二四三頁及北宋本改。

〔三八〕二品闕翟　原脱「二品」，據隋書禮儀志六二四三頁補。

〔三九〕璽綬佩同皇太子　原脱「佩」，據隋書禮儀志六二四三頁補。

〔四〇〕從蠶則青紗公服　原「青」下衍「綬」，據隋書禮儀志六二四三頁删。

〔四一〕王國太妃妃　原脱一「妃」，據隋書禮儀志六二四三頁補。

〔四二〕縣主　原「主」上衍「公」，據隋書禮儀志六二四三頁删。

〔四三〕太子良娣視九嬪服　原脱「視」，據隋書禮儀志六二四三頁補。

〔四四〕太子家人子同御女　原脱下「子」，據隋書禮儀志六二四四頁補。

〔四五〕享先皇　「享」原訛「亨」，據隋書禮儀志六二四七頁及諸本改。

〔四六〕其領褾以相生之色　「領褾」原倒，據隋書禮儀志六二四八頁乙。

〔四七〕素玄等衣九也　原脱「衣」，據北宋本、傅校本、明抄本、明刻本、王吳本補。

〔四八〕又無鷩衣　原脱「又」，據隋書禮儀志六二四八頁及北宋本、傅校本、明刻本、王吳本補。

〔四九〕其翟衣翟皆六等　原脱「皆六等」，據王吳本補。

〔五〇〕綃衣　「綃」原訛「絹」，據北宋本改。按：隋書禮儀志六二四八頁作「髾」。「綃」「髾」同。

〔五一〕三甙　原脱，據隋書禮儀志六二四八頁補。

〔五二〕六嬪　「六」原訛「九」，據隋書禮儀志六二四八頁改。

〔五三〕自朱衣而下五下媛下大夫之孺人　此十四字原脱，據隋書禮儀志六二四八頁至二四九頁補。

〔五四〕私衣　「衣」原作「服」，據隋書禮儀志六二四九頁及北宋本、傅校本、明抄本、明刻本改。

〔五五〕青服　「服」原作「衣」，據隋書禮儀志七二七六頁改。

〔五六〕盤螭鈕　「盤」原訛「鞶」，據隋書禮儀志七二七六頁改。

〔五七〕紫綬金縷織成獸頭鞶囊　原「織成」誤在「紫綬」上，據隋書禮儀志七二七七頁移正。

〔五八〕金章龜鈕　原脱「章」，據隋書禮儀志七二七七頁補。

〔五九〕金縷織成獸頭鞶囊　原脱「獸頭鞶囊」，據隋書禮儀志七二七七頁補。按：「金縷織成獸頭鞶囊」係主從結構，「獸頭鞶囊」不能省。

〔六〇〕銀縷織成獸頭鞶囊　原脱「獸頭鞶囊」，據隋書禮儀志七二七七頁補。

〔六一〕餘同　前述三妃等服品與佩物共五項：衣、印、綬、囊、玉是也。此美人、才人已言衣、印、囊、玉，未言者惟綬。餘同者當謂綬同也。然據隋書禮儀志七二七七頁美人、才人青綬，而三妃、九嬪、婕妤俱紫綬，是餘本不同。此云餘同，誤。

〔六二〕羅褾襈　原脱「褾」，據隋書禮儀志七二七七頁補。

〔六三〕色皆用朱　「用」原訛「同」，據隋書禮儀志七二七七頁改。

〔六四〕公主　而脱，據隋書禮儀志七二七八頁補。

〔六五〕大唐制武德令　原作「大唐武德制」，據北宋本、傅校本、明抄本、明刻本、王吴本補改。

〔六六〕皇太子妃褕翟鞠衣　「皇」原訛「王」，據舊唐書輿服志一九五五頁及北宋本、傅校本、明抄本、明刻本、王吴本改。按：據唐志所載武德令，皇太子妃服亦有褕翟、鞠衣、鈿釵禮衣三等。通典舉二遺一。

王文錦點校

通典卷第六十三

禮二十三　沿革二十三　嘉禮八

天子諸侯玉佩劒綬璽印周　秦　漢　後漢　晉　齊　梁　陳　北齊　後周　隋　大唐

周制，天子佩白玉而玄組綬，公侯佩山玄玉而朱組綬，大夫佩水蒼玉而緇組綬，世子佩瑜玉而綦組綬，士佩瓀玟而緼組綬。古者君子必佩玉。有山玄、水蒼者，視之文色所似也。綬者所以貫佩玉，相承受。綦，文雜色也。緼，赤黄色。王鎮圭，長尺有二寸，鎮，安也，所以安四方。鎮圭者，蓋以四鎮之山爲瑑飾。大圭，長三尺，杼上終葵首，或謂之珽。終葵，椎也。爲椎於其杼上，明無所屈也。杼，殺也。繅藉五采五就以朝日。公執桓圭，九寸；侯執信圭，伯執躬圭，皆七寸，繅皆三采三就；子執穀璧，男執蒲璧，繅皆二采再就，以朝覲宗遇會同於王。三采，朱白蒼。（一）二采，朱緑也。公，二王後及王之上公。雙植謂之桓。桓，宫室之象，所以安其上也。信當爲身。身圭、躬圭，蓋皆象以人形爲瑑飾，文有麤縟耳，欲其慎行以保身。穀所以養人，蒲爲席，所以安人，蓋以穀蒲爲瑑飾。諸侯朝天子所執，諸侯相見亦如之。凡玉天子用全，上公用龍，侯用瓚，伯用將。龍當爲尨。尨謂雜色。（二）瓚讀爲餈餍之餍。（三）龍、瓚、將，皆雜名也。

卑者下尊，以輕重爲差，玉多則重，石多則輕。公侯四玉一石，伯子男三玉二石。屨音贊。自五霸迭興，戰兵不息，珮非戰器，韍非兵旗，於是解去綬珮，留其係璲，以爲章表，韍珮遂廢。又三代之制，人臣皆以金玉爲印，龍虎鈕，唯所好也。

秦以印稱璽，以玉，不通臣下，用制乘輿六璽：曰「皇帝行璽」、「皇帝之璽」、「皇帝信璽」、「天子行璽」、「天子之璽」、「天子信璽」。又始皇得藍田白玉爲璽，螭虎鈕，文曰「受天之命，皇帝壽昌」。韍珮既廢，乃以采組連結於璲，光明章表，〔四〕轉相結受，故謂之綬。秦漢以降，逮於周隋，既多無注解，或傳寫訛舛，有義理難明，雖研覈莫辨。今但約其本史，聊存一代之制，他皆類此。覽之者，幸詳察焉。

漢高帝入關，得秦始皇白玉璽，佩之，曰傳國璽，與斬蛇劒俱爲乘輿之寶。韍承秦制，用而弗改，加之以雙印、佩刀。

後漢孝明帝乃爲大佩，衝牙雙瑀璜，皆以白玉。詩云：「雜佩以贈之。」毛萇曰：「珩、璜、琚、瑀，衝牙之類。」月令章句曰：「佩上有雙衡，〔五〕下有雙璜，琚瑀以雜之，衝牙蠙珠以納其間。」玉藻云：「右徵角，左宮羽，進則揖之，退則揚之，然後玉鏘鳴也。」纂要曰：「琚瑀所以納間，在玉之間，今白珠也。」乘輿落以白珠，公卿諸侯以采絲，其玉視冕旒，〔六〕爲祭服云。

佩刀，乘輿黃金通身貂錯，半鮫魚鱗，金漆錯，雌黃室，五色罽隱室華。諸侯王黃金錯，環挾半鮫，黑室。公卿百官皆淳黑，不半鮫。小黃門雌黃室，中黃門朱室，童子皆虎爪文，虎賁黃室虎文，其將白虎文，皆以白珠鮫爲鐔口之飾。通俗文曰：「刀鋒曰鐔。」匹燒反。乘輿、者，加翡翠山，紆嬰其側。左傳曰：「藻綷鞞鞛。」〔七〕注云：「鞞，佩刀鞘上飾。鞛，下飾也。」鄭玄詩箋曰：「既爵命賞賜，而加賜容刀有飾，顯其能制斷也。」春秋繁露曰：「劍之在左，青龍之象也。刀之在右，白虎之象也。韍之在前，朱雀之象也。冠之在首，玄武之象也。四者，人之盛飾也。」梁劉昭曰：「自天子至於庶人，〔八〕咸皆帶劍。劍之與刀，形制不同，名稱各異，故蕭何劍履上殿，不稱爲刀，而漢志言不及劍，如爲未備。〔九〕

佩雙印，長寸二分，方六分。乘輿、諸侯王公列侯以白玉，中二千石以下至四百石皆以黑犀，〔一〇〕二百石以至私學弟子皆以象牙。上合絲，乘輿以縢貫白珠，赤罽蕤，諸侯王以下綔口故反赤絲蕤，縢綔各如其印質。刻書文曰：「正月剛卯既決，靈殳四方，赤青白黃，〔一一〕四色是當。」凡六十六字。

乘輿黃赤綬，四采，黃赤縹紺，〔一二〕淳黃圭，長二丈九尺九寸，五百首。凡綬，先合單紡爲一系，〔一三〕四系爲一扶，五扶爲一首，五首成一文，文采純爲一圭。首多者系細，首少者系麤。漢官儀曰：「璽皆白玉螭虎鈕，文曰『皇帝行璽』、『皇帝之璽』、『皇帝信璽』、『天子行璽』、『天子之璽』、『天子信璽』，凡六璽。皇帝行璽，凡封之璽，賜諸侯王書。〔一四〕信璽，發兵徵大臣。天子行璽，策拜外國及事天地鬼神。璽皆以武都紫泥封，青囊白素裏，兩端無縫，尺一板中約署。皇帝帶綬，黃地六采，不佩璽。璽以金銀縢組，〔一五〕侍中組負以從。秦以前民皆佩綬，金、玉、銀、銅、犀、象爲方寸璽，各從所好。奉璽書使者乘馳傳。其驛騎也，三騎行，晝夜千里爲程。」諸侯王赤綬，徐廣曰：「太子及諸王金印，龜鈕，纁朱綬。」四采，赤黄縹紺，淳赤圭，長二丈一尺，〔一六〕三百首。太皇太后、皇太后、皇后，其綬皆與乘輿同。長公主、天子貴人與諸侯王同綬者，加特也。諸國貴人、相國皆緑綬，三采，緑紫紺，淳緑圭，長二丈一尺，二百四十首。前漢書曰：「相國、丞相皆秦官，金印紫綬。高帝相國緑綬。」徐廣曰：「金印緑綟綬。」綟音戾，草名也。以染似緑，又曰似紫。紫綬名緺綬，〔一七〕緺音瓜，其色青紫。公加殊禮，皆服之。公、侯、將軍紫綬，二采，紫白，淳紫圭，長丈七尺，百八十首。前漢書曰：「太尉，金印紫綬。御史大夫位上卿，銀印青綬，成帝更名大司空，金印紫綬。將軍亦金印。」漢宮儀曰：「馬防爲車騎將軍，銀印青綬，在卿上，絶席。和帝以竇憲爲車騎將軍，始加金紫，次司空。」九卿、中二千石、二千石青綬，三采，青白紅，淳青圭，長丈七尺，百二十首。一號青緺綬。自青綬以上，縌皆長三尺二寸，與綬同采而首半之。縌者，古佩璲也。佩綬相迎受，〔一八〕故曰縌。紫綬以上，縌綬之間得施玉環鐍云。通俗文曰：「缺環曰鐍。」漢舊儀曰「其斷獄者印爲章」也。千石、六百石黑綬，三采，青赤紺，淳青圭，長丈六尺，八十首。四百石、三百石長同。漢官曰：〔一九〕「尚書僕射，銅印青綬。」四百石、三百石、二百石黄綬，一采，淳黄圭，〔二〇〕長丈五尺，六十首。自黑綬以下，縌綬皆長三尺，與綬同采而首半之。百石青紺綬，〔二一〕一采，宛轉繆織圭，〔二二〕長丈二尺。丁孚漢儀：「乘輿綬，黄地冒白羽，青絳緑五采，四百首，長二丈三尺。諸王綬四采，絳地冒白羽，青黄去緑，二百六十首，長二丈一尺。公主綬如王。侯，絳地，紺縹三采，百二十首，長丈八尺。二千石綬，羽青地，桃華縹三采，百二十首，長丈八尺。黑綬，羽青地，絳二采，八十首，長丈七尺。黄綬，一采，八十首，長丈七尺。以爲常式。民織綬不如式，没入官，犯者爲不敬。二千石綬以上，禁民無得織以粉組。」吴孫權以無工刻玉璽，用金爲璽，孫皓造金璽六枚是也。又有麟鳳龜龍璽，駝馬鴨頭雜印。

晉制，盛服則雜寶爲佩，金銀校飾綬，黃赤縹紺四采。太子、諸王纁朱綬，赤黃縹紺。〔二三〕相國緑綟綬，綟與盭同。三采，緑紫紺。郡公玄朱，〔二四〕侯伯青朱，子男素朱，皆三采。公嗣子紫，侯嗣子青，鄉、亭、關内侯紫綬，皆二采。〔二五〕郡國太守、内史青；尚書令僕射、中書監令、祕書監皆黑；丞皆黃，諸府丞亦然。其佩刀者，以木代真刀也。

宋皇太子，金璽龜鈕，朱綬，〔二六〕四采，赤黃縹紺，佩瑜玉。諸王，金璽龜鈕，纁朱綬，四采，赤黃縹紺，佩山玄玉。郡公，金章，玄朱綬，佩山玄玉。太宰、太傅、太保、丞相、司徒、司空，金章，紫綬，佩山玄玉。相國則緑綟綬，三采，緑紫紺。大司馬、大將軍、太尉、凡將軍位從公者，金章，紫綬，佩山玄玉。郡侯，〔二七〕金章，青朱綬，佩水蒼玉。驃騎、車騎、衞將軍、〔二八〕凡諸將軍加大者，征、鎮、安、平、中軍、鎮軍、撫軍、前、左、右、後、征虜、冠軍、輔國、龍驤將軍，並金章，紫綬，佩水蒼玉。諸王嗣子，金印，紫綬，佩山玄玉。郡公侯嗣子，銀印，青綬，佩水蒼玉。侍中、散騎常侍及中常侍，給五時朝服，武冠；〔二九〕貂蟬，侍中左，常侍右，〔三〇〕皆佩水蒼玉。尚書令、僕射，銅印，墨綬，佩水蒼玉。中書監令、祕書監，銅印，墨綬，佩水蒼玉。光禄大夫、卿、尹、太子保傅、大長秋、太子詹事、司隸校尉、武尉、左右衞、中堅、中壘、驍騎、遊擊、前軍、左軍、〔三一〕右軍、後軍、寧朔、建威、振威、奮威、揚威、廣威、建武、振武、奮武、揚武、廣武、左積弩、右積弩、强弩諸將軍、監軍，銀章，青綬，佩水蒼玉。領軍、護軍、城門五營校尉、東南西北中郎將，〔三二〕銀印，青綬，佩水蒼玉。縣、鄉、亭侯，金印，紫綬。鷹揚、折衝、輕車、揚烈、威遠、寧遠、武威、〔三三〕材官、伏波、淩江諸將軍，銀章，青綬。奮武護軍，安夷撫軍、護軍，軍州郡國都尉，〔三四〕奉車、駙馬、騎都尉，諸護軍將兵助郡都尉，水衡、典虞、牧官、典牧都尉，度支中郎將、校尉、都尉，司鹽都尉、材官校尉，〔三五〕王國中尉、宜禾伊吾都尉、監淮南津都尉，銀印，青綬。州刺史，〔三六〕銅印，墨綬。御史中丞、都水使者，銅印，墨綬，〔三七〕佩水蒼玉。謁者僕射，銅印，墨綬，佩水蒼玉。諸軍司馬，銀章，青綬。冗從僕射、太子衛率、武賁中郎將、羽林監，銅印，黑綬；其在陛列具備鹵簿，髦尾，絳紗縠單衣。〔三八〕北軍中候、殿中監，銅印，墨綬。護匈奴中郎將、〔三九〕護羌戎夷蠻越烏丸西域戊己校尉，〔四〇〕銅印，青綬。郡國太守、相、内史，銀章，青綬；〔四一〕江左止單衣幘，其加中二千石者，依卿、尹。牙門將，銀章，青綬。騎都督、守，〔四二〕銀印，青綬。尚書左右丞、祕書丞，銅印，黄綬。尚書郎、祕書郎、太子中舍人、洗馬、舍人，侍御史。〔四三〕關内、關中、名號侯，金印，紫綬，朝服，進賢兩梁冠。〔四四〕諸博士，水蒼玉。公府長史，諸卿尹丞，諸縣署令秩千石者，諸軍長史，諸卿尹丞，獄丞，〔四五〕太子保傅詹事丞，郡國太守相内史丞、長史，〔四六〕諸縣署令長相，關谷長，王公侯諸署令、長，司理、持書，公主家僕，公車司馬，太史、太醫、太官、御府、內省令，太子諸署令、僕、門大夫、陵令，太子率更、家令、僕，黃門諸署令、僕、長，黃門冗從僕射監，〔四七〕太子寺人監，公府司馬，諸軍城門五營校尉司馬，護匈奴中郎將護羌戎夷蠻越烏丸戊己校尉長史、司馬，廷尉正、監、平，並銅印墨綬。〔四八〕王郡公侯郎中令、大農，〔四九〕銅印青綬。北軍中候丞，銅印黃綬。太子常從武賁督、千人督、校督、司馬武賁督，銅印墨綬。殿中將軍，銀章青綬。〔五〇〕宋末不復給章綬。〔五一〕水衡、典虞、牧官、典牧、材官、州郡國都尉司馬，〔五二〕銅印墨綬。殿中中郎將校尉、都尉，黃門中郎將校尉、都尉，〔五三〕殿中太醫校尉、都尉，關外侯，並銀印青綬。左右都候、閶闔司馬、城門候，〔五四〕王郡公侯中尉，銅印墨綬。部曲督護、司馬史，〔五五〕部曲將，銅印；司馬史，假墨綬。太醫校尉、都尉，〔五六〕總章協律中郎將校尉、都尉，銀印青綬。殿中司馬及守陵者、殿中太醫司馬、總章監鼓吹監司律司馬，銅印墨綬。諸縣署丞、太子諸署丞、〔五七〕王公侯諸署及公主家丞，銅印黃綬。〔五八〕太醫丞，銅印。黃門諸署丞、黃門稱長、園監、諸縣尉、關谷塞護道尉，〔五九〕銅印黃綬。洛陽鄉有秩，銅印青綬。宣威將軍以下至裨將軍，銅印；其以此官爲刺史、郡守、千人司馬武賁督以上及司馬長史者，皆假青綬。〔六〇〕平虜武猛中郎將、校尉、都尉，銀印；〔六一〕武賁督以上及司馬長史者，〔六二〕皆假青綬。別部司馬、軍假司馬，銀印。〔六三〕圖像都匠、行水中郎將、校尉、都尉，銀印青綬；若非以工巧技能特加此官者，不假綬。羽林郎、羽林長郎，佩武猛都尉以上印者，假青綬。別部司馬以下，假墨綬。武賁在陛列及備鹵簿，服錦文衣；陛長，假銅印墨綬。〔六四〕旄頭。羽林在陛列及備鹵簿，服絳科單衣，假旄頭。〔六五〕舉輦、跡禽、前驅、填街、〔六六〕强弩司馬，守陵武賁，佩武猛都尉以上印者，假青綬。〔六七〕別部司馬以下，假墨綬。守陵武賁、殿中武賁及守陵者持鈒所立反戟冗從武賁，〔六八〕佩武猛都尉以上印者，假青綬。別部司馬以下，假墨綬。持椎斧武騎武賁、〔六九〕五騎傳詔武賁、殿中羽林及守陵者太官尚食武賁、稱飯宰人、〔七〇〕諸宮尚食武賁，〔七一〕佩武猛都尉以上印者，假青綬。別部司馬以下，假墨綬。凡此前衆職，江左多不備，又多闕朝服。諸應給朝服佩玉，而不在京都者給朝服，非護烏丸羌夷戎蠻諸校尉以上，〔七二〕及刺史、西域戊己校尉，皆不給佩玉。其來朝會，權時假給，會罷輸還。凡應朝服者而官不給，聽自具之。諸假印綬而官不給鞶囊者，得自具作。其但假印不假綬者，〔七三〕不得佩綬。鞶，古制也。〔七四〕按漢代著鞶囊者，側在腰間。〔七五〕或云傍囊，或云綬囊，然則以此囊盛綬也。或盛或散，各有其時。

齊乘輿制六璽，以金爲之，並依秦漢之制。皇太子諸王金璽，皆龜鈕。公侯五等金章，其公、將軍，金章。光祿大夫、卿、尹、太子傅、諸領護將軍、中郎將、校尉、郡國太守内史、四品五品將軍，皆銀章。尚書令、僕射、中書監令、祕書監丞、太子二率、諸府長史、卿、尹、丞、尉、中丞、都水使者、諸州刺史，皆銅印。

其綬，乘輿黃赤綬，黃赤縹綠紺五采。〔七六〕太子朱綬，〔七七〕諸王纁朱綬，赤黃縹紺色亦同。相國緑綟綬，三采，緑紫紺。郡公玄朱，侯伯青朱，〔七八〕子男素朱，皆三采。公嗣子紫，侯嗣子青，鄉亭侯、關中關内侯墨綬，皆二采。〔七九〕郡國太守、内史青，尚書令、僕射、中書監令、祕書監皆黑，丞皆黄，諸府丞亦然。

梁制，乘輿印璽，並如齊制。皇太子，金璽龜鈕，朱綬，三百首，佩瑜玉，帶鹿盧劍，火珠首，素革帶，玉鉤燮，〔八〇〕獸頭鞶囊。諸王，金璽龜鈕，纁朱綬，百六十首，佩山玄玉，垂組，大帶，獸頭鞶，腰劍；若加餘官，則服其加官之服。開國公，金章龜鈕，玄朱綬，百四十首，佩山玄玉，獸頭鞶，腰劍。開國侯、伯，金章龜鈕，青朱綬，百二十首，佩水蒼玉，獸頭鞶，腰劍。開國子、男，金章龜鈕，青綬，百首，佩水蒼玉，獸頭鞶，腰劍。縣、鄉、亭、關内、關中及名號侯，金印龜鈕，紫綬，獸頭鞶，腰劍。關内、關中及名號侯則珪鈕。〔八一〕關外侯，銀印珪鈕，青綬，獸頭鞶，腰劍。諸王嗣子，金印珪鈕，紫綬，八十首，獸頭鞶，腰劍。大司馬、大將軍、太尉、諸位從公者，金章龜鈕，紫綬，八十首，獸頭鞶，腰劍。直將軍則不帶劍。〔八二〕凡公及位從公。〔八三〕言以將軍及以左右光禄開府儀同者，各隨本位號。其文則曰「某位號儀同之章」。尚書令、僕射、尚書，銅印墨綬，朝服，佩水蒼玉，尚書則無印綬。腰劍，紫荷，執笏。侍中散騎常侍、通直常侍、員外常侍，皆腰劍，佩水蒼玉。舊至尊朝會登殿，侍中常侍夾御，〔八四〕御下輿，則扶左右；侍中參乘，則不帶劍。中書監、令，祕書監，銅印墨綬，水蒼玉，腰劍，獸頭鞶。左右光禄大夫，與加金章紫綬同。〔八五〕但加金紫者，謂之金紫光禄；但加銀青者，謂之銀青光禄。光禄、太中、中散大夫，太常、光禄、弘訓太僕、太僕、〔八六〕廷尉、宗正、大鴻臚、大司農、少府、大匠諸卿，丹陽尹、太子保傅、大長秋、太子詹事，銀章龜鈕，青綬，獸頭鞶，佩水蒼玉。卿大夫助祭，皆佩五采大佩，赤舄絇履。驃騎、車騎、衛將軍、中軍、冠軍、輔國將軍、四方中郎將，金章紫綬，中郎將則青綬。佩水蒼玉。領、護軍，中領、護軍，五營校尉，銀印青綬，佩水蒼玉，獸頭鞶。其屯騎、越騎，夾御日，假給佩，餘校不給。弘訓衛尉，衛尉，司隸校尉，〔八七〕左右衛、驍騎、游擊、前、後、左、右軍將軍，龍驤、寧朔、建威、振威、〔八八〕奮威、揚威、廣威等將軍，積弩、積射、强弩將軍，監軍，銀章青綬，佩水蒼玉，獸頭鞶。驍、游以下，並不給佩。驍、游夾侍日，〔八九〕假給。國子祭酒，佩水蒼玉。御史中丞、都水使者，銀印墨綬，獸頭鞶，腰劍，佩水蒼玉。謁者僕射，銅印環鈕，墨綬，八十首，獸頭鞶，佩水蒼玉，腰劍。給事中、黄門侍郎、散騎通直員外、散騎侍郎、奉朝請、太子中庶子、〔九〇〕庶子、武衛將軍、武騎常侍，腰劍。中書侍郎，腰劍。冗從僕射、太子衛率，銅印墨綬，獸頭鞶。武賁中郎將、羽林監，銅印環鈕，墨綬，獸頭鞶，腰劍。其在陛列及備鹵簿，著鶡尾，〔九一〕絳紗縠單衣。護匈奴中郎將，護羌、戎、夷、蠻、越、烏丸、西域校尉，銀印珪鈕，青綬，獸頭鞶。安夷、撫夷護軍，〔九二〕州郡國都尉，奉車、駙馬、騎都尉，諸護軍，〔九三〕銀印珪鈕，青綬，獸頭鞶。州刺史，銅印墨綬，獸頭鞶，腰劍。郡國太守、相、内史，銀章龜鈕，青綬，獸頭鞶，單衣介幘；加中二千石，依卿尹劍佩。尚書左、右丞，祕書丞，銅印環鈕，黄綬，獸爪鞶。尚書，祕書著作郎，太子中舍人、洗馬、舍人，腰劍。書侍御史、侍御史，〔九四〕腰劍。書侍御史，則有銅印環鈕，墨綬。諸博士，給佩水蒼玉。太學博士，正限八人，著佩，限外六人不給。廷尉律博士，無佩，並簪筆。公府長史，獸頭鞶。諸卿尹丞，〔九五〕黄綬，獸爪鞶，簪筆。諸縣署令秩千石者，獸爪鞶，銅印環鈕，墨綬。公府令史亦同。〔九六〕領、護軍長史，朱服，獸頭鞶。諸軍長史，獸頭鞶。諸卿部丞、獄丞，黄綬，獸爪鞶，簪筆。太子保傅詹事丞，簪筆，獸爪鞶，〔九七〕黄綬。郡國相内史丞、長史，長史獸頭鞶；〔九八〕其丞，黄綬，獸爪鞶。諸縣署令、長、相，獸頭鞶，銅印環鈕，墨綬。州郡大中正、郡中正。〔九九〕太子門大夫，獸頭鞶，陵令、長，獸爪鞶，銅印環鈕，墨綬。率更、家令、僕，獸頭鞶，腰劍。黄門諸署令、僕、長丞，銅印環鈕，墨綬。丞，黄綬。黄門冗從僕射監、〔一〇〇〕太子寺人監，銅印環鈕，墨綬，獸頭鞶。公府司馬，領、護軍司馬，〔一〇一〕諸軍司馬，護匈奴中郎將護羌戎夷蠻越烏丸戊己校尉長史、司馬，銅印環鈕，墨綬，獸頭鞶。廷尉，建康正、監、平，銅印環鈕，墨綬，皁零辟，獸爪鞶。〔一〇二〕左、右衛司馬，銅印環鈕，墨綬，獸頭鞶。直閤將軍，銅印珪鈕，青綬，獸頭鞶。〔一〇三〕諸殿主帥，正直絳紗，從則裲襠衫。〔一〇四〕諸開國郎中令、大農，〔一〇五〕公傅、中尉，銅印環鈕，青綬，皆獸頭鞶。諸開國三將軍，銅印環鈕，青綬。開國掌書中尉、司馬，陵廟食官，廄牧長，典醫典府丞，銅印。常侍、侍郎、嗣子、庶子、謁者、中大夫、舍人，不假印。典書、典祠、學官令，典膳丞、長，銅印。限外者不給印。〔一〇六〕太子衛率、率更、〔一〇七〕家令丞，銅印環鈕，黃綬，獸爪鞶。太子常從武賁督，銅印環鈕，墨綬，獸爪鞶。殿中將軍、員外將軍。〔一〇八〕州郡國都尉司馬，銅印環鈕，墨綬，獸頭鞶。殿中內外局監、太子內外監、殿中守舍人，銅印環鈕。諸縣署丞，〔一〇九〕太子諸署丞，王公侯諸署及公主家令丞、僕，銅印環鈕，黃綬。諸縣尉，銅印環鈕，單衣，〔一一〇〕黃綬，獸爪鞶。節騎郎其在陛列及備鹵簿者，氂尾，絳紗縠單衣。御節郎、黃鉞郎，簪筆。典儀、唱警、唱奏事、持兵、主麾等諸職公事及備鹵簿。〔一一一〕殿中中郎將、校尉、都尉，銀印珪鈕，青綬，獸頭鞶。城門候，銅印環鈕，墨綬，獸頭鞶。部曲督、司馬吏、部曲將，銅印環鈕。司馬吏，假墨綬，獸爪鞶。〔一一二〕總章協律，銅印環鈕，艾綬，獸爪鞶。黃門後閤舍人、主書、齋帥，監食、主食、主客、扶侍、鼓吹。〔一一三〕齋帥，墨綬，獸頭鞶。殿中司馬，銅印環鈕，墨綬，獸頭鞶。總章監、鼓吹監，銅印環鈕，艾綬。諸四品將兵都尉、牙門將、崇毅、材官、折難、輕騎、揚烈、威遠、寧遠、〔一一四〕宣威、光威、驤威、〔一一五〕威烈、威虜、平戎、綏遠、綏狄、綏邊、綏戎、獸威、〔一一六〕威武、烈武、毅武、奮武、〔一一七〕討寇、討虜、殄難、討難、〔一一八〕討夷、厲武、橫野、陵江、膺揚、執訊、蕩寇、蕩虜、蕩難、蕩逆、殄虜、掃虜、掃逆、掃難、掃寇、厲鋒、武奮、武牙、〔二九〕廣野，領兵滿五十人，給銀章，不滿五十人，除板而已，不給章；以此官爲刺史、郡守，〔三〇〕皆青綬。

陳制，永定元年，武帝所定乘輿服御，皆采梁舊制。以天下初定，務從節儉，應用繡、織成者，並可采畫，珠玉之飾，任用蚌也。至天嘉初，悉改易之，令一依梁天監舊事。諸王及開國五等諸侯，縣、鄉、亭、關內、關中及名號侯，關外侯，王嗣子，太宰，太傅，太保，〔三一〕司徒，司空，大司馬，大將軍，太尉，諸位從公者，並如梁制。餘官不見者，亦與梁制同，不復具云。

尚書令、僕射，金章龜鈕，紫綬，八十首，獸頭鞶；尚書無印綬及鞶。侍中常侍夾御，御下輿，則扶左右；侍中驂乘，則不帶劍。〔三二〕中書監令、祕書監，銀章龜鈕，青綬，八十首，獸頭鞶，腰劍。鎮、衛、驃騎、車騎、中軍、中衛、中撫軍、〔三三〕中權、四征、四鎮、四安、四翊、四平將軍，金章獸鈕。其冠軍、四方中郎將，金章豹鈕，紫綬，八十首，獸頭鞶，佩水蒼玉。自中軍以下諸將軍、冠軍、四方中郎將，並官不給佩也。領、護軍，金章龜鈕，紫綬，八十首。中領、護軍，銀章龜鈕，青綬，八十首。其五營校尉，銀印珪鈕，青綬，八十首。官不給佩。左、右衛，銀章龜鈕，不給劍。左右驍騎、〔三四〕游擊、雲騎、游騎、〔三五〕前左右後將軍、左右中郎將，銀印珪鈕。餘服飾同梁，亦官不給佩。其驍、游、雲騎，夾御日，假給。其積弩、積射、强弩，銅印環鈕，墨綬，帶劍。餘服同梁。又有忠武、軍帥、〔三六〕武臣、爪牙、龍騎、雲麾、鎮兵、翊帥、宣惠、宣毅、智威、仁威、勇威、信威、嚴威、智武、仁武、勇武、信武、嚴武，金章豹鈕，紫綬，八十首。官不給。輕車、鎮朔、武旅、貞毅、〔一二七〕朔威、〔一二八〕寧遠、安遠、征遠、振遠、宣遠等將軍，金章貔鈕，紫綬，並獸頭鞶，佩水蒼玉。中丞，銀章龜鈕，青綬，八十首。庶子以上簪筆。其武衞不腰劍。衞率，銀章龜鈕，青綬，不腰劍。冗從，銅印環鈕，墨綬，腰劍。州刺史，銀章龜鈕，青綬，獸頭鞶，腰劍。〔一二九〕典儀但帥、典儀正帥，其本資有殿但、正帥，得帶艾綬，獸頭鞶。殿帥、羽儀帥、員外帥。〔一三〇〕威雄、猛、烈、振、信、勝、畧、風、〔一三一〕力、光等十威將軍，武猛、畧、勝、力、毅、健、烈、威、鋭、勇等十武將軍，並銀章熊鈕，青綬，獸頭鞶。猛毅、烈、威、鋭、震、〔一三二〕進、智、武、勝、駿等十猛將軍，銀章羆鈕，青綬，獸頭鞶。壯武、勇、猛、烈、鋭、威、毅、志、意、力等十壯將軍，驍雄、桀、猛、烈、武、勇、鋭、名、勝、迅等十驍將軍，雄猛、威、明、烈、信、武、〔一三三〕勇、毅、壯、健等十雄將軍，並銀章羔鈕，青綬，獸頭鞶。忠勇、烈、猛、鋭、壯、毅、悍、〔一三四〕信、義、勝等十忠將軍，明智、畧、遠、勇、烈、威、勝、進、鋭、毅等十明將軍，光烈、明、英、遠、勝、鋭、命、勇、武、野等十光將軍，飈勇、猛、烈、鋭、奇、決、超、〔一三五〕勝、畧、出等十飈將軍，並銀章鹿鈕，青綬，獸頭鞶。龍驤、虎視、雲旗、風烈、電威、雷音、〔一三六〕馳鋭、追鋭、〔一三七〕羽騎、突騎、折衝、冠武、和戎、安壘、超猛、〔一三八〕英果、掃虜、〔一三九〕掃狄、武鋭、摧鋒、開遠、畧遠、貞威、決勝、清野、堅鋭、輕鋭、拔山、雲勇、振旅等將軍，銀印兔鈕，青綬，獸頭鞶。超武、鐵騎、樓船、宣猛、樹功、剋狄、平虜、稜威、戎昭、威戎、伏波、雄戟、長劍、衝冠、雕騎、佽飛、勇騎、破敵、克敵、威虜、〔一四〇〕前鋒、武毅、開邊、招遠、全威、破陣、盪寇、殄虜、橫野、馳射三十號將軍，銅印環鈕，墨綬，獸頭鞶。十二件將軍，除並假給章印綬。板則止。〔一四一〕建威、牙門、期門以下諸將軍，〔一四二〕並銅印環鈕，墨綬，獸頭鞶。其在官，以功次轉進，應署建威以下諸號，〔一四三〕不限板除，悉給印綬。若武官署位轉進，登上條九品馳射以上諸戎號，亦不限板除，悉綬印綬。千人督、校督司馬、〔一四四〕虎賁督、牙門將、騎督督、守將兵都尉、太子常從督、別部司馬、假司馬，〔一四五〕假銅印環鈕，墨綬，獸頭鞶。

北齊制，天子六璽，並因舊式。「皇帝行璽」，封常行詔敕則用之。「皇帝之璽」，賜諸王書用之。「皇帝信璽」，下銅獸符，發諸州征鎮兵，下竹使符，拜代徵召諸州刺史則用之。〔一四六〕並白玉爲之，方一寸二分，螭獸鈕。「天子行璽」，册拜外國則用之。〔一四七〕「天子之璽」，賜諸外國書則用之。「天子信璽」，發兵外國，若徵召外國及有事鬼神則用之。並黃金爲之，方一寸二分，螭獸鈕。又有傳國璽，白玉爲之，方四寸，螭獸鈕，上交五螭螭，〔一四八〕隱起鳥篆書，文曰「受天之命，皇帝壽昌」，凡八字，在六璽外，唯封禪以封石函。又有督攝萬機印一鈕，以木爲之，長尺二寸，廣二寸五分。背上爲鼻鈕，鈕長九寸，厚一寸，廣七分。〔一四九〕腹下隱起篆文書爲「督攝萬機」，凡四字。此印常在内，唯以印籍縫。用則左户部郎中、度支尚書奏取，印訖轉納。〔一五〇〕皇太子璽，黃金爲之，方一寸，龜鈕，文曰

「皇太子璽」。宮中大事用璽，小事用門下典書坊印。

諸侯印綬，二品以上，並金章紫綬；三品銀章青綬；三品以上，凡是五省官及中侍中省官，皆爲印，不爲章者也。四品得印者，銀印青綬；五品六品得印者，銅印墨綬；四品以下，凡開國子、男及五等散品名號侯，皆爲銀章，不爲印。七品、八品、九品得印者，銅印黃綬。金銀章印及銅印，並方一寸，皆龜鈕。四方諸藩國王之章，上藩用金，下藩用銀，並方寸，龜鈕。

佐官唯公府長史、尚書二丞，給印綬。六品以下，九品以上，唯當曹爲官長者給印。餘自非長官，雖位尊，並不給。

諸王，纁朱綬，四采，赤黃縹紺，純朱質，纁文織，〔一五一〕長二丈一尺，二百四十首，廣九寸。開國郡縣公、散郡縣公，〔一五二〕玄朱綬，四采，玄赤縹紺，朱質，玄文織，長丈八尺，百八十首，廣八寸。開國縣侯伯，青朱綬，四采，青赤白縹，朱質，青文織，長丈六尺，百四十首，廣七寸。開國縣子男、名號侯、開國鄉男，〔一五三〕素朱綬，三采，青赤白，朱質，白文織，長丈四尺，百二十首，廣六寸。一品、二品，〔一五四〕紫綬，三采，紫黃赤，純紫質，長丈八尺，百八十首，廣八寸。三品、四品，青綬，〔一五五〕三采，青白紅，純青質，長丈六尺，百四十首，廣七寸。五品、六品，墨綬，二采，青紺，純紺質，長丈四尺，百首，廣六寸。七品、八品、九品，黃綬，二采，黃白，純黃質，長丈二尺，六十首，廣五寸。官品從第二以上，小綬間得施玉環。官有綬者，則有紛，皆長八尺，廣三寸，各隨綬色。若服朝服則佩綬，公服則佩紛。官無綬者，不合佩紛。

其鞶囊，二品以上金縷，三品金銀縷，四品銀縷，五品、六品綵縷，七品、八品、九品綵縷，獸爪鞶。〔一五六〕官無印綬者，並不給佩鞶囊及爪。

其佩及劍，一品，玉具劍，佩山玄玉。二品，金裝劍，佩水蒼玉。三品及開國子男、五等散品名號侯雖四品、五品，並銀裝劍，佩水蒼玉。侍中以下，通直郎以上，陪位則象劍。木劍也，言其象真劍。帶劍者，入宗廟及升殿，若在仗內，皆解劍。

後周皇帝八璽，有神璽，有傳國璽，皆寶而不用。神璽明受之於天，傳國璽明受之於運。皇帝負扆，則置神璽於筵前之右，置傳國璽於筵前之左。其六璽，並因舊制，皆白玉爲之，方一寸五分，高一寸，螭獸鈕。三公諸侯金印，〔一五七〕皆方寸二分，高八分，龜鈕。七命以上銀，四命以上銅，皆龜鈕。三命以上，銅印銅鼻。其方皆寸，其高六分，文曰「某公官之印」。其組綬，皇帝以蒼、青、朱、黃、白、玄、纁、紅、紫、緅、則侯反。碧、綠，十有二色。諸公九色，自黃以下。諸侯八色，自白以下。諸伯七色，自玄以下。諸子六色，自纁以下。諸男五色，自紅以下。三公之綬，如諸公。三孤之綬，如諸侯。六卿之綬，如諸伯。上大夫之綬，如諸子。中大夫之綬，如諸男。下大夫綬，自紫以下。〔一五八〕士之綬，自緅以下。其璽印之綬，亦如之。

保定四年，百官始執笏，常服焉。宇文護始袍加下襴，遂爲後制。

隋制，神璽，寶而不用。受命璽，封禪則用之。餘六璽，行用並因舊制。

其綬，王，纁朱綬，四綵，赤黃縹紺，純朱質，纁文織成，長丈八尺，二百四十首，廣九寸。公，玄朱綬，四綵，玄赤縹紺，純朱質，玄文織成，長丈八尺，二百四十首，廣九寸。〔一五九〕侯、伯，青朱綬，四綵，青赤白縹，純朱質，青文織成，長丈六尺，百八十首，廣八寸。子、男，素朱綬，三綵，青赤白，純朱質，白文織成，長丈四尺，百四十首，廣七寸。正、從一品，綠綟綬，四綵，綠紫黃赤，純綠質，長丈八尺，二百四十首，廣九寸。從三品以上，紫綬，三綵，紫黃赤，純紫質，長丈六尺，百八十首，廣八寸。銀青光祿大夫，朝議大夫及正、從四品，青綬，三綵，青白紅，純青質，長丈四尺，百四十首，〔一六〇〕廣七寸。正、從五品，墨綬，二綵，青紺，純紺質，〔一六一〕長丈二尺，百首，廣六寸。自王公以下，皆有小雙綬，長二尺六寸，色同大綬，而首半之。正、從一品，施二玉環，以下不合。其有綬者則有紛，皆長六尺四寸，廣二寸四分，各隨綬色。

其鞶囊，如北齊制。佩，一品及五等諸侯，並山玄玉；五品以上，水蒼玉。

大唐貞觀十六年，太宗刻受命玄璽，白玉爲螭首，其文曰「皇帝景命，有德者

昌」。〔一六二〕

永徽二年四月，〔一六三〕敕開府儀同三司及京官文武職事四品、五品，並給隨身魚袋。〔一六四〕上元元年八月，敕文武官三品以上，金玉帶，十二銙；〔一六五〕四品，金帶，〔一六六〕十一銙；五品，金帶，十銙；六品、七品，並銀帶，九銙；八品、九品，服並鍮石帶，八銙；庶人服黃銅鐵帶，六銙。〔一六七〕其一品以下，文官並帶手巾、算袋、刀子、磨石，其武官欲帶手巾、算袋，亦聽。武太后天授元年九月，改內外官所佩魚爲龜。〔一六八〕至神龍元年二月，〔一六九〕京文武官五品以上，依舊式佩魚袋。垂拱二年正月赦文，諸州都督刺史，並准京官帶魚袋。長壽三年，改玉璽爲符寶。久視元年十月，職事三品以上龜袋，宜用金飾，四品用銀飾，五品用銅飾。上守下行，皆依官給。神龍元年，改符寶復爲璽。神龍元年六月赦文，〔一七〇〕嗣王、郡王有階卑者，特許佩金魚袋。景雲二年四月赦文，敕令內外官依上元元年敕，文官武官咸帶七事謂佩刀、刀子、磨石、契苾真、噦厥針筒火石袋等也。鞊韘。〔一七一〕其腰帶，一品至五品並用金，六品、七品並用銀，八品、九品並用鍮石。〔一七二〕

開元二年七月，敕百官所帶算袋等，每朔望參日著，外官衙日著，餘日停。其年七月敕，珠玉錦繡，既令禁斷，准式，三品以上飾以玉，四品以上飾以金，五品以上飾以銀者，宜於腰帶及馬鐙、酒杯杓依式，自外悉禁斷。天授二年八月，左羽林大將軍建昌王攸寧借紫衫金帶。九月二十六日，除納言，依舊著紫帶金龜。借紫自此始。八年二月敕，都督刺史品卑者，借緋及魚袋，永爲常式。九年八月，諸親王長子先帶郡王官階卑者，亦聽著紫佩魚袋。二十五年五月敕：「緋紫之服，班命所崇，以賞有功，不可踰濫。如聞諸軍賞借，人數甚多，曾無甄別，是何道理。自今以後，除灼然有戰功，餘不得輒賞魚袋。」

大唐貞觀十六年，太宗刻受命璽，白玉爲螭首，其文曰「皇天景命，有德者昌」。〔一七三〕長壽三年，改玉璽爲符寶。神龍元年，改符寶復爲璽。〔一七四〕天寶十載，改傳國寶爲承天大寶。天子之寶八：一曰「神寶」，所以臣百王，鎮萬國，寶而不用。二曰「受命寶」，所以修封禪，禮神祇。三曰「皇帝行寶」，答疏於王公則用之。四曰「皇帝之寶」，勞來勳賢則用之。五曰「皇帝信寶」，徵召下臣則用之。六曰「天子行寶」，答四夷書則用之。七曰「天子之寶」，慰撫蠻夷則用之。八曰「天子信寶」，發番國兵則用之。凡大朝會，則奉寶以進于御座。車駕行幸，則奉寶以從于黃鉞車之內。今元正朝會，進神寶及受命寶；若行幸，則合八寶爲五轝，函録封盛以從。其佩玉綬兼臣下之制，具開元禮序例。〔一七五〕

校勘記

〔一〕朱白蒼　原「白」字在上，據周禮典瑞鄭注及北宋本、傅校本、明抄本、明刻本、王吳本乙。

〔二〕庬謂雜色　原脱「謂」，據周禮玉人鄭注及北宋本、傅校本、明抄本、明刻本、王吳本補。

〔三〕瓚讀爲餈餍之餍　「餍」原訛「餍」，據周禮玉人鄭注及北宋本、傅校本、明抄本、明刻本改。下同。

〔四〕光明章表　「章表」原倒，據後漢書輿服志下三六七二頁及北宋本、傅校本、明抄本、明刻本乙。

〔五〕月令章句曰佩上有雙衡　原作「三禮圖曰凡玉佩上有雙珩」，據後漢書輿服志下劉昭註三六七二頁及北宋本改。

〔六〕其玉視冕旒　原脱「玉」字，續漢志同。標點本後漢書輿服志下三六七二頁補「玉」，彼校勘記三六八一頁云：「校補引柳從辰説，謂御覽六九二引董巴輿服志作『其玉視冕旒』，此脱『玉』字，今據補。」今從補。

〔七〕藻緈鞞鞛　「鞞」原訛「韓」，據左傳桓公二年文及北宋本改。

〔八〕自天子至於庶人　「至」原作「達」，據後漢書輿服志下劉昭注三六七二頁及北宋本、傅校本、明抄本、明刻本、王吳本改。

〔九〕如爲未備　「如」原訛「殊」，據後漢書輿服志下劉昭注三六七二頁及北宋本、傅校本、明抄本、明刻本、王吳本改。

〔一〇〕中二千石以下　原脱「下」，據後漢書輿服志下三六七三頁及北宋本、傅校本、明抄本、明刻本補。

〔一一〕赤青白黄　原「赤青」倒作「青赤」，據後漢書輿服志下三六七三頁及北宋本乙。

〔一二〕黄赤縹紺　「縹紺」原倒，續漢志同。標點本後漢書輿服志下三六七三頁據集解引惠棟説乙正。今從乙。

〔一三〕先合單紡爲一系　「系」原訛「絲」，據後漢書輿服志下三六七五頁及北宋本、傅校本改。下同。

〔一四〕凡封之璽賜諸侯王書　「凡封」原訛「天子」，下又脱「諸」，據後漢書輿服志下三六七三頁及北宋本、傅校本、明抄本、明刻本、王吴本改補。

〔一五〕金銀縢組　「縢」原訛「縧」，據後漢書輿服志下劉昭注三六七三頁及北宋本、傅校本、明抄本、明刻本、王吴本改。

〔一六〕長二丈一尺　「二」原訛「八」，據後漢書輿服志下三六七四頁及北宋本、傅校本、明抄本、明刻本改。

〔一七〕紫綬名緺綬　原脱下「綬」，據後漢書輿服志下劉昭注三六七四頁及北宋本、傅校本、明抄本、明刻本、王吴本補。

〔一八〕佩綬相迎受　「綬」原訛「璲」，據後漢書輿服志下三六七四頁及北宋本、傅校本、明抄本、明刻本改。

〔一九〕漢官曰　原「官」下衍「儀」，據後漢書輿服志下劉昭注三六七五頁及北宋本、傅校本删。

〔二〇〕一采淳黄圭　原「一采」在下，續漢志同。標點本後漢書輿服志下三六七五頁據集解引惠棟説乙正。今從乙。

〔二一〕百石青紺綬　「綬」原訛「綸」，續漢志同。標點本後漢書輿服志下三六七五頁據集解引惠棟説改。今從改。

〔二二〕宛轉繆織圭　原脱「圭」，續漢志同。標點本後漢書輿服志下三六七五頁據集解引惠棟説補。今從補。

〔二三〕太子諸王纁朱綬赤黃縹紺　按：晉書輿服志七七三頁謂太子朱黃綬，赤黃縹紺；諸王纁朱綬，朱黃縹紺。通典似誤合爲一。

〔二四〕郡公玄朱　原脱「玄」，據下文「郡公金章玄朱綬」校補。

〔二五〕鄉亭關内侯紫綬皆二采　「皆」原訛「白」，據上文「侯伯青朱，子男素朱皆三采」校改。

〔二六〕朱綬　宋書禮志五五〇七頁作「纁朱綬」。

〔二七〕郡侯　原「侯」上衍「公」，據宋書禮志五五〇七頁删。

〔二八〕衛將軍　宋書禮志五五〇七頁無此三字。

〔二九〕武冠　原脱「武」，據宋書禮志五五〇八頁補。

〔三〇〕常侍右　原作「右常侍」，宋書同。標點本宋書禮志五五〇八頁據孫虨宋書考論乙正。今從乙。

〔三一〕左軍　原脱「軍」，據宋書禮志五五〇八頁補。

〔三二〕東南西北中郎將　「東南」原倒，據宋書禮志五五〇九頁乙。

〔三三〕武威　「武」宋書禮志五五〇九頁作「虎」，通典諱改。

〔三四〕軍州郡國都尉　原脱「軍」，據宋書禮志五五〇九頁補。

〔三五〕典虞牧官典牧都尉度支中郎將校尉都尉司鹽都尉材官校尉　原作「典虞牧都尉材官校尉」，脱十六字，據宋書禮志五五〇九頁補。

〔三六〕州刺史　「刺」原訛「郡」，據宋書禮志五五〇九頁改。

〔三七〕銅印墨綬　「銅」原訛「銀」，據宋書禮志五五〇九頁改。

〔三八〕其在陛列具備鹵簿髦尾絳紗縠單衣　按：本卷題爲「天子諸侯玉佩劍綬璽印」，此十五字與本卷內容無關，乃編者疏忽，信手抄入者。

〔三九〕護匈奴中郎將　原脱「護」，據宋書禮志五五一〇頁補。下同。

〔四〇〕烏丸西域戊己校尉　「丸」原作「桓」，據宋書禮志五五〇一頁及北宋本、傅校本、明抄本、明刻本改。下同。原脱「戊己」，據宋書禮志五補。

〔四一〕內史銀章青綬　「史」原訛「使」，又脱「銀章青綬」，據宋書禮志五五一〇頁改補。

〔四二〕騎都督守　原脱「都」，據宋書禮志五五一〇頁補。

〔四三〕尚書郎祕書郎太子中舍人洗馬舍人侍御史　原「中」下衍「書」，據宋書禮志五五一〇頁及北宋本、傅校本、明抄本、明刻本、王吴本删。按：宋書禮志五云：「尚書祕書郎、太子中舍人、洗馬、舍人，朝服，進賢一梁冠。」又云：「侍御史，朝服，法冠。」皆未言印綬，則此六官原與本卷內容無關，編者信手抄列六官名稱於此，甚無謂也。

〔四四〕朝服進賢兩梁冠　此亦與本卷規定內容無關，係編者誤抄，未曾删汰者。

〔四五〕獄丞　原脱，據宋書禮志五五一二頁補。

〔四六〕郡國太守相內史丞長史　前「史」原訛「使」，據宋書禮志五五一二頁及北宋本改。

〔四七〕黄門冗從僕射監　「黄門」上原衍「四門」，據宋書禮志五五一三頁删。

〔四八〕並銅印墨綬　「墨」原訛「黄」，據宋書禮志五五一三頁及北宋本、傅校本、明抄本、明刻本改。

〔四九〕大農　原「大」下衍「司」，據宋書禮志五五一三頁删。

〔五〇〕殿中將軍銀章青綬　「中」原作「内」，「綬」下原衍「四時冠」，據宋書禮志五五一三頁改删。

〔五一〕宋末不復給章綬　「末」原訛「後」，據宋書禮志五五一三頁改。

〔五二〕州郡國都尉司馬　原脱「國」，據宋書禮志五五一三頁補。

〔五三〕黄門中郎將校尉都尉　宋書禮志五五一四頁無「都尉」。

〔五四〕閶闔司馬城門候　此七字原脱，據宋書禮志五五一四頁補。

〔五五〕部曲督護司馬史　此七字原脱，據宋書禮志五五一四頁補。

〔五六〕太醫校尉都尉　上「尉」原脱，據宋書禮志五五一五頁補。

〔五七〕太子諸署丞　原脱「署」，據宋書禮志五五一五頁補。

〔五八〕及公主家丞銅印黄綬　原脱「銅印黄綬」，據宋書禮志五五一五頁補。

〔五九〕黄門稱長園監諸縣尉關谷塞護道尉　原脱「黄門稱長」、「護」，據宋書禮志五五一五頁補。

〔六〇〕千人司馬武賁督以上及司馬長史者皆假青綬　原脱「皆假青綬」，據宋書禮志五五一六頁補。又，「千」宋志作「萬」，疑非。

〔六一〕平虜武猛中郎將校尉都尉銀印　句上原衍「及」，「銀」原訛「銅」，據宋書禮志五五一六頁删改。

〔六二〕武賁督以上　宋書禮志五五一六頁作「其以此官爲千人司馬虎賁督以上」。

〔六三〕軍假司馬銀印　「銀」原訛「銅」，據宋書禮志五五一六頁及北宋本改。

〔六四〕陛長假銅印墨綬　原脱「陛長」，據宋書禮志五五一六頁補。

〔六五〕假旄頭　原脱，據宋書禮志五五一六頁補。

〔六六〕填街　宋書禮志五五一六頁作「由基」，杜佑諱改。

〔六七〕佩武猛都尉以上印者假青綬　原脱「以上印者假」，據宋書禮志五五一六頁補。

〔六八〕持鈒戟冗從武賁　原脱「戟」，據宋書禮志五五一六頁補。

〔六九〕持椎斧武騎武賁　原脱「椎」，據宋書禮志五五一六頁補。

〔七〇〕稱飯宰人　原脱「稱」，據宋書禮志五五一七頁補。

〔七一〕諸宮尚食武賁　「宮」原訛「官」，據宋書禮志五五一七頁改。

〔七二〕而不在京都者給朝服非護烏丸羌夷戎蠻諸校尉以上　原脱「不」，「護」訛「諸」，脱「夷」，據宋書禮志五五一七頁補改。

〔七三〕其但假印不假綬者　原訛脱作「其位假綬者」，據宋書禮志五五一七頁改補。

〔七四〕鞶古制也　「鞶」原訛「革」，據宋書禮志五五一七頁改。

〔七五〕側在腰間　「側」原訛「則」，據宋書禮志五五一七頁及北宋本、傅校本、明抄本、明刻本改。

〔七六〕乘輿黄赤綬黄赤縹緑紺五采　原脱「黄赤綬」、「緑」，「五」訛「四」，據南齊書輿服志三四二頁補改。

〔七七〕太子朱綬　原脱「朱綬」，據南齊書輿服志三四二頁補。

〔七八〕郡公玄朱侯伯青朱　原訛脱作「郡公諸侯伯青」，據南齊書輿服志三四二頁補改。

〔七九〕鄉亭侯關中關内侯墨綬皆二采　「墨」原訛「紫」，「皆」原訛「白」，據南齊書輿服志三四二頁改。又南齊書無「關中」。

〔八〇〕玉鉤燮　原訛作「玉劍」，據隋書禮儀志六二一八頁增改。

〔八一〕關中　「關」原訛「闕」，據諸本改。

〔八二〕直將軍則不帶劍　原脱「劍」，據隋書禮儀志六二二〇頁補。

〔八三〕凡公及位從公　上文已言「諸位從公者金章龜紐紫綬」，此又與佩銅印墨綬之尚書令等並列，殊誤。按：隋書禮儀志六二二〇頁「凡公及位從公」及注文三十字，原冠於「五等諸侯助祭郊廟，皆平冕九旒，青玉爲珠」之上，實與本卷所規定之内容無關，自當置之不録。杜佑未審上下文意，遽摘抄之使與尚書令等並列，則「凡公及位從公」者復佩銅印墨綬矣。

〔八四〕侍中常侍夾御　上「侍」原脱，據隋書禮儀志六二二〇頁補。

〔八五〕與加金章紫綬同　原脱「與」，「同」下衍「其位」，據隋書禮儀志六二二一頁補删。

〔八六〕太常光禄弘訓太僕太僕　原上脱「太常光禄」，下脱「太僕」，據隋書禮儀志六二二一頁補。

〔八七〕衛尉司隸校尉　六字原脱，據隋書禮儀志六二二二頁補。

〔八八〕振威　「振」原訛「鎮」，據隋書禮儀志六二二二頁及北宋本改。

〔八九〕驍游夾侍日　原脱「侍」，據隋書禮儀志六二二二頁補。

〔九〇〕奉朝請太子中庶子　原「奉」上衍「朝」，「庶」下脱「子」，據隋書禮儀志六二二二頁刪補。

〔九一〕著髦尾　原脱「尾」，據隋書禮儀志六二二三頁補。

〔九二〕安夷撫夷護軍　原脱「撫夷」，據隋書禮儀志六二二三頁補。

〔九三〕諸護軍　原脱「諸」，據隋書禮儀志六二二三頁補。

〔九四〕書侍御史侍御史　下「侍御史」原脱，據隋書禮儀志六二二三頁補。按：「書侍御史」隋志「書」上有「治」，杜佑避高宗諱而省之。下同。

〔九五〕諸卿尹丞　「卿尹」原倒，據隋書禮儀志六二二四頁乙。

〔九六〕公府令史亦同　核隋書禮儀志六二二四頁知「公府令史亦同」者，同於「公府掾屬、主簿、祭酒朱服進賢一梁冠」也，非謂同於「諸縣署令秩千石者獸爪鞶，銅印環紐，墨綬」也。此亦杜佑摘抄失誤者。

〔九七〕獸爪鞶　「爪」原訛「頭」，據隋書禮儀志六二二四頁改。

〔九八〕長史獸頭鞶　原涉上脱「長史」，據隋書禮儀志六二二四頁補。

〔九九〕州郡大中正郡中正　隋書禮儀志六二二四頁作「州郡大中正郡中正，單衣介幘」。與本卷內容無關，編者誤摘此二官同「太子門大夫」並列，而不知其淆舛。

〔一〇〇〕黃門冗從僕射監　原脱「監」，據隋書禮儀志六二二五頁補。

〔一〇一〕領護軍司馬　原脱「司馬」，據隋書禮儀志六二二五頁補。

〔一〇二〕廷尉建康正監平銅印環鈕墨綬皁零辟獸爪鞶　「廷尉建康正監平」原訛作「公府從事中郎」，據隋書禮儀志六二二五頁改。按：隋志原文爲：「公府從事中郎，朱服，進賢一梁冠。諸將軍開府功曹、主簿，單衣，介幘，革帶。廷尉，建康正、監、平，銅印環鈕，墨綬，皁零辟，朝服，法冠，獸爪鞶。」杜佑未辨明上下文意，遽將第一句之主語與第三句之謂語搭配，實屬張冠李戴。

〔一〇三〕獸頭鞶　原脱，據隋書禮儀志六二二五頁補。

〔一〇四〕諸殿主帥正直絳紗從則裲襠衫　按此十三字與本卷規定內容無涉，亦係信手抄録而致誤者。

〔一〇五〕大農　原「大」下衍「司」，據隋書禮儀志六二二六頁删。

〔一〇六〕限外者不給印　「給」原訛「假」，據隋書禮儀志六二二六頁及北宋本、傅校本、明抄本、明刻本改。

〔一〇七〕率更　原脱「率」，據隋書禮儀志六二二六頁補。

〔一〇八〕殿中將軍員外將軍　按：隋書禮儀志六二二六頁作「殿中將軍員外將軍朱服武冠」。與本卷規定內容本無關涉，杜佑誤以爲與下「州郡國都尉司馬」並列而摘抄之。

〔一〇九〕諸縣署丞　原脱「丞」，據隋書禮儀志六二二七頁補。

〔一一〇〕單衣　與本卷內容無關，亦疏忽抄入者。

〔一一一〕節騎郎其在陛列及備鹵簿者髦尾絳紗縠單衣御節郎黃鉞郎簪筆典儀唱警唱奉事持兵主麾等諸職公事及備鹵簿　此四十七字與本卷規定之「玉佩劍綬璽印」無關，亦編者輯抄失誤。

〔一一二〕司馬吏假墨綬獸爪鞶　原脱，據隋書禮儀志六二二八頁補。

〔一三〕黃門後閤舍人主書齋帥監食主食主客扶侍鼓吹　此徒列八職官稱而不言佩帶，與本卷文例不合。隋書禮儀志六二三八頁諸職後謂「朱服武冠」。知此二十字亦編者誤録而未删汰者。

〔一四〕寧遠　「遠」原作「邊」，據隋書禮儀志六二三八頁改。

〔一五〕驤威　二字原脱，據隋書禮儀志六二三八頁補。

〔一六〕獸威　應作「虎威」，杜氏諱改。

〔一七〕威武烈武毅武奮武　最後「武」字原誤在「威」上，據隋書禮儀志六二三八頁移正。

〔一八〕討難　二字原脱，據隋書禮儀志六二三八頁補。

〔一九〕武牙　應作「虎牙」，杜氏諱改。

〔二〇〕郡守　隋書禮儀志六二三八頁作「太守」。

〔二一〕太宰太傅太保　「太傅」下原衍「太師」，據北宋本、傅校本、明抄本、明刻本删。

〔二二〕侍中常侍夾御御下輿則扶左右侍中驂乘則不帶劍　按：此與梁制同。前既云「與梁制同者不復具」，則此二十一字自應從略。

〔二三〕中衛中撫軍　原上脱「中衛」下脱「軍」，據隋書禮儀志六二三一頁補。

〔二四〕左右驍騎　「騎」原訛「衛」，據隋書禮儀志六二三三頁改。

〔二五〕雲騎游騎　「游騎」原脱，據隋書禮儀志六二三三頁、百官志上七四二頁補。

〔二六〕軍帥　「帥」原訛「師」，據諸本改。

〔二七〕貞毅　「毅」原訛「義」，據隋書禮儀志六二二二頁、百官志上七四六頁改。

〔二八〕朔威　「朔」原訛「明」，據隋書禮儀志六及北宋本改。按：標點本隋書誤據明清本通典改「朔」爲「明」，殊不知下文十明將軍中已有「明威」也。

〔二九〕州刺史銀章龜鈕青綬獸頭鞶腰劍　原訛作「州刺史銅印墨綬獸頭鞶腰劍銀章龜鈕青綬」，今參照隋書禮儀志六二二三頁訂正。按：州刺史銅印墨綬爲梁制，銀章龜鈕爲陳制。隋志亦有訛誤，彼州刺史條下之注云：「陳銅章龜鈕，青綬同梁。」銅章無龜鈕青綬之制，「銅」乃「銀」字之訛。

〔三〇〕殿帥羽儀帥員外帥　隋書禮儀志六二二三頁作「殿帥、羽儀帥、員外帥，朱衣武冠」，知與本卷規定內容無關。此三官職亦係編者誤抄入者。

〔三一〕風　原訛「成」，北宋本訛「威」，據隋書禮儀志六二二九頁、百官志上七四七頁改。

〔三二〕震　原訛「振」，據北宋本、傅校本、明抄本、明刻本改。

〔三三〕武　原脱，據隋書禮儀志六二二九頁、百官志上七四七頁補。

〔三四〕悍　隋書禮儀志六二二九頁、百官志上七四七頁作「捍」。

〔三五〕超　隋書禮儀志六二二九頁、百官志上七四七頁作「起」。

〔三六〕電威雷音　原訛「迅雷威音」，據隋書禮儀志二二二九頁、百官志上七四七頁改。

〔三七〕追鋭　原脱，據隋書百官志上七四七頁補。按：禮儀志六二二九頁作「進鋭」。

〔三八〕超猛　隋書百官志上七四七頁同。禮儀志六二二九頁作「起猛」。

〔一三九〕掃虜　原脱，據隋書禮儀志六二二九頁、百官志上七四七頁補。

〔一四〇〕勇騎破敵克敵威虜　原訛脱作「猛騎破敵威勇」，據隋書禮儀志六二三〇頁、百官志上七四七頁改補。

〔一四一〕板則止　隋書禮儀志六二三〇頁作「板則止朱服武冠而已」，則此三字亦係編者失讀而誤抄者。

〔一四二〕期門以下諸將軍　原脱「期門」，據隋書禮儀志六二三〇頁補。

〔一四三〕應署建威以下諸號　原脱「建」，據隋書禮儀志六二三〇頁補。

〔一四四〕校督司馬　原脱「督」，據隋書禮儀志六二三〇頁補。

〔一四五〕假司馬　「假」原訛「軍」，據隋書禮儀志六二三〇頁改。

〔一四六〕發諸州征鎮兵下竹使符拜代徵召諸州刺史則用之　原脱「征」、「徵」、「則」，據隋書禮儀志六二三九頁補。

〔一四七〕册拜外國則用之　「册」隋書禮儀志六二三九頁作「封」。

〔一四八〕上交五蟠螭　原脱「五」，據隋書禮儀志六二三九頁補。

〔一四九〕廣七分　「分」原訛「寸」，據隋書禮儀志六二三九頁改。

〔一五〇〕印訖轉納　「轉納」隋書禮儀志六二三九頁作「輸内」。

〔一五一〕纁文織　「文織」原倒，據隋書禮儀志六二四一頁乙。

〔一五二〕散郡縣公　原脱「縣」，據隋書禮儀志六二四一頁補。

〔一五三〕開國鄉男　「鄉」原訛「卿」，據諸本改。

〔一五四〕二品　原脱，據隋書禮儀志六二四一頁補。

〔一五五〕三品四品青綬　「四品」與「青綬」之間，原涉上而誤重「紫黃赤純素質長丈八尺百八十首廣八寸三品四品」二十一字，北宋本、傅校本、明刻本、明抄本誤同，惟「素」作「紫」。今據隋書禮儀志六二四一頁及王吳本删。

〔一五六〕獸爪鞶　原脱「鞶」，據隋書禮儀志六二四二頁補。

〔一五七〕三公諸侯金印　原脱「金」，據隋書禮儀志六二五〇頁補。

〔一五八〕中大夫之綬如諸男下大夫綬自紫以下　原脱「如諸男下大夫綬」七字，據隋書禮儀志六二五〇頁補。

〔一五九〕廣九寸　三字原脱，據隋書禮儀志六二五八頁補。

〔一六〇〕百四十首　原脱「四」，據隋書禮儀志六二五九頁補。

〔一六一〕純紺質　「紺」原作「緇」，據隋書禮儀志六二五九頁改。

〔一六二〕其文曰皇帝景命有德者昌　此下原有「長壽三年……具開元禮序例」二〇五字注文，今據北宋本、傅校本、明抄本、明刻本、王吳本分別作正文、注文移在本卷末段「有德者昌」句下。

〔一六三〕永徽二年四月　「四」舊唐書輿服志一九五四頁作「五」。

〔一六四〕並給隨身魚袋　原脱「袋」，據唐會要卷三一補。

〔一六五〕十二銙　「二」，新唐書車服志五二九頁、唐會要卷三一作「三」。「銙」原訛「胯」，據新唐書、唐會要改。下同。

〔一六六〕金帶　原訛作「金魚袋」，據舊唐書輿服志一九五三頁、新唐書車服志五二九頁、唐會要卷三一改。

〔一六七〕六銙　「六」新唐書車服志五二九頁、唐會要卷三一作「七」。

〔一六八〕武太后天授元年九月改內外官所佩魚爲龜　舊唐書輿服志一九五四頁、唐會要卷三一同。新唐書車服志五二六頁「元」作「二」。

〔一六九〕至神龍元年二月　舊唐書輿服志一九五四頁同。唐會要卷三一「元」作「二」。

〔一七〇〕神龍元年六月敕文　原訛作「至開元初九月敕文」，據舊唐書輿服志一九五四頁、新唐書車服志五二六頁、唐會要卷三一訂正。

〔一七一〕鞊鞢　「鞢」原訛「韘」，據諸本改。

〔一七二〕並用鍮石　原脱「用」，據北宋本、傅校本、明抄本、明刻本、王吳本補。

〔一七三〕大唐貞觀十六年至有德者昌　此二十九字原被殿本、局本刪，今據北宋本、傅校本、明抄本、明刻本、王吳本復原。按：此事已見上文。

〔一七四〕長壽三年改玉璽爲符寶神龍元年改符寶復爲璽　殿本、局本將此二〇字移前作注，今據北宋本、傅校本、明抄本、明刻本、王吳本復原。「三」北宋本等作「二」，據上文改。按：此二事亦重出。

〔一七五〕天寶十載至具開元禮序例　此正文一〇五字，注文九一字，被殿本、局本移前作注，今據北宋本、傅校本、明抄本、明刻本、王吳本復原。

〔唐〕杜佑撰

通典

第五册

卷六四—卷八三

中華書局

通典卷第六十四

禮二十四　沿革二十四　嘉禮九

天子車輅

五輅　副車五牛旗畢附　戎車　獵車蹋獸車闟戟車附　指南車　記里鼓車　白鷺車　鸞旗車　辟惡車　皮軒車　耕根車　安車　四望車　遊車　羊車　畫輪車　鼓吹車　象車　黃鉞車　豹尾車　建華車

上古聖人，覩轉蓬爲輪。〔一〕輪行可載，因物知生，復爲之輿。輿輪相乘，流運罔極，任重致遠，以利天下。考工記曰：「一器而工聚焉者車爲多。」〔二〕上蓋如規象天，二十八橑音老象列宿，方輿象地，三十輻象一月。〔三〕前視則聽鑾和之響，傍觀則覩四時之運。等威既辨，貴賤有序，故書曰：「明試以功，車服以庸。」洎乎魏晉，政教陵遲，僭踰莫禁，代有變改，異制殊狀，君臣僭亂，以致顛覆。今略舉沿革，不可畢載，徵其制作，爲車輿篇云。

五輅

虞〔四〕 夏 殷 周 秦 漢 後漢 魏 晉 東晉 宋 齊 梁 陳 後魏 北齊 後周 隋 大唐

昔人皇氏乘雲駕六羽，出谷口，或云秪車也。〔五〕及五龍氏乘龍，上下以理。古史考云：「黃帝作車，至少昊始駕牛，及陶唐氏制彤車，〔六〕乘白馬，則馬駕之初也。」

有虞氏因彤車而制鸞車。

夏后氏因鸞車而制鉤車，鉤之言不揉自曲。俾車正奚仲建斿旐，尊卑上下，各有等級。

殷因鉤車而制大輅。禮緯曰「山車垂鉤」，〔七〕乃鉤車之象。昔成湯用而郊祀，有山車之瑞。山車亦謂之桑根車，似金根之色，〔八〕亦謂之大輅。

周因殷輅以制木輅，約木以加飾，爲王五輅。一曰玉輅，錫，樊纓十有再就，建太常，十有二斿，以祀。錫，馬面當盧刻金爲之，所謂鏤錫也。樊，馬大帶也。纓，馬鞅也。就，成也。皆以五采罽飾之。樊音盤，下同。二曰金輅，無錫，〔九〕以金爲婁頷之鉤，樊纓九就，建大旂，以賓，同姓以封。三曰象輅，無鉤，以朱飾勒而已，樊纓七就，建大赤，以朝，異姓以封。皆以玉金象飾諸末而爲名。凡言玉金象路，皆此義。樊及纓，以五采罽飾之。四曰革輅，革鞔漆之，無他飾，以白黑飾韋爲龍勒條飾，樊纓五就，建大白，以即戎，以封四衞。龍，駹也。以白黑飾韋雜色爲勒。五曰木輅，不革輓，漆之而已，以淺黑飾韋爲樊鵠色，飾韋爲纓，就數同於革輅，建大麾，以田，以封藩國。

秦平九國，蕩滅典籍，舊制多亡。因金根車用金爲飾，謂金根車，而爲帝軫。玄旗皂斿，以從水德。復法水數，駕馬以六。夏太康盤遊無度，昆弟五人作歌曰，「若朽索之馭六馬」，則六馬非始於秦制，但法水數，故相符爾。

漢武帝天漢四年，始定輿服之制。郊祀所乘，謂之大駕，備車千乘，騎萬匹，其儀甚盛，不必師古。及王莽篡位，武車常軔。如振反。車輪木也。赤眉之亂，文物無遺。

後漢光武平公孫述，始獲葆車輿輦。而因舊制金根車，擬周之玉輅，最尊者也。輪皆朱斑重牙，貳轂兩轄，轂外復有一轂抱轄，其外乃復設轄，〔一〇〕抱銅置其中。東京賦曰：「重輪貳轄，疏轂飛軨。」注：「飛軨，畫緹油，〔一一〕繫於軸上。」金薄繆龍，爲輿倚較，徐廣曰：「繆，交錯之形也。較在箱上。」說文曰：「楯文畫蕃。」蕃，箱也。通俗文曰：「車箱爲較。」文虎伏軾，龍首銜軛，左右吉陽筩，徒冬反。鸞雀立衡，楯文畫輈，羽蓋華蚤，〔一二〕徐廣曰：「翠羽蓋黃裏，所謂黃屋車也。金華施橑末，有二十八枚，即蓋弓也。」建大旂，十有二斿，畫日月升龍，駕六馬，象鑣鏤錫，金鍐方釳，訖乞反。〔一三〕插以翟尾，朱兼樊纓，赤罽易茸，金就十有二，左纛以氂牛尾爲之，在左騑馬軛上，大如斗，是爲德車。大駕則御鳳凰車，以金根爲副。其駕玄馬六，因秦不改。或云始自漢制。許慎五經異義，説天子駕六馬，以經言「時乘六龍以御天」。蓋乃陰陽之氣，〔一四〕乘六上下，非爲禮制。按周官校人「掌王馬之政，凡擇良馬而養乘之，〔一五〕乘馬一師四圉」，四馬爲乘。古毛詩説，〔一六〕天子至大夫同駕駟，皆有四方之事，詩云「四牡彭彭」是也。

魏武王受漢獻帝命，乘金根車，駕六馬，設五時副車。至明帝景初中，山茌縣黄龍見，〔一七〕以爲魏得地統，服色尚黄，戎事乘黑首白馬。齊王正始中，詔出入必御輦乘輿。

晉武帝承魏陳留王命，乘金根車，駕六馬，備五時副車。及受禪，設玉金象革木五輅，並爲法駕，旗旍服用，悉取周制，文物華藻，因金根車，更增其飾。朱斑漆輪，加畫檳文。兩箱之後，加玳瑁爲鵾翅，金銀雕飾，時人亦謂爲金鵾車。邪注旍旗於車之左，又加棨戟於車之右，皆槖而施之。棨戟韜以黻繡，上爲亞字，〔一八〕繫大蛙蟆幡。軛長丈餘。於戟之杪，以氂牛尾，大如斗，置左騑馬軛上，是爲左纛。輈皆曲向上，〔一九〕取夏殷山車垂鉤之義。〔二〇〕玉輅駕六黑馬，〔二一〕金象革木駕駟，以黄金爲叉髦，〔二二〕插以翟尾。象鑣鏤錫，金鍐方釳，繁纓赤罽易茸，金就十有二。五輅皆有錫鑾之飾，和鈴之響，鉤膺玉瓖，龍輈華轙，魚倚反。朱幩。音汾。法駕行則五輅各有所主。復制金根車，去漢之文物，駕四馬，不建旗幟，〔二三〕上如畫輪車，下猶金根之飾。

東晉元帝始建大輅戎輅各一，以殷人祀用大輅，周人即戎用戎輅故也。因金根車飾，皆駕黑駟，是爲玄牡。安帝義熙中，平關洛，得姚興僞車輦，〔二四〕或時乘用焉。

宋孝武大明中，尚書左丞荀萬秋改造五輅。玉輅，〔二五〕依晉金根車，加赤漆檴畫，玉飾諸末，建青旗，十有二斿，駕駟以玄，復因漢之安車，章施羽葆蓋，以祀。以金根爲金輅，建青旂，〔二六〕駕玄馬四，羽葆蓋，以賓。象、革、木輅，並擬玉輅，漆檴畫，羽葆蓋。象輅視朝，革輅即戎，二輅並建赤旆，〔二七〕駕玄馬四。木輅建赤麾，以田，駕赤馬四。大事法駕，五輅俱出。

齊武帝永明初，〔二八〕伏曼容議：「齊德尚青，車旗先青，次赤，次白，次黑。軍容戎事，宜依漢道行運之色。」因宋金根車而脩玉輅，畫輪金塗，〔二九〕兩箱上望板前優游，通緣金塗鏤鍱，音葉。碧紋箱，〔三〇〕鑿鏤金薄帖。兩箱外織成衣，兩箱裏金塗鏤面釘，〔三一〕玳瑁帖。望板箱上帖金博山。〔三二〕優游上，和鸞鳥立花趺銜鈴，〔三三〕銀帶玳瑁筩；〔三四〕優游下，隱膝，裏施金塗鏤面花釘，織成文。〔三五〕優游橫前，施玳瑁帖，金塗花釘，金塗倒龍，〔三六〕後損鑿銀玳瑁龜甲，〔三七〕金塗花沓。望板，金塗受福望龍諸校飾。軛及諸末，〔三八〕皆螭龍首。龍形板在車前，〔三九〕銀帶花獸，金塗受福，緣裏邊，鏤鍱玳瑁織成衣。裏，金塗鏤面花釘。外，金塗博山、辟邪障、〔四〇〕鳳凰銜花。升蓋，〔四一〕金塗鏤鍱，二十八爪支子花，黃錦外衣，〔四二〕複碧絹漆布緣油頂，絳絲織成顔苞徒昆反赭舌孔雀毛複錦，緑紋隨陰，懸諸珠蜯佩，〔四三〕金塗鈴，雲朱結仙人綬，〔四四〕雜色真孔雀氉。一轅，漆畫車衡，銀花帶，衡上金塗博山，四和鸞鳥立花趺銜鈴，〔四五〕龍首銜軛，插翟尾，上下花沓，絳緑絲的，望繩八枚。旂十有二斿，〔四六〕畫升龍，竿首金塗龍銜大鄒幡，〔四七〕真氉。棨戟，織成衣，金塗沓駐及受福，金塗鴈鏤鍱。漆安立牀，在車中，錦複黃紋，〔四八〕爲安立衣。錦複黃紋障泥，八幅，長九尺，緑紅錦苣帶，織成花。〔四九〕五輅江左相承駕駟，左右騑爲六。施絳絲遊御繩，其重轂貳轄，飛軨幡，赤油，金紫真氉，〔五〇〕左纛置左騑馬軛上，金鋄方釳，繁音盤纓，金塗紫皮帶真氉，〔五一〕横在馬膺前，其鏤錫，皆如古制。初加玉輅爲重蓋，棲寶鳳凰，綴金鑷珠璫玉蜯珮，四角金龍銜五采氉，又麒麟頭加以綵畫，馬首戴之。竟陵王子良啓曰：「凡蓋圓象天，軫方象地。上無二天之儀，下設兩蓋之飾，求諸志録，殊爲乖衷。又假爲麟首，加乎爲頭，事不師古，鮮或可施。」至建武中，明帝乃省重蓋等。〔五二〕金輅之飾如玉輅而減少，象輅減金輅，革輅如象輅而尤減，木輅如革輅，建大赤麾，首施大鄒幡。玉輅、金輅建碧旂，〔五三〕象輅、木輅建赤旂。

梁武帝初因齊制，天監三年，五輅旗麾同用赤而斿不異，以從行運所尚也。七年，帝據周禮「玉輅以祀，金輅以賓」，今祀乘金輅，詔下詳議。周捨謂「金輅爲齊車，本不關於祭祀」。於是改陵廟皆乘玉輅，轡以朱絲。

陳初因梁。文帝天嘉初，令到仲舉議，〔五四〕錯綜漢晉舊飾，造玉金象革木等五輅。皆金薄交龍，爲輿倚較，文豹伏軾，〔五五〕虬首銜軛，左右吉陽筩，鸞雀立衡，槇文畫輈，緑油蓋，黄紋裏，〔五六〕相思橑，金華末。邪注旂旗於車之左，各依方色。加棨戟於車之右，韜以黻繡。獸頭幡，長丈四尺，懸於戟杪。玉輅，正副同駕六馬，餘皆駕駟。並金叉髦，插以翟尾，〔五七〕玉爲鏤鍚。以綵畫蛙蟆幡，綴兩軸頭，〔五八〕易漢之飛軨。五輅兩箱後，皆玳瑁爲鶡翅，金銀雕飾。兩箱裏，衣紅錦，金花帖釘，上用紅錦爲後檐，青紋純帶，〔五九〕夏花簟，冬綺繡褥。

後魏道武帝天興初，脩軒冕，制乾象等輦，草刱制度，多違舊章。至孝文太和中，儀曹令李韶更議改正，〔六〇〕唯備五輅，各依方色，其餘車輦，猶未能具。明帝熙平中，侍中崔光等議，大造車服，五輅並駕五馬，亦無經據。

北齊車服制度，多因後魏。天保中所乘，是太和中李韶所制五輅。

後周依周禮設六官，置司輅之職，掌公車之政，辨其名品物色。皇帝之輅，十有二等：一曰蒼輅，以祀昊天上帝。二曰青輅，以祀東方上帝。三曰朱輅，以祀東方上帝及朝日。四曰黄輅，以祭地祇、中央上帝。五曰白輅，以祀西方上帝及夕月。六曰玄輅，以祀北方上帝及感帝、神州。此六輅，通漆之，而無他飾，即周木輅遺象也。馬皆疏面，旃就以方色，〔六一〕俱十有二。七曰玉輅，以享先皇，加元服，納后。八曰碧輅，以祭社稷，享諸先帝，食三老五更，享諸侯耕籍。九曰金輅，以祀星辰，視朔。十曰象輅，以望秩羣祀。十一曰革輅，十二曰木輅。此六輅漆畫之，用玉碧金象革物飾諸末。錫面金鉤，〔六二〕就以五采，俱十有二。其輅之飾，重輪重較加茸焉。〔六三〕皇帝之輅，輿廣六尺有六寸。畫輪轂輈衡以雲牙，〔六四〕箱軾櫎文，〔六五〕櫎内畫以雜獸。〔六六〕獸伏軾，鹿倚較。三辰之常，玄青蒼等旗，畫續之，六仞曳地。設和鑾，以節趨行。圓蓋方輿，以象天地。

隋開皇元年，內史令李德林奏：後魏輿輦乖制，請廢，唯留後魏太和時李韶所制五輅，北齊所遵者。後著令，制玉輅，青質，重箱盤輿，左龍右虎，金鳳翅，畫櫎文，軛左立纛，金鳳一在軾前，八鸞在衡，二鈴在軾。龍輈之上，前設障塵，青蓋黃裏，〔六七〕繡斿帶。金博山，綴以鏡子，下垂八珮。樹四十葆羽。輪皆朱斑重牙，複轄。左建太常，十有二斿，皆畫升龍日月，其長曳地。右載闟他合反戟，長四尺，闊三尺，黻文。旗首金龍頭，銜鈴及綏，〔六八〕垂以結綬。駕蒼龍，金鍐方釳，插翟尾五焦，〔六九〕鏤錫，鞶纓十有二就，皆五采罽爲飾。天子祭祀，納后則乘之。金輅，赤質，左建旟，畫飛隼，右建闟戟，盤輿鳳翅等，並同玉輅。駕赤騮。臨朝、會同、饗射、飲至則乘之。象輅，黃質，左建旌，畫麟，右建闟戟，駕黃騮。祀后土則乘之。革輅，白質，鞔以革，左建旗，畫騶虞，右建闟戟，駕白駱。巡狩臨兵則乘之。木輅，黑質，漆之，左建旐，畫玄武，〔七〇〕右闟戟，駕黑騮。田獵則乘之。其五輅，並駕六馬，馬飾同玉輅。復制安車，重輿曲壁，紫油纁裏，〔七一〕通幰，朱絲絡網，朱鞶纓。駕赤騮。臨幸所乘。按隋氏五輅，遠酌周禮，旗旒藻飾，近約漢制，文質相半。

大唐因隋制，玉、金、象、革、木，是爲天子五輅。玉輅，青質，重輿，左青龍，右白虎，金鳳翅，畫襍文鳥獸，黄屋左纛，金鳳一在軾前，十二鑾在衡，正輅鑾數皆准此。副輅及耕根車則八。〔七二〕二鈴在軾，龍輈前設障塵，青蓋黄裏，繡飾，博山鏡子，樹羽，輪皆朱斑重牙。左建旂十有二旒，旒畫升龍，其長曳地。右載闟戟，長四尺，廣三尺，黻文。旂首金龍頭銜結綬及鈴緌。駕蒼龍，金鋄方釳，〔七三〕插翟尾五焦，鏤鍚，鞶纓十有二就。祭祀、納后則供之。金輅，赤質，餘同玉輅，駕赤騮，饗射、祀還、飲至則供之。象輅，黄質，餘同金輅，駕黄騮，行道則供之。革輅，白質，鞔以革，餘同象輅，駕白駱，〔七四〕巡狩、臨兵事則供之。木輅，黑質，漆之，餘同革輅，〔七五〕駕黑騮，田獵則供之。旌旗鞶纓及蓋，皆從輅色。其蓋文裏俱用黄。其鏤鍚，五輅並同其飾。武德初著令，天子鑾輅，玉金象革木五等，屬車十乘，指南車、記里鼓車、白鷺車、鸞旗車、辟惡車、皮軒車、耕根車、安車、四望車、羊車。貞觀元年十一月，始如黄鉞車、豹尾車，通爲十二乘也，以爲儀仗之用。大駕行幸，則分前後，施於鹵簿之内。若大陳設行，則分左右，施於儀仗之中。高祖、太宗大禮則乘輅。高宗不喜乘輅，每有大禮則御輦。至武太后，以爲常。玄宗以輦不中禮，廢而不用。開元十一年冬，祀南郊，乘

輅而往，禮畢騎還。自是行幸郊祀，皆騎於儀仗之内。其五輅腰輿，陳於鹵簿而已。〔七六〕

副車

五牛旗䍐附○秦　漢　魏　晉　東晉　宋　齊　梁　陳　隋　大唐

秦平天下，以諸侯所乘之車爲副。

漢制，安車、立車各五乘，爲乘輿副車。輪皆朱斑重牙，貳轂兩轄，金薄繆龍，爲輿倚較，文虎伏軾，龍首銜軛，左右吉陽筩，鸞雀立衡，檿文畫輈，羽蓋華蚤，建大旂，十有二斿，畫日月升龍。駕六馬，象鑣鏤錫，金鍐方釳，插翟尾，朱兼樊纓，赤罽易茸，金就十有二，左纛以氂牛尾爲之，在左騑馬軛上，大如斗。其馬各如方色。白馬者，朱其髦尾爲朱鬣云。所御駕六，餘皆駕四，後從爲副車。應劭漢官鹵簿圖曰：「乘輿大駕則御鳳凰車，以金根爲副。」

魏因漢制，五時副車，置髦頭雲罕。〔七七〕

晉制，五安車，五立車，合十乘，名五時車，俗謂五帝車。建旗十二斿，各如車色。立車則正豎其旗，安車則斜注。駕馬不易漢制。左右騑驂，〔七八〕金鍐鏤錫，黃屋左纛，如金根之制，行則從後。

東晉過江，副車遺缺，有事權以馬車代之，建旗其上。其後制五色木牛，象五時車，豎旗於牛背，行則使人輿之。牛之爲義，蓋取負重致遠而安穩。旗常纏而不舒，所謂德車結旌。唯天子親戎，五旗舒旆。所謂武車綏旌。

宋因晉，而無副車。

齊王儉議，宜用金輅九旒。時乘黃無副，借用五輅，〔七九〕大朝臨軒，權列三輅。今衣書車十二乘，〔八〇〕檳榆轂輪，簟子壁，〔八一〕綠油衣，箱外綠紗萌，〔八二〕油幢絡，通幰，竿刺代棟梁，柑檽真形龍牽，文子花，轅頭後伏神執承幄沓，〔八三〕金塗鉸具。檳音次。古副車之象也，亦曰五時副車。青萌車是謂搶他合反幰車。〔八四〕

梁依晉制，五牛旗車，左青赤，右白黑，黃居其中，象古之五時副車也。復制衣書車，一曰副車。

陳因舊制，五時副車，飾同五輅，並駕六馬。

隋因陳制，五時副車，色及旗章，一同正輅，唯降二等，駕用四馬。

大唐之制，副輅五乘，大駕行幸，皆次於五輅後爲副。又五牛旗轝五，黃牛旗處內，赤青在左，白黑在右，各八人執，左右威衛隊正各一人檢校。大駕鹵簿，在小轝後。

戎車周 漢 魏 晉 宋 齊 梁 後周 隋〔八五〕

周巾車氏「革輅即戎」，車僕掌戎輅之萃，音倅。廣古曠反車之萃，闕車之萃，苹車之萃，輕音罄車之萃。萃猶副也。此五者，兵車，所謂五戎也。戎輅，王在軍所乘也。〔八六〕廣車，橫陳之車也。闕車，所用補闕之車也。〔八七〕苹猶屏也，所用對敵自蔽隱之車也。輕車，所用馳敵致師之車也。孫子八陳，有苹車之陳。

漢因周，有輕車，朱輪輿，不巾不蓋，建矛戟幢麾，轓音福輜弩箙。置弩於軾上，駕兩馬也。藏於武庫。大駕出，次屬車，在鹵簿中。孫子兵法云：「有巾有蓋，謂之武剛車。」武剛車者，爲先驅。又爲屬車、輕車，爲後殿也。戎車，其飾如耕車，蕃以矛麾金鼓羽析幢翳，〔八八〕轓胄甲弩之箙。通俗文曰：「箭箙謂之步叉。」

魏景初改正朔，戎事乘黑首白馬，建大赤之旗。泰始中，並建赤旗。〔八九〕

晉制，輕車，駕二馬，古之戰車也。〔九〇〕前後二十乘，分居左右。輿輪洞朱，建矛戟麾幢，置弩於軾上。大駕出，射聲校尉、司馬、吏士載，以次屬車後。

宋依漢制，戎車建矛麾，邪注之，載金鼓羽幢，置甲弩於軾上。輕車之制，因漢不易，以武剛車爲殿。

齊梁以下，及後周與隋，或並用之。

獵車 蹋獸車 闟戟車附〔九一〕〇周　漢　魏　晉　宋

周謂之奇車。曲禮曰：「國君不乘奇車。」注云：「獵車也。」巾車氏「木輅以田」。

漢制，其飾如安車，重輞縵輪，〔九二〕繆龍繞之。一曰闟猪車，親校獵乘之。

魏因漢制，改名蹋獸車。

晉因魏制，一名闟戟車。

宋因晉制。自後無聞。

指南車 有熊氏 周 後漢 魏 東晉 宋 齊 梁 後魏 大唐

黄帝與蚩尤戰於涿鹿之野，〔九三〕蚩尤作大霧，將士皆迷四方，黄帝於是作指南車以示方，故後常建焉。出崔豹古今注。

周致太平，越裳氏重譯來獻。使者迷其歸路，周公爲司南之制，使載之南，周年至國。故常爲先導，示服遠人，而正四方。車法具在尚方故事，其制未詳。

後漢張衡始復創造。漢末喪亂，其器不存。

魏明帝青龍中，令博士馬鈞紹而作焉。車上有木仙人，舉手恒指南。〔九四〕車箱迴轉，所指微差。晉亂復亡。

東晉義熙十三年，劉裕平長安，始得此車，復修之。一名司南車。駕駟其下，制如樓，三級，四角金龍銜羽葆。刻木爲仙人，衣羽衣，立車上，車雖迴運，而手恒指南。大駕出行，爲先啓之乘。此車戎狄所制，機數不精，迴曲頻驟，〔九五〕猶須人力正之。范陽人祖沖之，有巧思，常謂宜更造。

宋順帝昇明中，齊高帝爲相，命沖之造焉。車成，使撫軍將軍、丹陽尹王僧虔等試之。其制甚精，百屈千迴，未嘗移變。

齊因宋制，加飾四周，箱上施屋。指南人衣裙襦天衣，在箱中。上四角皆施龍子竿，〔九六〕懸雜色真孔雀毦，布皂複幔，駕牛，皆銅鉸飾。

梁復名司南車，大駕出，爲先啓之乘。

後魏太武帝使工人郭善明造之，彌年不就。扶風人馬岳又造，垂成，善明酖殺之。

大唐修之，備於大駕，行則先導。

記里鼓車東晉　宋　齊　梁　大唐

東晉安帝義熙十三年，劉裕滅後秦所獲，未詳其所由來。制如指南車，駕駟，中木人執槌向鼓，行一里則打一槌。〔九七〕崔豹古今注云：「亦名大章車，〔九八〕所以識道里也。車上爲二層，皆有木人執槌。行一里，下一層擊鼓；行十里，上一層擊鐲。尚方故事有其作法，然未詳。

宋因之不易，大駕鹵簿，次指南車後。

齊因宋制，飾加華蓋子，䌝衣漆畫，〔九九〕鼓機皆在內也。

梁因齊制，改駕以牛。

大唐復脩，大駕鹵簿，次指南車後。

白鷺車 隋 大唐

隋一名鼓吹車，車上施層樓，樓上有翔鷺棲烏。〔一〇〇〕

大唐之制因之，駕四馬，大駕出，在記里鼓車後。

鸞旗車 漢 晉 宋 大唐

漢制鸞旗車，編羽旄列繫幢傍。胡廣曰：「以銅作鸞鳥於車衡上。」

晉宋因之，駕四馬，先路所載。

大唐備於大駕鹵簿，次白鷺車後。

辟惡車 秦 大唐

秦制也。桃弓葦矢，所以禳祓不祥。太卜令一人，在車，執弓箭。〔一〇一〕出崔豹古今注。

大唐之制，駕四馬。大駕出，在鸞旗車後。

皮軒車 漢　晉　宋　大唐

漢制，皮軒車，以虎皮爲軒。

晉宋相因，駕四馬，皆大夫載。自後無聞。

大唐備之大駕鹵簿，次於辟惡車後。

耕根車 漢　魏　晉　宋　隋〔一〇二〕　大唐

漢制，耕根車如副車。有三蓋。一曰芝車。置轐耒耜之箙，上親耕所乘也。桓譚謂楊雄曰：「君之爲黃門郎，居殿中，數見輿輦，玉蚤、華芝及鳳凰、三蓋之屬，〔一〇三〕皆玄黃五色，飾以金玉、翠羽、珠絡、錦繡、茵席者也。」

魏因之，建赤旗。

晉因之，駕駟，天子親耕所乘，置耒耜於軾上。一名三蓋車。

宋因之。

隋以青爲質，三重蓋，羽葆雕裝，同玉輅。駕六馬。其軾平，以青囊盛耒耜而加之。

籍田則之乘。

大唐因隋，其飾不易，大駕行則備焉。

安車周　漢　晉　宋　齊　隋　大唐

周制，致仕之老及后乘之。

漢制，乘輿、金根、安車、立車，蔡邕曰：「五安五立。」徐廣曰：「立乘曰高車，坐乘曰安車。」是爲德車。五時車，安、立亦皆如之。各如方色，馬亦如之。建大旂，十有二斿。所御駕六馬，〔一〇四〕餘皆駕四。皇太子、皇子、公、列侯，皆乘之。自漢以後，亦爲副車。

晉制因之。天子所御則駕六，其餘並駕四。三公下至九卿，各一乘，公駕三，特進駕二，卿駕一。

宋因之。

齊制，諸王、三公、國公、列侯等，禮行則乘之。

隋制，金飾，紫通幰，朱裏。駕四馬。臨幸及弔則供之。〔一〇五〕

大唐之制，以金飾，駕四馬，臨幸則乘之。大駕出，在耕根車後。

四望車齊　隋　大唐

齊四望車，通幰，油幢絡，斑漆輪轂，〔一〇六〕亦曰皂輪車，以加禮貴臣。〔一〇七〕

隋制，同犢車，黄金飾，青油幢朱裏，紫通幰，紫絲網，駕一牛，拜陵、臨弔則乘之。〔一〇八〕

大唐之制，以金飾，駕四馬，拜陵、臨弔則乘之。大駕出，在安車後也。

遊車漢　晉　宋

漢制，九遊車九乘，大駕爲先乘。

晉宋因之，自後無聞。

羊車晉　齊　梁　隋　大唐

晉制，羊車一名輦車，〔一〇九〕上如軺，伏兔箱，漆畫輪。武帝泰始中，羊琇乘，司隸糾罪免官。

齊依之，因制漆畫牽車，小形如輿，金塗縱容，錦衣。箱裏隱膝後戶牙蘭，〔一一〇〕轅枕後捎，〔一一〕幰竿代棟梁，皆金塗鉸飾。御及皇太子所乘也。

梁因制羊車，亦名輦，上如軺，小兒衣青布袴褶，五辮髻，數人引之。貴賤通得乘之，名牽子也。

隋大業始置焉。金寶飾，紫錦幰，〔一二〕朱絲網。馭童二十人，皆兩環髻，服青衣，年十四五者爲之，謂之羊車小史。〔一三〕駕果下馬，其大如羊。

大唐因之，小史十四人。〔一四〕

畫輪車晉　宋　齊　梁〔一五〕

晉制，畫輪車，駕牛，以采漆畫輪轂，上起四夾杖，左右開四望，緑油幢，〔一六〕纁朱絲青交絡，〔一七〕其上形如輦，其下猶犢車。貴者不乘。〔一八〕大駕次羊車後也。

宋齊梁相因，爲羣公所乘。自後無聞。

鼓吹車梁

梁制，鼓吹車，上施層樓，四角金龍，銜流蘇羽葆。凡鼓吹，陸則樓車，水則樓船，在殿庭則畫笥椷爲樓。樓上有翔鷺棲烏，〔一九〕或爲鶴形。自後無聞。

象車晉

晉武帝太康中，平吴後，南越獻馴象，詔作大車駕之，載鼓吹十人，使越人騎之。元正大會，入庭。大駕鹵簿行，則試橋道。自後不見。

黄鉞車晉　大唐

晉制，黄鉞車，駕一馬。大駕行，於華蓋後御次麾左右。又有金鉞車、金鉦車，並駕三馬。

大唐貞觀以後加之，備於大駕鹵簿。天寶元年，改爲金鉞車。

豹尾車周　漢　晉　宋　大唐

周制也，所以象君子豹變，又以尾者言謙也。古者軍正建之。崔豹古今注云。

漢制，大駕出，屬車八十一乘；法駕出，屬車三十六乘，最後一乘懸豹尾，以前比之省中。胡廣曰：「施於道路，豹尾之内爲省中。」

晉因之，在鹵簿之末。

宋志徐廣按淮南子云：「軍正執豹皮以制正其衆。」〔二〇〕禮記曰：「前有士師，則載虎皮。」乘輿豹尾，亦其義類。〔二一〕

大唐之制，大駕出，在黄鉞車後，駕二馬。右武衛隊正一人，在車執之。

建華車晉

晉制，建華車，二乘。駕四馬。大駕，分在左右行。自後無聞。

校勘記

〔一〕視轉蓬爲輪　後漢書輿服志上三六四一頁「爲輪」上有「始知」。

〔二〕一器而工聚焉者車爲多　原脱「焉」，據周禮考工記及北宋本補。

〔三〕上蓋如規象天二十八橑音老象列宿方輿象地三十輻象日月　原作「蓋圓象天輿方象地二十八橑音老象列宿三十輻象日月」，據北宋本、傅校本、明抄本、明刻本、王吴本改。

〔四〕虞　原「虞」上有「唐」，據北宋本、傅校本、明抄本、明刻本、王吴本删。

〔五〕或云秖車也　原脱「秖」，據北宋本、傅校本、明抄本、王吴本補。

〔六〕陶唐氏制彤車　「彤」原訛「鸞」，據諸本改。

〔七〕山車垂鉤　「垂」原訛「乘」，據下文改。
〔八〕似金根之色　「似」原訛「以」，據通考卷一一六改。
〔九〕無錫　「無」原訛「乘」，據諸本改。
〔一〇〕轂外復有一轂抱轄　後漢書集解引惠棟説謂「抱」應作「施」，下同。
〔一一〕畫緹油　「畫」原訛「書」，據諸本改。
〔一二〕樵文畫輈羽蓋華蚤　後漢書輿服志上三六四四頁同。北宋本、傅校本、明抄本、明刻本作「樵文畫轅羽蓋翠裏蚤」。
〔一三〕金錽方釳訖乞反　「錽」原訛「鑁」，據文選東京賦改。下同。按：北宋本、傅校本、明抄本、明刻本此句作「施十鸞金爲叉髦」。
〔一四〕蓋乃陰陽之氣　原「乃」下有「因」，據北宋本、傅校本、明抄本、明刻本删。
〔一五〕凡擇良馬而養乘之　按：周禮校人「擇」作「頒」。
〔一六〕古毛詩説　「説」原訛「云」，據詩干旄正義改。
〔一七〕山荏縣黄龍見　「荏」原訛「茌」，據三國志魏書明帝紀一〇八頁改。
〔一八〕上爲亞字　原脱「爲亞字」，據晉書輿服志七五三頁、通考卷一一六補。
〔一九〕轅皆曲向上　原脱「向上」，據晉書輿服志七五三頁、通考卷一一六補。
〔二〇〕取夏殷山車垂鉤之義　「夏殷」原作「禮緯」，據北宋本、傅校本、明抄本、明刻本改。

〔二一〕玉輅駕六黑馬　原訛作「玉輅駕駟以黑」，據晉書輿服志七五三頁、通考卷一一六改。

〔二二〕以黄金爲叉髦　「叉」原作「文」，據北宋本、明抄本改。按：傅校本、明刻本作「乂」。

〔二三〕各有所主復制金根車去漢之文物駕四馬不建旗幟　原脱此二十一字，據諸本補。

〔二四〕得姚興僞車輦　「僞」原訛「爲」，據北宋本、傅校本、明抄本、明刻本改。

〔二五〕玉輅　原脱，據宋書禮志五四九五頁補。

〔二六〕建青旂　「旂」原作「旗」，據北宋本改。

〔二七〕建赤旆　「旆」原作「旗」，據北宋本改。

〔二八〕齊武帝永明初　「明」原訛「平」，據南齊書輿服志三三六頁改。

〔二九〕畫輪金塗　南齊書輿服志三三四頁「金塗」下有「縱容後路受福輮」七字。

〔三〇〕通緣金塗鏤鍱音葉碧紋箱　「緣」原訛「緑」，據南齊書輿服志三三四頁及北宋本、傅校本、明抄本改。「紋箱」南齊書作「絞闌」。

〔三一〕金塗鏤面釘　「面」原訛「回」，據南齊書輿服志三三四頁、通考卷一一六改。下同。

〔三二〕望板箱上帖金博山　通考卷一一六同。南齊書輿服志三三四頁「帖」上有「金薄」，「山」下有「登仙紐松精」。

〔三三〕和鸞鳥立花趺銜鈴　「和鸞鳥」原作「和鑾」，據南齊書輿服志三三四頁及下文改補。

〔三四〕銀帶玳瑁筩　南齊書輿服志三三四頁「筩」下有「瓦金塗鏤鍱刀格織成手匡金花鈿錦衣」十六字。

〔三五〕織成文　「文」南齊書輿服志三三四頁作「衣」。
〔三六〕金塗倒龍　南齊書輿服志三三四頁「金」上有「優遊前」三字。
〔三七〕後損鑿銀玳瑁龜甲　「損」南齊書輿服志三三四頁作「梢」。
〔三八〕軛及諸末　「軛」南齊書輿服志三三四頁作「抗」。
〔三九〕龍形板　「形」南齊書輿服志三三四頁作「汗」。
〔四〇〕辟邪障　南齊書輿服志三三四頁「障」作「虎」。
〔四一〕升蓋　「升」南齊書輿服志三三四頁作「斗」。
〔四二〕黄錦外衣　「外」南齊書輿服志三三四頁作「斗」，北宋本、傅校本、明抄本及通考卷一一六作「升」。
〔四三〕緑紋隨陰懸諸珠蜯佩　南齊書輿服志三三四頁「紋」作「絞」，無「諸」字。
〔四四〕雲朱結仙人綬　「仙人綬」原作「綵綬」，據南齊書輿服志三三四頁改。按：北宋本、傅校本、明抄本、明刻本、王吴本作「人綬」。
〔四五〕四和鸞鳥立花趺銜鈴　原脱「和」，據南齊書輿服志三三四頁補。
〔四六〕旍十有二旍　「十有」原倒，據北宋本、傅校本、明抄本、明刻本、王吴本乙。
〔四七〕竿首金塗龍銜大緌幡　「大緌」南齊書輿服志三三四頁作「火燄」。下同。
〔四八〕錦複黄紋　「紋」南齊書輿服志三三四頁作「絞」。下同。
〔四九〕緑紅錦芚帶織成花　南齊書輿服志三三四頁「緑」作「緣」，「花」下有「芚的」二字。

〔五〇〕赤油金紫真毦　南齊書輿服志三三四頁作「用赤油令有紫真毦」。

〔五一〕金塗紫皮帶真毦　「帶」南齊書輿服志三三四頁作「紫」。

〔五二〕明帝乃省重蓋等　原脱「等」，據北宋本、傅校本、明抄本、明刻本、王吴本補。

〔五三〕玉輅金輅建碧旂　「旂」原作「旆」，據北宋本、傅校本、明抄本、明刻本、王吴本改。

〔五四〕到仲舉　「到」原訛「劉」，據隋書禮儀志五一九四頁改。

〔五五〕文豹伏軾　「豹」隋書禮儀志五一九四頁作「貔」。按：皆應作「虎」，唐人諱改。

〔五六〕黄紋裏　「紋」隋書禮儀志五一九五頁作「絞」。

〔五七〕並金叉髦插以翟尾　「叉」原訛「文」，「以」原訛「於」，據宋書禮志五四九四頁、隋書禮儀志五一九五頁改。按：北宋本、傅校本、明抄本、明刻本及通考卷一一六亦皆作「叉」。

〔五八〕綴兩軸頭　原脱「軸」，據宋書禮志五四九四頁、隋書禮儀志五一九五頁、通考卷一一六補。

〔五九〕青紋純帶　「紋」隋書禮儀志五一九五頁作「絞」。

〔六〇〕儀曹令　「儀」原訛「議」，據北宋本、傅校本、明抄本、明刻本、王吴本改。

〔六一〕馬皆疏面斿就以方色　「面」下原衍「之」，據隋書禮儀志五一九六頁、通考卷一一六删。

〔六二〕鍚面金鉤　「面」原訛「而」，據諸本改。

〔六三〕重輪重較加茸焉　「茸」通考卷一一六同。隋書禮儀志五一九八頁作「耳」。

〔六四〕畫輪轂輈衡以雲牙　原脱「轂」，據隋書禮儀志五一九八頁補。

〔六五〕箱軾檳文　「軾」原訛「飾」，據北宋本、傅校本、明抄本、明刻本、王吴本改。

〔六六〕檳内畫以雜獸　原脱「檳」，據隋書禮儀志五一九八頁補。

〔六七〕青蓋黄裏　原脱「黄」，據隋書禮儀志五二〇一頁補。

〔六八〕銜鈴及緌　「緌」原訛「鏤」，據北宋本、傅校本、明抄本、明刻本、王吴本改。

〔六九〕插翟尾五焦　「焦」隋書禮儀志五二〇一頁作「隼」，通考卷一一六作「隻」。

〔七〇〕畫玄武　隋書禮儀志五二〇一頁作「畫龜蛇」。

〔七一〕紫油纁裏　隋書禮儀志五二〇一頁「纁」下有「朱」。

〔七二〕正輅鑾數皆准此副輅及耕根車則八　原作「正輅鑾數同副輅耕根車則八」，據北宋本、傅校本、明抄本、明刻本、王吴本補改。

〔七三〕青蓋黄裏至金鍐方釳　原作「青蓋黄裏三層繡飾上設博山方鏡下圓鏡樹羽輪金根朱斑重牙左建旂十有二旒畫升龍其長曳地青繡綢杠右載闟戟長四尺廣三尺黻文旂首金龍銜錦結綬及緌帶垂鈴金鍐方釳」，係殿本、局本據新唐書車服志五一一頁改易者，非通典原貌。今據舊唐書輿服志一九三三頁及北宋本、傅校本、明抄本、明刻本、王吴本改回。

〔七四〕駕白駱　「駱」原訛「騮」，據北宋本、傅校本、明抄本、明刻本改。

〔七五〕餘同革輅　「革」原訛「金」，據諸本改。

〔七六〕其五輅腰輿陳於鹵簿而已　原訛脱作「具五輅腰輿鹵簿而已」，據北宋本、傅校本、明抄本、明刻本、王吳本改補。

〔七七〕置髦頭雲罕 「罕」原訛「竿」，據文選東京賦改。按：宋書禮志五四九九頁亦有「置旄頭雲罕」一語。

〔七八〕左右騑驂 原脱「驂」，據晉書輿服志七五四頁補。

〔七九〕齊王儉議宜用金輅九旒時乘黄無副借用五輅 原脱「宜用金輅九旒」，「黄」原訛「輿」，「借用」訛「昔周」，據南齊書輿服志三三五頁補改。按：北宋本「黄」字不誤。

〔八〇〕今衣書車十二乘 原脱「車」，據北宋本、傅校本、明抄本、明刻本、王吳本補。

〔八一〕簟子壁 「簟」南齊書輿服志三三八頁作「箕」。「壁」原訛「璧」，據南齊書及北宋本、傅校本、明刻本、王吳本改。

〔八二〕箱外緑紗萌 「萌」原訛「明」，據南齊書輿服志三三八頁及北宋本、傅校本、明抄本、明刻本、王吳本改。

〔八三〕轅頭後伏神執承幄沓 「轅頭」原倒，「伏」原訛「仗」，據北宋本、傅校本、明抄本、王吳本乙改。「執」北宋本、傅校本、明抄本作「軌」。「幄」南齊書輿服志三三八頁作「泥」。

〔八四〕撿幰車 「幰」南齊書輿服志三三八頁作「幔」。

〔八五〕齊梁後周隋 原作「齊以後」，據北宋本、傅校本、明抄本、明刻本、王吳本改。

〔八六〕王在軍所乘也 原脱「王」，據周禮車僕鄭注及北宋本、傅校本、明抄本、明刻本、王吳本補。

〔八七〕所用補闕之車也 「用」原訛「謂」，據周禮車僕鄭注及北宋本、傅校本、明抄本、明刻本、王吳本改。

下同。

〔八八〕羽析幢翳　「羽析」原訛脱作「折」，據後漢書輿服志上三六四六頁補改。

〔八九〕泰始中並建赤旗　「泰」原訛「太」，據晉書輿服志七五四頁改。按：泰始爲晉武帝年號，杜佑誤繫此句于魏制。

〔九〇〕古之戰車也　「戰」原訛「獸」，據晉書輿服志七五五頁改。下同。

〔九一〕蹋獸車　「獸」原作「武」，據北宋本、傅校本、明抄本、明刻本、王吴本改。

〔九二〕重輞縵輪　「輞」原訛「輌」，據諸本改。

〔九三〕涿鹿之野　「鹿」原訛「不」，據諸本改。

〔九四〕舉手恒指南　「恒」原作「常」，據北宋本、傅校本、明抄本、明刻本、王吴本改。

〔九五〕迴曲頻騤　「頻」宋書禮志五四九六頁作「步」。

〔九六〕上四角皆施龍子竿　「竿」原訛「於」，據傅校本、明刻本、王吴本改。按：北宋本作「干」。

〔九七〕行一里則打一槌　「則」上原衍「不」，據諸本删。

〔九八〕亦名大章車　「亦」原作「一」，據北宋本、傅校本、明抄本、明刻本、王吴本改。

〔九九〕𦆀衣漆畫　「𦆀」原訛「襟」，據南齊書輿服志三三七頁改。按：標點本南齊書輿服志校勘記二〇引殿本考證萬承蒼云：「按字書，𦆀俗紺字。顔氏家訓『吴人呼紺爲禁，故以糸旁𦆀代紺字』。」

〔一〇〇〕隋一名鼓吹車車上施層樓樓上有翔鷺棲烏　「鷺」原訛「鸞」，「烏」原訛「焉」，據隋書禮儀志五一九四頁改。按：此節隋志載爲梁制，杜佑誤繫于隋。

〔一〇一〕太卜令一人在車執弓箭　「卜」原訛「僕」，據北宋本改。按：本書卷二五云秦有太卜令。「車」下衍「前」，據北宋本、傅校本、明抄本、明刻本、王吴本删。

〔一〇二〕晉宋隋　原訛作「宋晉齊」，據傅校本、明刻本、王吴本乙改。

〔一〇三〕三蓋之屬　「三」原訛「二」，據後漢書輿服志上劉昭注三六四六頁及北宋本改。

〔一〇四〕所御駕六馬　原脱「所御」，據後漢書輿服志上三六四四頁補。

〔一〇五〕隋制金飾紫通幰朱裏駕四馬臨幸及弔則供之　據隋書禮儀志五所載隋代皇帝安車，開皇制爲「飾重輿，曲壁，紫油纁朱裏，通幰，朱絲絡網，朱鞶纓，朱覆髮，具絡，駕赤騮，臨幸則供之」。二〇一頁大業制爲「畫輪，重輿，曲壁，紫油幢絳裏，通幰，朱絲絡網，赤鞶纓，駕四馬，省問臨幸則乘之」。二〇八頁杜佑此處所記乃開皇皇后安車之制，與本卷規定内容不合。

〔一〇六〕油幢絡斑漆輪轂　「絡」原訛「給」，「輪」原訛「輅」，據南齊書輿服志三三九頁及諸本改。

〔一〇七〕以加禮貴臣　原脱「禮」，據南齊書輿服志三三九頁補。

〔一〇八〕臨弔則乘之　「弔」原訛「弓」，據諸本改。

〔一〇九〕羊車一名輦車　原脱下「車」，據晉書輿服志七五六頁補。

〔一一〇〕箱裏隱膝　「膝」原訛「漆」，據南齊書輿服志三三八頁及北宋本、傅校本、明抄本、明刻本改。

〔一一一〕轅枕後捎　南齊書輿服志三三八頁無「後」字。

〔一二〕紫錦幰　原脱「錦」，據隋書禮儀志五二〇九頁補。

〔一三〕年十四五者爲之謂之羊車小史　「爲」原訛「乘」，「史」原訛「吏」，據隋書禮儀志五二〇九頁改。

〔一四〕小史十四人　「史」原訛「吏」，據新唐書儀衛志上四九四頁改。

〔一五〕宋齊梁　原作「宋以後」，據北宋本、傅校本、明抄本、明刻本、王吴本改。

〔一六〕緑油幢　原脱「幢」，據晉書輿服志七五六頁補。

〔一七〕纁朱絲青交絡　「絡」原訛「給」，據諸本改。

〔一八〕貴者不乘　按晉書輿服志七五六頁云：「古之貴者不乘牛車，漢武帝推恩之末，諸侯寡弱，貧者至乘牛車，其後稍見貴之。自靈獻以來，天子至士遂以爲常乘，至尊出朝堂舉哀乘之」。杜佑於此惟言「貴者不乘」，不塙。

〔一九〕樓上有翔鷺棲烏　原脱「樓」，據隋書禮儀志五一九四頁補。

〔二〇〕軍正執豹皮以制正其衆　「皮」原訛「虎」，據諸本改。原脱「制」，據宋書禮志五五〇〇頁補。

〔二一〕亦其義類　「亦」原訛「以」，據宋書禮志五五〇〇頁改。

王文錦點校

通典卷第六十五

禮二十五　沿革二十五　嘉禮十

皇太后皇后車輅　皇太子皇子車輅　公侯大夫等車輅　主妃命婦等車輅

皇太后皇后車輅周　漢　後漢　晉　宋　齊　後魏　北齊　後周　隋　大唐

周禮，王后之五輅：重翟，鍚面朱總；〔一〕重翟，翟，雉羽，兩重爲蔽，從王祭祀所乘也。厭翟，勒面繢總；厭翟，次其羽，使相迫近，厭其本也。勒面謂以如玉龍勒之韋爲當面飾。〔二〕繢總，以畫繒爲之，從王賓饗所乘也。安車，雕面鷖總。皆有容蓋。安車，坐乘車也。凡婦人車，皆坐乘。容謂幨車。鷖總，〔三〕青黑色繒爲之，無蔽，朝見於王所乘，去飾。翟車，貝面組總，有幄；翟車，〔四〕不重不厭，以翟飾車之側。貝面，貝飾勒之當面。有幄則無蓋矣，如今軿車。后乘以出桑。輦車，組輓，有翣，羽蓋。輦車，不言飾，明無翟總之飾，后居宮從容所乘，但漆而已。爲輇輪，人輓之以行。有翣，所以御風塵。以羽作小蓋，爲翳日也。

漢皇后駕輅，青羽蓋，駕四馬，旆九斿。

後漢太皇太后、皇太后、皇后法駕，皆御金根車，重翟，羽蓋，加青交絡帷裳。〔五〕其非法駕，則乘紫罽軿車，雲槇文畫輈，黃金塗五末，五末，轅一，轂二，箱二，共五也。蓋施金花。駕三馬，左右騑。應劭漢官儀：「明帝永平七年，光烈陰皇后葬，魂車，鸞輅，青羽蓋，〔六〕駕四馬，旂九斿，前有方相、鳳凰車。」此因前漢舊制也。

晉制，后乘重翟羽蓋金根車，加青絡，青帷裳，雲槇畫轅，黃金塗五末，蓋爪施金華，駕三馬，左右騑。其廟見小駕，則乘紫罽軿車，飾及駕馬如重翟。非法駕則皇太后乘輦，皇后乘畫輪車。后先蠶，〔七〕乘油畫雲母安車，駕六騩馬；騩，淺黑色。騩音貴。油畫兩轅安車，駕五騩馬，爲副；又，金薄石山軿、紫絳罽軿車，〔八〕皆駕三騩馬。

宋因之，法駕乘重翟。先蠶乘油畫雲母安車。元嘉中東宮儀記云「中宮僕御重翟金根車」。

齊因之。重翟車，加金塗校具，白地人馬錦帖，箱隱膝，後户，白牙的帖，金塗面釘，漆畫輪，鐵鐺，〔九〕金塗縱容後路鏁，〔一〇〕師子鐳，軛皆施金塗螭首及龍雀等諸飾。〔一一〕軛衡上施金博山，又有金塗長角巴首。蓋飾金塗爪支子花二十八，青油挾碧絹黃紋蓋，漆布箱紫顏黃紋紫紋隋陰，〔一二〕碧芚。徒昆反。外上施絳紫絲絡。碧旂九斿，棨戟。

後魏熙平中，有司穆紹議：〔一三〕皇后之輅，其從祭則御金根車，親桑則御雲母車，並駕

四馬。〔一四〕歸寧則御紫罽車，遊行御安車，弔問御紺罽車，並駕三馬。〔一五〕

北齊因之。

後周皇后之車十二等：一曰重翟，以從皇帝，祀郊禖，享先皇，朝皇太后。二曰厭翟，以祭陰社。三曰翟輅，以采桑。四曰翠輅，以從皇帝見賓客。五曰雕輅，以歸寧。六曰篆輅，以臨諸道法門。六輅皆錫面、朱總、金鉤。七曰蒼輅，以適命婦家。〔一六〕八曰青輅，九曰朱輅，十曰黃輅，十一曰白輅，十二曰玄輅。五時常出入則供之。六輅皆疏面、繢總。

隋開皇初，李德林奏，〔一七〕用後魏熙平穆紹議皇后之輅。後著令，制：重翟，青質，金飾諸末，朱輪，金根朱牙，其箱飾以重翟羽，青油幢朱裏，通幰，繡紫帷，朱絲絡網，繡紫絡帶，八鑾在衡，鏤錫，鞶纓十二就，金鍐方釳，插翟尾，朱總，駕蒼龍，受册、從祀郊禖、享廟則供之。厭翟，赤質，金飾諸末，朱輪畫朱牙，其箱飾以翟羽，紫油幢朱裏，通幰，紅錦帷，朱絲絡網，紅錦絡帶，〔一八〕餘如重翟，駕赤騮，親桑供之。翟車，黃質，金飾諸末，朱輪畫朱牙，車側飾以翟羽，黃油幢黃裏，通幰，白紅錦帷，朱絲絡網，白紅錦絡帶，餘如重翟，駕黃騮，歸寧則供之。諸鞶纓之色，皆從車質。安車，赤質，金飾，紫通幰朱裏，駕四馬，臨幸及弔則供之。輦車，〔一九〕金飾，同於蓬輦，通幰，班輪，駕四馬，宮苑近行則乘之。屬車三十六乘。

大唐因隋制，重翟、厭翟、翟車、安車，其飾不易。又制四望車，朱質，紫油通幰，油畫絡帶，〔二〇〕拜陵、臨弔則供之。又制金根車，朱質，紫油通幰，油畫絡帶，朱絲絡網，常行則供之。

皇太子皇子車輅 周 漢 魏 晉 東晉 宋 齊 梁 陳 後魏 北齊 隋 大唐

周制，巾車氏掌王五輅，金輅，建大旂，以封同姓。同姓，謂王子母弟，率以功德出封，若魯衞之屬。

漢皇太子、皇子皆安車，朱班輪，飛軨，青蓋，金花，倚虎伏鹿，櫎文畫轓文輈，〔二一〕吉陽筩，金塗五末。〔二二〕旂九斿降龍。皇子爲王，錫以乘之。皇孫緑車以從。皆左右騑，三馬。名皇孫車。

魏因之。文帝問：「東平王有輅，爲是特賜乎？」鄭稱對曰：「天子五輅，金輅以封，同姓諸侯得與天子同乘金輅，非特賜。」

晉因魏。安車而駕三馬，非法駕則乘畫輪車，上開四望，緑油幢，朱絲繩絡，兩箱裏飾以金錦，黄金塗五末。〔二三〕其副車三乘，形制如所乘，但不畫輪耳。王青蓋車，皇孫緑蓋車，並駕三，左右騑。

東晉安帝時，乘後山安車，〔二四〕制如金輅。

宋因之。皇子爲王，亦錫以皇太子之安車。皇孫綠車，亦因舊法。

齊皇太子乘象輅，校飾如御，旂旗九斿降龍。〔二五〕

梁因齊象輅制鸞輅，駕三，左右騑，朱班輪，倚獸較，伏鹿軾，九斿，降龍，青蓋，畫幡，文輈，黄金塗五末。以畫輪車爲副。常乘畫輪，則衣書車爲副。其畫輪車，上開四望，綠油幢，朱繩絡，兩箱裏飾以金錦。

陳因梁制。

後魏乘金輅，朱蓋，赤質，駕四馬。

北齊因之。

隋皇太子金輅，赤質，金飾諸末，重較，箱畫槓文鳥獸，黄屋，伏鹿軾，龍輈。金鳳一，在軾前。設障塵。朱蓋黄裏，輪畫朱牙。左建旂，九斿，右載闟戟。旂首金龍頭，銜結綬及鈴綏。〔二六〕駕赤騮四。八鑾在衡，二鈴在軾。金鍐方釳，插翟尾五焦，鏤錫，鞶纓九就。從祀享廟、正冬大朝、納妃則乘之。軺車，金飾諸末，紫通幰，朱裏，駕一馬，五日常朝及朝饗宮官，出入行道乘之。四望車，金飾諸末，紫油幢通幰朱裏，朱絲絡網，駕一馬，弔臨則乘之。

大唐因隋制。

公侯大夫等車輅周　漢　後漢　晉　宋　齊　梁　後魏　北齊　後周　隋　大唐

周制，巾車掌王五輅，「象輅以封異姓，革輅以封四衛，木輅以封藩國」。異姓，王甥舅也。四衛，四方諸侯守衛者，蠻服以內也。蕃國，謂九州之外，夷服、鎮服、蕃服也。又曰：「服車五乘：服車，服事者之車也。孤乘夏篆，謂五色畫轂約也。卿乘夏縵，夏縵，亦五采畫，無篆。大夫乘墨車，墨車，不畫，但以漆革車而已。士乘棧車，不革鞔而漆也。〔二七〕庶人乘役車。」方箱可載任器以供役。〔二八〕

漢景帝中元五年，始詔六百石以上施車轓，得銅五末，軛有吉陽筩。中二千石以上右騑，〔二九〕三百石以上皂布蓋，千石以上皂繒覆蓋，二百石以下白布蓋，皆有四維杠衣。賈人不得乘馬車。除吏赤畫杠，其餘皆青。古今注曰：「武帝天漢四年，令諸侯王大國朱輪，特虎居前，左兕右麋。小國特熊居前，麋皆居左右。」大使車，立乘，駕駟，赤帷裳。持節者，重導從：賊曹車、斧車、督車、〔三〇〕功曹車，皆兩；大車，璅弩十二人；辟車四人；從車四乘。小使車，不立乘，有騑，赤屏泥油，重絳帷。導無斧車。近小使車，〔三一〕蘭輿赤轂，白蓋赤帷，此追捕考按，有所勑取者所乘。諸使車皆朱班輪，四輻，赤衡軛。公、卿、二千石，郊廟、明堂、祀陵，法出，皆大車，立乘，駕駟；他出，乘安車。大行載車，其飾如金根車，加施組連璧交絡四角，〔三二〕金龍首銜璧，垂五綵，析羽流蘇前後，雲氣畫帷裳，槭文畫轓，長輿車等。〔三三〕駕布施馬。布施馬者，純白駱馬也，以黑藥灼其身爲武文。〔三四〕公卿以下至縣三百石，五吏、賊曹、督賊功曹，皆帶劍，三車導；主簿、主記，兩車爲從。〔三五〕縣令以上，加導斧車。牛車，武帝推恩之末，諸侯有寡弱者，乘牛車，其後牛車稍通貴者所乘。

後漢制，公侯乘安車，〔三六〕朱班輪，飛軨，倚鹿較，伏熊軾，皂繒蓋，黑轓，右騑，旂九斿，鏤錫叉旄，〔三七〕朱鑣朱鹿，朱文，〔三八〕絳扇汗，青翅鸞尾。卿以下有騑者，緹扇汗。中二千石二千石皆皂蓋，朱兩轓。千石六百石朱左轓。

晉制，雲母車，以雲母飾犢車，以賜王公。皂輪車，駕四牛，〔三九〕形如犢車，皂漆輪轂，〔四〇〕上加青油幢，朱絲繩絡，諸王三公有勳德者特加之。位至公，或四望、三望、夾望車。油幢車，駕牛，如犢車、皂輪，但不漆轂，王公大臣有勳德者特給之。通幰車，駕牛，如犢車，但舉其幰通覆車上，諸王三公並乘之。武帝詔給魏舒陽燧四望小車。〔四一〕三望如四望。油幢絡車，〔四二〕似三望而減，王公加禮者乘，次三望。平乘車，竹簟子壁，〔四三〕檳榆爲輪。〔四四〕通幰，其後形龍牽，金塗支子花紐，〔四五〕轅頭後梢沓伏神承塗。〔四六〕庶人亦然。三公諸王所乘。自四望至平乘，皆銅校飾。諸公給朝車駕駟、安車黑耳駕三。自祭酒掾下及令史，皆皂零。特進以下，諸將軍非持節都督者，〔四七〕給安車黑耳駕二。三公、九卿、二千石，皆大車立乘，駕四。去位致仕告老，賜安車駕四。郡縣公侯，安車駕二，右騑，皆朱班輪，倚鹿較，伏熊軾，皂繒蓋。〔四八〕旗斿，公八，侯七，卿五，皆畫降龍。中二千石、二千石，皆皁蓋，朱兩轓，銅五末，駕二。千石、六百石，朱左轓。王公之元子攝命理國者，安車，駕三，旗七斿，封侯之元子五斿。大使車，立乘，駕四，赤帷裳，騶騎導從，公卿二千石郊廟上陵從駕所乘。小使車，不立乘，駕四，輕車之流也。蘭輿皆朱，赤轂，赤屏泥，〔四九〕白蓋，赤帷裳。又別有小使車，赤轂皁蓋，〔五〇〕追捕刺取者所乘。凡諸使車，皆朱班輪，赤衡軛。追鋒車，去小蓋，加通幰，〔五一〕如軺車，駕二。以迅速爲名，戎陣之閒，是爲傳乘，軺車，古將軍所乘傳也。〔五二〕按漢貴輜軿而賤軺車，〔五三〕魏晉貴軺車而賤輜軿。三品將軍以上、尚書令軺車黑耳有後户，僕射但有後户無耳，並皁輪也。

宋因晉，有追鋒車，雲母車，四望車。公及列侯所乘安車，依漢舊制，駕二馬。斿旗斿，王公八，侯七，卿五，皆降龍。公卿中二千石郊陵法出，皆大車立乘，駕四；他出、去位、致仕，皆安車，四馬。中二千石皆皁蓋，朱轓，銅五末，駕二，右騑。王公之世子攝命理國者，安車，駕三，旂旗七斿，〔五四〕侯世子五斿。

齊制，黄屋車，建碧旂九斿，九斿，鸞輅也。蓋以黄繒爲裏，金塗校具，絳絲絡。〔五五〕九命上公所乘。青蓋安車，朱轓班輪，駕一，左右騑，通幰車爲副，諸王禮行所乘。皁蓋安車，朱轓漆班輪，駕一，通幰牛車爲副，三公禮行所乘。安車，黑耳皁蓋爲車，朱轓，駕一，牛車爲副，國公列侯禮行所乘。馬車，駕一，九卿、領、護、二衞、驍游、四軍、五校從郊陵所乘。餘同晉法。

梁制，二千石四品以上及列侯，皆給軺車，駕牛，伏兔箱，青油幢，朱絲絡，轂輞皆黑漆。〔五六〕天監二年令，三公、開府、尚書令，給鹿幡軺，施耳，後戶，皂輞。尚書僕射、左右光祿大夫、侍中、中書監令、〔五七〕祕書監，給鳳轄軺，後戶，皂輞。領、護、國子祭酒、太子詹事、尚書、侍中、列卿等，給聊泥軺，無後戶，漆輪。車騎、驃騎及諸王除刺史帶將軍，給龍雀軺，以金銀飾。御史中丞給方蓋軺，形小如傘。〔五八〕諸王三公有勳德者，皆特加皂輪車，駕牛，形如犢車，但烏漆輪轂，黃金雕裝，上加青油幢，朱絲絡，通幰。王公加禮者，給油幢絡車，駕牛，朱輪華轂。

後魏三公及王車，朱屋青蓋，制同五輅，名曰高車，駕三馬。庶姓王侯及尚書令、僕射以下，列卿以上，並給軺車，駕一馬；或乘四望通幰車，駕一牛。

北齊因之。王、庶姓王、儀同三司以上，〔五九〕翟尾扇，紫傘。皇宗及三品以上官，青傘朱裏。其青傘碧裏，達於士人，不禁。正從一品執事官、〔六〇〕散官及儀同三司，乘油朱絡網車，車牛飾得用金塗及純銀。二品、三品乘卷通幰車，〔六一〕車牛金飾。七品以上，乘偏幰車，車牛飾以銅。

後周諸公之輅九。方輅，各象方之色。碧輅、金輅，皆錫面，鞶纓九就，金鉤。象輅、犀輅、貝輅、革輅、篆輅、木輅，皆疏面，鞶纓九就，皆以朱白蒼三采。諸侯自方輅而下八，無碧輅。諸伯自方輅而下七，無金輅。諸子自方輅而下六，無象輅。諸男自方輅而下五，又無犀輅。凡就，各如其命。三公之車輅九：祀輅、犀輅、貝輅、篆輅、木輅、夏篆、夏縵、墨車、輚車。自篆以上，〔六二〕金塗諸末，錫，鞶纓，金鉤。木輅以下，銅飾諸末，疏，鞶纓皆九就。三孤自祀輅而下八，無犀輅。六卿自祀輅而下七，又無貝輅。上大夫自祀輅而下六，又無篆輅。中大夫自祀輅而下五，又無木輅。下大夫自祀輅而下四，又無夏篆。士車三：祀車，墨車，輚車。凡就，各如其命數。自孤以下，就以朱緑二采。

隋制，公及一品象輅，黄質，象飾諸末。建旜，畫以鳥隼。受册、告廟、升壇、上任、親迎及葬則乘之。侯伯及二品三品革輅，白質，建旜，畫熊虎。〔六三〕受册、告廟、親迎及葬則乘之。子男及四品木輅，黑質，〔六四〕漆飾。建旐，畫龜蛇。受册、告廟、親迎及葬則乘之。象輅以下，旂及就數，各依爵品。犢車則魏武賜楊彪七香車也，駕牛，自王公以下，至五品以上，並給乘之。三品以上，青幰朱裏，五品以上，紺幰碧裏，皆白銅裝。唯有慘及弔喪者，〔六五〕則不張幰而乘鐵裝車。六品以下不給，任自乘犢車，弗許施幰而乘。初，五品以上，乘偏幰車，其後嫌其不美，停不行用，以亘幰代之。三品以上，通幰車則青壁，一品軺車，油幰朱網，唯車輅一等，聽敕始得乘之。

大唐王公以下車輅，親王及武職一品，象輅。自餘及二品、三品，革輅。四品，木輅。

五品，軺車。〔六六〕象輅，朱班輪，八鑾在衡，左建旂，旂畫龍，一升一降。右載闟戟。革輅，以革飾，左建旜，通帛爲旜。餘同象輅。木輅，以漆飾之，餘同革輅。軺車，曲壁，青通幰。諸輅，質、蓋、旂旜，皆朱。一品九斿，二品八斿，三品七斿，四品六斿，其鞶纓就數皆準此。

主妃命婦等車輅〔六七〕漢　晉　宋　齊　梁　北齊　後周　隋　大唐

漢制，長公主乘赤罽軿車。大貴人、貴人、〔六八〕公主、王妃、封君油畫軿車，大貴人加節畫輈，皆右騑。公、列侯及二千石夫人，會朝若親蠶，各乘其夫之安車，右騑，加交絡帷裳，皆皂。非公會，不得乘朝車，得乘漆布輜軿，銅五末。

晉制，三夫人油軿車，駕兩馬，左騑。其貴人加節畫輈。三夫人助蠶，乘青交絡安車，駕三，皆以紫絳罽軿車。九嬪世婦乘軿車，駕三。長公主赤罽軿車，駕兩馬。公主、王太妃、王妃皆油軿車，〔六九〕駕兩馬，右騑。公主油畫安車，駕三，青交絡，以紫絳罽軿車駕三爲副，王太妃、三夫人亦如之。公主助蠶，乘油畫安車，駕三。公主有先置者，乘青交絡安車，駕三。諸王妃、公太夫人、夫人、〔七〇〕縣鄉君、諸郡公侯特進夫人助蠶，乘皂交絡安車，〔七一〕駕三。諸侯監國嗣子之世婦、〔七二〕侍中常侍尚書中書監令卿校世婦、命婦助蠶，乘皂交絡安車，儷駕。郡縣公侯、中二千石、二千石夫人會朝及蠶，〔七三〕各乘其夫之安車，皆右騑，〔七四〕皂交絡，皂帷裳。自非公會則不得乘朝車。王妃、特進夫人、封郡君，〔七五〕安車，駕三，皂交絡。封縣鄉君，油軿車，駕兩馬，右騑。

宋制，公主安車，以紫絳罽軿車爲副，駕三。九嬪、世婦軿車，駕二。〔七六〕王妃、公侯特進夫人、〔七七〕封君皂交絡安車，駕三。其貴人、公主、王妃、封君油軿駕二，右騑。公、列侯、中二千石、二千石夫人會朝及蠶所乘，〔七八〕依漢故事。

齊制，皇太子妃厭翟車，如重翟，飾而微減。油絡畫安車，公主、王妃、三公特進夫人所乘。其貴人、公主、三夫人、九嬪、世婦、三公妃、特進夫人所乘正副，皆依漢晉。

梁天監二年令，上臺、六宮、長公主、公主、諸王太妃、妃，〔七九〕皆得乘青油榻幢通幰車，榻幢涅幰爲副。綵女、皇女、諸王嗣子、侯夫人，皆乘赤油榻幢車，以涅幰爲副。侍女直乘涅幰之乘。〔八〇〕

北齊制，諸公主乘油朱絡網車，車牛飾用金塗及純銀。〔八一〕

後周制，諸公夫人之輅車九：厭翟、翟輅、翠輅，皆鍚面，朱總、金鉤。雕輅、篆輅，皆勒面，刻白黑韋爲當顱。繢總。朱輅、黃輅、白輅、玄輅，皆雕面，刻漆韋爲當顱。鷖總。青黑色繒，其著如朱總。諸侯夫人自翟輅而下八，諸伯夫人自翠輅而下七，諸子夫人自雕輅而下六，諸男夫人自篆輅而下五。鞶纓就數，各視其君。三妃、三公夫人之輅九：篆輅、朱輅、黃輅、白輅、朱輅以下八。六嬪、六卿內子，自黃輅而下七。上媛婦、中大夫孺人，自玄輅而下五。下媛婦、大夫孺人，自夏篆而下四。御婉、〔八三〕士婦人，自夏縵而下三。其輂纓就，各以其等。皆簟第，漆之。君以赤，卿大夫士以玄。君駕四，三輈六轡。卿大夫駕三，二輈五轡。士駕二，一輈四轡。

隋制，皇太子妃乘翟車，以赤爲質，駕三馬，畫轅金飾。犢車爲副，紫幰，朱絡網。〔八三〕良娣以下，並乘犢車，青幰朱裏。三公夫人、公主、王妃，並犢車，紫幰，朱絡網。五品以上命婦，並乘青幰，與其夫同。

大唐制，內命婦夫人乘厭翟車，嬪乘翟車，婕妤以下乘安車，各駕二馬。外命婦、公主、王妃乘厭翟車，駕二馬。自餘一品乘白銅飾犢車，青通幰，朱裏油幢，朱絲絡網，駕牛。二品以下去油幢、絡網，四品青偏幰。其三公以下車輅，〔八四〕皆太僕官造貯掌之。若受制行册命及二時巡陵、婚葬，則給之。

校勘記

〔一〕錫面朱總　「錫」原訛「鍚」，據周禮巾車改。下同。

〔二〕勒面謂以如玉龍勒之韋爲當面飾　「面」原訛「而」，據周禮巾車鄭注及諸本改。「以」原脱，據巾車鄭注補。

〔三〕鷖總　原脱「總」，據周禮巾車鄭注補。

〔四〕翟車　「車」原訛「軍」，據諸本改。

〔五〕加青交絡帷裳　「絡」原訛「給」，據諸本改。

〔六〕明帝永平七年光烈陰皇后葬魂車鸞輅青羽蓋　原「七」訛「元」，「陰皇后」訛作「皇帝」，「鸞」訛「駕」，據宋書禮志五四九七頁改。按：北宋本作「明帝永平七年光列皇后葬魂車鴐輅青羽蓋」。傅校本、明抄本，王吴本「七」字不誤，傅校本、明抄本，明刻本「后」字不誤。

〔七〕后先蠶　原脱「后」，據北宋本、傅校本、明抄本、明刻本補。

〔八〕金薄石山軿紫絳罽軿車　原訛脱作「金博山騈紫絳罽車」，據晉書輿服志七六三頁改補。

〔九〕鐵鐺　「鐺」原訛「鉗」，據南齊書輿服志三三六頁改。

〔一〇〕金塗縱容後路鍱　「縱」原作「從」，據北宋本、傅校本、明抄本、明刻本改。

〔一一〕軛皆施金塗螭首及龍雀等諸飾　「軛」南齊書輿服志三三六頁作「抗檐」。

〔一二〕青油挾碧絹黃紋蓋漆布箱紫顏黃紋紫紋隋陰　南齊書輿服志三三六頁「挾」作「俠」，「紋」皆作「絞」，「箱」作「裹」，「顏」下有「芼」字。

〔一三〕有司穆紹議　「穆」原訛「蘇」，據魏書禮志四二八一四頁、隋書禮儀志五二〇〇頁改。下同。按：此議實太學博士王延業所定，見魏書二八一五頁。

〔一四〕並駕四馬　原脱此四字，據魏書禮志四二八一五頁、隋書禮儀志五二〇〇頁補。

〔一五〕並駕三馬　「三」原訛「四」，據魏書禮志四二八一五頁、隋書禮儀志五二〇〇頁改。

〔一六〕以適命婦家　原脱「家」，據隋書禮儀志五一九七頁補。

〔一七〕李德林奏　「奏」原訛「泰」，據諸本改。

〔一八〕紅錦絡帶　原脱「絡」，據隋書禮儀志五二〇二頁補。

〔一九〕輦車　原脱「車」，據隋書禮儀志五二一二頁補。

〔二〇〕朱質紫油通幰油畫絡帶　原訛作「紫油朱質通畫絡帶」，據舊唐書輿服志一九三四頁乙補。

〔二一〕槙文畫轓文輈　「文輈」原脱，據後漢書輿服志上三六四七頁補。

〔二二〕金塗五末　原「金」上衍「文」，據後漢書輿服志上三六四七頁删。

〔二三〕兩箱裹飾以金錦黃金塗五末　原脱「以金錦」，「塗」上衍「漆」，據晉書輿服志七六一頁補删。

〔二四〕乘後山安車　「後」晉書輿服志七六五頁作「石」。

〔二五〕旂旗九旒降龍　南齊書輿服志三三六頁無「旗」。

〔二六〕銜結綏及鈴緌　「綏」原訛「綴」，據隋書禮儀志五二〇二頁、新唐書車服志五一三頁改。

〔二七〕不革鞔而漆也　「鞔」原訛「輓」，據周禮巾車鄭注及北宋本改。

〔二八〕方箱可載任器以供役　「方箱」原倒，據周禮巾車鄭注乙。

〔二九〕中二千石以上右騑　原脱「中」，據後漢書輿服志上三六四八頁補。

〔三〇〕督車　原脱，據後漢書輿服志上三六五〇頁補。

〔三一〕導無斧車近小使車　「無斧車近」原脱，據後漢書輿服志上三六五一頁補。

〔三二〕他出乘安車大行載車其飾如金根車加施組連璧交絡四角　原脱「乘」、「其」、「車加」，「絡」訛「結」，據後漢書輿服志上三六五一頁補改。按：北宋本、傅校本、明抄本、明刻本、王吴本有「乘」「其」「車加」四字，而脱「大行載車」四字。

〔三三〕長輿車等　通考卷一一九同。後漢書輿服志上三六五一頁「輿」作「懸」。

〔三四〕灼其身爲武文　「武文」即「虎文」，杜佑諱改。

〔三五〕主簿主記兩車爲從　「從」上七字原脱，據後漢書輿服志上三六五一頁補。

〔三六〕公侯乘安車　「公」原訛「諸」，據北宋本、傅校本、明抄本、明刻本、王吴本改。

〔三七〕鏤錫叉旄　「叉」晉書輿服志七五三頁作「文」。

〔三八〕朱鑣朱鹿朱文　原訛作「朱鑣縱末鹿文」，據後漢書輿服志上三六五三頁改。

〔三九〕駕四牛　原脱「四」，據晉書輿服志七六一頁補。

〔四〇〕皁漆輪轂 「輪」原訛「較」，據晉書輿服志七六二頁改。

〔四一〕四望小車 「車」原訛「牛」，據諸本改。

〔四二〕油幢絡車 「絡」原訛「給」，據南齊書輿服志三三九頁改。

〔四三〕竹篳子壁 「篳」南齊書輿服志三三九頁作「箕」。「壁」原訛「璧」，據南齊書及諸本改。

〔四四〕檳榆爲輪 原訛脱作「措軸爲」，殿本訛作「措軸爲輪」。北宋本、傅校本、明抄本、明刻本、王吴本訛作「揩軸爲輪」。據南齊書輿服志三三九頁改補。

〔四五〕金塗支子花紐 「紐」原訛「細」，據南齊書輿服志三三九頁改。

〔四六〕轅頭後梢沓伏神承塗 「梢」原訛「稍」，據北宋本改。「塗」南齊書輿服志三三九頁作「泥」。

〔四七〕非持節都督者 「持」原訛「特」，據諸本改。

〔四八〕皁繒蓋 原脱「蓋」，據晉書輿服志七六二頁補。

〔四九〕赤轂赤屏泥 原脱前「赤」，脱「泥」，據晉書輿服志七六二頁補。

〔五〇〕又別有小使車赤轂皁蓋 此十字原脱，據晉書輿服志七六二頁補。

〔五一〕加通幰 「幰」原訛「幔」，據晉書輿服志七六二頁改。

〔五二〕軺車古將軍所乘傳也 晉書輿服志七六三頁作「軺車古之時軍車也」。

〔五三〕按漢貴輜輧而賤軺車 「貴」原在「輧」下，據晉書輿服志七六三頁移正。

〔五四〕旂旗七斿 原脱「旂」，據北宋本、傅校本、明抄本、明刻本、王吴本補。

〔五五〕蓋以黄繒爲裏金塗校具絳絲絡　「繒」原訛「絡」，「校」原訛「較」，「絳」原訛「絳」，並脱「絡」，據南齊書輿服志三三八頁及北宋本改補。

〔五六〕轂輞皆黑漆　「轂輞」原訛作「網轂」，據隋書禮儀志五一九三頁改。

〔五七〕中書監令　原脱「令」，據隋書禮儀志五一九三頁補。

〔五八〕形小如傘　「如」原訛「加」，據北宋本、傅校本、明抄本、明刻本、王吴本改。

〔五九〕王庶姓王儀同三司以上　原脱上「王」，「上」訛「下」，據隋書禮儀志五一九五頁補改。

〔六〇〕正從一品執事官　原脱「官」，據隋書禮儀志五一九六頁補。

〔六一〕二品三品乘卷通幰車　原脱「二品」，據隋書禮儀志五一九六頁補。

〔六二〕自篆以上　「上」原訛「下」，據隋書禮儀志五一九七頁改。

〔六三〕建旟畫熊虎　「旟」原訛「旗」，「虎」原訛「皮」，據北宋本、傅校本、明抄本改。按：明刻本、王吴本、殿本「虎」字不誤。

〔六四〕黑質　原脱，據隋書禮儀志五二〇三頁補。

〔六五〕唯有慘及弔喪者　「慘」北宋本、傅校本、明抄本、明刻本、王吴本作「參謁」，誤。按：「有慘」謂有期功之喪，乃南朝喪紀成語，隋書禮儀志五二一〇頁正作「有慘」。

〔六六〕五品軺車　「軺」原訛「輅」，據諸本改。

〔六七〕主妃命婦等車輅　原脱「輅」，據各本禮典目録補。

〔六八〕貴人　二字涉上而脱，據後漢書輿服志上三六四七頁補。

〔六九〕王妃　此二字原涉上而脱，據晉書輿服志七六三頁補。

〔七〇〕夫人　此二字原涉上而脱，據晉書輿服志七六四頁補。

〔七一〕乘皂交絡安車　原脱「安」，據晉書輿服志七六四頁補。

〔七二〕諸侯監國嗣子之世婦　「諸侯」間原竄入「郡公」二字，據晉書輿服志七六四頁删。

〔七三〕二千石夫人會朝及蠶　「二千石」原涉上而脱，據晉書輿服志七六四頁補。

〔七四〕皆右騑　「右」原訛「左」，據晉書輿服志七六四頁改。

〔七五〕封郡君　原脱「郡」，據晉書輿服志七六四頁補。

〔七六〕駕二　「二」原訛「一」，據宋書禮志五四九八頁改。

〔七七〕公侯特進夫人　原脱「公侯」，據宋書禮志五四九八頁補。

〔七八〕二千石夫人會朝及蠶所乘　「二千石」原涉上而脱，據宋書禮志五四九八頁補。

〔七九〕諸王太妃妃　原脱一「妃」，據隋書禮儀志五一九三頁補。

〔八〇〕侍女直乘涅幰之乘　「之」原訛「二」，據隋書禮儀志五一九三頁改。

〔八一〕車牛飾用金塗及純銀　「牛」原訛「中」，據隋書禮儀志五一九六頁及北宋本、傅校本、明抄本、明刻本，王吴本改。

〔八二〕御婉　原「御」上衍「女」，據隋書禮儀志五一九八頁及北宋本、傅校本、明抄本、明刻本、王吴本删。

〔八三〕朱絡網　「絡網」原倒，據隋書禮儀志五二二二頁乙。下同。

〔八四〕四品青偏幰其三公以下車輅　「幰」原訛「幔」，「三」原訛「王」，「輅」原訛「絡」，並據舊唐書輿服志一九三五頁改。

王文錦點校

通典卷第六十六

禮二十六　沿革二十六　嘉禮十一

輦輿　旌旗　鹵簿屬車附

輦輿夏　殷　周　秦　漢　魏　晉　東晉　宋　齊　梁　後魏　隋　大唐

夏氏末代制輦。按輦，人所輦也。傅玄子曰：〔一〕「夏名輦曰余車。」〔二〕

殷曰胡奴車。

周曰輜車，即輦也。不知何代去其輪。司馬法曰：「夏后氏二十人而輦，殷十八人而輦，周十五人而輦。」

王后輦車，組輓，有翣，羽蓋。爲輇輪，人輓之以行。有翣，所以禦風塵也。以羽作小蓋，爲翳日。

秦以輦爲人君之乘。

漢因之，以雕玉爲之，方徑六尺，或使人輓，或駕果下馬。

魏晉小出則乘之，亦多乘輿。〔三〕

東晉過江，亡其制度。至太元中，謝安率意造焉，及破苻堅於淮上，獲京都舊輦，形制無差。義熙五年，劉裕執慕容超，獲金鉦輦。

宋因之。輿車，今之小輿。犢車，軿車之流也。〔四〕

齊因之，而盛增其飾。竹蓬。箱外鑿鏤金薄，碧紗衣，織成芚，徒昆反。錦衣。箱裏及仰頂隱膝後户，金塗鏤面釘，瑇瑁帖，金塗松精，登仙花紐，緑四緣，四望紗萌子，〔五〕上下前後眉，鏤鍱。轅枕長角龍，白牙蘭，瑇瑁金塗校飾。漆障形板在蘭前，〔六〕金銀花獸攫天代龍師子鏤面，榆花鈿，金龍虎。〔七〕扶轅，銀口帶，龍板頭。龍轅軛上，〔八〕金鳳凰鈴鏁，銀口帶，星後梢，瑇瑁帖，金塗花沓，〔九〕銀星花獸幔竿杖，金塗龍牽，縱橫長網。〔一〇〕又制卧輦，校飾如坐輦，不甚服用。〔一一〕復制小輿，形如軺車，小行幸則乘之。

梁制，小輿似軺車，金裝漆畫，施八横。元正大會，乘出上殿。西堂舉哀亦乘之。行則從後。又制步輿，方四尺，上施隱膝，〔一二〕人輿上殿。天子至下賤，通得乘之。復制副輦，加笨，步本反。如犢車，通幰朱絡，謂之蓬輦。〔一三〕

後魏道武帝天興初，始修軒冕。制乾象輦，羽葆，圓蓋，畫日月、五星、二十八宿、天街、雲罕、星經曰：「昴畢爲天街。」天子出，旄頭罕畢以前驅。山林、奇瑞、遊麟、飛鳳、朱雀、玄武、騶虞、青龍，駕二十四馬。又制大樓輦車，龍輈加玉飾，四轂六衡，方輿圓蓋，金雞樹羽，寶鐸旒蘇，鸞雀立衡，〔一四〕螭龍銜軛，建太常，畫升龍日月，駕二十牛。〔一五〕又制象輦，左右金鳳白鹿，仙人，〔一六〕羽葆旒蘇，金鈴玉佩，初駕二象，後以六駝代之。復有遊觀、小樓等輦，駕十五馬。〔一七〕車等草創修制，多違舊章。

隋制輦而不施輪，通幰朱絡，飾以金玉，而人荷之。又依梁制副輦。復制輿，如輦而小，宮苑私宴御之。小輿，幰方，形同幄帳，〔一八〕自閤內升正殿御之。

大唐制，輦有七：一曰大鳳輦，二曰大芳輦，三曰仙遊輦，四曰小輕輦，五曰芳亭輦，六曰大玉輦，七曰小玉輦。轝有三：一曰五色轝，二曰常平轝，三曰腰轝。大駕鹵簿先五輅以行。

旌旗 夏 殷 周 秦 漢 後周

黃帝振兵，教熊羆貔貅貙虎，〔一九〕制陣法，設五旗五麾。

夏氏奚仲爲車正，建旗斿旐，以別尊卑等級。

殷因之。

周制，司常掌九旗：王建太常，畫日月於縿首，象天明也。其制，杠長九仞，以素錦綢之，以絳帛一幅爲縿，附於杠，畫龍於縿上。又屬十二斿於縿首，長十二仞，每斿皆畫交龍十二。〔二〇〕其杠首仍注五采羽於上。縿音所咸反。〔二一〕諸侯建旂，交龍爲旂。畫交龍者，一象升朝，一象下復。諸侯五等，若從王田獵，同建，皆九斿，象大火九星，考工記曰「弧旌枉矢」者，弧以張縿之幅，弓衣曰韣，畫枉矢。〔二二〕斿仞各隨命數。孤卿建旜，通帛爲旜。孤卿不畫，言奉王之政教而已。周尚赤，旌旗皆絳。杠仞旗斿，各隨命數。大夫士建物，雜帛爲物。以素飾其側。杠仞各隨命數。言以先王正道佐職。白，殷之色也。師都建旗，熊虎爲旗。六鄉六遂大夫謂之師都，都人所聚。〔二三〕畫熊虎者，鄉遂出軍賦，象其守猛，莫敢犯也。州里縣鄙，鄉遂之官，互約言之。考工記曰：「熊旗六斿以象伐。」伐，白虎宿也。州里建旟，鳥隼爲旟。畫鳥隼者，象其勇捷。〔二四〕縣鄙建旐，龜蛇爲旐。象其扞難辟害。四斿，象營室，營室，〔二五〕玄武宿也。道車載旞，道車，象輅也，王以朝夕燕出入所乘。全羽爲旞。全羽、析羽，皆象文德。夏采注云：「禹貢徐州貢夏翟之羽。有虞氏以爲緌，後代染羽用之。」無帛。〔二六〕斿車載旌。析羽爲旌。大麾以田，夏后氏之正色。大帛以即戎。殷之正色。翿旌，君射於國中，以翿旌爲獲。白羽與朱羽揉，鴻脰韜杠三仞。龍旃。君射於境所用也。畫龍於通帛之旃上。

秦水德，旗斿皆尚黑。其制未詳。

漢制，龍旂九斿，〔二七〕七仞，以象大火，鳥旟七斿，五仞，以象鶉火；熊旗六斿，五仞，以象參、伐；龜蛇旐四斿，四仞，以象營室；弧旌枉矢，以象弧也：此諸侯以下之所建也。

後周太常畫三辰，〔二八〕日月五星。旂畫青龍，天子升龍，諸侯交龍。旟畫朱鳥，旌畫黃麟，旗畫白虎，旐畫玄武，皆加雲氣。其旜物在軍，亦書其事號，〔二九〕加之以雲氣，徽幟亦如之。通帛爲旜，雜帛爲物。事號，所書其人官與姓名之事號。徽幟亦書之。旌節又畫白虎，而析羽於其上。又，司常掌旗物之藏。通帛之旗六，以供郊祀，蒼青朱黄白玄等旗。〔三〇〕畫繢之旗六，以充玉輅之等，〔三一〕一曰三辰之常，二曰青龍旂，三曰朱鳥旟，四曰黄麟旌，五曰白虎旗，〔三二〕六曰玄武旐：皆左建旗而右建闟戟。又有繼旗四，以施軍旅，一曰麾，以供軍將；二曰旞，以供師帥；三曰旆，音伐。以供旅帥；〔三三〕四曰旃，以供倅長。〔三四〕諸公方輅、碧輅建旂，金輅建旗，象輅建物，木輅建旐。諸侯自金輅而下，如諸公之旗。諸伯自象輅而下，如諸侯之旗。諸子自犀輅而下，如諸伯之旗。諸男自篆輅而下，如諸子之旗。三公犀輅、貝輅、篆輅建旜，木輅建旐，〔三五〕夏篆、夏縵及輚車建物。孤卿以下，各以其等建其旗。〔三六〕旌杠，皇帝六仞，諸侯五，大夫四，士三。斿，皇帝曳地，諸侯及軹，大夫及轂，士及軫。凡注毛於杠首曰綏，析羽曰旌，全羽曰旞。其縿，皇帝諸侯加以弧韣。闟戟，方六尺而被之以黻，唯皇帝諸侯輅建焉。闟戟、杠綢與旗同。

鹵簿屬車附○秦 漢 後漢 晉 東晉 宋 後魏 隋 大唐

秦制，大駕屬車八十一乘，周制，凡良車、散車不在等者，其用無常，以給遊燕及恩惠之賜。從軍所載輜重財貨之車，〔三七〕車後開户。作之有功有沽，良車功多，散車功少。鄭玄曰：「作之有功有沽。」沽，麄也，則屬車之流。及周之末，〔三八〕諸侯有貳車九乘。秦滅九國，兼其車服，故屬車八十一乘。薛綜曰：「屬者，相連屬也，皆在後，爲三行。」〔三九〕法駕半之。左右分行其車，皆皂蓋赤裏，朱轓輜，〔四〇〕戈矛弩箙，尚書、御史所載。最後一乘懸豹尾，豹尾以前比省中。小學漢官篇曰：「豹尾過後，罷屯解圍。」胡廣曰：「施之道路，故須過後，屯圍乃得解，皆所以戒不虞也。〔四一〕淮南子曰『軍正執豹皮，所以制正其衆』也。」省中即今之仗内。

漢制，乘輿大駕，備車千乘，騎萬匹，屬車八十一乘，公卿奉引，太僕御，〔四二〕大將軍參乘，祀天於甘泉用之。

後漢明帝上原陵，光武陵。大喪並因前代爲大駕，用八十一乘。祀天南郊則法駕，用三十六乘。河南尹、執金吾、雒陽令奉引，奉車郎御，侍中參乘。〔四三〕前驅有九斿雲罕，徐廣曰：「斿車九乘，前史不記形也。」史記曰：「武王剋紂，百夫荷罕旗以先驅。」張平子東京賦曰：「雲罕九斿。」薛綜曰：「旌旗名。」〔四四〕鳳凰車，闟戟車，薛綜曰：「闟之言函也，取四戟函車邊。」〔四五〕皮軒車，鸞旗車，後有金鉦車，黄鉞車，司馬法曰：「夏執玄鉞，殷執白鉞，周仗黄鉞。」〔四六〕黄門鼓車。黄門令校駕，祀天南郊。祀地、明堂省什三，〔四七〕宗廟尤省，謂之小駕。每出，太僕奉駕，中常侍、小黄門副；尚書主者，郎令史副；侍御史，蘭臺令史副。皆執注，以督整車騎，謂之護駕。春秋上陵，尤省於小駕，直事尚書一人從。

晉制，大駕鹵簿：先象車，鼓吹一部，十三人，中道。次静屋令，〔四八〕駕一，中道。式道候二人，〔四九〕駕一，分左右。次洛陽尉二人，騎，分左右。〔五〇〕次洛陽亭長九人，赤車，駕一，分三道，鼓吹正三人引。〔五一〕次洛陽令，皂車，駕一，中道。次河南中部掾，中道。河橋掾在左，功曹史在右，並駕一。次河南尹，駕駟，戟吏六人。次河南主簿，駕一，中道。次河南主記，駕一，中道。次司隸部河南從事，中道。都部從事居左，別駕從事居右，並駕一。次司隸校尉，駕三，戟吏六人。〔五二〕次司隸主簿，駕一，中道。次司隸主記，駕一，中道。次廷尉明法掾，中道。五官掾居左，功曹史居右，〔五三〕並駕一。次廷尉卿，駕駟，戟吏六人。次廷尉主簿、主記，並駕一，在左。太僕引從如廷尉，在中。宗正引從如廷尉，在右。次太常，駕駟，中道，戟吏六人。太常外部掾居左，五官掾、功曹史居右，並駕一。次光祿引從，中道。太常主簿、主記居左，衞尉引從居右，〔五四〕並駕一。次太尉外督令史，駕一，中道。次西、東、賊、倉、戶等曹屬，並駕一，引從。〔五五〕次太尉，駕駟，中道。太尉主簿、舍人各一人，祭酒二人，並駕一，在左右。次司徒引從，駕駟，中道。次司空引從，駕駟，中道。三公騎令史戟各八人，鼓吹各一部，七人。次中護軍，中道，駕駟。鹵簿左右各二行，戟楯在外，弓矢在內，鼓吹一部，七人。次步兵校尉在左，長水校尉在右，並駕一。各鹵簿左右二行，〔五六〕戟楯在外，刀楯在內，鼓吹各一部，七人。次射聲校尉在左，翊軍校尉在右，並駕一。各鹵簿左右各二行，戟楯在外，刀楯在內，鼓吹各一部，七人。〔五七〕次驍騎將軍在左，游擊將軍在右，並駕一。皆鹵簿左右引，〔五八〕各二行，戟楯在外，刀楯在內，鼓吹各一部，七人。騎隊，五在左，五在右，隊各五十匹，〔五九〕命中督二人分領左右。各有戟吏二人，麾幢、揭鼓在隊前。次左軍將軍在左，前軍將軍在右，〔六〇〕並駕一。皆鹵簿左右各二行，戟楯在外，刀楯在內，鼓吹各一部，七人。次黃門麾騎，〔六一〕中道。次黃門前部鼓吹，左右各一部，十三人，駕駟。八校尉佐仗，左右各四行，外大戟楯，次九尺楯，次弓矢，次弩，〔六二〕並熊渠、佽飛督領之。次司南車，駕駟，中道。護駕御史，騎，夾左右。次謁者僕射，駕駟，中道。次御史中丞，駕一，中道。次武賁中郎將，騎，中道。次九遊車，〔六三〕中道，武剛車夾左右，並駕駟。次雲罕車，駕駟，中道。次闟戟車，駕駟，中道，長戟邪偃向後。次皮軒車，駕駟，中道。次鸞旗車，中道，建華車分左右，並駕駟。次護駕尚書郎三人，都官郎中道，〔六四〕駕部在左，中兵在右，並騎。又有護駕尚書一人，騎，督攝前後無常。次相風，中道。次司馬督，在前，中道。左右各司馬史三人引仗，左右各六行，外大戟楯二行，次九尺楯，次刀楯，次弓矢，次弩。次五時車，左右有遮列騎。次典兵中郎，中道，督攝前卻無常。左殿中御史，右殿中監，並騎。次高蓋，中道，左罼，右罕。次御史，中道，左右節郎各四人。次華蓋，中道。次殿中司馬，中道。殿中都尉在左，殿中校尉在右，左右各四行，細楯一行在弩內，又殿中司馬一行，殿中都尉一行，殿中校尉一行。次掆鼓，〔六五〕中道。次金根車，駕六馬，中道。太僕卿御，大將軍參乘。〔六六〕左右又各增三行，爲九行。司馬史九人，引大戟楯二行，九尺楯一行，刀楯一行，由基一行，〔六七〕細弩一行，跡禽一行，槌斧一行，力人刀楯一行。〔六八〕連細楯，殿中司馬，殿中都尉，殿中校尉，爲左右各十三行。〔六九〕金根車建青旂旒十二，左右將軍騎在左右，〔七〇〕殿中將軍持鑿腦斧夾車，車後衣書主職步從，六行，合左右三十二行。次曲華蓋，中道。侍中、散騎常侍、黃門侍郎並騎，分左右。次黃鉞車，駕一，在左，御麾騎在右。次相風，中道。次中書監騎左，祕書監騎右。次殿中御史騎左，殿中監騎右。次五牛旗，赤青在左，黃在中，白黑在右。次大輦，中道。太官令丞在左，太醫令丞在右。次金根車，駕駟，不建旗。〔七一〕次青立車，次青安車，次赤立車，次赤安車，次黃立車，次黃安車，次白立車，次白安車，次黑立車，次黑安車，合十乘，並駕駟。建旗十二旒，如車色。立車正豎旗，安車斜拖之。次蹋猪車，〔七二〕駕駟，中道，無旗。次耕根車，駕駟，中道，赤旗十二旒，熊渠督左，佽飛督右。次御軺車，次御四望車，次御衣車，次御書車，次御藥車，並駕牛，中道。次尚書令在左，尚書僕射在右，又尚書郎六人，分左右，並駕一。又治書侍御史二人，分左右，又侍御史二人，分左右，又蘭臺令史分左右，並騎。次豹尾車，駕一。自豹尾車後而鹵簿盡矣。但以神弩二十張夾道，至後部鼓吹，其五張神弩置一將，左右各二將。次輕車二十乘，左右分駕。次流蘇馬六十匹。次金鉞車，駕三，中道。左右護駕尚書郎并令史，並騎，各一人。次金鉦車，駕三，中道。左右護駕侍御史并令史，並騎，各一人。次黄門後部鼓吹，左右各十三人。次戟鼓車，駕牛，二乘，分左右。次左大鴻臚外部掾，右五官掾、功曹史，並駕一。次大鴻臚，駕駟，鉞吏六人。〔七三〕次大司農引從，中道，左大鴻臚主簿、主記，〔七四〕右少府引從。次三卿，並騎，吏四人，鈴下二人，執馬鞭辟車六人，執方扇羽林十人，朱衣。次領軍將軍，中道。鹵簿左右各二行，九尺楯在外，弓矢在内，鼓吹如護軍。次後軍將軍在左，右軍將軍在右，各鹵簿鼓吹如左軍、前軍。次越騎校尉在左，屯騎校尉在右，各鹵簿鼓吹如步兵、射聲。次領、護、驍騎、遊擊校尉，〔七五〕皆騎，吏四人，乘馬夾道，都督兵曹各一人，乘馬在中。騎將軍四人，騎校、鞉角、金鼓、鈴下、信幡、軍校並駕一。功曹史、主簿並騎從。繖扇幢麾各一騎，鼓吹一部，七騎。次領護軍，加大車斧，五官掾騎從。次騎十隊，隊各五十匹。將一人，持幢一人，持鞉一人，並騎在前，督戰伯長各一人，並騎在後，羽林騎督、幽州突騎督分領之。郎簿十隊，〔七六〕隊各五十人，絳袍將一人，騎、鞉角各一人，在前；督戰伯長一人，步，在後。騎皆持矟。次大戟一隊，九尺楯一隊，刀楯一隊，弓一隊，弩一隊，五隊隊各五十人。黑袴褶將一人，騎校、鞉角各一人，步，在前；督戰伯長各一人，步，在後。金顔督將並領之。其屬車，因後漢制。復制御衣、御書、御軺、御藥等車，駕牛。陽燧四望繐窗皁輪小形車。〔七七〕

東晉屬車，五乘而已。加綠油幢，朱絲絡飾青交路，黃金塗五末，其輪轂猶素，兩箱無金錦之飾，其一車又是軺車。舊儀，天子所乘駕六。太興中，屬車唯九乘，〔七八〕苻堅敗，又得僞車輦，增爲十二乘。

宋孝建中，尚書令建平王宏議：「屬車起秦八十一乘及三十六乘，並不出經典，自胡廣、蔡邕傳説耳。又是從官所乘，非常副車正數。江左五乘，則儉不中禮。帝王文物旗旒，皆十二爲節。今宜依禮十二乘爲制。」〔七九〕

後魏道武帝天興二年，命禮官采古法，制三駕鹵簿。一曰大駕，設五輅，建太常，屬車八十一乘。平城令、代尹、司隸校尉、丞相奉引，太尉陪乘，太僕御從。輕車介士，千乘萬騎，魚麗鴈行。前驅皮軒、闟戟、芝蓋、雲罕、指南；後殿豹尾。鳴笳唱，上下作鼓吹。〔八〇〕軍戎、大祠則設之。二曰法駕，屬車三十六乘。平城令、代尹、太尉奉引，侍中陪乘，奉車都尉御。巡狩、小祠則設之。三曰小駕，屬車十二乘。平城令、太僕奉引，常侍陪乘，奉車郎御。遊宴離宮則設之。

天賜二年初，改大駕魚麗鴈行，更爲方陣鹵簿。列步騎，内外爲四重，列標建旌，通門四達，〔八一〕五色車旗，各處其方。諸王導從在甲騎内，公在幢内，侯在步稍内，子在刀楯内，五品朝臣夾列乘輿前兩箱，官卑者先引。王公侯子車（後魏制除伯男爵。）旒麾蓋信幡及散官構服，一皆絳黑。〔八二〕隋煬帝大業初，復備大駕，屬車備八十一乘，並如犢車，紫通幰，朱絲絡，黄金飾，駕一牛。在鹵簿中，單行正道。後帝嫌多，大駕減爲三十六乘，法駕宜用十二，小駕除之可也。大唐大駕屬車十二乘，大駕行幸，則分前後施於鹵簿之内。若大陳設，則分左右施於衛内。其鹵簿制，具開元禮。

校勘記

〔一〕傅玄子　原訛「傅元子」，據北宋本、傅校本、明刻本、王吴本改。

〔二〕夏名輦曰余車　「余」原訛「輿」，據宋書禮志五四九七頁及北宋本、傅校本、明抄本改。

〔三〕魏晉小出則乘之亦多乘輿　「之」原作「輦」，「多」原訛「名」，據北宋本改。

〔四〕輿車今之小輿犢車輧車之流也　北宋本、傅校本、明抄本作「按小輿今之犢車輧車之流」，明刻本、王吴本作「按小輿今之鉦車輧車之流」。殿本、局本改作「按小輿輧車今犢車之流」，皆誤。今據宋書禮志五四九七頁改。按：杜佑失讀，遂誤合二爲一，不知輿車犢車不相涉也。

〔五〕登仙花紐緑四縁四望紗萌子　「紐」原作「細」，北宋本、王吴本作「鈿」，今據南齊書輿服志三三七頁改。按：玉路亦有登仙紐之飾，見南齊書三三四頁。又「四縁」原脱，亦據南齊志補。

〔六〕漆障形板在蘭前　「形」南齊書輿服志三三七頁作「塵」。

〔七〕攫天代龍師子鏤面榆花鈿金龍虎　「代」通考卷一一六作「伐」，南齊書輿服志三三七頁無此字。又南齊志「榆花鈿」下有「指子摩尼炎」五字。

〔八〕扶轅銀口帶龍板頭龍轅軛上　原脱作「扶轅軛上」，據南齊書輿服志三三七頁補。

〔九〕金塗花沓　「花」南齊書輿服志三三七頁作「香」。

〔一○〕縱横長網　「網」南齊書輿服志三三七頁作「裲」。

〔一一〕不甚服用　「甚」原訛「堪」，據南齊書輿服志三三七頁改。

〔一二〕上施隱膝　「膝」原訛「漆」，據北宋本、傅校本、明刻本改。

〔一三〕謂之蓬輦　「謂」原訛「魏」，據諸本改。

〔一四〕鸞雀立衡　「雀」原訛「少」，據諸本改。

〔一五〕駕二十牛　「二十」御覽卷七七四三四三四頁作「十二」。

〔一六〕左右金鳳白鹿仙人　魏書禮志四二八一二頁作「左右鳳凰白馬仙人前却飛行」。

〔一七〕復有遊觀小樓等輦駕十五馬　按：魏書禮志四二八一二頁遊觀輦駕馬十五匹，而小樓輦則駕牛二十。杜佑節寫失當。

〔一八〕小輿幰方形同幄帳　原脱「幰」，據隋書禮儀志五二一○頁補。

〔一九〕貔貅　「貅」原訛「豺」，據北宋本、傅校本、明抄本、明刻本改。

〔二〇〕交龍十二　「二」原訛「三」，據北宋本、傅校本、明抄本、明刻本、王吳本改。

〔二一〕繆音所咸反　「咸」原訛「感」，據北宋本、傅校本、明抄本改。

〔二二〕考工記曰弧旌枉矢者弧以張縿之幅弓衣曰韣畫枉矢　此二十二字原脱，殿本同。據北宋本，王吳本補。兩本脱「幅」，據周禮考工記鄭注補。傅校本、明抄本脱「幅」、「畫枉矢」四字。

〔二三〕都人所聚　「所」原訛「之」，據周禮司常鄭注改。「人」鄭注作「民」，杜氏諱改。

〔二四〕象其勇捷　「捷」原訛「健」，據周禮司常鄭注及北宋本、傅校本、明抄本、明刻本改。

〔二五〕營室　原涉上而脱，據北宋本、傅校本、明抄本、明刻本補。

〔二六〕禹貢徐州貢夏翟之羽有虞氏以爲緌後代染羽用之無帛　原脱「之」，「緌」訛「綏」，據周禮夏采注補改。原脱「代」，脱「無帛」，據北宋本、傅校本、明抄本、王吳本補。

〔二七〕龍旂九斿　「斿」原訛「旃」，據後漢書輿服志上三六四二頁及北宋本、傅校本、明刻本、王吳本改。

〔二八〕太常畫三辰　原訛作「太常寺畫辰」，據諸本改。

〔二九〕亦書其事號　「書」原訛「畫」，據隋書禮儀志五一九九頁改。

〔三〇〕蒼青朱黃白玄等旗　原訛作「黃赤黃白玄等旗」，諸本作「蒼赤黃白玄等旗」，據隋書禮儀志五一九九頁補改。

〔三一〕畫繢之旗六以充玉輅之等　「畫」上原衍「三辰之常」，據隋書禮儀志五一九九頁删。「充」原訛「供」，據諸本改。

〔三二〕二曰青龍旂三曰朱鳥旟四曰黃麟旌五曰白虎旗　「旂」「旗」原互訛，據明刻本、王吳本移正。「鳥」原訛「雀」，據隋書禮儀志五一九九頁及北宋本、傅校本、明抄本、明刻本、王吳本改。

〔三三〕以供旅帥。「旅」原訛「旒」，據北宋本、傅校本、明抄本、明刻本、王吳本改。

〔三四〕以供倅長　「倅」原訛「卒」，據隋書禮儀志五一九九頁改。

〔三五〕篆輅建旜木輅建旐。「旜」原訛「旗」，又脫「木輅建」，據隋書禮儀志五一九九頁改補。

〔三六〕各以其等建其旗　原脫「建」，據隋書禮儀志五一九九頁補。

〔三七〕從軍所載輜重財貨之車　原「財貨」在「輜重」上，據北宋本、傅校本、明抄本、明刻本、王吳本乙正。

〔三八〕及周之末　原作「周末」，清人擅刪「及」「之」二字，今據北宋本、傅校本、明抄本、明刻本、王吳本補回。

〔三九〕爲三行　原脫「爲三」，據後漢書輿服志上劉昭注三六四九頁補。按：北宋本、傅校本、明抄本、王吳本作「貳行」，亦誤。屬車八十一乘，爲三行，則每行二十七乘。爲貳行則奇偶不整。

〔四〇〕朱轓輜　後漢書輿服志上三六四七頁無「輜」字。

〔四一〕皆所以戒不虞也　「皆」原訛「罷」，據後漢書輿服志五三六五〇頁及北宋本、傅校本、明抄本、明刻本改。

〔四二〕太僕御　原脫「御」，據後漢書輿服志上三六四八頁補。

〔四三〕奉車郎御侍中參乘　原「御」下衍「史」，據後漢書輿服志上三六四九頁刪。

〔四四〕旌旗名　原作「罕旌旗名也」，衍「罕」，衍「也」，據後漢書輿服志上劉昭注三六四九頁及北宋本、傅校本、明抄本、明刻本删。

〔四五〕闟之言函也取四戟函車邊　原「之」下衍「爲」，兩「函」皆訛「垂」，「邊」下衍「也」，並據後漢書輿服志上劉昭注三六四九頁删改。按：北宋本、傅校本、明抄本、明刻本、王吴本不衍「爲」、「也」。

〔四六〕周仗黄鉞　「仗」原訛「執」，據後漢書輿服志上劉昭注三六四九頁及北宋本、傅校本、明抄本、明刻本改。

〔四七〕祀地明堂省什三　「省十三」原脱，據後漢書輿服志上三六五〇頁補。

〔四八〕静屋令　「屋」原作「室」，據北宋本、傅校本、明抄本、明刻本、王吴本改。

〔四九〕式道候　「候」原訛「侯」，據晉書輿服志七五七頁及北宋本、傅校本、明抄本、王吴本改。

〔五〇〕分左右　「左右」原倒，據諸本乙。

〔五一〕鼓吹正二人引　晉書輿服志七五七頁、通鑑卷一三六胡注四二八五頁「鼓」作「各」，疑是。

〔五二〕戟吏六人　通考卷一一六同。晉書輿服志七五七頁、通鑑卷一三六胡注四二八五頁「六」作「八」。

〔五三〕功曹史居右　「史」原訛「吏」，據晉書輿服志七五七頁及北宋本、傅校本、明抄本、明刻本改。下同。

〔五四〕太常主簿主記居左衛尉引從居右　晉書輿服志七五七頁、通鑑卷一三六胡注四二八五頁同。北宋本、傅校本、明抄本、明刻本、王吴本無「主簿」、「引從」。

〔五五〕次西東賊倉户等曹屬並駕一引從　「西東」原倒，「賊」上衍「捕」，脱「並」，據晉書輿服志七五七頁、通鑑卷一三六胡注四二八五頁乙改删補。又「引」北宋本、傅校本、明抄本、明刻本、王吳本作「列」。

〔五六〕各鹵簿左右二行　原脱「各」，據晉書輿服志七五七頁、通鑑卷一三六胡注四二八五頁補。

〔五七〕次射聲校尉在左翊軍校尉在右並駕一各鹵簿左右各二行戟楯在外刀楯在內鼓吹各一部七人　此三十九字原涉上而脱，據晉書輿服志七五八頁補。

〔五八〕左右引　原脱「引」，據晉書輿服志七五八頁、通鑑卷一三六胡注四二八五頁補。

〔五九〕隊各五十匹　原「十」下衍「四」，據晉書輿服志七五八頁删。北宋本、傅校本、明抄本、明刻本、王吳本作「隊各五匹」，脱「十」。按：下文亦有「隊各五十匹」一語。

〔六〇〕次左軍將軍在左前軍將軍在右　原「左」「前」下各脱一「軍」字，據下文意訂補。按：下文豹尾車過後，行列中有云「次後軍將軍在左，右軍將軍在右，各鹵簿鼓吹如左軍、前軍」。各鹵簿鼓吹如左軍前軍者，即此摘句下之「皆鹵簿左右各二行，戟楯在外，刀楯在內，鼓吹各一部七人」也。知此「左將軍」、「前將軍」實爲「左軍將軍」、「前軍將軍」之脱誤。姚鼐惜抱軒筆記反據此而疑下文金根車兩側之左右將軍當爲左軍將軍、右軍將軍。殊不知豹尾車前比省中，左右將軍位尊，固應在「省中」金根車兩側護衞，而四軍將軍差卑，自宜在「省中」之外前後導引衞從，脱誤在此不在彼也。

〔六一〕次黄門麾騎　原脱「門」，據晉書輿服志七五八頁、通鑑卷一三六胡注四二八五頁補。

〔六二〕次弩　原脱「次」，據晉書輿服志七五八頁、通鑑卷一三六胡注四二八五頁補。

〔六三〕九遊車　「遊」原訛「斿」，據晉書輿服志七五八頁及北宋本改。

〔六四〕都官郎中道　「官」原訛「部」，據諸本改。

〔六五〕次撻鼓　「撻」原訛「檛」，據晉書輿服志七五九頁、通鑑卷一三六胡注四二八六頁改。

〔六六〕太僕卿御大將軍參乘　原脱「卿御」「乘」三字，致不成語，據晉書輿服志七五九頁、通鑑卷一三六胡注四二八六頁補。

〔六七〕由基一行　原無，據晉書輿服志七五九頁、通鑑卷一三六胡注四二八六頁補。按：玄宗名隆基，似杜佑有意避省者。

〔六八〕力人刀楯一行　原脱「力人」，據晉書輿服志七五九頁、通鑑卷一三六胡注四二八六頁補。

〔六九〕爲左右各十三行　「三」原訛「二」，據北宋本、傅校本、明抄本、明刻本、王吴本改。按：下云「車後衣書主職步從六行，合左右三十二行」，故知此左右各爲十三行。

〔七〇〕左右將軍騎在左右　晉書輿服志七五九頁、通鑑卷一三六胡注四二八六頁並作「左將軍騎在左，右將軍騎在右」，通典節寫而意同。姚鼐惜抱軒筆記謂：當云左軍將軍、右軍將軍，此脱兩「軍」字，與前引從左將軍右將軍無別矣。按：此自不誤，姚疑不當疑，説詳〔六〇〕條校記。又，前載引從官員亦未出現「右將軍」。

〔七一〕次金根車駕駟不建旗　此九字原脱，據晉書輿服志七五九頁、通鑑卷一三六胡注四二八六頁補。

〔七二〕次蹋猪車　「蹋」原訛「闒」，據晉書輿服志七五九頁、通考卷一一六、通鑑卷一三六胡注四二八六頁改。

〔七三〕鉞吏六人　「鉞」原訛「戟」，據晉書輿服志七六〇頁、通鑑卷一三六胡注四二八七頁改。

〔七四〕左大鴻臚主簿主記　原脱「左」，據晉書輿服志七六〇頁、通鑑卷一三六胡注四二八七頁補。

〔七五〕遊擊校尉　「擊」原訛「軍」，晉書輿服志同。據周家禄晉書校勘記改。

〔七六〕郎簿十隊　「簿」原訛「部」，據晉書輿服志七六〇頁、通考卷一一六、通鑑卷一三六胡注四二八七頁及北宋本、傅校本、明抄本、明刻本改。

〔七七〕陽燧四望繐窗皁輪小形車　「繐」原訛「幰」，並脱「窗」「車」三字，據晉書輿服志七五六頁改補。

〔七八〕太興中屬車唯九乘　「太」原訛「元」，南齊書輿服志三三三頁云「元明時屬車唯九乘」。元帝年號爲太興、永昌，明帝爲太寧，有「太興」，無「元興」，故據改。

〔七九〕今宜依禮十二乘爲制　「今」原訛「令」，據諸本改。

〔八〇〕上下作鼓吹　「下」原訛「不」，據魏書禮志四二八一三頁改。

〔八一〕通門四達　原訛脱作「通門建」，據魏書禮志四二八一三頁補改。

〔八二〕一皆絳黑　「絳」魏書禮志四二八一四頁作「純」。

王文錦點校

通典卷第六十七

禮二十七　沿革二十七　嘉禮十二

天子敬父　皇后敬父母　養老　天子拜敬保傅太子及諸王見師禮附
諸王公主敬姑叔　羣臣致敬太后父　羣臣侍坐太子後來并公卿致敬太子東宮臣上牋疏見公卿儀百官上表不稱其名附

天子敬父虞　漢　魏　晉

虞舜踐帝位，乃載天子旌旗，往朝瞽瞍，唯謹以子道。

漢高帝五日一朝太公，後加尊號爲太上皇。具追尊祖考篇。〔一〕

魏廢帝常道公璜景元元年十一月，燕王表賀冬，稱臣。帝即燕王宇之子，宇稱臣，故以爲疑。詔曰：「古之王者，或有不臣。今王宜依此，表不稱臣乎？又當爲報答。夫係大宗者，降其私親，況所係者重耶！若便同之臣妾，〔二〕朕所未安。其皆依禮典處，當務盡其宜。」〔三〕

有司議奏，以爲：「禮莫崇於尊祖，制莫重於王典。〔四〕陛下紹大宗之重，崇三祖之業。伏惟燕王體尊戚屬，〔五〕正位藩服，躬秉虔肅，以先萬國，其於王典，〔六〕闡濟大順，誠宜割以非常之制，奉以不臣之禮。臣等平議，〔七〕以爲：燕王章表，可聽如舊式；中詔所施，宜曰皇帝敬問大王侍御。」議又云：「至於制書，國之舊典，朝廷所以辨章於天下者也。宜循法故，曰制詔燕王。」〔八〕議又曰：「凡詔命、制書、奏事、上書、文書，有應稱燕王者，皆云上字；其非宗廟助祭之事，不得稱王名；奏事上書及吏人，皆不得觸王諱：以彰殊禮，加於羣后。庶上遵王典尊祖之制，俯順聖旨敬承之心。」

晉何琦議曰：「父母之尊，擬則天地；君親之道，資敬是同。今承受命運，君臨率土，〔九〕而父以子尸天禄，〔一〇〕不敢子天子，以明王者之道，而子雖以爲天子必有尊也。〔一一〕推斯以言，父自必臣天位之君，而子自必尊天性之父。」

皇后敬父母 後漢　晉　東晉

後漢獻帝皇后父、屯騎校尉不其亭侯伏完朝賀公庭，〔一二〕完拜如衆臣；及皇后在離宫，后拜如子禮。三公八座議：「或以爲，皇后天下之母也，完雖后父，不可令后獨拜於朝。或以爲，當交拜，令后存人子之道，完不廢人臣之義。又子尊不加於父母，『雖爲天王后，〔一三〕

猶曰吾季姜』，欲令完猶行父法，后專奉子禮，公私之朝，后當獨拜。或以爲，皇后至尊，父亦至親，交拜則父子無別，完拜則傷子道，后拜則損至尊，欲令公朝者完拜如衆臣，於公宮后拜如子。〔二四〕不知四者，何是正禮？」鄭玄議曰：「四者不同，抑有由焉。天子所不臣者三，〔二五〕其一，后之父母也。天子尚不臣，〔二六〕況於后乎！春秋魯隱公二年，紀裂繻來逆女。〔二七〕冬，伯姬歸於紀。又桓八年，〔二八〕祭公來，遂逆王后於紀。九年，紀季姜歸於京師。或言逆女，或言逆王后，蓋義有所見也。女雖嫁爲隣國夫人，其尊無以加於父母；嫁於天子者，此雖已女，成言曰王后，明當時之尊，得加父母也。紀季姜歸於京師，更稱其字者，得行禮而戒之，其尊安可加父母耳。今不其亭侯在京師，禮事出入，宜從臣禮。若后息離宮，〔二九〕及歸寧父母，從子禮。」丞相徵事邴原駁曰：「孝經云：〔三〇〕『父子之道，天性也。』明王之章，先陳事父之孝。女子子出，〔三一〕降其父母，婦人外成，不能二統耳。春秋左氏傳曰：『紀裂繻來逆女。』列國尊同，逆者謙不敢自成，故以在父母之辭言之，禮敵必三讓之義也。祭公逆王后於紀者，至尊以無外，辭無所屈，成言曰王后。紀季姜歸於京師，尊已成，稱季姜，從紀，子尊不加於父母之明文也。如皇后於公庭官僚之中，令父獨拜，違古之道，斯義何施。漢高五日一朝太上皇，家令譏子道不盡，欲微感之，令太上皇擁篲卻行稱臣。雖去聖久遠，禮文闕然，父子之義，五品之常，不易之道，寧爲公私易節？公庭則爲臣，在家則爲父，是違禮而無常也。言子事父無貴賤，又云子不爵父。」

晉武帝太康元年，楊皇后親蠶。儀注曰：「皇后乘輦，羣臣皆拜，安昌君平立。〔二二〕安昌君，楊皇后父也。至壇，下輦，后乃拜安昌君。及升壇，后乃爲安昌君設榻於其位。至還，后復拜。」

東晉穆帝永和九年，褚太后見父，博士胡訥議從漢邴原議。又按武帝楊后公庭之內，皇后拜安昌君也，則公羊傳子尊不加於父母焉。博士徐禪依鄭玄議曰：「臣聞成均之法，導以忠孝，歷代同之。故鄭玄意，〔二三〕王庭正君臣之禮，私覿全父子之親，是大順之道也。按先朝羊玄之，羊后之父也。公朝之敬，躬秉臣節；后之歸寧，亦執子禮。〔二四〕雖無記注，今朝士備識。而先蠶儀，乃太康中事，至惠帝之代，玄之便自不可同漢代。四說之異，歷代垂疑，此論不成，由來尚矣。」中書監何充曰：「如禪所正，可勅御史，左將軍入在公庭，則修臣敬；皇太后歸寧之日，則全子禮。申攝內外奉行。」〔二五〕太后詔：「典禮未詳，情所不安。」〔二六〕司徒蔡謨議：「父子者，天倫之極尊也；君臣者，人爵之至敬也。〔二七〕先王之制，不以人爵之貴，加於天倫之尊。經曰『雖天子，必有尊也』。言有父也。是以虞舜、漢祖雖身爲帝，父爲匹夫，敬事之禮，不異畎畝之中，此先聖之遺範也。鄭玄注禮，言『子事父，無貴賤』。又云『子不爵父，嫌卑之也』。加其爵位，猶所不敢，況乃南面而受拜乎！今皇太后雖臨朝，王者之父，本無拜禮。」何充又奏：「依鄭玄議，君臣，父子之道存焉。燕王稱臣於魏，竇武録尚書於漢，已行之舊典也。」燕王，魏廢帝父。竇武，漢竇后父。太后詔：「具所啓舊典，誠無以相易，然此實所悚懼不寧者也。」何充與庾翼書：「褚將軍還朝，值太后臨朝，時議褚侯雖后父，乃晉臣也，宜用鄭議。或謂褚生宜不拜耳，不稱臣，〔二八〕燕王非比也。又謂竇武雖受爵太后，録尚書事，而漢無拜文爲疑，故恐大義乖錯。褚侯既不拜，便是異姓太上皇也。此巍巍，亦庶姓不敢安。」翼答曰：「中古以上，未有母后臨朝，女主當陽者也，乃起漢耳，雖或權宜，僕所不然處也。代主雖有幼蒙，萬機寄於家宰，無以坤德陵乾矣。〔二九〕當今后德賢明，褚侯讜正，得令參貳阿衡，〔三〇〕遐邇之幸。議者謂燕王不足爲準，竇武無拜文，此制不出賢聖也。武既受其爵位，亦無不拜理也。〔三一〕鄭君之言，適合情禮。〔三二〕今太后既臨天位，褚侯便是人臣，人臣而不拜君位，受官而不循天則，竊所未安。〔三三〕若欲遠準古義，〔三四〕『雖爲天王后，猶曰吾季姜』，秦漢以前事不與今同。〔三五〕漢加太上皇，太上未見崇戴，即是子爲天子父爲上者耳，乃見崇號位，冠帝王爲非喻也。〔三六〕今褚侯由來晉臣，不可得準。」

養老 虞 夏 商 周 後漢 魏 後魏 北齊 後周 大唐

虞氏深衣而養老，凡養老之服，皆其時王所與羣臣燕之服也。有虞氏質，深衣而已。孔穎達云：「人君養老有四種：一是養三老五更；二是子孫爲國死難，而王養死者父祖；三是養致仕之老；四是引户校年養庶人之老。四代皆然。」養國老於上庠，養庶老於下庠，而用燕禮。庠，養也。上庠，右學大學也，在西郊。下庠，左學小學也，在國中王宮之東。〔三七〕其禮尚矣。憲養氣體而不乞言，憲，法也。養之爲法其德行，自五帝則有斯也。

有善則記之，爲惇史。惇史，史惇厚者也。〔三八〕

夏氏燕衣而養老，改虞制而尚黑衣裳。養國老於東序，養庶老於西序，而用饗禮。東序，東膠也，亦太學，在國中王宮之東。西序在西郊。

殷人縞衣而養老，殷尚白而縞衣裳。養國老於右學，養庶老於左學，而用食禮。食音嗣下同。

周制，玄衣而養老，玄衣素裳。養國老於東膠，膠之言糾也。養庶老於虞庠，虞庠在國之西郊，皆學名也。異者，四代相變耳。或上西，或上東，或貴在國，或貴在郊。周之小學，爲有虞氏之庠制，是以名虞庠云。其立鄉學亦如之。兼用虞燕夏饗殷食之禮。兼用之，備陰陽也。凡飲養陽氣，凡食養陰氣；〔三九〕陽用春夏，陰用秋冬。夏官羅氏仲春羅春鳥，獻鳩以養國老。春鳥，蟄而始出者。是時鷹化爲鳩。鳩與春鳥變舊爲新，〔四〇〕宜以養老助生氣也。月令：仲秋，天子「養衰老，授几杖，行糜粥飲食」。行猶賜也。〔四一〕五十養於鄉，六十養於國，七十養於學，達於諸侯。天子諸侯養老同也。八十拜君命，一坐再至，九十使人受。命謂君不親饗食，必以其禮致之。凡三王養老，皆引年。已而引户校年，當行復除也。老人衆多，非賢者不可皆養。乞言合語之禮，皆小樂正詔之於東序。乞言，養老人之賢者，因從乞善言可行者也。〔四二〕合語，謂鄉射、鄉飲酒、大射、燕射之屬也。〔四三〕鄉射記曰：「古者於旅也語。」凡大合樂，必遂養老。大合樂謂春入學釋菜合舞，秋頒學合聲。〔四四〕於是時也，天子則視學焉。遂養老者，謂用其明日也。天子視學，大昕鼓徵，所以警衆也。早昧爽擊鼓，以召衆。警猶起也。周禮：「凡用樂，大胥以鼓徵學士。」衆至，然後天子至，乃命有司行事，興秩節，祭先師先聖焉。興猶舉也。秩，常也。節猶禮也。使有司攝其事，舉常禮祭先師先聖。不親祭之者，視學觀禮耳，非爲彼報也。有司卒事反命。告祭畢也。祭畢，天子乃入。〔四五〕始之養也，又之養老之處。凡大合樂，必遂養老，是以往焉。言始，始立學也。〔四六〕適東序，釋奠於先老，〔四七〕親奠之者，己所有事也。養老東序，則是視學於上庠。〔四八〕遂設三老五更羣老之席位焉。三老五更各一人也。皆年老更事致仕者也，〔四九〕能更知三德五事也。天子以父兄養之，〔五〇〕示天下之孝悌也。名以三五者，取象三辰五星，天所因以照明天下者。三老如賓，五更如介，羣老如衆賓也。適饌省醴，養老之珍具，親視其所有。遂發咏焉，退脩之，以孝養也。發咏謂以樂納之。〔五一〕退修之謂既迎而入，〔五二〕獻之以醴，獻畢而樂闋。〔五三〕反，登歌清廟。反謂獻羣老畢，皆升就席也。反就席，乃席工於西階上，〔五四〕歌清廟以樂之。既歌而語，以成之也。言父子君臣長幼之道。語，談說也。歌備而旅，旅而說父子君臣長幼之道。下管象，舞大武。象周武王伐紂之樂也。〔五五〕有司告以樂闋，闋，終也。王乃命公侯伯子男及羣吏曰：「反養老於東序。」終之以仁也。羣吏，鄉遂之官。王於燕之末，而命諸侯時朝會在此者，各反養老如此禮，是終其仁心。食三老五更，天子袒而割牲，執醬而饋，執爵而酳，冕而總干，所以教諸侯之悌也。冕而總干，親在舞位也。三者，道成於三，謂天地人也。老者，舊也，壽也。詩云「方叔元老」，書稱無遺耇老之言，〔五六〕則罔所愆。五者，訓於五品。〔五七〕更者，更也，五代長子更相代，言其能以善道改更己也。〔五八〕故三老五更皆取有道，妻、男女完具者爲之。〔五九〕鄭玄曰：「老、更，互言之耳，〔六〇〕皆老人更知三德五事者也。」蔡邕曰：「更當爲叟。」

後漢明帝永平二年三月，以李躬爲三老，桓榮爲五更，帥羣臣養於辟雍。月令章句曰：「三老，國老也。五更，庶老也。」應劭漢官儀曰：〔六一〕「三老、五更，三代所尊。安車軟輪，送迎至家，天子獨拜於屏。」鄧辰曰：「漢直以一公爲三老，五更無常。」先吉日，司徒上太傅若講師故三公人名，用其德行年耆高者一人爲三老，次一人爲五更也。盧植曰：「選三公老者爲三老，卿大夫中老者爲五更也。」皆服都紵大袍單衣，皁緣領袖中衣，冠進賢，扶玉杖。〔六二〕五更亦如之，不杖。皆齋於太學講堂。其日，乘輿先到辟雍禮殿，御坐東廂，遣使者安車軟輪迎三老、五更。〔六三〕天子迎於門屏，交禮，道自阼階，〔六四〕三老升自賓階。至階，天子揖如禮。三老升，東面，三公設几，九卿正履，〔六五〕天子親袒割牲，執醬而饋，執爵而酳，祝鯁在前，祝饐在後。五更南面，三公進供禮，亦如之。譙周五經然否曰：「漢初或云三老答天子拜，遭王莽亂，法度殘缺。漢中興，定禮儀，羣臣欲令三老答拜。城門校尉董鈞駁云：〔六六〕『所以養三老，以教事父母之道也。〔六七〕若答拜，是使天下答子拜也。』」譙周論曰：「禮，尸服上服，〔六八〕猶以非親之故答子拜，士見異國君，亦答士拜，是皆不得視猶子也。」虞喜曰：〔六九〕「漢儀，於門屏交禮，交禮即答拜矣。中興謬從鈞議，後已革之，甚得禮意。」明日皆詣闕謝恩，以見禮遇太尊著故也。和帝以魯丕爲三老，安帝亦以魯丕爲三老，又以李充爲三老。元初四年，詔曰：「月令仲秋，『養衰老，授几杖，行糜粥』。方今八月，按比之時，郡縣多不奉行，雖有糜粥，糠粃泥土相半，不可飲食。」按此詔，漢代猶依月令施政事。靈帝以袁逢爲三老，賜以玉杖。玉杖長九尺，端以鳩爲飾，鳩者不咽之鳥，欲老人之不咽也。

魏高貴鄉公甘露二年，天子親帥羣司行養老之禮於太學，命王祥爲三老，鄭小同爲五更。祥南面，几杖，以師道自居。天子北面，乞言。祥陳明王聖帝君臣政化之要以訓之，聞者莫不砥礪。

後魏孝文帝太和十六年，詔以前司徒尉元爲三老，前大鴻臚卿游明根爲五更。於明堂設國老位、庶老位於階下。皇帝再拜三老，親袒割牲，執醬而饋，執爵而酳；於五更行肅拜之禮；賜國老、庶老衣服有差。既而三老言曰：「自古人所崇，莫重於孝順。然五孝六順，〔七〇〕天下之所先。願陛下重之，以化四方。」帝曰：「孝順之道，天地之經，今承三老明言，銘之朕懷。」五更言曰：「夫至孝通靈，至順感幽，故經云『孝悌之至，通於神明，光於四海』。〔七一〕願陛下念之，以濟黎庶。」帝曰：「五更助三老以言至範，敷展德音。當克己復禮，以行來授。」禮畢，乃賜步輓一乘。詔曰：「三老可給上公之禄，五更可食元卿之俸，〔七二〕供養之味，亦同其例。」

北齊制，仲春令辰，陳養老禮。先一日，三老五更齋於國學。皇帝進賢冠，玄紗袍，至辟雍，入總章堂。列宫懸。王公以下及國老庶老各定位。司徒以羽儀武賁安車，迎三老五更於國學。並進賢冠，玄服，黑舄，素帶。國子生黑介幘，青衿，單衣，乘馬從以至。皇帝釋劍，執珽，迎於門内。三老至門，五更去門十步，皆降車以入。皇帝拜，三老五更攝齊答拜。皇帝揖進，三老在前，五更在後，升自右階，就筵。三老坐，五更立。皇帝升堂，北面。公卿升自左階，北面。三公授几杖，卿正履，〔七三〕國老庶老各就位。皇帝拜三老，羣臣皆拜。〔七四〕不拜五更。乃坐。皇帝西面，肅拜五更。進珍羞酒食，〔七五〕親袒割牲，執醬以饋，執爵而酳。以次進五更。又設酒酏於國老庶老。〔七六〕皇帝升御坐，三老乃論五孝六順，典訓大綱。皇帝虛躬請受，〔七七〕禮畢而還。又都下及外州人年七十以上，賜鳩杖黃帽。有勅則給，不爲常也。

後周武帝保定三年，詔以太傅燕國公于謹爲三老，賜延年杖。皇帝幸太學以食之。三老入門，皇帝迎拜門屏之閒，三老答拜。設三老席於中楹，南向。太師晉國公宇文護升階，設几於席。三老升席，南面憑几而坐。大司寇楚國公豆盧寧升階，正舃。皇帝升，立於斧扆之前，西面。有司進饌，皇帝跪設醬豆，〔七八〕親袒割牲。三老食訖，皇帝又親跪授爵以酳，撤去。皇帝北面立，訪道，三老乃起，立於席後。皇帝曰：「猥當天下重任，自惟不才，不知政理之要，公其誨之。」三老答曰：「木從繩則正，后從諫則聖。自古明王聖主，皆虛心納諫，以知得失，天下乃安。惟陛下念之。」又曰：「爲國之本，在乎忠信，是以古人云：『去食去兵，信不可失。』國家興廢，在於賞罰。〔七九〕若有功必賞，有罪必罰，則爲善者日益，爲惡者日止；若有功不賞，有罪不罰，則天下善惡不分，下人無所措手足。」又曰：「言行者，立身之本，言出行隨，誠宜相顧。陛下三思而言，九慮而行，若不思不慮，必有過失。天子之過，事無大小，如日月之蝕，莫不知者，願陛下慎之。」三老言畢，皇帝再拜受之，三老答拜。禮成而出。

大唐制，仲秋吉辰，皇帝親養三老五更於太學。所司先奏定，三師、三公致仕者，用其德行及年高者一人爲三老，次一人爲五更。設三老座於西楹之東，近北南向。〔八〇〕設五更座於西階上，東向。設國老三人座於三老座西，俱不屬焉。設衆國老座於堂下西階之西，〔八一〕東面北上。五品以上致仕者爲國老，六品以下致仕者爲庶老。

天寶八載閏六月制，其天下百姓，丈夫七十五以上，婦人七十以上，宜各給中男一人充侍，仍任自簡擇；至八十以上，依常式處分。餘並如開元禮。

天子拜敬保傅 太子及諸王見師禮附○漢 晉 大唐

漢張禹嘗爲成帝師，帝尊寵之。禹每疾，〔八二〕輒以起居聞。謂其食飲寢卧之增損也。〔八三〕帝自臨問之，親拜禹牀下，禹頓首謝恩，因歸誠言：「老臣有四男一女，愛女甚於男，遠嫁爲張掖太守蕭咸妻，不勝父子私情，思與相近。」帝即時徙咸爲弘農太守。又禹小子未有官，〔八四〕帝臨候禹，禹數視之，帝即禹牀下拜爲黃門郎，給事中。

晉成帝詔曰：「曲陵公等，宣力前朝，致勳皇家，以德義優弘，兼保傅朕躬。朕遭家不造，奄在哀疚，稟訓未究，悟事窮感。〔八五〕其一遵先帝尊崇師傅之教，拜敬加舊，以明崇德，〔八六〕永奉遺範。」尚書令卞壼等奏曰：「臣歷觀紀籍禮經，無拜臣之制。唯漢成帝拜張禹，庸主凡臣，不足爲軌。〔八七〕或說師臣友臣，師模其道，又未是其拜也。〔八八〕至於先帝之拜司徒導，特以元皇帝興自藩國，布衣之交，拜在人臣之日，故率而不改。陛下尊順先典，伏膺禮中，不宜降南面之尊，〔八九〕拜北面之臣。大教有違，名體不順，事應改正。」太后詔：「尊師重道，帝王之所宜務，況童幼方賴師訓之成。宜令一遵先帝崇賢之禮。」壼又奏：「臣考先典之極，無過於周公，而周史無拜敬之禮。禮記稱『王者入學，躬拜三老』。此一朝之敬，猶子冠而母拜之，豈可終身行焉。」太后詔：「須帝成人，〔九〇〕更詳師傅之禮。」

大唐貞觀十一年，太宗語魏王泰曰：「禮部尚書兼魏王師王珪。汝之事師，如事我也。」泰每先拜珪，珪亦以師道自居，物議善之。十七年，詔令撰三師儀注。太子出殿門迎，先拜，三師答拜。每門讓。三師坐，太子乃坐。與三師書，前名惶恐，後名惶恐再拜。

諸王公主敬姑叔大唐

大唐神龍元年，制曰：「近代以來，罕遵軌度。王及公主，曲致私情，姑叔之尊，拜於子姪，違法背禮，情用惻然。自今以後，宜從革弊，宣告宗屬，知朕意焉。」先是，諸王及公主，皆以親爲貴，天子之子見諸姑叔，姑叔先拜，〔九一〕若致書則稱爲啓事。〔九二〕帝志欲敦序親族，故下制以革斯俗。

羣臣致敬太后父晉

晉鄧監軍教出袁歷陽書，參佐綱紀議爲褚太后父左將軍施敬，〔九三〕不同。司馬黃整議：「夫子有云：『必也正名乎！』王者象天，后者法地，爲兆庶父母，尊莫大焉，厚莫重焉。〔九四〕若以后尊宜敬於親，於后父也便應有敬，錯之禮典，先無玆比。今皇太后臨統朝政，以主上富於春秋耳，故是本尊之尊，無復異也。〔九五〕且諸侯爲國藩翰，北面稽首，豈可得推崇爲太上邪？尋名定義，〔九六〕謂不應施敬也。」

羣臣侍坐太子後來〔九七〕并公卿致敬太子、東宮臣上牋疏、見公卿儀、百官上表不稱其名附○晉大唐

晉制，皇帝會公卿，座位定，太子後至，孫毓以爲羣臣不應起。禮曰『父在斯爲子，君在斯爲臣』。『侍坐於所尊，見同等不起』。皆以爲尊無二上，故有所厭之義也。昔衞綰不

應漢景之召，釋之正公門之法，明太子事同於羣臣，羣臣亦統一於所事。應依同等不起之禮。明帝太寧三年，〔九八〕詔曰：「漢魏以來，尊崇儲貳，使官屬稱臣，朝臣咸拜，此甚無謂。今太子衍幼沖之年，便臣先達，將今所習見，〔九九〕謂之自然，此豈可以教之邪！」令內外通議。尚書令卞壼議以爲：「春秋王太子不會盟，禮同於君，皆所以重儲貳，異正嫡。苟奉之如君，不得不拜矣。太子若存謙沖，故宜答拜。臣以爲皇太子之立，郊告天地，正位儲宮，豈得同之皇子揖讓而已。謂宜稽則漢魏，闔朝同拜。」從之。徐邈云：「東宮臣上表天朝，既用黃紙，上太子疏，則用白紙也。北人有作荀宏官屬者，云『東宮臣上疏於太子用白紙，太子答之用黃紙。朝士率常牋上下死罪，太子答之姓白，亦有惶恐。』〔一〇〇〕此似得中朝舊法。」

大唐武太后長安二年，左庶子王方慶上言：〔一〇一〕「謹按史籍所載，人臣與人言及上表，未有稱皇太子名者，當爲太子皇儲，其名尊重，不敢指斥。謹按晉尚書僕射山濤啓事，稱皇太子而不言名。濤中朝名士，必詳典故。朝官尚禮如此，〔一〇二〕宮臣諱則不疑。今東宮殿及門名，皆有觸犯，臨事論議，迴避甚難。孝敬皇帝爲太子時，改弘教門爲崇教門，沛王爲皇太子，改崇賢館爲崇文館，皆避名諱。此即成例，足爲軌模。」於是一切改之。

校勘記

〔一〕具追尊祖考篇　「篇」原訛「編」，據北宋本、傅校本、明抄本、明刻本、王吴本改。

〔二〕若便同之臣妾　「便」原訛「使」，據北宋本、傅校本、明抄本、明刻本改。

〔三〕其皆依禮典處當務盡其宜　「依禮典處」原作「依禮據典」，「宜」作「儀」，北宋本、傅校本、明抄本、明刻本作「依禮典據」，「宜」亦作「儀」，今據三國志魏書三少帝紀一四八頁改。

〔四〕制莫重於王典　三國志魏書三少帝紀一四八頁作「制莫大于正典」。

〔五〕體尊戚屬　原作「禮尊屬戚」，據三國志魏書三少帝紀一四八頁改。

〔六〕其於王典　「王」三國志魏書三少帝紀一四八頁作「正」。

〔七〕臣等平議　「平」原作「評」，據三國志魏書三少帝紀一四八頁及北宋本、傅校本、明刻本改。

〔八〕曰制詔燕王　「曰」原作「云」，據北宋本、傅校本、明抄本、明刻本、王吴本改。

〔九〕君臨率土　「土」原訛「士」，據諸本改。

〔一〇〕而父以子尸天禄　「禄」原訛「位」，據北宋本、傅校本、明抄本、明刻本、王吴本改。

〔一一〕而子雖以爲天子必有尊也　原「雖」在「爲」下，據北宋本、傅校本、明抄本、明刻本、王吴本乙。

〔一二〕朝賀公庭　「庭」原作「廷」，據北宋本、傅校本、明抄本、明刻本、王吴本改。

〔一三〕雖爲天王后　「爲」原訛「曰」，據公羊傳桓公九年文改。

〔一四〕於公宮后拜如子　「公」原訛「私」，據北宋本、傅校本、明抄本、明刻本、王吳本改。

〔一五〕天子所不臣者三　原脱「者」，據北宋本、傅校本、明抄本、明刻本、王吳本補。

〔一六〕天子尚不臣　原「尚」下有「有」，「臣」下有「者」，乃清人所增，今據北宋本、傅校本、明抄本、明刻本、王吳本删。

〔一七〕紀裂繻來逆女　「裂繻」原作「履緰」，據北宋本、傅校本、明抄本、明刻本、王吳本改。下同。

〔一八〕又桓八年　「八」原訛「九」，據北宋本、傅校本、明抄本、明刻本、王吳本改。

〔一九〕若后息離宮　「息」原作「適」，係後人所改，今據北宋本、傅校本、明抄本、明刻本改回。

〔二〇〕孝經云　「孝」原訛「考」，據諸本改。

〔二一〕女子子出　原「出」下有「嫁」，乃清人妄增，今據北宋本、傅校本、明抄本、明刻本、王吳本删。

〔二二〕安昌君平立　「平」北宋本、明抄本作「卒」。

〔二三〕故鄭玄意　「意」原訛「議」，據北宋本、傅校本、明刻本改。

〔二四〕亦執子禮　「禮」原訛「道」，據北宋本、傅校本、明抄本、明刻本改。

〔二五〕申攝内外　「攝」原訛「論」，據北宋本、傅校本、明抄本、明刻本、王吳本改。

〔二六〕情所不安　「不」原訛「未」，據北宋本、傅校本、明抄本、明刻本、王吳本改。

〔二七〕父子者天倫之極尊也君臣者人爵之至敬也　原脱兩「者」字，據北宋本、傅校本、明抄本、明刻本、王吳本補。

〔二八〕或謂褚生宜不拜耳不稱臣　「褚生」原訛「諸王」，「不」上原衍「乃」，據北宋本、傅校本、明抄本、明刻本改删。按：王吳本亦衍「乃」，而「褚生」不誤。

〔二九〕無以坤德陵乾矣　原「德」訛「得」，「陵」訛「臨」，據北宋本、傅校本、明抄本、明刻本、王吳本改。

〔三〇〕得令參貳阿衡　「令」原訛「命」，據北宋本、傅校本、明抄本、明刻本、王吳本改。

〔三一〕亦無不拜理也　「理」原訛「禮」，據北宋本、傅校本、明刻本、王吳本改。

〔三二〕鄭君之言適合情禮　「適」北宋本作「延」，傅校本、明抄本、明刻本、王吳本作「迺」。「禮」原作「理」，據北宋本、傅校本、明抄本、明刻本、王吳本改。

〔三三〕竊所未安　原訛作「切所不安」，據北宋本、傅校本、明抄本、明刻本、王吳本改。

〔三四〕若欲遠準古義　「欲」原訛「不」，據北宋本、傅校本、明抄本、明刻本、王吳本改。

〔三五〕秦漢以前事不與今同　原脱「秦」，據北宋本、傅校本、明抄本、明刻本補。

〔三六〕即是子爲天子父爲上者耳乃見崇號位冠帝王爲非喻也　原竄改作「即是子爲天子而父爲士者耳乃建崇號位冠帝王爲喻也」，今據北宋本、傅校本、明抄本、明刻本、王吳本改回。

〔三七〕左學小學也在國中王宫之東　原脱「小學」，「國中」誤重，據禮記王制鄭注及諸本補删。

〔三八〕史惇厚者也　「厚」原訛「原」，據禮記内則鄭注及諸本改。

〔三九〕凡食養陰氣　原脱「凡」，據禮記王制鄭注及北宋本、傅校本、明抄本、明刻本補。

〔四〇〕鳩與春鳥變舊爲新　「鳩」原涉上而脱，據周禮羅氏鄭注補。

〔四一〕行猶賜也　「猶」原訛「禮」，據禮記月令鄭注及北宋本、明抄本、王吴本改。

〔四二〕因從乞善言可行者也　「可」原訛「百」，據諸本改。

〔四三〕合語謂鄉射鄉飲酒大射燕射之屬也　原脱「謂」，據禮記文王世子鄭注及北宋本、傅校本、明抄本、明刻本、王吴本補。

〔四四〕秋頒學合聲　原「合」上衍「政」，據禮記文王世子鄭注及北宋本、傅校本、明抄本、明刻本、王吴本删。

〔四五〕告祭畢也祭畢天子乃入　原脱「也祭畢」，據禮記文王世子鄭注補。

〔四六〕言始始立學也　原脱一「始」，據禮記文王世子鄭注及北宋本、傅校本、明抄本、明刻本補。

〔四七〕釋奠於先老　「奠」原訛「尊」，據諸本改。

〔四八〕養老東序則是視學於上庠　原「老」下衍「於」，「視學」訛「親奠」，據禮記文王世子删改。按：北宋本、傅校本、明抄本「視」作「親」，亦誤。

〔四九〕皆年老更事致仕者也　「年老」原倒，據禮記文王世子鄭注及北宋本、傅校本、明抄本、明刻本、王吴本乙。

〔五〇〕天子以父兄養之　原脱「以」，據禮記文王世子鄭注及傅校本、明刻本、王吴本補。

〔五一〕發咏謂以樂納之　「納」原訛「咏」，據禮記文王世子鄭注及北宋本、傅校本、明刻本改。

〔五二〕退修之謂既迎而入　「既」原訛「即」，據諸本改。

〔五三〕獻畢而樂闋　「獻」原訛「爵」，據禮記文王世子鄭注及北宋本、傳校本、明刻本、王吳本改。

〔五四〕皆升就席也反就席乃席工於西階上　原脱「也反就席」四字，據禮記文王世子鄭注及北宋本、傳校本、明抄本、明刻本、王吳本補。

〔五五〕象周武王伐紂之樂也　原「象」下衍「武」，王吳本、殿本同。明刻本衍「奇」，北宋本、傳校本、明抄本衍「舞」。據禮記文王世子鄭注删。

〔五六〕無遺耇老之言　「耇」原作「耆」，後人臆改。今據北宋本、傳校本、明刻本改回。按：尚書召誥云「無遺壽耇」。漢書孔光傳引書曰「無遺耇老」。

〔五七〕訓於五品　原「訓」上有「並」，據北宋本、傳校本、明抄本、明刻本、王吳本删。

〔五八〕能以善道改更己也　「改更」原倒，據後漢書禮儀志上劉昭注引漢宮儀三一〇八頁及北宋本、傳校本、明抄本、明刻本乙。

〔五九〕故三老五更皆取有道妻男女完具者爲之　「女」原訛「男」，據北宋本、傳校本、明抄本、明刻本、王吳本改。按：「道」後漢書禮儀志上劉昭注引漢官儀三一〇八頁作「首」，與「妻」連文。

〔六〇〕互言之耳　「耳」原訛「矣」，據禮記樂記鄭注及北宋本、傳校本、明抄本、明刻本、王吳本改。

〔六一〕應劭　「劭」原訛「邵」，據諸本改。

〔六二〕扶玉杖　後漢書集解引惠棟説謂「玉」應作「王」。

〔六三〕遣使者安車軟輪迎三老五更　原「迎」下衍「送」，據後漢書禮儀志上三一〇九頁删。

〔六四〕道自阼階　「道」原訛「升」，北宋本、傅校本、明刻本、明抄本訛「首」，今據後漢書禮儀志上三一〇九頁改。

〔六五〕九卿正履　「履」原作「屨」，據後漢書禮儀志上三一〇九頁及北宋本、傅校本、明刻本、王吴本改。

〔六六〕董鈞駁云　「鈞」原訛「鉤」，據諸本改。「云」原作「曰」，據傅校本、明刻本、王吴本改。北宋本、明抄本無「云」字。

〔六七〕所以養三老以教事父母之道也　原作「養三老所以教事父之道也」，據北宋本、傅校本、明抄本、明刻本補改。

〔六八〕尸服上服　北宋本、傅校本、明抄本、明刻本無「上服」二字。

〔六九〕虞喜　「喜」原訛「嘉」，據諸本改。

〔七〇〕然五孝六順　原脱「然」，據魏書尉元傳一一一五頁及北宋本、傅校本、明抄本、明刻本補。

〔七一〕故經曰孝悌之至通於神明光於四海　「經」魏書尉元傳一一一五頁及北宋本、傅校本、明抄本、明刻本、王吴本作「詩」。按：「孝悌之至通於神明光於海」數語見孝經。既不見詩，故爲殿本、局本所改。

〔七二〕元卿之俸　「元」原訛「九」，據魏書尉元傳一一一五頁改。

〔七三〕卿正履　「履」原作「屨」，據隋書禮儀志四一八九頁及北宋本、傅校本、明抄本、明刻本、王吴本改。

〔七四〕羣臣皆拜　原脱「拜」，據隋書禮儀志四一八九頁補。

〔七五〕進珍羞酒食　原脱「酒」，據隋書禮儀志四一八九頁補。

〔七六〕又設酒醧於國老庶老　「又」原作「乃」，據北宋本、傅校本、明抄本、明刻本、王吳本改。「醧」原作「醴」，據隋書禮儀志四一八九頁及傅校本、明刻本改。按：北宋本、明抄本作「酡」，係「醧」之訛。

〔七七〕皇帝虛躬請受　「受」原訛「授」，據隋書禮儀志四一八九頁改。

〔七八〕皇帝跪設醬豆　「設」原訛「授」，據周書于謹傳二四九頁改。

〔七九〕國家興廢在於賞罰　「興廢」原倒，「於」原作「乎」，據北宋本乙改。

〔八〇〕近北南向　「南向」原倒，據北宋本、傅校本、明抄本、明刻本、王吳本乙。

〔八一〕設衆國老座於堂下西階之西　原脫「國」，據北宋本、傅校本、明抄本、明刻本、王吳本補。

〔八二〕禹每疾　原脫「禹」，據漢書張禹傳三三五〇頁及北宋本、傅校本、明抄本、明刻本、王吳本補。

〔八三〕謂其食飲寢卧之增損也　「食飲」原倒，據北宋本、傅校本、明抄本、明刻本乙。

〔八四〕又禹小子未有官　「小」原作「少」，清人所改，今據漢書張禹傳三三五〇頁及北宋本、傅校本、明抄本、明刻本、王吳本改回。

〔八五〕悟事窮感　王吳本改「感」爲「慼」，殿本、局本又改「悟」爲「悞」，原意盡失，今據北宋本、傅校本、明抄本、明刻本改回。

〔八六〕拜敬加舊以明崇德　原脫「舊」，「明」下增「傳」，誤。今據北宋本、傅校本、明抄本、明刻本、王吳本補刪。按：王吳本「加」作「如」。

〔八七〕唯漢成帝拜張禹庸主凡臣不足爲軌　「唯」原訛「雖」，「軌」原訛「範」，據北宋本、傅校本、明抄本、明刻本改。按：王吳本「軌」字不誤。

〔八八〕又未是其拜也　「是」原訛「見」，據北宋本改。

〔八九〕不宜降南面之尊　「不」原訛「未」，據北宋本、傅校本，明抄本、明刻本、王吳本改。

〔九〇〕須帝成人　「須帝」原倒，據傅校本、明刻本、王吳本乙。按：北宋本、明抄本作「雖帝成人」。

〔九一〕天子之子見諸姑叔姑叔先拜　原不疊「姑叔」，誤脱，今據上下文意補。按：舊唐書中宗紀一三八頁作「天子之子，諸姑叔見之必先致拜」，知此「姑叔」不得蒙上而省。

〔九二〕若致書則稱爲啓事　「致」原訛「制」，據舊唐書中宗紀一三八頁及北宋本改。

〔九三〕爲褚太后父左將軍施敬　「左」原訛「在」，據傅校本、明抄本、明刻本改。按：此指晉康帝褚后之父褚裒，晉書外戚傳二四一五頁有「詔以爲左將軍、兖州刺史」之語。

〔九四〕尊莫大焉厚莫重焉　原「大」「重」二字互訛，據北宋本、傅校本、明抄本、明刻本、王吳本乙改。

〔九五〕無復異也　「復」原訛「得」，據諸本改。

〔九六〕尋名定義　「義」原訛「議」，據北宋本、傅校本、明抄本、明刻本改。

〔九七〕羣臣侍坐太子後來　「來」原作「至」，據北宋本、傅校本、明刻本改。

〔九八〕太寧三年　「三」原訛「二」，據晉書禮志下六五九頁及北宋本、傅校本、明抄本、明刻本、王吳本改。

〔九九〕將今所習見　原作「將今日習所見」，據北宋本、傅校本、明抄本、明刻本、王吳本改。

〔一〇〇〕太子答之姓白亦有惶恐　「姓」原訛「云」，據北宋本、傅校本、明抄本、明刻本、王吳本改。

〔一〇二〕王方慶　「慶」原訛「度」，據北宋本、傅校本、明抄本、明刻本、王吳本改。

〔一〇三〕朝官尚禮如此　「尚禮」原訛「上書」，據北宋本、傅校本、明刻本、王吳本改。

王文錦點校

通典卷第六十八

禮二十八　沿革二十八　嘉禮十三

天子諸侯大夫士養子儀君薨後嗣子生附

周制，妻將生子及月辰，則居側室，側室，謂夾之室，次燕寢也。夫使人日再問之，作而自問之，妻不敢見，使姆衣服而對。至於子生，夫復使人日再問之。作，有感動。子生，男子設弧於門左，女子設帨於門右。表男女也。弧者，示有事於武也。帨，事人之佩巾。

三日，始負子，男射女否。始有事也。負之謂抱之而使向前也。國君世子生，告於君，接以太牢，宰掌具。接讀爲捷，捷，勝也。〔一〕謂食其母，使補虛强氣也。三日，卜士負之，吉者宿齋，朝服寢門外，詩負之。射人以桑弧蓬矢六，射天地四方。詩之言承也，即本卜吉者。桑弧蓬矢，本太古也。天地四方，男子所有事也。保受乃負之。代士也。保，保母。宰醴負子，賜之束帛。醴當爲禮，字之誤也。禮以一獻之禮，酬之以幣也。卜士之妻、大夫之妾，使食子。食子不使君妾，嫡妾有敵義，不相褻以勞辱之事。士妻、大夫之妾，謂時自有子者。凡接子擇日。雖三日之內，尊卑必皆選其吉焉。冢子則太牢，冢，大也。冢子猶言長子，通於下也。庶人特豚，士特豕，大夫少牢，國君世子太牢。皆謂長子。其非冢子，則皆降一等。謂冢子之弟，及衆妾之子生也。天子諸侯少牢，大夫特豕，士、庶人特豚耳。異爲孺子室於宮中，別掃一處以居。〔二〕擇於諸母與可者，必求其寬裕、慈惠、温良、恭敬、慎而寡言者，使爲子師，其次爲慈母，其次爲保母，皆居子室，此人君養子之禮也。諸母，衆妾也。可者，傅御之屬也。子師，教示以善道者。慈母，知其嗜欲者。保母，安其居處者。士妻食乳之而已。他人無事不往。爲兒精氣微弱，將驚動也。

三月之末，擇日，翦髮爲鬌，男角女羈，否則男左女右。鬌，所遺髮也。夾囟曰角，午達曰羈。是日也，妻以子見於父。貴人則爲衣服，由命士以下皆漱澣。貴人，大夫以上也。由，自也。男女夙興，沐浴衣服。具視朔食。朔食，天子太牢，諸侯少牢，大夫特豕，士特豚。男女謂所生子之父母。〔三〕夫入門，升自阼階，立於阼，西向。妻抱子出自房，當楣立，東面。入門者，入側室之門也。大夫以下，見子就側室，見妾子於內寢，辟人君也。姆先相曰：「母某敢用時日，祗見孺子。」某，妻姓，若言姜氏也。〔四〕祗，敬也。夫對曰：「欽有帥。」父執子之右手，咳而名之。欽，敬。〔五〕帥，循也。言教之敬，使有循也。執右手，明將授以事也。妻對曰：「記有成。」遂左還授師。記猶識也，識夫之言使有成也。師，子師也。子師遍告諸婦諸母名。後告諸母，若名成於尊。妻遂適寢。復夫之燕寢。夫告宰名，宰徧告諸男名，書曰「某年月日某生」而藏之。宰謂屬吏也。春秋書桓六年九月丁卯，子同生。宰告閭史，閭史書爲二，〔六〕其一藏諸閭府，其一獻諸州史，州史獻諸州伯，州伯命藏諸州府。〔七〕四閭爲族，族，百家也。閭胥，中士一人。五黨爲州，州，二千五百家也。〔八〕州長，中大夫一人也。皆有屬吏。獻猶言也。

世子生，則君沐浴朝服，夫人亦如之，皆立於阼階，西鄉。世婦抱子，升自西階。君名之，乃降。子升自西階，則人君見世子於路寢也。見妾子就側室。凡子生皆就側室。諸侯夫人朝於君，次而褖衣也。〔九〕凡名子，不以日月，不以國，終使易諱。不以隱疾。謂衣中之疾，難爲醫也。〔一〇〕大夫士之子，不敢與世子同名。尊世子也。其先世子生，亦勿爲改。公庶子生，有賜，君名之，衆子則使有司名之。〔一一〕有賜於君，有恩惠也。〔一二〕有司，臣有事者也。魯桓公名子，問於申繻。庶人無側室者，及月辰，夫出居羣室。凡父在，孫見於祖，祖亦名之，禮如子見父，無辭。見子於祖，家統於尊也。父在則無辭，有嫡子者無嫡孫，〔一三〕與見庶子同也。父卒而有嫡孫則有辭，與見冢子同。父雖卒，而庶孫猶無辭也。大夫之子有食母，選於傅御之中，喪服所謂乳母也。士之妻自養其子。賤，不敢使人。

曾子問曰：「君薨而世子生，如之何？」孔子曰：「卿大夫士從攝主，北面於西階南。變於朝夕哭位也。攝主，上卿代君聽政也。大祝裨冕執束帛，升自西階，盡等不升堂，命無哭。將有事，宜清静也。〔一四〕裨冕者，接神則祭服也。諸侯之卿大夫所服裨冕，絺冕也，玄冕也。士服爵弁服。〔一五〕其大祝裨冕，則大夫也。祝聲三，告曰：『某之子生，敢告。』聲，噫歆警神也。某，夫人之氏。升，奠幣於殯東几上，哭降。几於殯東，明繼體也。衆主人、卿、大夫、士、房中，皆哭，不踊。衆主人，君之親也。房中，婦人也。盡一哀，反位，遂朝奠。反朝夕哭位。小宰升，舉幣。所主也，舉而下，埋之階閒。〔一六〕三日，衆主人、卿、大夫、士，如初位，北面。三日，負子日也。初，告生時。大宰、大宗、大祝，皆裨冕。少師奉子以縗，祝先，子從，宰宗人從。入門，哭者止。宰宗人，詔贊君事者。子升自西階，殯前北面。祝立於殯東南隅，祝聲三，曰：『某之子某，從執事敢見。』子拜，稽顙哭。奉子者拜哭也。祝、宰宗人、衆主人、卿、大夫、士，哭踊，三者三，凡踊，三跳爲一節，三節爲一踊，謂之成踊，故云三者三。降東反位，皆袒。子踊，房中亦踊，三者三，襲縗，杖。踊、襲縗、杖，成子禮也。奠出。亦謂朝奠。大宰命祝史，以名徧告於五祀、山川。因負名之，於喪，禮略。如已葬而世子生，大宰、大宗從大祝而告於禰。告生。三月，乃名於禰，以名徧告及社稷、宗廟、山川也。」

天子諸侯大夫士之子事親儀〔一七〕婦事舅姑附

周文王之爲太子，朝於王季日三。雞初鳴而衣服，至於寢門外，問內豎曰：「今日安否何如？」內豎，小臣之屬，掌外內之通命者。〔一八〕其有不安節，則內豎以告文王。文王色憂，行不能正履。節謂居處故事也。〔一九〕履，蹈地也。王季復膳，飲食安也。然後亦復初。憂解。食上，必在視寒煖之節。在，察也。食下，問所膳。問所食者。若內豎言疾，則親齋玄而養，親猶自也。養疾者齋玄，玄冠玄端。〔二〇〕饌必敬視，疾者之食，齊和所欲或異。藥必親嘗。試毒味也。

子事父母，雞初鳴，咸盥漱，櫛，縰，笄，總，拂髦，冠，緌，纓，端，韠，紳，搢笏。咸，皆也。縰，韜髮者也。總，束髮也，垂後爲飾。〔二一〕拂髦，振去塵著之，髦用髮爲之，象幼時鬌，其制未聞也。緌，纓之飾也。端，玄端，士服也。庶人深衣。紳，大帶，所以自紳約也。搢猶插也，插笏於紳，笏所以記事也。〔二二〕左佩紛帨，刀，礪，小觿，金燧，紛帨，〔二三〕拭物之巾也，今齊人有言紛者。刀礪，小刀及礪礲也。〔二四〕小觿，解小結也，觿貌如錐，以象骨爲之。金燧可取火於日。〔二五〕右佩玦，捍，管，遰，時制反。大觿，木燧，捍謂拾也，言可以捍弦也。管，筆彄也。遰，刀鞞也。木燧，鑽火也。玦音決。鞞，必領反。偪，行縢也。音逼。屨，著綦。綦，屨繫也。音忌。

婦事舅姑，如事父母，雞初鳴，咸盥漱，櫛，縰，笄，總，衣紳，笄，今之簪也。衣紳，衣而著紳。左佩紛帨，刀，礪，小觿，金燧，右佩箴，管，線，纊，施縏袠，大觿，木燧，縏，小囊也。縏袠言施，〔二六〕明爲箴管線纊有之。紟纓，綦屨，紟猶結也。婦人有纓，示繫屬也。以適父母舅姑之所。適，之。及所，下氣怡聲，問衣燠寒，疾痛疴癢，而敬抑搔之。怡，悦也。疴，疥也。抑，按。搔，摩也。出入則或先或後，而敬扶持之。先後之，隨時便也。進盥，少者奉槃，長者奉水，請沃盥，盥卒，授巾。槃，承盥水者也。巾以帨手。〔二七〕問所欲而敬進之，柔色以温於運反之。温，藉也，承尊者必和顔色。〔二八〕

男女未冠笄者，鷄初鳴，咸盥漱，櫛，縰，拂髦，總角，紟纓，皆佩容臭。總角，收髪結之。〔二九〕容臭，香物也，以纓佩之，爲近尊者，給小使也。昧爽而朝，後成人也。問何食飲矣。若已食，則退；若未食，則佐長者視具。具，饌也。孺子蚤寢宴起，惟所欲，食無時。又後未成人者。孺子，小子也。

父母舅姑之衣、衾、簟、席、枕、几，不傳；傳，移也。杖、屨，祗敬之，勿敢近。父殁母存，冢子御食，羣子婦佐餕如初。御，侍也，謂長子侍母食也。侍食者不餕，其婦猶皆餕也。旨甘柔滑，孺子餕之。在父母舅姑之所，不敢噦噫、嚏音帝咳、欠伸、跛倚、睇傾視視，不敢唾洟，寒不敢襲，癢不敢搔。襲謂重衣。

男不言内，女不言外。謂事業之次序。〔三〇〕非祭非喪，不相授器。祭嚴喪遽不嫌也。其相授，則女受以篚；其無篚，則皆坐奠之，而後取之。奠，停地也。男子入内，不嘯不指，夜行以燭，無燭則止。嘯讀爲叱，嫌有隱使。女子出門，必擁蔽其面，夜行以燭，無燭則止。擁猶障也。道路，男子由右，女子由左。地道尊右。〔三一〕

若飲食之，雖不嗜，必嘗而待。待後命而去也。加之衣服，雖不欲，必服而待。待後命釋藏也。子婦未孝未敬，勿庸疾怨，庸之言用。姑教之；若不可教，而後怒之；怒，譴責也。不可怒，子放婦出，而不表禮焉。表猶明也，〔三二〕猶爲之隱，不明其犯禮之過也。

父母有過，下氣怡色，柔聲以諫，諫若不入，起敬起孝，説則復諫。子事父母，有隱無犯。起猶更也。不説，與其得罪於鄉黨州閭，寧孰諫。子從父之令，不可謂孝也。〔三三〕周禮曰：〔三四〕「二十五家爲閭，四閭爲族，五族爲黨，五黨爲州，五州爲鄉也。」三諫而不聽，則號泣而隨之。至親無去，志在感動。父母怒，不説，而撻之流血，不敢疾怨，起敬起孝。父母有婢子，若庶子庶孫，甚愛之，雖父母没，没身敬之不衰。婢子，所通賤人之子。〔三五〕

舅没則姑老，謂傳家事於長婦。〔三六〕家婦所祭祀、賓客，每事必請於姑。婦雖受傳，猶不敢專行也。凡婦不命適私室，不敢退。婦待舅姑者也。〔三七〕婦將有事，大小必請於舅姑。不敢專行。子婦無私貨，無私畜，無私器，不敢私假，不敢私與。家事統於尊也。婦或賜之飲食、衣服、布帛、佩帨、茝蘭，則受而獻諸舅姑。舅姑受之，則喜，如新受賜。或賜之，謂私親兄弟。若反賜之，則辭；不得命，如更受賜，藏以待乏。待舅姑之乏也。不得命者，不見許也。婦若有私親兄弟，將與之，則必復請其故賜，而后與之。

凡爲人子之禮，冬温而夏清，昏定而晨省，定，安其牀衽也。〔三八〕省問其安否何如。出必告，反必面。告面同耳，反言面者，從外來，宜知親之顏色安否。所遊必有常，所習必有業。緣親之意欲知。恒言不稱老。廣敬。居不主奧，坐不中席，行不中道，立不中門。謂與父同宮者也。不敢當其尊處。室中西南隅謂之奧。道有左右。中門，謂棖闑之中央。〔三九〕內則曰：「由命士以上，父子皆異宮。」聽於無聲，視於無形。常若親之將有教使。不登高，不臨深，不苟訾，不苟笑，爲其近危辱也。人之性，不欲見毀訾，不欲見笑，君子樂然後笑。不服闇，不登危，懼辱親也。服，事也。闇，冥也。〔四〇〕不於闇冥之中從事，爲卒有非常，且嫌失禮也。男女夜行以燭。〔四一〕父命呼，〔四二〕唯而不諾，手執業則投之，食在口則吐之，走而不趨。至敬。〔四三〕親老，出不易方，復不過時。不可以憂父母也。易方，爲其不信己所處也。〔四四〕復，返也。不有私財。爲人子者，父母存，冠衣不純素；爲其有喪象也。深衣曰：「具父母，衣純以青。」孤子當室，冠衣不純采。早喪親，雖除喪，不忘哀也。謂年未三十者，三十壯有室，有代親之端，〔四五〕不爲孤也。當室，嫡子也。深衣曰：「孤子衣純以素。」父母有疾，冠者不櫛，〔四六〕行不翔，憂不爲容。言不惰，憂不在私好。琴瑟不御，憂不在樂。食肉不至變味，飲酒不至變貌，〔四七〕憂不在味。笑不至矧，怒不至詈。憂在心，難變也。齒本曰矧，大笑則見。疾止復故。自若常也。〔四八〕故州閭鄉黨稱其孝，兄弟親戚稱其慈，僚友稱其弟，執友稱其仁，交遊稱其信，此孝子之行也。

事先生長者雜儀

周制，曲禮曰：「立必正方，不傾聽。習其自端正也。從於先生，不越路而與人言。尊不二也。先生，老人教學者。遭先生於道，〔四九〕趨而進，正立拱手，爲有教使。先生與之言則對，不與之言則趨而退。爲其不欲與己並行。見父之執，不謂之進，不敢進；不謂之退，不敢退；不問，不敢對。敬父同志，如事父。從長者而上丘陵，則必向長者所視。爲遠視不察，有所問。無踐屨，無踖席，摳衣趨隅，必慎唯諾。趨隅，升席必由下也。慎唯諾者，不先舉，見問乃應。坐必安，執爾顏，執猶守也。長者不及，無儳言，儳猶暫也，非類雜。〔五〇〕正爾容，聽必恭。聽先生之言，既說又敬。侍坐於先生，先生問焉，終則對。不敢錯亂尊者之言。請業則起，請益則起。尊師重道也。起，若今摳衣前請也。業謂篇卷也。益謂受說不了，欲師更明說之。見同等不起，不爲私敬。上客起。敬尊者。尊客之前不叱狗。嫌若諷去之。侍坐於君子，君子欠伸，撰杖屨，視日蚤暮，侍坐者請出矣。以君子有倦意也。〔五一〕撰，持也。君子問更端，則起而對。離席對，敬異事也。侍坐於君子，若有告者曰：『少閒，願有復也。』則左右屏而待。復，白也。言欲須少空閒有所白也。〔五二〕屏猶退隱。離坐離立，無往參焉，離立者不出中閒。侍食於長者，無流歠，大歠，嫌欲疾。無咤食，嫌薄。無齧骨，爲有聲，不敬。無反魚肉，爲已歷口，人所惡也。無投與狗骨，爲其賤飲食之物。〔五三〕無刺齒。爲其弄口也。賜果於君前，其有

核者懷其核。嫌棄尊者之物也。長者賜，少者賤者不敢辭。」〔五四〕不敢抗禮也。賤者，童僕之屬。〔五五〕

居官歸養父母〔五六〕晉

晉武帝泰始中，河南尹庾純自劾奏：「與司空賈充共爭，酒醉，充遂訶臣『卿父在老，〔五七〕不歸供養，爲無天地』。〔五八〕臣不服罪自引，而更忿怒厲聲。按禮『八十月制』，誠以衰老之年，變難無常，而臣不惟生育之恩，輸情自歸，求養老父，而懷禄貪榮，久廢定省。充位爲王公，論道興化，以教義責臣是也。而臣聞義不服，黷慢台司，〔五九〕違犯憲度，不可以訓。臣謹自劾，〔六〇〕請臺免官，廷尉理罪，大鴻臚削爵土。謹遣丞臣韓微上所佩河南尹章綬、關内侯印綬，〔六一〕伏請罪誅。」河南尹功曹史龐札言：「臣謹按三王養老，王制『八十，一子不從政；九十，其家不從政』，使夫人子無闕孝養之道，爲臣不虧在公之節也。臣聞先王制禮，垂訓將來，使能者俯就，不能者企及。姬公留周，伯禽之魯，孝子不匱，典禮無愆。今公府議『七十時制，八十月制』，欲以駁奪，是爲公朝立法，還自越之。」司徒右西曹掾劉斌議：「禮『八十，一子不從政』，純有一兄二弟在家，不爲違禮。又令『九十乃悉歸』，純父未九十，不爲違令。」詔純免官而已，充復位。孫盛晉陽秋論云：〔六二〕「若乃冢宰大臣，不以家事辭王事，抑小全大，自非此族，固宜盡陟岵之恩。如匹夫之志，或不可奪，縱見裁抑者，孝子之心，何得忍而不言？純未嘗告誠，非也。」

僑居人桑梓敬〔六三〕

晉盛彥通桑梓敬議曰：「竊見今編户之人，本或僑寓，則不爲所居之國，修拜揖之敬，先人舊壤，追爲盡禮。愚懷淺短，良有疑焉。夫人道繁衍，宗流遐大，根生一胄，枝播萬緒。故繁曠之枝異統，則聖人檢之以禮憲；萬條之流難紀，故王者制之以境域。是以古人當其理也，則居有常邑，仕有定邦。爰暨六國，至於末代，全固之業傾，瓜分之務起，農夫不得安其畔，爵士不得報其禄。〔六四〕孔子稱『危邦不入，亂邦不居』，是爲離舊適新之制，背否向泰之文，於斯尚矣。蓋離舊以其無道，適新以其宜宗，背否以其多難，向泰以其可安。可安則播殖於其野，宜宗則振纓於其朝，在家則人理足，在官則臣道備。人臣之義同，而彼此之敬異，余竊惑之。昔孔子，宋人也，上自孔父，逮於弗父何，並服事宋，仕有代禄。至於仲尼，道崇闕里，乃爲魯人矣，而春秋之作，内魯外宋，諱我過，彰彼惡，〔六五〕以此徵之，斷可識矣。而觀今日僑居之族，其先人始祖不出是國，枝葉播越，居之數代，公實編户而私稱寓客，營家則號爲借壤，進官則名曰寄通，高容雅步，不爲有降，一身居之，尚在難安，或父兄相承，尊長相襲，〔六六〕近經數代，遠或累葉，〔六七〕學道講義，習人之禮，鄉舉里選，假人之評，居人之境以繫我條，乘人之貸以濟我生，由人之位以光我屬，恃人之寵以輝我業，〔六八〕朝廷則祖考之所階，山陵則神靈之所憑。昔人思召伯之愛，尚敬甘棠之木，況父母之所始卒，而不知加尊，推之於心，豈道訓之謂哉！又今人所追尊舊壤，雖遠而爲之敬者何也？猶以有先業墳栢之故塋，〔六九〕曩代桑梓之舊業耳。蓋宗廟迭毀，禮有降殺，尊親之至，父祖而已，自此以上，情輕服簡，故大夫及士，祭極三代，明恩由近始，禮以遠降也。今遠禰之隳館，何若近祖之見廬？〔七〇〕迭毀之墳栢，何若祭祀之封墜？曩代之官府，何若父兄之朝廷？〔七一〕先業之圃苑，〔七二〕何若今日之丘園？雖古人有『維桑與梓，必恭敬止』之文，所謂桑梓，宜以父祖爲斷，〔七三〕舊壤不復相由。人無二主，官無兩統。愚謂宜爲所寓之主以崇公敬，〔七四〕爲先人本邦修私敬而已，散手而跪，捧袖而揖，以示存舊過厚之義也。」〔七五〕

夫人不答妾拜〔七六〕晉

晉摯虞議曰：「漢魏故事，王公羣妾見於夫人，夫人不答拜。新禮以爲禮無不答。臣虞謹按，禮，妾事女君如婦之事姑，而妾服女君同，女君不報，則敬與婦同而又加賤也。〔七七〕名位不同，本無酬答，禮無不答，義不謂此。先聖殊嫡庶之別，以絕陵替之漸，峻明其防，猶有僭違。宜如其舊。」

僧尼不受父母拜及立位〔七八〕大唐

大唐貞觀十一年正月，詔道士、女冠，宜在僧尼之前。

顯慶二年八月，詔曰：「釋典沖虛，有無兼謝，正覺凝寂，彼我俱忘，豈自尊崇，〔七九〕然後爲法？聖人之心，主於慈孝，父子君臣之際，長幼仁義之序，與夫周公、孔子之教，異軫同歸。〔八〇〕棄禮悖德，深所不取。僧尼之徒，自云離俗，先自貴高，父母之親，人倫以極，整容端坐，〔八一〕受其禮拜，自餘尊屬，莫不皆然，有傷名教，實斁彝典。自今以後，僧尼不得受父母及尊者禮拜。」

上元元年八月詔：「公私齋會及參集之處，道士女冠在東，僧尼在西，不須更爲先後。」

武太后天授二年四月勅：「釋教宜在道教之上，僧尼處道士之前。」景雲二年四月詔：「自今以後，僧尼、道士、女冠，並宜齊行並集。」開元二年閏二月勅：「如聞道士、女冠、僧尼等，有不拜父母之禮，〔八二〕深用軫思，茫然罔識。且爲子而忘其生，〔八三〕傲親而徇於末，是背禮而强名於教。〔八四〕傷於教則不可行，行於教而不廢於禮，合於禮則無不遂。〔八五〕二親之與二教，復何異焉。自今以後，道士、女冠、僧尼等，並令拜父母。其有喪紀輕重及尊屬禮數，一准常儀。」上元二年九月勅：「自今以後，僧尼等朝會，並不須稱臣及禮拜。」大曆八年十二月制：「元日、冬至、朝賀，其僧尼、道士、女道士，〔八六〕並不陪位。」初，武德七年七月，太史令傅奕上疏，請去釋教。〔八七〕高祖付羣臣詳議。太僕卿張道源稱奕所奏合理。〔八八〕尚書右僕射蕭瑀與之爭論曰：「佛，聖人也。奕爲此議，非聖人者無法，請寘嚴刑。」奕曰：「禮本事親，終於奉上。而佛踰城出家，逃背於父，以匹夫而抗天子，以繼體而悖所親。〔八九〕蕭瑀非出空桑，乃遵無父之教。」瑀不能答，但合掌云：〔九〇〕「地獄所設，正爲是人。」其後上臨朝謂奕曰：「佛道玄妙，聖迹可師，〔九一〕卿獨不悟，何也？」〔九二〕奕對曰：「佛是胡中桀黠，欺誑夷狄，遵尚其道，皆是邪僻小人，模寫莊老玄言，文飾妖幻之教耳。於百姓無補，於國家有害。」上然之。至九年二月，以沙門道士，虧違教迹，京師留寺三所，觀二所，選耆年高行以實之，餘皆罷廢。至六月制，僧尼、道士、女冠，宜依舊定。貞觀八年，太宗謂長孫無忌曰：「在外百姓，太似信佛。上封人欲令我每日將十箇大德，共達官同入，令我禮拜。觀此乃是道人教上其事。」侍中魏徵對曰：「佛法本貴清淨，以退浮競。〔九三〕昔釋道安如此名德，符永固與之同輿，權翼以爲不可。釋慧琳非無才俊，宋文帝引之升殿，顏延之曰：『三台之位，豈可使刑餘之人居之。』今陛下縱欲崇信佛教，〔九四〕亦不須道人日到參議也。」〔九五〕

被召未謁稱故吏議 後漢

後漢孔融上三府所辟稱故吏事曰：「三府所辟，州郡所辟，其不謁署，不得稱故吏。臣惟古典，春秋：『女在其國稱女，在途稱婦。』然則在途之臣，應與爲比。穀梁傳曰：『天子之宰，通於四海。』三公之吏，不得以未至爲差。狐突曰：『策名委質，貳乃辟也。』〔九六〕奉命承教，〔九七〕策名也。昔公孫嬰齊卒於貍蜃，時未入國，魯君以大夫之禮加焉。〔九八〕傳曰：『吾固許之，返爲大夫。』延陵季子解劍帶徐君之墓，以明心許之信，況受三公之招，〔九九〕修拜辱之辭，有資父事君之志耶！臣愚以爲禮宜從重，〔一〇〇〕三公所召，雖未執職，便爲故吏。」〔一〇一〕

二嫡妻議魏

魏征東長史吴綱亡入吴，妻子留在中國，於吴更娶。吴亡，〔一〇二〕綱與後妻并子俱還，二婦並存。時人以爲，依典禮不宜有二嫡妻。袁準正論以爲：「並后匹嫡，禮之大忌。然此爲情愛所偏，無故而立之者耳。綱夫妻之絶，非犯宜出之罪，來還則復初，焉得而廢之？在異域則事勢絶，可以娶妻，後妻不害，焉得而遣之？按並后匹嫡，事不兩立，前嫡承統，後嫡不傳重可也。二母之服，則無疑於兩三年矣。」虞喜議曰：「法有大防，禮無二嫡。趙姬以君女之尊，降身翟婦，著在春秋，此吴氏後妻所宜軌則。」庾蔚之謂袁準制之，得其衷矣。

甥姪名不可施伯叔從母議

宋代或問顔延之曰：「甥姪亦可施於伯叔從母邪？」顔答曰：「伯叔有父名，則兄弟之子不得稱姪；〔一〇三〕從母有母名，則姊妹之子不可言甥。〔一〇四〕且甥姪唯施之於舅姑耳，何者？姪之言實也，甥之言生也。女子雖出，情不自絶，故於兄弟之子，稱其情實；男子居内，據自我出，故於姊妹之子，言其出生。伯叔本内，不得言實；從母俱出，不得言生。〔一〇五〕然謂吾伯叔者，〔一〇六〕吾謂之兄弟之子；謂吾從母者，吾謂之姊妹之子。」

雷次宗曰：「夫謂吾姑者，吾謂之姪，此名獨從姑發。姑與伯叔於昆弟之子，其名宜同。姑以女子有行，事殊伯叔，故獨制姪名，而字偏從女。如舅與從母，爲親不異，而言謂吾舅者，吾謂之甥，亦猶自舅而制也。名發於舅，字亦從男。故姪字有女，明不及伯叔；甥字有男，見不及從母，是以周服篇無姪字，小功篇無甥名也。」

二人各是内外兄弟相稱議〔一〇七〕

或問馮懷曰：〔一〇八〕「甲之母，乙之姑；乙之母，甲之姑也。代稱姑子爲外兄弟，舅子爲内兄弟，此亦鄭君所言。然甲乙之母俱姑也，父俱舅也，内外既同，〔一〇九〕親疏無異。若甲以姑子稱乙，乙以舅子稱甲，則事同名異，於理不通。若相稱之辭同，則名例爲乖。」懷對曰：「禮，公子之外兄弟者，外祖父母也。左氏傳曰：『聲伯以其外弟爲大夫。』所謂外弟，蓋管于奚之子，聲伯同母異父之弟也。聲伯謂之外弟，復謂聲伯爲外兄。〔一一〇〕然則異姓之親，通謂之外，不必謂吾外者，吾謂之内也。今稱舅子爲内兄弟，末俗所云，非典言也。鄭玄還舉俗言以喻俗人，故稱焉，亦非正名矣。依禮據傳，甲乙相稱，宜同曰外。」

從舅是族外弟相稱議

或問馮懷曰：〔一二〕「景之母，〔一三〕丁之從祖姊也；丁之母，景之族姑也。丙年長於丁。若從父族爲親，則景以丁爲族外弟，而丁以景爲從甥；若從母族，則景以丁爲從舅，而丁以景爲族内兄：〔一三〕名體乖謬，尊卑無序。若景以父族稱丁，丁以母族稱景，則例不通。將若之何？」懷答曰：「聞諸前訓，名者人之綱，故『夫屬於父道，其妻爲母；夫屬於子道，其妻爲婦』。今則舅是母班，〔一四〕而兄弟是己列，故不敢以己之列，廢母之班矣。謂景宜執從舅之禮。」

校勘記

〔一一〕捷勝也　「捷」原涉上而脱，據禮記内則鄭注及北宋本、傅校本、明抄本、明刻本補。

〔一二〕別掃一處以居　原作「別擇一處而居」，清人所改，今據北宋本、傅校本、明抄本、明刻本、王吳本改回。

〔三〕男女謂所生子之父母　原脱「子」，句下增「也」，據北宋本、傅校本、明抄本、明刻本、王吴本補删。
〔四〕若言姜氏也　「姜」原訛「某」，據禮記内則鄭注及北宋本、傅校本、明抄本、明刻本改。
〔五〕欽敬　「敬」原訛「此」，據諸本改。
〔六〕閭史書爲二　「閭史」原涉上而脱，據禮記内則及北宋本、傅校本、明抄本、王吴本補。
〔七〕州伯命藏諸州府　原脱「命」，據禮記内則及北宋本、傅校本、明抄本補。
〔八〕二千五百家也　「二」原訛「五」，據諸本改。
〔九〕次而褖衣也　原「次」上有「之」，誤。據禮記内則鄭注及北宋本删。
〔一〇〕難爲醫也　「爲」原訛「以」，據禮記内則鄭注及北宋本、傅校本、明抄本改。
〔一一〕衆子則使有司名之　原脱「使」，據禮記内則及北宋本、傅校本、明抄本、明刻本、王吴本補。
〔一二〕有恩惠也　「惠」原訛「賜」，據禮記内則鄭注及北宋本、傅校本、明抄本改。
〔一三〕有適子者無嫡孫　原脱「者」，據禮記内則鄭注及北宋本、傅校本、明抄本、王吴本補。
〔一四〕宜清静也　「静」原訛「浄」，據禮記曾子問鄭注及北宋本、傅校本改。
〔一五〕士服爵弁服　「弁」原訛「允」，據諸本改。
〔一六〕所主也舉而下埋之階閒　原竄改作「升舉幣降而下埋之階閒」，今據禮記曾子問鄭注及北宋本、傅校本、明抄本、王吴本改回。
〔一七〕天子諸侯大夫士之子事親儀　原脱「事」，據諸本補。

〔一八〕掌外内之通命者　「外内」原倒，據禮記文王世子鄭注及北宋本、傅校本、明抄本、明刻本乙。

〔一九〕節謂居處故事也　「謂」原作「爲」，據禮記文王世子鄭注改。

〔二〇〕養疾者齋玄玄冠玄端　原脱前「玄」，「端」訛「冕」，據禮記文王世子鄭注補改。

〔二一〕垂後爲飾　「飾」原訛「編」，據禮記内則鄭注及北宋本、明抄本、王吴本改。

〔二二〕笏所以記事也　原脱「笏」，據禮記内則鄭注及北宋本、王吴本補。

〔二三〕紛帨　原脱「帨」，據禮記内則鄭注及北宋本、王吴本補。

〔二四〕小刀及礪礱也　「礱」原訛「石」，據禮記内則鄭注及北宋本、王吴本改。

〔二五〕金燧可取火於日　「可」原訛「用」，據禮記内則鄭注及北宋本、王吴本改。

〔二六〕鞶褒言施　「鞶」原訛「繫」，據禮記内則鄭注及諸本改。

〔二七〕巾以帨手　「手」原訛「也」，據禮記内則鄭注及諸本改。

〔二八〕承尊者必和顏色　「必和」「顏色」原互倒，據禮記内則鄭注及北宋本、王吴本乙。

〔二九〕收髮結之　「之」原訛「雙」，據禮記内則鄭注及北宋本、王吴本改。

〔三〇〕謂事業之次序　「序」原訛「第」，據禮記内則鄭注及北宋本、傅校本、明抄本、明刻本、王吴本改。

〔三一〕地道尊右　「地道」原訛「道路」，據禮記内則鄭注及北宋本、傅校本、明抄本、明刻本、王吴本改。

〔三二〕表猶明也　原脱「猶」，據禮記内則鄭注及北宋本、傅校本、明抄本、明刻本補。

〔三三〕不可謂孝也　「謂」原作「爲」，據禮記内則鄭注及北宋本、傅校本、明抄本、明刻本改。

〔三四〕周禮曰　原脱「曰」，據禮記內則鄭注及北宋本、傅校本、明抄本、明刻本補。

〔三五〕所通賤人之子　「通」原訛「謂」，據禮記內則鄭注及北宋本、傅校本、明抄本、明刻本、王吴本改。

〔三六〕謂傳家事於長婦　「長」原訛「冢」，據禮記內則鄭注及北宋本、傅校本、明抄本、明刻本改。

〔三七〕婦侍舅姑者也　「侍」原訛「事」，據禮記內則鄭注及傅校本、明刻本、王吴本改。按：北宋本作「待」，「侍」之形訛。

〔三八〕安其牀衽也　「牀衽」原訛「寢處」，據禮記曲禮上鄭注及北宋本、傅校本、明刻本改。

〔三九〕謂棖闑之中央　「中央」原訛「閒也」，據禮記曲禮上鄭注及北宋本、傅校本、明抄本、明刻本、王吴本改。

〔四〇〕服事也闇冥也　原訛作「服闇事冥也」，據禮記曲禮上鄭注及北宋本、傅校本、明抄本、明刻本、王吴本改。

〔四一〕男女夜行以燭　「女」原訛「子」，據禮記曲禮上鄭注及北宋本、傅校本、明抄本、明刻本改。

〔四二〕父命呼　原訛作「父母召」，據禮記玉藻改。按：北宋本、傅校本、明刻本脱「呼」。

〔四三〕至敬　原脱，據禮記玉藻鄭注及北宋本、傅校本、明抄本、明刻本、王吴本補。

〔四四〕爲其不信己所處也　「爲」原訛「謂」，據禮記玉藻鄭注及北宋本、傅校本、明抄本、明刻本改。

〔四五〕有代親之端　「端」原訛「道」，據禮記曲禮上鄭注及北宋本、傅校本、明抄本、明刻本、王吴本改。

〔四六〕冠者不櫛　「者」原訛「帶」，據禮記曲禮上及北宋本、傅校本、明抄本、明刻本改。

〔四七〕飲酒不至變貌　「酒」原訛「食」，據禮記曲禮上及北宋本、傅校本、明抄本、明刻本改。

〔四八〕自若常也　原訛「順常居也」，據禮記曲禮上鄭注改。北宋本、傅校本、明抄本、明刻本作「自居常也」，「若」誤「居」。

〔四九〕遭先生於道　「道」原訛「路」，據禮記曲禮上及北宋本、傅校本、明抄本、明刻本、王吴本改。按：各本「遭」訛「遇」。

〔五〇〕非類雜　「雜」原訛「也」，據禮記曲禮上鄭注及北宋本、傅校本、明抄本、明刻本、王吴本改。

〔五一〕以君子有倦意也　原「倦」上衍「厭」，據禮記曲禮上鄭注及北宋本、傅校本、明抄本、明刻本删。

〔五二〕言欲須少空閒有所白也　原脱「空」，據禮記曲禮上鄭注及北宋本、傅校本、明抄本、明刻本、王吴本補。

〔五三〕爲所賤飲食之物　「飲食」原訛「主人」，據禮記曲禮上鄭注及北宋本、傅校本、明抄本、明刻本改。

〔五四〕少者賤者不敢辭　「賤」原訛「賜」，據諸本改。

〔五五〕不敢抗禮也賤者童僕之屬　原「禮」下脱「也」，衍「少者」，「屬」下衍「也」，據禮記曲禮上鄭注及北宋本、傅校本、明抄本、明刻本、王吴本補删。

〔五六〕居官歸養父母　原「母」下有「議」，據北宋本、傅校本、明抄本、明刻本、王吴本删。

〔五七〕卿父在老　原脱「卿」脱「在」，據北宋本、傅校本、明抄本、明刻本、王吴本補。

〔五八〕爲無天地　北宋本作「卿爲無地」。

〔五九〕而臣聞義不服黷慢台司　北宋本、傅校本、明刻本、明抄本作「臣謹按河南尹關内侯庚純」。

〔六〇〕臣謹自劾　「自」北宋本、傅校本、明抄本、明刻本作「以」。

〔六一〕謹遣丞臣韓微　「丞臣」原倒，據北宋本、傅校本、明抄本、明刻本、王吴本乙。

〔六二〕孫盛晉陽秋　原「秋」上衍「春」，據北宋本、傅校本、明抄本、明刻本删。

〔六三〕僑居人桑梓敬　原「敬」下有「議」，據北宋本、傅校本、明抄本、明刻本、王吴本删。

〔六四〕農夫不得安其畔爵士不得報其禄　「畔」原訛「耕」，「士」訛「土」，「報」訛「食」，據北宋本、傅校本、明刻本、明抄本改。按：王吴本「畔」、「士」不誤。

〔六五〕彰彼惡　「惡」原訛「非」，據北宋本、傅校本、明抄本、明刻本、王吴本改。

〔六六〕尊長相襲　「相」原訛「遵」，據北宋本、傅校本、明抄本、明刻本、王吴本改。

〔六七〕遠或累葉　「葉」原訛「朝」，據北宋本、傅校本、明抄本、明刻本、王吴本改。

〔六八〕恃人之寵以輝我業　「業」原訛「葉」，據北宋本、傅校本、明抄本、明刻本、王吴本改。

〔六九〕猶以有先業墳栢之故塋　「塋」原訛「營」，據北宋本、傅校本、明抄本、明刻本改。

〔七〇〕何若近祖之見廬　「見」原訛「先」，據北宋本、傅校本、明抄本、明刻本、王吴本改。

〔七一〕何若父兄之朝廷　「兄」原訛「母」，據北宋本、傅校本、明抄本、明刻本、王吴本改。

〔七二〕先業之圃苑　「圃」原訛「囿」，據北宋本、傅校本、明抄本、明刻本改。

〔七三〕宜以父祖爲斷　「祖」原訛「母」，據諸本改。

〔七四〕愚謂宜爲所寓之主以崇公敬　「謂宜」原訛脱作「疑」，據北宋本、傅校本、明抄本、明刻本、王吳本補改。

〔七五〕以示存舊過厚之義也　「義」原訛「意」，據北宋本、傅校本、明抄本、明刻本改。

〔七六〕夫人不答妾拜　原「拜」下有「議」，據北宋本、傅校本、明抄本、明刻本、王吳本删。

〔七七〕妾事女君如婦之事姑而妾服女君同女君不報則敬與婦同而又加賤也　原「之」訛「人」，「女君不報」脱「女」，「婦同」下衍「義」，「加賤」上脱「又」。據北宋本、傅校本、明抄本、明刻本改補。按：王吳本衍「義」脱「又」。

〔七八〕僧尼不受父母拜及立位　原「位」下有「議」，據北宋本、傅校本、明抄本、明刻本、王吳本删。

〔七九〕豈自尊崇　原訛作「豈身尊號崇」，據唐大詔令集卷一一三及北宋本、傅校本、明抄本、明刻本、王吳本改删。

〔八〇〕異軫同歸　「軫」原訛「轍」，據唐大詔令集卷一一三及北宋本、傅校本、明抄本、明刻本改。

〔八一〕整容端坐　「整」原訛「罄」，據唐大詔令集卷一一三及北宋本、傅校本、明抄本、明刻本、王吳本改。

〔八二〕有不拜父母之禮　原脱「有」，據唐大詔令集卷一一三及北宋本、傅校本、明抄本、明刻本、王吳本補。

〔八三〕且爲子而忘其生　「生」原訛「親」，據唐大詔令集卷一一三及北宋本、傅校本、明抄本、明刻本、王吳本改。

〔八四〕是背禮而強名於教　「是」原訛「不」，據諸本改。

〔八五〕合於禮則無不遂　王吴本、殿本作「合於禮則不違於親」，乃後人竄改者。局本又改「合」爲「令」，更謬。北宋本、傅校本、明抄本、明刻本作「合於禮則不遂」，脱「無」。今據唐大詔令集卷一一三改正。

〔八六〕女道士　原作「女冠」，據北宋本、傅校本、明抄本、明刻本、王吴本改。

〔八七〕請去釋教　「釋」原作「佛」，殿本、局本臆改者。今據唐會要卷四七及北宋本、傅校本、明抄本、明刻本、王吴本改。

〔八八〕太僕卿張道源稱奕所奏合理　「源」原訛「原」，「理」原訛「禮」，據唐會要卷四七及北宋本、傅校本、明抄本、明刻本改。按：王吴本「理」字不誤。

〔八九〕而佛踰城出家逃背於父以匹夫而抗天子以繼體而悖所親　「城」原訛「世」，「父」下衍「母」，「悖」訛作「背」，據唐會要卷四七及北宋本、傅校本、明抄本、明刻本删改。

〔九〇〕但合掌云　「但」原訛「乃」，據北宋本、傅校本、明抄本、明刻本改。

〔九一〕聖迹可師　「迹」原訛「亦」，據唐會要卷四七改。

〔九二〕卿獨不悟何也　原脱「何」，據唐會要卷四七及北宋本、傅校本、明抄本、明刻本、王吴本補。

〔九三〕以退浮競　「退」原作「遏」，據北宋本、傅校本、明抄本、明刻本改。

〔九四〕崇信佛教　「教」原訛「道」，據唐會要卷四七及北宋本、傅校本、明抄本、明刻本改。

〔九五〕亦不須道人日到參議也　「日到」原作「共」，清人臆改。今據唐會要卷四七改。按：北宋本、傅校本、明抄本、明刻本、王吴本作「日别」。

〔九六〕貳乃辟也　「貳」原訛「二」，據左傳僖公二十三年文及北宋本改。

〔九七〕奉命承教　「命」原訛「令」，據諸本改。

〔九八〕魯君以大夫之禮加焉　「君」原作「公」，據北宋本、傅校本、明抄本、明刻本改。

〔九九〕況受三公之招　「公」北宋本、傅校本、明抄本、明刻本作「軍」。

〔一〇〇〕臣愚以爲禮宜從重　原脱「爲」，據北宋本、傅校本、明抄本、明刻本、王吴本補。

〔一〇一〕雖未執職便爲故吏　「執」原作「就」，據北宋本、傅校本、明抄本、明刻本改。「便」原訛「係」，據諸本改。

〔一〇二〕吴亡　原脱「亡」，據北宋本、傅校本、明抄本、明刻本、王吴本補。

〔一〇三〕則兄弟之子不得稱姪　「兄弟」原倒，據北宋本、傅校本、明抄本、明刻本乙。

〔一〇四〕則姊妹之子不可言甥　「可言」原作「得稱」，據北宋本、傅校本、明抄本、明刻本、王吴本改。

〔一〇五〕不得言生　「生」原作「甥」，據王吴本改。

〔一〇六〕然謂吾伯叔者　「然」原訛「故」，據北宋本、傅校本、明抄本、明刻本、王吴本改。

〔一〇七〕二人各是内外兄弟相稱議　「是」原訛「有」，據北宋本、傅校本、明抄本、明刻本、王吴本改。

〔一〇八〕或問馮懷曰　「問」原訛「謂」，據北宋本、傅校本、明抄本、明刻本、王吴本改。

〔一〇九〕内外既同　「既」原訛「相」，據北宋本、傅校本、明抄本、明刻本、王吴本改。

〔二〇〕復謂聲伯爲外兄　「復」原訛「彼」，據北宋本、傅校本、明抄本、明刻本改。

〔二一〕或問馮懷曰　「問」原訛「謂」，據北宋本、傅校本、明抄本、明刻本、王吴本改。

〔二二〕景之母　「景」原作「丙」，據北宋本、傅校本、明抄本、明刻本改。下同。按：唐人諱「丙」爲「景」。

〔二三〕族内兄　「族」原訛「從」，據北宋本、傅校本、明抄本、明刻本、王吴本改。

〔二四〕今則舅是母班　「舅」原訛「姑」，據北宋本、傅校本、明抄本、明刻本、王吴本改。

王文錦點校

通典卷第六十九

禮二十九　沿革二十九　嘉禮十四

養兄弟子爲後後自生子議　異姓爲後議

養兄弟子爲後後自生子議 東晉

東晉成帝咸和五年，散騎侍郎賀喬妻于氏上表云：〔一〕

妾昔初奉醮歸於賀氏，〔二〕胤嗣不殖，母兄羣從以妾犯七出，數告賀氏求妾還。妾姑薄氏過見矜愍，無子歸之天命，婚姻之好，義無絶離，故使夫喬，多立側媵。喬仲兄羣哀妾之身，愬妾之志，數謂親屬曰：「于新婦不幸無子，若羣陶新婦生前男，以後當以一子與之。」陶氏既産澄、馥二男，〔三〕其後子輝在孕，〔四〕羣即白薄：「若所育是男，以乞新婦。」妾敬諾拜賜，先爲衣服，以待其生。輝生之日，洗浴斷臍，妾即取還，服藥下乳以乳之。陶氏時取孩抱，羣恆訶止，〔五〕婢使有言其本末者，羣輒責之，誠欲使子一情以親妾，而絶本恩於所生。輝百餘日，無命不育，妾誠自悲傷，爲之憔悴，姑長上下，益見矜憐。羣續復以子率，重見鎮撫，妾所以訖心盡力，皆如養輝，故率至於有識，不自知非妾之子也。率生過周，而喬妾張始生子纂，於時羣尚平存，不以爲疑。原薄及羣以率賜妾之意，非唯以續喬之嗣，乃以存妾之身，妾所以得終奉烝嘗於賀氏，緣守羣信言也。率年六歲，纂年五歲，羣始喪亡。其後言語漏洩，而率漸自嫌爲非妾所生。率既長，與妾九族内外修姑姨之親而白談者，或以喬既有纂，其率不得久安爲妾子，若不去，則是與爲人後。去年，率即歸還陶氏。喬時寢疾，曰：「吾母、兄平生之日所共議也，陌上遊談之士，遽能深明禮情？當與公私共論正之。」尋遂喪亡。率既年小，未究大義，動於游言，無以自處。妾亦婦人，不達典儀，唯以聞於先姑，謂妾養率以爲己子，非所謂人後也。〔六〕妾受命不天，嬰此煢獨，少訖心力，老而見棄，曾無蜾蠃式穀之報，婦人之情，能無怨結？謹備論其所不解六條，其所疑十事如左：

夫禮所謂爲人後者，非養子之謂。而世之不深按禮文，恆令此二事以相疑亂，處斷所以大謬也。凡言後者，非並時之稱，〔七〕明死乃至喪，〔八〕生不先去聲養。今乃以生爲人子，亂於死爲人後，此妾一不解也。今談者以喬自有纂，不嫌率還本也。原此失禮爲後之意，傳曰：「爲人後者孰後？後大宗也。」今喬上非大宗，率不爲父後，何繫於有纂與無纂乎？此妾二不解也。夫以支子後大宗者，爲親屬既訖，無以序昭穆、列親疏，故繫之以宗，使百代不遷，故有立後之制。今以兄弟之子，而比之族人之子後大宗，此妾三不解也。凡爲後者，降其本親一等，以成人之性，奉父母之命，而出身於彼，豈不異嬰孩之質，受成長於人，不識所生，惟識所養者乎？鄙諺有之曰：「黃鷄生卵，烏鷄伏之，但知爲烏鷄之子，不知爲黃鷄之兒。」此言雖小，可以喻大。今以義合之後，比成育之子，此妾四不解也。禮傳曰：爲人後者爲所後祖父母、妻、妻之父母、昆弟、昆弟之子，若子。若子者，義比於子而恩非子也，故曰爲後者異於爲子也。今乃以爲後之公義，奪育養之至恩，此妾五不解也。與爲人後者，自謂大宗無後，族人又既已選支子爲之嗣矣。〔九〕今人之中，或復重爲之後，後人者不一之也，自非徇爵，則必貪財，〔一〇〕其舉不主於仁義，故尤之也。非謂如率爲嫡長先定，庶少後生，而當以爲譏。〔一一〕此妾六不解也。

妾又聞父母之於子，生與養其恩相半，豈胞胎之氣重而長養之功輕？〔一二〕孔子曰：「子生三年，然後免於父母之懷，故服三年。」詩曰：「父兮生我，母兮鞠我，拊我畜我，長我育我，顧我復我，出入腹我，欲報之德，昊天罔極。」凡此所嘆，皆養功也。螟蛉之體，化於蜾蠃；班氏之族，乳虎紀焉。由此觀之，哺乳之義，〔一三〕參於造化也。今率雖受四體於陶氏，而成髮膚於妾身。推燥居濕，分肌損氣，二十餘年，已至成人，豈言在名稱之閒，而忘成育之功？此妾一疑也。夫人道之親，父子、兄弟、夫妻，〔一四〕皆一體也。其義，父子，首足也；〔一五〕兄弟，四體也；夫妻，判合也。夫惟一體之親，故曰兄弟之子猶己子，故以相字也。今更以一體之親，擬族人之疏；長養之實，比出後之名：此妾二疑也。夫子之於父母，其情一也。而有以父之尊，厭母之親；以父之故，斷母之恩；以父之命，替母之禮：其義安取？蓋取尊父命也。凡嫡庶不分，惟羣所立，是君命制於臣也。慈母如母，生死弗怠，〔一六〕是父命之行於子也。妾之母率，尊命則由羣之成言，本義則喬之猶子，計恩則妾之懷抱。三者若此，而今棄之，此妾三疑也。諸葛亮無子，取兄瑾子喬爲子。喬本字仲慎，及亮有子瞻，以喬爲嫡，故改字伯松，不以有瞻而遣喬也。〔一七〕蓋以兄弟之子猶己子也。陳壽云：「喬卒之後，諸葛恪被誅，絕嗣，亮既自有後，遣喬子攀還嗣瑾祀。」明恪不絕嗣，〔一八〕則攀不得還。亮近代之純賢，瑾正達之士，〔一九〕其兄弟行事如此，必不陷子弟於不義，而犯非禮於百代。此妾四疑也。春秋傳曰：「陳女戴嬀生桓公，莊姜以爲己子。」言爲己子，取而字之。傳又曰「爲人後者爲之子」，往而承之也。取而字之者，母也；往而承之者，子也。在母，母之仁也，則蜾蠃之育螟蛉；在子，子之義也，則成人之後大宗也。苟能別以爲己子與爲後之子不同文也，〔二〇〕則可與求禮情矣。以義相況，則宗猶父也，父猶母也。莊姜可得子戴嬀之子，繫之於夫也；兄弟之子可以爲子，繫之於祖也。名例如此，而論者弗尋，此妄五疑也。董仲舒命代純儒，〔二一〕漢朝每有疑議，未嘗不遣使者訪問，以片言而折中焉。時有疑獄曰：「甲無子，拾道旁棄兒乙養之以爲子。及乙長，有罪殺人，以狀語甲，甲藏匿乙。甲當何論？」仲舒斷曰：「甲無子，振活養乙，雖非所生，誰與易之！詩云『螟蛉有子，蜾蠃負之。』春秋之義，『父爲子隱』，甲宜匿乙。」詔不當坐。夫異姓不相後，〔二二〕禮之明禁，以仲舒之博學，〔二三〕豈闇其義哉！蓋知有後者不鞠養，〔二四〕鞠養者非後，而世人不別，此妄六疑也。又一事曰：甲有子乙以乞丙，乙後長大而丙所成育。甲因酒色謂乙曰：「汝是吾子。」乙怒，杖甲二十。甲以乙本是其子，不勝其忿，自告縣官。仲舒斷之曰：「甲生乙，〔二五〕不能長育以乞丙，於義已絶矣！〔二六〕雖杖甲，不應坐。」夫拾兒路旁，斷以父子之律，加杖所生，附於不坐之條，其爲予奪，不亦明乎！今說者不達養子之義，唯亂稱爲人後，此妄七疑也。漢代秦嘉早亡，其妻徐淑乞子而養之。淑亡後，子還所生。朝廷通儒移其鄉邑，録淑所養子，還繼秦氏之祀。異姓尚不爲嫌，況兄弟之子！此妄八疑也。吴朝周逸，博達古今。逸本左氏之子，爲周氏所養，周氏又自有子，時人不達者亦譏逸。逸敷陳古今，故卒不復本姓，識學者咸謂爲當矣。此妾九疑也。爲人後者止服所後，而爲本父服周，一也；女子適人降所生，二也；爲父後者爲出母無服，三也；諸侯之庶子，不得服其母，四也；庶子爲王，不敢服其母，五也。凡此五者，非致人情，〔二七〕禮稱以義斷恩，節文立焉。率情立行者，戎狄之道也。〔二八〕患世人未能錯綜禮文，〔二九〕表裏仁義，亂於大倫，故漢哀以諸侯嗣天子，〔三〇〕各還尊其私親，以爲得周公嚴父之義，而不知其大悖國典。夫未名之子，死而不哭；既名之後，哭而不服；三殤之差，及至齊斬：所禀所受，其體一也，而長幼異制，等級若此。又今世人生子，往往有殺而不舉者，君子不受不慈之責，有司不行殺子之刑，六親不制五服之哀，賓客不修弔問之禮，豈不以其蠢爾初載，未夷於人乎？生而殺之如此，生而棄之，受成長於他人，則追名曰「本吾子也」，乃全責以父子之恩，自同長養之功，此妾十疑也。

勑下太常、廷尉、禮律博士，按舊典決處上。

博士杜瑗議云：「夫所謂爲人後者，有先之名也，言其既没，於以承之耳，非並存之稱也。率爲喬嗣，則猶吾子，羣之平素，言又惻至，其爲子道，可謂備矣，而猥欲同之與爲人後，傷情棄義，〔三一〕良可悼也。昔趙武之生，濟由程嬰，嬰死之日，武爲服喪三年。夫異姓名義，其猶若此，況骨肉之親，有顧復之恩，而無終始之報！凡于氏所據，皆有明證，議不可奪。」

廷史陳序議：「令文：『無子而養人子以續亡者後，於事役復除無迴避者聽之，不得過一人。』令文：『養人子男，後自有子男，及閹人非親者，皆別爲户。』按喬自有子纂，〔三二〕率應別爲户。」

尚書張闓議：「賀喬妻于氏表，與羣妻陶辭所稱不同。〔三三〕陶辭：喬妻于無子，〔三四〕夫羣命小息率爲喬嗣。一年，喬妾張生纂。故驃騎將軍顧榮謂羣，喬已有男，宜使率還，問與爲人後者不。〔三五〕故司空賀循取從子紘爲子，鞠養之恩，皆如率，循後有晚生子，遣紘歸本。率今欲喬，即便見遣。于表養率以爲己子，非謂爲人後，立六義十疑，以明爲後不並存之稱，生言長嫡，死乃言後，存亡異名。又云『乞養人子而不以爲後』，見於何經？名不虛立，當有所附，於古者無此事也。〔三六〕今人養子，皆以爲後。于又云『爲人後者，族人選支子爲之嗣，非謂如率爲嫡先定，庶幼後生，而以爲譏』。此乃正率宜去，非所以明其應留也。且率以若子之輕義，奪至親之重恩，是不可之甚也。于知禮無養子之文，故欲因今世乞子之名，而博引非類之物爲喻，謂養率可得自然成子，避其與後之譏乎！」

丹陽尹臣謨議：「按于所陳，雖煩辭博稱，並非禮典正義，可謂欲之而必爲之辭者也。」

臣按尚書闓議，言辭清允，折理精練，〔三七〕難于之說，〔三八〕要而合典，上足以重一代之式。〔三九〕

愚以爲宜如閭議。」

異姓爲後議 後漢　魏　晉　宋

後漢吴商異姓爲後議曰：「或問『以異姓爲後，然當還服本親。及其子，當又從其父而服耶？將以異姓而不服也？』答曰：『神不歆非族，明非異姓所應祭也。雖世人無後，〔四〇〕並取異姓以自繼，然本親之服，骨血之恩，無絶道也。異姓之義，可同於女子出適，還服本親，皆降一等。至於其子應從服者，亦當同於女子之子，從於母而服其外親。今出爲異姓作後，〔四一〕其子亦當從於父母服之也。父爲所生父母周，子宜如外祖父母之加也。其昆弟之子，父雖服之大功，於子尤無尊可加。及其姊妹，爲父小功，則子皆宜從於異姓之服，〔四二〕不得過緦麻也。』」

范甯與謝安書曰：〔四三〕「稱無子而養人子者，自謂同族之親，豈施於異姓？今世行之甚衆，是謂逆人倫昭穆之序，〔四四〕違經典紹繼之義也。」

魏時或爲四孤論曰：「遇兵饑饉有賣子者；有棄溝壑者；有生而父母亡，無緦親，〔四五〕其死必也者；有俗人以五月生子妨忌之不舉者。有家無兒，收養教訓成人，或語汝非此家兒，禮，異姓不爲後，於是便欲還本姓。爲可然不？」博士田瓊議曰：〔四六〕「雖異姓，不相爲後，禮也。家語曰：『絶嗣而後他人，於理爲非。』今此四孤，非故廢其家祀。既是必死之人，他人收以養活。〔四七〕且褒姒長養於褒，便稱曰褒，姓無常也。〔四八〕其家若絶嗣，可四時祀之於門户外，有子，可以爲後，所謂『神不歆非類』也。」大理王朗議曰：「收捐拾棄，不避寒暑，且救垂絶之氣，而肉必死之骨，可謂仁過天地，恩踰父母者也。〔四九〕吾以爲田議是矣。」徐幹曰：「祭所生父母於門外，〔五〇〕不如左右邊特爲立宫室別祭也。」王修議曰：「當須分別此兒有識未有識耳。有識以往，自知所生，雖創更生之命，受育養之慈，枯骨復肉，亡魂更存，當以生活之恩報公嫗，不得出所生而背恩情。報生以死，報施以力，古之道也。」〔五一〕軍謀史于達叔議曰：「此四孤者，非其父母不生，非遇公嫗不濟，既生既育，由於二家，棄本背恩，實未之可。子者父母之遺體，乳哺成人，公嫗之厚恩也。〔五二〕棄絶天性之道，而戴他族，不爲逆乎！鄭伯惡姜氏，誓而絶之，君子以爲不孝，及其復爲母子，傳以爲善。今宜爲子竭其筋力，〔五三〕報於公嫗育養之澤，若終，爲報父在爲母之服，別立宫宇而祭之，畢己之年也。詩云『父兮生我，母兮鞠我』，今四子服報如母，不亦宜乎！愛敬哀戚，報惠備矣。」崔凱喪制駁曰：「以爲宜服齊衰周，方之繼父同居者。」

司徒廣陵陳矯，字季弼，本劉氏養於陳氏，及其薨，劉氏弟子疑所服，以問王肅。答曰：「昔陳司徒喪母，諸儒陳其子無服，甚失理矣。〔五四〕爲外祖父母小功，此以異姓而有服者。豈不以母之所生，反重於父之所生？不亦左乎！爲人後者，其婦爲舅姑大功。婦，他人也，猶爲夫故，父母降一等；祖，至親也，而可以無服乎！推婦降一等，則子孫宜依本親而降一等。」

晉太宰魯公賈充，李、郭二夫人有男，皆夭，充無嗣。及充薨，郭表充遺意，以外孫韓謐爲充子。〔五五〕詔曰：「太宰尊勳，不同常人，自餘不得爲比。」

宋庾蔚之曰：「四孤之父母，是事硋五愛反〔五六〕不得存養其子，豈不欲子之活？推父母之情，豈不欲與人爲後而苟使其子不存耶？如此則與父命後人亦何異？既爲人後，何不戴其姓？〔五七〕『神不歆非類』，蓋舍己族，而取他族爲後。〔五八〕若己族無所取後而養他子者，〔五九〕生得養己之老，死得奉其先祀，神有靈化，豈不嘉其功乎！唯所養之父自有後，而本絕嗣者，便當應還本其宗祀；〔六〇〕服所養父母，依繼父齊衰周。若二家俱無後，則宜停所養家，依爲人後服其本親例，降一等；有子以後，其父未有後之間，別立室以祭祀是也。」〔六一〕

校勘記

〔一〕賀喬　「喬」原作「嶠」，王吴本作「僑」，今據北宋本、傅校本、明抄本、明刻本改。下同。

〔二〕奉醮歸於賀氏　「奉」原訛「舉」，據北宋本、傅校本、明抄本、明刻本、王吴本改。

〔三〕既産澄馥二男　「馥」原訛「馢」，據北宋本、傅校本、明抄本、明刻本、王吴本改。

〔四〕其後子輝在孕　原脱「在」，據北宋本、傅校本、明抄本、王吴本補。

〔五〕羣恆訶止　「訶」原訛「辭」，據北宋本、傅校本、明抄本、明刻本、王吴本改。

〔六〕非所謂人後也　「謂」原訛「爲」，據北宋本、王吴本改。

〔七〕非並時之稱　「時」原作「存」，據北宋本、傅校本、明抄本、明刻本、王吴本改。

〔八〕明死乃至喪　「至」傅校本、明刻本作「主」。

〔九〕族人又既已選支子爲之嗣矣　「又」北宋本、明抄本作「人」，傅校本、明刻本、王吴本無此字。

〔一〇〕自非徇爵則必貪財　「徇」北宋本作「循」。「必」原作「是」，據北宋本、傅校本、明抄本、明刻本改。

〔一一〕而當以爲譏　「譏」，據北宋本、傅校本、明抄本作「議」。

〔一二〕胞胎之氣重　「胞」原作「包」，據北宋本、傅校本、明抄本、明刻本、王吴本改。

〔一三〕哺乳之義　「哺乳」原倒，據北宋本、傅校本、明抄本、明刻本乙。

〔一四〕夫妻　「妻」原作「婦」，據北宋本、傅校本、明抄本、明刻本改。下同。

〔一五〕父子首足也　「首」原訛「手」，各本並誤，今據儀禮喪服傳改。

〔一六〕生死弗怠　「弗」原作「勿」，據北宋本、傅校本、明抄本、明刻本改。

〔一七〕不以有瞻而遣裔也　「遣」原訛「遺」，據北宋本、傅校本、明抄本、明刻本、王吴本改。

〔一八〕明恪不絶嗣　原「恪」下有「若」，據北宋本、傅校本、明抄本、明刻本、王吴本删。

〔一九〕瑾正達之士　原作「瑾正逵之達士」，清人所增改，今據北宋本、傅校本、明刻本、王吴本删正。

〔二〇〕爲後之子　「爲」下原衍「人」，據北宋本、傅校本、明抄本、明刻本、王吴本删。

〔二一〕董仲舒命代純儒　「命」原作「一」，後人擅改者。今據北宋本、傅校本、明抄本、明刻本改回。

〔二二〕夫異姓不相後　「相」下原有「爲」，據北宋本、傅校本、明抄本、明刻本、王吴本删。

〔二三〕以仲舒之博學　原脱「以」，據北宋本、傅校本、明抄本、明刻本、王吴本補。

〔二四〕蓋知有後者不鞠養　「有」原訛「爲」，據北宋本、傅校本、明抄本、明刻本、王吴本改。

〔二五〕甲生乙　「甲」下原衍「能」，據北宋本、傅校本、明抄本、明刻本、王吴本删。

〔二六〕於義已絶矣　「已」原作「以」，據北宋本、傅校本、明抄本、明刻本、王吴本改。

〔二七〕凡此五者非致人情　「非致」原訛「皆制」，據北宋本、傅校本、明抄本、明刻本、王吴本改。

〔二八〕戎狄之道也　「戎」原作「夷」，據北宋本、傅校本、明抄本、明刻本改。

〔二九〕未能錯綜禮文　「未」原作「不」，據北宋本、傅校本、明抄本、明刻本、王吴本改。

〔三〇〕故漢哀以諸侯嗣天子　「哀」原訛「衰」，據北宋本、傅校本、明抄本、明刻本、王吴本改。

〔三一〕而猥欲同之與爲人後傷情棄義　「欲」北宋本、傅校本、明抄本作「敬」。「情」原訛「人」，據諸本改。

〔三二〕按喬自有子纂　原脱「子」，據北宋本、傅校本、明抄本、明刻本、王吴本補。

〔三三〕與羣妻陶辭所稱不同　「辭」原訛「氏」，據北宋本、傅校本、明抄本、明刻本、王吴本改。

〔三四〕喬妻于無子　原「于」下有「氏」，據北宋本、傅校本、明抄本、明刻本刪。

〔三五〕問與爲人後者不　此句不可解，疑有脱誤。王吴本作「間與爲人後者不同」，恐係任意增改，並無根據。

〔三六〕於古者無此事也　「於」原作「以」，清人所改。今據北宋本、傅校本、明抄本、明刻本、王吴本改回。

〔三七〕折理精練　「折」原作「析」，據北宋本、傅校本、明抄本、明刻本改。

〔三八〕難于之説　「難」北宋本作「雖」，蓋「難」之形訛。

〔三九〕上足以重一代之式　「重」原作「垂」，據北宋本、傅校本、明抄本、明刻本、王吴本改。

〔四〇〕雖世人無後　「雖」北宋本、明抄本作「湏」，傅校本、明刻本作「頃」。

〔四一〕今出爲異姓作後　原竄改作「今出爲異姓作爲之子」，今據北宋本、傅校本、明抄本、明刻本、王吴本改正。

〔四二〕則子皆宜從於異姓之服　「從」原訛「降」，據北宋本、傅校本、明抄本、明刻本、王吴本改。

〔四三〕范甯與謝安書曰　原脱「曰」，據北宋本、傅校本、明抄本、明刻本、王吴本補。

〔四四〕是謂逆人倫昭穆之序　「謂」原作「爲」，據北宋本、傅校本、明抄本、明刻本、王吴本改。

〔四五〕無緦親　原作「復無緦麻親」，據北宋本、傅校本、明刻本刪「復」、「麻」。按：「麻」爲王吴本所增，殿本、局本又添「復」字。

〔四六〕博士田瓊議曰　「議」原訛「謂」，據北宋本、傅校本、明抄本、明刻本、王吴本改。

〔四七〕他人收以養活　「以養」原倒，據北宋本、傅校本、明抄本、明刻本、王吴本乙。

〔四八〕姓無常也　原倒作「無常姓也」，據北宋本、傅校本、明抄本、明刻本、王吴本乙。

〔四九〕恩踰父母者也　「母」原訛「子」，據北宋本、傅校本、明抄本、明刻本、王吴本改。

〔五〇〕祭所生父母於門外　原「生」下衍「之」，據北宋本、傅校本、明抄本、明刻本、王吴本删。

〔五一〕古之道也　「古」北宋本作「生」。

〔五二〕公嫗之厚恩也　「恩」原訛「愛」，據北宋本、傅校本、明抄本、明刻本、王吴本改。

〔五三〕今宜爲子竭其筋力　「爲」北宋本作「謂」。

〔五四〕甚失理矣　「理」原訛「禮」，據北宋本、傅校本、明抄本、明刻本、王吴本改。

〔五五〕以外孫韓謐爲充子　「孫」原訛「甥」，據北宋本、傅校本、明抄本、明刻本、王吴本改。按：晉書賈充傳一一七一頁云，充死，其妻郭槐「輒以外孫韓謐爲黎民子，奉充後」。

〔五六〕是事硋五愛反　此正文三字、注文三字原脱，據北宋本、傅校本、明抄本、明刻本、王吴本補。

〔五七〕如此則與父命後人亦何異既爲人後何不戴其姓　「命」原訛「母」，下「人」原訛「其」，「不」原訛「必」，並據北宋本、傅校本、明抄本、明刻本、王吴本改。

〔五八〕蓋舍己族而取他族爲後　「舍」原訛「告」，據諸本改。「他」下原有「人之」，據北宋本、傅校本、明抄本、明刻本删。

〔五九〕若己族無所取後而養他子者　原脱「後」，「子」訛「人」，據北宋本、傅校本、明抄本、明刻本、王吴本補改。

〔六〇〕而本絕嗣者便當應還本其宗祀　王吳本改作「而不絕嗣者便當應還其本宗其宗祀」，殿本、局本又改作「而本宗絕嗣者便當還其本宗奉其宗祀」。今據北宋本、傅校本、明抄本、明刻本改回。

〔六一〕別立室以祭祀是也　「祭祀」原被改作「祀之」，今據北宋本、傅校本、明抄本、明刻本、王吳本改回。

王文錦點校

通典卷第七十

禮三十　沿革三十　嘉禮十五

讀時令　元正冬至受朝賀朔望朝參及常朝日附　策拜皇太子皇太子稱臣附

讀時令後漢　魏　東晉　宋　北齊　大唐

後漢制，太史每歲上其年曆。先立春、立夏、大暑、立秋、立冬，常讀五時令。皇帝所服，各隨五時之色。帝升御座，尚書令以下就席位。尚書三公郎中以令置案上，奉以先入，〔一〕就席伏讀訖，賜酒一卮。

魏明帝景初元年，通事奏曰：「前後但見讀四時令，至於服黄之時獨闕。」太史令高堂崇以爲：〔二〕黄屬土也，土王四季各十八日。〔三〕土生於火，故於火用事之末服黄，三季則否。其令則隨四時，〔四〕不以五行爲令也，〔五〕是以服黄無令。」斯則魏代不讀大暑令也。

東晉成帝咸和五年，有司奏讀秋令。時侍中荀奕上議云：「武皇帝時，光禄大夫華恆議，以秋夏盛暑，〔六〕常闕不讀令，在春冬則不廢也。夫先王所以順時讀令者，蓋後天而奉天時，正服尊嚴之所重。今比熱炎赫，服章多闕，請如恆議。」詔可。六年，有司奏：「立夏日，正服漸備，祇述天和，宜讀夏令。」奏可。

宋文帝元嘉六年，讀時令。三公郎中每讀，皇帝臨軒，百僚備位，多震悚失常儀。唯孝武帝時劉勰，明帝時謝緯，善於其事，人主公卿並屬目稱歎。

北齊制，立春日，皇帝服通天冠，青介幘，青紗袍，佩蒼玉，青帶，青袴，青襪舄，而受朝於太極殿，西廂東向。尚書令等坐定，三公郎中詣席，跪讀時令訖，典御酌卮酒，置郎中前，郎中拜，還席伏飲，禮成而出。至立夏立秋，〔七〕則施御座於中楹，南向，立冬如立春，〔八〕東向。各以其時之色服，儀並如春禮。

大唐貞觀十一年，復修四時讀令。武太后聖曆元年臘月制，每月一日於明堂行告朔之禮。司禮博士辟閭仁諝奏曰：

按經史正文，無天子每月告朔。唯禮記玉藻云：「天子聽朔於南門之外。」周禮天官太宰：「正月之吉，布政於邦國。」今每歲首元日，通天宮受朝，讀時令，布政事，此則聽朔之禮畢，合於周禮、玉藻之文矣。而鄭玄注玉藻「聽朔」，以秦制月令有五帝五官之事，遂云「凡聽朔，必特牲告其時帝及其神，〔九〕配以文王、武王」。此鄭注之誤也。

故漢魏至今莫之用。又按月令「其帝太昊，其神勾芒」者，謂宣布時令，告示下人，其令詞云其帝其神耳。所以爲敬授之文，欲使人奉其時而務其業。每月有令，故謂之月令，非謂天子月朔日以祖配帝而祭告之。其每月告朔者，乃諸侯之禮也。故春秋左氏傳，魯侯「既視朔，遂登觀臺」。又鄭注論語云：「禮，人君每月告朔於廟，有祭謂之朝享。」今王者行之，非所聞也。按鄭玄所謂告其帝者即太皞等五人帝，其神者即重黎等五行官。雖並功施於人，列在祀典，無天子每月拜祭告朔之文。

臣又檢禮論及三禮義宗、〔一〇〕江都集禮、貞觀禮、顯慶禮及祠令，並無天子每月告朔之事。若以爲世無明堂，〔一一〕故無告朔之禮，則江都集禮、貞觀禮、顯慶禮及祠令，〔一二〕著祀五方上帝於明堂，即孝經「宗祀文王於明堂」也。此則無明堂而著其享祭，何爲告朔獨闕其文？若以君有明堂即合告朔，則周秦有明堂，而經典正文並無天子每月告朔。臣博考載籍，既無其禮，請停每月一日告朔之祭，〔一三〕以正國經。竊以天子之尊，而用諸侯之禮，非所謂頒告朔、令諸侯使奉而行之之義也。〔一四〕

鳳閣侍郎王方慶奏議曰：

天子以孟春正月上辛，於南郊總受十二月之政，還藏於祖廟，月取一政頒於明堂。諸侯孟春之月，朝於天子，受十二月之政，藏於祖廟，月取一政而行之。故仲尼美而稱之曰：「明王之以孝理天下者也。」人君以其禮告廟，則謂之告朔；聽視此月之政，則謂之視朔，亦曰聽朔，其實一也。

春秋魯文公六年閏十月，〔一五〕不告朔。左氏傳云：「閏月不告朔，非禮也。夫閏以正時，時以作事，事以厚生，生人之道，於是乎在矣。不告閏朔，棄時政也。」〔一六〕則天子閏月亦告朔矣，寧有他月廢其禮乎？

又按周禮太史職云：「頒告朔於邦國。閏月，詔王居門終月。」〔一七〕玉藻云：「閏月則闔門左扉，立於其中。」是天子閏月而行告朔之事明矣。每歲首元日，通天宮受朝，讀時令，布政事，此聽朔之禮畢，而合於周禮、玉藻之文也。

又按鄭玄云：「凡聽朔告其帝。」臣愚以爲其告朔之時，五方上帝之一帝也。春則靈威仰之例，以始祖而配之。〔一八〕人帝及神，列在祀典，亦於其月而享祭之。魯自文公始不視朔，〔一九〕子貢見其禮廢，欲去其羊，孔子以羊存猶可識禮，羊亡其禮遂廢，故云「爾愛其羊，我愛其禮」也。

漢承秦滅學，庶事草創，所以無告朔之事。至平帝元始中，王莽輔政，庶幾復古。後漢董卓西移，載籍湮滅，告朔之禮，於此而墜。宋何承天禮論，雖加編次，於事則闕。梁崔靈恩三禮義宗，但捃摭前儒，因循故事。隋大業中，〔二〇〕煬帝令學士撰江都集禮，只鈔撮禮論，更無異文。貞觀、顯慶及祠令不言告朔者，蓋爲歷代不傳，所以其文遂闕。今若每月聽政，於事亦煩，孟月視朔，恐不可廢。

從之。

開元二十六年，命太常少卿韋縚，每月進月令一篇。〔二一〕是後孟月朔日，御宣政殿，側置一榻，東西置案，令韋縚坐而讀之，諸司官長亦升殿列坐聽焉。〔二二〕歲除罷之。乾元元年十二月，丙寅立春，御宣政殿，命太常卿于休烈讀春令，常參官五品以上正員，並升殿與坐也。餘並具開元禮。

議曰：讀時令，非古制也。自東漢始焉，其後因而沿襲。按太宰職：「正月之吉，懸治象之法於象魏，使萬人觀之。」又春官太史「頒告朔於邦國」，玉藻復云「聽朔於南門之外」，並無讀時令故事。而辟閭仁諝云「元日受朝讀令，此則聽朔禮畢，合於玉藻之文」，王方慶雖有所駁，大旨與仁諝不異，皆臆說也。凡言時者，謂四時耳。若正月之朔讀令，則合云歲令，何以謂之時邪？其夏秋冬，又何爲不讀？斯則辟閭輩誤矣。〔二三〕

元正冬至受朝賀 朔望朝參及常朝日附○漢 後漢 魏 晉 東晉 宋 齊 梁 陳 北齊 隋 大唐

漢高帝十月定秦，遂爲歲首。七年，長樂宮成，制諸侯羣臣朝賀儀：先平明，謁者治禮，引以次入殿門，庭中陳車騎步卒衛宮，設兵張旗幟。傳言「趨」。殿下郎中夾陛，陛數百人。〔二四〕功臣列侯諸將軍軍吏以次陳西方，〔二五〕東向；文官丞相以下陳東方，西向。大行設九賓，臚句傳。上傳語告下爲臚，下傳語告上爲句。韋昭曰：「九賓則周禮九儀。」於是皇帝輦出房，百官執職傳警，〔二六〕引諸侯王以下至吏六百石以次奉賀。禮畢，復置法酒。文穎曰：「作酒法令也。」諸侍坐殿上皆伏抑首，抑，屈首也。以尊卑次起上壽。觴九行，謁者言「罷酒」。御史執法舉不如儀者輒引去，羣臣莫不振恐肅敬。高帝初，百度草創，未有儀法，羣臣飲酒爭功，〔二七〕醉或叫呼，拔劍起擊柱，帝患之。叔孫通説帝曰：「夫儒者難與進取，可與守成。〔二八〕臣願採古禮與秦儀雜就之。」帝曰：「令易知，度吾所能行爲之。」於是通使徵魯諸生三十餘人，及帝左右爲綿蕞，參用先代之儀，然往往改異，於野外習之。〔二九〕月餘，帝令試之，曰「吾能爲此」。竟朝無敢諠譁失禮者。於是高帝曰：「吾今日知爲皇帝之貴也。」乃拜通爲太常，賜金五百斤。徐廣曰：「蕞音子外反。」以茅翦樹地爲纂位標準，爲習肄處也，置設綿也。〔三〇〕春秋傳曰「置茅蕝」。〔三一〕蕝音子悅反。肄音以致反。〔三二〕

至武帝，雖用夏正，然每月朔朝，至於十月朔，猶常享會。其儀：夜漏未盡七刻，鐘鳴，受賀及贄，公侯璧，二千石羔，千石、六百石雁，四百石以下雉。百官賀正月。決疑要注云：〔三三〕「古者朝會皆執贄，侯伯執圭，子男執璧，孤執皮帛，卿執羔，大夫執雁，士執雉。漢魏粗依其制，〔三四〕正朝大會，〔三五〕諸侯執玉璧，薦以鹿皮，公卿以下所執如古禮。古者衣皮，故用皮帛爲幣。玉以象德，璧以稱事。」二千石以上，上殿稱萬歲。獨斷曰：「三公奉璧上殿，向御座，北面，太常贊曰：『皇帝爲君興。』〔三六〕三公伏，皇帝坐，乃進璧。古語曰『御坐則起』，此之謂也。」舉觴御坐前。司空奉羹，大司農奉飯，奏食舉之樂。百官受賜宴饗，大作樂。白虎通曰：「有喪不朝，吉凶不相干，不奪孝子恩也。太廟火、日食、后之喪、雨霑服失容，並廢朝。」

後漢歲首正月，爲大朝受賀。其儀：夜漏未盡七刻，鐘鳴，受朝賀及贄。獻帝起居注：「舊典，市長執雁，建安八年始令執雉。」百官二千石以上，上殿稱萬歲。舉觴御坐前。司空奉羹，大司農奉飯，奏食舉樂。百官受賜宴饗，大作樂。蔡質漢儀：「正月朝，天子幸德陽殿，臨軒。公卿百官各陪位朝賀。百蠻朝貢畢，屬郡計吏皆陛覲，庭燎。宗室諸劉親會，萬人以上，立西面。位既定，上壽。羣計吏中庭北面立，〔三七〕太官賜酒食，西入東出。御史四人執法陛下，虎賁、羽林張弓挾矢，〔三八〕陛戟左右，戎頭偪脛陪前向後，〔三九〕左右中郎將位東南，羽林、虎賁將位東北，五官將位中央，悉坐就賜。作九賓散樂。〔四〇〕舍利獸從西方來，戲於庭極，乃畢入殿前，激水化成比目魚，〔四一〕跳躍漱水，作霧障日。畢，化爲黃龍，長八丈，出水遨遊，於庭炫耀。又以絲繩係兩柱閒，相去數丈，兩倡女對舞，行於繩上，相逢切肩不傾。又蹋局出身，藏形斗中。鐘磬倡樂畢，作魚龍曼延。小黃門吹三通，謁者引公卿以次拜，微行出，〔四二〕卑官在前，尊官在後。其德陽殿周旋容萬餘人。〔四三〕陛高一丈，〔四四〕皆文石作壇，〔四五〕畫屋朱梁，玉陛金柱刻鏤。」

魏文帝受禪後，修洛陽宮室，權都許昌。宮殿狹小，〔四六〕元日於城南立氈殿，青帷以爲門，設樂饗會。後還洛陽，依漢舊事。其藩王不得朝覲，明帝時，有朝者，由特恩，不得爲常。

晉武帝咸寧中，定儀：先正月一日，有司各宿設王公卿校便坐於端門外，太樂鼓吹又宿設四廂樂於殿前。夜漏未盡十刻，羣臣集，庭燎起。上賀，謁報，又賀皇后。還從雲龍、東中華門入謁，〔四七〕詣東閤下便坐。漏未盡七刻，羣司乘車與百官及受贄郎，〔四八〕下至計吏，皆入，詣階部，立其次，其階衞者如臨軒儀。〔四九〕漏未盡五刻，謁者僕射、大鴻臚各奏「羣臣就位定」。漏盡，侍中奏「外辦」。皇帝出，鐘鼓作，百官皆拜伏。太常導皇帝升御座，鐘鼓止，百官起。大鴻臚跪奏「請朝賀」。掌禮郎贊「皇帝延王登」。〔五〇〕大鴻臚跪贊「藩王臣某等奉白璧各一，再拜賀」。太常報「王悉登」。謁者引上殿，當御座。皇帝興，王再拜。皇帝坐，復再拜。跪置璧御座前，復再拜。成禮訖，謁者引下殿，還故位。掌禮郎贊「皇帝延太尉等」。理禮郎引公、特進、匈奴南單于、〔五一〕金紫將軍當大鴻臚西，中二千石、二千石、〔五二〕千石、六百石當大行令西，皆北面伏。鴻臚跪贊「太尉、中二千石等奉璧、皮、帛、羔、鴈、雉，再拜賀」。太常贊「皇帝延公等登」。掌禮引公至金紫將軍上殿，當御座。皇帝興，皆再拜。〔五三〕皇帝坐，又再拜。跪置璧皮帛御座前，復再拜。成禮訖，謁者引下殿，還故位。王公置璧成禮時，大行令並贊殿下，中二千石以下同。〔五四〕成禮訖，以贄授受贄郎，郎以璧帛付謁者，羔、鴈、雉付太官。〔五五〕太樂令跪請奏雅樂，樂以次作。乘黃令乃出車，皇帝罷入，百官皆坐。晝漏上水六刻，諸蠻夷朝客以次入，〔五六〕皆再拜訖，坐。〔五七〕御入後三刻又出，鐘鼓作。謁者僕射跪奏「請羣臣上」。謁者引王公二千石上殿，千石、六百石停本位。謁者引王詣罇酌壽酒，跪授侍中。侍中跪置御座前，王還，自酌置位前，謁者跪奏「藩王臣某等奉觴，再拜上千萬歲壽」。侍中云「觴已上」，百官伏稱萬歲。四廂樂作，百官再拜。已飲，又再拜。謁者引王等還本位。陛下者傳就席，〔五八〕羣臣皆跪諾。侍中、中書令、尚書令各於殿上上壽酒。登歌樂升，太官令又行御酒。御酒升階，太官令跪授侍郎，侍郎跪進御座前。乃行百官酒。太樂令跪奏「奏登歌」，三終乃降。太官令跪請具御飯，到階，羣臣皆起。太官令持羹跪授司徒，持飯跪授大司農，尚食持案並授侍郎，侍郎跪進御座前。〔五九〕羣臣就席。太樂令跪奏「奏食舉樂」。〔六〇〕太官行百官飯桉徧。食畢，太樂令跪奏「請進舞」，樂以次作。〔六一〕鼓吹令又前跪奏「請以次進伎」。乃召諸郡計吏前，〔六二〕授敕戒於階下。〔六三〕宴樂畢，謁者一人跪奏「請罷退」。鐘鼓作，羣臣北面再拜，出。未盡七刻謂之晨賀，晝漏上三刻更出，百官奉壽酒，謂之晝會。別置女樂三十人於黃帳外，奏房中之歌。其王公以下入朝者，四方各爲二番，三歲而周，周則更始。如有故，不朝之歲，各遣卿奉聘。〔六四〕

東晉江左多虞，不復晨賀。夜漏未盡十刻，開宣陽門，至平明始開殿門，晝漏上水五刻，皇帝乃出受賀。皇太子出會者，則在三恪下，王公上。正朝元會，設白獸罇於殿庭，若有能獻直言者，則發此罇飲酒。罇蓋施以白虎形以名焉。〔六五〕按禮記：「知悼子卒，未葬，平公飲酒，師曠、李調侍，鼓鐘。杜蕢自外來，聞鐘聲，入寢，歷階而升，酌曰：『曠飲斯。』又酌曰：『調飲斯。』又酌，堂上北面坐飲之，降，趨而出。平公呼進曰：『爾飲曠，何也？』蕢曰：『子卯不樂。知悼子在堂，斯爲子卯大矣。曠，太師也，不以詔，是以飲之。』公曰：『爾飲調，何也？』曰：『調也，君之褻臣也。爲一飲一食，忘君之疾，是以飲之也。』公曰：『爾飲，何也？』蕢曰：『蕢，宰夫也，非刀匕是共，又敢與知防，是以飲也。』公曰：『寡人亦有過矣，酌而飲寡人。』杜蕢洗而揚觶。公謂侍者曰：『如我死，則無廢斯爵。』至於今，既畢獻，斯揚觶，謂之杜舉。」白虎罇蓋杜舉之遺式。〔六六〕

宋因晉制，無所改易，唯朝至十刻乃受朝賀，升皇太子在三恪上。

齊因之。

梁元會之禮，未明，庭燎設，文物充庭。臺門闢，禁衞皆嚴，有司各從其事。太階東置白獸罇。羣臣及諸蕃客並集，各從其班而拜。侍中奏「中嚴」，王公卿尹各執珪璧入拜。侍中乃奏「外辦」，皇帝服衮冕，乘輿以出。侍中扶左，常侍扶右，黄門侍郎一人，執曲直華蓋從。至階，降輿，納舄，升御座。前施奉珪藉。王公以下，至阼階，脱舄劍，升殿，席南奉贄珪璧，禮畢下殿，納舄佩劍，詣本位。主客郎徙珪璧於東廂。帝興，入，徙御座於西壁下，東向。設皇太子王公以下位。又奏中嚴，皇帝服通天冠，升御座。王公上壽禮畢，食。食畢，樂伎奏。太官進御酒，主書賦黄甘，逮二品以上。尚書騶騎引計吏，郡國各一人，皆跪受詔。侍中讀五條詔，計吏更應諾訖，〔六七〕令陳便宜者，聽詣白獸罇，以次還座。宴樂罷，皇帝乘輿以入。皇太子朝，則遠遊冠服，〔六八〕乘金輅，鹵簿以行。與會則劍履升座。會訖，先興。

天監六年詔曰：「頃代以來，元日朝畢，次會羣臣，則移就西壁下，東向坐。求之古義，王者讌萬國，唯應南面，何更居東面。」於是御座南向，以西方爲上。皇太子以下，在北壁坐者，悉西邊東向。尚書令以下在南方坐者，〔六九〕悉東邊西向。舊元日，御座東向，酒壺在東壁下。御座既南向，乃詔壺於南欄下。又詔：「元日受五等贄，珪璧並量付所司。」〔七〇〕周捨按：「周禮冢宰，大朝覲，贊玉幣。尚書，古之冢宰。頃王者不親撫玉，則不復須冢宰贊助。尋尚書主客曹郎，既冢宰隸職，〔七一〕今元日五等奠玉既竟，請以主客郎受。鄭玄注覲禮云：『既受之後，出付玉人於外。』漢時少府，職掌珪璧，請主客受玉，付少府掌。」帝從之。又尚書僕射沈約議：「正會儀注，御出，乘輿至太極殿前，納舄升階。尋路寢之設，本是人君居處，不容自敬宮室。按漢氏，則乘小車升殿。請自今元正及大公事，御宜乘小輿至太極階，仍乘板輿升殿。」制可。

陳制，先元會十日，百官並習儀注，令僕以下，悉公服監之。設庭燎，街闕、城上、殿前，皆嚴兵，百官各設部伍而朝。〔七二〕宮人皆於東堂，隔綺疏而觀。宮門既無籍，外人但絳衣者，亦得入觀。是日，上事人發白獸罇。自餘亦多依梁禮云。

北齊元正大饗，百官一品以下，流外九品以上與會。一品以下、正三品以上，開國公侯伯、散品公侯及特命之官、刺史並升殿。從三品以下、從九品以上及奉正使人比流外官者，在階下。勳品以下端門外。侍中宣詔慰勞州郡國使。〔七三〕詔牘長尺三寸，廣一尺，雌黄塗飾，上寫詔書。計會日，〔七四〕侍中依儀勞郡國計吏，問刺史太守安否及穀價麥苗善惡，人間疾苦。又班五條詔書於州郡國使人，寫以詔牘一板，〔七五〕長二尺五寸，廣一尺三寸。寫詔書，正會日，〔七六〕宣示使人，歸以告刺史。一曰，政在正身愛人，去殘賊，擇良吏，正決獄，平徭賦。〔七七〕二曰，人生在勤，勤則不匱，其勸率田桑，無或煩擾。三曰，六極之人，務加寬養，必使生有以自救，没有以自給。〔七八〕四曰，長吏浮華，〔七九〕奉客以求小名，〔八〇〕逐末捨本，政之所疾，宜謹察之。五曰，人事意氣，干亂奉公，内外溷淆，紀綱不設，所宜糾劾。侍中黄門宣詔勞諸郡國上計，罷。〔八一〕

隋制，正朝及冬至，文物充庭，皇帝出西房，即御座。皇太子鹵簿至明陽門外，〔八二〕入賀。復詣皇后御殿，拜賀訖，還宫。皇太子朝訖，羣官客使入就位，再拜。上公一人，詣西階，解劍，升賀；降階，帶劍，復位而拜。有司奏諸州表。〔八三〕羣官在位者又拜而出。皇帝入東房，有司奏行事訖，乃出西房。坐定，羣官入就位，上壽訖，上下俱拜。皇帝舉酒，上下舞蹈，三稱萬歲。皇太子與會，〔八四〕則設座於御東南，西向。羣臣上壽畢，入位，解劍以升。〔八五〕會訖，先興。

大唐開元八年十一月，中書門下奏曰：「伏以冬至，一陽始生，萬物潛動，所以自古聖帝明王，皆此日朝萬國，觀雲物，禮之大者，莫逾是時。其日亦祀圜丘，皆令攝官行事，質明既畢，日出視朝，國家以來，更無改易。緣修新格將畢，〔八六〕其日祀圜丘，遂改用小冬日受朝。〔八七〕若親拜南郊，受朝須改，既令攝祭，理不可移，伏請改正。」從之。因敕，自今以後，冬至日受朝，永爲恒式。至天寶三載十一月五日，甲子冬至，敕：「伏以昊天上帝，義在尊嚴，恭惟祀典，每用冬至。既於是日有事圜丘，更受朝賀，實深兢惕。自今以後，冬至宜取以次日受朝，〔八八〕仍永爲恒式。」又至六載十二月，敕：「承前諸道差使賀正，十二月早到，或有先見，或有不見。其所賀正表，但送省司，又不同進，〔八九〕因循日久，於禮全乖。自今以後，應賀正使，並取元日，隨京官例，序立便見，通事舍人奏知，其表直送四方館，元日仗下後一時同進。」〔九〇〕

永泰元年十一月詔：冬至令有司祭南郊後，於含元殿受朝賀。〔九一〕

建中二年十一月敕，宜以冬至日受朝賀。初，永徽五年十一月，武后立，羣臣命婦朝皇后。舊儀，冬至元日，百官不於光順門朝賀皇后。〔九二〕至乾元元年，張皇后遂行此禮。禮儀使、工部侍郎于休烈先奏曰：「據周禮，有命夫命婦。夫朝人主，婦朝女君。自永徽五年，以則天爲皇后，始行此禮。其日，命婦又朝光順門，朝官命婦並入雜處，殊爲失禮，有詔乃停。」永崇二年，〔九三〕敕於宣政殿會百官及命婦，〔九四〕太常博士袁利貞上疏曰：「伏以恩旨，於宣政殿上，兼設命婦坐位，奏九部伎及散樂，並從宣政門入。臣以爲，前殿正寢，非命婦宴會之處；象闕路門，非倡優進御之所。〔九五〕今請命婦會於別殿，九部伎從東入，散樂一色請停省。〔九六〕若於三殿別設，自可備極恩私。」從之。改向麟德殿也。

其尋常朝參準。貞觀十三年十月，尚書左僕射房玄齡奏：「天下太平，萬機事簡，請三日一臨朝。」詔許之。至二十三年九月十一日，太尉無忌等奏，請視朝坐日。高宗報曰：

「朕初登大位，〔九七〕日夕孜孜，猶恐壅滯衆務。自今以後，每日恆坐。」永徽元年十月五日，敕京官文武五品，〔九八〕依舊五日一參。至二年八月二十九日下詔：「來月一日，太極殿受朝。此後每五日一度，太極殿視事，朔望朝，即爲恆式。準元日令，中書令讀諸方表。」

神龍元年四月十四日，初令文武官五品以上，每朔望參日，陛殿食。

貞元七年四月敕：「昔者聖賢，仰觀法象，〔九九〕因天地交會之序，爲父子相見之儀，沿習成風，古今不易。王者制事，在於因人，酌其情而用中，順其俗以爲禮。咸覿之儀，既行父子之間；資事之情，豈隔君臣之際。中恩卿士，自我爲初。自今以後，每年五月一日，御宣政殿，與文武百僚相見，京官九品以上，外官因朝奏在京者，〔一〇〇〕並聽就列。宜令所司，即量定儀注頒示，仍編禮式，〔一〇一〕以著恆規。」其正至儀，具開元禮。武太后聖曆初，鳳閣侍郎王方慶奏曰：〔一〇二〕「準令，周喪大功未葬，並不得朝賀，仍終喪不得宴會。比來百官，不遵禮法，有哀慘，〔一〇三〕陪朝會，手舞足蹈，公違憲章，名教既虧，實點皇化，〔一〇四〕伏請禁斷。」從之。

策拜皇太子 皇太子稱臣附○後漢　東晉　北齊　大唐

後漢制，拜皇太子儀：百官會，位定，謁者引皇太子當御座殿下，北面；司空當太子西北，東面立。讀策書畢，中常侍持太子璽綬東向授太子，〔一〇五〕太子再拜，三稽首。謁者贊曰「皇太子臣某」，中謁者稱制曰「可」。三公升階上殿，賀壽萬歲。因大赦天下。禮畢。

東晉孝武帝太元十二年，〔一〇六〕臺符問：「皇太子既拜廟，〔一〇七〕朝臣奉賀，應上禮否？」國子博士車胤云：「百辟卿士，咸與盛禮，展敬拜伏，不須復上禮。唯方伯牧守，不覲大禮，自非酒牢貢羞，無以表其乃誠，〔一〇八〕故宜有上禮。亦如元正大慶，方伯莫不上禮，朝臣奉璧而已。」太學博士庾弘之議：「按武帝咸寧中，諸王新拜，有司近臣諸王公主上禮。今皇太子國之儲副，既已崇建，普天同慶。謂應上禮奉賀。」

按漢魏故事，皇太子稱臣。新禮以太子既以子爲名，而又稱臣，臣子兼稱，於義不通，除太子稱臣之制。摯虞以爲：「孝經『資於事父以事君』，義兼臣子，則不嫌稱臣。宜定新禮，皇太子稱臣如舊。」詔從之。尚書符又問王公以下見皇太子儀及所制衣服。車胤議：「朝臣宜朱衣褠幘，拜敬，太子答拜。按經傳不見其文，故太傅羊祜牋慶太子，稱叩頭，此則拜之證。又太寧三年詔議其典，尚書卞壼謂宜稽則漢魏，闔朝同拜。其朱衣冠冕，唯施天朝，宜褠幘而已。」

北齊册皇太子，皇帝臨軒，司徒爲使，司空副之。太子服遠遊冠，入至位。使者入，奉册讀訖，皇太子跪受册於使者，以授中庶子。又受璽綬於尚書，以授庶子。稽首以出。就册，使者持節至東宮，宮臣內外官定列。皇太子階東，西面。若幼，則太師抱之，主衣二人奉空頂幘服從，以受册。明日，拜章表於東宮殿庭，中庶子、中舍人乘軺車，奉章詣闕堂謝。〔一〇九〕擇日齋於崇正殿，服冕，乘安車謁廟。擇日羣臣上禮，又擇日會。明日，三品以上牋賀。

大唐臨軒册命皇太子，如開元禮。

校勘記

〔一〕尚書三公郎中以令置案上奉以先入　晉書禮志上五八八頁、宋書禮志二三八四頁無「中」、「先」二字。

〔二〕高堂崇　「崇」原作「隆」，據北宋本、傅校本、明抄本、明刻本、王吴本改。按：通典諱「隆」爲「崇」。

〔三〕土王四季各十八日　「王」原訛「旺」，據晉書禮志上五八八頁、宋書禮志二三八五頁及北宋本、傅校本、明抄本、明刻本、王吴本改。

〔四〕其令則隨四時　原脱「四」，據晉書禮志上五八八頁、宋書禮志二三八五頁及北宋本、傅校本、明抄本、明刻本、王吴本補。

〔五〕不以五行爲令也　「五」原訛「土」，據晉書禮志上五八八頁及北宋本、傅校本、明抄本、明刻本、王吴本改。

〔六〕以秋夏盛暑　原「秋」下有「與」，後人所增，今據晉書禮志上五八八頁、宋書禮志二三八四頁及北宋本、傳校本、明抄本、明刻本刪。

〔七〕至立夏立秋　原作「立夏至立秋」。隋書禮儀志四一八八頁作「立夏季夏立秋」。今據北宋本、傳校本、明抄本、明刻本、王吳本乙。

〔八〕立冬如立春　原脱下「立」，據隋書禮儀志四一八八頁補。

〔九〕必特牲告其時帝及其神　原脱「牲」，據禮記玉藻鄭注、舊唐書禮儀志二一八六九頁、唐會要卷一二、册府卷五八七七〇一六頁補。

〔一〇〕又檢禮論及三禮義宗　「檢」原訛「按」，據舊唐書禮儀志二一八六九頁及北宋本、傳校本、明抄本、明刻本改。

〔一一〕若以爲世無明堂　「世」原作「時」，據北宋本、傳校本、明抄本、明刻本、王吳本改。

〔一二〕貞觀禮顯慶禮及祠令　原被改作「貞觀顯慶二禮及祠令」，今據北宋本、傳校本、明抄本、明刻本、王吳本改回。

〔一三〕請停每月一日告朔之祭　「每月一日」原作「每歲一月」，各本並誤。今據舊唐書禮儀志二一八六九頁、册府卷五八七七〇一六頁、唐會要卷一二改。

〔一四〕非所謂頒告朔令諸侯使奉而行之之義也　原脱「使」，脱一「之」，據舊唐書禮儀志二一八六九頁補。

〔一五〕魯文公六年閏十月　原「十」下衍「二」，據舊唐書禮儀志二一八七〇頁、册府卷五八七七〇一七頁、唐會要卷一二及北宋本、傳校本、明抄本、明刻本、王吳本刪。

〔一六〕棄時政也　原訛作「棄正時也」，據左傳文公六年文及北宋本、傅校本、明抄本、明刻本改。

〔一七〕詔王居門終月　「詔」原訛作「告朔」，據周禮太史改。

〔一八〕春則靈威仰之例以始祖而配之　原「例」上衍「神」，下脱「而」字，據北宋本、傅校本、明抄本、明刻本、王吴本删補。

〔一九〕魯自文公始不視朔　「魯自」原倒，「視朔」原訛「祀告」，據舊唐書禮儀志二八七二頁、册府卷五八七七〇一八頁、唐會要卷一二及北宋本、傅校本、明刻本、王吴本乙改。

〔二〇〕隋大業中　原句上有「又」，據北宋本、傅校本、明抄本、明刻本、王吴本删。

〔二一〕開元二十六年命太常少卿韋縚每月進月令一篇　原脱「二」，據舊唐書玄宗紀下二〇九頁、新唐書玄宗紀一四〇頁、唐會要卷二六補。

〔二二〕諸司官長　「官長」原倒，據唐會要卷二六及北宋本、傅校本、明抄本、明刻本乙。

〔二三〕斯則辟閭輩誤矣　「斯」原作「邪」，清人擅改者。今據北宋本、傅校本、明抄本、明刻本、王吴本回改。

〔二四〕陛數百人　「陛」原涉上而脱，據史記叔孫通傳二七二三頁及北宋本補。

〔二五〕軍吏以次陳西方　「次」原訛「下」，據史記叔孫通傳二七二三頁改。

〔二六〕百官執職傳警　「職」原作「幟」，據北宋本、傅校本、明抄本、明刻本、王吴本改。

〔二七〕羣臣飲酒争功　原脱「飲酒」，據史記叔孫通傳二七二二頁補。按：北宋本、傅校本、明抄本、明刻本、王吳本有「飲」字。

〔二八〕可與守成　「與」原訛「以」，據史記叔孫通傳二七二三頁改。

〔二九〕及帝左右爲綿蕞參用先代之儀然往往改異於野外習之　原被改作「及帝左右爲綿蕞於野外習之參用先代之儀然往往襲秦故」，據北宋本、傅校本、明抄本、明刻本、王吳本改回。

〔三〇〕置設綿也　原脱，據北宋本、傅校本、明抄本、明刻本、王吳本補。

〔三一〕置茅蕝　「置」上原衍「以」，據史記叔孫通傳如淳注二七二三頁删。

〔三二〕蕝音子悦反肄音以致反　原訛作「音蕞子脱反置音志以致反」，據北宋本、傅校本、明抄本、明刻本、王吳本改。

〔三三〕決疑要注　原脱「要注」，據北宋本、傅校本、明抄本、明刻本、王吳本補。

〔三四〕漢魏粗依其制　「粗」原訛「俱」，據後漢書禮儀志中劉昭注引決疑要注三一三〇頁及北宋本、傅校本、明抄本、明刻本改。

〔三五〕正朝大會　「朝」後漢書禮儀志中劉昭注引決疑要注三一三〇頁作「旦」。通典諱改。

〔三六〕皇帝爲君興　原脱「君」，據後漢書禮儀志中劉昭注引獨斷三一三〇頁補。

〔三七〕羣計吏中庭北面立　原脱「立」，據後漢書禮儀志中劉昭注引漢儀三一三一頁、通考卷一〇六補。

〔三八〕張弓挾矢　北宋本、傅校本、明抄本作「弧弓撮矢」。

〔三九〕戎頭偪脛陪前向後　原脱「偪脛」，據後漢書禮儀志中劉昭注引漢儀三一三一頁、通考卷一〇六補。

〔四〇〕作九賓散樂　「散」北宋本、傅校本、明抄本、明刻本、王吳本作「徹」。

〔四一〕激水化成比目魚　原脱「成」，據北宋本、傅校本、明抄本、明刻本、王吳本補。

〔四二〕微行出　「微」北宋本、傅校本、明抄本、明刻本、王吳本作「徹」。

〔四三〕周旋容萬餘人　原脱「餘」，據北宋本、明抄本、王吳本補。

〔四四〕陛高一丈　「一」後漢書禮儀志中劉昭注引漢儀三一三一頁作「二」。

〔四五〕皆文石作壇　原脱「皆」，據後漢書禮儀志中劉昭注引漢儀三一三一頁及北宋本、傅校本、明抄本、明刻本、王吳本補。

〔四六〕宮殿狹小　「狹」原訛「挾」，據諸本改。

〔四七〕還從雲龍東中華門入謁　原脱「還」脱「東」，據晉書禮志下六四九頁、宋書禮志一三四三頁補。

〔四八〕羣司乘車與百官及受贄郎　「車與」原訛倒作「輿車」，據宋書禮志一三四三頁乙改。

〔四九〕其陛衞者如臨軒儀　原脱「者」，據北宋本、傅校本、明抄本、明刻本、王吳本補。

〔五〇〕掌禮郎　「掌」宋書禮志一三四三頁作「治」，通典作「掌」者，避高宗諱。下「掌禮郎」、「理禮郎」同。

〔五一〕匈奴南單于　晉書禮志下同。宋書禮志一三四三頁「于」下尚有「子」。

〔五二〕二千石　原涉上而脱，據晉書禮志下六五〇頁、宋書禮志一三四三頁補。

〔五三〕皇帝興皆再拜　原「拜」下衍「跪」，據晉書禮志下六五〇頁、宋書禮志一三四三頁及北宋本、傅校本、明抄本、明刻本刪。

〔五四〕中二千石以下同　原脱「中」，據晉書禮志下六五〇頁、宋書禮志一三四四頁補。

〔五五〕羔雁雉付太官　「官」原訛「常」，據晉書禮志下六五〇頁、宋書禮志一三四四頁改。

〔五六〕諸蠻夷朝客以次入　「朝」，晉書禮志下六五〇頁、宋書禮志一三四四頁作「胡」。

〔五七〕皆再拜訖坐　原脱「坐」，據晉書禮志下六五〇頁、宋書禮志一三四四頁及北宋本、傅校本、明抄本、明刻本、王吳本補。

〔五八〕陛下者傳就席　北宋本、傅校本、明抄本、明刻本、王吳本無「下」字。按：晉書禮志下六五〇頁有「下」，宋書禮志一三四四頁無「下」。

〔五九〕尚食持案並授侍郎侍郎跪進御座前　宋書禮志一三四四頁同。晉書禮志下六五一頁及北宋本、傅校本、明抄本、明刻本、王吳本兩「侍郎」均作「持節」。

〔六〇〕太樂令跪奏奏食舉樂　原脱一「奏」，據晉書禮志下六五一頁補。

〔六一〕太樂令跪奏請進舞樂以次作　「舞」晉書禮志下六五一頁作「樂」。「樂」宋書禮志一三四四頁作「儛」。

〔六二〕乃召諸郡計吏前　原「吏」下衍「殿」，據晉書禮志下六五一頁、宋書禮志一三四四頁、通考卷一〇六及北宋本、傅校本、明抄本、明刻本、王吳本删。

〔六三〕授敕戒於階下　宋書禮志一三四四頁同。晉書禮志下六五一頁及北宋本、傅校本、明抄本、明刻本、王吳本「授」作「受」。

〔六四〕如有故不朝之歲各遣卿奉聘　原脱「故」，據北宋本、傅校本、明抄本、明刻本、王吳本補。「奉聘」，各本作「奏禮」。殿本、局本據晉書禮志下六五二頁改作「奉聘」。

〔六五〕鏄蓋施以白虎形以名焉　原作「鏄曰白獸鏄蓋取於白虎形以名焉」，此後人誤解「蓋」字而擅改者。今據北宋本、傅校本、明抄本、明刻本改回。按：此「蓋」是名詞。

〔六六〕白虎鏄蓋杜舉之遺式　「式」北宋本、傅校本、明抄本、明刻本、王吴本作「戒」。

〔六七〕計吏更應諾訖　「更」隋書禮儀志四一八二頁作「每」。

〔六八〕則遠遊冠服　原脱「服」，據隋書禮儀志四一八二頁補。

〔六九〕在南方坐者　原脱「坐」，據隋書禮儀志四一八二頁、通考卷一〇六及北宋本、傅校本、明抄本、明刻本、王吴本補。

〔七〇〕珪璧並量付所司　原訛脱作「珪璧並量所付」，北宋本、傅校本、明抄本、明刻本誤同。今據隋書禮儀志四一八二頁補改。按：王吴本作「珪璧並量所司付」，「付」誤在下。

〔七一〕既冢宰隸職　原脱「既」，據隋書禮儀志四一八二頁、通考卷一〇六及北宋本、傅校本、明抄本、明刻本、王吴本補。

〔七二〕百官各設部伍而朝　「伍」隋書禮儀志四一八三頁作「位」。

〔七三〕侍中宣詔慰勞州郡國使　原脱「州」，據隋書禮儀志四一八三頁補。

〔七四〕計會日　原脱「計」，據隋書禮儀志四一八三頁、通考卷一〇六補。

〔七五〕寫以詔牘一板　「板」隋書禮儀志四一八三頁、通考卷一〇六作「枚」。

〔七六〕正會日　原脱「日」，據隋書禮儀志四一八三頁、通考卷一〇六補。

〔七七〕平徭賦　「賦」原訛「役」，據隋書禮儀志四一八三頁、通考卷一〇六及北宋本、傅校本、明抄本、明刻本、王吴本改。

〔七八〕没有以自給　「給」原訛「終」，據隋書禮儀志四一八三頁、通考卷一〇六改。

〔七九〕長吏浮華　「浮華」隋書禮儀志四一八四頁作「華浮」。

〔八〇〕以求小名　「名」原作「譽」，據北宋本、傅校本、明抄本、明刻本、王吴本改。

〔八一〕諸郡國上計罷　隋書禮儀志四一八四頁作「諸郡上計」。北宋本、傅校本、明抄本、明刻本、王吴本作「諸郡上訖罷」。

〔八二〕明陽門外　「明」隋書禮儀志四一八四頁作「顯」，通典避中宗諱改。

〔八三〕有司奏諸州表　隋書禮儀志四一八四頁同。北宋本、傅校本、明抄本、明刻本、王吴本「奏」作「奉」。

〔八四〕皇太子與會　原脱「皇」，據北宋本、傅校本、明抄本、明刻本補。

〔八五〕解劍以升　「劍」原訛「御」，據隋書禮儀志四一八四頁及諸本改。

〔八六〕緣修新格　原訛作「緣新條格」，據通考卷一〇七及北宋本、傅校本、明抄本、明刻本、王吴本改。

〔八七〕遂改用小冬日受朝　「小」唐會要卷二四作「立」。

〔八八〕冬至宜取以次日受朝　原脱「取」，據北宋本、傅校本、明抄本、明刻本、王吴本補。

〔八九〕又不同進　「同」唐會要卷二四作「通」。

〔九〇〕元日仗下後一時同進　「後」唐會要卷二四作「候」。

〔九一〕永泰元年十一月詔冬至令有司祭南郊後於含元殿受朝賀　北宋本、傅校本、明抄本、明刻本、王吴本「元」作「二」，「後」作「復」，殿本、局本蓋據唐會要卷二四改作「元」「後」。

〔九二〕朝賀皇后　原脱「皇」，據北宋本、傅校本、明抄本、明刻本、王吴本補。

〔九三〕永崇二年　「崇」原訛「泰」，據北宋本、傅校本、明抄本、明刻本改。按：「永崇」即「永隆」，高宗年號，通典避玄宗諱改。

〔九四〕敕於宣政殿會百官及命婦　原作「敕於宣政殿上兼設命婦坐位」，係清人擅改者，今據北宋本、傅校本、明抄本、明刻本、王吴本改回。

〔九五〕非倡優進御之所　「進御」原作「雜進」，據北宋本、傅校本、明抄本、明刻本、王吴本改。

〔九六〕九部伎從東入散樂一色請停省　原訛作「九部之處部伎散樂一色請停者」，據北宋本、傅校本、明抄本、明刻本、王吴本改。

〔九七〕朕初登大位　「初」原訛「幼」，據北宋本、傅校本、明抄本、明刻本、王吴本改。

〔九八〕敕京官文武五品　原脱「官」，據北宋本、傅校本、明抄本、明刻本、王吴本補。

〔九九〕仰觀法象　原脱「仰」，據唐會要卷二四補。

〔一〇〇〕外官因朝奏在京者　「奏」原作「參」，據唐大詔令集卷八〇及北宋本、傅校本、明抄本、明刻本改。

〔一〇一〕仍編禮式　「仍」原作「乃」，據唐會要卷二四、唐大詔令集卷八〇及王吴本改。

〔一〇二〕武太后聖曆初鳳閣侍郎王方慶奏曰　原「初」字誤重，「奏曰」誤倒，據北宋本、傅校本、明抄本、明刻本、王吳本删乙。

〔一〇三〕有哀慘　「有」原作「不」，此清人妄改者。今據北宋本、傅校本、明抄本、明刻本、王吳本改正。按：有哀慘者，謂有朞功之喪也。

〔一〇四〕實點皇化　「點」原作「玷」，係「玷」之形訛，明刻本、王吳本、殿本作「玷」。今據北宋本、傅校本、明抄本改。

〔一〇五〕中常侍持太子璽綬東向授太子　原脱「東向授太子」，據後漢書禮儀志中三一二〇頁補。

〔一〇六〕孝武帝太元十二年　「太」原訛「泰」，據晉書禮志下六六九頁改。

〔一〇七〕皇太子既拜廟　原脱「廟」，據晉書禮志下六六九頁補。

〔一〇八〕無以表其乃誠　原作「無以載其款誠」，北宋本、傅校本、明抄本、明刻本、王吳本作「無以裁其乃誠」。今據晉書禮志下六六九頁改。按：最初「表」錯成「裁」，清人覺「裁其乃誠」不詞，遂改爲「載其款誠」矣。

〔一〇九〕奉章詣闕堂謝　「闕」隋書禮儀志四一七五頁作「朝」。

王文錦點校

通典卷第七十一

禮三十一　沿革三十一　嘉禮十六

皇太子監國及會宮臣議　皇太子監國有司儀注　春夏封諸侯議　錫命　諸王公城國宮室服章車旗議　策拜諸王侯拜三公奏樂服冕議附　諸王公侯留輔朝政嫡子監國議

皇太子監國及會宮臣議北齊　隋　大唐

北齊天保元年，皇太子監國，在西林園冬會。羣臣議，皆東面。二年，於北城第内冬會，又議東面。吏部郎陸卬疑非禮，〔一〕魏收改爲西面。

邢子才議欲依前，曰：「凡禮有同者，不可令異。〔二〕詩說，天子至於大夫，皆乘四馬，況以方面之少，何可皆不同乎？若太子定西面者，王公卿大夫士，復何面也？南面，人君正位。今一官之長，無不南面；太子聽政，亦南面坐。〔三〕議者引晉舊事，太子在東宮西面，爲避尊位，非爲鄉臺殿也。子才以爲東晉博議，依漢魏之舊，太子普臣四海，不以爲嫌，又何疑於東面？禮「嗣子絶旁親」，「嗣子冠於阼」，〔四〕「冢子生，接以太牢」。漢元著令，太子絶馳道。此皆禮同於君。又晉王公嗣子，〔五〕攝命臨國，乘七旒安車，駕用三馬，禮同三公。近宋太子乘象輅，皆有同處，不以爲嫌。況東面者，君臣通禮，獨何爲避？明爲鄉臺，所以然也。近皇太子在西林園，於殿猶且東面，於北城非宫殿之處，更不得耶？諸人以東面爲尊，宴會須避。按燕禮、燕義，君位在東，賓位在西，君位在阼階，故有武王踐阼，不在西也。禮「乘君之車，不敢曠左」。君在，惡空其位，左亦在東，不在西也。「君在阼，夫人在房」，鄭注「人君尊東也」。前代及今，皇帝宴會接客，亦東堂西面。若以東面爲貴，皇太子以儲后之禮，監國之重，别第宴臣賓，自得申其正位。禮者皆東宫臣屬，公卿接宴，觀禮而已。若以西面爲卑，實是君之正位，太公不肯北面説丹書，西面則道之，西面乃尊也。君位南面，有東有西，何可皆避？且事雖少異，有可相比者。周公，臣也；太子，子也。周公爲冢宰，太子爲儲貳。明堂尊於别第，朝諸侯重於宴臣賓，南面貴於東面。臣疎於子，冢宰輕於儲貳。周公攝政，得在明堂南面朝諸侯，今太子監國，不得於别第異宫東面宴客，〔六〕情所未安。且君行以太子監國，君宴不以公卿爲賓，明父子無嫌，君臣有嫌。按儀注，親王受詔冠婚，皇子皇女皆東面。今不約王公南面，獨約太子，何所取耶？

議者南尊改就西面，〔七〕轉居尊位，更非合禮。方面既少，難爲節文。東西二面，君臣通用，太子宜然，於理爲允。」

魏收議云：「去天保初，皇太子監國。冬會羣官於西林園都亭，坐從東面，〔八〕義取於嚮中宮殿臺故也。二年於宮冬會，坐乃東面，收竊以爲疑。前者遂有別議，議者同之。邢尚書以前定東面之議，復申本懷，此乃國之大禮，無容不盡所見。收以爲太子東宮，位在於震，長子之義也。按易八卦，正位嚮中。皇太子今居北城，於宮殿爲東北，南面而坐，於義爲背也。前者立議，據東宮爲本。又按東宮舊事，太子宴會，多以西面爲禮，此又誠證，〔九〕非徒言也。不言太子常無東西二面之坐，但用之有所。至如西園東面，所不疑也。未知君臣車服有同異之議，何爲而發？就如所云，但知禮有同者，不可令異。不知禮有異者，不可令同。苟別君臣同異之禮，恐重紙累札，書不盡也。」子才竟執東面，收執西面，援引經據，交相往復，其後竟從西面爲定。

時議又疑宮吏之姓與太子名同。〔一〇〕子才又謂曰：「按曲禮『大夫士之子，不與嗣君同名。』鄭注云：『若先生之，亦不改。』漢法，天子登位，布名於天下，四海之內，無不咸避。按春秋經『衞石惡出奔在晉』，衞侯衎卒，其子惡始立，明石惡與長子同名。諸侯長子在一國之內，與皇太子於天下，禮亦不異。鄭言先生不改，蓋以此義。衞石惡、宋向戌，皆與君同名，春秋不譏。皇太子雖有儲貳之重，未爲海内所避，何容便改人姓？然事有消息，不得皆同於古。宮吏至微，〔一二〕而有所犯，朝夕從事，亦是難安。宜聽出宮，更補他職。」制曰「可」。

隋文帝開皇初，皇太子勇，準故事張樂受朝，宮臣及京官北面稱慶，帝誚之。遂後定儀注：西面而坐，唯宮臣稱慶，臺官不復總集。煬帝之爲太子，奏「降章服，宮官請不稱臣」。從之。

大唐睿宗景雲二年四月，欲傳位於皇太子，召三品以上官，謂曰：「朕素懷澹泊，不以宸極爲貴。昔居皇嗣，已讓中宗。及居太弟，又固辭不就。思脱屣於天下，爲日久矣。今欲傳位於太子，卿等何如？」羣臣唯唯，莫有對者。皇太子遣右庶子李景伯讓監國，上不許。殿中侍御史和逢堯諫曰：「陛下春秋未高，聖恩浹洽。昔韋氏亂政，百僚憂懼，今萬姓顒顒，〔一三〕欣荷睿德，豈可即爲讓乎！」上從之。遂有制：「政事皆取皇太子處分。若緣軍馬刑殺，五品以上除授政事，與皇太子商量，〔一三〕然後聞奏。」其會宮臣儀注，具開元禮。

皇太子監國有司儀注宋

宋文帝元嘉二十六年二月，東巡，皇太子監國，有司奏儀注。〔一四〕

某曹關某事云云。被命，議宜如是。〔一五〕請爲牋如左。謹關。

右署衆官如常儀。

尚書僕射、尚書左右丞某甲，死罪死罪。某事云云。參議以爲宜如是事諾。奉行。某死罪死罪。〔一六〕

年月日。某曹上。

右牋儀準於啓事年月右方，〔一七〕關門下位及尚書官署。其言選事者，依舊不經他官。〔一八〕

某曹關太常甲乙啓辭。押。某署令某甲上言。某事云云。請臺告報如所稱。主者詳檢相應。請聽如所上事諾。〔一九〕別符申攝奉行。謹關。

年月日

右關事儀準於黃案年月日右方，〔二〇〕關門下位年月下左方，下附列尚書衆官署。其尚書名下應云奏者，今言關。餘皆如黃案式。

某曹關司徒長史王甲啓辭。押。某州刺史景丁解騰某郡縣令長李乙書言某事云云。請臺告報如所稱。尚書某甲參議，〔二一〕以爲所論正如法令，告報聽如所上。請爲令書如左。謹關。

右關門下位及尚書署，如上儀。〔二二〕

司徒長史王甲啓辭。押。某州刺史景丁解騰某郡縣令長李乙書言某事云云。請臺告報。〔二三〕

年月日。尚書令某甲上建康宮。如無令，稱僕射。

右令曰下司徒，〔二四〕令報聽如某所上。〔二五〕其宣攝奉行如故事。〔二六〕文書如千里驛行。

年月日朔甲子。〔二七〕尚書令某甲下。無令稱僕射。

司徒承書從事書到上　起某曹。〔二八〕

右外上事，內處報，下令書儀。

某曹關事云云。〔二九〕令如是，請爲令書如左。〔三〇〕謹關。

右關署如前式。

令司徒。某事云云。令如是，其下所屬，〔三一〕奉行如故事。文書如千里驛行。

年月日子。下起某曹。

右令書自內出下外儀。

令書前某官某甲。令以甲爲某官，〔三二〕如故事。

年月日。侍御史某甲受。

右令書版文準詔書版文。

尚書下云云。奉行如故事。〔三三〕

右以準尚書勑儀。　起某曹。

右並白紙書。凡外内應關牋之事，一準此爲儀。其經宫臣者，依臣禮。

拜刺史二千石誡敕文曰制詔云云。某動静屢聞。

右除拜詔書除者如舊文。〔三四〕其拜令書除者，「令」代「制詔」，餘如常儀。辭關版文云：〔三五〕「某官糞土臣某甲臨官。稽首再拜辭。」制曰右除糞土臣及稽首云云。某官某甲再拜辭。以「令曰」代「制曰」。某官宫臣者，稱臣。

春夏封諸侯議 後漢　魏　晉

後漢鄭玄曰：「據祭統云：『古者於禘發爵賜服，於嘗出田邑。』今封諸侯則違古。且土地皆慶賞之事。漢家故事，丞相始拜，皆封爲國侯，〔三六〕其在秋冬者，先賜爵關内侯，俟春而後封國。〔三七〕祭統『嘗出田邑』，先師或以爲秋嘗時，邑人皆田，或以爲削黜田邑於此時也。」

魏王肅聖證論：「孟夏之月，天子行賞，封諸侯，慶賜，無不忻悦，故左傳賞以春夏是也。」

晉張融評曰：「按洛誥，成王命周公後，封伯禽以周之正。易屯卦云『宜建侯』。據二經，周人封諸侯，不以秋夏也。」〔三八〕周禮夏官司勳掌爵，月令夏封諸侯，故取此。〔三九〕

東晳總論曰：「月令所記，非一王之制，凡稱古者，無遠近之限，未知夏封諸侯，何代之典。秋祭田邑，夏乎？殷乎？而王據月令以非祭統，鄭宗祭統而疑月令，無乃俱未通哉！莫若通以三代說兩氏而不俱一也。」〔四〇〕

錫命周　東晉

周制，春官大宗伯「以九儀之命，正邦國之位。每命異儀，貴賤之位乃正。春秋傳曰：「名位不同，禮亦異數。」一命受職，始見命爲正吏，謂列國之士，於子男爲大夫。王之下士亦一命。鄭司農云「受職，理職事」也。再命受服，謂受玄冕之服。列國之大夫再命，於子男爲卿。卿大夫自玄冕以下，如孤之服。王之中士亦再命，則爵弁服也。三命受位，謂列國之卿，始有列位於王，爲王臣也。王之上士，亦三命也。四命受器，謂公之孤始得有祭器者。禮運曰：「大夫具官，祭器不假，聲樂皆具，非禮也。」王之下大夫，亦四命也。五命賜則，則者，地未成國之名。王之下大夫四命，〔四一〕出封加一等，五命，賜以方百里二百里之地者也。方三百里以上爲成國也。五命中大夫，出爲子男。六命賜官，王六命之卿賜官者，使得自置臣，理家邑，如諸侯也。六命上大夫即卿也。七命賜國，王之卿，六命，出封加一等也。八命作牧，謂侯伯有功德者，〔四二〕加命，得專征伐諸侯，出爲一州之牧，入爲三公。九命作伯。」上公有功德者，加命爲二伯，得征五侯九伯者也。鄭司農云「長諸侯爲方伯」也。封爲上公，入爲伯，〔四三〕分主東西，長於諸侯，賓於天子，曰天子之吏。天子謂之伯父，異姓謂之伯舅。自稱於諸侯，曰天子之老，於外曰公。王制云：「制，三公一命衮，若有加則賜也。三公八命矣，復加一命，則服龍衮，〔四四〕與王者之後同。故諸侯之服，自衮而下，如王之服。大國之君不過九命，次國之君不過七命，小國之君不過五命。大國之卿不過三命，下卿再命，小國之卿與下大夫一命。」春秋左氏傳説，諸侯踰年即位，天子賜以命珪。珪者，諸侯所執以朝覲之瑞也。公羊傳「天王使毛伯來錫公命」，加魯以衮龍之服。傳曰：「錫者，賜也。命者，加我服也。」又諸侯有功，加之九錫。一曰衣服，二曰朱户，三曰納陛，四曰輿馬，五曰樂則，六曰武賁之士，七曰鈇鉞，八曰弓矢，九曰秬鬯。賞賜者陽，數極於九，賜大國不過九，次國七，小國五。

東晉羊玄曰：「説者以左氏云，天子錫諸侯命珪，以爲符信，珪者，諸侯所執以朝覲之瑞也。按魯成公即位八年，乃得命珪。三年夏，公如晉，此朝也，未有珪，朝何執也？凡命者，謂方策之書也，猶今教令耳。覲禮曰：『諸公奉篋服，〔四五〕加命書於其上。』尚書文侯之命云：『平王錫晉文侯秬鬯珪瓚，作文侯之命。』命者，王之教令，其事非一策而已。」

諸王公城國宮室服章車旗議〔四六〕虞 周 晉

虞書曰：「明試以功，車服以庸。」

周制，春官小宗伯掌衣服、車旗、宮室之賞賜。王以賞賜有功者。

晉博士孫毓、段暢等議曰：

周禮「上公九命爲伯，其國家、宮室、車旗、衣服、禮儀，皆以九爲節；侯伯七命，〔四七〕以七爲節；子男五命，以五爲節」。上公謂三公有德，九命爲二伯者。國家謂城也。公之城蓋方九里，宮方九百步；侯伯之城方七里，宮方七百步；子男之城方五里，宮方五百步。又曰「王之三公八命，其卿六命，及其出封，皆加一等，其國家宮室車旗衣服禮儀亦如之」。又如禮，諸侯之城隅高七丈，門阿皆五丈。又禮，諸侯以爲殿屋。〔四八〕今諸王封國，雖有大小，而所理舊城，不如古制，皆宜仍舊。其造立宮室，當有大小之差。然周典奢大，異於今儀，步數之限，宜隨時制。又諸侯三重門，內曰路門，中門曰雉門，外門曰庫門。雉門之外設罘罳，罘，罩也。罳，蓋也。高五丈。其正寢與廟同制，皆殿屋四阿，堂崇三尺。此其舊典，略可依也。餘皆稱事取供而已。

旌旗斿數，繁纓貳車，各以其命之等。又曰：「金輅建大旂，同姓以封；象輅建大赤，異姓以封。」金象者，謂以金象飾其車。今制從簡除之餘，諸王從公者出就封，朝祀之車，宜路車駟馬，建大旂九斿，畫交龍。

禮，公之服自衮冕而下，侯伯自鷩冕而下，皆如王之服。祭服宜玄冕朱裏，玳玉三采九旒，纁三色九就，丹組纓，玄衣纁裳，畫九章，以事宗廟。其祀社稷山川，及其羣臣助祭者，皆長冠玄衣。其位不從公者，皆以七爲節，其他則同諸王。朝服依漢魏故事，皆遠遊冠，五時服，佩山玄玉，不復以國大小爲差。其羣臣侍從冠服，皆宜如服制令也。諸王公應助祭。按司服之職：「王祀昊天上帝，則大裘而冕，享先生則衮冕，先公則鷩冕。公之服，自衮冕而下，如王之服；侯伯之服，自鷩冕而下，如公之服。」禮記王制曰：「制，三公一命衮。」謂三公八命，復加一命，則服衮龍，與王者之後同。然則九命及二王之後，乃服衮衣無升龍。三公之服，當從鷩冕而下。太尉三公助祭，宜服鷩冕七章，冕纁九旒，赤舄。三公助導從外官不與齊祭者，自可如舊。

策拜諸王侯 拜三公奏樂服冕議附○後漢　晉　北齊　隋　大唐

後漢制，拜諸王侯三公之儀：（四九）百官會，位定，謁者引光祿勳前。丁孚漢儀云「太常住蓋下，東向讀文」，以此異也。謁者引當拜者前，當座伏殿下。光祿勳前，一拜，舉手曰「制詔其以某爲某」。按丁孚漢儀安帝策夏勤文曰：〔五〇〕「維元初六年三月甲子，制詔以大鴻臚勤爲司徒。曰：『朕承天序維稽古，建爾于位爲漢輔。往率舊職，敬敷五教，五教在寬。〔五一〕左右朕躬，宣力四表，保乂皇家。於戲！秉國之鈞，旁祇厥序，〔五二〕時亮天工，可不慎歟！勤其戒之！』」此其例也。讀策書畢，拜者稱臣再拜。〔五三〕尚書郎以璽印綬付侍御史。〔五四〕侍御史前，東面立，授璽印綬。〔五五〕當受策者再拜頓首三。贊謁者曰：「某王臣某新封，某公某初除，謝。」中謁者報謹謝。贊者立曰：「皇帝爲公興。」重坐，受策者拜謝，起就位。禮畢。

晉武帝咸寧三年，始平、濮陽諸王新拜，有司奏「依故事，聽京城近臣、諸王、公主應朝賀者，復上禮」。博士張放議：「臨軒遣使，應作樂。放按泰始中，皇太子冠，太子進而樂作，位定樂止。王者諸侯，雖殊尊卑，至於禮秩，或有同者。冠之與拜，俱爲嘉禮。是以準昔儀注，謂宜作樂。今符云，至尊受太子拜時，無鐘磬之樂。又按泰始三年，有司奏：皇太子明膺休命，光啓嘉祚，宜依漢魏故事。」太常王師等言：「拜三公應有樂，宿設懸於殿庭。今門下云，非祭享則無樂。按冠禮有樂，公侯大臣，御座爲起，在輿爲下。傳曰『國卿，君之貳也』。是以命使之日，御親臨軒，百僚陪位，此即敬事之意也。古者天子饗下國之使，命將帥，遣使臣，皆有樂。故詩敍曰『皇皇者華，君遣使臣也』。又曰『歌采薇以遣之，出車以勞還，杕杜以勤歸』，皆作樂而歌之。今命大使，拜輔相，比於下國之臣，輕重殊矣。輕誠有之，重亦宜然。博士考古，以事義相準，故謂臨軒遣使，宜有金石之樂。」詔曰：「三公鼎司，皇帝有興之禮，何以不設樂？又正位南面，何以不服冕？」尚書顧和言，臨軒拜三公，不應有樂。和云：「禮無其文。按衞宏撰漢儀，拜丞相，亦無樂。古之燕饗有樂者，以暢賓主之歡耳。今拜三公，事畢於庭階，〔五六〕禮成於拜立，歡宴未交，無事於樂。又按六冕之服，主於祭祀，唯婚特用之，他事未見服冕者，故拜公不應服冕。」

北齊策諸王，以臨軒日上水一刻，吏部令史乘馬，齎召版，詣王第。王乘高車，鹵簿至東掖門止，乘軺車。既入，至席。尚書讀策訖，〔五七〕以授王，又授章綬。事畢，出軺車，入鹵簿，乘高車，詣閶闔，伏闕表謝。報訖，拜廟還第，即鴻臚卿持節，〔五八〕吏部尚書授策，侍御史授節。使者受而出，乘軺持節，詣王第。入就西階，東面。王入，立於東階，西面。使者讀策，博士讀版，王俛伏。興，進受策章綬茅土，俛伏三稽首，還本位，謝如上儀。在州鎮，則使者受節策，乘軺車至州，如王第。

諸王、三公、儀同、尚書令、五等開國、太妃、妃、公主恭拜册，〔五九〕軸一枚，長二尺，以白練衣之。用竹簡十二枚，六枚與軸等，六枚長尺二寸。文出集書，書皆篆字。哀册、贈册亦同。

諸王、五等開國及鄉男恭拜，以其封國所在方，〔六〇〕取社壇方面土，〔六一〕苞以白茅，內青箱中。函方五寸，以青塗飾，封授之，以爲社。

隋臨朝册命三師、諸王、三公，〔六二〕並陳車輅。餘則否。百司定列，内史令讀册訖，受册者拜受出。又引次受册者，如上儀。若册開國，郊社令奉茅土，立於仗南，西面。每授册訖，授茅土焉。

大唐之制，如開元禮。

諸王公侯留輔朝政嫡子監國議晉〔六三〕

晉博士孫毓等議：〔六四〕「按周禮典命職：『凡諸侯之嫡子，誓於天子，攝其君，則下其君一等。』誓猶告也。謂公之子如侯伯而執珪，侯伯之子如子男而執璧。春秋『曹伯使其太子射姑來朝』，行國君之禮。踐土之盟，衞成公使其母弟武如會，經書曰，衞武、蔡，甲午，序於諸侯。〔六五〕又左傳：『冢子，君行則守，有守則從。從曰撫軍，守曰監國，古之制也。夫帥師，專行謀，誓軍旅，君與國政之所圖，非太子之事也。』周制，〔六六〕諸侯以功德入爲王卿士，則上卿理其國事。今諸王公侯受任天朝，〔六七〕而嫡子攝其君事，車服禮數，〔六八〕國封大小，領兵軍數，自當如本制，而王公侯遣上卿及軍將掌其事，合於古義。今之車服，與古禮不同，依禮應下其君一等。其嫡子皆以有爵命，印綬冠服佩玉之制，宜如本令。而嫡子但知其政，不干其位，君不可二，尊無二上。國相以下見嫡子，宜如臣而不稱臣。又禮，非其臣則答拜，國之命士上達於其君者，嫡子宜答拜。其文書稱嗣子，宜曰王嗣子，其公侯嗣子，繫於父爵，明不專國也。〔六九〕其燕見則稱第，下文書表疏，皆臣禮而不稱臣。今之監司，上官文書皆爲記告。嫡子監國，其下羣臣官文書宜稱告，不言命稱教。」

校勘記

〔一〕陸印　「印」原訛「卬」，據隋書禮儀志四一八五頁及北宋本、傅校本、明抄本、明刻本改。

〔二〕不可令異　原「令」下有「之」，後人所增。今據隋書禮儀志四一八五頁及北宋本、傅校本、明抄本、明刻本刪。

〔三〕亦南面坐　原「亦」下有「宜」，清人所增。今據隋書禮儀志四一八五頁及北宋本、傅校本、明抄本、明刻本、王吳本刪。

〔四〕嗣子冠於阼　「嗣」原訛「嫡」，清人所改。今據北宋本、傅校本、明抄本、明刻本、王吳本改回。按：隋書禮儀志四一八五頁本作「世」，通典諱改。

〔五〕又晉王公嗣子　原脱「子」，據隋書禮儀志四一八五頁補。

〔六〕別第異宮　原脱「異」，據隋書禮儀志四一八六頁補。

〔七〕議者南尊改就西面　原「者」下有「以」，清人所增。今據隋書禮儀志四一八六頁及北宋本、傅校本、明抄本、明刻本、王吳本删。

〔八〕坐從東面　「面」原訛「西」，據諸本改。

〔九〕此又誠證　「誠」隋書禮儀志四一八七頁作「成」，義長。

〔一〇〕時議又疑宫吏之姓與太子名同　「疑宫」原訛「擬官」，據隋書禮儀志四一八七頁改。按：北宋本、傅校本、明抄本、明刻本、王吳本作「疑官」，「官」係「宫」之形訛。

〔一一〕宫吏至微　「宫」原訛「官」，據隋書禮儀志四一八七頁及北宋本改。

〔一二〕今萬姓顒顒　原脱「今」，據北宋本、傅校本、明抄本、明刻本、王吳本補。

〔一三〕與皇太子商量　王吳本「與」上增「皆」，殿本、局本又改「與」爲「取」，並誤。今據北宋本、傅校本、明抄本、明刻本删改。

〔一四〕有司奏儀注　原脱「奏」，據宋書禮志二一三八一頁補。

〔一五〕被命議宜如是　「命議」宋書禮志二一三八一頁作「令儀」。

〔一六〕某死罪死罪　宋書禮志二一三八一頁無「死罪死罪」，「某」連下「年月日」爲文。

〔一七〕右牋儀準於啓事年月右方　「準」宋書禮志二一三八一頁同。而諸本作「唯」。

〔一八〕依舊不經他官　按宋書禮志二一三八一頁此句後尚有「太常主者寺押某署令某甲辭言某事云云求告報如所稱詳檢相應今聽如所上處事諸明詳旨申勒依承不得有虧符到奉行年月日起尚書某曹右符

儀」一節六十一字。

〔一九〕主者詳檢相應請聽如所上事諾　原脱「相」，脱「請」，據宋書禮志二三八二頁補。

〔二〇〕右關事儀準於黃案年月日右方　原脱「方」，據宋書禮志二三八二頁補。

〔二一〕尚書某甲參議　原脱「議」，據宋書禮志二三八二頁及北宋本、傅校本、明抄本、明刻本、王吳本補。

〔二二〕如上儀　「儀」原訛「議」，據宋書禮志二三八二頁及北宋本、傅校本、明抄本、明刻本、王吳本改。

〔二三〕請臺告報　宋書禮志二三八二頁此四字上尚有「州府緣案允值」六字。

〔二四〕右令曰下司徒　「曰」宋書禮志二三八二頁作「日」。

〔二五〕今報聽如某所上　「聽」原訛「得」，據宋書禮志二三八二頁及北宋本、傅校本、明抄本、明刻本、王吳本改。「今」宋書禮志二作「令」。

〔二六〕其宣攝奉行如故事　原脱「如」，據宋書禮志二三八二頁補。「其」宋書禮志二作「某」。

〔二七〕年月日朔甲子　宋書禮志二三八二頁無「甲」字。

〔二八〕司徒承書從事書到上起某曹　原脱「承」，據宋書禮志二三八二頁補。

〔二九〕某曹關事云云　宋書禮志二三八三頁「關」下有「某」。

〔三〇〕請爲令書如左　各本同。宋書禮志二三八三頁「左」作「右」。

〔三一〕其下所屬　「其」原訛「某」，據宋書禮志二三八三頁及北宋本、傅校本、明抄本、明刻本、王吳本改。

〔三二〕令以甲爲某官　「令」原作「今」，據宋書禮志二三八三頁及北宋本改。

〔三三〕奉行如故事　「奉」宋書禮志二一三八三頁作「奏」。

〔三四〕右除拜詔書除者如舊文　前「除」字宋書禮志二一三八三頁作「若」。

〔三五〕辭關版文云　「關」原訛「闕」，據宋書禮志二一三八三頁及北宋本、傅校本、明抄本、明刻本、王吴本改。

〔三六〕皆封爲國侯　「國」原作「列」，清人所改。今據北宋本、傅校本、明抄本、明刻本、王吴本回改。

〔三七〕俟春而後封國　殿本同。北宋本作「俟春而後　封」，傅校本、明抄本、明刻本作「俟春而後漢封」，王吴本作「俟春而後封」，殿本、局本增「國」字。似應從北宋本、王吴本。

〔三八〕不以秋夏也　「秋」原訛「春」，據北宋本、傅校本、明抄本、明刻本、王吴本改。

〔三九〕故取此　原「此」下有「時」，據北宋本、傅校本、明抄本、明刻本、王吴本删。

〔四〇〕莫若通以三代説兩氏而不俱一也　「俱」王吴本作「拘」。

〔四一〕王之下大夫　原脱「下」，據周禮大宗伯鄭注補。

〔四二〕侯伯　原作「諸侯」，據周禮大宗伯鄭注及北宋本、傅校本、明抄本、明刻本改。

〔四三〕入爲伯　原作「爲二伯」，據北宋本、傅校本、明抄本、明刻本、王吴本改。

〔四四〕則服龍衮　「龍衮」原倒，據禮記王制鄭注乙。

〔四五〕請公奉篋服　「公」原訛「侯」，據儀禮覲禮改。

〔四六〕諸王公城國宫室服章車旗議　「服章」原倒，據北宋本、傅校本、明抄本、明刻本乙。

〔四七〕侯伯七命　原脱「侯」，據北宋本、傅校本、明抄本、明刻本、王吴本補。

〔四八〕諸侯以爲殷屋　「殷」原訛「殿」，據北宋本、傅校本、明抄本、明刻本、王吳本改。下同。

〔四九〕拜諸王侯三公之儀　「王侯」原倒，據北宋本、傅校本、明抄本、明刻本、王吳本乙。

〔五〇〕按丁孚漢儀　原脱「漢」，據後漢書禮儀志中劉昭注三一二一頁補。

〔五一〕五教在寬　「五教」原涉上而脱，據後漢書禮儀志中劉昭注三一二一頁補。

〔五二〕秉國之鈞旁祇厥序　「旁」原訛「方」，據北宋本、傅校本、明抄本改。按：後漢書禮儀志中劉昭注三一二一頁「秉國」上有「實惟」，「序」作「緒」。

〔五三〕拜者稱臣再拜　後漢書禮儀志中劉昭注三一二一頁作「謁者稱臣某再拜」。

〔五四〕尚書郎　「郎」原訛「即」，據北宋本、傅校本、明抄本、明刻本、王吳本改。

〔五五〕侍御史前東面立授璽印綬　「侍御史」原涉上而脱，又脱「東」，「授」訛「受」，並據後漢書禮儀志中三一二一頁補改。

〔五六〕事畢於庭階　「庭階」原倒，據北宋本、傅校本、明抄本、明刻本乙。

〔五七〕尚書讀策訖　原脱「訖」，據隋書禮儀志四一七五頁補。

〔五八〕即鴻臚卿持節　「即」下原衍「拜」，據隋書禮儀志四一七五頁及北宋本删。

〔五九〕太妃妃公主恭拜册　原脱一「妃」，據隋書禮儀志四一七五頁補。

〔六〇〕以其封國所在方　原脱「方」，據隋書禮儀志四一七五頁補。

〔六一〕取社壇方面土　原「社」下衍「稷」，據隋書禮儀志四一七五頁及北宋本、傅校本、明抄本、明刻本、王吳本刪。

〔六二〕隋臨朝册命三師諸王三公　「朝」隋書禮儀志四一七五頁作「軒」。

〔六三〕晉　原「晉」下尚有「後周」，北宋本、傅校本、明刻本有「周」無「後」，皆誤會正文而誤標者，今據王吴本刪。

〔六四〕晉博士孫毓等議　「毓」原訛「敏」，傅校本、明刻本訛「旒」。據北宋本、明抄本、王吴本改。

〔六五〕經書曰衞武蔡甲午序於諸侯　按：今春秋無此文。

〔六六〕周制　「周制」上北宋本、傅校本、明刻本、殿本、局本均加一圈，表示另作一段，不知周制云云仍是孫毓議中文字。今據王吴本删去圓圈，直接上文。

〔六七〕今諸王公侯受任天朝　「今」原訛「也」，據諸本改。

〔六八〕車服禮數　原「車」上衍「則」，據北宋本、傅校本、明抄本、明刻本刪。

〔六九〕其公侯嗣子繫於父爵明不專國也　原脱「其」，「子」誤重，又脱「於」「也」，據北宋本、傅校本、明抄本刪補。明刻本脱「也」；王吴本「其」訛「某」，又「子」下誤增「某」。

王文錦點校

通典卷第七十二

禮三十二　沿革三十二　嘉禮十七

天子追尊祖考妣上尊號同　天子崇所生母追崇同　諸侯崇所生母議　支庶立爲天子追尊本親議　追錫命議　王侯在喪襲爵議奪情附

天子追尊祖考妣上尊號同〔一〕○周　漢　魏　晉　宋　齊　梁　陳　後魏　北齊　後周　隋　大唐

周武王追尊王太王亶父、王季歷、文王昌，盧植曰：「太王，王季之父也。美大故號之。王季，文王之父也。太王實始翦商，王季綏畏，〔二〕文王懷保，王業所興，故追王也。三妣亦同尊其號。」〔三〕所以追之，不以卑臨尊也。不用諸侯之號臨天子也。追王太王、王季以下者，以王迹之所由也。文王稱王早矣，於殷猶爲諸侯，於是著焉。

漢高帝五日一朝太公，太公家令說太公曰：「天無二日，土無二王。太公雖父，乃人臣也，奈何使人主朝人臣？如此，則威重不行矣。」後上朝太公，太公擁篲，迎門卻行。上大驚，下扶太公。太公曰：「帝，人主，奈何以我亂天下法！」上善家令言，賜黃金五百斤。詔曰：「人之至親，莫大於父子。故父有天下傳之於子，子有天下歸尊於父，此人道極也。朕平暴亂，以安天下，此皆太公之教訓也。」乃尊太公爲「太上皇」。後漢荀悦曰：「孝經云：『故雖天子，必有尊也，言有父也。』王者父事三老以示天下，所以明孝也。無父猶設三老之禮，况其存者乎！孝莫大於嚴父，故子尊不加於父母。家令之言，於是過矣。」晉愍懷太子令問中庶子劉寶云：「太公家令説太公，爲是？爲非？」對曰：「荀悦論賜家令爲非，臣以悦不識高帝意。高帝雖貴爲天子，事父不失子之禮。時即位已六年，而不加父號，是以家令言『雖父乃人臣也』，言無可尊敬名號，〔四〕當與人臣同禮，欲以此感動之。帝聞家令言乃悟，即立號太上皇，得人子尊父之道。若不聞家令言，父終無號矣。家令説是也。」又追尊妣曰「昭靈后」。

魏文帝即王位，尚書令桓階等奏：「臣聞尊祖敬宗，古之大義。故六代之君，未嘗不追崇始祖，顯彰所出。先王應期撥亂，啓魏大業，然禰廟未有異號，非崇孝敬示無窮之義也。太尉公侯，宜有尊號，所以表功崇德發事顯名者也。故易言乾坤，皆曰大德，言大人與天地合。臣等以爲，太尉公侯，誕育聖哲，以濟羣品，可謂資始，其功德之號，〔五〕莫過於太王。」

詔曰：「前奏以朝車迎中常侍大長秋特進君侯神主，然君侯不宜但依故爵乘朝車也。〔六〕禮有尊親之義，爲可依諸王比，更議。」

博士祭酒孫欽等議：「按春秋之義，五等諸侯卒葬皆稱公，乃與王者之後宋公同號，〔七〕然臣子褒崇其君父。〔八〕以此言之，中常侍大長秋特進君侯，誕育太皇，〔九〕篤生武王，奄有四方，其功德之號，莫過太王。今迎神主，宜乘王車，又宜先遣使者上謚號爲『太王』。」於是漢帝追謚爲「太王」。及受禪，追尊太王爲「太皇帝」，考武王爲「武皇帝」，尊王太后爲「皇太后」。

明帝太和三年六月，司空陳羣等議以爲：「周武追尊太王、王季、文王皆爲王，是時周天子以王爲號，〔一〇〕追尊即同，故謂不以卑臨尊也。魏以皇帝爲號，今追號皇高祖中常侍大長秋特進君爲王，〔一一〕乃以卑臨尊也。故漢祖尊其父爲上皇，自是後以諸侯爲帝者，〔一二〕皆尊其父爲皇也。大長秋特進君宜號高皇，〔一三〕載主宜以金根車，可遣大鴻臚持節，乘大使車，從騶騎，奉印綬，即鄴廟以太牢告祠。」從之。

又詔曰：「蓋聞尊嚴祖考，所以成湯文武，實造商周，克昌王業；而詩書之義，追尊稷契。自我魏室之承天序，〔一四〕既發跡於高皇，高皇之父處士君，精神幽遠，號稱罔記，非所以崇孝重本也。其令公卿以下會議號謚。」

侍中劉曄議：「周王所以后稷爲祖者，以其唐之諸侯，佐堯有大功，名在祀典故也。至於漢氏之初，追謚之義，不過其父。上比周室，則大魏發跡自高皇而始；下論漢氏，則追謚之禮不及其祖。曄思以爲追尊之義，宜齊高皇而已。」

侍中繆襲議以爲：「元者一也，首也，氣之初也。是以周文演易，以冠四德，仲尼作春秋，以統三正。又謚法曰：『行義悦人曰元，尊仁貴德曰元。』處士君宜追加謚號曰『元皇』。」

太傅鍾繇議：「按禮小記曰：『親親以三爲五，以五爲九，上殺下殺旁殺而親畢矣。』乃唐堯之所以敦敍於九族也。其禮上殺於五，非不孝敬於祖也；下殺於五，非不慈愛於其孫也；旁殺於五，非不篤友於昆弟也。故爲族屬，以禮殺之。處士君其數在六，於屬已盡，其廟當毁，其主當遷。今若追崇帝王之號，天下素不聞其受命之符，則是武皇帝櫛風沐雨、勤勞天下爲非功也。推以人情，普天率土不襲此議，處士君明神不安此禮。今諸博士以禮斷之，其議可從。」〔一五〕詔從之。

晉武帝受禪後，泰始元年，追尊皇祖宣王曰「宣皇帝」，伯考景王曰「景皇帝」，皇考文王曰「文皇帝」，宣王妃張氏爲「宣穆皇后」，尊太妃王氏爲「皇太后」。

宋武帝受禪，追尊皇考爲「孝穆皇帝」，皇妣爲「孝穆皇后」。〔一六〕策曰：「維永初元年七月，皇帝謹遣某官某，奉策上皇考尊號曰『孝穆皇帝』。仰惟聖靈，邈焉阻遠。〔一七〕昔有周丕崇，祚興昌季，其在魏晉，亦申情禮，所以聿追來孝，〔一八〕所因者本。謹稽式上代，考諸令準，稱謂既極，情典攸遂。所以仰順天人，俯穆率土，在心遠慕，庶云有慰。」追尊先后策曰：「維年月朔，皇帝謹遣某官某，奉策上皇妣尊號曰『孝穆皇后』。伏惟皇妣，資坤厚之性，體母儀之德，等美姜嫄，齊列任姒，訓穆中閨，化流自遠，膺曆運期，饗茲天位。謹依前典，敬奉大禮，仰慕聖善之愛，俯增蓼莪之思。」

齊高帝受禪，追尊皇考曰「宣皇帝」，皇妣曰「孝皇后」。

梁武帝受禪，追尊考曰「文皇帝」，妣曰「獻皇后」。

陳武帝受禪，追尊考曰「景皇帝」，妣董氏曰「安皇后」。

後魏道武帝稱尊號後，追尊遠祖二十餘代，皆稱皇帝，則歷代未聞也。不復更載謚號焉。

北齊文宣帝受東魏禪，追尊祖爲「文穆皇帝」，妣爲「文穆皇后」，考爲「獻武皇帝」，兄爲「文襄皇帝」，母爲「皇太后」。

後周閔帝受西魏禪，稱天王，追尊考曰「文王」。後其弟明帝立，稱帝號，追尊文王曰「文皇帝」。後其弟武帝立，追尊曰「德皇帝」。

隋文帝受禪，追尊考曰「武元皇帝」，妣曰「元明皇后」。

大唐武德元年五月，追謚高祖爲「宣簡公」，曾祖爲「懿王」，祖爲「景皇帝」，父爲「元皇帝。」天寶二年三月，追尊咎繇爲「德明皇帝」，涼武昭王爲「興聖皇帝」。仍各立廟，每歲四孟月享祭。至寶應中，禮儀使杜鴻漸請停四時獻享。

天子崇所生母〔一九〕追崇同〔二〇〕○東晉　宋

東晉孝武帝太元中，崇進所生母李氏爲皇太妃。徐邈與范甯書，訪其事。甯答謂：「子不得爵命母。〔二一〕妃是太子婦號，必也正名，寧可以稱母也？」邈重與甯書曰：「禮，天子之妃曰后，關雎稱后妃之德，妃后之名，可謂大同，所以憲章皇極禮崇物備者，在於此也。故太后之號定於前朝，而當今所率由也。若必欲服章同於后，〔二二〕而名號異於妃，則可因夫人之稱，而加皇太以明尊。〔二三〕雖一理，然於文物之章，猶未盡崇高之極，此又今之所疑，不得可行也。〔二四〕足下嫌太子妻稱妃，然古無此稱，出於後代。今有皇太之別，是可論處邪？」〔二五〕甯又答曰：「按公羊傳『母以子貴』，當以此義爲允。禮有君之母非夫人者，以此推之，王者之母亦何必皆后乎？所爲尊母，非便極尊號也。〔二六〕並后匹嫡，譏存春秋。謂議稱皇太夫人，〔二七〕下皇后一等，位比三公，此君母之極號也。稱夫人，則先后之臣也。加皇太，則至尊之母也。皇，君之謂也。君太夫人，豈不允乎！」殷仲堪與徐邈書云：「后者，婦人之貴號，在妻則言后，在母則加太。禮，天子之妃稱后，關雎曰后妃之德，后妃二名，其義一也。設使正后處內，〔二八〕貴妾必不可稱妃。」邈又答徐乾書云：「母以子貴，穀梁亦有其義，故曰『賵人之母則可』。又會成風葬，著言禮也。但名雖夫人，而實殊同體，故敢配厭，〔二九〕羣臣無服，所服以爲異也。鄭云『近臣從服，唯君所服』，若嫡夫人殁，則有制重者，故曰唯君所服之耳。與君同重，自施近臣驂僕，而非三卿五大夫，〔三〇〕內有宗廟之祭，外有王伯之命，〔三一〕何得以私服廢正。故庶母爲夫人，上之不得以干宗廟，外之不得以接侯伯，唯國内申其私而崇其儀，亦如侯伯子男之臣，於内稱君曰公耳。雖人君肆情行服，而卿大夫不從，所以知上有天王也。邈往來答釋范武子，以其序云云私情典，〔三二〕是以太妃車旗服章，備如太后，唯不敢從於宗廟。禮又曰『百官不稱臣』，所以令無服之制也。〔三三〕范於時都謂不應同皇后服章，以尊令議難之，〔三四〕自塞矣。書傳了無天子庶母之文，〔三五〕且妾除女君、夫人，可爲通稱，〔三六〕如五等爵皆稱公耳。天王之與皇后，〔三七〕未聞二其號者，所以闕之情禮，而定太妃之稱，良有由矣。宜同至極，〔三八〕故上比稱皇。屈於郊廟，故遠避伉儷，不曰后而曰妃。因名求實，可謂志乎禮者。〔三九〕太后與妃，義無異者。〔四〇〕假令國君在事，自當稱夫人。〔四一〕但王典無二名，不得以國公夫人爲喻耳。」太元十九年，又詔追崇鄭太后。尚書令王珣奏：「下禮官詳正。按太常臣胤等議，以春秋之義，母以子貴，故仲子、成風咸稱夫人。經云『考仲子之宮』，明不配食也。且漢文、昭二太后，〔四二〕並繫子號。宜遠準春秋考宮之義，近摹二漢不配之典，尊號既正，宜改築新廟。顯崇尊稱，則罔極之情申；別建寢廟，則嚴禰之道著；繫子爲稱，兼明貴之所由：一舉而三義以允，固哲王之高致。可如胤等議，追尊會稽太妃爲『簡文皇太后』也。」

宋文帝元嘉元年，司空、録尚書事臣羡之等言：「伏惟先婕妤，柔明塞淵，光備六列，德昭坤範，訓洽母儀，用能啓祚聖明，奄宅四海。而天祚永違，嚴親莫逮。臣等參詳，遠準春秋，近稽漢晉，謹追上尊號爲皇太后，禮官撰謚，用崇寢廟。」

諸侯崇所生母議

後漢許慎五經異義云："妾母之子爲君，子得尊其母爲夫人。按春秋公羊說，妾子立爲君，母得稱夫人。故上堂稱妾，屈於嫡；下堂稱夫人，尊行國家。則士庶起爲人君，母亦不得稱夫人。父母者，子之天也，子不得爵命父母。至於妾子爲君爵其母者，以妾本接事尊者，有所因也。穀梁說，魯僖公立妾母成風爲夫人，入宗廟，是子而爵母也，以妾爲妻，非禮也。故春秋左氏說，成風得立爲夫人，母以子貴。謹按尚書，舜爲天子，瞽叟爲士，明起於匹庶者，〔四三〕子不得爵父母也。至於魯僖公本妾子，尊母成風爲小君，經無譏文，公羊、左氏義是也。"

鄭玄駮曰："禮喪服父爲長子三年，以將傳重故也；衆子則爲之周，明無二嫡也。女君卒，貴妾繼室，攝其事耳，不得復立夫人。魯僖公妾母爲夫人者，乃緣莊夫人哀姜有殺子般、閔公之罪，應貶故也。哀姜薨於齊，貶之，經在僖元年冬十二月丁巳，夫人氏之喪至自齊，去姜是也。桓夫人文姜殺夫，〔四四〕貶之，經在莊元年春三月，夫人遜於齊。其與姜氏輕重差也。近漢呂后殺戚夫人及庶子趙王，不仁，廢不得配食，文帝更尊其母薄后，非其比耶？妾子立者得尊其母，禮未之有也。"

袁準正論云：「時俗之論曰：『庶子爲公，可以尊其母爲夫人，春秋之義，母以子貴。』按隱公二年，夫人子氏薨。五年，考仲子之宮。上稱夫人，下不應復言仲子，明其與妾爲妻也。〔四五〕秦人來歸成風之禭，不稱夫人，明其私尊，不通於鄰國也。左氏傳曰：『並后匹嫡，亂之本也。』袁準曰：「並后，如夫人者六是也。匹嫡，元妃卒，立妾爲夫人是也。」公羊亦云『母以子貴』。說曰：〔四六〕穀梁云秦人來歸成風之禭，秦不云夫人也。就外不云夫人而見正焉。夫身爲國君而母爲妾庶，子孫所不忍，臣下所不安，故私稱於國中，不加境外，此人子之情，國人之私，而亡於禮法之正也。〔四七〕假有庶子數人，並爲三公，欲各尊其母，將何以止之？非聖人者無法，〔四八〕此大亂之道也。」

支庶立爲天子追尊本親議 漢 後漢 魏 齊

漢宣帝追尊祖衛太子、史皇孫，詔曰：「故皇太子在湖，未有號謚。」有司請曰：「禮『爲人後者，爲之子也』。故降其父母不得祭，尊祖之義也。陛下爲孝昭帝後，承祖宗之祀，制禮不踰閑，謹行視孝昭帝所爲。故皇太子謚曰『戾』，置奉邑二百家。史皇孫謚宜曰『悼』，母曰『悼后』，比諸侯王園，置奉邑三百家，曰『悼園』。史良娣曰『戾夫人』，置守塚三十家，園曰『戾后園』。置長丞，周衛奉守如法。」有司復言：「禮『父爲士，子爲天子，祭以天子』。悼園宜稱尊號曰『皇考』，立廟，因園爲寢，以時薦享。益奉園人滿千六百家。尊戾夫人曰『戾后』，置園奉邑，及益戾園各滿三百家。」

哀帝初入爲太子，祖母傅太后、母丁后皆在國，自以定陶恭王爲稱。按元帝傅昭儀有寵，産一男，爲定陶恭王。帝崩，昭儀隨王歸國，稱定陶太后。恭王薨，子代爲王。王母曰丁姬。成帝無繼嗣，立定陶王爲太子。詔移楚孝王爲定陶王，奉恭王後。詔傅太后與丁后自居定陶國。成帝崩，太子立，是爲哀帝。及即位，高昌侯董宏上言，宜立定陶恭王后爲皇太后。事下有司。宏曰：「秦莊襄王，母本夏氏，而爲華陽夫人所子。及即位，俱稱太后。今宜立定陶恭王后爲皇太后。」左將軍師丹劾奏宏：〔四九〕「知皇太后至尊之號，天下一統，而稱引亡秦以爲比喻，詿誤聖朝，不道。」帝新立，謙讓，納丹言，〔五〇〕免宏爲庶人。時傅太后大怒，要欲必稱尊號。詿音掛。

後帝白，令王太皇太后下詔尊定陶恭王爲「恭皇」。〔五一〕哀帝初，成帝母稱太皇太后，成帝趙皇后稱皇太后。又曰春秋「母以子貴」，遂尊傅太后爲「恭皇太后」，丁姬爲「恭皇后」。郎中令泠褒復奏言：〔五二〕「定陶恭皇太后、恭皇后，皆不宜復引定陶藩國之名，以冠大號。車馬衣服，宜皆稱皇，置吏二千石以下，各供厥職。又宜爲恭皇立廟京師。」帝復下議有司，皆以爲宜如褒言。

大司空師丹又曰：「聖王制禮，取法於天地，故尊卑之禮，所以正天地之位，不可亂也。

今定陶恭皇太后、恭皇后以『定陶恭』爲號者，母從子、妻從夫之義也。欲立官置吏，車服與太皇太后並，非所以明尊卑無二上之義也。〔五三〕定陶恭皇號謚前已定，〔五四〕義不得復改。禮：『父爲士，子爲天子，祭以天子，其尸服以士服。』〔五五〕子無爵父之義，尊父母也。爲人後者爲之子，故爲所後服斬衰三年，降其父母周，明尊本祖而重正統也。孝成皇帝聖恩深遠，故爲恭王立後，承祭祀，今恭皇長爲一國太祖，萬代不毁，恩義已備。陛下既繼體先帝，持重大宗，〔五六〕承宗廟天地社稷之祀，義不得復奉定陶恭皇祭入其廟。今欲立廟於京師，而使臣下祭之，是無主也。又親盡當毁，空去一國太祖不墮之祀，而就無主當毁不正之禮，非所以尊厚恭皇也。」由是上怒，策免丹。

後歲餘，下詔曰：「漢家之制，推親親以著尊尊。定陶恭皇之號，不宜復稱『定陶』。其尊恭皇太后爲『帝太太后』，丁后爲『帝太后』。」後更號帝太太后爲「皇太太后」。皇太太后崩，〔五七〕合葬，稱孝元傅皇后陵，其後爲王莽毁發貶號。

後漢安帝建光元年，有司上言：「皇考清河孝王，至德純懿，〔五八〕含弘光大，既受帝祉，載生明聖。舊章法制，宜有尊號，不宜稱王，宜曰『孝德皇』，妣曰『孝德后』，祖妣宋貴人曰『敬隱后』。」〔五九〕詔曰：「其告祠高廟，使司徒震持節，大鴻臚、特進、樂平侯常副，奉策璽綬，到清河上尊號。」桓帝即尊位，追尊祖河間孝王曰「孝穆皇」，妣趙氏曰「孝穆后」，考蠡吾侯曰「孝崇皇」，尊母曰「孝崇博園貴人」。〔六〇〕靈帝即尊位，〔六一〕追尊祖爲「孝元皇」，妣夏氏爲「孝元后」，考爲「孝仁皇」，母董氏爲「慎園貴人」。

魏文帝制，以後如以旁枝入嗣大位，不得加父母尊號。詔曰：「依漢祖之尊太上皇是也。且禮『不以父命辭王父命』。漢氏諸侯之入，皆受天子之命胤於宗也；〔六二〕而猶顧其私親，僭擬天號，豈所謂爲人後之義哉！後代若有諸侯入嗣者，皆不得追加其私考爲皇、妣爲后也。敢有佞媚妖惑之人欲悦時主，謬建非義之事以亂正統者，此股肱大臣所當禽誅也。其著乎甲令，書之金策，藏諸宗廟，副乎三府，尚書中書亦當各藏一通。」

齊明帝即尊位，追尊考始安貞王爲「景皇」，妣妃爲「懿后」。

追錫命議

後漢許慎五經異議云：「春秋公羊、穀梁説，王使榮叔錫魯桓公命，追錫死者，非禮也。死者功可追而錫，如有罪，又可追而刑耶？春秋左氏譏其錫篡弑之君，無譏錫死者之文也。」

王侯在喪襲爵議奪情附○魏　大唐

魏尚書奏，以故漢獻帝嫡孫杜氏鄉侯劉康襲爵，假授使者拜授，康素服。秦靜議：〔六三〕「按周禮，天子公卿諸侯，吉服皆玄冕朱裏，玄衣纁裳；有喪凶則變之麻冕黼裳，邦君麻冕蟻裳。云麻冕者，則素冕麻不加采色，又變其裳。亦非純吉，亦不純凶。漢氏承秦，改六冕之制，以玄冠絳衣一服而已。有喪凶之事，則變吉服以從簡易。故諸王薨，遣使者拜嗣子爲王，則玄冠縗絰，服素以承詔命，事訖，然後反喪服。考之前典，則差周書；論之漢室，則合常制。」

王肅議：「尊者臨卑，不制縗麻，故爲之素服。今康處三年喪，在縗絰之中，若因喪以命之，則無復素服。若以尊崇王命，則吉服以拜受。按尚書，康王受策命，吉服而受之。事畢，又以吉服出應門內，以命諸侯。皆出，然後王釋冕服。〔六四〕故臣以爲諸侯受天子之命，宜以吉服。又禮，處三年之喪，而當除父兄之喪服，除服卒事，然後反喪服。則受天子命者，亦宜服其命服，使者出，反喪服，即位而哭，既合於禮，又合人情。」詔從之。

按成王崩，〔六五〕康王即位，上宗奉同瑁，王再拜三祭。按鄭玄曰：「即位必醴之者，以神之嚌成之也。〔六六〕以醴嚌成之者，醴濁，飲至齒不入口曰嚌，既居重喪，但行其禮，而不取其味。」又禮始冠加爵，亦皆醴之，所以加崇以成其尊也。〔六七〕又漢舊儀「諸王嫡子嗣位，受拜畢，立於門外，使者既出，拜送還，升，嚌醴訖，又再拜」。正與康王即位事同。古今相參，事無違者。

王肅又議：「凡奉神祭祀則有受祚之爵，嘉慶事則有醮醴之儀。若君薨而太子即位，孤之位，無醮醴之儀。成王病困，乃召羣臣，訓以敬保元子。明日，成王崩。既大斂，羣臣以策書宣成王命，以命康王。是爲受顧命之戒，非即位之事。王從三宿三祭，上宗曰饗，而不嚌醴也。此王者隨時之禮，非常行之典，不可以爲拜諸侯嫡子之儀。襲爵之日，乃孝子孝孫所以增哀戚之懷，非禮之所施，直謂之王命所加，〔六八〕而使者又既出，謂之受神之醴，復非饋奠之時。按拜陳思王子志爲濟北王，又與今異，猶須王嚌醴畢，然後使者出。今據鄭玄說，即位醴之以成其禮，猶愈於使者既出不設饋奠而獨嚌醴，臣猶以爲非禮之衷。今京師廷拜諸侯嗣子，無事有嚌醴。『天子賜諸侯大夫冕弁服於太廟。歸設奠，服賜服，於斯乎有冠醮，而無冠醴』。此謂諸侯大夫以平吉受賜服於天子太廟，〔六九〕歸設祭於其廟，服賜服，而受冠醴之禮也。可依此，使者既出，公猶服命服，設奠而告。又禮小祥之祭，然後嚌之。此自告其廟，非王命之所加。如禮不嚌，既告反服，既位而哭，既合於禮，又合人情。」詔從之。

高堂隆議拜受儀：「按舊典，天子遣使者齎車服策命命諸侯嗣位之禮：上卿爲使者，嗣君遣上卿吉服迎於境，自吉服勞於郊，館宗廟，致飧餼，告期日，受命於祖廟。設喪主，布几筵於户牖之前。〔七〇〕命車設於庭，西上，安車駟馬皆在其車之東。〔七一〕使者奉策服印綬，加設版策于其上，〔七二〕升自西階，東面。內史在右。嗣君端委以入，升自阼階，西面立。使者以皇帝命命冕，內史贊之。嗣君降於兩階間，北面再拜稽首。使者宣命曰：『無下拜。』嗣君升，成拜。內史加詔版策命於服上以東。嗣君進而西，迓受於兩楹間。皆旋復位。嗣君釋端委服，降，升，成拜如初。使者降出，升車。嗣君拜送於門外。修享贈餞之禮。使歸，嗣君送至於境。嗣君釋冕，服素弁葛環縗絰，移昌氏反袂，修奠祭之禮，告於殯宮訖，乃釋弁絰，反喪服。此其大略也，其他則同之。」

大唐武德二年正月，尚書左丞崔善爲奏曰：〔七三〕「欲求忠臣，必於孝子。比爲時多金革，頗遵墨絰之義，丁憂之士，例從起復，無識之輩，不復戚容。如不糾劾，恐傷風俗。」制曰：「文官遭父母喪，聽去職。」

調露二年，中書舍人歐陽通起復本官。每入朝，必徒跣，至城門外，然後著韡韈而朝。直宿在省，則席地藉藁。非公事不言，亦未啓齒。歸必縗絰，〔七四〕號慟無恆。國朝奪情者多矣，唯通能合典禮。

武太后長安三年正月，敕：「三年之喪，自非從軍更籍者，〔七五〕不得輒奏起復。」

至廣德二年三月，〔七六〕敕：「三年之喪，謂之達禮。自非金革，不可從權。其文官自今以後，並許終制，一切不得輒有奏請。」

校勘記

〔一〕上尊號同　「同」原作「附」，各本同。卷四一禮典目録各本作「同」，今據改。

〔二〕王季綏畏　「畏」原作「和」，後人臆改。今據北宋本、傅校本改回。按：畏，服也。

〔三〕三妣亦同尊其號　「三」原訛「王」，據北宋本、傅校本、明刻本、王吴本改。

〔四〕言無可尊敬名號　「敬」原訛「故」，殿本訛「改」，據北宋本、傅校本、明刻本、王吴本改。

〔五〕其功德之號　北宋本、傅校本、明刻本、王吴本無「功」字。

〔六〕然君侯不宜但依故爵乘朝車也　北宋本、傅校本、明刻本、王吴本無「侯」。

〔七〕乃與王者之後宋公同號　原脱「乃」，據北宋本、傅校本、明刻本、王吴本補。

〔八〕然臣子褒崇其君父　「然」原作「乃」，據北宋本、傅校本、明刻本、王吴本改。

〔九〕誕育太皇　「皇」原訛「王」，據北宋本、傅校本、明刻本、王吴本改。

〔一〇〕是時周天子以王爲號　「以王爲號」，北宋本、傅校本、明刻本作「以爲王號」。

〔一一〕皇高祖　「高」北宋本、傅校本、明刻本、王吴本作「曾」。

〔一二〕自是後以諸侯爲帝者　「後以」原倒，據北宋本、傅校本、明刻本乙。

〔一三〕宜號高皇　原「宜」下有「追」，據北宋本、傅校本、明刻本、王吳本刪。

〔一四〕自我魏室之承天序　「之」原訛「上」，據三國志魏書劉曄傳四四八頁及北宋本、傅校本、明刻本、王吳本改。

〔一五〕其議可從　「議」原作「義」，據北宋本、傅校本、明刻本、王吳本改。

〔一六〕追尊皇考爲孝穆皇帝皇妣爲孝穆皇后　北宋本、傅校本、明刻本、王吳本上無「穆」，下無「孝」。

〔一七〕邈焉阻遠　「阻」原作「徂」，據北宋本、傅校本、明刻本、王吳本改。

〔一八〕聿追來孝　「聿」原作「遹」，據北宋本、傅校本、明刻本、王吳本改。

〔一九〕天子崇所生母　原「母」下有「議」，據北宋本、傅校本、明刻本刪。

〔二〇〕追崇同　「同」原作「附」，據北宋本、傅校本、明刻本改。

〔二一〕子不得爵命母　原「得」下有「以」，據北宋本、傅校本、明刻本、王吳本刪。

〔二二〕若必欲服章同於后，　「服章」原倒，據北宋本、傅校本、明刻本乙。

〔二三〕而加皇太以明尊　原「尊」字重，據北宋本、傅校本、明刻本、王吳本刪。

〔二四〕不得可行也　「得可」原倒，據北宋本、傅校本、明刻本乙。

〔二五〕是可論處邪　原作「可例論邪」，據北宋本、傅校本、明刻本改。

〔二六〕非便極尊號也　「便」原作「使」，據北宋本、傅校本、明刻本、王吳本改。

〔二七〕謂議稱皇太夫人　「議」原訛「宜」，據北宋本、傅校本、明刻本、王吳本改。

〔二八〕設使正后處内　「正」原作「皇」，據北宋本、傅校本、明刻本、王吴本改。

〔二九〕故敢配厭　原「敢」上有「不」，據北宋本、傅校本、明刻本、王吴本删。

〔三〇〕而非三卿五大夫　「非」原訛「下」，據北宋本、傅校本、明刻本、王吴本改。

〔三一〕外有王伯之命　「王」原訛「侯」，據北宋本、傅校本、明刻本、王吴本改。

〔三二〕以其序云云私情典　原被改作「以詩序云后妃義一」，今據北宋本、傅校本、明刻本、王吴本改回。

〔三三〕所以令無服之制也　「令」原被改作「合」，今據北宋本、傅校本、明刻本、王吴本改回。

〔三四〕以尊令議難之　原脱「令」，據北宋本、傅校本、明刻本、王吴本補。

〔三五〕書傳了無天子庶母之文　原脱「了」，據北宋本、傅校本補。明刻本、王吴本「了」訛「子」。

〔三六〕且妾除女君夫人可爲通稱　原被改作「且妾上無女君則夫人可爲通稱」，今據北宋本、傅校本、明刻本、王吴本改回。

〔三七〕天王之與皇后　「皇」原作「王」，據北宋本、傅校本、明刻本、王吴本改。

〔三八〕宜同至極　「宜」原作「體」，據北宋本、傅校本、明刻本、王吴本改。

〔三九〕可謂志乎禮者　原作「可謂至矣禮」，殿本亦然。今據傅校本、明刻本、王吴本改。按：北宋本「志」作「忘」。

〔四〇〕太后與妃義無異者　原「妃」上有「太」，據北宋本、傅校本、明刻本、王吴本删。

〔四一〕假令國君在事自當稱夫人　「事」原作「時」，「自」上原有「妾母」，據北宋本、傅校本、明刻本、王吴本改删。

〔四二〕且漢文昭二太后　「昭」北宋本、傳校本、明刻本、王吳本作「詔」。
〔四三〕明起於匹庶者　「匹」北宋本作「近」。按：禮記服問疏引異義作「士」。
〔四四〕桓夫人文姜殺夫　「殺夫」原作「弒公」，據北宋本、傳校本、明刻本改。
〔四五〕明其與妾爲妻也　「與」原作「以」，據北宋本、傳校本、明刻本、王吳本改。按：與，許也。
〔四六〕說曰　原「說曰」上加圈，表示另起，屬于編者解說。考上下文義，知「說曰」以下仍係袁準議論。今據北宋本、傳校本、明刻本、王吳本刪圈，使上下緊接。
〔四七〕而亡於禮法之正也　「亡」原訛「止」，傳校本、明刻本、王吳本作「立」，亦誤。今據北宋本改。
〔四八〕非聖人者無法　原脫「者」，據北宋本、傳校本、明刻本、王吳本補。
〔四九〕左將軍師丹劾奏宏　原殿本、局本據漢書師丹傳於「丹劾」間增「大司馬王莽共」六字，今據北宋本、傳校本、明刻本、王吳本刪。
〔五〇〕納丹言　殿本、局本據漢書師丹傳於「納丹」間增「用莽」二字，今據北宋本、傳校本、明刻本、王吳本刪。
〔五一〕王太皇太后　原脫「王」，據北宋本、傳校本、明刻本、王吳本補。按：此指王政君。
〔五二〕郎中令冷褒　原訛作「中郎將冷裒」，據漢書師丹傳三五〇五頁改。
〔五三〕非所以明尊卑無二上之義也　原脫「卑」，據漢書師丹傳三五〇五頁補。
〔五四〕定陶恭皇號謚前已定　「前已」漢書師丹傳三五〇五頁作「已前」。

〔五五〕其尸服以士服　原脱下「服」，據禮記喪服小記、漢書師丹傳三五〇六頁補。

〔五六〕持重大宗　「持」原訛「特」，據漢書師丹傳三五〇六頁改。

〔五七〕其尊恭皇太后爲帝太太后丁后爲帝太后後更號帝太太后爲皇太太后皇太太后崩　原脱作「其尊恭皇太后爲帝太后丁后爲帝后後更號帝太后爲皇太后太后崩」，據漢書外戚傳四〇〇一頁補正。

〔五八〕至德純懿　「懿」原作「一」，據後漢書章帝八王傳一八〇四頁及北宋本、傅校本、明刻本、王吴本改。

〔五九〕敬隱后　「隱」原訛「德」，據後漢書安帝紀二三二頁、章帝八王傳一八〇四頁、祭祀志下三一九七頁及北宋本、傅校本、明刻本、王吴本改。

〔六〇〕尊母曰孝崇博園貴人　原脱「尊」，據北宋本、傅校本、明刻本、王吴本補。又脱「博」，據後漢書桓帝紀二八八頁補。

〔六一〕靈帝即尊位　原脱「尊」，據北宋本、傅校本、明刻本、王吴本補。

〔六二〕胤於宗也　「胤」原作「允」，清人諱改。今據北宋本、傅校本、明刻本、王吴本改回。

〔六三〕秦静議　「秦静」原作「奪情」，屬上爲讀，誤。今據北宋本、傅校本、明刻本、王吴本改回。按：宋書禮志五五〇四頁云：「魏秘書監秦静曰：漢氏承秦，改六冕之制，但玄冠絳衣而已。」即此議中語，可證殿本、局本實屬妄改。嚴可均誤據殿本通典，將此議置於王肅文中。

〔六四〕然後王釋冕服　原「服」上有「反喪」，據北宋本、傅校本、明刻本、王吴本删。

〔六五〕按成王崩　按：自此至卷末，北宋本、傅校本、明刻本、王吴本另作一節，前有「奪情議」爲單占一行之標題，既不能統括下文，又與上節標題小注「奪情附」矛盾，恐非杜書原式。殿本、局本删「奪情議」一題，將上下文合併，而在「按成王崩」上加圈，表示另起而已，較舊式合理。

〔六六〕即位必醴之者以神之嚌成之也　「之嚌」二字間王吴本有「以神之者以醴」六字。

〔六七〕所以加崇以成其尊也　「崇」原作「重」，據北宋本、傅校本、明刻本改。

〔六八〕直謂之王命所加　「直」原作「且」，據北宋本、傅校本改。

〔六九〕受賜服於天子太廟　「服」原作「衣」，據北宋本、傅校本、明刻本、王吴本改。

〔七〇〕布几筵於户牖之前　原脱「布」，據北宋本、傅校本、明刻本、王吴本補。

〔七一〕安車駟馬皆在其車之東　原脱「其」，據北宋本、傅校本、明刻本、王吴本補。

〔七二〕加設版策于其上　原作「加詔版策命其上」，據北宋本、王吴本改。

〔七三〕尚書左丞崔善爲　原「丞」下衍「相」，據北宋本、傅校本、明刻本、王吴本删。按：崔善爲是武德中尚書左丞，見舊唐書方伎傳五〇八八頁。

〔七四〕歸必縗絰　「必」原作「衣」，據北宋本、傅校本、明刻本、王吴本改。

〔七五〕自非從軍更籍者　「更」北宋本、傅校本作「要」。唐會要卷三八作「更」。

〔七六〕至廣德二年三月　「三月」唐會要卷三八作「二月二十一日」。

王文錦點校

通典卷第七十三

禮三十三　沿革三十三　嘉禮十八

五宗　公子二宗　繼宗子宗子孤爲殤　事宗禮　九族　敦疏遠外親　鄉飲酒

五宗

孔穎達曰：「別子之後，族人衆多，繼高祖者與三從兄弟爲宗，繼曾祖者與再從兄弟爲宗，繼祖者與同堂兄弟爲宗，繼禰者與親兄弟爲宗。族人一身事四小宗，并大宗爲五也。」

○周　晉

周制，「別子爲祖，諸侯庶子別爲後代始祖者也。別子者，公子不得禰先君也。〔一〕孔穎達曰：「諸侯嫡子之弟別於正嫡，〔二〕故稱別子也。爲祖者，別子子孫爲卿大夫，立此別子爲始祖。諸侯嫡孫代代爲君，而第二子以下悉不得禰先君，〔三〕故云別子也，並爲其後代之始祖，〔四〕故云爲祖也。」繼別爲宗，別子之代代長子，爲其族人之宗，所謂百代不遷之宗者也。孔穎達曰：「別子之代代長子，恒繼別子，與族人爲百代不遷之大宗。」繼禰者爲小宗」。別子庶子之長子也，爲其昆弟爲宗也，以五代則遷之，故謂之小宗。孔穎達曰：「謂別子之庶子之長子，繼此庶子，與兄弟爲五代則遷之宗。」大傳曰：「宗其繼別子之所自出者，百代不遷者也；宗其繼高祖者，五代則遷者也。孔穎達曰：「別子之所自出者爲別子，或由君而出，或由他國而來，後代子孫恆繼此別子，故云繼別子之所自出。其繼高祖至子五代，繼曾祖至孫五代，繼祖至曾孫五代，繼禰至玄孫五代，不復與四從兄弟爲宗，故云五代則遷。」鄭玄曰：「遷猶變易也。〔五〕繼高祖者，亦小宗也。先言繼禰者，據別子子弟之子也。以高祖與禰皆有繼者，則曾祖及祖亦有也。有則小宗四，與大宗五也。」是故祖遷於上，宗易於下。孔穎達曰：「四代之時，尚事高祖；至五代之時，謂高祖之父，無服，是祖遷於上也。四代之時，仍宗三從族人；至五代，不復宗四從族人，各自隨近爲宗，是宗易於下也。」尊祖故敬宗，敬宗則尊祖之義也。」宗者，祖禰之正體。

白虎通曰：「宗者，尊也，爲先祖主者，宗人之所尊也。」

毛萇曰：「宗將有事，族人皆侍。所以必有宗者，長和睦也。〔六〕大宗能率小宗，小宗能率羣弟，通其有無，所以統理族人者也。宗其爲始祖後者爲大宗，此百代不遷之宗也。宗其爲高祖後者，五代而遷也，故曰『祖遷於上，宗易於下』。宗其爲曾祖後者爲曾祖宗，宗其爲祖後者爲祖宗，宗其爲父後者爲父宗。父宗以上至高祖，別子各爲其子孫祖。繼別者各自爲宗，所謂小宗有四，大宗一，凡五，宗人之親備矣。」

薛綜述鄭氏禮五宗圖曰：「天子之子稱王子，王子封諸侯，若魯、衞是也。諸侯之子稱公子，公子還自仕，食采於其國，爲卿大夫，若魯公子季友者是也。則子孫自立此公子之廟，謂之別子爲祖，則嫡嫡相承作大宗，百代不絶。大宗之庶子，則皆爲小宗。小宗有四，五代而遷。己身庶也，宗禰宗；己父庶也，宗祖宗；己祖庶也，宗曾祖宗；己曾祖庶也，宗高祖宗。己高祖庶也，則遷，而惟宗大宗耳。」

晉杜元凱宗譜曰：「別子者，君之嫡妻之子，長子之母弟也。君命爲祖，其子則爲大宗。常有一主，審昭穆之序，辨親疏之別，是故百代不遷。若無子，則支子爲後。雖七十，無無主婦。若殤死，則縗經加一等，以兄弟之列代之，殤無爲父道，兄弟昭穆同故也。死皆爲之齊縗，其月數各隨親疏爲限；雖尊、雖出嫁，猶不敢降也。屬絶，則爲之齊縗三月。若始封君相傳，則自祖始封君。其支子孫皆宗大宗。然則繼體君爲宗中之尊，支庶莫敢宗之，是以命別子爲宗主，一宗奉之。故曰祖者高祖也，言屬逮於君則就君，屬絶於君則適宗子家也。而説者或云『君代代得立大宗』，或云『別子之母弟亦得爲祖』，或云『命妾子爲別子，其嫡妻子則還宗於君』，皆非也。別子之弟，子孫無貴賤，皆宜宗別子之子孫。小宗一家之長也，同族則宗之。其服隨親疏爲比，姊妹出嫁，不敢降之。五屬斷服，則不宗之矣。」

賀循宗義曰：「古者諸侯之別子，及起於是邦爲大夫者，皆有百代祀之，謂之太祖。太祖之代，則爲大宗，宗之本統故也。其支子旁親，非太祖之統，謂之小宗。小宗之道，五代則遷。當其爲宗，宗中奉之，加於常禮。平居則每事諮告，死亡則服之齊縗，以義加也。」又喪服要記曰：「公子之二宗，皆一代而已。庶兄弟既亡之後，各爲一宗之祖也。謝徽注曰：「母弟於妾子則貴，於嗣子則賤，與妾子同爲庶故也。既死之後，皆成一宗之始祖，即上所謂別子爲祖也。」嫡繼其正統者，各自爲大宗，乃成百代不遷之宗也。」謝徽注曰：「賀公答庾元規云：『雖非諸侯別子，始起是邦而爲大夫者，其後繼之，亦成百代不遷之宗。』鄭玄亦曰：『太祖謂別子始爵者也，〔七〕雖非別子始爵者亦然。』愚謂是起是邦始受爵者。又問：『別子有十人，一族之中可有十大宗乎？』『然。』賀答傅純云：『別子爲祖，不限前後，此謂每公之子皆別也。』」

傅純問賀曰：「要記云：『庶兄弟既死之後，各自爲一宗之祖，其嫡繼之，各爲大宗，此是大傳所謂別子爲祖者也。』然則別子有十，便爲十祖宗也。而母弟之後，獨無大宗，母弟本重而後輕，庶弟本輕而後重，其義何乎？〔八〕又王氏以別子爲祖，諸侯母弟則不盡爲祖矣。杜氏以爲始封之君，別子一人爲祖。二家不同，願聞其說。」答曰：「君之母弟，與羣庶兄弟俱爲別子之後，〔九〕俱爲大宗。而難云『母弟之後，獨無大宗』，不審此義，何所承乎？以僕所定，母弟爲宗，不應有疑，則本輕後重之難，無所施也。又按禮，別子爲祖，不限前後，此爲每公之子皆別子也。則魯之三桓，鄭之七族，盡其人矣。王杜二義不同者，二儒通識，不應有誤，儻所言者，自有所施，不見其文。淺學所見，謂如上義。」

傳又問曰：「大傳云：『其士大夫之嫡，〔一〇〕公子之宗道也。』請解之。」答曰：「士大夫者，謂庶昆弟之仕位也。〔一一〕其士大夫之嫡者，謂公子之子孫。各祖其別子，大宗之道又由此而成，故重言公子之宗道也。」

殷浩問范宣曰：「『其士大夫之嫡者，公子之宗道也。』請解其義。」答曰：「其士大夫之嫡者，言上二宗，唯施公子之身；至諸公子有子孫，各祖公子以爲別子，各宗其嫡子以爲大宗，代代相承，然後乃成別子之後百代不遷之宗者也。所以舉其士大夫之嫡者，明公子之子孫，不復宗公子之宗，又嫌庶宗昆弟之子猶復爲小宗，故特舉嫡以曉之也。凡母弟及庶昆弟所稱庶宗大宗，正論其一代之嫡庶耳。至於各有子之後，長子皆成嫡也。公子之宗道，言公子之宗道成，故重釋也。」

曹述初集解明宗義曰：「其士大夫之嫡者，此爲諸侯別子之後也，或母弟之子孫，或庶弟之子孫位爲大夫者，各祖別子爲始祖，各宗其嫡爲大宗。嫌庶子小宗之後，猶不得爲嫡，故通稱嫡以明之，後代皆應同正也。」

庾亮問賀循曰：「按禮，宗子之服，傳代不遷，所以重其統也。是以祖宗之正不易，則本枝昭穆歷百代而不亂，〔一二〕此立宗之大旨也。然則士大夫及諸從事於典禮者，服宗之義，便應相放矣。而禮祖宗之文，唯著諸侯別子，不列卿大夫之制。不審此由諸侯君其族人，族人不得宗其君，故祖宗之制指爲此歟？自卿大夫以下，與其宗黨無君臣之懸，則宗統有常嫡，服宗有成例，故不得別著其制也？將由卿大夫位卑，則宗服之制厭宗嫡，無不遷服，紀止五族，故不復別見其義也？今既無士大夫依諸侯別子之明文，又不見無得立宗之定制，而頃者以來，諸私服於宗嫡者，無服者則制緦，有服者無加，又不詳此。爲各以非開國代封之家，故避嫌謙而不敢私重其宗耶？將此之由，自有所承？願告旨要。」答曰：「禮，宗子之義，所以明本祖之正統，紀百代而不紊者也。而宗之義，委曲著見者，多在別子，非卿大夫之文，偏不詳悉。服之致疑，有如來旨。然舊義，雖非別子，起於是邦而爲大夫者，便爲大宗，其嫡繼之，亦百代不遷。禮記王制云：『大夫三廟，一昭一穆，與太祖之廟而三。』鄭君解曰：『太祖，別子始爵者也。雖非別子，始爵者亦然。』此其義也。此謂起於是國，盛德特興，爲一宗之始者也。如此，則百代不遷，統族序親，及族人服之，皆宜如別子之宗也。又宗子之服，雖在絶屬，皆齊縗三月。代衰禮替，敦之者少。吳中略無此服，中土緦而不齊。其所由來，以政教淩遲，人情漸慢，非謂大夫位卑，或以非代封爲嫌也。」

王冀答問曰：「『其兄是嫡長，家有代封，〔一三〕弟是庶生，遭所生艱，先以第二兒後其嫡兄，嫡兄早卒，其兒於家爲是小宗否？』答曰：『記云「別子爲祖，繼別爲宗，繼禰爲小宗」。

今此兒乃係數代嫡。伯父所承若是別子，則爲大宗，百代不遷者也。所承若是係禰，則爲小宗，五代則遷者也。小大之名，係之伯父，此非兒之謂也。』[一]

公子二宗 周 晉 大唐

周制，大傳云：「有小宗而無大宗者，王肅曰：「謂君無嫡弟，以庶弟爲小宗。」有大宗而無小宗者，王肅曰：「謂大宗一子，無小宗。」有無宗亦莫之宗者，公子是也。王肅曰：「無宗謂君一身者也。亦莫之宗謂君有一弟爲宗，無宗之者也。」公子有宗道，公子之公，爲其士大夫之庶者，宗其士大夫之嫡者，公子之宗道也。」鄭玄云：「公子不得宗君，君命嫡昆弟爲之宗，使之宗之，是公子之宗道也。所宗者嫡也，[一四]則如大宗，死爲之齊縗九月，其母則小君也，爲其妻齊縗三月。若無嫡而宗庶，則如小宗，死爲之大功九月，其母妻則無服。公子唯己而已，則無所宗，亦莫之宗也。」[一五]

晉賀循喪服要記曰：「凡諸侯之嗣子，繼代爲君，君之羣弟不敢宗君，君命其母弟爲宗，諸弟宗之，亦謂之大宗，死則爲齊縗九月。謝徽注曰：[一六]「母弟雖貴，諸弟亦不敢服，既爲宗主，則齊縗九月。其母則小君也，其妻齊縗三月，如大宗也，以母弟之貴故也。」[一七]若無母弟，則命庶弟之大者爲宗，諸弟宗之，亦如母弟，則爲之大功九月。謝徽注曰：「此大傳之小宗也，其母妻則無服。女公子服宗，亦與男同。」注曰：「此二宗亦不得並其宗。」[一八]此二宗者，一代而已。謝徽注曰：「此二宗亦不得並，故大傳曰

『有大宗而無小宗者，有小宗而無大宗者，有無宗亦莫之宗者，〔一九〕公子之謂也』。」庶兄弟既死之後，各爲一宗之祖。」

殷浩問范宣曰：「『有小宗而無大宗者，有大宗而無小宗者，有無宗亦莫之宗者，公子是也。公子有宗道，公子之公，爲其士大夫之庶宗。』〔二〇〕請解之。」答曰：「有小宗而無大宗者，謂君之諸弟同庶者，君命庶長爲衆庶之宗，則名小宗，則服大功九月者是也。有大宗而無小宗者，謂君有同母弟，命以爲宗，則羣庶昆弟宗之，則名大宗，服齊縗九月者是也。昆弟既親，又是庶中之正者也。有無宗亦莫之宗者，謂公子唯己而已，則上不敢宗君，下無昆弟宗己者是也。公子有宗道者，禮『諸侯於其非正嫡，一無所服』，則羣昆弟亦不敢相服，則無相統領，無相統領則不可不立宗，立宗然後有服耳，故云公子有宗道也。公子之公，公者君也。此立宗君命所制，嫌自相推，故又舉公以明之也。爲其士大夫之庶宗者，此獨説庶宗者，嫌上總謂有小宗而無大宗者爲混，〔二一〕故復指解小宗之義，則大宗自然了也。所以統大夫庶宗者，諸侯庶昆弟有爲大夫也。所以正舉大夫者，所宗庶長或可爲士，嫌大夫位尊不相宗，故云爲大夫之庶宗以斷疑也。」

曹述初集解明宗義曰：「公子有宗道者，禮，諸侯不服庶子，先君之所不服，子亦不敢私相服也。夫兄弟之恩，既不可以無報，親戚羣居，又不可以無主，故君必命長弟以爲之宗。宗立而相服，〔二二〕相服之義，由於其宗，故曰公子有宗道也。公子之公，爲其士大夫之庶宗者，公子之公，謂君之庶弟受命爲宗者也。其有功德，王復命爲諸侯，尊，羣庶所不敢宗，故此君復命其次庶代己爲宗主。士大夫，羣庶之仕位者也。」〔二三〕

大唐孔穎達曰：「禮云有無宗亦莫之宗者，按公子唯一，〔二四〕無他公子，無可爲己宗，是有無宗也；亦無他公子來宗於己，是亦莫之宗也。公子有宗道者，言公子有族人來與之爲宗敬之道，〔二五〕此句爲下起文。公子之公者，公，君也，謂公子之君，是嫡兄弟爲君者。〔二六〕爲其士大夫之庶者，則君之庶兄弟爲士大夫，所謂公子者也。宗其士大夫之嫡者，謂立公子嫡者士大夫之身與庶公子爲宗，故云宗其士大夫之嫡也，此嫡即君同母弟，〔二七〕嫡夫人之子也。公子之宗道也者，言此嫡公子爲庶公子宗，〔二八〕是公子之宗道，結上『公子有宗道』之文。」

繼宗子 宗子孤爲殤〔二九〕○周　漢

周制，曾子問云：「孔子曰：『宗子爲殤而死，庶子不爲後也。』」族人以其倫代之，明不序於昭穆之廟也。其祭之，就其祖而已，代者主其禮也。盧植曰：「殤無爲人父之道，宗族無子，〔三〇〕但主其喪，不爲後也。」

漢石渠禮議曰：「『經云「宗子孤爲殤」，言孤何也？』聞人通漢曰：『孤者，師傅曰「因殤而見孤也」，〔三一〕男二十冠而不爲殤，〔三二〕亦不爲孤，故因殤而見之。』戴聖曰：『凡爲宗子者，無父乃得爲宗子。然爲人後者，父雖在，得爲宗子。故稱孤。』聖又問通漢曰：〔三三〕『因殤而見孤，冠則不爲孤者，曲禮曰「孤子當室，冠衣不純采」。此孤而言冠，何也？』對曰：『孝子未曾忘親，有父母無父母衣服輒異。記曰「父母存，〔三四〕冠衣不純素；父母殁，冠衣不純采」，故言孤。言孤者，別衣服也。』〔三五〕聖又曰：『然則子無父母，〔三六〕年且百歲，猶稱孤不斷，何也？』〔三七〕通漢對曰：〔三八〕『二十冠而不爲孤；〔三九〕父母之喪，年雖老，猶稱孤。』」

事宗禮

晉賀循宗義曰：〔四〇〕「奉宗加於常禮，平居即每事諮告。凡告宗之例，宗內祭祀、嫁女、娶妻、死亡、子生、行來、〔四一〕改易名字，皆告。若宗子時祭，則宗內男女畢會，喪故亦如之。若宗內吉凶之事，宗子亦普率宗黨以赴役之。若宗子時祭，則告於同宗，祭畢，合族於宗子之家，男子女子以班。〔四二〕宗子爲男主，宗婦爲女主，故云『宗子雖七十，〔四三〕無無主婦』，以當合族糺宗故也。〔四四〕凡所告子生，宗子皆書於宗籍。大宗無後，則支子以昭穆後之；後宗立則宗道存，而諸義有主也。〔四五〕立主義存，而有一人不惇者，則會宗而議其罰。族不可以無統，故立宗。宗位既定，則常尊歸之，理其親親者也。是故義定於本，〔四六〕自然不移，名存於政，而不繼其人，宗子之道也。故爲宗子者，雖在凡才，猶當佐之佑之，而奉以爲主。雖有高明之屬，盛德之親，父兄之尊，而不得干其任者，所以全正統而一人之情也。若姦回淫亂，行出軌道，有殄宗廢祀之罪者，然後乃告諸宗廟，而改立其次，亦義之權也。」

九族

白虎通云：「九族者何？族者，湊也，聚也。上湊高祖，下至玄孫，一家有吉，百家聚之，合而爲親。生相親愛，死相哀痛，〔四七〕有會聚之道，故謂爲族。尚書曰：『以親九族，九族既睦，平章百姓。』族所以九者，九爲言究也，親疏恩愛究竟，謂之九族也。父族四，母族三，妻族二。父族四者，謂父之姓爲一族，父女昆弟適人者子爲二族，己女昆弟適人者子爲三族，己女適人者子爲四族。母族三者，母之父母爲一族，母之昆弟爲二族，母之女昆弟爲三族，在外親，故合言之也。妻族二者，妻之父爲一族，妻之母爲二族，妻之親略，故父母各爲一族。」

孔安國注虞書則云：「九族者，從高祖下至玄孫凡九，皆同姓也。」

許慎按：「禮云『緦麻三月以上服，恩之所及也』。禮爲妻父母有服，明在九族中也。九族不得但施同姓。」

鄭玄駮曰：「按小記云『親親以三爲五，以五爲九』。以此言之，高祖至玄孫明矣。」

王朗論喪服書曰：「鄭玄云：『兄弟猶曰族親也，〔四八〕無所不關之辭也。』吾以爲古學以九代之親爲九族，謂兄弟者，亦九代兄弟也。凡屬乎父道者則父之兄弟，在乎祖道則祖之兄弟，〔四九〕在乎子道則子之兄弟，在乎孫道則孫之兄弟。故族親亦可謂爲兄弟也。」

敦疎遠外親

晉何琦曰：「聞諸訓典，凡在常交，貴在人情所篤，而況先人中表綢繆因緣恩結由來者哉！〔五〇〕角弓之敍，幽王不親九族，而其章曰『兄弟婚姻，無胥遠矣』，又曰『協比其隣，〔五一〕婚姻孔云』，言情義之甚近也。禮有外宗之親，書稱九族既睦。說者解九族雖各不同，既曰旁親，亦將通外內之謂乎。鄭君以爲上至高祖，下及玄孫，九代之親，亦不蠲別外親也。若但謂內宗，斯不足以歎帝堯敦敍之美也。玄孫以下，又有來、昆、雲、仍四代之目。若壽踰期頤，則有相及之道，尊者崇修於上，卑者晏然於下，雖曠代事希，邂逅遇之，理將安居。縱不相逮，事亡如存，義不得徒然矣。而曾高外屬，均之路人，簡薄之懷，不亦甚乎！歷觀時俗，家殊門異，準格不立，高下在心。或乃希慕貴盛，攀附自昵；或輕忽寒悴，恥相提挈：各懷斯圖，莫適相非。仲尼所謂輕絶貧賤，重絶富貴，雖曰不利，吾不信也。代有以外親方內，於內無服而外敬絶，造次言之，如有斷例。然則母氏無服之親，將如之何？春秋盟會，辭稱舅甥之國，徼福先君，以要結恩好。絶婚之辭亦云『不得嗣爲兄弟』。故曰婚姻者，萬代之始，明義好同，固永著不朽。〔五二〕引而敦之，以醇涼薄；和一之道，於是乎在。是以謂崇親之義，不宜有限。若二門之末，統裔稍遠，俱不明爲親之數，不識尊卑之序，並無長老以審其詳，名無所託，則不論也。」

鄉飲酒周　後漢　晉　大唐

周制，鄉飲酒禮：〔五三〕

主人朝服就先生而謀賓介。主人謂諸侯之鄉大夫也。朝服者，冠，玄端，緇帶，〔五四〕素韠，白屨。先生，鄉中致仕者。賓、介，處士賢者也。古者年七十而致仕，老於鄉里，大夫名曰父師，士名曰少師，而教學焉，恆知鄉人之賢者，是以大夫就而謀之。〔五五〕賢者爲賓，其次爲介，又其次爲衆賓，而與之飲酒。

賓席牖前，南面；主人席阼階上，西面；介席西階上，東面；衆賓之席，皆不屬焉。敷衆賓席於賓席西。不屬，不相續也。皆獨坐，明其德各特也。鐏兩壺於房户間，玄酒在西。玄酒在西，上也。設洗於阼階東南。

主人與賓三揖，至於階，三讓，主人升，賓升。主人阼階上，當楣，北面再拜；賓西階上，當楣，北面答拜。三揖者，將進揖，當塗揖，當碑揖也。〔五六〕楣，前梁也。復拜，拜賓至此堂，尊之也。主人坐取爵，實之，賓席前西北面獻賓。獻，進也，進酒於賓也。賓西階上拜，主人少退。退，避也。賓進，受爵，復位。主人阼階上拜送爵，賓少退。復西階上位也。薦脯醢，脯五脡。薦，進也。進之者，主人有司。脡，膱也。膱音職。賓升席自西方。升猶上也。升必中席。乃設折俎。賓坐，左執爵，祭脯醢，坐，坐於席也。祭脯醢者，以右手也。奠爵於薦西，興。〔五七〕賓實爵，主人之席前東南面酢主人。主人阼階上拜，賓少退。主人進，受爵，復位。賓西階上拜送爵。薦脯醢。主人升席自北方。設折俎。祭如賓禮。祭者，祭薦俎及酒，亦嚌啐。自席前適阼階上，北面坐卒爵，興，坐奠爵，〔五八〕遂拜，執爵興。賓西階上答拜。自席前者，啐酒席末，因從北方降，由便也。主人坐奠爵於序端。主人實觶，酬賓阼階上，北面坐奠觶，遂拜，執觶興。賓西階上答拜。酬，勸酒也。酬之言周也，忠信爲周。坐祭，遂飲。主人實觶，賓之席前北面。賓西階上拜。主人進，坐奠觶於薦西。主人揖，降。賓降，立於階西，當序，東面。主人將與介爲禮，賓謙，不敢居堂上也。

主人以介揖讓升拜如賓禮。主人坐取爵於東序端，實爵，介之席前西南面獻介。〔五九〕介西階上北面拜，主人少退。〔六〇〕介進，北面受爵，復位。主人介右北面拜送爵，介少退。主人拜於介右，降尊就卑也。主人立於西階東。薦脯醢。介升席自北方。設折俎。祭如賓禮。自南方降席，北面坐卒爵，興，坐奠爵，遂拜，執爵興。主人介右答拜。不嚌啐，下賓也。介授主人爵於兩楹之間。就鐏南授之也。介不自酌，下賓也。酒者賓主共之。介西階上立。主人實爵以酢於西階上，介右坐奠爵，遂拜，執爵興，介答拜。主人復阼階，揖，降。介降立於賓南。

主人西南面三拜衆賓，衆賓皆答一拜。三拜一拜者，示徧，不備禮也。不升拜，賤也。主人揖，升，坐取爵於西楹下，實爵獻衆賓。衆賓之長升拜受者三人。長，其老者也。言三人，則衆賓多矣。主人拜送。於衆賓右。坐祭，立飲，授主人爵，降，復位。賤者禮簡也。衆賓獻則不拜，受爵，坐祭立飲。彌簡也。每一人獻，則薦諸其席。

主人以爵降，奠於篚。不復用也。揖讓升，即席。

設席於堂廉，東上。爲工布席也。側邊曰廉。樂正先升，立于西階東。正，長。工入，升自西階，北面坐。工歌鹿鳴、四牡、皇皇者華。三者皆小雅篇。笙入，堂下磬南北面立，樂南陔、白華、華黍。笙，吹笙者也。以笙吹此詩以爲樂也。南陔、白華、華黍，小雅篇也，今亡。乃閒：歌魚麗，笙由庚；歌南有嘉魚，笙崇丘；歌南山有臺，笙由儀。閒，代也，謂一歌一吹也。六者小雅篇。乃合樂周南：關雎、葛覃、卷耳。召南：鵲巢、采蘩、采蘋。合樂謂歌樂與衆聲俱作也。周南、召南，國風篇也。王后、國君夫人房中之樂歌也。工告於樂正「正歌備」，〔六二〕樂正告於賓。

司正洗觶，升自西階，阼階上北面，受命於主人。主人曰「請安於賓」。司正告於賓。

司正實觶，降自西階，階間北面坐奠觶，退共，音拱。少立，階間北面，東西節也，其南北當中庭。共，拱手也。少立，自正慎其位也。坐取觶，不祭遂飲，卒觶，興，坐奠觶，遂拜，執觶興，盥洗，北面坐奠觶於其所，退立於觶南。〔六二〕洗觶奠之，示潔敬也。立於其南，以察衆也。

賓北面坐取俎西之觶，阼階上北面酬主人。主人降席立於賓東。初起旅酬也。主人受觶，賓拜送於主人之西。旅酬同階，禮殺。主人西階上酬介，介立於主人之西，如賓酬主人之禮。主人揖，復席。司正升，相旅曰「某子受酬」，受酬者降席。〔六三〕旅，序也。於是介酬衆賓，衆賓又以次序相酬也。〔六四〕司正退立於序端，東面。受酬者拜興飲，皆如賓酬主人之禮。嫌賓以下異也。司正降復位。觶南之位。

使二人舉觶於賓介。

司正升自西階，受命於主人，主人曰「請坐於賓」，遂徹俎，乃羞，羞，進也。所進者狗胾醢也。鄉設骨體，〔六五〕所以致敬也；今進羞，所以盡愛也。敬之愛之，所以厚賢也。無算爵。算，數也。賓主燕飲，爵行無數，醉而止也。

賓出，奏陔，陔，陔夏也。〔六六〕陔之言戒，終日宴飲，酒罷以陔爲節，明無失禮也。主人送於門外，再拜。門東西面拜也。賓介不答拜，禮有終也。

說曰：按周禮司徒職云：「以鄉三物教萬民而賓興之。」〔六七〕三物者，一曰六德：智、仁、聖、義、忠、和。〔六八〕二曰六行：孝、友、睦、婣、任、恤。三曰六藝：禮、樂、射、御、書、數也。

鄭玄曰：「諸侯之鄉大夫，正月吉日受法於司徒，退而頒於鄉吏。及三年大比而興其賢者能者，以賓禮禮之，獻於王庭，〔六九〕曰鄉飲酒。」按鄉飲酒之禮，其義有四，此則賓賢能鄉飲酒也。又云六十者坐，五十者立侍以聽政役。六十者三豆，七十者四豆，八十者五豆，九十者六豆，所以明養老正齒位，此乃黨正飲酒，亦謂之鄉飲酒。又按州長春秋習射於序，先行鄉飲酒之禮，〔七〇〕亦謂之鄉飲酒。又有卿大夫飲國中之賢者酒，用鄉飲酒之禮。故王制云「習射尚功，習鄉尚齒」，並鄉射黨正飲酒之法也。

鄉飲酒義曰：「主人拜迎賓於庠門之外，入三揖而後至階，三讓而後升，所以致尊讓也。盥洗揚觶，所以致潔也。拜至，拜洗，拜受，拜送，拜既，所以致敬也。尊讓潔敬也者，君子之所以相接也。君子尊讓則不爭，潔敬則不慢，不慢不爭，則遠於鬭辨矣；不鬭辨則無暴亂之禍矣，斯君子之所以免於人禍也。故聖人制之以道。鄉人、士、君子罇於房戶之間，賓主共之也。共罇者，人臣卑，不專大惠，故不別設罇。尊有玄酒，貴其質也，教人不忘本也。本，古也。古者無酒，用水而已。牲用狗，烹於東方，祖陽氣之發於東方也。祖，法也。狗所以養賓，陽氣主養萬物。狗主擇人。羞出自東房，主人共之也。燕私可以自專也。共音恭。洗當東榮，主人之所以自潔而以事賓也。水在洗東，祖天地之左海也。賓主，象天地也。介僎，象陰陽也。三賓，象三光也。讓之三也，象月之三日而成魄也。四面之坐，象四時也。陰陽，助天地養成萬物。三賓象天三光者，三光繫之於天也。又曰，介僎以象日月，日出於東，僎所在也；月生於西，介所在也。三光，三大辰也，天之政教出於大辰。天地嚴凝之氣，始於西南，而盛於西北；天地温厚之氣，始於東北，而盛於東南。主人尊賓，故坐賓於西北，而坐介於西南以輔賓。賓者，接人以義者也，故坐於西北。言賓來以成主人之德也。主人者，接人以德厚者也，〔七一〕故坐於東南，而坐僎於東北以輔主人也。孔子曰：『吾觀於鄉，而知王道之易易也。』鄉，鄉飲酒也。易易謂教化之本，尊賢尚齒也。飲酒之節，朝不廢朝，暮不廢夕，賓出，主人拜送，節文終遂焉，知其能安燕而不亂也。朝夕，〔七二〕朝暮聽事也。不廢之者，既朝乃飲，先夕則罷，其正也。終遂猶充備也。〔七三〕鄉飲之義，〔七四〕君子所以相接，尊讓潔敬之道行焉。是貴賤明，隆殺辨，和樂而不流，弟長而無遺，安燕而不亂。此五者足以正身安國矣。」〔七五〕

後漢永平二年，郡縣行鄉飲酒於學校，祀先聖先師周公、孔子，牲以犬。〔七六〕

晉武帝泰始六年十二月，帝臨辟雍，行鄉飲酒之禮。詔曰：「禮儀之廢久矣，乃今復講肄舊典。」〔七七〕賜太常絹百匹，丞、博士及學生牛酒。咸寧三年及惠帝元康九年，復行其禮。

大唐貞觀六年，詔曰：「比年豐稔，閭里無事。乃有墮業之人，不顧家產，朋遊無度，酣宴是躭，危身敗德，咸由於此。自非澄源正本，何以革茲弊俗。可先録鄉飲酒禮一卷，〔七八〕頒示天下，每年令州縣長官，親率長幼，依禮行之。庶乎時識廉耻，人知敬讓。」

開元十八年，宣州刺史裴耀卿上疏曰：「州牧縣宰，所主者宣揚禮樂，典册經籍，所教者返古還淳，上奉君親，下安鄉族。外州遠郡，俗習未知，徒聞禮樂之名，不知禮樂之實。竊見以鄉飲酒禮頒於天下，〔七九〕比來唯貢舉之日，略用其儀，閭里之間，未通其事。臣在州之日，率當州所管，一一與父老百姓，勸遵行禮。奏樂歌至白華、華黍、南陔、由庚等章，言孝子養親及羣物遂性之義，〔八〇〕或有泣者，則人心有感，不可盡誣。但以州縣久絶雅聲，不識古樂。伏計太常具有樂器，太樂久備和聲，〔八一〕請令天下三五十大州，簡有性識人，於太常調習雅聲。仍付笙竽琴瑟之類，各三兩事，令比州轉次造習。〔八二〕每年各備禮儀，準令式行，稍加勸獎，以示風俗。」其儀具開元禮。

校勘記

〔一〕公子不得禰先君也　「禰」原訛「稱」，據禮記喪服小記鄭注及北宋本、傅校本、明刻本改。

〔二〕諸侯嫡子之弟別於正嫡　上「嫡」原訛「庶」，又脱「弟」，據禮記喪服小記孔疏改補。按：北宋本「嫡」字不誤。

〔三〕悉不得禰先君　原訛脱作「悉不得稱君」，據禮記大傳孔疏改補。按：北宋本、傅校本、明刻本「禰」字不誤。

〔四〕並爲其後代之始祖　「並爲其後」原訛作「宜別爲後」，據禮記大傳孔疏改。按：北宋本、王吴本作

「其並爲後」，傅校本、明刻本作「其並爲別」。

〔五〕遷猶變易也　原脱「易」，據禮記大傳鄭注補。

〔六〕長和睦也　「睦」原訛「穆」，據北宋本、傅校本、明刻本、王吴本改。

〔七〕太祖謂別子始爵者也　「太祖」原訛「大宗」，據北宋本、傅校本、明刻本、王吴本改。

〔八〕其義何乎　「何」原作「可」，據北宋本、傅校本、明刻本改。

〔九〕與羣庶兄弟俱爲別子之後　原脱「俱」，據北宋本、傅校本、明刻本、王吴本補。

〔一〇〕其士大夫之嫡　禮記大傳「其」上尚有「宗」字。

〔一一〕謂庶昆弟之仕位也　「仕」原作「在」，據北宋本、傅校本、明刻本改。

〔一二〕歷百代而不亂　原脱「百」，據北宋本、傅校本、明刻本、王吴本補。

〔一三〕家有代封　「代封」原倒，據北宋本、傅校本、明刻本、王吴本乙。

〔一四〕是公子之宗道也所宗者嫡也　原脱「宗道也所」，據禮記大傳鄭注補。

〔一五〕亦莫之宗也　原訛作「亦大宗也」，據禮記大傳鄭注改補。按：北宋本、傅校本作「亦無宗也」。

〔一六〕謝徽注曰　原脱「注」，據王吴本補。

〔一七〕以母弟之貴故也　原脱「故」，據北宋本、傅校本、明刻本、王吴本補。

〔一八〕注曰此二宗亦不得並其宗　此十一字疑涉下注文而衍者。

〔一九〕有無宗亦莫之宗者　北宋本、傅校本、明刻本、王吴本無此八字，殿本、局本蓋據禮記大傳增補

〔二〇〕爲其士大夫之庶宗 「宗」今禮記大傳作「者」。詳下文殷浩、范宣所讀大傳自作「宗」，故不改。

〔二一〕嫌上總謂有小宗而無大宗者爲混 「嫌」原訛「兼」，據北宋本、傅校本、明刻本改。

〔二二〕宗立而相服 原「而」下有「後」，據北宋本、傅校本、明刻本、王吴本删。

〔二三〕羣庶之仕位者也 「仕」原作「在」，據北宋本改。

〔二四〕按公子唯一 「公」原作「世」，據禮記大傳孔疏改。

〔二五〕言公子有族人來與之爲宗敬之道 原脱「族」「敬」二字，據禮記大傳孔疏補。

〔二六〕是嫡兄弟爲君者 原脱「者」，據禮記大傳孔疏補。

〔二七〕此嫡即君同母弟 原脱「弟」，據禮記大傳孔疏補。

〔二八〕言此嫡公子爲庶公子宗 原「庶」下脱「公」，「宗」上衍「爲」，據禮記大傳孔疏增删。

〔二九〕繼宗子宗子孤爲殤 原正文下有「議」，注文下有「附」，據卷四一各本目録删。

〔三〇〕殤無爲人父之道宗族無子 北宋本「道」作「端」，「族」作「俗」。

〔三一〕師傅曰因殤而見孤也 「傅」北宋本同，傅校本、明刻本、王吴本作「傳」。

〔三二〕男二十冠而不爲殤 原「男」下有「子」，據北宋本、傅校本、明刻本、王吴本删。

〔三三〕聖又問通漢曰 北宋本無「聖」。

〔三四〕父母存 「存」北宋本、傅校本、明刻本、王吴本作「在」，殿本、局本據禮記曲禮上改「存」。

〔三五〕别衣服也 「服」原作「冠」，據北宋本、傅校本、明刻本改。

〔三六〕然則子無父母　北宋本、傅校本、明刻本無「然」。

〔三七〕猶稱孤不斷何也　北宋本作「猶稱孤子斷何乎」，傅校本、明刻本唯「也」作「乎」。

〔三八〕通漢對曰　原脱「對」，據北宋本、傅校本、明刻本、王吴本補。

〔三九〕二十冠而不爲孤　「冠而」原倒，據北宋本、傅校本、明刻本、王吴本乙。

〔四〇〕宗義　「義」原訛「議」，據北宋本、傅校本、明刻本改。

〔四一〕行來　「來」原訛「求」，據北宋本、傅校本、明刻本、王吴本改。

〔四二〕男子女子以班　北宋本作「男子女不以班」。

〔四三〕故云宗子雖七十　原脱「云」，據傅校本、明刻本、王吴本補。北宋本「云」訛「凶」。

〔四四〕以當合族紏宗故也　「紏」原訛「紀」，據北宋本、傅校本、明刻本、王吴本改。按：左傳僖公二十四年有「紏合宗族」一語。

〔四五〕而諸義有主也　「諸」北宋本作「譜」。

〔四六〕是故義定於本　「定」北宋本作「足」。

〔四七〕死相哀痛　「痛」北宋本、傅校本作「通」。

〔四八〕鄭玄云兄弟猶曰族親也　原脱「云」，據嚴可均全三國文補。

〔四九〕在乎祖道則祖之兄弟　原「道」下有「者」，據北宋本、傅校本、明刻本、王吴本删。下同。

〔五〇〕而況先人中表綢繆因緣恩結由來者哉　原脱「恩」，據北宋本、傅校本、明刻本、王吴本補。

〔五一〕協比其隣　「協」原作「洽」，據北宋本、傅校本、明刻本、王吳本改。

〔五二〕固永著不朽　「固」原作「故」，據北宋本改。

〔五三〕鄉飲酒禮　「酒」原訛「酒」，據諸本改。

〔五四〕緇帶　「緇」原訛「縉」，據儀禮鄉飲酒記鄭注及北宋本、傅校本、明刻本、王吳本改。

〔五五〕是以大夫就而謀之　原脱「大夫」，據儀禮鄉飲酒禮鄭注及北宋本、傅校本、明刻本、王吳本補。

〔五六〕當碑揖也　「碑」原訛「階」，據儀禮鄉飲酒禮鄭注及北宋本、傅校本、明刻本改。

〔五七〕奠爵於薦西興　原「興」上有「卒爵」，後人妄增，據北宋本、傅校本删。按：儀禮鄉飲酒禮「奠爵於薦西興」下，尚有「右手取肺，卻左手執本，坐，弗繚，右絶末以祭，尚左手，嚌之，興，加于俎，坐，捝手，遂祭酒，興，席末坐，啐酒，降席，坐奠爵，拜，告旨，執爵興。主人阼階上答拜。賓西階上北面坐卒爵，興，坐奠爵，遂拜，執爵興。主人阼階上答拜」。通典於此皆删之，則下文云「祭如賓禮」，注云「祭者祭薦俎及酒，亦嚌啐」，並文無所承。

〔五八〕坐奠爵　禮，奠爵必坐，原脱「坐」，據儀禮鄉飲酒禮補。

〔五九〕賓爵介之席前西南面獻介　北宋本、傅校本無此十一字。

〔六〇〕介西階上北面拜主人少退　介拜者，拜主人獻己酒；主人少退者，謙，不安然受拜。原脱「介西階上北面拜」，據儀禮鄉飲酒禮補。

〔六一〕工告於樂正正歌備　原脱一「正」，據儀禮鄉飲酒禮補。

〔六二〕坐取觶不祭遂飲卒觶興坐奠觶遂拜執觶興盥洗北面坐奠觶於其所退立於觶南　原脱「卒觶興坐奠觶遂拜執觶興盥洗北面」十五字。按：下注文既言「洗觶奠之示潔敬也」，則正文不能不言洗觶，故據儀禮鄉飲酒禮增補。

〔六三〕相旅曰某子受酬受酬者降席　原「受酬」不疊，誤，據儀禮鄉飲酒禮及北宋本、傅校本、明刻本、王吴本補。

〔六四〕又以次序相酬也　原脱「次」，據儀禮鄉飲酒禮鄭注補。

〔六五〕鄉設骨體　「鄉」原訛「享」，據儀禮鄉飲酒禮鄭注改。按：北宋本作「饗」，亦誤。

〔六六〕陔陔夏也　原脱一「陔」，據儀禮鄉飲酒禮鄭注補。

〔六七〕以鄉三物教萬民而賓興之　原脱「鄉」，據周禮司徒職補。

〔六八〕智仁聖義忠和　「忠」原訛「中」，據周禮司徒職鄭注及北宋本、傅校本、明刻本、王吴本改。

〔六九〕獻於王庭　「王」原訛「三」，據諸本改。

〔七〇〕先行鄉飲酒之禮　原脱「行」，據儀禮鄉飲酒禮賈疏補。

〔七一〕接人以德厚者也　原「以」上有「以仁」，據禮記鄉飲酒義删。按：北宋本、傅校本、明刻本、王吴本作「接人以仁德厚者也」，衍「仁」。

〔七二〕朝夕　「朝」原訛「胡」，據諸本改。

〔七三〕終遂猶充備也　「備」原訛「滿」，據禮記鄉飲酒義鄭注及北宋本、傅校本、明刻本、王吴本改。

〔七四〕鄉飲之義　「鄉飲」原訛「飲酒」，據北宋本、傅校本、明刻本、王吳本改。

〔七五〕此五者足以正身安國矣　「五者」禮記鄉飲酒義作「五行者」。

〔七六〕牲以犬　「犬」原作「太牢」，後人妄改者。今據後漢書禮儀志上三一〇八頁及北宋本、傅校本、明刻本改回。按：劉昭注云：鄭玄注儀禮曰「狗取擇人」。

〔七七〕乃今復講肄舊典　「今」原訛「令」，據晉書禮志下六七〇頁改。

〔七八〕可先録鄉飲酒禮一卷　原脱「酒」，據北宋本、傅校本、明刻本、王吳本補。

〔七九〕頒於天下　「頒」下原有「行」，據北宋本、傅校本、明刻本、王吳本删。

〔八〇〕羣物遂性之義　原脱「羣」，據唐會要卷二六、全唐文卷二九七補。

〔八一〕太樂久備和聲　「樂」原訛「常」，據唐會要卷二六、全唐文卷二九七改。

〔八二〕令比州轉次造習　「比」原訛「此」，據唐會要卷二六、全唐文卷二九七及北宋本、傅校本、明刻本、王吳本改。

王文錦點校

通典卷第七十四

禮三十四　沿革三十四　賓禮一

總敘〔一〕

自古至周，天下封建，故盛朝聘之禮，重賓主之儀，天子諸侯，卿大夫士，禮數服章，皆降殺以兩。秦皇帝蕩平九國，宇內一家，以田氏篡齊，六卿分晉，由是臣强君弱，終成上替下凌，所以尊君抑臣，列置郡縣，〔二〕易於臨統，便俗適時。滯儒常情，非今是古。禮經章句，名數尤繁，諸家解釋，注疏龐雜。〔三〕方今不行之典，於時無用之儀，空事鑽研，競爲封執，與夫從宜之旨，不亦異乎！

天子受諸侯藩國朝宗覲遇時會殷同附　天子受諸侯遣使來聘秦漢以降並無其禮今所編纂者但欲知三代之儀耳　天子遣使迎勞諸侯　三恪二王後

天子受諸侯藩國朝宗覲遇 時會殷同附〔四〕

殷周以前，天子有迎勞饗燕諸侯之禮。〔五〕至秦罷侯置守，無復古儀。及魏，以三國分裂，粗有其禮。東晉末，又廢。洎梁崔靈恩，採摭三禮遺文，咸序其義。〔六〕唯後梁主蕭詧、巋稱帝荆襄，爲後周及隋附庸國，朝覲採據周制，〔七〕刱立儀注焉。○唐　虞　夏　殷　周　魏　晉　東晉　後周　隋　大唐

唐、虞、夏氏之時，四方諸侯歲一朝。

殷制，五年一朝。

周制，大行人掌大賓之禮及大客之儀，以親諸侯。大賓，〔八〕要服以內諸侯也。大客謂其孤卿。春朝諸侯而圖天下之事，秋覲以比邦國之功，夏宗以陳天下之謨，冬遇以協諸侯之慮。此以王見諸侯爲文也。圖、比、陳、協，皆考績之言。天子當扆而立，諸侯北面而見天子曰覲；天子當宁而立，諸公東面、諸侯西面曰朝。爾雅曰：「户牖之閒謂之扆，門屏之閒謂之宁。」邦畿方千里，其外五百里曰侯服，歲一見。又其外五百里曰甸服，二歲一見。又其外五百里曰男服，三歲一見。又其外五百里曰采服，四歲一見。又其外五百里曰衞服，五歲一見。又其外五百里曰要服，六歲一見。要服，蠻服也。此六服相距方七千里，公侯伯子男封焉。其朝貢之歲，〔九〕四方各四分，趨四時而來，或朝春，或宗夏，或覲秋，或遇冬。每朝覲皆有貢物。具賦稅上篇。〔一〇〕九州之外，謂之蕃國，代一

見，各以其所貴寶爲贄。九州之外，夷服、鎮服、蕃服。按曲禮曰：「其在東夷、北狄、西戎、南蠻，雖大曰子。」父死子立，及嗣王即位，〔一一〕乃一來。各以其所貴寶爲贄，則蕃國之君無執玉瑞者也。〔一二〕

到天子之境，先謁關人。關人報王。王使小行人逆勞於畿。〔一三〕又使大夫致積。及郊，使大行人服皮弁，用璧以勞授之。皮弁者，天子之朝朝服。〔一四〕璧無束帛者，天子之玉尊也。諸侯儐王使者，〔一五〕用束帛乘馬。積音子四反。及國，天子賜舍，使司空致舍。

將受朝，上公執桓珪九寸，繅藉九寸，衮冕九章。其春夏朝宗，各乘所受上輅，建常九斿，繁纓九就。若春，諸侯各服裨冕，釋幣於禰。各乘所受上輅者，以陽氣仁恩，尚文，故車服得與王同。侯執信珪，伯執躬珪，七寸，繅藉七寸，鷩冕七章，建常七斿，繁纓七就。子執穀璧，男執蒲璧，皆五寸，繅藉五寸，毳冕五章，建常五斿，繁纓五就。王則服皮弁於路門外，正朝當宁而立。諸侯改服於舍，服朝服，各執瑞玉。至於朝，公東面，諸侯西面，伯子男從侯而朝。末儐承命，告於天子。天子曰：「伯父寔來，予一人嘉之。伯父其入，予將受之。」天子於同姓大國則曰伯父，小邦則曰叔父；異姓大國則曰伯舅，小邦則曰叔舅。嘉之者，美之也。受玉先書同姓，次及異姓。上儐又傳，下至嗇夫也。信音身。諸侯序進，入門右，坐奠珪，再拜稽首。入門而右，〔一六〕執臣道，不敢由賓客之位。卑者見尊，奠贄而不授。儐者謁。謁猶告也。上儐告以天子前辭，欲親受之如賓客也。其辭曰「伯父其升」。侯氏坐取珪，升，致命。王受之玉。侯氏降階東，北面再拜稽首。儐者延之曰「升」。升，成拜乃出，各還其舍。

司几筵設黼扆於廟扆前，南嚮。設莞席紛純，加繅席畫純，加次席黼純，左右玉几。斧謂之黼，其繡白黑采也，以絳帛爲質。〔一七〕扆制如屏風，繡以斧形。〔一八〕扆前設席，左右有几，優至尊也。鄭玄謂紛如綬，有文而狹者。繅席，削蒲蒻，展之，編以五采，若今合歡矣。畫謂雲氣也。〔一九〕次席，桃枝席，有次列成文。天子服衮冕，負黼扆而立。諸侯裨冕，一一而入，以行三享。奉束帛加璧，庭實唯國所有。隨國所有，或馬，或虎豹皮，〔二〇〕龜，金，丹漆，絲纊，竹箭，分爲三享矣。奉束帛，匹馬卓上，九馬隨之中庭，西上，奠幣再拜。卓猶的也。以素的一馬爲上。書其國名，後當識其所産也。必十匹者，不敢斥王所乘，用成數，敬也。

其秋冬覲遇之時，將朝之早，諸侯裨冕釋幣於禰。將覲，質明時告將覲也。〔二一〕裨之爲言埤也。〔二二〕天子六服，大裘爲上，其餘爲裨，以事尊卑服之，而諸侯亦服焉。其釋幣，如聘大夫將受命釋幣於禰之禮。〔二三〕皆乘墨車，載龍旂弧韣，瑞玉有繅。至大門外，交龍爲旂，諸侯所建。墨車，大夫制也。弓衣曰韣。上儐自與諸侯相揖而入，至廟門外，之舍。王服衮冕負斧扆而受朝享之禮。諸侯入門右，皆奠玉再拜。王命將受之。諸侯更取玉，升堂致命。王親受之。諸侯降堂，又再拜稽首。儐者延之曰「升」，升，成拜乃出。然後行三享玉，王皆撫之。諸侯降堂，自授宰，如朝宗之法。覲遇之時，天子不下堂。禮記云：「天子覲諸侯，下堂自夷王始也。」

其朝宗覲遇行朝享禮畢，三享訖也。諸侯皆右肉袒於廟門之東，〔二四〕乃入門右，北面立，告聽事。右肉袒者，刑宜施於右也。凡以禮事者右袒。〔二五〕告聽事者，告王以國所用爲罪之事。儐者謁諸天子。天子辭於侯氏曰：「伯父無事，歸寧乃邦。」謁，告也。侯氏再拜稽首，出，自屏南適門西，改袒還襲，遂入門左，〔二六〕北面立。王乃勞之。再拜稽首，儐者延之曰「升」，升，成拜，降出。王辭之不即左者，當出隱於屏而襲也。天子外屏。勞之，勞其道路勞苦也。王遂更延諸侯入而禮之。王使宗伯以珪瓚酌鬱鬯祼之。禮畢還館，諸侯公卿皆就館見之。

若有功者，天子賜以車服，皆使公就館致之。諸侯迎於外門外，再拜。諸公奉篋服，加命書於其上，升自西階，東面，太史居右。言諸公者，王同時分命之而使賜侯氏。侯氏升，西面立。太史述命。讀王命書。侯氏降兩階之閒，北面，再拜稽首，受命也。升，成拜。太史辭之降也。太史加書於服上，侯氏受。受篋服也。使者出，侯氏送，再拜。

時會以發四方之禁，殷同以施天下之政。其法：諸侯既至天子之國，必先朝天子於其國內，然後爲壇於國外，更行朝禮。時會無常期，諸侯有不順服者，王將有征討，合諸侯而發禁令焉。禁謂九伐之法也。會之法，爲壇於國外。崔靈恩曰：「古者諸侯朝天子，四時禮外，有時會殷同之法。殷同者，十二年王不巡狩，則六服諸侯，各當方而來赴四時見王也。〔二七〕殷，衆也。四方諸侯衆來見王，此有十二年之期，故不得謂時會也。殷同之禮，東方則以春，南方則以夏，西方則以秋，北方則以冬，皆如巡狩之時。」春爲壇於國東，夏與秋冬各於其方。壇制度，已具巡狩篇。將時會殷同之朝，天子乘龍，馬八尺曰龍。載大旂，〔二八〕象日月升龍降龍。春則拜日於東門之外，夏則禮日於南門之外，變拜言禮者，容祀也。〔二九〕秋則禮山川丘陵於西門之外，〔三〇〕冬則禮月與四瀆於北門之外，禮者，謂祭之。巡狩之時，山川之神各當方而祭。今不巡狩，故山川隨其時而祭之。〔三一〕陽則祭陽方，陰則祭陰位。加方明於壇上而祭之。方明者，木也。方四尺，設六色，東青，南赤，西白，北黑，上玄，下黃，四方神明之象，所謂方明也。設六玉：上珪下璧，南方璋，西方琥，北方璜，東方珪以祭之。六色象其神。六玉以禮之，上宜以蒼璧，下宜以黃琮；而不以此者，則上下之神，非天地之至貴者。設玉者，刻其木以著之。去方明以朝諸侯。其朝位、授玉、儐介之儀，已具巡狩篇。

魏制，藩王不得朝覲。明帝時，有朝者皆由特恩，不得爲常。

晉武帝泰始中，有司奏：「諸侯之國，其王公以下入朝者，四方各爲二番，三歲而周，周則更始。臨時有故，則明年來朝；明年朝後，更滿三歲乃朝，不得依恆數。〔三二〕朝禮皆執璧，如舊朝之制。不朝之歲，各遣卿奉聘。」〔三三〕詔可。

東晉王侯不之國，其有受任居外，則同方伯刺史二千石之禮，亦無朝聘之制。

後周初，梁主蕭詧來朝。入畿，大冢宰命有司致積。其饔五牢，米九十筥，醯醢各三十五甕，酒十八壺，米禾各五十車，薪芻各百車。既至，大司空設九儐以致館，梁主束帛乘馬，〔三四〕設九介以待之，禮成而出。明日，梁主朝，受享於廟。既致享，大冢宰又命公一人，玄冕乘車，陳九儐，以束帛乘馬致食於賓及賓之從各有差。致食訖，又命公一人，弁服乘車執贄，〔三五〕設九儐以勞賓；梁主設九介，迎於門外。明日，朝服乘車，還贄於公。公皮弁迎於大門。授贄受贄，並於堂之中楹。又明日，梁主朝服，設九介，乘車備儀衛，〔三六〕以見於公。事畢，公致享。明日，三孤一人，又執贄勞於梁主。明日，梁主還贄。又明日，梁主見三孤，如見三公。明日，卿一人又執贄，梁主見卿又如三孤。於是三公、三孤、六卿，人各餼賓，〔三七〕並屬官之長爲使。牢米帛同三公。自秦平天下，朝覲禮廢。及後周立蕭詧爲梁主，稱藩國，始有此儀。

隋文帝開皇四年正月，後梁主蕭巋來朝，巋父詧自梁入周，以襄陽來爲附庸國，於其境内稱皇帝，建年號。巋嗣立。至隋，遷於江陵。次於郊外。詔廣平王楊雄、吏部尚書韋康，〔三八〕持節以迎。衛尉設次於館驛。〔三九〕雄等降就便幕。巋服通天冠，絳紗袍，端珽，立於東階下，西面。文武陪侍，如其國。雄等立於門右，東面。巋攝内史令柳顧言出門請事。康曰：「奉詔勞於梁帝。」顧言入告。巋出，迎於館門外，西面再拜。持節者導雄與巋俱入，至於庭下。巋北面再拜受詔訖，雄等乃出，立於館門外道右，東向。巋送於門外，西面再拜。及奉見，〔四〇〕帝冠通天冠，服絳紗袍，御大興殿，如朝儀。巋服遠遊冠，朝服以入，君臣並拜，禮畢而出。

大唐貞觀二十年，有司言：「按史記，正月諸侯王朝賀凡四見，〔四一〕留長安不過二十日。〔四二〕今請每春二王入朝，禮畢還藩。」從之。至二十二年十月，令百僚朔望服袴褶以朝。

開元二十五年十一月，御史大夫李適之奏：「每至冬正，及緣大禮應朝參官，并六品清官，並服朱衣；餘六品以下官，許通著袴褶。如有慘故，準式不合著朱衣袴褶者，其日聽不入朝。自餘應合著而不著者，請奪一月俸，以懲不恪。」制曰「可」。

天寶三載二月，敕：「百官朔望朝參，應服袴褶，并著珂傘。至閏二月一日宜停。〔四三〕自今以後，每逢此閏，仍永爲恆式。」六載九月敕：「自今以後，每朔望朝，晚於常儀一刻，進外辦。每坐喚仗，令朝官從容至閤門，入至障外，不須趨走。百司無事，至午後放歸，無爲守成。宜知朕意。」十二載十一月，御史中丞吉温奏請「京官朔望朝參，著朱衣袴褶；五品以上，著珂傘」。制曰「可」。十四載三月，敕常參官分日入朝，尋勝宴樂。貞觀十五年正月，〔四四〕太宗謂侍臣曰：「古者諸侯入朝，有湯沐邑，芻禾百車，待以客禮。漢家故事，爲諸州刺史郡守創立邸舍於京城。頃聞都督刺史充考使至京師，皆賃房，與商人雜居。既復禮之不足，必是人多怨歎。」〔四五〕至十七年十月，下詔，令就京城閑坊，〔四六〕爲諸州朝集使各造邸第三百餘所。太宗親觀幸焉。至永淳元年，〔四七〕關中饑乏，諸州邸舍漸漸殘毀。至神龍元年，司農卿趙履温希權要，〔四八〕奏請出賣並盡。至建中元年十二月，敕每州邸舍，各令本郡量事依舊營置。至二年五月，户部奏：「若令州府自買，〔四九〕事又煩費。伏請以官宅二十所，分配共住，過事却收。〔五〇〕。」敕旨「宜依」。其受蕃國朝聘，如開元禮。

天子受諸侯遣使來聘秦漢以降，並無其禮。今所編纂者，但欲知三代之儀耳。〔五一〕

周制，諸侯遣使聘天子，皆以卿爲使，大夫爲上介，士爲衆介。公介七人，伯五人，子男三人。諸侯之臣使，各下其君二等。將行之朝，朝服釋幣於禰，告爲君使，〔五二〕然後釋幣於行。在廟門之外也。介及衆介皆從，遂受命於朝，受聘珪，享束帛加璧。二王之後，公使則享用珪也。次受夫人之聘璋，及享用玄纁束帛加琮。〔五三〕遂行。至天子畿，更張旜，示有事於此。先謁關人。關人報王。使請事，遂導以入。若公之孤，則三積，一問一勞，〔五四〕至郊，迎，張旜而入。王使大夫授館，遣人致飧。將行聘之前，皆遣人授舍於文王廟門外。行聘之朝，釋幣於禰，服冕服，乘車建旜。至大門外，下車。王服皮弁服受聘。時賓亦服皮弁服。受訖，王更服，服衮冕入廟，當扆而立。賓入次，改服裨冕而入，士介皆隨賓後。入，行享於廟，亦升堂，進玉，王前撫之。亦行三享，王禮之。出廟門，更行私覿之見。王出，至大門內，使問其君及勞聘。賓還館，主人致饔餼。明日發幣於公卿，然後受饗受燕而還，王亦使送出境。其餞還之儀，〔五五〕與諸侯相聘還之禮同。

天子遣使迎勞諸侯〔五六〕

周制，諸侯入朝，王使小行人迎勞於畿。及郊，大行人勞，視館，將幣爲丞而儐，視館，致館也。王使勞於郊，致館於賓。賓至將幣，使宗伯爲上儐。郊謂遠郊，去王城五十里。皮弁用璧。侯氏亦皮弁迎於帷門外，再拜。郊舍狹寡，爲帷宫以受勞。〔五七〕使者不答拜，遂執玉即璧也。三揖至於階。使者不讓先升。侯氏升，聽命，降，再拜稽首，遂升受玉。〔五八〕不答拜者，爲人使，不當其禮也。不讓先升，奉王命，尊也。升者，升壇也。使者東面致命，侯氏東階上西面聽命。使者左還而立。侯氏還璧，使者受。侯氏降，再拜稽首，使者乃出。左還，還南面，示將去也。立者，見侯氏將有事於己。侯氏還璧，重王禮也。侯氏用束帛乘馬儐使者，再拜受，侯氏再拜送幣。儐使者，所以致尊敬也。拜者各於其階也。〔五九〕使者降，以左驂馬出。侯氏送於門外，再拜，侯氏遂從之。騑馬曰驂馬，設在西也。其餘三馬，侯氏之士遂以出授使者之從者於門外。〔六〇〕從之者，遂隨使者以至朝。〔六一〕諸侯王初至，〔六二〕天子賜舍，以其新至，道路勞苦，未受其禮，且使即安。曰：「伯父汝順命於王所，賜伯父舍。」此使者致館辭。侯氏再拜稽首。受館也。儐之束帛乘馬。王使人以命致館，無禮猶儐之者，尊王命也。又使大夫戒曰：「某日伯父帥乃初事。」大夫者，卿爲訝者也。戒，告也。副相其事，使慎修其事。〔六三〕初猶故也。侯氏再拜稽首。受覲日也。掌客致禮，上公五積，飧五牢，牽五牢。朝訖則致饔餼九牢。饔餼，既相見致大禮。〔六四〕熟曰饔，生曰餼。侯伯四積，飧四牢，牽四牢，饔餼七牢。子男三積，飧三牢，牽三牢，饔餼五牢。殷膳皆太牢，以及歸。上公即三食、三饗、三燕，侯伯再食、再饗、再燕，子男一食、一饗、一燕。若弗酌，則以幣致之。凡介、行人、宰、史，皆有飧饔餼，以其爵等爲牢禮之陳數，唯上介有禽獻。殷，中也，中又致膳，示念賓客。若不酌，謂君有故，〔六五〕不親饗食燕，則以酬幣侑幣致之。凡介、行人、宰、史，衆臣從賓者。〔六六〕行人主禮，宰主具，史主書。皆有飧饔餼，尊其君及其臣。以其爵等爲牢禮之陳數，爵卿則飧二牢，〔六七〕饔餼五牢；大夫則飧太牢，饔餼三牢；士則飧以少牢，饔餼太牢。此降小禮豐大禮也。以命數則參差難等，略於臣，用爵而已。凡禮賓客，國新、凶荒、札喪、禍災、在野，皆殺禮。皆爲國省用愛費也。國新，新建國也。禍災謂有兵寇水火之事。殺色介反。

說曰：古者封土建侯，並爲列國，是以周制朝宗聘覜之禮，協天下之事，以結諸侯之好。而非朝之歲，久無事焉，則聘。大行人職曰：「時聘以結諸侯之好，殷覜以除邦國之慝，時聘者無常期，天子有事，諸侯使大夫來聘，親以禮見之，禮而遣之，所以結其恩好也。天子無事則已。殷覜謂一服朝之歲也。〔六八〕慝，惡也。一服朝之歲，五服諸侯皆使卿以聘禮來見天子，天子以禮見之，命以政禁之事，所以除其惡行。〔六九〕覜，他弔反。閒問以諭諸侯之志，歸脤以交諸侯之福，賀慶以贊諸侯之喜，致禬以補諸侯之烖。」此四者，王使臣於諸侯之禮。閒問者，閒歲一問諸侯，謂存省之屬也。諭諸侯之志者，諭言語、諭書名其類也。交，或往或來者。贊，助也。致禬，凶禮之弔禮、禬禮，〔七〇〕補諸侯之烖也。若諸侯相聘之制，則「比年小聘，三年大聘。相勵以禮，則外不相侵，內不相凌，此天子所以養諸侯、兵不用而諸侯自爲正之具也。以珪璋聘，重禮也。已聘而還珪璋，此輕財重禮之義也。〔七一〕諸侯相勵以輕財重禮，則人皆讓矣。」〔七二〕

三恪二王後 虞 夏 周 魏 晉 東晉 宋 隋 大唐

虞舜以堯子丹朱爲賓，曰虞賓，而不臣之。書云〔七三〕：「虞賓在位，羣后德讓。」

夏禹封丹朱於唐，舜子商均於虞，皆有疆土，以奉先祀，服其服，禮樂如之。以客禮，不臣也。

周武王克商，而封夏後於杞、殷後於宋，皆爵公，封舜後於陳，爵侯，以備三恪。周得天下，封夏殷二王後，又封舜後，謂之恪。〔七四〕恪，敬也，義取王之所敬，并二王後爲三國，其轉降示敬而已，〔七五〕故曰三恪。司几筵延國賓於牖前，左彤几。國賓，王公之所不臣者。馬融以爲二王後。王者立三恪二王之後者，欲通師法之義。其前代之後，使之郊天，以天子禮祭其始祖、受命之王，自行正朔服色，此得通三正也。三正者，天地人也。三正之道，由三微之月，受命之王，〔七六〕各法其一。尚書大傳云：「夏以孟春爲正，殷以季冬爲正，周以仲冬爲正。必用此三微之月爲正者，〔七七〕時物尚微，以明王者受命扶微，奉成此正，使其道重大正始也。」

魏文帝封後漢帝協爲山陽縣公，邑萬户，位在諸侯王上，奏事不稱臣，受詔不拜，以天子車服郊祀天地、宗廟、祖臘如漢制，〔七八〕都山陽濁鹿城。青龍二年薨，謚曰孝獻皇帝，以漢天子禮儀葬於禪陵。

晉武帝泰始元年十二月，遣太僕劉原告太廟，〔七九〕封魏帝常道鄉公奐爲陳留王。詔曰：「明德昭融，遠鑒天命，欽象曆數，用禪厥位。敢咨詢故訓，以敬授青土於東國，永爲晉賓，載天子旌旗，乘五時副車，行魏正朔，郊祀天地，禮樂制度皆如魏舊，以承王顯祖之禋祀。」又詔王上書不稱臣，答報不爲詔，一如賓禮。二年，詔：「陳留王操尚謙沖，每事輒表，非所以優崇之也。主者諭意，非大事皆使王官表上之。」三年，太常上言：「博士祭酒劉喜等議：漢魏爲二王後，夏殷周之後爲三恪。衞公署於前代，爲二王後，於大晉在三恪之數，應降稱侯，祭祀制度宜與五等公侯同。」有司奏：「陳留王、山陽公爲二代之後，衞公備三恪之禮。易稱『有不速之客三人來』，此則以三爲斷，不及五代也。」

東晉明帝太寧二年，詔曰：「三恪二王，代之所重；興滅繼絕，政之所先。禋祀不傳，甚用傷悼。主者詳議立後以聞。」時曹勱爲嗣陳留王，以主魏祀。升平元年，陳留王勱表稱：「廢疾積年，不可以奉祭祀。請依春秋之義，求以立後。」太學博士曹耽議：「春秋之義，『立子以貴不以長』，蓋以爲宗廟主故也。〔八〇〕晉公族穆子有廢疾，以讓其弟；衞襄公嗣子縶，足不能行，立其弟。晉衞皆廢嫡立庶者，明臣之義，終無執祭朝見之期，以之居位，違犯情禮故也。禮，有故，使人攝祭，非終身疾者。勱爲君王，故事未有諸侯以疾去國成比。」胡訥議：「孟縶立弟，異於陳留；二王之後，禮不宜廢。」太常王彪之奏：「臣按訥耽二議，爲許其所陳也，限無明文。〔八一〕臣以爲經史所記，未有南面稱孤而以疾病退爲庶人者也。〔八二〕勵纂封先代，近四十年，位在朝賓，今以疾退，既廢之後，若同人庶，〔八三〕則名賤而役斷；處以朝官，則職替而班下；以舊禮，則制重而無位。量兹三義，莫知其禮。宗廟享祭，禮有假攝，古今依禮行之，有由來矣。」

孝武帝太元十二年，博士庾弘之等議：「陳留王前代之後，遇以上賓之禮。皇太子雖國之儲副，在人臣之位。今謂班次宜在王下。又按，僕射王彪之以爲，禪讓之始王，與繼嗣之末孫，降殺殊矣。是以春秋之會，杞不異列，宋不殊位。今陳留王朝會，自任其來，則無繩墨之準；〔八四〕既以來朝，則應有常次。至於大會升殿，雖在上位，〔八五〕然無殊別之座，名同朝録，將事有例，且朝録蓋是紀官名之簡。」制曰「可」。時陳留嗣王莚，王彪之議：「山陽公莚故事，給絹二百匹。山陽於今稍遠。今可特給絹布二百匹，錢三十萬，宜小優於山陽也。」〔八六〕

宋武帝永初元年，封晉恭帝爲零陵王，居於秣陵，行晉正朔，車旗服色一如其舊。有文而不備其禮。文帝元嘉五年，散騎常侍荀伯子上疏曰：「伏見百官位次，陳留王在零陵王上。按春秋次序諸侯，宋居杞、陳之上。臣以零陵王位宜在陳留王上，陳留王宜降爵爲公。」十一年，皇太子出會，升在三恪。

隋封後周靖帝爲介國公。〔八七〕

大唐武德元年五月，詔曰：「革命創制，禮樂變於三正；〔八八〕修廢繼絶，〔八九〕德澤崇於二代。其以莒之酅邑，奉隋帝爲酅公，行隋正朔，車騎服色，一依舊章。」貞觀二年八月，制曰：「二王之後，禮數宜崇。〔九〇〕寢廟不修，廩餼多闕，非所以追崇先代，式敬國賓。可令所司，量置國官，營立廟宇。」

永昌元年十一月制，以周漢之後爲二王，仍封舜禹成湯之裔爲三恪。神龍元年五月制，宜依舊以周隋爲二王後。

天寶八載七月，封後魏孝文十代孫元伯明爲韓國公，以備三恪。九載，處士崔昌上封事，推五行之運，以國家合承周漢，其後周隋不合爲二王後，請廢。下公卿議。集賢學士衛包因抗表，陳其議論。夜，四星聚於尾宿，天意昭然。遂從之。乃求殷、周、漢後爲三恪二王後，廢韓、介、酅等公。至十二載五月，楊國忠奏「周漢寢遠，不當爲二王後」。復以後魏、後周、隋依舊爲三恪二王後，其本封韓、介、酅等公如故。

議曰：三恪二王之義，有三説焉。一云「二王之前，更立三代之後爲三恪」。此據樂記武王克商，未及下車，封黄帝、堯、舜之後；及下車，封夏、殷之後。通己用六代之樂。二云「二王之前，〔九一〕但立一代，通二王爲三恪」。此據左傳但云「封胡公以備三恪」，明王者所敬先王有二，更封一代以備三恪。存三恪者，所敬之道不過於三，以通三正。三云「二王之後爲一恪，妻之父母爲二恪，夷狄之君爲三恪」。此據「王有不臣者三」而言之。不臣二王後者，尊敬先王，通三正之義。故書有「虞賓在位」，詩云「有客有客，亦白其馬」，明天下非一家所有，敬讓之至，故封建之，使得服其正色，用其禮樂以事先祖。故孔子云：「夏禮吾能言之，杞不足徵也；殷禮吾能言之，宋不足徵也。」不臣妻父母者，妻之言齊，與己齊體，共承先祖，故尊其父母。春秋左氏傳云〔九二〕：「紀季姜歸於京師。」稱字者，子尊不加父母，妻與己齊體，故夫不得臣之。四夷之君不臣者，尚書大傳曰：「越裳氏獻白雉，周公辭不受，曰：『正朔不施，則君子不臣也。』」按梁崔靈恩云：「三義之說，以初爲長。何者？禮記郊特牲云：『存二王之後，尊賢不過二代。』又詩云二王之後來助祭。又春秋公羊說曰〔九三〕：『存二王之後，所以通三正。』以上皆無謂二王之後爲三恪之文。若更立一代通備三恪者，則非不過二代之意。左傳云『封胡公以備三恪』者，謂上同黃帝、堯、舜，下同殷、夏，爲三恪也。」又按二王三恪，經無正文。崔靈恩據禮記陳武王之封，遂以爲通存五代，竊恐未安。今據二代之後，即謂之二王；三代之後，即謂之三恪。且武王所封，蓋以堯有則天之大，人莫能名；黃帝列序星辰，〔九四〕正名百物，自以功濟萬代，〔九五〕師範百王：故特封其後。偶契三二之數，〔九六〕實非歷代通法。故記云「尊賢不過二代」，示敬必由舊，因取通己爲三正也。其二代之前，第三代者，雖遠難師法，豈得不録其後，故亦存之，示敬其道而已，因謂之三恪。故左傳云「封胡公以備三恪」，足知無五代也；〔九七〕況歷代至今，皆以三代爲三恪焉。

校勘記

〔一〕總敍　二字原無，據北宋本、傅校本、明刻本、王吳本補。

〔二〕列置郡縣　「列置」原倒，據北宋本、傅校本、明刻本、王吳本乙。

〔三〕注疏龎雜　「龎」北宋本、傅校本、明刻本作「統」。

〔四〕時會殷同附　原在下文「粉立儀注焉」後，今據北宋本、傅校本、明刻本移前。

〔五〕迎勞饗燕　「饗」原作「享」，據北宋本、傅校本、明刻本、王吳本改。下同。

〔六〕咸序其義　「義」原訛「儀」，據北宋本、傅校本、明刻本改。

〔七〕朝覲採據周制　原脱「朝」，據北宋本、傅校本、明刻本、王吳本補。

〔八〕大賓　原脱「大」，據周禮大行人鄭注及北宋本、傅校本、明刻本、王吳本補。

〔九〕其朝貢之歲　「朝」原訛「服」，據周禮大行人鄭注及北宋本、傅校本、明刻本、王吳本改。

〔一〇〕具賦税上篇　原作「其賦税見上篇」，亦清人妄改致誤者。今據北宋本、傅校本、明刻本、王吳本改正。

〔一一〕及嗣王即位　「及」原訛「其」，據周禮大行人鄭注及北宋本、傅校本、明刻本、王吳本改。

〔一二〕則蕃國之君無執玉瑞者也　原脱「者」，據周禮大行人鄭注及北宋本、傅校本、明刻本、王吳本補。

〔一三〕王使小行人逆勞於畿　「逆」原訛「迎」，據周禮小行人及北宋本、傅校本、明刻本、王吳本改。

〔一四〕天子之朝朝服　原脱一「朝」，據儀禮覲禮鄭注補。

〔一五〕諸侯儐王使者　「儐」原訛「賓」，據儀禮覲禮及北宋本、傅校本、明刻本、王吴本改。

〔一六〕入門而右　「而右」原倒，據儀禮覲禮鄭注及北宋本、傅校本、明刻本、王吴本乙。

〔一七〕以絳帛爲質　「絳帛」原訛「采白」，北宋本、傅校本訛作「綵帛」，據周禮司几筵鄭注及明刻本、王吴本改。

〔一八〕繡以斧形　「以」原訛「似」，據北宋本、傅校本、明刻本、王吴本改。

〔一九〕畫謂雲氣也。　原訛作「畫純畫爲雲氣也」，據周禮司几筵鄭注及北宋本、傅校本、明刻本、王吴本删改。

〔二〇〕隨國所有或馬或虎豹皮　王吴本作「隨國所有或馬或虎或豹皮」，殿本作「唯國所有或馬或虎或豹皮」，局本作「唯國所有或馬或虎或豹或」，越改越錯。今據北宋本、傅校本、明刻本改正。

〔二一〕將覲質明時告將覲也。　上「覲」原訛「朝」，據傅校本、明刻本、王吴本改。「告將覲」原脱，據北宋本、傅校本補。按：前「覲」字北宋本本作「近」，亦通。

〔二二〕禫之爲言墠也　「爲」原訛「謂」，據儀禮覲禮鄭注及北宋本、傅校本、明刻本、王吴本改。

〔二三〕釋幣於禰之禮　句下原有「告將覲也」四字，後人所增。今據北宋本、傅校本删。

〔二四〕諸侯皆右肉袒於廟門之東　「袒」原訛「祖」，據諸本改。

〔二五〕凡以禮事者右袒　此七字原脱，據北宋本、傅校本補。

〔二六〕遂入門左　「左」原訛「右」，據儀禮覲禮及傅校本、明刻本、王吴本改。

〔二七〕各當方而來赴四時見王也　「而」原訛「面」，據北宋本、傅校本改。

〔二八〕載大旂　「旂」原訛「旗」，據北宋本、傅校本、明刻本、王吴本改。

〔二九〕容祀也　「容」原訛「祭」，據儀禮覲禮鄭注改。

〔三〇〕秋則禮山川丘陵　「禮」下原衍「月與」，「陵」原訛「林」，據儀禮覲禮删改。按：諸本「陵」字未誤。

〔三一〕故山川隨其時而祭之　「時」北宋本、傅校本作「敬」。

〔三二〕不得依恆數　「依恆」，晉書禮志下六五一頁作「違本」，宋書禮志一三四五頁作「從本」。按：晉志非是。

〔三三〕各遣卿奉聘　「奉」原訛「奏」，據晉書禮志下六五二頁、宋書禮志一三四五頁改。

〔三四〕梁主束帛乘馬　原脱「帛」，據隋書禮儀志三一五七頁及王吴本補。

〔三五〕弁服乘車執贄　原脱「執」，據隋書禮儀志三一五八頁補。

〔三六〕乘車備儀衞　原脱「衞」，據隋書禮儀志三一五八頁補。

〔三七〕人各餼賓　「人」隋書禮儀志三一五八頁作「又」。

〔三八〕韋康　隋書禮儀志三一五八頁作「韋世康」。通典避唐太宗諱，省「世」字。

〔三九〕衞尉設次於館驛　「館驛」隋書禮儀志三一五八頁作「驛館」。

〔四〇〕及奉見　原脱「奉」，據隋書禮儀志三一五八頁及北宋本、傅校本、明刻本、王吴本補。

〔四一〕按史記正月諸侯王朝賀凡四見　「見」原訛「人」，據史記梁孝王世家二〇九〇頁、唐會要卷二四改。

〔四二〕留長安不過二十日　「留」原訛「晉」，據史記梁孝王世家二〇九〇頁、唐會要卷二四及北宋本、傅校本、明刻本、王吴本改。

〔四三〕至閏二月一日宜停　原「一」上有「初」，據北宋本、傅校本、明刻本、王吴本删。

〔四四〕貞觀十五年正月　「五」原訛「二」，據諸本改。

〔四五〕必是人多怨歎　「怨歎」原作「不便」，後人擅改。今據北宋本、傅校本改回。

〔四六〕令就京城閑坊　「城」下原有「内」，據北宋本、傅校本删。

〔四七〕至永淳元年　北宋本、傅校本、明刻本、王吴本無「元」字，蓋清人所增。

〔四八〕趙履温　「履」原訛「復」，據唐會要卷二四及北宋本、傅校本、明刻本、王吴本改。

〔四九〕若令州府自買　「買」原作「置」，據北宋本、傅校本、明刻本改。

〔五〇〕分配共住過事却收　原作「分配共給諸州朝集使」，後人所改。今據北宋本、傅校本改正。

〔五一〕但欲知三代之儀耳　「之」原作「禮」，據北宋本、傅校本、明刻本、王吴本改。

〔五二〕告爲君使　原脱「使」，據儀禮聘禮鄭注補。

〔五三〕次受夫人之聘璋及享用玄纁束帛加琮　「璋」原訛「使」，北宋本、傅校本訛作「障」，據儀禮聘禮改。「及」原訛「則」，據北宋本、傅校本改。「琮」原訛「璧」，據儀禮聘禮改。

〔五四〕一問一勞　上「一」字北宋本、傅校本作「不」。

〔五五〕其餞還之儀　「還」原作「送」，據北宋本、傅校本、明刻本、王吴本改。

〔五六〕天子遣使迎勞諸侯　原「使」下有「來」，各本同。卷四一目録各本無「來」，今據删。

〔五七〕爲帷宫以受勞　「宫」原訛「官」，據諸本改。

〔五八〕遂升受玉　「受」原訛「授」，據儀禮覲禮改。

〔五九〕拜者各於其階也　「於」原訛「以」，據諸本改。

〔六〇〕侯氏之士遂以出授使者之從者於門外　「以出」原倒，並脱「之從者」，據儀禮覲禮乙補。

〔六一〕遂隨使者以至朝　原「隨」作「從」，句下衍「也」，據儀禮覲禮鄭注改删。按：北宋本、傅校本、明刻本、王吴本有「隨」無「遂」，北宋本、傅校本、明刻本無「也」。

〔六二〕諸侯王初至　「王」原脱，據北宋本、傅校本補。

〔六三〕使慎修其事　「慎修」儀禮覲禮鄭注作「順循」。

〔六四〕既相見致大禮　原訛作「致相見之大禮」，據周禮掌客鄭注及北宋本、傅校本、明刻本改。

〔六五〕若不酌謂君有故　「謂」原訛「獻」，據周禮掌客鄭注改。

〔六六〕衆臣從賓者　「臣」原訛「位」，據周禮掌客鄭注及北宋本、傅校本、明刻本、王吴本改。

〔六七〕爵卿則飧二牢　原脱「爵」，據周禮掌客鄭注及北宋本、傅校本、明刻本、王吴本補。

〔六八〕殷覜謂一服朝之歲也　原「謂」上衍「所」，據周禮大行人鄭注删。

〔六九〕所以除其惡行　「所」原訛「可」，據周禮大行人鄭注及北宋本、傅校本、明刻本、王吴本改。

〔七〇〕凶禮之弔禮禬禮　下「禮」原脱，據周禮大行人鄭注補。

〔七一〕此輕財重禮之義也　「義」原訛「儀」，據禮記聘義及北宋本、傅校本、明刻本、王吳本改。
〔七二〕則人皆讓矣　「人皆」禮記聘義作「民作」，杜佑以意改之。
〔七三〕書云　「書」上原有「虞」，據北宋本、傅校本、明刻本删。
〔七四〕又封舜後謂之恪　「恪」上原有「三」，據北宋本、傅校本、明刻本、王吳本删。
〔七五〕其轉降示敬而已　「其」下原有「後」，據北宋本、傅校本删。
〔七六〕受命之王　「王」原訛「正」，據北宋本、傅校本、明刻本、王吳本改。
〔七七〕必用此三微之月爲正者　北宋本、傅校本、明刻本、王吳本無「者」字。
〔七八〕郊祀天地　「祀」原作「祭」，據北宋本、傅校本、明刻本改。
〔七九〕太僕劉原　「原」原訛「源」，據晉書武帝紀五一頁及北宋本、傅校本、明刻本改。
〔八〇〕立子以貴不以長蓋以爲宗廟主故也　北宋本、傅校本、明刻本、王吳本「立」上有「後」，北宋本「主」下亦有「後」，均係衍文。
〔八一〕限無明文　「限」原作「各」，據北宋本、傅校本改。
〔八二〕未有南面稱孤而以疾病退爲庶人者也　「疾病」原倒，據北宋本、傅校本、明刻本、王吳本乙。
〔八三〕若同人庶　「人庶」原倒，據北宋本、傅校本、明刻本乙。
〔八四〕自任其來則無繩墨之準　「則」北宋本作「不」。
〔八五〕雖在上位　「在」原訛「無」，據北宋本、傅校本、明刻本、王吳本改。

〔八六〕宜小優於山陽也　「小」原作「少」，「也」原脱，據北宋本、傅校本、明刻本改補。按：王吴本亦有「也」。

〔八七〕隋封後周靖帝爲介國公　「靖」周書静帝紀一三六頁、御覽卷一〇五五〇七頁作「静」。按：「靖」「静」字通。

〔八八〕革命創制禮樂變於三正　唐會要卷二四「制」作「業」，「正」作「王」。

〔八九〕修廢繼絶　「繼」原訛「紀」，據北宋本、王吴本改。按：唐會要卷二四亦作「繼」。

〔九〇〕禮數宜崇　「數」原訛「教」，據北宋本、傅校本、明刻本、王吴本改。

〔九一〕二王之前　「二」原訛「三」，據北宋本、傅校本、明刻本、王吴本改。

〔九二〕春秋左氏傳云　原脱「氏」，據北宋本、傅校本、明刻本、王吴本補。

〔九三〕春秋公羊説曰　「羊」下原誤增「傳」，據北宋本、傅校本、明刻本、王吴本删。

〔九四〕黄帝列序星辰　「序」原訛「聚」，據北宋本、傅校本、明刻本、王吴本改。

〔九五〕自以功濟萬代　「濟」原訛「齊」，據北宋本、傅校本改。

〔九六〕偶契三二之數　「三二」原倒，據北宋本、傅校本、明刻本乙。

〔九七〕足知無五代也　「足」原作「是」，據北宋本、傅校本、明刻本改。

王文錦點校

通典卷第七十五

禮三十五　沿革三十五　賓禮二

天子朝位諸侯附　天子上公及諸侯卿大夫士等贄工商婦人等贄附　信節

天子朝位諸侯附○周　大唐

周制，天子有四朝。恒言三朝者，〔一〕以詢事之朝非常朝，故不言之。一曰外朝，在皋門內，決罪聽訟之朝也。秋官朝士掌之。左九棘，孤卿大夫位焉，羣士在其後。右九棘，公侯伯子男位焉，羣吏在其後。面三槐，三公位焉，州長衆庶在其後。左嘉石，平罷人焉。右肺石，達窮人焉。斯聽獄之時，所列位也。樹棘以爲位者，取其赤心而外刺，象以赤心三刺也。槐之言懷也，懷來人於此，欲與之謀也。嘉石，文石也。平，成也，成人之善也。肺石，赤石也。罷人，不昬作勞，有似於疲，謂惰慢人。〔二〕窮人，夫人之窮無告者。〔三〕羣吏，府史也。州長，鄉遂之官也。王之五門，雉門爲中門，雉門設兩觀，與宮門同，閽人譏出入者，窮人蓋不得入。罷音疲。二曰中朝。在路門外。夏官司士正其位，辨其貴賤之等。朝夕視政，公卿大夫辨色而入應門，北面而立，東上。王揖，孤卿以上特揖，大夫旅揖，士旁三揖，各就位。特揖，一一揖之也。旅，衆也。大夫爵同者衆揖之。〔四〕公卿大夫，王揖之乃就位。羣士及故士太僕之屬，發在其位，〔五〕羣士東面，王西南面而揖之。〔六〕三揖者，士有上中下。王南向，三公北面東上，孤東面北上，卿大夫西面北上。王族故士、武士在路門之右，〔七〕南面東上；太僕、太右、太僕從者在路門之左，南面西上。此王日視朝事於路門外之位。王族故士，故爲士，晚退留宿衛者。〔八〕未嘗爲士，雖同族，不得在王宮。太右，司右也。太僕從者，小臣、祭僕、御僕、隸僕也。三曰内朝，亦謂路寢之朝。人君既從正朝視事畢，退適路寢聽政。使人視大夫，大夫退，然後適燕寢釋服。釋服服玄端也。四曰詢事之朝，在雉門外。小司寇掌其政，以致萬人而詢焉。一曰詢國危，二曰詢國遷，三曰詢立君。國危謂有兵寇。國遷謂徙都。立君謂君無冢嫡，選於庶子。聚萬人而詢謀焉。其位王南向，三公及州長百姓北面，羣臣西面，羣吏東面。羣臣，卿大夫士也。羣吏，府史也。其孤不見者，孤從羣臣。鄉大夫在公後。〔九〕小司寇儐，以序進而問焉，以衆輔志而弊謀。儐謂揖之使前。序，更也。輔志，尊王賢明也。弊，斷也。

其時會殷同，方岳之下爲壇。見諸侯之法，如明堂之位。天子壇上南面；三公中階之前，北面東上；諸侯阼階之東，西面北上；諸伯西階之西，東面北上；諸子門東，北面東上；〔一〇〕諸男門西，北面東上。六服之外，九夷之國東門之外，西面北上；八蠻之國南門之外，北面東上；六戎之國西門之外，東面南上；五狄之國北門之外，南面東上；九采之國應門之外，北面東上。四塞代一見，其位亦近主位爲尊也。

諸侯三朝：路寢爲内朝，中朝在路門外，外朝在應門外。諸侯社稷與中朝正相當，故傳云「閒於兩社爲公室輔」者也。

說曰：天子路寢門有五焉：其最外曰皋門，二曰庫門，三曰雉門，四曰應門，五曰路門，〔一一〕路門之内則路寢也。皋門之内曰外朝，朝有三槐，左右九棘，近庫門有三府九寺。庫門之内，有宗廟、社稷。雉門之外，有兩觀連門；觀外有詢事之朝，在宗廟、社稷之閒。雉門内有百官宿衞之廨。應門内曰中朝，中朝東有九卿之室，則九卿理事之處。考工記曰「有九室，九卿理之」，朝則入而理事，夕則歸於庫門外。外朝之法，朝有疑獄，王集而聽之，故禮云王命三公會其朝者，〔一二〕諸侯未去，亦於此也。廣問之義，詢於芻蕘之謀，三刺三問以定其法。〔一三〕燕朝者，路寢之朝。羣公以下，常日於此朝見君，位其位，太僕掌之。初入之時，亦門右，北面東上。王揖之，三公則階前北面東上；孤東面，卿大夫西面，皆北上；士則門外之西，〔一四〕北面東上。凡射，先用燕禮，其位亦然。所以每朝列位所向不同者，皆以事異，故變其位。三公之位常北面不變者，以三公内臣，位尊，故屈之使常北面。其餘諸侯孤卿大夫，皆以地道尊右，故尊者東面，卑者西面，是以於外朝之時，諸侯東面，尊於孤卿也。故於内朝，孤卿東面，尊於卿大夫也，時亦無諸侯故也。唯詢事之朝，非常

朝之限，故不與三朝同。或云客有諸侯之位，故孤卿在東也。〔一五〕

大唐開元六年八月敕：「九族既睦，百官有序，至於班列，宜當分位。嗣王實先於主祭，國老有貴於乞言，比在朝儀，尚爲間雜，非所謂睦親敦舊之義也。嗣王宜與開府儀同三司等致仕官，各居本品之上，用爲永式。」

廣德二年九月敕：「朝參官遇泥雨，準儀制令，例停朝參。今軍國事殷，若準式停，恐有廢闕。泥既深阻，許延三刻傳點，待道路通，依常式。以後亦宜準此。」

貞元二年八月，御史中丞竇參奏：「準儀制令，泥雨合停朝。伏以軍國事殷，恐有廢闕。請令每司長官一人入朝，有兩員并副貳，亦許分日。其夜甚雨，至明不止，許令仗下後到。」九月敕：應文武百官朝謁班序。〔一六〕

中書門下，侍中、中書令、同中書門下平章事，各以官爲序。供奉官，左右散騎常侍、門下中書侍郎、諫議大夫、給事中、中書舍人、起居郎及舍人、左右補闕、左右拾遺、通事舍人，在橫班。若入閤，即各隨左右省主。其御史大夫、中丞、侍御史、在左。殿中侍御史、在右。適事舍人，分左右立。〔一七〕若橫行參賀辭見，御史大夫在散騎常侍之上，中丞在諫議大夫之下。御史臺、御史大夫在三品官之上，〔一八〕別立；中丞在五品官之上，別立。留守、副元帥、都統、節度使、觀察使、都團練、〔一九〕都防禦使，并大都督大都護持節兼者，〔二〇〕即入班，在正官之次。餘官兼者，各從本官班序。御史在六品之後。諸使下無本官，唯授内供奉裏行者，即入班，亦在正官之次。有本官兼者，各從本官班序。如本官不是常參官，并憲官是攝者，〔二一〕唯聽於御史班中辭見。殿中省官監，少監，尚衣，尚舍，尚輦奉御。〔二二〕分左右隨繖扇立，若入閤，亦如之。

一品班。三太、三公、太子三太、嗣王、郡王，散官開府儀同三司，爵國公。

二品班。尚書左右僕射、太子三少、京兆、河南牧、大都督、大都護，散官特進、光禄大夫，爵開國郡公、開國縣公，勳官上柱國、柱國。

三品班。六司尚書、太子賓客、九寺卿、國子祭酒、三監、京兆等七府尹、詹事、親王傅、中都督、上都護、下都督、〔二三〕上州刺史、五大都督府長史、上都護府副都護，散官金紫光禄大夫，爵開國侯，勳官上護軍、護軍。〔二四〕

四品班。尚書左右丞、六司侍郎、太常少卿、宗正少卿、左右庶子、祕書少監、左右七寺少卿、國子司業、少府、殿中少監、〔二五〕京兆河南太原少尹、少詹事、左右諭德、家令、率更令僕、〔二六〕親王府長史司馬、鳳翔等少尹、〔二七〕中州刺史、下州刺史、大都督大都護司馬，散官正議大夫、通議大夫、太中大夫、中大夫，爵開國伯，勳官上輕車都尉、輕車都尉。〔二八〕

五品班。尚書諸司郎中、國子博士、都水使者、萬年等六縣令、太常宗正祕書丞、〔二九〕著作郎、殿中丞、尚食尚藥尚舍尚輦奉御、大理正、中允、左右贊善、中書舍人、〔三〇〕洗馬、親王諮議友，散官中散大夫、朝散大夫、朝請大夫，爵開國子、開國男，勳官上騎都尉、騎都尉。〔三一〕

武班供奉班，宣政殿前立位。從北，千牛連行立，次千牛中郎將，次千牛將軍一人，次過狀中郎將一人，〔三二〕次接狀中郎將一人，次押柱中郎將一人，次後又押柱中郎將一人，〔三三〕次排階中郎將一人，次押散手仗中郎將一人。以上在橫階北次南。金吾將軍分左右立。

入閤升殿。夾階座左右。從南，千牛將軍一人，次千牛郎將一人，次千牛將軍一人，〔三四〕次千牛連行立柱外，過狀中郎將一人，次接狀中郎將一人，次押柱中郎將一人，次後又押柱中郎將一人，〔三五〕排階中郎將一人，階下押散手杖中郎將一人。金吾將軍分左右立。

應當上合入閤人，〔三六〕各依前件立。其不合入閤人，各依本職事立。非當上人，遇合參日，並從本官品第班序。〔三七〕其入閤日升殿，〔三八〕除千牛衞將軍、中郎將外，餘並以左右衞中郎將充。其諸衞及率府中郎將，不得升殿。

一品班。郡王，散官驃騎大將軍，爵國公。

二品班。散官輔國大將軍、鎮國大將軍，爵開國郡公、開國縣公，勳官上柱國、柱國。

三品班。左右衞、左右金吾衞、左右驍衞、左右武衞、左右威衞、左右領軍衞、左右監門衞、左右千牛衞大將軍、諸衞將軍，散官冠軍大將軍、雲麾將軍，爵開國侯，勳官上護軍、護軍。

四品班。左右千牛衞左右監門衞中郎將、親勳翊位中郎將、太子左右衞司率、清道內率、監門副率、太子親勳翊衞中郎將、上府折衝都尉、中府折衝都尉，散官忠武將軍、壯武將軍、宣威將軍、明威將軍，爵開國伯，勳官上輕車都尉、輕車都尉。

五品班。親勳翊衞郎將、太子親勳翊衞郎將、親王府典軍、親王府副典軍、下府折衝都尉、上府果毅都尉，散官定遠將軍、寧遠將軍、遊擊將軍、遊騎將軍，爵開國子、開國男，勳官上騎都尉、騎都尉。

尚書省官。據周禮，先敍六官，准六典，尚書爲百官之本，今每班請以尚書省官爲首。自周及漢，未有中書。西漢時，中書主文書，即今之宦者，主文書謂文書家是也。時尚書之職猶微。至後漢，尚書職重，方爲百官之本，所以尚書郎下筆爲詔誥，出言爲策令。魏文帝置中書，則今中書是也；〔三九〕其尚書出外，則今之尚書是也。且周禮六官，盡管天下衆務，後漢尚書亦然。及魏置尚書，則中書廢矣。尚書乃重設也，如制處置中書門下，便下百司，豈非省便？何乃下尚書省，尚書方更下詔諸司，豈非繁重者乎？晉荀勖、桓溫已有此議。〔四〇〕今賓參不徵其變，更不辨其省，恐非通才達學之士。

東宮官，王府官，外官。東宮官既爲宮臣，請在上臺官之次，〔四一〕王府官又次之。三太、三少、賓客、庶子、王傅，既爲師傅賓相，不同官屬，請仍舊。〔四二〕

太常宗正丞。並隨寺望，合在祕書丞上。

尚食奉御，尚藥奉御。本局既隸殿中省，合在殿中丞之下。〔四三〕

諸王府官。行列合以王長幼爲序。〔四四〕

檢校官、兼官及攝試知判等官。並列在同位正官之次。其有行所檢校兼試攝判等官職事者，即依正官班序。除留守、副元帥、都統、節度使、觀察使、都團練、都防禦使并大都督大都護持節兼外，〔四五〕餘應帶武職事者，位在西班，仍各以本官品第爲班序。

含元殿前龍尾道下敍班。舊無此儀，惟令於通乾觀象門南敍班。自李若水任通事舍人，〔四六〕奏更於龍尾道下敍班。既非典故，今請停廢。

文武官行立班敍。通乾觀象門外敍班，武次於文。至宣政門，文由東門而入，武由西門而入，至閤門亦如之。其退朝，則並從宣政門而出。〔四七〕

文官充翰林學士、皇太子侍讀，武官充禁軍職事。準舊制，並不常朝參。其翰林學士，大朝會日，準興元元年十二月敕，朝服班敍，宜準諸司知制誥例。其集賢史館等諸職事者，並請朝參訖，各歸所務。

辭見宴集，班列先後。請依天寶三載七月禮部詳定所奏敕。〔四八〕

公式令。諸文武官朝參行立。二王後位在諸王侯上，餘各依職事官品爲敍。職事同者，以齒。致仕官各居本品之上。若職事與散官勳官合班，則文散官在當階職事者之下。武散官次之，勳官又次之。〔四九〕官同者，異姓爲後。若以爵爲班者，爵同者亦準此。其男以上任文武官者，從文武班。若親王嗣王任卑者職事，仍依本品。郡王任三品以下職事官，〔五〇〕在同階品上。自外無文武官者，嗣王在太子太保下，郡王次之，國公在正三品下，郡公在從三品下，縣公在正四品下，侯在從四品下，伯在正五品下，子在從五品上，〔五一〕男在從五品下。即前資官被召及赴朝參，致仕者在本品見任上，〔五二〕以理解者在同品下。其在本司參集者，各依職事。諸散官三品以上在京者，〔五三〕正冬朝會依百官例，自餘朝集及須別使，臨時聽敕進止。

儀制令。諸在京文武官職事九品以上，朔望日朝。其文官五品以上，〔五四〕及監察御史、員外郎、太常博士，每日朝參。武官五品以上，〔五五〕仍每月五日、十一日、二十一日、二十五日參。三品以上，九日、十九日、二十九日又參。當上日，不在此例。其長上折衝果毅，若文武散官五品以上，直諸司及長上者，各準職事參。其弘文館、〔五六〕崇文館及國子監學生，每季參。若雨霑失客及泥潦，並停。諸文武九品以上應朔望朝參者，十月一日以後，二月二十日以前，並服袴褶。五品以上者，著珂繖。周喪未練，大功未葬，非供奉及宿衞官，〔五七〕皆聽不赴。

常參文武官，準令每日參。自艱難以來，人馬劣弱，遂許分日。伏望且許依前分日參，待戎事稍平，加其俸祿，即依恆式。其武官，準令，五品以上每月六參，三品以上更加三參。頃並停廢。〔五八〕今請準令，〔五九〕卻復舊儀。其朔望朝參，及弘文館、崇文館國子監學生每季參等，請續商量聞奏。

敕旨：「二品武班，宜以左右金吾等十六衞上將軍，依次爲班首。其檢校官、兼、攝、試、知、判等本官二品以上者，位望崇重，禮異羣僚，宜依本班朝會。餘依。」

四年七月敕：「自今以後，嗣郡王宜列於本官班之上，其庶子宜在少卿之上。」

天子上公及諸侯卿大夫士等贄 工商婦人等贄附○虞 夏 周 魏

有虞氏舜典云：「修五禮五玉，五禮，吉凶軍賓嘉之禮。五玉，五等諸侯所執之玉。三帛二生一死贄。三帛，諸侯太子執纁，公之孤執玄，附庸之君執黃。二生，卿執羔，大夫執鴈。一死，士執雉。玉帛生死所以爲贄見。〔六〇〕如五器，卒乃復。卒，終。復，還也。器謂珪璧。如五器，禮終即還之。三帛二生一死則否也。

夏后氏，左傳云：「禹會諸侯於塗山，執玉帛者萬國。」

周制，凡贄，天子以鬯，鄭玄云：〔六一〕「天子無客禮。以鬯爲贄者，所以灌用告神。」諸侯執珪，孤執皮帛，卿執羔，大夫執鴈，士執雉，庶人執鶩，工商執雞。皮帛者，束帛而表之以皮爲飾。皮，虎皮、豹皮。〔六二〕帛如璧色繒也。〔六三〕羔，小羊也，取其羣而不失其類。鴈取其候時而行。雉取其守，耿介而死，不失其節。〔六四〕鶩取其不飛遷。雞取其守時而動。〔六五〕曲禮曰「飾羔鴈者以繢」，皆衣之以布而又畫之。自雉以下，執之無飾。士相見禮卿大夫飾贄以布，不言畫繢，此諸侯之臣與天子之臣異者也。〔六六〕然則天子之孤飾贄以虎皮，公之孤飾贄以豹皮歟？此孤卿大夫士之贄，皆以爵，不以命數。凡贄，無庭實也。野外軍中無贄，以纓拾矢可也。非爲禮之處，以時物相禮而已。纓，馬繁纓也。拾謂射鞲也。婦人之贄，椇、榛、脯、脩、棗、栗。婦人無外事，見以羞物也。〔六七〕椇、榛，木名。〔六八〕椇，枳椇也，〔六九〕有實，今邳、郯之東食之。〔七〇〕榛實似栗而小。〔七一〕椇音俱雨反。〔七二〕

說曰：古者人君及臣，重於相見之禮，所以相尊敬，故將有所見，必執贄。贄者，至也，信也。君子於其所尊，必執贄以相見，明其厚心之至，以表忠信，不敢相褻也。然天子無客禮，亦有贄者，明有事神祇之道，故須贄以表心。故巡狩至於山川，有所告之，用鬯酒，盛以大璋、中璋。又典瑞云：「王搢大珪，執鎮珪，藻藉五采五就，以朝日。」〔七三〕明其所尊敬，象臣之朝君也。執鎮珪，視安四方，以表其功也。凡公卿大夫執贄者，皆謂始朝及初相見用之。諸侯德厚，故執玉以比德；卿大夫以下德薄，故用皮帛羔鴈之等。射人職云，王將射之時，公卿朝見，三公執璧，卿執羔。天子之三公所以執璧，爲臣之屈，與子男同。

佐王論道，理取圓足，故以璧爲贄，〔七四〕不必飾以蒲穀。諸侯賓射之時，卿大夫士亦皆執贄見其君，如天子卿大夫之禮，君子所以執玉以比德者也。

魏明帝青龍二年，詔下司空：「征南將軍見金紫督使，〔七五〕位高任重。近者正朝，乃與卿校同執羔，非也。自今以後，從特進，應奉璧者如故事。」

博士高堂隆議曰：

按周禮「公執桓珪」。公謂上公九命，分陝而理，及二王後也。今大司馬公、大將軍，實分征東西，可謂上公矣。山陽公、衞國公，則二王後也。

「侯執信珪」謂地方四百里，「伯執躬珪」謂地方三百里，皆七命也。今郡王戶數，多者可如侯，少者可如伯。

「子執穀璧」謂地方二百里，「男執蒲璧」謂地方百里，皆五命也。今縣主戶數，多者可如子，少者可如男。

上公禮，其率諸侯以朝，則執桓珪。自非朝宗，則如八命之公。與王論道，有事而進，則執璧。今二王後諸王，若入朝覲，二公率以進退，則執桓珪。其朝正，〔七六〕則與羣公執璧。按周禮，王官唯公執璧。漢代大將軍、〔七七〕驃騎、車騎、衞將軍，開府辟召掾屬，與公同儀，則執璧可也。

「孤皮帛卿羔」，孤謂天子七命之孤，及大國四命之孤，副公與王論道，尊於六卿，其執贄，以虎皮表束帛。今九卿之列，太常、光禄勳、衛尉，尊於六卿，其執贄如孤也。其朝正，執皮帛可也。三府長史，亦公之副，雖有似於孤，實卑於卿，中大夫之禮可也。公之孤，覜聘於天子，及見於其君，其贄以豹皮表束帛。今未有其官，意謂山陽公之上卿，可以當之。卿謂六官六命之卿，及諸侯三命再命之卿也。今六卿及永壽、永安、長秋、城門五校，左校、右校、前校、後校、中校。皆執羔可也。諸侯之卿，自於其君亦如之。天子卿大夫飾羔鴈以繢，諸侯卿大夫飾羔鴈以布。州牧郡守以功德賜勞，秩比中二千石者，其入朝覲，宜依卿執羔。金紫將軍秩中二千石，〔七八〕與卿同。

「大夫執鴈」，謂天子中下大夫四命，及諸侯再命一命之大夫也，其位卑於卿。今三府長史及五命，〔七九〕二千石之著者也。博士儒官，歷代禮服從大夫，如前執鴈可也。州牧郡守未賜勞者，〔八〇〕宜依大夫執鴈，皆飾以繢。諸縣千石、六百石，今古大夫，〔八一〕若或會覲，宜執鴈，飾以布。

「「士執雉」，謂天子三命之士，及諸侯一命再命之士也。府史以下，至於比長庶人在官，亦謂之士。諸縣四百石、三百石長，從士禮執雉可也。

信節

周制，地官「掌節掌守邦節而辨其用，以輔王命。邦節者，珍圭、牙璋、穀圭、琬圭、琰圭也。王有命，〔八二〕則別其節之用，以授使者。輔王命者，執以行爲信。珍音鎮，下同。守邦國者用玉節，守都鄙者用角節。謂諸侯於其國中，公卿大夫王子弟於采邑。有命者，亦自有節以輔之。玉節之制，如王爲之，〔八三〕以命數爲大小。角用犀角，其制未聞也。凡邦國之使節，山國用虎節，土國用人節，澤國用龍節，皆金也，以英蕩輔之。〔八四〕使節，使卿大夫聘於天子諸侯，行道所執之信也。土，平地也。山多虎，平地多人，澤多龍，故爲節以金鑄象焉。必自以其國所多者，禮以相別爲信明也。〔八五〕漢有銅虎符。杜子春云：「蕩當爲帑，謂以函器盛此節也。」或云英蕩，畫函。門關用符節，貨賄用璽節，道路用旌節，皆有期以返節。門關，司門、司關也。貨賄者，主通貨賄之官，謂司市也。道路者，主理五途之官，謂鄉遂大夫也。凡人遠出，至於邦國，邦國之人若來入由門者，司門爲之節；由關者，司關爲之節；其商，則司市爲之節；其以徵令及家徙，則鄉遂大夫爲之節。不出關不用節也。〔八六〕變司市言貨賄者，璽節主通貨賄。〔八七〕變鄉遂言道路者，容公邑及小都大都之吏，皆主理五途，亦有人也。符節，如漢之宮中諸官詔符也。璽節，漢之印章也。〔八八〕旌節，漢使者所擁節是也。將送者執此節以送行者，〔八九〕皆以道里日時課，〔九〇〕如漢之郵行者有程矣，〔九一〕以防容姦，擅有所通也。〔九二〕凡節有法式，藏於掌節。小行人職云：「道路旌節，門關符節，都鄙管節，皆竹爲之。」鄭注云：「管節，如漢竹使符也。都鄙者，公之子弟及卿大夫采地之吏耳。」〔九三〕凡通達於天下者，必有節以傳輔之。必有節，言遠行無有不得節而出者也。輔之以傳者，節爲信耳；〔九四〕傳，說所齎操及所適也。無節者，有幾則不達。」圜土内之。

琬珪九寸而繅，以象德，以結好。琬猶圜也，王使之瑞節。諸侯有德，王命錫之，使者執琬珪以致命焉。琰珪九寸而繅，以易行，以除慝。琰，有鋒芒也。

穀珪七寸，以和難，以聘女。穀珪，亦王使之瑞節。難，仇讐也。〔九五〕聘女，納徵加於束帛也。瑑珪璋八寸，璧琮八寸，繅皆二采一就，以覜聘。璋以聘后，琮享夫人。〔九六〕衆來曰覜，寡來曰聘。瑑，有文飾也。珍珪以徵守，以恤凶荒。珪制當與琬琰相依。王使人以徵諸侯，憂凶荒之國，則授之，〔九七〕執以往，致王命焉。牙璋、中璋七寸，射二寸，厚寸，以起軍旅，以理兵守。二璋皆有鉏牙之飾於琰側。兵守，用兵所守也。鉏音測魚反。琰珪以易行，以除慝。琰珪亦王使之瑞節也。琰珪有鋒芒，傷害征伐誅討之象；〔九八〕易惡行令爲善者，則以此珪責諭以告也。大璋七寸，射四寸，諸侯以聘女。納徵加於束帛也。

校勘記

〔一〕恒言三朝者　「恒」原訛「但」，據北宋本、傅校本、明刻本、王吳本改。

〔二〕謂憧慢人　「謂」原訛「爲」，據諸本改。

〔三〕窮人夫人之窮無告者　原上「人」下有「謂」，「夫」訛作「天」，據北宋本删改。

〔四〕大夫爵同者衆揖之　「爵同」原倒，據周禮司士鄭注及北宋本、傅校本、明刻本乙。

〔五〕發在其位　「發」原訛「登」，據周禮司士鄭注改。

〔六〕王西南面而揖之　原脱「南」，據周禮司士鄭注補。

〔七〕王族故士武士在路門之右　「武」周禮司士作「虎」，通典諱改。

〔八〕故爲士晚退留宿衞者　「晚」原訛「免」，據周禮司士鄭注改。

〔九〕鄉大夫在公後　「鄉」原訛「卿」，據周禮小司寇鄭注改。

〔一〇〕諸子門東北面東上　下「東」原訛「西」，據禮記明堂位及北宋本、傅校本、明刻本、王吳本改。

〔一一〕五曰路門　「五」北宋本、傅校本、明刻本作「内」。

〔一二〕故禮云王命三公會其朝者　「命」原訛「會」，據禮記王制及北宋本、傅校本、明刻本、王吳本改。

〔一三〕三刺三問以定其法　下「三」原脱，據北宋本、傅校本、明刻本、王吳本補。

〔一四〕士則門外之西　「門外」原倒，據北宋本、傅校本、明刻本、王吳本乙正。

〔一五〕故孤卿在東也　「孤」原訛「旅」，據北宋本、傅校本、明刻本、王吳本改。

〔一六〕應文武百官朝謁班序　「應」上原衍「一」，據北宋本、傅校本、明刻本、王吳本删。按：唐會要卷二五、通考卷一〇七無「一」字。

〔一七〕分左右立　原「左右」在下，據北宋本、傅校本、明刻本乙。

〔一八〕御史大夫在三品官之上　原脱「官」，據北宋本、傅校本、明刻本補。

〔一九〕都團練　「練」原訛「操」，據北宋本、傅校本、明刻本、王吳本改。按：唐會要卷二五、通考卷一〇七均作「練」。

〔二〇〕大都督大都護持節兼者　「兼」原訛「度」，據北宋本、傅校本、明刻本、王吳本改。

〔二一〕并憲官是攝者　原脫「是」，據唐會要卷二五、通考卷一〇七補。

〔二二〕監少監尚衣尚舍尚輦奉御　此十一字原誤作正文，據北宋本、傅校本、明刻本、王吳本改作注文。

〔二三〕下都督　此下原有「下都護」三字，據北宋本、傅校本、明刻本、王吳本刪。按：本書卷四〇大唐官品亦無「下都護」。

〔二四〕護軍　北宋本、傅校本、明刻本、王吳本無此二字。殿本、局本蓋據唐會要卷二五補。

〔二五〕殿中少監　通考卷一〇七作「將作少監」。

〔二六〕率更令僕　原脫「令」，據唐會要卷二五、通考卷一〇七補。

〔二七〕鳳翔等少尹　「尹」原訛「監」，據北宋本改。按：唐會要卷二五、通考卷一〇七均作「尹」。

〔二八〕輕車都尉　北宋本、傅校本、明刻本、王吳本無此四字，殿本、局本蓋據唐會要卷二五補。

〔二九〕太常宗正祕書丞　「宗」原訛「中」，據諸本改。

〔三〇〕中書舍人　原脫「書」，據唐會要卷二五補。

〔三一〕騎都尉　北宋本、傅校本、明刻本、王吳本無此三字。殿本、局本蓋據唐會要卷二五補。

〔三二〕次過狀中郎將一人　北宋本、傅校本、明刻本、王吳本均無「郎」字，下同。殿本、局本蓋據唐會要卷二五補。

〔三三〕次後又押柱中郎將一人　原脫「後」，據北宋本、傅校本、明刻本、王吳本補。

〔三四〕次千牛將軍一人　此七字原脱，據唐會要卷二五、通考一〇七補。

〔三五〕次後又押柱中郎將一人　原脱「後」，據北宋本、傅校本、明刻本、王吳本補。

〔三六〕應當上合入閤人　「上合」原作「本日」，據北宋本、傅校本、明刻本、王吳本改。

〔三七〕並從本官品第班序　「序」原作「次」，據北宋本、傅校本、明刻本改。

〔三八〕其入閤日升殿　原脱「日」，據北宋本、傅校本、明刻本、王吳本補。

〔三九〕則今中書是也　原脱「是」，據北宋本、傅校本、明刻本、王吳本補。

〔四〇〕晉荀勖桓温已有此議　「晉」原訛「昔」，據北宋本、傅校本、明刻本改。

〔四一〕請在上臺官之次　「之次」原倒，據北宋本、傅校本、明刻本乙。

〔四二〕請仍舊　「仍」原作「依」，據北宋本、傅校本、明刻本、王吳本改。

〔四三〕合在殿中丞之下　「下」原訛「中」，據北宋本、傅校本、明刻本、王吳本改。

〔四四〕行列合以王長幼爲序　「序」原訛「府」，據諸本改。

〔四五〕并大都督大都護持節兼外　「并」原訛「兼」，據唐會要卷二五、通考一〇七改。

〔四六〕自李若水任通事舍人　北宋本、傅校本、明刻本作「李若冰」，王吳本、殿本、局本作「李若水」。岑仲勉唐史餘瀋卷二李若水條云：「新書七〇上三〇〇一頁孝同有曾孫曰右金吾將軍若冰，與舊傳三三八頁謂若水『累官至左金吾大將軍兼通事舍人』者合，顯是同人。水冰字肖，未詳孰是。」

〔四七〕則並從宣政門而出　原脱「則」，據北宋本、傅校本、明刻本、王吳本補。「宣政門」，北宋本「政門」間有字被墨污掩蓋，不能辨認。唐會要卷二五作「宣政西門」，通考卷一〇七作「宣政兩門」，詳文意，似唐會要是。

〔四八〕天寶三載　「三載」原作「二年」，北宋本、傅校本、明刻本、王吳本作「二載」。今據唐會要卷二五、通考卷一〇七改。

〔四九〕勳官又次之　「官」原訛「職」，據北宋本、傅校本、明刻本、王吳本改。

〔五〇〕郡王任三品以下職事官　「任」原訛「在」，據北宋本、傅校本、明刻本、王吳本改。

〔五一〕子在從五品上　「上」原訛「下」，據北宋本、傅校本、明刻本改。

〔五二〕致仕者在本品見任上　原脱「者」，據北宋本、傅校本、明刻本、王吳本補。

〔五三〕諸散官三品以上在京者　原「諸」下有「司」，據北宋本、傅校本、明刻本、王吳本删。

〔五四〕其文官五品以上　「官」原訛「武」，據北宋本、傅校本、明刻本改。

〔五五〕武官五品以上　原「武」上有「文」，據北宋本、傅校本、明刻本、王吳本删。

〔五六〕弘文館　原脱「館」，據唐會要卷二五、通考卷一〇七補。下同。

〔五七〕非供奉及宿衛官　原「及」下有「諸」，據北宋本、傅校本、明刻本、王吳本删。

〔五八〕頃並停廢　「頃並」原倒，據唐會要卷二五、通考卷一〇七乙。

〔五九〕今請準令　「今」原訛「命」，據諸本改。

〔六〇〕玉帛生死所以爲贄見　「見」原訛「也」，據北宋本、傅校本、明刻本改。

〔六一〕鄭玄　「玄」原作「氏」，據北宋本、傅校本、明刻本、王吴本改。

〔六二〕皮虎皮豹皮　上「皮」原訛「如」，據周禮大宗伯鄭注及北宋本、傅校本、明刻本、王吴本改。

〔六三〕帛如璧色繒也　「璧」原訛「珪」，據周禮大宗伯鄭注及北宋本、傅校本、明刻本、王吴本改。

〔六四〕雉取其守耿介而死不失其節　「而死」原倒，據周禮大宗伯鄭注乙。

〔六五〕雞取其守時而動　「雞」原訛「雉」，據諸本改。

〔六六〕此諸侯之臣與天子之臣異者也　原「天」上衍「夫」，據周禮大宗伯鄭注及北宋本、傅校本、明刻本、王吴本删。

〔六七〕見以羞物也　「羞」原訛「脩」，據禮記曲禮下鄭注及北宋本、傅校本、明刻本、王吴本改。

〔六八〕椇榛木名　原訛作「椇榛棗栗果名」，據禮記曲禮下鄭注及北宋本、傅校本、明刻本、王吴本删改。

〔六九〕椇枳椇也　下「椇」原訛「根」，據禮記内則鄭注及北宋本改。

〔七〇〕今邳郯之東食之　「郯」原訛「剡」，據禮記曲禮下鄭注及北宋本、傅校本、明刻本、王吴本改。

〔七一〕榛實似栗而小　原脱「實」，據禮記曲禮下鄭注及北宋本、傅校本、明刻本、王吴本補。

〔七二〕椇音俱雨反　原脱「音」，據北宋本、傅校本、明刻本、王吴本補。

〔七三〕藻藉五采五就以朝日　原脱「藉」、「以」，據周禮典瑞補。

〔七四〕故以璧爲贄　原脱「故」，據北宋本、傅校本、明刻本、王吴本補。

〔七五〕征南將軍見金紫督使　「見」原作「帶」，「督」上衍「都」，據北宋本改删。按：傅校本、明刻本亦無

「都」。

〔七六〕其朝正　「正」原訛「王」，據北宋本、傅校本、明刻本、王吳本改。下同。

〔七七〕漢代大將軍　原脱「代」，據北宋本、傅校本、明刻本、王吳本補。

〔七八〕金紫將軍秩中二千石　原「秩」下有「比」，據北宋本、傅校本、明刻本删。

〔七九〕三府長史　「三」原訛「王」，據北宋本、傅校本、明刻本、王吳本改。

〔八〇〕州牧郡守未賜勞者　原脱「勞」，據北宋本、傅校本、明刻本、王吳本補。

〔八一〕諸縣千石六百石今古大夫　「今古大夫」，疑有訛誤。明刻本改「今」作「令」，亦不通。嚴可均全三國文卷三一（一二三〇頁）改「古」爲「士」，不知是否。

〔八二〕王有命　「王有」原倒，據周禮掌節鄭注乙。

〔八三〕如王爲之　「如王」原訛「以玉」，據北宋本改。按：傅校本、明刻本「如」字不誤。

〔八四〕以英蕩輔之　「蕩」原作「簜」，據周禮掌節及北宋本、傅校本、明刻本、王吳本改。下同。

〔八五〕禮以相别爲信明也　「禮」周禮掌節鄭注及明刻本、王吳本作「於」。

〔八六〕不出關不用節也　「出」原作「過」，據周禮掌節鄭注及北宋本、傅校本、明刻本、王吳本改。

〔八七〕璽節主通貨賄　原脱「節」，「賄」下有「也」，據周禮掌節鄭注及北宋本、傅校本、明刻本、王吳本補删。

〔八八〕爾節漢之印章也　原「節」下有「如」，據北宋本、傅校本、明刻本删。

〔八九〕將送者執此節以送行者　上「送」原訛「命」，據周禮掌節鄭注及明刻本、王吳本改。

〔九〇〕皆以道里日時課　原「以」下衍「此」，據周禮掌節鄭注删。

〔九一〕如漢之郵行者有程矣　「程」原訛「旌」，據周禮掌節鄭注及北宋本、傅校本、明刻本、王吳本改。

〔九二〕以防容姦擅有所通也　「容」原訛「客」，據周禮掌節鄭注及北宋本、傅校本、明刻本改。

〔九三〕公之子弟及卿大夫采地之吏耳　原「卿」下有「及」，涉上而衍，據周禮小行人鄭注及北宋本、傅校本、明刻本、王吳本删。

〔九四〕節爲信耳　「耳」原訛「璽」，據周禮掌節鄭注改。按：北宋本、傅校本、明刻本作「爾」，王吳本、殿本、局本遂妄改作「璽」。

〔九五〕雖仇讎也　原脱「仇」，據周禮典瑞鄭注及北宋本、傅校本、明刻本補。

〔九六〕琮享夫人　「琮」原訛「宗」，據北宋本、傅校本、明刻本、王吳本改。「夫人」原訛「大夫」，周禮典瑞鄭注云：「璋以聘后夫人，以琮享之。」今據以訂改。

〔九七〕則授之　原脱「則」，據周禮典瑞鄭注及北宋本、傅校本、明刻本補。

〔九八〕傷害征伐誅討之象　原脱「之象」，據周禮典瑞鄭注補。

王文錦點校

通典卷第七十六

禮三十六　沿革三十六　軍禮一

天子諸侯將出征類宜造禡并祭所過山川　軷祭　天子諸侯四時田獵　出師儀制揚兵講武附　命將出征　宣露布

天子諸侯將出征類宜造禡并祭所過山川周　梁　北齊　隋　大唐

周制，天子將出征，類於上帝，宜於社，造於禰。肆師爲帝位。帝謂五德之帝，〔一〕所祭於南郊者。類、宜、造，皆祭名。孔穎達云：「天道遠，以事類而祭告之也。社主殺戮，故求便宜。社主陰，萬物於此斷殺，故曰宜。造，至也，謂至父祖之廟也。言禰者，辭時先從卑，不敢留尊者命也。〔二〕將出者，謂行幸巡狩。」禡於所征之地。禡，師祭也，〔三〕爲兵禱也，其禮亡。其神蓋蚩尤，或云黄帝，又云：「若至所征之地祭者，則以黄帝、蚩尤之神，故亦皆得云禡神也。若田狩，但祭蚩尤而已。」受命於祖，以遷廟主載於齊車以行。告祖以行，示不自專，故言受命。必以遷主行，言必有尊也。無遷主，以幣帛皮珪告於祖禰，遂奉以出，載於齊車以行。每舍奠焉，而後就舍。以脯醢禮神，乃敢即安也。所告不以出，即埋之。若有遷主，則載遷主而行，此幣帛遂埋於階間。〔四〕反必告，設奠，卒，斂幣玉，藏諸兩階之間，乃出，蓋貴命也。受成於學。定兵謀也。過大山川，則用事焉。用事，令太祝用祭事告之。「凡告必用牲幣，反亦如之」。〔五〕「牲」當爲「制」。〔六〕出征執有罪，反，釋奠於學，以訊馘告。釋菜奠幣，禮先師也。訊馘，所生獲斷耳者。諸侯將出征，宜社造禰及無遷主以主命，並如天子之制。

梁天監初，陸璉定軍禮，依古制類造等用牲幣。帝曰：「宜者請征討有宜，〔七〕造者稟謀於廟，類者奉天時以明伐，並明不敢自專。陳幣承命可也。」璉不能對。嚴植之又爭之，於是告用牲幣，反亦如之。

北齊天子親征纂嚴，則服通天冠，文物充庭。有司奏更衣，〔八〕乃入，冠武弁，左貂附蟬以出。誓訖，擇日備法駕，〔九〕乘木輅，以造於廟。載遷廟主於齋車，以俟行。次宜於社，有司以毛血釁軍鼓，載帝社祏主於車，以俟行。次擇日陳六軍，備大駕，類於上帝。次擇日祈后土、神州、岳鎮、海瀆、源川等。〔一〇〕乃爲坎盟，督將列牲於坎南，北首。有司於坎前讀盟文，割牲耳，承血。皇帝受牲耳，徧授大將，乃寘於坎。又歃血，歃徧，〔一一〕又以寘坎。禮畢，埋牲及盟書。又卜日，〔一二〕建牙旗於墠，祭以太牢。及所過名山大川，有司致祭。將屆戰所，卜剛日，備玄牲，列軍容，設柴於辰地，〔一三〕爲墠而禡祭。大司馬奠矢，有司奠毛血，樂奏大濩之音。禮畢，徹牲，柴燎。戰前一日，皇帝禱祖，司空禱社。戰勝則各報以太牢。又用太牢賞用命於祖，引功臣入旌門，即神庭而授版焉。又罰不用命於社，即神庭行戮訖，振旅而還。格廟誥社訖，擇日行飲至之禮，文物充庭。有司執簡，記年號月朔，陳六師凱入格廟之事，飲至策勳之美，用述其功，不替賞典焉。

隋制，天子行幸，有司祭所過名山大川。岳瀆以太牢，山川以少牢。若親征及巡狩，則類上帝、宜社、造廟，〔一四〕還禮亦如之。

大業七年，征高麗。煬帝遣諸將於薊城南桑乾河上，〔一五〕築社稷二壇，設方壝，行宜社禮。〔一六〕帝齋於臨朔宮懷荒殿，與告官及侍從，各齋於其所。十二衞兵士並齋。帝衮冕玉輅，〔一七〕備法駕。禮畢，御金輅，服通天冠，還宮。又於宮南類上帝，積柴燎壇，設高祖位於東方。帝服大裘而冕，乘玉輅，祭奠玉帛，並如宜社。諸軍受胙畢，帝就位，觀燎，乃出。將發，帝御臨朔宮，親授節度，遂出。其大駕，具出師儀篇。是歲，行幸觀海鎮，〔一八〕於禿黎山爲壇，祠黃帝，行禡祭。皇帝及諸陪祭近侍官諸軍將，皆齋一宿。有司供帳設位，爲埋坎神座西北，內壝之外。建二旗於南門外。以熊席設帝軒轅神座於壝內。〔一九〕皇帝出次入門，羣官定位，皆再拜奠。禮畢，還行宮。

大唐制，車駕行幸及親征，有司類宜造禡，如開元禮。

軷祭周　後周　隋　大唐

周制，天子將出師，大馭掌馭玉輅以祀。及犯軷，王自左馭，馭下祝，登，受轡，犯軷，遂驅之。行山曰軷。犯之者，封土爲山象，以菩芻棘柏爲神主。既祭之，以車轢之而去，喻無險難也。春秋傳曰：「跋涉山川。」自，由也。王由左馭，禁制馬使不行也。軷音蒲末反。菩音負。及祭，酌僕。僕左執轡，右祭兩軹，祭軓，乃飲。軹謂兩轊，軓謂車軾前也。轊音衞，軓音犯。〔二〇〕

後周迎太白，出國門而軷祭。

隋制，皇帝行幸親巡狩則軷祭。其禮，有司於國門外，委土爲山象，設埋坎。有司刳羊，陳俎豆。駕將至，委奠幣，薦脯醢，〔二一〕加羊於軷，西首。又奠酒解羊，并饌埋於坎。〔二二〕駕至，太僕祭兩軹及軓前，〔二三〕乃飲，授爵，遂轢軷上而行。

大唐車駕親征，如開元禮。

天子諸侯四時田獵周　宋　梁　陳　北齊　後周　隋　大唐

周制，天子諸侯無事，則歲行蒐苗獮狩之禮。

仲春教振旅，司馬以旗致民，平列陣，如戰之陣。以旗者，立旗期民於其下也。兵者凶事，不可空設，因蒐狩而習之。凡師，出曰治兵，入曰振旅，皆習戰也。四時各教民以其一焉。春習振旅，兵入收衆，專於農。平猶正也。王執路鼓，諸侯執蕡鼓，軍將執晉鼓，師帥執提，旅帥執鼙，卒長執鐃，兩司馬執鐸，公司馬執鐲，鼓人職曰：「以路鼓鼓鬼享，以蕡鼓鼓軍事，以晉鼓鼓金奏，以金鐃止鼓，以金鐸通鼓，以金鐲節鼓。」提謂馬上鼓，有曲木提持鼓立馬髦上者，〔二四〕故謂之提。杜子春云：「公司馬謂五人爲伍伍之司馬也。」〔二五〕鄭玄謂：「王不執蕡鼓，尚之於諸侯也。伍長，謂之公司馬者，雖卑，亦同其號。」蕡音墳。以教坐作進退疾徐疏數之節。習戰法。遂以蒐田，有司表貉，誓民，鼓，遂圍禁。火弊，獻禽以祭社。春田爲蒐。有司，大司徒也，掌大田役，治徒庶之政令。表貉，立表而貉祭也。誓民，誓以犯田法之罰也。誓曰：「無干車，無自後射。」立旌遂圍禁。火弊，火止也。春田主用火，因焚萊除陳草，皆殺而火止。獻猶致也。田止，虞人植旌，衆皆獻其所獲禽焉。詩云：「言私其豵，獻肩于公。」〔二六〕春田主祭社者，土方施生也。貉讀爲禡。

仲夏教茇舍，如振旅之陣。羣吏撰車徒，〔二七〕讀書契，辨號名之用。帥以門名，〔二八〕縣鄙各以其名，家以號名，鄉以州名，野以邑名，百官各象其事，以辨軍之夜事。其他皆如振旅。茇舍，草止之也，軍有草止之法。讀書契，以簿書校録軍實之凡要。號名者，徽識所以相別也。鄉遂之屬謂之名，家之屬謂之號，百官之屬謂之事。在國以表朝位，在軍又象其制而爲之，以備死事。夜事，戒夜守之事。遂以苗田，如蒐之法。車弊，獻禽以享礿。夏田爲苗，擇取不孕任者，若治苗去不秀實者云。車弊，驅獸之車止也。夏田主用車，示所取物希，皆殺而車止。礿，宗廟之夏祭也。冬夏田主於祭宗廟者，陰陽始起，象神之在內。

仲秋教治兵，如振旅之陣。王載太常，諸侯載旂，軍吏載旗，師都載旜，鄉遂載物，〔二九〕

郊野載旐，百官載旗，各書其事與其號焉。其他皆如振旅。軍吏，諸軍帥也。師都，遂大夫也。鄉遂，鄉大夫也。或載旜，或載物，衆屬軍吏，無所將也。郊謂鄉遂之州長、縣正以下也。野謂公邑大夫。載旐者，以其將羡卒也。百官，卿大夫也。載旟者，以其屬衞王也。凡旌旗，有軍衆者畫異物，〔三〇〕無者帛而已。書當爲畫，皆畫以雲氣。遂以獮田，如蒐田之法。羅弊，致禽以祀祊。秋田爲獮。獮，殺也。羅弊，網止也。秋田主用網，中殺者多也，皆殺而網止。祊當爲方。秋田主祭四方，報成萬物。詩云「以社以方」。

仲冬教大閱。春辨鼓鐸，夏辨號名，秋辨旗物，至冬大閱，簡軍實。〔三一〕虞人萊所田之野，爲表，百步則一，爲三表；又五十步爲一表。田之日，司馬建旗於後表之中，羣吏以旗物鼓鐸鐲鐃，各帥其民而致。質明弊旗，誅後至者。乃陳車徒如戰之陳，皆坐。虞人萊所田之野，芟除其草萊，爲可陳之處。後表之中，五十步表之中央。表，所以識正行列也。四表積二百五十步，〔三二〕左右之廣當容三軍，步數未聞。致，致之司馬。質，正也。弊，仆也。皆坐，當聽誓。羣吏聽誓於陳前。斬牲以左右徇陳曰：「不用命者斬之。」羣吏，諸軍帥也。陳前，南面鄉表也。月令：「季秋，天子教於田獵，以習五戎。」司徒搢朴，北面以誓之。此大閱禮，實正歲之仲冬，而説季秋之政，於周爲仲冬，爲月令者失之矣。斬牲者，小子也。凡誓之大略，甘誓、湯誓之屬是也。中軍以鼙令鼓，鼓人皆三鼓，司馬振鐸，羣吏作旗，車徒皆作。鼓行鳴鐲，車徒皆行，及表乃止。三鼓摝鐸，羣吏弊旗，車徒皆坐。中軍，中軍之將也。天子六軍，三三而居一偏。羣吏既聽誓，各復其部曲。中軍之將令鼓鼓，以作其士衆之氣。鼓人者，中軍之將、師帥、旅帥也。司馬振鐸以作衆。作，起也。既起，鼓人擊鼓以行之，伍長鳴鐲以節之。伍長一曰公司馬。及表，自後表前至第二表。〔三三〕三鼓者，鼓人也。摝讀如豕鹿之鹿。掩上振之爲摝。摝者，止行息氣也。司馬法曰：「鼓聲不過閶，鼙聲不過闒，〔三四〕鐸聲不過琅。」閶音吐剛反。闒音吐答反。〔三五〕又三鼓，振鐸作旗，車徒皆作。鼓進鳴鐲，車驟徒趨，及表乃止，坐作如初。趨者，赴敵尚疾之漸。春秋傳曰「先人有奪人之心」。及表，自第二前至第三表。〔三六〕乃鼓，車馳徒走，及表乃止。及表，自第三前至前表。鼓戒三闋，車三發，徒三刺。鼓戒，戒攻敵也。鼓一闋，車一轉，徒一刺，三而止，象服敵。乃鼓退，鳴鐃且卻，及表乃止，坐作如初。鐃所以止鼓也。軍退，卒長鳴鐃以和衆。〔三七〕鼓人爲止之。〔三八〕退，自前表至後表。鼓鐸則同，習戰之禮，出入一也。異者，廢鐲而鳴鐃。〔三九〕遂以狩田：以旌爲左右和之門，羣吏各帥其車徒以敍和出，左右陳車徒，有司平之。旗居卒間以分地，前後有屯百步，有司巡其前後。險野，人爲主；易野，車爲主。冬田爲狩，言守取之無所擇也。〔四〇〕軍門曰和，今謂之壘門，立兩旌以爲之。敍和出，用次第出和門也。左右，或出而左，或出而右。有司平之，鄉師居門，正其出入之行列也。旗，軍吏所載也。〔四一〕分地，調其部曲疏數。〔四二〕前後有屯百步，車徒異羣相去之數也。車徒畢出於和門，鄉師又巡其行陣。鄭衆云：〔四三〕「險野，人爲主，人居前。易野，車爲主，車居前。」既陣，乃設驅逆之車，有司表貉於陣前。驅，驅出禽獸，使趨田者也。逆，〔四四〕逆要不得令走。設此車者，田僕也。中軍以鼙令鼓，鼓人皆三鼓，羣司馬振鐸，車徒皆作。羣司馬，兩司馬也。遂鼓行，徒銜枚而進。枚狀如箸，銜之，有繣結項中。軍法止語，爲相疑惑也。天子殺則下大綏，諸侯殺則下小綏。綏，有虞氏之旌旗也。下謂弊之。〔四五〕大夫殺則止佐車，佐車止則百姓田獵。〔四六〕佐車，驅逆之車。大獸公之，小禽私之，獲者取左耳。

鄭衆云：〔四七〕「大獸公之，輸之於公；小禽私之，以自畀也。」獲得禽獸者，取其左耳，當以計功多少。畀音必二反。〔四八〕及所弊，鼓皆駴，車徒皆譟。及所弊，至所弊之處。田所當於止也。天子諸侯蒐狩有常，至其常處，吏士鼓譟，象攻敵剋勝而喜也。疾雷擊鼓曰駴。譟，讙也。書曰「前師乃鼓𡔷譟」，亦謂喜也。駴音駭。𡔷音符。徒乃弊。命致禽饁獸於郊，入獻禽以享烝。徒乃弊，徒止也。冬田主用衆，物多，衆得取也。致禽饁獸於郊，聚所獲禽，因以祭四方之神於郊。月令季秋「天子既田，命主祠祭禽於四方」是也。入又以禽祭宗廟。

說曰：天生五材，人並用之，廢一不可，誰能去兵。歷代以來，禍亂之作，非武不定，是以君子習之。孔子曰：「不教民戰，〔四九〕是謂棄之。」王制曰：「天子諸侯無事而不田，曰不敬。田不以禮，曰暴天物。」左氏傳曰：「春蒐、夏苗、秋獮、冬狩，皆於農隙以講事。〔五〇〕三年治兵，入而振旅，歸而飲至，以數軍實。昭文章，明貴賤，辨等列，順少長，習威儀也。」穀梁傳曰：「因蒐狩以習用武事，禮之大者也。艾蘭以爲防，蘭，香草也。〔五一〕防，爲田之大限。置旃以爲轅門，旃，旌旗之名，通帛爲旃。轅門，昂車以其轅表門。以葛覆質以爲槷，質，椹也。槷，門中臬也。葛或爲褐。槷，五結反。流旁握，御轚者不得入。流旁握，謂車兩轊頭，各去門邊容握。握，四寸也。轚掛者則不得入門。〔五二〕車軌塵，塵不出轍。馬候蹄，發足相應，遲疾相投。掩禽旅，掩取衆禽。御者不失其馳，然後射者能中。不失馳騁之節。過防弗逐，不從奔之道也。戰不逐奔之義。面傷不獻，嫌誅降。不成禽不獻。惡虐幼小。禽雖多，天子取三十焉。一爲乾豆，謂自左膘而射，達於右腢，爲上等。腢，髆前骨也，音虞，又五口反。〔五三〕二爲賓客，謂射右耳本，爲次等。三爲充君之庖。謂射左髀達於右髃，〔五四〕爲下等。其餘與士衆以習射於射宮。取三十以供乾豆、賓客、君之庖。射宮，澤宮。射而中，田不得禽則得禽；射而不中，田得禽則不得禽。是以知古之貴仁義而賤勇力也。」射以不争爲仁，揖讓爲義。

宋文帝元嘉二十五年閏二月，大蒐於宣武場。主司列奏申攝，剋日校獵，百官備辦。〔五五〕設行宮殿便座武帳於幕府山南岡，〔五六〕設王公百官便座幔省如常儀，〔五七〕設南北左右四行旌門。建旗以表獲車。殿中郎一人典獲車，主者二人收禽，吏二十四人配獲車十二兩。校獵之官著袴褶，有帶。二品以上擁刀，備槊麾幡，〔五八〕三品以下帶刀，皆騎乘。將領部曲先獵一日，布圍。領軍將軍一人督右甄；護軍將軍一人督左甄；大司馬一人居中，董正諸將，悉受節度。殿中郎率獲車部曲，〔五九〕在大司馬之後。尚書僕射以下諸官曹令史等，督攝糾司，校獵非違。〔六〇〕至日，會於宣武場，列爲重圍。設留守填街位於雲龍門外，內官道北，外官道南，以西爲上。設從官位於雲龍門內，大官階北，小官階南，以西爲上。設先置官位於行上車門外，〔六一〕內官道西，外官道東，以北爲上。設先置官還位於廣莫門外道之東西，以南爲上。校獵日平旦，正直侍中奏嚴。上水一刻，奏「槌一鼓」，〔六二〕爲一嚴。上水二刻，奏「槌二鼓」，爲再嚴。殿中侍御史奏開東中華雲龍門，引仗爲小駕鹵簿。百官非校獵之官，著朱服，集列廣莫門外。〔六三〕留守填街後部從官就位；前部從官依鹵簿；

先置官先行。上水三刻，奏「槌三鼓」，爲三嚴。上水四刻，奏「外辦」。正次直侍中、〔六四〕散騎常侍、給事黃門侍郎、散騎侍郎、〔六五〕軍校，劍履進夾上閤。正直侍中負璽，通事令史帶龜印中書之印。上水五刻，皇帝出。著黑介幘單衣，乘輦。正直侍中負璽陪乘，不帶劍。殿中侍御史督攝黃麾以內。次直侍中、次直黃門侍郎護駕在前。又次直侍中佩信璽、行璽，〔六六〕與正直黃門侍郎從護駕在後。不鳴鼓角，不得諠譁，以次引出，警蹕如常儀。車駕出，讚陛者再拜。〔六七〕皇太子入守。車駕將至，威儀唱引先置前部從官就位，再拜。車駕至行殿前迴輦，正直侍中跪奏：「降輦。」次直侍中稱制曰：「可。」〔六八〕正直侍中俛伏起。皇帝降輦登御座，侍臣升殿。直衛鈒所立反戟武賁，毛頭文衣鶡尾，以次列階。〔六九〕正直侍中奏：「解嚴。」先置從駕百官還便座幔省。皇帝若親射禽，變服戎服，如校獵儀。內外從官及武賁悉變服，鈒戟抽鞘，以備武衛。黃麾內官，從入圍裏。列置部曲，廣張甄圍，旗鼓相見，〔七〇〕銜枚而進。甄周圍會，督甄令史奔騎號法施令曰：「春禽懷孕，蒐而不射；鳥獸之肉不登於俎，不射；皮革齒牙骨角毛羽不登於器，不射。」甄會。大司馬鳴鼓蹴圍，衆軍鼓譟警角，至宣武場止。大司馬屯北旌門，二甄帥屯左右旌門，殿中中郎率獲車部曲入次北旌門內之右。皇帝從南旌門入射禽。謁者以獲車收載，還陳於獲旗之北。王公以下以次射禽，各送詣獲旗下，付收禽主者。〔七一〕事畢，大司馬鳴鼓解圍復屯，殿中郎率其屬收禽，以實獲車，奉車奉充庖厨。正厨置罇酒俎肉於中逵，以犒饗校獵衆軍。至晡，正直侍中量宜奏嚴，從官還著朱服，鈒戟復鞘。再嚴，先置官先還。三嚴後二刻，正直侍中奏：「外辦。」皇帝著黑介幘單衣。正次直侍中、〔七二〕散騎常侍、給事黄門侍郎、軍校進夾御座。正直侍中跪奏：「還宫。」次直侍中稱制曰：「可。」〔七三〕正直侍中俛伏起。乘輿登輦還，衛從如常儀。大司馬鳴鼓散屯，以次就舍。車駕將至，威儀唱引留守填街先置前部從官就位，再拜。車駕至殿前迴輦，正直侍中跪奏：「降輦。」次直侍中稱制曰：「可。」正直侍中俛伏起。乘輿降入。正直次直侍中、〔七四〕散騎常侍等從至閤。正直侍中奏：「解嚴。」内外百官拜表問訊訖，罷。

梁陳並依宋儀。其異者，置行殿於幕府山南岡，並設王公百官幕。先獵一日，遣馬騎布圍。左領軍將軍督左，右領軍將軍督右，〔七五〕大司馬董正諸軍。獵日，侍中三奏，一奏搥一鼓，爲一嚴，三嚴訖，引仗爲小駕鹵簿。皇帝乘馬戎服，從者悉絳衫幘，〔七六〕黄麾警蹕，鼓吹如常儀。獵訖，宴會享勞，比校多少。戮一人以懲亂法。會畢，還宫。

北齊春蒐禮：有司規大防，建獲旗，以表獲車。前一日，命布圍。領軍將軍一人，督左甄；護軍將軍一人，督右甄；大司馬一人，居中，節制諸軍。天子陳小駕，服通天冠，乘木輅，詣行宫。將親禽，服戎服，〔七七〕鈒戟者皆嚴。武衛張甄圍，旗鼓相見，銜枚而進。甄常開一方，〔七八〕以令三驅。圍合，吏奔騎令曰：「鳥獸之肉不登於俎者，不射；皮革齒牙骨角毛羽不登於器者，不射。」甄合，大司馬鳴鼓促圍，衆軍鼓譟鳴角，至期處而止。大司馬屯北旌門，二甄帥屯左右旌門。天子乘馬，從南旌門入，親射禽。謁者以獲車收禽，載還，陳於獲旗之北。王公以下以次射禽，皆送旗下。〔七九〕事畢，大司馬鳴鼓解圍，復屯。殿中郎率其屬收禽，以實獲車。天子還行宮，命有司每禽擇取三十，〔八〇〕一曰乾豆，二曰賓客，三曰充君之庖。其餘即於圍下量犒將士。禮畢，改服，鈒者韜刃而還。夏苗、秋獮、冬狩，禮皆同。〔八一〕

後周仲春教振旅，大司馬建大麾於萊田之所。鄉稍之官，以旗物鼓鐸鉦鐃，各帥其人而致。誅其後至者。建麾於後表之軍中，〔八二〕以集衆庶。質明，偃麾，誅其不及者。乃陳徒騎，如戰之陣。大司馬北面誓之。軍中皆聽鼓角，以爲進止之節。田之日，於萊之北，建旗爲和門。諸將帥徒騎序入其門，有司居門，以平其人。既入而分其地，險野則徒前而騎後，易野則騎前而徒後。既陣，皆坐，乃設驅逆騎，有司表禡於前。〔八三〕以太牢祭黃帝軒轅氏，於狩地爲壝，建二旗，列五兵於座側，行三獻禮。遂蒐田，致禽以祭社。仲夏教茇舍，遂苗田。仲秋練兵獮田。仲冬大閱，遂狩。其致禽享礿教習之儀，並如古周法。

隋大業三年，煬帝在榆林，突厥啟人及西域、東胡君長並來朝貢。〔八四〕帝欲示以甲兵之盛，乃命有司陳冬狩之禮。詔虞部量拔延山南北周二百里，並立表記。前狩二日，兵部建旗於表所。五里一旗，分爲四十軍，軍萬人，騎五千匹。前一日，諸將各帥其軍，〔八五〕集於旗下。鳴鼓，後至者斬。詔四十道使，並揚旗建節，分申佃令，〔八六〕即留軍所監獵。布圍，圍闕南面，〔八七〕方行而前。帝服紫袴褶、黑介幘，乘闟豬車，車飾如木輅，重輞縵輪，虯龍繞轂，〔八八〕漢東京鹵簿所謂獵車。駕六黑騮。太常陳鼓笳鐃簫角於帝左右，各百二十。〔八九〕百官戎服騎從，〔九〇〕鼓行入圍，諸將並鼓行赴圍。乃設驅逆騎千有二百。闟豬停軔，〔九一〕有司斂大綏；王公以下，皆整弓，陳於駕前，有司又斂小綏。乃驅獸出，過於帝前。初驅過，有司整御弓矢以前，〔九二〕待詔。再驅過，〔九三〕備身將軍奉進弓矢。三驅過，帝乃從禽，鼓吹皆振，左而射之。每驅必三獸以上。帝發，抗大綏。次王公發，抗小綏。次諸將發射，〔九四〕則無鼓，驅逆之騎乃止。然後三軍四夷百姓皆獵。〔九五〕凡射獸，自左膘而射，達於右腢，五口反。〔九六〕爲上等。達右耳本，爲次等。自左髀達於右䯚，爲下等。羣獸相從，不得盡殺。已傷之獸，不得重射。又逆向人者，不射其面。出表者不逐之。田將止，虞部建旗於圍內。從駕之鼓及諸軍鼓俱振，卒徒皆譟。諸獲禽者，獻於旗所，致其左耳。大獸公之，以供宗廟，使歸腊於京師。〔九七〕小獸私之。

大唐高祖武德五年十二月，幸涇陽之華池校獵。謂羣臣曰：「今日畋樂乎？」諫議大夫蘇代長進曰：〔九八〕「陛下遊獵，薄廢萬機，不滿十旬，〔九九〕未爲大樂。」高祖色變，既而笑曰：「狂發耶？」代長曰：「爲臣私計，即狂；爲陛下國計，即忠。」

貞觀十六年十二月，狩於驪山。時陰寒晦冥，圍兵斷絕。上乘高遥見之，欲捨其罰，恐虧軍令，乃迴轡入谷以避之。

永徽元年冬，出獵，在路遇雨。因問諫議大夫谷那律曰：「油衣若爲得不漏？」〔一〇〇〕對曰：「能以瓦爲之，必不漏矣。」上大悦。因此不復出獵。

先天元年十一月，獵於驪山之下。侍中魏知古上詩諫曰：「嘗聞夏太康，五弟訓禽荒。〔一〇一〕我后來冬狩，三驅盛禮張。順時鷹隼擊，講事武功揚。奔走未及去，翾飛豈暇翔。非熊從渭水，〔一〇二〕瑞翟想陳倉。此欲誠難縱，茲遊不可常。子雲陳羽獵，僖伯諫漁棠。得失鑒齊楚，仁恩念禹湯。〔一〇三〕雍熙諒在宥，亭毒匪多傷。辛甲今爲史，〔一〇四〕虞箴遂孔彰。」手制曰：「所進十韻，三復研精，良增歎美。予時因暇景，爲苗而畋，開一面之羅，展三驅之禮。無情校獵，但慕前禽。卿有箴規，輔予不逮。今賜物五十段，以申勸奬。」〔一〇五〕

開元三年十月，大蒐於岐州鳳泉湯。屬夜雪天寒，其圍兵並放散，各賜布一端，〔一〇六〕綿一屯。其蒐狩之制，具開元禮。

出師儀制 揚兵講武附○周　漢　後漢　魏　晉　東晉　宋　後魏　北齊　隋　大唐

周制，大司馬制軍詰禁以糾邦國。若大師，則掌其戒令，涖太卜，帥執事涖釁主及軍器。大師，王出征伐也。涖，臨也。主謂遷廟之主及社主在軍者也。軍器，鼓鐸之屬。凡師既受甲，迎主於廟及社主，祝奉以從。殺牲以血塗主及軍器，皆神明之。司馬法曰：「上下謀，是謂參之。」及致，建大常，比軍衆，誅後至者。致謂鄉師致民於司馬也。比，校次之。〔一〇七〕司兵掌五兵五盾。五兵者，戈、殳、戟、酋矛、夷矛。五盾，干櫓之屬也。及授兵，從司馬之法以頒之。師旅卒兩人數，所用多少。司戈盾掌戈盾之物而頒之。分與受用者。〔一〇八〕授貳車戈盾，〔一〇九〕建乘車之戈盾，授旅賁及虎士之戈盾。軍行，〔一一〇〕兵車不式。尚威武，不崇敬。武車綏旌。武車亦革輅也。取其建戈，〔一一一〕即云兵車；取其威猛，即云武車。旌謂車上旗旛也。綏謂垂舒。凡軍旅會同，合其車之卒伍，而比其乘，屬其右。合、比、屬，謂次第相安習也。車亦有卒伍。戎僕掌馭戎車，掌王倅車之政，〔一一二〕正其服。犯軷如玉輅之儀。虎賁氏掌先後王而趨以卒伍。王出，將虎賁士居前後，雖羣行，亦有局分。旅賁氏掌執戈盾，夾王車而趨。左八人，右八人。車止則持輪。太僕則自左馭而前驅，及贊王鼓。王通鼓，佐擊其餘面。

前有水則載青旌，前有塵埃則載鳴鳶，前有車騎則載飛鴻，前有士師則載虎皮，前有摯獸則載貔貅。載謂舉旌首以警衆也。禮，君行師從，卿行旅從。前驅舉此，則士衆知所有。〔一一三〕所舉各以其類象之。青，青雀，水鳥也。鳶鳴則天將風，風生埃起。鴻取飛有行列也。士師謂兵衆也。虎取其有威勇。貔貅亦摯獸。書曰「如虎如貔」。行，前朱鳥而後玄武，左青龍而右白虎，招搖在上，急繕其怒，以此四獸爲軍陣，象天也。急猶堅也。繕讀曰勁。又畫招搖星於旌旗上，以起居堅勁，軍之威怒，象天帝也。〔一一四〕招搖星在北斗杓端，主指者。進退有度。度謂伐與步數。

挈壺氏掌挈壺以令軍井，〔一一五〕挈轡以令舍，挈畚以令糧。鄭衆云：「挈壺以令軍井，謂爲軍穿井，井成，挈壺懸其上，令軍中士衆皆望見，知此下有井。壺所以盛飲，故以壺表井。挈轡以令舍，亦懸轡於所當舍止之處，〔一一六〕使軍望見，知當舍止於此。轡所以駕舍，故以轡表舍。挈畚以令糧，亦懸畚於其所當廩假之處，令軍望見，知當廩假於此下也。畚所以盛糧之器，故以畚表廩。軍中人多，車騎雜會讙囂，號令不能相聞，故各以其物爲表，〔一一七〕省煩便事也。」凡軍事，懸壺以序聚欜。鄭衆云：「懸壺以爲漏，以序聚欜，以次更聚擊欜備守。」〔一一八〕鄭玄謂「擊欜，兩木相敲，行夜時也」。欜音託。

及戰，司馬巡陣，視事而賞罰。事謂戰功也。若師有功，則左執律，右秉鉞，以先愷樂獻於社。功，勝也。律所以聽軍聲，〔一一九〕鉞所以爲將威也。先猶導也。兵樂曰愷。獻功於社也。故城濮之戰，春秋左氏傳曰：「振旅愷以入於晉。」若師不功，則厭而奉主車。鄭衆云：「厭謂厭冠，喪服也。軍敗則以喪禮，故秦伯之敗於殽也，春秋傳曰『秦伯素服郊次，向師而哭』。」鄭玄謂：「厭，伏冠也。奉猶送也。送主歸於廟與社。」王弔勞士庶子，則相。師敗，〔一二〇〕王親弔士庶子之死者，勞其傷者。庶子，卿大夫之子從軍者。〔一二一〕或謂之庶士。

漢興，設南北軍之備外，命天下郡國選能引强、蹶張、材力、武猛者，以爲輕車、騎士、材官、樓船。常以立秋後郊禮畢，斬牲於東門，以薦陵廟，肄孫吳兵法六十四陣。每十月，都課試金革騎士，各有員數。如有寇警，平地用車騎，山阻用材官，水泉用樓船。孝文納晁錯之策，以爲軍之勝負定於內，有事則可以應於外，頗祖周司馬法、齊寄政之制，管子寓軍令。徙人於邊，〔二二〕以起軍伍。元帝用貢禹議，始罷角抵戲。

後漢初，立秋之日，自郊禮畢，〔二三〕始揚威武，斬牲於郊東門，以薦陵廟。其儀：〔二四〕乘輿御戎輅，白馬朱鬣，躬執弩射牲。牲用鹿麛。太宰令、謁者各一人，載以獲車，馳駟送陵廟。〔二五〕還宮，遣使者齎束帛以賜武官。武官肄兵，〔二六〕習戰陣之儀、斬牲之禮，名曰「貙劉」。兵、官皆肄孫、吳兵法六十四陣。既還，公卿以下陳雒陽街，乘輿到，公卿已下拜，天子下車，公卿親識顏色，然後還宮。古語曰：在車下，則准此時施，漢代以爲常。〔二七〕

靈帝中平五年，以天下黃巾賊起，大發四方兵，講武耀兵於平樂觀。以小黃門蹇碩爲上軍校尉，武賁中郎將袁紹爲中軍校尉，屯騎校尉鮑鴻爲下軍校尉，〔二八〕議郎曹操爲典軍校尉，趙融爲助軍左校尉，馮芳爲助軍右校尉，諫議大夫夏牟爲左校尉，〔二九〕淳于瓊爲右校尉。凡八人，皆統於碩。起太壇，上建十二重五采華蓋，〔三〇〕高十丈。壇東北爲小壇，復建九重華蓋，〔三一〕高九丈。列步騎兵士數萬人，〔三二〕結營爲陣。天子親出臨軍，駐大華蓋下；大將軍何進駐小華蓋下。禮畢，帝躬擐甲介馬，稱「無上將軍」，〔三三〕行陣三帀，還。

獻帝建安二十一年，有司奏：「古四時講武。按漢西京承秦制，〔三四〕三時不講。唯十月都試金革。今兵戈未偃，士衆素習，可無四時講武，但以立秋擇吉日，大朝車騎，號曰閱兵。上合禮名，下承漢制。」是冬閲兵，魏王曹操親執金鼓以令進退。延康元年，曹丕嗣魏王。其年秋，閲兵於郊，公卿相儀，王御華蓋，親執金鼓之節。

魏明帝太和元年十月，閲兵於東郊。

晉武帝泰始四年、九年、〔一三五〕咸寧元年、太康四年、六年冬，皆自臨宣武觀，〔一三六〕大閲，習衆軍。然不自令進退。自惠帝以後，其禮遂廢。

東晉元帝詔左右衞及諸營教習，依大習儀。成帝咸和中，詔内外諸軍戲於南郊之場，故其地因名鬭場。〔一三七〕自後蕃鎮桓、庾諸方伯，往往閲習，然朝廷無事焉。〔一三八〕

宋文帝依故事肄習衆軍，兼用漢魏之禮。其後以時講武於宣武堂。〔一三九〕

後魏明帝永興五年以九月十月之交，〔一四〇〕親行貙劉之禮。文成帝和平三年，〔一四一〕因歲除大儺，遂耀兵示武。更爲制，令步兵陳於南，騎士陳於北，各擊鐘鼓，以爲節度。其步兵所衣，青赤黑黄，别爲部隊。楯矟矛戟相次周迴轉易，以相赴就。有飛龍騰蛇之變，爲函箱魚鱗四門之陣，凡十餘法。跪起前卻，莫不應節。陣畢，南北二軍皆鳴鼓角，衆盡大譟。各令騎將六千人去來挑戰，〔一四二〕步兵更進退以相拒擊，南敗北捷，以爲盛觀。〔一四三〕自後以爲常。

北齊常以季秋，皇帝講武於都外。有司先芟萊野爲場，爲二軍進止之節。〔一四四〕又别墠於北場，〔一四五〕輿駕停觀。遂命將教衆爲戰場之法。凡爲陣，少者在前，長者在後。其還，則長者在前，少者在後。長者持弓矢，短者持旍旗。勇者持鉦鼓刀楯爲前行，戰士次之，槊者次之，〔一四六〕弓箭爲後行。將帥先教士目，使習見旍旗指麾之蹤，發起之意，旗卧則跪。次教士耳，使習聽金鼓動止之節，聲鼓則進，鳴金則止。次教士心，使知刑罰之苦，賞賜之利。次教士手，使習持五兵之便，戰鬭之備。次教士足，使習跪起及行嶮泥之塗。前五日，皆請兵嚴於場所，依方色建旗爲和門。都墠之中及四角，皆建五采牙旗。〔一四七〕應講武者，各集於其軍。戒鼓一通，軍士皆嚴備。二通，將士擐甲。三通，步軍各爲直陣，以相俟。大將各處軍中，立旗鼓下。有司陳小駕鹵簿，皇帝武弁，乘革輅，大司馬介胄乘馬，奉引入行殿。百司陪列。位定，二軍迭爲客主。先舉爲客，後舉爲主。從五行相勝法，爲陣以應之。

隋大業七年，征遼東。衆軍將發，御臨朔宮，親授節度。每軍，大將、亞將各一人。騎兵四十隊，隊百人。百人置一纛。十隊爲一團，團有偏將一人。第一團，皆青絲連明光甲、〔一四八〕鐵具裝、青纓拂，建狻猊旗。第二團，絳絲連朱犀甲、〔一四九〕獸文具裝、赤纓拂，建貔貅旗。第三團，白絲連明光甲、鐵具裝、素纓拂，建辟邪旗。第四團，烏絲連玄犀甲、獸文具裝、黑纓拂，〔一五〇〕建六駮旗。前部鼓吹一部：大鼓、小鼓及鼙、長鳴、中鳴等各十八具，棡鼓、金鉦各二具。後部鐃吹一部：鐃二面，歌簫及笳各四具，節鼓一面，篳篥、横笛各四具，大角十八具。又步卒八十隊，分爲四團。團有偏將一人。第一團，每隊給青隼旟旛一。第二團，每隊黄隼旟旛一。〔一五一〕第三團，每隊蒼隼旟旛一。〔一五二〕第四團，每隊烏隼旟旛一。〔一五三〕長槊楯弩及甲毦等，各稱兵數。受降使者一人，給二馬軺車一乘，白獸旛及節每一，〔一五四〕騎吏三人，車輻白從十二人。承詔慰撫，不受大將制，戰陣則爲監軍。

軍將發，候大角一通，步卒第一團出營東門，東向陣。第二團出營南門，南向陣。第三團出營西門，西向陣。第四團出營北門，北向陣。陣四面團營，然後諸團嚴駕立。大角三通，則鐃鼓俱振，騎第一團引行，〔一五五〕隊閒相去各十五步。次第二團。次前部鼓吹。次弓矢一隊，合二百騎。建蹲獸旗，爬槊二張，大將在其下。〔一五六〕次鞚馬二十匹，〔一五七〕次大角，次後部鐃吹。次第三團，次第四團，次受降使者。次及輜重戎車散兵等，亦有四團。第一輜重出，收東面陣，分爲兩道，夾以行。第二輜重出，收南面陣，夾以行。第三輜重出，收西面陣，夾以行。第四輜重出，收北面陣，夾以行。亞將領五百騎，建騰豹旗，殿軍後。

至營，則第一團騎陣於東面，第二團騎陣於南面，鼓吹翊大將軍居中，駐馬南向，第三團騎陣於西面，第四團騎陣於北面，合爲方陣。四面外向，步卒翊輜重入於陣內，以次安營。營定，四面陣者引騎入營。〔一五八〕亞將率驍騎遊奕督察。其安營之制，以車外布，閒設馬槍，次施兵幕，内安雜畜。事畢，大將、亞將等各就牙帳。馬步隊與軍中散兵，〔一五九〕交爲兩番，五日而代。

於是每日遣一軍發，相去四十里，連營漸進。二十四日續發而盡。首尾相繼，鼓角相聞，旌旗亙九百六十里。天子六軍次發，兩部前後先置，又亙八十里。通諸道合三十軍，亙千四十里。

諸軍各以帛爲帶，長尺五寸，闊二寸，題其軍號爲記。御營内者，合十二衞、〔一六〇〕三臺、五省、九寺，並分隸内外前後左右六軍，亦各題其軍號，〔一六一〕不得自言臺省。王公以下，至於兵丁厮隸，〔一六二〕悉以帛爲帶，〔一六三〕綴於衣領，名「軍記帶」。諸軍並給幡數百，有事使人交相去來者，〔一六四〕執以行。不執幡而離本軍者，他軍驗軍記帶，〔一六五〕知非本部兵，則所在斬之。

大唐顯慶二年十一月二十一日，講武於滍水之南，行三驅之禮。上設次於尚書臺以觀之。時許州長史封道弘奏言：「後漢南郡太守馬融講尚書於此，因以爲名。〔一六六〕今請改爲講武臺。」從之。五年三月八日，又講武於并州城北。上御飛閣，引羣臣臨觀之。〔一六七〕左衞大將軍張延師爲左軍，左右驍武等六衞、左羽林騎士屬焉；左武候大將軍梁建方爲右軍，〔一六八〕左右威領武候等六衞、右羽林騎士屬焉。一鼓而誓衆，再鼓而整列，三鼓而交前。左爲曲直圓鋭之陣，右爲方鋭直圓之陣。三挑而五變，步退而騎進，五合而各復位。許敬宗奏曰：「延師整而堅，建方敢而鋭，皆良將也。」上曰：「講閲者，安不忘危之道也。梁朝衣冠甚盛，人物亦多，〔一六九〕侯景以數千人渡江，一朝瓦解。武不可黷，又不可棄，〔一七〇〕此之謂也。」

武太后聖曆二年，欲以季冬講武，有司延入孟春。時王方慶上疏曰：「謹按禮記月令：『孟冬之月，天子命將帥講武，習射御角力。』此乃三時務農，一時講武，蓋王者常事，安不忘危之道也。孟春之月，不可稱兵。兵者，干戈甲胄之總名。兵，金也，金性剋木，春盛德在木，金氣以害盛德，逆生氣。『孟春行冬令，則水潦爲敗，雪霜大摯，首種不入』。按蔡邕月令章句：『太陰休，少陽尚微，而行冬令以導水氣，故水潦至而敗生物也。雪霜大摯，折傷者也。太陰干時，雨雪而霜，故傷首種。』種謂宿麥也。麥以秋種，故謂之首種。入，收也。爲沍寒所傷，故至春不長。今月令首種稷，非麥。今孟春講武，是行冬令，以陰政犯陽氣，〔一七一〕害發生之德。臣恐水潦敗物，雪霜損稼，宿麥不登，無所收入也。請至明年孟冬教習，以順天道。」從之。

先天二年十月十三日，〔一七二〕講武於驪山之下。征兵二十萬，戈鋋金甲，照耀天地。列大陣於長川，坐作進退，以金鼓之聲節之。玄宗親擐戎服，持大鎗，立於陣前。兵部尚書郭元振，以虧失軍容，坐於纛下，將斬之。宰臣劉幽求、張説跪於馬前，諫曰：「元振翊戴上皇，有大功於國，雖違軍令，不可加刑。伏願寬宥。」乃捨之，配流新州。給事中知禮儀唐紹，以草軍儀有失，〔一七三〕斬之。上既怒唐紹，衆情猶冀寬之。會右金吾將軍李邈，遽請斬之。時人皆痛惜紹而深咎邈。尋有制罷邈官，遂擯廢終身。薛訥爲左軍節度。〔一七四〕衆以元帥及禮官得罪，諸節部頗亦失序，唯訥及解琬軍不動。上令輕騎召訥等，至軍門，不得入。禮畢，特加慰勞。

命將出征 漢 魏 北齊 後周 隋 大唐

漢高帝初爲漢王，都漢中。將還定三秦，擇良日，齋戒，設壇場，具禮，拜韓信爲大將軍。部署諸將，東出陳倉，收秦地。

魏故事，遣將出征，符節郎授節鉞，跪而推轂。

北齊命將出征，則太卜詣廟，灼龜，授鼓旗於廟。皇帝陳法駕，服衮冕，至廟，拜於太祖。徧告訖，降就中階，引上將，操鉞授柯，曰：「從此上至天，〔一七五〕將軍制之。」又操斧授柯，曰：「從此下至泉，將軍制之。」將軍既受斧鉞，〔一七六〕對曰：「國不可從外理，軍不可從中制。臣既受命，有鼓旗斧鉞之威，願假一言之命於臣。」帝曰：「苟利社稷，將軍裁之。」將軍就車，載斧鉞而出。皇帝推轂度閫，曰：「從此以外，將軍制之。」

後周制，大將出征，遣太祝以羊一，〔一七七〕祭所過名山大川。明帝武成元年，吐谷渾寇邊。帝戎服乘馬，〔一七八〕遣大司馬賀蘭祥討之。告於太祖之廟，司憲奉鉞，進授大將。大將

拜受，〔一七九〕以授從者。禮畢，出受甲兵。〔一八〇〕

隋制，皇太子親戎，及將軍出師，則以猳肫一釁鼓，皆告社廟。〔一八一〕受斧鉞訖，〔一八二〕不得反宿於家。開皇八年，晉王廣將伐陳，內史令李德林攝太尉，告於太廟。禮畢，命有司宜於太社。〔一八三〕二十年，太尉晉王廣又北伐突厥。次河上，禡祭軒轅黃帝以太牢制幣，陳甲兵，行三獻之禮。

大唐之制，如開元禮。

宣露布 後魏　隋　大唐

後魏每攻戰剋捷，欲天下聞知，乃書帛，建於漆竿上，名爲露布，自此始也。其後相因施行。

隋文帝開皇中，詔太常卿牛弘撰宣露布禮。及九年平陳，元帥晉王以驛上露布。兵部奏，請依新禮。集百官、四方客使等，並赴廣陽門外，服朝衣，各依其列。內史令稱有詔，在位者皆拜。宣訖，拜，蹈舞者三，〔一八四〕又拜而罷。

大唐每平蕩寇賊，宣露布。其日，守宮量設羣官次。露布至，兵部侍郎奉以奏聞。仍集文武羣官、客使於東朝堂，中書令宣布，具如開元禮。武德元年十一月，秦王平薛仁杲，凱旋，獻於太廟。三年五月，秦王破宋金剛，復并州故地，〔一八五〕凱旋，獻捷於太廟。四年七月，秦王平東都，被黃金甲，陳鐵馬一萬，甲士三萬，以王世充、〔一八六〕竇建德及隋文物輦輅，獻捷於太廟。貞觀四年三月，李靖俘頡利可汗，獻捷於太廟。永徽元年九月，高侃執車鼻可汗，獻於太廟。

校勘記

〔一〕帝謂五德之帝　「謂」原訛「位」，據禮記王制鄭注改。

〔二〕不敢留尊者命也　「命」原訛「久」，據禮記王制注疏改。

〔三〕禡師祭也　「也」原訛「地」，據禮記王制鄭注及北宋本、傅校本、明刻本、王吳本改。

〔四〕此幣帛遂埋於階閒　原脱「此」，據北宋本、傅校本、明刻本、王吳本補。

〔五〕凡告必用牲幣反亦如之　「告」原訛「出」，據禮記曾子問、周禮大祝鄭注改。

〔六〕牲當爲制　「當」原訛「皆」，據禮記曾子問鄭注改。

〔七〕宜者請征討有宜　「請」原訛「謂」，據北宋本、傅校本、明刻本、王吳本改。「有」原作「得」，據北宋本、傅校本改。按：隋書禮儀志三一五九頁作「宜者請征討之宜」。

〔八〕有司奏更衣　「奏」原訛「表」，據隋書禮儀志三一五九頁、通考卷八九改。

〔九〕擇日備法駕　「擇」原訛「其」，據隋書禮儀志三一五九頁、通考卷八九改。

〔一〇〕源川等　「源川」原倒作「川源」，據隋書禮儀志三一五九頁、通考卷八九乙。

〔一一〕又歃血歃徧　「血歃」原脱，據隋書禮儀志三一五九頁、通考卷八九補。

〔一二〕又卜日　原脱「卜」，據隋書禮儀志三一五九頁、通考卷八九補。

〔一三〕設柴於辰地　原脱「柴」，據隋書禮儀志三一五九頁、通考卷八九補。

〔一四〕宜社造廟　「社造」原誤倒，據隋書禮儀志三一六〇頁、通考卷八九乙。

〔一五〕薊城南桑乾河上　「薊」原訛「蒯」，「桑」原訛「幸」，據隋書禮儀志三一六〇頁改。

〔一六〕設方壝行宜社禮　「壝」原訛「壇」，「禮」原訛「稷」，據隋書禮儀志三一六〇頁改。

〔一七〕帝衮冕玉輅　原「帝」下有「服」，清人所增。今據隋書禮儀志三一六〇頁及北宋本、傅校本、明刻本、王吴本删。

〔一八〕行幸觀海鎮　「觀」隋書禮儀志三一六二頁作「望」，杜佑避家諱改。

〔一九〕設帝軒轅神座於壝内　「於壝内」原脱，據隋書禮儀志三一六二頁補。

〔二〇〕軓音犯　「犯」原作「範」，據北宋本、傅校本、明刻本、王吴本改。

〔二一〕薦脯醢　原脱「醢」，據隋書禮儀志三一六〇頁、通考卷八九補。

〔二二〕加羊於軷西首又奠酒解羊并饌埋於坎　原脱「於軷西首又奠酒解羊并」十字，據隋書禮儀志三一六〇頁、通考卷八九補。

〔二三〕太僕祭兩軹及軓前　原脱「前」，據隋書禮儀志三一六〇頁、通考卷八九補。

〔二四〕有曲木提持鼓立馬髦上者　「提持」原訛「堤特」，下又脱「鼓」，據周禮鼓人鄭注及北宋本改補。按：

傅校本、明刻本、王吴本「提持」不誤，殿本「提」字不誤。

〔二五〕公司馬謂五人爲伍伍之司馬也　原「伍」字不疊，據周禮大司馬鄭注及北宋本、傅校本、王吴本補。

〔二六〕獻肩于公　「肩」原作「豣」，據周禮大司馬鄭注及北宋本、傅校本、明刻本、王吴本改。

〔二七〕羣吏撰車徒　「徒」原訛「從」，據周禮大司馬及北宋本、傅校本、明刻本、王吴本改。

〔二八〕帥以門名　「帥」原訛「師」，據周禮大司馬及北宋本、王吴本改。

〔二九〕鄉遂載物　「遂」孫詒讓周禮大司馬正義謂係「家」字之訛。

〔三〇〕有軍衆者畫異物　「者」原訛「皆」，據周禮大司馬鄭注及北宋本、傅校本、明刻本、王吴本改。

〔三一〕至冬大閱簡軍實　「大閱」原訛脱作「月」，據周禮大司馬鄭注及北宋本、傅校本補改。

〔三二〕四表積二百五十步　「二」原訛「三」，據周禮大司馬鄭注及北宋本、傅校本、明刻本、王吴本改。

〔三三〕自後表前至第二表　「前」原訛「南」，句下衍「也」，據周禮大司馬鄭注及北宋本、傅校本、明刻本、王吴本改删。

〔三四〕鼙聲不過闒　「闒」原訛「闔」，據周禮大司馬鄭注及北宋本、傅校本、明刻本、王吴本改。

〔三五〕闒音吐答反　「闒」原訛「闔」，「吐」原訛「土」，據北宋本、傅校本、明刻本、王吴本改。按：殿本「土」字不誤。

〔三六〕自第二前至第三表　原脱「表」，據北宋本、傅校本、明刻本、王吴本補。

〔三七〕軍退卒長鳴鐃以和衆　「退卒」原訛「提一」，據周禮大司馬鄭注及諸本改。

〔三八〕鼓人爲止之　原脱「爲」，據周禮大司馬鄭注及北宋本、傅校本、明刻本、王吴本補。

〔三九〕廢鐲而鳴鐃　「廢」原訛「發」，據周禮大司馬鄭注及北宋本、傅校本、明刻本、王吴本改。

〔四〇〕言守取之　「守」原訛「狩」，據周禮大司馬鄭注及北宋本、傅校本、明刻本改。

〔四一〕旗軍吏所載也　「吏」原訛「旅」，據諸本改。

〔四二〕分地調其部曲疏數　「調」原訛「謂」，據周禮大司馬鄭注及北宋本、王吴本改。

〔四三〕鄭衆　「衆」原訛「元」，據北宋本、傅校本、王吴本改。

〔四四〕逆　「逆」下原有「者」，據周禮大司馬鄭注及北宋本、傅校本、明刻本、王吴本删。

〔四五〕下謂弊之　「之」原訛「也」，據禮記王制鄭注及北宋本、傅校本、明刻本、王吴本改。

〔四六〕佐車止則百姓田獵　「佐車」原涉上而脱，據禮記王制及北宋本、傅校本、明刻本、王吴本補。

〔四七〕鄭衆　「衆」原訛「元」，據北宋本、傅校本、明刻本改。

〔四八〕畀音必二反　此五字原脱，據北宋本補。

〔四九〕不教民戰　原「不」上有「以」，據北宋本、傅校本、明刻本、王吴本删。

〔五〇〕皆於農隙以講事　「講」下原有「武」，據左傳隱公五年文及北宋本、傅校本、明刻本删。

〔五一〕蘭香草也　「香」原訛「者」，據穀梁傳昭公八年范注及北宋本改。

〔五二〕擊掛者則不得入門　原脱「者」，據北宋本、傅校本、明刻本、王吴本補。

〔五三〕又五口反　「口」北宋本、傅校本作「回」。

〔五四〕射左髀達於右髃　「髀」原訛「脾」，據北宋本、傅校本、明刻本、王吳本改。

〔五五〕百官備辦　原脫「辦」，據宋書禮志一三六九頁補。

〔五六〕設行宮殿便座武帳於幕府山南岡　原「於」在「武帳」上，據宋書禮志一三六九頁乙。

〔五七〕設王公百官便座幔省如常儀　原脫「設」，據宋書禮志一三六九頁補。

〔五八〕二品以上擁刀備槊麾幡　原「二」訛作「三」，「擁刀」訛作「權乃」，「槊」訛作「鞘」，並據宋書禮志一三六九頁改。

〔五九〕殿中郎率獲車部曲　「率」原訛「卒」，據宋書禮志一三六九頁及諸本改。

〔六〇〕督攝糾司校獵非違　此八字原脫，據宋書禮志一三六九頁補。

〔六一〕行上車門　「上」宋書禮志一三七〇頁作「止」。

〔六二〕奏槌一鼓　原脫「奏」，據宋書禮志一三七〇頁補。

〔六三〕集列廣莫門外　宋書禮志一三七〇頁同。北宋本、傅校本、明刻本、王吳本「列」作「到」。

〔六四〕正次直侍中　宋書禮志一三七〇頁同。北宋本、傅校本、明刻本、王吳本「正次」作「次正」。

〔六五〕散騎侍郎　各本同。宋書禮志一三七〇頁無此四字。

〔六六〕次直侍中次直黃門侍郎護駕在前又次直侍中佩信璽行璽　宋書禮志一三七〇頁同。北宋本、傅校本、明刻本、王吳本「次」「直」間均有「正」字。

〔六七〕讚陛者再拜　宋書禮志一三七〇頁「讚」上有「騶」。

〔六八〕次直侍中稱制曰可　宋書禮志一三七〇頁同。北宋本、傅校本、明刻本、王吴本「次」下有「正」。

〔六九〕以次列階　宋書禮志一三七〇頁同。北宋本、傅校本、明刻本、王吴本作「以次到正階」。

〔七〇〕旗鼓相見　「見」宋書禮志一三七〇頁作「望」，杜佑避家諱改。

〔七一〕付收禽主者　「收」原脱，據宋書禮志一三七一頁補。

〔七二〕正次直侍中　宋書禮志一三七一頁同。北宋本、傅校本、明刻本、王吴本「正次」作「次正」。

〔七三〕次直侍中　宋書禮志一三七一頁同。北宋本、傅校本作「次正直侍郎」，明刻本、王吴本作「次正直侍中」。

〔七四〕正直次直侍中　上「直」原脱，據宋書禮志一三七一頁補。

〔七五〕左領軍將軍督左右領軍將軍督右　原脱作「領軍督左右軍將軍督右」，據隋書禮儀志三一六四頁補。

〔七六〕從者悉絳衫幘　「衫」原訛「紗」，據隋書禮儀志三一六四頁及北宋本、傅校本、明刻本、王吴本改。

〔七七〕服戎服　原脱「戎服」，據隋書禮儀志三一六五頁補。

〔七八〕甄常開一方　原脱「甄」，據隋書禮儀志三一六五頁及北宋本、傅校本、明刻本、王吴本補。

〔七九〕皆送旗下　「旗」原訛「於」，據隋書禮儀志三一六五頁及北宋本、王吴本改。

〔八〇〕每禽擇取三十　「禽」原訛「會」，據隋書禮儀志三一六五頁及王吴本改。

〔八一〕夏苗秋獮冬狩禮皆同　「冬狩」原脱，據隋書禮儀志三一六五頁及北宋本、傅校本、明刻本、王吴本補。

〔八二〕建麾於後表之軍中　隋書禮儀志三一六七頁無「軍」字。

〔八三〕有司表禡於前　隋書禮儀志三一六七頁「前」上有「陣」。

〔八四〕突厥啟人　隋書禮儀志三一六七頁作「突厥啟民」，通典諱改。

〔八五〕諸將各帥其軍　「將」原訛「侯」，據隋書禮儀志三一六八頁及北宋本、傅校本、明刻本、王吳本改。

〔八六〕詔四十道使並揚旗建節分申佃令　原脱「使」脱「建」，「申佃」訛作「中迴」，並據隋書禮儀志三一六八頁補改。

〔八七〕圍闕南面　原脱「闕」，據隋書禮儀志三一六八頁補。

〔八八〕虯龍繞轂　「虯」原訛「九」，據隋書禮儀志三一六八頁改。按：北宋本、傅校本、明刻本作「胤」，王吳本作「飛」，並誤。

〔八九〕各百二十　原「百」上有「一」，據隋書禮儀志三一六八頁及北宋本、傅校本、明刻本刪。

〔九〇〕百官戎服騎從　原脱「百」，據隋書禮儀志三一六八頁補。

〔九一〕闔豬停軔　原脱「停」，據隋書禮儀志三一六八頁補。

〔九二〕初驅過有司整御弓矢以前　此十一字原涉上而脱，據隋書禮儀志三一六八頁補。

〔九三〕再驅過　原「過」下衍「至」，據隋書禮儀志三一六八頁刪。

〔九四〕諸將發射　「將」原訛「侯」，據隋書禮儀志三一六八頁改。

〔九五〕然後三軍四夷百姓皆獵　原脱「三軍」，據隋書禮儀志三一六八頁補。

〔九六〕五口反　「口」北宋本、傅校本作「回」。

〔九七〕使歸臘於京師　隋書禮儀志三一六八頁「歸」下有「薦」。

〔九八〕蘇代長　「代」舊唐書本傳二六二七頁作「世」，通典諱改。

〔九九〕不滿十旬　「滿」原訛「過」，據舊唐書蘇世長傳二六二八頁及北宋本改。

〔一〇〇〕油衣若爲得不漏　「得不」原倒，據唐會要卷二八及北宋本、傅校本、明刻本、王吴本乙。

〔一〇一〕五弟訓禽荒　「弟」原訛「子」，據舊唐書魏知古傳三〇六三頁、全唐詩卷九一改。

〔一〇二〕非熊從渭水　「非」原訛「飛」，據舊唐書魏知古傳三〇六三頁、唐會要卷二八、全唐詩卷九一及北宋本、傅校本、明刻本、王吴本改。

〔一〇三〕仁恩念禹湯　「念」原訛「合」，據舊唐書魏知古傳三〇六三頁、唐會要卷二八、全唐詩卷九一改。

〔一〇四〕辛甲令爲史　原訛作「辛則令爲決」，據舊唐書魏知古傳三〇六三頁、唐會要卷二八、全唐詩卷九一改。北宋本、傅校本、王吴本「甲」亦訛作「則」。按：漢書藝文志一七二九頁有辛甲二十九篇。

〔一〇五〕今賜物五十段以申勸奬　原「十」訛「千」，「以申」原作「用以」，據北宋本改。按：舊唐書魏知古傳三〇六三頁、全唐詩卷九一「以」作「用」。

〔一〇六〕各賜布一端　「一」唐會要卷二八作「二」。

〔一〇七〕校次之　「校」原訛「較」，據周禮大司馬鄭注及北宋本、傅校本、明刻本改。

〔一〇八〕分與受用者　「者」原訛「之」，據北宋本、傅校本、明刻本、王吴本改。

〔一九〕授貳車戈盾　「貳」原訛「二」，據北宋本、傅校本、明刻本、王吴本改。

〔二〇〕軍行　「軍」原訛「車」，據北宋本、傅校本、明刻本、王吴本改。

〔二一〕取其建戈　「戈」原訛「武」，據北宋本、傅校本改。

〔二二〕掌王倅車之政　原脱「王」，據周禮戎僕補。

〔二三〕則士衆知所有　原脱「所」，據禮記曲禮上鄭注及北宋本、傅校本、明刻本補。

〔二四〕象天帝也　「帝」原訛「地」，據禮記曲禮上鄭注及北宋本、傅校本、明刻本、王吴本改。

〔二五〕以令軍井　「井」原訛「并」，據周禮挈壺氏及諸本改。

〔二六〕亦懸轡於所當舍止之處　原脱「轡」，據周禮挈壺氏鄭注補。

〔二七〕故各以其物爲表　「以」原訛「於」，據周禮挈壺氏鄭注及諸本改。

〔二八〕以次更聚擊㰏備守　「擊」原訛「繫」，據周禮挈壺氏鄭注及北宋本、傅校本、明刻本、王吴本改。

〔二九〕律所以聽軍聲　原脱「軍」，據周禮大司馬鄭注補。

〔三〇〕師敗　「敗」原訛「散」，據周禮大司馬鄭注及北宋本、傅校本、明刻本、王吴本改。

〔三一〕卿大夫之子從軍者　「之子」原倒，據周禮大司馬鄭注及北宋本、傅校本、明刻本乙。

〔三二〕徙人於邊　「徙」原訛「徒」，據北宋本、傅校本、明刻本、王吴本改。

〔三三〕白郊禮畢　「白」原訛「自」，後漢書禮儀志中同，據盧文弨校改。

〔三四〕其儀　「其」原訛「兵」，據後漢書禮儀志中三一二三頁、晉書禮志下六六一頁、宋書禮志一三六八頁及北宋本、傅校本改。

〔二五〕馳駟送陵廟　「駟」原訛「驛」，據北宋本、王吳本改。

〔二六〕以賜武官武官肆兵　原「武官」不疊，據後漢書禮儀志中三一二三頁、晉書禮志下六六一頁及北宋本、傅校本、明刻本、王吳本補。

〔二七〕古語曰在車下則淮此時施漢代以爲常　此注文十六字原脱，據北宋本、傅校本補。按：傅校本「淮」作「唯」。後漢書禮儀志中劉昭注引獨斷三一二四頁，「車」下有「爲」，「淮」作「唯」，「施」下有「行」。應據以補改。

〔二八〕屯騎校尉鮑鴻　「校」後漢書何進傳二二四七頁、通考卷一五七作「都」，而袁紹傳注二三七四頁亦作「校」。

〔二九〕諫議大夫夏牟　「牟」原訛「年」，據後漢書袁紹傳注二三七四頁、東漢會要卷二〇及北宋本改。

〔三〇〕上建十二重五采華蓋　原脱「建」，據後漢書何進傳二二四六頁、通考卷一五七補。

〔三一〕復建九重華蓋　「九重」原訛「五采」，據後漢書何進傳二二四六頁、通考卷一五七及北宋本、傅校本改。

〔三二〕兵士數萬人　「兵」原作「軍」，據北宋本、傅校本、明刻本改。

〔三三〕稱無上將軍　「無」原訛「爲」，據後漢書何進傳二二四七頁及北宋本、傅校本、明刻本改。

〔三四〕按漢西京承秦制　原脱「秦」，據後漢書禮儀志中三一二四頁、晉書禮志下六六一頁、宋書禮志一三六八頁補。

〔三五〕泰始四年九年　下「年」原訛「月」，據宋書禮志一三六九頁改。

〔三六〕皆自臨宣武觀　「觀」原訛「親」，據晉書禮志下六六二頁、宋書禮志一三六九頁及傅校本、明刻本、王吳本改。

〔三七〕鬬場　「鬬」原訛「閱」，據晉書禮志下六六二頁、宋書禮志一三六九頁、通考卷一五七改。

〔三八〕然朝廷無事焉　原「然」下衍「後」，據晉書禮志下六六二頁、宋書禮志一三六九頁、通考卷一五七及北宋本、傅校本、明刻本删。

〔三九〕講武於宣武堂　「宣」原作「講」，涉上而訛，據宋書禮志一三六九頁改。

〔四〇〕永興五年以九月十月之交　「五」原訛「元」，下又脱「以」，據北宋本、傅校本、明刻本、王吳本改補。按：是年十月下旬拓跋嗣始即位改元。

〔四一〕文成帝和平三年　「文成帝」原訛「孝成帝」，據魏書高宗紀一二〇頁、禮志四二八一〇頁及通志禮略三訂改。

〔四二〕各令騎將六千人去來挑戰　通考卷一五七同。魏書禮志四二八一〇頁無「千」，疑通典、通考衍「千」。

〔四三〕以爲盛觀　「盛」原訛「威」，據魏書禮志四二八一〇頁改。

〔四四〕爲二軍進止之節　「二」原訛「三」，據隋書禮儀志三一六四頁及北宋本、傅校本、明刻本改。

〔四五〕又別墠於北場　此六字原脱，據隋書禮儀志三一六四頁、通考卷一五七補。

〔一四六〕戰士次之槊者次之　原訛脱作「戟槊者次之」，據隋書禮儀志三一六四頁、通考卷一五七補改。按：北宋本、傅校本、明刻本、王吳本作「戰士槊者次之」。

〔一四七〕皆建五采牙旗　原「建」下有「立」，清人擅增，今據北宋本、傅校本、明刻本、王吳本删。

〔一四八〕皆青絲連明光甲　原脱「明」，據隋書禮儀志三一六〇頁及王吳本補。

〔一四九〕絳絲連朱犀甲　「朱」原作「珠」，據隋書禮儀志三一六〇頁及王吳本改。

〔一五〇〕黑纓拂　三字原脱，據通考卷一五七補。按：隋書禮儀志三一六〇頁作「建纓拂」，恐誤。

〔一五一〕每隊黄隼盪幡一　原「隊」下有「給」，清人所增，今據隋書禮儀志三一六一頁及北宋本、傅校本、明刻本、王吳本删。下同。

〔一五二〕每隊蒼隼盪幡一　「蒼」隋書禮儀志三一六一頁作「白」。

〔一五三〕每隊烏隼盪幡一　「烏」隋書禮儀志三一六一頁作「蒼」。

〔一五四〕白獸幡及節每一　「每」隋書禮儀志三一六一頁作「各」。

〔一五五〕騎第一團引行　原脱「騎」，據隋書禮儀志三一六一頁補。

〔一五六〕大將在其下　原脱「下」，據隋書禮儀志三一六一頁補。

〔一五七〕次鞚馬二十四　「鞚」隋書禮儀志三一六一頁作「誕」。

〔一五八〕營定四面陣者引騎入營　原脱上「營」，脱「騎」，據隋書禮儀志三一六一頁補。

〔一五九〕馬步隊與軍中散兵　「隊」原訛「陣」，據隋書禮儀志三一六一頁改。

〔六〇〕合十二衛　原脱「二」，據隋書禮儀志三一六一頁補。

〔六一〕亦各題其軍號　原脱「軍」，據隋書禮儀志三一六二頁補。

〔六二〕至於兵丁厮隸　「丁厮」原訛「馬私」，據隋書禮儀志三一六二頁改。

〔六三〕悉以帛爲帶　原脱「帛爲帶」，據隋書禮儀志三一六二頁及王吴本補。

〔六四〕有事使人交相去來者　原「有」下衍「餘」，「來」下脱「者」，據隋書禮儀志三一六二頁及王吴本删補。

〔六五〕不執幡而離本軍者他軍驗軍記帶　原「執」上脱「不」，「記」上脱「軍」，據隋書禮儀志三一六二頁及王吴本補。

〔六六〕因以爲名　原脱「以」，據唐會要卷二六補。

〔六七〕引羣臣臨觀之　原脱「引」，據舊唐書高宗紀上八〇頁、唐會要卷二六補。

〔六八〕左武候大將軍　「候」原訛「侯」，據北宋本改。下同。

〔六九〕人物亦多　「人」唐會要卷二六作「文」。

〔七〇〕又不可棄　「又」原訛「人」，據唐會要卷二六改。

〔七一〕以陰政犯陽氣　「政」原訛「故」，據舊唐書王方慶傳二九〇〇頁、唐會要卷二六改。

〔七二〕先天二年十月十三日　「三」原訛「二」，據唐會要卷二六改。按：舊唐書玄宗紀一七一頁云：「癸卯講武於驪山」。先天二年十月辛卯朔，癸卯爲十三日。

〔七三〕以草軍儀有失　「草」舊唐書唐臨傳二八一四頁作「修」，唐會要卷二六作「董」。

〔一七四〕薛訥　「訥」原訛「納」，據北宋本、傅校本改。下同。按：薛訥，舊唐書、新唐書有傳。

〔一七五〕從此上至天　原脫「此」，據隋書禮儀志三一六三頁補。下「從此下至泉」同。

〔一七六〕將軍既受斧鉞　「受」原訛「授」，據隋書禮儀志三一六三頁及殿本改。

〔一七七〕遣太祝以羊一　「羊」原訛「牛」，據隋書禮儀志三一六三頁及北宋本、傅校本、明刻本、王吳本改。

〔一七八〕帝戎服乘馬　「戎」隋書禮儀志三一六三頁作「常」。

〔一七九〕大將拜受　「大將」原涉上而脫，據隋書禮儀志三一六三頁補。

〔一八〇〕出受甲兵　原脫「受」，據隋書禮儀志三一六三頁補。

〔一八一〕皆告社廟　「社」原訛「祖」，據隋書禮儀志三一六三頁改。

〔一八二〕受斧鉞訖　「受」原訛「授」，據隋書禮儀志三一六三頁改。

〔一八三〕命有司宜於太社　原脫「太」，據隋書禮儀志三一六三頁補。

〔一八四〕宣訖拜蹈舞者三　原脫「拜」，據隋書禮儀志三一七〇頁補。

〔一八五〕三年五月秦王破宋金剛復并州故地　「三」原訛「二」，據舊唐書、新唐書太宗紀改。

〔一八六〕以王世充　北宋本作「俘王世充」。

通典卷第七十七

禮三十七　沿革三十七　軍禮二

天子諸侯大射鄉射〔一〕三月三日九月九日射附〔二〕○周　漢　晉　宋　北齊　大唐

自黃帝有天下，建萬國，爰至夏商，及於周氏，雖更相吞滅，而不改舊規。周初諸侯，尚千八百國，所以崇三射之制，立五善之目，於茲選士，由此封侯，本在戢敵，實寓大政。周衰，禮多亡失，重以秦滅典墳，天子之禮無聞，諸侯二篇而已，誠與今異。略存古制焉。〔三〕

周制，天子之大射，天官司裘供武侯、〔四〕熊侯、豹侯，設其鵠。武侯，王之自射。熊侯，諸侯所射。豹侯，卿大夫以下所射。崔靈恩云：「若有二王助祭，則天子與共射之。若時無，則與諸侯共爲耦也。」夏官射人以射法理射儀。〔五〕王以六耦射三侯，三獲三容，樂以騶虞，九節五正。諸侯以四耦射二侯，二獲二容，樂以貍首，七節三正。孤卿大夫以三耦射一侯，一獲一容，樂以采蘋，五節二正。士以三耦射豻侯，一獲一容，樂以采蘩，五節二正。三侯者，五正、三正、二正之侯也。二侯者，三正、二正之侯也。一侯者，二正而已。此皆與賓射於朝之禮也。考工梓人職曰：「張五采之侯則遠國屬。」遠國謂諸侯來朝者也。〔六〕五采之侯，即五正之侯也。正之言正也，射者內志正，則能中焉。畫五正之侯，中朱，次白，次蒼，次黃，玄居外。〔七〕三正，去玄黃。二正，去白蒼而畫以朱緑。其外之廣，皆居侯中三分之一，中二尺。今儒家云「四尺曰正，二尺曰鵠」。鵠乃用皮，其大如正，此説失之矣。豻，胡犬也。士與士射，以豻皮飾侯，下大夫也。大夫以上與賓射，飾侯以雲氣，用采各如其正。九節七節五節者，奏樂以爲射節之差。言節者，容侯道之數也。樂記曰：「明乎其節之志，不失其事，則功成而德行立。」〔八〕豻音岸。若王大射，則以貍步張三侯。鄭司農云：「貍步謂一舉足爲一步，於今爲半步。」鄭玄謂貍，善搏者也，行則止而擬度焉，其發必獲，是以量侯道法之也。侯道者，各以弓爲度。九節者九十弓，七節者七十弓，五節者五十弓。弓之下制，長六尺。大射禮曰「大侯九十，參七十，豻五十」是也。三侯者，司裘所供虎侯、熊侯、豹侯也。〔九〕列國之君大射，亦張三侯，數與天子同。大侯，熊侯也。參讀曰糝。糝，雜也。雜者，豹鵠而麋飾，下天子大夫。冬官梓人爲侯，廣與崇方，三分其廣而鵠居一焉。崇，高也。方猶等也。高廣等者，謂侯中也。大射以皮飾侯。天子射禮，以九爲節，侯道：虎侯九十弓，熊侯七十弓，豹麋侯五十弓。侯中之大小，取數於侯道。鄉射記曰「弓二寸以爲侯中」，則天子九十弓，侯中廣丈八尺。七十弓者，侯中廣丈四尺。五十弓者，侯中廣丈也。尊卑異等，此數明矣。以侯中丈八尺者，鵠方六尺。侯中丈四尺者，鵠方四尺六寸大半寸。侯中一丈者，鵠方三尺三寸小半寸也。〔一〇〕天子賓射於五采之侯，侯方外如鵠，內二尺。五采者，朱白蒼黃黑，其侯之飾，又以五采畫雲氣焉。五采之侯，即謂五正之侯也。其廣皆居侯中三分之一，中二尺。然則五正之侯中，方六尺，朱方二尺者，則餘四色所畫各五寸也。又畫其正，外以雲氣爲飾，廣狹亦如大射皮飾之法。上兩个與其身三，下兩个半之。个讀如齊人搚公幹之幹。上个下个皆舌也。身，躬也。鄉射禮記曰：「倍中以爲躬，倍躬以爲左右舌，下舌半上舌。」然則九節之侯，身三丈六尺，上个七丈二尺，下个五丈四尺。其制，身夾中，个夾身，在上下各一幅，此侯凡用布三十六丈。言上个與其身三者，明身居一分，上个倍之耳，亦爲下个半上个出也。个或謂之舌者，取其出而左右也。侯制上廣下狹，蓋取象於人也。張臂八尺，張足六尺。上綱與下綱出舌尋，縜寸焉。綱，所以繫侯於植者也。上下皆出舌一尋者，亦人張手足之節也。鄭衆云：「綱，連侯繩也。〔一一〕縜，籠綱者，舌維持侯者。」縜音云。凡侯：天子熊侯，白質；諸侯麋侯，赤質；大夫布侯，畫以虎豹；士布侯，畫以鹿豕。此所謂獸侯也，燕射則張之。白質、赤質，皆謂采其地。不采者，白布也。熊麋虎豹鹿豕，皆正面畫其頭象於正鵠之處耳。〔一二〕君畫一，臣畫二，陽奇陰耦之數也。燕射射熊虎豹，〔一三〕不忘上下相犯。射麋鹿豕，志在君臣相養。畫其毛物。天子射熊，熊者，巧猛之獸，侯人之象，天子德盛，〔一四〕服巧猛之人。諸侯射麋，麋者，迷也，象、臣有迷惑，其君當誅之。卿大夫射虎豹者，當爲君禦四方之難，示服猛害也。射鹿豕者，食人禾稼，士賤，爲除害而已。夏官司弓矢掌六弓、四弩、八矢之法。仲春獻弓弩，仲秋獻矢箙。弓弩成於和，矢箙成於堅。箙，盛矢器，以獸皮爲之。及其頒之，王弓、弧弓以授射甲革椹質者，夾弓、庾弓以授射豻侯、鳥獸者，唐弓、大弓以授學射者、使者、勞者。王、弧、夾、庾、唐、大六者，弓異體之名。往體寡，來體多，曰王、弧。往體多，來體寡，曰夾、庾。往體來體若一，曰唐、大。甲革，革甲也。春秋傳曰：「蹲甲而射之。」質，正也。樹椹以爲射正也。射甲與椹，試弓習武也。豻侯五十步，及射鳥獸，皆近射也。近射用弱弓，則射大侯者用王、弧，射三侯者用唐、大矣。學射者弓用中，後習強弱則易也。使者勞者弓亦用中，遠近可也。勞者，勤勞王事，若晉文侯、文公受王弓矢之賜者。其矢箙皆從其弓。從弓數也。每弓一箙百矢。凡弩，夾、庾利攻守，唐、大利車戰野戰。攻城壘者與其自守者相迫近，弱弩發疾。車戰野戰進退，非强則不及。弩無王、弧，王、弧恆服弦，往體少者，使矢不疾。殺矢、鍭矢用諸近射、田獵。矰矢、茀矢用諸弋射。恆矢、庳矢用諸散射。此八矢者，弓弩各有四焉。枉矢、殺矢、矰矢、恆矢，弓所用也。絜矢、鍭矢、茀矢、庳矢，弩所用也。枉矢者，取名變星，飛行有光，今之飛矛是也，或謂之兵矢。絜矢象焉。二者皆可結火以射敵、守城、車戰。前於重，後微輕，行疾也。殺矢，言中矢則死。鍭矢象焉，鍭之言候也。二者皆可以司候射敵之近者及禽獸。前尤重，中深，而不可遠也。結繳於矢謂之矰，矰，高也。茀矢象焉，茀之言刜也。二者皆可以弋飛鳥刜羅之也。前於重，又微輕，行不低也。詩云「弋鳧與雁」。恆矢，安居之矢也。庳矢象焉。二者皆可以散射也，謂禮射及習射也。前後訂，其行平也。凡矢之制：枉矢之屬，五分，二在前，三在後。殺矢之屬，三分，一在前，二在後。矰矢之屬，七分，三在前，四在後。恆矢之屬，軒輖中。訂音亭。輖音輊。〔一五〕天子之弓合九而成規，諸侯合七而成規，大夫合五而成規，士合三而成規。句者謂之弊弓。體往來之衺也。往體寡，來體多，則合多；〔一六〕往體多，來體寡，則合少而圜。弊猶惡也。句者惡，則直者善矣。

諸侯大射之儀，君有命戒射。諸侯將有祭祀之事，與羣臣射，以觀其禮，〔一七〕射中得與祭，不中者不與祭。前射三日，司馬命量人量侯道與所設乏，以貍步。大侯凡九十，糝侯七十，豻侯五十。量人，司馬之屬，掌量塗數者。量侯道，謂去堂遠近也。貍之伺物，每舉足止，視遠近，發必中也。是以量侯道取象也。巾車張三侯：大侯之崇見鵠於糝，糝見鵠於豻，豻不及地武，不繫左下綱。設乏西十北十。凡乏用革。巾車，於天子宗伯之屬，〔一八〕掌裝衣車者，亦使張侯。崇，高也。高必見鵠。鵠，所射之主。鄉射，地官鄉大夫各掌其鄉之政，正月之吉，受教法於司徒。退而以鄉射之禮，五物詢衆庶。一曰和，二曰容，三曰主皮，四曰和容，五曰興舞。以，用也。行鄉射之禮，而以五物詢於衆民也。和載六德，容包六行也。庶民無射禮，因田獵分禽，則有主皮。主皮者，張皮射之，無侯也。主皮、和容、興舞，則六藝之射與禮樂與？興舞謂發矢手如舞。當射之時，民必觀焉，因詢之。孔子射於矍相之圃，蓋觀者如堵牆。射至於司馬，使子路執弓矢出誓射者。〔一九〕又使公罔之裘、序點揚觶而語。詢衆庶之儀若是乎？〔二〇〕君國中射，則皮樹中，以翿旌獲，白羽與朱羽糅。國中，城中，謂燕射也。皮樹，獸名。以翿旌獲，尚文德也。〔二一〕於郊則閭中，以旌獲。於郊謂大射於大學。王制曰：「小學在公宮南之左，大學在郊。」閭，獸名，大於驢，一角，或曰如驢，岐蹄。〔二二〕析羽爲旌。於境則武中，〔二三〕以龍旜。於境謂與隣國君射。畫龍於旜，尚文章也。通帛爲旜。大夫兕中，各以其物獲。兕，獸名，似牛一角。士鹿中，翿旌以獲。謂小國之州長也。用翿爲旌，以獲無物。唯君子有射於國中，其餘否。臣不習武於君側。箭籌八十，箭，篠也。籌，算也。八十者，略以十偶爲正，〔二四〕貴全數也。其時衆寡從賓。長尺有握，握素。握，本所持處也。〔二五〕素，刊之也。刊本一云膚。〔二六〕楚朴長如笴，刊本尺。刊其所持處也。笴，古我反。楅長如笴，博三寸，厚寸有半，龍首，其中蛇交，韋當。博，廣也。兩端爲龍首，中央爲蛇身相交。〔二七〕蛇龍，君子之類也。交者，象君子取矢於楅上也。〔二八〕直心背之衣曰當，以丹韋爲之。

漢石渠議曰：「鄉請射告主人，樂不告者，何也？」戴聖曰：「請射告主人者，賓主俱當射也。夫樂，主所以樂賓也，故不告於主人也。」宣帝甘露三年三月，黃門侍郎臨失其姓奏：「經曰鄉射合樂，大射不，何也？」〔二九〕戴聖曰：「鄉射至而合樂者，質也。大射，人君之禮，儀多，故不合樂也。』閒人通漢曰：『鄉射合樂者，人禮也，所以合和百姓也。大射不合樂者，諸侯之禮也。』韋玄成曰：『鄉射禮所以合樂者，鄉人本無樂，故合樂歲時，所以合和百姓以同其意也。至諸侯，當有樂，傳曰「諸侯不釋懸」，明用無時也。君臣朝廷固當有之矣，必須合樂而後合，〔三〇〕故不云合樂也。』時公卿以玄成議是。」〔三一〕

晉咸康五年春，征西庾亮行鄉射之禮，依古周制，親執其事，洋洋然有洙泗之風。

宋武帝爲宋公，在彭城，九月九日，出項羽戲馬臺射，其後相承，以爲舊準。或說云：「秋金之節，講武習射，象漢立秋之禮。」

北齊三月三日，皇帝常服，乘輿詣射所，升堂即座，皇太子及羣官坐定，登歌，進酒行爵。皇帝入便殿，更衣以出，騂騮令進御馬，有司進弓矢。帝射訖，還御坐，射懸侯，又畢，羣官乃射五埒。〔三二〕一品三十二發，〔三三〕一發調馬，十發射下，十五發射上，三發射麞，三發射獸頭。二品三十發，一發調馬，十發射下，十發射上，三發射麞，三發射帖，三發射獸頭。〔三四〕三品二十五發，一發調馬，五發射下，十發射上，三發射麞，三發射帖，三發射獸頭。四品二十發，一發調馬，五發射下，〔三五〕八發射上，二發射麞，二發射帖，二發射獸頭。〔三六〕五品十五發，一發調馬，四發射下，五發射上，二發射麞，二發射帖，一發射獸頭。侍官御仗以上十發。一發調馬，四發射下，五發射上。又季秋大射，皇帝備大駕，常服，御七寶輦，射七埒。正三品以上第一埒，一品五十發，一發調馬，十五發射下，二十五發射上，三發射麞，三發射帖，三發射獸頭。二品四十六發，一發調馬，十五發射下，二十二發射上，二發射麞，三發射帖，三發射獸頭。〔三七〕從三品四品第二埒，三品四十二發，一發調馬，十二發射下，二十二發射上，二發射麞，二發射帖，三發射獸頭。〔三八〕四品三十八發〔三九〕一發調馬，十二發射下，〔四〇〕十九發射上，一發射麞，二發射帖，三發射獸頭。五品第三埒，三十二發。一發調馬，九發射下，十七發射上，一發射麞，二發射帖，二發射獸頭。六品第四埒，二十七發。一發調馬，八發射下，十六發射上，一發射麞，一發射帖。七品第五埒，二十一發。一發調馬，六發射下，十二發射上，餘與六品同也。八品第六埒，十六發。一發調馬，四發射下，九發射上，餘同七品。九品第七埒，十發。一發調馬，三發射下，四發射上，餘與八品同。大將、大尉公爲之。射司馬各一人，録事二人。七埒各置埒將、射正參軍各一人，埒士四人，威儀一人，乘白馬以導，的別參軍一人，懸侯下府參軍一人。又各置令史埒士等員，以司其事。

大唐之制，皇帝射於射宮則張熊侯，射觀於射宮則張麋侯，皆去殿九十步。太樂令設宮懸之樂，鼓吹令設十二案於殿之庭。若遊宴射則不陳樂懸。貞觀元年，太宗謂蕭瑀曰：「朕少好弓矢，自謂能盡其妙。近得良弓十數，以示弓工，乃曰：『皆非良材也。』朕問其故。曰：『木心不正則脉理皆邪，弓雖剛勁而遣箭不直，非良弓也。』朕始悟焉。朕以弧矢定天下四方，用弓多矣。而有天下之日淺，得爲理之意，固未及乎弓。〔四一〕弓猶失之，何況於理。」自是遂延耆老，問以政術。三月三日、九月九日，賜百僚射。自貞觀至麟德元年，〔四二〕行三月之射，行九月之射，其禮遂。〔四三〕至景雲二年，諫議大夫源乾曜上表請行射禮，直至先天元年、二年。開元八年九月，賜百官九日射。〔四四〕給事中許景先駁奏曰：「近三九之辰，頻賜宴射，已著格令，猶降綸言。〔四五〕但古制雖在，禮章多闕，官員累倍，帑藏未充，水旱相仍，繼之師旅，既不以觀德，又未足威邊，耗國損人，且爲不急。夫古天子，以射選諸侯，以射飾禮樂，以射觀容志，故有騶虞、貍首之奏，采蘋、采蘩之樂。天子則以備官爲節，諸侯以時會爲節，卿大夫以循法爲節，士以不失職爲節，皆審志固行，德美事成，陰陽克和，暴亂不作。故諸侯貢士，亦試於射宮，容體有虧，則黜其地，是以諸侯君臣，皆盡志於射，射之禮也其大矣哉！今則不然，衆官既多，鳴鏑亂下，以苟獲爲利，以偶中爲能，素無五善之容，頗失三侯之禮。凡今一箭偶中，是費一丁庸調，用之既無惻隱，獲之固無慙色。」疏奏，罷之。至二十一年八月，敕下：「大射展禮，先王刱儀，雖沿革或殊，而遵習無曠。往有陳奏，遂從廢寢。永鑒大典，無忘舊章，將射侯以觀德，豈愛羊而去禮。緬惟古訓，罔不率由，自我而闕，何以示後。其三九射禮，即宜依舊遵行，以今年九月九日，賜於安福樓下」。自此以後，其禮又息。其射侯儀，具開元禮。

說曰：按易庖犧氏「弦木爲弧，剡木爲矢，弧矢之利，以威天下」。射義曰：「男子生，以桑弧蓬矢六，射天地四方。天地四方者，男子之所有事也。男子生，設弧於門左。三日，負之，人爲之射，乃卜食子者。是故周制，諸侯歲獻貢士於天子，天子試之射宮。其容體比於禮，其節比於樂而中多者，得與於祭；數與於祭而君有慶，益以地。其容體不比於禮，其節不比於樂而中少者，不得與於祭；數不與祭而君有讓，削以地。是以諸侯君臣盡志於射以習禮樂。天子將祭，必先習射於澤。澤謂澤宮。澤者，所以擇士也。」〔四六〕又曰：「射之爲言者繹也。繹者，各繹己志也。故心平體正，持弓矢審固，則射中矣。」射有三焉。一曰大射。以其有事，大體重固，謂之大射。〔四七〕天子將有郊廟之事，與其來朝諸侯及畿內諸侯王之子弟、卿大夫士及諸侯所貢之士行之。三公將有宗廟之事，與其卿大夫士及公之子弟、卿大夫所選鄉中之俊者行之。孤卿大夫將有己宗廟之事，亦率其家臣而行之。二曰賓射。爲列國諸侯來朝於王，或諸侯自相朝聘，或孤卿以下禮賓而射，謂之賓禮。皆行之於朝，或行於廟。三曰燕射。天子諸侯無事之日，燕息縱適，或燕勞來朝聘使之賓，或復自與己臣共相勞息。若天子諸侯之射，則先行燕禮，以明君臣之義。卿大夫則先行鄉飲之禮，以明長幼之序。夫三射者，貴其容體比於禮，其節合於樂，故謂之禮射。「其節，〔四八〕天子以騶虞爲節，諸侯以貍首爲節，卿大夫以采蘋爲節，士以采蘩爲節。騶虞者，樂官備也。貍首者，樂會時也。采蘋者，樂循法度也。采蘩者，樂不失職也。故明乎其節之志以不失其事，則功成而德行立，無暴亂之禍而國家安，故曰射者所以觀盛德也」。樂官備者，騶虞詩云「一發五豝」，喻賢衆多也。樂會時者，貍首詩云「小大莫處，御於君所」。樂循法度者，采蘋詩云「于以采蘋，南澗之濱」，循澗以采蘋，循法度以成君事也。〔四九〕樂不失職者，采蘩詩云「被之僮僮，夙夜在公」。白虎通云：「天子射百二十步，諸侯九十步，大夫七十步，士五十步，所以明尊者所服遠，卑者所制近也。」按鄭玄說，射禮入嘉禮。今按：五帝三王之時，天下萬國，迭相征伐，士之志藝，以射爲首。是以我國家開元中修五禮，以射禮入軍禮焉。古者天子之大射曰射侯者，射中則能服諸侯，以下中之則爲諸侯。是以諸侯君臣盡志於射以習禮樂而以流亡者，未之有也。流，放也。書曰「流共工於幽州」，是。〔五〇〕孔子曰：「君子無所争，必也射乎？揖讓而升，下而飲，其争也君子。」斯之謂歟！

校勘記

〔一〕天子諸侯大射鄉射　「子」原訛「予」，據諸本改。

〔二〕三月三日九月九日射附　此十字原被清人删去，據北宋本、傅校本、明刻本、王吴本補回。

〔三〕略存古制焉　原句上有「此」，據北宋本、傅校本、明刻本、王吴本删。

〔四〕武侯　「武」周禮司裘作「虎」，杜佑諱改。

〔五〕以射法理射儀　「理」周禮射人作「治」，杜佑諱改。

〔六〕遠國謂諸侯來朝者也　「者也」原訛「用」，據周禮射人鄭注補改。

〔七〕玄居外　原「玄」上衍「次」，據周禮射人鄭注删。

〔八〕樂記曰明乎其節之志不失其事則功成而德行立　賈公彥曰：「此射義文。云樂記者，誤也。」孫詒讓曰：「此疑是河間樂記逸十二篇文。」

〔九〕司裘所供虎侯熊侯豹侯也　「裘」原訛「射」，據周禮射人鄭注改。

〔一〇〕三尺三寸小半寸也　「小」原作「少」，據北宋本、傅校本、明刻本、王吳本改。

〔一一〕連侯繩也　原「侯」訛「入」，「也」訛「連」，據周禮考工記鄭注及諸本改。

〔一二〕皆正面畫其頭象於正鵠之處耳　原脱「頭」，脱「正」，據儀禮鄉射禮鄭注補。

〔一三〕燕射射熊虎豹　原脱下「射」，而「熊」下衍「侯」，據儀禮鄉射禮補刪。

〔一四〕天子德盛　「盛」原訛「勝」，據北宋本、傅校本、明刻本、王吳本改。

〔一五〕輖音輊　「輊」北宋本作「致」。

〔一六〕往體寡來體多則合多　原「多」下有「而圓」，此明清人以意增者，今據周禮司弓矢鄭注及北宋本、傅校本、明刻本刪。

〔一七〕以觀其禮　「禮」原訛「體」，據儀禮大射賈疏改。

〔一八〕巾車於天子宗伯之屬　「屬」原訛「厥」，據儀禮大射鄭注及諸本改。

〔一九〕使子路執弓矢出誓射者　原脱「者」，據周禮鄉大夫鄭注補。

〔二〇〕詢衆庶之儀若是乎　原脱「乎」，據周禮鄉大夫鄭注補。

〔二一〕以翿旌獲尚文德也　原「以」訛「中」，又脱「也」，據儀禮鄉射禮改補。

〔二二〕岐蹄　原倒作「蹄岐」，據儀禮鄉射禮鄭注及北宋本、傅校本、明刻本、王吴本乙正。

〔二三〕於境則武中　「武」儀禮鄉射禮作「虎」，杜佑諱改。

〔二四〕略以十偶爲正　「偶爲」原誤倒，下又衍「也」，據儀禮鄉射禮鄭注乙删。按：北宋本、傅校本、明刻本、王吴本唯衍「也」字。

〔二五〕握本所持處也　「本」原訛「手」，據儀禮鄉射禮鄭注及北宋本改。

〔二六〕刊本一云膚　「膚」原訛「庸」，據儀禮鄉射禮鄭注及北宋本、傅校本、明刻本、王吴本改。

〔二七〕中央爲蛇身相交　「央」原訛「尖」，據儀禮鄉射禮鄭注及王吴本改。

〔二八〕象君子取矢於楅上也　原脱「上」，據儀禮鄉射禮鄭注補。

〔二九〕鄉射合樂大射不何也　原「射」下有「樂」，清人擅增，今據北宋本、傅校本、明刻本、王吴本删。

〔三〇〕必須合樂而後合　原「必」上有「不」，清人妄增，今據北宋本、傅校本、明刻本、王吴本删。

〔三一〕時公卿以玄成議是　原脱「時」，據北宋本、傅校本、明刻本、王吴本補。

〔三二〕羣官乃射五埒　「乃」原訛「皆」，據隋書禮儀志三一六五頁及北宋本、傅校本、明刻本改。

〔三三〕一品三十二發　標點本隋書禮儀志三校勘記一〇云：「對照下文所列項目，摘句注裏可能脱『三發射帖』四字；『三十二發』也應作『三十五發』，每品差數都是五發。」

〔三四〕二品三十發一發調馬十發射下十發射上三發射麞三發射帖三發射獸頭　正文「三十發」和注文二十五字原脱，據隋書禮儀志三一六五頁補。按：北宋本、傅校本、明刻本正文五字、注文二十五字盡脱。

〔三五〕五發射下　「五」原訛「六」，據隋書禮儀志三一六五頁改。按：統觀上下文，知品低者發數視品高者只能相同或遞減。既云三品五發射下，則四品云「六發射下」，與例違。

〔三六〕二發射獸頭　「二」原訛「一」，據隋書禮儀志三一六五頁改。

〔三七〕二品四十六發發調馬十五發射下二十二發射上二發射麞三發射帖三發射獸頭　正文原脱「六」，注文「十五」原訛作「十二」，「二十二」原脱下「二」，「三發射帖三發射獸頭」原誤作「餘與三品以下同」，並據隋書禮儀志三一六六頁補改。按：三品四品皆二發射帖，三發射獸頭，五品二發射帖，二發射獸頭，不得謂二品「餘與三品以下同」也。又按：北宋本「十五」不誤。

〔三八〕三品四十二發發調馬十二發射下二十二發射上二發射麞二發射帖三發射獸頭　正文「四十二發」與注文二十八字原脱，據隋書禮儀志三一六六頁補。

〔三九〕四品三十八發　原脱「四品」，據隋書禮儀志三一六六頁補。「八」隋志作「七」。分別與注中發數吻合。

〔四〇〕十二發射下　「二」隋書禮儀志三一六六頁作「一」。

〔四一〕固未及乎弓　「固」原訛「故」，據北宋本、傅校本、明刻本、王吴本改。

〔四二〕自貞觀至麟德元年　「元」原訛「七」，按：麟德無七年，據唐會要卷二六及傅校本、明刻本改。

〔四三〕其禮遂　疑有脱文，似應作「自後其禮遂廢」。

〔四四〕賜百官九日射　「九日」原誤置句上，據北宋本、傅校本、明刻本乙正。按：唐會要卷二六云：「開元八年九月七日，制賜百官九日射。」

〔四五〕猶降綸言　「言」原作「音」，清人所改。今據舊唐書文苑傳中五〇三二頁及北宋本、傅校本、明刻本、王吴本改回。

〔四六〕所以擇士也　「士」原脱，據禮記射義補。

〔四七〕以其有事大體重固謂之大射　原作「以其事大禮重故謂之大射」，乃清人竄改。今據北宋本、傅校本、明刻本、王吴本改回。

〔四八〕其節　「節」原訛「樂」，據禮記射義改。

〔四九〕循法度以成君事也　原句上有「喻」，清人所增。今據北宋本、傅校本、明刻本、王吴本删。

〔五〇〕書曰流共工於幽州是　原「州」下有「者」，「是」下有「也」，據北宋本、傅校本、明刻本、王吴本删。

王文錦點校

通典卷第七十八

禮三十八　沿革三十八　軍禮三

天子合朔伐鼓諸侯附　冬夏至寢鼓兵　馬政馬祭附　時儺

天子合朔伐鼓諸侯附○夏　周　漢　後漢　魏　晉　東晉　宋　齊　北齊　大唐

夏書曰：「乃季秋月朔，辰弗集于房，辰，日月所會。房，所舍之次。集，會也。不會則日蝕可知。瞽奏鼓，嗇夫馳，庶人走。」凡日蝕，天子鼓於社，責上公也。瞽，樂官。樂官進鼓則伐之。嗇夫，主幣之官。馳，取幣禮天神也。庶人走，共救日蝕。庶人，百役之人也。

周制，日有蝕之，〔一〕天子不舉樂，素服，置五麾，陳五鼓、五兵及救日之弓矢。又以朱絲縈社，而伐鼓責之。或曰脅之，或曰爲暗，恐人犯之。日蝕者，陰侵陽。社者衆陰之主。鼓配陽也。以陰犯陽，故鳴鼓而救之。夏官太僕掌軍旅田役贊王鼓，日月蝕亦如之。王通鼓，佐擊其餘面。曾子問曰：「諸侯旅見天子，入門不得終禮而廢者幾？」旅，衆。〔二〕孔子曰：「四。太廟火、日蝕、后之喪、雨霑服失容，則廢。如諸侯皆在而日蝕，則從天子救日，各以其方色與其兵也。」示奉時事，有所討也。方色者，東方衣青，南方衣赤，西方衣白，北方衣黑。其兵未聞。曾子問曰：「當祭而日蝕、太廟火，其祭也如之何？」孔子曰：「接祭而已。如牲至未殺，則廢。」接祭，不迎尸。諸侯救日蝕，置三麾，陳三鼓三兵，用幣於社，伐鼓於朝。魯昭公十七年六月朔，日蝕，叔孫昭子曰：「日蝕，諸侯用幣於社。」上公伐鼓於朝，退自責。大夫擊門，士擊柝。言衛其隅。曾子問曰：「諸侯相見，揖讓入門，不得終禮廢者幾？」孔子曰：「六。天子崩，太廟火，日蝕，后、夫人之喪，雨霑服失容，則廢。」

漢制，天子救日蝕，素服，避正殿，陳五鼓五兵，以朱絲縈社，內外嚴警。太史登靈臺，候日有變，〔三〕便伐鼓。太僕贊祝史陳辭以責之。聞鼓音，侍臣皆著赤幘，帶劍入侍。三臺令史以上，皆持劍立其戶前。衛尉驅馳繞宮，伺察守備。〔四〕日復常，皆罷。此義，按晉摯虞決疑注云，〔五〕約魯昭公時叔孫昭子說天子救日之法。

後漢制，朔前後各二日，牽羊酒至社下以祭日。日有變，割羊以祠社，用救日變。〔六〕執事冠長冠，衣皁單衣、〔七〕絳領袖緣中衣、〔八〕絳袴絑以行禮，〔九〕如故事。

獻帝初平四年正月，當祠南郊，尚書八座議，欲卻郊日，又定冠禮而月朔日蝕。士孫瑞議：〔一〇〕「按八座書，以為正月之日，太陽虧曜，謫見於天，而冠者必有裸享之儀，金石之樂，飲燕之娛，獻酬之報。是爲聞災不祇肅，見異不怵惕也。」

及建安中，將元會，而太史上言正朝當日蝕。朝臣議應會不？博平計吏劉邵建言曰〔一一〕：「梓慎、裨竈，古之良史，猶占水火錯失天時。禮，諸侯旅見天子，〔一二〕入門不得終禮者四，日蝕在一。然則聖人垂制，不爲變異先廢朝禮者，〔一三〕或災消異伏，或推術謬誤。」時尚書令荀彧及衆人咸善而從之，遂朝如舊，日亦不蝕，邵由此著名。

魏高貴鄉公正元二年，太史奏：「三月一日寅時合朔，去交二度，恐相附近。」主者奏，宣敕有司，爲救日蝕。備既，時過而不蝕，大將軍曹爽推史官不驗之負，空設合朔之期，以疑上下。光禄大夫領太史令邕言：「典曆者按曆術推交會之期，候者伺遲疾之度，當朔，事無有違錯耳。」重問典曆周晁等，對曰：「曆候所掌，推步遲速。可以知加時早晚，度交緩急；可以知薄蝕淺深。〔一四〕合朔之時，或有月掩日，〔一五〕則蔽障日體，使光景有虧，故謂之日蝕。或日掩月，則日從月上過，謂之陰不侵陽，雖交無變。至於日月相掩，必蝕之理，無術以推。是以古者諸侯旅見天子，日蝕則廢禮；嘗禘郊社，日蝕則接祭。是以前代史官，不能審日蝕之數，故有不得終禮。自漢故事以爲日蝕必當於交，每至其時，申警百官，以備日變。甲寅詔書，有備蝕之制，無考負之法。」侍中鄭小同議：「史官不務審察晷度，謹綜疏密，謬準交會，以爲其兆。至乃虛設疑日，大警外內。其有不效，則委於差晷度，禁縱自由，皆非其義。按春秋，昭公三十一年十二月辛亥日蝕。晉史墨以庚午之日，日始有謫。自庚午至辛亥四十二日，日蝕之兆，固形於前矣。此爲古有明法，而今不察。是守官惰職，考察無效，此有司之罪。」又答：「古來黄帝、顓頊、夏殷周魯六曆，皆無推日蝕法，但有考課疏密而已。負坐之條，由本無術可課，非司事之罪。」乃止。

晉武帝咸寧三年、四年，並以正朝合朔卻元會。〔一六〕

東晉元帝太興元年四月，合朔。有司奏議：「按春秋，日有蝕之，天子伐鼓於社，攻諸陰也；諸侯伐鼓於朝，臣自攻也。按尚書符，若日有變，便擊鼓諸門，有違舊典。」詔曰：「所陳有正義，改之。」

至康帝建元元年，太史上元日合朔，後復疑應卻會與不。庾冰輔政，寫劉邵議以示八座。蔡謨著議非之曰：「邵論災消異伏，又以黿憤猶有錯失，太史上言，亦不必審，其理誠然也。而云『聖人垂制，不爲變異先廢朝禮』，此則謬矣。災祥之發，所以譴告人君，王者之所重誡，故素服廢樂，退避正寢，百官降物，用幣伐鼓，躬親救之。夫敬誡之事，〔一七〕與其疑而廢之，寧順而行之。〔一八〕故孔子、老聃助葬於巷黨，以喪不星行，故日蝕而止柩，曰安知不見星。今史官言當蝕，亦安知其不蝕？夫子、老聃先行見星之防，而邵逆廢日蝕之戒，是反聖賢之成規也。魯桓公壬申有災，而以乙亥嘗祭，春秋譏之。災事既過，追懼未已，故廢宗廟之祭；況聞天眚將至，而行慶樂之會，於事乖矣。禮記所云諸侯入門不得終禮者，謂日官不先言，諸侯既入，見蝕乃知耳；非先聞當蝕而朝會不廢也。邵引此文，失其義旨。邵所執者，禮記也；夫子、老聃、巷黨之事，亦禮記所言，復違而反之，進退無據。然荀彧所善，漢朝所從，遂令此言至今見稱，莫知其謬。後來君子將準以爲誡，〔一九〕故正之云爾。」於是衆議從之。

穆帝永和中，殷浩輔政，又欲從劉邵議不卻會。王彪之議曰：「禮云諸侯旅見天子，不得終禮而廢者四，自謂卒暴有之，非謂先存其事，而僥倖史官推術錯謬，故不先廢朝禮。」〔二〇〕又從彪之議。

宋因晉制。

齊武帝永明元年十二月，有司奏：「今月三日，臘祠太社稷。一日合朔，日蝕既在致齋內，未審於社祠無疑不？曹檢未有前準。」〔二一〕尚書令王儉議：「禮記曾子問『天子嘗禘郊社五祀之祭，簠簋既陳』，唯大喪乃廢。至於當祭之日，火及日蝕則停。尋伐鼓用牲，由來尚矣，而簠簋初陳，問所不及。據此而言，致齋初日，仍值薄蝕，則不應廢祭。〔二二〕按漢初平中，士孫瑞議以日蝕廢冠而不廢郊，〔二三〕朝議從之。王者父天親地，〔二四〕郊社不殊，此則前準，謂不宜廢。」詔可。

北齊制，日蝕，則太極殿西厢東向，東堂東厢西向，各設御座。羣官公服。晝漏上水一刻，内外皆嚴。〔二五〕三門者閉中門，單門者掩之。〔二六〕蝕前三刻，皇帝服通天冠，即御座，直衞如常，不省事。有變，聞鼓音，則避正殿，就東堂，服白袷單衣。侍臣皆赤幘，帶劍，升殿侍。諸司各於其所，赤幘，持劍，出户向日立。有司各率官屬，並行宫内諸門、掖門，屯衞太社。鄴令以官屬圍社，守四門，以朱絲繩繞繫社壇三匝。太祝令陳辭責社。太史令二人，走馬露版上尚書，門司疾上之。又告清都尹鳴鼓，如嚴鼓法。〔二七〕日光復，乃止，奏解嚴。

大唐合朔伐鼓，具開元禮。

冬夏至寢鼓兵〔二八〕

易曰：「先王以至日閉關，商旅不行，后不省方。」

五經通義曰：〔二九〕「以冬至陽氣萌生，陰陽交精，始成萬物，氣微在下，不可動泄。王者承天理物，故率先天下，静而不擾也。夏至陰氣始動而未達，故亦寢兵鼓，不設政事，助微氣之養也。」

晉劉遐議曰，以爲：「陽實君道，是以微陽初興，慶其方盛，寢鼓息兵，不欲震蕩也。禮尊無二，若當助陰，豈一之義。何以明之？『彼月而蝕，則惟其常；此日而蝕，于何不臧』。月蝕無救之道明矣。」何能以爲：「二節，陰陽升降之極，會通交代之日。二氣既接，剛柔始分。君子遠慎諸物，近慎諸己。在冬欲靜，在夏無躁。百官靜事，無刑以定。寢鼓息兵，其宜合同。」張俁曰：「冬夏二至，慎微不異。左傳曰：『凡分至啟閉，必書雲物，爲備故也。』所重所慎，於是在矣。周禮『太僕掌贊王鼓，救日月亦如之』。左傳又曰『月亦如之』。又曰『非日月之眚不鼓』。皆正經也。日長則賀，君父道也。下慶上會，情交節也。日短則不，〔三〇〕臣子道也。鼓以動衆，是以二至迎送同寢之也。」劉泓謂：「寢鼓不出經傳，或以漢興。日蝕陰盛，擊鼓助陽，則冬至助陽，不應寢鼓也。」于瓚又云：「按漢制，有冬至絶事不聽政之條，而無夏至也。以此推之，夏至不應寢政事。」鄭瑶曰：「尋冬至寢鼓之義，雖無正文，恐有由耳。夫天之德，貴生惡殺，冬至少陽初發，萌芽之漸，欲省方，泰順動之象，以應至道，〔三一〕是以不省方事，安能鳴鼓？後代擬議至寢之，〔三二〕非爲助陽也。夏至少陰肇起，殺氣自興，否剥將至，大戚方來，宜有鳴鼓開關，興兵駭旅，施命四方，誥其逆兆，以遏小人方長之害。二至之義，否泰道異，休戚有殊，寢鼓之教，不宜同也。若以夏至，俗人所重，文武可息之一日，不可前三後三，等於冬至也。」

馬政 馬祭附○周 隋 大唐

周制，夏官校人掌王馬之政。政謂差擇養乘之數也。月令曰「班馬政」。天子十有二閑，馬六種：種馬、戎馬、齊馬、道馬、田馬、駑馬。種謂上善似母者。以次差之，玉輅駕種馬，戎輅駕戎馬，金輅駕齊馬，象輅駕道馬，田輅駕田馬，駑馬給宮中之役。邦國六閑，馬四種。家四閑，馬二種。降殺之差。每廐爲一閑。諸侯有齊馬、道馬、田馬。家謂大夫，有田馬。各一閑。其駑馬則皆分爲三焉。凡頒良馬而養乘之。乘馬一師四圉。三乘爲皁，皁一趣馬。三皁爲繫，繫一馭夫。六繫爲廐，廐一僕夫。六廐成校，校有左右。駑馬三良馬之數。麗馬一圉，八麗一師，八師一趣馬，八趣馬一馭夫。良，善也。善馬，五輅之馬。趣馬、馭夫、僕夫，帥之名也。〔三三〕趣馬下士，馭夫中士，則僕夫上士也。自乘至廐，其數二百一十六匹。易乾爲馬，此應乾之策也。至校變爲言成者，〔三四〕明六馬各一廐而王馬小備也。校有左右，則良馬一種者，四百三十二匹，五種合二千一百六十匹。駑馬三之，則爲千二百九十六匹。五良一駑，凡三千四百五十六匹，然後王馬大備。詩云「騋牝三千」，此謂王馬之大數歟？〔三五〕麗，耦也。駑馬自圉至馭夫，凡馬千二十四匹，與三良馬之數不相應，「八」皆宜爲「六」，〔三六〕字之誤也。師十二匹，趣馬七十二匹，則馭夫四百三十二匹矣。趣音倉走反。趣馬掌贊正良馬，而齊其飲食，簡其六節。贊，佐也。簡，差也。節，量也。差擇王馬以爲六等。巫馬掌養疾馬而乘治之，相醫而藥攻馬疾，受財於校人。〔三七〕乘謂驅步以發其疾，知所疾處乃治之。〔三八〕牧師掌牧地，皆有厲禁而頒之。孟春焚牧，焚牧地，以除陳生新草。仲春通淫。仲春，陰陽交萬物生之時，可以合馬之牝牡。按月令：「季春乃合累牛騰馬，遊牝於牧。」馬質掌質馬馬量三物，一曰戎馬，二曰田馬，三曰駑馬，皆有物賈。此三馬者，買以給官府之使，無種也。皆有物賈，謂皆有物色及賈直。凡受馬於有司者，書其齒毛與其賈。馬死則旬之內，更；旬之外，入馬耳，以其物更；其外否。旬之內死者，償以齒毛與賈，受之日淺，養之惡也。旬之外死，入馬耳，償以毛色，不以齒賈，任之過其任也。其外否者，旬之外踰二十日而死者，不任用，非用者罪。春祭馬祖，執駒。馬祖，天駟也。孝經說曰「房為龍馬」。鄭衆云：「執駒無令近母，猶攻駒也。二歲曰駒，三歲曰駣。」鄭玄謂：「執猶拘也。春通淫之時，駒弱，血氣未定，為其乘匹傷之。」夏祭先牧，頒馬攻特。先牧，始養馬者，其人未聞。夏通淫之後，攻其特，為其蹄齧不可乘用。鄭衆云：「攻特謂騬之。」騬音繒。秋祭馬社，臧僕。馬社，始乘馬者，世本作曰：「相土作乘馬。」〔三九〕鄭衆云：「臧僕謂簡練馭者，令皆善也。」鄭玄謂：「僕，馭五輅之僕。」冬祭馬步，獻馬，講馭夫。馬步，神，為災害馬者。獻馬，見成馬於王也。馭夫，馭貳車、從車、使車者。講猶簡習。其於祭大澤，〔四〇〕用仲月剛日。甲庚丙壬戊為剛日，乙丁辛癸己為柔日。

隋制，常以仲春，用少牢祭馬祖於大澤，諸合祭官於祭所致齋一日，〔四一〕積柴於燎壇，禮畢，就燎。仲夏祭先牧，仲秋祭馬社，仲冬祭馬步，並於大澤，皆以剛日。牲用少牢，如祭馬祖，埋而不燎。

大唐馬祭因隋之制，其儀如開元禮。

時儺周　後漢　北齊　隋　大唐

周制，夏官方相氏掌蒙熊皮，黃金四目，玄衣朱裳，執戈揚楯，帥百隸而時儺，以索室毆疫。蒙，冒也。冒熊皮者，以驚毆疫癘之鬼，〔四二〕如今魌頭也。時儺，四時作方相氏以儺卻凶惡也。月令：季春，命國儺，九門磔攘，以畢春氣。洪範傳云：「言之不從，則有犬禍。犬屬金也，故磔之於九門，所以抑金扶木，畢成春功。東方三門不磔，春位不殺，且盛德所在，無所攘。」仲秋，天子乃儺，以達秋氣。此儺，儺陽氣。恐陽暑至此不衰，〔四三〕害亦將及人，故儺以通秋氣。方欲助秋，故不磔犬。季冬，命有司大儺旁磔，以送寒氣。大儺，爲歲終逐除陰疫，以送寒氣。旁謂王城四旁十二門也。磔謂磔犬於門也。春磔九門，冬禮大，故徧磔於十二門，所以扶陽抑陰之義也。犬屬金，冬盡春興，春爲木，〔四四〕故殺金以助木氣。

後漢季冬先臘一日，大儺，儺，卻之也。謂之逐疫。漢舊儀曰：「顓頊氏有三子，生而亡去爲疫鬼。〔四五〕一居江水，是爲虐鬼，〔四六〕一居若水，是爲魍魎蜮鬼；一居人宮室區隅，善驚人小兒。」〔四七〕月令章句曰：「日行北方之宿，北方大陰，恐爲所抑，故命有司大儺，所以扶陽抑陰也。」盧植禮記注云：「所以逐衰而迎新。」其儀：選中黃門子弟年十歲以上，〔四八〕十二以下，百二十人爲侲子。皆赤幘皁製，執大鼗。漢舊儀曰：「方相帥百隸及童子，〔四九〕以桃弧、棘矢、土鼓，鼓且射之，以赤丸、五穀播灑之。」譙周論語注曰：「以葦矢射之。」薛綜曰：「侲之言善，善童幼子也。」侲音振。方相氏黃金四目，蒙熊皮，玄衣朱裳，執戈揚楯。〔五〇〕十二獸有衣毛角。

中黃門行之，冗從僕射將之，以逐惡鬼於禁中。夜漏上水，朝臣會，侍中、尚書、御史、謁者、虎賁、羽林郎將執事，皆赤幘陛衛。乘輿御前殿。黃門令奏曰：「侲子備，請逐疫。」於是中黃門倡，侲子和，曰：「甲作食殁，胇胃食虎，雄伯食魅，騰簡食不祥，攬諸食咎，伯奇食夢，強梁、祖明共食磔死寄生，委隨食觀，錯斷食巨，窮奇、騰根共食蠱。凡使十二神追惡凶，赫汝軀，拉汝幹，節解汝肉，抽汝肺腸。汝不急去，後者爲糧。」東京賦曰：「捎魑魅，斮獝狂。斬委蛇，腦方良。囚耕父於清泠，溺女魃於神潢。殘夔魖與罔象，殪野仲而殲游光。」注曰：「魑魅，山澤之神。獝狂，惡鬼。委蛇，大如車轂。方良，草澤神。耕父、女魃皆旱鬼。惡水，故囚溺於水中，使不能爲害。夔魖、罔象，木石之怪。野仲、游光，兄弟八人，恒在人閒作怪害也。」孔子曰：「木石之怪夔、罔兩，〔五一〕水之怪龍、罔象。」韋昭曰：「木石，謂山也。〔五二〕夔一足，越人謂之山獠。罔兩，山精，好學人聲，而迷惑人。龍，神物也，非所常見，故曰怪。罔象，食人，一名沐腫。」〔五三〕埤倉曰：「獝狂，無頭鬼。」委音虛。獝音休律反。埤，避移反。因作方相與十二獸儛。嚾呼，周徧前後省三過，持炬火，送疫出端門；東京賦曰：「煌火馳而星流，逐赤疫於四裔。」注曰：「煌，火光。逐，驚走。煌然火光如星馳。〔五四〕赤疫，疫鬼惡者也。」侲子合三行，從東序上，西序下。門外騶騎傳炬出宮，司馬闕門門外五營騎士傳火棄雒水中。東京賦注曰：「衛士千人在端門外，五營千騎在衛士外，爲三部，更送至雒水，凡三輩，逐鬼投雒水中。仍上天池，絕其橋梁，使不復度還。」〔五五〕百官官府各以木面獸能爲儺人師訖，設桃梗、鬱壘、葦茭畢，執事陛者罷。山海經曰：「東海中有度朔山，上有大桃樹，蟠屈三千里，其卑枝門曰東北鬼門，萬鬼出入也。上有二神人，一曰神荼，一曰鬱壘，主閱領衆鬼之惡害人者，執以葦索，而用食虎。」於是黃帝法而象之。毆除畢，因立桃梗於門戶上，畫鬱壘持葦索，以御凶鬼，畫虎於門，當食鬼。〔五六〕葦戟、桃枝以賜公卿、將軍、特侯、〔五七〕諸侯云。是月也，立土牛六頭於國都郡縣城外丑地，以送大寒。月令章句曰：「是月之昏建丑，〔五八〕丑爲牛。寒將極，是故出其物類形象，以示送達之，且以升陽也。」

北齊制，季冬晦，選人子弟如漢，合二百四十人。百二十人，赤幘、皁褠衣，執鼗。〔五九〕百二十人，赤布袴褶，執鞞角。方相氏執戈揚楯。又作窮奇、祖明等十二獸，皆有毛角。鼓吹令率之，中黄門行之，宂從僕射將之，以逐惡鬼於禁中。其日戊夜三唱，〔六〇〕開諸里門，儺者各集，被服器仗以待事。戊夜四唱，〔六一〕開諸城門，二衞皆嚴。上水一刻，皇帝常服，即御座。王公執事官一品以下、從六品以上，陪列觀。〔六二〕儺者鼓譟，入殿西門，徧於禁内。分出二上閤，〔六三〕作方相與十二獸儛戲，喧呼周徧，前後鼓譟。出殿南門，分爲六道，出於郭外。

河清年中定令，歲十二月半講武，至晦逐除。二軍兵馬，右入千秋門，左入萬歲門，並永巷南下，至昭陽殿北，二軍交。一軍從西上閤，一軍從東上閤，〔六四〕並從端門南，出閶闔門前橋南，戲射並訖，送至城南郭外罷。

隋制，季春晦，儺，磔牲於宮門及城四門，以禳陰氣。秋分前一日，禳陽氣。季冬旁磔、大儺亦如之。其牲，每門各用羝羊及雄雞一。選侲子，如北齊法。冬八隊，二時則四隊。問事十二人，赤幘褠衣，執皮鞭。工二十二人。〔六五〕其一人方相氏，如周禮。一人爲唱師，著皮衣，執棒。鼓角各十人。有司素備雄雞羝羊及酒，〔六六〕於宮門爲坎。未明，鼓譟以入。〔六七〕方相氏執戈揚楯，周呼鼓譟而出，合趣明陽門，〔六八〕分詣諸城門。將出，諸祝師執事，〔六九〕與疈牲胷，磔之疈，普逼反。於門，酌酒禳祝。舉牲并酒埋之。

大唐制，季冬大儺及州縣儺禮，並如開元禮。

校勘記

〔一〕周制日有蝕之　原「制」下有「曰」，據北宋本、傅校本、明刻本、王吴本删。

〔二〕旅衆　二字原脱，據北宋本、傅校本、明刻本、王吴本補。

〔三〕候日有變　原「日」下衍「月」，據晉書禮志上五九四頁删。

〔四〕衞尉驅馳繞宮伺察守備　原作「衞尉驅馳繞禁察守備」，據晉書禮志上五九四頁改補。

〔五〕按晉摯虞決疑注云　原脱「按晉」，據北宋本、傅校本、明刻本、王吴本補。

〔六〕用救日變　原「日」字誤重，據晉書禮志上五九四頁删。

〔七〕衣皁單衣　「皁」原訛「帛」，據後漢書禮儀志上三一〇一頁改。

〔八〕絳領袖緣中衣　「緣」原訛「緑」，據晉書禮志上五九四頁、盧文弨羣書拾補改。

〔九〕絳袴袜以行禮　「袴袜」原訛脱作「緣」，據後漢書禮志上三一〇一頁、晉書禮志上五九四頁改補。

〔一〇〕士孫瑞議　原「士」上衍「博」，嚴可均云：「校者誤加博字耳。」今據删。

〔一一〕博平計吏劉邵　「博」晉書禮志上五九四頁作「廣」。

〔一二〕諸侯旅見天子　原脱「旅」，據晉書禮志上五九四頁補。

〔一三〕不爲變異先廢朝禮者　「變異」原倒，據晉書禮志上五九四頁、宋書禮志一三五一頁及北宋本、傅校本、明刻本、王吴本乙。原脱「者」，據晉書禮志上、宋書禮志一補。「先」晉書禮志上、宋書禮志一作「豫」，通典避代宗諱改。

〔一四〕可以知薄蝕淺深　「淺深」原倒，據北宋本、傅校本、明刻本乙。

〔一五〕或有月掩日　「有」原訛「以」，據宋書禮志一三五一頁及北宋本、傅校本、明刻本、王吴本改。

〔一六〕並以正朝合朔卻元會　「朝」晉書禮志上五九四頁、宋書禮志一三五一頁作「旦」，通典避睿宗諱改。

〔一七〕夫敬誡之事　「敬誡」原作「警戒」，據晉書禮志上五九五頁、宋書禮志一三五二頁改。

〔一八〕寧順而行之　「順」晉書禮志上五九五頁、宋書禮志一三五二頁作「慎」。

〔一九〕後來君子將準以爲誡　「準以爲誡」原作「以爲準繩」，王吴本、殿本同。今據北宋本、傅校本、明刻本改。

〔二〇〕故不先廢朝禮　原脱「朝禮」，據晉書禮志上五九六頁、宋書禮志一三五三頁、册府卷一〇七一二七四頁及王吴本補。

〔二一〕曹檢未有前準　「曹」原訛「曾」，據南齊書禮志上一三六頁及北宋本、傅校本、明刻本、王吳本改。

〔二二〕仍值薄蝕則不應廢祭　「仍值」原訛「乃但」，又脱「應」，據南齊書禮志上一三六頁、册府卷五七七六九二八頁改補。按：北宋本、傅校本「值」字不誤。

〔二三〕士孫瑞　原「士」上衍「博」，據南齊書禮志上一三六頁、册府卷五七七六九二八頁删。

〔二四〕王者父天親地　「親」原作「母」，據南齊書禮志上一三六頁及北宋本、傅校本、明刻本改。

〔二五〕內外皆嚴　「皆」原訛「戒」，據隋書禮儀志三一六九頁及北宋本、傅校本、明刻本改。

〔二六〕單門者掩之　原脱「單門」，據隋書禮儀志三一六九頁補。

〔二七〕如嚴鼓法　「如」原訛「加」，據隋書禮儀志三一七〇頁及北宋本、傅校本、明刻本、王吳本改。

〔二八〕冬夏至寢鼓兵　原「兵」下有「議」，清人所增。今據北宋本、傅校本、明刻本、王吳本删。

〔二九〕五經通義　「義」原訛「議」，據傅校本、明刻本、王吳本改。

〔三〇〕日短則不　原「不」下有「賀」，後人所增，今據北宋本、傅校本、明刻本删。

〔三一〕欲省方泰順動之象以應至道　原訛脱作「欲省事順動以應至道」，據北宋本、傅校本、明刻本補改。

〔三二〕後代擬議至寢之　原脱「至」，據北宋本、傅校本、明刻本、王吳本補。

〔三三〕帥之名也　「帥」原訛「師」，據周禮校人鄭注及北宋本、傅校本、明刻本改。

〔三四〕至校變爲言成者　原脱「爲」，據周禮校人鄭注及北宋本、傅校本、明刻本、王吳本補。

〔三五〕此謂王馬之大數歟　原脱「歟」，據周禮校人鄭注及北宋本、傅校本、明刻本、王吳本補。

〔三六〕八皆宜爲六　「宜」原訛「疑」，據周禮校人鄭注及北宋本、傅校本、明刻本、王吳本改。

〔三七〕受財於校人　「財」原訛「材」，據周禮巫馬及北宋本、傅校本、明刻本、王吳本改。

〔三八〕知所疾處乃治之　「知所」原誤作「所以知」，據周禮巫馬鄭注及北宋本、傅校本、明刻本、王吳本删乙。

〔三九〕世本作曰相土作乘馬　「土」原訛「士」，據諸本改。

〔四〇〕其於祭大澤　「於」原訛「餘」，據北宋本、傅校本、明刻本、王吳本改。

〔四一〕合祭官　「合」隋書禮儀志三一六二頁作「預」，通典避代宗諱改。

〔四二〕以驚毆疫癘之鬼　「驚」原訛「警」，「癘」訛「厲」，據周禮方相氏鄭注改。

〔四三〕恐陽暑至此不衰　「恐」原訛「除」，據御覽卷五三〇二四〇五頁及北宋本、傅校本、王吳本改。

〔四四〕犬屬金冬盡春興春爲木　「冬」原訛「東」，脱下「春」，據御覽卷五三〇二四〇五頁及北宋本、傅校本、明刻本、王吳本改補。

〔四五〕生而亡去爲疫鬼　原脱「去」，據後漢書禮儀志中劉昭注三一二八頁及北宋本、傅校本、王吳本補。

〔四六〕一居江水是爲虐鬼　「是爲虐鬼」原訛脱作「爲虎」，後漢書禮儀志中劉昭注同。標點本據盧文弨校改補，今從之。

〔四七〕一居人宫室區隅善驚人小兒　原「區隅」下尚有「漚庾」二字，後漢書禮儀志中劉昭注同。標點校本後漢書删此二字，校勘記云：「文選東京賦注無『漚庾』二字，當即『區隅』之音注而誤入正文者，今刪。」今從之。

〔四八〕年十歲以上　原脱「年」，據後漢書禮儀志中三一二七頁及北宋本、傅校本、明刻本、王吳本補。

〔四九〕方相帥百隸及童子　「相」下原有「氏」，據後漢書禮儀志中劉昭注三一二八頁及北宋本、傅校本、明刻本、王吳本刪。「子」原訛「女」，後漢書禮儀志劉昭注同。標點本後漢書據盧文弨校改。今從改。

〔五〇〕執戈揚楯　「揚」原訛「楊」，據後漢書禮儀志中三一二七頁及諸本改。下逕改不出校。

〔五一〕罔兩　「兩」原訛「雨」，據後漢書禮儀志中劉昭注三一二八頁及諸本改。

〔五二〕韋昭曰木石謂山也　原訛作「劉昭曰木石山怪也」，標點本後漢書禮儀志中據集解引盧文弨校訂改，今從改。

〔五三〕一名沐腫　「腫」原訛「臃」，據後漢書禮儀志中劉昭注三一二九頁及北宋本、傅校本、明刻本、王吳本改。

〔五四〕煌火光逐驚走煌然火光如星馳　原脱作「煌然火如星馳」，據後漢書禮儀志中劉昭注三一二九頁補。

〔五五〕使不復度還　「復」原訛「得」，據後漢書禮儀志中劉昭注三一二九頁及北宋本、傅校本、明刻本改。

〔五六〕畫虎於門當食鬼　「當」原誤在「門」上，據後漢書禮儀志中劉昭注三一二九頁及北宋本、傅校本、明刻本、王吳本移正。

〔五七〕特侯　原訛作「特進」，據北宋本及後漢書禮儀志中三一二八頁改。

〔五八〕是月之昏建丑　「昏」原訛「會」，續漢志劉昭注同。標點本後漢書三一二九頁據盧校改。今從改。

〔五九〕執蕢　原「蕢」下有「鼓」，後人所增，今據隋書禮儀志三一六九頁及北宋本、傅校本、明刻本刪。

〔六〇〕其日戊夜三唱　「戊」原訛「戍」，據隋書禮儀志三一六九頁改。

〔六一〕戊夜四唱　原訛脱作「戍四唱」，據隋書禮儀志三一六九頁補改。

〔六二〕從六品以上陪列觀　原脱「從」，據隋書禮儀志三一六九頁補。又隋書「列」下有「預」，杜佑蓋避代宗諱而有意省者。

〔六三〕分出二上閤　「二」原訛「於」，據隋書禮儀志三一六九頁及北宋本、傅校本、明刻本改。

〔六四〕一軍從東上閤　原脱「從」，據隋書禮儀志三一六五頁補。

〔六五〕工二十二人　下「二」原脱，據隋書禮儀志三一六九頁補。

〔六六〕有司素備雄雞羝羊及酒　「素」隋書禮儀志三一六九頁作「預」，杜氏諱改。

〔六七〕鼓譟以入　原「鼓」上衍「呼」，據隋書禮儀志三一六九頁刪。

〔六八〕明陽門　「明」隋書禮儀志三一六九頁作「顯」，杜佑避中宗諱改。

〔六九〕諸祝師執事　「祝師」原訛作「司」，據隋書禮儀志三一六九頁補改。

王文錦點校

通典卷第七十九

禮三十九　沿革三十九　凶禮一

大喪初崩及山陵制并爲周以下親哭及不視事附○周　漢〔一〕　後漢　魏　晉　東晉　宋　陳　大唐

周代尚書金縢云：「武王既克商二年，〔二〕王有疾，弗豫。二公曰：『我其爲王穆卜。』」顧命云：「惟四月，哉生魄，王不懌。」成王也。有疾，故不悦懌。禮，僕人扶右，射人扶左。僕人射人皆平常時贊正君服位。〔三〕始崩，太僕戒鼓傳達於四方。內宗掌序哭者。次序外內宗及命婦哭王。〔四〕外宗敍外內朝暮哭者。內內外宗及外命婦。〔五〕世婦掌比外內命婦之朝暮哭，不敬者，而呵罰之。呵，譴也。小宗伯懸縗冠之式於路門之外。太僕掌懸喪首服之法於宮門。首服之法，謂免髽笄總廣狹長短之數。懸其書於宮門，示四方。三日，祝先服；祝佐含斂，先病。〔六〕五日，官長服；官長，大夫、士。七日，國中男女服；庶人。三月，天下服。諸侯之大夫也。孔穎達曰：「服，服杖也。祝佐含斂，先病，故先杖也。〔七〕然云祝服，故子亦三日而杖也。五日官長服者，大夫士也。七日國中男女服者，謂畿內民及庶人在官者。三月天下服者，謂諸侯之大夫也。近者亦不待三月，今據遠者爲言耳。」宮正掌授廬舍，辨其親疏貴賤之居。廬，倚廬也。舍，堊室也。親者貴者居倚廬，疏者賤者居堊室。

漢舊儀曰：「高帝崩三日，小斂室中牖下。作栗木主，長八寸，前方後圓，圍一尺，置牖中，〔八〕望外，内張綿絮以鄣外，以皓木大如指，長三尺，四枚，纏以皓皮四方置牖中，主居其中央。七日大斂棺，以黍飯羊舌祭之牖中。已葬，收主。爲木函，藏廟太室中西牆壁埳中。」

帝初登遐，朝臣稱曰「大行皇帝」。風俗通云：「俗説易稱四海爲家，雖都二京，巡有方嶽，文曰行在，所由以行爲辭。天命有終，往而不返，故曰大行。天子新崩，梓宮在殯，太子已即位，存亡有别，不可但稱皇帝。未及定謚，故曰大行皇帝。宮車晏駕，周康王一朝晏起，詩人深刺；如今崩殯，則爲晏駕。」其喪葬儀，無聞。魏孫毓曰：「禮記告喪曰『登遐』，告訃之辭也。或曰大行之稱，起於漢氏。漢書曰『大行在前殿』，又曰『大行無遺詔』，此即非告訃之辭。謚法者，大行受大名，小行受小名。初崩未謚，而嗣帝已立，臣下所稱辭宜有異，〔九〕故謂之大行，言其有大德行，必受大名若稱謚也。」

文帝遺詔：「其令天下吏民，令到，出臨三日，皆釋服。〔一〇〕具喪期篇。無禁取婦、嫁女、祠祀、飲酒、食肉。自當給喪事服臨者，皆無踐。〔一一〕絰帶無過三寸。無布車及兵器。應劭曰：「無以布衣車及兵器也。」服虔曰：「不施輕車介士也。」無發民哭臨宮殿中。霸陵山川因其故，無有所改。應劭曰：「因山爲藏，不復起墳，山下川流不遏絶，就其水名以爲陵號。」歸夫人以下至少使。應劭曰：「夫人以下有美人、良人、八子、七子、〔一二〕長使、少使，皆遣歸家，重絶人類。」令中尉亞夫爲車騎將軍，屬國悍爲將屯將軍，師古曰：「典屯軍以備非常。」郎中令張武爲復土將軍，如淳曰：「主穿壙實瘞事也。」師古曰：「穿壙，出土下棺也。已而實之，又即以爲墳，故云復土。復，反還也。」發近縣卒萬六千人，發內史卒萬五千人，藏郭穿復土屬將軍武。師古曰：「即張武也。」賜諸侯王以下至孝悌力田金錢帛各有數。每天子即位明年，將作大匠營陵地，用地七頃，方中用地一頃。深十三丈，堂壇高三丈，墳高十二丈。

武帝墳高二十丈，明中高一丈七尺，四周二丈，內梓棺柏黃腸題湊，以次百官藏畢。其設四通羨門，容大車六馬，皆藏之內方，外陟車石。外方立，先閉劍户，户設夜龍、莫邪劍、伏弩，設伏火。已營陵，〔一三〕餘地爲西園后陵，餘地爲婕妤以下，次賜親屬功臣。題，頭也。湊，以頭向內，所以爲固也。便房，藏中便坐也。

後漢制：〔一四〕

皇帝不豫，太醫令丞將醫入，就進所宜藥。嘗藥監、近臣中常侍、小黃門皆先嘗藥，過量十二。公卿朝臣問起居無閒。太尉告請南郊，司徒、司空告請宗廟，告五嶽、四瀆、羣祀，並禱求福。疾病，公卿復如禮。〔一五〕

登遐，皇后詔三公典喪事。百官皆衣白單衣，白幘不冠。閉城門、宮門。近臣中黄門持兵，虎賁、羽林、郎中署皆嚴宿衞，宮府各警，北軍五校繞宮屯兵，黄門令、尚書、御史、謁者晝夜行陳。三公啟手足色膚如禮。皇后、皇太子、皇子哭踊如禮。沐浴如禮。守宮令兼東園匠將女執事，黄綿、緹繒、金縷玉柙如故事。漢舊儀曰：「帝崩，唅以珠，纏以緹繒十二重。以玉爲襦，如鎧狀，連縫之，以黄金爲縷。腰以下以玉爲札，長一尺，廣二寸半，〔一六〕爲柙，下至足，亦縫以黄金縷。諸衣衿斂之。〔一七〕凡乘輿衣服，已御，輒藏之，崩皆以斂。」飯唅珠玉如禮。禮稽命徵曰：「天子飯以珠，唅以玉。」槃冰如禮。大槃廣八尺，長一丈二尺，深三尺，漆赤中。百官哭臨殿下。是日夜，下竹使符告郡國二千石、諸侯王。應劭曰：「凡與郡國守相竹使符，皆以竹箭五枚，長五寸，鐫刻篆書第一至第五。」張晏曰：「符以代古之珪璋，從簡易也。」竹使符到，皆伏哭盡哀。漢舊制，發兵皆以銅虎符，〔一八〕其餘徵調，竹使而已。符第合會爲大信。小斂如禮。東園匠、考工令奏東園祕器，表裏洞赤，虡文畫日、月、鳥、龜、龍、虎、連璧、偃月，牙檜梓宮如故事。大斂於兩楹之間。五官、左右虎賁、羽林五將，各將所部，執虎賁戟，屯殿端門陛左右廂，中黄門持兵陛殿上。夜漏，羣臣入。晝漏上水，大鴻臚設九賓，隨立殿下。謁者引諸侯王立殿下，西面北上；宗室諸侯、四姓小侯外戚樊氏、郭氏、陰氏、馬氏諸弟子立學，號四姓小侯。〔一九〕在後，西面北上。治禮引三公就位殿下，北面；特進次中二千石；列侯次二千石；六百石、博士在後；羣臣陪位者皆重行，西上。位定，大鴻臚言具，謁者以聞。皇后東向，貴人、公主、宗室婦人以次立後；〔二〇〕皇太子、皇子在東，西向；皇子少退在南，北面：皆伏哭。大鴻臚傳哭，羣臣皆哭。三公升自阼階，安梓宮內珪璋諸物，近臣佐如故事。嗣子哭踊如禮。周禮：「駔珪、璋、璧、琮、琥、璜之渠眉，疏璧琮以斂尸。」鄭衆云：〔二一〕「駔，外有捷盧也。謂珪、璋、璧、琮、琥、璜皆爲開渠，爲眉瑑，沙除以斂尸，令汁得流去也。」〔二二〕東園匠、武士下釘衽，截去牙。喪大記曰：「君蓋用漆，三衽三束。」鄭玄注曰：「衽，小腰。」太常上太牢奠，太官食監、中黄門、尚食次奠，執事者如禮。〔二三〕太常、大鴻臚傳哭如儀。

三公奏尚書顧命，太子即日即天子位於柩前，請太子即皇帝位，皇后爲皇太后。奏可。羣臣皆出，吉服入會如儀。太尉升自阼階，當柩御座北面稽首，讀策畢，以傳國玉璽綬東面跪授皇太子，即皇帝位。中黄門掌兵以玉具、隋侯珠、斬蛇寶劍授太尉，告令羣臣，羣臣皆伏稱萬歲。或大赦天下。遣使者詔開城門、宮門，罷屯衞兵。羣臣百官罷，入成喪服如禮。〔二四〕三公、太常如禮。

故事：百官五日一會臨，故吏二千石、刺史、在京都郡國上計掾史，皆五日一會。天下吏民發喪臨三日。先葬二日，皆旦晡臨。既葬，釋服，無禁嫁娶、祠祀。佐史以下，〔二五〕布衣冠幘，經帶無過三寸，臨庭中。武吏布幘大冠。大司農出見錢穀，給六丈布直。以葬，喪期依前漢制。部刺史、〔二六〕二千石、列侯在國者及關內侯、宗室長吏及因郵奉奏，諸侯王遣大夫一人奉奏，〔二七〕弔臣請驛馬露布，奏可。

以木爲重，〔二八〕高九尺，廣容八歷，裹以葦席。巾門、喪帳皆以簟。車皆去輔轓，疏布惡輪。走卒皆布褠幘。太僕駕四輪輈爲賓車，〔二九〕大練爲屋幙。中黃門、虎賁各二十人執紼。司空擇土造穿。太史卜日。謁者二人，中謁者僕射、中謁者副將作，油緹帳以覆坑。方石治黃腸題湊便房如禮。大駕，太僕御。方相氏黃金四目，蒙熊皮，玄衣朱裳，執戈揚楯，立乘四馬先驅。旂之制，長三仞，十有二斿，曳地，畫日、月、升龍，書旐曰「天子之柩」。謁者二人立乘六馬爲次。大駕甘泉鹵簿，金根容車，蘭臺法駕。喪服大行載飾如金根車。皇帝從送如禮。太常上啟奠。夜漏二十刻，太尉冠長冠，衣齋衣，乘高車，詣殿止車門外。使者到，南向立，太尉進伏拜受詔。太尉詣南郊。未盡九刻，大鴻臚設九賓隨立，羣臣入位，太尉行禮。執事皆冠長冠，衣齋衣。太祝令跪讀謚策，太尉再拜稽首。治禮告事畢。太尉奉謚策，還詣殿端門。太常上祖奠，中黃門尚衣奉衣登容根車。東園武士載大行，司徒却行道立車前。治禮引太尉入就位，大行車西少南，東面奉謚策，太史令奉哀策立後。〔三〇〕太常跪曰「進」，皇帝進。太尉讀謚策，藏金匱。皇帝次科藏於廟。太史奉哀策葦篋詣陵。太尉旋復公位，再拜立。〔三一〕太常跪曰「哭」，大鴻臚傳哭，十五舉音，止哭。太常行遣奠皆如禮。請哭止哭如儀。晝漏上水，請發。司徒、河南尹先引車轉，太常跪曰「請拜送」。載車著白系參繆音糾紼，〔三二〕長三十丈，大七寸爲輓，六行，行五十人。公卿以下子弟凡三百人，皆素幘委貌冠，衣素裳。校尉三百人，〔三三〕皆赤幘不冠，絳科單衣，持幢幡。候司馬丞爲行首，皆銜枚。羽林孤兒、巴渝擢歌者六十人，爲六列。鐸司馬八人，執鐸先。大鴻臚設九賓，隨立陵南羨門道東，北面；諸侯、王公、特進道西，北面東上；中二千石、二千石、列侯直九賓東，北面西上。皇帝白布幕素裹，〔三四〕夾羨道東，西向如禮。容車幄坐羨道西，南向，車當坐，南向，中黄門尚衣奉衣就幄坐。車少前，太祝進醴獻如禮。司徒跪曰「大駕請舍」，太史令自車南，北面讀哀策，掌故在後，已哀哭。太常跪曰「哭」，大鴻臚傳哭如儀。司徒跪曰「請就下位」，東園武士奉下車。司徒跪曰「請就下房」，都導東園武士奉車入房。司徒、太史令奉謚、哀策。東園武士執事下明器。禮記曰：「明器，神明之也。」孔子謂爲明器知喪道矣，備物而不可用也。」鄭玄注既夕曰：「陳明器，以西行南端爲上。」筲八盛，容三升，鄭玄注既夕曰：「筲，畚種類也。」黍一，稷一，麥一，粱一，稻一，麻一，菽一，小豆一。甕三，容三升，醯一，醢一，屑一。鄭玄注既夕曰：「屑，薑桂之屑。」黍飴。載以木桁，桁，所以庋苞屑甕甒也。〔三五〕覆以疏布。甒二，容三升，醴一，酒一。載以木桁，覆以功布。瓦鐙一。彤矢四，軒輖中，亦短衞。彤矢四，骨，短衞。既夕曰：「猴矢一乘，骨鏃短衞。」鄭玄曰：「猴猶候也，候物而射之矢也。四矢曰乘。骨鏃短衞，亦示不用也。生時猴矢金鏃，凡爲矢，五分苛長而羽其一。」猴音候。彤弓一。巵八，牟八，豆八，籩八，形方酒壺八。槃匜一具。鄭玄注既夕曰：「槃匜，盥器也。」杖、几各一。蓋一。鐘十六，無簴。鎛四，無簴。爾雅曰：「大鐘謂之鏞。」郭璞注曰：「書曰『笙鏞以閒』。亦名鎛。」磬十六，無簴。禮記曰：「有鐘磬而無簨簴。」鄭玄曰：「不懸之也。」壎一，簫四，笙一，篪一，柷一，敔一，瑟六，琴一，〔三六〕竽一，筑一，坎侯一。禮記曰：「琴瑟張而不平，竽笙備而不和。」〔三七〕干戈各一，笮一，甲一，胄一，既夕謂之役器。鄭玄注曰：「笮，矢箙。」輓車九乘，芻靈三十六匹。鄭玄注禮記曰：「芻靈，束茅爲人馬，謂之芻靈，神之類。」瓦竈二，瓦釜二，瓦甑一。瓦鼎十二，容五升。匏勺一，容一升。瓦案九。瓦大杯十六，容三升。瓦小杯二十，容二升。瓦飯槃十。瓦酒罇二，容五斗。〔三八〕匏勺二，容一升。

祭服衣送皆畢，東園匠曰「可哭」，在房中者皆哭。太常、大鴻臚請哭止哭如儀。〔三九〕司徒曰「百官事畢，臣請罷」，從入房者皆再拜，出，就位。太常導皇帝就贈位。司徒跪曰「請進贈」，侍中奉持鴻洞。贈玉珪長尺四寸，薦以紫巾，廣袤各三寸，緹裏，赤纁周緣；贈幣玄三纁二，各長尺二寸，廣充幅。皇帝進跪，臨羨道房户，西向，手下贈，投鴻洞中，三。東園匠奉封入藏房中。太常跪曰「皇帝敬再拜，請哭」，大鴻臚傳哭如儀。太常跪曰「贈事畢」，皇帝促就位。續漢書曰：「明帝崩，司徒鮑昱典喪事，葬日，三公入安梓宮，還，至羨道半，逢上欲下，〔四〇〕昱前叩頭言：『禮，天子鴻洞以贈，所以重郊廟也。陛下奈何冒危險，不以義割哀？』上即還。」容根車游載容衣。司徒至便殿，並轚苦耕切騎皆從容車玉帳下。〔四一〕司徒跪曰「請就幄」，導登。尚衣奉衣，以次奉器衣物，藏於便殿。太祝進醴獻。凡下，用漏十刻。〔四二〕禮畢，司空將校復土。

皇帝、皇后以下皆去麤服，服大紅，還宮反廬，立主如禮。桑木主尺二寸，不書謚。虞禮畢，祔於廟，如禮。

先大駕日游冠衣於諸宮諸殿，羣臣皆吉服從會如儀。皇帝近臣喪服如禮。醳大紅，服小紅，十一升都布練冠。醳小紅，服纖。醳纖，服留黃，冠常冠。近臣及二千石以下皆服留黃冠。百官衣皂。每變服，從哭詣陵會如儀。祭以特牲，不進毛血首。司徒、光禄勳備三爵如禮。

又太皇太后、皇太后崩，〔四三〕司空以特牲告謚於祖廟如儀。長樂太僕、少府、大長秋長樂宮，太后所居，在西京。後漢都洛陽，無長樂宮，或是當時便循舊名，爲太后耳。典喪事，三公奉制度，他皆如禮儀。

合葬：羨道開通，皇帝謁便房，太常導至羨道，去杖，中常侍受，至柩前，謁，伏哭止如儀。〔四四〕辭，太常導出，中常侍授杖，〔四五〕升車歸宮。已下，反虞立主如禮。諸郊廟祭服皆下便房。五時朝服各一襲在陵寢，其餘及宴服皆封以篋笥，藏宮殿後閣室。

永平七年，陰太后崩，晏駕詔曰：〔四六〕「柩將發於殿，羣臣百官陪位，黄門鼓吹三通，鳴鐘鼓，天子舉哀。女侍史官三百人皆著素，參以白素，引棺挽歌，下殿就車，黄門宦者引以出宮省。太后魂車，鑾輅，青羽蓋，駟馬，龍旂九旒，前有方相，鳳皇車，大將軍妻參乘，太僕妻御，女騎夾轂悉導。〔四七〕公卿百官如天子郊鹵簿儀。」後和熹鄧后葬，按以爲儀，自此皆降損於前事也。

魏武王以禮送終之制，襲稱之數，繁而無益，俗又過之。先自制送終衣服四篋，題識其上，春秋冬夏，曰有不諱，〔四八〕隨時以斂，金珥珠玉銅鐵之物，一不得送。

黄初三年，〔四九〕文帝又作終制曰：「禮，國君即位爲椑，存不忘亡也。壽陵因山爲體，無封樹，無立寢殿，無造園邑。此詔藏之宗廟。」

明帝時，毛皇后崩，未葬，詔「宜稱大行」。尚書孫毓奏：「武宣皇后崩，未葬時，稱太后。文德皇后崩，侍中蘇林議：『皇后皆有謚，未葬宜稱大行。』臣以爲古禮無稱大行之文。按漢天子稱行在所，言不常居。崩曰大行者，不返之稱也。未葬未有謚，不言大行，則嫌與嗣天子同號。至於后崩未葬，禮未立后，宜無所嫌，故漢氏諸后不稱大行。謂未葬宜直稱皇后。」詔曰：「稱大行者，所以別存亡之號。故事已然，今當如林議，稱大行。」

景初中，明帝崩於建始殿，殯於九龍殿。尚書訪曰：「當以明皇帝謚告四祖，祝文於高皇稱玄孫之子，云何？」王肅曰：「禮稱曾孫某，謂國家也。荀爽、鄭玄說皆云『天子諸侯事曾祖以上，皆稱曾孫』。」又訪：「按漢既葬，容衣還，儒者以爲宜如文皇帝故事，以存時所服。」王肅曰：「禮雖無容衣之制，今須容衣還而後虞祭，宜依尸服卒者上服之制。生時褻服，可隨所存；至於制度，則不如禮。孔子曰『祭之以禮』，亦謂此也。〔五〇〕諸侯之上服，則今服也。天子不爲命服，然亦所以命服之上也。按漢氏西京故事，月游衣冠，則容衣也。言冠以正服，不以褻衣也。」尚書又訪：「容衣還，羣臣故當在帳中，常填衞見？」王肅曰：「禮不墓祭，而漢氏正月上陵。神座在西序，東向，百辟計吏前告郡之穀價，人之疾苦，欲先帝魂靈聞知。時蔡邕以爲『禮有煩而不可去，事亡如存』，況今無填衞之禁，而合於如事存之義。〔五一〕可見於門內，拜訖入帳，臨乃除服。」

晉尚書問：「今大行崩含章殿，安梓宮宜在何殿？」博士卞搉、〔五二〕楊雍議曰：「臣子尊其君父，必居之以正，所以盡孝敬之心。今太極殿，古之路寢，梓宮宜在太極殿，依周人殯於西階。」又問：〔五三〕「既殯之後，別奠下室之饌，朝夕轉易，諸所應設祭，朔望牲用，宜所施行，按禮具答。」搉、雍議：「按禮，天子日食少牢，月朔太牢。喪禮下室之饌，如他日，宜隨御膳朝夕所常用也。朔望則奠，用太牢備物。」又問：「按景帝故事，施倚廬於九龍殿上東廂。今御倚廬爲當在太極殿不？〔五四〕諸王廬復應何所？」權琳議：〔五五〕「按尚書顧命，成王崩，康王居於翼室。先儒云『翼室於路寢』。今宜於太極殿上，諸王宜各於其所居爲廬，朝夕則就位哭臨。」

按禮，天子七月葬。新議曰：「禮無吉駕象生之飾，四海遏密八音，豈有釋其縗絰以服玄黃黼黻哉！雖於神明，哀素之心已不稱矣。輒除鼓吹吉駕鹵簿。」孫毓駁：「尚書顧命，成王新崩，傳遺命，文物權用吉禮。又禮，卜家占宅朝服。推此無不吉服也。又巾車飾遣車，及葬，執蓋從，方相玄衣朱裳，〔五六〕此鹵簿所依出也。〔五七〕今之吉駕，亦象生之義，凶服可除。鼓吹吉服，可設而不作。」摯虞曰：「按漢魏故事，將葬，設吉凶鹵簿，皆有鼓吹。新禮無吉駕導從之文。虞按禮，葬有祥車曠左，則今之容車也。春秋鄭大夫公孫蠆卒，天子追賜大輅，使以行禮。又士喪禮，有道車、乘車，〔五八〕以象生存。此兼有吉駕明文。既有吉駕，則宜有導從。〔五九〕宜定新禮設吉服導從，其凶服鼓吹宜除。」〔六〇〕

銘旌建太常，畫日月星辰。杜云：「九仞，旒委地。」杜元凱喪服要集云。遣車易以輂牀轝。奠祭之具及器藏物，皆覆以白練。

東晉成帝咸康七年，皇后杜氏崩。詔外官五日一入臨，內官朝一入而已，過葬虞祭禮畢止。有司奏，大行皇后陵所作凶門柏歷門，號明陽端門。〔六一〕詔曰：「門如所處。凶門柏歷，大爲繁費，停之。」按蔡謨説，以二瓦器盛始死之祭，〔六二〕繫於木，裹以葦席，置庭中，近南，名爲重，〔六三〕今之凶門是其象也。禮，既虞而作主，〔六四〕今未葬，未有主，故以重當之。禮稱爲主道，此其義也。范堅又曰：「凶門非禮。禮有懸重，形似凶門。後人出之門外以表喪，〔六五〕俗遂行之。簿帳，〔六六〕即古弔幕之類也。」是時，又詔曰：「重壤之下，豈宜崇飾？陵中唯潔掃而已。」有司又奏，依舊選公卿以下六品子弟六十人爲挽郎，詔又停之。

宋崔元凱喪儀云：「銘旌，今之旐也。天子丈二尺，皆施跗樹於壙中。遣車九乘，謂結草爲馬，以泥爲車，疏布輤，四面有障，置壙四角。以載遣奠牢肉，斬取骨脛，車各載一枚。」

陳永定三年七月，武帝崩。尚書左丞庾持云：「晉宋已來，皇帝大行儀注，未祖一日，告南郊太廟，奏策奉謚。梓宮將登輼輬，侍中版奏，已稱某謚皇帝。〔六七〕遣奠，出於階下，方以此時，乃讀哀策。而前代策文，猶稱大行皇帝，請明加詳正。」國子博士、知禮儀沈文阿等謂：「應劭風俗通，前帝謚未定，臣子稱大行，以別嗣主。近檢梁儀，自梓宮將登輼輬，版奏皆稱某謚皇帝登輼輬。伏尋今祖祭已奉策謚，哀策既在庭遣祭，不應猶稱大行。且哀策篆書，藏於玄宮，請依梁儀，以傳無窮。」詔可。

大唐貞觀九年，高祖崩。詔定山陵制度，令依漢長陵故事，務存崇厚。時限既促，功役勞弊。祕書監虞世南上封事曰：

臣聞古之聖帝明王，所以薄葬者，非不欲崇高光明珍寶異物以厚其親，〔六八〕然審而言之，高墳厚壠，珍物必備，此適所以爲親之累，非曰孝也。是以深思遠慮，安於菲薄，以爲長久萬代之計，割其常情以定之耳。〔六九〕

昔漢成帝造延昌二陵，制度甚厚，功費甚多，諫議大夫劉向上書曰：「孝文居霸陵，悽愴悲懷，顧謂羣臣曰：『嗟乎！以北山石爲椁，用紵絮斮陳漆其閒，豈可動哉！』張釋之進曰：『使其中有可欲，雖錮南山，猶有隙；使其中無可欲，雖無石椁，又何戚焉？』夫死者無終極，而國家有廢興，釋之所言，爲無窮計也。孝文寤焉，遂以薄葬。」

又漢氏之法，人君在位，三分天下貢賦，以一分入山陵。武帝歷年長久，比葬陵中，不復容物。霍光暗於大體，奢侈過度。其後至更始之敗，赤眉入長安，破茂陵取物，猶不能盡。無故聚斂百姓，爲盜之用，甚無謂也。

魏文帝於首陽東爲壽陵，作終制，其略曰：「昔堯葬壽陵，因山爲體，無封樹，無立寢殿園邑，爲棺椁足以藏骨，爲衣衾足以朽肉。〔七〇〕吾營此不食之地，欲使易代之後，不知其處。無藏金玉銅鐵，一以瓦器。自古及今，未有不亡之國，亦無不掘之墓。喪亂以來，漢氏諸陵，無不發掘，至乃燒取玉柙金縷，骸骨并盡，是焚如之刑也，豈不重痛哉！若違詔，妄有變改，吾爲戮屍於地下，〔七一〕死而重死，不忠不孝。使魂而有知，將不福汝。以爲永制，藏之宗廟。」魏文此制，可謂達於事矣。

今爲丘壠如此，其内雖不藏珍寶，亦無益也。萬代之後，人但見高墳大冢，豈謂無金玉也。臣之愚計，以爲漢文霸陵，既因山勢，雖不起墳，自然高敞。今之所卜，地勢即平，不可不起。宜依白虎通所陳周制，爲三仞之墳。其方中制度，事事減少。事竟之日，刻石於陵側，書今封大小高下之式，明器所須，皆以瓦木，合於禮文，一不得用金銀銅鐵，使後代子孫，並皆遵奉。一通藏之宗廟，豈不美乎！且臣下除服，用三十六日，已依霸陵；今爲墳壠，又以長陵爲法，非所依也。〔七二〕伏願深覽古今，爲長久之慮。

書奏，不報。

虞世南又上疏曰：「漢家即位之初，便營陵墓，近者十餘歲，遠者五十年，〔七三〕方始成就。今以數月之間，而造數十年事，其於人力，亦以勞矣。漢家大郡五十萬户，即日人衆，未及往時，而工役與之一等，此臣所以致疑也。」〔七四〕

又公卿上奏，請遵遺詔，務從節儉，太宗乃令中書侍郎岑文本謂曰：〔七五〕「朕欲一如遺詔，但臣子之心，不忍頓爲儉素。如欲稱朕崇厚之志，復恐百代之後，不免有廢毀之憂。朕爲此不能自決，任卿等平章，必令得所，勿置朕於不孝之地。」因出虞世南封事，付所司詳議以聞。

司空房玄齡等議曰：「謹按漢高祖長陵高九丈，〔七六〕光武陵高六丈，漢文、魏文並不封不樹，因山爲陵。竊以長陵制度，過爲宏侈；二文立規，又傷矯俗。光武中興明主，多依典故，遵爲成式，實謂攸宜。伏願仰遵顧命，〔七七〕俯順禮經。」詔曰：「朕既爲子，卿等爲臣，愛敬罔極，義猶一體，無容固陳節儉，陷朕於不義也。今便敬依來議。」於是山陵制度，頗有減省。

校勘記

〔一〕漢　原作「前漢」，據北宋本、傅校本、遞修本、明抄本、王吴本删「前」字。

〔二〕武王既克商二年　「二」原訛「三」，據尚書金縢及北宋本、王吴本改。

〔三〕平常時贊正君服位　原句下有「者」，據北宋本、傅校本删。

〔四〕次序外内宗及命婦哭王　「外内」原倒，「王」原訛「位」，據周禮内宗鄭注乙改。按：北宋本、傅校本、遞修本、明刻本、王吳本「外內」未倒。北宋本、遞修本、明抄本「王」作「主」。

〔五〕內內外宗及外命婦 原作「次序內外宗及外命婦」，明刻本、王吳本作「敍內外宗及外命婦」，皆後人所改。今據周禮外宗鄭注及北宋本、遞修本改正。

〔六〕祝佐含斂先病 「病」原訛「服」，據禮記檀弓下鄭注及北宋本、傅校本、遞修本、明抄本、明刻本、王吳本改。

〔七〕先病故先杖也 「病」原訛「服」，據禮記檀弓下孔疏及北宋本、傅校本、遞修本、明抄本、明刻本、王吳本改。

〔八〕置牖中 「牖」原訛「墉」，據後漢書禮儀志中劉昭注三一四八頁及王吳本改。下同。

〔九〕臣下所稱辭宜有異 「辭」下原有「者」，清人所增。今據北宋本、傅校本、遞修本、明抄本、明刻本、王吳本刪。

〔一〇〕皆釋服 漢書文帝紀一三二頁同。北宋本、傅校本、遞修本、明抄本、明刻本、王吳本「服」作「除」。

〔一一〕皆無踐 「踐」原作「跣」，據漢書文帝紀一三二頁及北宋本改。

〔一二〕八子七子 「八子」原誤在下，據漢書文帝紀應劭注一三四頁及北宋本、傅校本、遞修本、明抄本、明刻本、王吳本乙正。

〔一三〕已營陵 「已」原作「以」，據後漢書禮儀志下劉昭注三一四四頁及北宋本、傅校本、遞修本、明抄本、明刻本改。

〔一四〕後漢制　「制」原訛「志」，據北宋本改。

〔一五〕疾病公卿復如禮　北宋本、傅校本、遞修本、明抄本、明刻本、王吴本無此七字。此係殿本、局本據後漢書禮儀志下三一四一頁補者。

〔一六〕廣二寸半　原脱「廣」，後漢書禮儀志下劉昭注引漢舊儀同。標點本後漢書三一四一頁據盧文弨羣書拾補補。今從補。

〔一七〕諸衣衿斂之　原句上有「縫」，此字後漢書禮儀志下劉昭注及北宋本皆作「請」。標點本後漢書三一四二頁據盧文弨校删之，今從删。

〔一八〕發兵皆以銅虎符　原脱「皆」，據後漢書禮儀志下劉昭注三一四二頁及北宋本、傅校本、遞修本、明抄本、明刻本補。

〔一九〕外戚樊氏郭氏陰氏馬氏諸弟子立學號四姓小侯　原「馬氏」下有「四姓」，「號」下有「爲」，清人所增。今據北宋本、傅校本、遞修本、明抄本、明刻本、王吴本删。

〔二〇〕宗室婦人　「人」原作「女」，據北宋本、傅校本、遞修本、明抄本、明刻本、王吴本改。

〔二一〕鄭衆　原作「鄭司農」，清人所改。今據北宋本、傅校本、遞修本、明抄本、明刻本、王吴本改回。

〔二二〕令汁得流去也　「汁」原訛「上」，據周禮典瑞鄭注及北宋本、傅校本、遞修本、明抄本、王吴本改。原句下有「疏讀爲沙」，清人所增。今據北宋本、傅校本、遞修本、明抄本、明刻本、王吴本删。

〔二三〕執事者如禮　原脱「如」，據北宋本補。

〔二四〕入成喪服如禮　「成」原訛「城」，據後漢書禮儀志下三一四三頁及王吳本改。

〔二五〕佐史以下　「史」原訛「吏」，據後漢書禮儀志下三一四三頁及北宋本、傅校本、遞修本、明抄本、明刻本、王吳本改。

〔二六〕部刺史　原脱「部」，據後漢書禮儀志下三一四三頁及北宋本、傅校本、遞修本、明抄本、明刻本補。

〔二七〕諸侯王遣大夫一人奉奏　「諸」原訛「請」，據後漢書禮儀志下三一四四頁及北宋本、傅校本、遞修本、明抄本、明刻本、王吳本改。

〔二八〕以木爲重　原句上有「葬儀」二字，後人所增。今據後漢書禮儀志下三一四四頁及北宋本、傅校本、遞修本、明抄本、明刻本刪。

〔二九〕太僕駕四輪輈爲賓車　原脱「駕」，後漢書禮儀志下同。標點本後漢書三一四四頁據集解引錢大昕説補，今從補。

〔三〇〕東面奉謚策太史令奉哀策立後　原訛脱作「東面太史奉哀策謚進」，據後漢書禮儀志下三一四五頁及北宋本、傅校本、遞修本、明抄本、明刻本、王吳本補改。按：各本唯脱「謚」字。

〔三一〕再拜立　「立」下原衍「哭」，後漢書禮儀志下同。標點本後漢書三一四五頁據盧文弨校刪，今從刪。

〔三二〕載車著白系參繆音糾紼　「系」原訛「絲」，據後漢書禮儀志下三一四五頁及北宋本、傅校本、遞修本、明抄本改。注文「音糾」原被清人刪去，今據北宋本、傅校本、遞修本、明抄本、明刻本、王吳本補回。

〔三三〕校尉三百人　原脱「百」，後漢書禮儀志下同。標點本後漢書據集解引錢大昕説補，今從補。

〔三四〕皇帝白布幕素裏　原「白」下有「衣」，清人擅增。今據後漢書禮儀志下三一四六頁及北宋本、傅校本、遞修本、明抄本、明刻本、王吴本删。

〔三五〕所以皮萉屑甕甋也　「甋」原訛「瓶」，據儀禮既夕禮鄭注及北宋本、傅校本、遞修本、明抄本、明刻本改。

〔三六〕瑟六琴一　原訛作「琴六瑟一」，據後漢書禮儀志下三一四六頁及北宋本、傅校本、遞修本、明刻本、王吴本乙正。

〔三七〕竽笙備而不和　「竽笙」原倒，據後漢書禮儀志下劉昭注三一四七頁及北宋本、傅校本、遞修本、明刻本、王吴本乙。

〔三八〕容五斗　「斗」原訛「升」，據後漢書禮儀志下三一四六頁改。

〔三九〕請哭止哭如儀　下「哭」原脱，後漢書禮儀志下同。標點本後漢書三一四七頁據盧文弨校補，今從補。

〔四〇〕逢上欲下　「逢」原訛「塗」，據後漢書禮儀志下劉昭注三一四八頁及北宋本、傅校本、遞修本、明抄本、明刻本、王吴本改。

〔四一〕並輦騎皆從容車玉帳下　「輦」原訛「輂」，據後漢書禮儀志下三一四八頁及北宋本、傅校本、遞修本、明刻本、王吴本改。

〔四二〕凡下用漏十刻　「凡」原訛「几」，據後漢書禮儀志下三一四八頁及北宋本、傅校本、遞修本、明抄本、明刻本改。

〔四三〕又太皇太后崩　「又」原訛「及」，據北宋本、傅校本、遞修本、明抄本、明刻本改。

〔四四〕伏哭止如儀　「止」原訛「上」，據後漢書禮儀志下三一五二頁及北宋本、傅校本、遞修本、明抄本、明刻本、王吴本改。

〔四五〕中常侍授杖　「授」原訛「受」，據後漢書禮儀志下三一五二頁改。

〔四六〕晏駕詔曰　原無「晏駕」，蓋被清人所删。今據後漢書禮儀志下劉昭注三一五一頁及北宋本、傅校本、遞修本、明抄本、明刻本、王吴本回補。

〔四七〕女騎夾轂悉導　原脱「女騎夾轂」，後漢書禮儀志下劉昭注同。標點本後漢書三一五一頁據集解引惠棟説補，今從補。

〔四八〕曰有不諱　「曰」晉書禮志中六三二頁作「日」。

〔四九〕黄初三年　「三」原訛「二」，據三國志魏書文帝紀八一頁、晉書禮志中六三二頁及北宋本、傅校本、遞修本、明抄本、明刻本改。

〔五〇〕亦謂此也　「謂」原訛「爲」，據北宋本、傅校本、遞修本、明抄本、明刻本、王吴本改。

〔五一〕而合於如事存之義　「義」原作「意」，據北宋本、傅校本、遞修本、明抄本、明刻本改。

〔五二〕卞摧　「摧」原作「権」，據北宋本改。下同。

〔五三〕又問　二字原脱，據明刻本、王吴本補。

〔五四〕今御倚廬爲當在太極殿不　「不」原訛「下」，據北宋本、傅校本、遞修本、明抄本、明刻本改。

〔五五〕權琳　原作「榷雍」，亦清人妄改者。今據北宋本、傅校本、遞修本、明抄本、明刻本、王吴本改回。

〔五六〕方相玄衣朱裳　北宋本、傅校本、遞修本、明抄本、明刻本、王吴本脱「朱」字。按：此「朱」字係殿本、局本據周禮方相氏增補者。

〔五七〕此鹵簿所依出也　「依」原作「從」，據北宋本、傅校本、遞修本、明抄本、明刻本改。

〔五八〕又士喪禮有道車乘車　「道」晉書禮志中六二六頁作「稾」。按：儀禮既夕禮記乘車、道車、稾車俱有。

〔五九〕既有吉駕則宜有導從　北宋本、傅校本、遞修本、明抄本、明刻本、王吴本作「既有導從」。按：殿本、局本據晉書禮志中六二六頁補「吉駕則宜有」五字。

〔六〇〕其凶服鼓吹宜除　「凶服」原脱，據晉書禮志中六二六頁及北宋本、傅校本、遞修本、明抄本、明刻本、王吴本補。

〔六一〕明陽端門　「明」晉書禮志中六三三頁作「顯」，杜氏避中宗諱改。

〔六二〕以二瓦器盛始死之祭　原脱「盛」，據晉書禮志中六三三頁補。

〔六三〕名爲重　「名」原訛「門」，據晉書禮志中六三三頁及北宋本、傅校本、遞修本、明抄本、明刻本、王吴本改。

〔六四〕禮既虞而作主　「既」原訛「記」，據晉書禮志中六三三頁改。

〔六五〕後人出之門外以表喪　「之門」原倒，據晉書禮志中六三三頁乙。按：宋元明各本無「之」字。

〔六六〕簿帳　「簿」晉書禮志中六三三頁作「薄」。按：簿薄字通，簾幕也。

〔六七〕已稱某謚皇帝　「某」原訛「其」，據隋書禮儀志三一五一頁改。下同。

〔六八〕崇高光明　「明」唐會要卷二〇、全唐文卷一三八作「顯」，通典避唐中宗諱改。

〔六九〕割其常情以定之耳　「以」上原衍「均」，據北宋本、傅校本、遞修本、明抄本、明刻本、王吳本删。按：唐會要卷二〇、全唐文卷一三八並無「均」字。

〔七〇〕爲棺槨足以藏骨爲衣衾足以朽肉　原「藏」訛「朽」，句下有「而已」，據唐會要卷二〇、全唐文卷一三八及北宋本、傅校本、遞修本、明抄本、明刻本改删。按：王吳本「藏」字不誤。

〔七一〕吾爲戮屍於地下　「吾」原訛「是」，據北宋本、傅校本、遞修本、明抄本、明刻本、王吳本改。按：全唐文卷一三八亦作「吾」。

〔七二〕非所依也　唐會要卷二〇、全唐文卷一三八作「恐非所宜」，較勝。

〔七三〕遠者五十年　「五十」原倒，據唐會要卷二〇、全唐文卷一三八乙正。

〔七四〕此臣所以致疑也　原脱「以」，據唐會要卷二〇、全唐文卷一三八補。

〔七五〕太宗乃令中書侍郎岑文本謂曰　唐會要卷二〇作「太宗乃謂中書侍郎岑文本曰」。

〔七六〕漢高祖　原脱「漢」，據北宋本、傅校本、遞修本、明抄本、明刻本補。

〔七七〕仰遵顧命　「遵」原訛「尊」，據北宋本、傅校本、遞修本、明抄本、明刻本、王吳本改。

王文錦點校

通典卷第八十

禮四十　沿革四十　凶禮二

總論喪期　奔大喪奔山陵附　未踰年天子崩諸侯薨議　天子爲繼兄弟統制服議　天子不降服及降服議　天子爲皇后父母服議皇后爲父服附

總論喪期虞　殷　周　漢〔一〕　後漢　魏　晉　東晉　宋　後魏　後周　隋　大唐

易云「古者喪期無數」。賈公彦曰：「此黄帝時也。是其心喪終身者也。」〔二〕虞書稱「三載，四海遏密八音」。堯崩，舜諒闇三年，故稱遏密八音。按唐虞雖行心喪，更三年爲限，三王乃制喪服。殷高宗諒闇，三年不言。檀弓云：「子張問曰：『書云高宗三年不言，言乃讙。有諸？』時人君無行三年之喪禮者，問有此歟，怪之也。讙，喜悦也。言乃喜悦，則民臣望其言久。〔三〕仲尼曰：『胡爲其不然也！古者天子崩，王世子聽於冢宰。』」冢宰，天官卿，貳王理事者也。三年之喪，使之聽朝。喪服四制曰：「王者莫不行此禮，何以獨善之也？曰：高宗者，武丁。武丁者，殷之賢王也。繼世即位而慈良於喪。當此之時，殷衰而復興，禮廢而復起，故善之。善之，故載之於書中而高之，故謂之高宗。」

周武王崩，成王十三而嗣立，周公居冢宰攝政。明年六月，既葬，周公冠成王而朝於祖，以見諸侯，祝雍作頌。又春秋，在喪，王曰「小童」，公侯曰「子」，既葬則無此稱。此皆既葬除喪之證也。

漢文帝遺制，革三年之喪，「其令天下吏民，令到，出臨三日，皆釋服。顏師古曰：「令謂此詔文。」殿中當臨者，皆以旦夕各十五舉音，禮畢罷。非旦夕臨時，禁無得擅哭。〔四〕服大紅十五日，小紅十四日，纖七日，釋服。服虔曰：「皆當言大功、小功布也。纖，細布衣也。」應劭曰：「凡三十六日而釋服矣，此以日易月也。」晉灼曰：「漢書例以紅爲功。」師古曰：「紅與功同。服、晉二説是也。此喪制者，文帝自率己意創而爲之，非有取於周禮也，何爲以日易月乎？三年之喪，其實二十七月，豈有三十六月之文！禫又無七月也。應氏既失之於前，而近代學者因循謬説，未之思也。」他不在令中者，皆以此令比類從事。師古曰：「言此詔中無文者，皆以類比而行事。」布告天下，使明知朕意」。喪期之制，自後遵之不改。宣帝地節四年詔：「今百姓或遭衰絰凶災，〔五〕而吏徭事，使不得葬，〔六〕傷孝子之心。自今諸有大父母、父母喪者，勿徭事，使得收斂送終，盡其子道。」成帝時，丞相翟方進母終，既葬三十六日，除服視事，自以爲身備漢相，不敢踰國典。然而原涉行父喪三年，名章天下；河閒惠王行母喪三年，詔書褒稱，以爲宗室儀表：是則喪制三年，能行者貴之矣。及平帝崩，王莽欲眩惑天下，示忠孝，使吏六百石已上，皆服喪三年。莽母死，但服天子弔諸侯之服，一弔再會而已，令子新都侯宗服喪三年。及元后崩，莽反自服三年。顛倒姦謬若此。

後漢鄭玄云，「書云高宗諒闇，三年不言」，又曰「然而曰言不文者，謂臣下也」，注引孝經說云「言不文者指士人也」。

陳鑠問：「『高宗諒闇，三年不言，言乃讙』，此則所言也。又喪大記云『既葬，與人立，君言王事，不言國事；大夫言公事，不言家事』。此天子諸侯俱有言矣。而獨謂臣下上句云『言而後事行者杖而起』，〔七〕注云『謂卿大夫也』。孝經云『言不文指士人也』。義似不同，引之何明？」趙商答曰：「三年之喪，天子諸侯不言而事成者，冢宰存也。雖亦有所言，但希耳。至於臣下，須言而辨，爲可謂言，但不文耳。各有所施，不相妨也。言臣下時，所包者廣。孝經云士人，注引之者，欲微見其小異，其大趣亦同也。」

安帝初，長吏多避事棄官，乃令：自非父母服，不得去職。是後吏又守職居官，不行三年喪服矣。建光元年，〔八〕尚書孟布奏：「宜復如建武、永平故事，謂光武、明帝時。絕刺史二千石告寧及父母喪服。」又從之。至桓帝永興二年，復令刺史、二千石行三年服。永壽二年，又使中常侍已下，行三年服。至延熹二年，又皆絕之。〔九〕

魏武帝遺詔：「百官當臨殿中者，十五舉音。葬畢便除。」文帝崩，國內服三日。蜀劉備，臣下發喪滿三日，除服，至葬復如禮。〔一〇〕此則魏蜀又異於漢也。吳孫權令諸有居任者遭三年之喪，皆須交代，犯者定大辟之科。又使代未至，不得告，告者抵罪。其後吳令孟仁聞喪輒去，陸遜陳其素行，得減死一等，自此遂減。

晉武帝泰始元年詔：「諸將吏二千石已下遭三年喪者，聽歸終寧。庶人復除徭役。」二年，帝遵漢魏，改葬除服，按文帝以魏咸熙二年八月辛卯崩，九月癸酉葬。武帝以十二月景寅受魏禪，〔一一〕改元泰始。猶深衣素冠，〔一二〕降席徹膳。太宰司馬孚等奏曰：「臣聞禮典，豐殺隨時，期於足以興化而已，故未得皆返上古也。陛下俯遵漢魏，素冠深衣，降席徹膳，雖武丁行之於殷代，未足以踰。方今荆蠻未殄，〔一三〕萬機事殷，臣等以爲宜割哀情以康時俗，敕御府太官，易服改膳如舊。」詔曰：「每念幽冥，不終苴絰，一朝便易此情於所天，相從已多。」〔一四〕孚等重奏：「干戈未戢，天下至衆。陛下察愚款，〔一五〕以慰皇太后之心。」又詔：「重覽奏議，益以悲割。」〔一六〕三年之喪，自古達禮，不宜反覆，重傷其心。」遂以此禮終三年。後居太后之喪亦如之。

文帝之崩也，皇太后王氏泰始四年三月戊子崩。羊祜謂傅玄曰：「三年之喪，雖貴遂服，自天子達，而漢文毁禮傷義。〔一七〕今上至孝，〔一八〕有曾、閔之性，實行喪禮，除服何爲。若因此興先王之法，〔一九〕不亦善乎？」玄曰：「漢文以末代淺薄，不能行國君之喪，故因而除。已數百年，一朝復古，〔二〇〕恐難行也。」祜曰：「且使主上遂服，由爲善乎？」〔二一〕玄曰：「若主上不除，而臣下除，〔二二〕此謂但有父子，無復君臣，三綱之道虧矣。」習鑿齒曰：「傅玄知無君臣之傷教，而不知無父子之爲重。且漢廢君臣之喪，不崇父子之服，況四海黎庶，莫不盡情於其親，三綱之道，二服恒用於私室，而王者獨盡廢之，豈所以孝理天下乎？」

僕射盧欽、尚書魏舒等奏：「謹按天子之與羣臣，雖哀樂之情若一，其所居之宜實異，故禮不得同。虞書曰『三載遏密八音』，至周公，乃稱『殷之高宗諒闇，三年不言』。周景王有后、嗣子之喪，既葬除喪而樂。叔向譏之曰：『三年之喪，雖貴遂服，禮也。王雖不遂，燕樂已早，亦非禮也。』稱高宗不云服喪三年，此釋服心喪之文也。譏景王不議其喪，而議其燕樂已早，明既葬應除，而違諒闇之節也。堯崩，舜諒闇三年，〔二三〕故稱遏密八音。由此言之，天子居喪，齊斬之制，既葬而除，諒闇以終，三年無改父道，聽於冢宰。喪服已除，故更稱不言之美，明不復寢苫枕凷以荒大政也。」摯虞以爲：「古者無事，故喪三年，非訖葬除心喪也。後代一日萬機，故魏權制，晉氏加以心喪，非三年也。」杜元凱以爲：「古者天子諸侯三年之喪，始同齊斬，既葬除服，〔二四〕諒闇以居，心喪終制，不與士庶同禮。漢氏承秦，率天下爲天子終服三年。〔二五〕文帝見其不可久行，〔二六〕而不知古典，〔二七〕更以意制祥禫，除喪即吉。魏氏直以訖葬爲節，嗣君皆不復諒闇終制。學者非之久矣，然竟不推究經傳，考其行事，專謂王者三年之喪，當以縗麻終二十五月。嗣君苟若此，則天下羣臣皆不得除。〔二八〕雖志在居篤，更逼而不行。至今嗣主皆從漢文輕典，〔二九〕由處制者非制也。」袁準曰：「周禮『太祝祔練祥，掌國事』。若無縗服，焉得祥？孔子曰：『三年之喪，天下之通喪也。』禮記曰：『父母之喪，無貴賤一也。』又云：『公之喪，大夫俟練，士卒哭而歸。』此終喪縗麻之言也。春秋傳曰：〔三〇〕『三年之喪，雖貴遂服，禮也。』言雖貴，不得與賤者有異也。言服而不言喪，縗麻可知也。凡春秋傳諸稱除喪，〔三一〕皆因時宜耳。高宗信默，何以是心喪？」

博士段暢重申杜元凱議曰：「尚書毋逸云『高宗亮陰，三年不言』。諸儒皆云『亮陰，默也』。唯鄭玄獨以諒闇爲凶廬。今據諸儒爲正，明高宗既卒哭，即位之後，除縗麻，躬行信默，聽於冢宰，以終三年也。言即位，以明免喪之後，素服心喪，謂之諒闇。故杜議曰『天子居喪，齊斬之情，菲杖絰帶，〔三二〕當其遂服，葬而除服，諒闇以終三年也』。國語楚語及論語、〔三三〕禮記坊記坊音防喪服四制，皆説高宗之義，大體無異。唯尚書大傳以諒闇爲凶廬。蓋東海伏生所説，鄭玄之所依。博而考之，義既不通。據經所言，是唯天子居凶廬，豈合禮制？代俗皆謂大祥後禫時爲諒闇。漢記稱和熹鄧皇后居母喪，縞素，不食肉，亦曰諒闇。此乃古今之通言，信默者爲得之也。」范宣曰：「所以知諒闇爲凶廬者，按禮，葬後柱楣，楣則梁也，明葬後居廬，所以爲義。」暢曰：「昔武王崩，成王立，周公攝政，明年既葬，周公冠成王而朝於祖，以見諸侯。此天子卒哭除喪之證也。春秋在喪，王曰小童，公侯曰子，既葬則無此稱。此除服證也。」范宣難曰：「禮，葬後飲食衣服，〔三四〕皆有降殺。設君臣之稱，安得不異？」暢曰：「春秋文八年秋八月，襄王崩。九年春，毛伯來求金。傳曰：『不書王命，未葬也。』」范宣曰：「禮既葬王，政入於國，即君名有漸，非一朝頓除除服之義。多引益惑耳。」暢引僖王崩未再周，惠王享晉、虢失禮，以名位不同，不譏喪享，而譏公侯同禮。又享有籩豆之薦，聘則陳幣太廟，授玉兩楹。此聞樂不樂，食旨不甘，除服證也。」范宣曰：「朝聘之禮，國有喪，皆有撤損，不與平同也。周禮掌客職『賓客有喪，唯芻稍之受』，是明主人設饗是儀，有等級之品，客受芻稍，循情之事，是以往往有享文耳。且或有急尊王室，或有安衞社稷，事出無方，歸於時宜，事訖反服，於禮何傷？於啐嚌示儀，〔三五〕而信以爲食旨，亦其昬矣。」暢引春秋僖七年閏月，惠王崩。九年夏，王使宰孔賜齊侯胙，曰「天子有事於文武」。以爲王喪再周少五月，而猶事文武，明王者卒哭除喪，即位而祭廟矣，所謂烝嘗禘於廟也。宣曰：「夫祭祀之禮，有正有變。所以然者，或時有所施，不必一也。禱類祈禡，豈一道乎？武王出祔以燎，〔三六〕豈是常郊耶？天地猶然，況宗廟乎？禮不墓祭，而尚祭乎畢。又不於宗廟，而祀在坶室。坶音牧。鄭玄云「牧野之室」。且禮『去祧爲壇，去壇爲墠』，而周公請命，告太王以下，而三壇同墠，此豈非變禮乎？當襄王之時，逼於王子帶，不敢發喪，潛使告於齊。〔三七〕常有憂懼之色，故或爲權禮於文武。告請之祀，非其常典，故云有事於文武，而不稱禘祫於宗廟也。能究變正之義，始可與談春秋耳。」段暢引經傳，以爲諸侯諒闇，申杜議云：「按春秋僖公九年，宋桓公卒，未葬，而襄公會諸侯，故曰子。凡在喪，王曰小童，公侯曰子。傳發宋公，而因釋王。在喪未葬，稱在喪；葬訖卒哭，已除縗麻，故不復名在喪：此諸侯除服之證也。按禮記，諸侯元子既葬，見於天子，曰類見。將嗣父位，除喪見王，以受瑞命，由嗣而見，故曰類見。於是天子禮之太廟，〔三八〕賜以命服。此諸侯不以麻終三年之證也。雜記『麻者不紳，執玉不麻，麻不加於綵』。諸侯既卒哭即位，則有聘享朝會之禮。既執玉服綵，不宜復以服麻，故去縗麻，〔三九〕服縞素。縞素之制，可以雜於吉也。此除縗麻諒闇之文也。喪大記云：『君既葬，王政入於國，既卒哭而服王事。大夫、士既葬，公政入於家，既卒哭，弁絰帶。金革之事無避也。』然則大夫士皆以縗麻終三年，故雖卒哭，稱弁絰帶，以服金革之事。諸侯以上，卒哭除縗麻諒闇，故特不言弁絰。此諸侯縗麻除之證也。又春秋魯隱公元年：『天王使宰咺來歸惠公仲子之賵。』左傳曰：『贈死不及尸，弔生不及哀。』既卒哭，除服諒闇，此爲免喪。免喪之後來弔，故曰『弔生不及哀』。〔四〇〕此諸侯卒哭除縗之證也。文公元年：『天王使毛伯來錫公命。』公羊傳曰：

『命者何？加我服也。』賈逵以爲『諸侯踰年即位，（四一）天子賜以命珪，合瑞爲信也』。然則皆得行吉禮。文公元年：『公孫敖如齊。』左傳曰：『穆伯如齊，始聘焉，禮也。凡君即位，卿出並聘，踐修舊好，要結外援，好事鄰國，以衞社稷也。』僖公之喪未三年，嫌於不可以接吉事，故傳發明大義，以正諸侯之禮也。春秋襄公十五年冬十一月，晉侯周卒；十六年正月，葬晉悼公；三月，公會晉侯於溴梁。左傳曰：『葬晉悼公，平公即位，改服修官，烝於曲沃，與諸侯宴於温，使諸大夫舞，曰歌詩必類。』諸侯五月而葬，今晉悼三月便葬，遂合諸侯燕會，使大夫歌舞，皆非喪禮也。羊舌肸、祁奚、韓襄，皆晉之賢大夫也。平公尚幼，宰傅相之，命諸賢傅幼君而若此，（四二）蓋繼好繼信，謀事補闕，禮之大者，（四三）故傳其行事也。晉子墨縗絰征秦，遂墨縗以葬。書春秋時，（四四）卒哭之後，御軍甚多，無縗墨文明其服也。弁絰金革，禮所權許，皆爲救危亡者也。哀公五年秋九月，齊侯杵臼卒。六年，公羊傳曰：『除景公之喪，諸大夫皆在朝。』又禮會於陳乞之家，明其皆免喪無復所制也。」

博士謝沉議：（四五）「杜元凱注春秋左傳云：『天子諸侯雖卒哭除喪，至於當其練祥之日，必設位而哭，明不復禫也。』且先朝故事，無有禫儀，蓋君子行禮，不求變俗。而博士徐禪，意欲以來六月二十二三大祥，（四六）二十五六而禫。三日之中，衣服無異，而立二節，皆背先儀，又非簡易之法也。忌日舉哀，如昔成制。禮云：『除喪者卜其遠日，避不懷也。』謂當擇月末以還大祥，除四起縞冠，受以白帢，徙月復吉，〔四七〕不宜立異屢改也。仲尼曰：『三年之喪，二十五月而畢。哀痛未盡，思慕未忘，然服以是斷者，豈不送死有已，復生有節也哉！』又云『天地已易，四時已變，是以象之』，而欲二十二三日除縞弁，二十五六日禫哭。禮玉藻曰：『縞冠素紕，既祥之冠也。』所謂大祥而素縞麻衣也。釋禫之禮云，禫祭則黄衣玄冠矣。既祭乃服禫，朝服綅冠，踰月玄端以居，復平常焉。如士禮之條，又無禫哭也。且日時未改，忌月未過，便復常節，〔四八〕恐非天王情禮、大晉之典也。今無受禫之服，又無改易之祭，三日之閒，哀樂未變，〔四九〕而立無名之哭，近背先帝畫一之美，遠違仲尼殊月之說。」

議曰：詳按前儀，〔五〇〕則禮經云「三年之喪，自天子達」。雖有其說，無聞服制。所引武王崩，既葬，成王冠；襄王崩，嗣王未再周，賜齊侯胙：皆可爲明徵。當以萬機至繁，百度須理，如同臣庶喪制，唯祀與戎多闕。漢文彌留之際，不詳前代舊規，深慮大政之廢，遂施易月之令。若侯同軌畢至，〔五一〕嗣君然後免喪，俗薄風澆，或生釁難。執古道者，則云齊斬三年；適權宜者，遂稱以日易月。禮經雖云七月而葬，漢魏以降，多一兩月内，山陵禮終。窀穸之期，不必七月；除服之制，止於反虞。魯史足徵，可無致惑。庶情禮兩得，政教無虧矣。

東晉康帝建元元年正月晦，成恭杜皇后周忌，有司奏，至尊周年應改服。詔曰：「君親，名教之重也，權制出於近代耳。」於是素服如舊。非漢魏之典。〔五二〕

興寧元年，章皇太妃薨，哀帝欲服重。江虨啟：〔五三〕「先王制禮，應在緦麻服。」詔欲降周，虨又啟：「厭屈私情，所以上嚴祖考。」於是制緦麻三月。

孝武太元中，崇德太后褚氏崩。〔五四〕后於帝爲從嫂，或疑其服。博士徐藻議，以爲：「資父事君而敬同。又，禮，其夫屬父道者，妻皆母道。則夫屬君道，妻亦后道矣。服后宜以資母之義。魯譏逆祀，以明尊尊。今上躬奉康、穆、哀皇及靖后之祀，〔五五〕致敬同於所天。豈可敬之以君道，而服廢於本親？謂宜服齊縗期。」於是帝制周服。

安帝隆安四年，太后李氏崩。李氏生孝武，即帝之祖母。帝服齊縗三年，百寮疑所服。尚書左僕射何澄等議：「太皇太后名位允正，體同皇極，理制備盡，情禮合伸。〔五六〕春秋之義，母以子貴，既稱夫人，禮服宜從正。〔五七〕故成風著夫人之號，〔五八〕文公服三年之喪。〔五九〕子於父之所生，體義情重。〔六〇〕且禮，祖不厭孫，固宜遂服無屈，而緣情立制。嫌文不明，則宜從重，〔六一〕應同爲祖母後齊縗周。永安皇后無服，但一舉哀，百官亦一周。」詔可。〔六二〕於西堂設菰廬，神武門施凶門柏歷。

宋武帝永初元年，〔六三〕黃門侍郎王準之議：「鄭玄喪制，〔六四〕二十七月而終，學者云得禮。按晉初用王肅議，祥禫共月，遂以爲制。江左以來，唯晉朝施用；縉紳之士，猶多遵鄭義。宜使朝野一體。」詔可。

永初三年，武帝崩，蕭太后制三年之服。

文帝元嘉十七年七月，元皇后崩。兼司徒給事中劉温持節監喪。神武門設凶門柏歷至西上閤，〔六五〕皇太子於東宮崇正殿及永福省並設廬。諸皇子未有府第者，於西廨設廬。〔六六〕太子心喪三年。心喪有禫無禫，禮無成文，代或兩行。〔六七〕皇太子心喪畢，詔使博議。有司奏：「喪禮有禫，以祥變有漸，不宜便除即吉，故其間服以綅縞也。心喪已經十三月，大祥十五月，祥禫變除，禮畢餘情一周，不應復有再禫。宣下以爲永制。」詔可。

後魏自道武及諸帝，悉依漢魏，既葬公除。

文帝太和十四年，祖母文明馮太后崩，將營山陵，安定王休等率百寮詣闕表曰：「臣等聞先王制禮，必隨代變。三年之喪，雖自上古，中代以後，未之能行。陛下欲依上古，萬機事殷，不可暫曠。三代以下，豈無至孝之君？皆以義存百姓，是以君喪即位，踰月而葬，葬而即吉。」詔曰：「自遭禍罰，恍惚如昨。山陵遷厝，所未忍聞。」十月，又表曰：「伏惟大行皇太后，明誥垂於典册。陛下雖欲終上達之禮，其如黎元何？」詔曰：「仰尋遺旨，俯聞所奏，山陵可依典册，縗服情所未忍。」既葬，〔六八〕又表曰：「天下之至尊，莫尊於王業；皇極之至重，莫重於萬機。今山陵告終，百禮咸畢，願陛下愍億兆之心，抑恩割哀，〔六九〕遵奉終制。謹依前式，求定練日，以備禫禮。」高閭曰：「君不除服於上，臣則釋服於下，從服之義有違，爲臣之道不足。〔七〇〕縗麻朝政，吉凶事雜。」詔曰：「公卿所議，皆服終三旬，釋縗襲吉，情實未忍。遂服三年，重違旨告。今將至周，一經忌日，情結差申。按禮，卒哭之後，將授服。於受日，庶人及小官皆令即吉。內職羽林中郎已下，虎賁郎已上，及外職五品以上無縗服者，素服以終三月；內職及外臣縗服者，〔七一〕變從練禮。外臣三月而除；諸王、三都駙馬及內職，至來年三月晦朕之練也，〔七二〕除而即吉；侍臣，君服斯服，隨朕所降。此雖奪式，推情即理，有貴賤之差，遠近之別。」游明根曰：「聖慕深遠，所奏已不蒙許，願得踰年即吉。既歷冬正，〔七三〕又近遺詔。」〔七四〕詔曰：「若不許朕縗服，則當除縗闇嘿，委政冢宰。二事之中，惟公卿所擇。」東陽王丕曰：「臣與尉元，〔七五〕歷事五帝。自聖代以來，大諱之後三月，〔七六〕必須迎神於西，禳惡於北，具行吉禮。」詔曰：「太尉國老，誠如所陳，恐是先朝萬得一失，朕情未忍。」遂號慟，羣官亦哭而辭出。壬午，詔：〔七七〕「公卿屢上啟事，依據金冊遺旨。朕仰惟恩重，不勝罔極之痛。今依既虞卒哭，剋此月二十日授服，以葛易麻。既表縗服在上，〔七八〕公卿不得獨釋於下。故於朕之授變從練，以下復爲節降。斷度今古，以情制哀。〔七九〕但取遺旨速除之一節，便及變禮也。」

延昌四年正月，宣武帝崩於式乾殿。侍中、中書監、太子少傅崔光等奉迎太子於東宮，〔八〇〕入自萬歲門，至昭陽殿，哭踊久之。欲待明乃行即位之禮，太尉崔光曰：「天位不可暫曠，何待至明？」光等請太子止哭，立於東序。于忠、元昭扶太子西面哭十數聲，止。光奉册進璽綬，太子跪受，服皇帝衮冕之服，御太極前殿。〔八一〕光等降自西階，夜直羣臣立於庭中，北面稽首稱萬歲。

孝明帝神龜元年九月，尼高皇太后崩於瑤光寺。〔八二〕詔曰：「崇憲皇太后，德協坤儀，徽符月晷，〔八三〕萬融一化，〔八四〕奄至遐崩。但朕幼集荼蓼，夙憑德訓，乃戡虓定難，是賴深謀。夫禮沿情制，義循事立，可特爲齊縗三月，以申追仰之心。」有司奏：「按舊事，皇太后崩儀，自復魄斂葬，〔八五〕百官哭臨，其禮甚多。今尼太后既存委俗尊，〔八六〕憑居道法。凶事簡速，不依配極之典；寺庭局狹，非容百官之位。但因葬日，衢路奉接，義成君臣，〔八七〕終始情禮，〔八八〕理無廢絶。輒立儀如別。内外羣臣，權改常服，單衣衺巾，奉迎之墓，列位哭拜，事訖而除。止在京師，更不宣下。」詔可。

後周武帝母叱奴太后崩，帝居倚廬，朝夕供一溢米。羣臣表請，累旬乃止。及葬，帝袒跣陵所，行三年之制，五服内並依禮，斯近古無儔。〔八九〕

天元帝宣政元年，令天下遭父母喪，許終制。

隋制，皇帝本服大功以上親及外祖父母、皇后父母、諸官正一品喪，帝不視事三日。本服五服內親、〔九〇〕百官正二品以上喪，並一舉哀。太陽虧，國忌日，本服小功緦麻親、百官三品以上喪，不視事一日。皇太后、皇后爲本服五服內親，一舉哀。皇太子爲本服五服內親及東宮三師、三少、宮臣三品以上，一舉哀。

大唐元陵遺制：其喪儀及山陵制度，務從儉約，並不以金銀錦綵飾。天下節度觀察團練使、刺史等，並不須赴哀。祀祭之禮，〔九一〕亦從節儉。其天下人吏，敕到後，出臨三日，皆釋服。無禁婚娶、祠祀、〔九二〕酒肉。其宮殿中當臨者，朝夕各十五舉音。禮固從宜，喪不可久。皇帝宜三日聽政，十三日小祥，二十五日大祥，二十七日而釋服。皇帝本服周者，凡二朝哭而止。〔九三〕本服大功者，晡哭而止。本服小功以下，一舉哀而止。

奔大喪 奔山陵附○周 後漢 魏 晉 東晉 大唐

周制，穀梁傳云：「周人有喪，魯人亦有喪，周人弔，魯人不弔。周人曰：『固吾臣也，使人可也。』魯人曰：『吾君也，親之者也，使大夫則不可也。』故周人弔，魯人不弔，以其下成康爲未久。」周道尚明，無愧於不往。〔九四〕五經通義云：〔九五〕「凡奔喪，〔九六〕近者先聞先還，遠者後聞後還。諸侯未葬，嗣子聞天子崩，不奔喪。王者制禮，緣人心而爲之斷文，〔九七〕孝子之恩，〔九八〕不忍去棺柩，故不使奔也。」

後漢許慎異義云：「按左氏說，諸侯，藩衛之臣，不得棄其封守。諸侯，千里之内奔，千里之外不奔。四方不可空虛，〔九九〕故遣大夫也。」鄭玄駮云：「禮，天子於諸侯無服，諸侯爲天子斬縗三年，是尊卑異者也。春秋文四年，夫人成風薨，王使榮叔來歸唅且賵；又王使毛伯來會葬。〔一〇〇〕傳曰『禮也』。至叔孫得臣如京師，葬襄王，則傳無言焉。天子於魯既唅賵，又會葬，爲得禮，是則魯於天子，一大夫會葬而已，爲不得禮可知矣。按昭三十年，晉侯去疾卒，秋葬晉頃公。傳曰：鄭游吉弔，且送葬。魏獻子使士景伯詰之。其對辭有『靈王之喪，我先君簡公在楚，我先大夫印段實往，敝邑之少卿也。王吏不討，恤所無也』。晉人不能詰。〔一〇一〕豈非左氏諸侯奔天子之喪及會葬之明文也？」

大鴻臚眭生眭音雖說：「諸侯踰年即位，〔一〇二〕乃奔天子喪。春秋之義，未踰年，君死，不成以人君禮。言王者未加其禮，故諸侯亦不得供其禮於王者，相報也。」許氏又按：「禮不得以私廢公，卑廢尊。如禮得奔喪，今以私喪廢奔天子之喪，非也。又人臣之義，不得校計天子未加禮於我，亦執之不加禮也。眭生之說，非也。」鄭玄按：「孝經『資於事父以事君』，言能爲人子，乃能爲人臣也。服問『嗣子不爲天子服』，〔一〇三〕此則嫌欲速，不一於父也。喪服四制曰『門内之治恩掩義，門外之治義斷恩』，此言在父則爲父，在君則爲君也。

春秋莊三十二年，子般卒，時父未葬也。子者，繫於父之稱也。言卒不言崩，未成君也。未成君猶繫於父，則當從門内之治恩掩義。禮者在於所處。此何以私廢公？何以卑廢尊？」

魏時禮官議奔喪禮，有除喪而後歸哭於墓者，皆聽哭於陵。尚書盧毓以禮言遂除者，謂有服者耳；無服者則不哭。王肅曰：「既言除喪，豈有服哉？雖除，始見墳，斂髮祖絰，〔一〇四〕言除斂髮祖絰耳。記曰『朋友之墓，有宿草而不哭焉』，〔一〇五〕明友未踰年，〔一〇六〕雖無服猶哭之，有天子之喪未踰時始奔赴而得不哭者乎？今雖權宜即吉，吾本三年之喪也，故三年之後，行禘祫之禮。又，遠方弔貢表，皆宜通，若有禁，乃止，此不得與哭陵相妨害也。」又答難云：「前説遂除，謂除斂髮祖絰耳，不謂今之奔者皆須斂髮也。責以玄衣冠，又其所不能具，自可服深衣白帢也。」

晉惠帝崩，司徒左長史江統議奔赴山陵曰：「往者蕩陰之役，羣僚奔散，義兵既起，而不附從，主上旋宮，又不歸罪。至於晏駕之日，山陵即安，而猶不到。自臺郎御史以上，應受義責，〔一〇七〕加貶絶，注列黄紙，不得敍用。至於先有他故去職，〔一〇八〕或以喪疾免散，仍遇兵隱遁山澤者，宜與上牒異制。春秋傳曰：『君子避内難，不避外難。』〔一〇九〕孫、寧之變，蘧瑗出關，陳力就列，不能者止，未足多責也。及至奔赴，不及在哀，致身後於山陵，故當從時宜以立褒貶，依王政而正準繩，〔一一○〕不可偏抗古義以傷今實也。承詔書而制奔赴之期，以爲分別遠近，則典而不暢；檢校險易，則密而不弘。故擬七月之典，以議今事。達官名問特通者，過期不到，宜依退免法，注列黄紙，三年乃得敍用。又自非盟主所授，而諸侯州伯所以用，故不得奔赴，宜與下牒同罰。春秋傳曰『不以家事辭王事』，此上之行乎下也。諸侯州伯輒留應赴之人，而令失節於王庭，坐於周官九代之法，應在犯令陵政之條，諸臺平處，正其削黜。」

東晉成帝咸康中，恭皇后山陵，〔一一一〕司徒西曹屬王濛議立奔赴之制曰：「三代垂文，觀時損益。今服教之地，遠於古之九服，若守七月之斷，遠近一槩者，違實，〔一一二〕懼非通制。請王畿以外，南極五嶺，非守見職，周年不至者，宜勒注黄紙，有爵土者削降。永嘉中，江統議不奔山陵，但三年不敍，於義爲輕。今更立如牒。若方伯授用，雖未有王命，猶不與停散同。今見在官即吉之後去職，不及凶事，無所貶責。萬里外以再周爲限。自此以内，明依前牒，雖在父母喪，其責不異。」黄門郎徐衆等駮濛云：「若如濛議，見在官者，已拘於制度，不得奔赴。至於既去，雖不及哀，臣子之情，何得不暫致身哉！臣謂喪紀雖過，去職者故宜還赴。」詔可。濛又申述前議曰：「喪紀有數，吉凶有斷，豈可當於縞素既終而制無限之責哉！若除喪使奔，當以何服？素服敍哀，則在廷已吉，陵無哭禮；若玄冠致敬，宜曰朝謁，非奔喪之謂；若服外更立限斷，則不知所準；若不計遠近同服內，則立制漫而無斷。」詔又付尚書左丞王彪之議，云：「昔太寧之難，奔赴無過三年之限。恭皇后不宜踰先制。禮，爲君之母、妻，居處飲食衎爾。〔一一三〕『君已除喪而後聞喪，不稅』，而責有奔，〔一一四〕此臣所疑也。且宜一依濛所上。」詔曰：「今輕此制，於名教爲不盡矣。今直以或者衆致於此事，〔一一五〕不必改先制，如濛所上施行。」〔一一六〕

八年，成帝崩，尚書殷融上言：「司徒西曹屬王濛以周年爲限，不及者除名，付之鄉論。臣以爲夫名教興於義厚，〔一一七〕忠孝發於自然，不嚴而著，不肅而成者也。舊禮，國有大諱，外任不得離部，冗散之人，發哀公巷，初無課限有不奔之制。按永平初，先帝稱宣帝遺詔，乃不得令子弟詣陵。唯蕩陰奔赴，多不逮及，始爲其制，以篤一時。顧觀人情，未有肅媿，徒興簡默，正足以彰至道之不弘，表臣子之不義。宜遵前代，聞凶行喪三日而已。」詔曰：「孝慈起於自然，忠厚發於天成，〔一一八〕若道不喪，豈有今弊。弊至醨薄，反之何期？況以今日之弊，而欲廢準式於頽俗，求自仁於吾朝，〔一一九〕其於理化也，無乃迂乎？」融又重啟，〔一二〇〕依王濛所上爲條制。

康帝建元初，融又議定不應奔赴山陵：「據周魯有喪，而魯人不弔。孔子所答曾子，當謂國內卿大夫耳，非如今日見在方外者也。」〔一二一〕尚書僕射顧和議：「按禮記曾子問：『父母之喪，既引及塗，聞君薨，如之何？』穀梁傳曰：『周人魯人各有喪，周人弔，魯人不弔。』周人雖有喪，遣人可也；魯人當親行事，故不弔也。」

大唐元陵儀注，詔問：「宗子在外州府，合赴京師不？」所司奏曰：「按禮文『五廟之孫，祖廟未毀，雖爲庶人，冠、娶妻必告，死必赴，練祥則告，不忘親之義也』。又曰『四世而緦，服之窮也；五世袒免，殺同姓也；六世親屬竭矣』。又傳云『天子七月而葬，同軌畢至』。據此，則宗子五等以上，不限遠近，盡同奔赴山陵。」

未踰年天子崩諸侯薨議 後漢

後漢安帝崩，立北鄉侯，未踰年薨，以王禮葬。於春秋何義也？何休答曰：「春秋，未踰年，魯君子野卒，降成君稱卒，〔二三〕從大夫禮可也。」孝順皇帝永和中，詔公卿、校尉、尚書曰：「昔者周公攝天子事，成王欲以公禮葬，天爲動變，更以天子之禮，天即反風，歲即大熟。北鄉王親爲天子，而以王禮葬，故天數災異，宜加尊謚，列於昭穆。」羣臣皆疑，謂當如常。司隸校尉周舉議以爲：「北鄉本非正統，姦臣所授，立未踰載，年號未改。孔子作春秋，王子猛不稱崩，魯子野不書葬。昔周公有請命之功，太平之勳，故薨之日，天動威以彰其德，故成王以王者禮葬之，以應天命。北鄉王無他功德，恐非所以應天消災。北鄉本侯也，已加王禮，於禮已崇，不宜追加尊謚。」詔從之。

天子爲繼兄弟統制服議東晉

東晉穆帝升平五年五月崩，皇太后令立瑯琊王丕。哀帝也。儀曹郎王琨議：「今立之，於大行皇帝屬則兄弟，凡奠祭之文，皆稱哀嗣。斯蓋所以仰參昭穆，自同繼體，〔二三〕在兹一人，不以私害義，專以所後爲正。今皇太后德訓弘著，率母儀於内，主上既纂業承統，亦何得不述遵於禮。」尚書謝奉議：「夫帝位自以君道相承。〔二四〕至於昭穆之統，禮『兄弟不相爲後』，明義也。今應上繼康帝，意謂不疑。此國之大事，將垂之來代。」僕射江虨音斌議：〔二五〕「兄弟不相爲後，雖是舊説，而經無明據，此語不得施於王者。王者雖兄弟，既爲君臣，則同父子。故魯躋僖公，春秋所譏。〔二六〕左傳曰：『子雖齊聖，不先父食。』閔公，弟也，而同於父；僖公，兄也，而齊於子。既明尊之道，不得復敍親之本也。公羊傳曰：『逆祀奈何？〔二七〕先禰而後祖。』穀梁傳曰：『先親後祖，逆祀也。』君子不以親親害尊尊。』兄弟也由君臣而相後，三傳之明義如此，則承繼有敍，而上下洽通，於義爲允。應繼大行皇帝。」揚州刺史藍田侯臣述議：〔二八〕「推宗立君，以爲人極，上古風淳，必託有道。洎乎後代，爭亂漸興，故繼體相傳，居正守位，以塞奔競，〔二九〕非私其親。或時有艱難，而嗣胤幼劣，故有立長。成皇帝深達帝道，不私親愛，越授天倫，廟無毁遷，統業恒固。〔一三〇〕康皇帝既受命於成帝，宗廟社稷之重，已移於所授，主上宜爲康皇嗣。」〔一三一〕謝奉又議：「五帝之道，以天下爲公，唯德與賢，不私其親。逮殷周，則繼代承業，雖百王迭建，〔一三二〕而典謨不易，所以鎮係人心，閑邪息亂。今大晉宗祀配天，成帝疾痛，皇嗣幼沖，深惟社稷，遷於康皇，軌同唐虞，高義大行。天祚不永，還嗣本位。考之先典，求之人情，咸謂主上應繼成帝。」太常臣夷等五人議曰：「夫大道之行，天下爲公。成皇帝捨胤嫡之受，而授重天倫，〔一三三〕道崇先代。康皇帝祗承明命，正統既移，至尊應繼康帝嗣。」詔從述議。

天子不降服及降服議

魏田瓊云：「天子不降其祖父母、曾祖父母、后、太子、嫡婦、姑姊妹嫁於二王後，皆如都人。按白虎通云：『天子絶周者何？示同喪於百姓，〔一三四〕明不獨親其親也。』」吴射慈云：「天子之子封爲諸侯，〔一三五〕天子皆不服也。」

天子爲皇后父母服議皇后爲父服附〔一三六〕○東晉　宋　陳　後魏

東晉王朔之問范甯云：「至尊爲后之父有服不？〔一三七〕意謂雖居尊位，亦當不以己尊而便降也。」甯答曰：「王者之於天下，與諸侯之於一國，義無以異。今謂粗可依準。」孝武太元元年正月，〔一三八〕王鎮軍薨，按即后父也。尅舉哀而不成出，制服三日。僕射已下皆從服。

宋孝武孝建三年，〔一三九〕有司奏：「義陽王師王偃喪逝，至尊爲服緦麻三月，成服，仍即公除。至三月竟，未詳當服除服與不？〔一四〇〕又皇后依朝制服心喪，〔一四一〕行喪三十日公除。至祖葬日，臨喪當著何服？〔一四二〕又舊事，皇后心喪，服終除之日，更還著未公除時服，然後就除。未詳今皇后除心制日，當依舊更服？爲但釋心制中所著布素而已？」〔一四三〕勒禮官詳正。〔一四四〕太學博士王膺之議：「尊卑殊制，輕重有級，五服雖同，降厭則異。禮，天子止降旁親，〔一四五〕外舅緦麻，本在服例，但縗絰不可以臨朝饗，故有公除之議。〔一四六〕雖釋麻襲冕，尚有緦麻之制。〔一四七〕愚謂至尊服三月既竟，猶宜除釋。」又議：「吉凶異容，情禮相稱。皇后一月之限雖過，二紅之服已釋，哀哀所極，〔一四八〕莫深於尸柩，親見之重，不可以無服。按禮，爲兄弟既除喪，及其葬也，反服其服。〔一四九〕輕喪雖除，猶畜縗以臨葬，〔一五〇〕舉輕明重，則其理可知也。〔一五一〕愚謂王右光祿祖葬之日，皇后宜反齊縗。」又議：「喪禮即遠，變除漸輕，情與日殺，服隨時改。權禮既行，服制已變，豈容終制之日而更重服乎？按晉泰始二年，武帝以周除之月，欲反重服拜陵，朝議不遂。」太常丞朱膺之議：「凡云公除，非全除之稱。今朝臣私服，亦有公除，猶自窮其本制。膺之云，晉武拜陵不遂反服，此是權制，既除縗麻，不可以重制耳，與公除不同。愚謂皇后除心制日，〔一五二〕宜如舊反服未公除時服，〔一五三〕以申創巨之情。」餘同膺之議。國子助教蘇瑋生議：「按三日成服即除，及皇后行喪三十日，禮無其文。若並謂之公除，則可粗相依準。凡諸公除之設，蓋以王制奪禮。葬及祥除，皆宜反服。未有服之於前，不除於後。雖有齊斬重制，猶爲功緦除喪。〔一五四〕夫公除蹔奪，豈可遂以即吉邪？愚謂至尊三月服竟，故應準禮除釋。皇后臨祖及一周祥除，並宜反服齊縗。」尚書令、建平王宏議謂：「至尊緦制終，止舉哀而已，不須釋服。」餘同朱膺之議。大明二年，有司奏：「故光禄大夫王偃喪，〔一五五〕依格皇后服周，心喪三年，應再周來二月晦。檢元嘉十九年舊事，武康公主出適，二十五月心制終盡，從禮即吉。昔國哀再周，孝建二年二月，其月末，諸公主心制終，則應從吉。於時猶心禫素衣，二十七月乃除，二事不同。」領儀曹郎朱膺之議：〔一五六〕「詳尋禮文，心喪不應再禫，〔一五七〕皇代考檢，〔一五八〕已爲定制。元嘉季年，〔一五九〕禍難深酷，聖心天至，喪紀過哀。是以出適公主，還同在室，即情變禮，非革舊章。今皇后二月晦，〔一六〇〕宜依元嘉十九年制，釋素即吉，以爲永準。」詔可。

陳文帝天嘉元年，尚書儀曹請今月晦皇太后服安吉君禫除儀注。〔一六一〕沈洙謂：〔一六二〕「至親周斷，加崇故再周，而再周之喪，〔一六三〕斷二十五月。但重服不可頓除，故變之以纖縞，創巨不可便愈，故稱之以祥禫。禫者，淡也，所以漸祛至情。〔一六四〕如父在爲母、出嫡後之子，〔一六五〕則屈降之以周。周而除服，〔一六六〕無復縗麻，緣情有本同之義，許以心制。心制既無杖經可除，不容復改玄縿。既是心憂，則無所更淡其心也。宜禫杖周者，十五月已有禫制。今申其免懷之感，正斷以再周，止二十五月而已。所以宋元嘉立義，心喪以二十五月爲限。大明中，王皇后父喪，又申明其制。按齊建元中，太子穆妃喪，亦同用此禮。惟王儉古今集記云，心制終二十七月，又爲王逡所難。何佟之儀注用二十五月而除。按古循今，宜以再周二十五月爲斷。〔一六七〕今皇太后於安吉君心喪之周，宜除於再周，無復心禫之禮。〔一六八〕詔可。

後魏神龜二年元會，高陽王雍以靈太后臨朝，太上秦公喪制未畢，欲罷百戲絲竹之樂。清河王懌以爲萬國慶集，天子臨享，宜應備設。太后訪之於侍中崔光，光從雍所執。懌謂光曰：「宜以經典爲證。」光據禮記「縞冠玄武，子姓之冠」，父母有重喪，子不純吉。安定公親爲外祖，又有師恩，太后不許公除，縗麻在體。正月朔日，還家哭臨，至尊輿駕奉慰。禮云「朋友之墓，有宿草而不哭焉」，是則朋友有周年之哀。子貢云，夫子喪顏回，若喪子而無服，喪子路亦然。顏回之喪，饋祥肉，夫子出受之，入彈琴而後食之。若子之喪，則容一周不舉樂也。孔子曰既祥，五日彈琴，父母之喪也。是弟子喪夫子，若喪父而無服，心喪三年，由此而制。雖古義難追，比來發詔，每言師、祖之尊，是則一周之内，猶有餘哀。且禮，母有喪服，聲之所聞，子不舉樂。今太后更無别宫，嘉福去太極不爲太遠。〔一六九〕鼓鐘於宫，聲聞於外，况在内密邇也。君之卿佐，是謂股肱，股肱或虧，何痛如之！智悼子之喪未葬，杜蕢所以諫晉平公也。〔一七〇〕今相國雖已安厝，〔一七一〕纔三月矣，陵墳未乾。懌以理證爲然，乃從雍議。

校勘記

〔一〕漢　原作「前漢」，據北宋本、傅校本、遞修本、明抄本、明刻本、王吴本删「前」字。

〔二〕是其心喪終身者也　原作「是以其心喪終身」，今據儀禮喪服賈疏及王吴本删補。按：北宋本、傅校本、遞修本、明抄本、明刻本脱「者」字。

〔三〕則民臣望其言久　「久」原訛「矣」，據禮記檀弓下鄭注及北宋本、傅校本、遞修本、明刻本、王吴本改。

〔四〕禁無得擅哭　原「哭」下有「臨」，漢書文帝紀同。標點本漢書據李慈銘説删，今從删。

〔五〕今百姓或遭縗絰凶災　「今」原訛「令」，據漢書宣帝紀二五〇頁及北宋本、傅校本、遞修本、明抄本、明刻本改。

〔六〕使不得葬　原脱「使」，據漢書宣帝紀二五〇頁補。

〔七〕言而後事行者杖而起　原訛作「不言而事行者杖而起」，今據禮記喪服四制及北宋本、傅校本、遞修本、明抄本、明刻本删「不」補「後」。

〔八〕建光元年　「光」原訛「元」，據後漢書安帝紀二三二頁及北宋本、傅校本、遞修本、明抄本、明刻本、王吴本改。

〔九〕至延熹二年又皆絶之　「二」原訛「元」，據後漢書桓帝紀三〇四頁改。按：桓帝紀延熹二年三月「復斷刺史、二千石行三年喪」。

〔一〇〕至葬復如禮　「如」原訛「加」，據北宋本、傅校本改。

〔一一〕武帝以十二月景寅受魏禪　「景」原訛「庚」，據北宋本改。按：司馬炎泰始元年冬十二月丙寅受魏禪事見晉書武帝紀五〇頁。通典諱「丙」爲「景」。

〔一二〕猶深衣素冠　原「冠」下衍「服」，據晉書禮志中六一三頁删。

〔一三〕方今荆蠻未殄　「殄」原作「殲」，後人所改。今據北宋本、傅校本、遞修本、明抄本、明刻本改回。

〔一四〕每念幽冥不終苴絰一朝便易此情於所天相從已多　「從」原被清人改作「違」，今據晉書禮志中六一四頁及北宋本、傅校本、遞修本、明抄本、明刻本、王吴本改。按：晉志原詔作：「每感念幽冥，而不得終苴絰於草土，以存此痛，況當食稻衣錦，誠詭然激切其心，非所以相解也。吾本諸生家，傳禮來久，何心一旦便易此情於所天！相從已多，可試省孔子答宰我之言，無事紛紜也。言及悲剥，奈何，奈何！」通典節寫過當，原意盡晦。

〔一五〕陛下察愚款　原「愚」下有「衷」，清人擅增者。今據北宋本、傅校本、遞修本、明抄本、明刻本、王吴本删。

〔一六〕益以悲割　「割」晉書禮志中六一四頁作「剥」。

〔一七〕而漢文毁禮傷義　原「漢文」下有「除之」，今據北宋本、傅校本、遞修本、明抄本、明刻本、王吴本删。

〔一八〕今上至孝　原「今」下有「主」，今據北宋本、傅校本、遞修本、明抄本、明刻本、王吴本删。

〔一九〕若因此興先王之法　「興」原作「復」，據北宋本、傅校本、遞修本、明抄本、明刻本、王吴本改。

〔二〇〕一朝復古　「朝」原作「旦」，據北宋本、傅校本、遞修本、明抄本、明刻本、王吴本改。

〔二一〕由爲善乎　原被改作「不猶愈乎」，今據北宋本、傅校本、遞修本、明刻本、王吴本回改。

〔二二〕而臣下除　原作「而天下除之」，據北宋本、傅校本、遞修本、明抄本、明刻本、王吴本改删。

〔二三〕堯崩舜諒闇三年　「崩」原訛「喪」，據晉書禮志中六二二頁改。按：北宋本、傅校本、遞修本、明抄本、明刻本、王吴本脱「崩」，殿本、局本臆補「喪」字。

〔二四〕始同齊斬既葬除服　原「同」作「服」，「除」下有「喪」，據北宋本、傅校本、遞修本、明抄本、明刻本、王吴本改删。

〔二五〕爲天子終服三年　「終」晉書禮志中六一九頁作「修」。

〔二六〕文帝見其不可久行　原「文」上有「漢」，「其」下有「下」，據北宋本、傅校本、遞修本、明抄本、明刻本、王吳本刪。

〔二七〕而不知古典 「典」原作「制」，據北宋本、傅校本、遞修本、明抄本、明刻本、王吳本改。

〔二八〕則天下羣臣皆不得除 原「下」作「子」，「除」下有「喪」，據北宋本、傅校本、遞修本、明抄本、明刻本、王吳本改刪。

〔二九〕至今嗣主皆從漢文輕典 「嗣」原訛「世」，「輕」原訛「經」，據北宋本、傅校本、遞修本、明抄本、明刻本、王吳本改。

〔三〇〕春秋傳 原「秋」下有「左」，據北宋本、傅校本、遞修本、明抄本、明刻本、王吳本刪。

〔三一〕凡春秋傳諸稱除喪 原「稱」下有「職」，據北宋本、傅校本、遞修本、明抄本、明刻本、王吳本刪。

〔三二〕菲杖經帶 原「菲」作「苴」，據北宋本、傅校本、遞修本、明刻本、王吳本改。按：明抄本作「非」，顯係「菲」之訛字。

〔三三〕國語楚語 「國」原訛「周」，據北宋本、傅校本、遞修本、明抄本、明刻本、王吳本改。

〔三四〕飲食衣服 「衣」北宋本、傅校本、遞修本、明抄本、明刻本、王吳本作「之」。

〔三五〕於晬嚌示儀 「儀」原訛「義」，據北宋本、傅校本、遞修本、明抄本、明刻本、王吳本改。

〔三六〕武王出祔以燎 殿本同。北宋本、遞修本「祔」作「侯」，傅校本、明刻本作「禘」，明抄本、王吳本作「俯」。

〔三七〕潛使告於齊 原「使」字重，據北宋本、傅校本、遞修本、明抄本、明刻本、王吳本刪。

〔三八〕於是天子禮之太廟 「太」北宋本作「末」。

〔三九〕故去縗麻 「去」原訛「云」，據北宋本、王吴本改。

〔四〇〕免喪之後來弔故曰弔生不及哀 「免喪」原涉上而脱，據北宋本、傅校本、遞修本、明抄本、明刻本補。「生」原訛「主」，據諸本改。

〔四一〕賈逵 「逵」原訛「達」，據諸本改。

〔四二〕命諸賢傅幼君而若此 原「此」下有「者」，據北宋本、傅校本、遞修本、明抄本、明刻本删。

〔四三〕蓋繼好繼信謀事補闕禮之大者 下「繼」字原作「講」，「禮」字原脱，據北宋本、傅校本、遞修本、王吴本改補。

〔四四〕書春秋時 「書」北宋本作「當」。

〔四五〕博士謝沉 「沉」原訛「玩」，據北宋本、傅校本、遞修本、明抄本、明刻本、王吴本改。按：嚴可均疑「沉」「玩」皆誤，謂當作「沇」。

〔四六〕意欲以來六月二十二三大祥 「來」原訛「求」，據北宋本、傅校本、遞修本、明刻本改。按：王吴本删此字，明抄本訛作「夾」。

〔四七〕徙月復吉 「復」原訛「後」，據北宋本改。

〔四八〕便復常節 北宋本、傅校本、遞修本「常」下有「之」字。

〔四九〕哀樂未變 「未」原作「不」，據北宋本、傅校本、遞修本、明刻本、王吴本改。

〔五〇〕詳按前儀　原脱「詳」，據北宋本、傅校本、遞修本、明刻本、王吴本補。

〔五一〕若俟同軌畢至　「俟」原作「候」，據北宋本改。

〔五二〕非漢魏之典　原作正文，句下有「也」，今據北宋本、傅校本、遞修本、明刻本、王吴本改作注文，並删「也」字。

〔五三〕江虨　「虨」原訛「霦」，據晉書禮志中六二四頁改。

〔五四〕孝武太元中崇德太后褚氏崩　「太元」原訛「寧康」，據晉書孝武紀二二三頁、后妃傳下九七七頁、宋書禮志二三九四頁改。

〔五五〕靖后之祀　「祀」原訛「禮」，據晉書禮志中六二四頁、后妃傳下九七七頁、宋書禮志二三九四頁改。

〔五六〕情禮合伸　「合」原作「彌」，據北宋本、傅校本、遞修本、明刻本、王吴本改。

〔五七〕禮服宜從正　原脱「宜」，「正」訛「政」，據北宋本、傅校本、遞修本、明刻本、王吴本補改。

〔五八〕故成風著夫人之號　「著」晉書禮志中六二四頁、宋書禮志二三九四頁作「顯」，通典避中宗諱改。

〔五九〕文公服三年之喪　「文」原作「昭」，北宋本、傅校本、遞修本、明刻本、王吴本作「僖公服之三年」。今據晉書后妃傳下九八二頁改。按：錢大昕廿二史考異云：「成風之薨，不在僖公之世。且安帝於李后爲祖母，非僖公於成風之比。竊謂當是文公之訛也。」

〔六〇〕體義情重　原作「體尊義重」，據北宋本、傅校本、遞修本、明刻本、王吴本改。

〔六一〕嫌文不明則宜從重　原作「若嫌明文不存則疑從重」，據北宋本、傅校本、遞修本、明抄本、明刻本、王吳本删改。

〔六二〕詔可　原「詔」上有「制」，據晉書禮志中六二四頁、宋書禮志二三九四頁及北宋本、傅校本、遞修本、明抄本、明刻本删。

〔六三〕宋武帝永初元年　原「元」訛「九」，據宋書禮志二三九二頁改。按：永初無九年。

〔六四〕鄭玄喪制　「玄」原訛「云」，據宋書禮志二三九二頁及北宋本、傅校本、明刻本、王吳本改。

〔六五〕神武門　「武」宋書禮志二三九五頁作「虎」，通典諱改。

〔六六〕於西廨設廬　原脱「於」，據宋書禮志二三九五頁及北宋本、傅校本、遞修本、明抄本、明刻本、王吳本補。

〔六七〕代或兩行　原句下有「禫禮」，據宋書禮志二三九五頁及北宋本、傅校本、遞修本、明抄本、明刻本、王吳本删。

〔六八〕既葬　原脱，據魏書禮志三二七七九頁補。

〔六九〕抑恩割哀　「恩」魏書禮志三二七七九頁作「思」。

〔七〇〕爲臣之道不足　原脱「不足」，據魏書禮志三二七八三頁補。

〔七一〕素服以終三月内職及外臣緦服者　此十四字原涉上而脱，據魏書禮志三二七八四頁補。

〔七二〕外臣三月而除諸王三都駙馬及内職至來年三月晦朕之練也　「外臣三月而除」原訛脱作「官三月除」，「駙馬」原作「尉」，「晦」原脱，並據魏書禮志三二七八四頁改補。

〔七三〕既歷冬正　「正」原訛「政」，據魏書禮志三二七八四頁改。

〔七四〕又近遺詔　「詔」魏書禮志三二七八四頁作「誥」。

〔七五〕臣與尉元　「元」原訛「光」，「尉」上又衍「太」，據魏書禮志三二七八七頁、通考卷一二一删改。按：北宋本「元」字不誤。

〔七六〕大諱之後三月　「月」原訛「日」，據魏書禮志三二七八七頁、通考卷一二一及北宋本、傅校本、遞修本、明抄本、明刻本、王吴本改。

〔七七〕壬午詔　原「詔」上有「又」，據魏書禮志三二七八八頁及北宋本、傅校本、遞修本、明抄本、明刻本、王吴本删。

〔七八〕既表縗服在上　魏書孝文紀下一六六頁、禮志三二七八八頁無「表」字。

〔七九〕以情制哀　魏書孝文紀下一六六頁作「以制厥衷」，禮志三二七八八頁作「以情制衷」。

〔八〇〕太子少傅崔光等奉迎太子於東宫　「奉」原訛「奏」，據魏書禮志四二八〇六頁改。

〔八一〕御太極前殿　「前殿」原倒，據魏書禮志四二八〇六頁乙。

〔八二〕瑶光寺　「瑶」原訛「摇」，據魏書禮志四二八〇七頁改。

〔八三〕徽符月晷　「晷」原訛「景」，王吴本、殿本同。北宋本、傅校本、遞修本、明抄本、明刻本訛「略」。今據魏書禮志四二八〇七頁改。

〔八四〕萬融一化　魏書禮志四二八〇七頁作「方融壹化」。疑通典誤。方万、壹壹形近致訛。

〔八五〕自復魄斂葬　「魄」原作「魂」，據魏書禮志四二八〇八頁及北宋本改。

〔八六〕今尼太后既存委俗尊　原「俗」下有「損」，據魏書禮志四二八〇八頁刪。

〔八七〕義成君臣　「義成」原倒，據魏書禮志四二八〇八頁乙。

〔八八〕終始情禮　「終始」原倒，據魏書禮志四二八〇八頁及北宋本、傅校本、遞修本、明抄本、明刻本乙。

〔八九〕並依禮斯近古無儔　原「斯」在「禮」上，據北宋本、傅校本、遞修本、明抄本、明刻本、王吴本乙。

〔九〇〕本服五服内親　原脱「親」，據隋書禮儀志三一五二頁補。

〔九一〕祀祭之禮　「祀祭」原倒，據北宋本、傅校本、遞修本、明抄本、明刻本、王吴本乙。

〔九二〕祠祀　「祀」原作「祭」，據北宋本、傅校本、遞修本、明抄本、明刻本、王吴本改。

〔九三〕凡二朝哭而止　「二」北宋本作「三」。

〔九四〕無愧於不往　「愧」原作「嫌」，明刻本、王吴本、殿本同。據穀梁傳定公元年范注及北宋本、傅校本、明抄本改。

〔九五〕五經通義　「義」原訛「議」，據北宋本、傅校本、遞修本、明抄本、明刻本、王吴本改。

〔九六〕凡奔喪　原句下有「者」，據北宋本、傅校本、遞修本、明抄本、明刻本删。

〔九七〕緣人心而爲之斷文　「斷」原作「節」，據北宋本、傅校本、遞修本、明抄本、明刻本、王吴本改。

〔九八〕孝子之恩　「恩」原訛「思」，據北宋本、傅校本、遞修本、明抄本、明刻本、王吴本改。

〔九九〕四方不可空虚　「空虚」北宋本、傅校本、遞修本、明抄本、明刻本作「室空」。

〔一〇〇〕又王使毛伯來會葬　穀梁傳文公五年同。左傳、公羊傳「毛」作「召」，禮記王制疏引鄭玄駁異義亦作「召」。

〔一〇一〕晉人不能詰　北宋本、傅校本、遞修本、明抄本、明刻本無此五字。

〔一〇二〕諸侯踰年即位　原脱「侯」，據北宋本、傅校本、遞修本、明抄本、明刻本、王吳本補。

〔一〇三〕服問嗣子不爲天子服　上「服」原作「禮」，北宋本、遞修本、明抄本、殿本同。今據傅校本、明刻本、王吳本改。按：「世子不爲天子服」一語見禮記服問。通典改「世」爲「嗣」者，避太宗諱。

〔一〇四〕斂髪袒絰　「袒」原訛「組」，據北宋本、傅校本、明抄本、王吳本改。下同。

〔一〇五〕朋友之墓有宿草而不哭焉　「墓」原訛「喪」，據禮記檀弓上改正。

〔一〇六〕明友未踰年　「明」原作「朋」，據北宋本、傅校本、遞修本、明刻本改。

〔一〇七〕應受義責　「義」原訛「議」，據北宋本、傅校本、遞修本、明抄本、明刻本、王吳本改。

〔一〇八〕至於先有他故去職　原脱「於」，據北宋本、傅校本、遞修本、明抄本、明刻本、王吳本補。

〔一〇九〕春秋傳曰君子避内難不避外難　原句上有「按」，據北宋本、傅校本、遞修本、明抄本、明刻本、王吳本删。「外難」原脱，據公羊傳文公五年文補。

〔一一〇〕依王政而正準繩　原無「正」字，北宋本、遞修本、明抄本、殿本同。今據傅校本、明刻本、王吳本增。

〔一一一〕恭皇后山陵　原句下有「禮得奔喪今以私喪廢奔」十字，殿本同。今據北宋本、傅校本、遞修本、明抄本、明刻本、王吳本删。

〔一二〕違實　此二字原脱，據北宋本、傅校本、遞修本、明抄本、明刻本補。

〔一三〕居處飲食衎爾　「衎」原訛「衍」，據禮記檀弓上及北宋本、傅校本、遞修本、明抄本、明刻本、王吴本改。

〔一四〕而責有奔　「有」原作「其」，據北宋本、傅校本、遞修本、明抄本、明刻本改。

〔一五〕今直以或者衆致於此事　原作「今宜以議者既衆」，後人竄改者。今據北宋本、傅校本、遞修本、明抄本、明刻本改正。

〔一六〕如濛所上施行　原「如」作「宜依」，據北宋本、傅校本、遞修本、明抄本、明刻本改。

〔一七〕夫名教興於義厚　原脱「夫」，據北宋本、傅校本、遞修本、明抄本、明刻本補。

〔一八〕忠厚發於天成　「厚」原訛「孝」，據北宋本、傅校本、遞修本、明抄本、明刻本、王吴本改。

〔一九〕求自仁於吾朝　「自」原訛「慈」，據北宋本、傅校本、遞修本、明抄本、明刻本改。

〔二〇〕融又重啟　「又」北宋本、遞修本、明抄本作「曰」，傅校本、明刻本作「乃」。

〔二一〕非如今日見在方外者也　「如」原訛「奔」，據諸本改。

〔二二〕降成君稱卒　「卒」原訛「子」，據北宋本改。

〔二三〕自同繼體　「體」原訛「統」，據北宋本、傅校本、遞修本、明抄本、明刻本改。

〔二四〕夫帝位自以君道相承　「夫帝位」原訛作「太常位次」，據北宋本、傅校本、遞修本、明抄本、明刻本删改。

〔二五〕江彪　「彪」原訛「霦」，據北宋本、傅校本、遞修本、明抄本改。

〔二六〕春秋所譏　「譏」北宋本、傅校本、遞修本、明抄本作「議」。

〔二七〕逆祀奈何　「奈」原訛「者」，據公羊文公二年傳及北宋本、傅校本、遞修本、明抄本、明刻本改。

〔二八〕藍田侯臣述　「臣」北宋本作「追」。

〔二九〕以塞奔競　「奔競」原訛「旁統」，據北宋本、傅校本、遞修本、明抄本、明刻本、王吴本改。

〔三〇〕統業恒固　「恒」原訛「桓」，據北宋本、傅校本、遞修本、明抄本、明刻本、王吴本改。

〔三一〕主上宜爲康皇嗣　「皇」原作「帝」，據北宋本、傅校本、遞修本、明抄本、明刻本改。

〔三二〕雖百王迭建　「建」北宋本、傅校本、遞修本、王吴本作「逮」。嚴可均謂「逮」誤。按：逮，及也。亦通。

〔三三〕成皇帝捨胤嫡之受而授重天倫　「受」原作「愛」，「授」原作「義」，據北宋本、傅校本、遞修本、明抄本改。按：王吴本先改「授」爲「義」，殿本又改「受」爲「愛」，蹤跡可尋。

〔三四〕天子絶周者何示同喪於百姓　原作「天子爲諸侯絶期者何示同愛百姓」，王吴本、殿本同，非通典之舊。今據北宋本、傅校本、遞修本、明抄本、明刻本改回。

〔三五〕吴射慈云天子之子封爲諸侯　上「子」原誤重，據北宋本、傅校本、遞修本、明抄本、明刻本、王吴本删。又「吴」北宋本、傅校本、明抄本作「蜀」，誤。按：射慈即謝慈，見三國志吴書孫奮傳一三七四頁。

〔三六〕皇后爲父服附　原「父」下有「母」，據北宋本、傅校本、遞修本、明抄本、明刻本删。

〔一三七〕至尊爲后之父有服不　「有」原訛「母」，據北宋本、傅校本、遞修本、明抄本、明刻本改。

〔一三八〕孝武太元　「太」原訛「泰」，據晉書孝武帝紀二二七頁改。

〔一三九〕宋孝武孝建三年　「孝建」原訛「建安」，據宋書禮志二三九五頁、册府卷五七六六九二一頁改。

〔一四〇〕未詳當服除服與不　「與不」原倒，據宋書禮志二三九五頁、册府卷五七六六九二一頁及北宋本、傅校本、遞修本、明抄本、明刻本、王吳本乙。按：宋志無上「服」字，是。

〔一四一〕又皇后依朝制服心喪　原脱「依」，據宋書禮志二三九五頁、册府卷五七六六九二一頁補。

〔一四二〕至祖葬日臨喪當著何服　原「祖」下衍「喪」，「服」上衍「衣」，據宋書禮志二三九五頁、册府卷五七六六九二一頁及北宋本、傅校本、遞修本、明抄本、明刻本删。按：王吳本惟衍「衣」。

〔一四三〕爲但釋心制中所著布素而已　原脱「中所」，據宋書禮志二三九五頁、册府卷五七六六九二一頁補。

〔一四四〕勒禮官詳正　「勒」原作「敕」，據宋書禮志二三九五頁、册府卷五七六六九二一頁及北宋本、傅校本、遞修本、明抄本、明刻本、王吳本改。

〔一四五〕天子止降旁親　「止」原訛「正」，據宋書禮志二三九五頁改。按：册府卷五七六六九二一頁作「心」，乃「止」之形訛。

〔一四六〕故有公除之議　「除」原訛「降」，據宋書禮志二三九五頁及北宋本、傅校本、遞修本、明抄本、明刻本、王吳本改。又「議」，宋志及王吳本同，而册府卷五七六六九二一頁及北宋本、傅校本、遞修本、明抄本、明刻本作「儀」。

〔四七〕尚有緦麻之制　「緦麻」，宋書禮志二三九五頁同。北宋本、傅校本、遞修本、明抄本、明刻本作「緦月」，王吳本作「緦麻月」，而册府卷五七六六九二一頁作「思月」。

〔四八〕哀哀所極　下「哀」原作「情」，清人臆改者。據北宋本、傅校本、遞修本、明抄本、明刻本、王吳本回改。按：宋書禮志二三九五頁、册府卷五七六六九二一頁作「喪」。

〔四九〕反服其服　原脱「其服」，據宋書禮志二三九六頁、册府卷五七六六九二一頁補。

〔五〇〕猶畜縗以臨葬　「畜」原作「齊」，據册府卷五七六六九二一頁及北宋本、傅校本、遞修本、明抄本、明刻本改。按：畜猶言留存，謂爲兄弟既除喪，猶留存齊縗，以備葬時重服此服也。

〔五一〕則其理可知也　「理」原作「禮」，據宋書禮志二三九六頁及北宋本、傅校本、遞修本、明刻本改。

〔五二〕愚謂皇后除心制日　原脱「愚」，據宋書禮志二三九六頁補。

〔五三〕反服未公除時服　原脱「時」，據宋書禮志二三九六頁補。

〔五四〕猶爲功緦除喪　原「緦」下衍「麻」，據宋書禮志二三九六頁及北宋本、傅校本、遞修本、明抄本、明刻本删。

〔五五〕故光禄大夫王偃喪　原脱「故」，據宋書禮志二三九六頁、册府卷五七六六九二二頁及北宋本、傅校本、明抄本、明刻本、王吳本補。按：遞修本訛「改」。

〔五六〕領儀曹郎　原脱「儀」，據册府卷五七六六九二二頁補。

〔五七〕心喪不應再禫　「再」，宋書禮志二三九七頁、册府卷五七六六九二二頁作「有」，義長。

〔一五八〕皇代考檢　「檢」百衲本宋書禮志二、册府卷五七六六九二二頁作「驗」。

〔一五九〕元嘉季年　「季年」原倒，據宋書禮志二三九七頁、册府卷五七六六九二二頁及北宋本、王吴本乙。

〔一六〇〕今皇后二月晦　「二」原訛「三」，據宋書禮志二三九七頁、册府卷五七六六九二二頁改。

〔一六一〕尚書儀曹請今月晦皇太后服安吉君禫除儀注　「請」原訛「謂」，據隋書禮儀志三一五一頁改。

〔一六二〕沈洙謂　「洙」原訛「深」，據隋書禮儀志三一五一頁及北宋本、傅校本、遞修本、明刻本、王吴本改。又隋志「謂」上有「議」。

〔一六三〕而再周之喪　「而再周」原涉上而脱，據隋書禮儀志三一五一頁補。

〔一六四〕所以漸祛至情　「至」隋書禮儀志三一五二頁作「其」。

〔一六五〕出嫡後之子　「出」原訛「屈」，據隋書禮儀志三一五二頁及北宋本、傅校本、遞修本、明抄本、明刻本改。

〔一六六〕周而除服　原脱「服」，據隋書禮儀志三一五二頁補。

〔一六七〕宜以再周二十五月爲斷　原脱「再」，據隋書禮儀志三一五二頁及北宋本、傅校本、遞修本、明抄本、明刻本、王吴本補。

〔一六八〕無復心禫之禮　「禫」原訛「喪」，據隋書禮儀志三一五二頁改。

〔一六九〕嘉福去太極不爲太遠　魏書禮志四二八〇九頁「嘉福」上有「所居」。

〔一七〇〕杜蕢　「蕢」原作「蒯」，據魏書禮志四二八〇九頁及北宋本、傅校本、遞修本、明抄本、明刻本改。

〔七二〕今相國雖已安厝　「相國」原倒，據魏書禮志四二八〇九頁及北宋本、傅校本、遞修本、明抄本、明刻本乙正。

王文錦點校

通典卷第八十一

禮四十一　沿革四十一　凶禮三

天子爲庶祖母持重服議 漢 東晉 宋

漢文帝所生薄太后，以景帝前二年崩，天子朝臣並居重服。

東晉安帝崇安四年，〔一〕太皇太后李氏崩。祠部郎徐廣議：〔二〕「左氏春秋母以子貴，成風稱夫人，文公服三年之喪。凡子於父之所生，體尊義重。且禮，祖不厭孫，固宜遂服。若嫌禮文不存，則宜從重，〔三〕同於爲祖母後齊縗三年。〔四〕百官一周。」廣又尋按漢文所生薄太后亡，朝臣亦居重服。〔五〕太常殷茂曰：「太皇太后名稱雖尊，而據非正體，主上纂承宗祖，不宜持重。謂齊服爲安。」徐野人云：「若以魯侯所行失禮者，左傳不見譏責，〔六〕而漢代持服，與正嫡無異。殷太常所上服事，於禮中尋求，俱無明文。然僕之所言，專據春秋也。」車胤答云：「漢代皆服重。且大體已定，此當無復翻革耶！」於是安帝服齊縗三年，百寮並服周。於西堂設菰廬，神武門施凶門柏歷。

宋庾蔚之謂：「公羊明母以子貴者，明妾貴賤，若無嫡子，則妾之子爲先立。又子既得立，則母隨貴，豈謂可得與嫡同耶？成風稱夫人，非禮之正，穀梁已自爲通。小記云『大夫降其庶子，其孫不降其父』，此謂凡庶子，故鄭玄云『祖不厭孫』耳，非謂承祖之重而可得申其私服也。庶子爲後，不得服其母，以廢祭故也。則已卒，己子亦不得服庶祖母可知矣。小記言『妾子不代祭』，穀梁傳言『於子祭於孫止』，此所明凡妾，非謂有加崇之禮者也。古今異禮，三代殊制。漢魏以來，既加庶以尊號徽旗章服，爲天下小君，與嫡不異，故可得服重而廟祭，〔七〕傳祀六代耳，非古有其議也。」

天子立庶子爲太子薨服議晉　宋

晉惠帝愍懷太子以庶子立爲太子，及薨，議疑上當服三年。司隸王堪議：「聖上統緒，無所他擇，踐祚之初，拜於南郊，告於天地，謁於祖廟，明皇儲也。正體承重，豈復是過。」司隸從事王接議：「愍懷太子雖已建立，所謂傳重而非正體者也。依喪服及鄭氏說，制服不得與嫡同，應從庶例。天子諸侯不爲庶子服，聖上於愍懷無服之喪。難者曰：『君父立之，與后所生同矣。焉有既爲太子而復非嫡乎？』答曰：『嫡庶定名，非建立所易。喪服，庶子爲其母緦。不言嫡子爲其妾母，而曰庶子爲其母，許其爲後，庶名猶存矣。』」

宋庾蔚之謂：「王堪以爲拜爲太子，則全同嫡正。王接據庶子爲後，爲其母緦，庶名不去，故雖爲太子，猶應與衆子同，天子不爲服。可謂兩失其衷，嘗試言之。按喪服傳通經，長子三年，言以正體乎上，又將所傳重。明二義兼足，乃得加至三年。今拜爲太子，雖將所傳重，而非正體，安得便同嫡正爲之斬縗乎？既拜爲太子，則是將所傳重，寧得猶與衆庶子同其無服乎？天子諸侯絶傍周。今拜庶子爲太子，不容得以尊降之。既非正嫡，但無加崇耳。自宜伸其本服一周。庶子爲後，不得全與嫡同，庶名何由得去？己服祖曾，與嫡不異，〔八〕是與嫡同者也。祖曾爲己服無加崇，是與嫡異者也。天子諸侯大夫不以尊降，又與衆子不同矣。」

天子爲母黨服議 後漢 魏 宋

後漢光武舅光禄大夫樊宏薨，帝親臨喪送葬。和熹鄧太后新野君薨，時安帝服緦，百官素服。

魏太和六年四月，明帝有外祖母安成鄉敬侯夫人之喪。即甄后母也。太常韓暨奏：「天子降周，爲外祖母無服。」尚書奏：「漢舊事亡闕，無外祖制儀。三代異禮，可臨畢，御還寢，明日反吉便膳。」尚書趙咨等奏：「哭敬侯夫人，張帷幕端門外之左。羣臣位如朝。皇帝黑介幘，進賢冠，皂服。十五舉聲則罷。」詔問漢舊云何？〔九〕散騎常侍繆襲奏：「後漢鄧太后新野君薨時，安帝服緦，百官素服。安帝繼和帝後，鄧太后母即爲外祖母也。但太后臨朝，安帝自藩見援立故也。又按，後漢壽張恭侯樊宏以光禄大夫薨，宏即光武之舅也，親臨喪葬。準前代，宜尚書、侍中以下弔祭送葬。」博士樂詳議：〔一〇〕「周禮，王弔，弁絰，錫縗。

禮有損益，今進賢冠，練單衣。」又詔：「當依周禮，無事更造。」蜀譙周云：「天子、諸侯爲外祖父小功，諸侯嫡子爲母、妻及外祖父母、妻父母，皆如國人。舊説外祖父母，母族之正統；妻之父母，亦妻族之正統也。母、妻與己尊同，母、妻所不敢降，亦不降。」

宋庾蔚之謂：「禮，父所不服，子不敢服。嫡子爲妻之父母服，則天子、諸侯亦服妻之父母可知也。妻之父母猶服，況母之父母乎！」

天子弔大臣服議 周 魏 晉 大唐

周制，司服職：「掌王之吉凶衣服，王爲三公六卿錫縗，〔一一〕爲諸侯緦縗，爲大夫士疑縗。其首服皆弁絰。」〔一二〕君爲臣服弔服。鄭司農云：「錫，麻之滑易者，〔一三〕十五升去其半，有事其布，無事其縷也。緦亦十五升去其半，有事其縷，無事其布也。疑縗，十四升縗也。」鄭玄謂：「無事其縷，〔一四〕哀在內也。無事其布，哀在外也。疑之言擬也，〔一五〕擬於吉。」〔一六〕

魏蔣濟奏：「會喪不宜去冠。奏事者上言，前會故鎮軍朱鑠喪，自卿以下皆去冠，以布巾帕額，使者、侍中、散騎則不。皆非舊法。夫冠成德之表，於服爲尊。唯君親之喪，小斂之前，與服罪之人去冠。其餘禮儀，雖齊縗之痛，有變無廢。今爲弔去冠，甚違禮意。」下博士評議。博士杜布議，以爲：〔一七〕「論語曰：『羔裘玄冠不以弔。』故周人去玄冠代以素弁。〔一八〕漢去玄冠代以布巾，亦王者相變之儀，未必獨非也。古禮野夫著巾，古者軍禮韋弁冠，今者赤幘，此明轉相變易，不可悉還反古。〔一九〕今宜因漢氏故事。又按漢儀注，諸侯王薨，天子遣使者往，皆言使者素服。又禮自天子下達於士，臨殯斂之事，去玄冠，以素弁。君子臨喪，必有哀素之心，是以去玄冠，代之以素。是以漢中興，臨喪之事與禮合。自是之後，或言臨喪，使者常吉服布巾。以爲使者亦宜去玄冠，代以布巾，示不純吉。侍中、散騎諸會喪，亦宜去玄冠，代以布巾。」詔從布議。吳射慈喪服圖：〔二〇〕「天子弔三公，弁絰錫縗。弔大夫士，皆弁絰疑縗。弔畿內諸侯，弁絰緦縗服。」

晉摯虞云：「凡使弔祭，同姓者，素冠幘，白練深衣，器用皆素。異姓者，服色器用皆不變。」

大唐之制，如開元禮。

天子爲大臣及諸親舉哀議 後漢　魏　晉　東晉　大唐

後漢明帝時，東海恭王薨，帝出幸津門亭發哀。

魏大司馬曹真薨，王肅爲舉哀表云：「在禮，大臣之喪，天子臨弔。諸侯之薨，又庭哭焉。同姓之臣，崇於異姓。自秦逮漢，多闕不修。暨光武頗遵其禮，於時羣臣莫不競勸。

博士范升上疏稱揚以爲美。可依舊禮，爲位而哭之，〔二一〕敦睦宗族。」於是帝幸城東，〔二二〕張帳而哭之。及鍾太傅薨，又臨弔焉。

晉武帝咸寧二年詔：「諸王公大臣薨，應三朝發哀者，踰月舉樂；其一朝發哀者，三日不舉樂。」按摯虞決疑注云：「國家爲同姓王、公、妃、主發哀於東堂，爲異姓公、侯、都督發哀於朝堂。」

東晉元帝姨廣昌君喪，〔二三〕未葬，中丞熊遠表云：「按禮『君於卿大夫，比葬不食肉，比卒哭不舉樂』，惻隱之心未忍行吉事故也。被尚書符，冬至後一日小會。〔二四〕臣以爲廣昌君喪殯日，〔二五〕聖恩垂悼。禮，大夫死，廢一時之祭。祭猶可廢，而況餘事。冬至唯可奉賀而已，未便小會。」詔以遠表示賀循。循答云：「按古者君臣義重，雖以至尊之義，降而無服，三月之内猶錫縗以居，不接吉事。故春秋晉大夫智悼子未葬，平公作樂，杜蕢譏之。咸寧詔書，宜爲定制。」

大唐之制，如開元儀。

國有大喪使者章服及不爵命議 魏 晉

魏晉故事：「問：『今以宗室爲監公主喪使者，應著何服？』卞搉答：『國有大喪，使者所服，禮無正文。事義相準，以爲奉命監喪，宜服練素。』又問博士：『濟北嗣子應襲封，今有大喪，爲故應遣使者拜？』卞搉答：〔二六〕『按春秋之義，國有喪，未葬，不爵大夫。自非有故不得已，皆須葬畢。』」

天子諸侯之庶昆弟及妾子爲母服議漢　晉

漢戴德喪服變除曰：「天子諸侯之庶昆弟與大夫之庶子，爲其母大功九月，哭泣飲食思慕猶三年。」

晉賀循喪服要記曰：「公之庶兄弟父卒爲其母，大夫之庶子父在爲母，皆大功九月。凡降服，既降，心喪如常月。又天子諸侯賤妾子爲其母，厭於父，不得制縗麤之服，三月而葬，葬已而除，居處飲食言語，心喪三年。」劉智釋疑曰：「凡屈不得服者，皆有心喪之禮。小功以下不稅服，乃無心喪耳。」

公主服所生議宋

宋庾蔚之云：「公主爲其母，應周。何以言之？在室有餘尊之厭，服不得過大功，故服母及兄弟，不得有異。既出則無厭，故爲母得周。所以知既出則無厭者，禮，尊降、出降，親疏不異，尊降唯不及其嫡耳。至於厭降，唯子而已。在室，父在爲母周；既出，服母與父同。是故知既出則無厭也。又，正尊不報，禮之大例。而女子適人，父報以周，使其移重於夫族，推旁親也。以此推之，出則無厭，理據益明。」

諸王子所生母嫁爲慈母服議晉　宋

晉譙王司馬恬問范甯曰：「妾有一子而出嫁，君命他妾兼子爲其母，所命妾今亡，子當有服不？」答曰：「昔男子外有傅，内慈母。君命教子，何服之有。」恬自斷云：「禮疑從重，篤至敬也。存同所生，没成路人，於情未可。今勒小功，長奉烝嘗，以同子道。〔二七〕再周，乃參吉事。言制則不虧禮文，言情即不乖師資也。」徐邈云：「此庶子所生出嫁，受命爲他妾子，便當始終如所生，其親母則同出母耳。若用古禮，當練冠麻衣，既葬除之。」車胤云：「大夫爲庶母慈已者，〔二八〕小功也。」

宋庾蔚之云：「母出，無相鞠養，便爲無母，不必限其母亡。譙王所命，不爲乖禮。此子自宜依慈母如母之服。按晉朝諸王用士禮，則應附父在爲母之條。凡慈母以功勤致服，本無天屬之愛，寧有心喪之文乎！」

諸侯及公卿大夫爲天子服議周　漢　晉　大唐

周制，喪服斬縗章：「諸侯爲天子，天子至尊也。」馬融曰：「天下所尊，故曰至尊也。」

漢戴德喪服變除云：「臣爲君，笄纚，不徒跣，始死，深衣素冠，其餘與子爲父同。」鄭玄變除云：「臣爲君，不笄纚，不徒跣。」

張祖高問：「士服天王云何？　要記唯道大夫服君及家臣服大夫耳，不說士，恐有脱誤。鄭云『士服君亦斬縗』，無明文，而雜記云『士居堊室』，此則士制周耶？　士下吏服士，恐亦應同。」謝沈答曰：「朝廷之士服天王斬縗，禮之明文也。邑宰外任之士居堊室，制周。要記非脱誤，是簡略耳。」〔二九〕

晉尚書問：「天子崩，於今臺書令史以上，爲皆服斬縗之服不？」〔三〇〕博士卞搉、應琳議：「禮，命士以上皆服斬。臺書令史，列職天朝，皆應服斬。」又問：「天子崩，令司州及河南郡吏出入導從，〔三一〕應易服制不？」卞搉答：「禮，庶人在官者服齊縗三月。又，近臣服斬。導從出入，皆應從服。」又問：「服隨君輕重，今司隸服斬，下吏服齊，爲合禮意不？」卞搉答：「凡臣從君，皆降一等。今之牧守，皆古諸侯，以禮相況，輕重宜矣。」又問：「禮，義服不從。今司隸爲君斬縗，義服也，下吏爲從不？　每降一等，當謂君喪其親者耳。〔三二〕古今行事復云何？」摧答：「禮，庶人爲國君齊。今則不服。然吏若都官從事，〔三三〕有職司於喪庭者，故宜依庶人在官義耳。義服不從，謂近臣服君斬服之縗，依降一等者之差耳。前稱導從，指謂近臣。」

魏晉故事云：「又問：『諸二千石長吏見在京城，皆應制服不？』博士卞摧、楊雍、應琳等上云：『禮，臣爲君斬縗。自士以上見在官者，皆應制服。』」

大唐元陵遺詔：天下人吏，敕到後，三日釋服。晉賀循云：「吏者，官長所署。」〔三四〕伏以公卿百寮，不同人吏，準禮，臣爲君服斬縗三年。按高宗實録，昭陵臣下喪服，皆準漢文帝故事三十六日。又按高宗崩，服紀輕重，亦依太宗故事。中宗、睿宗時，臣下喪制，並所遵守。據禮及故事，今百官並合準遺詔二十七日釋服。其小祥內，百官並無假日，每日平明，詣延英門，進名起居，不入正衙。至臨時，赴西內，哭訖各歸。至小祥日，去首絰，著布冠。其日早，集於西內哭。望日及大祥，又赴西內哭。大祥日，除縗冠杖等，服慘公服，至山陵時，却服本縗服，事畢除之。

諸侯之大夫爲天子服議 周　漢　東晉

周制，喪服：「緦縗裳，牡麻絰，既葬除之。」馬融曰：「絰帶從大功制度。小功言澡麻，是言牡麻，知從大功也。既葬除其服，天子七月葬，不言七月者，言同時而除也。」繐者小功之繐。〔三五〕理其縷如小功而成布四升半。繐細其縷者，以恩輕也。〔三六〕升數少者，以服至尊也。凡布細而疏者謂之繐，今南陽有鄧繐也。繐縗四升有半，其冠八升。此繐縗也。其服在小功之上，欲著其縷之精粗。升數在齊縗之中者，〔三七〕不敢以兄弟之服服至尊也。諸侯之大夫爲天子。傳曰：「何以繐縗也？諸侯之大夫接見於天子。」接猶會也。諸侯之大夫以時會見於天子而服之，則其士庶人不服可知。

漢戴德云：「繐縗七月之服。諸侯之大夫，始聞天子之喪，白布深衣，十五升素冠，吉屨無絇，從諸侯哭於朝。張帷爲次於官舍門外，別外內，食蔬食，有鹽酪之和。凡再不食。既成服，服繐布縗裳，十一升白布冠，纓、緣皆十一升，帶亦如之，一辟廣三寸，偶結於前。經用枲麻。首絰大四寸，百二十五分寸之七十六，右本在上，〔三八〕五分寸之三。七月而葬，葬已而除，受以朝服素冠。踰月復故。」

石渠禮曰：「『諸侯之大夫爲天子、大夫之臣爲國君服何？』戴聖對曰：『諸侯之大夫爲天子當繐縗，既葬除之。以時接見於天子，故既葬除之。大夫之臣無接見之義，不當爲國君也。』聞人通漢對曰：『大夫之臣，陪臣也，未聞其爲國君也。』又問：『庶人尚有服，大夫臣食祿，反無服，何也？』聞人通漢對曰：『記云「仕於家，出鄉不與士齒」，是庶人在官也，當從庶人之爲國君三月服。』制曰：『從庶人服是也。』又問曰：『諸侯大夫以時接見天子，故服。今諸侯大夫臣，亦有時接見於諸侯不？』聖對曰：『諸侯大夫臣，無接見諸侯義。諸侯有時使臣奉賀，乃非常也，不得爲接見。至於大夫有年，獻於君，君不見，亦非接見也。』侍郎臣臨、待詔聞人通漢等皆以爲有接見義。」吳射慈云：「始聞喪，去吉冠，著素弁，十五升布深衣，從其君哭太廟阼階下，袒絻即位，成踊，襲絰，吉屨無絇。張帷爲次於其所舍，別內外，蔬食飲水，牡麻絰。至成服，服四升半繐布縗，縷裳細而疏，其冠八升，纓帶中衣領袖緣亦如之。七月而除，受以朝服素冠。踰月復吉。」又徐整問射慈曰：「諸侯之大夫，時會見乎天子，故爲繐縗七月，不知此大夫時以何事而得見也？若遠國大夫在蕃荒服者，〔三九〕未嘗及見天子，亦爲服不？」答曰：「諸侯之大夫，有出朝聘之事，會見天子，故言時會。雖未會見，猶服此服。士已下則無服。」

東晉簡文帝崩，鎮軍府問參佐綱紀服。邵戩答曰：「禮，臣爲君服，皆斬縗。大夫居廬，士居堊室。又禮，君之喪，諸達官之長杖。先儒以爲，非達官謂官長所自除人在官者也。庶人在官服天子，與畿內之人同，齊縗三月。按參佐無除者，宜用此禮。又禮，諸侯之大夫會見天子者，爲天子服繐縗七月。按今綱紀，雖或被除敕，猶古諸侯之卿命於天子比耳。見北面時君，無二君之道，〔四〇〕宜依繐縗之制。其無除敕，又未嘗會見，則宜無服。」

皇太后長公主及三夫人以下爲天子服杖議 魏 晉 東晉 宋 大唐

魏晉故事：「問：『皇太后、三夫人以下皆服斬，諸長公主及諸君崇陽園循容服制之宜。』卞搉等議：『按禮，與諸侯爲兄弟者服斬。依禮則公主宜服斬而不杖。禮，君夫人爲長子三年，妾爲君之嫡子與夫人同。則崇陽園循容宜三年。』又問：『太后及公主應杖不？』卞搉、應琳議：『禮，爲夫杖，自天子達，皇太后應杖明矣。婦爲舅姑，禮無杖文，皇后不應杖也。君之喪，夫人、世婦在次則杖，即位則使人執之如禮。三夫人已下皆杖。』」

東晉太元二十一年，孝武帝崩，李太后制三年之服。

宋永初三年，武帝崩，蕭太后制三年之服也。

大唐天寶七載五月，宗正卿褒信王璆奏：〔四一〕「皇妹及女準禮出嫁後，各降本親一等，今並降爲第二等，臣以爲執禮故親，有虧恆典。伏請一切依服屬等第爲定，不在降服限，仍請永爲恆式。」奉敕依。

諸王女孫女爲天子服議 魏 晉

魏晉故事：「博士卞搉、應琳等議：『按禮，諸侯之夫人爲天子，其服齊縗，本無服者也，猶從夫而同。今王始於大行皇帝本服周，以輕明重，依諸兄弟之義；所服至尊，疑當服重。王諸女，依諸侯兄弟禮，則應服斬也。孫女幼，未及於禮；若欲服，宜依諸侯之制。』」

宗室童子爲天子服制議魏　晉　大唐

魏晉故事曰：「『皇子廣陵王年十一，孫爲祖服周，當爲臣服？從本親服？皇弟吴王年十，章郡王年七，又當倚廬，服成人禮，著何幘服？』應琳議：『按禮喪服，諸侯爲天子斬。今廣陵王列土建國，古之諸侯，宜從臣例。又禮，童子不居廬，不杖不菲。廣陵王未冠，吴王、章郡王卑幼，不應居廬。古但有冠無幘，漢始制幘，可如今服卷幘。』」

大唐元陵之制，孫爲祖齊縗周年，臣爲君斬縗三年。今伏準遺詔，皇帝服十三日小祥，二十五日大祥，二十七日釋服。臣下並從釋服。皇孫既是齊縗周年服，禮「有嫡子無嫡孫」，其服並合從皇帝十三日小祥，二十五日大祥，二十七日釋服。釋服後，以慘公服，至山陵時，卻服初齊縗服，事畢即吉服。

童子喪服議周　漢　晉　宋

周喪服經曰：「童子唯當室緦。」馬融曰：「童子未成人也。」鄭玄云：「童子，未冠之稱。」室宗之嫡子。（四二）

雜記曰：「童子哭不偯，不踊不杖，不菲不廬。」未成人者，不能備禮。當室則杖。

漢戴德變除曰：「童子當室，謂十五至十九，爲父後，持宗廟之重者。其服深衣，不裳，其餘與成人同。禮，不爲未成人制服者，爲用心不能一也。其能服者，亦不禁。縗絰不以制度，唯其所能勝。」

晉劉智釋疑曰：「嬰兒無知，然於其父母之喪，則以縗抱之。其餘親，八歲則制服矣。七歲曰悼，過此有罪，則入於刑；可刑必致之於禮，故在下殤之年，爲之制服。按小功章昆弟之殤，服昆之下殤，是以下殤之年則行服也。」蜀譙周喪服圖：〔四三〕「童子不降成人，小功親以上皆服本親之縗。童子不杖不廬，不絻不麻。當室者絻麻，〔四四〕十四已下不堪麻則不。」吳徐整問：「爲姑姊長殤在大功，下殤在小功，爲姊下殤已下絻。〔四五〕六七歲未成童子，爲父母不杖不廬不菲，至重猶尚不備。〔四六〕今此何以越得爲姊殤服，備大功小功之制乎？十七八尚可，恐六七歲兒未能稱此縗麻。」〔四七〕射慈答：「六七歲雖未爲童，其姊死，故宜著布深衣。」

宋庾蔚之謂：「馬融以童子爲未成人，鄭玄以爲未成人之稱，並不明下至幾歲。戴德以童子當室，十五至十九。譙周云『十四已下不堪麻，則不』。記云十五成童舞象耳，豈是經所云童子當室者耶？按禮稱童子，參差不一，以事推之，則大小可知矣。愚謂當室與族人爲禮，若是八歲以上及禮之人，〔四八〕以其當室，故令與成人同。昔射慈以爲未八歲者，服其近屬布深衣，或合禮意。」

皇后降服及不降服議魏　晉

魏田瓊云：「諸侯女嫁爲天王后，降其旁親一等，與出降爲二等，爲外親尊不同則降。

天子后爲衆子無服。何以明之？〔四九〕據大夫於庶子大功，其妻亦服大功，今天子諸侯於衆子無服，后何緣獨服之耶？」

晉賀循云：「諸侯女以爲天王后，以尊還降其族人。」吴射慈云：「諸侯之女爲天子后，爲天王之親服，隨天王而降一等。諸侯之女爲后，爲其父母及昆弟爲父後者服齊縗。其宗子亦不降。」徐整云：「諸侯女嫁爲天王后，爲外親尊同，則如邦人爲君之長子三年也。」

皇后爲親屬舉哀議晉　隋　大唐

晉褚太后爲從弟舉哀，博士王臻等議：「於至尊是族舅，雖不及舉哀，可從太后舉哀於朝堂。」又云：「太后前爲褚衞軍劉夫人舉哀於式乾殿，至尊於朝堂，今宜依故事。」尚書王彪之議：「若至尊自應舉哀外族於朝堂，是也。自若不舉哀，唯應從太后遠出朝堂。未喻其禮，謂從舉哀之禮，自中朝迄於中興，朝廷已粗有常儀。至尊爲内族於東堂舉哀，則三省從臨；爲外族及大臣於朝堂舉哀，則八座丞郎從臨。至尊之奉太后，既率朝臣之儀，又盡家人之禮。二三情敬，實兼參臣子。今不應自舉哀者，謂應從太后臨於式乾殿，太后位西面東向，至尊位北面南向。」

隋制，皇太后、皇后爲本服内親及賓，一舉哀。

大唐制，如開元禮。

爲皇后大祥忌日臨哭議〔五〇〕晉

晉博士徐禪上恭皇后大祥忌日臨哭事：「太學禮官謂至尊行先后之喪，亦同齊縗，今再周及忌日，無復祥變之事，謂不可躬行。臣按無經傳明文，則不應出。若晦日東堂舉哀，由朝廷參議，而事無指條。」

兼侍中徐衆議：〔五一〕「按博士議，恭皇后再周，欲依三年之議，至尊東堂舉哀，羣臣詣陵哭。臣按禮爲王后服，無三年之制。左傳叔向云『王一歲而有三年之喪二焉』，謂三年而後娶，達子之志耳。禮喪大記曰：『祥而外無哭者，禫而内無哭者。』文子之喪既除，越人來弔，受於廟門之外，垂涕洟而不哭，明喪既過無哭。禮不詣墓，而接於廟外。今后服既過，至尊無緣舉哀，羣臣不應詣陵而哭也。」

博士許翰等議：「按禮小記曰：『大功者主人之喪，有三年者，則必爲之再祭。』鄭玄曰：『有三年者，謂妻若子幼少也。』再祭謂練祥也。凡人子之生，必有天父地母之道，故記有君薨而生子之禮。今二皇子之育，雖在恭后崩後，〔五二〕於禮是爲有三年子幼少者也，則必爲之有二祥之祭。杜元凱云：『天子諸侯雖卒哭除服，其練祥日，必有位矣。』今皇子出承國蕃，故王后喪，諸侯卑，不得爲主。夫喪無主，禮有正文，至尊統天承重，則爲主在聖躬也。乃同先帝先后於考妣，哀禮終於今晦，吉禘始於來朔，非人臣之所主也。記云：『爲王后周，服母之義。』虞書曰：『百姓如喪考妣，三載遏密。』〔五三〕恭后母育天下，臣子有喪妣之恩。古門人於師無服，心喪三年，祥日之哭，所以終哀，非服喪三年矣。今聖代不可守以循常之名例，當博納同異，斟酌而用焉。」

皇后親爲皇后服議晉　宋

晉國子博士王翼云：「按禮無明文，依準鄭制齊縗。諸婦誠非五屬，然緣成親，夫屬子道，則妻亦婦道矣，不得不制親屬之服。」

故孝后崩，庾家訪服。博士王崑議：「五服之內，一同臣妾，宜準小君服周。」侍中高崧答以爲，皆準五屬爲夫人周。祠部郎孔恢云：「庾家男女宜齊縗，庾家諸婦雖非五屬女，今見在五屬之內，亦服周。」護軍江彪音斌云：「按賀公記，天子諸侯，五屬之內，雖不服職爲臣，皆服斬縗，〔五四〕爲夫人則齊縗周。天子諸侯既同，后夫人亦不可得異，但文有詳略耳。子姪服周，諸婦非復五屬之例，謂當從降夫一等。」鄭彌云：「諸婦宜從夫。若其夫自同人臣，婦亦宜同於臣之妻。與王后無準，雖欲寧戚，於大典有闕。」

宋庾蔚之謂：「與天子有服，既爲之斬縗，與王后有服則宜齊縗周也。雖婦亦宜以有服爲斷，應如孔恢議。」

諸侯及公卿妻爲皇后服議 晉 宋

晉孝武帝太元中，〔五五〕瑯琊王納妃，裁登車而定后凶禍至，即依在途遭喪，改服即位哭。徐邈以爲有服，記有其證：「君爲天子三年，夫人如外宗之爲君。」又曰：「外宗爲君夫人，猶內宗也。」吳徐整問云：「經言爲夫人、君，不道爲其妻，然則公卿諸侯之妻，不爲皇后服耶？」射慈答云：「皇后，天下之母，則宜服周。禮，君命其夫，后夫人亦宜命其婦。其受命，則不宜無服。」

宋庾蔚之謂：「服問云：『君爲天子三年，夫人如外宗之爲君。』按鄭玄注云：『外宗，君外親之婦也。其夫與諸侯爲兄弟，服斬，妻從服周。諸侯爲天子服斬，夫人亦從服周。』按王肅注云：『外宗，外女之嫁於卿大夫者也，爲君服周。』今鄭、王雖小異，而同謂夫服君斬縗，故妻從服周耳。未聞王妃服后與不。雜記云：『外宗爲君夫人，猶內宗也。』鄭注：『皆謂嫁於國中者也。爲君服斬縗，夫人齊縗，不敢以其親服服至尊也。外宗謂姑姊妹之女、〔五六〕舅之女及從母，皆是也。內宗，五屬之親也。其無服而嫁於諸臣者，從爲夫之君。』按先儒皆以有親服之故，成以君臣之服。瑯琊王妃者，是司馬道子妻，於孝武定后，本娣姒小功之服。王者絶旁親，故宜成以臣妾齊縗之周。」

蕃國臣爲皇后服議 天子將吏爲皇后附○晉 宋

晉恭皇后崩，時東海國臣弘據剌問禮官。太學博士謝詮按：「儀禮，諸侯之大夫爲周王總縗，至葬除，有正文。傳曰：『諸侯之大夫，時接見於天子也。』至於周王后崩，無喪服之制。周王天下父，周后天下母，諸侯大夫宜服總縗，稱情爲得。」又剌問云：「昔元、明二帝崩時，朝臣皆服斬縗，諸國臣總縗七月。今朝臣既爲皇后齊周，則國臣宜有差降，不得亦總縗也。」謝詮答曰：「總縗止於七月，故無降。錯綜記例，亦謂應有服，正疑於無降耳。按伯叔母與伯叔父，恩義有深淺，而服亦同齊。曾祖與宗子母、妻，服無差降。推此，則何必皆降乎，將以取節於既葬，故無等耶？」

宋庾蔚之謂：「經但云諸侯大夫爲天子，而不及后，則知於后無服也。若有服，則當連言。且傳云『時接見乎天子』，益知后不在其例矣。弘據引大夫之祭不成禮者，〔五七〕凡后之喪在其數，以明后必有服。蔚之按，記云：『士之所以異，緦不祭。』鄭氏云『然則士不得成禮』，諸侯之士亦不服天子及后，〔五八〕而亦不成禮。明不成禮不必爲服，止以君有天王及后之喪，以宜隨例哀致，〔五九〕故亦同廢祭耳。」

文明皇后及武元楊后崩，天下將吏發哀，三日止。

校勘記

〔一〕東晉安帝崇安四年　安帝年號爲「隆安」，通典避玄宗諱，改「隆」爲「崇」。

〔二〕祠部郎徐廣　原「郎」下衍「中」，據晉書禮志中六二四頁、職官志七三二頁、后妃傳下九八二頁删。

〔三〕則宜從重　「從」原訛「存」，據北宋本、傅校本、明抄本、明刻本、王吴本改。

〔四〕同於爲祖母後齊縗三年　原脱「於」，「後」訛「服」，據晉書禮志中六二四頁、后妃傳下九八二頁補改。按：北宋本、傅校本、明抄本「後」字不誤。

〔五〕朝臣亦居重服　原脱「居」，據北宋本、傅校本、明抄本、明刻本、王吴本補。

〔六〕左傳不見譏責　「譏」北宋本、傅校本、明抄本作「議」。

〔七〕故可得服重而廟祭　「得服」原倒，據北宋本、傅校本、明抄本、明刻本、王吴本乙。

〔八〕與嫡不異　「與」原脱，據北宋本、傅校本、明抄本、明刻本、王吴本補。

〔九〕詔問漢舊云何　原「舊」下有「儀」，後人妄增。據北宋本、傅校本、明抄本、明刻本删。

〔一〇〕博士樂詳　「詳」原訛「祥」，據三國志魏書杜恕傳五〇七頁改。按：裴注引魏略云，樂詳字文載，黄初中徵拜博士。

〔一一〕王爲三公六卿錫縗　原脱「王」，據周禮司服及北宋本、傅校本、明抄本、明刻本、王吴本補。

〔一二〕其首服皆弁經　原脱「服」，據周禮司服及北宋本、傅校本、明抄本、明刻本、王吴本補。

〔一三〕麻之滑易者　「滑易」原訛「謂錫」，據周禮司服注改。

〔一四〕無事其縷　「無」原訛「有」，據周禮司服鄭注及傅校本、明刻本、王吴本改。

〔一五〕疑之言擬也　原「之」下有「爲」，據周禮司服鄭注及北宋本、傅校本、明抄本、明刻本、王吴本删。

〔一六〕擬於吉　「於」原訛「其」，據周禮司服鄭注改。

〔一七〕下博士評議博士杜布議以爲　原脱「評議博士」，據卷八三天子諸侯大夫士弔哭議補。又「布」卷八三作「希」，不知孰是。

〔一八〕故周人去玄冠代以素弁　原脱「去」，據本書卷八三天子諸侯大夫士弔哭議補。

〔一九〕不可悉還反古　「反」原訛「及」，據本書卷八三天子諸侯大夫士弔哭議改。

〔二〇〕吴射慈　「射」原作「謝」，據北宋本、傅校本、明抄本、明刻本改。又「吴」，上列各本作「蜀」，誤。

〔二一〕爲位而哭之　「爲」北宋本作「臣」。

〔二二〕於是帝幸城東　原脱「帝」，據北宋本、傅校本、明抄本、明刻本、王吴本補。

〔二三〕廣昌君　晉書禮志中六三〇頁「昌」下有「鄉」，下同。

〔二四〕冬至後二日小會　原脱「後」，據晉書禮志中六三〇頁補。

〔二五〕廣昌君喪殯日　「殯日」原訛「未殯」，據晉書禮志中六三〇頁改。

〔二六〕爲故應遣使者拜卞摧答　王吴本「卞」作「不」，屬上讀。

〔二七〕以同子道　「同」北宋本、傅校本、明抄本、明刻本作「固」。

〔二八〕大夫爲庶母慈己者　原「爲」下有「其」，據北宋本、傅校本、明抄本、明刻本删。

〔二九〕張祖高問至是簡略耳　按：此節張祖高與謝沈之問答，應置於下文魏晉故事一節之後，卞搉爲晉武帝末博士，謝沈爲晉成帝時博士故也。杜氏輯入漢代，誤。

〔三〇〕爲皆服斬縗之服不　「爲皆」原倒，據北宋本、傅校本、明抄本、明刻本、王吳本乙。

〔三一〕令司州及河南郡吏出入導從　卷八八「令」作「今」，義長。

〔三二〕當謂君喪其親者耳　「謂」原作「爲」，據北宋本、傅校本、明抄本、明刻本、王吳本改。

〔三三〕都官從事　「事」原訛「士」，據卷八八改。

〔三四〕官長所署　「長」原訛「員」，據北宋本、傅校本、明抄本、明刻本改。

〔三五〕繐者小功之繐　按：儀禮喪服傳云：「繐衰者何？以小功之繐也。」疑上「繐」下脱「縗」。

〔三六〕繐細其縷者以恩輕也　「繐」原訛「縷」，又脱「也」，據儀禮喪服鄭注改補。按：北宋本、傅校本、明刻本、王吳本「繐」字不誤。

〔三七〕升數在齊縗之中者　原脱「齊」，據儀禮喪服鄭注補。

〔三八〕右本在上　「右」原訛「石」，據北宋本、傅校本、明刻本、王吳本改。

〔三九〕若遠國大夫在蕃荒服者　原脱「若」，據北宋本、傅校本、明抄本、明刻本、王吳本補。

〔四〇〕見北面時君無二君之道　原「見」上有「會」，「時」下無「君」，係清人妄增删者。今據北宋本、傅校本、明抄本、明刻本、王吳本改回。

〔四一〕宗正卿褒信王璆　「璆」原訛「樛」，據舊唐書高宗中宗諸子傳二八二八頁及北宋本、傅校本、明抄本改。按：明刻本、王吳本誤作「摎」，殿本、局本遂改作「樛」矣。

〔四二〕室宗之嫡子　「室宗」原倒，據北宋本乙。

〔四三〕喪服圖　「喪」原訛「縗」，據北宋本改。

〔四四〕當室者緦麻　「者」原訛「著」，據北宋本、傅校本、明抄本、明刻本改。

〔四五〕爲姊下殤已下緦　「緦」原訛「繐」，據北宋本、傅校本、明刻本、王吳本改。

〔四六〕至重猶尚不備　「重」原訛「童」，據北宋本、傅校本、明抄本、明刻本、王吳本改。

〔四七〕恐六七歲兒未能稱此縗麻　「恐」原訛「恕」，據北宋本、傅校本、明抄本、明刻本改。

〔四八〕若是八歲以上及禮之人　「若」北宋本、傅校本、明抄本、明刻本作「君」，王吳本作「均」。

〔四九〕何以明之　「何」北宋本、傅校本、明刻本作「可」。

〔五〇〕爲皇后大祥忌日臨哭議　「臨哭」原倒，卷四一禮典目録各本作「臨哭」，今據乙。

〔五一〕兼侍中徐衆議　「兼」原訛「按」，據北宋本改。又，各本「徐」下皆有「邈」字，誤。按：徐邈爲晉孝武帝太元年間禮官，死於晉安帝隆安元年，年五十四。成恭杜皇后死於咸康七年，此時徐邈尚未出世，安得與議恭皇后大祥忌日臨哭之禮。徐衆爲建元初侍中。「邈」字乃唐宋之際傳抄者所誤增，今删。

〔五二〕雖在恭后崩後　「在」北宋本、傅校本、明抄本作「有」。

〔五三〕三載遏密　「載」原作「年」，據北宋本、傅校本、明抄本、明刻本改。

〔五四〕皆服斬縗　原脱「服」，據北宋本、傅校本、明抄本、明刻本、王吴本補。

〔五五〕晉孝武帝太元中　「太」原訛「泰」，據晉書孝武紀改。

〔五六〕外宗謂姑姊妹之女　原脱「妹」，據禮記雜記下鄭注補。

〔五七〕引大夫之祭不成禮者　「祭」原訛「制」，據北宋本、傅校本、明抄本、明刻本改。

〔五八〕諸侯之士亦不服天子及后　原「不」下有「得」，清人妄增，今據北宋本、傅校本、明抄本，明刻本、王吴本删。

〔五九〕隨例哀致　「哀致」原倒，據北宋本、傅校本、明抄本、明刻本、王吴本乙。

王文錦點校

通典卷第八十二

禮四十二　沿革四十二　凶禮四

皇太子降服議　皇太子爲太后不終三年服議　皇太子爲所生母服議皇子附　諸王傳重爲所生母服議　諸王出後降本父母及所生母服議　爲皇太子服議　爲太子妃服議諸王妃附　爲太子太孫殤服議　爲諸王殤服議　王侯世子殤服議　繼殤後服議

皇太子降服議晉　宋

晉孔安國問徐邈云：「皇太子爲新安公主當何服？」邈答云：「禮，父母之所不服，子亦不敢服。諸侯之嗣子及大夫之嫡，皆降絶旁親，唯父母之所服，子乃敢服。王侯絶周，不爲姊妹服；太子體君之尊，亦同無服；皇子厭其君，又不敢服。」

宋庾蔚之謂：「今唯太子從君所服，皇子、公子則無厭降。」

皇太子爲太后不終三年服議 晉 宋

晉武帝泰始十年，武元楊皇后崩，及將還於峻陽陵，依舊制，既葬，帝及羣臣除喪即吉。先是，尚書祠部奏從博士張靖議，皇太子亦從制俱釋服。博士陳逵議，以爲：「今制所施，〔一〕蓋漢文權制，興於有事，非禮之正。皇太子無有國事，〔二〕自宜終服。」詔更詳議。尚書杜元凱以爲：「古者天子諸侯三年之喪，始同齊斬，既葬除喪服，諒闇以居，心喪終制，不與士庶同禮。」其議並具喪禮卷中。〔三〕禮官博士張靖等議，以爲：「孝文權制三十六日之服，以日易月，道有污崇，〔四〕禮不得全，皇太子亦宜割情除服。」博士陳逵等議，以爲：「三年之喪，人子所以自盡，故聖人制禮，自上達下。是以今制，將吏諸遭父母喪，皆假寧二十五月。敦崇孝道，所以風化天下。皇太子至孝著於內，而縗服除於外，非禮所謂稱情者也。宜其不除。」尚書魏舒等奏，以爲：「靖、逵等各見所學之一端，未曉帝者居喪古今之通體也。皇太子從曰撫軍，守曰監國，不無事也。喪服妻爲夫，妾爲君，皆三年。摎孝景即吉於未央，薄后、竇后必不得齊斬於別宮，此可知也。況於皇太子配貳至尊，與國爲體，宜遠遵古禮，近同時制，屈除以寬諸下。今將吏雖蒙二十五月之寧，至於大臣，亦奪其制。昔翟方進自以身爲漢相，居喪三十六日，不敢踰國典，而況於皇太子耶？謂皇太子宜如前奏，除服諒闇終制。」於是太子遂以厭降之議，從國制除縗麻，諒闇終制。

杜既定皇太子諒闇議，摯虞答杜書曰：「僕以爲除服誠合事宜，附古則意有未安。五服之制，成於周室。周室以前，仰迄上古，雖有在喪之哀，未有行喪之制。故堯稱遏密，殷曰諒闇，各舉其事而言，非未葬降除之名也。禮有定制，孝景之即吉，方進之從時，皆未足爲準。蓋聖人之於禮，譏其失而通其變。今皇太子未就東宮，猶在殿省之內，故不得伸其哀情，以宜奪制。何必附之於古，欽以舊義哉！」

於時外內卒聞杜議，或者謂其違禮以合時，杜亦不自解說，退使博士段暢採典籍爲證，〔五〕令大義著明，足以垂示將來。暢遂撰集書傳舊文，條諸實事成言，以爲定證。

宋文帝元嘉十七年，元皇后崩，皇太子心喪三年。禮，心喪有禫無禫無成文，〔六〕代或兩行。皇太子心喪畢，詔使博議。〔七〕有司奏：「喪禮有禫，以祥變有漸，不宜頓除即吉，故其間服以綅縞也。〔八〕心喪已經十三月，大祥十五月，禫變除，禮畢餘情一周，〔九〕不應復有再禫。〔一〇〕宣下以爲永制。」〔一一〕詔可。

皇太子爲所生母服議皇子附〇晉

晉孝武帝太元中，太子所生陳淑媛薨，〔一二〕尚書疑所服。徐邈以爲：「宜依公子爲母練冠麻衣，既葬除之。」殷仲堪以爲：「當依庶子爲後，服所生母緦，皇子服乃練冠耳。按緦麻章中有『庶子爲後，爲其母』，傳曰『與尊者爲體』。今皇太子繼體宸極，正位儲宮，猶可同稱庶乎？當與尊者爲體。」徐邈又曰：「嫡子服所生，禮無其文者，蓋不異於庶子，故總以公子爲言，推義可知。既曰君之所不服，子亦不服，則正庶均於降奪，雖登位儲宮，而上厭所天，義不異也。至於既孤，則餘尊之厭輕矣。故諸庶子服其母大功，而爲後者服其母緦。此存亡異禮，何可一其制耶？」殷又曰：「伯父與尊者爲體，諸無子者立宗人爲子，便當降其本親。尋爲後之言，將關於存亡也。」徐又按：「喪服傳三月不舉祭，因而服緦，明已主烝嘗，非復嫡子之時也。」

姜輯議渤海王服范太妃事：「喪服云『君爲女子子嫁於國君者』。傳曰：『尊同，則得服其親服』。然則君之庶子有封爲君者，其父亦不降之明矣。〔一三〕士之妾子不降母者，以其與父貴賤不足殊也。然則尊與父同，不見厭者，亦宜伸其情，盡禮於其母。渤海王既不承安平之祀，而母已受王命之寵，成太妃之號。愚謂太妃之尊，但當自降於渤海，不得配食於安平之廟耳。至於渤海三王，自宜盡爲母之制，不復厭於安平，以從公子降等之禮。」按薛公謀議：「皇子以封爲王，列土守蕃，不得戚於天子者，父卒爲母三年。」

諸王傳重爲所生母服議〔一四〕晉 宋

晉穆帝永和中，尚書令顧和表云：「爲人後者，降其所生，奪天屬之性，明至公之義。降殺節文，著於周典。按濟南王統昔爲庶母居廬持重，違冒禮度，肆其私情，宜以禮奪服。」奏可。

至孝武太元中，太常車胤上事：「禮，庶子爲後，爲其母緦麻三月。自頃公侯卿士，庶子爲後，爲其庶母，同之於嫡。禮記云：『爲父後，爲出母無服。無服也者，不祭故也。』今身承祖宗之重，而以庶母之私，廢烝嘗之事，求之情禮，失莫大焉。」胤又上事云：「經年未被告報。若以所陳或謬，則經有明文；若以古今不同，則晉有成典。又升平年中，〔一五〕故太宰武陵王所生母喪，表求齊縗三年，詔聽依樂安王故事，制大功九月。興寧中，故梁王𤩽所生母喪，〔一六〕亦求三年，詔書依太宰故事，同服大功。並無居廬三年之文。謹以重上，請臺參詳。」尚書奏：「依樂安王大功爲正。」詔可。

宋庾蔚之謂：「『庶子爲後，爲所生服緦』，此禮之正文。近遂爲一年，失之甚也。按晉樂安王所生母喪，議者謂應小功，孝武詔令大功，乃合餘尊之義。但餘尊之厭，不言爲後者也。即今猶皆三年。」

諸王出後降本父母及所生母服議東晉　宋

東晉瑯琊王爲前太宰武陵王服，郎中令王奥問徐邈曰：「昆弟俱仕，一人爲大夫，一人爲士，便降。太宰是爲庶人，諸侯而全持庶人之服乎？元皇帝入承大宗，孝王出嗣宗國，殿下出後孝王，於元帝故得爲子不？」邈答曰：「議者多謂瑯琊孝王應從出爲人後，例降一等。今瑯琊當爲武陵王服大功。按禮，受重必以尊服服之，而降本親，此誠然矣。今所疑者，元皇帝本瑯琊嗣王，既光啟中興，命孝王委重傳祀，實受之於元皇，非別有承繼者。不旁繼而內自奪，是無所天也。今孝王猶以子道嗣位本國，豈與出爲人後者同哉！按漢宣帝雖上繼昭帝，而史皇孫猶稱皇考，父子之道全，即一代成事。」又曰：「始疑武陵出嗣，既以廢放，不成爲人後，則當還服本親。若以武陵先王祀不宜絕，自應更命承繼。」

侍中孔汪問徐邈曰〔一七〕：「漢宣帝謂史皇孫爲皇考，此是稱謂耳，未足以明服之輕重也。假令宣帝登祚後，有本父母喪，自當不得行重服。又君服父祖廢疾不立者，故斬而不降。賀循云：『雖不立，位在嫡正，父之所繼，己之所承，故爲三年。』恐此與出後相喻。」〔一八〕

邈答曰：「祖考之名，非可謬立。且於時立非一帝，德皇、恭皇皆不得稱考，明史皇孫稱考，當實有義。君超繼上代，猶爲父祖之重，無別所承，故本親不降也。元皇、孝王所承既異，則大制宜降，故論者據此爲斷。子之離父，父之捨子，其所承繼不同，何得復全其本？故吾無易衆議。」

穆帝升平中，太宰武陵王所生母喪，表乞齊縗三年；詔聽依昔樂安王故事，制大功九月。太常江夷上博士孔恢議：「禮云：『庶子爲父後者，爲其母緦。』又云：『公之庶昆弟、大夫之庶子，爲母九月。』鄭云：『君卒，子爲母大功。大夫卒，子爲母三年。』經文則一，而鄭有二疑。太宰若從三年之制爲重，則應從九月，無應從緦麻之理。且太宰以天子之庶出繼諸侯，本無應厭降之道。太宰今承諸侯別祀，又不同庶姓相後，有承繼大宗之義，應從降一等之制。從九月亦降一等，應服五月。出後者之子，亦皆還降其本親、祖父母、伯叔一等。又禮無蕃王出後本親與庶姓有異之制。」尚書謝奉：「按禮，爲人後者三年，必以尊服服之。庶子爲後，〔一九〕爲其母服緦。傳曰：『何以緦？與尊者爲體，不敢服其私親。』禮唯大宗無繼支屬之制。〔二〇〕太宰出後武陵，受命元皇，〔二一〕則纂承宗廟，策名有在，禮制既明，豈容二哉！夫禮有仰引而違情者，故有君服而廢私喪。屈伸明義，非唯一條，所謂以義斷恩。況貴賤之禮既正，豈得不率禮而矯心。當依庶子爲後之例，服緦而已。」倉部郎許穆議：「母以子貴。王命追崇夫人，視公爵，秩比諸侯。凡諸侯之禮，服斷旁親，以國內臣妾並卑故也。姑姊妹女子子嫁於諸侯，則各以其服服之，尊同故也。卑則服闕，尊則禮行。太宰封王，繼於蕃國，出離其本，仰無所厭。夫人諸侯，班爵不殊，緣天然之恩，伸王子之厭，薄出禮之降，制服周可也。」吏部郎崧重議云：「考之禮文，太宰應服齊縗周。今以春秋條例以廣其喻。母以子貴，庶子爲君，母爲夫人，薨卒赴告，皆以成禮，不行妾母之制，夫人成風是也。此則身爲父後，服應緦麻，猶以子貴，得遂私情，經有明文，三傳不貶，況於太宰，貴同古例，不爲父後者耶！且禮有節文，因革不一。〔二二〕自漢以來，皇子皆爲始封君，始封君則私得伸。設令太宰不出後，必受始封，服無厭降。出後降一等，復何嫌而不周乎？」祠部郎曹處道云：「禮，庶子爲父後，爲其母緦，與尊爲體，不敢伸恩於私親。爲人後，以所後爲父，亦是尊者爲體；其所生母，俱是私親。爲父後及爲人後，義不異。」詔常侍劉喻太宰，〔二三〕從緦麻服制。累表至切。又遣敦喻。太宰不敢執遂私懷，以闕王憲，乃制大功之服。

咸和中，瑯琊王昱簡文皇帝母鄭氏薨，王服重朝。以出繼，宜降。國相諸葛頤坐不正諫，〔二四〕被彈。王表曰：「亡母生臨臣宮，〔二五〕沒留臣第。臣雖出後，〔二六〕而上無所厭，則私情得伸。昔敬后崩時，孝王先出後，〔二七〕亦還服重，此則明比，〔二八〕臣所憲章也。」二年，徙封會稽，追贈建平國夫人鄭氏爲會稽太妃。

宋庾蔚之謂：「晉簡文愛其膝下之慕，不尋爲後移天之重。」

爲皇太子服議 齊

齊武帝永明十一年，文惠太子薨，右僕射王晏等奏：「按喪服經『爲君之父、長子，同齊縗周。』〔二九〕今至尊既不行三年之典，止服周制，〔三〇〕羣臣應降一等，便應大功。九月功縗，是兄弟之服，不可以服至尊。臣等參議，謂宜重其縗裳，減其月數，並同服齊縗三月。至於太孫，三年既申，南郡國臣，宜備齊縗周服。臨汝、曲江既非正嫡，不得禰先儲，〔三一〕二公國臣，並不得服。」詔依所議。又奏：「按喪服經雖有『妾爲君之長子，從君而服』，二漢以來，此禮久廢，請因循前準，不復追行。」詔曰：「既久廢，便停。」〔三二〕又奏：「伏尋御服文惠太子周，周內不奏樂，諸王雖本服周，而儲皇正體宗廟，服者一同，釋服，奏樂姻娶，便應並通。竊謂二事，俱是嘉禮，輕重有異。娶婦思嗣，事非全吉，三日不樂，禮有明文。宋代周喪降在大功者，婚禮廢樂，〔三三〕以伸私戚，以從前典。」詔「依議」。又奏：「按禮，祥除皆先於今夕易服，明日乃設祭。雜記曰：「祥，主人之除也。於夕爲期，朝服，祥因其故服。」按今則祥日朝服，臨訖，易服而祭也。尋比代服臨然後改服，與禮爲乖。今東宮公除日，若依七刻皇太孫方易服。〔三四〕臣等參議，謂先哭臨竟而後臨祭。凡應公除者，皆於府第變服，而後入臨，行奉慰之禮。」詔可。

爲太子妃服議 諸王妃附○宋　後魏

宋孝武帝大明五年，有司奏：「依禮，皇太后服太子妃小功五月，皇后大功九月。」右丞徐爰參議：「宮人從服者，若二御哭臨應著縗時，從服者著縗，非其日如常儀。太子既有妃周服，召見之日，還著公服。若至尊非哭臨日幸東宮，太子見亦如之。宮臣見至尊，皆著朱衣。」

大明五年，有司奏：「皇太子妃薨，至尊、皇后並服大功九月，皇太后小功五月。未詳三御何當得作鼓吹及樂？」博士司馬興之議：「按禮『齊縗大功之喪，三月不從政』。今臨軒拜授，〔三五〕則人君之大典，今古既異，賒促不同。愚謂皇太子妃祔廟之後，便可臨軒作樂及鼓吹。」右丞徐爰議，謂：「皇太子妃雖未山塋，臨軒拜官，舊不爲礙。權棺在殯，〔三六〕應懸而不作。祔後三御樂宜作矣，使學官據禮上。」〔三七〕興之又議：「按禮，大功至則避琴瑟，誠無自奏之理。但王者體大，理絕凡庶。故漢文既葬，悉皆復吉，唯懸而不樂。今準其輕重，侔其降殺，則下流大功，不容徹樂以終服。夫金石賓饗之禮，簫管警塗之衞，實人君之盛典，當陽之威飾，〔三八〕固亦不可久廢於朝。又禮無天王服嫡婦之文，直後學推貴嫡之義耳。既已制服成喪，虛懸終窆，亦足以甄崇冢正，標明禮婦矣。」爰議：「皇太子周服內，不合作樂及鼓吹。」

後魏宣武帝延昌三年，司空清河王懌叔母北海王祥妃劉氏薨，司徒平原郡公高肇兄子太子洗馬貞卒，並上言未知出入猶作鼓吹不？音否，他皆倣此。〔三九〕請下禮官議。太學博士封祖胄議：「禮云：『鼓無當於五聲，五聲不得不和。』竊惟今者加台司之儀，蓋欲兼廣威華；若有哀用之，無變於吉，便是一人之身，悲樂並用，求之禮情，於理未盡。二公雖受之於公，用之非私，出入聲作，亦以娛己。今既有喪，心不在樂，笳鼓之事，明非欲聞。宜從寧戚之義，廢而勿作。但禮崇公卿出入之儀，至有趨以采齊，在禮反。行以肆夏，和鑾之聲，佩玉之飾者，所以明槐鼎之至貴，彰宰輔之爲重。今二公地處尊親，儀殊百辟，〔四〇〕鼓吹之用，無容全去。禮有懸而不樂，宜今陳之以備威儀，〔四一〕不作以示哀痛，準禮即情，〔四二〕愚謂爲允。」詔曰「可」。

爲太子太孫殤服議晉

晉惠帝無嫡子，以庶子爲太子，亡，謂應降。永寧中，沖太孫亡，議者謂應爲殤。中書侍郎高齊議：「太孫自是無服之殤，不應制服，此禮之明義，宜從以日易月之制。」博士蔡克議以爲：「臣子不殤君父者，此謂臣子尊其君父，不敢殤之耳，非爲有臣子便爲成人不服殤也。按漢平帝年十四而崩，羣臣奏臣不殤君，宜加元服。後漢許慎、鄭玄論立廟，亦唯謂臣子不上殤耳。又長子自以正體於上，不以命誓也。又命庶孫四歲則誓之，古嫡子何獨十九不誓？喪服『君爲嫡子長殤大功』，鄭玄曰『天子亦如之』。所言臣不殤君者，自謂如太孫等之臣不殤耳。太子唯尊於東宮，東宮臣不殤之耳。今太孫未冠婚，四歲，而齊縗成人之禮於太廟，愚謂不可。愍懷若在，太孫當依庶殤不祭。」

爲諸王殤服議晉　宋　梁

晉新蔡王年四歲而亡，東海王移訪太常。博士張亮議：「聖人因親以教愛，親不同而殤有降殺，蓋由知識未同成人故也。七歲以下，謂之無服之殤。記曰：『臣不殤君，子不殤父。』東海與新蔡，別國旁親，尊卑敵均，宜則同殤制而無服也。」〔四三〕國子祭酒杜夷議：「諸侯體國，備物典事，不異成人，宜從成人之制。」

宋庾蔚之謂：「嗣子之體，不以成人爲義，故經有諸侯嫡子之殤服。臣子不殤君父，宮臣得服斬耳。自餘親自依其本服。記云：『能執干戈以死社稷，則以成人服之。』先儒又推年未二十而冠婚及爲大夫者，皆不爲殤。至若諸侯繼體象賢，君臨一國，事過大夫遠矣，而可反殤之乎？」

孝武帝孝建元年，有司奏：「故第十六皇弟休倩薨夭，〔四四〕年始及殤，追贈謚東平沖王。服制未有準，〔四五〕輒下禮官詳議。」太學博士陸澄議：「按禮有成人道，則不爲殤。今既追祚土宇，遠崇封秩，珪戟備典，成孰大焉。典文式昭，殤名去矣。夫嘉偶在室，元服表身，猶以免孺子之制，全丈夫之義；安有名須爵首，而可服以殤禮？」有司尋澄議，無明證，卻使秉正更上。澄重議：「竊謂贈之爲義，所以追加名器，故贈公者便成公，贈卿者便成卿，贈之以王，得不爲王乎？然則有在生而封，〔四六〕或既歿而爵，俱受帝命，不爲吉凶殊典；同備文物，豈以存亡異數。今璽策咸秩，是成人之禮；羣后臨哀，非下殤之制。若喪用成人，〔四七〕親以殤服，末學含疑，未之或辨。」左丞羊希參議：「尋澄議，既無畫然前例，〔四八〕不合準據。按禮云：『子不殤父，臣不殤君。』君父至尊，臣子恩重，不得以幼年而降。又曰：『尊同則服其親服。』推此文旨，旁親自宜服殤，所不殤者唯施臣子而已。」詔可。

大明五年，有司奏：「故永陽縣開國侯劉叔子夭喪，〔四九〕年始四歲，旁親服制有疑。」太常丞庾蔚之等議，並云「宜同成人之服。東平沖王服殤，實由追贈，異於已受茅土」。〔五〇〕博士司馬興之議：「應同東平殤服。」左丞荀萬秋等參議：「南面君國，繼體承家，雖則佩觿，未闕成德，〔五一〕君父名正，臣子不容服殤，故云『臣不殤君，子不殤父』。推此，則知旁親故依殤制。東平沖王已經前議。若升仕朝列，則爲大成，〔五二〕故鄱陽哀王追贈太常，親戚不降。愚謂下殤以上，身居封爵，宜同成人。年在無服之殤，以登官爲斷。今永陽國臣，自應全服，至於旁親，宜從殤禮。」詔可。〔五三〕

梁天監十四年，舍人朱异議：「禮，年雖未及成人，已有爵命者，則不爲殤。封陽侯年雖中殤，已有拜封，不應殤服。」帝可之。於是諸王服封陽侯，依成人之服。

王侯世子殤服議晉　宋

晉有問者曰：「某國中尉虞某按本論無國名，亦無虞名。訪太常王冀云：『臺贈國王第二郎，年在殤，爲世子，臣當有服不？』冀云：『禮無從君服殤之文。夫臣從君而服，以其體尊承緒，非繼成人與殤也。苟爲代嫡，君爲之服，則臣以何而不從服乎？若以禮無文者，亦可不服，長子之下殤也。』」

宋庾蔚之謂：「臣以義服，故所從極於三年。經舉重服必從，則輕不從可知也。若從服世子之殤，亦可從服嫡婦，豈其然乎？唯小君非從，故與君同。」

繼殤後服議晉

晉劉系之問荀訥：「禮喪服小記『爲殤後者，服以其服』。按鄭玄云：『言爲後者，據承之也。殤無爲人父之道，以本親之服服之。』按禮取後，或可緦麻之親，或五服之内。若如鄭旨，各從本親，則爲殤後者，可有無服之理。殤雖無爲人父之道，今既承之，不得不稱之爲父。稱之爲父而無服之處喪，即情尋義，無服之理有疑。」訥答曰：「今相承繼，在殤者既殁之後，主人近親，皆以殤服服之，疏族爲後，更當斬縗三年，輕重殊駁，非稱情立文也。且後大宗，當爲祭主，於先人輕降之服，不可久廢祭祀。若應重服者，記當曰服斬，〔五四〕文約而旨明。今之所服，似非服重也。當以爲後之故，本施成人，而不從殤耳。」

校勘記

〔一〕今制所施　「施」晉書禮志中六一八頁作「依」。

〔二〕皇太子無有國事　原脱「事」，據晉書禮志中六一九頁補。

〔三〕其議並具喪禮卷中　「具」原作「見」，據北宋本改。

〔四〕道有污崇　「崇」晉書禮志中六二〇頁作「隆」，通典諱改。

〔五〕段暢採典籍爲證　「採」原訛「探」，據晉書禮志中六二三頁及北宋本、遞修本、明抄本改。

〔六〕心喪有禫無禫無成文　原脱「無禫」，據宋書禮志二三九五頁補。

〔七〕詔使博議　原「博」下衍「士」，據宋書禮志二三九五頁删。

〔八〕故其閒服以縓縞也　「縓」原訛「紺」，北宋本、明抄本訛「綬」，據宋書禮志二三九五頁及傅校本、明刻本、王吳本改。

〔九〕禮畢餘情一周　「周」原訛「同」，宋書禮志二三九五頁作「朞」，通典避玄宗嫌名例改「朞」爲「周」。「同」顯係「周」之形訛，故改。按：宋志無「情」字。

〔一〇〕不應復有再禫　「復」原訛「服」，據宋書禮志二三九五頁及北宋本、傅校本、明刻本改。

〔一一〕宣下以爲永制　「宣」原作「宜」，據宋書禮志二三九五頁及北宋本、傅校本、明抄本、明刻本改。

〔一二〕晉孝武帝太元中太子所生陳淑媛薨　「晉孝武帝太元中」原訛作「晉廢帝海西公太和中」，諸本同。今據晉書禮志中六二四頁、宋書禮志二三九七頁訂改。按：晉書海西公紀海西公未嘗立太子，后妃傳海西公除庾后外，未見其他妃嬪。

〔一三〕其父亦不降之明矣　「父」原訛「公」，據北宋本、傅校本、明抄本、明刻本、王吳本改。

〔一四〕諸王傳重爲所生母服議　「傳」原作「持」，據北宋本、傅校本、明抄本改。

〔一五〕又升平年中　「升」原作「昇」，據諸本改。下同。

〔一六〕梁王𤩽　「𤩽」原訛「逢」，據晉書禮志中六二九頁改。

〔一七〕孔汪　「汪」原訛「注」，據北宋本、王吴本改。

〔一八〕恐此與出後相喻　「喻」原訛「踰」，據北宋本、傅校本、明抄本、明刻本、王吴本改。

〔一九〕庶子爲後　原「爲」下有「人」，據北宋本、傅校本、明抄本、明刻本、王吴本删。

〔二〇〕禮唯大宗無繼支屬之制　「支」北宋本、傅校本、明抄本、明刻本作「之」。

〔二一〕受命元皇　「皇」北宋本、傅校本、明抄本作「王」。

〔二二〕因革不一　「不」原訛「其」，據諸本改。

〔二三〕詔常侍劄喻太宰　「劄」原作「敎」，後人所竄易者。今據北宋本、傅校本、明抄本改。按：劄者析也，分析曉喻謂之劄喻。

〔二四〕諸葛頤　「頤」原訛「賾」，據晉書后妃傳下九七九頁及王吴本改。

〔二五〕亡母生臨臣宫　「宫」原訛「官」，據北宋本改。

〔二六〕臣雖出後　原脱「臣」，據晉書后妃傳下九七九頁補。

〔二七〕孝王先出後　晉書后妃傳下九八〇頁作「孝王已出繼」，俱通。而北宋本、傅校本、明抄本、明刻本、王吴本作「孝王先亡後出」，失原意，疑「後出」二字誤倒。

〔二八〕此則明比　「比」原訛「典」，據晉書后妃傳下九八〇頁及北宋本、傅校本、明抄本、明刻本改。

〔二九〕爲君之父長子同齊縗周　原脱「父」，據南齊書禮志下一六二頁補。

〔三〇〕止服周制　「止」原訛「正」，據南齊書禮志下一六二頁改。

〔三一〕不得禰先儲　「禰」原訛「稱」，據南齊書禮志下一六二頁改。

〔三二〕便停　南齊書禮志下一六二頁作「停便」。

〔三三〕婚禮廢樂　原「廢」上衍「不」，據南齊書禮志下一六三頁删。

〔三四〕若依七刻皇太孫方易服　「七刻」南齊書禮志下一六三頁作「例」。

〔三五〕今臨軒拜授　「今」原訛「令」，據宋書禮志二三九八頁及北宋本、傅校本、明抄本改。

〔三六〕樟棺在殯　「樟棺」原訛「梓宫」，據宋書禮志二三九八頁改。按：宋志云：「皇太子妃薨，樟木爲櫬，號曰樟宫。」

〔三七〕使學官據禮上　「學」原訛「樂」，據宋書禮志二三九八頁及北宋本、傅校本、明抄本、明刻本、王吴本改。

〔三八〕當陽之威飾　「威飾」原訛「盛節」，據宋書禮志二三九八頁改。按：北宋本、傅校本、明抄本、明刻本「飾」字不誤。

〔三九〕音否他皆倣此　此注文六字原脱，據北宋本、傅校本、明抄本、明刻本、王吴本補。

〔四〇〕儀殊百辟　「儀」原訛「宜」，據魏書禮志四二八〇一頁改。

〔四一〕宜今陳之以備威儀　「今」原作「令」，據魏書禮志四二八〇一頁及北宋本改。

〔四二〕準禮即情　魏書禮志四二八〇一頁作「述禮節情」。

〔四三〕宜則同殤制而無服也　「宜則」嚴可均全晉文二一八九頁逕乙作「則宜」。按：則，例也。嚴校無據。

〔四四〕故第十六皇弟休倩薨夭　「夭」原訛「天」，據宋書禮志二四〇一頁及北宋本、傅校本、明刻本、王吴本改。

〔四五〕服制未有準　「服」原訛「哭」，據宋書禮志二四〇一頁及北宋本、傅校本、明抄本改。

〔四六〕然則有在生而封　原脫「有」，據宋書禮志二四〇一頁補。

〔四七〕若喪用成人　「成人」原訛「未成」，據宋書禮志二四〇一頁改。

〔四八〕既無畫然前例　「畫」原訛「盡」，據宋書禮志二四〇二頁及北宋本、傅校本、明刻本改。

〔四九〕故永陽縣開國侯劉叔子夭喪　「叔」原訛「升」，「夭喪」原脫，據宋書禮志二四〇三頁改補。按：叔子又見宋書武三王傳一六五三頁，彼云「仲容弟叔子，封永陽縣侯」。「叔」之俗體與「升」相近，故通典由此而致誤。

〔五〇〕異於已受茅土　「異於」原脫，據宋書禮志二四〇三頁補。

〔五一〕未闕成德　「闕」原訛「關」，據宋書禮志二四〇三頁及北宋本、傅校本、明抄本、明刻本改。

〔五二〕則爲大成　「大」原訛「文」，據宋書禮志二四〇三頁及北宋本、傅校本、明抄本、明刻本、王吴本改。

〔五三〕詔可　按：宋書禮志二四〇三頁云「詔景遠議爲允」。周景遠議與庾蔚之議同，則詔所可者乃周庾等人「宜同成人之服」之議，非荀萬秋等人「永陽國臣，自應全服，至於旁親，宜從殤禮」之議也。杜佑書「詔可」於荀議後，未確。

〔五四〕記當曰服斬　「曰」原訛「日」，據諸本改。

王文錦點校

通典卷第八十三

禮四十三　沿革四十三　凶禮五

喪制之一

初喪終稱附　復始卒事位及奠訃告等附　天子諸侯大夫士弔哭議君遣使弔他國君附　三不弔議

初喪終稱附〇東周政衰，諸侯踰僭，或已削去周典。重遭秦皇焚書，舊制遂多蕩滅。漢魏以降，儒者乃推士禮，制當時之儀耳。他皆類此。〇周　漢　魏

周制，天子之制，具大喪初崩卷。國君、大夫疾病，外內皆掃。疾困曰病。外內皆掃，爲賓客來問疾。掃，悉報反。徹懸。聲音動人，病者欲靜也。凡樂器，天子宮懸，諸侯軒懸，大夫判懸，士特懸也。寢東首於北牖下，〔一〕病者恆居北牖下也。廢牀，徹褻衣，加新衣，體一人。廢，去也。人始生在地，去牀，庶其生氣反也。徹褻衣，則所加者新朝服矣。加朝服者，明其終於正也。體，手足也。四人持之，爲其不能自屈伸也。男女改服。

爲賓客來問病。亦朝服也。屬纊以俟絶氣。〔二〕纊，新綿也。易動摇，置口鼻之上以爲候也。屬音燭。男子不死於婦人之手，婦人不死於男子之手。君子重終，爲其相褻。士死於適音的室，幠音呼用斂衾。適室，正室。疾者齊，故於正寢焉。疾時處北牖下，死而遷之當牖下，〔三〕有牀袵。幠，覆也。斂衾，大斂所用之衾。小斂衾當陳也。君夫人卒於路寢，大夫代婦卒於適寢。內子未命，則死於下室，遷尸於寢。士之妻皆死於寢。內子，卿之妻。下室，其燕處。天子死曰崩，崩者，自上顛墜之名。諸侯曰薨，薨，顛壞之聲。〔四〕大夫曰卒，卒，終也。君子曰終。士曰不禄，不禄，不終其禄。庶人曰死。死之言澌也。精神澌盡也。〔五〕死寇曰兵。異於凡人，當饗録其後也。王肅曰：「兵，死也。」

漢石渠議：「聞人通漢問云：『記曰：「君赴於他國之君曰不禄，夫人曰寡小君不禄，大夫士或言卒死。」皆不能明。』戴聖對曰：『君死未葬曰不禄，既葬曰薨。』又問：『尸服卒者之上服。士曰不禄，言卒何也？』聖又曰：『夫尸者，所以象神也。其言卒而不言不禄者，通貴賤尸之義也。』通漢對曰：『尸，象神也，故服其服。士曰不禄者，諱辭也。孝子諱死曰卒。』」

五經通義云：「春秋説題辭曰：『大夫曰卒，精耀終也。卒之爲言絶於邦也。〔六〕士曰不禄，不禄爲言削名章也。』」〔七〕

白虎通曰：「天子稱崩何？別尊卑、異生死也。〔八〕崩之爲言憪然僵天下也。庶人曰死，魂魄去心，死之爲言澌，精氣窮也。」〔九〕又曰：「人死謂之喪何？言其喪亡不復得見。〔一〇〕不直言死稱喪者，孝子之心不忍言也。」

魏明帝詔亭侯以上稱薨：「夫爵命等級，貴賤之序，非徒偏制，〔一一〕蓋禮關存亡。故諸侯大夫既終之稱，以薨卒爲別。今縣鄉亭侯不幸稱卒，非也。禮，大夫雖食采不加爵。即縣亭侯既受符策茅土，〔一二〕名曰列侯，非徒食采之比也。於通存亡之制，豈得同稱卒耶？其亭侯以上，當改卒稱薨。」

三府上事博士張敷等追議：〔一三〕「諸王公大將軍縣亭侯以上有爵土者，依諸侯禮皆稱薨。關外侯無土、銅印，當古稱卒。〔一四〕千石、六百石下至二百石，皆詣臺受拜，〔一五〕與古士受命同，依禮稱不禄。」高堂崇議：〔一六〕「諸侯曰薨，亦取隕墜之聲也。禮，王者之後公及王之上公九命爲二伯者，侯伯皆執珪，子男及王之公皆執璧，其卒皆曰薨。今可使二王後公及諸國王執珪，大將軍縣亭侯有爵土者，車騎衛將軍辟召掾屬與三公俱執璧者，卒皆稱薨。禮，大夫曰卒者，言陳力展志，功成事卒，無遺恨也。今太中大夫秩千石，諫議、中散大夫秩皆六百石，此正天子之大夫也，而使下與二百石同列稱不禄，生爲大夫，〔一七〕死貶從士，殆非先聖制禮之意也。云士不禄者，〔一八〕言士業未卒，不終其禄也。」

尚書曹訪云：「官僚終卒，依禮各有制。至於其間，令長以下，通言物故，不知物故之名本所依出。」〔一九〕高堂崇曰：「聞之先師，物，無也，故，事也，言無復能於事者也。」

復始卒事位及奠訃告等附○周　大唐

周制，司服供服。隸僕復於小寢、大寢。小寢，高祖以下廟之寢。始祖曰大寢也。夏采掌大喪以冕服復於太祖，〔二〇〕以乘車建綏復於四郊。求之王平生常所有事之處也。〔二一〕乘車，玉輅。於太廟，以冕服不出宮也。四郊以綏，出國門此行道也。鄭司農云：「復謂始死招魂復魄也。」夏采，天子之官也。故以冕服。太祖，始祖之廟也。綏，以旄牛尾爲之，綴於幢上，所謂注旄於竿首者也。王祀四郊，乘玉輅，建太常。今以之復，去其旒，異之於生也。復曰「天子復矣」。始死呼魄辭也。不呼名，臣不名君也。告喪曰「天王登遐」。告，赴也。登，上也。遐，已也。上已者，若言仙去。諸侯大夫復，其有林麓則虞人設階，無林麓則狄人設階。復者，招魂復魄也。階，所乘以升屋者也。虞人，主林麓之官也。狄人，樂吏之賤者也。階，梯也，簨簴之類。〔二二〕諸侯小臣復，復者朝服，君以衮，夫人以闕狄，大夫以玄赬，代婦以襢衣，士以爵弁，士妻以褖衣。復者以簪裳於衣，左荷之，扱領於帶。皆升自前東榮，中屋履危，北面，招以衣，三號曰：「皋！某復！」捲衣投於前，司服受之用篋，升自阼階，以衣尸。小臣，君之近臣也。朝服而復，所以事君之衣也。復用死者之祭服，以其求神也。君以衮，謂上公也。夫人以屈狄，〔二三〕互言之耳。上公用衮，則夫人用褘衣，侯伯用鷩，其夫人用褕狄；子男以毳，其夫人乃用屈狄矣。赬，赤也。玄衣赤裳，所謂卿大夫自玄冕而下之服也。其婦亦以襢衣。〔二四〕雜記云：「內子以鞠衣，褒衣素沙。〔二五〕下大夫以襢衣。其餘如士。」注云：「內子，卿之適妻也。下大夫，謂下大夫之妻也。」榮，屋翼也。升東榮者，謂卿大夫士也。天子諸侯言東霤。危，棟上也。號，若云「皋某復」也。北面，招求諸幽之義。皋，長聲也。某，死者之名也。復，反也。司服以篋待衣於堂前。〔二六〕衣尸者，覆之，若得魂魄然。〔二七〕復者降自西北榮。〔二八〕不由前降，不以虛反也。降，因徹屋西北之扉，〔二九〕若云此室凶，不可居。然其薪，用爨沐。其爲賓，則公館復，私館不復。私館，卿大夫之家也。不於之復，爲主人之惡。其在野，則升其乘車之左轂而復。左轂，象屋東榮。凡復衣，不以衣尸，不以斂。不以衣尸，謂不以襲也。復者庶其生也，若以其衣襲斂，是用生施死，於義相反。婦人復，不以袡。〔三〇〕袡，嫁時上服，非事鬼神之衣也。凡復，男子稱名，婦稱字。婦人不以名行。復，盡愛之道也，有禱祠之心焉。復謂招魂。且分禱五祀，庶幾其精氣之反。望反諸幽，求諸鬼神之道也。鬼神處幽闇，望其從鬼神所來。北面，求諸幽之義也。向其所從來也。禮，復者升屋北面。唯哭先復，復而後行死事。氣絕則哭，哭而復，復而不蘇，可以爲死事矣。

始卒，主人啼，兄弟哭，婦人哭踊。悲哀有深淺也。若嬰兒中路失母，能勿啼乎。既遷尸於牀，幠用斂衾，去死衣。小臣楔齒用角柶，綴足用燕几，校在南，御者坐持之。綴，拘也。爲將屨，恐其辟戾也。校，脛也。尸南首，几脛在南以拘足，則不得辟戾矣。牀謂所設之牀第當牖者。去死衣，病時所加新衣及復衣也。去之以俟沐浴也。楔齒，爲將唅，恐其口閉急也。奠脯醢醴酒，升自阼階，奠於尸東。即牀而奠，當腢，五口反，又五侯反。〔三一〕用吉器，若醴若酒，無巾柶。鬼神無象，設奠以馮依也。腢，肩頭也。用吉器，器未變也。〔三二〕檀弓云：「始死之奠，其餘閣也與？」不容改新也。閣，庋藏食物處。凡喪奠之禮，始死未設黍稷，爲死者不食糧故也。士即日而襲，其奠不易。大夫以上則明日而襲，是經宿奠也。自始死至虞，凡奠皆經宿，明日而徹，爲憑神故也。帷堂。事小訖也。

乃訃於君。主人西階東，南面命訃者，〔三三〕拜送。曰「君之臣某死」。訃，告也。臣死，其子使人至君所告之。檀弓云：「父兄命赴者。」注云：「謂大夫以上也。士，主人親命之。」父、母、妻、長子，曰「君之臣某之某死」。此臣於其家喪所主者。君訃於他國之君，曰「寡君不禄，敢告於執事」。大夫訃於同國，敵者曰「某不禄」。訃於士，亦曰「某不禄」。訃於他國之君，曰「君之外臣寡大夫某死」。訃於敵者，曰「吾子之外私寡大夫某不禄，使某至」。〔三四〕訃於士，亦曰「吾子之外私寡大夫某不禄，使某至」。士訃於同國大夫，曰「某死。」訃於士，亦曰「某死。」訃於他國之君，曰「君之外臣某死。」訃於大夫，曰「吾子之外私某死」。訃於士，亦曰「吾子之外私某死。」

既正尸，諸侯之喪子入坐於東方；卿大夫父兄子姓立於東方；有司庶士哭於堂下，北面；夫人坐於西方；内命婦姑姊妹子姓立於西方；外命婦率外宗哭於堂上；北面。正尸者，謂遷尸牖下，南首也。子姓，謂衆子孫也，姓之言生也。其男子立於主人後，女子立於夫人後。世婦爲内命婦，卿大夫之妻爲外命婦。外宗，姑姊妹之女也。大夫之喪，主人坐於東方，主婦坐於西方。其有命夫命婦則坐，無則皆立。命夫命婦來哭者，同宗父兄子姓，〔三五〕婦姑姊妹子姓也。凡此哭者，尊者坐，卑者立。士之喪，主人坐於牀東，衆主人在其後，西面。婦人夾牀，東面。衆主人，庶昆弟也。婦人謂妻妾子姓，亦嫡妻在前也。親者在室。〔三六〕親謂大功以上父兄姑姊妹子姓在此者。〔三七〕室中唯主人主婦坐，兄弟有命夫命婦在焉亦坐。別尊卑也。衆婦人户外，北面。衆兄弟堂下，北面。衆婦人、衆兄弟，小功以下者。衆婦人謂姑姊妹及内外之親也。

大唐元陵儀注：「將復於太極殿内，高品五人皆常服，以大行皇帝衮冕服左荷之，升自前東霤，〔三八〕當屋履危，北面西上，三呼而止，以衣投於前；承之以篋，自阼階入，以覆大行皇帝之上。復者徹殿西北扉，降自後西霤。其復衣不以襲斂，浴則去之。既復，乃設御牀於殿内楹閒，去腳，舒單簟，置枕。遷大行皇帝於牀，南首，以衣覆體，去死衣。楔齒用角柶，綴足以燕几，校在南。其殿内東西哭位，嗣皇帝以下舒草薦焉。奠用酒脯醢，器用吉器，如常儀。其告喪之禮：使至所在，集州縣官及僧道、將吏、百姓等於州府門外，並素服，各以其方向京師重行序立。百姓在左，僧道在右。男子居前，婦人居後。立訖，使者立於官長之右，告云『上天降禍，大行皇帝，今月某日奄棄萬國』。刺史以下撫膺哭踊，盡哀。止哭，使者又告云『大行皇帝有遺詔』。遂宣詔，〔三九〕訖，刺史以下又哭，十五舉聲。使者又告『皇帝伏準遺詔，以今月某日即位』。刺史以下再拜稱萬歲者三。百姓及州縣佐史朝夕巷哭，各十五舉聲。三日釋服。節度觀察團練使、刺史並斬縗絰杖，諸文武官吏服斬縗，無絰杖。大小祥、釋服，並準遺詔。其有敕書，使者宣告如常禮。」其三品以下儀制，並具開元禮。

天子諸侯大夫士弔哭議 君遣使弔他國君附○周　漢　後漢　魏　晉　宋　大唐

周制，凡弔事，弁絰服。弁絰者，如爵弁而素，加環絰也。弁師云：〔四〇〕「王之弁絰，弁而加環絰。」天子之哭諸侯也，爵弁，純衣。〔四一〕服士之祭服以哭之，明爲變也。天子至尊，不見尸柩，不弔服，麻不加於采。純音側其反。或曰使有司哭之。非也，哀戚之事，不可虛也。爲之不以樂食。蓋謂殯斂之閒。

諸侯使人弔他國之君，弔者即位於門西，東面。其介在其東南，北面西上，西於門。賓立門外，不當門也。主孤西面。立阼階之下也。相者受命曰：「孤某使某請事。」客曰：「寡君使某，如何不淑。」受命，受主人之命以出也。不言儐者，喪無接賓也。淑，善也。如何不善，言君痛之甚，使某弔也。相者入告，出曰：「孤某須矣。」稱其君名者，君薨稱子某，欲使人知嫡嗣也。須矣，不出迎也。弔者入。主人升堂，西面。弔者升自西階，東面，致命曰：「寡君聞君之喪，寡君使某，如何不淑。」子拜稽顙。弔者降出，反位。子，孤子也。

大夫、士之喪，既殯而君往焉，使人戒之。主人具殷奠之禮，俟於門外，見馬首，先入門右。巫止於門外，祝代之先。君釋采於門內。祝先升自阼階，負墉南面。君即位於阼，小臣二人執戈立於前，二人立於後。殷，猶大也。朝夕小奠，至月朔則大奠。君將來，則具大奠之禮以待之，榮君之來也。〔四二〕祝負墉南面，直君北，〔四三〕房户東也。小臣執戈先後君，君升而夾階立。大夫殯即成服，成服則君亦成服錫縗而往弔之。儐者進。當贊主人也。始立門東，北面。主人拜，稽顙。君稱言，視祝而踊。主人踊。稱言，舉所以來之辭也。視祝而踊，祝相君之禮，當節之也。

諸侯弔，必皮弁錫縗。所弔雖已葬，主人必免。主人未喪服，則君亦不錫縗。必免者，尊人君，爲之變也。未喪服，未成服也，既殯成服矣。

凡君使人弔，徹帷，主人迎於寢門外，見賓不哭，先入門右，北面。使人，大夫、士也。禮，使人必以其爵。使者至，使人入將命，乃出迎之。寢門，内門也。〔四四〕徹帷，㡌之也，事畢則下。〔四五〕㡌音差據反。弔者入，升自西階，東面。主人進中庭，弔者致命。主人不升，賤也。致命曰「寡君聞子之喪，使某如何不淑」也。主人哭拜，稽顙，成踊。稽顙，頭觸地。成踊，三者三。〔四六〕賓出，主人拜送於外門外。〔四七〕

大夫之喪未小斂，爲君命出。士之喪，於大夫，不當斂則出。父母始死悲哀，非處尊不出也。〔四八〕出者，或至庭，或至門。〔四九〕凡主人之出也，徒跣，扱衽，拊心，降自西階。君弔，雖不當免時也，主人必免，不散麻。雖異國之君免也。親者皆免。不散麻者，自若絞垂之，〔五〇〕爲人君變，貶於大斂之前既啓之後。親者，大功以上也。尸在室，有君命，衆主人不出。不二主人也。

大夫之喪，大夫弁絰。〔五一〕弁絰者，大夫錫縗相弔之服。如爵弁而素加環絰，曰弁絰也。大夫弔，當事而至，則辭焉。辭猶告也，儐者以主人有事告也。主人無事爲大夫出也。大夫之喪，庶子不受弔。不以賤者爲有爵者主。

喪，公弔之，必有拜者，往謝之。雖朋友州里舍人可也。謂無主後。弔曰「寡君承事」。示亦爲執事來。〔五二〕主人曰「臨」。君辱臨其臣之喪。〔五三〕君遇柩於路，必使人弔之。君於人臣，有父母之恩也。孔穎達曰：「君於臣，當特弔於家。其或小臣及庶人，君不先知，〔五四〕造次遇柩於路，必使人弔之。」諸侯弔於異國之臣，則其君爲主。君爲之主，弔臣，恩爲己也。子不敢當主，中庭北面哭，不拜。

滕成公之喪，魯昭三年。使子叔敬叔弔，進書，子叔敬叔，叔弓也。進書，奉君弔書。子服惠伯爲介。惠伯，慶父玄孫之子，名椒。〔五五〕介，副也。

魯哀公使人弔蕢尚，蕢尚，魯人。音苦怪反。遇諸道，避於路，畫宮而受弔焉。畫宮，畫地爲宮象也。曾子曰：「蕢尚不如杞梁之妻之知禮也。」行弔禮於野，非也。

知生者弔，知死者傷。知生而不知死，弔而不傷；知死而不知生，傷而不弔。人恩各施於所知也。弔、傷，皆謂致命辭也。雜記云「諸侯使人弔，辭曰寡君聞君之喪，寡君使某如何不淑」者，此施於生者也。傷辭未聞。說者有弔辭云：「皇天降災，子遭離之，如何不淑。」此施於死者也。蓋本傷辭。

始死，羔裘玄冠，易之而已矣。羔裘玄冠，夫子不以弔。不以吉服弔喪。三年之喪，雖功縗不弔，自諸侯達諸士。如有服而將往哭之，則服其服而往。功縗，既練之服也。諸侯服新死者之服而往哭，謂所不臣也。練則弔。父在爲母功縗，可以弔人者，以父在，故輕於出也。然則凡齊縗十一月，皆可以出者也。

子張死，曾子有母之喪，齊縗而往哭之。或曰「齊縗不弔」。以其無服非之。曾子曰：「我弔也與哉？」於朋友哀痛甚，而往哭之，非若凡弔者也。

既葬，大功弔，哭而退，不聽事焉。聽，猶待也。事，謂襲斂執紼之屬也。周之喪未葬，弔於鄉人，哭而退，不聽事焉。功縗弔，待事不執事。謂爲姑姊妹無主，殯不在己族者也。小功、緦，執事不與於禮。禮，饋奠也。

相趨也，出宮而退。相揖也，哀次而退。相問也，既封而退。相見也，反哭而退。朋友，虞祔而退。此弔者恩薄厚、去遲速之節也。相趨，謂相聞姓名而來會喪事也。相揖，嘗會於他也。相問，嘗相惠遺也。相見，嘗執贄相見也。

弔於人，是日不樂。君子哀樂不同日也。子於是日哭，則不歌。五十無車者，不越疆而弔人。氣力始衰。婦人不越疆而弔人。不通於外。行弔之日，不飲酒食肉。以全哀。弔於葬者，必執引。〔五六〕若從柩及壙，皆執紼。示助之以力也。車曰引，棺曰紼。

司徒敬子死，司徒，官氏，公子許之後。子夏弔焉，主人未小斂，絰而往。子游弔焉，主人既小斂，子游出，絰，反哭。皆以朋友之禮往，而二人異也。〔五七〕子夏曰：「聞之也與？」曰：「聞諸夫子，主人未改服，則不絰也。」

漢戴德曰：「君弔於卿大夫，錫縗以居，不聽樂。弔於士，皆服弁絰疑縗。君弔臣疑縗，素弁加絰，明日主人縗絰拜謝於朝。君若使人弔，其服疑縗，素裳素冠。諸侯會遇相弔，則錫縗，皮弁加絰，不舉。諸侯弔於寄公，亦錫縗。〔五八〕諸侯相弔，其同國大夫相弔，錫縗，十五升抽其半，素冠加絰。朋友弔服有絰，絰大與緦麻絰同，素冠素帶，既葬而除。皆在他國，則袒免。同國大夫命婦相服，錫縗素總加麻。同國之士相爲朝服加絰，其妻相爲亦如之，朝服不髽。」

後漢劉德問曰：「君弔，大夫迎於門外，又拜送於門外。大夫弔，不迎於門外。今時縣令長弔人臣，人臣待之，〔五九〕當依國君來弔禮歟？依大夫來弔也？又當去杖，其絰皆如故，〔六〇〕無可捨耶？又今時丞尉來弔，待之當云何？」田瓊答曰：「今之君，與禮所云君，輕重不同。若必欲依之，令長宜依國君，丞尉宜依大夫。君於禮但見去杖戢杖，其餘不見也。〔六一〕今於君弔，以首絰貫臂。遣人則不，〔六二〕釋之而已。」

劉表後定喪服云：「既除喪，有來弔者，以縞冠深衣，於墓受之，畢事反吉。」又云：「君來弔臣，主人待君到，脫頭絰，貫左臂，去杖，出門迎。門外再拜，乃厭，還，先入門，東壁向君讓。君於前聽進，即堂先哭。乃止於廬外伏哭，當先君止。君起致辭，子對而不言，稽額以答之。」

魏明帝弔陳羣詔曰：「司空今遭母憂，當遣使者弔祭如故事。」尚書司馬孚奏：「尋故事，自魏興，無三公喪母弔祭。」輒訪韋誕、王肅、高堂隆、秦静等，云：「漢太傅胡廣喪母，天子使謁者以中牢弔祭、送葬。」王肅議：「禮，臣有父母之喪訃，君弔之。弔諸臣之母，當從夫爵。」

蔣濟奏：「會喪不宜去冠。奏事者上言，前會故領軍朱鑠喪，〔六三〕自卿以下皆去冠，〔六四〕以布帕額。〔六五〕使者、侍中、散騎則不。皆非舊法。夫冠成德之表，於服爲尊。唯君親之喪小斂之前，與服罪之人去冠。其餘禮儀，雖齊縗之痛，有變無廢。今爲弔去冠，甚違禮意。」下博士評議。

博士杜希議，〔六六〕以爲：「論語曰『羔裘玄冠不以弔』，故周人去玄冠，〔六七〕代以素弁。漢去玄冠，〔六八〕代以布巾。亦王者相變之儀，未必獨非也。古禮野夫著巾，古者軍禮韋弁冠，今者赤幘，此明轉相變易，不可悉還反古。今宜因漢氏故事。〔六九〕又漢儀注，諸侯王薨，天子遣使者往，皆言使者素服。又禮自天子達於士，臨殯斂之事，去玄冠，以素弁。君子臨喪，必有哀素之心，是以去玄冠，代之以素。漢中興，臨喪與禮合儀。自後或言臨，使者常吉服布巾。以爲使者亦宜去玄冠，〔七〇〕代以布巾，示不純吉。侍中、散騎諸會喪，亦宜去玄冠，代以布巾。」詔從希議。

王肅云：「禮有親喪而君來弔，則免絰，貫左臂，去杖，迎拜於大門之外，見馬首，不哭，先入門右，庭中北面。君升自東階，南面哭，主人乃哭。君出，又拜送大門外。又按禮，三年之喪，終服不弔。期之喪，既練而弔。大功之喪，既葬而弔。」蜀譙周云：「國君爲卿大夫，皮弁錫縗以居，他事出，亦如之。其弔，則皆錫縗，布弁而絰，三月復吉。〔七一〕其弔士，則服弁絰疑縗，亦往則服，出則不。公及大夫弔衆妾，如君弔他國卿大夫，皮弁錫縗，不絰。君使人弔襚，主人迎於寢門外，見使者不哭也，先入門右，北面。弔者入，升自西階，東面。主人前至中庭，弔者致君命，主人哭拜稽顙成踊。弔者出去，主人拜送於門外。君使襚者左執領，右執要，致命訖，入室，衣尸乃出。他皆如弔。既斂之後不衣尸，委於尸東席上。凡主人出送，因拜賓；所來者拜訖，〔七二〕皆即位西階下，東面哭踊；哭訖反室。大夫弔，服以錫縗，用緦麻布而灰理之曰錫。〔七三〕士弔服以疑縗，用錫布爲衣而素裳，擬於吉也。其冠各以其縗。歸其家，猶弔服著絰以居。〔七四〕其以他事出，則脱絰。三月既葬，服吉。五代兄弟相爲亦然。凡大夫弔其臣，異者，主人不迎於門外，主君入，即位堂下，西面，主人北面，衆主人南面。」

晉摯虞決疑云：「凡使弔祭同姓者，素冠幘，白練深衣，器用皆素。異姓者，服色器用皆不變。」

陳舒議至尊臨温公夫人喪：「按禮，天子哭諸侯則弁絰錫縗，哭大夫士則弁絰疑縗。此皆當時殯葬之間服耳。今温公喪已久遠，主人本應改葬之服，今之所服，大夫喪耳。天子於諸侯之妻，禮變。今以白帢深衣，當古弔服。今至尊臨喪，謂應深衣而已。著深衣

者，不復變服。其餘侍官，謂當公服直衛，不應從哭。」〔七五〕

宋崔凱云：「禮，君自弔其臣，主人出迎於外，見君馬首，不哭，先入門右，北面。衆主人袒即位。升自阼階，西面。主人前，至中庭。君哭。主人哭，拜，稽顙成踊，先出。君去，主人哭，拜送於外門外。明日，主人縗絰拜謝於朝。今代人君弔，主人出迎，見馬首拜。君遣吏弔。主人布席於喪庭，孝子左貫首絰，待於席南，北面，不哭也。吏持版弔於席北，面向孝子。再拜訖，伏，吏跪讀版，孝子再拜。〔七六〕有弔賓，主人迎即位中門外，西面北上。衆賓東面者北上，門西北面者東上。主人拜賓，旁三拜，衆賓不答拜。主人入，即堂下朝夕哭位。衆隨入，如外位也。知生者弔，知死者傷。主人哭，弔者皆哭。退出，主人拜中門外如初。弔辭，至主人前曰：『聞君有某之喪，如何不淑。』傷辭，詣喪前曰：『子遭離之，如何不淑。』此各主於其所知也。若有知生又知死者，傷而且弔也。」又曰：「同僚賓客相弔也，因主人朝夕哭而往弔也。」又曰：「凡賓客來弔，孝凡言孝者，即喪主也。皆當位東階下，西面，不得廬中。長吏自弔，其人左貫首絰出迎，還入門。君至門，謝孝還位，乃從命還位。〔七七〕若不謝遣者，君向柩哭，則孝當伏。孝當後哭先止，所以不使君甚哀也，哭訖，君遣還位，乃從命還位則哭，不得入廬也。哭位在東階下。辭去，孝子哭也。君先出，孝後出，於門外見馬而拜，訖，哭而還也。若有命止令勿出，亦便隨從命也。羸可使人自扶，若病不能者，君至，自杖而已。」

欒亮問徐廣曰：「君弔之儀，雖在於禮，未審皇子之弔，受弔爲當迎送及拜以不？當於廬室坐，〔七八〕當別施位耶？若別施位者，應在何處？即位爲應立？應坐？『君弔，雖已葬，主人必絻』，此禮已廢，並未詳。既小祥，重服已除，正當即以練冠功縗受弔耶？」徐廣答曰：「皇子之儀，揖而不拜，然猶應以練冠功縗迎立於戶側。〔七九〕皇子向戶揖，揖訖，〔八〇〕伏廬室而哭。及皇子前執手時，乃可長跪受之。去出室，還至戶，更哭。」

大唐之制，如開元禮。

三不弔議 周　魏　宋

周制，檀弓曰：「死而不弔者三，畏、厭、溺。」鄭玄曰：「畏者，爲人以非罪加己，己無以說之死者也。〔八一〕厭者，行止危險之下。溺者，不乘橋船者也。」盧植曰：「畏者，兵刃所殺也。」王肅曰：「犯法獄死謂之畏。爾雅曰畏，刑者也。」

魏王肅聖證論難鄭玄曰：「孔子畏匡，德能自全也。設使聖人卒離不幸，〔八二〕可得不痛悼而罪之乎！非徒賢者，設有罪愚人，亦不得不哀傷之也。」

宋崔凱服節云：「有不弔者三：謂畏、厭、溺死也。欲弔者，不變服哭之已。」〔八三〕

校勘記

〔一〕寢東首於北牖下　禮記喪大記同。按：儀禮既夕禮記「牖」作「墉」，是。

〔二〕屬纊以俟絶氣　禮記喪大記同。北宋本、傅校本、明抄本、明刻本、王吴本「俟」作「候」。

〔三〕死而遷之當牖下　原脱「下」，據儀禮士喪禮鄭注補。

〔四〕顛壞之聲　禮記曲禮下鄭注同。北宋本、傅校本、明抄本、明刻本、王吴本「之」下有「餘」。

〔五〕精神澌盡也　原脱「澌」，據禮記曲禮下鄭注補。

〔六〕卒之爲言絶於邦也　「絶於邦」原作「終於國」，據北宋本、傅校本、明抄本、明刻本改。

〔七〕不禄爲言削名章也　「言削」原被竄改作「身消」，據北宋本、傅校本、明抄本、明刻本、王吴本改回。

〔八〕別尊卑異生死也　白虎通崩薨篇同。北宋本、傅校本、明抄本、明刻本、王吴本「生死」作「王公」。

〔九〕死之爲言澌精氣窮也　白虎通崩薨篇同。北宋本、傅校本、明抄本、明刻本作「死之爲言精窮也」。

〔一〇〕言其喪亡不復得見　原脱「復」，據北宋本、傅校本、明抄本、明刻本、王吴本補。

〔一一〕非徒偏制　「徒」原訛「待」，據北宋本、傅校本、明抄本、明刻本、王吴本改。

〔一二〕即縣亭侯既受符策茅土　「即」原訛「鄉」，據北宋本、傅校本、明抄本、明刻本、王吴本改。

〔一三〕張敷等追議　「追」原訛「進」，據北宋本、傅校本、明抄本改。

〔一四〕當古稱卒　「卒」原訛作「不禄」，據嚴可均全三國文卷四一一二八四頁改。

〔一五〕皆詣臺受拜　「受拜」原倒，據北宋本、傅校本、明刻本乙。

〔一六〕高堂崇　唐人諱「隆」爲「崇」，下同。

〔一七〕生爲大夫　原脱「生」，據北宋本、傅校本、明抄本、明刻本、王吴本補。

〔一八〕云士不禄者　原脱「云」，據北宋本、傅校本、明抄本、明刻本、王吴本補。

〔一九〕不知物故之名本所依出　「本所依出」原作「本何所出」，後人擅改者。今據北宋本、傅校本、明抄本、明刻本改回。

〔二〇〕以冕服復於太祖　「祖」原訛「廟」，據周禮夏采及北宋本、傅校本、明抄本、明刻本、王吴本改。下同。

〔二一〕求之王平生常所有事之處也　原脱「生」「所」，據周禮夏采鄭注補。

〔二二〕階梯也簨簴之類　禮記喪大記鄭注同。北宋本、傅校本、明抄本、王吴本作「以階梯爲簨簴之類」，非。

〔二三〕夫人以屈狄　「屈」原作「闕」，據禮記喪大記鄭注及北宋本、傅校本、明抄本、明刻本、王吴本改。

〔二四〕其婦亦以禮衣　原「婦」上有「世」，據北宋本、傅校本、明抄本、明刻本删。按：通典避太宗諱而省。下同。

〔二五〕褒衣素沙　「沙」原作「紗」，據禮記雜記上及北宋本、傅校本、明刻本、王吴本改。

〔二六〕司服以篋待衣於堂前　「服」原訛「衣」，據禮記喪大記鄭注及北宋本、傅校本、明抄本、明刻本改。

〔二七〕若得魂魄然　原「若」下有「復」，據北宋本、傅校本、明抄本、明刻本删。

〔二八〕復者降自西北榮　「西北」原作「後西」，誤，據禮記喪大記及北宋本、傅校本、明抄本、明刻本改。

〔二九〕因徹屋西北之扉　原脱「屋」「之」，據北宋本、傅校本、明刻本、明抄本補。按：王吳本有「屋」。

〔三〇〕婦人復不以袡　「復」原訛「服」，據禮記喪大記及北宋本、傅校本、明抄本、明刻本、王吳本改。

〔三一〕五口反又五侯反　北宋本、傅校本作「五回反」。

〔三二〕器未變也　原脱「器」「也」，據儀禮既夕禮鄭注補。

〔三三〕南面命訃者　原脱「命」，據儀禮士喪禮補。

〔三四〕訃於他國之君曰君之外臣寡大夫某死訃於敵者曰吾子之外私寡大夫某不禄使某至　「死訃於敵者曰吾子之外私寡大夫某」十五字原脱，據禮記雜記上補。

〔三五〕同宗父兄子姓　「子姓」原訛「弟子」，據禮記喪大記改。

〔三六〕親者在室　「室」原訛「堂」，據儀禮士喪禮改。

〔三七〕父兄姑姊妹子姓在此者　「者」原訛「也」，據儀禮士喪禮鄭注改。

〔三八〕升自前東霤　「升」原訛「外」，據北宋本、傅校本、明刻本改。

〔三九〕遂宣詔　原脱「詔」，據北宋本補。

〔四〇〕弁師云　「弁師」原訛「司服」。按：下引「王之弁絰弁而加環絰」九字，乃周禮弁師職文，故改。

〔四一〕爵弁純衣　原「弁」下有「絰」，據北宋本、傅校本、明抄本、明刻本删。按：禮記檀弓上有「絰」字，而鄭注云：「此言經，衍字也。」杜佑引檀弓據鄭意已删「經」字，後人復妄補。

〔四二〕榮君之來也　原「榮」上有「以」，清人妄增。據禮記喪大記鄭注及北宋本、傅校本、明抄本、明刻本、王吴本删。

〔四三〕直君北　「直」原作「立」，據禮記喪大記鄭注改。

〔四四〕寢門内門也　下「門」原脱，據儀禮士喪禮鄭注及北宋本、傅校本、明抄本、明刻本、王吴本補。

〔四五〕事畢則下　「下」原訛「去」，據北宋本、傅校本、明抄本、明刻本、王吴本改。按：儀禮士喪禮鄭注作「事畢則下之」。

〔四六〕成踊三者三　上「三」原訛「踊」，據儀禮士喪禮鄭注及北宋本、傅校本、明抄本、明刻本、王吴本改。

〔四七〕主人拜送於外門外　上「外」原脱，據儀禮士喪禮補。

〔四八〕非處尊不出也　「處」禮記喪大記鄭注作「所」，杜佑改爲「處」，義似更勝。

〔四九〕或至門　「至」原訛「出」，據禮記喪大記鄭注改。

〔五〇〕自若絞垂之　「自若」原倒，據禮記喪服小記鄭注及北宋本、傅校本、明抄本、明刻本、王吴本乙。

〔五一〕大夫之喪大夫弁絰　「喪」禮記雜記上作「哭」，杜佑以意改之。

〔五二〕示亦爲執事來　「示亦」原訛「亦云」，據禮記檀弓下鄭注改。按：北宋本作「亦示」。

〔五三〕君辱臨其臣之喪　「其臣」原訛脱作「某」，據禮記檀弓下鄭注改補。

〔五四〕君不先知　「知」原訛「之」，據北宋本、傅校本、明抄本、明刻本、王吴本改。按：禮記檀弓下孔疏作

「君不先知其喪」。「其喪」爲杜佑節删。

〔五五〕名椒　二字原脱，據禮記檀弓下鄭注補。按：北宋本尚有「名」字。

〔五六〕弔於葬者必執引　「引」原訛「紖」，據北宋本、傅校本、明抄本改。按：紖，牛鼻繩也。引，柩車引繩也。二義迥别。

〔五七〕皆以朋友之禮往而二人異也　「往而」原倒，據禮記檀弓下鄭注乙。

〔五八〕諸侯弔於寄公亦錫縗　原脱「亦」，據北宋本、傅校本、明抄本、明刻本補。

〔五九〕今時縣令長弔人臣人臣待之　原作「今時縣令長弔主人待之」，此係後人竄易者。今據北宋本、傅校本、明抄本、明刻本改回。

〔六〇〕其經皆如故　「經」原訛「至」，據北宋本改。

〔六一〕其餘不見也　「餘」北宋本作「除」。

〔六二〕遣人則不　「遣」北宋本作「通」。

〔六三〕故領軍朱鑠喪　「領」本書卷八一天子弔大臣服議作「鎮」。

〔六四〕自卿以下皆去冠　「下」原訛「上」，又脱「去」，據本書卷八一天子弔大臣服議改補。按：北宋本、傅校本、明抄本、明刻本、王吴本有「去」字。

〔六五〕以布帕額　本書卷八一天子弔大臣服議「布」下有「巾」。

〔六六〕杜希　「希」本書卷八一作「布」。未知孰是。

〔六七〕故周人去玄冠　「去」原訛「云」，據北宋本、傅校本、明抄本、明刻本改。

〔六八〕漢去玄冠　「去」原訛「云」，據北宋本、王吴本改。按：本書卷八一天子弔大臣服議作「去」。

〔六九〕今宜因漢氏故事　原「宜」下衍「所」，據本書卷八一天子弔大臣服議删。

〔七〇〕以爲使者亦宜去玄冠　原脱「玄」，據本書卷八一天子弔大臣服議補。

〔七一〕三月復吉　「復」原作「服」，據北宋本、傅校本、明刻本、王吴本改。

〔七二〕所來者拜訖　「來」原訛「拜」，據北宋本、傅校本、明抄本、明刻本、王吴本改。

〔七三〕用緦麻布而灰理之曰錫　「灰」原訛「夾」，據北宋本改。

〔七四〕猶弔服著絰以居　「著」原作「弁」，據北宋本、傅校本、明抄本改。

〔七五〕不應從哭　「從」原訛「後」，據北宋本改。

〔七六〕吏持版弔於席北面向孝子再拜訖伏吏跪讀版孝子再拜　「面」疑是「南」之形訛。若然，應斷作：「吏持版弔於席北，南向。孝子再拜訖，伏，吏跪讀版，孝子再拜。」

〔七七〕乃從命還位　「乃」原作「仍」，據北宋本、傅校本、明抄本、明刻本、王吴本改。下同。

〔七八〕當於廬室坐　「坐」原訛「主」，據北宋本改。

〔七九〕迎立於户側　原脱「户」，據北宋本、傅校本、明抄本、明刻本、王吴本補。

〔八〇〕皇子向户揖揖訖　原脱一「揖」，據北宋本、傅校本補。

〔八一〕畏者爲人以非罪加己已無以説之死者也　原被清人改作「畏者謂人以非罪攻己不能有以説之死之

者也」，今據北宋本、傅校本、明抄本、明刻本、王吳本改回。

〔八二〕設使聖人卒離不幸　原脱「設」，據北宋本、傅校本、明抄本、明刻本、王吳本補。

〔八三〕不變服哭之已　原脱「哭」，據北宋本、傅校本、明抄本、明刻本、王吳本補。「已」原訛「也」，據北宋本、王吳本改。

王文錦點校

〔唐〕杜佑撰

通典

第六册

卷八四—卷一〇四

中華書局

通典卷第八十四

禮四十四　沿革四十四　凶禮六

喪制之二

沐浴　含　襲　設冰　設銘　懸重　始死服變　始死襚大斂

襚附　小斂

沐浴周　大唐

周制，大喪，肆師大渳音尾以鬯築鬻。〔一〕音煮。築香草，煮以爲鬯以浴尸。香草，鬱金也。渳謂浴尸。小宗伯掌大肆以秬鬯渳尸。大肆，始陳尸也。杜子春云以秬鬯浴尸。君沐粱，大夫沐稷，士沐粱。

士喪，始卒，甸人掘坎於階閒，少西；爲垼於西牆下，東鄉。掘坎南順，〔二〕廣尺，輪二尺，深三尺，南其壤。甸人，有司主田野之官。垼，塊竈，在西牆下，中庭之西。南順，統於堂也。垼音役。新盆、盤、瓶、廢敦、音對重鬲音歷皆濯，〔三〕造於西階下。新此瓦器五種者，重死事。盆以盛水，盤承渜濯，〔四〕瓶以汲水。廢敦，敦無足者，所以盛米也。重鬲，鬲將懸於重。濯，滌溉也。造，至也。猶饌也，以造言之，喪事遽。沐巾一，浴巾二，皆用綌，實於笲，巾所以拭污垢。浴巾二者，上體下體異也。綌，麤葛也。笲音煩，下同。〔五〕櫛於簞，簞，葦笥也。浴衣於篋，浴衣，以布爲之，制如今通裁也。皆饌於西序下，南上。東西牆謂之序。中以南謂之堂。管人汲，不説繘，均必反。屈之，管人，有司主館舍者。不説繘，將以就祝濯米。〔六〕屈，縈也。盡階不升堂，授外御者。〔七〕外御者入浴。主人皆出户外，北面。小臣四人抗衾，御者二人浴，襢笫。莊俟反。〔八〕抗衾，爲其裸裎，蔽之。襢笫，去席，盝水便也。裎，他頂反。〔九〕浴水用盆，沃水用枓，音主。浴用絺巾，挋音振〔一〇〕用浴衣，如他日。小臣爪足。浴餘水棄於坎。婦人喪，則內御者抗衾而浴。抗衾者，蔽上，重形也。挋，拭也。爪足，斷足爪也。管人汲，授御者，御者差七何反沐於堂上。士則祝淅米於堂，南面，用盆。管人盡階不升堂受潘，〔一一〕煮於垼，陶人出重鬲，甸人取所徹廟之西北厞薪用爨之。〔一二〕盡階，三等之上也，差亦淅也。〔一三〕淅飯米取其潘，以爲沐也。喪禮士沐以稻，此云以粱，蓋天子之士也。率而上之，天子則沐黍與。〔一四〕祝，夏祝也。祝盛米於敦，奠於貝北。管人授御者沐，乃沐用瓦盤，挋用巾，如他日。小臣爪手翦須。濡濯棄於坎。濡濯，沐浴餘潘水。巾櫛浴衣亦棄之。既夕記云：「甸人築坅坎。」注：「築，實土其中，堅之，穿坎之名，一曰坅。」音五錦反。君大夫鬊爪及斂實於角中，士埋之。〔一五〕鬊音舜，亂髮也。角中謂棺內四隅也。〔一六〕將實爪髮於棺中，必爲小囊盛之。鬠用組，乃笄，設明衣裳。用組束髮。鬠，斂也。鬠音膾，又音會也。主人入即位。已設明衣，可以入也。

大唐元陵儀注：「將沐浴，內有司爲垼於殿西廊下，累塊爲竈，東面，以俟煮。沐浴新盆盤瓶鬲皆濯之，陳於西階下。掘埳於西階之西。陳明衣裳於其側。帛巾一，方尺八寸，沐巾二，浴巾四，皆用帛練。櫛及浴衣各實於篋。〔一七〕將沐浴，內掌事者奉米潘及湯，各盛以瓮，〔一八〕并沐盤，升自西階，授沐者以入。嗣皇帝、妃、公主等悉出帷外。嗣皇帝以下在殿東楹間，北面西上。內命婦以下在殿西間，北面東上。俱立哭。既沐而櫛。將浴，內執事者六人抗衾，御者四人浴，拭以巾，挋用浴衣。設牀於大行東，衽下莞，席上簟。浴者舉大行，易牀設枕，理其鬚髮，〔一九〕斷爪，盛於小囊，大斂即內於棺中也。著明衣裳，以方巾覆面，以大斂之衾覆之。內外入，就位哭。其五品以上沐用稷，四人浴。六品以下沐用粱，二人浴。」餘具開元禮。

含 周 魏 大唐

周制，典瑞大喪供飯玉、含玉。飯玉，碎玉以雜米也。含玉，以柱左右齻及口中者也。齻音顛。舍人供飯米。〔二〇〕飯所以實口，不忍虛也。諸侯以璧，大夫以珠，士以貝，實於笄。貝，水物，古者以爲貨，江水出焉。笄，竹器名也。米，君以粱，大夫稷，士粱，一豆實於筐。一豆，四升。

士喪將含，商祝襲祭服褖衣次。商祝，祝習商禮者也。商人教之以敬，於接神宜。襲，布衣牀上也。祭服，爵弁服、皮弁服，皆從君助祭之服也。大蜡有皮弁素服送終之禮。襲衣於牀，牀次含牀之東也。〔二一〕主人出，南面，左袒，扱諸面之右，盥於盆上，〔二二〕洗貝，〔二三〕執以入。宰洗柶建於米，執以從。俱入户西鄉也。柶音四。〔二四〕商祝執巾從入，當牖北面，徹枕，設巾，徹楔，〔二五〕受貝，奠於尸西。當牖北面，直尸南也。設巾覆面，爲飯之遺落米也。主人由足西牀上坐，東面。不敢從首前也。主人左扱米實於右，三實一貝。左、中亦如之。又實米唯盈。於右，尸口之右也。〔二六〕唯盈，取滿而已。主人襲，反位。襲，服衣也。位在尸東。商祝掩，瑱，設幎目。掩者，先結頤下，既瑱，設幎目。既夕記云：「卒洗貝，反於笄，實貝，柱右顑左顑。」〔二七〕注云：「象齒堅也。」〔二八〕幎音縈，〔二九〕下同。夏祝徹餘，乃襲。夏祝，祝習夏禮者。夏人教以忠，其於養宜也。

凡諸侯有相含之禮，含者執璧將命曰：「寡君使某含。」相者入告，出曰：「孤某須矣。」含玉爲璧制，其分寸大小未聞。含者入，升堂致命。主人拜，稽顙。含者坐委於殯東南。有葦席，既葬蒲席。降出，反位。春秋有既葬歸含、賵、襚，無譏焉，皆受之於殯宮是也。宰夫朝服即喪屨，升自西階，西面坐取璧，降自西階以東。朝服，告鄰國之禮。〔三〇〕即，就也。以東，藏於內也。諸侯使人弔，其次含、襚、賵、臨，皆同日而畢事者也。其次如是也。言五者相次同時也。

左傳：諸侯伐秦，曹宣公卒於會，魯成公十三年，曹伯廬卒於師是也。〔三一〕諸侯請含。以朋友有相啖食之道也。

魏文帝黄初四年，制曰：〔三二〕「飯含無以珠玉，無施珠襦玉柙。昔者季孫以璵璠斂，孔丘譬之暴骸中原。」

大唐元陵儀注：「內有司奉盤水升堂，嗣皇帝出，盥手於帷外，洗玉若貝，實笲，執以入，西面坐，發巾徹枕，奠玉貝於口之右。〔三三〕大臣一人親納粱飯，次含玉。既含訖，嗣皇帝復位。執服者陳襲衣十二稱，實以箱篚，承以席。去巾加面衣訖，設充耳，著握手及手衣，納舄，乃襲。既襲，覆以大斂之衾。乃開帷，內外俱入，復位哭。其三品以上用粱及璧，四品、五品用稷與碧，六品以下用粱與貝。」其儀具開元禮。

襲 周　大唐

周制，天子十二稱，上公九稱，諸侯七稱，大夫五稱，士三稱。鄭玄據雜記及士喪禮推而言。上公衮衣一，玄端一，朝服一，素積一，〔三四〕纁裳一，爵弁二，玄冕一，褒衣一。朱綠帶，申加大帶於上。朱綠帶者，襲衣之帶也，飾之雜以朱綠，異於生也。此帶亦以素爲之。申，重也，重於革帶也。革帶以佩韍。必言重加大帶者，明雖有變，必備此二帶也。士襲三稱。禮記引子羔襲五稱，上公襲九稱，則尊卑襲數不同矣。諸侯七稱，天子十二稱歟？〔三五〕率帶，諸侯、大夫皆五采，士二采。此謂襲尸之大帶也。率，繂也，繂之不加鍼功。大夫以上更飾以五采，士以朱緑。〔三六〕襲事成於帶。變之，所以異於生也。

士爵弁服純衣，謂生時爵弁之服。純衣者纁裳。古者以冠名服，死者不冠也。純音緇。皮弁服，皮弁所衣之服。其服白布衣素裳。褖衣。黑衣裳赤緣謂之褖，褖之言緣也。〔三七〕所以表袍。緇帶，黑繒之帶。韎韐，上音妹，下音蛤。一命緼韍也。緼音温。竹笏。笏，所以書思對命者。夏葛屨，冬皮屨，皆繶緇絇純，組綦繫於踵。繶音憶。絇音其俱反。純音準。庶襚繼陳，不用。庶，衆也。不用，不用襲也。多陳之爲榮，少納之爲貴也。既含，乃襲三稱。遷尸於襲上而衣之。凡衣死者，左衽。

君錦冒黼殺，綴旁七；大夫玄冒黼殺，綴旁五；士緇冒赬殺，綴旁三。凡冒，質長與手齊，殺三尺。冒者，既襲所以韜尸，重形也。制如直囊，上曰質，下曰殺。質，正也。其用之，先以殺韜足而上，後以質韜首而下，齊手。〔三八〕上玄下纁，象天地也。

士喪將沐浴，陳襲事於房中，西領，南上，不綪。明衣裳用布。所以親身爲絜。鬠笄用桑，長四寸，纋中。桑之爲言喪也，用爲笄，取其名也。長四寸，不冠故也。纋笄之中央，以安髮也。纋音憂。掩，練帛，廣終幅，長五尺，析其末。掩，裹首者。析其末，爲將結於頤下，又還結於項中。瑱用白纊。瑱，充耳。纊，新綿。布巾，環幅不鑿。環幅，廣袤等也。不鑿者，士之子親含，反其巾而已。大夫以上賓爲之含。當口鑿之，嫌有惡也。幎目用緇，方尺二寸，䞓裹，著，組繫。幎目，覆面者。䞓，赤也。著，充之以絮也。

組繫，爲可結也。握手用玄纁裏，長尺二寸，廣五寸，樓中旁寸，著，組繫。樓謂削約握之中央以安手。決用正王棘若檡棘，組繫，纊極二。決猶闓也，挾弓以横執弦。正，善也。王棘與檡棘善理堅刃者，〔三九〕皆可以爲決。極猶放也，〔四〇〕所以沓指放弦，〔四一〕令不挈指也。〔四二〕生者以朱韋爲之而三，死用纊又二，明不用也。世俗謂王棘爲矺鼠。闓音開。矺音託。設韐帶，搢笏。韐帶，韎韐緇帶。韐帶用革。搢，插也，插於帶之右旁。〔四三〕設決麗於擘，〔四四〕自飯持之，設握，乃連擘。麗，施也。擘，手後節中也。飯，大擘指本也。決以韋爲之藉，有彄，彄內端爲紐，外端有横帶，設之以紐，擐大擘本。因沓其彄，以横帶貫紐，結於擘之表。設握者，以綦繫鉤中指，由手表與決帶之餘連結之。此謂右手也。擘音烏亂反。設冒，櫜之。幠用衾。櫜，韜盛物者，取事名焉。衾，始死時斂衾。巾、柶、鬊、蚤埋於坎。坎至此築之。設明衣，婦人則設中帶。中帶，若今之褌襂。〔四五〕明衣裳用幕布，袂屬幅，長下膝。幕布，帷幕之布，升數未聞。袂屬幅，不削幅也。長下膝，又有裳，於蔽下體深也。有前後裳，不辟，長及觳，不辟，質也。觳，足跗也。他服短不見膚，長不被土也。縓綼緆，一染謂之縓，今之紅也。飾裳在幅曰綼。在下曰緆。緇純。七入爲緇，緇，黑也。〔四六〕飾衣曰純。謂領與袂，衣以緇，裳以縓，象天地。純音準。設握，裏親膚，〔四七〕繫鉤中指，結於擘。手無決者以握，繫一端，繞擘，還從上自貫反，與其一端結之。既襲，宵爲燎於中庭。

大唐之制，五品以上襲三稱，六品以下襲一稱。餘具開元禮。

設冰周　大唐

周制，大喪，凌人供夷盤冰。夷之言尸也，實冰於夷盤之中，置之尸牀之下，所以寒尸也。尸之盤曰夷盤，牀曰夷牀，衾曰夷衾，移尸曰夷於堂，皆依尸而爲言也。君設大盤，造冰焉。大夫設夷盤，造冰焉。士併瓦盤，無冰。設牀，襢笫，有枕，含一牀，襲一牀，遷尸於堂又一牀。皆有枕席，君大夫士一也。此事皆沐浴之後也。造猶内也。襢笫，袒簀，謂無席如浴時牀也。禮自仲春之後，尸既襲既小斂，〔四八〕先内冰盤中，乃設牀於其上，不施席而遷尸焉。秋涼而止。〔四九〕士不用冰，以瓦爲盤，併之盛水耳。〔五〇〕士有冰，用夷盤可。謂君賜冰，亦用夷盤。

大唐之制，諸職事官三品以上，散官二品以上，暑月薨者給冰。

設銘殷　周　魏　晉　宋　齊　北齊　大唐

殷制，復與書銘，自天子達於士，其辭一也。男子稱名，婦人書姓與伯仲。喪服小記文。鄭玄云：「此謂殷禮也。」

周制，大喪，司常供銘旌。王則太常也。士喪爲銘，各以其物。亡則以緇，長半幅，經末，長終幅，廣三寸，書銘於末，曰「某氏某之柩」。銘，明旌也。雜帛爲物，大夫士之所建也。諸侯建旂，〔五一〕

孤卿建旃。以死者爲不可别，故以其旗識之，愛之斯録之矣。亡，無也。無旌，不命之士也。半幅一尺，終幅二尺。在棺曰柩。識音至。竹杠長三尺，置於宇西階上。諸侯七尺，大夫五尺。杠，銘橦也。宇，梠也。爾雅曰「檐謂之梠」也。

魏皇后崩，繆襲議銘旌曰：「自殷以前，復與銘旌皆書姓，男名女字，無書國者。周之復，天王稱天子，諸侯稱某甫。〔五二〕某甫，且字。秦漢皇帝、皇后、太后，復書銘置之柩也。舊禮書銘皆不書國號，后亦不書氏。魏爲天下之號，無所復别。臣子所以稱魏故某侯某者，皆以自别耳。明太后不宜復稱魏。按左氏云『天王崩』，不言周。」劉劭議云：「宜稱魏不稱姓。〔五三〕據漢律使節稱漢。今魏使節亦稱魏，及二千石諸竹使符皆稱魏。以類推之，其義宜同。今太后之旌宜稱魏。」趙怡奏：「祖號所以稱廟，不宜以題旌。禮，未有主，作重，既葬而埋之。今太后之旌宜稱魏。故銘旌宜與重俱埋廟門外之左。」尚書奏：「祖宗之號，所以表德。題旌古今異儀。今列祖之號，宜改施新銘旌。故旌故杠所埋，如怡等議，與重俱埋於廟門外之左。」〔五四〕

晉杜元凱云：「諸侯建大旂，畫熊虎龍文曰旂也。杠七仞，斿至地。」徐宣瑜議云：「王之上公八命，出爲二伯，加一等，謂九命作伯，建九斿。按上公之上服，遠遊冠，佩山玄玉，宜與三公同建八斿。諸位從公者、三公八命，應建旂八斿。侯伯同七命，建旂七斿。」元凱又云：「卿建旃，六斿，至軫。」孤卿，次三公也。通帛爲旃，謂純赤也。宣瑜云：「王之卿六命，建旃六斿。王之上大夫五命，建物五斿。」〔五五〕

宋孝武帝大明二年，太子妃薨，建九斿。

齊王儉議：「斿本是命服，無關於凶事。今公卿以下，平存不能備禮，故在凶乃建耳。東宮秩同上公九命之儀，妃與儲君一體，義不容異，無緣未同常例，別立凶斿。大明舊事，不經詳議，〔五六〕率爾便行耳。今宜考以禮典，吉部自有旂輅，凶部別有銘旌。」詔從之。

北齊制，旌一品九斿，二品、三品七斿，四品、五品五斿，六品、七品三斿；八品以下，達於庶人，唯旐而已。其建旐，〔五七〕三品以上及開國子、男，其長至軫，四品、五品至輪，六品至九品，至較。勳品達於庶人，不過七尺。

大唐元陵儀注：「大斂訖，所司設太常，畫日月，十有二斿，杠九仞，斿委地。大斂之後，分置殿庭之兩階。又設銘旌，以絳，廣充幅，長二丈九尺，題云『某尊號皇帝之柩』，立於殿下。其三品以上長九尺，五品以上八尺，六品以下七尺，皆書某官封姓君之柩。」具開元禮。

懸重周　宋　隋　大唐

周制，士喪重，木刊鑿之，甸人置重於中庭，三分庭一，在南。木也懸物焉曰重。（五八）刊，斲治。（五九）鑿之，爲懸簪孔。士三尺，差而上之，卿大夫五尺，諸侯七尺。夏祝鬻餘飯，用二鬲於西牆下。夏祝，祝習夏禮者。（六〇）夏人教以忠，於養宜。鬻餘飯，（六一）以飯尸餘米爲鬻，實重鬲者也。鬲則大夫四鬲，（六二）諸侯六鬲。與簋數同差故也。冪用疏布，久之，繫用靲，懸於重。冪用葦席，北面，左衽，帶用靲，賀之，結於後。久讀爲灸，謂以蓋塞鬲口。靲，竹䈴也。以席覆重，辟屈，而反兩端交於後。左衽，西端在上。（六三）賀，加也。靲音擧琴反。祝取銘置於重。祝習周禮者。重，主道也。始死未作主，以重主其神也。殷主綴重焉。綴猶聯也。殷人作主而聯其重懸諸廟也，去明考乃埋之。（六四）孔穎達云：「殷人始殯，置重於廟庭。作主訖，即綴重，懸於新死者所殯之廟。」周主重徹焉。周人作主，徹重埋之也。孔穎達云：「殷人綴而不即埋，周人即埋，不懸於廟。」將遣奠，甸人抗重出自道，道左倚之。抗，擧也。出白道，出從門中央也。（六五）不由闑東西者，重不反，變於恆出入也。道左，主人位也。漢時有死者，鑿木置食於中，樹於道側，由此也。重既虞而埋之。就所倚處埋之。宋崔凱云：「鑿木爲重，形如札，有簨，設於中庭近南以懸之。士重高三尺，（六六）差而上之，天子當九尺矣。鬲以葦席南向横覆之，辟屈兩端於南面以蔑之。今喪家帳門，其遺象也。古者喪家無幕，蓋是倚廬棟耳。今人倚廬於喪側，因是爲帳焉。按蔡謨説，以二瓦器，盛始死之祭，繫於木，裹以葦席，置庭中近南，名爲重。今之凶門，是其遺象也。禮，既虞而作主，未葬未有主，故以重當之。禮稱爲主道，此其義也。范堅又曰：凶門非禮，禮有懸重，形似凶門，〔六七〕後人出門外以表喪，俗遂行之，簿帳弔幕之類也。」

隋文帝開皇初，定典禮。太常卿牛弘奏曰：「諸重，一品懸鬲六，五品以上四，〔六八〕六品以下二。」

大唐元陵儀注：「設重於殿庭近西南。其制，先刊鑿木長丈二尺，横者半之。取沐之米爲粥，盛以八鬲，冪以疏布，懸於重內横木上。以葦席北向屈兩端交於上，綴以竹篾。」其三品以上至六品以下，懸重降殺如開元禮。

始死服變 周　漢　後漢　晉　宋　大唐

周制，親始死，笄纚，徒跣，扱上衽。衽，裳際也。扱於腰中，哭踊便也。

漢戴德喪服變除云：

斬縗三年之服，始有父之喪，笄纚，徒跣，扱上衽，交手哭踊無數，惻怛痛疾；既襲三稱，服白布深衣，十五升素章甫冠，白麻屨，無約。屨之飾，如刀衣鼻，繩連以爲行戒。喪無節，速遽故無絇，〔六九〕音其俱反。〔七〇〕孫爲祖父後者，上通於高祖，自天子達於士，與子爲父同。父爲長子，自天子達於士，不笄纚，不徒跣，不食粥。餘與子爲父同。妻爲夫，妾爲君，笄纚，不徒跣，扱上衽；既襲三稱，白布深衣，素總，白麻屨。餘與男子同也。

齊縗三年者：父卒始有母之喪，笄纚，徒跣，扱上衽，交手哭踊無數；既襲三稱，服白布深衣，十五升素章甫冠，白麻屨，無絇。父卒爲繼母、君母、慈母，孫爲祖後者父卒爲祖母，服上至高祖母，自天子達於士，爲人後者所後之祖母、母、妻，以上與父卒爲母同。母爲長子，妾爲君之長子，繼母爲長子，皆不笄纚徒跣也。女子子在室父卒爲母，始死，笄纚，不徒跣，不扱上衽；既襲三稱，素總。其餘不見者，與父卒爲母同也。

齊縗杖周者：父在始有母之喪，笄纚，徒跣，扱上衽，交手哭踊無數；既襲三稱，白布深衣，十五升素章甫冠，吉白麻屨，無絇。爲出母、慈母、繼母、君母，自天子達於士。父卒爲繼母嫁，及繼母報繼子。以上並與父在爲母同矣。夫爲妻，始死，素冠深衣，不笄纚，不徒跣。女子子在室爲母，不徒跣，不扱上衽；既襲三稱，素總。

齊縗不杖周者：謂始有祖父母之喪，則白布深衣，十五升素冠，吉屨無絇，哭踊無數，既襲無變。其餘應服者並同。

其齊縗三月者：始有曾祖父母之喪，白布深衣，十五升素冠，吉屨無絇。其餘應服者同。女子子適人者爲曾祖父母，素總。餘與男子同。

大功親長中殤七月，無受服，始有昆弟長殤喪，白布深衣，十五升素冠，吉屨無絇。成人九月。從父昆弟之喪，與殤同。天子諸侯之庶昆弟與大夫之庶子爲其母，哭泣飲食，居處思慕，猶三年也；其餘與士爲從父昆弟相爲服同。爲人後者爲其昆弟，大夫爲伯叔父母、子、昆弟之子爲士者，哭泣飲食思慕，以上並猶周也。天子爲姑姊妹女子子嫁於二王後者，諸侯爲姑姊妹女子子嫁於諸侯，大夫命婦、大夫之子、諸侯之庶昆弟爲姑姊妹女子子嫁於卿大夫者，與士之爲姑姊妹適人者服同。天子之昆弟爲姑姊妹女子子嫁於諸侯大夫者。〔七一〕姑姊妹適人者爲昆弟，其異於男子者，始死素總。

小功五月無受之服者：始有叔父下殤之喪，〔七二〕白布深衣，十五升素冠，吉屨無絇。〔七三〕天子、諸侯、大夫爲嫡子、嫡孫、嫡玄孫。以上並下殤。不爲次，飲食衎爾。爲姑姊妹女子子、昆弟之子、夫昆弟之子之下殤，〔七四〕爲人後者爲其昆弟姑姊妹之長殤，並哭泣飲食猶大功也。大夫之子、天子諸侯之昆弟、庶子、姑姊妹女子子爲從父昆弟、從父姊妹，祖父母爲孫，以上並長殤。與叔父之下殤同。姑姊妹適人者爲昆弟姪之殤，與爲從父昆弟之長殤同。

成人小功者：從祖祖父母之喪，與下殤小功服同。餘應服者並同。

緦麻三月之服者：族祖父母始死，朝服素冠，吉屨無約。婦爲夫曾祖父母，異於男子者，以素總也。

後漢鄭玄云：「子爲父斬縗，始死，笄纚如故，斬縗者，斷其布不緝之也。〔七五〕古者無幘，以六尺纚縚髮，其狀如乞尾，〔七六〕以笄横貫之，加冠其上。後漢時，遭喪者裒巾帕頭，〔七七〕即笄纚之存象也。既襲三稱，衣十五升布深衣，古者衣裳上下殊。此深衣，漢時單衣也。扱上衽，以深衣上衽扱於腰帶中，以便事。徒跣，交手哭。諸侯爲天子，父爲長子，不徒跣，爲次於內，不歠粥。臣爲君，不笄纚，不徒跣，餘與爲父同。女子子嫁及在父室者，〔七八〕及妻爲夫，妾爲君，不徒跣，不扱上衽，發胸拊心，哭泣無數，鞶帶如故，餘與男子同。」

劉表云：「母爲長子齊縗三年，始死，不徒跣，拊心哭泣。女子已嫁而退在室，〔七九〕父卒爲母，與母爲長子同。齊縗杖周者，父在爲母，不徒跣，哭踊無數。凡四不食。禮，三年之喪五不食者，是常日二食。自始死至三日既成服後可食，是三日五不食矣。今周之喪全二日不食，〔八〇〕故四不食也。爲曾祖父母，不敢以輕服服至尊。減其月，則當大功九月，但三月耳。〔八一〕始死哭泣三日。爲舊君之母妻，與爲曾祖父母同。〔八二〕蜀譙周云：「爲父，始死，去冠及羔裘大帶，其笄纚革帶皆如故，〔八三〕衣布深衣，扱上衽，徒跣，拊心號咷而無常聲，哭踊無數。始死者至小斂，大功以上皆在室。丈夫在尸牀東，西面；婦人夾牀，東面。雖諸父兄姑姊，不踰主人，皆次其後。餘衆婦人户外北面，衆兄弟堂下北面。諸侯之喪，唯主人主婦坐，其餘皆立，卿大夫亦在室外，命婦户外北面，有司庶士堂下北面。大夫之喪，主人主婦及有命夫命婦者皆坐，無者皆立，室老亦立，室老之妻户外北面，衆臣堂下北面。士之喪，父兄子姓婦人皆坐，〔八四〕他皆如前。父爲長子，不徒跣，不歠粥。凡父兄雖往哭，不於子弟之宫設哀次也。女子子未嫁爲父，始卒，去彩飾之屬，笄纚及帶如故，衣布深衣，不扱上袵，不徒跣，吉白麻屨無絇，拊心哭泣無數，不袒，其踊不絶地。父卒爲母，始死，去玄冠；尸襲之後，因其笄纚而加素冠，其餘與爲父同。」吴射慈云：「夫爲妻，去吉冠。大夫以上素弁，〔八五〕士素委貌。衣十五升白布深衣，吉屨無絇。尸襲之時，亦哭踊。」

晉杜元凱云：「父在爲母，冠縗裳絰帶皆疏縗。疏，麤也。三年者始死之制，如不杖周。」

宋崔凱云：「禮，孝子始有親喪，悲哀至甚，充充如有窮，未可以節，哭踊無數。三日既殯，瞿瞿如有求而不得，賓客弔及祭事，〔八六〕皆三踊，君來弔則九踊，〔八七〕皆有儐相詔導之者。童子始有親喪，去首飾，首飾，卷幘綃頭之屬也。卷音苦圓反。服十五升白布深衣，以至成服。女子子許嫁、成人在室，父卒爲母，始死，去首飾而骨笄纚，不徒跣，不扱上袵，不踊哭，拊心無數，素總髽以麻。母爲長子、繼母爲長子、妾爲君之長子，與在室女子子父卒爲母同。〔八八〕伯叔父母爲女子子長中殤，始死，骨笄纚。」

大唐之制，如開元禮。

始死襚大斂襚附○周　大唐

周制，大喪，小宰受其襚。〔八九〕小宰職云：「喪荒受其含襚。」諸侯相襚以後輅與冕服，先輅與褒衣不以襚。不以己之正者施於人，以彼不以爲正也。〔九〇〕後輅，貳車也。〔九一〕士喪將襲，君使人襚，徹帷，主人如初。謂如君初使人弔時也。主人迎於寢門外，見賓不哭，先入門右，北面。襚者左執領，右執要，入升，委衣於牀，其襚於室，戶西，北面致命曰：「君使某襚。」襚之言遺也。衣被曰襚也。〔九二〕主人拜如初。亦如弔時，主人進中庭，襚者致命，主人哭拜，稽顙成踊。襚者入，衣尸，出，主人拜送於外門外。〔九三〕唯君命出，升降自西階，遂拜賓。惟君命出，大夫以下不出。親者襚，不將命，以即陳。大功以上，有同財之義。不將命，不使人將之致命於主人。即陳，陳在房中。〔九四〕庶兄弟襚，使人以將命於室，主人拜於位，委衣於尸東牀上。庶兄弟，則衆兄弟也。變衆言庶，容同姓也。將命曰：「某使某襚。」拜於位。室中之位。朋友襚，親以進，主人拜，委衣如初，退。哭，不踊。親以進，親親之恩也。〔九五〕退，下堂反賓位也。主人徒哭不踊，〔九六〕別於君之襚也。徹衣者執衣如襚以適房。凡於襚者出，有司徹衣也。既小斂，將大斂，有襚者則將命，儐者出請入告，主人待於位。喪禮略於威儀，既小斂，儐者乃用辭。出請之辭曰「孤某使某請事」也。儐者出告「須矣」，以賓入。須，待也。出告之辭曰「孤某須矣」。賓入中庭，北面致命。主人拜，稽顙。賓升自西階，出於足，謂尸足也。西面委衣如於室禮，降出。

主人出拜送。朋友親襚，如初儀，西階東，北面，哭踊三，降，主人不踊。朋友既委衣，又還哭於西階上，不背主人。襚者以褶則必有裳，執衣如初。徹衣者亦如之，升降自西階以東。帛爲褶，無絮。雖複，與禪同，有裳乃成稱，不用表也。以東，藏以待事也。

大唐王公以下之喪，贈襚衣服，出當時恩制，不著於令典。〔九七〕

小斂 周　隋　大唐

周制，大喪，大斂、小斂，小宗伯帥異族而佐斂。司服供斂衣服。典瑞駔珪、璋、璧、琮、琥、璜之渠眉，疏璧琮以斂屍。駔讀曰組。渠眉者，玉飾之溝瑑也。以組穿聯六玉溝瑑之中以斂屍。珪在左，璋在首，琥在右，璜在足，璧在背，琮在腹，蓋取象方明，神之也。疏璧琮者，通於天地。將小斂，皆厥明陳衣於序東，大夫士陳衣於房中。天子之士。衣皆十有九稱。天子至士皆同。諸侯、大夫、士喪，袍必有表，不單，衣必有裳，謂之一稱。皆左衽，結絞不紐。袍，褻衣，必有以表之，乃成稱也。雜記曰「子羔之襲，繭衣裳，與稅衣纁䋎爲一」是也。論語曰「當暑袗絺綌，〔九八〕必表而出之」，爲其褻也。〔九九〕衣十九稱，法天地之終數。凡斂者要方，散衣有倒者也。左衽，衽向左，反生時。䋎，而占反。三日，小斂於戶內。大夫以上皆以來日數，通死日爲四日也。士死與往日，〔一〇〇〕通死日爲三日也。君以簟席，布絞錦衾；〔一〇一〕大夫以蒲席縞衾；士葦席緇衾。陳衣於房，南領西上，綪。絞橫三縮一，廣終幅，析其末。綪，屈也。絞，所以收束衣服爲堅急也。以布爲之。縮，縱也。横者三幅，縱者一幅。析其末者，令可結也。喪大記曰：「絞一幅爲三，不擘。」禮緯曰：「天子五日，諸侯三日，大夫士三日而小斂。」綪音側耕反。緇衾赬裏，無紞。音膽。紞，被識也。斂衣或倒被，無別於前後可也。凡衾制同，皆五幅。祭服次，爵弁服、皮弁服。散衣次，褖衣以下，袍繭之屬。凡十有九稱。祭服與散衣。陳衣繼之，庶襚也。不必盡用。取稱而已，不務多。士盥二人以並，東面立於西階下。立俟舉尸。布席於户内，下莞上簟。有司布斂席。商祝布絞衾、散衣、祭服。祭服不倒，美者在中。斂者趨方，或顛倒衣裳，祭服尊，不倒之。美，善也。善衣後布，於斂則在中也。既後布祭服，而又言善者在中，明每服非一稱也。士舉遷尸，反位。遷尸於服上。設牀笫於兩楹之閒，衽如初，有枕。衽，寢臥之席。亦下莞上簟。卒斂，〔一〇二〕徹帷。尸已飾也。主人西面，馮尸，踊無算。主婦東面，馮亦如之。馮，服膺。士舉男女奉尸侇於堂，〔一〇三〕幠用夷衾，男女如室位，踊無算。侇之言尸也。夷衾，覆尸柩之衾。堂謂楹閒牀笫上也。主人出於足，降自西階。衆主人東面即位，婦人阼階上西面。主人拜賓，大夫特拜，士旅之，即位踊，襲絰於序東，復位。拜賓，向賓位拜之。即位踊，東方位也。襲絰於序東，東夾室之前。〔一〇四〕乃奠。祝與執事爲之。凡斂者袒，遷尸者襲。袒者，於事便也。君之喪，太祝是斂，衆祝佐之。大夫之喪，太祝爲侍，衆祝是斂。士之喪，小祝爲侍，士是斂。侍猶臨也。太祝之職，大喪贊斂。喪祝，卿大夫之喪掌斂。士喪禮商祝主斂。凡斂者六人。斂者既斂必哭。士與其執事則斂。斂焉則爲之一不食。斂者必使所與執事者，不欲妄人褻之。〔一〇五〕

隋開皇初，太常卿牛弘奏著喪紀令：「正一品薨，則鴻臚卿監護喪事，司儀令示禮制。二品以上則鴻臚丞監護，司儀丞示禮制。五品以上薨卒，及三品以上有周親以上喪，並掌儀一人示禮制。官人在職喪，聽斂以朝服；有封者斂以冕服；未有官者白帢單衣。婦人有官品者，亦以其服斂。內不得置金銀珠玉。」

大唐元陵儀注：「內外各隨職備辦，尚食先具太牢之饌。厥明而小斂。於斂前三刻，〔一〇六〕侍中版奏『請中嚴』，御府令設小斂牀於大行西，南首，枕席備焉，加以幄帷，周以素帷。主衣先率所司陳小斂之衣十九稱及絞衾於殿中閒之東席上，南領西上。小斂前二刻，開宮殿諸門，諸衞各勒所部，仗衞如常式。設百官位次，〔一〇七〕及三王後、三恪等位。又設內外命婦等拜哭位。小斂前一刻，侍中奏『外辦』，禮儀使引嗣皇帝及皇子等，扶引各即位次，〔一〇八〕從臨者哭。內謁者引諸王等進就位。百官亦入就位。執禮者稱哭，在位者皆哭。侍御小臣升殿，先布衣於絞上，乃遷於衣上，舉衾而斂，以次加衣十九稱畢，乃結絞而衾焉。近侍扶嗣皇帝哭，進，跪馮大行，興，哭踊無數，扶引還次。其百官以理去職而薨卒者，聽斂以本官之服。無官者介幘單衣。婦人有官品，亦以其服斂。」應珮者，皆用蠟代玉，禁以金玉珠寶而斂也。餘如開元禮。

校勘記

〔一〕以𥂁築鬵　「鬵」原訛「鬻」，據周禮肆師改。

〔二〕掘坎南順　「掘坎」原脱，據儀禮既夕禮補。

〔三〕新盆盤瓶廢敦重鬲皆濯　儀禮士喪禮同。北宋本、傅校本、明抄本、明刻本、王吴本「盆」作「瓮」，注及下文同。

〔四〕盤承渜濯　「承」原作「盛」，據儀禮士喪禮鄭注改。

〔五〕笲音煩下同　原「下」上有「與」，據北宋本、傅校本、明抄本、明刻本删。

〔六〕將以就祝濯米　儀禮士喪禮同。北宋本、傅校本、明抄本、明刻本、王吴本無此六字。

〔七〕授外御者　原脱「外」，據北宋本、傅校本、明抄本、明刻本補。下同。

〔八〕莊俟反　「俟」原作「士」，據北宋本改。

〔九〕裎他頂反　四字原脱，據北宋本、傅校本、王吴本補。

〔一〇〕音振　「振」原作「震」，據北宋本、傅校本、明抄本、明刻本、王吴本改。

〔一一〕管人盡階不升堂受潘　「受」原訛「授」，據儀禮士喪禮改。

〔一二〕西北厞　「厞」原訛「扉」，據禮記喪大記及北宋本、傅校本、明抄本、明刻本改。

〔一三〕差亦淅也　「淅」原訛「所」，據禮記喪大記鄭注及諸本改。

〔一四〕天子則沐黍與　「與」原訛「也」，據禮記喪大記鄭注改。

〔一五〕士埋之　「士」原訛「土」，據禮記喪大記及北宋本、傅校本、明刻本改。

〔一六〕角中謂棺内四隅也　原脱「中」，據禮記喪大記補。

〔一七〕櫛及浴衣各實於篋　原脱「各」，據北宋本、傅校本、明抄本、明刻本、王吴本補。

〔一八〕各盛以瓮　「瓮」原作「盤」，據北宋本、傅校本、明抄本、明刻本、王吴本改。

〔一九〕理其鬚髮　「理」原訛「埋」，據北宋本、傅校本、明抄本、明刻本改。

〔二〇〕舍人供飯米　「舍」原訛「含」，據周禮舍人及北宋本、傅校本、明刻本、王吴本改。

〔二一〕牀次含牀之東也　前「牀」原涉上而脱，據儀禮士喪禮鄭注補。

〔二二〕盥於盆上　儀禮士喪禮同。北宋本、傅校本、明抄本、明刻本、王吴本「盆」作「瓮」。

〔二三〕洗貝　「貝」原訛「具」，據儀禮士喪禮改。

〔二四〕柶音四　北宋本、傅校本、明抄本、明刻本、王吴本無此三字。

〔二五〕徹楔　「楔」原訛「禊」，據儀禮士喪禮改。

〔二六〕尸口之右也　北宋本、傅校本、明抄本、明刻本、王吴本無「尸」字。

〔二七〕柱右顴左顴　原脱作「左右顴」，據儀禮既夕禮記增補。

〔二八〕象齒堅也　「齒」原訛「齧」，據儀禮既夕禮記鄭注改。

〔二九〕幎音縈　「縈」北宋本作「榮」。

〔三〇〕告鄰國之禮　「國」原訛「里」，據禮記雜記上鄭注改。

〔三一〕曹伯廬卒於師是也　原「師」下有「者」，據北宋本删。

〔三二〕魏文帝黄初四年制曰　檢三國志魏書文帝紀八二頁，此制作於黄初三年十月甲子。

〔三三〕奠玉貝於口之右　「口」原訛「中」，據北宋本改。

〔三四〕素積一　「積」原訛「幘」，據禮記雜記上及北宋本、傅校本、明抄本、明刻本改。

〔三五〕天子十二稱斂　「二」原訛「三」，據禮記雜記上鄭注及北宋本、傅校本、明刻本、王吴本改。

〔三六〕士以朱緑　「士」原訛「上」，據禮記雜記上鄭注及諸本改。

〔三七〕褖之言緣也　原脱「之」，據儀禮士喪禮鄭注補。

〔三八〕齊手　二字原脱，據北宋本、傅校本、明抄本、明刻本、王吴本補。

〔三九〕王棘與檡棘善理堅刃者　「刃」原作「忍」，據儀禮士喪禮鄭注及北宋本、傅校本、明抄本、明刻本、王吴本改。原句下衍「也」，據鄭注删。

〔四〇〕極猶放也　原「放」下有「弦」，據北宋本、傅校本、明抄本、明刻本、王吴本删。

〔四一〕所以沓指放弦　原脱「所」，「放」訛「於」，據北宋本、傅校本、明抄本、明刻本、王吴本補改。

〔四二〕令不挈指也　「挈」儀禮士喪禮鄭注同。北宋本、傅校本、明抄本作「韜」。

〔四三〕搢插也插於帶之右旁　儀禮士喪禮鄭注同。北宋本、傅校本、明抄本「插」皆作「捷」，句下並有「捷音初甲反」五字。

〔四四〕設決麗于掔　「掔」原訛「堅」，據儀禮士喪禮改。下同。

〔四五〕若今之禪襂　「襂」原訛「衫」，據儀禮既夕禮記鄭注及北宋本、傅校本、明抄本、明刻本改。

〔四六〕緇黑也　原「黑」下有「色」，據儀禮既夕禮記鄭注及北宋本、傅校本、明抄本、明刻本删。

〔四七〕設握裏親膚　儀禮既夕禮記同。北宋本、傅校本、明抄本「裏」作「裹」。

〔四八〕尸既襲既小斂　下「既」原脱，據禮記喪大記補。

〔四九〕秋涼而止　「止」原訛「上」，據禮記喪大記鄭注及北宋本、傅校本、明抄本、明刻本改。

〔五〇〕併之盛水耳　原作「併以盛冰耳」，據北宋本、傅校本、明抄本、明刻本改。按：殿本亦作「水」。禮記喪大記鄭注或有作「冰」者，非。

〔五一〕諸侯建旂　「旂」原訛「旗」，據北宋本、傅校本、明抄本、明刻本、王吴本改。按：「諸侯建旂」一語見周禮司常。

〔五二〕諸侯稱某甫　原脱「稱」，據北宋本、傅校本、明抄本、明刻本、王吴本補。

〔五三〕劉劭議云宜稱魏不稱姓　「劭」原訛「邵」，據三國志魏書劉劭傳六一七頁改。「云宜」原訛「主生」，據北宋本、傅校本、明抄本改。

〔五四〕俱埋於廟門外之左　原脱「外」，據北宋本、傅校本、明抄本、明刻本、王吴本補。

〔五五〕建物五斿　「物」原訛「旃」，據北宋本、傅校本、明抄本、明刻本改。

〔五六〕不經詳議　原脱「詳議」，據南齊書禮志下一五八頁補。

〔五七〕其建旐　原脱「旐」，據隋書禮儀志三一五五頁補。

〔五八〕木也懸物焉曰重　原作「重木也懸物曰重」，據儀禮士喪禮鄭注删補。

〔五九〕刊斵治　「斵治」原脱，據儀禮士喪禮鄭注補。

〔六〇〕夏祝祝習夏禮者　原脱一「祝」，據儀禮士喪禮鄭注補。

〔六一〕鬻餘飯　原「餘」下衍「米爲」，據儀禮士喪禮鄭注删。

〔六二〕鬲則大夫四鬲　原脱「鬲則」，據北宋本、傅校本、明抄本補。

〔六三〕西端在上　「西」原訛「兩」，據儀禮士喪禮鄭注改。

〔六四〕去明考乃埋之　「明」原作「顯」，據北宋本、傅校本、明抄本、明刻本改。按：通典避唐中宗諱改「顯」爲「明」。王吴本始逕易作「顯」。

〔六五〕出從門中央也　原脱「出」，據儀禮既夕禮鄭注補。

〔六六〕士重高三尺　「士」原訛「上」，據儀禮士喪禮鄭注及北宋本、傅校本、明抄本、王吴本改。

〔六七〕形似凶門　「似」原作「如」，據北宋本、傅校本、明抄本、明刻本、王吴本改。

〔六八〕一品懸鬲六五品以上四　「六五」原倒，據隋書禮儀志三一五六頁及傅校本、明刻本乙。

〔六九〕速遽故無絇　「遽」原訛「憑」，據北宋本、傅校本、明抄本、明刻本改。

〔七〇〕音其俱反　原脱「音」，據北宋本、傅校本、明抄本補。

〔七一〕天子之昆弟爲姑姊妹女子子嫁於諸侯大夫者　「爲」原訛「與」，據儀禮大功九月章訂改。按：大戴此條即由大功九月章「公之昆弟爲姑姊妹女子子嫁於大夫者」衍生。

〔七二〕始有叔父下殤之喪　「始」原訛「如」，據北宋本、傅校本改。

〔七三〕吉屨無絇　「吉」北宋本作「白布」。

〔七四〕爲姑姊妹女子子昆弟之子夫昆弟之子之下殤　下「之」原在「女子子」下，非。今據儀禮喪服小功五月章訂正。

〔七五〕斷其布不緝之也　「之」原訛「久」，據北宋本、傅校本、明抄本改。

〔七六〕其狀如乚尾　「乚」原訛「一」，北宋本、傅校本、明刻本、明抄本作「乙」。「乙」係「乚」之俗訛體。按：説文云：「乚，燕燕也。」今據改。

〔七七〕衺巾帕頭　「衺」原作「義」，北宋本作「衺」，傅校本、明刻本、王吴本作「衺」，明抄本作「喪」，俱誤。今據禮記問喪鄭注訂改。按：鄭注作「邪」，「邪」「衺」同。

〔七八〕女子子嫁及在父室者　北宋本、明抄本、殿本同。傅校本、明刻本「及」作「反」。

〔七九〕女子已嫁而退在室　「退」原作「反」，據北宋本、傅校本、明抄本改。

〔八〇〕今周之喪全二日不食　「之」原誤攛入下面正文，冠于「爲曾祖父母」之上，今據諸本移回。「二」原訛「三」，據北宋本、傅校本、明抄本改。

〔八一〕減其月則當大功九月但三月耳　「三月」原訛「三日」。按：儀禮喪服疏衰裳齊牡麻絰無受者章云，爲曾祖父母齊衰三月。今據改。

〔八二〕爲舊君之母妻與爲曾祖父母同　「與」原脱，據北宋本補。按：北宋本、傅校本、明抄本、明刻本無「祖」。

〔八三〕其笄纚革帶皆如故　原「帶」下衍「者」，據北宋本、傅校本、明抄本、明刻本、王吴本删。

〔八四〕父兄子姓婦人皆坐　「姓」原訛「侄」，據北宋本、傅校本、明刻本、王吴本改。

〔八五〕大夫以上素弁　「弁」原訛「笄」，據北宋本、傅校本、明刻本、王吴本改。

〔八六〕賓客弔及祭事　「事」原訛「祀」，據北宋本、傅校本、明抄本、明刻本、王吴本改。

〔八七〕君來弔則九踊　原「踊」下有「躍」，非。據北宋本、傅校本删。

〔八八〕與在室女子子父卒爲母同　「母同」各本俱倒作「同母」，不通，據文意乙正。

〔八九〕小宰受其襚　「小」原訛「少」，據周禮天官及北宋本、傅校本、明抄本、明刻本改。注同。

〔九〇〕以彼不以爲正也　原訛作「以彼爲不正也」，據禮記雜記上鄭注補改。按：北宋本作「以被不爲正也」，亦誤。

〔九一〕後輅貳車也　「貳」原訛「二」，據禮記雜記上鄭注及北宋本改。

〔九二〕衣被曰襚也　「被」原訛「服」，據儀禮士喪禮鄭注改。按：彼疏云：「穀梁傳曰：乘馬曰賵，衣衾曰襚，貝玉曰含，錢財曰賻。」

〔九三〕襚者左執領右執要入升委衣於牀其襚於室户西北面致命曰君使某襚主人拜如初襚者入衣尸出主人拜送於外門外　按：既言「委衣於牀，其襚于室，户西北面致命」，則襚者已在室中。下復云「襚者入」，將入何處，殊令人疑。及見「衣尸」，乃知襚者固未他往也。查「襚者左執領，右執要，入升」，見于儀禮士喪禮、禮記雜記上。「委衣於牀，其襚于室，户西北面致命」，見于儀禮既夕禮記。「君使某襚」，取自儀禮士喪禮鄭注，而鄭注又約取禮記雜記上。「主人拜如初，襚者入，衣尸出，主人拜送於外門外」，摘自儀禮士喪禮。杜氏徒事輯纂，未加編修，致生矛盾。

〔九四〕即陳陳在房中　原脱一「陳」，據儀禮士喪禮鄭注補。

〔九五〕親親之恩也　原脱一「親」，據北宋本、傅校本、明抄本、明刻本、王吴本補。

〔九六〕主人徒哭不踊　「徒」北宋本、傅校本、明抄本、明刻本、王吴本作「從」，誤。殿本、局本據儀禮士喪禮鄭注改作「徒」是也。

〔九七〕不著於令典　北宋本、傅校本、明抄本、明刻本「不」上有「及」，王吴本「不」上有「乃」。

〔九八〕當暑袗絺綌　「袗」原訛「衫」，據論語鄉黨篇及諸本改。

〔九九〕爲其褻也　「褻」原訛「襲」，據禮記喪大記鄭注改。

〔一〇〇〕士死與往日　「與」原訛「以」，據北宋本、傅校本、明抄本、明刻本、王吴本改。

〔一〇一〕布絞錦衾　「布絞」原倒，據禮記喪大記及北宋本、傅校本、明抄本、明刻本乙正。

〔一〇二〕卒斂　「卒」原訛「率」，據儀禮士喪禮及北宋本、傅校本、明抄本、明刻本改。

〔一〇三〕士舉男女奉尸俠於堂　「舉」原訛「則」，據儀禮士喪禮改。

〔一〇四〕東夾室之前　原脱「室之」，據北宋本、傅校本、明抄本、明刻本、王吴本補。

〔一〇五〕不欲妄人褻之　原訛脱作「不欲襲之」，據禮記喪大記鄭注補改。按：諸本「褻」字不誤。

〔一〇六〕於斂前三刻　「斂」原訛「殿」，據北宋本、傅校本、明抄本、明刻本、王吴本改。

〔一〇七〕設百官位次　原「位」字誤重，據北宋本、傅校本、明抄本、明刻本、王吴本删。

〔一〇八〕扶引各即位次　原脱「次」，據北宋本、傅校本、明抄本、王吴本補。

王文錦點校

通典卷第八十五

禮四十五　沿革四十五　凶禮七

喪制之三

既小斂斂髮服變周　大唐

周制，士喪將小斂，斬縗者以苴絰大鬲，下本在左，要絰小焉，散帶垂，長三尺。齊縗牡麻絰，右本在上，亦散帶垂。皆饌於東方。〔一〕苴麻者其貌苴以爲絰，服重者尚麤惡也。饌於東坫之南，苴絰爲上。鬲音戹。〔二〕婦人亦如之，饌於房中。既小斂，主人斂髮，〔三〕袒；衆主人絻於東房。始死，將斬縗者笄纚，將齊縗者素冠。今至小斂變，又將初喪服。斂髮者，去笄纚而紒。衆主人絻者，齊縗將袒，以絻代冠。冠，服之尤尊，不加肉袒。〔四〕絻之制，未聞，舊説以爲絻博一寸，〔五〕著之自額而卻交於項中，併其末覆紒，而前綴連之，如冠弁象。〔六〕婦人髽於室。始死，婦人將斬縗者，去笄而纚。將齊縗者，骨笄而纚。今言髽者，亦去笄纚而紒也。〔七〕齊縗以上至笄猶髽。髽之異於斂髮者，既去纚而以髮爲大紒，如今婦人露紒其象也。檀弓曰：南宮縚之妻之姑之喪，夫子誨之髽曰『爾無從從爾』，太高也。『爾無扈扈爾』，太廣也。其用麻布，亦如著幓頭然。幓音蔴。卒斂，主人袒，説髦，斂髮以麻；婦人髽，帶麻於房中。士既殯而説髦，此云小斂，蓋諸侯之禮也。士既殯，與諸侯小斂，於死者俱三日也。婦人髽，帶麻於房中，則西房也。天子諸侯有左右房。既徹帷，男女奉尸夷於堂，降拜。主人即位，襲帶絰，踊。即位，阼階之下位也。有襲絰乃踊，尊卑相變也。斬縗斂髮以麻，爲母斂髮以麻，絻而以布，母服輕，至絻可以布代麻也。爲母又哭而絻也。齊縗惡笄以終喪。笄所以卷髮，帶所以持身。婦人質於喪，所以自卷持者，有除無變也。男子冠而婦人笄，男子絻而婦人髽，其義，爲男子則絻，爲婦人則髽。別男女也。

大唐之制，男子斂髮，布巾帕頭，〔八〕女子斂髮而髽。餘如開元禮。

小斂奠 代哭附○周　大唐

周制，諸侯大夫士喪，將小斂，陳衣訖，陳饌於東堂下。諸侯少牢，上大夫特牲，下大夫、士特豚，皆有脯醢醴酒。冪尊用功布。〔九〕實於簞，在饌東。〔一〇〕功布，鍛濯灰理之布。設盆盥於饌東，〔一一〕有巾。爲奠設盥也。喪事略，故無洗也。牀第夷衾饌於西坫或云拈南。第，簀也。夷衾，質殺之裁猶冒也。西方盥如東方。爲舉者設盥也。如東方者，亦用盆、布巾，饌於西堂下。陳一鼎及素俎於寢門外，當東塾。素俎，喪事尚質。將小斂，辟奠不出室，未忍神遠之也。辟襲奠以辟斂。既斂則不出室，設序西南也，事畢而去之。無踊節。其哀未可節也。既斂，舉者盥，右執朼，左執俎，入，阼階前西面錯。舉者，盥出門舉鼎者。右人以右手執朼，左人以左手執俎，因其便也。乃朼載，載兩髀於兩端，〔一二〕兩肩亞，兩胉亞，脊肺在於中，皆覆，進柢，執而俟。乃朼，以朼次出牲體，右人也。載，受而載於俎，左人也。亞，次也。凡七體。皆覆，爲塵也。柢，本也。進本者，未異於生也。骨有本末也。夏祝及執事盥，執醴先，酒脯醢俎從，升自阼階。丈夫踊。〔一三〕甸人徹鼎巾，〔一四〕待於阼階下。執事，諸執奠事者也。巾，功布也。執者不升，己不設也。〔一五〕奠於尸東，執醴酒北面西上。執醴酒者先升，尊也。立而俟後錯，要成也。祝受巾，巾之，由足降自西階，婦人踊。奠者由重南東，丈夫踊。巾之，爲塵也。東，反其位也。賓出，主人拜送於門外。適寢門之外也。弔者襲裘，加武帶絰，與主人拾其劫反踊。始死，弔者朝服裼裘如吉時也。小斂則改襲而加武與帶絰矣。武，吉冠之卷也。加武者，明不改冠亦不絻也。賓出，徹帷。君與大夫之禮也。士卒斂即徹帷也。

大喪，挈壺氏懸壺以代哭者，〔一六〕皆以水火守之，分以日夜。代亦更也。禮，未大斂代哭。以水守壺者，爲沃漏。以火守壺者，夜則視刻數。分以日夜者，異晝夜漏也。漏之箭晝夜共百刻，冬夏之閒，有長短焉。諸侯喪，虞人出木角，狄人出壺，雍人出鼎，司馬懸之，乃官代哭。代，更也。未殯，哭不絕聲，爲其疲倦，既小斂，可以爲漏刻分時而更哭也。木，給爨竈。角，以爲斛水斗。壺，漏水之器也。冬漏以火爨鼎，沸而後沃之，此挈壺氏所掌。斛音九于反。大夫，官代哭，不懸壺，下君也。士，代哭不以官。自以親疏哭也。孝子始有親喪，悲哀憔悴，禮防其以死傷生，使之更哭，不絕聲而已。人君以官尊卑，士賤以親疏爲之。三日之後，哭無時。宵爲燎，堂上下皆有燭。哭尸於堂上，主人在東方，由外來者在西方，諸婦南面。由外來，謂奔喪者也。無奔喪者，婦人猶東面耳。婦人迎客送客不下堂。下堂不哭。男子出寢門見人，不哭。婦人所有事，自堂及房。男子所有事，自堂及門。非其事處而哭，猶野哭也。出門見人，謂迎賓也。男主拜女賓於寢門內。其無男主，則女主拜男賓於阼階下。子幼則以縗抱之，人爲之拜。其無女主，則

大唐元陵儀注：「尚食奉饌入，列於殿東。太常博士引司徒省饌，省訖，奉饌升設於大行東。齋郎取爵於篚，受酒爵，跪奠，興。嗣皇帝以下哭踊如初。諸行事者應退者降退，奉禮郎稱止，謁者引諸王還內省。禮使奏嗣皇帝哭止，近侍扶引退便次。內外侍臨者，代哭不絕聲。百官退位如常式。」其百官以下儀，具開元禮。

棺槨制虞　夏　殷　周　大唐

有虞氏瓦棺。始不用薪也。有虞氏尚陶。

夏后氏堲周。火熟曰堲，燒土冶以周於棺也。〔一七〕或謂之土周。

殷人棺槨。槨，大也，以木爲之，言槨大於棺也。〔一八〕殷人尚梓。

周制，天子之棺四重，水兕革棺被之，其厚三寸，杝棺一，梓棺二。四者皆周。國君大棺八寸，屬六寸，椑四寸；上大夫大棺八寸，屬六寸；下大夫大棺六寸，屬四寸；士棺六寸。大棺，棺之在表者也。四者皆周，此以内説而出。然則大棺及屬用梓，椑用杝也。以是差之，上公革棺不被，三重也；諸侯無革棺，再重也；大夫無椑，一重也；士無屬，不重；庶人之棺四寸。夫子之宰於中都，制四寸之棺，五寸之槨。上大夫，謂列國之卿也。屬音燭。椑音步歷反。杝棺之杝，音移。君裏棺用朱緑，用雜金鐕；大夫裏棺用玄緑，用牛骨鐕；士不緑。鐕，所以椓著裏也。〔一九〕鐕音子南反。君蓋用漆，三衽三束；大夫蓋用漆，二衽二束；士蓋不用漆，二衽二束。用漆者，塗合牝牡之中也。衽，小要也。天子柏槨，以端，長六尺，〔二〇〕諸侯松槨，大夫柏槨，士雜木槨。槨，周棺者也。尊者用大材，卑者用小材。天子、諸侯、卿、大夫、士、庶人六等，其槨長自六尺而下，其方自五寸而上，未聞其差所定也。抗木之厚，蓋與槨方齊。天子五重，上公四重，諸侯三重，大夫再重，士一重。虞人致百祀之木，可以爲棺槨者，斬之。虞人，掌山澤之官也。百祀，畿内百縣之祀也。

大唐制，諸葬不得以石爲棺槨及石室。其棺槨皆不得雕鏤彩畫、施戶牖欄檻，棺内又不得有金寶珠玉。

大斂周　大唐

周制，諸侯、大夫、士喪將大斂，〔二〕厥明，國君陳衣於庭百稱，北領西上。大斂於阼，以簟席，布絞，縮者三，横者五，布紟二衾。絞紟如朝服，絞一幅爲三，不辟；紟五幅，無紞。二衾者，或覆或薦之也。如朝服者，謂布精麤如朝服十五升。子一人弁絰即位於序端。〔三〕卿大夫即位於堂廉楹西，北面東上。父兄堂下北面。夫人、命婦尸西，東面。外宗房中南面。小臣鋪席，商祝鋪絞紟衾衣。士盥於盤上，士舉遷尸於斂上。卒斂，宰告，子馮之踊。夫人東面亦如之。子弁絰者，未成服也。弁如爵弁而素。大夫之喪，子亦如之。大夫陳衣於序東五十稱，西領南上。君無襚。大夫士畢主人之祭服。親戚之衣受之，不以即陳。無襚者，不陳，不以斂。斂用蒲席。士陳衣於房，南領西上，綪，絞紟衾二。君襚、祭服、散衣、庶襚，凡三十稱。紟不在算，不必盡用。紟，單被也。衾二者，始死斂衾，今又復制也。小斂衣數自天子達，大斂則異。棺入，主人不哭。升棺用軸，蓋在下。軸，輁軸也。輁狀如牀，軸其輪，挽而行也。輁音拱。帷堂。婦人尸西，東面。主人及親者升自西階，出於足，西面袒。袒，大斂變也。不言髽絻斂髮，小斂以來自若也。士盥位如初。亦既盥並立於西階下。布席如初。亦下莞上簟，鋪於阼階上，於楹閒爲少南。商祝布絞紟衾衣，美者在外，君襚不倒。至此乃用君襚，主人先自盡也。士舉遷尸於服上，復位。主人踊無算。卒斂，徹帷，主人馮如初，主婦亦如之。主人奉尸斂於棺，踊如初，乃蓋。棺在肂中斂尸焉，所謂殯也。檀弓曰：「殯於客位。」主人降拜。

大唐元陵儀注：「其日大斂前三刻，侍中版奏『請中嚴』，內外皆哭。御府先設大斂牀於大行皇帝西，南首，枕席幃帳如初。所司先陳大斂之衣百二十稱，及絞紟衾，并六玉於殿兩楹之東席上，南領西上。衣必朝祭及五時正服。前一刻，開宮殿諸門，諸衞各勒所部，陳設如常儀。設皇帝位於殿東間，西向。前一刻，引諸王以下就位：皇弟於皇帝位東稍北，西向南上；皇子於皇弟之東，亦南上；皇叔在皇帝位北稍西，南向西上；〔二三〕皇叔祖次皇叔之東；皇從父兄弟在皇子北稍東，南上；諸公主、長公主、大長公主以下，並於西間北牖下，西上。通事舍人引百僚並入，依班序立。侍中版奏『外辦』，內高品扶皇帝就位，立定。典儀曰『再拜』，禮儀使奏請再拜，皇帝哭踊再拜，在位者皆哭踊再拜，十五舉聲。禮儀使奏請止哭，內外皆止哭。內高品扶皇帝就次，諸王公主以下百僚各就次。中官內官掌事者皆盥訖，升斂，如小斂次加衣畢，乃以組連珪、璋、璧、琮、琥、璜六玉而加焉。所司以梓宮龍輴紼等入陳於殿西階下。至時司空引梓宮升自西階，置於大行皇帝西，南首。加七星版於梓宮內，其合施於版下者，並先置之，乃加席褥於版上。以黃帛裏施仰蓋，〔二四〕畫日月星辰龍龜之屬，施於蓋。陳衣及六玉斂訖，中官掌事者奉大行皇帝即梓宮內。所由先以白素版書應入梓宮內，一物以上稱名進入梓宮，然後加蓋。事畢，覆以夷衾。」百官儀制具開元禮。

國君視大夫士喪之大斂周〔二五〕

周制，王弔，喪祝則與巫前。巫祝前王。大夫之喪，將大斂，既鋪絞紟衾衣，君至，主人迎，先入門右。巫止於門外，君釋菜，祝先入，升堂，君即位於序端。卿大夫即位於堂廉楹西，北面東上。主人房外南面，主婦尸西東面。遷尸，卒斂，宰告，主人降，北面於堂下。君撫之，主人拜，稽顙。君降，升主人馮之，命主婦馮之。先入門右者，入門而右也。巫止者，君行必與巫俱，巫主辟凶邪也。釋菜，禮門神也。必禮門神者，禮，君非問疾弔喪，不入諸臣之家也。主人房外南面，大夫之子尊，得升視斂也。

士喪，將大斂，君若有賜焉則視斂。既布衣，君至矣，賜，恩惠也。君視大斂，皮弁服襲裘。主人成服之後往，則錫縗也。主人出迎於門外，見馬首不哭，還入門右，北面及衆主人袒。不哭，厭於君不敢伸其私恩也。巫止於廟門外，祝代之，小臣二人執戈先，二人後，巫，掌招弭以除疾病。周禮，小臣掌正君之法儀者也。春官：男巫，王弔則與祝前。檀弓曰：君臨臣喪，以巫祝桃茢執戈，惡之，所以異生。皆天子之禮。諸侯臨臣之喪，則使祝代巫，執茢居前，下天子也。小臣，君行則先後，君升則夾阼階北面。凡宮有鬼神曰廟。君釋菜，入門，主人避。君升自阼階，西向祝負墉南面，主人中庭。祝南面，房户東，向君也。牆謂之墉。主人中庭，進益北。君哭；主人哭，拜稽顙，成踊，出。出者，不敢必君之卒斂事也。君命反行事，主人復位。大斂事也。君升主人，主人西楹東，北面。命主人使之升。升公卿大夫，繼主人，東上。乃斂。公，大國之孤四命也。卒，公卿大夫逆降，復位。主人降，出。逆降者，後升者先降也。位如朝夕哭弔位。君反主人，主人中庭。君坐撫，當心。主人拜稽顙，成踊，出。撫，按也。凡馮尸，興必踊也。君反之，復初位。衆主人避於東壁，南面。以君將降也。南面，則當坫之東。君降，西向，命主人馮尸。主人升自西階，由足西面馮尸，不當君所，踊。主婦東面馮亦如之。君必降者，欲孝子盡其情也。奉尸斂於棺，乃蓋。主人降，出。君反之。入門左，視塗。肂在西階上，入門左，由便趨疾，不敢久留君也。肂音以二反，埋棺之坎也。君升即位，衆主人復位。卒塗，主人出，君命之反奠，入門右，亦復中庭位也。乃奠，升自西階，以君在阼。卒奠，主人出，哭者止。以君將出，不敢讙囂。〔二六〕君出門，廟中哭，主人不哭，貳車畢乘，主人哭拜送。貳車，副車也。其數各視其命之等。君出，使異姓之士乘之在後。君弔蓋乘象輅。襲，入即位。衆主人襲，拜大夫之後至者，成踊。後至，布衣而後來也。賓出，拜送。自賓出以下，如君不在之儀。

大斂奠周　大唐

周制，大喪，豆人供其薦羞。士喪，將大斂，陳奠事，設棜於東堂下，南順，齊於坫，饌於其上：兩瓦甒，其實醴酒，酒在南；篚在東，南順，實角觶四，木柶二，素杓二。毼豆兩，其實葵菹芋蠃醢。兩籩，無縢布巾，其實栗，不擇，脯四脡。棜，今之轝也。毼，白也。縢，緣也。詩曰「竹閟緄縢」。布巾，籩巾也。籩豆具而有巾，盛之也。棜音於據反。毼音苦八反。奠席在饌北，斂席在其東。大斂奠而有席，彌神之也。小斂奠無巾，今大斂奠有巾，已是神之，又有席，是彌神也。〔二七〕陳三鼎於門外，北上。豚合升，魚鱄鮒九，腊左胖，髀不升。其他皆如初。合升，合左右胖升於鼎也。〔二八〕其他皆如初，謂豚體及枇俎之陳，〔二九〕如小斂時。燭俟於饌東。祝、徹盥於門外，入，升自阼階，丈夫踊。祝徹，祝與有司當徹小斂奠也。小斂設盥於饌東，有巾。大斂設盥於門外，彌有威儀。祝徹巾，授執事者以待。授執巾者於尸東，使先待於阼階下也，爲大斂奠又將巾之。祝還徹醴。徹饌降自西階，婦人踊。設於序西南，當西榮，如設於堂。爲求神於庭，孝子不忍使其親須臾無所憑依。堂謂尸東。凡奠設序西南者，畢事而去之。既殯，乃奠，燭升自阼階，祝執巾，席從，設於奧，東面。執燭者先升堂照室也。自是不復奠於尸。祝執巾與執席者從入，爲安神位也。凡室中西南隅謂之奧。執燭南面，巾委於席右。祝反降，及執事執饌。東方之饌。士盥，舉鼎入，西面北上，如初。載魚，左首，進鬐，三列。腊進柢。如初，如小斂舉鼎、執朼俎、〔三〇〕扃鼎、朼載之儀。魚左首，設而首在南。〔三一〕鬐，脊也。左首進鬐，亦未異於生也。凡未異於生者，不致死也。祝執醴如初，酒豆籩俎從，升自阼階，丈夫踊，甸人徹鼎。如初，祝先升。奠由楹内入於室。既錯者出立於户西，西上。巾奠。巾奠而室事已。祝闔户，降自西階，婦人踊。奠者由重南東，丈夫踊。爲神馮依之也。〔三二〕賓出，婦人踊，主人拜送於門外。入，及兄弟北面哭殯。〔三三〕兄弟出，主人拜送於門外。小功以下，至此可以歸。異門大功亦存焉。異門，别居。衆主人出門，哭止，皆西面於東方，闔門，主人揖就次。次謂斬縗倚廬，齊縗堊室，大功有帷帳，小功緦麻有牀笫可也。既殯，主人説髦。兒生三月，翦髮爲鬌，男角女羈，不則男左女右，長大猶爲飾存之，謂之髦，所以順父母，幼小之心也。至此尸柩不見，喪無飾，可去髦，音丁果反。〔三四〕

説曰：凡喪，大斂於阼，即遷尸於棺而殯。殯訖，乃於室中設大斂奠。天子諸侯之喪，斬縗者奠；大夫，齊縗者奠；士，朋友奠。主人不親奠，以孝子悲哀思慕，不暇執事也。牲牢如小斂之奠，布席而未有几。人君禮尊則有几。〔三五〕按周成王乙丑崩，癸酉，牖間南向，西序東向，東序西向，皆仍几，即殯前已有几之文也。而諸侯雖無文，當與天子同。大夫士葬前，下室無几，降於人君也。司几筵云：『凡喪事，設葦席，右素几。其椁席用萑黼純，諸侯則紛純。每敦一几。喪事，謂凡奠也。萑如葦而細者也。敦，覆也。棺在殯則椁敦，既窆則加見，皆謂覆之。周禮雖合葬，及同時在殯，皆異几體，實不同也。祭於廟同几，精氣合。萑音丸。〔三六〕敦，徒報反。〔三七〕凡凶事仍几。」〔三八〕仍，因也。凶事謂凡奠，〔三九〕几朝夕相因，〔四〇〕喪禮略也。奠以素器，以生者有哀素之心也。哀素，哀痛無飾也。凡物無飾曰素。唯祭祀之禮，主人自盡焉爾，豈知神之所饗，亦以主人有齊敬之心也。哀則以素，敬則以飾，禮由人心而已。

大唐元陵儀注：「皇帝至位哭，內外皆就位哭。太祝酌酒進授，皇帝執爵進奠於饌前，少退。禮儀使奏請止哭，內外皆止哭。太祝跪讀文曰：『維某年月日，子哀子嗣皇帝臣某，〔四一〕敢昭告於考大行皇帝，日月遄速，〔四二〕奄及大斂，攀號擗踊，五內屠裂。謹以一元大武，柔毛剛鬣，明粢薌合，薌萁嘉蔬，嘉薦醴齊，尚饗。』其後祝文，大約準此。讀訖，皇帝再拜哭踊，在位者皆再拜哭踊，十五舉聲，禮儀使奏止哭，左右高品扶皇帝還次，諸王公主以下各還次，百僚序出。」其百官儀制，具開元禮。

殯 設熬附○夏　商　周　大唐

夏后氏殯於東階之上。

殷人殯於兩楹之閒。

周制，殯於西階之上。天子柏椁以端，方尺，長六尺，〔四三〕題湊四注，題湊，謂頭相湊聚也。合上如屋，盡塗之。君殯用輴，欑至於上，畢塗屋。大夫殯以幬，欑置於西序，〔四四〕塗不暨於棺。士殯見衽，塗上，帷之。欑猶菆也。屋，殯上如屋覆者也。幬，覆也。暨，及也。諸侯輴不畫龍，欑不題湊象槨，其他如之。大夫之殯，廢輴，置棺西牆下，就牆欑其三面，塗之。不及棺者，言欑中狹小，纔取容棺。然則天子諸侯差寬大矣。士不欑，掘地下棺，見棺蓋合縫小要耳。〔四五〕帷之，鬼神尚幽闇。士達於天子皆然。太祝設熬。熬者，煎穀也。〔四六〕棺既蓋，設於其旁，〔四七〕所以惑蚍蜉，〔四八〕使不至棺也。君四種八筐，大夫三種六筐，士二種四筐，加魚腊焉。大夫三種，加以粱。君四種，加以稻。四筐則手足皆一，其餘設於左右也。士熬黍稷，各二筐，有魚腊。乃塗。以木覆棺上而塗之，爲火備也。卒塗，幕人張帟，王三重，諸侯再重，孤卿大夫不重。張帟，柩上承塵也。祝取銘置於肂，主人復位踊，襲。燭俟於饌東，饌，東方之饌。有燭者，堂雖明，室猶暗。火在地曰燎，執之曰燭。乃奠。

大唐元陵儀注：「既大斂，内所由執龍輴右左綍，〔四九〕引梓宮就西閒。將監引所由并柏壍等升自西階。〔五〇〕所由設熬黍稷，盛以八筐，加魚腊等，於龍輴側南北各一筐，東西各三筐。設訖，於西面壘之。〔五一〕先以繡黼覆梓宮，又張帟三重，更以柏木，方尺，長六尺，題湊爲四阿屋，以白泥四面塗之。〔五二〕欑事訖，所司設靈幄於欑宮東，東向，施几案服御如常儀。侍臣捧縗裳冠絰杖，盛以箱，就次進，皇帝服訖，諸王公主以下及百僚亦各服其服。光禄卿率齋郎捧饌入，禮儀使引升，陳設訖，禮儀使就位，奉引皇帝至位哭，内外皆就位哭。」其百官以下儀，如開元禮。

將葬筮宅卜日附○周　大唐

周制，大喪，小宗伯卜葬兆。

士喪將葬，筮宅，冢人營之。宅，葬居也。冢人，有司掌墓地兆域者。營，度也。既夕篇記云：「冢人物土。」鄭玄注曰：「物，相也。相地可葬乃營之。」掘四隅，外其壤；掘中，南其壤。爲葬將北首故也。既朝哭，主人皆往兆南，北面免絰。免絰者，求吉，不敢純凶也。命筮者在主人之右。命尊者，宜從右出也。少儀篇曰「詔辭自右」也。筮者東面抽上韇，兼執之，南面受命。韇，盛筮之器，兼與筴執之。命曰：「哀子某爲其父某甫筮宅，度茲幽宅兆階，〔五三〕無有後艱？」某甫，且字也。〔五四〕若言山甫、孔甫矣。宅，居也。度，謀也。茲，此也。階，始也。言爲其父筮葬居，今謀此爲幽冥居兆域之始，得無後將有艱難乎？艱難，謂有非常若崩壞也。右還，北面，指中封而筮。中封，中央壤也。卒筮，告於命筮者與主人，占之曰從。從猶吉也。主人絰，哭，不踊。若不從，筮擇如初儀。更擇地而筮之。歸，殯前北面哭，不踊。易位而哭，明非常也。既備器用，明器之屬。卜日：既朝哭，皆復外位。卜人先奠龜於西塾上。族長涖卜，及宗人吉服立於門西，東面南上。占者三人在其南。族長，有司掌族人親疏者。涖，臨也。吉服，服玄端。占者三人，掌玉兆、瓦兆、原兆。在塾西者，南面東上也。杜子春云：「玉兆，帝顓頊之兆。瓦兆，帝堯之兆。原兆，有周之兆也。」闔門東扇，〔五五〕主婦立於其內。席於闑西閾外。爲卜者席。宗人告事具，主人北面免絰，左擁之。涖卜即位於門東，西面。涖卜，族長也。更西面，當代主人命卜也。卜人抱龜燋，宗人受命，受涖卜命。命曰：「哀子某，來日某卜葬其父某甫，〔五六〕考降，無有近悔？」考，登也。降，下也。言卜此日葬，魂神上下，得無近於咎悔乎？許諾，卜人坐，作龜，興。作，灼也。興，起以出兆也。宗人受龜，告於涖卜與主人，占曰某日從。告於主婦，主婦哭。使人告於衆賓。衆賓，僚友不來者也。〔五七〕宗人告事畢，主人絰，入哭如筮宅。賓出，拜送。若不從，卜擇如初儀。

大夫卜宅與葬日，有司麻衣布纕，布帶，因喪屨，緇布冠，不蕤。占者皮弁。有司，卜人也。麻衣，白布深衣，而著纕焉，及布帶、緇布冠，此服非純吉，亦非純凶也。〔五八〕皮弁，則純吉之尤也。占者尊於有司，卜求吉，其服彌吉。如筮，則史練冠長衣以筮。占者朝服。筮者，筮宅，謂下大夫若士也。筮史，筮人也。長衣，深衣之緣以素者也。〔五九〕長衣練冠，純凶服也。朝服，純吉服也。大夫士日朝服以朝。

大唐元陵儀注：「既定陵地，擇地，使就其所卜筮之。將卜，使者吉服。掌事者先設使以下次於陵地東南。使者至陵地，待於次。太常卿涖卜，服祭服。祝及卜師、筮師，凡行事者皆吉服。掌事者布筮席於玄宮位南，北向西上。贊者引涖卜者及太祝立於筮席西南，東向南上。卜師立於太祝南，東面北上。贊者引使者詣卜筮席南十五步許，當玄宮位北向立；贊者立於使者之左，少南。俱北向立定。贊者少進，東面稱事具，退復位。涖卜者進立於使者東北，西面。卜師抱龜，筮師開韇出策，兼執之，執韇以擊策，進立於涖卜者前，東面南上。涖卜者命曰：『維某年月朔日，子哀子嗣皇帝某，謹遣某官某乙，奉爲考大行皇帝度茲陵兆，無有後艱？』卜師筮師俱曰諾，遂述命，右旋就席北坐。〔六〇〕命龜曰『假爾泰龜有常』，命筮曰『假爾泰筮有常』，遂卜筮，訖，興，各以龜筮東面占曰從，還本位。贊者進使者之左，東面稱禮畢。贊者遂引使者退立於東南隅，西面。若不從，又擇地卜筮如初儀。」其百官以下儀制，〔六一〕具開元禮。

啟殯朝廟殷　周　大唐

殷朝而殯於祖。

周朝而遂葬。朝謂喪朝廟也。喪祝及朝御柩。乃奠。朝謂將葬，朝於祖考之廟而後行，則喪祝爲柩御。士喪，既夕哭，既，已也，謂出門哭止復外位時。請啟期，告於賓。將葬，當遷柩於祖。有司於此乃請啟肂之期於主人以告賓，賓宜知其時。夙興，設盥於禰廟門外，〔六二〕陳鼎皆如殯，東方之饌亦如之。皆三鼎。如殯，如大斂既殯之奠。夷牀饌於階間。夷之言尸也。朝正柩用此牀也。記云：「夷牀輁軸饌於西階東。」注云：「明階間者，〔六三〕位近西也。夷牀饌於祖廟，輁軸饌於殯宮。其二廟者於禰，亦饌輁軸。」如小斂奠。乃啟。祖尊禰卑。士事祖禰。上士異廟，下士共廟。二燭俟於殯門外。早闇，以爲明也。丈夫髽，散帶垂，即位如初。爲將啟變也。此互文以相見耳。〔六四〕髽，婦人之變。婦人不哭。將有事，止讙囂也。啟之昕，外内不哭也。〔六五〕商祝免袒，執功布入，升自西階，盡階不升堂，聲三，啟三，命哭。功布，灰理之布。〔六六〕執之以接神，爲有所拂柩也。〔六七〕聲三，三有聲，存神也。啟三，三言啟，告神也。舊說以爲：聲，噫歆興。〔六八〕燭入。炤徹與啟殯者。夏祝取銘置於重，啟殯遷之。踊無算。商祝拂柩用功布，幠用夷衾。拂，去塵也。幠，覆之，爲其形露也。遷於祖用軸。遷，徙也。徙於祖，朝祖廟也。蓋象平生時，出必辭尊者。軸，輁軸也，狀如轉轔，刻兩頭爲軹，輁狀如長牀，穿桯前後，著金而關軸焉。〔六九〕大夫諸侯以上有四周，謂之輴。天子畫之以龍。桯音戈征反。〔七〇〕重先，奠從，燭從，柩從，主人從。行之序也。主人從者，丈夫由右，婦人由左，以服之親疏爲先後，各從其昭穆，男賓在前，女賓在後。記曰：「朝於禰，重止於門外之西，東面。」升自西階。柩也。猶用子道，不由阼階。奠俟於西階下，東面北上。俟正柩也。正柩於兩楹之閒，用夷牀。兩楹閒象鄉户牖，是時柩北首。主人從升，柩東西面。衆主人東即位。東方之位。婦人從升，東面。置重如初。如殯宮時也。記注云〔七一〕：「重不入者，主於朝祖而行，若過之矣。〔七二〕門西東面，待之便也。」〔七三〕席升設於柩西，奠設如初，巾之，升降自西階。席設於柩之西，直柩之西，當西階。從奠設如初，東面也；不統於柩，神不西面也。不設柩東，東非神位也。〔七四〕巾之者，爲障當風塵也。燭先入者升堂，東楹之南，西面；後入者西階東，北面，在下。炤正柩也。〔七五〕先，先柩也。後，後柩也。適祖時，燭亦然，互記於此也。主人降即位，徹乃奠，〔七六〕升降自西階，〔七七〕主人踊如初。如其降拜賓至，於要節而踊也。不薦車者，不從此行。祝及執事舉奠，巾席從降，柩從，序從如初，適祖。此謂朝禰明日，舉奠適祖之序也。祝執醴先，酒脯醢葅從之，〔七八〕巾席爲後。既正柩，席升設奠如初，祝受巾，巾之。凡喪自卒至殯，自啟至葬，主人之禮其變同，則此日數亦同矣。〔七九〕序從，主人以下。喪之朝也，順死者之孝心，哀離其室，故至於祖考之廟而後行也。

大唐元陵儀注：「啟前十日，皇帝不坐以過山陵。前啟一日，門下省奏：『某日某時，啟太極殿欑宮。』啟日之晨，奉禮郎設御位於太極殿之東閒，當帷門，西向。諸王位在後，以南爲上。典儀設酅公、介公、皇親、諸親、文武九品以上及前資常參官、都督、刺史版位於太極殿中庭。〔八〇〕又設蕃客，酋長位於承天門外之西，僧道位於承天門外之東，並以北爲上。左右金吾與諸軍計會，量抽隊仗，隨便設禁。其日質明，皇帝服初縗絰杖，入就位，晨哭。諸王具縗絰去杖，入就位哭。〔八一〕酅公、介公、皇親、諸親等及文武九品以上，各服初喪服，去杖，入就位哭。大長公主、長公主、公主、郡縣主等亦縗服，入就內位哭。中官皆布巾喪服，〔八二〕侍衞晨哭，並再拜，退位。通事舍人引蕃客、酋長及僧道分位於承天門外之位。啟前二刻，內所由設奠席及香燭於帷門之外。奉禮郎設罍洗於東階下西南，北向，〔八三〕罍水在洗東，篚在洗西，南肆。設太尉版位於東南，西向。設司空位於太尉位之南，少退；禮生一人執拂梓宮之巾，陪其後。設禮儀使位於太尉之北，少退；禮官等陪後。設監察使位於禮儀使之下。光祿卿具太牢之饌，俟於東階下。又於饌上設罇坫位於奠席東南，北向，加酌冪。禮儀使立於罇坫東，御史立於罇坫西，太祝、奉禮郎立於罇坫南爲位。禮官在禮儀使後。啟前一刻，侍中版奏外辦，禮官贊執事官入就階下位，禮儀使等横行，以西爲上，再拜訖，升就位。禮官省饌訖，贊光禄卿引饌升自東階，列帷門外席上。近侍引皇帝具縗絰入就位，哭踊。禮儀使前進，跪奏請再拜，皇帝再拜。諸王妃主等並各就位，晨哭。禮生引太尉，通事舍人分引羣官，各入就位。禮官贊太尉再拜，又一人贊羣官再拜哭，十五舉聲，禮官各贊止哭。禮生引太尉詣罍洗，盥手洗爵，升自東階，詣罇坫所，太祝舉幂，酌醴齊以授太尉。禮儀使跪奏請皇帝止哭，奉皇帝之杖前進。中官承傳止哭，殿内皆止哭。太尉以醴齊於皇帝之左，跪進醴齊。皇帝受醴齊，跪奠於饌前，俛伏，興，少退立。太祝持版進，北面跪讀祝文訖，奠版，俛伏，興，退復位。皇帝再拜哭踊。殿内及庭中文武九品以上、皇帝諸親等皆哭，十五舉聲，止。禮儀使跪奏獻畢，請皇帝退復位。禮官引太尉及禮儀使降，復階下位。所由徹饌，執事官序降訖，皇帝退就次。禮生引司空執巾升自東階，於欑宫南，北向立，司空跪啟曰『謹以吉辰啟欑塗』。告訖，太尉哭，羣官皆哭。通事舍人分引羣官序出。掌事者升徹欑塗。徹訖，司空以巾拂拭梓宫，覆以夷衾綃幕，内所由周迴設帷及施常食之奠如常儀。訖，禮儀使升就舊位，禮官陪後。皇帝縗絰就哭位。〔八四〕通事舍人分引羣官入就位。皇帝哭稽顙，〔八五〕禮儀使請再拜，皇帝哭盡哀。禮儀使跪奏請止哭，降出。羣官再拜哭，十五舉聲。訖，又序出太極門外，北向重行立班，奉慰如常儀，退。」其百官儀制，具開元禮。

校勘記

〔一〕皆饌於東方　「饌」原訛「巽」，北宋本、傅校本、明抄本、明刻本作「撰」，今據儀禮士喪禮及王吳本改。注文、下文同。

〔二〕鬲音厄　「厄」原作「革」，據北宋本、傅校本、明抄本、明刻本、王吳本改。

〔三〕主人斂髮　「斂」原作「髺」，據北宋本、傅校本、明抄本、明刻本、王吳本改。按：儀禮士喪禮作「髺」，通典避德宗嫌名改作「斂」。下同。

〔四〕不加肉袒　原作「不以袒也」，據北宋本、傅校本、明刻本改。按：王吳本作「不加袒」。

〔五〕舊說以爲絻博一寸　原作「舊說以爲如冠狀廣一寸」，據北宋本、傅校本、明刻本改。

〔六〕著之自額而卻交於項中併其末覆紒而前綴連之如冠弁象　儀禮士喪禮鄭注云：「自項中而前交於額上卻繞紒也。」按：通典此注言絻制雖採自鄭注，而說法異。

〔七〕亦去笄纚而紒也　儀禮士喪禮鄭注同。北宋本、傅校本、明抄本、明刻本、王吳本無「笄」字。

〔八〕布巾帕頭　「布」北宋本、傅校本、明刻本、王吳本作「袠」。袠，書函也，無所取義，疑當作「袞」。

〔九〕冪尊用功布　儀禮士喪禮「尊」作「奠」。

〔一〇〕實於簞在饌東　儀禮士喪禮同。北宋本、傅校本、明刻本「東」作「北」。

〔一一〕設盆盥於饌東　儀禮士喪禮同。北宋本、傅校本、明抄本、明刻本、王吴本「盆」作「瓮」，下同；「東」作「北」。

〔一二〕乃杝載載兩髀於兩端　儀禮士喪禮同。北宋本、傅校本、明抄本、明刻本、王吴本「載」字不疊。

〔一三〕丈夫踊　「丈」原訛「大」，據儀禮士喪禮及北宋本、傅校本、明抄本、明刻本、王吴本改。

〔一四〕甸人徹鼎巾　儀禮士喪禮同。阮元儀禮注疏校勘記云：「鼎當作冪。」

〔一五〕已不設也　「已」原訛「已」，據儀禮士喪禮鄭注改。北宋本、傅校本、明抄本、明刻本「已」作「杝」，非。

〔一六〕懸壺以代哭者　原脱「者」，據周禮挈壺氏補。

〔一七〕燒土冶以周於棺也　「冶」原訛「治」，據禮記檀弓上鄭注及北宋本、傅校本改。

〔一八〕言槨大於棺也　原訛作「棺槨大於棺」，據禮記檀弓上鄭注及北宋本改補。

〔一九〕所以椽著裏也　原脱「椽」，據禮記喪大記鄭注及北宋本補。

〔二〇〕天子柏槨以端長六尺　原脱「以端」，據禮記檀弓上、喪大記鄭注補。

〔二一〕諸侯大夫士喪將大斂　原脱「將」，據北宋本、傅校本、明抄本、明刻本補。

〔二二〕子一人弁絰即位於序端　禮記喪大記同。北宋本、明抄本、王吴本「子一人」作「主人」。

〔二三〕南向西上　疑當作「西向南上」。

〔二四〕以黄帛裹施仰甍　「甍」原訛「薨」，據北宋本、傅校本改。

〔二五〕周　北宋本、傅校本、明抄本、明刻本、王吴本無此字。

〔二六〕不敢讙囂　儀禮士喪禮鄭注同。北宋本、傅校本、明刻本、王吴本「讙」作「譁」。

〔二七〕今大斂奠有巾已是神之又有席是彌神也　原「今」在「又」上，據北宋本、傅校本、明抄本、明刻本、王吴本移前。

〔二八〕合左右胖升於鼎也　「胖」原作「體」，據北宋本、傅校本、明抄本、明刻本改。

〔二九〕謂豚體及朼俎之陳　「朼」原訛「七」，據北宋本、明抄本改。按：傅校本、明刻本作「匕」。朼匕同。

〔三〇〕執朼俎　「朼」原訛「七」，據北宋本、傅校本、明刻本改。

〔三一〕魚左首設而首在南　下「首」原脱，據北宋本、傅校本、明刻本、王吴本補。

〔三二〕爲神憑依之也　原脱「之也」，據儀禮士喪禮鄭注補。

〔三三〕入及兄弟北面哭殯　原「殯」上衍「既」，據儀禮士喪禮删。

〔三四〕音丁果反　原作「音朵」，清人擅改。據北宋本、傅校本、明抄本、明刻本、王吴本改回。

〔三五〕人君禮尊則有几　「尊」原訛「奠」，據北宋本、傅校本、明抄本改。

〔三六〕萑音丸　北宋本、傅校本、明抄本、明刻本、王吴本作「覠音古莧反」。按：上文「加見」，北宋本等誤作「如覠」，殿本、局本已據周禮司几筵鄭注改正，則此處「覠」字之標音不容虚設，故殿本、局本據經典釋文换爲「萑音丸」矣。

〔三七〕敦徒報反　原訛作「敦覆報反」。按：「覆」爲「敦」之義訓，非「敦」字之聲母也。北宋本作「敦從報反」，「從」係「徒」之形訛。周禮司几筵鄭注云：「敦讀曰燾，燾，覆也。」廣韻去聲三十七號云：「燾，覆也，徒到切，又徒刀切。」今據之訂改。

〔三八〕凡凶事仍几　「凶」原訛「喪」，據周禮司几筵改。

〔三九〕凶事謂凡奠　「凶」原訛「喪」，據周禮司几筵鄭注及北宋本、傅校本、明抄本、明刻本、王吴本改。按：北宋本等注文作「凶事」，亦可證正文作「喪事」爲誤也。

〔四〇〕几朝夕相因　原「相」下衍「見」，據周禮司几筵鄭注删。

〔四一〕子哀子嗣皇帝臣某　上「子」原脱，據北宋本、傅校本補。

〔四二〕日月遄速　「遄」原訛「過」，據北宋本、傅校本、明抄本改。

〔四三〕方尺長六尺　上「尺」原脱，據禮記檀弓上鄭注及北宋本、傅校本、明刻本、王吴本補。

〔四四〕櫕置於西序　「置」原訛「至」，據禮記喪大記及北宋本、傅校本、明刻本、王吴本改。

〔四五〕見棺蓋合縫小要耳　原脱「棺」，據北宋本、傅校本、明抄本、明刻本、王吴本補。

〔四六〕熬者煎穀也　禮記喪大記鄭注同，北宋本、傅校本、明刻本、王吴本「煎」作「熬」。

〔四七〕棺既蓋設於其旁　原作「將塗設於棺旁」，據北宋本、傅校本、明抄本、明刻本改。

〔四八〕所以惑蚍蜉　「惑」原訛「感」，據禮記喪大記鄭注及北宋本、傅校本、明刻本改。

〔四九〕右左綍　「右左」原倒，據北宋本、傅校本、明刻本、王吴本乙。

〔五〇〕將監引所由并柏墼等升自西階　「墼」原訛「塹」，據北宋本、傅校本、明抄本、明刻本改。

〔五一〕於西面壘之　「壘」原訛「罍」，據北宋本、傅校本、明抄本、明刻本、王吳本改。

〔五二〕以白泥四面塗之　「以」北宋本、傅校本、明抄本、明刻本、王吳本作「於」。

〔五三〕度茲幽宅兆階　「階」儀禮士喪禮作「基」，通典諱改。注同。

〔五四〕某甫且字也　「且」原訛「其」，據儀禮士喪禮鄭注及北宋本、傅校本、明抄本、明刻本改。

〔五五〕闔門東扇　原作「闔東扉」，據北宋本、傅校本、明抄本、明刻本改。

〔五六〕來日某卜葬其父某甫　上「某」原脱，據北宋本、傅校本、明抄本、明刻本、王吳本補。

〔五七〕衆賓僚友不來者也　原脱「者也」，據儀禮士喪禮鄭注補。

〔五八〕此服非純吉亦非純凶也　原脱「此服」，據禮記雜記上鄭注及北宋本、傅校本、明抄本、明刻本、王吳本補。

〔五九〕長衣深衣之緣以素者也　「緣」原作「純」，據北宋本、傅校本、明抄本、明刻本、王吳本改。按：禮記雜記上鄭注作「純」。此「純」音準，緣也，與上下文之「純吉」「純凶」之純音義俱别。杜佑嫌混同，故易爲「緣」也。

〔六〇〕遂述命右旋就席北坐　原「右」上有「於」，蓋傳寫誤增者。今據儀禮士冠禮筮日節、士喪禮卜日節删。

〔六一〕其百官以下儀制　原脱「以下」，據北宋本、傅校本、明抄本、明刻本、王吳本補。

〔六二〕設盥於禰廟門外　「禰」原作「祖」，據北宋本、傅校本、明抄本、明刻本改。

〔六三〕明階閒者　原脱「者」，據儀禮既夕禮記鄭注及北宋本、傅校本、明抄本、明刻本、王吴本補。

〔六四〕此互文以相見耳　「此」原訛「其」，據儀禮既夕禮鄭注及北宋本、傅校本、明抄本、明刻本改。

〔六五〕啟之昕外内不哭也　「昕」原訛「聽」，「外内」原倒，據儀禮既夕禮記及北宋本改乙。傅校本、明抄本、明刻本、王吴本「外内」亦不倒。按：傳刻者始誤「昕」爲「听」，後人又改爲「聽」矣。

〔六六〕灰理之布　「理」儀禮既夕禮鄭注作「治」，通典諱改。

〔六七〕爲有所拂柩也　原作「爲有所扐拂也」，據北宋本、傅校本、明抄本、明刻本、王吴本改。

〔六八〕聲噫歆興　原作「聲噫興也」，據北宋本、傅校本、明抄本、明刻本改。

〔六九〕穿桯前後著金而關軸焉　「桯」原訛「程」，「關」原訛「闞」，據胡培翬儀禮正義卷二九改。

〔七〇〕桯音戈征反　説文木部：桯，他丁切。廣韻青韻：桯音刑，又音廳。集韻庚韻：桯，怡成切。按：若音廳，則「戈」似當作「忒」；若音楹，則「戈」似當作「弋」。然説文木部桯下又有桱，云「桯也，從木巠聲，古零切」，朱駿聲説文通訓通聲謂「桯」與「桱」同，王念孫廣雅疏證亦云「桯之言經也」，則此作「戈」又似不誤。

〔七一〕記注云　原脱「注」，按：以下引文係儀禮既夕禮記鄭注，故補。

〔七二〕若過之矣　原訛作「若遇之俟」，據儀禮既夕禮記鄭注改。

〔七三〕門西東面待之便也　原脱「便」，據儀禮既夕禮記鄭注及北宋本、傅校本、明抄本補。

〔七四〕不設柩東東非神位也　原脱一「東」，據儀禮既夕禮鄭注補。

〔七五〕炤正柩也　儀禮既夕禮記鄭注作「炤在柩者」。

〔七六〕徹乃奠　儀禮既夕禮記同。北宋本「徹」下有「饌」。

〔七七〕升降自西階　原脱「降」，據儀禮既夕禮記及北宋本、傅校本、明刻本、王吴本補。

〔七八〕祝執醴先酒脯醢葅從之　原「祝」上有「此」，「葅」作「俎」，據北宋本、傅校本、明刻本删改。按：王吴本兩字俱無。

〔七九〕則此日數亦同矣　「則」原訛「即」，據儀禮既夕禮記鄭注及北宋本、傅校本、明刻本、王吴本改。

〔八〇〕於太極殿中庭　「中」原訛「東」，據北宋本、傅校本、明抄本、明刻本、王吴本改。

〔八一〕入就位哭　北宋本、傅校本、明抄本、明刻本、王吴本無「入」字。

〔八二〕中官皆布巾喪服　「服」原訛「馭」，據北宋本改。

〔八三〕北向　「向」原作「面」，據北宋本、傅校本、明抄本、明刻本、王吴本改。

〔八四〕皇帝縗絰就哭位　「哭位」原倒，據北宋本、傅校本、明刻本、王吴本乙。

〔八五〕皇帝哭稽顙　原脱「哭」，據北宋本補。

王文錦點校

通典卷第八十六

禮四十六　沿革四十六　凶禮八

喪制之四

薦車馬明器及飾棺　祖奠　賵賻　遣奠　器行序　挽歌

葬儀合葬附

薦車馬明器及飾棺周　後漢　晉　北齊　隋　大唐

周制，大喪，及祖，喪祝飾棺，乃載，遂御之。祖，爲行始也，亦奠也。飾棺，設柳池紐之屬。其次序，載而後飾，既飾，當旋車向外，喪祝御之。御之者，執翿居前，却行爲節度也。諸侯、大夫、士喪，柩既朝，乃薦車，直東榮，北輈。薦，進也。進車者，象生時將行陳駕，今時謂之魂車。輈，轅也。〔一〕車當東榮，東陳西上於中庭。薦乘車，鹿淺幦，干笮，革靾，載旜，載皮弁服。纓轡、貝勒懸於衡。士乘棧車。鹿淺，鹿夏毛也。幦，覆笭也。玉藻曰：「士齊車，鹿幦豹植。」干，楯也。笮，矢箙也。靾，韁也。旜，旃旗之屬，通帛曰旜，孤卿所建。皮弁服者，視朔之服也。貝勒，貝飾勒也。有干無兵，有箙無弓矢，明不用也。幦音覓。靾音息列反。道車載朝服。道車，朝夕及燕出入之車。朝服，日視朝之服，玄衣素裳也。稾車載簑笠。稾，散也。散車，以田以鄙之車也。簑笠，備雨服也。凡道車稾車之纓轡及勒，亦懸於衡。薦馬纓三就。入門，北面交轡，圉人夾牽之。駕車之馬，每車二匹。纓，馬鞅也。就，成也。諸侯之臣，飾纓以三色而三成。此三色者，蓋絛絲也。飾之如罽然。〔二〕天子之臣如其命數。王之革路，絛纓。圉人，養馬者。在左右曰夾。既奠乃薦馬，爲其踐汙廟中。凡入門者，三分庭一在南。〔三〕御者執策立於馬後，哭成踊，右還出。主人於是乃哭踊也。薦車之禮，成於薦馬。賓出，主人送於門外。有司請祖期。主人入袒，乃載，踊無算，卒束，襲。袒，爲載變也。乃舉柩卻下而載之。束，束棺於柩車。「賓出，遂匠納車於階閒」，謂此車也。降奠，當前束。下遷柩之奠也。〔四〕當前束，猶當尸腢。亦在柩車西，束有前後。腢，五回反。〔五〕商祝飾柩一池，紐前經後緇，齊三采，無貝。飾柩，爲設牆柳也。巾奠乃牆謂此也。牆有布帷，柳有布荒。池者，象宮室之承霤，以竹爲之，如小車笭，衣以青布。一池懸於柳前。〔六〕士不揄絞。紐所以結連帷荒，〔七〕前赤後黑，因以爲飾。左右面各有前後。齊，居柳之中央，若今小車蓋上蕤矣。以三采繒爲之，〔八〕上朱，中白，下蒼，著以絮。元士以上有貝。縫人縫棺飾，孝子既啓見棺，猶見親之身也。既載飾而行，遂以葬，若存時居於帷幙而加文繡矣。衣翣柳之材。必先纏衣其木，乃以張飾也。柳之言聚也，諸飾之所聚。飾棺：君龍帷，三池，振容，黼荒，火三列，黻三列，素錦褚，加帷荒，纁紐六，齊五采，五貝，黼翣二，黻翣二，畫翣二，皆戴珪，魚躍拂池；〔九〕君纁戴六，纁披六。大夫畫帷，二池，不振容，畫荒，火三列，黻三列，素錦褚，纁紐二，玄紐二，齊三采，三貝，黻翣二，畫翣二，皆戴綏，魚躍拂池；大夫戴，前纁後玄，披亦如之。士布帷布荒，一池，揄絞，〔一〇〕纁紐二，緇紐二，齊三采，一貝，畫翣二，皆戴綏；士戴，前纁後緇，二披用纁。飾棺者，以華道路及壙中，不欲衆惡其親也。荒，蒙也。在旁曰帷，在上曰荒，皆所以衣柳也。士布帷布荒者，白布也。君大夫加文章焉。黼荒，〔一一〕緣邊爲黼文；畫荒，緣邊爲雲氣；火黻爲列於其中耳。大夫以上，有褚以襯覆棺，乃加帷荒於其上。紐，所以結連帷荒者也。池，以竹爲之，如小車笭，衣以青布。柳象宮室。懸池於荒之爪端，若承霤然。檀弓曰「池視重霤」，如堂之有承霤也。承霤以木爲之，用行水，亦宮之飾也。君大夫以銅爲魚，懸於池下。揄，揄狄也，青質五色，畫之於絞繒而垂之，以爲振容，象水草之動搖，行則又魚上拂池。雜記曰「大夫不揄絞，屬於池下」，是不振容也。士則去魚。齊，象車蓋蕤，縫合雜綵爲之，形如瓜分然，〔一二〕綴貝絡其上及旁。戴之言値也，所以連繫棺束與柳材，使相値，因而結前後披也。漢禮，翣以木爲筐，廣三尺，高二尺四寸，方兩角高，衣以白布。畫者，畫雲氣，其餘各如其象，柄長五尺，車行使人持之而從，既窆，樹於壙中。檀弓曰「周人牆置翣」是也。綏當爲緌，讀如冠蕤之蕤，〔一三〕蓋五采羽注於翣首也。設披，披，絡柳棺上，〔一四〕貫結於戴，人居旁牽之，以備傾虧也。屬引。屬，著也。引，所以引柩車。在軸輴曰紼。古者人引柩，春秋傳曰：「坐引者而哭之三。」陳明器於乘車之西。陳明器乘車之西，則重北也。折，橫覆之。折猶庋也。方鑿連木爲之，蓋如牀，而縮者三，橫者五，無簀，窆事畢，加之壙上，以承抗席。橫陳之者，〔一五〕爲苞筲以下績於其北便也。覆之，見善面也。折音之設反。庋音居毀反。績音側耕反。下同。抗木橫三縮二。抗，禦也，所以禦止土者。其橫與縮，各足掩壙。加抗席三。席所以禦塵也。加茵，用疏布，緇翦，有幅，亦縮二橫三。茵所以藉棺也。翦，淺也。幅，緣之。亦者，亦抗木也。〔一六〕及其用之，木三在上，茵二在下，象天三合地二，人藏其中焉。今文翦作淺。疎，麤也，謂功麤布。器，西南上，綪。器，目言之也。陳明器以西行，南端爲上。〔一七〕綪，屈也，不容則屈而反之。茵；茵在抗木上，〔一八〕陳器次之。苞二；所以裹奠羊豕之肉。筲三，黍、稷、麥；筲，畚種類，其容蓋與簋同。甕三，醯、醢、屑，冪用疏布。甕，瓦器也。屑，薑桂之屑也。內則曰「屑桂與薑」。冪，覆也。甒二，醴、酒，冪用功布。甒亦瓦器。皆木桁久之。桁，所以庪苞筲甕甒也。久當爲灸，灸謂以蓋按塞其口。〔一九〕每器異桁。用器：弓、矢、耒、耜、兩敦、兩杅、〔二〇〕盤、匜，匜實於盤中，南流。此皆常用之器。杅，盛湯漿。盤匜，盥器也。流，匜口也。無祭器，士禮略。大夫以上，兼用鬼器、人器。有燕樂器可也。與賓燕飲用樂之器。役器：甲、胄、干、笮。此皆師役之器也。甲，鎧。胄，兜鍪也。干，楯。笮，矢箙。燕器：杖，笠，翣。燕居安體之器也。笠，竹簩蓋也。翣，扇。徹奠巾席，俟於西方，主人要節而踊。巾席俟於西方，祖奠將用焉。〔二一〕要節者，來象升，丈夫踊；去象降，婦人踊。既窆，旬而布材與明器。木工宜乾腊，且豫成。材，椁材也。

說曰：仲憲言於曾子曰：「夏后氏用明器，示人無知也；所謂致死之。仲憲，孔子弟子原憲也。〔二二〕殷人用祭器，示人有知也；所謂致生之。周人兼用之，示人疑也。」〔二三〕言使人疑於無知與有知。曾子曰：「其不然乎！其不然乎！非其說之非也。夫明器，鬼器也；祭器，人器也。夫古之人胡爲而死其親乎？」言仲憲之言三者皆非。此或用鬼器，或用人器。孔子曰：「之死而致死之，不仁而不可爲也；之死而致生之，不智而不可爲也。之，往也。死之生之，謂無知與有知。〔二四〕爲，行也。是故竹不成用，瓦不成味，木不成斵，成猶善也。竹不可善用，謂邊無縢也。味當爲沬。沬，靧也。靧音誨。琴瑟張而不平，竽笙備而不和，無宫商之調。有鐘磬而無簨簴，不懸之也。橫曰簨，植曰簴。其曰明器，神明之也。」言神明，死者也。神明者非人所知，故其器如此。孔子謂：「爲明器者，知喪道矣，備物而不可用也。哀哉！死者而用生者之器也，不殆於用殉乎哉！」殆，幾也。殺人以衞死者曰殉。用其器者，漸幾於用人。塗車芻靈，自古有之，芻靈，束茅爲人馬也。謂之靈者，神道之類。明器之道也。」言與明器同。陳器之道，多陳而省納之，可也；省陳而盡納之，可也。〔二五〕多陳之，謂賓客之賻器也，以多爲榮。省陳之，謂主人之明器也，以節爲禮。

後漢制，諸侯王、列侯，樟棺黑漆。中二千石以下，坎侯漆。空中勘合而漆之，〔二六〕如漆坎侯，即箜篌。載飾以蓋，龍首魚尾，華布牆，纁上周，交絡前後，雲氣畫帷裳。中二千石以上有輜，左龍右武。〔二七〕公侯以上，加倚鹿伏熊。千石以下，輜布蓋牆，龍首魚尾而已。〔二八〕黄綬以下至於處士，皆以簟席爲牆蓋。其正妃、夫人、妻皆如之。

晉賀循云：「飾棺衣以布，玄上纁下。畫帷荒雲氣，不爲龍。笭帷易布以紺繒。池以象承霤，以竹爲籠，〔二九〕如今車笭，帷以青絹代布。紐，玄纁二。其明器：憑几一，酒壺二，受六升，冪以功布。漆屏風一，三穀三器，粳、黍、稷，灼而乾。瓦唾壺一，脯一篋，以三牲之肉爲一，代苞俎，所遺奠之俎爲藏物也。〔三〇〕屨一，瓦罇一，屐一，瓦杯盤杓杖一，瓦燭盤一，箸百副，〔三一〕瓦奩一，瓦竈一，瓦香爐一，釜二，枕一，瓦甑一，手巾贈幣玄三纁二，博充幅，長尺，瓦爐一，瓦盥盤一。」

北齊制，三品以上喪者，借白鼓一面，喪畢進輸。三品以上及五等，通用方相，方相之制，見大喪篇。四品以下，達庶人，以魌頭。魌頭與方相小異。魌音欺。

隋文帝初定禮：輀車，三品以上，油幰，朱絲絡網，施襈，兩箱畫龍，幰竿諸末垂六旒蘇。〔三二〕七品以上，油幰，施襈，兩箱畫雲氣，垂四旒蘇。八品以下，達於庶人，鼈甲車，無幰襈旒蘇畫飾。

大唐元陵儀注：「前二日，所司設文武羣官次於太極門外，東西廊下。又設帳殿庭，帳內設吉幄，幄內設神座，南向。又設龍輴素幄於殿庭吉幄之右。前一日，午正後一刻，除殿上葦障及階下凶庭并板城。少府所由移旐附於重北。未正後一刻，典儀設羣官夜哭版位，〔三三〕如晨夕哭儀。又設挽歌席位於嘉德門內，設挽郎、挽士席位於嘉德門外，並左右序設，北向相對。設鼓吹、嚴警位於承天門外。畫漏未盡三刻，有司設庭燎終夜。通事舍人分引羣官就版位立定，禮官贊哭，哭畢，退就次。挽歌作，盡二點止。嚴警次發，盡五點止。二更，羣官哭及挽歌鼓吹、嚴警如上儀，〔三四〕其三更、四更、五更並准此。其一日前二刻，奉禮郎設御座，所由設奠席，奉禮設罍洗及禮儀使、太尉版位於東階下，光祿卿具太牢饌，並如啓奠之儀。前一刻，侍中進外辦，禮官省饌，光禄卿引饌，禮生引太尉、禮儀使等横陳，再拜訖，升殿。通事舍人分引羣官入就位，亦如啓奠之儀。禮儀使跪，奏請皇帝止哭奉奠。皇帝去杖前進，中官承傳止哭，殿内止哭。太尉以醴齊於皇帝之左跪進，皇帝受醴齊，跪奠於饌前，俛伏，興，少退立。太祝持祝版進，北面跪讀祝文訖，奠版，俛伏，興，退復位。皇帝再拜哭踊，殿内及庭中文武官九品以上皇帝諸親等，皆哭十五舉聲，止。禮儀使跪奏：『獻畢，請皇帝退復位。』禮官引太尉降復階下位。所由徹饌，執事官序降。内所由徹殿上帷帳，唯南北施素帷於舊帳座，所以爲障蔽，前設常食。少府監進輴車於西階下。禮儀使跪奏『皇帝奉寧龍輴』，奏訖降出。近侍扶皇帝就龍輴前，哭踊盡哀，乃復位。執事者以纛旐及重先導，禮官一人朝服，贊尚輦奉御，〔三五〕帥腰輿繖扇至神座前，侍奉如常儀。内侍捧几置輿上，〔三六〕繖扇侍奉至殿庭帳殿下神座前，跪置座上。内謁者帥中官設香案於座前，繖扇侍奉如儀。禮官一人引符寳郎一人，主寳二人，以赤黄褥案進取謚寳。又禮生二人，亦以赤黄褥案進取謚册。禮官授之，並隨禮官先詣册車，安置其舊寳册，准次取置於車。侍中當龍輴南，跪奏『請龍輴降殿』。太常卿帥執翣者升，以翣障梓宫。中官高品等侍奉其側。司徒帥挽士升，奉引龍輴降殿。禮儀使引近臣及宗子三等以上親，進捧梓宫。〔三七〕少府、將作、所由并挽士奉梓宫登於龍車上，遂詣帳殿，下素幄。皇帝哭從，諸王等陪從，公主，內官等周以行帷，皆哭踊而從。羣官立哭於庭中位，〔三八〕以俟祖奠。其百官之制：將監甄官令，掌凡喪葬，供明器之屬。別敕葬者供，餘並私備。三品以上九十事，五品以上七十事，九品以上四十事。當野祖明地軸𩌦馬，𩌦，馬帶也。凡贈馬授𩌦，曰𩌦馬也。〔三九〕𩌦，徒嬾反。偶人，其高各一尺。其餘音聲隊與僮僕之屬，威儀服翫，各視生之品秩。」

太極元年六月，右司郎中唐紹上疏曰：「孔子曰『明器者，備物而不可用也』，謂芻靈者善，謂為俑者不仁。傳曰：『俑，偶人也。有面目機發，似於生人。』以此而葬，殆將於殉，〔四〇〕故曰不仁也。王公百官，競為厚葬，偶人像馬，雕飾如生，徒以眩曜路人，本不因心致禮。更相扇慕，破產傾資，風俗流行，下兼士庶。若無禁制，奢侈日增。望請王公以下，送葬明器，皆依令式，並陳於墓所，不得於衢路舁行。」

開元二十九年正月敕：「古之送終，所尚乎儉。其明器墓田等，令於舊數內減。三品以上明器，先是九十事，減至七十事，七十事減至四十事，四十事減至二十事。庶人先無文，限十五事。皆以素瓦為之，不得用木及金銀銅錫。其衣，不得用羅繡畫。其下帳，不得有珍禽奇獸，魚龍化生。其園宅，不得廣作院宇，多列侍從。其轜車，不得用金銅花結綵為龍鳳及旒蘇、畫雲氣。其別敕優厚官供者，准本品數，十分加三分，不得別為華飾。」餘具開元禮。

祖奠周　晉　大唐〔四一〕

周制，士之喪，柩既朝廟，送賓，有司請祖期，亦因在外位請之，當以告賓。每一事畢，輒出。將行而飲酒曰祖。祖，始也。曰「日側」。側，昳也，謂將過中之時。將載，祝及執事舉奠户西，南面東上，卒束，前而降奠席於柩西，將於柩西，當前束設。巾奠乃牆。〔四二〕牆，飾棺。主人入祖，迺載，踊無算，卒束，襲。祖，爲載變也。迺舉柩，卻下而載之，束棺於柩車。「賓出，遂匠納車階間」，謂此車。降奠當前束。下遷柩之奠也。〔四三〕當前束，猶當尸腢，亦在柩車西。〔四四〕束有前後。商祝飾柩，設披，屬引，陳明器。商祝御柩，亦執功布居前，爲還柩車爲節也。乃祖，還柩向外，爲行始。踊，襲，少南當前束。主人也。柩還則當前束南。〔四五〕婦人降，即位於階間。爲柩將去有時也。位東上。祖還車，〔四六〕不還器。祖有行漸，車亦宜向外。器之陳，自已南上。祝取銘置於茵。重不藏，故於此移銘加於茵上。〔四七〕二人還重左還。重與車馬還相反，由便也。布席乃奠如初，主人要節而踊。車已祖，可以爲之奠也，是之謂祖奠。蜀譙周曰：「還祖之奠，升自西階如初。及日載於車，下奠設於西方，乃陳遣物於庭。訖，徹奠以巾席，俟於西方，乃祖。車既祖，旋向外，離於載處，爲行始也，布席乃奠如初。」〔四八〕

晉賀循云：「載柩於輴，未明而行遷於祖廟者，乃將告辭於先君也。登自西階，正柩於兩楹間，〔四九〕北首，納輴車於階下，載之以適墓。啟奠從設於西方。質明，滅燭，更設遷奠如啟奠。」

大唐元陵儀注：「祖前一刻，奉禮郎設御位於龍輴幄之東南，〔五〇〕西向。所由設奠席於龍輴幄前，奉禮郎設罇坫於帳幄東南。又設太尉位於罇坫東南，西向，禮儀使在其下，監察御史次之。又設罍洗篚於太尉位西南，北向。光禄卿帥齋郎捧饌俟於横街之次，北面西上。禮官進省饌訖，禮生贊光禄卿捧俎進跪奠於席上，諸齋郎捧饌隨列於席上。禮生引禮儀使及太尉就位，禮官贊哭。又一人贊羣官哭。又各贊止哭。禮儀使導皇帝立於龍輴之東南，西向。禮生引太尉詣罍洗，盥手洗爵，執詣罇坫所；太祝舉羃酌醴齊以授太尉。禮儀使跪奏『請皇帝止哭奉奠』。皇帝去杖，前進。中官承傳止哭，諸王、妃、主等皆止哭。太尉以醴齊於皇帝之左跪進，皇帝受醴齊，跪奠於饌前，俛伏，興，少退立。太祝持祝版進，〔五一〕北面跪讀文訖，奠版，俛伏，興，退復位。皇帝哭踊再拜，諸王、妃、主及羣官在位者，皆哭再拜。皇帝哭十五舉音訖，〔五二〕禮儀使跪奏『請復位』，俛伏，興。皇帝退復龍輴後位。禮官各贊羣官止哭，通事舍人分引出，就承天門外位以俟。光禄卿帥齋郎徹饌以出。禮官一人朝服，贊尚輦奉御，帥所由以腰輿繖扇詣神座前，各以序立。內謁者、中官舁香案出，〔五三〕內侍捧几置輿上，內所由舉繖扇侍奉以出，中官帥其屬舁衣箱以從，遂詣玉輅。禮官於輅後立，贊登車。內所由進，興，當輅後，〔五四〕繖扇分蔽左右。內謁者帥香案進於輅前，內侍奉几登輅。其腰輿亦進居輅前。中官以衣箱授尚衣奉御，置玉輅及副車。內侍並乘馬從輅。於是侍中進龍輴南，跪，奏稱「請龍輴進發」，俛伏，興，退。司徒帥挽士奉引次出。執事者以太常先建之於車，纛次之。公主內官以下應合乘車者，並先升車以俟扈從。〔五五〕其百官以下儀制，具開元禮。

賵賻 周 大唐

周制，諸侯大夫士之喪，賵賻之禮者，所以知死者賵，知生者賻。各主於所知也。賵者，所以助主人之送葬者也。賻者，補也，助貨財曰賻。公羊傳曰：「車馬曰賵，財貨曰賻。」公賵玄纁束，馬兩。公，國君也。士制兩馬。儐者出請入告，主人釋杖，迎於廟門外，不哭，先入門右，北面，及眾主人袒。尊君命也。眾主人自若居西面。馬入設。設於庭，在重南。賓奉幣，由馬西，當前輅，北面致命。賓，使者也。幣，玄纁也。輅，轅縛，所以屬引也。由馬西則亦當前輅之西，於是北面致命，得向柩與奠也。柩車在階間少前，三分庭之北。〔五六〕輅有前後。主人哭拜稽顙，成踊。賓奠幣於棧左服，出。棧謂柩車。凡士車制無漆飾。〔五七〕左服，象授人授其右也。服，車箱。宰由主人之北舉幣以東。柩東，主人位。以東，藏之也。士受馬以出。此士謂胥徒之長，有勇力者，受馬。〔五八〕聘禮曰：「皮馬相間可也。」〔五九〕主人送於外門外，拜，襲，入復位，杖。

賓賵者將命。賓，卿大夫士。儐者出請入告，出告須。馬入設，賓奉幣，儐者先入，賓從，致命如初。如公使。主人拜於位，不踊。柩車東位。既啟之後，與在室同。賓奠幣如初，舉幣受馬如初。儐者出請，若奠，賓致命，可以奠。入告，出以賓入，將命如初。士受羊如受馬。

上介賵，執圭將命曰：「寡君使某賵。」相者入告，反命曰：「孤某須矣。」陳乘黃大輅於中庭，北輈，執圭將命，客使自下由輅西。主人拜稽顙。坐委於殯東，南隅。宰舉以東。輈，轅也。自，率也。下謂馬也，馬在輅之下者。凡將命，鄉殯將命。子拜稽顙。西面坐委之。宰舉璧與圭，宰夫舉襚，升自西階，西面坐取之，降自西階。宰夫，宰之佐。上客臨曰：「寡君有宗廟之事，不得承事，使一介老某相執綍。」上客，弔者也。臨，視也。言欲入視喪所不足而給助之，謙也，實爲哭耳。臨音力禁反。相者反命曰：「孤某須矣。」臨者入門右，介者皆從之，立於其左，東上。入門而右，不自同於賓客。宗人納賓，升，受命於君，降，曰：「孤敢辭吾子之辱，請吾子復位。」客三辭不得命，遂立於門西，介立於其左，〔六〇〕東上。孤降自阼階，拜之，升哭，與客拾踊三。拜客，謝其厚意。客出，送於門外，拜稽顙。

若賻，入告，主人出門左，西面。賓東面將命。主人出者，賻主施於主人。主人拜，賓坐委之。宰由主人之北，東面舉之反位。坐委之，明主人哀戚志不在受人物。反位，反主人之後位。贈者將命，贈，送。儐者出請，納賓如初，如其入告，出告須。賓奠幣如初。亦於棧左服也。凡將禮，必請而後拜送。雖知事畢猶請，君子不必人意。兄弟賵奠可也，兄弟，有服親者。可也，且賵且奠，許其厚也。賵奠，於死生兩施。所知則賵而不奠。所知，通問相知，降於兄弟。奠施於死者爲多，故不奠。賵馬入廟門，〔六一〕以其主於死者。賻馬與其幣、大白兵車，〔六二〕不入廟門。以其主於生人也。兵車，革輅也。雖爲死者來，陳之於外，以是戰伐田獵之服，非盛者也，故不入也。賻者既致命，坐委之，儐者舉之，主人無親受也。喪者非尸柩之事不親也。舉之，舉以東。書賵於方，若九，若七，若五。方，版也。書賵奠賻贈之人名與其物於版。每版若九行，若七行，若五行。書遣於策。策，簡也。遣猶送也，謂所藏物茵以下。乃代哭如初，棺柩有時將去，不忍絕聲。如初謂小斂時。宵爲燎於門內之右。爲哭者設，令爲明也。〔六三〕

大唐制，諸職事官薨卒，文武一品，賻物二百段，粟二百石；二品物一百五十段，粟一百五十石；三品物百段，粟百石；正四品物七十段，粟七十石；從四品物六十段，粟六十石；正五品物五十段，粟五十石；從五品物四十段，粟四十石；正六品物三十段；從六品物二十六段；正七品物二十二段；從七品物十八段；正八品物十六段；從八品物十四段；正九品物十二段；從九品物十段。行者守從高。王及二王後若散官及以理去官三品以上，全給；五品以上，給半。若身沒王事，並依職事品給。其別敕賜者，不在折限。諸賻物應兩合給者，從多給。諸賻物及粟，皆出所在倉庫。服終則不給。

遣奠 周　晉　宋　大唐

周制，大喪，巾車氏飾遣車，遂廞之，行之。廞，興也，謂陳駕之。行之，使人舉之以如墓。喪祝御柩出宮，乃代。喪祝二人相與更也。遣車視牢具。言車多少各以所包遣奠牲體之數也，然則遣車載所包遣奠而藏之者與？遣奠，天子太牢包九个；諸侯亦太牢包，七个；大夫亦太牢包，五个；士少牢包，三个。大夫以上，乃有遣車。疏布輤，四面有障，置於四隅。輤，其蓋也。四面皆有障蔽以隱翳牢肉也。四隅，槨中之四隅也。凡包牲取下體，國君七个，遣車七乘；大夫五个，遣車五乘。人臣賜車馬者，乃得有遣車。遣車之差，〔六四〕大夫五，諸侯七，則天子九。諸侯不以命數，喪禮略也。个爲所包遣奠牲體之數也。象既饗而歸賓俎也。取下體者，脛骨，象行也，又俎實之終始也。士包三个，前脛折取臂臑，後脛折取骼也。君之嫡長殤，車三乘；公之庶長殤，車一乘；大夫之嫡長殤，車一乘。皆下成人也。自上而下，降殺以兩。成人遣車五乘，長殤三乘，下殤一乘，尊卑以此差之。庶子言公，卑遠之。傳曰：「大功之殤，中從上。」士喪，祖奠之明日，厥明，陳鼎五於門外如初。鼎五，羊、豕、魚、腊、鮮獸，各一鼎也。士禮特牲三鼎，盛葬奠，加一等，用少牢。鮮，新殺者。如初，如大斂奠時也。東方之饌：四豆：脾析、蜱醢、葵菹、蠃醢。脾讀爲鷄脾肶之脾。脾，析百葉。蜱，蜯也。蜱音步佳反。〔六五〕蠃音力禾反。四籩：棗、糗、栗、脯。糗，以豆糗粉餌。〔六六〕醴酒。此東方之饌與祖奠，同在主人之南，當前輅，北上，巾之。〔六七〕陳器。明器也。夜斂藏。滅燎，執燭夾輅，北面。照徹與葬奠。賓入者拜之。明自啓至此，主人無出禮。徹者入，丈夫踊；設於西北，婦人踊。猶阼階升時。亦既盥乃入，入由重東而主人踊，猶其升也。自重北西面而徹，設於柩車西北，亦猶序西南。鼎入，舉入陳之也。陳之蓋於重東北，西面北上如初。乃奠。奠者出，主人要節而踊。亦以往來爲節也。奠由重北而西，既奠由重南而東。徹者出，踊如初。乃奠。〔六八〕主人之史請讀賵。執筭從柩東當前束，西面，不命無哭，哭者相止也。喪大記云：「大夫命無哭，士哭者相止。」唯主人主婦哭。公史自西方東面命無哭，主人主婦皆不哭。讀遣，卒，命哭，滅燭出。公史，君之典禮書者也。〔六九〕遣者，入壙之物。君使史來讀之，成其得禮之正以終也。燭夾輅也。雜記曰：「乃包奠而讀書。」或問於曾子曰：「夫既遣而包其餘，猶既食而裹其餘與？君子既食，則裹其餘乎？」言既遣奠而又包之，是與食於人，已則裹其餘以持去何異，君子寧爲是乎？〔七〇〕言傷廉。曾子曰：「吾子不見大饗乎？夫大饗，既饗，〔七一〕卷三牲之俎歸於賓館。父母而賓客之，所以爲哀也。」既饗，歸賓俎，所以厚之。言父母，家之主，今賓客之，是孝子哀親之去也。

晉賀循曰：「祖奠竟，厥明又大奠。大奠者，加於常一等，士以少牢，大夫太牢，盛葬禮也，是謂遣奠。奠畢，包牲下體以爲藏備，大夫苞五，士苞三，遂行如墓。初設遣奠，士陳五鼎，用少牢，庶物備苞之以葬。今雖不能備禮，宜加於常奠，以盛送終也。其以葬日晨而設之。」

宋崔凱云：「朝於祖廟一宿，明日載柩將至墓。柩將還南向，少牢之奠於車西，名曰用薦，遣奠尚饗。大夫以上太牢。其祝辭曰『哀子某敢用絜牲剛鬣用薦』，此遣奠者也。」

大唐元陵儀注：「前三日，所司設皇帝奉辭次於承天門外之左，西向。其日，金吾仗衞如常儀。鹵簿使先進玉輅於承天門外東偏稍南，輿輦、鼓吹、吉駕、鹵簿並序列於玉輅前。又進轀輬車當承天門中稍南，凶儀明器序列於轀輬車前。奠前一刻，奉禮郎布文武羣官位於承天門外，異位重行，如太極庭中儀。光禄卿具遣奠之饌以俟。執事官位並先俟於門外之東。龍輴至承天門外，禮官贊止哭，內外皆止哭。〔七二〕侍中進龍輴前，跪奏稱『請升轀輬車』，俛伏，興。司徒帥舁梓宫官及所由奉梓宫升轀輬車。〔七三〕所司設奠席於轀輬車東南，〔七四〕奉禮郎設罇坫於席東南，設罍洗又於其南，設太尉版位又於東，西向。〔七五〕禮官進省饌訖，禮生贊光禄卿捧俎進，跪奠於席上；諸齋郎捧俎隨列於席上。禮生引太尉就位。禮官贊哭，在位者皆哭；又贊止哭，在位者皆止哭。禮生引太尉詣罍洗，盥手洗爵，詣罇坫所，太祝舉冪酌醴齊。禮儀使就次，奏請皇帝出就次。皇帝出次，立於奠東，西向。太祝以醴齊授太尉訖，禮儀使奏請皇帝去杖前進，中官承傳止哭，諸王、妃、主等皆止哭。太尉以醴齊於皇帝之左跪進，皇帝受醴齊，跪奠於饌前，俛伏，興，少退立。太祝持版進，西北向跪讀祝文訖，奠版，俛伏，興，退復位。皇帝哭踊，禮儀使贊皇帝再拜。諸王、妃、主及在位羣官等皆哭。禮儀使跪奏『請皇帝少退』，近侍扶皇帝少退於位。少府監設讀哀册褥於奠東。禮官引册案進，舉册官舉册進至褥東，西面，以册東向。禮官贊太尉及羣官止哭，中官承傳諸王、妃、主等皆止哭。禮官引中書令進，跪讀册訖，俛伏，興，退復位。舉册者以授祕書監，祕書監以授符寶郎。〔七六〕皇帝哭踊，禮儀使奏請皇帝再拜。太尉、羣官、諸王、妃、主皆哭再拜。少府徹褥，光祿徹饌訖，禮儀使跪奏稱『轀輬車將發』，皇帝前，哭盡哀。禮儀使稱『請再拜奉辭』，俛伏，興；皇帝稽顙，哭踊，再拜。轀輬車發。禮儀使又跪奏『請皇帝還宮』，〔七七〕俛伏，興。近侍扶引皇帝入次。太尉以下於次南橫行進名再拜奉辭訖，〔七八〕各就本職。如諸王有故不赴山陵者，俟皇帝奉辭入次後，諸王進至轀輬之左，以南爲上，哭盡哀，再拜辭。妃、主、內官不去者，於轀輬車後，帷中哭，再拜辭。訖，禮生贊侍中於轀輬車前跪請進發，訖，俛伏，興。」百官以下儀制，如開元禮。

器行序 周 晉 大唐〔七九〕

周制，大喪，大司徒帥六鄉之衆庶，〔八〇〕屬其六引。鄭司農云：「六引謂喪車索也。」小司徒帥邦役，治其政教。喪役，正棺、引、窆、復土。遂人帥六遂之役而致之，掌其政令。及葬，帥而屬六紼。及窆，陳役。致役於司徒，給墓上事及窾也。紼，舉棺索。用紼旁六執之者，天子其千人歟？遂師帥其屬以幄帟先道野役。及窆，抱磨共丘籠及蜃車之役。〔八一〕使以幄帟先者，太宰也，其餘則司徒。幄帟先，所以爲葬窆之閒先張神座也。蜃車，柩路也。磨者，適歷執綍者名也。遂人主陳之，而遂師以名行校之。〔八二〕士喪，既遣奠，行器，目葬行明器，在道之次。茵苞器序從，如其陳之先後。〔八三〕車從，次器。商祝執功布，〔八四〕以御柩執披。居柩車之前，若道有低仰傾虧，則以布爲抑揚左右之節，使引者執披者知之。士執披者八人。諸侯執綍五百人，四綍，皆銜枚，司馬執鐸，左八人，右八人，匠人執羽葆御柩。大夫之喪，執引者三百人，執鐸者左右各四人，御柩以茅。五百人，一黨之人也。諸侯之大夫，邑有三百戶之制。綍引同耳。廟中曰綍，在途曰引，互言之也。御柩者，居前導正之。大夫士皆二綍。弔，非從主人也，四十者執綍。言弔者必助主人之事。從猶隨也。成人二十以上，至四十以下，丁壯時也。曲禮云：「助葬必執紼。」〔八五〕主人袒，乃行，踊無筭。袒，爲行變也。乃行，謂柩車行也。凡從柩者，先后左右如遷於祖之序。出宮，踊，襲。哀次。至於邦門，公使宰夫贈玄纁束。邦門，城門。贈，送。主人去杖不哭，由左聽命，賓由右致命，柩車前輅之左右也。當時止柩車。主人哭拜稽顙，賓升實幣於蓋，降，主人拜送，復位，杖，乃行。升柩車之前，實其幣於棺蓋之柳中，若親授之然。復位，反柩車後。

晉賀循云：「喪車前後四引，引十人，合四十人。十人一倀，〔八六〕合四十四人。皆素服白帢〔八七〕倀手執練幡以部伍所主，〔八八〕禁讙呼嬉戲。四倀，一吏主之也。」

大唐制，鴻臚寺司儀署令掌凡引、披、鐸、翣、挽歌、轜帳之屬。三品以上四引，四披，六鐸，六翣；六品以上二引，二披，四鐸，四翣；九品以上二鐸，二翣。凡執引披者，皆布幘，布深衣。其下帳，五品以上用素繒，六品以下用練，婦人用綵。至邦門，三品以上贈以束帛，一品加乘馬。既引，又遣使贈於郭門外，皆以束帛，一品加璧。餘具開元禮。

挽歌周　漢　晉　宋　大唐〔八九〕

魯哀公十一年，吳子伐齊。將戰，齊將公孫夏命其徒歌虞殯。杜元凱曰：「虞殯，送葬歌曲也。公孫夏示必死，故命其徒而歌之。」孔穎達曰：「虞殯者，謂啓殯將虞之歌也。今人謂之挽歌。」

漢高帝時，齊王田横自殺，其故吏不敢哭泣，但隨柩敍哀。而後代相承，以爲挽歌，蓋因於古也。

晉成帝咸康七年，杜后崩，〔九〇〕有司聞奏，依舊選公卿以下六品子弟六十人爲挽郎，詔又停之。

摯虞云：「漢魏故事，大喪及大臣之喪，執紼者挽歌。新禮以爲挽歌出於漢武帝役人勞歌，〔九一〕聲辭哀切，遂以爲送終之禮，雖音曲摧愴，非經典所制，〔九二〕不宜以歌爲名。按挽歌，詩稱『君子作歌，惟以告哀』。〔九三〕以歌爲名，亦無所嫌，宜定新禮如舊。」

宋文帝元嘉十七年，元皇后崩，詔停選挽郎。

大唐元陵之制：「屬三繆練紼於轀輬車爲挽，凡六紼，各長三十丈，圍七寸。執紼挽士，虎賁千人，皆白布袴褶，白布介幘。分爲兩番。挽郎二百人，皆服白布深衣，白布介幘，助之挽兩邊，各一紼。挽歌二部，各六十四人，八人爲列，執翣。品官左右各六人，皆服白布褠衣，白布介幘。左右司馬各八人，皆戴白布武弁，服白襹布，襹音屬，謂襦長。無領緣，並執鐸。代哭百五十人，衣幘與挽歌同。至時，有司引列於轀輬車之前後。其百官制，鴻臚寺司儀署令掌挽歌。三品以上六行三十人，六品以上四行十六人，皆白練褠衣，皆執鐸帗。」

葬儀 合葬附〔九四〕○周　晉　大唐〔九五〕

周制，冢人掌公墓之地，辨其兆域而爲之圖。先王之葬居中，以昭穆爲左右。公，君也。圖，謂畫其地形及丘壟所處而藏之。先王造塋者，昭居左，穆居右，夾處東西。方相氏掌蒙熊皮，黃金四目，玄衣朱裳，執戈揚盾。大喪，先柩，及墓入壙，以戈擊四隅，敺方良。壙，穿地中也。方良，魍魎也，木石之怪。旅賁氏緌葛，執戈盾夾王車，左八人，右八人，車止則持輪。巾車執蓋從車持旌。從車，隨柩路。持蓋旌者，王平生車建旌，雨則有蓋。〔九六〕今蜃車無蓋，執而隨之，象生時有也。所執者銘旌。喪祝掌勸防之事，勸猶倡帥前引者。防謂執披備傾虧也。及辟，令啓。鄭衆云：「辟謂除菆塗椁。令啓謂喪祝主命役人開之。」辟音毗亦反。菆音在官反。小祝設道齎之奠，分禱五祀。齎猶送也。送道之奠，謂遣奠也。分其牲體，以祭五祀，告王去此宮中不復反，故祭之。禮，王七祀，五者，司命、大厲，平生出入不以告。及壙，喪祝脫載除飾。〔九七〕鄭衆云：「去棺飾；謂帷荒池絞翣之屬，〔九八〕令可舉移安措。」司几筵設葦席，右素几。其椁席用萑，黼純。椁席，藏中神座之席。掌蜃掌斂互物蜃物，以供闉壙之蜃。互物，蚌蛤之屬。闉，塞也。〔九九〕將井椁，先塞下以蜃，禦濕也。遂入藏凶器。成葬，〔一〇〇〕小宗伯詔相喪祭之禮，而祭墓爲位。〔一〇一〕成葬，丘已封也。天子之冢，蓋不一日而畢。〔一〇二〕位，壇位也。先祖形體託於此地，祀其神以安之，冢人爲尸。又冢人云：「凡諸侯及諸臣葬於王墓者，〔一〇三〕授之兆。凡諸侯居左右以前，卿大夫士居後，各以其族。子孫各就其所出王，以尊卑處其前後，〔一〇四〕而亦併昭穆。凡死於兵者，不入兆域。戰敗無勇，投諸塋外以罰之。凡有功者居前，居王墓之前，處昭穆之中央。以爵等爲丘封之度，與其樹數。」別尊卑也。王公曰丘，諸臣曰封。漢律曰：「列侯墳高四丈，關內侯以下至庶人，各有差。」柩行至於壙，陳器於道東西，北上。〔一〇五〕統於壙。茵先入。當藉柩也。元士則葬用輁軸，加茵焉。屬引。於是脫載除飾，屬引於緘耳。君葬用輴車，四綍二碑，御棺用羽葆。大夫用輴車，〔一〇六〕二綍二碑，御棺用茅。士葬用國車，二綍無碑，比出宮，御棺用功布。輴車，柩車也。尊卑之差。在棺曰綍，行道曰引，至壙將窆，又曰綍，用綍而設碑，〔一〇七〕是以連言之。碑，桓楹也，將葬，樹於壙四隅，以繂繞之以下棺也。〔一〇八〕御棺，居前爲節度也。士言比出宮用功布，則出宮而止，至壙無矣。主人袒，衆主人西面北上，婦人東面，皆不哭。夾羨道爲位。乃窆，主人哭踊無算。窆，下棺也。襲，贈用制幣玄纁束，拜，稽顙，踊如初。丈八尺曰制，二制合之，束，十制五合。卒，袒，拜賓，主婦亦拜賓，即位，拾踊三，襲。主婦拜女賓也。即位，反位也。賓出，則拜送。相問之賓。藏器於旁，加見；器，用器、役器也。見，棺飾，更謂之見者，加此則棺柩不復見矣。先言藏器乃云加見者，器在見内也。内之者，明君子之於事終不自逸也。〔一〇九〕見音古莧反。〔一一〇〕藏苞筲於旁；於旁者，在見外也。不言甕甒，饌相次可知也。兩兩而居。喪大記曰：「棺椁之閒，君容柷，〔一一一〕大夫容壺，士容甒。」加折，卻之；加抗席，覆之；加抗木。天子七月而葬，五重八翣；諸侯五月而葬，三重六翣；大夫三月而葬，再重四翣。五重者，〔一一二〕謂抗木與茵也。葬者抗木在上，茵在下也。既夕云：「抗木橫三縮二，加抗席三，加茵，用疏布，緇翦，有幅，亦縮二橫三。」實土三。主人拜鄉人，謝其勤勞。即位，踊襲如初。哀親之在斯也。乃反哭。

檀弓云：「合葬非古也，自周以來。」古謂殷以前。「季武子曰：『周公蓋祔。』」祔謂合葬也。合葬自周公以來。「孔子曰：『衞人之祔也，離之；祔謂合葬也。〔一一三〕離之，有以閒其椁中。魯人之祔也，合之，善夫！』」善夫，善魯祔葬當合。「孔子合葬於防」。防，魯地。〔一一四〕

說曰：記云葬於北方，北首，三代之達禮也，之幽之故也。北方，國北。弁絰葛而葬，與神交之道也，接神之道，不可純凶也。天子諸侯變服而葬，冠素弁，以葛爲環絰。既虞卒哭，乃服受服也。雜記曰：「凡弁絰，其緦侈袂。」有敬心焉。踰時哀衰而敬生也。敬則服有飾也。大夫士三月而葬，未踰時。周人弁而葬，殷人㝷而葬。〔二五〕周弁殷㝷，俱象祭冠而素，禮同。

凡殉葬，非禮也。陳子車死於衛，其妻與其家大夫謀以殉葬，定，而後陳子亢至，曰：「夫子疾，莫養於下，請以殉葬。」子亢曰：「以殉葬，非禮也。雖然，則彼疾當養者，孰若妻與宰？得已，則吾欲已；不得已，則吾欲以二子者之爲之也。」子亢，子車弟，孔子弟子。下，地下也。度諫之不能止，以斯言拒之。已猶止也。於是弗果用。果，決。

陳乾昔寢疾，屬其兄弟，而命其子尊己曰：「如我死，則必大爲我棺，使吾二婢子夾我。」婢子，妾也。既死，其子曰：「以殉葬，非禮也，況又同棺乎！」弗果殺。善尊己不陷父於不義。

子路曰：「傷哉貧也！生無以爲養，死無以爲禮也。」孔子曰：「啜菽飲水盡其歡，斯之謂孝；斂手足形，還葬而無槨，稱其財，斯之謂禮。」還猶疾也。謂不及其日月。

國子高曰：「葬也者，藏也。藏也者，欲人之弗得見也。是故衣足以飾身，棺周於衣，椁周於棺，土周於椁；言皆所以爲深邃，難人發見之也。國子高，成子高也。成，謚也。反壤樹之哉！」反，復也。〔二六〕怪不如太古也，而反封樹之。意在於儉，非周禮。〔二七〕又曰：「吾聞之也，〔二八〕生有益於人，死不害於人。吾縱生無益於人，可以死害於人乎？我死，則擇不食之地而葬我焉。」不食地，謂不墾耕。

夫子居於宋，見桓司馬自爲石椁，三年而不成。夫子曰：「若是其靡也，死不如速朽之愈也。」

子游問喪具，夫子曰：「稱家之有無。」子游曰：「有無惡音烏乎齊？」音劑。惡乎齊，問豐省之比。夫子曰：「有，無過禮。苟亡矣，斂手足形，還葬，還之言便也。言已斂即葬之，不待三月。懸棺而窆，不設碑繂，不備禮也。窆，下棺也。人豈有非之者哉？」不責於人所不能。〔二一九〕

孔子之喪，有自燕來觀者，舍於子夏氏。子夏曰：「聖人之葬人，與人之葬聖人也，子何觀焉？昔者夫子言之曰：『吾見封之若堂者矣，見若坊者矣，坊形旁殺平上而長。見若覆夏屋者矣，覆謂茨瓦也。夏屋，今之門廡也。其形旁廣而卑。見若斧者矣。』斧形旁殺刃上而長。從若斧者焉，孔子以爲刃上難登，狹又易爲功。馬鬣封之謂也。俗閒名。今一日而三斬板，而已封，板蓋廣二尺，長六尺。斬板謂斷其縮也。三斬止之旁殺，蓋高四尺。詩曰：「縮板以載。」尚行夫子之志乎哉！」尚，庶幾也。

曾子問：「葬引至於堩，日有食之，則有變乎？且不乎？」堩，道也。變謂異禮也。堩音古鄧反。孔子曰：「昔者，吾從老聃助葬於巷黨，及堩，日有食之。老聃曰：『丘！止柩，就道右，止哭以聽變。』既明反而後行，曰『禮也』。巷黨，黨名也。就道右者，行相左也。變，日蝕也。反，復也。反葬，而丘問之曰：『夫柩，不可以反者也，〔二二〇〕日有食之，不知其已之遲數，則豈如行哉？』已，止也。數讀作速。老聃曰：『諸侯朝天子，見日而行，逮日而舍，奠；大夫使，見日而行，逮日而舍。舍奠，每將舍，奠行主。夫柩不早出，不暮宿。』」侵晨夜則近姦寇。

春秋左氏傳曰：魯成公二年，宋文公卒，始厚葬，用蜃炭，益車馬，始用殉，燒蛤爲炭以瘞壙，〔二一〕多埋車馬，用人從葬。重器備，重猶多也。椁有四阿，棺有翰檜。四阿，四注椁也。翰，旁飾。檜，上飾。皆王禮。君子謂華元、樂舉於是乎不臣。臣，治煩去惑者也，是以伏死而爭。今二子者，君生則縱其惑，謂文十八年，殺母弟須。死又益其侈，是弃君於惡也，何臣之爲？若言何用爲臣。

魯昭公十二年，左傳曰：「鄭簡公卒，將爲葬除，及游氏之廟，游氏，子太叔族。將毁焉。子太叔使其除徒執用以立，而無庸毁，用，毁廟具。曰：『子産過女而問何故不毁，迺曰「不忍廟也。諾，將毁矣」！』教毁廟者之辭。既如是，子産迺使避之。司墓之室，有當道者，毁之則朝而堋，補鄧反，下棺。弗毁則日中而堋。子太叔請毁之，曰：『無若諸侯之賓何？』不欲久留賓。〔二二〕子産曰：『諸侯之賓能來會吾喪，豈憚日中？無損於賓而民不害，何故不爲？』遂弗毁，日中而葬。君子謂子産於是乎知禮，禮無毁人以自成也。」

曾子問曰：「下殤，土周葬於園，遂輿機而往，塗邇故也。土周，聖周也。周人以夏后氏之聖周，葬下殤於園中，以其去成人遠，不就墓也。機，轝尸之牀也。以繩組其中央，又以繩從旁鉤之。禮以機舉尸，轝之以就園而斂葬焉，塗近故耳。今墓遠，則其葬也如之何？」今人斂下殤於宮中，而葬之於墓，與成人同。墓塗乃遠，其葬當轝其棺乎？載之也？問禮之變也。孔子曰：「吾聞諸老聃曰：〔二三〕昔者史佚有子而死，下殤也。墓遠，蓋欲葬墓如長殤，從成人也。長殤有送葬車者，則棺載之矣。史佚，武王時賢史也。賢猶有不知。召公謂之曰：『何以不棺斂於宮中？』欲其棺斂於宮中，〔一二四〕如成人也。斂於宮中，則葬當載之。棺音古患反，下棺衣同。史佚曰：『吾敢乎哉！』畏知禮者。召公言於周公，爲史佚問。周公曰：『豈，不可！』言是豈，於禮不可也。不許之。史佚行之。失指，〔一二五〕以爲許也，遂用召公之言。下殤用棺衣棺，自史佚始也。」棺，謂斂於棺也。〔一二六〕

曾子問曰：「並有喪如之何？何先何後？」並謂父母若親同者同月死也。孔子曰：「葬，先輕而後重；其奠也，先重而後輕：禮也。自啓及葬，不奠，不奠，務於當葬者。行葬不哀次，不哀次，輕於在殯者。反葬奠，而後辭於賓，〔一二七〕遂脩葬事。辭於賓，謂告將葬啓期也。其虞也，先重而後輕，禮也。」

晉賀循葬禮云：「至墓之位，男子西向，婦人東向。先施幔屋於埏道北，南向。柩車既至，當坐而住。遂下衣几及奠祭。哭畢柩進，即壙中神位。既窆，乃下器壙中。薦棺以席，緣以紺繒。植翣於牆，左右挾棺，如在道儀。」

大唐元陵儀注：「山陵日，依時刻，吉凶二駕備列訖，〔一二八〕尚輦帥腰輿繖扇入詣神座前，〔一二九〕内侍捧几，内謁者捧香爐，各置輿上。中官帥其屬舁衣箱以出。神輿至玉輅後，内常侍捧几置輅中，輿等退就列。〔一三〇〕中官以衣箱傳授尚衣奉御，置於玉輅及副車中。

神駕動，警蹕如常，千牛將軍夾輅而趨。至侍臣上馬所，禮生贊侍臣上馬，侍臣上馬訖，夾侍於前，禮生在供奉官內。諸侍衛之官，各督其屬，左右翊神駕動，鹵簿官以黃麾麾之，鼓吹振作，警蹕如常。當陵門，以赤麾麾之，鼓吹不作。侍臣下馬，步導於前，神駕至吉帷宮，迴車南向。尚輦帥腰輿繖扇至輅後，內常侍奉几置輿上，繖扇侍奉至帳殿下，內侍捧几置座上，內謁者捧香爐置座前，輿等退就列。玉輅及鹵簿侍衛之官，停列於帷宮門外。吉駕引，禮官贊侍中進輼輬車靈駕前，奏請靈駕發引，〔三一〕俛伏，興，退。司馬執鐸，挽郎執紼，挽歌振作，及挽以進，內外哭從，以赴山陵。靈駕至陵門西凶帷帳殿下，迴駕南向。公主及內官以下並降車，障以行帷，哭於凶帳殿之西，東向北上。羣官皇親哭者序立於帷門外，東西相向，北上。哭十五舉音，〔三二〕止，各退就次。前三刻，奉禮郎於隧道東南，量遠近，設皇親諸親奉辭位。又於其南設應從文武官五品以下奉辭位，又於其南設六品以下奉辭位。每等異位，重行，西面北上。設奉禮郎位於其北，禮生二人立於其南，差退。內謁者於隧道西南稍北，帷內設公主、王妃及內官以下奉辭位，東向北上。前一刻，所司設奠席於輼輬車前，設罍洗於東南，罍在洗西，篚在洗東。於是羣官列位序立。光祿卿帥其屬以饌奠於席上。禮官引太尉詣罍洗，盥手洗爵，詣罇坫所，太祝酌醴齊訖，太尉跪奠於饌前，俛伏，興。太祝持版進太尉之左，跪讀文訖，奠版，俛伏，興。太尉再拜，在位者皆再拜。發引，至南神門，將作監進龍輴於靈駕之後。禮官贊侍中進轀輬靈駕前，跪，奏稱『請降靈駕，御龍輴』，俛伏，興，退舁梓宮。所由迺奉還梓宮至龍輴，舁梓宮官左右捧從。司空以巾拭梓宮，并拂夷衾。〔一三三〕少府屬紼於龍輴。禮官贊侍中進龍輴前，跪奏稱『請引龍輴即玄宮』，俛伏，興，退。挽郎執紼，奉引龍輴，左迴北首。禮官贊司徒前導，白幰弩、素信幡、大旐及翣，皆依次而引，近伏近侍夾進如禮官導。通事舍人引太尉先導於龍輴之左。主節官帥持節者脱節在太尉之前，差退。代哭者及挽歌皆序立於門外之西，〔一三四〕重行東向，押官排比以俟。皇親、諸親、羣官等哭從。公主、王妃及内官等障以行帷。龍輴至羨道，停於帷下，南首以俟。〔一三五〕時妃主内官以下，於羨道西南帷内就位，東向哭。通事舍人分引羣官、皇親、諸親各就奉辭位，所由各贊哭，在位者皆哭。其吉鹵簿侍奉官少前，序立於門外之東，西向北上，哭。皆三十舉音，止，再拜奉辭。至時，内官以下吉服，奉還梓宮入自羨道，奉接安於御榻褥上，北首，覆以御衾。龍輴退出。其押吉鹵簿官，並服白布巾衫就哭；〔一三六〕將掩玄宮，並依前服吉服。初，梓宮降自羨道，奉禮郎設太尉進寶册贈玉幣位於羨道東南，西向；設禮儀使奉寶册玉幣位於太尉之南；又設祕書監位於其南。禮官導通事舍人引太尉以下俱吉公服各就位。又導持節者服節衣引太尉之前；禮部侍郎奉寶綬案、謚册案、哀册案，每案四人對舉，用九品以上清資官舁。立於太尉之西南；少府監奉贈玉，置於匣，帥其屬捧立於禮部侍郎之西；太府卿奉幣玄三纁二，置於篚，帥其屬捧立少府監之西，俱北面，各立於寶册玉幣之後。按玄衣纁裳，周制也。當時所服，故以爲幣。服，近代及今，則皆不用。滯儒執古，儀注復存，且非古所上，不取觸途皆爾。其吉制非允，豈可悉行。〔一三七〕斯未達禮從宜及隨時之義也。具昏禮篇，不復重載。立定，禮官導通事舍人，引禮部侍郎取寶綬於案，進授太尉。又禮生一人引祕書監取謚册、哀册，進授禮儀使。其册如重，則判官助舉。又引少府監取玉於匣，并薦巾。又引太府卿取幣進授禮儀使，以幣承巾玉。禮部侍郎以下並退。龍輴既出，禮儀官分贊太尉、禮儀使奉寶册玉幣，並降自羨道。至玄宮，太尉奉寶綬入，跪奠於寶帳内神座之西，俛伏，興，退。〔一三八〕禮儀使以謚册跪奠於寶綬之西，又以哀册跪奠於謚册之西，又奉玉幣跪奠於神座之東。並退出復位。禮生引將作監、少府監入陳明器，白幰弩，素信幡、翣等，分樹倚於牆，大旐置於户内。〔一三九〕其趺竿燒之。〔一四〇〕自餘明器，各以次逐便陳之，〔一四一〕使有行列。陳布訖，并内官以下，並出羨道就位。所由贊内外哭，羣官、皇親、諸親并吉儀侍奉官皆哭，〔一四二〕三十舉音，再拜，又再拜奉辭訖，引退以出。中官贊公主、王妃並退出，周以行帷，至門，乘車以扈從。禮生導主節官，帥持節者，引太尉及司空、山陵使、將作監、御史一人監鏁閉玄宮。司空復土九鍤。〔一四三〕所司帥作工續以終事。其先除服者，並改服。凶儀鹵簿，解嚴退散。輼輬車、龍輴之屬，於柏城内庚地焚之。其通人臣用者則不焚。」

神龍元年十二月，將合葬則天皇后於乾陵，給事中嚴善思上表曰：「臣謹按天元房録葬法云：『尊者先葬，卑者不合於後開入。』臣伏聞則天大聖皇后欲開乾陵合葬，然以則天皇后卑於天皇大帝，若欲開陵合葬，即是以卑動尊，事既違經，恐非安穩。臣又聞乾陵玄宮，其門以石閉塞，其石縫鑄鐵以固其中。今若開陵，其門必須鐫鑿。然以神明之道，體尚幽玄，今乃動衆加功，誠恐多所驚黷。又若別開門道，以入玄宮，即往者葬時神位先定，今更改作，爲害益深。伏以漢時諸陵，皇后多不合葬。魏晉以降，始有合者。然以西漢積年，尚餘四百；〔一四四〕魏晉以後，祚皆不長。伏望依漢朝之故事，改魏晉之頹綱。於乾陵之旁，更擇吉地，取生墓之法，別起一陵，既得從葬之儀，又成固本之業。伏以合葬者，緣人私情；不合葬者，前循故事。若以神道有知，幽塗自得通會；若以死者無知，合之復有何益？伏望少迴天眷，俯覽臣言，行古昔之明規，割私情之愛欲，使社稷長享，天下乂安。」疏奏，令百官詳議。尋有敕令，準遺詔合葬。

開元二十一年二月，定安公主初降王同皎，〔一四五〕後降韋濯，又降博陵崔銑，銑復先卒，及是公主薨，其子駙馬王繇請其父合葬，敕旨依。給事中夏侯銛駮之曰：「公主自昔降婚，梧桐半死；逮乎再醮，琴瑟兩亡。則生存之時，已與前夫義絶；殂謝之日，合從後夫禮葬。今若依繇所請，卻祔舊姻，恐魂而有知，王皎不納於幽壤；死而可作，崔銑必訴於玄天。國有典章，事難逾越。原謬此意，雖申罔極之情；本禮而行，或致不稽之誚。銛謬膺駁正，敢曠司存，請旁移禮官，并求指定。」下太常寺請議。

貞觀十一年十月，詔曰：「諸侯列葬，周文創陳其禮；大臣陪陵，魏武重申其制。去病佐漢，還奉茂陵之塋；夷吾相齊，終託牛山之墓。斯蓋往聖垂範，前賢遺則，在曩昔之宿心，篤始終之大義也。皇運之初，時逢交喪，謀臣武將等先朝特蒙顧遇者，〔一四六〕自今以後，身薨之日，所司宜即以聞，並於獻陵左側，賜以墓地，并給東園祕器。」

喪葬令：〔一四七〕「凡五品以上薨卒及葬祭者，應須布深衣、幘、素幕、轝，皆官借之。其內外命婦應得鹵簿者，亦如之。其墓田之制，一品，塋，先方九十步，今減至七十步；墳先高丈八尺，減至丈六尺。二品，先方八十步，今減至六十步；墳先高丈六尺，減至丈四尺。三品，先方七十步，減至五十步；墳先高丈四尺，減至丈二尺。其四品，先方六十步，減至四十步；〔一四八〕墳先高丈二尺，減至丈一尺。五品，先方五十步，減至三十步；〔一四九〕墳高一丈，減至九尺。六品以下，先方二十步，減至十五步；墳高八尺，減至七尺。其庶人先無文，其地七步，墳高四尺。其送葬祭盤，不許作假花果及樓閣，數不得過一牙盤。」其百官葬儀具開元禮。

校勘記

〔一〕輤輴也　「也」原訛「不」，據儀禮既夕禮鄭注及諸本改。

〔二〕飾之如爵然　「飾」原作「著」，據北宋本、傅校本、明抄本、明刻本、王吳本改。

〔三〕三分庭一在南　「一」原訛「二」，據儀禮既夕禮鄭注及北宋本、傅校本、明抄本、明刻本、王吳本改。

〔四〕下遷柩之奠也　「柩」原作「祖」，據北宋本、傅校本、明抄本、明刻本、王吳本改。

〔五〕腢五回反　經典釋文卷一〇作「五口反」，疑「回」係「口」字之訛。

〔六〕一池懸於柳前　原脱「一」，據儀禮既夕禮鄭注及北宋本、傅校本、明抄本、明刻本、王吳本補。

〔七〕紐所以結連帷荒　「結連」原作「聯」，據北宋本、傅校本、明抄本、明刻本、王吳本補改。

〔八〕以三采繒爲之　「以三」原倒，據儀禮既夕禮鄭注及殿本乙。

〔九〕魚躍拂池　禮記喪大記同。北宋本、傅校本、明抄本、明刻本、王吳本「躍」作「踊」。

〔一〇〕揄絞　北宋本、傅校本、明抄本、明刻本、王吳本二字上有「不」，恐非。按：禮記喪大記孔疏云：「揄絞者，亦畫揄雉於絞在於池上。」

〔一一〕黼荒　「黼」原訛「黻」，據禮記喪大記鄭注及北宋本、傅校本、明抄本、明刻本、王吳本改。

〔一二〕形如瓜分然　「瓜」原訛「爪」，據儀禮既夕禮鄭注及傅校本、明抄本、明刻本、王吳本改。

〔一三〕綏當爲緌讀如冠蕤之蕤　原「讀」誤在「當」上，據禮記喪大記鄭注下移。

〔一四〕披絡柳棺上　原脱「披」，據儀禮既夕禮鄭注補。

〔一五〕横陳之者　原脱「者」，據儀禮既夕禮鄭注補。

〔一六〕亦者亦抗木也　原脱「亦者」，據儀禮既夕禮鄭注補。

〔一七〕器目言之也陳明器以西行南端爲上　北宋本、傅校本、明抄本、明刻本、王吳本作「器西言陳明器也以西行南端爲上」，殿本作「器目言陳明器也以西行南端爲上」，局本作「器自言陳明器也以西行南端爲上」，均誤。今據儀禮既夕禮鄭注改正。

〔一八〕茵在抗木上　原脱「木」，據儀禮既夕禮鄭注補。

〔一九〕灸謂以蓋按塞其口　「灸」原涉上而脱，據儀禮既夕禮鄭注補。

〔二〇〕兩杅　原脱「兩」，據儀禮既夕禮及北宋本、傅校本、明抄本、明刻本、王吳本補。

〔二一〕巾席俟於西方祖奠將用焉　「巾」原訛「中」，又脱「焉」，據儀禮既夕禮鄭注改補。

〔二二〕仲憲孔子弟子原憲也　原作「仲憲即原憲也」，據北宋本、傅校本、明抄本、明刻本、王吳本補改。

〔二三〕示人疑也　禮記檀弓上同。北宋本、傅校本、明抄本、明刻本、王吳本「人」卜有「有」字。

〔二四〕謂無知與有知　「有」原在上，「無」原在下，據禮記檀弓上鄭注移正。

〔二五〕省陳而盡納之可也　原「可」上有「不」，非。據禮記喪服小記及北宋本、傅校本、明抄本、明刻本、王吳本删。

〔二六〕空中勘合而漆之　「勘」原訛「斟」，據諸本改。

〔二七〕左龍右武　後漢書禮儀志下三一五二頁作「左龍右虎朱鳥玄武」。通典避李虎諱而省改。

〔二八〕龍首魚尾而已　後漢書禮儀志下三一五二頁作「魚龍首尾而已」。北宋本作「龍魚首尾而已」。

〔二九〕以竹爲籠　北宋本、傅校本、明抄本、王吴本「以」下有「象」。

〔三〇〕以三牲之肉爲一代苞俎所遺奠之俎爲藏物也　上「俎」原作「收」，據北宋本、傅校本、明抄本改。

〔三一〕箸百副　北宋本「百」作「自」。

〔三二〕幰竿諸末垂六旒蘇　「末」原訛「未」，據隋書禮儀志三一五六頁及諸本改。

〔三三〕典儀設羣官夜哭版位　「羣」原訛「郡」，據北宋本、傅校本、明抄本、明刻本、王吴本改。

〔三四〕羣官哭　原「哭」上有「皆」，據北宋本、傅校本、明抄本、明刻本、王吴本删。

〔三五〕贊尚輦奉御　「輦」原訛「贊」，據諸本改。

〔三六〕内侍捧几置輿上　「几」原訛「凡」，據諸本改。

〔三七〕進捧梓宫　原「捧」下衍「宫」，據王吴本删。

〔三八〕羣官立哭於庭中位　「官」原訛「臣」，據北宋本、傅校本、明抄本、明刻本改。

〔三九〕鞚馬帶也凡贈馬授鞚曰鞚馬也　前「馬」下原有「黑」，「授」原訛「帶」，據北宋本、傅校本、明抄本删改。

〔四〇〕殆將於殉　原作「殆將於用人」，清人擅改。今據唐會要卷三八及北宋本、傅校本、明抄本、明刻本、王吴本改。

〔四一〕周晉大唐　北宋本、明抄本無此四字。

〔四二〕巾奠乃牆　原「牆」在下文「襲」字下，誤。據儀禮既夕禮及諸本移回。

〔四三〕下遷柩之奠也　「柩」原作「祖」，據北宋本、傅校本、明抄本、明刻本、王吴本改。

〔四四〕亦在柩車西　「車」原訛「東」，據儀禮既夕禮鄭注改。

〔四五〕柩還則當前束南　「束」原訛「東」，據儀禮既夕禮鄭注及諸本改。

〔四六〕祖還車　「還」原訛「遷」，據儀禮既夕禮鄭注及諸本改。

〔四七〕故於此移銘加於茵上　「加」原訛「如」，據儀禮既夕禮鄭注及諸本改。

〔四八〕布席乃奠如初　北宋本句下尚有「宵爲燎」三字，傅校本有「爲燎」二字。

〔四九〕正柩於兩楹間　「間」原訛「問」，據諸本改。

〔五〇〕奉禮郎　原「禮」字處空白，據諸本補。

〔五一〕大祝持祝版進　下「祝」原訛「跪」，據諸本改。

〔五二〕皇帝哭十五舉音訖　「音」原作「聲」，據北宋本、傅校本、明刻本、王吴本改。

〔五三〕中官舁香案出　原脱「案」，據北宋本、傅校本、明抄本、明刻本、王吴本補。

〔五四〕當軨後　「當」原訛「常」，據諸本改。「後」北宋本作「復」。

〔五五〕並先升車以俟扈從　「以俟」原倒，據北宋本、傅校本、明抄本、明刻本、王吴本乙。

〔五六〕三分庭之北　「三」原訛「二」，據儀禮既夕禮鄭注及諸本改。

〔五七〕凡士車制無漆飾　「飾」原訛「餘」，據儀禮既夕禮鄭注及諸本改。

〔五八〕此士謂胥徒之長有勇力者受馬　儀禮既夕禮鄭注同。北宋本、傅校本、明抄本、明刻本、王吴本「受」上有「士」。

〔五九〕皮馬相間　「間」原訛「問」，據儀禮聘禮、既夕禮鄭注及諸本改。

〔六〇〕介立於其左　「其」原訛「門」，據禮記雜記上及北宋本、傅校本、明抄本、明刻本、王吴本改。

〔六一〕賵馬入廟門　「入」原訛「人」，據禮記少儀及北宋本、傅校本、明抄本、明刻本、王吴本改。

〔六二〕大白兵車　「白」原訛「帛」，據禮記少儀改。

〔六三〕爲哭者設令爲明也　原脱「令」，據北宋本、傅校本、明抄本、明刻本、王吴本補。

〔六四〕遣車之差　原作「其差」，據北宋本、傅校本、明抄本補改。

〔六五〕蜱音步佳反　「步」原作「皮」，據北宋本、傅校本、明抄本、明刻本、王吴本改。

〔六六〕糗以豆糗粉餌　「餌」原訛「飷」，據儀禮既夕禮鄭注及諸本改。

〔六七〕巾之　儀禮既夕禮鄭注同。北宋本、傅校本、明刻本「巾」下有「鼏」字。

〔六八〕徹者出踊如初　儀禮既夕禮同。北宋本、傅校本、明抄本、明刻本、王吴本無「如初」。

〔六九〕君之典禮書者也　儀禮既夕禮鄭注同。北宋本、傅校本、明抄本、明刻本、王吴本「君」作「公」。

〔七〇〕君子寧爲是乎　「寧」原訛「笠」，據禮記雜記下鄭注及諸本改。

〔七一〕夫大饗既饗　「夫大」原倒，又脱「既饗」，據禮記雜記下乙補。北宋本「大」訛「人」。

〔七二〕内外皆止哭　此五字原涉上而脱，據北宋本補。

〔七三〕司徒帥昇梓宫官及所由奉梓宫升轀輬車　原脱「官」，據北宋本、傅校本、明抄本、明刻本補。

〔七四〕所司設奠席於轀輬車東南　「南」原作「西向」，明刻本、王吴本、殿本同。今據北宋本、傅校本、明抄本改删。

〔七五〕設罍洗又於其南設太尉版位又於東西向　前「又」原在「南」下，後「又」原脱，據北宋本、傅校本、明抄本、明刻本、王吴本乙補。

〔七六〕祕書監以授符實郎　北宋本、傅校本、明抄本、明刻本、王吴本無「祕書監」，蓋蒙上而省。

〔七七〕禮儀使又跪奏請皇帝還宫　原脱「又」，據北宋本改。

〔七八〕再拜奉辭訖　「辭」原訛「次」，據諸本改。

〔七九〕周晉大唐　北宋本、明抄本無此四字。

〔八〇〕大司徒帥六鄉之衆庶　「鄉」原訛「卿」，據周禮大司徒及北宋本、傅校本、明刻本改。

〔八一〕抱磨共丘籠及蜃車之役　「籠」原訛「壟」，據周禮遂師及北宋本、傅校本、明抄本、明刻本、王吴本改。

〔八二〕遂人主陳之而遂師以名行校之　原作「遂人陳之遂帥抱持版之名字校録之」，乃後人竄改者。今據周禮遂師鄭注及北宋本、傅校本删改。

〔八三〕如其陳之先後　「先」原作「前」，據儀禮既夕禮鄭注及北宋本、傅校本、明抄本、明刻本改。

〔八四〕商祝執功布　原「執」字處空白，據諸本補。

〔八五〕助葬必執紼　「紼」原作「綍」，據禮記曲禮上及北宋本、傅校本、明抄本、明刻本改。

〔八六〕十人一倀　「倀」原訛「帳」，據北宋本、傅校本、明刻本改。下同。

〔八七〕皆素服白帢　「帢」原訛「幍」，據北宋本改。

〔八八〕以部伍所主　「伍」原作「五」，據北宋本改。

〔八九〕周漢晉宋大唐　北宋本無此六字。

〔九〇〕杜后崩　三字原脱，據宋書禮志二四〇五頁補。

〔九一〕挽歌出於漢武帝役人勞歌　「勞歌」原倒，據晉書禮志中六二六頁乙。

〔九二〕雖音曲摧愴非經典所制　「愴」原訛「搶」，「典」原訛「曲」，據晉書禮志中六二六頁及北宋本、傅校本、明抄本、明刻本、王吴本改。

〔九三〕詩稱君子作歌惟以告哀　「詩」原訛「傳」，據晉書禮志中六二七頁改。按：詩句見詩經小雅四月。

〔九四〕合葬附　原無此三字，據禮典目録補。

〔九五〕周晉大唐　北宋本、明抄本無此四字。

〔九六〕雨則有蓋　「雨」原訛「兩」，據諸本改。

〔九七〕喪祝脱載除飾　「祝」原訛「祀」，據周禮喪祝及北宋本、傅校本、明抄本、明刻本、王吴本改。

〔九八〕謂帷荒池絞翣之屬　「絞」原作「四」，據北宋本、傅校本、明刻本、王吴本改。

〔九九〕闉塞也　「闉」原訛「内」，據諸本改。

〔一〇〇〕成葬　「成」原作「既」，後人擅改者。今據北宋本、傅校本、明抄本、明刻本改回。

〔一〇一〕而祭墓爲位　原句上有「成葬」，後人所增。今據北宋本、傅校本、明抄本、明刻本删。

〔一〇二〕蓋不一日而畢　「一」原訛「三」，據周禮小宗伯鄭注及北宋本改。

〔一〇三〕凡諸侯及諸臣葬於王墓者　「凡」原訛「几」，據諸本改。又脱「者」，據周禮冢人補。

〔一〇四〕子孫各就其所出王以尊卑處其前後　周禮冢人鄭注同。北宋本、傅校本、明抄本「尊」上有「別」字。

〔一〇五〕陳器於道東西北上　北宋本、傅校本、明刻本、王吴本「西」下有「面」，非。

〔一〇六〕大夫用輇車　「輇」北宋本、傅校本、明刻本、明抄本作「輕」，注同。按：禮記喪大記作「輇」。

〔一〇七〕用綍而設碑　原無「用綍」，據北宋本、傅校本、明刻本、王吴本補。

〔一〇八〕以綍繞之以下棺也　「繞」原訛「統」，據北宋本、傅校本、明抄本、明刻本、王吴本改。按：禮記喪大記鄭注云：「樹碑於壙之前後，以紼繞碑間之鹿盧，輓棺而下之。」

〔一〇九〕明君子之於事終不自逸也　原訛作「明君子終於事不自逸也」，據儀禮既夕禮鄭注補乙。

〔一一〇〕見音古莧反　原脱「音」，據北宋本、傅校本、明抄本、王吴本補。

〔一一一〕君容柷　「柷」原訛「祝」，據禮記喪大記及傅校本、明刻本改。

〔一一二〕五重者　「五」原訛「三」，據禮記禮器鄭注改。

〔一一三〕祔謂合葬也　此五字注原脱，據北宋本、傅校本、明抄本、明刻本、王吴本補。

〔二四〕防魯地　原脱「防」，據北宋本、傅校本、明抄本、明刻本、王吳本補。

〔二五〕周人弁而葬殷人冔而葬　禮記檀弓下同。北宋本、傅校本、明刻本、王吳本「殷人冔而葬」在前，「周人弁而葬」在後。

〔二六〕反復也　「復」原作「覆」，據禮記檀弓上鄭注及北宋本、傅校本、明抄本、明刻本改。

〔二七〕意在於儉非周禮　「非」原訛「作」，據禮記檀弓上鄭注及諸本改。

〔二八〕吾聞之也　「也」原訛「曰」，據諸本改。

〔二九〕不責於人所不能　原脱「人」，據禮記檀弓上鄭注補。

〔三〇〕不可以反者也　「可」原訛「不」，據諸本改。

〔三一〕燒蛤爲炭以瘞壙　「瘞」原訛「座」，據左傳成公二年杜注及北宋本、傅校本、明刻本改。

〔三二〕不欲久留賓　「不」原訛「下」，據左傳昭公十二年杜注及諸本改。

〔三三〕吾聞諸老聃曰　「聞」原訛「問」，據禮記曾子問及北宋本、傅校本、明抄本、明刻本改。

〔三四〕欲其棺斂於宮中　原無「棺」，據北宋本、傅校本、明抄本、明刻本、王吳本補。

〔三五〕失指　「失」原訛「佚」，據禮記曾子問鄭注改。

〔三六〕棺謂斂於棺也　「謂」原作「爲」，據禮記曾子問鄭注及北宋本、傅校本、明抄本、明刻本改。下同。

〔三七〕而後辭於賓　「賓」原作「殯」，據北宋本改。下同。按：禮記曾子問作「殯」，而鄭注云：「殯當爲賓，聲之誤也。」

〔二八〕吉凶二駕備列訖　「備」上原有「循」，據北宋本、傅校本、明抄本、明刻本、王吴本删。

〔二九〕入詣神座前　「詣」原訛「諸」，據北宋本、傅校本、明抄本、明刻本、王吴本改。

〔三〇〕輿等退就列　原「輿」上有「尚」，據北宋本、傅校本、明抄本、明刻本、王吴本删。按：下文仍有「輿等退就列」，即無「尚」字。

〔三一〕禮官贊侍中進輼輬車靈駕前奏請靈駕發引　「官」原訛「宫」，兩「靈」字俱訛作「引」，據諸本改。

〔三二〕哭十五舉音　「音」原訛「聲」，據北宋本、傅校本、明抄本、明刻本改。下同。

〔三三〕并拂夷衾　「拂」原訛「紼」，據諸本改。

〔三四〕皆序立於門外之西　原脱「立」，據北宋本、傅校本、明抄本、明刻本、王吴本補。

〔三五〕南首以俟　「首」原訛「省」，據北宋本、傅校本、明抄本、明刻本、王吴本改。

〔三六〕並服白布巾衫就哭　「哭」原訛「吴」，據諸本改。

〔三七〕且非古所上不取觸途皆爾其吉制非允豈可悉行　此二十字原爲明清各本所删，今據北宋本、傅校本補。按：此數語不甚可曉，疑有訛誤。今强爲標點，聊供參考。

〔三八〕俛伏興退　原脱「退」，據北宋本補。

〔三九〕大旐置於户内　「旐」原訛「幡」，據北宋本、傅校本、明抄本、明刻本改。

〔四〇〕其趺竿燒之　「趺」原訛「跌」，據北宋本、傅校本、明刻本改。

〔四一〕各以次逐便陳之　「以」原訛「於」，「逐」原訛「遂」，據諸本改。

〔四二〕吉儀侍奉官　「侍」原訛「使」，據諸本改。
〔四三〕司空復土九鍤　「土」原訛「士」，據諸本改。
〔四四〕尚餘四百　「尚」北宋本、傅校本、明抄本、明刻本作「向」。
〔四五〕王同皎　「皎」原訛「故」，據諸本改。
〔四六〕先朝特蒙顧遇者　原作「蒙先朝待遇者」，據北宋本乙補。
〔四七〕喪葬令　「令」原訛「今」，據北宋本、傅校本、明刻本改。
〔四八〕減至四十步　「四」原訛「五」，據北宋本、傅校本、明抄本、明刻本、王吴本改。
〔四九〕減至三十步　「三」原作「四」，據唐會要卷三八改。

王文錦點校

通典卷第八十七

禮四十七 沿革四十七 凶禮九

喪制之五

虞祭周 後漢 宋 大唐

周制，士喪既葬，賓土三，主人拜鄉人，即位踊襲，迺反哭。有司修虞事。特豕饋食，有司，當時主事者。饋猶歸也。將踊袒，既踊即襲，乃反哭。側亨於廟門外之右，〔一〕東面。側亨，亨一胖也。亨於爨用鑊。不於門東，未可以吉也。是日也，以虞易奠，祔而以吉祭易喪祭。鬼神所在則曰廟，尊言也。設洗於西階西南，水在洗西，篚在東。反吉也，亦當西榮也。鐏於室中北墉下，〔二〕當户。素几葦蓆在西序下。有几，始鬼神之。〔三〕陳三鼎於門外之右。門西。主人及兄弟如葬服，賓執事者如弔服，皆即位於門外之左，如朝夕臨位。婦人及內兄弟服，即位於堂，亦如之。祝免澡葛絰帶，布席於室中，東面，右几，降出，及宗人即位於門西，東面南上。祝亦執事也。免者，祭祀之禮，祝所親也。澡，理也，〔四〕理葛以爲首絰及帶，接神宜變也。宗人請拜賓。主人即位於堂，衆主人及兄弟、賓即位於西方，如反哭位。祝盥，升取苴，降洗之，升，入設於几東席上，東縮。縮，縱。主人倚杖入，祝從，主人北旋，〔五〕倚杖於西序迺入也。喪服小記曰：「虞杖不入室。」贊薦菹醢。主婦不薦者，齊斬之服不執事也。曾子問曰：「士祭不足，則取於兄弟大功以下者。」鼎入設西階前。俎、豆、敦、鉶入設。鉶，菜羹也。敦音對，黍稷器。祝酌醴，祝奠觶於鉶南，復位，主人再拜稽首。復位，復主人之左。祝饗曰：「哀子某，哀明相，〔六〕夙興夜處不寧，曰，辭也，祝辭也。喪祭稱哀。相，〔七〕助祭者。詩云：「於穆清廟，肅雍明相。」不寧，悲思不安也。敢用潔牲剛鬣，敢，昧冒之辭也。〔八〕豕曰剛鬣。薌合，黍也。嘉薦，普淖，嘉薦，菹醢也。普淖，黍稷也。明齊溲酒，明齊，新水也，言以新水溲釀此酒也。齊音劑。溲音搜。哀薦祫事，始虞謂之祫事者，主欲其合於先祖也，以與先祖合爲安也。適爾皇祖某甫爾，汝也。汝死者也。告之以適皇祖，所以安之。皇，君也。某甫，皇祖字也。饗。」〔九〕命佐食祭。饗，告神饗此祭。〔一〇〕祝取奠觶，祭亦如之，主人再拜。主道也。〔一一〕祝祝，卒，主人拜如初，哭，出復位。祝迎尸，尸入門，丈夫踊，婦人踊。踊不同文者，有先後。尸入主人不降者，喪事主哀，不主敬。婦人入於房。避執事也。尸卒食，主人洗廢爵，酌酒酳尸。祝酌授尸，尸以酢主人，主人拜受爵，尸答拜。主人獻祝、獻佐食。主婦洗足爵於房中，〔一二〕酌，亞獻尸，如主人儀。昏禮曰：「内洗在北堂，直室東隅。」兩籩棗栗設於會南。賓長洗繶爵，三獻，燔從，如初儀。繶爵，口足之閒有篆文，又彌飾。繶，緣也，音憶。婦人復位。復堂上西面位。事已，尸將出，當哭踊。祝出户，西面告利成，主人哭，西面告，告主人也。〔一三〕利猶養也，成猶畢也，主人禮畢也。不言禮畢，於尸嫌之也。〔一四〕皆哭。丈夫婦人於主人哭，〔一五〕斯哭矣。祝入，尸謖。謖，起也。祝入而無事，尸則知起矣。不告尸者，無遣尊者之道也。祝前尸，〔一六〕出户踊如初，降堂踊如初，出門亦如之。前，導也。如初者，出如入，降如升，三者之節悲哀同也。祝反，入徹，設於西北隅，几在南，厞用席。改設饌者，不知鬼神之節，改設之，庶幾歆享，所以爲厭飫也。几在南，變右文，明東面。不南面，漸也。厞，隱也，隱之者，從其幽暗者也。〔一七〕厞音扶味反，屋西北隅。贊闔牖户。鬼神尚幽暗，或者遠人乎？贊，佐食者。主人降，賓出。宗人詔主人降，賓則出廟門。主人出門，哭者止，〔一八〕皆復位。門外未入位。〔一九〕宗人告事畢。賓出，主人送拜稽顙。送拜者，明於大門外也。賓執事者皆去，則徹室中之饌。〔二〇〕

無尸則禮及薦饌皆如初。無尸，謂無孫列可使者也，殤亦如是也。禮謂衣服、即位、升降如有尸也。既饗，祝祝之右反卒，不綏祭，綏當作隳，音許規反。無泰羹、湇、胾，從獻，主人哭，出復位。祝闔牖户，降復位於門西，門西北面位。男女拾踊三。拾，更也，三更踊。拾音其劫反。如食閒，隱之如尸一食九飯之頃。祝升，止哭，聲三，啓户，聲者，噫歆也。將啓户，警覺神。主人入，親之。祝從，啓牖鄉。〔二一〕牖先闔後啓，扇在内也。鄉牖一名也。卒徹，祝、佐食降復位。祝復門西北面位，佐食復西方位也。不復設西北隅者，重閉牖戶，褻也。始虞用柔日。葬之日，日中也。〔二二〕虞欲安之，柔日陰也，陰取其靜也。再虞皆如初，曰哀薦虞事。丁日葬，則己日再虞，其祝辭異者一言耳。三虞、卒哭、他，用剛日，亦如初，曰哀薦成事。當祔於廟，爲神安於此。後虞改用剛日，剛日陽也，取其動也。士則庚日三虞，壬日卒哭，〔二三〕其祝辭異者亦一言耳。他謂不及時而葬者。喪服小記曰：「報葬者報虞者，三月而後卒哭。」〔二四〕然則虞卒哭之閒有祭事者，亦用剛日。其祭無名，謂之他者，假設言之。凡虞，天子九，諸侯七，大夫五，士三。虞祭之數。按雜記云：「天子九，諸侯七，大夫五，士三。」士當葬日，柔日一虞，隔明日至後柔日，爲二虞，其明日剛日又虞，凡四日也。以次準推之，則大夫五虞，當八日；諸侯七虞，當十二日。虞必用柔日者，取其安靜。最後用剛日者，象陽動，以其將祔廟也。凡日之數，甲剛乙柔，景剛丁柔，其餘皆倣此。〔二五〕

說曰：孔子曰：「既封，主人贈而祝宿虞尸。贈，以其幣送死者於壙也。〔二六〕於主人贈，祝先歸。〔二七〕於主人必降。〔二八〕既反哭，主人與有司視虞牲。日中將虞，省其牲也。有司以几筵舍奠於墓左，反，日中而虞。所使奠墓有司來歸乃虞也。舍奠墓左，爲父母形體在此，禮其地神也。舍音釋。葬日虞，弗忍一日離也。不忍其無歸也。是日也，以虞易奠。」虞，喪祭也。將虞，沐浴，不櫛。沐浴者，將祭自潔清也。不櫛，未在於飾也。唯三年之喪不櫛，自期以下櫛可也。男則男尸，女則女尸。女尸必使異姓，〔二九〕不使賤者。異姓婦也。賤者，謂庶孫之妾也。〔三〇〕尸配尊者，必使嫡。尸服卒者之上服。上服者，如特牲士玄端也。不以爵弁服爲上者，祭於君之服，非所以自配鬼神也。士之妻則綃衣。報葬者報虞者，〔三一〕三月而後卒哭。

報讀爲赴疾之赴，謂不及期而葬也。既葬即虞，虞，安神也。卒哭之祭，待哀殺也。既葬而不報虞，則雖主人，皆冠；及虞，則皆絻。有故不得疾虞，雖主人，皆冠，不可久無飾也。皆絻，自主人至緦麻也。遠葬者比反哭者，皆冠；及郊而後絻，反哭。墓在四郊之外者。曾子問曰：「並有喪，何先何後？」並謂父母若親同者同月死也。孔子曰：「葬，先輕而後重；其虞也，先重而後輕：禮也。」

後漢鄭玄云：「子爲父三月而葬，腰絰散垂，如始時也。葬日，日中而虞。反哭，升自西階，虞祭於堂，杖不入室。凡葬以平明，日中反虞者安也，棺柩已去，恐父母精神彷徨無所依，故祭以安之也。」蜀譙周云：「爲父，至葬，腰絰散垂如小斂時。〔三二〕反哭於廟，升自西階。虞祭於寢，杖不入室。」射慈云：「爲父既葬，日中反哭。諸侯於太祖廟。別子爲卿大夫，亦於太祖廟。其非別子爲卿大夫，於皇考廟。上士於皇考廟，〔三三〕中士、下士於王考廟。皆升自西階，東面哭踊，〔三四〕虞祭於殯宮。」

宋崔凱云：「子爲父，三月而葬。將啓出棺，皆絻散帶垂。既啓，袒，哭踊無數。日中虞，絶無時之哭矣。」

大唐元陵儀注：「將啓，太祝捧主匱置於座，啓匱於前，捧出神主，置於座上，東向。諸侍奉官各退就位，輿繖等亦退。通事舍人引羣官俱退於太極殿門外，就次，以俟虞祭。所由陳杖衞如式。典儀設太尉、司徒、宗正卿、禮儀使及諸行事官位於東階之東，設太祝等位於公卿之前少南，如不親行事，中書、門下差奏攝。又少南設典儀位，俱西向。典儀帥禮生二人先就次立，禮生乃引太尉、司徒以下祭服立於左延明門外之南，北向西上。光禄卿帥其屬捧饌立於太尉、司徒之東，太祝帥齋郎捧祝版立於饌東。立定，禮生乃引太尉、司徒以下入就位，通事舍人分引羣官、皇親、諸親皆素服各入就位。侍中版奏「中嚴」，皇帝素服就次。諸王升就位。如不獲親奠，即太尉行事如常。光禄卿帥其屬捧饌入，俟於東階之前，太祝帥齋郎捧祝版立於其南。光禄卿帥其屬升設醴甒、酒罇於帷門外前楹中間之東，北向西上。〔三五〕設篚於罇西，實觶一、杓一，皆有冪。設罍洗於東階之東，北向，罍水在洗東；篚在洗西，南肆，實爵二、巾一，有冪。執罍洗者立於其後。侍中版奏「外辦」，近侍扶引皇帝再拜，通事舍人分贊羣官在内外位者哭拜。禮生引禮儀使省饌訖，升就位。〔三六〕禮官升位後，光禄卿帥進饌捧饌，司徒捧俎，〔三七〕光禄卿引饌及諸執事官並升自東階，設於帷東門外席上訖，降復位。太尉捧祝版升立於罇所，執罇篚者各立於罇篚之後。禮儀使導皇帝於饌東，西面。禮儀使跪奏「請皇帝止哭奉奠」，承傳内外皆止哭。太祝以觶酌醴齊於皇帝之左，跪進；皇帝受醴齊，跪奠於饌前，俛伏，興。太祝持版進神座之南，北面跪讀祝文訖，奠版，俛伏，興。禮儀使導皇帝復位，跪奏「請再拜」，皇帝哭再拜。禮生引太尉亞獻終獻訖，〔三八〕降復位如常儀。通事舍人分贊内外哭再拜。禮儀使又跪奏「請再拜」，俛伏，興，皇帝哭再拜。奉禮郎傳贊内外再拜。禮儀使跪奏「禮畢」，俛伏，興，近侍扶皇帝還閤，羣官等俱退。太祝乃跪匱神主，遂閉帷門，降出。内侍之屬及行事者皆出。祝版焚於左延明門外。百僚乃於太極門外奉慰如常儀。每虞日朝哭禮皆準此。」如不親行事，則宗正卿亞獻，光祿卿終獻。其百官之制，既葬而虞，其儀具開元禮。

既虞餞尸及卒哭祭周

周制，士喪，三虞獻畢，未徹乃餞。卒哭之祭既三獻也。餞，送行之酒也。詩曰：「出宿于濟，飲餞于禰。」〔三九〕尸將祔於皇祖，〔四〇〕是以餞送之也。鐏兩甒於廟門外之右。饌籩豆，脯四脡，酒宜脯也。有乾肉折俎。乾肉，牲體之脯。尸出，執几從，席從。祝亦告利成，入前尸，尸乃出也。几席，素几葦席。尸出門右，南面。候設席也。席設於鐏西北，東面，几在南。賓出復位。將入臨之位也。主人出，即位於門東，少南，婦人出即位於主人之北，皆西面，哭不止。婦人出者，重餞尸也。尸即席坐。唯主人不哭，洗廢爵，酌獻尸，尸拜受，主人拜送，哭，復位。〔四一〕薦脯醢，設俎於薦東，胸在南。〔四二〕主人及兄弟踊，婦人亦如之。主婦洗足爵亞獻尸，〔四三〕如主人儀，踊如初。賓長洗繶爵三獻，踊如初。〔四四〕佐食取俎實於篚。尸謖，從者奉篚哭從之，祝前，哭者皆從，及大門內，踊如初。男女從尸，男由左，女由右也。及，至也。從尸不出大門者，猶廟門外無事尸之禮也。〔四五〕尸出大門，哭則止。〔四六〕以餞於外，大門猶廟門也。賓出，主人送，拜稽顙。送賓拜於大門外也。主婦亦拜賓。女賓也。不言出，不言送，拜之於闈門之内也。丈夫説經帶於廟門外，既卒哭，當變麻，受以葛。婦人説首絰，不説帶。不説帶，齊斬婦人帶不變也。婦人少變而重帶，帶，下體之上也。大功小功者葛帶，時亦不説者，未可以輕文變於主婦之質也。〔四七〕至祔，葛帶以即位。無尸則不餞，猶出几席設如初，拾踊三，以餞尸者本爲送神也。丈夫婦人亦從几席而出。〔四八〕丈夫婦人更踊。哭止，告事畢，賓出。

凡喪，天子七月而葬，九月而卒哭；諸侯五月而葬，七月而卒哭；大夫三月而葬，五月而卒哭；士三月而葬，是月也卒哭。〔四九〕尊卑之差。將明旦而祔，〔五〇〕則薦。薦謂卒哭之祭。卒辭曰：「哀子某，來日某，隮祔爾於爾皇祖某甫，尚饗。」卒辭，卒哭之祝辭也。隮，升也。尚，庶幾也。不稱饌，明主爲告祔也。女子曰皇祖妣某氏，女孫祔於皇祖母也。〔五一〕婦曰孫婦於皇祖姑某氏。不言爾曰孫婦，婦差疎也。其他辭一也。饗辭曰：「哀子某，圭爲而哀薦之，饗。」饗辭，勸强尸之辭也。圭，潔也。凡吉祭饗尸，曰孝子也。卒哭曰成事，既虞之後，卒哭而祭，其辭蓋曰「哀薦成事」，成祭事也，祭以吉爲成也。是日也，以吉祭易喪祭。卒哭，吉祭。明日，以其班祔。卒哭之明日也。班，次也。父母之喪，既虞卒哭，柱楣翦屏，芐翦不納。〔五二〕君既卒哭，而服王事。〔五三〕大夫既卒哭，弁絰帶，金革之事無避也。此權禮也。弁絰帶者，變喪服而弔服，〔五四〕輕，可以即事也。

祔祭殷 周 晉 大唐

殷人練而祔，孔子善之。周而神之，〔五五〕人情也。

周制，卒哭而祔。士喪，既卒哭之明日，沐浴，櫛，搔翦，彌自飾也。用專膚爲折俎，取諸脰膉。專猶厚也。折俎謂主婦以下俎也。體盡人多，故折骨以爲之。今以脰膉，貶於純吉也。其他如饋食。如特牲饋食之事也。用嗣尸。虞祔尚質，未暇筮尸。曰：「孝子某，孝顯相，夙興夜處，小心畏忌，不惰其身，不寧。稱孝者，吉祭也。用尹祭，尹祭，脯也。大夫士祭無云脯者，今不言牲號，而云尹祭，記者誤耳。嘉薦，普淖，普薦，溲酒，普薦，鉶羹也。不稱牲，記其異也。適爾皇祖某甫，以隮祔爾孫某甫，尚饗。」欲其祔合，兩告之也。曾子問曰：「天子崩，國君薨，則祝取羣廟之主而藏諸祖廟，禮也。卒哭成事，而後主各反其廟。」然則士之皇祖，於卒哭亦反其廟矣。無主其反廟之禮未聞，其以幣告之乎？〔五六〕

說曰：卒哭明日，祔於祖父。祭告於其祖之廟。其變而之吉祭也，比至於祔，必於是日也接，不忍一日末有所歸也。〔五七〕末，無也。日有所用接之，虞禮所謂「他用剛日」者也。其祭，辭曰「哀薦」「成事」也。〔五八〕士大夫不得祔於諸侯，祔於諸祖父之爲士大夫者，其妻祔於諸祖姑。妾祔於妾祖姑，亡則中一以上而祔之。祔必以其昭穆。士大夫，謂公子公孫爲士大夫者也。〔五九〕不得祔於諸侯，卑別之也。既卒哭，各就其先君爲祖者兄弟之廟而祔之。中猶閒也。諸侯不得祔於天子，天子、諸侯、大夫可以祔於士。人莫敢卑其祖也。祖爵尊，子孫爵卑，則不得上祔。祖爵雖卑，則祔之。妾無妾祖姑者，易牲而祔於女君可也。女君，嫡祖姑也。易牲而祔，凡妾下女君一等。婦祔於祖姑，祖姑有三人，則祔於親者。謂舅之母死，〔六〇〕而又有繼母二人也。親者，謂舅所生者也。其妻爲大夫而卒，而後其夫不爲大夫，而祔於其妻則不易牲。妻卒而後夫爲大夫，而祔於其妻，〔六一〕則以大夫牲。妻爲大夫，夫爲大夫時卒也，不易牲，以士牲也。此謂始來仕無廟者也。〔六二〕無廟者不祔。宗子去國，乃以廟從。又云：大夫祔於士，士不祔於大夫，祔於大夫之昆弟之爲士者，無昆弟則從其昭穆，雖王父母在亦然。大夫祔於士，不敢以己尊自殊於其祖也。士不祔於大夫，自卑別於尊者也。〔六三〕大夫之昆弟，謂爲士者。從其昭穆中一以上，祖又祖而已。祔者祔於先死者。婦祔於其夫之所祔之妃，無妃則亦從其昭穆之妃。妾祔於妾祖姑，〔六四〕無妾祖姑則從其昭穆之妾。夫所祔之妃，於婦則祖姑也。公子祔於公子。不敢戚君。男子祔於王父則配，女子祔於王母則不配。〔六五〕配謂并祭王母，〔六六〕不配則不祭王父也。有事於尊者，可以及卑；有事於卑者，不敢援尊。〔六七〕配與不配，祭饌如一，祝辭異者，不言以某妃配某氏耳。女子謂未嫁者也。嫁未三月而死，猶歸葬於女氏之黨。〔六八〕婦之喪，虞，卒哭，其夫若子主之，祔則舅主之。〔六九〕婦謂凡嫡婦、庶婦也。虞卒哭祭婦，非舅事也。祔祖廟，尊者宜主焉。王父死，未練祥而孫又死，猶是祔於王父也。〔七〇〕未練祥，嫌未祫祭序於昭穆耳。王父既祔，則孫可祔焉。父母之喪偕，先葬者不虞祔，待後事，其葬服斬縗。偕，俱也，謂同月若同日死也。先葬者，母也。曾子問曰：「葬先輕而後重。」又曰：「反葬奠而後辭於殯，遂修葬事。其虞也，先重而後輕。」待後事謂如此也。其葬服斬縗者，喪之崇，〔七一〕哀宜從重也。假令父死在前月而同月葬，猶服斬縗，不葬不變服也。言其葬服斬縗，則虞祔各以其服矣。及練祥皆然，卒事反服重。有父母之喪，尚功縗，而祔兄弟之殤，則練冠。祔於殤，稱陽童某父，不名，神也。此兄弟之殤，謂大功親以下之殤也。斬縗齊縗之喪，練皆受以大功之縗。此謂之功縗，以是時而祔大功親以下之殤，〔七二〕大功親以下之殤輕，不易服也。冠而兄爲殤，謂同年者也。兄十九而死，已明年因喪而冠。〔七三〕陽童謂庶殤也。宗子則曰陰童。童，未成人之稱也。〔七四〕某父，且字也，〔七五〕尊神不名，爲之造字。主妾之喪則自祔，至於練祥，皆使其子主之。其殯祭，不於正室。祔自爲之者，以其祭於祖廟也。上大夫祔太牢，下大夫少牢。祔與虞異。朋友之喪，虞祔而已。

晉賀循云：「卒哭祭之明日，以其班祔於祖廟，各以昭穆之次，各有牲牢，所用卒哭。今無廟，其儀：於客堂設亡者祖坐，東向；又爲亡者坐於北，少退。平明持饌具設及主人之節，皆如卒哭儀。先向祖座拜，次向祔座拜，訖，西面南上伏哭。主人進酌祖座，祝曰：『哀子某，敢用潔牲嘉薦於曾祖某君，以隮祔某君之孫某。』〔七六〕又酌亡者座，祝曰：『曾孫某，夙興夜處不寧，敢用潔牲嘉薦，祔事於皇祖某君，適明祖某君，尚饗。』皆起再拜，伏哭盡哀，復各再拜，以次出。妻妾婦女以次向神座再拜訖，南向東上，異等少退，哭盡哀，各再拜還房。遂徹之。自祔之後，唯朔日月半殷奠而已，〔七七〕其饌如來時儀，即日徹之。」

宋崔凱云：「祔祭於祖廟，祭於祖父，以今亡者祔祀之也。〔七八〕以卒哭明日，其辭曰：『哀子某，敢用潔牲剛鬣普淖普薦醴酒，用薦祔事，適爾皇祖某甫以隮祔。』女子祔於祖姑，此皆於今亡者爲祖姑也。今代皆無廟堂，於客堂設其祖座，東面，今亡者在其北，〔七九〕亦東面而共此饌也。若祖父母生存，無亡祖可祔者，當中一以上祔高祖父母姑也。」

大唐元陵儀注：

祔廟前二日告遷，其禮如常告之儀。宗正起科申牒所由，祝文出祕書省。所由先備腰輿等并舁人。帝以三衞充，后以中官充。〔八〇〕告訖，太祝先匱代祖神主，奉遷於西夾室埳中，鐰閉如式。次腰輿遷第三室神主，二主各一腰輿。凡主出則帝主先出，〔八一〕其入室則后主先入。入第二室；宮闈令捧后主先置於埳室，太祝捧帝主復置於埳室，俱東向。次遷第四室入第三室，次遷第五室入第四室，次遷第六室入第五室，次遷第七室入第六室，室有二后，昭成於前，〔八二〕肅明於後。次遷第八室入第七室，次遷第九室入第八室，皆如上儀。入埳室各鐰閉訖，〔八三〕次所司移幄帳等物，依次各遷入本室訖，其九室應緣幄帳、香案、斧扆、席褥等所司先造，其日陳設於室中。其代祖室舊帳幄等物，並移於西夾室中，虛設鐰閉如式。

將遷代宗睿文孝武皇帝，所司先擇日，奏定，散下所由，各供其職。應用法駕鹵簿，黃麾大仗，前一日陳設，及太廟四門量設方色兵仗如儀。〔八四〕將作監先清掃廟之内外。京兆府修路，從承天門向南至太府寺南街，向東入太廟三門，又向南，又向東至廟南門。宗正具祔饗料，差三公及應行事官齋戒，如常饗儀。其祝文具祔饗意，出祕書省。〔八五〕又申太極殿告靈座料如常式。〔八六〕其祝文出祕書省。太樂令設登歌於太廟殿上，〔八七〕並如常式。尚舍於廟南門道西設神主幄座，東向，幄内設牀、席、褥、黼扆、香案如式。内中尚先造栗木主并匱及趺，其制度並如常儀。〔八八〕祔前一日盛以箱，覆以帕，置於腰輿，詣廟南門幄帳中；太祝捧置於座上，乃下簾帷。内侍省量差中官侍衛。禮儀使奏請差題神主官，即以饗前一日，尚舍具香湯并題神主席褥；内中尚具浴神主盆并白羅巾、光漆、筆墨等詣於幄帳所。〔八九〕禮儀使與題神主官等，其日質明，詣幄下。太祝以香湯浴栗主，拭以羅巾。題栗主官盥洗，〔九〇〕捧栗主就褥，〔九一〕題云『代宗睿文孝武皇帝神主』，墨書訖，以光漆重摸之，〔九二〕遂捧授；太祝受，詣帳座，置於匱中所，侍衛如式。〔九三〕

前一日，尚舍與西内使、計會、鴻臚除太極殿上白幕，〔九四〕並以吉幕代之。殿中省除版城。太僕進玉輅於承天門外，當中南向，及諸輦輅、羽儀、仗衛、繖扇陳列於玉輅前，〔九五〕左右金吾引駕，所由陳布如式。太常奏前一日之夕，嚴警於承天門外之南；皇城留守奏祔饗日質明，開朱雀門；大內留守與內檢校使奏開太極殿門、嘉德門、承天門。衞尉於太極殿門外廊下，量設文武百官次；又於太廟南門外，量設百官次於道東，如在太極殿庭儀。

先奏靈座祔之日，質明，宗正卿帥執饌齋郎，光禄卿帥太官良醖實罇俎籩豆并應行事官，皆祭服序列於左延明門以俟。至祭時，應行事官詣太極殿東階下，西向序立，典儀於太極殿庭布文武官、皇親、諸親位如常儀。俟祭官欲升殿行事時，通事舍人引文武百僚等常服入就位，〔九六〕禮生贊衆官再拜，在位者皆再拜。尚輦帥腰輿、香案、繖扇入詣殿庭階下，分東西立。侍從官攝侍中中書令以下，並列位於左右序立。太僕進玉輅於嘉德門外，當中南向。禮生引祭官等行告禮如常儀。告訖，宗正卿、光禄卿帥齋郎長祠徹饌。禮官引侍中升，尚輦帥腰輿升詣帳座前，其繖扇侍臣等夾於階間。〔九七〕侍中進跪於幄前，西向奏：『請降座升輿祔廟。』內侍捧几置輿上，太祝匱神主，捧置輿上几後，扶侍降自西階，繖扇侍臣夾引以出，自太極殿門中門出，在位文武百官及皇親、諸親等便從神輿而出。至嘉德門，分左右序立，神輿至玉輅後。侍中跪奏：『請降輿升輅。』內侍捧几置輅中，太祝捧匱升輅，其太祝便於輅中侍奉。千牛將軍夾輅而趨。出承天門五十步，侍中進，當輅前跪奏『請敕侍臣上馬』，侍臣等皆上馬，鼓吹振作。其文武百官等候玉輅出承天門，各逐便路先赴太廟南門次，以俟神輿。鹵簿至廟門西三門，鼓吹止，分左右以俟饗訖，退。〔九八〕其儀仗等並於廟南門分左右列位，俟饗禮畢，退。玉輅既發赴廟，尚舍收拆殿上帷幄及版城等，〔九九〕應合收者，與內檢校使、計會處置。〔一〇〇〕西宮內人縗裳，〔一〇一〕其日並焚之。

其日，太廟祔饗應緣齋戒齋官、陳設罇彝酒醴坫爵、省牲告潔、進署祝版、陳設樂器，並如東饗常儀。〔一〇二〕玉輅將至廟西門，尚舍奉御設奉謁褥位於廟庭橫階南，〔一〇三〕當中北向。奉禮郎於廟南門外稍南，設文武百官及皇親諸親位，如太極殿庭之儀，又於廟庭橫階南，設文武百官及皇親諸親位，亦準此。其六品以下非常參官，並列位於廟南門外。通事舍人引文武百官、皇親諸親等，〔一〇四〕常服就南門外位。禮生引應饗官俱祭服立於廟東門外，北向西上位立。又禮生引禮儀使、御史以下執事官等先入，當中階，北向立於褥位之南。〔一〇五〕禮生贊再拜，禮儀使、御史以下皆再拜訖，引自東階升，〔一〇六〕各就位。次引司空入就位，再拜，行掃除訖，降復位。禮官與太祝自西第一室開埳室，捧神主匱，置於幄中近東，啓匱出神主，捧置於座几後趺上；次宮闈令入室，捧后主匱，置於幄中近西，啓匱出后主，置於座几後趺上。自第一室至第八室，皆如上儀。訖，並齋郎室長各於本室依儀出入，〔一〇七〕須知次序。太祝退立於罇坫所，宮闈令退就階下執事位。

玉輅既至廟南門，迴輅南向。侍臣等序列於輅前。神輿入幄，則侍臣列於幄門外。尚輦帥腰輿進輅後，侍中跪奏『請降輅升輿詣幄座』。内侍捧几置輿上，太祝捧神主匱置輿上几後，遂舁詣幄座；内侍捧几置座上，東向，太祝捧匱置几後。訖，禮生於廟東門引行事官、太尉以下入就廟庭位，西向立。其殿上御史、禮官、太祝、樂官等，各逐便自東西階下相向序立，〔一〇八〕候神主升殿，卻復階上位。〔一〇九〕

侍中進於幄座前，跪奏『請降座升輿祔謁』。内侍捧几置輿上，太祝捧栗木神主匱置几後。禮官引入，通事舍人引文武百官、皇親、諸親自南門外，分左右從入，就東西班位立。神輿至廟門，繖扇分左右立於門外。神輿至廟庭褥位，侍中各退就本班。〔一一〇〕其侍中未退。太祝捧匱跪置於褥，啓匱出神主，置於趺上。訖，侍中進於褥位西，北面跪奏稱『以今吉辰，代宗睿文孝武皇帝祔謁』。奏訖，俛伏，興，退。

少頃，侍中詣褥之西，東面跪奏『請升輿祔饗』。俛伏，興，退降就位本班。〔一一一〕太祝進跪於褥位，捧神主匱於輿。其匱蓋亦置輿上近後。腰輿既升，禮官奉引神輿，詣玄宗室，〔一一二〕太祝跪捧神主匱，置於東壁下祔位褥上西南，退立户外。少頃，太祝進就褥跪，捧神主置於輿，奉引入第九室；至帷座前，内侍捧几置於座，如幄中别有几，其几留於腰輿而退。太祝捧神主置於曲几後趺上，以題處向北也。其匱置於几東近後。腰輿退於幄座之西近北，舁腰輿所由並降自東階，〔二三〕由廟東門出。神主置座訖，禮生贊再拜，太尉以下及應在位官並再拜。

禮生詣太尉之左，白『有司謹具，請行事』。〔二四〕登歌，奏永和之樂九成畢，禮生贊再拜，太尉以下及在位者皆再拜。禮生引太尉盥洗，執瓚升，詣從西第一室，酌鬱鬯，登歌作，太尉入室神座前，祼訖，奠瓚於饌席，俛伏，興，退出户，北向再拜。次引詣第二室，次引詣第三室，以至第九室，皆如上儀。〔二五〕訖，登歌止，引太尉降復位。太祝奠毛血之豆，禮生引司徒執俎入自正門。俎初入門，雍和之樂作；饌升階，樂止。禮生徹毛血之豆，降自東階以出。諸太祝取蕭蒿焚於鑪炭。饌升設訖，齋郎降自東階，由廟東門以出。禮生引太尉盥洗，執爵奏自第一室至第八室，各奏本室樂；至第九室，奏保大之樂。行饗禮亞獻終獻，並如常饗之儀。〔二六〕訖，降復位。登歌作。太祝各入室徹豆，還罇所，登歌止。禮生唱賜胙，又唱再拜，衆官應在位者皆再拜。其三獻官不拜。永和之樂作，禮生又唱再拜，在位者皆再拜，樂一成止。禮生進太尉之左，白『禮畢』。禮生引饗官自東門出，通事舍人引在位羣官南門出。太祝入室，各匱神主納於埳室如常儀。禮官帥腰輿詣廟門南幄下，太祝捧桑木主并匱置於輿，遂自廟門南西偏門㫪入，詣廟殿北簾下兩階之閒。〔一一七〕將作先具鍬钁穿坎，方深令可容木主匱，遂埋之而退。明日，百僚及皇親諸親詣延英門，進名奉慰如常儀。其百官之制，如開元禮。若祔曾祖妣，則不告祖。若父在，不可遞遷祖、祖妣、先妣，宜於廟東北，別立一室藏其主，待後者同祔也。嫡殤者時享，皆祔食祖，別無祝文，亦不拜。設祔食之座於祖座之左，西向，獻一而已，〔一一八〕以其從祖祔食。祝辭末云「孫某祔食」。庶子不祔食，庶子之嫡祔如嫡殤。

小祥變周　大唐

周制，士喪，周而小祥。小祥，祭名。祥，吉也。筮日、筮尸、視濯，皆腰、絰、杖、繩屨，有司告具而後去杖。筮日、筮尸，有司告事畢而後杖，拜送賓。臨事去杖，敬也。濯謂漑祭器也。辭曰「薦此常事」。祝辭之異於虞祔者也。言常者，周而祭禮也。古文常爲祥。〔一一九〕周之喪，二年也。故周祭，禮也；周而除喪，道也。祭不爲除喪也。此謂練祭也。禮，正月存親，親亡至今而周，周則宜祭。周，天道一變，哀惻之情益衰，衰則宜除，不相爲也。十三月而練冠。又云：周之喪，十一月而練，自諸侯達諸士。小祥之祭，主人之酢也嚌之，衆賓兄弟皆啐之。嚌啐皆嘗也。嚌至齒，啐入口。既練，居外寢堊室，不與人居。君謀國政，大夫謀家事。始食菜果，飯素食。哭無時。外寢，中門之外，大門之內，壘墼爲之，〔一二〇〕不塗墍，謂之堊室。哭無時者，不復朝夕哭也，或數日哀至而哭。戴德云：「哭時，隨其哀殺，五日十日可哭矣。」寢有席。練冠縓緣，腰絰不除，男子除乎首，婦人除乎帶。所除服者先重者，易服者易輕者。婦人葛絰不葛帶。易服謂爲後喪所變也。婦人重帶，帶在下體之上，婦人重之，避男子也。其爲帶，猶五分絰去一耳。又云：練，練衣黃裏，縓緣，小祥練冠練中衣，以黃爲內。縓爲飾者，黃之色卑於纁。縓，纁之類也，明外除也。葛腰絰，繩屨，無絇，角瑱，瑱，充耳也。〔一二一〕吉時以玉，人君有瑱也。鹿裘衡長袪，衡當爲横。袪謂褎緣袂口也。〔一二二〕練而爲裘，横廣之，又長之，又爲袪，則先時狹短無袪可知也。袪，裼之可也。裼，表裘也。有袪而裼之，備飾也。玉藻曰：「麛裘青豻褎，絞衣以裼之。」鹿裘亦用絞衣也。

大唐元陵儀注：「前二日，〔一二三〕內所司先具八升練布冠、縗裳、腰絰等，光祿卿具太牢饌，宗正進署祝版。前一日之夕，毀廬爲堊室，高七尺五寸，長丈二尺，〔一二四〕闊一丈，將作監句當。尚舍奉御設蒲席於室內，〔一二五〕內所由陳練冠於別次。其日，依時刻內所由先入，整拂几筵，薦香燭於靈前。內外及百僚俱服縗服，去杖，通事舍人引就位。侍中版奏『外辦』，皇帝服縗裳絰，去杖，近侍扶就位，西面哭，〔一二六〕內外在位者皆哭，十五舉聲。禮儀使奏請再拜，皇帝再拜，內外在位者皆再拜。近侍扶皇帝就次，所司以練布冠縗裳進內，服訖，內外及百僚各服其服。兩省五品以上及卿，御史大夫、中丞，尚書省四品以上諸司，三品以上正員長官，準禮合除首絰，練八升而爲冠，〔一二七〕以六升布爲縗裳，今荆州布也。其幞頭及衫袴等，亦準此。藏其所換初服，〔一二八〕以俟山陵時卻服。通事舍人引百僚入就位，立定。近侍扶皇帝就位哭踊，內外百僚皆哭踊。光祿卿引饌升設於靈幄前，太祝以爵酌醴酒。禮儀使奏請止哭，内外俱止哭。太祝以酒爵授禮儀使，禮儀使受酒，跪進，皇帝受酒，跪奠於饌前，俛伏，興，少退。太祝持版，跪於饌前近南，北向讀祝版曰：『維年月日，子哀子嗣皇帝臣某，敢昭告於考大行皇帝，天禍所鍾，攀號無及，以日易月，奄及小祥，煩冤荼苦，觸緒縻潰。謹以一元大武、柔毛、剛鬛、明粢、薌合、薌萁、嘉蔬、嘉薦、醴齊，祇薦祥事，尚饗。』讀訖，禮儀使奏請再拜，皇帝哭踊再拜，内外在位者皆哭踊再拜。皇帝還次。通事舍人引羣官退。其奉慰如常儀。」其百官儀制具開元禮。

大祥變 周　大唐

周制，自小祥又周而大祥，吉服而筮尸，祝曰「薦此祥事」。凡變除者，必服其吉服以即祭事，〔一二九〕不以凶臨吉也。主人之除也，於夕爲期，朝服。祥因其故服。爲期，謂祭期也。朝服以期，至明日而祥祭，〔一三〇〕亦朝服，始即吉，正祭服也。又曰：「祥而縞。」縞冠，素紕。〔一三一〕除成喪者，其祭也，朝服縞冠。祭猶縞冠，未純吉。既祭，乃服大祥素縞麻衣。大祥有醯醬，居復寢，〔一三二〕素縞麻衣。大祥除縗杖。禮，既祥，白屨無絇，〔一三三〕素冠縞纓。有子既祥，而絲屨組纓，〔一三四〕時譏其早也。有子，有若也。其祭時，尸酢主人，主人啐之，衆賓兄弟皆飲之可也。啐，嘗也。啐，入口也。凡侍祭喪者，告賓祭薦而不食。薦，脯醢也。吉祭，告賓祭薦，〔一三五〕賓既祭而食之。喪祭，賓不食之。

大唐元陵儀注：「祭前二日，內所司先具大祥服，淺黑絁幞頭，〔一三六〕帽子，〔一三七〕巾子，大麻布衫，白皮腰帶，麻鞋。光祿卿具太牢饌，宗正進署祝版。前一日之夕，〔一三八〕將作除堊室，〔一三九〕內所由陳大祥服於別次。其日，未明，內所由先整拂几筵，薦香燭於靈幄前，內外百僚俱服縗裳，去杖。至傳點時，通事舍人各引入就位。侍中版奏『外辦』，皇帝服縗裳，去杖，近侍扶就位，西向哭踊，內外在位者皆哭踊，十五舉聲。禮儀使奏請再拜，皇帝再拜；贊者承傳內外在位者皆再拜。訖，禮儀使奏『請止哭就次變服』。奏訖，與禮官等趨出。〔一四〇〕近侍扶皇帝就次，變大祥服。內外百僚皆就次，變服素服訖，黑絁幞頭，〔一四一〕腰帶，白衫，麻鞋。各入就位立定。近侍扶皇帝就位哭踊。禮官省饌，光祿卿引饌升設靈幄前，太祝五品以上供奉官一人攝。〔一四二〕執爵酌醴酒。禮儀使奏引皇帝稍進，詣饌前。禮儀使請止哭，內外俱止哭。太祝以酒授禮儀使，禮儀使受酒跪進，皇帝受酒，跪奠於饌前，俛伏，興，少退。太祝持版於饌南，北向讀祝文訖，禮儀使奏請再拜，皇帝哭踊再拜。贊者承傳內外在位者皆哭踊再拜，十五舉聲。禮儀使奏禮畢，與禮官等趨出。近侍扶皇帝還次。通事舍人引羣官序出太極門。〔一四三〕其奉慰如常儀。百僚奉慰訖，以素服詣延英門起居。」謹按：禮云「大祥素縞麻衣」。又云「縞冠素紕，既祥之冠」。今所司具淺墨絁，此即古之綅冠也。按禮云「禫而綅」，黑經白緯曰綅，〔一四四〕則宜施之於禫。今於大祥服之，蓋從當時宜。其百官儀制，具開元禮。

禫變周　大唐

周制，士喪，既大祥，中月而禫。鄭玄曰：「中猶閒也。禫，祭名也。與大祥閒一月。自喪至此凡二十七月。禫之言澹，澹然，平安意也。禫而纖，無所不佩。舊説纖冠者，綵纓也。無所不佩，紛帨之屬如平常也。黑經白緯曰纖。是月也，吉祭，猶未配。是禫月也，當四時之祭月則祭，〔一四五〕猶未以某妃配，哀未忘也。少牢饋食禮曰：「孝孫某，敢用柔毛剛鬣，嘉薦普淖，用薦歲事於皇祖伯某，以某妃配某氏，〔一四六〕尚饗。」是月禫，徙月樂。言禫明月可以用樂。孟獻子禫，懸而不樂，比御而不入。可以御婦人矣，尚不復寢也。孟獻子，魯大夫仲孫蔑。孔子曰：「獻子加於人一等矣。」加猶踰也。周之喪，十五月而禫。此謂父在爲母。

大唐元陵儀注：「其日，百僚早集西内，入就位，侍中進辦，〔一四七〕並如大祥之儀。皇帝服大祥服，近侍扶就位哭，十五舉聲。禮儀使奏請再拜，皇帝再拜，贊者承傳百僚在位者皆再拜。禮儀使奏請就次變服，皇帝就次，除大祥服，服素服。細火麻衫，〔一四八〕腰帶，細麻鞋，黑絁幞頭，〔一四九〕巾子等。百僚趨入就位，立定。近侍扶皇帝入，〔一五〇〕哭踊，内外百僚皆哭踊。禮官省饌，光禄卿引饌升，陳設酌奠，亦如大祥之儀。太祝讀祝文，祭訖，禮儀使奏請再拜，皇帝哭再拜，贊者承傳内外百僚皆哭再拜。訖，禮儀使奏禮畢，遂與禮官趨出。近侍扶皇帝還次。通事舍人引百僚序出至太極門外，進名奉慰訖，各服慘公服，便詣延英門起居。明日平明，皇帝改服慘吉服。淡淺黃衫，細黑絁幞頭，巾子，麻鞋，吉腰帶。伏準貞觀、永徽、開元故事，服此服至山陵事畢，則純吉服。其中間朔望視朝及大禮，並純吉服，百僚亦純吉服。自後朝謁如常儀。其百官慘公服，至山陵事畢，乃服常公服。」

今上初欲禫服終制，下詔曰：「朕聞禮貴緣情，因心展孝。高宗得說，其代予言。今朝有股肱，濟爲舟檝，出納惟允，足以保邦。況荼蓼在懷，日時猶淺，欲遂權奪，抑就公除，攀號痛心，實所未忍。朕將從禫服，以終喪紀，百辟卿士，宜悉哀懷。」禮儀使、吏部尚書顏真卿奏曰：「哀號在疚，開闢所無，誠懇尚違，庶僚增懼。伏見百辟並已釋除，事既合權，禮無獨異，不可以吉凶兼制，臣子殊儀。伏乞奉顧命之文，節因心之孝，順時即吉，屈己臨朝，則萬姓心安，四方事集。臣典司儀注，不敢輕移，犯冒宸嚴，無任懇迫。」

又下詔欲以素服練巾聽政，詔曰：「昔高宗諒陰三年，舜爲堯，禹爲舜，亦服喪三年，故禮曰『三年之喪，自天子達』。是知罔極之恩，昊天難報。朕虔奉遺詔，又迫於羣議，將欲從吉，未忍割哀。其百僚宜以今月十七日釋服，朕以素服練巾，銜哀聽政。凡百在位，知朕意焉。」禮儀使又奏曰：「孝德動天，事踰前古，德音俯降，感咽載深。臣伏守遺詔，禮從易月，祥禫變除，儀注皆備。若陛下未忍即吉，更服練巾，則遺詔不得奉行，羣僚無以覲見。伏乞俯順人望，仰遵先旨，實大孝不虧，萬方幸甚。臣職在典禮，愚守如前，無任懇迫之至。」

其百官儀制，具開元禮。

議曰：祥禫之義，按儀禮云：「中月而禫。」鄭玄以中月爲閒月，王肅以中月爲月中，致使喪期不同，制度非一。歷代學黨，議論紛紜。宗鄭者則云：祥之日，鼓素琴，孔子彈琴笙歌，乃省哀之樂，〔一五一〕非正樂也。正樂者八音並奏，使工爲之者也。按鄭學之徒，不云二十五月六月七月之中無存省之樂也，但論非是禫後復吉所作正樂耳。故鄭注喪服四制「祥之日鼓素琴」云「爾以存樂也」。君子三年不爲樂，樂必崩；三年不爲禮，禮必壞。故祥日而存之，非有心取適而作樂。三年之喪，君子居之，若駟之過隙，〔一五二〕故雖以存省之時，猶不能成樂。是以孔子既祥，五日彈琴而不成聲。禮記所云「二十五月而畢」者，〔一五三〕論喪之大事畢也，謂除縗絰與堊室耳。餘哀未盡，故服素縞麻衣，著未吉之服。爲伯叔無禫，十三月而除；爲母妻有禫，則十五月而畢；爲君無禫，二十五月而畢；爲父、長子有禫，二十七月而畢。明所云「喪以周斷」者，禫不在周中也。禮記二十五月畢者，則禫不在祥月，此特爲重喪加之以禫，非論其正祥除之義也。三年之喪二十五月而畢者，論其正；二十七月而禫者，明其加。宗王者按禮記云「三年之喪再周，二十五月而畢」。又，檀弓云「祥而縞，是月禫，徙月樂」。又，魯人有朝祥而暮歌者，子路笑之，夫子曰「踰月則其善也」。又，夫子既祥，五日，彈琴而不成聲，十日而成笙歌。又，「祥之日，鼓素琴」。以此證無二十七月之禫也。按王學之徒難曰：「若二十五月大祥，二十七月而禫，二十八月作樂，則二十五月、二十六月、二十七月，三月之中不得作樂者，何得禮記云『祥之日，鼓素琴』，『孔子既祥，五日彈琴，十日笙歌』？又喪大記云『禫而内無哭者，樂作矣故也』。

「孟獻子禫，懸而不樂」。此皆禫月有樂之義，豈合二十八月然始樂乎？」〔一五四〕鄭學之徒，嫌祥禫同月，卜用遠日，〔一五五〕無中月之義者，祥禫之祭雖用遠日，若卜遠日不吉，則卜近日，若卜近得吉，〔一五六〕便有中月之義也。所以知卜遠不得吉得用近日者，以吉祭之時，卜近不吉，得卜遠日。故禮記云『旬之內曰近某日，旬之外曰遠某日』。特牲饋食云『近日不吉則筮遠日』。若吉事得用遠，則凶事得用近，故有中月之義也。禮記作樂之文，或在禫月，或在異月者，正以祥禫之祭，或在月中，或在月末故也。喪事先遠日，不吉則卜月初。禫在月中，則得作樂，此喪大記『禫而內無哭者，樂作矣故也』，〔一五七〕『孟獻子禫，懸而不樂』之類皆是也。祥之日鼓琴者，特是存樂之義，非禫後之樂也。夫人倫之道，以德爲本，至德以孝爲先。上古喪期無數，其仁人則終身滅性。其衆庶有朝喪暮廢者，則禽獸之不若。中代聖人，緣中人之情，爲作制節，使過者俯而就之，不及者跂而及之，至重者斬縗以周斷。後代君子居喪，以周若駟之過隙，而加崇以再周焉。禮記云「再周之喪，二十五月而畢」。至於祥禫之節，焚爇之餘，其文不備。先儒所議，互有短長，遂使歷代習禮之家，翻爲聚訟，各執所見，四海不同，此皆不本禮情而求其理故也。夫喪本至重以周斷，後代崇加以再周，豈非君子欲重其情而彰孝道者也，何乃惜一月之禫而不加之，以膠柱於二十五月者哉！或云「孝子有終身之憂，何須過聖人之制」者。二十七月之制，行尚矣，遵鄭者乃過禮而重情，遵王者則輕情而反制，斯乃孰爲孝乎？且練祥禫之制者，本於哀情，不可頓去而漸殺也。故閒傳云「再周而大祥，〔一五八〕素縞麻衣，中月而禫，禫而纖，無所不佩」。中猶閒也，謂大祥祭後閒一月而禫也。據文勢足知除服後一月服大祥服，後一月服禫服。

今俗所行，禫則六旬，既祥縞麻，闕而不服，稽諸制度，失之甚矣。今約經傳，求其適中，可二十五月終而大祥，受以祥服，素縞麻衣。〔一五九〕二十六月終而禫，受以禫服。二十七月終而吉，吉而除。徙月樂，無所不佩。夫如此求其情而合乎禮矣。

五服成服及變除〔一六〇〕

周制，喪服斬縗裳、苴絰、杖、絞帶、冠繩纓、菅屨者，謂既殯成服。斬縗裳三升。苴絰大搹音戹九寸，〔一六一〕左本在下。去五分一以爲腰絰，大七寸二分，絞垂兩結閒，相去四寸。竹杖大如腰絰，長齊心，本在下。絞帶大五寸七分半，偶結於前。皆三重。三重，四股絞之。冠六升，外縪，條屬右縫。菅屨外納。納其餘外也。縪音必。居倚廬，中門外東壁下，倚木爲廬，〔一六二〕北向開户。寢苫枕凷。哭晝夜無時。歠粥，朝一溢米，夕一溢米，不食菜果。寢不說絰帶。義服所異者，縗裳三升半，繩屨，餘與正同。斬者，不緝也。苴者，麻之有蕡也。服上曰縗，下曰裳。在首在腰皆曰絰。絰之言實也，明孝子有忠實之心，〔一六三〕故爲制此服焉。首絰象緇布冠之缺項，〔一六四〕腰絰象大帶。又有絞帶，象革帶。齊縗以下用布。盈手曰搹，搹，扼也。〔一六五〕中人之扼，圍九寸。以五分一以爲殺者，象五服之數也。屬猶著也。通屈一條繩爲武，垂下爲纓，著之冠也。布八十縷爲一升。升，登也。雜記曰：「喪冠條屬，以別吉凶。三年之練冠，亦條屬右縫，小功以下左縫。」外縪者，〔一六六〕冠前後屈而出縫於武也。〔一六七〕二十兩爲溢。一溢爲米一升二十四分升之一也。公士大夫之衆臣爲其君，布帶繩屨。士，卿士也。公卿大夫厭於天子諸侯，故降其衆臣布帶繩屨。貴臣得申，不奪其正也。公卿大夫室老，貴臣也；其餘皆衆臣也。君謂有采地者，皆曰君。〔一六八〕衆臣杖，不以即位。女子子在室爲父，布總六升，長六寸，箭笄長一尺，髽縗三年。女子子者，女子也，〔一六九〕加一子別於男子也。在室，關已許嫁。〔一七〇〕此女子之喪服之異於男子也。總，束髮也。六升，象冠數也。〔一七一〕長六寸者，出紒後垂爲飾。謂之總者，既束其本，又總其末也。箭，篠也。髽，露紒也，猶男子之斂髮也。〔一七二〕斬縗斂髮以麻，則髽亦用麻矣。以麻者，自項而前交於額上，〔一七三〕卻繞紒後，如著幓頭焉。凡服上曰縗，下曰裳。此言縗不言裳，婦人不殊裳也。縗如男子縗，下如深衣。深衣則縗無帶，〔一七四〕下又無衽矣。陳銓曰：「總，束髮。笄，支紒也。不曰縗裳，婦人縗而不裳。」雷次宗曰：「縗者，當心六寸布也。在衣則衣爲縗，在裳則裳爲縗。男子離其縗裳，故縗獨在衣上。婦人同爲一服，故上下共其稱也。」繰音七焦反。〔一七五〕三月而卒哭，男子受以六升布爲縗裳；七升布爲冠，纓帶亦如之；一辟博三寸，偶結於前；藨屨內納；葛絰：首絰大七寸五分寸之一，右本在上；五分首絰去一以爲腰絰，大五寸二十五分寸之十九；參繆之。〔一七六〕食麤食，水飲。翦屏，柱楣，寢蒲席，翦而不納。朝夕即位哭。婦人亦以六升布爲連裳，七升布爲總。葛洪云：「子爲父，三月既葬，草屨內納，廬則柱楣翦屏。屏者，廬前屏也，其廬所爲之屏也，而更作外障以爲之。作廬：先橫一木長梁著地，因立細木於上，以曲就東墉，以草被之。既葬，則翦去此草之拍地。以短柱柱起此橫梁之著地，〔一七七〕謂之柱楣。楣一名梁。既舉此梁，〔一七八〕乃得於廬外作障，但不用泥之。諸侯始作廬者，便有屏而未泥之，既葬乃泥之。既柱起梁，又立小障以辟風，〔一七九〕凶事轉輕。」十三月小祥而練，除首絰，受以七升布爲繐裳，練冠素纓，中衣黄裏，縓爲領袖，緣以練帶，繩屨無約，其腰絰縮一股去之。飯素食，自葬蔬食，至練得卻素食也。〔一八〇〕有菜茹鹽酪之和，未有醯醬。居堊室，〔一八一〕在中門外屋下，西向開户。〔一八二〕嫡子在前，庶子在後。哭無時，思哀殺，〔一八三〕十日五日可也。葛洪云：「小祥，中衣，黄爲裏，縓爲領袖緣。縓者，紅之多黄者也。」宋凱云：「小祥，祥者，吉也。故繐裳無負版及心前縗，辟領，去首絰。小祥祭則櫛，稍自飾。」〔一八四〕二十五月大祥，朝服縞冠。既祥，改服十五升布深衣，領袖緣皆然；縞冠素紕，〔一八五〕素中衣，領袖緣帶皆然。去腰絰，棄杖，白麻屨無約。食醯醬乾肉。出堊室，始居内寢。杜元凱云：「二十五月大祥祭，主人夕爲期。朝服縞冠訖祭，而受以布深衣十五升。外無哭者，謂哀至入即位而哭也。」崔凱云：「大祥居外寢，平常所聽外寢事也。縞冠素紕，紕者，以素緣冠兩邊，各二寸。」二十七月而禫，玄衣黄裳而祭。祭畢，更服朝服，以黑經白緯爲冠而綵纓，〔一八六〕縞帶，緣中衣，吉屨無約，革帶得佩紛帨之屬，如其平常。寢有牀，猶别内。始飲醴酒。踰月復吉，三年之禮成矣。

疏繐裳齊、牡麻絰、〔一八七〕冠布纓、削杖、布帶、疏屨三年者，謂齊繐三年，既殯成服。以麤繐四升爲繐裳，六升爲冠纓，布帶代絞帶。牡麻絰大七寸二分，右本在上；五分去一，大五寸六分，〔一八八〕以爲腰絰。削桐木爲杖，杜元凱云：「圓削之，象竹，取其便也。」王肅云：「削爲四分。」長與心齊，下本大如腰絰。藨蒯爲屨。食粥居廬，與爲父同，五不食。齊者，緝也。牡麻者，麻之無子者。馬融曰：「在上指右，故曰右本。」鄭玄云：「齊縗不書受月者，亦天子諸侯及卿大夫士虞卒哭異數也。」〔一八九〕王肅曰：「疏以名哀，輕乎斬也。〔一九〇〕斬不同數，麤可知也。承裳以齊，制而後齊也。因縗以斬，斬而後縗也。」陳銓曰：「右本在上者，〔一九一〕麻本從左來，〔一九二〕加右之上也。藨蒯，草名也。」孔倫曰：「右本在上者，爲母本於陰而統外也。」女子子在室，白布總七升，長八寸，一辟博一寸，惡笄用榛木，長尺，用白布約之，博五分；白布七升爲帶，無腰絰。深衣不裳。居房中，張帷爲次。至虞不變者，三笄總帶也。既卒哭，受以八升布爲縗裳，冠九升布，纓帶、中衣領袖緣亦然。服葛絰，首絰大五寸七分半，腰絰四寸六分。十三月小祥，除首絰，練九升布爲冠，纓武亦如之。其他祥禫變除與斬縗同。踰月復平常。

疏縗裳齊、牡麻絰、冠布纓、削杖、布帶、疏屨周者，謂齊縗杖周。降服四升爲縗裳，冠纓皆七升；正服五升爲縗裳，冠纓皆八升；義服六升爲縗裳，冠纓皆九升。冠皆右縫內縪。經帶與三年同。

不杖麻屨者，謂不杖周成服。五升布爲縗裳，八升布爲冠纓，絰帶大小與杖周同。居堊室，食素食，水飲。寢有席薦，不納；斷木爲枕，不脫絰帶。朝夕即位哭。

殤大功布縗裳、牡麻絰、〔一九三〕無受者，謂殤降大功成服。七升布爲縗裳，十升布爲冠纓、帶、中衣領袖緣。牡麻爲首絰，大五寸七分半，腰絰四寸六分，不絞其垂。唯中殤七月者不纓絰。繩屨。張帷爲次於內門外屋下，哀至而哭。素食，有醯鹽。既葬，除絰帶，食菜果，寢居內。凡殤大功以上，中從上；小功以下，中從下。

大功布縗裳、牡麻絰、纓布帶、三月受以小功縗即葛九月者，謂成人大功成服。八升布爲縗裳，冠十升；義服九升布爲縗裳，其冠十一升。絰帶與殤同。既葬，皆受以十升布爲縗裳，冠十一升，變麻絰服葛絰，絞之。九月除，朝服素冠，吉屨無絇。踰月復吉。

殤小功布縗裳、澡麻帶絰五月者，謂殤降小功。十升布爲縗裳，冠十二升。〔一九四〕澡麻去莩垢也。絶本去本邊惡處也。爲絰，大四寸六分；腰絰大三寸七分，散垂。唯周之下殤降在此者，其帶不絶本，屈而反至腰而絞之。張帷爲次，哀至而哭。食有醯醬菜茹。葬而除絰，食乾肉，飲醴酒，寢有牀。五月除。

小功布縗裳即葛五月者，謂成人小功成服。十一升布爲縗裳，義服十二升布爲縗裳，冠同十二升，亦澡麻絶本爲絰帶，寢有牀，哀至而哭。既葬，除麻受葛絰，大三寸六分，腰絰大二寸九分，縗裳如故，寢居內。至除，受以朝服素冠。踰月復吉。

緦麻三月者，謂緦麻之喪成服，降正義同。以七升半布，緦而疏之，爲縗裳及冠纓帶，首絰亦澡麻絶本，大三寸七分，腰絰大二寸九分，吉屨無絇。寢有牀。飲酒食肉，不至變色。既葬，受以朝服素冠。踰月復吉。

大唐之制，杖絰升縷，皆約周禮，直書其儀。歷代通儒，皆有著述，(一九五)開元之制，最爲詳備。

五服縗裳制度 周 大唐(一九六)

周制，凡五服，在上曰縗，在下曰裳。縗縫外殺，裳縫內殺。經云：「凡縗外削幅，裳內削幅。」鄭玄云：「削猶殺也。太古衣，先知爲上，外殺其幅，以便體也；後知爲下，內殺其幅，稍有飾也。後代聖人易之，而以此爲喪服。」是也。其制，身長二尺二寸，合前後爲四尺四寸，兩邊凡八尺八寸。經云「衣二尺有二寸」，鄭玄云「衣自領至腰二尺二寸」是也。鄭亦以此爲袂中之數，則袂亦正方二尺二寸也。以古布幅廣二尺二寸，禮記所云「端縗」，謂此也。繼袂之末，又綴以廣尺二寸布，謂之袪。經云：「袪尺二寸。」(一九七)馬融云：「袂末也，尺二寸，足以容拱手也。喪拱上右手下。」(一九八)又衣下施腰，取半幅橫綴身下，長短隨衣。經云：「衣帶下尺。」鄭云：「謂腰也。廣尺，足以掩裳上際。」又於腰兩傍，當縫各綴一衽。經云：「衽二尺有五寸。」鄭云：「衽所以掩裳際。」其制，上正方一尺，於方一尺之下，角斜向下，長尺五寸，末頭闊六寸。今但取三尺五寸布，交解相沓裁之，即可亦謂之燕尾。令闊頭向上，取象與吉服之衽相反。又取布方尺八寸，置背上，上縫著領，下垂之，謂之負。經云：「負廣出於適寸。」鄭云：「負，在背上者也。適，辟領也。負出於辟領外旁一寸也。」今據辟領廣尺六寸，負各出一寸，故知尺八寸。其開領處，左右各開四寸，向外辟厭之，謂之適。經云：「適博四寸，〔一九九〕出於縗。」鄭云：「適，辟領。廣四寸，則與闊中八寸也。〔二〇〇〕兩之爲尺六寸。」又取布長六寸，博四寸，綴於衣外衿上，謂之縗。經云：「縗長六寸，博四寸。」鄭云：「廣袤當心也。前有縗，後有負板，左右有辟領，〔二〇一〕孝子哀戚，無所不在。」其裳之制，前三幅，後四幅，開兩邊，故以袛蔽之於腰上。每一幅爲三辟積，其辟積相向爲之，謂之袧，〔二〇二〕苦侯反。〔二〇三〕其袧大小隨人腰麤細爲之。經云：「裳内削幅，幅三袧。」鄭云：「袧謂辟兩側空中央也。凡裳前三幅後四幅。」按稱幅不必全幅，蓋中破爲之。故禮記深衣篇云「制十有二幅，以應十二月」，是六幅交解之也。若斬縗，即縗與裳不緶緝；若齊縗以下，縗則外緶之，裳則内緶之，謂之齊。經云：「若齊，裳内縗外。」鄭云：「齊，緝也。凡五服之縗，一斬四緝。緝裳者内展之，緝縗者外展之。」展則緶緝也。按喪服本文，甚難曉悟。〔二〇四〕歷代著述，〔二〇五〕悉皆平寫本經。〔二〇六〕今先言其制，〔二〇七〕次引經文，所冀後學，易爲詳覽。

大唐之制，一據喪服之文，具開元禮。

斬縗喪既葬緝縗議〔二〇八〕晉　宋〔二〇九〕

晉魏休寧云：「以大功之縗，易既練之服，是中祥宜緝其縗也。若不緝，爲重大功，不得奪之。」魏顗云：「按卒哭更以六升布爲縗，但齊。既葬，還服既虞之縗。若如斯言，以大功之喪，奪既練之服。尋詳三年之喪及大功之服，皆喪之重者也，而使斬縗但止三月，殆非立禮之意。禮大功以上服降，皆以布升數爲差，故大喪初縗三升，既虞六升，中祥七升。縗以三變，非不降也，何必期於緝縗然後爲殺。愚謂服相易奪，正以升數重輕，不係縗之齊斬。」休寧又言：「三年之喪，笄杖不易，其餘皆變，中祥緝縗，是輕之也。且爲父初以三升之縗，既虞受六升之布，輕於母也。齊縗既葬而虞，以七升布爲縗，輕於爲父也。」顗又難曰：「禮云女子子適人，有父母之喪，既成齊縗之服而夫出之，不改服而待既虞更服斬縗之服，受笄總屨帶如故終三年。以此徵之，不緝縗亦可知也。緝與不緝，別齊斬耳。今斬止一周，稱爲三年，未爲先見。」〔二一〇〕休寧又云：「三年之喪再周耳，數月不合稱三年。斬者舉大數之名，一周大喪之正禮。自轉降中祥，安得不緝，〔二一一〕不緝則無變，明不應終喪斬者可知也。」虞喜云：「斬縗，因喪之稱，非爲終三年也。按禮爲母喪縗四升，而父喪既虞縗六升，此爲齊制，不復斬也。今代人既葬之後無改易，唯小祥而變，故緝在此月。父母情等，服俱三年，父斬縗，母緝縗，以別尊卑。斬止三月，未爲怪也。女子出，待既虞受以斬縗之受，非更斬也。」魏顗又云：「要記稱母爲長子齊縗三年，其服節如父爲子者。未有明徵，而便緝之，斬名何得復存？禮雖言餘皆易，不言滅斬。」喜又云：「父爲長子斬縗，母爲齊縗，若不言齊其下，恐母與父俱當斬縗，所以別耳，非謂明終斬之議耶。」

孔汪問徐邈云：〔二二二〕「斬縗三年，或既虞縗緝，〔二二三〕行者往往不同。意常謂既以斬表重其喪，應有變降；爲使終喪服斬，釋斬便縞，非漸殺意邪？」邈答曰：「凡喪服雜變，備載經記，而變斬以緝，都無經明證。此服之大節，豈記者所遺，蓋本無其制也。禮稱斬縗三年，此不易之文也。禮大功布三等，先儒以爲降服七升，正服八升，又同則不易，〔二二四〕此變受之通例。故謂大功不得變斬。」

周續之釋禮：「或問曰：『斬縗終三年乎？』答曰：『不也。卒哭而服齊縗。』〔二二五〕又問：『若不終三年，則喪服禮何故云「髽三年」？又云「三年之喪若斬」？則是居情理之極，所謂致喪者也，焉得卒哭而奪情？』答曰：『但尋名教者，宜求其本，本正則條目自明。聖王雖總企及俯就以爲之制，要以滅牲爲深憂，是以節哀順變，每受以輕也。』」

宋庾蔚之謂：「昔賀循以爲，夫服緣情而制，故情降則服輕。既虞，哀心有殺，是故以細代麤，以齊代斬耳。若猶斬之，則非所謂殺也。若謂以斬縗命章，便謂受猶斬者，則疏縗之受，復可得猶用疏布乎？是知斬疏之名，本生於始死之服以名其喪耳，不謂終其日月皆不變也。」

校勘記

〔一〕側亨於廟門外之右　原脱「外」，據儀禮士虞禮補。

〔二〕罇於室中北墉下　「罇」原訛「奠」，據儀禮士虞禮及諸本改。

〔三〕始鬼神之　「之」原訛「也」，據北宋本、傅校本、明抄本、明刻本、王吳本改。

〔四〕澡理也　「理」儀禮士虞禮鄭注作「治」，杜佑避唐高宗諱改。下同。

〔五〕主人北旋　「主」原訛「室」，據儀禮士虞禮鄭注及北宋本、傅校本、明抄本、明刻本、王吳本改。

〔六〕哀明相　「明」原作「顯」，據北宋本、傅校本、明抄本、明刻本、王吳本改。儀禮士虞禮記作「顯」，通典避唐中宗諱改。注同。

〔七〕相　字上原有「顯」，據北宋本、傅校本、明抄本、明刻本、王吳本删。

〔八〕敢昧冒之辭也　「昧冒」原倒，據儀禮士虞禮記鄭注及北宋本乙。

〔九〕饗　此字下原有「勸强之告神饗此祭也」九字注文，據北宋本、傅校本、明抄本删。

〔一〇〕饗告神饗此祭　此注文六字原無，據北宋本、傅校本、明抄本補。

〔一一〕主道也　此三字注文原無，據北宋本、傅校本、明抄本補。

〔一二〕主婦洗足爵於房中　北宋本、傅校本、明抄本、明刻本無「洗足爵於」，王吴本、殿本、局本據儀禮士虞禮補。

〔一三〕西面告告主人也　原脱一「告」，據儀禮士虞禮鄭注補。

〔一四〕主人禮畢也不言禮畢於尸嫌之也　「主人」原作「言養」，「嫌之」原作「閒嫌」，據北宋本、傅校本、明抄本改。

〔一五〕丈夫婦人於主人哭　原「主人」下衍「入」，據儀禮士虞禮鄭注及北宋本、傅校本、明抄本、明刻本删。

〔一六〕祝前尸　「祝」原訛「視」，據儀禮士虞禮及諸本改。

〔一七〕隱之者從其幽暗者也　原作「扉隱之處從其幽暗也」，據北宋本、傅校本、明抄本改。

〔一八〕哭者止　原脱「者」，據北宋本、傅校本、明抄本、明刻本、王吴本補。

〔一九〕門外未入位　「未」原訛「末」，據儀禮士虞禮鄭注及諸本改。

〔二〇〕賓執事者皆去則徹室中之饌　此十二字注文原脱，據儀禮士虞禮鄭注及北宋本、傅校本、明抄本補。

〔二一〕啓牖鄉　「鄉」原訛「饗」，據諸本改。注同。

〔二二〕葬之日日中也　原脱一「日」，據儀禮士虞禮記鄭注補。

〔二三〕士則庚日三虞壬日卒哭　「士」原訛「是」，「壬」原訛「王」，據儀禮士虞禮記鄭注及北宋本、傅校本、明抄本、明刻本改。按：王吴本、殿本「壬」字不誤。

〔二四〕報虞者　原脱「者」，據儀禮士虞禮記鄭注及北宋本、傅校本、明抄本補。

〔二五〕景剛丁柔其餘皆倣此　「景」原作「丙」，原無「其」「皆」，據北宋本、傅校本、明抄本、明刻本改補。按：通典諱「丙」爲「景」，避李昞之嫌名。

〔二六〕贈以其幣送死者於壙也　原「贈」下有「謂」，「以」下無「其」，據北宋本、傅校本、明抄本、明刻本、王吴本删補。

〔二七〕於主人贈祝先歸　原脱「於」，據禮記檀弓下鄭注及北宋本、傅校本、明抄本、明刻本、王吴本補。

〔二八〕於主人必降　此注文五字原無，據北宋本、傅校本、明抄本補。

〔二九〕女尸必使異姓　「女尸」原涉上而脱，據北宋本、傅校本、明抄本、明刻本補。

〔三〇〕謂庶孫之妾也　「謂」原作「爲」，據儀禮士虞禮記鄭注改。

〔三一〕報葬者報虞者　原脱下「者」，據北宋本、傅校本、明抄本補。

〔三二〕腰絰散垂如小斂時　「斂」原訛「幼」，據北宋本、傅校本、明抄本改。按：儀禮士喪禮敍小斂陳絰帶云：「苴絰大鬲，下本在左，要絰小焉，散帶垂，長三尺。牡麻絰右本在上，亦散帶垂。」

〔三三〕上士於皇考廟　「於」原訛「以」，據諸本改。

〔三四〕東面哭踊　「面」北宋本、傅校本、明抄本、明刻本、王吴本作「西」，恐非。

〔三五〕北向西上　「向西」原倒，據諸本乙。

〔三六〕升就位　北宋本、傅校本、明抄本、明刻本、王吴本無「位」。

〔三七〕光禄卿帥進饌捧饌司徒捧俎　原上「捧」作「奉」，又脱「徒」，據北宋本、傅校本、明抄本、明刻本、王吴本改補。

〔三八〕禮生引太尉亞獻終獻訖　北宋本無「終獻」，王吴本「亞獻」「終獻」間有「訖降後位」四字。按：上文云「典儀設太尉、司徒、宗正卿、禮儀使及諸行事官位於東階之東」，下文注云「如不親行事，則宗正卿亞獻，光禄卿終獻」。參互校之，疑「終獻」上當有「宗正卿」三字。

〔三九〕飲餞于禰　「禰」原訛「瀰」，據詩經泉水及北宋本、傅校本、明抄本、明刻本、王吴本改。

〔四〇〕尸將祔於皇祖　儀禮士虞禮記鄭注「尸」下有「旦」字。通典避睿宗諱而省。

〔四一〕尸拜受主人拜送哭復位　儀禮士虞禮記同。北宋本、傅校本、明刻本、王吴本無此九字。

〔四二〕胸在南　儀禮士虞禮記同。北宋本、傅校本、明刻本無此三字。王吴本無「在南」二字。

〔四三〕主婦洗足爵亞獻尸　儀禮士虞禮記同。北宋本、傅校本、明刻本無「洗足爵」三字。

〔四四〕賓長洗繶爵三獻踊如初　儀禮士虞禮記同。北宋本脱此句。傅校本、明刻本無「洗繶爵」三字。

〔四五〕猶廟門外無事尸之禮也　「猶」原作「由」，據北宋本改。

〔四六〕尸出大門哭則止　原無「大」，「則」作「者」，據北宋本、傅校本、明刻本、王吴本補改。

〔四七〕變於主婦之質也　原「婦」下衍「人」，據儀禮士虞禮記鄭注及北宋本、傅校本、明刻本删。

〔四八〕丈夫婦人亦從几席而出　「亦」原訛「以」，據諸本改。

〔四九〕是月也卒哭　「也」原訛「而」，據禮記雜記下及北宋本、傅校本、明刻本改。

〔五〇〕將明旦而祔　儀禮士虞禮記無「明」字。北宋本「旦」作「早」，蓋「早」字之形訛。按：通典避睿宗諱，不應出現「旦」字。

〔五一〕女孫祔於皇祖母也　原無「皇」「也」，據北宋本補。按：傅校本、明刻本、王吴本亦有「皇」字。

〔五二〕芐蒻不納　「芐」原訛「苄」，據禮記間傳改。

〔五三〕君既卒哭而服王事　「服」原訛「復」，據禮記喪大記及北宋本、傅校本、明刻本改。

〔五四〕變喪服而弔服　原訛作「喪變服也弔服」，據禮記喪大記鄭注乙改。按：北宋本、傅校本、明抄本、明刻本、王吴本「而」字不誤。

〔五五〕周而神之　「周」原作「期」，參北宋本、傅校本、明抄本訂改。按：此注採自禮記檀弓下鄭注，鄭注作「期而神之」，然通典例諱「期」爲「周」，杜佑原書固當作「周而神之」也。北宋本、傅校本、明抄本作「周人神之」，「周」字不誤，「人」字誤。

〔五六〕其以幣告之乎　「其以」原倒，又脱「乎」，據傅校本、明刻本乙補。按：北宋本「其以」不倒，王吴本「乎」字不脱。

〔五七〕不忍一日末有所歸也　「末」原訛「未」，據禮記檀弓下及諸本改。注同。

〔五八〕辭曰哀薦成事也　「辭」禮記檀弓下鄭注作「祝」。

〔五九〕謂公子公孫爲士大夫者也　「謂」原訛「爲」，據禮記喪服小記鄭注及諸本改。

〔六〇〕謂舅之母死　「之」原訛「嫡」，據禮記喪服小記鄭注及傅校本、明刻本改。按：北宋本、明抄本作「謂舅母之死」，亦誤。

〔六一〕祔於其妻　原脱「於」，據禮記喪服小記補。下同。

〔六二〕此謂始來仕無廟者也　「仕」原訛「上」，據禮記喪服小記鄭注及諸本改。

〔六三〕自卑别於尊者也　「别」原訛「則」，據禮記雜記上鄭注及諸本改。「者」諸本俱脱，據雜記上鄭注補。

〔六四〕妾祔於妾祖姑　「祔」原訛「婦」，據禮記雜記上鄭注及諸本改。

〔六五〕女子祔於王母則不配　「女」原訛「天」，據禮記雜記上及諸本改。

〔六六〕配謂并祭王母　「謂」原訛「爲」，據禮記雜記上鄭注及北宋本、傅校本、明抄本、明刻本改。

〔六七〕不敢援尊　「援」原訛「授」，據禮記雜記上鄭注及諸本改。

〔六八〕嫁未三月而死猶歸葬於女氏之黨　「三」原訛「二」，又脱「歸」，據禮記雜記上鄭注及北宋本、傅校本，明刻本改補。王吴本、殿本「三」字不誤。

〔六九〕祔則舅主之　「主」原訛「祖」，據禮記喪服小記及北宋本改。

〔七〇〕猶是祔於王父也　「猶」原作「由」，據禮記雜記下改。

〔七一〕喪之崇　「崇」原作「隆」，據北宋本、傅校本、明刻本、王吴本改。按：禮記喪服小記鄭注作「隆」，杜佑避玄宗諱，改作「崇」。

〔七二〕以是時而祔大功親以下之殤　「而祔大功親以下之殤」九字原脱，據禮記雜記上鄭注補。

〔七三〕己明年因喪而冠　「己」原訛「以」，據禮記雜記上鄭注改。

〔七四〕宗子則曰陰童童未成人之稱也　原無「則」，「童」字不疊，據禮記雜記上鄭注增補。

〔七五〕某父且字也　「且」原訛「其」，據禮記雜記上鄭注改。按：彼孔疏云：「五十以伯仲，是正字；二十之時曰某甫，是且字，言且爲之立字。」

〔七六〕以隮祔某君之孫某　上「某」原訛「其」，據傅校本、明刻本、王吴本改。按：北宋本、明抄本亦誤作「其」。

〔七七〕唯朔日月半殷奠而已　「日」北宋本、傅校本、明刻本、明抄本誤作「月」。按：杜佑避家諱，凡「朔望」皆改作「朔日月半」也。

〔七八〕祭於祖父以今亡者祔祀之也　「今」原訛「合」，傅校本、明刻本、王吴本作「令」，亦誤。今據北宋本、明抄本改。又，王吴本無「父」字。

〔七九〕今亡者在其北　「今」原訛「令」，據北宋本、傅校本、明抄本、明刻本改。

〔八〇〕帝以三衞充后以中官充　「三」傅校本、王吴本作「二」。下「充」原脱，據諸本補。

〔八一〕凡主出　「凡」北宋本作「九」。

〔八二〕昭成於前　「於」原訛「以」，據諸本改。

〔八三〕入埳室各鏁閉訖　「入」原訛「八」，據諸本改。「各」原作「皆」，據北宋本、傅校本、明抄本、明刻本改。

〔八四〕量設方色兵仗如儀　原「如」下衍「上」，據北宋本、傅校本、明抄本、明刻本、王吴本删。

〔八五〕其祝文具祔饗意出祕書省　「意」原訛「章」，據北宋本、傅校本、明抄本、明刻本、王吴本改。

〔八六〕如常式　「常」原訛「前」，據北宋本、傅校本、明抄本、明刻本改。

〔八七〕太樂令　「令」原訛「一」，據北宋本、傅校本、明抄本改。

〔八八〕其制度並如常儀　「度」原訛「亦」，據諸本改。

〔八九〕詣於幄帳所　「所」原訛「中」，據北宋本、傅校本、明抄本、明刻本改。

〔九〇〕題栗主官盥洗　原脱「栗」，據北宋本、傅校本、明刻本、王吴本補。按：明抄本作「粟」，顯係「栗」之形訛。

〔九一〕捧栗主就褥　原「主」下有「立」，據北宋本、傅校本、明抄本、明刻本、王吴本删。

〔九二〕以光漆重摸之　「摸」原訛「模」，據北宋本、傅校本、明抄本、明刻本、王吴本改。

〔九三〕置於匱中所侍衛如式　原「所」下有「在」，清人誤增，據北宋本、傅校本、明抄本、明刻本、王吴本删。

〔九四〕尚舍與西内使計會鴻臚除太極殿上白幕　「與」原訛「於」，據北宋本、傅校本、明抄本、明刻本改。

〔九五〕陳列於玉輅前　「列」原作「設」，據北宋本改。

〔九六〕常服入就位　「入」原訛「人」，據諸本改。

〔九七〕其繖扇侍臣等夾於階間　「間」原訛「門」，據北宋本、傅校本、明抄本、明刻本、王吴本改。

〔九八〕分左右以俟饗訖退　原「饗」下有「禮」，據北宋本、傅校本、明抄本、明刻本、王吴本删。

〔九九〕尚舍收拆殿上帷幄及版城等　「拆」原訛「折」，據北宋本、傅校本、明抄本、明刻本改。

〔一〇〇〕與內檢校使計會處置　原脱「內」，據北宋本、傅校本、明抄本補。

〔一〇一〕西宮內人縗裳　「西」原訛「兩」，據北宋本、傅校本、明抄本、明刻本改。「裳」原訛「常」，據諸本改。

〔一〇二〕並如東饗常儀　「饗」原訛「嚮」，據北宋本改。

〔一〇三〕尚舍奉御　「舍」原訛「設」，據諸本改。

〔一〇四〕引文武百官皇親諸親等　原「官」下有「及」，據北宋本、傅校本、明抄本、明刻本、王吳本删。

〔一〇五〕北向立於褥位之南　「北」原訛「比」，據諸本改。

〔一〇六〕引自東階升　原脱「階」，據北宋本、傅校本、明抄本、明刻本、王吳本補。

〔一〇七〕齋郎室長　「室」原訛「宮」，據北宋本、傅校本、明抄本、明刻本、王吳本改。

〔一〇八〕各逐便自東西階下相向序立　「下」原訛「上」，據北宋本、傅校本、明抄本、明刻本、王吳本改。

〔一〇九〕候神主升殿卻復階上位　「候」原訛「後」，據諸本改。「上」原訛「下」，據北宋本、傅校本、明抄本、明刻本改。

〔一一〇〕侍中各退就本班　「中」原作「衞」，「就」原脱，據傅校本、明抄本、明刻本、王吳本改補。按：北宋本亦有「就」字，唯「侍」下字作「內」，似「內」之殘體。然作「侍內」亦不通，或「內侍」之倒文歟？

〔一一一〕退降就位本班　原脱「位」，據北宋本補。

〔一一二〕詣玄宗室　「詣」原訛「請」，「玄」原作「元」，據北宋本、傅校本、明抄本、明刻本改。

〔一一三〕舁腰輿所由並降自東階　「舁」北宋本作「升」。

〔一四〕白有司謹具請行事　「白」原訛「自」，據諸本改。

〔一五〕以至第九室皆如上儀　原句上有「次引詣第四室」六字，「上」原訛「常」，據北宋本、傅校本、明刻本、王吴本删改。

〔一六〕行饗禮亞獻終獻並如常饗之儀　北宋本無「終獻」。「儀」原作「禮」，據北宋本、傅校本、明抄本、明刻本、王吴本改。

〔一七〕詣廟殿北簾下兩階之間　「兩」原訛「西」，據北宋本、傅校本、明刻本、王吴本改。按：「簾」疑爲「廉」字之訛。儀禮鄉飲酒禮：「設席于堂廉。」鄭注云：「側邊曰廉。」

〔一八〕獻一而已　「獻一」原倒，據北宋本、傅校本、明刻本、明抄本乙。

〔一九〕古文常爲祥　原倒作「古文祥爲常」，據儀禮士虞禮鄭注及北宋本、傅校本、明抄本、明刻本、王吴本乙正。

〔二〇〕壘墼爲之　「墼」原訛「塹」，據儀禮喪服鄭注及北宋本、傅校本、明刻本改。

〔二一〕瑱充耳也　「充」原訛「克」，又脱「也」，據禮記檀弓上鄭注及北宋本、傅校本、明抄本、明刻本、王吴本改補。

〔二二〕袪謂褎緣袂口也　「褎」原訛「褏」，據禮記檀弓上鄭注改。下同。

〔二三〕前二日　原「日」下有「之」，後人誤增，今據北宋本、傅校本、明抄本、明刻本删。

〔二四〕長丈二尺　原「丈」上有「一」，據北宋本、傅校本、明抄本、明刻本删。

〔二五〕尚舍奉御設蒲席於室内　「内」原涉下而脱，據北宋本、傅校本、明刻本補。

〔二六〕西面哭　「面」原作「向」，據北宋本、傅校本、明抄本、明刻本、王吴本改。

〔二七〕練八升而爲冠　「而」原訛「布」，據北宋本改。

〔二八〕藏其所换初服　「藏」原訛「儀」，據北宋本、傅校本、明抄本、明刻本改。

〔二九〕必服其吉服以即祭事　「事」原作「祀」，據北宋本改。

〔三〇〕至明日而祥祭　原脱「日」，據禮記雜記下鄭注補。

〔三一〕縞冠素紕　原誤倒作「素冠縞紕」，據禮記檀弓上鄭注乙正。

〔三二〕大祥有醓醬居復寢　「醓」原訛「醢」，「復」原訛「服」，據禮記閒傳及北宋本、傅校本、明抄本、明刻本改。

〔三三〕白屨無絇　「屨」原作「履」，據北宋本、傅校本改。下同。

〔三四〕有子既祥而絲屨組纓　「祥」北宋本、傅校本、明抄本作「蓋」，非。按禮記檀弓上云：「有子蓋既祥，而絲屨組纓。」蓋，疑辭也，不得省「祥」而云「既蓋」。

〔三五〕吉祭告賓祭薦　原脱「吉」，據禮記雜記下補。

〔三六〕淺黑絁幞頭　原「絁」上有「純」，據北宋本、傅校本、明抄本、明刻本、王吴本删。

〔三七〕帽子　「帽」原作「冒」，據北宋本、傅校本、明抄本、明刻本改。

〔三八〕前一日之夕　「一」北宋本作「二」。

〔一三九〕將作除堊室　「除」原訛「塗」，據北宋本、傅校本、明抄本、明刻本改。

〔一四〇〕與禮官等趨出　「禮官等」北宋本作「禮儀使」，非。

〔一四一〕黑絁幞頭　「黑」北宋本、傅校本、明抄本、明刻本、王吳本作「墨」。

〔一四二〕五品以上　「品」原訛「官」，據諸本改。

〔一四三〕引羣官序出太極門　「出」原訛「立」，據北宋本、傅校本、明抄本、明刻本改。

〔一四四〕黑經白緯曰縿　「黑」原作「墨」，據北宋本、傅校本、明抄本、明刻本改。下同。

〔一四五〕當四時之祭月則祭　原脱「當」，據儀禮士虞禮鄭注補。

〔一四六〕以某妃配某氏　原「妃」下衍「某」，據儀禮少牢饋食禮、士虞禮鄭注及北宋本、傅校本、明抄本、明刻本刪。

〔一四七〕侍中進辦　「進」原作「奏」，據北宋本、傅校本、明抄本、明刻本、王吳本改。

〔一四八〕細火麻衫　「火」原作「大」，據北宋本、傅校本、明刻本改。

〔一四九〕黑絁幞頭　「黑」原作「墨」，據諸本改。下同。

〔一五〇〕近侍扶皇帝入　「侍」原訛「持」，據諸本改。

〔一五一〕乃省哀之樂　「省哀」原作「存省」，據北宋本、傅校本、明抄本、明刻本、王吳本改。

〔一五二〕若駟之過隙　「駟」原訛「駒」，據北宋本、傅校本、明抄本、明刻本改。下同。按：此語見禮記三年問。

〔五三〕禮記所云二十五月而畢者　原脱「所」，據北宋本、傅校本、明抄本、明刻本、王吴本補。

〔五四〕豈合二十八月然始樂乎　「然」原作「而」，據北宋本、傅校本、明抄本、明刻本、王吴本改。

〔五五〕卜用遠日　「卜」原訛「不」，據北宋本、傅校本、明抄本、明刻本改。

〔五六〕若卜近得吉　原脱「卜」，據北宋本、傅校本、明抄本、明刻本補。

〔五七〕樂作矣故也　原脱「也」，據禮記喪大記補。

〔五八〕再周而大祥　「而」下原衍「禫」，據禮記閒傳删。

〔五九〕素縞麻衣　「縞」原訛「服」，據北宋本、傅校本、明抄本、明刻本、王吴本改。

〔六〇〕五服成服及變除　原「除」下有「附」，卷四一禮典目録各本無，兹據删。

〔六一〕苴絰大搹九寸　「搹」原訛「槅」，據儀禮喪服改。

〔六二〕倚木爲廬　「木」原訛「本」，據諸本改。

〔六三〕明孝子有忠實之心　「忠」原訛「終」，據儀禮喪服鄭注改。

〔六四〕首絰象緇布冠之頍項　原脱「項」，據儀禮喪服鄭注補。

〔六五〕盈手曰搹搹扼也　原脱一「搹」，「搹」「扼」又皆誤從木，據儀禮喪服鄭注補改。

〔六六〕外縪者　「縪」原訛「繹」，據儀禮喪服鄭注及北宋本、傅校本、明刻本、王吴本改。

〔六七〕冠前後屈而出縫於武也　原脱「出」，據儀禮喪服鄭注補。

〔六八〕君謂有采地者皆曰君　此句詞費而欠通，宜删上二字，或删下三字。此蓋杜氏偶失删削者。

〔一六九〕女子子者女子也　「女子」儀禮喪服鄭注賈疏作「子女」。

〔一七〇〕在室闕已許嫁　「闕」原訛「閒」，據儀禮喪服賈疏及傅校本、明刻本改。

〔一七一〕六升象冠數也　「數」原訛「素」，據儀禮喪服鄭注及北宋本、傅校本、明抄本、明刻本改。

〔一七二〕猶男子之斂髮也　「斂」儀禮喪服鄭注作「括」，此作「斂」者，蓋避德宗之嫌名。

〔一七三〕以麻者自項而前交於額上　原脱「者」，「項」訛「頂」，據儀禮喪服鄭注補改。

〔一七四〕深衣則纔無帶　「深衣」原涉上而脱，據儀禮喪服鄭注補。

〔一七五〕繰音七焦反　上文「如著幓頭焉」，北宋本「幓」作「繰」，殿本、局本已據儀禮喪服鄭注改作「幓」，而於此音釋留而未删。按：「繰」似應作「幧」，揚雄方言云：「絡頭，帞頭也。自河以北，燕趙之間曰幧頭。」

〔一七六〕參摎之　「摎」原訛「樛」，據北宋本改。按：摎，絞也。

〔一七七〕以短柱柱起此横梁之著地　原「短」字誤重，據北宋本、傅校本、明抄本、明刻本删。

〔一七八〕既舉此梁　「既」原訛「即」，據諸本改。

〔一七九〕既柱起梁又立小障以辟風　「柱」原訛「注」，「又」原訛「有」，據諸本改。

〔一八〇〕至練得卻素食也　原脱「得」，據北宋本、傅校本、明抄本補。

〔一八一〕居堊室　原訛作「居室之堊」，「居堊室」語見禮記閒傳，今據删乙。按：北宋本作「居室乙堊」，「乙」初係讀書人加於「室堊」旁者，謂兩字當乙轉，傳刻者不察，誤併之於正文，後人見其不通，竟又改

「乙」爲「之」矣。

〔八二〕西向開户　北宋本無「開」字。

〔八三〕思哀殺　原脱「思」，據北宋本補。

〔八四〕稍自飾　「稍」原訛「梢」，據北宋本、傅校本、明刻本、王吴本改。

〔八五〕縞冠素紕　原倒作「素縞冠紕」，誤。「縞冠素紕」見禮記玉藻及檀弓上鄭注。玉藻云：「縞冠素紕，既祥之冠也。」今據乙。北宋本作「素冠乙縞紕」，本係學者加「乙」於語側，謂有倒文也。傳刻者不悟，遂將「乙」誤入正文；後人覺其不通，逕删「乙」字，而不知其誤。幸有北宋本在，致誤之迹猶可推尋也。

〔八六〕以黑經白緯爲冠而緌纓　「黑」原訛「墨」，據諸本改。

〔八七〕牡麻絰　「牡」原訛「杜」，據諸本改。

〔八八〕大五寸六分　「大」原訛「丈」，據北宋本、傅校本、明刻本、王吴本改。

〔八九〕卿大夫士虞卒哭異數也　「虞」原訛「庶」，據儀禮喪服鄭注及北宋本、傅校本、明抄本、明刻本改。

〔九〇〕輕乎斬也　「斬」原訛「輕」，據北宋本、傅校本、明抄本、明刻本、王吴本改。

〔九一〕右本在上者　原脱「者」，據北宋本、傅校本、明抄本、明刻本、王吴本補。下同。

〔九二〕麻本從左來　「來」原訛「未」，據北宋本、傅校本、明抄本、明刻本、王吴本改。

〔九三〕牡麻絰　原脱「絰」，據儀禮喪服及北宋本、傅校本、明抄本、明刻本、王吴本補。

〔一九四〕冠十二升　原脱「冠」，據北宋本、傅校本、明抄本、明刻本、王吴本補。

〔一九五〕皆有著述　「著」原訛「署」，據諸本改。

〔一九六〕周大唐　北宋本、傅校本、明抄本、明刻本無此三字。

〔一九七〕又綴以廣尺二寸布謂之袪經云袪尺二寸　原兩「袪」皆訛作「袂」，據北宋本、傅校本、明抄本、明刻本、王吴本改。

〔一九八〕喪拱上右手下　「下」字疑爲衍文。

〔一九九〕適博四寸　「適」原訛「過」，據儀禮喪服改。

〔二〇〇〕則與闊中八寸也　「與」原訛「兩」，又脱「中」，據儀禮喪服鄭注改補。北宋本「與」字不誤。

〔二〇一〕前有縗後有負板左右有辟領　原脱作「負左右有辟領」，據儀禮喪服鄭注補。

〔二〇二〕其辟積相向爲之謂之袧　「袧」原訛「絇」，據儀禮喪服及北宋本、傅校本、明抄本、明刻本改。下同。

〔二〇三〕苦侯反　「苦侯」原訛「若候」，據北宋本改。

〔二〇四〕按喪服本文甚難曉悟　原脱「悟」，北宋本、傅校本、明抄本、明刻本、王吴本「曉」下有「吾」，當是「悟」之殘字，姑訂補作「悟」。

〔二〇五〕歷代著述　原句上有「今於」，清人妄增，據北宋本、傅校本、明抄本、明刻本、王吴本删。又「述」訛「迹」，據諸本改。

〔二〇六〕悉皆平寫本經　「平」原訛「手」，明刻本、王吴本、殿本同。今據北宋本、傅校本改。明抄本雖訛作

「乎」，從可知古本不作「手」。平寫本經者，謂簡單直接録寫喪服經文也。

〔二〇七〕今先言其制　原無「今」，蓋被清人妄删，據北宋本、傅校本、明抄本、明刻本、王吴本補。

〔二〇八〕斬縗喪既葬緝縗議　北宋本、傅校本、明抄本、明刻本作「五服制度篇」，王吴本、殿本、局本作「五服制度變」，俱誤。卷四一禮典目録各本作「斬縗喪既葬緝縗議」，與正文内容合，今據改。

〔二〇九〕晉宋　北宋本、傅校本、明抄本、明刻本無此二字。

〔二一〇〕未爲先見　「先」原訛「無」，據北宋本改。按：魏顗以爲，齊縗周年，斬縗三年，緝與不緝用以區别齊縗斬縗，今説斬縗三年而服斬只周年，此不是高見。作「未爲無見」適與顗意違戾。推其所以致誤之由，蓋初誤「先」爲「无」，後人遂又改作「無」矣。

〔二一一〕安得不緝　「得」原訛「行」，據北宋本改。

〔二一二〕孔汪　「汪」原訛「注」，據晉書孔愉傳改。

〔二一三〕或既虞縗緝　「虞」原訛「斬」，據諸本改。

〔二一四〕又同則不易　「又」原訛「文」，據諸本改。

〔二一五〕卒哭而服齊縗　「服」原訛「復」，據諸本改。

王文錦點校

通典卷第八十八

禮四十八　沿革四十八　凶禮十

五服年月降殺之一

斬縗三年　孫爲祖持重議　孫爲庶祖持重議　嫡孫亡無後次孫爲祖持重議　嫡孫持重在喪而亡次孫代之議

斬縗三年

周制，子爲父，父至尊也。諸侯爲天子，天子至尊也。

晉尚書問：「天子崩，今臺書令史以上，爲皆服斬縗之服不？」博士卞搉、〔一〕應琳議：「禮，命士以上皆服斬。臺書令史，列職天朝，皆應服斬。」又問：「天子崩，今司州及河南郡吏，出入導從，應易服制不？」搉又答：「禮，庶人在官者服齊縗三月。又，近臣服斬。導從出入，皆應服。」〔二〕又問：「從服隨君輕重，今司隸服斬，下吏服齊，爲合禮意不？」搉又答：

「凡從君服，皆降一等。今之牧守，皆古諸侯，以禮相況，輕重宜矣。」又問：「禮，義服不從。今司隸爲君斬縗，義服也。下吏爲從不？每降一等，當爲君喪其親者耳。古今行事復如何？」又答：「禮，庶人爲國君齊縗。今則不服。然吏若都官從事，有職司於喪庭者，故宜依庶人在官義耳。義服不從，謂近臣服君斬縗之服，〔三〕依降一等者之差耳。前稱導從，指謂近臣，不謂吏也。』

周制，臣爲君，君至尊也。馬融曰：「君，一國所尊也，故曰至尊也。」斬縗三年，子爲父，本周制。自後歷代更有議論，逐件更標臣爲君亦三年。若同入前科，恐非分明，所以重言周制以顯之，他皆類此。公士大夫之衆臣爲君。士，卿士。公卿大夫厭於天子諸侯，故降其衆臣布帶繩屨。〔四〕公、卿、大夫、室老、士，貴臣也。其餘皆衆臣也。君，有采地者皆曰君也。衆臣杖，不以即位。近臣，君服斯服矣。室老，家相也。士，邑宰也。近臣，閽寺之屬。君，嗣君也。斯，此也。近臣從君喪服，無所降也。

魏尚書左丞王煛古鼎反。〔五〕除陳相，未到國而王薨。議者或以爲宜齊縗，或以爲宜無服。王肅云：「王國相，本王之丞相。按漢景帝時，貶爲相；成帝時，使理人。王則國家所以封，王相則國家使爲王臣，但王不與理人之事耳。而云相專爲理人，不純臣於王，非其義也。今煛至許昌而聞王薨，姓名未通，恩紀未交，君臣未禮，不責人之所不能，於義未正服君臣之服。〔六〕傳曰：『策名委質，貳乃辟也。』若夫未策名，未委質，不可以純君臣之義也。禮，婦人入門，未三月廟見死，猶歸葬於其黨；不得以六禮既備，又以入室，遂成其婦禮也。則臣之未委質者，亦不得備其臣禮也。曾子問曰：『娶女有吉日而女死，如之何？』孔子曰：『壻齊縗而弔，既葬而除之。夫死亦如之。』各以其服，如服斬縗，斬縗而弔之，既葬而除之也。今㚖爲王相，未入國而王薨，義與女未入門夫死同，〔七〕則㚖宜服斬縗，既葬而除之，此禮之明文也。禮曰『與諸侯爲親者服斬』，雖有親，爲臣則服斬縗也。臣爲其君服之，或曰宜齊縗，不亦遠於禮乎？」詔如肅議。

司空陳羣議：「諸王相國不應爲國王服斬縗。古今異制，損益不同。古者諸侯，專國子人。至漢初，患諸王子強暴，奪之權，食租而已。乃選賢能，代王居國，相王爲善，否則彈糾。國家置王以下之吏，非陪臣之謂也。禮記雖有『與諸侯爲親服斬』者，蓋謂異於國臣，與有親於王斬耳。雖陪臣，不親，猶不爲服；豈專帝臣而爲藩王服斬？未有實不爲臣而名稱臣。若欲假虛名以優王者，欲崇君臣而復糾其罪，〔八〕名實既錯，君臣義乖，遺禮失教，難以爲典。近防輔小吏，尚不稱臣；況剖符帝臣而稱臣妾於藩王？若使正名爲王臣，則上書當稱陪臣。既王正臣，不可不服，則不宜還糾王罪。若不稱陪臣，俱言臣者，此爲王與天子同臣也。」

詔曰：「若正名實，司空議是也。且謂之國相，而不稱臣制服，則亦名實有錯。若去相之號，除國之名，則傷親親之恩也。宜釋輕從重，以彰優崇之大義也。」

喪葬令云：「王及郡公侯之國者薨，其國相官屬長史及内史下令長丞尉，皆服斬縗，居倚廬。妃夫人服齊縗，朝晡詣喪庭臨。以喪服視事，葬訖除服。其非國下令長丞尉及不之國者相内史及令長丞尉，其相内史吏，皆素服三日哭臨。其雖非近官而親在喪庭執事者，亦宜制服。其相、内史及以列侯爲吏令長者無服，皆發哀三日。」

晉惠帝元康中，秦王薨，秦國郎中令始平李含因王葬訖除服被貶。御史中丞傅咸表云：「秦王薨，含悲慟之哀，感於人心。含俯就王制，〔九〕如令除服，葬後十七日乃親中正職。時議謂之背戚居榮，奪其中正，而復閡於天子之喪既葬而除，便云『天朝殊尊，援以爲準，〔一〇〕非所宜言』。若王者之喪，既葬不除，藩國之喪，既葬而除，藩國欲同不除，乃當云『天朝殊尊，〔一一〕援以爲準，非所宜言』耳。天朝釋乎上，〔一二〕而欲藩國服乎下，此爲藩國之義崇，〔一三〕而天朝之禮薄。未喻此旨。又云『諸公皆終喪，禮寧盡乃敍，明喪制宜崇，務在敦重也』。夫寧盡乃敍，以其哀慟，異於天朝，制使終喪，未見斯文。國制既葬而除，既除而祔。爰自漢魏，迄乎聖晉，皆所共行。文皇帝升遐，武帝崩殂，陛下毁頓，率土臣妾豈無攀慕遂服之心，〔一四〕實以國制不可而逾。天王之喪，釋除於上，〔一五〕藩國之心，〔一六〕獨遂於下，甚不可安。復以秦王無後，〔一七〕含應爲主，既使含應爲喪主，於今之制，既葬應除而祔，則應吉服以祭。因曰『王未有廟，主無所遷，不應除服』。秦王始封，無所連祔，靈主所居，〔一八〕即便爲廟。不問制云何，而以無廟爲貶含。〔一九〕今必也按放勳之殂，〔二〇〕四海遏密八音，至於三載，太宗之崩，曾不數旬，釋然即吉，引古繩今，闔代皆應有貶，何但李含不應除服！〔二一〕今也無貶，王制故也。前以含有王喪，上請差代。尚書敕王葬日在近，葬訖含應攝職，不聽差代。葬訖，含猶躊躇，〔二二〕不時攝職，司徒屢摘罰訪問以蹴含，〔二三〕含乃視事。含承天臺之敕，逼司徒之符，然後攝職，含之適職，隨而擊之，此爲臺敕府符陷含於惡也。若謂臺敕府符爲傷教義，則當據正，不正符敕，而含是貶，含之困躓何足惜乎，〔二四〕國制不可偏耳！又含自以隴西之人，雖户屬始平，非所綜悉。初見使爲中正，反覆言之司徒，説非始平國人，〔二五〕不宜爲中正。後爲郎中令，自以選官引臺府爲比，〔二六〕讓常山太守蘇紹，辭旨懇切，形於文墨。含之固讓，乃在王未薨之前，中正龐騰便割含品。臣見含爲騰所侮，不勝其憤，謹表以聞，乞朝廷以時博議，無令騰得濫行刀尺。」

咸又言：「臣以國之大制，不可而偏，秦國郎中令李含，承尚書之敕，奉喪服之命，既葬除服，而中正龐騰無所據仗，貶含品三等，謂此未值漢魏以來施行之制，具以表聞，未嘗朝廷當云何。騰等之論，以秦王無後，前又有詔，以此謂含不應除服。愚謂諸侯之制，不得異於天朝。就秦王有嗣，於制亦自應除；且秦王無後，乃前有詔，朝野莫不聞知。而尚書下敕，葬訖含自應攝職，不應差代，尋舉爲臺郎；又司徒摘罰訪問，催含攝職。如此，臺府亦皆謂含既葬應除也。相是純臣，羣臣之首，奏令釋服，亦無餘疑。〔二七〕至於含除，便獨爲罪，竊謂有負於情。臣之在事，〔二八〕小大欲盡，使在優崇。況國之大制，當垂將來，心所不安，而不敷寫，謹重以聞，乞中書見詰，〔二九〕猶百慮當一得也。」

周制，父爲長子。不言嫡子者，通上下也。亦言立嫡以長也。正體在乎上，又將所傳重也。庶子不得爲長子三年，不繼祖也。鄭玄云：「此言爲父後者，然後爲長子三年，重其當先祖之正體，又以其將代己爲宗廟主也。庶子者，爲父後者之弟也。言庶者，遠別之也。小記曰：『不繼祖與禰。』此但言祖，容祖禰共廟。」馬融曰：「體者，嫡嫡相承也。正謂體在長子之上，〔三〇〕上正於高祖體。重其正，故服三年。庶子賤，爲長子服，其不得隨父服三年，故言不繼祖也。」雷次宗曰：「父子一體也，而長嫡獨正，故曰體。既爲正體，又將傳重，兼有二義，乃加其服。自非親正，兼之情體俱盡，豈可凌天地、混尊親也。

漢戴聖、聞人通漢皆以爲父爲長子斬者，以其爲五代之嫡也。馬融注喪服經用之。鄭玄注小記則以爲己身繼禰，便得爲長子斬。自後諸儒皆用鄭說。譙周五經然否曰：「小記曰『庶子不爲長子斬，不繼祖與禰也』，此尚但別庶子，〔三一〕而下言不繼祖禰者，〔三二〕謂庶子身不繼禰，故其長子爲不繼祖，合而言之也。」劉智釋疑亦同此議。〔三三〕

晉虞喜廣林難譙周曰：「禮文三發，二言繼祖，一言連禰。如但繼禰，則應三年，何緣須祖，煩而失要，合子於父，舍徑就迂，非事實也。然則繼祖者必繼禰，繼禰者不必繼祖。今連禰於祖，以己繼之，是繼祖者得三年，繼禰者不得也。至於連禰於祖以別高祖之祖，故因禰以繼祖別嫌也。」

宋庾蔚之云：「按禮鄭注曰：『用恩則父重，用義則祖重。』父之與祖，各有一重之義，故聖人制禮，服祖以至親之服，而傳同謂之至尊也。己承二重之後，而長子正體於上，將傳宗廟之重，然後可報之以斬，故傳記皆據祖而言也。若繼禰便得爲長子斬，則不應云不繼祖。喪服傳及太傳皆云不繼祖，以明庶子雖繼禰而不繼祖，則不服長子斬也。賀氏要記云：『庶子，父雖殁，猶不爲長子三年，以己不繼祖也。』是亦明己身繼祖，乃得爲長子斬也。既義由於繼祖，則不必須云及禰。或者疑祖之言是道庶子之長，故此記特言不繼祖與禰，以明據庶子言之也。」

周制，〔三四〕爲人後者三年，受重者必以尊服服之。馬融曰：「受人宗廟之重，故三年。」雷次宗曰：「但言爲人後者，文似不足。下章有爲人後者爲其父母，當言『爲人後者爲所後之父』。今闕此五字者，〔三五〕以所後者，或爲祖父，或爲高曾，繁文不可備設，〔三六〕言一以包二，則凡諸所後，皆備於其中也。」何如而可爲之後？同宗則可爲之後。何如而可以爲人後？支子可也。爲所後者祖父母、妻、妻之父母、〔三七〕昆弟、昆弟之子若子。若子者，爲所後之親如親子也。〔三八〕

周制，〔三九〕妻爲夫，夫至尊也。馬融曰：「婦人天夫，〔四〇〕故曰至尊。」王肅曰：「言夫則可知。舉妻者，殊妾之文也。」孔倫曰：「以父服服之，故曰至尊。」雷次宗曰：「言妻以明其齊，所以得稱夫也。」妾爲君，君至尊也。馬融曰：「妾賤，事夫如君，故至尊也。」鄭玄曰：「不得體之，加尊焉，雖士亦然。」陳銓曰：「降於女君，故不敢稱夫。稱爲君者，同於人臣也。」雷次宗曰：「言妾以見其接，所以乃稱君也。」女子子在室爲父。女子子者，女子也，別於男子也。言在室，關已許嫁也。子嫁，反在父之室，爲父三年。馬融曰：「爲犯七出，還在父母之家。」鄭玄云：「謂遭喪而出者，始服齊縗周，出而虞則受以三年之喪受，既虞而出則小祥亦如之，既除而出則已。女行於大夫以上曰嫁，行於士庶人曰適人。」王肅曰：「嫌已嫁而反與在室不同，故明之。遭喪未練而出則三年，既練而出則已，未練而反則周，既練而反則遂之。」雷次宗曰：「不言女子子，上女子也。復言子者，欲見其外義以盡，子道復弘也。」

孫爲祖持重議

晉侍中庾純云：「古者所以重宗，諸侯代爵，代，國諱，改焉。下同。士大夫代禄，防其争競，故明其宗。今無國士代禄者，〔四一〕防無所施。又古之嫡孫，雖在仕位，無代禄之士，猶承祖考家業，上供祭祠，〔四二〕下正子孫，旁理昆弟，敍親合族，是以宗人男女長幼，皆爲之服齊縗。今則不然，諸侯無爵邑者，嫡之子卒，則其次長攝家主祭，嫡孫以長幼齒，無復殊制也。又未聞今代爲宗子服齊縗者。然則嫡孫於古則有殊制，於今則無異等。今王侯有爵土者，其所防與古無異，重嫡之制，不得不同。至於大夫以下，既與古禮異矣，吉不統家，凶則統喪，考之情理，俱亦有違。按律無嫡孫先諸父承財之文，宜無承重之制。」

劉智以爲此説非從古制也，魏晉二代亦自行之。

劉寶以爲：「孫爲祖不三年。喪服云『孫爲祖周』，按小記『爲祖後者爲祖母三年』，二文不同，何以爲正？答曰：經無孫爲祖三年之文，小記所云爲祖母三年，自謂無後養人子以爲孫者耳。〔四三〕喪服云『爲人後者三年』，爲人後者，或爲子，或爲孫，故經但稱爲人後，不列所後者名，所以通人無貴賤爲人後者用此禮也。若荀太尉無子，養兄孫以爲孫，是小記所謂爲祖後者也。夫人情不殊，祖所養孫猶子，而孫奉祖猶父，古聖人稱情以定制，爲人後者無復父祖之差，同三年也。喪服傳『父卒，然後爲祖後者斬』，此謂嫡孫爲祖喪主，當服斬，不解傳意，小記與傳但解經意耳。傳稱者此祖後，謂父之長子，〔四四〕祖之嫡孫也。已上厭於父，〔四五〕父亡然後乃下爲長子斬，非孫上爲祖斬也。」〔四六〕

王敞難劉寶曰：「喪服小記『祖父卒，爲祖母後者三年』，此謂孫爲祖後者。喪服『父亡，爲母三年』。言爲祖母三年，祖父三年可知也。爲人後者，以當收族而嚴宗廟也，必以同宗支子，擇其昭穆之倫而立之，不得高祖無子而立玄孫之序。嚴宗廟者，亦可以在繼養，〔四七〕使鬼神有所享也。按士二廟，若立玄孫，則所嚴之祖，不及曾高，〔四八〕而祖禰無鬼，將何所饗乎？荀太尉秩尊，其統宜遠，親廟有四，孫之所得祭高祖也，則於太尉爲祖，子所得祭高祖也。今立孫但得祭祖，而使曾祖不食，是則先人將恐於爲厲，故知非立後之道也。又臣從君服，每降一等，喪服爲君之祖服周，制君服三年明之也。〔四九〕若如論意，謂小記所言是爲長子服者，又當言父卒然後爲子三年，不得言祖父卒而爲祖母後者三年。又養人子爲己孫，與己自有孫豈異哉？」

國子博士吳商答劉寶議曰：「按禮貴嫡重正，所尊祖禰，繼代之正統也。〔五〇〕夫受重者，不得以輕服服之。〔五一〕是以孫及曾玄其爲後者，皆服三年，受重故也。且絕屬之宗，來爲人後者服之，如今嫡孫爲後，而欲使爲祖服周，與衆孫無異，既非受重之義，豈合聖人稱情之制耶？且孫爲祖正服周，祖爲孫正服九月，嫡孫爲後，則祖爲加服周，孫亦當加祖三年，此經之明據也。今欲使祖以嫡加孫，孫以庶服報祖，豈經意耶？又欲使絕屬之孫同於嫡孫，豈合人情。」

成洽論云：「嫡孫傳重，〔五二〕不服斬也。夫服以三年爲至重，故以至尊至親者處之。自此以往，上下降殺一等，經之例也。服父三年，服祖宜周，而傳云『父卒爲祖後者服斬』，爲嫡孫者，依此爲制，若其必然，越於常例。後祖服異，禮之重事，宜見斬縗之經，不應闕而不記也。且子爲父三年，父爲長子亦三年，若嫡孫爲祖如子，則祖爲嫡孫亦當如父爲長子，不得爲之周也。」

吴商曰：「凡人爲後者尚如父，今孫爲祖後，而欲使爲祖周，與衆孫無異，豈是爲後之謂乎？且祖爲孫正服九月，今嫡孫爲後，祖加之周，孫亦加祖三年，經之明義也。今使祖加孫服，而孫不加祖服，豈經義哉！且經云『臣爲君祖父母服周』，從服例降一等，則君爲祖服斬矣，此非經義邪，何責闕而不記也。〔五三〕論又云『孫爲祖，如子爲父，則祖爲孫亦當如父爲長子』者。〔五四〕且孫爲後加一等服三年，祖亦加孫一等服周。如論之意，欲使祖加孫二等，而孫加祖一等，此豈經例而云傳不通乎？」

試評曰：庾純云：「古者重宗，防其争競，今無所施矣。」又云：「律無嫡孫先諸父承財之文，宜無承重之制也。」劉寶亦云：「經無爲祖三年之文。」王敞難曰：「小記云『祖父卒，而爲祖母後者三年』，則爲祖父三年可知也。」博士吴商云：「禮貴嫡重正，其爲後者皆服三年。」夫人倫之道有本焉，重本所以重正也，重正所以明尊祖也，尊祖所以統宗廟也，豈獨争競之防乎？是以宗絶而繼之，使其正宗百代不失也。其繼宗者，是曰受重，受重者必以尊服服之，若不三年，豈爲尊重正祖者耶？〔五五〕傳曰：「爲人後者，同宗支子可也。」下云爲嫡孫，言不敢降其正也。是乃宗絶則嫡孫，〔五六〕無孫則支子承重，其所承重皆三年也。而議者或云「嫡子卒，不以孫繼，以其次長攝主祭」者，則昭穆亂矣。又云「今代無孫爲祖三年之文，吉不統家，凶則統喪，禮有違也」者，是時失之，非無其義也。又云「傳言父卒，然後爲祖後者斬，是父亡乃下爲長子斬，非孫上爲祖斬也」者，亦非義也。何者？凡孫，父在不得爲祖斬，父亡則爲祖斬。故傳曰「有嫡子者無嫡孫」，〔五七〕其文甚明。而云「下爲長子斬」者，則經不但言爲祖後者斬矣。成洽云「若嫡孫爲祖如父三年，則祖亦爲孫如長子三年也」者〔五八〕且祖重嫡孫，服加一等，孫承重而服祖不加，是爲報服，何乃孫卑反厭祖尊？〔五九〕非禮意也。以情求理，博士吴商議之當矣。

孫爲庶祖持重議〔六〇〕

晉劉智釋疑：「問者曰：『禮孫爲祖後三年者，以其當正統也。庶子之長孫，既不繼曾高祖，此孫爲庶祖承重三年不？』答曰：『繼祖者，不唯謂大宗也。按喪服傳與小記皆云：「庶子不爲長子三年，不繼祖與禰也。」兩舉之者，明父之重長子，以其當爲禰後也。其所繼者，於父則禰，於子則祖也。父以己當繼祖，故重其服，則孫爲祖後者，不得輕也。然則孫爲祖後，皆三年矣。且甲，衆子也，生乙。乙生景而乙先卒，〔六一〕景爲長子孫而後甲。甲亡，景爲甲三年。則甲是庶子，無嫡可傳，若不三年，則景爲乙之嫡子，而闕父卒爲祖後之義也。』」

博士杜琬云：「曾祖是庶，而祖父是嫡，又是嫡孫矣。若庶祖無嫡可傳，則非正體乎上傳重之義也。既無大夫士之位，無嫡統之重，孫爲庶人，父雖亡而有諸父，其孫生不主養，祭非所及，而所攝一家之重，居諸父之右，祖無重可傳，而孫以重自居，〔六二〕爲父長子而以嫡孫繼祖，推情處禮，於義爲乖。凡祖是庶而父爲長，宜服齊縗。」

王敞議曰：「凡所重，明是先祖之體，蓋非爵土財計之謂。至於庶子之子爲繼禰之宗，則得爲其子三年矣。父尊其禰而子替祖服，不貴正體而必云爵土，忽其敬宗而重其財計，〔六三〕承財計則爲之服斬縗，無產業則廢三年，此非義矣。又經有爲君之祖服周，是爲臣從君服。從服例降一等，此則君爲祖三年矣。既爲君而有父祖之喪，謂父祖並有廢疾不得受國，而己受位於曾祖者也。祖不受國，無重可傳而猶三年，斯蓋正統貴體之義，不必以爵土傳己也。體存則就養無方，亡則庶子不祭，所以達孝明宗，吉凶異制，故知生不主養者，無害死掌其祀也。而云祭非所及，乖乎周孔之意爾，人無祖矣。」〔六四〕

束晳議曰：〔六五〕「經云『臣服君之祖周』，此君爲祖三年也，是祖有廢疾不襲統也。然則無爵可傳，身不主祭，與庶子何異？而孫猶服斬，義例昭然。大宗之弟皆稱祖立廟，而自爲其子孫所奉，即所謂小宗之緒，主其祖父之祀，豈可自同衆孫不服三年哉！」

宋庾蔚之謂：「祖庶父嫡，己承父統，而不謂之繼祖，則祖誰當祭之？所謂繼，是承其後，爲之祭，故云傳重而服之斬。若杜琬所言『祖父俱嫡』，乃是繼曾祖耳。祖雖非嫡，而是己之所承，執祭傳統，豈得不以重服服之乎？己服祖以斬，故祖亦服己以周。長子之服，義則不同，要須己身承祖禰之正，乃得爲長子斬。按小記云『庶子不得爲長子斬，〔六六〕不繼祖與禰』，是明庶子不繼祖禰，故不得爲長子斬，非據子之身。若據長子身，不得云不繼禰也。必須身承祖禰之正，乃得服長子斬者，以尊加卑異於卑加尊也。劉智分此不繼祖與禰之言，以爲庶子不繼禰，故其長子不繼祖。書記未有此連言之比。且庶子不繼禰，其子居然不繼祖矣。」

嫡孫亡無後次孫爲祖持重議

晉萬蔣問范宣：「嫡孫亡，無後，次子之後可得傳祖重不？」宣答曰：「禮『爲祖後者三年』，不言嫡庶，則通之矣。無後猶取繼，況見有孫而不承之邪？庶孫之異於嫡者，但父不爲之三年，祖不爲之周，而孫服父祖不得殊也。」

嫡孫持重在喪而亡次孫代之議

晉或人問徐邈：「嫡孫承重，在喪中亡，其從弟已孤，又未有子姪相繼，疑於祭事。」〔六七〕

邈答：「今見有諸孫，而事無後，〔六八〕甚非禮意。禮『宗子在外，則庶子攝祭』，可依此使一孫攝主，〔六九〕攝主則本服如故。禮，大功者主人之喪，猶爲之練祥再祭，況諸孫耶？若周既除，當以素服臨祭，依心喪以終三年。」

宋江氏問：「甲兒先亡，甲後亡，甲嫡孫傳重，未及中祥，嫡孫又亡，有次孫，今當應服三年不？」何承天答曰：「甲既有孫，不得無服三年者，謂次孫宜持重也。但次孫先以制齊縗，今得便易服，當須中祥乃服練居堊室耳。昔有問范宣云：〔七〇〕『人有二兒，大兒無子，小兒有子，疑於傳重。』宣答：『小兒之子應服三年。』亦粗可依。」

裴松之答何承天書云：「禮，嫡不傳重，傳重非嫡，皆不加服，明嫡不可二也。范宣所云次孫，本無三年之道。若應爲服後，次孫宜爲喪主，終竟三年，而不得服三年之服也。」

何承天與司馬操書論其事，操云：「有孫見存，而以疎親爲後，則不通。既不得立疎，豈可遂無持重者，此孫豈不得服三年邪？嫡不傳重，傳重非嫡，自施於親服卑，無關孫爲祖也。」

按庾蔚之謂：「嫡孫亡，無爲後者，今祖有衆孫，不可傳重無主，次子之子居然爲祖持重，〔七〕范宣議是也。嫡孫已服祖，三年未竟而亡，此重議已立，正是不得卒其服耳。猶父爲嫡居喪而亡，孫不傳重也，次孫攝祭如徐邈所答。何承天、司馬操並云接服三年，未見其據。」

校勘記

〔一〕卞搉　「搉」原訛「榷」，據北宋本、傅校本、明刻本、王吴本改。下同。

〔二〕皆應服　卷八一「應」下有「從」字。

〔三〕謂近臣服君斬縗之服　原訛脱作「謂近臣服君斬服之」，據本書卷八一補乙。

〔四〕故降其衆臣布帶繩屨　「屨」原作「履」，據明刻本、王吴本改。按：北宋本、傅校本無「其」，無「布帶繩屨」。

〔五〕古鼎反　「古」原訛「右」，據北宋本、傅校本、明刻本改。

〔六〕於義未正服君臣之服　北宋本「正」作「止」。

〔七〕義與女未入門夫死同　「夫」原訛「未」，據諸本改。

〔八〕欲崇君臣而復糾其罪　「復」原訛「服」，據諸本改。

〔九〕含俯就王制　「含」原訛「舍」，據諸本改。

〔一〇〕援以爲準　「援」北宋本、傅校本、明抄本作「别」。

〔一一〕天朝殊尊　「殊」原訛「除」，據北宋本、傅校本、明刻本、王吴本改。

〔一二〕天朝釋乎上　「釋」晉書李含傳一六四二頁及北宋本、明抄本作「告」，傅校本、明刻本作「吉」。

〔一三〕此爲藩國之義崇　「爲」原作「謂」，據晉書李含傳一六四二頁及北宋本、傅校本、明抄本、明刻本、王吴本改。「崇」晉書作「隆」，杜氏諱改。下同。

〔一四〕率土臣妾豈無攀慕遂服之心　原脱「豈」，據晉書李含傳一六四二頁補。

〔一五〕釋除於上　原脱「除」，據晉書李含傳一六四二頁補。

〔一六〕藩國之心　「心」晉書李含傳一六四二頁作「臣」。

〔一七〕復以秦王無後　原脱「以」，據晉書李含傳一六四二頁補。

〔一八〕靈主所居　「主」原訛「王」，據晉書李含傳一六四二頁及北宋本、傅校本、明刻本、王吴本改。

〔一九〕而以無廟爲貶含　「貶」上原有「必」，據北宋本、傅校本、明抄本、明刻本删。

〔二〇〕今必也按放勳之殂　「今必也」原作「也今」，據北宋本、傅校本、明抄本、明刻本改。

〔二一〕何但李含不應除服　原脱「何」，據晉書李含傳一六四二頁補。

〔二二〕含猶躊躇　「猶」原訛「應」，據諸本改。

〔二三〕司徒屢摘罰訪問以踧含　「踧」原作「催」，係清人擅改者。據晉書李含傳一六四二頁及北宋本、傅校本、明抄本、明刻本、王吴本改。

〔二四〕含之困躓何足惜乎　「足」北宋本、傅校本、明抄本作「之」。

〔二五〕説非始平國人　原脱「平」，據晉書李含傳一六四二頁及北宋本、傅校本、明抄本、明刻本、王吴本補。

〔二六〕自以選官引臺府爲比　原句下有「不應爲中正」，據晉書李含傳一六四二頁删。

〔二七〕奏令釋服亦無餘疑　「令」下北宋本、傅校本、明抄本、明刻本、王吴本有「含」。「餘」北宋本、傅校本作「惟」。

〔二八〕臣之在事　「在」王吴本及全晉文卷五二一七五七頁作「任」。

〔二九〕乞中書見詰　「詰」原訛「諸」，據北宋本、傅校本、明刻本、王吴本改。殿本及全晉文卷五二一七五七頁作「諸」，疑非。

〔三〇〕正謂體在長子之上　「謂」北宋本、傅校本、明刻本作「爲」。

〔三一〕此尚但别庶子　原脱「尚」，據北宋本補。

〔三二〕而下言不繼祖禰者　「下」原訛「不」，據北宋本、傅校本、明抄本、明刻本改。又脱「禰」，據北宋本、傅校本、明抄本、王吴本補。

〔三三〕亦同此議　「議」原作「義」，據北宋本、傅校本、明抄本、明刻本、王吴本改。

〔三四〕周制　自此至注文「如親子也」，此一節明刻本、王吴本、殿本、局本皆誤歸入下題「孫爲祖持重議」中，置于「晉侍中庾純」條之前。按：爲人後者三年，亦係斬衰三年中之一項，與孫爲祖持重無涉，今據北宋本、傅校本、明抄本移正。

〔三五〕今闕此五字者　原脱「者」，據北宋本、傅校本、明抄本、明刻本補。

〔三六〕繁文不可備設　原「可」下衍「不」，據北宋本、傅校本、明抄本、明刻本删。

〔三七〕妻妻之父母　原脱一「妻」字，據儀禮喪服補。

〔三八〕爲所後之親如親子也　原「所」下衍「爲」，據北宋本、傅校本删。

〔三九〕周制　自此至注文「子道復弘也」，此節各本皆誤置於本卷最後一題嫡孫持重在喪而亡次孫代之議正文之後。按：斬縗三年一題内容凡五：子爲父一也，臣爲君二也，父爲長子三也，爲人後者爲所後者四也，妻妾爲夫五也。妻妾爲夫斬縗三年與嫡孫持重在喪而亡次孫代之議題旨毫無關涉，杜氏編纂意圖必不如是，顯爲錯簡無疑。今參照儀禮喪服斬縗三年章移前。

〔四〇〕婦人天夫　原作「婦人以夫爲天」，據北宋本、傅校本、明抄本、明刻本、王吴本删乙。

〔四一〕今無國士代禄者　「士」原訛「土」，據北宋本、傅校本、明抄本、明刻本改。

〔四二〕上供祭祠　「祠」原作「祀」，據北宋本、傅校本、明抄本、明刻本改。

〔四三〕自謂無後養人子以爲孫者耳　「無」原訛「其」，據諸本改。

〔四四〕謂父之長子　「謂」原作「爲」，據諸本改。

〔四五〕己上厭於父　「己」原訛「以」，據北宋本、傅校本、明抄本、明刻本改。

〔四六〕父亡然後乃下爲長子斬非孫上爲祖斬也　「上」原訛「所」，據諸本改。「非」北宋本作「耳」，屬上讀；

然下文引此，北宋本亦作「非」。

〔四七〕亦可以在繼養　「在」全晉文卷七五一八九五頁作「任」。

〔四八〕不及曾高　「高」原訛「祖」，據諸本改。

〔四九〕喪服爲君之祖服周制君服三年明之也　「周」原訛「用」，據北宋本、傅校本、明抄本改。

〔五〇〕按禮貴嫡重正所尊祖禰繼代之正統也　「統」原在前「正」之下，誤。據北宋本、傅校本、明抄本、明刻本、王吳本移正。

〔五一〕不得以輕服服之　原脱「之」，據北宋本、傅校本、明抄本、明刻本補。

〔五二〕嫡孫傳重　原句上有「使」，據北宋本、傅校本、明抄本、明刻本删。

〔五三〕何責闕而不記也　「責」原訛「竟」，據北宋本、傅校本、明刻本、王吳本改。

〔五四〕則祖爲孫亦當如父爲長子者　「祖」原訛「記」，據諸本改。

〔五五〕豈爲尊重正祖者耶　「耶」北宋本、傅校本、明刻本作「焉」。

〔五六〕是乃宗絶則嫡孫　「則」原訛「在」，據諸本改。

〔五七〕故傳曰有嫡子者無嫡孫　原脱「故」，據北宋本補。

〔五八〕則祖亦爲孫如長子三年也者　原脱「者」，據北宋本、傅校本、明抄本、明刻本補。

〔五九〕何乃孫卑反厭祖尊　「厭」原訛「嚴」，據諸本改。

〔六〇〕孫爲庶祖持重議　原脱「議」，據王吳本補。按：北宋本此卷卷目亦有「議」字。

〔六二〕乙生景而乙先卒　「景」原作「丙」，後人擅改。今據北宋本、傅校本、明抄本、明刻本改回。下同。

〔六三〕而孫以重自居　「自」原訛「曰」，據諸本改。

〔六三〕忽其敬宗而重其財計　「敬」原訛「故」，據諸本改。

〔六四〕人無祖矣　王吴本「人」上有「斯」，蓋臆增。

〔六五〕束晳　「晳」原訛「哲」，據晉書本傳改。

〔六六〕庶子不得爲長子斬　原脱「得」，據禮記喪服小記及北宋本、傅校本、明抄本補。

〔六七〕疑於祭事　「事」原作「祀」，據北宋本、傅校本、明刻本改。

〔六八〕今見有諸孫而事無後　「事」原作「祖」，據北宋本、傅校本、明抄本改。

〔六九〕可依此使一孫攝主　北宋本、傅校本、明抄本句下有「耶」字。

〔七〇〕當須中祥乃服練居堊室耳昔有問范宣云　原「室」下有「者」，「有」上脱「昔」，據諸本删補。

〔七一〕次子之子居然爲祖持重　原脱「祖」，據北宋本、傅校本、明抄本補。

王文錦點校

通典卷第八十九

禮四十九　沿革四十九　凶禮十一

五服年月降殺之二

齊縗三年　後妻子爲前母服議前母卒在異國　前妻被掠没賊後得還後妻之子爲服議　爲高曾祖母及祖母持重服議　齊縗杖周　父卒母嫁復還及庶子爲嫡母繼母改嫁服議　父在爲出母服議　父卒爲嫁母服

齊縗三年

周制，父卒爲母。馬融曰：「父卒，無所復屈，故得伸重服三年也。」今與父在同義，見杖周章。繼母如母，言繼母之配父與因母同，故孝子不敢殊也。因猶親也。慈母如母，謂妾之無子者，妾子之無母者，父命妾曰「汝以爲子」，命子曰「汝以爲母」，若是則生養之，終身如母，死則喪之，三年如母，貴父之命也。此主謂大夫士之妾，妾子之無母者，〔一〕父命爲母子者也。其使養之，不命爲母子，則亦服庶母慈己者之服可也。大夫之妾子，父在爲其母大功，則士之妾子爲母周矣。父卒則皆得伸也。子游問曰：「喪慈母如母，禮歟？」如母謂父卒三年也。子游意以爲國君亦當然。禮所云者，乃大夫以下，父所使妾養妾子。孔子曰：「非禮也。古者，男子外有傅，內有慈母，君命所使教子也，何服之有！言無服也。此指謂國君之子也。大夫士之子爲庶母慈己者小功，父卒乃不服。昔者魯昭公少喪其母，有慈母良，良，善。及其死也，公弗忍，欲喪之。有司以聞，曰：『古之禮，慈母無服，據國君也。今也君爲之服，是逆古之禮而亂國法也。若終行之，則有司將書之以遺後代，無乃不可乎？』公曰：『古者天子練冠以燕居。』公之言又非也。天子練冠以燕居，蓋謂庶子王爲其母也。〔二〕公弗忍，遂練冠以喪慈母。喪慈母，自魯昭公始也。」

周制，母爲長子，父之所不降，母亦不敢降也。馬融曰：「父不傳重，無五代之義，而服三年，隨父從於夫也。不在斬縗章者，以子當服母齊縗也。」鄭玄曰：「不敢降者，謂不敢以己尊降祖禰之正體也。」雷次宗曰：「父之重長，以居正嫡之胤，當爲先祖之主故也。母亦以此義而加崇焉。夫父之服長，以其仰述祖禰，堂構斯荷；母亦以其承夫嗣業，三從是寄。父尚不以大夫之嚴，降祖禰之主，母亦安敢以婦人之尊，降所天之嫡？故曰父之所不降，母亦不敢降。以父況母，明父猶屈體，母宜無嫌。如舊說妻從服，〔三〕則當云『夫所不降，妻亦不敢降』。今言父母者，豈非自子而言也。」妾爲女君之長子，與女君同。不敢以輕服服君之正體。盧植曰：「與女君喪長子俱三年。」妾從女君而出，則不爲女君之子服。盧植曰：「謂俱有過而出，女君爲其子服，嫌妾當從服，故言不也。」鄭玄曰：「妾與女君俱出，女君猶爲子服周，妾於義絶，無施服也。」王肅曰：「非屬從，故不服。」孔穎達云：「姪娣從女君而入，若女君犯七出，則姪娣亦從而出。」

漢戴德云：「父卒，爲繼母、君母、慈母；孫爲祖後者，父卒爲祖母，上至高祖母，自天子達於士；爲人後者爲所後之祖父母；母爲長子，妾爲君之長子，繼母爲長子：竝與父卒爲母同。」

周制，〔四〕祖父卒而後爲祖母後者三年。祖父在，則其服如父在爲母也。

後漢荊州牧劉表云：表字景升。「父亡在祖後，則不得爲祖母三年，以爲婦人之服，不可踰夫。孫爲祖服周，父亡之後，爲祖母不得踰祖也。」

晉或問曰：「若祖父先卒，父自爲之三年，己爲之服周矣。而父卒祖母後卒，當服三年不乎？」劉智答云：「嫡孫服祖三年，誠以父卒則己不敢不以子道盡孝於祖，爲是服三年也。謂之受重於祖者，父卒則祖當爲己服周，此則受重也。己雖不得受重於祖，然祖母今當服己周，己不得不爲祖母三年也。小記曰『祖父卒而後爲祖母後者三年』，特爲此發也。」

侍中成粲云：「禮有嫡子則無嫡孫，然則己受重於父，不受重於祖，不得爲祖母三年。禮，舅没則姑老，爲傳家事於長婦也。亦爲祖没，則己父受重於祖父，己不受之於祖父母，故無祖父母三年之理也。」

賀循又引小記，自釋爲祖母後者，〔五〕服之如母，不爲祖父母後，不得爲祖母三年，未見其驗，但以父在無二嫡，父没祖存，己位則正，不得爲祖父後，乃爲祖母嫡也。

宋崔凱云：「時人或有祖父亡，而後己母亡，孫奉養祖母，祖母卒則爲之齊縗三年者。凱以爲祖母三年，自謂己父母早亡，受重於祖，故爲祖斬縗三年，祖母齊縗三年。今己父後亡，則受重於父，不受重於祖，孫雖奉養祖母，固自當如禮齊縗周耳。」

庾蔚之謂：「劉景升以婦人之不可踰夫，既已乖矣。按成粲云『己自受重於父，不受於祖，爲祖母不應三年』，可謂殊途而同謬者矣。」

後妻子爲前母服議前母卒在異國〔六〕

後漢末，長沙人王毖上計至京師，值吳魏分隔，毖妻子在吳，身留中國，爲魏黄門郎，更娶妻生昌及式。毖卒後，昌爲東平相。至晉太康元年吳平時，毖前妻已卒，昌聞喪，求去官行服。東平王楙上臺評議。

博士謝衡云：「毖身不幸，去父母，遠妻子。妻於其家，執義守節，奉宗祀，養舅姑，育稚子。後得歸還，則固爲己妻。父既爲妻，子豈不爲母。昌宜追服三年。」

博士許猛云：「絕有三道。有義絕者，爲犯七出也。有法絕者，以王法絕。有地絕者，以殊域而絕。且夫絕妻，如紀叔姬，其逼以王法，隔以殊域而更聘嫡室者，亦爲絕矣。是以禮有繼母服，無前母制。〔七〕是以前母非没則絕也。以昌前母雖在猶不應服，若昌父在，則唯命矣。依禮記，昌唯宜追服其兄耳。」

尚書都令史虞溥言：「臣以爲禮不二嫡，重正也。苟正嫡不可以二，則昌父更娶之辰，即前婦義絕之日，固不待言而可知矣。議者以昌父無絕遣之言，尚爲正嫡。恐犯禮虧教，難以示後。按昌父既册名魏朝，更納後室，豈得懷舊君於江表，存外妻於讎國乎？非徒時政之所禁，乃臣道所宜絕。設使昌父尚存，今始會同，必不使兩妻專堂，二嫡執祭。以此驗之，故知後嫡立宜前嫡廢也。即父使有兩立之言，〔八〕猶將以禮正之，況無遺命，可以服乎？溥以爲宜如猛議。」

博士秦秀議云：「按議者以禮無前妻之名，依名絕之不爲之服，斯乃是也。今兄弟不同居，而各以路人相遇其母，恐一體之愛，從此絕矣。古人之爲，未必按文，唯稱情耳。以爲二母之子，宜各相事皆如所生。雖無成典，期於相睦，得禮意也。若前妻之子不勝母之哀，來言曰『我母自盡禮於事夫，爲夫先祖所歆享，爲父志所嘉，爲人倫所欽敬』，便迎父喪，歸於舊塋，以其母祔葬；〔九〕則後妻之子，寧可以據儒者之言以距之邪？禮，一妾之子，父命令相慈，而三年之恩便同所生矣。昌父何義不令二嫡依此禮乎？然禮無明制，非末學者所敢用心；必不得已，與其意而絶之，不若意而事之。故以爲昌宜追前母三年，二母之祔，以先後爲敍。」

侍中程咸言：「諸侯無更娶致夫人之制，大夫妻死改室，不拘立嫡。昌父前妻，守德約身，幸值開通，〔一〇〕而固絶之，此禮不勝情而漸入於薄也。昌母後聘，本非庶賤，橫加抑黜，復不然矣。若令二母之子，交相爲報，則並尊兩嫡，禮之大禁。昔舜不告而娶，婚禮蓋闕，傳記以二妃夫人稱之，明不足立正后也。聖人之弘，猶權事而變，而諸儒欲聽立兩嫡，並未前聞。且趙姬而讓叔隗以爲內子，黃昌之告新妻使避正堂，皆欲以正家統而分嫡妾也。昌父已亡，無正之者，若追服前母，則自黜其親；交相爲報，則固非嫡。就使未達，追爲之服，猶宜刑貶，以匡失謬，況可報楙施行，正爲通例，則兩嫡之禮始於今矣，開爭長亂，不可以訓。臣以爲昌等當各服其母者。」

著作郎陳壽等議：「春秋之義，不以得寵而忘舊，是以趙姬請逆叔隗而己下之。若昌父及二母於今並存，則前母不廢，有明徵矣。設使昌父昔持前婦所生之子來入中國而尚在者，〔一一〕恐不謂母已黜遣，從出母之服。荀昌父無棄前妻之命，昌兄有服母之理，則昌無疑於不服。」

司馬李苞議：「禮重一統，〔一二〕所以正家，猶國不可二君。雖禮文殘缺，大事可知。昌父遇難，與妻隔絕，夫得更娶，妻當更嫁，此通理也。今之不去，此自執節之婦，不爲理不絕矣。〔一三〕適可嘉異其意，不得以私善羈縻已絕之夫。議者以趙姬爲比，愚以爲不同也。重耳適齊，志在必還，五年之間，未爲離絕。衰納新寵，於禮爲廢嫡，於義爲棄舊，姬氏固讓，得禮之正，是以春秋善之，明不得並也。古無二嫡，宜如溥駮。」

中書監荀勖議曰：「昔鄭子羣娶陳司空從妹，後隔呂布之亂，不知存亡，更娶蔡氏女。徐州平後，陳氏得還，遂二妃並存。蔡氏之子元疊，〔一四〕爲陳氏服嫡母之服，族兄宗伯曾責元疊，謂抑其親，鄉里先達以元疊爲合宜。」

前妻被掠没賊後得還後妻之子爲服議

晉成帝咸康中，零陵李繁姊先適南平郡陳詵爲妻，産四子而遭賊。姊投身於賊，請活姑命，賊將姊去。詵更娶嚴，〔一五〕生子暉等三人。繁後得姊歸，詵求迎李還，更育一女子。

誅籍，〔一六〕母張在上，以妻李次之，嚴次之。李亡，誅疑暉服，以其事言於征西大將軍庾亮府評議。

司馬王愆期議曰：「按禮不二嫡，故惠公元妃孟子卒，繼室以聲子。諸侯猶然，況庶人乎！士喪禮曰，繼母本實繼室，稱繼母者，事之如嫡，故曰如母也。誅不能遠慮避難，以亡其妻，李非犯七出見絶，終又見逆，養姑於堂，子爲首嫡，列名黄籍，則誅之妻也。爲誅也妻，則爲暉也母，暉之制服無所疑矣。誅雖不應娶，要以嚴爲妻，〔一七〕妻則繼室，本非嫡也。若能下之，則趙姬之義；若云不能，官當有制。先嫡後繼，有自來矣。」

倉曹參軍王羣議：「李投身於賊，則名義絶矣。辱身污行，喪禮違義，雖有救母之功，宜以路人之恩相報。不可以奉承宗廟，嚴子不宜以母服服之，李子宜以出母居之。」

倉曹參軍虞眕之忍反議〔一八〕：「庶人兩妻，不合典制，財之法則，〔一九〕應以先婦爲主，服無所疑。漢時黄司農爲蜀郡太守，得所失婦，便爲正室，使後婦下之，載在風俗通。今雖貴賤不同，猶可依准。」

行參軍諸葛瑒議：〔二〇〕「誅既不能庇其伉儷，又未審李之吉凶，無慼離之慘，便歡會納妻，悖禮傷教，皆此之由。又誅協嚴迎李，籍注二妻，李亡之日，乃復疑服。若小人無知，不應有疑；及其有疑，明知妻不可二。生亂其名，没疑其服，喪亂以來，多有此比，宜齊之以法。」戶曹掾談劇等白：「奉教博議，互有不同，按禮無二嫡之文，李爲正嫡應服，居然有定。」

爲高曾祖母及祖母持重服議晉〔二二〕 宋 後魏

晉劉智釋疑答問云〔二三〕：「高曾祖母與祖母俱存，其卑者先亡，則當厭屈不？昔魯穆姜在而成公夫人薨，春秋書曰『葬我小君齊姜』。舊説云，妻隨夫而成尊，姑不厭婦，婦人不主祭，已承先君之正體，無疑於服重也。」

宋庾蔚之謂：「婦從夫，嫡曾高祖母，正體所傳，並有重，何疑其亡先後。」

後魏永平四年，尚書都令史陳終德祖母之喪，欲服齊縗三年，以無代爵之重，不可上陵諸父，〔二三〕若下同衆孫，恐違後祖之義，請求詳正。國子博士孫景邕等議：「嫡孫後祖，持重三年，終德宜先諸父。」太常劉芳議：「按喪服，乃士之正禮，含有天子諸侯卿大夫之事，〔二四〕其中時復下同庶人者，皆別標明。至嫡孫傳重，自士以上，古者卿士，咸多繼位。又士以上，乃有宗廟。先儒多云『嫡孫之傳重，下通庶人』。以爲差謬。何以明之？傳重專主宗廟，非謂庶人祭於寢也。兼累代承嫡，方得爲嫡子嫡孫耳。不爾者，不得繼祖也。按鄭玄云『爲三代長子服斬也』。〔二五〕魏晉以來，不復行此禮。按喪服經無嫡孫爲祖持重三年正文，唯有爲長子三年，嫡孫周，故傳及注因説嫡孫傳重之義。今世既不復爲嫡子服斬，卑位之嫡孫不陵諸叔而持重，則可知也。〔二六〕且准終德資階，〔二七〕方之於古，未登士秩，庶人在官，復無斯禮。〔二八〕考之舊典，驗之於今，則茲範罕行。且諸叔見存，喪主有寄，宜依諸孫服周爲允。」

景邕等又議云：「喪服雖以士爲主，〔二九〕而必下包庶人。何以論之？自大夫以上，每條標列，逮於庶人，合而不述，〔三〇〕此同士制，〔三一〕不復疑也。唯有庶人之爲國君，此則明義服之輕重，不涉於孫祖。且受國於曾祖，廢疾之祖父亦無重可傳，而猶三年，不必由重也。喪服經雖無嫡孫爲祖三年正文，而有祖爲嫡孫周，豈祖以嫡服己，己與庶孫同爲祖周，於義可乎？〔三二〕服祖三年，此則近代未嘗變也。准古士官，不過二百石也，終德即古之士也。且官族者謂有其功，食舊德者謂德繼於位，興滅繼絶謂諸侯卿大夫無罪誅絶者耳。金貂七珥，〔三三〕楊氏四公，雖以位相承，豈得言代禄乎？按晉太康中，令史殷遂以父朔不及所繼，〔三四〕求還爲祖母三年。時政以禮無代父追服之文，亦無不許三年之制，此則晉之成規也。」

尚書邢鑾奏依芳。

詔曰：「嫡孫爲祖母，禮令有據，士人通行，何勞芳致疑請也。〔三五〕可如國子博士孫景邕所議。」

齊縗杖周

周制，父在爲母周，屈也。至尊在，不敢伸其私尊也。父必三年然後娶，達子之志也。馬融曰：「屈者，子自屈於父，故周而除母服也。父至尊，子不敢伸母服三年。」

大唐前上元元年，武太后上表曰：「父在爲母服止一周，雖心喪三年，服由尊降。竊謂子之於母，慈愛特深，所以禽獸之情，猶能知母，三年在懷，理宜崇報。今請父在爲母終三年之服。」詔依行焉。

開元五年，右補闕盧履冰上言：「准禮，父在爲母一周除靈，三年心喪。太后請同父没之服，三年然始除靈。雖則權行，有紊彝俗。〔三六〕今請仍舊章，庶叶通禮。」於是下制令百官詳議。〔三七〕

刑部郎中田再思建議云：「降殺之喪，貴賤無隔，以報免懷之德，思酬罔極之恩。〔三八〕稽之上古，喪期無數，暨乎中葉，方有歲年。自周公制禮之後，孔父刊經以來，方殊厭降之儀，以標服紀之節。重輕從俗，斟酌隨時。子思不聽其子服出母，子游謂同母異父昆弟之服大功，〔三九〕子夏謂合從齊縗之制。此等並四科之數，十哲之人，高步孔門，親承聖訓，及遇喪事，猶此致疑，即明自古以來，升降不一。今去聖漸遠，殘缺彌多，會禮之家，名爲聚訟，寧有定哉！而父在爲母三年，傳之已踰二紀，出自高宗大帝之代，不從則天皇后之朝。大帝御極之辰，中宮獻書之日，往時參議，將可施行，編之於格，服之已久。前主所是，疏而爲律；後主所是，著而爲令。何必乖先帝之旨，阻人子之情，與伯叔母、姑姊妹同焉？若以庶事朝儀，一依周制，則古臣之見君也，公卿大夫贄羔鴈珪璧，今何故不依乎？周之用刑也，墨劓宮刖，今何故不行乎？周則侯甸男衛，〔四〇〕朝聘有數，今何故不行乎？周則井邑丘甸，以立征稅，今何故不行乎？周則分土五等，父死子及，今何故不行乎？周則冠冕衣裘，乘車而戰，今何故不行乎？周則三老五更，膠序養老，今何故不行乎？諸如此例，不可勝述，何獨孝思之事，愛一年之服於其母乎？可爲痛心，可爲慟哭者也。〔四一〕詩云：『哀哀父母，生我劬勞。』阮嗣宗，晉代之英才，方外之高士，以爲母重於父。據齊縗升數，麤細已降，何忍服之節制，減至於周？豈後代之士，盡慙於枯骨？〔四二〕循古未必是，依今未必非也。」

履冰又上疏曰：「上元中，武太后上表，請同父沒之服，初亦未有行用。垂拱年，〔四三〕始編入格，錫氏之後，〔四四〕俗乃通行。臣開元五年，頻請仍舊。恩敕并嫂叔舅姨之服，亦付所司詳議。〔四五〕諸司所議，同異相參。臣竊見新修之格，猶依垂拱之僞，至有祖父母安存，子孫之妻亡歿，下房几筵，亦立再周，甚無謂也。據『在家從父，出嫁從夫，夫死從子』，則喪服四制云：『天無二日，土無二君，〔四六〕家無二尊，以一治之也。』所以父在爲母服周者，避二尊也。』臣恐後代復有婦奪政之敗者。」疏奏未報。

履冰又上表曰：「臣聞夫婦之道，人倫之始。自家刑國，牝雞無晨，四德之禮不愆，三從之義斯在。故父在爲母服周者，見無二尊也。准舊儀，父在爲母一周立靈，再周心喪。父必三年而後娶者，達子之志焉。豈先聖無情於所生，固有意於家國者矣。原夫上元肇年，天后請升慈愛之喪，以抗尊嚴之禮，雖齊斬之儀不改，而几筵之制遂同。數年之間，尚未通用。垂拱之初，始編入格。臣謹尋禮意，防杜實深，若不早圖刊正，何以垂戒於後？〔四七〕且臣所獻者，蓋請正夫婦之綱，豈忘母子之道。復云母屬所謂『與伯叔姑姊服同』者，伯叔姑姊豈有筵杖之制、三年心喪乎？齊斬足爲升降者，母齊父斬，不易之禮。故父加至再周，父在爲母加三年心喪。今者同父歿之制，則尊厭之律安施？臣前狀單略，議者未識臣之懇誠。」

左散騎常侍元行沖奏議：「古之聖人，徵性識本，緣情制服，有伸有厭。天父天夫，故斬縗三年，情禮俱盡者，因心立極也。〔四八〕生則齊體，死則同穴，比陰陽而配合，同兩儀之化成。〔四九〕妻喪杖周，情禮俱殺者，〔五〇〕蓋遠嫌疑，尊乾道也。父爲嫡子三年斬縗，而不去職者，蓋尊祖重嫡，崇禮殺情也。資於事父以事君，孝莫大於嚴父。故父在爲母罷職齊周而心喪三年，〔五一〕謂之尊厭者，則情伸而禮殺也。斯制也，可以異於飛走，別於華夷，〔五二〕羲農堯舜莫之易也，文武周孔所同尊也。今若捨尊厭之重，虧嚴父之義，略純素之嫌，貽非聖之責，則事不師古，有傷名教矣。謹詳前者之疑，並請依古爲當。」自是百僚議竟不決。

至七年，下敕曰：「惟周公制禮，當歷代不刊；況子夏爲傳，乃孔門所受。格條之內，有父在爲母齊縗三年，此有爲而爲，非尊厭之義。與其改作，而不如師古，諸服紀宜一依喪服文。」自是卿士之家，父在爲母行服不同：或既周而禫，禫服六十日釋服，心喪三年者；〔五三〕或有既周而禫，禫服終三年者；或有依上元之制，齊縗三年者。議者是非紛然。元行沖謂人曰：「聖人制厭降之禮，豈不知母恩之深也？但尊祖貴禰，欲其遠別禽獸，近異夷狄故也。人情易搖，淺俗者衆。一紊其度，其可正乎！」〔五四〕

二十年，〔五五〕中書令蕭嵩與學士改修五禮，又議請依上元敕，〔五六〕父在爲母齊縗三年爲定，遂爲成典。

周制，爲妻，妻至親也。鄭玄曰：「嫡子父在，則爲妻不杖，以父爲之主也。服問曰：『君所主：夫人、妻、太子、嫡婦。」父在，爲妻以杖即位，謂庶子也。」〔五七〕馬融曰：「妻與己共承宗廟，所以至親也。」陳銓曰：「以其至親，故服同於母。」雷次宗曰：「不直云至親而言妻者，明其爲齊體判合之親，〔五八〕以別至極之稱而言。」出妻之子爲母。鄭玄曰：「出猶去也。」馬融曰：「犯七出，爲之服周。」雷次宗曰：「不直言爲出母，嫌妾子及前妻之子爲之服。子無出母之義，故繼夫而言。」出妻之子爲母周，則爲外祖父母無服也。絕族無施服，親者屬也。出妻之子爲父後者則爲出母無服。與尊者爲一體，〔五九〕不敢服其私親。在旁而及曰施。親者屬也，母子至親，無絕道也。施音以豉反。

晉束晳問：「嫡子爲出母無服，母爲子有何服？」步熊答：「但爲父後，故不得服耳。母爲之服周。嫡子雖不服外祖，外祖猶爲服緦麻也。」〔六〇〕

袁準正論：「爲父後者爲出母無服，喪者不祭故也。其以出，不得不降。安有母子至親而無服乎？釋服而祭可也。」

大唐神龍元年五月，皇后表請，天下士庶出母終者，令制服三年。〔六一〕至天寶六載正月敕文：「五服之紀，所宜企及，三年之數，以報免懷。齊縗之紀，〔六二〕雖存出母之制，顧復之慕，何伸孝子之心。其出嫁之母，宜終服三年。」

周制，父卒，繼母嫁，從爲之服，報，貴終也。馬融曰：「繼母爲己父三年，喪禮畢，嫁後夫，重成母道，故隨爲之服。繼母不終己父三年喪，則不服也。」鄭玄云：「嘗爲母子，貴終其恩也。」王肅曰：「服也則報，不服，則不報。」雷次宗曰：「凡言報者，繼母服亦如此。」

魏王肅云：「從乎繼而寄育則爲服，不從則不服。」吳射慈云：「爲廬當就繼母之家。若遠不得往者，則別爲異室，亦有廬，變除堊室及禫，如親子也。亦報子周。〔六三〕不言報者，凡經中之文悉報也。」

晉束晳問曰：「繼母嫁從服，當立廬不？」步熊答曰：「父卒，繼母嫁，如母，應居倚廬。」〔六四〕

皇密云：「且經稱繼母如母者，〔六五〕蓋謂配父之義，恩與母同，故孝子之心不敢殊也。傳云繼母何以如母，明其不同也。是以出母服周而繼母無制，不同之驗也。夫一與之齊，則終身不改，故死則同穴，無再醮之義。然則禮許其嫁，謂無大功之親，〔六六〕己稚子幼，不能自存，故攜其孤孩與之適人，上使祖宗無曠祀之闕，下令弱嗣無窮屈之難，故曰貴終也。若偏喪之日，志存爽貳，不遵恭姜靡他之節，而襲夏姬無厭之欲，輕忽先亡，棄己如遺，無顧我之恩，何貴終之有也。如禮之旨，則子無不從。且非禮而嫁，則義之所黜，何服之有哉！」

父卒母嫁復還及庶子爲嫡母繼母改嫁服議〔六七〕

宋庾蔚之云：「母子至親，本無絕道，禮所親者屬也。出母得罪於父，猶追服周；若父卒母嫁而反不服，則是子自絕其母，豈天理邪！宜與出母同制。〔六八〕按晉制，寧假二十五月，是終其心喪耳。」

大唐龍朔二年，所司奏：「同文正卿蕭嗣業，嫡繼母改嫁身亡，請伸心制。據令，繼母改嫁不解官。」既而有敕：「雖云嫡母，終是繼親，據禮緣情，須有定制。付所司議定奏聞。」

司禮太常伯隴西郡王博乂等奏稱：「緬尋喪服，唯出母制，特言出妻之子。明非生己，則皆無服。是以令云母嫁，又云出妻之子。出言其子，〔六九〕以著所生；嫁則言母，通苞養嫡，俱當解任，並合心喪。其不解者，唯有繼母之嫁。繼母爲名，止據前妻之子。〔七〇〕嫡於諸孽，禮無繼母之文。甲令今既見行，〔七一〕嗣業理伸心制。竊以嫡繼慈養，皆非所生，爲並同行路。〔七二〕嫁雖比出稍輕，於父終爲義絕。繼母之嫁，既殊親母，慈嫡義絕，豈合心喪？今請凡非所生父卒而嫁，爲父後者無服，非承重者杖周，並不心喪，一同繼母，有符情禮，無黜舊章。又心喪之制，唯施服屈，杖周之服，不悉解官。〔七三〕而令文三年齊斬，亦入心喪之例；杖周解官，交有妻服之舛。〔七四〕又依禮，庶子爲其母緦麻三月。既是所生母服，准例亦合解官。令文漏而不言，於事終須修附。〔七五〕既與嫡母等嫁同一令條，總議請改，理謂允愜者。依集文武官九品以上議，得司衞正卿房仁裕等七百三十六人議，請一依司禮狀，嗣業不解官。」詔從之也。

父在爲出母服議

晉賀循云：「父在爲母，厭尊，故屈而從周。出母服不減者，以本既降，義無再厭故也。父在爲母既已杖矣，若父在母出宜重降者，〔七六〕則宜在不杖條。今在杖條，明不再降。杖者必居廬，居廬者必禫。」吴徐整問曰：「出妻之子爲其母，及父卒繼母嫁，爲之服、報，皆周也。二母既出，則爲絶族。今子爲之服，皆當於何處爲位？有廬堊室不？出母亦當報其子不？繼母報子於何處制服？豈止所適者之家爲哭位事乎？〔七七〕又當有禫不？」射慈答曰：「當就出母之家。若遠不得往者，可别爲異室，亦有廬。變除、堊室及禫，如親子也。母亦報子周也。」

父卒爲嫁母服

漢石渠議：「問：『父卒母嫁，爲之何服？』蕭太傅云：『當服周。爲父後則不服。』韋玄成以爲：『父殁則母無出義，王者不爲無義制禮。若服周，則是子貶母也，故不制服也。』宣帝詔曰：『婦人不養舅姑，不奉祭祀，下不慈子，是自絶也，故聖人不爲制服，明子無出母之義，玄成議是也。』」

石渠禮議：「又問：『夫死，妻稚子幼，與之適人，子後何服？』韋玄成對『與出妻子同服周』，或議以爲子無絶母，應三年。」蜀譙周據繼母嫁猶服周，〔七八〕以親母可知，故無經也。

校勘記

〔一〕大夫士之妾妾子之無母者　原脱一「妾」，據儀禮喪服鄭注及傅校本、明刻本補。

〔二〕蓋謂庶子王爲其母也　「王」原訛「主」，據禮記曾子問鄭注及北宋本、傅校本、明抄本、明刻本改。

〔三〕如舊説妻從服　「説」原訛「曰」，據北宋本、傅校本、明抄本、明刻本改。

〔四〕周制　自此至「殊途而同謬者矣」，凡正文四百五十六字，注文十六字，王吴本、殿本、局本皆闌入本卷第四題「爲高曾祖母及祖母持重服議」中，置之於「晉劉智釋疑答問」之前，誤。今據禮意移前。按：本卷第一題「齊縗三年」中内容有三，父卒爲母，一也；母爲長子，二也；祖父卒而後爲祖母後者三年，三也。北宋本、傅校本、明抄本將「母爲長子」節及此節皆歸入本卷第三題「前妻被掠没賊後得還後妻之子爲服議」中，置之於「李爲正嫡應服居然有定」之後；王吴本「母爲長子」節如宋本仍在第三題正文之後，而移此節入第四題正文之前：並誤。殿本、局本將「母爲長子」節移入「齊縗三年」題中，甚是，惟仍不知此節爲錯簡也。

〔五〕爲祖母後者　原「母」上有「父」，據北宋本、傅校本、明抄本、明刻本、王吴本删。

〔六〕前母卒在異國　原「國」下有「附」，據北宋本、傅校本、明刻本、王吴本删。按：此六字下北宋本、傅校本、明刻本、王吴本有「後漢」、「晉」三字。

〔七〕是以禮有繼母服無前母制　原「服」下有「制」，「制」上有「服」，後人臆增，今據北宋本、傅校本、明刻本刪。

〔八〕即父使有兩立之言　「父使」原倒，據北宋本、傅校本、明抄本、明刻本乙。

〔九〕以其母祔葬　「祔葬」原訛「葬矣」，據北宋本、傅校本、明抄本、明刻本、王吴本改。

〔一〇〕幸值開通　「開」原訛「聞」，據北宋本改。

〔一一〕來入中國而尚在者　「中國」原倒，據晉書禮志中六三六頁及北宋本、傅校本、明抄本、明刻本乙。

〔一二〕禮重一統　原脱「一」，據北宋本補。

〔一三〕不爲理不絶矣　下「不」原作「所」，王吴本、殿本同，今據北宋本、傅校本、明刻本改。

〔一四〕蔡氏之子元疊　「疊」晉書禮志中六四〇頁作「羇」。下同。

〔一五〕詵更娶嚴　原「嚴」下有「氏」，據北宋本、傅校本、明抄本、明刻本删。下文「迎李還」、「李非犯七出見絶」、「李投身於賊」同。

〔一六〕詵籍　「籍」原訛「藉」，據北宋本、傅校本、明抄本、明刻本改。

〔一七〕詵雖不應娶要以嚴爲妻　原「娶」誤重，據北宋本、傅校本、明抄本、明刻本刪。

〔一八〕虞昣　「昣」原訛「眕」，據北宋本、傅校本、明抄本、明刻本改。

〔一九〕財之法則　「財」原作「裁」，據北宋本、傅校本、明抄本、明刻本改。按：財裁通。

〔二〇〕諸葛瑒　「瑒」原訛「瑒」，據傅校本、明刻本改。按：字書無「瑒」字。

〔二一〕晉　原上有「周」「後漢」三字，據北宋本刪。

〔二二〕晉劉智釋疑答問云　「晉」原訛「又」，據北宋本、傅校本、明抄本、明刻本、王吳本改。

〔二三〕不可上陵諸父　「父」原訛「叔」，據魏書禮志四二七九三頁、册府卷五八一六九六三頁改。

〔二四〕按喪服乃士之正禮含有天子諸侯卿大夫之事　原訛脱作「按喪服乃士之正體有天子諸侯卿大夫士」，齟齬不可通，今據魏書禮志四二七九三頁、册府卷五八一六九六三頁補改。

〔二五〕爲三代長子服斬也　「三」魏書禮志四二七九三頁、册府卷五八一六九六四頁作「五」。按：儀禮喪服賈疏謂爲五代長子服斬是馬融説，爲三代長子服斬是鄭玄説。

〔二六〕故傳及注因説嫡孫傳重之義今世既不復爲嫡子服斬卑位之嫡孫不陵諸叔而持重則可知也　原「因」訛「同」，「陵」訛「附」，又脱「嫡孫傳重之義今世既不復爲」十二字，據魏書禮志四二七九三頁—二七九四頁、册府卷五八一六九六四頁改補。

〔二七〕且准終德資階　「准」原訛「唯」，據魏書禮志四二七九四頁、册府卷五八一六九六四頁及北宋本改。

〔二八〕庶人在官復無斯禮　「斯」原訛「斬」，據魏書禮志四二七九四頁、册府卷五八一六九六四頁改。

〔二九〕喪服雖以士爲主　原脱「爲」，據魏書禮志四二七九四頁、册府卷五八一六九六四頁補。

〔三〇〕合而不述　「合」魏書禮志四二七九四頁、册府卷五八一六九六四頁作「含」。

〔三一〕此同士制　「此」魏書禮志四二七九四頁作「比」。

〔三二〕於義可乎　原訛脱作「其義可」，據魏書禮志四二七九四頁、册府卷五八一六九六四頁改補。

〔三三〕金貂七珥　「珥」魏書禮志四二七九五頁、册府卷五八一六九六五頁作「毦」。

〔三四〕令史殷遂以父朔不及所繼　「朔」魏書禮志四二七九五頁作「祥」，册府卷五八一六九六五頁作「詳」。

〔三五〕何勞芳致疑請也　原脱「何」，據魏書禮志四二七九五頁、册府卷五八一六九六五頁補。

〔三六〕有紊彝俗　「俗」原作「倫」，據北宋本、傅校本、明抄本、明刻本改。按：舊唐書禮儀志七一〇二三頁作「典」。

〔三七〕於是下制令百官詳議　「詳」原訛「羣」，據舊唐書禮儀志七一〇二三頁及北宋本、傅校本、明抄本、明刻本改。

〔三八〕降殺之喪貴賤無隔以報免懷之德思酬罔極之恩　按：舊唐書禮儀志七一〇二三頁田疏本作：「至若死喪之威，隆殺之等，禮經五服之制，齊斬有殊；考妣三年之喪，貴賤無隔，以報免懷之慈，以酬罔極之恩者也。」通典節改，殊失原恉。「降殺之喪，貴賤無隔」，已屬費解，復與「以報免懷之德，思酬罔極之恩」文意無涉。

〔三九〕子游謂同母異父昆弟之服大功　「謂」原訛「爲」，據舊唐書禮儀志七一〇二四頁、册府卷五八八七〇三三頁改。又「昆弟之」原倒作「之昆弟」，據舊唐書禮儀志七、册府卷五八八及北宋本、傅校本、明抄本、明刻本、王吴本乙。

〔四〇〕周則侯甸男衛　「則」原訛「制」，據舊唐書禮儀志七一〇二五頁及北宋本、傅校本改。下同。

〔四一〕可爲痛心可爲慟哭者也　「爲」原皆作「謂」，據舊唐書禮儀志七一〇二五頁、册府卷五八八七〇三四頁及北宋本改。

〔四二〕盡塹於枯骨　「枯骨」舊唐書禮儀志七一〇二六頁、册府卷五八八七〇三四頁作「古」。

〔四三〕垂拱年　「年」原作「初」，據北宋本改。

〔四四〕錫氏之後　「錫氏」舊唐書禮儀志七一〇二六頁作「易代」。

〔四五〕恩敕并嫂叔舅姨之服亦付所司詳議　原「姨」訛「婦」，又脱「亦付所司詳議」，據舊唐書禮儀志七一〇二六頁、册府卷五八八七〇三四頁改補。按：册府「姨」作「姊」，顯係形訛。

〔四六〕土無二君　「土」原作「國」，據諸本改。

〔四七〕何以垂戒於後　原作「何以垂於後戒」，據舊唐書禮儀志七一〇二七頁、册府卷五八八七〇三五頁乙改。

〔四八〕因心立極也　原脱「立」，據舊唐書禮儀志七一〇三〇頁、唐會要卷三七、册府卷五八八七〇三六頁補。

〔四九〕同兩儀之化成　「化成」舊唐書禮儀志七一〇三〇頁、册府卷五八八七〇三六頁作「成化」。

〔五〇〕情禮俱殺者　「禮」原訛「理」，據舊唐書禮儀志七一〇三〇頁及北宋本改。

〔五一〕爲母罷職齊周而心喪三年　「齊」原訛「縗」，據舊唐書禮儀志七一〇三〇頁、唐會要卷三七、册府卷五八八七〇三六頁及北宋本、傅校本、明抄本、明刻本改。

〔五二〕别於華夷　「華夷」原作「夷狄」，據舊唐書禮儀志七一〇三〇頁及北宋本、傅校本、明抄本、明刻本改。

〔五三〕或既周而禫禫服六十日釋服心喪三年者　此十七字原脱，據舊唐書禮儀志七一〇三一頁、册府卷五八八七〇三六頁補。

〔五四〕一紊其度其可正乎　原「度」上衍「文」，據舊唐書禮儀志七一〇三一頁、唐會要卷三七、册府卷五八八七〇三七頁删。「正」舊唐書禮儀志、册府作「止」。

〔五五〕二十年　原脱「十」，據舊唐書禮儀志七一〇三一頁、唐會要卷三七、册府卷五八八七〇三七頁補。

〔五六〕又議請依上元敕　原脱「上」，據舊唐書禮儀志七一〇三一頁、唐會要卷三七、册府卷五八八七〇三七頁補。

〔五七〕爲妻以杖即位謂庶子也　「位謂」原訛「當爲」，據儀禮喪服鄭注及北宋本、傅校本、明抄本、明刻本改。

〔五八〕明其爲齊體判合之親　原脱「爲」，據北宋本、傅校本、明抄本、明刻本補。

〔五九〕與尊者爲一體　原脱「一」，據儀禮喪服補。

〔六〇〕外祖猶爲服緦麻也　「外祖」原涉上而脱，據北宋本、傅校本、明抄本、明刻本補。

〔六一〕天下士庶出母終者令制服三年　原脱「士庶」，「令」訛「全」，據唐會要卷三七補改。按：北宋本、傅校本、明抄本猶有「庶」字。

〔六二〕齊縗之紀　「齊」原訛「斬」，「紀」原訛「文」，據北宋本、傅校本、明抄本、明刻本改。按：王吴本「紀」字不誤。

〔六三〕亦報子周　「子」原訛「服」，據北宋本、傅校本、明抄本、明刻本、王吴本改。

〔六四〕應居倚廬　「應居」原倒，據北宋本、傅校本、明抄本、明刻本乙。

〔六五〕且經稱繼母如母者　原脱「且」，據北宋本、傅校本、明抄本補。

〔六六〕謂無大功之親　原脱「無」，據北宋本、傅校本、明抄本、明刻本補。

〔六七〕父卒母嫁復還及庶子爲嫡母繼母改嫁服議　此題明刻本、王吴本、殿本、局本均置於上文「周制父卒繼母嫁從爲之服」節之前，誤。今據北宋本、傅校本、明抄本移正。按：本卷第五題齊縗杖周，内容有三，父在爲母，一也；爲妻，出妻之子爲母，二也；父卒繼母嫁從爲之服，三也。明清各本之校刻者惑于此題前后文字之朝代順序，不辨内容差異，貿然認定錯簡，遽將此題前移，殊爲疎妄。

〔六八〕宜與出母同制　「與」原訛「於」，據北宋本、傅校本、明抄本、明刻本改。

〔六九〕出言其子　原脱「出」，據舊唐書禮儀志七一〇二二頁、唐會要卷三七、册府卷五八六七〇一〇頁、全唐文卷九九及北宋本、傅校本、明刻本補。

〔七〇〕止據前妻之子　册府卷五八六七〇一〇頁同。舊唐書禮儀志七一〇二二頁、唐會要卷三七、全唐文卷九九「止」作「正」。

〔七一〕甲令今既見行　舊唐書禮儀志七一〇二二頁、全唐文卷九九同。唐會要卷三七、册府卷五八六七〇一〇頁「甲」作「申」。

〔七二〕爲並同行路　原脱「爲」，據北宋本、傅校本、明抄本、明刻本補。

〔七三〕不悉解官　「不悉」唐會要卷三七、全唐文卷九九同。舊唐書禮儀志七一〇二二頁作「不應」，册府卷五八六七〇一〇頁作「悉不」。

〔七四〕交有妻服之舛　「交」舊唐書禮儀志七一〇二二頁、唐會要卷三七、全唐文卷九九作「又」，册府卷五八六七〇一〇頁作「文」。

〔七五〕於事終須修附　「事」原訛「是」，「修」原訛「條」，據舊唐書禮儀志七一〇二二頁、唐會要卷三七、全唐文卷九九改。按：册府卷五八六七〇一〇頁作「於事終須附入」。

〔七六〕若父在母出宜重降者　「出」原訛「去」，據北宋本、傅校本、明刻本、王吴本改。

〔七七〕豈止所適者之家爲哭位事乎　原脱「事」，據北宋本、傅校本、明抄本補。

〔七八〕蜀譙周據繼母嫁猶服周　原「譙周」下有「曰」，「母」上脱「繼」，據北宋本、傅校本、明抄本、明刻本補。按：王吴本亦無「曰」。

王文錦點校

通典卷第九十

禮五十　沿革五十　凶禮十二

五服年月降殺之三

齊縗不杖周　齊縗三月

齊縗不杖周

周制，爲祖父母周，至尊也。鄭玄曰：「此言其異於杖周耳。」王肅云：「言與杖周同制，唯杖屨異。」爲伯父母、叔父母周，與尊者一體也。馬融曰：「與父一體，故不降而服周。」陳銓曰：「尊者，父也。所謂昆弟一體也。」爲兄弟之子亦周，旁尊，不足以加尊焉，故報之也。父子一體也，夫婦一體也，昆弟一體也，故父子首足，夫婦判合，昆弟四體。故昆弟之義無分，然而有分者，則避子之私也。子不私其父，則不成爲子。故有東宮，有西宮，有南宮，有北宮，異居而同財，有餘則歸之於宗，不足則資之於宗。鄭玄云：「宗者，代父爲小宗典宗事者。資，取也。爲姑在室亦如之。」〔一〕賈公彥曰：

「昆弟之義無分者，言凡昆弟如人身之手足，不可分離。」爲伯母、叔母亦周，以名服也。賈公彥云「以其配父而有母名，故服之如父。」大夫之嫡子爲妻周，父之所不降，子亦不敢降也。父在則爲妻不杖，以父爲之主也。鄭玄曰：「大夫不以尊降嫡婦者，重嫡也。凡不降者，謂如其親服服之也。降有四品，君大夫以尊降，公子、大夫之子以厭降，公之昆弟以旁尊降，爲人後者、女子子許嫁者以出降。」〔二〕馬融曰：「大夫重嫡，不降大功。子從父，不敢降其妻，故服周也。」爲昆弟。鄭玄曰：「昆，兄也。爲姑姊妹在室亦然。」〔三〕雷次宗曰：「經於伯叔父下無姑文，於昆弟下無姊妹文，於衆子下無女子子文者，以未成人則爲殤，已成人則當出，故皆不見於此。」士爲衆子。衆子者，長子之弟及妾子、女子子也。士謂之衆子，未能遠別也。大夫則謂之庶子，又降之爲大功。〔四〕天子國君則不服。爲昆弟之子周，報之也。鄭玄曰：「按檀弓曰：『喪服，兄弟之子猶子也，蓋引而進之。』」陳銓曰：「男女同耳。」大夫之庶子爲嫡昆弟周，鄭玄曰：「兩言之者，嫡子或爲兄，或爲弟。」陳銓曰：「大夫爲衆子大功，嫡子周。」父之所不降，子亦不敢降。大夫雖尊，不敢降其嫡。嫡子爲庶昆弟，庶昆弟相爲，亦如大夫之爲。〔五〕爲嫡孫周，不敢降其嫡。有嫡子者無嫡孫，孫婦亦如之。周之道，嫡子死則立嫡孫，是嫡孫將上爲祖後者。長子在則皆爲庶孫。孫婦亦如之，嫡婦在，亦爲庶孫之婦。凡父於將爲後者，非長子，皆周也。爲人後者爲其父母，報。何以周？不貳斬也。馬融曰：「爲大宗後，當爲大宗斬，還爲小宗周，故曰不貳斬也。」王肅曰：「凡服不報，以嫡尊降也。既出爲大宗後，其父母不得服以加也，故不以出降而報之。」陳銓曰：「大宗爲尊者之正宗，故後之也。」雷次宗曰：「據無所厭屈則周爲輕。〔六〕言報者，明子於彼則名判於此，故推之於無尊，遠之以報服。女雖受族於人，猶在父子之名，故得加尊而降之。」持重於大宗者，降其小宗也。女子子適人者，爲其父母、昆弟之爲父後者周，馬融曰：「婦人以適人降，故服父母周，爲昆弟之爲父後者，亦爲之周也。」婦人不貳斬也。婦人有三從之義，無專用之道，故未嫁從父，既嫁從夫，夫死從子。故父者子之天也，夫者妻之天也。婦人不貳斬，猶曰不貳天也，婦人不能貳尊也。爲昆弟之爲父後者周，婦人雖在外，必有歸宗，曰小宗，故服周。馬融曰：「歸宗者，歸父母之宗也。昆弟之爲父後者曰小宗。」王肅曰：「嫌所宗者唯大宗，故曰小宗，明各自宗其爲父後者也。」鄭玄曰：「從者，從其教令。歸宗者，父雖卒，猶自歸，宗其爲父後持重者，〔七〕不自絕其族類也。曰小宗者，言是乃小宗也。小宗者明非一也，小宗有四。丈夫婦人之爲小宗，各如其親之服服之〔八〕，避大宗也。」繼父同居者周，夫死妻稚子幼，子無大功之親，〔九〕與之俱適人，馬融曰：「稚，少。幼，小也。無大功之親以收養之，故母與之俱行適人。」鄭玄曰：「妻稚，未五十也。子幼，十五以下也。大功之親，謂同財者。」而所適者亦無大功之親，所適者以其貨財爲之築宮廟，歲時使之祀焉，妻不敢與焉。若是，則繼父之道也。同居則服齊縗周，異居則服齊縗三月。必嘗同居，然後爲異居；未嘗同居，則不爲異居也。鄭玄曰：「築宮廟於家之門外，〔一〇〕神不歆非族也。妻不敢與焉，恩雖至親，族已絕矣，夫不可二焉。此以恩服耳。〔一一〕未嘗同居則不服也。」馬融曰：「不敢與知之也。謂已自有宗廟，不隨母適人，初不同居，何異居之有也。」陳銓曰：「異居者，昔嘗同，今不同也。夫有大功之親，同財者也。子有大功，不可以隨母。彼有大功，不可以專財也。」爲夫之君周，從服也。馬融曰：「夫爲君服三年，妻從夫降一等，故服周。」爲姑姊妹女子子適人無主者，姑姊妹報。無主者，謂其無祭主，故周也。鄭玄曰：「無主後者，人之所哀憐，不忍降之也。」雷次宗曰：「按檀弓曰：『姑姊妹之薄也，蓋有受我而厚之者。』今無祭主者，是無子無夫，則無受我而厚之者也。既無受我之厚，則我不得降其本情，故哀發於無主而服於天倫也。今之不降，既緣亡者之煢獨，又因報身之無屈，二塗俱伸，彼此兼遂，故父母兄弟，在室姊妹，咸得反服也。唯出適者，自以義結他族，事殺本宗，受我之厚，奪己亦深，至乃愛敬兼極者，猶抑斬以爲周，況餘人乎？〔一二〕雖則家庭莫主，〔一三〕兄弟絕嗣，無後之痛，路人所悲，而深心徒結，至服無反，良由既曰外志成，事無兩降故也。降由己身之出，不計前人應降與不應也。所謂反服者，反於昆弟伯叔耳。若無主服周，昆弟大功，則是過於昆弟也，豈所謂反服哉！問者曰：『女子云出適者，不得爲無主服周，斯則然矣。敢問兩無主，得交相反服不？』答曰：『經云姑姊妹報，明反服不由己身，〔一四〕人今哀己，不可無報，若兩俱無主，義無先服，則無服，安得交相爲周。』」

爲君之父母、妻、長子、祖父母周，馬融曰：「父母長子，君服斬，故臣從降服一等周也。〔一五〕妻則小君，服母之義，故周也。」從服也。父母長子君服斬，妻則小君也。父卒然後爲祖後者服斬。此爲君矣，而有父若祖之喪者，謂始封之君也。繼體則其父若祖有廢疾不立也。父卒者，父爲君之子孫，宜嗣位而早卒也。

妾爲女君周，妾事女君與婦之事舅姑等也。鄭玄曰：「女君，君嫡妻也。〔一六〕女君於妾無服，報之則重，降之則嫌。」雷次宗曰：「今抑妾使同婦，尊女君使同姑。女君於妾，不得同姑之降婦。不降則應報，所以不報者，欲伸聖人抑妾之旨。若復報之，則並后之誡，竟無所徵。〔一七〕故報之則違抑妾之義，降之則有舅姑之嫌，故使都無服，無重嫌之責。」

婦爲舅姑周，從服也。馬融曰：「從夫而爲之服也。從服降一等，故夫服三年，妻服周也。」劉系之問：「子婦爲姑既周，緣衣邪？」荀訥答曰：「子婦爲姑既周除服，時人以夫家有喪，猶白衣。」

爲夫之昆弟之子周，報之也。馬融曰：「伯母叔母報之。」鄭玄曰：「男女皆是也。」陳銓曰：「從於夫者宜服大功，〔一八〕

今乃周者，報之也。」公妾、大夫之妾爲其子周，雷次宗曰：「嫌二妾從於君尊以降其子，故明之。所嫌者尊，故降。不言士妾也。」馬融曰：「公，諸侯也。」妾不得體君，爲其子得遂也。鄭玄曰：「此言二妾不得從於女君尊降其子也。女君與君一體也，唯爲長子三年，其餘以尊降之，與爲妾子同矣。」〔一九〕雷次宗曰：「夫人與君同體，以尊降其子也。公子與君同體，以厭其親也。妾無夫人之尊，故不降其子；〔二〇〕無公子之厭，故得遂其親也。而事鄰於體君，跡幾於不遂，故每以『不體』『得遂』爲言也。」女子子爲祖父母周，不敢降其祖也。鄭玄曰：「經似在室，傳似已嫁，明雖有出道，猶不降也。」馬融曰：「不言女孫言女子子者，婦質者親親，故繫父言之。出入服同，故不言在室適人也。」陳銓曰：「言雖已嫁，猶不敢降也。」駁鄭玄曰：「『經似在室』，失其旨也。在室之女則與男同，已見章首，何爲重出？言不敢降者，明其已嫁，傳義詳之。」孔倫曰：〔二一〕「婦人歸宗，故不敢降其祖。」大夫之了爲伯父母、叔父母、子、昆弟、昆弟之子、姑姊妹女子子適人無主者爲大夫命婦者，唯子不報。鄭玄曰：「命者，加爵服之名也，自士至上公，凡九等。君命其夫，則后夫人命其婦也。此所爲者凡六大夫、六命婦。〔二二〕無主，無祭主者，爲姑姊妹女子子也。其有主，如衆人。唯子不報，男女同耳。傳以爲主謂女子子，似失之矣。」王肅曰：「姑姊妹本大功，今以無主爲之周，故亦報己以周。女子子亦大功，今以無主爲之周，女子子今爲父母周，今雖具報，自其本服，故曰唯子不報。」雷次宗曰：「以報之爲言二服如一，父母爲女子子適人無主者周，女子子適人亦爲父母周，與報相亂，故經別其非報也。」大夫者，其男子之爲大夫者也。命婦者，其婦人之爲大夫妻者也。無主者，命婦之無祭主也。何以言唯子不報？女子子適人者爲其父母周，故言不報也，言其餘皆報也。何以周也？父之所不降，子亦不敢降也。大夫曷爲不降命婦也？夫尊於朝，妻貴於室也。

大夫曷爲不降命婦，據大夫於姑姊妹女子子既以出降在大功，其適於士者，又以尊降在小功。夫尊於朝，與己同也。妻貴於室，從夫爵也。大夫爲祖父母、嫡孫爲士者周，大夫不敢降其祖與嫡也。馬融曰：「尊祖重嫡，自尊者始也，故不敢降。」鄭玄曰：「不降其祖與嫡，則可降其旁親也。」公妾以及士妾爲其父母周，妾不得體君，得爲其父母遂也。鄭玄曰：「然則女君有以尊降其父母者歟？春秋之義，雖爲天王后，猶曰吾季姜，是言子尊不加於父母也。此傳似誤矣。禮，妾從女君而服其黨服，〔二三〕是嫌不自服其父母，故以明之。」馬融曰：「公謂諸侯也。其間有卿大夫妾，故言以及士妾也，皆爲其父母得服周也。」陳銓曰：「以妾卑賤不得體君，又嫌君之尊不得服其父母，故傳明之卑賤不得體君。」雷次宗曰：「今明妾以卑賤不得體君，厭所不及，故得爲其父母遂也。」

齊縗三月

周制，寄公失地之君也。爲所寓服齊縗三月，言與衆人同也。鄭玄曰：「寓亦寄也，爲所寄之國君服也。諸侯五月而葬而服三月者，三月而藏其服，至葬又反服之，〔二四〕既葬除之。」雷次宗曰：「既來受其惠，宜敬於所託，故與衆人同。」丈夫婦人爲宗子、宗子之母妻齊縗三月，尊祖也。尊祖故敬宗，敬宗者，尊祖之義也。宗子之母在，則不爲宗子之妻服。鄭玄曰：「婦人，女子子在室及歸宗者。宗子，繼別之後，百代不遷，所謂大宗也。」馬融曰：「丈夫婦人，謂一族男女，皆爲宗子母與妻。」王肅曰：「此謂族人無復五屬者，反爲其宗子服也。」雷次宗曰：「言尊祖故敬宗，明祖已殁也，無由施於尊，當因敬宗以致尊祖之心。」〔二五〕爲舊君，舊君之母、妻。〔二六〕舊君者，仕焉而已者也。服齊縗三月者，言與人同也。君之母、妻，則小君也。鄭玄曰：「仕焉而已者，謂老若有廢疾而致仕者也。爲小君服者，恩深於民也。」陳銓曰：「仕焉，凡仕者。〔二七〕而已者，致仕也。」雷次宗曰：「身既反昔，服亦同人，蓋謙遠之情，居身之道也。然恩紀内結，實異餘人，故爰及母妻也。」

晉虞喜議云：「或問曰：『喪服經傳爲舊君謂仕焉而已者，鄭注曰：「仕焉而已謂老若廢疾而致仕者也。」今致仕與廢疾，理得同不？』喜正之曰：『廢疾沉淪，罔同人伍，不淪臣道，齊縗三月可也。老而致仕，臣禮既全，恩既無替，自應三年，不得三月。傳言仕焉而已者，謂既仕而去，義同人伍耳。』」

咸康末，殷泉源問天子諸侯臣致仕，〔二八〕服有同異。范宣答云：「夫禮制殘缺，天子之典，多不全具，唯國君之禮，往往有之。臣之致仕，則爲舊君齊縗三月；天子之臣，則亦然矣。天子之與國君，雖名號差異，至於臣子奉之，與王者無殊矣。〔二九〕何以明之？公羊傳曰：『以諸侯踰年稱即位，亦知天子之踰年稱即位；以天子三年然後稱王，亦知諸侯於其封内三年稱子。』比例如此，則臣服之制同矣。」

穆帝崩，前尚書郎曹耽等奔赴，皆服齊縗。詔書侍御史喻希表彈其失禮。〔三〇〕博士孔恢等議云：「禮無解職厭降之文，今有去官從本官之品，〔三一〕典律並愆，軌訓有違。按耽等並以凡才，著蒙榮飾，〔三二〕或濯纓清波，不能仰遵王度，自同隸人，愆義違則，虧黷王猷。請以見事免耽等所覆除官。」〔三三〕曹耽上表自理曰：「臣聞君喪之禮，〔三四〕貴賤不同。禮，臣爲君斬縗，仕焉而已，爲舊君齊縗。爵禄既絶，朝見既替，蓋以疏賤於親貴，故降其制也。又國喪儀注，居職者朝夕臨，去職者朔望臨。禮，哭泣之節，各稱其服，哭輕則服不得重。據令，〔三五〕去職之臣朔望哭，宜爲舊君服齊縗。是以臣前率而行之，不敢有加。臣服齊縗，哭臨殿庭，踰月歷旬，外内監司，莫之或譏。及至梓宮將幸山陵，諸官來赴，服斬者多。此皆意存於重，而不原於制，遂使親疎貴賤，無有等差。曾參欲勿除父母之喪，仲尼患其過制。今去官者服在官者之服，固爲過制，非聖哲所許，而不推古今正禮難臣。若難者有證，臣對無據，甘受違制。」

周制，庶人爲國君。鄭玄曰：「不言人而言庶人者，或有自在官者，〔三六〕謂工匠之屬也。天子畿内人服天子亦如之。」馬融曰：「衆人爲國君服齊縗三月也。」大夫在外，其妻、長子爲舊國君齊縗三月。妻言與人同也，長子言未去也。鄭玄曰：「在外，待放已去者。妻雖從夫而出，古者大夫不外娶，婦人歸宗往來猶人也。春秋傳曰：『大夫越境逆女，非禮。』君臣有合離之義，長子去，可以無服。」

漢石渠禮議：「戴聖曰：『大夫在外者，三諫不從而去，君不絶其禄位，使其嫡子奉其宗廟。言長子者，重長子也，承宗廟宜以長子爲文。』嫡妻之長子也。蕭太傅曰：『長子者，先祖之遺體也。大夫在外，不得親祭，故以重者爲文。』宣帝制曰：『以在故言長子。』」吴徐整問曰：「婦人爲君之服周，〔三七〕則諸侯夫人亦爲天子服此也。其聞喪之儀，衣麻之數，哭泣之位，變除之節，如周制將復有異耶？」〔三八〕射慈答曰：「其畿内諸侯夫人，有助祭之禮，則始喪之時，悉當到京師，復當還耳。其畿外諸侯聞喪，則當於路寢庭發喪，夫人當堂上也。變除之節，皆如周服之制也。」

晉賀循按：「鄭注喪服云：『凡妻從夫降一等。夫合三月，則妻宜無服，而猶三月者，古者大夫不外娶，其妻則本國之女也，雖從夫而出，婦人歸宗，往來猶人，故從人服也。長子有服，謂未去者也。』循以爲以道去君，非罪之重，其子尚可以留，值君薨則服也。」

戴逵謂：「鄭玄注喪服不通。何者？婦人義無二尊，故出嫁則降父而服夫，〔三九〕何至爲人去國乃兼服二君乎？若果宜兩服，夫經記應見。將謂大夫於君之母妻，本有齊斬之殊，乃仕焉而已，則俱在三月，蓋其義也。」鄭昕答曰：「按禮，妻爲周而長子三月。今夫雖在外，妻尚未去，恐或者嫌猶宜周，故言與人同，則出國無服可知也。所以別言之者，明夫既去位，妻便同於人耳。」

崇氏問曰：「齊縗三月，大夫在外，其妻長子爲舊君。大夫去適他國，便爲其所適國君服，於本國絶矣。妻從夫，當爲後君服，舊寧以爲人乎？以爲宜與長子未去者同耳。」淳于睿答：「若妻未去，自若人也，不爲舊君也。」

周制，繼父不同居者。嘗同居，今不同居也。

大唐聖曆元年，太子左庶子王方慶嘗書問太子文學徐堅曰：「女子年幼小而早孤，〔四〇〕其母貧窶，不能守志，攜以適人，爲後夫之所鞠養，〔四一〕及長出嫁，不復同居。今母後夫亡，欲制繼父服，不知可不？人間此例甚衆。至於服紀，有何等差？前代通儒，若爲議論？」堅答曰：「儀禮喪服經：『繼父同居齊縗周，謂子無大功之親，與之適人，所適亦無大功之親，而所適者以貨財爲之築宮廟，〔四二〕歲時使之祀焉者也。』〔四三〕鄭玄曰：『大功之親，同財者也。築宮廟於家之外，〔四四〕神不歆非族也。以恩服耳，未嘗同居即不服也。』小戴禮記繼父服，並有明文，斯禮經之正說也。至於馬融、王肅、賀循等，並稱大儒達禮，更無異文。唯傅玄著書，以爲父無可繼之理，不當制服，此禮，焚書之後俗儒妄造也。袁準作論，亦以爲此則自制父也，亂名之大者。竊以父猶天也，愛敬斯極，豈宜靦貌繼以他人哉！然而藐爾窮孤，不能自立，既隨其母，託命他宗，本族無養之人，因託得存其繼嗣。在生也實賴其長育，及其死也頓同之行路，重其生而輕其死，篤其始而薄其終，稱情立文，豈應如是？故袁、傅之駁，不可爲同居者施焉。昔朋友之死，同爨之喪，並制緦麻，詳諸經典。比之於此，蓋亦何嫌？繼父之服，宜依正禮。今女子母攜重適，〔四五〕寄養他門，所適慈流，情均膝下，長而出嫁，始不同居。此則筓總之儀，無不畢備，〔四六〕與築宮立廟無異焉，蓋有繼父之道也。戴德喪服記曰『女子子適人者，爲繼父服齊縗三月』，不分別同居異居。梁氏集說亦云：『女子子適人者，服繼父與不同居者服同。』今爲服齊縗三月，竊爲折衷。」方慶深善此答。

周制，曾祖父母。何以齊縗三月？小功者兄弟之服也，不敢以兄弟之服服至尊也。鄭玄曰：「正言小功者，服之數盡於五，高祖宜緦麻，曾祖宜小功也。據祖周，則曾祖宜大功，高祖宜小功也。曾祖高祖皆有小功之差，則曾孫玄孫爲之服同也。重其縗麻，則尊尊之義也。減其日月，恩殺也。」王肅曰：「祖父周則曾祖大功，而傳以小功爲說者，服本以周爲正，父則倍之故再周，祖亦如焉故服周，曾祖恩輕，加所不及，正當小功，故傳曰以小功言之耳。傳言小功者兄弟之服，是據祖父而言也。從祖祖父、從祖父、從祖昆弟，〔四七〕此三者其親皆從祖父而來也，而已皆爲之小功。從祖昆弟同與己爲兄弟之族，而從祖父與己父爲從父兄弟者也，從祖祖父則與己祖父爲兄弟，故曰小功者兄弟之服也。不敢以祖父兄弟小功之服服祖父之尊者，故曰不敢以兄弟之服服至尊。」

晉袁準正論：「按禮喪服云『爲曾祖父母齊縗三月』，自天子至於士，一也。祖周則曾祖大功，高祖小功，而云三月者，此通遠祖之言也。今有彭祖之壽，無名之祖存焉。爾雅有來孫、雲孫、仍孫、昆孫，有相及者故也。十代之祖在堂，則不可以無服也。郯子曰『我高祖少皞摯之立也』，非五代祖也。蒯聵禱康叔，自稱曾孫，非四代之曾孫。然則高遠也無名之祖，希及之矣，故不復分別而重言之也。故三月以著遠祖之服，故齊縗以見高祖以上之服。遠祖尊，故以重服服之；恩殺，故減其月數。故舉三月，則知其遠祖；稱曾高，其服同也。儒者或以爲高祖無服五屬之文，而云無服乎？族祖祖父緦麻而曾祖三月乎？」

大唐貞觀十四年，侍中魏徵奏：「謹按曾祖高祖父母舊服齊縗三月，請加爲齊縗五月。」

周制，大夫爲宗子，不敢降其宗也。馬融曰：「五屬孫雖爲大夫，不敢降宗子者，故服齊縗三月。」大夫爲舊君。〔四八〕大夫去，君埽其宗廟，故服齊縗三月，言與人同也。何大夫之謂也？言以道去其君而猶未絶。鄭玄曰：「以道去君，謂三諫不從待放也。〔四九〕未絶者，言爵禄尚有列於朝，出入有詔於國，妻子自若人也。」馬融曰：「大夫爲舊君，據不在列位，不敢自比於留臣，故自同於庶人也。」雷次宗曰：「經前已有爲舊君，今復有此舊君，傳所以知前經是仕焉而已，後經是待放未去者，蓋以兼服小君，知恩有深淺也。〔五〇〕仕焉而退，君臣道足，恩義既施，恩及母妻。今被放而去，名義盡矣，若君不能埽其宗廟，則但不爲戎首而已。以其猶復未絶，故得同於人庶，〔五一〕適足以反服於君，不獲及其親也。」

晉崇氏問淳于睿曰：「凡大夫待放於郊三月，君賜環則還，賜玦則去，不知此服已賜環玦未？」答曰：「其待放已三月，〔五二〕未得環玦，未適異國，而君埽其宗廟，故服齊縗三月。」

或難曰：「今去官從故官之品，則同在官之制也，故應爲其君服斬。王肅、賀循皆言老疾三諫去者爲舊君服齊，則明令以老疾三諫去者不得從故官之品可知矣。今論者欲使解職歸者從老疾三諫去者例，〔五三〕爲君服齊，失之遠矣。」釋曰：「按令，諸去官者從故官之品，其除名不得從例。令但言諸去從故官之品，〔五四〕不分別老疾三諫去者，則三諫去得從故官之例。王賀要記猶自使老疾三諫去者爲舊君服齊，然則去官從故官之例，敢見臣服斬，皆應服齊明矣。〔五五〕夫除名伏罪不得從故官之例，以有罪故耳。老疾三諫去者，豈同除名者乎？又解職者嘗仕於朝，〔五六〕今歸家門，與老疾三諫去者豈異，而難者殊其服例哉！」

又難曰：「按禮及先儒説，爲君服齊，唯年老廢疾與待放之臣而已。老歸者無復爲臣之道，放退者終身不復入君之朝，臣之義絶，宜降而服齊縗。解職者後將復仕，無離絶之事，固應服斬。二者各異，豈得相准？」釋曰：「古者年老廢疾，乃得致仕。閔子騫曰『古之道，不即人心』，退而致仕，孔子善之。此非老而致仕之例。禮亦當爲舊君服齊縗，不唯年老廢疾待放而已也。夫君退臣，苟非墜諸淵之虐，臣雖去此仕彼，亦無絶道，況以老疾歸家不出國内而可絶乎？禮，臣三諫不從，不得已而去；若君能悔過納諫，聞命駿奔，何爲終身不入君朝乎？君爲人父母，人於君有子道，尊君之義，臣人一耳。而禮臣爲君服斬，云爲君服齊者，別親疏、明貴賤也。老疾待放之臣與人同服者，亦以疎賤故也。而難者不察疎賤厭降，乃云『絶其舊君』，悖於禮矣。解職者既已疎賤，與老疾去者無異，寧可必已後可還仕與自同於見臣爲其君服斬乎？如令後可還仕，便得同見臣之制，三諫去者，一時罷退，後可還仕，方於解職，未始有殊。二臣之服，例皆應齊，而難者偏許三諫去者服齊，使去職者行斬，〔五七〕難以言通論矣。」

又難曰：「王者無外，天子之臣雖致仕歸家，與在朝無異，不得稱君爲舊而服齊縗也。」釋曰：「京師方千里之地謂之畿，其餘以封諸侯。畿内之人服天子齊縗，畿外之人則不能以爲天子有内外之差。王者以天下爲家，夷狄之士，亦莫不統，故曰無外之義，非所以論服也。書曰『臣爲朕股肱耳目，宣力四方』，言君臣相與共政事，有一體之義。親而貴，故君臣之名生焉。〔五八〕致仕者疎賤，不得復託體至尊，故謂之舊君。凡在職稱君而俱服斬，去職亦宜稱舊而俱服齊。」

左丞鄭襲曰：〔五九〕「君非天子之稱。」博士答曰：「天生蒸人而樹之君，天子非君，君將焉在？」

周制，諸侯大夫之臣爲舊君服。記云：「違諸侯，之大夫，不反服；違大夫，之諸侯，不反服。」鄭玄曰：「君、大夫，尊卑異也。違，去也。去諸侯仕諸侯，去大夫仕大夫，乃得爲舊君反服。」王肅曰：「所適尊卑同，反服舊君。」

晉武帝泰始中，尚書令史恂本文姓闕等是故少府鮑融故吏，〔六〇〕假詣喪所行服，散騎常侍何遵駁以爲：「禮云『違大夫，之諸侯，不反服』，則之天子亦不反服矣。〔六一〕恂等已登天朝，反服舊主，典禮相違。」〔六二〕荀顗表云：「禮，臣爲君斬縗三年，與子爲父同。以進登天朝，絶無舊君之心，廢反服之禮，非所以敦風崇教。今使仕者反服舊君，於義爲弘。」詔曰：「可重下禮官評考。」尚書吴奮議以爲皆不應服。尚書何楨議以爲：〔六三〕「禮爲貴臣貴妾緦服三月。〔六四〕夫貴之施賤，猶論恩紀以制服，況嘗爲臣吏，禮遇恩紀，優劣不同，焉可同之一例。今以爲辟舉正職之吏，宜依古爲舊君服，不論違適之異，皆齊縗三月。其餘郡吏，聞喪盡哀而已。」衡陽内史曾瓌議以爲：〔六五〕「古者失地之君，託身造次，感一時之惠，猶齊縗以爲報；嘗爲臣吏，禮待優備，故依禮託情而弘教訓矣。」國子祭酒孔愉議：「應從弟子服師之制。昔夫子既喪，門人若喪父而無服，弔服加麻。今縱不能爾，自宜三月，加以環絰。未聞深衣之制。白帢布衣是今之吉服。〔六六〕君弔其臣猶錫縗，況臨故君而可奪情服乎！」范汪議：「當今刺史郡守幕府，事任皆重，與古諸侯不異也。按漢魏名臣爲州郡吏者，雖違適不同，多爲舊君齊縗三月。」范甯議云：「弔服加麻，輕末之服。臣爲君服斬縗，舊君齊縗三月，此古今所以得異。甯謂臣有貴賤，禮有降殺。〔六七〕州郡綱紀，察舉辟命之吏，聞舊君喪，應即奔赴。在官之人，亦宜棄職而去。雖不皆與禮合，稱情立文也。或曰：

『州郡守牧喪，官吏爲之齊縗以終葬，〔六八〕故服舊君緦麻，所以爲輕重之殺也。』臣爲君服斬，三代之達禮。秦罷侯置守，雖不繼位，皆有吏臣，不得准古諸侯也？〔六九〕」

虞道恭問曰：「舊君齊縗三月。今見爲人吏，舊君喪，今同在此，未知禮猶得服不？」徐邈答曰：「若更仕一君，便絶前君，足下疑於今爲人吏是也。吾謂仕者豈以後絶前邪？正使仕於此君之朝，而追前君，亦何不可，況爲前君服舊君之服也。」

周制，曾祖父母爲士者，如衆人，服齊縗三月，大夫不敢降其祖也。馬融曰：「尊祖故不降也。」陳銓曰：「大夫不敢降其曾祖爲衆者，如衆人也。」女子子嫁者未嫁者爲曾祖父母。嫁者，其嫁於大夫者也。未嫁者，其成人而未嫁者也。服齊縗三月者，不敢降其祖也。鄭玄曰：「言嫁於大夫，明雖尊猶不敢降也。〔七〇〕成人謂年二十已笄醴者也。此著不降，明有所降也。」馬融曰：「嫁者未嫁者爲曾祖父母服。〔七一〕嫁者，嫁爲大夫妻也。成人謂十五已上許嫁未行者也。以祖名曾，明婦人雖爲天王后，不降其祖宗也。」

校勘記

〔一〕爲姑在室亦如之　北宋本、傅校本、明抄本、明刻本、王吴本無「爲姑」。儀禮喪服鄭注作「爲姑姊妹在室亦如之」。

〔二〕女子子許嫁者以出降　原無「許」，據北宋本、傅校本、明抄本、明刻本、王吴本補。

〔三〕爲姑姊妹在室亦然　王吴本、殿本、局本作「爲姊妹在室亦如之」，據北宋本、傅校本、明抄本、明刻本補改。

〔四〕又降之爲大功　原脱「又」，據北宋本、傅校本、明抄本、明刻本、王吴本補。

〔五〕亦如大夫之爲　「之爲」原倒，據北宋本、傅校本、明抄本乙。

〔六〕據無所厭屈則周爲輕　「屈」原訛「出」，據儀禮喪服鄭注及北宋本、傅校本、明抄本、明刻本、王吴本改。

〔七〕宗其爲父後持重者　「持」原訛「服」，據儀禮喪服鄭注及北宋本、傅校本、明抄本、明刻本改。

〔八〕小宗者明非一也小宗有四丈夫婦人之爲小宗各如其親之服服之　原脱「者」、「服之」，據北宋本、傅校本、明抄本、明刻本補。

〔九〕子無大功之親　原脱「子」，據儀禮喪服補。

〔一〇〕築宫廟於家之門外　「之門」原作「門之」，據北宋本、傅校本、明抄本、明刻本乙。

〔一一〕此以恩服耳　「服」原訛「報」，據儀禮喪服鄭注改。

〔一二〕況餘人乎　「餘」原作「他」，據北宋本、傅校本、明抄本、明刻本改。

〔一三〕雖則家庭莫主　「則」北宋本作「服」。

〔一四〕明反服不由己身　「明」原訛「名」，據北宋本、傅校本、明抄本、明刻本改。

〔一五〕故臣從降服一等周也　原脱「臣」，據北宋本、傅校本、明抄本、明刻本補。

〔一六〕女君君嫡妻也　原脱一「君」，據儀禮喪服鄭注補。

〔一七〕竟無所徵　「竟」原訛「意」，據北宋本改。

〔一八〕從於夫者宜服大功　「夫」原訛「人」，據北宋本、傅校本、明抄本、明刻本改。

〔一九〕與爲妾子同矣　原脱「爲」，「矣」作「也」，據北宋本、傅校本、明抄本、明刻本補改。

〔二〇〕故不降其子　原「不」下有「敢」，據北宋本、傅校本、明抄本、明刻本删。

〔二一〕孔倫　「倫」原訛「論」，據北宋本、傅校本、明抄本、明刻本改。按：孔倫見晉書卷七八孔愉傳。

〔二二〕凡六大夫六命婦　「大」原訛「命」，據北宋本、傅校本、明抄本、明刻本改。按：阮元云：「經傳皆以大夫與命婦對言。」

〔二三〕妾從女君而服其黨服　原脱下「服」，據儀禮喪服鄭注補。

〔二四〕至葬又反服之　「反」原作「更」，據北宋本、傅校本、明抄本、明刻本改。

〔二五〕無由施於尊當因敬宗以致尊祖之心　「當因」傅校本、明刻本作「雷因」，王吴本、殿本、局本作「者但」，並誤，今據北宋本、明抄本改。

〔二六〕舊君之母妻　原脱「舊」，據北宋本、傅校本、明抄本、明刻本補。

〔二七〕仕焉凡仕者　原脱「凡仕者」，據北宋本、傅校本、明抄本、明刻本補。

〔二八〕殷泉源　嚴可均云：「殷浩字淵源，唐人避諱改爲泉源耳。」

〔二九〕與王者無殊矣　「王」原訛「主」，據北宋本、傅校本、明抄本改。按：杜佑避高宗諱。

〔三〇〕詔書侍御史　「詔」原作「治」，據北宋本、傅校本、明抄本改。

〔三一〕令有去官從本官之品　「令」原訛「今」，據北宋本、傅校本、明抄本、明刻本改。

〔三二〕著蒙榮飾　「著」原作「荷」，據北宋本、傅校本、明抄本、明刻本改。

〔三三〕請以見事免兟等所覆除官　「請」北宋本作「謂」。

〔三四〕臣聞君喪之禮　「君」原訛「居」，據北宋本、傅校本、明抄本、明刻本改。

〔三五〕據令　「令」北宋本作「今」。

〔三六〕或有自在官者　原脱「自」，據北宋本、傅校本、明抄本、明刻本補。又傅校本、明刻本「官」作「宫」，恐非。

〔三七〕婦人爲君之服周　北宋本、明抄本「君之」作「之君」。

〔三八〕如周制將復有異耶　「如」原訛「知」，「耶」原訛「也」，據北宋本、傅校本、明抄本、明刻本改。按：王吴本「如」字不誤。

〔三九〕故出嫁則降父而服夫　原脱「父而」，據北宋本、傅校本、明抄本、明刻本、王吴本補。王吴本擅改「夫」爲「大功」，誤。

〔四〇〕女子年幼小而早孤　原脱「小」，據北宋本、傅校本、明抄本、明刻本補。

〔四一〕爲後夫之所鞠養　原脱「所」，據唐會要卷三七補。

〔四二〕而所適者以貨財爲之築宮廟　「貨財」原倒，據北宋本、傅校本、明抄本、明刻本、王吳本乙。

〔四三〕歲時使之祀焉者也　「也」上北宋本、傅校本、明抄本有「異居者」三字，蓋衍文。

〔四四〕築宮廟於家之外　原「家」下有「門」，「外」下有「者」，據北宋本、明抄本删。

〔四五〕今女子母攜重適　原「適」下有「人」，據北宋本删。

〔四六〕無不畢備　「畢」北宋本、傅校本、明抄本、明刻本、王吳本作「必」。

〔四七〕從祖昆弟　「從祖」原脱，據下文補。

〔四八〕大夫爲舊君　原句上有「周制」，殿本同，乃清人妄增者。今據北宋本、傅校本、明抄本、明刻本、王吳本删。

〔四九〕謂三諫不從待放也　「也」原作「於郊」，據北宋本、傅校本、明抄本、明刻本改。

〔五〇〕知恩有深淺也　「深淺」原倒，據北宋本、傅校本、明抄本、明刻本乙。

〔五一〕故得同於人庶　「人庶」原倒，據北宋本、傅校本、明抄本、明刻本乙。

〔五二〕其待放已三月　「放」原訛「郊」，據北宋本、傅校本、明刻本改。明抄本作「於」，顯係「放」字形訛。

〔五三〕欲使解職歸者從老疾三諫去者例　「使」北宋本、傅校本、明抄本作「便」。

〔五四〕令但言諸去從故官之品　「令」原訛「今」，據北宋本、傅校本、明抄本、明刻本改。

〔五五〕敢見臣服斬皆應服齊明矣　原「敢」作「其」，「皆」上有「去官」，據北宋本、傅校本、明抄本、明刻本、王吳本改删。

〔五六〕又解職者嘗仕於朝　「仕」原訛「在」，據北宋本、傅校本、明抄本、明刻本改。

〔五七〕使去職者行斬　「行」原作「服」，據北宋本、傅校本、明抄本、明刻本改。

〔五八〕故君臣之名生焉　「生」原訛「主」，據諸本改。

〔五九〕鄭襲　「襲」原訛「龔」，據諸本改。按：鄭襲見晉書禮志中及荀崧傳。

〔六〇〕尚書令史恂　「恂」原訛「物」，據北宋本、傅校本、明抄本、王吳本改。

〔六一〕則之天子亦不反服矣　「之」原訛「知」，據北宋本改。按：此「之」與上文「之大夫」「之諸侯」之「之」意同。

〔六二〕典禮相違　「典」全晉文卷一八作「與」，疑嚴可均臆改。

〔六三〕尚書何楨　「楨」原訛「偵」，按：三國志魏書管寧傳注引文士傳云：「楨字元幹，廬江人，入晉爲尚書。」今據改。

〔六四〕禮爲貴臣貴妾緦服三月　「服」原作「麻」，據北宋本、傅校本、明抄本、明刻本改。

〔六五〕衡陽内史曾瓌　隋書經籍志四一〇六〇頁及北宋本、傅校本、明抄本、明刻本、殿本、局本皆作「曾瓌」，惟王吳本及全晉文卷八九作「曾環」。

〔六六〕白帢布衣　「帢」原訛「袷」，據北宋本、傅校本、明抄本、明刻本改。

〔六七〕禮有降殺　「降」原作「隆」，據諸本改。按：「隆殺」「降殺」二詞，雖禮文俱有，然通典例避「隆」字，此處自應作「降」。

〔六八〕官吏爲之齊縗以終葬　「葬」原訛「喪」，據北宋本、傅校本、明抄本、明刻本改。

〔六九〕不得准古諸侯也　全晉文卷一二五二一七七頁句上有「豈」，蓋嚴可均臆增，非通典之舊。

〔七〇〕明雖尊猶不敢降也　「猶」原訛「而」，據儀禮喪服鄭注及北宋本、傅校本、明抄本、明刻本改。

〔七一〕嫁者未嫁者爲曾祖父母服　原「母」訛「以」，「服」下有「也」，據北宋本、傅校本、明抄本、明刻本删。

按：王吴本亦作「母」，不誤。

王文錦點校

通典卷第九十一

禮五十一 沿革五十一 凶禮十三

五服年月降殺之四

大功殤服九月七月不爲殤議附 大功成人九月 爲衆子婦

大功殤服九月七月不爲殤議附

周制，喪服：「大功之殤中從上，小功之殤中從下。」大功小功皆謂其成人也。大功之殤中從上，則齊縗之殤中亦從上，此主謂大夫之爲殤者服也。凡不見者，以此求之。又曰：「齊縗之殤中從上，大功之殤中從下。」齊縗大功皆謂服其成人也。大功之殤中從下，則小功之殤亦中從下也。此主謂妻爲夫之親服也。五服之中，親者上附，疏者下附。年十九至十六爲長殤，十五至十二爲中殤，十一至八歲爲下殤，不滿八歲以下爲無服之殤。無服之殤以日易月。故子生三月，則父名之，死則哭之，未名則不哭。男女未冠笄而死，可哀殤也。以日易月者，生子一月，哭之一日。殤而無服者，哭之而已。丈夫冠而不爲殤，婦人笄而不爲殤。盧植云：「女年十五笄。」鄭玄曰：「成人也。婦人許嫁而笄。未許嫁，〔一〕與丈夫同。」公羊傳云：「許嫁則笄而字之，死以成人之喪服之。」

齊魯戰於郎，魯哀公十一年，齊師伐我也。公叔禺人遇負杖入保者，〔二〕邊界小城曰保。歎曰：「君子不能爲謀也，士不能死也，不可，我則既言矣。」欲敵齊師踐其言。與其鄰童汪踦往，皆死焉。魯人欲勿殤童汪踦，問於仲尼。仲尼曰：「能執干戈以衛社稷，雖欲勿殤，不亦可乎。」

凡臣不殤君，子不殤父，妻不殤夫。

漢戴德云：「七歲以下至生三月，殤之，以日易月。生三月哭之。朝夕即位哭。葬於園。既葬，止哭，不飲酒食肉。畢喪各如其日月。此獨謂父母爲子與昆弟相爲耳。」吳徐整問射慈曰：「八歲以上爲殤，有服，〔三〕未滿八歲爲無服。假令子以元年正月生，七歲十二月死，此爲七歲，則無服也。或以元年十二月生，以八年正月死，以但跨八年，〔四〕計其日月，適六歲耳。然號爲八歲，日月甚少；全七歲者，日月爲多。若人有二子，各死如此，其七歲者獨無服，則父母之恩有偏頗。」答曰：「凡制數自以生月計之，不以歲也。」問曰：「無服之殤，以日易月，哭之於何處？有位無？」答曰：「哭之無位。禮，葬下殤於園中，則無服之殤亦於園也。其哭之就園也。」

晉袁準喪服傳曰：「按孔子家語曰：『男子十六而成童，女子十四而化育。』此成人之大例也。人成有早晚。又按左氏傳曰：『國君十五而生子，冠而生子，禮也。』然則十五十六可以爲成人矣。女七歲男八歲而墮齒，此墮齒之大例也。以是而處殤之義，則七歲至九歲宜爲下殤，十歲至十二宜爲中殤，十三至十五宜爲長殤，合古十六成人十五生子之義。十九以下，四歲之差，傳所記言，非經典也。二十而冠，三十而娶，是無不冠不娶之限耳。若必三十，則舜適爲得禮矣，奚爲稱鰥哉！」

崇氏問云：「舊以日易月，謂生一月哭之一日。又學者云，以日易月者，易服之月，殤之周親者，則以十三日爲之制。二義不同，何以正之？」淳于睿答云：「按傳之發正於周年之親，而見服之殤者，以周親之重，雖未成殤，應有哭日之差。〔五〕大功以下，及於緦麻，未成殤者，無復哭日也。何以明之？按長殤中殤俱在大功，下殤小功，無服之殤，無容有在緦麻，以其幼稚，不在服章，隨月多少而制哭日也。大功之長殤俱在小功，下殤緦麻，無服之殤則已過絕，〔六〕無復服名，不應制哭。故傳據周親以明之。且緦麻之長殤，服名已絕，不應制哭，豈有生三月而更制哭乎？」

范甯與戴逵書，問馬、鄭二義。逵答曰：「夫易者，當使用日則廢月，可得言易耳。鄭以哭日准平生之月，而謂之易。且無服之殤，非唯周親七歲以下也，他親長中，降而不服，故傳曰『不滿八歲以下，皆爲無服之殤也』。如馬義，則以此文悉關諸服降之殤者。若如鄭義，諸降之殤當作何哭邪？若復哭其生月，則緦麻之長殤，決不可二百餘日哭。鄭必推之於不哭，則小功之親，以志學之年，成童而夭，無哭泣之位，恐非有情者之所允也。」甯又難逵曰：「傳云不滿八歲爲無服，則八歲已上不當引此也。尋制名之本意，父之於子，下殤小功，猶有緦麻一階，非爲五服已盡。而不以緦麻服之者，以未及人次耳。」

長史姜輯議安平嗣孫服曰：「諸侯體國，嗣孫至重，欲其胤嗣早繼者。文王之爲世子，在於王季之時，亦猶凡諸侯之世子耳，而十五便生武王。推此而言，則禮許世子以早冠。禮，男子冠而不爲殤。既冠婚姻，不復得以殤服服之。謂以爲嗣孫，年已十八，備禮冠娶，當從成人之例。」

宋庾蔚之謂：「漢戴德云『獨謂父母爲子昆弟相爲』，當不如鄭以周親爲斷。周親七歲以下，容有緦麻之服，而不以緦麻服服之者，以其未及於禮，故有哭日之差耳。他親有三殤之年而降在無服者，此是服所不及，豈得先以日易月之例邪？戴逵雖欲申馬難鄭，而彌覺其躓，范甯難之，可謂當矣。按束晳通論無服之殤云：『禮，緦麻不服長殤，小功不服中殤，大功不爲易月哭，唯齊縗乃備四殤焉。』凡云男二十而冠，三十而娶，女十五許嫁而笄，二十而出，並禮之大斷。至於形智夙成，早堪冠娶，亦不限之二十矣。笄冠有成人之容，婚嫁有成人之事。鄭玄曰：『殤年爲大夫，乃不爲殤，爲士猶殤之。』今代則不然，受命出官，便同成人也。」

周制，子、女子子之長殤、中殤，馬融曰：「子者男子之已爲子及女子子之殤服也。成人服周，長中殤降一等，服大功也。不書男子女子者，男女異長也。男子二十而不爲殤，女子十五許嫁笄而不爲殤也。其未嫁，〔七〕如男子二十，乃不爲殤。」叔父、姑姊妹、昆弟、夫之昆弟之子女子子、嫡孫，大夫之庶子爲嫡昆弟，公爲嫡子，大夫爲嫡子，以上並長殤、中殤，馬融曰：「公謂諸侯也，重嫡也，大夫亦重嫡，故皆不降服大功也。」鄭玄曰：「公，君也。諸侯大夫不降嫡殤，重嫡也。天子亦如之。」其長殤皆九月，纓絰；其中殤七月，不纓絰。馬融曰：「長殤以成人，其絰有纓。中殤賤，禮略，其絰無纓也。」鄭玄曰：「絰有纓者，爲其重也。自大功以上絰有纓，以一條繩爲之。小功已下絰無纓。」王肅曰：「大功已上，以繩爲絰之纓也。」陳銓曰：「長中殤唯以絰有纓無纓爲異耳。」

大功成人九月

周制，爲姑姊妹女子子適人者大功，以出也。〔八〕出必降之者，蓋有受我而厚之者。爲從父昆弟。其姑姊妹在室亦如之。爲人後者爲其昆君，何以大功？爲人後者降其昆弟。馬融曰：「昆弟在周而降之，以所後爲親也。」爲庶孫。鄭玄曰：「男女皆是也。」陳銓曰：「自非嫡孫一人，皆爲庶孫也。」爲嫡婦嫡子之妻大功，不降其嫡也。馬融曰：「重嫡，故不降之爲服也。」鄭玄曰：「婦言嫡者，從夫名也。」陳銓曰：「婦爲舅姑服周，舅姑爲婦宜服大功。而庶婦小功者，以尊降之也。此爲婦大功，故傳釋不降。」

大唐貞觀十四年，侍中魏徵奏：「嫡子婦，舊服大功，請加爲周。」

周制，女子子適人者爲衆昆弟、父在則同，父没乃爲父後者服周也。姪，丈夫婦人報。鄭玄曰：「爲姪男女同也。」〔九〕馬融曰：「適人降其昆弟，故大功也。嫁姑爲嫁姪服也，俱出也。」陳銓曰：「此言昆弟，非父後者也。」謂吾姑者，吾謂之姪也。父叔兩留，服無降周，事無所敦，〔一〇〕故謂之兄弟之子而不別制焉。姨母兩出，服加小功，情無出内，故爲姊妹之子而名不章焉。言丈夫婦人以明男女皆同也。〔一一〕姪服既明，甥服兼女可知矣，故於甥不復云丈夫婦人也。爲夫之祖父母、伯父母、叔父母大功，從服也。馬融曰：「從夫爲之服，降一等也。」陳銓曰：「凡從服，皆降一等。」大夫爲伯父母、叔父母、子、昆弟、〔一二〕昆弟之子爲士者大功，馬融曰：「子謂庶子也。皆周也，大夫尊降士，故服大功也。」尊不同也，尊同則得服其親服也。馬融曰：「尊同者，亦爲大夫，服周也。」公之庶昆弟、大夫之庶子爲其母、妻、昆弟大功，鄭玄曰：「公之庶昆弟，則父卒也。大夫之庶子，則父在也。其或爲母，謂妾子也。」馬融曰：「言庶者，〔一三〕謂諸侯異母兄弟也。庶子，大夫妾子也。諸侯貴妾子，父在爲母周，父没伸服三年。大夫貴妾子，父在爲母周；賤妾子，父在爲母大功，所從大夫而降也。〔一四〕以先君餘尊之所厭，服不過大功。〔一五〕雷次宗曰：「公羊傳云『國君以國爲體』，是以其人雖亡，其國猶存，故許有餘尊以厭降人。」〔一六〕大夫之庶子，則從大夫而降之矣。父之所不降，子亦不敢降也。鄭玄曰：「言從大夫而降，則於父卒如國人也。昆弟，庶昆弟也。舊讀昆弟在下，其於厭降之義，宜蒙此傳，是以上而同之。父所不降者，謂嫡也。」〔一七〕陳銓曰：「從乎大夫而降，謂父在者。」皆爲其從父昆弟之爲大夫者。皆者，言其互相爲服也。尊同則不相降矣。其爲士者，降在小功。嫡子爲之亦如之也。〔一八〕爲夫之昆弟之婦人子適人者。馬融曰：「在室者周，適人者降大功也。」鄭玄曰：「婦人子者，女子子也。不言女子子者，因出見恩疎也。」陳銓曰：「婦人者，夫之昆弟之子婦也。子者，夫之昆弟之女子子適人者也。此是二人，皆服大功。先儒皆以婦人子爲一人，此既不辭，且夫昆弟之子婦，復見何許耶。」大夫、大夫之妻、大夫之子、公之昆弟爲姑姊妹、女子子嫁於大夫者，馬融曰：「此上四人者，各爲其姑姊妹、女子子嫁於大夫者服也。在室大功，嫁於大夫大功，尊同也。按在室大功，以在大夫尊降之限。嫁大夫尊同，故不復重降。嫁士則小功。」君爲姑姊妹、女子子嫁於國君者，馬融曰：「君，諸侯也。爲姑姊妹女子子嫁於國君者服也。不言諸侯者，〔一九〕關天子元士卿大夫也。上但言君者，欲關天子元士卿大夫嫁女諸侯，〔二〇〕皆爲大功也。」尊同則得服其親服。馬融曰：「諸侯絶周，姑姊妹在室，無服也。嫁於國君者，尊與己同，故服周親服。」諸侯之子稱公子，公子不得禰先君；公子之子稱公孫，公孫不得祖諸侯：此自卑別於尊者也。若公子之子孫有封爲國君者，則代代祖是人也，不得祖公子，〔二一〕此自尊別於卑者也。是故始封之君不臣諸父昆弟，封君之子不臣諸父而臣昆弟，封君之孫盡臣諸父昆弟。故君之所爲服，子亦不敢不服也；君之所不服，子亦不敢服也。不得禰、不得祖者，不得立其廟而祭之。卿大夫以下祭其祖禰。代代祖是人不得祖公子者，謂後代爲君者，祖此受封之君，不復祀別子也。〔二二〕公子若在高祖以下，則如其親服，後世遷之，乃毁其廟耳。因國君以尊降其親，故終説此義也。大夫之妾爲君之庶子、鄭玄謂：「下傳曰『何以大功，妾爲君之黨服與女君同』，指謂此也。〔二三〕妾爲君之長子亦三年，自爲其子周，異於女君也。士之妾爲君之衆子亦周。」女子子嫁者未嫁者，爲伯父母、叔父母、姑姊妹。馬融曰：「合大夫之妾爲君之庶子女子子嫁者未嫁者，言大夫之妾爲此三人同服。」傳曰：「嫁者，其嫁於大夫者也。未嫁者，成人而未嫁者也。何以大功也？妾爲君之黨服，得與女君同。下言爲伯父母叔父母姑姊妹者，謂妾自服其私親也。」鄭玄曰：「此不辭。即實爲妾自服其私親，此當言『其』以明之。齊縗三月章曰：『女子子嫁者未嫁者爲其曾祖父母』，經與此同，足以明之。傳所云『何以大功也，妾爲君之黨服，得與女君同』，文爛在下耳。〔二四〕女子子成人有出道，則可降旁親。及將出者，明當及時也。」

魏王肅云：「大夫之妾爲他妾之子大功九月，自諸侯以上不服。」

晉孫略議以爲：「伯叔父母、姑姊妹，皆夫家也。妻體夫尊，降其夫伯叔父母、姑姊妹小功。妾賤，不敢降也。」張祖高難以爲：「妻爲夫之黨服，降夫一等，夫之姑姊妹宜小功，妾服君之黨，得與女君同，豈以貴賤之故而異之？縱妻之貴而可以略君之姑姊妹者，則應妾服每當與君同也。君之爲父母三年，妾何以無其制乎？」按孫略云妾賤，不可以恩輕從略，故宜在大功耳。又不敢與君同服，何三年之制乎？又有公子之妻服其皇姑不嫌過夫者，以各其義故也。

周制，同母異父昆弟相爲服。檀弓云：「公叔朱有同母異父之昆弟死，〔二五〕問於子游。

子游曰：『其大功乎。』鄭玄曰：「親者屬，大功者是。」〔二六〕王肅云：「母嫁則外祖父母無服，〔二七〕所謂絶族無施服也。唯母之身有服，所謂親者屬也。異父同母昆弟不應有服，此謂與繼父同居，爲繼父周，故爲其子大功也。禮無明文，是以子游疑而答也。」盧植曰：「子游爲近是也。」狄儀有同母異父之昆弟死，問於子夏。子夏曰：『我未之前聞也。魯人則爲之齊縗。』狄儀行齊縗。今之齊縗，狄儀之問也。」盧植曰：「未聞有服也，齊縗非也。游、夏不親問夫子，是以疑也。禮家推之，以爲當在小功，以母親極於小功。」

魏明帝景初中，尚書祠部問：「同母異父昆弟服，應幾月？」太常曹毗述博士趙怡據子游鄭注大功九月。高堂崇云：「聖人制禮，外親正服不過緦，殊異外內之明理也。〔二八〕外祖父母以尊加，從母以名加，皆小功；舅緦服而已。外兄弟異族無屬，疎於外家遠矣，故於禮序不得有服。若以同居從同爨服，無緣章云大功，〔二九〕乃重於外祖父母，此實先賢之過也。」

王肅聖證論云：「孔子但説宜服與不，未説服之輕重，故子游處以大功也。」所執如前注。又引孔子家語曰：「郲人有同母異父之昆弟死，將爲之服，因顔亥而問禮於孔子。曰：『繼父同居者，則異父昆弟從爲之服；不同居者，〔三〇〕繼父且猶不服，況其子乎！』」蜀譙周云：「凡外親正服皆緦，加者不過小功。今異父兄弟，父没母嫁，所生者皆相報服。」

晉淳于睿以：「游、夏，文學之俊也。游習於禮者，曰大功；夏廣學者，曰齊縗。二者推之，明非無服與緦可知也。繼父無親，立廟祭祀，尚爲之周；以比夫共胞，豈有絶道，而欲絶之，謂其無親。據繼父同居異居有輕重，同母昆弟，蓋亦宜矣。異居大功，同居有相長養之恩，服齊縗，似近人情矣。」

按魏尚書郎武竺有同母異父昆弟之喪，以訪王肅。肅據子思書曰，言氏之子，達於禮乎。繼父同居服周，則子宜大功也。

宋庾蔚之謂：「自以同生成親，繼父同居，由有功而致服，二服之來，其禮乖殊。以爲因繼父而有服者，失之遠矣。馬昭曰：『異父昆弟，恩繫於母，不於繼父。〔三一〕繼父，絶族者也。母同生，故爲親者屬，雖不同居，猶相爲服。王肅以爲從於繼父而服，又言同居，乃失之遠矣。』子游、狄儀，或言齊縗，或言大功，趨於輕重，不疑於有無也。家語之言，固所未信。子游古之習禮者也，〔三二〕從之不亦可乎。」

齊張融云：「與己同母，故服大功。而肅云從繼父而降，豈人情哉！」

爲衆子婦

大唐貞觀十四年，加與兄弟子婦同爲大功九月。〔三三〕

校勘記

〔一〕未許嫁　原「未」上有「其」，據禮記喪服小記鄭注刪。北宋本、傅校本、明抄本、明刻本、王吴本「未」作「不」。

〔二〕公叔禺人遇負杖入保者　禮記檀弓下「者」下尚有「息」字。蓋杜氏有意删省者。

〔三〕八歲以上爲殤有服　「有」原訛「者」，據北宋本改。

〔四〕以但跨八年　「跨」原作「踐」，據北宋本、傅校本、明抄本改。

〔五〕應有哭日之差　北宋本、傅校本、明抄本、明刻本、王吴本無「日」字。

〔六〕無服之殤則已過絶　「過」原作「遏」，據北宋本、傅校本、明抄本、明刻本改。

〔七〕其未嫁　原「未」下有「許」，據北宋本、傅校本、明抄本、明刻本、王吴本刪。

〔八〕以出也　原脱「以」，據北宋本、傅校本、明抄本、明刻本補。

〔九〕爲姪男女同也　原「女」下有「服」，據北宋本、傅校本、明抄本、明刻本刪。

〔一〇〕事無所敦　「敦」原作「報」，據北宋本改。

〔一一〕言丈夫婦人以明男女皆同也　原脱「言」，據北宋本、傅校本、明抄本、明刻本補。

〔一二〕昆弟　原涉下而脱，據儀禮喪服補。

〔一三〕言庶者　原脱「言」，據北宋本、傅校本、明抄本、明刻本、王吴本補。

〔一四〕所從大夫而降也　「所」原作「則」，據北宋本、傅校本、明抄本、明刻本、王吴本改。

〔一五〕服不過大功　原作「不得過大功也」，據北宋本、傅校本、明抄本、明刻本删改。

〔一六〕故許有餘尊以厭降人　「人」原作「之」，據北宋本改。

〔一七〕父所不降者謂嫡也　「也」北宋本作「子」。

〔一八〕嫡子爲之亦如之也　上「之」北宋本作「士」。

〔一九〕不言諸侯者　「侯」原訛「國」，據通典考證改。

〔二〇〕欲關天子元士卿大夫嫁女諸侯　北宋本、傅校本、明抄本、明刻本無「元士」二字。

〔二一〕不得祖公子　原脱「得」，據北宋本、傅校本、明抄本、明刻本、王吴本補。

〔二二〕不復祀别子也　「復」原作「得」，據北宋本、傅校本、明抄本改。

〔二三〕指謂此也　「謂」原作「爲」，據北宋本、傅校本、明抄本、明刻本改。

〔二四〕文爛在下耳　「爛」原訛「濫」，據儀禮喪服鄭注及北宋本、明抄本、王吴本改。

〔二五〕公叔朱　「朱」原作「木」，據禮記檀弓上鄭注及傅校本、明刻本、王吴本改。北宋本訛「未」。

〔二六〕大功者是　原無「者」，據北宋本、傅校本、明抄本、明刻本、王吴本補。

〔二七〕母嫁則外祖父母無服　原「外」誤在「母」下，據北宋本、傅校本、明抄本、明刻本乙正。

〔二八〕外親正服不過緦殊異外内之明理也　「殊」原作「麻」，據北宋本、傅校本改。

〔二九〕無緣章云大功　「章」原作「即」，據北宋本、傅校本、明抄本、明刻本、王吴本改。

〔三〇〕不同居者　原句下有「否」，清人擅增，今據北宋本、傅校本、明抄本、明刻本、王吴本删。

〔三一〕不於繼父　北宋本作「不繼於父」。

〔三二〕子游古之習禮者也　北宋本、傅校本、明刻本、王吴本無「者也」二字，蓋清人所增。

〔三三〕加與兄弟子婦同爲大功九月　原脱「同」，據唐會要卷三七補。

王文錦點校

通典卷第九十二

禮五十二　沿革五十二　凶禮十四

五服年月降殺之五

小功殤服五月　小功成人服五月　嫂叔服　緦麻殤服三月

緦麻成人服三月　舅之妻及堂姨舅　兩妾相爲服

小功殤服五月

周制，爲叔父、嫡孫、昆弟、大夫之庶子爲嫡昆弟、爲姑姊妹、女子子之下殤。馬融曰：「本皆周服，下殤降二等，故小功也。」爲人後者爲其昆弟、從父昆弟之長殤。馬融曰：「成人服大功也。長殤降一等，故小功也。」爲夫之叔父之長殤。鄭玄曰：「不見中殤者，明中從下也。」馬融曰：「成人大功，長殤降一等，故服小功也。」爲昆弟之子、女子子、爲夫之昆弟之子、女子子之下殤。馬融曰：「伯叔父母爲之服也。成人在周，下殤降二等，故服小功也。」陳銓曰：「妻爲夫之昆弟之子、女子子與夫同。」爲姪、庶孫丈夫婦人之長殤。馬融曰：「適人故還爲姪，祖爲庶孫，成人大功，長殤降一等，故小功也。言丈夫婦人者，明姑與姪、祖與孫疎遠，故以遠辭言之。」雷次宗曰：「前大功章爲姪已言丈夫婦人，今此自指爲庶孫言，不在姪。」大夫、公之昆弟、大夫之子爲其昆弟、庶子、姑姊妹、女子子之長殤。馬融曰：「大夫以尊降，公之昆弟以尊厭，大夫子以父尊厭，各降在大功，〔一〕長殤復降一等，故復小功也。大夫無昆弟之殤，此言殤者，關有罪若畏厭溺，當殤服之。」鄭玄曰：「大夫爲昆弟之長殤在小功，〔二〕謂爲士者若不仕者也。〔三〕以此知爲大夫無殤服也。公之昆弟不言庶者，此無母服，〔四〕無所見也。大夫之子不言庶者，關嫡子亦服此殤也。又云公之昆弟爲庶子之長殤，〔五〕則知公之昆弟猶大夫也。」大夫之妾爲庶子之長殤。馬融曰：「除嫡子一人，其餘皆庶子也。男女有成人，〔六〕同在大功。長殤降一等，故小功也。不言君者，殤賤，見妾亦得子之也。」鄭玄曰：「君之庶子也。」

小功成人服五月

周制，爲從祖祖父母、馬融曰：「曾祖之子，祖之昆弟也，正服小功。」從祖父母，報。馬融曰：「從祖祖父之子，是父之從父昆弟也。云報者，恩輕，欲見兩相爲服，故云報。」鄭玄曰：「祖之昆弟之親也。」〔七〕爲從祖昆弟。馬融曰：「俱曾祖孫也，〔八〕於己爲再從昆弟。同出曾祖，故言從祖昆弟。正服小功也。」鄭玄曰：「父之從父昆弟之子。」陳銓曰：「從父祖之子，〔九〕同出曾祖也。」從父姊妹、馬融曰：「伯叔父之女。」孫適人者。鄭玄曰：「孫者，子之子也。女孫在室，亦大功也。」馬融曰：「祖爲女孫適人者降一等，故小功也。」爲人後者爲其姊妹適人者。馬融曰：「在室者齊縗周，適人大功。以爲大宗後，疎之，降一等，故小功也。不言姑者，明降一體，不降姑也。」鄭玄曰：「不言姑，舉其親者而恩輕者降可知也。」陳銓曰：「累降也。姑不見者，〔一〇〕同可知也。猶爲人後者爲其昆弟，而不載伯父，同降不嫌。」〔一一〕爲外祖父母小功，以尊加也。馬融曰：「母之父母也。本親緦，〔一二〕以母所至尊，加服小功，故曰以尊加。」爲從母，丈夫婦人報。馬融曰：「母之姊妹也。言丈夫婦人者，異姓無出入降，皆以丈夫婦人成人之名名之也。」小功者，以名加也，外親之服皆緦也。鄭玄曰：「外親異姓正服不過緦。丈夫婦人，姊妹之子，男女同。」馬融曰：「外祖、從母，其親皆緦也。以尊名加，故小功也。」雷次宗曰：「夫二親恩等，而中表服異。君子類族辨物，本以姓分爲判，〔一三〕故外親之服不過於緦。於義雖當，求情未愜，〔一四〕苟微有可因，則加服以伸心。外祖有尊，從母有名，故皆得因此加以小功也。舅情同二人，而名理闕無，因故有心而不獲遂也。然情不止於緦，亦以見於慈母矣。至於餘人，雖有尊名而不得加者，服當其義，情無不足也。」爲夫之姑姊妹，娣姒婦，報。〔一五〕爾雅云：「長婦謂稚婦爲娣婦，娣婦謂長婦爲姒婦。」鄭玄曰：「夫之姑姊妹，不殊在室及嫁，因恩輕，略從降也。」〔一六〕馬融曰：「妻爲夫之姊妹服也。娣姒婦者，兄弟之妻相名也。長稚自相爲服，不言長者，婦人無所專，以夫爲長幼，不自以年齒也。妻雖少，〔一七〕猶隨夫爲長也。先娣後姒者，明其尊敵也。報者，姑報姪婦也。言婦者，廟見成婦，乃相爲服。」王肅曰：「按左氏傳曰，魯之穆姜，晉子容之母，皆有稚婦爲娣婦，長婦爲姒婦。此婦二義之不同者。今據傳文與左氏正合，宜即而從之。」〔一八〕

傳曰：「娣姒婦者，弟長也，何以小功也？以爲相與居室中，則生小功之親焉。」蜀譙周曰：「父母既歿，兄弟異居，又或改娶，則娣姒有初而異室者矣。若不本夫爲論，唯取同室而已，則親娣姒與堂娣姒不應有殊。經殊其服以夫之親疎者，是本夫與爲倫也。婦人於夫之昆弟，本有大功之倫；從服其婦，有小功之倫；於夫從父昆弟，有小功之倫；從服其婦，有緦麻之倫也。夫以遠之而不服，故婦從無服而服之。然則初而異室，猶自以其倫服。」

晉徐邈答范甯問，以爲：「報服在娣姒下，則知姑姊之服，亦是出自恩紀，同非從夫之服，〔一九〕報也所發在於姑姊耳。」

宋庾蔚之謂：「傳以同居爲義，豈從夫謂之同室，以明親近，非謂常須共居。〔二〇〕設夫之從父昆弟，少長異鄉，二婦亦有同室之義，聞而服之緦也。今人謂從父昆弟爲同堂，取於此也。婦從夫服，降夫一等，故爲夫之伯叔父大功，則知夫姑姊妹皆是從服。夫之昆弟無服，自別有義耳。非如徐邈之言出自恩紀者。」

周制，大夫、大夫之子、公之昆弟爲從父昆弟、庶孫、姑姊妹女子子適士者。鄭玄曰：「從父昆弟及庶孫，亦謂爲士者。」馬融曰：「謂上三人各自爲其從父昆弟、庶孫、姑姊妹女子子適士者服也。從父昆弟、庶孫，正親大功也，以尊降，故服小功。姑姊妹女子適人大功，適士降一等，故服小功也。」大夫之妾爲君之庶子女子子適人者。〔二一〕鄭玄曰：「女子在室大功，其嫁於大夫者亦大功。」馬融曰：「嫡夫人庶子也。在室大功，出降一等，故服小功。」王肅曰：「適士降一等，在小功。」庶婦。鄭玄曰：「夫將不受重者。」馬融曰：「庶子婦也，舅姑爲之服也。」

大唐貞觀十四年，侍中魏徵奏：「衆子婦舊服小功，今請與兄弟子婦同爲服大功九月。」

周制，君母之父母從母小功，鄭玄曰：「君母，父之嫡妻也。從母，君母姊妹也。」馬融曰：「君母者，母之所君事者。從母者，君母之姊妹也。妾子爲之服小功也。自降外祖服緦麻，外無二統者。」從服也。君母在則不敢不從服，君母不在則不服。鄭玄曰：「不敢不服者，恩輕也。凡庶子爲君母，如嫡子。」馬融曰：「從君母爲親服也。君母亡，無所復厭，則不爲其親服也。自得伸其外祖小功也。」王肅曰：「君母，庶子之嫡母。」

君子子爲庶母慈己者。鄭玄曰：「君子子者，大夫及公子之嫡妻子也。」馬融曰：「爲慈養己者服小功。」君子子者，貴人之子也。爲庶母小功，以慈己加也。鄭玄曰：「云君子子則父在也，〔二二〕父卒，不服之。以慈己加，則君子子亦以士禮爲庶母緦也。內則曰：『異爲孺子室於宮中，擇於諸母與可者，必求其寬裕慈惠溫良恭敬慎而寡言者，使爲子師。其次爲慈母，其次爲保母，皆居子室。他人無事不往。』又曰『大夫之子有食母』。庶母慈己，此之謂也。其可者賤於諸母，謂傅姆之屬者。〔二三〕其不慈己，則緦可也。不言師保，慈母居中，服之可知。國君嗣子生，卜士之妻、大夫之妾，使養其子，三年而後出，見於公宮，則劬，非慈母也。〔二四〕士妻自養其子也。」馬融曰：「貴人者，嫡夫人也。子以庶母慈養己，加一等小功也。爲父賤妾服緦。父歿之後，貴賤妾皆小功也。」陳銓曰：「君子子者，大夫之美稱也。貴人者，謂公卿大夫也。謂貴人之子，父歿之後，得行士禮，爲庶母緦也。有慈養己者，乃加服小功。」雷次宗曰：「大夫不服凡妾，父所不服，子亦不敢服，安得爲庶母緦哉！大夫雖服姪娣，〔二五〕今所服者，將姪娣之庶母。」

漢石渠禮議：「戴聖對曰：君子子爲庶母慈己者，大夫之嫡妻之子，養於貴妾，大夫不服賤妾，慈己則緦服也。其不言大夫之子而稱君子子者，君子猶大夫。」

後漢陳鑠問氾閣：「爲庶母慈己。鄭注引內則，國君之子有子師、慈母、保母。又曰『大夫之子有食母』，庶母慈己，此之謂也。內則人君養子之法，禮，人君之庶母尚無服，何以爲慈母服乎？若欲施大夫，大夫無此禮，但有食母耳。」汜閣答曰：「内則實總國君及大夫養子之禮。」按内則云：大夫見子之禮，入門，升阼階也，遂左旋授師。師，子師也。喪服有庶母慈己，禮有子師，此明大夫之子有庶母慈己。

嫂叔服

周制，嫂叔不相爲服。夫之昆弟何以無服也？其夫屬乎父道者，妻皆母道也；其夫屬乎子道者，妻皆婦道也。謂弟之妻婦者，是嫂亦可謂之母乎！故名者，人理之大者也，可無慎乎！道猶行也。言婦人棄姓無常秩，嫁於父行則爲母行，嫁於子行則爲婦行。弟妻，卑遠之，故謂之婦。兄妻嫂者，尊嚴之，是嫂亦可謂之母乎，〔二六〕言不可。嫂猶叟，老人之稱也，是爲序男女之别爾。〔二七〕若己以母婦之服服兄弟之妻，兄弟之妻以舅子之服服己，則是亂昭穆之序也。父母兄弟夫婦之理，人倫之大者。〔二八〕大傳曰〔二九〕「同姓從宗合族屬，異姓主名理際會，名著而男女有别」是也。無服而爲位者唯嫂叔，及婦人降而無服者麻。雖無服，猶弔服加麻，袒免，爲哭位也。正言嫂叔，尊嫂也。兄妐於弟之妻，則不能。妐音公。〔三〇〕

魏太尉蔣濟萬機論以：「禮記嫂叔無服，誤。據小功章娣姒婦，此三字，嫂服之文也。〔三一〕古者有省文互體，言弟及兄并婦矣。〔三二〕娣姒者，兄弟之妻相名也。蓋云夫之昆弟、昆弟之妻相與，皆小功者。」

尚書何晏、太常夏侯泰初難曰：「夫嫂叔宜服，誠自有形。然以小功章娣姒婦爲嫂叔文，〔三〕則恐未是也。禮之正名，母婦異義。今取弟於姒婦之句，以爲夫之昆弟，雖省文互體，恐未有及此者也。凡男女之相服也，非有骨肉之親，則有尊卑之敬、受重之報。今嫂叔同班並列，無父子之降，則非所謂尊卑也；他族之女，則非所謂骨肉也。是以古人謂之無名者，豈謂其無嫂叔之字，或無所與爲體也。夫有名者，皆禮與至尊爲體，而交與正名同接也。有其體，有其交，故以其名名之，故服之可也。苟無斯義，其服焉依？夫嫂叔之交，有男女之別，故絕其親授，禁其通問。家人之中，男女宜別，未有若嫂叔之至者也。彼無尊卑之至敬，故交接不可不疎；彼無骨肉之不殊，故交疎而無服：情亦微矣。」

蔣答曰：「記云『小功無位，是委巷之禮也』。子思哭嫂有位，蓋謂知禮。制禮者小功當有位也。然則嫂叔服文，統見於經而明之，可謂微而著，婉而成章也。」

中領軍曹羲申蔣濟議，以爲：「敵體可服，不必尊卑；緣情制禮，不必同族。兄弟親而伯叔疎，周服者何？以尊服也；伯叔母無有骨肉之親，有緣尊之義，故亦服周；何獨不可緣親而服嫂乎？苟以交報數然後服，則妻母異域，交亦疎矣，緣愛制服，恩亦微矣；豈若嫂叔共在一門之內，同統先人之祀，有相奉養之義，而無服紀之制，豈不詭哉！且防嫌之道，推而遠之，孰與制服，引而重之？推之則同他人，引之則親親者矣。」吳徐整問射慈云：「子思哭嫂爲位，在何面加麻袒免爲位？不審服此有日數乎？」慈答云：「凡喪位皆西面。服此麻者，〔三四〕謂大殮及殯之時，已畢而釋之。」

晉傅玄云：「先王之制禮也，使疎戚有倫，貴賤有等，上下九代，別爲五族。骨肉者，天屬也，正服之所經也。義立者，人紀也，名服之所緯也。正服者本於親親，名服者成於尊尊。名尊者服重，〔三五〕親殺者轉輕，此近遠之理也。尊崇者服厚，尊降者轉薄，此高下之敍也。記曰：『其夫屬乎父道者，妻皆母道也；夫屬乎子道者，妻皆婦道也。』人紀准之，兄不可以比父，弟不可以爲子。嫂之與叔，異族之人，本之天屬，嫂非姊，叔非弟也，則不可以親親理矣。校之人紀，嫂非母也，叔非子也。稽之五服，體無正統；定其名分，不知所附。」

袁準正論云：「或人云：嫂，親者也。長嫂少弟，有生長之恩，而云無服者，近非古也，殆秦燔詩書之所失也。」

太常成粲云：「嫂叔應有服，〔三六〕作傳者橫曰無服。蔣濟引娣姒婦，證非其義。論云：喪服云『夫爲兄弟服，妻降一等』，則專服夫之兄弟，固已明矣。尊卑相侔，服無不報。由此論之，嫂叔大功，可得而從。」

宋庾蔚之云：「蔣濟、成粲，排棄聖賢經傳，而苟虛樹己說，可謂誣於禮矣。」

大唐貞觀十四年，太宗謂侍臣曰：「同爨尚有緦麻之恩，而嫂叔無服。宜集學者詳議。」侍中魏徵等議曰：「嫂叔之不服，蓋推而遠之也。禮『繼父同居則爲之周，未嘗同居則不爲服』。又『從母之夫，舅之妻，二人不相爲服』。或曰『同爨緦』。然則繼父之徒，並非骨肉，服重由乎同爨，恩輕在乎異居，故知制服雖繼於名，〔三七〕亦緣恩之厚薄也。或有長年之嫂，遇孩童之叔，劬勞鞠養，情若所生，分饑共寒，契闊偕老，譬同居之繼父，方他人之同爨，情義之深淺，寧可同日哉！在其生也，愛之同於骨肉；及其死也，則推而遠之。求之本源，深所未喻。若推而遠之爲是，不可生而共居，死同行路，重其生而輕其死，厚其始而薄其終，稱情立文，其義安在？且事嫂見稱載籍非一，鄭仲虞則其見必冠，孔伋則哭之爲位。此躬踐教義，仁深孝友，察其所行之旨，豈非先覺者歟？但於時上無哲王，禮非下之所議，遂使深情，鬱乎千載，至理藏於萬古。今屬欽明在辰，聖人有作，五禮詳洽，一物無遺，詳求厥中，申明聖旨。謹按嫂叔舊無服，今請小功五月。」報制可。

開元五年，刑部郎中田再思議：「同爨之服緦，禮經明義。嫂叔遠別，同諸路人。引而進之，觸類而長。猶子咸依苴枲，季父不服緦麻。推遠之情有餘，睦親之義未足。」左常侍元行沖議曰：「嫂叔不服，避嫌疑也。若引同爨之緦，以忘推遠之跡，既乖前聖，亦謂難從。」至二十年，中書令蕭嵩奏依貞觀禮爲定。

緦麻殤服三月

周制，爲庶孫之中殤。鄭玄曰：「庶孫者，成人大功也，其殤中從上。此當爲下殤，言中者，字之誤耳。諸言中者，皆連上下。」馬融曰：「祖爲孫，成人大功，長殤降一等，中下殤降二等，故服緦也。言中則有下，文不備，疎者略耳。」王肅曰：「此見大夫爲孫服之異也。士爲庶孫大功，則大夫爲之小功。降而小功者，則殤中從上，故舉中以見之。」

從祖昆弟之長殤。馬融曰：「成人服小功，長殤降一等，故緦也。〔三八〕中下殤無服，故不見也。」鄭玄曰：「不見中殤者，明中從下也。」從父昆弟姪之下殤。馬融曰：「降二等，故服緦也。」夫之叔父之中殤、下殤。馬融曰：「妻爲之服也。成人在大功，中下殤降二等，故服緦也。」鄭玄曰：「言中殤者，明中從下也。」陳銓曰：「本服與從父昆弟同。」

從母之長殤，報。馬融曰：「成人小功，長殤降一等，故緦也。」從父昆弟之子、昆弟之孫長殤。〔三九〕馬融曰：「成人小功，長殤降一等，故服緦也。」夫之姑姊妹之長殤。馬融曰：「成人服小功，長殤降一等，故服緦也。中下殤，降一等，無服也。禮三十乃娶，而夫之姊殤者，關有畏厭溺者。」陳銓曰：「夫未二十而娶，〔四〇〕故有姊殤然矣，夫雖未二十則成人。」孔倫曰：「蓋以爲違禮早娶者制，非施畏厭溺也。」吳徐整問射慈曰：「古者三十而娶，何緣當服得夫之姊殤服？經文特爲士作，若說國君，皆別言君若公。」慈答曰：「三十而娶，禮之常制也。古者七十而傳宗事與子，年雖幼，未滿三十，自得少娶。故曾子問曰：『宗子雖七十，無無主婦。』此言宗子已老傳宗事與子，則宜有主婦。」

緦麻成人服三月

周制，爲族曾祖父母、族祖父母、族父母、族昆弟。鄭玄曰：「祖父之從父昆弟之親。族祖父母者，亦高祖之孫，則高祖有服明矣。」〔四一〕馬融曰：「族祖父，祖之從父昆弟也。族父，從祖昆弟之親也。族祖父，亦高祖之孫。」爲從祖父從祖姑姊妹適人者，報。〔四二〕馬融曰：「從祖姑姊妹，於己再從，在室小功，適人降一等，故緦也。」庶孫之婦。馬融曰：「祖父母爲嫡孫之婦小功，庶孫婦降一等，故服緦。」外孫。馬融曰：「女子子之子。」庶子爲父後者爲其母緦，〔四三〕以其與尊者爲一體，〔四四〕不敢服其私親也。馬融曰：「承父之體，四時祭祀，不敢申私親服，廢尊者之祭，故服緦也。」〔四五〕有死於宮中者，則爲之三月不舉祭，因是以服緦也。鄭玄曰：「君卒，庶子爲母大功。大夫卒，庶子爲母三年。士雖在，庶子爲母皆如衆人。」〔四六〕馬融曰：「緣先人在時，哀傷臣僕有死宮中者，爲缺一時不舉祭，因是服緦也。」士爲庶母緦，以名服也。大夫以上庶母無服。馬融曰：「以有母名，爲之服緦也。」雷次宗曰：「爲五服之凡不稱其人者，皆士也。若有天子諸侯下及庶人，則指其稱位，未有言『士爲』者。此獨言士何乎？蓋大夫以上庶母無服，庶人無妾則無庶母，爲庶母者，唯士而已，故詭常例，以著唯獨一人也。」

晉賀循云：「庶母，士父之妾也，服緦麻。大夫以上無服。按馬融引喪服云，大夫以上庶母無服。」

宋袁悠問雷次宗曰：「喪服『大夫爲貴臣貴妾緦』，何以便爲庶母無服？又按檀弓云：『悼公之母死，哀公爲之齊縗。有若曰：諸侯爲妾齊縗，禮歟？』鄭注云：『妾之貴者，爲之緦耳。』左傳云：晉少姜卒，明年正月既葬，齊使晏平仲請繼室。叔向對曰『寡君以在縗絰之中』。按此，諸侯爲妾，便有服也。」次宗答曰：「大夫爲貴妾緦。按注，貴妾，姪娣也。夫姪娣實貴，而大夫尊輕，故不得不服。至於餘妾，出自凡庶，故不服也。又天子諸侯，一降旁親，豈容媵妾更爲服也。鄭注喪服無服是也。又注檀弓哀公爲悼公母齊縗云：『妾之貴者，爲之緦耳。』此注謂諸侯爲貴妾緦，既與所注喪服相連，且諸侯庶子母卒無服，皆以父所不服，亦不敢服，未喻檀弓注云何以服，言諸侯爲貴妾緦邪？左傳所言，云少姜之卒，有縗絰之言者，是春秋之時，諸侯淫侈，至於甚者，乃爲齊縗。此蓋當時之弊事，非周公之明典也。」

大唐顯慶二年，修禮官長孫無忌等奏：「庶母古禮緦麻，新禮無服。謹按庶母之子，即是己之昆弟，爲之不杖齊縗，而己與之無服。同氣之内，凶吉頓殊，求之禮情，深非至理。請依典故，爲服緦麻。」制從之。具開元禮。

周制，貴臣貴妾緦，馬融曰：「君爲貴臣貴妾服也。天子貴公，諸侯貴卿，大夫貴室老。貴妾謂姪娣也。」陳銓曰：「天子貴臣三公，貴妾三夫人。諸侯貴臣卿大夫，貴妾姪娣。大夫貴臣室老。士貴妾亦爲娣姪。然則天子諸侯絶周，於臣妾無服明矣。大夫非其同尊，每降一等，而已爲上妾貴者有緦麻三月也。」以其貴也。此謂公士大夫之君也。〔四七〕殊其臣妾貴賤而爲之服。爲乳母緦，鄭玄曰：「謂養子者有他故，賤者代之慈己者也。」〔四八〕馬融曰：「士爲乳母服。」以名服也。馬融曰：「以其乳養於己，有母名。」大夫之子有食母。喪服所謂乳母服也。

漢石渠禮議：「問曰：『大夫降乳母邪？』聞人通漢對曰：『乳母所以不降者，報義之服，故不降也。則始封之君及大夫，皆降乳母。』」

魏劉德問田瓊曰：「乳母緦。注云：『養子者有他故，賤者代之慈己。』今時婢生口，使爲乳母，得無甚賤不應服也？」瓊答曰：「婢生口故不服也。」

晉袁準云：「保母者當爲『保姆』，春秋宋伯姬待姆是也，〔四九〕非母之名也。母者，因父得稱。且保傅，婦人輔相，婢之貴者耳。而爲之服，不亦重乎！先儒欲使公之庶子爲母無服，而服乳母乎？此時俗之名，記者集以爲禮，非聖人之制。」賀循云：「爲乳母緦三月，士與大夫皆同，不以尊卑降功服故也。」梁氏云：「服乳母緦者，謂母死莫養，親取乳活之者，〔五〇〕故服之報功也。」

周制，從祖昆弟之子。族父母爲之服也。再從兄弟之子者也。爲曾孫。孫之子也。爲父之姑。謂孫爲祖父之姊妹。爲從母昆弟，馬融曰：「姊妹子相爲服也。」皆緦，以名服也。馬融曰：「以從母有母名，以子有昆弟名。」爲壻緦，報之服也。〔五一〕馬融曰：「從女來爲己服緦，故報之以緦也。」〔五二〕爲妻之父母緦，從服也。馬融曰：「壻從妻而服緦也。」爲姑之子緦，外兄弟也。報之也。爲舅緦，從服也。從於母而服也。

晉袁準論曰：「從母小功五月，舅緦麻三月，禮非也。從母緦，時俗所謂姨母者也。〔五三〕舅之與姨，俱母之姊妹兄弟，焉得異服。從母者，從其母而爲庶母者也。親益重，故小功也。凡稱父母者，皆同乎父母之例者也。舅非父列，姨非母列，故舅不稱父，姨不稱母也。可稱姨，不應稱母。謂姨母爲從母者，此時俗之亂名，書之所由誤也。春秋傳蔡哀侯娶於陳，息侯亦娶焉。息嬀將歸，過蔡，蔡侯曰『吾姨也』，止而享之。爾雅曰『妻之姊妹同出爲姨』，此本名者也。左傳臧宣叔娶於鑄，生賈及爲而卒。繼室以其姪，穆姜之姨子也。以蔡侯、爾雅言之，穆姜焉得言姨？此緣妻姊妹之姨，因相謂爲姨也。姊妹相謂爲姨，故其子謂之姨子，其母謂之姨母。從其母而來，故謂之從母。從母、姨母，爲親一也，因復謂之從母，此因假轉亂而遂爲名者也。又左傳宋景曹卒，季康子使冉有弔且會葬，曰『以肥之得備彌甥』。先儒曰『彌，遠也，姊妹之孫爲彌甥』。此臨時説事，而遂可爲名乎？亦猶從母轉相假也。」

或曰：「按準以經云從母是其母姊妹，從其母來，爲己庶母，其親益重，故服小功，非通謂母之姊妹也。」宣舒曰：「二女相與，行有同車之道，坐有同席之禮，其情親而比，其恩曲而至。由此觀之，姊妹通斯同矣，兄妹別斯異矣。同者親之本，異者疎之源也。」「然則二女之服，何其不重邪？兄妹之服，何其不輕邪？」曰：「同父而生，父之所不降，子亦不敢降，故二女不敢相與重。」「然則舅何故三月邪？從母何故小功邪？」曰：「故母取其愛，是以外王父之尊，禮無厭降之道。爲人子者，順母之情，親乎母之類，斯盡孝之道也，是以從母重而舅輕也。」曰：「姑與父異德異名，叔父與父同德同名，何無輕重之降邪？」曰：「姑與叔父，斯王父愛之所同也。父之所不降，子亦不敢降，此叔父與姑所以服同而無降也。」

宋庾蔚之謂：「傳云以名服，及云以名加，皆是先有其義，故施以此名，尋名則義自見矣。外親以緦斷者，抑異姓以敦己族也。緦服既不足以申外甥外孫之情，故聖人因其有伸之義而許其加也。外祖以尊加，從母以名加者，男女異長，伯季不同，由母於姊妹有相親之近情，故許其因母名以加服。兄弟姊妹，同氣之懷不異，故其服不得殊。由若同在他邦，〔五四〕小功加一等，而大功以上則不加也。」

大唐貞觀十四年，太宗謂侍臣曰：「舅之與姨，親疎相似，而服紀有殊，理未爲得，集學者詳議。」於是侍中魏徵等議曰：「禮所以決嫌疑，別同異，隨恩以薄厚，稱情以立文。然舅與姨，雖爲同氣，論情度義，先後實殊。何則？〔五五〕舅爲母族之本，姨乃外成他姓，〔五六〕求之母族，姨不與焉。考之經文，舅誠爲重。故周王念齊，稱舅甥之國；秦伯懷晉，切渭陽之詩。〔五七〕在舅服止一時，爲姨居喪五月，循名求實，逐末棄本，蓋古人或有未達。謹按舅服緦麻，請與從母同小功。」制可。具開元禮。

周制，爲甥。姊妹之子。甥者何也？謂吾舅者，吾謂之甥。何以緦？報之也。馬融曰：「甥從其母而服己緦，故報之。」

大唐貞觀年中，八座議奏：「令舅服同姨小功五月，而律疏舅報於甥服猶三月。謹按旁尊之服，禮無不報，己非正尊，不敢降也。故甥爲從母五月，從母報甥小功；甥爲舅緦麻，舅亦報甥三月：是其義矣。今甥爲舅使同從母之喪，則舅宜進甥以同從母之報。修律疏人不知禮意，舅報甥服，尚指緦麻，〔五八〕於例不通，理須改正。今請修改律疏，舅報甥亦小功。」制可。具開元禮。

周制，爲舅之子緦，報，馬融曰：「姑之子爲舅之子服，今之中外兄弟也。」從服也。馬融曰：「從其母來服舅之子緦。」爲夫之諸祖父母，報。馬融曰：「妻爲夫之諸祖父母服，所服者四，其報者二。曾祖正小功，故妻服緦，不報也。從祖祖父旁尊，故報也。」鄭玄曰：「夫之諸祖父母者，夫之所爲小功，爲從祖祖父母，即祖之兄弟也；從祖父母，即父之堂兄弟也；〔五九〕外祖父母。或曰曾祖父母，曾祖於曾孫之婦無服，而云報乎？曾祖父母正服小功，妻從服緦麻。」於夫皆有名，於己從輕遠，故不復條目，而總言諸祖也。唯曾祖、外祖父母不報。爲君母之昆弟緦，馬融曰：「妾子爲嫡夫人昆弟服也，〔六〇〕君母卒則不服也。」從服也。鄭玄曰：「從於君母而舅服之，〔六一〕君母在則不敢不從，卒則不服。」馬融曰：「從母往爲之服。」〔六二〕爲夫之從父昆弟之妻緦，賈公彥曰：「此同堂娣姒，降於親娣姒，故服緦也。」以爲相與同室，則生緦之親焉。馬融曰：「娣姒以同室相親，生以緦緦之服。」

舅之妻及堂姨舅大唐〔六三〕

大唐開元二十三年，制曰：「朕以爲親姨舅既服小功五月，則舅母於舅有三年之服，是受我而厚，以服制情，則舅母之服不得全降於舅也，宜服緦麻。堂姨舅，今古未制服，朕思敦睦九族，引而親之，宜服袒免。又鄭玄注禮記云『同爨緦』，若比堂姨舅於同爨親則厚矣。又喪服傳云『外親之服皆緦』，是亦不隔於堂姨舅也。」侍中裴耀卿、中書令張九齡等奏曰：「臣等謹按大唐新禮，親舅加至小功，與從母同服。此蓋當時特命，不以輕重遞增，蓋不欲參於本宗，慎於變禮者也。今聖制親姨舅小功，更制舅母緦麻、堂姨舅袒免等服，取類新禮，垂示將來，通於物情，自我作則，羣儒夙議，徒有稽留，並望准制施行。」制從之。

兩妾相爲服晉〔六四〕

晉祕書監謝靖問：「兩妾相爲服否？」徐邈答云：「禮無兩妾相爲服之文，然妾有從服之制。士妾有子，則爲之服緦也，妾可得從服緦麻。又有同室之恩，則有緦服義也。」〔六五〕

校勘記

〔一〕各降在大功　「各」原訛「名」，據北宋本、傅校本、明抄本、明刻本改。

〔二〕大夫爲昆弟之長殤在小功　原脱「在」，據北宋本、傅校本、明抄本、明刻本、王吴本補。

〔三〕謂爲士者若不仕者也　儀禮喪服鄭注同。北宋本、傅校本、明抄本、明刻本、王吴本作「謂仕者若不仕者」。

〔四〕此無母服　原脱「母」，據北宋本、傅校本、明抄本、明刻本、王吴本補。

〔五〕又云公之昆弟爲庶子之長殤　原脱「又」，據北宋本、傅校本、明抄本、明刻本補。

〔六〕男女有成人　「有」原作「至」，據北宋本、傅校本、明抄本、明刻本、王吴本改。

〔七〕祖之昆弟之親也　原「祖」下有「父」，據北宋本、傅校本、明抄本、明刻本删。

〔八〕俱曾祖孫也　「俱」原訛「謂」，據北宋本、傅校本、明刻本改。

〔九〕從父祖之子　原脱「父」，據北宋本、傅校本、明刻本、王吴本補。

〔一〇〕姑不見者　原脱「者」，據北宋本、傅校本、明抄本、明刻本、王吴本補。

〔一一〕猶爲人後者爲其昆弟而不載伯父同降不嫌　原脱「其」，「伯」下衍「叔」，據北宋本補删。按：傅校本、明抄本、明刻本、王吴本亦無「叔」字。

〔一二〕本親緦　「親」原作「服」，據北宋本、傅校本、明抄本、明刻本改。

〔一三〕本以姓分爲判　「姓」原訛「始」，據北宋本、傅校本、明抄本、明刻本改。

〔一四〕求情未愜　「求」原訛「於」，據北宋本、傅校本、明抄本、明刻本改。

〔一五〕娣姒婦報　「報」原訛「服」，據儀禮喪服及北宋本改。

〔一六〕略從降也　原「從」下衍「嫁」，據儀禮喪服鄭注删。

〔一七〕妻雖少　「少」原作「小」，據北宋本、傅校本、明抄本改。

〔一八〕今據傳文與左氏正合宜即而從之　「據」原訛「按」，「從」原訛「據」，據北宋本、傅校本、明抄本改。按：明刻本「據」字亦不誤。

〔一九〕同非從夫之服　原脱「同」，據北宋本補。

〔二〇〕豈從夫謂之同室以明親近非謂常須共居　「豈」原作「蓋」，「常」原作「當」，據北宋本、傅校本、明抄本改。按：明刻本亦作「常」。

〔二一〕大夫之妾爲君之庶子女子子適人者　阮元儀禮注疏校勘記云：「『女子子』三字，以注入經也。」

〔二二〕云君子子則父在也　原脱「云」，據儀禮喪服鄭注補。

〔二三〕其可者賤於諸母謂傅姆之屬者　原訛作「其所謂擇於諸母謂傅御之屬者」，據儀禮喪服鄭注及北宋本、傅校本、明抄本、明刻本改。

〔二四〕非慈母也　「非」原訛「於」，據儀禮喪服鄭注改。

〔二五〕大夫雖服姪娣　「雖」原作「惟」，據北宋本、傅校本、明抄本、明刻本、王吳本改。

〔二六〕是嫂亦可謂之母乎　「謂」原作「爲」，據儀禮喪服鄭注及北宋本、傅校本、明抄本、明刻本改。

〔二七〕是爲序男女之别爾　「爾」原作「也」，據儀禮喪服鄭注及北宋本、傅校本、明抄本、明刻本改。

〔二八〕人倫之大者　「者」原訛「也」，據儀禮喪服鄭注改。

〔二九〕大傳　原脱「大」，據儀禮喪服鄭注補。按：大傳是禮記篇名。

〔三〇〕兄妐於弟之妻則不能妐音公　「兄妐」原訛「兄婦」，「妐音公」原訛「如婦」，據北宋本、傅校本、明抄本、明刻本改。

〔三一〕嫂服之文也　「服」原訛「叔」，據北宋本、傅校本、明抄本、明刻本改。

〔三二〕言弟及兄并婦矣　「婦」原訛「嫂」，據北宋本、傅校本、明抄本、明刻本改。

〔三三〕然以小功章娣姒婦爲嫂叔文　北宋本、傅校本、明抄本、明刻本、王吴本無「以」字。

〔三四〕服此麻者　「此」原作「加」，據北宋本、傅校本、明抄本、明刻本改。

〔三五〕名尊者服重　「名」原訛「親」，據北宋本、傅校本、明抄本、明刻本改。

〔三六〕嫂叔應有服　原脱「叔」，據北宋本補。

〔三七〕故知制服雖繼於名　「繼」原作「係」，據北宋本改。

〔三八〕長殤降一等故緦也　原「緦」下有「麻」，據北宋本、傅校本、明抄本、明刻本删。

〔三九〕從父昆弟之子昆弟之孫長殤　下「昆」字北宋本、傅校本、明抄本、明刻本、王吴本作「及」。

〔四〇〕夫未二十而娶　「二」原訛「三」，據北宋本、明抄本改。

〔四一〕祖父之從父昆弟之親族祖父母者亦高祖之孫則高祖有服明矣　原作「族曾祖父者曾祖昆弟之親也族祖父者亦高祖之孫祖父之從父昆弟之親也則高祖有服明矣」。乃清人參照儀禮喪服鄭注增修者，非通典之舊，今據北宋本、傅校本、明抄本、明刻本、王吴本改回。按：北宋本等「從父昆弟」下復有「父昆弟」三字，阮元儀禮注疏校勘記謂是衍文，今删之。

〔四二〕爲從祖父從祖姑姊妹適人者報　各本同。按：從祖父即父之從父昆弟，亦即堂伯叔也。服見小功成人五月，不應再見緦麻三月。疑「從祖父」三字爲衍文。

〔四三〕庶子爲父後者爲其母緦　原脱「其」，據儀禮喪服補。

〔四四〕以其與尊者爲一體　原脱「一」，據儀禮喪服補。

〔四五〕故服緦也　「服」原訛「無」，據北宋本、傅校本、明抄本、明刻本改。

〔四六〕庶子爲母皆如衆人　原脱「爲」，據儀禮喪服鄭注補。

〔四七〕此謂公士大夫之君也　「謂」原作「爲」，據儀禮喪服鄭注及北宋本、傅校本、明抄本、明刻本改。

〔四八〕謂養子者有他故賤者代之慈已者也　「也」原在上「者」字下，誤。據北宋本、傅校本、明抄本、明刻本、王吴本移正。

〔四九〕春秋宋伯姬待姆是也　「待」原訛「侍」，據北宋本、傅校本、明抄本、明刻本改。按：左傳襄公三十年云：「甲午，宋大災，宋伯姬卒，待姆也。」

〔五〇〕親取乳活之者　「活」原作「養」，據北宋本、傅校本、明抄本、明刻本改。

〔五一〕爲婿緦報之服也　原無「服」，據北宋本、傅校本、明抄本、明刻本補。

〔五二〕從女來爲己服緦故報之以緦也　原「從」上有「婿」，「來」作「而」，「之」下有「服」，據北宋本、傅校本、明抄本、明刻本删改。按：王吴本亦無「服」字。

〔五三〕從母緦時俗所謂姨母者也　按文義不當有「緦」，疑涉上而衍。

〔五四〕由若同在他邦　「邦」原作「鄉」，據北宋本、傅校本、明抄本、明刻本改。

〔五五〕然舅與姨雖爲同氣論情度義先後實殊何則　原脱「論情度義先後實殊」八字，文不成義，「何」又訛「然」，據舊唐書禮儀志七一〇一九頁、册府卷五八五七〇〇一頁補改。按：北宋本「何」字猶不誤。

〔五六〕姨乃外成他姓　「成」原訛「戚」，據北宋本、傅校本、明抄本、明刻本改。

〔五七〕切渭陽之詩　「詩」原訛「思」，據舊唐書禮儀志七一〇一九頁、册府卷五八五七〇〇一頁及北宋本、傅校本、明刻本、王吴本改。

〔五八〕尚指緦麻　「指」原作「循」，據北宋本、傅校本、明抄本、明刻本改。

〔五九〕即祖之兄弟也從祖父母即父之堂兄弟也　此十七字原無，據北宋本、傅校本、明抄本、明刻本、王吴本增補。按：「即祖之兄弟也」、「即父之堂兄弟也」，係杜佑録鄭注時附加之解釋，殿本、局本輒據儀禮喪服鄭注删之，非是。

〔六〇〕妾子爲嫡夫人昆弟服也　「也」原作「緦」，據北宋本、傅校本、明抄本、明刻本改。

〔六一〕從於君母而舅服之　原脱「舅」，據北宋本、傅校本、明抄本補。

〔六二〕從母往爲之服　「往」原訛「在」，據北宋本改。

〔六三〕大唐　北宋本、傅校本、明抄本、明刻本、王吴本無此二字。

〔六四〕晉　北宋本、傅校本、明抄本、明刻本、王吴本無此字。

〔六五〕則有緦服義也　「有」原訛「爲」，據北宋本、傅校本、明抄本、明刻本、王吴本改。

王文錦點校

通典卷第九十三

禮五十三　沿革五十三　凶禮十五

王侯兄弟繼統服議晉　東晉　宋

晉武帝咸寧二年，安平穆王薨，無嗣，以母弟敦上繼獻王後，移人常問應何服。博士張靖答，宜依魯僖服閔三年例。尚書符詰靖曰：「穆王不臣敦，敦不繼穆，與閔僖不同。」孫毓、宋昌議，以穆王不之國，敦不仕諸侯，不應三年。以義處之，敦宜服本服，一周而除，主穆王喪祭三年畢，乃吉祭獻王。毓云：「禮，君之子孫所以臣諸兄者，以臨國故也。禮又與諸侯爲兄弟服斬者，謂鄰國之臣於鄰國之君，有猶君之義故也。今穆王既不之國，不臣兄弟，敦不仕諸侯，無鄰臣之義，異於閔僖，如符旨也。但喪無主，敦既奉詔紹國，受重主喪，典其祭祀。記云：『大功者主人之喪，有三年者，則必爲之再祭。』鄭氏注云：『謂死者從父昆弟來爲喪主也。有三年者，謂妻若子幼少也。再祭，謂大小祥也。』穆妃及國臣，於禮皆當三年，此爲有三年者，敦當爲之主大小兩祥祭也。且哀樂不相雜，吉凶不相干，凶服在宮，哭泣未絶，敦遽主穆王之喪，而國制未除，則不得以本親服除而吉祭獻王也。」

四年，陳留國上，燕公是王之父，王出奉明帝祀，〔一〕今於王爲從祖父。有司奏：「應服周，不以親疏尊卑爲降。」詔曰：「王奉魏氏，所承者重，不得服其私親。」

東晉穆帝時，東海國言哀王薨踰年，嗣王乃來，〔二〕不復追服，羣臣已反吉，國妃亦宜同除。詔曰：「朝廷所以從權制者，〔三〕以王事奪之，非爲臣變禮也。婦人傳重義大，若從權制，義將安託。」於是國妃終三年之禮。孫盛以爲：「廢三年之禮，開偷薄之源，失之大者也。今若以丈夫宜奪王事，〔四〕婦人可終本服，是爲吉凶之儀雜陳於宮寢，〔五〕縗素之制乖異於内外，無乃情禮俱違，哀樂失所乎！」

宋孝武大明二年，有司奏：「凡侯伯子男代子卒，無嗣，求進次息爲代子，檢無其例。」下禮官議正。博士孫武議：「按晉濟北侯荀勖長子運卒，〔六〕以次子輯拜代子。〔七〕先代成准，宜爲今例。」博士傅郁議：「禮記微子立衍，商禮斯行；〔八〕仲子捨孫，姬典攸貶。歷代遵循，靡替於舊。今君存而代子卒，厥嗣未育，非捨孫之謂。愚以爲次子有子，自宜紹爲嗣孫；若其未有，無容遠搜輕屬。承統繼體，〔九〕傳之有由，父在立子，允稱情典。」〔一〇〕曹郎諸葛雅之議：「按春秋傳云：『代子死，有母弟則立之，無則立長，〔一一〕年均擇賢，義均則卜，古之制也。』今長子早卒，無嗣，進立次息以爲代子，取諸左氏，理義無違。又孫武所據荀勖長子卒，立次子，亦近代成例。依文採比，竊所允安。謂宜開許，以爲永制。」參議爲允。詔可。

大明四年，有司奏陳留王曹虔嗣薨，以弟虔秀襲後，秀又薨。今依例應拜代子，未詳應以秀長子銑爲代子？爲應立次子鍇？」太學博士王温之、江長議，並謂應以銑爲正嗣。太常丞陸澄議謂立鍇。〔一二〕右丞徐爰謂：「禮後大宗，〔一三〕以其不可乏祀，諸侯代及，春秋成義。〔一四〕虔嗣承家傳爵，身爲國王，雖薨殁無子，猶列昭穆。立後之日，便應即纂國統。於時既無承繼，虔秀以次襲紹。虔嗣既列廟饗，故自與代數而遷，豈容烝嘗無闕，横取他子爲嗣。爲人胤嗣，又應恭祀先父。按禮，公子不得禰諸侯。虔嗣無緣降廟就寢，銑亦不得援祭先王。徵禮考事，虔嗣不應立後。銑本長息，宜還爲虔秀代子。」詔如爰議。

未踰年大喪不立廟議後漢

後漢許慎五經異義曰：「未踰年之君立廟否？　春秋公羊説云：『未踰年，君有子則書葬立廟，無子則不書葬，恩無所録也。』左氏説云：『臣之奉君，悉心盡恩，不得緣君父有子則爲立廟，〔一五〕無子則廢也。』或議曰，許君按：〔一六〕『禮云「臣不殤君，子不殤父」。君無子而不爲立廟，是背義棄禮，罪之大者也。』」鄭玄駁云：「未踰年君者，魯子般、子惡是也。皆不稱公，書卒弗謚，不成於君也。廟者，當序於昭穆，不成於君，則何廟之立？凡無廟者，爲壇祭之。近漢諸幼少之帝，尚皆不廟祭而祭於陵。云罪之重者，此何故不罪？殤者十九向下，未踰年之君，未必未冠，引殤欲以何明也？」蔡邕云：「見孝殤、孝沖、孝質皇帝，以幼弱在位未踰年，不列於廟，太尉、司徒分祀三陵，皆宗廟典制也。」

未踰年君稱議漢　後漢

漢白虎通云：「父在稱代子，繫於君也。〔一七〕父殁稱子某者，屈於尸柩也。〔一八〕既葬稱子者，即尊之漸也。踰年稱公者，緣人臣之心，不可一日無君也。緣終始之義，一年不可有二君，故踰年即位，所以繼人臣之心也。〔一九〕三年然後受爵者，緣孝子之恩未忍安吉也。〔二〇〕故魯僖公十二月乙巳薨於小寢，文公元年春正月公即位，四月丁巳葬。韓詩內傳曰：『諸侯代子三年喪畢，〔二一〕上受爵命於天子。所以名之爲代子何？言代代不絕也。』何以知天子之子亦稱代子也？〔二二〕春秋傳曰『會王代子於首止』。或曰天子之子亦稱太子，尚書傳曰『太子發升於舟』。代子三年喪畢，上受爵命於天子何？〔二三〕明爵者天子之所有，無自爵之義。童子當受爵命者，使大夫就其國而命之，明王者不與童子爲禮也。以春秋魯成公幼少，與童子爲禮者，諸侯會公不見經，以爲魯恥，〔二四〕明不與童子爲禮。代子上受爵命，依士服何？〔二五〕謙不敢自專也。故詩云『韎韐古洽反有赩許力反』，謂代子始行也。天子大斂之後稱王者，明人臣不可一日無君也。〔二六〕故尚書曰『王麻冕黼裳』，此大斂之後也。何以知不是後加王也？〔二七〕以上言迎子釗，不言迎王也。既殯而即繼體之位者，緣人臣之心不可一日無君也。故先君不可得見，則後君繼體矣。〔二八〕故尚書曰『王再拜興對，乃受同』，〔二九〕明爲繼體君也。緣於終始之義，一年不可有二君，故尚書曰『王釋冕反喪服』，吉冕服受同稱王以接諸侯，明繼體爲王也。釋冕反喪服，明未稱王以統事也。不可曠年無君，故踰年乃即位改元，〔三〇〕元以名年，年以記事矣，而未發號令也。何以知踰年即位改元也？春秋傳曰『以諸侯踰年即位，亦知天子踰年即位也』。又曰『天子三年然後稱王統事，發號施令也』。尚書曰『高宗諒闇三年』是也。論語曰：『君薨，百官總己以聽於冢宰三年。』故三年除喪，乃即位統事，踐阼爲主，〔三一〕南面朝臣下稱王以發號令也。故天子諸侯凡三年即位，終始之義乃備。」

後漢許慎五經異義：「諸侯未踰年出朝會與不？出會何稱？春秋公羊說云：『諸侯未踰年不出境，在國中稱子，以王事出亦稱子，非王事而出會同，安父位，不稱子。鄭伯伐許，未踰年，以本爵，譏不子也。』左氏說：『諸侯未踰年，在國內稱子，以王事出則稱爵，詘於王事，不敢伸其私恩，鄭伯伐許是也。春秋不得以家事辭王事，諸侯藩衞之臣，雖未踰年，以王事稱爵是也。』」

鄭玄駁云：「昔武王卒父，業既除喪，出至孟津之上，猶稱太子者，是爲孝也。今未除喪而出稱爵，是與武王義反矣。春秋僖九年春三月丁丑，宋公禦說卒。夏，公會宰周公、齊侯、宋子、衞侯、鄭伯、許男、曹伯於葵丘。宋子即踰年君也，出與天子大夫會，是非王事而稱子邪！」

「未踰年之君繫父不？〔三二〕公羊說云：『未踰年之君皆繫於父，晉里克殺其君之子奚齊是也。』左氏說：『未踰年之君，未葬繫於父，殺奚齊於次時，父未葬。雖未踰年，稱子，成爲君，不繫於父，齊公子商人殺其君舍，父已葬。』按禮制，君喪未葬已葬，儀各有差，嗣君號稱亦宜有差，左氏說是也。」

三公諸侯大夫降服議 周 漢 魏 晉

周制，諸侯絶旁周，卿大夫絶緦。

漢魏故事無五等諸侯之制，〔三三〕公卿朝士服喪，親疎各如其親。

魏制，縣侯比大夫。按大夫之庶妹，在室大功，適人降一等，當小功。

晉制，王公五等諸侯成國置卿者，及朝廷公孤之爵，皆旁親絶周，而旁親爲之服斬；卿校位從大夫者，皆絶緦。摯虞以爲：「古者諸侯君臨其國，〔三四〕臣諸父兄。今之諸侯不同於古，其尊未全，不宜便從絶周之制，而令旁親服斬縗服之重也。諸侯既然，則公孤之爵亦宜如舊。昔魏武帝建安中，已曾表上，漢朝依古爲制，事與古異，不皆施行。施行者著在魏科，大晉採以著令。宜定新禮皆如舊。」詔從之。

又衞尉昌邑侯滿瑋問淳于睿曰：「庶妹亡有服否？」睿云：「喪服，諸侯以尊降不服。」孔瑄議：「天子諸侯，誠不應服。又大夫降緦，尊與己敵，則不降。」〔三五〕旁親降一等，緦麻絶也。凡以尊所降而不服者，〔三六〕弔服加緦之經帶而往哭之。姜輯議云：「三公爵命雖尊，班重諸侯，據在王朝，上厭天子，有由而屈，義不得伸耳。以例言之，宜依卿大夫降之服。」司空荀顗議以爲：「諸侯絶周，大夫絶緦，然則尊同，周以及緦，皆如本親。喪服經：『君爲姑姊妹女子子嫁於國君者。』傳曰：『何以大功？尊同也。』又曰：『大夫爲伯叔父母、子、昆弟、昆弟之子爲士者。』傳曰：『何以大功？尊不同也。』然則尊不同則降，不待所臣乃絶之。諸侯尊重，大夫尊輕，以大夫尊降其親，則知諸侯雖所不臣，絶不服也。」有司奏如顗議。

又姜輯議安平王嗣孫薨諸王應降服云：〔三七〕「禮，父在斯爲子，君在斯爲臣。安平嗣孫，雖已誓於天子，據在臣子之位，五服之差，君臣殊制，其間豈復容他禮哉！君薨未踰年而代子卒者，猶稱子而名不成君，春秋之正義也。苟不成君，則羣臣親戚必不得服其重服明矣。況安平王見在，而使諸王服嗣孫以諸侯之禮，未之敢安也。然諸侯以尊絶周，今嗣孫見在臣子之例，諸王公宜從尊降之禮，不應爲制服也。昔秦滅五等，更封列侯，以存舊制。稱列侯者，若云列國之侯也，故策命稱國，終沒稱薨。漢魏相承，未之或改。大晉又建五等，憲章舊物，雖國有大小，輕重不侔，通同大體，其義一也。故詔書亭侯以上與王公同。又以爲列侯以上策命建國者，皆宜依古諸侯，使絶周服。」

瑯琊中尉王奧問國王爲太宰武陵服事云：「太宰降爲庶人，諸侯貴，與庶人不敵，爲不降邪？昆弟俱仕，一人爲大夫，一人爲士，便降，況諸侯而全持庶人服乎？」徐邈答云：「按禮以貴降賤，王侯絶周。以尊降卑，餘尊所厭，則公子服其母、妻、昆弟，不過大功。以嫡別庶，則父之所降，子亦不敢不降也。此三者，舊典也。喪服傳又曰：『始封之君，不臣諸父昆弟。』先儒以爲不臣則服之。漢魏以來，王侯皆不臣其父兄，則事異於周，故厭降之節，與周不同。緦猶不降，況其親乎！既不以貴降，則餘尊之厭，〔三八〕故五服内外，通如周之士禮，而三降之典不行同矣。〔三九〕昔魏武在漢朝，爲諸侯制，而竟不立。荀公定新禮，亦欲令王公五等皆旁親絶周。而摯仲理駮以爲今諸侯與古異，〔四〇〕遂不施行。此則是近代成軌也。記又云『古者不降』，故孟武、孟皮得全齊縗。〔四一〕然則殷周立制，已自不同，所謂質文異宜，不相襲禮。大晉世所行，遠同斯義。孔彭祖昔咨簡文帝諸王所服，聖旨以爲近代以來，無復相降。」〔四二〕

虞喜釋滯曰：「漢魏以來，先儒論禮及喪服變除者，皆言大夫降其旁親爲士者一等。時人或班駮行之，自謂合禮。按喪服經傳，始封之君不臣諸父兄弟，封君之子不臣諸父，封君之孫盡臣之矣。夫始封之君尚服諸父昆弟，而始爲大夫便降旁親，尊者就重，而卑者即輕，輕重顛倒，豈禮意哉！然當有意，此爲據諸侯成例，包於大夫以相兼通也。如此，則一代爲大夫不降諸父，二代爲大夫不降兄弟，三代爲大夫皆降之。古者貴大夫有采邑，繼位不止一身。魯之三桓，鄭之七穆，皆其比也。〔四三〕或問曰：『今大夫雖不繼位，亦有三代皆爲大夫者，名例相准，必當隨古乎？』答曰：『古重今輕，位無常居，使吾處之，志不存降。』」

諸侯大夫子降服議 魏

魏田瓊曰：「公子以厭降，公子厭於君，爲其母、妻、昆弟練冠麻縓，謂君所不服，子亦不敢服也。父卒，猶有先君餘尊所厭，不得過大功也。」瓊又曰：「喪服經不見大夫嫡子爲庶昆弟服者，與大夫爲庶子爲士者同，父之所降，子亦不敢不降也。」蜀譙周云：「大夫之子，父在降旁親，亦如大夫，從父厭也。大夫庶子爲妻父母無服，爲其母、妻大功，父歿皆如國人。」吳徐整議：「問者云：『若父已卒，己未爲大夫，故猶士耳，未審庶子及昆弟當復降否？』〔四四〕答云：『大夫之子從乎大夫而降，至於父卒，則如國人也。』」

諸侯夫人及大夫妻降服議〔四五〕魏 晉

魏田瓊曰：「大夫女嫁於諸侯，降其家旁親一等，與出嫁降，并二等。爲外親，尊不同則降。諸侯夫人爲衆子無服。何以明之？據大夫於庶子大功，其妻亦服大功。今天子諸侯於衆子無服，夫人何緣獨得服之。又大夫妻爲大夫之親，亦隨大夫而降一等。大夫之女嫁於大夫，還爲其族親，尊不同者亦降之，唯父母、昆弟爲父後者、宗子，亦不降也。士之女嫁於大夫者，亦降其族親不同尊者，如大夫也。又大夫之妻，爲庶子女子在室大功，女適於士小功。此爲大夫之妻尊與大夫同。大夫爲伯叔父母子昆弟昆弟爲士者，以尊降一等，爲之大功，其妻亦服大功。」吴射慈曰：「諸侯之女爲諸侯夫人，服諸侯之親，隨諸侯降一等，還爲族親，則皆降之。」蜀譙周曰：「諸侯夫人亦隨其君降旁親無服，爲其族亦降旁親，非諸侯，自周以下無服，爲其父母及祖如國人。又大夫命婦爲其旁親以大夫爵降又降一等；其服爲父後者，〔四六〕不以嫁降，但以尊降一等。」

晉賀循曰：「大夫妻，其娣姒其夫爲士者，〔四七〕服亦降一等。」

貴不降服議魏　晉

魏田瓊云：「大夫之妻爲長子三年，女子子嫁大夫大功。」吴射慈云：「傳曰『尊同則得服其親服』。言尊同者，謂俱爲卿大夫，各隨本親，則不降也。諸侯女爲諸侯夫人，不降父母、昆弟之爲父後者。〔四八〕大夫妻唯父母、昆弟爲父後者、宗子不降也。」蜀譙周云：「諸侯降旁親。旁親若爲諸侯及女子嫁於諸侯者，服如國人。諸侯嗣子爲母、妻及外祖父母、妻父母皆如國人。嗣子雖無正爵，與君爲體，其誓於天子，則下其成人一等。未誓，次小國君，其妻，君爲之主，故嗣子之所爲服，服如國人。舊説外祖父母，母族正統也。妻之父母，妻族正統也。母妻與己尊同，其所不降亦不降也。〔四九〕故嗣子亦不降妻之父母。諸侯夫人爲其父母祖如國人。大夫命婦爲其昆弟爲父後者、大宗，則服如國人也。」

晉虞喜釋滯云：「古者不降，上下各以其親，此殷以前也。降殺之禮，始之於周。然先所未臣，不忍即臣之，故爲之服也。此當出逸禮，采之以爲義。滕伯文爲叔父齊縗，此周代諸侯而從殷禮也。〔五〇〕若殷時諸侯通爾，非獨一人，指論滕伯，欲以何明？明其在周，遠追於殷，引古徵今耳。」

賀循云：「諸侯於其旁親，一無所服，唯父母、妻、長子、長子之妻及爲父之後者、姑姊妹嫁於諸侯及始封之君所未臣諸父昆弟，皆以其服服之。大夫爲其外親爲士者，尊雖不同，亦不降。大夫女爲國夫人，唯父母及昆弟爲父後者不降。士女爲大夫妻者，不降高祖、曾祖、祖、父母、兄弟爲父後者及大宗子而已。」〔五一〕

諸侯爲所生母服議後漢　東晉

後漢許慎五經異義云：「諸侯有妾母喪，得出朝會否？春秋公羊說：『妾子爲諸侯，不敢以妾母之喪，廢事天子大國，出朝會，禮也。魯宣公如齊，有妾母之喪，經書善之。』左氏說云：『妾子爲君，當尊其母，有三年之喪而出朝會，非禮也。故譏魯宣公。』按禮，妾母無服，貴妾子不立，而他妾子立者也。不敢以卑廢事尊者，禮也。即妾子爲君，義如左氏。」鄭玄駁云：「喪服緦麻，庶子爲後，爲其母。此義自天子下至庶人同，不得三年。魯襄公所以得尊其妾母敬嬴爲夫人者，以夫人姜氏大歸齊不反故也。因是言妾子立，母卒得爲之三年，於禮爲通乎！其服之間，出朝會無王事，〔五二〕與鄭伯伐許何異！」

鄭志趙商問云：「按許氏異義駁以爲妾子爲其母，依喪服庶子爲後，爲其母緦麻三月。按禘祫注稱春秋魯昭公十一年夏，夫人歸氏薨。十三年五月大祥，七月而禫。是得爲妾母三年，經無譏文，得合下禘祫之數。若不三年，則禘祫事錯。」鄭玄答云：「春秋經所譏所善，皆於禮難明者也。其事著明，但如事書之，當按禮以正之。今以不譏爲是，亦寧有善之文歟。？」

薛公謀議曰：「按春秋，庶子爲君，則母稱夫人。故昭公之母齊歸卒，經書曰『夫人歸氏薨』，言母以子貴也。及至國猶大喪，昭公不戚，叔向曰：『公室其卑乎！君有三年之喪，而無一日之戚。』明孔子以義書，叔向以禮譏也。」

東晉穆帝永和中，尚書令顧和表：「按江夏公衞崇，本由疎屬，繼開國之緒，近喪所生，復行重制，違冒禮度，肆其私情，宜以禮奪服。」奏可。

公子爲其母服議 爲妻附○周

周制，練冠麻，麻衣，〔五三〕縓緣，公子爲其母。鄭玄曰：「公子者，君之庶子也。爲其母謂妾子也。麻，緦麻絰帶也。此麻衣者，如小功布深衣，〔五四〕爲不制縗裳變也。詩云『麻衣如雪』。縓，淺絳也。一染謂之縓。練冠而麻衣縓緣，三年練之受飾也。〔五五〕檀弓曰『練衣之黃裏縓緣』。諸侯之子厭於父，不得爲其母伸，權爲制此服，不奪其恩也。」

雷次宗曰：「令不以十一升布爲冠，恐入正服也。而得用練，雖重，以在周外，非復正服，故可著，亦名爲本重也。」〔五六〕爲妻亦同。馬融曰：「天子諸侯之庶子爲其妻。輕，故縓冠葛帶。」皆既葬而除之。馬融曰：「不見日月者，既葬而除之，無日月數也。」鄭玄曰：「諸侯之妾，貴者視卿，賤者視大夫，皆三月葬也。」何以不在五服之中也？君之所不爲服，子亦不敢服也。

校勘記

〔一〕王出奉明帝祀　原訛作「王出奉命於帝祖」，據晉書禮志中六二七頁改。

〔二〕嗣王乃來　晉書禮志中六二八頁「來」下有「繼」。

〔三〕朝廷所以從權制者　原脱「以」，據晉書禮志中六二八頁補。

〔四〕丈夫宜奪王事　「丈」原訛「大」，李慈銘晉書札記云「大夫」當作「丈夫」。今據改。

〔五〕吉凶之儀　「儀」原訛「義」，據晉書禮志中六二八頁改。

〔六〕長子運卒　「運」宋書禮志二一四〇九頁作「連」。

〔七〕以次子輯拜代子　「輯」原訛「揖」，據晉書荀勖傳一一五七頁、宋書禮志二一四〇九頁改。

〔八〕商禮斯行　「行」原訛「降」，據宋書禮志二一四〇九頁改。按：北宋本脱「行」，後人妄補「降」字。禮記檀弓上云：「微子舍其孫腯而立衍也。」鄭注云：「微子死，立其弟衍，殷禮也。」殷制兄終弟及，故云

「商禮斯行」也。

〔九〕承統繼體　「統」宋書禮志二四〇九頁作「綱」。

〔一〇〕允稱情典　原「情」上衍「禮」，據宋書禮志二四〇九頁删。

〔一一〕有母弟則立之無則立長　「則立之無」原涉下而脱，據左傳襄公三一年文補。

〔一二〕太常丞陸澄議謂立鍇　宋書禮志二四一〇頁無「丞」字。「謂」原訛「爲」，據北宋本、傅校本、明抄本、明刻本改。

〔一三〕禮後大宗　「後」原訛「厚」，據宋書禮志二四一〇頁及北宋本、傅校本、明抄本、明刻本改。

〔一四〕春秋成義　北宋本、傅校本、明抄本、明刻本脱「成」。王吴本竄改作「春秋正議」，殿本、局本又擅改作「春秋記之」，並非。今據宋書禮志二四一〇頁改正。

〔一五〕不得緣君父有子則爲立廟　「緣」諸本作「録」，武億校駁五經異義補遺謂作「録」非。

〔一六〕或議曰許君按　此處疑有闕訛。武億校駁五經異義補遺於「或議曰」下注「原注闕文」，無「許君」二字。

〔一七〕繫於君也　「繫」原訛「厭」，盧文弨云：通典作「厭」，非。今據白虎通卷一改。

〔一八〕屈於尸柩也　原脱「於」，據白虎通卷一補。

〔一九〕所以繼人臣之心也　「繼」原作「繫」，據北宋本、傅校本、明抄本改。

〔二〇〕孝子之恩　「恩」白虎通卷一作「心」。

〔二一〕諸侯代子三年喪畢　原脱「侯」，據白虎通卷一補。

〔二二〕天子之子亦稱代子也　「代」原訛「太」，據北宋本、傅校本、明抄本、明刻本改。

〔二三〕上受爵命於天子何　原脱「子」，據白虎通卷一補。

〔二四〕與童子爲禮者諸侯會公不見經以爲魯恥　盧文弨云：白虎通舊本作「與諸侯會公，不見之經，不以魯恥」，通典作「與童子爲禮者，諸侯會公不見經，以爲魯恥」，文皆舛訛。詳盧校白虎通卷一、陳立白虎通疏證卷一。

〔二五〕依士服何　「依」白虎通卷一作「衣」。

〔二六〕天子大斂之後稱王者明人臣不可一日無君也　原脱「者」，據白虎通卷一補。原脱「人」，據白虎通卷一及下文補。

〔二七〕何以知不是後加王也　「是」白虎通卷一作「從死」。

〔二八〕則後君繼體矣　原脱「君」，據白虎通卷一補。

〔二九〕王再拜興對乃受同　原作「王再拜興祭嚌乃授宗人同」，王吴本、殿本同，此明人竄易者。今據北宋本、傅校本、明抄本、明刻本删改。

〔三〇〕故踰年乃即位改元　原作「故踰年乃稱即位改元之位」，盧文弨云「稱」、「之位」三字衍，今據删。

〔三一〕踐阼爲主　「主」原訛「王」，據白虎通卷一及北宋本、傅校本、明抄本、明刻本改。

〔三二〕未踰年之君繫父不　原脱「不」，據北宋本、傅校本、明抄本、明刻本、王吴本補。按：自此至「左氏説是也」，當是許慎五經異義文字，杜佑未曾標明。

〔三三〕漢魏故事　原脱「魏」，據北宋本、傅校本、明抄本、明刻本、王吴本補。

〔三四〕古者諸侯君臨其國　「君臨其國」原訛作「臨君之國」，據晉書禮志中六三二頁改。

〔三五〕則不降　原「不」下有「敢」，據北宋本删。

〔三六〕凡以尊所降而不服者　「者」原作「著」，據北宋本改。

〔三七〕諸王應降服　「王」原訛「侯」，據北宋本、傅校本、明抄本改。

〔三八〕則餘尊之厭　詳上下文義，疑「則」下脱「無」。

〔三九〕而三降之典不行同矣　「行」北宋本、傅校本、明抄本、王吴本作「服」，明刻本作「復」。

〔四〇〕摯仲理　「仲理」晉書摯虞傳一四一九頁作「仲洽」。世説新語文學篇及劉注引王隱晉書、南齊書文學傳論九〇七頁並作「仲治」。通典從「仲治」，故諱改作「仲理」。

〔四一〕孟武　「武」禮記檀弓上本作「虎」，通典諱改。

〔四二〕無復相降　「復」原訛「服」，據北宋本、傅校本、明刻本改。

〔四三〕皆其比也　「其比」原訛「自此」，據北宋本改。

〔四四〕未審庶子及昆弟當復降否　「復」原訛「服」，據北宋本、傅校本、明刻本改。

〔四五〕諸侯夫人及大夫妻降服議　「夫人」原訛「大夫」，據北宋本、傅校本、明抄本、明刻本改。

〔四六〕其服爲父後者　原脱「服」，據北宋本、傅校本、明抄本補。

〔四七〕其娣姒其夫爲士者　「姒其」原倒，據北宋本、傅校本、明抄本、明刻本乙。

〔四八〕不降父母昆弟之爲父後者　原「之」下有「服及」二字，據北宋本、傅校本、明抄本、明刻本删。

〔四九〕其所不降亦不降也　上「不」原訛「當」，據北宋本、傅校本、明抄本、明刻本改。

〔五〇〕此周代諸侯而從殷禮也　「此」原訛「既」，據北宋本、傅校本、明抄本改。

〔五一〕大宗子　原脱「子」，據北宋本、傅校本、明抄本、明刻本補。

〔五二〕出朝會無王事　原句上有「其」，據北宋本、傅校本、明抄本、明刻本删。

〔五三〕練冠麻麻衣　原脱一「麻」，據儀禮喪服補。

〔五四〕如小功布深衣　原脱「如」，據儀禮喪服鄭注補。

〔五五〕三年練之受飾也　「受」原訛「采」，據儀禮喪服鄭注改。

〔五六〕亦名爲本重也　「名」王吴本作「明」。

王文錦點校

通典卷第九十四

禮五十四 沿革五十四 凶禮十六

奔喪及除喪而後歸制周 晉

周制，奔喪之禮：始聞親喪，以哭答使者，盡哀。問故，又哭盡哀。〔一〕親，父母也。以哭答使者，驚怛之哀無辭也。問故，問親喪所由也。雖非父母，聞喪而哭，其禮亦然也。遂行，日行百里，不以夜行。雖有哀戚，猶避害也。哭則遂行者，不爲位也。唯父母之喪，見星而行，見星而舍。若未得行，則成服而后行。謂以君命有所爲者也。成喪服，得行則行。過國至境哭，盡哀而止。感此念親。哭辟市朝。爲驚衆也。向其國境哭。〔二〕此斬縗者也。自是哭且遂行。至於家，入門左，升自西階，殯東西面坐，哭盡哀。斂髮袒，〔三〕斂髮袒者，去飾也。未成服者，素委貌深衣。已成服者，固自喪服矣。降堂東，即位，西向哭，成踊。已殯者位在下。襲絰於序東，絞帶。反位，拜賓，成踊。襲，服衣也。不於來日又哭乃絰者，發喪已踰日，節於是可也。其未小斂而至，與在家同耳。不散帶者，不見尸柩也。凡拜賓者就其位，既拜，反位哭踊。送賓，反位。有賓後至者則拜之，成踊、送賓皆如初。〔四〕衆主人兄弟皆出門，出門哭止，闔門，相者告就次。次，倚廬也。於又哭，斂髮袒成踊；於三哭，猶斂髮袒成踊。〔五〕三日成服，拜賓送賓皆如初。三日，三哭之明日也。既哭，成其喪服，杖於序東也。〔六〕

奔喪者非主人，則主人爲之拜賓、送賓。奔喪者，自齊縗以下，入門左，中庭北面哭，盡哀，免麻於序東，即位袒，與主人哭，成踊。不升哭者，〔七〕非父母之喪，統於主人也。麻亦絰帶。於又哭、三哭，皆免袒。〔八〕有賓則主人拜賓、送賓。丈夫婦人之待之也，皆如朝夕哭位無變也。〔九〕

奔母之喪，〔一〇〕西面哭，盡哀，斂髮袒，降堂東，即位西向哭，成踊，襲免絰於序東，拜賓送賓皆如奔父之禮。於又哭，不斂髮。爲母，於又哭而免，輕於父也。其他則同。

婦人奔喪，升自東階，殯東西面坐，哭盡哀，東髽，即位，與主人拾踊。婦人謂姑姊妹女子子也。〔一一〕東階，東面階也。婦人入者由闈門。東髽，髽於東序也。不髽於房，變於在室者也。去纚大紒曰髽。拾，更也。主人與之更踊，賓客之。

奔喪者不及殯，先之墓，北面坐，哭盡哀。主人之待之也，即位於墓左，婦人墓右，成踊，盡哀。斂髮，東即主人位，絰絞帶，哭，成踊。拜賓，反位，成踊。相者告事畢。主人之待之，謂在家者也。哭於墓，爲父母則袒。告事畢者，於此後無事也。遂冠歸。入門左，北面哭盡哀，斂髮袒，成踊。東即位，拜賓，成踊。賓出，主人拜送。〔一二〕有賓後至者則拜之，成踊，送賓如初。衆主人兄弟皆出門，出門哭止，相者告就次。〔一三〕於又哭，斂髮成踊；於三哭，猶斂髮成踊。三日成服。於五哭，相者告事畢。〔一四〕爲母所以異於父者，一斂髮，其餘免以終事，他如奔父之禮。一斂髮謂歸入門哭時也。

齊縗以下不及殯，先之墓，西面哭盡哀，不北面者，亦統於主人也。免麻於東方，即位，與主人哭，成踊，襲。有賓則主人拜賓、送賓。賓有後至者，拜之如初。〔一五〕相者告事畢。遂冠歸。入門左，北面哭盡哀，免袒成踊。東即位，拜賓成踊。賓出，主人拜送。於又哭，免袒成踊；於三哭，猶免袒成踊。〔一六〕三日成服。於五哭，相者告事畢。〔一七〕

聞喪不得奔喪，〔一八〕哭盡哀。問故，又哭盡哀。乃爲位，斂髮袒，成踊，襲，絰絞帶，即位。拜賓，反位，成踊。賓出，主人拜送於門外，反位。若有賓後至者，拜之成踊，送賓如初。於又哭，斂髮袒成踊；於三哭，猶斂髮袒成踊。三日成服。於五哭，拜賓、送賓如初。

凡奔喪，齊縗望鄉而哭，大功望門而哭，小功至門而哭，緦麻即位而哭。奔喪哭親疏遠近之差也。

若除喪而後歸，則之墓，哭成踊。東，斂髮袒絰，拜賓，成踊，送賓，反位，又哭盡哀，遂除。於家不哭。東者，東即主人位，如不及殯者也。遂除　除於墓而歸也。〔一九〕主人之待之也，無變於服，與之哭，不踊。無變於服，自若時服也。亦即位於墓左，婦人墓右也。自齊縗以下所以異者免麻。

晉董勛答問：〔二〇〕「或人問曰：『已在遠聞喪，除服乃歸，至家之禮云何？』勛按奔喪禮，若除服而後歸，先之墓，斂髮袒絰，不制麤衣及杖也。哭盡哀，遂除於墓，歸不哭也。家人待之自如常，〔二一〕不變服也。自齊縗以下，至墓哭，盡哀而歸。若服未除而歸，不及殯，先至墓。及歸，斂髮，如今人椎髻，以麻爲幓頭，免以布，闊一寸。或問曰：〔二二〕『已在遠，初不聞喪，或日月已過乃聞，或至家乃聞，其禮云何？』勛按奔喪禮，不及殯，先至墓，乃成服。檀弓曰『小功不稅』。稅者，喪與服不相當之言也。小功緦麻，在遠聞喪，服制已過，但舉哀而已，不復追服也。大功以上，聞喪日爲始，不計死者初亡之日數也。若兄弟及從父兄弟大功以上降緦麻小功者，雖日月已過，乃以聞日爲服制，亦不計初死之日數，以本親重也。」范堅答問：「周大功服既終，而奔赴云何？」范云：未葬者反服而臨喪，已葬者素服而之墓。」

士爲所生母服議兩妾子相爲附○周　晉

周制，庶子在父之室，則爲其母不禫。鄭玄曰：「妾子父在厭也。」王肅曰：「士庶子。」

晉解遂問司徒蔡謨曰：「庶子喪所生，嫡母尚存，不知制輕重？」答云：「士之妾子服其母，與凡人喪母同。」

鍾陵胡濬所生母喪，自嫡兄承統而嫡母存，疑不得三年，問范宣。答曰：「按禮，由命士以上，父子異宮，春秋傳曰『大夫有側室，士有二宗』，皆斯之謂。是以庶子有母之喪，自居其室而遂其情。經載禀命爲慈母，且猶三年，況親所生乎！嫡母雖貴，然厭降之制，父所不及，婦人無專制之事，豈得引父爲比而屈降支子也。」

謝奉問范汪云：「吾兒服所生，〔三〕至今四月應大祥。禮云『庶子爲其母無禫』，如此當以四月下旬祥，踰月便除，居心喪邪？」汪答：「禮自天子達於庶人也。」

虞君賓云：「從兄益子，昔遭所生喪，張帷爲次，諸弟居廬，未知此何所依？今兄子先有周喪，今應緦麻。如即先服，則情重而無變；若釋齊縗著緦麻，又是以輕奪重。又得稱哀子以不？」賀隰答云：「時人所行，皆是士禮。大夫庶子，父在以尊厭降其母。士賤，〔二四〕其庶子爲母則不降。若士庶子一身，有君在堂，唯可杖，不得居廬稱哀子也。」不釋齊縗緦麻兼喪之義也。

徐邈答謝靜云：「漢魏以來，通用士禮。庶子父在，爲所生周，心喪三年。如諸侯大夫之子乃厭降，而近代所不行。夫爲有子之妾緦，而妾有從夫之制。又兩妾之子，依禮宜兩相爲庶母緦。」

庶子父在爲出嫡母服議晉〔二五〕

晉徐邈答劉閏之問庶子服出嫡母，邈以經言出妻之子爲母，明非所生則無服也。邈又答范甯問曰：「若但言出母，嫌妾子亦服，故言出妻之子，則非所生也。」

殷仲堪答宗氏庶子服出母：「按王賀以父在服齊縗周，父没不服。故以爲父喪之服。父在齊縗周，本自心喪，終二十五月。今雖無服，當不應減三年之節也。」

爲父後出母更還依己爲服議 魏 宋

魏嘉平元年，魏郡太守鍾毓爲父後，以出母無主後迎還，輒自制服。郡丞武申奏云：「禮，出母與父母在爲母周。〔二六〕記曰『爲父後者無服』。按如記言，蓋謂族別家異，自有主後者無服，非謂毓出母無緦麻之親，還毓家者也。禮，姑姊妹女子子無主後者，不爲降，哀其無繼也。」

成洽難：「喪服傳曰：『出妻之子爲父後者，爲出母無服。與尊者爲體，不敢服其私親也。』經爲繼父服者，亦父後者也。爲父後服繼父服，則自服其母可知也。出母之與嫁母俱絕族，今爲嫁母服，不爲出母服，其不然乎！經證若斯其謬耳。」

吳商答曰：「出母無服，此由尊父之命。嫁母，父不命出，何得同出母乎？爲繼父服者，爲其父没年幼，隨母再適，己無大功之親，與繼父同財共居，爲築宫廟，四時祭祀其先，此恩由繼父，所以爲服耳。且妾之無子，妾子之無母，父命爲母子，則生事之如母，喪則服之三年，貴父命也。而今欲以出母同於嫁母，違廢父命，豈人子所行，又引繼父云經謬也？又出母之黨無服，嫁母之黨自應服之，豈可復同乎？」

宋庾蔚之謂：〔二七〕「爲父後不服出母，爲廢祭也。母嫁而迎還，是子之私情。至於嫡子，不可廢祭。鍾毓率情而制服，非禮意也。禮云繼母從爲之服，非父後者也。」

爲人後爲出母及出祖母服議晉

晉步熊問曰：「已出爲人後而母在，後見出，應服不？已爲人後，所後之母出，得與繼母出同不？復與親母同邪？父亡，已爲祖後，祖母見出，服之云何？祖父亡與在，服之有異不？」許猛答曰：「禮，爲人後者，爲所後者若子，則不應復服親母出，以廢所後者之祭也。爲人後者若子，繼母言如母，夫言若言如者，明其制如親，其情則異也。繼母如母，則異親母。爲人後者若子，母出，亦當異於親子矣。爲父後者不得服出母，則足明祖後。母子至親無絕道，則非母子者，出則絕矣。是以經文不見出祖母之服。若苟無服，則無繼祖存亡。」〔二八〕又問：「爲人後者爲母，出妻之子爲母，皆至親，何以有不杖邪？」許猛云：「爲人後者爲父猶不杖，何嫌母乎！奉雖同於至親，已出與母出，義則異也。」

爲父後爲嫁母及繼母嫁服議晉　宋

晉袁準云：「爲父後猶服嫁母，據外祖異族，猶廢祭行服，知父後應服嫁母。」據劉智云：「雖爲父後，猶爲嫁母齊縗，訖葬卒哭乃除，踰月乃祭。」按譙周云：「父卒母嫁，非父所絶，爲之服周可也。」

又石苞問淳于睿曰：「聞嫁繼親凶諱，便制服，議者所難。以爲父後者，不爲出母服，嫁母猶出母也。或者以爲嫁與見出異，〔二九〕不達禮意，雖執從重之義，而以廢祭見譏，君爲詳正也。」睿答曰：「按禮檀弓：子思之母死於衞。柳若謂子思曰：『子聖人之後也，四方於子乎觀禮，子盍慎諸？』子思曰：『吾何慎哉！』喪之禮如子。〔三〇〕云子聖人之後，即父後也，如此經父卒爲繼母嫁者服而已。聖人之後爲父後者，服嫁母也。二者分明，無可嫌。」

宋崔凱云：「父卒，繼母嫁，從爲之服，報。鄭玄云：『嘗爲母子，貴終其恩也。』按王肅云：『若不隨則不服。』凱以爲『出妻之子爲母』及『父卒，繼母嫁，從爲之服，報』，此皆爲庶子耳，爲父後者皆不服也。傳云『與尊者爲體，不敢服其私親』，此不獨爲出母言，爲繼母發。繼母嫁已隨，則爲之服，則是私也。爲父後者，亦不敢服也。鄭玄云『嘗爲母子，貴終其恩』，不別嫡庶。王肅云『隨嫁乃爲之服』。此二議，時人惑焉。凱以爲齊縗三年章『繼母如母』，則當終始與母同，不得隨嫁乃服，不隨則不服，如此者不成如母。爲父後者則不服，庶子皆服也。」

庾蔚之謂：「王順經文，鄭附傳説。王即情易安，於傳亦無礙。繼嫁則與宗廟絶，爲父後者安可以廢祖祀而服之乎！」

爲出繼母不服議後漢　魏　晉

後漢鄭玄答趙商問云：「繼母而爲父所出，不服也。」

魏王肅云「無服」。季祖鍾云：〔三一〕「繼母在，如母；出則爲父所去，不服也。」

晉范宣曰：「夫繼母之所以出者，非身有穢釁，則必犯逆於父，是以致此斥黜。恩不生己，義距於父，非恩非義，何以得服。」

河內從事史麋遺議曰：「夫禮緣人情而爲之制，雖以義督親，然實以恩斷。〔三二〕按繼母如母，謂其在父之室，事之猶母，見育猶子，故同之所生。齊服下章云『父卒，繼母嫁，從爲之服，報。』此明父在繼母出則不服矣。繼母出自他族，與己無名，徒以配父，有母之尊，親撫養己，故亦喪之如母。及其出也，既不終養育之恩，又棄爲母之名，〔三三〕若不從而見育，則不服亦其宜矣。」

繼母亡前家子取喪柩去服議晉　宋

晉束晳問：「有婦人再嫁爲人繼母而亡，前家子取母柩，父與之去，繼子之服如何？」

步熊云：「當爲服周，亡取去亦服周。」

服，則子宜依繼母出不服也。」

宋庾蔚之謂：「子當以父服爲正。父若服以爲妻，則子亦應服之如母。若父與去而不

出母父遺命令還繼母子服議晉　宋

晉傅玄曰：「征南軍師北海矯公智父前取夾氏女，生公智後而出之。未幾，重取王氏女，生公曜。父終之日，謂公智曰：『公曜母年少，必當更嫁。可迎還汝母。』及父卒，公智以告其母。母曰：『我夾氏女，非復矯氏婦也。今將依汝居，然不與矯氏家事。』夾氏來至，王氏不悦，脱縗絰而求去。夾氏見其如此，即還歸夾舍。三年喪畢，王氏果嫁。夾氏乃更來。每有祭祀之事，夾氏不與。及公智祖母并姑亡，夾氏並不爲制服。後夾氏疾困，謂公智：『我非矯氏婦，乃汝母耳，勿葬我矯氏墓也。』公智從其母令，别葬之。公智以父昔有命，母還，於是爲服三年。公曜以夾氏母始終無順父命，竟不爲服。

博士劉喜云：「公智之父，棄夾納王，其在户庭，尚爲己配，苟有變悔，自由可也。還歸夾氏，則他人矣，去就出處，各從所執，豈復矯父所得制乎？故出妻之禮，夫使人致曰：『某不敏，不能從而供粢盛，使某也敢告。』主人曰：『某子不肖，不敢避誅。』又曰『婦當喪而出則除之』。然則相與之禮，於是絶矣。」

少府劉克義以爲：〔三四〕「父者子之天，違父與違天同。公曜父臨亡，知其母無守志，故敕公智還其母，此爲臨亡情正慮審也。〔三五〕公曜幼小在此母懷抱，其見慈長以至成人，過於所生。而母之亡，哀不過啁噍之頃，衣不釋綵，食不損味，居處自若，古今未之有也。夫孝子事其親，事亡若事存也。女子從人，出之則歸，命之則反，上奉夫母以爲姑，下育夫兒以爲子，制矯氏之家政，修母氏之教命，而怡然無慼，言非我母也？」〔三六〕

宋庾蔚之謂：「臨亡使子迎母，自是申子之私情耳。〔三七〕此母自處不失禮，而子不用出母之服，非也。公曜不服，當矣。」

父卒繼母還前親子家繼子爲服議晉　宋

晉摯虞決疑云：「父亡，服竟，繼母還前親子家，當爲何服？此有問：〔三八〕『有夫婦生男女三人，遭荒亂離散，不知死生。母後嫁，有繼子。後夫未亡，得親子信，請就親子家，後夫言可爾。後數年，夫亡，喪之如禮，服竟，隨親子去，別繼子云：「我則爲絶，死不就汝家葬也。」〔三九〕而名户籍如故。母今亡，繼子當何服？服之三年則不來葬，服之周則無所嫁。』博士淳于睿等以爲，當依繼母嫁，從爲服周。博士孫綽議曰：『父荅雖有可爾之語，夫妻枕席相順之意，固非決絶之辭也。繼母喪父如禮，服竟之後，不還私家，踰歲歷年，循養無二，〔四〇〕母恩不衰。適見親子，專自任意，無所關報，私隨其志，絶亡夫，背繼子，違三從正義，亦爲大矣。今母雖不母，子何緣得計去留輕重而降之哉！〔四一〕夫五服有名，不可謬施。施之爲出，出義不全；施之於嫁，嫁義不成。欲降服周，於禮何居？名在夫籍，私歸親子，喪柩南北，禮律私法，訂其可知，便決降服。許令制周，頗在可怪。』博士弟子北海徐叔中難孫云：『以前問不立甲乙爲名稱，於議不便。〔四二〕今以母爲甲，〔四三〕先夫爲乙，後夫爲丙，先子爲丁，繼子爲戊。丙言可爾，必慮事宜，順其至情，非虛欺也。臨終不命，知死之後，制不在己故也。甲不重求，信之前言也。本有求還之計，去誓不還葬之辭。生則己不得養，死則不與己父同穴，就不成嫁，當爲去母，附之於嫁，不亦宜乎？』」

父卒繼母還前繼子家後繼子爲服議 東晉 宋

宋庾蔚之謂：「繼母持服竟後乃去，不得謂之爲遣；比之繼母嫁，於情爲安。」

東晉元帝大興三年，淮南小中正王式繼母先嫁有繼子，後嫁式父。式父臨終，繼母求出，式父許有遺命。及式父亡，母制服積年，後還前繼子家。及亡，與前夫合葬，式追服周。

國子祭酒杜夷議以爲：「宰我欲減三年之喪，〔四四〕孔子謂之不仁。今王式不忍哀愴之情，率意違禮，服已絶之服，可謂觀過知仁。伯魚、子路親聖人之門，子路有當除不除之過，〔四五〕伯魚有既除猶哭之失。以式比之，亦無所愧。勵薄之義，矯枉過正，苟在於厚，恕之可也。」

博士江泉議曰：「繼父嘗同居而後别者，繼子猶制齊縗三月。按王式母之事式父，存則崇敬，妻道無愆；殁則制服，畢葬乃歸。伉儷之義，大較爲舉，但不能遂居哀次，以此爲失。方之繼父，恩義爲崇。式爲人子，慎終志篤，豈忍以母節小闕而不行服哉！是以俯仰，寧從其重，今報以周，推心乃安。觀過知仁，式近有也。昔季路服姊周而不除，仲尼抑而不貶，將君子以情恕物，謂式之所行，免於戾矣。」

太常曲陵公荀崧，丞、騎都尉蕭輪議曰：「禮，繼母嫁，從爲之服，報。其犯出者無服。按式母之求去，式父之遺，並無名例。若以父母之過，非式所得言，及式奉親盡禮，而母自求去者，過在母矣。式之追服，可謂過厚。若乃六親有違，去就非禮，宜訪之中正、宗老，非禮官所得逆裁。」

御史中丞卞壼議：「王式繼母前嫁夫終，後嫁式父，式父終，持服葬訖，還前夫家。前家亦有繼子，養至終，遂合葬於前夫。式爲制出母周服。式辭以父臨終，母求去，父許諾。就如其辭，必也正名，依禮爲無所據。若父在與亡，臧否有命，明七出之責，〔四六〕則當存時受遣，告宗廟而棄之，無緣以絶義之妻，留家制服。若式父不及禮義，或以情相許，或疾在困亂，聽去留自由者，爲相要非禮。相要非禮，則存亡無所得從，式宜正之以禮。魏顆從其禮命，〔四七〕陳乾昔屬其子尊己殉殯二婢子，尊己以非禮不從，春秋善之。〔四八〕況其母乎！禮，婦人三從。式母於夫，事生奉終，居喪以禮，非爲既絶之妻；及亡制服，不爲無義之婦。不絶之驗，彰於制服；自去守節，非爲更嫁。考行無絶於夫，離絶繼在夫没之後。〔四九〕夫既没，是其從子之日，而式以爲出母，此即何異子出其母！〔五〇〕而使存無所從以居，没無所歸以託，寄命於他人之門，〔五一〕埋尸於無名之家。若式父亡後，母尋没於式家，不可以出明矣。許諾之命一耳，以爲母於同居之時，至没於前子之門，所處不同，而以爲出母。母依前子，非爲更嫁，日月遠近，理不有異。〔五二〕禮，長子不爲出母服，出繼母又不應服。式長子也，又母非所生，不應服坦然，而式乃制服，明前絶無徵，違禮莫據，内愧於心，欲以詐眩視聽，託過厚以制飾非。〔五三〕尋其事情，考之禮正，〔五四〕義不容恕。式母再嫁，前後俱繼，何慈於彼，不慈於此？受之者應有過禮之貶，〔五五〕出之者宜受莫大之責。式禮義之闕，發於事親，傷孝敬之道，虧損時教，不可以居人倫銓正之任。式宜請議，即下禁止。」司徒揚州大中正陸曄、淮南大中正胡弘等並貶爵免官。

宋庾蔚之謂：「式父許後妻之請，是無相責之情，不得謂之爲遣妻。制服依禮，葬畢乃還家，積年方就前家子，比之繼嫁，不亦可乎！然式是長子，則不得服繼嫁以廢祭。」

大夫士爲慈母服議 後漢　晉〔五六〕

後漢鄭志：「趙商問鄭玄曰：『慈母嫁，亦當爲服如繼母不？』鄭玄答：『慈母賤，何得如繼母耶！』」蜀譙周云：「妾不得有繼母名。慈母但慈己無父命者，不過小功也。」

晉崔諒父命妾祝撫養諒爲子，祝亡，鉅鹿公裴頠議，依禮服慈母如母。

劉智釋疑：「或問曰：『喪服傳云「妾之無子，妾子無母，父命爲母子，是名慈母」。今一妾自有子，一子以無母，父命爲母子，當如慈母服齊縗三年不？』答曰：『父有兩妾，一妾無子，一妾有二子，分其一子令爲無子妾作子，不敢違父命也，而不得終爲子之道。』」

按譙周集圖云：「喪服齊縗三年條曰：『慈母如母』，父在爲慈母，則條不見。今文載所說，慈於貴妾，父在齊縗周；慈於賤妾，父在大功九月。古文鄭氏說，此主大夫士之妾子，父命爲母子者也。大夫之妾子，以父在爲母大功，士之妾子爲母周矣。其大夫降爵一等，〔五七〕士無爵降例也，父卒皆伸。按經『大夫之妾子，父在爲其母大功』，不別貴賤。自非祖嫡，大夫以爵降一等，故妾之子從父例，降母一等。爲大夫妾雖有貴者，不得體君，何得不爲爵降。凡此之類，今文說不如古文也。」

校勘記

〔一〕又哭盡哀　此四字原在注文之後，今據禮記奔喪及北宋本移前。

〔二〕向其國境哭　「向」原作「望」，據北宋本、傅校本、明抄本、明刻本、王吴本改。按：禮記奔喪作「望」，杜佑避其父諱故改「向」，殿本、局本輒據奔喪改「向」爲「望」，非是。

〔三〕歛髮袒　「歛」原作「括」，據北宋本、傅校本、明抄本、明刻本、王吴本改。按：通典爲避唐德宗嫌名，例將喪禮之「括髮」改作「歛髮」，殿本、局本據禮記奔喪改「歛」爲「括」，違杜編諱例，今恢復通典之舊，下同。

〔四〕送賓反位有賓後至者則拜之成踊送賓皆如初　北宋本、傅校本、明刻本、王吴本無此十九字，殿本、局本據禮記奔喪增。

〔五〕於又哭歛髮袒成踊於三哭猶歛髮袒成踊　北宋本、傅校本、明刻本、王吴本無此十七字，殿本、局本據禮記奔喪增。

〔六〕杖於序東也　原脱「杖」，據禮記奔喪鄭注及北宋本、傅校本、王吴本補。

〔七〕不升哭者　「升」原訛「外」，據北宋本、傅校本、王吴本改。按：禮記奔喪鄭注作「不升堂哭者」。

〔八〕於又哭三哭皆免袒　北宋本、傅校本、明刻本、王吴本無此八字，殿本、局本據禮記奔喪增。

〔九〕丈夫婦人之待之也皆如朝夕哭位無變也　北宋本、傅校本、明刻本、王吴本無此十七字，殿本、局本據禮記奔喪增。

〔一〇〕奔母之喪　北宋本、傅校本、明抄本、明刻本、王吴本句上有「若」字。

〔一一〕婦人謂姑姊妹女子子也　原脱「妹」，據禮記奔喪鄭注補。

〔一二〕主人拜送　北宋本、傅校本、明抄本、明刻本、王吴本「送」下有「於門外」。殿本、局本據禮記奔喪删。

〔一三〕有賓後至者則拜之成踊送賓如初衆主人兄弟皆出門出門哭止相者告就次　北宋本、傅校本、明抄本、明刻本、王吴本無此三十一字，殿本、局本據禮記奔喪增。

〔一四〕於五哭相者告事畢　北宋本、傅校本、明抄本、明刻本、王吴本無此八字，殿本、局本據禮記奔喪增。

〔一五〕賓有後至者拜之如初　北宋本、傅校本、明抄本、明刻本、王吴本無此九字，殿本、局本據禮記奔喪增。

〔一六〕免袒成踊東即位拜賓成踊賓出主人拜送於又哭免袒成踊於三哭猶免袒成踊　北宋本、傅校本、明抄本、明刻本、王吴本無此三十二字，殿本、局本據禮記奔喪增。

〔一七〕於五哭相者告事畢　北宋本、傅校本、明抄本、明刻本、王吴本無此八字，殿本、局本據禮記奔喪增。

〔一八〕聞喪不得奔喪　自此至本段末「拜賓送賓如初」，凡九十字，北宋本、傅校本、明抄本、明刻本、王吴本無，殿本、局本據禮記奔喪增。

〔一九〕遂除除於墓而歸也　下「除」原訛「之」，據禮記奔喪鄭注改。

〔三〇〕晉董勛答問　原脱「問」，據北宋本、傅校本、明抄本、明刻本、王吴本補。

〔三一〕家人待之自如常　原脱「自」，據北宋本、傅校本、明抄本、明刻本、王吴本補。

〔三二〕或問曰　原脱「曰」，據北宋本、傅校本、明抄本、明刻本、王吴本補。

〔三三〕吾兒服所生　「吾」原訛「撫」，據北宋本、傅校本、明抄本、明刻本改。

〔三四〕士賤　北宋本、傅校本、明抄本、明刻本、王吴本「士」上有「其」，衍文。

〔三五〕晉　北宋本、傅校本、明抄本、明刻本、王吴本無此字。

〔三六〕出母與父母在爲母周　原作「出妻之子爲母周」，殿本同，此清人擅改者。今據北宋本、傅校本、明抄本、明刻本、王吴本改回。按：謂爲出母服周，父及嫡母在而生母死亦爲之服周。言「與」者，明兩事並列。「周」字雙承出母與所生母，文本無誤，清人妄糾耳。

〔三七〕宋庾蔚之謂　北宋本、傅校本、明抄本、明刻本、王吴本「謂」上有「問」，衍文。

〔三八〕則無繼祖存亡　「繼」原作「繫」，據北宋本、傅校本、明抄本改。

〔三九〕或者以爲嫁與見出異　原「出」下有「者」，據北宋本、傅校本、明抄本、明刻本删。

〔四〇〕喪之禮如子　原「之」字誤重，據禮記檀弓上鄭注及北宋本、傅校本、明抄本、明刻本删。

〔四一〕季祖鍾　「季」北宋本作「李」。然卷九五北宋本亦作「季」。

〔四二〕然實以恩斷　原「斷」下有「義」，據北宋本、傅校本、明抄本、明刻本删。

〔四三〕又棄爲母之名　原脱「爲」，據北宋本、傅校本、明抄本、明刻本、王吴本補。

〔三四〕劉克義　嚴可均全晉文卷七三作「劉克」，不知何據。晉書人名索引「劉克義」「劉克」均不見。

〔三五〕此爲臨亡情正慮審也　「亡」原作「死」，據北宋本、傅校本、明抄本、明刻本改。

〔三六〕言非我母也　「我母」王吳本臆改作「我命」，殿本、局本又臆改作「逆命」，並非。今據北宋本、傅校本、明抄本、明刻本回改。

〔三七〕自是至私情耳　「私情」原倒，「耳」原訛「而」，據北宋本、傅校本、明抄本、明刻本、王吳本乙改。

〔三八〕決疑至此有問　「決」原訛「理」，據通典考證改。「此」原作「比」，據北宋本、傅校本、明抄本、明刻本改。

〔三九〕請就親子家　「就」原作「還」，據北宋本、傅校本、明抄本改。

〔四〇〕循養無二　「循」原作「情」，據北宋本、傅校本、明抄本、明刻本改。

〔四一〕子何緣得計去留輕重而降之哉　原「留」下有「權」，據北宋本、傅校本、明刻本、明抄本刪。

〔四二〕以前問不立甲乙爲名稱於議不便　「議」原訛「義」，據北宋本改。按：上「不」字北宋本、傅校本、明抄本作「下」，非。

〔四三〕今以母爲甲　「今」原訛「令」，據北宋本、傅校本、明抄本、明刻本改。

〔四四〕宰我欲減三年之喪　「減」原作「短」，據北宋本、傅校本、明抄本、明刻本改。

〔四五〕子路有當除不除之過　下「除」北宋本作「降」。

〔四六〕明七出之責　晉書卞壼傳一八六八頁作「須顯七出之責」。

〔四七〕魏顆從其禮命　「禮」原作「理」，據北宋本改。

〔四八〕春秋善之　晉書卞壼傳一八六九頁「春秋」下尚有「禮記」。

〔四九〕離絶繼在夫没之後　「繼」晉書卞壼傳一八六九頁作「斷」。

〔五〇〕此即何異子出其母　「異」北宋本、傅校本、明抄本、明刻本、王吴本作「以」。

〔五一〕寄命於他人之門　「寄」原作「終」，據晉書卞壼傳一八六九頁改。按：北宋本作「終既命於他人之門」，「既」蓋「寄」之音訛。

〔五二〕理不有異　原脱「不」，據北宋本、傅校本、明抄本、明刻本、王吴本補。

〔五三〕託過厚以制飾非　原脱「非」，據北宋本、傅校本、明抄本、明刻本、王吴本補。

〔五四〕考之禮正　「禮正」原倒，據北宋本、傅校本、明抄本、明刻本乙。

〔五五〕受之者應有過禮之貶　「者」原訛「日」，據北宋本、傅校本、明抄本、明刻本、王吴本改。

〔五六〕後漢晉　北宋本、傅校本、明抄本、明刻本、王吴本無此三字。

〔五七〕其大夫降爵一等　各本同。按下文文例此「降爵」似亦當作「爵降」。

王文錦點校

通典卷第九十五

禮五十五　沿革五十五　凶禮十七

前母黨爲親及服議　親母無黨服繼母黨議　母出有繼母非一當服次其母者議　從母被出爲從母兄弟服議　繼君母黨服議　娶同堂姊之女爲妻姊亡服議　妻已亡爲妻父母服議　從母適族父服議　爲内外妹爲兄弟妻服議　族父是姨弟爲服議　妾爲先女君黨服議　庶子爲人後其妻爲本舅姑服議

前母黨爲親及服議晉〔一〕

晉蔡謨答王濛問曰：「前母之黨應爲親，不疑喪服，但問尊卑長幼拜敬之禮也。代多此事，而所不同。〔二〕惠帝時，尚書令滿武秋是曹彦真前母之兄，而不爲内外之親，相見如他人。吾昔以問江思悛，悛以爲：『人不疑繼母之黨而疑前母者，以不相及也。繼祖母亦有不相及者，而皆與其黨爲親，何至前母而獨疑之。』吾謂此言是。魏時長沙人王毖身在中國，遇吴魏隔絶，更娶妻生昌。昌父母亡後，吴平，聞毖前妻久亡，昌爲前母追服。時人疑之，武皇帝詔使朝臣通議。安平獻王孚以爲『禮，與祖父母離隔未嘗相見者，不追』。如獻王此議，則前母之黨不應爲親也。獻王所據是鄭氏之説，吾謂鄭義爲失。時卞仁、劉叔龍議謂昌應服三年，吾以卞、劉議爲允。」

何琦前母黨議曰：「夫子曰：『必也正名乎！』正名者，理道之本，禮之大者也。文條或闕，而附例可明。禮云：『生不及祖父母昆弟，而父稅喪，己則不。』若與祖乖違，父既殁而聞喪，豈可拘以本制不稅而廢其正服乎？若未生而伯叔母終，今爲伯叔父後，繼嗣之道雖同，原情之實則異，今必從於所養，而反疑於爲本乎？諸侯國人，生不及先代之君，於其陵廟，亦必曰君也，此公義之正名也。前母之尊，固家人正稱也，其易了如皦日。太康初，博議王昌前母服。公府卞粹以爲，『母之非親而服三年者非一也。前母名同尊正，義存配父，蓋以生不及故無其制，非於義不可也』。元康中，有改葬前母而疑其服，司徒左長史胡濟以爲，『前母父之元妃，所生則家之嫡長，應制如改葬之服』。于時二代，無曰不允，自兹以來，行之不殊。禮，母卒，自爲母之黨服。母出則不爲母之黨服，而爲繼母之黨服。故尊其所從，則不敢不服；服有所逼，則不得自伸。外服無二，而必宜有一。如向所論，必所繼不及伯叔母之黨，居然可見矣。明以名禮爲制者，不計恩逮與否也。」荀訥曰：「人有與前母家爲親者，有否者，訥直率意而答之，謂不應親。又問：『傳曰「繼母之配父與因母同」，〔三〕然則前母之配父，理不異於繼母，何以不爲親也？』答曰：『所以不與前母之黨爲親者，恩情不相及故也。縱令有母之父母尚存，父執子壻之禮而敬事之，則其子固不可以不拜之，猶不得以外祖父母爲名。名之不正，則非親也。』」

親母無黨服繼母黨議後漢　宋

後漢鄭志：「趙商問鄭玄曰：『禮，母亡則服其黨，不服繼母黨，以外氏不可貳也。若母黨先滅亡無親，己所未服，服繼母黨不？』玄答曰：『此所問，權也，非禮之正。假令母在，本自都無親黨，何所服邪？權者由心。』」

宋庾蔚之謂：「母亡，禮應服其母之黨，不服繼母之黨。不可以母黨先已滅亡，而服繼母之黨。若服繼母之黨，則亂於己母之出也。」

母出有繼母非一當服次其母者議晉 宋

晉劉智釋疑曰：「親母出則服繼母之黨。繼母既卒，則不服也。」虞喜通疑曰：「縱有十繼母，則當服次其母者之黨也。」蜀譙周云：「其母没，自服其母之黨，則繼母之黨無服。出母之子爲繼母之黨服，則爲其母之黨無服也。」

宋庾蔚之曰：「禮，己母被出，則服繼母之黨。繼母雖亡，己猶自服，不得捨前以服後也，當如喜議，服次其母者之黨也。」

從母被出爲從母兄弟服議晉 宋

晉王愷與褚粲兩姨兄弟。王愷母被出，後愷亡，粲疑於服，因車胤以問博士宋濤之，曰：〔四〕「據禮服問云『母出則爲繼母之黨服』，〔五〕褚服當無疑也。」車胤難曰：「爲其母黨服，則不服繼母之黨，明無二外氏。王今服繼母黨，則不得服出母黨明矣。王既不服周氏，周氏，二母之姓。褚無服王之理。」〔六〕濤答曰：「禮有從無服而有服，不必要以相報爲名。王不服褚，以其母被出，絶於外族。〔七〕褚之從母，在王之室，及停庾之家，王愷母更嫁庾氏。同曰從母。禮云『以名服不答以報服』。褚若不服王，則是卒不爲其母黨服，便成違禮。〔八〕

王既一絶周氏，不得服褚母，故其子亦然。褚今睹王之母，〔九〕何得不服王乎？」

宋庾蔚之曰：「出母絶族，唯親者屬，母子無絶道，餘親不得有服，此禮之明文。褚所以服王，由乎周氏。王既絶周，不復服褚矣，褚何容獨服王邪？禮有從無服而有服，蓋是厭降所致，豈得與義絶者同乎？從母昆弟以名服者，蓋明服之由，不關義絶之後。從母在王及與在庾，〔一〇〕誠無以異；但在庾則絶王，故褚不得從親者屬而服王也。褚以王絶己故不服，何嫌褚母之出也！不服之理，各有其義者也。」

繼君母黨服議〔一一〕晉　宋

晉車胤問臧燾曰：「今此妾子既服先嫡之黨，又服繼嫡母之黨否？」燾答曰：「庶子以賤不敢不從服耳。既服前嫡母黨，則後嫡母黨義無以異。疑於三四耶。」〔一二〕燾又問徐藻，藻答曰：「庶子若及先嫡母，〔一三〕則服其黨；若不及，則服後嫡母黨。外服無二，此之謂也。」

賀循問徐邈曰：「禮，嫡母爲徒從，嫡母亡則不服其黨。今庶子既不自服所生外氏，亦以嫡黨爲徒從乎？」答曰：「古者庶子自服所生之黨，故以嫡母黨爲徒從，〔一四〕故嫡母亡則不服其黨。今庶子既不自服其外氏，而敍嫡母之親矣，謂宜以名而服，應推重也。古今不同，何可不因事求中。」

宋庾蔚之按：「禮，嫡母之黨徒從。徒從者，所從亡則已。嫡母雖有三四，應服見在者之黨。但今人復服所生之黨，則嫡母之黨非復徒從，嫡雖没，猶宜服之。但外氏無二統，不可悉服，宜以始生所遇嫡母之黨。若已生悉不及，宜服最後者之黨也。」

娶同堂姊之女爲妻姊亡服議 晉　大唐

晉李嵩行事記云：「有娶同堂姊子爲婦，婦母亡，不制婦母服，猶制同堂姊服。常謂三綱之義不可得而無服多。以内外姊妹爲婦，則絶其本服，服絶而情重，何嫌不減從姊之服月數作婦母之服耶！又以謝沈所言舅爲外舅事，訪魏君思，難云：『舅本緦麻，與外舅之服，自可得同。然娶姑之女，姑亡，豈可累降爲三月耶？』太常劉彦祖云：『譬如父母服本斬齊，至於改葬而制緦麻也。近羊彭有叔父服，而改葬其父，更叔之服而著改葬之服，〔一五〕此豈以緦麻爲輕也？〔一六〕蓋禮所謂以輕爲重者也。姑服雖重，而天下何可無婦之父母乎！禮不可闕，行之何嫌。但當計姑之本服，以心喪居之耳。』」

大唐永徽元年制：堂外甥，雖外姻無服，不得爲婚姻耳。

妻已亡爲妻父母服議 晉 宋

晉穆帝永和中，司徒下問太常云：〔一七〕「若妻已没，猶應服其父母不？」太常杜瓚等答曰：「何以緦？從服也。明伉儷判對，恭承宗廟。推此言之，意謂不以存亡爲異也。」司徒又問國子博士：「按禮云『君母之父母服小功』。傳曰：『君母在則不敢不從服，君母不在則不服。』喪服小記曰：『爲君母後者，君母卒，則不服其黨。』又曰『爲母之君母，母卒則不服』。『徒從者，所從亡則已』也。若母猶然，妻可知矣。今云不以存亡爲異，何所據耶？」博士張憑議曰：「『徒從者，所從亡則已』，按鄭玄曰『謂君母之黨』。又云『有從重而輕者』，鄭玄曰『妻之父母也』。然則從重而輕，與徒從者本别。禮，天子諸侯服妻之父母，明其義重也。若謂徒從服必同者，則妻從夫，明與夫從妻其正對，寧可復夫没則已乎？所據君母爲異者。且外祖之服，本是親假而恩疏。妻之父母，本由義合。」

劉系之問荀訥曰：「禮云『母黨不二服，親無二統故也』。以例准，則妻黨不二服明矣。然母有親繼之别，又有出有卒，故服外氏有降殺之理。〔一八〕今妻義一也，無繼出之殊。今服其黨，孰先孰後耶？」訥答曰：「妻黨不二服，禮所不載。母黨有出有繼，情事不同。謂前妻雖卒，終當同穴，今妻配己，理無異前，不以存亡爲異也。且禮無其文，當俱有服也。」

或以爲同於徒從，妻没則不從服。若夫所不服，妾何得於徒從君母之黨耶？步熊曰：「妻死更娶，爲前妻父母服不？」答：「此皆徒從服耳，所從亡則已，不服也。」季祖鍾駮曰：「夫婦應屬從也。又夫婦合葬皆爲妻，妻之父母不得不服也。」

曹述初問范甯曰：「有人再娶，後妻無父母，而前妻父母亡，當有服不？」甯答曰：「禮小記云：『從服者，所從亡則已。』今妻既卒，則無所從，不應服也。」述初又難曰：「妻爲夫黨既爲屬從，至於夫卒，服之無虧。妻之父母，而妻卒則已。統例准情，不見其義。若以妻之父母，不得准夫之旁親，實所疑也。小記所稱，自謂臣爲君黨，妾子爲君母黨服耳。」甯又答曰：「世閒行事，鮮有同者。此亦無准據，殆是率心而行也。」

宋庾蔚之謂：「夫妻一體之親，而謂妻之父母徒從，失之甚矣。言應服者，辨之已詳。或疑外氏二統，則妻之父母亦不宜二。意以爲，母之兩三，親假不同，妻之三四，於己猶一。非其例也。」

從母適族父服議 晉〔一九〕

晉邵戢議：「按禮記：『同姓從宗合族屬，異姓主名理際會。』〔二〇〕從母嫁於絶屬族父，則無復從母之名，謂不宜有服。戢以爲理際會者，患班序易位及嫂叔無名耳。夫服以恩生，班以義斷，雖門外之事義掩恩，至於門內之事，〔二一〕恩掩義矣。同宗之道，處恩義之閒，故宜資之恩義。今彼此獲中，〔二二〕據易位無名，便廢骨肉之服，實是所疑。既有屬從，鄭玄說『子爲母黨之服』。按屬從者，自非出母黨，及庶子受重自於其所生之黨，則初無厭降之文。又記云『六代親屬竭矣』，鄭說六代之外親盡。爾雅，族昆弟之子爲親同姓。按從母嫁於無屬名者，即與嫁他姓不異，則宜服從母嫁於他姓之服矣。又嘗見賀公書，稱賀新渝夫人爲族姨母。〔二三〕尋所以不主名於際會者，亦是有恩掩義，謂宜服也。」

爲內外妹爲兄弟妻服議 晉 大唐

晉徐衆論云：「徐恩龍娶姨妹爲婦，〔二四〕婦亡，而諸弟以姨妹爲嫂，嫂叔無服，不復爲姨妹行喪。右丞徐萬謂宜然。今議者以嫂無服，不得爲姨妹服，〔二五〕不解服之爲害義邪？爲傷情邪？爲尊厭邪？所謂尊厭者，父在爲母，尊卑體異，故可得厭耳。今嫂妹一人之體，兼此尊卑，何所厭邪？齊縗之葛，與大功之麻同，皆兩服之，所以敍親親之情。今以嫂叔之嫌，不爲姨妹制服，絕有親之義，傷恩昵之道，殆非聖人爲服之本意乎！」徐彥難曰：「本雖中外姨兄弟之親，一爲嫂叔，便當以公義厭私，不謂尊卑之厭也。」衆曰：「女人外屬，以夫氏爲公，以公厭，不爲叔服可也。叔以嫂是姨妹，復何公厭而不服邪？」彥重難曰：「若以此服爲親，則不聞親服無報。又公義在於夫氏，豈在嫂邪？」衆曰：「就如難旨，制公在叔不在嫂，雖有姨之親，就於公義，不得服之，猶可也。若叔有厭，則嫂無厭，雖姨妹爲嫂，必服之，爲叔之姨兄而見服，則爲嫂之姨妹何獨不見服哉？若兩不相服，則絶此一親，〔二六〕豈聖人之意乎？苟姨妹得服姨兄，兄亦應服，何無報哉？」彦重難曰：「若姨妹爲嫂而爲之服，必也正名，將謂之何？」衆答曰：「今姨妹爲嫂可服者，以正名故也。言嫂則姨妹不從焉，言姨妹則嫂不與焉。名別若此，故可服也。嫂自無服，吾不爲之服。姨妹有服，吾爲之緦麻。吾自服姨妹，奚爲强謂之服嫂也哉！見嫂應拜，見姨妹不拜也。今嫂妹同體，今我自拜嫂，而謂我拜姨妹，不亦惑哉！」彦重難曰：「彦以爲姨妹爲嫂而不服者，正以無復姨妹之名故耳。」衆答曰：「不解姨妹爲嫂，便無復姨妹之名，削其氏族，滅其名號邪？爲變化分離，嫂留而妹去邪？爲我嫂者，是姨妹也，何不得兩全哉！」彦難曰：「若如告，言嫂則姨妹不從，言姨妹則嫂不從，未審定言嫂邪？言姨妹邪？」衆答曰：「一人兼兩親，〔二七〕似一人兼兩官，當其事，則舉其名以應其義，何拘以一名一稱哉！言嫂則拜之，言姨妹則服之，各有所施，不以此而滅彼耳。」彦曰：「平存，許其稱嫂而拜，則非姨妹也；〔二八〕至於亡歿，便稱姨妹不拜，則非復嫂也。懼一人之身，不得以昨日平安爲嫂，明日終亡爲姨妹也。」衆曰：「吾得存之與亡，爲嫂爲妹，不復異也。爲我嫂故拜之，是姨妹故服之，情理自通，何以云拜便不得制服，制服便不得拜乎。？」彦重難曰：「若隨其名，別其義，則著服臨尸不復拜也。」衆答曰：「見姨妹之尸，不可以不服；臨亡嫂之喪，不可以不拜。拜自爲嫂，服施爲妹，〔二九〕服隨其親，拜應其名。別其義，斯之謂矣。」

大唐之制，兩姨姑舅姊妹，並不得通婚。嫂叔相爲小功。

議曰：按袁準正論云：〔三〇〕「中外之親，親於同姓。同姓且猶不可婚，而況中外之親乎！」誠哉斯旨。何者？按婚禮娶於異姓，所以附遠厚別。附遠者，欲令敦睦異宗；厚別者，蓋以別於禽獸。則姨舅之女於母，可謂至親矣，以之通婚，甚黷情理。然有若晉徐思龍者，或識昧一時，不詳典故，姨妹既納之爲婦，諸弟安得不謂之嫂乎！且男女之際，必在正名，名正而男女有別。安有存時拜之爲嫂，没則服之爲妹。徐衆乃云「一人兼兩親，似一人兼兩官」。誠如所見，兩名兼行，是則公許名稱混淆，〔三一〕婚姻無別矣。或者以服疑從重，亦謂不然。按喪服有或引或推，各存正義。故庾蔚之云：「外姊妹而爲兄弟之妻，宜用無服之制。」兄弟之妻無服，乃親於外親之有服也。〔三二〕況彼既棄本親，來爲我族之婦，我安得棄正禮而强徇私服哉！徐彦之論當矣。

族父是姨弟爲服議晉〔三〕

晉蔡謨答族父爲姨弟。問者曰：「乙是甲族兄子也，二人之母則姊妹也。以外親言之，則是從母之子，應服緦麻。以同宗言之，則六代之親，知禮無服。今甲亡，乙應制服否？」乙者庾元靖，甲者庾仁也。謨按：「禮記云：『同姓從宗合族屬，異姓主名理際會。』先儒說曰：『異姓謂來嫁者也，正其母與婦之名也。』記又云：『其夫屬乎父道者，妻皆母道也。』今甲之父與乙於班爲族祖，則其妻亦有祖母之名，不復得爲從母也。凡親屬之名，妻從其夫，子從其母。不得爲從母，則子亦不得爲從母之子也。親名正，服亦隨之。謂乙應從同宗六代之制，不應服也。」難者曰：「禮所云『異姓主名理際會』，本是他人，唯以來嫁爲親，故尊卑親疏從其所適。至於從母者，骨肉之親，小功之服也。今以所適無服之親，便從無服之制，是爲以疏奪親也。適他人者猶爲之服，來適同宗而便絶之，豈其理乎？」答曰：「禮，大夫之娶，皆有姪娣，而大夫之子於庶母無服。若論本親，則此庶母亦是從母也。今來爲父妾，則廢從母之名，而從庶母之稱，絶小功之服，而從無服之制，此禮之成典也。推此而論，知適他人者，從其本親；來適同宗，則從其所適，不得係本：此所謂『異姓主名理際會』者也。」

或有族父絕服而又是姨弟，今叔親當云何？徐邈答曰：「書稱『以親九族』，禮『親親以三爲五，以五爲九，上殺下殺旁殺而親畢矣』。故上極四代，旁親四等，每服有降。自五代以往，則是九族之外，謂之同姓而已。其長幼之班，拜起之節，有時而可改，無必不移之道也。姨弟爲無服之宗人，今若繫疏宗服外之名，以奪母黨有服之親，則未見其義也。謂宜從姨弟例服。」

散騎常侍徐衆論云：「庾左丞孫見遭族父喪，〔三四〕父已絕服，又是姨弟，見問當服不？余答以爲當服。」〔三五〕右丞徐彥重難曰：「禮云：『尊祖故敬宗，敬宗則收族。』收族者，序以昭穆也。何得以姨弟之服加於宗父乎？於情乃可無傷，於義實爲有害也。」衆答曰：「禮爲曾祖高祖三月。又改葬緦麻，服所尊。及臨至親之喪，〔三六〕而服之最輕者，豈損父祖之尊乎！〔三七〕今族父無服，姨弟有服，自謂姨服，〔三八〕何爲輕服服宗父乎！難云於義有害者，不解害何義邪？天生族父爲吾姨弟，非吾貶退所爲，何不敬宗之有！族父應拜，而姨弟不應拜。今族父爲姨弟，今不可以姨弟不應得拜，而不爲族父拜也；猶不可以族父無服，而不爲姨弟服也。若姨弟犯過，吾不顧族父與姨弟共身同體，怒而答之，〔三九〕此不可也。於其死亡，以姨弟服之，正合禮記『絕族無施服而親者屬』文。」

妾爲先女君黨服議晉〔四〇〕

晉有問者曰：「雜記云：『女君死，則妾爲女君之黨服，攝女君則不爲先女君之黨服。』此爲妾子爲徒從，妾身爲屬從，於理通否？」虞喜通疑：「凡稱妾者，皆大夫之禮，非天子諸侯文也。按雜記云『女君死，則妾爲女君之黨服』，明屬從也。『攝女君則不爲先女君之黨服』，此攝當爲相代攝，是謂繼室，則妾之後女君也。有後女君則不復服先女君之黨者，以當服後女君之黨故也。」

荀訥答劉系之問曰：「禮，妾從服女君之黨如女君，此則同於近臣君服斯服，不與服君母黨同也。」

庶子爲人後其妻爲本舅姑服議晉〔四一〕

晉賀循云：「庶子爲人後，爲其母緦麻三月。庶子之妻自如常禮，尊所不降也。自天子通於大夫皆然。」〔四二〕

孔瑚問虞喜曰：「愚謂庶子不得如禮服其私親者，〔四三〕以爲身爲宗主，奉修祭祀，以別尊卑故也。凡婦服夫黨皆降一等，唯公子厭至尊，故其妻從輕而服重，盡禮於皇姑，則人情所許。愚謂不得以公子爲例。」喜答曰：「謂庶子爲人後，上繼祖禰，此則厭於承統，〔四四〕不得伸其私情，故爲所生服止緦麻。〔四五〕其婦當依公子之妻，盡禮皇姑，從輕服重，不繫於夫。」

哀帝興寧中，哀靖皇后有章太妃之喪。尚書奏：「至尊緦麻三月，皇后齊縗周。按禮有從輕而服重，〔四六〕公子爲公所厭，故不得申。舅不厭婦，故得以本服。」綦毋邃駁：「父子不繼祖禰，故妻得伸。皇姑夫人致齋而會於太廟，后服不宜踰至尊，亦當緦也。」〔四七〕

校勘記

〔一〕晉　北宋本、傅校本、明抄本、明刻本無此字。

〔二〕代多此事而所不同　「而」原作「但」，據北宋本、傅校本、明抄本、明刻本改。

〔三〕繼母之配父與因母同　「因」原訛「前」，據儀禮喪服傳及北宋本、傅校本、明抄本、明刻本改。

〔四〕因車胤以問博士宋濤之曰　「宋」原作「朱」，據北宋本、傅校本、明抄本、明刻本改。按：「宋濤之」「朱濤之」均不見晉書，姑從古本。又按：觀下文「濤答曰」，疑此「之」字，原爲「〻」，「〻」乃表示文字重疊之記號。此句原稿本似作「因車胤以問博士宋濤，濤曰」。「〻」號因草寫連書遂訛成「之」矣。

〔五〕據禮服問云母出則爲繼母之黨服　「服問云」被王吳本、殿本、局本竄改作「爲服否答曰」，「爲」字被殿本、局本竄改作「服」，今據北宋本、傅校本、明抄本、明刻本改回。

〔六〕褚無服王之理　「理」原訛「禮」，據北宋本改。

〔七〕絶於外族　「絶」原訛「紀」，據北宋本、傅校本、明抄本、明刻本、王吴本改。

〔八〕便成違禮　「違」原訛「爲」，據北宋本、傅校本、明抄本、明刻本改。

〔九〕褚今睹王之母　「睹」原訛「服」，據北宋本改。

〔一〇〕從母在王及與在庾　「與」原訛「母」，據北宋本、傅校本、明抄本、明刻本改。

〔一一〕繼君母黨服議　「君」原作「嫡」，據北宋本、傅校本、明抄本、明刻本改。

〔一二〕疑於三四耶　「耶」原作「也」，據北宋本、傅校本、明抄本、明刻本改。

〔一三〕庶子若及先嫡母　「及先」原倒，據北宋本、傅校本、明抄本、明刻本、王吴本乙。

〔一四〕故以嫡母黨爲徒從　北宋本、傅校本、明抄本句下有「乎」，蓋涉上而衍。

〔一五〕更叔之服而著改葬之服　北宋本、傅校本無「更」字。

〔一六〕此豈以緦麻爲輕也　「輕」原訛「重」，據北宋本、傅校本、明抄本、明刻本改。

〔一七〕司徒下問太常云　「下」原作「符」，據北宋本、傅校本、明抄本、明刻本、王吴本改。

〔一八〕故服外氏有降殺之理　「理」原作「禮」，據北宋本、傅校本、明刻本、王吴本改。

〔一九〕晉　北宋本、傅校本、明抄本、明刻本無此字。

〔二〇〕異姓主名理際會　「理」禮記大傳本作「治」，通典諱改。

〔二一〕至於門内之事　原無「於」，據北宋本、傅校本、明抄本、明刻本補。

〔二二〕令彼此獲中　「令」原訛「今」，據北宋本、傅校本、明刻本改。

〔二三〕族姨母　「族」原作「從」，據北宋本、傅校本、明抄本、明刻本改。

〔二四〕徐思龍　「思」原作「恩」，據北宋本、傅校本、明抄本、明刻本、王吴本改。下同。按「徐思龍」「徐恩龍」均不見晉書，姑從古本。

〔二五〕不得爲姨妹服　「姨」北宋本、傅校本、明抄本、明刻本作「姊」，蓋形近致訛。

〔二六〕則絶此一親　「一」原作「正」，據北宋本改。

〔二七〕一人兼兩親　「兼」原作「合」，據北宋本、傅校本、明抄本、明刻本改。

〔二八〕則非姨妹也　原脱「非」，據北宋本、傅校本、明抄本、明刻本、王吴本補。

〔二九〕服施爲妹　北宋本、傅校本、明抄本、明刻本無「爲」字。

〔三〇〕按袁準正論云　原脱「按」，據北宋本、傅校本、明抄本、明刻本、王吴本補。

〔三一〕是則公許名稱混淆　「許」傅校本、明刻本訛「計」，王吴本、殿本、局本訛「私」，據北宋本、明抄本改。

〔三二〕乃親於外親之有服也　「外親」原訛「姨妹」，據北宋本、傅校本、明抄本、明刻本改。

〔三三〕晉　北宋本、傅校本、明抄本、明刻本無此字。

〔三四〕庾左丞孫見遭族父喪　「見」北宋本作「兒」。

〔三五〕余答以爲當服　「余」原訛「徐」，據北宋本、傅校本、明抄本、明刻本改。

〔三六〕及臨至親之喪　「及」原訛「又」，據北宋本、傅校本、明抄本、明刻本改。

〔三七〕豈損父祖之尊乎　王吴本、殿本、局本竄改作「豈損所尊之服乎」，今據北宋本、傅校本、明抄本、明刻本改回。
〔三八〕自謂姨服　傅校本、明刻本作「自爲姨服」，王吴本、殿本作「自爲姨弟服」，局本作「自爲姨不服」，今據北宋本、明抄本改正。
〔三九〕怒而答之　全晉文卷一三一作「恕而容之」，蓋嚴可均臆改，失徐衆原意。
〔四〇〕晉　北宋本、傅校本、明抄本、明刻本、王吴本無此字。
〔四一〕晉　北宋本、傅校本、明抄本、明刻本、王吴本無此字。
〔四二〕自天子通於大夫皆然　「通」原作「達」，據北宋本、傅校本、明抄本、明刻本改。
〔四三〕愚謂庶子不得如禮服其私親者　王吴本、殿本、局本在「庶子」下妄增「之妻」，今據北宋本、傅校本、明抄本、明刻本删。
〔四四〕此則厭於承統　「統」原作「重」，據北宋本改。
〔四五〕故爲所生服止緦麻　「服止」原倒，據北宋本、傅校本、明抄本、明刻本乙。
〔四六〕皇后齊縗周按禮有從輕而服重　「周按」原誤倒，據北宋本、傅校本、明抄本、明刻本、王吴本乙正。
〔四七〕亦當緦也　「緦」下原有「麻」，後人臆增，據北宋本、傅校本、明抄本、明刻本删。

通典卷第九十六

禮五十六　沿革五十六　凶禮十八

總論爲人後議周　漢　魏　晉

周制，爲人後者。子夏曰：「何如而可爲之後？同宗則可爲之後。何如而可以爲人後？支子可也。」又曰：「爲人後者孰後？後大宗也。曷爲後大宗？大宗者，尊之統也。禽獸知母而不知父，野人曰『父母何筭焉』，〔一〕都邑之士則知尊禰矣，大夫及學士則知尊祖矣，諸侯及其太祖，天子及其始祖之所自出。尊者尊統上，卑者尊統下。大宗者尊之統也，大宗者收族者也，不可以絶，故族人以支子後大宗也。嫡子不得後大宗也。」都邑之士則知尊禰者，近政化也。太祖，始封君也。始祖，感神靈而生，若稷，契也。自，由也。〔二〕及始祖之所自出，謂祭天南郊也。上猶遠也，下猶近也。收族者，謂別親疏、序昭穆也。大傳曰：「繫之以姓而弗別，綴之以食而弗殊，雖百代而婚姻不通者，周道然也。」

漢石渠議：「大宗無後，族無庶子，已有一嫡子，當絶父祀以後大宗不？」戴聖云：「大宗不可絶。言嫡子不爲後者，不得先庶耳。族無庶子，則當絶父以後大宗。」聞人通漢云：「大宗有絶，子不絶其父。」宣帝制曰：「聖議是也。」

魏劉德問以：〔三〕「爲人後者，支子可也，長子不以爲後。同宗無支子，唯有長子，長子不後人則大宗絶，後則違禮，如之何？」田瓊答曰：「以長子後大宗，則成宗子。禮，諸父無後，祭於宗家，後以其庶子還承其父。」〔四〕

晉范汪祭典云：「廢小宗昭穆不亂，廢大宗昭穆亂矣，先王所以重大宗也。豈得不廢小宗以繼大宗乎！漢家求三代之後弗得，此不立大宗之過也。豈不以宗子廢絶，圖籍莫紀。若常有宗主，雖喪亂，要有存理。或可分布掌録，或可藏之於名山，設不盡在，〔五〕決不盡失。且同姓百代不婚，周道也。而姓自變易，何由得知。一己不知，〔六〕或容有得婚者，此大違先王之典，而傷自然之理。由此言之，宗子之重於天下久矣。」

汪子甯以爲：「父母生之，續莫大焉。三千之罪，無後爲重。夫立大宗，所以銓序昭穆，彌綸百代，繼之以姓而弗別，〔七〕綴之以食而弗殊。禮盡於此，義誠重矣。方之祖考，於斯爲薄。若令捨重適輕，違親就疏，〔八〕則是生不敬養，没不敬享，生人之本不盡，孝子之事靡終，非所以通人子之情，爲經代之典。夫嫡子存則奉養有主，嫡子亡則烝嘗靡寄，是以支子有出後之義，而無廢嫡之文。故嫡子不得後大宗，但云以支子繼大宗，則義已暢矣。不應復云嫡子不得繼大宗，此乃小宗不可絶之明文也。若無大宗，唯不得收族耳。小宗之家，各統昭穆，何必亂乎！」

汪又曰：「大宗者，人之本也，尊之統也。人不可以無其本，所以立大宗也。上理祖禰，尊尊之道著矣；下理子孫，親親之義明矣；旁理昆弟，天倫之理達矣。存則合族以食，序以昭穆，導以德行，别以禮義；没則禘祭太祖，陳其親疏，殤與無服，莫不咸在。此則孝子之事終矣，立人之道竭矣。小宗之家，五代則遷，安知始祖之所從出，宗祀之所由來？敬宗所以尊祖禰，不爲重乎。然要當以穆繼昭。既明大宗不可以絶，則支子當有繼祖，是無父者矣。」

夫爲祖曾祖高祖父母持重妻從服議晉　宋

晉賀循云：「其夫爲祖、曾祖、高祖後者，妻從服如舅姑。」〔九〕齊縗周也。

孔瑚問虞喜曰：「假使玄孫爲後，玄孫之婦從服周；曾孫之婦尚存，纔緦麻。近輕遠重，情實有疑。」虞喜答曰：「有嫡子者無嫡孫。又，若爲宗子母服，則不服宗子婦。以此推玄孫爲後，若其母尚存，玄孫之婦猶爲庶，不得傳重；傳重之服，理當在姑矣。」

宋庾蔚之謂：「舅没則姑老，是授祭事於子婦。至於祖服，自以姑爲嫡，所謂有嫡婦無嫡孫婦也。祖以嫡統唯一，故子婦尚存，其孫婦以下未得爲嫡，猶以庶服之。孫婦及曾玄孫婦，自隨夫服祖降一等，故宜周也。」

出後者卻還爲本父服及追服所後父議晉　宋

晉或問許猛云：「爲人後時有昆弟，後昆弟亡，無後，當得還否？若得還，爲主否？」

猛答去：「喪服傳曰：『何如而可以爲人後？支子可也。嫡子不得後大宗。』然大宗雖重，〔一〇〕猶不奪己之正以後之也。推此而論，小宗無支子，則大宗自絶矣。子不絶父之後。本家無嗣，於義得還，出後者還本追服。」

或曰：「甲有子景，後叔父乙。甲死，景以降服周。涉數年，乙之妻又亡，景服父在爲母之服。今叔父自有子，景既還本，當追報甲三年服否？〔一〕若遂即吉，則終身無斬縗之服。」

博士曹述初議曰：「禮，大宗無子，族人以支子後之。不爲小宗立後，明棄親即疏。叔非大宗，又年尚少，自可有子。甲以景後，非禮也。子從父此命，不得爲孝。父亡則周，叔妻死，制母服，於義謬也。今歸本，宜制重，以全父子之道。」

或難曹曰：「禮，日月過而後聞喪，則有稅服。當聞喪之日，哀情與始遭喪同。是以聞喪或在數十年後，猶追服重。甲死，景即知喪，哀情已敍爲出後降周者服制耳。三年之喪，稱情而立文。〔二〕父喪積年，哀戚久除，今更制重，〔三〕是服非稱情之義。若依稅服，失其類矣。且子爲父，不過再周。景嘗爲甲已服周矣，今復制重，是子爲父服三周也。豈禮意乎？」

答曰：「景於禮無後乙之義，景既不得成重制於乙，又闕父子之道，人子之情，豈得無追遠之至戚乎？就使情輕，於日月已過而後聞喪，服父之禮，寧可便廢？今以哀戚久除方制重服爲難，過矣。父之於子，兼尊親之至重，禮制斬縗三年，明其兼重也。齊縗周服，非所以崇尊親之至重。景雖嘗爲甲服周，豈禮也哉，而數以爲父三周乎！」

或難曰：「禮，婦人有父喪未練，而夫家遣之，則爲父服三年；既練而見遣，則已。猶如爲人後者，亦爲所後斬縗三年，爲父服周。服制既同，則義可相准。若甲死未練而景歸，則應爲三年。今喪已久，於禮不應追服。」

答曰：「禮，婦人適人，則降父服周。爲夫三年，既練而見遣，父服除矣。重制已成於夫，故雖及父母之家，父亡不得復爲父服三年，不二斬之義也。婦人於禮，得成其重制於夫。景於禮無後乙之義，雖甲喪久除，而景歸，既已不得成重於乙，今又不爲甲追制重服，是景爲人子終無服父之道也。」

張湛謂曹曰：「禮所稱爲人後，後大宗，所以承正統。若非大宗之主，所繼非正統之重，無相後之義。今乙雖無子，於禮不應取後於甲。甲之命景，景之從甲，皆爲違禮。若如前議，則兄弟以子相養者，代代有之，此輩甚衆，時無譏議。蓋同繫一祖，兄弟所生，猶如己子，非犯禮違義故也。雖非禮之正義，亦是一代成制，由來故事，豈可以甲命獨爲非禮，景從便爲失道。此之得失，自當與代人共之耳。今所疑於景既當持服與不，議者以爲景歸宜制重。引稅服爲例，恐非明證。夫稅服者，自謂日月已過而後聞喪，聞喪之日，即初死之時，爲制服之始。今月數得全，哀情得敍，爲人後者，父終則盡心極哀，但逼於所後，抑情降服，以尊父命。及其還歸，論喪則已積年，即事則必有降殺，而方復追，所謂不稱情者矣。過時而不知喪，則是平吉之人；既初聞之，則同於始死。與喪過而歸，何得爲例！若謂景既不得全重制於乙，又闕子道於甲，故更服重，即所謂全父子之道，猶非稅服乎。」又設難云：「婦人父喪，既練而見遣，爲父服周，以準爲人後者，既還所生，父喪已久，於禮不追，此議何疑？」

答曰：「正以婦人得成制於夫，景不得成重制於乙。今景於禮，誠無後乙之義。然據受父命爲人子，與婦人出適者，皆爲本親降服一等，爲所後及夫制服三年，其義正同也。今以婦人既練見遣，重制已成於夫，故不爲父三年。今謂景本不應爲乙後，然景既奉命爲乙子，則許其降本親之服，及其喪過而歸，則重制成於所後矣。若不服重制其本親，乃豈可終身無斬縗之服？直是率懷而言，無所依據耳。」

又范甯問孔德澤云：「甲無子，取其族子乙爲後。所生父没，降服周。甲晚自生子，乙歸本家。後甲終，乙當有服否？若服，〔一四〕當制何服？」孔答曰：「代人行之，似當無服。繼母嘗爲母子，既出服周。推此粗可相況。」

范又難：「必當有服，未辨服之定準。云繼母既出服周，此禮所出爲分明釋耳。」〔一五〕孔又答云：「繼母出爲服周，是父没而嫁，賀循要記亦謂之出。當以舍此適彼，不獨在嫁，可以意領，故不必繼於本也。」

江熙難范云：「往因禮親，反因禮疏，何嫌頓盡乎？未若相遺於江湖，既還，宜各反服也。」

宋庾蔚之云：「嘗爲父子，愛敬兼加，豈得事改，便同疏族？方之繼母嫁，於情爲安。」

出後者爲本父母服議晉(一六)

晉王冀按：「喪服云：『爲人後者爲其父母，持重於大宗者，降其小宗也。』按經傳爲人後者，固自降其親也。所以降其親者，己受重於大宗，必爲所後之父服斬故也。制其體例，若受重於大宗，而不爲所後之父服斬，則自非經所謂爲人後者之義也。凡既受命出爲人後，而不爲所後之父制服，固非禮也。還爲其親斬，亦非禮也。均其失，寧居過重，無居過輕。夫恩由義厭，情爲禮黜，是以五服之疏屬，有相爲重者矣；天性之父子，有相爲輕者矣。屈伸進退，有自來也。今奉義則己不爲所後之父服，崇恩復不成所生之喪，二者並闕，未知其詳，將何所居。且傳敍經意，但爲既後大宗，無二斬之道，非不斬之制也。談者不疑爲後而不爲所後制服爲非禮，乃謂反服其親爲傷教，斯蓋惑之大者也。若不服所後之父，復抑其反崇本恩，則是凡爲後之子，可有不服三年之理也。〔一七〕愚謂爲後之子及所後服重，則宜如禮降其所生。若不及爲所後制服，則宜還爲其親服斬。考之義例，即之人心，〔一八〕在可通矣。」

出後子爲本親服議晉 宋

晉武帝太康中，尚書令史遂殷表云：「父翔，少繼叔父榮。榮早終，不及持重。今祖母姜亡，主者以翔後榮，從出降之制，斷殷爲大功，〔一九〕假二十日。愚以爲翔既不及榮持重服，雖名户別繼，奉養姜故如親子，便依降例，情制爲輕。且殷是翔之嫡子，應爲姜之嫡孫。乞得依令，遣寧去職。」尚書奏：「禮無不及還重之制，翔自應降姜，殷無緣還重。」詔可。

賀循爲後服議：〔二〇〕「按喪服制曰，爲人後者於兄弟降一等，報。〔二一〕於所爲後之子兄弟若子。〔二二〕時人論者，多以爲後者子孫，皆計本親而降。意所不安。或曰：『嫡子不爲人後者，直謂己嫡不以出後，當以支子耳，無明於後者之子見舍本親，何以言不得爲人後邪？』答曰：『五服之術，〔二三〕其屬有六。一去本繫，以名爲正。名正則男女有別，上下不悖。若假之以號者則輕其權，定之以名者則尊其統。故曰有嫡子者無嫡孫。何爲言無？

正以不得名之。不得名之則卑其服，若得名之則重其制。此之有無尊卑之宜，則是彼之後者嫡庶之例也。至於庶子爲後，稱名不言孝，爲墠而祭，以其尚有貳志，不專故也。其子則定名而處廟，以爲彼情可制，此義宜惇故也。豈非顧本有已，復統有節哉！』或曰：『所後在五服之外，父制周年，而已無服，疏親戚之恩，非先聖之意也。』〔二四〕答曰：『何爲其然？禮有節權，恩義相顧，爲所生無絶道，其餘皆宜權制也。夫初出後者，離至親之側，爲別宗之胄，闕晨昏之歡，廢終養之道，顧復之恩靡報，罔極之情莫伸，義雖從於爲後，恩實降於本親，故有一降之差。若能專心所繼，後者之子，上有所承，於今爲同財之密，顧本有異門之疏。若以父服輒當後者，〔二五〕至於生不及祖父母諸昆弟，父有重制，而已無服，又出母齊縗而杖，其子又不從服。今出後者於父母乃爲不杖之周，恐其子不得反重也。禮失於煩，故約以取通，是以後者之子，出母之孫，其禮闕而不載。生在他邦，父税己不，其義幽而必彰，〔二六〕既以不疑父之出母，何獨遲遲別宗之祖邪？〔二七〕服之所降，其品有四：君、大夫以尊降，公子、大夫之子以厭降，公之昆弟以旁尊降，爲人後者、女子子嫁者以出降。四降之名，同止一身。出者之子，豈當獨以爲傳代稱乎？生長於外，不得言出，猶繼父未嘗同居，不爲異也。又父報出子，誠是疏己稠彼。子以父爲旁尊，則知所天在此。初出情重，故不奪其親而與其降；承出之後，義漸輕疏而絶其恩。絶其恩者以一其心，其心

一則所後親，所後親則祭祀敬，祭祀敬則宗廟嚴，宗廟嚴則社稷重，重社稷以尊百姓，齊一身以肅家道。此殆聖人之意也。』〔二七〕

宋崔凱喪服駁云：「代人或有出後大宗者，還爲其祖父母周，與女子子出適不降其祖同義。」凱以爲女子出適人，有歸宗之義，故上不降祖，下不降昆弟之爲父後者。今出後大宗，大宗，尊之統，收族者也，故族人尊之，百代不遷，其父母報之周，所謂尊祖故敬宗也。」

又曰：「持重於大宗，降其小宗。降其小宗，還當爲其祖父母大功耳。」

又云：「代人有出爲大宗後，還爲其父母周，其子從服大功者。」凱以爲經文爲人後者爲其父母周，〔二八〕爲其兄弟降一等，此指謂後者身也。不及其子，則常以其父所後之家，還計其親疏爲服紀耳。按晉劉智釋疑：『或問：「禮爲人後者，爲當唯出子一身還本親也？」魯國孔正陽等議，以「爲人後者，服所後之親若子，爲其本親降一等。不言代降一等者，以其至其子以義斷，〔二九〕不復還本親故也。禮云若子者，則於本父母不若子矣」。』劉智又按：『禮爲人後者，於兄弟降一等，此出子及其子孫皆爲人後者也。甲無後，故乙爲之後。乙之子孫，皆去其親，往爲甲後，皆當稱爲人後，服本親不傷於後者。若子，則其孫亦然矣。〔三〇〕本親有自然之恩，降一等，足以明所後者爲重，無緣乃絶之矣。』儒林掾謝襲稱：『學士張襜之從祖母丁喪亡，〔三一〕本是親祖母，亡父出後，求詳禮典。輒敕助教陳福籤，〔三二〕

當諸出爲人後者，還服本親，皆降一等，自爲後者之身。文無後者之子追服大功。〔三三〕如福議，則禬之不應廢業。』王彪之答：『如所白，則族人後大宗者，出後者子，於本祖無服。孫不服祖，於情不安，是以諸儒之説義旨，總謂爲人後者雖在五服之外，皆降本親一等，無孫不服本祖之條。按記云：「夫爲人後，其妻爲舅姑大功。」鄭玄云：「不二降也。」其妻於舅姑義服，猶不二降，況其子孫，骨肉至親，便當無服乎！禮疑則重，義例亦明。如禮之例，諸出後者及子孫，還服本親，於所後者有服與無服，皆同降一等。謂禬之當服大功。』」

出後子爲本庶祖母服議晉　宋

晉劉氏問曰：「弟子遭所生母艱，弟子有兒出後伯父承嫡，當心喪三月否？」徐邈答曰：「庶祖母服，禮無正條。往年臨川王服太妃，已爲成制。今出後承嫡者，當依爲人後降本親一等，宜制大功九月。」

宋庾蔚之謂：「庶子爲父後，不得服其所生，以服廢祭故也。已出伯父，即爲祖嫡，何由得服父之所生乎？」

父爲高祖持重子當何服議晉〔三四〕

晉徐農人問殷仲堪曰：「禮，服高祖父母齊縗三月。若其父承重者，爲當服一周？〔三五〕爲故自服其本服邪？若服其本服，不以父重而增者，假如玄孫持高祖重，玄孫之子來孫本都無服，父服三年而子吉服，懼非喪紀差降之義。〔三六〕若來孫本無服而今有服，則曾玄孫宜以父承重而加也。進退迷惑，不知所行。」

殷答曰：「祖父在而祖母没，則父服厭周。祖父後亡，則父服三年，而孫之服一定無變，是知孫之於祖，自有正服，不以父服爲升降。又疑玄孫承重，來孫無變。按禮記有子姓之服，〔三七〕苟恩盡親畢，縞冠玄武，非爲無變矣。」

徐又問曰：「父在爲母，雖服以周斷，至練禫盧杖，大制無虧，故孫得遂其本服。若父出後，降祖在不杖周，則孫不得同父之服明矣。若父還反重，又當從父升亦明矣。如此，升降由父，不得恆自定也。未有斬服不異至親，而子正制三月之外，或都無服者也。他人同爨，而爲之緦。縞冠玄武，微厠吉飾，求之五服，故爲無變。他人之不若，此所大惑也。」

殷又答曰：「父在爲母，先王明義，屈之以周服，而情未有異也。哀親故寢苫枕草，〔三八〕毁瘠，杖而後起，創巨痛深，弗可頓奪，故漸之以祥練，申之以禫月。此蓋有由。不變其本則降矣，子有降而孫得遂，仲堪所謂不隨父升降者也。」

爲庶子後爲庶祖母服議 晉 宋

晉王冀答劉系之問云：「凡不繼大宗而立後，及爲後而不爲所後制服，皆非禮也。然據已爲後，則不得不從爲後之制。若庶子立後，不繼祖宗，已服無重可傳，亦有居而不服；〔三九〕庶子若先受重可傳，亦何居而不服。〔四〇〕庶子若先受重承事，則制有疑，謂當與庶祖母同。」

宋庾蔚之謂：「所後父若承祖後，則已不得服庶祖母也。父不承重，已得爲庶祖母一周。庶無傳祭，故不三年也。」

所後之母見出服議 晉〔四一〕

晉步熊問許猛曰：「爲人後而所後之母見出，當何服？」猛曰：「爲人後者若子，繼母言如母。夫言『若』『如』者，明其制如親，其情則異也。繼母如母，則異於親子矣。」

爲族曾祖後服議〔四一〕晉　宋

晉何琦議以爲：「卿士之家别宗無後，宗緒不可絶，若昆弟以孫若曾孫後之，理宜然也。禮緣事而興，不應拘常以爲礙也。魏之宗聖，遠繼宣尼；琦從父以孫紹族祖；荀顗無子，以兄孫爲嗣：此成比也。」

宋庾蔚之謂：「閒代取後，禮未之聞。宗聖，時王所命，以尊先聖，本不計數，恐不得引以爲比也。」〔四二〕

校勘記

〔一〕父母何筭焉　「筭」原訛「等」，據儀禮喪服及北宋本、傅校本、明抄本、明刻本、王吴本改。

〔二〕自由也　「由」原訛「出」，據諸本改。

〔三〕劉德　「德」原訛「得」，據北宋本改。

〔四〕後以其庶子還承其父　「後」王吴本作「復」，全三國文亦作「復」。

〔五〕設不盡在　「在」原作「存」，據北宋本、傅校本、明抄本、明刻本改。

〔六〕一已不知　「一已」原作「夫既」，據北宋本、傅校本、明抄本、明刻本改。

〔七〕繼之以姓而弗別　「繼」原作「繫」，據北宋本、傅校本、明刻本、王吳本改。

〔八〕違親就疏　「違」原訛「爲」，據北宋本、傅校本、明刻本、王吳本改。

〔九〕妻從服如舅姑　北宋本、傅校本「妻」上有「爲」，蓋衍文。

〔一〇〕然大宗雖重　「然」原訛「言」，據北宋本、傅校本、明抄本、明刻本、王吳本改。

〔一一〕當追報甲三年服否　「報」原作「服」，據北宋本、傅校本、明抄本、明刻本、王吳本改。

〔一二〕三年之喪稱情而立文　「文」原訛「聞」，據禮記三年問改。

〔一三〕今更制重　「今」原訛「令」，據北宋本、傅校本、明抄本、明刻本改。

〔一四〕若服　「若」北宋本、傅校本、明抄本作「荅」。

〔一五〕此禮所出爲分明釋耳　「禮」原作「理」，據北宋本改。

〔一六〕晉　北宋本、傅校本、明抄本無此字。

〔一七〕可有不服三年之理也　「理」原訛「服」，據北宋本、傅校本、明抄本、明刻本改。

〔一八〕即之人心　「之」北宋本、傅校本、明抄本、明刻本、王吳本作「知」。

〔一九〕斷殷爲大功　「斷」原訛「繼」，據北宋本改。

〔二〇〕爲後服議　「服」原訛「復」，據北宋本、傅校本、明抄本、明刻本改。

〔二一〕爲人後者於兄弟降一等報　「於」原訛「爲」，據北宋本、傅校本、明刻本改。

〔二二〕於所爲後之子兄弟若子　上「子」疑爲衍文。

〔二三〕五服之術　「術」原作「制」，據北宋本改。

〔二四〕非先聖之意也　「聖」原訛「賢」，據北宋本、傅校本、明抄本、明刻本改。

〔二五〕若以父服輒當後者　「後」疑「從」之形訛。

〔二六〕父税已不其義幽而必彰　「父税已不」原誤倒作「父已不税」，「必」原訛「不」，據北宋本、傅校本、明抄本、明刻本乙改。

〔二七〕何獨遲遲別宗之祖邪　下「遲」原作「疑」，據北宋本、傅校本、明抄本、明刻本改。

〔二八〕凱以爲經文爲人後者爲其父母周　上「爲」字原脱，據北宋本、傅校本、明抄本、明刻本補。

〔二九〕以其至其子以義斷　上「其」原作「爲」，據北宋本、傅校本、明抄本、明刻本改。

〔三〇〕則其孫亦然矣　「孫」原訛「親」，據北宋本、傅校本、明抄本、明刻本改。

〔三一〕從祖母丁喪亡　原脱「亡」，據北宋本、傅校本、明抄本補。

〔三二〕輒敕助教陳福籤　「籤」原訛「議」，據北宋本、傅校本、明抄本改。按：籤猶牒也。

〔三三〕文無後者之子追服大功　「無」下原有「爲」，據北宋本、傅校本、明抄本、明刻本删。

〔三四〕晉　北宋本、傅校本、明抄本、明刻本、王吴本無此字。

〔三五〕爲當服一周　原無「一」，據北宋本、傅校本、明抄本補。

〔三六〕懼非喪紀差降之義　「懼」原作「俱」，據北宋本、傅校本、明抄本、明刻本改。

〔三七〕有子姓之服　「姓」原訛「姪」，據禮記玉藻訂正。

〔三八〕哀親故寢苫枕草　「草」原作「𠙹」，據北宋本、傅校本、明抄本、明刻本、王吳本改。

〔三九〕亦有居而不服　「有」原作「何」，據北宋本、傅校本、明抄本改。

〔四〇〕庶子若先受重可傳亦何居而不服　此十四字原脱，今據北宋本、傅校本、明抄本增補。

〔四一〕晉　北宋本、傅校本、明抄本、明刻本、王吳本無此字。

〔四二〕爲族曾祖後服議　原脱「族」，卷四〇禮典目録及本卷卷首目録北宋本、傅校本、明抄本、明刻本均有「族」字，今據補。

〔四三〕恐不得引以爲比也　原脱「爲」，據北宋本、傅校本、明抄本、明刻本補。

王文錦點校

通典卷第九十七

禮五十七　沿革五十七　凶禮十九

並有父母之喪及練日居廬堊室議　父未殯而祖亡服議　父喪內祖亡作二主立二廬議　居重喪遭輕喪易服議變除附　長殤中殤變三年之葛議　居親喪既殯遭兄弟喪及聞外喪議　居親喪除旁親服議　婦人有夫喪而母亡服議　居所後父喪有本親喪服議　有祖喪而父亡服議　祖先亡父後卒而祖母亡服議　爲祖母持重既葬而母亡服議　既練爲人後服所後父服議　兼親服議

並有父母之喪及練日居廬堊室議周　晉　宋

周制，曾子問曰：「並有喪如之何？何先何後？」並謂父母若親同者同月死也。〔一〕孔子曰：「葬，先輕而後重，其奠也，先重而後輕，禮也。自啟及葬不奠，不奠，務於當葬者也。行葬不哀次。不哀次，輕於在殯者。反葬奠，而後辭於賓，遂修葬事。辭於賓，謂告將葬啟期也。其虞也，先重而後輕，禮也。」

晉杜元凱云：「若父母同日卒，其葬，先母後父，皆服斬縗。其虞祔，先父後母，各服其服，卒事，反服父服。若父已葬而母卒，則服母之服；至虞訖，反服父之服；既練，則服母之服；喪可除則服父之服以除之，訖而服母之服。」

賀循云：「父之喪服未竟，又遭母喪，當父服應竟之月，皆服祥祭之服，如除喪之禮，卒事，反母之喪服也。」

又荀訥答問云：「代人有向曙毀廬作堊室，祭畢，居堊室見客者。或有於廬前設位。謂今可於廬前設位，著練服，事畢，服母服居廬。」

庾氏問徐廣曰：「母喪已小祥而父亡，未葬，至母十三月，當伸服三年，猶厭屈而祥邪？」答曰：「按賀循云：『父未殯而祖亡，承嫡猶周，此不忍變父在也。』故自用父在服母之禮，靈筵不得終三年也。禮云：『三年之喪既葬，乃爲前喪練祥。』則猶須後喪葬訖，乃得爲前喪變服練祥也。」

宋庾蔚之謂：「前喪既周，應毀廬爲堊室，而後喪猶應居廬。古者受弔於庭階，廬堊室自是寢處之所。今雖以廬堊室爲喪位，然自異於縗絰矣。母喪既練而父亡，爲母伸服。

乃問劉表諸儒及泰始制，皆云：『父亡未殯而祖亡，承祖嫡者不敢服祖重，爲不忍變於父在也。況父在之日，母久已亡，寧可以父亡而變之乎！』意謂立服之旨，皆定於始制之日。女子大功之末可嫁，既嫁，必不可五月而除其服；男子在周服之內，出爲族人後，亦不可九月而除矣。父爲大夫，子爲父後，降伯叔父大功，或已兩三月日而父亡，〔二〕寧可得伸服周乎？是知凡服皆以始制爲斷，唯有婦人於夫氏之親，被遣義絶，出則除之。」

父未殯而祖亡服議晉 宋

晉虞喜按：「賀循喪服記云：『父死未殯而祖父死，服祖以周；既殯而祖父死，則三年。〔三〕此謂嫡子爲父後者也。父未殯服祖以周者，父屍尚在，人子之義，未可以代重也。』喜以爲三禮無有此條，殆是脱失。祖父正統，非爲旁親。若父死未殯，服祖但周，則祖無倚廬，傳重在誰？假使祖爲國君，已爲嫡孫，祖殁已嗣，此受封於祖，祖之羣臣服祖三年，而己爲嫡孫，則服一周，齊縗送葬，斬杖無主，雖云屍在未忍，如大父何！」大父，祖也。

宋庾蔚之謂：「禮云『三日而不生，亦不生矣』。故君薨未斂，入門，升自阼階，明以生奉之也。父亡未殯，同之平存，〔四〕是父爲傳重正主，己攝行事，事無所闕。虞喜何謂無倚廬乎？孝子之所寢處，不關於主，闕之何嫌？若祖爲國君，五屬皆斬，則孫無獨周之義。

按賀循所記，謂大夫士也。」

父喪内祖亡作二主立二廬議 晉 宋

晉韓伯爲殷靈符問或人，答云：「昔亡伯喪未除，而祖母見背，從兄不廢父喪主，而爲祖母居廬。鄒太尉來弔，不以爲非禮也。」

宋庾蔚之謂：「父喪内祖又亡，則應兼主二喪。今代以廬爲受弔之處，則立二廬是也。人爲父喪來弔，則往父廬之所；若爲祖喪來弔，則往祖廬之所。」

居重喪遭輕喪易服議 變除附○ 周 晉 宋

周制，閒傳云：「斬縗之喪，既虞卒哭，遭齊縗之喪，輕者包，重者特。說所以易輕者之義也。既虞卒哭，謂齊縗可易斬服之節也。輕者可施於卑，服齊縗之麻以包斬縗之葛，謂男子帶、婦人絰也。重者宜主於尊，謂男子之絰，婦人之帶，特其葛不變之也。言包特者，明於卑者可以兩施，而尊者不可貳也。吳射慈云：「斬縗，既葬，縗裳六升，男子絰帶悉易以葛。婦人易首絰以葛，腰帶故麻也，但就五分去一分，殺小之耳。仍遭母及伯叔昆弟齊縗之喪，其爲母，更以四升布爲腰帶，謂之包，言以包斬縗帶也；絰斬縗之葛絰，謂之重者，主於尊也。婦人易首絰以麻，亦謂之包；帶斬縗之麻帶，謂之特。周喪既葬，服上服六升之縗裳，男子帶上服之葛帶，婦人絰上服之葛絰也。」齊縗之喪，既虞卒哭，遭大功之喪，麻葛兼服之。此言大功可易齊縗周服之節也。兼猶兩也。不言包特而言兩者，包特著其義，兼者明有絰有帶耳。不言重者，三年之喪既練，或無絰，或無帶。言重者，以明今皆有，周以下固皆有矣。〔五〕兩者有麻有葛耳，葛者亦特其重，麻者亦包其輕也。服重者則易輕者也。」服重者，謂特之也。則者，則男子與婦人也。凡下服，虞卒哭，男子反其故葛帶，婦人反其故葛絰。其上服除，則固自受以下服之受矣。吳射慈云：「齊縗之喪，既虞卒哭，遭大功之喪，麻葛兼服之。齊縗既葬，爲母七升正服縗，八升絰帶，悉葛。婦人首絰以葛，腰帶故麻也，亦就五分去一，殺小之耳。又遭大功之喪，更制大功之喪縗裳，男子以麻爲腰帶，〔六〕絰周之葛絰。婦人易首絰以麻，帶周之葛帶。大功既葬，亦服其功縗，男子婦人悉反著周喪既葬之絰帶也。」服問云：「三年之喪既練矣，有周之喪既葬矣，則帶其故葛帶，絰周之絰，服其功縗。帶其故葛帶者，三年既練，周既葬，差相似也。絰周之葛絰，三年既練，首絰除矣。爲父既練，縗七升；母既葬，縗八升。凡齊縗既葬，縗或八升，〔七〕或九升。服其功縗，服其麤者也。吳射慈云：「三年之喪既練矣，有周之喪，既葬，則帶其故葛帶，絰周之絰，服其功縗，謂三年既練縗七升，男子首絰、婦人麻帶俱已除矣，又遭周喪，更制周縗裳，絰帶悉麻。周喪既葬，爲母縗七升，〔八〕正服縗八升，義服縗九升，謂之功縗。男子帶練之葛，絰周之麻，謂既葬之麻也。其大四寸百二十五分寸之七十六也。」三年之喪既練矣，有大功之喪，服其功縗絰帶如周。大功之麻，變三年之練葛。周既葬之葛帶，小於練之葛帶。又當有絰，亦反服其故葛帶，絰周之絰，差降之宜也。此雖變麻服葛，大小同耳。亦服其功縗。凡三年之喪既練，始遭齊縗大功之喪，絰帶皆麻也。小功無變也。無所變於大功齊斬之服，不用輕累重也。無所變於大功以上之服。〔九〕麻之有本者，變三年之葛。」有本，謂大功以上也。小功以下澡麻斷本也。間傳云：「既練，遭大功之喪，麻葛重。此言大功可易斬服之節也。斬縗已練，男子除絰而帶獨存，婦人除帶而絰獨存，謂之單。遭大功之喪，男子有麻絰，婦人有麻帶。又皆易其輕者以麻，謂之重麻。既虞卒哭，男子帶其故葛帶，絰周之葛絰，婦人絰其故葛絰，帶周之葛帶，謂之重葛也。吳射慈云：「既練，遭大功喪，麻葛重者既練，男子有葛帶，婦人有葛絰，男子首絰，婦人麻帶，俱已除矣，又遭大功之喪，亦更制縗裳，絰帶皆麻，謂之重麻。大功既葬，還服練縗，男子帶練之葛帶，絰周之葛絰；其婦人絰其練葛絰，帶周之葛帶，謂之重葛。檀弓曰『婦人不葛帶』，謂齊斬之婦人也。今此帶周之葛帶者，大功既葬，婦人得葛帶。不服大功之葛帶而帶周之葛帶者，斬縗既練，婦人除葛絰，大五寸二十五分寸之十九，若帶大功之葛帶，裁大三寸六百二十五分寸之四百二十九，非絰帶五分去一之差也，故帶周之葛帶。周之葛帶，大四寸百二十五分寸之七十六，與練首絰差之宜也。男子不絰大功葛絰而絰周之葛絰者，亦以非練帶之差也。」雜記云：「有三年之練冠，則以大功之麻易之，唯杖屨不易。」謂既練而遭大功之喪者也。練，除首絰腰絰葛，又不如大功之麻重也。言練冠易麻，互言耳。唯杖屨不易，言其餘皆易也。屨不易者，練與大功俱用繩耳。服問云：〔一〇〕「既練，遇麻斷本者，謂小功以下也。於免絰之，既免去絰，每可以絰必絰，既絰則去之。雖無變，緣練無首絰，於有事則免絰如其倫。免無不絰，絰有不免。其無事則自若練服矣。小功不易喪之練冠，如免則絰其緦小功之絰，因其初葛帶。緦之麻不變小功之葛，小功之麻不變大功之葛，以有本爲稅。」稅亦變易也。小功以下之麻雖與上葛同，猶不變也，此要其麻有本者乃變上耳。間傳云：「除服者先重者，易服者易輕者。」〔一一〕易服謂爲後喪所變也。雜記云：「有父之喪，如未沒喪而母死，其除父之喪也，服其除服，卒事反喪服。沒猶竟也。其除服謂祥祭之服也。卒事，既祭也。反喪服，服後死者之服也。如三年之喪，則既穎其練祥皆行。」言今之喪既服穎，乃爲前三年者變除而練祥祭也。此主謂先有父母之服，今又喪長子者也。其先有長子之服，今又喪父母，其禮亦然。然則言未没喪者，〔一二〕已練祥矣。穎，草名也。無葛之鄉，去麻則用穎，乃爲前喪行練祥祭也。穎音苦迥反。〔一三〕

晉謝奉議曰：「夫孝子之處喪，服勤三年，不懈不怠，情思所主無不在。曾子問：『三年之喪可以弔乎？』孔子曰：『三年之喪練，不羣立，不旅行。君子禮以飾情，三年之喪而弔哭，不亦虚乎！』蓋以爲彼興哀，則不專於所重也。而禮云『卒哭既練，遭周大功之喪，皆隨所服而變』。代行喪者，咸從此制，竊有所恨。夫人子之道，天屬之恩，可謂重矣。終身之憂，非一朝可消，故有祥練而爲其極。夫以資於事父之道，在公，尚有奪私服之制，況兼愛敬之重而更屈於支屬乎！奔喪之禮，赴哭輒備其絰帶，歸於本宫，即反正服。於權宜兼通，庶可知無大過矣。」

宋崔凱云：「斬縗既練而遭大功之喪，則著大功之冠及麻。麻謂男子首絰，婦人腰絰也。又易其故既練之葛以麻，謂男子腰、婦人首也。大功之喪，既葬卒哭，男子復其練冠，帶周之葛帶。男子首絰，婦人腰絰，皆言周者，斬縗練，男子除首，婦人除腰，今大功之喪既葬，首腰皆當有絰，大功既葬之葛絰，則小功之絰也，大四寸六分，小，不可以居三年之喪，故皆絰周絰也。」

長殤中殤變三年之葛議 周　宋

周制，服問曰：「殤長中變三年之葛，終殤之月筭而反三年之葛，是非重麻，爲其無卒哭之稅。下殤則不。」謂大功之親爲殤在緦小功者也。閒傳曰：「斬縗之葛與齊縗之麻同，齊縗之葛與大功之麻同，大功之葛與小功之麻同，小功之葛與緦之麻同，則兼服之。」此言有上服，既虞卒哭遭下服之差也。唯大功有變三年既練之服，小功以下則於上服皆無易焉。此言大功之葛與小功之麻同，小功之葛與緦之麻同，主爲大功之殤長中言也。吳射慈曰：「謂大功之親爲殤在小功緦麻者，皆易練葛，著麻絰帶，以終殤之月數，而反三年之葛。謂若從父昆弟、姪、庶孫之長殤、中殤在小功，〔一四〕婦人爲夫叔父之長殤在小功、中殤在緦麻者也。〔一五〕此殤麻亦斷本。變三年之葛者，正親親也。下殤則不言，賤也。」

宋庾蔚之謂：「服問云『麻之有本者，變三年之葛，既練，遇麻斷本者，於免絰之』，次云『小功不易喪之練冠』，因說麻之有本，乃能變上服之葛。〔一六〕方云『殤長中變三年之葛，終殤之月筭，而反三年之葛，是非重麻，爲其無卒哭之稅，下殤則不。』當是論周殤之大功。若是大功之殤，記當明之。周殤最在上，所以不言周耳。鄭玄當謂周殤長中已自大功，〔一七〕不復指明殤服之異，不於卒哭而變上服之葛。又明下殤之麻，雖不斷本，以其幼賤，亦不能變上服之葛。閒傳大明斬縗變受之節，因備列五服麻葛之分。緦小功之麻，不變上服之葛，已自別見，故此雖連言，而在兼服之例，是以不復曲辨。若如鄭説，謂大功親之殤者，其如緦小功之絰，麻既斷本，又與三年之葛大小殊絶，安得相變邪？」

居親喪既殯遭兄弟喪及聞外喪議 周 魏 晉

周制，檀弓曰：「有殯，聞遠兄弟之喪，有殯，父母之喪也。遠兄弟者，有兄弟親而道遠也。哭於側室。嫌哭殯也。無側室，哭於門内之右。近南者，爲之變位也。東爲右，就主人位也。同國則往哭之。」又曰：「有殯，聞遠兄弟之喪，雖緦必往。親骨肉也。非兄弟，雖鄰不往。」疏無親也。雜記曰：「有殯，聞外喪，哭之他室。明所哭者異也。哭之爲位也。〔一八〕入奠，卒奠出，改服即位如始即位之禮。」謂後日之哭也。朝入奠於其殯，既乃更即位就他室，〔一九〕如始哭之時也。

魏王肅云：「往哭而退，不待斂也。」

鄭記問曰：「或言往哭，或言側室，或言他室，不同何也？又雜記云：〔二〇〕『三年之喪，雖功緦不弔。如有服，服其服而往，雖緦必往。』亦當服其服不？」王瓚答曰：「檀弓言往哭，不言輕重，通三年當往也。雜記斬縗言功縗乃服其服而往，則齊縗亦於功縗乃服其服也。哭他室者，爲外兄弟，明皆當先哭乃行耳。異國則不往也。」吴射慈云：「雖緦必往，親骨肉也。雖鄰不往，疏無親也。」蜀譙周云：「禮，哭於門内之右，明爲變位也。後日之哭，既朝奠其殯，卒事出，改服即位如初，亦三日五哭也。」

晉束晳問曰：「有父母之喪，遭外緦麻喪，往奔不？」步熊答曰：「不得也。若外祖父母喪，非嫡子可往。若姑姊妹喪，嫡庶皆宜往奔也。」

傅純云：「禮，先重後輕，則輕服臨之。輕服臨者，新亡新哀，以表新情，亦明親親不可無服。及其還家復著重者，是輕情輕服已行故也。今新死者在千里表，應服者以官役爲限，奔臨無由，乃以重包之。夫重服自前亡，非關新死，則新死無服也。豈應服之親，卒爲無服，宜制新輕之縗，以當往臨之服。若新亡除既了，則反服先重，自然包之，前後二喪，人情與服，兩得濟乎。或難曰：〔二一〕『服以禮爲主，禮有往臨之縗，而無便制之服。如便制輕縗，恐非禮也。』答曰：『禮是經通之制，而魯築王姬之館於外，春秋以爲得禮之變，明變反合禮者，亦經之所許也。』」

居親喪除旁親服議 周 晉

周制，雜記曰：「雖諸父昆弟之喪，如當父母之喪，其除諸父昆弟之喪，皆服其除喪之服，卒事反喪服。」雖有親之大喪，猶爲輕服者除，骨肉之恩也。唯君之喪不除私服。〔二二〕言當者，期大功之喪，〔二三〕或終始皆在三年之中。小功緦麻則不除。殤長中乃除。

晉賀循云：「雖有父母之喪，皆爲周大功之服祥除，各服其除喪之服，如常除之節。小功以下則不除，轉輕也。降而爲小功則除之。」

殷允有兄子喪，應除兄服，與徐邈書云：「其晨當著吉服除服不？當竟此日以吉服接客？當兄舊服見客邪？」又云：「禮曰『服其除服，卒事反喪服』。庾太尉大喪中除妻服，白帢對客終日。今齋服既同，且下流，益無嫌於變吉服也。竟此一日，然後反喪服邪？」

婦人有夫喪而母亡服議

晉羊祖延問曰：「外生車騎婦，先遭車騎喪，斬縗服也。後遭母喪，齊縗服也。禮爲兩制，服有所變易邪？按曾子問曰『君喪已殯，臣有父母喪，歸家，殷事即往』。應依此不？往服何服？家服何服？」賀彥先即循也。答曰：「禮，女子適人，服大三年，而降其父母。傳曰『不貳斬』。既不貳斬，則不得捨其所重，服其所降，有分明矣。國妃有車騎斬縗之服，宜以包母齊縗，無兩服之義。唯初奔，當有母初喪之服，以明本親之恩。成服之日，故宜反斬縗之服，此輕重之義也。又禮，君不厭臣。君既殯，又有父母之喪，與君俱三年，故有歸家之義。而猶云有君喪者，不敢私服，何除之有。以此言之，雖君父兩服，當其兼喪，以君縗爲主，而不以己私服爲重也。」

居所後父喪有本親喪服議晉　宋

晉韓康伯問荀訥云：「有人奉其伯後，服制未除，復有本父喪，當復應還所生，兩處作喪位不？若作堊室，今當服斬，先斬以居堊邪？」答曰：「今身有所後重服，未練，雖有所生之喪，無所改易。既練則當服周，布冠幘，首絰，齊縗。先喪既練，已有堊室，唯當服周以居之耳，不復還本家作喪位。」韓重問：「既爲人後，先服重制，豈當有改。然今要當有時還本，哭臨其本親，〔二四〕赴弔不設喪位，情爲不安。可於本親兄弟次作堊室歸來處之不？」荀重答：「意謂身有所後重服，當不得復於本兄弟廬次作堊室，〔二五〕歸可設哭位而已。」

宋庾蔚之謂：「禮，齊縗斬縗之受服，大功變既練之服，計縗升數，從其麤者。若升數同則不變，絰帶而已。今代則不然，應別制本親周服，還本家則著之。時代不同，不得全依禮。今以堊室爲對弔之所，故應還本家，立堊室，在諸弟之下以受弔。設使本家遠，便當於別室。不得於所後靈前受本親喪之弔。」

有祖喪而父亡服議

宋孟氏問曰：「嗣子今爲孟使君持重，光祿喪庭便無復主位，於禮云何？」周續之答：

「禮無曉然之文，然意謂嗣子宜兼持重正位之喪，豈可闕三年正主邪！」又問曰：「若嗣子兼持重者，光禄喪次，親有廬邪？」又答曰：「禮之倚廬在東牆下，蓋是寢苫枕凷之處，非接賓位也。謂寢息之所，宜在親之殯宮。於光禄喪庭，若賓客饋奠，凡是有事，然後之喪所，已則還廬次。然今代皆以廬爲接賓之位，位則二處，從禮之變，亦宜兩設耶。」又問：「葬奠之禮，何先何後？」又答：「禮云『父母之喪偕，其葬也先輕而後重，其虞也先重而後輕，其葬服斬縗』。以例而推，光禄葬及奠虞皆宜先。於情則祖輕，於尊則義重。」〔二六〕

祖先亡父後卒而祖母亡服議 周 後漢 晉〔二七〕

周制，喪服小記曰：「祖父卒，而後爲祖母後者三年。」祖父在，則其服如父在爲母也。

後漢劉表及侍中成粲云：「父母亡在祖後，則不爲祖母三年。」吳商駁之曰：「嘗見表所作喪服後定，變除爲婦人之服，不踰男子；孫爲祖父服周，父亡之後，爲祖母服，而云不得踰祖也。又見成侍中云，以爲己自受重於父，不受重於祖，〔二八〕祖母服不應三年。商按：假使子爲人後，爲本父服周，而所後者更自有子，己則還家，而母後亡，當可以不得踰父不三年乎？又從祖祖父先亡，己爲小功五月而已；後爲從父後，從父又先亡；祖母後卒，可復以己先爲祖父小功，今爲祖母不踰祖父復服五月乎？諸如此比，婦服重於夫甚衆，不可具記。不得踰夫之說，經傳無據。嫡行庶服，義又不通。粲又云：『已自受重於父，不受重於祖，今服祖母亦當周。』又齊縗章，臣爲君之父母、祖父母周。凡臣從君所服而降一等，臣從服周，則君爲三年也。據爲國君而有父若祖之喪者，謂始封君也。其繼體則父與祖，並有廢疾不立者也。有廢疾不立，則君受國於曾祖，不受國於祖也。不受國於祖，猶服三年。此則經之明例，非從傳記之說也。其義如此，則凡爲後者皆應三年，何必受重然後服斬。」

爲祖母持重既葬而母亡服議 晉 宋

晉雷孝清問曰：「爲祖母持重，既葬而母亡，服制云何？別開門，更立廬不？言稱孤孫，爲稱孤子？」范宣曰：「按禮應服後喪之服。承嫡居諸父之上，一身爲兩喪之主，無緣更別開門立廬，以失居正之意。至祖母練日，則變除居堊室，事畢反後喪之服。禮無書疏稱孤子孤孫之文，今代行之，合於人情。稱孤孫，存傳重之目。宜卒祖母訖服，〔二九〕然後稱孤子。」

宋庾蔚之謂：「若如范說，非爲反後喪之服，亦應還毀堊室，立廬在諸父堊室之上。但二喪共位，廬堊室雜處，恐非適時之禮。謂宜始有後喪，便別室爲廬，兼主二喪。」

既練爲人後服所後父服議

宋何承天問曰：「婦人夫先亡，無男，有女已出嫁。婦人亡後未周，宗從之家乃以兒繼其後。〔三〇〕今既更制廬杖，未知當及亡月一周便練，爲取出後日爲制服之始？」荀伯子答曰：「出後晚異於聞喪晚稅服也。應以亡月爲周，不以出後日爲制服之始。假使甲有婦及男女，甲死，甲兒持重服，已練，甲兒復死，甲弟乙方以子景後甲，景以爲伯持周年服訖，便更制二十五月服，甲婦、女不合先景除服，何容持三周服邪！難者或疑若使甲服將除而景始出後，景便是服斬，旬日而除。意謂若服將訖，宜待除服方出後耳，不可使甲婦、女制四周服也。」何重問：「出適之女周而除，心制既過，即吉之後，而來繼之弟，不爲喪始，門庭凶素，靈筵未毁，舛錯深淺，豈稱人情。今謂宜待除服爲後是也。今問不待除者耳。〔三一〕若不服其殘月，便當如知喪晚，特一人未即吉。〔三二〕二條何者爲安？」荀重答曰：「意謂出後未及練者，宜服其殘月，以亡月爲周。若將服出後，〔三三〕宜延待服竟。至於去廬即練，縗縞從輕，此自降殺以漸，〔三四〕所謂送死有已，服生有節，非明出後始爲喪主也。又謂爲人後者，在練則練，在縗則縗，何疑服旬便除。然謂此語不通。設使甲死，其婦女持服已再周，甲弟乙持二子從遠還，始聞喪，以長子景後甲，景弟丁爲伯父追周服，景以出後之故，更縗縞旬日除：所謂深淺舛錯，〔三五〕不是過也。譬如知喪晚，特一人未即吉，此又所疑也。凡出後晚，異知喪晚也。〔三六〕既已制本服，今日月已過，無緣更居再周。若甲之婦女無事不吉，而來繼之子門庭凶素，此婦女無容避此凶居，別卜吉宅。又不可使婦女歌於內，而繼子哭於外。謂應服其殘月。」

司馬操難：「爲人後者盡禮於彼，致降於此，所以全受重之道，成若子之義，豈以真假殊其事，早晚異其制哉！豈不父子之名定於受命之辰，〔三七〕加崇之恩起於辭親之日，大義昭然，無厭奪之變。而使情節伸而有餘，歲月屈於不足，未知輕重，將欲何附。〔三八〕論云：『甲死，甲兒持服，已練，甲兒死，甲弟乙方以子景後之，景無緣爲伯持周服畢，復更制二十五月服。』難曰：『景以甲練後方來後甲，彼喪雖殺，我重自始，更制遠月，於義何傷。且昔以旁尊，服不踰齊，今爲其子，禮窮於制，事乖義異，深淺殊絶，豈宜相蒙，共爲三年。若是大功小功之親，本服已訖，乃爲之後，亦可計本服之月，以充再周之限。若無服之親，今爲甲嗣，其義云何？』論云：『甲婦女無緣持三周服，又不合先景除服。』〔三九〕難曰：『甲婦女二周終訖，何事三周。吉凶有期，何必顧景。亦猶自遠之兄，始及袒免，居室之弟，久已笙歌，〔四〇〕豈得同一！』論云：『或疑甲服垂除，而景出後，景應服斬，旬日而除。意謂延待服除而出後耳。』難曰：『景以禮而行，不及甲始喪，蓋由事趣。且夫堂階絶構，喪位無主，行路悽愴，骨肉悼心，既爲置後，宜及三年之内，情事有寄，豈得持疑以俟吉，視再周之徒過哉！』論曰：『甲死，婦女持服再周，弟乙二子遠還，以長子景後甲，景弟丁爲伯父追税服周，而景以出後之故，〔四一〕更居緦縞，旬日而除，舛錯淺深，不復是過。』難曰：『乙之子景今來後甲，既不可與弟丁同税周服，又不可暫居緦縞，旬日而除，則景於甲之喪，終闕徵服。親爲甲子，而反不如丁有周月之制，處之於三年之地，而絶之於一日之哀，待吉之義，於此爲躓。』論曰：『甲婦女無緣避出此凶居，〔四二〕别卜吉宅，又不可婦女歌於内，繼子哭於外。』難曰：『甲婦雖復縗麻去身，號咷輟響，然素服釐居，與代長戚，夫何圖於吉宅，何務於謳歌。』」

荀伯子答司馬操：〔四三〕「難曰：『爲人子者奉亡事存，如所生不異，盡禮於彼，而致降於此。』答曰：『同所生者，謂出後及所養耳，不謂垂除而追責使同也。設使所繼者是絶服之親，而繼父有兄弟喪未周，豈可悉追制伯叔周服乎！故知及生則同，〔四四〕已死則異。若本服大功之親，雖數十載之後，猶追爲税服。至於出後之子，在三年之外，便不爲繼父追服，明既往不可得同也。』難曰：『乙子景今來後甲，既不可與其弟丁同税周服，又不可制居緦縞旬日而除，既爲甲子而反不如丁，豈有處三年之地而絶於一日之哀乎？』答云：『謂景應先税周服畢，然後可出後耳。設使甲死已三十年，乙將景丁從絶域還，始聞甲喪，豈可使景丁二子同稅周服，然後議出後之事乎！若猶使景居重，甲婦女平吉已來，或是朝市改易，豈可方納一孝居喪乎！雖復三十年，而丁猶稅服，景不可以反不如丁，得不待稅服畢乎！設使周公更生，不能違此言也。』」〔四五〕

兼親服議

宋庾蔚之謂：「一人身而內外兩親，論尊卑之敍，〔四六〕當以己族爲正，昭穆不可亂也；論服當以親者爲先，親親之情不可没也。或族叔而是姨弟，若此之類皆是也。禮云：『夫屬父道，妻皆母道；夫屬子道，妻皆婦道。』此言本無親也。若本有外屬之親，則當推其尊親之宜。外親不關母婦之例，無嫌其昭穆之亂，故可得隨其所親而服之。若外甥女爲己子婦，則不用外甥之服，是從親者服也。外姊妹而爲兄弟之妻，〔四七〕亦宜用無服之制，兄弟妻之無服，乃親於外親之有服也。至若從母而爲從父昆弟之子婦，則不可以婦禮待之，由外親之屬近而尊也。其餘皆可推而知矣。」

校勘記

〔一〕並謂父母若親同者同月死也　「謂」原作「爲」，據禮記曾子問鄭注及北宋本、傅校本、明抄本、明刻本改。

〔二〕或已兩三月日　「日」字疑衍。

〔三〕則三年　原脱「則」，據北宋本、傅校本、明抄本補。

〔四〕同之平存　「平」原作「生」，據北宋本、傅校本、明刻本改。按：明抄本、王吴本作「乎」，顯係「平」字之形訛。

〔五〕言重者以明今皆有周以下固皆有矣　禮記閒傳鄭注同。北宋本、傅校本、明刻本、王吴本作「言重明以今皆自周以下固皆有矣」。

〔六〕男子以麻爲腰帶　「以」原訛「亦」，據北宋本、王吴本改。

〔七〕縗或八升　原脱「縗」，據禮記服問鄭注補。

〔八〕周喪既葬爲母縗七升　「喪」原訛「縗」，「縗」原訛「緦」，據北宋本、傅校本、明刻本改。按：王吴本「喪」字不誤。

〔九〕無所變於大功以上之服　殿本、局本無此十字，今據北宋本、傅校本、明刻本、王吴本補。

〔一〇〕服問云　下文從「既練遇麻斷本者」至注文「其麻有本者乃變上耳」，係禮記服問正文與鄭注，不屬雜記，故增補「服問云」。

〔一一〕易服者易輕者　下「易」原訛「先」，據禮記閒傳及北宋本改。

〔一二〕然則言未没喪者　原脱「言」，據禮記雜記下鄭注補。

〔一三〕潁音苦迥反　「苦」原作「口」，據北宋本、傅校本改。

〔一四〕謂若從父昆弟姪庶孫之長殤中殤在小功　「姪」原訛「絰」，據諸本改。「庶」原訛「無」，據北宋本、傅校本、明刻本改。

〔一五〕婦人爲夫叔父之長殤在小功中殤在緦麻者也　「父之」原訛脱作「又」，據儀禮喪服改正。

〔一六〕乃能變上服之葛　「上」原訛「正」，據北宋本、傅校本、明刻本、王吴本改。

〔一七〕鄭玄當謂周殤長中已自大功　原脱「當」，據北宋本、傅校本補。

〔一八〕哭之爲位也　「之爲」原倒，據禮記雜記下鄭注及北宋本、傅校本、明刻本、王吴本乙。

〔一九〕既乃更即位就他室　原脱「既」，據諸本補。

〔二〇〕又雜記云　「又」原訛「及」，據北宋本、傅校本、明刻本改。

〔二一〕或難曰　「或」原訛「服」，據諸本改。

〔二二〕唯君之喪不除私服　「除」原訛「服」，據禮記雜記下鄭注及北宋本、傅校本、明刻本、王吴本改。

〔二三〕言當者期大功之喪　禮記雜記下鄭注同。北宋本無「期」，蓋杜氏避玄宗嫌名而省。

〔二四〕哭臨其本親　「其」北宋本、傅校本、明刻本作「并」。

〔二五〕廬次作堊室　「次」原訛「室」，據北宋本、傅校本、明刻本改。

〔二六〕於尊則義重　「義」原作「祖」，據北宋本、傅校本、明刻本改。

〔二七〕晉　此節所載以吴商駁議爲主，吴商晉人，故於此補「晉」字。

〔二八〕以爲己自受重於父不受重於祖　原脱「父不受重於」五字，據北宋本、傳校本補。

〔二九〕宜卒祖母訖服　「卒」原作「至」，據北宋本、傳校本改。

〔三〇〕宗從之家乃以兒繼其後　「從」原作「族」，據北宋本、傳校本、明刻本改。按：集韻用韻：「從，同宗也。」

〔三一〕今謂宜待除服爲後是也今問不待除者耳　原「者」在上「除」字下，誤。今據北宋本、傳校本、明刻本移正。

〔三二〕特一人未即吉　「特」北宋本作「持」。下同。

〔三三〕若將服出後　原「服」下有「竟」，據北宋本、傳校本删。

〔三四〕此自降殺以漸　「漸」北宋本作「斬」。

〔三五〕所謂深淺舛錯　「謂」原作「爲」，據北宋本、傳校本、明刻本改。

〔三六〕凡出後晚異知喪晚也　「後」北宋本、傳校本作「税」。

〔三七〕豈不父子之名定於受命之辰　原「不」下有「以」，據北宋本、傳校本、明刻本删。

〔三八〕未知輕重將欲何附　「何」北宋本作「阿」。

〔三九〕又不合先景除服　北宋本、傳校本無「除」字。

〔四〇〕亦猶自遠之兄始及祖免居室之弟久已笙歌　「祖」原訛「祖」，「居」上衍「其」，據北宋本、傳校本、明刻本改删。

〔四一〕而景以出後之故　「出後」原倒，據北宋本、傅校本、明刻本乙。
〔四二〕甲婦女無緣避出此凶居　原脱「出」，據北宋本、傅校本補。
〔四三〕荀伯子答司馬操　原脱「司」，據北宋本、傅校本、明刻本補。
〔四四〕故知及生則同　「生」原訛「喪」，據北宋本、傅校本改。
〔四五〕不能違此言也　「違」原作「易」，據北宋本、傅校本、明刻本改。
〔四六〕論尊卑之敍　「尊卑」原倒，據北宋本、傅校本、明刻本乙。
〔四七〕外姊妹而爲兄弟之妻　「姊」原訛「娣」，據北宋本、傅校本、明刻本、王吴本改。

王文錦點校

通典卷第九十八

禮五十八　沿革五十八　凶禮二十

生不及祖父母不稅服議　小功不稅服議　庶祖母慈祖母服議
君父乖離不知死亡服議　父母乖離知死亡及不知死亡服議

生不及祖父母不稅服議 周　晉　北齊

周制，喪服小記曰：「生不及祖父母、諸父、昆弟，而父稅喪，己則否。」盧植曰：「謂父客他所，子生，服竟乃歸，父追服，子生所不見，恩淺，不追服也。」鄭玄云：「父以他故居異邦而生己，己不及此親存時歸見之。今其死，〔一〕於喪服年月已過乃聞之。父爲之服己則否者，不責非時之恩於人所不能也。當其時則服。稅喪者，喪與服不相當之言。」王肅云：「謂父與祖離隔，子生之時，祖父母已死，故曰生不及祖父母。若卒長大，父稅服，己則不服也。諸父，伯叔也。昆弟，諸父之昆弟也。」

晉賀循云：「生於他方，不及見祖父母、〔二〕諸父、昆弟，若聞喪之月，日已過，不爲稅服，以未嘗相見恩情輕也。若日月未過，服之如常。」按魏時諸儒問云：「日月已過，或父已亡，獨聞喪，當稅之不？若宜稅，稅何服？」答曰：「父卒而爲祖後，服斬，與父在異者也。」

淳于纂問淳于睿云：「按小記：『生不及祖父母、諸父、昆弟，而父稅喪，己則否。』注云：『不及此親存時歸見之，於喪服年月已過乃聞之，父服，己則否者，不責非時之恩於人所不能也。』纂省此注，良謂賢聖失之甚矣。據降而緦小功者稅之，蓋正親而重骨肉也。今父在則祖周，父亡則三年，此非重與！若但以不見則割其正親之本愛，而忍惻怛之痛，使與諸父昆弟同制，此其可乎！尊祖之義，於是疏矣。又禮，爲慈母之父母無服，亦云恩不能及。恩不及者，慈母之父母則可也。今以他故，生不見祖，而以爲非時之恩，意實不厭。」睿答曰：「賢聖及先儒初無疑怪此者，以其緣人情而恕之。降在小功不稅，自正也，非不相識者也。聽當依就，莫不厭也。禮記明文，先師之議，可信者也。不信聖賢而欲意斷，直而勿有，正防此輩。周三年者，傳重焉故也。而不識見，何所傳乎！何所重乎！」

劉智按：「禮小記云：『生不及祖父母、諸父、昆弟，而父稅喪，子則否。』智以爲生不相及，二文相害，必有誤字。『昆弟』，相連之語，易用爲衍。衍，賸也。至親並代，不得以不相見而無相服之恩也。若令生不相及者稅服，則父雖已除，後生者不得追服也。凡不服者不服，〔三〕則父雖稅，其子孫無緣服也。以此推之，『弟』衍字可知也。」

虞喜通疑曰：「據文云父稅子不，當其時則服之可知也。當時雖服，猶生不相見，則恩義疏，不責非時之恩於人，以情恕之也。若父以他故居異邦生己，復更居一邦生弟，然則例不稅服，以生不相見故也。文上言不及而下有弟字者，明生不及相見，理中可有弟矣。已死而兄亦不稅，此義兩施，非衍也。」

蔡謨以爲：「禮，大功猶稅，況此三親，情次於所生，服亞於斬縗。雖不相見，或者音問時通，而絕其稅服，豈稱情乎！夫言生不及者，謂彼已沒、己乃生耳，豈是同時並存之名哉！若鄭說不以生年爲主，但不相見便爲不及，則此祖父即復可言生不及孫，而父亦生不及子，兄復生不及弟也。此之不辭，[四]亦已甚矣，自古及今，未有此言也。鄭君見禮文有弟，弟不得先己生，[五]不知所以通其義，故因而立此說，非禮意也。[六]吾謂此直長一弟字耳。長音直兩反。書歷千載，又逮暴秦，[七]錯謬非一。王氏說云：『己生之時，祖父母已卒也。諸父謂伯叔也。昆弟者，伯叔之子也。』此於情爲允，又生不及之名亦得通。然既謂諸父爲伯叔，而復稱伯叔之兄弟，於文煩重。又不說己聞兄喪當稅與否，於制亦闕，未盡善也。然猶賢乎鄭氏以同時並存爲生不及。」

荀訥答曰：「別示并曹主簿書，其中兄在南娶，喪亡已三年，其兄子該等未曾相見，應爲服否？記云：『生不及祖父母、諸父、昆弟，而父稅喪，己則否。』先儒以爲父異邦而生己，不及祖在時歸見之，故過時則不服也。記云不及，而諸儒以爲不見，文義各異。然則不及當謂生不及此親在時也。意謂音問既通，情義已著，雖未相見，禮疑從重，猶稅服。」孫略議曰：「記云不及祖，謂不及並代而不相服。略昔親行其事，時人咸不見許。」

北齊張亮云：「小功兄弟居遠不稅，曾子猶歎之，而況祖父母、諸父、兄弟，恩親至近，而生乖隔。而鄭君云『不責人所不能』，此何義也！生不及者，則是已未生之前已没矣，乖隔斷絶，父始奉諱居服而已否者。尋此文意，蓋以生存異代，後代之孫不復追服先代之親耳。豈有並代乖隔，便不服者哉！」

小功不稅服議晉　宋

晉元帝制曰：「小功緦麻，或垂竟聞問，宜全服，不得服其殘月，以爲永制。」束晳問步熊，熊答曰：「禮，已除不追耳。未除，當追服五月。」賀循曰：「小功不稅者，謂喪月都竟乃聞喪者耳。若在服内，則自全五月。」徐邈答王詢曰：「鄭玄云『五月之内追服』。王肅云『服其殘月。小功不追，以恩輕故也』。若方全服，與追何異？宜服餘月。」

宋庾蔚之謂：「鄭王所説，雖各有理，而王議容朝聞夕除，或不容成服，求之人心，未爲允愜。若服其殘月，官人得寧，〔八〕則應多少不同。今喪寧心制，既無其條，則是前朝已自詳定，無服殘月之制。」

庶祖母慈祖母服議 晉 宋

晉劉系之問：「爲庶祖母服，經無其文，不知爲有服否？」王冀答曰：「庶祖母服，經誠無文，然亦無不服之制。以情例推之，謂自應服。何以言之？禮，妾子父沒，爲母伸三年。子既得伸，孫無由獨屈。假令嫡祖在，禮，婦人不厭，則無復所屈。按禮唯有祖母文，無嫡庶之別，蓋以明尊尊之義，而人莫敢卑其祖也。禮記云：『爲慈母後者，爲庶母可也，爲庶祖母可也。』此謂二妾無子，〔九〕父命子爲之後，或子或孫，唯其班第。既受命爲後，則服之無嫌。由此言之，妾之無後而託後於人者，猶爲之服，況親之己之孫而可有不服之義邪！〔一〇〕制服爲允。」

又劉智釋疑：「問云：『按喪服小記「慈母之父母無服」，孫宜無服慈祖母矣。又曰「慈母與妾母不代祭」，孫不祭慈祖母，何服之有。』智曰：『禮，爲親母黨服，爲繼母之黨不服。不妨孫服繼祖母也。禮，孫爲祖後如子。所言妾母不代祭者，據奉之者身終則止耳，豈有妾子先亡孫持喪事而終喪便不祭也。』」

虞喜通疑云：「慈母賤，雖服之如母而明矣，若其父先亡，〔一一〕己眷於祖，以祖母之服服之周可也，不得復傳重三年同於繼祖母也。」

宋庾蔚之云：「按喪服傳釋慈母如母，以爲妾之無子，妾子無母，父命以爲母子，然後慈母之義全也。智云有子之妾，有母之子，並乖經傳所説，如母之義，何由而生，子不違父之命，豈從失禮之命。小記云『慈母之父母無服』，今子服慈母如母，猶無所從，況可得從父服慈祖母乎？且先儒所云婦人不服慈姑者，婦從夫尚猶不服，則子不從明矣。」

君父乖離不知死亡服議魏　晉

魏劉德問田瓊曰：「失君父終身不得者，其臣子當得婚否？」瓊答曰：「昔許叔重作五經異義，已設此疑。鄭玄駁云：『若終身不除，是絶祖嗣也。除而成婚，違禮適權也。』」

晉博士徐宣瑜云：「君亡宜從公羊，窮舟車人履所至不得者，按代子即位。鄭玄注云：『君父亡，令臣子心喪終身，深所甚惑。〔二二〕心喪是也，終身非也。』謂從玄心喪可也。」

荀組云：「至父年及壽限，中壽百歲。行喪制服，立宗廟，於事爲長。禮無終身之制。」

父母乖離知死亡及不知死亡服議〔二三〕晉　東晉

晉蔡謨曰：「甲父爲散騎侍郎，在洛軍覆，奔城皋，病亡。一子相隨，殯葬如禮。甲先與母、弟避地江南，聞喪行服，三年而除。道險未得奔墓，而其弟成婚。或謂服可除，不宜以婚者。謨以爲凶哀之制除，〔一四〕則吉樂之事行矣。且男女之會，禮之所急。故小功卒哭，可以娶妻；三年之喪，吉祭而復寢。魯文於祥月而納幣，晉文未葬喪而納室。春秋左氏傳曰：『婦，養姑者也。』又曰：『娶元妃以奉粢盛。』由此言娶妻者，所爲義大矣，所奉事重矣。又夫冠者，加己之服耳，非若婚娶有事親、奉宗廟、繼嗣之事，而冠有金石之樂，婚則三日不舉。金石之樂，孰若不舉之戚？加己之事，孰若奉親之重？今譏其婚而許其冠，斯何義也？不亦乖乎！」又曰：「或疑甲省墓稽留者。謨以爲奔墓者，雖孝子罔極之情，然實無益之事，非亡身之所也。故禮，奔喪不以夜行，〔一五〕避危害也。今中州喪亂，道路險絶，墳墓跌發，〔一六〕名家人士皆有之，而無一人致身者，蓋以路險體弱，有危亡之憂，非孝子之道故也。而曾無譏責，何至甲獨云不可乎！且甲尋已致身，非如不赴之人也。塋兆平安，非如毀發之難也。又是時甲母篤病，營醫藥而不可違闕侍養，投身危險，必貽老母憂勤哉！昔鄭有尉止之亂，子西、子產父死於朝。子西不儆而先赴，見譏於典籍；子產成列而後出，見善於春秋：此經典之明義也。按吳雷思進參太傅軍事，亡在新汲，〔一七〕爲賊焚燒失喪，其子不得奔迎。〔一八〕禮云『久喪不葬，主人不變』者，謂停柩在殯者耳，〔一九〕不得施於所聞。」〔二〇〕

左丞熊遠啟云：「父母死河北賊中，如襄國、平陽，可依此制。若王化所被，人跡所及，可往而不往，非以篤孝道也。詩人喪馬，猶求之林下，不得漫依東關。吳平之初，如此例皆詣東關尋求，唯桓陵不往求，宋岱不迎母，並加清議。〔二一〕今爲其制，〔二二〕且有準則。」

又司徒李胤祖父敏，〔二三〕浮海避公孫度，不知存亡，尋求積年不得。胤父見鄉里與父同年者亡，乃制服。徐景山勸娶而生胤。

劉智釋疑曰：「遇亂離析，計父母之年，已過百年，可終卒矣，而不得音問，計同邑里同年者，於其死日，便制喪服。或以爲終身，或不許者，如何？智答曰：父母死生未定，則凶服不宜在身，繼祀爲重。然則言不宜制服必繼代祀者，吾以爲得之矣。凡服喪而無哀容，得以不孝議之。處厭降不得服其親，而哀情至者，吾得以孝篤稱之。」雖虞喜通疑云：「或以當終身服喪，如是曾閔所能僅行，非凡人之所逮也。謂宜三年求之，不得乃制服居廬，祥禫而除。」

孔衍乖離論曰：「聖人制禮以爲經常之教，〔二四〕宜備有其文，以辨彰其義。即今代父子乖離，不知自處之宜，情至者哀過於有凶，情薄者習於無別。〔二五〕此人倫大事，禮所宜明。謂莫測存亡則名不定，名不定不可爲制，孝子憂危在心，念至則然矣。自然之情，必有降殺。故五服之章，以周月爲節。況不聞凶，何得過之。雖終身不知存亡，無緣更重於三年之喪也。故聖人不別爲其制也。」

御史中丞劉隗奏上：「諸軍敗亡失父母未知吉凶者，不得榮宦歡樂，〔二六〕皆使心喪。有犯，君子廢，小人戮。」

東晉元帝建武元年，征南大將軍王敦上言：「自頃中原喪亂，父子生乖，或喪靈客寄，奔迎阻隔。而皆制服，將向十載，終身行喪，非禮所許，稱之者難，空絶娉娶。〔二七〕昔東關之役，事同今日，三年之後，不廢婚宦。苟南北圮絶，非人力所及者，宜使三年喪畢，率由舊典也。」

太常賀循上尚書：「二親生離，吉凶未分，服喪則凶事未據，從吉則疑於不存，〔二八〕心憂居素，蓋出人情，非官制所裁也。宜申明告下。若直據東關之事，非聖人所行，恐不足以釋疑也。」循重議：「禮奔喪除而後歸者，自謂喪葬如禮，限於君命者耳。若屍靈不收，葬禮不成，則在家與在遠俱不得除也。況或必須求覓，以其喪禮待已而成者邪！若引以爲義，〔二九〕未足以服人心也。直以禍難未銷，不可終身居服，故隨時立制，爲之義斷，使依東關故事，大將軍上事，謂可從也。」帝告下曰：「若亡於賊難，求索理絶者，皆依東關故事，行喪三年而除，不得從未葬之例也。唯親生離，吉凶未定，心憂居素，出自人情，如此者非官制所裁。普下奉行。」

中郎李幹自上：「父母分迸，不知所在，今妻亡不婚，吉事不接。」丞相王導上：「幹情事難奪，可更選代。詔曰：「前敦、循所爲，唯聞哀不得奔者作制。〔三〇〕如李幹比，竟未決之，宜急議定。」

荀組表曰：「有六親相失，及不知父母没地者，以未指得死亡之聞，〔三一〕没地處所，情慮無異。然以未審指的，希萬一之存，未忍舉哀，則有終身之戚，不涉吉事。或惟一身承一宗之重，〔三二〕傳祖考遺體，無心婚娶，遂令宗祀絶滅於一人，又犯不孝莫大無後之罪。〔三三〕此實難處，然臣猶謂此非聖人不以死傷生之教也。〔三四〕西路粗通，義無音問，〔三五〕殯可知矣，但不了死地耳。如此之徒，宜以王法斷之，令舉哀制，服勤三年，凶不過三年，此近亡於禮者之禮也。」

詔曰：「組所陳，不知父母存亡者令行服。此於有情，其尚有疑。然要當詳議此理，令可經通。不得以難安隱而直爾置之。皆一代事理，道所宜先明。」

杜夷議曰：「荀組難慮宗胤永絶，〔三六〕魂靈餒而莫祀，亦何可不念父母之或餬口於四方？或已死而不服，視死猶生也；或未死而服之，〔三七〕視生猶死也。恐視死猶生，賢於視生猶死也。且又死之與生，非意所度。春秋甲戌、己丑，陳侯鮑卒，信則傳信，疑則傳疑。謂此宜疑之，以避不敏。

博士江泉議〔三八〕：「流迸離隔，便令行喪，按舊事未覩其例。昔宰咺致賵，春秋譏其豫凶事。子路赴衞，仲尼雖知必死，須使者至而哭之。然則吉凶事大，存亡應審。方今王道始通，〔三九〕各令尋求之理盡，乃後行喪，於禮未失。」虞豫議曰：「子當越他境以求，其舟檝所經，人跡所至，可前而進，見難而退。若山川之險，非身所涉，雖欲没命，則孝道不全。宜廢榮利之勢，居憔悴之慼，此慘怛之行表，德義之所先也。」

征西司馬王愆期議：「今雖父子分乖，存亡不定，昔宋岱與母離隔，吴平，其母尚存，推此，安可必其無冀乎？〔四〇〕故先明授受不廢，謂宜使婚宦及時也。」

孫綽議云：「三千之責，莫大於不祀之痛。必俟河清而婚，〔四一〕或有絶嗣之門矣。」

虞譚議曰：「諸失父母者，疑行服之制。以禮除喪而歸，未奔者無不除之制。若廢祭絶嗣，皆不可行。宜詳條制，萬代可述。」

蔡謨議：「父子流離，存亡未分，吉凶無問，人道不可終凶，宜制立權禮。其過盛年之女，可聽許嫁；其男宜尋求，理極道窮，乃得聘娶。魯文公以大祥之月納幣於齊，春秋善之，傳曰『孝也』。今乖離之子，不廢婚禮，而末俗多有歡宴之會，致貽譏議，以成疑惑。今慎行之士，莫知所從。求下禮官考詳，永爲典式。」

博士環濟議云：「春秋之義，納室養姑，承繼宗祀。聘納事在可許，仕進須俟清

平。」〔四二〕

校勘記

〔一〕今其死　原無此三字，據禮記喪服小記鄭注補。

〔二〕不及見祖父母　「祖」原訛「其」，據北宋本、傅校本、明抄本、明刻本改。

〔三〕凡不服者不服　上「服」疑當作「及」，蓋涉上下而誤者。

〔四〕此之不辭　原作「此辭不順」，據北宋本、傅校本、明刻本改。

〔五〕弟不得先己生　「己」原作「兄」，據北宋本、傅校本、明抄本、明刻本改。

〔六〕非禮意也　「意」原作「義」，據北宋本、傅校本、明抄本、明刻本改。

〔七〕又逮暴秦　「逮」原作「更」，據北宋本、傅校本、明抄本、明刻本改。

〔八〕官人得寧　「官人」王吴本、殿本、局本竄改作「人心」，今據北宋本、傅校本、明抄本、明刻本改。按：寧，喪假也。漢書高帝紀注，李斐曰：「休謁之名，吉曰告，凶曰寧。」

〔九〕此謂二妾無子　「二」原訛「父」，據北宋本、傅校本、明抄本、明刻本改。按：二妾指上文之庶母、庶祖母。

〔一〇〕況親之己之孫而可有不服之義邪　「親之己之孫」，王吴本竄改作「親之子之孫」，殿本、局本又改作「親子之孫」，俱誤。今據北宋本、傅校本、明抄本、明刻本改正。按：己，身也，本身也。「親之己之孫」謂親之本身之孫也。

〔一〕慈母賤雖服之如母而明矣若其父先亡 「賤雖」原倒，又脱「而」「若」，據北宋本、傅校本、明抄本、明刻本乙補。

〔二〕深所甚惑 「惑」原訛「感」，據北宋本、傅校本、明抄本、明刻本、王吴本改。

〔三〕不知死亡服議 原脱「知」，據北宋本、傅校本、明抄本、明刻本、王吴本補。

〔四〕謨以爲凶哀之制除 「以爲」原作「謂」，據北宋本、傅校本、明抄本、明刻本改。

〔五〕奔喪不以夜行 「以」原訛「可」，據禮記奔喪及北宋本、傅校本、明抄本、明刻本改。

〔六〕墳墓跌發 「跌」明刻本、王吴本、殿本、局本作「毁」，此明人擅改者。今據北宋本、傅校本、明抄本改正。按：跌者，肆也。公羊莊公二十二年傳云：「肆者何？跌也。」何注云：「跌，過度。」

〔七〕按吴雷思進參太傅軍事亡在新汲 「太傅」王吴本、殿本、局本訛作「方傳」，據北宋本、傅校本、明抄本、明刻本改。按：史無「方傳」其人。太傅蓋指東海王司馬越。通鑑卷八八載永嘉四年十月，太傅越請討石勒，且鎮集兖豫。十一月，越帥甲士十四萬向許昌。越旋屯於項。五年二月，石勒進拔許昌。三月，越病死於項。王衍等奉越喪還葬東海。四月，石勒輕騎追及於苦縣寧平城，大敗晉兵，殺軍民十餘萬人。新汲地處許昌、苦縣間，雷思進當死於永嘉五年二月至四月之戰事中。

〔八〕其子不得奔迎 原脱「得」，據北宋本、傅校本、明抄本、明刻本補。

〔九〕謂停柩在殯者耳 原脱「謂」，據北宋本、傅校本、明抄本、明刻本補。

〔二〇〕不得施於所聞　「聞」北宋本作「問」。

〔二一〕並加清議　「清」北宋本作「請」。

〔二二〕今爲其制　原作「其爲制」，據北宋本、傅校本、明抄本、明刻本補乙。

〔二三〕李胤　「胤」原作「允」，清人諱改。今據北宋本、傅校本、明抄本、明刻本、王吳本改回。下同。

〔二四〕聖人制禮以爲經常之教　原「常」下衍「人」，據北宋本、傅校本、明抄本、明刻本删。

〔二五〕情薄者習於無別　原「者」下有「禮」，據北宋本、傅校本、明抄本、明刻本删。

〔二六〕不得榮宫歡樂　「榮」原作「營」，清人妄改者。今據北宋本、傅校本、明抄本、明刻本、王吳本改回。

按：荀子大略：「宫室榮與。」

〔二七〕空絶娉娶　「娉」原作「婚」，據北宋本、傅校本、明抄本、明刻本、王吳本改。

〔二八〕從吉則疑於不存　北宋本句下有「者」。

〔二九〕若引以爲義　「引」原訛「別」，據北宋本、傅校本、明抄本改。

〔三〇〕前敦循所爲唯聞哀不得奔者作制　「爲」原作「奏」，「哀」原作「喪」，據北宋本、傅校本、明抄本、明刻本改。

〔三一〕以未指得死亡之聞　「聞」原訛「間」，據北宋本改。

〔三二〕或惟一身承一宗之重　「惟」原訛「推」，據北宋本、傅校本、明抄本、明刻本改。

〔三三〕又犯不孝莫大無後之罪　「又」原訛「及」，據北宋本、傅校本、明抄本、明刻本改。

〔三四〕然臣猶謂此非聖人不以死傷生之教也　「猶謂」原作「以爲」，據北宋本、傅校本、明抄本、明刻本改。

〔三五〕西路粗通義無音問　「西」原訛「兩」，「義」原作「久」，據北宋本、傅校本、明刻本改。按：義爲據理決事之詞。

〔三六〕苟組難慮宗胤永絶　「難」原作「雖」，據北宋本改。按：史記五帝本紀索隱云：「難猶説也。」

〔三七〕或未死而服之　「未」原訛「云」，據北宋本、傅校本、王吴本改。

〔三八〕江泉　即江淵，通典諱改。

〔三九〕方今王道始通　「王」原訛「正」，據北宋本、傅校本、明抄本、明刻本改。

〔四〇〕安可必其無冀乎　「冀」原訛「異」，據北宋本改。

〔四一〕必俟河清而婚　「俟河清」傅校本、明抄本、明刻本作「候河清」，王吴本擅改作「候何時」，殿本、局本又改作「候清平」，今據北宋本改。

〔四二〕仕進須俟清平　「俟」原作「候」，據北宋本、傅校本改。

王文錦點校

通典卷第九十九

禮五十九　沿革五十九　凶禮二十一

為姑姊妹女子子無主後者服議周　漢　晉　宋

周制，齊縗不杖周章，昆弟相為服，及姑姊妹適人無主者，與孫之為祖父母同，姑姊妹報。則天子為姑姊妹女子子嫁於王者後及無主者，其服與士為姑姊妹適人無主者同；天子之卿大夫為姑姊妹女子子嫁於諸侯及卿大夫無主者，與士為姑姊妹適人無主者同：諸侯爲姑姊妹女子子嫁於天子元子及諸侯卿大夫無主者，與士爲姑姊妹適人無主者同；諸侯之卿大夫爲姑姊妹女子子爲命婦無主者亦如之；命婦之無主者爲其昆弟之爲士者亦如之。

漢石渠禮議曰：「經云大夫之子爲姑姊妹女子子無主後者，爲大夫命婦者，唯子不報何？戴聖以爲：『唯子不報者，言命婦不得降，故以大夫之子爲文。唯子不報者，言猶斷周，不得申其服也。』宣帝制曰：『爲父母周是也。』」吳射慈云：「士爲姑姊妹女子子適人無主者，齊縗周。」

東晉征西庾亮府倉曹參軍王羣從父姊喪，無主後，繼子俄而又卒。羣以爲：「姑姊妹無主後者，反歸服，經雖不及從，設教必自親始。以經言則宜不降，以記論例在加服。又與此姊同在他邦，無餘親，情所不忍，準經不降，不亦可乎！」通諮府主及僚寀詳斷。〔一〕

荀訥曰：「若從姊夫没無子，無主後，反服可也。今已立後，殯葬有主祭，足下制小功之服，方以爲後者没，更與本親之情。尋其始則喪非無主，論其終則五月之末，繼以大功之受，於制則情禮已降，於服則非輕重之序。」

庾亮答曰：「存没禮終而喪其嗣，此之無後，雖復可哀，然非復本宗之所知矣。故不得以小功之末，以亡者喪後而反服大功也。」

宋庾蔚之謂：「王羣從姊喪亡之初，有繼兒，羣已制小功之服。凡服皆定於始制之日，豈得以葬竟兒亡方欲追改其服乎！異於女子爲夫所出申服於父母也。經文多略，可以類推，舉近親之有服，〔二〕則疏者知無服。〔三〕凡經於五服之內，文有未備，皆於公子章發凡以明例。無主後之不降文不及從，又無發凡以明之，是知相矜止於周服而已。晉朝喪亂，移都於江南，郡之所仕，〔四〕同奉天子，何他邦之有乎？」

叔母寡姑遣還未嫁而亡爲服議晉〔五〕

晉王景平問：「婦人夫没無男，其姑愍其少寡，欲令更出，要其兄迎歸，未有所適而亡，伯叔之子應爲服否？」谷士風議曰：「婦人夫没無子，有歸宗更出之義。今姑愍彼無嗣，令還其黨，欲令更出，則衞莊姜遣陳媯之比也。於兄弟之家者，兄弟宜服周。受姑命而歸宗，夫之餘親，不應有服。」虞子卿駁曰：「士風所議，婦人夫没無子，有歸宗更適之義。昔姜氏以殺適立庶，歸齊怨魯，陳媯以子死君卒，於禮宜歸。此婦非姜氏義絕之倫，無陳媯應出之事，宜姑愍其守寡，〔六〕欲令更適，此蓋代俗之常意，非教訓之道也。衞共伯之妻，父母欲奪而嫁之，誓而不去，就有姑命，未可要謂之必出也。」李思龍以爲：〔七〕「谷氏所據之徵雖失，然所執之意未爲非也。婦人之體，〔八〕執箕箒、養舅姑、供祭祀者也。今歸母氏，缺此三事，何婦禮之有！姑以宜出而遣，兄以可出而迎，辭姑從兄，是爲欲出之意定也。」李彥仲以爲：「姑有嫁婦之文，故令歸母氏之黨，已絶之理，理自灼然。」

寡叔母守志兄迎還密受聘未知而亡服議 晉　宋

晉有問曰：「甲叔母乙寡，守節十餘年，其母在，兄壬迎乙還家，景求婚於壬，壬意許定，已剋吉日而乙暴亡，甲應有服否？」裴主簿議：「凡秉節遂志、義不二醮者，固必杜漸慮始，專於夫家，何得假跡晨昏，以之媒幣。余以爲景壬交幣之辰，則甲乙義絶之日。」許參軍駁曰：「乙喪夫無子，勵操十載，心期同穴，志固金石。雖潛交媒幣，而乙不與知，苟聘至之非我，則無愧於幽明矣。昔宋姬守志，梁寡高行，焚身毀形。焉知景至之時，乙無若人之絜？疑必從重，重則宜服。余固以爲不應絶也。」

宋庾蔚之云：「甲叔母乙便是執操之人，直是母欲奪而嫁之。乃逆責杜漸防微，古賢不足貴也。許君之言，當附於理。」

已拜時而夫死服議 夫父母喪附○晉〔九〕

晉鄭澄問：「弟女當適武留繇兒，留去年自將兒來拜時，其兒今卒，不知弟女當奔弔否？若弔，著何服？」范甯答曰：「禮，曾子問：『娶女有吉日而女死，如之何？』孔子曰：『壻齊縗而往弔，既葬而除之。夫死亦如之。』謂斬縗也。謂既親拜舅，寧當重於吉日耳。鄭又問：「若拜舅爲重於吉日，應服斬，誠如來告。若拜傍親，復云何？昔荀敞拜時而卒，庾家女不往弔，不被譏，何也？」再答曰：「三代殊制，禮有因革。意爲娶女有吉日，理輕於拜舅，復重於拜餘人。荀氏海內名族，庾則異行之門，想其不奔弔，必有所據。」

又陳仲欣拜時婦奔喪議曰：「夫拜時出於末代，或恐歲有忌，〔一〇〕而吉日不辰，辰，時也。言難逢吉日。有此變禮。既無文於古，及其損益，故當使今之情制，不失古之義旨，亦宜以前事之得中者，爲後事之元龜。輒尋今人拜時，壻身發蒙交拜者，往往長迎而盡婦人之禮。按記『婦至，壻揖婦以入，共牢而食，夙興沐浴，質明贊見婦於舅姑』。〔一一〕則與拜而長迎然後婦禮乃備者，而相依準。〔一二〕至於三月廟見，鄭玄云『以舅姑没者耳』。若以三日擬三月，施之二親，没則可；若其親尚存，豈容措言。〔一三〕乃以衆人所行失禮之事，反譏許長迎而爲非，〔一四〕則是賤於準禮，而貴於衆失，可得然乎？又記云『娶女有吉日而死，壻以齊縗而弔，既葬而除，夫死亦然』。又『在塗之女而夫父母没，布深衣以赴喪』。又記云『女未廟見而死，雖不祔於王姑，而壻不杖，歸葬於女氏，示未成婦』。鄭玄云『雖不備喪禮，猶爲服齊縗』。依準古義，無不赴哀之文。若苟以今失爲是，而以古禮先儒爲非，〔一五〕人則未如之何。夫拜時雖非古，既女交拜，亦敬慎重正，但未親婦於姑，〔一六〕然夫妻之分定矣。若謂猶非定，則女子可冒絳紗，使他丈夫發而相見，拜以爲壻，輒可委去，子女之分，〔一七〕固若是乎！夫稱妻者，係夫之言；稱婦者，有舅姑之辭。〔一八〕凡娶妻誠盡婦禮，所以事其所生，而代中有三日行敬，或上堂見姑。又設有甲乙二親不存，娶妻雖已三日，無可致敬，又未烝嘗，則與拜時未敬舅姑，事殊而理同，豈聞今人以爲非妻乎！由斯而言，迎婦入家，發蒙交拜，夫妻之禮定；致敬舅姑，爲婦之禮畢，以明婦順耳。情禮不相背，故可推情以言禮。凡人有喪，猶或悽愴；況已入夫門，而不卹其哀乎！若謂與古禮相準而合情者，夫家尚中祥，祥日可赴哀，赴哀而情敬伸矣。」

仲欣又書曰：「庾揚州以拜舅姑擬之廟見，同先配而後祖。尋陳鍼子之譏鄭忽，『是不爲夫婦，誣其祖矣』。鄭云：『配謂同牢食。後祭，無其敬神心，〔一九〕故曰誣其祖。未三月而祭，非禮也。』又記曰：『婦入，牢食，〔二〇〕沐浴，俟明乃見舅姑，以明婦順。』今當思禮傳所以同異，而謬以拜時爲先配後祖，未是尋書之意也。且代人三日先配，及同牢行婦禮，〔二一〕不以爲嫌。又今人拜時，皆未施敬舅姑，誠準婚已交禮未及三日故也。設有婚未三日而夫有大喪，必盡哀而婦義已成矣。既以拜時準婚未三日，〔二二〕則是俱已入門交禮，同未致敬舅姑情義赴哭之例，不得云異。」

郡縣守令遷臨未至而亡新舊吏爲服議 魏 宋

魏河南尹丞劉綽問曰：「士孫德祖以樂陵太守被書遷陳留，已受印綬，發邁迎吏，雖未至，左右已達，未入境而亡。不知樂陵送故吏當持重乎？陳留迎吏當持重乎？」河南尹司馬芝答曰：「德祖見陳留太守，故樂陵守耳。樂陵吏以舊君服，復何疑也。」劉綽難云：「雖去樂陵，其義未絕；陳留雖迎，其恩未加。今使恩未加而服重，恩未絕而服輕乎？禮：『娶女有吉日而女死，壻齊縗而弔，既葬除之。』謂樂陵宜三年矣。」芝答：「德祖已受帝命，君名已定，乃欲以已成名之君，比未成之婦，何邪？」綽又難：「陳留之吏既未相見，而使三年，是責非時之恩。禮云：『仕而未有禄，違而君薨，弗爲之服。』明服以恩不以名也。」

宋庾蔚之謂：「爵位以受命爲判。德祖已受陳留之印，則於樂陵爲舊君矣，不俟迎至乃相見也。陳留君吏之名雖判，而恩實未接，同吉日之婦，於情爲安。今吏爲君齊縗以弔。」〔三〕

按宛令遷爲元城，已來在道，元城左右奉圖籙，主簿衆吏在後，未到令死，二縣吏疑所服。馬博士以爲宛君臣未絕，舊吏不得不服，元城宜弔服加麻。賈博士以爲已正名元城，然未入境，可依女在塗之服，宛當爲舊君之服。

或問長吏遷在傳舍而死，彼迎吏未至，此二國吏服誰當輕重？孫叔然答曰：「古者諸侯以國爲家，衞出其君於襄牛，不書出奔，以未出境也。衞侯奔死鳥，傳曰：『猶在境內，則衞君也。』雖出傳舍，固當以君服之；彼迎吏依娶女有吉日，夫死，斬縗而弔，既葬除之。」

吏受今君使聞舊君薨服議晉〔二四〕

晉范甯答問者曰：「禮，銜命出使而君薨，在道則反，入境則遂其事。然則聞舊君之喪，反命而後赴也。」又問曰：「仕今君之朝，欲奔舊君之喪，而今君不許，可以輒去乎？」甯答：「事君，當不義則爭之，三諫不從去之可也。君有戎役之事，王命所制，此禮權也。」

與舊君不通服議周　晉

周制，檀弓：「魯穆公問於子思曰：『爲舊君反服，古歟？』對曰：『古之君子，進人以禮，退人以禮，故有爲舊君反服之禮。今之君子，進人若將加諸膝，退人若將墜諸泉，〔二五〕無爲戎首，不亦善乎，又何反服之有！』」鄭玄云：「言放逐之臣不服舊君也。爲兵主來攻伐曰戎首也。」〔二六〕盧植曰：「戎，兵也。言人君待臣不以禮，不舉兵爲行陳之首誅之，則善矣，又何反服之有！」

戰國時，齊宣王問孟子曰：「禮爲舊君有服，何如？」答曰：「諫行言聽，膏澤下於人，有故而去，綦毋邃云：「謂有他故，不得不行，或避怨仇者也。」〔二七〕君使人導之出疆，又先安其所往，〔二八〕如此則爲之服。若諫不行，又搏執，若送囚徒然也。此之謂寇讎，何服之有耶！」

晉或問云：「君無道而臣見黜放，君薨，爲服否？」許猛答曰：「君無道則當三諫，不從則適他國。若既亡不越境，〔二九〕君雖無道，猶責以臣禮。」

惠帝元康中，趙郡吏蘇宙不奔弔於郡將，中郎、關中侯曹臣移冀州大中正：「臣以元康四年，爲先定公薨背，還濟北穀城墓宅安厝。太學博士趙國蘇宙，昔先公臨趙，以宙爲功曹，後爲察孝。前臣遭難，宙爲鎮東司馬；趙之故吏，有致身敍哀者，有在職遣奉版者，唯宙名諱不至。宙今典禮學之官，口誦義言，不可廢在三之義。於宙應見論貶。」博士蘇宙移國子博士：「被符下省請議。〔三〇〕郡將曹公，昔臨敝國，見接有布衣之交，高遊盡歡，謂千年可畢。不意後會，逼爲功曹，尋被州召，不爲公察孝也。欲深其罪，崇飾虛名，以惑明時。宙雖不德，數受教於君子，寧有故將之喪，而忘奔赴之哀。過蒙殊恩，忝佐方岳，銜命守制，無因致身。禮，聞父母喪，不得奔赴，爲位斂髮，成踊襲絰，割孝子之心，以終君之命，謂之禮也。往聞喪設位盡哀，仰則先哲，俯順王度，儀刑古典，不失舊物。若此爲罪，不敢逃刑。聞凶則因洛健步，〔三一〕書弔嫡孫，健步迴說，喪已還東阿，留書付其從子綜。宙尋被召爲博士，王事敦我，不遑啓處。加宙凶薄，〔三二〕天討其罪，孤獨無子，代之哀人也。按穀梁傳曰：『周人有喪，魯人有喪，周人弔，魯人不弔。魯人曰：「吾君，親之者也，使大夫則不可。」周人喪，魯人不弔，是其下成康未爲久也。』下猶去也，言去成康之時不遠，無愧於不往也。〔三三〕禮無臣祭君之文，時俗之所行，非先王之令典也。庶子不得祭父，臣之祭君也，求之禮傳，無弔祭之文。」國子博士謝衡議云：「大夫去國，其妻、長子爲舊君服。傳曰：『妻言與人同，長子言未去也，言去則無服矣。』是違諸侯之天子不反服，違天子之諸侯亦不反服，以在外也。今之官長，皆自外來，假借一時，共相臨尹，去則在外，體遠事絶，恩輕義疏。至於死亡，隔限遠路，或有難故，不得時往，奔赴之義，無所犯也。」〔三四〕博士周裒議云：〔三五〕「事君之道，資於事父，委質之日，貳乃辟也。宙受署而退，義已周矣。諸侯五月而葬，同盟至，所以哀其喪、矜其孤也。苟能致書唁，弔祭闕之可也。」河內太守孫兆議曰：「秦罷侯置守，漢氏因循，郡守喪官，有斬縗負土成墳，此可謂竊禮之不中，過猶不及者也。至於奔赴弔祭故將，〔三六〕非禮典所載，是末代流俗相習，委巷之所行耳，非聖軌之明式也。今之郡守內史，一時臨宰，轉移無常，君遷於上，臣易於下，猶都官假合從事耳。又當故將未殯之前，已受天子肅命之任，王事敦我，密勿所職，詩不云乎，『王事靡盬，不遑將父』。夫繫之情，〔三七〕猶不得將養父母，而況遠赴弔祭故將乎！其議貶者，可謂行人失辭。仲尼所以非子路，『由爾責於人，終無已也』。」

元康中，又南陽張觀告太常，稱其父「昔爲丹陽郡，有二臣主簿劉亶、留頌等，理罪除名。今觀父亡，居在郡下，亶等不來臨喪，又不奔葬。凡人有喪，匍匐救之，況於君臣之義乎！而亶等敢懷讎君之心，公肆夷狄之行。」按亶、頌告太常自理云：「近爲陳事犯忤，加鞭付獄，亶、頌默然待放。戮辱放退，君臣道絶，抱罪之人，不敢見靈柩也。」博士馬平議云：「按禮，君臣之道，有合離之義。亶等昔爲君所棄，是爲義絶。義絶之臣，責其自親於君，已見放逐，求還親臨喪事，於事則近僞，於禮無此制也。」

又梅陶爲章郡太守，孫虛爲功曹，虛怏怏不欲。時有蜀賊偵邏，誤爲賊至，陶及虛皆散走。曉知非賊至，悉還。陶大怒書佐還晚，欲斬之，虛執據不聽。陶後移邑，虛詣郡自理，駁陶七事。戴邈爲州都言依。事絶，太尉留虛爲從事中郎，不復與陶相聞。

温縣領校向雄送犧牛，不呈郡太守吴奮。送牛值天大熱，多渴死。奮召雄與杖，雄不受，曰「呈，牛亦死」。奮下雄獄。後雄爲黄門郎，奮爲侍中，同省不相見。武帝敕雄詣奮。王隱議曰：「禮雖云『君不君，臣不可以不臣』，當爲小惡也。三諫不從則去，〔三八〕不見齒於其君，則不敢立其朝。至如仲子稱『人以國士遇我，我以國士報之；人以凡人遇我，我以凡人報之』。此猶輕於戎首，則可逢而避之，至死不往可也。雄無詔敕逢避，未可非也。」

秀孝爲舉將服議　魏　宋

魏景元元年，傅玄舉將僕射陳公薨，以諮時賢。光禄鄭小同云：「宜準禮而以情義斷之，服弔服加麻可也，三月除之。」司徒鄭公云：「昔王司徒爲諫議大夫，遭舉將喪，雖有不反服，今不同古，便制齊縗三月。漢代名臣皆然。」

宋庾蔚之謂：「白衣舉秀孝，既未爲吏，故不宜有舊君之服。〔三九〕尊卑不同，則無正服，弔服加麻可也。今人爲守相刺史又無服，但身蒙舉達，恩深於常，謂宜如鄭小同弔服加麻爲允。今已違適爲異，與舊君不通議論，不奔弔故郡將喪。」

郡縣吏爲守令服議　魏　晉〔四〇〕　宋

魏令曰：「官長卒官者，〔四一〕吏皆齊縗，葬訖而除之。」蜀譙周云：「大夫受畿内采邑，有家臣，雖又别典鄉遂之事，其下屬皆上相屬其吏，〔四二〕非臣也。秦漢無復采邑之家臣，郡縣吏權假斬縗，代至則除之。」

晉喪葬令曰：「長吏卒官，吏皆齊縗以喪服理事，若代者至，皆除之。」武昌太守徐彦與征西桓温牋云：「蔡徐州薨，主簿服斬。王征北薨於京都，王丞相時在喪庭。徐州主簿以服事諮公，公謂輕重可依蔡佽。時北中郎劉公薨於淮陰，〔四三〕州主簿相承持重。至郄太宰薨，州主簿改服齊縗。中興以來，江南皆從之。公卿以下至邑宰，吏服其君齊縗，〔四四〕則無從服之文，而由來多有從服者。陶大司馬遭兄子喪，府州主簿從服。時卞光禄經過，自説爲太傅主簿，太傅喪母，已不從服，此是用晉令也。郄太宰遭姊喪，吏服惟疑，〔四五〕郄問譙秀，言不應從服，諸主簿仍便從服。既服君旁親，則服君便應重矣，乃二公之薨，〔四六〕府州主簿服齊縗。」

宋庾蔚之謂：「晉令云『代至而除』，施之州郡縣員吏，〔四七〕宜用齊周之制。禮代殊事異，理有大斷。今州府之君既不久居其位，蹔來之吏不得以爲純臣，則齊周之制不爲輕也。君齊矣，豈有從乎！母妻其猶不從，本無義於傍親，〔四八〕卞光禄所行是也。二公使吏從服姪姊，〔四九〕可謂恢疏，罔其乖遠矣。」

校勘記

〔一〕通諮府主及僚寀詳斷　「主」原訛「王」，據諸本改。

〔二〕舉近親之有服　「之」原訛「知」，據北宋本、傅校本、明抄本、明刻本、王吳本改。

〔三〕則疏者知無服　「知」北宋本、傅校本、明抄本、明刻本、王吳本作「之」，恐誤。

〔四〕郡之所仕　「所仕」原作「卿士」，據北宋本、傅校本、明抄本、明刻本改。
〔五〕晉　北宋本、傅校本、明抄本、明刻本無此字。
〔六〕宜姑愍其守寡　「宜」原訛「其」，據北宋本、傅校本、明抄本改。
〔七〕李思龍　「李」原作「季」，據北宋本、傅校本、明抄本改。
〔八〕婦人之體　「體」原作「禮」，據北宋本、傅校本、明抄本、明刻本、王吴本改。
〔九〕晉　北宋本、傅校本、明抄本、明刻本無此字。
〔一〇〕或恐歲有忌　「恐」北宋本作「怨」。
〔一一〕質明贊見婦於舅姑　北宋本、傅校本、明抄本、明刻本、王吴本無「贊」，儀禮士婚禮有。
〔一二〕而相依準　「而」原訛「不」，據北宋本、傅校本、明抄本、明刻本、王吴本改。
〔一三〕豈容措言　「措」原訛「借」，據北宋本、傅校本、明抄本、明刻本改。
〔一四〕反譏許長迎而爲非　「譏」原訛「議」，據北宋本、傅校本、明抄本、明刻本改。
〔一五〕而以古禮先儒爲非　「非」北宋本、傅校本、明抄本、明刻本、王吴本作「罪」。
〔一六〕但未親婦於姑　「親」原作「見」，據北宋本、傅校本、明抄本改。
〔一七〕子女之分　「子女」原倒，據北宋本、傅校本、明抄本、明刻本、王吴本乙。
〔一八〕舅姑之辭　「舅姑」原倒，據北宋本、傅校本、明抄本、明刻本、王吴本乙。
〔一九〕配謂同牢食後祭無其敬神心　原「食」下衍「而」，「無」下脱「其」，據北宋本、傅校本、明抄本、明刻本、王吳本删補。

〔二〇〕婦入牢食　「入」原訛「共」，據北宋本、傅校本、明抄本、明刻本、王吳本改。

〔二一〕及同牢行婦禮　原脱「婦」，據北宋本、傅校本、明抄本、明刻本、王吳本補。

〔二二〕既以拜時準婚未三日　「日」原作「月」，據北宋本改。

〔二三〕今吏爲君齊縗以弔　「今」原作「令」，據北宋本、傅校本、明抄本、明刻本改。

〔二四〕晉　北宋本、傅校本、明抄本、明刻本無此字。

〔二五〕退人若將墜諸泉　「泉」原作「淵」，乃後人據禮記檀弓下所改。通典例諱「淵」爲「泉」，今據北宋本、傅校本、明抄本復原。

〔二六〕爲兵主來攻伐曰戎首也　原脱「爲」，據禮記檀弓下鄭注補。

〔二七〕或避怨仇者也　以上十八字注文，北宋本、傅校本、明抄本、明刻本、王吳本均置之於下句「君使人導之出疆」下。

〔二八〕又先安其所往　「安」孟子離婁下作「於」。

〔二九〕若既亡不越境　「若」，北宋本、傅校本、明抄本作「昔」。

〔三〇〕被符下省請議　「下」原作「不」，據北宋本改。

〔三一〕聞凶則因洛健步　「洛」原作「發」，據北宋本、傅校本改。明抄本作「浴」，亦「洛」之形訛。

〔三二〕加宙凶薄　「加」原作「如」，據北宋本改。

〔三三〕無愧於不往也　「往」原訛「住」，據北宋本、傅校本、明抄本、明刻本、王吳本改。

〔三四〕無所犯也　「犯」原作「施」，據北宋本、傅校本、明抄本改。

〔三五〕博士周哀　「哀」原作「衷」，據北宋本、傅校本改。按：明抄本、明刻本、王吳本訛「哀」。

〔三六〕至於奔赴弔祭故將　「奔赴」原倒，據北宋本、傅校本、明抄本、明刻本、王吳本乙。

〔三七〕夫繫之情　「夫繫」原作「孝子」，王吳本、殿本同，蓋後人臆改者。今據北宋本、傅校本、明抄本、明刻本改回。

〔三八〕三諫不從則去　北宋本無「去」字。

〔三九〕故不宜有舊君之服　「服」原訛「朝」，據通志禮略四改。

〔四〇〕晉　此字原無，據本節内容增。

〔四一〕官長卒官者　「官者」原倒，官屬下讀，誤。據北宋本、傅校本、明抄本、明刻本、王吳本乙。

〔四二〕其下屬皆上相屬其吏　「上」原作「止」，據北宋本、傅校本、明抄本、明刻本改。

〔四三〕北中郎　「北」原訛「比」，據北宋本、傅校本、明抄本改。

〔四四〕吏服其君齊縗　此六字原涉上而脱，據北宋本、傅校本、明抄本補。

〔四五〕吏服惟疑　「惟」原作「爲」，據北宋本改。

〔四六〕乃二公之薨　「乃」通志禮略四作「及」。

〔四七〕施之州郡縣員吏　「員」原訛「長」，據北宋本、傅校本、明抄本、明刻本改。

〔四八〕母妻其猶不從本無義於傍親　「母」原訛「子」，「義」原訛「議」，據北宋本改。

〔四九〕二公使吏從服姪姊　「使」原訛「是」，據諸本改。

王文錦點校

通典卷第一百

禮六十　沿革六十　凶禮二十二

喪遇閏月議　忌日議子卯日附　納后值忌月議

喪遇閏月議東晉 宋 齊 梁 後魏

東晉孝武帝寧康二年七月，簡文帝崩，再周而遇閏。博士謝攸、孔粲議：「按左氏春秋經，魯襄公二十八年十二月甲寅，天王崩；乙未，楚子卒。其閒相去四十二日，是則乙未閏月之日也。經不書閏月而書十二月，明閏非正，宜附正之文。其不曰二十九年正月，是附前月之證。又禮記曰『喪事先遠日』，則祥除應在閏月。」尚書左丞劉遵議：「喪紀之制，歲數者没閏，而三年之喪閏在始末者，用舍之論，時有不同，唯當本乎閏之所繫，可以明折衷。經傳具四時以編年，一時無事，經書首月，及其有事，隨月而載，初不書閏者，以閏附正月，不應特見也。〔一〕唯魯文公六年，書閏月不告朔，指見告朔之餘無事也。又文公元年閏三月後，故傳曰『於是閏三月』，欲審所附，此明證。設此閏遭喪者，取其周忌，應用來年三月，既合喪期大數，〔二〕得周忌定日。何休亦以爲然，朝同論之不嫌。〔三〕原其所由，在乎閏附前月而不屬後故也。始喪在閏月，以附前，祥除遇之，豈得屬後。立閏有定所，而施用有彼此，求之理例，殊不經通。且喪疑從重，〔四〕不貳之道，祥用遠日，禮之正典。愚謂周忌故當用七月二十八日，〔五〕大祥應用閏月晦，既得周忌之正，不失遠日之義。禮之遠日，誠非出月遇閏而然，蓋隨時之變耳。」劉遵用閏月祥。

散騎常侍鄭襲議云：「中宗、肅祖皆以閏崩，祥除之變皆用閏之後月。先朝尚爾，閏附七月，用之何疑。荀司徒亦以閏薨，荀家祥亦用閏之後月。諸荀名德相繼，習於禮學，故號爲名宗。議者引周官、左氏而非公羊、穀梁。今按周官、左氏傳而書，〔六〕自書閏月中事，閏月長三十日，長音直兩反。三十日中何得無事，不明閏月，非附月之理也。議者稱，三年之喪二十五月，遇閏之年，便二十六月。三年之喪，不應以閏爲月。議者稱，禮傳終身之哀，忌日之謂，不唯周年子卯之謂。代不用子卯。閏月及大月三十日亡，至於無閏之年及與小盡，都是無忌，所以古人用子卯也。簡文皇帝七月二十八日崩，己未之日。今年己未在閏月十日。時不用子卯而用二十八日久矣。若己未在他月，今者不能變改。閏附七月，己未在閏，今者用閏，益合遠日之情也。」〔七〕

吏部郎中劉眈議以爲：「喪禮之制，周年沒閏者，議以閏非正月，故略而不數。是以丘明謂之閏三月，公羊則曰天無是月。由此言之，閏無定所，隨節而立，其名稱則在上月。是以卒於閏者，則以所附之月爲周；至於祥變，理不得異。豈有始喪則附之於前，祥變則別之於後？以例推之，情所未安。且夫禮雖制情，亦復因情制禮，若情因事伸，則古人順而不奪。是以每於祥葬，咸用遠日，斯所以即順物情，因可伸之。故數年則沒閏，喪禮所不嫌，附於前月，春秋之明義。愚謂國祥用閏月晦，既合經傳附前之義，又得遠日伸情之旨。且喪疑從重，古今所同，詳尋理例，謂此爲允。」

太常丞殷合議謂：「忌不可遷，存終月也。祥不必本月，尚遠日也。謂宜以七月二十八日爲忌，閏月晦而祥。」

尚書右丞戴謐議：「尋博士所上祥事，是專用吳商議也。商之所言，依公羊何氏注及禮之遠日也。禮稱三年之喪，十三月而小祥，二十五月而畢。春秋傳曰：『三年之喪，其實二十五月。』此喪服之大數，周月之正文也。又云『喪以月者數閏，以歲者不數閏』。是爲有閏則十四月而祥，二十六月而除，不用喪月之常數，所以重周忌之正也。夫練除之節，喪禮之大；終身之哀，忌日之謂。喪中遇閏，禮不可略，周忌之月，不可而移，故緣情以立制，變文而示義也。至閏在喪表，三年之限已全，周忌之正已得，何故於此而復延月邪？

議者據左氏之閏三月，公羊無是月，穀梁附月餘日，以明閏非月數，皆應屬前之證。按推考分度，隨以置閏，閏月之所在，年中無常，要當有繫，以名其所在。三月後謂之閏三月，閏三月非三月也。〔八〕天無是月，非常月也。非無此月，所在無常也。穀梁亦云『積分以成月』。經傳之文，先儒舊説，並不謂閏是餘日不別月數而以六十日爲一月也。三年之喪，禮之所重，其爲節文，不專一制。亡在於閏，喪者之變，祥除之事，無復本月，應有所附，以正所周。閏在三月後，附於三月，喪紀無違，順序有節，合三傳、三禮意也。若閏非月數，皆屬以前，功服葬月，何以數之？於葬則數，於祥則否，用舍二義，未知安也。凶事遠日，言月中之遠耳；若遷一月，當是遠月，豈遠日之義邪！卜葬之遠，不出於月，卜祥之遠，而乃包閏，卜同遠異，復非所宜也。按何休云『閏死者數閏以正周月』，非死月不得數，大較粗同。但其年無閏，而以乙未爲閏之日，考校經傳，〔九〕未之詳耳。吴商采尋，〔一〇〕便爲正義，不亦謬乎！閏在喪中，略而不計，祥除值閏，外而不取，重周忌也。閏亡無正，推以附前，喪期不闕，順序不悖，合禮變也。」

鄭襲難范甯曰：「以閏三月五日死者，當以來年何月祥？何月爲忌日？」答曰：「謂之閏月者，以餘分之日閏益月耳，非正月也。非正月，則吉凶大事皆不可用，故天子不以告朔，而喪者不數以閏月死。既不數之，禮十三月小祥，二十五月大祥，自然當以來年四月小祥，明年四月大祥也。所謂忌日者，死者之日月耳。今以閏月，來年無閏月，安得有忌日邪！當以後歲閏月五日爲忌，是五年再有忌日也。」難曰：「忌日之感，終身之慼，罔極之恩，不離一日。今須後閏，則三年之忌，不亦遠乎！傳稱子卯不樂，謂之疾日。先儒以爲甲子、乙卯。誠如是，自宜以日辰爲忌，遇之而感耳。」

御史中丞譙王臣恬議云：「夫閏非正數，故附前月爲稱。至於月也，豈得爲一。臣請以宿度論之。閏所附月盡之夕，寧猶見乎？又閏之初，豈不始魄？以兹言之，可不謂兩月邪！天無是月正數耳，非無此月也。若用閏祥，則虧二十五月之大斷，失周忌之正典，出於祥月，非卜遠日之謂。二三無據，義實致疑。愚謂正周而除，於禮爲允。」

會稽內史郗愔書云：「省別書并諸議具。三禮證據，誠所未詳，然恐祥忌異月，於理既爲不安，又十三月而祥，二十五月而畢，明文煥然。而閏在周內，合而不數者，則閏正月遭艱，便應以十二月祥，於時則未及周年，於忌則時尚平吉。若由天無是月，故略而不計，則凡在五服，皆應包閏，具如足下所論。若云情重則宜包，情輕故宜數，是爲制之由情，而未本乎曆數。苟本乎曆數，〔二〕必天無是月，則雖情有輕重，而含閏宜一。且齊縗之制，遇閏而包，降爲大功，則數而除，天性攸同，而包數異制。以月爲斷者數閏，以年爲斷者除閏，推此而言，則除數所由，蓋以所遇爲分斷，非情本之所以。〔三〕以後月爲周者，故是上之所論，以吉爲忌，於理不通故耳。云閏在周後，將非其喻。至於凶事尚遠，蓋施於卜日祥葬，制無定期，故不得即伸物情，務從其遠耳。若理例坦然，義無疑昧，豈得不循成制，而以過限爲重。或謂閏者蓋年中餘分，故宜計其正限，以補不足。今再周無閏，則不補小月之限。閏在周後，便欲以六十日爲一月者，當以既已遇閏，便宜在盡其月節故也。月節之難，足下釋之。且節必在閏月之中，則含月從節，〔一三〕即復進退致闕。」按鄭玄云：「以月數者則數閏，以年數者雖有閏不數之。」〔一四〕又射慈云：「三年、周喪，歲數没閏，三九月以下數閏也。」

尚書僕射謝安等參詳：「宜準經典。三年之喪，十三月而練，二十五月而畢，禮之明文也。祥除必正周月。請依禮用七月晦，至尊釋除縞素，俯就即吉。」詔可。

宋孝武帝孝建元年，湘東國刺稱：「國太妃以去三十年閏六月二十八日薨，〔一五〕未詳周忌當在六月？爲取七月？」博士丘邁之議：「閏月亡者，〔一六〕應以本正之月爲忌。」謂正閏論雖各有所執，〔一七〕商議爲允。宜以今六月爲忌。」左僕射建平王宏謂：「邁之議不可準據。按晉代及皇代以來，閏月亡者，皆以閏之後月祥。宜以來年七月爲祥忌。」大明元年二月，有司又奏：「太常鄱陽哀王去年閏三月十八日薨。今爲何月末祥除？」下禮官議正。博士孫休議：〔一八〕尋三禮，喪遇閏，歲數者没閏，閏在周内故也。鄱陽哀王去年閏三月薨，月次節物，則是四月之分，應以今年四月末爲祥。按晉元、明二帝，並以閏月崩，以閏後月祥。

先代成準，則是今比。」太常丞庾蔚之議：「禮，正月存親，故有忌日之感。四時既變，人情亦衰，故有二祥之殺。是則祥忌皆以周月爲議，〔一九〕而閏亡者，明年無其月，不可以無其月而不祥忌，〔二〇〕故必宜用所附之月。閏月附正，公羊明義，故班固以閏九月爲後九月，月名既不殊，天時亦不異。若用閏之後月，則春夏永革，節候亦殊。縱然人以閏臘月亡者，若用閏後月爲祥忌，〔二一〕則祥忌應在後年正月。祥涉三載，既失周歲之義，冬亡而春忌，又乖致感之本。譬今年末三十日亡，明年末月小，若以去年二十九日親尚存，〔二二〕則應用後年正朝爲忌，此必不然。若其不然，則閏亡者亦可知也。通關並用閏附於正，〔二三〕而正不假閏，得周便祥，何待於閏。且祥忌異月，亦非禮意。」

齊高帝建元三年，有司奏：「皇太子妃穆以去年七月薨，〔二四〕其年閏九月，未審當數閏月？爲應以閏附正月？若數閏者，南郡王兄弟便應以此四月晦小祥。按杖周服十一月小祥。至於祥月，不爲有疑否？」

左僕射王儉議：「三百六旬，尚書明義；文公納幣，春秋致譏。穀梁云『積分而成月』。先儒咸謂三年周喪，歲數没閏，大功以下，月數數閏。夫閏者，蓋是年之餘日，而月之異朔，所以吴商云『含閏以正周，〔二五〕允協情理』。〔二六〕今杖周之喪，雖以十一月而小祥，至於祥縞，必須周歲。凡厭屈之禮，要取象正服。祥縞相去二月，厭降小祥，〔二七〕亦以則之。又且求之名義，則小祥本以年限，考於倫例，則相去必應二朔。今以厭屈而先祥，不得謂此事之非周，事既同條，情無異貫，没閏之理，固在言先。縱然祥在此晦，則去縞三月，依前準例，益復爲疑。〔二八〕謂應須五月晦乃祥。此國之大典，八座丞郎研盡同異。」

尚書令褚淵難儉議曰：「厭屈之典，由所尊奪情，故祥縞備制，而年月不伸。今以十一月而祥，從周可知。〔二九〕既計以月數，則應數閏以成典。若猶含之，何以異於縞制。疑者正以祥之當閏，〔三〇〕月數相懸。積分餘閏，曆象所弘。〔三一〕計月者數閏，故有餘月，計年者包含，故致盈積。據理從制，有何不可。」

儉又答曰：「含閏之義，〔三二〕通儒所難。但祥本應周，屈而不遂。語事則名體具存，論哀則情無以異。迹雖數月，義實計年，閏是年之歸餘，故宜總而包之。周而兩祥，緣尊故屈，〔三三〕祥則没閏，象年所伸，屈伸兼著，二途具舉。經紀之旨，其在兹乎！如使五月小祥，六月乃閏，則祥之去縞，事成三月，〔三四〕是爲十一月以象前周，二朔以放後歲，名有區域，不得相參。魯襄二十八年『十二月乙未，楚子卒』。唯書上月，初不言閏，此又附上之明義也。〔三五〕鄭、射、王、賀唯云周則没閏，初不復區别杖周之中祥，將謂不俟言矣。成休甫云『大祥後禫，〔三六〕有閏别數之』。明杖周之祥，不得方於緑縞之末。即恩如彼，就例如此。」

祠部郎中王珪之議謂：「喪以閏施，功緦以下小祥值閏，則略而不言。今雖厭屈，祥名猶存，異於餘服。〔三七〕計月爲數，屈追慕之心，〔三八〕以遠爲近。日既餘分，月非正朔，含而全制，於情唯允。儉義理據詳博，〔三九〕謹所附同。褚淵始雖議難，〔四〇〕再經往返，未同儉議。依舊八座丞郎通共博議爲允。以來五月晦小祥，其祥禫自依常限。奏御，班下內外。」〔四一〕詔可。

梁天監四年，掌凶禮嚴植之定儀注，以亡月遇閏，後年中祥，疑所附月。帝曰：「閏蓋餘分，月節則各有所隸。若節屬前月，則宜以前月爲忌；節屬後月，則宜以後月爲忌。祥逢閏則宜取遠日。」

後魏宣武帝延昌二年春，偏將軍乙龍武喪父，給假二十七月，而龍武數閏月詣府求仕。領軍將軍元珍上言：「按違制律，居三年之喪而冒哀求仕，五歲刑。龍武未盡二十七月而請宿衞，刑五歲。」三公郎中崔鴻駮曰：「三年之喪，二十五月大祥。諸儒或言祥月下旬而禫，或言二十七月，各有其義，未知何者會聖人之旨。龍武居喪已二十六月，若依王、杜之義，便是過禫即吉之月。如其依鄭玄二十七月，禫中復可以從御職事。」珍復上言：「龍武居喪二十六月，始是素縞麻衣，大祥之中，何謂禫乎？三年沒閏，理無可疑。麻衣在體，冒仕求榮，是爲大尤，罪其焉舍！又省依王、杜，〔四二〕祥禫同月，全乖鄭義。喪凶尚遠，而欲速除。」鴻又駮曰：「按三年之喪，没閏之義，儒生學士，猶或病諸。龍武生自戎馬之鄉，不蒙稽古之訓，數月成年，便懼違緩。原其本心，非貪榮求仕，而欲責以義方，未可便爾也。喪事尚遠日，誠如鄭義。龍武未盡二十七月而請宿衞，幸彼昧識，欲加之罪，豈是遵禮敦風之致乎？正如鄭義，武罪宜科。」

忌日議子卯日附○周　漢　大唐

周制，檀弓云：「忌日不樂。」謂死日也。言忌日不用舉吉事。祭義云：「君子有終身之喪，忌日之謂也。忌日不用，〔四三〕非不祥也，言夫日志有所至，〔四四〕而不敢盡其私也。」忌日，親亡日，謂之忌者，不用舉他事，如有時日之禁也。祥，善也。志有所至，至於親以此日亡，其哀心如喪時也。「忌日必哀」。

漢翼奉上疏曰：「北方之情，好行貪狼，申子主之。東方之情，怒行陰賊，亥卯主之。貪狼必待陰賊而後動，陰賊必待貪狼而後用，二陰並行，是以王者忌子卯也。」北方水，水生於申，盛於子。水性觸地而行，觸物而潤，多所好，〔四五〕多所好則貪而無厭，故爲貪狼也。東方木，木生於亥，盛於卯。木性受水氣而生，貫地而出，故爲怒，而陰氣賊害土，〔四六〕故爲陰賊也。張晏曰：「子卯相刑，故爲忌也。」鄭玄曰：「紂以甲子死，桀以乙卯亡，王者謂之疾日，不以舉樂爲吉事，所以自戒懼。」

大唐武太后天册萬歲中，建安王攸宜平契丹迴，欲以十二月入城，時以爲凱旋，合有樂，既屬先帝忌月，請備而不奏。王方慶議曰：「按禮經但有忌日而無忌月。若有忌月，即有忌時、忌歲，益無理據。」具音樂篇。〔四七〕

納后值忌月議 晉

晉穆帝納后值忌月，范汪與王彪之書云：「尋起居注，九月是康皇帝忌月。禮止云『忌日不樂』，都無忌月語，不審是疑不？若當疑於九月，建八月其間當下六禮，便爲至逼，不復展，如此當伸至十月。忌不應以爲忌邪？足下可以示曹諸賢取定也。」博士曹耽爲不見禮有忌月，學淺，不敢以所不見，便言無之。〔四八〕博士荀訥按：「禮唯云『忌日不樂』，無忌月之文。所謂忌日，當是子卯。今代所忌，更以周年日數，此似與古不同。」〔四九〕王洽曰：〔五〇〕「若有忌月，當復有忌時、忌歲。〔五一〕輒共視禮無忌月，今者所據，正當以禮經爲明。」僕射周閔等云：「禮止有『忌日不樂』，了無忌月語。王者當仗經典，存遠體，君舉必書，動爲代法。故當如皇太后令旨，〔五二〕尅此九月，宜以爲定。」

校勘記

〔一〕不應特見也　「特」原訛「時」，據北宋本、傅校本、明抄本改。

〔二〕既合喪期大數　北宋本、傅校本、明抄本「喪」下尚有「合」字。
〔三〕朝同論之不嫌　「同論」原倒，據北宋本、傅校本、明刻本乙。
〔四〕且喪疑從重　「疑」原訛「宜」，據北宋本、傅校本、明抄本、明刻本改。下同。
〔五〕當用七月二十八日　原脱「用」，據北宋本、傅校本、明抄本補。
〔六〕周官左氏傳而書　「而」原訛「所」，據北宋本、傅校本、明抄本、明刻本、王吴本改。
〔七〕今者用閏益合遠日之情也　原脱「合」，據北宋本、傅校本、明抄本、明刻本、王吴本補。
〔八〕閏三月非三月也　「閏三月」原涉上而脱，據北宋本、傅校本、明抄本、明刻本補。
〔九〕考校經傳　「校」原作「較」，據北宋本、傅校本、明抄本、明刻本改。
〔一〇〕吴商　原脱「吴」，據北宋本、傅校本、明抄本、明刻本、王吴本補。
〔一一〕苟本乎曆數　此五字原脱，據北宋本、傅校本、明抄本補。
〔一二〕非情本之所以　「情本」原倒，據北宋本、傅校本、明抄本、明刻本乙。
〔一三〕則含月從節　「含」原作「合」，據北宋本、傅校本、明抄本改。
〔一四〕以年數者　原脱「年」，據諸本補。
〔一五〕去三十年閏六月二十八日薨　原脱「三十」，據宋書禮志二四〇二頁及北宋本、傅校本、明抄本、明刻本、王吴本補。
〔一六〕閏月亡者　「閏」原訛「論」，據北宋本、傅校本、明抄本、明刻本改。

〔一七〕正閏論雖各有所執　「正」原訛「三」，據宋書禮志二四〇二頁改。

〔一八〕博士孫休　「孫」宋書禮志二四〇二頁作「傅」。不知孰是。

〔一九〕是則祥忌皆以周月爲議　「周」宋書禮志二四〇二頁作「同」。

〔二〇〕不可以無其月而不祥忌　原脱「忌」，據宋書禮志二四〇二頁及北宋本、傅校宋、明抄本、明刻本、王吴本補。

〔二一〕若用閏後月爲祥忌　原脱「爲」，據宋書禮志二四〇二頁及北宋本、傅校本、明抄本補。

〔二二〕若以去年二十九日親尚存　原脱「以」，據宋書禮志二四〇三頁及北宋本、傅校本、明抄本、明刻本、王吴本補。

〔二三〕通關並用閏附於正　「關」原訛「閏」，據北宋本、傅校本、明抄本改。按：宋書禮志二四〇三頁亦有「通關」一詞。

〔二四〕皇太子妃穆以去年七月薨　南齊書禮志下一五九頁同。北宋本、傅校本、明抄本、明刻本、王吴本「七」作「九」。

〔二五〕含閏以正周　「含」原訛「合」，據南齊書禮志下一五九頁改。

〔二六〕允協情理　原「允」上有「閏」，據南齊書禮志下一五九頁及北宋本、傅校本、明抄本、明刻本删。

〔二七〕厭降小祥　原脱「厭」，據南齊書禮志下一五九頁補。

〔二八〕益復爲疑　「疑」南齊書禮志下一五九頁作「礙」。

〔二九〕從周可知　「周」原訛「用」，據北宋本、傅校本、明抄本、明刻本、王吴本改。

〔三〇〕疑者正以祥之當閏　原「當」在「以」上，據南齊書禮志下一六〇頁乙。

〔三一〕曆象所弘　「弘」原訛「私」，據南齊書禮志下一六〇頁改。

〔三二〕含閏之義　「含」原訛「三」，據南齊書禮志下一六〇頁改。

〔三三〕緣尊故屈　「緣」原訛「沿」，據南齊書禮志下一六〇頁改。

〔三四〕事成三月　「三」南齊書禮志下一六〇頁作「二」。

〔三五〕此又附上之明義也　「上」原訛「正」，據南齊書禮志下一六〇頁及北宋本、傅校本、明抄本、明刻本改。

〔三六〕大祥後禫　原「後」下衍「常」，據南齊書禮志下一六〇頁删。

〔三七〕異於餘服　「服」原訛「復」，據南齊書禮志下一六〇頁改。

〔三八〕屈追慕之心　「屈追」原倒，據南齊書禮志下一六〇頁乙。

〔三九〕理據詳博　「理據」原倒，據南齊書禮志下一六一頁及北宋本、傅校本、明抄本、明刻本、王吴本乙。

〔四〇〕始雖議難　「議」南齊書禮志下一六一頁作「疑」。

〔四一〕其祥禫自依常限奏御班下内外　原脱作「其祥禫自依常班下内」，不成文理，據南齊書禮志下一六一頁補。

〔四二〕又省依王杜　原脱「王」，據魏書禮志四二七九七頁補。

〔四三〕忌日不用　禮記祭義同。北宋本、傅校本、明抄本「用」下有「樂」。

〔四四〕言夫日志有所至　禮記祭義同。北宋本、傅校本、明抄本「夫」下有「忌」。

〔四五〕多所好　原「多」上有「故」，據北宋本、傅校本、明抄本、明刻本、王吳本刪。

〔四六〕而陰氣賊害土　原脱「土」，據漢書翼奉傳孟康注三一六八頁補。按：北宋本、傅校本、明抄本、明刻本作「而陰氣賊亥土」，「亥」係「害」之音訛。

〔四七〕具音樂篇　「具」原作「見」，據北宋本、傅校本、明抄本改。

〔四八〕不敢以所不見便言無之　下「不」原脱，據晉書禮志下六六九頁補。

〔四九〕此似與古不同　「似」原作「事」，據北宋本、傅校本、明抄本、明刻本改。

〔五〇〕王洽　原脱「洽」，據晉書禮志下六六九頁補。

〔五一〕若有忌月當復有忌時忌歲　北宋本、傅校本、明抄本、明刻本無上「有」字，無「當」字。晉書禮志下六六九頁作「若有忌月，當復有忌歲」。

〔五二〕皇太后令旨　「令」原訛「今」，據諸本改。

王文錦點校

通典卷第一百一

禮六十一　沿革六十一　凶禮二十三

為廢疾子服議　罪惡絕服議　師弟子相爲服議　朋友相爲服議　除心喪議　周喪察舉議

爲廢疾子服議晉　宋

晉劉智釋疑：「問曰：『今有狂癡之子，不識菽麥，又能行步，〔一〕起止了無人道，年過二十而死者。或以爲禮無廢疾之降殺，父當正服服之邪？以爲殤之不服，爲無所知邪？此疾甚於殤，非禮服所加也。禮之所不及，以其從例所知故也，不宜服矣。此二者將焉從？』智答曰：『無服之殤，至愛過於成人，以其於生性自然未成，因斯而不服，以漸至於成人，順乎其理者也。至於廢疾，多感外物而得之，父母養之，或不盡理而使之然，仁人痛深，不忍不服。故禮不爲作降殺，不得同殤例也。』」

王徽之問劉玢廢疾兄女服：「記云『其夫有廢疾又無子傳重者，舅爲之服小功』。又云『長子有廢疾，降傳重也』。此二條皆以其廢疾降嫡從庶。謂如此雖非嫡長而有廢疾，既無求婚許嫁理，且慶弔烝嘗皆不得同之於人，不知當制服不？」劉玢答：「若嫡子有廢疾，不得受祖之重，則服與衆子同在齊縗，蓋以不堪傳重，故不加服，非以廢疾而降也。子婦之服，例皆小功，以夫當受重，則加大功。若夫有廢疾，則居然小功，亦非降也。喪服經齊縗章，爲君之祖父。傳曰『從服也』。〔二〕鄭注曰：『爲君有祖之喪者，祖有廢疾不立也。』從服例降本親一等，君服斬，故從服周。唯孫不敢降祖，此亦是廢疾不降之一隅也。」

宋庾蔚之以爲：「疾病者不愈而亡，彌加其悼，豈有禮無降文，情無所屈，而自替其服者邪！殤服本階梯以至成人，豈可以病者準之！篤其愛者，以病彌可悲矣。薄其恩者，以病則宜棄矣。病有輕重，參差萬緒，故立禮者深見其情，杜而不言，無降之理，略可知矣。嫡不爲後，是其去傳重之加，非降其本服，劉智、劉玢所言，近爲得理矣。」

罪惡絶服議周　晉　宋

周制，公族有死罪，則磬於甸人。盧植曰：「公族，諸侯同族也。磬，麗繫也。郊外曰甸，去天子城百里内也。不與國人同慮兄弟，故繫之甸人。」鄭玄曰：「不於市朝，隱之也。縣縊殺之曰磬。」公三宥之，有司不對，走出，致刑於甸人。公又使人追之，曰：「雖然，必赦之。」有司對曰：「無及也。」反命於公。白已刑殺。〔三〕公素服，不舉，爲之變如其倫之喪，無服。盧植曰：「變飲食，終其月，如其等之喪也。」鄭玄曰：「素服，於凶事爲吉，吉事爲凶，非喪服也。卿大夫死，則皮弁錫縗以弔。〔四〕同姓則緦縗以弔。〔五〕今無服，不往弔也。倫謂親疏之比。親哭之。不往弔，爲位哭之而已。

晉劉智釋疑：「問曰：『昆弟骨肉以罪惡徒流死者，諸侯有服不？』智答曰：『凡以罪惡徒者，絶之；國君於兄弟有罪者，亦絶也。舊説，諸侯於兄弟有弔服，服縗絰。此不服，則無縗絰，素服而已，不弔臨其喪也。諸侯之身，體先君，奉祭祀，是以不得盡其情於所絶耳。然則不爲父後者，則服之矣。』」

御史中丞裴祗兄弟等乞絶從弟儀曹郎耽喪服表曰：〔六〕「耽受性凶頑，往因品署未了，怨恨親親，言語悖逆，讐絶骨肉。其兄司空秀、一息從纂、袓以下薨亡，耽皆不制服發哀。昔二叔放流，鄭段不弟，皆經典所絶。耽應見流徙，未及表聞之。頃耽憂恚荒越，遂成狂病，前即檻閉，今以喪亡。罪慝彰聞，穢辱宗冑。耽見周親以下，皆宜絶服，葬不列墓次。請處斷。」户曹屬韓壽議云：「祗表稱二叔放流，鄭段不弟，大義滅親，至公之道。然猶作鴟鴞之詩，成王封其子胡於蔡，明王篤愛親親無已之意也。今耽真由病喪神，〔七〕故有悖言，非管、蔡、鄭段之元惡，而祗等心棄引致，不加痛傷。於禮不喪，於情不安。」東閤祭酒李彝議：「昔公孫敖爲亂而亡，襄仲猶帥兄弟而哭，不廢親愛，春秋所善也。耽狂疾積年，亡歿之後，追論往意，絶不爲服，竊所未安。」主簿劉維議以爲：「先王制禮，因情而興，五服之義，〔八〕以恩爲主。是以明親親之分，正恩紀屬，恩崇則制重，意殺則禮降。昔周公誅管蔡，鄭伯克叔段，皆正以王法，絶不爲親。耽凶頑悖戾，背義忘親，存無歡接之恩，絶無禮服之制，循名責實，不服當矣。宜如祇所上。」記室督田岳議以爲：「五服之制，本乎親屬，故賢不加崇，愚不降禮。昔公孫敖既納襄仲之妻，又以幣奔莒。至其卒也，仲欲勿哭。傳曰：『喪親之終也，情雖不同，無絶其愛，親親之道也。』叛君爲逆，納弟妻爲亂，亂逆之罪，猶不廢喪。故胤子啟明，〔九〕而唐堯不絶；象之傲佷，〔一〇〕有虞加矜；周公戮弟，義先王室；鄭伯滅段，傳不全與。議者稱此，皆非所據。又諸侯絶周，公族爲戮，然猶私喪之也。私喪猶言心喪。喪禮大制，動爲典式，與其必疑，寧居於重。」學官令徐宣議云：「昔閼伯實沈，親尋干戈，而遷於商夏，朱象頑傲，凶國害家。然唐無絶姓之文，虞有封鼻之厚，〔一一〕斯以重天姓、篤所承也。〔一二〕周公刑叔，罪在黨協祿父，欲周之亡，蓋爲王室耳，非以流言毁公爲戮也。召公猶懼天下未解，特使兄弟之義薄，乃作棠棣之詩，以示恩親也。耽以凶愚命卒，骨肉所哀，夫行過乎仁，喪過乎哀，未宜絶也。」

宋庾蔚之謂：「夫聖人設教，莫不敦風尚俗、睦親糾宗者也。每抑其侈薄之路，深仁悌之誨。〔一三〕公族有罪，素服不舉，恩無絶也。若凶悖陷害，則應臨事議其罪，豈但不服而已。裴耽以狂病致卒，無罪可論，田岳之義，足爲允也。」

師弟子相爲服議周　魏　晉　宋

周制，禮記檀弓云：孔子之喪，門人疑所服。無喪師之禮。子貢曰：「昔者夫子之喪顏回，若喪子而無服，喪子路亦然。請喪夫子，若喪父而無服。」無服，不爲緦也。弔服而加麻，心喪三年。又曰：「事師無犯無隱，左右就養無方，服勤至死，心喪三年。」鄭玄曰：「心喪，戚容如喪父母而無服也。」又曰：「師，吾哭諸寢。」〔一四〕盧植曰：「有父道，故於所寢哭之。」奔喪云：「哭師於廟門外。」

魏王肅曰：「禮，師弟子無服，以弔服加麻臨之，哭之於寢。」蜀譙周曰：「爲師，如本有服降而無服者。其爲師少長所成就者，雖服除，心喪皆三年。」曹弁敏問曰：「弔服加麻者幾時而除？」鄭稱答曰：「凡弔服加麻者，〔一五〕三月除之。師、朋友、嫂、叔、族姑姊妹嫁者，皆弔服加麻者。爲師出入常絰，出則變服。」

晉賀循謂：「如朋友之禮。異者，雖出行，猶絰，所以尊師也。按禮記：『夫子之喪，門人疑所服。子貢曰：「昔夫子喪顏回，若喪子而無服。請喪夫子若喪父而無服。」於是門人廬於墓所，心喪三年。』蓋師徒之恩重也。無服者，謂無正喪之服也。孔子之喪，二三子皆絰而出。注曰『爲師也』。然則凡弔服加麻者，出則變服矣。」

新禮：「弟子爲師齊縗三月。」摯虞駁曰：「仲尼聖師，止弔服加麻，心喪三年。淺教之師，暫學之徒，不可皆爲之服。或有廢興，悔吝生焉。宜定新禮，無服如舊。」

范甯問曰：「奔喪禮『師，哭於廟門外』，孔子曰『師吾哭之寢』，何邪？」徐邈答曰：「蓋殷周禮異也。」

宋庾蔚之謂：「今受業於先生者，皆不執弟子之禮。唯師氏之官，王命所置，故諸王之敬師，國子生之服祭酒，猶粗依古禮，弔服加麻，既葬除之，但不心喪三年耳。」

朋友相爲服議 周 漢 魏 晉

周制，檀弓云：「曾子曰：朋友之墓，有宿草而不哭焉。」鄭玄曰：「宿草謂陳根也。爲師心喪三年，於朋友期可也。」王肅曰：「謂過周不復哭」又曰：「朋友吾哭諸寢門之外。」

漢戴德云：「以朋友有同道之恩，加麻三月。」

魏劉德議問曰：〔一六〕「小記云『朋友虞祔而已』，此謂主幼而爲虞祔也。若都無主族，神不歆非類，當爲虞祔不？」田瓊答曰：「虞，安神也。祔，以死者祔於祖也。既朋友恩舊歡愛，固當安之祔之，然後義備也。但後日不當祭之耳。」〔一七〕又問：「朋友無所歸，於我殯，若此者當迎彼還己館，皆當停柩於何所？」答曰：「朋友無所歸，故呼而殯之，不謂已殯迎之也。於己館而殯之者，殯之而已，不於西階也。」

晉曹述初問：「有仁人義士，矜幼攜養積年，爲之制服，當無疑邪？」徐邈答曰：「禮緣情耳。同爨緦，又朋友麻。」

除心喪議晉

晉蔡眇之問除野人云：「從弟心喪，當除此月，不知猶應設祭者？爲應施牀爲地席邪？其大兄昔在西，知喪晚，心制乃應除臘月。其妹先除，不知便可著綵衣不？」徐答曰：「禫者，喪事之極也，故於此日設祭而告終。自爾之後，沈哀在心，故謂之心喪。外無節文，故服祭並闕也。晦日唯哭以寫哀而已。既各盡其服，從禮而除矣。著綵衣，無所疑。」

周喪察舉議晉

晉武帝泰始中，楊旌有伯母服未除而應孝廉舉。天水中正姜鋌言：「太常楊旌遭伯母之喪幾時而被孝廉舉？又已葬未？及爲人後不？按：旌以去六年二月遭伯母喪，其年十一月葬，十二月應舉，不爲人後。鄉閭之論，以孝廉四科，德行高妙，清白冠首，必不謂在哀之人，禮之所責也。」

博士祭酒劉喜議：「禮，周之喪，卒哭而從政。進貢達士，爲政之務也。此敬君之命，爲下之順，禮因殺而順君命可也。今旌十二月被舉，過既葬之後，因情哀殺而順君命。三年之喪則終其服，周之喪一月而已，明情有輕重也。〔一八〕又按律令，無以喪廢舉之限。」

博士爰幹議：「按禮，周喪之末，可以弔人也。君子之仕，行其義也。今以喪在四科之一，雖無善稱，亦應無咎。」

博士韓光議：「孝廉清白克讓爲德，旌本周喪之戚，猥當貢舉，不能辭退，詩人有言，『受爵不讓』，旌應貶矣。」

毘陵内史論江南貢舉事：「江表初附，未與華夏同，貢士之宜，與中國法異。前舉孝廉，不避喪孝，亦受行不辭以爲宜。訪問餘郡，多有此比。按天水太守王孔碩舉楊少仲爲孝廉，有周之喪而行，甚致清議。今欲從舊，則中夏所禁，欲不舉，則方士所闕。闇塞意淺，甚以爲疑。」

震議曰本論無姓：「孝舉，古之名貢。尋名責實，模格宜高。夫以宜高之姿，〔一九〕必以邁俗爲稱，動擬清流，行顧禮典。況齊縗之喪，身有伯叔之痛，腰麻貫絰，對而不言，不處大夫之位，不統邑宰之官，時無盟戰，代無寇戎，〔二〇〕不受聘使之命，不率師旅之役，喪禮宜備，哀情宜畢。古者周喪，過三月而從政。謂若今之職司，有公除也。公除之制，蓋由近者多事，在官不復從禮，權宜之事耳。今當舉者，咸出布衣，或在吏次。且貢選之道，在不苟之地，〔三〕推讓之宜，得順其心。官無推讓之刑，法無必行之制。平日且猶遜讓，況周年之憂乎！若從公除，則非正官之例也。若從高貢之舉，於情爲慢喪，於舉爲昧榮，考之於禮，義則未聞。今戎車未息，禮制與古不同。今諸王官司徒吏未嘗在職者，其高足成，有一舉便登黃散，其次中尚書郎，被召有周喪，正假一月耳，何至孝廉獨不可耳！爲孝廉之舉美於黃散耶？如所論以責孝廉之舉，則至朝臣復何以恕之？宜依據經禮，分別州國之吏，與散官不同。」

又議曰：「震以王官司徒吏，皆先由州郡之貢，而後升在王廷，策名委質，列爲帝臣，選任唯命，義不得辭。故遭周喪，得從公奪之制，周則迫命俯就。至於州郡之吏，未與王官同體，其舉也以孝順爲名，以廉讓爲務，在不制之限。於時可得固讓，於宜可得不行，況兼周喪，焉可許乎！據情責實，於義不通。苟居容退之地，雖小必讓，苟在不嫌之域，雖大不辭：是黃散可受而孝廉可拒也。故孝在得申之位，動則見恕。是以州國之與王官不同之理，在乎此矣。若乃權時制宜，越常從變，則孝非特命之徵，舉非應務之首，慶代無縱橫之務，校禮則不覩其事，唯宜折之以理，〔三〕從其優者也。」

校勘記

〔一〕又能行步　「又」原作「不」，據北宋本、傅校本、明抄本、明刻本、王吴本改。

〔二〕從服也　「從」北宋本、傅校本、明抄本、明刻本作「絶」，非。

〔三〕白已刑殺　「白」北宋本、傅校本、明抄本、明刻本、王吴本作「曰」，非。

〔四〕卿大夫死則皮弁錫縗以弔　按：禮紀文王世子鄭注原作：「卿大夫死則皮弁錫縗以居，往弔當事則弁絰。」杜佑節取失當。

〔五〕同姓則緦縗以弔　「縗」原訛「麻」，據禮記文王世子鄭注改。

〔六〕儀曹郎耽　「耽」北宋本、傅校本、明刻本、皆作「眈」。「眈」不見字書，姑從王吴本、殿本、局本作「耽」。

〔七〕今耽真由病喪神　「真」原作「直」，據北宋本、傅校本、明抄本、明刻本改。

〔八〕五服之義　「義」原訛「議」，據北宋本改。

〔九〕胤子啟明　「胤」原作「允」，清人諱改。據北宋本、傅校本、明抄本、明刻本、王吴本改回。

〔一〇〕象之傲佷　「佷」原作「狠」，據北宋本、傅校本、明抄本、明刻本改。

〔一一〕虞有封鼻之原　「鼻」原作「庳」，據北宋本、傅校本、明抄本、明刻本改。

〔一二〕斯以重天姓篤所承也　「姓」原訛「性」，據北宋本、傅校本、明刻本改。

〔一三〕深仁悌之誨　「悌」原作「弟」，據北宋本、傅校本、明抄本、明刻本改。

〔一四〕又曰師吾哭諸寢　亦禮記檀弓文。與下之「奔喪云哭師於廟門外」九字，按本書編例，都應作正文。

〔一五〕凡弔服加麻者　原「服」下衍「皆」，據北宋本、傅校本、明抄本、明刻本删。

〔一六〕劉德議問曰　「議」疑爲衍文。

〔一七〕但後日不當祭之耳　「當」原訛「常」，據通志禮略四改。

〔一八〕明情有輕重也　「輕重」原倒，據北宋本、傅校本、明抄本、明刻本乙。

〔一九〕夫以宜高之姿　「姿」原作「資」，據北宋本、傅校本、明抄本、明刻本改。

〔二〇〕代無寇戎　「代」北宋本作「伐」，非。

〔二一〕在不苟之地　「苟」原訛「拘」，據北宋本、傅校本、明抄本改。

〔二二〕唯宜折之以理　「理」原訛「禮」，據北宋本、傅校本、明抄本、明刻本、王吴本改。

王文錦點校

通典卷第一百二

禮六十二　沿革六十二　凶禮二十四

改葬服議周　漢　魏　晉　東晉　宋　後魏

周制，喪服曰：「改葬緦。」馬融曰：「棺有弛壞，將亡尸柩，故制改葬。棺物敗者，設之如初，其奠如大斂時。不制斬者，禮已終也。從墓之墓，事已而除，不必三月。唯三年者服緦，周以下無服。」鄭玄曰：「云服緦者，臣爲君，子爲父，妻爲夫。親見屍柩，不可無服，服緦三月而除之。」王肅云：「本有三年之服者，道有遠近，或有艱故，既葬而除，不得待有三月之限。」春秋穀梁傳：魯莊公三年，葬桓王。傳曰：「改葬也。」范甯曰：「改葬，當言改以明之，猶郊牛之口傷，改卜牛是也。傳當以七年乃葬，故謂之改葬。」改葬之禮，緦，舉下緬也。」范甯曰：「緦者，五服最下。言舉下緬，上從緦，皆反其故服。因葬桓王記改葬之禮，不謂改葬桓王當服緦也。」江熙曰：「薨稱公，舉五等之上。改葬之禮緦，舉五服之下，以喪緬邈遠也。天子諸侯易服而葬之。禮以其爲交神明者也，不可以純凶，況其緬者乎！是故改葬之禮，其服唯輕。言緬，所以釋緦。」〔一〕

漢戴德云：「制緦麻具而葬，葬而除，謂子爲父、妻妾爲夫、臣爲君、孫爲祖後也。無遣奠之禮。其餘親皆弔服。」陳鑠問趙商云：「親見尸柩，不可吉服，既虞可除，何爲乎三月？」商答曰：「經云『改葬緦』，三月而除。三月一時，無他變易。今既緦，無因便除，故待三月除，以順緦之數。」

魏王肅云：「司徒文子改葬，其叔父問服於子思。子思曰：『禮，父母改葬，緦而除，不忍無服送至親也。』」肅又云：「本有三年之服者，道有遠近，或有艱故，既葬而除，不待有三月之服也。非父母，無服，無服則弔服加麻。」吳除整問射慈云：〔二〕「改葬緦，其奠如大斂，從廟之廟，從墓至墓，禮宜同也。又此大斂，謂如始死之大斂邪？從廟悉謂何廟？牲物何用？」慈答：「奠如大斂奠，士大斂特豚。從禰廟朝祖廟，從故墓之新墓，皆用特豚。大夫以上，其禮亡。以此推之，大夫奠用特牲，〔三〕天子太牢，諸侯少牢。」

晉袁準正論云：「喪無再服，然哀甚，不可無服。若終月數，是再服也。道遠則過之可也，道近旬月可也。或問何親服緦，大功以上可也。」

東晉賀循答傅純云：「鄭玄云三月者，以親覩尸柩，故三月以序其餘懷。〔四〕但遲速不可限，故不在三月章也。王氏虞畢而除，且無正文。鄭得從重，故要記從之。」

殷仲堪問范甯曰：「從兄道林營遷改事，先儒並不疑緦服，代所多用，且當依行。至於釋除，王鄭不同，何者爲允？」甯答曰：「改葬者非常，故不在五服之章。葬遲者自當以畢事爲斷，亦猶久喪服踰三年。」又云：「父喪未葬，主喪者不除。當其爲主，五服皆然。苟有事故，葬必踰期，此非常之通服也。」

成帝咸和四年，太尉庾亮改葬，服齊縗。咸康三年，司空何充改葬亦然。蔡謨以爲改葬斬縗，禮言緦者，謂緦親以上皆反服也。

范汪與江惇書曰：「孝子重親靈櫬，哀心慟踊，何以緦服臨至親之喪，三月而除。此乃儀禮數字，了無首尾，今人有疑。孫放改葬其祖，放開壙，服斬縗，一門反服。從行者待柩至，以縗絰迎於郊。二月事畢，放父四月晦除，放兄弟二月晦除，此皆反服。」孟陋難放曰：「未嘗有斬服旬月而除者。」放答曰：「禮亦有積年而無變，久喪是也。或再以表哀，親屬臨壙是也。或旬月而除，訖葬即吉是也。或服重而月促，齊縗三月是也。」

何琦云：「皇祖恩遠，猶不敢以輕服服之，況以緦臨父母之葬乎！若傳重之孫改葬其父，則爲二斬，於禮亦違順。鄭玄三月之義，則進退有疑。從王肅虞除之文，則就吉倉卒。從蔡謨，則關於二斬。且喪服齊縗三月之例，而緦無異條也。」

王濛曰：「改葬緦，奪之以斬可也。今若極重制於旬日，同至痛於始哀，而就吉不漸，於禮有疑。」于濟答曰：「蔡謨云：傳云不以兄弟之服服至尊者，乃始喪正服耳。且斬縗之末，便自縞冠麻衣，乃輕於緦麻，然猶以服至尊矣。」

范宣曰：「斬縗，既葬則布同於齊縗，既練則同大功，大祥之後，略如緦麻，禮之次序也。安得反服始服不從其變？又改葬緦，服三月者非也，直訖葬爲斷矣。若改葬不過一旬，安可便脱乎。禮云一時，時踰思變，故取節焉。若道遠艱故，不得時畢，則猶禮云久喪不葬，主喪者不除，可待葬訖而除。」

元帝建武初，以温嶠爲散騎侍郎，嶠以母亡值寇，不臨殯葬，欲營改葬，固讓不拜。詔曰：「温嶠不拜，以未得改卜葬送，朝議又頗有異同。〔五〕古人之制三年，非情之所盡，存亡有斷，不以死傷生耳。腰絰而服金革之役者，豈營官邪？隨王事之緩急也。今桀逆未梟，平陽道斷，奉迎諸軍猶未得徑進，〔六〕嶠特一身，於何濟其私艱，而以理閡自疑，不服王命邪！其令三司八座詳議。」於是太宰、西陽王羕等議：〔七〕「昔伍員挾弓去楚，爲吴行人以謀楚，志在報讎，不苟滅身也。温嶠遭難，昔在河朔，日尋干戈，志刷讎惡，萬里投身，歸赴朝廷，將欲因時竭力，憑賴王威，以展其情，此乃嶠之志也。」有司奏：「按去建武元年辛未詔書，〔八〕依禮久喪未葬，唯喪主不除。以他故未葬，人子之情，不可居殯而除，故期於畢葬，無遠近之斷也。〔九〕若亡遇賊難，喪靈無處，求索理絶，固應三年而除，不得固從未葬之例也。按辛未之制，已有成斷，皆不得復遂私情，不服王命，以虧法憲。參議可如前詔嶠受拜，重告中丞司徒，諸如嶠比者，依東關故事、辛未令書之制。」〔一〇〕嶠不得已，乃拜。

宋庾蔚之謂：「改葬所以緦而不重者，當以送亡有已，復生有節。若用始亡之服，則是死其親，故制緦以示變吉。既有其服，若旬月而葬，則當如鄭玄說，卒緦之限，三月而除。若葬過三月者，須葬畢釋服，服爲葬設故也。

後魏明帝神龜元年，侍中、國子祭酒崔光上言：「被臺祠部曹符，文昭皇太后改葬，議至尊、皇太子、羣臣服制輕重。四門博士劉季明議：按喪服記雖云『改葬緦』，文無指據，至於注解，乖異不同。又太常博士鄭六議云：〔一一〕竊謂鄭玄得服緦之旨，謬三月之言。如臣所見，請依服緦，既葬爲除。」實以爲允。」詔可。

嫡孫有父喪未練改葬祖服議晉

晉段疑問：〔一二〕「嫡孫居父喪未練而改葬祖，當何服？又出養子居所生父喪齊縗，改葬合當何服？」荀訥云：「禮，父母喪偕，葬先輕後重。謂便當以重服而葬也。若服重可以臨葬，則爲人後者亦當著齊縗耳。禮無的文，此意決耳。」

步熊問：「改葬但言臣、子、妻爲君父夫三者，而孫爲祖後亦宜緦，不審受重於祖，父亡後，祖墓崩，不知云何？」許猛云：「按經文以謂諸有三年者皆當緦，如注意舉此三者，明唯斬者耳。今父卒，孫爲祖後而葬祖，雖不受重於祖，據爲主，雖不爲祖斬，亦制緦以葬也。」

有小功喪及兄喪在殯改葬父母服議 魏　晉

魏荀俁云：〔一三〕「有小功喪服，改葬父母，服以重包輕，宜便服小功。」王肅以爲宜服改葬緦，卒事反故服。

晉蔡謨答或問：「改葬服緦。今甲當遷葬，而先有兄喪在殯，爲當何服？」謨答：『亦應服緦。禮，三年之喪既練，而遭緦麻之喪，則服其服往哭之。凡喪相易，皆以重易輕。至於此事，則以輕易重。所以然者，臨其喪故也。卑者猶然，況至尊乎！謂甲臨葬，應改服緦麻。』」

改葬父母出適女服議 晉

晉庾龢問：「女子適人，今改葬，兒既服緦，女子當有服不？」王翼答云：「按禮改葬緦，〔一四〕鄭氏以爲臣、子、妻。以例推之，女子雖降父母，即亦子也。今男女皆緦，於義自通。」

改葬前母及出母服議 晉

晉胡濟改葬前母服議云：「今禮無其章，不復特爲之法。〔二五〕故取繼母以準事目下，〔二六〕得申孝養之情。推此所奉，前繼一也。以爲前母改葬，宜從衆子之制。」又劉鎮之問：「父尚在，母出嫁亡，今改葬，應有服不？」徐廣答云：「改葬服緦，唯施極重。此既出嫁，未聞兒有服之文。然緣情立禮，令制服奉臨，就從重之義，合即心之理，亦當無疑於不允也。」

母非罪被出父亡後改葬議 晉

晉王濬、王沈與其叔征南將軍昶書曰：「亡母少修婦道，事慈姑二十餘年，不幸久寢篤疾，會東郡君按東郡君，沈父。初到官而李夫人亡。按李夫人，沈祖母。是時亡母所苦困劇，不任臨喪。東郡君自痛遠不得嘗藥，而婦宜親侍疾而不得臨終，手書責遣，載病大歸，按大歸謂被遣還本也。遂至殞亡。東郡君後深悼恨之。慈妣存無過行，沒荷出名。春秋之義，原心定罪。乞迎亡母神柩，改葬墓田。上當先姑慈愛之恩，次釋先君既往之恨，下蠲亡靈無負之恥。」

博士薛諝議以爲：「春秋原心定罪，仲尼稱父有諍子，〔一七〕然則論罪不可以不原心，爲子不可以不義諍。來書云尊親以不幸遘疾，不任理喪。禮，疾則飲酒食肉，蓋急於性命而權正禮也。夫厚養忘哀，禮之所許，況尊親嬰沉篤疾而被七出之罰乎！向使曩時家有壯子，明證本末，直道而争，豈令慈母以非罪受不義哉！考諸典禮，稽之原情，其昭告先靈，先靈，東郡君。還安兆域，使嚴父無違理之舉，慈母雪没代之恥，不亦可乎！」沈重與叔祖書述薛議，其叔答許之。

沈祭先考東郡君文云：「孝子沈敢昭告烈考東郡君：沈亡母郭氏，恪勤婦道，齊孝之節，克順於先姑。天降氛氣，鴈門太夫人遘疾歷旬，郭時又遇篤疾，弗獲嘗禱，夫人不幸，遂至殞没。烈考卒承大變，憂慟荒迷，未詳聽察，謂郭供養有闕，遂載病大歸，尋便殞亡，烈考深用悼恨。澹及沈仰惟烈考舊心，鑒亡妣素行，不迎之議，考禮度哀，〔一八〕未及施行，澹不幸夭没。沈敢述澹意，謀之通儒，咨之邦族，咸以爲亡妣宜時改葬。〔一九〕沈輒受命於征南君，〔二〇〕按謂叔王昶。謹詣鄴迎郭靈柩，以某月日安厝，庶順烈考之舊心，全祖親之慈愛者也。」

改葬反虞議晉　宋

晉尚書下問改葬應虞與不。按王肅喪服記云：「改葬緦，既虞而除之。」傅純難曰：「夫葬以藏形，廟以安神，改葬之神在廟久矣，安得退之於寢而虞之乎？若虞之於寢，則當復還祔於廟，不得但虞而已。」國子祭酒荀訥以爲：「虞，安神之祭。神已在廟，改葬不應復虞，虞則有主。訥謂純言爲當。」

韓虯問賀循曰：「按傅純曰問鄭氏改葬三月，〔二〕又譏王氏以既虞爲節，云『改葬之神在廟久矣，不應復虞』。見府君所答，唯云宜三月，謂王氏爲短，鄭爲長，而不答應虞之義，此爲應虞否也？」循答曰：「凡移葬者，必先設祭告墓而開冢，從墓至墓皆設奠，如將葬朝廟之禮。意亦有疑。既設奠於墓，所以終其事，必爾者，雖非正虞，亦似虞之一隅也，但不得如常虞還祭殯宮耳。故不甚非王氏，但不許其便除。然禮無正文，是以不明言也。」

殷仲堪問范甯曰：「荀訥議太后改葬，既據言不虞，朝廷所用，賀要記云三月便止，何也？」甯答曰：「賀無此文，或好事者爲之邪？不見馬、鄭、賀、范説改葬有虞。神已在廟，虞何爲哉！」吳射慈答徐整問改葬虞曰：「不在殯宮，又不爲位，何反虞之有。」

宋庾蔚之謂：「神已在廟，無所復虞。但先祭而開墓，將窆而奠，〔三〕事畢而祭靈，遂毀靈座。若棺毀更斂，則宜有大斂之奠。若移喪遠葬，又有祖奠、遣奠也。」

父母墓毀服議 曾祖從祖墓毀附○東晉　宋　梁

東晉大興二年，司徒荀組表言：「王路漸通，士人得視塚墓，多聞凶問，朝野所行不同，或有制重斬杖者，〔二三〕復有制齊縗三月、緦麻三月者，直素服盡哀者。人生不同，性有厚薄，是以聖人制禮居中，使賢者俯就，不肖者企及。臣謂墓毀之制，改葬緦麻，當包之矣。鄭康成、王子雍皆云棺毀見屍，痛之極也。今遇賊見毀，理無輕重也。〔二四〕以禮無明文，行者致異。臣以爲宜使明禮大臣議爲正制。」詔：「司徒表，禮雖無墳墓毀廢正文，然依附名例，不爲無準。吾謂改葬緦，通制也。已修復，不臨尸柩，素服可也。而士大夫率意輕重不同，其下太常議定。」國子祭酒杜夷議：「墓既脩復而後聞問，宜依春秋新宮之災，哭而不服。」博士江淵議：「凡所以改葬者，必由丘墓崩壞露殯，其痛一也。愚以爲發墓依改葬，服緦三月。漢時有盜高廟寶器者，達理之士以爲其罪輕於長陵之土。〔二五〕雖同至於敬，〔二六〕事實有異。愚以爲墓毀更復不應比廟災而不行服也。」侍中黃門侍郎江啟表：「按鄭玄云：『親見尸柩，不可無服。』如鄭義以見而服，不見不服也。司徒臨潁前表改葬之緦，〔二七〕不以吉臨凶。今聽其墳墓毀發，依改葬服緦麻，不得奔赴。及已修復者，唯心喪縞素，深衣白幘，哭臨三月。」

孔仰墓毁論曰：「按禮，聖人制殯葬之意，蓋以死者不可復存，而孝子不忍棄其親，故爲棺槨葬埋。推其本心，固在棄之，棄之中爲禮節以順孝子情耳。原聖人之意，蓋以無知處之形骸，故以幽閉長久爲安；以有知爲神靈，故以清陽博廟尊嚴爲顯。〔二八〕尊嚴故可修，潛隱故不犯，比之丘陵，同之自然而不敢修。若遇寇發露，可以補復其外，而不可改内。哭泣之日，以事訖爲節。故廟災有三日哭之之文，墓毁無制哭之日。篤推大理，恐不加異於廟災也。苟以無知處之，則雖加開發，不能益死者之苦，但人情不忍見聞。見聞之日有哭泣，一日、五日或十日，過者不足褒，不及不足貶，故聖人不爲之禮。」

永和十二年，修復峻平四陵。大使開陵表，至尊及百官皆服緦。尚書符問：皇太后應何服。博士曹耽、胡訥議：「爲人後者爲之子，元帝繼武帝，於康帝爲曾祖。禮，爲曾祖後斬縗三年，小記與諸侯爲兄弟者斬縗，則無齊。皇太后宜正服斬縗，改葬當緦。鄭注止於臣、子、妻，王氏通謂三年者。王氏近情，則宜緦。」領國子博士荀訥議：「如鄭玄注，則皇太后不應有服緦。謂今皇太后上奉宗廟，下臨朝臣，宜有變禮，不得準之常制。」太常王彪之上言：「二學博士荀訥、曹耽等議如右，〔二九〕臣雖與之同議，議各有辭。太后臨朝稱制，體同皇極，則亦宜服緦，議有二君之嫌。」尚書范汪亦同彪之，云「太后臨朝，君禮有何不盡，而君何疑於服？」〔三〇〕遂上皇太后緦服。

或問曰：「曾祖墓、從祖墓毀發，哭制云何？」范宣曰：「禮不見在遠，直聞墓發，制唯經見改葬緦。此施臣、子、妻，是承嫡者當依此禮。非嫡有降，但三日哭，從祖一日哭可也。」

宋庾蔚之謂：「人子之情無可輟，聖人以禮斷之，故改葬所服，不過於緦。緦服雖輕，而用情甚重。意謂聞其親屍柩毀露，及更葬，便應制服奔往。縱已修復，亦應臨赴。苟途路阻礙，猶宜制服緦，〔三一〕依三月而除。豈可以不及葬事便宴然不服乎！」

梁天監元年，齊臨川獻王所生妾謝墓被發，〔三二〕不至埏門。蕭子晉傳重，咨禮官何佟之。〔三三〕議以爲：〔三四〕改葬服緦，見柩不可無服故也。此止侵土壙，不及於槨，可依新宮火處，三日哭假而已。」〔三五〕帝以爲得禮也。

校勘記

〔一〕言緬所以釋緦　「所以」原在「釋」下，據北宋本、傅校本、明抄本、明刻本乙。

〔二〕吳徐整問射慈云　「吳」原訛「哭」，據諸本改。

〔三〕大夫奠用特牲　「牲」北宋本、傅校本、明抄本、明刻本、王吳本作「豚」。

〔四〕故三月以序其餘懷　「懷」原作「哀」，據北宋本、傅校本、明抄本、明刻本、王吳本改。

〔五〕朝議又頗有異同　原脱「又頗有異同」，據晉書禮志中六四〇頁補。

〔六〕奉迎諸軍猶未得徑進　「軍」原訛「君」，據晉書禮志中六四一頁及北宋本、傅校本、明抄本、明刻本改。

〔七〕於是太宰西陽王羕等議　此十字原涉上而脱，據晉書禮志中六四一頁補。

〔八〕按去建武元年辛未詔書　「去」原訛「云」，據北宋本改。按：晉書禮志中六四一頁作：「按如衆議去建武元年九月下辛未令書。」

〔九〕無遠近之斷也　「無」原脱，據晉書禮志中六四一頁補。

〔一〇〕依東關故事　「關」原訛「閣」，據晉書禮志中六四一頁改。

〔一一〕鄭六議云　四字原脱，據魏書禮志四二八〇八頁補。

〔一二〕段疑　「疑」原作「凝」，清人臆改。今據北宋本、傅校本、明抄本、明刻本、王吳本改回。

〔一三〕荀俣　「俣」原訛「侯」，據北宋本、傅校本、明刻本改。按：荀俣爲荀彧之子。

〔一四〕按禮改葬緦　「按」原作「喪」，據北宋本改。

〔一五〕不復特爲之法　「復」原訛「服」，據北宋本、傅校本、明抄本、明刻本改。

〔一六〕故取繼母以準事目下　「以」原作「服」，據北宋本改。

〔一七〕父有諍子　「諍」北宋本、傅校本、明刻本、王吳本作「争」。

〔一八〕不迎之議考禮度哀　「不」原作「還」，「哀」原作「衷」，據北宋本、傅校本、明抄本、明刻本改。王吳本上字作「不」，下字作「衷」。按：「不」同「丕」，助詞，置於動詞上，表示此項行爲之莊重，詞例猶尚書之「丕顯」、「丕承」。殿本、局本之校者不知，遂臆改爲「還」矣。

〔一九〕以爲亡妣宜時改葬　「宜時」原倒，據北宋本、傅校本、明抄本、明刻本乙。

〔二〇〕沈輒受命於征南君　「輒」原訛「轉」，據北宋本改。

〔二一〕按傅純曰問鄭氏改葬三月　疑衍「曰」字。

〔二二〕將窆而奠　「窆」北宋本、傅校本、明抄本、明刻本作「定」，疑非。

〔二三〕或有制重斬杖者　「制」原訛「輕」，據北宋本、傅校本、明抄本、明刻本改。

〔二四〕理無輕重也　「理」原訛「埋」，據北宋本、傅校本、明抄本、明刻本改。

〔二五〕達理之士　「理」原作「禮」，據北宋本改。

〔二六〕雖同至於敬　「至」原作「主」，據北宋本、傅校本、明刻本改。按：明抄本作「致」。

〔二七〕臨潁　「潁」原訛「穎」，據北宋本改。

〔二八〕故以清陽博廟尊嚴爲顯　「清陽博廟」原作「寢廟」，據北宋本、傅校本、明抄本、明刻本、王吴本補改。

〔二九〕二學博士荀訥曹耽等議如右　「右」原作「有」，義不可通，據全晉文卷二一一一五七五頁改。

〔三〇〕而君何疑於服　「君」原作「若」，據北宋本、傅校本改。

〔三一〕猶宜制服緦　原脱「服」，據北宋本、傅校本、明抄本、明刻本補。

〔三二〕齊臨川獻王　原脱「齊」，據隋書禮儀志三一五三頁及北宋本、傅校本、明抄本、明刻本補。

〔三三〕咨禮官何佟之　原脱「咨」，據隋書禮儀志三一五三頁補。

〔三四〕議以爲　「議」原訛「謹」，據隋書禮儀志三一五三頁及北宋本改。

〔三五〕可依新宫火處三日哭假而已　「處」原訛「災」，「假」原訛「服」，據隨書禮儀志三一五三頁及北宋本、傅校本、明抄本、明刻本改。

王文錦點校

通典卷第一百三

禮六十三　沿革六十三　凶禮二十五

假葬牆壁閒三年除服議晉

晉武帝太康中，尚書令衞瓘表：「前太子洗馬濟陰郄詵寄止衞國文學講堂十餘年，母亡不致喪歸，便於堂北壁外下棺，謂之假葬。三年即吉，詔用爲征東參軍。或以爲城寺之內，〔一〕屋壁之閒無葬處，不成葬，則不應除服。主者連欲明用權不過其舉，〔二〕下司徒部博士評議。」詵表自理曰：「臣生三月而孤，隨母依外祖，舅爲縣悉將家。〔三〕以咸寧二年母亡，家自祖以下十四墳在緱氏，而墓地數有水，規悉遷改，常多疾病，遂便留此。此方下濕，唯城中高，故遂葬於所居之宅，祭於所養之堂，不知其不可也。」詔問山濤，濤答言：「詵前喪母，得疾不得葬送，〔四〕於壁後假葬，服終，爲平輿長史。論者以爲不正合禮，〔五〕是以臣前疑之。詵文義可稱，又甚貧儉，訪其邑黨，亦無有他。」詔問應清議與否。濤云：「自爲不與常同，便令人非，恐負其孝慕之心，宜詳極盡同異之論。」兗州大中正魏舒與濤書：「郄詵至孝，中閒去郎，正爲母耳。居喪毀瘁，殆不自全。其父喪在緱氏，欲改葬，不能自致，故過時不葬。後於家堂北假葬，埏道通堂中，不時閉，服欲闋乃閉。葬後經年乃見用，作平輿監軍長史。任意傷俗，以葬不時閉，常爲作口語。其事灼然，無所爲疑。」瓘書云：「凡以意相是非者，不可輕以相貶也。」

三年而後葬變除議 周 晉 宋

周制，喪服小記曰：「三年而後葬者必再祭。」盧植曰：「謂逢變三年後乃葬者，虞祔後必行小祥大祥祭也。」鄭玄云：「再祭，練祥也。」其祭之閒不同時而除喪。」王肅曰：「不同者，異月也，謂葬後一月練，後一月大祥也。除重服宜有漸，閒一月若異時矣，故言不同時者，但不同月耳。」鄭玄同。

晉杜元凱云：「自天子諸侯以下，若赴時速葬則赴虞，至於平坐，必須其哀殺也。〔六〕若過時不葬，則以麻終喪而除，至葬復修服，既祔，明一月練而祭，又明一月大祥而祭。必再祭者，象本當再歲故也。若二十五月而葬，則便祥除不復練也。」

束晳問步熊曰：「三年喪不葬，五年後復葬，當練否？」熊答曰：「禮云練祥之閒必異月，與此同也。」

袁準正論曰：「先儒以爲再祭，小祥大祥也。而喪者已祥則除，大祥不應復禫。〔七〕且虞在既葬，不在日月，禫在喪終，不在早晚，故宜禫不宜祥。」

虞喜釋疑曰：「若如鄭意，既祔明月練而祭，又明月祥，此則葬至祥，合爲三月，適足爲一時，何得言不同時而除？練祥皆周之正數，再祭當爲練祥，不得闕而用禫。又按：袁準云『有練無祥』，失之矣。鄭玄言練祥是也。余謂喪服既終，葬已踰月，然猶再祭者，存其大制耳。此二祭，蓋同日而異時，時謂日也，非三月之時。禮亦有一日再祭，檀弓云『是日也，以吉祭易喪祭』。」

王薈問范甯曰：「人有父在遭母喪，十七月乃得葬，便當頓除，更復練祥邪？」答曰：「三年而後葬者，必再祭，練祥之祭也。主喪不除，未葬不變也。十七月既祥，即除服，不禫可知也。」

宋庾蔚之問答曰：「『有葬在小祥之月，此月復有虞祔之禮。便用晦祥，於理爲速，此與久喪復異。取後月祥練，於情允否？』答曰：『三年後葬，祥不在葬月耳。今未爲絶久，祥理取後月也。』又問曰：〔八〕『葬與練祥三事各月，猶未足申漸殺之情，況乃練祥三變而可共在一月邪！虞喜之言，不近人情。盧、鄭、王皆以此不同時日，良有由也。言各有當，亦不嫌同辭。春夏秋冬既各爲一時，一日有十二時，然十二月何爲不得各爲一時之言也！」

久喪不葬服議 周　漢　晉　東晉　梁

周制，禮記喪服小記曰：「久而不葬者，唯主喪者不除。其餘以麻終月數者，除喪則已。」鄭玄曰：「其餘謂旁親也。以麻終月數，不葬者喪不變也。」盧植云：「子孫皆不除，以喪主爲正身。〔九〕其餘旁親者，以麻各終其月數除。」

漢石渠禮議：「蕭太傅云：『以麻終月數者，以其未葬，除無文節，故不變其服爲稍輕也。已除喪服未葬者，皆至葬反服。庶人爲國君亦如之。』宣帝制曰：『會葬服喪衣是也。』或問蕭太傅：『久而不葬，唯主喪者不除。今則或十年不葬，主喪者除否？』答云：『所謂主喪者，獨謂子耳。雖過期不葬，子義不可以除。』」〔一〇〕

鄭志：「趙商問：『主喪者不除，且以今言之，人去邦族，假葬異國，禮不大備，要者有反舊土之意，〔一一〕三年闋矣，可得除否？明爲改葬緦之例乎？爲久不葬也？』或答云：

『葬者送亡之終，假葬法後代巧僞，反可以難禮乎！』」吳徐整問射慈曰：「久喪不除，小祥練可知耳。有故未得葬，遂至二十八月，服制已過，可得變否？豈服十年五年至葬乃止乎？」答云：「主雖不得變，其餘旁親亦不除，日月竟，自釋之耳。」

晉陳氏問劉世明曰：「其餘以麻終月數者，注云謂旁親，不指言衆子當除也。然人皆分斷之於意否耳？」劉答云：「父謂衆子爲庶子，庶子不謂父爲庶父也；父得卑其庶子而降之，庶子不得降其父也。然子之於親，體同服等，非旁親之謂也。喪服大功章：女子之嫁者，降伯叔父母及姑姊妹。注謂此旁親。而經無降父之文，明衆子及女雖不承嫡，猶非旁親也。故記云『兄弟之喪内除，親喪外除』。外除者，謂由外設飾以散其哀也。故靈柩未安則服不變，服不變則哀未衰，未衰之喪，不可卒除也。然則未葬而除，自謂旁親得以麻終者耳。」又問：「久而不葬，葬後幾月日便可除？世人有踰月者，有既虞便除者。夫改葬猶三月乃除，情爲不輕於改葬也。若應三月乃除者，廬帳亦當三月乃毁，復有先後邪？」答曰：「記云『三年而後葬者必再祭』。注云：『謂練祥也。葬月虞，明月練，又明月祥。』計此亦得三月，〔三〕不爲輕於改葬也。禮，虞而柱楣翦屏，練而毁廬，居堊室，祥而席，禫而牀。今此虞及練祥雖爲局促，猶追償其事。若在異月，以其本異歲也。練祥之服，變除之宜，宜如其節也。」又問云：「三年而後葬，及父在爲母過期乃葬，亦當復日中反虞安神位與否？」答云：「凡久而不葬，則包諸過葬節者也。爲母既周，亦爲久而不葬矣。夫虞，所以安神也。葬者動棺舉柩，新離常處，懼鬼神無所依歸，所以將窆之閒，〔一三〕奠於墓左，成壙而歸，虞於殯宫，不忍一日未有歸也。〔一四〕今久而不葬，棺槨動移，鬼神不安，無以爲異。練祥皆追，此亦宜然。又記云『葬日虞』，是明文也。毀除之節，在士虞禮。練而後遷廟，不復在殯。今此既葬，明月練，亦當以其月遷廟。」

東晉徐靈期問張憑云：「親喪未葬，出適女應除否？」答曰：「禮云『久喪不葬，主喪者不除』。又云『主人不除』。此無緣獨施男子正嫡一人，故當總謂男女衆子耳。又無明文別言已出之女猶應除也。今論者據已服周，故謂宜從除例，然緣情處意，獨有所疑。女隨外出，降從周制，至於居喪之例，同於重者，誠以天性難可盡奪，本重不得頓輕，何必既降盡與周同。禮者人情而已，疑則從重。若當釋縗絰以處殯宫，襲吉服以對棺柩，非孝子之所安也。」

梁劉昭難劉世明云：「喪無二孤，廟無二主，受弔之禮，唯喪主拜稽顙，餘人哭踊而已。諸言喪主，唯謂一人，不斥衆子。」世明答云：〔一五〕「若屍柩無所葬者，則爲後者與衆子同除矣。」

父母死亡失屍柩服議 後漢 晉

後漢桓翶問氾閣云：「久喪不除者，爲當衆子盡然邪？故質焉爾。」答云：「昔嘗送鄭君到代陵。代陵有人其父死，不得其屍，其子行喪，隨制降殺。閣與亡者相知而往弔之。還問鄭君所駁異義之事，不孝莫大於無後，終身不除，此爲絶先人之統，無乃重乎？鄭君答云：『庶子自可攝祭。』閣覆云：『無庶子，當何以？』又云：『族人可以其倫代之。』閣又覆言云：『無族人云何？』則不復相答。推此而詳，但使一嫡子不除耳。」

晉劉智釋疑云：「問者曰：『久而不葬，喪主不除。若其父遠征，軍敗死於戰場，亡失骸骨，無所葬，其服如何？』智云：『此禮文所不及也。以理推之，凡禮使爲主者不除，不謂衆子獨可無哀。誠以既變，人情必殺，喪雖在殯，不爲主者可以無服。然則爲主者之服，可以哀獨多也。〔二六〕以喪柩在，不可無凶事之主故也。今無所葬，是無屍柩也，凶服無施，則爲後者宜與衆子同除矣。訖葬而變者，喪之大事畢也，若無屍柩，則不宜有葬變。寒暑一周，正服之終也，是以除首絰而練冠也。亡失親之骸骨，孝子之情所欲崇也，可令因周練乃服變縗絰。雖無故事，而制之所安也。』」

婦喪久不葬服議晉 宋

晉夏侯盛議曰："婦喪既周而未葬，服當除否？答云：凡婦喪，夫爲主，子不以杖即位，避父之尊也。主喪不變，禮有明文，然子亦不除。"魏孟叔難盛曰："嫡子婦死，舅亦爲喪主，〔一七〕家貧，經年不葬，舅及子孫並不得除邪？豈可爲一嫡婦使三代累載不釋服乎？"盛答："仲由傷貧之言，啜菽飲水盡其懽，還葬而無槨，豈有非之者哉！若知禮者，自當不淹久。"魏又難曰："舊時夫爲妻杖，居倚廬，服並如三年之制。今人通所不行，即自宜隨時而除，何應以喪主爲斷。"盛答曰："棄先王之教而令隨俗，意所未可。今人不禫不杖，蓋失禮耳。"

顧氏問王廙云：〔一八〕"從外弟婦亡未葬，今服訖，又無子，其夫便是喪主，當時除服否？"答曰："禮云『主喪者不除』，其文不別喪之輕重。須俟葬訖。不知世人有妻喪用此禮否。"

杜挹問徐邈曰："亡婦遂未得葬，挹服便周，既無別喪主，多云未應得除，今定云何？"答曰："無子爲主，按禮夫不應除，〔一九〕即於下流，多不能備禮。今且宜變，至葬反服，亦無不可之理也。"

宋蔡廓問雷次宗云：「禮稱唯主喪不除，恐此正施於嫡傳重者耳。按漢蕭太傅云『主喪獨謂子也』。〔二〇〕又按王肅云斬縗之喪未葬，直云主喪不除。而王舉重爲言，明正謂孝子不變，餘皆除也。今世人爲妻亦不除主喪，將宜除邪？」雷次宗曰：「不言三年而云主喪，是不必唯施子孫也。吉凶異道，不得相干。殯柩尚在，豈可弁冕臨奠。夫主妻喪，以本重故也。謂不宜除。」

庾蔚之曰：「喪服小記云：『爲兄弟既除喪，及葬反服其服。』此是至葬反服之明文，未解漢宣帝何故復爲祥制。集禮論者不記至葬反服之禮，而載諸變除以明之，可謂棄本逐末。雜記云：『姑姊妹之夫死，而夫黨無兄弟，使夫之族人主喪。妻之黨雖親不爲主。夫若無族，則東西家。若又無，則里尹主之。』喪大記云：『喪有無後，無無主。』此皆謂喪事之主也。服問云：『君所主，夫人、妻、太子、嫡婦。』此謂君雖尊統一家，但爲嫡者主喪耳。而小記又云『久喪不葬者不除』，是居周功之喪也。若女子適人及男子爲人後者，皆隨其服而釋除，緣其出有所屈故也。素服心喪，以至過葬。但今世輕於下流之喪，妻猶去其杖禫，不容復有未葬不除也。議者疑不得以下流之未葬，以廢祖禰之烝嘗。且未葬亦可十年五歲，嘗試言之。〔二一〕夫子許貧者便葬而無槨，〔二二〕是明亡者急於送往，不容甚久可知。若事遲過於服限，亦不得停殯在宮，而饗樂在廟，〔二三〕既吉凶不可以相干，亦在心所不忍也。」

禁遷葬議周　魏

周禮地官媒氏：「禁遷葬者與嫁殤者。」鄭玄曰：「遷葬謂生時非夫婦，死既葬，遷之使相從也。殤，十九以下未嫁而死者。生不以禮相接，死而合之，是亦亂人倫者也。」鄭衆云：「嫁殤者謂嫁死人，今時娶會是也。」則俗謂之冥婚也。

魏武帝愛子倉舒歿，司空掾邴原女早亡，時帝欲求合葬，原辭曰：「合葬，非禮也。原之所以自容於明公，公之所以待原者，以能守訓典而不易也。若聽明公之命，則是凡庸也，明公焉以爲哉！」帝乃止。

招魂葬議東晉　宋

東晉元帝建武二年，袁瓌上禁招魂葬表云：「故尚書僕射曹馥歿於寇亂，嫡孫胤不得葬屍，〔二四〕招魂殯葬。伏惟聖人制禮，因情作教，故槨周於棺，棺周於身，然則非身無棺，非棺無槨也。胤無喪而葬，招幽魂氣，於德爲愆義，於禮爲不物。監軍王崇、〔二五〕太傅司馬劉洽皆招魂葬。請臺下禁斷。」博士阮放、傅純、張亮等議如瓌表。大興元年，〔二六〕詔書下太常詳處。賀循：「今啟辭宜如環所上，〔二七〕自今以後禁絕，犯者依禮法。」荀組非招魂葬議，據亦如前。或引屈原招魂，答曰：「屈原本非折衷。」或引漢之新野公主、魏之郭循皆招魂葬，〔二八〕答曰：「末代所行，豈禮也。」又引周易載鬼以爲證，答曰：「此可以定有神，未足以通招魂也。」或引橋山有黃帝之冢，是葬神也，答曰：「時人思帝，葬其衣冠，非葬神也。」治中王裳同組意。裳引墓中靈座爲證，以形神本相依，而設座不謂靈可藏也。今無形可依，則當唯存於廟耳。組子奕附組意云：「夫葬既下柩，將闔戶還迎神反虞，則墓中之座無神可知。」

干寶駁招魂葬議云：「時有招魂葬，〔二九〕考之經傳，則無聞焉。近太傅公既屬寇亂，屍柩不反，時奕議招魂葬，東海國學官令魯國周生以爲宜爾，〔三〇〕盛陳其議，皆多無證。寶以爲人死神浮歸天，〔三一〕形沉歸地，故爲宗廟以賓其神，衣衾以表其形，棺周於衣，槨周於棺。今失形於彼，穿冢於此，知亡者不可以假存，而無者獨可以僞有哉！未若之遭禍之地，備迎神之禮，宗廟以安之，哀敬以盡之。周生議云：『魂堂几筵設於窔寢，豈唯斂屍，亦以寧神也。』答者曰：『古人有言，夫禮者，其事可陳也，其義難知也。是以君子重於儀禮。〔三二〕夫別嫌明疑，原情得旨者，不亦微乎！故其爲制，有以順鬼神之性，有以達生者之情。然則冢壙之閒有饋席，本施骸骨，未有爲魂神也。若乃釘魂於棺，閉神於槨，居浮精於沉魄之域，匿遊氣於壅塞之室，豈順鬼神之性而合聖人之意乎！　則葬魂之名，亦幾於逆矣。』周生又云：『昔黃帝體仙登遐，其臣扶微等斂其衣冠，殯而葬焉，則其證也。』答曰：『孔子論黃帝曰：「生而人利其化百年，死而人畏其神百年，亡而人用其教百年。」此黃帝亦死，言仙，謬也。就使必仙，何議於葬？』」

孔衍禁招魂葬議云：「時有歿在寇賊，失亡屍喪，皆招魂而葬。吾以爲出於鄙陋之心，委巷之禮，非聖人之制，而爲愚淺所安，遂行於時，王者所宜禁也。何則？　聖人制殯葬之意，本以藏形而已，不以安魂爲事，故既葬之日，迎神而返，不忍一日離也。況乃招其魂而葬之，反於人情而失其理，虛造斯事以亂聖典，〔三三〕宜可禁也。」李瑋宜招魂葬論難孔衍，引「禮祖祭是送神也。既葬三日，又祭於墓中，有靈座几筵飲燕之物，非唯藏形也」。引「周武尚祭於畢，季子復命於墓，成公夢康叔相奪余饗。既葬迎神而返，博求神之道，孝子未忍離其親耳。且宗廟是烝嘗之常宇，非爲先靈常止此廟也；〔三四〕猶圓丘是郊祀之常處，非爲天神常居此丘也。詩曰『祖考來格』，知自外至也。又曰『神保聿歸』，歸其幽冥也。卜宅安厝，亦安神也。伯姬火死，而叔弓如宋葬恭姬，皆其證也。宋玉先賢，光武明主，〔三五〕伏恭、范逡並通義理，亦主招魂葬，〔三六〕豈皆委巷乎」！　孔衍答曰：「祭必立壇，不可謂神必墓中也。若神必墓中，則成周雒邑之廟，皆虛設也。又帝丘及詩『來格』『聿歸』，皆所以明魂無不從耳。既葬三日祭墓，亦猶飯含不忍其虛耳。恭姬之焚，以明窮而彌正，不必灰燼也。就復灰燼，骨肉雖灰，灰則其實；何緣舍埋灰之實而反當葬魂乎！此皆末代失禮之舉，非合聖人之舊也。」

北海公沙歆宜招魂論云：「神靈止則依形，出則依主，墓中之座，廟中之主，皆所綴意髣髴耳。若俱歸形於地，歸神於天，則上古之法是而招魂之事非也。若吉凶皆質，宮不重仞，墓不封樹，則中古之制得而招魂之事失也。若五服有章，龍旂重旒，事存送終，班秩百品，即生以推亡，依情以處禮，則近代之數密，招魂之理通矣。招魂者何必葬乎，蓋孝子竭心盡哀耳。」

陳舒武陵王招魂葬議云：「先太保生沒虜場，求依太傅故事招魂葬。按禮無招魂葬之文，時人往往有招魂葬者，皆由孝子哀情迷惑。宜以禮裁，不應聽遂。」

張憑新蔡王招魂葬議云：「新蔡王所繼先王，昔永嘉之難，覆歿寇虜，靈柩未返，今求招魂靈安厝。謹按禮典，無招靈之文。若藏虛棺以奉終，則非原形之實，埋靈爽於九泉，則失事神之道，懼非古人之情，禮所未安也。」

博士江淵議：「凡葬之言藏，所以閉藏屍柩，非爲魂也。今招魂而葬，無屍而殯，或無殯而窆，各任近情以長虛事，非禮所許。宜如司徒所上，以明永制。」蜀譙周論：「或曰：『有人死而亡其屍者，爲招魂葬，何如？」曰：『夫葬所以藏屍柩也。若魂氣則無不之焉，得與藏諸？』」

宋庾蔚之論：「葬以藏形，廟以饗神。季子所云『魂氣無不之』，寧可得招而葬乎！」

疑墓議 修墓附○周　魏　晉　齊

周制，檀弓曰：「孔子少孤，不知其墓，孔子之父郰叔梁紇與顏氏之女徵在野合，生孔子。後叔梁紇亡，徵在恥焉，不告。殯於五父之衢。母徵在亡，欲有所就而問也。孔子亦爲隱焉，殯於家，則知之者無由怪己欲發問端也。五父，衢名，蓋郰曼父之隣。人之見者，皆以爲葬也。見柩行於路。其慎也，蓋殯也。慎當爲引，聲之誤也。殯引飾棺以輴，葬引飾棺以柳翼。孔子是時以殯引，〔三七〕不以葬引。時人見者謂不知禮也。引，以刃反。問於郰曼父之母，然後得合葬於防。曼父之母與徵在爲隣，相善也。曰：『吾聞之古者墓而不墳。墓謂兆域也。今時封塋也。古，殷時也。土之高者曰墳。今丘也，東西南北之人也，不可以不識也。』於是封之，崇四尺。東西南北，言居無常也。聚土曰封。封之，周禮也。周禮曰『以爵等爲丘封之度』。崇，高也。高四尺，蓋周之士制也。識音志。孔子先反。當修虞事。門人後，雨甚至。後，待封也。孔子問焉曰：『爾來何遲？』曰：『防墓崩。』言所以遲者，修之而來也。孔子不應。以其非禮。三，三言之，以孔子不聞。孔子泫然流涕曰：『吾聞之，古不修墓。』」

魏王肅聖證論曰：「孔子少孤，不知其墓。肅解曰：聖人而不知其父死之與生，生不求養，死不奉祭，斯不然矣。」

晉賀循論以爲：「防是舊墓也。夫子葬又新其墳，故謂之修，非墓崩後之言也。墳新雨甚故頹毁，頹毁故悵怛不應耳。所以言不修墓者，言由己修之，故倒毁也。」

又蔡謨論曰：「學者疑此久矣，王氏又以爲不然。謨以爲聖人雖鑒照，至於訓世言行，皆不聖之事也。故咨四岳，訪箕子，考蓍龜，每事問，皆其類也。不知墓者，謂兆域之間耳。防墓崩者，謂墳土耳。言古不修墓者，謂本不崩，無所修，非崩而不修也。今崩而後修，故譏焉。此自譏崩，非譏修也。夫子言此者，稱古以責躬也。」

又范宣禮二墓論曰：「史記及孔安國説，皆爲實録。未生之前，不可以逆責夫子也。既長謁墓，固以識其外矣。但母不告其内，義無强請。然祔葬宜詳，是以問焉。記但言不知其墓，非都不知也。所以不應者，欲言非禮，則弟子有忘敬之情；欲言是禮，則墓不須防而固。然言及宅兆，是以流涕耳。防亦防虞，此豈地名。猶傳言『文公之入也無衞』，非無康叔之國也。」

齊張融評：「孔子既得合葬於防，言『既得』，明未葬時未知墓處也。雖仲由之言，亦孔子不知其墓。若徵在見婢，則當言墓以告，孔子何得不知其墓。」

校勘記

〔一〕詔用爲征東參軍或以爲城寺之内　北宋本、傅校本、明抄本作「詔用爲司空何武以爲城寺之内」。按：明刻本、王吴本、殿本、局本作「詔用爲征東參軍」，與晉書本傳一四四三頁合。疑「爲」字下古本有脱文。晉書亦不見「何武」其人。

〔二〕主者連欲明用權不過其舉　「連」王吴本作「今」。

〔三〕舅爲縣悉將家　原脱「將」，據北宋本、傅校本、明抄本、明刻本、王吴本補。

〔四〕得疾不得葬送　「送」原作「遂」，屬下讀。今據北宋本、傅校本、明刻本改。

〔五〕論者以爲不正合禮　「正合」原倒，據北宋本、傅校本、明抄本、明刻本乙。

〔六〕至於平坐必須其哀殺也　「平坐」原作「卒哭」，今據北宋本、傅校本、明抄本、明刻本改。按：「平坐」蓋指堂上座位，穆天子傳有「乃升平坐」之語。杜預意謂雖速葬赴虞，然居喪者去倚廬而居止于堂上，則必俟哀情殺減乃可耳。

〔七〕大祥不應復禫　「復」原訛「服」，據北宋本改。

〔八〕又問曰　疑「問」字衍。

〔九〕以喪主爲正身　「身」原作「耳」，據北宋本、傅校本、明抄本、明刻本改。

〔一〇〕子義不可以除　「義」北宋本、傅校本、明抄本、明刻本作「議」。

〔一一〕要者有反舊土之意　「者」原作「亦」，據北宋本、傅校本、明刻本改。

〔一二〕計此亦得三月　「計」原訛「記」，據北宋本、傅校本、明刻本改。

〔一三〕所以將窆之閒　「窆」北宋本、傅校本、明抄本、明刻本作「定」，疑非。

〔一四〕不忍一日末有歸也　「末」原訛「未」，據禮記檀弓下及傅校本改。

〔一五〕世明答云　「答」原作「固」，據北宋本、傅校本、明刻本、王吳本改。

〔一六〕可以哀獨多也　「可」原作「何」，據北宋本、傅校本、明抄本、明刻本改。

〔一七〕舅亦爲喪主　原「舅」上有「其」，據北宋本、傅校本、明抄本、明刻本、王吳本刪。

〔一八〕王廙　「廙」原訛「虞」，據北宋本、傅校本、明抄本改。

〔一九〕按禮夫不應除　「夫」原訛「本」，據北宋本、傅校本、明抄本、明刻本、王吳本改。

〔二〇〕主喪獨謂子也　「主」北宋本、傅校本、明抄本、明刻本作「所」，非。按：本卷久喪不葬服議引石渠禮議，蕭太傅答云：「所謂主喪者，獨謂子耳。」

〔二一〕嘗試言之　「嘗」原訛「常」，據北宋本、傅校本、明抄本、明刻本改。

〔二二〕夫子許貧者便葬而無槨　「便」原作「還」，據北宋本、傅校本、明抄本、明刻本改。

〔二三〕而饗樂在廟　「饗」原訛「饗」，據北宋本、傅校本、明刻本、王吳本改。

〔二四〕嫡孫胤不得葬屍　「胤」原作「允」，清人諱改。今據北宋本、傅校本、明抄本、明刻本、王吳本改回。下同。

〔二五〕王崇　即王隆，見晉書孝懷帝紀一二〇頁，通典避玄宗諱改。

〔二六〕大興元年　「大」原訛「元」，晉元帝建武後之年號爲「大興」，據改。按：元興爲晉安帝年號，較此晚八十三年。

〔二七〕賀循今啟辭宜如瓌所上　「今」原作「荅」，據北宋本、傅校本、明刻本、王吴本改。按：明抄本作「令」。

〔二八〕皆招魂葬　原脱「皆」，據北宋本、傅校本、明抄本、明刻本、王吴本補。

〔二九〕時有招魂葬　原脱「葬」，據北宋本、傅校本、明抄本、明刻本、王吴本補。

〔三〇〕學官令　「令」原訛「今」，據北宋本、王吴本改。按：學官令見晉書職官志七四四頁。

〔三一〕寶以爲人死神浮歸天　「寶」原訛「實」，據全晉文卷一二七二一九〇頁改。

〔三二〕是以君子重於儀禮　「儀」原作「義」，據北宋本改。

〔三三〕反於人情而失其理虚造斯事以亂聖典　「理」原訛「禮」，「斯」原訛「師」，據北宋本、傅校本、明抄本、明刻本改。

〔三四〕非爲先靈常止此廟也　「先」原訛「仙」，據北宋本、傅校本、明刻本改。

〔三五〕光武明主　「主」原作「王」，據北宋本、傅校本、明抄本、明刻本改。

〔三六〕亦主招魂葬　北宋本、傅校本、明抄本、明刻本、王吴本作「公主亦招魂葬」，非。

〔三七〕孔子是時以殯引　原脱「以」，據禮記檀弓上鄭注及北宋本、傅校本、明抄本、明刻本補。

王文錦點校

通典卷第一百四

禮六十四　沿革六十四　凶禮二十六

帝王謚號議有熊氏　顓頊　堯　舜　周　大唐

黄帝之號。按白虎通云：「先黄後帝者，古者質，生死之稱各特行，合而言之，美者在上。黄帝始制法度，得道之中，萬代不易，後代雖盛，〔一〕莫能與同。後代德與天同，亦得稱帝；不能制作，故不得復稱黃也。」黃者中和美色，黃承天德，最盛淳美，故以尊色爲謚也。

顓頊。按五經通義曰：「顓頊者，顓猶專，頊猶愉。幼少而王，以致太平，時年十三。常自愉儉，嗛苦蕈反約自小之意，故兩字爲謚。」

帝堯、帝舜，先號後謚也。帝者德盛，與天同，號謚雖美，終不過天也，故如其次道之。

周制，春官太師掌大喪，帥瞽而廞作柩謚。廞，興也，興言王之行，謂瞽諷誦其治功之詩也。廞音許金反。〔二〕文王、武王，先謚後號。王者德薄，傳位與子，賢不肖同稱王，號者所共，謚者所專，故上謚下號，上其美者。

說曰：按大戴禮云：「謚者行之跡也，號者功之表也。」樂記曰：「聞其謚，知其行。」白虎通曰：「號，法天也，法日也，日未出而明。謚，法地也，法月也，月已入有餘光。是以大行受大名，細行受小名。行生於己，名生於人。」五經通義曰：「號者亦所以表功德號令天下也。謚之言列，陳列所行。善行有善謚，惡行有惡謚，〔三〕以爲勸戒也。問曰：天子有天下大號，諸侯寧有國大號乎？答曰：天子居無上之位，下無所屈，故立大號以勸勉子孫。諸侯有爵祿之賞，削絀之義，鈇鉞之誅，故無所有國之號也。」趙商問鄭志曰：〔四〕「曲禮云『已孤暴貴，不爲父作謚』，而武王即位，追王太王、王季、文王，改謚爵，何也？」答曰：「周道之業，興於二王，功德由之，王迹初焉。凡爲人父，豈能盡賢乎？若夏禹、殷湯則不追謚矣。」郊特牲云：「死而謚之今也，古者生無爵，死無謚。」古謂殷以前也。大夫以上乃謂之爵，〔五〕死有謚。周制爵及命士，雖及之猶不謚也。當記時死則謚之，非禮也。質家兩言爲謚，〔六〕成湯是也。文者一言爲謚，文、武是也。號無質文，謚有質文。號者，始也。爲本，故不可變。周以後尤文，以爲本生習事善故有善謚，故合言文王、武王。或以名配者，德薄因名配謚，祖甲是也。質家不連號謚，生則爲號，死則言謚，故不連號謚，〔七〕成湯是。文家連號。欲但言謚，不忍死之，欲但言號，又是實死，故以號謚，文王、武王是。桀、紂先號後謚者，别誅絶不嫌也。禮記曰：「唯天子稱天以誄之。」以其無尊者也。曾子問曰：「賤不誄貴，幼不誄長。」天子至尊，故稱天以誄之。又白虎通云：「天子崩，大臣至南郊謚之。」五經通義曰：「大臣吉服之南郊告天，還素服，稱天而謚之。」以爲臣子莫不欲褒稱其君，掩惡揚美者，〔八〕故於郊，明不得欺天也。」

大唐元陵謚册文：「維某年月日，哀子嗣皇帝臣諱，伏以聖德之人，上與天合，人道近暱，鮮克究知，敢盡其所見，泣以敍財成之業。伏惟大行皇帝，紹休七聖，臨照八極，以至道御羣有，以至化懷遠方，登假於上，敷聞在下。肇加元服，頃昇儲闈，生知之敏，動與神契。承順玄宗也，齊栗之容著；奉養肅宗也，愛敬之禮深。履蒸蒸，躬翼翼，不絶馳道，日朝寢門，此則首冠百王，大舜、周文之孝也。其於崇儒尚齒，尊道貴德，窮理盡性之學，經天緯地之文，包荒含垢之量，迪哲允龔之善，斯又睿聖不測，同符乎三五，無得而稱也。當祿山叛亂，陷覆二京，以天人之重，授元戎之律，師之所及，狂寇殲夷，復宗社之阽危，拯生靈於焚燎，則乾維重搆，宸極以安。及史盜間釁，三河屢梗，在撫軍之際，思明隕命，乘踐祚之初，朝義授首，則梁陳底定，朔易從風。其或屈强於大梁，背誕於南越，莫不朝爲梟鏡，夕爲鯨鯢，此高光之功，神武之略也。自是肅勿羣后，賓延萬靈，洿瀦鬱没之刑寢，焚瘞懸沉之禮備。衣冠有淪於脅從者，釋而靡問；靈祇有闕於禋祀者，秩而致享。堲讒說，求讜言，扇以祥風，浸以膏澤，九譯奉貢，四夷將賓，丕冒出日，〔九〕罔不率俾。猶復嚴恭寅畏，顧省闕遺，兢兢業業，日昃不暇，故得玄功廣運，〔一〇〕協氣旁流，靈契畢發，元符洊至，則瑞璧出於泗，清瀾變於河。〔一一〕其餘見祉鱗羽、呈祥草木者，不可殫記。方議橐弓偃伯，〔一二〕臻於太和，告禪於石閭，鏤功於金版，遽承憑几之命，奄遘綴衣之酷，號天叩地，罔所依歸。今龍攢就啟，蜃輅將駕，采鴻儒碩生之議，考公卿百辟之請，僉以盛德大業，匪號謚莫宣，是用虔奉古訓，發揚茂實，謹遣攝太尉某奉册上尊謚曰：睿文孝武皇帝，廟曰代宗。伏惟明靈降格，膺茲典禮，誕錫純嘏，貽宴後昆。嗚呼哀哉！」

皇后謚及夫人謚議 國妃命婦附○東晉

白虎通云：「后夫人謚，臣子共於廟定之。」〔一三〕或曰：出之於君，然後加之，婦人天夫，故由君而已。

婦人本無外事，是故不於郊。五經通義云：「婦人以隨從爲義，夫貴於朝，婦貴於室，故得蒙夫之謚。」或曰：文王之妃曰文母，宋恭公妻恭姬是也。又云：〔一四〕「夫人無爵故無謚。或曰夫人有謚。夫人一國之母，修閨門之内，則下以化之，故設謚章其善惡。公羊曰：葬宋恭姬，稱其謚，賢之也。卿大夫妻，命婦也，無謚者，以賤也。妾無謚，亦以卑賤，無所能與，猶士卑小不得謚也。」

東晉穆帝時，彭城國上言，爲太妃李求謚。太常王彪之以爲：「由於婦人無爵，既從夫爵，則已無實爵，以從爲稱也。以從爲稱，則無謚可知。春秋婦人有謚者，周末禮壞耳。故服虔注聲子之謚『非禮也』。杜氏注惠公仲子，亦云『非禮，婦人無謚』。泰始以來，藩國王妃無有謚者，中興，敬后登祚乃追謚耳。瑯琊武王諸葛妃、恭王夏侯妃，元帝猶抑蒸蒸之至，不追謚，今彭城太妃不應謚。」

太子無謚議 國君嗣子附〇周 東晉

周制，士冠禮云：「天子之元子，士也。士無謚。」是知太子無謚。以未得有所施行，故不得設謚。

東晉瑯琊世子未周而卒，大司農表瑯琊世子降君一等，宜謚哀愍。太常賀循云：「謚者，所以表功行之目也。故古者未居成人之年及名位未備者，皆不作謚也。是以周靈王太子聰哲明智，年過成童，亡猶無謚。春秋諸侯即位之年稱子，踰年稱君。稱子而卒，皆無謚，名未成也。未成爲君，既無君謚，時見稱子，復無子謚，明俱未得也。唯晉之申生以仁孝遭命，年過成人，晉人悼之，故特爲謚，諸國無例也。及至漢代，雖遵之義，〔一五〕過於古禮，然亦未有未踰年之君而立謚也。殤沖二帝，皆已踰年方立謚。按哀沖太孫，各以幼齡立謚，不必依古，然皆即位臨官，正名承重，與諸下定君臣之義，尊成體具，事無所屈。且天下之名至重，體其尊者亦宜殊禮，故隨時定制，有立謚之事也。瑯琊世子雖正體乎上，生而全貴，適可明嫡統之義，未足定爲謚之證也。」

諸侯卿大夫謚議 周　魏　東晉

周制，諸侯薨，臣子跡累其行以赴告王，王遣大夫會其葬，因謚之。春秋魯文公元年，天王使叔服來會葬是。春秋魯桓公七年，葬蔡桓侯。然得桓謚者，明謚天子所加，非獨臣子也。又太史掌小喪賜謚，小喪，卿大夫也。小史掌卿大夫之喪賜謚讀誄。其讀誄，亦以太史賜謚爲節，事相成。曲禮曰：「既葬言謚曰類。」王肅曰：「謂類象其行，言於天子，以求謚也。」又曰：〔一六〕「公叔文子卒，衛獻公之孫也，名拔。或作「發」。其子戍請謚於君盧植曰：「君，衛靈公也。」曰：『日月有時，將葬矣，葬者其時。請所以易其名者。』盧植曰：「無謚則當書名，故易其名也。」君曰：『昔者衞國凶饑，夫子爲粥與國之餓者，是不亦惠乎！謚法曰：「愛人好與曰惠。」昔者衞國有難，夫子以其死衞寡人，不亦貞乎！魯昭二十年，齊豹、北宮喜、褚師圃、公子朝作亂，靈公奔死鳥。是時文子爲政，靈公克復其國，故曰以其死衞寡人。謚法曰：「外內用情曰貞。」夫子聽衞國之政，修其班制，以與四隣交，衞國之社稷不辱，不亦文乎！』班，次也，謂位禄之次，法令之制也。謚法曰：「道德稱聞曰文。」故謚貞惠文子。」後不言貞惠者，文足以兼之。白虎通曰：「卿大夫老歸有謚者，別尊卑、章有德也。大夫歸，無過，猶有禄位，故有謚也。士冠禮『生無爵，死無謚』。卿大夫有爵故有謚，士無爵故無謚。」

魏劉輔等啟論賜謚云：「古者存有號則没有謚，必考行迹，論功業而爲之制。漢不修古禮，大臣有寵乃賜之謚。今國家因用未革。臣以爲今諸侯薨於位者可有謚，主者宜作得謚者秩品之限。」尚書衞覬奏：「舊制，諸王及列侯薨，無少長皆賜謚。古之有謚，隨行美惡，非所以優之。又次以明識昭穆，使不錯亂也。臣以爲諸侯王及王子諸公侯薨，可隨行迹賜謚；其列侯始有功勞，可一切賜謚；至於襲封者則不賜謚。」尚書趙咨又奏云：「其諸襲爵守嗣無殊才異勳於國及未冠成人，皆不應賜謚。」黄門侍郎荀俁議以爲：〔一七〕古之謚，紀功懲惡也，故有桓文靈厲之謚。今侯始封，其以功美受爵土者，雖無官位，宜皆賜謚以紀其功，且旌奉法能全爵禄者也。其斬將搴旗，以功受爵，而身在本位，類皆比列侯。自關內侯以下及名號賜爵附庸，非謚所及，皆可闕之。若列侯襲有官位，比大夫以上；其不涖官理事，則當宿衞忠勤，或身死王事，皆宜加謚。其襲餘爵，〔一八〕既無功勞，官小善微，皆不足録。」八座議以爲：「太尉荀顗所撰定體統，〔一九〕通敍五等列侯以上，嘗爲郡國太守、內史、郡尉、牙門將、騎督以上薨者，皆賜謚。」

東晉元帝大興三年詔：「古者皆謚，名實相稱。頃來有爵乃謚，非聖賢本意。通議之。」有司表云：「劉毅宜謚，以申毅忠允匪躬。贈右光禄大夫、儀同三司，斯誠聖朝考績以著勳之美事也。按謚者行之迹，而號者功之表。今毅功德並立，而有號無謚，於義不體。竊以春秋之事求之，謚主於行而不繫爵。然漢魏相承，爵非列侯，則皆没其高行而不加之謚，至使三事之賢臣，不如野戰之將士。臣願聖代舉春秋之遠制，改近代之舊服。」〔二〇〕

君臣同謚議 周 晉 東晉

周桓王時，蔡侯卒，謚桓侯。五經通義曰：「有德則善謚，無德則惡謚，故同也。」

晉武帝太康八年十月，太常上謚故太常平陵男郭奕爲景侯。有司議奏，以爲：「大晉受命祖宗謚號，羣下未有同者。〔二一〕蓋因近代淺情，習於所見也。奕謚與景皇帝同，可改謚曰穆。」侍中王濟等議曰：「按主者議謚，避帝而不避后，既不脩古典，不嫌同稱，復乖近代不襲帝后之例。至於無窮之祚，若皆有避，於制難全。」侍中成粲等議，以爲：「號謚國之大典，〔二〕使上下邁德，罔有荒怠。宜遠稽聖代，同符堯舜，不宜遵襲魏氏近制。」詔賜謚曰簡。

東晉孝武太元四年，光祿勳王欣之表：「伏尋太康中，郭奕謚曰景，有司執孝宗同號。臣聞姬朝盛明，父子齊稱，諸侯與周同謚，經諸哲王，不易之道也。宜遵古典，訓範來裔。」徐邈議：「按郭奕謚景，詔實不以犯帝謚而改也。又武帝永平元年詔書，〔三〕貴賤不嫌同號。周公謚文，君父同稱，名行不殊，謚何得異。自今以後，其各如禮。」尚書奏：「文武舉其一致，聖賢有時而同，故文王經緯天地，孔文之不恥下問，所以爲文也。遠稽周典，嘉號通乎上下；近惟太康，改謚匪嫌同稱。自頃議者或乖體尚之實，非所以經綸無窮，永代垂式。王欣之所表，抑實舊典，宜如所陳。」詔可。

單複謚議 東晉 大唐

東晉時，太常蔡司空謚議云：「博士曹耽等議曰：謨可謂善始令終者矣。按謚法布德執義曰穆。」司空左長史孔嚴與王彪之書云：「博士引禮之義，以通高尚之事。穆，誠是美謚。然蔡公德業既重，又是先帝師傅，居總錄之任，則是參貳宰相。考行定名，義存實錄，不可不詳。」彪之答：「按謚法布德執義曰穆，謂此名目殊爲不輕。泰始初張皇后、太寧庾太后，並謚曰穆。魏司空陳泰、王昶、賀循，皆名士也，並謚曰穆。此與蔡公名體相應。中朝複謚亦不勝單，安平獻王孚、齊獻王攸並單謚。自頃複謚者，非大晉舊典必重複謚也，蓋是近來儒官相承近意耳，皆顧命重勳，或居分陝，或處阿衡。蔡公存謙素之懷，不當此任，於今詠之。所以不複謚，欲令異於數公，所以標沖虚述德美也。又中朝及中興曾居師傅及録臺事者，亦皆不複謚。山、李二司徒，吾族父安豐侯，近賀司空、荀太尉顗、周光禄顗，或曾師傅，或曾總録，並不複謚。吾謂此謚弘美，不應翻改。按謚法條有限，而應謚者無限，亦何得令名德必皆齊同。遠準周之文武，則後代不應復得通用此名；近校晉朝舊比，山濤、荀顗、周顗謚康，羊祜、荀勖同謚成。此例甚衆，不可悉載。近朱伯高謚簡，時尚書符却已不應與和嶠同謚。蔡爲太常，據上論可同，理甚有義，遂便施行。蔡家固當有此故事。〔二四〕準例如此，復無所爲疑。」

大唐之制，太常博士掌凡王公以下擬謚，皆跡其功德而爲之褒貶。諸謚職事官、三品以上散官，佐史録行狀，申考功勘校，下太常擬謚記，申省，議定奏聞。無爵稱子。沈約謚法云：「晉大興三年，始詔無爵者謚皆稱子。」養德丘園，聲實明著，則謚曰先生。大行則大名，小行則小名。舊有周書謚法、大戴禮謚法，又漢劉熙謚法一卷。晉張靖撰謚法兩卷，又有廣謚一卷。梁沈約總集謚法，凡一百六十五稱。告贈謚於柩，如開元禮。武德以來，通太常所謚有異議者，略件如後。

咸通三年，太常博士袁思古謚贈揚州大都督、高陽郡公許敬宗曰繆，議曰：「敬宗位以才昇，歷居清級，棄長子於荒徼，嫁少女於夷落。聞詩聞禮，事絶於趨庭；納采問名，唯聞於黷貨。白珪斯玷，有累清塵，易名之典，須憑實行。」敬宗孫、太子舍人彦伯訴屈。户部尚書戴至德問博士王福畤其故，答曰：「昔晉司空何曾，既忠且孝，徒以日食萬錢，所以貶爲繆醜。況敬宗忠孝不逮於曾，飲食男女之累過之，而定謚爲繆，無負於許氏矣。」詔令尚書省集五品以上重議。禮部尚書楊思敬議稱：按謚法既過能改曰恭，請謚爲恭。

景雲元年，太常謚贈荆州大都督舒國公韋巨原曰昭，户部員外郎李邕駁曰：「三思引之爲相，阿韋託之爲親，無功而封，無德而禄，同族則醜正安石，佗人則附邪楚客。謚之曰昭，良恐未當。」博士李處直請依前定。

開元七年，太常博士張星謚贈工部尚書宋慶禮曰專，議曰：「慶禮太剛則折，至察無徒。有事東北，所亡萬計，所謂害於家，凶於國。按謚法，好功自是曰專。」禮部員外郎張九齡駁之曰：「營州鎮彼戎夷，扼喉斷臂，逆則制其死命，順則爲其干人。是稱樂都，其來尚矣。尋罷海運，克廣歲儲，邊庭晏然，河朔無擾。與夫興師之費，轉輸之勞，較其優劣，孰爲利害？而云所亡萬計，一何謬哉！安有踐其迹以制實，貶其謚以徇虚，采慮始之謗聲，忘經遠之權利，義非得所，孰謂其可。請以所議，更下太常。」乃謚曰敬。

十八年，太常寺謚贈太師燕國公張說爲文貞，左司郎中楊伯成駁曰：「謚者德之表，行之迹，將以激勵風俗，檢束名教，固無虚稱，是存實録。準張説罷相制云，『不肅細微之人，頗乖周順之旨』。又致仕制云，『行虧半古，防闕周身，未免瓜李之嫌，而喧衆多之口』。且玉之有瑕，尚可磨也；人之斯玷，焉得逭諸。謚曰文貞，何成勸沮。請下太常，更據行事定謚。」工部侍郎張九齡又立議請依太常爲定，未決。玄宗爲製碑文，賜謚曰文貞。

永泰中，太常博士獨孤及謚贈涼州都督、太原郡公郭知運曰威，右司員外郎崔厦駁之曰：「郭知運承恩詔葬，向五十餘年，今請易名，竊謂非禮。謹按：禮經云『禮，時爲大』。又曰『過時不及爲，禮也』。〔二五〕昔衞公叔文子卒，將葬，其子戍請謚於君曰：『日月有時，將葬矣，請所以易其名者。』蓋時不可踰也。節度既没，名不浮行，數紀之前，門生故吏，已合謀謚。今乃申請，竊將有爲而作。嗣子英乂，頃屬多故，屢制方隅。朝廷册勳位，表端揆。附從者竊不中之禮，會無妄之求。〔二六〕況今裂土者接軫，專征者百輩，若率而行之，誰曰無請。不唯有司疲於簡牘，抑恐名器等於草芥。雖欲曲全，竊將不可。又禮經云『已孤暴貴，不爲父作謚』。若知運合謚而不以其時，則嗣子廢先君之德。若不合謚而苟遂其志，則先君因嗣子而見尊。以僕射而言，恐貽越禮之讓；以國家而言，又殊旌善之體。請下太常寺重議。」及答曰：「禮，時爲大，順次之。將葬易名，時也。有故闕禮，追遠請謚，順也。公叔戍請謚，適當葬前。謹按三百禮經，三千威儀，曾不言已葬則不追謚，況三王殊途，不相沿禮。新禮則死必有謚，不云日月有時。今請易名者五家，無非葬後。苗太師一年矣，呂諲四年矣，盧奕五年矣，顏杲卿八年矣，並荷褒寵，無異同之論。獨知運不幸，遂以過時見抑。苟必以已葬爲節制，則八年與五十年，其緩一也。而與奪殊制，(二七)無乃不可乎！議云『已孤暴貴，不爲父作謚』，此謂其父無位而子居貴位，不當以子之貴，加榮於父。若知運者，處方面重寄，列位九卿，茂勳崇名與衞霍侔，飾終之禮，宜加於他將一等，豈待因嗣子之德然後作謚？今之征鎮者，率多起屠販皁隸之中，雖逢風雲化爲侯王，(二八)而其閒有祖父爵位與知運等當請謚者有幾何？乃懼名器等於草芥，以是廢禮。竊謂近誣。竊考載籍，徵諸舊章，易名之禮，請如前議。」

獨孤及又謚贈吏部尚書呂諲曰肅。(二九)度支員外郎嚴郢駁曰：「今所議荆南之政詳矣。而曰在台司齷齪，無匪躬之能者，乃抉瑕掩德，非中道之言也。國家故事，宰臣之謚皆有二字，以彰善旌德焉。夫以呂公，文能無害，武能禁暴，貞則幹事，忠則利人，盛烈宏規，不可備舉。傳敍八元之德，曰忠肅恭懿。若以美謚擬於形容，請謚呂公曰忠肅。」及重議曰：「謹按舊儀，凡沒者之故吏，得以行狀請謚於尚書省，而考行定謚，則有司存；朝廷辨可否，宜存衆議。今駁議撰謚，異同之説，並故吏專之，伏恐亂庖人尸祝之分，違公器不私之誡，且非唐虞師錫僉曰之道。謚法在懲惡勸善，不在字多。必稱其大而略其細，故言文不言武，言武不言文。三代以下，朴散禮壞，乃有二字之謚，非古也。其源生於衰周。漢興，蕭何、張良、霍去病、霍光俱以文武大略，佐漢致太平，其事業不一，謂一文不足以紀其善，於是有文終、文成、景桓、宣成之謚。雖黷禮甚矣，然猶褒不失人。唐興，參用周秦之制，以魏徵爲文貞，蕭瑀爲貞褊。其杜如晦、封德彝、陳叔達、温彦博、岑文本、唐休璟、魏知古、崔日用並當時赫赫以功名居宰相者，謚不過一字，不聞子孫佐吏有以字少稱屈者。由此言之，二字不必爲褒，一字不必爲貶。若褒貶果在字數，則是堯舜禹湯文武成康不如周威烈、慎靚也，齊桓、晉文不如趙武靈、魏安釐也，杜如晦、王珪以下或成，或明，或懿，或憲，不如蕭瑀之貞褊也。然肅者，以諲之從政，威能閑邪，德可濟衆，故以肅易名而忠在其中矣。亦猶隨會、甯俞之不稱文，豈必因而重之然後爲美。魏晉以賈詡之籌算，賈逵之忠壯，張既之政能，程昱之智勇，〔三〇〕顧雍之密重，〔三一〕王渾之器量，劉惔之鑒裁，〔三二〕庾翼之智略，彼八君子者，方之東平，宜無慙德，死之日並謚曰肅，當代不以爲貶，何嘗徵一字二字之降乎！上稽前典，下據甲令，參之禮經，而究其往事，請依前定。」

大曆十三年，太常謚贈司徒楊綰曰文貞。比部郎中蘇端駁曰：〔三三〕「夫道德博聞曰文，清白守節曰貞。且元載與司徒友敬殊深，推爲長者，首舉清要，人莫與京。及司徒寵望漸高，載畏其偪。旋又知載隳壞綱紀，心貳於君，既懼其疑，因爲疏簡。〔三四〕有口皆知載惡，而獨曾無一言。或有發載之惡，證告未明，抱誠坐法者，司徒時居上列，奏達非難，不能因此披衷正詞，〔三五〕全志士之命，露凶狡之私，而乃宴安自泰，優游過日，使元載禍大滅身，竟勞聖上防伺之慮，豈守節不隱邪？豈懷道無毒邪？非謂文貞明矣。洎元載畜恩於下，招怨於上，使北塞人勞，有過時之戍；西郊虜人，無弔災之惠；磁邢壓義之士，將死復生；梁宋傷夷之人，或寒或餒。搜訪旌恤，中外所急，載皆絶之，使王澤不及於下，爲行路所嗟。而楊公當聖上惟新之時，〔三六〕居天下得賢之望，誠宜不俟終日，造次速言，乃寂寥啟悟，噤閉謀猷，貪食萬錢之賜，虛承一心之顧，豈慈惠愛人乎？既曰不慈不惠，何以謂之文！有隱有毒，何以謂之貞乎！古者諸侯有國，卿大夫有家，上以報祖宗，下以處子孫之義也。楊公歷處厚俸，人謂儒宗，曾不立家，又無私廟，寧使人老闕敬祖之禮，位極亡祭禰之宮，凡在衣冠，誰不歎恨，又乖大義克就愍仁接禮之義矣。曰文與貞，曷可以議！聖人立謚，盡公而無私之謂也。所以周宣不敢私於父，謚曰厲；漢宣不敢私於祖，謚曰戾。百王明制，歷聖通則。昔公叔文子有死衞之節，脩班制之勤，社稷不辱，方居此謚。爰及太宗初，魏公徵有匡救公直之忠，中宗末，蘇公瓌有保安不奪之節，所以諸賢甚衆，謚文貞者不過數公。至於燕國公張說，先朝輸能，名節昭著，省司尚謂不可，至今人故稱之。由是言之，焉可比德。請牒太常，更詳他謚，以守彝章。庶乎青史之筆，不乖於周漢；黃泉之魂，免慙於蘇魏。」別敕謚爲文簡。

贈司空陳國公竇抗謚曰博。贈左衛大將軍宇文士及初謚爲恭，黃門侍郎劉洎駁之曰：「士及居家侈縱，不宜爲恭。」竟謚爲縱。工部尚書楊昉謚曰恪。定州刺史定襄郡公于匡濟謚曰果。廣州都督謝方叔謚曰勤。以上五人，按謚法並無，乃有司一時之議，所以不具其年。

卒哭後諱及七廟諱字議 周　晉　大唐〔三七〕

周制，左傳云：「周人以諱事神，名終將諱之。」曲禮曰：「卒哭乃諱。鄭玄曰：「敬鬼神之名也。諱，避也。生者不相避名，衛侯名惡，大夫有石惡，君臣同名，春秋不非。」王肅曰：「周人以諱事神，名終將諱之。始死哀遽，故卒哭乃令諱。」禮不諱嫌名。鄭玄曰：「爲其難避也。嫌謂音聲相近，若禹與雨，丘與區也。」王肅曰：「音相似者也。」二名不偏諱。偏諱，二名不一一諱也。孔子母名徵在，言徵不言在。逮事父母則諱王父母，不逮事父母則不諱王父母。逮，及也。謂幼孤不及識父母，恩不至於祖名。孝子聞名心瞿，諱之由心。此謂庶人也。嫡士以上廟事祖，雖不逮父母，猶諱祖耳。君所無私諱，盧植曰：「但爲公家諱，不得爲私家諱也。」鄭玄曰：「謂臣於君前，不避家諱，尊無二也。」大夫之所有公諱。詩書不諱，教學臨文不諱。盧植曰：「教，詩書典籍教訓也。臨文謂禮文也。詩書執禮皆雅言，故不諱。禮執文行事，故言文也。」鄭玄曰：『爲其失事正也。」廟中不諱。盧植曰：「不諱新君，厭於祖禰也。」鄭玄曰：「謂有事於高祖，則不諱曾祖以下，尊無二也。於下則諱上也。」王肅曰：「祝則名君，不諱君也。」大功小功不諱。入門而問諱。」盧植曰：「鄭國之君猶吾君也。」鄭玄曰：「皆爲敬主人也。」檀弓曰：「卒哭而諱，生事畢而鬼事始已。盧植曰：「喪朝夕奠，尚生事之。虞而立尸，卒哭諱新，是爲以生道事之畢矣，復以鬼道始事之也。已者，辭也。一説生事畢，從生至死也。鬼事始已者，從死至卒哭也。」鄭玄曰：「謂不復饋食於下室，而鬼神祭之也。（三八）已，辭也。」既卒哭，宰夫執木鐸，王肅曰：「木鐸，鈴也。以木爲舌也。」以命於宮盧植曰：「宰夫於周禮爲下大夫，小宰之副也。大喪小喪掌小官之戒令，帥執事而理之。大喪，君也。小喪，屬官也。戒令即所謂舍故而諱新之屬。」曰：『舍故而諱新。』鄭玄曰：「故爲高祖之父當遷者也。易説帝乙曰：『易之帝乙爲成湯，』（三九）書之帝乙六代王。』天之錫命，疏可同名。」王肅曰：「故謂五廟毀者。」自寢門至於庫門。」盧植曰：「振木鐸從寢門至庫門也。寢門之內，新君所處；庫門之內，廟所在也。」鄭玄曰：「百官所在也。庫門，宮外門也。明堂位曰：庫門，天子皋門也。」王肅曰：「百官所在也。庫門，宮外門。」雜記曰：「王父母兄弟伯父叔父姑姊妹，子與父同諱。」鄭玄曰：「父爲其親諱，則子不敢不從諱也。爲王父母以下之親諱，是謂士也。天子諸侯爲羣祖諱也。」王肅曰：「王父母之兄弟、伯父、叔父、姑姊妹，皆父之所諱也。」

晉孫毓七廟諱字議：「乙丑詔書班下尊諱，唯從宣皇帝以來，京兆府君以上，皆不別著。按禮，士立二廟，則諱王父以下，天子諸侯皆諱羣祖，親盡廟遷，乃舍故而諱新。尊者統遠，卑者統近，貴者得申，賤者轉降，蓋所以殊名位之數，禮上下之序也。〔四〇〕先代創業之主，唯周追王，夏殷以前，未有聞焉。顯考以下謂之親廟，親廟月祭，屬近禮崇。周武王時，諸盩張流反爲顯考廟。周人以諱事神，固不以追王所不及而闕正廟之諱也。禮，大夫所有公諱。又曰『子與父同諱』。明君父之諱，臣子不可以不諱也。范獻子聘於魯，問具敖之山，魯人以其鄉對，曰『先君獻武之諱也』。此時獻武已爲遠祖，鄰國大夫猶以犯諱爲失，歸而作戒，著於春秋。大晉龍興，弘崇遠制，損益因改，思臻其極。以爲京兆府君以上，雖不追王列在正廟，臣下應諱，禮有明義。宜班下諱字，使咸知所避，上崇寅嚴之典，下防僭同之謬。」

束晳不得避諱議云：「元康七年詔書稱，咸寧元年詔下尊諱，風伯雨師，〔四一〕皆爲詁訓。〔四二〕又公官文書吏人上事，稱引經書者，復多迴避，使大義不明。諸經傳咸言天神星宿，帝王稱號，皆不得變易本文，但省事言語，臨時訓避而已。」

太常博士華簡言：「按周禮大宗伯職云：『槱燎祀司中、司命、風師、雨師。』此禮文正稱，應如丙辰詔書，不改其名。」事下五府博議。賊曹屬束晳議：「按風伯之名，所由來遠，其在漢魏，固已有之，非晉氏避諱始造此號也。若以異於周禮，宜當變改，則今國家行事，神物稱號，多因近代，不皆率古，蓋亦簡易以從仍舊，隨時之制，不足悉變。唯雨師之名，實由避諱，宜如舊稱。」

大唐武德九年六月，太宗居春宮總萬機，下令曰：「依禮，二名義不偏諱。尼父達聖，非無前旨。近代以來，曲爲節制，兩字兼避，廢闕以多，率意而行，有違經誥。今其官號人名及公私文籍，有『世』及『民』兩字不連讀者，並不須諱避。」

顯慶五年正月詔：「孔宣設教，正名爲首；戴聖貽範，嫌名不諱。比見鈔寫古典，至於朕名，或闕其點畫，或隨便改换，恐六籍雅言，會意多爽，九流通義，指事全違。誠非立書之本。自今以後，繕寫舊典文書，並宜使成，不須隨義改易。」

上書犯帝諱及帝所生諱議晉

晉博士孔晁上書犯帝諱，後自上又觸諱，而引詩書不諱，臨文不諱。有司奏以慢論。詔曰：「晁自理，頃所稱引，雖不與今相值，然情有所由，其特原之。然則自今以後，三帝諱情亦瞿然，長吏以上，足閑禮法，可如舊科。其餘散官以下，但用謬語者，（四三）不可具責。又古者内諱不出宫，但勿聽以爲名字。至於吾名，但在見避過禮，其或過謬，皆勿却問以煩簡書也。」

又都官曹奏，以吴興郡上事有「春」字，犯會稽鄭太妃諱，下制書推之。王彪之謂：「今皇太后臨朝，奏事詣太后，爲故應復犯會稽太妃諱不？」都官郎傅讓、尚書王劭議，並謂不應復諱。尚書陸納等並謂故應諱。王尚書謂：「朝臣所諱，君之母妻，諱者以是小君故耳。君之所生，非小君也，亦不上諱榜，非羣下所應諱。且瑯琊夏侯太妃、章郡恭惠君章皇太妃諱並不須下令天下同諱。〔四四〕宜更詳之。」右丞戴謐議云：「朝臣所諱，君之母妻，施於小君，非君之所生。所生之諱，不上諱榜，非羣下所宜諱也。竊謂如此則不唯奏事太后不應諱而已，恐門號縣名作，不宜改頒於天下。〔四五〕而闔朝之臣，陳事不避，悠悠人吏，犯者不問，官號獨易，餘莫之諱，將於大體有不通邪？父之所諱，子無不諱，君之所諱，臣其不乎？諱施小君，〔四六〕誠有其文，母以子貴，亦有明義。若以事經至尊應諱，但奏御太后不諱，一朝之事，諱不並行，復是所疑。」衆官皆從尚書令王彪之議：「凡訓體憲章經典無文者，則當準已行之舊令。議者所從，是右丞議也。按右丞議云『門縣改名，既頒天下，則朝臣不得不諱』。意以爲門縣名以犯先帝所生之諱，故先帝時改之，與明穆皇后臨朝除光禄勳字義體同爾，並皆頒下者，令知官名之改，非頒下令人皆諱之也。謂上書奏事詣先帝令上書爲諱耳，〔四七〕太后及朝臣並應諱之義。今者奏事詣太后，何諱之有，而乃稱太后制書遠推之乎！議又喻以父之所諱。竊以父子天性，君臣異族，君之所諱，何必盡同。元、明、哀三帝之朝，無以所生之諱頒于天下，〔四八〕令人皆同諱，則臣不同子之一隅也。明臣之所諱君之母妻諱者，諱小君之諱耳。且四海之人，皆小君之臣妾，非所生之臣妾也。以小君之諱列於諱榜，故天下同諱；所生之諱不列諱榜，故天下不同諱。於時主相賢明，朝多雋彥，今所應準，而議云『非今所議』，竊所未達。又云『母以子貴』，三帝之母，不以子貴邪！議又云『章皇太妃之喻，殆非今嫌』。既不解哀帝所生，何以獨非今嫌！又今上即位，所生李淑妃諱，何以不頒下天下，與簡文皇帝順皇后諱率土同諱之乎？中興有八帝，迄今上五帝有所生，豈可四帝所生普天下不諱，而簡文帝所生獨率土同諱乎？謂王尚書、傅郎議爲允。」

山川與廟諱同應改變議 東晉

東晉康帝諱岳。太學言：「被尚書符，解列尊諱無舊詁，是五山之大名。按釋山篇曰：『山大而高曰嵩。』今取諱宜曰嵩。如辭體訓宜詳，其嵩議未允，當更精詳禮文正上。」徐禪議：「謹按輒關博士王質、胡訥、許翰議。按爾雅無舊訓，非可造立。五山之名，取其大而高也。其詩曰：『於皇時周，陟其高山。』高山則岱、衡、華、恆也。周禮謂之五嶽，詩人謂之高山，字無詁訓，而有二名。今若舉名之別，宜曰高；取義爲訓，宜如前曰嵩。」

已遷主諱議 魏　大唐

魏王肅議：「高皇諱，明皇帝既祔，儒者遷高皇主，尚書來訪，宜復諱不？及引殷家或乃同名。〔四九〕答曰：『殷家以甲乙爲字，既二名不偏諱，且殷質故也。禮所謂舍故而諱新，諸侯則五代不諱，天子之制，恐不得與諸侯同五代則不諱也。春秋魯諱具敖二山，五代之後，可不復爲諱，〔五〇〕然已易其名，則故名不復諱也。猶漢元后父名禁，改禁中爲省中，至今遂以省中爲稱，非能爲元后諱，徒以名遂行故也。春秋時，晉范獻子適魯，名其二山，自以爲不學。當獻子時，魯不復爲二名諱，而獻子自以爲犯其諱，直所謂不學者也。禮曰詩書、臨文、廟中皆不諱，此乃謂不諱見在之廟，不謂已毀者也。文王名昌，武王名發，成王時頌曰『克昌厥後』、『駿發爾私』。箕子爲武王陳洪範曰，『使羞其行而國其昌』。〔五一〕厲王名胡，其子宣王時詩曰：『胡不相畏，先祖于摧。』其孫幽王時詩曰：『哀今之人，胡爲虺蜴。』此則詩書不諱明驗也。按漢氏不名諱，常曰『臣妾不得以爲名字』，其言事不諱，蓋取諸此也。然則周禮其不諱時，則非唯詩書、臨文、廟中，其餘皆不諱矣。今可太祖以上去墠乃不諱，諱三祖以下盡親如禮，唯詩書、臨文、廟中不諱。自此以後，雖百代如漢氏故事，臣妾唯不得以爲名字，其言事不諱。所謂魏國於漢，禮有損益，質文隨時，亦合尊之大義也。」大唐永徽二年十月，尚書左僕射于志寧奏言：「依禮舍故而諱新，故謂親盡之祖。今皇祖弘農府君神主上遷，〔五二〕請依禮不諱。」從之。

上表稱太子名議東晉　大唐

東晉孝武太元十九年七月，義興太守褚爽上表稱太子名，下太學議。助教臧燾議：「按禮記云：『父前子名，君前臣名。』又云：『君之於嗣子，親則父也，尊則君也。』如此則太子雖國之儲貳，猶同於臣例。〔五三〕以君前臣名之義言，則爽表未爲失禮。然史籍所載人臣與人主言及上表，未有稱太子名者，今省無先比，即其驗也。昔武皇帝代，尚書僕射山濤啟事，稱皇太子而不言名。濤中朝名士，必詳典式，其不稱名，當有埋趣。特以皇太子儲君，名諱尊重，不敢指斥故耳。古今異儀，禮有損益。今依仗前賢，固循先比，則爽表所稱，爲違舊準。」徐乾議：「禮記曰：『夫人之諱，雖質君之前，臣不諱也。』按夫人，國之小君，君之一體，太子之母也，而尚不諱，則太子何嫌乎！又禮：『君前臣名，父前子名。』又周公告父皆稱武王名，益可明矣。」徐邈議云：「左傳：『周人以諱事神，名終將諱之。』記云：『卒哭而諱。』皆周禮也。名之與謚，並是人倫所以相稱。殷尚質，無諱義，〔五四〕其遇名字如姓位耳。箕子答武王，而『國其昌』，知於時未有諱也。周公於成王六年，始制周禮，曲備節文，而諱名稱謚。然猶臨文不諱，廟中不諱，故周頌有『克昌厥後』。先儒以爲宗廟詠歌，上不諱下，即是父前子名也。」

大唐武太后長安二年正月，麟臺監兼左庶子王方慶上言：「謹按典籍所載，人臣與人主言及上表，未有稱皇太子名者，當爲太子皇儲，不敢指斥。晉尚書僕射山濤啟事，稱皇太子，不言名。濤中朝名士，必詳典故，其不稱名，應有憑準。朝官尚猶如此，宮臣諱則不疑。今東宮殿及門名皆有觸犯，臨事論啟，迴避甚難。孝敬皇帝爲皇太子時，改弘教門爲崇教門，沛王爲皇太子，改崇賢館爲崇文館，皆避名諱，以遵典禮。此則成例，並爲軌模。伏請改換。」從之。

父諱與府主名同議晉

晉右將軍王遐司馬劉曇，父名遐，曇求解職事。博士謝詮曰：「按禮，諸侯諱祖與父，大夫士并諱伯父母及姑。又父，子之所天，尊無以比，宜聽解職。」博士許幹議曰：「按禮，君子不奪人親，故孝經云『資父以事君而敬同』，是以爲尊長諱，〔五五〕爲親者諱。曇自列父與將軍同名，聖朝垂恩，不許曇解，可使換官。」

授官與本名同宜改及官位犯祖諱議晉　東晉　大唐

晉江統上言：「臺選臣叔父春爲安成郡宜春縣令，與縣同名，故事皆得改選。臣以爲父祖改選者，蓋以臣子開地，不爲父祖之身也。今身名所加，亦施於臣子，吏人係屬，朝夕從事，官位之號，發言所稱。若指實而語，則違經典諱尊之義；若托辭廻避，則有廢官，擅犯憲制。名號繁多，士人殷富，至使有受寵皇朝，出身宰牧，而令吏人不得表其官稱，子孫不得言其位號。上名嚴父，下爲臣子，體例不通。若改易私名以避官稱，則違春秋不奪人親之義。臣以爲身名與官職同者，〔五六〕宜與觸父祖名爲比。體例既合，於義爲弘。」元康七年，尚書敕：「自今以後，諸身名與官職同者，與觸父祖諱同例。」

東晉康帝咸康八年，詔以王允之爲衞將軍、會稽内史，允之表郡與祖會名同，乞改授。詔曰：「祖諱孰若君命之重邪！下八座詳之。」給事黄門侍郎譙王無忌議以爲：「春秋之義，不以家事辭王事，是上之行乎下也。夫君命之重，固不得崇其私。又國之典憲，亦無以祖名辭命之制也。」

大唐延和元年，賈曾除中書舍人，固辭，以父名忠，同音。議者以爲中書是曹司名，〔五七〕又與曾父音同字别，於禮無嫌。曾乃就職。

内諱及不諱皇后名議周　晉

周制，曲禮曰：「夫人之諱，雖質君之前，臣不諱也。臣於夫人之家恩遠也。質，對也。婦諱不出門。」婦親遠，於宮中言避之耳。檀弓曰：「二名不偏諱。孔子之母名徵在，言在不稱徵，言徵不稱在。」雜記曰：「母之諱，宮中諱。妻之諱，不舉諸其側。與從祖昆弟同名則諱。」鄭玄曰：〔五八〕「母之所爲其親諱，子於宮中不言。妻之所爲其親諱，夫於其側亦不言也。孝子聞名心瞿，凡不言人諱者，亦爲其相感動也。子與父同諱，則子可盡曾祖之親也。從祖昆弟在其中，於父輕，不爲諱；與母妻之親同名，〔五九〕重，則諱之。」王肅曰：「同名，同從祖昆弟所諱之名也。從祖昆弟之父，小功之親也，於禮不諱，妻名重則諱之。」

晉武帝泰始二年正月，有司奏，故事皇后諱與帝諱俱下。詔曰：「禮，内諱不出宮，而近代諱之，非也。勿下。」

校勘記

〔一〕後代雖盛　「盛」白虎通卷一作「聖」。

〔二〕廞音許金反　原脱「音」，據北宋本、傅校本、明抄本、明刻本補。

〔三〕善行有善謚惡行有惡謚　原脱兩「行」字，據北宋本、傅校本、明抄本、明刻本補。

〔四〕趙商問鄭志曰　諸本同。此實不詞。應作「鄭志趙商問曰」，或作「趙商問鄭玄曰」。

〔五〕大夫以上乃謂之爵　原脱「乃」，據禮記郊特牲鄭注及北宋本、傅校本、明抄本、明刻本補。

〔六〕質家兩言爲謚　盧文弨云：自此至「别誅絶不嫌也」，似白虎通文字。

〔七〕故不連號謚　原脱「謚」，據北宋本、傅校本、明抄本、明刻本補。

〔八〕掩惡揚美者　「美」原作「善」，據北宋本、傅校本、明抄本、明刻本改。

〔九〕四夷將賓丕冒出日　原「將」作「來」，「出日」倒，今據北宋本、傅校本、明抄本、明刻本改乙。按：王吴本亦作「將」。

〔一〇〕玄功廣運　「玄」原作「元」，清人諱改。今據北宋本、傅校本、明抄本、明刻本、王吴本改回。

〔一一〕清瀾變於河　「瀾」北宋本作「潤」。

〔一二〕方議櫜弓偃伯　「伯」原作「覇」，據北宋本、傅校本、明抄本、明刻本改。

〔一三〕后夫人謚臣子共於廟定之　按：白虎通卷一云：「后夫人於何所謚之？以爲於朝廷。」與此異。

〔一四〕又云　按：下文乃白虎通卷一中文字。然則不當於五經通義引文後書「又云」。

〔一五〕雖遵之義　「之」原作「兹」，據北宋本、傅校本、明抄本、明刻本、王吴本改。

〔一六〕又曰　按：以下所引係檀弓下文字，則上承曲禮書「又曰」，不妥。

〔一七〕荀俣　「俣」原訛「攸」，據北宋本、明抄本改。傅校本、明刻本作「侯」，顯係「俣」之形訛。按：此節所論是曹丕踐阼以後之事，而荀攸已死于建安十九年，時曹操尚在。荀俣係荀彧之子，見三國志魏書荀彧傳三一九頁。

〔一八〕其襲餘爵　「襲餘」原倒，據北宋本、傅校本、明抄本、明刻本乙。

〔一九〕荀顗　「顗」原訛「覬」，據北宋本改。下同。

〔二〇〕改近代之舊服　晉書劉毅傳一二七九頁作「改列爵之舊限」。

〔二一〕羣下末有同者　「末」原作「未」，據北宋本改。按：末，無也。

〔二二〕號謚國之大典　「號謚」原倒，據北宋本乙。

〔二三〕又武帝永平元年詔書　永平係惠帝之年號，疑「武」當作「惠」，或誤在年號。

〔二四〕蔡家固當有此故事　「此」王吴本作「比」。

〔二五〕過時不及爲禮也　王吴本、殿本、局本「爲」作「非」，據北宋本、傅校本、明抄本、明刻本改。全唐文卷四三六亦作「爲」。按：禮記曾子問云：「過時弗舉，禮也。」又云：「過時不祭，禮也。」「不及爲」意即「弗舉」。明人妄改「爲」作「非」，與禮意悖戾。

〔二六〕會無妄之求　「會」原作「合」，據北宋本、傅校本、明抄本改。

〔二七〕而與奪殊制　「與」北宋本、傅校本、明刻本作「舉」。

〔二八〕雖逢風雲化爲侯王　「侯王」原倒，據北宋本、傅校本、明抄本、明刻本乙。

〔二九〕吕諲　「諲」原訛「禋」，據北宋本、傅校本、明刻本、王吴本改。

〔三〇〕程昱之智勇　「昱」原作「普」，據全唐文卷三八六獨孤及駁太常擬故相國江陵尹謚議改。

〔三一〕顧雍之密重　「雍」北宋本、傅校本、明抄本、明刻本作「温」，王吳本作「恩」，並非。

〔三二〕劉恢之鑒裁　「恢」原作「恢」，據全唐文卷三八六獨孤及駁太常擬故相國江陵尹謚議改。按：史無「劉恢」其人。通典作「恢」，或是唐人避武宗嫌名而改者。

〔三三〕比部郎中蘇端　「比」原訛「工」，據舊唐書卷一一九三四三七頁、唐會要卷八〇及北宋本、傅校本、明抄本、明刻本改。

〔三四〕因爲疏簡　北宋本、傅校本、明刻本、明抄本作「因疎爲簡」。唐會要卷八〇、全唐文卷四三五作「因而疎閒」。

〔三五〕不能因此披衷正詞　「正」原作「陳」，據唐會要卷八〇、全唐文卷四三五改。按：北宋本作「王」，顯係「正」之形訛。

〔三六〕當聖上惟新之時　「時」原作「日」，據北宋本、傅校本、明抄本、明刻本改。

〔三七〕大唐　原脱，據北宋本、傅校本、明抄本、明刻本補。

〔三八〕而鬼神祭之也　原脱「祭」，據禮記檀弓下鄭注補。

〔三九〕易説帝乙曰易之帝乙爲成湯　原訛脱作「馬説帝乙爲成湯」，北宋本作「易説帝乙爲成湯」。今據禮記檀弓下鄭注改補。

〔四〇〕禮上下之序也　「禮」原訛「理」，據北宋本、傅校本、明刻本、王吳本改。

〔四一〕風伯雨師　「伯」原作「師」，據北宋本、傅校本、明抄本、明刻本、王吳本改。

〔四二〕皆爲詁訓　「詁訓」原倒，據北宋本、傅校本、明抄本、明刻本乙。
〔四三〕但用謬語者　「用」原作「有」，據北宋本、傅校本、明抄本、明刻本改。
〔四四〕並不頒下令天下同諱　「令」原作「今」，據北宋本改。
〔四五〕恐門號縣名作不宜改頒於天下　「作」原作「亦」，據北宋本、傅校本、明抄本、明刻本改。
〔四六〕臣其不乎諱施小君　原作「臣其不諱乎施於小君」，據北宋本、傅校本、明抄本、明刻本乙刪。
〔四七〕謂上書奏事詣先帝令上書爲諱耳　「令」北宋本、傅校本、明抄本、明刻本作「今」。
〔四八〕頒于天下　「于」原作「行」，據北宋本、傅校本、明抄本、明刻本改。
〔四九〕及引殷家或乃同名　「或乃」原倒，據北宋本、傅校本、明抄本、明刻本乙。
〔五〇〕五代之後可不復爲諱　原「可」上有「豈」，據北宋本、傅校本、明抄本、明刻本、王吳本刪。
〔五一〕使羞其行而國其昌　「國」原作「邦」，據北宋本、傅校本、明抄本、明刻本改。下同。
〔五二〕今皇祖弘農府君神主上遣　「上遣」原作「當遷」，據北宋本、傅校本、明抄本改。
〔五三〕猶同於臣例　「例」原作「列」，據北宋本改。
〔五四〕無諱義　「義」原訛「議」，據北宋本、傅校本、明刻本改。
〔五五〕是以爲尊長諱　「長」原作「者」，據北宋本改。
〔五六〕身名與官職同者　「官職」原倒，據北宋本、傅校本、明抄本、明刻本乙。
〔五七〕議者以爲中書是曹司名　「議」原訛「識」，據北宋本、傅校本、明抄本、明刻本、王吳本改。

〔五八〕鄭玄曰「鄭玄」原訛「禮記」，據北宋本改。按：下文爲禮記雜記下鄭玄注語。

〔五九〕與母妻之親同名「母妻」原倒，據禮記雜記下鄭注及北宋本、傅校本、明抄本、明刻本乙。

王文錦點校